Hoffmann/Lüdenbach

NWB Kommentar Bilanzierung

Zusätzliche digitale Inhalte für Sie!

Zu diesem Buch stehen Ihnen kostenlos folgende digitale Inhalte zur Verfügung:

Aktualisierungen im Internet

Bei rechtlichen Änderungen werden entsprechende Aktualisierungen direkt in die Online-Version eingearbeitet, so dass Sie immer auf dem neuesten Stand sind.

Schalten Sie sich das Buch inklusive Mehrwert direkt frei.

Scannen Sie den QR-Code **oder** rufen Sie die Seite **www.nwb.de** auf.
Geben Sie den Freischaltcode ein und folgen Sie dem Anmeldedialog. Fertig!

Ihr Freischaltcode

BRQW–QZKZ–GIFV–MEPO–NRAJ–JM

NWB Kommentar Bilanzierung

Handels- und Steuerrecht

Verfasst und herausgegeben von

WP/StB Prof. Dr. Wolf-Dieter Hoffmann
WP/StB Dr. Norbert Lüdenbach

14., aktualisierte Auflage

nwb

Zitiervorschlag:
Hoffmann/Lüdenbach, NWB Kommentar Bilanzierung, 14. Aufl., Herne 2022, § … Rz. …

ISBN 978-3-482-**68374**-9
14., aktualisierte Auflage 2022

Satz: PMGi Agentur für intelligente Medien GmbH, Hamm
Druck: CPI books, Leck

VORWORT ZUR 14. AUFLAGE

Auf vielfache Anregung aus dem Leserkreis im Hinblick auf eine frühe Nutzung für die anstehenden kalendergleichen Jahresabschlüsse erscheint die 14. Auflage zwei Monate eher als die Auflagen der Vorjahre.

Seit der letzten Print-Ausgabe haben sich u. a. durch das IDW, die WPK und die APAS Änderungen in den Standards zur Bilanzierung und Abschlussprüfung ergeben. Betroffen sind u. a.:

- der fachliche Hinweis des IDW zu den Auswirkungen des Ukraine-Krieges, u. a. auf das Stichtagsprinzip (→ § 252 Rz. 28), die Währungsumrechnung (→ 256a Rz. 7), die Folgen verfügungsbeschränkter Bankkonten für Bilanz und Kapitalflussrechnung (→ 266 Rz. 78a und § 297 Rz. 29a), den Nachtragsbericht (→ § 285 Rz. 194), den Prognoseteil des Lageberichts (→ 289 Rz. 38), die Konsolidierung russischer und ukrainischer Tochterunternehmen (→ 296 Rz. 6), eine evtl. Nachtragsprüfung (→ § 316 Rz. 13) und den Bestätigungsvermerk (→ § 322 Rz. 38 und Rz. 118a);
- IDW ERS IFA 3 zur Klassifizierung von Immobilien als Anlage- oder Umlaufvermögen und zur Erfassung des Abgangserfolgs als Umsatz oder sonstiger Ertrag (→ § 247 Rz. 18a);
- Neufassung von IDW HFA RH 1.014 betreffend u. a. die Bewertung bei Umwidmung von Umlauf- in Anlagevermögen (→ § 247 Rz. 40);
- Neufassung von IDW PS 270 betreffend Zweifel an der Unternehmensfortführung (→ § 252 Rz. 26 ff. und § 322 Rz. 118);
- IDW, Fragen-und-Antworten-Katalog (FAQ) zu Zweifelsfragen zum Vergütungsbericht (→ § 285 Rz. 79b);
- APAS-Verlautbarung Nr. 16 zu der Frage, an welchem Stichtag die Eigenschaft eines Unternehmens als Unternehmen von öffentlichem Interesse beurteilt wird (→ § 316a Rz. 2a);
- IDW PS 870 zur Prüfung des Vergütungsberichts (→ § 317 Rz. 80c);
- IDW PS zur Prüfung der für Zwecke der Offenlegung erstellten elektronischen Wiedergaben von Abschlüssen und Lageberichten nach § 317 Abs. 3ab HGB (→ § 317 Rz. 88c);
- IDW, Entwürfe zur Prüfung von KMU (→ § 317 Rz. 65);
- Stellungnahme der WPK zur Einholung von Bankbestätigungen über eine elektronische Plattform (→ § 317 Rz. 41a);
- IDW, geänderte Musterformulierungen für den Bestätigungsvermerk (→ § 322 Rz. 14).

Daneben sind Gerichte sowie die Finanzverwaltung tätig geworden und der Gesetzgeber hat wenige Änderungen vorgenommen. Als Ergebnis solcher Rechtsänderungen, aber auch im Widerhall auf neue Schrifttumsauffassungen, ist es u. a. an folgenden Stellen zu Änderungen gekommen:

- BFH, Urteil v. 21.4.2021 – XI R 29/20 zur Frage, wann die Vorlage eine E-Bilanz wegen unbilliger Härte i. S. des § 5b Abs. 2 EStG unzumutbar ist (→ § 243 Rz. 26);
- Veröffentlichung der Taxonomie 6.6 für die E-Bilanz (→ § 243 Rz. 30);
- Folgen eines Dissenses zwischen Organmitgliedern bezüglich der Unterzeichnung des Jahresabschlusses (→ § 245 Rz. 5);
- Qualifikation regulatorischer Posten als fiktive Vermögengegenstände durch § 21b EnWG (→ § 246 Rz. 12a);

- strittige Bedeutung der förmlichen Abnahme bei Werklieferungsverträgen für den Übergang des wirtschaftlichen Eigentums (→ § 246 Rz. 229b) und damit für die Umsatzrealisierung beim Auftragnehmer (→ § 252 Rz. 110) sowie den Abschreibungsbeginn beim Besteller (→ § 253 Rz. 162);
- Bilanzierung des Primärschuldners in Abhängigkeit von Liquidität und Bonität des Schuldbeitretenden (→ § 246 Rz. 110);
- BMF, Schreiben v. 9.7.2021 sowie BFH, Urteil v. 29.9.2021 – I R 40/17 zum wirtschaftlichen Eigentum bei Wertpapierdarlehen (→ § 246 Rz. 317);
- BFH, Urteil v. 21.12.2021 – IV R 15/19 zur Frage, wann Anteile an einer Komplementär-GmbH zum notwendigen Sonderbetriebsvermögen des Kommanditisten gehören (→ § 246 Rz. 436);
- BMF, Schreiben zur Bilanzierung von Bitcoins und anderen virtuellen Währungen (→ § 246 Rz. 51b);
- BFH, Urteil v. 2.7.2021 – XI R 21/19 zu Rückstellungen für Nachbetreuungsleistungen von Zulieferern bezüglich gelieferter Werkzeuge (→ 249 Rz. 55a);
- Rückstellungen für Altersfreizeit (→ § 249 Rz. 100a);
- FG Münster, Urteil v. 24.6.2021 – 10 K 2084/18 K, G, Rev. eingelegt (Az. BFH XI R 19/21), zur fehlenden Rückstellungsfähigkeit der Beratungskosten einer zukünftigen Betriebsprüfung bei Betreiben ohne Anschlussprüfung (→ § 249 Rz. 117);
- FG Düsseldorf, Urteil v. 9.6.2021 – 7 K 3034/15 K, G, F, Rev. eingelegt (Az. BFH I R 29/21), zum Eindeutigkeitsgebot bei Pensionszusagen (→ § 249 Rz. 131);
- Thüringer FG, Urteil v. 17.6.2020 – 4 K 460/17 zum Rückstellungsverbot bei Leasingverträgen im Restwertmodell (→ 249 Rz. 221);
- Einzelbewertungsgrundsatz und das Verhältnis von außerplanmäßiger Abschreibung und Rückstellung bei Bodenkontamination (→ § 249 Rz. 64);
- Rückstellung für Berufsgenossenschaftsbeiträge bei Umstellung des Beitragserhebungssystems (→ § 249 Rz. 112a);
- LG München I, Urteil v. 5.5.2022 – 5 HK O 15710/20 zur Nichtigkeit der Bilanz infolge mangelhafter Buchführung (→ § 252 Rz. 249a);
- Verzinsung von Steuerforderungen und -verbindlichkeiten nach BVerfG, Beschluss v. 8.7.2021 – 1 BvR 2237/14, 1 BvR 2422/17 sowie schon vor der tatsächlichen Gesetzesänderung dem Entwurf eines 2. AO-Änderungsgesetzes (→ § 252 Rz. 136);
- Auffassung des IDW zur Behandlung ausstehender, unwesentlicher Montageleistungen als Rückstellung (→ § 252 Rz. 128);
- BGH, Beschluss v. 11.5.2021 – II ZR 56/20 zur qualitativen Interpretation des Wesentlichkeits- und Nichtigkeitsbegriffs bei Hin-und-her-Geschäften im Konzern (→ § 252 Rz. 249a), zur Vermutung, dass eine Wertminderung handelsrechtlich im Zweifel dauerhaft ist (→ § 253 Rz. 207a), sowie zur Aktivierung überhöhter Anschaffungskosten (→ § 255 Rz. 88);
- Aktualisierung des BMF-Schreibens zur Abschreibung digitaler Wirtschaftsgüter (→ § 253 Rz. 146a);
- BFH, Urteil v. 20.11.2019 – XI R 42/18, BStBl 2020 II S. 271 und BMF, Schreiben – IV C 6 -S 2176/20/10005 :001 DOK 2022/0457721 zum Finanzierungsendalter bei mehreren Pensionszusagen (→ § 253 Rz.99);
- IDW, Berichterstattung über die 268. FAB-Sitzung vom 18.5.2022 zur Nutzungsdauer digitaler Wirtschaftsgüter in der Handelsbilanz (→ § 253 Rz. 146a);
- Aktualisierung der Arbeitshilfe des BMF zur Kaufpreisaufteilung bei bebauten Grundstücken (→ § 255 Rz. 54);

- BFH, Urteil v. 10.6.2021 – IV R 18/18 zur Zulässigkeit der Teilwertzuschreibung bei Fremdwährungsdarlehen im Falle einer fundamentalen Änderung der wirtschaftlichen oder währungspolitischen Daten der beteiligten Währungsräume (→ § 256a Rz. 39);
- Rechtsmängel bei Erwerb eigener Anteile (→ § 272 Rz. 46a);
- BMF v. 11.11.2021 – IV C 3 -S 2020/20/10029 :007 zu Ergänzungsbilanzen bei Übergang von der transparenten Besteuerung zur optionalen Körperschaftbesteuerung nach § 1a KStG (→ § 274);
- erweiterte Verlustrücktragsmöglichkeit nach dem 4. Corona-Steuerhilfegesetz (→ § 274 Rz. 12);
- Ansatz und Bewertung von Rechnungsabgrenzungsposten bei der Erstkonsolidierung (→ § 301 Rz. 70a);
- BGH, Urteil v. 20.1.2022 – III ZR 194/19 zur Haftung des Abschlussprüfers wegen Vorsatz und Sittenwidrigkeit bei qualifiziert nachlässiger Prüfung (→ § 323 Rz. 40).

Der Dank für die Umsetzung dieser und weiterer Änderungen gilt wie immer Richtung Redaktion vor allem Alexandra Brundiers, Patrick Zugehör, Melanie Wagner und Kristina Arndt, für die fachliche Diskussion und Durchsicht Jens Freiberg als Mitstreiter.

Bad Krozingen, im Oktober 2022 Norbert Lüdenbach

AUS DEM VORWORT ZUR 1. AUFLAGE

Wer oder **was** hat uns vor knapp zwei Jahren veranlasst – oder gar verführt –, einen neuen und umfassenden Kommentar zur HGB-Rechnungslegung zu schreiben? Schrifttum in allen Formen und Volumina und unter den verschiedensten Titeln gab und gibt es hierzu mehr als reichlich. Das Thema war und ist in der Verlegersprache „besetzt". Gleichwohl war es gerade „der Verlag" (Neue Wirtschafts-Briefe), der uns vor und nach Erscheinen des BilMoG-Referentenentwurfs letztlich „überzeugt" hat. Das „**Wer**" der Eingangsfrage wäre damit beantwortet. Heute sind wir glücklich über diese Entscheidung, können wir doch dem geneigten Publikum die erste komplette Kommentierung der HGB-Rechnungslegungsvorschriften „nach BilMoG" vorlegen.

Nun aber: „**Was**" hat den Griff zur Feder veranlasst? Zusammenfassend beantwortet war es die Vision einer Gesetzeskommentierung mit **größtmöglichem Anwendernutzen**. Zur Erreichung dieses Zieles griffen wir auf die Erfahrungen im Umgang mit Gesetzeskommentierungen zurück, die wir bei unserer jahrzehntelangen praktischen Arbeit verbunden mit Lehrtätigkeit auf dem Gebiet der Rechnungslegung und Unternehmensbesteuerung sammeln konnten: „Das Gute behaltet." Dieser zeitlosen Vorgabe sind wir nachgekommen durch

- Verwendung einer einfachen und deshalb leserfreundlichen Sprache statt grammatikalischer Hochseilakrobatik,
- Benutzerführung durch unzählige Textverweise (→) innerhalb und zwischen den Paragraphen,
- Gliederung der jeweiligen Kommentierung nach dem Aufbau des Paragraphen, also unter Beachtung von dessen Absätzen und Sätzen,
- Erläuterung der abstrakten Rechtsnormen anhand von weit mehr als Tausend Beispielen, Buchungslisten, Konsolidierungstabellen, Grafiken u. Ä. (jeweils auch optisch hervorgehoben),
- unabhängige und kritische Meinungsbildung mit Bestätigung einer herrschenden Meinung oder (häufig genug) deren Ablehnung,
- größtmögliche Aktualität der Darstellung unter Berücksichtigung des Schrifttums bis Ende September 2009,
- besonders ausführliche Kommentierung wichtiger Bilanzierungsfelder, bei denen sich das HGB einer expliziten Regelung enthält, z. B. die Umsatzrealisation (→ § 252 Rz. 85 ff.) oder die Behandlung von Übergangskonsolidierungen im Konzern (→ § 301 Rz. 107 ff.),
- grundlegende Behandlung der Neuregelungen des BilMoG, z. B. der Bewertung von Pensions- und Ansammlungsrückstellungen (→ § 253 Rz. 30 ff.), der Bewertungseinheiten (→ 254) oder der latenten Steuern im Einzel- und Konzernabschluss (→ § 274 und → § 306),
- Darstellung der gesetzlichen und faktischen Wahlrechte mit ihren bilanzpolitischen Gestaltungsmöglichkeiten,
- ABC-Register (z. B. → § 249 Rz. 162), systematische Auflistungen zur BFH-Rechtsprechung (z. B. → § 250 Rz. 50 ff.) und Aufzählungen zu den Anhangangaben (→ § 284 Rz. 36).

Eine Kommentierung der handelsrechtlichen Rechnungslegungsnormen ohne Berücksichtigung der **steuerlichen** Gewinnermittlungsgrundlagen wäre weniger als eine halbe Sache, denn schließlich legt der BFH in seinen bilanzrechtlichen Entscheidungen weitaus überwiegend Handelsrecht aus – mag man mit dem Ergebnis einig gehen oder nicht. Deshalb ist die einschlägige Steuerrechtslage vollumfänglich in die Kommentierung integriert.

Die **IFRS**-Regeln haben wir der Anregung des EuGH im „BIAO"-Urteil folgend ohne förmlichen und durchgehenden Rechtsvergleich zur Erläuterung herangezogen, wo dies etwa zur Lückenfüllung sinnvoll erschien. Wenn sich allerdings das HGB spürbar unter die Fittiche der internationalen Rechnungslegung begibt, mussten wir deren Regeln im Detail aufgreifen, z. B. beim *hedge accounting* (→ § 254) und in die Zauberwelt des IAS 39 einsteigen. In der Zusammenschau von HGB, EStG und IFRS schlägt dann notgedrungen das Pendel unseres **Stichwortverzeichnisses** zwischen dem altbackenen Thema „Stilllegung eines Mühlenbetriebes" (→ § 250 Rz. 34) und dem fortschrittlichen *„receiver swap"* (→ § 254 Rz. 26).

Freiburg i. Br. und Düsseldorf
im Oktober 2009

Wolf-Dieter Hoffmann
Norbert Lüdenbach

INHALTSVERZEICHNIS

ABKÜRZUNGSVERZEICHNIS

A

a. A.	anderer Auffassung
a. a. O.	am angeführten/angegebenen Ort
a. F.	alte Fassung
AAB	Allgemeine Auftragsbedingungen
ABl EG	Amtsblatt der Europäischen Gemeinschaft (bis 31. 1. 2003)
ABl EU	Amtsblatt der Europäischen Union (seit 1. 2. 2003)
Abs.	Absatz
Abschn.	Abschnitt
Abschr.	Abschreibung
Abt.	Abteilung
ADS	Adler/Düring/Schmaltz (Kommentar)
AfA	Absetzung für Abnutzungen
AG	Aktiengesellschaft (auch Zeitschrift)
AK	Anschaffungskosten
AKEU	Arbeitskreis Externe Unternehmensrechnung der Schmalenbach-Gesellschaft für Betriebswirtschaft e.V.
AktG	Aktiengesetz
Alt.	Alternative
AltfahrzeugG	Gesetz über die Entsorgung von Altfahrzeugen
Anm.	Anmerkung
Anm. d. Verf.	Anmerkung des Verfassers/der Verfasser
AO	Abgabenordnung
APAK	Abschlussprüferaufsichtskommission
APB	Accounting Principles Board Opinion
App.	Appendix
aRAP	aktiver Rechnungsabgrenzungsposten
ARB	Allgemeine Bedingungen für die Rechtsschutzversicherung oder Accounting Research Bulletin
Arge	Arbeitsgemeinschaften des Baugewerbes
Art.	Artikel
ARUG	Gesetz zur Umsetzung der Aktionärsrichtlinie
AStG	Gesetz über die Besteuerung bei Auslandsbeziehungen
AUD	Australischer Dollar
Aufl.	Auflage
AV	Anlagevermögen
Az.	Aktenzeichen

B

BaFin	Bundesanstalt für Finanzdienstleistungsaufsicht
Bau-ARGE	Bau-Arbeitsgemeinschaft

BB	Betriebs-Berater (Zeitschrift)
Bd.	Band
BdF	Bundesministerium der Finanzen
Begr.	Begründung
Ber.	Rechtsausschuss
BetrAVG	Gesetz zur Verbesserung der betrieblichen Altersversorgung
BetrVerfG	Betriebsverfassungsgesetz
BewG	Bewertungsgesetz
BFH	Bundesfinanzhof
BFH/NV	Sammlung der Entscheidungen des Bundesfinanzhofs (Zeitschrift)
BFuP	Betriebswirtschaftliche Forschung und Praxis (Zeitschrift)
BGB	Bürgerliches Gesetzbuch
BGBl	Bundesgesetzblatt
BGH	Bundesgerichtshof
BGHZ	Entscheidungen des Bundesgerichtshofs in Zivilsachen
BilMoG	Bilanzrechtsmodernisierungsgesetz
BilMoG-RegE	Regierungsentwurf des Bilanzrechtsmodernisierungsgesetz
BilReG	Bilanzrechtsreformgesetz
BilRUG	Bilanzrichtlinie-Umsetzungsgesetz
BiRiLiG	Bilanzrichtliniengesetz
BMF	Bundesministerium der Finanzen
BMJ	Bundesministerium der Justiz
BR	Bundesrat
BRD	Bundesrepublik Deutschland
BR-Drucks.	Bundesratsdrucksache
BRZ	Zeitschrift für Bilanzierung und Rechnungswesen
BS	Berufssatzung
BStBk	Bundessteuerberaterkammer
BStBl	Bundessteuerblatt
BT	Bundestag
BT-Drucks.	Bundestagsdrucksache
BuW	Betrieb und Wirtschaft (Zeitschrift)
BV	Betriebsvermögen
BW	Buchwert
bzw.	beziehungsweise

C

CAD	Kanadischer Dollar
CDO	Collateralized Debt Obligation
CFL	Courant-Friedrichs-Lewy-Zahl
CH	Schweiz (Confoederatio Helvetica)
CHF	Schweizer Franken
CNC	Computerized Numerical Control
Co.	Compagnie
CPA	Certified Public Accountant
CTA	Contractual Trust Arrangements

D

D & O	Directors & Officers
DAT	Deutsche Automobil Treuhand GmbH (Institution für automobile Marktforschung)
DAX	Deutscher Aktienindex
DB	Der Betrieb (Zeitschrift)
DBO	Defined Benefit Obligation
DCGK	Deutscher Corporate Governance Kodex
DEHSt	Deutsche Emissionshandelsstelle
DFB	Deutscher Fußball-Bund e. V.
d. h.	das heißt
div.	diverse(-s)
DM	Deutsche Mark
DPR	Deutsche Prüfstelle für Rechnungslegung
DRS	Deutscher Rechnungslegungs Standard
DRSC	Deutsches Rechnungslegungs Standards Committee e. V.
DSR	Deutscher Standardisierungsrat
DStR	Deutsches Steuerrecht (Zeitschrift)
DStRE	DStR-Entscheidungsdienst (Zeitschrift)
DStZ	Deutsche Steuer-Zeitung (Zeitschrift)
DV	Datenverarbeitung
DVFA/SG	Deutsche Vereinigung für Finanzanalyse und Asset Management/Schmalenbach-Gesellschaft

E

EB	Eröffnungsbilanz
eBAnz	elektronischer Bundesanzeiger
EBIT	Earnings Before Interest and Taxes
EBITA	Earnings Before Interest, Taxes and Amortization
EBITDA	Earnings Before Interest, Taxes, Depreciation and Amortization
EBT	Earnings Before Taxes
ED	Exposure Draft
E-DRS	Entwurf Deutscher Rechnungslegungsstandard
EDV	Elektronische Datenverarbeitung
EFG	Entscheidungen der Finanzgerichte (Zeitschrift)
EG	Europäische Gemeinschaft
EGAktG	Einführungsgesetz zum Aktiengesetz
EGHGB	Einführungsgesetz zum Handelsgesetzbuch
einschl.	einschließlich
EITF	Emerging Issues Task Force
EK	Eigenkapital
EnWG	Gesetz über die Elektrizitäts- und Gasversorgung
ERA	Entgelt-Rahmenabkommen
ErgBd	Ergänzungsband
ERP	Enterprise Resource Planning
ERS	Entwurf IDW Stellungnahme zur Rechnungslegung
EStDV	Einkommensteuer-Durchführungsverordnung

EStH	Einkommensteuerhinweise
EStG	Einkommensteuergesetz
EStR	Einkommensteuer-Richtlinien
etc.	et cetera
EU	Europäische Union oder in Beispielen: Enkelunternehmen
EuGH	Europäischer Gerichtshof
EURIBOR	Euro Interbank Offered Rate
evt.	eventuell
EWG	Europäische Wirtschaftsgemeinschaft
EWR	Europäischer Wirtschaftsraum

F

F	Framework
f.	folgende
FASB	Financial Accounting Standards Board
FAZ	Frankfurter Allgemeine Zeitung
FC	Fußballclub
ff.	fortfolgende
FG	Finanzgericht
FGG	Freiwillige Gerichtsbarkeit Gesetz
FGO	Finanzgerichtsordnung
FiBu	Finanzbuchhaltung
Fifo	First in – First out
FIN	FASB Interpretations
FJD	Fidschi Dollar
FK	Fremdkapital
FN	IDW Fachnachrichten (Zeitschrift)
Fn.	Fußnote
FördG	Gesetz über Sonderabschreibungen und Abzugsbeträge im Fördergebiet
FR	Frankfurter Rundschau (Zeitung) oder Finanz-Rundschau (Zeitschrift)
FS	Festschrift
FuE	Forschung und Entwicklung
FW	Fremdwährung

G

GBP	Great Britain Pound
GbR	Gesellschaft bürgerlichen Rechts
GDPdU	Grundsätze zum Datenzugriff und zur Prüfbarkeit digitaler Unterlagen
GE	Geldeinheit
gem.	gemäß
GenG	Gesetz betreffend die Erwerbs- und Wirtschaftsgenossenschaften
GewStDVO	Gewerbesteuer-Durchführungsverordnung
GewStG	Gewerbesteuergesetz
gez.	gezeichnet
GG	Grundgesetz
ggf.	gegebenenfalls

GJ	Geschäftsjahr
GKV	Gesamtkostenverfahren
Gl. A.	Gleicher Auffassung
GmbH	Gesellschaft mit beschränkter Haftung
GmbHG	Gesetz betreffend die Gesellschaften mit beschränkter Haftung
GmbHR	Gesellschafts- und Steuerecht der GmbH und GmbH & Co. (Zeitschrift)
GmbH-StB	Der GmbH-Steuer-Berater (Zeitschrift)
GoB	Grundsätze ordnungsmäßiger Buchführung
GRL	Gewinnrücklagen
GSM	Global System for Mobile Communications
GuV	Gewinn- und Verlustrechnung
GWG	Geringwertige Wirtschaftsgüter

H

h. M.	herrschende Meinung
HB	Handelsbilanz
HB I	Handelsbilanz I
HB II	Handelsbilanz II
HFA	Hauptfachausschuss
HGB	Handelsgesetzbuch
HGrG	Gesetz über die Grundsätze des Haushaltsrechts des Bundes und der Länder
HHR	Herrmann/Heuer/Raupach (Kommentar)
HiFo	Highest in – First out
HK	Herstellungskosten
HR	Handelsregister
Hrsg.	Herausgeber

I

i. d. F.	in der Fassung
i. d. R.	in der Regel
i. e. S.	im engeren Sinn
i. Gr.	in Gründung
i. H.	in Höhe
i. S.	im Sinne
i. V.	in Verbindung
i. w. S.	im weitesten Sinne
IAS	International Accounting Standards
IASB	International Accounting Standards Board
IAS-VO	IAS-Verordnung
IDW	Institut der Wirtschaftsprüfer
– ERS	Entwurf Stellungnahme zur Rechnungslegung
– FAIT	Fachausschuss für Informationstechnologie
– HFA	Hauptfachausschuss
– PH	Prüfungshinweise
– PS	Prüfungsstandards
– RH	Rechnungslegungshinweise

– RS	Stellungnahmen zur Rechnungslegung
– S	Standards
– VFA	Versicherungsfachausschuss
IFRIC	International Financial Reporting Interpretations Committee
IFRS	International Financial Reporting Standards
IKB	Deutsche Industriebank AG
INF	Information über Steuer und Wirtschaft (Zeitschrift)
inkl.	inklusive
InvG	Investmentgesetz
InvZulG	Investitionszulagengesetz
IRZ	Zeitschrift für internationale Rechnungslegung
ISA	International Auditing Standards
IT	Informationstechnik

J

JPY	Japanischer Yen

K

KAGG	Gesetz über Kapitalanlagegesellschaften
Kap.	Kapital
Kap. & Co.	Kapital- & Co.
KapCoRiLiG	Kapitalgesellschaften- und Co-Richtlinie-Gesetz
KapRL	Kapitalrücklagen
Kfz	Kraftfahrzeug
KG	Kommanditgesellschaft
KGaA	Kommanditgesellschaft auf Aktien
KGV	Kursgewinnverhältnisse
KiFo	Konzern in – First out
KonBefrV	Verordnung über befreiende Konzernabschlüsse und Konzernlageberichte von Mutterunternehmen mit Sitz in einem Drittstaat
KonTraG	Gesetz zur Kontrolle und Transparenz im Unternehmensbereich
KoR	Zeitschrift für internationale und kapitalmarktorientierte Rechnungslegung
KöSDi	Kölner Steuerdialog (Zeitschrift)
KSM	Kirchhof/Söhn/Mellinghof (Kommentar)
KStG	Körperschaftsteuergesetz
kum.	kumuliert
KWG	Gesetz über das Kreditwesen

L

L+L	Lieferungen und Leistungen
LFD	Landesfinanzdirektion
lfd.	laufend(-e)
LIBOR	London Interbank Offered Rate
Lifo	Last in – First out
LStDV	Lohnsteuer-Durchführungsverordnung

lt.	laut
LW	Landeswährung

M

m. a. W.	mit anderen Worten
m. Anm.	mit Anmerkungen
m. w. N.	mit weiteren Nachweisen
MarkenG	Gesetz über den Schutz von Marken und sonstigen Kennzeichen
MBO	Management Buy Out
MD&A	Management Discussion and Analysis
MDAX	Mid-Cap-DAX
Mio	Millionen
MoMiG	Gesetz zur Modernisierung des GmbH-Rechts und zur Bekämpfung von Missbräuchen
Mrd	Milliarden
MU	Mutterunternehmen

N

n. F.	neue Fassung
NAV	Net Asset Values
NewCo	New Corporation
NJW	Neue juristische Wochenschrift
No.	Number
Nr.	Nummer
n. v.	nicht veröffentlicht
NWB	NWB Steuer- und Wirtschaftsrecht (Zeitschrift)
NZB	Nationale Zentralbank

O

o. Ä.	oder Ähnliches
o. g.	oben genannt(-e)
OEM	Original Equipment Manufacturer
OHG	Offene Handelsgesellschaft
OLG	Oberlandesgericht
ÖPP	Öffentlich-Private Partnerschaft
öUGB	(österreichisches) Unternehmensgesetzbuch

P

p. a.	per annum
PiR	NWB Internationale Rechnungslegung (Zeitschrift)
POC	Percentage of Completion
PPP	Public Private Partnership
pRAP	passiver Rechnungsabgrenzungsposten
PU	Partnerunternehmen
PublG	Publizitätsgesetz

R

R	Richtlinie
rd.	rund
RefE	Referentenentwurf
RegE	Regierungsentwurf
RFH	Reichsfinanzhof
RHB	Roh-, Hilfs- und Betriebsstoffe
RIC	Rechnungslegungs Interpretations Committe
ROI	Return on Investment
RWZ	Österreichische Zeitschrift für Recht und Rechnungswesen
Rz.	Randziffer

S

S.	Seite
s. b. A.	sonstiger betrieblicher Aufwand
s. o.	siehe oben
S. A.	Sociedad Anónima
S:R	Status: Recht (Zeitschrift)
SCP	Société Civile Professionelle
SDAX	Small-Cap-DAX
SE	Societas Europaea
SEC	Securities and Exchange Commission
SFAS	Statements of Financial Accounting Standards
SIC	Standing Interpretations Committee
SICAV	Société d'Investissement à Capital Variable oder Società di Investimento a Capitale Variabile
sog.	sogenannt(-e)
sonst.	sonstige(-s)
SOP	Statement of Position
SPE	Special Purpose Entity
StB	Steuerbilanz
Stbg	Die Steuerberatung (Zeitschrift)
StBJb	Steuerberater-Jahrbuch
StBp	Steuerliche Betriebsprüfung (Zeitschrift)
StGB	Strafgesetzbuch
StuB	NWB Unternehmensteuern und Bilanzen (Zeitschrift)
StuW	Steuer und Wirtschaft (Zeitschrift)
StVG	Straßenverkehrsgesetz

T

TA Luft	Technische Anleitung zur Reinhaltung der Luft
TecDAX	Technologie-Werte Deutscher Aktienindex
TEHG	Treibhausgas-Emissionshandelsgesetz
TransPuG	Transparenz- und Publizitätsgesetz
TU	Tochterunternehmen

TU-D	Tochterunternehmen Deutschland
TU-USA	Tochterunternehmen USA
TÜV	Technischer Überwachungs-Verein
Tz.	Textziffer

U

u.	und
u. a.	unter anderem
u. Ä.	und Ähnliches
u. E.	unseres Erachtens
u. U.	unter Umständen
Ubg	Unternehmensbesteuerung (Zeitschrift)
UE	Umsatzerlöse
UKV	Umsatzkostenverfahren
UMTS	Universal Mobile Telecommunications System
UmwG	Umwandlungsgesetz
UmwStG	Umwandlungssteuergesetz
UR	Umsatzsteuer-Rundschau (Zeitschrift)
USA	United States of America
USD	United States Dollar
US-GAAP	United States Generally Accepted Accounting Principles
USt	Umsatzsteuer
usw.	und so weiter

V

VersicherungsaufsichtsG	Versicherungsaufsichtsgesetz
VersRiLiG	Versicherungsbilanzrichtlinie-Gesetz
VG	Vermögensgegenstände
VGH	Verwaltungsgerichtshof
vgl.	vergleiche
VO	Verordnung
VOB	Vergabe- und Vertragsordnung für Bauleistungen
vs.	versus
VV	Verlustvortrag

W

WACC	Weighted Average Cost of Capital
wistra	Zeitschrift für Wirtschafts- und Steuerstrafrecht
WPg	Die Wirtschaftsprüfung (Zeitschrift)
WP Praxis	NWB Wirtschaftsprüfung (Zeitschrift)
WpHG	Wertpapierhandelsgesetz
WM	Zeitschrift für Wirtschafts- und Bankrecht (Wertpapiermitteilungen)
WPO	Gesetz über eine Berufsordnung der Wirtschaftsprüfer

X

XBRL	eXtensible Business Reporting Language

Z

z. B.	zum Beispiel
z. T.	zum Teil
ZGR	Zeitschrift für Unternehmens- und Gesellschaftsrecht
ZIP	Zeitschrift für Wirtschaftsrecht
ZPO	Zivilprozessordnung
zzgl.	zuzüglich

Drittes Buch: Handelsbücher

Erster Abschnitt: Vorschriften für alle Kaufleute

Erster Unterabschnitt: Buchführung; Inventar

§ 238 Buchführungspflicht

(1) [1]Jeder Kaufmann ist verpflichtet, Bücher zu führen und in diesen seine Handelsgeschäfte und die Lage seines Vermögens nach den Grundsätzen ordnungsmäßiger Buchführung ersichtlich zu machen. [2]Die Buchführung muss so beschaffen sein, dass sie einem sachverständigen Dritten innerhalb angemessener Zeit einen Überblick über die Geschäftsvorfälle und über die Lage des Unternehmens vermitteln kann. [3]Die Geschäftsvorfälle müssen sich in ihrer Entstehung und Abwicklung verfolgen lassen.

(2) Der Kaufmann ist verpflichtet, eine mit der Urschrift übereinstimmende Wiedergabe der abgesandten Handelsbriefe (Kopie, Abdruck, Abschrift oder sonstige Wiedergabe des Wortlauts auf einem Schrift-, Bild- oder anderen Datenträger) zurückzubehalten.

Inhaltsübersicht — Rz.

LITERATUR:

Eisele/Knobloch, Technik des betrieblichen Rechnungswesens, 8. Aufl. 2011; IDW RS FAIT 1, Grundsätze ordnungsmäßiger Buchführung bei Einsatz von Informationstechnologie, FN IDW 2002 S. 649; BMF, Grundsätze zum Datenzugriff und zur Prüfbarkeit digitaler Unterlagen, WPg 2001 S. 852; BMF, Schreiben v. 7.11.1995, Grundsätze ordnungsmäßiger DV-gestützter Buchführungssysteme, BStBl 1995 I S. 738.

I. Die Buchführungspflicht des Kaufmanns (Abs. 1 Satz 1)

1. Die Kaufmannseigenschaft als Auslöser der Buchführungspflicht

Die **Kaufmannseigenschaft** i. S. der §§ 1 ff. HGB begründet die Buchführungspflicht, aus der Bilanzierungsaufgaben entwachsen (→ § 242 Rz. 1). Umgekehrt unterliegen die Kleingewerbetreibenden (und die Freiberufler) nicht der kaufmännischen Rechnungslegung. Die generellen Abgrenzungsprobleme vom Kleingewerbebetrieb bzw. die Frage des Erfordernisses eines kaufmännisch eingerichteten Geschäftsbetriebs wirken hier fort. Zur Angleichung der Buchführungsvorschriften des HGB an die steuerlichen im Bereich des Einzelkaufmanns vgl. § 241a. Zur **Problematik der Abgrenzung** zwischen Kaufmann und Kleingewerbetreibenden und des Begriffsinhalts „eines in kaufmännischer Weise eingerichteten Geschäftsbetriebs“ wird auf die HGB-Kommentierungen zu § 1 HGB verwiesen. 1

Der Buchführungspflicht unterliegt auch der Scheinkaufmann (§ 2 Abs. 1 EStG), also derjenige, der trotz Status als Nicht- oder Kleingewerbetreibender eine Handelsregistereintragung herbeigeführt oder eine Löschung der Eintragung versäumt hat. Hieraus ergeben sich zugleich Folgen für die steuerliche Gewinnermittlung:

BEISPIEL[1] Vorräte, Arbeitnehmer und Geschäfte der bis zum 31.12.01 vollkaufmännisch tätigen XY KG werden am 1.1.02 im Wege der steuerlichen Betriebsaufspaltung auf die E GmbH übertragen. Die Löschung der danach nur noch vermögensverwaltend tätigen Personengesellschaft im Handelsregister wird versäumt.

BEURTEILUNG Die XY könnte ihren steuerlichen Gewinn auch im Wege der Einnahmen-Ausgaben-Rechnung nach § 4 Abs. 3 EStG bestimmen. Da sie aber wegen der unterlassenen Löschung der Handelsregistereintragung als Scheinkaufmann gesetzlich verpflichtet ist, Bücher zu führen und handelsrechtliche Abschlüsse aufzustellen, muss sie gem. § 5 Abs. 1 Satz 1 EStG den Gewinn durch Betriebsvermögensvergleich ermitteln.

Nach § 140 AO „hängt" sich die steuerliche Buchführungspflicht an der (insbesondere) handelsrechtlichen auf. Die kaufmännische Buchführung strahlt insoweit auf die Besteuerungssphäre aus. Unklar ist dabei allerdings, ob unter „anderen Gesetzen" auch ausländisches Buchführungsrecht zu verstehen ist. Der BFH hat dies offengelassen.[2]

Ein (Einzel-)Kaufmann hat regelmäßig auch **privates** Vermögen, das nicht der Buchführungspflicht unterliegt und deshalb inhaltlich von dieser zu trennen ist (→ § 246 Rz. 195 ff.).

Die Kaufmannseigenschaft kommt nicht nur Einzelpersonen (u. U.) zu, sondern auch

- Handelsgesellschaften nach § 6 Abs. 1 HGB, also
  - Kapitalgesellschaften: AG, GmbH, KGaA, Kap.-Gesellschaft & Co. KGaA
  - Personengesellschaften: OHG, KG, „Kap. & Co."-Gesellschaft,
- eingetragenen Genossenschaften (§ 17 Abs. 2 GenG),
- u. U. Versicherungsgesellschaften,
- u. U. (größeren) Vereinen,
- Wirtschaftsbetrieben der öffentlichen Hand, sofern sie ein Handelsgewerbe nach § 1 HGB betreiben.

2 Jenseits des Einzugsbereichs eines **Einzel**kaufmanns muss der Kreis der (natürlichen) **Personen** bestimmt werden, die die Buchführungspflichten für die von ihnen vertretenen Gesellschaften in corpore zu erfüllen haben. Angesprochen sind bei Handelsgesellschaften und eingetragenen Genossenschaften die **Organ**mitglieder:

- der Vorstand der AG nach § 91 AktG,
- die persönlich haftenden Gesellschafter einer KGaA (§ 283 Nr. 9 AktG),
- die GmbH-Geschäftsführer (§ 41 GmbHG),
- die Vorstände der eingetragenen Genossenschaft (§ 24 GenG),
- die Liquidatoren solcher Gesellschaften (→ Rz. 8),
- bei Personenhandelsgesellschaften die persönlich haftenden Gesellschafter (§§ 114, 164 HGB).

Die Verantwortung trifft das jeweilige Organ in seiner Gesamtheit, also sämtliche Mitglieder (→ Rz. 3).

1 Entnommen aus *Lüdenbach*, StuB 2011 S. 308 ff.

2 BFH, Urteil v. 25.6.2014 – I R 24/13, DStR 2014 S. 2213.

Der **stillen Gesellschaft** fehlt als reiner **Innen**gesellschaft die Kaufmanneseigenschaft. Sie ist deshalb nicht buchführungspflichtig, ebenso wenig der Stille für seine Einlage. Die Buchführungspflicht trifft nur den Inhaber[1] (→ § 246 Rz. 10). Steuerlich muss der Gewinn der (atypisch) stillen Gesellschaft an einer bilanzierenden Kapitalgesellschaft durch Vermögensvergleich ermittelt werden. Der Stille kann für die Gewinnermittlung nicht eine Überschussrechnung nach § 4 Abs. 3 EStG wählen.[2]

Bei größeren Gesellschaften ist eine **Arbeitsteilung** zwischen den Organmitgliedern aus Rationalisierungsgründen zwingend. Dabei bleibt bei allen Organmitgliedern formal in zivil- und strafrechtlicher Hinsicht die Verantwortlichkeit für die Buchführung bestehen. Diese Verantwortung ist allerdings abgestuft: Das nach dem Geschäftsverteilungsplan nicht zuständige Organmitglied handelt dann nicht fahrlässig oder bedingt vorsätzlich, wenn es hinreichende Sorgfalt bei der Auswahl und Überwachung des zuständigen Organmitglieds walten lässt. Diese Verantwortlichkeit des nicht zuständigen Organmitglieds setzt sich dann allerdings nicht in einer weiteren Stufe auf die Überwachung der dort handelnden Personen (z. B. Buchhalter) fort. Die Überwachung der eigentlichen Buchführungsarbeit und die Kontrolle der damit verbundenen Prozesse obliegen dem zuständigen Organmitglied. 3

Auch sog. **faktische** Geschäftsführer sind für die Rechnungslegung „zuständig", ebenso ein **Testamentsvollstrecker** und ein **Insolvenzverwalter** (→ § 252 Rz. 30), soweit sich deren Tätigkeit auf einen kaufmännischen Gewerbebetrieb erstreckt. Als Kaufmann i. S. der Rechnungslegung gilt auch die inländische **Zweigniederlassung** ausländischer Kaufleute (regelmäßig Gesellschaften). Die Kaufmannseigenschaft und damit die Buchführungspflicht nach § 1 Abs. 2 HGB erstreckt sich auch auf juristische Personen des öffentlichen Rechts, die ein gewerbliches Unternehmen betreiben.

Eine Pflicht zur **persönlichen** Erfüllung der Buchführungspflicht besteht **nicht.** Der Kaufmann bzw. das zuständige Organmitglied kann sich Hilfspersonen bedienen und die Buchführung auch außer Haus – über das Internet z. B. in Polen oder Indien – erledigen lassen (→ § 239 Rz. 11). Die persönliche Auswahl und die Überwachung bleiben als Verantwortungstatbestand dadurch unberührt. 4

Über die Schiene des § 141 AO gehen die **handels-** und **steuerrechtlichen** Buchführungsvorschriften Hand in Hand, d. h., bei Erfüllung der kaufmännischen Verpflichtungen werden auch die ertragsteuerlichen erfüllt. Hinzu kommen aus steuerlicher Sicht noch die umfangreichen Vorgaben für die Umsatzsteuer, die EDV-technisch regelmäßig an die Buchführungspflicht im engeren Sinne nach Handels- und Steuerrecht angeknüpft werden. 5

Die Buchführungspflicht **beginnt** im Falle des Einzelkaufmanns gem. § 1 Abs. 2 HGB mit dem ersten buchungspflichtigen Geschäftsvorfall, bei Personenhandelsgesellschaften spätestens mit dem Beginn der Tätigkeit unter gemeinsamer Firma. 6

BEISPIEL ▸ Meier und Müller gründen die „M+M Sushi-Home-Service OHG" durch Handschlag unter Entkorkung einer Flasche Reisweins. Gleich **danach** begeben sie sich in das Autohaus A, um einen Kleintransporter für den Heimdienst auszuwählen. Nach kurzen Verhandlungen und Beratungen durch das Autohaus wird ein entsprechender Leasingvertrag abgeschlossen, für dessen Abschluss das Autohaus eine pauschale Vermittlungsprovision von 1.000 € erhebt. Diese stellt den ersten buchungspflichtigen Geschäftsvorfall dar. Die erst später erfolgende Handelsregistereintragung als rechtsdeklarierender Akt

1 Vgl. *Blaurock,* Handbuch der stillen Gesellschaft, 7. Aufl. 2010, Tz. 13.98 ff.

2 BFH, Urteil v. 25.6.2014 – I R 24/13, DStR 2014 S. 2213.

gilt nicht als Beginn der Buchführungspflicht. Eine Eröffnungsbilanz im eigentlichen Sinn kann hier nicht erstellt werden, da bei Beginn der Buchführungspflicht weder ein Vermögensgegenstand noch eine Verbindlichkeit/Schuld vorhanden ist (→ § 242 Rz. 5).

7 Anders verhält es sich möglicherweise bei **Kapital**gesellschaften, die erst mit Eintragung ins Handelsregister die Kaufmannseigenschaft erlangen. Die regelmäßig vor der Eintragung bestehende Vorgesellschaft ist nach steuerlichen Kriterien mit Abschluss des notariell beurkundeten Gesellschaftsvertrags buchführungspflichtig. Folgt man dem auch handelsrechtlich, beginnt die Buchführungspflicht spätestens mit dem ersten Geschäftsvorfall nach Errichtung. Anderer Auffassung zufolge beginnt die Buchführungspflicht im Zeitpunkt der Einlageleistung, wobei auf diesen Zeitpunkt dann auch die Eröffnungsbilanz zu erstellen ist (→ § 242 Rz. 7).

8 Die Kaufmannseigenschaft und damit die Buchführungspflicht **enden**

- mit **Aufgabe** des Geschäftsbetriebs, abgesehen von den im Nachgang noch anfallenden buchungspflichtigen Geschäftsvorfällen,
- bei den Kaufleuten kraft Eintragung (§ 2 HGB) mit der Handelsregister**löschung.**

Für Gesellschaften in **Liquidation** endet die Buchführungspflicht nicht vor der Löschung im Handelsregister (sog. Vollbeendigung); während der Liquidationsphase obliegt die Buchführungspflicht den **Liquidatoren.** Das **Insolvenz**verfahren führt nicht zur Beendigung der Buchführungspflicht. Eine unrechtmäßige Löschung im Handelsregister führt außer bei Kannkaufleuten nicht zum Ende der Buchführungspflicht.

2. Die Pflicht zur Führung von Büchern

9 Begrifflich stammt die **Buch**-Führung noch aus der Zeit, als die Geschäftsvorfälle in einem fortlaufend gehefteten Papier festgehalten worden sind, ist so gesehen in der Ära der oberitalienischen Kaufleute begründet. International hat sich der Begriff zumindest im Angelsächsischen („*bookkeeping*") auch gehalten. Heutzutage mag man sich noch an das frühere amerikanische Journal erinnern, das eine gewisse Ähnlichkeit mit einem „Buch" aufzuweisen hatte.

Die Ablösung durch die Loseblattbuchführung leitete den Verzicht auf ein förmliches „Buch" im Rahmen der Buchführung ein. Die Funktion der fortlaufenden lückenlosen Erfassung und deren Nachweis übernahm das **Journal,** das auch heute noch im Zeitalter der EDV-Buchführung geführt werden muss.

10 Inzwischen ist selbst bei kleinsten Unternehmen die **Buch**-Führung durch irgendein **EDV**-System abgelöst, sei es nun in einfacheren Verhältnissen durch PC-Erfassung oder in größeren Bereichen durch Einbindung der eigentlichen Finanzbuchführung in eine unternehmensweite Datenerfassung und -verwaltung aller Unternehmensbereiche (z. B. SAP). Die Gesetzesanweisung – „Bücher zu führen" – lässt die Technik offen; der Gesetzgeber versucht gar nicht erst, sich in die „Niederungen" der Buchungstechnik hinabzubegeben, überlässt dies sinnvollerweise der Praxis und dem unbestimmten Rechtsbegriff der GoB. Diese werden speziell konkretisiert durch detaillierte Anwendungshinweise zu EDV-gestützter Buchführung, wie z. B. des IDW. Zu weiteren Einzelheiten vgl. → § 239 Rz. 8 ff. Zum „*Cloudcomputing*" hat sich umfassend

das IDW geäußert,[1] ebenso zur Auslagerung von rechnungslegungsrelevanten Dienstleistungen.

Nicht zu den „Büchern" im Gesetzessinn zählt die **Betriebsbuchhaltung** mit Kostenstellen- und -trägerrechnung, auch wenn sie zur Ermittlung von Herstellungskosten (→ § 255 Rz. 126 ff.) benötigt wird.[2] 11

Der **Ort** der Buchführung ist handelsrechtlich nicht geregelt. Hier bestimmt das **Steuerrecht** die Marschroute (→ § 239 Rz. 11). 12

3. Der Informationszweck: Sichtbarmachung der Vermögenslage

Die Buchführung stellt **keinen Selbstzweck** dar. Sie ist Vorstufe der Bilanzierung und dient insofern der Information 13

- des **Kaufmanns** selbst, der sich aus eigenem Interesse einen Überblick über „die Lage seines **Vermögens**" machen soll,
- der **Kapitalgeber** (Gesellschafter und Gläubiger), die über die Geschäftsentwicklung und damit die Risikoentwicklung ihres Investments informiert werden sollen,
- des **Fiskus**, der auf der Basis der handelsrechtlichen Vermögensentwicklung den steuerpflichtigen Gewinn feststellen kann.

Streitig ist, inwieweit der Kaufmann nicht nur zum Bilanzstichtag, sondern praktisch jederzeit auch unterjährig über den Stand und die Zusammensetzung seines Vermögens informiert sein muss. Nach handelsrechtlich begründeter Auffassung des BFH gilt:[3]

> *„Die Verbuchung des unbaren Geschäftsverkehrs muss **jederzeit** einen Überblick über die Forderungen und Schulden der Höhe und der Zusammensetzung nachgeben."*

Ganz so apodiktisch, wie es der BFH formuliert, kann es in der Praxis vielfach nicht zugehen. Man denke nur an zu bewertende Schulden, wie z. B. Pensionsverpflichtungen, die jeweils nur zum Bilanzstichtag genau ermittelt werden. Der BFH spricht dabei nur von Forderungen und Schulden, aber diese allein begründen nicht die Vermögenslage des Kaufmanns. Dazu gehören insbesondere auch die Bestände des Vorratsvermögens, die ohne eine Lagerbuchführung mit tagesaktueller Bestandsführung nicht „jederzeit" die Vermögenslage widerspiegeln können. Man darf vom Kaufmann in diesem Zusammenhang nur ein ordnungsmäßiges Vorgehen verlangen, das sich durchaus auf die tägliche Information über den Stand **bestimmter** Vermögensgegenstände und Schulden erstreckt, aber nur insoweit, als diese zur laufenden Geschäftsführung benötigt werden.

Bei **Rechtsstreitigkeiten** hat die Buchführung eine Beweissicherungsfunktion. Der Kaufmann, der seiner Verpflichtung zur Führung der Bücher nicht nachgekommen ist, kann steuerlich daher einer bis an die Obergrenze des Ermessens gehenden Schätzung seines Gewinns nichts entgegenhalten. Der sachverständige Dritte (→ Rz. 12) muss im Auftrag eines Gesellschafters, des Gerichts oder anderer Instanzen mithilfe der Buchführung auch unterjährig Feststellungen zum Vermögen und zum Gewinn treffen können.

1 IDW ERS FAITS: Grundsätze ordnungsmäßiger Buchführung bei Auslagerung von rechnungslegungsrelevanten Dienstleistungen einschließlich *„Cloudcomputing"*.

2 Anderer Auffassung *Störk/Lewe* in Beck'scher Bilanz-Kommentar, 13. Aufl. 2022, § 238 Tz. 120.

3 BFH, Urteil v. 2.10.1968 – I R 8/66, BStBl 1969 II S. 157.

Die Buchführungspflicht ist **öffentlich-rechtlicher** Natur. Ihre Erfüllung dient dem Schutz verschiedener Adressaten der Rechnungslegung. Die Nichterfüllung ist daher etwa im Insolvenzfall strafrechtlich sanktioniert (§ 83 Abs. 1 Nr. 5, Abs. 2 und § 283b Abs. 1 Nr. 1 StGB). Das Finanzamt kann die Erfüllung der Buchführungspflicht mit Zwangsgeld belegen (§ 328 Abs. 1 AO).

Die Buchführung dient vorrangig der Ermittlung des Vermögens am Bilanzstichtag und im Vergleich zweier Stichtage der Ermittlung des Gewinns als um Einlagen und Entnahmen bereinigter Vermögensänderungen. Letzteres wird in § 4 Abs. 1 Satz 1 EStG als Gewinnermittlung durch **Vermögensvergleich** bezeichnet.

Der Erreichung dieser Ziele dient das gesamte Buchführungsgeschehen im engeren Sinn, also in erster Linie die **Finanzbuchführung**, die durch die verschiedenen Nebenbücher ergänzt wird (→ § 239). Die Einbeziehung der Finanzbuchführung in die datentechnische Verknüpfung mit dem gesamten Unternehmen oder dem Konzern verlagert die eigentliche Buchführungstätigkeit in eine Vielzahl von solchen Nebenbüchern (Kunden-, Anlage-, Lagerbuchhaltung etc.). Das **Hauptbuch** mit seinen Konten wird „automatisch" bebucht und übt „nur" noch Kontrollfunktion aus.

II. Der sachverständige Dritte als Beurteilungshilfe (Abs. 1 Satz 2)

14 Das Gesetz enthält sich detaillierter Vorgaben zur Bestimmung der **Ordnungsmäßigkeit** und der Art der Buchführung (→ Rz. 10). Deshalb kann es selbst auch keinen Beurteilungsmaßstab liefern, sondern verweist auf die imaginäre Figur eines **Sachverständigen,** der sich in angemessener Zeit einen Überblick über die Geschäftsvorfälle und über die Vermögenslage verschaffen muss. Auch hier ist die Gesetzesformulierung ausgesprochen offen: Die **„angemessene Zeit"** muss individuell bestimmt werden, sie ist bei einem Großunternehmen anders zu definieren als bei einem Pizzabringdienst. Sachverständig in diesem Sinn ist z. B. ein Steuerberater oder Wirtschaftsprüfer, aber auch ein hinreichend in Rechnungslegung ausgebildeter Mitarbeiter.

III. Verfolgung der Geschäftsvorfälle (Abs. 1 Satz 3)

15 Die in Abs. 1 Satz 3 geforderte Möglichkeit zur Verfolgung der Geschäftsvorfälle nach Entstehung und Abwicklung ist eine (eher selbstverständliche) Anforderung an eine ordnungsmäßige Buchführung. Dazu bedarf es insbesondere eines **Belegs** („keine Buchung ohne Beleg") sowie eines **Journals** (→ Rz. 9), in dem die Buchungen nach Datum, Betrag, Konten und Belegnummer erfasst sind.

15a Der manipulationsgeschützten Möglichkeit zur Verfolgung von Geschäftsvorfallen dient auch § 146a AO mit der Vorgabe, bei elektronischer Aufzeichnung von Geschäftsvorfällen (Registrierkassen usw.) ein elektronisches Aufzeichnungssystem zu verwenden, das jeden aufzeichnungspflichtigen Geschäftsvorfall und anderen Vorgang (z. B. Stornierungen) „einzeln, vollständig, richtig, zeitgerecht und geordnet aufzeichnet". Die Kassensicherungsverordnung (KassenSichV) konkretisiert Anforderungen an die Speicherung digitaler Grundaufzeichnungen.

IV. Kopien der abgesandten Handelsbriefe (Abs. 2)

Eine weitere Konkretisierung der GoB-Anforderungen stellt die in Abs. 2 verlangte **Aufbewahrungspflicht** bzgl. einer mit der Urschrift übereinstimmenden Kopie der abgesandten Handelsbriefe dar – wobei auch hier die Technik nicht vorgeschrieben wird, also z. B. eine Scanner-Archivierung erlaubt ist. Die Wiedergabe muss im Interesse der Beweissicherung mit der Urschrift übereinstimmen. Eine Beschränkung auf die wesentlichen Inhalte ist unzulässig. Nach § 257 Abs. 3 HGB müssen die auf Datenträgern gespeicherten Handelsbriefe während der Dauer der gesetzlichen Aufbewahrungsfrist jederzeit innerhalb angemessener Frist lesbar gemacht werden können. 16

Handelsbriefe sind nach § 257 Abs. 2 HGB definiert als die ein Handelsgeschäft betreffenden Schriftstücke. Die Anforderungen von § 238 Abs. 2 HGB beziehen sich anders als in § 257 HGB nur auf die **abgesandten** Handelsbriefe. Die Beschränkung in § 238 Abs. 2 HGB auf die **Kopien** erklärt sich aus der notwendigen Aufbewahrung des Originals beim Empfänger. Umgekehrt verhält es sich bei den eingegangenen Handelsbriefen; diese befinden sich in der Verwahrung des bilanzierenden Kaufmanns. Diese Unterscheidung ist insoweit sinnvoll, als Kopien technisch als Durchschriften erstellt werden bzw. wurden. Mit der Möglichkeit der Wiedergabe von verschiedenen Datenträgern verliert diese Vorschrift ihre Bedeutung, denn nach § 257 Abs. 3 HGB können auch die empfangenen Handelsbriefe auf Bild- oder Datenträgern mit Wiedergabemöglichkeit aufbewahrt werden (→ § 257 Rz. 14). 17

Die Pflicht zur Aufbewahrung einer vollständigen Kopie der ausgesandten Handelsbriefe ist bei standardisierten **Auftragsbedingungen** auch dann erfüllt, wenn aus den EDV-mäßigen Aufzeichnungen hervorgeht, welche Auftragsbedingungen und Konditionen der jeweiligen Ausgangsrechnung zugrunde gelegt worden sind. Eine komplette Archivierung ist insoweit nicht notwendig. 18

§ 239 Führung der Handelsbücher

(1) [1]Bei der Führung der Handelsbücher und bei den sonst erforderlichen Aufzeichnungen hat sich der Kaufmann einer lebenden Sprache zu bedienen. [2]Werden Abkürzungen, Ziffern, Buchstaben oder Symbole verwendet, muss im Einzelfall deren Bedeutung eindeutig festliegen.

(2) Die Eintragungen in Büchern und die sonst erforderlichen Aufzeichnungen müssen vollständig, richtig, zeitgerecht und geordnet vorgenommen werden.

(3) [1]Eine Eintragung oder eine Aufzeichnung darf nicht in einer Weise verändert werden, dass der ursprüngliche Inhalt nicht mehr feststellbar ist. [2]Auch solche Veränderungen dürfen nicht vorgenommen werden, deren Beschaffenheit es ungewiss lässt, ob sie ursprünglich oder erst später gemacht worden sind.

(4) [1]Die Handelsbücher und die sonst erforderlichen Aufzeichnungen können auch in der geordneten Ablage von Belegen bestehen oder auf Datenträgern geführt werden, soweit diese Formen der Buchführung einschließlich des dabei angewandten Verfahrens den Grundsätzen ordnungsmäßiger Buchführung entsprechen. [2]Bei der Führung der Handelsbücher und der sonst erforderlichen Aufzeichnungen auf Datenträgern muss insbesondere sichergestellt sein, dass die Daten während der Dauer der Aufbewahrungsfrist verfügbar sind und jederzeit innerhalb angemessener Frist lesbar gemacht werden können. [3]Absätze 1 bis 3 gelten sinngemäß.

Inhaltsübersicht Rz.

LITERATUR:

Eisele, Technik des betrieblichen Rechnungswesens, 7. Aufl. 2002; *Fröhlich/Heese*, Ordnungsmäßigkeit und Sicherheit der rechnungslegungsbezogenen Informationssysteme im E-Business, WPg 2001 S. 589; *Lange/Regnier*, Die Verlagerung der elektronischen Buchführung in das Ausland, DB 2009 S. 1256; *Schuppenhauer*, Grundsätze ordnungsmäßiger Datenverarbeitung im Rechnungswesen, WPg 2000 S. 128; *Zepf*, Grundsätze ordnungsmäßiger DV-gestützter Buchführungssysteme, DStR 1996 S. 1259.

I. Überblick

1 In § 239 HGB werden die gesetzlichen Anforderungen an die **Ordnungsmäßigkeit** der Buchführung in verschiedener Hinsicht konkretisiert. Die Anweisungen sind dabei teilweise zirkulär, wenn in Abs. 4 Satz 1 bzgl. des angewandten Buchführungssystems wieder auf die GoB zurückverwiesen wird; vor allem sind die Anforderungen aber nicht sehr weitgehend. Diese **Zurückhaltung** ist sinnvoll, weil im Rahmen einer Gesetzesnorm die Vielzahl der Ausgestaltungsmöglichkeiten von Buchführungssystemen nie auch nur einigermaßen vollständig vorgegeben werden kann.

II. Lebende Sprache und Abkürzungen (Abs. 1)

2 Bei der Führung der Handelsbücher und sonstigen Aufzeichnungen hat sich der Kaufmann einer **lebenden** Sprache zu bedienen. Als tot gilt bei engem Verständnis eine Sprache dann, wenn sie von niemandem als Muttersprache genutzt wird. Tot in diesem Sinne wäre etwa die phönizisch-punische, aber auch die lateinische Sprache. Als lebend kann Lateinisch hingegen gelten, wenn darauf abgestellt wird, ob es von bestimmten Kreisen (etwa den Angehörigen des Vatikans im privaten oder beruflichen Verkehr) regelmäßig benutzt wird.

Ohnehin wird aber niemand auf die Idee kommen, irgendwelche Buchführungsunterlagen, Journale etc. in phönizisch-punischer Sprache wiederzugeben. Vielleicht gedenkt aber eine inländische Niederlassung eines vatikanischen Unternehmens dereinst ihre Bücher in Latein zu führen. In einem solchen Fall dürfte man nicht unpäpstlicher als der Papst sein; die Verwendung von Latein wäre vertretbar.

Die Buchführung muss jedenfalls **nicht auf Deutsch** erstellt werden, Englisch oder eine andere gängige Fremdsprache sind ohne Weiteres zulässig. Dies ermöglicht etwa inländischen Tochterunternehmen oder Niederlassungen eines ausländischen Unternehmens, dessen Sprache zu nutzen. Dazu kommt: In zeitgemäßen Buchungssystemen werden ohnehin kaum Texte erfasst. Texte sind auf den Belegen enthalten, und diese wiederum werden in den gängigen Fremdsprachen oder auch in seltenen Fremdsprachen – z. B. Litauisch – erstellt und sind nach der Gesetzesvorgabe „anzuerkennen". Niemand kann deshalb eine Übersetzung ins Deutsche verlangen, wie dies mitunter in anderen Rechtsbereichen verlangt wird. Allerdings kann sich die **Finanzverwaltung** eine deutsche Übersetzung ausbedingen. Ein solches Verlangen darf nur nach dem Grundsatz der Verhältnismäßigkeit ausgesprochen werden, wenn also mit der Übersetzung ein besonderes steuerliches Interesse verknüpft ist.

Dem vorstehenden Befund steht die Vorgabe in § 244 HGB nicht entgegen. Der **Jahresabschluss** (nicht die Buchführung) kann nach Maßgabe des Kontenplans und der darauf aufbauenden EDV-Systematik in deutscher Sprache erfolgen, auch wenn die Kontenbezeichnung, die hinter dem einzelnen Abschlussposten steht, im EDV-System in Englisch beschrieben ist. Gleiches gilt für die **Währung:** Sollte die laufende Buchhaltung in Schweizer Franken gefertigt werden, kann ohne Probleme nach einem bestimmten System eine Übertragung in Euro erfolgen, z. B. aufgrund eines monatlichen Durchschnittskurses für die Erfolgskonten und eines Stichtagskurses für die Bestandskonten. 3

Im Zeitalter der **EDV**-Buchführung verliert die „Sprache" ohnehin ihre Bedeutung. Abkürzungen in Form von Symbolen, Ziffern und Buchstaben sind in ihrer Verwendung fast schon zwingend und werden durch die förmliche Erwähnung in Abs. 1 Satz 2 von Gesetzes wegen „abgesegnet". § 146 Abs. 3 AO enthält eine vergleichbare Vorgabe wie Abs. 1. 4

III. Vollständigkeit und Zeitnähe (Abs. 2)

Die Anforderungen in Abs. 2 stellen weitgehend eine **Selbstverständlichkeit** dar: Eine „halbe Sache" ist nicht zulässig und die „Unrichtigkeit" verpönt. „Geordnet" soll die Buchführung auch vollzogen werden, Chaos ist also unerwünscht. 5

Am ehesten ist der **„Zeitnähe"** ein materieller Gehalt zuzuschreiben: Eine Buchführung „Jahre danach" ist nicht zulässig (vgl. aber das unter → Rz. 8 angesprochene BFH-Urteil). Umgekehrt gilt die in der Praxis im kleineren Bereich übliche monatliche Erfassung durch Fernbuchführung beim Steuerberater als zulässig (→ Rz. 9). Das enthebt den Kaufmann aber nicht der Pflicht zur täglichen Erledigung der Grundaufzeichnungen.[1] Für die Hauptbuchaufzeichnungen reicht hingegen i. d. R. eine monatliche Vornahme. Hinsichtlich der Grundaufzeichnungen interpretiert der BFH „täglich" mit einer Frist von etwa zehn Tagen: Länger darf ein Geschäftsvorfall grundbuchmäßig nicht unerfasst bleiben; bei Kassenaufzeichnungen ist eine tägliche Vornahme notwendig. Die Aufzeichnungen können durch eine übersichtliche **Rechnungsablage** nach Maßgabe der sog. Offene-Posten-Buchführung erfolgen (→ Rz. 8). Ansonsten erlaubt die zeitgemäße internetgestützte Verarbeitung der entsprechenden Daten eine *„Real Time"*-Erfassung. Die internen Kontrollabläufe, z. B. im Rahmen der Lagerbuchführung, zwingen förmlich zu einer solchen „pausenlosen" Datenerfassung, im Beispiel also zur Übertragung der FiBu-relevanten Daten aus der Lagerbestandsführung in das Hauptbuch. Das Gebot der Zeitnähe bezieht sich vor diesem Hintergrund dann eigentlich nur noch auf die zeitlichen Abgrenzungs- und Abschlussbuchungen bei der Erstellung von Zwischen- und Jahresabschlüssen. Hier ist der Begriff der Zeitnähe über die nach Gesetz, Börsenordnung etc. vorgegebenen Aufstellungsfristen bestimmt. 6

1 Vgl. hierzu im Einzelnen BFH, Urteil v. 2.10.1968 – I R 8/66, BStBl 1969 II S. 157.

IV. Veränderungsverbot (Abs. 3)

7 Das Verbot der Veränderung einer ursprünglichen Eintragung lässt sich eher positiv in der Buchhaltersprache formulieren: Wenn eine Buchung falsch war oder aus sonstigen Gründen geändert werden muss, gilt das **Stornierungs**gebot. Die ursprüngliche Buchung darf nicht in die Unkenntlichkeit verkommen. Dieser Vorgabe dient die fortlaufende (und nicht korrigierbare) Erfassung im Journal und diese muss insbesondere auch im EDV-System gewährleistet sein. Globale Datenlöschungen oder auch gezielte Vernichtung von Eintragungen sind unzulässig.

V. Bestimmte Buchführungsformen (Abs. 4)

8 Die Handelsbücher und sonstigen Aufzeichnungen „können" nach Abs. 4 Satz 1 auch in der „geordneten Ablage von Belegen" bestehen oder auf Datenträgern geführt werden.

Mit der „geordneten Ablage von Belegen" ist die heute nur noch sehr selten praktizierte **„Offene-Posten-Buchführung"** gemeint. Sie verzichtet auf eine getrennte Erfassung von Kunden im Debitoren- und von Lieferanten im Kreditorenkontokorrent. Die noch nicht ausgeglichenen („offenen") Posten des jeweiligen Bereichs werden in der Belegablage von den bezahlten, also ausgeglichenen Posten getrennt. Dieses System hat sich in der Praxis weitgehend erledigt, weil sich die erforderliche Datenerfassung und -verwaltung sehr viel einfacher durch gängige EDV-Standardprogramme zur Finanzbuchführung bewerkstelligen lässt.

Mit den Anforderungen an die Ordnungsmäßigkeit hat sich der BFH ausführlich befasst.[1] Entscheidend ging es um die Erfüllung der Grundaufzeichnungen im Fall einer im Monatsrhythmus erstellten **Fernbuchführung** durch einen Steuerberater. In der Offene-Posten-Buchhaltung wird der unbare Geschäftsverkehr zeitlich und sachlich festgehalten und das daraus gewonnene Zahlenmaterial in die eigentliche Buchführung „eingeschleust". Auf das Debitoren- und Kreditorenkontokorrent kann in diesem Fall verzichtet werden. Allerdings müssen abgesehen von der Ablage der empfangenen und ausgehenden Rechnungen in der zeitlichen Abfolge die Rechnungsbeträge täglich addiert und in das Debitoren- bzw. Kreditorensachkonto übernommen werden. Diesen Additionsstreifen kommt eine Art Grundbuchfunktion mit entsprechender Aufbewahrungspflicht zu.

9 Das BFH-Urteil ist zu einem Sachverhalt ergangen, der in einer Zeit spielte, in der die elektronische Datenverarbeitung im heutigen Sinn noch nicht bekannt war. Gleichwohl lassen sich daraus auch unverändert gültige Schlüsse ziehen: Das (noch) übliche Verfahren in der Fernbuchführung mit dem sog. **Pendelordner** allein genügt nicht zur Erfüllung der Ordnungsmäßigkeit. Die Ablage etc. in diesem Ordner muss vielmehr nach den vorstehend kurz skizzierten Vorgaben des BFH zur Erfüllung der Grundbuchfunktion durch den Kaufmann oder dessen Hilfskräfte erfolgen. Die spätere monatliche Erfassung im EDV-System des Steuerberaters ersetzt nicht die erforderlichen Grundaufzeichnungen (→ Rz. 6).

Allerdings sind die Tage des Pendelordners auch gezählt. Die zeitgemäße Datenübertragungstechnik erlaubt ein **zeitgleiches** Überspielen des erforderlichen Datenmaterials eines Buchhaltungsmandanten auf das EDV-Umfeld des Steuerberaters. In diesen Fällen werden die Grundaufzeichnungen durch das zugehörige EDV-Programm bzgl. der Ordnungsmäßigkeit ihrer Erstellung gewährleistet.

1 BFH, Urteil v. 2.10.1968 – I R 8/66, BStBl 1969 II S. 157.

Die Aufzeichnungsführung auf **„Datenträgern"** spricht die EDV-gestützten Buchführungssysteme an, die während der Aufbewahrungsfrist verfügbar und jederzeit lesbar bereitgestellt werden müssen. „Lesbarkeit" ist auch durch die Sichtbarmachung am Bildschirm eines PC oder eines anderen Arbeitsplatzcomputers gegeben. 10

Die Anweisung in Abs. 4 Satz 2 bzgl. der EDV-gestützten Buchführungssysteme („auf Datenträgern") hat für den Anwender eines Standardprogramms keine praktische Bedeutung. Er muss sich vom Programmanbieter die Bestätigung eines Wirtschaftsprüfers über die Ordnungsmäßigkeit des angebotenen Systems vorlegen lassen. Eine solche Bestätigung ist regelmäßig auch steuerlich gefordert.[1] Bei prüfungspflichtigen Unternehmen ist eine solche Bestätigung Voraussetzung für die Erteilung eines uneingeschränkten Bestätigungsvermerks.[2]

Anderes gilt im Falle von hoch individualisierten EDV-Systemen, in denen ein „Basis-Tool" auf die speziellen Anforderungen des Anwenders individuell angepasst wird (sog. *Customizing*). Hier sind die **Ordnungsmäßigkeits**anforderungen nicht mehr allein durch ein Zertifikat zur Software nachzuweisen. Der individualisierten Ausgestaltung des Programms muss im Prüfungsfall eine gleichgelagerte Systemprüfung zugeordnet werden, d. h., das EDV-System selbst ist Gegenstand der Abschlussprüfung.[3]

Bzgl. der **EDV**-gestützten Finanzbuchführung wird im Übrigen auf die dieser Kommentierung vorangestellte Literaturübersicht verwiesen (→ § 317 Rz. 29 ff.). Die Finanzverwaltung hat mit BMF-Schreiben v. 14.11.2014 „Grundsätze zur ordnungsmäßigen Führung und Aufbewahrung von Büchern, Aufzeichnungen und Unterlagen in elektronischer Form sowie zum Datenzugriff (GoBD)" veröffentlicht.[4]

VI. Ort der Buchführung

Im Zeitalter der sekundenschnellen Datenübertragung kann die Landesgrenze keine Sperre zur Erfüllung der Buchführungspflichten mehr aufbauen. Die Vorreiterrolle gebührt diesbezüglich dem **Steuererhebungsverfahren.** Dieses erlaubt in § 146 Abs. 2 AO die Erledigung der Buchführungsarbeiten für ausländische Betriebsstätten an deren Sitz, außerdem die Erfüllung der elektronischen Buchführungen gem. § 146 Abs. 2a AO im Ausland unter Beachtung bestimmter Auflagen.[5] Die Vorlagepflicht zu Händen der Finanzverwaltung kann durch ein **Verzögerungsgeld** nach § 146 Abs. 2b AO sanktioniert werden.[6] 11

VII. Steuerliche Buchführungspflicht

Die handelsrechtliche Buchführungspflicht strahlt auch auf die Besteuerung aus. Wer nach anderen Gesetzen als den Steuergesetzen Bücher und Aufzeichnungen zu führen hat, die für die Besteuerung von Bedeutung sind, hat die außersteuerlichen Verpflichtungen auch für die Besteuerung zu erfüllen (§ 140 AO). Die zuvor ungeklärte Frage, ob dies auch für Buchführungspflichten nach ausländischem Recht gilt, hat der BFH inzwischen bejaht: Im Urteilsfall war eine AG liechtensteinischen Rechts in Deutschland beschränkt (mit den Einkünften aus der 12

1 BMF, Schreiben v. 7.11.1995 – S0316, BStBl I S. 738; H 5 EStH, § 146 Abs. 4 und 5 AO.
2 IDW HFA PS 880.
3 IDW HFA PS 330.
4 BStBl 2014 I S. 1450.
5 Zu Einzelheiten vgl. *Lange/Rengier*, DB 2009 S. 1256; BayLfSt, Vfg. v. 16.9.2010, DStR 2010 S. 851.
6 Vgl. hierzu BMF, Schreiben v. 22.4.2010 – IV A 4, DStR 2011 S. 676.

Vermietung eines Grundstücks) körperschaftsteuerpflichtig. Die liechtensteinische Buchführungspflicht der AG führt i. V. mit § 140 AO auch im Inland zur Buchführungspflicht.[1]

12a Die Buchführungspflichten werden u. a. durch §§ 146 und 146a AO sachlich und personell ausgeweitet; sachlich, indem spezielle bzw. konkretisierte Anforderungen formuliert werden (etwa zum Schutz vor Manipulationen an digitalen Grundaufzeichnungen), personell, indem auch bei Nichtkaufleuten und/oder bei Einnahmenüberschussrechnung Anforderungen wie Nachvollziehbarkeit, Vollständigkeit, Richtigkeit, Zeitnähe usw. aufgestellt werden. Einschlägige Konkretisierungen sind u. a. enthalten in: „AEAO zu § 146 – Ordnungsvorschriften für die Buchführung und für Aufzeichnungen – sowie im BMF-Schreiben v. 14.11.2014 – Grundsätze zur ordnungsmäßigen Führung und Aufbewahrung von Büchern, Aufzeichnungen und Unterlagen in elektronischer Form sowie zum Datenzugriff (GoBD)".[2]

VIII. Cloudcomputing

13 Beim sog. Cloudcomputing (auch IT-Outsourcing) bestehen besondere Risiken bzgl. der Ordnungsmäßigkeit der Rechnungslegung. So werden u. U. Verarbeitungs- und Speicherungsprozesse in verschiedene Länder outgesourct, wo möglicherweise nicht die Ordnungsmäßigkeitsanforderungen nach deutscher Rechnungslegungsphilosophie beachtet werden. Erfüllt sein müssen auf jeden Fall die Beleg-, Journal- und Kontenfunktion. Auf angemessene Dokumentation des Buchführungsverfahrens ist gerade auch beim IT-Outsourcing zu achten. Die Aufbewahrungsfristen des § 257 HGB sind zu erfüllen, Einzelheiten hierzu ergeben sich aus der IDW-Stellungnahme IDW RS FAIT 5.

§ 240 Inventar

(1) Jeder Kaufmann hat zu Beginn seines Handelsgewerbes seine Grundstücke, seine Forderungen und Schulden, den Betrag seines baren Geldes sowie seine sonstigen Vermögensgegenstände genau zu verzeichnen und dabei den Wert der einzelnen Vermögensgegenstände und Schulden anzugeben.

(2) [1]Er hat demnächst für den Schluss eines jeden Geschäftsjahrs ein solches Inventar aufzustellen. [2]Die Dauer des Geschäftsjahrs darf zwölf Monate nicht überschreiten. [3]Die Aufstellung des Inventars ist innerhalb der einem ordnungsmäßigen Geschäftsgang entsprechenden Zeit zu bewirken.

(3) [1]Vermögensgegenstände des Sachanlagevermögens sowie Roh-, Hilfs- und Betriebsstoffe können, wenn sie regelmäßig ersetzt werden und ihr Gesamtwert für das Unternehmen von nachrangiger Bedeutung ist, mit einer gleich bleibenden Menge und einem gleich bleibenden Wert angesetzt werden, sofern ihr Bestand in seiner Größe, seinem Wert und seiner Zusammensetzung nur geringen Veränderungen unterliegt. [2]Jedoch ist in der Regel alle drei Jahre eine körperliche Bestandsaufnahme durchzuführen.

(4) Gleichartige Vermögensgegenstände des Vorratsvermögens sowie andere gleichartige oder annähernd gleichwertige bewegliche Vermögensgegenstände und Schulden können jeweils zu einer Gruppe zusammengefasst und mit dem gewogenen Durchschnittswert angesetzt werden.

Inhaltsübersicht **Rz.**

1 BFH, Urteil v. 14.11.2018 – I R 81/16.

2 BMF, Schreiben v. 14.11.2014 – IV A 4 – S 0316/13/10003, BStBl 2014 I S. 1450.

LITERATUR:

Büttner/Wenzel, Die Bewertung von Wirtschaftsgütern mit einem Festwert, DB 1992 S. 1893; *Quick,* Aufnahmeplan und Inventuranweisungen, BB 1991 S. 723; *Richter,* Grundlagen, Wertbildung und -kontrolle bei Anwendung der Festwertmethode, StBp 2009 S. 249.

I. Übersicht über den Regelungsgehalt

In Abs. 1 wird das Erfordernis eines **Bestandsverzeichnisses** (Inventar) für die bilanzierbaren 1
Vermögensgegenstände und Verbindlichkeiten normiert. In der zeitlichen Abfolge wird dieses Erfordernis auf den **Beginn** des Handelsgewerbes festgelegt.

In Abs. 2 erfolgt eine Weiterführung dieser Vorgabe auf das **Ende** des Geschäftsjahres (Bilanzstichtag). Sodann werden die **Dauer** des Geschäftsjahres und die **Frist** für die Erstellung des Inventars geregelt.

Abs. 3 enthält eine **Vereinfachungsvorschrift** für die Inventarisierung von Sachanlagevermögen und Rohmaterial durch die Bildung eines sog. **Festwerts.**

In Abs. 4 ist eine **weitere Vereinfachung** durch **Gruppen**- und **Durchschnitts**bewertung für gleichartige Vermögensgegenstände und Verbindlichkeiten (Schulden) vorgesehen.

Die Inventarisierungspflicht **trifft**

- den Kaufmann (→ § 238 Rz. 1)
- zu Beginn (→ § 242 Rz. 3)
- seines Handelsgewerbes (→ § 238 Rz. 1)
- und wiederholt sich am Schluss eines jeden Geschäftsjahres (Bilanzstichtag, → § 242 Rz. 13).

II. Die Funktionalität der Inventur (Abs. 1)

1. Vorstufe der Bilanzierung

Das Inventar selbst ist inhaltlich durch die Aufführung **einzelner Bilanzposten** in Abs. 1 Satz 1 2
konkretisiert. Das Inventar stellt demnach ein Verzeichnis dar, das man sich in der Praxis nicht als lückenlose Folge in gehefteter Form vorstellen darf. In weiten Bereichen geht das Inventar Hand in Hand mit den erforderlichen Auflistungen für einzelne Bilanzposten. Man kann deshalb das Inventar als eine Art **Vorstufe** der Bilanzierung bezeichnen.

Technisch erfolgt die Inventarerstellung durch die **Inventur,** d. h. durch ein Verfahren zur Ermittlung der in das Inventar und damit in die Bilanz einzubeziehenden Vermögensgegenstände und Schulden. Dabei ist die Inventur förmlich in § 240 HGB nicht angesprochen, aber implizit als wesentlicher Teil des Gesetzesinhalts zu verstehen. Insofern liefert § 241 HGB zu den Vereinfachungsverfahren der Inventuraufnahme eine **Ergänzung** des § 240 HGB.

3 Nach dem Gesetzeswortlaut müssen die einzelnen Sachen, Rechte, Schulden etc. nicht nur aufgenommen, d. h. dem Grunde nach erfasst, sondern auch **bewertet** werden. Andererseits ist die Bewertung solcher Posten die ureigenste Aufgabe der Bilanzierung gem. §§ 252 ff. HGB. Insofern mag man die Gesetzesvorgabe als nicht logisch oder nicht sinnvoll betrachten; praktische Probleme entstehen daraus nicht, wenn man (→ Rz. 2) die Inventarisierung **als Vorstufe der Bilanzierung** und diese organisatorisch als Hand in Hand gehend betrachtet (→ Rz. 7).

2. Zweck der Inventur

4 Die Inventur soll Vollständigkeit und Richtigkeit des Inventars und damit des Bilanzausweises von Vermögensgegenständen und Schulden zu Beginn (Abs. 1) und zum Ende (Abs. 2) des Geschäftsjahres (→ Rz. 22) gewährleisten. Aus dieser Vorgabe lassen sich zwei **Funktionen** der Inventur ableiten:

- **Informationsbeschaffung:** Diese Funktion ist insbesondere dann von Bedeutung, wenn für das Vorratsvermögen (bei kleineren Unternehmen) keine laufende Bestandsführung erfolgt; eine solche ist vom HGB nicht vorgeschrieben, bei größeren Unternehmen des Produktions- und Handelsbereichs aber aus Kontrollgründen unverzichtbar.
- **Kontrolle:** Diese Funktion kommt der Inventur bei umfassender, IT-gestützter Organisation des Rechnungswesens zu. Als Beispiel mag die Anlagenverwaltung gelten: Bei ordnungsmäßiger Anlagenbuchführung genügen ein Systemtest und eine sachlich beschränkte „Inaugenscheinnahme" in regelmäßigen Zeitabständen, die die Richtigkeit und Vollständigkeit des buchmäßigen Bestands belegen. Je zuverlässiger das Organisationssystem, desto weniger solcher „körperlichen" Stichproben sind erforderlich.

3. Arten der Bestandsaufnahme, Anwendungsbereiche

5 Die erforderliche **Aufnahmetechnik** (bei der Inventur) differiert nach Art der betreffenden Bilanzposten. Man kann wie folgt unterscheiden:

- Beleg- oder Buchinventur,
- Vertragsinventur („Schubladeninventur"),
- körperliche Bestandsaufnahme („zählen, messen, wiegen").

6 Die vorgenannten Verfahren sind nicht immer trennscharf zu unterscheiden. Im Bereich des **Sachanlagevermögens** stellt das Ergebnis der ordnungsmäßigen Anlagebuchführung auch das Inventar dar, ohne dass es förmlich einer körperlichen Aufnahme bedürfte. Gleichwohl ist eine solche regelmäßig – nicht an einem bestimmten Bilanzstichtag und nur in Teilbereichen – sinnvoll oder gar notwendig, um den Buchbestand mit dem effektiven abzustimmen. Solche Abstimmvorgänge können allerdings auch je nach Qualität der Organisation in vermindertem Umfang erfolgen, wenn also z. B. Anlageabgänge zwingend der Anlagebuchführung zu melden sind.

7 **Immaterielle** Vermögensgegenstände des Anlagevermögens werden ebenfalls im Rahmen der Anlagebuchführung inventarisiert. Gleichwohl muss hin und wieder in den **„Schubladen"**

nachgeprüft werden, ob das betreffende Patent noch verwendet oder das vor fünf Jahren erworbene *Know-how* für ein Fertigungsverfahren „erschöpft" ist. Hier zeigt sich erneut die Untrennbarkeit von Inventarisierung und bilanzmäßiger Erfassung mit Bewertung in der praktischen Arbeit (→ Rz. 3).

Den typischen Anwendungsfall der **Vertragsinventur** stellt die Bestandsaufnahme nicht bilanzierbarer schwebender Geschäfte (→ § 246 Rz. 8) dar, also Miet- und Leasingverhältnisse. Eine weitere Form der Schubladeninventur bezieht sich auf das Bürgschaftsobligo gem. → § 251 Rz. 23, sofern die Avale nicht organisatorisch zwingend in einem Nebenbuch erfasst werden (dann Buchinventur). Besondere Bedeutung kommt der Vertragsinventur bei betrieblichen Altersversorgungsverpflichtungen zu (→ § 249 Rz. 121).

Aus dieser Perspektive stellt sich auch nicht die Frage, ob **Nichtvermögensgegenstände** – also insbesondere **Rechnungsabgrenzungsposten** und **latente Steuern** (→ § 266 Rz. 80) – zu inventarisieren sind. Wenn Abgrenzungsposten nicht als eine Art Festwert geführt werden (→ § 250 Rz. 9) – bei kleineren Einzelbeträgen wie Kraftfahrzeugsteuer –, muss in irgendeiner Form eine **Auflistung** erfolgen, um den Bilanzausweis zu belegen. Der vergleichbar bei aktiven latenten Steuern erforderliche Beleg für den Bilanzausweis umfasst im Grunde den gesamten Rechengang zur Bemessung der aktiven Latenz (die Auflistung der temporären Differenzen, die Ermittlung von Verlustvorträgen und die Beurteilung von deren Nutzbarkeit etc.). Vgl. hierzu → § 274 Rz. 20 ff. 8

Die **Beleginventur** ist sachlich zwingend im Bereich von Bankkonten, Wertpapierdepots etc. anhand der Kontoauszüge und sonstigen Bankbestätigungen.

Eine **Buchinventur** muss im „Massengeschäft" der Kunden- und Lieferantenbuchführung erfolgen. Das informationstechnologische Umfeld der Datenerfassung und -verarbeitung stellt – ein ordnungsmäßiges System unterstellt – täglich die Bestände an Forderungen und Verbindlichkeiten in Form der sog. offenen Posten bereit. Im Ergebnis liefert also das „System" ein integriertes Inventar und den bewerteten Bilanzausweis vor individuellen oder pauschalen Abschreibungen. Ausgewählte **Saldenbestätigungen** können als Ergänzung herangezogen werden. 9

Die im landläufigen Sinne verstandene „Inventur" mit sog. **körperlicher Bestandsaufnahme** beschränkt sich dann auf weite Bereiche des **Vorratsvermögens:** Rohmaterialien, Handelswaren, fertige und unfertige Erzeugnisse. Hier muss tatsächlich zum Bilanzstichtag – zu Ausnahmen bzw. organisatorischen Vereinfachungen und Erleichterungen vgl. → § 241 Rz. 1 – „gezählt, gemessen und gewogen" werden, vor allen Dingen Ersteres. Zu Einzelheiten vgl. Rz. 17 ff. 10

Aber auch im Bereich des Vorratsvermögens kann **nicht in allen** Anwendungsbereichen auf eine körperliche Bestandsaufnahme zurückgegriffen werden. 11

BEISPIEL ▸ Die Wirtschaftsprüfungs-GmbH W hat am Bilanzstichtag eine ganze Anzahl unfertiger Leistungen aufzuweisen. Diese lassen sich nicht durch „Zählen, Messen, Wiegen" inventarisieren, sondern nur anhand der Aufzeichnungen in der Betriebsbuchhaltung, in der zumindest die für die betreffenden unfertigen Arbeiten aufgelaufenen Arbeitsstunden und Spesen nachgehalten werden müssen.

Der Vermögensgegenstand „unfertige Leistung" liegt hier nicht in physischer Form vor.

Bei **physischen** Produkten ist eine Inventarisierung durch Zählen etc. allerdings häufig nicht **möglich** bzw. **ausreichend**. 12

BEISPIEL B erstellt schlüsselfertige Wohnhäuser. Bei der Bestandsaufnahme der unfertigen Bauleistungen kann eine effektive „Aufnahme" durch Besichtigung der Baustelle allenfalls als Kontrollfunktion dienen: Wurde überhaupt gebaut? Ist das erste Obergeschoss schon fertig betoniert? Ist der Rohbau fertig gestellt? Wie weit sind die Ausbauarbeiten vorangeschritten?

Die (bewertete) Bestandsaufnahme ist letztlich anhand der Betriebsbuchhaltung (Baustellenabrechnung) vorzunehmen – also auch hier eine Buchinventur (mit der genannten physischen Kontrolle in Zweifelsfällen).

13 Auch **nicht bilanzierungspflichtige** Vorgänge können der Inventarpflicht unterliegen.

BEISPIEL Ein Mietwagenunternehmen „lebt" von den Mietverträgen. Diese müssen bzgl. des Bestehens und der Abwicklung bis zur Beendigung aus Kontrollgründen buchmäßig nachgehalten werden.

Ein Finanzinstitut erwirbt geschäftsmäßig Forderungen im Weg des echten Factoring, d. h., es übernimmt auch das Ausfallrisiko für bestehende Forderungen (→ § 246 Rz. 278). Deshalb muss das zedierende Unternehmen das Bestehen dieser Forderungen nachweisen und sinnvollerweise mindestens an einem Bilanzstichtag durch Buchinventur feststellen. Das gilt erst recht, wenn das Ausfallrisiko zwar zum überwiegenden Teil (z. B. 90 %) auf den Factor übergegangen, aber ein Selbstbehalt beim abtretenden Unternehmen verblieben ist.

Eine Bank übernimmt Bürgschaftsverpflichtungen für die verschiedensten Zwecke. Das daraus resultierende Obligo ist regelmäßig nicht bilanzierbar (→ § 251 Rz. 23). Gleichwohl bedarf es der Inventarisierung durch Vertragsinventur (→ Rz. 6).

14 Insbesondere bei der Inventur von Risiken ist eine **Arbeitsteilung** der agierenden Personen sinnvoll. Ein Buchhalter kann in größeren Unternehmen nicht ohne Weiteres über alle Rückstellungs- oder anhangangabepflichtigen Vorgänge Bescheid wissen. Er muss „Bestätigungen" einholen, z. B. von der Rechtsabteilung wegen anhängiger/drohender Passivklagen.

Dem Abschlussprüfer genügen diese Bestätigungen nicht. Er will externe (unabhängige) Bestätigungen, also etwa ihm unmittelbar vom Rechtsanwalt zugehende.

15 In den vorstehenden Beispielen können die aus den genannten Vorgängen resultierenden **Anhangangaben** (→ § 285) datentechnisch generiert werden. Mit anderen Worten: Auch für Zwecke der Anhangangaben bedarf es einer Inventarisierung durch eine systemgerechte Bestandsaufnahme.

16 Fraglich ist, ob auch (nur) **abstrakt bilanzierbare** Vermögensgegenstände zu inventarisieren sind.

BEISPIEL Die Biotec AG hat in ihrem „Bestand" mehrere erfolgversprechende Wirkstoffe gegen verschiedene Krebsformen entwickelt. Dafür sind Patente und Warenzeichen registriert. Eine Aktivierung kommt mangels sicherer Verwertbarkeit nicht in Betracht (→ § 255 Rz. 204).

Unseres Erachtens ist hier sinnvollerweise eine Inventarisierung vorzunehmen, diese erfolgt praktisch aber auch schon zwangsweise in Form von Dokumenten der Rechtsabteilung oder der involvierten Anwaltsbüros. Eine förmliche Auflistung auch aus Kontrollzwecken zum jeweiligen Bilanzstichtag kann dann ohne weitere Probleme geliefert werden.

III. Die Vorräteinventur

1. Ordnungsmäßigkeit

Als Qualitätsmaßstab für die Durchführung einer körperlichen Bestandsaufnahme werden mitunter **Grundsätze ordnungsmäßiger Inventur** ins Gespräch gebracht.[1] Der HFA des IDW[2] hat sich dazu geäußert und die Beachtung von 17

- Vollständigkeit der Bestandsaufnahme,
- Richtigkeit der Bestandsaufnahme,
- Einzelerfassung der Bestände und
- Nachprüfbarkeit der Bestandsaufnahme

gefordert.

Diese Vorgaben kann man zunächst als **Selbstverständlichkeiten** verstehen, denn eine vollständige und richtige Bestandsaufnahme von Vorratsvermögen, von Briefmarkensammlungen oder von irgendwelchen anderen Sachgesamtheiten ist als Anforderung schon in die Sache hineingelegt.

Es bedarf also einer **Konkretisierung** im Hinblick auf spezifische Probleme bei der Inventurdurchführung: 18

- Die **Vollständigkeit** ist bei Vorliegen von **Konsignationslägern** gefährdet, wenn also irgendwo im In- oder Ausland dem Unternehmen zugehörige Vorratsbestandteile gelagert sind. Ein ähnliches Problem besteht dann, wenn der Lieferant bereits am Bilanzstichtag dem Spediteur Material übergeben hat, dieses aber erst nach dem Bilanzstichtag und nach der körperlichen Aufnahme beim betreffenden Unternehmen eintrifft (sog. **schwimmende** Ware).
- Vollständigkeit kann aber auch im **negativen** Sinn verstanden werden: Im Warenlager des Großhändlers X können Konsignationswaren fremder Lieferanten lagern, die dem Großhändler bilanzrechtlich nicht zuzurechnen sind.
- Die **Richtigkeit** der Bestandsaufnahme verlangt die **Identifizierung** der Sache selbst: Handelt es sich bei der Rolle Edelstahl um V4A oder V2A? Handelt es sich bei dem fertigen Pkw um einen BMW 320 oder 325?
- Der so richtig identifizierte Vermögensgegenstand ist dann auch in der **Menge** richtig zu erfassen: Der Benzinvorrat im Tanklager ist durch Peilstab zu bestimmen, die Chemikalien im Rohrleitungssystem sind mithilfe von Messzählern zu quantifizieren, die Kohlenhalde im Lagerbunker ist geometrisch zu erfassen etc.
- Die **Einzelerfassung** ist als generelle Vorgabe zutreffend, stößt indes bei kleineren und minderwertigen Teilen schnell an ihre Grenzen: Die Rolex-Uhren beim Juwelierhändler sind problemlos einzeln zu erfassen, die Schrauben und Muttern in der Maschinenfabrik nur in irgendeiner vereinfachten Form (z. B. Unterlegscheiben mit Durchmesser 1 cm nach Aufbewahrungskartons).
- Wenn die genannten Vorgaben (→ Rz. 17) erfüllt sind, ist damit auch die Nachprüfbarkeit gewährleistet, sofern eine entsprechende Dokumentation erfolgt.

1 So bei *ADS*, 6. Aufl., § 240 Tz. 18.
2 Stellungnahme 1/1990, WPg 1990 S. 143.

2. Integration in das IT-System

19 Der Gesamtvorgang der körperlichen Bestandsaufnahme in Teilen des Vorratsvermögens muss im Zusammenhang mit der integrierten Datenerfassung und -verwaltung durch zeitgemäße IT-Systeme gesehen werden. Die schon aus Kontrollgründen zwingende Bestandsführung des eingehenden Rohmaterials bis hin zum verkaufsfähigen Produkt verhindert z. B. die Doppel- oder Nichterfassung von vorhandenen, d. h. bilanzierbaren Vermögenswerten.

BEISPIEL ► Ein Pharmaunternehmen oder ein Versandhandelsunternehmen liefert täglich Tausende von Produkten aus. Die Bestandsführung beruht auf der Technik der sog. „Vorfakturierung", d. h., das betreffende Produkt bzw. die Ware kann das Lager oder den Unternehmensbereich nur dann verlassen, wenn im System eine Kundenrechnung generiert worden ist.

Das Thema des sog. *cut off* erledigt sich damit von selbst. Früher bestand diesbezüglich die Gefahr einer **Doppelerfassung,** weil einerseits die Rechnung eingebucht, der Lagerabgang aber andererseits noch nicht erfasst worden war; in umgekehrter Richtung drohte eine **Nichterfassung.**

20 Entsprechendes gilt im **Beschaffungsbereich:** Wenn der Lieferant zwar schon seinerseits fakturiert, die gelieferte Ware aber die Eingangskontrolle beim Abnehmer noch nicht passiert hat, kann keine Eingangsrechnung in das System eingebucht werden. Dann mag man u. U. einen fehlenden Bestand mit ebenso fehlender Kreditorenrechnung feststellen, was aber im Hinblick auf die Ergebnisneutralität eher zu vernachlässigen ist. Wichtiger ist die Vermeidung einer **einseitigen** Erfassung, nämlich wenn Ware schon vorhanden, aber die Lieferantenrechnung noch nicht eingebucht ist oder umgekehrt.

21 IT-gestützte Bestandsführungssysteme für das Vorratsvermögen haben auch einen Einfluss auf die **Zeitdimension** der Inventarisierung:

► Es bedarf keiner Bestandsaufnahme zum Bilanz**stichtag** (→ § 241 Rz. 16),

► die Inventarisierung ist praktisch **täglich** oder sogar stündlich im System enthalten und bei Bedarf aufrufbar, also auch am Bilanzstichtag.

Dies gilt auch für andere Inventarbereiche, z. B. für die Kundenforderungen und Lieferanten oder die Sachanlagen. Deshalb stellt sich das Problem der zeitlichen Erstellung des Inventars nach dem Bilanzstichtag (Abs. 2 Satz 3) zumindest in diesen Bereichen nicht (mehr). Zur **Erstellungsfrist** vgl. → § 243 Rz. 24.

Zu **Inventurvereinfachungsverfahren** vgl. → § 241 Rz. 5 ff.

IV. Geschäftsjahr (Abs. 2)

22 Die Dauer des Geschäftsjahres darf zwölf Monate nicht überschreiten. Unter Geschäftsjahr (vor allem steuerrechtlich verwendetes Synonym dazu: Wirtschaftsjahr) ist die vom Kaufmann festgesetzte Rechnungsperiode zu verstehen, die in Deutschland nicht zwingend, aber praktisch immer auf ein **Monatsende** gelegt wird. Der Kaufmann kann das Geschäftsjahr im Rahmen seiner Organisationshoheit selbst bestimmen, was regelmäßig im Gesellschaftsvertrag bzw. in der Satzung zum Ausdruck kommt. Die **Höchstgrenze** von zwölf Monaten macht bei Neugründungen, wenn ein kalendergleiches Wirtschaftsjahr gewählt wird, und Umstellungen des Geschäftsjahres regelmäßig die Einführung eines **Rumpfjahres** erforderlich, also eines Geschäftsjahres von weniger als zwölf Monaten.

In den **IFRS** gibt es eine vergleichbare Höchstgrenze nicht. Bei Umstellung eines Geschäftsjahres kann daher nach IAS 1.36 wahlweise ein Rumpfgeschäftsjahr (< zwölf Monate) oder ein überlanges Geschäftsjahr (> zwölf Monate, aber < 24 Monate) angesetzt werden:

BEISPIEL ► Das bis 31.12.01 kalendergleiche Geschäftsjahr wird auf ein abweichendes vom 1.7. bis zum 30.6. laufendes umgestellt. Das Unternehmen hat nach IAS 1 folgende Alternativen für den Übergangszeitraum:

- Rumpfgeschäftsjahr: 1.1. bis 30.6.02 (sechs Monate),
- überlanges Geschäftsjahr: 1.1.02 bis 30.6.03 (18 Monate).

Das Wahlrecht gilt nur für einen „reinen", nicht der Erfüllung gesellschaftsrechtlicher Vorgaben oder nationaler Publizitätspflichten dienenden IFRS-Abschluss. Für eine in Deutschland ansässige Gesellschaft, die nach § 315e HGB pflichtweise (bei Börsennotierung) oder befreiend einen **IFRS-Konzernabschluss** erstellt (→ § 315e Rz. 4 ff.), ist hingegen folgende **Arbeitsteilung** zu beachten:

Die IFRS bestimmen nur den Modus, in dem eine nach nationalem Recht gegebene Rechnungslegungspflicht zu erfüllen ist; sie werden zum Substitut für einen sonst nach nationalem Recht zu erstellenden Abschluss. Aus dieser Substitutionsrolle der IFRS ergibt sich im deutschen Fall Folgendes:

Die Beschränkung des Berichtszeitraums auf maximal zwölf Monate ist als ein die Konzernrechnungslegungspflicht betreffender GoB anerkannt. Würde nun bei Änderung eines bisher kalendergleichen Geschäftsjahres auf die Bildung eines Rumpfgeschäftsjahres verzichtet und stattdessen der Übergang durch einen mehr als 18 Monate umfassenden Berichtszeitraum abgebildet, entspräche dies zwar den IFRS, nicht aber dem Handelsrecht.

Der geforderten Arbeitsteilung zwischen Handelsrecht (Konzernrechnungslegungspflicht) und IFRS (Modus der Erfüllung) würde in diesem Fall nicht Genüge getan. Wegen der **Überlagerung** der IFRS durch das deutsche Recht ist daher bei Änderung des Bilanzstichtags die Bildung eines Rumpfgeschäftsjahres geboten.[1]

Steuerlich gilt die Besonderheit der Zustimmung des Finanzamts bei einem vom Kalenderjahr abweichenden Zeitraum bei zuvor gewähltem kalendergleichen Wirtschaftsjahr (§ 4a Nr. 2 EStG). Ansonsten folgt das Steuerrecht nach § 4a EStG der handelsrechtlichen Vorgabe. Ein aus einer Personengesellschaft ausscheidender Mitunternehmer (→ § 246 Rz. 445) muss bei abweichendem Wirtschaftsjahr seinen Gewinn im Kalenderjahr des Ausscheidens versteuern.[2]

V. Festbewertung (Abs. 3)

1. Handelsrechtlich

Die Festbewertung ist bei Erfüllung folgender **Tatbestands**merkmale zulässig: 23

- Das Verfahren bezieht sich auf Gegenstände des **Sachanlage**vermögens oder auf **Roh-, Hilfs- und Betriebsstoffe.**
- Die betreffenden Vermögensgegenstände müssen regelmäßig **ersetzt** werden.

1 Zu Einzelheiten *Lüdenbach*, PiR 2008 S. 292 ff.
2 BFH, Urteil v. 18.8.2010 – X R 8/07, BStBl II S. 1043.

- Der Gesamtwert der einbezogenen Vermögensgegenstände muss für das Unternehmen von **nachrangiger** Bedeutung sein.
- Der Bestand der einbezogenen Vermögensgegenstände darf nur **geringen Änderungen** in der Größe, dem Wert und der Zusammensetzung unterliegen (→ Rz. 24).
- Eine Bestandsaufnahme erfolgt regelmäßig in einem Zeitraum von **drei** Jahren.

24 Hinter dieser Erleichterung verbirgt sich der **Kosten-Nutzen-Gedanke:** Eine Inventarisierung ist dann nicht sinnvoll, wenn die damit verbundenen Aufwendungen außer Verhältnis zum damit verbundenen Informationsnutzen stehen (→ § 252 Rz. 243).

BEISPIEL In der Maschinenfabrik werden laufend Schrauben und Muttern in bestimmten Größenordnungen in der Sortierung des Edelstahls V2A benötigt. Ohne dieses Kleinmaterial kann die Produktion gar nicht durchgeführt werden. Schon deswegen erfolgt regelmäßig eine Ersatzbeschaffung.

ALTERNATIVE Die Maschinenfabrik stellt ihr Produktionsprogramm um und beliefert nur noch Schiffsbauunternehmen. Deshalb ist das Kleinmaterial auf die Norm V4A mit wesentlich höheren Einstandspreisen umzustellen. Der vergleichbare Festwert erhöht sich signifikant.

Unseres Erachtens ist ein **regelmäßiger,** d. h. kalendermäßig bestimmbarer Ersatzzeitpunkt oder -raum nicht zwingend zur „Erlaubnis" der Festbewertung;[1] maßgeblich muss vielmehr der betriebsbedingte Ersatzzeitpunkt sein, der u. U. – bei gerade günstigen Einkaufsmöglichkeiten – einen Vorrat von mehr als einem Geschäftsjahresverbrauch umfasst.

Dieser Befund wird durch das Kriterium der Nachrangigkeit untermauert bzw. überlagert. „Nachrangig" bedeutet **„unwesentlich".** Auch wenn man die Wesentlichkeitsgrenze nie exakt definieren kann (→ § 252 Rz. 236), liegen gerade im Beispielsfall der Maschinenfabrik die fraglichen Bestände mit Sicherheit unter der Wesentlichkeitsgrenze. Es kann dann nicht sinnvoll sein, eine Schwankung im Einkaufsbereich der Schraubenklasse XY als schädlich für die Annahme einer Festbewertung zu betrachten, wenn der Gesamtbestand schlichtweg zu vernachlässigen ist. Die Neuausstattung mit V4A-Material bewegt sich wertmäßig u. U. immer noch im unwesentlichen Bereich „für das Unternehmen", wenn auch höher als zuvor. Unseres Erachtens ist die Festbewertung bis zur nächsten Bestandsaufnahme fortzuführen. Wenn man gleichwohl eine quantitative Betrachtung der Wesentlichkeit für möglich hält, kann man sich z. B. an einer 5 %-Grenze,[2] bezogen auf die Bilanzsumme, orientieren (→ Rz. 25). Dabei sind die unternehmenstypischen Gegebenheiten zu beachten.

BEISPIEL **Büromaterial** ist bei einem Automobilzulieferer mit Sicherheit von nachrangiger Bedeutung und wird regelmäßig beschafft und kann deshalb mit einem Festwert angesetzt werden. Anders beim Büromaterialhändler, dessen Geschäftsmodell gerade auf dieses Material ausgerichtet ist. Deshalb sind Handelswaren von der Festbewertung ausgeschlossen.

2. Steuerlich

25 Die Festbewertung ist ein typischer Fall der **übereinstimmenden** Anwendung in der Handels- und Steuerbilanz. Deshalb werden in der Bilanzierungspraxis die gegenüber den Vorgaben in § 240 Abs. 3 HGB detaillierteren Anweisungen der Finanzverwaltung durchgängig beachtet.[3]

---

1 Anderer Auffassung möglicherweise *ADS*, 6. Aufl. 1996, § 240 Tz. 78.

2 So *Störk/Lewe* in Beck'scher Bilanz-Kommentar, 13. Aufl. 2022, § 240 Tz. 88.

3 BMF, Schreiben v. 26.2.1992 – IV B 2 – S 2174a – 3/92, DStR 1992 S. 542; BMF, Schreiben v. 8.3.1993 – IV B 2 – S 2174 a – 1/93, BStBl I S. 276.

Dort ist auch die quantitative Bestimmung der **Nachrangigkeit** – notwendiges Tatbestandsmerkmal für eine Festwertbildung – von 5 %, bezogen auf die Bilanzsumme für jeden einzelnen Festwert – eine recht großzügige Betrachtung –, normiert. Als „Festwert" ist bei dieser Rechnung der in das Inventar eingestellte Betrag und nicht etwa der reale Wert anzunehmen.

Die Finanzverwaltung spezifiziert auch für den Festwert im **Anlagevermögen** das Erfordernis 26
des Ausgleichs von Zugängen mit den Abschreibungen und Abgängen. Das soll dann der Fall sein, wenn bei erstmaliger Bildung eines Festwerts nach Vornahme der planmäßigen Abschreibungen ein „Anhaltewert" von etwa 40 % bis 50 % der tatsächlichen Anschaffungs- oder Herstellungskosten erreicht wird. Erst dann besteht das Wahlrecht zum Übergang auf das Festwertverfahren. Dieser Anhaltewert stellt einen zusammengefassten fiktiven Buchwert dar, der in etwa im Falle einer Einzelbewertung als Buchwert der einbezogenen Vermögensgegenstände erreicht würde. Dabei ist zur Berücksichtigung des Gebrauchtzustandes der Anlagen eine lineare Abschreibung zu unterstellen.

Im Bereich des **Umlaufvermögens** sind nach den Vorgaben der Finanzverwaltung als Bewer- 27
tungsmaßstab die Anschaffungs- oder Herstellungskosten, ggf. der niedrigere Teilwert, anzusetzen.

Die Finanzverwaltung verlangt auch eine **körperliche Bestandsaufnahme** „in bestimmten Zeit- 28
abständen", legt sich aber nicht auf die „Regel" von drei Jahren in § 240 Abs. 3 Satz 4 HGB fest. Auch fünf Jahre werden nach EStR 5.4 Abs. 3 toleriert. Übersteigt der für diesen Bilanzstichtag ermittelte Wert den bisherigen Festwert um mehr als 10 %, ist der ermittelte Wert als neuer Festwert maßgebend. Der bisherige Festwert soll dabei so lange um die Anschaffungs- und Herstellungskosten der im Festwert erfassten und nach dem Bilanzstichtag des vorangegangenen Wirtschaftsjahres angeschafften oder hergestellten Wirtschaftsgüter aufgestockt werden, bis der neue Festwert erreicht ist. Ein einfacheres Verfahren ist jedenfalls handelsrechtlich zulässig (→ Rz. 30). Ist der ermittelte Wert niedriger als der bisherige Festwert, **kann** der Steuerpflichtige den ermittelten Wert als neuen Festwert ansetzen.

Die Festbewertung kann sich inhaltlich mit den steuerlichen geringwertigen Wirtschafts- 29
gütern des Anlagevermögens oder dem Inhalt der sog. Poolabschreibung gem. § 6 Abs. 2 EStG **überschneiden.** Unseres Erachtens können diese steuerlichen Vereinfachungsvorschriften im Hinblick auf die regelmäßig gegebene Unwesentlichkeit auch handelsrechtlich im Interesse einer Vereinheitlichung von handels- und steuerrechtlicher Bilanzierung übernommen werden (→ § 252 Rz. 239). Unseres Erachtens gehen die Wesentlichkeitsvereinfachungen auf der Grundlage der steuerlich geringwertigen Wirtschaftsgüter bzw. der Poolabschreibungsgüter vor, sind also nicht im Rahmen der Festbewertung zu erfassen.

3. Buchmäßige Behandlung

Buchungstechnisch können komplizierte Überlegungen angestellt werden, die etwa bei einer 30
Festwerterhöhung nach Preis- und Mengenursache differenzieren oder nach dem Verhältnis zwischen Erhöhungsbetrag und Zugängen des Geschäftsjahres. Angesichts der ohnehin geforderten Nachrangigkeit des der Festbewertung unterworfenen Vermögens halten wir dies aber nicht für notwendig und unterscheiden deshalb nur wie folgt:

1. **Laufende Zugänge** ohne Anpassung des Festwerts:
   - **Anlagevermögen:** keine Erfassung im Anlagegitter. In der GuV Berücksichtigung der Anschaffungskosten als sonstiger betrieblicher Aufwand, bei Umsatzkostenverfahren wahlweise auch unter den Funktionskosten.
   - **Roh-, Hilfs- und Betriebsstoffe:** bei Anwendung des Gesamtkostenverfahrens GuV-Erfassung unter „Aufwendungen für Roh-, Hilfs- und Betriebsstoffe" (→ § 275 Rz. 23), beim Umsatzkostenverfahren unter den Umsatzkosten.
2. Anpassung des Festwerts:
   - **Anlagevermögen:** Darstellung als Zu- oder Abgang im Anlagegitter. In der GuV sonstiger betrieblicher Ertrag oder Aufwand, bei Umsatzkostenverfahren wahlweise auch gegen die Funktionskosten.
   - **Roh-, Hilfs- und Betriebsstoffe:** bei Anwendung des Gesamtkostenverfahrens GuV-Erfassung gegen „Aufwendungen für Roh-, Hilfs- und Betriebsstoffe" (→ § 275 Rz. 23), beim Umsatzkostenverfahren unter den Umsatzkosten.

31 *(einstweilen frei)*

4. Anwendungsbereiche

32 Branchentypische Anwendungsbereiche der Festbewertung im **Anlage**vermögen sind

- Gleis- und Signalanlagen im Großindustriebereich,
- Formen und Modelle in der industriellen Fertigung,
- Gerüst- und Schalmaterial im Baugewerbe,
- generell Werkzeuge, Mess- und Prüfgeräte.

Im **Umlauf**vermögen kommt die Festbewertung für Kleinmaterial, Brennstoffe (Heizölbestand) u. Ä. in Betracht.

33 **Weitere Beispiele für zulässige Festwerte:**[1]

- Bahnanlagen sind ein typisches Beispiel für Festbewertung,[2] allerdings nur soweit die Anlagen nicht erweitert werden.[3] Ausgenommen ist auch der Ersatz von bahneigenen durch werkseigene Anlagen;[4]
- Beleuchtungsanlagen, soweit es sich um Spezialanlagen für Schaufenster handelt;[5]
- Bergbauanlagen;[6]
- Geschirr in der Gastronomie etc.;[7]
- Brennstoffe;[8]
- Fette;[9]

1 Nach *Hoffmann* in Littmann/Bitz/Pust (Hrsg.), EStG, § 6 Tz. 108.
2 Zuletzt RFH, Urteil v. 19.6.1942 – V 183/41, RStBl S. 895.
3 RFH, Urteil v. 20.2.1935 – I A 105/33, RStBl S. 1113.
4 FG München, Urteil v. 9.7.1953 – II 107/53, DStZE 1953 S. 514.
5 OFD Düsseldorf, Vfg. v. 23.8.1962 – S 2209 A – St 11 a, DB 1962 S. 1190.
6 BMF, Schreiben v. 12.8.1993 – IV B 2 – S 2174a – 17/93, BB 1993 S. 1767.
7 BMF, Schreiben v. 26.2.1992 – IV B 2 – S 2174a – 3/92, DStR 1992 S. 542.
8 Vgl. *Veigel/Lentschig*, StBp 1994 S. 881.
9 BMF, Schreiben v. 26.2.1992 – IV B 2 – S 2174a – 3/92, DStR 1992 S. 542.

- Feuerlöschgeräte;[1]
- Flaschen, Kästen etc. im Brauereigewerbe.[2] Hier kommt in aller Regel auch eine Sofortabschreibung nach § 6 Abs. 2 EStG in Betracht;
- Formen;[3]
- Gerüst- und Schalungsteile im Baugewerbe: vermutlich der in der Praxis am häufigsten vorkommende Typus des Festwerts;[4]
- Gleisanlagen (siehe Bahnanlagen);
- Laboratoriumseinrichtungen;[5]
- Leuchtstoffröhren;[6]
- Mess- und Prüfgeräte;[7]
- Modelle;[8]
- Rebstöcke;[9]
- Schmieröle (siehe Fette);
- Schrauben, Nägel etc.;[10]
- Steinkohlebergbau;[11]
- Werkzeuge.[12]

Beispiele für unzulässige Festwerte:

- Baumschulkulturen;[13]
- Druck- und Prägeformen.[14]

VI. Gruppenbewertung (Abs. 4)

Eine weitere Vereinfachung für die Inventarerstellung besteht in Form der sog. **Gruppenbewertung.** Diese setzt tatbestandlich voraus: 34

- Die zu einer Gruppe zusammengefassten Vermögensgegenstände des **Vorrats**vermögens müssen gleich**artig** sein, nicht unbedingt **gleichwertig.**
- **Andere** Vermögensgegenstände und Schulden müssen gleich**artig** oder annähernd gleich**wertig** sein.

Unter diesen Voraussetzungen kann die Bewertung in einer **zusammengefassten** Gruppe mit dem gewogenen Durchschnittswert erfolgen. Dabei ist in der Praxis zwischen **gleich** und

1 Vgl. *Veigel/Lentschig*, StBp 1994 S. 881.
2 BMF, Schreiben v. 26.2.1992 – IV B 2 – S 2174a – 3/92, DStR 1992 S. 542.
3 BMF, Schreiben v. 26.2.1992 – IV B 2 – S 2174a – 3/92, DStR 1992 S. 542.
4 BFH, Urteil v. 23.3.1972 – V R 139/71, BStBl II S. 683.
5 Vgl. *Veigel/Lentschig*, StBp 1994 S. 881.
6 OFD Düsseldorf, Vfg. v. 23.8.1962 – S 2209 A – St 11 a, DB 1962 S. 1190.
7 Vgl. *Veigel/Lentschig*, StBp 1994 S. 881.
8 BMF, Schreiben v. 26.2.1992 – IV B 2 – S 2174a – 3/92, DStR 1992 S. 542.
9 RFH, Urteil v. 7.3.1934 – VI A 959/31, RStBl S. 662.
10 Vgl. *Veigel/Lentschig*, StBp 1994 S. 881.
11 BMF, Schreiben v. 12.8.1993 – IV B 2 – S 2174a – 17/93, BB 1993 S. 1767.
12 BMF, Schreiben v. 26.2.1992 – IV B 2 – S 2174a – 3/92, DStR 1992 S. 542; *Veigel/Lentschig*, StBp 1994 S. 881.
13 BFH, Urteil v. 3.12.1970 – IV R 170/67, BStBl 1971 II S. 321.
14 BFH, Urteil v. 2.12.1987 – X R 19/81, BStBl 1988 II S. 502.

gleichartig kaum aufgrund allgemeiner Kriterien zu unterscheiden. Hier wird willkürfrei eine Inventar-Nr. zugeteilt, die dann in das Bewertungsverfahren in Rz. 36 eingeführt wird. Am ehesten taugt zur Objektivierung der Grenze zwischen gleichartigen und nicht gleichartigen Vermögensgegenständen noch der Preis. Preisunterschiede von $^1/_4$ oder mehr sprechen gegen Gleichartigkeit.

Die Vereinfachung des Verfahrens beruht auf dem – ohnehin faktisch zwingenden – Verzicht auf die Bewertung des einzelnen konkreten Gegenstands. Im Rahmen einer ordnungsmäßigen Bestandsführung des Vorratsvermögens bedarf es der Zuteilung einer Inventar-Nr. für jeden einzelnen zu erfassenden Vermögensgegenstand. Für diesen wird der gewogene Durchschnittswert ermittelt. Eine weitere Durchschnittsbewertung ergibt dann keinen Sinn mehr und wird auch nicht praktiziert.

35 Die Finanzverwaltung folgt für Zwecke der Steuerbilanz in R 6.8 Abs. 4 EStR dieser Vorgabe. In beiden Rechnungslegungskreisen ist der Anwendungsbereich der Vorschrift allerdings beschränkt bzw. nur sinnvoll zu verstehen im Zusammenhang mit den eigentlichen Bilanzbewertungsvorgaben. Dies geht aus § 256 Satz 2 HGB hervor. Danach gilt als **Regel**bewertung diejenige mit dem gewogenen Durchschnitt nach § 240 Abs. 4 HGB, die erlaubte **Ausnahme** stellt die Bewertung mit unterstellten Verbrauchsfolgen nach § 256 HGB dar. Insofern ist die Bewertungsvorgabe für die Gruppenbewertung mit dem gewogenen Durchschnittswert als Bestandteil der Inventarisierung eher verwirrend, handelt es sich doch um die Regelzugangsbewertung im Bereich des Vorratsvermögens.

36 Zur Ermittlung des **einfach** gewogenen Durchschnittspreises (vgl. Beispiel 1) wird die Summe der mit den Mengen multiplizierten Preise des Anfangsbestands und der mit den tatsächlichen Preisen bewerteten Zugänge während des Geschäftsjahres oder einer anderen Zeitperiode durch die Summe der Menge von Anfangsbestand und Zugang des Zeitraums dividiert; das Ergebnis wird mit dem Endbestand zum Bilanzstichtag bewertet.

Dazu folgende Beispiele:

BEISPIEL 1

	Menge	Preis je Einheit in €	Gesamtpreis in €
Anfangsbestand	100	2,50	250
Zugang 1	200	3,00	600
Zugang 2	400	3,50	1.400
Zugang 3	100	3,50	350
	800	3,25	2.600
Endbestand	200	3,25	650

Bei einem Endbestand von 200 und einem Verbrauch von 600 Einheiten ergibt sich ein Inventurwert von 650 €.

Bei der Ermittlung der **gleitend** gewogenen Durchschnittsberechnung wird der Bestand laufend zu gewogenen Durchschnittspreisen bewertet und jeder Abgang zu den jeweils neu ermittelten Durchschnittspreisen angesetzt; mit der laufenden Berücksichtigung der Abgänge und der laufenden Fortschreibung der Durchschnittspreise wird eine den tatsächlichen Anschaffungskosten näherkommende Bewertung des Inventurwerts erreicht.

BEISPIEL 2

	Menge	Preis je Einheit in €	Gesamtpreis in €	Durchschnittspreis in €
Anfangsbestand	100	2,50	250	–
Zugang 1	200	3,00	600	–
Summe	300	–	850	2,83
Abgang	100	2,83	283	–
Bestand	200	2,83	566	2,83
Zugang 2	400	3,50	1.400	–
Summe	600	–	1.967	3,28
Abgang	300	3,28	983	–
Bestand	300	3,28	984	3,28
Zugang 3	100	3,50	350	–
Summe	400	–	1.334	3,33
Abgang	200	3,33	666	–
Endbestand	200	3,33	666	3,33

§ 241 Inventurvereinfachungsverfahren

(1) [1]Bei der Aufstellung des Inventars darf der Bestand der Vermögensgegenstände nach Art, Menge und Wert auch mit Hilfe anerkannter mathematisch-statistischer Methoden aufgrund von Stichproben ermittelt werden. [2]Das Verfahren muss den Grundsätzen ordnungsmäßiger Buchführung entsprechen. [3]Der Aussagewert des auf diese Weise aufgestellten Inventars muss dem Aussagewert eines aufgrund einer körperlichen Bestandsaufnahme aufgestellten Inventars gleichkommen.

(2) Bei der Aufstellung des Inventars für den Schluss eines Geschäftsjahrs bedarf es einer körperlichen Bestandsaufnahme der Vermögensgegenstände für diesen Zeitpunkt nicht, soweit durch Anwendung eines den Grundsätzen ordnungsmäßiger Buchführung entsprechenden anderen Verfahrens gesichert ist, dass der Bestand der Vermögensgegenstände nach Art, Menge und Wert auch ohne die körperliche Bestandsaufnahme für diesen Zeitpunkt festgestellt werden kann.

(3) In dem Inventar für den Schluss eines Geschäftsjahrs brauchen Vermögensgegenstände nicht verzeichnet zu werden, wenn

1. **der Kaufmann ihren Bestand aufgrund einer körperlichen Bestandsaufnahme oder aufgrund eines nach Absatz 2 zulässigen anderen Verfahrens nach Art, Menge und Wert in einem besonderen Inventar verzeichnet hat, das für einen Tag innerhalb der letzten drei Monate vor oder der ersten beiden Monate nach dem Schluss des Geschäftsjahrs aufgestellt ist, und**
2. **aufgrund des besonderen Inventars durch Anwendung eines den Grundsätzen ordnungsmäßiger Buchführung entsprechenden Fortschreibungs- oder Rückrechnungsverfahrens gesichert ist, dass der am Schluss des Geschäftsjahrs vorhandene Bestand der Vermögensgegenstände für diesen Zeitpunkt ordnungsgemäß bewertet werden kann.**

Inhaltsübersicht Rz.

LITERATUR:

Eckmann/Peters, Durchführung der Stichprobeninventur, DB 1996 S. 488.

I. Anwendungsbereich: Vorräte und Sachanlagen

1 § 241 HGB spricht nur die Bestandsaufnahme von Vermögensgegenständen an und hier die „**körperliche**" (→ § 240 Rz. 10) Form als **Regel** sowie die möglichen **Ausnahmen** von dieser Regel. Nicht in den Anwendungsbereich fallen daher von vornherein die Schulden und die unkörperlichen Vermögensgegenstände, also etwa die Forderungen. Es verbleiben die Vorräte und Sachanlagen.

2 Die Inventur des Vorratsvermögens unterliegt einem besonderen betriebswirtschaftlichen Kalkül. Sie ist aus Gründen der **Kontrolle** des gesamten Geschäftsgebarens zwingend erforderlich. Andererseits ist die Bestandsaufnahme mit nennenswerten (Opportunitäts-)**Kosten** verbunden: Umsatzausfall („wegen Inventur geschlossen"), Einsatz zusätzlichen Personals in der urlaubsträchtigen Zeit „zwischen den Jahren" etc.

3 § 241 HGB bietet **ausreichende** Möglichkeiten zum Kosten-Nutzen-Ausgleich bzgl. der körperlichen Bestandsaufnahme des Vorratsvermögens. Das **Steuerrecht** folgt diesen Vorgaben uneingeschränkt. Alle denkbaren Vereinfachungen der Bestandsaufnahme im Bereich des Vorratsvermögens setzen eine IT-gestützte **Bestandsführung** (mitunter noch traditionell als „Lagerbuchführung" bezeichnet) voraus. Als einzige Ausnahme (vom IT-Erfordernis) ist die rein wertmäßige Vor- und Rückrechnung nach Abs. 3 Nr. 1 (→ Rz. 20) zu erwähnen.

4 Beim **Sachanlage**vermögen verhält es sich regelmäßig anders; wegen der dort anzuwendenden Anlagebuchführung erübrigt sich eine jährliche Vollaufnahme (→ § 240 Rz. 6).

II. Überblick über die Vereinfachungen

5 Im Rahmen der körperlichen Bestandsaufnahme – zu anderen Inventarisierungstechniken vgl. → § 240 Rz. 4 – sind in zweierlei Hinsicht Vereinfachungen vorgesehen:

- nach **Zeitpunkt** und
- nach **Umfang**

der Aufnahme.

6 In **zeitlicher** Hinsicht lassen sich drei unterschiedliche Verfahren feststellen:

- (erweiterte) **Stichtags**inventur (→ Rz. 25);
- sog. **permanente** Inventur (Abs. 2, → Rz. 16);
- **vor-** oder **nachverlagerte** Stichtagsinventur (Abs. 3, → Rz. 20).

7 Bzgl. der **Menge** sind folgende Verfahren möglich:

- körperliche Bestandsaufnahme für **sämtliche** betroffenen Vermögensgegenstände (Grundfall nach § 240 Abs. 1 HGB);
- **Stichproben**inventur nach Abs. 1 (→ Rz. 10).

8 Die Erleichterungen nach § 241 HGB können auch in **kombinierter** Form in Anspruch genommen werden, d. h., die permanente Inventur nach Abs. 2 kann auf Stichprobenbasis nach Abs. 1 erfolgen.

9 Die Vereinfachungsverfahren nach § 241 HGB sind **nicht** anwendbar auf die Fälle der Buch- bzw. Beleginventur und der Vertragsinventur (→ § 240 Rz. 5), werden dafür praktisch aber

auch nicht benötigt. Sie scheiden auch bei besonders wertvollen Gegenständen – echter Schmuck u. Ä. – handelsrechtlich[1] und steuerrechtlich aus.[2]

Das anzuwendende Inventurverfahren in Form der körperlichen Bestandsaufnahme ist unabhängig von der kaufmännischen Buchführung (**Finanz**buchführung). In Letztere können immer nur die Endbestände einer entsprechenden Bestandsaufnahme eingebucht werden.

Zu den anzuwendenden Grundsätzen ordnungsmäßiger Inventur wird verwiesen auf → § 240 Rz. 17.

III. Stichprobenverfahren (Abs. 1)

In seiner einfachsten Ausprägung als **Schätz**verfahren ermittelt das Stichprobenverfahren die Aufnahme**menge** durch eine repräsentative statistische Auswahl. Diese Auswahl kann sich auf die Art des Vermögensgegenstands beziehen, aber auch auf die Menge und den Wert, also auf das **gesamte Aufnahmepotenzial.** Die für die Stichprobe ermittelten Werte werden auf die Gesamtheit hochgerechnet. 10

Voraussetzungen sind von Gesetzes wegen: 11

- die Verwendung anerkannter mathematisch-statistischer Methoden,
- die Entsprechung mit den GoB,
- dass das Ergebnis des Verfahrens demjenigen einer „Vollinventur" gleichkommt (Aussageäquivalenz).

Wesenselement der statistischen Vorgehensweise ist die Beachtung des **Zufalls**prinzips bei der Auswahl der Elemente aus dem Gesamtbereich der aufzunehmenden Vermögensgegenstände. Der ausgewählte Bereich wird von Gesetzes wegen und auch sonst als **Stichprobe** bezeichnet. Die statistischen Gesetzmäßigkeiten sollen dann eine der Vollaufnahme gleichkommende Sicherheit über den Wert der potenziellen Gesamtmenge der Inventuraufnahme gewährleisten. 12

Das Zufallsprinzip der Auswahl verlangt:[3] Jede Lagerposition muss eine **von null verschiedene Chance** zur Gelangung in die Stichprobe haben (ungeschichtete Zufallsauswahl) oder jeder Posten der gesamten Aufnahmemenge muss eine berechenbare, von null verschiedene Chance des Gelangens in die Stichprobe haben (geschichtete Zufallsauswahl).

Die **GoB**-Vorgabe bezieht sich im Falle der Stichprobeninventur bzgl. der Vollständigkeit auf die Berücksichtigung sämtlicher Vermögensgegenstände innerhalb der Grundgesamtheit, damit sie überhaupt die Chance haben, in die Stichprobe einbezogen zu werden. Außerdem sind die Stichprobenbestandteile vollständig in die Berechnung einzufügen.

Das Auswahl**verfahren** kann nach verschiedenen Kriterien erfolgen, z. B. durch Anwendung eines sog. Zufallsgenerators im EDV-System, durch Auslosung und durch andere Methoden.[4] 13

---

1 IDW HFA 1/1981 i. d. F. 1990, WPg 1990 S. 143.

2 EStR R r.3.

3 Vgl. hierzu *Weiss/Heiden* in Küting/Pfitzer/Weber (Hrsg.), Handbuch der Rechnungslegung – Einzelabschluss, § 241 Tz. 70.

4 Vgl. hierzu IDW HFA 1/1981 i. d. F. 1990, S. 652.

Die nach den GoB geforderte **Richtigkeit** gilt als erfüllt, wenn bei einem Sicherheitsgrad von 95 % ein Stichprobenfehler von höchstens 1 % des gesamten Werts der Aufnahmeschicht eingehalten wird.[1]

14 Die Stichprobeninventur leistet **nicht** den nach § 240 Abs. 1 HGB verlangten **Einzel**nachweis des Bestands nach Art, Menge und Wert. Diesen Nachweis kann nur die Lagerbuchführung bringen, in der die Bestände art- und mengenmäßig fortgeschrieben werden. Voraussetzung ist die Bestandszuverlässigkeit der Lagerbuchführung. Sie wird anhand der Abweichung zwischen dem Wert der Lagerbuchführung und dem Schätzwert des Stichprobenverfahrens beurteilt. Die Gesamtabweichung darf nicht mehr als 2 % betragen.[2] Ist sie größer, muss ggf. eine (nachträgliche) Vollaufnahme durchgeführt werden.

15 Neben dem Schätzverfahren (→ Rz. 10) ist auch das **Test**verfahren eine anerkannte Variante des Stichprobenverfahrens. Die Stichprobe ist hier nur zur Überprüfung der Zuverlässigkeit der Lagerbuchführung bestimmt. Wird diese bestätigt, können die Buchbestände als Inventar verwendet werden.

Die Inventurmethoden lassen sich wie folgt strukturieren:[3]

IV. Permanente Inventur (Abs. 2)

16 Bei der sog. permanenten Inventur ist ein Aufnahmevorgang nach Abs. 2 **einmal** im Jahr, aber zu einem beliebigen Zeitpunkt durchzuführen. Eine **Beschränkung** auf bestimmte Zeitpunkte vor und nach dem Bilanzstichtag besteht nicht. Weiterhin ist nicht für die **gesamte** Aufnahmemenge der **gleiche** Stichtag zu wählen; dies kann abteilungsweise zu einem passenden Zeitpunkt erfolgen, z. B. zum Beginn der Betriebsferien oder generell in der saisonal „schwachen" Periode.

17 Unabdingbare Voraussetzung zur Anwendung dieses Verfahrens ist eine leistungsfähige **Bestandsführung.** Eine solche herkömmlich als „Lagerbuchführung" bezeichnete mengenmäßige Fortschreibung muss systematisch in die Fakturierung und in die Einkaufsorganisation – beide Abteilungen angesiedelt an der Unternehmensgrenze – integriert sein und die Verfahrensabläufe vom Rohmaterialzugang bis zur Auslieferung des fertigen Produkts lückenlos begleiten.

18 Die körperliche Aufnahme zu einem bestimmten frei gewählten Tag dient auch nicht zuletzt der **Systemkontrolle** (→ § 240 Rz. 4), wodurch sich der *Cost*-Effekt der körperlichen Bestandsaufnahme in einen *Benefit* verwandelt, der in der Gewährleistung einer generell ordnungsmäßigen Bestandsführung liegt. Umgekehrt gilt: Wenn die körperliche Bestandsaufnahme nennenswerte Abweichungen von den Buchbeständen aufweist, muss das System in den einschlägigen Bereichen kontrolliert und überarbeitet werden. Es bietet sich in diesen Fällen an oder ist zwingend, eine **weitere** körperliche Aufnahme im Interesse der „richtigen" Bilanzausweise durchzuführen, und das möglichst in der Nähe zum Bilanzstichtag.

1 IDW HFA 1/1981 i. d. F. 1990.
2 IDW HFA 1/1991 i. d. F. 1990.
3 Skizzierung nach *Weiss/Heiden* in Küting/Pfitzer/Weber (Hrsg.), Handbuch der Rechnungslegung – Einzelabschluss, § 241 Tz. 14.

19 Die ordnungsmäßige Bestandsführung wird auch in anderen speziellen Anwendungsbereichen des betrieblichen Rechnungswesens als Vehikel für die körperliche Bestandsaufnahme verwendet:

- Die **Einlagerungsinventur** bezieht sich auf **automatisch gesteuerte Lagersysteme.** Die körperliche Aufnahme erfolgt bei der Einlagerung schon deswegen, weil danach das Innere des Lagers nicht mehr betreten werden kann. Die Einlagerung erfolgt regelmäßig nach dem Freiplatzsystem, d. h., der betreffende Artikel oder die Artikelgruppe wird auf der Palette dem passenden freien Platz zugewiesen. Dieser Vorgang wird rechentechnisch archiviert. Durch die systemimmanenten Kontrollen können Auslagerungen nur mit entsprechender Bestandsfortschreibung erfolgen.[1]
- Bei der systemgestützten **Werkstattinventur** orientiert sich die Bestandsführung insbesondere am Problem der **kontinuierlichen Fertigung** und ist ausgerichtet auf spezifische Produktionen, die eine Unterbrechung des Prozesses nicht „ertragen". Typischer Anwendungsfall ist die Halbleiterfertigung. Die systematischen Anforderungen an eine solche Bestandsführung sind sehr hoch mit entsprechender Kontrollintensität.[2]
- Speziell für den Einzelhandel kommen zunehmend sog. **Warenwirtschaftssysteme** zum Einsatz. Dies gelingt durch die Scannerkassen. Dadurch wird eine praktisch lückenlose Bestandsführung erlaubt, die ihre „Grenzen" nur bei physisch bedingtem Schwund (Verderb) und bei Diebstahl erfährt. Das System erlaubt dabei auch die Bestandsführung mit **Einstandspreisen,** weil diese auf der Grundlage von Artikelkennzeichnung im System hinterlegt sind. Dieses Verfahren ist also wesentlich hochwertiger als die rein wertmäßige Fortschreibung nach Abs. 3 (→ Rz. 20). Entsprechend ist bei einem Bestandsführungssystem auch die fünfmonatige Grenze der wertmäßigen Fortschreibung unbeachtlich. Es kann an jedem frei gewählten Tag im Jahr eine Aufnahme erfolgen, und das aber auch wieder nicht für die gesamte Aufnahmepalette, sondern gezielt nach Abteilungen etc. (→ Rz. 16).
- In der industriellen Fertigung werden häufig sog. PPS-Systeme (Produktionsplanungs- und Steuerungssysteme) verwendet. Die zur Steuerung benötigten Daten können auch ohne spezielle körperliche Aufnahme zur Inventarisierung verwendet werden.

V. Vor- bzw. nachverlegte Stichtagsinventur (Abs. 3)

20 Die organisatorisch am **wenigsten anspruchsvolle** Inanspruchnahme eines anderen Aufnahmetags als des Bilanzstichtags gewährt die Möglichkeit einer Aufnahme in einem Zeitraum von drei Monaten vor oder zwei Monaten nach dem Stichtag. Das Inventar (das Mengengerüst) ist nach den allgemeinen Regeln zu erfassen, aber in einem besonderen Inventar zu dem abweichenden Aufnahmetag.

21 Zur Ermittlung des auszuweisenden Bilanzwerts muss dann eine Fortschreibung/Rückrechnung auf den Bilanzstichtag erfolgen. Dazu genügt eine **rein wertmäßige** Rechnung. Es bedarf also keiner eigentlichen Bestandsführung (→ Rz. 17, Lagerbuchführung), weshalb diese Inventurverfahren auch bei weniger anspruchsvoll organisierten Unternehmen in Betracht kommen. Die in die Fortschreibung und Rückrechnung aufzunehmenden Beträge sind der Finanzbuchführung zu entnehmen, also dem Wareneinkauf für den Bereich der betreffenden Vorratsposi-

1 Zu weiteren organisatorischen Voraussetzungen wird verwiesen auf IDW HFA 1/1981 i. d. F. 1990.
2 Vgl. hierzu auch IDW HFA 1/1991 i. d. F. 1990.

tionen und dem zugehörigen Verkauf. Dazu müssen Ein- und Verkauf „gleichnamig" sein, es muss also auf identischer Basis gerechnet werden. Dazu wird üblicherweise vom Verkauf (Umsatz) die **Handelsspanne zurückgerechnet**, d. h., der Umsatz wird mit Einstandspreisen bewertet.

22 Die dargestellte Umrechnung der Verkaufserlöse auf Einkaufspreise mithilfe einer Handelsspanne deutet auch den Anwendungsbereich dieses Inventarisierungsverfahrens an, nämlich den **Groß-** und **Einzel**handel. Ein typisches Fallbeispiel ist die Apothekenbranche. In Produktionsunternehmen wird dieses Verfahren deshalb kaum anwendbar sein. Im Handel müssen die Waren zur Ermittlung der betreffenden Spanne mit ihren **unterschiedlichen Rohgewinnmargen** in die Berechnung eingeführt werden.

BEISPIEL Im Lebensmitteleinzelhandel kann z. B. differenziert werden zwischen Frischtheke, Tiefkühlkost, alkoholfreien Getränken oder Alkoholika.
Die Gliederungstiefe hängt von den wirtschaftlichen Strukturen des betreffenden Unternehmens ab.

23 Anzuwenden ist folgendes Berechnungsschema:

Übersicht 1:	Wertfortschreibung
	Wert der Bestände am Aufnahmetag gem. besonderem Inventar nach Abs. 3 Nr. 1
+	Zugänge zwischen Aufnahme- und Bilanzstichtag
-	Abgänge (bewertet mit den Einstandskosten zwischen Aufnahme- sowie Abschluss- und Bilanzstichtag)
=	Bilanzausweis

Übersicht 2:	Wertrückrechnung
	Wert der Bestände am Aufnahmetag gem. besonderem Inventar nach Abs. 3 Nr. 1
-	Zugänge zwischen Aufnahme- und Bilanzstichtag
+	Abgänge (bewertet mit den Einstandskosten zwischen Aufnahme- sowie Abschluss- und Bilanzstichtag)
=	Bilanzausweis

24 Der Genauigkeitsgrad des Bilanzausweises auf der Grundlage dieser Fortschreibungstechnik ist nicht sehr hoch, gleichwohl tolerabel, wenn die betriebswirtschaftlichen Strukturen des Unternehmens dabei gebührend beachtet werden. Andererseits indiziert die Anwendung dieses Inventurverfahrens das Fehlen einer wie immer zu organisierenden oder zu bezeichnenden Bestandsführung (→ Rz. 17).

25 Das Verfahren nach Abs. 3 ist nicht zu verwechseln mit der (gewöhnlich so bezeichneten) **erweiterten Stichtagsinventur**, bei der die körperliche Aufnahme nicht sozusagen in der Silvesternacht, sondern entweder „zwischen den Jahren" oder kurz nach Neujahr (Bilanzstichtag jeweils am 31.12. unterstellt) erfolgt. Hier muss die ordnungsmäßige Weiterrechnung von Zugängen oder Abgängen zwischen dem Bilanzstichtag und dem eigentlichen Aufnahmetag gewährleistet sein. Das kann durch Verzicht auf Einkäufe nach Weihnachten oder durch Nichtauslieferung von Waren zwischen Neujahr und beispielsweise dem 4.1. organisiert werden.

§ 241a Befreiung von der Pflicht zur Buchführung und Erstellung eines Inventars

[1]Einzelkaufleute, die an den Abschlussstichtagen von zwei aufeinander folgenden Geschäftsjahren nicht mehr als jeweils 600 000 Euro Umsatzerlöse und jeweils 60 000 Euro Jahresüberschuss aufweisen, brau-

chen die §§ 238 bis 241 nicht anzuwenden. [2]Im Fall der Neugründung treten die Rechtsfolgen schon ein, wenn die Werte des Satzes 1 am ersten Abschlussstichtag nach der Neugründung nicht überschritten werden.

Inhaltsübersicht Rz.

LITERATUR:

Rätke, Befreiung von der handelsrechtlichen Buchführungspflicht nach § 241a HGB, BBK 2010 S. 951.

I. Befreiung von der Buchführungs- und Inventarisierungspflicht für kleine Einzelunternehmen (Satz 1)

1. Gesetzesregel

Eine ausgesprochen sinnvolle Lösung sieht das Gesetz für kleine **Einzelkaufleute** vor. Sie sind von der Buchführungspflicht (und Bilanzierungspflicht) befreit, wenn sie in zwei aufeinander folgenden Geschäftsjahren die beiden folgenden Grenzwerte (Erhöhungen gem. Bürokratieabbaugesetz) nicht überschreiten: 1

- Umsatzerlöse 600 T€,
- Jahresüberschuss 60 T€.

Die Befreiung greift nicht, wenn nur einer der beiden Grenzwerte eingehalten, der andere aber überschritten wird.

Die Befreiung ist förmlich bezogen auf die §§ 238 bis 241 HGB, d. h. die Buchführungs- und Inventarerstellungspflicht. In Ergänzung hierzu entfällt dann konsequenterweise nach § 242 Abs. 4 HGB eine Pflicht zur Aufstellung einer Bilanz und einer GuV (→ § 242 Rz. 17).

Die handelsrechtliche Befreiung bewirkt über § 140 AO i. d. R. auch eine Befreiung von der **steuerlichen** Buchführungspflicht. Vgl. hierzu → Rz. 6 ff.

2. Übergänge im Zeitverlauf

Zum Wegfall der Buchführungspflicht kommt es nicht schon, wenn in einem Jahr die Grenzwerte eingehalten werden. Vielmehr verlangt § 241a Satz 1 HGB die Einhaltung in **zwei aufeinander** folgenden Jahren: 2

BEISPIEL[1] Kaufmann A bilanziert seit vielen Jahren. Erstmals in den Geschäftsjahren 01 und 02 überschreitet er die Schwellenwerte nach Satz 1 nicht mehr.

1 Nach *Rätke*, BBK 2010 S. 951 ff.

Zwei Jahre hintereinander muss das Rechenwerk eine die Schwellenwerte unterschreitende Quantität „aufweisen". Das kann nur nach Ende der Jahre 01 und 02 der Fall sein. Die Buchführungspflicht endet damit mit Wirkung ab 1.1.03[1] mit letztmaliger Bilanzierungspflicht zum 31.12.02.

Auch irgendwelche **Prognosen** sind vom Gesetzeswortlaut nicht gedeckt. Deshalb erscheint auch die auf einer solchen Prognose beruhende Befreiung, im Beispiel ab dem Geschäftsjahr 02, als unzutreffend.[2]

3 **Überschreitet** ein Kaufmann die Schwellenwerte für Umsatz und/oder Jahresüberschuss erstmals oder nach mindestens zweijähriger Einhaltung erstmals wieder, entsteht die Buchführungspflicht nicht schon im Jahr des Überschreitens, sondern erst im darauffolgenden Jahr.

BEISPIEL (FORTSETZUNG) Der Kaufmann A aus → Rz. 2 überschreitet mindestens einen der Schwellenwerte erstmals wieder im Jahr 05.

Die erneute Buchführungspflicht beginnt am 1.1.06.

§ 241a HGB stellt (abweichend von anderen größenabhängigen Befreiungen, insbesondere in § 267 Abs. 4 Satz 1 HGB, → § 267 Rz. 15) nur für die **Wahrung** der Schwellenwerte auf zwei Jahre ab, nicht hingegen für das **Überschreiten.** Im vorstehenden Beispiel entsteht die Buchführungspflicht (und Bilanzierungspflicht) damit bereits für das Jahr 06. Sie bleibt andererseits selbst dann bestehen, wenn im Jahr 06 die Schwellenwerte erneut unterschritten werden. Erst wenn in 07 wiederum eine Unterschreitung vorliegt, greift die Befreiung erneut mit Wirkung ab 08.

Für die Beurteilung, ob der **Jahresüberschuss** den Schwellenwert von 60.000 € überschreitet, ist für den bisher zu Recht nicht bilanzierenden Kaufmann der Gewinn nach Einnahmen-Überschuss-Variante maßgeblich, nicht dagegen ein fiktiver Jahresabschluss gem. HGB.

Für die Bestimmung der Größe **„Umsatz"** wird auf → § 267 Rz. 5 verwiesen.

4 Beim Übergang von der Einnahmen-Ausgaben-Rechnung zur Bilanzierung und umgekehrt können die entsprechenden steuerlichen Regeln sinngemäß angewandt werden.

II. Neugründung (Satz 2)

5 In Satz 2 und § 242 Abs. 4 Satz 2 HGB (→ § 242 Rz. 17) ist speziell an den **Unternehmensgründer** gedacht. Ihm sollen die Wohltaten der Buchführungsbefreiung von Beginn an zustattenkommen. Dabei bleibt die Bestimmung der Tatbestandsmerkmale **interpretationsbedürftig.** Nach der Gesetzesbegründung soll die Befreiung bei Neugründung auch dann schon möglich sein, wenn die genannten beiden Wertgrößen am **ersten** Abschlussstichtag nach der Neugründung **voraussichtlich,** d. h. bei realistischer Einschätzung, nicht überschritten werden. Nach dem Gesetzeswortlaut träte eine Befreiung hingegen erst im Folgejahr ein.

Unseres Erachtens ist der Gesetzesbegründung aus folgendem Grund zu folgen: Der **Zweck** der besonderen Behandlung einer Neugründung liegt darin, einem Unternehmen die „Lasten"

1 *Petersen/Zwirner/Froschhammer* in Systematischer Praxiskommentar Bilanzrecht, 2010, § 241a HGB Tz. 18, lesen den Gesetzeswortlaut konträr: Befreiung schon ab dem Jahr 01. Ebenso in „rückwirkender Betrachtung" *Zwirner/Kähler,* DStR 2015 S. 2732. Wie hier *Rätke,* BBK 2010 S. 953, u. a. mit folgender Begründung: Da die Befreiungsmöglichkeit erst Ende 02 erkennbar ist, würde bei unzutreffender Annahme des Wegfalls die weiterbestehende Buchführungspflicht für 01 eine negative Folge für den Kaufmann bewirken, denn er könnte dann das Erfordernis der zeitnahen Buchhaltungserfassung nicht mehr erfüllen.

2 Gleicher Auffassung *Rätke,* BBK 2010 S. 951 ff.

der Einrichtung einer Buchführung nicht aufzuerlegen, wenn es voraussichtlich auf gewisse Dauer ein kleines Unternehmen i. S. der Schwellenwerte bleiben wird. Diesem Zweck entsprechend wird anders als bei schon bestehenden Unternehmen keine zweimalige Wahrung der Schwellenwerte verlangt. Diese **Sonderbehandlung** würde aber gerade konterkariert, wenn erst im Jahr nach der Gründung die (schon kostenträchtig etablierte) Buchführung wieder aufgegeben werden dürfte.

Offen bleibt dabei im Fall der **unterjährigen** Neugründung noch die Bestimmung der Wertgrößen. Unseres Erachtens ist dem **Wortlaut** zu folgen: Eine Hochrechnung aus dem anteiligen Jahresumsatz auf einen „Normalumsatz" ist nicht zulässig.[1] Dies entspricht auch der **Steuerrechtslage.**[2]

Generell lehnt sich nach der Begründung des Rechtsausschusses die Vorstellung des Gesetzgebers an den einschlägigen Regeln und Praktiken der **Einnahmenüberschussrechnung** im steuerlichen Sinne an und verzichtet entsprechend auf detaillierte Regelungen. Auch die beiden Quantitäten sind mit der Steuerrechtslage in § 141 AO abgestimmt. Demzufolge ist der für die Befreiung maßgebliche Jahresüberschuss nicht in einer Art Schattenbilanzierung auf Basis periodisierter Aufwendungen zu ermitteln, sondern nach den Regeln der Einnahmenüberschussrechnung.

III. Steuerliche Buchführungspflichten nach der AO

Die **Abgabenordnung** regelt die Buchführung in zwei Arten: 6

- Nach der sog. abgeleiteten oder **derivativen** Buchführungspflicht sind die nach außersteuerlichen Gesetzen bestehenden Buchführungspflichten auch für die Besteuerung zu erfüllen **(§ 140 AO).**
- Eine sog. **originäre** Buchführungspflicht besteht hingegen für Gewerbetreibende (und Land- und Forstwirte), die einen Umsatz von 600.000 € und/oder einen Gewinn von 60.000 € überschreiten **(§ 141 AO).**

Die hier interessierenden gewerblichen (kaufmännischen) Unternehmen unterliegen i. d. R. 7
handelsrechtlich der Buchführungspflicht nach §§ 238 HGB ff. und damit nach § 140 AO auch der steuerlichen Buchführungspflicht.

Die **originäre** steuerliche Buchführungspflicht nach § 141 AO hat demzufolge nur dort Bedeutung, wo handelsrechtlich die Befreiung nach § 241a HGB greift, andererseits aber die Schwellenwerte von § 141 AO nicht gewahrt werden.

Trotz der **betraglichen Übereinstimmung** zwischen den Schwellenwerten von § 141 AO und § 241a HGB (Umsatz jeweils 600.000 €, Ergebnis jeweils 60.000 €) können solche Fälle auftreten, weil der **Inhalt** der maßgeblichen Größen unterschiedlich definiert ist. So sind etwa bei der Ermittlung der steuerlichen Gewinngröße **nicht abziehbare Betriebsausgaben** unberücksichtigt zu lassen, handelsrechtlich hingegen nicht.

BEISPIEL ► U unterschreitet erstmals in den Jahren 05 und 06 beide Schwellenwerte von § 241a HGB und ist daher mit Wirkung ab 07 nicht mehr buchführungspflichtig. Im handelsrechtlichen Jahresüberschuss von 55.000 € für 06 ist jedoch ein Aufwand von 10.000 € aus der Bildung einer Drohverlustrückstellung berücksichtigt.

1 Gleicher Auffassung *Rätke*, BBK 2010 S. 951 ff.
2 Vgl. *Drüen* in Tipke/Kruse (Hrsg.), Abgabenordnung – Finanzgerichtsordnung, § 141 Tz. 14.

Dieser Aufwand ist nach § 5 Abs. 4a EStG steuerlich nicht abziehbar (→ § 249 Rz. 223). Der für Zwecke von § 141 AO maßgebliche steuerliche Gewinn liegt daher über dem Schwellenwert von 60.000 €. Dem Grunde nach kommt damit eine originäre steuerliche Buchführungspflicht für 07 infrage.

8 Allerdings tritt die originäre steuerliche Buchführungspflicht erst nach Ablauf des Wirtschaftsjahres in Kraft, in dem die **Finanzbehörde** auf die Verpflichtung **hingewiesen** hat (§ 141 Abs. 2 Satz 1 AO).

BEISPIEL (FORTSETZUNG) ▸ Die Finanzbehörde weist den Steuerpflichtigen im Jahr 07 auf die originäre steuerliche Buchführungspflicht hin. Sie ist ab 1.1.08 zu erfüllen.

Möglicherweise wird diese originäre Pflicht aber gar nicht wirksam. Wenn nämlich der Steuerpflichtige im Jahr 07 auch die handelsrechtlichen Schwellenwerte überschreitet, greift ab 08 ohnehin wieder die derivative Verpflichtung.

Die Bindung der Befreiung an die Mitteilung der Finanzbehörde verursacht i. d. R. **keinen Zeitversatz** zwischen steuer- und handelsrechtlichen Pflichten, sondern dient gerade der Synchronisierung. Denn die Befreiung nach § 241a HGB stellt auf zwei aufeinander folgende Jahre der Wahrung der Schwellenwerte ab, die nach § 141a AO hingegen nur auf ein Jahr. Das im Vergleich zum HGB fehlende Jahr wird durch das Jahr der Feststellung der Befreiungsvoraussetzungen durch die Finanzbehörde aufgefüllt.

9 Wie die Begründung der originären steuerlichen Buchführungspflicht (→ Rz. 8) wird auch die **Befreiung** von ihr erst im Wirtschaftsjahr nach **Mitteilung der Finanzbehörde** wirksam (§ 141 Abs. 2 Satz 2 AO).

10 Die nachfolgende Tabelle[1] fasst Gemeinsamkeiten und Unterschiede von § 241a HGB und § 141 AO zusammen und weist ergänzend auf § 140 AO hin:

	§ 241a HGB	§ 141 AO
Personenkreis	Nur Einzelkaufleute	Auch OHG und KG, aber hier derivative Buchführungspflicht nach § 140 AO
Beginn der Befreiung	Nach Wahrung der Schwellenwerte in zwei aufeinander folgenden Geschäftsjahren Beispiel: Wahrung in den Jahren 01 und 02, Befreiung ab 03	Nach Wahrung Schwellenwert in einem Kalenderjahr und Feststellung Finanzamt Beispiel: Wahrung im Jahr 01, Feststellung FA im Jahr 02, Befreiung ab 03
Schwellenwert Umsatz	Alle Umsatzerlöse i. S. von § 267 HGB (→ § 267 Rz. 4)	Ohne USt-freie Umsätze nach § 4 Nr. 8-10 UStG
Schwellenwert Jahresüberschuss/ Gewinn	Saldo sämtlicher Aufwendungen/Erträge (Ausgaben/Einnahmen)	Saldo vor nicht abziehbaren Betriebsausgaben gem. § 4 Abs. 5, Abs. 5b oder § 5 Abs. 4a, Abs. 4b EStG (→ § 277 Rz. 40)
Ende der Befreiung	Nach einmaliger Überschreitung von mindestens einem Schwellenwert Beispiel: Überschreitung im Jahr 05, Buchführungs- und Bilanzierungspflicht ab 06	Nach einmaliger Überschreitung von mindestens einem Schwellenwert und Feststellung Finanzamt Beispiel: Überschreitung im Jahr 05, Feststellung FA 06, originäre steuerliche Buchführungs- und Bilanzierungspflicht ab 07, aber derivative gem. § 140 AO schon im Jahr 06

1 In Anlehnung an *Rätke*, BBK 2010 S. 951 ff.

IV. Gestaltungsaspekte

Die Befreiung ist als **Wahlrecht** ausgestaltet, der angesprochene Kaufmann muss sich also überlegen, ob die Inanspruchnahme der Befreiung für ihn sinnvoll ist. Diese Beurteilung wird insbesondere dann negativ ausfallen, wenn nachhaltig größere Umsätze als 500 T€ geplant sind. Dann sollte von vornherein die „normale" Buchführung mit Bilanzierung gewählt werden, schon um die in Kürze anstehende Übergangsrechnung (→ Rz. 4) zu vermeiden. 11

Außerdem ist der – so verstandene – Kleinkaufmann nicht der Buchführungs- und Aufzeichnungspflichten generell enthoben. Dafür sorgt schon das **Steuerrecht**, aber auch das Eigeninteresse an der Übersicht über das eigene Geschäftsgebaren. Bei nennenswerten Volumina an Verkäufen auf Ziel und umfangreicherem Lieferantenverkehr müssen aus Überwachungsgründen Debitoren- und Kreditoren-Kontokorrente geführt werden, regelmäßig auch eine Anlagebuchführung. Dann ist die meiste Arbeit für die Bilanzierung i. d. R. schon getan, die Ausübung dieses Wahlrechts muss daher wohl überlegt werden. Wer vom betroffenen Personenkreis bisher seine Rechnungslegung in der üblichen kaufmännischen Form durch Bilanzierung bewältigt hat, sollte u. E. von der Option eher keinen Gebrauch machen. 12

Das (handelsrechtliche) Wahlrecht steht **Personenhandelsgesellschaften** nicht offen, wohl aber steuerlich. Diese Lösung ist sinnvoll, weil dort zur Erfüllung der gesellschaftsrechtlichen Vorgaben regelmäßig Eigenkapitalien und Kapitalanteile benötigt werden. 13

Zweiter Unterabschnitt: Eröffnungsbilanz; Jahresabschluss

Erster Titel: Allgemeine Vorschriften

§ 242 Pflicht zur Aufstellung

(1) [1]Der Kaufmann hat zu Beginn seines Handelsgewerbes und für den Schluss eines jeden Geschäftsjahrs einen das Verhältnis seines Vermögens und seiner Schulden darstellenden Abschluss (Eröffnungsbilanz, Bilanz) aufzustellen. [2]Auf die Eröffnungsbilanz sind die für den Jahresabschluss geltenden Vorschriften entsprechend anzuwenden, soweit sie sich auf die Bilanz beziehen.

(2) Er hat für den Schluss eines jeden Geschäftsjahrs eine Gegenüberstellung der Aufwendungen und Erträge des Geschäftsjahrs (Gewinn- und Verlustrechnung) aufzustellen.

(3) Die Bilanz und die Gewinn- und Verlustrechnung bilden den Jahresabschluss.

(4) [1]Die Absätze 1 bis 3 sind auf Einzelkaufleute im Sinn des § 241a nicht anzuwenden. [2]Im Fall der Neugründung treten die Rechtsfolgen nach Satz 1 schon ein, wenn die Werte des § 241a Satz 1 am ersten Abschlussstichtag nach der Neugründung nicht überschritten werden.

Inhaltsübersicht **Rz.**

LITERATUR:

Josnig, Der Stichtag der Gründungsbilanz von Kapitalgesellschaften, DStR 1996 S. 1907; *Körner*, Wesen und Funktion der GoB, BB 1986 S. 1742; *Sarx*, Bilanzierungsfragen im Rahmen einer Gründungsbilanz/Eröffnungsbilanz, DStR 1991 S. 692 und 724.

I. Inhalt, Regelungszweck, Normenzusammenhang

1 Abs. 1 und 2 sind gerichtet auf die Pflicht zur Information und Selbstinformation des Kaufmanns darüber, wie er gewirtschaftet hat. Technisch bedarf es dazu nach der Vorstellung des Gesetzgebers einer **Eröffnungs-** und **Schluss**bilanz sowie einer GuV für das jeweilige Geschäftsjahr. Bilanzierungsobjekt ist jeweils das „Handelsgewerbe". Dieses kann mehrere Betriebsstätten im steuerlichen Sinn (§ 12 AO) umfassen, auch im Ausland. Eine getrennte Bilanzierung der verschiedenen Betriebsstätten kommt nur intern in Betracht. In der externen Rechnungslegung kann es nur **einen** Jahresabschluss geben, der alle Betriebsstätten oder Niederlassungen umfasst.

BEISPIEL ► Ein Apotheker betreibt neben der Apotheke am Hauptsitz noch eine weitere in der Nachbargemeinde und eine dritte in einer weiter entfernten Kreisstadt. Die drei Niederlassungen stellen organisatorisch im Interesse der separaten Ergebnisermittlung eigene Buchungskreise dar, die intern zu einem eigenständigen Jahresabschluss führen. Der (externe) Jahresabschluss muss in „konsolidierter" Form die drei internen Abschlüsse zusammenfassen.

2 Abs. 3 enthält sodann eine Definitionsnorm bzgl. der Zusammensetzung eines Jahresabschlusses, der der kaufmännischen Übung zufolge aus Bilanz sowie GuV besteht. Der **Jahres**abschluss ist dabei begrifflich vom **Einzel**abschluss zu unterscheiden, der nach § 325 Abs. 2a Satz 1 HGB den IFRS-Abschluss anspricht, der zur Offenlegung unter bestimmten Voraussetzungen verwendet werden kann. Umgangssprachlich wird allerdings vom „Einzelabschluss" regelmäßig zur Unterscheidung vom Konzernabschluss gesprochen.

3 Abs. 1 steht in einem Regelungszusammenhang mit § 238 HGB (**Buchführungs**pflicht) und § 240 HGB (**Inventar**pflicht). Das Inventar dient als Grundlage für die Erstellung der Bilanz (→ § 240 Rz. 2). Die Buchführung bedarf eines Startpunkts, also eines Zeitpunkts zu Beginn, der regelmäßig mit dem Stichtag der Eröffnungsbilanz übereinstimmt.

Dem Gesetzesaufbau der HGB-Rechnungslegungsvorschriften (Drittes Buch des HGB) entsprechend bezieht sich § 242 HGB auf die an **alle** Kaufleute gestellten Anforderungen, die dann rechtsformspezifisch oder größenmerkmalabhängig weiter ausdifferenziert werden. Kapital- und „Kap. & Co."-Gesellschaften müssen z. B. noch einen Anhang erstellen (§ 264 Abs. 1 Satz 1 HGB), der dann zusammen mit Bilanz sowie GuV den Jahresabschluss wiedergibt. Als größenordnungsspezifische Besonderheiten können die Vorgaben nach dem PublG gelten oder aber auch die drei Größenklassenabstufungen in § 267 HGB.

4 Die Bilanzierungsvorgabe trifft

- den Kaufmann i. S. des § 1 HGB (→ § 238 Rz. 1)
- mit dessen Handelsgewerbe (→ § 238 Rz. 1)
- zu Beginn (→ Rz. 5)
- und zum Schluss eines Geschäftsjahres (→ § 240 Rz. 1).

Zur Bilanzierung in der Insolvenz → § 252 Rz. 30.

II. Die Eröffnungsbilanz (Abs. 1 Satz 1)

1. Personenunternehmen

Einer besonderen Erläuterung bedürfen der **Beginn** des Handelsgewerbes und die auf diesen Zeitpunkt (Stichtag) zu erstellende **Eröffnungsbilanz.** Kein Tatbestandsmerkmal zur Erstellung einer Eröffnungsbilanz stellen **Rechtsänderungen** (→ § 252 Rz. 13) zur Bilanzierung – z. B. Übergang auf das BilMoG – dar. Der Beginn soll mit der Aufnahme des **Handelsgewerbes** identisch sein (→ Rz. 10). Fraglich ist, ob davon **Vorbereitungshandlungen** zu trennen sind und wie diese Trennung ggf. erfolgen muss. 5

BEISPIEL Zehn Mitarbeiter aus der IT-Abteilung eines Großunternehmens machen sich selbständig, weil die IT-Umgebung outgesourct werden soll. Mit dem bisherigen Arbeitgeber wird eine Kooperationsvereinbarung geschlossen, die allerdings die Arbeitskapazität der zehn bisherigen Mitarbeiter nicht ausschöpft. Aus früheren Geschäftsbeziehungen und durch Akquisitionsmaßnahmen erhoffen sich die zehn Gesellschafter einen nachhaltigen wirtschaftlichen Erfolg, der durch einen entsprechenden Businessplan einem Investor unterbreitet worden ist. Dieser stellt Haftungskapital in Form einer Kommanditbeteiligung zur Verfügung, was sich alles in einem Gesellschaftsvertrag der IT-Service KG niederschlägt, bei der die zehn ehemaligen Mitarbeiter als Komplementäre und der Investor als Kommanditist figurieren. Das Handelsgewerbe wird am 1.3.01 gewerberechtlich angemeldet. Gleichzeitig erfolgt die Anmeldung zum Handelsregister in notariell beglaubigter Form.

Die Computer-Infrastruktur wird den zehn ehemaligen Mitarbeitern von ihrem bisherigen Unternehmen mietweise überlassen. Geeignete Räumlichkeiten sind mit Wirkung ab 1.3.01 angemietet. Die bisher von den Komplementären genutzten Pkw bleiben in deren Vermögen und werden bei betrieblicher Nutzung mit 0,30 €/km der Gesellschaft in Rechnung gestellt.

Fraglich sind Stichtag und Inhalt der Eröffnungsbilanz.

Als Stichtag gilt nach h. M. der 1.3.01. Allerdings ist zu diesem Zeitpunkt noch kein bilanzierungspflichtiges Vermögen positiver oder negativer Art vorhanden. Die Eröffnungsbilanz lautet deshalb unter den Aktiv- und Passivposten auf null.

ABWANDLUNG Ein Gesellschafter hat am 25.2.01 eine Mietvorauszahlung für den März 01 an den Vermieter der Räumlichkeiten i. H. von 1.000 € geleistet, damit dieser zum Abschluss des Mietvertrags bereit war.

Eröffnungsbilanz zum 1.3.01

Aktiva			Passiva
Rechnungsabgrenzungsposten	1.000	Verbindlichkeit gegenüber Gesellschafter	1.000

Bereits während der **Vorbereitungshandlungen** können weitere buchungspflichtige Geschäftsvorfälle angefallen sein (→ § 238 Rz. 6). 6

BEISPIEL Die zehn ehemaligen IT-Mitarbeiter leisten jeweils 10.000 € auf ein von einer Bank eingerichtetes Konto XYKG i. Gr. Die Einlagen erfolgen zeitgleich am 5.2.01 und werden von der Bank bis zum 5.3.01 als Festgeld geführt.

Die Frage ist, ob in diesem Fall die Eröffnungsbilanz bereits auf den 5.2.01 zu erstellen ist. Dafür spricht die Erfolgswirksamkeit der durch die Anlage bei der Bank anfallenden Zinsen.[1]

1 So *ADS*, 6. Aufl., § 242 Tz. 19.

2. Kapitalgesellschaften in der Gründungsphase

2.1 Handelsbilanz

7 Ein Sonderproblem ergibt sich bzgl. des Zeitpunkts der Eröffnungsbilanz bei **Kapitalgesellschaften** und **Genossenschaften,** bei denen die Gründung der notariellen Beurkundung bedarf, die dann erst einige Zeit später zur Handelsregistereintragung und damit zur eigentlichen rechtlichen Entstehung der Gesellschaft führt. Außerdem können vor der notariellen Beurkundung der Gesellschaft schon Vorbereitungshandlungen zu deren Gründung erfolgt sein. Die Rechtsprechung spricht hier von einer **Vorgründungsgesellschaft,** die sich durch die notarielle Beurkundung des Gesellschaftsvertrags in eine werbende Kapitalgesellschaft verwandelt (**„Vorgesellschaft"**) und als **„Vollrechtssubjekt"** durch die Registereintragung entsteht. Die Frage ist dann, auf welchen Zeitpunkt die Eröffnungsbilanz einer – hier unterstellt – GmbH erfolgen muss.

BEISPIEL▸ Dazu wird das Beispiel unter →Rz. 5 von einer KG auf eine GmbH umgestellt. Die zehn ehemaligen IT-Mitarbeiter zeichnen zu gleichen Teilen die GmbH-Anteile, der externe Investor gewährt ihr Risikokapital in Form einer stillen Gesellschaft. Die notarielle Beurkundung des Gesellschaftsvertrags erfolgt am 1.3.01. Am 7.3.01 melden die Geschäftsführer der neu gegründeten GmbH in öffentlich beglaubigter Form die Handelsregistereintragung an und versichern die vollständige Einzahlung der bedungenen Einlagen von 100.000 €, die sich zur freien Verfügung der Geschäftsführer befinden.

Nach h. M. ist die Eröffnungsbilanz auf den 1.3. (Beurkundungstermin = Beginn des Handelsgewerbes[1]) zu erstellen und hat dann folgendes Aussehen:

1. Gesetzeslesart nach § 272 Abs. 1 HGB

Aktiva			Passiva
Eingefordertes, nicht einbezahltes Kapital	100.000	Gezeichnetes Kapital	100.000

2. Gesetzeslesart nach § 272 Abs. 1 HGB

Aktiva			Passiva
Fehlanzeige	0	Gezeichnetes Kapital	100.000
		Nicht eingeforderte ausstehende Einlage	- 100.000
		Eingefordertes Kapital	0
	0		0

Das vorstehende Bilanzbild wirkt wegen des vollständigen Ausweises des gezeichneten Kapitals als „nicht eingefordert" befremdlich. Im Hinblick auf § 7 Abs. 2 GmbHG kann ein Außenstehender oder sogar das Registergericht die Nichterbringung der Mindesteinlage mutmaßen. Aus praktischer Sicht scheint deshalb eine Aktivierung der tatsächlich später geleisteten Einlagen als Bankguthaben auch dann auf den 1.3.01 zulässig, wenn diese tatsächlich erst einige Tage später geleistet worden sein sollten.

Eine andere Lösung bestünde in der Datierung der Eröffnungsbilanz entgegen der h. M. auf den Tag der Anmeldung zur Eintragung ins Handelsregister, weil dann die bedungene Einlage im Gesellschaftsvermögen vorhanden sein muss.

1 So der BFH, Urteil v. 3.9.2009 – IV R 38/07, BStBl 2010 II S. 60. Dem Urteil ist nicht zu entnehmen, ob vor der Errichtung (notarielle Beurkundung) schon eine Geschäftstätigkeit ausgeübt worden ist (→ Rz. 8).

Die vorstehenden Darstellungsbeispiele beruhen auf der Systematik des § 272 Abs. 1 HGB (→ § 272 Rz. 37). Die dort verwendeten Begriffe sind nicht ohne Weiteres mit dem vorstehenden Sachverhalt in Einklang zu bringen. Das Problem steckt in der **„Einforderung"**. Diese kann frühestens nach der Beurkundung der Gesellschaftsverträge erfolgen, denn bis dahin ist ein Geschäftsführer rechtlich nicht vorhanden.

Unseres Erachtens ist folgende Lösung sinnvoll: Die spätere – bei Anmeldung zur Handelsregistereintragung zwingend einbezahlte – Einlage muss als solche unter Rückbezug auf den 1.3. im Ausweis berücksichtigt werden, also (bei Einzahlung nur der Mindesteinlage nach § 7 Abs. 2 GmbHG):

Aktiva			**Passiva**
Nicht eingefordertes Kapital	25.000	Gezeichnetes Kapital	100.000
		Nicht eingeforderte ausstehende Einlage	- 75.000
	25.000		25.000

Schwieriger wird die Gründungsphase in ihrer buchmäßigen und bilanzmäßigen Abbildung, wenn die **Vorgründungsgesellschaft** schon umfangreiche buchungspflichtige Geschäftsvorfälle aufweist. Konsequent müsste ab dem erstmaligen diesbezüglichen „Geschäft" die Eröffnungsbilanz dieser Vorgesellschaft erstellt werden, die dann buchmäßig mit der Schlussbilanz zum Tage der notariellen Beurkundung des Gesellschaftsvertrags endet. In der Bilanzierungspraxis wird hierauf eher selten Rücksicht genommen, sondern der möglicherweise bestehende Gesamtaufwand bis zur Eintragung in einer **„Vorbelastungsbilanz"** gespeichert, um dann diese Aufwendungen als eigenkapitalmindernd in der Eröffnungsbilanz auszuweisen. 8

Andererseits erscheint auch die Datierung der Eröffnungsbilanz auf den Tag des Beginns der **Vorbereitungshandlungen** nicht abwegig. Das wäre eine mit dem Fall der Personenhandelsgesellschaft (→ Rz. 6) kompatible Lösung. Es gibt auch bilanzrechtlich keine Gründe zur abweichenden Behandlung von Personenhandels- und Kapitalgesellschaften bzgl. der Datierung der Eröffnungsbilanz. Außerdem sollen Bilanzen die **wirtschaftlichen** Verhältnisse und **nicht rechtsstrukturelle** Akte abbilden. 9

BEISPIEL[1] Drei ehemalige BWL-Studenten mit Bachelor-Abschluss wollen sich in die Selbständigkeit wagen. Nach ihrer Geschäftsidee soll die Werbewelle der Fußballweltmeisterschaft 2010 genutzt werden, um durch die neue Systemgastronomie „South African Flair" mit den gegenüber den argentinischen höherwertigen südafrikanischen Rindersteaks und dem hochklassigen Angebot von Kap-Weinen den argentinischen Steakhäusern das Wasser abzugraben.

In der Vorbereitungszeit seit Ablegung der Examina am 15.7.2009 haben sie die entstandenen Auslagen für Reisen, Internetauftritt, Lieferantengewinnung, Kreditzusagen etc. in unterschiedlicher Höhe mit insgesamt 1.000 € aus der eigenen Tasche bezahlt. Am 17.11. sind die wichtigsten Verträge unter Dach und Fach, drei Filialen in deutschen Großstädten sind betriebsbereit, der vorbereitete GmbH-Vertrag mit einer Pflichteinlage von je 10.000 € wird unterzeichnet und feierlich mit Kap-Sekt begossen.

Danach stehen folgende Bilanzstichtage zur Diskussion:

- Beginn der Vorgründungsgesellschaft am 15.7.2009,
- Errichtung = notarielle Beurkundung am 17.11.2009,
- Handelsregistereintragung am 7.1.2010,

1 Nach *Hoffmann*, StuB 2009 S. 867.

► Geschäftsjahresende gem. Gesellschaftsvertrag am 30.6.

Die anschließende Frage geht nun dahin, ob die Datierung der Eröffnungsbilanz(en) diesen gesellschaftsrechtlichen Strukturmerkmalen folgen muss. Genauer: Müssen **drei** Eröffnungsbilanzen erstellt werden? Die Antwort lautet „Nein" mit der Begründung: Das versteht niemand.

2.2 Die Besteuerungsperspektive

10 Das Körperschaftsteuerrecht folgt der Zivilrechtslehre in der Ausprägung der drei im Beispiel unter → Rz. 9 genannten Zeiträume.[1] Dabei soll die Aktivität der Vorgründungsgesellschaft als BGB-Gesellschaft gewürdigt werden, diejenige der Vorgesellschaft aber bereits der nachfolgenden Vollgesellschaft zuzuordnen sein. Die Folge wäre: Die Vorgründungsgesellschaft unterläge dem **Einkommensteuer**bereich (soweit natürliche Personen als Gründer agieren), ab dem Zeitpunkt der notariellen Beurkundung gälte das Regime des **Körperschaftsteuer**rechts.

In der Praxis hat man bisher wohl kaum diese Trennung der Besteuerungssphären nachvollzogen und für die BGB-Gesellschaft eine einheitliche und gesonderte Feststellung nach § 180 AO durchgeführt. Der BFH hat diese Frage entscheidungserheblich noch nicht zu beurteilen gehabt, auch nicht in dem zitierten Urteil I R 174/86, in dem es „lediglich" um den Umfang einer Einkommenszurechnung nach Maßgabe des Organschaftsrechts ging. Zu unserem Thema böte sich **auch** die Einbeziehung der Vorgründungsgesellschaft in den Körperschaftsteuerbereich an, um dadurch die Bildung von zwei Rumpfgeschäftsjahren mit entsprechender Zweifach-Eröffnungsbilanz zu vermeiden.

Ein Fingerzeig zu diesem Lösungsvorschlag kann einem BFH-Urteil entnommen werden.[2] Dort wird die Vermeidung von unnötigen **Rumpfgeschäftsjahren** zur Entscheidungsbegründung herangezogen. Der Sachverhalt dieses Urteils bewegt sich allerdings innerhalb des Aktivitätszeitraums der Vorgesellschaft. Die **Aufnahme** der **Geschäftstätigkeit** (→ Rz. 5) soll den Zeitpunkt der Eröffnungsbilanz bestimmen, im entschiedenen Fall also nicht die notarielle Beurkundung, aber auch nicht etwa die Handelsregistereintragung. Ist die Geschäftstätigkeit **nach** der **Anmeldung** zur Eintragung im Handelsregister aufgenommen worden, muss zumindest die bedungene (Mindest-)Einlage vorgelegen haben. Dann könnten in vertrauter Optik auf der Aktivseite das Bargeld und auf der Passivseite das gezeichnete Kapital ausgewiesen werden, ggf. mit einem Sonderausweis für das noch nicht eingezahlte Kapital.

Die Festlegung des Stichtags der Eröffnungsbilanz auf die **Aufnahme** der **Geschäftstätigkeit** stimmt nicht unbedingt mit der herrschenden Meinung überein. Diese sieht eher den Tag der notariellen **Beurkundung** als Stichtag der Eröffnungsbilanz an. Dabei entsteht u. U. wieder das optische Problem eines Nullausweises auf der Aktiv- und Passivseite, denn bei Beurkundung des Gesellschaftsvertrags muss eine Einlage noch nicht geleistet sein. Dieser schiefen Optik kann man pragmatisch nur durch Vorbeziehung der im **Anschluss** an die Beurkundung regelmäßig geleisteten Einlage auf den Stichtag der Beurkundung begegnen.

Bei allen diesen Überlegungen bleibt das hochpraktische Problem der Aktivität einer **Vorgründungsgesellschaft** (im Beispiel unter → Rz. 9 zwischen dem 15.7. und dem 17.11.) ungelöst, wenn man einer eher pragmatischen Lösung in Konfrontation zur gesellschaftsrechtlichen und steuerlichen Dogmatik zuneigt. Diese Lösung bestünde – zur Wiederholung – in der Einbezie-

1 BFH, Urteil v. 8.11.1989 – I R 174/86, BStBl 1990 II S. 91.

2 BFH, Urteil v. 3.9.2009 – IV R 38/07, Kurzinfo StuB 2009 S. 861, DStR 2009 S. 2366.

hung der Vorgründungsgesellschaft in die „Rechtssphäre" der späteren GmbH, um dadurch steuerlich eine besondere Gewinnermittlung für die Vorgründungsgesellschaft und handels- und steuerrechtlich die Bildung von mehreren Rumpfgeschäftsjahren zu vermeiden. Die Eröffnungsbilanz wäre unter dieser Annahme auf den 15.7. zu datieren. Unter den Aktiva und Passiva erschiene ein Nullausweis.

Eine Begründung für diese „Bilanzgestaltung" könnte in der Wertung der **Vorbereitungshandlungen** als **Geschäftstätigkeit** gefunden werden. Die gezeigten Nullsummen bedürften allerdings der Erläuterungen.

Im **Sonderfall** einer gar nicht erst zur Eintragung gelangenden Vorgesellschaft ist nach Auffassung des BFH[1] der Körperschaftsteuerstatus nicht erreicht worden.

2.3 Unternehmensumstrukturierungen und Inhaberwechsel

Auch der Inhaberwechsel bei einem einzelkaufmännischen Unternehmen sowie unternehmerische **Umstrukturierungen** können eine Eröffnungsbilanz erforderlich machen. Als Beispiel für das Zweite dienen die – in der Praxis allerdings eher gemiedenen – Umwandlungsvorgänge, die zu einer Neugründung führen (→ § 272 Rz. 119): 11

- Verschmelzung durch Neugründung gem. § 2 Nr. 2 UmwG,
- Spaltung zur Neugründung gem. § 123 Abs. 1 Nr. 2 UmwG.

Die Verschmelzung durch Aufnahme oder die Spaltung zur **Aufnahme** führt dagegen nicht zu einer Eröffnungsbilanzpflicht bei der aufnehmenden Gesellschaft. Bei ihr handelt es sich spezialgesetzlich um einen unterjährigen Geschäftsvorfall (→ § 272 Rz. 119).

Der **Formwechsel** von einer Personen- in eine Kapitalgesellschaft gem. § 245 Abs. 1 bis 3 i.V. mit § 220 UmwG (→ § 246 Rz. 184) führt nicht zur Pflicht zur Erstellung einer Eröffnungsbilanz. Der Grund liegt in der **Identität** des Rechtsträgers. Andererseits bedarf es für **steuerliche** Zwecke einer förmlichen Eröffnungsbilanz wegen des unterschiedlichen Steuerstatuts (§§ 14, 25 UmwStG). Ebenso entfällt die Erstellung einer Eröffnungsbilanz, wenn Gesellschafter aus einer Personen- oder Kapitalgesellschaft **ausscheiden** oder ihren Rechtsstatut ändern (Komplementär wird Kommanditist oder umgekehrt). Das gilt auch beim Ausscheiden aller bisherigen Gesellschafter und **Neueintritt** anderer bei einer Kapital- und Personengesellschaft.

Im Falle der **Anwachsung** auf einen einzigen verbleibenden Gesellschafter bei Ausscheiden aller anderen aus einer Personenhandelsgesellschaft entsteht eine neue Rechtsform mit Pflicht zur Erstellung einer Eröffnungsbilanz. Bei unterjährigem Vollzug des Anwachsungsvorgangs muss ohnehin zur Ergebnisabgrenzung zwischen den ausscheidenden Gesellschaftern und dem verbleibenden eine Gewinnermittlung erfolgen, die eine reguläre Bilanz erforderlich macht. Die Eröffnungsbilanz kann nahtlos an diese Schlussbilanz anknüpfen.

Korrespondierend mit dem Anwachsungsvorgang ist der **Eintritt** einer weiteren Person in ein bisheriges **einzelkaufmännisches** Unternehmen zur Begründung einer Personenhandelsgesellschaft zu sehen. Auf diesen Zeitpunkt ist eine Eröffnungsbilanz der neugegründeten Gesellschaft zu erstellen.

Alle diese Eröffnungsbilanzen sind nach Abs. 1 Satz 2 nach den normalen Bilanzierungsregeln 12
zu erstellen.

1 BFH, Urteil v. 18.3.2010 – IV R 88/06, DStR 2010 S. 1072.

III. Schluss des Geschäftsjahres (Abs. 1 Satz 1)

12a Das Geschäftsjahr darf zwölf Monate nicht übersteigen. Entsprechend ist der Abschlussstichtag („Schluss des Geschäftsjahres") festzulegen. Bei **Personenhandelsgesellschaften** wird der Abschlussstichtag im Rahmen des Gesellschaftsvertrages festgelegt. Bei **Kapitalgesellschaften** bedürfen der Inhalt des Gesellschaftsvertrages und seine Änderung zusätzlich der notariellen Beurkundung und der Handelsregistereintragung. Letzterer kommt rechtsbegründende Wirkung zu. Das gilt insbesondere auch bei einer Änderung des Abschlussstichtages.

BEISPIEL Eine GmbH hatte bislang den Abschlussstichtag 31.3. Wegen Einbeziehung in einen (anderen) Konzern sollte der Abschlussstichtag auf den 31.12. neu festgelegt werden. Durch notarielle Beurkundung vom 28.11.01 wurde das Geschäftsjahr entsprechend geändert. Auf den 31.12.01 wurde (scheinbar) ein Jahresabschluss erstellt. Die Eintragung im Handelsregister erfolgte am 28.1.02. Die Rechtsfolge ist: Der Schluss des Geschäftsjahres ist unverändert der 31.3.02. Der zum 31.12.01 erstellte Abschluss stellt keinen Jahresabschluss i. S. des Abs. 1 dar. Dieses Manko ist nicht nach § 256 AktG analog heilbar, weil kein erstellter und festgestellter Jahresabschluss vorliegt.[1] Da eine an sich verpflichtende Abschlussprüfung zum 31.12.01 nicht vorliegen kann (es gibt ja keinen Abschluss zu diesem Stichtag, selbst wenn förmlich eine Prüfung stattgefunden haben sollte), kommt eine Heilung nach § 256 Abs. 6 AktG nicht in Betracht. Die „Heilung" kann nur durch Abschlusserstellung zum 31.3.02 erfolgen.

Wird dieser Weg der Heilung nicht bestritten, liegt aus Sicht des **Folgeabschlusses** kein geprüfter Vorjahresabschluss vor. Damit ist nicht zwangsläufig der Folgeabschluss nichtig, da § 256 AktG keine entsprechende Vorgabe enthält (Nichtigkeitsfolge für den Folgeabschluss). Außerdem ist im Prüfungsbericht u. E. auf den Gesetzesverstoß bzgl. der Vorjahresrechnungslegung zu verweisen. Es ist nicht eindeutig ein schwerwiegender Gesetzesverstoß gegeben (→ § 321 Rz. 44).

IV. Inhalt der Bilanz (Abs. 1 Satz 1 und 2)

13 In der Eröffnungs- und Jahresbilanz hat der Kaufmann nach Abs. 1 Satz 1 das Verhältnis **„seines"** Vermögens und **„seiner"** Schulden darzustellen (→ § 246 Rz. 221). Nach Abs. 1 Satz 2 sind die für die Jahresbilanz geltenden Vorschriften auch auf die Eröffnungsbilanz anzuwenden. Anzusetzen sind damit nur die nach den allgemeinen Regeln bilanzierungspflichtigen Vermögensgegenstände und Schulden (→ § 246 Rz. 3).

BEISPIEL Die zehn ehemaligen IT-Mitarbeiter des Großunternehmens gem. dem Beispiel unter → Rz. 5 lassen in ihre neu gemieteten Geschäftsräume eine IT-Kommunikationsanlage einbauen, die speziell auf ihre Bedürfnisse zugeschnitten ist. Der Finanzierung dieser Anlage dient ein Leasingvertrag.

Die Telekommunikationsanlage stellt ein sog. Spezialleasing dar, da sie in der konfigurierten und eingebauten Form von niemand anderem wirtschaftlich sinnvoll verwendet werden kann. Die Aktivierung muss deshalb bei der neu gegründeten Gesellschaft erfolgen, obwohl das rechtliche Eigentum bei der Leasinggesellschaft liegt (→ § 246 Rz. 248).

14 Das zu bilanzierende Vermögen ist also nicht mit dem bürgerlich-rechtlichen Eigentum zu identifizieren. Maßgeblich ist das sog. wirtschaftliche Eigentum (→ § 246 Rz. 221). Weitere (ungeschriebene) Voraussetzung zur Aufnahme in die Eröffnungsbilanz stellt die notwendige oder doch mögliche Verwendung im Geschäftsbetrieb des Kaufmanns dar (→ § 246 Rz. 195). Zu den Besonderheiten bei Personenhandelsgesellschaften vgl. → § 246 Rz. 217.

1 IDW Life 2016 S. 25.

V. Gewinn- und Verlustrechnung (Abs. 2)

Die GuV ist in Abs. 2 als Gegenüberstellung der **Aufwendungen** und **Erträge** des Geschäftsjahres definiert. Sie ist zum **Schluss** jedes Geschäftsjahres aufzustellen. Zur Dauer des Geschäftsjahres wird auf → § 240 Rz. 22 verwiesen. 15

Eine besondere **Gliederung** der GuV ist gesetzlich nur für Kapitalgesellschaften vorgeschrieben (→ § 275). Für Personenunternehmen außerhalb der „Kap. & Co."-Gesellschaft (→ § 264a) und des Anwendungsbereichs des Publizitätsgesetzes gelten zwingend nur die allgemeinen Grundsätze der Klarheit und Übersichtlichkeit (→ § 243 Rz. 18). In der Praxis wirken die Vorgaben zur E-Bilanz aber faktisch wie eine Vorgabe für (Bilanz- und) GuV-Gliederung (→ § 243 Rz. 26).

VI. Jahresabschluss (Abs. 3)

In ihrer Gemeinsamkeit sind die Bilanz und die GuV als Jahresabschluss definiert. Im Verhältnis zum **Konzern**abschluss wird der Jahres- oft als **Einzel**abschluss bezeichnet. Diese Bezeichnung ist gesetzessystematisch unkorrekt, weil nach § 325 Abs. 2a HGB ein nach den IFRS erstellter Abschluss als Einzelabschluss bezeichnet wird. 16

VII. Befreiung von der Bilanzierungspflicht für kleine Einzelunternehmen (Abs. 4)

Auf die Kommentierung in → § 241a Rz. 1 wird verwiesen. 17

§ 243 Aufstellungsgrundsatz

(1) Der Jahresabschluss ist nach den Grundsätzen ordnungsmäßiger Buchführung aufzustellen.

(2) Er muss klar und übersichtlich sein.

(3) Der Jahresabschluss ist innerhalb der einem ordnungsmäßigen Geschäftsgang entsprechenden Zeit aufzustellen.

Inhaltsübersicht **Rz.**

LITERATUR:

Arbeitskreis Externe Unternehmensrechnung der Schmalenbach-Gesellschaft für Betriebswirtschaft (AKEU), Finanzkommunikation mit XBRL, DB 2010 S. 1472; *Heinsen/Adrian,* Anmerkungen zum aktuellen BMF-Entwurfsschreiben zur E-Bilanz, DStR 2011 S. 1438; *Herrfurth,* Die Umsetzung der Anforderungen zur E-Bilanz nach § 5b EStG, StuB 2011 S. 563; *Herzig/Briesemeister/Schäperclaus,* E-Bilanz, Konkretisierungen, Erleichterungen, verbleibende Problembereiche, DB 2011 S. 1651; *Koch/Nagel,* Die elektronische Bilanz – Auswirkungen des Steuerbürokratieabbaugesetzes, NWB 2010 S. 1340; *Koch/Nagel/Themanns*, E-Bilanz – Die elektronische Übermittlung von Jahresabschlüssen erhält Kontur, NWB 2010 S. 3780; *Moxter*, DRSC: Aufgaben und Bedeutung, DB 1998 S. 1425; *Richter/Kruczynski/Kurz*, E-Bilanz: Überarbeiteter BMF-Entwurf des Anwendungsschreibens vom 1.7.2011, BB 2011 S. 1963; *Riepolt*, E-Bilanz, Änderung der Taxonomie 6.0, StuB 2016 S. 541; *Rust/Hülshoff/Kolbe*, E-Bilanz: Anforderungen der Finanzverwaltung an den Datensatz nach § 5b EStG, BB 2011 S. 747; *Schäperclaus/Kruczynski*, E-Bilanz, Bestimmungsgrößen des Mindestumfangs, DB 2013 S. 2573.

I. Der GoB-Verweis (Abs. 1)

1. Das praktische Erfordernis

1 Der Abs. 1 enthält eine sog. Generalnorm für die Erstellung und Präsentation eines Jahresabschlusses. Er wird flankiert und überlappt von ergänzenden Vorgaben in § 238 Abs. 1 HGB und § 264 Abs. 2 Satz 1 HGB. Das „Generelle" dieser Norm liegt im Verweis auf die **Grundsätze ordnungsmäßiger Buchführung** (GoB) (→ § 252 Rz. 9 ff.), die traditionell begrifflich auf die **Bilanzierung** („den Jahresabschluss") ausgeweitet werden. Für die Rechtsanwendung bedarf es offensichtlich solcher **Generalnormen,** wie der Blick auf § 242 BGB – Treu und Glauben – belegt. Vor allem der Richter benötigt solche gesetzlichen „Krücken", um eine für ihn sinnvolle Lösung eines Streitfalls zu ermöglichen, bei dem entweder die Subsumption eines Sachverhalts unter eine konkrete Rechtsregel unklar ist oder Einzelnormen sich widersprechend darstellen, oder um eine gesetzliche Lücke zu füllen.

2 Wie immer bei solchen abstrakten Grundbegriffen des Rechts ist in der Lehre eigentlich alles **umstritten.** Das beginnt mit der Rechtsnatur, nämlich der Frage, ob die GoB eine Art außerrechtliches Ordnungssystem darstellen oder umgekehrt gerade innerhalb des gesetzten Rechts eine Ordnungsfunktion ausfüllen. Das Ende liegt in einer **Kasuistik,** die in der Kommentarliteratur als „Abc" dargestellt wird (→ Rz. 8).

3 Inhaltlich werden die GoB mitunter mit **Handelsbräuchen** identifiziert, die sich im Zeitverlauf zu einem Gewohnheitsrecht fortbilden. Letztlich sollte man an der vorstehend dargestellten Charakteristik des **unbestimmten Rechtsbegriffs** festhalten, der letztlich in allen Rechtssystemen zur Gesetzesauslegung im konkreten Fall benötigt wird. Ein solcher „konkreter Fall" lässt sich nicht immer eindeutig unter eine Einzelnorm subsumieren. Im Bilanzrecht gilt dies insbesondere im Hinblick auf die unendliche Vielgestaltigkeit der Ausprägungen des Wirtschaftslebens und deren dynamischer Entwicklung.

2. Der Grundsatz

4 Es geht bei den GoB zunächst um „**Grund**sätze" – ein Begriff, der an die Baustatik erinnert. Ohne eine fachgerechte „Gründung" kann sich kein Bauwerk stabil halten. Übertragen auf die Bilanzierung heißt das z. B.: Ohne Beachtung des **Realisations**prinzips (→ § 252 Rz. 102) bricht jede Bilanz in sich zusammen. Ohne die **Periodisierung** von Aufwendungen und Erträgen, bezogen auf einen bestimmten Stichtag gem. § 252 Abs. 1 Nr. 5 HGB (→ § 252 Rz. 205 ff.), mutiert das Bauwerk „Bilanz" zur Einnahmen-Ausgaben-Rechnung.

5 Aus dem Bild der Bauwerksstatik wird im Schrifttum eine **Hierarchie** – vergleichbar mit einem Gebäude vom Fundament bis zum Dach – von „Grundsätzen" abgeleitet, die also von unten nach oben, angeordnet vom Allgemeinen zum Spezielleren, vordringt. Daraus erklärt sich die pleonastische Wiedergabe von Grundsätzen in Form von Fundamental-Grundsätzen oder

Grundprinzipien (Grundsatz = Prinzip). So werden etwa aus dem Vorsichtsprinzip das Imparitäts- und das Anschaffungskostenprinzip abgeleitet, wohingegen **gedanklich** keine Einwendungen zu erheben sind. Allerdings ist der Aufzählung bestimmter GoB in § 252 Abs. 1 HGB **keine Vor- oder Nachordnung** zu entnehmen (→ § 252 Rz. 5).

6 Es besteht bei der Systematisierung von GoB-Bestandteilen die Gefahr einer **Inflationierung** von „Grundsätzlichkeiten", die jeder im Schrifttum oder auch im Rechtsstreit vertretenen Meinung mit einem Grundsatz-„Gewicht" Nachdruck verleihen soll. Auch daraus erklärt sich die bei der Bilanzierung regelmäßig bemühte „Grundsätzlichkeit" jeder Aussage, wodurch dann wirklich „Grundsätzliches" in der Darstellungslogik nicht mehr erkannt werden kann.

7 Die hierarchische Struktur einschlägiger Grundsätze lässt sich allenfalls aus der Vorgabe der **„Ordnungsmäßigkeit"** ableiten. Ordnung ist ziemlich gleichbedeutend mit **System.** Dieses darf keine unlogischen, den Denkgesetzen widersprechenden Anweisungen enthalten.

3. Geschriebene und ungeschriebene Grundsätze

8 Traditionell wird zwischen **geschriebenen** (im Gesetz normierten) und **ungeschriebenen** GoB unterschieden. Dabei darf das Unterscheidungsmerkmal der „Schriftlichkeit" nicht zu hoch angesiedelt werden. Auch der geschriebene GoB-Bestandteil ist ohne Aussagekraft, wenn er nicht wenigstens eine Legaldefinition enthält. Als Beispiel sei das wirklich „fundamentale" **Realisationsprinzip** in § 252 Abs. 1 Nr. 4 HGB (→ § 252 Rz. 102 ff.) genannt: Mehr als die Aufforderung zu dessen Beachtung ist dem Gesetz nicht zu entnehmen. Der Inhalt bleibt unbestimmt. Umgekehrt stellt das Steuerrecht im Gefolge eines BFH-Urteils[1] bzgl. der Zulässigkeit der **Lifo**-Bewertung des Vorratsvermögens auf die Entsprechung mit den handelsrechtlichen GoB ab (→ § 256 Rz. 6). Geschrieben ist diesbezüglich im HGB nichts, ermittelt wurden diese speziellen GoB durch die einschlägigen Überlegungen des BFH im zitierten Urteil. Seien diese Grundsätze nun geschrieben oder ungeschrieben, letztendlich verbleibt in der praktischen Anwendung nur die **Kasuistik,** also der Blick auf Präjudizien (zum Realisationsprinzip hat der BFH zuhauf entschieden), finanzamtliche Anweisungen (zum LiFo-Verfahren in R 6.3 EStR 2012) oder in die Kommentierung mit dem dortigen Abc-Register (→ Rz. 2).

4. Ermittlungsmethoden und -quellen

9 Vor Erlass des Bilanzrichtliniengesetzes hat man eher eine sog. **induktive** Methode zur Ermittlung der GoB propagiert. Es ging also um die Handlungsweise ehrbarer Kaufleute, die den Maßstab für ordentliche Bilanzierungsverfahren liefern sollten. In Anwendung dieser Vorgabe zur Ermittlung der GoB hatte der Bundesgerichtshof das IDW und den Deutschen Industrie- und Handelstag um Auskünfte über die Verfahrensweise bei den Unternehmen bzgl. der Bildung von Pensionsrückstellungen für Altersversorgungsverpflichtungen gebeten.[2] Auch der BFH hatte sich eines entsprechenden Vorgehens befleißigt,[3] um über die Bilanzierung von Abrechnungsverpflichtungen im Baugewerbe nach den VOB zu entscheiden.

10 Diese Verfahrensweise wurde durch die obersten Gerichte später nicht weiterverfolgt, wohl deswegen, weil gegen die induktive Methode der GoB-Ermittlung systematische Bedenken erhoben worden sind – nicht zuletzt im Hinblick auf die Feststellungen zur praktischen Nicht-

1 BFH, Urteil v. 20.6.2000 – VIII R 32/98, BStBl 2001 II S. 636, Kurzinfo StuB 2001 S. 84.
2 BGH, Urteil v. 27.2.1961 – II ZR 292/59, WPg 1961 S. 24.
3 BFH, Urteil v. 25.2.1986 – VIII R 134/80, BStBl II S. 788.

bilanzierung der Pensionsrückstellungen. Nicht die **effektive** Handhabung in der Praxis stellt den Maßstab dar, sondern nur die **hypothetische** Verfahrensweise ordentlicher Kaufleute, die durch eine **Deduktion** zu ermitteln ist. Bekannt geworden ist dieses Verfahren durch die Charakterisierung der deduktiven Methode als „Nachdenken". Nicht die Verfahrensweise in der Praxis ist der Maßstab, sondern das, was die Praxis tun **sollte**.[1]

11 Daraus abgeleitet haben sich sog. **Kombinations**modelle entwickelt, da das Soll nicht ohne Rücksicht auf das Ist normiert werden kann. In Form der Hermeneutik findet diese Vorgehensweise im Fachschrifttum besonderen Anklang.[2]

12 Wie immer in solchen Fällen gibt es keine „richtige" und „allgemein anerkannte" Methode und es wird sie auch nie geben. Entsprechend findet die an sich vom BFH geächtete induktive Methode im Schrifttum immer wieder Anwendungsbereiche, so z. B. bei der neuen „Poolabschreibung" für Sachanlagevermögen nach § 6 Abs. 2a EStG. Hier wird eine nachhaltige Anwendung dieser Vereinfachungsvorschrift durch die Kaufmannschaft auch im HGB-Abschluss prognostiziert, wodurch sich über kurz oder lang ein GoB diesen Inhalts herausstellen soll (→ § 252 Rz. 240). Auch in der Regierungsbegründung zum BilMoG wird mitunter auf dieser Grundlage argumentiert, z. B. wenn im Zusammenhang mit der Rückstellungsbewertung zum Erfüllungsbetrag (→ § 253 Rz. 55) von einer Weiterentwicklung der GoB die Rede ist,[3] d. h., „die Praxis dominiert das Gesetz".[4]

5. Deutsche Rechnungslegungs Standards (DRS)

13 Eine neuere Quelle der GoB stellt der **Deutsche Standardisierungsrat (DSR)** dar, allerdings beschränkt auf die Bereiche der Konzernrechnungslegung gem. § 342 HGB. Seine Empfehlungen sind nach Bekanntgabe durch das Bundesministerium der Justiz mit der Vermutung einer **Konzern**-GoB-Konformität ausgestattet. Soweit sich die „Konzernrechnungslegung" in diesem Sinne auf eigentliche Konsolidierungsvorgänge beschränkt, ist diese Vorgabe aus systematischer Sicht unproblematisch. Anders kann es sich verhalten, wenn der Deutsche Standardisierungsrat im Einvernehmen mit dem Bundesminister der Justiz GoB-Bestandteile feststellt, die Ausstrahlung auch auf den Einzelabschluss haben.

BEISPIEL ▸ Der DSR hat – vor Verabschiedung des BilMoG – die Aktivierung von Steuerabgrenzungsposten (Steuerlatenz) für Verlustvorträge im Konzernabschluss als GoB normiert (vgl. DRS 10.11). Die Frage war nun, ob dies auch für den Einzelabschluss galt. Die weitere Frage schloss sich an, ob die GoB im Hinblick auf die reine Informationsvermittlung des Konzernabschlusses anders zu interpretieren sind als diejenigen für den Einzelabschluss (Jahresabschluss im eigentlichen Sinne), der auch als Steuerbemessungsgrundlage dient und dem Gläubigerschutz und der Ermittlung eines entziehbaren Gewinns verpflichtet ist.

14 Als Antwort darf auf die nachfolgend dargestellte Stellungnahme des IDW[5] verwiesen werden: Das IDW beugte sich nur für den **Konzern**abschluss trotz gewisser Bedenken den Vorgaben des DRSC (→ § 274 Rz. 44).

1 Vgl. *Döllerer*, WPg 1959 S. 653.
2 Begründet wohl durch *Welf Müller* in FS Goerdeler, S. 6.
3 BilMoG-RegE S. 114.
4 Vgl. *Hommel/Laas*, BB 2008 S. 1668.
5 Vgl. WPg 2001 S. 1087.

Den IDW-Standards zur Rechnungslegung kommt ein GoB-Charakter nicht zu. Eine gesetzliche Vermutungsregel zugunsten der GoB (für den Einzelabschluss), vergleichbar mit den Vorgaben für den Konzernabschluss durch den DSR (→ Rz. 13), gibt es nicht. Das steht auch einem privaten Verein ohne Zwangsmitgliedschaft der Rechnungsleger und Wirtschaftsprüfer nicht zu.[1] Man kann ein bedauerliches „Loch" in der Standardisierung und damit der GoB-Bestimmung für den Einzelabschluss feststellen.

6. Die GoB als „offene" Auslegungshilfe

„Grundsätze" lassen sich wegen ihrer notwendigen begrifflichen **Abstraktheit** auch leicht weg- oder hinzuargumentieren, um zu einem **gewünschten** Auslegungsergebnis zu gelangen. 15

BEISPIEL Der BFH[2] hatte über Vermittlungsprovisionen einer Buch- und Schallplattenvertriebsgesellschaft zu entscheiden. Es ging um die Frage der Aktivierung dieser Vermittlungsprovisionen im Hinblick auf die späteren Vorteile aus der Kundenbeziehung. Der BFH hat die Bildung eines aktiven Abgrenzungspostens verneint, u. a. mit der Begründung, es gebe nach deutschem Bilanzrecht keine GoB in Form des *matching principle*.

Auch wenn dieses Urteil heute vielleicht in dieser Form so nicht mehr gefällt oder wenigstens begründet würde, muss doch gefragt werden, ob nicht in einem anderen Gewand ein *matching principle* auch nach deutschem Bilanzrecht gültig ist. Dafür spricht das generelle Periodisierungsprinzip in § 252 Abs. 1 Nr. 5 HGB, das man allenfalls mit mühsamer Begründung in vielfältigen Ausfächerungen vom *matching principle* unterscheiden kann (→ § 252 Rz. 206). 16

Aber auch in der praktischen Anwendung auf Bilanzierungsfälle stößt man immer wieder auf das Erfordernis einer **periodischen** Zuordnung von Aufwendungen und Erträgen, um ein „unmögliches" Bilanzbild zu vermeiden (→ § 249 Rz. 29 und → § 249 Rz. 6).

BEISPIEL Ein Kernkraftwerk muss sich wie jedes andere Kraftwerk und ähnliche Bauten zu Entsorgung und Rückbau der gesamten Anlage nach Ende der Laufzeit verpflichten.

Diese Verpflichtung entsteht spätestens mit der Genehmigung des eigentlichen Betriebs der Stromerzeugung. Eine Aktivierung der Aufwendungen aus dieser Entsorgungsverpflichtung scheidet nach herkömmlichem deutschen Bilanzverständnis aus (→ § 249 Rz. 68). Nach dem Vollständigkeitsgebot des § 246 Abs. 1 HGB (→ § 246 Rz. 3) war die betreffende Verbindlichkeit – ob abgezinst oder nicht, ist an dieser Stelle nicht weiter zu verfolgen (→ § 253 Rz. 113) – anzusetzen. Dann wäre bei der als selbstverständlich betrachteten Gegenbuchung der Rückstellung im Aufwand aber die das Kraftwerk betreibende Gesellschaft sofort bilanzmäßig überschuldet gewesen. An dieser „unpassenden" Bilanzierung hat sich in den 90er Jahren des vorigen Jahrhunderts ein heftiger Streit entzündet. Das Ergebnis ist letztlich mit anderer Begründung entsprechend dem *matching principle* als ungeschriebener GoB gefunden worden: Die Rückstellung ist zulasten des Aufwands **ratierlich** entsprechend der mutmaßlichen Nutzungsdauer aufzubauen mit der Folge einer periodengerechten *(to match)* Zuordnung von Aufwendungen. 17

1 Vgl. *Hoffmann*, StuB 2012 S. 289.
2 BFH, Urteil v. 29.10.1961 – I 93/64, BStBl 1970 II S. 178.

Man hätte durchaus auch damals einen GoB anderer Art finden können, der auf dem finalen Charakter der Anschaffungs- und Herstellungskosten aufbaut:[1] Die Entsorgungsverpflichtung stellt einen **Bestandteil der Herstellungskosten** dar mit der gleichen Folge der ratierlichen Verrechnung des entsprechenden Aufwands über die Nutzungsdauer (→ § 249 Rz. 68). Ein solcher GoB böte auch einen Vorteil gegenüber der „gefundenen" Lösung, weil er dem Vollständigkeitsgebot entspricht und umgekehrt die für notwendig erachtete Aufwandsverbuchung von Rückstellungen im Gesetz keine Stütze findet.

II. Klarheit und Übersichtlichkeit (Abs. 2)

18 Nach Abs. 2 muss der Jahresabschluss „klar und übersichtlich" sein. Die Frage liegt auf der Hand: „Wie denn sonst?" Klarheit und Übersichtlichkeit eines Dokuments sind eine selbstverständliche Maxime. Diese beiden Vorgaben gewinnen erst an Konturen, wenn sie auf die **äußere Darstellung** des Jahresabschlusses, d. h. auf die Gliederung von Bilanz und GuV mit entsprechender Bezeichnung der zugehörigen Posten, bezogen werden. Diesbezüglich wird auch verwiesen auf → § 247 Rz. 7.

19 Die gewählte **Bezeichnung** des jeweiligen Abschlusspostens muss dem allgemeinen Verständnis entsprechen. Unter „Sachanlagen" dürfen sich also nicht Forderungen gegen Gesellschafter verbergen – das leuchtet unmittelbar ein. Es dürfen aber auch nicht **rechtlich zutreffende** Bezeichnungen gewählt werden, die den **wirtschaftlichen Gehalt** des Inhalts nicht richtig wiedergeben.

20 **BEISPIEL** Ein Fußballproficlub mit handelsrechtlicher Rechnungslegungsverpflichtung verkauft seine Großarena an einen Leasingfonds und mietet diese für 17 Jahre wieder zurück. Gleichzeitig leistet der Verein auf ein Sperrkonto mit Verpfändung an den Leasingfonds einen Einmalbetrag und laufende Beträge, die sich auf 70 Mio. € per 30.6.XX belaufen. Der Ausweis dieses Guthabens, über das der Verein aktuell nicht verfügen kann, erfolgt unter „Liquide Mittel".

Unter „Liquide Mittel" werden regelmäßig (auch) Bankguthaben ausgewiesen (→ § 266 Rz. 76) als Kurzform der Bezeichnung unter § 266 Abs. 2 IV. HGB. Der Ausweis unter „Liquide Mittel" ist in diesem Fall in hohem Grade unklar. Der Fußballproficlub kann über diese „Liquidität" nach den Vertragsbedingungen erst zehn Jahre später bei Beendigung des Leasingverhältnisses verfügen und dann auch nur zur Finanzierung des Rückerwerbs der Fußballarena. Im Interesse der Klarheit hätte der Ausweis unter „Finanzanlagen" erfolgen müssen.

„Klar und eindeutig" sollte also verstanden werden als „nicht missverständlich oder nicht irreführend".

21 Eine andere Frage geht dahin, ob der unklare Ausweis durch einen **Erläuterungstext** oder eine **Anhangangabe korrigiert** werden kann (→ § 264 Rz. 31). Dazu folgendes Beispiel:

BEISPIEL Die Y+A KG produziert Dichtungsringe für Zylinderköpfe. Kommanditist mit einer 100%igen Beteiligung am Kapital ist die Automobilzuliefergesellschaft mbH A, Komplementär mit einer Kapitalbeteiligung von 0 % ist eine Frau Y mit Wohnsitz in Kiew.[2]

Die KG weist in der Bilanz erhebliche Kundenforderungen aus, die zu 90 % auf die Kommanditistin entfallen.

Hier wäre ein Ausweis dieser Lieferforderungen als solcher aus Lieferungen und Leistungen irreführend. Es muss ein ergänzender Hinweis in einer Fußnote oder in einem getrennten Posten erfolgen, aus dem

1 Vgl. *Lüdenbach*, BB 2003 S. 839; a. A. *Wick*, Entfernungsverpflichtungen in der kapitalmarktorientierten Rechnungslegung, 2009.

2 Vgl. hierzu → § 264a Rz. 6.

der Adressat und das Volumen ersichtlich sind, etwa folgenden Inhalts: „Vom Gesamtbetrag entfallen rund 90 % auf die Kommanditistin."

Zum Vergleich sei auf die Rechtslage bei umgekehrter Beteiligungsstruktur – also den typischen Fall einer GmbH & Co. KG – verwiesen. Hier ist eine entsprechende Angabe nach § 264c Abs. 1 HGB vorzunehmen (→ § 264c Rz. 4).

III. Aufstellungsfrist (Abs. 3)

Die Erstellung eines Jahresabschlusses bedarf „technisch" eines bestimmten Zeitraums. Das gilt auch, wenn in der Vorstandssitzung bereits im November, die über den Zwischenabschluss zum 30.9. diskutiert, der Jahresüberschuss für das betreffende Jahr oder wenigstens die Dividende festgelegt wird. Das Gesetz enthält sich in Abs. 3 genauerer Vorgaben. Es spricht nur von dem **ordnungsmäßigen Geschäftsgang**, dessen Interpretation der Lehre und der Rechtsprechung überantwortet wird. 22

In **Spezialnormen** hat das Gesetz folgende Zeiträume nach dem Bilanzstichtag festgelegt: 23

- für große und mittlere Kapitalgesellschaften (§ 264 Abs. 1 Satz 3 HGB) **drei** Monate,
- für kleine Kapitalgesellschaften und „Kap. & Co."-Gesellschaften (§ 264 Abs. 1 Satz 3 HGB) **sechs** Monate mit dem Vorbehalt des ordnungsgemäßen Geschäftsgangs,
- für eingetragene Genossenschaften (§ 336 Abs. 1 Satz 2 HGB) **fünf** Monate,
- für dem Publizitätsgesetz unterliegende Unternehmen (§ 5 Abs. 1 PublG) **drei** Monate sowie
- für den Konzernabschluss (§ 290 Abs. 1 Satz 1 HGB) **fünf** Monate.

Bei der Beantwortung der Frage nach der Ordnungsmäßigkeit des Geschäftsgangs orientiert sich die Praxis primär an der Judikatur, hier – meistens – derjenigen des **BFH.** Unter Einbeziehung erstinstanzlicher Urteile gibt es diesbezüglich kein einhelliges Erscheinungsbild.[1] So viel lässt sich sagen: Eine längere Frist als von zwölf Monaten wird nicht als ordnungsgemäß angesehen. Demgegenüber gibt es **strafrechtliche** Rechtsprechung[2] mit einer Frist von höchstens sechs Monaten. Diese Frist kann sich an der zitierten Lösung für kleine Kapital- und „Kap. & Co."-Gesellschaften orientieren, die allenfalls eine Verkürzung, aber keine Verlängerung der Sechs-Monats-Frist vorsehen. Zu bedenken ist aber, dass bestimmte, mit dem Jahresabschluss von Kapitalgesellschaften verfolgte Zwecke (z. B. Rechenschaft gegenüber den Gesellschaftern) bei Einzelkaufleuten nicht, bei Personengesellschaften nur eingeschränkt einschlägig sind. Dies kann einen längeren Zeitraum rechtfertigen. 24

IV. Elektronische Steuerbilanz nach § 5b EStG

Die Vorgaben des HGB für die Gliederung des Jahresabschlusses von **Personenunternehmen** sind **rudimentär** (→ § 247 Rz. 8). Für die GuV gilt im Wesentlichen nur der Grundsatz der Klarheit und Übersichtlichkeit (→ Rz. 18). Für die Bilanz wird er nur dahingehend „konkretisiert", dass aktivisch Anlage- und Umlaufvermögen, passivisch Eigenkapital und Schulden sowie auf beiden Seiten der Bilanz Rechnungsabgrenzungsposten gesondert auszuweisen sind (→ § 247 25

1 Einzelheiten bei *Hüffer* in HGB-Bilanzrecht, 2002, § 243 Tz. 38.
2 BGH, Urteil v. 9.12.1954 – 3 StR 198/54, BB 1955 S. 109 f.

Rz. 1). Die spezifischen Gliederungsvorgaben des § 266 HGB (Bilanz) und § 275 HGB (GuV) gelten hingegen nur für Kapitalgesellschaften und „Kap. & Co."-Gesellschaften.

26 Der somit gegebene **hohe Freiheitsgrad** von Personenunternehmen bei Gliederung ihres Jahresabschlusses wurde durch § 5b EStG **faktisch beendet.** Die über §§ 265 und 275 HGB noch deutlich hinausgehenden Anforderungen bedeuten zugleich eine Verschärfung für Kapitalgesellschaften.

Im Einzelnen gilt:

- Mit bestimmten Härtefallausnahmen sind Unternehmen (Steuerpflichtige), die ihren Gewinn nach § 5 EStG (oder § 4 Abs. 1 EStG oder § 5a EStG) ermitteln,[1] verpflichtet, innerhalb der allgemeinen Fristen für die Abgabe der Steuererklärung den Inhalt der Bilanz, der GuV-Rechnung sowie einer ggf. notwendigen Überleitungsrechnung **nach amtlich vorgeschriebenem Datensatz** in elektronischer Form (E-Bilanz) zu übermitteln. Die früher nach § 60 Abs. 1 EStDV vorgeschriebene Übermittlung in Papierform entfällt. Bei ausländischen Unternehmen mit inländischer Betriebsstätte gilt dies nur für diese Betriebsstätten, bei inländischen Unternehmen mit ausländischen Betriebsstätten für das Unternehmen als Ganzes.
- Ein Härtefall gem. § 5b Abs. 2 Satz 1 EStG i.V. mit § 150 Abs. 8 AO liegt nach dem FG Münster insbesondere bei Kleinstbetrieben vor, wenn diese nicht ohnehin schon über die erforderliche technische Ausstattung (Software und Hardware) verfügen und die Beauftragung eines Dritten (Steuerberater) oder die Aufwendung eigener Arbeitszeit bei Nutzung von Eingabetools des Bundesanzeigers mit geschätzten Kosten von 2.000 € p. a. anzunehmen ist.[2] Nach einer Entscheidung des Schleswig-Holsteinischen FG ist eine wirtschaftliche Unzumutbarkeit dann nicht gegeben, wenn der Steuerpflichtige über die nötige Hardware verfügt und lediglich die erforderliche Software fehlt.[3] Im Revisionsverfahren verneint der BFH eine Unzumutbarkeit und hält u. a. fest: „Eine unbillige Härte i. S.d. § 5b Abs. 2 EStG liegt nicht bereits deshalb vor, weil die Einkünfte des bilanzierenden Steuerpflichtigen im Wirtschaftsjahr gering oder negativ sind. Vielmehr ist zu beurteilen, ob angesichts des Umfangs der Bilanz sowie der Gewinn- und Verlustrechnung die vom Steuerpflichtigen zu tragenden Kosten unverhältnismäßig sind."[4]
- Enthält die handelsrechtliche Bilanz Ansätze oder Beträge, die den steuerlichen Vorschriften nicht entsprechen, sind diese durch Zusätze oder Anmerkungen den steuerlichen Vorschriften gem. § 5b Abs. 1 Satz 2 EStG i.V. mit § 60 Abs. 2 Satz 1 EStDV anzupassen. Diese sog. **Überleitungsrechnungen** sind ebenfalls nach amtlich vorgeschriebenem Datensatz durch Datenfernübertragung zu übermitteln.
- Der Steuerpflichtige kann stattdessen auch eine den steuerlichen Vorschriften entsprechende Steuerbilanz und GuV elektronisch übermitteln (§ 5b Abs. 1 Satz 3 EStG).

Diese Pflichten kann die Finanzverwaltung mittels Androhung eines **Zwangsgeldes** durchsetzen (§ 328 AO). Hingegen scheidet die Festsetzung von Verspätungszuschlägen aus, da es sich bei der E-Bilanz lediglich um der Steuererklärung beizufügende Unterlagen handelt.[5] Durch-

1 BMF, Schreiben v. 28.9.2011 – IV C 6 – S 2133–b/11/10009 Tz. 1.
2 FG Münster, Urteil v. 28.1.2021 – 5 K 436/20 AO, rkr.
3 Schleswig-Holsteinisches FG, Urteil v. 9.9.2020 – 3 K 6/20.
4 BFH, Urteil v. 21.4.2021 – XI R 29/20.
5 Vgl. *Briesemeister* in Prinz/Kanzler (Hrsg.), NWB Praxishandbuch Bilanzsteuerrecht, 2012, Tz. 1322.

setzbar ist nur die Abgabe eines elektronischen E-Bilanz-Datensatzes, hingegen nicht die Lieferung des durch Mussfelder (→ Rz. 31) definierten Mindestumfangs mit korrekten Werten. Die Übermittlung der Mussfelder wird daher auch allein formal geprüft. Für das erfolgreiche Durchlaufen dieser Prüfung ist es ausreichend, wenn das entsprechende Mussfeld werthaltig oder aber „leer" (d. h. im Datensatz mit „NIL") übermittelt wird.[1]

Nach im Schrifttum[2] z. T. abgelehnter Auffassung der Finanzverwaltung besteht nicht nur für die Bilanz, sondern auch für die **GuV** eine Verpflichtung, diese entweder unmittelbar auf steuerlicher Basis oder im Wege einer Überleitungsrechnung nach der Taxonomie des BMF zu übermitteln. Dies steht im Widerspruch zum Wortlaut von § 5b Abs. 2 Satz 2 EStG, der nur die Anpassungen von Beträgen der Bilanz verlangt.

(einstweilen frei) 27

Der **sachliche Anwendungsbereich** von § 5b EStG betrifft nach Auffassung der Finanzverwaltung[3] nicht nur die Jahresabschlüsse, sondern **auch besondere Bilanzen** anlässlich 28

- ► einer **Betriebsveräußerung** (§ 16 Abs. 1 bis 2 und Abs. 4 bis 5 EStG) oder **Betriebsaufgabe** (§ 16 Abs. 3 bis 3a EStG) oder **Liquidation** (§ 11 KStG),[4]
- ► einer Änderung der **Gewinnermittlungsart** (z. B. R 4.5 Abs. 6 EStR),
- ► einer **Umwandlung** (z. B. § 11 Abs. 2 Satz 1 und 12, Abs. 1 Satz 1 UmwStG),[5]
- ► eines **Gesellschafterwechsels** mit Zwischenbilanz zu diesem Zeitpunkt (z. B. § 24 Abs. 2 UmwStG).[6]

Betroffen von der Pflicht zur elektronischen Übermittlung sind außerdem **Sonderbilanzen und Ergänzungsbilanzen.**[7]

In einzelnen dieser Fälle dürfte die Inanspruchnahme der **Härtefallregelung** des § 5b Abs. 2 EStG gerechtfertigt sein, so etwa dann, wenn ein Unternehmen jahrelang seinen Gewinn nach § 4 Abs. 3 EStG durch Einnahmen-Ausgaben-Rechnung ermittelt und wegen einer Betriebsaufgabe nur einmalig eine Bilanz erstellen muss.[8]

Die neben der Bilanz bzw. GuV existierenden **weiteren Abschlussbestandteile** (Anhang, Lagebericht, Anlagespiegel etc.) können nach § 60 Abs. 3 EStDV weiterhin in Papierform vorgelegt, wahlweise aber auch elektronisch übermittelt werden. 29

Die Datenbereitstellung wird mittels standardisierter, von der Finanzverwaltung verbindlich vorgegebener **Taxonomien** in Form von XBRL-Datensätzen (XBRL = *eXtensible Business Reporting Language*) erfolgen. 30

Das Datenschema (auf der Grundlage der **HGB-Taxonomie**)[9] ist erstmals am 31.8.2010 als Entwurf eines BMF-Schreibens vorgelegt,[10] sodann unter Berücksichtigung der Erfahrungen eines

---

1 *Rust/Hülshoff/Kolbe*, BB 2011 S. 747 ff.
2 *Briesemeister* in Prinz/Kanzler (Hrsg.), NWB Praxishandbuch Bilanzsteuerrecht, 2012, Tz. 1291 und 1304, m. w. N.
3 BMF, Schreiben v. 28.9.2011 – IV C 6 – S 2133–b/11/1009 Tz. 1.
4 Kritisch dazu *Briesemeister* in Prinz/Kanzler (Hrsg.), NWB Praxishandbuch Bilanzsteuerrecht, 2012, Tz. 1301.
5 Kritisch dazu *Heinsen/Adrian*, DStR 2010 S. 2592 f.
6 Kritisch dazu *Herzig/Briesemeister/Schäperclaus*, DB 2011 S. 1651 ff., sowie *Heinsen/Adrian*, DStR 2011 S. 1438.
7 BMF, Schreiben v. 28.9.2011 – IV C 6 – S 2133–b/11/1009 Tz. 22.
8 Ähnlich *Herzig/Briesemeister/Schäperclaus*, DB 2011 S. 1651 ff.
9 Näheres unter www.xbrl.de.
10 Entwurf eines BMF-Schreibens v. 31.8.2010 – IV C 6 – S 2133-b/10/10001.

Pilotversuchs überarbeitet und in erster „endgültiger"[1] Fassung als „HGB-Taxonomie 5.0 (Taxonomie Steuer)" veröffentlicht worden. Im April 2018 wurde die Taxonomie 6.2 vorgelegt, die seit dem Wirtschaftsjahr 2019 anzuwenden ist. Die Vorgängerversion 6.1 schuf u. a. neue Positionen für a) Investitionsabzugsbeträge nach § 7g EStG sowie b) Aufwandsverteilungsposten bei Errichtung eines Betriebsgebäudes durch den Unternehmer-Ehegatten auf einem auch dem Nichtunternehmer-Ehegatten gehörenden Grundstück. Version 6.2 führt neue Taxonomie-Positionen zur Übermittlung nicht abziehbarer Sonderbetriebsausgaben i. S. des § 4i EStG und nicht abziehbarer Aufwendungen für Rechteüberlassungen i. S. des § 4j EStG ein. Außerdem werden Positionen zur Darstellung der bilanzsteuerrechtlichen Behandlung von Verpflichtungsübernahmen beim ursprünglich Verpflichteten und beim Verpflichtungsübernehmer gem. § 4f und § 5 Abs. 7 EStG eingefügt. Im April 2019 wurde die Taxonomie 6.3 veröffentlicht, die seit dem Wirtschaftsjahr 2020 anzuwenden ist. Sie erlaubt u. a. nicht mehr den (steuerbilanziellen) Ausweis von Genussrechten im Eigenkapital und enthält u. a. neue Positionen für Sachverhalte nach dem InvStG 2018. Die im April 2020 vorgelegte Taxonomie 6.4 ist seit dem Wirtschaftsjahr 2021 (bzw. 2021/22) anzuwenden. Seit dieser Taxonomie ist auch die Übermittlung des Berichtsteils „Steuerlicher Betriebsvermögensvergleich" verpflichtend. In diesem wird, § 4 Abs. 1 EStG folgend, eine bestandsorientierte Gewinnermittlung auf Grundlage der um Einlagen bzw. Entnahmen/Ausschüttungen korrigierten Betriebsvermögensänderung verlangt, um so Inkongruenzen zwischen dem GuV-Gewinn und dem Gewinn nach Betriebsvermögensvergleich zu vermeiden bzw. aufzudecken. Die Taxonomie 6.6 wurde zum 2.5.2022 fertiggestellt. Hierbei wurde u. a. bzgl. Personengesellschaften die neue Position „Option zur Körperschaftsbesteuerung nach § 1a KStG" [genInfo.company.id.optionKStGs1a] eingefügt. Das KöMoG sieht außerdem einen Ersatz der Ausgleichsposten bei organschaftlichen Mehr- und Minderabführungen vor. Auch diesbezüglich wurde die Taxonomie angepasst.

Die HGB-Taxonomie und die auf ihr aufbauenden Vorgaben des BMF lehnen sich in hohem Maße an die für große Kapitalgesellschaften geltenden Gliederungsvorschriften an. In einer zuvor unbekannten und besonderen Art „umgekehrter Maßgeblichkeit" werden damit auf steuerlichem Wege die Vorschriften der §§ 266 und 275 HGB im Wesentlichen auch für Personenunternehmen verbindlich. Bislang hat das Steuerrecht formlos einige wenige Gliederungsposten der HGB-Bilanz als Gewinnermittlungsparameter übernommen, z. B. die Unterscheidung von Anlage- und Umlaufvermögen in § 6 Abs. 2 und 2a EStG oder Rückstellungen in verschiedenen Ausprägungsformen in § 5 EStG. Nun soll das „Zusammenspiel" von Handels- und Steuerbilanz gerade umgekehrt verlaufen: Das Steuerrecht schreibt dem Einzelkaufmann und den Personenunternehmen eine detaillierte Übernahme der großen Kapitalgesellschaften gewidmeten Posten der Bilanz und der GuV (das BMF nennt die „Posten" „Positionen") vor. Damit werden auch den kleinen und mittleren Kapital- und „Kap. & Co."-Gesellschaften durch die Hintertür die Erleichterungen nach § 266 Abs. 1 Satz 3 HGB (→ § 266 Rz. 1 ff.) und § 276 Satz 1 HGB (→ § 276 Rz. 1 ff.) entzogen.

31 Unabhängig von den **Rechtsformen** (Einzelunternehmen, Personengesellschaften, Körperschaften) gilt eine **allgemeine** Taxonomie für die Bilanz und gelten deren zwei nach Gesamt- oder Umsatzkostenverfahren für die GuV.

Branchenspezifische Spezial- bzw. Ergänzungs-Taxonomien bestehen für Kreditinstitute, Versicherungen, Land- und Forstwirtschaft, Wohnungsunternehmen, Pflegeunternehmen, Kran-

1 In Anführungszeichen gesetzt, weil die Taxonomie in der Zukunft weiterentwickelt werden soll.

kenhäuser, Verkehrsbetriebe, kommunale Eigenbetriebe. Offen ist, ob bei mehrfacher Spezialtätigkeit (z. B. Krankenhaus mit Pflegebetrieb) die überwiegende Tätigkeit maßgeblich ist oder mehrere Ergänzungstaxonomien anzuwenden sind.[1]

Entscheidend sind bei allen Taxonomien die sog. **Mussfelder,** d. h. die Posten (das BMF spricht von Positionen), die als Mindestumfang des amtlich vorgeschriebenen Datensatzes i. S. des § 5b EStG zwingend sind. Die Finanzverwaltung prüft jeweils elektronisch, ob alle Mussfelder im übertragenen Datensatz ausgefüllt sind. Sofern sich ein Mussfeld nicht mit Werten füllen lässt, z. B. weil aufgrund der Rechtsform des Unternehmens kein dem Mussfeld entsprechendes Buchungskonto geführt wird, ist zur erfolgreichen Übermittlung des Datensatzes die entsprechende Position „leer" (technisch: NIL-Wert) zu übermitteln.

Die **Rechtsformunabhängigkeit** der Taxonomien konfrontiert auch das **Einzelunternehmen** u. a. mit folgenden **Mussfeldern:**

- Kapitalrücklage (nur bei Kapital- und ggf. Personengesellschaften einschlägig),
- gesetzliche Rücklage (nur bei Aktiengesellschaften einschlägig),
- Verbindlichkeiten aus Lieferungen und Leistungen gegenüber Gesellschaftern (nur bei Gesellschaften einschlägig).

Der Einzelunternehmer hat dann etwa in den o. g. Mussfeldern den **Nullwert** einzutragen. In der Praxis kann ihm diese Aufgabe eine Buchhaltungssoftware abnehmen, die vorgeschaltet die Rechtsform abfragt und bei „Rechtsform Einzelunternehmen" etwa alle o. g. Felder automatisch mit dem Nullwert ausfüllt. Wo mit eigenen Softwarelösungen gearbeitet wird, kann auf die Referenzierungen in den auf www.eSteuer.de veröffentlichten Taxonomie-Dateien zurückgegriffen werden. Sie identifizieren die rechtsformspezifischen Positionen.

Zu den Mussfeldern der Taxonomien lässt sich noch Folgendes feststellen: Rechtsform- und 32
größenunabhängig werden

- Angaben, die handelsrechtlich nur **für (große) Kapitalgesellschaften** gelten (etwa Aufgliederung des immateriellen Anlagervermögens nach selbst geschaffenem, entgeltlich erworbenem Geschäftswert und geleisteten Anzahlungen), verlangt und
- **spezifisch steuerlich motivierte Aufgliederungen** verlangt, so etwa bei Anteilen an verbundenen Unternehmen eine Unterscheidung zwischen Anteilen an Personengesellschaften (steuerlich nach der Spiegelbildmethode zu erfassen) und Anteilen an Kapitalgesellschaften, etwa bei Materialaufwendungen eine Unterscheidung zwischen Aufwendungen zum umsatzsteuerlichen Regelsatz, solchen zum ermäßigten Steuersatz und solchen aus innergemeinschaftlichen Erwerben.

Der sich so insgesamt ergebende Grad an **Komplexität** ist ganz erheblich. Der Widerspruch zur als Begründung für die Einführung von § 5b EStG angeführten **„Entbürokratisierung"** könnte nicht größer sein. Ob das, was auf diese Weise dem Einzelunternehmen oder der kleinen Kapitalgesellschaft zugemutet wird, rechtsstaatlich gebotenen Grundsätzen der ***Verhältnismäßigkeit*** *etc. noch* genügt oder hier nicht den Unternehmen ein nicht vertretbares Übermaß zugemutet wird, erscheint fraglich.

Schon eine rechtliche Ebene tiefer stellt sich die Frage nach der **Reichweite** der in § 5b EStG enthaltenen **Ermächtigung** zum Erlass von Vorschriften für den Datensatz. Bei enger, an der

1 Vgl. *Briesemeister* in Prinz/Kanzler (Hrsg.), NWB Praxishandbuch Bilanzsteuerrecht, 2012, Tz. 1292.

Zielsetzung des Bürokratieabbaugesetzes orientierter Lesart wäre nur die **Substitution papierbasierter** durch elektronische **Verfahrensabläufe** zulässig. Der enorme Umfang der veröffentlichten XBRL-Taxonomie impliziert jedoch, dass es der Finanzverwaltung nicht lediglich um den Ersatz papierbasierter Verfahrensabläufe durch elektronische Kommunikation, sondern um eine sehr gravierende Ausweitung der Berichtsinhalte geht.[1] Teile des Schrifttums halten diese Ausweitung für **nicht durch das Gesetz gedeckt.** Für über § 266 HGB hinausgehende Untergliederungen gibt es nach dieser Auffassung keine gesetzliche Grundlage. Entweder müsste der Mindestumfang der Taxonomien ganz erheblich verringert oder die gesetzliche Ermächtigung ausgeweitet werden.[2]

33 Neben den Mussfeldern enthält die Taxonomie sog. **„Auffangpositionen"**, von denen die wichtigsten in der Bezeichnung durch den Textzusatz „nicht zuordenbar" gekennzeichnet sind.[3] Diese Positionen sollen Eingriffe in das Buchungsverhalten vermeiden bzw. gering halten:

- Ist eine durch Mussfelder vorgegebene Differenzierung für einen bestimmten Sachverhalt nicht aus der Buchhaltung (Hauptbuch)[4] abzuleiten, können zur Sicherstellung der rechnerischen Richtigkeit für die Übermittlung der Daten alternativ die Auffangpositionen genutzt werden. Das Mussfeld ist in einem solchen Fall mit dem Nullwert zu übermitteln.
- Wenn umgekehrt eine in der Taxonomie vorgegebene Differenzierung durch Mussfelder in den Buchungskonten abgebildet wird, besteht kein Wahlrecht zur Nutzung der Auffangposition.

Führt also etwa ein Unternehmen kein besonderes Konto für „unbebaute Grundstücke", kann es die Auffangposition „übrige Grundstücke, nicht zuordenbar" nutzen, enthält der Kontenplan hingegen ein Konto für unbebaute Grundstücke, ist dessen Wert in das entsprechende Mussfeld der Taxonomie zu übernehmen.[5]

Allerdings sind nicht zu allen Bereichen von Bilanz und GuV Auffangpositionen vorgesehen. **Änderungen des bisherigen Buchungsverhaltens**, z. B. eine sog. integrierte Steuerbuchhaltung, können daher in vielen Fällen notwendig werden.[6] Für zulässig gehalten wird aber auch, bei Nil-Belegung von Mussfeldern und gleichzeitig fehlenden Auffangpositionen ersatzweise die „rechnerisch notwendigen" Positionen zu nutzen oder ein übergeordnetes Summenmussfeld direkt anzusprechen.[7]

34 Dem (Personen-)Unternehmen bleibt unbenommen, seine Handelsbilanz weiterhin nach rudimentären oder hochindividualisierten Gliederungsstrukturen zu erstellen. Er wird dann aber eine stark gegliederte Steuerbilanz erstellen müssen.

Für die Mehrzahl der Steuerpflichtigen, die ohnehin auf der Basis von Standardkontenplänen großer Softwareanbieter selbst oder über ihren Steuerberater einen tiefer gegliederten Jahresabschluss erstellen, ergibt sich nicht zwingend ein großer Doppelaufwand.

1 So *Richter/Kruczynski/Kurz*, BB 2010 S. 2489 ff.
2 Vgl. z. B. *Herzig/Briesemeister/Schäperclaus*, DB 2011 S. 1 ff.
3 Zu anderen Arten von Auffangpositionen *Schäperclaus/Kruczynski*, DB 2013 S. 2573 ff.
4 So das FAQ-Dokument auf www.eSteuer.de.
5 Vgl. im Einzelnen *Richter/Kruczynski/Kurz*, BB 2011 S. 1963 ff.
6 Vgl. dazu *Nagel/Koch/Themann*, NWB 2010 S. 3780 ff., sowie *Herrfurth*, StuB 2011 S. 563 ff.
7 *Briesemeister* in Prinz/Kanzler (Hrsg.), NWB Praxishandbuch Bilanzsteuerrecht, 2012, Tz. 313.

Der **Finanzverwaltung** eröffnet die standardisierte Form der Gliederung und Einreichung der Steuerbilanzen größere Möglichkeiten des automatisierten internen und externen Betriebsvergleichs. 35

Über den jeweiligen Stand der E-Bilanz-Taxonomien informiert die Internetseite des BMF bzw. die Seite www.eSteuer.de. 36

V. Elektronische IFRS-Bilanz nach ESEF-VO und ESEF-Umsetzungsgesetz

Für europäische Emittenten, die regulierte Märkte in Anspruch nehmen, wurde mit Änderung der Transparenzrichtlinie 2013 die Pflicht zur Erstellung von Jahresfinanzberichten in einem einheitlichen elektronischen Berichtsformat (sog. European Single Electronic Format – ESEF) mit Wirkung ab dem 1.1.2020 beschlossen. Die ESMA erhielt dabei den Auftrag, einen technischen Regulierungsstandard zu entwickeln. Er wurde am 18.12.2017 veröffentlicht. Im Mai 2019 wurde dieser Standard in Form einer „Delegierten Verordnung (EU) 2018/815", aktualisiert am 16.12.2019 als zweite Version der Delegierten Verordnung (EU) 2019/2100 („ESEF-VO"), rechtsverbindlich. Die ESEF-VO sieht für kapitalmarktorientierte Konzerne eine Berichterstattung unter Verwendung der IFRS-Taxonomie des IASB vor, die das IASB ständig weiterentwickelt. Im Juni 2020 wurde das ESEF-Umsetzungsgesetz mit Änderungen u. a. an §§ 317, 322 und 328 HGB verabschiedet. Zu Einzelheiten wird auf → § 328 Rz. 5a verwiesen. 37

(einstweilen frei) 38

§ 244 Sprache; Währungseinheit

Der Jahresabschluss ist in deutscher Sprache und in Euro aufzustellen.

Das Gebot der Verwendung der **deutschen Sprache** gilt nicht nur für den Jahres- und den Konzernabschluss, sondern auch für befreiende IFRS-Abschlüsse (→ § 315e Rz. 9), in allen Fällen aus Gründen der Einheitlichkeit auch für den Anhang und den Lagebericht. Die Möglichkeit, statt der deutschen eine andere **lebende** Sprache bei der Führung der Handelsbücher zu nutzen (→ § 239 Rz. 2), gibt es für Abschluss und Lagebericht nicht. 1

Als Währung ist der Euro vorgeschrieben. Dies gilt auch für den IFRS-Konzernabschluss einer inländischen Mutter (→ § 315e Rz. 9) und für die Niederlassungen ausländischer Unternehmen mit Kaufmannseigenschaft (→ § 238 Rz. 3). Dem Euro-Konzernabschluss kann (etwa in einem Geschäftsbericht) zu Informationszwecken auch ein (verkürzter) Abschluss in anderer Berichtswährung beigefügt werden. Der befreiende Konzernabschluss einer ausländischen Mutter muss nicht auf Euro lauten. 2

„Euro" ist dabei **nicht wörtlich** zu verstehen. Der aus der Finanzbuchführung entwickelte EDV-Ausdruck von Bilanz und Gewinn- und Verlustrechnung enthält notgedrungen auch Cent-Beträge. Umgekehrt sind **Rundungen** zulässig, also auf volle Euro oder je nach Größe des Unternehmens auch auf T€ und ggf. auf Mio. €. Unter Wesentlichkeitsgesichtspunkten bestehen keine Bedenken, wenn etwa bei einer Bilanzsumme und Umsatzerlösen von einigen Milliarden als kleinste „Berichtseinheit" Mio. € verwendet werden. Lesbarkeit und damit Informationsqualität des Abschlusses werden dadurch erhöht.[1] 3

1 Vgl. *ADS*, 6. Aufl., § 244 Tz. 6.

§ 245 Unterzeichnung

[1]Der Jahresabschluss ist vom Kaufmann unter Angabe des Datums zu unterzeichnen. [2]Sind mehrere persönlich haftende Gesellschafter vorhanden, so haben sie alle zu unterzeichnen.

Inhaltsübersicht Rz.

LITERATUR:

Erle, Unterzeichnung und Datierung des Jahresabschlusses bei Kapitalgesellschaften, WPg 1987 S. 637; *Henckel*, Unterzeichnung des Jahresabschlusses mittels qualifizierter elektronischer Signatur, StuB 2021 S. 249; *Küting/Kaiser*, Aufstellung oder Feststellung: Wann endet der Wertaufhellungszeitraum?, WPg 2000 S. 577; *Lüdenbach*, Unterzeichnung des Jahresabschlusses bei Dissens zwischen Geschäftsführern, StuB 2022 S. 31; *Oser/Eisenhardt*, Zur Unterzeichnungspflicht von Jahresabschlüssen im Fall von Meinungsverschiedenheiten zwischen den Geschäftsführern einer GmbH, DB 2011 S. 717.

I. Der unterzeichnungspflichtige Personenkreis

1 Mit der Unterzeichnung übernimmt der Kaufmann die **Verantwortung** für die Richtigkeit und Vollständigkeit des Jahresabschlusses im Rahmen der systemimmanenten Grenzen eines Jahresabschlusses. Der Gesetzeswortlaut ist in Satz 1 auf den **Einzel**kaufmann zugeschnitten und wird in Satz 2 um die persönlich haftenden Gesellschafter einer Personenhandelsgesellschaft ergänzt. Nach einhelliger Auffassung im Schrifttum bedarf es bei Kapitalgesellschaften der Unterzeichnung **aller** Vorstandsmitglieder bzw. **aller** Geschäftsführer, auch der stellvertretenden (→ § 268 Rz. 8). Die Unterzeichnung wird bei kapitalmarktorientierten Aktiengesellschaften durch den sog. Bilanzeid ergänzt (→ § 264 Rz. 34). In der **zeitlichen** Abfolge gilt Folgendes: Unterzeichnungspflichtig sind die im Zeitpunkt der Erstellung oder Feststellung (→ Rz. 13 f.) bestellten Organmitglieder, auch wenn sie für das betroffene Geschäftsjahr noch gar nicht zum Organ bestellt waren.

BEISPIEL ▸ A wird am 1.1.2001 zum Vorstandsvorsitzenden bestellt. Er unterzeichnet den Jahresabschluss zum 31.12.2000. Sein zu diesem Zeitpunkt ausgeschiedener Vorgänger unterzeichnet nicht.

Die Bestellung kann **befristet** sein. Bis zur Erreichung der Frist sind neu „kreierte" Vorstände durch Aufsichtsratsbeschluss (Geschäftsführer durch Beschluss der Gesellschafterversammlung) noch nicht „im Amt". Sie können deshalb bis dahin den Jahresabschluss nicht unterzeichnen. Das muss der bisher bestellte Vorstand/Geschäftsführer tun, auch wenn er – ebenfalls mit Frist – bereits abberufen ist.[1]

1 Vgl. hierzu *Lüdenbach*, StuB 2014 S. 226.

Die Unterzeichnungspflicht aller Organmitglieder soll nach Auffassung im Schrifttum[1] auch für die **„Kap. & Co."**-Gesellschaften i. S. des § 264a HGB gelten. Danach hätten also **alle** Geschäftsführer der Komplementär-GmbH einer GmbH & Co. KG den Jahresabschluss der KG zu unterzeichnen. Anderer Ansicht nach genügt die Unterzeichnung der Geschäftsführer in **vertretungsberechtigter** Zahl.[2] Die letztgenannte Auffassung wird mit der Gesamtverantwortung der Geschäftsführer nur für die eigene Rechnungslegung und nicht für diejenige der von ihr vertretenen KG begründet. Dagegen wird mit einem Proportionalitätsgedanken argumentiert: Die Geschäftstätigkeit der Komplementär-GmbH ist regelmäßig vernachlässigungsfähig gering, im Gegensatz zu derjenigen der KG. Letztere trüge dann nur die Unterschrift von möglicherweise einem Geschäftsführer, wohingegen der Mini-Abschluss der Komplementär-GmbH die Unterschriften einer Mehrzahl von Geschäftsführern enthielte. Außerdem träfe die Pflicht zur Aufstellung des Jahresabschlusses für die KG nicht die GmbH als persönlich haftende Gesellschafterin, sondern deren gesetzliche Vertreter. 2

Beide Argumentationen sind durch eine gewisse Spitzfindigkeit gekennzeichnet, u. E. dominiert in jedem Fall der **Gesamtverantwortungsgedanke,** auch bei einer GmbH & Co. KG. Wenn dieser Vorgabe nur durch Unterzeichnung des Jahresabschlusses durch **alle** Vorstandsmitglieder bzw. Geschäftsführer Genüge getan werden kann, müsste dies auch für die „Kap. & Co."-Gesellschaften gelten.

Für alle Rechtsformen gilt: Dem Prinzip der Gesamtverantwortung steht nicht entgegen, wenn ein einzelner Geschäftsführer/Vorstand/Gesellschafter organisatorisch die Primärverantwortung für die Buchhaltung und den Jahresabschluss hat. Die anderen Organmitglieder sind jedoch dann für eine angemessene Überwachung verantwortlich.

Im Falle der Abwicklung von Gesellschaften sind die **Liquidatoren** zur Unterzeichnung des Jahresabschlusses verpflichtet. 3

Die Unterzeichnung muss **persönlich** erfolgen, eine Vertretung ist nicht möglich, es sei denn, der Verpflichtete ist durch schwere Krankheit o. Ä. verhindert und die Unterschriftsleistung entspricht dem fast sicher festzustellenden mutmaßlichen Willen des Vertretenen. Eine **zusätzliche** Unterzeichnung durch Nichtvorstände bzw. Nichtgeschäftsführer aus Prestige- oder anderen Gründen ist unschädlich. 4

Die Unterzeichnungspflicht des Geschäftsführungsorgans in corpore provoziert die Frage nach der Möglichkeit einer *dissenting opinion:* Muss ein Organmitglied zeichnen, wenn es mit der Abschlusserstellung nicht einverstanden ist?[3] Bejaht wird dies für einen **gesetzmäßig** erstellten Abschluss, bei dem das Organmitglied lediglich mit der Ausübung (faktischer oder echter) Wahlrechte nicht einverstanden ist. Einem gesetzes**widrigen** Abschluss kann ein Organmitglied seine Unterschrift verweigern.[4] Ist der gesetzeswidrige Abschluss auch noch nach § 256 AktG **nichtig,** gibt es nichts zu unterschreiben, da das Unterzeichnungssubstrat im Rechtssinne nicht existiert (→ § 252 Rz. 249). 5

Hat ein operativ nicht mit der Aufstellung des Abschlusses betrautes Organmitglied (etwa ein Marketingvorstand) Zweifel an der Gesetzmäßigkeit des Abschlusses, ohne umgekehrt eine

1 Vgl. *Ellerich/Swart* in Küting/Pfitzer/Weber (Hrsg.), Handbuch der Rechnungslegung, 5. Aufl., § 245 Tz. 3; so auch *Justenhoven/Meyer* in Beck'scher Bilanz-Kommentar, 13. Aufl. 2022, § 245 Tz. 7.

2 Vgl. *ADS*, 6. Aufl., § 245 Tz. 11.

3 Vgl. hierzu *Oser/Eisenhardt*, DB 2011 S. 717.

4 Wohl h. M., zitiert bei *Oser/Eisenhardt*, DB 2011 S. 718.

Gesetzwidrigkeit belegen zu können, entsteht ein Dilemma. Unterzeichnet es den Abschluss nicht und ist dieser tatsächlich gesetzmäßig, begeht das Organmitglied eine Ordnungswidrigkeit nach § 334 Abs. 1 Nr. 1a HGB, riskiert außerdem eine Versagung des Bestätigungsvermerks wegen der Weigerung, die Verantwortung für die Aufstellung des Abschlusses zu übernehmen. Unterzeichnet es den Abschluss hingegen und stellt sich später raus, dass dieser unrichtig war, können sich Sanktionen aus § 331 HGB oder wiederum § 334 HGB ergeben. Der rechtskonforme Ausweg aus diesem Dilemma besteht allein darin, sich – erforderlichenfalls unter Hinzuziehung Dritter (sowie durch Kommunikation mit dem Abschlussprüfer) – kundig zu machen. Verbleibt danach ein Dissens und wird die Unterschrift zum Abschluss verweigert, der sich aber im Nachhinein als gesetzmäßig herausstellt, kann sich der Nichtunterzeichner bei anderslautender Beratung ggf. auf einen unvermeidbaren Verbotsirrtum (§ 11 Abs. 2 OWiG) berufen.[1] Im Übrigen gilt: Ein sonst gesetzeskonformer Abschluss wird durch eine fehlende Unterschrift nicht nichtig und kann demzufolge auch festgestellt werden.[2]

Die Angabe der Organstellung, aus der sich die Pflicht zur Unterzeichnung ergibt, ist nicht verpflichtend.

II. Funktionen der Unterzeichnung

6 Der Unterzeichnung des Jahresabschlusses kommen folgende Funktionen zu:

- Dokumentation des Erstellungs**zeitpunkts** (→ Rz. 13 f.) mit dem damit verbundenen Ende der Wertaufhellungsfrist (→ § 252 Rz. 94).
- Übernahme der **Verantwortung** für Vollständigkeit und Richtigkeit, wenn damit auch keine zivilrechtliche Haftung verbunden sein mag.[3]

Zivilrechtliche Folgerungen aus der Unterzeichnung werden kontrovers diskutiert:

- Anerkenntnisse von **schuldrechtlichen** Beziehungen (z. B. für Tantiemen) werden regelmäßig abgelehnt,
- **gesellschaftsrechtliche** Wirkungen gegenüber Gesellschaften werden dagegen mitunter befürwortet.

III. Der Jahresabschluss als Objekt der Unterzeichnung

7 Der Gegenstand der Unterzeichnung ist der Jahresabschluss nach Maßgabe der Definition i. S. des § 242 Abs. 3 HGB bzw. bei Kapitalgesellschaften des § 264 Abs. 1 HGB. Zu unterzeichnen sind also insgesamt die Bilanz mit der GuV bzw. mit dem Anhang. Die Unterschrift muss bzw. die Unterschriften müssen **„unter"** diesen Bestandteilen des Jahresabschlusses geleistet werden, regelmäßig also **unter** der GuV bzw. bei Kapitalgesellschaften unter dem Anhang. Die Datumsangabe muss nicht handschriftlich erfolgen. Eine förmliche Pflicht zur Unterzeichnung des **Lageberichts** besteht nicht.

Zu unterzeichnen ist das nach § 257 Abs. 1 Nr. 1 aufzubewahrende „Original". Für den beim Bundesanzeiger zur Offenlegung eingereichten Jahresabschluss können die Unterschriften durch die Angabe der Namen der Unterzeichnenden ersetzt werden.

1 Vgl. *Lüdenbach*, StuB 2022 S. 31.
2 Vgl. auch IDW Life 2016 S. 27 f.
3 So jedenfalls *Hennrichs* in Baetge/Kirsch/Thiele (Hrsg.), Bilanzrecht, Kommentar, § 245 Tz. 3.

IV. Der Zeitpunkt der Unterzeichnung ...

1. ... in formalrechtlicher Betrachtung

Der Gesetzeswortlaut gibt zum Zeitpunkt der Unterzeichnung nichts her. Es bedarf einer **Auslegung**, die sich zunächst auf den üblichen Sinngehalt der Unterzeichnung stützen muss. Unterzeichnet wird ein **fertiges** Werk in Schriftform, das regelmäßig irgendwelchen Adressaten oder den eigenen Akten übermittelt wird. Die Beschäftigung des Unterzeichners mit der Materie muss im Zeitpunkt der Unterzeichnung ihr **Ende** gefunden haben. Eine Unterzeichnung mit Datum vor der Befassung mit dem Vorgang oder während desselben ist schlichtweg unsinnig. Deshalb ist das richtige Unterzeichnungsdatum mit der **Beendigung der Aufstellungs**arbeiten zu definieren. Damit dokumentiert der Kaufmann die ihm obliegende öffentlich-rechtliche Verpflichtung zur Buchführung und Erstellung des Abschlusses (→ § 242 Rz. 13) mit möglichen strafrechtlichen Konsequenzen und bei bestimmten Rechtsformen mit der förmlichen Einhaltung der von Gesetzes wegen gegebenen Frist (→ § 264 Rz. 12). 8

Allerdings ist der Wortlaut in § 245 HGB auf den Fall des **Einzelkaufmanns** ausgerichtet. Bei **gesellschaftsrechtlichen** Strukturen und weiteren gesetzlichen Anforderungen an die Rechnungslegung können dem Grunde nach **verschiedene** Daten in Betracht kommen:[1] 9

- Das der (eigentlichen) **Aufstellung** des Jahresabschlusses (§ 264 Abs. 1 HGB),
- das der **Beendigung** der Abschlussprüfung (§ 316 Abs. 3 HGB),
- das der **Vorlage** des Jahresabschlusses an den Aufsichtsrat gem. § 170 Abs. 1 AktG oder an die Gesellschafterversammlung gem. § 42a Abs. 1 GmbHG,
- das der **Feststellung** (→ Rz. 12).

Die zweite der genannten Möglichkeiten scheidet schon deswegen als Unterzeichnungsdatum aus, weil die Jahresabschlussprüfung nicht für alle Kaufleute zwingend ist und deshalb bei nicht prüfungspflichtigen Rechtsstrukturen ein Unterzeichnungsdatum nicht festgelegt werden könnte. 10

Der dritte Aufzählungspunkt – Vorlage an den Aufsichtsrat bzw. die Gesellschafterversammlung – hat keine eigene Bedeutung, weil dieser Akt zeitlich mit (der Beendigung) der Aufstellung zusammenfällt („unverzüglich nach ihrer Aufstellung" gem. § 170 Abs. 1 AktG bzw. § 42a GmbHG). 11

In Betracht kommen dann nur noch die Zeitpunkte der **Aufstellung** bzw. Erstellung des Abschlusses oder der **Feststellung**. Beide Handlungen sind rechtlich streng zu trennen. Die Aufstellung folgt der öffentlich-rechtlichen Verpflichtung zur Führung der Bücher und zum daraus abzuleitenden Jahresabschluss durch den Kaufmann (→ § 242 Rz. 13). Die Feststellung stellt demgegenüber einen gesellschaftsrechtlichen Akt mit bestimmten Rechtsfolgen dar, z. B. der Ermöglichung einer Gewinnausschüttung bei Kapitalgesellschaften. Deshalb war der Feststellungsakt nur im Spezialrecht der Kapitalgesellschaften geregelt (§ 42a GmbHG und § 172 f. AktG). Das Recht der **Personenhandelsgesellschaft** kannte förmlich keine Feststellung. Allerdings hat der BGH diese für Personengesellschaften für erforderlich erachtet und sie zunächst noch als Grundlagengeschäft gekennzeichnet,[2] demgegenüber im „Otto-Urteil" des BGH der 12

1 Vgl. *Erle*, WPg 1987 S. 638.
2 Grundlegend im Urteil v. 29.3.1996 – II ZR 263/94, DStR 1996 S. 753.

Mehrheitsentscheidung in der Gesellschafterversammlung überantwortet (→ § 264c Rz. 33).[1] Mit der Reform des Personengesellschaftsrechts durch das **MoPeG** (anwendbar ab 2024) haben sich die gesetzlichen Vorschriften denen der Kapitalgesellschaften angenähert. Es gilt danach:

- Die geschäftsführungsbefugten Gesellschafter sind gegenüber der Gesellschaft zur Aufstellung des Jahresabschlusses verpflichtet (§ 120 Abs. 1 Satz 1 HGB).
- Über die Feststellung des Jahresabschlusses entscheiden die Gesellschafter durch Beschluss (§ 121 HGB).

13 Erst mit der Feststellung eines Jahresabschlusses liegt dieser **rechtsförmlich** vor. Beim Einzelkaufmann kann man die Abschlusserstellung und Unterzeichnung mit der Feststellung identifizieren.

Eine Vielzahl von Stimmen im Schrifttum sieht in der Folge das **Fest**stellungsdatum als das „richtige" der Unterzeichnung des Jahresabschlusses durch den Vorstand bzw. durch die Geschäftsführer und die persönlich haftenden Gesellschafter einer Personenhandelsgesellschaft an.[2] Diese Auffassung kann sich auf ein BGH-Urteil[3] stützen. Die dortige Begründung ist allerdings mehr als kurz und beruht auf der Rechtslage vor der Neufassung des HGB durch das BiRiLiG. Jedoch sind auch andere Gerichte der Auffassung, dass die Unterzeichnung nicht der Feststellung vorausgehen muss.[4]

14 **Dagegen** sprechen gewichtige Argumente:[5]

- Unstreitig obliegt die Aufstellung des Jahresabschlusses dem Vorstand bzw. den Geschäftsführern. Mit ihrer Unterschrift **dokumentieren** sie die Erfüllung der **Aufstellungspflicht.**
- Mit der Erstellung haben der Vorstand bzw. die Geschäftsführung ihre Schuldigkeit getan, auf die der **Abschlussprüfer** (bei Prüfungspflicht) aufsetzen kann.
- Nach § 252 Abs. 1 Nr. 4 HGB endet der **Wertaufhellungszeitraum** mit der Erstellung des Jahresabschlusses (→ § 252 Rz. 70 ff.), was durch eine Vielzahl von BFH-Urteilen bestätigt wird.[6] Auch dadurch wird das zeitliche Ende der Verantwortlichkeit des Vorstands bzw. der Geschäftsführung dokumentiert. Spätere wertaufhellende Erkenntnisse müssen nicht mehr berücksichtigt werden.
- **Verweigert** das Feststellungsorgan sein Einverständnis mit dem vorgelegten Abschluss, kann es diesen an das Erstellungsorgan mit der Aufforderung zur Durchführung der Änderung zurückgeben. Auch der geänderte Abschluss fällt in den Verantwortungsbereich des Aufstellungsorgans und muss von diesem erneut unterzeichnet werden. Sofern der Aufsichtsrat oder die Gesellschafterversammlung ausnahmsweise von der Kompetenz der **Änderungsfeststellung** Gebrauch machen (→ § 268 Rz. 26),[7] fällt dieser Vorgang nicht

1 BGH, Urteil v. 15.1.2007 – II ZR 245/05, DStR 2007 S. 494.

2 Vgl. u. a. *Ellerich/Swart* in Küting/Pfitzer/Weber (Hrsg.), Handbuch der Rechnungslegung, 5. Aufl., § 245 Tz. 13, und *Kropff* in FS Ludewig, 1996 S. 523.

3 BGH, Urteil v. 28.1.1985 – II ZR 1984, DB 1985 S. 1837; ebenso OLG Stuttgart, Urteil v. 5.11.2008 – 20 U 8/08, DB 2009 S. 1521; OLG Stuttgart, Urteil v. 1. 7. 2009 – 20 U 8/08, Juris, mit Besprechung von *Fölsing*, StuB 2010 S. 661. Ebenso zahlreiche Stimmen im Schrifttum, aufgelistet bei *Oser/Eisenhardt*, DB 2011 S. 718; außerdem *Bormann*, DStR 2011 S. 369.

4 Zum Beispiel OLG Stuttgart, Urteil v. 5.11.2008 – 20 U 8/08 DB 2009 S. 1521.

5 Insbesondere vorgetragen von *Erle*, WPg 1987 S. 1637, und *Küting/Kaiser*, WPg 2000 S. 577.

6 Zum Beispiel BFH, Urteil v. 17.11.1987 – VIII R 348/82, BStBl 1988 II S. 431.

7 Vgl. hierzu BFH, Urteil v. 22.8.2006 – I R 40/05, GmbHR 2007 S. 206, m. Anm. *Hoffmann*.

mehr in den Verantwortungsbereich des Aufstellungs-, sondern in denjenigen des Feststellungsorgans. Eine Unterzeichnung durch den Ersteren würde diese Verantwortlichkeiten geradezu auf den Kopf stellen.

Angesichts des Doppelzwecks der Unterschrift – Dokumentation der Erstellung, Übernahme inhaltlicher Verantwortung (→ Rz. 6) – ergibt sich letztendlich aber keine eindeutige Lösung. Je nachdem welcher Zweck als vorrangig angesehen wird, wäre das Erstellungs- oder das Feststellungsdatum vorzuziehen. Falls die Unterschrift bei Erstellung vorgenommen wird, ist wie folgt zu unterscheiden: 15

- Der festgestellte Abschluss stimmt mit dem erstellten überein: Eine erneute Unterschrift zum Feststellungszeitpunkt ist entbehrlich.
- Der ursprünglich erstellte Abschluss wird bis zur Feststellung noch geändert: Zur Wahrung des Verantwortungszwecks ist eine zweite Unterschriftsleistung notwendig, sinnvollerweise dann zum Feststellungsdatum.

2. … unter Beachtung der tatsächlichen Verhältnisse

Man sollte bei der Beantwortung dieser scheinbar eher nebensächlichen Frage allerdings nicht zu sehr auf der Grundlage der **formalen** Entstehungsprozesse für einen Jahres- bzw. Konzernabschluss in größeren Einheiten ausgehen (beim Einzelkaufmann und bei Gesellschaftern in einem überschaubaren Kreis stellt sich das Problem ohnehin nicht oder nur ganz am Rande). In der **Praxis** gehen die Aktivitäten der verschiedenen Organe **nicht sequenziell** in der vom Gesetz vorgegebenen rechtlichen Abfolge vonstatten: 16

- Die **Abschlussprüfung** wird „erstellungsbegleitend" durchgeführt. Schon wegen des immer mehr um sich greifenden Zeitdrucks für die Präsentation der Jahresabschlüsse fängt eine Abschlussprüfung selten nach effektiver Beendigung der Erstellungsarbeiten an (→ § 320 Rz. 3). Im Gegenteil: Am 2.1. steht die Prüfungsmannschaft vor dem Fabriktor und harrt ungeduldig des Einlasses, denn nach der Prüfungsplanung muss am 10.1. bei einem anderen Mandat ebenfalls mit der Prüfung begonnen werden, d. h., das Mandat mit dem Prüfungsbeginn am 2.1. wird erst einmal unterbrochen, um dann am 30.1. fortgesetzt zu werden. In der Zeit dazwischen können die Buchhalter die Änderungsvorschläge der Prüfer abarbeiten. Solche werden dann möglicherweise auch im Februar noch erfolgen.
- Besteht ein **Prüfungsausschuss** des Aufsichtsrats *(audit committee)*, dann erfüllt dieser oder ein von ihm delegiertes Mitglied seine Arbeit nicht sinnvoll, wenn er sich auf eine Teilnahme an der Schlussbesprechung mit dem Abschlussprüfer und dem Vorstand etwa auf der Grundlage eines *management letter* beschränkt (→ § 268 Rz. 61). Sinnvollerweise muss sich der Ausschuss oder dessen ernanntes Mitglied bereits in die laufende Prüfung – durchaus auch in die Vorprüfung – einschalten und „vor Ort" informieren.
- Während der Erstellung und der diese begleitenden Prüfungen werden regelmäßig auch **Schriftstücke** bzw. E-Mails ausgetauscht, Aktenvermerke gefertigt u. Ä. Diese münden dann entweder in einen formellen *management letter* oder in ein sog. Leseexemplar des Jahresabschlusses einerseits und des Prüfungsberichts andererseits, regelmäßig in beides. Diese Schriftstücke dienen der Vorbereitung einer Endfassung der formell erforderlichen Dokumente. Als Folge dieser wechselseitigen Lektüre kann durchaus der Jahresabschluss vom Vorstand nochmals geändert werden; das gilt insbesondere für die Formulierung der Anhangerläuterungen.

So gesehen stellt die Abschlusserstellung eine Art **interaktiven** Vorgang der „Bilanzinstanzen" dar. Deshalb beenden diese Instanzen ihre Tätigkeit auch mehr oder weniger gleichzeitig mit der formalen Folge eines zeitlich sehr naheliegenden, wenn nicht identischen Unterzeichnungsdatums. Mit dieser Datierung bestätigt der Vorstand die Berücksichtigung aller bis dahin erkennbaren ansatz- und wertbegründenden Ereignisse von Gewicht.

Der Vorschlag einer zeitlich naheliegenden Datierung der Unterschriften darf allerdings nicht in **formelle Fehler** ausarten: Der Abschlussprüfer darf den Bestätigungsvermerk nicht vor den Erstellungszeitpunkt des Vorstands datieren und der Aufsichtsrat nicht vor das Datum des Bestätigungsvermerks.

V. Form der Unterzeichnung, insbesondere qualifizierte elektronische Signatur

17 Die Unterschrift ist grundsätzlich als **eigenhändige Namensunterschrift,** also höchstpersönlich, zu leisten. Unzureichend sind faksimilierte Unterschriften oder sonstige elektronische oder drucktechnische Wiedergaben des Namens.

18 Gemäß § 126 Abs. 3 BGB kann die schriftliche Form allerdings durch die elektronische Form ersetzt werden, wenn sich nicht aus dem Gesetz anderes ergibt. Soll die gesetzlich vorgeschriebene schriftliche Form durch die elektronische Form ersetzt werden, so muss der Aussteller gem. § 126a BGB der Erklärung seinen Namen hinzufügen und das elektronische Dokument mit einer **qualifizierten elektronischen Signatur** versehen. Letztere ist, wenn nicht durch Gesetz ausgeschlossen, vollwertiges Substitut der handschriftlichen Unterschrift.
Im Schrifttum wird deshalb – wenngleich in vorsichtiger Ausdrucksweise – vertreten, es spreche „einiges dafür", eine qualifizierte elektronische Signatur auch im Rahmen des § 245 HGB „als zulässig anzusehen".[1] Unter Berücksichtigung solcher Stimmen, aber auch aus weiteren Gründen – etwa dem der unstrittig für Prüfungsbericht, Bestätigungsvermerk und Vollständigkeitserklärung zulässigen qualifizierten elektronischen Signatur (→ § 321 Rz. 82a und → § 322 Rz. 65a) – kommt *Henckel* zum auch u. E. zutreffenden Schluss, dass auch für Unterzeichnung des Jahresabschlusses eine qualifizierte elektronische Signatur zulässig ist.[2] Hingewiesen wird dabei aber noch auf folgende Inkonsistenz: Nach § 257 Abs. 3 HGB muss der Jahresabschluss in Papierform aufbewahrt werden; dies zwingt den Bilanzierenden dazu, einen originär digitalen Jahresabschluss für Zwecke der Aufbewahrung auszudrucken und zu unterzeichnen; dieser Medienbruch ist nach derzeitigem Recht unvermeidbar.

Zweiter Titel: Ansatzvorschriften

§ 246 Vollständigkeit; Verrechnungsverbot

(1) [1]Der Jahresabschluss hat sämtliche Vermögensgegenstände, Schulden, Rechnungsabgrenzungsposten sowie Aufwendungen und Erträge zu enthalten, soweit gesetzlich nichts anderes bestimmt ist. [2]Vermögensgegenstände sind in der Bilanz des Eigentümers aufzunehmen; ist ein Vermögensgegenstand nicht dem Eigentümer, sondern einem anderen wirtschaftlich zuzurechnen, hat dieser ihn in seiner Bilanz auszuweisen. [3]Schulden sind in die Bilanz des Schuldners aufzunehmen. [4]Der Unterschiedsbetrag, um den

1 *IDW*, WPH, 17. Aufl. 2021, Kap. B Rz. 167; ähnlich: StBK Südbaden, AKR 1/2019.
2 *Henckel*, StuB 2021 S. 249 f.

die für die Übernahme eines Unternehmens bewirkte Gegenleistung den Wert der einzelnen Vermögensgegenstände des Unternehmens abzüglich der Schulden im Zeitpunkt der Übernahme übersteigt (entgeltlich erworbener Geschäfts- oder Firmenwert), gilt als zeitlich begrenzt nutzbarer Vermögensgegenstand.

(2) [1]Posten der Aktivseite dürfen nicht mit Posten der Passivseite, Aufwendungen nicht mit Erträgen, Grundstücksrechte nicht mit Grundstückslasten verrechnet werden. [2]Vermögensgegenstände, die dem Zugriff aller übrigen Gläubiger entzogen sind und ausschließlich der Erfüllung von Schulden aus Altersversorgungsverpflichtungen oder vergleichbaren langfristig fälligen Verpflichtungen dienen, sind mit diesen Schulden zu verrechnen; entsprechend ist mit den zugehörigen Aufwendungen und Erträgen aus der Abzinsung und aus dem zu verrechnenden Vermögen zu verfahren. [3]Übersteigt der beizulegende Zeitwert der Vermögensgegenstände den Betrag der Schulden, ist der übersteigende Betrag unter einem gesonderten Posten zu aktivieren.

(3) [1]Die auf den vorhergehenden Jahresabschluss angewandten Ansatzmethoden sind beizubehalten. [2]§ 252 Abs. 2 ist entsprechend anzuwenden.

Inhaltsübersicht Rz.

LITERATUR:

Blaas/Schwahn, Steueroptimierte Restrukturierung, DB 2013 S. 2350 und 2412; *Briese*, Forderungsverzicht gegen Besserungsschein sowie qualifizierter Rangrücktritt in Handels- und Steuerbilanz, DStR 2017 S. 799; *Christiansen*, Zur Passivierung von Verbindlichkeiten: (Nicht-)Passivierung im Rahmen schwebender Geschäfte, DStR 2007 S. 869; *Deubert/Lewe*, Bilanzierung von Software beim Anwender nach HGB – Besonderheiten bei Cloud-Lösungen, BB 2019 S. 811 ff.; *Förster/Werthebach*, Immer noch offene Fragen bei Verpflichtungsübernahmen, Schuldbeitritten und Erfüllungsübernahmen, BB 2019 S. 299 ff.; *Goerdeler/Müller*, Die Behandlung von nichtigen oder schwebend unwirksamen Anschaffungsgeschäften, von Forderungsverzichten und Sanierungszuschüssen im Jahresabschluss, WPg 1980 S. 313; *Groh*, Genussrechtskapital und Maßgeblichkeitsgrundsatz, BB 1995 S. 559; *Haarmann*, Die Relevanz der Rückgewährverpflichtung eines Wertpapierdarlehens für den Übergang des wirtschaftlichen Eigentums, BB 2018, S. 1623 ff.; *Häuselmann*, Restrukturierung von Finanzverbindlichkeiten und ihre Abbildung in der Bilanz, BB 2010 S. 944; *Hoffmann*, Persönliche Zurechnung von Wirtschaftsgütern und deren Wechsel, StuB 2009 S. 1; *Hoffmann/Lüdenbach/Freiberg*, Wirtschaftliches Eigentum und Ertragsrealisierung bei Sale-and-lease-back im Drei-Stufen-Modell des BFH, BB 2017 S. 874; *Kahle*, Abgrenzung von Gesellschafterkonten bei Personengesellschaften, DStZ 2010 S. 720; *Kubik/Münch*, Bilanzielle Auswirkungen eines Forderungsverzichts auf Gesellschafterdarlehen bei Personengesellschaften nach Handels- und Steuerrecht, BB 2022 S. 555; *Kußmaul*, Sind Nutzungsrechte Vermögensgegenstände bzw. Wirtschaftsgüter?, BB 1987 S. 2053; *Küting/Tesche*, Der Stetigkeitsgrundsatz im verabschiedeten neuen deutschen Bilanzrecht, DStR 2009 S. 1493; *Ley*, Beteiligung an gewerblichen Personengesellschaften, KÖSDI 2016 S. 19800; *Lüdenbach*, Bilanzierung strukturierter Produkte, StuB 2010 S. 947; *Lüdenbach*, Bilanzierung einer Wahlschuld, StuB 2012 S. 316 ff.; *Lüdenbach*, Bilanzierung von Zinsbegrenzungsvereinbarungen (Caps), StuB 2011 S. 26; *Lüdenbach*, Private FuE-Zuschüsse beim Empfänger, StuB 2012 S. 956; *Lüdenbach*, Bilanzierung einer Pflichtwandelanleihe beim Emittenten, StuB 2013 S. 545; *Lüdenbach*, Bilanzierung einer Wandelanleihe beim Zeichner, StuB 2013 S. 584; *Lüdenbach*, Aktivierung rechtlich noch nicht entstandener, entscheidungsabhängiger Forderungen, StuB 2021 S. 137; *Lüdenbach*, Bedeutung der Liquidität des Schuldbeitretenden für die Bilanzierung beim Primärschuldner, StuB 2021 S. 966; *Lüdenbach/Hoffmann*, Das schwebende Geschäft als Vermögenswert: Bilanzierung bei Erwerb und Verkauf von Nutzungsrechten, DStR 2006 S. 1382; *Lüdenbach/Hoffmann*, Wirtschaftliches Eigentum und bilanzielle Ertragsrealisierung bei rechtsunwirksamen Geschäften, DB 2009 S. 861; *Marx/Dallmann*, Bilanzierung und Bewertung virtueller Währungen nach HGB und Steuerrecht, StuB 2019 S. 217 ff.; *Meyer-Scharenberg*, Sind Nutzungsrechte Wirtschaftsgüter?, BB 1987 S. 874; *Oser/Gerlach*, Bilanzierung bei Cloud Computing, Zur verfehlten Analogie des Customizings zu Mietereinbauten, StuB 2020 S. 263 ff.; *Oser/Kliem*, Handelsrechtliche Bilanzierung von Implementierungskosten bei Cloud Computing beim Anwender, WPg 2022 S. 505 ff.; *Pagels/Lüder*, Die Saldierung mit Planvermögen nach § 246 Abs. 2 Satz 2 HGB, DB 2016 S. 901; *Prinz*, Die Besteuerung der Schuldbefreiung, FR 2011 S. 445 und 551; *Rimmelspacher/Meyer/Girlich*, Weitere Einzelfragen zur handelsrechtlichen Abbildung von Factoring-Vereinbarungen beim Veräußerer, WPg 2020 S. 1161; *Roos*, Durchlaufende Posten im handelsrechtlichen Jahresabschluss unter Berücksichtigung des Saldierungsverbots, DB 2013 S. 2758; *Schultz*, Der True Sale von Passiva, DB 2011 S. 608; *Schulze-Osterloh*, Rangrücktritt in der Handelsbilanz zwischen BGH und BFH, BB 2017 S. 427 ff.; *Tiede*, Zurechnung von Einkünften bei unterjährigen Gesellschafterwechseln einer Personengesellschaft, StuB 2019 S. 233 ff.; *Woerner*, Grundsatzfragen zur Bilanzierung schwebender Geschäfte, FR 1984 S. 489; *Wolf*, Stille Beteiligungen als Eigenkapital in der Handelsbilanz einer Kapitalgesellschaft, StuB 2017 S. 236.

I. Übersicht

1 Abs. 1 Satz 1 stellt die Grundnorm für den Bilanz**ansatz** dar. Dieser verlangt eine Inventarisierung (→ § 240 Rz. 2), wodurch die Pflicht zur Erstellung einer Bilanz gem. → § 242 Rz. 1 erfüllt werden kann. Weitere Voraussetzung dazu ist die **persönliche** Zurechnung (→ § 242 Rz. 13 ff.: „seines Vermögens" und „seiner Schulden"). Die Vollständigkeit wird inhaltlich in Abs. 1 durch das Adjektiv **„sämtliche"** aufgegriffen.

2 Es werden sodann in Abs. 1 Satz 1 die in den Jahresabschluss aufzunehmenden **Posten** aufgezählt:

- Vermögensgegenstände (→ Rz. 12),
- Schulden (→ Rz. 76) sowie
- Rechnungsabgrenzungsposten (→ § 250).

Zu diesen gesellen sich an anderer Gesetzesstelle geregelte Posten **eigener Art** (→ § 266 Rz. 80):

- latente Steuern (→ § 274),
- aktiver Unterschiedsbetrag aus der Verrechnung von Deckungsvermögen mit Pensionsverpflichtungen (→ Rz. 401).

Die **GuV** (→ § 242 Rz. 15) wird lediglich mit Aufwendungen und Erträgen tituliert (→ Rz. 187).

Gegenstand von Abs. 1 Satz 2 ist die **persönliche** Zurechnung von Vermögensgegenständen und Schulden (→ Rz. 221 ff.).

Eine Sonderbehandlung erfährt in Abs. 1 Satz 4 der erworbene **Geschäfts-** oder **Firmenwert**, der als abnutzbarer Vermögensgegenstand gilt (→ Rz. 380).

Abs. 2 regelt die **Saldierung:**

- Abs. 2 Satz 1 **verbietet** eine Verrechnung von Posten der Aktivseite mit Passivposten und Aufwendungen mit Erträgen (→ Rz. 388).
- Abs. 2 Satz 2 **gebietet** demgegenüber in einem Sonderfall, der vermögensgedeckte Pensionsverpflichtungen betrifft, eine solche Verrechnung (→ Rz. 392), deren möglicher **Aktivsaldo** gesondert auszuweisen ist (→ Rz. 401).

Abs. 3 enthält ein **Stetigkeitsgebot** für Wahlrechtsausübungen im Rahmen des Bilanzansatzes (→ Rz. 402).

Sobald die **Ansatzpflicht** bejaht werden kann (es liegt ein Vermögensgegenstand nach → Rz. 12 ff. bzw. eine Schuld nach → Rz. 76 vor und es ist nach → Rz. 3 nichts anderes bestimmt), eröffnet sich die Möglichkeit der **Bewertung** (§§ 252 ff. HGB), womit die Bilanzierung bis zum Abgang dieses Vermögensgegenstands im Ergebnis abgeschlossen ist. Entsprechendes gilt für die Schulden.

II. Vollständigkeitsgebot, schwebendes Geschäft (Abs. 1 Satz 1)

1. Bilanz

Systematisch setzt die Aufnahme in die Bilanz bzw. die GuV-Rechnung – vorbehaltlich entgegenstehender Sondervorschriften – die Erfüllung folgender (positiver) **Tatbestände** voraus:[1] 3

- Vorliegen eines (konkret ansetzbaren) **Vermögensgegenstands** (Aktivseite, → Rz. 12) oder einer **Schuld** (Passivseite, → Rz. 76), eines **Rechnungsabgrenzungspostens** (beide Seiten, → § 250) oder eines **Sonderpostens** (→ § 266 Rz. 80).
- Betriebsvermögenseigenschaft (**objektives** Kriterium, → Rz. 195 ff.).
- Zurechnung zur bilanzierenden Einheit (**subjektives** Kriterium, → Rz. 221 ff.).
- Erfüllung des **Zeit**moments (→ Rz. 227 ff.).

Negative Ansatzvoraussetzung – in der Auslegung oder explizit – ist: „soweit gesetzlich nichts anderes bestimmt ist". **„Anderes bestimmen"** Gesetz und GoB in folgenden Fällen:

- Ansatz**verbot** für Forderungen und Verbindlichkeiten aus **schwebenden Geschäften** (→ Rz. 8).
- Ansatz**wahlrecht** – ergänzt mit spezifischen Ansatzverboten –, z. B. für immaterielle Anlagegüter (→ § 248 Rz. 9), sowie verschiedene Schuldposten für Pensionsverpflichtungen (→ § 249 Rz. 127).

Das bedeutet: Sofern kein Vermögensgegenstand (→ Rz. 12) und keine Schuld (→ Rz. 76) vorliegt, braucht nicht weiter über Bilanzierungsfragen oder Bewertung nachgedacht zu werden; es fehlt an der **abstrakten** Bilanzierbarkeit. Wird diese umgekehrt bejaht, kann gleichwohl der Bilanzansatz ausscheiden, wenn **konkret** „anderes bestimmt" ist. Dieses Problem taucht insbesondere bei der bilanziellen Abbildung **schwebender Geschäfte** auf (→ Rz. 8).

Auf das Vollständigkeitsgebot **allein** kann der Bilanzansatz z. B. einer rechtlich bestehenden Forderung bzw. Verbindlichkeit nicht begründet werden. Die „Logik" ist vielmehr umgekehrt: Erst muss die konkrete Bilanzierbarkeit feststehen. Mit dem Vollständigkeitsgebot **allein** kann der Ansatz eines Vermögensgegenstands oder einer Schuld nie begründet werden.

1 Nach *Hennrichs* in Münchener Kommentar, AktG, § 246 Tz. 12.

BEISPIEL ▸ Ein Schadenersatzanspruch oder eine andere Forderung aus gesetzlichem Schuldverhältnis wird durch ein Urteil oder die Schuldanerkennung rechtlich im Bestand bestätigt, nicht neu geschaffen. Gleichwohl scheidet ein Bilanzansatz aus, wenn diese beiden Rechtsakte erst nach dem Bilanzstichtag vorliegen (→ § 252 Rz. 88).

Das Vollständigkeitsgebot reduziert sich deshalb auf den selbstverständlichen Aussagegehalt: Was am Stichtag (→ § 252 Rz. 39) im Unternehmensvermögen als Vermögensgegenstand, Schuld etc. vorhanden ist, darf nicht in **Teilbereichen** (muss „vollständig") vom Bilanzinhalt **ausgenommen** werden. Und umgekehrt heißt dies: Erst wenn die Bilanzierbarkeit feststeht, ein Ansatz also zwingend oder zulässig ist, kommt der Vollständigkeitsgrundsatz zum Tragen und nicht umgekehrt. Mit der Vollständigkeit kann z. B. der Ansatz einer Verbindlichkeitsrückstellung nicht begründet werden, solange die Qualität einer **Schuld** nach § 246 Abs. 1 Satz 1 HGB nicht geklärt ist. Hierzu noch weitere Beispielsfälle für die Aktiv- und Passivseite der Bilanz:

- Eine (vertraglich) begründete Forderung ist erst ansetzbar, wenn die bedungene Leistung erbracht ist (→ § 252 Rz. 109).
- Eine (rechtliche) Schuld ist nicht passivierbar, wenn der Schuldner die Verpflichtung gar nicht erfüllen muss (und will) (→ Rz. 78).
- Eine rechtlich am Bilanzstichtag bestehende Verpflichtung wird teilweise der „Vollständigkeit halber" als ansatzpflichtig beurteilt; teilweise soll die Ansatzpflicht erst durch eine wirtschaftliche Verursachung begründet werden (→ § 249 Rz. 23 ff.).
- Rechtlich am Bilanzstichtag bestehende Rückbau- und Entsorgungsverpflichtungen werden nicht mit dem Erfüllungsbetrag – also „vollständig" –, sondern nur mit einem „wirtschaftlich verursachten" Teilbetrag angesetzt (→ § 249 Rz. 29).

2. GuV-Rechnung

4 Aufwendungen und Erträge sind im HGB genauso wenig wie Vermögensgegenstände (→ Rz. 12) und Schulden (→ Rz. 76) definiert. Üblicherweise werden Aufwendungen und Erträge in Abgrenzung von naheliegenden Begriffsinhalten definiert.[1] Danach gilt:

- **Auszahlungen/Einzahlungen** sind Änderungen der liquiden Mittel.
- **Ausgaben/Einnahmen** sind Änderungen des Geldvermögens (liquide Mittel und Forderungen/Verbindlichkeiten).
- **Aufwendungen/Erträge** sind Änderungen des Nettovermögens zusätzlich zum Geldvermögen, also etwa des Sachvermögens, die aus dem Leistungsprozess und nicht aus Entnahmen (Ausschüttungen) oder Einlagen resultieren.
- **Kosten/Leistungen** sind der für Zwecke des internen Rechnungswesens bewertete Güterverzehr/Wertzuwachs, der anders als Aufwendungen/Erträge auch nichtpagatorische Elemente (z. B. kalkulatorische Zinsen auf das Eigenkapital) enthält.

Die steuerliche Begrifflichkeit der Betriebsausgaben/Betriebseinnahmen ist nicht das Pendant zum betriebswirtschaftlichen Begriffspaar der Ausgaben/Einnahmen, sondern entspricht in der Terminologie von HGB und Betriebswirtschaftslehre den Aufwendungen/Erträgen, umfasst also die nicht auf Entnahmen/Einlagen zurückzuführenden Änderungen des Nettovermögens. Gesetzlich definiert ist nur der Betriebsausgabenbegriff. Er umfasst nach § 4 Abs. 4 EStG „die

1 Vgl. etwa *ADS*, 6. Aufl., § 246 Tz. 165 ff.

Aufwendungen, die durch den Betrieb veranlasst sind". Besonders betont wird damit die **betriebliche** Veranlassung der Aufwendungen. Terminologisch wird häufig zwischen Aufwand und Betriebsausgaben nicht streng getrennt. Das ist auch zutreffend, wenn man die betriebliche Veranlassung innerhalb des Rechenwerks eines Kaufmanns als selbstverständlich ansieht. Die Definition in § 4 Abs. 4 EStG ist entsprechend auch vor dem Hintergrund der Verhinderung des Einschleusens von Privataufwand in das Steuerbilanzergebnis zu verstehen.

Strittig ist dabei im Schrifttum und in der Rechtsprechung die Qualifizierung von Aufwendun- 5
gen, die zwar dem Betrieb **dienen,** aber nicht aus **betrieblichen Mitteln** bestritten werden. Exemplarisch geht es um folgende Fälle:

- Der **Einzelkaufmann** bezahlt die Reparatur seines betrieblichen Kombis aus seinem **privaten Bankkonto.**
- Der **Vater** des als Einzelkaufmanns tätigen Sohnes **bezahlt** die vom Sohn beauftragte Reparatur am Betriebs-Kombi.
- Der **Vater** des als Einzelkaufmanns tätigen Sohnes gibt während des Urlaubs des Sohns die Reparatur selbst in **Auftrag und bezahlt** sie auch.

Im ersten Fall liegen unzweifelhaft Aufwendungen/Betriebsausgaben des **Einzelkaufmanns** vor. Entscheidend für die handels- und steuerbilanzielle Berücksichtigung ist nur die **Verwendung** der Mittel. Auf ihre **Herkunft** (privates oder betriebliches Konto) kommt es nicht an.

Nicht von vornherein zweifelsfrei erscheint hingegen die Behandlung der beiden anderen Fälle. Hier trägt nicht der Kaufmann selbst, sondern ein Dritter die Ausgaben. Schrifttum und einschlägige Rechtsprechung diskutieren dies unter den Begriffen Drittaufwand bzw. **Drittaufwendungen.**

Deren Behandlung im zweiten Fall ist gleichwohl eindeutig. Es besteht ein sog. **abgekürzter Zahlungsweg.** Der Vater hätte dem Sohn den Rechnungsbetrag in bar schenken, darauf der Sohn die Rechnung selbst begleichen können. Die direkte Zahlung des Vaters an die Werkstatt kürzt diesen Weg lediglich ab. Da es wiederum auf die Mittelherkunft nicht ankommt, liegen Aufwendungen/Betriebsausgaben des Einzelkaufmanns vor.

Im dritten Fall ist ein sog. **abgekürzter Vertragsweg** gegeben. Es bestehen Ähnlichkeiten zum zivilrechtlichen Konstrukt des Vertrags zugunsten Dritter. Dem wirtschaftlichen Gehalt nach ist der Fall kaum vom zweiten abgrenzbar und sollte deshalb gleich zu behandeln sein. Die Ausgabe ist betrieblich veranlasst und daher u. E. auch als Aufwands- bzw. Betriebsausgabe zu berücksichtigen.[1]

Folgt man diesen Vorgaben, ist in allen drei Fällen beim Einzelkaufmann zu buchen: per Aufwand an **Eigenkapital.**

Die weitere Frage betrifft die Vereinbarkeit dieser Behandlung von Drittaufwand bei **anderen** 6
Rechtsformen, also bei Kapital- und Personenhandelsgesellschaften. Können also betrieblich veranlasste, aber nicht von der Gesellschaft bestrittene Aufwendungen/Betriebsausgaben ergebniswirksam über das Eigenkapital verbucht werden?[2]

1 Gleicher Auffassung *Schmidt/Heinicke*, EStG, 36. Aufl. 2017, § 4 Tz. 504, mit Nachweisen zu Fällen aus der Rechtsprechung.

2 Vgl. hierzu *Lüdenbach*, StuB 2011 S. 835.

Steuerlich ist der Betriebsausgabenbegriff **rechtsformneutral,** was für eine Gleichbehandlung spricht. Probleme bereitet die Gegenbuchung im Haben. Bei der Kapitalgesellschaft kommt hierfür die **Kapitalrücklage** in Betracht, die aber in allen vier Aufzählungen des § 272 Abs. 2 HGB (→ § 272 Rz. 57) keinen passenden Fall präsentiert. Das kann allerdings kein Hindernis zur Verwendung des Eigenkapitals als Gegenkonto zum Aufwand sein, denn § 265 Abs. 5 HGB erlaubt die Zufügung weiterer Posten („sonstiges Eigenkapital") in die gesetzliche Gliederungsstruktur (→ § 265 Rz. 36), eine Maßnahme, die auch in anderen Fällen (etwa bei mezzaninen Finanzierungen, → Rz. 121) praktiziert wird (→ § 272 Rz. 71).

Dieser Lösungsvorschlag ist auch **konzeptionell** begründbar: Der Abschlussadressat soll über die Leistungsfähigkeit der Gesellschaft in der GuV informiert werden. Die zutreffende Darstellung der Ertragslage bedarf der Buchung per Aufwand an (sonstiges) Eigenkapital.

BEISPIEL ▸ Die GmbH P ist dringend sanierungsbedürftig. Der Hauptgesellschafter K heuert einen teuren Sanierungsspezialisten an. Dessen Inanspruchnahme soll die Gesellschaft nicht auch noch belasten, weshalb K diesen Aufwand aus eigener Tasche bestreitet.

Gegen diesen Vorschlag könnte im Falle einer Kapitalgesellschaft das Gesellschaftsrecht sprechen, das nach § 27 Abs. 2 AktG die Ansprüche aus Dienstleistungen als **nicht einlagefähig** erklärt. Das führt zur zwingenden Beantwortung der Frage: Was hat **Vorrang:** das Bilanz- oder das Gesellschaftsrecht?[1] Die Buchung „per Personalaufwand an Eigenkapital" dient jedenfalls der zutreffenden Darstellung der Ertragslage. Soll auf die zutreffende Darstellung verzichtet werden, um gesellschaftsrechtlichen Bedenken Genüge zu tun, oder müssen umgekehrt die gesellschaftsrechtlichen Bedenken hinter dem Gebot der zutreffenden Darstellung der Ertragslage zurücktreten? Ein Vorrang des Bilanzrechts hätte jedenfalls den Vorteil, den Aufwandsbegriff und damit das Vollständigkeitsprinzip des § 246 Abs. 1 HGB rechtsformunabhängig anzuwenden.

Nach anderer Auffassung[2] soll es bei Personen- und Kapitalgesellschaften hingegen anders als beim Einzelunternehmen nicht zulässig sein, betrieblich veranlasste, aber nicht aus betrieblichen Mitteln, sondern stattdessen aus privaten oder solchen einer nahestehenden Person getätigte Ausgaben als (verdeckte) Einlage zu verbuchen. Implizit wird damit unterstellt, dass es bei Kapital- und Personengesellschaften im Unterschied zu Einzelunternehmen nicht darauf ankommt, **wofür** Ausgaben getätigt werden (betriebliche Veranlassung), sondern nur **woher,** nämlich aus Gesamthandsmitteln oder nicht, sie stammen. Eine solche Auffassung hat den Vorteil, die im Einzelfall nicht immer einfach zu klärende materielle Frage nach der Veranlassung der Ausgaben durch die leicht zu beantwortende formale Frage nach dem Kontoinhaber zu ersetzen. Im Interesse einer solchen Vereinfachung erscheint die Ablehnung von Drittaufwendungen bei Gesellschaften vertretbar, u. E. aber nicht zwingend. Unserer Auffassung widerspricht allerdings der BFH im Falle von Aktienoptionen (→ § 272 Rz. 110).[3]

7 Für **Personenhandelsgesellschaften** ist u. E. handelsrechtlich die gleiche Situation gegeben wie für Kapitalgesellschaften. Steuerlich sind hier allerdings die Spezifika des Sonderbetriebsvermögens (→ Rz. 435) zu beachten.

1 Vgl. *Lüdenbach*, StuB 2011 S. 835.
2 Vgl. *Justenhoven/Meyer* in Beck'scher Bilanz-Kommentar, 13. Aufl. 2022, § 246 Tz. 103.
3 Vgl. zur Kritik insoweit *Hoffmann*, PiR 2011 S. 30.

3. Schwebende Geschäfte

Schwebende Geschäfte i. S. des Bilanzrechts sind vom bilanzierungspflichtigen Kaufmann abgeschlossene Verträge, die vom Sach- und Dienstleistungsverpflichteten (→ Rz. 9 f.) noch nicht erfüllt worden sind. Die daraus resultierenden Forderungen und Verbindlichkeiten sind so lange nicht bilanzierbar, wie sie sich wertmäßig **ausgleichen** (→ § 249 Rz. 151). Dies ist bei Verträgen unter Fremden (oder zu fremdüblichen Bedingungen) zum Zeitpunkt des Vertragsschlusses i. d. R. der Fall, kann sich aber im Zeitverlauf ändern. Dann ist die Ausgeglichenheitsvermutung widerlegt. Zum Bilanzansatz kann es bei **Vorleistungen** und **Erfüllungsrückständen** kommen (→ § 249 Rz. 178). Der Vertrag kann **belastend werden** mit der Folge einer Drohverlustrückstellung (→ § 249 Rz. 160); er kann sich auch zum **Vorteil** verändern, ohne einen Bilanzansatz auszulösen (Imparität nach → § 252 Rz. 99). Dieser Vorteil lässt sich auch verkaufen (vgl. → Rz. 31). Der Nichtansatz der rechtlich bestehenden Forderungen und Verbindlichkeiten kann auch durch die (bis zum Bilanzstichtag) noch **nicht erbrachte** Sachleistung begründet werden;[1] vgl. hierzu die Beispiele unter → § 252 Rz. 141. Erst wenn die Sachleistung erbracht ist, kommt die Bilanzierung der zuvor schon rechtlich begründeten Forderung in Betracht (→ Rz. 55). 8

Dabei **beginnt** der Schwebezustand mit Abschluss des Vertrags;[2] er **endet** dann, wenn der Sach- oder Dienstleistungsverpflichtete die von ihm geschuldete Leistung erbracht hat (→ § 249 Rz. 154).[3] Nach anderer Auffassung endet der Schwebezustand auch dann, wenn der Geldleistungsverpflichtete vorgeleistet hat,[4] u. E. unzutreffend (→ § 249 Rz. 196, m. w. N.). 9

BEISPIEL[5] Im Fall eines Wertpapieroptionsgeschäfts endet dem BFH zufolge der Schwebezustand mit Erbringung der Stillhaltervergütung. Unbeachtlich sei die noch weiter andauernde Verpflichtung des Stillhalters aus dem Optionsvertrag.[6]

Geldflüsse **vor** Beendigung des Schwebezustands sind nach § 252 Abs. 1 Nr. 5 HGB (→ § 252 Rz. 205) als **Vorauszahlungen** oder **Rechnungsabgrenzungsposten** (→ § 250 Rz. 5) ergebnisunwirksam zu behandeln. Über die möglicherweise dem Stillhalter drohenden Verluste aus seiner Einstandsverpflichtung hat der BFH nicht entschieden.[7]

---

1 Vgl. *Hoffmann*, StuB 2012 S. 377; *Wassermeyer*, DB 2010 S. 357.

2 So auch *Weinberger/Fiebiger*, StuB 2012 S. 212: „nicht erst mit dem Beginn der Vertragslaufzeit."

3 BFH, Beschluss v. 23.6.1997 – GrS 2/93, BStBl II S. 735; so auch IDW RS HFA 4 Tz. 11; *Woerner*, FR 1984 S. 491; so auch BFH, Urteil v. 21.9.2011 – I R 50/10, BStBl 2012 II S. 197 Tz. 14; BFH, Urteil v. 9.1.2013 – I R 33/11, DStR 2013 S. 957 Tz. 44.

4 BFH, Urteil v. 18.12.2002 – I R 17/02, BStBl 2004 II S. 126, mit Kommentierung von *Christiansen*, DStR 2007 S. 869. Streitgegenstand dieses BFH-Urteils war die Passivierung einer ex ante entrichteten Stillhaltervergütung beim Stillhalter; ebenso allerdings BFH, Urteil v. 11.10.2007 – IV R 52/04, BStBl 2009 II S. 705, sowie BFH, Urteil v. 17.11.2010 – I R 83/09, DStR 2011 S. 355 ff. Dabei fällt die Nichtbeachtung des Beschlusses GrS 2/93, BStBl 1997 II S. 735, durch die beiden Senate auf. Eine uneinheitliche Rechtsprechung des RFH und BFH zu dieser Rechtsfrage stellte bereits *Woerner*, FR 1984 S. 491, fest. Gegenteilig zu seinem Urteil IV R 52/04 a. a. O. hat der IV. Senat im Urteil v. 29.11.2007 – IV R 62/05, BStBl 2008 II S. 557, zur Beendigung des Schwebezustands entschieden (unter 2a) und 1a) der Begründung). Inzwischen ist der I. BFH, Senat von seiner Auffassung zur Beendigungswirkung der Zahlung für den Schwebezustand abgerückt (→ § 249 Rz. 196).

5 Nach BFH, Urteil v. 18.12.2002 – I R 17/02, BStBl 2004 II S. 126; u. E. überholt durch BFH, Urteil v. 9.1.2013 – I R 33/11, DStR 2013 S. 957 Tz. 44.

6 Hierzu ausführlich siehe Anm. *Hoffmann*, StuB 2003 S. 543, und Kommentierung von *Christiansen*, DStR 2007 S. 871. Dieses BFH-Urteil könnte bzgl. der Beendigung des Schwebezustands als Sonderfall zu qualifizieren sein (*Hoffmann*, StuB 2010 S. 521). Die seither „verfestigte" Rechtsprechung des BFH zur Beendigung des Schwebezustands ist mit der Vorgaben des Beschlusses GrS 2/93 nach *Buciek*, FR 2010 S. 426, „nur bedingt vereinbar". Inzwischen ist diese „Verfestigung" aufgelöst (→ § 249 Rz. 196).

7 Vgl. *Hoffmann*, StuB 2012 S. 329.

10 Es ist weiter begrifflich zu unterscheiden zwischen schwebenden **Einmal**geschäften (z. B. Errichtung eines Bauwerks, Ein- und Verkaufskontrakten) und schwebenden **Dauerschuldverhältnissen** (Mietverträgen, Lizenzverträgen, Arbeitsverträgen und sog. Sukzessivlieferungsverträgen). Bei den letztgenannten Dauerschuldverhältnissen ist die geschuldete Leistung über einen gewissen Zeitraum hinaus zu erbringen, es sind also Räume zur Verfügung zu stellen und Arbeitskraft ist bereitzustellen. Die Gegenleistung (Miete) ist regelmäßig in periodischer Form geschuldet. Das ist nach § 252 Abs. 1 Nr. 5 HGB (→ § 252 Rz. 205) nicht zwingend. Vgl. das Beispiel unter → Rz. 34.

Eine **systematische** Darstellung der verschiedenen Ausprägungen schwebender Geschäfte ist in → § 249 Rz. 151 wiedergegeben, insbesondere auch des **Saldierungs**bereichs.

Die **Bilanzierbarkeit** schwebender Geschäfte (→ Rz. 8) stellt sich insbesondere auch im Zusammenhang mit **immateriellen** Vermögensgegenständen in Form von **Nutzungsrechten** dar; dies ist weiter unter → Rz. 28 kommentiert.

11 Der **Erbbaurechts**vertrag stellt eine besondere Ausprägung eines schwebenden Geschäfts dar.[1] Das „verdinglichte" Dauerrechtsverhältnis berechtigt den

- Grundstückseigentümer zum Bezug des Erbbauzinses vom Erbbauberechtigten – regelmäßig als periodisch wiederkehrende Leistung,
- Erbbauberechtigten zur langfristigen Nutzung des Grundstücks – regelmäßig in Form eines von ihm zu errichtenden Gebäudes,
- Erbbauverpflichteten zum Eigentumserwerb des Gebäudes am Ende des Erbbaurechtszeitraums.

Der **Verdinglichung** des Rechts durch Grundbucheintrag kommt keine besondere bilanzrechtliche Bedeutung zu. Wegen der bei Begründung des Erbbaurechts zu vermutenden Ausgeglichenheit von Leistung und Gegenleistung (→ Rz. 8) ist ein Bilanzansatz des Erbbaurechts und der Zahlungsverpflichtung beim Erbbauberechtigten nicht möglich.[2] Lediglich die Einmalkosten der Anschaffung – Notar-, Makler- und Grundbuchgebühren – sind aktivierbar (→ § 255 Rz. 34)[3] und auf die Laufzeit des Erbbaurechts abzuschreiben. Als Zurechnungskriterium gilt (auch hier) das wirtschaftliche Eigentum (→ Rz. 221). Die Errichtung eines Gebäudes durch den Erbbauberechtigten lässt bei dem rechtlichen und wirtschaftlichen Eigentümer Herstellungskosten entstehen, die handelsrechtlich nach der Nutzungsdauer des Gebäudes, steuerlich nach § 7 Abs. 4 oder Abs. 5 EStG abzuschreiben sind. Bei kürzerer Laufzeit des Erbbaurechts ist diese der Abschreibung zugrunde zu legen.

Vom Erbbauberechtigten übernommene Erschließungsbeiträge und Kanalanschlussgebühren sind aktiv abzugrenzen (→ § 250 Rz. 62). Unseres Erachtens gilt Entsprechendes, wenn der Erbbauberechtigte vor eigener Bebauung die Altgebäude auf eigene Kosten abreißt, d. h. keine Einbeziehung der Abbruchkosten in die Herstellungskosten des Neugebäudes.

Eine beachtliche Gegenauffassung[4] befürwortet die Aktivierung eines durch „Abspaltung" begründeten „verselbständigten Eigentums**ausschnitts**" unter Passivierung der Zahlungsverpflichtung als Kaufpreis**rente.** Dieser dinglichen Berechtigung soll eine andere bilanzrechtliche

1 Vgl. *Hoffmann*, StuB 2009 S. 667; *Seidler*, BB 2014 S. 171; *Rätke*, BBK 2007 S. 255.
2 BFH, Urteil v. 20.1.1983 – IV R 158/80, BStBl II S. 413.
3 BFH, Urteil v. 4.6.1991 – X R 136/87, BStBl 1992 II S. 70.
4 Vgl. *Marx*, FR 2005 S. 797; *Babel*, BB 1997 S. 2263.

Qualität als dem obligatorischen Nutzungsrecht zukommen; diese Einschätzung ist u. E. unzutreffend. Das Sachenrecht stellt regelmäßig und auch hier keine Bilanzierungsgrundlage dar.

Wird ein Erbbaurecht **mit aufstehendem Gebäude** erworben, ist der anteilige Erbbauzins in kapitalisiertem Umfang als Anschaffungskosten des Gebäudes zu werten, dem die entsprechende Zahlungsverpflichtung als Barwert auf der Passivseite gegenübersteht.[1] In den beiden zitierten BFH-Urteilen wird der Übergang des **wirtschaftlichen Eigentums** nach Leasing-Kriterien (→ Rz. 258) nicht hinterfragt – vermutlich wegen der eindeutigen dinglich-rechtlichen Zuordnung.

Bei entschädigungslosem Übergang des vom Erbbauberechtigten errichteten Gebäudes auf den Grundstückseigentümer (sog. **Heimfall**) erhält Letzterer einen zusätzlichen Erbbauzins.[2]

Vom Grundstückseigentümer ist zu buchen:[3]

- bei Begründung des Erbbaurechts: per Heimfallanspruch an passive Abgrenzung.
- während der Laufzeit: per passive Abgrenzung an (ratierlichen) Ertrag.
- im Heimfallzeitpunkt: per Gebäude an Heimfallanspruch.

Eine **Einmal-Vorauszahlung** des Erbbauzinses ist beim Leistenden aktiv und beim Empfänger passiv abzugrenzen (→ § 250 Rz. 64).

III. Vermögensgegenstand (Abs. 1 Satz 1 Halbsatz 1)

1. Fehlende Legaldefinition

Dem Grunde nach bilanzierbar sind – abgesehen von Sonderfällen (→ Rz. 3) – auf der Aktivseite **Vermögensgegenstände.** Hierbei **enthält** sich das Gesetz eines **Definitionsversuchs.** Dafür liefert es Anhaltspunkte, was unter einem Vermögensgegenstand zu verstehen ist, insbesondere im Gliederungsschema für die Kapitalgesellschaften in § 266 Abs. 2 HGB und noch kürzer in § 240 Abs. 1 HGB „Grundstücke, Forderungen, bares Geld und Sonstige Vermögensgegenstände". Inhaltlich vergleichbar spricht das EStG vom **Wirtschaftsgut** (→ Rz. 14) – ebenfalls ohne eine Legaldefinition. 12

Außerhalb des HGB, nämlich in **§ 21b EnWG,** findet sich branchenspezifisch für Transportnetzbetreiber der Energiewirtschaft eine besondere Vorgabe: Bei solchen Unternehmen „gilt im Rahmen des Anreizregulierungssystems der regulatorische Anspruch, der sich aus einer negativen Differenz auf dem Regulierungskonto zwischen den tatsächlich erzielbaren Erlösen und den geplanten Kosten eines Kalenderjahres einerseits sowie den zulässigen Erlösen und den tatsächlich entstandenen Kosten eines Kalenderjahres andererseits ergibt, als Vermögensgegenstand im Sinne von § 246 Absatz 1 Satz 1 HGB". Es handelt sich um eine gesetzliche Fiktion – „gilt als Vermögensgegenstand" –, die als solche nicht analogiefähig ist. Zur Frage, ob bei umgekehrter Differenz eine Schuld anzusetzen ist, wird auf → § 249 Rz. 54 verwiesen. 12a

1 BFH, Urteil v. 18.3.2009 – I R 9/08, DStR 2009 S. 472; BFH, Urteil v. 19.1.1982 – VIII R 102/78, BStBl II S. 533.
2 BFH, Urteil v. 11.12.2003 – IV R 42/02, BFH/NV 2004 S. 580.
3 Vgl. *Weber-Grellet*, StuB 2004 S. 599.

2. Begriffsumschreibungen

2.1 Der ökonomische Gehalt

13 Bei der Herausarbeitung einer Begriffsumschreibung des Vermögensgegenstands sollte man wie immer bei der Bilanzierung den **ökonomischen Gehalt** in den Vordergrund der Überlegungen stellen. „Vermögen" liegt **immer** dann und **nur** dann vor, wenn durch einen wie immer zu verstehenden „Gegenstand" **künftiger ökonomischer Nutzen** entstehen kann, wie etwa in der Form von (abgezinsten) Einzahlungsüberschüssen oder Minderung von Auszahlungen.

BEISPIEL ► Das Kernkraftwerk Mülheim-Kärlich kann nicht zur Stromerzeugung verwendet werden. Eine andere wirtschaftlich sinnvolle Nutzung ist nicht möglich, im Gegenteil: Die durch den kurzen Betrieb verursachte radioaktive Kontaminierung erfordert einen jahrzehntelangen Rückbauprozess. Einzahlungsüberschüsse aus dem Kraftwerk sind nicht zu erwarten.

Es liegt kein Vermögensgegenstand vor, allenfalls eine Schuld (→ Rz. 76). Die Vermögensgegenstandseigenschaft ging mit dem Widerruf der Betriebsgenehmigung verloren und hat bilanzrechtlich zu einem verlustrealisierenden Abgang geführt. Einer Abschreibung bedurfte es also nicht.

Anders kann es sich bei **planwidriger** Weiternutzungsmöglichkeit eines geschaffenen Vermögensgegenstands verhalten.

BEISPIEL ► Das Kernkraftwerk Zwentendorf bei Wien stand zur Aufnahme der Stromproduktion bereit. Die Erteilung der Konzession wurde nach politischer Vorgabe einer Volksabstimmung überantwortet. Diese führte zu einer Versagung der Betriebsgenehmigung. Deshalb kann das (unterstellt) 2 Mrd. € teure Kraftwerk – das nicht nuklearkontaminiert ist – nur als Museum benutzt werden.

Hier ist eine Abschreibung von den Herstellungskosten auf den Nutzungswert des Museums, also vielleicht auf 2 Mio. €, vorzunehmen.

Zur **persönlichen** Zurechnung vgl. → Rz. 221 ff.

2.2 Vermögensgegenstand vs. Wirtschaftsgut

14 Die Diskussion im Schrifttum über den Inhalt der Vermögensgegenstandseigenschaft hat sich insbesondere mit der Übereinstimmung mit dem oder dem Gegensatz zum **Wirtschaftsgutsbegriff** nach der Maßgabe der BFH-Rechtsprechung befasst. Der BFH hat in einem Beschluss des Großen Senats[1] die Diskussion aus seiner Sicht beendet: Wirtschaftsgut = Vermögensgegenstand. Diese für die Bilanzierungspraxis sinnvolle Lösung wird seitens des handelsrechtlichen Schrifttums teilweise befürwortet,[2] häufig indes abgelehnt. Die Gegner des einheitlichen Begriffsinhalts verweisen auf das Erfordernis eines **Schuldendeckungspotenzials,** das in der Begriffsumschreibung des Wirtschaftsguts durch den BFH nicht immer vorhanden sei. Dieser lautet in verschiedenen Ausfächerungen:

► „Tatsächliche Zustände, konkrete Möglichkeiten und Vorteile für den Betrieb, deren Erlangung der Kaufmann sich etwas kosten lässt und die einen Nutzungswert über die Dauer eines Wirtschaftsjahres hinaus darstellen."

---

1 BFH, Beschluss v. 26.10.1987 – GrS 2/86, BStBl 1988 II S. 348; bestätigt durch BFH, Beschluss v. 7.8.2000 – GrS 2/99, BStBl II S. 632.

2 Dafür *Moxter*, Bilanzrechtsprechung, 6. Aufl., S. 7; *Schubert/Waubke* in Beck'scher Bilanz-Kommentar, 13. Aufl. 2022, § 247 Tz. 12; dagegen z. B. *Kleindiek* in Ulmer (Hrsg.), HGB-Bilanzrecht, § 246 Tz. 5 ff.; *Schulze-Osterloh* in Baumbach/Hueck (Hrsg.), GmbHG, § 42 Tz. 73 ff.; vermittelnd *ADS*, 6. Aufl., § 246 Tz. 12.

- „Wirtschaftsgut ist ... jeder prüfbare betriebliche Vorteil, für den der Erwerber eines Betriebs etwas aufwenden würde."[1]
- „Es muss sich um einen Gegenstand handeln, der nach der Verkehrsauffassung einer besonderen Bewertung zugänglich ist.
- Des Weiteren muss das Wirtschaftsgut in einem eigenen, selbstständigen Nutzungs- und Funktionszusammenhang stehen und entsprechend in Erscheinung treten."[2]
- „... sind Wirtschaftsgüter alle Sachen, Rechte, tatsächliche Zustände und konkrete Möglichkeiten, die entweder einzeln oder zusammen mit dem Betrieb übertragen werden können und aus Sicht eines potenziellen Betriebserwerbers einen eigenständigen Wert haben."[3]

Eine weitere Definitionskombination aus den nicht immer identischen Formulierungen des BFH lautet:[4]

Wirtschaftsgüter sind Sachen, Rechte oder tatsächliche Zustände, konkrete Möglichkeiten oder Vorteile für den Betrieb,

- deren Erlangung der Kaufmann sich etwas kosten lässt (unsinnig, weil sonst keine Zugangsbuchung möglich ist),
- die einer selbständigen Bewertung zugänglich sind,
- die i. d. R. eine Nutzung für mehrere Wirtschaftsjahre erbringen und
- die zumindest mit dem Betrieb übertragen werden können.

Daraus schließt der BFH die Wirtschaftsgütereigenschaft einer **Instandhaltungsrücklage** nach dem Wohneigentumsgesetz (genauer: des in dieser Rücklage enthaltenen Geldbetrags eines [bilanzierenden] Wohnungseigentümers).[5]

Die Mehrjährigkeit der Nutzenerbringung wird als Tatbestandsmerkmal eines Wirtschaftsguts/Vermögensgegenstands vom BFH nicht (mehr) aufrechterhalten.[6]

Diese Definition sei zu weitläufig, um das **Schuldendeckungspotenzial** (→ Rz. 18) wiederzugeben. Dazu bedürfe es einer selbständigen Verkehrsfähigkeit, ausgedrückt in der **Einzelveräußerbarkeit** bzw. **-verwertbarkeit.** Dem BFH zufolge genügt demgegenüber die Veräußerbarkeit des Wirtschaftsguts im Zusammenhang mit einer **Unternehmensveräußerung** und damit die **Einzelbewertbarkeit,** was umgekehrt bei den Kritikern der Identifizierung von Wirtschaftsgut und Vermögensgegenstand zwar eine notwendige, aber keine hinreichende Bedingung darstellt; es bedürfe zusätzlich der **Einzel**veräußerbarkeit.

Hinter dieser **Begriffsspielerei** und dem damit verbundenen Versuch der Abgrenzung zwischen Vermögensgegenstand und Wirtschaftsgut verbirgt sich auch die frühere Rechtslage zum **Warenzeichengesetz,** der zufolge ein Warenzeichen nur zusammen mit dem Betrieb übertragen 15

1 BFH, Beschluss v. 7.8.2000 – GrS 2/99, BStBl II S. 632, unter C.II m. w. N.

2 Zum Beispiel BFH, Urteil v. 5.6.2008 – IV R 67/05, BStBl II S. 960, unter II.1.C zum Baumbestand.

3 BFH, Urteil v. 14.12.2011 – I R 108/10, BStBl 2012 II S. 238, Tz. 12, zum Profifußballer („Ablösezahlung"); BFH, Urteil v. 5.10.2011 – I R 94/10, BStBl 2012 II S. 244, Tz. 10; so bereits BFH, Urteil v. 29.4.1965 – IV 403/62, BStBl III S. 414.

4 Nach *Marx,* StuB 2012 S. 293 unter Zitierung BFH, Urteil v. 9.8.2011 – VIII R 13/08, BStBl II S. 875, zur Vertragsarztzulassung.

5 BFH, Urteil v. 5.10.2011 – I R 94/10, DStR 2012 S. 173.

6 BFH, Urteil v. 26.11.2014 – X R 20/12, BStBl 2015 II S. 325 zu einer Erwerbsoption mit einer Laufzeit von einem Monat.

werden konnte. Diese Rechtslage gilt nicht mehr. Seitdem fällt es schwer, auch praktisch relevante Unterschiede zwischen Vermögensgegenstand und Wirtschaftsgut zu finden.

Wie immer bei Herausarbeitung von Begriffen mit **hohem Abstraktionsgrad** zeigt sich bei der hier besprochenen Thematik: Klare Fälle bedürfen keiner Definition (Fabrikgrundstück, Schrauben in der Maschinenfabrik, Lieferantenschulden), bei Zweifelsfällen liefern sie keine eindeutige Lösung (insbesondere bei immateriellen Vermögensgegenständen, vgl. → Rz. 21) und eröffnen deshalb eine Begründung für das jeweils gewünschte Ergebnis (→ Rz. 357). Die Wirtschaftsgut-Eigenschaft kann letztlich nur nach den Umständen des **Einzelfalls** beurteilt werden.[1] Dem Praktiker an der Bilanzierungsfront bleibt dann wie immer in solchen Fällen nur der Blick in das Abc-Register einer Kommentierung (→ Rz. 52), um nach Möglichkeit entsprechende Präjudizien festzustellen. Und solche liefert in der deutschen Bilanzierungstradition fast ausschließlich der BFH. Mangels verbindlicher anderer Vorgaben folgt die Praxis dann dem BFH, was andererseits beim Systematiker, der sich mit der Identifizierung von Wirtschaftsgut und Vermögensgegenstand nicht abfinden will, Unbehagen hervorruft. Dabei kann der Rechtsfindung des BFH nicht einfach mit dem Verweis auf eine steuerliche Besonderheit entgegengetreten werden, denn dieser hat sich nach dem sog. Maßgeblichkeitsgrundsatz auf die handelsrechtlichen GoB zur steuerlichen Rechtsauslegung nach § 5 Abs. 1 Satz 1 EStG stützen müssen.

15a Ein zunächst nur **wertbildender Faktor** eines anderen Wirtschaftsguts kann zu einem **eigenen Wirtschaftsgut** werden. So ist etwa die Wärme zwar zunächst nur eine physikalische Eigenschaft des Energieträgers (z. B. Wasser) und damit steuerlich ein unselbständiger wertbildender Faktor. Die Wärme wird aber zu einem eigenen Wirtschaftsgut, wenn sie **in Verkehr gebracht**, d. h. über Wärmemengenzähler an Kunden geliefert wird.[2] Ähnlich verhält es sich beim Bodenschatz, der sich mit der Aufschließung vom Grundstück verselbständigt (→ Rz. 73), oder der Vertragsarztzulassung, die sich bei separater Veräußerung vom Praxiswert trennt (→ Rz. 52).

2.3 Sonderfall immaterieller Vermögensgegenstand

2.3.1 Einzelverwertbarkeit, abstrakte Verwertbarkeit

16 Die Diskussion über das Vorliegen eines Vermögensgegenstands und zur Abgrenzung gegenüber dem steuerlichen Wirtschaftsgut bezieht sich regelmäßig und weitaus überwiegend auf **immaterielle** Vermögensgegenstände. Der Grund liegt im Erfordernis der Abgrenzung gegenüber dem *Goodwill* – vergleichbar den einschlägigen Vorgaben in IFRS 3, wonach bei der Kaufpreisallokation im Rahmen eines Unternehmenserwerbs alle immateriellen Vermögenswerte gesondert vom *Goodwill* anzusetzen sind. Nur mit dem Unternehmen selbst können – als Beispiel – ein eingearbeiteter Mitarbeiterstamm, ein günstiger Standort u. Ä. genutzt werden, gehen somit im *Goodwill* auf.

Die zuvor verbotene Aktivierung hergestellter immaterieller Vermögensgegenstände ist durch das BilMoG in ein **Wahlrecht** umgemünzt worden (→ § 248 Rz. 9). Dadurch können „an sich" auf breiter Front alle immateriellen Vermögensgegenstände, für die Herstellungskosten entstanden sind, aktiviert werden – vorausgesetzt die Vermögensgegenstandseigenschaft liegt

1 BFH, Urteil v. 3.9.2002 – I B 144/01, BFH/NV 2003 S. 154.
2 BFH, Urteil v. 12.3.2020 – IV R 9/17.

im Einzelfall vor. Ist das der Fall, kann der Bilanzierer (handelsrechtlich) einen Vermögensgegenstand willküren – vergleichbar mit der steuerlichen Willkürung als Betriebsvermögen (→ Rz. 214). Zu Einzelheiten zur Ausübung des Bilanzierungswahlrechts vgl. → § 248 Rz. 9.

Nach der Begründung zum RegE des BilMoG soll ein Vermögensgegenstand dann vorliegen, wenn das betreffende „Gut nach der Verkehrsauffassung **einzeln verwertbar** ist" (so auch DRS 24.17 f.). Die Verwertung kann durch Veräußerung, Verbrauch oder Nutzungsüberlassung erfolgen.

BEISPIEL ► Die Biotec AG hat einen neuen Wirkstoff zur Bekämpfung des Bauchspeicheldrüsenkrebses entwickelt und diesen patentieren und mit einem Warenzeichen schützen lassen. Das Stadium der Tierversuche ist erfolgreich abgeschlossen worden. Zur weiteren Projektentwicklung bis hin zur Zulassung als Arzneimittel fehlen der Biotec AG die erforderlichen Kapazitäten. Mittelgroße und weltweit agierende Pharmahersteller treten als Interessenten zur Verwertung des Wirkstoffs auf, durch

- **Verkauf** zu einem Festpreis und Beteiligung am späteren Umsatzerlös i. H. von X % sowie
- **Nutzung** des Patents und des Warenzeichens gegen eine feste Monatsvergütung von Y € mit einer Laufzeit von 60 Monaten.

In beiden Fällen ist die Einzel**verwert**barkeit gegeben; diese umfasst inhaltlich unproblematisch auch die Veräußerbarkeit. Der entwickelte Wirkstoff ist aus Sicht der Biotec AG als selbständig verkehrsfähig durch die Angebote der Pharmaunternehmen nachgewiesen, ebenso die selbständige **Bewertbarkeit,** die zur Bestimmung der Wirtschaftsguteigenschaft nach Steuerrecht bedeutsam ist. Die Einzelverwertbarkeit setzt nicht die Eigenschaft eines „fertigen" Produkts voraus. Der „unfertige" Wirkstoff kann zu einem Endprodukt weiterentwickelt werden – wie dies bei Materialgütern der Fall ist (→ § 266 Rz. 57).

Die Einzelverwertbarkeit des Gutes verlangt nicht eine isolierte Verwertbarkeit, die Trennung des Guts vom Unternehmen ist auch dann gegeben, wenn das Gut nur zusammen mit anderen Vermögensgegenständen wirtschaftlich sinnvoll verwertet werden kann. Als Beispiel nennt DRS 24.22 die Produktmarke, der oftmals nur **zusammen** mit der Rezeptur für das Produkt eine Werthaltigkeit zukommt.

Einzelverwertbarkeit setzt Verwertung **getrennt** vom Unternehmen voraus. Negativ: Nicht vom Unternehmen trennbare Güter – Organisationsstruktur, Standortvorteil, eingespielte Arbeitskraft – stellen keine Immaterialgüter dar.

Die **abstrakte** Verwertbarkeit ist auch dann gegeben, wenn eine Verwertung des Guts im Wirtschaftsleben zwar möglich ist, eine gesetzliche oder vertragliche Beschränkung aber vorliegt. Als Beispiel nennt DRS 24.20 eine Lizenz (als Vermögensgegenstand anzusehen), wenn vertraglich eine Veräußerung der Lizenz ausgeschlossen ist. Hingegen fehlt es nach der Finanzrechtsprechung an der Einzelverwertbarkeit und damit an der Vermögensgegenstandseigenschaft einer Sendelizenz für einen Fernsehsender, wenn lediglich eine mittelbare Übertragung durch Abtretung der Anteile an der unternehmenstragenden Gesellschaft (Share Deal) möglich ist.[1] Ein Belieferungs- bzw. Bezugsrecht stellt nach einem anderen FG-Urteil dann keinen Vermögengegenstand, sondern lediglich einen geschäftswertbildenden Faktor dar, wenn das Recht – z. B. auf Grund einer *Change-of-Control*-Klausel – auch durch Unternehmenserwerb nicht automatisch auf den Erwerber übergeht.[2]

1 FG Baden-Württemberg, Urteil v. 3.5.2017 – 4 K 173/14, NZB eingelegt (Az. BFH: IV B 40/17).
2 FG Schleswig-Holstein, Urteil v. 26.6.2019 – 5 K 189/18.

Zusätzlich wird zur Bestätigung der Vermögensgegenstandseigenschaft mitunter die Eignung zur **Einzelzwangsvollstreckung** wegen Geldforderungen genannt,[1] um so das **Schuldendeckungspotenzial** darzulegen (→ Rz. 18). Die Erfüllung dieses Kriteriums kann im Beispiel nach § 857 Abs. 3 und 4 ZPO als gegeben unterstellt werden, so dass letztlich der Aktivierung nach HGB nichts entgegensteht. Steuerbilanziell ist bei der Biotec AG die abstrakte Aktivierbarkeit wegen der selbständigen Bewertbarkeit ebenfalls gegeben, es besteht jedoch der besondere Ansatzvorbehalt in § 5 Abs. 2 EStG (selbst erstellte immaterielle Anlagegüter).

WEITERFÜHRUNG DES BEISPIELS Die Biotec AG entscheidet sich für die zweite Variante mit der bilanztechnischen Folge des Belegs einer selbständigen Verwertbarkeit. Da ein Vermögensgegenstand ex definitione vorliegt (→ Rz. 13), können die dem Projekt zuzuordnenden Entwicklungskosten ab diesem Zeitpunkt (→ § 255 Rz. 201) aktiviert werden.

17 Nach IAS 38 kommt eine Aktivierung entsprechend der branchenüblichen Vorgehensweise allerdings **nicht** in Betracht, da (im Herstellungsfall, anders als bei Anschaffung) die Ansatzkriterien in IAS 38.57 i. d. R. erst mit der arzneirechtlichen Zulassung als erfüllt angesehen werden. Ob das mit Beginn des Überlassungsvertrags anders gesehen werden muss, ist eher zweifelhaft. Bei einem Verkauf (erste Variante des Beispiels unter → Rz. 16) wären die restriktiven Ansatzvorgaben in IAS 38.57 für den Erwerber nicht maßgeblich. Sie gelten nur für den Herstellungs-, nicht für den Anschaffungsfall. Fraglich ist, ob die **Nutzungsüberlassung** in der zweiten Sachverhaltsvariante ebenfalls die Ansatzrestriktionen nach IAS 38.57 bei der Biotec AG aushebelt und dies auch nach HGB beachtlich ist. Unseres Erachtens ist durch die Vermietung eine Einzelverwertbarkeit belegt (so die Lösung im Beispiel unter → Rz. 16).

Zu speziellen Problembereichen der **Unterscheidung** von Anschaffung und Herstellung von immateriellen Anlagegütern vgl. → § 255 Rz. 118.

2.3.2 Schuldendeckungspotenzial

18 Die mitunter als zu weitreichend angesehene Definition des (immateriellen) Wirtschaftsguts im Vergleich zum Vermögensgegenstand wird im Schrifttum wegen des insoweit nicht vorhandenen **Schuldendeckungspotenzials** angegriffen.[2] Letzteres soll allerdings nach anderer Auffassung dem *Going-Concern*-Gesichtspunkt (→ § 252 Rz. 21) entgegenstehen.[3] Die HGB-Bilanz sei keine „Schuldendeckungsbilanz". Dies gilt u. E. bereits generell nach dem Kriterium des wirtschaftlichen Eigentums (→ Rz. 222).

BEISPIEL Die Krisen-GmbH (oder der in Not befindliche Einzelkaufmann) hat zur Sicherung ihrer (seiner) Bankkredite das sächliche Anlagevermögen an die Bank A übereignet und die Kundenforderungen an die Bank B abgetreten. Die Lieferanten haben Vorratsvermögen in den (verlängerten) Eigentumsvorbehalt geliefert. Das Fabrikgrundstück ist bis zum Verkehrswert durch Grundschulden für die Bank C belastet.

Diese Aktiva können zweifellos der Zwangsvollstreckung unterworfen werden und stellen somit **„abstrakt"** Schuldendeckungspotenzial dar. Ob eine solche für den einzelnen Gläubiger erfolgreich verliefe, kann bei der Bilanzierung im Hinblick auf rechtliche Hindernisse nicht beur-

1 Begründet durch *Tiedchen*, Der Vermögensgegenstand im Handelsbilanzrecht, 1991; *Schulze-Osterloh* in Baumbach/Hueck (Hrsg.), GmbHG, 18. Aufl., § 42 Tz. 77; so auch DRS 24.17.

2 So *Schulze-Osterloh* in Baumbach/Hueck (Hrsg.), GmbHG, 18. Aufl., § 42 Tz. 77.

3 Vgl. *Hennrichs* in Münchener Kommentar, AktG, § 246 Tz. 21; so auch DRS 24.B13.

teilt werden. Die **„konkrete"** Schuldendeckungsfähigkeit ist keinesfalls mit dem einzelnen Vermögensgegenstand zwingend verbunden.

Aber selbst wenn man die **„abstrakte"** Möglichkeit der Schuldendeckung durch Zwangsvollstreckung wegen Geldforderungen[1] als Ansatzkriterium genügen lässt, kann die Zwangsvollstreckung am **wirtschaftlichen Gehalt** des (zu bestimmenden) Vermögensgegenstands substanziell scheitern: 19

BEISPIEL Der größere Mittelständler M hat in seinem Konzern einheitlich SAP als unternehmensübergreifende Software eingeführt (→ Rz. 24). Die Gesamtkosten von 50 Mio. € reflektieren überwiegend Customizing und verteilen sich ungleichmäßig auf die einzelnen Konzernglieder. Ein Teilbetrag von 14 Mio. € entfällt auf die nachhaltig in Ertragsproblemen befindliche T-GmbH und ist dort aktiviert. Diese ist deshalb bewusst nicht in einen ertragsteuerlichen Organschaftsverbund wegen der Verlustübernahmeverpflichtung aufgenommen worden.

Eine Zwangsvollstreckung in die Software mag rechtlich zulässig sein, einen ökonomischen Sinn hätte sie nicht, da die Software anderweitig nicht eingesetzt werden kann, d. h., sie stellt nur beim Unternehmen, auf das sie zugeschnitten ist, einen „Wert" dar.

Die gleiche Feststellung lässt sich auch für **materielle** Anlagegüter treffen.

BEISPIEL Die Großbäckerei G hat mit der eigenen IT-Abteilung eine robotergesteuerte Kuchensortiermaschine entwickelt. Diese stellt ein Unikat dar, kann so nirgends gekauft und nirgends anderswo verwendet werden. Eine rechtlich mögliche Zwangsvollstreckung hätte keinen ökonomischen Sinn.

Auf das weitere Beispiel unter → Rz. 27 zur verbesserten Straßenverbindung sei verwiesen.

2.3.3 Selbständige Bewertbarkeit

In Anlehnung an die BFH-Bilanzierungsvorgabe der selbständigen **Bewert**barkeit für den Bilanzansatz von immateriellen Wirtschaftsgütern[2] (→ Rz. 14) wird die Erfüllung dieses Kriteriums mitunter auch als Merkmal der Vermögensguteigenschaft nach HGB propagiert.[3] Die Frage ist dann, inwieweit die zugehörigen Kosten z. B. zur Entwicklung einer Marke vom Aufwand zur Generierung eines *Goodwill* separiert werden können. 20

BEISPIEL Die B-AG erstellt und vertreibt Herrenoberbekleidung. Das erfolgt unter der Heranziehung bestimmter Marken und Logos, die bei Erfolglosigkeit mit Maßgabe einer Schaffung neuer Warenzeichen stillgelegt werden. Dazu bedient sich die B-AG einer eigenen Arbeitsgruppe innerhalb der Marketingabteilung, die die entsprechenden Aufwendungen in einer Kostenstellenrechnung erfasst und den jeweiligen Projekten zuordnet. Zusätzlich ergehen Fremdaufträge für Marktforschung und Designerstudien, deren Kosten ebenfalls auf dieses Projekt geschlüsselt werden. Forschungsaufwendungen für diese Projekte fallen nicht an, es handelt sich eindeutig um Entwicklungskosten.

Sofern die getrennte Bewertbarkeit nur nach Maßgabe der **Herstellungskosten** (für die Marken und Logos) bestimmt wird, stehen der abstrakten Bilanzierbarkeit keine Hindernisse entgegen; vgl. allerdings das kasuistische Ansatz**verbot** gem. § 248 Abs. 2 Satz 2 HGB (→ § 248 Rz. 10). „Selbständige Bewertbarkeit" kann auch vom **(Verkaufs-)Markt** her betrachtet werden. Marktorientiert bejaht der BFH die selbständige Bewertbarkeit und die Wirtschaftsgutsqualität für das **Namensrecht** eines Prominenten, wenn dieser einem Unternehmen das Recht gewährt,

1 So *Schulze-Osterloh* in Baumbach/Hueck (Hrsg.), GmbHG, 18. Aufl., § 42 Tz. 77.
2 Vgl. BFH, Urteil v. 9.7.1986 – I R 218/82, BStBl 1987 II S. 14.
3 Vgl. hierzu *Hennrichs*, DB 2008 S. 540.

Produkte und Marken mit seinem Namen zu versehen. Der Senat hält fest: „Wenn im Rechtsverkehr – wie im vorliegenden Fall – tatsächlich ein Entgelt für die Überlassung des kommerziell verwertbaren Teils des Namensrechts gezahlt wird, zeigt sich daran zugleich die selbständige Bewertbarkeit dieses Rechts. Die vom FA vertretene gegenteilige Betrachtungsweise lässt die wirtschaftlichen Realitäten außer Acht, die sich in einer Wirtschaftsordnung herausgebildet haben, in der der wirtschaftliche Erfolg von Unternehmen der Konsumgüterbranche stark von – auch emotionalisierender – Werbung abhängig ist.“[1] Das Namensrecht stellt deshalb nach diesem Urteil auch ein einlagefähiges Wirtschaftsgut dar,[2] auf das nach einer Einlage Abschreibungen vorzunehmen sind.[3] Ob die Überlassung zur Verwertung zu Nutzungserträgen oder als Rechts(ver)kauf zum Abgang führt, hängt von den vertraglichen und wirtschaftlichen Umständen ab (→ Rz. 259a).

Zu den **konkreten** Ansatzkriterien für immaterielle Vermögensgegenstände wird auf die Kommentierung unter → § 248 Rz. 9 und → § 255 Rz. 192 verwiesen.

2.3.4 Abgrenzung HGB/IFRS

21 Die weitere Frage geht dann dahin, ob das Aktivierungskriterium der selbst erstellten immateriellen Vermögensgegenstände nach HGB in etwa demjenigen entspricht, das für die Vermögenswerte nach IAS 38 gilt. Eine weitgehende **Übereinstimmung** kann aus der Begründung des Referentenentwurfs zum BilMoG abgeleitet werden, der die Ansatzvoraussetzungen für die Entwicklungskosten nach IAS 38.57 paraphrasierend wiederholt.[4] Andererseits wird auch eine **engere** Aktivierbarkeit nach HGB gegenüber den Vorgaben in IAS 38 gesehen.[5] Es kann sich aber gerade umgekehrt verhalten, nämlich eine im Ergebnis weitere Aktivierbarkeit nach HGB gegenüber den Vorgaben in IAS 38 vorliegen. Die vorstehenden Ausführungen mit Beispielen (speziell das Beispiel unter → Rz. 16) haben diese Möglichkeit belegt. Die (hoch) abstrakten Definitionsmerkmale (→ Rz. 13 und → Rz. 16) führen letztlich zu gleichen Inhalten,[6] auch wenn dies im Schrifttum – regelmäßig ohne Begründung – z.T. bestritten wird. Man kann diesen Befund auch pragmatisch, d. h. „unwissenschaftlich“, formulieren: Die Definitionsmerkmale für den Vermögensgegenstand bzw. das *Asset* werden in eindeutigen Fällen nicht benötigt, in Zweifelsfällen liefern sie keine eindeutige Lösung (→ Rz. 15).

Jedenfalls sollte der Blick **nicht** auf die **Entwicklungskosten** i. e. S. beschränkt sein, die sich auf die typischen Beispiele in der Pharmabranche und im Maschinenbau beziehen. IAS 38.52 spricht hier von einem *„broader meaning“* des Inhalts von immateriellen Anlagegütern. Auch ganz ungewohnte Bilanzierungsperspektiven können sich nach HGB aus der nicht mehr vorhandenen Ansatzbeschränkung auf hergestellte immaterielle Vermögensgegenstände ergeben.

BEISPIEL ▸ Fußballprofis werden regelmäßig „eingekauft“. Die Aktivierung dieser „Käufe“ wird einheitlich praktiziert, obwohl natürlich seit Abschaffung der Sklaverei Menschen nicht käuflich zu erwerben sind, aber immerhin die Möglichkeit der Nutzung des Spielers im Rahmen der damit verbundenen Spielberechtigung. Profisportler können aber nicht nur „angeschafft“, sondern auch „hergestellt“ werden – verstanden i. S. der eben genannten Nutzungsmöglichkeit, die als immaterieller Vermögensgegenstand gilt.

1 BFH, Urteil v. 12.6.2019 – X R 20/17 NWB UAAAH-32690, BStBl 2020 II S. 3.
2 In Abgrenzung von BFH, Beschluss v. 26.10.1987 – GrS 2/86 NWB WAAAA-92533, BStBl 1988 II S. 348.
3 In Abgrenzung von BFH, Beschluss v. 4.12.2006 - GrS 1/05 NWB VAAAC-43790, BStBl 2007 II S. 508.
4 So bestätigt von *Laubach/Kraus*, DB 2008, Beilage 1, S. 16.
5 So *Schulze-Osterloh*, DStR 2008 S. 67, und *Hennrichs*, BB 2008 S. 540.
6 Ähnlich *Laubach/Kraus/Bornhofen* in Umsetzung der HGB-Modernisierung, DB 2009, Beilage 5, S. 21.

Der 18-jährige Fußballprofi P gilt als besonders talentiert. Der Profiverein K entschließt sich nach Abschluss eines sechsjährigen Dienstvertrags zu einer besonderen Förderkampagne: Abstellung eines Physiotherapeuten, Spezialtrainer für die muskuläre Entwicklung, Wintertraining in Florida etc. Dadurch soll die Bundesligatauglichkeit spätestens mit Vollendung des 21. Lebensjahres erreicht werden. Die Ansatzkriterien für die Entwicklungskosten sind erfüllt.

2.3.5 Entstehungsprozess von Immaterialgütern

„Herstellung", verstanden im bilanzrechtlichen Sinn, ist ein **zeitraum**bezogener Vorgang – im Gegensatz zur Anschaffung (→ § 255 Rz. 122). Für materielle Güter des Anlagevermögens sieht das Gliederungsschema des § 266 Abs. 2 HGB den Posten „Anlagen im Bau" vor (→ § 266 Rz. 45), nicht dagegen für immaterielle Anlagegegenstände. Systematisch ist allerdings auch hier zu unterscheiden zwischen **„unfertigen"**, d. h. im Entwicklungsprozess befindlichen Gegenständen und **„fertigen"**, d. h. im Produktionsprozess oder in der Verwaltung eingesetzten Gütern (→ § 255 Rz. 201). 22

BEISPIEL Die EDV-Abteilung des Transportbetonherstellers H entwickelt eine neue Software zur weltweit identischen Abstimmung der Produktion und der Logistik. Bis dahin liegt ein unfertiger Entwicklungsprozess vor („Anlagen im Bau"). Nach Fertigstellung kommt sie zum Einsatz im eigenen Konzern. Die Software wird daneben auch anderen Unternehmen mit gleicher Produktions- und Organisationsstruktur zum Verkauf angeboten.

Vor diesem Hintergrund kann eine gliederungstechnisch **getrennte** Darstellung (→ § 265 Rz. 39) von unfertigen Immaterialgütern des Anlagevermögens in Betracht kommen. Die unfertigen Güter sind (noch) nicht abzuschreiben, stellen aber genauso wie die „im Bau befindlichen Anlagen" (bereits) Vermögensgegenstände dar.[1] Sonst käme ein Bilanzansatz nach Abs. 1 Satz 1 nicht in Betracht (→ Rz. 14). Einen **Embryo**-Vermögensgegenstand kann es nicht geben.

Zu weiteren Einzelheiten zur bilanziellen Abbildung von Immaterialgütern[2] wird verwiesen auf:

- Eigenschaft als Vermögensgegenstand (→ Rz. 16),
- Abgrenzung von Anlage- und Umlaufvermögen (→ § 247 Rz. 31a),
- Abgrenzung zwischen erworbenen und angeschafften Immaterialgütern (→ § 255 Rz. 39),
- Zugangsbewertung (→ § 255 Rz. 125a),
- Abgrenzung zwischen Erhaltungsaufwand, Modifikation und Wesensänderung (→ § 255 Rz. 125b ff.),
- Abgrenzung zum Aktivierungswahlrecht bei Entwicklungskosten (→ § 248 Rz. 9),
- Stetigkeitsgehalt (→ Rz. 402),
- Beginn der Aktivierungsphase (→ § 255 Rz. 120),
- planmäßige Abschreibung (→ § 253 Rz. 146),
- außerplanmäßige Abschreibung (→ § 253 Rz. 193),
- Ermittlung des Zeitwertes (→ § 255 Rz. 213 ff.).

1 Anderer Auffassung *Laubach/Kraus/Bronhofen* in Umsetzung der HGB-Modernisierung, DB 2009, Beilage 5, S. 22.

2 Bedeutsam für die Kommentierung ist dabei DRS 24, der zwar förmlich den Konzernabschluss behandelt, in Wirklichkeit aber den Einzelabschluss thematisiert.

2.3.6 Abgrenzung von Sach- und Immaterialanlagen

22a Ein Vermögensgegenstand kann aus einer materiellen und einer immateriellen **Komponente** zusammengesetzt sein. Diese Komponenten sind dann getrennt nach den jeweiligen Regeln zu bilanzieren, sofern sie als eigenstände Vermögensgegenstände zu werten sind (DRS 24.9). Wann dies der Fall ist, wird vom Standard nicht ausgeführt. Stattdessen soll von dieser Norm abgewichen werden, wenn eine der Komponenten eine **untergeordnete** Bedeutung hat oder wenn sich die Komponenten nicht funktions- oder wertmäßig **trennen** lassen (DRS 24.10 mit dem Beispiel der Maschinen und der zugehörigen Steuerungssoftware). In diesem Fall ist das zusammengesetzte Gut entweder dem materiellen oder dem immateriellen Vermögen zuzuordnen. Diese Zuordnung ist jeweils unternehmensindividuell vorzunehmen (DRS 24.13), wozu DRS 24.14 folgendes Beispiel anbietet:

BEISPIEL

- Ein Maschinenbauunternehmen hat eine neue Verfahrenstechnologie entwickelt, die anhand eines Prototyps der Maschine vorgeführt wird. Es handelt sich um einen immateriellen Vermögensgegenstand, da nicht eine Maschine, sondern eine Verfahrensweise dem Kunden schmackhaft gemacht werden soll.
- Ein Automobilhersteller hat eine Maschine mit neuer Verfahrenstechnologie entwickelt, die im Rahmen der Produktion genutzt werden soll. Das wirtschaftliche Interesse besteht hier nicht an der Verfahrenstechnik, sondern an der Maschine selbst. Es handelt sich um Sachanlagevermögen.

3. Einzelne immaterielle Vermögensgegenstände

3.1 EDV-Programme

23 Abgesehen von einfachen Sortier- und Trivialprogrammen wird die EDV-Software generell als immaterieller Vermögensgegenstand angesehen, egal ob in standardisierter oder in individualisierter Form.[1] Dies gilt auch für das Betriebssystem, das auf der Hardware installiert ist. Ausnahmsweise soll ein einheitlicher materieller Vermögensgegenstand „Hardware" anzunehmen sein, wenn eine besondere Bewertung aufgrund der einheitlichen Lieferung ausscheidet.[2]

24 Die entscheidende Streitfrage in diesem Bereich dreht sich um die Abgrenzung von **angeschaffter** und **hergestellter** Software, insbesondere im Falle der ERP-Software. Vgl. hierzu die Kommentierung unter → § 255 Rz. 38.

Auch einer unternehmensspezifischen Website wird die Vermögensguteigenschaft zuerkannt, und zwar ohne Differenzierung vom Wirtschaftsgut.[3]

Bei Wirtschaftsgütern „mit materiellen und immateriellen Komponenten" ist „vorrangig" auf das wirtschaftliche Interesse abzustellen, „wofür der Kaufpreis gezahlt wird"[4] (→ Rz. 22a).

3.2 Cloudcomputing, Software as a Service

24a Im Rahmen von **Cloud-Lösungen** wird Software nicht mehr auf den Rechnern des Anwenders installiert. Der Anwender greift vielmehr (über das Internet) auf die vom Vertragspartner be-

1 Ständige BFH-Rechtsprechung, zuletzt BFH, Urteil v. 18.5.2011, DStR 2011 S. 1651.

2 BFH, Urteil v. 28.7.1994 – III R 47/92, BStBl II S. 873, u. E. zweifelhaft, da hilfsweise durch Preisvergleiche auf einem recht durchsichtigen Markt eine Trennung der Entgelte vorgenommen werden kann.

3 Vgl. *Kessler*, DB 1998 S. 1341; a. A. *Schulze-Osterloh* in Baumbach/Hueck (Hrsg.), GmbHG, Tz. 77.

4 BFH, Beschluss v. 2.6.2014 – III B 7/14.

reitgestellten Dienste zu. Bezahlt wird je nach Vertragsgestaltung nur die tatsächliche Inanspruchnahme (pay per use) oder in anderen Fällen eine zeitabhängige Flatrate (u. U. mit einem Mindestvertragszeitraum). Neben cloudbasierter Nutzung von Software **(Software as a Service – SaaS)** gibt es auch Vereinbarungen zu Infrastructure as a Service (IaaS) oder Platform as a Service (PaaS).

Bei **SaaS** nutzt der Anwender die in einer Cloud ausgeführten Anwendungen des Anbieters, ohne auf die Infrastruktur Einfluss nehmen zu können. Auch Wartungen und Updates unterliegen der Kontrolle des Anbieters. Bei typischer SaaS-Gestaltung mit fortgesetzten Leistungsverpflichtungen des Anbieters und fehlender Verfügungsmacht des Kunden erwirbt der Kunde weder rechtliches noch wirtschaftliches Eigentum. Es liegt vielmehr ein nutzungsähnliches Geschäft vor, das nach den Grundsätzen der Nichtbilanzierung schwebender Geschäfte nicht bzw. nur hinsichtlich geleisteter Vorauszahlungen (aktive Abgrenzung) aktivierungsfähig ist. Haben die Parteien jedoch eine Grundmietzeit vereinbart, kann ebenso wie bei Miet-/Leasingverträgen über körperliche Gegenstände in entsprechender Anwendung der Leasingerlasse das wirtschaftliche Eigentum ausnahmsweise beim Nutzer liegen.

Im **typischen** Fall ohne Erlangung des wirtschaftlichen Eigentums stellt sich noch die Frage nach der Aktivierungsfähigkeit von Kosten, die (etwa bei ERP-Software) für **Customizing** anfallen. In Teilen des Schrifttums wird hier befürwortet, in Analogie zu Mietereinbauten, das Customizing als eigenständigen immateriellen Vermögensgegenstand zu behandeln und demzufolge wahlweise zu aktiveren, wenn der Kunde das Customizingrisiko trägt (Herstellung), pflichtweise, wenn es ein anderer trägt (Anschaffung).[1] Wir halten diese Überlegungen nicht für überzeugend.[2] Für den Fall des Abschlusses eines Mietvertrags durch einen Mieter, der dafür u. a. eine Maklerprovision zahlt, hat der BFH wie folgt entschieden:[3] Der Mietvertrag stellt einen erworbenen immateriellen Vermögensgegenstand dar, der lediglich wegen des Grundsatzes der Nichtbilanzierung schwebender Geschäfte nicht anzusetzen ist. Hieraus folgt aber nach Auffassung des BFH zugleich die Nichtaktivierbarkeit der Nebenkosten, da solche ohne Anschaffungshauptkosten nicht aktivierbar seien. Unseres Erachtens kann für die Kosten der Herstellung der Betriebsbereitschaft bei SaaS (hier Customizing) nichts anderes gelten.[4]

3.3 Belieferungsrechte, Zuschüsse

Belieferungsrechte gelten nach der BFH-Rechtsprechung traditionell als immaterielles Wirtschaftsgut. Musterfall ist der **„Zuschuss"**, den eine Brauerei einem Gastwirt gewährt, der sich für einen bestimmten Zeitraum zum ausschließlichen Verkauf der Biere dieser Brauerei verpflichtet (Bierbelieferungsrecht).[5] Weitere Beispiele aus der BFH-Rechtsprechung betreffen 25

- Belieferung von Gemeinden mit Gas und Strom,[6]
- Belieferung von Lesezirkeln durch Verlage,[7]
- Belieferungsmöglichkeiten eines Zeitschriftengrossisten,[8]

1 Vgl. u. a. *Deubert/Lewe*, BB 2019 S. S. 811
2 Gleicher Auffassung *Oser/Gerlach*, StuB 2020 S. 263 ff.
3 BFH, Urteil v. 19.6.1997 – IV R 16/95, BStBl 1997 II S. 808
4 Vgl. zum ganzen Meinungsspektrum: *Oser/Kliem*, WPg 2022 S. 505 ff.
5 BFH, Urteil v. 17.3.1959 – I 207/58 U, BStBl III S. 320; BFH, Urteil v. 26.2.1975 – I R 72/73, BStBl 1976 II S. 13.
6 BFH, Urteil v. 14.1.1958 – I 185/57 U, BStBl III S. 75, und BFH, Urteil v. 9.7.1958 – I 207/57 U, BStBl III S. 416.
7 BFH, Urteil v. 9.7.1981 – IV R 35/78, BStBl II S. 734.
8 BFH, Urteil v. 28.5.1998 – IV R 48/97, BStBl 1998 II S. 775.

- Belieferung von Lese- und Schallplattenringen[1] sowie
- Belieferung im Rahmen von Abonnentenverträgen.[2]

Voraussetzung für die Wirtschaftsguteigenschaft einer solchen Kundenbeziehung ist das Vorliegen einer **festen** Abnahmeverpflichtung oder eines **faktischen** Abnahmezwangs.[3] Kein Wirtschaftsgut sind Rahmen- und Konditionenverträge ohne Abnahmeverpflichtung.

26 **Handelsrechtlich** muss nach der Einzel**bewertbarkeit** und **-verwertbarkeit** dieser Belieferungsrechte gefragt werden (→ Rz. 14). Die Bewertbarkeit stellt kein Problem dar, eher die Verwertbarkeit. Man muss Fälle zur Bejahung der **Verwertbarkeit** konstruieren, indem man beispielsweise einen zweiten Gastwirt in die Szene stellt, der in die Abnahmeverpflichtung gegenüber der Brauerei eintritt. Insofern ist die Abgrenzbarkeit gegenüber dem Firmenwert fraglich, obwohl sich die Bilanzierungspraxis durchgehend an den BFH-Vorgaben orientiert.[4]

Zur Frage, ob bei Belieferungsrechten Anschaffungen oder Herstellungen vorliegen, siehe → § 255 Rz. 12.

27 Die Rechtslage für die Belieferungsrechte gilt auch für andere Formen von **„Zuschüssen"** (hier von privater Seite, → Rz. 324), z. B.

- an Gemeinden zur Schaffung einer besseren Straßenverbindung[5] sowie
- an Elektrizitätswerke zum Bau einer Transformatorenstation.[6]

Das Urteil zur Straßenverbindung bejaht das Vorliegen eines immateriellen Wirtschaftsguts, verneint allerdings die Aktivierung mangels entgeltlichen Erwerbs. Dieses Aktivierungshindernis besteht seit Einführung des BilMoG handelsrechtlich nicht mehr. Unter dem Aktivierungskriterium des durch Zwangsversteigerung bestimmten Schuldendeckungspotenzials (→ Rz. 18) wäre ein Bilanzansatz abzulehnen. Fraglich ist auch, ob durch den Zuschuss eine Kontrolle über die Straße besteht, wenn diese kollektiv genutzt werden kann. Statt eines Vermögensgegenstands kann in beiden Beispielsfällen auch ein **Rechnungsabgrenzungsposten** vorliegen (→ § 250 Rz. 25 ff.).

3.4 Selbständige Nutzungsrechte[7]

28 Nutzungsrechte – an Immobilien und beweglichen Gegenständen, Patenten, VIP-Loungen und Logos – können ge- und verkauft werden, insofern liegt ein Einmalgeschäft vor. So verstandene Nutzungsrechte sind als vom zu nutzenden sächlichen Vermögensgegenstand/Wirtschaftsgut **gelöste** Rechte zu verstehen. Im Normalfall ist mit dem Eigentum am Gegenstand selbst das Nutzungsrecht als wesentlicher, wertvermittelnder Bestandteil anzusehen.[8] So ist z. B. das Nutzungsrecht auf Grund und Boden für eine Windkraftanlage kein selbständiges Wirtschafts-

1 BFH, Urteil v. 28.10.1987 – II R 224/82, BStBl 1988 II S. 50, zum Bewertungsrecht; BFH, Urteil v. 6.3.1970 – III R 20/66, BStBl 1970 II S. 489.
2 BFH, Urteil v. 3.8.1993 – VIII R 37/92, BStBl 1994 II S. 444.
3 BFH, Urteil v. 8.6.1972 – IV R 88/68, BStBl II S. 853, und BFH, Urteil v. 14.3.1979 – I R 37/75, BStBl II S. 470.
4 Die Aktivierbarkeit als Vermögensgegenstand verneinend *Schulze-Osterloh* in Baumbach/Hueck (Hrsg.), GmbHG, 18. Aufl., § 42 Tz. 78.
5 BFH, Urteil v. 26.2.1980 – VIII R 80/77, BStBl II S. 687.
6 BFH, Beschluss v. 3.2.1969 – GrS 2/68, BStBl II S. 291, und BFH, Urteil v. 26.6.1969 – VI 239/65, BStBl 1970 II S. 35.
7 Die nachstehenden Ausführungen beruhen auf dem Beitrag von *Lüdenbach/Hoffmann*, DStR 2006 S. 1382; diesem Aufsatz sind auch die folgenden Beispiele entnommen. Vgl. hierzu auch *Lüdenbach/Freiberg*, BFuP 2009 S. 131.
8 BFH, Urteil v. 9.7.2002 – IX R 29/98, BFH/NV 2003 S. 21.

gut, sondern stellt einen wertbestimmenden Faktor dar.[1] Ähnlich hat der BFH die Wirtschaftsgütereigenschaft eines „Auffüllrechts für die Verbringung von Klärschlamm auf ein Grundstück" verneint.[2] Allerdings behalten die Nutzungsrechte ihren ökonomischen Sinn **zeitraumbezogen.** Dem **Kauf** muss also ein bereits bestehendes Dauerschuldverhältnis in Form von Miete, Lizenz oder Leasing zugrunde liegen. Mit dem Kauf und Verkauf assoziiert man inhaltlich aus bilanzrechtlicher Sicht Anschaffungskosten und Realisationsvorgänge, mit dem Dauerschuldverhältnis nicht bilanzierbare schwebende Geschäfte.

Betrachtet man die **Definitionsmerkmale** für den/das Vermögenswert/Vermögensgegenstand/Wirtschaftsgut (→ Rz. 14), kann an der **abstrakten** Bilanzierbarkeit von Nutzungsrechten scheinbar kein Zweifel bestehen. 29

BEISPIEL ► Der Reiseveranstalter Dreamtour AG betreibt mehrtätige Ausflüge in Luxusjachten im Mittelmeer. Die AG benötigt zu einer solchen Veranstaltung mit ausgewähltem Teilnehmerkreis einen Liegeplatz im Hafen von Portals Nous in Mallorca. Die gesamten dortigen Liegeplätze sind auf Jahre hinaus vermietet. Über einen Broker gelingt es der AG, einen Liegeplatzvertrag mit der Restlaufzeit von zehn Jahren gegen eine „Einmalprämie" zugunsten des bisherigen Mieters M zu übernehmen. Die Dreamtour AG tritt in den Mietvertrag mit der Marina Portals Nous Gestion y Administracion S. A. ein und zahlt an diese die laufenden Mietraten von 150 T€ p. a. M wird aus dem Mietvertrag entlassen.

Der Vertrag für den Liegeplatz stellt i. S. der abstrakten Begrifflichkeit der IFRS eine von der Dreamtours AG kontrollierte ökonomische Ressource mit erwartetem zukünftigem Nutzen dar und gilt deshalb als immaterieller **Vermögenswert.** Er ist zugleich **Vermögensgegenstand/Wirtschaftsgut** i. S. des HGB/EStG, da die Einzelverwertbarkeit bzw. die selbständige Bewertungsmöglichkeit gegeben ist (alle drei fett gedruckten Begriffe im Folgenden, soweit nicht anders betont, als inhaltsgleich verstanden).

Ohne ein Zugrundeliegen der Nutzungsberechtigung aufgrund des mit der Hafenverwaltung abgeschlossenen Mietvertrags wäre die Übertragung des Liegeplatzes durch Rechtskauf i. S. des § 453 BGB inhaltslos gewesen, deshalb muss bzgl. der Bilanzierbarkeit des Nutzungsrechts zunächst über diejenige des Mietvertrags Klarheit verschafft werden. In der Folge ließe sich die Bilanzierbarkeit des erworbenen Nutzungsrechts mit dem nicht möglichen Ansatz des Mietverhältnisses ablehnen: Wenn die dem Geschäft (Erwerb des Liegeplatzes) zugrunde liegende Geschäftsbeziehung als schwebendes Geschäft **nicht bilanzierbar** ist, muss dies auch für den Folgevertrag gelten. Man kann allerdings die Bilanzierung von Nutzungsrechten auch deshalb bestreiten, weil diese nur einen **Teil** des Vermögensgegenstands/Wirtschaftsguts ausmachen und nicht diesen/dieses selbst darstellen. Diese Auffassung ist insofern zutreffend, als „Vermögen" und damit die Grundlage der Vermögensguteigenschaft (→ Rz. 13) nur aus künftigen Einzahlungsüberschüssen, die dem Gegenstand zuzuordnen sind, resultieren können. Ohne Nutzungsmöglichkeit, z. B. durch Vermietung oder Verkauf, kann Vermögen im wirtschaftlichen Sinne nicht vorliegen. 30

Unseres Erachtens ist demnach wie folgt zu differenzieren: 31

- Der Grundsatz der Nichtbilanzierung schwebender Geschäfte ist **konzeptionell** bzw. prinzipienbasiert nur durch folgende Überlegung zu rechtfertigen: Werden Vertragsansprüche aus einem schwebenden Geschäft auf eine dritte Person übertragen, so gehen mit den Rechten auch die Pflichten über. Soweit sich Rechte und Pflichten ausgewogen ge-

1 BFH, Urteil v. 10.3.2016 – IV R 41/13, BFH/NV 2016 S. 1346, DB 2016 S. 1611.

2 BFH, Urteil v. 20.3.2003 – IV R 27/01, BStBl 2003 II S. 878.

genüberstehen, beträgt der ökonomisch übertragene Saldo null. Dementsprechend wird für eine solche Übertragung auch kein relevantes Entgelt bezahlt bzw. erzielt. Aus Sicht des ursprünglichen Vertragsinhabers fehlt es an der **ökonomischen Verwertbarkeit** des Vertrags, damit aus Sicht des Handelsrechts an der Einzelverwertungsfähigkeit und aus Sicht des Steuerrechts an der zu einem anderen Ergebnis als null führenden Einzelbewertungsfähigkeit. Somit fehlen insgesamt die konstitutiven Merkmale der **abstrakten** Bilanzierbarkeit.

- Diese Betrachtung ändert sich, sobald der schwebende Vertrag einen Gewinn verspricht bzw. seine Konditionen, gemessen an aktuellen Marktverhältnissen, **günstig** *(favorable)* sind. Nach dem Maß der Gewinnerwartung bzw. Günstigkeit ist ein Erlös aus der Übertragung des Vertrags erzielbar, der den identifizierbaren Nutzen – die Einzelverwertungsfähigkeit und die zu einem positiven Ergebnis führende Einzelbewertungsfähigkeit – repräsentiert. Die Definitionsmerkmale eines Vermögensgegenstands etc. sind erfüllt. Als ökonomischer und bilanzrechtlicher Vermögenswert ist dabei nicht der Gesamtvertrag anzusehen, sondern die Gewinnaussicht bzw. das **Maß der Günstigkeit.** Bei einem entgeltlichen Erwerb im Rahmen eines *Asset-Deals* (einzelbilanziell) oder auch eines *Share-Deals* (konzernbilanziell) ist ein solcher Vermögenswert separat vom *Goodwill* zu erfassen, z. B. als Auftragsbestand, günstiger Einkaufsvertrag etc. So markant der BFH im Urteil v. 15.12.1993 – X R 102/92, BFH/NV 1994 S. 543: „Nach ständiger Rechtsprechung treten mit dem entgeltlichen Erwerb bestehender schwebender Verträge immaterielle Wirtschaftsgüter in Erscheinung, gleichviel, wie sie im Einzelnen benannt werden (Gewinnaussichten aus schwebenden Geschäften, Belieferungsrechte, Kundenaufträge, Auftragsbestand) und ob sie Einzel- oder Dauerschuldverhältnisse betreffen … Rechte und Pflichten aus schwebenden Verträgen werden grundsätzlich nicht bilanziert. Die in ihnen enthaltenen Gewinnaussichten sind regelmäßig noch unsicher. Wird indessen für die Erlangung einer Gewinnaussicht (Einzelschuldverhältnis) oder fortlaufender Gewinnaussichten (Dauerschuldverhältnis) ein Aufwand getätigt, hat sich am Markt die Werthaltigkeit der Position schwebender Vertrag bestätigt.“ Die Verneinung schon der abstrakten Bilanzierungsfähigkeit kann die in allen drei Rechnungslegungssystemen vorzunehmende Aktivierung nicht erklären.
- Unsere vorstehenden Überlegungen haben überdies den Vorzug einer Korrespondenz zur **gesellschaftsrechtlichen Einlagefähigkeit von Nutzungsrechten.**[1] Aus Sicht des Gesellschafters ist nicht das ausgeglichene schwebende Geschäft einlagefähig; z. B. etwa nicht der mit marktkonformen Konditionen versehene Mietvertrag, sondern nur der Vorteil gegenüber Marktkonditionen, im einfachsten Fall also etwa das Recht auf unentgeltliche Nutzung eines am Markt entgeltlich verwertbaren Nutzungsrechts.

32 In der **Zusammenfassung** der drei Argumente gilt: Die Regelungen zum Unternehmenserwerb erkennen ebenso wie die der Sacheinlage die konkrete und damit notwendig auch die abstrakte Bilanzierungsfähigkeit **günstiger** bzw. mit Gewinnaussichten versehener Vertragsverhältnisse an. Nur dem in Rechten und Pflichten wirtschaftlich ausgewogenen Vertrag (über ein Dauerschuldverhältnis) fehlt die Vermögens(wert)eigenschaft. Der günstige Vertrag repräsentiert einen ökonomisch identifizierbaren und verwertbaren Nutzen und ist insoweit Vermögensgegenstand, der beim **derivativen,** wegen des Anschaffungskosten- und Imparitätsprinzips aber nicht beim originären Vertragsinhaber auch konkret bilanzierungsfähig ist.

1 Ein günstiger Mietvertrag ist Sachverhalt beim BGH, Urteil v. 14.6.2004 – II ZR 121/02, BB 2004 S. 1925.

Zurückbezogen auf unser Liegeplatzbeispiel (→ Rz. 29) gilt damit: Wenn die Hafengesellschaft aus welchen Gründen auch immer den ökonomischen Gleichgewichtspreis für die Nutzung des Liegeplatzes nicht realisiert, die bestehenden Liegeplatzverträge somit für die Pächter **günstig** sind, ist insoweit beim (derivativen) Erwerber des Vertrags eine Aktivierung der an den Vorpächter gezahlten Vergütung (Anschaffungskosten) geboten, die den Erwerb eines Vermögensgegenstands repräsentiert. 33

In dem vorstehenden Beispiel erfolgte der Verkauf des Nutzungsrechts durch einen Nutzungsberechtigten, der seinerseits die Berechtigung vom originären Inhaber (der Hafenverwaltung) im Rahmen eines Dauerschuldverhältnisses „erworben" hat. Aber auch der rechtliche und wirtschaftliche Eigentümer einer **Sache** kann eine Nutzungsberechtigung an dieser „verkaufen". Die Frage ist dann, ob der Erwerber einen immateriellen Vermögensgegenstand „Nutzungsrecht" erwirbt. 34

BEISPIEL ▸ Die Erbengemeinschaft E ist Eigentümer eines auf einem Grundstück in bester Innenstadtlage betriebenen Warenhauses, möchte jedoch das Geschäft einstweilen nicht weiter betreiben. Zur Bestreitung der Erbschaftsteuer und anderer Schulden werden kurzfristig erhebliche liquide Mittel benötigt. Andererseits sollen die minderjährigen Kinder später die Chance zur Neuaufnahme der wirtschaftlichen Tätigkeit auf dem Grundstück behalten, weshalb das Nutzungsrecht auf 18 Jahre verkauft wird.

Der „Verkauf" des Nutzungsrechts stellt – unabhängig von der zivilrechtlichen Beurteilung der wirtschaftlichen Substanz – kein Veräußerungsgeschäft dar. Vielmehr handelt es sich um einen **Nutzungsüberlassungsvertrag** (Mietvertrag) mit einer Einmalzahlung pränumerando, in der sich gem. dem wirtschaftlichen Interessenausgleich zwischen den fremden Vertragspartnern auch ein entsprechender Abzinsungseffekt niederschlägt. Umgekehrt erwirbt der Einzelhandelsfilialist ein **Dauernutzungsrecht** in Form eines Mietverhältnisses durch Einmalzahlung. Der bilanzrechtliche Charakter als schwebendes Geschäft bleibt unberührt, die Zahlungsmodalität kann dies gem. § 252 Abs. 1 Nr. 5 HGB nicht beeinflussen (→ § 252 Rz. 205). Die Zahlung ist als Abgrenzungsposten aktivierbar (→ § 250 Rz. 31).

Der ökonomische Gehalt des Vertrags ist im Beispiel unter → Rz. 34 auch ein anderer als derjenige im Beispiel unter → Rz. 29. Der Vertrag reflektiert das bei Abschluss **gültige** Mietniveau in der betreffenden Lage. Wenn sich nach Ablauf von fünf Jahren das Mietniveau um z. B. 30 % erhöht hat und der „Käufer" einen Interessenten findet, der mit einem Einmalbetrag ein Nutzungsrecht indirekt gegenüber der Erbengemeinschaft für die nächsten 13 Jahre erwirbt, entsteht beim Interessenten ein immaterieller Vermögensgegenstand „Nutzungsrecht" – vergleichbar mit dem Beispiel unter → Rz. 29. 35

3.5 Treibhausgas-Emissionsrechte

3.5.1 Bilanzansatz

Die im Rahmen eines *„Cap and Trade"*-Systems durch die öffentliche Hand – vertreten durch die Deutsche Emissionshandelsstelle (DEHSt) – **kostenlos** zugeteilten Zertifikate stellen allgemeiner Auffassung zufolge Vermögensgegenstände/Wirtschaftsgüter dar, sind also abstrakt bilanzierbar.[1] Sie sind im **Ausgabe**zeitpunkt als Zugang zu erfassen. Beim ebenfalls mög- 36

1 Zweifel zur abstrakten Aktivierbarkeit bei *Hoffmann/Lüdenbach*, DB 2006 S. 57 ff. Dort sind auch die Grundlagen des Handelssystems dargestellt.

lichen entgeltlichen Erwerb eines Zertifikats an der Börse ist der Zugang im **Erwerbs**zeitpunkt zu erfassen (→ § 255 Rz. 18).

3.5.2 Ausweis

37 Für den Ausweis gelten folgende Regeln:[1]

- In der Handelsbilanz unter **Vorrats**vermögen, soweit im Produktionsprozess eingesetzt (→ § 247 Rz. 41).
- In der Handelsbilanz unter **Sonstige** Vermögensgegenstände, soweit Handelsabsicht besteht.
- In der Steuerbilanz im **Umlauf**vermögen.

3.5.3 Zugangsbewertung

38 Zur **Zugangsbewertung** gelten folgende Regeln:

- **Entgeltlich** erworbene Zertifikate: Anschaffungskosten (→ § 255 Rz. 21) in der Handels- und Steuerbilanz.
- **Unentgeltlich** zugeteilte Zertifikate: Bewertung mit null in der Steuerbilanz.
- **Unentgeltlich** zugeteilte Zertifikate: Bewertung mit null oder mit dem Zeitwert (Börsenpreis) in der Handelsbilanz (Option).

Mit der letztgenannten Variante der Eingangsbuchung (Zeitwert), der IDW RS HFA 15 eine Präferenz einräumt, bleibt die Anschaffungskostenrestriktion (→ § 253 Rz. 12) unbeachtet, was das IDW mit einem bisher unbekannten **GoB** begründet, dem insoweit ein *overriding principle* zuerkannt wird. Mit dem zusätzlich eingeräumten **Wahlrecht** lässt sich dieser Bilanzierungsvorschlag in zwei Lesarten interpretieren:[2]

- Das Anschaffungskostenprinzip ist zwar GoB-widrig, wird aber optional wegen des eindeutigen Gesetzeswortlauts in § 253 Abs. 1 Satz 1 HGB (noch) akzeptiert, wenn auch als minderwertig.
- Die GoB erlauben aus sich heraus die Generierung von Bilanzierungswahlrechten gegen den eindeutigen Gesetzeswortlaut.

39 Als **Gegenbuchung** für eine Zugangsbewertung ohne Anschaffungskosten mit dem Zeitwert schlägt das IDW einen „**Sonderposten** für unentgeltlich ausgegebene Schadstoffemissionsrechte" vor. Dabei stützt sich das IDW auf die **Gliederungs**erweiterung in § 265 Abs. 5 Satz 2 HGB: „Neue Posten dürfen hinzugefügt werden" (→ § 265 Rz. 39). Das Gesetz bewegt sich dabei im **Gliederungs**bereich der Bilanz (vgl. die Überschrift des Paragrafen), angesprochen in dem Lösungsvorschlag des HFA ist demgegenüber der Bilanz**ansatz.** Der Bilanzansatz ist aber in seinen möglichen Ausprägungen in § 246 HGB abschließend geregelt (→ Rz. 2), weitere Posten lässt das Gesetz nicht zu. Der vom HFA des IDW neu geschaffene Sonderposten kann seinem Gehalt nach als „Realisationsverhinderungsposten" charakterisiert werden.[3]

1 BMF, Schreiben v. 6.12.2005 – IV B 2 – S 2134a – 42/05, BStBl I S. 1047; IDW RS HFA 15. Das BMF-Schreiben liefert auch anschauliche Buchungsbeispiele.
2 Vgl. *Hoffmann/Lüdenbach*, DB 2006 S. 59.
3 Ähnlich *Hommel/Wolf*, BB 2005 S. 1784.

3.5.4 Folgebewertung

Planmäßige Abschreibungen sind im Umlaufvermögen nicht vorgesehen (→ § 253 Rz. 224); beachtlich ist dagegen das Niederstwertprinzip (→ § 253 Rz. 230). Dieses wiederum läuft bei Anschaffungskosten von null ins Leere (→ Rz. 38). Bei einem Mischbestand – Zertifikate mit **und** ohne Anschaffungskosten (→ Rz. 36) – verweigert das BMF-Schreiben (a. a. O.) die Anwendung des Lifo-Verfahrens (→ § 256 Rz. 19 ff.), erlaubt aber die Anwendung (anderer) Bewertungsvereinfachungen. Handelsrechtlich sind u. E. alle gängigen Bewertungsverfahren, also auch die Vereinfachungen des § 256 HGB, zulässig. 40

3.5.5 Rückgabeverpflichtung

Das am Emissionsrechteverfahren (→ Rz. 36) teilnehmende Unternehmen muss am 30.4. die zugeteilten Zertifikate für das Vorjahr im Umfang des in diesem Zeitraum verursachten CO_2-Ausstoßes zurückgeben. Am vorhergehenden **Bilanzstichtag** besteht insoweit eine ansetzbare **Schuld,** bei genauer Bewertungsmöglichkeit eine Verbindlichkeit, sonst eine Rückstellung, wobei in der Praxis nur der letztgenannte Ausweis vorkommt. Jedenfalls handelt es sich einhelliger Auffassung zufolge um eine **Verbindlichkeits**rückstellung. 41

Daraus werden folgende Bewertungsfolgen abgeleitet: 42

- Vom **BMF** (a. a. O.): Bei Vorliegen ausreichender Zertifikate am Stichtag (im Umfang der kostenlos erhaltenen Zuteilung) erfolgt die Bewertung als Verbindlichkeit und nach § 6 Abs. 1 Nr. 3 i.V. mit Nr. 2 EStG zu Anschaffungskosten, also mit null. Die zugekauften oder noch zuzukaufenden Emissionsrechte, mit denen die Rückgabepflicht erfüllt werden muss, sind mit deren Anschaffungskosten oder dem niedrigeren Teilwert zu bewerten. Dabei soll ein Verbrauchsfolgeverfahren gelten. Bei Rückgabepotenzial in „gemischter Form" – entgeltlich und unentgeltlich erworben – ist die Verbrauchsfolge zur Bestimmung des Endbestands anhand der ID-Nummer zu bestimmen.[1] Sofern gleichwohl die Verbrauchsfolge nicht feststellbar ist, gilt dem BMF zufolge Folgendes: Die unentgeltlich erworbenen Rechte sind **zuerst** zur Rückgabe zu verwenden mit der Folge einer Nullbewertung der Verpflichtung („GiFo"-Verfahren = *gratis in – first out*). Sofern zur Erfüllung der Rückgabepflicht ein Zukauf erfolgen muss, ist die Bewertung mit dem Börsenpreis am Bilanzstichtag vorzunehmen. Dadurch gelingt eine wertmäßig identische Bilanzierung auf der Aktiv- und Passivseite.
- Vom **IDW RS HFA 15:** Die am Bilanzstichtag vorhandenen Emissionsrechte, die dem Verbrauch entsprechend im Folgejahr zurückzugeben sind, gelten als Sachleistungsverpflichtung. Dabei ist das vom BMF vorgeschlagene Verbrauchsfolgeverfahren mit Unterstellung einer vorrangigen Verwendung der unentgeltlich erworbenen Zertifikate anzuwenden. Der Wert dieser Sachleistung beträgt null, sofern die Zugangsbewertung optional (→ Rz. 38) ebenfalls mit null erfolgt ist. Entgeltlich erworbene Rechte, die zur Erfüllung der Rückgabepflicht benötigt werden, sind als Sachleistungsverpflichtung mit den entstandenen Kosten zu bewerten. Für erforderliche Zukäufe am Bilanzstichtag gilt der dann bestehende Börsenpreis als Bewertungsmaßstab.

Bei Bewertung der unentgeltlich erworbenen Rechte mit dem Zeitwert ist der korrespondierend zu bildende **Sonderposten** (→ Rz. 38) in Höhe des Rückstellungsansatzes ergebniswirksam aufzulösen.

1 BMF, Schreiben v. 7.3.2013 – IV C 6 – S 2134a/07/10003, BStBl I S. 275, Kurzinfo StuB 2013 S. 270.

43 Der **Verkauf** von Emissionsrechten führt dem BMF (a. a. O.) zufolge (u. E. zutreffend) zur „normalen" Gewinn- und Verlustrealisation in der Differenz zwischen Anschaffungskosten (regelmäßig Buchwert) und Veräußerungserlös. Die Verwendungsfolge lässt das BMF allerdings offen. Für die unentgeltlich zugeteilten und verkauften Zertifikate entsteht ein Gewinn in Höhe des Verkaufserlöses abzüglich etwaiger Verkaufskosten. Der Gewinnausweis des Verkaufs kompensiert u. E. zutreffend die mit der Reduktion des Schadstoffausstoßes regelmäßig verbundenen höheren Produktionskosten.

Demgegenüber bemüht IDW RS HFA 15 wiederum einen Sonderposten zur Realisationsverhinderung, der dann allerdings im Umfang des Rückstellungsansatzes wieder aufgelöst werden kann. Bei Wahl der Einbuchung mit dem Zeitwert (→ Rz. 38) stellt sich die buchmäßige Abbildung noch intransparenter dar. Unseres Erachtens ist die systemgerechte (→ Rz. 38) Einbuchung zu Anschaffungskosten **auch** wegen der einfacheren Darstellung der Vorgänge vorzugswürdig.

44 *(einstweilen frei)*

3.6 Fußballprofis

45 Fußballprofis werden ge- und verkauft oder (entgeltlich) verliehen[1] – das kann man täglich in der Sportpresse verfolgen. Man stellt im Nachhinein einen guten Einkauf (eines Spielers) fest und freut sich am gewinnträchtigen Verkauf aus einem laufenden Vertrag heraus. Nach dessen Ablauf gibt es nichts mehr zu realisieren, der Spieler kann „ablösefrei" seine Dienste einem anderen Verein anbieten.[2] Man bewegt sich also umgangssprachlich genau in der Begriffswelt der Bilanzierung. Gleichwohl gilt die Zahlung der Ablösesumme eines Vereins an den anderen zur Berechtigung des Einsatzes im eigenen Verein **nicht** als **Anschaffungs**kosten für diesen Spieler. Ein Anschaffungsvorgang wird wegen des Verstoßes gegen die **Menschenwürde** nach Art. 1 GG oder wegen der abgeschafften Sklavenhaltung abgelehnt. In der Folge wird minderheitlich die Aktivierbarkeit des im Spieler verkörperten Nutzungspotenzials generell bestritten.[3] Mitunter wird diese Folgerung auch an dem fehlenden Schuldendeckungspotenzial (→ § 246 Rz. 18) festgemacht.[4]

46 Gegen diese und andere Argumente für die (wenigstens) handelsrechtliche Nichtbilanzierbarkeit hat sich der BFH für steuerliche Zwecke – allerdings systematisch zutreffend auf handelsrechtlicher Argumentationsgrundlage – zur Wehr gesetzt.[5] Er behandelt (Tz. 17 des Urteils) die verbandsrechtlich ausgesprochene **Spielerlaubnis** als „Recht am Spieler" (Nutzungsmöglichkeit, → Rz. 28). Dieses Recht sei von dem zugrunde liegenden nicht bilanzierbaren Arbeitsverhältnis zu trennen. Die **Einzelveräußerbarkeit** (→ Rz. 14) sei durch den Verzicht des abgebenden Vereins gegeben, weil dadurch dem aufnehmenden Verein die Möglichkeit der Nutzung des Spielers neu gegeben werde (Tz. 19 des Urteils). Dieser wiederum könne den Spieler vorzeitig aus dem Dienstvertrag entlassen und damit seinerseits von einem anderen Verein ein Entgelt erzielen. Diese Nutzungsmöglichkeit stelle einen eigenständigen Wert durch den vermögensmäßigen **Vorteil** der Möglichkeit des Einsatzes im Spielgeschehen dar (Tz. 22 des Ur-

1 Vgl. hierzu *Hoffmann*, BC 2006 S. 130.
2 So das „Bosman"-Urteil des EuGH v. 15.12.1995 – C-415/93, NJW 1996 S. 505 ff.
3 *Kaiser*, DB 2004 S. 1109; *Jansen*, DStR 1994 S. 1217.
4 *Schülke*, DStR 2012 S. 45; speziell zur Bewertung *Baetge/Klönne/Weber*, KoR 2013 S. 310.
5 Vor „Bosman" bei BFH, Urteil v. 26.8.1992 – I R 24/91, BStBl II S. 977, sodann BFH, Urteil v. 14.12.2011 – I R 108/10, BStBl 2012 II S. 238; dort sind auch die wichtigsten Literaturmeinungen als „Pro" und „Contra" zitiert.

teils). Damit grenzt sich der BFH vom Vorwurf einer Bilanzierung eines Menschen als Aktivposten ab.

In der Bilanz sollen die wirtschaftlichen Verhältnisse eines Unternehmens dargestellt werden. 47
Diese werden im Proficlub entscheidend durch die Spieler – häufig als „Spielerwerte" bezeichnet – geprägt. Wenn zu deren Erlangung Beträge an Dritte bezahlt werden, liegen – in Übereinstimmung mit dem BFH – bilanzrechtlich **Anschaffungskosten** vor. Durch diese Feststellung werden die Spieler nicht zum Sklaven degradiert, auch wenn man in dieser Szenerie durchaus von einem „Handel" (→ Rz. 45) sprechen kann.

Zu den aktivierungspflichtigen Nebenkosten zählt der BFH in Tz. 33 des Urteils auch die **Provisionszahlungen** an Spielervermittler, soweit diese Vermittlungen mit den Ablösebeträgen anfallen, nicht aber diejenigen für die ablösefreie Vermittlung von Spielern. Ein Handgeld *(„signing fee")* an den Spieler stellt bei ablösepflichtigen Spielern Anschaffungsnebenkosten dar, bei ablösefrei „erworbenen" kommt ein aktiver Abgrenzungsposten infrage, der über die Vertragslaufzeit abzuschreiben ist (→ § 250 Rz. 62). Die Rechtsprechung zu Handgeld, Vermittlerprovisionen und Ablösesummen stellt stark darauf ab, dass durch „die verbandsrechtliche Absicherung durch die Spielerlaubnis i.V. m. dem ebenfalls verbandsrechtlich organisierten Transfersystem [...] ein Wertpotenzial eines Spielers für den Verein [entsteht], das von den synallagmatischen Leistungspflichten des Arbeitsvertrags losgelöst und deshalb als eigenständiges Wirtschaftsgut aufzufassen ist".[1] Auf vergleichbare Zahlungen beim Trainerwechsel ist sie u. E. deshalb nicht anwendbar.[2] 48

Zu **Entwicklungs**kosten für Profisportler vgl. → § 255 Rz. 210.

3.7 Die REACH-Verordnung

Die EU-Verordnung REACH *(Registration, Evaluation, Authorisation and Restriction of Chemicals)* 49
harmonisiert seit dem 1.7.2007 das EU-Chemikalienrecht. Ein Unternehmen in der EU ist zu einer Registrierung und Bewertung der von ihm verwendeten chemischen Stoffe verpflichtet. Die nachstehend untersuchte Frage geht der bilanziellen Abbildung[3] der öffentlich-rechtlichen Verpflichtungen, die mit dem Import oder der Herstellung eines solches Stoffes verbunden sind, nach. Zum Nachweis der Unbedenklichkeit eines Stoffes muss der Importeur/Hersteller ein Registrierungsdossier bei der ECHA-Behörde einreichen, sofern er mehr als eine Tonne dieses Stoffes importiert oder herstellt. In diesem Dossier muss eine Analyse der Auswirkungen des Stoffes auf die menschliche Gesundheit und die Umwelt enthalten sein. Diese daraus entstehenden Kosten werden weitaus höher angenommen als die eigentlichen Registrierungskosten, die höchstens 31 T€ betragen.

Die **abstrakte** Bilanzierbarkeit für einen möglichen immateriellen Vermögensgegenstand, der 50
aus der Registrierung entstehen kann, hängt von der Erfüllung des **Einzelverwertbarkeits**kriteriums (→ Rz. 12) ab. Dabei sind sinnvollerweise die Registrierungs- und Dokumentationskosten zu einem (potenziellen) Vermögensgegenstand zusammenzufassen. Die behördlich zu erteilende Erlaubnis zum Import oder zur Herstellung des Stoffes wird unternehmens**individuell** erteilt und kann somit nur durch Gesamtrechtsnachfolge auf eine andere Person übergehen. In-

1 Vgl. BFH, Urteil v. 14.12.2011 – I R 108/10, BStBl 2012 II S. 238.
2 Vgl. im Einzelnen *Lüdenbach,* StuB 2018 S. 406.
3 Vgl. hierzu *Roß/Drögemüller,* BB 2006 S. 1046 ff.; *Hoffmann/Rimmelspacher,* WPg 2012 S. 867; *Kolb/Weimert/Bauschus,* StuB 2011 S. 811.

soweit ist eine Einzelverwertbarkeit nicht gegeben. Andererseits lässt sich die Dokumentation bei Nichtanwendung für einen eigenen Stoff auch an Dritte veräußern, was die Einzelveräußerbarkeit bestätigt. Nach der Regierungsbegründung zum BilMoG soll diese aber auch durch Verbrauch gegeben sein (→ Rz. 12). Letztlich ist die abstrakte Bilanzierbarkeit vorhanden.

51 Die weitere Frage geht dann dahin, ob eine **Anschaffung** oder **Herstellung** beim Registrierungsvorgang vorliegt (→ § 255 Rz. 10). In der Regel wird der Importeur/Hersteller den Vorgang selbst betreiben, also als Hersteller fungieren. Bei Fremdvergabe ist vergleichbar der Filmerstellung nach der Risikozuordnung zu differenzieren (→ § 255 Rz. 12). Sofern dann eine Herstellung vorliegt, besteht das Ansatz**wahlrecht** des § 248 Abs. 2 HGB (→ § 248 Rz. 9), bei Anschaffung eine Aktivierungs**pflicht.**

3.8 Bitcoins, andere virtuelle Währungen und Token

51a Bitcoins (und einzelne andere virtuelle Währungen bzw. **Kryptowährungen**) können an (Online-)Börsenplätzen zu tagesaktuellen marktbasierten Preisen in Echtwährungen getauscht werden. Selbständige Verwertbarkeit und **abstrakte Aktivierungsfähigkeit** sind daher gegeben. Hieraus folgt (mit möglichen Ausnahmen bei im Mining erworbenen Bitcoins; s. u.) zugleich der Bilanzansatz.

Fraglich und bewertungs- sowie ansatzrelevant sind Ausweis bzw. **Qualifikation** der Bitcoins.[1]

- **Geld** stellen Bitcoins nicht dar, da sie zwar von einigen Unternehmen und Institutionen, aber nicht allgemein als Tausch- bzw. Zahlungsmittel akzeptiert werden.
- Hohe Ähnlichkeit besteht zu Fremdwährungsbeständen, wenn die jederzeitige Umtauschbarkeit in reale Währung (Euro, USD) gegeben ist. Hohe Kursschwankungen gegenüber der Echtwährung und hohe Transaktionskosten ändern an diesem Befund nichts, da entsprechende Umstände auch bei Beständen in der Währung hoch- oder hyperinflationärer Länder bestehen. Aufgrund der Ähnlichkeit könnte man Bitcoins jedenfalls als **finanzielle Vermögensgegenstände** ansehen.
- Hält man die Ähnlichkeit hingegen für nicht ausreichend, bleibt nur die Qualifikation als **immaterielles Vermögen,** da sich dieses nach DRS 24.8 durch fehlenden physischen und finanziellen Charakter auszeichnet.

Bzgl. des Bilanzansatzes ist die Qualifikationsfrage dann von Bedeutung, wenn Bitcoins nicht zu Transaktions- oder kurzfristigen Spekulationszwecken gehalten werden und sie demzufolge **Anlagevermögen** darstellen. Wertet man die Bitcoins als **immaterielle** Vermögensgegenstände, stellt sich im Fall der Zuordnung zum Anlagevermögen die Frage, ob die Schaffung neuer Bitcoins durch sog. **Mining**

- einen Herstellungsvorgang mit steuerlichem Aktivierungsverbot (§ 5 Abs. 2 EStG) und handelsrechtlichem Aktivierungswahlrecht (§ 248 Abs. 2 Satz 1 HGB) darstellt oder
- einen Anschaffungsvorgang mit Aktivierungspflicht nach § 246 Abs. 1 HGB und § 5 Abs. 1 EStG darstellt.

Beim Mining beteiligt sich ein Unternehmen am Betrieb einer Bitcoin-Blockchain durch Zurverfügungstellung von Rechenkapazität, Rechenspeicher und Rechenleistung. Dabei fallen Energiekosten, Abschreibungen, Personalaufwand usw. an. Löst das Unternehmen als Erstes die ge-

1 Vgl. hierzu sowie zu weiteren Bilanzierungsfragen bei Bitcoins *Marx/Dallmann*, StuB 2019 S. 217 ff.

stellte „mathematische Aufgabe", erhält es die in diesem Moment neu geschaffenen Bitcoins zugeteilt. Unseres Erachtens stellt dies aus Sicht des Unternehmens aber keinen Herstellungs-, sondern einen **Anschaffungsvorgang** dar, da das Unternehme keine Möglichkeit hat, die Ausgestaltung der zugeteilten Bitcoins zu beeinflussen. Ihm werden lediglich die Rechte am Bitcoin eingeräumt. Wenn man mit der h. M. Fälle der Rechteinräumung allgemein als Anschaffungsvorgang ansieht (→ § 255 Rz. 12), muss entsprechendes für das Mining gelten. Im Ergebnis gelten danach das steuerliche Aktivierungsverbot sowie die handelsrechtlichen Einschränkungen (Ausschüttungssperre) für Herstellungsvorgänge nicht. Bei Qualifikation als **Umlaufvermögen** und/oder finanzähnlicher Vermögensgegenstand bestehen ohnehin keine Aktivierungsbeschränkungen.

Die **Zugangsbewertung** durch Anschaffung erworbener Bitcoins sollte bei feststellbarem (Online-)Börsenkurs mit dem Umrechnungskurs des Transaktionstages erfolgen. Dies gilt u. E. auch in Fällen des Mining, da die beim Unternehmen im Rahmen des Mining angefallenen Aufwendungen nicht mit den Blockchain-Betreibern getauscht werden.

Im Rahmen der **Folgebewertung** kommt es **handelsrechtlich** darauf an, ob

- **Umlaufvermögen** vorliegt, das zum strengen Niederstwertprinzip zu bewerten ist (§ 253 Abs. 4 Satz 1 HGB), oder
- **immaterielles Anlagevermögen** vorliegt, das nur bei voraussichtlich dauernder Wertminderung abzuschreiben ist (§ 253 Abs. 3 Satz 5 HGB), oder
- **finanzielles Anlagevermögen** vorliegt, das schon bei vorübergehender Wertminderung abgeschrieben werden darf (§ 253 Abs. 3 Satz 6 HGB).

Steuerbilanziell ist eine Teilwertabschreibung in allen Fällen nur bei dauernder Wertminderung zulässig.

Ein inzwischen ergangenes BMF-Schreiben hält Folgendes fest:[1] 51b

- Einheiten einer virtuellen Währung sind **nicht abnutzbare Wirtschaftsgüter materieller Art**, die nach den allgemeinen bilanzsteuerrechtlichen Grundsätzen dem Anlage- oder Umlaufvermögen zuzuordnen sind. Sie sind bei Zuordnung zum Anlagevermögen unter **Finanzanlagen** (§ 266 Abs. 2 A.III) und bei Zuordnung zum Umlauf-vermögen unter sonstigen Vermögensgegenständen auszuweisen.
- Aufgrund des Rückwärtsbezugs jedes Transaktionsoutputs ist eine Zuordnung und Identifizierung von Einheiten einer virtuellen Währung grundsätzlich bis hin zu deren Ursprungstransaktion (Coinbase-Transaktion) möglich. Bei der Veräußerung sind deshalb grundsätzlich die individuellen – ggf. fortgeführten – **Anschaffungskosten** der veräußerten Einheiten einer virtuellen Währung vom Veräußerungserlös abzuziehen. Können die individuellen Anschaffungskosten der Einheiten einer virtuellen Währung im Einzelfall nicht ermittelt und individuell zugeordnet werden, sind diese mit den durchschnittlichen Anschaffungskosten zu bewerten.
- Erhält der Steuerpflichtige zusätzliche Einheiten einer virtuellen Währung für das Halten von Einheiten einer virtuellen Währung über einen bestimmten Zeitraum (Staking), handelt es sich um einen betrieblich veranlassten Zugang zum Betriebsvermögen (Betriebs-

1 BMF, Schreiben v. 10.5.2022 – IV C 1 - S 2256/19/10003 :001, DOK 2022/0493899, Einzelfragen zur ertragsteuerrechtlichen Behandlung von virtuellen Währungen und von Token.

einnahmen). Die Einheiten der virtuellen Währung sind im Zeitpunkt ihres Zugangs mit dem Marktkurs (gewinnerhöhend) zu aktivieren.

► Das BMF-Schreiben enthält weitere Ausführungen zur Bilanzierung bei Mining-Unternehmen sowie zum Umgang mit nicht als virtuelle Währung zu klassifizierenden Token.

Die Qualifizierung als zugleich materiell und finanziell ist nicht notwendig widersprüchlich: Auch Goldanlagen sind materiell, passen aber am besten zum Posten Finanzanlagen. Die Qualifizierung der Kryptowährungen als materiell bewirkt steuerlich, dass Miner/Schürfer sich nicht auf das Verbot der Aktivierung selbst erstellter immaterieller Anlagen berufen können.

Auch das IDW hat sich im Mai 2022 in einem sog. Knowledge Paper zu Kryptowährungen geäußert. Das Papier geht aber nicht spezifisch auf Bilanzierungsfragen ein.

3.9 Abc der immateriellen Vermögensgegenstände

52 Der Praktiker in der Tradition der deutschen Rechnungslegung orientiert sich in solchen Fällen – hier zur Bestimmung eines immateriellen Vermögensgegenstands/Wirtschaftsguts – an der BFH-Rechtsprechung, soweit vorhanden, sonst am Schrifttum. Das ist systematisch gesehen auch zutreffend, denn solche Entscheidungen können nach § 5 Abs. 1 Satz 1 EStG (sog. Maßgeblichkeitsprinzip) nur auf der Basis der GoB, d. h. in Auslegung von Handelsrecht, gefunden werden. Dazu folgende Übersicht in Abc-Form:[1]

Sachverhalt	Vermögensgegenstandseigenschaft	Verweise	Fundstellen BFH/sonstige
Ablösesumme	Ja	→ Rz. 45	BFH, Urteil v. 14.12.2011 – I R 108/10, DStR 2012 S. 229
Ackerprämienberechtigung	Nein		BFH, Urteil v. 30.9.2010 – IV R 28/08, DB 2010 S. 2650
Adressensammlung (auf Datenträgern)	Ja		BFH, Urteil v. 2.9.1988 – III R 38/84, BStBl 1989 II S. 160
Alleinvertriebsrecht	Ja		BFH, Urteil v. 27.7.1988 – I R 130/84, BStBl 1989 II S. 101
Archiv von Verlagen	Nein		BFH, Urteil v. 8.11.1974 – III R 90/73, BStBl 1975 II S. 104
Arbeitnehmererfindungen	Ja	→ § 248 Rz. 9	
Arzneimittelzulassung	Ja		BMF, Schreiben v. 12.7.1999 – V C 2 – S 2172 – 11/99, BStBl I S. 686
Auffüllrecht	Nein		BFH, Urteil v. 20.3.2003 – IV R 27/01, BStBl II S. 878
Auftragsbestand, fest vereinbart	Ja	→ § 301 Rz. 54	BFH, Urteil v. 1.2.1989 – VIII R 361/83, BFH/NV 1989 S. 778; BFH, Urteil v. 7.11.1985 – IV R 7/83, BStBl 1986 II S. 176; BFH, Urteil v. 26.11.2009 – III R 40/07, BStBl 2010 II S. 609; BFH, Urteil v. 13.9.1989 – II R 1/87, BStBl 1990 II S. 447 (zur Einheitsbewertung)
Belieferungsrecht, allgemein		→ Rz. 20 ff.	

1 Auf der Grundlage der Zusammenstellung von *Hoffmann* in Littmann/Bitz/Pust (Hrsg.), EStG, §§ 4, 5 Tz. 719; soweit nicht gesondert gekennzeichnet, sind die aufgeführten Vermögensgegenstände abnutzbar (→ § 253 Rz. 140).

Belieferungsrecht, Zeitschriftengrossist	Ja	→ Rz. 25	BFH, Urteil v. 28.5.1998 – IV R 48/97, BStBl II S. 775
Belieferungsrecht bzgl. Lieferung an Gastwirte	Ja	→ Rz. 25	BFH, Urteil v. 26.2.1975 – I R 72/73, BStBl 1976 II S. 13
Bergwerkseigentum	Ja (u. E. zweifelhaft)		FG Sachsen-Anhalt, Urteil v. 9.6.2010 – 3 K 1568/04, EFG 2011 S. 1011, Az. BFH: I R 101/10
Bitcoin (elektr. Zahlungsmittel)	Ja	→ Rz 51a	
Brennrecht	Ja		BFH, Urteil v. 9.12.1983 – III R 40/79, BStBl 1984 II S. 193
Cloudcomputing	Fallabhängig	→ Rz 23a ff.	
Dienstbarkeit/Grunddienstbarkeit	Ja		BFH, Urteil v. 25.1.1979 – IV R 21/75, BStBl II S. 369
Diensterfindungen	Siehe Arbeitnehmererfindungen		
Domain-Name	Ja		BFH, Urteil v. 19.10.2006 – III R 6/05, BStBl 2007 II S. 301
EDV-Programm		→ Rz. 23 f.	
Erbbaurecht		→ Rz. 11; → § 266 Rz. 29	
Filmrechte	Ja		*Gabert*, StuB 2010 S. 891
Finanzprodukte		→ Rz. 272	
Forstrecht	Ja		BFH, Urteil v. 18.7.1974 – IV R 187/69, BStBl II S. 767
Fortsetzungssammelwerk(nicht abnutzbar)	Ja		BFH, Urteil v. 28.10.1987 – II R 224/82, BStBl 1988 II S. 50
GAP-Zahlungsanspruch (abnutzbar in 10 Jahren)	Ja		BFH, Urteil v. 21.10.2015 – IV R 6/12
Geschäftsbeziehung (nicht abnutzbar)	Ja		BFH, Urteil v. 16.9.1970 – I R 196/67, BStBl 1971 II S. 175
Geschmacksmuster	Ja		BFH, Urteil v. 1.8.1990 – II R 17/87, BStBl II S. 879; BFH, Urteil v. 4.9.1996 – II B 135/95, BStBl II S. 586
Güterfernverkehrsgenehmigung	Ja		BFH, Urteil v. 22.1.1992 – I R 43/91, BStBl II S. 529
Handelsvertreter, Ablösung des Ausgleichsanspruchs	Ja		BFH, Urteil v. 18.1.1989 – X R 10/86, BStBl II S. 549
Instandhaltungsrückstellung, Beteiligung eines Wohneigentümers	Ja	→ Rz. 10	BFH, Beschluss v. 5.10.2011 – I R 94/10, DStR 2012 S. 173
Kippgebühren	Ja	→ § 253 Rz. 71	IDW/FN 2016 S. 57
Know-how, technisches Spezialwissen	Ja		BFH, Urteil v. 22.5.1979 – III R 129/74, BStBl II S. 634; BFH, Urteil v. 15.7.1987 – II R 249/83, BStBl II S. 809; BFH, Urteil v. 29.9.1987 – X R 17/82, BStBl 1988 II S. 49

Kontingent, z. B. Milchvertrieb	Ja		BFH, Urteil v. 22.2.1962 – IV 58/59U, BStBl 1962 III S. 367; RFH, Urteil v. 17.5.1939 – VI 73/39, RStBl S. 799; RFH, Urteil v. 2.10.1936 – V A 249/36, RStBl 1937 S. 113; BFH, Urteil v. 13.12.1979 – IV R 30/77, BStBl 1980 II S. 346
Konzession, Linienkonzession	Ja		BFH, Urteil v. 13.3.1956 – I 209/55 U, BStBl III S. 149; BFH, Urteil v. 21.7.1993 – X R 32/91, BFH/NV 1994 S. 305; BFH, Urteil v. 21.7.1993 – II R 74/92, BFH/NV 1994 S. 343
Kundenstamm (nicht abnutzbar); Kundenliste	Unter Umständen		BFH, Urteil v. 14.2.1973 – I R 89/71, BStBl II S. 580; BFH, Urteil v. 26.7.1989 – I R 49/85, BFH/NV 1990 S. 442; BFH, Urteil v. 18.12.1996 – I R 128-129/95, BStBl 1997 II S. 546; BFH, Urteil v. 26.11.2009 – III R 40/07, BFH/NV 2010 S. 721
Lieferantenliste	Unter Umständen		BFH, Urteil v. 18.12.1996 – I R 128-129/95, BStBl 1997 II S. 546
Mandantenstamm			BFH, Urteil v. 20.10.2015 – VIII R 33/13, DStR 2016 S. 904
Markenrecht	Ja		BMF, Schreiben v. 12.7.1999 – IV C 2 – S 2172 – 11/99, BStBl I S. 686
Milchlieferrecht	Ja		BFH, Urteil v. 22.7.2010 – IV R 30/08, BStBl 2011 II S. 210
Nutzungsrecht	Unter Umständen	→ Rz. 28 ff.	
Optionsrecht	Unter Umständen	→ Rz. 288	
Patent	Ja		BFH, Urteil v. 8.11.1979 – IV R 145/77, BStBl 1980 II S. 146; BFH, Urteil v. 2.6.1976 – I R 20/74, BStBl II S. 666
Praxiswert (Abschreibung 3-5 Jahre)	Ja		BFH, Urteil v. 24.2.1994 – IV R 33/93, BStBl 1994 II S. 590
Profisportler	Ja	→ Rz. 45	
Prototyp	Ja		BFH, Urteil v. 22.5.1979 – III R 129/74, BStBl II S. 634
REACH		→ Rz. 49	
Rückverkaufsoption für Pkw	Ja	→ § 252 Rz. 157	OFD Nordrhein-Westfalen v. 25.7.2014, DB 2014 S. 1770
Sendelizenz als höchstpersönliches Recht	Nein	→ Rz. 16	
Software	Ja	→ Rz. 23 f.	
Software as a Service	In der Regel nein	→ Rz. 24a ff.	
Spielerlaubnis für Profisportler	Ja	→ Rz. 21 → Rz. 45	

Tabakquote	Ja		FG Rheinland-Pfalz, Urteil v. 11.8.2006 – 2 K 2607/04, EFG 2007 S. 21
Thermalwasserbezugsrecht	Ja		BFH, Urteil v. 24.8.1989 – IV R 38/88, BStBl II S. 1016
Tonträger	Ja		BFH, Urteil v. 10.8.1989 – X R 176-177/87, BStBl 1990 II S. 15
Transferentschädigung	Ja	→ Rz. 21 → Rz. 45	
Treibhausgas-Emissionsrechte	Ja	→ Rz. 36	
Urheberrecht (nicht abnutzbar)	Ja		BFH, Urteil v. 14.3.1979 – I R 37/75, BStBl II S. 470
Verlagsarchiv	Nein		BFH, Urteil v. 8.11.1974 – III R 90/73, BStBl 1975 II S. 104
Verlagsrecht	Ja		BFH, Urteil v. 14.3.1979 – I R 37/75, BStBl II S. 470
Vertragsarztzulassung	Unter Umständen		BFH, Urteil v. 9.8.2011 – VIII R 13/08, BStBl 2011 II S. 2479; OFD Münster, Kurzinfo v. 14.12.2011, DStR 2012 S. 1511
Verwendungsrecht für Formen, Spezialwerkzeug	Ja		BFH, Urteil v. 1.6.1989 – IV R 64/88, BStBl II S. 830
Wärme	Ja	→ Rz. 15a	BFH, Urteil v. 12.3.2020 - IV R 9/17
Warenzeichen	Ja		BFH, Urteil v. 1.8.1990 – II R 17/87, BStBl II S. 879; BFH, Urteil v. 4.9.1996 – II B 135/95, BStBl II S. 586
Wassernutzungsrecht (nicht abnutzbar)	Ja		FG München, Zwischenurteil v. 9.12.2008 – 13 K 2292/03, EFG 2009 S. 909, Kurzinfo StuB 2010 S. 322
Werbefilm	Ja		FG Hamburg, Urteil v. 4.12.1989 – II 208/87, EFG 1990 S. 463
Werbespot	Nein	→ § 255 Rz. 13a	
Wettbewerbsverbot (denkbar auch als aktiver Abgrenzungsposten)[1]	Ja		BFH, Urteil v. 14.2.1973 – I R 89/71, BStBl II S. 580; BFH, Urteil v. 25.1.1979 – IV R 21/75, BStBl II S. 369
Zahlungsansprüche nach der GAP-Reform	Ja		BFH, Urteil v. 21.10.2015 – IV R 6/12 BMF, Schreiben v. 13.12.2016,BStBl I 2016
Zinsbegrenzungsvertrag, *cap*	Ja		FG München, Urteil v. 25.3.2003 – 6 K 264/01, DStRE 2003 S. 1143
Zuckerrübenlieferrecht	Ja		BFH, Urteil v. 17.3.2010 – IV R 3/08, BStBl 2014 II S. 512; BFH, Urteil v. 16.10.2008 – IV R 1/06, BStBl II S. 28; BFH, Urteil v. 24.6.1999 – IV R 33/98, BStBl 2003 II S. 58

1 *Kupsch*, WPg 1977 S. 663; *Doellerer*, BB 1965 S. 1409; *Schulze-Osterloh* in Baumbach-Hueck, GmbHG, 8. Aufl., § 42 Tz. 78 und 184. Korrespondierend beim Empfänger der Vergütung vgl. → § 250 Rz. 64.

53 Zu weiteren immaterielle Vermögensgegenstände betreffenden Sachverhalten im Zusammenhang mit **Entwicklungskosten** wird auf → § 255 Rz. 192 ff. verwiesen.

4. Geschäfts- oder Firmenwert (Abs. 1 Satz 4)

54 Auf die Kommentierung unter → Rz. 380 wird verwiesen.

5. Forderungen

5.1 Grundstruktur des Bilanzansatzes

55 Die Aktivierung von Forderungen erfordert regelmäßig eine **Rechtsgrundlage.** Diese kann aus einem Vertrag, aus einem gesetzlichen Schuldverhältnis, aus einem gesellschaftsrechtlichen Akt oder aus einer öffentlich-rechtlichen Rechtsbeziehung resultieren. Das rechtliche Bestehen der Forderung **allein** begründet den Bilanzansatz jedoch nicht. Bei dem im Wirtschaftsleben üblichen gegenseitigen Leistungsaustausch muss zusätzlich die bedungene Leistung auch erbracht sein (→ Rz. 8). Zum Zeitpunkt der Aktivierung von Forderungen aus erfolgten Verkaufsgeschäften vgl. → § 252 Rz. 110.

BEISPIELE

- Am 28.12.00 wird formgerecht und rechtsgültig ein Grundstück verkauft und die Auflassung erklärt. Der Nutzen- und Lastenübergang soll am 1.2.01 stattfinden. Die am 28.12. begründete Kaufpreisforderung ist am 31.12.00 nicht bilanzierbar, weil das wirtschaftliche Eigentum am Grundstück noch nicht übergegangen ist (→ § 252 Rz. 115).
- Die Immobilien-AG schließt am 28.12.00 als Vermieter einen Mietvertrag über zehn Jahre zu einem Einmalbetrag von 100 ab. Die Nutzungsberechtigung beginnt am 31.12.00. Der Forderungsbetrag von 100 ist am 31.12.00 nicht bilanzierbar. Der Charakter des schwebenden Geschäfts und die noch nicht erbrachte Leistung in Form der Nutzungsüberlassung (→ Rz. 8) verhindern den Bilanzansatz. Die „Forderung" im bilanzrechtlichen Sinn entsteht ratierlich in der Nutzungsperiode (→ § 252 Rz. 141).

56 Besonderheiten bestehen bei **gesetzlichen** Schuldverhältnissen, d. h. bei Forderungen, die nicht aus einem schuldrechtlichen Synallagma stammen (Schadenersatzforderungen, Forderungen aus unerlaubter Handlung u. Ä.). Hier kommt eine Aktivierung der Forderung erst dann in Betracht, wenn vom Schuldner eine Anerkenntnis oder ein rechtskräftiges Urteil vorliegt. Das Urteil wirkt nicht ansatzaufhellend (→ § 252 Rz. 88), sondern -begründend.[1] Das Bilanzrecht folgt hier nicht dem **Prozessrecht,** denn Letzteres begründet nicht eine (in diesem Fall) Forderung, sondern stellt nur das schon immer gültige Bestehen einer Forderung fest. Anderes gilt nach den IFRS.[2] Soweit auf eine bestrittene Forderung vom Schuldner eine (Teil-)Zahlung erfolgt ist, liegt der Realisationstatbestand vor; die Teilzahlung ist nicht als Anzahlung zu behandeln, sondern als Ertrag zu vereinnahmen.[3] Die dargestellte Rechtsdogmatik soll auch auf **Steuererstattungs**ansprüche wie folgt anzuwenden sein: Sobald ohne Vorbehalt ein BFH-Urteil im BStBl II veröffentlicht ist, kommt die Aktivierung eines sich hieraus ergebenden Erstattungsanspruchs

---

1 Ständige BFH-Rechtsprechung, z. B. v. 26.4.1989 – I R 147/84, BStBl 1991 II S. 213; BFH, Urteil v. 14.9.1994 – I R 6/94, BStBl 1997 II S. 89; BFH, Urteil v. 27.11.1997 – IV R 95/96, BStBl 1998 II S. 375; BFH, Urteil v. 26.2.2014 – I R 12/14, BFH/NV 2014 S. 1544.

2 Vgl. *Lüdenbach*, PiR 2007 S. 143.

3 BFH, Urteil v. 18.9.2007 – I R 44/06, BStBl 2008 II S. 319.

in Betracht.[1] Die später erfolgte Berichtigungsveranlagung stellt nicht den Ansatzzeitpunkt dar. Auf dieser Grundlage ist auch der **Zins**anspruch aus der Steuererstattung nach § 233a AO unter Berücksichtigung der Anlaufverzögerung von 15 Monaten anzusetzen.[2]

Generell gilt: Die Aktivierbarkeit setzt eine wirtschaftliche Verursachung in der **Vergangenheit** und hinreichende Sicherheit der Erfüllung am Bilanzstichtag voraus.[3] Einen typischen Sachverhalt stellt der Jahres-Umsatzbonus dar, der auf fest vereinbarter Rechtsgrundlage am Stichtag als realisiert gilt.[4] Die zitierten Entscheidungen des BFH zur Steuerbilanz beruhen ausschließlich auf Auslegung des Handelsrechts. Unseres Erachtens kann ihnen auch handelsbilanziell gefolgt werden. Zu Steuerschulden und Steuerforderungen vgl. → § 249 Rz. 145 ff.

Ein **Umsatzsteueranspruch** aufgrund in Vorjahren zu hoch erklärter und bezahlter Umsatzsteuer kommt im Veranlagungszeitraum der Rechnungsberichtigung in Betracht (→ § 249 Rz. 145).[5]

57 Soweit die Forderung am Bilanzstichtag rechtsförmlich **noch nicht vorhanden ist,** steht dieses „Manko" dem Bilanzansatz dann nicht entgegen, wenn mit dem nachfolgenden Entstehen der Forderung „fest zu rechnen ist".[6] Dazu muss die Ursache für das Entstehen der Forderung im abgelaufenen Wirtschaftsjahr gesetzt worden sein. Im zitierten BFH-Urteil I R 10/98 lag diese wirtschaftliche Verursachung in der vom Unternehmen erbrachten Mischfutterproduktion, die kurz nach dem Bilanzstichtag durch Antragstellung einen Beihilfeanspruch öffentlich-rechtlicher Natur entstehen lässt. Die Leistung war schon am Bilanzstichtag erbracht.

57a **Beispiele** aus der BFH-Rechtsprechung für die Nichtaktivierbarkeit von Forderungen:

Forderungen aus schwebendem Geschäft	→ Rz. 8
Bestrittene Forderungen aus nicht synallagmatischem Geschäft (Schadenersatzansprüche, ungerechtfertigte Bereicherung, culpa in contrahendo): Bilanzierung erst nach Schuldanerkenntnis oder rechtskräftigem Urteil	BFH, Urteil v. 26.4.1989 – I R 147/84, BStBl 1991 II S. 213 BFH, Urteil v. 14.9.1994 – I R 6/94, BStBl 1997 II S. 89 BFH, Urteil v. 27.11.1997 – IV R 95/96, BStBl 1998 II S. 375
Obsiegendes Urteil in der unteren Instanz	BFH, Urteil v. 11.10.1973 – VIII R 1/69, BStBl 1974 II S. 90
Forderungen aus Wechselregress	BFH, Urteil v. 26.4.1995 – I R 92/94, BStBl 1995 II S. 594
Besserungsscheine (Korrespondenz zum Bilanzansatz der Verpflichtung aus dem Besserungsschein)	Rautenberg/Schaufenberg, DB 1995 S. 1345, 1349
Dividendenanspruch für abgelaufenes Geschäftsjahr (keine phasengleiche Dividendenvereinnahmung)	BFH, Urteil v. 7.8.2000 – GrS 2/99, BStBl 2000 II S. 632
Nichtkenntnis der anspruchsbegründenden Tatsachen	BFH, Urteil v. 23.5.1984 – I R 266/81, BStBl 1984 II S. 723

1 BFH, Urteil v. 31.8.2011 – X R 19/10, DB 2012 S. 88, zur Umsatzsteuererstattung für den Betrieb von Geldspielautomaten nach BFH, Urteil v. 12.5.2005 – V R 7/02, BStBl 2005 II S. 617. Vgl. hierzu auch BayLfSt, Vfg. v. 10.3.2015, DStR 2015 S. 1752.

2 Einzelheiten mit Berechnungsbeispielen OFD Frankfurt a. M., Vfg. v. 22.4.2013, DB 2013 S. 1084.

3 BFH, Urteil v. 12.1.2012 – IV R 4/09, DStR 2012 S. 945.

4 BFH, Urteil v. 25.9.1956 – I 103/55 U, BStBl 1956 III S. 349.

5 BFH, Urteil v. 15.3.2012 – III R 96/07, DStR 2012 S. 1495.

6 BFH, Urteil v. 8.11.2000 – I R 10/98, BStBl 2001 II S. 349; BFH, Urteil v. 9.2.1978 – IV R 201/74, BStBl II S. 370; BFH, Urteil v. 19.2.1991 – VIII R 106/87, BStBl II S. 569; BFH, Urteil v. 26.4.1995 – I R 92/94, BStBl II S. 594; BFH, Urteil v. 12.4.1984 – IV R 112/81, BStBl II S. 554; „quasi-sicher" nach *Moxter,* Bilanzrechtsprechung, 6. Aufl. 2007, S. 6; BGH, Urteil v. 29.4.2014 – II ZR 395/12, DB 2014 S. 1307, unter Tz. 31, betreffend die Einzahlung in eine Kapitalrücklage.

Verjährung, es sei denn, der Schuldner will bekanntlich die Verjährungseinrede nicht erheben	BFH, Urteil v. 9.2.1993 –VIII R 21/92, BStBl 1993 II S. 543 zum spiegelbildlichen Fall der Verbindlichkeit
Satzungs- oder Steuerklauseln (bei vGA)	Kommentierungen zu § 8 KStG
Nachbezugsrecht in Bezug auf verbilligte Rohstoffe	BFH, Urteil v. 12.12.1978 – VII R 44/76, BStBl 1979 II S. 263

Umgekehrt können am Bilanzstichtag **(noch) nicht vorhandene** Forderungen im Ausnahmefall aktivierbar sein – hierzu folgende **Beispiele:**

USt-Ausfuhrvergütung	BFH, Urteil v. 28.9.1967 – IV 291/65, BStBl 1967 III S. 763
Tabaksteuererstattungen	BFH, Urteil v. 14.3.1968 – IV 187/64, BStBl 1968 II S. 518
Umsatzprämien und Lieferantenboni etc.	BFH, Urteil v. 9.2.1978 – IV R 201/74, BStBl 1978 II S. 370
	BFH, Urteil v. 25.9.1956 – I 103/55 U, BStBl 1956 III S. 349
Genossenschaftliche Warenrückvergütungen	BFH, Urteil v. 12.4.1984 – IV R 112/81, BStBl 1984 II S. 554
Stilllegungsbeihilfen unter bestimmten Voraussetzungen	BFH, Urteil v. 15.2.1989 – II R 170/85, BStBl 1989 II S. 401
Vorsteuererstattungsansprüche vor Erhalt der berichtigten Rechnung	BFH, Urteil v. 12.5.1993 – XI R 1/93, BStBl 1993 II S. 786
Forderung auf Magermilchbeihilfe	BFH, Urteil v. 8.11.2000 – I R 10/98, BStBl 2001 II S. 349
Steuererstattungen	BFH, Urteil v. 12.5.2005 – V R 7/02, BStBl 2005 II S. 617
Zinsen auf Steuererstattungen nach § 233a AO	OFD Frankfurt a. M. v. 22.4.2013, DB 2013 S. 1084

57b Zu der persönlichen **Zurechnung** von Forderungen wird auf → Rz. 263, zum **Aktivierungszeitpunkt** unter dem Gesichtspunkt der Umsatzrealisation auf → § 252 Rz. 102 und zum bilanziellen Abgang auf → Rz. 264 verwiesen.

5.2 Bedingte, rechtsmängelbehaftete oder verjährte Forderungen

58 Für **bedingte** Forderungen (Schulden, → Rz. 82) wird gewöhnlich folgende Regel proklamiert:

- **Aufschiebend** bedingte Forderungen dürfen erst mit Eintritt der Bedingung,[1]
- **auflösend** bedingte Forderungen dürfen nur bis zum Bedingungseintritt

angesetzt werden.

BEISPIEL[2] Eine Versicherungsgesellschaft erhält für einen Kfz-Haftpflichtvertrag eine Prämienrückgewähr in Gestalt eines „Gewinnanteils", der nach einer bestimmten Verrechnungsmethode am Vertragsende ermittelt wurde.

Der Anspruch war am Stichtag rechtlich aufschiebend bedingt, also noch nicht vorhanden. Erst bei Eintritt der Bedingung kommt eine Aktivierung in Betracht.[3]

Gegen diese Regel bestehen zunächst Bedenken im Hinblick auf die **gestalterische Austauschbarkeit** mit rechtstechnischen Mitteln.[4] Ein Vertrag unter der aufschiebenden Bedingung des

1 BFH, Urteil v. 9.1.2013 – I R 33/11, DStR 2013 S. 957 unter Tz. 29; BFH, Urteil v. 22.8.2007 – X R 2/04, BStBl 2008 II S. 109; BFH, Urteil v. 23.3.2011 – X R 42/08, BStBl 2012 II S. 188.
2 Nach FG Nürnberg, Urteil v. 22.7.2003, EFG 2004 S. 705.
3 BFH, Urteil v. 26.4.1995 – I R 92/94, BStBl II S. 595.
4 Vgl. *ADS*, 6. Aufl., § 246 Tz. 55; BFH, Urteil v. 17.12.1998 – IV R 21/97, BStBl 2000 II S. 116.

Nichteintretens eines bestimmten Ereignisses führt zum gleichen Rechtszustand wie ein Vertragsabschluss unter der auflösenden Bedingung des **Eintretens** dieses Ereignisses.

BEISPIEL ► Ein Getreidegroßhändler verkauft eine bestimmte Menge Weizen zum Preis von 100 je Gewichtseinheit. Die Auslieferung erfolgt am 15.12.00, Bilanzstichtag ist der 31.12. Der Preis ändert sich nachträglich auf 110, wenn sich ein bestimmter Index bis zum 30.6.01 um 15 % erhöht hat (**aufschiebende** Bedingung).

Zum gleichen Ergebnis käme folgende Lieferkondition: Der Kaufpreis beträgt 110, ermäßigt sich aber auf 100, wenn bis zum 30.6.01 der bestimmte Index nicht um 15 % oder mehr gestiegen ist (**auflösende** Bedingung).

59 In beiden Vertragsvarianten kommt eine Aktivierung des „Zusatzpreises" von 10 nicht in Betracht. Gleiches muss für eine *Stand-alone*-Forderung gelten.

BEISPIEL ►

- Es geht um den Bilanzstichtag 31.12.04.
- Der selbständige Handelsvertreter erhält für das Jahr 04 eine Zusatzprovision von X %, wenn der vermittelte und bezahlte (Geldeingang) Durchschnittsumsatz der Jahre 01 bis 03 um mehr als 15 % überschritten wird (**aufschiebende** Bedingung).
- Der Handelsvertreter erhält eine Zusatzprovision für das Jahr 04. Dieser Anspruch entfällt, wenn der Durchschnittsumsatz der Jahre 01 bis 03 im Jahr 04 nicht um 15 % überschritten wird (**auflösende** Bedingung).

In beiden Fällen richtet sich die Aktivierbarkeit nach der **Wahrscheinlichkeit** des unbedingten Entstehens der Forderung. Die Rechtskonstruktion der Bedingung ist unerheblich. Im Beispielsfall ist der Geldeingang für die vermittelten Umsätze noch nicht vollständig erfolgt. Deshalb ist der Aktivierungszeitpunkt 31.12.04 fraglich, u. E. aber vertretbar, wenn mit Zahlungsausfällen in „kritischer Höhe" nicht zu rechnen ist. Zur spiegelbildlichen Sicht der Verbindlichkeit vgl. → Rz. 82.

Entsprechend sind aufschiebend bedingte Forderungen aus **Besserungsvereinbarungen** erst dann aktivierbar, wenn die Ursache für das Entstehen der Forderung im abgelaufenen Wirtschaftsjahr gesetzt worden und der Eintritt der Bedingung praktisch sicher ist.[1] Zur u.U. korrespondierenden Behandlung auf der Passivseite vgl. → Rz. 92.

59a Als bedingt sind insbesondere auch **Kaufpreisforderungen** anzusehen, bei denen die Forderung dem Grunde und/oder der Höhe nach vom **Weiterveräußerungserfolg** des **Erstkäufers** abhängt. Die zivilrechtliche Qualifizierung als aufschiebend oder auflösend bedingt ist nicht immer eindeutig. In der Regel wird aber bei einem derartigen sog. „Konditionskauf" (so die zivilrechtliche Terminologie)[2] eine aufschiebende Bedingung angenommen. Dies steht in Übereinstimmung mit der Behandlung des **Kaufs** auf **Probe** (→ § 252 Rz. 229), bei dem eine aufschiebende Bedingung dann angenommen wird, wenn der Kaufpreis erst nach Billigung durch den Käufer gezahlt wird.[3] Wenn in den vorgenannten Fällen zwar das wirtschaftliche Eigentum am Verkaufsgegenstand schon übergeht, aber noch nicht feststeht, ob und ggf. n welcher Höhe hierfür ein Entgelt entsteht, kommt es ggf. zu einer Abgangsbuchung (Umsatzrealisation) in

1 BFH, Urteil v. 26.4.1995 – I R 92/84, BStBl II S. 594; *Weber-Grellet*, DStR 1996 S. 896.
2 *Palandt*, 72. Aufl. 2013, § 158 Rz. 1 ff. sowie BGH in NJW 75 S. 776.
3 *Palandt*, 72. Aufl. 2013, § 454 Rz. 6.

Höhe des Buchwerts, jedoch noch nicht zu einer Gewinnrealisation. Hierzu wird auf →§ 252 Rz. 172 verwiesen.

60 Mit **Rechtsmängeln** behaftete Forderungen, z. B. Ausübung eines Zurückbehaltungsrechts, Einrede des nicht erfüllten Vertrags, Stundung, berühren nicht den Ansatz der Forderung; sie sind vielmehr bei der Bewertung zu berücksichtigen, oftmals mit dem Erfordernis der Vollabschreibung, die im Ergebnis dem Nichtansatz gleichkommt.

Verjährte Forderungen sind nicht aktivierbar, es sei denn, der Schuldner verzichtet auf die Erhebung der Einrede. Gegen eine Forderung kann auch die **Anfechtung** durch den Schuldner erfolgt sein, z. B. wegen Irrtums, Täuschung oder Drohung beim Zustandekommen seiner Verbindlichkeit. Auch hier bleibt der Bilanzansatz unberührt, es stellt sich aber wohl das Bewertungsproblem.

Der **Zinsanspruch** aus einer (Darlehens-)Forderung stellt ein **eigenständiges** Wirtschaftsgut/einen eigenständigen Vermögensgegenstand dar. Er ist bei Fälligkeit gewinnwirksam zu erfassen.[1]

61 Eine Forderung, für die eine **Rangrücktritts**erklärung ausgesprochen ist, behält ihren Charakter und zwingt weiterhin zum Bilanzansatz (zum korrespondierenden Fall der Verbindlichkeit →Rz. 88). Das Gleiche gilt für **Stundungs**vereinbarungen, das **pactum de non petendo** und für sog. **kapitalersetzende** Darlehen (→Rz. 87). Regelmäßig ist in diesen Fällen aber eine **Abschreibung,** häufig in voller Höhe des Nennwerts, erforderlich (→§ 253 Rz. 246). Ein Darlehen der Gesellschaft an einen Gesellschafter kann auch aus dem vorhandenen Stammkapital gewährt werden (keine verbotene Auszahlung des zur Erhaltung des Stammkapitals erforderlichen Vermögens), wenn die Forderung durch einen vollwertigen Gegenleistungs- oder Rückgewähranspruch gedeckt ist (§ 30 Abs. 1 Satz 2 GmbHG).

61a Die nach § 268 Abs. 4 Satz 2 HGB bestehende Anhangangabepflicht für rechtlich noch nicht entstandene Forderungen betrifft in der Praxis hauptsächlich Zins- und Pachterträge sowie Ertragsteuererstattungsansprüche bei abweichendem Wirtschaftsjahr (→§ 268 Rz. 137). Hierbei geht es nicht um dem Grunde nach unsichere Forderungen, sondern um **befristete Forderungen,** deren Entstehung im Wesentlichen nur noch des Zeitablaufs bedarf, bei Zinserträgen etwa der Zinsperiode, bei Ertragsteuern des Kalenderjahres. Die Anhangangabe gilt für aktivierte, grundlegend unsichere Forderungen aber entsprechend.

5.3 Entscheidungsabhängige Forderungen

62 Primäres Thema bzgl. **bedingter Forderungen** (→Rz. 58) ist die Bilanzierung von Ansprüchen aus Verträgen. Dabei geht es in Schrifttum und Rechtsprechung – unausgesprochen oder explizit – immer auch um den Grundsatz der Nichtbilanzierung schwebender Geschäfte, also vor allem darum, dass Gewinne und Umsätze nicht realisiert sind, bevor die Leistung erbracht und der Vergütungsanspruch verdient ist. Bzgl. der Ansprüche eines Einkaufsverbundes hält der BFH etwa ausdrücklich zur Ansatzfrage der Forderung fest, dass, wenn der Sachleistungspflichtige wirtschaftlich erfüllt hat, „der Schwebezustand des zugrundeliegenden Geschäfts beendet und der Gewinn aus dieser Leistungsbeziehung realisiert ist".[2]

1 BFH, Urteil v. 11.11.2015 – I R 5/14, DStR 2016 S. 734 unter Tz. 16.

2 BFH, Urteil v. 3.8.2005 – I R 94/03 NWB OAAAB-68130, BStBl 2006 II S. 20.

Die hier interessierenden **entscheidungsabhängigen Forderungen,** deren Entstehung nicht vom Eintritt einer ungewissen Bedingung, sondern von der Entscheidung eines anderen und/oder der eigenen Entscheidung abhängt, betreffen das Problem schwebender Geschäfte hingegen nicht und sind deshalb anders zu lösen.[1] Folgende Beispiele aus der Rechtsprechung sind relevant: 62a

- Ein jüngeres Urteil[2] betraf den Ansatz eines **Anspruchs auf Investitionszulage.** Der Steuerpflichtige begründete den Nichtansatz damit, dass er bis zum Bilanzstichtag noch keinen Antrag gestellt hatte und am Bilanzstichtag auch noch nicht entschieden hatte, welche Wirtschaftsgüter während des förderungsrechtlichen Verbleibenszeitraums in einer der im Fördergebiet belegenen Betriebsstätten genutzt werden sollten. Insoweit habe er bis zum Bilanzstichtag auch noch keine Entscheidung treffen können, für welche Wirtschaftsgüter er die Zulage beantragen würde. Der BFH weist dies mit folgenden Argumenten zurück: a) „Die Aktivierung von Vermögensgegenständen in der Handelsbilanz und Wirtschaftsgütern in der Steuerbilanz bestimmt sich in erster Linie nicht nach rechtlichen, sondern **nach wirtschaftlichen Gesichtspunkten.** Maßgeblich ist nicht, ob eine Forderung fällig oder ein Recht realisierbar ist, sondern ob der Vermögensvorteil wirtschaftlich ausnutzbar ist und einen durchsetzbaren gegenwärtigen Vermögenswert darstellt." b) Ist eine Forderung noch nicht rechtsförmlich entstanden, genügt es für die Aktivierung, wenn die für die Entstehung wesentlichen wirtschaftlichen Ursachen im abgelaufenen Geschäftsjahr gesetzt worden sind und der Kaufmann mit der künftigen rechtlichen Entstehung des Anspruchs **fest rechnen** kann.

- In zwei älteren Urteilen ging es um die Aktivierung von Ansprüchen auf Umsatzboni gegenüber einem Lieferanten bzw. das genossenschaftliche Äquivalent der Warenrückvergütung. Im zweiten Fall hatte der Steuerpflichtige zum 31.12. keinen Anspruch auf **Warenrückvergütung** aktiviert, weil die Entscheidung der Genossenschaftsorgane über die Vergütung jeweils erst im November des Folgejahres getroffen wurde. Die Satzung der Genossenschaft enthielt allerdings eine Bestimmung, dass der Überschuss aus dem Mitgliedergeschäft unter Zugrundelegung der getätigten Einzelumsätze der Mitglieder und unter Berücksichtigung der wirtschaftlichen Lage der Genossenschaft auszukehren sei. Bei dieser Satzungslage hielt der BFH eine Aktivierung aus folgenden Gründen für geboten:[3] a) Nach Handelsrecht „richtet sich die Aktivierung von Vermögensgegenständen (Wirtschaftsgütern), wozu auch Forderungsrechte gehören, nicht allein nach bürgerlichrechtlichen, sondern auch **nach wirtschaftlichen Gesichtspunkten.** Voraussetzung für eine Aktivierung ist danach, dass ein Forderungsrecht zivilrechtlich bereits entstanden ist oder dass wenigstens die für seine Entstehung wesentlichen wirtschaftlichen Ursachen im abgelaufenen Geschäftsjahr gesetzt worden sind (...) und der Kaufmann mit der künftigen zivilrechtlichen Entstehung des Anspruchs **fest rechnen** kann." b) Diese Sachlage sei bei der gegebenen Satzungsbestimmung verwirklicht, und zwar auch dann, „wenn den für die Ermittlung der Höhe der Warenrückvergütungen zuständigen Organen der Genossenschaft ein gewisser Beurteilungs- und Ermessensspielraum (z. B. Berücksichtigung der wirtschaftlichen Lage der Genossenschaft) eingeräumt ist."

1 Nachfolgende Überlegungen im Wesentlichen nach *Lüdenbach,* StuB 2021 S. 137 ff.
2 BFH, Urteil v. 27.5.2020 – XI R 8/18 NWB OAAAH-60316, BStBl 2020 II S. 772.
3 BFH, Urteil v. 12.4.1984 –IV R 112/81 NWB HAAAA-91955, BStBl 1984 II S. 554.

- Im **Lieferantenbonusfall** erhielt ein Großhändler aufgrund langjähriger Übung von Lieferanten der Höhe bzw. dem Prozentsatz nach feststehende Umsatzprämien, die jeweils einige Monate nach Ablauf des Jahres gutgeschrieben wurden. Die Gutschriften erfolgten allerdings jeweils unter dem Vorbehalt der Freiwilligkeit und unter ausdrücklichem Ausschluss eines irgendwie gearteten Rechtsanspruchs. Wiederum unter Bezugnahme auf das Handelsrecht verlangt der BFH eine Aktivierung mit folgenden Gründen:[1] a) Maßgebend sei nicht, ob eine Forderung oder ein Anspruch fällig oder ein Recht realisierbar ist, sondern ob ein **„wirtschaftlich ausnutzbarer Vermögensvorteil"**, und damit ein „realisierbarer Vermögenswert", vorliege. Zu aktivieren seien nämlich nicht nur Rechtsansprüche, insbesondere bestehende Geldforderungen, „sondern auch im abgelaufenen Wirtschaftsjahr wirtschaftlich verursachte künftige Ansprüche; damit sind auch aufgrund tatsächlicher langjähriger Übung alljährlich erwartete Prämien-Zahlungen oder Prämien-Gutschriften, z. B. von Lieferfirmen, zu aktivieren, die zwar einen Anspruch darauf vor der entsprechenden Mitteilung nicht anerkennen, mit dessen Entstehung bzw. dem Eingang der Zahlungen der Kaufmann aber bei gehöriger Sorgfalt nach den Umständen **fest rechnen** kann". b) Entscheidend sei, dass der Steuerpflichtige zwar nicht aus rechtlichen Gründen, „wohl aber nach den tatsächlichen Umständen, wirtschaftlich betrachtet, mit der Zahlung der Umsatzprämien **fest rechnen konnte und musste"**.
- Eine Parallele sah der BFH im letztgenannten Urteil zum bereits zehn Jahre vorher entschiedenen Fall des **Ehemäklers,**[2] dessen Nachweisleistung nach § 656 BGB für den Kunden keine Verbindlichkeit begründet. Nach der herrschenden zivilrechtlichen Meinung hat der Ehevermittler zwar eine Forderung, die aber als sog. unvollkommene Forderung nicht durch Klage oder Vollstreckung erzwingbar ist. Zu diesen unvollkommenen Forderungen hält der BFH Folgendes fest: Zwar verwehren die Grundsätze ordnungsmäßiger Buchführung „es dem Kaufmann, seine Vermögenslage günstiger darzustellen, als sie ist. Davon kann aber keine Rede sein, wenn er in seine Bilanz Forderungen aufnimmt, die zwar nicht erzwingbar sind, mit deren Eingang er aber rechnet und **bei gehöriger Sorgfalt auch rechnen darf."**

Den vorgenannten Urteilen liegen gemeinsame Sachverhaltsmerkmale und zu Grundsätzen verdichtete Würdigungen zugrunde. **Gemeinsame Sachverhaltsmerkmale** sind, dass

- die jeweilige Forderung rechtlich noch nicht oder nur unvollständig entstanden ist,
- ihre Entstehung oder Realisierung von Nachstichtagsentscheidungen des Steuerpflichtigen (Investitionszulage), des Geschäftspartners bzw. der Genossenschaft (Umsatzbonus und Warenrückvergütung) bzw. des Kunden (Ehevermittlers) abhängt.

Auf die Bilanzierung dieser Fallkonstellationen werden folgende **Rechtsgrundsätze** angewandt:

- Die Aktivierung einer rechtlich noch nicht (oder unvollkommen) entstandenen Forderung ist nur dann möglich und geboten, wenn der zugrunde liegende Anspruch **wirtschaftlich bis zum Bilanzstichtag begründet** ist, d. h. die zulagenbegünstigten Wirtschaftsgüter angeschafft, Einkäufe gegenüber der Genossenschaft bzw. dem Lieferanten getätigt, Ehegelegenheiten nachgewiesen sind.

1 BFH, Urteil v. 9.2.1978 –IV R 201/74 NWB YAAAB-01347, BStBl 1978 II S. 370.

2 BFH, Urteil v. 17.8.1967 – IV 73/63 NWB VAAAB-49298, BStBl 1968 II S. 79.

- Angesichts der fehlenden bzw. unvollkommenen rechtlichen Entstehung einer Forderung muss aber hinzukommen, dass der Kaufmann „mit der künftigen rechtlichen Entstehung des Anspruchs **fest rechnen** kann" (Investitionszulage, Warenrückvergütung, Umsatzbonus) bzw. mit der Erfüllung der rechtlich unvollkommenen Forderung „rechnet und bei gehöriger Sorgfalt auch rechnen darf" (Ehevermittler).

Dies Grundsätze ließen sich etwa per 31.12.2020 auf die Bilanzierung der **November- und Dezemberhilfen** wie folgt anwenden (→ Rz. 328a): 62b

- Der fehlende Rechtsanspruch (Gestaltung als Beihilfe) auf die Beihilfe steht der Aktivierung nicht entgegen, wenn der Anspruch bis zum Stichtag wirtschaftlich verursacht und mit Gewährung der Beihilfe bei gehöriger Sorgfalt zu rechnen ist. Die wirtschaftliche Verursachung ist bei kalendergleichem Geschäftsjahr für die November- und Dezemberhilfen ganz offensichtlich unproblematisch.
- Ob mit Gewährung der Beihilfe bei gehöriger Sorgfalt zu rechnen ist, hängt unternehmensübergreifend davon ab, ob man im Hinblick auf höherrangiges Recht die Versagung der Beihilfe wegen ausgeschöpftem Fördertopf für möglich und politisch denkbar hält. Unseres Erachtens ist dies zu verneinen, die unternehmensübergreifende Voraussetzung ist daher erfüllt.
- Unternehmensindividuell bleibt zu beurteilen, ob die sachlichen Antragsvoraussetzungen mit überwiegender Wahrscheinlichkeit erfüllt sind. Hier kann es auf den Einzelfall ankommen. Bei unmittelbar von den Schließungsverordnungen betroffenen Unternehmen sind die Risiken einer Verfehlung der sachlichen Voraussetzungen geringer als bei nur mittelbar betroffenen Unternehmen, bei der Beantragung kleinerer Beihilfen sind geringere Nachweise zu führen als bei höheren, bei deutlichem Übertreffen maßgeblicher Schwellenwerte (etwa tatsächliche Umsätze mit direkt Betroffenen 90 % bei einer Antragsschwelle von 80 %) ist mit höherer Sicherheit mit Gewährung der beantragten Hilfe zu rechnen als bei knappem Übertreffen. Ab einer bestimmten Größenordnung kann zudem eine Genehmigung durch die EU-Kommission erforderlich sein; wenn diese im Wertaufhellungszeitraum noch nicht vorliegt, ist eine Aktivierung problematisch. Generell ist eine positive Bescheidung vor Bilanzaufstellung als ansatzerhellend zu werten.

Eine Daumenregel, dass in den kritischeren Fällen die Beihilfeforderungen nicht anzusetzen seien, lässt sich daraus aber nicht ableiten. Mit den Worten des BFH (aus dem Ehemäklerfall): Wenn der Bilanzierende mit der Gewährung der Beihilfe „rechnet und bei gehöriger Sorgfalt auch rechnen darf", ist die Forderung anzusetzen. Im Ergebnis folgt auch das IDW unserer Auffassung.[1] Die Begründung fällt eher dürftig aus. Dies ist zum einen dem knappen Format eines Frage- und Antwort-Katalogs geschuldet, zum anderen aber auch dem Bemühen, einen Widerspruch zu den nicht unproblematischen Unterscheidungen von HFA 1/1984 zu vermeiden.

6. Zusammengesetzte Güter, Sachgesamtheiten, Gebäude, Betriebsvorrichtungen

Insbesondere im industriellen Fertigungsprozess können selbständig be- und verwertbare (→ Rz. 16 ff.) Vermögensgegenstände häufig nur **gemeinsam genutzt** werden. 63

1 IDW, Zweifelsfragen zu den Auswirkungen der Ausbreitung des Coronavirus auf die Rechnungslegung und deren Prüfung (Teil 3).

BEISPIEL ▸ Die Automobilfertigungshalle ist aus physikalischen Gründen ohne den Grund und Boden nicht nutzbar, genauer gesagt nicht vorhanden; ohne die darin installierten Maschinenanlagen, die steuerlich teilweise als Betriebsvorrichtungen gelten, kann die Produktion nicht stattfinden. Diese Anlagen wiederum bedürfen eines Schutzes gegen Witterungseinflüsse durch die Seitenwände und die Überdachung des Gebäudes, die Betriebsvorrichtungen können nur durch Inanspruchnahme der statischen Grundlagen des Gebäudes installiert werden etc.

64 Angesprochen mit dieser Thematik ist in bilanzrechtlicher Sicht der **Einzelbewertungsgrundsatz** (→ § 252 Rz. 45 f.). Dieser separiert die zusammenwirkenden und gemeinsam genutzten Teile (*parts*, → Rz. 70), z. B. einer Produktionsanlage oder eines Gebäudes, nach dem Kriterium des **einheitlichen Nutzungs- und Funktionszusammenhangs** der verbundenen Vermögenswerte.[1] Dieser sei gegeben, wenn diese Vermögenswerte einer einheitlichen Zweckbestimmung dienen und technisch so verbunden und verzahnt sind, dass durch die Abtrennung entweder der abgetrennte Teilbereich oder der Restbereich nicht mehr betrieblich genutzt werden kann.

65 Konfrontiert man diese abstrakten Begriffsdefinitionen mit der Realität des Wirtschaftslebens, wird die Bedürftigkeit des Einzelbewertungsgrundsatzes deutlich: Im obigen Beispiel lassen sich die dort genannten „Vermögenswerte" nicht separieren, ohne den betrieblichen Nutzen jeder Einheit zu verunmöglichen. Dann kann man noch einzeln Anschaffungs- oder Herstellungskosten zuordnen, nicht aber konsistent eine Folgebewertung durchführen. Weitere Beispiele unter → § 252 Rz. 46 und unter → § 253 Rz. 148 belegen diese Aussage. Andererseits lassen sich beispielsweise die Objekte einer **Sanitärausstellung** als selbständig charakterisieren.[2]

66 In der Rechtsprechung wurden vom BFH insbesondere in Streitfällen zur Investitionszulage **Unterkriterien** zum einheitlichen Nutzungs- und Funktionszusammenhang (→ Rz. 64) entwickelt, die Letzteren bestätigen oder widerlegen können:

- **Gemeinsame Zweckbestimmung** der Gegenstände: Die Vermögensbestandteile im ersten Beispiel unter → Rz. 63 haben eine solche Gemeinsamkeit, ebenso die komplette Anlage eines Kraftwerks – bilden sie deshalb **einen** einzigen Vermögensgegenstand?
- **Festigkeit** der vorgenommenen Verbindung: Eine mechanische Verbindung durch Schrauben bedeutet keine Festigkeit;[3] wie verhält es sich beim Rohrleitungssystem einer Chemieanlage? Stellt dort das einzelne Leitungselement zwischen zwei Kugelhähnen oder eine Steigleitung insgesamt einen Vermögensgegenstand dar? Die **physische Trennbarkeit** soll die unterschiedliche Nutzungsdauer von Dach und dem übrigen Gebäude belegen.[4] Doch ist das Dach „physisch" vom Gebäude zu trennen?
- **Zeitraum** der gemeinsamen Verbindung:[5] Die Klimaanlage eines Bürohauses hat sicher eine kürzere Nutzungsdauer als dessen Fundamente, gleichwohl stellt sie einen Bestandteil eines einheitlichen Vermögensgegenstands dar (→ Rz. 63). Umgekehrt verhält es sich möglicherweise bei den Triebwerken eines Verkehrsflugzeugs. Hier sind die Triebwerke technisch einfach vom Rumpf zu lösen, stellen sie deshalb (separate) Vermögensgegenstände dar?

1 So die Ausdrucksweise von *Herzig et al.*, WPg 2010 S. 564.
2 Ähnlich BFH, Urteil v. 9.8.2001 – III R 30/00, BStBl II S. 842.
3 So der BFH, Urteil v. 9.8.2001 – III R 43/88, BStBl II S. 100.
4 IDW RH HFA 1016 Tz. 5.
5 Kriterium nach *Urbahns*, StuB 2009 S. 870 f.

► Das äußere **Erscheinungsbild:** Ein Wasserkraftwerk wirkt wie ein gegen das fließende Wasser gerichtetes Bollwerk. Stellt es deshalb einen einheitlichen Vermögensgegenstand dar?

Angesichts der widersprüchlichen Auslegungsergebnisse des Kriteriums einheitlicher Nutzungs- und Funktionszusammenhang stellt sich der Praxis die Frage nach sinnvollen Lösungen zur Bestimmung **„des"** Vermögensgegenstands in einem Konglomerat von Produktionsbestandteilen. Diesbezüglich haben sich in der Tradition der deutschen und auch internationalen Rechnungslegung Konventionen herauskristallisiert, die insbesondere durch die unterschiedlichen **Abnutzungszeiträume** motiviert sind (→ § 253 Rz. 145 ff.). Auch steuerliche Aspekte haben hier wesentlich mitgespielt, so insbesondere in der Trennung von Gebäuden und Betriebsvorrichtungen (→ Rz. 68), die in Einzelfällen nicht zwingend sind, denen die Bilanzierungspraxis indes mangels besserer anderer Kriterien folgt. Im vorigen Beispiel wird deshalb das „Grundstück" in die Bestandteile „Grund und Boden" einerseits und „Gebäude" andererseits „zerlegt", um zu unterschiedlichen Abnutzungszeiträumen im Rahmen des planmäßig zu bestimmenden Abschreibungsverfahrens (→ § 253 Rz. 143) zu kommen. 67

BEISPIEL

Abschreibung auf Grund und Boden	0 %
Abschreibung auf Gebäude	2 %
Abschreibung auf Betriebsvorrichtungen	10 %
Abschreibung auf Maschinenanlagen	20 %
(linearer Abschreibungsverlauf unterstellt)	

Ein weiteres Beispiel in dieser Hinsicht – der (umgekehrten) Maßgeblichkeit steuerlicher Betrachtung für die handelsrechtliche Bilanzierung – stellt die Unterscheidung zwischen **Gebäude** und **Betriebsvorrichtungen** dar (→ Rz. 320). Diese geht der Wurzel nach zurück auf die Einheitsbewertung der Grundstücke für Zwecke der Abgrenzung der Besteuerungsgrundlagen von Gewerbe- und Grundsteuer. Vgl. zu Einzelheiten → § 266 Rz. 36. Die ertragsteuerliche Betrachtung hat sich daran orientiert und insbesondere deswegen an der Abgrenzung der Betriebsvorrichtungen vom Gebäude Gefallen gefunden, weil dann der Abschreibungszeitraum wesentlich kürzer anzusetzen ist als derjenige für das Gebäude. Dabei ist es durchaus zweifelhaft, ob man handelsrechtlich durchgehend der einschlägigen Kasuistik folgen kann oder muss. 68

BEISPIELE

► Bürocontainer gelten als Gebäude.[1]

► Fahrstuhlanlagen zur Personenbeförderung sind Gebäudebestandteil, Lastenaufzüge davon zu trennende Betriebsvorrichtungen.[2]

► Klimaanlagen in Chemiefaser- oder Tabakfabriken stellen Betriebsvorrichtungen dar, ansonsten sind sie Gebäudebestandteil.

In der Tat ist die im vorigen Beispiel dargestellte Differenzierung zwischen Personen- und Lastenaufzug nicht unbedingt einzusehen. Auch das Kriterium des einheitlichen **Nutzungs- und Funktionszusammenhangs** (→ Rz. 64) hilft nicht weiter: Die Fahrstuhlanlage im Kaufhaus

1 BFH, Urteil v. 23.9.1988 – III R 9/85, BFH/NV 1989 S. 484.
2 BFH, Urteil v. 7.10.1977 – III R 48/76, BStBl 1978 II S. 186.

dient genauso wie der Lastenaufzug dem gemeinsamen Einsatz im Kaufhausbetrieb. Trotzdem soll der Lastenaufzug einen eigenständigen Vermögensgegenstand darstellen, der Fahrstuhl wiederum nicht (→ § 253 Rz. 148). Stellt man zum Gegenbeweis als Unterscheidungskriterium auf die Definition des Vermögensgegenstands ab, wird man mit den Argumenten bald einmal zu Ende sein. Es müsste eine schlüssige Definition des Vermögensgegenstands (→ Rz. 12 ff.) erarbeitet werden, die insbesondere auch eine Abgrenzung des einen vom anderen Vermögensgegenstand ermöglicht (→ Rz. 63). Unseres Erachtens ist das Unterscheidungsmerkmal eher in der spezifischen **Funktion** des Vermögensgegenstands im Produktionsprozess – Beispiel Klimaanlage – zu suchen (→ § 266 Rz. 33).

69 Im Beispiel unter → Rz. 63 zur industriellen Produktionshalle sind die – insbesondere auch aus der steuerlichen Interessenlage heraus motivierten – Aufteilungen nach den Vorgaben von BFH-Präjudizien recht eindeutig. In anderen Wirtschaftszweigen liegen solche eher weniger oder gar nicht vor.

BEISPIEL ► Ein Verkehrsflugzeug kann als „ein" Vermögensgegenstand angesehen werden. Genauso gut erscheint eine „Zerlegung" in die drei Vermögensgegenstände „Rahmen", „Triebwerke" und „Innenausstattung" als möglich. Zusätzlich ist auch eine weitere Aufteilung innerhalb der Triebwerke denkbar, denn jedes dieser Triebwerke kann auch nach technisch relativ einfacher Demontage an einen anderen Flugzeugrumpf montiert werden.

70 Der Sinngehalt einer möglichen „Zerlegung" des Flugzeugs als Vermögensgegenstand liegt auch hier in der unterschiedlichen **Abschreibungsdauer.** Diesem Gedanken ist in den IFRS in IAS 16 im sog. **Komponentenansatz** nachgegangen worden.[1] Der Standard enthält sich dabei sinnvollerweise einer Definition i. S. von Abgrenzungsmerkmalen für Vermögenswerte, sondern spricht schlichtweg von *„parts"* eines *„item"*, lässt also die Vermögenswerteigenschaft auf sich beruhen, um unterschiedliche Nutzungsdauern innerhalb eines solchen Vermögenswerts berücksichtigen zu können. Je nach Auslegung des Begriffs *„part"* (→ Rz. 64) kommt die handelsrechtliche Rechnungslegung im Grunde hinsichtlich der Bestimmung von Abschreibungsverläufen zum selben Ergebnis und wird deshalb als zulässig erachtet.[2] Steuerlich soll dem nicht gefolgt werden können.[3] Vgl. hierzu auch → § 253 Rz. 149.

71 In wieder anderen Wirtschaftszweigen zerfließen die Abgrenzungskriterien des handelsrechtlichen Vermögensgegenstands und des IFRS-Vermögenswerts vollends. Hier kann man im Ergebnis Vermögensgegenstände und *parts* nicht mehr unterscheiden oder genauer: nur aufgrund interner Konvention.

BEISPIEL ► Eine Müllverbrennungsanlage mit Energie- und Wärmeerzeugung besteht aus folgenden wesentlichen Bestandteilen:

- ► Entladehalle
- ► Abfallbunker
- ► Rostfeuerung
- ► Schlackenaustragung
- ► Dampferzeugung

1 IDW RH HFA 1016.
2 Vgl. *Mujkanovic/Raatz*, KoR 2008 S. 245; IDW RH HFA 1.016.
3 Vgl. *Herzig et al.*, WPg 2010 S. 564.

- Elektrofilter
- Energienutzung
- Speisewasserwärmer
- Katalysator
- Abgaswäscher
- Rückstromwirbler/Gewebefilter
- Kamin
- Emissionsmessstation

Die „Zerlegung" der Anlage in Vermögensgegenstände ist mitunter nur durch argumentative **Kunstgriffe** möglich (→Rz. 14). Solcher hat sich der IV. BFH-Senat für **Windparkanlagen** bedient[1] und die Auffassung der Finanzverwaltung[2] bestätigt. Danach sind die Teile einer solchen Anlage zwar technisch „verzahnt", weshalb durch eine Heraustrennung eines Teils die Nutzbarkeit der gesamten Anlage für den Betrieb verloren geht.[3] Deshalb sollte man eigentlich von unselbständigen Teilen einer Gesamtanlage ausgehen (→Rz. 14). Gleichwohl stellt der BFH mit einigem sprachlichen Aufwand drei (der textlichen Darstellung nicht eindeutig zu entnehmende) selbständige Wirtschaftsgüter innerhalb einer Windkraftanlage fest:

- die eigentliche Anlage mit Fundament, interner Verkabelung und Kompakttransformatoren,
- externe Verkabelung einschließlich Übergabestation,
- Zuwegung.

Eindeutig dürfte diese Dreiteilung nicht aus den abstrakten Definitionen der BFH-Rechtsprechung abgeleitet sein. Doch lohnt hier eine Debatte aus Sicht der Rechnungslegungspraxis nicht, ebenso wenig eine Grundsatzdebatte, ob dieser Gesetzesauslegung auch handelsbilanzrechtlich zu folgen ist. Unseres Erachtens sollte die pragmatische und vereinfachende Formel „Vermögensgegenstand = Wirtschaftsgut" (→Rz. 14) möglichst beibehalten werden. Dies gilt auch im Bereich der Windparkanlagen, wo der IV. BFH-Senat den drei von ihm „getrennten" Wirtschaftsgütern der Gesamtanlage die gleiche Nutzungsdauer zugeordnet hat (→§ 253 Rz. 155).

Zur Frage des Bilanzierungsobjekts *(unit of account)* bei zusammengesetzten bzw. strukturierten **Finanzinstrumenten** wird auf →Rz. 295 verwiesen. Als einheitliches Wirtschaftsgut betrachtet der BFH[4] die kombinierte **Rückdeckungsversicherung** für einen Pensionsanspruch und eine Leistung des Arbeitgebers bei **Berufsunfähigkeit.**

Der Bestimmung eines Vermögensgegenstands und seiner Abgrenzung von anderen kommt Bedeutung zu bei

- der Festlegung der **Nutzungsdauer** (→§ 253 Rz. 145),
- der **Abgrenzung** von Erhaltungs- und Herstellungsaufwand (→§ 255 Rz. 166),
- dem Vorliegen einer dauernden **Wertminderung** (→§ 253 Rz. 201).

1 BFH, Urteil v. 14.4.2011 – IV R 46/09, BStBl II S. 696; bestätigt durch BFH, Urteil v. 1.2.2012 – I R 57/10, DStR 2012 S. 841 Tz. 16.

2 Siehe das Urteil des FG Rheinland-Pfalz v. 6.5.2010, BB 2011 S. 946, unter Bezugnahme auf eine Rechtsansicht der Finanzverwaltung.

3 So BFH, Urteil v. 21.7.1998 – III R 110/95, BStBl II S. 789.

4 BFH, Urteil v. 10.6.2009 – I R 67/08, BStBl 2010 II S. 32.

7. Finanzinstrumente

72 Auf die Kommentierung unter → Rz. 285 wird verwiesen.

8. Die „Verwandlung" des Vermögensgegenstands im Zeitverlauf

73 Der Vermögensgegenstand kann bei veränderter oder unveränderter „körperlicher" Beschaffenheit seine Eigenschaft im Zeitverlauf verlieren oder wieder zurückgewinnen. Diese „Verwandlung" geschieht im Zuge des Produktionsprozesses.

BEISPIEL Aus dem Abbau des Vermögensgegenstands „Sand und Kies" entsteht ein anderer Vermögensgegenstand „Baggersee". Dieser ist nach den öffentlich-rechtlichen Gegebenheiten nur zu Fischereizwecken verwendbar und gebiert den neuen immateriellen Vermögensgegenstand „Fischereirecht".[1]

BEISPIEL Der Flachstahl des Stahlproduzenten und das Türschließsystem des Automobilzulieferers verlieren die Eigenschaft als Vermögensgegenstand im Augenblick der Verwendung als Teil eines Pkw. Letzterer ist auch – als unfertiges Erzeugnis – der Vermögensgegenstand-Nachfolger für die eingebauten Teile.

Ein weiterer Grund für „Verwandlung" kann sich aus den Absichten des Eigentümers (→ Rz. 221) ergeben.

BEISPIEL Grund und Boden mit Bodenschatz – Kies, Sand, Torf etc. – stellt **einen** Vermögensgegenstand/ein Wirtschaftsgut dar. Der Bodenschatz macht sich mit Beginn der Aufschließung als materielles Wirtschaftsgut/materieller Vermögensgegenstand „selbständig".[2]

74 Umgekehrt kann auch der „Rückbau" eines bis dahin bestehenden, weil produktiv genutzten Vermögensgegenstands diese Eigenschaft vernichten und neue Vermögensgegenstände begründen.

BEISPIEL Der Hersteller von Feinchemikalien legt eine Fabrik still und verwertet die bislang der Produktion dienenden Röhren, Rührkessel, Rührwerkzeuge etc. Dabei werden die verschiedenen Edelmetalle – Titanium, V6a-Stahl, Palladium – „sortenrein" getrennt und zum Verkauf angeboten. Dieser „Schrott" stellt lukrativ verwertbare Vermögensgegenstände dar. Der Vermögensgegenstand „Rohrleitungssystem" verwandelt sich in verschiedene Positionen „Edelmetall", das nach Gewicht bewertet wird.

75 Dabei stellt der **Materialwert** im Verhältnis zum erforderlichen (insbesondere) Arbeitseinsatz zur Transformation vom bisherigen „Gesamt"-Vermögensgegenstand zum neuen eine entscheidende Größe dar. Entsprechend ist das „Ausschlachten" eines Pkw zur Gewinnung von Ersatzteilen in entwickelten Volkswirtschaften regelmäßig keine sinnvolle Beschäftigung (mehr). Das Lohnniveau ist im Verhältnis zum erzielbaren Preis im Handel zu hoch (Ausnahme: Ersatzteile für Bugatti-Cabriolet, Baujahr 1926). Andererseits kann der Anteil von wiederaufbereitbaren Metallen eines zu verschrottenden Pkw wegen deren Werthaltigkeit ein rentables Geschäftsmodell darstellen (→ § 253 Rz. 70). Ähnliches gilt für Flugzeugtriebwerke.

1 Vgl. *Burger*, StBp 2010 S. 148.
2 BFH, Urteil v. 24.1.2008 – IV R 45/05, BStBl 2009 II S. 449.

BEISPIEL ► Die Deutsche Lufthansa AG betreibt Flugzeuge vom Typ Airbus A 300-600 und Boeing 747-400. Beide Flugzeugtypen werden mit CF6-80C2-Triebwerken von General Electric betrieben. Die Fluglinie entscheidet 2009, die Airbus-Flotte nach 22 Dienstjahren außer Dienst zu stellen.

Zur Sicherstellung einer nahezu 100 %-Verfügbarkeit von Triebwerken für beide Flugzeugtypen existiert ein *„spare pool"* von sechs Triebwerken, von denen nun zwei nicht mehr benötigt werden; diese stehen zum Verkauf.

Nachfolgende Preisverhandlungen mit *„Engine Lease"*-Firmen ergeben kein zufriedenstellendes Angebot, da die Nachfrage eingebrochen ist: Nur noch 40 % des Anschaffungspreises können für die flugtauglichen Triebwerke erzielt werden.

Die Fluglinie entscheidet sich daher für die Zerlegung in Einzelteile bei einer Tochterfirma in Manila: Turbinenschaufeln, Brennkammer, Kabelbäume und Steuerungselektronik werden dort als Einzelteile im luftrechtlichen Sinn als *„serviceable"* (einbaubar) zertifiziert.

Diese werden von einem *partstrader* in Chicago für 70 % des OEM-Einzelteilpreises (OEM = *originalequipment manufacturer*) aufgekauft, so dass nach Abzug der Zerlegungskosten (an einem Billiglohn-Standort) und *„scrap"* ca. 50 % des (Triebwerks-)Anschaffungspreises erlöst werden.

Der „Rückbau" des Triebwerks ist nur rentabel – führt somit zu Vermögensgegenständen – wegen der niedrigen Lohnkosten in Manila, die bei der Zerlegung anfallen, und der hohen Einzelverkaufspreise der Triebwerksteile (z. B. hat eine der 36 von außen sichtbaren Schaufeln einen Einzelteilpreis von 25 TUSD).

IV. Schulden (Abs. 1 Satz 3)

1. Grundstruktur des Bilanzansatzes

Die Schulden i. S. des § 246 Abs. 1 HGB können als **Oberbegriff** für **Verbindlichkeiten** und **Rückstellungen** verstanden werden.[1] Rückstellungen sind durch das **Unsicherheits**moment gekennzeichnet (→ § 249 Rz. 12). Schulden werden auch in § 240 Abs. 1 HGB, § 242 Abs. 1 HGB und § 247 Abs. 1 HGB sowie in § 252 Abs. 1 Nr. 3 HGB und § 265 Abs. 3 HGB erwähnt. 76

Eine **Schuld** ist bilanzrechtlich-abstrakt wie folgt zu definieren:[2]

- Es besteht eine vom Gläubiger erzwingbare[3] rechtliche oder faktische **Verpflichtung** zur Leistungserbringung gegenüber Dritten (abgesehen von Sonderfällen der Aufwandsrückstellungen, → § 249 Rz. 211 ff.),
- diese Verpflichtung begründet eine wirtschaftliche **Belastung** (→ Rz. 77 ff.) und
- sie ist **quantifizierbar,** wenn möglicherweise auch nur im Schätzungswege wie bei Rückstellungen.

Ist bei einem Portfolio von Verbindlichkeiten ein statisch mit hoher Verlässlichkeit fassbarer Anteil nicht zu erfüllen – so etwa bei der entgeltlichen Ausgabe von Geschenkgutscheinen –, scheidet ein vollständiger Ansatz der Verbindlichkeiten aus[4] (→ § 252 Rz. 186a).

Speziell für **steuerliche** Zwecke wird mit Überschneidungen zu den vorstehenden Definitionsmerkmalen noch weiter ausgeholt:[5]

- **betriebliche** Veranlassung,

---

1 So *ADS*, 6. Aufl., § 246 Tz. 102.
2 Nach BFH, Urteil v. 16.10.1991 – I R 88/89, BStBl 1992 II S. 257.
3 BFH, Urteil v. 30.11.2011 – I R 100/10, BStBl 2012 II S. 332 Tz. 11.
4 BFH, Urteil v. 22.11.1988 – VIII R 62/85 NWB NAAAA-92805, BStBl 1989 II S. 359.
5 Vgl. *Schmidt/Weber-Grellet*, EStG, 36. Aufl. 2017, § 5 Tz. 311.

- **Gewissheit** und **Quantifizier**barkeit am Bilanzstichtag,
- wirtschaftliche **Begründung** bis zum Bilanzstichtag,
- **Bekanntsein** bis zur Bilanzerstellung sowie
- hohe Wahrscheinlichkeit der **Erfüllungspflicht.**[1]

Die Erfüllbarkeit der Verbindlichkeit durch den Schuldner stellt kein Ansatzkriterium dar. Oder umgekehrt: Auch wenn der Schuldner wirtschaftlich zur Erfüllung der Verpflichtung nicht in der Lage ist, muss der Ansatz in seiner Bilanz – auch im Liquidationsfall – erfolgen.[2]

Die Verpflichtung kann aus **Rechts**gründen bestehen, aber auch bei **faktischem** Leistungszwang. Typisches Beispiel für Letztere sind die Kulanzverpflichtungen (→ § 249 Rz. 15).

77 Die **wirtschaftliche** Belastung setzt eine am Bilanzstichtag (→ § 252 Rz. 66) hinreichende **Konkretisierung** der Verpflichtung voraus (→ § 249 Rz. 43). Eine solche ist bei Verbindlichkeiten aus dem laufenden Geschäftsverkehr immer gegeben, vgl. aber → Rz. 78, umgekehrt steht die ausreichende Konkretisierung, z. B. bei öffentlich-rechtlichen Verpflichtungen aus dem Umweltschutz, regelmäßig infrage (→ § 249 Rz. 56). Konkret bilanzierbar ist eine Verbindlichkeit aus wechselseitigem Vertrag erst nach **erbrachter Sachleistung** des Vertragspartners, also **nach** Lieferung der Sache oder der Dienstleistung (→ Rz. 79), bei periodischer Erbringung (z. B. Miete) zeitanteilig. Es ist spiegelbildlich zur Aktivierung der **Forderung** zu verfahren (→ § 252 Rz. 141; → Rz. 55). Auch das **Vollständigkeitsgebot** rechtfertigt keinen Ansatz (→ Rz. 3).

BEISPIEL[3] Ein Schulungskurs läuft vom 1.9. bis zum 30.6. des Folgejahres. Am 31.12. sind lediglich 4/10 der noch nicht bezahlten Kursgebühr passivierbar (korrespondierend zur Forderung), vgl. → § 250 Rz. 31. Davon zu unterscheiden sind „fehlende" Nutzungsvergütungen bei mehrjährigen Verpflichtungen (→ § 249 Rz. 141).

BEISPIEL[4] Bei einem neun Jahre laufenden Darlehensvertrag waren für die ersten Jahre nur sehr niedrige Zinsen vereinbart. Dieses „Zuwenig" wurde in der späteren Vertragslaufzeit durch „zu hohe" Zinsen kompensiert. Einvernehmlich legten die Parteien einen angemessenen Durchschnittszins für die gesamte Laufzeit von 5,2 % fest. Nach Auffassung des BFH waren in den ersten Vertragsjahren die „fehlenden" Zinsen durch einen Verbindlichkeitsansatz zu erfassen, der in den späteren Zeiträumen aufzulösen war, um so periodisch den „richtigen" Zinsaufwand auszuweisen.

Im Hinblick auf die Ansatzkriterien für Schulden nach → Rz. 76 ist zu ergänzen, dass die Schuld nicht am Bilanzstichtag rechtlich bestehen muss, sondern sich über die gesamte Vertragslaufzeit hinweg aufbauen kann (→ § 249 Rz. 181).

78 Die wirtschaftliche Belastung wird im **Rückstellungsbereich** durch die BFH-Rechtsprechung und das Schrifttum durch weitere Kriterien inhaltlich verfeinert (→ § 249 Rz. 23 ff.). Das ist erforderlich, weil unter „wirtschaftlicher Belastung" vieles, und damit nur Undefinierbares, verstanden werden kann. Für die **Verbindlichkeit** fehlt es an einer konsistenten Spezifizierung. Hier herrscht gerade auch in der BFH-Rechtsprechung **Kasuistik.**

1 Sog. Gutmünzenurteil des BFH v. 22.11.1988 – VIII R 62/85, BStBl 1989 II S. 359.
2 Vgl. *Mayer/Betzinger*, DStR 2014 S. 1576; BFH, Urteil v. 5.2.2014 – I R 34/12, BFH/NV 2014 S. 1014; BFH, Urteil v. 9.2.1993 – VIII R 29/91, BStBl 1993 II S. 747.
3 Sachverhalt wie im Beispiel unter → § 252 Rz. 130 „Steuerfachschule".
4 Nach BFH, Urteil v. 25. 5. 2016 – I R 17/15, BStBl II S. 930.

BEISPIEL[1] Ein Rangrücktritt eines Darlehensgläubigers mit Befriedigung erst aus späteren Jahresüberschüssen oder einem Liquidationsüberschuss verhindert dem BFH zufolge eine **Belastung** des Schuldners aus dieser Verbindlichkeit. Die rechtlich weiter bestehende Verbindlichkeit ist deshalb nicht (mehr) bilanzierbar. **Warum** keine Belastung mehr besteht, wird nicht detailliert begründet. Nach normalem Begriffsverständnis belastet den Schuldner auch diese bedingte Verpflichtung, denn ohne sie könnte er sich des künftigen Überschusses uneingeschränkter freuen.

Die Nichtpassivierbarkeit von Verbindlichkeiten, die nur aus künftigen Gewinnen zu tilgen sind, wird allerdings handels- und steuerbilanziell durch langjährige höchstrichterliche Rechtsprechung gestützt.[2]

Anders als im Sachverhalt des vom BFH entschiedenen Streitfalls kann die Rangrücktrittserklärung auch mit der Tilgungsmöglichkeit „aus sonstigem freiem Vermögen" generiert werden. Dann ist dem BFH zufolge die subordinierte Schuld unverändert zu bilanzieren (→ Rz. 88). Das FG Münster hielt für den Fall eines Rangrücktritts einer nicht nur aus zukünftigen Gewinnen, sondern auch aus sonstigem freien Vermögen zu tilgenden Forderung gegenüber einer vermögenslosen Gesellschaft fest: Die Schuld ist weiter zu passivieren. Aus der Vermögenslosigkeit folgt nicht, dass es an der wirtschaftlichen Belastung fehlt.[3] Der BFH bestätigt dies im Revisionsverfahren und weist besonders darauf hin, dass die Passivierungspflicht schon handelsrechtlich besteht (und dann per Maßgeblichkeit auch steuerlich).[4]

Eine am Stichtag bestehende rechtsverbindlich unterlegte wirtschaftliche Belastung – einerlei, wie definiert – führt nicht zwingend zum Ansatz einer Schuld. 79

BEISPIEL Ein Unternehmen erteilt am 31.12.01 einem IT-Spezialanbieter den Auftrag zur Neukonfiguration des Datenverarbeitungssystems zum Pauschalpreis von 1.000 €. Das Vorliegen einer wirtschaftlichen Belastung wird man bei nicht zu kleinlicher Betrachtung bestätigen können, die Rechtsverpflichtung sowieso. Gleichwohl kann diese belastete Verpflichtung nicht angesetzt werden, weil die bedungene Leistung noch nicht erbracht ist (→ Rz. 77).

Zum gleichen Ergebnis kommt man bei Wertung dieses „Geschäfts" als schwebender und deshalb nicht bilanzierbarer Vertrag (→ § 249 Rz. 151).

Rechtsmängel der Forderung (→ Rz. 60) verhindern deren Ansatz als Verbindlichkeit beim Schuldner nicht. Beispiele hierfür sind temporär wirksame **Einreden,** z. B. des nicht erfüllten Vertrags, oder die Ausübung eines **Zurückbehaltungsrechts.** Das Gegenteil gilt im Fall der **Verjährung,** sofern der Kaufmann die entsprechende Einrede erheben will.[5] Ein **Anfechtungsrecht** wegen Irrtums, Täuschung oder Drohung bei Zustandekommen der Verbindlichkeit erlaubt die Nichtpassivierung erst bei rechtlicher Klärung oder Anerkennung durch den Gläubiger. Entsprechendes gilt für **Wandlungs-** oder **Minderungs**rechte. Das **Bestreiten** einer Verbindlichkeit erlaubt keinen Verzicht auf den Ansatz, ebenso wenig die mögliche **Nichtkenntnis** des Gläubigers vom Bestehen seines Anspruchs. Wenn der Schuldner mangels ausreichenden Vermögens die Schuld[6] nicht mehr ganz oder teilweise bedienen kann, rechtfertigt dies nicht einen Verzicht auf den Bilanzansatz der Schuld. Erst wenn der Schuldner mit an Sicherheit grenzender Wahrscheinlichkeit nicht mehr mit einer Inanspruchnahme durch den Gläubiger rechnen 80

1 Nach BFH, Urteil v. 30.11.2011 – I R 100/10, DStR 2012 S. 450, dazu *Hoffmann*, StuB 2012 S. 209.

2 RG, Urteil v. 26.11.1912 – II 359/12, RG 781, 17; RFH, Urteil v. 4.2.1932 – I A 183/31, RStBl I S. 303; RFH,Urteil v. 23.7.1935 – I A 47/34, StuW 1935 II Nr. 620; BFH, Urteil v. 18.6.1980 – I R 72/76, BStBl S. 741; hierzu Nichtanwendungserlass des BMF v. 28.7.1997, BStBl I S. 398.

3 FG Münster, Urteil v. 13.9.2018 – 10 K 504/15 K,G,F, NWB MAAAH-00575; vgl dazu *Lüdenbach*, StuB 2019 S. 85.

4 BFH, Urteil v. 19.8.2020 – XI R 32/18.

5 BFH, Urteil v. 9.2.1993 – VIII R 21/92, BStBl II S. 543.

6 BFH, Urteil v. 9.2.1993 – VIII R 29/91, BStBl 1993 II S. 747.

muss, darf ein Bilanzansatz der Schuld nicht mehr erfolgen.[1] Bei der Prüfung eines Insolvenzgrunds und auch während des Insolvenzverfahrens ist von einer wirtschaftlichen Belastung des Schuldners i. H. des Nennbetrags der Verbindlichkeit auszugehen, weil die Insolvenzgläubiger ihre restlichen Forderungen auch nach Aufhebung des Verfahrens noch geltend machen können (§ 201 Abs. 1 InsO).[2]

81 Nicht als bilanzansatzbegründende Schulden gelten sog. **Eventual**verbindlichkeiten, solange die Inanspruchnahme am Bilanzstichtag nicht ausreichend wahrscheinlich ist (→ § 251 Rz. 8). Ebenso wenig sind Verbindlichkeiten aus einem **schwebenden Vertragsverhältnis** (→ Rz. 8) – z. B. die Mietschuld für die Restlaufzeit des Vertrags – zu passivieren, es sei denn, es besteht ein Leistungsrückstand, z. B. hier säumige Mietzahlung (→ § 249 Rz. 178). Die Nichtpassivierbarkeit lässt sich auch durch die am Bilanzstichtag in periodischer Betrachtung noch nicht bestehende Sachleistungspflicht – Überlassung der Mieträume in der Zukunft – begründen (→ Rz. 77).[3]

Allerdings müssen vermeintliche oder wirkliche Gläubiger ihre Ansprüche hinsichtlich ihrer Berechtigung einigermaßen **substantiiert** vortragen. Die Forderung eines selbsternannten Gesundheitsapostels gegen den Stromversorger auf Schadenersatz wegen Belästigung durch Elektrosmog berechtigt nicht zur Passivierung einer Schuld. Dazu kann ein BFH-Urteil als Beleg dienen, demzufolge eine Verbindlichkeit nicht passiviert werden kann, wenn sie mit an Sicherheit grenzender Wahrscheinlichkeit **nicht** erfüllt wird[4] bzw. **nicht mehr** erfüllt werden muss.[5]

82 **Aufschiebend** bedingte Verpflichtungen sind nach h. M.[6] dann zu bilanzieren, wenn der Bedingungseintritt am Bilanzstichtag wahrscheinlich ist, z. B. bei drohender Inanspruchnahme infolge einer Bürgschaftszusage (→ § 249 Rz. 151). **Auflösend** bedingte Verpflichtungen sollen demgegenüber bis zum Eintritt der Bedingung zu bilanzieren sein, danach sind sie aufzulösen. **Gegen** diese logisch stringente rückwirkende Lösung kann im Einzelfall sprechen (→ Rz. 58):

- Die Rechtstechnik des Einsatzes von aufschiebender und auflösender Bedingung ist regelmäßig **austauschbar,** so dass auflösende und aufschiebende Bedingungen bilanzrechtlich gleich zu behandeln sind. Auf die Beispiele unter → Rz. 58 f. wird verwiesen.
- Der Eintritt der Auflösungsbedingung muss stichtagsbezogen ausreichend **wahrscheinlich** sein (→ Rz. 59); dann kann die Verbindlichkeit ausgebucht werden.

BEISPIEL Im Beispiel unter → Rz. 59 gilt aus Sicht des Geschäftsherrn (verkaufswilliges Unternehmen):

- Der Geschäftsherr schuldet aufschiebend bedingt eine Zusatzprovision von X %, wenn im Jahr 04 die Bedingung erfüllt ist.
- Der Geschäftsherr sagt für 04 eine Sonderprovision von X % zu. Der Anspruch entfällt bei Nichterfüllung der Bedingung.

Der Bilanzansatz der Schuld vom 31.12.04 richtet sich nicht nach der Rechtstechnik der Bedingungsgestaltung, sondern nach der Wahrscheinlichkeit des Bedingungseintritts. Das gilt z. B. auch für das

1 BFH, Urteil v. 22.11.1988 – VIII R 62/85, BStBl 1989 II S. 359.
2 OFD Nordrhein-Westfalen, Kurzinfo v. 21.11.2014, DB 2014 S. 2741.
3 *Hoffmann*, StuB 2012 S. 377.
4 BFH, Urteil v. 20.9.1995 – X R 225/93, BStBl 1997 II S. 320: Fall von jahrzehntelang nicht bewegten Sparbüchern einer Bank.
5 BFH, Urteil v. 22.11.1988 – VIII R 62/85, BStBl 1989 II S. 359 („Gutmünzen"); BFH, Urteil v. 12.12.1990 – I R 153/86, BStBl 1991 II S. 479.
6 Vgl. *ADS*, 6. Aufl., § 246 Tz. 122; BFH, Urteil v. 4.2.1999 – IV R 54/97, BStBl 2000 II S. 139.

Bürgschaftsobligo, das beim Bürgen erst bilanzierbar ist, wenn eine hinreichende Wahrscheinlichkeit der Inanspruchnahme besteht (→ § 251 Rz. 4).[1]

Wahlschulden i. S. des § 262 BGB berechtigen z. B. den Gläubiger zur Erfüllung in Sachwerten (Aktien etc.) oder in Geld – Euro oder Fremdwährung. Zur Bewertung vgl. → § 253 Rz. 40, zum Ansatz (ein oder mehrere Bilanzierungsobjekte) vgl. → Rz. 302. 83

Besondere Bewertungsprobleme bereiten **indexierte** Schulden (→ § 253 Rz. 39).

2. Sonderfälle

2.1 Rückzahlungsverpflichtung, gewinn- oder umsatzabhängige (§ 5 Abs. 2a EStG)

Es geht um Verbindlichkeiten des Kaufmanns, deren Rückzahlung so lange aufgeschoben (bedingt) ist, bis (in der Zukunft) irgendwie definierte Gewinne oder Erlöse anfallen oder (auflösend bedingt) Verluste abgebaut sind (→ Rz. 82). 84

Folgende **Sachverhalte**, überwiegend aus der BFH-Rechtsprechung, haben für die Gesetzesneufassung Pate gestanden:

- **Bohr-** oder **Schürfrechte** werden an eine Explorationsgesellschaft verkauft. Die Kaufpreisverbindlichkeit ist insoweit zu bedienen, als irgendwie bestimmte Erlöse abzüglich Kosten durch die Erdölproduktion „eingefahren" sind.[2]
- Ein Kaufmann erwirbt das Herstellungs- oder **Verwertungsrecht** an einem **Film** zu einem bestimmten Preis von einem Dritten (Filmkredit). Der Kaufpreis wird gestundet und muss nur aus bestimmten Einspielerlösen des Films bezahlt werden.[3]
- Die öffentliche Hand gewährt **Zuschüsse,** die (nur) rückzahlbar sind, wenn aus dem Forschungsprojekt Gewinne erzielt werden (aufschiebend bedingte Verpflichtung).[4]
- Autoren gewähren einem Buchverlag für Herstellung und Vertrieb wissenschaftlicher Bücher eine **Druckbeihilfe** in Form eines unverzinslichen Darlehens. Bei Überschreitung einer bestimmten verkauften Stückzahl ist für jedes weitere verkaufte Stück ein bestimmter Betrag dieses „Darlehens" zurückzuzahlen.[5]
- Gläubiger eines **sanierungsbedürftigen** Unternehmens verzichten auf Forderungen, die nach Wiederherstellung des verlorenen gezeichneten Kapitals wieder aufleben sollen (sog. Besserungsschein, → Rz. 92).[6]
- **Erfolgsprämien** an Arbeitnehmer mit Fälligkeit erst in 20 Jahren, die nach Maßgabe der dann gegenwärtigen Ertrags- und Liquiditätslage in Raten auszuzahlen sind, stellen keine gegenwärtige wirtschaftliche Belastung dar.[7]

---

1 BFH, Urteil v. 22.1.1992 – X R 23/89, BStBl II S. 488.
2 Beispiel nach *Jakob,* BB 1986 S. 972.
3 Fall ähnlich BFH, Beschluss v. 10.10.1985 – IV B 30/85, BStBl 1986 II S. 68; BFH, Urteil v. 20.9.1995 – X R 225/93, BStBl 1997 II S. 320, mit Nichtanwendungserlass BMF, Schreiben v. 28.4.1997 – S 2137, BStBl I S. 398.
4 BFH, Urteil v. 17.12.1998 – IV R 21/97, BStBl 2000 II S. 116.
5 Fall des BFH, Urteil v. 3.7.1997 – IV R 49/96, BStBl 1998 II S. 244.
6 Fall des BFH, Urteil v. 30.5.1990 – I R 41/87, BStBl 1991 II S. 588.
7 BFH, Urteil v. 18.6.1980 – I R 72/76, BStBl 1980 II S. 741.

- Ein **Filmkredit,** der lediglich aus künftigen Verwertungserlösen zu tilgen ist, ist weiterhin anzusetzen, aber möglicherweise gegenüber dem Nennwert nach Maßgabe der Eintrittswahrscheinlichkeit abzuschreiben.[1]
- Rückgabe einer **Kostenüberdeckung** eines kommunalen Zweckverbands.[2]

85 Teilweise verbergen sich hinter diesen vom BFH entschiedenen Fällen unliebsame **Steuerstundungsmodelle,** die dann durch den § 5 Abs. 2a EStG im Steuerbereinigungsgesetz 1997 durch Gesetzesänderung bekämpft worden sind. Diese steuerliche Bilanzierungsnorm ist jedenfalls auf Verbindlichkeiten anzuwenden, die wegen künftiger Gewinne oder Einnahmen (bedingt) **entstehen,** zweifelhafter hingegen die Anwendung auf Rangrücktrittserklärungen für bereits bestehende Verbindlichkeiten, die in der Rückzahlungsmodalität an künftige Gewinne oder Einnahmen anknüpfen (→ Rz. 89).[3] Unabhängig davon bleibt die Frage nach der **handelsrechtlichen** Passivierung, die nachstehend in Gegenüberstellung zu der Spezialvorschrift des § 5 Abs. 2a EStG zu kommentieren ist.

Dazu folgendes Beispiel:

BEISPIEL[4] Die Biotec AG (B) erhält vom Pharmaproduzenten (P) einen „Forschungskredit" zur Entwicklung eines spezifischen Wirkstoffs. Sofern dessen Markteinführung zugelassen wird, entsteht die Rückzahlungsverpflichtung, die dann nach Maßgabe der Verkaufszahlen nach einem bestimmten Berechnungsmodus zu erfüllen ist. Wenn umgekehrt die Markteinführung nicht gelingt, entfällt der Rückzahlungsanspruch für das Darlehen. Als Entwicklungszeitraum sind vier Jahre vorgesehen.

Bei wörtlicher Auslegung von § 5 Abs. 2a EStG ist bei B zu buchen: per Geld an (sonstigen) Ertrag. Danach wäre also die Gewährung des „Darlehens" mit einer Gewinnrealisierung bei B verbunden. Der Verstoß gegen das Imparitäts- und Realisationsprinzip liegt auf der Hand.[5] Der **zu früh** ausgewiesene Gewinn (ohne z. B. irgendeine Ausschüttungsbegrenzung) wird durch die (u. U.) **spätere** Aufwandsbuchung im Rückzahlungsfall kompensiert oder aber verbleibt bei B zur Deckung seiner vergeblichen Entwicklungskosten. Im Zeitpunkt der Darlehensgewährung ist noch nichts „wirtschaftlich verursacht" (→ Rz. 55). Deshalb ist – bei Maßgeblichkeit der rechtlichen Ausgestaltung – nach dem wirtschaftlichen Gehalt des „Darlehens" zu fragen.

Dem Sachverhalt des Beispiels liegt seitens P die **Entscheidung** zwischen *„make or buy"* zugrunde. P wollte die Entwicklungskosten für den Wirkstoff nicht (gänzlich) allein tragen und hat sich für *„buy"* entschieden. Bei *„make"* wären im eigenen Unternehmen die entsprechenden Kosten mit Liquiditätsabflüssen kontinuierlich entstanden. Im Falle des *„buy"* ist die Liquidität schon ex ante abgeflossen, was aber – abgesehen von Zinseffekten – gem. § 252 Abs. 1 Nr. 5 HGB keine Auswirkung auf die bilanzielle Abbildung haben kann (→ § 252 Rz. 205). So betrachtet ist die als „Darlehen" titulierte Liquiditätsgewährung des P an die B als Aufwandszuschuss zu behandeln und über die vereinbarte Laufzeit des Vertrags zu periodisieren (→ § 250 Rz. 39), d. h. passiv abzugrenzen. Passive Abgrenzungsposten unterliegen als „Nichtverbindlichkeiten" keinem Passivierungsverbot, stellen auch keine „Verpflichtungen" i. S. des § 5 Abs. 2a EStG dar.

Noch nicht behandelt ist die **latente Rückzahlungsverpflichtung,** aufgeschoben **bedingt** durch künftig anfallende Gewinne oder Umsatzerlöse bzw. der Wahrscheinlichkeit des Eintretens (→ Rz. 82). Solange nicht ernsthaft mit einer Rückzahlungsverpflichtung zu rechnen ist, scheidet u. E. der Ansatz der Verbindlichkeit auch **handelsrechtlich** aus.

Sofern die bedingte (erfolgsabhängige) Schuld der Begleichung von Anschaffungs- und Herstellungskosten dient, steht § 5 Abs. 2a EStG dem Ansatz nicht entgegen (→ § 255 Rz. 78). Auf

1 BFH, Urteil v. 20.9.1995 – X R 225/93, BStBl 1997 II S. 320.
2 BFH, Urteil v. 6.2.2013 – I R 62/11, BStBl 2013 II S. 954.
3 So *Rätke*, StuB 2012 S. 340.
4 Nach *Hoffmann* in Littmann/Bitz/Pust (Hrsg.), Das Einkommensteuerrecht, §§ 4, 5 Tz. 917c.
5 Vgl. *Wendt*, StBJb 2003/2004 S. 255.

eine einfache Formel gebracht:[1] Das (steuerliche) Passivierungsverbot setzt die Belastung künftigen Vermögens und nicht des am Bilanzstichtag vorhandenen Vermögens voraus. Unseres Erachtens kann dieser Vorgabe auch handelsbilanziell gefolgt werden.[2]

Nach Auffassung des XI. Senats umfasst § 5 Abs. 2a EStG im Kern nicht nur ein Passivierungsverbot dem Grunde nach, sondern regelt auch die Passivierung der Höhe nach.[3]

2.2 Gesellschafterfinanzierung

2.2.1 Eigenkapitalersatz

Gesellschafts- und steuerrechtlich steht es dem Gesellschafter einer Kapital- oder Personen- 86
handelsgesellschaft frei, diese mit **Eigen-** oder **Fremd**kapital zu finanzieren. Selbst ein extrem hoher Fremdfinanzierungsgrad ist akzeptabel.[4] Die gleichwohl fiskalisch vermutete Missbräuchlichkeit wird nach verschiedenen Ansätzen in dem früheren § 8a KStG nunmehr durch die Zinsschrankenregelung in § 4h EStG bekämpft. Die wie häufig steuerlich vorgespurte Bilanzierungssituation reflektiert primär **Handelsrecht.** Die einschlägigen BFH-Urteile legen entsprechend ausschließlich Handelsrecht aus (zu Besonderheiten nach § 5 Abs. 2a EStG vgl. → Rz. 85 und → Rz. 88 ff.), dem folgt auch das Schrifttum in weiten Zügen.

Die einschlägigen Bilanzierungsfragen beziehen sich zunächst auf das **Eigenkapitalersatzrecht** nach Maßgabe der BGH-Rechtsprechung zu den sog. **kapitalersetzenden Darlehen.** Nach dieser Rechtsprechung muss sich ein Gesellschafter im Insolvenzfall so behandeln lassen, als ob er der Gesellschaft Eigenkapital zugeführt hätte. Diese Rechtsprechung des BGH ist mittlerweile durch das MoMiG überholt und damit auch die Unterscheidung zwischen einfachem und qualifiziertem Rangrücktritt.[5] Nunmehr unterliegt ein Gesellschafterdarlehen unter bestimmten Voraussetzungen in der Insolvenz immer einer Gleichsetzung mit dem Eigenkapital. Aus insolvenzrechtlicher Sicht gilt:[6] Der überschuldungsvermeidende Rangrücktritt ist ein Schuldänderungsvertrag, der eine Passivierung im Überschuldungsstatus **verhindert** und nur bei einem die Verbindlichkeit übersteigenden Aktivvermögen bedient werden darf. Bis zur Überwindung der Überschuldung darf die Verbindlichkeit nicht zurückbezahlt werden, vergleichbar mit dem § 30 GmbHG. Es liegt eine Durchsetzungssperre vor, was bei einer gleichwohl erfolgten Erfüllung nach Eintritt der Insolvenzreife eine Zahlung auf eine **Nichtschuld** bedeutet. Der schuldumfassende Rangrücktritt ist als Vertrag **zugunsten** aller Gläubiger des Schuldners nach § 328 Abs. 1 HGB zu qualifizieren.[7]

Der BFH hat in ständiger Rechtsprechung in handelsrechtlicher Betrachtung das **eigenkapitalersetzende** Darlehen als (unveränderte) **Verbindlichkeit** behandelt und eine gewinnerhöhende Auflösung zugunsten des Eigenkapitals abgelehnt.[8] Dem ist u. E. auch für die Handelsbilanz zu

1 Nach dem Leitsatz des BFH, Urteil v. 6.2.2013 – I R 62/11, BStBl 2013 II S. 954.

2 *Buciek* in Blümich, EStG, § 5 Tz. 758c, unter Verweis auf ein Obiter Dictum vom BFH, Urteil v. 14.5.2002 – VIII R 8/01, BStBl 2002 II S. 532.

3 BFH, Urteil v. 10.7.2019 – XI R 53/17. Dazu ausführlich *Prinz*, StuB 2019, S. 881.

4 *BFH*, Urteil v. 5.2.1992 – I R 127/90, BStBl II S. 532.

5 *Funk*, BB 2009 S. 870.

6 BGH, Urteil v. 5.3.2015 – IX ZR 133/14, BB 2015 S. 973; vgl. hierzu *Schmidt*, BB 2016 S. 4.

7 *Müller*, BB 2016 S. 491.

8 Grundlegend BFH, Urteil v. 5.2.1992 – I R 127/90, BStBl II S. 532; BFH, Urteil v. 28.3.2000 – VIII R 28/98, BStBl II S. 347, zu § 15a EStG, also dem Fall einer Kommanditgesellschaft; entsprechend urteilt die h. M., z. B. *Schulze-Osterloh*, WPg 1996 S. 105; *Buciek*, StBg 2000 S. 109.

folgen. Entsprechend sind nicht ausbezahlte Zinsen für solche kapitalersetzenden Darlehen als Verbindlichkeit auszuweisen.

87 Der mitunter befürwortete **Ausweis** der eigenkapitalersetzenden Darlehen als **Sonderposten** zwischen Eigen- und Fremdkapital kommt u. E. nicht in Betracht.[1] Es gibt keine „halben" Schulden und kein „halbes" Eigenkapital (→ § 247 Rz. 4). Wenn es sich um Fremdkapital handelt, ist es auch als solches darzustellen. Korrespondierend zum Verbindlichkeitsausweis sind die **Forderungen** in der Bilanz des Gesellschafters als solche auszuweisen,[2] keinesfalls aber zwingend gleichlautend zu bewerten (→ Rz. 61).

2.2.2 Rangrücktritt

88 Eine Passivierungspflicht als Verbindlichkeit im Jahresabschluss besteht ebenso im Falle eines **Rangrücktritts** – sei es nur gegenüber **einzelnen** Gläubigern oder sei es gegenüber **allen** anderen. Letzterer ist häufig zur Vermeidung einer Überschuldung im Insolvenzstatus als Stützungsmaßnahme für notleidende Gesellschaften durch den oder die Gesellschafter erforderlich.[3] Dies gilt auch für den sog. **qualifizierten** Rangrücktritt, der nicht nur eine Befriedigung nach allen anderen Gläubigern vorsieht, sondern eine Gleichstellung mit den Eigenkapitalgebern insoweit, als eine Tilgung nur aus zukünftigen Gewinnen erfolgen darf. Unabhängig von der rechtlichen Ausgestaltung des Rangrücktritts zur Vermeidung einer Einstellung in den **Insolvenzstatus** bleibt u. E. handelsbilanziell der Verbindlichkeitscharakter i. d. R. erhalten (vgl. aber → Rz. 90).[4] Die Finanzverwaltung[5] und der BFH lassen im Hinblick auf § 5 Abs. 2a EStG steuerbilanziell eine Passivierung hingegen dort nicht zu, wo die im Rang zurückgetretene Verbindlichkeit ausschließlich aus zukünftigen Gewinnen zu tilgen ist (→ Rz. 89).[6] Ist hingegen eine Tilgung auch aus sonstigem freien Vermögen vereinbart und daher § 5 Abs. 2a EStG nicht anwendbar, bleibt es bei der Passivierung der Schuld. Dies gilt auch dann, wenn die Schuldnerin vermögenslos ist (→ Rz. 78).

89 Steuerbilanziell kann der BFH offenlassen, ob bei einer Tilgungsvereinbarung **nur** aus künftigen Gewinnen oder Liquidationsüberschüssen eine **wirtschaftliche Belastung** fehlt. Soweit jedenfalls die „Tatbestandsvoraussetzungen des § 5 Abs. 2a EStG – einer den Maßgeblichkeitsgrundsatz durchbrechenden ertragsteuerrechtlichen Sondervorschrift – vorliegen".[7]

Der Wegfall der Verbindlichkeit in der Steuerbilanz führt im ersten Beurteilungsschritt zu einem Gewinn, der durch die Einlage i. H. des werthaltigen Teils der betreffenden Forderung zu korrigieren ist (vergleichbar mit dem Forderungsverzicht, → Rz. 100).[8] Bei der meist gegebenen Wertlosigkeit der Forderung verbleibt es letztlich bei einem (steuerpflichtigen) Gewinn. Wenn

---

1 So auch *ADS*, 6. Aufl., § 246 Tz. 144.

2 BFH, Urteil v. 14.1.2009 – I R 52/08, DStR 2009 S. 631, mit Kommentierungen von *Ott*, StuB 2009 S. 317, und *Hoffmann*, GmbHR 2009 S. 491.

3 BFH, Urteil v. 30.3.1993 – IV R 57/91, BStBl II S. 503; zustimmend zitiert vom BGH, Urteil v. 29.9.2008 – II ZR 234/07, DB 2008 S. 2584.

4 BFH, Urteil v. 20.10.2004 – I R 11/03, BStBl 2005 II S. 581; BFH, Urteil v. 10.11.2005 – IV R 13/04, GmbHR 2006 S. 158, mit Kommentierung von *Hoffmann*.

5 BMF, Schreiben v. 8.9.2006 – IV B 2 – S 2133 – 10/06, BStBl I S. 497, mit Kommentierung von *Hoffmann*, GmbHR 2006 S. 1116.

6 Unseres Erachtens unzutreffend, durch einfache Vertragsgestaltung leicht zu umgehen; *Hoffmann*, GmbH-StB 2004 S. 351.

7 BFH v. 10.8.2016 – I R 25/15.

8 BFH, Urteil v. 15.4.2015 – I R 44/14, DStR 2015 S. 1551, mit Anm. *Hoffmann*, gestützt auf BFH, Urteil v. 30.11.2011 – I R 100/10, BStBl 2012 II S. 332.

später, sei es durch erzielte Gewinne oder durch Einlagen der Gesellschafter, die Rangrücktrittsbedingung wegfällt, so „verwandelt“ sich steuerbilanziell das durch § 5 Abs. 2a EStG generierte Eigenkapital wieder in Fremdkapital – genau wie beim Forderungsverzicht mit dem späteren Eintritt der Besserungsbedingung (→ Rz. 102).

Wenn § 5 Abs. 2a EStG nicht als deklaratorische Bestätigung, sondern als Durchbrechung han- 90
delsrechtlicher GoB interpretiert wird, ist handelsbilanziell eine eigenständige Würdigung des Rangrücktritts geboten. Hier gilt zunächst, dass die Verbindlichkeit – anders als beim Forderungsverzicht (→ Rz. 94) – weiterbesteht.[1]

Allerdings reicht das rechtliche Fortbestehen allein nicht aus, um die fortdauernde Passivierung zu rechtfertigen.[2]

Zweifelhaft[3] ist nämlich, ob die subordinierte Verbindlichkeit die Ansatzkriterien für eine Schuld (→ Rz. 76) erfüllt. Die Schuld besteht nach der Rangrücktrittserklärung nach Eintritt der Insolvenzreife rechtlich zwar weiter, doch kann je nach Ausgestaltung eine Durchsetzungssperre vorliegen, welche das erste Ansatzkriterium dieser Schuld nach → Rz. 76 nicht erfüllt. In diesem Fall läge zwar eine Verbindlichkeit vor, die aber nicht bilanzierbar wäre. Von größter Bedeutung ist hier, ob die Erfüllung der Schuld **aufschiebend bedingt** ist (→ Rz. 82). Dabei komm es auf den genauen Inhalt der Rücktrittsvereinbarung an. Idealtypisch zu unterscheiden sind zwei Fälle:[4]

- Rücktritt dergestalt, dass erst nach Befriedigung sämtlicher Gesellschaftsgläubiger und, soweit ein Liquidationsüberschuss oder ein die sonstigen Verbindlichkeiten übersteigendes Vermögen zur Verfügung steht, nur zugleich mit, im Rang jedoch vor den Einlagerückgewähransprüchen der Gesellschafter der Schuldnerin Erfüllung verlangt werden kann. Eine solche Vereinbarung, die den Anspruch nicht gegenständlich einschränkt, sondern lediglich die **Konkurrenz unter den Gläubigern** regelt, belässt die Verbindlichkeit unbedingt und damit passivierungspflichtig.
- Rücktritt in der Weise, dass nur auf das zukünftig (durch Erfolg oder Kapitalzuführungen) entstehende Vermögen, hingegen nicht auf Bilanzgewinne aus der Auflösung jetzt schon vorhandener offener Rücklagen zurückgegriffen werden kann. Eine solche gegenständliche Beschränkung ist als **aufschiebende Bedingung** zu werten mit der Folge der Nichtpassivierung in der Handelsbilanz.[5]

Fraglich ist die Behandlung beim **Gesellschafter.** Man muss nicht unbedingt ein Korrespon- 91
denzprinzip bemühen, um eine entsprechende Behandlung beim Gesellschafter zu verlangen. Das heißt, wenn steuerbilanziell keine Verbindlichkeit mehr besteht, kann auch umgekehrt beim Gesellschafter keine Forderung mehr vorhanden sein. Es liegt also dann ein Abgang der Forderung (keine Abschreibung) vor, was im Ergebnis nach § 8b Abs. 3 Satz 4 ff. KStG bzw. nach § 3c Abs. 2 EStG ganz oder nur zu 60 % des Nennwerts der Forderung durch außerbilanzielle Zurechnung neutralisiert wird.[6]

---

1 So auch *Rätke*, StuB 2012 S. 340.

2 So zutreffend *Schulze-Osterloh*, BB 2017 S. 427 ff., in expliziter Abgrenzung von IDW Life 2016, S. 1000 f.

3 Vgl. *Müller*, BB 2016 S. 493.

4 *Schulze-Osterloh*, BB 2017 S. 427 ff.

5 Steuerbilanziell anders BFH v. 10.8.2016 – I R 25/15, der unter Berufung auf § 5 Abs. 2a EStG eine Nichtpassivierung auch dann für geboten hält, wenn die Tilgung aus zukünftigen „Bilanzgewinnen“, die auch durch Auflösung offener Rücklagen entstehen können, erfolgt.

6 Vgl. hierzu *Hoffmann*, StuB 2015 S. 769; a. A. *Schnitger*, DB 2015 S. 1990.

Mit dem Rangrücktritt muss ein Verzicht auf nicht akzessorische Sicherheiten einhergehen, um die Nichterfassung der Verbindlichkeit auch im insolvenzrechtlichen Vermögensstatus zu gewährleisten. Gewährte akzessorische Kreditsicherheiten können hingegen bestehen bleiben

92 *(einstweilen frei)*

93 Eine bilanzunwirksame Rangrücktrittserklärung mit fortbestehendem Ausweis als Verbindlichkeit kann auch in **mittelbarer** Form erfolgen.

BEISPIEL[1] Die Krisen-GmbH wird durch Bankdarlehen finanziert, für die sich die Gesellschafter verbürgt haben.

Die drohende Überschuldung wird mittelbar durch einen Freistellungsanspruch der Gesellschaft gegenüber den Gesellschaftern insolvenzrechtlich beseitigt, wenn der Rückgriffsanspruch der Gesellschafter infolge der Bürgschaftsinanspruchnahme aufrechterhalten bleibt, seinerseits aber eine Rangrücktrittserklärung erfolgt. Die Gesellschaft bleibt primäre Schuldnerin der Bankkredite mit entsprechendem Bilanzausweis als Verbindlichkeit.

Zum Ausweis einer Verbindlichkeit als Eigenkapital vgl. → Rz. 121.

93a Bei einer zur Ausbuchung der Verbindlichkeit führenden Rangrücktrittserklärung handelt es sich dem Grunde nach um ein wertbegründendes Ereignis. Nach wohl einhelliger Meinung im Schrifttum und auch Handhabung in der Praxis wird in solchen Fällen im Interesse der bilanziellen Unternehmenssanierung eine Rückbeziehung in den betreffenden Jahresabschluss als zulässig erachtet. Zur Möglichkeit der Rückbeziehung auf den konkreten Jahresabschluss wird verwiesen auf → § 252 Rz. 93d.

2.2.3 Forderungsverzicht gegen Besserungsschein

2.2.3.1 Ökonomische Grundstrukturen

94 Vergleichbar mit dem Rangrücktritt (→ Rz. 88) stellt der Forderungsverzicht ein gängiges Instrument der bilanziellen Unternehmenssanierung *(debt for equity swap)*[2] dar. Das Konzept ist allerdings verschieden: Beim **Rangrücktritt** bleibt die Verbindlichkeit mit den dort verbundenen akzessorischen Sicherheiten bestehen, beim **Verzicht** erlischt die Schuld und akzessorische Sicherheiten werden frei, nicht akzessorische sind freizugeben. Der Verzicht besagt aus Sicht der Unternehmensfinanzierung: Was ich dir bislang als Fremdkapital überlassen habe, stelle ich einstweilen als Eigenkapital zur Verfügung.

95 Damit ist bereits die Konfliktsituation einer solchen Gestaltung angedeutet: Der Fremdkapitalgeber – oft mit **Zins**anspruch – soll Gesellschafter mit Hoffnung auf **Dividende** werden. Die Anteile der bisherigen Gesellschafter werden verwässert. Wenn allerdings die Gläubiger ihrerseits Gesellschafter sind, ist der Verwässerungseffekt vermeidbar, insbesondere im Falle der Ein-Personen-Gesellschaft.

96 Die Fremdgläubiger wollen auch häufig gar nicht Gesellschafter werden, andererseits an den Früchten der Sanierung partizipieren. Hier bietet sich die Kombination des Verzichts mit der **Besserungszusage** an: Die Schuld erlischt zwar, lebt aber unter bestimmten Bedingungen – der des Besserungsfalls – wieder auf, allerdings von Gesetzes wegen ohne die früher bestandenen Sicherheiten. Handelsrechtlich ist dann zu fragen, ob die Verbindlichkeit ersatzlos wegfällt

1 Nach *Wälzholz*, DB 2007 S. 671.

2 Vgl. *Hoffmann*, PiR 2010 S. 117; *Scheunemann/Hoffmann*, DB 2009 S. 983.

oder an ihre Stelle eine Rückstellung tritt. Bei ausschließlich mit der zukünftigen Gewinnsituation bzw. mit künftigen Eigenkapitalzuführungen verknüpften Besserungsbedingungen ist Ersteres der Fall. Bei an konkrete Ereignisse geknüpften Besserungsbedingungen (Patentierungserfolg, Erlangung eines strategischen Auftrages, Überschreitung einer Umsatzschwelle usw.) kann zur Vermeidung des Ausweises eines noch nicht realisierten Gewinns eine Rückstellungsbildung hingegen infrage kommen.[1]

Der BFH setzt – im Hinblick auf § 5 Abs. 2a EStG – den Forderungsverzicht unter Besserungs- 97
abrede mit dem Rangrücktritt gleich, wenn die Wiederbedienung der Verbindlichkeit aus „sonstigem freiem Vermögen" nicht vorgesehen ist.

Die Folgerungen aus dieser BFH-Rechtsprechung aus Sicht der steuerlichen **Gestaltungspraxis** sind:[2]

- Bei Verzicht auf die Vertragsklausel „aus sonstigem freiem Vermögen" entsteht in Höhe der passivierten Verbindlichkeit ein steuerlicher Gewinn.[3]
- Beim Forderungsverzicht mit Besserungsschein kann diesem Gewinn eine Einlage in Höhe des Forderungswertes gegengerechnet werden (→ Rz. 99 f.).

2.2.3.2 Bilanzielle Abbildung beim Schuldner

Eine Ausbuchung der Verbindlichkeit führt zwangsweise zu einer **Eigenkapitalerhöhung** beim 98
Schuldner, was auch das Gestaltungsziel darstellt (→ Rz. 94). Die weitere Frage geht nach dem Ausweis: Entweder auf dem Umweg über die **GuV**-Rechnung oder **„direkt"** im Eigenkapital, d. h. bei Kapitalgesellschaften in der Kapitalrücklage. Die erste Lösung wird in der Praxis bevorzugt, weil sich dadurch ein verbessertes Ergebnis darstellen lässt; der operative Verlust verwandelt sich u. U. ohne Zutun der Gesellschaft in ein positives Ergebnis. Die buchmäßige Abbildung in der Kapitalrücklage oder im GuV-Ergebnis kann nach der h. M. der Gläubiger – regelmäßig der Hauptgesellschafter – bestimmen; ein eigenartiges Verständnis der Bilanzierungsgrundlage (→ § 272 Rz. 73). Unseres Erachtens handelt es sich demgegenüber wie bei anderen Stützungsmaßnahmen von Gläubigern/Gesellschaftern um den typischen Fall einer Zuzahlung in das Eigenkapital i. S. des § 272 Abs. 4 HGB (→ § 272 Rz. 70), wenn man sich vom Wortlaut „Zahlung" löst, was hier geboten erscheint.

Steuerlich kommt diesem Ausweisdualismus keine Bedeutung zu. Der Forderungsverzicht ei- 99
nes Gesellschafters bewirkt nach § 4 Abs. 1 Satz 1 EStG einen Vermögenszuwachs der Gesellschaft – bis dahin also eine Gewinnerhöhung. Die Folgefrage richtet sich nach dem **Einlagecharakter** des Forderungsverzichts: Sofern gesellschaftsrechtlich veranlasst – beim Verzicht eines Gesellschafters regelmäßig der Fall –, ist eine Einlage gegeben, die zur Gewinnermittlung vom Vermögenszugang zu kürzen ist.

Die weitere Frage zielt auf die **Bewertung** dieser Einlage. Dazu hat der BFH im sog. Ein- 100
lagebeschluss[4] für Kapitalgesellschaften als Schuldner wie folgt entschieden: Die Einlage ist mit dem Teilwert der Forderung zu bewerten, also wegen der in diesen Fällen häufig bestehenden Wertlosigkeit i. d. R. mit null. Der Wegfall der Verbindlichkeit führt demnach im Umfang

1 So *Briese*, DStR 2017 S. 799, in Abgrenzung zu BFH v. 12.7.2012 – I R 23/11, BFH, Urteil v. 30.11.2011 – I R 100/10, DStR 2012 S. 450.

2 *Rätke*, StuB 2012 S. 341; ähnlich *Hoffmann*, StuB 2012 S. 210.

3 So wohl auch BFH, Urteil v. 10.11.2005 – IV R 13/04, BStBl 2006 II S. 618.

4 BFH, Beschluss v. 9.6.1997 – GrS 1/94, BStBl 1998 II S. 307.

der Wertlosigkeit zu einem Gewinn der Schuldnerin, der gewöhnlich als außerordentlicher Ertrag bezeichnet wird, obwohl das Steuerbilanzrecht diesen Begriff nicht kennt bzw. kennen kann, denn systematisch erfolgt die steuerliche Gewinnermittlung nicht mit GuV-Rechnung, sondern durch Vermögensvergleich (→ Rz. 99).

Gegen diese Lösung des Großen BFH-Senats bestehen Bedenken in zweierlei Hinsicht:[1]

- Die Bewertung der Verbindlichkeit bei der Gesellschaft wird durch den Wert der **Forderung** des Gesellschafters/Gläubigers bestimmt – ein dem deutschen Bilanzrecht nicht entsprechendes Korrespondenzprinzip.
- Hält der Gesellschafter seine Forderung im (steuerlichen) **Privatvermögen,** kann es keinen Teilwert als Bewertungsgrundlage geben.

Unabhängig von dieser Kritik wird die Entscheidung des Großen BFH-Senats bei Kapitalgesellschaften flächendeckend praktiziert, wobei zum Teilwert z. B. die Vermutung gelten soll, dass er bei positivem Eigenkapital der Gesellschaft dem Nominalwert der Forderung entspricht.[2] Für **Personengesellschaften** als Schuldner ist der BFH-Beschluss nicht einschlägig (→ Rz. 451).

101 Eine Besonderheit ergibt sich nach allgemeiner Auffassung bei Eintritt einer ggf. bestehenden **Besserungsbedingung** (→ Rz. 96), die ein Wiederaufleben der Verbindlichkeit bei der Gesellschaft bewirkt. Handelsrechtlich entsteht dadurch bei der Schuldnerin/Gesellschaft ein Aufwand,[3] steuerlich entsprechend eine Betriebsausgabe. Unseres Erachtens ist bei überwiegender Wahrscheinlichkeit (→ § 249 Rz. 46) des Bedingungseintritts am jeweiligen Bilanzstichtag eine Rückstellung anzusetzen.[4]

101a Zur vergleichbaren Rechtslage bei mitunternehmerischen Personengesellschaften vgl. → Rz. 451.

101b Der unter → Rz. 97 ff. dargestellte Forderungsverzicht bezieht sich auf den im Schrifttum und in der BFH-Rechtsprechung behandelten Verzicht auf eine **bilanzierbare** Forderung. Zur Bilanzsanierung kann auch der Verzicht auf eine **nicht angesetzte** Verpflichtung einer Schuldnerin beitragen, nämlich einer solchen aus schwebendem Vertrag, bei welcher der Gläubiger seine vertragliche Leistungsschuld – z. B. Überlassung von Mieträumen – noch nicht erbracht hat und korrespondierend die Schulden (noch) nicht bilanzierbar sind (→ Rz. 8). Eine Besserungsvereinbarung liegt auch in diesem Fall nahe.

BEISPIEL[5] Die U GmbH hat diverse Produktionsgebäude langfristig, aber im *operating lease* von der V angemietet. Die jährliche Miete beträgt 1,2 Mio. €. Das Mietverhältnis begann am 1. 1. 01 und endet am 31. 12. 20.

In den Jahren 9 und 10 verschlechtert sich die Ertragslage der U drastisch. Die Fortführung der Geschäftstätigkeit ist nur durch ein Bündel von Maßnahmen (Eigenkapitalzuführungen, Verlängerung der Laufzeit und Reduzierung des Zinses von Darlehen usw.) möglich.

Einen Beitrag leistet auch der Vermieter V. Mit ihm kann U im Dezember 10 folgende Vereinbarung treffen:

- Für die Jahre 11 bis 13 wird Mietfreiheit gewährt.

1 Vgl. *Hoffmann*, DStR 1997 S. 1625, und DB 1998 S. 1983. Ähnlich *Müller*, BB 2016 S. 493. Anderer Auffassung *Groh*, DB 1997 S. 1625 und BB 1997 S. 2523.

2 FG München, Urteil v. 9.4.2018 – 7 K 729/17, rkr.

3 Anderer Auffassung *Küting/Kessler* in Küting/Pfitzer/Weber (Hrsg.), Handbuch der Rechnungslegung, 5. Aufl., § 272 Tz. 226: Einbuchung entsprechend der Behandlung bei Verzicht.

4 BFH, Urteil v. 22.1.1992 – X R 23/89, BStBl II S. 488.

5 Nach *Lüdenbach*, PiR 2012 S. 99; *Mujkanovic*, StuB 2014 S. 376.

► Die nachgelassenen Mieten sind jedoch unter bestimmten von der Entwicklung der Ertrags- und Vermögenslage abhängigen Voraussetzungen in späteren Perioden nachzuzahlen (Besserungsschein).

Die Wahrscheinlichkeit des Eintritts der Besserungsbedingung wird an den Bilanzstichtagen 10 bis 12 mit 33 % eingeschätzt. Nach einer moderaten Besserung der Ertragslage in 13 wird diese Einschätzung zum 31.12.13 auf 75 % revidiert.

Mangels des Bilanzansatzes der Mietschuld kann im Beispiel die U GmbH am 31.12.10 keinen gewinnerhöhenden **Ertrag** aus dem Verzicht realisieren. Dagegen stellt sich die Frage, ob das **bedingte** Wiederaufleben der Forderung des V stattdessen zu diesem Zeitpunkt oder später anzusetzen ist. Die latente Verpflichtung aus dem Besserungsschein steht schon deshalb nicht zum Ansatz für das Jahr 10 zur Verfügung, weil dann in 10 ein Mietaufwand gezeigt würde, der buchmäßig ohne den Verzicht nicht entstünde. Die Lösung muss deshalb auf folgenden Überlegungen gründen:[1]

► Der bedingte Mietforderungsverzicht kann in Bilanz und GuV nicht früher wirksam werden, als die ursprüngliche (unbedingte) Mietverbindlichkeit bilanz- bzw. GuV-wirksam geworden wäre.

► Die bedingte Verpflichtung ist danach jeweils insoweit einzubuchen, als die ursprüngliche unbedingte Verpflichtung nicht mehr schwebend gewesen, sondern bilanzwirksam geworden wäre.

► Solange die Wahrscheinlichkeitsschwelle von 50 % (→ § 249 Rz. 46) für den Eintritt der Besserungsbedingung nicht überschritten ist, kann eine Schuld – hier unsicher, allenfalls Rückstellung (→ Rz. 76) – nicht angesetzt werden. Dies gilt für die Jahre 10 bis 12.

► Zum 31.12.13 wendet sich das Blatt. Infolge der höheren Wahrscheinlichkeit des Besserungseintritts ist die gesamte „rückständige" Miete für die drei Jahre einzubuchen.

(einstweilen frei) 102

2.2.3.3 Bilanzierung beim Gläubiger/Gesellschafter

Ein „normaler" Gläubiger muss den Forderungsverzicht als Abgang mit dem Buchwert aufwandswirksam erfassen. Ein späteres Wiederaufleben durch Eintritt der Besserungsbedingung (→ Rz. 93) führt zu einem entsprechenden Ertrag. Beim **Gesellschafter**-Gläubiger in der Rechtsform der Kapitalgesellschaft führt der Forderungsverzicht in der Steuerbilanz zwar zu einem erfolgswirksamen Abgang, der allerdings nach § 8b Abs. 3 Satz 4 bis 8 KStG wegen nicht möglichen Fremdvergleichs bei der Gewinnermittlung wieder zugerechnet werden muss (→ § 253 Rz. 244 ff.). Bei einer Forderung im einkommensteuerlichen Betriebsvermögen gilt beim Verzicht des Gesellschafters für den werthaltigen Teil der Forderung das Einlagegebot des § 6 Abs. 6 Satz 2 EStG bis zum Veranlagungszeitraum 2014. Seit 2015 gilt die vergleichbare Rechtslage nach dem Körperschaftsteuerrecht, also Abzug nur von 60 % des Nennwerts. Entsprechendes gilt für eine Teilwertabschreibung (§ 3c Abs. 2 EStG). Vgl. auch → § 253 Rz. 245.[2] Zum Zusammenhang zwischen Forderungsverzicht und (nachträglichen) Anschaffungskosten einer Beteiligung wird auf → § 255 Rz. 170 verwiesen. 103

1 Nach *Lüdenbach*, PiR 2012 S. 100. Dort ist auch die abweichende Lösung nach IFRS wegen des zu berücksichtigenden Erwartungswerts dargestellt.

2 BFH, Urteil v. 18.4.2012 – X R 5/10, BStBl 2013 II S. 785.

2.3 Umstrukturierung von Finanzverbindlichkeiten[1]

2.3.1 Überblick

104 Finanzverbindlichkeiten folgen ihrer Struktur nach der Darlehensbestimmung mit ihren Rechtsfolgen nach § 488 Abs. 1 BGB: Sie müssen zusammen mit den geschuldeten Zinsen (zurück-)bezahlt werden.

Insbesondere in Fällen einer wirtschaftlichen **Schieflage** des Schuldners kommt es dem **nachgiebigen** Recht folgend in der Praxis häufig zur **Abwandlung** solcher Schuldverhältnisse, z. B.:

- Ersatz der laufenden Verzinsung durch eine **gewinnabhängige** Vergütung, ggf. unter Verlustteilnahme (→ Rz. 117),
- **Erlass** des Darlehens unter der Bedingung des bedingten **Wiederauflebens** im Besserungsfall (→ Rz. 96),
- **Verzicht** auf Zinszahlungen überhaupt, teilweise **Erlass** von Zinsen, wiederum verbunden mit einem Besserungsversprechen, also Nachzahlungsverpflichtung im Besserungsfall,
- **Umwandlung** einer eigentlichen Schuld in Nennkapital, sog. *debt for equity swap* (→ Rz. 94),
- **Umwandlung** einer Schuld in Mezzanine-Kapital, sog. *debt mezzanine swap* (→ Rz. 122).

Aber auch weniger grundlegende **Vertragsanpassungen** können erfolgen:

- Änderung der **Fälligkeitsabreden** für Zins- und Tilgungsleistungen, z. B. Ersatz der vierteljährlichen Leistungsverpflichtung durch Zahlung am Laufzeitende,
- Änderung der **Zinsvereinbarung** von fest auf variabel oder umgekehrt,
- Veränderung des **Zinssatzes**, z. B. wegen Minderung des Unternehmensratings,
- Fälligkeitsveränderung, meistens Prolongation der **Kreditlaufzeit**,
- Änderung der **Rückzahlungsmodalität**: statt Tilgung bei Endfälligkeit ratenweise Rückzahlung oder umgekehrt,
- **Rücktritt** im Rang hinter andere Gläubiger (→ Rz. 88),
- **Rangrücktritt** zur Insolvenzprophylaxe (→ Rz. 88),
- Änderung bei der **Sicherheitengestellung**.

2.3.2 Bilanzielle Auswirkungen

105 Die bilanzielle Abbildung der vertraglichen Anpassung von Finanzverbindlichkeiten könnte sich zunächst auf die **rechtlichen** Strukturierungsmöglichkeiten stützen. Maßgeblich ist § 311 Abs. 1 BGB. Zu unterscheiden ist danach die inhaltliche Änderung eines **bestehenden** und bestehend **bleibenden** Schuldverhältnisses durch eine **Vertragsänderung** von der **Schuldumschaffung** (Novation), durch die ein **neues** Schuldverhältnis das bislang bestehende ablöst. Welcher der beiden Tatbestände im Einzelfall vorliegt, ist wie immer in solchen Fällen Auslegungsfrage. Das gilt zunächst im Verhältnis der beiden Parteien (also schuldrechtlich) zueinander, allerdings auch im Hinblick auf die bilanzrechtliche Würdigung. Bei dieser spielt die **rechtstechnische** Ausgestaltung der Umänderung des Vertragsinhaltes keine Rolle – ob also eine neue Urkunde die alte ablöst oder die alte nur durch Streichungen, Ergänzungen und Neuformulie-

1 Vgl. hierzu insbesondere den Beitrag von *Häuselmann*, BB 2010 S. 944 ff.

rungen angereichert wird. Entscheidend ist bilanzrechtlich, ob das alte Schuldverhältnis in seinem wirtschaftlichen Gehalt beendet und durch ein neues ersetzt wurde.[1]

Zu dieser Entscheidung wird gewöhnlich die wirtschaftliche Betrachtungsweise in den Vordergrund gerückt und möglicherweise eine **„wirtschaftliche Identität"** als Abgrenzungsmerkmal bemüht. Damit ist aber nicht viel gewonnen, wie meistens liefert die Argumentation mit „wirtschaftlich" nur eine Leerformel (→ Rz. 221 ff.), die das Fehlen stringenter Argumente übertünchen soll. Bezeichnenderweise wird einmal der **handelsrechtlichen** Bilanzierung,[2] ein anderes Mal der **steuerlichen**[3] eine wirtschaftliche Betrachtungsweise zugeordnet. Im Übrigen ist auch die scheinbar „reine" zivilrechtliche Auslegung entscheidend durch wirtschaftliche Überlegungen geprägt – wie sollte es im Rahmen des Schuldrechts auch anders sein? Letztlich verhält es sich wie immer in solchen zweifelhaften Fällen: Eindeutige Fälle bedürfen keiner weiteren Erläuterung, bei zweifelhaften hilft nur die Kasuistik, gegründet auf Präjudizien und manchmal auch auf fachliterarischen Stellungnahmen.

BEISPIEL[4] Eine variabel verzinsliche Anleihe (sog. Floater) wird in festverzinsliche Schuldverschreibungen (Bonds) umgewandelt.

Dazu lautet die Entscheidung des BFH: Es besteht keine Schuldumschaffung, das bestehende Schuldverhältnis bleibt also erhalten, wenn

- Emittent, Inhaber, Nennbetrag und Laufzeit unverändert bleiben und das Umtauschrecht mit dem Erwerb des Wertpapiers vertraglich verbunden war (sog. „wirtschaftliche Identität"),
- das Umtauschrecht zum Bezug der Bonds bereits mit dem Kauf von Floating-Rate-Notes erworben wird und
- beim Umtausch die Floating-Rate-Notes gelöscht und die Bonds neu ausgegeben werden.

In der bilanziellen Auswirkung ist zu unterscheiden:

- Nämlichkeit des Schuldverhältnisses – trotz der Vertragsänderungen ist der Bilanzposten weiterzuführen, ggf. bzgl. der Bewertung anzupassen
- Schuldumschaffung, also Erlöschen des bisherigen und Begründung eines neuen Schuldverhältnisses, mit entsprechenden Buchungsfolgen der Aus- und wieder Neueinbuchung.

Der letztgenannte Fall ist von besonderer bilanzrechtlicher Relevanz, kann doch die neu begründete Verbindlichkeit anders zu **bewerten** sein als die bisher vorhandene mit der Folge einer positiven oder negativen Ergebnisauswirkung.

BEISPIEL Das endfällig zu tilgende Darlehen von 100 mit einer Festverzinsung von 6 % p. a. wird in ein partiarisches Darlehen mit Verlustübernahmeverpflichtung umgewandelt. Die bisherige Abzinsung nach § 253 Abs. 2 HGB (→ § 253 Rz. 109) entfällt, die Bewertung ist nun zum Nominalwert des inhaltlich veränderten Darlehens vorzunehmen. Es entsteht in der Differenz ein Zinsaufwand im Gefolge des vorliegenden Schuldumschaffungsvorgangs. Vgl. aber → Rz. 106, 6. Aufzählungspunkt.

Die Finanzverwaltung gewährte in der Vergangenheit bei Unternehmenssanierungen eine **Billigkeits**regelung nach § 227 AO mit der Folge eines Steuererlasses für den **Sanierungsgewinn.**[5] 105a
Der BFH hat einen allein auf den Sanierungserlass fußenden Billigkeitserlass der auf einen Sa-

1 BFH, Urteil v. 7.3.2007 – I R 18/06, BStBl 2007 II S. 697; dazu *Lüdenbach*, StuB 2010 S. 193.
2 *Breuninger/Ernst*, GmbHR 2012 S. 495.
3 *Lechner/Haisch*, Ubg 2012 S. 117.
4 Nach BFH, Urteil v. 30.11.1999 – IX R 70/96, BStBl 2000 II S. 262. Vgl. dazu *Hoffmann*, PiR 2010 S. 363.
5 BMF, Schreiben v. 27.3.2003,BStBl 2003 I S. 240.

nierungsgewinn entfallenden Steuer allerdings als Verstoß gegen den Grundsatz der Gesetzmäßigkeit der Verwaltung gewertet. Auf besondere, außerhalb des sog. Sanierungserlasses liegende Gründe des Einzelfalls, insbesondere auf persönliche Billigkeitsgründe gestützte Billigkeitsmaßnahmen, blieben davon unberührt.[1]

Mit Gesetz vom 27.6.2017 ist eine gesetzliche Nachfolgeregelung geschaffen worden. Die früher im Sanierungserlass enthaltenen Voraussetzungen für einen begünstigten **Sanierungsgewinn** sind weitgehend unverändert in § 3a EStG übernommen worden. Insbesondere müssen nach § 3a Abs. 1 Satz 1 und Abs. 2 EStG folgende Voraussetzungen erfüllt sein:

- Sanierungsbedürftigkeit des Schuldnerunternehmens,
- Sanierungsfähigkeit des Schuldnerunternehmens,
- Sanierungseignung des Schulderlasses,
- Sanierungsabsicht der Gläubiger.

Der Forderungsverzicht (nur) eines oder mehrerer Gesellschafter ohne Verzicht wichtiger Drittgläubiger erfüllt i. d. R. nicht das Erfordernis einer betrieblichen Veranlassung.

Rechtsfolgen der Feststellung eines begünstigten Sanierungsertrags sind neben der Steuerfreiheit des Ertrags:

- Die Ausübung steuerlicher Wahlrechte wird eingeschränkt (§ 3a Abs. 1 Satz 2 EStG).
- Verlustverrechnungspotenziale beim Steuerpflichtigen werden ggf. gemindert (§ 3a Abs. 3 Satz 2 EStG)
- Verlustverrechnungspotenziale bei einer dem Steuerpflichtigen nahestehenden Person werden ggf. gemindert (§ 3a Abs. 3 Satz 3 i. V. mit Satz 2 EStG).
- Betriebsvermögensminderungen oder Betriebsausgaben in unmittelbarem Zusammenhang mit dem Sanierungsertrag sind nicht als Betriebsausgabe abzugsfähig (§ 3c Abs. 4 EStG).

Das **IDW** hat sich ausführlich zu den Voraussetzungen und Rechtsfolgen eines begünstigten Sanierungsgewinns geäußert und u. a. Folgendes festgehalten:[2]

- **Personengesellschaften bzw. Mitunternehmerschaften:** Der Rangrücktritt des Mitunternehmer-Gläubigers, der unter den Voraussetzungen des § 5 Abs. 2a EStG zwar zur erfolgswirksamen Ausbuchung der Verbindlichkeit in der Gesamthandsbilanz führt, löst aber gleichzeitig auch die aufwandswirksame Ausbuchung der Forderung im Sonderbetriebsvermögen des Mitunternehmers aus. Insgesamt entsteht überhaupt kein Sanierungsertrag (Nr. 9 des IDW-Papiers).
- **Sanierungsbedürftigkeit** ist spätestens bei drohender Zahlungsunfähigkeit gegeben, i. d. R. aber schon dann zu vermuten, wenn sich mehrere Gläubiger an einer Sanierung beteiligen[3] (Nr. 13).
- **Sanierungsfähigkeit:** Nach der insoweit weiterhin grundsätzlich anwendbaren Rechtsprechung zu § 3 Nr. 66 EStG a. F. ist die Sanierungsfähigkeit jedenfalls gegeben, wenn das Unternehmen durch die Sanierung objektiv betrachtet wieder ertragsfähig wird (Nr. 15).[4]

1 BFH, Beschluss v. 28.11.2016 – GrS 1/15, DStR 2017 S. 305.
2 IDW, Steuerbefreiungen für Sanierungserträge – Fragen und Antworten, 31.7.2019.
3 Vgl. u. a. BFH, Urteil v. 14.3.1990 – I R 64/85, BStBl. II 1990 S. 810, in Bezug auf die inhaltsgleiche alte Rechtslage.
4 BFH, Urteil v. 12.3.1970 – IV R 39/65, BStBl. II 1970 S. 518; BFH, Urteil v. 25.2.1972 –VIII R 30/66, BStBl. II 1972 S. 531.

- **Sanierungseignung:** Nach der Rechtsprechung zu § 3 Nr. 66 EStG hinderte die Aufgabe des Betriebs die Annahme der Sanierungseignung nicht; vielmehr genügte es, wenn der Schuldenerlass einen Einzelunternehmer in den Stand versetzte, das von ihm betriebene Unternehmen aufzugeben, ohne von weiterbestehenden Schulden beeinträchtigt zu sein (Nr. 17).[1]
- **Sanierungsabsicht:** Wirken mehrere Gläubiger bei der Sanierung zusammen, kann die Sanierungsabsicht i. d. R. unterstellt werden (Nr. 19).

2.3.3 Einzelfälle

- **Genussrechte** und/oder **stille Beteiligungen** können beim Emittenten (Schuldner) je nach rechtlicher Ausgestaltung **Eigen-** oder **Fremd**kapitalcharakter aufweisen (→ Rz. 121 f.). Bei einer Vertragsänderung der zu dieser Unterscheidung maßgeblichen Tatbestandsmerkmale des Vertragsinhalts muss in der Bilanz eine Umgruppierung von Eigen- und Fremdkapital oder umgekehrt erfolgen. Dabei soll es sich ggf. nicht um eine Schuldumschaffung handeln, sondern um eine ergebnisneutrale Umbuchung. Hieran sind insbesondere dann Zweifel angebracht, wenn die Umstrukturierung aus rein steuerlicher Sicht von einer typisch stillen in eine atypisch stille Beteiligung oder umgekehrt erfolgt. 106
- Die Umwandlung eines **Darlehens** in eine **Beteiligung** – aus Sicht der Schuldnerin Eigenkapital – (*debt for equity swap*, → Rz. 76) führt wohl unstreitig zu einer Schuldumschaffung; genauer gesagt tritt an die Stelle der zivilrechtlichen Schuld ein gesellschaftsrechtliches Verhältnis. Unseres Erachtens ist hier eine Ergebnisauswirkung, Gewinnrealisierung in der Handels- und Steuerbilanz geboten. Die hier angenommene Ergebnisauswirkung beruht auf dem „Austausch" zweier grundlegend verschiedener Bilanzposten, die andererseits, zumindest bei einer förmlichen Kapitalerhöhung, wertmäßig übereinstimmen müssten. Dann besteht zwar eine Ergebnisauswirkung dem Grunde nach, doch beträgt sie dem Werte nach null. Bei Einbringung einer wertgeminderten Forderung, die zuvor wertberichtigt sein muss, verhält es sich ebenso: Das gewährte zusätzliche Nennkapital muss bei Handlung fremder Dritter mit dem Forderungswert übereinstimmen. Möglich erscheint auch die Anwendung der Tauschgrundsätze (→ § 255 Rz. 62), denn ein Vermögensgegenstand wird hingegeben, um einen anderen zu erhalten.
- Die Umwandlung eines nichtmitgliedschaftlich begründeten **Kapitalüberlassungsverhältnisses** (z. B. Darlehen, Anleihen) in ein **Eigenkapital-Genussrecht** (→ Rz. 121) und umgekehrt bedeutet u. E. eine handelsrechtlich ergebniswirksame Schuldumschaffung; vgl. zum sog. *debt mezzanine swap* → Rz. 122.[2] Anders ist u. E. die Umwandlung von einem nichtmitgliedschaftlichen Kapitalüberlassungsverhältnis in ein anderes gleicher Qualität zu beurteilen, z. B. vom normalen Darlehen in ein Fremdkapital-Genussrecht (→ Rz. 121): dann ergebnisneutrale Umbuchung.[3]
- Eine **funktionale** Umänderung eines Kapitalüberlassungsverhältnisses führt zur ergebniswirksam zu behandelnden Schuldumschaffung. Als Beispiele dienen[4] die Änderungen eines normalen Bankdarlehens in ein Darlehen mit Lebensversicherungstilgung oder die

---

1 BFH, Urteil v. 19.3.1991 – VIII R 214/85, BStBl. II 1991 S. 633.

2 So vorsichtig *Häuselmann*, BB 2010 S. 946; anders verstanden für steuerliche Zwecke von *Lechner/Haisch*, Ubg 2012 S. 118.

3 So wohl auch der BFH, Urteil v. 19.1.1994 – I R 67/92, BStBl 1996 II S. 77.

4 Wiederum nach *Häuselmann*, BB 2010 S. 946.

„Umwandlung" eines Kontokorrentkredites in ein Tilgungsdarlehen. Gleiches gilt bei Abänderung eines Währungsdarlehens[1] in eine Euroverbindlichkeit oder umgekehrt und bei dem Kontokorrentkredit.[2]

- Die Änderung der vereinbarten **Zinsverpflichtung** führt wie andere Anpassungen der Vertragskonditionen nicht zwingend zu einer Ausbuchung der entsprechenden Verbindlichkeit. Regelmäßig kommt es bei der Änderung aber zu **Ausgleichszahlungen,** wenn der Schuldner das während einer Hochzinsphase fest für eine gewisse Laufzeit vereinbarte Darlehen nun mit niedrigeren Zinsen fortsetzen will. Die Entschädigungszahlung wiegt dann den für die restliche Laufzeit der Bank entstehenden Schaden auf. Ist die Entschädigung daher so bemessen, dass der Barwert der auf ursprünglicher Vertragsbasis noch zu leistenden Zahlungen dem der neuen unter Einschluss der Entschädigung entspricht, ist u. E. ein fortbestehendes Schuldverhältnis anzunehmen.[3] Die Entschädigungszahlung ist über die Restlaufzeit abzugrenzen (→ § 250 Rz. 29 ff.).
- Bei einer Zinsfreistellung – **Stundung** oder **Kapitalisierung** der Zinsen – ist periodengerecht der Zinsaufwand beim Schuldner zu erfassen.[4] Der kapitalisierte Zinsbetrag ist seinerseits nicht nach § 6 Abs. 1 Nr. 3 EStG abzuzinsen, anders bei einer **Zinsfreistellung** unter weiteren Voraussetzungen (→ § 253 Rz. 33).
- Die Änderung der Darlehensbedingung durch **Verlustteilnahme** mit entsprechender **Gewinnchance** verwandelt das Darlehen in ein als Fremdkapital zu wertendes Genussrecht (→ Rz. 121). Es soll hier ein erfolgsneutraler Passivtausch vorliegen,[5] vgl. aber → Rz. 105, 2. Beispiel: u. E. erfolgswirksame Schuldumschaffung.
- Bei **Genussrechten** und **stillen Beteiligungen** kann nachträglich das bisher nur bestehende Gewinnbezugsrecht durch die Teilnahme am **Liquidationserlös steuerlich** zu einer Umqualifizierung von typisch zu atypisch führen (→ Rz. 432). Dieses Merkmal zur Unterscheidung nach „typisch" und „atypisch" ist rein steuerlich zu verstehen, ihm kommt handelsrechtlich lediglich eine Indizfunktion zu. Man kann deshalb wie folgt differenzieren: Steuerlich liegt ein ergebniswirksam zu behandelnder Fall vor, handelsrechtlich dagegen nicht. Steuerlich hat auch diese „Umwandlung" des typisch in ein atypisch stilles Verhältnis oder Genussrechtskapital einen Zugang zum Einlagekonto nach § 27 KStG zur Folge.
- Eine steuerlich zu verstehende „Umwandlung" von **typisch** zu **atypisch** bzgl. der stillen Beteiligung kann auch durch Beteiligung des bisherigen Investors an den **stillen Reserven** des Emittenten (Geschäftsherrn) erfolgen. Damit ist mit Sicherheit steuerlich eine Novation verbunden.[6] Dem ist möglicherweise auch handelsrechtlich zu folgen.
- Die **Umwandlung** eines bisherigen **typisch** stillen Gesellschaftsvertrags unter nunmehriger Beteiligung an den stillen Reserven führt steuerlich zur Umqualifikation in ein **atypisches** Gesellschaftsverhältnis, d. h., der bisherige Fremdkapitalgeber wird zum **Mitunternehmer** mit der Folge einer steuerneutralen Einlage nach § 6 Abs. 5 EStG. Da handelsrechtlich keine Unterscheidung zwischen atypisch und typisch stiller Gesellschaft er-

1 RFH, Urteil v. 21.1.1942 – VI 360/41, RStBl 1942 S. 378.
2 So FG Nürnberg v. 2.10.1997, EFG 1998 S. 26 rkr.
3 Vgl. hierzu mit entsprechender Beispielberechnung *Lüdenbach,* StuB 2010 S. 193; anders, u. E. unzutreffend, BFH, Urteil v. 7.3.2007 – I R 18/06, BStBl II S. 697.
4 *Blaas/Schwahn,* DB 2013 S. 2351.
5 So *Häuselmann,* BB 2010 S. 946, m. w. N.
6 BFH, Urteil v. 29.5.2001 – VIII R 10/00, BStBl II S. 747.

forderlich ist, kommt eine gewinnrealisierende Aus- und Einbuchung in der Handelsbilanz i. d. R. nicht in Betracht.

- Zur Beendigung eines Darlehensverhältnisses durch **Forderungserlass** mit oder ohne **Besserungsabrede** wird verwiesen auf → Rz. 96 ff.
- **Rangrücktrittserklärung** des Gläubigers, wenn keine Tilgung aus „sonstigem freiem Vermögen" vereinbart ist (→ Rz. 86).
- Beim **Umtausch** von **Anleihen** ist zunächst zu differenzieren:[1] Diese Vertragsklausel kann ein Gestaltungsrecht des Schuldners oder des Gläubigers darstellen. Dazu gehören z. B. Umtauschanleihen *(exchangeables)*, die dem **Investor** (Gläubiger) das Recht einer Tilgung zum Nominalbetrag durch Lieferung einer bestimmten Anzahl von Aktien *(reverse convertible)* einräumen, in denen das Tilgungswahlrecht mit Aktien dem **Schuldner** (Emittenten) zusteht. In allen diesen Fällen wird das ursprüngliche Kapitalüberlassungsverhältnis **erfolgswirksam** beendet.
- Wenn demgegenüber der **Anleihetausch** das Ergebnis eines vom Emittenten später einmal ausgesprochenen oder gewünschten **Umtauschangebots** ist, er dadurch die ursprüngliche Schuldverschreibung gegen Bezahlung durch eine neue verbriefte Verbindlichkeit erfüllt, handelt es sich ebenfalls um einen **erfolgswirksamen** Passivtausch.
- Die notleidende Forderung kann schuldbefreiend auf eine höhere Gesellschafterebene transferiert werden *(debt push up)*. Dies soll trotz der regelmäßig vorliegenden Wertminderung steuerlich erfolgsneutral erfolgen können.[2] Eine Äußerung der Finanzverwaltung liegt hierzu nicht vor.
- Bei Verbindlichkeiten in Fremdwährung kann die Schuldneuschaffung ebenfalls zu Ergebniswirkungen führen.

Insgesamt wird die Rechtslage zur Restrukturierung von Schuldnerverbindlichkeiten nur in Einzelfällen maßgeblich durch BFH-Rechtsprechung – hier immer handelsrechtlich begründet – determiniert. Unseres Erachtens sollte die handelsrechtliche Betrachtungsweise auch an dieser Stelle nach dem Maßgeblichkeitsprinzip (→ § 252 Rz. 270 ff.) die steuerliche Bilanzierung bestimmen, es sei denn, dort liegen spezifische Regelungsinhalte vor wie z. B. der Übergang von der typischen zur atypischen stillen Beteiligung oder umgekehrt (s. o.).

Rückkauf von **Forderungen:** Durch den Erwerb seiner gegen ihn (den Schuldner) gerichteten Darlehensforderung *(debt buy back)* erlischt die Forderung durch Vereinigung mit der Schuld (**Konfusion**) in einer Person. Der Vorgang ist ergebniswirksam (Konfusionsgewinn).[3] Bei **Inhaberschuldverschreibungen** soll sich dies laut RFH- und BFH-Rechtsprechung unter Umständen anders verhalten.[4] Zwar führe auch der Rückkauf von solchen Inhaberschuldverschreibungen zu einer Konfusion. Zu beachten sei aber, dass bei Inhaberpapieren das Recht aus der Urkunde dem Recht an der Urkunde folgt und deshalb eine Rechtsübertragung durch Eigentumsübergang der Urkunde nach § 929 ff. BGB vonstattengeht.[5] Diese sachenrechtliche Komponente soll dem RFH und BFH zufolge im Falle eines **vorübergehenden** Zusammenfalls von Gläubiger- 107

1 *Häuselmann*, BB 2010 S. 948.

2 So *Blaas/Schwahn*, DB 2013 S. 2415; gestützt auf BFH, Beschluss v. 20.12.2001 – I B 74/01, BFH/NV 2002 S. 678. Im zitierten Aufsatz ist auch ein Vorschlag zur buchtechnischen Abwicklung enthalten.

3 BFH, Urteil v. 12.4.1989 – I R 41/85, BStBl II S. 612. Im Besprechungsurteil ausnahmsweise erfolgsneutrale Auflösung wegen Schenkung.

4 Vgl. hierzu *Lüdenbach*, StuB 2011 S. 629.

5 Vgl. hierzu im Einzelnen *Hoffmann*, StuB 2010 S. 30.

und Schuldnerschaft „grundsätzlich" nicht zur Forderungserlöschung führen.[1] Dann soll das Verhältnis von Forderungen und Verbindlichkeiten **„ruhen"**, weil die betreffenden Stücke wieder in den Verkehr gebracht werden können.

Die Frage geht nun dahin, ob diesem „Ruhen" auch bilanzrechtlich gefolgt werden kann. Der RFH bestätigt dies.[2] Der BFH sieht zwar i. d. R. keine Möglichkeit zum Bilanzausweis der Stücke mehr, allerdings mit folgender Ausnahme: Wenn von vornherein die Wiederbegebung der Titel beabsichtigt sei, müssten die im Besitz befindlichen Wertpapiere aktivisch und passivisch ausgewiesen werden. Der BFH differenziert hier in gewisser Weise.[3] Die Konfusion sei für den Bilanzansatz als Regel unbeachtlich, solange die Papiere als „Sache" noch vorhanden seien, also nicht entwertet oder vernichtet wurden (Ausnahme).[4]

Das „Ruhen" des Schuldverhältnisses wird in beiden Urteilen des RFH und des BFH nicht bilanzrechtlich „abgekürzt", ebenso wenig das Wiederaufleben. Die Inhaberschuldverschreibung ist weiterhin als Vermögensgegenstand/Wirtschaftsgut anzusetzen und die Verbindlichkeit nicht auszubuchen. Die Ausbuchung soll erst erfolgen, wenn die Urkunden aus dem Verkehr gezogen worden sind oder eine entsprechende Absicht besteht. Der BFH[5] begründet dies in einem eine Hypothekenbank betreffenden Urteil, aufbauend auf der Rechtsprechung des Reichsgerichts,[6] mit einer **sachenrechtlichen** Verselbständigung des Rechts, was bei vorübergehendem Zusammentreffen von Forderung und Schuld nicht zur Konfusion führe. Deshalb seien handelsrechtlich die Schuldverschreibungen aktivisch und passivisch auszuweisen. Dem müsse nach Maßgeblichkeitsgrundsätzen auch steuerlich gefolgt werden. Für die GuV-Rechnung erfolge daraus eine Verbuchung der Zinsen als Aufwand **und** Ertrag.

Aus bilanzieller Sicht spricht gegen diese Auffassung Folgendes:

- Schulden i. S. des Bilanzrechts setzen mit der speziellen Ausnahme bestimmter Aufwandsrückstellungen (unterlassene Instandhaltung) einen „Leistungszwang gegenüber einem **Anderen (Außenverpflichtung)**" voraus (→ Rz. 76). Mit Vereinigung von Forderung und Verbindlichkeit in einer Person entfällt der Leistungszwang gegenüber einem anderen, damit die Außenverpflichtung und deshalb bilanzrechtlich die Schuld. Ob sie zivilrechtlich fortbesteht, ist unerheblich.
- Die Eigenschaft als **Vermögensgegenstand/Wirtschaftsgut** der Inhaberschuldverschreibung besteht nicht, da kein Zahlungsanspruch gegen einen Dritten besteht, der Wert dieser „Forderung" also null beträgt.
- Im Ergebnis werden also aktivisch und passivisch **nicht bilanzierbare** Posten ausgewiesen.

Unseres Erachtens wären daher folgende Buchungen angemessen:

- erfolgswirksame Ausbuchung der Anleihe bei Rückkauf,
- Wiedereinbuchung bei erneuter Begebung (Verkauf).

---

1 BFH, Urteil v. 23.7.1975 – I R 23/74, BStBl 1976 II S. 40, unter Bezugnahme auf RGH, Urteil v. 1.4.1935 – IV 179/34, RGZ 147 S. 233.
2 Nach RFH, Urteil v. 30.1. 1934 – IA 156/33, RStBl S. 1010.
3 BFH, Urteil v. 23.7.1975 – I R 23/74, BStBl 1976 II S. 40.
4 So auch *ADS*, 6. Aufl., § 266 Rz. 219.
5 BFH, Urteil v. 23.7.1975 – I R 23/74, BStBl 1976 II S. 40.
6 RGH, Urteil v. 1.4.1935 – IV 179/34, RGE 147, S. 243.

Mit diesen Buchungen werden die üblichen Bilanzierungsregeln beachtet: Ein am Stichtag (→ § 252 Rz. 66) nicht mehr vorhandenes Rechtsverhältnis ist nicht auszuweisen, auch wenn es in neuer Rechnung wiederbegründet wird.

BEISPIEL[1] Unternehmer U verkauft am 30.12.01 Aktien der A-AG zu 103 und kauft gleichwertige Stücke am 2.1.02 zu 100 zurück. Der Rückkauf im neuen Jahr gilt nicht als ansatzerhellend, sondern -begründend. Die Gewinnrealisation ist unstreitig.

2.4 Erhaltene Zuschüsse

Auf die Kommentierung unter → Rz. 325 wird verwiesen. 108

2.5 Beendigung von Schuldverhältnissen

2.5.1 Schuldbefreiung

Auf **schuldrechtlicher** Grundlage können folgende Instrumente zur Schuldbefreiung und damit zum bilanzrechtlichen **Abgang** einer Verbindlichkeit oder Rückstellung führen: 109

- **Erfüllung** nach § 362 BGB,
- **Aufrechnung** nach §§ 387 ff. BGB,
- **Erlass** nach § 397 BGB (→ Rz. 94),
- befreiende (privative) Schuld**übernahme** nach § 414f BGB (→ Rz. 103 f.).

Den ersten drei der genannten Instrumente zur Schuldbefreiung ist regelmäßig auch bilanzrechtlich zu folgen. Bei der Schuldübernahme ist auch der wirtschaftliche Gehalt nach der Interessenlage der handelnden Personen zu berücksichtigen.

2.5.2 Schuldübernahme vs. Erfüllungsübernahme

Die (befreiende, privative) Schuldübernahme setzt zwingend das Einverständnis des **Gläubigers** voraus (§ 414d BGB). Ein solches ist im Geschäftsleben oft nicht erreichbar oder gesetzlich untersagt. Wenn deshalb ein „stiller" Austausch des Schuldners (ohne Einverständnis des Gläubigers) gewünscht wird, bleibt nur die **Schuldübernahme** im **Innenverhältnis** (Erfüllungsübernahme) zwischen dem „eigentlichen" Schuldner (aus Sicht des Gläubigers) und dem Schuldübernehmer (aus Sicht des Primärschuldners). Man kann von einer wirtschaftlichen Beendigung des Schuldverhältnisses nach der Interessenlage der Beteiligten sprechen, bei der lediglich ein zivilrechtliches Obligo beim ursprünglichen Schuldner verbleibt. Ob mit Erfüllungsübernahme ein Schuldbeitritt verbunden ist, bleibt u. E. ohne Auswirkung auf diesen Lösungsvorschlag (→ Rz. 103). Gegen die Ausbuchung der Schuld bei der (ursprünglichen) Schuldnerin spricht auch nicht das **Vollständigkeitsgebot**[2] (→ Rz. 3). Dieses kann für sich keinen Bilanzansatz **begründen,** sondern **gebietet** (nur) den Ausweis festgestellter Vermögensgegenstände, Schulden und Rechnungsabgrenzungsposten. Die im Innenverhältnis übernommene Schuld war zuvor anzusetzen; durch die Erfüllungsübernahme durch den Dritten verliert sie ihren (bilanzrechtlichen) Schuldcharakter und mutiert zum nicht passivierbaren, nur angabepflichtigen Obligo. 110

1 Nach *Hoffmann*, StuB 2010 S. 930.
2 Anderer Auffassung wohl *Mujkanovic*, StuB 2014 S. 377.

BEISPIEL Die Einzelhandelskette E „sitzt" auf einem Mietvertrag für eine nicht mehr benötigte Verkaufsfiliale. Der Mietpreis für die restliche Vertragslaufzeit von 38 Monaten beläuft sich auf 100 p. m. bei einer Untervermietung zu 65 p. m. E „verkauft" diese Schuld an einen Finanzinvestor F zu 1.000. Der Vermieter V erhält die Monatsmiete nunmehr von F, den er kennt oder nicht kennt, und ist zufrieden.

ALTERNATIVE E will sich von der Mietverpflichtung definitiv befreien und tritt zusammen mit F in Vertragsverhandlungen mit V ein. Dieser ist wegen geringer Bonität des F nur mit einer Bürgschaftsübernahme (→ § 249 Rz. 188) des E für die geschuldeten Mietzahlungen zur Entlassung des E aus dem Mietvertrag und Neuabschluss mit F bereit. So vereinbart zahlt E an F ebenfalls 1.000.

Durch diese Gestaltung wird der drohende Verlust realisiert (→ § 249 Rz. 226). Die beiden Alternativen zeigen die wirtschaftliche **Austauschbarkeit** von Schuldbeitritt und -übernahme, in diesem Fall durch „Zwischenschaltung" der Bürgschaft. Ohne diese – V wertet F mit gleicher Bonität wie E – wäre die von E an F zu bezahlende Vergütung von bisher 1.000 um eine Bürgschaftsprovision niedriger anzusetzen, da E nun nicht mehr im Obligo steht; er muss für die nunmehr bestehende Schuld des F nicht (mehr) eintreten (→ Rz. 111).

In allen Sachverhaltsalternativen ist die Schuld des E auszubuchen. Soweit E im Obligo bleibt, wird der Bilanz**ausweis** durch einen **-vermerk** nach § 251 HGB (→ § 251 Rz. 24) ersetzt (→ Rz. 326). Zu einem (erneuten) Bilanzansatz käme es nur bei weiterbestehendem Obligo, wenn der Ausfall des F als wirtschaftlicher Schuldner ansteht. Dieser Fall ist bilanzrechtlich als drohende Inanspruchnahme aus einer Bürgschaft (→ § 249 Rz. 132) zu würdigen.

Entscheidend für den Bilanzansatz ist das **„negative"** wirtschaftliche Eigentum aus der Schuld (→ Rz. 378). Dieses kann mit dem rechtlichen Schuldverhältnis – bei Schuldbefreiung im Einverständnis mit den Gläubigern – einhergehen oder nicht (Schuldmitübernahme, Schuldbeitritt). Der Bilanzansatz hat bei der durch die Verpflichtung belasteten Partei zu erfolgen (→ Rz. 379),[1] solange sie zahlungsfähig ist. Der befreite Primärschuldner muss eine Verpflichtung so lange nicht ansetzen, wie wegen des Schuldbeitritts usw. keine Inanspruchnahme droht, also die wirtschaftliche Belastung fehlt. Hierfür kann bei nicht ganz kurzfristigen Verpflichtungen eine ausgezeichnete Bonität des Schuldbeitretenden ausreichen, weil diese in mittlerer Frist in Liquidität umgesetzt werden kann.[2] Bestätigt wird diese Rechtsauslegung implizit durch den am 18.12.2013 in Gesetzeskraft erwachsenen § 4f EStG (→ Rz. 117a und → § 249 Rz. 204a).

Eine Passivierungspflicht für den Erfüllungsübernehmer besteht auch, wenn eine Personengesellschaft im Zuge des Ausscheidens eines Gesellschafters diesen im Innenverhältnis von (zuvor in der Sonderbilanz passivierten) Schulden gegenüber Dritten freistellt.[3]

2.5.3 Sonderfall der Pensionsverpflichtungen

111 Altersversorgungsverpflichtungen können uneingeschränkt (nur) durch Akte der **Gesamtrechtsnachfolge** – im Wesentlichen Verschmelzung, Anwachsung, Spaltung, Ausgliederung – auf einen neuen Schuldner übertragen werden, z. B. auf eine Rentner-GmbH. Ansonsten sind für Fälle der Einzelrechtsnachfolge folgende gesetzliche Eckpunkte beachtlich (vgl. auch → § 249 Rz. 134 ff.):

1 So wohl auch *Buciek*, FR 2010 S. 426, in Kommentierung von BFH, Urteil v. 16.12.2009 – I R 102/08, DB 2010 S. 309.

2 Vgl. *Lüdenbach*, StuB 2021 S. 966.

3 BFH, Urteil v. 8.11.2018 – IV R 38/16.

- § 4 des Betriebsrentengesetzes: Die Übertragung unverfallbarer Anwartschaften und laufender Rentenverpflichtungen – für **nicht mehr aktiv** tätige frühere Arbeitnehmer – bedarf der **Zustimmung** der Berechtigten mit verschiedenen Kautelen.
- Beim Betriebsübergang nach § 613a BGB tritt das übernehmende Unternehmen in die Versorgungsverpflichtungen der **aktiv tätigen** Mitarbeiter mit verfallbaren und unverfallbaren Verpflichtungen ein.
- Liegen kein Betriebsübergang und auch keine Zustimmung vor, kann die Verpflichtung lediglich im **Innenverhältnis** übernommen werden. Zur Schuldbefreiung kommt es nicht.

Für die bilanzielle Abbildung der Fälle mit Schuldübernahme beim abgebenden Unternehmen gilt:[1]

- **Soweit** das übertragende Unternehmen auch im Außenverhältnis von der **Schuld befreit wird,** muss bei diesem die dafür gebildete Rückstellung **ausgebucht** werden.
- **Verbleibt** die Schuld im Außenverhältnis beim übertragenden Unternehmen, kann es nur zu einem **Schuldbeitritt** bzw. einer **Freistellung** im Innenverhältnis – u.U. kombiniert[2] – durch den Übernehmer kommen. Die Bilanzierung als Schuld hat bei dem Unternehmen zu erfolgen, das durch die Pensionsverpflichtung wirtschaftlich belastet ist (→ Rz. 76), d. h. die Pensionslasten **trägt.**[3] Beim übertragenden Unternehmen ist dem BFH zufolge die Inanspruchnahme aus der Altersversorgungsverpflichtung unwahrscheinlich (→ § 249 Rz. 46), so dass ein Bilanzansatz ausscheidet. Das ggf. verbleibende Obligo der übertragenden Partei ist bei dieser als Bilanzvermerk nach § 251 HGB für bürgschaftsähnliche Rechtsverhältnisse (→ § 251 Rz. 24) zu erfassen (→ Rz. 110) oder im Anhang zu nennen (→ § 285 Rz. 182). Erst bei drohender Inanspruchnahme der abgebenden Partei für Verpflichtungen der anderen kommt bei ersterer ein Rückstellungsansatz in Betracht (→ § 249 Rz. 151). Solange ein solcher Fall nicht absehbar ist, kann eine Rückstellung beim übertragenden Unternehmen nicht (mehr) angesetzt werden.[4] Unseres Erachtens gilt diese Bilanzierungsvorgabe des IV. BFH-Senats auch bei (nur) **Erfüllungsübernahme** im Innenverhältnis der beiden Unternehmen, da dann die Wahrscheinlichkeit der Inanspruchnahme des übertragenden Unternehmens genauso unwahrscheinlich ist.[5] Anderer Auffassung ist das IDW: Bei einer alleinigen Erfüllungsübernahme im Innenverhältnis ohne Schuldbeitritt soll das freigestellte Unternehmen eine Bruttodarstellung (Passivierung der Verpflichtung, Aktivierung des Freistellungsanspruchs) vornehmen.[6]

  Erfolgseffekte (Aufwendungen) ergeben sich beim durch die Übertragung (im Innenverhältnis) befreiten Unternehmen handelsbilanziell, wenn dieses für die Schuld- oder Erfüllungsübernahme einen Betrag leisten wird, der die bisher passivierte Pensionsverpflichtung übersteigt; für bisher gar nicht passivierte Altzusagen bedeutet dies, dass der gesamte geleistete Betrag aufwandswirksam wird.[7]

1 Vgl. hierzu IDW RS HFA 30 Tz. 96 ff.

2 BFH, Urteil v. 26.4.2012 – IV R 43/09, DStR 2012 S. 1128, mit Anm. *Hoffmann;* siehe auch *Hoffmann,* StuB 2012 S. 497.

3 So entschieden für den Fall eines Schuldbeitritts, verbunden mit einer (internen) Schuldübernahme, durch BFH, Urteil v. 26.4.2012 – IV R 43/09, DStR 2012 S. 1128, mit Anm. *Hoffmann.*

4 So auch IDW RS HFA 34 Tz. 32 und IDW RS HFA 30 Tz. 101a; für Auflösung BFH, Urteil v. 26.4.2012 – IV R 43/09, DStR 2012 S. 1128, mit Anm. *Hoffmann;* vgl. auch *Hoffmann,* StuB 2012 S. 497.

5 So nun auch der BFH, Urteilen v. 12.12.2012 – I R 69/11 und I R 28/11, DStR 2013 S. 575, mit Anm. *Hoffmann.*

6 IDW RS HFA 30 Tz. 103. Dies ablehnend und wie wir für eine Nettobilanzierung: *Förster/Werthebach,* BB 2019 S. 299 ff.

7 IDW RS HFA 30 Tz. 101a.

► Steuerbilanziell war beim abgebenden Unternehmen dem BFH[1] zufolge der bisherige Bilanzansatz mit der Bewertung nach § 6a Abs. 3 EStG aufzulösen, da die Inanspruchnahme nunmehr **unwahrscheinlich** (→ § 249 Rz. 46) geworden ist (→ Rz. 112). Der sofortigen Erfolgswirksamkeit eines solchen Vorgehens ist durch Einfügung von § 4f EStG aber ein Riegel vorgeschoben worden (→ Rz. 117a und → § 249 Rz. 204a).

112 Unabhängig von den **gesetzlichen Einschränkungen** der Übernahme von Altersversorgungsverpflichtungen kann rechtsgeschäftlich im Innenverhältnis die **Erfüllungsübernahme** mit oder ohne Schuldbeitritt einen bilanzrechtlichen **Transfer** der Verpflichtungen in den Vermögensbereich des übernehmenden Unternehmens bewirken. Durch Bezahlung der „Ablösesumme" an das übernehmende Unternehmen wird das abtretende im Innenverhältnis von der Schuld befreit, unabhängig vom primären Schuldnerstatus gegenüber den Gläubigern (Arbeitnehmer, Rentner etc.). Entsprechende Bonität des zur Erfüllung verpflichteten Unternehmens unterstellt, kommt es handelsrechtlich zur gleichen bilanziellen Abbildung wie in → Rz. 111 im zweiten Aufzählungsfall, sofern die Erfüllungsübernahme (Innenverhältnis) mit einem Schuldbeitritt (Außenverhältnis) verbunden ist.[2] Liegt nur eine **Erfüllungsübernahme** vor, soll der Verpflichtungsausweis beim rechtlichen Schuldner unter gleichzeitiger Aktivierung eines **Freistellungsanspruchs** gegenüber dem übernehmenden Unternehmen erhalten bleiben, sog. „Bruttomethode" (→ § 249 Rz. 138).[3] Unseres Erachtens hat hingegen auch in diesem Fall mangels wirtschaftlicher Belastung (→ Rz. 111) das übertragende Unternehmen die Rückstellung aufzulösen (→ Rz. 111 sowie → Rz. 379). Der nicht erfolgte Schuldbeitritt ändert an der Unwahrscheinlichkeit der Inanspruchnahme des Primärschuldners i. S. des BFH-Urteils IV R 43/09 (a. a. O.) nichts.[4] Zur Steuerbilanz wird wiederum auf → Rz. 117a sowie → § 249 Rz. 204a verwiesen.

Dem wirtschaftlichen Gehalt nach ist die Freistellungsforderung identisch mit dem Forderungsübergang nach § 774 BGB bei Eintritt des Bürgschaftsfalles. Diese „Eventualforderung" ist bislang noch nie als aktivierbar angesehen worden. Davon abgesehen scheitert der Bilanzansatz für eine solche Forderung auch an der fehlenden Leistungserbringung bis zum Bilanzstichtag (→ Rz. 8) und im konkreten Fall auch an der Wertlosigkeit (→ Rz. 379) bei nur interner Erfüllungsübernahme.

Das BMF[5] fordert (vor Verabschiedung von § 4f EStG) die „Bruttoverbuchung" (mit Aktivierung des Freistellungsanspruchs) auch bei Schuldmitübernahme. Das übernehmende Unternehmen sollte die Bewertung als **Leibrenten**verpflichtung durchführen, also nicht (mehr) nach § 6a EStG. Das BMF wollte offensichtlich unerwünschten Steuergestaltungsmöglichkeiten vorbeugen, die sich auf die stille Last in der Bewertung von Altersversorgungsverpflichtungen in der Steuerbilanz stützen (→ § 249 Rz. 202).[6] Der BFH hat dieser Bilanzierungsweise im zitierten Urteil IV R 43/09 (a. a. O.) eine Absage erteilt: Der Freistellungsanspruch in Gestalt der Ablösesumme ist nicht bilanzierbar. Ihm fehlt die **Wirtschaftsgüter**eigenschaft. So unwahrscheinlich sich die künftige Inanspruchnahme des Übertragenden aus den Pensionsverpflichtungen am

1 So entschieden für den Fall eines Schuldbeitritts, verbunden mit einer internen Schuldübernahme, durch BFH, Urteil v. 26.4.2012 – IV R 43/09, DStR 2012 S. 1128, mit Anm. *Hoffmann.*

2 So die Auffassung in IDW RS HFA 30 n. F. Tz. 101.

3 IDW RS HFA 30 Tz. 103.

4 Vgl. *Hoffmann,* StuB 2012 S. 497.

5 BMF, Schreiben v. 16.12.2005, BStBl I S. 1052; vgl. hierzu die Kritik bei *Hoffmann,* StuB 2010 S. 122.

6 Dagegen BFH, Urteil v. 26.4.2012 – IV R 43/09, DStR 2012 S. 1128, mit Anm. *Hoffmann;* vgl. auch *Hoffmann,* StuB 2012 S. 497.

Tag der Übertragung darstellt – sonst wäre sie nicht erfolgt –, so unwahrscheinlich ist das **effektive** Entstehen der Forderung.[1] **Aufschiebend** bedingte Forderungen sind nach allgemeiner Regel nicht aktivierbar (→ Rz. 58). Selbst wenn man von der Wahrscheinlichkeit der Inanspruchnahme aus dem verbliebenen Obligo zur Bestreitung der Pensionsverpflichtungen ausgehen sollte, käme ein Bilanzansatz wegen fehlender Leistungserbringung bis zum Stichtag nicht in Betracht, wäre überdies dann auch wertlos. Zum Inhalt des zitierten BFH-Urteils IV R 43/09 siehe auch → § 249 Rz. 204a.

Die verschiedenen Rechtstechniken der (wirtschaftlichen) Übertragung der Pensionsverpflichtungen auf einen Unternehmenserwerber (oder sonstigen Dritten) haben auch **Bewertungsrelevanz:**[2] 112a

- Erfolgt die Übernahme der Verpflichtung durch Betriebsübergang (§ 613a BGB) oder Schuldbeitritt mit Erfüllungsübernahme im Innenverhältnis, hat der nun Verpflichtete eine Pensionsrückstellung auszuweisen, für deren Diskontierung nach § 253 Abs. 2 Satz 1 HGB der Durchschnittszins aus den letzten **zehn** Geschäftsjahren maßgeblich ist.
- Bei Erfüllungsübernahme im Innenverhältnis ohne Schuldbeitritt hat das wirtschaftlich die Verpflichtung tragende Unternehmen eine sonstige Rückstellung auszuweisen, die nach allgemeinen Vorschriften des § 253 Abs. 2 Satz 1 HGB mit dem Durchschnittszinssatz der letzten **sieben** Jahre abzuzinsen ist.

2.5.4 Altzusagen (für Pensionen)

Für sog. Altzusagen (vor dem 1.1.1987) gilt nach Art. 28 EGHGB ein **Ansatzwahlrecht** (→ § 249 Rz. 127). Beim Betriebsübergang, aber auch bei Schuldbeitritt mit oder ohne Erfüllungsübernahme liegt regelmäßig ein **entgeltliches** Rechtsgeschäft vor, welches das Passivierungs**wahlrecht** in eine **-pflicht** verwandelt[3] (→ § 249 Rz. 127). Beim gesetzlichen Schuldübergang nach § 24 UmwG gilt dies allerdings wiederum nicht. 113

2.5.5 Realisierung stiller Lasten in der Steuerbilanz – von der BFH-Rechtsprechung zu § 4f EStG

Gegenüber handelsrechtlichen Ansatz- und Bewertungsvorgaben gebietet eine Reihe von besonderen steuerlichen Regeln die Bildung von **stillen Lasten,** z. B. → § 249 Rz. 200; u. a. 114

- Verbot des Ansatzes von Drohverlustrückstellungen nach § 5 Abs. 4a EStG (→ § 249 Rz. 223),
- Vorsorgen für Dienstjubiläen nach § 5 Abs. 4 EStG (→ § 249 Rz. 217),
- Pensionsrückstellungen nach § 6a Abs. 3 EStG (→ § 253 Rz. 96),
- Abzinsungstypisierung für Verbindlichkeitsrückstellungen nach § 6 Abs. 1 Nr. 3 EStG gegenüber den Marktzinssätzen nach § 253 Abs. 2 Satz 1 und 2 HGB (→ § 253 Rz. 121),
- Stichtagsbewertung nach § 6 Abs. 1 Nr. 3f EStG gegenüber dem Erfüllungsbetrag nach § 253 Abs. 1 Satz 2 HGB (→ § 253 Rz. 55).

1 BFH, Urteil – IV R 97-43/09, DStR 2012 S. 1128.
2 IDW RS HFA 30 n. F. Tz. 96 ff.
3 IDW RS HFA 30 Tz. 97; *Lüdenbach*, StuB 2010 S. 822.

115 Diese divergierenden Ansatz- und Bewertungsvorschriften bildeten einen Streitgegenstand in drei BFH-Urteilen zu

- dem Ansatz von Drohverlustrückstellungen[1] (→ § 249 Rz. 184 ff.),
- dem Ansatz von Rückstellungen für Dienstjubiläen[2] (→ § 249 Rz. 217),
- der Bewertung von Pensionsverpflichtungen[3] (→ § 253 Rz. 87 ff.).

In allen Fällen ging es um die **entgeltliche** Übernahme der genannten Verpflichtungen. Durch diese Bezahlung des abgebenden (übertragenden) an das aufnehmende (erwerbende) Unternehmen wurde beim erstgenannten die stille Last steuergewinnmindernd realisiert.

116 Der I. BFH-Senat hatte in den beiden zitierten Urteilen I R 102/08 und I R 72/10 über die Besteuerungssituation des **aufnehmenden** Unternehmens zu entscheiden. Danach hatte dieses Unternehmen zur Gewährleistung eines erfolgsneutralen Anschaffungsvorgangs die handelsrechtlich gebotene Bewertung beim Zugang und in der Folge beizubehalten (→ § 249 Rz. 198); die Finanzverwaltung[4] folgte dem für die Zugangsbewertung, wollte aber bei den Folgebewertungen den Vorbehalten des EStG (in casu § 5 Abs. 4a EStG für Drohverlustrückstellungen) wieder Geltung verschaffen.[5]

Handelsbilanziell präferiert das IDW die Lösung des BFH-Senats, hält aber auch eine Passivabgrenzung oder den Ansatz einer sonstigen Verbindlichkeit für zulässig.[6]

117 Besonders der weitreichende Bilanzbereich der **Pensionsrückstellungen** geriet auf der Grundlage zweier Folgeurteile des I. BFH-Senats[7] in das Blickfeld der **Steuergestaltung.**

BEISPIEL[8] Das pensionsbelastete Unternehmen K (Klägerin im Prozess) überträgt diese Schuld mit einem Buchwert von 234 T€ auf ein konzernverbundenes Unternehmen G und vergütet die Schuldübernahme in Höhe des Barwertes mit 310 T€ (weitere Einzelheiten unter → § 249 Rz. 141).

Das Urteil des IV. Senats lautete im Ergebnis kurzgefasst (→ § 249 Rz. 204): Die Rückstellung ist gewinnerhöhend aufzulösen, die Vergütungszahlung gewinnmindernd im Aufwand zu verrechnen, per **Saldo** also eine Minderung des steuerlichen Gewinns um 76 T€. Die Besteuerungssituation des aufnehmenden Unternehmens war vom IV. BFH-Senat nicht zu entscheiden. In den beiden zitierten Urteilen I R 69/11 und I R 28/11 hat der I. BFH-Senat diese Besteuerungslücke aus Sicht des Übernehmers fortgeführt. Die schon zuvor (→ Rz. 116) propagierte Erfolgsneutralität des Anschaffungsvorgangs (für Schulden!, → § 255 Rz. 51) soll für die Folgeperioden erhalten bleiben (→ § 249 Rz. 204). Die Ansatz- und Bewertungsvorgaben z. B. des § 5 Abs. 4a EStG (→ § 249 Rz. 223) und des § 6a Abs. 3 EStG bleiben bis zum Abgang der Schuld unbeachtlich. Entgegen der üblichen Grundregel der Gesetzesauslegung derogiert das allgemeine Recht (Anschaffungskostenprinzip) die spezielle Norm[9] (vgl. auch → § 249 Rz. 197 ff.).

---

1 BFH, Urteil v. 16.12.2009 – I R 102/08, BStBl 2011 II S. 566.
2 BFH, Urteil v. 14.12.2011 – I R 72/10, DStR 2012 S. 452.
3 BFH, Urteil v. 26.4.2012 – I R 43/09, DStR 2012 S. 1130, mit Anm. *Hoffmann.*
4 BMF, Schreiben v. 24.6.2011, BStBl I S. 627.
5 *Siegel,* FR 2012 S. 392.
6 IDW Life 2016 S. 57.
7 BFH, Urteil v. 12.12.2012 – I R 69/11 sowie I R 28/11, DStR 2013 S. 575, mit Anm. *Hoffmann;* vgl. auch *Hoffmann,* StuB 2013 S. 237.
8 Sachverhalt, vereinfacht, von BFH, Urteil v. 26.4.2012 – IV R 43/09, DStR 2012 S. 1128, mit Anm. *Hoffmann.*
9 *Prinz, M.,* FR 2012 S. 779; *ders.,* FR 2013 S. 612; vgl. auch *Siegel,* FR 2012 S. 388.

In der **Synopse** der Rechtsauslegungen der beiden Senate galt dann Folgendes für

- das abgebende Unternehmen (IV. BFH-Senat): Die praktisch immer gegebene positive Differenz von Übernahmevergütung gegenüber dem Bilanzansatz der Pensionsrückstellungen nach § 6a EStG stellt sofort abzugsfähigen Aufwand dar.
- das übernehmende Unternehmen (Urteile des I. BFH-Senats): In der erfolgsneutral zu beachtenden Zugangs- und Folgebewertung für die übernommenen Verpflichtungen (hier aus Altersversorgung) wird der steuerwirksame Aufwand nicht spiegelbildlich korrigiert, sondern bleibt auf Dauer erhalten.

Das sich in dieser Rechtsprechungskonstellation verbergende Gestaltungspotenzial hat den Gesetzgeber auf den Plan gerufen. Dieser hat 2013 § 4f EStG sowie § 5 Abs. 7 EStG eingefügt. Die Inhalte dieser Gesetzespassagen werden nachfolgend sowie unter → § 249 Rz. 204a dargestellt.

§ 4f EStG hat das Steuergestaltungspotenzial aus dem Urteil des IV. BFH-Senats weitgehend beseitigt.[1] Der nach diesem Urteil im Aufwand (als Betriebsausgabe) zu verrechnende Mehrbetrag des Übertragungsentgelts gegenüber der Pensionsrückstellung ist im Übertragungsjahr der (z. B.) Pensionsverpflichtung nur mit 1/15 abzugsfähig, dann in den folgenden 14 Jahren gleichbleibend mit 1/15. Realisierter Aufwand wird auf 15 Jahre verteilt. Das ergibt sich aus § 4f Abs. 1 Satz 2 EStG, der allerdings nicht nur die Übertragung von **Pensionsrückstellungen** erfasst, sondern z. B. auch die von Jubiläumsrückstellungen. Für gar nicht angesetzte Bilanzposten – z. B. Drohverlustrückstellungen – gilt nach § 4f Abs. 1 Satz 1 EStG der nämliche Effekt. Erhält der Übernehmer für die Erfüllung eines Drohverlustes z. B. 100, dann ist dieser Betrag der 15tel-Regelung zur Abzugsfähigkeit zu unterwerfen. Der Ansatz in der Handelsbilanz ist unerheblich. Bei Drohverlustrückstellungen, die sich regelmäßig kurzfristig realisieren, ist die Verteilung des Aufwands auf 15 Jahre **überschießend** (vgl. das Beispiel unter → § 249 Rz. 204b). Wenn der Drohverlust von einem Dritten entgeltlich übernommen worden ist, verbleibt es bei der Aufwandsrealisierung über 15 Jahre, auch wenn der Drohverlust z. B. nach einem oder drei Jahren realisiert wird. Die zeitliche Streckung entspricht einer für Pensionsverpflichtungen angemessenen, in anderen Fällen aber unangemessenen Typisierung. 117a

Der Übergang der Altersversorgungsverpflichtungen eines Unternehmens vollzieht sich häufig im Rahmen eines *Asset-Deals* (→ § 255 Rz. 54). Dabei will der Erwerber u. U. die Pensionslast mit schuldbefreiender Wirkung nicht übernehmen. Als Ausweg bietet sich die Einschaltung eines Pensionsfonds für die bereits verdienten Pensionslasten (*„past service costs"*) auf einen Pensionsfonds und die noch zu erdienenden Anwartschaften (*„future service costs"*) auf eine kongruent rückgedeckte Unterstützungskasse an. Dabei wird regelmäßig der „Fehlbetrag" im bisher bilanzierten Wert in die Kaufpreisvereinbarung „eingespeist", d. h., die Leistung an den Fonds oder die Unterstützungskasse mindert den Kaufpreis für das Unternehmen. Diese Leistungen reflektieren eine gegenwartsnahe Bewertung der Pensionslasten. Der Mehraufwand für die Leistung des Verkäufers an den Fonds etc. (Bareinzahlung) gegenüber dem bisherigen Bilanzansatz für die Altersversorgungsverpflichtungen stellt handelsrechtlich Aufwand dar, dem ein Ertrag aus der Auflösung der Rückstellung gegenübersteht, da sich das Unternehmen der Schuld entledigt hat. Die Einzahlung in den Fonds übersteigt regelmäßig den bisherigen Pensionsbetrag erheblich. Handelsbilanziell ergibt sich daraus ein Aufwand. Steuerlich kann dieser Mehrbetrag auf Antrag nach § 4e Abs. 3 EStG in den Folgejahren nach der Übertragung

1 BFH, Urteil v. 26.4.2012 – IV R 43/09, DStR 2012 S. 1128, mit Anm. *Hoffmann*; vgl. auch *Hoffmann*, StuB 2012 S. 492.

mit je einem Zehntel (gleichmäßig verteilt) als Betriebsausgabe geltend gemacht werden. Die Antragstellung ist zum Erhalt der Lohnsteuerfreistellung nach § 3 Nr. 6b EStG erforderlich. Im Verhältnis zum Verteilungsbetrag nach § 4f EStG (14/15) gebührt der Verteilung nach § 4e EStG (1/10) der Vorrang (→ § 249 Rz. 204a). Einen entsprechenden Vorrang hat auch § 4d EStG.[1]

§ 4f EStG **differenziert** im Wesentlichen **nicht** nach Schuldübernahme, Schuldbeitritt und Erfüllungsübernahme (→ Rz. 10). Ob der Übertragende noch im Schuldnerstatus (Obligo) verbleibt, ist u. E. generell bilanzrechtlich unerheblich (→ Rz. 111 für Pensionsverpflichtungen), solange er nicht mit einer Inanspruchnahme rechnen muss (vergleichbar mit einem Bürgen). § 4f Abs. 2 EStG bestätigt die Gleichwertigkeit von Schuldbeitritt und Erfüllungsübernahme mit der Übertragung der Schuld. Damit ist auch die Bilanzierbarkeit einer Freistellungsforderung vom Gesetzgeber endgültig verworfen worden (→ Rz. 110). Diese Entscheidung sollte auch handelsrechtlich Beachtung finden, die „Bruttomethode" also entfallen.[2]

Der verteilungspflichtige Aufwand wird nicht durch Gewinne aus anderen Geschäftsvorfällen gekürzt[3] (→ Rz. 17). Betroffen sind etwa durch die Mitübertragung von Wirtschaftsgütern gehobene stille Reserven. Soweit das Entgelt für die Übertragung einer passivierungsbeschränkten Verpflichtung jedoch in der gleichzeitigen Hingabe eines Wirtschaftsguts mit stillen Reserven besteht, liegt nur ein einziger Geschäftsvorfall vor. Ein verteilungspflichtiger Aufwand entsteht insoweit nicht.[4]

In § 4f Abs. 1 Satz 3–6 EStG werden **Ausnahmen** von der Verteilungsregel nach Abs. 1 Satz 1 und 2 und Abs. 2 aufgeführt. Danach sind Schuldübernahmen in folgenden Fällen von der Verteilung ausgenommen:

- anlässlich der Veräußerung oder Aufgabe des ganzen Betriebs oder des gesamten Mitunternehmeranteils, weil dann kein Betrieb mehr vorliegt; dies gilt auch bei der Einbringung eines Betriebs oder eines gesamten Mitunternehmeranteils in eine Kapital- oder Personengesellschaft gem. §§ 20, 24 UmwStG sowie beim Formwechsel einer Kapitalgesellschaft in eine Personengesellschaft, der Verschmelzung und der Aufspaltung einer Kapitalgesellschaft;[5]
- anlässlich einer Teilbetriebsveräußerung oder -aufgabe, beschränkt auf den den Aufwand verursachenden Teilbetrieb;
- bei einem Arbeitgeberwechsel unter Mitnahme der Pensionsanwartschaft einschließlich eines zugehörigen Deckungsvermögens;
- bei kleinen Unternehmen, welche die Größenmerkmale für die Bildung einer Ansparrücklage nach § 7g EStG nicht überschreiten.

Nicht eindeutig gelöst war zunächst die Frage, ob Betriebsveräußerungen, der Kleinunternehmervorbehalt etc. **nur** bei einer Schuldübernahme nach § 4f **Abs. 1** EStG oder **auch** bei Schuldbeitritt oder Erfüllungsübernahme nach **Abs. 2** ausgenommen sind. Die erste Auffassung wur-

1 Vgl. BMF, Schreiben v. 30.11.2017 IV C 6 – S 2133/14/10001 Tz. 4.
2 Gleicher Auffasung *Förster/Werthebach*, BB 2019 S. 299 ff.
3 BMF, Schreiben v. 30.11.2017 – IV C 6 – S 2133/14/10001 Tz. 17.
4 *Förster/Werthebach*, BB 2019 S. 299 ff.
5 Ebenda.

de im Schrifttum überwiegend vertreten. Die Finanzverwaltung hat sich dieser Auffassung angeschlossen.[1]

Der jeweilige **Rechtsnachfolger** des ursprünglich Verpflichteten muss die Aufwandsverteilung weiterführen. Das gilt für den Übergang von Sachgesamtheiten durch Erbfolge oder nach § 6 Abs. 3 EStG, ebenso für Umwandlungen und Einbringungen zum Buchwert, soweit der übernehmende Rechtsträger in die Stellung des Übertragenden **eintritt.**[2] Bei **Betriebsaufgabe** oder **-veräußerung** ist dem Sinn des § 4f Abs. 1 Satz 3 EStG folgend der noch nicht ausgeschöpfte Abzugsbetrag als **Einmalaufwand** außerbilanziell abzusetzen.[3]

Besonderheiten bestehen nach § 4f Abs. 1 Satz 3 Teilsatz 2EStG bei der Übertragung von Pensions-, Jubiläums- und Altersteilzeitverpflichtungen. Hier unterbleibt beim Übertragenden die Verteilung von Aufwand, wenn die berechtigten Arbeitnehmer zu einem neuen Arbeitgeber wechseln. In den Fällen des Betriebsübergangs nach § 613a BGB ist diese Ausnahme aber nicht anzuwenden.[4] 117b

V. Eigenkapital, mezzanine Finanzierungen

1. Begriff des Eigenkapitals

In Abs. 1 ist das Eigenkapital nicht förmlich genannt, anders als in § 247 Abs. 1 HGB. Das ist aber auch nicht erforderlich, denn es ergibt sich nach dem doppischen System zwingend als Saldogröße bzw. als Ausgleich *(Equity)* von Aktiva und Passiva, die ihrerseits im Gesetz aufgeführt sind. Eine förmliche Definition des Eigenkapitals wird jenseits der einfachen Unternehmensform des Einzelkaufmanns in Sonderfällen **der Unternehmensfinanzierung** benötigt. Musterfall sind die Genussrechte (→ Rz. 121). Als entscheidend gelten in diesem Zusammenhang die **Haftungs**funktion[5] und – damit verbunden – das **Verlustabsorptions**potenzial des Eigenkapitals. Die von den Gesellschaftern erbrachten oder von der Gesellschaft selbst erwirtschafteten Mittel haften **vor** denjenigen der Fremdkapitalgeber für die Unternehmensverluste. Das Eigenkapital kann bei haftungsbeschränkenden Gesellschaftsformen – Kapitalgesellschaft, Kommanditgesellschaften – nur unter bestimmten Voraussetzungen an die Gesellschafter **ausgeschüttet** werden. Insoweit besteht eine Kapitalbindung. In der internationalen Rechnungslegung kommt nach IAS 32 ein Eigenkapitalausweis regelmäßig nur in Betracht, wenn weder unbedingt noch bedingt eine Rückzahlungsverpflichtung rechtlicher Natur besteht. 118

Strukturelle Besonderheiten bestehen im Eigenkapitalausweis von **Personenhandelsgesellschaften** (→ Rz. 138). Für **Kapitalgesellschaften** (in §§ 266 und 272 HGB) bestehen detaillierte Ausweisvorschriften. Ähnliches gilt für **„Kap. & Co."**-Gesellschaften gem. § 264c Abs. 2 HGB (→ § 264c Rz. 9). 119

1 BMF, Schreiben v. 30.11.2017 – IV C 6 – S 2133/14/10001 Tz. 25.

2 *Korn/Strahl*, KöSDi 2014 S. 18749.

3 *Korn/Strahl*, KöSDi 2014 S. 18749.

4 BMF, Schreiben v. 30.11.2017 – IV C 6 – S 2133/14/10001 Tz. 29.

5 Vgl. *ADS*, 6. Aufl., § 246 Tz. 81.

2. Abgrenzung zu den Schulden/hybride Finanzierungen

2.1 Begriffsumschreibungen

120 Hybride Finanzinstrumente nehmen eine **Zwitter**stellung („hybrid") zwischen Eigen- und Fremdkapital ein. Zunehmend schleicht sich in die Fachsprache auch die Bezeichnung „mezzanin" ein, abgeleitet von der Mezzanine (= Zwischengeschoss zwischen zwei Hauptetagen eines italienischen Palazzo).

Als Hybridanleihen werden z. B. auch sog. **Perpetuals** („ewige Anleihen") bezeichnet, also Anleihen ohne Kündigungsrecht des Gläubigers und überhaupt ohne Laufzeitbegrenzung. Eine solche rechtliche Konstruktion würde die Anleihe unverkäuflich machen, die fehlende rechtliche Beendigung der Laufzeit wird durch eine wirtschaftliche Zwangslage ersetzt, indem z. B. nach zehn Jahren akzelerierende Zinsen eintreten, die den Anleiheschuldner aus seiner **wirtschaftlichen Interessenlage** heraus zur Rückzahlung zwingen.

Damit ist allerdings (noch) nicht die **Passivierbarkeit** der ewigen Anleihe bestätigt. Der Gläubiger wird zwar die Anleihe wegen der späteren wirtschaftlichen Zwangslage des Schuldners zur Kündigung zeichnen, eine an Sicherheit grenzende Wahrscheinlichkeit dazu besteht nicht. Erzwingbar (→ Rz. 76) ist die Erfüllung der Verbindlichkeit jedenfalls nicht. Dieses Kriterium kann auch nicht durch eine „wirtschaftliche Betrachtungsweise" (→ Rz. 230 ff.) erfüllt werden.[1]

Zur Behandlung hybrider Finanzinstrumente beim Inhaber/**Gläubiger** wird auf → Rz. 285 ff. verwiesen.

2.2 Genussrechte

121 **Genussrechte** sind typischerweise schuldrechtlich begründete Vermögensrechte, die eine Beteiligung am Gewinn und/oder am Liquidationserlös, praktisch nicht vorkommend, nicht aber an beiden wegen § 8 Abs. 3 Satz 2 KStG gewähren; die Gegenleistung besteht in der Überlassung von Kapital durch den Genussrechtsinhaber an den Genussrechtsemittenten. Genussrechte gewähren keine Mitgliedschaftsrechte, also z. B. kein Stimmrecht in der Gesellschafterversammlung. Genussrechte können in allen Rechtsformen (AG, KG etc.) bestellt werden. Die Vertragsausgestaltung ist sehr flexibel und kann auch eine Festverzinsung und/oder eine Beteiligung am Verlust vorsehen. Im wirtschaftlichen Ergebnis besteht eine nahe Verwandtschaft zum partiarischen Darlehen und zur typisch stillen Beteiligung (ohne allerdings wie Letztere ein Gesellschaftsverhältnis zur emittierenden Gesellschaft zu begründen). Werden die Genussrechte in Wertpapieren verbrieft, spricht man von **Genussscheinen.**

Handelsrechtlich umstritten ist der Ausweis unter Eigen- oder Fremdkapital. IDW HFA 1/1994 zufolge kommt trotz des schuldrechtlichen Charakters (→ § 253 Rz. 53) ein Ausweis als bilanzielles **Eigenkapital** bei **kumulativer** Erfüllung folgender Kriterien in Betracht:

- Nachrangigkeit,
- Erfolgsabhängigkeit der Vergütung, d. h., Vergütungen dürfen nur aus nicht gegen Ausschüttungen geschützten Eigenkapitalbestandteilen (deshalb z. B. nicht aus der gesetzlichen Rücklage, → § 272 Rz. 82) erfüllt werden,
- Teilnahme am Verlust der Schuldnerin bis zur vollen Höhe, d. h., das Genussrechtskapital muss spätestens im Zeitpunkt seiner Rückzahlung in dem Umfang am aufgelaufenen

1 So aber *Häuselmann*, BB 2007 S. 931; dagegen *Lüdenbach*, StuB 2015 S. 187.

Verlust teilnehmen, in dem diese nicht aus freien Eigenkapitalbestandteilen gedeckt werden können,

- längerfristige Überlassung des Kapitals.

Gegen den Ausweis von schuldrechtlichen Verpflichtungen als Eigenkapital bestehen erhebliche bilanzsystematische Bedenken, auf die in der Bilanzierungspraxis nach der Interessenlage keine Rücksicht genommen wird. Dagegen stellt die Rückzahlungsmöglichkeit erst im Insolvenz- oder Liquidationsstatus nach Befriedigung aller (anderen) Gläubiger kein zu erfüllendes Kriterium dar.[1]

Unscharf ist an den Vorgaben aus IDW HFA 1/1994 insbesondere das Kriterium der **Längerfristigkeit.** Überwiegend wird im Schrifttum eine ursprüngliche Mindestlaufzeit von fünf Jahren akzeptiert.[2] Strittig ist die Frage der Restlaufzeit. Nach einer Auffassung muss eine Umqualifizierung in Fremdkapital vorgenommen werden, wenn innerhalb des dem Stichtag folgenden Geschäftsjahres die Rückzahlung möglich ist.[3] Nach anderer Auffassung bleibt der erstmalige Ausweis als Eigenkapital während der gesamten Laufzeit erhalten.[4] Das **Nachrangigkeitskriterium** gilt nur dann sicher als erfüllt, wenn Rückzahlungsansprüche nachrangig zu Gläubigerforderungen nach § 39 Abs. 1 Nr. 5 InsO sind, d. h. nur zugleich mit, wenn sie auch ggf. im Rang vor den Einlagerückgewähransprüchen der Gesellschafter stehen.[5]

Gegenüber der Übernahme der handelsrechtlichen Ausweisregeln des IDW in der **Steuerbilanz** bestanden schon in der Vergangenheit Bedenken.[6] Aus Sicht der Gestaltungspraxis war die Kombination von Eigenkapital in der Handelsbilanz und Fremdkapital in der Steuerbilanz allerdings erwünscht (→Rz. 126). Bei Gewinnbeteiligung ohne Beteiligung am Liquidationserlös unter Einschluss der stillen Reserven lag danach **steuerlich** Fremdkapital vor (§ 8 Abs. 3 Satz 2 KStG). Ausschüttungen auf Genussrechte stellten dann Betriebsausgaben dar.[7] Die Finanzverwaltung stützte sich aber zwischenzeitlich[8] bzgl. des Eigen- bzw. Fremdkapitalcharakters auf IDW HFA 1/1994: Was handelsbilanziell schon als Eigenkapital auszuweisen ist, sollte wegen des Maßgeblichkeitsgrundsatzes des § 5 Abs. 1 EStG auch in der Steuerbilanz keine Verbindlichkeit darstellen können. Deshalb könnten Ausschüttungen auf diese Genussrechte auch keine abzugsfähigen Betriebsausgaben bieten. Unabhängig davon – also auch bei Ausweis als Fremdkapital in Handels- und Steuerbilanz – kam eine Zurechnung zum Einkommen nach § 8 Abs. 3 Satz 2 KStG für Ausschüttungen auf Genussrechte in Betracht.

Die Gegenposition zur Finanzverwaltung sah in § 8 Abs. 3 Satz 2 KStG auch eine bilanzsteuerlich wirksame **Qualifikationsnorm.** Im Schrifttum[9] wurde insbesondere angeführt, dass für das **Eigenkapital** als Bilanzposten **keine Maßgeblichkeit** gelten könne. Diese Feststellung traf indes

1 Das war noch im Entwurf des IDW HFA 1/1994, WPg 1993 S. 446, so vorgesehen, konnte indes dem Ansturm interessierter Kreise nicht standhalten (*Groh*, BB 1995 S. 559). Auch die Erfolgsabhängigkeit war im Entwurf noch auf den Jahresüberschuss beschränkt.

2 Nachweise zum Schrifttum bei *Wolf*, StuB 2017 S. 276 ff.

3 *Schaber/Kuhn/Eichhorn*, BB 2004 S. 315.

4 *Heymann* in Beck'sches Handbuch der Rechnungslegung, Loseblattwerk, B 231 Tz. 7.

5 BGH, Urteil v. 5.3.2015 – IX ZR 133/14, DB 2015 S. 732.

6 Vgl. *Groh*, BB 1995 S. 559. Zur Rechtslage vor Erlass der Vfg. der OFD Nordrhein-Westfalen v. 12.5.2016, DB 2016 S. 1407, vgl. die Kommentierung in der Vorauflage.

7 BFH, Urteil v. 19.1.1994 – I R 67/92, BStBl 1996 II S. 77, dem endgültigen Gesetzeswortlaut folgend; dagegen BMF, Schreiben v. 27.12.1995, BStBl 1996 I S. 49.

8 OFD Nordrhein-Westfalen, Vfg. v. 12.5.2016, DB 2016 S. 1407. Ähnlich 2011 schon die OFD Rheinland, Kurzinfo v. 14.12.2011, DB 2012 S. 21.

9 *Lehner/Haisch*, Ubg 2012 S. 115; *Breuninger/Ernst*, GmbHR 2012 S. 494.

den Aussageninhalt der OFD nicht. Dieser beschränkte sich auf die Übernahme der handelsrechtlichen Eigenkapitalqualifikation des Genussrechts in die Steuerbilanz mit der doppisch zwingenden Bestimmung der Eigenkapitalhöhe durch **Saldierung.** Nach § 5 Abs. 1 Satz 1 EStG ist die handelsrechtliche Bestimmung eines Bilanzpostens steuerlich zu verwenden, solange kein Vorbehalt nach § 5 Abs. 6 EStG besteht. Wenn nun handelsbilanziell keine Schuld vorliegt, sollte dieser Logik folgend auch steuerbilanziell kein negatives Wirtschaftsgut (sondern nur Eigenkapital) vorliegen können.

Eine erneute Wende in der vorstehend dargestellten Diskussion hat 2018 ein Erlass der Finanzverwaltung NRW gebracht.[1] Danach ist Genussrechtskapital in der Steuerbilanz immer als Verbindlichkeit anzusetzen und Vergütungen auf dieses Genussrechtskapital sind grundsätzlich als Betriebsausgaben abzugsfähig, soweit nicht § 8 Abs. 3 Satz 2 2. Alternative KStG greift. Begründet wird dies damit, dass das Maßgeblichkeitsprinzip nicht für (Eigenkapital-)Ausweisgrundsätze gelte, vielmehr allein die materiellen – ergebniswirksamen – GoB betreffe.[2] Unseres Erachtens überzeugt diese Unterscheidung nicht. Bei der Frage, ob Genussrechte Eigenkapital oder Schulden sind, geht es nicht um die herkömmliche Ausweisfrage wie etwa zu Angrenzung von Anlage- und Umlaufvermögen, sondern um eine materielle Frage. Wenn Genussrechte Eigenkapital, also keine Schulden, sind, gehen sie materiell auch nicht in die Ermittlung des Betriebsvermögens als Saldo aus Vermögensgegenständen und Schulden und damit auch nicht in die Gewinnermittlung durch Vermögensvergleich ein.

Wenn man der Finanzverwaltung folgen will, stellt sich aus Gestaltungssicht die Frage, unter welchen Voraussetzungen eine Beteiligung am **Liquidationserlös** vorliegt (weil dann mit der Beteiligung nur am laufenden Gewinn das Genussrecht steuerlich ein Eigenkapitalinstrument darstellen soll). Das soll (auch) der Fall sein, wenn bei vorzeitiger Kündigung des Genussrechtsvertrags eine Beteiligung an den stillen Reserven gewährt wird,[3] auf jeden Fall aber bei Vergütung stiller Reserven im Liquidationsfall des Schuldnerunternehmens. Die Finanzverwaltung erkennt eine Beteiligung am Liquidationserlös auch dann an, wenn der Investor nicht kündigen kann *(perpetuals)* oder bei einer Mindestlaufzeit von über 30 Jahren der Rückzahlungsanspruch ohne Interesse (für den Gläubiger) ist oder ein interessenbedingter Zwang zur Wandlung besteht.[4]

122 Es wird verwiesen zu

- Bilanzausweis auf → § 271 Rz. 9,
- GuV-Ausweis auf → § 275 Rz. 94,
- Verlustzurechnung beim Gläubiger auf → § 253 Rz. 49,
- Wertminderungsabschreibung beim Gläubiger auf → § 253 Rz. 223,
- Gewinnbezugsrecht auf → § 255 Rz. 183,
- Zeitpunkt der Gewinnvereinnahmung auf → § 255 Rz. 183,
- Verlustdeckungspflicht auf → § 255 Rz. 184.

123–126 *(einstweilen frei)*

1 FinMin Nordrhein-Westfalen, Erlass v. 18.7.2018 – S 2133-000036-V B 1/S 2741-91-V B 4, NWB GAAAG-89941, StuB 2018 S. 600, NWB WAAAG-91906.

2 *Von Wolfersdorff,* StuB 2018 S. 801 ff.

3 *Häuselmann,* BB 2007 S. 934; *Kratzsch,* BB 2005 S. 2608; a. A. *Gosch* in Gosch, KStG, § 8 Tz. 151.

4 BMF, Schreiben v. 8.12.1986, BB 1987 S. 667; dagegen BFH, Urteil v. 19.1.1994 – I R 67/92, BStBl 1996 II S. 77, mit Nichtanwendungserlass.

2.3 Stille Gesellschaft

Bei der stillen Gesellschaft geht die regelmäßig in bar zu erbringende **Einlage**verpflichtung des Stillen in das **Vermögen** des **Inhabers** des Handelsgeschäfts (z. B. einer GmbH) über. Die stille Gesellschaft hat somit keine (eigene) Bilanz (→ § 238 Rz. 2), die Einlage ist aus Sicht des Inhabers mit einer **Rückzahlungsverpflichtung** verbunden. Die stille Gesellschaft ist stets Innengesellschaft, sie verfügt über kein eigenes Vermögen. Es bestehen lediglich **schuldrechtliche** Ansprüche zwischen den Gesellschaftern. Bei der Ausgestaltung des Gesellschaftsvertrags mit dem Stillen in etwa nach dem **gesetzlichen Regelstatut** (§§ 230 ff. HGB) ist ein **Verbindlichkeits**ausweis des Inhabers (Emittenten) gegenüber dem Stillen zwingend. Das erklärt sich bereits aus der Möglichkeit des Stillen, seine Einlage (schuldrechtliche Forderung) im Insolvenzfall geltend zu machen, sofern die Einlage den von ihm zu tragenden Anteil am Verlust übersteigt. 127

Die gesetzlichen Vorgaben in §§ 230 ff. HGB sind jedoch **dispositiv.** Sofern der Vertrag für die stille Gesellschaft in etwa den Vorgaben in → Rz. 121 für das Genussrechtskapital entspricht, kommt nach h. M. ein Eigenkapitalausweis in Betracht. Ein besonderes Mitspracherecht des Stillen mit hohen Einflussmöglichkeiten auf die Geschäftspolitik allein rechtfertigt u. E. einen Eigenkapitalausweis nicht. Ähnliche **Negativ**feststellungen sind im Schrifttum zuhauf zu finden. Unseres Erachtens sollten die **Positiv**kriterien für den Ausweis von Genussrechtskapital (→ Rz. 121) analog angewandt werden. Diese Tatbestandsmerkmale müssen **kumulativ** erfüllt sein. Ist nur die Verlustübernahme vereinbart, kommt ein Eigenkapitalausweis nicht in Betracht.

Im Rahmen der Corona-Pandemie ist die Frage aufgekommen, ob bei einer Beteiligung des Wirtschaftsstabilisierungsfonds (WSF) als stiller Gesellschafter stets Eigenkapital gegeben ist. Das WSF-Merkblatt „Rekapitalisierungen: Stille Beteiligung und Nachrangdarlehen" (Stand: 12.2.2021) war zum Teil so verstanden worden. Das IDW hält hierzu fest, dass jeder Vertrag über die Begründung einer stillen Beteiligung im Einzelnen vom Bilanzierenden (und von dessen Abschlussprüfer) dahingehend zu würdigen ist, ob die vier Kriterien aus IDW HFA 1/1994 erfüllt sind; nur dann kommt es zum Ausweis als Eigenkapital.[1]

Wegen des mezzaninen Charakters der stillen Einlage wird mitunter ein **Ausweis zwischen** Eigen- und Fremdkapital gefordert. Unseres Erachtens kann dem nicht gefolgt werden, weil das Gesetz nur Eigen- **oder** Fremdkapital als Passivposten kennt (→ § 247 Rz. 4).

Im **Gliederungs**schema des § 266 HGB kommt je nach bilanzrechtlichem Charakter ein Sonderausweis (→ § 265 Rz. 39) als „stille Einlage" in Betracht:

- im **Eigenkapital** z. B. nach „Gezeichnetes Kapital" oder nach den Gewinnrücklagen, nach dem Vorschlag des IDW vor dem Jahresergebnis bzw. dem Gewinn- oder Verlustvortrag,
- unter den **Verbindlichkeiten** z. B. als Sonderposten (nicht zwingend) vor den sonstigen Verbindlichkeiten.

Gerade der befremdend wirkende Ausweisvorschlag innerhalb des Eigenkapitals zeigt den **zweifelhaften** Lösungsvorschlag des IDW (→ Rz. 121) bzgl. des **Eigenkapitalcharakters.** Dem Gesetzgeber schwebte wenigstens in der Gliederungssystematik in Anlehnung an das Gesellschaftsrecht ein anderer Inhalt des Eigenkapitals vor.

1 IDW, Zweifelsfragen zu den Auswirkungen der Ausbreitung des Coronavirus auf die Rechnungslegung und deren Prüfung (Teil 3, 5. Update, April 2021), Frage 2.3.16.

Zum **Ausweis** der stillen Beteiligung in der Bilanz des Geschäftsherrn vgl. → § 271 Rz. 9, in der Bilanz des **Stillen** vgl. → § 247 Rz. 31, zur **steuerlichen** Bilanzierung vgl. → Rz. 432, zu den Ausweisen in der GuV-Rechnung vgl. → § 253 Rz. 53.

2.4 *Subordinated debts* mit Equity-Kicker

128 Im Bereich des größeren Mittelstands werden von *Private-Equity*-Gesellschaften und anderen außerbörslich agierenden Finanzinstituten zunehmend Finanzierungsmodelle angeboten, die sich im Grenzbereich zwischen Eigen- und Fremdkapital bewegen und gewöhnlich als **„mezzanin"** (→ Rz. 120) bezeichnet werden. Darunter sind regelmäßig unbefristete nachrangige Darlehen (*subordinated debts* oder *junior debts*) zu verstehen mit folgenden Vergütungskomponenten:

- **erfolgsunabhängigen** Komponenten mit laufender Verzinsung
- (zur Vermeidung einer hohen laufenden Zinslast) einer **zusätzlichen** endfälligen Verzinsung
- **erfolgsabhängigen** Komponenten (*Equity*-Kicker).

129 Die beiden letztgenannten Vergütungskomponenten spiegeln den hohen **Risikogehalt** der ungesicherten und nachrangigen Verpflichtung wider. Dabei kann der *Equity*-Kicker – letztlich eine Beteiligung an der (erhofften) Wertsteigerung des Unternehmens während der Laufzeit der Finanzierung – in **„echter"** Form, d. h. durch Beteiligung am Gesellschaftskapital, oder in **virtueller** Form zugestanden werden; im letzten Fall erfolgt keine Kapitalbeteiligung am finanzierten Unternehmen, sondern eine vom Unternehmen zu erbringende Sonderzahlung in Anlehnung an die Wertentwicklung (Glattstellung).

130 Bilanziell sind beim **Darlehensnehmer** folgende Problemfelder abzudecken:

- Die **Nachrangigkeit** – Rückzahlungsanspruch erst nach Erfüllung aller sonstigen Gläubiger, aber vor den eigentlichen Eigenkapital-Gebern – verhindert nicht den Fremdkapital-Ausweis (→ Rz. 86).
- Bzgl. der **laufenden** Zinsverpflichtung einschließlich des – durchaus erheblichen – Risikozuschlags bestehen keine Besonderheiten. Bilanzansätze sind für dieses schwebende Geschäft (die laufende Verzinsung) nur bei Erfüllungsrückständen (→ § 249 Rz. 178) denkbar, d. h., wenn die Darlehensnehmerin ihren entsprechenden Zahlungsverpflichtungen nicht nachkommt.
- Ein Erfüllungsrückstand in periodisierter Form besteht u. E. bei **zusätzlichen** Verzinsungen, die erst mit der Endfälligkeit des Darlehens zu bezahlen sind, d. h. im wirtschaftlichen Ergebnis gestundet werden. Diese – rückständigen – Zinsen sind periodengerecht (laufzeitgemäß) als Verbindlichkeit einzubuchen. Dieser Auffassung steht allerdings das Ergebnis eines BFH-Urteils[1] betreffend die (angebliche) unentgeltliche Nutzung von Geschäftsräumen am Anfang einer fest vereinbarten zehnjährigen Mietzeit entgegen (→ § 249 Rz. 180). Der BFH würdigt Erfüllungsrückstände entscheidend auf der Grundlage des Schuldrechts: Sofern am Bilanzstichtag keine Vergütung geschuldet wird, soll auch kein Erfüllungsrückstand vorliegen. Unseres Erachtens ist dieser Auffassung nicht zu folgen; diesbezüglich kann zur Begründung auch auf § 252 Abs. 2 Nr. 5 HGB (→ § 252 Rz. 205) verwiesen werden.

1 BFH, Urteil v. 5.4.2006 – I R 43/05, DStR 2006 S. 1123, mit dortiger Anm. *Hoffmann*.

- Bei einer **Zusatzvergütung** durch einen „echten" *Equity*-Kicker – Vergütung in Aktien – ergeben sich die Bilanzierungsfolgen für *stock options* (→ § 272 Rz. 94 ff.).
- Im Bereich des Mittelstands scheidet eine weitere Vergütung mit einem echten *Equity*-Kicker aus. Zusatzvergütungen auf der Basis einer Unternehmenswertsteigerung werden dann durch **„Glattstellung"** ausgeglichen, d. h. durch Bezahlung durch die Gesellschaft (Schuldnerin). Unseres Erachtens ist diese Zusatzvergütung in dem Augenblick zu passivieren, in dem die Bewertungsschwelle erreicht ist.

2.5 Optionsanleihen, Wandelschuldverschreibungen

Wandel- und Optionsanleihen werden in § 221 Abs. 1 AktG als Wandelschuldverschreibungen definiert. Sie gewähren neben den normalen Gläubigeransprüchen das Recht 131

- zum **Bezug** von Aktien **(Optionsanleihe)** oder
- zum **Umtausch** der Anleihe in Aktien **(Wandelanleihe)** des Emittenten.

Die **Wandel**anleihe berechtigt den Investor unentziehbar zum Umtausch in eine bestimmte Anzahl von Aktien des Emittenten zu einem festen Termin. Beim Umtausch verwandelt sich die Anleihe in Aktien, der Gläubiger wird zum Aktionär. Anleihe- und Umtauschrecht sind hier nicht getrennt handelbar. Es handelt sich um eine spezielle Form einer Wahlschuld (→ Rz. 83); zu deren Bilanzierung wird auf → Rz. 302 verwiesen. Der Zeichner (Gläubiger) einer **„normalen"** Wandelanleihe ist zur Ausübung des Wandlungsrechts nicht verpflichtet. Bei Nichtausübung wird er am Fälligkeitstag (in bar) ausbezahlt. Bei der **Pflichtwandel**anleihe/Zwangswandelanleihe erfolgt die Tilgung in Eigenkapital (Anteilen), im einfachsten Fall am Fälligkeitstag, in komplexeren Fällen mit der Möglichkeit des Zeichners, das Wandlungsrecht vor Fälligkeit auszuüben; tut er dies nicht, erfolgt wiederum zwangsweise am Fälligkeitstag eine Wandlung in Aktien nach einem im Voraus festgelegten Verhältnis.

Optionsanleihen gewähren gegenüber dem Gläubiger nicht nur die üblichen schuldrechtlichen Ansprüche auf Verzinsung und Rückzahlung, sondern auch das **Recht,** innerhalb einer bestimmten Frist eine Anzahl Aktien zu einem Festpreis zu beziehen. Die Anleihe geht bei Ausübung dieses Rechts (im Gegensatz zur Wandelschuldverschreibung) nicht unter. Der mit der Anleihe ausgegebene Optionsschein wird getrennt von der Anleihe gehandelt. Bei Ausübung der Option aus der Anleihe ist in der Bilanz des Erwerbers der als Optionsrecht aktivierte Betrag auf die erworbenen Anteile umzubuchen.[1] Aus der selbständigen Verkehrsfähigkeit der Option wird im Allgemeinen geschlossen, dass ein offen gezahlter Aufgabeaufschlag beim Erwerber als Optionsrecht zu aktivieren ist. Bei verdecktem Aufgeld (Erwerb einer unterverzinslichen Optionsanleihe zum Nominalwert) kann das Optionsrecht beim Erwerber gegen einen passiven Rechnungsabgrenzungsposten eingebucht werden (per Optionsrecht an pRAP).[2]

Dem wirtschaftlichen (finanzierungstheoretischen) Gehalt nach setzt sich die Wandelanleihe aus **zwei Elementen** zusammen: 131a

- Gläubigerrecht wie bei einfacher Anleihe,
- Wandlungsrecht.

Die beiden Komponenten (→ Rz. 131a) des Vermögensgegenstands/Wirtschaftsguts „Wandelanleihe" sind nach IDW RS HFA 22 i. d. R. getrennt zu bilanzieren, da die Risikostruktur eine 131b

1 SenFin Berlin v. 29.5.2018 – III B-S 2252-6/1991-1.

2 Ebenda.

wesentlich andere ist als bei einer einfachen Anleihe. Nach eher steuerlich orientierter Betrachtung liegt ein **Fremdkapitalüberlassungsverhältnis** mit dem Wandlungsrecht als unselbständiger Bestandteil des Instruments vor, was beim Erwerber zu einem einheitlichen Vermögensgegenstand/Wirtschaftsgut führt.[1] Beide Auffassungen sind u. E. vertretbar mit der Folge eines faktischen Wahlrechts.

BEISPIEL ▶ Die E AG emittiert am 1.12.01 zu pari eine Wandelanleihe. Die Bedingungen der Anleihe sind folgende:

- ▶ Nachrang im Insolvenzfall.
- ▶ Dreijährige Laufzeit.
- ▶ Während dieser Laufzeit können die Gläubiger jederzeit eine Wandlung in Aktien (zwei Aktien je 100 € Anleihebetrag) verlangen.
- ▶ Die Gläubiger erhalten bis zur Wandlung oder bei Nichtwandlung bis zur Fälligkeit eine (unter dem Marktzins liegende) fixe Verzinsung. Der in marktkonformer Diskontierung errechnete Barwert einer entsprechenden Anleihe ohne Wandlungsrecht würde für einen Nominalwert von 100 € nur 95 € betragen.
- ▶ Bei Emission der Anleihe beträgt der Aktienkurs 50 €. Bis zum Jahresende steigt der Kurs auf 60 €.

G, die bei Emission Anleihen i. H. v. 10 Mio. € erworben hat, wandelt die Anleihe per 31.12.01 in Aktien um.

Beurteilung per 1.12.01 (Zugangszeitpunkt)

Einbuchung

- ▶ einer Forderung von 9,5 Mio. € und
- ▶ eines sonstigen Vermögensgegenstands (Option) von 0,5 Mio. €.

131c Nach beiden der unter → Rz. 131b dargestellten Bilanzierungsvorschlägen stellt sich die Frage, ob die Ausübung des Wandlungsrechts einen **Tauschvorgang** durch Hingabe der Anleihe gegen Erwerb von Aktien darstellt. **Steuerlich** entstünde ein Gewinnrealisierungstatbestand nach § 6 Abs. 6 EStG, **handelsrechtlich** dagegen nach h. M. ein Wahlrecht (→ § 255 Rz. 61) zur Gewinnrealisierung oder Beibehaltung des Buchwerts.[2]

In der BFH-Rechtsprechung wird ein solcher Realisationsvorgang allerdings verneint.[3] Zur Begründung verweist sie auf „die Einheitlichkeit des Rechtsvorgangs der Ausgabe von Wandelschuldverschreibung und späterem Umtausch in die Aktie". Der mit einem Umtauschrecht in Aktien ausgestattete Gläubigeranspruch und die Aktien selbst seien zwar „artverschieden", gleichwohl aber „wirtschaftlich identisch", weil in dem Gläubigerrecht die Aktien „gewissermaßen in statu nascendi bereits enthalten waren". Das eher handelsrechtlich orientierte Schrifttum folgt im Ergebnis der Auffassung des BFH; es erkennt in der Begebung der Schuldverschreibung und in der späteren Lieferung der Aktien ebenfalls einen „einheitlichen Rechtsvorgang". Deshalb liege kein Anschaffungsgeschäft und damit auch kein Tausch für die erworbenen Aktien vor.[4] Überzeugen können diese Begründungsversuche nicht. Zum einen sagt die „Einheitlichkeit eines Rechtsvorgangs" nichts über die nach wirtschaftlichen Kriterien zu beurteilende Gewinnrealisation aus. Zum anderen ist eine wirtschaftliche (und rechtliche) Identität zwischen Wandelanleihe – Gläubigerrecht mit Anspruch auf laufende Zinszahlungen und Til-

1 Vgl. *Häuselmann/Wagner*, BB 2002 S. 2431.
2 Vgl. *Häuselmann/Wagner*, BB 2002 S. 2431.
3 BFH, Urteil v. 21.2.1973 – I R 106/71, BStBl II S. 460; BFH, Urteil v. 28.1.1976 – IV R 209/74, BStBl II S. 288.
4 Vgl. *Habersack*, MüKo AktG BD 4, 4. Aufl. 2015, § 221 Tz. 226; *Hüffer*, AktG, 7. Aufl. 2006, § 221 Tz. 226.

gung – und Aktien – Mitgliedschaftsrecht mit Anspruch auf Dividenden und Liquidationserlös – gerade nicht gegeben.[1]

Unseres Erachtens ist mit der Wandlung ein **Gewinnrealisationstatbestand** gegeben – eine Auffassung, der man im Hinblick auf die genannte BFH-Rechtsprechung und auch die handelsrechtliche Interpretation aber nicht folgen muss. Zur Ausübung des Rechts aus Optionsanleihen wird auf → Rz. 131 verwiesen.

Die Verzinsungskonstellation kann sich auch umgekehrt verhalten als im Beispiel unter → Rz. 131b (Verzinsung **oberhalb** des Marktniveaus). Das ist insbesondere dann der Fall, wenn bei einer Zwangswandelanleihe (→ Rz. 131) das Wandlungsverhältnis (aus Sicht des Ausgabezeitpunkts) ungünstig ist. Dazu folgendes Beispiel: 131d

BEISPIEL[2]

- Nachrang im Insolvenzfall.
- Dreijährige Laufzeit.
- Während dieser Laufzeit können die Gläubiger jederzeit eine Wandlung in Aktien (15 Aktien je 1.000 € Anleihenbetrag) verlangen.
- Übt ein Gläubiger sein Wandlungsrecht nicht aus, wird die Anleihe bei Fälligkeit nicht in Geld, sondern durch Ausgabe von 20 Aktien je 1.000 € Anleihebetrag getilgt.
- Die Gläubiger erhalten bis zur freiwilligen oder pflichtweisen Wandlung eine (über dem Marktzins liegende) fixe Verzinsung.
- Bei Emission der Anleihe beträgt der Aktienkurs 50 €.

Die freiwillige Wandlung bedeutet: 15 x 50 € = 750 € in Aktien je 1.000 € Anleihe. Dieses „Manko" muss durch einen Zinszuschlag kompensiert werden.

Beiden Anleihetypen – Options- und Wandelanleihe (→ Rz. 131) – ist eine Art **Zwitterstellung** zwischen Gläubiger- und Aktionärsrecht eigen (→ Rz. 120). Abgesehen von Fällen der Zwangswandlung gilt dabei: Das Recht zum Eintritt in den Aktionärsstand wird nicht unentgeltlich gewährt: Entweder ist vom Zeichner der Anleihe (Gläubiger) ein offenes **Aufgeld** zu bezahlen – handelsrechtlich nach § 272 Abs. 2 Nr. 2 HGB (→ § 272 Rz. 60) vom Emittenten (Schuldner) in die **Kapitalrücklage** einzustellen – oder die Verzinsung erfolgt unterhalb des Marktpreises (**verdecktes** Agio). Dieses verdeckte Aufgeld wird aus der Differenz zwischen dem Barwert einer einfachen Anleihe (mit marktgerecht höheren Zinszahlungen) und dem der Wandelschuldverschreibung (mit vertraglich niedrigeren Zinszahlungen) bestimmt (Residualmethode) und beim Emittenten ebenfalls der Kapitalrücklage zugeführt. In gleicher Höher ist beim Emittenten ein aktiver Rechnungsabgrenzungsposten anzunehmen und nach § 250 Abs. 3 HGB (wahlweise) zu aktivieren (→ § 250 Rz. 59). 132

BEISPIEL Eine Wandelanleihe wird zum Nominalwert (Erfüllungsbetrag) von 100 emittiert. Die Verzinsung beträgt 4 %. Unter Berücksichtigung von Laufzeit und Bonität des Emittenten wäre für eine einfache Anleihe eine Verzinsung von 6 % marktgerecht. Bei Anwendung dieses Zinssatzes auf die Zahlungsreihe ergibt sich ein Barwert von 95. Die Buchungen des Emittenten bei Ausgabe der Wandelanleihe sind wie folgt:

per Geld 100 an Verbindlichkeit 100

per aRAP 5 an Kapitalrücklage 5

1 Vgl. *Lüdenbach*, StuB 2013 S. 584.

2 Nach *Lüdenbach*, StuB 2013 S. 584.

133 Für die **steuerliche** Gewinnermittlung ist es entscheidend, die Frage zu beantworten, ob es sich bei dem direkt oder indirekt ermittelten Aufgeld, das handelsrechtlich in die Kapitalrücklage einzustellen ist, um eine **Einlage** – analog der HGB-Handhabung – oder um einen normal steuerpflichtigen **Ertrag** handelt. Dabei ist die handelsrechtliche Handhabung nicht präjudiziell, es gilt hier nicht ein irgendwie verstandenes Maßgeblichkeitsprinzip. Die Finanzverwaltung[1] vertritt eine differenzierende Auffassung (für die **Optionsanleihen**):

- Bis zur Ausübung des Optionsrechts ist das Aufgeld als eine Art erhaltene **Anzahlung** erfolgsneutral zu behandeln. Kommt es zur Ausübung, ist diese Anzahlung in das steuerliche Eigenkapital (erfolgsneutral) umzubuchen.
- Im umgekehrten Fall – das Optionsrecht ist bei Fälligkeit „unter Wasser", weil am Markt die betreffende Aktie günstiger bezogen werden kann – soll der Finanzverwaltung zufolge eine steuerpflichtige **Einnahme** anzunehmen sein (Umbuchung von Anzahlung auf Ertrag).

Dieser Rechtsauffassung ist der BFH[2] nicht gefolgt. Entgegen der Auffassung der Finanzverwaltung und einer weit verbreiteten Meinung im Schrifttum setzt der steuerliche Einlagetatbestand, der unabhängig vom handelsrechtlichen zu sehen sei, nicht bereits die Gesellschafterstellung voraus. Es genügt vielmehr eine Art **Anwartschaft** auf diese Gesellschafterstellung durch Innehaben des Optionsscheins. Im Urteilssachverhalt waren die Optionsrechte praktisch so gut wie nicht ausgeübt worden. Gleichwohl wertet der BFH das Aufgeld als (bei der Gesellschaft steuerneutrale) Einlage.

133a Zur Behandlung von Zwangswandelanleihen beim Emittenten und weiterer Einzelheiten bei normalen Wandelanleihen wird auf → Rz. 302 ff. verwiesen.

2.6 Schuldverschreibung mit Emittententilgungswahlrecht

134 Schuldverschreibungen (Obligationen) können so ausgestaltet sein, dass diese dem **Emittenten** ein Wahlrecht gewähren, die Rückzahlungsverpflichtung statt in bar (zu pari) durch Lieferungen von Aktien oder sonstigen marktgängigen Gütern zu leisten. Die „Verzinsung" ist regelmäßig weitaus höher als der Marktzins, weil der Erwerber der Schuldverschreibung sich in eine **Risikoposition** als Stillhalter für den Verkauf einer Verkaufsoption begibt. Die Verbindlichkeit ist beim Emittenten regelmäßig zum Rückzahlungsbetrag zu bilanzieren. Häufig wird er bei dem fraglichen Geschäft eine Gegenposition durch den Verkauf einer *Put*-Option auf die zu liefernden Güter aufbauen und die dafür vereinnahmte Options-Prämie als Gegengewicht zum überhöhten Zins vereinnahmen. Diese Vereinnahmung ist durch Passivierung eines Rechnungsabgrenzungspostens zeitanteilig entsprechend der Laufzeit vorzunehmen.

135 Zum **umgekehrten** Fall eines Erfüllungswahlrechts des Gläubigers (Wahlschulden) wird auf → Rz. 302 verwiesen.

1 OFD Düsseldorf, Vfg. v. 23.3.2001 – S 2136A – St 11, DB 2001 S. 1337.
2 BFH, Urteil v. 30.11.2005 – I R 3/04, BStBl 2008 II S. 809.

2.7 Steuerliche Abzugsfähigkeit von „Aufwendungen" auf mezzanine Finanzierungen

Die steuerliche **Abzugsfähigkeit** der **laufenden „Aufwendungen"** (Zinsen, Gewinnausschüttungen usw.) des Emittenten auf mezzanine Finanzierungen ist z.T. unabhängig von der der handelsrechtlichen Qualifikation als Eigen- oder Fremdkapital zu beurteilen:[1] 136

- Bei **stillen Beteiligungen** ist entscheidend, ob sie als **typisch** (dann Abzugsfähigkeit) oder atypisch (dann Mitunternehmereinkünfte) zu qualifizieren sind.
- Bei von Kapitalgesellschaften emittierten **sonstigen** mezzaninen Instrumenten (Genussrechte, Wandelanleihen, Zwangs- oder/Pflichtwandelanleihen usw.) ist – sofern sie nicht ohnehin auch steuerlich als Eigenkapital qualifiziert werden (→ Rz. 121) – der sog. **Genussrechtstest** nach § 8 Abs. 3 Satz 2 Alt. 2KStG entscheidend. Hiernach sind Aufwendungen nicht abzugsfähig, wenn das Instrument eine Beteiligung am **Gewinn** und (kumulativ) am **Liquidationserlös** gewährt. Keine Beteiligung am laufenden Gewinn liegt vor, wenn Zahlungen nicht nur an einen gesellschaftsrechtlich ausschüttungsfähigen Gewinn anknüpfen, sondern auch zusätzlich z. B. durch die Einhaltung bestimmter Eigenkapitalquoten bedingt sind. Eine Beteiligung am Liquidationserlös ist nach h. M. auch dann gegeben, wenn im Falle einer vorzeitigen Beendigung des Instrumentes (durch Emittentenkündigung) eine Beteiligung an stillen Reserven gewährt wird. Nach noch weitergehender Auffassung der Finanzverwaltung (→ Rz. 124) liegt eine Beteiligung am Liquidationserlös auch dann vor, wenn der Gläubiger das Instrument gar nicht kündigen kann *(perpetuals)* oder der Rückzahlungsanspruch auf Grund einer Mindestlaufzeit von über 30 Jahren wirtschaftlich ohne Bedeutung ist oder ein (wirtschaftlicher) Zwang zur Wandlung besteht.

3. Eigenkapital bei Personenhandelsgesellschaften

3.1 Grundlagen

Ein besonderes Problem der Rechnungslegung von Personenhandelsgesellschaften stellt die Definition des Eigenkapitals i. S. des § 247 Abs. 1 HGB (→ § 247 Rz. 13) dar.[2] Insbesondere ist eine **Abgrenzung** zu **„Schulden"** der Gesellschaft im bilanzrechtlichen Sinn (→ Rz. 76) zu finden. Die Problematik beruht insbesondere auf folgenden Aspekten: 137

- Abgrenzung von Eigen- und Fremdkapital **generell** (→ Rz. 118; → Rz. 138).[3]
- **„Rechtsfähigkeit"** der Personenhandelsgesellschaft für Zwecke der Rechnungslegung in Gegenüberstellung zu den vom Leitbild der Kapitalgesellschaft abweichenden Haftungsstrukturen bei Personenhandelsgesellschaften (→ Rz. 166).
- **Gesetzliche** Vorgaben zum Eigenkapital mit den Folgewirkungen auf die GuV-Rechnung (→ Rz. 190).
- **Ertragsteuerliche** Durchbrechung des Maßgeblichkeitsprinzips und die damit einhergehende vom Steuerrecht vorbelastete Denkweise in der Praxis (→ Rz. 141).

1 Vgl. *Haisch/Renner*, DB 2012 S. 135 ff.
2 Vgl. zum Folgenden die Darstellung bei *Hoffmann* in Beck'sches Handbuch der Personengesellschaft, 4. Aufl. 2014, § 5 Tz. 60 ff.
3 Vgl. *Schluck-Amend/Krispenz*, BB 2012 S. 1847.

3.2 Abgrenzung von Eigen- und Fremdkapital allgemein

138 Über die **rechtsformübergreifende** Abgrenzung von Eigen- und Fremdkapital hinaus (→ Rz. 120 ff.) ist bei Personenhandelsgesellschaften insbesondere zu beachten:

Sofern der Gesellschafter der Personenhandelsgesellschaft auf **schuldrechtlicher** Ebene begegnet, können (z. B.) Verbindlichkeiten aus Warenlieferungen, Darlehen, nicht abgehobenen Leistungsvergütungen und Altersversorgungszusagen bestehen. Diese sind zwingend als **Fremdkapital** der Gesellschaft in deren Bilanz auszuweisen und sinnvollerweise analog § 42 Abs. 3 GmbHG offenzulegen. Für „Kap. & Co."-Gesellschaften ist dies durch § 264c Abs. 1 HGB (→ § 264c Rz. 4) geregelt. Ein „Zwischenausweis" im Niemandsland zwischen Eigen- und Fremdkapital erscheint in diesen Fällen als unstatthaft. Dies gilt insbesondere für die häufig praktizierte (Un-)Sitte, sog. **Gesellschafter-Verrechnungskonten** nach dem Eigenkapital und vor den Rückstellungen als solche auszuweisen (→ Rz. 87). Dabei wird zunächst dem Erfordernis einer zivilrechtlichen Einordnung der entsprechenden Verbindlichkeit (oder Forderung) der Gesellschaft aus dem Weg gegangen. Und überdies wird die bilanzrechtlich i. d. R. zwingende Zuordnung zum Eigen- oder Fremdkapital unterlassen. Auch hier ist der Bezug auf die Verhältnisse bei Kapitalgesellschaften hilfreich.

139 Diese Anforderung nach Ausweis von Gesellschafter-Verrechnungskonten als (i. d. R.) Fremdkapital kollidiert in der Praxis häufig mit den Anforderungen von Kreditinstituten an Bilanzrelationen. Einem Konflikt kann in pragmatischer Weise aus dem Weg gegangen werden, indem eine von der „Bilanz" begrifflich unterschiedene **„Vermögensübersicht"** aller Gesellschafterkonten in zusammengefasster Form und unter entsprechender Bezeichnung ausgewiesen wird, etwa wie folgt:

Vermögensübersicht zum …

Aktiva	€	Passiva	€
…		Mittel der Gesellschafter	
…		…	
…		Mittel Fremder aus	
		- Lieferungen und Leistungen	
		- Bankkrediten	
		- Wechsel	
		…	
		…	
	=		=

3.3 Spezielle Fragen der Abgrenzung von Eigenkapital und Gesellschafterdarlehen

140 In der Vertrags- und Rechnungslegungspraxis von Personenhandelsgesellschaften ist die weit verbreitete (Un-)Sitte festzustellen, die für die einzelnen Gesellschafter geführten Konten mit Etiketten zu versehen, die den **eigentlichen Charakter** dieser Konten nur mühevoll durch Auslegung des Gewollten ermitteln lassen. Zur Vermeidung dieser Unklarheiten durch gesellschaftsvertragliche Gestaltung vgl. → Rz. 163 ff. In der Praxis kann man durchaus „Bilanzen"

antreffen, die die nachstehenden Posten mit den gewählten oder ähnlichen Bezeichnungen aufweisen:

Bilanz zu …

Aktiva	€			Passiva €
Diverse Aktiva	…	I.	**Eigenkapital**	
Privatkonten der Gesellschafter (Kapitalkonto II)	…		Festkapital der Komplementäre	…
Darlehen an Gesellschafter	…		Haftkapital der Kommanditisten	…
Verlustvortragskonto (Kapitalkonto IV)	…		Kontokorrentkonten der Gesellschafter	…
		II.	**Fremdkapital**	
			…	
			Darlehen der Gesellschafter	…
		III.	**Gewinnvortragskonto**	

Das Beispiel zeigt ohne weitere Erläuterung, wie schwierig auf dieser Grundlage für Außenstehende, wahrscheinlich aber auch für die Gesellschafter selbst, das effektiv vorhandene Eigenkapital der Personenhandelsgesellschaft zu ermitteln ist.

Die gesellschaftsvertraglich und bilanzierungspraktisch bestehende **Unklarheit über den jeweiligen Konteninhalt** konzentriert sich dabei auf die Frage, ob in bilanzrechtlicher Betrachtung Eigen- oder Fremdkapital – bei der Gesellschaft – vorliegt. Oft wird dieses Problem als solches nicht erkannt, weil keine Konsequenzen oder Sanktionen hieraus zu drohen scheinen. Eine **steuerlich dominierte** Betrachtungsweise – Gesellschafterdarlehen sind steuerlich Eigenkapital – leistet hier auch ihren „Beitrag". Die nicht vorhandene Publizitätspflicht einschlägiger Jahresabschlüsse und die nicht gesetzlich und meist auch nicht vertraglich vorgesehene Abschlussprüfung (Ausnahme nach dem PublG und für mittelgroße und große „Kap. & Co."-Gesellschaften) fehlen ebenfalls als Korrekturelemente. „Zum Schwure" kann es in Sonderfällen (Konkurs von Kommanditgesellschaften, Ausscheiden eines Gesellschafters) oder aber auch bei der Besteuerung kommen. Dann entzündet sich häufig der Streit über den Kontoinhalt. Anlass dazu war die frühere Gesellschaftsteuer und bietet aktuell die besondere Problematik des § 15a EStG (→ § 264c Rz. 31). 141

Die genannte Verwischung des Konteninhalts schlägt sich in der Praxis schon in der **unklaren Kontenbezeichnung** nieder. Man findet die Etiketten „Kapitalkonto I bis IV", „Verrechnungskonto",[1] „Privat-Darlehenskonto",[2] „Reserve-Fonds"[3] etc. Noch verfänglicher ist die inhaltlich konträre Bezeichnung von „Darlehenskonto", wenn eigentlich gerade kein Darlehen gewollt ist.[4] „Darlehen" liegen auch nicht vor, wenn von vornherein der Gesellschafterbeitrag in eine 142

1 So bei BFH, Urteil v. 4.5.2000 – IV R 16/99, DStR 2000 S. 1508.
2 So bei BFH, Urteil v. 3.2.1988 – I R 394/83, BB 1988 S. 1199.
3 BGH, Urteil v. 23.2.1978 – II ZR 145/76, BB 1978 S. 630.
4 Fall vom BFH, Urteil v. 27.6.1996 – IV R 80/95, BStBl 1997 II S. 36.

Einlage und ein Darlehen gesplittet wird und der „Beitrag" der Gesellschaft insgesamt auf Dauer zur Verfügung stehen soll („Scheindarlehen").[1]

143 Im Fall der unklaren Vertragslage bedarf es der Auslegung des von den Gesellschaftern Gewollten. Die Vereinbarung einer **Verzinslichkeit** liefert keinen eindeutigen Anhaltspunkt, denn diese ist als Sachverhaltsmerkmal sowohl einer Darlehensverbindlichkeit bzw. -forderung als auch dem Eigenkapital (der Personengesellschaft) immanent. Entscheidende Bedeutung kommt vielmehr der Handhabung von **Verlusten** zu. Sofern dem einzelnen Gesellschafter zuzurechnende Verluste einem solchen – wie auch immer bezeichneten – Konto zu belasten sind, handelt es sich um ein Eigenkapital wiedergebendes Konto.[2] Die **Dauerhaftigkeit** der Überlassung soll demgegenüber keine notwendige Voraussetzung zur Bestimmung des Eigenkapitals darstellen, da Entnahmen zu Lasten des Eigenkapitals jederzeit möglich seien;[3] Entsprechendes gilt allerdings auch für GmbHs, bei denen den Entnahmen vergleichbare Gewinnausschüttungen – auch vorab – bei Einhaltung der gebotenen Formalitäten (→ § 268 Rz. 28) zwar nicht „jederzeit", aber doch immer wieder möglich sind.

Für den Eigenkapital-Charakter eines Darlehenskontos spricht auch, wenn dem Gesellschaftsvertrag zufolge sich die Höhe des **Abfindungsguthabens** auch nach dem Stand des Darlehenskontos richtet;[4] dies gilt erst recht, wenn dem Gesellschafter zugerechnete Verluste dann (bei Abfindung) dem Darlehenskonto belastet werden.[5] Kaum Bedeutung kommt dagegen der Verbuchung von Entnahmen und Einlagen zur Charakterisierung des Konteninhalts zu. Denn die „Entnahmen" können auch als Darlehensrückzahlungen verstanden werden.

144 Die Empfehlung für die kautelarjuristische und die Bilanzierungspraxis kann deshalb nur lauten, klare Verhältnisse zu schaffen und diese auch buchmäßig nachzuhalten. Zu Einzelheiten hierzu wird auf die Kommentierung in → § 264c Rz. 9 verwiesen. Jedenfalls unterliegen Einlagen in Personenhandelsgesellschaften (außerhalb sog. Publikumsgesellschaften) nicht der Erlaubnis für das Bankeinlagengeschäft.[6]

Das Gliederungsschema in → § 264c Rz. 19 (für „Kap. & Co."-Gesellschaften) wird im Schrifttum auch für „normale" Personenhandelsgesellschaften, da als GoB interpretiert, für verbindlich erachtet.[7] Ob tatsächlich ein GoB-Bestand in § 264c HGB feststellbar ist, erscheint insoweit fraglich, weil dort ein Spezialrecht geregelt ist, das nach allgemeinen Auslegungskriterien keinen Analogieschluss zulässt. Zur Bilanzgliederung in diesem Unternehmensbereich vgl. → § 247 Rz. 6.

3.4 Die Aufgliederung der einzelnen Kapitalkonten

145 Wegen Verselbständigung der Personengesellschaft als Subjekt der Rechnungslegung (und der steuerlichen Gewinnermittlung) muss dem Grunde nach die Beteiligung eines Gesellschafters nicht in der Bilanz der **Gesellschaft** dargestellt werden. Bei einer Publikums-KG mit 500 Gesell-

---

1 *Bitz* unter Bezugnahme auf BGH, Urteil v. 17.12.1984 – II ZR 36/84, BB 1985 S. 372, DStR 1997 S. 729.

2 So IDW RS HFA 7 Tz. 13; *Rodewald*, BB 1997 S. 763.

3 IDW RS HFA 7 Tz. 14.

4 *Rodewald* unter Hinweis auf den eben zitierten Fall vom BFH, Urteil v. 27.6.1996 – IVR 80/94, BStBl 1997 II S. 36, BB 1997 S. 763; bestätigt durch BFH, Urteil v. 15.5.2008 – IV R 46/05, BStBl II S. 812; zum Ganzen *Strahl*, KöSDi 2009 S. 16531.

5 BFH, Urteil v. 15.5.2008 – IV R 46/05, DStR 2008 S. 1577; *Kempermann*, DStR 2008 S. 1919; *Ley*, DStR 2009 S. 613.

6 So BaFin, Merkblatt v. 11.3.2014, gegen Missverständnisse aus BGH, Urteil v. 19.3.2013 – VI ZR 56/12, BB 2013 S. 1089; dazu *Zwirner*, StuB 2014 S. 299; vgl. auch IDW, Mitteilung v. 11.9.2014.

7 *Ley*, KöSDi 2014 S. 18897.

schaftern scheidet eine solche Aufgliederung des Eigenkapitals ohnehin aus. Zum Vergleich: Innerhalb des Eigenkapitals einer GmbH erwartet niemand die Darstellung der Beteiligungsverhältnisse am eigenen Nennkapital. In IDW RS HFA 7 Tz. 43 wird für die **OHG** der Ausweis eines einzigen Eigenkapitals der Gesellschaft zumindest für zulässig erklärt (→ Rz. 180) und damit umgekehrt auch die Aufteilung nach Gesellschaftern. Eine solche Teilung des Ausweises mag bei einigen wenigen Gesellschaftern noch zulässig oder sinnvoll sein. Bei mehreren Dutzend Teilhabern wird die Aufführung der einzelnen Kapitalkonten dem Erfordernis der Bilanzklarheit (→ § 243 Rz. 18) nicht mehr nachkommen können. Für die OHG ist dann (wie bei der Kapitalgesellschaft) der bilanzielle Ausweis eines einzigen Postens „Eigenkapital" – ggf. aufgeteilt in (sachliche) Unterposten – erforderlich. Die u.U. für erforderlich erachtete Aufgliederung des Eigenkapitals nach Gesellschaftern muss dann in einer **Anlage** zur **Bilanz** erfolgen. Zulässig ist bei der OHG und bei der KG innerhalb einer Gesellschaftergruppe (nicht aber bei „Kap. & Co."-Gesellschaften, → § 264c Rz. 21) auch der zusammengefasste Kapitalausweis in **saldierter Form,** wenn also positive und negative Kapitalkonten der einzelnen Gesellschafter gleichzeitig vorliegen (→ Rz. 139). Generell handelt es sich beim Jahresabschluss aber immer um einen solchen der **Gesellschaft** und nicht der **Gesellschafter.** Nur das Kapital der Gesellschaft und nicht die Anteile der Gesellschafter an diesem sind zwingend auszuweisen (siehe hierzu auch → Rz. 148 ff.).

Abweichungen in den **gesellschaftsrechtlichen Strukturen** zwischen Kapitalgesellschaft einerseits und Personenhandelsgesellschaft andererseits resultieren aus der Einlagenverpflichtung. Nach dem Gesetz (§ 705 HGB) sind die Gesellschafter – auch Kommanditisten – nur zur Förderung des gemeinsamen Zwecks, nicht dagegen zur Erbringung einer Kapitaleinlage verpflichtet (zu Hafteinlage des Kommanditisten siehe → Rz. 156). Zumindest bei Beginn einer Gesellschaft ist (in der Eröffnungsbilanz) der Ausweis eines Eigenkapitals also keineswegs zwingend. 146

Das Gesetz fordert in § 120 Abs. 2 HGB die Zurechnung von Gewinnen und Verlusten neben denjenigen von Einlagen und Entnahmen **unmittelbar** beim **Gesellschafter** – vergleichbar mit der Vorgehensweise beim Einzelkaufmann und insoweit (formal betrachtet) in Abweichung von den Regeln der Kapitalgesellschaft. Deshalb ist nach dieser Gesetzesvorgabe für jeden Gesellschafter einer Personengesellschaft **sein Kapitalanteil** nach folgendem Rechenschema (ohne Berücksichtigung des zeitlichen Ablaufs) zu ermitteln. Daraus ist auch unmittelbar der nach der (abdingbaren) Gesetzesregel variable Charakter des Kapitalkontos genau wie beim Einzelkaufmann ersichtlich. 147

Einlagen	+
Entnahmen	-
Gewinnanteil	+
Verlustanteil	-
= Stand des Kapitalanteils	+/-

3.5 Inhalt des Kapitalanteils

Der Gesellschafter einer Personenhandelsgesellschaft kann dabei nur **einen** Kapitalanteil haben[1] (→ § 264c Rz. 18). Die Summe der einzelnen Eigenkapitalien der Gesellschafter ergibt das 148

1 IDW RS HFA 7 Tz. 42.

– zusammengefasst ausweisbare oder auszuweisende – **Eigenkapital** der **Personenhandelsgesellschaft** (→ § 264c Rz. 18).[1] Wie die einzelnen Konten bezeichnet werden (Kapitalkonto I bis IV, Rücklagen [→ Rz. 167], Gewinn- oder Verlustvortrag, Jahresüberschuss oder -fehlbetrag), ist dabei unerheblich (→ Rz. 154). Zum sog. Vier-Konten-Modell → § 264c Rz. 16.

Der Kapitalanteil des Gesellschafters (Kapitalkonto) stellt demnach seiner Funktion nach buchhalterisch den jeweiligen Stand des **Anteils des Gesellschafters** am gesamten Vermögen (Eigenkapital) der **Gesellschaft dar.** Zu der gesellschaftsvertraglich üblichen Vereinbarung von Festkapitalkonten für die einzelnen Gesellschafter vgl. → Rz. 163.

3.6 Ergebnisverteilung und Entnahmeberechtigung der persönlich haftenden Gesellschafter nach bisherigem gesetzlichen Regelstatut und nach MoPeG

149 Vorbehaltlich anders lautender gesellschaftsvertraglicher Vereinbarungen besagt der Kapitalanteil aber gem. bisherigem Recht nichts über die Beteiligung am Gewinn; zudem sagt er auch nichts – soweit positiv – zur (vollen) Entnahmeberechtigung und – soweit negativ – zur Nachschusspflicht. In sehr eingeschränktem Umfang hat der Kapitalanteil dagegen Einfluss auf die

- **Gewinnverteilung** (§ 121 Abs. 1 HGB),
- **Entnahme**berechtigung (§ 122 HGB) sowie
- Verteilung des bei **Liquidation** vorhandenen Vermögens (§ 155 Abs. 1 HGB).

150 Zur **Gewinnbeteiligung und zum Entnahmerecht** der OHG nach dem gesetzlichen Regelstatut folgende Übersicht:[2]

Gewinnbeteiligung (§ 121 Abs. 1 bis 3 HGB)	(1)	Jeder Gesellschafter erhält zunächst vom Jahresgewinn eine 4%ige Verzinsung seines am Ende des vorangegangenen Geschäftsjahres festgestellten (positiven) Kapitalanteils zzgl. einer zeitanteiligen 4%igen Verzinsung der Einlagen abzgl. einer zeitanteiligen 4%igen Verzinsung der Entnahmen.
	(2)	Vom Jahresgewinn wird die Summe der nach (1) vorgenommenen Verzinsung abgezogen und der Restgewinn auf die Gesellschafter gleichmäßig („nach Köpfen") verteilt.
	(3)	Reicht der Jahresgewinn nicht aus, um die in (1) beschriebene 4%ige Verzinsung zu realisieren, so ist die Verteilung mit einem unter 4 % liegenden Prozentsatz vorzunehmen, dessen Anwendung den Jahresgewinn erschöpft.
Verlustbeteiligung (§ 121 Abs. 3 HGB)		Der Jahresverlust wird im gleichen Verhältnis („nach Köpfen") auf die Gesellschafter verteilt.
Entnahmerecht (§ 122 Abs. 1 und 2 HGB)	(1)	Jeder Gesellschafter kann bis zu 4 % seines am Ende des letzten Geschäftsjahres festgestellten (positiven) Kapitalanteils entnehmen; das gilt auch, wenn ihm kein Gewinnanteil zukommt.
	(2)	Wurden Gesellschaftern zum Ende des letzten Geschäftsjahres Gewinnanteile zugewiesen, die den nach (1) berechneten Betrag übersteigen, dann können auch diese Überschüsse entnommen werden, „soweit es nicht zum offenbaren Schaden der Gesellschaft gereicht …", d. h. der Entzug sich lediglich auf entbehrliche Betriebsmittel beschränkt.
	(3)	Das Gewinnentnahmerecht kann lediglich im Laufe des Geschäftsjahres ausgeübt werden, das dem Jahr folgt, auf das sich der festgestellte Jahresabschluss bezieht. Mithin erlischt es mit der Feststellung des nächsten Jahresabschlusses.
	(4)	Ansonsten ist ein Gesellschafter nicht befugt, ohne Einwilligung anderer Gesellschafter seinen Kapitalanteil durch weitere Gewinn- und Kapitalentnahmen zu vermindern.

1 Vgl. *Huber*, ZGR 1988 S. 1; *Ley*, KÖSDi 1994 S. 9972.
2 Vgl. *Freidank*, WPg 1994 S. 398.

Ein **positiver** Kapitalanteil stellt während des Bestehens der Gesellschaft **keine Forderung** des Gesellschafters dar, und eine Einlagerückgewähr kann der Gesellschafter nicht verlangen. Umgekehrt begründet ein negativer Kapitalanteil keine Verpflichtung des Gesellschafters gegenüber der Gesellschaft zu einer Einzahlung; während des Bestehens der Gesellschaft ist ein Gesellschafter nicht zum Nachschuss verpflichtet. 151

Der Kapitalanteil hat nach dem gesetzlichen Regelstatut für persönlich haftende Gesellschafter hinsichtlich der Gewinnverteilung somit nur die **Verzinsungsfolge** des § 121 Abs. 1 HGB als Konsequenz. Im Übrigen ist die Verteilung des Gewinns oder Verlusts nach **Köpfen** vorzunehmen. Letztere, vom Recht der Kapitalgesellschaften abweichende Regelung ist wohl darauf zurückzuführen, dass die Beteiligung an einer Personenhandelsgesellschaft nicht zwingend eine Einlage in das Gesellschaftsvermögen voraussetzt. Der Gewinnverteilungsschlüssel – gesetzlich nach Köpfen oder vertraglich anderweitig geregelt – ist auch Maßstab für die Beteiligung der Gesellschafter an den offenen und stillen Reserven der Gesellschaft. 152

Eine Besonderheit gilt für **entnahmefähige Gewinnanteile** der Gesellschafter. Diese sind entgegen dem Wortlaut von § 120 Abs. 2 HGB nicht den Kapitalkonten, sondern einem Verbindlichkeitskonto der Gesellschaft gegenüber dem Gesellschafter gutzuschreiben.[1] Nach dem gesetzlichen Regelstatut handelt es sich um die Beträge nach § 122 Abs. 1 HGB und im Übrigen um die gesellschaftsrechtlich entnahmefähigen Beträge, auch wenn diese vom Gesellschafter nicht abgerufen werden. Umgekehrt sind etwa gesellschaftsvertraglich vereinbarte Verlustdeckungsverpflichtungen Forderungen der Gesellschaft gegenüber den Gesellschaftern. 153

Durch das **Gesetz zur Modernisierung des Personengesellschaftsrechts** (MoPeG) v. 25.6.2021, anzuwenden ab 2024, hat sich das gesetzliche Regelstatut grundlegend geändert. Es gilt nun: 153a

- Hinsichtlich des Anteils der persönlich haftenden Gesellschafter am Gewinn und Verlust verweist § 120 Abs. 1 Satz 2 HGB n. F. nunmehr auf § 709 Abs. 3 BGB n. F. Hiernach ergibt sich der **Ergebnisanteil** vorrangig nach den vereinbarten **Beteiligungsverhältnissen** und nur subsidiär nach den vereinbarten Werten der Gesellschafterbeiträge. Eine Verteilung nach Köpfen erfolgt nur noch, wenn weder Beteiligungsverhältnisse noch Werte der Beiträge vereinbart sind.
- Nach § 122 HGB n. F. hat jeder Gesellschafter aufgrund des festgestellten Jahresabschlusses Anspruch auf Auszahlung seines ermittelten Gewinnanteils, sofern dies nicht zum offenbaren Schaden der Gesellschaft führen würde oder der Gesellschafter seinen vereinbarten Beitrag trotz Fälligkeit nicht geleistet hat. Während nach bisherigem Recht jeder persönlich haftende Gesellschafter lediglich einen Betrag von 4 % zur Auszahlung verlangen kann, entsteht der Auszahlungsanspruch nunmehr unmittelbar mit Feststellung des Jahresabschlusses. Ein Gewinnverwendungsbeschluss ist nicht mehr vorgesehen (sog. **Prinzip der Vollausschüttung**).
- Bilanzielle Konsequenz bei der Gesellschaft wäre der Ausweis des Gewinnanteils als Fremdkapital. Die Zuschreibung von Gewinnanteilen zum Kapitalanteil (IDW RS HFA 7, Tz. 47) würde nur noch bei abweichenden Regelungen im Gesellschaftsvertrag oder entsprechendem wirksamen Gesellschafterbeschluss erfolgen. Nach § 122 HGB n. F. hat der Gesellschafter allerdings nur Anspruch auf den Gewinnanteil „aufgrund des **festgestellten Jahresabschlusses**", wobei die Feststellung durch Gesellschafterbeschluss nunmehr

1 Vgl. *Freidank*, WPg 1994 S. 397; *Thiele*, Das Eigenkapital im handelsrechtlichen Jahresabschluss, 1998, S. 215; *ADS*, 6. Aufl., § 247 Tz. 64.

in § 121 HGB n. F. explizit vorgesehen ist. Dies führt zu der Frage, ob der Gewinnanspruch bereits mit Ablauf des Jahres entsteht (Bilanzierung nach vollständiger Ergebnisverwendung) oder erst durch den Feststellungsakt. Legt man die bisher herrschende Auffassung zum Gewinnanspruch des beschränkt haftenden Gesellschafters (Kommanditist) zu Grunde (→ § 264c Rz. 33), ist zukünftig der Gewinnanspruch persönlich haftender Gesellschafter ebenfalls bereits im Jahresabschluss den **Fremdkapitalkonten** gutzuschreiben.

3.7 Kapitalanteil und Ergebnisverteilung der Kommanditisten nach dem gesetzlichen Regelstatut

154 Für den **Kommanditisten** gelten hinsichtlich des Kapitalanteils und des Gewinnanspruchs Besonderheiten. Von daher ist die einhellige Auffassung in der Literatur[1] begründbar, der zufolge Kapitalanteile von Komplementären und Kommanditisten – nach jeder Kategorie zusammengefasst – im Jahresabschluss einer KG getrennt auszuweisen sind. Diese Bilanzierungsvorgabe folgt daher nicht dem Leitbild der „Rechnungslegungssubjektivität" der Personenhandelsgesellschaft, wonach es wie bei der Kapitalgesellschaft nur **ein** Kapitalkonto – nämlich „das Eigenkapital" – geben kann (→ Rz. 148).

155 Nach Maßgabe des § 120 Abs. 2 HGB, der über § 161 Abs. 2 HGB auch für die KG gilt, hat jeder Kommanditist wie der persönlich haftende Gesellschafter ein **bewegliches** Kapitalkonto. Allerdings ist der Kapitalanteil des Kommanditisten durch § 167 Abs. 2 HGB der Höhe nach auf die bedungene Pflichteinlage begrenzt. Gewinne des Kommanditisten sind, wenn dessen Einlage voll erbracht und nicht durch Verluste herabgemindert ist, auf einem zweiten Konto zu erkennen, das aus Sicht der Gesellschaft **Verbindlichkeitscharakter** hat. Das gilt auch bei bestehenden Entnahmebeschränkungen. Steht dieses (besondere) Konto im Soll, so kann es sich nur um vorweggenommene Gewinnentnahmen handeln, was wiederum nur aufgrund ausdrücklicher Vereinbarung zwischen dem Kommanditisten und der Gesellschaft möglich ist und nur von der Gesellschaft auf entsprechender Vertragsgrundlage zurückgefordert werden kann.[2] Ansonsten handelt es sich um die Rückzahlung einer Einlage mit der Folge des Wiederauflebens der persönlichen Haftung gem. § 172 Abs. 4 HGB. Das Gleiche gilt für sonstige unberechtigte Entnahmen des Kommanditisten, es sei denn, es handelt sich um (schuldrechtlich) vereinbarte Vorschüsse, Darlehen etc.

Gesellschaftsvertraglich kann allerdings eine Entnahme des Kommanditisten ohne diese Beschränkung unter Inkaufnahme der wiederauflebenden persönlichen Haftung zulässig sein. Diese Gestaltung wird häufig bei Anleger-Kommanditgesellschaften gewählt, um diese trotz der in der Gesellschaftsbilanz ausgewiesenen Verluste „bei Laune" zu halten (sog. Liquiditätsausschüttungen). Die nicht aus dem (nicht vorhandenen) Gewinn zu bestreitende Auszahlung kann nur einem aktiven oder passiven Gesellschafterkonto belastet werden. Das kann eine **Forderung** der Gesellschaft gegen den Kommanditisten mit Rückforderungsrecht begründen. Ansonsten wird regelmäßig nur (passivisch) eine Minderung der **Pflichteinlage** (→ Rz. 156) in Betracht kommen. Zur Wiederauffüllung dieser Einlage sind die Gesellschafter nicht verpflichtet. Nach Entscheidung des BGH[3] gilt:

1 Zum Beispiel IDW RS HFA 7, Tz. 43; *Ley*, KöSDi 1994 S. 9972; *Freidank*, WPg 1994 S. 398, und *Huber*, ZGR 1988 S. 1. Die Darstellung einer abweichenden Auffassung ist unter → Rz. 180 zu finden.

2 BGH, Urteil v. 12.3.2013 – II ZR 73/11, DStR 2013 S. 1295.

3 BGH, Urteil v. 12.3.2013 – II ZR 73/11, DStR 2013 S. 1295, mit Besprechung von *Priester*, DStR 2013 S. 1786.

- Ein Rückforderungsanspruch der Gesellschaft besteht nur bei klarer Vereinbarung im Gesellschaftsvertrag.
- Eine solche soll bei Verbuchung auf einem Darlehenskonto des Kommanditisten gegeben sein.[1]
- Bei nicht ausreichender Regelung im Gesellschaftsvertrag ist die Zahlung dem Einlagekonto zu belasten.
- Bei der GmbH & Co. KG kann sich ein Rückgewähranspruch auch aus den §§ 30, 31 GmbHG ergeben, und zwar zugunsten der KG.[2]

Die Bilanzierung von Liquiditätsauszahlungen beim Gesellschafter erfordert eine detaillierte Fortschreibung der Kapitalkonten bei der Gesellschaft, um festzustellen, ob beim Gesellschafter Gewinnentnahmen (Erträge) oder Kapitalrückzahlungen (Minderungen des Beteiligungsbuchwerts) vorliegen.[3]

Eine Entnahme des Kommanditisten liegt auch vor, wenn die (nicht nach § 1a KStG optierende) KG Dividenden aus der Beteiligung an einer Kapitalgesellschaft erhält, für die Kapitalertragsteuer seitens der Ausschüttenden einbehalten worden ist. Das Gleiche gilt für ähnliche Quellensteuern. Die KG erhält in Liquidität nur den Nettobetrag, während die einbehaltene Kapitalertragsteuer auf die Steuerschuld des Kommanditisten anzurechnen ist. Die gleiche „Mechanik“ gilt auch bei der OHG und ist auf natürliche und (steuerpflichtige) juristische Personen gleichermaßen anwendbar. Der Steuereinbehalt entspricht wirtschaftlich einer **Entnahme** des Kommanditisten, aus der heraus er einen Teil seiner Steuerschuld begleichen kann. Sofern die Vertragskonditionen dies vorsehen (→ Rz. 155), ist der Kommanditist zur Wiedereinlage verpflichtet, z. B. bei Vorliegen eines negativen Kapitalkontos.[4] 155a

Streng zu trennen ist die vereinbarte Einlage **(Pflichteinlage)** von der Haftsumme **(Hafteinlage)**. Die Hafteinlage ist in § 162 Abs. 1 HGB angesprochen und macht eigentlich erst einen Gesellschafter zum Kommanditisten (zwingendes Recht).[5] Die Hafteinlage ist etwa vergleichbar mit dem gezeichneten Kapital, soweit dies auf den Gesellschafter einer GmbH oder Aktiengesellschaft entfällt. Soweit sie erbracht und nicht wieder zurückbezahlt worden ist, besteht keine persönliche Haftung des Kommanditisten (mehr). Haft- und Pflichteinlage können in beiden Richtungen voneinander abweichen. Übersteigt die Haft- die Pflichteinlage, muss der Unterschiedsbetrag nicht nach § 251 HGB angegeben werden (→ § 251 Rz. 9). Nur eine Anhangangabe nach § 285 Nr. 3a HGB kann für die Beurteilung der Finanzlage von Bedeutung sein (→ § 285 Rz. 16).[6] Die Regel ist aber Übereinstimmung. Sofern keine ausdrückliche Vereinbarung getroffen worden ist, sind Haft- und Pflichteinlage identisch.[7] 156

Verlustanteile des Kommanditisten sind seinem Kapitalanteil zu belasten, und zwar auch, wenn ihm zustehende Gewinnanteile aus früherer Zeit noch nicht abgerufen worden sind. Letzteres folgt aus § 169 Abs. 2 HGB, wobei unter „bezogen“ die Gutschrift auf dem betreffenden Verbindlichkeitskonto der Gesellschaft und nicht etwa die effektive „Abhebung“ zu verstehen ist. Eine solche Abhebung führt also auch dann nicht zum Wiederaufleben der persönli- 157

1 So *Priester*, DStR 2013 S. 1790 f., u. E. zutreffend; ähnlich *Wolf*, StuB 2014 S. 146.
2 BFH, Urteil v. 19.2.1990 – II ZR 268/88, BB 1990 S. 802.
3 Wegen Einzelheiten: *Heinsen*, WPg 2017 S. 511 ff., sowie IDW RS HFA 18 Tz. 25 ff.
4 Vgl. hierzu BGH, Urteil v. 16.4.2013 – II ZR 118/11, DStR 2013 S. 1391; dazu *Zwirner*, BC 2014 S. 124.
5 Vgl. *Rieger*, BB 1979 S. 1380 ff.
6 IDW RS HFA 18 Tz. 40.
7 BGH, Urteil v. 28.3.1977 – II ZR 230/75, BB 1979 S. 855.

chen Haftung, wenn etwa durch Verluste der Kapitalanteil des Kommanditisten reduziert worden ist und deswegen von nun an eintretende Gewinne nach § 169 Abs. 1 Satz 2 HGB dem Kapitalanteil wieder zuzuschreiben sind und entsprechend zur „Gewinnausschüttung" an den Kommanditisten nicht zur Verfügung stehen.

158 Die Verbuchung von Verlustanteilen des Kommanditisten kann entgegen dem Wortlaut von § 167 Abs. 3 HGB auch zu einem **negativen Kapitalanteil** führen (übrigens auch für steuerliche Zwecke). Nach § 167 Abs. 3 HGB stellt ein negativer Kapitalanteil keine Verbindlichkeit des Kommanditisten, sondern nur einen „nicht durch Eigenkapital gedeckten Fehlbetrag" (§ 268 Abs. 3 HGB), vergleichbar mit demjenigen einer Kapitalgesellschaft, dar (→ § 268 Rz. 125). Für „Kap. & Co."-Gesellschaften gilt § 264c Abs. 2 Satz 5 HGB (→ § 264c Rz. 41). Bei einem solchen Fehlbetrag müssen nach § 169 Abs. 1 Satz 2 HGB vorweg spätere Gewinne zur Abdeckung verwendet werden, bevor sie zur Ausschüttung (bei der Kapitalgesellschaft) bzw. zur Gutschrift auf dem besonderen Verbindlichkeitskonto gegenüber dem Kommanditisten nach § 167 Abs. 2 HGB (→ Rz. 152) zur Verfügung stehen (→ Rz. 168). Ein Sollsaldo für den Kommanditisten ist von diesem entgegen § 167 Abs. 3 HGB auszugleichen, wenn der Saldo durch zulässige oder unzulässige Entnahmen entstanden ist. Dann entsteht ein Anspruch der Gesellschaft nach § 812 BGB.[1] Vgl. aber → Rz. 155.

159 Die Hafteinlage des Kommanditisten kann in **bar,** durch **Sacheinlage** oder durch **Stehenlassen von Gewinnanteilen** erhöht werden. Ist die Hafteinlage geleistet, entfällt die persönliche Haftung des Kommanditisten gegenüber den Gläubigern der Gesellschaft (§ 171 Abs. 1 HGB). Die Hafteinlage ist, vergleichbar mit dem gezeichneten Kapital bei einer Kapitalgesellschaft, auch ins Handelsregister einzutragen (§ 162 Abs. 1 HGB). Ist die Pflichteinlage höher als die Hafteinlage, würde die Entnahme eines Betrags außerhalb des Guthabens nach § 167 Abs. 2 HGB keine Wiederauflebung der persönlichen Haftung begründen. Umgekehrt führt die Entnahme eines Kommanditisten dann zum Wiederaufleben der persönlichen Haftung nach § 172 Abs. 4 Satz 2 HGB, wenn das Guthaben auf dem Kapitalkonto die Hafteinlage nicht mehr deckt oder wenn durch die Entnahme eine Unterdeckung eintritt.

160 Für die **Ergebnisverteilung** bei der **KG** gem. gesetzlichem Regelstatut gelten zunächst die Verzinsungsregeln der OHG (§ 168 Abs. 1 HGB i.V. mit § 121 Abs. 1 HGB). Abweichend vom OHG-Recht (Verteilung nach Köpfen, siehe → Rz. 152) sind der Restgewinn und der Verlust nach einem „angemessenen Verhältnis" zu verteilen (§ 168 Abs. 2 HGB).

161 Über die **Ergebnisbeteiligung** und die **Entnahmerechte nach den u. U. abdingbaren Gesetzesregeln** der KG unterrichtet die nachstehende Übersicht:[2]

Gewinnbeteiligung (§ 168 HGB i.V. mit § 121 Abs. 1 bis 3 HGB)	(1)	Jeder Gesellschafter erhält zunächst vom Jahresgewinn eine 4%ige Verzinsung seines am Ende des letzten Geschäftsjahres festgestellten (positiven) Kapitalanteils zzgl. einer zeitanteiligen 4%igen Verzinsung der Einlagen abzgl. einer zeitanteiligen 4%igen Verzinsung der Entnahmen.
Gewinnbeteiligung (§ 168 HGB i.V. mit § 121 HGB)	(2)	Vom Jahresgewinn wird die Summe der nach (1) vorgenommenen Verzinsung abgezogen und der Restgewinn auf die Gesellschafter in einem den Umständen nach angemessenen Verhältnis der Anteile verteilt.

1 So *Ley,* KÖSDi 2014 S. 18892.
2 Nach *Freidank,* WPg 1994 S. 402.

Gewinnbeteiligung (§ 168 HGB i.V. mit § 121 Abs. 1 bis 3 HGB)	(3)	Reicht der Jahresgewinn nicht aus, um die in (1) beschriebene 4%ige Verzinsung zu realisieren, so ist die Verteilung mit einem unter 4 % liegenden Prozentsatz vorzunehmen, dessen Anwendung den Jahresgewinn erschöpft.
Verlustverteilung (§ 168 Abs. 2 HGB)		Der Jahresverlust wird in einem den Umständen nach angemessenen Verhältnis der Anteile auf die Gesellschafter verteilt.
Entnahmerecht des Komplementärs (§ 161 Abs. 2 HGB i.V. mit § 122 HGB)	(1)	Jeder Komplementär kann 4 % seines am Ende des letzten Geschäftsjahres festgestellten (positiven) Kapitalanteils entnehmen.
	(2)	Wurden Komplementären zum Ende des letzten Geschäftsjahres Gewinnanteile zugewiesen, die den nach (1) berechneten Betrag übersteigen, dann können auch diese Überschüsse entnommen werden, „... soweit es nicht zum offenbaren Schaden der Gesellschaft gereicht...", d. h. der Entzug sich lediglich auf entbehrliche Betriebsmittel beschränkt.
Entnahmerecht des Komplementärs (§ 161 Abs. 2 HGB i.V. mit § 122 HGB)	(3)	Wird das Gewinnentnahmerecht bis zur Feststellung des Abschlusses für das Jahr, für das es ausgeübt werden kann, nicht geltend gemacht, so verfällt es.
Entnahmerecht des Komplementärs (§ 161 Abs. 2 HGB i.V. mit § 122 HGB)	(4)	Ansonsten ist ein Gesellschafter nicht befugt, ohne Einwilligung anderer Gesellschafter seinen Kapitalanteil durch weitere Gewinn- und Kapitaleinnahmen zu vermindern.
Entnahmerecht des Kommanditisten (§ 169 HGB)	(1)	Der Kommanditist hat nur Anspruch auf die Entnahme des ihm zustehenden Gewinns, jedoch ohne die Einschränkung von § 122 Abs. 1 HGB, dass dies nicht zum offenbaren Schaden der Gesellschaft gereichen darf.
	(2)	Sofern der Kapitalanteil des Kommanditisten durch Verlust unter seine geleistete Einlage (Pflichteinlage – ausstehende Einlage) herabgemindert ist, kann er keine Auszahlung des ihm zustehenden Gewinns fordern. Sein Gewinnentnahmerecht lebt folglich erst wieder nach der Verlusttilgung auf.
	(3)	Ferner besteht kein Gewinnentnahmerecht, wenn durch die Gewinnauszahlung der Kapitalanteil des Kommanditisten unter seine geleistete Einlage sinken würde.
	(4)	Wird das Gewinnentnahmerecht bis zur Feststellung des Abschlusses für das Jahr, für das es ausgeübt werden kann, nicht geltend gemacht, so verfällt es.

Die auf den ersten Blick kompliziert erscheinenden **Haftungsregeln** für den Kommanditisten erschließen sich inhaltlich am besten im **Vergleich** zu den **Kapitalerhaltungsregeln** bei einer **Kapitalgesellschaft.**[1] Das für den Kommanditisten zu führende Kapitalkonto verfolgt nämlich denselben Gesetzeszweck wie die Kapitalerhaltungsvorschriften für Kapitalgesellschaften. Ist bei den Letzteren – festgestellt durch eine Bilanz – das Eigenkapital durch Verlustvorträge „angegriffen", so entspricht dies einem „Verlustvortrag auf dem Kapitalkonto des Kommanditisten", d. h. einer Minderung seines Kapitalanteils. Werden etwa von einer GmbH in einer solchen Situation Ausschüttungen an die Gesellschafter vorgenommen, sind diese nach § 30 Abs. 1 und § 31 GmbHG zurückzubezahlen. In gleichem Umfang hat der Kommanditist bei einer unberechtigten Entnahme nach § 172 Abs. 4 HGB die Einlage zur Vermeidung seiner persönlichen Haftung wieder aufzufüllen. Ist der Verlust höher als seine Hafteinlage, entspricht dies dem Bilanzposten „Nicht durch Eigenkapital gedeckter Fehlbetrag" gem. § 268 Abs. 3 HGB (→ § 268 Rz. 125). Zum Ausweis bei GmbH & Co. KGs siehe → § 264c Rz. 40. 162

1 Nach *Huber*, ZGR 1988 S. 1, 15.

162a Durch das **MoPeG** wird § 168 HGB ersatzlos aufgehoben. Für die Kommanditgesellschaften bestehen damit zukünftig nunmehr keine eigenständigen Vorschriften zur Gewinn-/Verlustverteilung mehr. Die neuen Regelungen zur OHG (§§120, 122 HGB) sind entsprechend anzuwenden (→ Rz. 153a). Bei den Kommanditisten ist aber weiterhin ergänzend § 169 Abs. 1 HGB zu beachten, wonach der Kommanditist „die Auszahlung des Gewinns nicht fordern kann, soweit sein Kapitalanteil durch den ihm zugewiesenen Verlust unter den auf die vereinbarte Einlage geleisteten Betrag herabgemindert ist oder durch die Auszahlung des Gewinns unter diesen Betrag herabgemindert werden würde". Gegenüber einem persönlich haftenden Gesellschafter (Komplementär) unterscheidet sich der Anspruch des Kommanditisten wie bisher hinsichtlich des Vorrangs der Verrechnung mit Verlusten, die den Kapitalanteil gemindert haben.

3.8 Betriebswirtschaftlich orientierte Vertragsgestaltung zur Kontenführung der Gesellschafter

3.8.1 „Festkapital" als Ansatz für die Darstellung des Eigenkapitals

163 Diese **Haftungsregeln** für **Kommanditisten** stellen als Ausfluss des Gläubigerschutzgedankens **zwingendes Recht** dar. Im Übrigen sind aber die Beteiligungsverhältnisse, Entnahmerechte und Gewinnanteile als **dispositives Recht** der gesellschaftsrechtlichen Vertragsgestaltung anheimgestellt. Den kautelarjuristischen Entfaltungsmöglichkeiten sind dabei wenig Grenzen gesetzt. Alle in der Praxis anzuwendenden Möglichkeiten sind hier nicht darzustellen. Stattdessen erfolgt eine **kritische Bestandsaufnahme** von häufig vorzufindenden Vertragsmustern mit Gestaltungsempfehlungen.

164 Eine ganz übliche Regelung stellt die Vereinbarung von **Festkapitalkonten** dar. Es wird dabei eine bestimmte Kapitaleinlageverpflichtung (Bar- oder Sachkapital) – beziffert auf Euro – vereinbart, die der Gesellschafter zu Beginn der Gesellschaftstätigkeit oder später zu erbringen hat. Die gedankliche Bezugnahme auf die Verhältnisse von Kapitalgesellschaften ist offensichtlich. Unter Umständen ist auch die gesamte Einlage nicht sofort, sondern erst später und auf Anforderungen der Gesellschaft zu leisten (Fall der ausstehenden Einlage nach § 272 Abs. 1 Satz 3 HGB). Dieses **Fest**kapital bestimmt i. d. R. auch den Anteil am Gewinn oder Verlust eines Geschäftsjahres. Daneben wird für die einzelnen Gesellschafter regelmäßig noch ein zweites Kapitalkonto (ein **bewegliches**) geführt, auf dem Gewinnanteile und -entnahmen – u. U. auch die Verlustanteile – verbucht werden. Das Festkapitalkonto trägt gewöhnlich die Bezeichnung „Kapitalkonto I" und das bewegliche heißt „Kapitalkonto II"; für Letzteres existieren auch noch die Bezeichnungen „variables Konto", „Sonderkonto", „Verrechnungskonto" etc. (→ Rz. 142). Das Kapitalkonto II soll dem BFH zufolge[1] kein Gesellschaftsrecht vermitteln. Eine Sacheinlage aus dem Privatvermögen in dieses Kapitalkonto vermittelt keine Anschaffungskosten, sondern stellt eine Einlage dar.

165 Das praktische Problem im Zusammenhang mit diesem „Kapitalkonto II" besteht in dessen rechtlicher Qualifizierung. Handelt es sich wirklich um Eigenkapital, so ist die gesetzliche Regel des **variablen Kapitalkontos** durch die (scheinbare) Vereinbarung eines Festkapitals gerade **nicht** abbedungen. Es gibt für den einzelnen Gesellschafter schließlich auch bei formell getrennter Kontenführung zwingend nur **ein** Kapitalkonto (→ Rz. 148), das sich in diesem Fall eben aus einer festen Größe zzgl. einer variablen Position zu einem insgesamt (wieder) variablen Kapitalkonto addiert. Soll dagegen wirklich zwischen den Gesellschaftern ein fester Kapi-

1 BFH, Urteil v. 29.7.2015 – IV R 15/14, DStR 2016 S. 217; BFH, Urteil v. 4.2.2016 – IV R 46/12, DStR 2016 S. 662.

talanteil vereinbart werden, dann muss diesem sog. „Kapitalkonto II" der gesellschaftsrechtliche Charakter genommen und der schuldrechtliche eines Darlehens verliehen werden. Letzteres ist ebenfalls vertragsdispositiv. Anders formuliert: Soll das bedungene Festkapital den Anteil des jeweiligen Gesellschafters am Gesellschaftsvermögen (= Gesellschaftskapital) rechnerisch widerspiegeln (→Rz. 148), dann bleibt kein Platz für ein Kapitalkonto „II", denn die Festkapitalkonten addieren sich zu 100 auf (so gewollt), und 100 entsprechen dem Eigenkapital der Gesellschaft.

Bei Licht besehen hat also das „Zwei-Konten-Modell" der Kapitalkontenführung bei Personengesellschaften nichts anderes zum Inhalt als die Wiedergabe der Gesetzeslage – es sei denn, dem zweiten Konto ist der Eigenkapital-Charakter abzusprechen. Den gewünschten zusätzlichen Anforderungen an die Kontenführung kann deshalb die Unterteilung des Kapitalkontos in zwei Konten nicht nachkommen. Das Kapitalkonto des einzelnen Gesellschafters ist dann (von Gesetzes wegen) und bleibt (vertraglich) **variabel – im Verhältnis der Gesellschafter zueinander.**

3.8.2 Festkapital – verstanden im Lichte des Eigenkapitals einer Kapitalgesellschaft

„Variabel" können die Kapitalkonten der Gesellschafter aber auch in einem **anderen Sinn** sein. 166
Der Gesellschaftsvertrag kann nämlich etwa Folgendes festlegen:

- (1) Die Gesellschafter (in ihrer Gesamtheit) leisten einen bestimmten Festbetrag als Einlage (sozusagen Startkapital);
- (2) Einlagenerhöhungen und -herabsetzungen sind durch einstimmigen Gesellschafterbeschluss zu veranlassen;
- (3) Im Verhältnis der Festeinlagen zueinander sind die Gesellschafter am Gewinn und Verlust beteiligt;
- (4) Verluste sind während der Dauer der Gesellschaft nicht nachzuschießen;
- (5) Gewinne werden zunächst zur Abdeckung von Verlusten verwendet und im Übrigen in Höhe eines bestimmten Prozentsatzes einem Darlehenskonto des Gesellschafters gutgeschrieben und können am Tag nach der Feststellung des Jahresabschlusses entnommen (ausgeschüttet) werden;
- (6) Werden die Gewinne nicht bei Fälligkeit – siehe (5) – entnommen, sind sie beginnend mit diesem Zeitpunkt mit Y % p. a. zu verzinsen. Die Guthaben auf dem Darlehenskonto sind jederzeit zur Rückzahlung fällig.
- (7) Soweit Gewinne nicht der Deckung von Verlustvorträgen dienen – siehe (5) –, sind sie mit 10 % der Gewinnrücklage zuzuführen. Die Gewinnrücklage ist vorab zur Verlustdeckung zu verwenden und kann im Übrigen nur durch einstimmigen Gesellschafterbeschluss ausgeschüttet werden.

Die verschiedenen Kapitalkonto-Bestandteile sind hier zwar auch **variabel,** allerdings nur in ihren absoluten Beträgen; im Verhältnis der Gesellschafter zueinander sind sie **fest.** Die „Variabilität" beruht auf der täglichen Veränderung des Vermögens (Eigenkapitals) der Gesellschaft durch die Geschäftsvorfälle, was dann zwingend auch für die Beteiligungen (= Kapitalkonten) der Gesellschafter gilt.

Wenn – wie hier annahmegemäß vorgegeben und realistisch meist auch gewünscht – die **Ergebnisbeteiligung** der einzelnen Gesellschafter sich nach der Relation der Festkapitalien richtet, dann verändern sich durch Buchungen der Verluste auf einem Vortragskonto und der nicht 167 zur Entnahme bestimmten Gewinne auf einem Rücklagekonto diese zwar absolut, aber nicht im Verhältnis der Gesellschafter zueinander. Entsprechend brauchen solche Konten auch nicht für jeden Gesellschafter getrennt geführt zu werden; es genügt ein Konto „Verlustvortrag" bzw. Gewinnvortrag oder Gewinnrücklage (→ Rz. 178) – wie bei einer Kapitalgesellschaft –, um jedem Gesellschafter „seinen" Anteil am Eigenkapital der Gesellschaft kenntlich zu machen – nämlich durch eine Prozentrechnung nach Maßgabe der Kapitalbeteiligung (→ § 264c Rz. 20).

Der weitere Vorteil dieser Lösung ist die Vermeidung von undefinierten und vom **Gesetz nicht verwendeten** Begriffen wie „Kapitalkonto II", „Sonderkapitalkonto" etc. (→ Rz. 148). Umgekehrt kann sich jeder Sachverständige schnell ein Bild von dem Inhalt eines innerhalb des Eigenkapitals ausgewiesenen „Verlustvortrags" bzw. einer „Gewinnrücklage" machen – eben wegen der Verwendung von Begriffen, die aus der Rechnungslegung von **Kapitalgesellschaften** vertraut sind. Dem ist nicht der **Gesamthands**charakter der Personengesellschaft entgegenzuhalten. Diese ist wie eine Kapitalgesellschaft „Kaufmann" i. S. des § 242 HGB und insoweit (auch) rechtsfähig.[1]

Deshalb kann es begrifflich auch keine von den Kapitalanteilen der Gesellschafter separierbare **„gesamthänderisch gebundene Rücklage"** geben – so wenig wie es bei einer Kapitalgesellschaft eine „kapitalistisch gebundene Rücklage" gibt –, auch wenn dies ständig so formuliert wird.[2] Die Rücklage ist Bestandteil des Eigenkapitals der Personenhandelsgesellschaft; entsprechend partizipiert der Gesellschafter mit seiner Beteiligungsquote (auch) an der Rücklage (→ Rz. 148).

Ein entsprechendes Rechenschema ist unter → Rz. 182 wiedergegeben.

3.8.3 Gewinnentnahmerechte als Fremdkapital

168 Sonderprobleme ergeben sich hinsichtlich der **entnahmefähigen Gewinnanteile.** Diese Guthaben werden häufig von den Gesellschaftern in hohem Umfang zur Bestreitung ihrer Steuerverpflichtungen (Einkommensteuer) aus der Beteiligung verwendet und müssen schon deshalb kurzfristig abrufbar sein. Der **Steuerentnahmebedarf** der verschiedenen Gesellschafter kann daher höchst unterschiedlich ausfallen. Die Höhe der individuellen Steuerlast des einzelnen Gesellschafters hängt aber nicht nur vom Gewinnanteil, sondern von den übrigen Einkünften – im Rahmen der Zusammenveranlagung auch des Ehegatten – ab. Aber selbst wenn man gesellschaftsvertraglich die „Steuerentnahmequote" festlegen sollte, lässt sich eine Abrufbarkeit durch den Gesellschafter in kurzfristiger Form häufig nicht umgehen. Dazu kommen die persönlichen Bedürfnisse der Entnahme außerhalb der Steuern, die sich individuell ebenfalls ganz unterschiedlich verhalten können. Deshalb ist es auch hinsichtlich eines wirtschaftlichen Interessenausgleichs zwingend, diese Guthaben der Gesellschafter **verzinslich** auszugestalten – wie in der obigen Vertragsformulierung vorgesehen. Jedenfalls muss gesellschaftsvertraglich dem freien Zugriff der Gesellschafter auf die Liquidität der Gesellschaft vorgebeugt werden.

Gewinne, die dem Kommanditisten auf dem „zweiten Konto" zu Recht gutgeschrieben worden sind, können später bei inzwischen aufgetretenen Verlusten gleichwohl abgehoben werden,

1 BGH, Urteil v. 29.1.2001 – II ZR 331/00, BFH/NV 2002 S. 77 zur BGB-Gesellschaft; vgl. hierzu auch *Prinz, U.*, FR 2010 S. 741.

2 Nach *Reiß*, DB 2005 S. 358, „freischwebender Unsinn"; *Wendt*, FR 2008 S. 915; a. A. z. B. *Strahl*, KÖSDi 2009 S. 16531.

ohne dass die persönliche Haftung wieder auflebt.[1] Dieses Konto hat **Fremdkapitalcharakter** (→ Rz. 155).

Alle diese Gesichtspunkte sprechen dafür, die Ansprüche der Gesellschafter auf entnehmbare, aber nicht entnommene Gewinnanteile als **Fremdkapital** der Gesellschaft zu behandeln; sei es als besonders konkretisiertes Darlehensverhältnis oder sei es als ein schuldrechtliches Verhältnis eigener Art, das jedenfalls einem Darlehensverhältnis sehr nahekommt. Die wirtschaftliche „Nähe" zur personenbezogenen GmbH – abgesehen von der teilweise (bei der KG) oder ganz (bei der OHG) vorhandenen persönlichen Haftung der Gesellschafter – gebietet es, solche Verbindlichkeiten in Analogie zu § 42 Abs. 3 GmbHG in der Bilanz der Personengesellschaft als **Gesellschafterverbindlichkeit** auszuweisen (→ § 247 Rz. 14). Für „Kap. & Co."-Gesellschaften ist dies in § 264c Abs. 1 HGB eigens vorgeschrieben (→ § 264c Rz. 4). 169

Die Dotierung dieser Konten könnte und sollte im Rahmen eines **Gewinnverwendungsbeschlusses**[2] – wie bei einer Kapitalgesellschaft – erfolgen, um zusätzliche Klarheit über die vorzunehmenden Buchungen zu erhalten.

Diese so verstandenen Ansprüche der Gesellschafter an die Gesellschaft aus gutgeschriebenen Gewinnen gefährden tendenziell den für die Geschäftstätigkeit der Gesellschaft notwendigen **Liquiditätsspielraum.** Unerwünschten Entnahmen (= Darlehensrückzahlungen) der Gesellschafter kann durch Kündigungsregeln nur unvollständig vorgebeugt werden. Hiergegen kann die gesellschaftsvertraglich vorgesehene Bildung einer **Gewinnrücklage** das erforderliche Finanzpolster liefern (siehe → Rz. 173).[3] 170

Der vorstehende Vorschlag zur Kontenführung für die Gesellschafter (→ Rz. 163 ff.) hat auch den Vorteil, eine klare **Trennungslinie** zwischen **Eigen- und Fremdkapital** zu ziehen. Das lässt sich insbesondere an der Behandlung (künftiger) Verluste ablesen. Werden diese – wie vorgeschlagen – vorgetragen und nicht mit Guthaben der Gesellschafter auf anderen Konten verrechnet, handelt es sich bei Letzteren um Fremdkapital. Umgekehrt: Die „Verlustdeckungsverpflichtung" ist ein kaum widerlegbares Indiz für den Eigenkapital-Charakter eines Kontos, unabhängig von seiner Bezeichnung („Kapitalkonto II", „Verrechnungskonto", „Privatkonto"). Bei einem Kommanditisten verhindert eine solche klare Kontenführung und -bezeichnung unnötige Streitigkeiten mit der Finanzverwaltung im Anwendungsbereich von § 15a EStG. 171

3.8.4 Anwendbarkeit bei Kommanditisten

Die vorstehend (→ Rz. 166 ff.) dargestellte Kontenführung ist auch bei einer **KG unmittelbar anwendbar.** Für die beschränkt haftenden Gesellschafter kommt es entscheidend darauf an, die einmal haftungsbefreiend geleistete Einlage während des Bestehens der Gesellschaft bis zum Ausscheiden nicht wieder zurückgewährt zu erhalten. Diese Gefahr besteht insbesondere dann, wenn Entnahmen gleich aus welchem Grund die (Haft-)Einlage angreifen oder wenn bei eingetretenen Verlusten vor Wiederauffüllung der (Haft-)Einlage durch stehengelassene Gewinne (§ 169 Abs. 1 HGB i. V. mit § 172 Abs. 4 HGB) Gewinnausschüttungen erfolgen. Dieser Gefahr kann durch die vorgeschlagene Kontenführung vorgebeugt werden. Ist also die Einlage durch Verluste angegriffen oder gar aufgebraucht, so verhindert das für die Gesellschaft insgesamt zu führende Verlustvortragskonto die Auszahlung von Gewinnanteilen (auch) an den 172

1 Vgl. *Huber*, ZGR 1988 S. 35; *ders.* in Gedächtnisschrift Knobbe-Keuk, S. 206, m. w. N.

2 So der BGH, Urteil v. 20.4.2009 – ZR 88/08, DStR 2009 S. 1489.

3 Vgl. *Huber* in Gedächtnisschrift Knobbe-Keuk, S. 206.

Kommanditisten. Gewinnentnahmen sind andererseits nur nach Abtrag des Verlustvortrags mit der entsprechenden Möglichkeit der Ausschüttung an alle Gesellschafter möglich (→ Rz. 166). Die persönliche Haftung der Komplementäre ist durch eine Vergütung zulasten des GuV-Kontos und damit aller Gesellschafter vorab abzugelten – vergleichbar mit einer persönlichen Tätigkeit für die Gesellschaft (→ Rz. 190).

173 Durch Gesellschaftsvertrag oder durch gesellschaftsvertraglich zulässigen Gesellschafterbeschluss kann auch in der Personenhandelsgesellschaft eine **Gewinnrücklage** gebildet werden. Diese hat eine betriebswirtschaftlich sinnvolle Bedeutung in der **Schonung des Liquiditätsbedarfs** der Gesellschaft, wie dies durch Gesellschafterdarlehen nur eingeschränkt möglich ist (→ Rz. 170). Die Gewinnrücklage kann durch „Stehenlassen" von Gewinnen (Umbuchung vom Jahresüberschuss auf das Rücklagenkonto im Rahmen der Ergebnisverwendung) oder durch nachträgliche „Entnahmen" aus den mit früheren Gewinngutschriften dotierten Verbindlichkeitskonten erfolgen. Allerdings ist die letztgenannte Dotierungsvariante ihrem Charakter nach eher eine **Kapitalrücklage,** weil die Ansprüche der Gesellschaft schon aus dem Vermögen der Personenhandelsgesellschaft herausgelöst worden sind. Sinnvollerweise wird ihr Inhalt im Rahmen des Gesellschaftsvertrags durch Verweisung auf die einschlägigen Vorschriften für Kapitalgesellschaften in § 272 Abs. 3 HGB (→ § 272 Rz. 57) definiert; bei unklarer Vertragslage ist zur Auslegung jedenfalls das einschlägige Recht der Kapitalgesellschaften heranzuziehen.

174 Neben der Liquiditätserhaltung dient ein solches Rücklagenkonto insbesondere der **Abdeckung von Verlusten,** eben ganz im Gegenteil zu (früheren) Gewinnen, die den Sonderkonten der Gesellschafter (auch der Kommanditisten) gutgeschrieben worden sind und aus Sicht der Gesellschaft deswegen **Verbindlichkeiten** darstellen (→ Rz. 169). Ein solcher Anspruch des Gesellschafters aus früher entstandenen und gutgeschriebenen Gewinnen kann auch dann vom Gesellschafter „abgezogen" werden, wenn inzwischen Verluste aufgetreten sind. Das wäre bei einer Gewinnrücklage nicht der Fall. Die Gewinnrücklage braucht dann nicht für **jeden einzelnen Gesellschafter getrennt** geführt zu werden, wenn die hier unter → Rz. 163 ff. vorgestellte Kontenführung auf entsprechender Vertragsgrundlage gewählt wird. Jeder Gesellschafter partizipiert mit seiner Beteiligungsquote am Gesellschaftsvermögen auch an der Rücklage (→ Rz. 167 und → Rz. 148). Dann genügt – wie bei der Kapitalgesellschaft – ein Konto „Gewinnrücklage" bei der Gesellschaft. Eine Verzinsung des Rücklagenkontos wäre unsinnig, zumindest wenn man der hier vorgeschlagenen Kontenführung folgt.

175 Mit der gleichen Zuständigkeit wie bei der Bildung der Gewinnrücklage kann diese später einmal wieder **aufgelöst** werden (→ § 268 Rz. 31).[1] Auch hier handelt es sich um einen im Rahmen der Gewinnverwendung darzustellenden Buchungsvorgang (siehe hierzu das Rechenschema in § 158 AktG, das sinnvollerweise nach den Regeln für Kapitalgesellschaften abgewickelt wird).

In Ausnahmefällen sollen auch Rücklagen (Kapital- und Gewinnrücklagen) **abweichend von der Beteiligungsquote** bzgl. des Kapitals der Gesellschaft zulässig sein.[2] Ein praktisches Bedürfnis hierzu dürfte allerdings ausgesprochen selten vorliegen. In diesem Fall ist eine getrennte Kontoführung für diese „Sonderrücklage" eines Gesellschafters zwingend erforderlich.

1 Nähere Einzelheiten zur Gewinnrücklage bei Kommanditgesellschaften siehe *Huber* in Gedächtnisschrift Knobbe-Keuk, S. 203.

2 Vgl. *Priester* in Gedächtnisschrift Knobbe-Keuk, S. 293.

Denkbar ist bei der Personenhandelsgesellschaft auch eine (nachträgliche) **Gesellschaftereinlage außerhalb des Festkapitals.** In der Regel wird aber eine solche Einlage im Verhältnis zu der bisherigen Beteiligungsquote von allen Gesellschaftern gleichmäßig erbracht, so dass einer förmlichen Kapitalerhöhung (Erhöhung der Festkapitalien) nichts entgegensteht. Andererseits kann eine solche Kapitalerhöhung in Form einer **Kapitalrücklage** analog zu § 272 Abs. 2 Nr. 4 HGB (→ § 272 Rz. 57) erfolgen. Der praktische Bedarf bei der Personenhandelsgesellschaft für die Bildung einer solchen Rücklage wird nicht allzu hoch sein; bei der Kapitalgesellschaft ist dies anders, weil eine solche Kapitaleinlage außerhalb der Kontrolle des Handelsregisters erfolgt und deshalb viel flexibler als eine Erhöhung des Nennkapitals handhabbar ist. Die registerliche Kontrolle besteht bei der Personenhandelsgesellschaft jedoch nur für einen Kommanditisten. Deshalb wird eine solche Kapitalrücklage bei der Personengesellschaft allenfalls dann erscheinen, wenn 176

- ► einerseits eine Kapitalerhöhung durch die Gesellschafter gewünscht wird,
- ► andererseits eine Erhöhung der Hafteinlage der Kommanditisten unerwünscht ist sowie
- ► Haft- und Pflichteinlage übereinstimmen sollen.

Die in diesem Abschnitt vorstehend erläuterte buchmäßige Darstellung einer **„kapitalistischen" Struktur der Gesellschafterbeteiligung** stellt somit nicht nur im Innenverhältnis die gewünschten Eigen- und Fremdkapitalrelationen dar, sie erlaubt auch die Darstellung der gesetzlich zwingend zu führenden Konten für den Kommanditisten (→ Rz. 172).[1] Auch für die persönlich haftenden Gesellschafter (in der OHG und der KG) ist dieselbe Konteneinteilung wie für die Kommanditisten verwendbar. Bei persönlich haftenden Gesellschaftern ist sinnvollerweise die Entnahme eines einmal festgestellten Gewinnanteils bzw. die Nichtentnahme zinsmäßig zu berücksichtigen. Entsprechend bleiben die Kapitalrelationen zwischen den Gesellschaftern unverändert. Es besteht dann kein Grund, bei den persönlich haftenden Gesellschaftern von der Kontengliederung für Kommanditisten abzuweichen. 177

Danach kann das Eigenkapital einer **KG** wie folgt ausgewiesen werden:[2] 178

A.	**Eigenkapital**		
	I.	**Komplementär-Kapital**	
		1.	Festkapital/Pflichteinlage (oder Kapitalanteile)
		2.	Kapitalrücklage
		3.	Gewinnrücklagen
	II.	**Kommandit-Kapital**	
		1.	Festkapital/Pflichteinlage (oder Kapitalanteile)
		2.	Kapitalrücklage
		3.	Gewinnrücklagen
	III.	**Ergebnisvortrag**	
	IV.	**Jahresergebnis**	

1 Sie entspricht in weiten Bereichen dem von *Ley*, KÖSDi 1994 S. 9972, 9974, entwickelten „Vier-Konten-Modell", nur eben mit der „Verdichtung" auf die Gesellschaft selbst mit der Vermeidung von vier Konten für jeden Gesellschafter. Zum „Vier-Konten-Modell" siehe auch *Rodewald*, GmbHR 1998 S. 521, 526; sowie *Ley*, DStR 2009 S. 613; *Strahl*, KÖSDi 2009 S. 16531.

2 In Anlehnung an den Vorschlag von *Lanfermann* in FS Ludewig, S. 549, 566.

Die beiden unteren Posten „Ergebnisvortrag" und „Jahresergebnis" belegen zunächst die hier gewählte Bilanzierung **vor** Gewinnverwendung, die nach dem Regelstatut der Gliederung der Bilanz für Kapitalgesellschaften in § 266 HGB gewählt worden ist. Wahlweise kommt auch für Personengesellschaften in analoger Anwendung von § 268 Abs. 1 HGB (→ § 268 Rz. 4) die Übernahme des Jahresergebnisses in die Gewinnrücklage bzw. in den Gewinn- oder Verlustvortrag in Betracht (sog. Bilanzierung **nach** Ergebnisverwendung). Die Posten III. und IV. werden dann entweder zum Bilanzgewinn bzw. Bilanzverlust zusammengefasst oder entfallen ganz (nach Einstellung des Jahresergebnisses in die Rücklage). In der GuV muss auf jeden Fall das (unverteilte) Jahresergebnis erscheinen.[1]

179 Diese Gliederung zeigt die durch (sinnvolle) Vertragsgestaltung mögliche nahtlose Übereinstimmung mit den gesetzlichen Vorschriften für die Kapitalgesellschaften. Die in Klammern gesetzte Bezeichnung („Kapitalanteile") übernimmt die gesetzliche Nomenklatur für „Kap. & Co."-Gesellschaften in § 264c Abs. 2 HGB (→ § 264c Rz. 9).

3.8.5 Ein einziges Kapitalkonto bei Kommanditgesellschaften?

180 Für die KG verlangt die Literatur[2] und für „Kap. & Co."-Gesellschaften das Gesetz in § 264c Abs. 2 Satz 6 HGB (→ § 264c Rz. 21) ausnahmslos einen getrennten Ausweis der **Kapitalanteile** der persönlich haftenden Gesellschafter einerseits und der Kommanditisten andererseits. Die Begründung wird ausdrücklich oder stillschweigend in der unterschiedlichen Haftungssituation dieser Gesellschafter gesehen. Diese Betrachtungsweise überrascht insoweit, als jede Personenhandelsgesellschaft – auch die KG – als solche rechnungslegungspflichtig ist. Auch der Jahresabschluss der KG ist **„deren"** Werk und nicht etwa dasjenige der Gesellschafter (→ § 264c Rz. 9). Dies wird jedenfalls im Falle der OHG so gesehen, bei der der – auch saldierte – Ausweis der einzelnen Eigenkapital-Konten der Gesellschafter in zusammengefasster Form zulässig ist (→ Rz. 145); durch diese Zusammenfassung erscheint dann in der Bilanz „das" Eigenkapital der OHG wie bei einer Kapitalgesellschaft. Es wird daher vom Bilanzausweis keine Offenlegung der Beteiligungsverhältnisse der einzelnen Gesellschafter an der OHG erwartet. Warum soll dies bei der KG anders sein?

Die h. M.[3] verlangt einen getrennten Ausweis von positiven und negativen Kapitalsalden der Kommanditisten. Unseres Erachtens ist dies nicht erforderlich, da dem Abschlussadressaten der KG dadurch keine zusätzlichen entscheidungsrelevanten Informationen vermittelt werden. Zur weiteren Begründung wird auf → Rz. 180 ff. verwiesen.

181 Die Rechtfertigung für die Trennung „des" Eigenkapitals der KG kann nur in der Interessenlage und dem Informationsbedürfnis Dritter gefunden werden. Und hier wiederum richtet sich das Augenmerk zuvorderst auf den **Haftungsgedanken,** d. h. den Schutz der Gläubiger der Gesellschaft. Werden also deren Interessen beeinträchtigt, wenn auch bei der KG die Eigenkapitalien aller Gesellschafter zusammengefasst ausgewiesen werden?

Bei der Antwort darauf ist in rechtlicher Hinsicht zunächst auf das Rechtsinstitut der **Hafteinlage** des Kommanditisten nach § 171 Abs. 1 HGB zurückzukommen. Diese muss nicht mit der Pflichteinlage übereinstimmen, tut dies allerdings i. d. R. (→ Rz. 156). Ist die Hafteinlage nicht

1 Nach IDW RS HFA 7 Tz. 56 ist die Darstellung des Jahresergebnisses für „Kap. & Co."-Gesellschaften in der GuV-Rechnung „sachgerecht", sofern sie nicht aus der Bilanz ersichtlich ist.
2 Siehe nur IDW RS HFA 7 Tz. 44; *Lanfermann* in FS Ludewig, S. 558, m. w. N.
3 IDW RS HFA 7 Tz. 44; *Ley*, KöSDi 2014 S. 18899; a. A. (Saldierung) *Hennrichs/Pöschke*, III/1 Tz. 125 ff.

oder nicht vollständig geleistet, bedarf der Leser des Jahresabschlusses tatsächlich einer entsprechenden Information. Am besten lässt sich dies durch die Einfügung eines Gliederungspostens **„Ausstehende Einlagen auf das Haftkapital"** in Analogie zu § 272 Abs. 1 Satz 1 HGB bewerkstelligen. Dieses Problem ist dabei nicht nur bei zusammengefasstem Kapitalausweis aller Gesellschafter gegeben, sondern auch bei einer Trennung nach Komplementär- und Kommanditisten-Konto. Es kann deshalb auch dahingestellt bleiben, ob bei voll einbezahltem Haftkapital durch Bilanzvermerk ein Hinweis auf die abweichende Höhe der Pflichteinlage erfolgen muss oder nicht. Auch dieses Problem ist unabhängig von zusammengefasstem und getrenntem (nach Komplementär und Kommanditist) Eigenkapital-Ausweis der KG zu lösen. Die **Hafteinlage** bzw. deren Erbringung stellt somit kein zwingendes Erfordernis der Trennung der Eigenkapital-Ausweise (von Komplementären und Kommanditisten) dar.

Gibt es ein anderes Erfordernis, insbesondere vor dem Aspekt des **Gläubigerschutzes?** Ein solcher ist aus dem ökonomischen Sinngehalt des Eigenkapitalbegriffs abzuleiten. Er soll ja zuvorderst die dem Gläubiger der Gesellschaft verfügbare Haftmasse des betreffenden Unternehmens, d. h. der Gesellschaft, darstellen (Kapitalerhaltungsfunktion des Jahresabschlusses). Zumindest der Idee nach steht dieses Vermögen zur Befriedigung der Gläubiger zur Verfügung (bei allem Vorbehalt gegenüber solchen Überlegungen, die etwa ein Insolvenzverwalter am konkreten Fall durchexerzieren könnte). Anders als bei der Kapitalgesellschaft ist auch das Vermögen der persönlich haftenden Gesellschafter zusätzlich als Haftmasse verfügbar. So betrachtet stellt der **zusammengefasste Eigenkapitalausweis** der Personengesellschaft (inhaltlich vergleichbar mit demjenigen bei der Kapitalgesellschaft) eine Art **„*Worst-Case*-Szenario"** dar. Schlimmer kann es für den Gläubiger nicht kommen, er kann allenfalls besser gestellt werden durch das in der Gesellschaftsbilanz nicht ausgewiesene persönliche Vermögen der Komplementäre. Diese potenzielle Besserstellung des Gläubigers durch die Haftung der Komplementäre ist aber im Jahresabschluss der Gesellschaft unter gar keinen Umständen zu vermerken oder anderweitig kenntlich zu machen. Dem Gesellschafts-Gläubiger entsteht daher keinerlei Nachteil bzw. er erfährt keine Vereitelung seines Informationsbedürfnisses, wenn er das Eigenkapital der KG in zusammengefasster Form präsentiert bekommt. Interessiert sich der Gläubiger zusätzlich für die Bonität des persönlich haftenden Gesellschafters, muss er sich die Informationen außerhalb der Bilanz der Gesellschaft verschaffen.

3.8.6 Rechenschema zur Kontoführung der Gesellschafter im Zeitverlauf

Nach Maßgabe des Vorschlags zur Führung der Kapitalkonten unter → Rz. 163 ergibt sich folgendes Rechenschema:[1] 182

	Komplementär	Kommanditist	Σ
Geleistete Pflichteinlage (Festkapital)	500	500	1.000
Jahresüberschuss in 01	+100	+100	+200
EK per 31.12.01	600	600	1.200
Einstellung in Gewinnrücklage	10	10	20
Ausschüttung bzw. Darlehensgewährung an Gesellschaft	90	90	90

1 Nach *Hoffmann* in Beck'sches Handbuch der Personengesellschaften, 4. Aufl. 2014, § 5 Tz. 120.

EK nach Gewinnverwendung für 01 in 02	510	510	1.020
Jahresfehlbetrag in 02	-250	-250	-500
	Komplementär	Kommanditist	Σ
EK per 31.12.02	260	260	520
Entnahme aus Gewinnrücklage	10	10	20
Verlustvortrag	240	240	240
EK per 31.12.02 nach „Verwendung" der Gewinnrücklage	260	260	520
Jahresfehlbetrag 03	300	300	600
Verlustvortrag	540	540	1.080
Nicht durch EK gedeckter Fehlbetrag per 31.12.03	10	40	80
Jahresüberschuss in 04	200	200	400
Verlustvortrag	340	340	680
EK per 31.12.04	160	160	320
Jahresüberschuss in 05	400	400	800
EK per 31.12.05 vor Gewinnverwendung	560	560	1.120
Tilgung Verlustvortrag	340	340	680
Einstellung in Gewinnrücklage	6	6	12
Ausschüttung bzw. Darlehensgewährung an Gesellschaft	54	54	108
EK nach Gewinnverwendung für 05 in 06	506	506	1.012
	Komplementär	Kommanditist	Σ
Zusammensetzung EK nach Gewinnverwendung für 05			
- Festkapital	500	500	1.000
- Gewinnrücklage	6	6	12
	506	506	1.012

3.8.7 Gewinn- und Verlustrechnung

183 Auf → Rz. 190 wird verwiesen.

4. Formwechsel aus Kapitalgesellschaft in Personenhandelsgesellschaft

184 Hierzu wird auf die Kommentierung in → § 272 Rz. 115 verwiesen.

5. Einlage eines stillen Gesellschafters

185 Die stille Beteiligung kann aus Sicht des Inhabers (des Unternehmens; = Emittent) (→ § 238 Rz. 2) Eigen- oder Fremdkapital darstellen (→ Rz. 127). In beiden Fällen sollte die Kontoführung folgendermaßen vorgenommen werden:

- Die Einlage ist bei Zugang zum **Nennwert** anzusetzen.

- Gewinnanteile sind **nach** Feststellung des Jahresabschlusses auf ein Verbindlichkeitskonto (sonstige Verbindlichkeit) umzubuchen und bei Fälligkeit zulasten dieses Kontos auszuzahlen (→ § 255 Rz. 177).
- Soweit Gewinnanteile zur **Erhöhung** der Einlage verwendet werden sollen, ist die Umbuchung vom Verbindlichkeitskonto auf das Einlagekonto vorzunehmen.

6. Die Beteiligung an der Personenhandelsgesellschaft und der atypisch stillen Gesellschaft

Die Beteiligung an einer Personenhandelsgesellschaft stellt einen Vermögensgegenstand dar 186
und wird handelsbilanziell wie diejenige an einer Kapitalgesellschaft abgebildet.[1] Deshalb ist zu verweisen

- zum **Ausweis** auf → § 266 Rz. 50; → § 272 Rz. 35,
- zur **Bewertung** beim **Zugang** auf → § 255 Rz. 175,
- zur **Folgebewertung** auf → § 253 Rz. 203 ff.,
- zum **Gewinnbezugsrecht** auf → § 255 Rz. 176.

Steuerlich gilt dies aufgrund des Systems der **Mitunternehmerschaft** (→ Rz. 429 ff.) nicht. Die Beteiligung eines Gesellschafters – natürliche Person, Kapitalgesellschaft, Personengesellschaft – an einer gewerblich tätigen oder gewerblich geprägten Personen(handels)gesellschaft (→ Rz. 430) übt in der Steuerbilanz der Mitunternehmerschaft (z. B. Personenhandelsgesellschaft) **keine Wirkung** bzgl. der dortigen Gewinnermittlung und damit der Einkünfte des Mitunternehmers aus dieser Beteiligung aus.[2] Das gilt auch für den **atypisch still** Beteiligten an einem gewerblichen Unternehmen (anders bei typisch stiller Beteiligung; → § 255 Rz. 182). Eine **Bewertung** dieser Beteiligung für steuerliche Zwecke findet nicht statt.[3] Dies wird dem die Beteiligung innehabenden Gesellschafter durch die Gewinnfeststellung bei der Personengesellschaft, an der er beteiligt ist, abgenommen. Dort wird nach dem System der Gewinnermittlung durch Vermögensvergleich indirekt das Endvermögen der Gesellschaft zum Bilanzstichtag festgestellt und dem Gesellschafter entsprechend seiner Beteiligungsquote zugewiesen. Daraus abgeleitet wird von **„Spiegelbildmethode"** der Bilanzierung einer Personengesellschaftsbeteiligung gesprochen. Unerheblich für die Gewinnermittlung des Gesellschafters (der diese Beteiligung im Betriebsvermögen hält) ist der bei ihm gewählte Bilanzansatz. Dieser kann – überspitzt –, weil funktionslos, auch unterbleiben oder mit dem Handelsbilanzwert erfolgen – für die Ermittlung des steuerlichen Gewinnanteils ist er jedenfalls bedeutungslos („Merkposten").[4]

Deshalb kommt auch dem Zeitpunkt einer **Gewinnvereinnahmung** in der Handelsbilanz des Gesellschafters (→ § 255 Rz. 176) für dessen steuerliche Gewinnermittlung keine Bedeutung zu. Der Gewinnanteil wird bei der Beteiligungsgesellschaft für das betreffende Geschäftsjahr festgestellt. **Teilwertabschreibungen** auf den Beteiligungsansatz und auf Gesellschafterforderungen sind mit steuerlicher Wirkung nicht möglich. Vielmehr ist das Transparenzprinzip (→ Rz. 429) zu beachten, d. h., die „hinter der Beteiligung" stehenden Wirtschaftsgüter sind nach dem für sie geltenden Steuerrechtsregime (nach der Beteiligungsquote) zu behandeln.

1 IDW RS HFA 18 Tz. 2; *Bürkle/Knebel*, DB 1998 S. 1067.
2 BFH, Urteil v. 24.3.1999 – I R 114/97, BStBl 2000 II S. 399.
3 BFH, Urteil v. 30.4.2003 – I R 102/01, BStBl 2004 II S. 804.
4 Einzelheiten bei *Mayer*, DB 2003 S. 2034; a. A. *Ley*, KÖSDI 2016 S. 19806, unter Hinweis auf § 15a EStG.

Das gilt z. B. für Anteile an Kapitalgesellschaften nach dem Teileinkünfteverfahren oder beim Beteiligungserwerb für die Behandlung der (transparent) angeschafften Wirtschaftsgüter. Bei Beteiligung an einer sog. „Zebragesellschaft“[1] gilt dies für den gewerblichen Beteiligungsanteil.

VI. Aufwendungen und Erträge (Abs. 1 Satz 1 Halbsatz 1)

187 Das Vollständigkeitsgebot (→ Rz. 3) umfasst auch die GuV, die im Soll und Haben mit den Begriffen „Aufwendungen und Erträge“ charakterisiert wird. Deren Begriffsinhalt erschließt sich am ehesten durch den Blick auf § 252 Abs. 1 Nr. 5 HGB (→ § 252 Rz. 205) mit der kurzgefassten Aussage: Die kaufmännische Rechnungslegung ist nicht durch eine Gegenüberstellung von **(pagatorischen)** Ausgaben und Einnahmen durchzuführen, sondern durch deren **periodengerechte** Zuordnung. Zahlungszu- und -abflüsse mit ihrer Auswirkung auf die beim Unternehmen vorhandene Liquidität sind in einer *Cashflow*-Rechnung darzustellen, die allerdings (mit Ausnahme einer nichtkonzernierten kapitalmarktorientierten Kapitalgesellschaft) nur für den Konzernabschluss vorgesehen ist (→ § 297 Rz. 6).

188 Insgesamt schlägt sich in der GuV die **Wertänderung** des **Vermögens** (Eigenkapitals) des Kaufmanns bzw. der Gesellschaft nieder, soweit diese nicht ihrerseits auf Entnahmen bzw. Gewinnausschüttungen oder Einlagen beruhen. Im Gegensatz zum Steuerrecht, das gem. § 4 Abs. 1 Satz 1 EStG systematisch keine GuV benötigt, verlangt die handelsrechtliche Rechnungslegung in Übereinstimmung mit der kaufmännischen Übung eine aufgegliederte (→ § 275 Rz. 2) Darstellung der Erfolgsquellen. Die steuerlich erforderliche Unterscheidung zwischen **betrieblicher** und **privater** Veranlassung (Entnahmen) kann dabei weitestgehend auch in das Handelsrecht übernommen werden – wie das seit jeher in der Praxis geschieht.

189 Die rechnerischen **Zusammenhänge** zwischen Bilanz und GuV aufgrund der **Doppik**-Systematik bewirken wechselseitige Folgewirkungen.

BEISPIEL ▸ Die Finanzierungsentscheidung zwischen Miete oder kreditfinanziertem Kauf eines Lkw führt im erstgenannten Fall nur zur Berührung der GuV über die Kostenart „Fahrzeugmiete“. Im zweiten Fall wird in der Bilanz Anlagevermögen aktiviert und eine Bankschuld passiviert. In der GuV folgt daraus ein Abschreibungs- und Zinsaufwand.

190 Bei **Personenhandelsgesellschaften** (→ Rz. 137 ff.) schlägt sich die (häufig mangelnde) Trennung von gesellschaftsrechtlicher und schuldrechtlicher Veranlassung (→ Rz. 138) auch in der GuV nieder. Leistungsvergütungen der Gesellschaft an die Gesellschafter können beiden Rechtsquellen entspringen. Beispiele sind Zinsen für Kapitaleinlagen und Darlehen oder Tätigkeitsvergütungen. Bei Erbringung auf **schuld**rechtlicher Basis ist die GuV anzusprechen. Liegt demgegenüber der Vergütung eine **gesellschafts**rechtlich zu qualifizierende Veranlassung zugrunde, ist diese als Bestandteil der Gewinnverwendung zu behandeln und kürzt somit nicht das ausgewiesene Ergebnis (Jahresüberschuss). Da die beiden Rechtsgrundlagen regelmäßig frei austauschbar sind, können GuV von Personengesellschaften schon deswegen völlig unterschiedliche Ergebnisse bei gleichem wirtschaftlichen Gehalt ausweisen. Dieser ungereimte Befund sei vom Gesetzgeber bewusst in Kauf genommen worden.[2]

---

1 BFH, Urteil v. 26.4.2012 – IV R 44/09, BStBl 2013 II S. 142.

2 IDW RS HFA 7 Tz. 29. Diese Aussage beruht auf Interpretation, positiv ist sie dem Gesetz nicht zu entnehmen.

Aus Gründen der **Klarheit** (→ § 243 Rz. 18) sollte u. E. ein entsprechender Vermerk oder eine rechnerische Darstellung unterhalb oder innerhalb der GuV erfolgen. Erst recht ist ein Vermerk erforderlich, wenn zwischenperiodisch ein Wechsel zwischen beiden Rechtsgrundlagen erfolgt.

VII. Bilanzieller Zu- und Abgang, zeitliche Dimension

Ein Vermögensgegenstand im bilanzrechtlichen Sinn kann im Zeitverlauf bei der bilanzierenden Einheit **entstehen** durch 191

- Zugang von **außerhalb** des Buchungsbereichs der betreffenden Unternehmung, beispielsweise Einkauf von Rohmaterial oder einer Maschine oder Installation einer ERP-Softwareumgebung sowie
- unternehmens**interne** Transformationsprozesse (Produktion).

BEISPIELE **für unternehmensintern begründete Zugänge:**

- Aus Blechen, vorgefertigten Teilen (Getriebe), Einsatz von Robotern und menschlicher Arbeit entsteht ein Vermögensgegenstand „Personenkraftwagen".
- Aus dem Arbeitseinsatz eines Prüfungsteams unter Verwendung von Fachschrifttum und EDV-Systemen erstellt die Wirtschaftsprüfungsgesellschaft W den Vermögensgegenstand „Prüfungsergebnis", der sich körperlich aus dem Prüfungsbericht und dem Bestätigungsvermerk zusammensetzt.

Die beiden Vermögensgegenstände „Personenkraftwagen" und „Prüfungsergebnis" **verlassen** die Buchungssphäre des Unternehmens durch die Auslieferung an den Autohändler bzw. Auftraggeber (bilanzrechtlicher Abgang); an die Stelle dieser beiden Vermögensgegenstände tritt dann ein **anderer** in Form der „Kundenforderung". Der Abgang des Produktionsergebnisses oder (hier nicht dargestellt) der Handelsware ist regelmäßig mit einem **Realisationsvorgang** verbunden, wohingegen der Zugang und der Produktionsprozess ergebnisneutral vonstattengeht. Zur Umsatzrealisation wird auf die Kommentierung unter → § 252 Rz. 102 ff. verwiesen. Der Zu- und Abgang an den Unternehmensgrenzen vollzieht sich durch Übergang des wirtschaftlichen Eigentums (→ Rz. 221). Der rechtliche Eigentumsübergang spielt hier keine Rolle; dies erklärt sich insbesondere aus den Rechtsinstituten des Eigentumsvorbehalts bei entsprechenden Transaktionen.

Umgekehrt verhält es sich bei dem Zugang von **Schulden:** Hier ist regelmäßig (→ Rz. 203) der zivilrechtliche Gehalt zu beachten, also das Entstehen der schuldrechtlichen Verpflichtung und deren Erlöschung durch Erfüllung in deren verschiedenen Ausprägungen. Ausnahmsweise kann auch eine rechtlich **noch nicht entstandene** Schuld bilanzierbar sein, wenn das Entstehen absehbar und die Schuld bereits dem abgelaufenen Geschäftsjahr zuzuordnen ist oder umgekehrt eine am Bilanzstichtag rechtlich bestehende Schuld (noch) nicht bilanzierbar ist, z. B. eine Haftungsschuld (→ § 251 Rz. 8) oder eine Verbindlichkeit aus schwebendem Geschäft (→ Rz. 8). 192

Verbindlichkeiten im bilanzrechtlichen Sinn **erlöschen** regelmäßig durch die „Anwendung" der üblichen schuldrechtlichen Konstrukte: Erfüllung, Aufrechnung, Erlass, befreiende Schuldübernahme. In Sonderfällen kann eine Verbindlichkeit auch durch Anfechtung, Rücktritt, Kündigung oder Wandlung entfallen.[1] Auch auf öffentlich-rechtlicher Grundlage kann eine Schuld erlöschen, z. B. durch Verwaltungsakt. 193

1 Vgl. *ADS*, 6. Aufl., § 246 Tz. 126.

VIII. Sachliche (objektive) Zurechnung

1. Problemstellung ...

194 Die Bilanzierung von Vermögensgegenständen und Schulden, Aufwendungen und Erträgen setzt sowohl eine **personelle** als auch eine **sachliche** Zurechnung zum Bilanzierungssubjekt voraus. Zur **Unterscheidung** und zum **Zusammenwirken** beider Kriterien folgendes Beispiel:

BEISPIEL Einzelkaufmann E least zwei Cabrios. Restwertrisiko und Restwertchance liegen ausschließlich bei ihm. Die Fahrzeuge werden ohne Entgelt (beinahe) ausschließlich von seinen beiden nicht im Betrieb tätigen Kindern genutzt.

Unter dem personellen Aspekt kommt eine Bilanzierung der Fahrzeuge nur infrage, wenn E als wirtschaftlicher Eigentümer der geleasten Fahrzeuge anzusehen ist. Dies ist bei vollständiger Übernahme der Restwertrisiken und -chancen der Fall.

Aus sachlicher Sicht müssen die Fahrzeuge aber auch dem unternehmerischen Bereich zuzuordnen sein. Bei beinahe ausschließlich privater Nutzung ist diese Voraussetzung nicht erfüllt. Eine Bilanzierung der Fahrzeuge und der Leasingverbindlichkeit scheidet ebenso aus wie eine Erfassung der Aufwendungen (Abschreibungen, Zins etc.) in der GuV.

Die Frage der sachlichen Zurechnung stellt sich vor allem beim Einzelkaufmann (→ Rz. 195), zur **persönlichen** Zurechnung wird auf → Rz. 221 verwiesen.

2. ... beim Einzelkaufmann

2.1 Vermögensgegenstände

195 Der Einzelunternehmer hat nur **ein** Vermögen, das sowohl den zu bilanzierenden **unternehmerischen** als auch den bilanziell irrelevanten **privaten** Bereich umfasst. Die Abgrenzung beider Sphären ist Voraussetzung einer zutreffenden Bilanzierung und Erfolgsrechnung. Im Falle von Personenhandels- und Kapitalgesellschaften stellt sich das Problem nach h. M. und BFH-Rechtsprechung nicht (→ Rz. 217) oder nur in Sonderfällen (→ Rz. 219).

Die **Abgrenzung** beider Bereiche ist bei **nicht monetären** Vermögensgegenständen und Schulden vorrangig nach der tatsächlichen **Nutzung** vorzunehmen. Die Zuordnung ist dann unproblematisch, wenn der betreffende Vermögensgegenstand der Sache nach **ausschließlich** betrieblich genutzt werden kann (Beispiel: Abkantmaschine in einer Schlosserei) oder nur privaten Zwecken dient (Beispiel: Segeljacht). Daran ändert eine **geringfügige Mitbenutzung** im jeweils anderen Vermögensbereich des Einzelkaufmanns nichts.

BEISPIEL Der Schlosser im vorgenannten Beispiel ist aktives Mitglied des örtlichen Schützenvereins. Dieser baut durch vereinseigene Leistung einen Anbau an die Schießstation in Leichtmetallbauweise. Zur Fertigung der Bauteile stellt er seine Abkantmaschine am Samstag kostenlos zur Verfügung. Die Maschine bleibt betriebliches Vermögen.

ALTERNATIVE Der Versicherungsmakler V ist begeisterter Hochseesegler. Er hat einen Liegeplatz auf der Insel Poel. Jeweils am Feiertag Christi Himmelfahrt veranstaltet er den traditionellen „Unternehmertörn", der als Herrenparty mit örtlichen Unternehmern (darunter überwiegend Kunden) einen gewissen Bekanntheitsgrad in der Region erworben hat. Die Jacht gehört nicht zum betrieblichen Vermögen (→ Rz. 207).

196 In ertragsteuerlicher Terminologie handelt es sich in den beiden Beispielsfällen um notwendiges **Betriebs**- bzw. notwendiges **Privat**vermögen (→ Rz. 208). Dieser steuerlichen Sicht mag man nicht unbedingt nach Art einer umgekehrten Maßgeblichkeit Vorreiterfunktion für die

handelsrechtliche Bilanzierung zugestehen. Doch stellt sich die Frage nach einer besseren Analogiegrundlage, denn das **HGB schweigt** sich zu diesem Themenbereich aus. Das ist wegen der traditionellen steuerlich dominierten Bilanzierungspraxis in Deutschland auch verständlich. Solange kein besseres System gefunden wird, sollte man u. E. diese steuerliche Rechtsprechungstradition auch in die handelsrechtliche Bilanzierung übernehmen. Wenn also ein Kaufmann seiner Gemahlin ein Collier schenkt und erst nach dem Bilanzstichtag bezahlt, ist eine Passivierung nicht möglich. Die Schuld ist nicht betrieblich (Steuer) oder kaufmännisch (HGB) veranlasst.

Eine Anlehnung an die steuerlichen Kriterien ist auch bei **gemischter** Nutzung oder Zweckbestimmung sinnvoll. Analog den Regelungen zum **gewillkürten** Betriebsvermögen ist hier u. E. dem **äußerlich erkennbaren Willen** des Unternehmers zu folgen, der sich in einer entsprechenden buchmäßigen Behandlung objektivieren muss (→ Rz. 199), wobei dem im Steuerrecht vertretenen Überwiegensprinzip gefolgt werden kann. 197

Dies gilt umso mehr, als die Rechnungslegungs**praxis** den steuerlichen Vorgaben ohnehin folgt. Da als Haftungsmasse das gesamte Vermögen des Einzelunternehmers zur Verfügung steht, ist die Abgrenzung des unternehmerischen Vermögens unter handelsbilanziellen **Gläubigerschutz**aspekten von geringer Relevanz. Weil die Überführung von unternehmerischem Vermögen in die Privatsphäre durch Entnahmen überdies keinen gesetzlichen Beschränkungen unterliegt, besteht auch kein auf die Feststellung eines **ausschüttungsfähigen** Gewinns gerichteter Bilanzierungszweck. Unter Beachtung des Maßgeblichkeitsprinzips hat die Bilanzierung jedoch Bedeutung für die Besteuerung. Soweit daher die Zuordnung gemischter Vermögenswerte oder Schulden zur Unternehmens- oder Privatsphäre mit Blick auf die Steuerbilanz vorteilhaft oder nachteilig ist, prägt dies die handelsbilanzielle Entscheidung.

Bei **monetären** Vermögensgegenständen und Verbindlichkeiten ist zunächst auf den Grund ihrer Entstehung abzustellen. Eine aus Umsätzen entstandene Kundenforderung oder eine aus Wareneinkäufen entstandene Lieferantenverbindlichkeit ist danach notwendig dem unternehmerischen Bereich zuzuordnen. Ohne eindeutigen Veranlassungszusammenhang ist wiederum der **objektivierte Wille** des Unternehmers entscheidend. Ein Anwendungsfall hiervon ist etwa die Anlage liquider Mittel in Wertpapieren. 198

Aber auch in rechtsdogmatischer Betrachtung kann die Orientierung an einschlägiger BFH-Rechtsprechung zur Beurteilung eines konkreten Bilanzierungsfalls hilfreich sein. 199

BEISPIEL ▸ Ein unbebautes oder fremdvermietetes Mietwohngrundstück kann betriebsförderlich sein, z. B. weil im letztgenannten Fall Arbeitnehmer darin untergebracht werden können oder weil im ersten Fall die Kreditwürdigkeit des Unternehmens steigt.[1]

Bei einem unbebauten Grundstück kann je nach Betriebscharakteristik eine spätere Bebauung oder die Nutzung als Lagerplatz in Betracht kommen.

Liquiditätsreserven können in Geldmarktfonds angelegt werden, auch wenn diese am Bilanzstichtag gegenüber dem Einstandspreis im Wert gesunken sein sollten.[2]

Umgekehrt hat die Willkürung ihre sinnvolle Grenze, wenn der betreffende Vermögensgegenstand dem einzelkaufmännischen Unternehmen **nicht förderlich** sein kann. Die BFH-Rechtspre-

1 BFH, Urteil v. 30.4.1975 – I R 111/73, BStBl II S. 582; BFH, Urteil v. 7.4.1992 – VIII R 86/87, BStBl 1993 II S. 21; BFH, Urteil v. 24.7.1996 – X R 167/95, BStBl 1997 II S. 315.

2 BFH, Urteil v. 18.12.1996 – XI R 52/95, BStBl 1997 II S. 351; BFH, Urteil v. 19.2.1997 – XI R 1/96, BStBl II S. 399.

chung hat dies bei sog. betriebsschädlichen Wirtschaftsgütern angenommen, insbesondere bei verlustträchtigen Wertpapieren, Optionen u. Ä. (→ Rz. 207).[1]

Gerade diese BFH-Urteile sind – wie könnte es anders sein? – **steuerlich-fiskalisch** orientiert. Zu Recht soll sich nach diesen Entscheidungen ein Kaufmann für seine privaten oder als privat erachteten Geschäfte mit Verlusten nicht teilweise auf Kosten der Allgemeinheit sanieren können. Genauso stellt sich handelsrechtlich die Frage, ob eine Heiratsvermittlungsagentur Börsentermingeschäfte tätigen muss, die dann später zu Verlusten führen.[2]

Andererseits hat der BFH auch branchenfremde Devisentermingeschäfte als betriebszugehörig anerkannt (→ Rz. 207), allerdings auf die Ersichtlichkeit der **Widmung** (ex ante) zum Betriebsvermögen besonderen Wert gelegt.[3] Damit ist ein auch für handelsrechtliche Zwecke wesentlicher Aspekt verbunden: Der Kaufmann muss die Entscheidung über die Zuordnung zum Betriebsvermögen in zweifelhaften Fällen im Zugangszeitpunkt treffen und entsprechend dokumentieren, z. B. durch **Einbuchung** in der laufenden Finanzbuchführung (→ Rz. 207). Eine spätere Einbuchung etwa im Zuge der Abschlussarbeiten kommt in diesen Fällen zu Recht steuerlich nicht in Betracht; dem ist auch handelsrechtlich zu folgen (→ § 247 Rz. 34).

200 Bzgl. der Betriebsvermögenseigenschaft in steuerlicher Hinsicht gilt ein sog. **Unteilbarkeitsgrundsatz.** Das heißt, das betreffende Wirtschaftsgut ist entweder in vollem Umfang oder gar nicht dem Betriebsvermögen zuzuordnen. Dieser Gedanke kommt insbesondere bei dem Pkw zum Tragen, der gerade im einzelkaufmännischen Bereich regelmäßig zu betrieblichen und zu privaten Fahrten genutzt wird. Hier kommt bei einer Nutzungsquote zwischen 10 % und 50 % dem Willkürungsakt Bedeutung zu. Außerhalb dieser Grenze liegt entweder notwendiges Betriebs- oder Privatvermögen vor.[4] Auch dieser Vorgabe kann handelsrechtlich aus Praktikabilitätsgründen gefolgt werden.

201 Als „Aufteilungsobjekt“ bleibt noch das betrieblich genutzte **Grundstück** mit aufstehendem Gebäude. Dies wird je nach Nutzungsart steuerlich bzgl. der Zuordnung zum Betriebs- oder Privatvermögen „zerlegt“. Das für Wohnzwecke genutzte Obergeschoss des Kaufmanns stellt Privatvermögen dar, das im Erdgeschoss befindliche Ladengeschäft dagegen Betriebsvermögen. Zu Einzelheiten wird auf → § 266 Rz. 31 verwiesen.

Hier stellt sich wieder die – allenfalls theoretische – Frage, ob handelsrechtlich dieser „Atomisierung“ gefolgt werden kann. Theoretisch deswegen, weil die (handelsrechtliche) Bilanzierungspraxis dieser steuerlichen Vorgabe flächendeckend entspricht. Unseres Erachtens muss man dieser Auffassung sinnvollerweise folgen, solange keine schlagkräftigen Gegenargumente gefunden werden können.

202 Insgesamt kommen wir bzgl. der objektiven Zuordnung eines Vermögensgegenstands zum Bilanzierungsbereich des Einzelkaufmanns zu folgendem pragmatischen **Ergebnis:** Die einschlägige und umfangreiche **BFH-Rechtsprechung** und die damit ausgebreitete Rechtslage sind in weitem Umfang auch im **handelsrechtlichen Bilanzierungsbereich** willkommen; das handelsrechtliche Bilanzrad muss nicht neu erfunden werden. Will oder muss man davon abweichen,

---

1 BFH, Urteil v. 19.2.1997 – XI R 1/96, BStBl II S. 399; BFH, Urteil v. 11.10.1988 – VIII R 237/83, BFH/NV 1989 S. 305; BFH, Urteil v. 26.10.1999 – X B 40/99, BFH/NV 2000 S. 563; BFH, Urteil v. 11.7.1996 – IV R 67/95, BFH/NV 1997 S. 114.

2 Fall bei BFH, Urteil v. 19.2.1997 – XI R 1/96, BStBl II S. 399.

3 BFH, Urteil v. 20.4.1999 – VIII R 63/96, BStBl II S. 466.

4 BFH, Urteil v. 23.5.1991 – IV R 58/90, BStBl II S. 798.

bedarf es einer schlüssigen Gegenargumentation. Auch Analogieschlüsse für konkrete Sachverhalte aus dem Steuerbereich erscheinen uns zulässig, wenn nicht geboten.

2.2 Schulden

Ebenso wie bei monetären Vermögensgegenständen (→ Rz. 198) entscheidet bei Schulden vorrangig der **Veranlassungs-** bzw. **Entstehungs**zusammenhang über die Zuordnung zur privaten oder betrieblichen Sphäre. Entsprechend sind Verbindlichkeiten aus unternehmerisch bezogenen Waren zu bilanzieren. 203

Auch für Schulden kann in weiten Zügen der steuerlichen Vorspurung gefolgt werden: Ein vom Einzelkaufmann aufgenommener Bankkredit zur Finanzierung des Einfamilienhauses ist keine passivierungsfähige Schuld. Erfolgt die Finanzierung allerdings nach dem Modell der **steuerlichen Kontenführung,** erscheint die Übernahme der dortigen Vorgaben für handelsrechtliche Zwecke eher zweifelhaft. Allerdings wird die Bilanzierungspraxis von diesen Bedenken nicht von der Weiterführung auch in der Handelsbilanz abgeschreckt werden.

Zum Teil anders ist die Beurteilung, wenn objektiv die betriebliche Sphäre mit dem Vorgang verknüpft ist. 204

BEISPIEL Ludwig Müller Schraubenhandel seit 1883, Inhaber Peter Meier, nimmt zur Finanzierung seines standesgemäßen Einfamilienhaus-Neubaus eine Bankschuld auf. Diese ist auf dem neu gebauten Eigenheim und zusätzlich auf der betrieblich genutzten Lagerhalle an erster Rangstelle abgesichert.

Für die **Nichtbilanzierung** spricht der private Anlass der Kreditaufnahme, zumindest aus ertragsteuerlicher Sicht. Zum gleichen Ergebnis kommt man unter Heranziehung des Kaufmannbegriffs. Das private Wohnhaus hat mit der Kaufmannseigenschaft nichts zu tun (→ Rz. 203).

Für einen **Bilanzausweis** könnte die grundbuchmäßige Absicherung auf dem betrieblichen Grundstück sprechen. In der umgekehrten Konstellation – Verwendung des Einfamilienhauses zur Absicherung eines betrieblichen Kredits – hat allerdings der BFH die Behandlung des Wohnhauses als Betriebsvermögen abgelehnt.[1] Dabei bleibt die „Verhaftung" des betrieblichen Lagergrundstücks für private Schulden unberücksichtigt. Unseres Erachtens bietet sich als Lösung eine **analoge** Anwendung von § 251 HGB bzgl. „der Bestellung von Sicherheiten für fremde Verbindlichkeiten" an (→ § 251 Rz. 36), also ein Bilanzvermerk etwa in der Form: „Für Privatvermögen gegebene Sicherheiten".

Bei **gemischt** veranlassten Verbindlichkeiten ist u. E. **keine** rechnerische **Trennung** des einheitlichen Schuldverhältnisses vorzunehmen. Dieses ist gem. der Bilanzierungsentscheidung des Unternehmers **insgesamt** als unternehmerische oder private Schuld zu behandeln, es sei denn, die Trennung ist leicht und objektiv möglich. Die auf den jeweils anderen Teil entfallenden Einnahmen oder Ausgaben sind als Einlagen oder Entnahmen zu buchen. 205

„Gemischte" Schulden können auch aus der **Umsatzsteuer** entstehen.

BEISPIEL Einzelunternehmer U betreibt eine Hotelkette und verfügt im umsatzsteuerlichen „Privatvermögen" über eine Gewerbeimmobilie, die steuerpflichtig vermietet ist.

BEURTEILUNG Ist die umsatzsteuerliche Bedeutung der Vermietung der Gewerbeimmobilie im Verhältnis zum Hotel gering, die Umsatzsteuerschuld also beinahe ausschließlich Folge betrieblicher Ein- und Ausgangsleistungen, bestehen keine Bedenken gegen die Passivierung der Gesamtschuld.

---

1 BFH, Urteil v. 13.8.1964 – IV 304/63 S, BStBl III S. 502.

Fällt die Vermietung der Gewerbeimmobilie ins Gewicht, ist eine Trennung der Schuld in den privaten und betrieblichen Anteil geboten.

206 **Einkommensteuerschulden** des Einzelunternehmers sind stets privat geprägt. Eine Erfassung derselben mit dem betrieblich veranlassten Anteil in der GuV ist nach § 5 Abs. 5 Satz 2 PublG möglich.

207 Für den Fall der Personenhandelsgesellschaft wird auf das Beispiel unter → Rz. 217 und die dortige Beurteilung verwiesen. Zur Bilanzierung einer Schuld bei mehreren Schuldnern vgl. → Rz. 378.

2.3 Einzelheiten aus der Finanzrechtsprechung[1]

2.3.1 Die Dreiteilung der Betriebsvermögenseigenschaft

208 Traditionell verfolgt der BFH trotz gelegentlich intensiver Kritik die „Politik" der **Dreiteilung** der Betriebsvermögenseigenschaft nach

- notwendigem Betriebsvermögen,
- gewillkürtem Betriebsvermögen und
- notwendigem Privatvermögen.

Dieser Vorgabe ist die handelsrechtliche Bilanzierungspraxis weitgehend gefolgt. Man kann einmal mehr von einer Art **umgekehrter Maßgeblichkeit** sprechen. Auch nach deren förmlichen Aufhebung (→ § 252 Rz. 270 ff.) sollte an dieser steuerlichen Vorgabe festgehalten werden. Unseres Erachtens muss hier für die Handelsbilanz das Rad nicht neu erfunden werden. Deshalb kann auch die umfangreiche einschlägige BFH-Rechtsprechung in ihrer Kasuistik der handelsrechtlichen Bilanzierung als Maßstab gelten.

2.3.2 Notwendiges Betriebsvermögen

209 Zum notwendigen Betriebsvermögen gehören Wirtschaftsgüter, die vom Betrieb objektiv erkennbar zum **unmittelbaren Einsatz** bestimmt sind.[2] Dazu bedarf es einer Ausrichtung zur Verwendung im Betriebsvermögen, dabei sind – da „notwendig" – folgende Tatbestände im Sinne einer negativen Abgrenzung nicht beachtlich:

- Ausweis in der **Buchführung;**
- **Entscheidung** für die Nutzung als Betriebsvermögen bei objektiver Erkennbarkeit,[3] auch wenn die Nutzung im Augenblick noch nicht effektiv vorliegt, aber objektiv erkennbar geplant ist (bei noch unentschiedener Verwendungsabsicht kann nur gewillkürtes Betriebsvermögen vorliegen);[4]
- **Notwendigkeit** für den Betrieb, wozu das Finanzamt nicht befinden darf;[5]
- **wesentliche** Bedeutung;
- **Unentbehrlichkeit.**[6]

1 Vgl. zum Folgenden *Hoffmann* in Littmann/Bitz/Pust (Hrsg.), Das Einkommensteuerrecht, §§ 4, 5 Tz. 125 ff.
2 BFH, Urteil v. 15.7.1960 – VI 10/60 S, BStBl III S. 484; BFH, Urteil v. 21.7.1987 – VIII R 302/82, BFH/NV 1989 S. 304; BFH, Urteil v. 15.10.1981 – IV R 77/76, BStBl 1982 II S. 340; so auch R 4.2 Abs. 1 EStG 2008.
3 BFH, Urteil v. 6.12.1977 – VIII R 29/75, BStBl 1978 II S. 330.
4 BFH, Urteil v. 6.3.1991 – X R 57/88, BStBl II S. 829.
5 BFH, Urteil v. 6.3.1991 – X R 57/88, BStBl II S. 829.
6 BFH, Urteil v. 6.3.1991 – X R 57/88, BStBl II S. 829.

Bejaht hat der BFH die notwendige Betriebsvermögenseigenschaft u. a. in folgenden Urteilen:[1] 210

- **Nutzungsrecht** an einem **Ladenlokal,** das unter Hingabe (Tausch) von betrieblichem Grundbesitz erworben wurde;[2]
- aus einem **Tausch**verfahren hervorgegangene **Grundstücke;**[3]
- ein zur **Rettung** einer Forderung ersteigertes **Grundstück** (→ § 255 Rz. 104);[4]
- Darlehensgewährung zur **Rettung** einer betrieblichen Forderung;[5]
- **Arbeiter**wohnhaus;[6]
- **branchenübliche** Wertpapiergeschäfte eines Bankiers;[7]
- **Silberabfälle** eines Röntgenarztes;[8]
- **Fernsehgerät** eines Fernsehautors und Regisseurs in seiner Wohnung bei geringer privater Mitnutzung;[9]
- Darlehensgewährung eines Freiberuflers trotz **Standeswidrigkeit;**[10]
- Erwerb eines GmbH-Anteils als **Steuerberaterhonorar;**[11]
- **Pensionsverpflichtung** einer Personengesellschaft gegenüber ihrem Gesellschafter-Geschäftsführer;[12]
- Errichtung und Veräußerung eines **Baumarkts** durch einen Immobilienmakler;[13]
- Übernahme einer **Bürgschaft,** soweit betrieblich veranlasst;[14] ebenso Bürgschaft im Sonderbetriebsvermögen II (→ Rz. 436) der Besitzpersonengesellschaft (→ Rz. 392) im Rahmen einer Betriebsaufspaltung;[15]
- **Verpachtung** einer Arztpraxis im Gebäude mit Apotheke;[16]
- **Lebensversicherung** einer Personengesellschaft als Versicherungsnehmerin, wenn das durch die gezahlten Prämien aufgebaute Deckungskapital der Rückzahlung von Bankkrediten dient. Versicherungsnehmer muss die Gesellschaft (Mitunternehmerschaft) sein, versicherte Person insbesondere minderjährige Kinder des Mitunternehmers zur Minimierung des Risikoanteils der Prämie.[17] Zur Bilanzierung vgl. → § 255 Rz. 110;

1 Folgende Aufzählungen nach *Hoffmann* in Littmann/Bitz/Pust (Hrsg.), Das Einkommensteuerrecht, §§ 4, 5 Tz. 127 ff.
2 BFH, Urteil v. 9.8.1989 – X R 20/86, BStBl 1990 II S. 128.
3 BFH, Urteil v. 29.6.1995 – VIII R 2/94, BStBl 1996 II S. 60.
4 BFH, Urteil v. 11.11.1987 – I R 7/84, BStBl 1988 II S. 424.
5 BFH, Urteil v. 22.4.1980 – VIII R 236/77, BStBl II S. 571.
6 BFH, Urteil v. 14.4.1988 – IV R 160/84, BFH/NV 1989 S. 95; BFH, Urteil v. 1.12.1976 – I R 73/74, BStBl 1977 II S. 315.
7 BFH, Urteil v. 21.5.1976 – III R 10/74, BStBl II S. 588.
8 BFH, Urteil v. 18.9.1986 – IV R 50/86, BStBl II S. 907.
9 BFH, Beschluss v. 19.10.1970 – GrS 2/70, BStBl 1971 II S. 17.
10 BFH, Urteil v. 15.10.1981 – IV R 77/76, BStBl 1982 II S. 340.
11 BFH, Urteil v. 1.2.2001 – IV R 57/99, BStBl II S. 546.
12 BMF, *Schreiben* v. 29.1.2008 – IV B 2 – S 2176/07/0001, BStBl I S. 317, m. w. N. aus der BFH-Rechtsprechung.
13 BFH, Urteil v. 7.5.2008 – X R 49/04, BFH/NV 2008 S. 1385.
14 BFH, Urteil v. 10.4.1987 – III R 274/83, BFH/NV 1988 S. 22; BFH, Urteil v. 9.9.1986 – VIII R 159/85, BStBl 1987 II S. 257; so auch FG Münster v. 25.2.2011, BB 2011 S. 1200.
15 BFH, Urteil v. 18.12.2001 – VIII R 27/00, BStBl 2002 II S. 735.
16 FG Düsseldorf, Urteil v. 3.4.2001 – 3 K 6400/94 G, EFG 2001 S. 1055 rkr.
17 BFH, Urteil v. 3.3.2011 – IV R 45/08, BStBl II S. 552.

- Beteiligung und Forderung eines **Architekten** an Schweizer Bauträger-AG;[1]
- Beteiligung eines **Statikers** an Wohnungsbau-AG;[2]
- Beteiligung eines **Malermeisters** an einer Wohnungsbau-GmbH;[3]
- eigengewerblich genutztes **Patent;**[4]
- Beteiligung eines **Apothekers** an Einkaufsgenossenschaft;[5] anders für den Fall fehlender Vorteile im Warenbezug etc. gegenüber Nichtgenossen;[6]
- Beteiligung eines **Ingenieurs** an einer Technik-Beratungs-GmbH;[7]
- Beteiligung eines **Landwirts** an einer Absatzgenossenschaft;[8]
- Beteiligung eines **Arztes** an einer GmbH, die in Lizenzen von ihm entwickelte Medikamente vertreibt;[9]
- Beteiligung eines **Immobilienmaklers** an Bauträger GmbH;[10]
- Beteiligung eines **Einzelunternehmens** an einer GmbH, die ihm ihre Betriebsanlagen verpachtet (eine Art „umgekehrte Betriebsaufspaltung");[11]
- **Diensterfindungen.**

210a In einem umfassenden Überblick über die von der Rechtsprechung entwickelten Grundsätze zur **Betriebsvermögenseigenschaft von Beteiligungen** hält der BFH u. a. Folgendes fest:[12]

- Beteiligungen an einer Kapitalgesellschaft gehören dann zum notwendigen Betriebsvermögen eines Einzelunternehmens, wenn sie geeignet sind, die Geschäfte des Einzelunternehmens **entscheidend zu fördern.**
- Die **Unterhaltung von Geschäftsbeziehungen,** wie sie üblicherweise auch mit anderen Unternehmen bestehen, reicht hierzu ebenso wenig aus wie ein einmaliger Geschäftsvorfall.
- **Branchengleichheit oder Branchennähe** sind Indikatoren, aber keine zwingende Voraussetzung für ein Betriebsvermögen.[13]
- Entscheidend ist in Fällen der **Absatzförderung** der **Anteil der Umsätze** mit der Beteiligungsgesellschaft am Umsatz des Einzelunternehmens (nicht der Gewinnanteil). Auch bei einer 5 %-Beteiligung eines Malermeisters an einer Wohnungsbau-GmbH, von der der Maler 12,5 % seiner Aufträge erhielt, hat der BFH die Annahme von notwendigem Betriebsvermögen jedenfalls nicht für ausgeschlossen erachtet und als entscheidend angesehen, ob einerseits die GmbH auch andere Maler, die nicht an ihr beteiligt waren, mit Maleraufträgen bedacht hatte und andererseits der Steuerpflichtige weitere langjährige

1 BFH, Urteil v. 14.1.1982 – IV R 168/78, BStBl II S. 345.
2 BFH, Urteil v. 23.11.1978 – IV R 146/75, BStBl 1979 II S. 109.
3 BFH, Urteil v. 8.12.1993 – XI R 18/93, BStBl 1994 II S. 296; BFH, Urteil v. 20.9.1995 – X R 46/94, BFH/NV 1996 S. 393.
4 BFH, Urteil v. 11.9.1969 – IV R 160/67, BStBl 1970 II S. 317.
5 FG Köln, Urteil v. 6.11.1996 – 12 K 1448/95 rkr., EFG 1997 S. 597.
6 BFH, Urteil v. 4.2.1998 – XI R 45/97, BStBl II S. 301.
7 BFH, Urteil v. 11.3.1976 – IV R 185/71, BStBl II S. 380.
8 BFH, Urteil v. 20.3.1980 – IV R 22/77, BStBl II S. 439.
9 BFH, Urteil v. 26.4.2001 – IV R 14/00, BStBl II S. 798.
10 FG Münster v. 25.2.2011, BB 2011 S. 1200.
11 FG Schleswig-Holstein, Urteil v. 27.10.2005 – 3 K 50153/02 rkr., EFG 2006 S. 1352.
12 BFH, Urteil v. 15.1.2019 – X R 34/17.
13 Dazu auch BFH, Urteil v. 2.9.2008 – X R 32/05, BStBl 2009 II, S. 634.

Dauerkunden mit einem vergleichbar hohen Auftragsanteil hatte.[1] In dem den Rechtsprechungsüberblick liefernden Urteil selbst tätigt ein in Hausverwaltung und Bauträgergeschäft tätiger Einzelunternehmer 17 % seiner Umsätze mit der Beteiligungs-GmbH sowie Tochterunternehmen. Die vorinstanzliche Annahme, hier sei der GmbH-Anteil notwendiges Betriebsvermögen, hält der BFH für rechtsfehlerfrei.

- Ist eine Beteiligung notwendiges Betriebsvermögen, so teilen **an die Beteiligungsgesellschaft gewährte Darlehen** i. d. R. diese Eigenschaft.[2]

Nicht zur Bestimmung der Betriebsvermögenseigenschaft sind maßgeblich: 211

- die **Finanzierung,** also die Herkunft der zur Beschaffung des Wirtschaftsguts eingesetzten liquiden Mittel;[3]
- die **private** Verwendbarkeit;
- unangemessen hohe **Anschaffungskosten** (→ § 255 Rz. 88);
- **Beleihung** (durch Grundpfandrecht) eines Wirtschaftsguts;[4] typisches Beispiel: Verpfändung des eigengenutzten Wohnhauses für betriebliche Kredite.

Die **Branchennähe** eines Wirtschaftsguts führt nicht zwingend zu notwendigem Betriebsvermögen, allerdings bedarf es dann einer fundierten Darlegung durch den Steuerpflichtigen, warum die Betriebsvermögenseigenschaft nicht gegeben sein soll. Dazu folgende Beispiele:

- Wertpapierkäufe und -verkäufe eines Bankiers;[5]
- Baugrundstücke von „grundstücksnahen" Personengruppen;[6]
- Maklerprovisionen für den Erwerb von Wertpapieren.[7]

Abgelehnt oder **bezweifelt** haben der BFH und die Finanzgerichtsbarkeit die Betriebsvermögenseigenschaft in folgenden Fällen: 212

- Branchen**untypische Termin**- und **Optionsgeschäfte,** und zwar eines Einzelhändlers,[8] eines Ehe- und Partnervermittlers[9] und einer Textilhandels-KG;[10]
- **US-Treasury-Bonds** eines nebenberuflichen Anlageberaters;[11]
- **Beteiligung** eines Steuerberaters an einer **Autowaschstraßen**-GmbH;[12]
- unbebautes **Nachbargrundstück,** auch wenn dort ein Garten angelegt wird;[13]
- GmbH-**Beteiligung** eines Bildjournalisten;[14]
- verlustträchtige **Wertpapiere** (→ Rz. 199);

1 BFH, Urteil v. 8.12.1993 – XI R 18/93, BStBl 1994 II S. 296.
2 BFH, Urteil v. 15.1.2019 – X R 34/17.
3 BFH, Urteil v. 28.2.1996 – II R 92/93, BStBl II S. 348.
4 BFH, Urteil v. 13.8.1964 – IV 304/63 S, BStBl III S. 502.
5 BFH, Urteil v. 19.1.1977 – I R 10/74, BStBl II S. 287.
6 BFH, Urteil v. 23.1.1991 – X R 105-107/88, BStBl II S. 519; BFH, Urteil v. 11.6.1997 – XI R 71/96, BFH/NV 1997 S. 839.
7 BFH, Urteil v. 18.3.1982 – IV R 183/78, BStBl II S. 587.
8 BFH, Urteil v. 11.7.1996 – IV R 67/95, BFH/NV 1997 S. 114.
9 BFH, Urteil v. 19.2.1997 – XI R 1/96, BStBl II S. 399.
10 BFH, Urteil v. 20.4.1999 – VIII R 63/96, BStBl II S. 466.
11 FG Baden-Württemberg, Urteil v. 25.3.1998 – 14 K 172/94, EFG 1998 S. 1047.
12 BFH, Urteil v. 23.5.1985 – IV R 198/83, BStBl II S. 517.
13 BFH, Urteil v. 21.7.1987 – VIII R 302/82, BFH/NV 1989 S. 304.
14 BFH, Urteil v. 12.1.2010 – VIII R 34/07, BFH/NV 2010 S. 1166.

- **entwertete** Forderung;[1]
- **Gemälde;**[2]
- **Lotteriespiel;**[3]
- **Bürgschaft** von Freiberufler für berufsfremde Engagements;[4]
- **Barrengold** eines Gartenbauers;[5]
- **unbebaute** Grundstücke, wenn der Bebauungsplan eine betriebliche Nutzung verhindert;[6]
- **Betriebsaufspaltung** (→ Rz. 406 ff.);
- **Lebensversicherung,** soweit der Erlebens- oder Todesfall des (Mit-)Unternehmers oder seiner nahen Angehörigen versichert ist, auch wenn die Versicherung zur Besicherung oder Tilgung eines Bankkredits dient.[7] Vgl. aber „Lebensversicherung" unter → Rz. 210;
- die **Beteiligung** eines **Steuerberaters** an einer dem Steuerberatungsgewerbe fremden GmbH auch dann, wenn der Beteiligungserwerb zur Erringung des Steuerberatungsmandats erfolgt ist;[8]
- **Wertpapiere** eines Freiberuflers;[9]
- **Beteiligung** und **Darlehen** des Gesellschafters eines **Bankhauses** an GmbH, mit der die Bank Geschäftsbeziehungen unterhält;[10]
- **Grundstückskauf** zu überhöhtem Preis zur Betriebserweiterung, wobei der Bebauungsplan eine solche Nutzung nicht zulässt;[11]
- **Grundstück,** das baurechtlich nicht betrieblich genutzt werden kann;[12]
- Beteiligung eines Rechtsanwalts an einer **IT-AG.**[13]

2.3.3 Notwendiges Privatvermögen

213 Einschlägige Wirtschaftsgüter dienen aus steuerlicher Sicht der Lebensführung und können unter keiner denkbaren Begründung dem Betrieb dienen oder ihn fördern (→ Rz. 196).

BEISPIELE

- Kleidung und Hausrat;
- das eigengenutzte Einfamilien- oder Wochenendhaus;
- das Segelboot, auch wenn es von Betriebsangehörigen genutzt werden kann (→ Rz. 195);[14]

---

1 BFH, Urteil v. 27.3.1974 – I R 44/73, BStBl II S. 488; BFH, Urteil v. 22.5.1975 – IV R 193/71, BStBl II S. 804.
2 BFH, Urteil v. 25.2.1982 – IV R 25/78, BStBl II S. 461.
3 BFH, Urteil v. 16.9.1970 – I R 133/68, BStBl II S. 865.
4 BFH, Urteil v. 27.6.1996 – IV B 101/95, BFH/NV 1997 S. 99.
5 BFH, Urteil v. 18.12.1996 – XI R 52/95, BStBl 1997 II S. 351, mit Anm. *Wendt*, FR 1997 S. 337.
6 FG Münster, Urteil v. 30.1.1998 – 11 K 2390/96 E, G, U, EW, EFG 1998 S. 997.
7 BFH, Urteil v. 10.4.1990 – VIII R 63/88, BStBl II S. 1017; BFH, Urteil v. 14.3.1996 – IV R 14/95, BStBl 1997 II S. 343.
8 BFH, Urteil v. 22.1.1981 – IV R 107/77, BStBl II S. 564.
9 BFH, Urteil v. 10.6.1998 – IV B 54/97, BFH/NV 1998 S. 1477; BFH, Urteil v. 15.12.1999 – XI R 11/99, BFH/NV 2000 S. 708; BFH, Urteil v. 8.2.2011 – VIII R 18/09, StuB 2011 S. 722.
10 BFH, Urteil v. 31.1.1991 – IV R 2/90, BStBl II S. 786.
11 FG Münster v. 16.12.2010, BB 2011 S. 1202; NZB beim BFH unter III B 23/11.
12 FG Münster, Urteil v. 16.12.2010,EFG 2011 S. 1143, NZB beim BFH unter II B 23/11.
13 BFH, Urteil v. 26.1.2011 – VIII R 19/08, StuB 2011 S. 552.
14 BFH, Beschluss v. 14.4.2000 – X B 118/99, BFH/NV 2000 S. 1333.

- ein verwandtschaftsbegründetes Darlehen;[1]
- Einkommensteuer-Erstattungsansprüche, auch wenn diese zur Stärkung des Betriebsvermögens bestimmt sind;[2]
- die Rückdeckungsversicherung für die Pensionszusage an den Gesellschafter-Geschäftsführer einer Personengesellschaft.[3]

2.3.4 Gewillkürtes Betriebsvermögen

Trotz der rechtssystematischen „Anfechtungen"[4] führt der BFH diese dritte Kategorie des Betriebsvermögens in seiner Rechtsprechung weiter. Dabei geht es i. d. R. um folgende Bereiche: 214

- Wirtschaftsgüter, die einen gewissen **objektiven** Zusammenhang mit dem Betrieb aufweisen, allerdings ohne **zwingenden** Charakter;
- vermeintlich oder wirklich **betriebsschädliche** (verlustbringende) Wirtschaftsgüter (→ Rz. 199).

Eine Willkürung von Wirtschaftsgütern als Betriebsvermögen kann also nur bei objektiv vorliegender betrieblicher **Förderung** erfolgen. Diese Voraussetzung muss der Betriebsinhaber darlegen.[5]

BEISPIELE

- Ein unbebautes oder fremd vermietetes Mietwohngrundstück kann betriebsförderlich sein, und zwar deshalb, weil mit ihm u.U. die **Kreditwürdigkeit** des Unternehmens steigt;[6] anders bei vollständiger Fremdfinanzierung.[7]
- **Liquiditätsreserven** und leicht liquidierbare Wertpapiere sind betriebsförderlich.[8]
- Andererseits soll ein fremdfinanziertes Mietwohngrundstück keine Willkürung als Betriebsvermögen erlauben, wenn es **100 km vom Betrieb** (einer Gaststätte) **entfernt** liegt.[9]
- Die **Finanzierung** mit betrieblichen Mitteln kann als Beweisanzeichen für die Willkürung des damit beschafften Wirtschaftsguts dienen.

Die Willkürung muss als entscheidendes Indiz durch eine eindeutige und nach außen erkennbare **Willenserklärung** erfolgen. Regelmäßig geschieht dies oder sollte dies geschehen durch eine zeitnahe zum Geschäftsvorfall erfolgende Aufnahme des betreffenden Wirtschaftsguts in die Buchführung (→ Rz. 199)[10] einschließlich der zugehörigen Aufwendungen und Erträge. Eine Einbuchung im Zuge der **Abschlussarbeiten** kommt jedenfalls bei branchenuntypischen Geschäften zu spät.[11] Andererseits hat die vorläufige Buchung einer Buchstelle (**sog.** Fernbuch-

1 BFH, Urteil v. 22.12.1955 – IV 537/54 U, BStBl 1956 III S. 65.
2 BFH, Urteil v. 22.7.1966 – VI 12/65, BStBl III S. 542.
3 BFH, Urteil v. 28.6.2001 – IV R 41/00, BStBl 2002 II S. 724.
4 Vgl. zu Einzelheiten *Hoffmann* in Littmann/Bitz/Pust (Hrsg.), Das Einkommensteuerrecht, §§ 4, 5 Tz. 110 ff.
5 BFH, Urteil v. 24.2.2000 – IV R 6/99, BStBl II S. 297.
6 BFH, Urteil v. 30.4.1975 – I R 111/73, BStBl II S. 582; FG Nürnberg, Urteil v. 20.4.1988 – V 301/82, rkr., EFG 1988 S. 508; BFH, Urteil v. 7.4.1992 – VIII R 86/87, BStBl 1993 II S. 21; BFH, Urteil v. 24.7.1996 – X R 167/95, BStBl 1997 II S. 315.
7 FG Hamburg, Urteil v. 15.6.2001 – 2 K 267/04, EFG 2006 S. 1652.
8 BFH, Urteil v. 18.12.1996 – XI R 52/95, BStBl 1997 II S. 351; BFH, Urteil v. 19.2.1997 – XI R 1/96, BStBl II S. 399.
9 BFH, Urteil v. 31.5.2001 – IV B 101/00, n.v.
10 BFH, Urteil v. 18.11.1971 – IV R 132/66, BStBl 1972 II S. 277; BFH, Urteil v. 19.3.1981 – IV R 39/78, BStBl II S. 731; BFH, Urteil v. 23.10.1990 – VIII R 142/85, BStBl 1991 II S. 401; BFH, Urteil v. 20.4.1999 – VIII R 63/96, BStBl II S. 466; BFH, Urteil v. 5.3.2002 – IV B 22/01, BStBl II S. 690.
11 BFH, Urteil v. 11.7.1996 – IV R 67/95, BFH/NV 1997 S. 114.

führung) keine präjudizielle Wirkung, wenn diese Buchung ohne Wissen des Steuerpflichtigen erfolgt ist.[1]

Auf eine solche eindeutige **Willensäußerung** ist es in folgenden Urteilen entscheidend angekommen:

- **Darlehensgewährung** bei späterem Ausfall;[2]
- ein in vollem Umfang bilanziertes **Grundstück,** bei dem die zugehörigen Einnahmen und Ausgaben teilweise nicht verbucht worden sind, kann mit diesem entsprechenden Anteil nicht gewillkürtes Betriebsvermögen werden;[3]
- die Buchung einer **Unfallversicherung** als Betriebsausgabe führt zur Betriebsvermögenseigenschaft des Versicherungsvertrags mit der Folge, dass eine Versicherungsentschädigung als Betriebseinnahme gilt;[4]
- das in die Gesamthandsbilanz einer Personengesellschaft aufgenommene Grundstück **(Vorratsgelände)** im Eigentum eines Gesellschafters (also Sonderbetriebsvermögen, → Rz. 435) kann durch den (sachlich falschen) Bilanzausweis (richtig im Sonderbetriebsvermögen) die Willkürung erfahren;[5]
- die Eintragung von **Wertpapierkäufen** in die letzte Spalte des Amerikanischen Journals reicht zur Willkürung nicht aus;[6]
- die **Verpfändung** einer privaten Forderung für betriebliche Zwecke kann als Einlagehandlung gewertet werden;[7]
- ein unbebautes und ungenutztes **Grundstück** eines Tiefbauunternehmers wird durch langjährigen Bilanzausweis gewillkürt;[8] ähnlich im Sonderfall einer Personengesellschaft;[9]
- ein an einen Arbeitnehmer, später an den als Arbeitnehmer tätigen Sohn vermietetes **Mietwohngrundstück** bleibt durch weitergeführte Aufnahme in der Bilanz Betriebsvermögen;[10]
- strenge Anforderungen sind an die Ersichtlichkeit des Widmungsakts bei Devisentermingeschäften zu stellen;[11] hier kann „Betriebsschädlichkeit" vorliegen (→ Rz. 199);
- **Vorratsgrundstück;**[12]
- zur **Betriebserweiterung** erworbenes Grundstück kann gewillkürt werden;[13]
- in Lizenz vergebenes **Patent.**[14]

---

1 BFH, Urteil v. 27.3.1968 – I 154/65, BStBl II S. 522.
2 BFH, Urteil v. 10.2.1994 – IV R 37/92, BStBl II S. 564.
3 BFH, Urteil v. 17.11.1960 – IV 102/59 U, BStBl 1961 III S. 53.
4 BFH, Urteil v. 7.10.1971 – IV R 181/66, BStBl 1972 II S. 271.
5 BFH, Urteil v. 19.3.1981 – IV R 39/78, BStBl II S. 731.
6 BFH, Urteil v. 22.9.1993 – X R 37/91, BStBl 1994 II S. 172.
7 BFH, Urteil v. 10.12.1964 – IV 167/64 U, BStBl 1965 II S. 377.
8 BFH, Urteil v. 30.4.1975 – I R 111/73, BStBl II S. 582.
9 BFH, Urteil v. 21.10.1976 – IV R 71/73, BStBl 1977 II S. 150.
10 BFH, Urteil v. 11.10.1979 – IV R 125/76, BStBl 1980 II S. 40.
11 BFH, Urteil v. 20.4.1999 – VIII R 63/96, BStBl II S. 466.
12 BFH, Urteil v. 19.3.1981 – IV R 39/78, BStBl II S. 731.
13 BFH, Urteil v. 15.4.1981 – IV R 129/78, BStBl II S. 618.
14 BFH, Urteil v. 11.9.1969 – IV R 160/67, BStBl 1970 II S. 317.

Speziell als **„widmungsfeindlich"** – also notwendiges Privatvermögen (→ Rz. 207) – hat die Finanzrechtsprechung folgende Fälle zu sog. betriebsschädlichen Wirtschaftsgütern (→ Rz. 199) entschieden: 215

- verlustträchtige **Wertpapiere,** Optionen u. Ä.;[1]
- **GmbH**-Anteil;[2]
- **GmbH**-Anteil eines Rechtsanwalts;[3]
- **Gemäldesammlung;**[4]
- Darlehenshingabe an **nahestehende** Unternehmung/Person;[5]
- **wertlose** Darlehensforderung;[6]
- **wesensfremde** Beteiligung an Kapitalgesellschaft;[7]
- **Bürgschaftsübernahme** bei drohender Inanspruchnahme;[8]
- 100%ig **fremdfinanziertes** Gebäude als Vermietungsobjekt ohne Bezug zum Unternehmensgegenstand.[9]

2.3.5 Weitere Kategorien von Betriebsvermögen

Mitunter erscheint in der BFH-Rechtsprechung auch eine Sonderkategorie des Betriebsvermögens in Form eines **„geduldeten".** Der Ursprung dieser Kategorie hat nach neuer Rechtsentwicklung keine Bedeutung mehr, bleibt in der BFH-Rechtsprechung einstweilen noch erhalten.[10] Regelmäßig geht es um die **Nutzungsänderung** bei Grundstücken. 216

BEISPIEL[11] ► Eine Werbeagentur hatte eine Etage in einer gemischt nutzbaren Immobilie bislang für Büroräume verwendet (notwendiges Betriebsvermögen), sie verlegt dann ihren Tätigkeitsort in eine größere Büroeinheit und vermietet die bisher genutzte Etage für fremde Wohnzwecke. Die Fremdvermietung würde an sich keine Betriebsvermögenseigenschaft begründen, doch kann diese nunmehrige Mietwohnung weiterhin als Betriebsvermögen bilanziert werden.

Dazu gibt es noch im Rahmen der Betriebsverpachtung sog. **„ruhendes"** Betriebsvermögen (→ Rz. 419).

3. ... bei Personenhandelsgesellschaften

Steuerlich gilt hier die unter → Rz. 196 f. dargestellte Differenzierung nach den drei Vermögensarten nur eingeschränkt: Im **Gesamthandsbereich** soll es nur **notwendiges** Betriebs- oder Privatvermögen geben (→ Rz. 433), dagegen im **Sonder**betriebsvermögen (→ Rz. 436) 217

1 BFH, Urteil v. 19.2.1997 – XI R 1/96, BStBl II S. 399; BFH, Urteil v. 11.10.1988 – VIII R 237/83, BFH/NV 1989 S. 305; BFH, Urteil v. 12.7.2000 – II R 31/99, BStBl II S. 563; BFH, Urteil v. 11.7.1996 – IV R 67/95, BFH/NV 1997 S. 114.

2 FG Rheinland-Pfalz, Urteil v. 25.9.1990 – 2 K 251/88, rkr., EFG 1991 S. 306.

3 FG München, Urteil v. 29.3.2006 – 10 K 3073/04, rkr., EFG 2006 S. 1326.

4 BFH, Urteil v. 25.2.1982 – IV R 25/78, BStBl II S. 461.

5 BFH, Urteil v. 19.7.1984 – IV R 207/83, BStBl 1985 II S. 6; BFH, Urteil v. 7.5.1987 – IV R 73/85, BFH/NV 1987 S. 765.

6 BFH, Urteil v. 22.5.1975 – IV R 193/71, BStBl II S. 804; BFH, Urteil v. 27.3.1974 – I R 44/73, BStBl 1974 II S. 488.

7 BFH, Urteil v. 23.5.1985 – IV R 198/83, BStBl II S. 517.

8 BFH, Urteil v. 19.12.1969 – III R 96/67, BStBl 1970 II S. 293; BFH, Urteil v. 2.6.1976 – I R 136/74, BStBl II S. 668; BFH, Urteil v. 11.10.1988 – VIII R 237/83, BFH/NV 1989 S. 305.

9 FG Hamburg, Urteil v. 15.6.2001 – 2 K 267/04, EFG 2006 S. 1652.

10 Vgl. im Einzelnen *Wendt*, FR 2005 S. 686.

11 In Anlehnung an BFH, Urteil v. 10.11.2004 – XI R 31/03, BFH/NV 2005 S. 605.

auch **gewillkürtes.** Ein privates Einfamilienhaus kann deshalb steuerlich kein Betriebsvermögen einer mitunternehmerischen Personengesellschaft darstellen. Anders soll sich die Rechtslage nach Auffassung des IDW RS HFA 7 Tz. 10 für die **Handels**bilanz darstellen: Gesamthandsvermögen ist stets in die Handelsbilanz der Personenhandelsgesellschaft aufzunehmen. Unseres Erachtens ist diese Vorgabe nicht zweifelsfrei, denn dadurch wird unpassend die betriebliche Sphäre der Gesellschaft mit der privaten der Gesellschafter vermischt. Steuerliches Sonderbetriebsvermögen (→ Rz. 436) darf unstrittig nicht in die Handelsbilanz aufgenommen werden (→ Rz. 435).

BEISPIEL ▸ A und B sind Eheleute und an der Produktions-OHG zu je 50 % beteiligt. Die OHG erstellt auf einem ihr gehörenden Grundstück eine Villa als privates Wohngrundstück zur Nutzung durch A und B. Die Finanzierung erfolgt durch ein auf diesem Grundstück hypothekarisch gesichertes Darlehen der Hausbank. Entsprechend werden die Zinsen als Aufwand der OHG ausgewiesen, ebenso die Unterhaltskosten für die Villa. Aus dieser entstehen der OHG keine Erträge, die nur durch Einbuchung eines Mietwerts fingiert werden können.

Vgl. auch das Beispiel unter → § 264c Rz. 47.

218 Den Vermögensausweis der Villa im Beispiel unter → Rz. 217 in der Bilanz der OHG kann man mit einem Analogieschluss zur Kapitalgesellschaft, die zumindest nach BFH-Rechtsprechung keine Privatsphäre haben kann, als zutreffend erachten (→ Rz. 220). Auch bzgl. des **Gläubigerschutz**gedankens für die Bilanzierung bestehen keine Bedenken, denn Interessen der Gläubiger werden durch den Bilanzausweis der beiden genannten Posten nicht beeinträchtigt; bei der OHG ergeben sich ohnehin die Möglichkeiten des Zugriffs auf das Vermögen der persönlich haftenden Gesellschafter.

Anders lautet die Würdigung des Sachverhalts im Hinblick auf den Einblick in die **Vermögens**- und **Ertrags**lage der Gesellschaft. Beide werden durch die Aufnahme der beiden Posten in die Bilanz mit dem Folgeeffekt für die GuV unzutreffend dargestellt, was u. U. im Einzelfall im Hinblick auf Wesentlichkeitsgesichtspunkte auch wiederum vernachlässigt werden kann. Deshalb kann u. E. eine Behandlung der Gebäudeherstellungskosten als eine (verdeckte) Entnahme in Betracht kommen. Dann darf allerdings die Hypothekenschuld zur Vermeidung eines völlig „schiefen" Bilanzbilds nicht passiviert werden.

219 Zum Gesamthandsvermögen einer Personengesellschaft kann auch eine Darlehensforderung gegenüber einem Gesellschafter gehören. Steuerbilanziell kann diese Forderung nur dann Berücksichtigung finden, wenn sie betrieblich veranlasst ist. Fehlt es daran, ist die Darlehensvergabe als Entnahme zu behandeln, die allen Gesellschaftern anteilig unter Minderung ihrer Kapitalkonten zuzurechnen ist. Die Beurteilung der betrieblichen Veranlassung verlangt eine Gesamtwürdigung, bei der dem Fremdvergleich (etwa fehlende Besicherung) lediglich indizielle Bedeutung zukommt.[1]

4. ... bei Kapitalgesellschaften

220 Aus handelsrechtlicher Sicht wird die Aufnahme aller Vermögensgegenstände und Schulden im rechtlichen oder wirtschaftlichen Eigentum der Gesellschaft kaum problematisiert. Auch dies ist u. E. nicht immer zwingend, wenn man den Sachverhalt im Beispiel unter → Rz. 217 für das Wohnhaus der Gesellschafter auf die Sphäre der Kapitalgesellschaft überträgt. Steuerlich

1 BFH, Urteil v. 16.10.2014 IV R 15/1, DStR 2015 S. 220 Nr. 5.

wird das Problem nach der BFH-Rechtsprechung durch die Verneinung einer nicht betrieblichen Sphäre der Kapitalgesellschaft gelöst und das steuerliche Interesse durch das Rechtsinstitut der verdeckten Gewinnausschüttung gewahrt. Es gibt allerdings auch beachtliche Argumente gegen diese Rechtsprechung des BFH: Die Kapitalgesellschaft habe durchaus eine nicht betriebliche Sphäre, exemplifiziert an den beiden BFH-Urteilen zur vom Gesellschafter fast ausschließlich selbst genutzten Segeljacht im rechtlichen Eigentum einer GmbH.[1]

IX. Persönliche Zurechnung, wirtschaftliches Eigentum (Abs. 1 Satz 2)

1. Wirtschaftliche Betrachtungsweise, *substance over form*

1.1 Definitionselemente des wirtschaftlichen Eigentums

1.1.1 Rechtliches vs. wirtschaftliches Eigentum

Der bilanzierende Kaufmann hat nach § 242 Abs. 1 HGB bei der Bilanzierung „sein" Vermögen 221 und „**seine**" Schulden (→ § 242 Rz. 13) zu berücksichtigen. Negativ formuliert ist „Vermögen" nicht identisch mit dem **rechtlichen** Eigentum. Dieses ist **weder** notwendige **noch** hinreichende Bedingung zur Bildung eines bilanzrechtlichen „Vermögens".[2] Zur Aufnahme in die Bilanz als Vermögensgegenstand bedarf es vielmehr einer besonderen Qualität, die gemeinhin mit „**wirtschaftlichem** Eigentum" umschrieben wird und sich auf § 39 Abs. 2 Nr. 1 AO stützen kann. Das rechtliche Eigentum mag ein Indiz für die Berechtigung zur Aufnahme in das Betriebsvermögen (Bilanz) liefern, mehr aber nicht. Rechtliches und wirtschaftliches Eigentum schließen sich inhaltlich nicht aus; bei Divergenz entscheidet das wirtschaftliche Eigentum über die bilanzielle Zurechnung. Oder: Zur bilanziellen Zurechnung ist das wirtschaftliche Eigentum notwendige und hinreichende Voraussetzung.[3]

Auf der Aktivseite der Bilanz erscheinen häufig Vermögensgegenstände, die gerade **nicht** im **rechtlichen Eigentum** der bilanzierenden Einheit stehen oder durch Pfandrechte der freien rechtlichen Verfügungsmöglichkeit des Eigentümers entzogen sind. Dieser Befund ist in der Praxis umso eher anzutreffen, je schwieriger sich das wirtschaftliche Umfeld für das betreffende Unternehmen darstellt. Daraus erklärt sich die regelmäßige Feststellung im Rahmen einer Insolvenz: Die in der letzten vorliegenden Bilanz ausgewiesenen Vermögensgegenstände stehen der Masse praktisch nicht zur Verfügung.

BEISPIEL ▸ Vorratsvermögen und bewegliche Anlagegüter sind sicherungsübereignet oder unter Eigentumsvorbehalt geliefert, Forderungen zur Sicherheit abgetreten, Wertpapierbestände und Grundstücke verpfändet (→ Rz. 269).

Aber auch bei einem solide – allerdings mit Bankkrediten – wirtschaftenden Unternehmen steht wegen des Sicherheitsbedürfnisses der Banken und anderen Gläubiger ein bedeutender Teil des Aktivvermögens u.U. nicht im (rechtlichen) Eigentum des Unternehmens oder wie

1 BFH, Urteil v. 4.12.1996 – I R 54/95, DStR 1997 S. 492, sowie BFH, Urteil v. 7.2.2007 – I R 27-29/05, DB 2007 S. 1117.

2 So zur Bestimmung des wirtschaftlichen Eigentums im Rahmen der Gewinnermittlung nach § 17 EStG *Heuermann*, DB 2011 S. 556; u. E. unmittelbar auch auf die handels- und steuerrechtliche Bilanzierung anwendbar.

3 BFH, Urteil v. 22.7.2008 – IX R 61/05, BFH/NV 2008 S. 2004, zu einem Gesellschaftsanteil i. S. des § 17 EStG, u. E. generell zur Bilanzierung so gültig.

Grundbesitz, der durch Grundpfandrechte der freien Verfügungsgewalt des Unternehmens entzogen ist.

222 Die der sog. *Seeliger*-Formel des Steuerrechts (→ Rz. 223) entnommene Zurechnungsregel in Abs. 1 Satz 2 ist deshalb wenig glücklich und eher missverständlich konstruiert. Dieser Befund bezieht sich zunächst auf das Zurechnungssubjekt, das hier als **Eigentümer** bezeichnet wird, obwohl die Bilanzierungspflicht nach § 242 Abs. 1 HGB (→ § 242 Rz. 4) den **Kaufmann** trifft (unter Bezugnahme auf die Buchführungspflicht nach § 238 Abs. 1 HGB als Vorstufe der Bilanzierung).

Hochgradig missverständlich ist allerdings die (sprachlich) dem (rechtlichen) Eigentümer zukommende Präferenz bei der persönlichen Zurechnung des Vermögensgegenstands. Dieser **„Regel"** in Abs. 1 Satz 2 Halbsatz 1 wird in Halbsatz 2 die (scheinbare) **Ausnahme** gegenübergestellt. Die Logik ist gerade umgekehrt: Die bilanzielle Zurechnung des Vermögensgegenstands richtet sich **ausschließlich** nach dem sog. wirtschaftlichen Eigentum (→ Rz. 223). Dabei sind beide „Varianten" des (bilanzrechtlichen) Eigentums nicht als sich ausschließendes Gegensatzpaar zu verstehen. Das (rechtliche) Eigentum kann mit dem wirtschaftlichen **übereinstimmen.** Wenn sich indes über dem (rechtlichen) Eigentum weitere schuldrechtliche Strukturen angesiedelt haben (→ Rz. 223 ff.), kommt dem sachenrechtlichen Titel bzgl. der bilanziellen Zurechnung keine Bedeutung zu.

Ähnliche Überlegungen gelten für den **Wechsel** der Zurechnung durch intersubjektive **Übertragungsgeschäfte** von Vermögensgegenständen, die sich weitgehend unabhängig vom Übergang des (rechtlichen) Eigentums vollziehen (→ Rz. 237).

Zur spiegelbildlichen Sicht für **Schuld**verhältnisse vgl. → Rz. 378 f.

223 In **vielfältigen** Konstellationen – bei Kauf unter Eigentumsvorbehalt (→ Rz. 270), noch ausstehender Grundbucheintragung eines Immobilienkaufs (→ Rz. 233), Sicherungsübereignung (→ Rz. 221), Treuhandschaft (→ Rz. 274) oder *finance lease* (→ Rz. 235) etc. – erfolgt die Zurechnung eines Vermögensgegenstands nicht beim rechtlichen, sondern beim (sog.) **wirtschaftlichen** Eigentümer.

Der wirtschaftliche Eigentümer hat

- entweder in Form eines Anwartschaftsrechts eine dingliche **gesicherte** Rechtsposition (Auflassungsvormerkung, Erledigung des Eigentumsvorbehalt durch Zahlung) oder
- eine **rechtlich geschützte** Erwerbsposition oder
- einen schuldrechtlichen **Rückübertragungsanspruch** (Sicherungsübereignung, Treuhand) oder
- schuldrechtlich die **Verfügungsmacht** über einen Gegenstand[1] für die gewöhnliche Nutzungsdauer (z. B. beim *finance lease*).

Der rechtliche Eigentümer kann diese Position nicht einseitig zerstören:

- Zahlt der **wirtschaftliche Eigentümer** die Rechnung für den unter Eigentumsvorbehalt erworbenen Vermögensgegenstand,
- hat er die Auflassung im Grundbuch vormerken lassen und zahlt den Kaufpreis,
- tilgt er das durch Sicherungsübereignung abgesicherte Darlehen und
- kündigt er den Treuhandvertrag,

1 BFH, Urteil v. 9.1.2013 – I R 33/11, DStR 2013 S. 957 Tz. 48.

wird er regelmäßig **rechtlicher** Eigentümer bzw. erlangt im Falle vertragswidriger Verfügung des Sicherungseigentümers oder Treuhänders einen entsprechenden Schadenersatzanspruch.

Die Zurechnung des Vermögensgegenstands zum wirtschaftlichen Eigentümer ließ bzw. lässt sich in diesen Fällen im Wesentlichen bereits aus dem Gesetzeswortlaut des § 246 Abs. 1 Satz 2 HGB a. F. sowie § 39 Abs. 2 Nr. 1 AO ableiten und ist im Schrifttum unstrittig. Die dort vereinzelt zu findenden Stimmen, es gebe kein wirtschaftliches Eigentum[1] oder das Konzept sei im Handelsrecht entbehrlich,[2] negieren diese Tatsache nicht. Sie wenden sich aber u. a. gegen eine im Begriff des wirtschaftlichen Eigentums mitschwingende Analogie zum sachenrechtlichen Eigentumsbegriff. Die Kritik betrifft mithin zu einem großen Teil Fragen der **Begriffssemantik.** Solchen Fragen soll hier nicht nachgegangen, stattdessen ein pragmatischer, an der Rechtsfolge orientierter Begriff zugrunde gelegt werden: Von wirtschaftlichem Eigentum sprechen wir dann, wenn einem anderen als dem (rechtlichen) Eigentümer ein Vermögensgegenstand für Bilanz oder Besteuerungszwecke zuzurechnen ist. Möglicherweise irreführende Analogien zum sachenrechtlichen Eigentumsbegriff sind in dieser Definition nicht impliziert. 224

Strittig wird mitunter diskutiert, ob in Bilanzierungsfällen die Zurechnung nach § 246 Abs. 1 Satz 2 HGB i.V. mit § 5 Abs. 1 Satz 1 EStG oder nach § 39 Abs. 1 und Abs. 2 Nr. 1 AO erfolgen muss. Die letztgenannte Vorschrift ist für das ganze Steuerrecht maßgeblich, die erstgenannten nur für den Teilbereich der Gewinnermittlung durch Vermögensvergleich nach Maßgabe der GoB. Diese stellt eine vorrangige Spezialvorschrift gegenüber der letztgenannten dar. Deshalb gebührt der Zurechnung über das Handelsrecht und das Maßgeblichkeitsprinzip der Vorrang gegenüber der Abgabenordnung.[3] Der Streit um den Vorrang ist überwiegend akademischer Natur, da die Regelungsinhalte meist zum gleichen Ergebnis im konkreten Anwendungsverfahren führen.[4]

Ebenso sagt die auf die Rechtsfolgen orientierte Definition noch nichts über die **Tatbestandsvoraussetzungen,** die zu einer vom rechtlichen Eigentum abweichenden Zuordnung führen können. Diese Frage wird nachfolgend behandelt.

1.1.2 Tatbestandsmerkmale des wirtschaftlichen Eigentums: Verfügungsmacht, Chancen und Risiken

Zu einer von der zivilrechtlichen Eigentumslage abweichenden bilanziellen Zuordnung eines Vermögensgegenstands kommt es nach ERS HFA 13.7 handelsbilanziell dann, wenn der „Nichteigentümer" das Verwertungsrecht durch Nutzung oder Veräußerung des Gegenstands hat und somit die wesentlichen **Chancen und Risiken** aus laufender Nutzung und Wertänderungen trägt (→ § 252 Rz. 104). Steuerlich definiert sich das wirtschaftliche Eigentum gem. § 39 Abs. 1 Nr. 1 Satz 1 AO demgegenüber durch die **dauernde Verfügungsmacht** für die gewöhnliche Nutzungsdauer.[5] Diese Norm ist nicht auf den Übertragungsakt zugeschnitten, belegt gleichwohl nach ständiger BFH-Rechtsprechung auch den Übergang der subjektiven Zurechnung eines Wirtschaftsguts, z. B. in Anwendung des § 17 EStG. Unseres Erachtens besteht 225

1 Vgl. *Hüffer* in Großkommentar zum HGB, § 240 HGB Tz. 18.

2 Vgl. *Leffson/Schmid,* HdJ I/7 (1993) Tz. 39; ausführlich *Rittner* in Schriftenreihe der juristischen Studiengesellschaft Karlsruhe, Heft 124/1975 S. 9, zur zivilrechtlich entbehrlichen wirtschaftlichen Betrachtungsweise.

3 Wohl h. M., vgl. *Blümich/Buciek,* § 5 EStG Tz. 511; dort auch umfangreiche Schrifttumsnachweise.

4 Ähnlich der BFH, Urteil v. 14.5.2002 – VIII R 30/98, BStBl 2002 II S. 741.

5 BFH, Urteil v. 16.4.2014 – I R 2/12 Tz. 29, DStR 2014 S. 2013.

inhaltliche Übereinstimmung mit § 246 Abs. 1 Satz 2 HGB. Verschiedentlich wird im Schrifttum dem § 39 AO Vorrang vor § 5 Abs. 1 Satz 1 EStG eingeräumt.[1] Unseres Erachtens spricht dagegen das Lex-specialis-Argument. Deshalb kann über den Maßgeblichkeitsaspekt (→ § 252 Rz. 270) für die Praxis von einer übereinstimmenden Sicht des wirtschaftlichen Eigentums in der Handels- und Steuerbilanz ausgegangen werden. Diese Beurteilung entspricht „im Wesentlichen" derjenigen des BFH.[2]

Bei **Anteilen** an **Kapitalgesellschaften** geht das wirtschaftliche Eigentum auf den Erwerber über,[3] wenn er

- aufgrund eines zivilrechtlichen Rechtsgeschäfts bereits eine geschützte, auf den Erwerb gerichtete Position erworben hat und
- die mit dem Anteil verbundenen wesentlichen Rechte innehat sowie
- das Risiko einer Wertminderung und die Chance einer Wertsteigerung auf sich vereint.

Entsprechendes soll für Anteile an Personengesellschaften gelten, wobei hier zur Annahme einer wirtschaftlich schon vor dinglichem Erwerb der Anteile erlangten Mitunternehmerstellung noch Mitunternehmerinitiative (etwa in Form kommanditistenähnlicher Kontrollrechte) hinzutreten muss.[4]

Immer ist eine Gesamtwürdigung geboten, bei der etwa eine schwächere Ausprägung des zweiten Merkmals durch eine eindeutige der beiden anderen kompensiert werden kann. Ein diesbezüglicher Anwendungsfall ist unter → § 301 Rz. 23 dargestellt. Bei Übertragung eines Kapitalgesellschaftsanteils unter **Nießbrauchsvorbehalt** verbleibt das wirtschaftliche Eigentum beim (bisherigen) rechtlichen Eigentümer und jetzigen Nießbraucher.[5] Umgekehrt hindert eine form**un**wirksame Übertragung eines GmbH-Anteils nicht zwingend den Übergang des wirtschaftlichen Eigentums (→ § 252 Rz. 168).[6]

Bei anderen Wirtschaftsgütern/Vermögensgegenständen gelten die vorgenannten Kriterien auch, beim zweiten allerdings nur mutatis mutandis.

Speziell für börsengängige Aktien geht das wirtschaftliche Eigentum nach BFH-Auffassung[7] über, wenn

- dem Käufer die Gewinnansprüche aus der Aktie nicht mehr entzogen werden können,
- der Erwerber die Kurschancen und -risiken trägt,
- der Erwerber vom zivilrechtlichen Eigentum ausgehen kann.

Dabei soll das Gesamtbild der Verhältnisse maßgeblich sein.

Diese Voraussetzungen sind beim Leerverkauf über den Dividendenauszahlungsbetrag hinweg nicht gegeben, d. h., der Leerkäufer erwirbt bis dahin kein wirtschaftliches Eigentum, weshalb er auch nicht die einbehaltene Kapitalertragsteuer anrechnen kann.[8]

1 *Kraft/Edelmann*, FR 2012 S. 891; *Klein*, DStR 2011 S. 1983 f.
2 BFH, Urteil v. 14.5.2002 – VIII R 30/98, BStBl 2002 II S. 741.
3 Vgl. z. B. BFH, Urteil v. 22.7.2008 – IX R 74/06, BStBl 2009 II S. 124; so auch *Heuermann*, DB 2011 S. 556; BFH, Urteil v. 5.10.2011 – IX R 57/10, DB 2012 S. 717 Tz. 32; hierzu auch *Deubert/Lewe*, BB 2014 S. 1836.
4 BFH, Urteil v. 1.3.2018 – IV R 15/15, BStBl 2018 II S. 539, StuB 2018 S. 519.
5 BFH, Urteil v. 24.1.2012 – IX R 51/10, DStR 2012 S. 6; anders allerdings BFH, Urteil v. 18.11.2014 – IX R 49/13, DStR 2015 S. 27.
6 BFH, Urteil v. 24.1.2012 – IX R 69/10, n.v.
7 BFH, Urteil v. 15.12.1999 – I R 29/97, BStBl 2000 II S. 527.
8 So grundlegend *Spengel/Eisgruber*, DStR 2015 S. 789; z. T. a. A. *Schmid*, DStR 2015 S. 801.

Ebenso wenig kann das wirtschaftliche Eigentum im Rahmen eines sog. **Durchgangserwerbs** in „logischer Sekunde" auf eine zwischen Verkäufer und Erwerber künstlich in den Geschehensablauf hineinkonstruierte Drittperson übergehen.[1] Ein solcher Durchgangserwerb (ohne Übergang des wirtschaftlichen Eigentums) liegt auch „im Rahmen eines vorgefassten Modells" als „modellhaft aufgelegtes Gesamtvertragskonzept" vor.[2] Danach müssen in solchen Fällen die „einzelnen Geschäfte und Verträge in ihrer Verbundenheit gesehen werden".[3]

In **abstrakter** Betrachtung mag man hier **konzeptionelle Unterschiede** sehen, indem handelsrechtlich unter dem Einfluss der internationalen Rechnungslegung stärker die Chancen und Risiken zählen, steuerlich stärker die Verfügungsmacht. Im **konkreten** Fall bedingen sich aber beide Aspekte: Die Chance aus der laufenden Nutzung oder Wertsteigerung eines Vermögensgegenstands kann der Nichteigentümer etwa nur dann realisieren, wenn er die Verfügungsmacht hat. Umgekehrt ist eine physische Verfügungsmacht wirtschaftlich inhaltsleer, wenn sie nicht auch die Möglichkeit bietet, die Chancen aus einem Vermögensgegenstand zu ziehen. In der Behandlung praktisch relevanter Fälle kommen Steuerrecht und Handelsrecht daher zumeist zu **gleichen** Lösungen.

Exemplarisch lässt sich dieses am Beispiel der **gemischten Wertpapierpension** (→ Rz. 312) darstellen. Bei diesen Rechtsgeschäften hat der Pensionsgeber ein Rückforderungsrecht (Kaufoption) und der Pensionsnehmer (rechtlicher Eigentümer) ein Rückgaberecht (Verkaufsoption). Bei fixiertem und für beide Parteien einheitlichem Optionsausübungspreis liegt das wirtschaftliche Eigentum handelsbilanziell beim Pensionsgeber. Begründet wird dies mit einem im Interesse der Objektivierung typisierend zu unterstellenden rationalen Handeln: 226

- Fällt der Wert des Pensionsgegenstands unter den Ausübungspreis der Option, wird der Pensionsnehmer sein Rückgaberecht ausüben, um das manifest gewordene Risiko der Wertminderung vom Pensionsgeber tragen zu lassen.
- Steigt der Wert hingegen, wird der Pensionsgeber sein Rückforderungsrecht geltend machen, um die manifest gewordene Wertsteigerungschance selbst zu nutzen.
- Der Pensionsgeber trägt mithin sowohl das Wertsteigerungsrisiko als auch die Wertsteigerungschance und hat daher das wirtschaftliche Eigentum inne.
- Die tatsächliche Nichtausübung der Optionen hat keinen werterhellenden, sondern wertbegründenden Charakter und ist daher, wenn die Optionsfrist erst im neuen Jahr endet, als Geschäftsvorfall erst in neuer Rechnung zu berücksichtigen.

Die sog. *Seeliger*-Formel in § 39 Abs. 2 AO (→ Rz. 222) bedarf einer Ergänzung: Richtigerweise ist Voraussetzung für den Bilanzansatz die **Möglichkeit** des bilanzierenden Kaufmanns, den betreffenden Vermögensgegenstand „für die gewöhnliche Nutzungsdauer von der Einwirkung (anderer) auszuschließen". Hinzukommen muss u.U. allerdings auch der rationales Handeln unterstellende typisierte Wille, d. h. die wirtschaftliche Interessenlage des Kaufmanns, andere von dieser Nutzung auszuschließen. Dieser typisierte Wille kommt in den **Chancen** und **Risiken** zum Ausdruck.

BEISPIEL Ein Leasingvertrag über eine Maschine mit Nutzungsdauer von zehn Jahren gewährt dem Leasingnehmer zum Ende des Jahres 6 die Option, entweder den Leasingvertrag vier Jahre weiterlaufen zu

1 BFH, Urteil v. 26.1.2011 – IX R 7/09, DB 2011 S. 850.

2 So im sog. cum/ex-Urteil zu Aktiengesellschaften zur Erlangung einer doppelten oder mehrfachen Anrechnung von Kapitalertragsteuern, BFH, Urteil v. 16.4.2014 – I R 2/12, BB 2014 S. 2720.

3 *Weber-Grellet*, BB 2015 S. 44.

lassen oder die Maschine dem Vermieter (rechtlichen Eigentümer) zu einem für diesen ungünstigen und damit für sich vorteilhaften Wert zurückzuübertragen. Der Leasingnehmer hat zwar rechtlich die Möglichkeit, den Eigentümer während der gesamten Nutzungsperiode vom Gebrauch der Maschine auszuschließen. Das wird er aber aus ökonomischem Kalkül heraus nicht tun und ist deshalb u. E. nicht wirtschaftlicher Eigentümer. Das Risiko an dem Vermögensgegenstand ist beim Leasinggeber verblieben. Die Beurteilung muss zu Beginn des Leasingverhältnisses erfolgen (→ Rz. 246).

227 In anderer Hinsicht ist die *Seeliger*-Formel zutreffend, nämlich bzgl. des dort ausgedrückten **Zeitelements:** Die Ausschließung des rechtlichen Eigentümers von der Möglichkeit der Nutzung des Vermögensgegenstands muss sich auf dessen (fast) **gesamte Nutzungsdauer** beziehen;[1] bei nicht abnutzbaren Vermögensgegenständen somit ohne zeitliche Beschränkung.[2] Bei Wegfall des Nutzungsrechts **vor** dem wirtschaftlichen Verbrauch bedarf es zur Begründung des wirtschaftlichen Eigentums eines Wertersatzanspruchs des Nutzers.[3] In diesem Zeitraum muss der Nutzungsberechtigte (der wirtschaftliche Eigentümer) Besitz, Gefahr, Nutzen und Lasten des Vermögensgegenstands innehaben.[4] Umgekehrt genügt zur Begründung wirtschaftlichen Eigentums kein zeitlich beschränktes – im Verhältnis zur gesamten Nutzungsdauer – Innehaben von Nutzen und Lasten des Vermögensgegenstands.

BEISPIEL[5] ▸ Ein Automobilhersteller verkauft im Flottengeschäft 1.000 Pkw an einen Autovermieter mit der Vereinbarung eines Rückerwerbs nach zwei Jahren zu einem auf der Grundlage der Laufleistung, des Zustands etc. definierten Rückkaufsbetrag.
Unseres Erachtens ist das wirtschaftliche Eigentum beim Verkäufer (dem Automobilhersteller) geblieben, die Übertragung des rechtlichen Eigentums auf den Autovermieter ist bilanziell ohne Bedeutung.[6]

228 Die Begründung des wirtschaftlichen Eigentums bedeutet keine Ablehnung von **Rechtsstrukturen** für Zwecke der Aufnahme in die Bilanz (→ Rz. 231). Vielmehr ist eine Rechtsgrundlage notwendiges, nicht aber hinreichendes Kriterium für die Begründung einer Betriebsvermögenseigenschaft, auch durch sog. wirtschaftliches Eigentum.

229 Ein Ausschluss von der dauerhaften Nutzung eines Vermögensgegenstands i. S. der zitierten *Seeliger*-Formel (→ Rz. 222) liegt auch bei jederzeitiger **Rückübertragungsmöglichkeit** nicht vor.

BEISPIEL[7] ▸ Der Vater schenkt seinem Sohn einen Kommanditanteil unter Vorbehalt der jederzeitigen Rückübertragungsmöglichkeit durch einseitige Willenserklärung.
Der Sohn ist zwar „einstweilen" rechtlicher Eigentümer, er kann allerdings seinen Vater aufgrund von dessen *Call*-Option nicht auf Dauer von der Nutzung des Kommanditanteils ausschließen.

229a Bei Übertragung von Wirtschaftseigentum unter Vorbehalt des Nießbrauchs verbleibt das wirtschaftliche Eigentum beim jetzigen Nießbraucher.[8]

229b Bei Verkaufsgeschäften, inkl. Werkverträgen und Werklieferungsverträgen (auch beim Forderungsverkauf, → Rz. 282), sollte der Zeitpunkt der Übertragung des wirtschaftlichen Eigentums

1 BFH, Urteil v. 22.7.2008 – IX R 61/05, BFH/NV 2008 S. 204 unter II.1.
2 BFH, Urteil v. 10.3.1988 – IV R 226/85, BStBl II S. 832.
3 BFH, Urteil v. 14.2.2007 – XI R 18/06, BFH/NV 2007 S. 1239.
4 BFH, Urteil v. 3.8.1988 – I R 157/84, BStBl 1989 II S. 21.
5 Fall des BFH, Urteil v. 11.10.2007 – IV R 52/04, BFH/NV 2008 S. 437.
6 Anderer Auffassung BFH, Urteil v. 11.10.2007 – IV R 52/04, BFH/NV 2008 S. 437; im Einzelnen *Hoffmann/Lüdenbach*, DStR 2005 S. 1331; vgl. auch → Rz. 237.
7 Nach BFH, Urteil v. 16.5.1989 – VIII R 196/84, BStBl II S. 877.
8 BGH, Urteil v. 24.1.2012 – IX R 51/10, BStBl 2012 II S. 308.

auf den Käufer/Auftraggeber i. d. R. auch der Zeitpunkt der **Umsatz- und Gewinnrealisierung** beim Verkäufer/Auftragnehmer sein. Störend ist hier aber, dass für Zwecke der Gewinn- und Umsatzrealisierung bei Gegenständen, für die gesetzlich oder einzelvertraglich eine förmliche **Abnahme** vorgesehen ist, nach h. M. Übergang des wirtschaftlichen Eigentums und damit Realisationszeitpunkt erst mit erfolgter Abnahme angenommen werden (Ausnahmen bei Annahmeverzug, → § 252 Rz. 110 ff.). Zur Begründung dient, dass das Risiko des zufälligen Untergangs **(Preisgefahr)** bis zu diesem Zeitpunkt beim Verkäufer (Auftragnehmer) bleibt. Mit der **dauernden Verfügungsmacht** als Definitionskriterium des wirtschaftlichen Eigentums verträgt sich dies nicht nahtlos.

BEISPIEL ▸ U erstellt für K eine Windkraftanlage (WKA). Sie wird in 01 in Betrieb genommen, vertraglich als von K durchgeführter Probebetrieb, der jedoch erst in 02 beendet wird. Erst damit erfolgt auch die Abnahme. Die anfallenden Einspeisevergütungen stehen in 01 bereits K zu, der auch die laufenden Lasten (Steuern, Versicherungen usw.) trägt und auch Besitzer wird. Besitz, Nutzen und gewöhnliche Lasten liegen also in 01 schon bei K, ebenso Risiken und Chancen marktbedingter Wertänderungen. Lediglich das eher theoretische Risiko des zufälligen Untergangs trägt bis zur Abnahme noch U.

Unseres Erachtens ist im Beispiel das wirtschaftliche Eigentum (die dauernde Verfügungsmacht) schon in 01 auf den Kunden übergegangen, da dieser nach gewöhnlichem Verlauf der Dinge den Auftragnehmer und jeden anderen dauerhaft von der Verfügung ausschließen kann. Schrifttum und Rechtsprechung verneinen aber wegen der beim Auftragnehmer verbliebenen Preisgefahr den Übergang des wirtschaftlichen Eigentums vor Abnahme.[1] Unseres Erachtens ist diese strenge Bindung an das schuldrechtliche Kriterium der Preisgefahr konzeptionell mit den Kriterien des wirtschaftlichen Eigentums nicht verträglich. Pointiert gesprochen: Wenn ohne wertende Gesamtbetrachtung ein eher theoretisches Restrisiko für den Übergang des wirtschaftlichen Eigentums maßgeblich sein soll, kann man das Konzept des wirtschaftlichen Eigentums auch gleich aufgeben.

1.2 Rechtliche vs. wirtschaftliche Betrachtungsweise

Begrifflich verbunden mit dem wirtschaftlichen Eigentum ist die gängige Floskel der **wirtschaftlichen** Betrachtungsweise. Sie soll allgemeiner Auffassung zufolge bei der handels- und steuerrechtlichen Bilanzierung und überhaupt im Ertragsteuerrecht zu beachten sein oder sogar dem Gegenpart, der **formalrechtlichen** Betrachtungsweise, vorangehen. Gemeint ist: Nicht die äußere Form eines Rechtsgeschäfts darf der Bilanzierung bzw. Besteuerung zugrunde gelegt werden, sondern deren **wirtschaftlicher Gehalt.** Insbesondere auch bei der Bilanzierung stellt dies eher eine Selbstverständlichkeit dar,[2] dient diese doch der Abbildung wirtschaftlicher Sachverhalte und nicht etwa der Wiedergabe von Rechtsstrukturen. Im IFRS-Rahmenwerk wird dies als das Erfordernis der *substance overform* tituliert und entsprechend die Abbildung der „wirtschaftlichen Wirklichkeit" als Zielsetzung jeglicher Bilanzierung gefordert. Die EU-Bilanzrichtlinie 2013 (→ § 264 Rz. 37d) sieht in Art. 6 die Beachtung des wirtschaftlichen Gehalts bei der Bilanzierung vor, erlaubt indes im gleichen Atemzug (rätselhaft) eine nationale Ausnahme „für Unternehmen". Zur Illustration dieses Themas wird auf das Beispiel unter → Rz. 255a verwiesen. 230

1 Im Windkraftanlagenfall: FG Münster, Urteil v. 15.9.2021 – 13 K 3059/19 G,F m. w. N. zur Rechtsprechung.
2 BFH, Urteil v. 21.5.2015 – IV R 25/12, DStR 2015 S. 1792 mit Anm. *Hoffmann.*

Irgendwie wirkt die Betonung des Erfordernisses einer wirtschaftlichen Betrachtungsweise bei der Bilanzierung wie eine **Tautologie,** stellt jedenfalls eine bare Selbstverständlichkeit dar. Deshalb sollte man auch mit dem Adverb „wirtschaftlich" argumentativ höchst sorgfältig umgehen. Häufig verbirgt sich dahinter eine reine Leerformel. Mit „wirtschaftlich" kann man z. B. die phasengleiche Dividendenvereinnahmung begründen (→ § 252 Rz. 91), was dann gleich die nicht beantwortbare Gegenfrage provoziert, ob die phasenverschobene „unwirtschaftlich" ist. Jedenfalls lässt die unspezifizierte Bezugnahme auf eine wirtschaftliche Betrachtungsweise „dem Rechtsanwender einen zu breiten Spielraum".[1] Ein Beispiel ist in → Rz. 267 wiedergegeben.

231 Der Gegenpart – die **formalrechtliche** Betrachtungsweise – wirkt dann bei einschlägigen Argumentationslinien wie **außerhalb des Wirtschaftslebens** stehend. Scheinbar bewegt sich die Rechtssphäre in einem ökonomiefreien Raum. Genau das trifft allerdings nicht zu.[2] Gerade das Privatrecht ist überwiegend **Vermögens**recht. Vermögenspositionen werden dadurch gesichert, erworben und aufgegeben, Vermögen wiederum ist eine eindeutig ökonomisch definierte Größe; daraus folgt: Das bürgerliche Recht ist zumindest in diesen Teilbereichen auch und gerade durch die wirtschaftlichen Gegebenheiten in seiner Existenz gerechtfertigt. Ohne ein solches „Vermögen" gäbe es kein Privatrecht, insbesondere kein Schuld- oder Handelsrecht, und deshalb muss die Rechtslehre und -anwendung in diesen Gefilden notwendig „wirtschaftlich betrachten". Entsprechend muss auch der BGH in gesellschaftsrechtlichen Fragen eine „wirtschaftliche Betrachtungsweise" anwenden.[3]

BEISPIEL[4] Die Gründerin einer Ein-Personen-GmbH & Co. KG leistet die Stammeinlage von 25 T€ in das Vermögen der Komplementär-GmbH. Diese wiederum leitet im Anschluss daran darlehensweise die erhaltene Bareinlage an die Kommanditgesellschaft, deren Komplementär sie ist, weiter.

Nach Auffassung des **OLG Hamm**[5] kommt diese Verfahrensweise einer Rückzahlung der Stammeinlage an die Gründerin (= Kommanditistin) gleich, die dann ihrerseits der KG das Darlehen zur Verfügung stellt. „**Wirtschaftlich** betrachtet wäre die Situation also wie bei einer normalen KG ohne GmbH als Komplementärin."

Das OLG Jena kommt für genau denselben Sachverhalt zum **gegenteiligen** Ergebnis.[6] Man fragt sich, ob dieses OLG die Wirtschaftsszenerie aus seinem Betrachtungshorizont ausgeblendet hat und deshalb zu einem entgegengesetzten Ergebnis zu demjenigen der Kollegen des **OLG Hamm** gekommen ist.

Und schließlich noch zum **Gesetzgeber** selbst: Der verdeckten Sacheinlage ordnet er in § 19 Abs. 4 GmbH und § 27 Abs. 3 Satz 1 AktG tatbestandsseitig eine „wirtschaftliche Betrachtung" zu.

232 Zwischenfazit ist jedenfalls: Auch im Bereich des **Privat**rechts bedarf es zur Beurteilung von Sachverhalten einer **ökonomischen** Perspektive. Nochmals in Betonung: Mit ihr ist sie notwendig verbunden. Das bestätigt eine aktuelle Datenbankrecherche in der Juris-Version: Mit der Sucheingabe „wirtschaftliche Betrachtungsweise" konnten 1.025 BGH-Urteile dingfest ge-

1 *Engel-Ciric/Moxter*, BB 2012 S. 1145.
2 Vgl. zu den folgenden Ausführungen *Groh*, StuW 1989 S. 227.
3 BGH, Urteil v. 21.2.2013 – IX ZR 32/12, DStR 2013 S. 925.
4 Nach *Hoffmann*, GmbH-StB 2007 S. 189.
5 OLG Hamm, Urteil v. 31.10.2006 – 27 U 81/06, DB 2007 S. 793.
6 OLG Jena, Urteil v. 28.6.2006 – 6 U 717/05, DB 2006 S. 1484.

macht werden, d. h., Ökonomie und Recht gehen auch aus der zivilrechtlichen Perspektive Hand in Hand. Im Grunde genommen ist dies eine Folge der Vertreibung aus dem Paradies – der Geburtsstunde der Ökonomie –, erstmals dokumentiert durch den Bruderkrieg zwischen Kain und Abel, weil seitdem die Knappheit der Ressourcen das menschliche Leben bestimmt, was seinerseits in rechtlichen Strukturen geordnet werden muss.

Übertragen auf Bilanzierungssachverhalte bedeutet dies: Hier können ebenso wenig wie im übrigen Wirtschaftsleben die Rechtsstrukturen außer Acht gelassen werden (→ Rz. 228). Genau das wird durch *„substance **over** form"* und nicht *„substance **without** form"* zum Ausdruck gebracht: Die wirtschaftliche Substanz schließt die Rechtsstrukturen ein, ist diesen allerdings übergeordnet. Ohne rechtliche Basis ist ein in einigermaßen geordneten Bahnen verlaufendes Wirtschaftsleben nicht möglich. Insbesondere das Schuldrecht und das öffentliche Recht können bei der bilanziellen Abbildung von Sachverhalten nicht einfach im Hinblick auf eine irgendwie verstandene wirtschaftliche Betrachtungsweise ausgeblendet werden (→ § 252 Rz. 170). Oder, formuliert nach einem Gesetzesvorschlag zur Neufassung von § 246 Abs. 1 Satz 1 HGB, „soweit sie dem Kaufmann auf der **Grundlage der Rechtsbeziehungen** wirtschaftlich zuzurechnen sind".[1] 233

BEISPIEL ▸ Zwei honorige Hamburger Kaufleute verhandeln monatelang über den Verkauf eines wertvollen Bebauungsareals an der Elbchaussee. Schließlich einigen sie sich über den Kaufpreis und weitere wichtige Details des Kaufvertrags und dokumentieren dies in einem gemeinsam unterzeichneten „Vorvertrag". Neben dem Kaufpreis sind die Regulierung von Altlasten, der Übergang von Nutzen und Lasten etc. detailliert dargestellt. Ab dem 1.1.02 00:00 Uhr steht dem Verkäufer nach dem Vorvertrag die Nutzungsmöglichkeit bzgl. des Grundstücks zu, andererseits hat er die Grundstückslasten ab diesem Zeitpunkt zu tragen. Die Unterzeichnung des „Vorvertrags" begießen sie mit einer Flasche Champagner am 28.12.01. Nach dem Entkorken der zweiten Flasche vereinbaren sie den Notartermin am 18.1.02 und geraten ins Schwärmen ob der alten hanseatischen Kaufmannstugenden, die rechtliche Bindungen ohne „formalen Kram" kennen.

ABWANDLUNG ▸ Die notarielle Beurkundung erfolgt am 30.12.01. Dem Verkäufer wird eine Nutzungsberechtigung mit Übernahme der entsprechenden Grundstückslasten bis zum 30.6.02 eingeräumt.

LÖSUNG ▸ In der ersten Sachverhaltsvariante könnte man aus irgendeiner ökonomischen Perspektive den Übergang des wirtschaftlichen Eigentums auf den 28.12.01 festlegen. Eine solche Bilanzierungsvorgabe scheitert jedoch an der nicht eingehaltenen zwingenden Formvorgabe des § 311b BGB, nämlich der notariellen Beurkundung. Eine wie immer verstandene wirtschaftliche Betrachtungsweise kann zwingendes Recht nicht unberücksichtigt lassen. Andererseits bedarf es nicht der Beachtung der weiteren Formalitäten des Zivilrechts – Auflassung und Eintragung ins Grundbuch und damit des zivilrechtlichen Eigentumsübergangs. Das Risiko aus dem ganzen Geschäft ist mit der notariellen Beurkundung am 18.1.02 auf den Käufer übergegangen, ab diesem Zeitpunkt ist er in wirtschaftlicher Betrachtung der Eigentümer und hat ab diesem Zeitpunkt das Grundstück in seine Bilanz aufzunehmen. Ohne die zivilrechtliche Bindung durch einen formgültigen Vertrag kann der Übergang von Chancen und Risiken aus dem Grundstück und seiner Verwertung – also die wirtschaftliche Substanz des Geschäfts – nicht übertragen werden.

In der **Abwandlung** des Sachverhalts liegt zwar am 30.12.01 die Rechtsgrundlage für einen möglichen Übergang des wirtschaftlichen Eigentums vor, es fehlt indes an dem dafür erforderlichen wirtschaftlichen Gehalt, nämlich dem Übergang des Risikos.

Für die weiteren Ausführungen zur Bilanzierung von **nichtigen** Rechtsgeschäften wird auf → Rz. 239 und auf → § 252 Rz. 166 ff. verwiesen.

1 Arbeitskreis Bilanzrecht der Hochschullehrer Rechtswissenschaft, BB 2008 S. 156.

234 Generell stellen **Leasing**gestaltungen (→ Rz. 240 ff.) einen Tummelplatz zur Verifizierung des wirtschaftlichen Gehalts eines Geschäftsmodells und dessen bilanzieller Abbildung dar. Dabei sind insbesondere **verdeckte** Leasingverträge, bei denen der Begriff in den Verträgen nicht auftaucht – wie im Beispiel unter → Rz. 227 –, relevant.

Dazu ein Beispiel zu einem **umsatzsteuerlichen** Streitfall vor dem BFH:[1]

BEISPIEL[2]

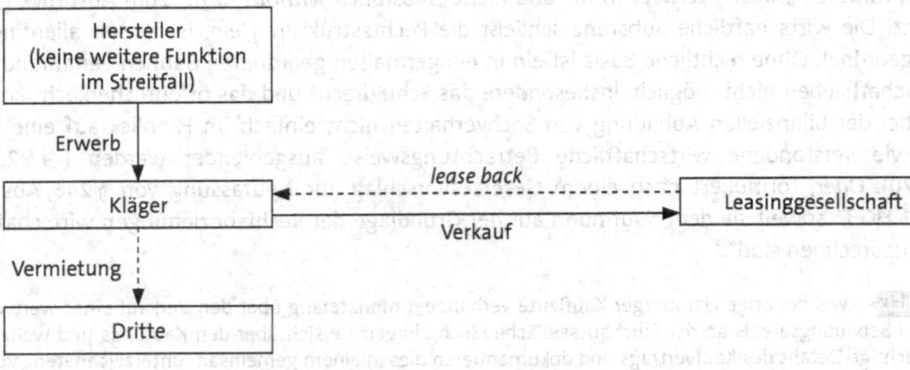

Der Kläger ist im Verkauf, in der Vermietung und Wartung von Kopiergeräten tätig. Er erwirbt in der zweiten Jahreshälfte vom Hersteller sechs Kopierer, die er an Dritte weitervermietet. Zur Finanzierung des Kaufpreises veräußert er diese (mit zivilrechtlichem Eigentumsübergang) kurz vor Jahreswechsel mit mündlichem Vertrag an eine Leasinggesellschaft, um gleichzeitig einen Mietkaufvertrag über die Dauer von 48 Monaten zu vereinbaren. Gemäß den Vertragsbedingungen ist der Kläger wirtschaftlicher Eigentümer der Kopierer. Die monatliche Rate lässt eine Vollamortisation beim Leasinggeber zu, mit der letzten Rate soll das zivilrechtliche Eigentum wieder auf den Kläger übergehen. Veränderungen des Standorts der Kopierer oder deren Überlassung an Dritte sind nur mit Genehmigung der Leasinggesellschaft möglich. Die Gefahr des zufälligen Untergangs und die Instandhaltungskosten trägt der Kläger.

Der BFH negierte die Verkaufs- und Mietverträge, weil der wirtschaftlichen Substanz nach ein **Finanzierungsgeschäft** vorlag. (Auch) in umsatzsteuerlicher Hinsicht sei der rechtliche Verkaufsvertrag nicht als solcher zu werten, sondern die gesamte Gestaltung als ein Finanzierungsgeschäft. Die umsatzsteuerliche Sicht – Verschaffung der Verfügungsmacht – stimmt dabei u. E. mit der bilanzrechtlichen Sicht – Übergang des wirtschaftlichen Eigentums – überein (→ § 252 Rz. 152).[3]

235 Seitens der Leasingbranche[4] wird dieses verunglückte Leasinggeschäft als Mietkauf bezeichnet. Wenn man von dem in der Regierungsbegründung des BilMoG betonten *substance over form* ausgeht, kann es aber nun einmal nicht auf die Überschrift und die Etikettierung des Vertragswerks ankommen, sondern nur auf den wirtschaftlichen Gehalt.

1 Nach BFH, Urteil v. 9.2.2006 – V R 22/06, DStR 2006 S. 1325; vgl. hierzu *Lüdenbach/Hoffmann*, Beihefter zu DStR 2007 Heft 50 S. 4.
2 Dargestellt in Form der nachstehenden Skizze durch *Unkelbach*, PiR 2007 S. 99.
3 Vgl. hierzu *Unkelbach*, PiR 2009 S. 267.
4 Vgl. *Vosseler*, DStR 2007 S. 188.

Aber auch ein scheinbar einfacher Dauerlieferungsvertrag kann sich als Leasinggeschäft herausstellen. 236

BEISPIEL ► U bezieht Industriegase. Der Hersteller der Gase hat laut Vertrag auf seine Kosten Speicher- und Verteilungsanlagen auf dem Betriebsgelände des U errichtet. Zwischen dem U und dem Hersteller besteht als entgeltliches zivilrechtliches Austauschverhältnis nur ein Gasliefervertrag.

Nach IFRS 16 (→ Rz. 234) kann in dem (zivilrechtlichen) Gasliefervertrag wirtschaftlich ein **Leasingvertrag** über die Anlagen enthalten sein *(embedded lease)*, etwa weil U den physischen Zugang zu den Anlagen kontrolliert oder bei Unterschreiten einer Mindestabnahme an Gas eine fixe Vergütung an den Gaslieferanten zahlen muss *(take or pay agreement)*. Falls danach ein Leasingvertrag zu bejahen ist, sind die laufenden Zahlungen in einen Leasing- und Gasteil zu trennen. Für den Leasingteil ist schließlich noch zu klären, ob – etwa wegen Spezialleasing – ein *finance lease* vorliegt, d. h. das wirtschaftliche Eigentum U zuzurechnen ist.

Auch kompliziertere Sachverhalte entpuppen sich als Leasingverhältnisse.

BEISPIEL ► Ein Aluminiumwerk wird von A in einer dünn besiedelten Region errichtet. Das Energieversorgungsunternehmen errichtet zur Deckung des Strombedarfs des Aluminiumwerks ein Wasserkraftwerk. Die Energieversorgung der bereits ansässigen Bevölkerung wurde und wird durch ein sehr viel kleineres Heizkraftwerk gedeckt. Der Vertrag zwischen V und A sieht Folgendes vor:

- Variable Zahlungen pro kWh (unter Marktpreis; Stückpreiskomponente 1);
- Zahlung einer hohen *fixed charge* pro Monat (dividiert durch kWh; Stückpreiskomponente 2);
- Anpassung der *fixed charge* nach oben/unten bei Unter-/Überschreiten einer bestimmten Abnahmemenge.

V kann seinen Strom auch aus anderen Quellen (eigenen Kraftwerken, Fremdbezug) beziehen. Ökonomisch ist dies aber nicht sinnvoll.

Im Rahmen der Beurteilung gelangt man zu folgendem Ergebnis:

- Die Erfüllung des Vertrags durch V hängt (ökonomisch) an dem spezifischen Vermögenswert, dem Wasserkraftwerk.
- A hat weder die operationelle noch die physische Verfügungsmacht über das Wasserkraftwerk, diese liegt allein bei V. Der Stückpreis (Summe der beiden Stückpreiskomponenten) ist nicht fixiert und entspricht nicht (oder nur zufällig) dem Marktpreis. Außerdem ist es unwahrscheinlich, dass Dritte mehr als einen insignifikanten Teil des *Outputs* beziehen.

Aufgrund der preislichen Ausgestaltung des Stromliefervertrags handelt es sich um die Übertragung eines indirekten Nutzungsrechts vom V auf den A, der den *Output* des Wasserkraftwerks für sich beanspruchen kann, als hätte er das Wasserkraftwerk von V geleast. In einer anschließenden Würdigung ist dann zu klären, ob von einem *finance* oder einem *operating lease* auszugehen ist.

Falls ein Leasingvertrag zu bejahen ist, sind die laufenden Zahlungen in einen Leasing- und Gasteil zu trennen. Für den Leasingteil ist schließlich noch zu klären, ob – etwa wegen Spezialleasings (→ Rz. 248) – ein *finance lease* vorliegt, d. h. das wirtschaftliche Eigentum U zuzurechnen ist.

1.3 Strukturierte Rechtsgeschäfte

237 Auf der anderen Seite muss durch die rechtlichen Strukturen eines Geschäfts **durchgeblickt** werden, wenn diese zur Erzielung eines wirtschaftlichen Zwecks „missbraucht“ werden, wenn also nicht die vom Schuldrecht vorgegebene Typisierung eines Rechtsverhältnisses, sondern ein anderer wirtschaftlicher Zweck erreicht werden soll (sog. **strukturierte** Geschäftsmodelle; →§ 252 Rz. 154).

BEISPIEL[1] Der Automobilhersteller A vermietet aufgrund eines einheitlichen Vertragswerks im Flottengeschäft an einen Autovermieter 1.000 Pkw des gleichen Typs mit gleichen Ausstattungsmerkmalen und unterschiedlichen Lackierungen zu einem Monatsmietzins von 120 € für 24 Monate. Danach endet das Mietverhältnis, und der Hersteller kann die Autos im Sekundärmarkt verwerten. Je nach Laufleistung gibt es eine festgelegte Nach- oder Rückverrechnung des Mietentgelts, für Schäden werden detaillierte Sonderberechnungen festgelegt.

Das Geschäft ist als Miete oder *operating lease* zu behandeln, stellt somit ein Dauerschuldverhältnis dar mit umsatzrealisierender Vereinnahmung der Mieteinnahmen im Zeitverlauf.

In der **Abwandlung** des Falls ist der Automobilhersteller an der Generierung von Umsatzerlös durch Verkauf interessiert. Dem Mietwagenunternehmen ist umgekehrt gerade nicht an einem Kauf gelegen, es will nach zwei Jahren die Autos wieder an den Hersteller zurückgeben. Man einigt sich auf folgendes Modell: A verkauft durch Übergabe des Briefs das Auto mit rechtlichem Eigentumsübergang an das Mietwagenunternehmen zu 1.200 je Auto und verpflichtet sich zum Rückkauf nach zwei Jahren zu 690. In finanzmathematischer Berechnung entsprechen die vereinbarten Kaufpreise exakt der monatlichen Mietrate von 120 im Ausgangssachverhalt (nur ein Beispiel, keine genaue Berechnung). Die Nach- und Rückbelastungen nach Maßgabe der Laufleistung und der Schäden werden genauso festgelegt wie im Vermietungsmodell.

In der Alternative ist die wirtschaftlich gewollte Vermietung (Nutzungsüberlassung für zwei Jahre) ohne Veränderung des wirtschaftlichen Gehalts in zwei Kaufverträge verwandelt worden. Nimmt man die Gesetzesvorgabe der Beachtung des wirtschaftlichen Gehalts ernst, kann dieses Geschäftsmodell nicht als Kauf und Rückkauf bilanziert werden, sondern nur als Nutzungsüberlassung (anders als die Entscheidungen des BFH in den zitierten Fällen).

238 Die beiden Beispiele belegen die **Irreführung** einer **antipodischen Betrachtung** von wirtschaftlicher und formalrechtlicher Betrachtungsweise (→Rz. 230). Beide Perspektiven schließen sich nicht aus, sondern **ergänzen** sich:

- Es **bedarf** einer (schuldrechtlichen) Vereinbarung, um daraus allerdings nicht zwei Kaufverträge, sondern einen Mietvertrag als wirtschaftliche Substanz mit entsprechender bilanzieller Abbildung abzuleiten. Ohne Rechtsgrundlage entsteht kein wirtschaftlicher Folgeeffekt.

Aber:

- Eine schuldrechtliche Verpflichtung ist möglicherweise **ohne wirtschaftlichen Gehalt,** bildet also das Gewollte nicht ab. Im Beispiel unter →Rz. 237 ist nicht eine mit der Veräußerung üblicherweise verbundene endgültige Aufgabe der wirtschaftlichen Substanz eines Gegenstands gewollt, sondern nur dessen zeitweise Überlassung zur Nutzung.

---

1 In Anlehnung an die entschiedenen Sachverhalte vom BFH, Urteil v. 11.10.2007 – IV R 52/04, DStR 2008 S. 237, sowie Urteil v. 17.11.2010 – I R 83/09, DStR 2011 S. 126, m. Anm. *Hoffmann*. Entsprechend ist die Entscheidung des BFH auf der Grundlage zweier Kaufverträge erfolgt; Nichtanwendungserlass der Finanzverwaltung, Schreiben v. 12.8.2009, DStR 2009 S. 1757, unter Hinweis auf das anders lautende Urteil vom BFH, Urteil v. 15.10.1997 – I R 16/97, BStBl 1998 II S. 249; ähnlich BFH, Urteil v. 25.7.2000 – VIII R 35/97, BStBl 2001 II S. 566. Die verwendeten Rechengrößen sind nicht dem entschiedenen Sachverhalt entnommen. Vgl. hierzu auch →Rz. 227 sowie →§ 252 Rz. 156. Vgl. zum Ganzen auch *Hoffmann*, StuB 2011 S. 161, sowie GmbHR 2011 S. 363.

239 In extremen Ausnahmefällen kann es zu einer bilanziellen Zuordnung auch **ohne** (anfängliche) **Rechtsgrundlage** kommen. Das ist u.U. dann der Fall, wenn die Vertragspartner von der Rechtswirksamkeit eines Vertragsabschlusses ausgegangen sind, sich **später** allerdings die Nichtigkeit herausgestellt hat.

BEISPIEL ▸ Eine aus zwei Mitgliedern bestehende Erbengemeinschaft verkauft ein Grundstück in notarieller Urkunde am 28.12.00 und vereinbart den Übergang von Nutzen und Lasten zu diesem Zeitpunkt. Im Laufe des Jahres 01 stellt sich die zunächst nicht erkenntliche Geschäftsunfähigkeit eines der Miterben heraus. Der notarielle Vertrag ist **rückwirkend** nichtig. Nach Bestellung eines Pflegers wird in einer weiteren notariellen Urkunde der Inhalt der ursprünglichen bestätigt. Alle Vertragsparteien haben sich an den Inhalt des ursprünglich geschlossenen Vertrags gehalten.

Unseres Erachtens ist das wirtschaftliche Eigentum am 28.12.00 übergegangen, weil sich die Parteien der Nichtigkeit nicht bewusst waren – anders als die Hamburger Kaufleute im Beispiel unter → Rz. 233 – und keinerlei Interesse an einer Rückabwicklung hatten.[1] Zu weiteren Überlegungen zur bilanziellen Abbildung **nichtiger** Rechtsgeschäfte wird auf → § 252 Rz. 166 ff. verwiesen.

2. Besondere Anwendungsfälle

2.1 Leasing, Mietkauf

2.1.1 Rechtliche und wirtschaftliche Grundlagen

240 Der Leasingvertrag ist seiner Rechtsnatur nach ein **atypischer Pacht- oder** Mietvertrag, in dem der Leasinggeber („Vermieter") eine bestimmte Sache oder Sachgesamtheit dem Leasingnehmer („Mieter") für eine bestimmte Grundmietzeit gegen Entgelt überlässt. Verbunden mit diesem Vertrag sind häufig entweder Mietverlängerungsoptionen oder Kaufoptionen für den Leasingnehmer oder Andienungsrechte für den Leasinggeber. Für Zwecke der Bilanzierung ist es dabei unerheblich, welcher der zivilistisch vorgetragenen Lehrmeinung man folgt (atypischer Mietvertrag oder überhaupt Vertrag sui generis).[2]

241 Im Rahmen der Bilanzierung (und Besteuerung) interessieren vorwiegend Leasingverträge über Investitionsgüter. Daneben haben aber auch Leasingverhältnisse für Konsumgüter eine nennenswerte ökonomische Bedeutung. In beiden Fällen stellt die **Finanzierungsfunktion** den eigentlichen ökonomischen Gehalt des Leasingverhältnisses dar. Die Mietraten müssen über die Nutzungsdauer eines Wirtschaftsguts hinweg mindestens die Gestehungs- und Finanzierungskosten des Vermieters für dieses Wirtschaftsgut decken, wenn bei diesem ein Verlust vermieden werden soll.

242 Die Finanzierungsfunktion steht denn auch im Mittelpunkt der **verkaufspolitischen Argumentation** der einschlägigen Branche. Die Bilanz des Leasingnehmers soll nach deren Argumenten „entlastet" werden, d. h. das Erreichen bestimmter Bilanzrelationen eher gewährleisten als die herkömmliche Finanzierung. Als Vorteile der Leasingfinanzierung werden auch die Erhaltung von Liquidität und Kreditspielraum genannt. Außerdem sollen nach den verkaufspolitischen Argumenten der Leasingbranche durch die Leasingfinanzierung gegenüber der herkömmlichen Finanzierung Steuervorteile beim Leasingnehmer entstehen. Allgemeingültige Aussagen hier-

1 Ähnlich die Lösung vomBFH, Urteil v. 29.11.1973 – IV R 181/71, BStBl 1974 II S. 202.

2 Vgl. *Palandt/Weidenkaff*, BGB-Kommentar, Einführung vor § 535 Tz. 38.

zu sind jedoch nicht möglich. Es bedarf im Einzelfall zur Bestimmung der Vorteilhaftigkeit oder Nachteiligkeit der Leasing- gegenüber der herkömmlichen Finanzierung einer detaillierten Berechnung. Das Leasinggeschäft gilt als Kreditgeschäft i. S. des Gesetzes über das Kreditwesen (§ 19 Abs. 1 Nr. 9 KWG).

243 Zu unterscheiden ist der Leasingvertrag vom **Mietkauf** (→ Rz. 260). Bei diesem erhält der Mieter zusätzlich eine Kaufoption, die ihn zum Erwerb des Vermietungsgegenstands unter **Anrechnung** von geleisteten Mietzahlungen berechtigt. Mitunter wird auch ein verdeckter Ratenkauf als Mietkauf bezeichnet. In der Praxis wird von Mietkauf dann gesprochen, wenn die bilanzielle Zurechnung – anders als beim (eigentlichen) Leasing – beim Mieter/Käufer erfolgte bzw. erfolgen soll. Diese bilanzielle Behandlung trifft zu, denn der Käufer hat regelmäßig ein wirtschaftliches Interesse an der Ausübung der für ihn günstigen Kaufoption (→ Rz. 248).[1]

2.1.2 Anzuwendende Bilanzierungsregeln

244 Die handelsrechtliche Zuordnung der Bilanzierungssphäre – beim Leasinggeber oder -nehmer – orientiert sich in Deutschland traditionell an den **steuerlichen** Vorgaben. Diese beruhen einerseits auf – allerdings handelsrechtliche Bilanzierung auslegender – BFH-Rechtsprechung[2] und den detaillierten Vorgaben der Finanzverwaltung, die auch durch lobbyistisch beeinflusste politische Prozesse gekennzeichnet sind. Ein spezifisch handelsrechtlich orientierter Versuch einer Bilanzierungsvorgabe durch das IDW – ebenfalls politisch motiviert – ist gescheitert[3] und seitdem nicht erneut aufgegriffen worden.

245 Die nachfolgende Kommentierung orientiert sich an der handelsrechtlichen Bilanzierungspraxis, die fast ausnahmslos die **steuerliche Vorgabe** („erlasskonform") unbesehen übernimmt. Auf besondere Vorgaben der IFRS wird nur ergänzend eingegangen. Beide Regelwerke kommen (für den Leasinggeber) im Übrigen in der überwiegenden Zahl der Fälle zum gleichen Ergebnis. Relevanter Ausnahmefall sind das Hardwareleasing sowie allgemein das Teilamortisationsleasing mit Restwertgarantie des Leasingnehmers. In beiden Fällen führt der nach IFRS (16 für die Bilanzierung beim Leasinggeber) vorzunehmende Barwerttest auch für „erlasskonforme" Verträge regelmäßig dazu, dass das wirtschaftliche Eigentum nicht mehr dem Leasinggeber zuzurechnen ist.

2.1.3 Bilanzielle Zurechnung – Grundlage

246 Der Leasinggeber ist zur Beschaffung der **Finanzierungsmittel** für den Leasinggegenstand verpflichtet. Als **Sicherheit** für die Beleihung kann ihm nur das Leasingobjekt selbst dienen, weshalb er rechtlicher Eigentümer bleibt, um eine Besicherungsgrundlage zur Refinanzierung bieten zu können, sofern die Finanzierung nicht anderweitig gesichert wird. Damit ist über die bilanzrechtliche Zuordnung noch nichts entschieden (→ Rz. 221). Der Leasinggeber muss auch **wirtschaftlicher Eigentümer** sein, wenn er das Leasinggut als „sein Vermögen" i. S. des § 238 Abs. 1 HGB sowie § 242 Abs. 1 und 2 HGB ausweisen will. Dieser Sichtweise schließt sich das Steuerrecht systematisch über § 5 Abs. 1 Nr. 1 EStG (sog. Maßgeblichkeitsgrundsatz) an. Dies gilt speziell für die Bilanzierungssituation im Leasingbereich. Die BFH-Rechtsprechung,[4] die die

1 So auch BFH, Urteil v. 18.11.1970 – I 133/64, BStBl 1971 II S. 133, und BFH, Urteil v. 12.9.1991 – III R 233/90, BStBl 1992 II S. 182.

2 Grundlegend BFH, Urteil v. 26.1.1970 – IV R 144/66, BStBl II S. 264.

3 IDW HFA 1/1973.

4 Grundlegend BFH, Urteil v. 26.1.1970 – IV R 144/66, BStBl II S. 264.

Grundlage für die Leasingerlasse der Finanzverwaltung darstellt, hat die besondere Bedeutung des **wirtschaftlichen** Gehalts der betreffenden Vereinbarung betont: Leasingverträge reichen vom normalen Mietvertrag bis zum verdeckten Ratenkaufvertrag, weshalb die Frage des wirtschaftlichen Eigentums und damit des Bilanzansatzes unabhängig von zivilrechtlichen Qualifizierungen zu treffen ist. Ist der Vertrag als **Raten-** oder **Mietkauf** (→ Rz. 260) zu würdigen, geht das wirtschaftliche Eigentum mit Vertragsabschluss auf den Leasingnehmer über, beim Leasinggeber liegt ein Realisationstatbestand vor, beim Leasingnehmer eine Anschaffung – vorerst ohne Übergang des rechtlichen Eigentums. Verbleibt umgekehrt bei Vertragsabschluss das wirtschaftliche Eigentum beim Leasinggeber, liegt aus bilanzrechtlicher Sicht ein normales Dauerschuldverhältnis in Form eines Mietvertrags vor. Der Leasinggeber vereinnahmt die Mietraten und verwendet diese zur Bedienung seiner Finanzierungskosten. Die Beurteilung des bilanzrechtlichen Gehalts muss zur Vermeidung eines willkürlichen Wechsels der Bilanzierungsmethoden bei **Beginn** des Leasingverhältnisses erfolgen.

Systematisch unterscheidet man entsprechend in Anlehnung an die angelsächsische Sprachregelung zwischen 247

- *operating lease* – Zurechnung beim Leasing**geber** und
- *finance lease* – Zurechnung beim Leasing**nehmer**.

Beim ***operating** lease* aktiviert der Leasing**geber** die Anschaffungs- oder Herstellungskosten des verleasten Wirtschaftsguts und passiviert (sofern nicht aus Eigenmitteln bestritten) seine Refinanzierung. Als Aufwand erscheinen Abschreibung und Zins, als Ertrag Mieteinnahmen. Der Leasing**nehmer** bucht regelmäßig Mietaufwand und ggf. Nebenkosten in der GuV. Sonderzahlungen des Leasingnehmers bei Beginn des Leasingverhältnisses sind als Mietvorauszahlungen aktiv abzugrenzen und zeitanteilig aufzulösen, spiegelbildlich beim Leasinggeber.

Beim ***finance** lease* aktiviert der Leasingnehmer die (nicht notwendig) offengelegten Anschaffungs- oder Herstellungskosten des Leasinggebers und passiviert die gesamten Leasingraten als Kaufpreisschuld, die unter Aufteilung in Zins- und Tilgungsanteil zu bedienen ist. Als Aktivierungsbewertung kann auch der Barwert der Leasingraten (zzgl. Nebenkosten) in Betracht kommen. Der Leasinggeber aktiviert eine mit der Kaufpreisschuld des Leasingnehmers korrespondierende Forderung (Kaufvertrag mit gestundeten Kaufpreisraten).[1] Der Leasingnehmer tätigt bei **unverändertem rechtlichen** Eigentum des Leasinggebers ein Anschaffungsgeschäft, Letzterer einen Verkaufsakt. Bei vorzeitiger Ablösung des Leasingvertrags stellt die Abstandszahlung des Leasingnehmers Anschaffungskosten durch Erwerb des wirtschaftlichen Eigentums dar (→ § 255 Rz. 114).

Dem Leasing**nehmer** als wirtschaftlichem Eigentümer ist der Leasinggegenstand dann zuzuordnen,[2] wenn 248

- die übliche **Nutzungsdauer** und die **Grundmietzeit** sich annähernd decken,
- die übliche Nutzungsdauer erheblich **länger** ist als die Grundmietzeit, der Leasingnehmer bei beidseitig unkündbarer Grundmietzeit eine für den Leasingnehmer günstige **Option**

---

1 BFH, Urteil v. 13.12.2006 – VIII R 51/04, FR 2007 S. 607, mit Anm. *Wendt*. Zu Einzelheiten zur Zurechnung des Leasinggegenstands und zur bilanzmäßigen Darstellung siehe *Veigel/Lentschig*, StBp 1994 S. 106. Zur Bilanzierung von Leasinggestaltungen siehe *Ammann/Wulf/Stülz/Küting u. a.*, BB 1998 S. 1463.

2 BFH, Urteil v. 3.8.2004 – X R 55/01, BFH/NV 2005 S. 517.

zur Verlängerung der Mietzeit nach Maßgabe der Nutzungsdauer oder eine Option zur Verlängerung oder Erwerb hat,[1]

- das Leasinggut nur vom Leasingnehmer sinnvoll genutzt werden kann (z. B. Fußball-Großarena [→ Rz. 265], ERP-Software bei hochgradigem Customizing), sog. **Spezial**leasing.[2]
- Spezialleasing kann nach ständiger Rechtsprechung auch dort vorliegen, wo eine Sachgesamtheit vermietet wird, deren Einzelteile zwar je für sich standardisiert sind, die Sachgesamtheit aber spezifisch auf die Bedürfnisse des Leasingnehmers zugeschnitten sind. Dies ist nach der Rechtsprechung etwa der Fall beim Leasing über eine vollständige Supermarkteinrichtung,[3] über eine Telefonanlage[4] oder über eine aus Standardkomponenten zusammengestellte IT-Anlage.[5]

249 *(einstweilen frei)*

2.1.4 Bilanzielle Zurechnung bei Vollamortisationsverträgen über Mobilien

250 Auf der Grundlage der BFH-Rechtsprechung[6] ist die Finanzverwaltung[7] den Anforderungen der Leasingbranche in verschiedenen Verwaltungserlassen nach „passender" Abbildung der gängigen Vertragsmuster nachgekommen. Die Erlasse sind durch das Bestreben nach Zuordnung des wirtschaftlichen Eigentums beim **Leasinggeber** geprägt. Dazu unterscheidet das BMF folgende Vertragstypen:

- Verträge ohne Kauf- oder Verlängerungsoption,
- Verträge mit Kaufoption,
- Verträge mit Mietverlängerungsoption sowie
- Verträge über Spezialleasing (immer dem Leasingnehmer zuzurechnen).

251 Die – branchenübliche – Zurechnung beim Leasinggeber bei fehlender Kauf- oder Verlängerungsoption setzt eine Grundmietzeit von mindestens 40 % und höchstens 90 % der gewöhnlichen Nutzungsdauer des Leasinggegenstands voraus. Dahinter steckt folgendes ökonomisches **Kalkül:** Wenn ein Leasingnehmer bereit ist, die Gestehungskosten zzgl. Zinsen innerhalb von weniger als 40 % der Nutzungsdauer dem Leasinggeber zu bezahlen, so geht er von einer Wahrscheinlichkeit der anschließenden verbilligten oder gar kostenlosen Überlassung aus. Bei einer Leasingdauer von über 90 % der Nutzungsdauer schließt dagegen der Leasingnehmer gem. § 39 Abs. 2 Satz 1 AO näherungsweise den Leasinggeber für die „gewöhnliche Nutzungsdauer von der Einwirkung auf das Wirtschaftsgut aus".

---

1 BFH, Urteil v. 9.12.1999 – III R 74/97, BStBl 2001 II S. 311, u. E. so nur bedingt zutreffend: Die Verlängerungs- oder Kaufoption muss bei Vertragsabschluss als günstig angesehen werden. Ähnlich BFH, Urteil v. 30.5.1984 – I R 146/81, BStBl 1984 II S. 825, zum Fall einer günstigen Erwerbsoption nach Ablauf der Grundmietzeit für eine Betriebshalle, die eine erheblich längere Nutzungsdauer aufwies.

2 Allgemein zu vernachlässigten Kategorien des Spezialleasings *Lüdenbach/Freiberg*, BB 2006 S. 259.

3 BFH, Urteil v. 26.1.1970 – IV R 144/66, BStBl 1970 II S. 264.

4 BFH, Urteil v. 15.2.2001 – III R 130/95, DStRE 2001 S. 971.

5 BFH, Urteil v. 13.10.2016 – IV R 33/13.

6 BFH, Urteil v. 26.1.1970 – IV R 144/66, BStBl II S. 264.

7 BMF, Schreiben v. 19.4.1971 – IV B 2 – S 2170 – 31/71, BStBl I S. 264; BMF, Schreiben v. 21.3.1972 – F/IV B 2 – S 2170 – 11/72, BStBl I S. 188; BMF, Schreiben v. 22.12.1975 – IV B 2 – S 2170 – 161/75, BB 1976 S. 72; BMF, Schreiben v. 23.12.1991 – IV B 2 – S 2170 – 115/91, BStBl 1992 I S. 13; BMF, Schreiben v. 9.1.1996 – IV B 2 – S 2170 – 135/95, BStBl I S. 9; OFD München, Vfg. v. 12.10.2003 – S 2170 – 80 – St 41/42, DB 2003 S. 2358; OFD Rheinland, Vfg. v. 20.3.2007 – S 2257 – 1000 – St 221, DB 2007 S. 829.

Beim Leasingvertrag mit **Kaufoption** ist eine Zurechnung zum Leasinggeber ebenfalls dann vorzunehmen, wenn die Grundmietzeit mindestens 40 % und höchstens 90 % der gewöhnlichen Nutzungsdauer des Leasingobjekts beträgt; zusätzlich darf der optionale Kaufpreis nicht niedriger sein als der Restbuchwert bei Anwendung der linearen AfA nach der amtlichen Tabelle. Dabei sind Buchwertkürzungen durch Investitionszuschüsse oder Rücklagenübertragung nach § 6b EStG nicht zu berücksichtigen.[1] Umgekehrt gilt: Ist die Optionsausübung für den Leasingnehmer so günstig, dass in typisierter Betrachtung mit ihrer Ausübung zu rechnen ist, liegt das wirtschaftliche Eigentum beim Leasingnehmer. 252

Entsprechende Überlegungen gelten bei Verträgen mit **Mietverlängerungsoption:** Die Grundmietzeit muss ebenfalls mindestens 40 % und höchstens 90 % der gewöhnlichen Nutzungsdauer des Objekts betragen und die Anschlussmiete dem Wertverzehr auf der Basis einer linearen Abschreibung entsprechen, um die Zurechnung beim Leasinggeber vorzunehmen. Bei niedrigerer Miete wäre die Ausübung der Option durch den Leasingnehmer wahrscheinlich und dieser wirtschaftlicher Eigentümer.[2] 253

2.1.5 Bilanzielle Zurechnung bei Teilamortisationsverträgen über Mobilien

Die Finanzierungsleasingverträge sind nach den Verwaltungsvorgaben an die 90 %-Grenze gebunden, d. h., vor Ende der betriebsgewöhnlichen Nutzungsdauer des Leasinggegenstands muss eine volle Amortisation der dem Leasinggeber entstandenen Kosten erfolgen. Aus diesem Grund haben die Vollamortisationsverträge im Laufe der Zeit erheblich an praktischer Bedeutung verloren.[3] Die Leasingbranche hat sich dann andere Vertragsmodelle einfallen lassen, die die 40 %- bis 90 %-Grenze **einhalten** (zur gewünschten Zurechnung des verleasten Wirtschaftsguts beim Leasinggeber), ihr aber eine Garantie für die **vollständige Amortisation** des Investments geben können. Man spricht hier branchenintern von Leasingverträgen der zweiten Generation.[4] 254

Es geht dabei um drei Leasingmodelle mit jeweils einer **unkündbaren Grundlaufzeit** zwischen mindestens 40 % und höchstens 90 % der betriebsgewöhnlichen Nutzungsdauer. Zur Erreichung der tatsächlichen **Vollamortisation** hat die Leasingbranche in diesem Fall drei Zusatzkomponenten in die Verträge eingebaut, welche mit dem Einverständnis des BMF die unveränderte Zurechnung beim Leasinggeber gewährleisten sollen: 255

1. Teilamortisationsvertrag mit **Andienungsrecht** des Leasinggebers, allerdings ohne gleichzeitiges Optionsrecht des Leasingnehmers: Dann verbleibt dem Leasinggeber die Chance einer Wertsteigerung, denn er wird von seinem Andienungsrecht nur dann Gebrauch machen, wenn er das Leasinggut nach Ablauf der Grundlaufzeit nicht günstiger durch Verkauf an Dritte verwerten kann. Diese Vertragsgestaltung mit Beibehaltung des wirtschaftlichen Eigentums beim Leasinggeber ist durch den BFH[5] bestätigt worden.
2. Teilamortisationsvertrag mit Tragung des Restwertrisikos durch den Leasingnehmer und **Aufteilung des Mehrerlöses:** Hier trägt zunächst der Leasingnehmer das Restwertrisiko. Der Leasinggeber ist zur Veräußerung des Leasingguts nach Ablauf des Vertrags ver-

1 OFD München, Vfg. v. 12.10.2003 – S 2170 – 80 St 41/42, DB 2003 S. 2358.
2 Vgl. *Buhl*, BB 1992 S. 1755.
3 Vgl. *Engel*, DStR 2000 S. 1478.
4 Entsprechende Anfragen der Leasingbranche haben zu BMF, Schreiben v. 22.12.1975 – IV B 2 – S 2170 – 161/75, BB 1976 S. 72, geführt.
5 BFH, Urteil v. 8.11.2000 – I R 37/99, BStBl 2001 II S. 722.

pflichtet; ist der Verkaufserlös niedriger als die Restamortisation, muss der Leasingnehmer dem Leasinggeber den Differenzbetrag zwischen Restamortisation und Veräußerungserlös erstatten. Übersteigt demgegenüber der Veräußerungserlös die Restamortisation, darf der Leasinggeber von diesem Betrag mindestens 25 % beanspruchen und behält so noch eine wirtschaftliche Chance der Partizipation am Mehrerlös und damit das wirtschaftliche Eigentum. Der Leasinggeber darf für seine Verpflichtung zur Beteiligung des Leasingnehmers am etwaigen Mehrerlös keine Rückstellung oder passive Abgrenzung bilden.[1]

3. Kündbarer Teilamortisationsvertrag mit **Anrechnung** des Veräußerungserlöses auf die vom Leasingnehmer zu leistende Schlusszahlung: Hier hat der Leasingnehmer frühestens nach Ablauf einer Grundvertragszeit von 40 % der betriebsgewöhnlichen Nutzungsdauer ein Kündigungsrecht. Macht er von diesem Recht Gebrauch, muss er eine Abschlusszahlung in Höhe der durch die Leasingraten nicht gedeckten Gesamtkosten des Leasinggebers entrichten. Auf diese Abschlusszahlung sind 90 % des vom Leasinggeber erzielten Veräußerungserlöses anzurechnen. Damit trägt das Restwertrisiko der Leasingnehmer. Allerdings hat der Leasinggeber auch hier die Chance einer Wertsteigerung und bleibt wirtschaftlicher Eigentümer.

255a Die durch die steuerlichen Erlasse vorgenommene **Unterscheidung** zwischen Voll- und Teilamortisationsleasing trägt den wirtschaftlichen Umständen nicht immer Rechnung. Ein formal als Teilamortisation zu qualifizierendes Vertragsverhältnis kann tatsächlich eine Vollamortisation bedeuten. Betroffen sind insbesondere Verträge mit **Restwertgarantie** des Leasingnehmers über Hardware oder ähnlich schnelllebige Güter, die dann in formaler Betrachtung als *operating lease* (wirtschaftliches Eigentum verbleibt beim Leasinggeber), in wirtschaftlicher Würdigung hingegen als *finance lease* (wirtschaftliches Eigentum beim Leasingnehmer) zu qualifizieren sind. Unter Berufung auf die nach h. M. auch handelsbilanziell anzuwendenden Erlasse kann der Leasingnehmer dann von einer Bilanzierung des Leasingobjekts absehen, bei zu treffender wirtschaftlicher Betrachtung hätte er diese hingegen vorzunehmen.

BEISPIEL[2] ▶ Sachverhalt

Der Leasingnehmer LN least ab 1.1.01 von Leasinggeber LG Hardware auf drei Jahre. Für die für 100 T€ von LG angeschaffte Hardware ist eine jährliche nachschüssige Leasingzahlung von 30 T€ zu leisten. Der Vertrag sieht keine Kauf-, Andienungs- oder Verlängerungsoptionen vor, dafür aber folgende Restwertregelung: Nach Ablauf der drei Jahre wird der Leasinggegenstand durch den LG veräußert. Ist der Veräußerungserlös niedriger als die Differenz zwischen den Gesamtkosten des LG (115 T€ unter Einbeziehung von 6 % Finanzierungskosten und 1,4 T€ Verwaltungskosten) und den in der Grundmietzeit entrichteten Leasingraten (90 T€), so muss der LN eine Abschlusszahlung i. H. der Differenz (25 T€) leisten. Ist der Veräußerungserlös hingegen höher, so erhält der LG 25 %, der LN 75 % des Mehrbetrags. Die Nutzungsdauer der Hardware beträgt laut amtlicher AfA-Tabelle fünf Jahre.

LÖSUNGSHINWEISE ▶ Formal: Teilamortisationsleasing

In steuerlicher Terminologie liegt ein Teilamortisationsvertrag vor, da die Kosten des LG durch die laufenden Leasingraten nur zum Teil gedeckt werden.

Das Vertragsmodell sieht eine Aufteilung des Veräußerungserfolgs vor. Die Finanzverwaltung (→ Rz. 255) vertritt hier folgende Auffassung: Eine 25 %-Beteiligung des LG an Mehrerlösen bewirke eine wirtschaftlich ins Gewicht fallende Beteiligung an der Wertsteigerung des Leasinggegenstands. Der Leasinggegenstand sei daher dem LG zuzurechnen.

1 BFH, Urteil v. 8.10.1987 – IV R 18/86, BStBl 1988 II S. 57; *Bordewin*, DB 1988 S. 413.

2 Nach *Lüdenbach*, StuB 2013 S. 264.

Faktisch: Vollamortisationsabrede

Der LG hat ein bedingtes Recht auf den Ausgleich eines Mindererlöses beim Verkauf. Aufgrund dieser Restwertgarantie geht der spätere Veräußerungserfolg nicht auf eigenes Risiko des LG, sondern auf Risiko des LN. Nach der allgemeinen Rechtsprechung des BFH sind Erlöse aus einem Verkauf zu realisieren, wenn beim Veräußerer nur noch die „geringen und überschaubaren Risiken" des Zahlungseingangs und der Gewährleistung verbleiben (→ § 252 Rz. 113). Mit Vertragsbeginn und Übergabe des Leasinggegenstands auf den LN in 01 ist beim LG eine entsprechende Risikominimierung eingetreten.

Der LG erhält zwar nicht über die laufenden Leasingraten alleine, jedoch i.V. mit der Restwertgarantie eine volle Amortisation seiner Kosten. Ihm bleibt daneben die Hoffnung, mit 25 % an einem Mehrerlös zu partizipieren. Ein solcher ist angesichts der Schnelllebigkeit der EDV jedoch unwahrscheinlich, der Herausgabeanspruch des Eigentümers (LG) ist im Verhältnis zur Restwertgarantie wenig relevant. Daher gilt: Hat der Herausgabeanspruch im „für die Situation typischen Fall keine wirtschaftliche Bedeutung mehr", liegt das wirtschaftliche Eigentum am Leasinggegenstand beim LN.[1]

Bei formaler Betrachtung liegt ein Teilamortisationsvertrag mit Zurechnung des Leasingobjekts beim LG vor. Wegen der Besonderheiten des Hardwareleasings besteht tatsächlich aber eine Vollamortisationsabrede, die u. E. bereits bei Vertragsbeginn zum Übergang des wirtschaftlichen Eigentums auf den LN führt.

Über das vorstehende Beispiel hinaus lässt sich am Mehrerlösmodell die teilweise **Konzeptionslosigkeit** und die **lobbyistische** Prägung der („erlasskonformen") Leasingbilanzierung darstellen. 256

BEISPIEL Leasingnehmer LN und Leasinggeber LG schließen einen Teilamortisationsvertrag über einen Pkw ab. Der LG garantiert 100 % des kalkulierten Restwerts; ein über den kalkulierten Wert hinaus erzielter Erlös steht ihm zu 75 % zu, dem LN zu 25 %. Die Ermittlung des vom LN zu tragenden Amortisationsrisikos im sog. Barwerttest (nach IAS 17 für beide Parteien bzw. nach IFRS 16 für den Leasinggeber durchzuführen) ist wie folgt:

Kalkulierter Restwert (T€)	36,00		
Restwertrisiko LN	100 %		
Restwertchance LN	75 %		
Neupreis Pkw (T€)	100,00		
Relevanter Zinssatz	10 %		
Leasingraten (T€)	29,00	29,00	29,00
Vom LN garantierter Restwert			36,00
	29,00	29,00	65,00
Barwerttest IFRS: vom LN getragenes Amortisationsrisiko			
Mindestleasingraten (T€)	29,00	29,00	65,00
· Abzinsungsfaktor	0,9091	0,8264	0,7513
= Diskontierter Wert (T€)	26,36	23,97	48,84
Summe = Barwert (T€)	99,17		
Zeitwert Pkw 1.1.01 in %	99,2 %		

1 BFH, Urteil v. 26.1.1970 – IV R 144/66, BStBl 1970 II S. 264.

Der Leasingnehmer übernimmt zu beinahe 100 % das Amortisationsrisiko. Der Leasinggeber trägt so gut wie kein Risiko und behält eine minimale (und zumeist unrealistische) Chance; er ist also, wenn die Kriterien von Chancen und Risiken (→ Rz. 225) überhaupt einen Sinn haben sollen, nicht wirtschaftlicher Eigentümer.

Nach der Begründung zum Regierungsentwurf des BilMoG können die steuerlichen Leasingerlasse auch weiterhin der handelsrechtlichen Bilanzierung zugrunde gelegt werden. Für den Leasingnehmer folgt hieraus ein faktisches **Ansatzwahlrecht.**

2.1.6 Bilanzielle Zurechnung bei Immobilienleasing

257 Der Vollamortisations-Immobilienerlass vom 21.3.1972[1] sah wie der vergleichbare Mobilienerlass die Vollamortisation der gesamten Kosten des Leasinggebers innerhalb der Grundmietzeit vor; genauer gesagt beruhte die Anwendung dieses Erlasses auf dem entsprechenden Vertragstypus. Dieser konnte sich jedoch am **Markt nicht durchsetzen,** weil kein potenzieller Kunde des Leasingunternehmens bereit ist, während der i. d. R. kurzen Grundmietzeit alle Kosten des Leasinggebers mit seinen Leasingraten abzudecken und dann auch noch bei Ausübung der Kaufoption einen erheblichen Restbuchwert als Kaufpreis zu zahlen. Der Immobilien-Leasingerlass vom 21.3.1972 wurde deshalb in der **Praxis nicht angewandt.** Es kamen **Ersatzmodelle** auf den Markt, die zwar nicht gegen die Vorgaben dieses Erlasses ausgerichtet waren, aber jedenfalls keine offizielle „Genehmigung" der Finanzverwaltung genereller Art erhielten. Gleichwohl ist die bilanzsteuerliche Zurechnung beim Leasinggeber wohl kaum jemals infrage gestellt worden.

258 Vor diesem Hintergrund ist der Regelungsgehalt des **Teilamortisations**-Leasingerlasses für unbewegliche Wirtschaftsgüter vom 23.12.1991[2] zu verstehen. Dieses Schreiben geht von einem Vertragstyp aus, bei dem innerhalb der Grundmietzeit die gesamten Kosten des Leasinggebers durch die Leasingraten nicht gedeckt werden. Die 40 %-Grenze ist in diesem Schreiben nicht mehr enthalten. Anders die 90 %-Grenze: Wenn die Grundmietzeit größer ist als 90 % der betriebsgewöhnlichen Nutzungsdauer, so erfolgt eine Zurechnung beim Leasingnehmer. Gleiches gilt bei einem niedrigeren Kaufpreis als dem Restbuchwert unter Annahme linearer Abschreibung bei Ausübung eines Kaufoptionsrechts. Als **Nutzungsdauer** gelten dabei die gesetzlichen Vorgaben des § 7 Abs. 4 Satz 1 bzw. Satz 2 EStG. Eine vergleichbare Regelung ist für Verträge mit Mietverlängerungsoptionen vorgesehen. Die Immobilien-Leasing-Branche kann dabei eine ganze Reihe von Risiken (z. B. des zufälligen Untergangs) nicht mehr dem Leasingnehmer vertraglich auferlegen, wenn nicht die an sich gewünschte Zurechnung beim Leasinggeber vereitelt werden soll.[3] Die vom BMF aufgeführten sechs Kriterien sind Ausfluss der Auslegung des Begriffs „wirtschaftliches Eigentum".

258a Anlässlich der Neuregelung des wirtschaftlichen Eigentums in § 246 Abs. 1 HGB im Rahmen des BilMoG ist in der Begründung zum Regierungsentwurf Folgendes festgehalten: Die Leasingerlasse stellen für die Handelsbilanz **Arbeitshilfen** und **Anhaltspunkte** zur Zuordnung des wirtschaftlichen Eigentums dar. Hieraus folgt: Den Erlassen kann für handelsrechtliche Zwecke oft, aber nicht immer und jedenfalls nicht blind gefolgt werden.

1 BMF, Schreiben v. 21.3.1972 – F/IV B 2 – S 2170 – 11/72, BStBl I S. 188.
2 BMF, Schreiben v. 23.12.1991 – IV B 2 – S 2170 – 115/91, BStBl 1992 I S. 13.
3 Vgl. *Sobotka*, BB 1992 S. 827.

BEISPIEL Die LG errichten ein Verwaltungsgebäude und überlassen es im Leasing für 31 Jahre den LN. Die Leasingzahlungen während der 31 Jahre decken die Kosten der LG (Vollamortisationsleasing). Für steuerliche Zwecke kann das Gebäude nach § 7 Abs. 4 Satz 1 Nr. 1 EStG mit 3 % p. a. abgeschrieben werden. Die Vertragspartner stimmen überein, dass die sich hieraus typisiert ergebende Nutzungsdauer von 33 1/3 Jahren zugleich die beste Schätzung der tatsächlichen Nutzungsdauer darstellt und daher trotz Fortfall der umgekehrten Maßgeblichkeit auch für die handelsrechtliche Abschreibung nach § 253 Abs. 3 HGB der Satz von 3 % anzuwenden ist.

Steuerbilanziell ist das Vollamortisationsleasing einschlägig. Dazu trifft der Erlass für den Nutzungs- bzw. Vertragsdauertest folgende Bestimmung: „Wird die Absetzung für Abnutzung des Gebäudes nach § 7 Abs. 4 Satz 1 oder Abs. 5 EStG bemessen, so gilt als betriebsgewöhnliche Nutzungsdauer ein Zeitraum von 50 Jahren." Das Abstellen auf 50 Jahre erklärt sich daraus, dass § 7 Abs. 4 Satz 1 und Abs. 5 EStG z. T. Subventionscharakter haben. Für die Zwecke der Zurechnung von Leasingimmobilien soll diesen Subventionsvorschriften nicht gefolgt, sondern eine nur die Leasingfrage betreffende autonome Nutzungsdauerfiktion von 50 Jahren zu Grunde gelegt werden. Bezogen auf die so typisierte Nutzungsdauer beträgt die Vertragsdauer 31/50 = 62 %. Steuerbilanziell ist das Gebäude daher dem Leasinggeber zuzurechnen.

Handelsbilanziell ergibt sich aber folgendes Problem: Die Nutzungsdauer von 33 1/3 Jahren kann abweichend vom Steuerbilanzrecht handelsrechtlich nur deshalb angewandt werden, weil sie der tatsächlichen Erwartung entspricht. Unseres Erachtens ist es aber dann aus Gründen der Konsistenz erforderlich, für die Zurechnung des Leasinggegenstandes die gleiche Nutzungsdauer zugrunde zu legen. Das Ergebnis des Nutzungsdauertests wäre 31/33,3 also mehr als 90 % und damit handelsrechtlich eine Zurechnung beim Leasingnehmer.

In die langfristigen Immobilien-Leasingverträge werden häufig sog. **Mieterdarlehen** eingebaut. 259
Dabei erfolgt die Darlehensauszahlung anders als üblicherweise, nämlich sukzessive, also zeitlich im Gleichschritt mit der eigentlichen Leasingrate. Der bis zum Ende des Vertrags aufgelaufene Betrag ist dann vom Leasinggeber an den Leasingnehmer zurückzubezahlen. Im wirtschaftlichen Ergebnis bedeutet dieses Mieterdarlehen eine Restwertgarantie für den Leasinggeber.[1]

2.1.7 Leasing immaterieller Vermögensgegenstände

Bei Verträgen über die langfristige Nutzung immaterieller Vermögensgegenstände, etwa von 259a
Patenten, Filmrechten oder Software, stellt sich häufig schon zivilrechtlich die Frage, ob das von den Parteien als Nutzungsüberlassung bzw. Lizenzierung bezeichnete Vertragsverhältnis nicht tatsächlich ein **Rechtskauf** i. S. von § 453 BGB ist (siehe dazu auch → Rz. 20). Die Bezeichnung durch die Parteien hat geringe Relevanz. Entscheidend ist auch zivilrechtlich der wirtschaftliche Gehalt. Erfolgt die „Lizenzierung" zeitlich unbeschränkt oder ist das vertragsgegenständliche Recht zum Ablauf des Lizenzzeitraums so gut wie sicher wertlos, liegt i. d. R. ein Rechtskauf mit Übergang des rechtlichen Eigentums auf den „Lizenznehmer" vor.

Bleibt es zivilrechtlich beim Eigentum des Lizenzgebers, ist zu prüfen, ob nicht dennoch das **wirtschaftliche Eigentum** auf den Lizenznehmer übergegangen ist. In der Beantwortung spielt die modifizierte Anwendung der Leasingerlasse eine wichtige Rolle. Wird etwa ein Filmleis-

1 Im Einzelnen *Freiberg*, PiR 2006 S. 92.

tungsschutzrecht an eine Vertriebsgesellschaft auf 42 Jahre lizenziert, wobei der Lizenznehmer noch eine Kaufoption zum Ablauf dieses Zeitraums hat, gilt nach Auffassung des FG Köln:[1]

- **Vertragsdauerkriterium:** Die Schutzdauer des Leistungsschutzrechts des Filmherstellers beträgt nach § 94 Abs. 3 UrhG 50 Jahre. Dies kann zugleich als betriebsgewöhnliche Nutzungsdauer angesehen werden. Im Verhältnis hierzu beträgt der unkündbare Vertragszeitraum nur 42 Jahre bzw. 84 % und damit weniger als 90 %. Der Herausgabeanspruch des Eigentümers nach Ablauf des Vertrags ist deshalb nicht von vornherein wertlos, eine Übertragung des wirtschaftlichen Eigentums nicht indiziert.

- **Kaufoptionskriterium:** Ob ein Optionsausübungspreis im Zeitpunkt der Beendigung des Filmvertriebsvertrages so günstig ist, dass typisiert mit Ausübung der Option zu rechnen ist, kann meist nicht zuverlässig eingeschätzt werden. Anders als bei materiellen Gütern, wo das Verhältnis von linearem Restbuchwert zum Optionsausübungspreis ein verlässlicher Indikator für die Günstigkeit ist, kann die Marktgängigkeit eines Films nach 42 Jahren, und damit die Günstigkeit der Option, nicht typisiert eingeschätzt werden. Auch durch eine Kaufoption ist damit i. d. R. keine Übertragung des wirtschaftlichen Eigentums indiziert.

Zum Softwareleasing wird auf → Rz. 24a und → Rz. 248 verwiesen.

2.1.8 Innovative Leasinggestaltungen – Drei-Stufen-Modell des BFH

259b Im grundlegenden Leasing-Urteil von 1970[2] hat der IV. Senat für wichtige Vertragstypen mit und ohne Verlängerungs- oder Kaufoption des Leasingnehmers sowie für Spezialleasing klare Vorgaben zur Zurechnung des wirtschaftlichen Eigentums gemacht (→ Rz. 250). Die Finanzverwaltung hat diese Vorgaben in Erlassen bekräftigt und um Regelungen für weitere Fälle (insbesondere der Teilamortisation) erweitert. Steuerbilanziell herrscht seitdem Rechtssicherheit für die vielen in den Erlassen geregelten Fälle. Fraglich blieb das Vorgehen bei **innovativen Vertragsgestaltungen,** die sich in Rechtsprechung und Erlassen nicht wiederfinden.[3] Von Bedeutung sind u. a. Verträge, die

- das günstige Vertragsverlängerungsrecht des Leasingnehmers durch ein günstiges Verlängerungsrecht des Leasinggebers substituieren oder

- eine günstige Kaufoption des Leasingnehmers durch ein günstiges Andienungsrecht des Leasinggebers ersetzen,

wobei die Leasingraten während der Grundmietzeit typischerweise gering sind, dies aber durch die höheren Raten im Verlängerungszeitraum bzw. durch einen hohen Andienungspreis kompensiert wird. Die Verlängerungs- bzw. Andienungsoption des Leasinggebers ist dann so ausgestaltet, dass beinahe mit Gewissheit mit der Ausübung zu rechnen ist.

Die bilanzierende Praxis ist hier frei nach dem Motto, dass erlaubt sei, was nicht verboten sei, meist wie folgt verfahren: In den Erlassen nicht wiederzufindende Verträge werden „automatisch" als operatives Leasing, d. h. Zurechnung des wirtschaftlichen Eigentums, beim Lea-

1 FG Köln, Urteil v. 11.9.2018 – 3 K 2193/17.

2 BFH, Urteil v. 26.1.1970 – IV R 144/66, BStBl 1970 II S. 264.

3 Vgl. zum Nachfolgenden *Hoffmann/Lüdenbach/Freiberg*, BB 2017 S. 874 ff.

singgeber bilanziert. Die Finanzgerichte haben dieser Automatik zwar in diversen Urteilen eine Absage erteilt,[1] eine Entscheidung des BFH stand aber lange aus. Seit 2016 liegt sie bzgl. eines Andienungsrechts vor.[2] Der BFH argumentiert wie folgt: § 39 Abs. 2 Nr. 1 Satz 1 AO erfordert, dass ein anderer den zivilrechtlichen Eigentümer für die gewöhnliche Nutzungsdauer von der Einwirkung auf das Wirtschaftsgut wirtschaftlich ausschließen kann. Aus dem „kann" ergebe sich aber, „dass der andere diesen Ausschluss bewirken können muss".[3] Durch ein für den Leasinggeber wirtschaftlich vorteilhaftes Andienungsrecht werde eine solche Ausschlussmöglichkeit nicht begründet. Für aus der Vorteilhaftigkeit abzuleitende Wahrscheinlichkeitserwägungen sei an dieser Stelle kein Raum. „Denn in einem solchen Fall ist der Leasingnehmer rechtlich nicht in der Lage, den Leasinggeber i. S. des § 39 Abs. 2 Nr. 1 Satz 1 AO für die gesamte Nutzungsdauer von der Einwirkung auf das Wirtschaftsgut wirtschaftlich auszuschließen." Entscheidend sei insofern, dass es sich beim Andienungsrecht „nur um eine rechtliche Befugnis des Leasinggebers und nicht um eine solche des Leasingnehmers handelt".[4] Abweichend davon soll es in Fällen des Spezialleasings aber nicht darauf ankommen, ob der Leasingnehmer eine Vertragsverlängerungs- oder Kaufoption hat. „Als maßgeblich hierfür sieht der Senat an, dass beim Spezialleasing der Herausgabeanspruch des Leasinggebers …. stets (wirtschaftlich) wertlos ist."[5] Wertet man die Überlegungen zum Spezialleasing nicht als Kasuistik, lässt sich aus dem Urteil des BFH ein **Drei-Stufen-Modell** ableiten:

- Stufe 1: Würdigung, ob ein eventueller Herausgabeanspruch des Leasinggebers wirtschaftlich wertlos bzw. in der Terminologie des Grundsatzurteils von 1970 „wirtschaftlich ohne Bedeutung" ist. Wo dies der Fall ist, liegt das wirtschaftliche Eigentum beim Leasingnehmer. Nur wo dies nicht der Fall ist, ist in den zweiten Prüfschritt einzutreten.
- Stufe 2: Würdigung, ob der Leasingnehmer überhaupt ein Recht hat, den Leasinggeber von der Nutzung auszuschließen. Wenn der Herausgabeanspruch des Leasinggebers nicht ohne Bedeutung ist (Stufe 1) und der Leasingnehmer kein Recht hat, die Herausgabe zu verhindern (Stufe 2), liegt das wirtschaftliche Eigentum beim Leasinggeber. Im umgekehrten Fall – wirtschaftlich bedeutsamer Herausgabeanspruch, aber Recht des Leasingnehmers, die Herausgabe zu verhindern – folgt ein dritter Prüfschritt.
- Stufe 3: Würdigung, ob der Leasingnehmer in typisierter Betrachtung sein Recht wahrscheinlich ausüben, die Realisation der wirtschaftlich nicht unbedeutenden Herausgabe durch den Leasinggeber also verhindern wird. Ist hiervon auszugehen, liegt das wirtschaftliche Eigentum beim Leasingnehmer, ansonsten beim Leasinggeber.

In den klassischen Fällen mit Kauf- oder Verlängerungsoption des Leasingnehmers sind die Voraussetzungen der Stufe 2 gegeben und ist deshalb in die Würdigung der Stufe 3 einzutreten. In den innovativen Fällen kommt es auf Stufe 3 hingegen gar nicht mehr an, weil der Leasingnehmer nicht das in Stufe 2 verlangte Recht hat. Die Zurechnung zum Leasingnehmer kann allein dann noch erfolgen, wenn der Herausgabeanspruch des Leasinggebers wirtschaftlich ohne Bedeutung ist (Stufe 1). Fraglich ist dann, wann ein **Herausgabeanspruch noch wirtschaftliche Bedeutung** hat. Dem BFH reicht es möglicherweise aus, wenn das Leasingobjekt

1 Vgl. u. a. Niedersächsisches Finanzgericht v. 19.6.2002 – 2 K 457/99 EFG 2003 S. 146; FG Köln v. 1.9.2016 – 15 K 445/12; Niedersächsisches Finanzgericht v. 3.7.2013 – 4 K 188/11; FG Münster v. 11.12.2014 – 5 K 3068/13 FEFG 2015 S. 694 Nr. 9.

2 BFH, Urteil v. 13.10.2016 – IV R 33/13.

3 Ebenda.

4 Ebenda.

5 Ebenda.

zum Zeitpunkt der möglichen Geltendmachung des Herausgabeanspruchs nicht völlig wertlos für den Leasinggeber ist. Unseres Erachtens ist die Werthaltigkeit hingegen am Verhältnis des bei Herausgabe entstehenden Wertes zum Wert einer Andienung zu sehen. Der Begriff des „wirtschaftlichen Eigentums“ bzw. der „wirtschaftlichen Bedeutung eines Herausgabeanspruchs“ verlangt naturgemäß nach einer wirtschaftlichen Betrachtung. Eine wirtschaftliche Betrachtung von Ansprüchen, Handlungsalternativen usw. ist aber fast immer eine Opportunitätsbetrachtung. Hat das Leasingobjekt zum möglichen Zeitpunkt der Geltendmachung des Herausgabeanspruchs zwar noch einen nicht völlig zu vernachlässigenden Wert (z. B. Schrottwert bei Güterwagons), liegt aber andererseits der im Opportunitätsfall (Verzicht auf Herausgabeanspruch) entstehende Wert in hohem Maße darüber, so ist der Herausgabeanspruch zwar rechtlich existent, aber eben wirtschaftlich bedeutungslos. Eine solche Opportunitätsbetrachtung lehnt der BFH aber – ohne substanzielle Begründung – in zwei Folgeurteilen ab.[1]

2.1.9 Mietkaufverträge

260 Innerhalb der **begrifflichen Grauzone** von „Leasing“ bewegt sich auch der Vertriebstyp „Mietkauf“. Häufig wird er als Merkmal zur Unterscheidung vom normalen Leasingverhältnis verwendet, um die bilanzrechtliche Zuordnung des betreffenden Objekts beim Leasingnehmer anzudeuten (→ Rz. 246).

Zu unterscheiden sind drei Formen:

1. Der Übergang (auch) des rechtlichen Eigentums auf den Mieter nach Ende der Mietzeit ist **von vornherein** vereinbart.
2. Der rechtliche Eigentumsübergang steht nicht fest. Der Mieter hat lediglich eine **Option** auf Erwerb des Eigentums nach Ablauf der Mietperiode. Dabei ist in der Terminologie der Finanzverwaltung[2] wie folgt weiter zu differenzieren zwischen:
   a) **echtem Mietkauf,** bei dem die Miete angemessen ist und in typisierender Betrachtung aus der Sicht zu Vertragsbeginn nicht schon von einer Ausübung der Kaufoption und von einem endgültigen Übergang des Eigentums auszugehen ist, und
   b) **unechtem Mietkauf,** bei dem überhöhte Mieten vereinbart sind, die aber durch Anrechnung auf den angemessenen Kaufpreis oder durch einen zu niedrigen Kaufpreis kompensiert werden, so dass in typisierender Betrachtung aus der Sicht zu Vertragsbeginn von einer Ausübung der Kaufoption und von einem endgültigen Übergang des Eigentums auszugehen ist.

Im Fall 1: Hier entstehen keine besonderen Bilanzierungsprobleme. Der Mieter wird mit Vertrags- bzw. Mietbeginn wirtschaftlicher Eigentümer. Er aktiviert das Mietobjekt mit der (diskontierten) Summe aus Mietzahlungen und Kaufpreis, wobei im Falle der Anrechnung der Mieten auf den Kaufpreis der effektiv, d. h. nach Anrechnung verbleibende Kaufpreis, maßgeblich ist. Der Vermieter bucht korrespondierend das Mietobjekt mit Mietbeginn aus und aktiviert eine Forderung. Die Mietzahlungen sind bei beiden Parteien in einen Zins- und einen Tilgungsanteil zu zerlegen. Eine entsprechende Behandlung, d. h. insbesondere Zuordnung, des wirtschaftlichen Eigentums von Anfang an zum Mieter ist beim **unechten** Mietkauf (Fall 2b) geboten.

1 BFH, Urteil v. 21.12.2017 –IV R 56/16, und BFH, Urteil v. 21.12.2017 – IV R 55/16.
2 Vgl. FinMin Schleswig-Holstein, Erlass v. 27.7.2004 – S 2170, sowie OFD Frankfurt a. M., Vfg. v. 6.3.1998 – S 2170.

Anders hingegen die Behandlung des **echten** Mietkaufs: Hier wird der Mieter erst bei Ausübung der Kaufoption rechtlicher und wirtschaftlicher Eigentümer.

BEISPIEL[1] Ab 1.1.01 mietet M vom Hersteller H eine Maschine mit einem Listenpreis (zugleich Zeitwert) von 1.000 T€ für eine angemessene Jahresmiete von 114 T€. Das Mietverhältnis ist auf fünf Jahre abgeschlossen. Die Nutzungsdauer der Maschine beträgt zehn Jahre.

Im Mietvertrag wird M das Recht eingeräumt, die Maschinen zum 1.1.06 für 1.000 T€, jedoch unter Anrechnung von 5/6 der gezahlten Miete, effektiv also für 525 T€, zu erwerben. M übt dieses Recht zum 1.1.06 aus.

LÖSUNGSHINWEIS Bilanzierung von 01 bis 05

Das rechtliche Eigentum an der Maschine liegt bis zur Optionsausübung bei H. Fraglich ist aber, ob das wirtschaftliche Eigentum bereits früher (zum 1.1.01) auf M übergeht. Hiergegen spricht Folgendes:

- Das Wertminderungsrisiko verbleibt vollständig bei H, da dieser kein Andienungsrecht und M keine Erwerbspflicht hat.
- Die Wertsteigerungschance liegt bei M, da dieser über ein Ankaufrecht verfügt. Die Bedingungen dieser Option sind jedoch aus Sicht des Vertragsbeginns nicht günstig. In typisierter Betrachtung war deshalb nicht von vornherein mit einer Ausübung der Kaufoption und einer dauernden Herrschaft des M über die Maschine zu rechnen.[2]

M erwirbt das (wirtschaftliche und rechtliche) Eigentum daher nicht vor Ausübung der Kaufoption.

Ab Ausübung der Kaufoption, also ab dem 1.1.06, ist das Mietobjekt rechtlich (und wirtschaftlich) Eigentum des M und daher bei ihm zu erfassen.

Zu bestimmen ist zunächst der Zugangswert zum 1.1.06:

- Eine Einbuchung zum „offiziellen" Kaufpreis von 1.000 T€ scheidet dabei aus. Dieser entspricht wegen der Mietanrechnung nicht den effektiven Anschaffungskosten des M.
- Sachgerecht ist eine Einbuchung zu den unter Berücksichtigung der Mietanrechnung entstehenden effektiven Erwerbskosten von 525 T€.

Für die zweite Variante spricht sich mit anderer Begründung und Ermittlungstechnik auch die Finanzverwaltung[3] aus. Die Anrechnung der gezahlten Miete wird „wirtschaftlich betrachtet" als Rückgängigmachung des ursprünglichen Mietaufwands angesehen. Hiernach ist der Zugangswert so zu berechnen, als ob die Maschine bereits zum 1.1.01 angeschafft worden und bis zum 31.12.05 ein Werteverzehr eingetreten wäre. Hieraus ergibt sich folgende Berechnungstechnik:

Barkaufpreis 1.1.06	525 T€
+ Anrechnung Miete 01 bis 05	+ 475 T€
= fiktiver Kaufpreis zum 1.1.01	1.000 T€
– Werteverzehr während der Mietdauer (fiktive AfA, jedoch höchstens Mietanrechnung)	– 475 T€
= Zugangswert zum 1.1.06	525 T€

Die Maschine ist danach von 06 bis 10 mit jeweils 105 T€ p.a. abzuschreiben. In Totalbetrachtung 01 bis 10 ergeben sich Aufwendungen/Betriebsausgaben von 570 T€ + 525 T€ =1.095 T€. Dies entspricht dem Geldbetrag, der bei M für Miete (5 x 114 T€) und Erwerb (525 T€) insgesamt abgeflossen ist.

In der Rechtsprechung des BFH sind zum Thema des Mietkaufs **Sonderkonstellationen** entschieden worden: 261

1 Nach *Lüdenbach*, StuB 2013 S. 222.
2 Vgl. BMF, Schreiben v. 19.4.1971 – IV B/2 – S 2170 – 31/71, BStBl 1971 I S. 264.
3 Vgl. FinMin Schleswig-Holstein, Erlass v. 27.7.2004 – S 2170, sowie OFD Frankfurt a. M., Vfg. v. 6.3.1998 – S 2170.

- Ein eingeräumtes Vorkaufsrecht und die Modalität der Restzahlung (Rente) bewirkten den Übergang des wirtschaftlichen Eigentums an einem Grundstück, das der „Mieter" auch umbauen durfte.[1]
- Eine unangemessen hohe Miete, die auf den Kaufpreis anzurechnen war, führte zur Zuordnung des wirtschaftlichen Eigentums zu dem Mieter.[2]
- Die gewöhnliche Nutzungsdauer des Vermögensgegenstands umfasste den vereinbarten Mietzeitraum mit der Folge des Übergangs des wirtschaftlichen Eigentums auf den Mieter.[3]

2.1.10 Forfaitierung

262 Zur Refinanzierung verkauft der Leasinggeber häufig seine **künftig fällig** werdenden – also (noch) nicht bilanzierbaren – Leasingraten unter Übergabe des Bonitätsrisikos (echte Forfaitierung). Diese Gestaltung erklärt sich historisch aus dem sog. Bankenprivileg des § 19 GewStDVO: Der Forfaiteur – eine Bank – braucht anders als der Leasinggeber die Refinanzierungszinsen nicht anteilig zur Ermittlung des Gewerbeertrags zuzurechnen.[4] Nach überwiegender Auffassung ist der bei dem Verkauf erzielte Erlös als **passiver** Rechnungsabgrenzungsposten bzw. als **Anzahlung** in die Bilanz des Leasinggebers einzustellen. Strittig ist dagegen die Methode der **Auflösung** (linear, degressiv, progressiv).[5] Der BFH[6] hat sich für eine lineare Auflösung bei gleichbleibenden Leasingraten ausgesprochen. Dies gilt aber nur im Falle der **echten** Forfaitierung mit Übergang des Bonitätsrisikos auf den Finanzierer (→ Rz. 280). Finanzmathematisch müsste die Auflösung progressiv erfolgen.[7]

Bei der **unechten** Forfaitierung geht nicht das gesamte Bonitätsrisiko auf den Forderungskäufer über. In diesem Fall überdeckt das unechte Geschäft ein Darlehensverhältnis, das mit dem Barwert des forfaitierten Betrags anzusetzen und jährlich aufzuzinsen ist.

Bei Forfaitierung des **Restwerterlöses** im Falle eines Teilamortisationsvertrags mit Andienungsrecht des Leasinggebers ist die Zahlung des Forfaitierungskäufers ebenfalls als Darlehen mit dem Barwert anzusetzen und ratierlich aufzuzinsen.[8]

2.1.11 Degressive Raten, Sonderzahlungen

263 Bei längerfristigen Leasingverträgen über **Immobilien** mit vereinbarten **degressiven** Raten ist nach BFH[9] und BMF[10] die Summe der vertraglich bedungenen Raten in jährlich gleichbleibende Beträge umzurechnen (→ § 250 Rz. 42). Der in den ersten Vertragsjahren über diesen fiktiven Jahresaufwand hinausgehende Mietbetrag ist als Rechnungsabgrenzungsposten oder Anschaffungskosten für ein Nutzungsrecht (Letzteres u. E. unzutreffend, → Rz. 30) zu aktivieren

1 BFH, Urteil v. 12.9.1991 – III R 233/90, BStBl 1992 II S. 182.
2 BFH, Urteil v. 27.1.1955 – V 198/54 U, BStBl III S. 94.
3 BFH, Urteil v. 31.10.1978 – VIII R 146/75, BStBl 1979 II S. 507.
4 Vgl. *Scheffler*, BB 2007 S. 875.
5 Laut BMF, Schreiben v. 19.2.1992 – IV B 2 – S 2170 – 17/92, BB 1992 S. 1248, ist eine lineare Auflösung vorzunehmen; a. A. *Blauberger*, DStR 1994 S. 148; *KSM*, EStG, § 5 Rz. F 361; ausführlich *Bink*, DB 1994 S. 1304; BMF, Schreiben v. 9.1.1996 – IV B 2 – S 2170 – 135/95, BStBl I S. 9.
6 BFH, Urteil v. 24.7.1996 – I R 94/95, BStBl 1997 II S. 122.
7 Vgl. *Blauberger*, DStR 2004 S. 148.
8 BFH, Urteil v. 8.11.2000 – I R 37/99, BStBl 2001 II S. 722.
9 BFH, Urteil v. 12.8.1982 – IV R 184/79, BStBl II S. 696.
10 BMF, Schreiben v. 10.10.1983 – IV B 2 – S 2170 – 83/83, BStBl I S. 431.

und in den kommenden Jahren gewinnmindernd linear aufzulösen, wenn die effektiven Leasingraten niedriger sind als derjenige Betrag bei gleichbleibender Verteilung auf die Nutzungsdauer. Nach Ansicht des BFH[1] gilt dies nicht für Mobilien-Leasingverträge mit degressiven Raten (→ § 250 Rz. 42). Sog. **Vormieten** oder **Sonderzahlungen** (Leasingraten, die vor der Nutzung zu entrichten sind) decken insbesondere die Finanzierungskosten des Leasinggebers während der Bauzeit ab; sie stellen wirtschaftlich ein Disagio dar und sind deshalb als aktiver Rechnungsabgrenzungsposten beim Leasingnehmer zu bilanzieren. Dem BMF[2] zufolge ist bei Immobilien-Leasingverträgen mit Vertragsanpassungsklauseln zur **Zinskonversion** keine Linearisierung degressiver Raten vorzunehmen.

2.1.12 *Sale and lease back*

„Sale and lease back"-Gestaltungen sind regelmäßig bilanzpolitisch motiviert: gewinnerhöhende Eigenkapitalgenerierung in einer wirtschaftlichen Zwangslage. Dabei steht die Finanzierungsfunktion des Leasinggebers im Vordergrund der Gestaltung bei minimiertem Risiko. Für die Umsatzsteuer hat der BFH[3] den Verkauf an den Leasinggeber und den Rückkauf nicht als Lieferung (Umsatz) gewürdigt, sondern darin nur eine Sicherungs- und Finanzierungsfunktion, d. h. eine **Darlehens**gewährung des Leasinggebers an den -nehmer, gesehen (→ Rz. 234). Übertragen auf bilanzsteuerliche Kategorien käme dies dem Verbleib des wirtschaftlichen Eigentums beim Leasingnehmer gleich, dessen Umsatzrealisation entfiele dann. 264

Bilanzrechtlich sind mindestens folgende **Einschränkungen** für die Ertragsrealisation zu beachten: 265

- Ist der *lease back* ein *finance lease,* scheiden Ertrags- und Umsatzrealisierung in vollem Umfang aus.
- Ist der *lease back* ein *operating lease,* kommt wegen der Möglichkeit einer Kompensation des überhöhten Kaufpreises durch eine zu hohe Leasingrate eine Realisierung aus Objektivierungsgründen nur insoweit infrage, als der Verkaufspreis bzw. die Leasingraten nicht über dem verlässlich bemessenen Marktwert liegt bzw. liegen.

BEISPIEL Ein Fußballstadion mit einer Restnutzungsdauer von 20 Jahren und einem Buchwert von 100 wird für 150 an einen Investor veräußert und auf 15 Jahre für eine Jahresrate von 19 zurückgeleast.

1. Möglicherweise liegt Spezialleasing vor (→ Rz. 248). In diesem Fall findet keine Ertrags- und Umsatzrealisierung statt.
2. Falls *operating lease* bejaht wird, stellt sich die Frage nach der verlässlichen Bemessung des Veräußerungspreises bzw. der Leasingraten. Eine verlässliche Bemessung ist beinahe unmöglich, da nur **ein** Endmieter infrage kommt, ein eigentlicher Marktpreis und ein daraus ableitbarer Ertragswert also nicht existiert. Auch die Ableitung eines Werts aus (unterstellt) bekannten Werten anderer Stadien ist angesichts der Unterschiede von Standort, Ausstattung usw. kaum verlässlich möglich. Der „Veräußerungsgewinn" von 50 sollte daher passivisch abgegrenzt und über 15 Jahre verteilt werden.

Allzu häufig sind „*Sale and lease back*"-Gestaltungen ein **Frühindikator drohender Insolvenz.** In diesem Zusammenhang ist an Folgendes zu erinnern. In Ermangelung eigener Regeln folgt die handelsrechtliche Bilanzierung des Leasings fast immer den steuerrechtlichen Regelungen. 265a

1 BFH, Urteil v. 28.2.2001 – I R 51/00, BStBl II S. 645.
2 BMF, Schreiben v. 28.6.2002 – IV A 6 – S 2170 – 16/02, DB 2002 S. 1530.
3 BFH, Urteil v. 9.2.2006 – V R 22/03, BStBl II S. 727.

Dies impliziert aber nicht, dass derartige Transaktionen primär durch steueroptimierende Überlegungen getrieben werden. Im Vordergrund steht vielmehr häufig die Optimierung der Handelsbilanz. Typisch sind hier Fälle der folgenden Art:

BEISPIEL ▸ Einem Warenhauskonzern gelingt es seit Jahren nicht, aus der Verlustzone herauszukommen. Der neue Vorstand entschließt sich, das Kernvermögen, nämlich die Warenhäuser, zum Gegenstand eines *sale and lease back* zu machen. Der Verkaufspreis wird, gestützt durch Gutachter, bis an die Obergrenze ausgereizt. Es entstehen hohe Erträge aus dem Abgang der Immobilien. Im Gegenzug werden hohe Leasingraten und hohe Andienungspreise, also hohe Zukunftsbelastungen, vereinbart. Wenige Jahre später geht der Konzern in die Insolvenz.

Eine entsprechende Konstellation lag auch einem Urteilsfall des BFH zugrunde:[1] Für 3.600 € je Einheit beschaffte IT-Systeme wurden unter Aufdeckung (angeblicher) stiller Reserven von 6.000 €, also für 9.600 €, veräußert, um im Gegenzug laufende Leasingbelastungen von 2.820 € p. a. über vier Jahre und einen Andienungspreis von 1.920 €, in Summe also eine Belastung von 13.200 € oder 367 % (!) der ursprünglichen Anschaffungskosten, in Kauf zu nehmen. Nicht untypisch, dass der Leasingnehmer – wie aus dem Urteil ersichtlich – nicht allzu lange nach der Transaktion in die Insolvenz ging. Beim von der Vorinstanz FG angenommenen *sale and finance lease back* konnte der im Verhältnis zu den Anschaffungskosten von 3.600 € sehr hohe Verkaufspreis von 9.600 € als Darlehensgewährung interpretiert werden. Im Falle eines *sale and operating lease back* wäre jedoch eine andere Behandlung geboten. Zu beachten ist hier, dass der *sale and operating lease back* aufgrund des dem Käufer eingeräumten Andienungsrechts zugleich ein *sale and buy back* ist. In einem ähnlichen Fall, der die Veräußerung von Pkw unter Einräumung eines für den Erwerber vorteilhaften Rückandienungsrechts betraf – auch hier ist aus dem Urteil ersichtlich, dass der ursprüngliche Veräußerer einige Zeit nach der Transaktion insolvent war –, hat der BFH Folgendes festgehalten: Für die zu erwartende Belastung aus der Rücknahme ist eine Verbindlichkeitsrückstellung zu bilden. Die Käufer „erwarben das Recht, von der Klägerin den Rückkauf zu verlangen, mit der Zahlung des Kaufpreises für die Neuwagen. Diese Leistung war bei der insoweit gebotenen wirtschaftlichen Betrachtung … teilweise auch Entgelt für die Übernahme der Rückkaufverpflichtung. Im Geschäftsleben pflegt der eine dem anderen Partner in der Regel nichts zu ‚schenken'…"[2]

Neben der Einräumung des Andienungsrechts war aber im o. g. Fall der IT-Systeme noch die Höhe der laufenden Leasingraten beachtlich. Diese betragen 2.820 € p. a. bzw. 235 € p. M. Bezogen auf die ursprünglichen 3.600 € musste der Leasingnehmer/Veräußerer also schon in den ersten 16 Monaten (einem Drittel der Vertragsdauer) mehr zahlen, als ihn die Anschaffung der Geräte gekostet hatte. Hier besteht ebenfalls ein Missverhältnis, das implizit im Kaufpreis von 9.600 € vergütet und als **Erfüllungsrückstand** zu passivieren ist.[3] Unseres Erachtens wäre der Vorgang bei Beurteilung als *sale and operating lease back* daher im Wesentlichen wie folgt zu buchen:

Per Geld	9.600	an	Sachanlage	3.600
		an	Rückstellung	…
		an	Ertrag	…

1 BFH, Urteil v. 13.10.2016 – IV R 33/13.
2 BFH, Urteil v. 11.10.2007 – IV R 52/04, BStBl II 2009 S. 705.
3 Vgl. a. BFH, Urteil v. 5.4.2006 – I R 43/05, BStBl II 2006 S. 593.

Die Aufteilung der 6.000 € aufgedeckter (angeblicher stiller) Reserven auf Ertrag und Rückstellung hängt davon ab, welche Annahmen hinsichtlich des Werts zum Andienungszeitpunkt sowie der marktüblichen Finanzierungskosten und der Marge der Leasinggesellschaft getroffen werden.

Für die bilanzierende und prüfende handelsrechtliche Praxis gilt u. E. danach Folgendes: Gerade weil *„Sale and lease back"*-Gestaltungen über Kernvermögen allzu häufig Frühindikator einer drohenden Insolvenz sind, ist die Frage der Fremdüblichkeit des Veräußerungspreises und daraus abgeleitet der Neutralisierung eines angeblichen Ertrags durch Rückstellung ernsthafter zu prüfen, als dies in der Vergangenheit der Fall war.

Beim regelmäßig gegebenen *operating lease back* für ein Grundstück stellt sich die Frage, ab welchem **Zeitpunkt** das *leasing agreement* in Kraft tritt, also die Mietzahlungen des bisherigen Eigentümers und nunmehrigen Leasingnehmers als Aufwand bzw. Betriebsausgabe zu verbuchen sind. Die Lösung besteht in den allgemein gültigen Regeln der bilanziellen **Zurechnung** und des **Zeitpunkts** ihrer Änderung (→ § 252 Rz. 104). Dabei ist unstreitig der Übergang des rechtlichen Eigentums (hier durch Einigung und Grundbucheintragung) ohne Belang. Vielmehr bedarf es eines Übergangs von Gefahr, Nutzen und Lasten (Chancen und Risiken) betreffend das Grundstück (→ Rz. 189) auf den Leasinggeber, der dann als **wirtschaftlicher Eigentümer** im bilanzrechtlichen Sinn (→ Rz. 221) fungiert. Dann bedarf es einer formgerechten (notariellen) Urkunde, in der diese das wirtschaftliche Eigentum begründende Tatbestandsmerkmale festgehalten sind. 266

Es handelt sich m. a. W. unter diesen Voraussetzungen um einen gewinnrealisierenden Umsatzakt, zu dessen Bestimmung neben dem rechtlichen Eigentumsübergang auch die Fälligkeit oder der Zahlungseingang des Kaufpreises **unmaßgeblich** sind (→ § 252 Rz. 105).

Daraus folgt: Die ab dem Übergangszeitpunkt für das wirtschaftliche Eigentum zu zahlenden Mieten sind als solche im Aufwand zu verbuchen. Üblicherweise wird in solchen Fällen die Kaufpreiszahlung (erst) **nach** dem Übergang des wirtschaftlichen Eigentums, z. B. am Tag der (rechtlichen) Eigentumszuschreibung, fällig. Daraus ergeben sich Anpassungsprobleme bei der **Zahlungsmodalität** für den Kaufpreis im Interesse der Rückbeziehung des Geschehensablaufes auf den Realisationszeitpunkt. Der Zahlungsbetrag 267

- ► erhöht sich um einen festzulegenden Zinsbetrag wegen des sachlichen Geschehensablaufs „verspätete Kaufpreiszahlung";
- ► mindert sich um die in dieser Zwischenperiode angefallenen und erfüllten Mietzahlungsverpflichtungen.

Daraus resultieren für den

- ► Verkäufer/Leasingnehmer Mietaufwendungen und Zinserträge;
- ► Käufer/Leasinggeber Mieterträge und Zinsaufwendungen.

BEISPIEL

Verkäufer/Leasingnehmer				
Tag	**Soll**	**Haben**	**Betrag**	**Vorgang**
1.10.01	Forderung	Grundstück/ Ertrag	1.000	Verkauf/Übergang des wirtschaftlichen Eigentums
1.10. – 31.12.01	Mietaufwand	Forderung	40	3 Monatsmieten
1.10. – 31.12.01	Forderung	Zinsertrag	15	3 Monatszinsen
31.12.01 Geld	Geld	Forderung	975	Zahlung

Käufer/Leasinggeber				
1.10. – 31.12.01	Grundstück	Verbindlichkeiten	1.000	Kauf/Übergang des wirtschaftlichen Eigentums
1. – 31.12.	Verbindlichkeit	Mietertrag	40	3 Monatsmieten
1. – 31.12.	Zinsaufwand	Verbindlichkeit	15	3 Monatsmieten
31.12.	Verbindlichkeit	Geld	975	Zahlung

268 Diese Buchungen reflektieren den Kaufpreisinhalt mit Nebenabreden. Die Parteien werden so gestellt, als ob die Vertragserfüllung bereits am Verkaufstag 1.10.01, dem Tag des wirtschaftlichen Eigentumsübergangs, erfolgt wäre. Das mag man mit wirtschaftlicher Betrachtungsweise (→ Rz. 230)[1] beschreiben, die aber als Leerformel den Vertragsinhalt entsprechend der Interessenlage nicht zum Ausdruck bringt. Unzutreffend wäre demgegenüber die Annahme einer Minderung des Kaufpreises durch die Mietzahlung und eine Erhöhung um die Zinsschuld.[2] In Wirklichkeit wird die Kaufpreisschuld von 1.000 durch die beiden anderen Vertragskomponenten nicht verändert, sondern nur die Zahlungsschuld.

2.2 Kreditsicherungen

269 Die im Geschäftsleben gängigen **Sicherungsinstrumente** sind

- Eigentumsvorbehalt (→ Rz. 270),
- Sicherungsübereignung (→ Rz. 271),
- Forderungsabtretung (→ Rz. 273),
- Pfandrecht (→ Rz. 272).

270 Der Verkäufer von Material und Waren und anderer Fahrnis hat dem Erwerber die **Verfügungsmacht** zu verschaffen. Er hat dann das ihm aus dem Geschäft Obliegende getan und ist in diesem Augenblick nicht mehr wirtschaftlicher Eigentümer (→ § 252 Rz. 102). Die Vereinbarung eines einfachen oder auch verlängerten **Eigentumsvorbehalts** ändert daran nichts, sie dient lediglich der Kaufpreissicherung. Der Zeitpunkt des **Abgangs** in Form der Übertragung des wirtschaftlichen Eigentums entspricht demjenigen des Zugangs beim Erwerber, der in diesem Augenblick – ohne rechtlicher Eigentümer zu sein – den Vermögensgegenstand in seiner Bilanz anzusetzen hat.[3]

Sollte es mangels Zahlung zu einem **Herausgabeanspruch** des Verkäufers auf der Grundlage seines rechtlichen Eigentums kommen, hat der Käufer ab Geltendmachung des Anspruchs keine Verfügungsmacht mehr. Deshalb ist der betreffende Gegenstand wieder beim Verkäufer zu bilanzieren. Gleiches gilt, wenn der Verkäufer aus irgendeinem Rechtsgrund vom Kaufvertrag zurücktritt.

271 Wie beim Eigentumsvorbehalt verhält es sich bei der **Sicherungsübereignung**, die als Kreditsicherungsinstrument für Fahrnis eingesetzt wird. Diese Technik ersetzt das Pfandrecht bei beweglichen Vermögensgegenständen, weil Letzteres in diesen Fällen nach dem deutsch-recht-

1 So aber *Haase* mit richtigem Ergebnis, StuB 2012 S. 785.

2 So *Haase*, StuB 2012 S. 786; die dort genannte Auffassung der Finanzverwaltung beruht vermutlich auf dieser Verwechslung.

3 Vgl. *ADS*, 6. Aufl., § 246 Tz. 268.

lichen Grundsatz des Faustpfands strukturiert ist. Das wirtschaftliche Eigentum, und damit die „Bilanzierungshoheit", verbleibt beim Sicherungsgeber.

Umgekehrt verhält es sich bei Grundstücken, die als Kreditsicherheit regelmäßig das **Grundpfandrecht** vorsehen. Hier gilt selbst bei Verpfändung über den Gebäudewert hinaus der Grundstückseigentümer auch als wirtschaftlicher Eigentümer. 272

Die (allein zur Kreditsicherung) dienende **Forderungsabtretung** (Factoring), z. B. an die Hausbank, ändert nichts am wirtschaftlichen Eigentum der Forderung des Zedenten, einerlei ob diese Abtretung still oder offen erfolgt (→ Rz. 278). Zu einer Sonderform des Factoring – Abtretung (noch) nicht bilanzierbarer Forderungen (genannt **Forfaitierung**) – vgl. → Rz. 262. 273

2.3 Treuhandverhältnisse

Bei der sog. echten oder fiduziarischen Treuhand[1] ist der Treuhänder rechtlicher Eigentümer, an der wirtschaftlichen Zuordnung des Treuhandobjekts zum Treugeber ändert sich dagegen nichts. Das übergebene **Treugut** ist nach Maßgabe der Gliederungsvorschrift in § 266 HGB bzw. § 247 HGB beim Treugeber auszuweisen. Der Übertragungsvorgang selbst (vom Treugeber auf den Treuhänder) löst keinen Buchungsvorgang aus. Auch hier gilt: Das wirtschaftliche Eigentum bestimmt den Ort des Bilanzansatzes (→ Rz. 221). Umgekehrt kann in der Bilanz des Treuhänders kein Ansatz erfolgen. Fraglich ist indes, ob das vom Treuhänder „vereinnahmte" Treugut in seiner Bilanz in irgendeiner Weise dargestellt werden soll. Diesbezüglich gibt es eine Spezialvorschrift für Kreditinstitute, die u. E. außerhalb dieser Branche nicht einschlägig ist. Nach wohl h. M.[2] hat ein entsprechender Hinweis in bewerteter Form „unter dem Strich", aber getrennt von Haftungsverhältnissen nach § 251 HGB zu erfolgen (→ § 251 Rz. 9) – bei einer Kapitalgesellschaft oder einer „Kap. & Co."-Gesellschaft ersatzweise im Anhang (→ § 268 Rz. 150). Unseres Erachtens ist diese Lösung unzutreffend, da die §§ 251, 268 Abs. 7 HGB eine abschließende Aufzählung angabepflichtiger Tatbestände enthalten (→ § 251 Rz. 9). Im Übrigen werden auch in anderen Fällen (z. B. Sicherungsübereignung) die im (rechtlichen) Eigentum des bilanzierenden Kaufmanns stehenden, aber nicht bilanzierbaren Vermögensgegenstände nicht gesondert vermerkt. 274

Für treuhänderisch eingegangene **Verbindlichkeiten** des Treuhänders wird eine Passivierungspflicht in dessen Bilanz gefordert mit korrespondierender Aktivierung eines Ausgleichsanspruchs. Im Ergebnis kommt es nach dieser Vorgabe zu einer Art Doppelbilanzierung einer Verbindlichkeit, die u. E. nicht zwingend zu verlangen ist. Wenigstens solange die Bonität des Treugebers ohne Zweifel besteht, kann u. E. auf den Doppelausweis verzichtet werden, d. h., die vom Treuhänder rechtlich geschuldete Verbindlichkeit ist (nur) in der Bilanz des Treugebers auszuweisen. Dem wirtschaftlichen Gehalt nach liegt hier u. E. ein **Haftungs**verhältnis i. S. des § 251 HGB vor (→ § 251 Rz. 8), das zu einer **Angabe-**, aber nicht zu einer Passivierungspflicht führt (→ Rz. 378 f.). Letztere entsteht erst dann, wenn die im Innenverhältnis zwischen Treuhänder und Treugeber bestehende Einstandspflicht des Treugebers für die vom Treuhänder übernommene Verbindlichkeit nicht mehr „werthaltig ist". Dann kommt es analog zum Bürgschaftsobligo beim Bürgen zu einem Bilanzansatz wegen seiner Einstandspflicht (→ § 251 Rz. 4). 275

1 Vgl. zu den verschiedenen Ausprägungen der Treuhand *ADS*, 6. Aufl., § 246 Tz. 274 ff.

2 Vgl. *ADS*, 6. Aufl., § 246 Tz. 289 ff., m. w. N. Dort sind die verschiedensten Auffassungen im damaligen (1996) Schrifttum paraphrasiert.

2.4 Kommissionsgeschäfte

276 Bei der **Verkaufs**kommission bleibt der Kommittent rechtlicher und wirtschaftlicher Eigentümer des Kommissionsguts. Die Übergabe an den Kommissionär stellt keinen buchungspflichtigen Geschäftsvorfall dar. Spiegelbildlich gilt dies auch für den Kommissionär, der über das ihm zur Verfügung gestellte Kommissionsgut nicht in der Finanzbuchführung, sondern in der Lagerbuchführung durch sog. Skontros dokumentationspflichtig ist.

277 Bei der **Einkaufs**kommission erwirbt der Kommissionär rechtliches Eigentum, das allerdings wirtschaftlich dem Kommittenten zuzurechnen ist und ausschließlich bei diesem zum Bilanzansatz führt. Unseres Erachtens ist eine doppelte Bilanzierung – beim Kommissionär als Verbindlichkeit gegenüber dem Verkäufer und als Forderung gegenüber den Kommittenten – nicht erforderlich. Es genügt eine datentechnisch organisierte Information über den Erwerb des rechtlichen Eigentums durch den Kommissionär. Diese löst beim Kommittenten eine Zugangsbuchung aus, die gegenüber dem Kommissionär als Kreditor erfasst wird, zumindest sofern dieser (wie regelmäßig) die Bezahlung gegenüber dem Lieferanten vornimmt.

2.5 Factoring und umgekehrtes Factoring

2.5.1 Begriffliches und wirtschaftlicher Gehalt

2.5.1.1 Factoring

278 Das Factoring beruht auf einer Forderungsabtretung und -veräußerung mit Übergang des rechtlichen Eigentums vom (bisherigen) Forderungsinhaber (nachfolgend auch Lieferant genannt) an einen Factor (Forderungsankäufer). Die Forderung entsteht üblicherweise aus einer Lieferung oder Leistung des Forderungsinhabers im Geschäftsverkehr. Mit Übertragung der Forderung auf den Factor sind unterschiedliche Rechte und Pflichten je nach Ausgestaltung des Vertrags verbunden. Regelmäßig erfolgt eine Veräußerung der Forderung mit entsprechender Zahlungsverpflichtung des Factors, womit eine **Finanzierungs**funktion des Factoring verbunden ist. Es kann sich eine **Dienstleistung** anschließen: Kundenbuchhaltung, Mahnwesen, Einziehung der Forderung etc. und zusätzlich auch die Übernahme des Ausfallsrisikos. Je nach Inhalt des Factoring-Vertrags wird der Kaufpreis mit einer bestimmten Spanne unterhalb des Nennwerts der Forderung und dem mutmaßlichen Eingang beim Factor vereinbart. In diesem Differenzbetrag verbergen sich dann wirtschaftlich eine Verzinsung, eine Delkredere-Provision und eine Dienstleistungsvergütung.

Bei Übernahme des so gut wie vollständigen Ausfall- bzw. Delkredere-Risikos durch den Factor liegt ein sog. **echtes** Factoring vor. Wertänderungsrisiken und -chancen trägt nur der Factor. Das **wirtschaftliche** Eigentum an der Forderung geht zusammen mit dem rechtlichen auf den Factor über. Hier haftet der Forderungsverkäufer lediglich für den rechtlichen **Bestand** der Forderung (Verität), nicht aber für die **Bonität** des Kunden. Beim **unechten** Factoring verbleibt das (relevante) Ausfallrisiko, und damit das wirtschaftliche Eigentum, hingegen bei dem Forderungsverkäufer, das Geschäft stellt dann einen durch Forderungsabtretung gesicherten **Kredit** dar. Sobald die Forderung beim Factor eingegangen ist, reduziert sich die Kreditnahme des Zedenten.

Die Abtretung der Forderung kann still oder offen erfolgen:

- Bei der **stillen** Variante zahlen die Schuldner weiterhin an den Lieferanten, der den vereinnahmten Betrag an den Factor weiterzuleiten hat,
- bei der **offenen** Variante können die Abnehmer der Lieferung und Leistung des Forderungsinhabers schuldbefreiend nur an den Factor bezahlen.

2.5.1.2 Umgekehrtes Factoring

Eine wirkliche „Umkehrung" des Factoring in spiegelbildlicher Form liefert das sog. „Reverse Factoring" nicht. Es bedarf zwar ebenfalls der Einschaltung eines **Finanzintermediärs** („Factor"); ebenso muss der Lieferant eine Kundenforderung an diesen abtreten und verkaufen (insoweit normales Factoring). Die Initiative zu dem Geschäft geht i. d. R. aber vom Abnehmer **(Initiator)** aus, der mithilfe des Factors eine Verbesserung seiner Liquiditätssituation gegenüber der direkten Zahlung an den Lieferanten erreichen will. Er übernimmt die Kosten der Vorfinanzierung – vergleichbar mit einer normalen Finanzierungsvereinbarung. Der Vertrag des Abnehmers mit dem Factor gewährt Ersterem z. B. ein längeres Zahlungsziel (etwa von 180 Tagen), erlaubt aber durch die Vorfinanzierung des Factors die Inanspruchnahme von Skonto für die Lieferung. Das Gestaltungsmodell kann wie das normale Factoring **revolvierend** für künftig laufend entstehende Lieferbeziehungen oder als **Einmalvorgang** konstruiert werden. 279

Die Rechtsbeziehungen und die Zahlungsströme sind in der folgenden Skizze mit unterstelltem echtem Factoring dargestellt.[1]

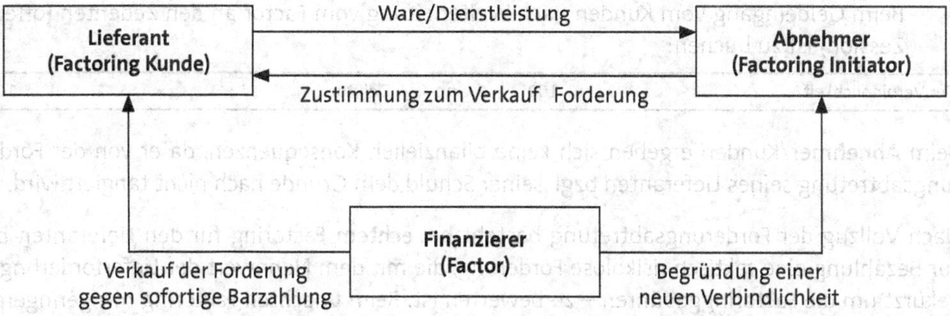

Die **Vorteile** der Gestaltung entfallen auf den

- Factor, wenn – anders als beim Factoring – das Veritätsrisiko ausgeschlossen wird, weil der Abnehmer im Gefolge seiner Einbindung in die Abwicklung des gesamten Geschäfts die Echtheit der Forderung des Lieferanten bestätigt;
- Lieferanten durch das „klassische" Factoring (Verkaufsfinanzierung);
- Abnehmer durch die Verlängerung des Zahlungszieles (Einkaufsfinanzierung).

Ausnahmsweise kann der **Lieferant** als Initiator des Geschäftes das „normale" Factoring durch förmliche Einbeziehung des Abnehmers in die Vertragsgestaltung mit dem Factor ergänzen. Dabei beauftragt der Abnehmer den Factor, alle von ihm akzeptierten Rechnungen bei Fälligkeit (z. B. innerhalb der Skontierungsfrist) zu begleichen. Der Lieferant übernimmt die vom

1 Nach *Freiberg*, PiR 2015 S. 148.

Factor erhobenen Zinsen und Spesen. Im Ergebnis liegt hier ein „klassisches" Factoring des Lieferanten mit Einverständnis des Abnehmers vor.

2.5.2 Bilanzielle Abbildung ...

2.5.2.1 ... beim Factoring

280 Die bilanzmäßige Abbildung beim Lieferanten ist wie folgt:

- Beim **echten** Factoring geht die Forderung des Lieferanten im Abtretungszeitpunkt ab und wird bis zum eventuell abweichenden Zeitpunkt des Geldeingangs zunächst durch eine Forderung gegen den Factor ersetzt. In Höhe der Differenz zwischen Forderung gegen den Kunden und Kaufpreis des Factors entsteht Aufwand. Zu buchen ist bei Zeitgleichheit von Abtretung und Geldeingang:

Per Bank	90			
Per Aufwand	10	an	Forderung	100

- Beim **unechten** Factoring entspricht die Zahlung der Kundenforderung durch den Factor einem Kredit an den Lieferanten, der durch die Zahlung des Lieferanten oder (bei offener Abtretung) die Zahlung des Kunden getilgt wird. Zu buchen ist beim Zedenten:

Per Bank	94			
Per Aufwand	6	an	Kredit gegenüber Factor	100

- Beim Geldeingang vom Kunden nach Weiterleitung vom Factor an den Zedenten (offene Zession) ist zu buchen:

Per Verbindlichkeit	100	an	Debitor	100

Beim **Abnehmer**/Kunden ergeben sich keine bilanziellen Konsequenzen, da er von der Forderungsabtretung seines Lieferanten bzgl. seiner Schuld dem Grunde nach nicht tangiert wird.

Nach Vollzug der Forderungsabtretung besteht bei **echtem** Factoring für den Lieferanten bis zur Bezahlung eine faktisch risikolose Forderung, die mit dem Nennwert der Lieferforderung – gekürzt um die Factoringgebühren – zu bewerten ist. Beim **unechten** Factoring mit geringeren Gebühren verbleibt das Ausfallrisiko beim Lieferanten mit der Folge einer möglichen Delkredere-Wertberichtigung.

Beim **echten** Factoring geht die Kundenforderung i. d. R. mit Abtretung ab; es entsteht bis zur Zahlung eine Forderung gegen den Factor. Handelt es sich bei diesem um ein Kreditinstitut, könnte ein Ausweis als „Guthaben gegenüber Kreditinstituten" in Betracht kommen. Allerdings handelt es sich hier um eine Forderung **eigener** Art, die auch einen Ausweis unter „sonstige Forderungen" rechtfertigen könnte. Unter einem „Guthaben" versteht man ein Substrat, aus dem Löhne bezahlt oder Barbeträge abgehoben werden können. Das ist bei der Forderung gegen den Factor (als Kreditinstitut) nicht möglich.

Beim **unechten** Factoring ändert sich der Forderungsausweis beim Lieferanten als solcher aus Lieferungen und Leistungen nicht.

Für den **Abnehmer** verbleibt es bis zur Bezahlung beim Ausweis unter Lieferantenschulden. Der personelle Wechsel des Gläubigers (F statt L) ändert nichts am sachlichen Substrat der

Verbindlichkeit.[1] Abgesehen davon erkennt der Schuldner bei der stillen Version den Gläubigerwechsel nicht.

2.5.2.2 ... beim umgekehrten Factoring

Beim umgekehrten Factoring stellt sich die Frage, ob die Schuldübernahme durch den Factor beim **Abnehmer** eine Ausbuchung der **bisherigen** Lieferantenschuld und die Einbuchung einer **neuen** Schuld (gegenüber dem Factor) bewirkt, ggf. mit der Zusatzfrage nach der **Ergebniswirksamkeit** dieser Umbuchung. 281

BEISPIEL ▸ Lieferant L und Kunde K (Abnehmer) schalten den Factor F in die Zahlungsabwicklung ein. L tritt ab und verkauft an den Factor F gegen einen Abschlag die Forderung an K. Die Forderung des L ist in 30 Tagen zu begleichen. K strebt ein Zahlungsziel von 180 Tagen an. Der Factor übernimmt die Zahlungsverpflichtung des K und zahlt an L nach 30 Tagen die Lieferantenschuld. Gleichzeitig gewährt er gegen eine Vergütung das von K gewünschte Zahlungsziel von 180 Tagen.

Im Beispielsfall kann je nach Vertragsgestaltung ein Schuld**beitritt** oder eine Schuld**übernahme** des F vorliegen. In beiden Fällen **wechselt** der Schuldner in bilanzrechtlicher Sicht; F muss statt K an L bezahlen. K hat in beiden Fällen die Lieferantenverbindlichkeit auszubuchen und eine neue Verbindlichkeit gegenüber F einzubuchen. Beim Schuldbeitritt verbleibt ein als Bilanzvermerk auszuweisendes Obligo für eine Garantie des K gegenüber L bis zur Bezahlung der Lieferschuld durch F an L.

Für den **Lieferanten** gelten die in → Rz. 280 dargestellten Regeln.

Der Austausch einer **Verbindlichkeit** kann **personell** (anderer Gläubiger) oder **inhaltlich** (Vertragsänderung) oder **kombiniert** (neuer Gläubiger mit veränderten Konditionen) erfolgen. Beim Gläubigerwechsel führt für den Abnehmer die Ausbuchung der bisherigen Schuld und Neueinbuchung bei unveränderten Konditionen zu keiner Ergebniswirkung. Eine Änderung von Konditionen bewirkt nur ausnahmsweise einen Buchgewinn oder -verlust. Die systemimmanente Verlängerung des Zahlungsziels mit Begründung einer Verzinsungspflicht ändert die Bewertung der Verbindlichkeit nicht.

Für den **Lieferanten** gelten die in → Rz. 280 dargestellten Regeln.

Bzgl. der Ausweise für den **Abnehmer** gelten die unter → Rz. 280 dargestellten Vorgaben, entsprechend für den **Lieferanten** diejenigen an derselben Stelle.

2.5.3 Übergang des wirtschaftlichen Eigentums

Der **Grenzverlauf** zwischen echtem und unechtem Factoring, d. h. der Übergang des wirtschaftlichen Eigentums der Forderung, ist nicht immer eindeutig bestimmbar. Das beginnt bereits bei der Anwendung des das wirtschaftliche Eigentum bestimmenden Kriteriums: 282

- Orientiert man sich an § 39 Abs. 1 Nr. 1 AO, wird für steuerbilanzielle Zwecke eine Zurechnung des Vermögensgegenstands bei demjenigen verlangt, der die dauernde **Verfügungsmacht** innehat.
- Unter dem Einfluss der internationalen Rechnungslegung wird im neueren handelsrechtlichen Schrifttum (→ Rz. 225) und dem Standard zur handelsrechtlichen Rechnungslegung eher auf die **Risikotragung** abgestellt, das wirtschaftliche Eigentum also demjeni-

1 Ähnlich *Stumpf*, BB 2012 S. 1051.

gen zugerechnet, der die Mehrheit der Risiken und Chancen aus dem Vermögensgegenstand inne hat. Das ist auch die Auffassung des BFH, der sich hier weitgehend an die handelsrechtliche Meinungsbildung anschließt (→ Rz. 224).

Dazu folgendes Beispiel:

BEISPIEL[1]

- Die U-GmbH tätigt Lieferungen sowohl an einen breiten Kreis von Geschäfts- als auch an eine Vielzahl von Privatkunden. Die Forderungen werden aufgrund einer Rahmenvereinbarung jeweils mit Entstehung an die Bank B abgetreten.
  - **Privatkundenforderungen, still,** ohne Anzeige an die Schuldner.
  - **Geschäftskundenforderungen,** offen, weshalb diese Kunden schuldbefreiend nur noch an die Bank zahlen können.
- Die Bank zahlt binnen drei Tagen nach Abtretung den für die Abtretung vereinbarten Kaufpreis.
- Der **Wertberichtigungsbedarf** in beiden Teilportfolios ist in etwa gleich und hat sich in der Vergangenheit in einem **engen Intervall um 3 %** bewegt. Hinweise auf geänderte Verhältnisse bei den aktuell zum Bilanzstichtag abgetretenen, noch nicht fälligen Forderungen liegen nicht vor. Die im Bilanzaufstellungszeitraum erlangten Erkenntnisse bestätigen vielmehr die Wertberichtigungsquote.
- Mit der Bank ist für beide Teilportfolios eine ***First-Loss*-Garantie** vereinbart. Danach gehen **Ausfälle** von bis zu **10 % zulasten** der **U-GmbH,** während das darüber hinausgehende Risiko von der Bank getragen wird. Für die 10 %-Grenze ist nicht die Entwicklung der einzelnen Forderungen, sondern aller in einem Quartal abgetretenen Forderungen des jeweiligen Portfolios maßgeblich. Die **Wahrscheinlichkeit** eines entsprechenden Ereignisses wird mit **weniger als 0,1 %** eingeschätzt.
- Die Abtretungsvereinbarungen sehen **keine Beschränkungen** der Bank hinsichtlich der Möglichkeit der **Verpfändung** oder **Weiterveräußerung** erworbener Forderungen vor. Bei den stillen Abtretungen hat die Bank das Recht, in definierten außerordentlichen Fällen, so etwa bei drohender Überschuldung oder Zahlungsunfähigkeit der U, auf eine Umwandlung in eine offene Abtretung.
- Die Bank zahlt **98 für jede Forderung über 100.** Die Differenz erklärt sich fast vollständig als Zins aus der Differenz zwischen Zahlungszeitpunkt der Bank und erwartetem Zahlungseingang des Kunden.

Bei Abstellung auf die Verfügungsmacht als Kriterium für die Zurechnung des wirtschaftlichen Eigentums stellt sich die Lösung des vorstehenden Falls wie folgt dar:

- Kann die U-GmbH die offen abgetretenen Forderungen ausbuchen und das verbliebene Risiko über eine Rückstellung abbilden? Die Bank hat das Recht auf Verpfändung oder Weiterveräußerung und im Falle der offenen Abtretung auch zum Einzug der Forderung.
- Bei der stillen Abtretung fehlt das Einzugsrecht der Bank, die Innehabung der Verfügungsmacht ist nicht eindeutig zu bestimmen. Deshalb ist auf die Risikobetrachtung einzugehen.

Unseres Erachtens ist jedoch die Tragung des Bonitätsrisikos der wichtigere Aspekt. Hier gilt: Bei formaler Betrachtung des Vertragsinhalts trägt die Bank ein 90%iges Ausfallrisiko. Nach den tatsächlichen wirtschaftlichen Gegebenheiten ist dieses Risiko extrem gering, d.h., die ***First-Loss*-Garantie** belässt das Ausfallrisiko so gut wie ausschließlich bei der U-GmbH. Demnach ist unter Risikogesichtspunkten sowohl die offene als auch die stille Zession als Finanzie-

1 Nach *Lüdenbach*, StuB 2010 S. 508; einen ähnlich gelagerten Sachverhalt behandelt der BFH, Urteil v. 26.8.2010 – I R 17/09, DB 2010 S. 2652.

rungsgestaltung, also als unechtes Factoring, mit der Buchungsfolge unter → Rz. 280 zu würdigen.[1]

283 Bei einer **Inkassozession** verbleibt das Ausfallrisiko beim Zedenten. Der Zessionar ist zur Abführung des eingezogenen Betrags verpflichtet. Das wirtschaftliche Eigentum an der Forderung verbleibt beim Zedenten mit der weiteren Folge des Bilanzausweises bei ihm.

284 Bei *asset backed securities* werden ganze Forderungspools an eine eigene **Zweckgesellschaft** zediert und verkauft. Diese wiederum refinanziert sich durch Ausgabe von Schuldverschreibungen *(securities)*, die aus den eingegangenen Forderungen bedient werden. Regelmäßig geht das rechtliche und wirtschaftliche Eigentum auf die Zweckgesellschaft über (anders im BFH-Urteil I R 17/09, in → Rz. 282 zitiert), die allerdings ihre Finanzierung nur durch eine hilfsweise **Finanzierungszusage** der initiierenden Bank sicherstellen kann. Dafür ist bei dieser ein Haftungsvermerk gem. § 251 HGB geboten (→ § 251 Rz. 24). Wegen der eventuellen Konsolidierung der Zweckgesellschaft wird auf → § 290 Rz. 43 ff. verwiesen.

284a Unterschiedliche Arten der Risikotragung kommen bei ABS-Gestaltungen (und einfachem Factoring) zum Tragen. Von Relevanz sind etwa folgende Fälle:[2]

- Die Forderung wird bei vollem Risikoübergang auf den Käufer zu einem **fixen Abschlag** auf den Nominalwert veräußert (z. B. Forderung von 100 wird zu 95 veräußert). Das wirtschaftliche Eigentum liegt beim Forderungskäufer, und zwar selbst dann, wenn das Bonitätsrisiko vollständig durch eine **Warenkreditversicherung** abgedeckt ist.
- Ergibt sich der endgültige Kaufpreis hingegen erst unter Berücksichtigung des tatsächlichen Forderungsausfalls **(variabler Kaufpreis)**, so ist wie bei einer First-Loss-Garantie (→ Rz. 282) entscheidend, wie sich der variable Teilbetrag der Höhe nach zum erwarteten Ausfallrisiko verhält (Angemessenheitsprüfung).
- Wird bei revolvierendem Ankauf ein Reservekonto für den Risikoanteil des Forderungsverkäufers geführt, ist für die Angemessenheitsprüfung entscheidend, ob freiwerdende Reserven an den Forderungsverkäufer ausgezahlt bzw. ihm bei zukünftigen Forderungsverkäufen gutgeschrieben werden oder beides nicht der Fall ist.
- Schädlich für einen Forderungsabgang kann auch sein, wenn Zahlungen eines Debitors stets zuerst zugunsten des Forderungskäufers gehen, selbst wenn der Zahlungseingang solche Forderungen betrifft, die nicht veräußert wurden.
- Entsprechendes gilt, wenn eine **unter Selbstbehalt versicherte Forderung** zu einem festen Kaufpreis veräußert wird, den Selbstbehalt aber der Forderungsverkäufer zu tragen hat. Auch hier ist entscheidend, wie sich Selbstbehalt und erwarteter Forderungsausfall der Höhe nach zueinander verhalten.
- Hat der Forderungskäufers das Recht, die Forderung bei Uneinbringlichkeit **zurückzuverkaufen,** kommt es auf den Rückkaufspreis an. Ergibt sich dieser aus dem Zeitwert der Forderung zum Rückübertragungszeitpunkt, sind mit dem ursprünglichen Forderungsverkauf Risiko und wirtschaftliches Eigentum auf den ursprünglichen Forderungskäufer übergangen, anders hingegen, wenn die Forderung zum Nennwert oder zum ursprünglichen Verkaufspreis zurückgegeben werden kann.

1 So auch der BFH, Urteil v. 26.8.2010 – I R 17/09, DB 2010 S. 2652, mit Anm. *Klein/Kloster*, FR 2011 S. 196.

2 Vgl. im Einzelnen *Rimmelspacher/Hoffmann/Hesse*, WPg 2014 S. 999 ff., und *Rimmelspacher/Meyer/Girlich*, WPg 2020 S. 1161 ff., sowie IDW RS HFA 8.

2.6 Finanzinstrumente

2.6.1 Finanzderivate

285 Finanzderivate sind auf die **Erfüllung in der Zukunft** gerichtete Kontrakte (häufig als **Wertpapiere** verbrieft), die ihre „Werthaltigkeit" aus Basisgegenständen *(underlyings)* ableiten, die in aller Regel börsennotierte Werte aufweisen (Kurse, Indizes). Häufig dienen sie der Absicherung von **Risiken,** werden indes auch zunehmend als reine **Spekulationspapiere** gehalten. Es handelt sich im Regelfall um schwebende Geschäfte. Nach HGB[1] und EStG sind in aller Regel nur die Zahlungen (Optionsprämien und *margins*) zu bilanzieren, allenfalls noch Verbindlichkeits- oder Drohverlustrückstellungen. Der Ansatz von Erträgen richtet sich nach dem Realisationsprinzip.[2] Die nach IFRS mögliche (begrenzte) Marktwertbilanzierung ist nach HGB/EStG (GoB) regelmäßig unzulässig (→ § 253 Rz. 5).

286 Bei **(unbedingten) Termingeschäften** *(futures* oder *forwards)* ist die Erfüllung innerhalb einer bestimmten Frist oder zu einem bestimmten Termin nach Vertragsabschluss vorzunehmen. Abschluss- und Erfüllungszeitpunkt divergieren. Der Vertrag richtet sich dabei auf den Kauf bzw. Verkauf bestimmter Gegenstände wie standardisierter Waren, Devisen, Wertpapiere oder Zinsen zu einem festen Preis. **Indexzertifikate** sind keine Termingeschäfte.[3]

287 Im Gegensatz zu den **Optionen** (→ Rz. 288) (entnahmefähige, immaterielle Wirtschaftsgüter)[4] und **Zinsbegrenzungsvereinbarungen** (→ Rz. 292) werden bei unbedingten Termingeschäften **beide** Vertragsparteien gebunden. ***Futures*** sind standardisierte an der Börse gehandelte Terminkontrakte, bei denen die „Einstandszahlungen" *(initial margins)* bis zur Glattstellung erfolgsneutral zu behandeln sind, da sie lediglich Erfüllungsrisiken absichern.[5] Bis zur Glattstellung liegt ein schwebendes Geschäft (→ Rz. 8) vor, das zu Drohverlusten führen kann (→ § 249 Rz. 160), anders allerdings bei Vorliegen eines Sicherungszusammenhangs (→ § 254 Rz. 5). Nach Maßgabe der Wertänderung geleistete Zahlungen *(variation margins)* sind zunächst zu aktivieren und zum Stichtag ggf. außerplanmäßig abzuschreiben.[6]

Forwards stellen demgegenüber individuell ausgehandelte Terminkontrakte mit gleicher Buchungsstruktur wie *futures* dar.

Terminkontrakte werden als **„unecht"** bezeichnet, wenn sie zwar Menge und Lieferzeitpunkt bestimmen, den Preis aber der Marktentwicklung überlassen.

BEISPIEL[7] Schokoladenhersteller U kauft am 1.11.01 1.000 t Kakao, lieferbar am 15.6.02. Als Preis wird der am 15.6.02 gültige Marktpreis vereinbart.

288 Bei einem **Optionsgeschäft (bedingtes Termingeschäft)** gelten folgende ökonomische Strukturen:[8]

1 IDW RS BFA 6 für Optionsgeschäfte und IDW RS BFA 5 für *futures* und *forward rate agreements*.
2 BFH, Urteil v. 18.12.2002 – I R 17/02, BStBl 2004 II S. 126, mit Anm. *Hoffmann*, StuB 2003 S. 543.
3 BFH, Urteil v. 4.12.2014 – IV R 53/11, DStR 2015 S. 6.
4 BFH, Urteil v. 26.11.2014 – X R 20/12, DB 2015 S. 527.
5 IDW RS BFA 5.
6 IDW RS BFA 5.
7 Nach *Lüdenbach*, StuB 2011 S. 383.
8 Vgl. *Scharpf* in Küting/Pfitzer/Weber (Hrsg.), Handbuch der Rechnungslegung – Einzelabschluss, 5. Aufl., Kap. 6, Rz. 803.

- Der **Käufer** einer **Kauf**option *(long call)* erwirbt gegen Zahlung einer Prämie **(Optionsprämie)** das Recht, den im Vertrag bezeichneten Gegenstand **(Basiswert)** während der Laufzeit der Option (amerikanische Variante) oder am Fälligkeitstag der Option (europäische Variante) vom **Verkäufer (Stillhalter)** der Kaufoption *(short call)* zum vereinbarten Basispreis zu kaufen. Der Käufer der Kaufoption ist zum Erwerb des Basiswerts nicht verpflichtet und trägt deshalb nicht das Risiko einer Wertminderung; das wirtschaftliche Eigentum geht deshalb nicht auf ihn über.
- Für den **Käufer** einer **Verkaufs**option *(long put)* gilt: Er ist berechtigt (aber nicht verpflichtet), während der Laufzeit/am Fälligkeitstag der Option den Basiswert zum Basispreis an den **Stillhalter** *(short put)* zu **verkaufen.** Auch für dieses Recht wird eine Optionsprämie gezahlt. Der Erwerber der Verkaufsoption ist gegen die Wertminderung des Basiswerts gesichert, behält jedoch die Chance auf eine Wertsteigerung. Deshalb geht das wirtschaftliche Eigentum nicht auf den Stillhalter über.
- An **Basiswerten** werden u. a. Aktien, Devisen, Edelmetalle, *commodities* (z. B. Schweinebäuche) und festverzinsliche Wertpapiere, aber auch Indizes verwendet.
- Sind die Vertragsbedingungen im Ausübungszeitraum oder -punkt für den Options**käufer** ungünstig, lässt er die Option verfallen, die bezahlte Prämie ist für ihn verloren, ein weiteres Risiko trägt der Optionskäufer nicht.

BEISPIEL Hat der Optionskäufer das Recht, bestimmte Aktien zum Kurs 50 zu erwerben, und beträgt der Börsenkurs am Ausübungstag 40, ist die Ausübung des Optionsrechts für ihn sinnlos.

- Der andere Vertragspartner, also der **Verkäufer** einer Option (*short position* bzw. Stillhalter), übernimmt die Verpflichtung, auf Verlangen des Optionskäufers mit diesem ein Geschäft mit im Voraus festgelegten Bedingungen einzugehen und durchzuführen.

BEISPIEL Der Verkäufer einer Kaufoption über Aktien des Typs XY ist verpflichtet, diese zu einem Kurs von 50 in dem festgelegten Zeitraum bzw. -punkt zu übertragen, sofern die andere Partei dies verlangt. Damit ist das Risiko des Stillhalters (Optionsverkäufers) theoretisch unbegrenzt, er erhält dafür bei Vertragsabschluss eine feste Optionsprämie (Stillhaltevergütung). Bis zum Ablauf des genannten Zeitraums bzw. Erreichen des Zeitpunkts verfolgt ihn allerdings immer das Obligo der Erfüllungspflicht aus dem Vertrag. Der Aktienkurs kann sich im Beispielsfall auf 60 erhöhen mit der Folge eines Verlusts von 10 aus dem Geschäft (für den Stillhalter). Es kann aber auch umgekehrt kommen: Der Kurs kann sich auf 40 ermäßigen mit der Folge des Verfallenlassens der Option durch den Käufer; denn dieser kann sich am Markt billiger eindecken als auf der Grundlage des Optionsvertrags. In der Regel wird die Erfüllungspflicht zwischen den Vertragsparteien durch eine sog. **Glattstellung** (Barausgleich) ersetzt, weil dadurch die Transaktionskosten für die Aktien und andere optionsgegenständliche Werte vermieden werden.

Strittig für Zwecke der Bilanzierung beim Stillhalter ist die Frage des Zeitpunkts der gewinnmäßigen **Vereinnahmung** der Optionsprämie. Der BFH hatte sich in einem Streitfall zu Optionsgeschäften im steuerlichen Privatvermögen[1] auf der Basis der sog. Zwei-Vertrags-Theorie für die Vereinnahmung der Optionsprämie bei Zufluss ausgesprochen. Der BFH hat die Zwei-Vertrags-Theorie[2] aber in Bilanzierungsfällen abgelehnt und auf **Passivierung** als Verbindlichkeit der im Voraus erhaltenen Stillhaltervergütung entschieden. Erst nach Fristablauf ist dieser 289

1 BFH, Urteil v. 28.11.1990 – X R 197/87, BStBl 1991 II S. 300.

2 BFH, Urteil v. 18.12.2002 – I R 17/02, BStBl 2004 II S. 126.

Passivposten – unabhängig von der Inanspruchnahme aus der Stillhaltervergütung – aufzulösen. Zur Kritik vgl. → Rz. 9.

Nach dem BMF[1] soll das aufgrund der Kursentwicklung des Optionsgegenstands am Bilanzstichtag bestehende Risiko als **Verlust**rückstellung gem. § 5 Abs. 4a EStG gewertet werden und deshalb steuerlich nicht passivierbar sein (gilt nicht für die Handelsbilanz, vgl. → § 249 Rz. 161).

Unseres Erachtens ist die Behandlung als Verbindlichkeit[2] nicht zwingend. Verbindlichkeiten für noch nicht erbrachte Leistungen sind ebenso wenig ansetzbar wie die Forderungen (→ Rz. 77). Der richtige Ansatz wäre die passive Abgrenzung der erhaltenen Vorauszahlung.[3] Der BFH lehnt dies gestützt auf Schrifttumsauffassungen im Urteil I R 17/02 (a. a. O.) wegen des „Einmalcharakters" ab; u. E. und im Einvernehmen mit Ausführungen des BFH im selben Urteil liegt die Leistung des Stillhalters im „Dulden" und „Bereithalten", also gerade keine Einmaltätigkeit, sondern ein Dauerzustand wie die „Bereithaltung" von Räumen im Mietvertrag (→ § 250 Rz. 46).

In Belgien existiert gem. Gutachten CNN/CBN 167/1 (Status ähnlich einem DRS) ein Wahlrecht.

- Da die Optionsprämie mit ihrer Vereinnahmung endgültig verdient sei und ihre Höhe mit der Entwicklung des Stillhalterrisikos im Zeitablauf nichts mehr zu tun habe, gilt eine sofortige Gewinnrealisation als zulässig (wobei für ein aus der Kursentwicklung resultierendes Stillhalterrisiko ggfs. eine Rückstellung zu bilden ist).
- Als zulässig gilt aber auch eine Interpretation der Prämie als Entgelt für das Stillhalten über die Dauer des Optionszeitraums. Folge ist eine Passivierung und eine Auflösung des Passivpostens erst bei Ausübung/Verfall der Option (wobei ein aus der Kursentwicklung resultierendes Stillhalterrisiko nur in insoweit zurückzustellen ist, als es über die passivierte Prämie hinausgeht).

Die Frage, ob auch die zweite, der deutschen Rechnungslegungspraxis entsprechende Alternative richtlinienkonform ist, hat der EuGH bejaht.[4]

Die andere Vertragspartei, der Options**käufer,** aktiviert die (vorausbezahlte) Prämie als sonstigen Vermögensgegenstand. Im Fall einer Kaufoption wird bei Ausübung der Option nicht nur der vereinbarte Kaufpreis für den Optionsgegenstand aktiviert, sondern zusätzlich die (vorausbezahlte) Optionsprämie, indem diese auf die Anschaffungskosten des optionsgegenständlichen Werts **umgebucht** wird (→ § 255 Rz. 102).[5] Zu der Begründung und den Grenzen eines solchen Vorgehens wird auf → § 254 Rz. 101 verwiesen.
Bei einer Verkaufsoption mindert die (vorausbezahlte) Prämie den Verkaufserlös.

290 Als **Swaps** werden Geschäfte bezeichnet, bei denen Zahlungsforderungen und -verpflichtungen ausgetauscht werden, um Zins- und Währungsdifferenzen auf den Finanzmärkten auszugleichen (Zinsswaps, Währungsswaps).[6] Dargestellt am Beispiel eines Zinsswaps: Für einen

1 BMF, Schreiben v. 12.1.2004 – IV A 6 – S 2133 – 17/03, DB 2004 S. 159 (u. E. unzutreffend, vgl. DStR 2004 S. 625).
2 So für das Handelsrecht auch IDW RS BFA 6.
3 Vgl. *Hoffmann*, StuB 2012 S. 330.
4 EuGH, Urteil v. 15.6.2017 – Rs. C 444/16 und C 445/16 „Chiaradia/DeBruyne"; vgl. dazu *Lüdenbach*, StuB 2020, S. 613.
5 IDW RS BFA 6 Tz. 22; a. A. mit beachtlichen Argumenten *Dinkelbach*, DB 2006 S. 1642. Vgl. hierzu im Einzelnen → § 255 Rz. 102.
6 Vgl. *Bieg*, StBp 2003 S. 209, 259; *Geurts*, DB 2001 S. 1163.

bestimmten Betrag mit einer im Voraus festgelegten Laufzeit und festen Zinszahlungsterminen erfolgt ein Austausch der Ansprüche und Verpflichtungen aus Zinszahlungen in der gleichen Währung, aber mit variablen Zinszahlungsverpflichtungen. Regelmäßig wird ein Festbetragszins gegen einen variablen Zins (z. B. Euribor für sechs Monate + X Basispunkte) getauscht. Die Kapitalbeträge selbst – d. h. die jeweiligen Forderungen und Verbindlichkeiten – werden dabei nicht getauscht, sie ändern nur ihren Charakter: Aus festverzinslichen Forderungen/Verbindlichkeiten werden variabel verzinsliche. Der **ökonomische** Sinn dieser Tauschgeschäfte liegt in den individuellen Bedingungen bzgl. des Zugangs zum Kapitalmarkt, bei denen der eine Vertragspartner relativ günstig variable, der andere vergleichbar feste Zinsvereinbarungen treffen kann. Häufig werden Swap-Geschäfte auch zwischen zwei Währungen abgeschlossen und mit einem Zinsaustausch kombiniert.

291 Swaps sind als **schwebende** Geschäfte nicht bilanzierbar, es sei denn, ein Verlust droht (→ Rz. 8). Möglicherweise liegt im Rahmen eines *Mikro-Hedge* eine **Bewertungseinheit** vor (→ § 252 Rz. 50). Eine Reihe von Beispielen zur bilanziellen Abbildung von Zinsswaps – insbesondere als Bewertungseinheit – findet sich in der Kommentierung zu § 254.

292 Einseitige (bedingte) Verpflichtungen werden auch durch **Zinsbegrenzungsvereinbarungen** begründet. Dabei verpflichtet sich der Verkäufer (Stillhalter), an den Vertragspartner (Käufer) bestimmte Zahlungen zu leisten, wenn ein festgelegter Zinssatz eine gewisse Höhe gegenüber dem Referenzzinssatz über- ***(caps)*** oder unterschreitet ***(floors)***; es werden auch Vereinbarungen mit einer Kombination von Zinsober- und -unterbegrenzung abgeschlossen ***(collars)***.[1]

293 Zinsbegrenzungsvereinbarungen sind in ihrem wirtschaftlichen Gehalt **Optionsgeschäfte** (→ Rz. 288), mit der Besonderheit, dass nicht einmalig zu einem bestimmten Termin die Zinsdifferenz ausgeglichen wird, sondern eine **Aneinanderreihung** von Zinsoptionskontrakten auf bestimmte Fälligkeitstermine vorliegt.[2] Mit der Erbringung der Stillhalterprämie erwirbt der Käufer des *cap* (i. d. R. ein Darlehensnehmer) bzw. *floor* (i. d. R. ein Darlehensgeber) entgeltlich einen immateriellen Vermögensgegenstand, der über die Laufzeit hinweg abzuschreiben ist.[3] Beim Verkäufer des *cap* und *floor* (Stillhalter) ist u. E. eine Parallele zur Optionsentscheidung des BFH (I R 17/02, → Rz. 289) zu ziehen: Passivierung der erhaltenen Optionsprämie bis zum Ende des Erfüllungszeitraums, wobei es dem Charakter der Zinsbegrenzungsvereinbarungen als Aneinanderreihung von Optionen am besten entspricht, nicht einen einzigen einheitlichen, sondern mehrere Erfüllungszeiträume anzunehmen und die Optionsprämie mit Ablauf des jeweiligen Erfüllungszeitraums anteilig ertragswirksam werden zu lassen. Ein am jeweiligen Bilanzstichtag erwarteter Verlust (zukünftige Inanspruchnahme aus der Stillhalterposition) ist als Rückstellung zu passivieren.

Der Käufer des *cap* bzw. *floor* hat zunächst die gezahlte Optionsprämie zu aktivieren. Dieser Vermögensgegenstand unterliegt der planmäßigen Abschreibung, da seine Nutzungsdauer begrenzt ist und sich der Restnutzen mit jedem abgelaufenen Verzinsungszeitraum verringert. Unter Vereinfachungsgesichtspunkten kann regelmäßig eine lineare Abschreibung vorgenommen werden. Eine finanzmathematische, etwa an Optionspreismodellen orientierte Bestimmung der Abschreibungsbeträge ist ebenso zulässig. Bei voraussichtlich dauerhafter Veränderung des Zinsniveaus (im Falle eines *cap* bei dauerhaft gesunkenen Zinsen) kommt es zu einer

1 Vgl. hierzu *Rau*, DStR 2003 S. 1769.
2 Vgl. *Häuselmann*, BB 1990 S. 2150.
3 FG München, Urteil v. 25.3.2003 – 6 K 2642/01, DStRE 2003 S. 1143.

außerplanmäßigen Abschreibung. Der Ausweis der gezahlten Optionsprämie erfolgt nach h. M. unter den sonstigen Vermögensgegenständen des Umlaufvermögens. In Betracht kommt aber bei lang laufenden Vereinbarungen auch ein Ausweis im Finanzanlagevermögen.[1]

Unabhängig von der vereinnahmten oder bezahlten Optionsprämie ist eine zum jeweiligen Zinstermin entstehende Ausgleichsforderung oder -verpflichtung zu bilanzieren, wenn die Vertragsbedingung eintritt, der Referenzzinssatz am betreffenden Zeitpunkt oberhalb (bei einem *cap*) bzw. unterhalb (bei einem *floor*) zu liegen kommt.[2]

294 Wird eine Zinsbegrenzungsvereinbarung nicht mit einem Dritten, sondern mit dem Darlehensgeber abgeschlossen, und zwar zeitnah zum Abschluss des Darlehensvertrags und in Volumen, Laufzeit und Zinsterminen auf das Darlehen abgestimmt, liegt nach der Rechtsprechung des BFH kein eigenständiges Geschäft vor.[3] Die Zinsbegrenzungsvereinbarung wird vielmehr **Bestandteil** einer **einheitlichen Darlehensbeziehung,** deren variable Verzinsung nach oben begrenzt ist. Die *Cap*-Prämie ist dann ein laufzeitabhängiges Entgelt dafür, dass der Kreditgeber für den Zeitraum der Zinsbegrenzungsvereinbarung nur den vereinbarten Höchstzins fordert. Wie bei anderen Vereinbarungen zur unmittelbaren Gestaltung des effektiven Zinses (etwa Disagien) ist dann eine Gleichbehandlung mit den nominellen Zinszahlungen selbst, also insbesondere eine Verteilung über die Laufzeit, angezeigt. Bei einer Einheit von Zinsbegrenzungsvereinbarung und Darlehen entspricht dies dem Ansatz eines aktiven Rechnungsabgrenzungspostens i. H. der gezahlten Prämie. Dieser nach Handelsrecht wahlweise, nach Steuerrecht pflichtweise (→ § 250 Rz. 59) anzusetzende Rechnungsabgrenzungsposten ist über die Laufzeit planmäßig aufzulösen. Die Vornahme außerplanmäßiger Abschreibungen/Teilwertabschreibungen bei Rückgang des Zinsniveaus und damit einhergehendem Wertverlust der Zinsbegrenzungsvereinbarung kommt hingegen nicht infrage, da die entsprechenden Vorschriften (§ 253 Abs. 3 und 4 HGB, § 6 Abs. 1 Nr. 1 EStG) nur für Vermögensgegenstände/Wirtschaftsgüter, hingegen nicht für Rechnungsabgrenzungsposten gelten (→ § 250 Rz. 60).

294a Eine besondere Form der Finanzderivate stellen die **Kreditderivate dar,** mit denen Bonitäts- oder auch Marktpreisrisiken aus Krediten unabhängig von einem zugrunde liegenden Kreditgeschäft, insbesondere unabhängig davon, ob der Sicherungsnehmer überhaupt einen Kredit hält, auf einen anderen übertragen werden können. Hauptsächlich sind zu unterscheiden:

- *credit default swaps* (CDS), die Zahlungen nur bei einem Ausfall- oder Verzugsereignis vorsehen,
- *credit spread options*, die zu Zahlungen bereits bei Änderung der Bonität führen,
- *total return **swaps*** (TRS), mit denen auch Marktpreis- und Zinsrisiken übertragen werden.

Kreditderivate sind schwebende Geschäfte. Der **Sicherungsgeber** passiviert eine eventuell erhaltene Optionsprämie und hat im Falle eines drohendenden Verlusts eine Rückstellung zu bilden.

Die Bilanzierung beim **Sicherungsnehmer** hängt vom Verwendungszweck ab.

- Kreditderivate, die nicht der Sicherung eines Grundgeschäfts dienen (sog. freistehende Kreditderivate), haben wegen ihrer Risiko-Chancen-Asymmetrie den Charakter einer Option. Sie sind beim Begünstigten (Sicherungsnehmer) mit ihren Anschaffungskosten (Op-

1 *Lüdenbach*, StuB 2011 S. 26 ff.
2 Vgl. *Winter*, DB 1997 S. 1987.
3 Vgl. BFH, Urteil v. 24.11.1999 – X R 144/96, BStBl 2000 II S. 263.

tionsprämie) zu aktivieren, sodann außerplanmäßig abzuschreiben, wenn der beizulegende Zeitwert unter die Anschaffungskosten sinkt.

- Kreditderivate, die dokumentiert der Sicherung eines Kredits dienen, bilden nach § 254 HGB mit dem Grundgeschäft eine Bewertungseinheit. Sinkt der Wert des Grundgeschäfts und wird dies durch einen Anstieg des Werts des Sicherungsgeschäfts über die Anschaffungskosten hinaus ganz oder zum Teil kompensiert, so kann eine sonst gebotene außerplanmäßige Abschreibung des Grundgeschäfts insoweit unterbleiben oder alternativ das Derivat über seinen Anschaffungskosten angesetzt werden (→ § 254 Rz. 60 ff.).
- Sofern dem Kreditderivat zwar ein entsprechendes Grundgeschäft gegenübersteht, aber keine Bewertungseinheit i. S. von § 254 HGB gebildet wird, ist das Derivat wie eine Kreditsicherheit zu behandeln und bei Ermittlung von Einzel- und Pauschalwertberichtigungen auf den Kredit zu berücksichtigen.

2.6.2 Strukturierte Produkte, eingebettete Derivate

2.6.2.1 Begriff

Strukturierte oder hybride Produkte zeichnen sich durch eine besondere Kombination von Rechten und Pflichten aus: 295

- Ein **Basisinstrument** (meist Anleihe oder sonstiges Fremdkapitalinstrument, ggf. aber auch ein Vertrag, der kein Finanzinstrument i. e. S. ist, z. B. Kaufvertrag über Waren oder Leasingvertrag)
- ist mit zusätzlichen Rechten und Pflichten versehen, die bei isolierter Betrachtung als Derivat gelten würden **(eingebettetes Derivat).**

Neben dem klassischen Instrument der Wandelschuldverschreibung (Schuldverschreibung als Basisinstrument, Option zur Umwandlung in Aktien als eingebettetes Derivat) gibt es eine Unzahl weiterer, z. T. überaus exotischer Strukturierungen.

Die Frage, ob ein strukturiertes Produkt **einheitlich** oder nach seinen **Komponenten** *(split-accounting)* zu bilanzieren ist, entscheidet darüber, ob es zu einer **Saldierung** positiver und negativer Effekte aus einer unterschiedlichen Wertentwicklung von Basisinstrument und eingebettetem Derivat kommt.

2.6.2.2 Bilanzierung beim Gläubiger

In welchen Fällen eine solche Saldierung **angemessen,** d. h. ein strukturiertes Finanzinstrument als ein einheitlicher Vermögensgegenstand bzw. eine einheitliche Verbindlichkeit anzusehen ist und in welchen Fällen dessen Bestandteile (Basisinstrument und eingebettetes Derivat) **getrennt** zu bilanzieren sind, wurde im älteren Schrifttum an der **selbständigen Verkehrsfähigkeit** des Derivats festgemacht. Bei Optionsanleihen ist diese i. d. R. gegeben, da der Optionsschein getrennt handelbar ist,[1] bei Wandelanleihen hingegen nicht, da nur ein (einheitliches) Rechtsverhältnis zum Emittenten besteht. Hieraus folgerte das Schrifttum: Bei einer erworbenen Optionsanleihe ist das Derivat ein eigener Vermögensgegenstand, bei einer erworbenen Wandelschuldverschreibung hingegen nicht.[2] 296

1 Vgl. *Hüffer*, AktG, 7. Aufl., § 221 Rz. 55.
2 Vgl. *Häuselmann/Wagner*, BB 2002 S. 2431 ff.

Auf die selbständige Verkehrsfähigkeit soll es nach **IDW** hingegen nicht mehr zwingend ankommen. IDW RS HFA 22 behandelt die Frage der einheitlichen oder getrennten Bilanzierung vielmehr unter folgenden Gesichtspunkten:

- **Vermögensgegenstandseigenschaft:** Gegenstand der Bilanzierung sei der gesamte Vermögensgegenstand, nicht die diesem nach dem zugrunde liegenden Rechtsverhältnis innewohnenden einzelnen wertbildenden Elemente. Die Verbindung der Bestandteile eines strukturierten Finanzinstruments zu einer rechtlichen Einheit spreche für die handelsrechtliche Behandlung als einheitliches Bilanzierungsobjekt.
- **Unzutreffende Lagedarstellung:** Eine einheitliche bilanzielle Behandlung könne jedoch zu einer unzutreffenden Darstellung der wirtschaftlichen Lage führen, da die besonderen Chancen und Risiken aus dem eingebetteten Derivat bei einem einheitlichen Ausweis nicht ersichtlich würden und es zu einer Saldierung positiver und negativer Effekte aus einer unterschiedlichen Wertentwicklung von Basisinstrument und eingebettetem Derivat komme.
- **Risiko/Chancen:** Sofern das strukturierte Finanzinstrument aufgrund des eingebetteten Derivats im Vergleich zum Basisinstrument wesentlich erhöhte oder zusätzliche (andersartige) Risiken oder Chancen aufweise, sei daher in wirtschaftlicher Betrachtungsweise und im Interesse der zutreffenden Darstellung „grundsätzlich" eine Aufspaltung geboten. Zu den hierbei bestehenden Rückausnahmen wird auf → Rz. 299 verwiesen.

Die Rückausnahmen zunächst ausgeklammert, ergibt sich folgender Prüfungsablauf:

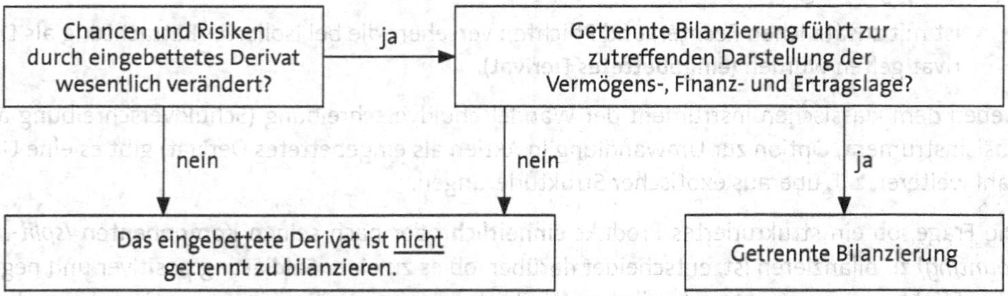

297 Eine wesentliche Veränderung der **Risiken oder Chancen** (→ Rz. 296) ist nach IDW RS HFA 22 u. a. in folgenden Fällen gegeben:

- Das Basisinstrument ist mit einem Derivat verbunden, das einem über das Zinsrisiko hinausgehenden **Marktpreisrisiko** unterliegt. Dies ist z. B. dann der Fall, wenn
  - eine der Vertragsparteien wählen kann, ob die Rückzahlung in Euro oder nach vom Rückzahlungszeitpunkt abweichenden Kursverhältnissen in **Fremdwährung** erfolgt,
  - eine der Vertragsparteien statt Rückzahlungsrecht in bar die Lieferung einer bestimmten Zahl von **Aktien** verlangen kann,
  - der Rückzahlungsbetrag von der Entwicklung eines **Aktienkurses** oder **Aktienindizes** abhängig ist etc.
- Das Basisinstrument ist mit einem Derivat verbunden, das neben dem Bonitätsrisiko des Emittenten weiteren Risiken unterliegt. Ein Beispiel sind hier die ***credit linked notes,*** bei denen die Rückzahlungshöhe vom Ausfall eines Referenzkredits oder einer Referenzanleihe oder eines Referenzportfolios oder ähnlichen Ereignissen abhängt.

- Aufgrund des eingebetteten Derivats besteht die Möglichkeit einer **Negativverzinsung** (z. B. *reverse floater* ohne Mindestverzinsung).
- Das eingebettete Derivat, bei dem die Basisvariable *(underlying)* ein Zinssatz oder ein Zinsindex ist, kann die anfängliche Rendite des Basisinstruments des Erwerbers mindestens **verdoppeln** und zu einer Rendite führen, die mindestens doppelt so hoch ist wie die Marktrendite für einen Vertrag mit den gleichen Bedingungen wie das Basisinstrument **(Zinshebelprodukte).**
- Das eingebettete Derivat sieht bedingte oder unbedingte **Abnahmeverpflichtungen** für weitere Finanzinstrumente (z. B. Aktien) zu festgelegten – vom künftigen beizulegenden Zeitwert möglicherweise abweichenden – Konditionen vor.
- Das eingebettete Derivat sieht Vereinbarungen zur **Verlängerung der Laufzeit** vor, ohne dass die Verzinsung an die aktuellen Marktkonditionen im Zeitpunkt der Verlängerung angepasst wird. Findet zum Zeitpunkt der Ausübung einer Verlängerungsoption hingegen eine Anpassung an den herrschenden Marktzins statt, liegt kein trennungspflichtiges Derivat vor.
- Das eingebettete Derivat betrifft eingebettete Kauf-, Verkaufs-, Verzichts- oder Vorfälligkeitsoptionen (Darlehen mit vorzeitiger Kündigungsmöglichkeit und *callable bonds*), wobei der **Ausübungspreis** der Option am jeweiligen Ausübungstag nicht annähernd den fortgeführten Anschaffungskosten bzw. dem Buchwert des Basisinstruments entspricht. Nicht betroffen sind Kauf-, Verkaufs-, Verzichts- oder Vorfälligkeitsoptionen, die gegen Zahlung einer Vorfälligkeitsentschädigung für den Zinsverlust des Gläubigers ausgeübt werden können.

Die nachstehende Übersicht fasst die vorstehenden und weitere Fälle zusammen:

Typ	Analytische Beurteilung aus Anlegersicht	Zu separieren?
Bonitätsanleihe; Verzinsung/Tilgung steigt, wenn Rating sinkt *(creditsensitive bond)*	Anleihe + Verkaufsoption auf Rating	Nein
Anleihe mit Gläubigerkündigungsrecht *(puttable bond)*	Anleihe + Verkaufsoption auf Rating	In der Regel nein
Indexanleihe mit variabler Rückzahlung *(variable principal redemption bond)*	Anleihe + Stillhalter aus Option auf einen Index (Währung, Aktien, Rohstoff etc.)	In der Regel ja
Knock-in- oder *Knock-out*-Anleihen; Rückzahlungsoption (Art/Höhe) entsteht/verfällt, wenn Index, Währung etc. bestimmten Wert erreicht	Festzinsanleihe + Stillhalter aus *Knock-in-* oder *Knock-out*-Option	In der Regel ja
Stufenzinsanleihe *(step up/step down bond)*	Festzinsanleihe + Zinstermingeschäft	Nein
Anleihe mit Schuldnerkündigungsrecht *(callable bond)*	Anleihe + Stillhalter aus einer Kaufoption	In der Regel nein
Super floater, leveraged/bear floater: z · Basiszins - X % (nicht negativ)	Variable Anleihe + Aufnahme Festzinskredit + *floor*	Nein, wegen *floor*
Umgekehrter *floater, reverse/bull floater* X % - Basiszins	Festzinsanleihe + variable Kreditaufnahme + i. d. R. *cap* (sonst Negativzins)	Nein, es sei denn ohne *cap*
Variabel verzinsliche Anleihe mit Mindestzins *(floored floating rate note)*	Variable Anleihe + *floor* (d. h. Optionen auf Zins)	In der Regel nein

Typ	Analytische Beurteilung aus Anlegersicht	Zu separieren?
Variabel verzinsliche Anleihe mit Maximalzins *(capped floating rate note)*	Variable Anleihe + *cap* (d. h. Stillhalter aus Zinsoption)	In der Regel nein
Variabel verzinsliche Anleihe mit Mindest- und Höchstzins *(collared floating rate note)*	Variable Anleihe + *floor* (Optionsinhaber) + *cap* (Stillhalter)	In der Regel nein
Wandelanleihe *(convertible bond)*	Festzinsanleihe + Wandlungsoption	Ja

298 Die Beurteilung, ob ein abspaltungspflichtiges eingebettetes Derivat vorliegt, ist aus Sicht des **Vertragsbeginns** zu treffen. Eine spätere Neubeurteilung ist nur zulässig (und dann auch geboten), wenn die Vertragsbedingungen und dadurch die *Cashflows* signifikant geändert wurden.

BEISPIEL ▸ Am 1.1.01 gewährt A ein Darlehen an B mit folgenden für die ersten fünf Jahre vereinbarten Konditionen:

- Libor + 1 % für das spezifische Kreditrisiko von B (zum Ausgabezeitpunkt liegt der Libor bei 2,5 %, der anfängliche Zins beträgt somit 3,5 %),
- Zinsbegrenzungsvereinbarung *(collar)* mit einer Zinsuntergrenze *(floor)* von 2 % und einer Zinsobergrenze *(cap)* von 5 %.

Der *collar* ist ein eingebettetes Derivat, aber nicht abzutrennen, da der *floor* unter und der *cap* über dem Marktzins liegen.

Am Ende des fünften Jahres wird der Vertag neu verhandelt. Der Libor beträgt zu diesem Zeitpunkt 2 %, das spezifische Kreditrisiko weiterhin 1 %, der angemessene Marktzins somit 3 %. Die Parteien vereinbaren für die nächsten fünf Jahre Folgendes:

- Libor ohne Aufschlag,
- Zinsuntergrenze 2 %, Zinsobergrenze weiterhin 4 %.

Die Vertragsbedingungen und mit ihnen die Zinszahlungen *(Cashflows)* haben sich signifikant verändert. Eine erneute Beurteilung ist daher nötig. Da der *floor* nun nicht mehr unter dem Marktzins liegt, ist die Zinsbegrenzungsvereinbarung künftig separat zu bilanzieren.

299 Werden die **Chancen und Risiken** durch das eingebettete Derivat (→ Rz. 296) wesentlich verändert, ist eine Trennung nach IDW RS HFA 22 Tz. 13 gleichwohl nicht notwendig, wenn die Vermögens-, Finanz- und Ertragslage auch bei einheitlicher Bilanzierung (ebenso) zutreffend dargestellt wird. Dies ist in folgenden Fällen anzunehmen:

- Das strukturierte Finanzinstrument wird gem. § 253 Abs. 3 (→ § 253 Rz. 203 ff.) oder Abs. 4 HGB (→ § 253 Rz. 230 ff.) am Abschlussstichtag mit dem niedrigeren Wert aus beizulegendem Wert und fortgeführten Anschaffungskosten bewertet; die Bestimmung des beizulegenden Werts basiert dabei auf einer Notierung des strukturierten Finanzinstruments auf einem **aktiven Markt.**
- Das strukturierte Finanzinstrument wurde von einem **Kreditinstitut zu Handelszwecken** erworben und unterliegt nach § 340e Abs. 3 HGB der Bewertung zum beizulegenden Zeitwert.
- Es besteht eine vertraglich vereinbarte unbedingte **Kapitalgarantie** des **Emittenten.** mit der das eingesetzte Kapital zum Fälligkeitszeitpunkt garantiert wird; zudem hat der Erwerber/Gläubiger die Absicht und die Fähigkeit, das strukturierte Finanzinstrument bis zur Endfälligkeit zu halten und hat das strukturierte Finanzinstrument gem. § 247 Abs. 2 HGB (→ § 247 Rz. 19 ff.) zulässigerweise dem Anlagevermögen zugeordnet.

In den beiden ersten Fällen werden die besonderen Risiken des strukturierten Finanzinstruments durch eine objektivierte Bewertung zutreffend dargestellt. Im dritten Fall sind die besonderen Risiken des strukturierten Finanzinstruments durch die Kapitalgarantie auf das Bonitätsrisiko des Emittenten reduziert.

Liegen die Voraussetzungen für eine getrennte Bilanzierung vor, gilt für die Zugangsbewertung Folgendes: Die **Anschaffungskosten** des strukturierten Finanzinstruments sind im **Verhältnis** der beizulegenden Zeitwerte der einzelnen Bestandteile (Basisinstrument und eingebettetes Derivat) zuzuordnen. Können einzelne Bestandteile des strukturierten Finanzinstruments nicht verlässlich bewertet werden, so entspricht die Differenz zwischen dem beizulegenden Zeitwert des strukturierten Finanzinstruments insgesamt und dem beizulegenden Zeitwert des verlässlich bewertbaren Teils dem Wert des anderen Teils. 300

BEISPIEL ▶ A erwirbt am 1.1.01 einen zweijährigen *„Equity linked"*-Zerobond (Wertpapier mit Zinszahlung ausschließlich bei Fälligkeit und aktienkursabhängigem Rückzahlungsbetrag) des Unternehmens B mit einem Nominal- und Ausgabebetrag von 1.000. Der aktuelle Marktzins beträgt 10 %. Der am Ende der Laufzeit von B zu leistende Rückzahlungsbetrag setzt sich zusammen aus dem Nominalbetrag, den aufgelaufenen Zinsen von 210 und der Kursänderung von 50 Aktien der B zwischen Ausgabe der Anleihe und Rückzahlung. Der Rückzahlungsbetrag kann nicht negativ werden. Der Aktienkurs bei Ausgabe beträgt 30.

Der Rückzahlungsbetrag nach zwei Jahren würde somit betragen:

- 1.210 (= 1.000 + 210 + 50 · 0) bei einem Kurs von 30.
- 1.710 (= 1.000 + 210 + 50 · 10) bei einem Kurs von 40.
- 710 (= 1.000 + 210 - 50 · 10) bei einem Kurs von 20.
- 0 bei einem Kurs zwischen 0 und 5,8.

Bei dem *„Equity linked"*-Zerobond handelt es sich um eine strukturierte Anleihe, die sich aus einer normalen Anleihe (Zerobond) und einem eingebetteten Aktientermingeschäft zusammensetzt. Da sich die Risiken des Trägerinstruments (Zerobond = Bonitäts- und Zinsrisiko) und des eingebetteten Derivats (Aktientermingeschäft = Aktienkursrisiko) wesentlich unterscheiden, ist das eingebettete Derivat abzutrennen und separat zu bilanzieren. Für das Aktientermingeschäft ist fremdüblich ein Wert von null anzunehmen.

Am 1.1.01 wird zunächst das eingebettete Derivat mit seinem *fair value* von null „eingebucht". Der Zerobond (Basisvertrag) wird mit dem Restwert von 1.000 (= 1.000 - 0) erfasst.

In den folgenden zwei Jahren ist der Zerobond mit dem Marktzins von 10 % aufzuzinsen und das abgetrennte Aktientermingeschäft bei drohendem Verlust mit seinem Zeitwert zu bilanzieren, bei Gewinnerwartung dagegen nicht zu erfassen. Zum 31.12.02 (einen Tag vor Tilgung der Anleihe) ergeben sich somit folgende Wertansätze:

- Bei einem Kurs von 30:
  Anleihe 1.210, Derivat 0, Summe 1.210.
- Bei einem Kurs von 40:
  Anleihe 1.210, Derivat 0, Summe 1.210.
- Bei einem Kurs von 30:
  Anleihe 1.210, Derivat - 500, Summe 710.
- Bei einem Kurs von 5,8 (oder niedriger):
  Anleihe 1.210, Derivat - 1.210, Summe 0.

Steuerlich wird die Behandlung von strukturierten Produkten vorrangig für Zwecke des § 20 EStG diskutiert. Dabei geht es darum, zwischen steuerpflichtigen **Kapitalerträgen** und (bei längerer Frist) nicht steuerbaren **Spekulationsgewinnen** zu unterscheiden. Für die Bilanzierung von Finanzprodukten, die im Betriebsvermögen gehalten werden, hat diese Diskussion keine Bedeutung, da im Betriebsvermögen Vermögenszuwächse unabhängig vom Anfallen innerhalb einer bestimmten Frist zu besteuern sind. Gleichwohl kann die Frage nach der zutreffen- 301 den Bilanzierung strukturierter Produkte Auswirkungen auf den Periodengewinn haben, etwa wenn aus dem eingebetteten Derivat ein Verlust droht, der bei separater Bilanzierung wegen § 5 Abs. 4a EStG steuerlich nicht ansetzbar ist, bei einheitlicher Bilanzierung jedoch den Wert der Anlage mindert und damit ggf. eine Teilwertabschreibung rechtfertigt.

Damit stellt sich die Frage, ob die Ausführungen des IDW über eine irgendwie geartete Maßgeblichkeit auch steuerlich Geltung beanspruchen können. Unseres Erachtens ist dies i. d. R. nicht der Fall. Das IDW verwirft etwa unter Berufung auf eine zutreffende Darstellung der Vermögens-, Finanz- und Ertragslage (§§ 243 Abs. 1 und 264 Abs. 2 HGB) eine „eigentlich gebotene Trennung" zugunsten einer einheitlichen Bilanzierung, wenn nach dem Niederstwertprinzip bilanziert und der beizulegende Wert durch eine Börsennotierung objektiviert ist. Im Steuerrecht ist ein entsprechender Grundsatz der zutreffenden Lagedarstellung nicht verankert. Eine eigene steuerrechtliche Beurteilung ist daher geboten. Sie hat u. E. zu unterscheiden zwischen

- **wertbildenden** Faktoren eines Wirtschaftsguts, die lediglich finanzmathematisch isolierbar sind, und
- Chancen oder Vorteilen, die **selbständig nutzbar** sind.

Im Falle einer Optionsanleihe mit separat handelbarem Optionsschein ist die selbständige Nutzbarkeit des Eigenkapitalderivats gegeben und dieses separat zu bilanzieren. Im Falle eines börsennotierten *„Equity linked"*-Bonds liegt hingegen i. d. R. nur ein wertbildender Faktor vor, der abweichend vom Handelsrecht (in der Auslegung des IDW) keine getrennte Bilanzierung nach sich zieht.[1]

2.6.2.3 Bilanzierung beim Schuldner, insbesondere Wahlschulden und Geldwertschulden

302 Auch aus Sicht des **Schuldners** lässt sich ein strukturiertes Finanzinstrument **ökonomisch** in zwei Bestandteile – Basisinstrument und eingebettetes Derivat – zerlegen. Für die Frage, wann auch bilanziell so zu verfahren ist (separate oder einheitliche Bilanzierung), sind die unter → Rz. 296 ff. für den Gläubiger dargestellten Grundsätze aus IDW RS HFA 22 beim Schuldner jedoch aus zwei Gründen nicht unmittelbar einschlägig:

- Zum einen bestehen gesetzliche **Sonderregelungen,** so insbesondere für **Wandelschuldverschreibungen,** bei denen § 272 Abs. 2 Nr. 2 HGB (→ § 272 Rz. 61) zwingend eine getrennte Bilanzierung des eingebetteten Eigenkapitalderivats (Einstellung in die Kapitalrücklage) und des Basisinstruments (Verbindlichkeit) vorschreibt.
- Zum anderen sind die Voraussetzungen für eine in IDW RS HFA 22 Tz. 22 vorgesehene **„entsprechende Anwendung"** der beim Investor zu beachtenden Bilanzierungsregeln auf den Schuldner häufig **nicht** gegeben.

Zum zweiten Punkt folgende Überlegungen:[2]

Nach IDW RS HFA 22 ist eine Trennung von Basisvertrag und Derivat i. d. R. notwendig, wenn das Derivat qualitativ oder quantitativ zu wesentlichen **Veränderungen** des **Risikoprofils** des Finanzinstruments führt. Ist diese Voraussetzung aus Sicht des Gläubigers gegeben, liegt sie auch aus Sicht des Schuldners vor. **Bis hierhin** funktioniert also die „entsprechende Anwendung".

1 Für ein ausführliches Beispiel wird verwiesen auf *Lüdenbach,* StuB 2010 S. 947 ff.

2 Nach *Lüdenbach,* StuB 2012 S. 316 ff.

Eine danach „grundsätzlich" gegebene Trennungspflicht wird jedoch beim Gläubiger ausnahmsweise obsolet, wenn eine einheitliche Bilanzierung des Finanzinstruments (ebenfalls) zu einer **zutreffenden Darstellung** der Vermögens-, Finanz- und Ertragslage führt. Diese in hohem Maße abstrakten Anforderungen konkretisiert IDW RS HFA 22 Tz. 14 – nur aus Sicht des Gläubigers – in folgender Weise:

- Das strukturierte Finanzinstrument wird gem. § 253 Abs. 2 oder 3 HGB am Abschlussstichtag mit dem niedrigeren Wert aus beizulegendem Wert und fortgeführten Anschaffungskosten bewertet, und die Bewertung basiert auf einer Notierung des strukturierten Finanzinstruments auf einem aktiven Markt.
- Das strukturierte Finanzinstrument wurde zu Handelszwecken erworben.
- Es besteht eine vertraglich vereinbarte unbedingte Kapitalgarantie des Emittenten, mit der das eingesetzte Kapital zum Fälligkeitszeitpunkt garantiert wird, und der Erwerber/Gläubiger hat die Absicht und die Fähigkeit, das strukturierte Finanzinstrument bis zur Endfälligkeit zu halten, und hat es entsprechend § 247 Abs. 2 HGB zulässigerweise dem Anlagevermögen zugeordnet.

Die erste Voraussetzung ist beim Emittenten nicht, auch nicht analog, anwendbar, weil etwa bei gestiegenem Börsenkurs der Anleihe aus Sicht des Emittenten (anders als bei gesunkenem Börsenkurs aus Sicht des Investors) zwischen zinsinduzierten Wertänderungen (bei der Bewertung der Verbindlichkeit nicht zu berücksichtigen) und durch die Wertentwicklung des eingebetteten Derivats induzierten Wertänderungen (zu berücksichtigen) zu unterscheiden wäre. Die zweite Voraussetzung ist beim Schuldner meist schon deshalb nicht einschlägig, weil Anleihe oder Darlehen nicht zu spekulativen Zwecken aufgenommen werden. Die dritte Voraussetzung stellt nach der Begründung des IDW aus Sicht des Investors darauf ab, ob die besonderen Risiken des strukturierten Finanzinstruments durch die Kapitalgarantie auf das Bonitätsrisiko des Emittenten reduziert sind. Für den Emittenten ist dieser Gesichtspunkt nicht relevant.

Damit entsteht folgendes **Dilemma:** Das IDW stellt in seinen konkreten Regelungen die Sicht des Gläubigers in den Vordergrund (elf Textziffern gegenüber drei für den Schuldner) und verweist für den Schuldner lediglich auf eine „entsprechende Anwendung", die aber häufig nicht möglich ist. Angesichts des Fehlens spezifischer Vorgaben für den Schuldner kann sich daher der Blick auf das **Schrifttum** richten. Dieses hat (vor Verabschiedung von IDW RS HFA 22) zu **Wahlschulden,** bei denen der Gläubiger Erfüllung in Geld oder Sachen verlangen kann (→ Rz. 83) eine einheitliche Bilanzierung unter Beachtung des Höchstwertprinzips vertreten[1] und vertritt (nach Verabschiedung des Standards) die gleiche Auffassung zu **Geldwertschulden,** bei denen die Höhe des Rückzahlungsbetrags von der Entwicklung des Marktpreises bestimmter Güter abhängt.[2] Ein solches Vorgehen verfehlt nicht die vom IDW für eine einheitliche Bilanzierung geforderte (aber für die Schuldnerseite nicht konkretisierte) zutreffende Darstellung der Vermögens-, Finanz- und Ertragslage. Der Emittent hat in Fällen von Wahl- und Geldwertschulden daher u. E. ein **faktisches Wahlrecht** bzgl. einheitlicher und getrennter Bilanzierung. Die Bewertungskonsequenzen der Wahlrechtsausübung sind unter → § 253 Rz. 40 dargestellt.

1 *ADS*, 6. Aufl., § 253 Tz. 142.
2 Vgl. *Brösel/Olbrich* in Küting/Pfitzer/Weber, Handbuch der Rechnungslegung, Einzelabschluss, § 253 Tz. 313 ff.

302a Eine besondere Form der Wandelschuldverschreibung sind Pflicht- oder Zwangswandelanleihen, bei denen von vornherein die Tilgung nicht in Geld, sondern in Aktien feststeht. Je nach Ausgestaltung kann der Zeichner der Anleihe auch optional die Wandlung bereits während der Laufzeit der Anleihe bewirken; übt er die Option nicht aus, erfolgt die Wandlung zwangsweise bei Fälligkeit. Zur Behandlung derartiger Anleihen beim **Zeichner** wird auf → Rz. 131 ff. verwiesen.

Hinsichtlich der Behandlung beim **Emittenten** stellt sich hauptsächlich die Frage, ob der Emissionserlös als Eigen- oder Fremdkapital auszuweisen ist.[1]

- ► Für eine Qualifikation als Eigenkapital spricht nicht schon die Tatsache, dass wegen der (spätestens) am Laufzeitende erfolgenden Pflichtwandlung der Emissionserlös wirtschaftlich den Charakter einer Anzahlung oder Vorleistung auf Eigenkapital aufweist. Voreinzahlungen auf Eigenkapital werden auch in anderen Fällen, etwa im Falle einer Kapitalerhöhung, bilanzrechtlich bis zur effektiven Ausgabe des Eigenkapitals als Verbindlichkeiten erfasst (→ § 272 Rz. 10). Für ein solches Vorgehen spricht im vorliegenden Fall auch das Zivil- und Gesellschaftsrecht: Bis zur Wandlung haben die Anleihengläubiger keine Gesellschafterrechte, sondern lediglich einen schuldrechtlichen Anspruch auf den Erwerb von Mitgliedschaftsrechten. Bei Insolvenz der Emittentin werden sie zudem wie andere Gläubiger behandelt.[2]
- ► Andererseits führt der schuldrechtliche Charakter der zwischen Emittent und Gläubigern bestehenden Beziehungen noch nicht zwingend zu Fremdkapital. Zu prüfen bleibt, ob die jeweilige Anleihe die in IDW HFA 1/94 niedergelegten Anforderungen an funktionales Eigenkapital (→ Rz. 121) erfüllt, nämlich Nachrangigkeit im Insolvenzfall, Erfolgsabhängigkeit der Vergütung, Verlustteilnahme und Längerfristigkeit der Kapitalüberlassung. Sind alle vier Voraussetzungen erfüllt, liegt Eigenkapital, ansonsten Fremdkapital vor.

BEISPIEL ► Die A AG emittiert Ende 01 zu pari eine Pflichtwandelanleihe mit einem Erlös von 100 Mio. €. Die Bedingungen der Anleihe sind wie folgt: (1) Nachrang im Insolvenzfall. (2) Dreijährige Laufzeit. (3) Während dieser Laufzeit können die Gläubiger jederzeit eine Wandlung in Aktien (15 Aktien je 1.000 € Anleihenbetrag) verlangen. Übt ein Gläubiger sein Wandlungsrecht nicht aus, wird die Anleihe bei Fälligkeit nicht in Geld, sondern durch Ausgabe von 20 Aktien je 1.000 € Anleihenbetrag getilgt. (4) Die Gläubiger erhalten bis zur freiwilligen oder pflichtweisen Wandlung eine (über dem Marktzins liegende) fixe Verzinsung. Bei Emission der Anleihe beträgt der Aktienkurs 50 €.

BEURTEILUNG ► Funktionales Eigenkapital liegt nicht vor, da weder eine Erfolgsabhängigkeit der Vergütung (Zins) noch eine Verlustteilhabe vereinbart ist. Der Emissionserlös ist als Fremdkapital auszuweisen.

Die vorstehenden Überlegungen gelten auch für die **Steuerbilanz.** Wegen § 5 Abs. 1 EStG ist die handelsrechtliche Einordnung der tatsächlich noch nicht gewandelten Pflichtwandelanleihe als Fremdkapital auch steuerlich zu beachten. Hinsichtlich der Zinsaufwendungen auf dieses Fremdkapital ergibt sich aus den Regelungen des § 8 Abs. 3 KStG nichts anderes. Die Vorschrift verbietet einen Betriebsausgabenabzug für Zahlungen auf Genussrechte o. ä. Instrumente, mit denen das Recht auf Beteiligung am Gewinn und am Liquidationserlös der Kapitalgesellschaft verbunden ist. Zwangswandelanleihen begründen i. d. R. jedoch keine solchen Rechte der Anleihengläubiger.

1 Vgl. im Einzelnen *Lüdenbach*, StuB 2013 S. 545.
2 Vgl. *Häuselmann*, BB 2007 S. 1532 ff.

2.6.3 Zerobonds und ähnliche Finanzprodukte

303 Der **Zerobond** (Nullcouponanleihe) ist ein förmlich unverzinsliches Wertpapier, dessen Zins im Unterschiedsbetrag zwischen dem Ausgabe- und dem Rückzahlungsbetrag über die Laufzeit hinweg enthalten ist. Der Zeichner der Anleihe (Gläubiger oder Käufer) aktiviert das erworbene Wertpapier mit dem Zeichnungsbetrag und schreibt die jährliche Aufzinsung gewinnerhöhend den Anschaffungskosten zu. Der Schuldner bucht korrespondierend, bilanziert also bei der Ausgabe nicht den vollen Rückzahlungsbetrag, sondern nur den erhaltenen Gegenwert und zinst zeitanteilig die Verbindlichkeit zulasten des Ergebnisses auf.[1] Diese dem **Vollständigkeitsgebot** scheinbar widersprechende Bilanzierung rechtfertigt sich aus folgender Überlegung: Bei einer normalverzinslichen Anleihe wird die über die Laufzeit hinweg zu errichtende Zinsschuld ebenfalls nicht passiviert.

304 Zerobonds entstehen ihrem wirtschaftlichen Gehalt nach auch durch das sog. ***bondstripping.*** Dadurch werden bei verzinslichen Anleihen die Zinscoupons vom Mantel der Anleihe getrennt, um sie entsprechend auch separat handeln zu können. Aus finanzwirtschaftlicher Sicht stellen die dann entstehenden *strips* Zerobonds mit jeweils unterschiedlichen Restlaufzeiten dar. Die getrennten Teile (*strips*) können später wieder zu einer regulären Anleihe zusammengeführt werden.[2] Beim Anleiheinhaber führt das *stripping* nicht zu einer Ertrags- und Umsatzrealisation. Vielmehr wird der Buchwert der Anleihe auf die beiden *strips* **verteilt,** u. E. vorzugsweise nach dem Verhältnis der Barwerte auf Basis der Buchwertrendite (ursprünglicher Zins). Als zulässig gilt auch eine Verteilung nach Maßgabe der Marktwerte.[3] Im Anschluss daran werden die Aufzinsungsbeträge, vergleichbar mit der Vorgehensweise bei „regulären" Zerobonds, als zusätzliche Anschaffungskosten vereinnahmt bzw. wird der Erfolg aus dem abgehenden *strip* vereinnahmt.

BEISPIEL U erwirbt am 31.12.00 eine festverzinsliche, fünf Jahre laufende Anleihe zum Nominalwert von 100. Der jährlich fällige Zins beträgt 6 %. Nach Vereinnahmung der ersten Zinszahlung am 31.12.01 beträgt der Börsenwert der Anleihe 107,26. Er erklärt sich aus einem nachhaltigen Rückgang der Marktzinsen von 6 % auf 4 % (bei flacher Zinsstrukturkurve) wie folgt:

Zahlung	Diskontierungsfaktor 4 %	Barwert
6	0,9615	5,77
6	0,9246	5,55
6	0,8890	5,33
106	0,8548	90,61
		107,26

Am 1.1.02 veräußert U die verbleibenden vier Zinscoupons für 21,78 auf Basis der mit 4 % diskontierten Zahlungen von 6.

1 IDW HFA 1/1986; so BMF, Schreiben v. 5.3.1987 – IV B 2 – S 2133 – 1/87, BStBl I S. 394, und BMF, Schreiben v. 1.3.1991 – S 2252, BStBl I S. 422; *Eisele/Knobloch,* DStR 1993 S. 577.

2 Vgl. im Einzelnen IDW RH BFA 1001, sowie OFD München, Vfg. v. 23.2.1998 – S 2221.

3 IDW RH BFA 1001 Tz. 6 f.

Vor Trennung und Veräußerung ließen sich Anschaffungskosten/Buchwert von 100 auf Basis der 6 %igen vertraglichen Verzinsung wie folgt in Tilgungs- und Zinsanteil splitten:

Tilgung	Diskontierungsfaktor 6 %	Barwert	Zins	Diskontierungsfaktor 6 %	Barwert	Summe
			6	0,9434	5,66	
			6	0,8900	5,34	
			6	0,8396	5,04	
100	0,7921	79,21	6	0,7921	4,75	
		79,21			20,79	100,00

Den vereinnahmten 21,78 steht mithin ein Buchwertabgang von 20,79, somit ein Ertrag von 0,99 gegenüber.

Buchung 1.1.02:

Per Geld	21,78	an	Anleihe (Zinsanteil)	20,79
		an	Ertrag	0,99

In der Folge ist die nun als Zerobond zu qualifizierende Anleihe mit 6 % aufzuzinsen:

1.1.02	79,21
Zinsertrag 02	4,75
31.12.02	83,96
Zinsertrag 03	5,04
31.12.03	89,00
Zinsertrag 04	5,34
31.12.04	94,34
Zinsertrag 05	5,66
31.12.05	100,00

Beim Emittenten führt das *stripping* nicht zwingend zu einer getrennten Bilanzierung, vielmehr kann er die Anleihe so weiterführen, als ob das *stripping* nicht stattgefunden hätte. Zulässig ist aber auch eine Aufteilung des Buchwerts nach Maßgabe der oben beschriebenen Verfahren.[1]

305 **Kombizinsanleihen** weisen eine gewisse Ähnlichkeit in ihrer ökonomischen Struktur mit den Zerobonds auf. „Kombiniert" werden bei einer solchen Anleihe förmlich zinsfreie Zeiträume zum Beginn und hochverzinsliche zum Ende der Laufzeit. Dahinter verbirgt sich ein Steuergestaltungseffekt, der im Rahmen der Überschussermittlung zum Tragen kommt, nicht aber im Falle der Bilanzierung beim Anlagegläubiger. Unseres Erachtens ist die bilanzielle Erfassung wie folgt vorzunehmen:[2] Im ersten Schritt ist der über die Laufzeit hinweg entstehende Effektivzins zu ermitteln. Der auf das betreffende Kalenderjahr entfallende Anteil ist beim Anlagegläubiger den Anschaffungskosten zuzuschlagen, beim -schuldner den Verbindlichkeiten, jeweils erfolgswirksam. Nach Einsetzen der eigentlichen Zinszahlungsperiode ist beim Gläubiger dann die erhaltene Zinszahlung ergebniswirksam zu vereinnahmen, gleichzeitig aber der mit der Zinszahlung einhergehende Kursverlust als Zinsaufwand zu berücksichtigen. Spiegelbildlich ist beim Anlageschuldner zu buchen.

1 IDW RH BFA 1.001 Tz. 21.
2 So *Wagner/Wangler*, DB 1992 S. 2405.

2.6.4 Investmentanteile

Anteile an Publikumsfonds (Investmentfonds, Aktien-, Renten-, Geldmarkt-, Immobilienfonds) sind Wertpapiere **eigener Art.** Zur bilanziellen Beurteilung wird auf → § 271 Rz. 19 verwiesen. 306

Ihre **Besteuerung** richtete sich in der Vergangenheit nach dem sog. **Transparenzprinzip.**[1] Sofern keine Ausschüttung durch den Fonds erfolgte (thesaurierende Fonds), d. h. vom Fonds vereinnahmte Dividenden wiederangelegt wurden, waren dem Anleger insoweit sog. „ausschüttungsgleiche Erträge" zuzurechnen. Das Investmentsteuerreformgesetz bewirkt hier seit 2018 einen Systemwechsel. Bei thesaurierenden oder teilthesaurierenden Fonds wird eine sog. Vorabpauschale (0,7 x Basiszins der Bundesbank x Rücknahmepreis des Fondsanteils zum Jahresbeginn, jedoch maximal bis zur Wertsteigerung des Fonds zzgl. Fondsausschüttung) als Einkommensbestandteil erfasst.

Im Betriebsvermögen enthaltene Anteile an Investmentfonds sind mit dem Erwerbspreis zzgl. des Ausgabeaufschlags als Anschaffungskosten einzubuchen. Die tatsächlichen Ausschüttungen des Fonds sind im Zeitpunkt der Gutschrift zu vereinnahmen. Sofern keine Ausschüttung erfolgt (thesaurierende Fonds), ist der Wiederanlagebetrag nicht als zusätzliche Anschaffungskosten zu aktivieren. Schon zum alten (transparenten) Investmentsteuerrecht wurde hier im Schrifttum die Auffassung vertreten, dass eine solche Aktivierung gegen das Realisationsprinzip verstoßen würde.[2] Die Nichtaktivierung kann sich auch noch auf die Parallele zur Rücklagendotierung der Aktiengesellschaft, die nicht zu einer Erhöhung der Anschaffungskosten beim Aktionär führt, berufen.[3]

2.6.5 Pensionsgeschäfte, Wertpapierleihe

Der durch die Transformation der EU-Bank-Bilanzrichtlinie in das HGB eingeführte **§ 340b HGB** definiert in Abs. 1 Pensionsgeschäfte als Verträge, durch die ein Kreditinstitut oder der Kunde eines Kreditinstituts (Pensionsgeber) ihm gehörende Vermögensgegenstände (z. B. Wertpapiere) einem anderen Kreditinstitut oder einem seiner Kunden (Pensionsnehmer) gegen Zahlung eines Kaufpreises überträgt. Gleichzeitig wird in diesen die **Pflicht** bzw. **Möglichkeit** zur späteren Rückübertragung der Vermögensgegenstände gegen Entrichtung eines im Voraus festgelegten Betrags an den Pensionsgeber vereinbart. Die letztgenannte Alternative führt zur Unterscheidung von drei Arten der Pensionsgeschäfte: 307

- **Müssen** die Vermögensgegenstände zu einem festen Zeitpunkt und zu einem festen Preis rückübertragen werden, liegt ein **echtes** Pensionsgeschäft vor (→ Rz. 309),
- **können** sie das nur nach Wahl des Pensions**nehmers,** handelt es sich um ein **unechtes** Pensionsgeschäft (→ Rz. 311),
- **können beide** Vertragspartner das Pensionsgut zurückfordern oder -geben, liegt ein **gemischtes** Pensionsgeschäft vor (→ Rz. 312).

Zivilrechtlich handelt es sich also um Verkäufe mit Rückkaufsvereinbarungen. **Banktechnisch** werden bestimmte Aktiva per Kasse verkauft und gleichzeitig wird eine Rückkaufsvereinbarung per Termin über die gleichen oder die gleichartigen Aktiva zu einem bestimmten Preis, der im Vorhinein festgelegt wird, getroffen. Es bestehen **Abgrenzungsschwierigkeiten** bzgl. an- 308

1 BMF, Schreiben v. 2.6.2005 – IV C 1 – S 1980 – 1 – 87/05, BStBl I S. 1728.
2 Vgl. *Häuselmann*, BB 1992 S. 321.
3 Zu weiteren Einzelheiten vgl. *Fleischmann*, StuB 2002 S. 216.

derer ähnlicher Bank-Termingeschäfte, die durch Gesetzesdefinition aber nicht zu den Pensionsgeschäften zählen **(Repo-Geschäfte)**.

309 Nach **früherer** Steuerrechtslage[1] waren die Erträge der verpensionierten Wirtschaftsgüter dem Pensionsnehmer zuzurechnen. Eine gewisse Einschränkung brachte eine andere Entscheidung des BFH:[2] Sie schloss diese Behandlung des Großen Senats dann aus, wenn das Pensionsgeschäft ausschließlich zur Sicherung eines vom Pensionsnehmer gewährten Kredits abgeschlossen worden war. Ansonsten sollten nach der damals h. M. die in Pension gegebenen Wirtschaftsgüter beim Pensionsnehmer zu bilanzieren sein.[3]

An dieser Auffassung ist spätestens seit Inkrafttreten des § 340b HGB **nicht mehr festzuhalten.** Letzterer gilt zwar formal nur für die Bilanzierung von Verträgen mit Kreditinstituten, stellt aber eine handels- und steuerrechtlich richtige Interpretation des wirtschaftlichen Eigentums (→ Rz. 225) dar.[4] Der Pensionsnehmer hat beim **echten** Pensionsgeschäft nicht die Möglichkeit der dauernden Einwirkung auf das Wirtschaftsgut, das er zu einem bestimmten Zeitpunkt und zu einem festen Preis rückübertragen muss. Er hat auch kein Bonitätsrisiko im Hinblick auf das in Pension gegebene Wertpapier, z. B. in Insolvenz des Wertpapiergebers. Die bilanzrechtliche Zuordnung muss hier beim Pensionsgeber erfolgen.[5]

310 Die gleiche Verpflichtungs- und Risikostruktur liegt bei gegenläufigen („gekreuzten") ***Put-*** **und** ***Call*-Optionen** vor – beide Rechte beruhen auf demselben Basispreis und gleicher Laufzeit. Hier wird die rechtliche Zwangs- durch die wirtschaftliche Interessenlage ersetzt. Der Pensionsgeber hat eine *Call*-Option, der Pensionsnehmer eine *Put*-Option; zur umgekehrten Situation vgl. → Rz. 313. Diese Rechtsfigur wird auch als **gemischtes** Wertpapierpensionsgeschäft bezeichnet (→ Rz. 307). Die Chancen und Risiken verbleiben beim Verkäufer (Pensionsgeber).[6] Vgl. hierzu den Analogfall in → § 252 Rz. 175.

311 Beim **unechten** Pensionsgeschäft verhält es sich anders. Hier hat es der Pensionsnehmer als rechtlicher Eigentümer in der Hand, die pensionierten Vermögensgegenstände zu einem bestimmten Preis zurückzugeben oder zu behalten. Er ist deshalb nicht nur rechtlicher, sondern auch wirtschaftlicher Eigentümer (§ 340b Abs. 5 HGB). Dabei ist allerdings ein Rücknahmepreis unterstellt, der die Rückgabeoption des Pensionsnehmers bei Begebung „am Geld" definiert. Der vereinnahmte Betrag für die Hingabe des Pensionsguts ist beim Pensionsgeber als Verbindlichkeit zu erfassen, allerdings mit Gewinnrealisierung nur, wenn der Rückzahlungsbetrag niedriger ist als der vereinnahmte Betrag; im umgekehrten Fall ist eine Rückstellung in Höhe des Differenzbetrags zu bilden.

Nur wenn die Rückgabeoption im Rückgabezeitpunkt „im Geld" ist, wird der Pensionsnehmer die Rückgabe durchführen und umgekehrt. Wenn umgekehrt der Ausübungspreis bereits bei Vertragsabschluss so günstig ist, dass die Option auf jeden Fall ausgeübt wird („tief im Geld"

1 Im Gefolge des BFH, Beschluss v. 29.11.1982 – GrS 1/81, BStBl 1983 II S. 272.

2 BFH, Urteil v. 23.11.1983 – I R 147/78, BStBl 1984 II S. 217.

3 BMF, Schreiben v. 12.7.1983 – IV B 2 – S 2170 – 21/83, BStBl I S. 392.

4 *Schmidt/Weber-Grellet*, EStG, 36. Aufl. 2017, § 5 Rz. 270 „Pensionsgeschäfte"; stark umstritten im Schrifttum, a. A. z. B. *Haisch*, HHR, § 5 Tz. 1560.

5 Dagegen *Häuselmann*, BB 2000 S. 1287, und *Häuselmann/Wagner*, FR 2003 S. 331, mit Hinweis auf Richtlinien des Bundesaufsichtsamts für das Kreditwesen, demzufolge Pensionsgeschäfte ohne weitere Vertragsbezüge dem Pensionsnehmer zuzuordnen seien. So auch BayLfSt, Vfg. v. 20.7.2010,DB 2010 S. 1672.

6 IDW ERS HFA 13 Tz. 30.

ist), verbleibt das wirtschaftliche Eigentum beim Pensionsgeber.[1] Zu einem entsprechenden Sachverhalt wird auf → § 252 Rz. 179 verwiesen.

Beim **gemischten** Pensionsgeschäft verbleibt das wirtschaftliche Eigentum beim Pensionsgeber.[2] Diese Lösung ist wie folgt zu begründen (→ Rz. 226): 312

- Zur **Objektivierung** ist typisierend ein wirtschaftlich rationales Verhalten der Parteien zu unterstellen.
- Sofern der Wert des Pensionsgegenstandes unter den Ausübungspreis **fällt,** wird der Pensionsnehmer das Rückgaberecht ausüben.
- Im umgekehrten Fall der **Wertsteigerung** übt der Pensionsgeber sein Rückforderungsrecht aus.
- Beim **Pensionsgeber** verbleiben also sowohl Wertminderungsrisiko als auch Wertsteigerungschance und demnach das wirtschaftliche Eigentum.

Mit der gleichen Logik, aber mit **umgekehrtem** Ergebnis gegenüber dem in → Rz. 310 geht bei **gegenläufigen** Optionen das wirtschaftliche Eigentum am optionsgegenständlichen Wert mit dem Vertragsabschluss über die Optionen vom rechtlichen Eigentümer auf den Vertragspartner über. Der Grund: Der rechtliche Eigentümer (vergleichbar mit dem Pensionsgeber) hat eine *Put*-Option, der Erwerber des Optionsgegenstands eine *Call*-Option. 313

BEISPIEL[3] ► Mit notariellem Vertrag vom 24.7.02 werden über GmbH-Anteile unwiderrufliche Ankaufsrechte (*Call*-Optionen) und Verkaufsrechte (*Put*-Optionen) zu einem festen Basispreis vereinbart. Diese Optionen waren zwischen dem 1.7.07 und dem 30.6.09 beidseitig auszuüben.

Der BFH unterstellt typisierend aus Sicht des 24.7.02 nach der wirtschaftlichen Interessenlage der Parteien folgenden Geschehensablauf: Bei höherem Wert der GmbH-Anteile im Ausübungszeitraum wird der Vertragspartner (Nichteigentümer) seine *Call*-Option ausüben und umgekehrt der Inhaber (Eigentümer) seine *Put*-Option bei niedrigerem Wert.

Dem BFH zufolge und u. E. zutreffend ist das wirtschaftliche Eigentum am 24.7.02 übergegangen.

Beim **echten** Pensionsgeschäft löst somit die **Übertragung** des Vermögensgegenstands auf den Pensionsnehmer beim Pensionsgeber trotz des Übergangs des rechtlichen Eigentums keine Buchung aus. Den erhaltenen Gegenwert hat er als **Verbindlichkeit** zu passivieren. Ist für die Rückübertragung ein abweichender Kaufpreis gegenüber demjenigen für die Hingabe vereinbart, ist der Unterschiedsbetrag gem. § 340b Abs. 4 Satz 3 HGB über die Laufzeit des Pensionsgeschäfts zu verteilen. Weil keine bilanzrechtliche Veräußerung durch den Pensionsgeber vorliegt, bleiben die (bisherigen) Anschaffungskosten als solche während der Pensionszeit erhalten. Der Pensions**nehmer** hat den gezahlten Betrag als Forderung auszuweisen und den Unterschiedsbetrag zwischen dieser und der Rückzahlungsverpflichtung auf die Laufzeit zu verteilen (§ 340b Abs. 4 HGB). 314

Konsequenterweise sind in der GuV des **Pensionsgebers** die **Erträge** aus den in Pension gegebenen Gegenständen (i. d. R. Wertpapiere) zu vereinnahmen. Diese bestehen im unterschiedlichen Rücknahmekurs; der Unterschiedsbetrag gem. § 340b Abs. 4 Satz 3 HGB stellt in Höhe 315

1 IDW ERS HFA 13 Tz. 13.

2 IDW ERS HFA 13 Tz. 30.

3 Vereinfachend nachgebildet dem Sachverhalt beim BFH, Urteil v. 11.7.2006 – VIII R 32/04, GmbHR 2007 S. 49, mit Anm. *Hoffmann.* In diesem Urteil betont der BFH mehrfach die vorstehend als Tatbestandsmerkmal unterstellten „typischen Geschehensabläufe" bzgl. der Optionsausübung – gemeint ist die Folge der wirtschaftlichen Interessenlage der Vertragsparteien.

des Auflösungsbetrags das ertragsmäßige Pendant in der GuV dar. Umgekehrt hat der **Pensionsnehmer** die bei ihm eintreffenden Wertpapiererträge (in aller Regel handelt sich um solche) als Zinserträge aus der Forderung gegen den Pensionsgeber zu vereinnahmen.

316 Zu unterscheiden von den (Wertpapier-)Pensions- sind die **Wertpapier-Leihgeschäfte** (besser: Darlehen).[1] Rechtlich handelt es sich hierbei um ein Sachdarlehen gem. §§ 607 ff. BGB[2] durch Nutzungsüberlassung. Der Darlehensgeber verpflichtet sich zur Übereignung von Wertpapieren. Der „Entleiher" erhält somit alle Rechte aus dem Papier, auch diejenigen zum Weiterverkauf oder zur Verpfändung. Das Risiko des Kursverfalls geht zulasten des Verleihers. Insofern besteht wirtschaftlich kein Unterschied zu den Wertpapierpensionsgeschäften, bei denen der Preis für die Rückübereignung bereits zu Beginn des Geschäfts vereinbart wird. Dabei ist der Übergang des wirtschaftlichen Eigentums auch schon **vor** der Depot-Umbuchung und damit des rechtlichen Eigentums möglich. Der Rückübertragungsanspruch hindert den Übergang des wirtschaftlichen Eigentums grundsätzlich nicht.[3]

317 Im Unterschied zum Wertpapierpensionsgeschäft erhält der Verleiher ein **Nutzungsentgelt,** genannt Wertpapierleihgebühr. Daraus resultiert ein Bonitätsrisiko des Verleihers im Gegensatz zum Pensionsgeschäft, bei dem ein Kaufpreis vom Pensionsnehmer entrichtet wird. Deshalb wird im Schrifttum[4] das wirtschaftliche Eigentum grundsätzlich dem Darlehensnehmer zugeordnet, allerdings ohne Gewinnrealisation.[5] Danach ist die Wertpapierleihe i. d. R. wie folgt zu verbuchen: Der Darlehensgeber aktiviert ein Surrogat für die hingegebenen Wertpapiere mit dessen Buchwert, also ohne Gewinnrealisierung. Wieso damit keine Gewinnrealisierung verbunden sein soll, will nicht recht einleuchten, wenn das wirtschaftliche Eigentum vom Geber auf den Nehmer übergehen soll. Dies ist u. E. nicht der Fall,[6] wenn

- der Verleiher von **Einwirkungsmöglichkeiten** für die weitere Nutzungsdauer nicht ausgeschlossen ist,
- das **Insolvenzrisiko** nicht umfassend auf den Entleiher übergeht,
- der Entleiher keine **unentziehbare Rechtsposition** erwirbt,
- die **Erträge** aus den verliehenen Wertpapieren samt Bezugsrechten im Ergebnis dem Verleiher zustehen.

Letztlich ist zu fragen, weshalb bei **gleicher ökonomischer Strukturierung** die bilanzielle Einordnung bei der Wertpapierleihe anders erfolgen muss als beim echten Wertpapierpensionsgeschäft (→ Rz. 314).

Dem BFH zufolge **kann** das wirtschaftliche Eigentum bei der Wertpapierleihe u.U. auch beim Verleiher verbleiben. Das entschied der I. BFH-Senat im Jahr 2015 in einem „klassischen" Steuergestaltungsfall.[7] Eine Darlehensnehmerin wollte die im Ausleihezeitraum empfangenen Dividenden nach § 8b KStG 2002 i. d. F. des UntStRefG steuerfrei vereinnahmen und die Wertpapierleihgebühr samt der Kompensationszahlung für den Dividendenverzicht als Betriebsausgaben geltend machen. Der BFH hat diesem Begehr eine Absage erteilt, weil nach der Ver-

1 Vgl. *Häuselmann/Wiesenbart*, DB 1990 S. 2129.

2 Vgl. *Häuselmann*, DB 2000 S. 495; BFH, Urteil v. 16.4.2014 – I R 2/12 Tz. 38, DStR 2014 S. 2012.

3 BFH, Urteil v. 16.4.2014 – I R 2/12 Tz. 39, DStR 2014 S. 2013.

4 Zum Beispiel *Haarmann* in FS Raupach, 2006, S. 241.

5 Gegen diese bilanzmäßige Zuordnung des wirtschaftlichen Eigentums auf den Entleiher mit guten Gründen *Schmid/Mühlhäuser*, BB 2001 S. 2609.

6 Vgl. *Hoffmann*, StuB 2012 S. 930.

7 BFH, Urteil v. 18.8.2015 – I R 88/13, BStBl 2016 II S. 96.

tragsgestaltung das wirtschaftliche Eigentum beim Darlehensgeber (Verleiher) verblieben sei. Die Finanzverwaltung hat dieses BFH-Urteil 2016 zum Anlass einer überarbeiteten Version seiner Rechtsauffassung bzgl. der Wertpapierleihe genommen.[1] Danach sollen „im Grundsatz" dem Darlehensnehmer übereignete Wertpapiere auch wirtschaftlich nach § 39 Abs. 1 AO zuzurechnen sein. Diese Sachverhaltsvariante wird als „Grundfall" bezeichnet. Das soll bei Aktien ab dem Zeitpunkt der Fall sein, in dem der Darlehensnehmer über die Wertpapiere verfügen kann, d. h., sobald Besitz, Gefahr, Nutzen und Lasten zusammen mit den Kursrisiken auf den Erwerber übergegangen sind. Allerdings könne das wirtschaftliche Eigentum auch nicht dem Darlehensnehmer zuzurechnen sein (d. h. wirtschaftliche Zuordnung zum Darlehensgeber), wenn folgende Sachverhaltsmerkmale im Rahmen einer „Gesamtschau" zu würdigen sind:

- Die Wertpapiere werden nur für einen kurzen Zeitraum von weniger als 45 Tagen übertragen.
- Die Eigentümerposition des Darlehensnehmers erscheint nur als rein formal.
- Durch die Zurechnung beim Darlehensnehmer entsteht durch das Wertpapiergeschäft ein Steuervorteil für die beiden Parteien oder für Dritte und die Wertpapierleihgebühr wird auch an diesem Steuervorteil bemessen.
- Gegen eine wirtschaftliche Zurechnung beim Darlehensnehmer spricht auch das Entstehen zeit- und betragsgleicher Zahlungen.
- Die Ausübung des Stimmrechts durch den Darlehensnehmer ist vertraglich ausgeschlossen oder er hat daran überhaupt kein Interesse.
- Der Darlehensnehmer hat nur eine schwache Rechtsposition, die ihm z. B. durch Kündigung innerhalb von drei Arbeitstagen entzogen werden kann.

Andererseits kann beim Darlehensnehmer auch eine Zuordnung der Wertpapiere erfolgen, wenn er aus dem Geschäft einen wirtschaftlichen Vorteil in Form einer positiven Vorsteuerrendite ziehen kann und das zivilrechtliche Eigentum vor dem Dividendenstichtag übergegangen ist.[2] Mit Ersatz des BMF-Schreibens aus 2016 (s. o.) durch ein neues Schreiben[3] soll auch eine positive Vorsteuerrendite des Darlehensnehmers die wirtschaftliche Zurechnung der Wertpapiere beim Darlehensgeber nicht mehr verhindern können. Das neue Schreiben enthält außerdem Ausführungen und Beispiele zum Gestaltungsmissbrauch nach § 42 AO.

Auch der I. Senat hält nicht mehr vollständig an seinem Urteil aus 2015 (s. o.) fest, sondern erklärt in ausdrücklicher Abgrenzung davon, dass es für die Zurechnung der Wertpapiere vor allem darauf ankommt, wer die Kurschancen und -risiken trägt.[4]

Sind ausnahmsweise **nicht Wertpapiere** oder **andere fungible** Güter der Gegenstand von pensionsähnlichen Geschäften, kann schon eine *Call*-Option des Veräußerers die Ausbuchung bei ihm verhindern. 318

BEISPIEL U veräußert zum einen Goldbarren bestimmter Qualität, zum anderen ein einzigartiges, künstlerisch gestaltetes Goldarmband an X, behält sich aber in beiden Fällen für zwölf Monate eine Rückkaufoption vor.

1 BMF, Schreiben v. 11.11.2016, BStBl I S. 1324; dazu *Ditz/Tcherveniachkis*, DB 2016 S. 2995; zu den zweifelhaften Steuergestaltungen durch sog. Cum/Cum-Geschäfte vgl. *Spengel*, DB 2016 S. 2988.

2 Vgl. zur Diskussion des wirtschaftlichen Eigentums bei Wertpapierleihe ausführlich *Haarmann*, BB 2018 S. 1623.

3 BMF, Schreiben v. 9.7.2021 – IV C 6 - S 2134/19/10003 :007, BStBl 2021 I S. 1002.

4 BFH, Urteil v. 29.9.2021 – I R 40/17.

Der Käufer kann über die Goldbarren frei verfügen, im Fall der Ausübung der Rückkaufoption kann er diese trotz Veräußerung der ursprünglichen Goldbarren durch Erwerb gleichartiger Goldbarren bedienen. Im Falle des einzigartigen Armbands hindert die Rückkaufoption X an effektiven Verfügungen. Bis zum Ablauf der Optionsfrist kann er das Armband nicht oder nur unter Vereinbarung einer eigenen Kaufoption gegenüber dem Dritten weiterveräußern.

Die *Call*-Option auf nicht vertretbare Sachen ist unbeachtlich, wenn die Option so weit „aus dem Geld" ist, dass ihre Ausübung so gut wie ausgeschlossen ist.

2.6.6 Pfandleihe[1]

318a Nach der Pfandleiherverordnung gewährt das Pfandleihhaus ein **„Darlehen"** gegen Einräumung eines Pfandrechts an beweglichen Sachen. Anders als bei einem „regulären" Darlehen darf sich der Pfandleiher nach § 5 Abs. 1 Nr. 1 Pfand IV bei (Teil-)Ausfall des Darlehens und bzgl. Zinsen und Gebühren nur aus dem Pfand selbst befriedigen. Der Verpfänder schuldet nichts und haftet nicht persönlich – ganz anders als bei einem „regulären" Darlehen. Das stört den BFH nicht weiter,[2] sieht er doch im Pfandkreditvertrag einen „Darlehensvertrag **eigener** Art", bei dem der Pfandleiher „lediglich" (!) auf die Geltendmachung seines Rückzahlungsanspruchs nach § 607 Abs. 1 BGB verzichtet. Der Rückzahlungsanspruch stellt ein konstitutives, nicht abdingbares Element eines Darlehensvertrags dar. Der Analogieschluss des BFH erscheint deshalb als sehr gewagt. Dem wirtschaftlichen Gehalt nach liegt vielmehr ein **Optionsgeschäft** vor:

- Der **Verpfänder** als Optionsinhaber hat die Option, den erhaltenen Pfandleihbetrag nebst Zinsen und Gebühren zurückzuzahlen.
- Der **Pfandleiher** ist Stillhalter aus dem Optionsvertrag. Er trägt das Risiko der Nichtausübung der Option, z. B. wegen Preisverfalls des Pfandguts.

Anders als bei Wertpapieroptionen (→ Rz. 289) erhält der Stillhalter (Pfandleiher) bei Abschluss des Vertrags noch nicht die Optionsprämie. Diese fließt ihm erst bei Ausübung der Option durch gegenüber dem Marktniveau erhöhte Zinsen und Gebühren zu, im Übrigen bei Nichtausübung der Option durch die Verwertung des Pfandguts. Erst dann ist eine **Erlösrealisierung** aus dem gesamten Geschäft möglich.

2.7 Mietereinbauten, Umbauten

319 Durch Einbauten können (aktivierungspflichtige) Wirtschaftsgüter/Vermögensgegenstände beim Mieter entstehen, vergleichbar mit dem Fall der Errichtung eines Gebäudes auf einem fremden Grundstück, und zwar unbewegliche Wirtschaftsgüter des Anlagevermögens. Zentral geht es dabei um die Frage des Entstehens von **wirtschaftlichem Eigentum** beim Mieter (→ Rz. 225) – eben in Abgrenzung zum rechtlichen Eigentum des Vermieters. Sofern nach den allgemeinen Kriterien Erhaltungsaufwand vorliegt (→ § 255 Rz. 158), stellt sich das Aktivierungsproblem nicht.[3]

320 Liegen umgekehrt Erhaltungsaufwendungen nicht vor, entsteht beim Mieter nach Maßgabe der BFH-Rechtsprechung, der u. E. auch in der Handelsbilanz gefolgt werden kann, ein aktivie-

1 Vgl. hierzu *Lüdenbach*, StuB 2009 S. 230, mit einem Beispiel.
2 BFH, Urteil v. 9.7.1970 – V R 32/70, BStBl 1970 II S. 645.
3 BFH, Urteil v. 12.1.1978 – IV R 26/73, BStBl II S. 348.

rungspflichtiges Wirtschaftsgut in folgenden Varianten (vgl. hierzu auch die Kommentierung unter → § 266 Rz. 41):

- **Scheinbestandteil:** Der Einbau erfolgt nur zu vorübergehendem Zweck mit einer Verpflichtung des Mieters auf Rückbau bei Beendigung des Mietverhältnisses, auch bei einer damit verbundenen Zerstörung des Wirtschaftsguts.[1] Als Bilanzierungsgrundlage soll die sachenrechtliche Eigentümerstellung nach § 95 BGB dienen. Es handelt sich um bewegliche Wirtschaftsgüter.[2]
- **Betriebsvorrichtungen:** Hier gelten die auch sonst ertragsteuerlich gültigen Vorgaben des § 68 Abs. 2 Nr. 2 BewG, denen die handelsrechtliche Bilanzierungspraxis folgt (→ Rz. 68). Voraussetzung der Betriebsvorrichtungseigenschaft ist der unmittelbare Betrieb durch das Gewerbe, nicht die generelle Nützlich- oder Notwendigkeit.[3] Auch hier liegen bewegliche Wirtschaftsgüter vor.
- Einbauten (unbewegliche Wirtschaftsgüter) mit einem **einheitlichen Nutzungs- und Funktionszusammenhang** zum Tätigkeitsbereich des Mieters und damit „selbständig" gegenüber der Gebäudenutzung des Vermieters. Als Beispiele gelten Ladeneinbauten, Schaufensteranlagen, Schallschutzdecken. Gegenbeispiele: Baumaßnahmen, die unabhängig vom speziellen Erfordernis des Mieters hätten durchgeführt werden müssen – z. B. Heizungs- und Fahrstuhlanlagen, Türen, Toiletten –, fallen nicht darunter.[4] Wirtschaftliches Eigentum des Mieters muss in diesen Fällen als Aktivierungsvoraussetzung nach Auffassung des BFH nicht vorliegen[5] – bestätigt im Falle gemieteter Räume einer Apotheken-OHG, die durch Entfernen von Zwischenwänden und Installationen zur Untervermietung einer Arztpraxis hergerichtet wurde.[6]
- Der Mieter ist **wirtschaftlicher Eigentümer** der Einbauten, weil er bei Beendigung des Mietverhältnisses einen Entschädigungsanspruch in Höhe des Restwerts der Einbauten gegenüber dem Grundstückseigentümer gem. §§ 951, 812 BGB hat,[7] weil die Einbauten bis zum Ende der Mietzeit wirtschaftlich verbraucht sind[8] oder er die Einbauten nach Beendigung des Mietvertrags entfernen muss.[9]

321 Grafisch stellt sich die Rechtslage wie folgt dar:[10]

1 BFH, Urteil v. 9.4.1997 – II R 95/94, BStBl II S. 452.
2 BFH, Urteil v. 11.6.1997 – XI R 77/96, BStBl II S. 774.
3 BFH, Urteil v. 28.7.1993 – I R 88/92, BStBl 1994 II S. 164.
4 BFH, Urteil v. 26.2.1975 – I R 32/73, BStBl II S. 443, und BFH, Urteil v. 26.2.1975 – I R 184/74, BStBl II S. 443.
5 BFH, Urteil v. 11.6.1997 – XI R 77/96, BStBl II S. 774.
6 BFH, Urteil v. 15.10.1996 – VIII R 44/94, BStBl 1997 II S. 533.
7 BFH, Urteil v. 11.6.1997 – XI R 77/96, BStBl II S. 774.
8 BFH, Urteil v. 26.2.1975 – I R 32/73, BStBl II S. 443, und BFH, Urteil v. 26.2.1975 – I R 184/74, BStBl II S. 443.
9 Möglicherweise BFH, Urteil v. 15.10.1996 – VIII R 44/94, BStBl 1997 II S. 533.
10 In der Aufbereitung durch *Neufang* im Gefolge des BMF, Schreiben v. 15.1.1976 – III B – S – 2133 – 2/75, BStBl II S. 66; INF 1998 S. 65.

Übersicht 1: Sonstige Mietereinbauten (ohne Scheinbestandteile) und Betriebsvorrichtungen

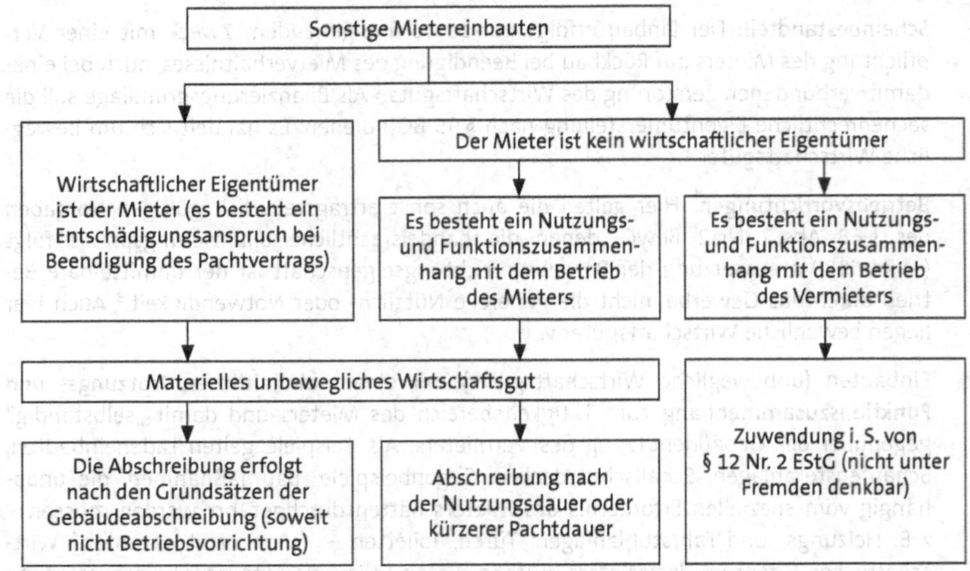

322 Auffällig ist die Aktivierungspflicht für Baumaßnahmen, deren wirtschaftlicher Eigentümer der Mieter gerade **nicht** ist. Diese bilanzielle Anomalie begründet der BFH[1] mit einer künstlich wirkenden Argumentation auf der Grundlage einer – in solchen zweifelhaften Fällen immer bemühten – „wirtschaftlichen Betrachtung" (→ Rz. 230): Die betreffende Baumaßnahme des Mieters soll in einem von der eigentlichen „Gebäudenutzung verschiedenen Funktionszusammenhang" stehen.

Dazu folgendes Beispiel:

BEISPIEL[2] Ein Arzt baut eine Mietwohnung durch Versetzung und Neueinrichtung von Zwischenwänden, Verlegung von Leitungen zur Strom- und Wasserversorgung etc. in eine Arztpraxis um. Der fest abgeschlossene Mietvertrag läuft auf zehn Jahre, eine Verlängerung ist nicht vorgesehen. Die Nutzungsdauer der Zwischenwände etc. beläuft sich auf 25 Jahre. Bei Beendigung des Mietvertrags erhält der Mieter einen Ersatz für seine Aufwendungen in Höhe des dann noch vorhandenen Restwerts der Einbauten:

LÖSUNG Es liegt wirtschaftliches Eigentum beim Mieter vor.[3]

ABWANDLUNG Der Mieter erhält keinen Ersatz für seine Einbauten.

LÖSUNG Es liegt kein wirtschaftliches Eigentum vor; **gleichwohl** ist dem BFH zufolge wegen des „verschiedenen Funktionszusammenhangs" dieser Einbauten zur Gebäudenutzung eine Aktivierung beim Mieter vorzunehmen.[4]

1 BFH, Urteil v. 15.10.1996 – VIII R 44/94, BStBl 1997 II S. 533.
2 Nach *Hoffmann*, PiR 2006 S. 31.
3 BFH, Urteil v. 28.7.1993 – I R 88/92, BStBl 1994 II S. 164.
4 BFH, Urteil v. 11.6.1997 – XI R 77/96, BStBl II S. 774.

Die Lösung des BFH ist ganz offensichtlich **ergebnisorientiert:** Dem Mieter soll keine Sofortabschreibung des Aufwands ermöglicht werden. Vielmehr richtet sich die Abschreibung dem BFH zufolge nach den Regeln für die Gebäude-AfA.

Beim Vermieter führt die zweite Variante in der steuerlichen Auswirkung im Beispiel zu einer **Bereicherung,** die auf der Grundlage eines zu § 21 EStG ergangenen BFH-Urteils[1] zu Einnahmen in Gestalt des Geldwerts der Einbauten führen konnte, d. h. beim Betriebsvermögensvergleich zu einem Wirtschaftsgut mit der Buchung: per Gebäude an Ertrag.[2] Die Einbauten würden in diesem Fall sowohl beim Vermieter als auch beim Mieter aktiviert **(Doppelbilanzierung).** Unseres Erachtens ist diese Folgerung für die handelsrechtliche Bilanzierung nicht zwingend.

Wirtschaftliches Eigentum für die Umbaumaßnahmen liegt nach der ersten Variante des vorigen Beispiels in folgenden Fällen vor: Der Mieter erhält bei Beendigung des Mietverhältnisses einen **Wertersatz,**[3] der unter Fremden nicht zwingend vertraglich vereinbart sein muss,[4] oder die Einbaumaßnahme ist bei Beendigung des Mietverhältnisses technisch und/oder wirtschaftlich **verbraucht.**

Der Mieter kann gesetzlich oder vertraglich zum **Rückbau** einer Einbaumaßnahme verpflichtet sein, insbesondere auch durch öffentlich-rechtliche Verpflichtung. Beispiele sind die Abbruch-, Entfernungs- oder Wiederherstellungsverpflichtungen. Für diese ist eine Verbindlichkeitsrückstellung (→ § 249 Rz. 67) ratierlich nach Maßgabe der Vertragslaufzeit mit Zinseffekten aufzubauen (→ § 253 Rz. 109 ff.). 323

Hinsichtlich der **Abschreibung von Mietereinbauten** gelten für den Fall, dass die Dauer des Nutzungsvertrags kürzer als die sonst anzunehmende Nutzungsdauer des Einbaus ist, folgende Besonderheiten:

- Die Abschreibung erfolgt bei Scheinbestandteilen über die Nutzungsdauer.
- In anderen Fällen von beweglichen Wirtschaftsgütern (inkl. Betriebsvorrichtungen) erfolgt die Abschreibung über die Dauer des Nutzungsvertrags, wobei im Fall einer Restwertentschädigung das Abschreibungsvolumen um den Restwert zu kürzen ist.
- Ist der Mietereinbau ein materielles, unbewegliches Wirtschaftsgut, ist nach R 7.4 Abs. 3 EStR für steuerbilanzielle Zwecke die typisierte Gebäude-AfA zugrunde zu legen.

Die Nutzungsvertragsdauer entspricht nicht notwendigerweise der Grundvertragszeit. Verlängerungsoptionen können einzubeziehen sein.

BEISPIEL: LN betreibt eine Kette von Fitnesscentern. Er schließt mit dem Immobilieneigentümer LG einen Pachtvertrag über einen neuen Standort. Der Vertrag hat eine Grundlaufzeit von fünf Jahren und gewährt LN die Option, ihn maximal zweimal um je fünf Jahre zu verlängern. Die Umbauten tragen den nach Umfang und Ausstattung besonderen Anforderungen eines Fitnesscenters Rechnung. Abstrahiert vom Leasingvertrag würde ihre Nutzungsdauer 25 Jahre betragen. Bei Beendigung des Leasingverhältnisses ist LN nicht zum Rückbau verpflichtet, erhält andererseits aber auch keine Entschädigung für den Restwert der Einbauten.

Die handelsbilanzielle planmäßige Abschreibung erfordert eine Schätzung der wirtschaftlichen Nutzungsdauer. Bei dieser Schätzung sind rechtliche Nutzungsbeschränkungen zu berücksichtigen. Das impliziert für nicht oder nicht wirtschaftlich zum Ende des Nutzungsvertrags entfernbare Mietereinbauten: Die Nutzungsdauer entspricht maximal der Dauer des Nutzungsverhältnisses. Fraglich ist im

1 BFH, Urteil v. 26.7.1983 – VIII R 30/82, BStBl II S. 755.
2 So auch *Neufang*, INF 1998 S. 65.
3 BFH, Urteil v. 14.2.2007 – XI R 18/06, BFH/NV 2007 S. 1239; BFH, Urteil v. 14.5.2002 – VIII R 30/98, BStBl II S. 741.
4 Vgl. BFH, Urteil v. 10.4.1997 – IV R 12/96, BStBl II S. 718.

Fall des LN jedoch, ob hiermit die Grundvertragsdauer von fünf Jahren oder die bei voller Ausübung der Verlängerungsoptionen resultierende Gesamtvertragsdauer von 15 Jahren maßgeblich ist. Für das Abstellen auf 15 Jahre spricht das wirtschaftliche Kalkül. Es ist geprägt durch hohe Anfangsinvestitionen, die sich am gegebenen Standort amortisieren müssen. Wenn nicht unvorhersehbare Entwicklungen eintreten, wird LN deshalb die Verlängerungsoptionen ausüben. Hieraus ergibt sich eine Nutzungsvertragsdauer von 15 Jahren, die unter der technischen Nutzungsdauer der Sanitäreinbauten liegt und deshalb der planmäßigen Abschreibung zugrunde zu legen ist.

Nicht zu übersehen ist in solchen Fällen allerdings eine gewisse Zirkularität der Argumentation: Die Amortisationsdauer der Mietereinbauten dient als Argument für die Ausübung der Verlängerungsoptionen und damit für die Dauer des Mietvertrags. Die Dauer des Mietvertrags wiederum dient als Argument für die zur planmäßigen Abschreibung der Mietereinbauten anzunehmende Nutzungsdauer. Diese Zirkularität scheint aber unvermeidlich, wenn dem wirtschaftlichen Kalkül Rechnung getragen werden soll. Sie ist deshalb hinzunehmen.

2.8 Zuschüsse und Zulagen

2.8.1 Begriffliches

324 Steuerlich ist zwischen **Zuschüssen** und (steuerfreien) **Zulagen** zu unterscheiden. Im außersteuerlichen Kontext wird ein pragmatischer Sprachgebrauch gepflegt und im Begriff Zuschuss auch die Zulage inkludiert. Steuerfreie Zulagen werden von der **öffentlichen Hand** bei der Durchführung bestimmter Investitionen gewährt nach Maßgabe des InvZulG. Eine solche Zulage gehört aus steuerlicher Sicht nicht zu den Einkünften i. S. des EStG und mindert auch nicht die Anschaffungs- oder Herstellungskosten der geförderten Investition (z. B. § 8 InvZulG 2005). Daneben gewähren Fiskus und Parafisci auch **Zuschüsse.** Aber auch von **privater** Seite sind „Zuschüsse" im Schrifttum (→ Rz. 13) und teilweise der BFH-Rechtsprechung als Bilanzierungsobjekt anerkannt (→ Rz. 333). Allerdings sind „Zuschüsse" von privater und öffentlicher Seite wegen des divergierenden ökonomischen Gehalts streng zu trennen. Private Zuschussgeber verfolgen die üblichen wirtschaftlichen Interessen, öffentliche dagegen regelmäßig politisch motivierte Ziele.

Auch wenn im Einzelfall öffentliche und private Zuschüsse interdependent sind – wie bei Elektrofahrzeugen – ist die Bilanzierung doch je einzeln zu beurteilen, wobei bzgl. des privaten Teils zu prüfen ist, ob dieser im bilanziellen Sinne überhaupt Zuschusscharakter hat.

BEISPIEL: ► Ein staatlicher Zuschuss zur Anschaffung eines Elektrofahrzeuges wird nur gewährt, wenn zugleich der Händler/Hersteller einen Zuschuss leistet.

- ► Der Händler-/Herstelleranteil ist im bilanziellen Sinne kein Zuschuss, sondern ein Rabatt, also eine Anschaffungspreisminderung i. S. des § 255 Abs. 1 Satz 3 HGB.
- ► Der staatliche Förderbetrag an den Erwerber ist ein echter Zuschuss. Handelsbilanziell müssen entweder die Anschaffungskosten gemindert oder muss ein Passivposten gebildet werden. Steuerrechtlich besteht nach R 6.5 Abs. 2 EStR für Investitionszuschüsse ein Wahlrecht, diese entweder erfolgsneutral von den Anschaffungskosten abzusetzen oder ertragswirksam zu vereinnahmen (→ Rz. 326).

2.8.2 Zuwendungen der öffentlichen Hand

325 Der rein subventionelle Charakter öffentlicher Förderungsmaßnahmen stellt in gewisser Weise einen **Fremdkörper** in der privatwirtschaftlich ausgerichteten Bilanzierung eines Kaufmanns dar. IDW HFA 1/1984 hat sich von den steuerlichen Vorgaben (→ Rz. 326) gelöst und verlangt

den Ausweis der erhaltenen Zuwendung – unabhängig davon, ob steuerpflichtig oder steuerfrei – als **besonderen Passivposten,** der ratierlich nach der Nutzungsdauer des Investitionsobjekts aufzulösen ist. Handels- und steuerbilanzmäßiges Ergebnis sind bei Investitionszulagen danach zwingend unterschiedlich.

Für nicht rückzahlbare **Investitionszuschüsse** (nicht -zulagen) aus öffentlichen oder privaten Mitteln (Kapitalzuschüsse) räumt die Finanzverwaltung[1] dem Zuschussempfänger ein **Wahlrecht** ein; er kann den Zuschuss erfolgswirksam sofort vereinnahmen oder von den Anschaffungs- oder Herstellungskosten des bezuschussten Anlageguts abziehen (→ § 255 Rz. 41) mit dem Ergebnis einer geringeren Abschreibung über die Nutzungsdauer des bezuschussten Wirtschaftsguts hinweg. Dieses steuerliche Wahlrecht ist im Schrifttum und in der Rechtsprechung strittig: Es bestehe eine **Pflicht**[2] zum Abzug von den Anschaffungs- oder Herstellungskosten des bezuschussten Vermögensgegenstands.[3] 326

Für die Handelsbilanz lehnt IDW HFA 1/1984 die sofortige gewinnrealisierende Vereinnahmung von Investitionszuwendungen als Wahlrecht ab. Stattdessen sind solche Zuwendungen erfolgsneutral zu behandeln – entweder durch **Kürzung** von den Anschaffungs-/Herstellungskosten (Abschreibungsbemessungsgrundlage, → § 253 Rz. 156) des betreffenden Vermögensgegenstands oder Bildung eines **gesonderten Passivpostens** (→ § 255 Rz. 45). Letzterer ist entsprechend der Nutzungsdauer des bezuschussten Anlageguts aufzulösen und in der GuV als Abschreibungskürzung oder sonstiger betrieblicher Ertrag zu zeigen. R 6.5 Abs. 2 EStR sieht für den Fall der Kürzung des Zuschusses von den Anschaffungs- oder Herstellungskosten die Aufnahme in ein besonderes, laufend zu führendes **Verzeichnis** vor. Bei Vereinnahmung des Zuschusses **vor** der Anschaffung oder Herstellung kann nach Richtlinie 6.5 Abs. 4 EStR 2012 der Zuschuss steuerbilanziell in eine steuermindernde Rücklage eingestellt werden. Handelsrechtlich stehen für die erfolgsneutrale Erfassung die „sonstigen Verbindlichkeiten", ggf. auch „erhaltene Anzahlungen" zur Verfügung.

Aufwands- oder Ertragszuwendungen sind zeitgleich zur Erfassung der bezuschussten Aufwendungen erfolgswirksam zu vereinnahmen und in Ausnahmefällen passiv abzugrenzen, sofern der Zuschussempfänger für einen bestimmten Zeitraum ein bestimmtes Verhalten an den Tag legen muss.[4] 327

Falls **Voraussetzung** für die (endgültige) Gewährung der Zuwendung nach den vertraglichen, behördlichen oder gesetzlichen Zuschussbedingungen ein bestimmtes der Zuschussvereinnahmung folgendes **Verhalten** ist, zu dem der Empfänger sich vor Gewährung verpflichtet hat (z. B. Aufrechterhaltung von x Arbeitsplätzen für einen bestimmten Zeitraum), gilt Folgendes: Durch Ansatz eines Passivpostens (oder bei Investitionszuwendungen auch Abzug von den Anschaffungs-/Herstellungskosten) muss die Ergebnisauswirkung der Vereinnahmung der Zuwendung so lange neutralisiert werden, bis der Zuschussempfänger das nach den Zuschussbedingungen seinerseits Erforderliche getan hat, um sich den Zuschuss „zu verdienen".[5] Vor- 328

1 In R 6.5 EStR 2012 i.V. mit BMF, Schreiben v. 27.5.2003 – IV A 6 – S 2137 – 25/03, BStBl I S. 361.
2 Nach *Groh*, BB 1973 S. 742; *Ewertowski*, BB 1984 S. 1015; *Rose*, DB 1984 S. 2317.
3 Die Entscheidungen vom BFH, Urteil v. 14.7.1988 – IV R 78/85, BStBl 1989 II S. 189, und BFH, Urteil v. 28.4.1989 – III R 4/87, BStBl II S. 618, haben nach BFH, Urteil v. 15.11.1991 – VI R 36/89, BStBl 1992 II S. 492, das Wahlrecht „letztlich offen gelassen". Das Wahlrecht bestätigte der BFH, Urteil v. 17.9.1987 – III R 225/83, BStBl 1988 II S. 324, sowie das BMF, Schreiben v. 27.5.2003 – IV A 6 – S 2137 – 25/03.
4 BFH, Urteil v. 22. 7. 1982 – IV R 111/79, BStBl II S. 655; BFH, Urteil v. 17.9.1987 – IV R 49/86, BStBl 1988 II S. 327.
5 Vgl. BFH, Urteil v. 9.3.1988 – I R 262/83, BStBl II S. 592.

her darf nach dem **Realisationsgrundsatz** der Empfang des Zuschusses nicht als Ertrag ausgewiesen werden (→ Rz. 327).

Ob es sich bei dem für die erhaltenen Zuwendung gebildeten Passivposten um

- einen **Rechnungsabgrenzungsposten,**[1]
- eine **Rückstellung,**[2]
- eine **Verbindlichkeit**[3] oder
- eine **Anzahlung**

handelt, ist umstritten (→ § 255 Rz. 46). Der Passivposten ist jedenfalls bei Erfüllung der Zuschussbedingungen durch den Zuschussempfänger erfolgswirksam. Sehen die Zuschussbedingungen ein bestimmtes Verhalten über einen bestimmten Mindestzeitraum vor, ist der Passivposten nach Maßgabe des Zeitablaufs aufzulösen. Bei Investitionszuwendungen erfolgt die Auflösung nach Maßgabe der Nutzungsdauer des bezuschussten Anlagegegenstandes (→ Rz. 326).[4]

328a Als **Zeitpunkt** der erstmaligen Bilanzierung der Zuwendungen gilt generell die Erfüllung der **sachlichen** Fördervoraussetzungen am Stichtag und die Bewilligung ohne Vorbehalt bis zur Aufstellung der Bilanz. Besteht ein **Rechtsanspruch** auf die Gewährung, ist wie folgt vorzugehen: Die Aktivierung erfolgt, wenn die sachlichen Fördervoraussetzungen spätestens bis zum Bilanzstichtag erfüllt sind (also etwa das Investitionsgut fertiggestellt ist) und bis zur Bilanzaufstellung der Antrag gefertigt ist oder hochwahrscheinlich gestellt wird. Diese Regeln gelten auch bei Beihilfen für indirekte CO_2-Kosten.[5]

Im Zusammenhang mit der Corona-Pandemie ist die Frage nach der Bilanzierung der sog. Novemberhilfe (und Dezemberhilfe) aufgekommen. Formalrechtlich sind die Zuschüsse (auch mit Blick auf die Beschleunigung der politischen Umsetzung) als Billigkeitsleistung ohne Rechtsanspruch gestaltet. In Anwendung von IDW HFA 1/1984 würde dies bedeuten, dass die Zuschüsse erst mit Bewilligungsbescheid aktiviert werden können. Das BMWi vertrat aber folgende Auffassung zur Steuerbilanz: Mangels Rechtsanspruch „ist für die Aktivierung des Anspruchs entscheidend, ob der Steuerpflichtige durch die Antragstellung in eine Rechtsposition versetzt wird, die ihn mit einer Gewährung der Novemberhilfe fest rechnen lässt. Soweit der Steuerpflichtige bei der Beantragung auch mit einer antragsgemäßen Bescheidung rechnen kann, ist die Novemberhilfe bzw. Dezemberhilfe wirtschaftlich zum Wirtschaftsjahr 2020 zuzuordnen und daher auch in der Gewinnermittlung für dieses Jahr zu berücksichtigen."[6] Dieser Auffassung ist zuzustimmen. Anders als gesellschafts-, umwelt- oder forschungspolitisch motivierte Subventionen, die einen begrenzten Fördertopf im Windhundverfahren vergeben, ist die Novemberhilfe materiell eine Entschädigung für die staatlich verordnete Schließung von Betrieben. Im Hinblick auf höherrangiges Recht (etwa Gleichheitsgebot) wird die öffentliche Verwaltung hier ein Windhundverfahren nicht anwenden können, vielmehr den Fördertopf erforderlichenfalls nachfüllen müssen. Bei Erfüllung der Antragsvoraussetzungen ist eine positi-

1 So z. B. *Rose*, DB 1984 S. 2317; BFH, Urteil v. 22.7.1982 – IV R 111/79, BStBl II S. 655; offengelassen vom BFH, Urteil v. 23.2.1977 – I R 104/75, BStBl II S. 392.
2 BFH, Urteil v. 22.1.1992 – X R 23/89, BStBl II S. 488.
3 Vgl. *Ewertowski*, BB 1984 S. 1015.
4 BFH, Urteil v. 23.2.1977 – I R 104/75, BStBl II S. 392, und BFH, Urteil v. 24.2.1977 – VIII R 237/72, BStBl II S. 392.
5 IDW/FN 2014 S. 222.
6 FAQ zur Novemberhilfe, Frage 4.7 (https://www.ueberbrueckungshilfe-unternehmen.de/UBH/Redaktion/DE/FAQ/ausserordentliche-wirtschaftshilfe.html).

ve Bescheidung daher so gut wie sicher und durch Aktivierung einer Forderung zu berücksichtigen. Dies muss dann vorgelagert schon für die Handelsbilanz gelten, denn in Bezug auf die Aktivierung von Forderungen gilt die Maßgeblichkeit. Zur näheren Begründung wird auf → Rz. 62b verwiesen.

Zunächst als **Darlehen** gewährte Vorauszahlungsmittel in Gestalt öffentlich-rechtlicher Subvention für Investitionen sind im Zeitpunkt des späteren Erlasses als Minderung der Anschaffungs- oder Herstellungskosten zu behandeln. Eine etwaige **Rückzahlung** der Subvention wegen Nichteinhaltung der Bedingungen ist den Anschaffungs- oder Herstellungskosten der bezuschussten Investition zu belasten (per Anlagevermögen an Geld), soweit der erhaltene Betrag bei diesen Kosten gekürzt worden ist („Nettomethode"). Die wegen der früher niedrigeren Bemessungsgrundlage „fehlenden" Abschreibungen für frühere Jahre sind in diesem Augenblick dem Aufwand zu belasten. Ein wahlweise gebildeter gesonderter Passivposten („Bruttomethode") ist vollständig aufzulösen, der darüber hinausgehende Teil des Rückzahlungsbetrags führt zu Aufwand (per Passivposten und Aufwand an Geld). 329

Ein früher ertragswirksam behandelter Aufwands- oder Ertragszuschuss (→ Rz. 327) ist ebenfalls bei Rückzahlung dem Aufwand zu belasten; soweit der frühere Zuschuss bzw. das rückzahlbare Darlehen im Rückzahlungszeitpunkt noch passiv abgegrenzt ist, muss die Rückzahlung in vollem Umfang dem Passivposten belastet werden.

Zu den verschiedenen Varianten der bilanziellen Abbildung folgende Beispiele mit Buchungsschemata:[1] 330

BEISPIEL FÜR ERTRAGSBEZOGENEN ZUSCHUSS Das Unternehmen hat einen Zuschuss von 1.000 Einheiten aus dem Regionalförderungsprogramm für die Schaffung einer neuen Produktlinie erhalten. Die damit verbundene Auflage sieht die Schaffung von 20 neuen Vollarbeitsplätzen vor, die für wenigstens fünf Jahre aufrechterhalten werden müssen. Zu Beginn des vierten Jahres wird das Projekt eingestellt mit der Folge der Rückzahlung des gesamten Förderungsbetrags durch das Unternehmen.

Die bilanzmäßige Entwicklung ist die folgende:

Jahr	+Zuschuss –Rückzahlung	Passive Abgrenzung	Ertrag	Aufwand
01	+ 1.000	800	200	
02		600	200	
03		400	200	
04	–1.000	–400		600
	0		600	600

BEISPIEL FÜR INVESTITIONSZUSCHUSS (BRUTTOMETHODE) Das Unternehmen erhält vom Umweltamt einen Investitionszuschuss von 200 Einheiten zur Finanzierung einer neuen Rauchgasentschwefelungsanlage. Deren Nutzungsdauer beträgt zehn Jahre mit linearer Abschreibung, Anschaffungskosten 1.000 Einheiten. Anfang 04 muss wegen Nichteinhaltung der Grenzwerte der Zuschuss in voller Höhe zurückgezahlt werden.

Jahr	Abschreibung	Buchwert Anlage	Ertrag aus Auflösung Passivposten	Aufwand aus Rückzahlung	Saldiertes Ergebnis
Zugang		1.000			
01	100	900	20		80

1 Nach *Lüdenbach/Hoffmann/Freiberg* (Hrsg.), Haufe IFRS-Kommentar, 16. Aufl. 2018, § 12.

02	100	800	20		80
03	100	700	20		80
04	100	600		60	160
Ergebnisauswirkung	400				400

BEISPIEL FÜR INVESTITIONSZUSCHUSS (NETTOMETHODE)

Jahr	Abschreibung	Buchwert	Ergebnis
Zugang		800	
01	80	720	80
02	80	640	80
03	80	560	80
04	160	600	160
Ergebnisauswirkung	400		400

331 Ein öffentlicher Zuschuss zum Bau einer **Tiefgarage** ist von den Herstellungskosten abzuziehen, wenn keine Mietpreisbindung sowie keine Nutzung durch bestimmte Personen vereinbart sind.[1]

332 **Fördermittel nach dem Krankenhausgesetz** sind als Sonderposten (Fördermittel) zu passivieren und stellen materiell eine Kürzung der Anschaffungs- oder Herstellungskosten der bezuschussten Wirtschaftsgüter dar.[2]

332a Zuschüsse nach dem Gesetz zur steuerlichen Förderung von Forschung und Entwicklung (Forschungszulagengesetz – FZulG) vom 14.12. gewähren eine steuerliche FuE-Förderung, in der Weise, dass 25 % der begünstigten Aufwendungen (maximal 500 T€ bzw. 1 Mio. T€) in dem ersten Steuerbescheid, der nach Festsetzung der Förderung ergeht, zur Anrechnung gelangen. Das IDW folgt hieraus:[3]

- Bilanziell können bereits berücksichtigungsfähige Förderungen entweder als sonstiger Vermögensgegenstand oder als Kürzung der Steuerrückstellungen angesetzt werden. Unseres Erachtens ist nur ein Ausweis als sonstiger Vermögensgegenstand sachgerecht, da die Zulage lediglich formell über die Einkommen-/Körperschaftsteuer abgewickelt wird, mit deren Höhe aber materiell in keiner Verbindung steht, z. B. auch in Verlustjahren zur Auszahlung gelangt.[4]
- In der GuV sind sie aber als sonstiger betrieblicher Ertrag (und nicht als Minderung des Steueraufwands) zu erfassen.
- Ausnahmsweise kann bei Aktivierung der Entwicklungsaufwendungen auch eine Behandlung als Investitionszuschuss erfolgen.

Die Beantragung der Förderung erfolgt in einem zweistufigen Verfahren: Auf Stufe 1 ist bei der Bescheinigungsstelle Forschungszulagen (BSZF) zu beantragen, dass das FuE-Projekt dem

1 BFH, Urteil v. 23.3.1995 – IV R 48/94, BStBl II S. 702.
2 Besprechung in HFR 1997 S. 297; BFH, Urteil v. 26.11.1996 – VIII R 58/93, BStBl 1997 II S. 390.
3 IDW, Berichterstattung über die 265. FAB-Sitzung.
4 Vgl. *Lüdenbach*, StuB 2021 S. 823; gl. A. *Scholz*, StuB 2021 S. 944.

Inhalt nach förderfähig ist. Nach Erteilung eines positiven Bescheids und Ablauf des Wirtschafsjahres ist auf Stufe 2 beim örtlich zuständigen Finanzamt unter Darlegung der im abgelaufenen Jahr für das begünstigte Projekt angefallenen Lohnaufwendungen die eigentliche Förderung zu beantragen. Auf den Zeitpunkt der bilanziellen Berücksichtigung hat das zweistufige Verfahren nach Ansicht des IDW folgende Auswirkungen:

- Liegt spätestens bis zur Bilanzaufstellung ein positiver Bescheid der BSZF vor und ist zu diesem Zeitpunkt die Stellung eines Antrags beim Finanzamt vorgenommen oder fest beabsichtigt, ist die Förderung bilanziell bereits zu berücksichtigen.
- Ohne BFZS-Bescheid bis zum Ende des Wertaufhellungszeitraums kommt eine Berücksichtigung in Bilanz und GuV i. d. R. nicht infrage.

2.8.3 Private Zuschüsse

Auch die Finanzverwaltung hat sich verschiedentlich mit privaten Zuschüssen befasst; so etwa mit den Zuschüssen aus Bierlieferungsverträgen, für die sie eine passive Abgrenzung und zeitanteilige Auflösung über die Vertragslaufzeit verlangt.[1] Eine systematische Befassung mit privaten Zuschüssen leistet das IDW in HFA 2/1996. Es geht dabei von der Annahme eines kaufmännischen **Leistungsaustauschs** (Leistung und Gegenleistung) aus. Nur in Ausnahmefällen, bei Sanierungen, wird eine Leistung eines Gesellschafters aufgrund seiner Gesellschafterstellung erbracht; dann kann man vom Fehlen eines Austauschwillens ausgehen. Bei **Investitionszuschüssen** (z. B. Werkzeugkostenzuschuss, → Rz. 353) wird seitens des Zuschussgebers vom Investor nicht nur die Anschaffung, sondern auch die Bereitstellung eines bestimmten Vermögensgegenstands vertraglich ausbedungen. Diese Vorhaltepflichten sind eine Hauptpflicht des Vertrags, weshalb der Zuschuss beim Zuschussempfänger nicht im Investitionsjahr gewinnerhöhend vereinnahmt werden kann. Zumindest zeitanteilig ist dieser Investitionszuschuss dem HFA zufolge beim Empfänger dementsprechend als Rechnungsabgrenzungsposten zu passivieren; das Kriterium „für eine bestimmte Zeit" (→ § 250 Rz. 43) ist dabei auch erfüllt, wenn der Zeitraum nur durch Schätzung ermittelt werden kann. Im Übrigen kommt auch eine Passivierung als erhaltene Anzahlung oder sonstige Verbindlichkeit mit ratierlicher Auflösung in Betracht. Der BFH hat sich demgegenüber auf den Ausweis als Verbindlichkeitsrückstellung festgelegt.[2] 333

Mit dem Begriff „Zuschuss" ist eine eindeutige bilanzrechtliche Postenzuordnung nicht bestimmt. So hat der BFH einen solchen „Zuschuss" als partiarisches **Darlehen** gewürdigt (→ § 373a). Zu Werkzeugkostenzuschüssen vgl. → Rz. 353 ff.

Bei **Aufwands- oder Ertragszuschüssen** kann die Gegenleistung des Zuschussempfängers in der Durchführung von Werbe- oder Forschungsmaßnahmen oder in der aufwandswirksamen Verpflichtung (Wettbewerbsverbot, Nutzungsüberlassung) bestehen. Eine **Realisation** ist erst nach Erfüllung der vom Empfänger zu erbringenden Leistung möglich. Ein Zuschuss zu Entwicklungskosten eines immateriellen Vermögensgegenstandes des Anlagevermögens darf nur dann als **Aufwandszuschuss** behandelt werden, wenn der Empfänger das **Wahlrecht** zur Aktivierung eines selbst erstellten Anlagegegenstands nicht ausübt (→ § 248 Rz. 9). Andernfalls ist der erhaltene Zuschuss als Investitionszuschuss zu behandeln.[3] 333a

1 BMF, Schreiben v. 11.7.1995 – IV B 2 – S 2134a – 2/95, DB 1995 S. 1637.
2 BFH, Urteil v. 23.2.1977 – I R 104/75, BStBl II S. 392, und BFH, Urteil v. 24.2.1977 – VIII R 237/72, BStBl II S. 392.
3 IDW in Ergänzung des HFA 2/1996, IDW FN 2013 S. 192.

Diese Anweisungen des HFA müssen nach **Maßgeblichkeitsgesichtspunkten** auch steuerlich beachtet werden. Im Einzelfall kann es zu einem unauflösbaren Konflikt mit dem „absoluten" Wahlrecht in R 6.5 EStR bzgl. der Investitionszuschüsse kommen.

333b Die **Trennung** zwischen Investitions- und Aufwandszuschuss ist nicht immer eindeutig möglich. Dazu folgendes Beispiel:[1]

SACHVERHALT ▶ Hersteller H trifft mit Zulieferer Z folgende Vereinbarung:

- ▶ Z entwickelt von 01 bis 02 eine neue, in den Produkten des H, aber auch in denen von Konkurrenten, einsetzbare Komponente K.
- ▶ H bezuschusst Forschung und Entwicklung (FuE) mit 40 %, jedoch maximal 20 Mio. €.
- ▶ Nur wenn die Entwicklung gelingt, darf Z den Zuschuss behalten. Bei Gelingen hat Z die Pflicht (jedoch nicht das Recht), H in den Folgejahren mit der Komponente zu beliefern. Die Belieferung soll im Wesentlichen zu (geplanten) Selbstkosten plus vereinbartem Gewinnaufschlag erfolgen. Die Selbstkosten sind jedoch um den Effekt der bezuschussten Kosten zu mindern.

Am 31.12.02 hat Z die Entwicklung erfolgreich abgeschlossen. Bei Z fallen folgende Kosten an:

- ▶ 01 nicht aktivierbare Forschungsaufwendungen: 5 Mio. €, aktivierbare Entwicklungskosten: 15 Mio. €.
- ▶ 02 aktivierbare Entwicklungskosten: 20 Mio. €.

Z macht von dem Aktivierungswahlrecht des § 248 Abs. 2 Satz 1 HGB keinen Gebrauch.

LÖSUNGSHINWEISE ▶ **1. Art des Zuschusses**

Nach HFA 2/1996 (a. a. O.) ist wie folgt zu differenzieren:

- ▶ Investitionszuschüsse werden zur Anschaffung oder Herstellung eines Vermögensgegenstands gewährt,
- ▶ Aufwandszuschüsse werden zur Durchführung einer „meist aufwandswirksamen" Maßnahme gewährt, wobei HFA 2/1996 als eines von zwei Beispielen explizit FuE-Maßnahmen anführt.

Der von Z vereinnahmte Zuschuss passt nicht nahtlos in diese Vorgaben. Bis auf die eventuelle (!) Ausnahme des Forschungsanteils betrifft er Herstellungskosten eines Vermögensgegenstands des Anlagevermögens. Dabei kommt das neuerdings gegebene Aktivierungswahlrecht nach § 248 Abs. 2 Satz 1 HGB ins Spiel. Das IDW hat dem folgend 2013 eine Änderung des HFA 2/1996 mit folgendem Inhalt vorgenommen: „Ein Entwicklungszuschuss ist nur dann als Aufwandszuschuss zu behandeln, wenn das Wahlrecht nach § 248 Abs. 2 Satz 1 HGB zur Aktivierung eines selbstgeschaffenen immateriellen Vermögensgegenstands des Anlagevermögens nicht ausgeübt wird; im Falle der Aktivierung ist der Zuschuss als Investitionszuschuss zu behandeln."

2. Bilanzierung als Investitionszuschuss

Bei Investitionszuschüssen ist weiter zu differenzieren, ob das (wirtschaftliche) Eigentum an dem Vermögensgegenstand auf den Zuschussgeber übergeht oder nicht. Da Z die entwickelte Komponente auch für Lieferungen an andere Hersteller nutzen kann, bleibt das Eigentum bei ihm. Für diesen Fall ist weiter zu untersuchen, ob der Zuschussempfänger nach Herstellung noch Verhaltenspflichten etwa i. S. der Sicherstellung einer Produktions- und Lieferbereitschaft hat. Bei Z bestehen solche Pflichten hinsichtlich der Serienbelieferung in 03 ff. Erst nach Maßgabe der Erfüllung dieser Pflichten darf Z nach HFA 2/96 einen Ertrag (Umsatz) realisieren. Zuvor ist der Zuschuss entweder passiv abzugrenzen (bei reinzeitlicher Verhaltenspflicht) oder als erhaltene Anzahlung zu erfassen (bei mindestens auch mengenabhängiger Verpflichtung). Nach dem Sachverhalt ist die Verpflichtung des Z mindestens auch mengenabhängig.

1 Nach *Lüdenbach*, StuB 2012 S. 956.

3. Bilanzierung als Aufwandszuschuss

FuE-Zuschüsse werden nach HFA 2/1996 mit Durchführung der Maßnahme ertragswirksam. Das Problem der fortgesetzten Verhaltenspflichten (hier Serienbelieferung) wird dabei im Standard nicht angesprochen. Z unterliegt aber solchen Verpflichtungen und muss bei zukünftigen Belieferungen einen Preisabschlag gleichermaßen für Entwicklungs- wie für Forschungszuschüsse in Kauf nehmen. Keinesfalls wäre daher eine unterschiedliche Behandlung beider Zuschüsse sachlich gerechtfertigt. Entweder sind beide Zuschussteile mit Durchführung der Maßnahme (also in den Jahren 01 und 02) oder beide erst über die Serienbelieferung (so bei Qualifikation als Investitionszuschuss) ertragswirksam. Die bedingte Rückzahlungsverpflichtung würde im ersten Fall (rückstellungs-)relevant, wenn die Rückzahlung überwiegend wahrscheinlich würde.[1]

2.8.4 Geleistete Zuschüsse

Geleistete Investitionszuschüsse (→ Rz. 333) können Anschaffungs- oder Herstellungskosten auf Vermögensgegenstände (→ Rz. 16 ff.) oder aktive **Rechnungsabgrenzungsposten** darstellen,[2] soweit ein Zeitbezug ersichtlich ist (→ § 250 Rz. 43). Als Zuordnungskriterium gilt dem HFA zufolge die Zurechnung des (wirtschaftlichen) Eigentums: Verbleibt dieses beim Zuschuss**empfänger,** ist ein Abgrenzungsposten zu bilden. Umgekehrt beim Übergang des wirtschaftlichen Eigentums auf den Zuschuss**geber**; dann Aktivierung eines Vermögensgegenstands. 334

Die Voraussetzungen für den **entgeltlichen** Erwerb eines **immateriellen Wirtschaftsguts** bei Gewährung von Zuschüssen hat der BFH für den Fall eines gegen den Zuschuss einer Brauerei von dem Zuschussnehmer gewährten **Bierlieferungsrechts** bejaht, weil nach den Vorstellungen beider Vertragsteile als subjektive Geschäftsgrundlage der Zuschuss sich als Gegenleistung für das Bierlieferungsrecht erwies und das Bierlieferungsrecht wegen des Zuschusses eingeräumt wurde.[3]

Einen als Gegenleistung für einen Zuschuss erlangten wirtschaftlichen Vorteil nahm der BFH für den Zuschuss an ein **Elektrizitätswerk** an, damit es zum Vorteil eines bestimmten Betriebs einen Trafo errichtete und damit den Strombedarf des Zuschussgebers sicherte;[4] hier war der Zuschuss das Entgelt für das immaterielle Wirtschaftsgut, das in den erworbenen Vorteilen für den Geber bestand.[5] Anders lauten die Entscheidungen in den BFH-Urteilen zur Umstellung der Stromversorgung[6] und zum Bau einer Trafostation:[7] kein Erwerb eines Wirtschaftsguts.

Anders liegt der Fall beim **freiwilligen** Zuschuss eines in einer Fußgängerzone liegenden Gewerbetreibenden zu den Aufwendungen für die Einrichtung der **Fußgängerzone;** hier wird der Zuschuss als nicht aktivierbar angesehen.[8] 335

Können die von der Gewährung des Zuschusses erwarteten Vorteile **nicht isoliert** als Wirtschaftsgut beurteilt werden, sondern beziehen sie sich auf bereits vorhandene oder geplante Wirtschaftsgüter, kann es sich bei dem Zuschuss um **nachträgliche Anschaffungs- oder Herstellungskosten** der vorhandenen Wirtschaftsgüter handeln. In einem BFH-Urteil[9] war der Zu- 336

1 Gleicher Auffassung *Küting/Pfirmann/Ellmann*, DStR 2010 S. 2206.
2 *Reichert*, EStB 2013 S. 97; ähnlich IDW HFA 2/1996 Tz. 3.
3 BFH, Urteil v. 26.2.1975 – I R 72/73, BStBl 1976 II S. 13.
4 BFH, Urteil v. 26.6.1969 – VI R 239/65, BStBl 1970 II S. 35.
5 Anderer Auffassung *Lenz*, DB 1970 S. 1040, und *van der Velde*, FR 1969 S. 441, die kein Wirtschaftsgut annehmen.
6 BFH, Urteil v. 13.12.1984 – VIII R 249/80, BStBl 1985 II S. 289.
7 BFH, Urteil v. 22.10.1987 – IV R 4/85, BFH/NV 1988 S. 229.
8 BFH, Urteil v. 12.4.1984 – IV R 137/80, BStBl II S. 489.
9 BFH, Urteil v. 29.4.1975 – VIII R 239/71, BStBl II S. 518.

schuss für den Anschluss an das Hochspannungsnetz gezahlt und als Teil der Herstellungskosten eines **Fabrikgebäudes** angesehen worden; denn der mit dem Zuschuss errichtete Anschluss ermöglichte die Aufnahme der Produktion in dem Fabrikgebäude. Ein Baukostenzuschuss, der bei Anschluss eines Hauses für die Erstellung oder Verstärkung von Verteilungsanlagen neben den Hausanschlusskosten an das Elektrizitätsversorgungsunternehmen zu zahlen ist, gehört zu den Gebäude-Herstellungskosten.[1]

337 **Verlorene Baukostenzuschüsse,** die ein Genosse aufgrund des Beschlusses der Generalversammlung an die Genossenschaft zu zahlen hat, können so eng mit dem **Genossenschaftsanteil** verknüpft sein, dass sie ebenso zu aktivieren sind wie der Anteil selbst.[2]

338 Zu „Zuschüssen" des **Gesellschafters** an „seine" GmbH vgl. → § 255 Rz. 168.

2.9 *Joint-Venture*-Aktivitäten

339 Zur bilanziellen Abbildung der verschiedenen rechtlichen Ausprägungen von *Joint-Venture*-Aktivitäten wird auf → § 310 Rz. 4 ff. verwiesen.

2.10 Der Pfandkreislauf, Palettenkreislauf[3]

340 Unter „Pfandkreislauf" wird die **körperliche Bewegung** von Leergut in Form von Flaschen, Fässern und anderen Warenumschließungen verstanden, das von einem Produzenten („Abfüller") an den Handel oder an Gaststätten etc. gegeben und von dort an den Endverbraucher und dann wieder zurückgegeben wird. Im weiteren Sinne handelt es sich um **Verpackungsmaterial,** das allerdings im Gegensatz zu (z. B.) Faltkartons wegen seiner Werthaltigkeit nicht vom Endverbraucher vernichtet wird. Man kann zwischen **Individual**leergut – herstellerspezifisch gekennzeichnet – und **Einheits**leergut unterscheiden, welches einem bestimmten Hersteller nicht zugeordnet werden kann. Als dritte Variante ist die sog. **Brunneneinheitsflasche** zu nennen. Die Abfüller nehmen hier als Mitglieder der Genossenschaft Deutscher Brunnen (GDB) an einem branchenumfassenden Mehrwegsystem mit Brunneneinheitsflaschen und -kästen teil. Das Brunneneinheitsleergut kann nicht einem einzelnen Abfüllbetrieb zugeordnet werden und wird von den Mitgliedern der GDB einheitlich verwendet.

Vergleichbar verhält es sich bei **Mehrwegpaletten** für Baustoffe. Diese sind durch sog. Blocprinter-Kennzeichnungen individualisierbar.[4]

341 Aufgrund gesetzlicher Vorgaben, aber auch wegen der Werthaltigkeit wiederverwendbaren Pfandguts wird die Weitergabe vom Abfüller an den Handel und von diesem an die Endkunden regelmäßig mit einem sog. **„Pfandgeld"** unterlegt. Bei Rückgabe des erhaltenen Pfandguts wird dieses erstattet. Regelmäßig übersteigt das Pfandgeld den Verkehrswert des Pfandguts erheblich.[5]

---

1 Nach FG Baden-Württemberg, Urteil v. 30.9.1983 – IX 147/79, EFG 1984 S. 225, rkr.

2 BFH, Urteil v. 11.8.1971 – VIII R 13/66, BStBl 1972 II S. 117.

3 Vgl. hierzu *Hoffmann,* StuB 2010 S. 333; *Rätke,* StuB 2010 S. 178; *Lüdenbach,* StuB 2009 S. 434; *Hoffmann,* PiR 2006 S. 95.

4 Vgl. hierzu FG Rheinland-Pfalz, Urteil v. 22.9.2010, rkr., EFG 2011 S. 149, mit Besprechung von *Hoffmann,* StuB 2011 S. 397.

5 Bestätigend *Klein,* DStR 2010 S. 712; *Jacob/Kobor,* DStR 2004 S. 1586; *Hoffmann,* PiR 2008 S. 713; zweifelnd dagegen *Küspert,* FR 2008 S. 713. Wäre das nicht so, entstünde sofort ein reger Handel mit dem Leergut ohne Inhalt.

In der Praxis wird beim Verkauf des Vollguts durch den Abfüller auch die Übergabe des Leerguts häufig als **Verkauf** behandelt, die Rücknahme dann als **Rückkauf.** Nach Auffassung im Schrifttum[1] ist das Geschäftsmodell als **Gebrauchsüberlassungsvertrag** in Form eines **Sachdarlehens** zu klassifizieren, wobei kein Veräußerungsvorgang angenommen wird. 342

Zweifel an der Würdigung des Überlassungsverhältnisses am Pfandgut als **Sachdarlehen** ergeben sich aus Folgendem: Beim Darlehen schuldet der Darlehensnehmer die Rückgabe des erhaltenen Gelds oder Gegenstands. Bei den Pfandflaschen hat aber etwa der Endkunde hingegen nur formell eine Rückgabepflicht, die nicht fällig gestellt und vollstreckt werden kann. 343

Zur bilanziellen Abbildung sind etwa aus Sicht des **Abfüllers** folgende Fragen abzuklären: 344

- Hat er das Pfandgut auch nach Veräußerung/Abgabe noch **anzusetzen?**
- Ist eine Verpflichtung zur **Rücknahme** des Pfandguts zu passivieren?
- Wie sind die **Pfandgelder** zu erfassen?

Ohne weitere Problematisierung wurde im BMF-Schreiben v. 13.6.2005[2] das Leergut dem Abfüller bilanziell zugeordnet. Dies galt auch für sog. **Mehrrücknahmen,** wenn also der Abfüller mehr Einheitsleergut zurücknimmt, als er seinerseits zuvor an den Handel ausgegeben hat. Wenn der für die Mehrrücknahmen ausgelegte Betrag auf den Pfandkonten ausgewiesen wird, lagen dem BMF zufolge aber keine Anschaffungskosten vor. Ein Übergang des wirtschaftlichen Eigentums habe in diesen Fällen nicht stattgefunden. Die Verpflichtung, anlässlich der Rücknahme von Leergut die Pfandgelder zurückzuerstatten, sollte eine Pfandrückstellung rechtfertigen. 345

Die Auffassung des BMF war also dadurch gekennzeichnet, dass der Abfüller **neu** beschafftes Leergut auch nach Weitergabe an den Handel als wirtschaftliches Eigentum im **Anlagevermögen** zu bilanzieren hatte. Tatsächlich sind die Nutzungsmöglichkeiten und die Gefahren des Untergangs am Pfandgut während dessen üblicher Nutzungsdauer aber nicht auf den Händler übertragen worden. Daran ändert auch die Tatsache nichts, dass der Abnehmer (Händler) zur Rückgabe nicht verpflichtet ist, sondern lediglich eine Option hat. Denn die Rückgabeoption ist so vorteilhaft, dass er sie ausüben wird.[3] 346

Nur kurz wird im zitierten BMF-Schreiben der „Kreislauf" der **Pfandgelder** angesprochen. Danach führten die vereinnahmten Pfandgelder bzw. die Forderungen hieraus zu einer erfolgswirksam zu behandelnden **Betriebseinnahme** und im Gegenzug führte ihre Rückerstattung zu einer **-ausgabe.** Allerdings regte sich aus Kreisen der Finanzverwaltung Kritik.[4] Danach sollten die vereinnahmten und verausgabten Pfandgelder als „durchlaufende Posten" erfolgsneutral auf besonderen Kontokorrentkonten erfasst werden. Ohnehin erschien die Vereinnahmung des Pfandgelds als Umsatzerlös des Abfüllers widersprüchlich zu der Annahme, dass das wirtschaftliche Eigentum bei ihm verblieb. 347

(einstweilen frei) 348–351

1 So *Jakob/Kobor,* DStR 2004 S. 1596.

2 BMF, Schreiben v. 13.6.2005 – IV B 2 – S 2137 – 30/0, BStBl I S. 715.

3 Anderer Auffassung *Buciek,* FR 2010 S. 173, mit dem Analogieschluss zur unechten Wertpapierpension (→ Rz. 311). Gegen *Buciek* (wie hier) BFH, Urteil v. 9.1.2013 – I R 33/11, DStR 2013 S. 957 Tz. 48.

4 Vgl. *Köhler/Wiemers,* StBp 2005 S. 351.

351a Die BMF-Lösung war im Wesentlichen nicht mit den Entscheidungsgründen vom BFH, Urteil v. 9.1.2013 – I R 33/11, vereinbar. Im Einzelnen gilt nach diesem Urteil für den Abfüller Folgendes:

- Das **wirtschaftliche Eigentum an Einheitsleergut** geht bei Veräußerung des Vollguts auf den **Händler** über.
- **Mehrrücknahmen:** Bei Brunneneinheitsflaschen kommt eine Aktivierung der Aufwendungen für die Mehrrücknahmen weder als Anschaffungskosten für den Erwerb des Eigentums an dem Leergut noch als gegen die Getränkehändler gerichtete Forderung auf Rückzahlung des entrichteten Pfands in Betracht. Ggf. liegen aber entgeltlich erlangte Nutzungsrechte gegenüber den anderen Poolmitgliedern vor.
- Soweit eine **Rückzahlung des Pfandgelds an die Händler** bei Rückgabe von **Einheitsleergut** erfolgen muss, sind dafür keine Verbindlichkeiten/Rückstellungen auszuweisen. Eine Rückstellung scheitert u. a. daran, dass die Rücknahme des Leerguts ein Anschaffungsvorgang ist. Für solche Vorgänge kann nach § 5 Abs. 4b Satz 1 EStG keine Rückstellung gebildet werden.
- Ein Schuldausweis erfolgt nur, soweit der Abfüller an den Bilanzstichtagen eine Verpflichtung zur Pfandrückzahlung gegenüber den Händlern für das **Brunneneinheitsleergut und das Individualleergut** hat. Die Verbindlichkeit kann wegen Bruch oder Schwund des Leerguts, bei den Brunneneinheitsflaschen darüber hinaus aber auch der Höhe nach zu mindern sein, wenn aufgrund der eigentumsunabhängigen Zirkulation des Leerguts erfahrungsgemäß davon auszugehen ist, dass ein bestimmter Teil an andere Poolmitglieder zurückgegeben wird.

Das BMF hat das vorgenannte Urteil erst im Jahr 2019 im Bundessteuerblatt veröffentlichen lassen und damit den Finanzbehörden zur Beachtung aufgegeben. Gleichzeitig wurde das o. g. BMF-Schreiben aus dem Jahr 2005 am 19.2.2019 aufgehoben. Steuerbilanziell war damit eine Rückstellung für die Rücknahme des Pfandleerguts nicht mehr zulässig. Eine erneute Kehrtwende brachte das BMF-Schreiben v. 8.12.2020. Danach lässt die Finanzverwaltung eine Rückstellung für Mehrweg-Einheitsleergut im Billigkeitswege zu.[1]

352 Der Frage, wie **handelsbilanziell** zu verfahren ist, hat sich der FAB des IDW mit folgendem Ergebnis angenommen:[2]

- Das wirtschaftliche Eigentum am Leergut bleibt beim Abfüller, entweder weil eine Rücknahme von vornherein vereinbart ist (echtes Pensionsgeschäft) oder weil der Händler eine Rückgabeoption hat, die er mangels anderweitiger wirtschaftlicher Verwertungsmöglichkeiten des Leerguts mit hoher Wahrscheinlichkeit ausüben wird.
- Erhaltene Pfandgelder sind deshalb beim Abfüller zu passivieren.

352a **Umsatzsteuerlich** gilt die Lieferung von Warenumschließungen (Flaschen) gegen Pfandentgelt als unselbständige Nebenleistung, die das Schicksal der Hauptleistung teilt. Wird die Pfandflasche später zurückgegeben, liegt insoweit eine Entgeltminderung vor, die zu einer Korrektur der Bemessungsgrundlage führt. Es bestehen aber nach Abschnitt 10.1. Abs. 8 UStAE umfangreiche Versteuerungswahlrechte. Zum Beispiel ist eine jährliche Abrechnung und Versteuerung möglich, um eine monatliche Korrektur der Bemessungsgrundlage zu vermeiden.

1 BMF, Schreiben v. 8.12.2020 – IV C 6 – S 2133/19/10002 014; dazu: *Prinz*, StuB 2021 S. 49.
2 IDW, Berichterstattung über die 259. FAB-Sitzung, 25.3.2020.

2.11 Kundengebundene Werkzeuge

Die Auslagerung von Teilbereichen der Produktion *(outsourcing)* ist in vielen Branchen der Industrie üblich geworden. Als Musterbeispiel mag die Automobilproduktion mit ihren Tausenden von direkten und indirekten Zulieferbetrieben dienen. In diesem Geschäftsmodell tauchen regelmäßig die kundengebundenen Werkzeug- oder Gussformen als Bilanzierungsproblem auf. Der rechtliche und wirtschaftliche Hintergrund dieses Geschäftsmodells lässt sich wie folgt skizzieren: 353

Der Zulieferer als **Auftragnehmer** schließt mit dem Abnehmer als **Auftraggeber** (z. B. Automobilproduzent) einen Rahmenvertrag ab, nach dessen Maßgabe der Auftragnehmer spezifizierte Produktionsteile (z. B. eine Frontglasscheibe) für den Auftraggeber erstellt. Die Produktion dieser Teile bedarf besonderer Werkzeuge, die für andere Produktionszwecke nicht verwendbar sind oder gem. den Vereinbarungen nicht verwendet werden dürfen.

Der Zulieferer kann mit der Produktion erst nach Herstellung oder Beschaffung dieser Werkzeuge tätig werden. Sein **Risiko** besteht in der vom Auftraggeber georderten Menge – z. B. Absatz des neuen Roadsters des Automobilherstellers B. Je nach Marktmacht wird dieses Risiko vom Zulieferer ganz oder teilweise auf den Abnehmer übertragen, etwa nach Maßgabe folgender Vertragsstruktur: 354

- Vor Beginn der Produktion Leistung eines **Einmalbeitrags** durch den Auftraggeber, genannt „Werkzeugkostenzuschuss", der in die Kalkulation der Stückkosten und die vereinbarten Abnahmepreise einbezogen wird,
- die laufenden **Amortisationsgebühren** als „normale" Rechnungsstellungen unter impliziter oder ausdrücklicher Berücksichtigung des Einmalbeitrags,
- „Gebühren", die unabhängig von der **Stückzahl** durch den Zulieferer erhoben werden,
- u. U. eine **Einmalzahlung** des Abnehmers an den Zulieferer bei Verfehlen einer bestimmten Mindestmenge.

Im Rahmen des Vertrags wird auch insbesondere die **Dauer** der Vorhaltung der entsprechenden Werkzeuge für einen gewissen Zeitraum zur Ersatzteilbedienung vereinbart, z. B. zwölf Jahre nach Auslaufen der Produktion. Alternativ kann auch eine Rückgabe der Werkzeuge vom Zulieferer an den Abnehmer vereinbart werden, wenn dieser selbst die Ersatzteilversorgung übernehmen will. 355

Die BFH-Rechtsprechung hat sich wiederholt mit dem in den Grundzügen vorgestellten Geschäftsmodell auseinandergesetzt: 356

- Ein Urteil[1] befasst sich mit der bilanziellen Abbildung beim **Zulieferer:** Dieser soll die „Werkzeugkostenvergütung" seitens des Bestellers als **Anzahlung** passivieren und gewinnerhöhend erst dann **auflösen,** wenn mit künftigen Lieferungen, die mit dem Werkzeug herzustellen sind, nicht mehr zu rechnen ist.
- In einem ähnlichen Sachverhalt hat der BFH[2] im Ergebnis ebenso entschieden, allerdings die gewinnmindernde Bildung einer **Verbindlichkeitsrückstellung** verlangt und eine erfolgserhöhende **Auflösung** über die mutmaßliche Dauer der Lieferverpflichtung vorgeschrieben.

1 BFH, Urteil v. 8.10.1970 – IV R 125/69, BStBl 1971 II S. 51.
2 BFH, Urteil v. 29.11.2000 – I R 87/99, BStBl 2002 II S. 655.

- In einer weiteren Entscheidung[1] hat sich der BFH wiederum mit den Bilanzierungsverhältnissen beim **Zulieferer** befasst. Hier stand das Interesse des Abnehmers (Auftraggebers) am Erwerb des **rechtlichen** Eigentums im Vordergrund, um nach Beendigung der Serienfertigung die betreffende Form noch zur Ersatzteilproduktion verwenden zu können. Die Werkzeugkostenvergütung hat der BFH als Gegenleistung für den Verkauf des Werkzeugs und Übertragung des rechtlichen Eigentums an den **Abnehmer** gewertet, der in der Konsequenz die Form aktivieren und auf die voraussichtliche Nutzungsdauer abschreiben muss. Dabei blieb das betreffende Werkzeug (selbstverständlich) im körperlichen Verfügungsbereich des Zulieferers, da ansonsten eine Produktion nicht möglich gewesen wäre.
- Und schließlich hat der BFH auch die Bilanzierung solcher Auftragsverhältnisse beim **Abnehmer** zu beurteilen gehabt.[2] Der Zulieferer war in dem Streitfall wie üblich zur Bereithaltung der Werkzeuge bzw. Formen während des bestimmten Zeitraums und zur Durchführung der Aufträge des Abnehmers verpflichtet. Der BFH sah darin ein **immaterielles Wirtschaftsgut** „Verwendungsrecht" beim Abnehmer (→ Rz. 28), das entgeltlich erworben und damit zu aktivieren und auf die voraussichtliche Nutzungsdauer abzuschreiben war. Im Ergebnis kam es zu einer **Doppelbilanzierung** – beim Zulieferer als materielles, beim Abnehmer als immaterielles Wirtschaftsgut (→ Rz. 58).

357 Die „Lösung" des BFH im letztgenannten Streitfall deutet eine gewisse **Verlegenheit** an. Immer wenn eine Einmalzahlung zu würdigen ist, deren sofortige Aufwandsverbuchung irgendwie „unpassend" erscheint, und der aktive Abgrenzungsposten mangels genauer Zeitbestimmung als nicht verfügbar gilt (eher unzutreffend, → § 250 Rz. 45 ff.), wird das **immaterielle** Anlagegut als eine Art Allzweckwaffe aus dem Köcher gezogen. Die allgemein gültige Definition des Wirtschaftsguts („konkrete Möglichkeiten und Vorteile für das Unternehmen", → Rz. 14) passt dann eigentlich immer zur Rechtfertigung der Aktivierung.

358 Diese Verlegenheit beruht auf der regelmäßig vom BFH in diesen Fällen nicht weiter problematisierten Maßgeblichkeit des **rechtlichen** Eigentums für die Bilanzierung. Systematisch betrachtet ist dies gerade nicht richtig, denn ausschließlich das **wirtschaftliche** Eigentum kann die Betriebsvermögenseigenschaft (= Bilanzierbarkeit) begründen (→ Rz. 222). Dazu wäre bzw. ist ein Blick in das der deutschen Leasingbilanzierung in wesentlichen Zügen zugrunde liegende BFH-Urteil[3] hilfreich. Nach den dortigen Aussagen kommt es bei der Qualifikation von Leasingverträgen als *operating* oder *finance lease* **ausschließlich** auf das wirtschaftliche Eigentum an, unabhängig von irgendwelchen sachenrechtlichen Qualifizierungen (→ Rz. 246). Deshalb laufen in der Praxis unter der Überschrift „Leasing" Verträge, die vom normalen Mietvertrag bis zum verdeckten Ratenkaufvertrag reichen. Dieser Befund schließt jedenfalls die Qualifikation von Kaufverträgen, Zuschüssen und Amortisationsverträgen und wie die Vertragsgebilde sonst zu bezeichnen sind als bilanzrechtliches **Leasingverhältnis** nicht a priori aus. Vgl. das Beispiel unter → Rz. 236.

Der BFH hatte die Gelegenheit zur Zurechnung des **wirtschaftlichen** Eigentums in einer gängigen vertraglichen Ausgestaltung des Werkzeugkostenzuschusses zu entscheiden.[4] Der Zulieferer stellte die zur Serienfertigung der Komponenten benötigten Spezialwerkzeuge her. Die Fi-

1 BFH, Urteil v. 31.1.1973 – I R 205/69, BStBl II S. 305.
2 BFH, Urteil v. 1.6.1989 – IV R 64/88, BStBl II S. 830.
3 BFH, Urteil v. 26.1.1970 – IV R 144/66, BStBl II S. 264.
4 BFH, Urteil v. 28.5.2015 – IV R 3/13, BFH/NV 2015 S. 1577.

nanzierung besorgte der Auftraggeber (Automobilproduzent) durch einen Werkzeugkostenzuschuss. Das (rechtliche) Eigentum wurde dem Auftraggeber unter Vereinbarung eines Besitzkonstituts übertragen. Das FG erkennt in der Vertragskonstruktion auch einen Übergang des **wirtschaftlichen** Eigentums mit der Folge einer vollumfänglichen Wertung des Zuschusses als **gewinnwirksame** Einnahme. Eine **Doppelbilanzierung** wird durch Übergang des für die bilanzielle Zurechnung des ausschließlich maßgebenden wirtschaftlichen Eigentums auf den Auftraggeber vermieden. Der Zulieferer wollte den Übergang des erhaltenen Zuschusses über die Herstellungskosten passiv abgrenzen.

Eine weitere „Konstante" der BFH-Rechtsprechung ist an den beiden dargestellten Grundsätzen in →Rz. 356 feststellbar. Der **„Zuschuss"**, den der Zulieferer vom Auftraggeber erhält, soll erfolgsneutral beim Zugang behandelt und über den Produktionszeitraum hinweg erfolgswirksam aufgelöst werden. Als Bilanzposten werden die erhaltenen Anzahlungen und die Verbindlichkeitsrückstellungen verwendet, nicht dagegen die eigentlich naheliegende Lösung durch Rechnungsabgrenzung (→§ 250 Rz. 1). 359

Im zweiten unter →Rz. 356 zitierten Urteil des BFH – I R 87/99 – wird die Verbindlichkeitsrückstellung als **Periodisierungs**vehikel geradezu missbraucht. Der BFH stellt argumentativ die Bilanzrechtssystematik gerade auf den Kopf: Normalerweise werden Ansatz und Bewertung geprüft, um daraus einen Bilanzposten abzuleiten; aus der Gesamtzahl dieser Posten im Vorjahresvergleich errechnet sich das Ergebnis des Geschäftsjahres. Umgekehrt der BFH: Er postuliert zunächst das Erfordernis der Verhinderung einer vorzeitigen Ergebnisrealisation und füllt deshalb das buchhalterische „Loch" im Haben durch die Rückstellung aus. Deren Ansatz wird apodiktisch mit der Gleichsetzung von Ausgaben mit geminderten Einnahmen begründet. In der Konsequenz: Wenn eine **Ergebnisminderung benötigt** wird, ist ein Rückstellungsansatz immer „sachgerecht". 360

Dafür nimmt der BFH auch die Stellungnahme des IDW HFA 2/1996 in Anspruch. Dort wird auch nach einem das Ergebnis neutralisierenden Passivposten geforscht, der dann in Gestalt von „erhaltenen Anzahlungen" und „sonstigen Verbindlichkeiten" gefunden wird; Rückstellungen erscheinen entgegen dem BFH-Zitat nicht.

Die Ablehnung der passiven Abgrenzung wird vom BFH und vom HFA mit dem geringen **Zeitbezug** begründet. Vorrangig sei die **Menge** der zu liefernden Teile zu beachten. Dabei wird die **Parallelität** der Mengenlieferung mit dem Zeitverlauf übersehen. Die „Menge" kann nur in Zeiträumen produziert werden. Der Produktionszeitraum ist durch den Produktionszyklus bestimmt, der vom Nachfolgemodell (in der Autoindustrie) bestimmt wird. Entsprechend ist dem BFH zufolge die von ihm favorisierte Rückstellung in fünf Jahren aufzulösen; die zu liefernde Menge ist dabei auf einmal ohne Belang, hier (bei der Rückstellung) gilt der Zeitbezug des Produktionszyklus, der einige Zeilen zuvor für die passive Abgrenzung keine Bedeutung hatte.

2.12 Betreibermodelle (PPP)

Sog. **öffentlich-private Partnerschaften** (ÖPP) oder *Public-private-Partnerships* (PPP) werden zur Bestreitung von Infrastrukturmaßnahmen eingesetzt. Für den **Autobahnbau** mit Gebührenpflicht ist das sog. **„A-Modell"** aus der Taufe gehoben worden. Danach erteilt die Bundesrepublik Deutschland als Konzessionsgeber Projektbetreibern (Bauunternehmern u. Ä.) die Konzession zur Errichtung und zum Betrieb von Autobahnstreckenabschnitten. Der Bund bleibt Eigentümer des Grund und Bodens und ist allein zur Erhebung der Mautgebühren berechtigt. 361

Im Einzelnen gelten vertraglich als **Pflichtenbestandteile** des Konzessionsnehmers:

- Erbringung der Bauleistung,
- u.U. Betriebspflicht mit Verkehrsüberwachung, Verkehrssicherheitspflicht, Winterdienst etc.,
- Erhaltungspflicht (laufender Unterhalt) sowie
- Rückgabe am Ende der Vertragslaufzeit von i.d.R. 30 Jahren in einem bestimmten Mindestzustand an die Bundesrepublik.

Umgekehrt hat sich der Bund zu einer Anschubfinanzierung und zur Weiterleitung von i.d.R. 95 % der Mautgebühren an den Konzessionsnehmer zu verpflichten.

362 Das BMF[1] macht zur bilanziellen Abbildung folgende **Vorgaben:**
Es handelt sich um ein **Dauerschuldverhältnis** mit unterschiedlichen Leistungen innerhalb des Vertragszeitraums. Als **schwebendes Geschäft** ist dieses Dauerschuldverhältnis nicht bilanzwirksam, es sei denn, ein Vertragspartner hat Vorleistungen erbracht.

Solche **Vorleistungen** stellen die Ausbaukosten abzüglich einer Anschubfinanzierung durch den Bund beim Betreiber dar. Während der Bauphase sind die Vorleistungen zusammen mit der Anschubfinanzierung **gewinnneutral** zu behandeln („wie eine Anzahlung") und nach Fertigstellung und Abnahme des Bauwerks als aktiver Rechnungsabgrenzungsposten auszuweisen. Dieser ist auf die Vertragslaufzeit hin zulasten des Ergebnisses **aufzulösen.**

Die **Rückgabeverpflichtung** nach § 6 Abs. 1 Nr. 3e EStG ist abgezinst über die Vertragslaufzeit hin **anzusammeln.** Als rückstellungsfähig gelten dabei nur Beträge, die den normalen Erhaltungsaufwand übersteigen. Ansonsten fallen beim Konzessionsnehmer laufende Aufwendungen an, denen die weitergeleiteten Mautgebühren als Umsatzerlöse gegenüberstehen.

Für das normale Bilanzverständnis überraschend ist der Ausweis einer kompletten Autobahn als **Rechnungsabgrenzungsposten** (→ § 250 Rz. 21). Diese „Lösung" des BMF ist vermutlich zwei Ausgangsüberlegungen zu verdanken:

1. Da der Bund Grundstückseigentümer bleibt, gehen die gesamten Bauwerke, die vom Betreiber errichtet werden, in dessen Eigentum über.
2. Zur Vermeidung eines „unmöglichen" Bilanzbilds und natürlich auch entsprechender Steuerausfälle bemüht das BMF den Rechnungsabgrenzungsposten mit der zeitanteiligen Auflösung des aktivierten Betrags zulasten des Aufwands.

363 Dieser Vorgabe kann im **Ergebnis** nicht widersprochen werden, allerdings mit einem entscheidenden Vorbehalt: Nach herkömmlicher Lehre können aktive Abgrenzungsposten nicht **bewertet** werden, insbesondere ist danach eine Teilwertabschreibung nicht möglich (→ § 250 Rz. 4). Ein Verlustgeschäft aus dem Autobahnbau kann sich für den Betreiber gesamthaft also erst am Ende der Konzessionszeit mit der Betreiberpflicht steuerlich auswirken. Im wirtschaftlichen Ergebnis entspricht diese Vorgabe dem Verbot einer Drohverlustrückstellung, exemplarisch darzustellen am Fall eines langfristig gemieteten Gebäudes ohne (passende) Nutzungsmöglichkeit.

364 Zur Übernahme der steuerlichen Abbildung der Betreibermodelle in die **handelsrechtliche** Bilanzierung wird auf → § 250 Rz. 21 verwiesen.

1 BMF, Schreiben v. 4.10.2005 – IV B 2 – S 2134a – 37/05, BStBl I S. 916.

2.13 Umwandlungsvorgänge

365 Wenn im Zuge von Umwandlungen (Fusionen, Spaltungen) zwischen dem Datum des Umwandlungsvertrags und der Eintragung im Handelsregister ein Bilanzstichtag liegt, muss die Vermögenszurechnung nach den Kriterien des wirtschaftlichen Eigentums erfolgen. Hierzu wird auf → § 272 Rz. 126 verwiesen.

2.14 Filmfonds

366 Ein Filmfonds ist als steuerbegünstigte Kapitalsammelstelle zur verstehen und bei Abweichungen in Details wie folgt strukturiert:[1]

- Gründung einer Geldsammelstelle für die Bareinlagen der Investoren in eine Filmfonds GmbH & Co. KG („Fonds") (Liquiditäts**zu**fluss).
- Erwerb der „Stoffrechte" für die Herstellung des Filmes in Form des Drehbuchs oder der Romanvorlage (Liquiditäts**ab**fluss I).
- Abschluss eines Dienstleistungsvertrags mit einem (US-amerikanischen) Filmhersteller und Zahlung der Schuld noch im Jahr des Vertragsabschlusses (Liquiditäts**ab**fluss II). Der Fonds wird rechtlicher und wirtschaftlicher Eigentümer des Filmrechts.
- In dieser Eigenschaft überträgt der Fonds seine Vermarktungslizenz an ein mit der Verwertung von Filmen erfahrenes Unternehmen; dafür erhält der Fonds vom Vermarktungsunternehmen im Lizenzierungszeitraum eine fixe und oft zusätzlich noch erlösabhängige Vergütung (ratierlicher Liquiditäts**zu**fluss).
- Die Zahlungsverpflichtungen des Lizenznehmers (Vermarktungsunternehmens) werden von einer Bank gegen Zahlung eines sog. Schuldübernahme-Entgeltes von der Vermarktungsgesellschaft „befreiend" übernommen, was im Fachchinesisch als *Defeasance*-Struktur bezeichnet wird (keine zusätzliche Liquiditätszufuhr an den Fonds).
- Am Schluss des Lizenzzeitraums muss die Verwertungsgesellschaft eine formelmäßig bestimmte Restlaufzeit zahlen, ist allerdings zu einer gleichzeitig auszuübenden Kaufoption berechtigt, deren Erwerbspreis höher oder niedriger sein kann als die genannte Schlusszahlung (Liquiditäts**zu**fluss III).
- Auf eine rechtlich anders konstruierte Gestaltung mit gleicher wirtschaftlicher Zielrichtung wird unter → Rz. 373a verwiesen.

367 Die bilanzrechtlichen „Highlights" werden im Folgenden anhand des einschlägigen FG-Urteils[2] erörtert. Der Außenstehende ist dabei nur sehr eingeschränkt zu einer tiefgreifenden Analyse fähig. Ihm fehlen die Erkenntnisse über die Kalkulationen der „Teilhaber" am Geschehen etc. Auch das Schrifttum[3] gibt sich hier sehr zugeknöpft. Abstrakt geht es im FG-Urteil um zwei bilanzrechtliche Brennpunkte:

- Zurechnung des **wirtschaftlichen Eigentums** zwischen Fonds und Vermarktungsgesellschaft.
- Inhaltliche Bestimmung der **Verpflichtung** der Vermarktungsgesellschaft gegenüber dem Fonds.

---

1 In Anlehnung an *Elicker/Hartrott*, BB 2011 S. 1879; *Wassermeyer*, DB 2010 S. 354.
2 FG München v. 8.4.2011, EFG 2011 S. 1975.
3 *Theisen/Lins*, DStR 2010 S. 1649; *Lüdicke/Fischer*, DStR 2011 S. 1935; *Dornheim*, DStR 2011 S. 1793.

368 Das Gestaltungsmodell ist auf einen Zinseffekt ausgerichtet. Dies gelingt durch das **Ansatzverbot** für selbstgeschaffene immaterielle Anlagewerte nach § 5 Abs. 2 EStG. Dabei stellt unstreitig das geschaffene Filmrecht ein solches immaterielles Wirtschaftsgut dar, das dem Fonds im Rahmen der sog. **unechten Auftragsproduktion**[1] zukommt. Der Auftraggeber (hier Fonds) trägt bei unechter Auftragsproduktion das Risiko der Filmherstellung und -vermarktung, erteilt dem Dienstleistungsunternehmen umfassende Weisung und wird dadurch zum Filmhersteller.

369 Spannend wird die Veranstaltung bei der nachfolgenden **Lizenzierung** der Filmverwertung zugunsten der Verwertungsgesellschaft. Hier setzt nun die Finanzverwaltung an, um der frühen Aufwandsverrechnung (verbunden mit der späteren Lizenzvereinnahmung) Einhalt zu gebieten.[2] Dabei geht es um die bilanzrechtliche Beurteilung des Lizenzvertrags, den die Finanzverwaltung in einen **Kaufvertrag** über die Verwertungsrechte mit **ratenweiser Abzahlung** der Kaufpreisschuld ummünzen will. Dieses Begehr ist insofern berechtigt, als die Überschrift über ein Vertragswerk nicht unbedingt den wirtschaftlichen Gehalt der Vereinbarung widerspiegeln muss. Die Finanzverwaltung will durch die Unterstellung eines Verkaufs zur **Aktivierung** einer Kaufpreisforderung gelangen, welche die Vermarktungsgesellschaft über die Vertragslaufzeit hinweg abstottert. Damit wäre dem steuerökonomischen Gestaltungsmodell – Aufwand jetzt, Einnahmen sehr viel später, also Zinseffekt – der Boden unter den Füßen weggezogen.

370 Zu einem solchen Kaufgeschäft kann es nur bei **Übergang** des wirtschaftlichen Eigentums auf die Verwertungsgesellschaft kommen. Dazu müssen detaillierte Untersuchungen über die Verteilung der Nutzen und Lasten, Chancen und Risiken zwischen den beiden Vertragspartnern (Fonds- und Verwertungsgesellschaft) erfolgen, die dem Betrachter verwehrt sind. Das FG enthält sich einer entsprechenden Analyse, die umgekehrt bereits der BFH in einem früheren Aussetzungsbeschluss[3] zu diesem Sachverhalt als erforderlich angesehen hatte.

371 Das FG verneint einen (bilanzrechtlichen) Verkaufsvorgang, weil der Film bei Abschluss des Lizenzvertrags **noch nicht hergestellt** gewesen sei und deshalb auch nicht hätte verkauft werden können. Der umsatzrealisierende Verkauf **unfertiger** Vermögensgegenstände stellt allerdings keine Besonderheit dar. Der Herstellungsvorgang hatte mit dem Erwerb der Stoffrechte begonnen, die durch den Erwerbsakt als Vermögensgegenstände in Erscheinung getreten sind. Ebenso sind Planungskosten für Gebäude kommerziell verwertbar. Als typischer Fall mag die Entwicklung pharmazeutischer Produkte gelten: Biotechnologische Unternehmen verkaufen regelmäßig an die Pharmariesen ihre Produktentwicklungen schon vor der Marktreife, also unfertig, weil sie die dann noch entstehenden Kosten für die klinischen Untersuchungen nicht tragen wollen. Spätestens dann ist die **Verwertbarkeit** der bisherigen Entwicklungstätigkeit als (konkrete) Ansatzgrundlage für einen Vermögensgegenstand/Wirtschaftsgut gegeben. Die Begründung des FG für den Nichtübergang des wirtschaftlichen Eigentums wegen fehlender Vermögensgegenstandseigenschaft erscheint deshalb nicht tragbar.[4]

372 Das **unverändert** beim Medienfonds liegende Filmrecht belegt nicht zwingend auch den dortigen Verbleib des wirtschaftlichen Eigentums. Dem rechtlichen Eigentum kommt keine bilanzrechtliche Zuordnungsfunktion (mehr) zu, wenn es der wirtschaftlichen Substanz entbehrt. Möglicherweise lassen sich nach dem üblichen Durchlauf der Filmverwertung einige Jahre

1 So BMF, Schreiben v. 23.2.2001, BStBl 2001 I S. 175; BMF, Schreiben v. 5.8.2003, BStBl 2003 I S. 406.

2 *Grundlage ist eine unveröffentlichte interne* Arbeitsanweisung der Finanzverwaltung unter dem Titel „Medienfonds mit sogenannter *defeasance*-Struktur"; zitiert von *Theisen und Lins*, DStR 2010 S. 1649.

3 BFH, Beschluss v. 6.11.2008 – IV B 126/07, BStBl 2009 II S. 156.

4 Die Auffassung des FG wird von *Wassermeyer*, DB 2010 S. 356, geteilt.

nach dem Kinostart **keine nennenswerten** Einspielerlöse durch Zweit- oder Drittverwertung mehr erzielen; dann mangelt es dem Recht an wirtschaftlichem Gehalt – vergleichbar mit dem (auslizenzierten) Arzneimittel nach Ablauf des Patentschutzes (→ § 252 Rz. 164). Andererseits entspricht die von der Finanzverwaltung unterstellte **ratenweise** Erfüllung eines (wirtschaftlichen) Kaufpreisanspruchs nicht den überwiegenden Gepflogenheiten des Wirtschaftslebens, ist aber Usance in der sog. Auslizenzierung in der forschenden Pharmabranche. Jedenfalls müssen anhand des (unbekannten) Zahlenmaterials solche Überlegungen zur Bestimmung des wirtschaftlichen Eigentums bzw. des Übergangs eingeleitet werden.

Die Finanzverwaltung hat im streitigen Verfahren die „befreiende Schuldübernahme" gem. 373
Vertragstext als **abstraktes** Schuldanerkenntnis nach § 780 BGB des Verwertungsunternehmens angesehen und auch daraus auf eine **Aktivierungspflicht** für die korrespondierende Forderung beim Fonds abgeleitet. Das Finanzgericht hat sich im unter → Rz. 367 zitierten Verfahren lang und breit mit den zivilrechtlichen Auslegungserfordernissen zur Abgrenzung einer abstrakten Schuldanerkenntnis von der Schuldübernahmeverpflichtung nach § 414 ff. BGB aufgehalten. Diese Arbeit hätte sich das FG durchaus ersparen können, denn der zivilrechtlichen Abgrenzung von Schuldverhältnissen kann für den Bilanzansatz der daraus resultierenden Forderung keine Bedeutung zukommen, solange sich hierin nicht unterschiedliche **Interessenlagen** der Vertragspartner niederschlagen.[1] Dazu ist den Ausführungen des FG nichts zu entnehmen.

Aktivierbar ist eine Forderung **nach Erfüllung** der Leistungsverpflichtung, sofern die Gegenleistung (Bezahlung) so gut wie sicher ist (so zutreffend das FG selbst). An der Sicherheit des Eingangs der Gegenleistung bestehen nach dem Urteilsinhalt keine Bedenken, einerlei unter welches Rechtskleid man die Zahlungsverpflichtung einordnen will. Es kommt also nach diesen (zutreffenden) Kriterien „nur" darauf an, ob der Fonds durch den Abschluss des Lizenzvertrags seine Leistung **bereits** erfüllt hat (dann Veräußerungsvorgang) oder ob er diese Leistung erst **ratierlich** über den Zeitverlauf hinweg durch Überlassung der Nutzungsrechte erbringt, dann Dauerschuld. Vollwertige und risikominimierte Forderungen im Rechtssinne liegen bei Annahme eines (substanziellen) Veräußerungsgeschäfts ebenso vor wie bei Unterstellung eines Lizenzvertrags. Im ersten Fall kommt es zur Aktivierung einer Forderung, im zweiten Fall dagegen nicht.

Bei gleichem wirtschaftlichem Gehalt wird über die bilanzrechtliche Abbildung der regelmäßig 373a
umfangreichen Vertragswerke gestritten. Dabei stehen hohe Summen im Feuer, z. B. in einem anderen Streitfall eines Medienfonds[2] über 245 Mio. €. In dieser Höhe hatte ein Fonds in der Rechtsform einer GmbH & Co. KG einem Filmvermarktungsunternehmen einen „Vermarktungszuschuss" gewährt. Aus diesem „Zuschuss" sollten die Herstellungs- und Vertriebskosten des Films finanziert werden. Durch einen gleichzeitig abgeschlossenen Lizenzvertrag wurde die KG in bestimmter Form am Einspielungserlös beteiligt, um dadurch die hingegebene Liquidität aus dem „Zuschuss" zurückzuführen. Der BFH wertet dieses Konstrukt als **partiarisches Darlehen.** Der mit der Hingabe des „Zuschusses" gestalterisch angestrebte Betriebsausgaben-Abzug „jetzt", und damit Betriebseinnahmen „später" (also Zinseffekt), war damit gegenstandslos geworden. Der Fall zeigt mit großer Deutlichkeit: Es kommt bei der Bilanzierung

1 So unlängst der BFH, Urteil v. 7.3.2007 – I R 18/06, BStBl II S. 697, in einem anderen Fall nicht benötigter Subsumtion des Tatbestands unter zwei mögliche schuldrechtliche Konstrukte; dazu *Lüdenbach*, StuB 2010 S. 193.

2 BFH, Urteil v. 21.5.2015 – IV R 25/12, DStR 2015 S. 1792 mit Anm. *Hoffmann*.

nicht auf die Titelüberschrift („Zuschuss"), sondern auf den wirtschaftlichen Gehalt („Darlehen") an (→ Rz. 225).

2.15 Franchising

374 Beim Franchising handelt es sich um ein Vertriebssystem, durch das Waren, Dienstleistungen und/oder Technologien vermarktet werden.[1] Es beruht auf einer laufenden Zusammenarbeit zwischen rechtlich und finanziell selbstständigen Unternehmen. Der Franchisegeber gewährt dem -nehmer das Recht, seine wirtschaftlichen Aktivitäten nach seinem Konzept (des Franchisegebers) zu betreiben und verlangt dies auch von ihm. Der Franchisenehmer nutzt entgeltlich den Systemnamen („McDonald"), das Know-how, das Geschäftssystem etc. des Franchisegebers.

Typische Merkmale der Franchisesysteme sind:

- die auf Dauer ausgerichtete Zusammenarbeit zwischen zwei rechtlich selbstständigen Vertragspartnern,
- die Einräumung eines bedingten Nutzungsrechts durch den Franchisegeber gegen Entgelt,
- die Verpflichtung des Franchisenehmers zu festgelegten Handlungsweisen,
- Weisungs- und Kontrollrechte des Franchisegebers.

Franchisegeber und -nehmer arbeiten auf der Grundlage eines **Typenkombinationsvertrags** zusammen, der verschiedene Rechtsverhältnisse verbindet. Dabei wird zunächst das Geschäftsmodell des Systemgebers vermarktet, wofür er eine **Lizenz** gewährt, die den Gebrauch gewerblicher Schutzrechte und die Verwendung des Know-hows umfasst. Dazu hat der Lizenzgeber vor Abschluss des konkreten Vertrags eine Fülle von **Vorleistungen** erbracht, nämlich die Entwicklung des Geschäftsmodells, den Erwerb des Bekanntheitsgrades durch Werbung und Imagepflege, Durchführung von Standortanalysen und dergleichen mehr. **Nach** dem Vertragsabschluss unterstützt der Geber den Nehmer beim Aufbau des Betriebes, bei der Einweisung der Mitarbeiter, mit der Bereitstellung von Einkaufsmöglichkeiten, mit laufenden Informationen über die Markt- und Produktentwicklung, bei der Fortbildung der Mitarbeiter, mit Beratungsleistungen ad hoc.

Schließlich erhebt der Franchisegeber vom -nehmer häufig Werbeumlagen für überregionale Werbung.

375 Aus bilanzieller Sicht ist der Franchising-Vertrag als typisches Dauerschuldverhältnis zu würdigen, das laufend durch Sachleistungen des Franchise**gebers** und entsprechende Zahlungen des Franchisenehmers ausgeglichen und deshalb als **schwebendes Geschäft** zu würdigen ist, das im Regelfall keinen Bilanzansatz erforderlich macht (→ Rz. 8). Einen Sonderfall stellt allerdings die regelmäßig erhobene **Einstiegsgebühr** dar, die der Franchisenehmer bei Vertragsabschluss als Einmalzahlung zu leisten hat. Mit dieser hat der Franchisenehmer die o. g. **Vorleistungen** des Franchisegebers über die mutmaßliche Laufzeit des Vertragsverhältnisses zu vergüten. Die Frage ist dann, wann beim Franchisegeber der **Gewinnrealisationstatbestand** aus dieser Zahlung gegeben ist. Dieser kann sich nach § 252 Abs. 1 Nr. 5 HGB nicht nach dem Zahlungszeitpunkt richten (→ § 252 Rz. 205). Vielmehr ist zu klären, welchem **Zeitraum** die Sachleistungen des Franchisegebers, die mit dieser Zahlung abgegolten werden, zuzurechnen sind. Sofern die-

1 Vgl. hierzu und zum Folgenden *Marx/Löffler*, DB 2012 S. 1337.

se **vor** Vertragsabschluss und Zahlung des Betrags erfolgt sind, steht einer sofortigen Gewinnrealisierung nichts entgegen. Anders verhält es sich, soweit mit dieser Einmalzahlung **spätere** Sachleistungen während der Vertragslaufzeit verbunden sind. Damit angesprochen sind die laufend zu gewährenden Vorteile aus der Nutzung der Marke und des Know-hows, den Beratungs- und Unterstützungsleistungen etc. (→ Rz. 374), auch der Gebietsschutz. Insgesamt sind die wesentlichen Leistungsinhalte des Vertragspaketes zukunftsorientiert,[1] weshalb die erhaltene Zahlung nicht bei Erhalt gewinnerhöhend vereinnahmt werden kann. Es handelt sich danach um eine Einnahme vor dem Abschlussstichtag, die Erträge danach generieren soll und deshalb nach § 250 Abs. 2 HGB passiv abzugrenzen ist (→ § 250 Rz. 30). Dabei ist das weitere Tatbestandsmerkmal der passiven Abgrenzung, die **„bestimmte Zeit"**, durch die Vertragslaufzeit, durchaus auch durch eine Mindestvertragsdauer (→ § 250 Rz. 49), erfüllt. Es bietet sich dabei eine lineare Auflösung über den Mindestzeitraum an.

Beim Franchise**nehmer** stellt sich die Frage, ob er mit der Einmalzahlung einen immateriellen Vermögensgegenstand erwirbt. Ein solcher Vermögensgegenstand kann allerdings wegen der fehlenden Einzelverwertbarkeit nicht vorliegen (→ Rz. 16). Deshalb ist die Einmalzahlung als **vorausgezahltes Nutzungsentgelt** zu werten, mit der Folge einer aktiven Abgrenzung mit zeitanteiliger Auflösung – also der üblichen, wenn auch nicht zwingenden Korrespondenz (→ § 250 Rz. 31) zwischen aktiver und passiver Abgrenzung folgend. 376

Der Franchisegeber führt regelmäßig überregionale Werbemaßnahmen durch, für die er im Rahmen der laufenden Vergütung eine spezielle Gebühr als sog. **Werbeumlage** erhebt. Diese Umlagen entsprechen zeitlich nicht immer den tatsächlichen Werbemaßnahmen. Die Franchisenehmer treten dann mit ihrer Umlage in Vorlage, wenn die entsprechende Werbung erst später, also nach dem Bilanzstichtag, erfolgt. Der BFH[2] sieht in den bis zum Ende des Wirtschaftsjahres vereinnahmten, aber nicht verbrauchten Werbegeldern zweckbestimmte Geldzuflüsse, die nach Maßgabe der GoB beim Franchisegeber durch Ausweis einer Verbindlichkeit im Ergebnis erfolgsneutral zu behandeln sind. Welcher Art diese Verbindlichkeit ist, wird vom BFH nicht weiter dargestellt. Er sieht hierin einen Auslagenvorschuss zur zweckgerechten Verwendung. Mit der „Verbindlichkeit" zieht der BFH auch die „erhaltene Anzahlung" als Bilanzposten in Betracht. Infrage kommt auch, eine **passive Abgrenzung** (→ § 250 Rz. 54) für das schwebende Geschäft (Werbeumlage gegen Durchführung der Werbung) vorzunehmen, zumindest wenn man das Tatbestandsmerkmal der „bestimmten Zeit" so großzügig auslegt wie der BFH sonst auch (→ § 250 Rz. 43 ff.). 377

2.16 Treuhand-KG

Das sog. Treuhandmodell zielt auf eine **Ergebniskonsolidierung** innerhalb von (insbesondere) Personengesellschaftsstrukturen, vergleichbar mit der Organschaft (→ Rz. 454), allerdings unter einfacheren gesellschaftsrechtlichen Voraussetzungen.[3] Die erstrebte ertragsteuerliche Konsolidierung ist durch den BFH bestätigt worden[4] und wird von der Finanzverwaltung anerkannt.[5] Darzustellen ist im Folgenden die handels- und steuer**bilanzielle** Abbildung des Treuhandmodells. 377a

1 So *Marx/Löffler,* DB 2012 S. 1341, nach umfangreicher realwirtschaftlicher Analyse.
2 BFH, Urteil v. 22.8.2007 – X R 59/04, BStBl 2008 II S. 284.
3 *Schiffers/Feldgen,* GmbH-StB 2014 S. 141; *Butler,* NWB 2012 S. 2925 ff.
4 BFH, Urteil v. 3.2.2010 – IV R 26/07, BStBl 2010 II S. 751.
5 Zum Beispiel OFD Niedersachsen v. 5.10.2010 – G 1400 – 430 – St 254.

377b In der Grundstruktur stellt sich die Beteiligungskonstellation rund um eine KG wie folgt dar:[1]

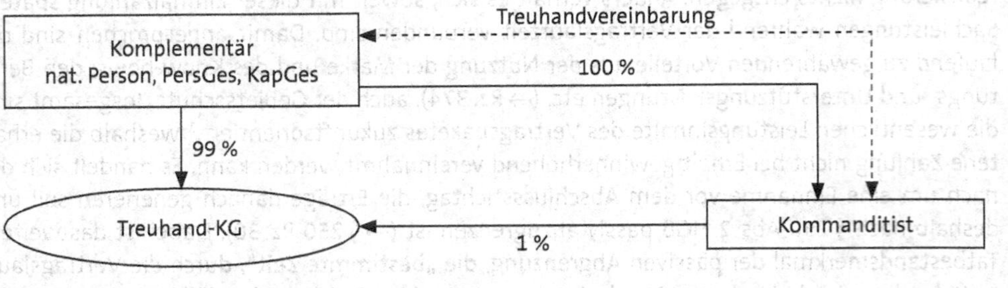

Zwischen der Komplementärin (Treugeberin) und der Kommanditistin (Treuhänderin) wird ein Treuhandvertrag geschlossen. Diesem zufolge hält die Kommanditistin den KG-Anteil ausschließlich im Interesse der Treugeberin. Diese ist wirtschaftliche Eigentümerin des KG-Anteils für steuerliche Zwecke nach § 39 Abs. 2 Nr. 1 AO. Die Teuhänder-Kommanditistin ist deshalb nicht Mitunternehmerin der Treuhand KG. Diese Funktion übt ausschließlich die Komplementärin aus. Deshalb stellt die (Treuhand-)KG keine Mitunternehmerschaft dar. Deren Gesamthandsvermögen ist ertragsteuerlich ausschließlich der Komplementärin als (wirtschaftlicher) Alleineigentümerin zuzurechnen. Sie erzielt aus der KG gewerbliche Einkünfte aus einzelunternehmerischer Tätigkeit. Die (Treuhand-)KG existiert ertragsteuerlich nicht. Es kommt deshalb auch nicht zu einer Gewinnfeststellung bei der Treuhand-KG, sie ist ebenso wenig Schuldnerin der Gewerbesteuer aus ihrer Tätigkeit. Vielmehr stellt sie lediglich eine Betriebsstätte der (Treuhand-)KG dar.

377c Die steuerliche Nichtexistenz der (Treuhand-)KG bei unverändertem gesellschaftsrechtlichem Bestehen mit der Folge einer „normalen" handelsrechtlichen Bilanzierung zwingt zu einer Art steuerlicher **Kapitalkonsolidierung,**[2] d. h., die handelsbilanzielle Beteiligung der Komplementärin an der KG ist gegen das Eigenkapital der (Treuhand-)KG aufzurechnen mit der Folge einer steuerneutralen Anwachsung der Buchwerte der (Treuhand-)KG bei der Komplementärin. Entsprechendes gilt für Forderungen/Verbindlichkeiten und Aufwendungen/Erträge in den handelsrechtlichen Jahresabschlüssen der Komplementär-GmbH und der (Treuhand-)KG. Auch eine Art Zwischengewinneliminierung (für steuerliche Zwecke) ist vorzunehmen, wenn z. B. handelsbilanziell Vorratsvermögen unter Gewinnrealisierung zwischen den beiden Gesellschaften übertragen wird. Das Jahresergebnis der Treuhand-KG „landet" dadurch bei der Komplementärin – vergleichbar mit der Ergebniszurechnung bei einer Organschaft. Ergänzungsbilanzen (→ Rz. 445) lösen sich auf, d. h., die Werte werden der Komplementärin zugerechnet, ebenso etwa – vor Installation des Treuhandmodells – vorhandene Sonderbilanzposten (→ Rz. 435).

2.17 (Energie-)Contracting

377d Als Contracting bzw. Energie-Contracting bezeichnet man Betreibermodelle im Bereich der **Energiewirtschaft,** bei denen ein Energieversorger (Contractor) im eigenen Namen und auf eigene Rechnung eine **Energieerzeugungs- oder Energieverteilungsanlage** auf dem Gelände des Kunden oder in dessen Gebäude einbaut, bei Blockheizkraftwerken ggf. auch auf einem Nach-

1 *Suchanek/Hesse*, GmbHR 2013 S. 1196.
2 Vgl. hierzu *Viebrock/Stegemann*, DStR 2013 S. 2375.

bargrundstück. Der Contractor errichtet und finanziert die Anlage. Der Kunde zahlt ein teils verbrauchsunabhängiges, teils verbrauchsabhängiges Entgelt über die meist langfristige Vertragsdauer.

Bilanzrechtlich ist insbesondere von Interesse, wem eine im Gebäude oder auf dem Grundstück des Kunden eingebaute Anlage wirtschaftlich zuzurechnen ist. Die Beantwortung dieser Frage hängt vor allem davon ab, ob (analog IFRS 16.IE Ex. 9A) die Transaktion als **Mehrkomponentengeschäft** zu deuten ist, bei dem neben die Energielieferung als weitere Komponente die Nutzungsüberlassung (Leasing) der Anlage tritt. Würde dies bejaht, wären die Leasingerlasse auf die Nutzungsüberlassung anwendbar und Grundlage für die Beurteilung des wirtschaftlichen Eigentums. BFH[1] und Finanzverwaltung[2] haben eine solche Mehrkomponentenbetrachtung jedoch abgelehnt und nur die Energielieferung als Leistungsgegenstand entsprechender Verträge qualifiziert. Hieraus wird dann gefolgert:

- Es liegt kein Leasingvertrag über die Energieanlage vor.
- Das wirtschaftliche Eigentum an der Anlage ist nach den für Mietereinbauten geltenden Grundsätzen zu beurteilen (→ Rz. 319).
- Die Anlage stellt regelmäßig eine Betriebsvorrichtung des Energieversorgers dar.
- Der Energieversorger ist dann **wirtschaftlicher Eigentümer** der Anlage (→ Rz. 221).

3. Schulden, Zurechnung bei mehreren Schuldnern

Wie bei Vermögensgegenständen (→ Rz. 195) stellt sich bei Schulden die Frage der (bilanziellen) Zurechnung. Anders ausgedrückt: Gibt es bilanzrechtlich eine Art **negativen wirtschaftlichen** Eigentums? Das wäre dann der Fall, wenn der (rechtliche) Schuldner keine daraus abzuleitende **wirtschaftliche Belastung** trägt. Ohne eine solche kann keine Schuld bilanziell angesetzt werden.[3] Es liegt dann zwar in rechtlicher Sicht negatives Eigentum vor, aber eben kein wirtschaftliches (→ Rz. 76) und damit auch kein bilanzierbares. Das Thema taucht auf, wenn eine Verbindlichkeit von **mehreren** Personen geschuldet wird oder ein Dritter für den Primärschuldner in die Erfüllungsverpflichtung **eintreten** muss (→ Rz. 109). Die Frage ist dann, ob dem betreffenden bilanzierungspflichtigen Kaufmann (auch Gesellschaft) die Pflicht zur Erfüllung der Schuld zukommt. Aus Rechtsgründen kann die Verbindlichkeit von einem anderen Rechtssubjekt getilgt werden. Dann kommt der (unverändert bestehenden) Verpflichtung des bilanzierenden Kaufmanns die wirtschaftliche Eigenschaft einer **Garantie** zu. Der Bilanzansatz als Verbindlichkeit wird „ersetzt" durch einen Bilanzvermerk nach § 251 HGB (→ § 251 Rz. 24). Unseres Erachtens gilt dies auch für die Schuldübernahme. 378

Im Einzelnen sind folgende Sachverhalte zu unterscheiden:[4] 379

- **Gesamtschuld,** die mit mehreren Schuldnern zusammen begründet wird: Hier kann der Gläubiger von jedem Schuldner nach § 421 BGB die volle Leistung verlangen. Der Bilanzansatz richtet sich nach dem Innenverhältnis der Gesamtgläubiger, diese können eine anteilige Tilgung vereinbart haben mit der Folge einer quotalen Aufnahme in das Be-

1 BFH, Urteile v. 6.8.1998 – III R 28/97, BStBl 2000 II S. 144, v. 30.3.2000 – III R 58/97, BStBl 2000 II S. 44, und v. 20.11.2003 – III R 4/02, BStBl 2004 II S. 305.

2 BMF, Stellungnahme v. 26.8.2005, zum Schreiben des Forum Contracting e.V. v. 8.2.2005; SenFin Berlin v. 22.5.2006 – III A - S 2170 - 4/2005.

3 Vgl. *Schultz*, DB 2011 S. 614.

4 Vgl. *ADS*, 6. Aufl., § 246 Tz. 414 ff; *Prinz, U.*, FR 2011 S. 446.

triebsvermögen mit Bilanzvermerk nach § 251 HGB für den nicht bilanzierten Anteil (→ § 251 Rz. 8). Vergleichbar mit einer Bürgschaft (→ § 249 Rz. 151) ist eine Passivierung der vollen Schuld dann erforderlich, wenn der „Partner" seiner Verpflichtung nicht mehr nachkommen kann.

- **Schuldmitübernahme,** Schuldbeitritt für eine bereits bestehende Schuld: Diese ist ebenfalls einer Bürgschaft vergleichbar gem. § 251 HGB (→ § 251 Rz. 24) zu behandeln,[1] d. h. Passivierung beim Übernehmer erst dann, wenn der originäre Schuldner seiner Verpflichtung nicht nachkommt. Der Gläubiger kann beide Schuldner in Anspruch nehmen. Allerdings kann die Schuldmitübernahme nach den Umständen des konkreten Falls auch als eigentliche Erfüllungsverpflichtung gewertet werden, dann dreht sich die Bilanzierungspflicht um: Der Schuldmitübernehmer passiviert, der nicht mehr zur Erfüllung im Innenverhältnis (der beiden Schuldner) verpflichtete Schuldner belässt es beim Bilanzvermerk.
- **Erfüllungsübernahme einer Schuld:** Hier besteht kein Anspruch des Gläubigers gegen den (Erfüllungs-)Übernehmer. Gleichwohl muss dieser die Verbindlichkeit als eigenes Betriebsvermögen passivieren, sofern im Innenverhältnis der Schuldner nicht mehr zur Leistung verpflichtet ist. Dieser muss die Rückstellung auflösen, wenn ihm mit überwiegender Wahrscheinlichkeit keine Inanspruchnahme mehr droht, aber wieder einbuchen, sobald Letzteres (die Inanspruchnahme) ansteht.[2] Nach anderer Auffassung[3] soll der Schuldner weiterhin die Verbindlichkeit passivieren und einen Rückgriffsanspruch gegen den Schuldübernehmer aktivieren (→ Rz. 111). Unseres Erachtens[4] scheitert dieser Bilanzierungsvorschlag an der **Nichtaktivierbarkeit** der **Regressforderung** des Schuldners. Eine solche Forderung besteht am Bilanzstichtag nicht, entsteht vielmehr (aufschiebend bedingt) erst beim aus Sicht des Bilanzstichtags höchst unwahrscheinlichen Eintritt des Zahlungsausfalls beim Erfüllungsübernehmer. Aufschiebend bedingte Forderungen gelten als nicht ansetzbar (→ Rz. 58); die Bedingung kann nur bei Zahlungsunfähigkeit des Übernehmers eintreten.[5] Dann aber ist die Forderung wertlos. Der Bilanzansatz beim Übernehmer hängt auch nicht vom Kenntnisstand des Gläubigers ab. Spiegelbildlich wird eine Forderungsabtretung nicht doppelt mit Ausgleichsverpflichtung bilanziert.[6] Zum Sonderfall der Übernahme von Pensionsverpflichtungen vgl. → § 249 Rz. 134 ff., zur Übernahme von Mietvertragsverpflichtungen (aus schwebenden Geschäften) vgl. → § 249 Rz. 188.
- **Treuhänderisch eingegangene Verpflichtungen:** Diese sind nach hier vertretener Ansicht beim Treuhänder nicht zu bilanzieren (→ Rz. 274). Eine Passivierung beim Treugeber kommt u. E. nur dann in Betracht, wenn der Treugeber seine Verpflichtungen nicht erfüllen kann.

X. Geschäfts- und Firmenwert (Abs. 1 Satz 4)

380 Der **bilanzrechtliche Charakter** des entgeltlich erworbenen (derivativen) Geschäfts- oder Firmenwerts *(Goodwill)* war bis zur Verabschiedung des BilMoG umstritten. Die Auffassungen

1 So zu einem entsprechenden Sachverhalt *Wassermeyer,* DB 2010 S. 355.
2 *Hoffmann,* StuB 2012 S. 1; IDW RS HFA 34 Tz. 32.
3 Vgl. *ADS,* 6. Aufl., § 246 Tz. 418; *Hennrichs* in Münchener Kommentar, AktG, 2. Aufl., § 246 Tz. 193.
4 Vgl. im Einzelnen *Hoffmann,* StuB 2010 S. 165.
5 Ähnlich BFH, Urteil v. 26.4.2012 – IV R 43/09, DStR 2012 S. 1128 mit Anm. *Hoffmann; Hoffmann,* StuB 2012 S. 497.
6 So auch *Schultz,* DB 2011 S. 611; differenzierend *Schlotter,* Ubg 2010 S. 640.

schwankten zwischen Bilanzierungshilfe, Vermögensgegenstand und Wert sui generis.[1] Diesen Streit hat der BilMoG-Gesetzgeber elegant durch eine **Fiktion** beendet: Der Geschäfts- oder Firmenwert „gilt" als Vermögensgegenstand, unterliegt deshalb auch den Bewertungsregeln des § 253 HGB, ist also planmäßig nach § 253 Abs. 3 Satz 1 HGB (→ § 253 Rz. 139) und außerplanmäßig nach § 253 Abs. 3 Satz 3 HGB (→ § 253 Rz. 178) abzuschreiben.

381 Die **Fiktion** bezieht sich nur auf den derivativen Geschäfts- oder Firmenwert. Der **selbst geschaffene** „gilt" im Umkehrschluss als Nicht-Vermögensgegenstand und ist deshalb anders als die immateriellen Vermögensgegenstände (→ § 248 Rz. 9) nicht aktivierbar. Die größte Bedeutung kommt dem **derivativen** Geschäfts- oder Firmenwert im **Konzernabschluss** zu (→ § 301 Rz. 94). Im handelsrechtlichen **Einzelabschluss** (Jahresabschluss) kann er nur beim Erwerb eines einzelkaufmännischen Unternehmens oder bei einem sonstigen *Asset-Deal* in Erscheinung treten. Beim *Share-Deal* ist der Geschäfts- oder Firmenwert hingegen im Beteiligungsansatz „versteckt". Steuerlich ist wegen der transparenten Besteuerung der Erwerb des Anteils an einer mitunternehmerischen Personenhandelsgesellschaft ebenfalls als *Asset-Deal* zu behandeln. Inhaltlich definiert der BFH den Geschäfts- oder Firmenwert als „Ausdruck der Gewinnchancen eines Unternehmens, soweit diese nicht auf einzelnen Wirtschaftsgütern oder der Person des Unternehmers beruhen, sondern auf dem Betrieb eines lebenden Unternehmens".[2]

382 Der Gesetzgeber des BilMoG hat den seit Einführung des Bilanzrichtliniengesetzes unentschiedenen Streit im Schrifttum über den **Charakter** des entgeltlich erworbenen Geschäfts- oder Firmenwerts salomonisch beendet, indem er die Entscheidung offengelassen hat. Vielmehr **„gilt"** er als Vermögensgegenstand mit allen entsprechenden Folgerungen; dies sind insbesondere planmäßige und Wertminderungsabschreibungen. Es handelt sich dem Inhalt nach um eine Residualgröße, nämlich den Betrag, um den der Kaufpreis im Rahmen eines **Unternehmenserwerbs** die Werte der einzelnen Vermögensgegenstände abzgl. Schulden etc. übersteigt.[3] Dabei sind die erworbenen Vermögensgegenstände und Schulden möglicherweise neu zu bewerten und bisher nicht angesetzte erstmals zu bilanzieren. Die letztgenannten Fälle beziehen sich insbesondere auf **immaterielle Vermögensgegenstände** (→ Rz. 19), die im Rahmen eines Unternehmenszusammenschlusses besondere Aufmerksamkeit erfahren (→ § 301 Rz. 46).

Die Höhe des im Rahmen eines Unternehmenserwerbs im *Asset-Deal* aufgedeckten *Goodwill* hängt (auch) von den anzuwendenden Bilanzansätzen und -werten der Vermögensgegenstände und Schulden des erworbenen Unternehmens ab.

BEISPIEL[4]

	HB-Wert	Zeitwert
Nettovermögen	550	400
Neupensionen	950	1.000
Altpensionen	0	100
Summe Passiva	**1.500**	**1.500**

- Das Aktivvermögen beträgt 1.500.
- Der Kaufpreis für das Unternehmen beträgt 700.

1 Vgl. hierzu *ADS*, 6. Aufl., § 255 Tz. 271.

2 BFH, Urteil v. 26.11.2009 – III R 40/07, BFH/NV 2010 S. 721; vgl. *Weber-Grellet*, StuB 2010 S. 354.

3 Zum Inhalt des Geschäfts- oder Firmenwerts aus steuerlicher Sicht vgl. die Ausführungen vom BFH, Urteil v. 26.11.2009 – III R 40/07, BFH/NV 2010 S. 721.

4 Verkürzt nach *Lüdenbach*, StuB 2010 S. 187.

- Der Wert der Neupensionen differiert zwischen HB-Wert und Zeitwert wegen unterschiedlicher Zinssätze (→ § 249 Rz. 137). Unseres Erachtens ist die Bewertung nach § 253 Abs. 1 Satz 2 und 3 HGB vorzunehmen (→ § 249 Rz. 137).
- Die Altpensionen unterliegen durch den Unternehmenserwerb nicht mehr dem Ansatzwahlrecht (→ § 249 Rz. 136).

Die abweichenden Bewertungen der Pensionsverpflichtungen zwischen Übernahmewerten und bisherigen HGB-Ansätzen beeinflussen die Höhe des anzusetzenden *Goodwill*. In der Handelsbilanz sind die Pensionen mit (950 + 100 =) 1.050 anzusetzen. Daraus folgt:

Kaufpreis			700
Nettovermögen			
	Aktiva	1.500	
	Pensionen	1.050	450
Goodwill			**250**

Zur **steuerlichen** Bewertung beim *Asset-Deal* vgl. → § 249 Rz. 197 ff.

383 Die gesetzliche Definition des derivativen Firmenwerts – Unterschiedsbetrag zwischen der für die Übernahme eines **Unternehmens** entrichteten Leistung und dem Nettovermögen dieses Unternehmens – setzt voraus, dass ein **Unternehmen** und nicht eine beliebige Sachgesamtheit übernommen wurde. Dies führt zur Frage, wann ein Erwerbsobjekt **Unternehmensqualität** hat. Ohne eine solche Qualität kann kein derivativer Firmenwert entstehen. Ein den Zeitwert der Erwerbsobjekte übersteigender Kaufpreis ist dann entweder auf die erworbenen Vermögensgegenstände (z. B.) nach dem Verhältnis ihrer Zeitwerte (→ § 255 Rz. 54) aufzuteilen oder als Aufwand zu behandeln.

Die Schwierigkeiten bei der Würdigung der **Unternehmensqualität** einer erworbenen Sachgesamtheit beginnen schon mit der fehlenden Definition eines Unternehmens im Handels- und Gesellschaftsrecht. Pragmatische Lösungen sind daher geboten. Hierbei ist u. E. zwischen folgenden Fallkonstellationen zu unterscheiden:

- Erwerb des wesentlichen Vermögens einer **bereits am Markt operierenden Einheit** (Personengesellschaft, Kapitalgesellschaft, aber auch einzelkaufmännischer Betrieb) (→ Rz. 384).
- Erwerb des wesentlichen Vermögens einer nicht oder noch nicht am Markt operierenden Einheit, z. B. eines ***Start-up*-„Unternehmens"** (→ Rz. 385).
- **Erwerb von Teilen** des wesentlichen Vermögens einer bereits am Markt operierenden Einheit (→ Rz. 386).
- Erwerb einer **vermögensverwaltenden Ein-Objekt-Gesellschaft.**

384 Im **ersten** Fall ist ein Unternehmenserwerb regelmäßig zu bejahen. Kritisch ist nur die vorgelagerte Frage, ob alle für eine Operation am Markt wesentlichen Vermögensteile übertragen werden bzw. wie wesentliche von unwesentlichen Teilen abzugrenzen sind.

385 Im Fall von ***Start-up*-„Unternehmen"** ist die **steuerliche Rechtsprechung** zurückhaltend. Der Erwerb einer erst im Aufbau befindlichen Einheit gilt i. d. R. nicht als Unternehmenserwerb,[1] weil der Firmenwert durch die erhöhten Gewinnaussichten aufgrund besonderer dem Unternehmen eigener Vorteile, z. B. Ruf, Kundenkreis, Organisation, bestimmt sei. Derartige Gewinnaus-

1 BFH, Urteil v. 18.2.1993 – IV R 40/92, BStBl 1994 II S. 224 ff., m. w. N.

sichten und damit ein Geschäftswert könnten aber nur mit der Übernahme eines ganzen lebenden und eingeführten Betriebs (oder Teilbetriebs) erworben werden.

Dieser Begründung kann u. E. auch **handelsrechtlich** gefolgt werden. Vertretbar erscheint aber auch, in Übereinstimmung mit der internationalen Rechnungslegung, die Unternehmensqualität des Erwerbsobjekts bereits dann zu bejahen, wenn die **Vorbereitung** von Produktions- und Vermarktungsaktivitäten bereits weit fortgeschritten ist und das Erwerbsobjekt kurz vor dem Marktauftritt steht.

Beim **Teilerwerb** geht es etwa um folgende Konstellationen: Von einem Filialunternehmen mit Einzelhandelsgeschäften, Tankstellen, Hotels oder Ähnlichem an verschiedenen Standorten wird ein einzelner Standort erworben. Erwerbsobjekt ist somit nicht ein ganzes Unternehmen, sondern ein mehr oder weniger unbedeutender Teilbetrieb. Im Steuerrecht ist gleichwohl eine Gleichstellung mit der Veräußerung bzw. dem Erwerb eines ganzen Unternehmens geboten. Für die Seite des Veräußerers erfolgt diese Gleichstellung im Gesetz, etwa in § 1 Abs. 1a UStG und § 16 Abs. 1 Satz 1 Nr. 1 EStG, für die Seite des Erwerbers ist sie durch die Rechtsprechung bestätigt.[1] 386

Für das Handelsrecht ist dem u. E. zu folgen. Die Unternehmensqualität des Erwerbsobjekts ist keine subjektive Größe, die an der Integration mit anderen Aktivitäten beim Veräußerer bzw. der beabsichtigten Integration beim Erwerber hängt, sondern objektiv bzw. abstrahiert darüber zu bestimmen, ob das Erwerbsobjekt über die wesentlichen Grundlagen verfügt, um ggf. **allein** am Markt operieren zu können. Hat ein Teilbetrieb oder Unternehmensteil diese Fähigkeit, stellt sein Kauf einen Unternehmenserwerb dar.

Der Erwerb einer vermögensverwaltenden Ein-Objekt-Gesellschaft ist i. d. R. kein Unternehmenserwerb. Hierbei ist irrelevant, ob die Gesellschaft nach § 15 Abs. 3 Nr. 2 EStG gewerblich geprägt ist.[2]

Der Erwerb eines Konkurrenten in Stilllegungsabsicht führt nach der BFH-Rechtsprechung nicht zur Aufdeckung eines Geschäftswerts; vielmehr wird dadurch der eigene (nicht aktivierbare) Geschäftswert verbessert. Ein dabei vereinbartes Wettbewerbsverbot des Verkäufers kann ein immaterielles Anlagegut beim Erwerber schaffen (→ Rz. 52).[3] Hingegen wertet die Rechtsprechung den Erwerb einer ärztlichen Einzelpraxis durch eine Gemeinschaftspraxis auch dann als Unternehmenserwerb, wenn vorrangiges Motiv zwar die Erteilung der Vertragsarztzulassung ist, aber Patientenarchiv und Mitarbeiter übernommen werden.[4] 386a

Die Eigenschaft des **erworbenen** *Goodwill* als Vermögensgegenstand wird vom Gesetz mit einer **zeitlich begrenzten** Nutzungsdauer verwoben. Dieser Vorbehalt ist gegen den *„Impairment only"-Ansatz* des *Goodwill* in der internationalen Rechnungslegung gemünzt (→ § 253 Rz. 223c). Zur **Zeitbestimmung** für die Nutzungsdauer schweigt sich das Gesetz aus. Auch wenn keine Anhangerstellungspflicht besteht, ergeben sich aus § 285 Nr. 13 HGB (→ § 285 Rz. 105 ff.) Anhaltspunkte zur Bestimmung der Nutzungsdauer (→ § 285 Rz. 105 ff.). Das BilRUG (→ § 264 Rz. 37d) sieht eine zehnjährige Abschreibungsdauer für den *Goodwill* vor (→ § 253 Rz. 147), sofern die Nutzungsdauer nicht verlässlich geschätzt werden kann. Die man- 386b

1 BFH, Urteil 27.3.1996 – I R 60/95, BStBl II S. 576 ff., m. w. N.
2 Zu Einzelheiten *Lüdenbach*, StuB 2017 S. 240.
3 BFH, Urteil v. 25.1.1979 – IV R 21/75, BStBl 1979 II S. 369.
4 BFH, Urteil v. 21.2.2017 – VIII R 7/14.

gelnde Verlässlichkeit der Schätzung soll dabei einen Ausnahmefall darstellen, u. E. aber eher den Regelfall. Zur Anhangerläuterung vgl. → § 285 Rz. 107.

Wegen eines **negativen** Unterschiedsbetrags vgl. → § 255 Rz. 93 ff.

XI. Steuerliche Sonderposten („Ausgleichsposten")

387 Die in den Steuerbilanzen vierfach anzutreffenden „Ausgleichsposten" haben verschiedenen **Entstehungsgründe:**[1]

- **Abweichungen** zwischen Handels- und Steuerbilanz aufgrund steuerlicher **Außenprüfung:** Die sich in der Höhe von Bilanzposten niederschlagenden Änderungen von bisher der Besteuerung zugrunde gelegten Bilanzposten schlagen sich im Saldo üblicherweise in einem „Ausgleichsposten" nieder. Die Betriebsprüfung bedient sich dabei technisch der sog. Mehr-Weniger-Rechnung, in der doppisch die Bilanzpostenunterschiede und die daraus resultierenden Ergebniswirkungen nachgehalten und abgestimmt werden. Der Saldo dieser Bilanzpostenänderungen bildet einen „Ausgleichsposten", der inhaltlich die Abweichung des Eigenkapitals zwischen der eingereichten Steuerbilanz und der durch die Betriebsprüfung erstellten wiedergibt.
- **Systembedingte** Abweichungen zwischen Handels- und Steuerbilanz: Musterbeispiel hierfür sind die Ausgleichsposten im Rahmen einer steuerlichen **Organschaft** (→ Rz. 454).
- **Bilanzierungshilfen** zur Abmilderung der Liquiditätsbelastung aus Buchgewinnen, z. B. durch sog. „Entstrickung" nach § 4g EStG.
- **Bilanzierungshilfen** (fiskalschonende) durch Verteilung von Betriebsausgaben-Abzug auf mehrere Jahre, z. B. Leistungen an einen Pensionsfonds nach § 4e Abs. 3 Satz 3 EStG.
- Die schlichte **Verlegenheit:** Für die als richtig erachtete steuerliche Gewinnermittlung wird ein Bilanzposten benötigt, der „an sich" nach HGB/EStG nicht vorgesehen ist.

BEISPIEL[2] E erwirbt einen 100%igen GmbH-Anteil, zahlt dafür aber nichts, sondern erhält noch ein „Zubrot" von X €.

Dieser Fall stellt die normalen Vorstellungen des Kaufrechts auf den Kopf und findet deshalb förmlich keine Möglichkeit zur Abbildung in der Bilanz. Man kann von **einem negativen Beteiligungswert** sprechen. Der BFH hat sich im zitierten Urteil diesbezüglich einer Entscheidung enthalten. Zur Ermittlung der Steuerbemessungsgrundlage ging es ihm nur darum, ob diese Zuzahlung des Verkäufers beim Käufer erfolgswirksam oder -neutral zu behandeln ist. Der BFH hat sich für die erfolgsneutrale Behandlung entschieden und einen Passivposten „Ausgleichszahlungen" erfunden (→ § 255 Rz. 95).

Ähnlich lautet die Argumentation des BFH-Urteils[3] bzgl. des Erwerbs eines Kommanditanteils zu einem Preis unterhalb des anteiligen Buchwerts des Eigenkapitals.

Weitere Beispiele aus der BFH-Rechtsprechung:

- **Quasi-Wirtschaftsgut** für Aufwendungen für Wirtschaftsgüter in fremdem Eigentum: Gemeint sind Herstellungskosten, die von einem Steuerpflichtigen für die Gebäudeherstellung getragen werden, ohne in das eigene rechtliche Eigentum überzugehen, typisch bei Baumaßnahmen eines Ehegatten auf dem Grundstück des anderen, bei dem es sich regelmäßig um Privatvermögen handelt (→ § 266 Rz. 28). Dieser Posten ist aus der Not ge-

1 Nach *Hoffmann* in Littmann/Bitz/Pust (Hrsg.), EStG, §§ 4, 5 Tz. 1440.
2 BFH, Urteil v. 26.4.2006 – I R 49, 50/04, DStR 2006 S. 1313.
3 BFH, Urteil v. 21.4.1994 – IV R 70/92, BStBl II S. 745.

boren, um der Konfrontation mit einem BGH-Urteil[1] aus dem Weg zu gehen (→ § 266 Rz. 28), das in solchen Fällen eine wirtschaftliche Betrachtungsweise einschränkt (→ Rz. 230). In der Konsequenz müssten nach dieser Vorgabe des BGH entsprechend die Bauaufwendungen als sofort abziehbarer Aufwand behandelt werden, was entsprechend unerwünschte Steuergestaltungen hervorgerufen hätte. Mangels Vorliegen des wirtschaftlichen Eigentums – wenigstens aus der Sicht des BFH – bedurfte es einer Ersatzlösung in Form des Quasi-Wirtschaftsguts: „**Bilanztechnisch** wie ein materielles Wirtschaftsgut".[2] Man spricht auch von bilanztechnischem Rechnungsposten[3] oder von „steuerrechtlichem Merkposten für gespeicherten Aufwand".[4] Das „Quasi" setzt auch Schranken gegenüber sonst üblichen Bilanzierungsregeln; so kann es einen Realisationstatbestand mit Aufdeckung stiller Reserven nicht geben.[5] Zur Erfüllung des objektiven Nettoprinzips wird der vom Bauherrn getätigte Aufwand aktiviert und nach Gebäude-AfA-Regeln abgeschrieben. Andererseits sind stille Reserven bei Eintritt eines Realisationstatbestands nicht aufzudecken; eine Übertragung nach § 6b EStG (→ Rz. 466) kommt nicht in Betracht. Nach Ende der betrieblichen Nutzung ist der Sonderposten steuerneutral aufzulösen, der verbleibende Ertrag steht dann dem Eigentümer als Herstellungskosten zur Verfügung.[6] Unseres Erachtens ließe sich die den üblichen Bilanzierungsrahmen des EStG sprengende **Verlegenheits**lösung durch Heranziehung der **aktiven Rechnungsabgrenzungsposten** vermeiden. Auch das Tatbestandsmerkmal der „bestimmten Zeit" ist durch die vereinbarte Nutzungsdauer oder die Gebäudeabschreibungsdauer bestimmt (→ § 250 Rz. 52). Diese Lösung entspricht der Anweisung der Finanzverwaltung zur Bilanzierung der Herstellungskosten für Autobahnen, Tunnel etc. im Bereich öffentlich-privater Partnerschaften (→ Rz. 361, → § 250 Rz. 24). Auch ein immaterielles Wirtschaftsgut **„Nutzungsrecht"** käme als Bilanzierungsgrundlage in Betracht (→ § 250 Rz. 25). Das BMF[7] schließt sich an das jüngste BFH-Urteil[8] an; danach sind Anschaffungs- oder Herstellungskosten, die der Unternehmer-Ehegatte auf dem Grundstücksteil des Nichtunternehmer-Ehegatten getragen hat, als **Aufwandsverteilungsposten** zu aktivieren, im Wesentlichen mit den vorstehend dargestellten bilanziellen Besonderheiten. Für die handelsrechtliche Bilanzierung gibt die BFH-Rechtsprechung erhebliche Rätsel auf. Der BGH[9] hat rigoros eine sofortige Aufwandsverrechnung der Herstellungskosten des Bauherrn auf fremdem Grund und Boden für richtig erachtet.

► Befolgung steuerlicher **Systemvorgaben,** hier die Beachtung des **Nettoprinzips:** Bei Einlage einer Beteiligung nach § 17 EStG aus dem Privat- in das Betriebsvermögen ist die Bewertung zu Anschaffungskosten nach § 6 Abs. 1 Nr. 5 EStG vorzunehmen. Bei im Zeit-

1 BGH-Urteil v. 6.11.1995 – II ZR 164/94, BB 1996 S. 155.

2 BFH, Beschluss v. 30.1.1995 – GrS 4/92, BStBl II S. 281; BFH, Beschluss v. 23.8.1999 – GrS 1/97, BStBl II S. 778.

3 Vgl. *Fischer*, FR 1999 S. 1171.

4 *Küffner/Haberstock*, DStR 2000 S. 1677.

5 BFH, Urteil v. 29.4.2008 – VIII R 98/04, BStBl II S. 749.

6 BFH, Urteil v. 19.12.2012 – IV R 29/09, BStBl 2013 II S. 387; darauf aufbauend BFH, Urteil v. 9.3.2016 – X R 46/14, BStBl II S. 976; bestätigt durch BMF, Schreiben v. 16. 12. 2016, BStBl I S. 1431; mit berechtigter Kritik an der BFH-Rechtsprechung *Weber-Grellet*, BB 2016 S. 2220; kritisch auch *Hoffmann*, StuB 2017 S. 209.

7 BMF, Schreiben v. 16.12.2016 – IV C 6-2134/15/10.003, BStBl I 2016 S. 1431.

8 BFH, Urteil v. 9.3.2016 – X R 46/14, BStBl II 2016 S. 976, DStR 2016 S. 1014.

9 BGH, Urteil v. 6.11.1995 – II ZR 164/94, BB 1996 S. 155.

punkt der Einlage gegenüber den Anschaffungskosten niedrigeren Teilwert kann sich folgende Datenkonstellation ergeben:[1]

Anschaffungskosten im Privatvermögen	100
Teilwert Einlage	40
Späterer Verkauf im Betriebsvermögen	200
Buchgewinn	160
Effektiver Gewinn	100

Bei Anwendung der üblichen Bewertungsregeln käme es zu einer Überbesteuerung von 60, d. h., der Wertverlust im Privatvermögen würde systemwidrig nicht berücksichtigt. Zur Vermeidung dieses unzulässigen Ergebnisses findet der BFH[2] folgende Lösung:

- Die Einlage erfolgt zum Teilwert.
- Ein „Korrekturposten" von 60 wird in die Steuerbilanz eingestellt.
- Bei der späteren Veräußerung der Beteiligung wird der Korrekturposten gewinnmindernd aufgelöst.

Im **Teileinkünfteverfahren** sind die Steuerbelastungseffekte aus dem Vorgang nur eingeschränkt gegeben.

XII. Verrechnungsverbot (Abs. 2 Satz 1)

1. Allgemeine Regeln

388 Das Verrechnungsverbot in Abs. 2 Satz 1 stellt eine Ausprägung der Vorgabe der **Klarheit** (→ § 243 Rz. 18) bei der Präsentation von Bilanz und GuV dar. Man kann es als eine Art **Vorbeugung** gegen buchhalterische „Tricks" verstehen, weil nach dem doppischen System immer Soll und Haben in gleicher Höhe zu verbuchen sind und deshalb das gesamte Rechenwerk theoretisch auf einen Nullbestand reduziert werden kann.

Eine **Ausnahme** vom Verrechnungsverbot gilt dann, wenn sich Forderungen und Verbindlichkeiten **aufrechenbar** gegenüberstehen oder bei etwa gleichzeitiger Fälligkeit aufrechenbar werden. Das Verrechnungsverbot gilt dem Wortlaut nach auch für Abgrenzungsposten; hierzu wird auf → § 250 Rz. 58a verwiesen.

389 Die Beschränkung (auch) des § 246 HGB auf Bilanz und GuV erlaubt nach der Gesetzessystematik gleichwohl einen Ausblick auf **andere** Bestandteile des Jahresabschlusses. Der Rechtsgedanke des Verrechnungsverbots ist daher auch auf die **Kapitalflussrechnung** (→ § 297 Rz. 6) anzuwenden, da diese rechentechnisch nichts anderes darstellt als eine in Zahlungsströme transferierte Doppik. Auch der **Anhang** kann Angabepflichten enthalten, bei denen eine Verrechnung dem Grunde nach denkbar ist.

BEISPIEL ▸ Die B-GmbH verbürgt sich geschäftsmäßig für bestimmte Ausfuhrforderungen. In Höhe von 90 % des verbürgten Betrags erhält sie unter bestimmten weiteren Voraussetzungen eine Ausfallgarantie der Landesbank L.

1 Vgl. *Hoffmann*, GmbH-StB 9/2010.
2 BFH, Urteil v. 2.9.2008 – X R 48/02, DStR 2008 S. 2211, mit Anm. *Hoffmann*.

Unseres Erachtens ist bei der B-GmbH der **gesamte** von ihr verbürgte Betrag nach §§ 251, 268 Abs. 7 HGB anzugeben (→ § 251 Rz. 38).

In Einzelbestimmungen des Gesetzes ist indes eine Verrechnung in der **Bilanz erlaubt:** 390

- Erhaltene Anzahlungen auf Vorratsvermögen können nach § 268 Abs. 5 Satz 2 HGB (→ § 268 Rz. 146) von diesem Aktivposten offen abgesetzt werden.
- Forderungen und Verbindlichkeiten aus der Steuerabgrenzung (Steuerlatenz) nach → § 274 Rz. 74 können saldiert ausgewiesen werden.
- Wertpapiere, Rückdeckungsversicherungen u. Ä., die ausschließlich der Erfüllung von Altersversorgungsverpflichtungen dienen und dem Zugriff anderer Gläubiger entzogen sind, müssen nach Abs. 2 Satz 2 (→ Rz. 392) mit dieser Verpflichtung saldiert ausgewiesen werden.

Für die **GuV-Rechnung** sind folgende Beispiele zu nennen:

- Die Erhöhung und Verminderung des Bestands an Produkten ist im Gesamtkostenverfahren nach § 275 Abs. 2 Nr. 2 HGB saldiert darzustellen, gleich ob die Bestandsveränderung fertige oder unfertige Produkte betrifft (→ § 277 Rz. 22).
- Steueraufwand und -ertrag; dies kann bei unterschiedlichen Steuerhoheiten und aperiodischen Posten vorkommen.

391 Von den nicht saldierbaren Bilanz- und GuV-Posten zu unterscheiden sind solche Posten, die **buchtechnisch getrennt** nachgehalten werden. Als Beispiel mögen die als Passivposten geführten Wertberichtigungen auf Forderungen oder auch die insgesamt auf einen Vermögensgegenstand aufgelaufenen Abschreibungen auf Anlagegegenstände dienen (→ § 268 Rz. 96). Hierbei handelt es sich lediglich um eine getrennte Kontenführung, die kein Präjudiz für den Bilanzausweis darstellt. Als **„durchlaufende Posten"** werden in der Bilanzierungspraxis Gelder bezeichnet, die im Namen und für Rechnung Dritter vereinnahmt oder verauslagt werden.[1] Die Weitergabe vereinnahmter Fremdgelder erfolgt regelmäßig in Höhe des vereinnahmten Betrags etc. und vice versa. Diese Posten stellen kein Betriebsvermögen des Unternehmens dar. Die Fremdgelder sollten saldiert ausgewiesen werden (Ausnahme vom Verrechnungsverbot). Nur der Überhang der vereinnahmten gegenüber den verauslagten Beträgen käme dann zum Ausweis. Wegen durchlaufender Posten wird im Einzelnen auf → § 277 Rz. 21 verwiesen.

2. Ausnahme: Plan- oder Deckungsvermögen zur Finanzierung von Pensions- und ähnlichen Verpflichtungen (Abs. 2 Satz 2)

392 Traditionell wurden in deutschen Altersversorgungsmodellen die Pensionsverpflichtungen nicht durch die Ansammlung entsprechender Finanztitel abgedeckt. Üblicher war die Auslagerung von Altersversorgungsverpflichtungen auf externe Versorgungsträger (Unterstützungskassen, Pensionskassen, Pensionsfonds) mit den hier bestehenden Besonderheiten zur Passivierung sog. mittelbarer Pensionsverpflichtungen (→ § 249 Rz. 127 ff.).

393 Bilanzrechtlich werden nicht über externe Versorgungsträger ausfinanzierte Verpflichtungen *in vollem Umfang* passiviert (→ § 249 Rz. 120 ff.), sie verlängern damit die Bilanzsumme und führen zur **Verschlechterung** von **Bilanzkennzahlen** (insbesondere Eigenkapitalquote) im Verhältnis zur internationalen Rechnungslegung.

1 Vgl. hierzu *Roos*, DB 2013 S. 2758.

394 Allerdings sind zunächst global orientierte deutsche Konzerne, später auch andere Unternehmen zur Deckung der Altersversorgungsverpflichtungen durch Ansammlung von Finanzwerten bei einer ausgesiedelten Gesellschaft übergegangen. Der entscheidende Grund lag hier zunächst in der Verbesserung der bilanzanalytischen Situation des IFRS- oder US-GAAP-Konzernabschlusses. Den ausgesiedelten Gesellschaften (sog. *pension trust*) werden dabei seitens des Trägerunternehmens der Altersversorgungsverpflichtung Vermögenswerte in freibleibender Höhe und zum beliebigen Zeitpunkt zugeführt.[1] Zur Insolvenzsicherung dienen z. B. sog. *Contractual Trust Arrangements* (CTA) (→ Rz. 398). Das Risiko und die Chancen aus dieser Vermögensanlage verbleiben allerdings beim Trägerunternehmen, sind somit bei ihm als wirtschaftliches Eigentum zu bilanzieren (→ Rz. 222). Das gilt auch für steuerliche Zwecke.[2] Dem Grunde nach kommen als Vermögensanlage nicht nur Wertpapiere in Betracht, in der Praxis stellen andere Vermögensgegenstände aber die Ausnahme dar. Eine gewisse praktische Bedeutung haben bei relativ hohen Einzelzusagen noch **Rückdeckungsversicherungen,** die an den Bezugsberechtigten verpfändet sind.

395 Abs. 2 Satz 2 verlangt den internationalen Bilanzierungsregeln folgend einen **saldierten** Ausweis der Verpflichtungen mit den die Altersversorgungsverpflichtung (aus-)finanzierenden Vermögenswerten, dem sog. Plan- oder Deckungsvermögen *(Plan-Assets).* Die Bewertung des Deckungsvermögens bleibt dabei unberührt; sie ist in § 253 HGB geregelt (→ § 253 Rz. 87 ff.). Korrespondierend zur bilanziellen Saldierung sind bestimmte Aufwendungen und Erträge aus dem Altersversorgungsmodell (zinsbedingte Aufwendungen/Erträge auf die Pension einerseits und Erträge aus dem Deckungsvermögen andererseits) in der **GuV** ebenfalls saldiert auszuweisen (→ § 275 Rz. 48). Steuerlich ist der Saldierung gem. § 5 Abs. 1a EStG nicht zu folgen.

396 Die Qualifikation als Deckungsvermögen setzt kumulativ voraus, dass das Vermögen

- **ausschließlich** der Finanzierung und Auszahlung von Leistungen an pensionierte Arbeitnehmer oder deren Hinterbliebene dient, d. h. u. a. nur insoweit an das Unternehmen zurückgezahlt werden kann, als das verbleibende Vermögen ausreicht, alle Leistungsverpflichtungen aus dem Pensionsplan zu erfüllen (→ Rz. 397), und
- in der **Insolvenz** des Unternehmens dessen übrigen Gläubigern nicht zur Verfügung steht (→ Rz. 398).

397 Eine ausschließliche Bestimmung zur Erfüllung der Altersversorgungsverpflichtungen (sog. Zweckexklusivität) ist auch dann gegeben, wenn

- ein nach Erfüllung sämtlicher Versorgungsansprüche, also bei Beendigung des Pensionsplans verbleibender Vermögens**überschuss** dem Unternehmen zusteht,
- während der Laufzeit des Pensionsplans etwa wegen unerwartet hoher Wertsteigerungen des Deckungsvermögens oder aus Sicht des Unternehmens unerwartet günstigem Verlauf der Sterblichkeitsrate eine Vermögens**überdeckung** entsteht und das Unternehmen eine Rückgabe von Vermögenswerten in Höhe der dauerhaften Überdeckung, etwa in Höhe des eine Schwankungsreserve übersteigenden Teils des Überdeckungsbetrags, verlangen kann.[3]

Das Deckungsvermögen muss jederzeit zur Verwertung zwecks Erfüllung der Altersversorgungsverpflichtungen zur Verfügung stehen. Kein saldierungstaugliches Deckungsvermögen

1 Vgl. hierzu Einzelheiten bei *Küting/Keßler*, DB 2009 S. 1717.
2 Einzelheiten bei *Ditz/Tcherveniacki*, DB 2010 S. 632.
3 IDW RS HFA 30 Tz. 33.

sind deshalb Anlagegegenstände, die der Bilanzierende selbst nutzt und auf die er zur Erfüllung der Unternehmensfunktionen angewiesen ist.[1]

BEISPIEL Die U-GmbH überträgt Grundstücke auf die T-GmbH, die u. a. durch Nutzungs- oder Veräußerungserträge aus diesen Grundstücken die Altersversorgungsverpflichtungen bedienen soll. Auf den Grundstücken befinden sich die Produktionsgebäude der U-GmbH. Die U-GmbH vereinbart daher zeitgleich mit der Übertragung einen langfristigen Pacht- bzw. Leasingvertrag mit der T.

BEURTEILUNG Die Immobilien stehen nicht jederzeit zur Erfüllung der Altersversorgungsverpflichtungen zur Verfügung und stellen deshalb kein taugliches Deckungsvermögen dar.

Die für die Qualifikation als Deckungsvermögen geforderte **Insolvenzfestigkeit** ist nicht nur 398 dann gegeben, wenn dem Versorgungsberechtigten bei Insolvenz des Trägerunternehmens ein **Aussonderungsrecht** (§ 47 InsO) zusteht. Ausreichend ist auch ein wirtschaftlich vergleichbares **Absonderungsrecht** (§ 49 InsO) etwa aus einer unbefristeten und unbedingten Verpfändung von Wertpapieren oder Rückdeckungsversicherungen. Bleibt dem Unternehmen dabei die Verwertung vorbehalten, muss sich das Pfandrecht auch auf das Surrogat beziehen. Soweit Vermögensgegenstände die Voraussetzungen des § 7e Abs. 2 SGB IV erfüllen, ist die Insolvenzfestigkeit gegeben.[2]

Zur Insolvenzfestigkeit im Falle eines *Contractual Trust Arrangement* (CTA) folgendes Beispiel:

BEISPIEL Der Finanzierung von Pensionsverpflichtungen dienende Wertpapiere hat die U vor einigen Jahren treuhänderisch im Rahmen eines CTA auf die T-GmbH übertragen. Aus dem durch weitere Zuführungen vermehrten Treuhandvermögen und dessen Erträgen bedient die T die Pensionsverpflichtungen der U.

Der vertragliche Anspruch der pensionsberechtigten Arbeitnehmer richtet sich ebenso wie der der Anwärter weiterhin gegen die U.

Neben der **Verwaltungstreuhand** betreffend die Verwaltung und Verwendung der Wertpapiere ist jedoch von U und T durch echten Vertrag zugunsten Dritter eine **Sicherungstreuhand** begründet worden. Danach haben die Arbeitnehmer bei Eintritt des Sicherungsfalls (Insolvenz der U) einen unmittelbaren Zahlungsanspruch gegen die T. Das CTA bestätigt das Fortbestehen der Sicherungs- bei Erlöschen der Verwaltungstreuhand.

BEURTEILUNG U wickelt die Pensionsverpflichtungen über eine **Verwaltungstreuhand** ab. Die Vermögenswerte sind nur treuhänderisch auf die T-GmbH übertragen, die wiederum nur für Rechnung der U die Pensionsverpflichtungen erfüllt. Die Treuhandlösung bewirkt eine nach § 39 AO unveränderte steuerbilanzielle Zurechnung. Der Aufwand aus der Dotierung der Pensionsrückstellung wird weiterhin bei der U erfasst, da die T nur für Rechnung der U an die Arbeitnehmer leistet. Das **wirtschaftliche Eigentum** an den Vermögenswerten bleibt bei der U als Treugeber. Stille Reserven werden bei der rechtlichen Übertragung auf die T nicht aufgedeckt. Über die einfache Verwaltungstreuhand wird das Vermögen aber noch nicht insolvenzfest auf die T-GmbH übertragen. Der Treuhandvertrag ist i. d. R. ein **Geschäftsbesorgungsvertrag.** Mit der Eröffnung des Insolvenzverfahrens erlöschen solche Verträge nach § 116 Satz 1 InsO. Die T als Geschäftsbesorger hätte dann alles, was sie zur Ausführung der Geschäftsbesorgung erlangt hat, insbesondere also das Treuhandvermögen, herauszugeben (§§ 665, 667 BGB). Es fiele der Insolvenzmasse anheim.

Für **Insolvenzfestigkeit** sorgt aber die von U und T durch Vertrag zugunsten Dritter zwischen den Arbeitnehmern und der T begründete **Sicherungsstreuhand.** Die T ist hier Geschäftsbesorger der Arbeitnehmer und nicht der U. In der Insolvenz der U erlischt diese Geschäftsbesorgung nicht. Der im Falle der Insolvenz der U entstehende Rückübertragungsanspruch aus der Verwaltungstreuhand wird daher

1 IDW RS HFA 30 Tz. 28 ff.
2 IDW RS HFA 30 Tz. 26.

eingeschränkt; die T hat lediglich den nach Erfüllung aller Arbeitnehmeransprüche etwa verbleibenden Rest des Treuhandvermögens herauszugeben.

Taugliches Deckungsvermögen sind auch verpfändete Rückdeckungsversicherungen und Wertpapiere bei wertpapiergebundenen Versorgungszusagen (→ § 253 Rz. 105).[1]

399 Unterhält ein Unternehmen **mehrere** rechtlich separierte **Pensionspläne,** bei denen je für sich die Voraussetzungen des Abs. 2 Satz 1 erfüllt sind, ist keine unternehmensweite Betrachtung des Saldos vorzunehmen, sondern auf die einzelnen Pensionspläne abzustellen.[2]

BEISPIEL In den Abschluss der M AG sind zahlreiche Betriebe einzubeziehen. Nur bei den Betrieben A und B sind Pensionszusagen erteilt worden, die jeweils durch insolvenzfest separierte und ausschließlich der Erfüllung der jeweiligen Pensionsverpflichtungen dienende Wertpapiere gedeckt sind. Beide Deckungsvermögen sind rechtlich getrennt, d. h., die Wertpapiere A dienen nur der Deckung der Pensionsverpflichtungen A und Entsprechendes gilt für B. Die Höhe der jeweiligen Pensionen richtet sich nicht nach dem Wert des jeweiligen Deckungsvermögens. Zum 31.12.01 werden folgende Werte für Wertpapiere und Pensionen festgestellt:

	Wertpapiere		Pensionsverpflichtungen
	AK	Beiz. ZW	Disk. Erfüllungsbetrag
A	90	100	85
B	40	45	50
Unternehmen	130	145	135

BEURTEILUNG Der „Aktive Unterschiedsbetrag aus der Vermögensverrechnung" beträgt nicht 145 – 135 = 10 (Gesamtbetrachtung), sondern 100 – 85 = 15 (Einzelbetrachtung Plan A). Daneben ist ein Saldo von 45 – 50 = –5 für Plan B unter den Pensionsrückstellungen zu passivieren.

400 Die Saldierungsmethode nach Abs. 2 Satz 2 ist nicht nur auf die eigentlichen Altersversorgungsverpflichtungen gemünzt, sondern auch auf **andere langfristige** Verpflichtungen im Personalbereich, nämlich:[3]

- Altersteilzeitverpflichtungen,
- Verpflichtungen aus Lebensarbeitszeitmodellen und
- Verpflichtungen aufgrund von Jubliäumszahlungen.

400a Enthält ein *Contractual Trust Arrangement* (→ Rz. 398) Änderungsklauseln, ist nach Auffassung des IDW wie folgt zu differenzieren:[4]

- Kann der Treuhandvertrag einseitig vom Treugeber (= bilanzierendes Unternehmen) zur Rückübertragung (von Teilen) des Treuhandvermögens geändert werden, so dass die Anforderungen des Abs. 2 Satz 2 Halbsatz 1 HGB nicht mehr erfüllt wären, ist von Anfang an eine Qualifizierung der Aktiva als Deckungsvermögen unzulässig.
- Kann eine Vertragsänderung nur mit Zustimmung der Versorgungsberechtigten vorgenommen werden, entfällt die Deckungsvermögenseigenschaft erst ex nunc. Zum Zeitpunkt der Vertragsänderungen sind die Aktiva und die Pensionsverpflichtungen wieder einzubuchen; planmäßig abschreibbare Aktiva mit ihren fortgeführten Buchwerten, an-

1 So *Rhiel/Veit*, DB 2008 S. 1511.
2 Vgl. zur Begründung *Lüdenbach*, StuB 2012 S. 195; dort entnommen auch das nachfolgende Beispiel.
3 Vgl. *Höfer/Rhiel/Veit*, DB 2009 S. 1606.
4 IDW, Berichterstattung über die 259. FAB-Sitzung, 25.3.2020.

dere Aktiva mit den ursprünglichen Buchwerten (jeweils korrigiert um außerplanmäßige Abschreibungen/Zuschreibungen).

- Erfordert eine Änderung das Einvernehmen von Treugeber und Treuhänder sowie die „Wahrung der Interessen der Versorgungsberechtigten", kommt es auf den Einzelfall an.

3. Aktivüberhang (Abs. 2 Satz 3)

Ein (ausnahmsweise) bestehender Aktivüberhang der zum Zeitwert bewerteten Vermögensanlagen gegenüber den Verpflichtungen aus Pensionen etc. ist als **Sonderposten** zu aktivieren. Für Kapital- und „Kap. & Co."-Gesellschaften ist in § 266 Abs. 2 HGB ein Ausweis am Ende der Aktivseite vorgesehen (→ § 266 Rz. 80), bei anderen Rechtsformen sollte dieser Vorgabe gefolgt werden. Der Sonderposten stellt als Saldogröße **keinen Vermögensgegenstand** dar, obwohl er sich aus Vermögensgegenständen und Schulden zusammensetzt. **Steuerlich** ist dieser saldierten Darstellung gem. § 5 Abs. 1a EStG nicht zu folgen. Bei **Anhang**erstellungspflicht ist eine unsaldierte Darstellung gem. § 285 Nr. 25 HGB geboten (→ § 285 Rz. 57). 401

XIII. Stetigkeitsgebot (Abs. 3)

Das BilMoG hat das zuvor schon für die **Bewertung** nach § 252 Abs. 1 Nr. 6 HGB gültige Stetigkeitsgebot samt Ausnahmeregel (→ § 252 Rz. 226) auch auf den Bilanz**ansatz** ausgeweitet. Die entsprechende Anwendung von § 252 Abs. 2 HGB ist vorgeschrieben (Abs. 3 Satz 1). Dies bedeutet auch, dass vom Gebot der Ansatzstetigkeit in begründeten Ausnahmefällen abgewichen werden darf. 402

Das Stetigkeitsgebot gilt für „echte" und „unechte" Ansatzwahlrechte. **„Echte"** Ansatzwahlrechte sind:

- Disagio (→ § 250 Rz. 59),
- selbst hergestellte Immaterialgüter des Anlagevermögens (→ § 248 Rz. 9),
- Überhang aktiver latenter Steuern (→ § 274 Rz. 57),
- unmittelbare Verpflichtungen aus Altzusagen auf Altersversorgungsleistungen und mittelbaren Zusagen (→ § 249 Rz. 127 f.).

Daneben gibt es eine Fülle **„unechter"** (impliziter) Wahlrechte im Gefolge von Ermessensspielräumen und Schätzungserfordernissen. Das IDW RS HFA 38 Tz. 7 nennt:

- Abgrenzung von **Forschung** und **Entwicklung** (→ § 255 Rz. 198).
- Bestimmung der **Wahrscheinlichkeit** der Inanspruchnahme aus möglicherweise bestehenden Verpflichtungen (→ § 249 Rz. 43 ff.).
- Ansatz von Leistungsforderungen bei **Mehrkomponentenverträgen** (→ § 252 Rz. 147 ff.).

Ergänzend ist beispielhaft auf die Fülle zeitgemäßer **Geschäftsmodelle** zu verweisen, für die einigermaßen feste Regeln zur bilanziellen Abbildung nicht bestehen:

- Ergebnisausweis bei Personengesellschaften (→ § 264c Rz. 30 ff.),
- Pfandkreislauf (→ § 252 Rz. 132),
- Verkauf mit Rückgaberecht (→ § 252 Rz. 129),
- Verkauf mit Umsatzgarantie (→ § 252 Rz. 134),
- Verkauf mit Rückkaufverpflichtung (→ § 252 Rz. 131),

- Vereinnahmungszeitpunkt der Dividenden von Tochterunternehmen (→ § 252 Rz. 91),
- Verkauf einer Maschinenanlage mit Montageverpflichtung (→ § 252 Rz. 128).

Dem wird entgegengehalten:[1] Bei bilanzrechtlichen Zweifelsfragen müsse durch Gesetzesauslegung die sachgerechte Lösung ausgelotet werden, die dann zwingend anzuwenden sei; das habe mit Stetigkeit nichts zu tun. Unseres Erachtens ergeben sich in solchen Zweifelsfragen aber häufig keine eindeutigen Lösungen, weshalb sich dann doch bei der Entscheidung für **eine** vertretbare und damit sachgerechte Lösung die Frage nach der Stetigkeit stellt.

Das Stetigkeitsgebot gilt nur für **art**- und **funktions**gleiche Bilanzposten.[2] Diese Eigenschaft liegt beim Disagio und bei Aktivüberhang der Steuerlatenz vor. Vor allem ist bei den **Immaterialgütern** des Anlagevermögens bei der Beachtung des Stetigkeitsgebots nach Art und Funktion zu unterscheiden:

BEISPIEL ▸ Ein Kosmetikhersteller entwickelt stetig neue Produkte zur Hautpflege im eigenen Labor. Die IT-Abteilung befasst sich mit einer neuen Software zur Optimierung der Besuchsfrequenzen der Außendienstmitarbeiter unter Einbeziehung der Spesenabrechnung und der Kundenakzeptanz.

Das Aktivierungswahlrecht kann für die beiden Kategorien der Immaterialgüter unterschiedlich ausgeübt werden.

Für **Immaterialgüter** des Anlagevermögens verlangt DRS 24.67 eine Stetigkeit für die Ansatzmethoden bei **gleichartigen** Sachverhalten (DRS 24.71). Zur Beurteilung der Gleichartigkeit verlangt DRS 24.72 die Einrichtung „hinreichend genauer Kriterien".

Sollen bisher wahlweise nicht passivierte sog. Altzusagen für Pensionen und mittelbare Verpflichtungen (→ § 249 Rz. 116) nunmehr ganz oder teilweise passiviert werden, ist dies nach IDW RS HFA 38 Tz. 79a als begründeter Ausnahmefall i. S. von Abs. 3 Satz 2 i. V. mit § 252 Abs. 2 HGB anzusehen und damit allgemein zulässig.

Dabei kann auch bzgl. der Verpflichtungs**art** beispielsweise differenziert werden zwischen

- Rentnern vs. aktiven und ausgeschiedenen Anwärtern,
- Arbeitgeber- vs. Arbeitnehmerfinanzierung,
- in- vs. ausländischen Betriebsstätten,
- Durchführungswegen der mittelbaren Verpflichtungen.

Im dritten Beispiel unter → Rz. 403 ist deswegen im Einzelfall eine passgenaue Ergebnisbeeinflussung, z. B. durch Beschränkung der (Neu-)Passivierung auf die Rentenverpflichtungen, zulässig.

Bei einer einmal getroffenen Ansatzentscheidung – für **alle** Pensionsverpflichtungen oder z. B. **nur** für die Rentner – kann im Folgejahr nicht auf die erforderliche Wertanpassung bzgl. des notwendigen Erfüllungsbetrags (→ § 253 Rz. 55) oder der Aufzinsung (→ § 253 Rz. 117) im Bilanzausweis verzichtet werden. Eine erstmalige Entscheidung zur Passivierung erdienter Ansprüche bindet für die Folgejahre. Insbesondere ist eine **Auflösung** der Rückstellungen nach § 249 Abs. 2 Satz 2 HGB unzulässig (→ § 249 Rz. 216).

403 Die Berücksichtigung der Stetigkeit im Rahmen der Bilanzierung muss notwendig das **wirtschaftliche Umfeld** und die **Entwicklung** im **Zeitverlauf** in das Kalkül einbeziehen. Das gilt sowohl für den Ansatz als auch für die Bewertung; deshalb kann auf die Kommentierung in

1 So *Löffler/Roß*, WPg 2012 S. 365.
2 Vgl. *Küting/Tesche*, DStR 2009 S. 1493.

→ § 252 Rz. 209 ff. verwiesen werden. Mögliche **Abweichungen** vom Stetigkeitsgebot bedürfen nach Abs. 3 Satz 2 einer **Begründung.** Wie für die Bewertung (→ § 252 Rz. 226) wird sich eine solche auch für den Ansatz bei Bedarf finden lassen (→ § 252 Rz. 226). Das übliche Argumentationsmuster stellt die bessere Vermittlung des *true and fair view* dar (→ § 252 Rz. 227).

BEISPIEL (Weitere Beispiele in → § 284 Rz. 59.)

Ein Hersteller von Dämmplatten für die Außendämmung von Häusern will sein Know-how auf dem Gebiet der Dämmtechnik auch für die wärmedämmende Isolierung von Röhren mit Heißwasserdurchsatz ausweiten. Dazu werden nennenswerte zusätzliche Investitionen in die Entwicklung entsprechender Materialien und Verarbeitungstechniken benötigt.

Diese „technische Umwälzung im Unternehmen" oder die bessere Vermittlung des *true and fair view* (→ § 252 Rz. 226) berechtigt zur Aktivierung von Entwicklungskosten nach § 248 Abs. 2 HGB (→ § 248 Rz. 9), die bislang nicht erfolgt ist. Dadurch wird die Vermögens- und Ertragslage besser vermittelt.

BEISPIEL Der Versandhändler V gewährt für Bestellungen ein Rückgaberecht des Kunden innerhalb eines Monats nach Erhalt der Ware. Bisher hat er das mutmaßliche Rückgabevolumen als Rückstellung dargestellt. Er erfasst nunmehr die Fakturierungen an den Kunden erst nach Ablauf der Rückgabefrist (→ § 252 Rz. 131). Die sachliche Rechtfertigung für die Umstellung liegt wiederum in der besseren Vermittlung der Ertragslage oder vielleicht in geänderter oder erstmaliger höchstrichterlicher Entscheidung (→ § 252 Rz. 226).

BEISPIEL Wegen des unerwartet guten Ergebnisses bildet der Textilhersteller T-GmbH erstmals Rückstellungen für sog. Altzusagen aus Pensionsverpflichtungen. Dies ist wegen des besseren Einblicks in die Vermögenslage als Ausnahme nach § 246 Abs. 3 Satz 2 HGB (→ § 252 Rz. 229) zulässig,[1] obwohl für die Ertragslage das Gegenteil gilt.

Die Änderungen im Bilanzierungsverhalten wie in den vorstehenden Beispielen unterliegen der Angabepflicht im **Anhang** (→ § 284 Rz. 57). 404

Unregelmäßig vorkommende Vorgänge sollen nach einer Auffassung im Schrifttum[2] nicht dem Stetigkeitsgebot unterliegen: 405

BEISPIEL Im Jahr 01 nimmt U ein Darlehen mit Disagio auf und aktiviert das Disagio in Ausnutzung des Wahlrechts aus § 250 Abs. 3 HGB nicht.

Alt. 1: In den Jahren 02 und 03 werden weitere Darlehen mit Disagio aufgenommen. Es gilt das Stetigkeitsgebot.

Alt 2: Die nächste Aufnahme eines Darlehens mit Disagio erfolgt erst im Jahr 05. Das Stetigkeitsgebot gilt nicht.

XIV. Steuerliche Sondertatbestände der Bilanzierung

1. Betriebsaufspaltung

1.1 Die Rechtsgrundlagen der Betriebsaufspaltung

Um die Betriebsaufspaltung ist es im Fachschrifttum bemerkenswert ruhig geworden. Noch bis in die 80er-Jahre des vorigen Jahrhunderts hatte dieses Konstrukt der Steuerrechtsdogmatik die Szene beherrscht. Die wirtschaftliche Grundlage lag in der Gestaltungsidee, möglichst wenig Grundbesitz und vielleicht auch andere werthaltige Gegenstände in ein steuerliches Be- 406

1 IDW RS HFA 38 Tz. 15.

2 *Löffler/Roß*, WPg 2012 S. 363 ff.

triebsvermögen hineinrutschen zu lassen, weil die zu erwartenden Wertsteigerungen die Entstehung und das ständige Anwachsen unversteuerter stiller Reserven befürchten ließ. Das Betriebsgrundstück, die Maschinen etc. sollten möglichst **steuerunverstrickt** im Privatvermögen gehalten und doch betrieblich via Pachtvertrag genutzt werden. Das konnten und wollten die Finanzverwaltung und die Rechtsprechung nicht akzeptieren und „erfanden" die Betriebsaufspaltung. Sie wurde als „Richterrecht" disqualifiziert, hat jedoch alle Angriffe unbeschadet überstanden. Die Verpachtung führt zu gewerblichen Einkünften.

407 In der Grundidee ist die Konstruktion einfach: Wesentliche Betriebsgrundlagen werden nicht von der aktiv tätigen Gesellschaft, regelmäßig einer GmbH, in Besitz und wirtschaftliches Eigentum genommen, sondern einer Verpachtungsgesellschaft oder einem entsprechend organisierten Einzelkaufmann/einer entsprechend organisierten Einzelkauffrau oder einer Personengesellschaft übertragen. Dadurch entsteht eine **sachliche** Verflechtung als eines der beiden Tatbestandsmerkmale einer Betriebsaufspaltung. Dabei genügt **eine** wesentliche Grundlage – das betrieblich genutzte Grundstück stellt immer eine solche dar –, andere wesentliche können durchaus von dritter Seite gemietet oder in einem Betriebsvermögen der GmbH selbst enthalten sein.

408 Als weiteres Tatbestandsmerkmal muss sich zur sachlichen Verflechtung eine **persönliche** gesellen, die im **einheitlichen Betätigungswillen** der Gesellschaften, der Betriebs-GmbH und des Verpachtungsunternehmens, zu orten ist.

409 Über diese Tatbestandsmerkmale wurde in unzähligen BFH-Vorlagen gestritten. Darüber ist an dieser Stelle nicht weiter zu befinden. Eher von Interesse ist die mögliche rechtliche und tatsächliche **Ausgestaltung** einer solchen Betriebsaufspaltung anhand der beiden Tatbestandsmerkmale. Die Urform einer Betriebsaufspaltung wurde vorstehend dargestellt: Das Verpachtungsunternehmen in der Hand eines Unternehmers, vielleicht verbunden mit seinen minderjährigen Kindern auf der einen Seite, und die Betriebs-GmbH, deren Anteile ganz oder mehrheitlich in der Hand dieses Unternehmers oder einer von ihm beherrschten Personengesellschaft befindlich sind. Die Tatbestandsmerkmale können aber auch in **anderer** Konstellation vorliegen:

- ► Die Betriebsgesellschaft ist ihrerseits eine Mitunternehmerschaft: **mitunternehmerische** Betriebsaufspaltung.
- ► Das Mutter-Verpachtungsunternehmen ist eine Kapitalgesellschaft, die von ihr über Anteilsbesitz beherrschte Betriebsgesellschaft ebenfalls: **kapitalistische** Betriebsaufspaltung.
- ► Die Besitzgesellschaft und Mutterunternehmung ist Kapitalgesellschaft, sie ist zu 100 % oder mehrheitlich an der mitunternehmerischen Personen-Betriebsgesellschaft beteiligt: **kapitalistisch-mitunternehmerische** Betriebsaufspaltung.

Diese Typologie könnte man noch weitertreiben,[1] doch geht es an dieser Stelle um die **Bilanzierungs**fragen.

1 Vgl. hierzu *Kußmaul/Schwarz*, GmbHR 2012 S. 838.

1.2 Bilanzierungsfragen

1.2.1 Korrespondenzprinzip

Ausgangspunkt der Rechtsauslegung ist das Vorliegen zweier gewerblicher Unternehmen, die ihren Gewinn durch Vermögensvergleich ermitteln. Die dann auftauchende Frage geht nach der Behandlung **wechselseitiger** Rechtsverhältnisse: 410

- **Darlehens**forderungen auf der einen und -verbindlichkeiten auf der anderen Seite,
- Zeitpunkt der Vereinnahmung von **Dividenden,**
- Gewährung eines **Sachdarlehens** in Form der Überlassung von Vorratsvermögen bei Begründung der Betriebsaufspaltung mit Rückübertragungspflicht bei Beendigung,
- **Erneuerungspflicht** für das verpachtete Anlagevermögen,
- **Bürgschaft** eines Gesellschafters der Besitzgesellschaft für ein Darlehen an die Beteiligungsgesellschaft (→ Rz. 436).

Zur Beantwortung dieser Fragen zog der BFH zunächst das **Korrespondenz**prinzip (→ Rz. 421) heran: Die beiden Unternehmen wurden als eine Art **wirtschaftliche Einheit** betrachtet, weshalb sie auch nur „einheitlich" bilanzieren können. Entsprechend hatte der BFH für den Fall eines Warenrückgabeanspruchs in Form des Sachwertdarlehens eine korrespondierende Bewertung des daraus resultierenden Anspruchs beim Besitz- und der Verbindlichkeit beim Betriebsunternehmen für richtig erachtet.[1] Die **eigenartige** Folge dieser Rechtsprechung bestand darin: Bei gestiegenen Wiederbeschaffungskosten für das überlassene Vorratsvermögen muss der Rückübertragungsanspruch vom Darlehensgläubiger nach oben angepasst werden. Zur Begründung hieß es in diesem Urteil: Der einheitliche **geschäftliche** Betätigungswillen beider Unternehmen führe zu einer näheren Verbindung als zwischen Fremden; § 5 EStG – gemeint ist die Maßgeblichkeit – müsse insoweit zurücktreten.

1.2.2 Getrennte Bilanzierung

Später hat dann der Große BFH-Senat die beiden Unternehmen als **getrennte** Bilanzierungssubjekte mit eigenständiger Gewinnermittlung in den Mittelpunkt der Rechtsdogmatik gerückt.[2] Auf dieser Grundlage hat sich der X. Senat[3] vom zuvor zitierten Urteil des IV. Senats distanziert und mit der korrespondierenden Bilanzierung weitgehend aufgeräumt. Als Beispiel nennt er die notleidend gewordene Forderung des Besitzunternehmens gegen die Betriebskapitalgesellschaft, die nicht mit dem vollen Wert, mit dem sie bei der Schuldnerin angesetzt ist, bewertet werden darf. Eine **Teilwertabschreibung** (→ § 253 Rz. 208) könne der Besitzgesellschaft als Gläubigerin in dieser Konstellation nicht verweigert werden. Ganz verlassen will der X. Senat die Korrespondenz der Bilanzierung aber dann doch wieder nicht, und zwar wiederum mit dem Hinweis auf den einheitlichen geschäftlichen Betätigungswillen in beiden Unternehmen. Es dürfe die **Nutzungsdauer** (→ § 253 Rz. 145) eines Wirtschaftsguts in beiden Unternehmen nicht unterschiedlich geschätzt werden. Eine phasengleiche **Dividendenvereinnahmung** (→ § 252 Rz. 91) nur wegen des Bestehens einer Betriebsaufspaltung hat der X. Senat abgelehnt, was später der Große Senat für die steuerliche Bilanzierung auch außerhalb von Fällen 411

1 BFH, Urteil v. 26.6.1975 – IV R 59/73, BStBl II S. 700.
2 BFH, Beschluss v. 25.6.1986 – GrS 4/82, BStBl II S. 751.
3 BFH, Urteil v. 8.3.1989 – X R 9/86, BStBl II S. 714.

der Betriebsaufspaltung so gesehen hat.[1] Eine korrespondierende Aktivierung der **Pensionsansprüche** eines Gesellschafter-Geschäftsführers gegenüber der Betriebs-GmbH beim Verpachtungsunternehmen kommt ebenfalls nicht in Betracht.[2] Dagegen spreche das Realisationsprinzip (→ § 252 Rz. 113), d. h., der Anspruch müsse so gut wie sicher sein.

1.2.3 Sachdarlehen (Vorräte) und Pachterneuerungsanspruch (Anlagevermögen)[3]

412 Die Frage ist nun, wie nach Ersatz des Korrespondenzprinzips (→ Rz. 411) durch Vorgabe einer getrennten Bilanzierung mit den Ansprüchen und Pflichten aus dem **Sachdarlehen** (Vorräte) und der **Pachterneuerungspflicht** (Anlagevermögen) umzugehen ist. Für die **Vorräte** gilt Folgendes:

- **Bilanzansatz:** Die Verpflichtung des Pächters, bei Vertragsende **Vorräte** in gleicher Art und Güte zurückzugeben, ist ein Sachwertdarlehen, das der Pächter zu passivieren und der Verpächter zu aktiveren hat. Die Vorräte selbst werden beim Pächter erfasst, der bei Begründung der Betriebsaufspaltung deren (wirtschaftlicher) Eigentümer wird.[4]
- **Zugangsbewertung:** Bei Übertragung der Vorräte zum Zeitwert sind Vorräte und Sachwertverbindlichkeit in der Bilanz des Pächters und Sachwertforderung in der Bilanz des Verpächters mit dem Zeitwert einzubuchen. Bei Übertragung der Vorräte zum Buchwert soll nach allerdings zu spezifischen Gewinnermittlungsvorschriften für Landwirte ergangener BFH-Rechtsprechung eine Einbuchung der Posten zum Buchwert zulässig sein.[5] Über den entschiedenen Fall hinaus ist dem u. E. nicht zu folgen, sondern ein Zeitwertansatz (mit Gewinnrealisierung beim Verpächter) geboten. Nur ein solches Vorgehen ist auch zu den Folgebewertungsvorschriften (siehe den nächste Aufzählungspunkt) konsistent.
- **Folgebewertung des Sachwertdarlehens:** Fraglich ist, ob und ggf. wieweit bei der Bewertung gestiegene Wiederbeschaffungskosten zu berücksichtigen sind. Bei der Sachwertverbindlichkeit des Pächters ergibt sich eine Zuschreibungspflicht schon aus dem Höchstwertprinzip. Die Sachwertforderung des Verpächters scheint gegen eine Zuschreibung des Anschaffungskosten- und Niederstwertprinzip zu sprechen. Ähnlich wie bei einer (langfristigen) Fremdwährungsforderung bei gestiegenem Kurs nicht zugeschrieben werden darf, könnten auch gestiegene Wiederbeschaffungskosten für die Sachwertforderung irrelevant sein. Rechtsprechung und steuerliches Schrifttum vertreten hier jedoch auch nach Aufgabe des Korrespondenzprinzips eine andere Auffassung. Soweit keine bonitätsbedingten Abschreibungen vorzunehmen sind, sollen Sachwertforderungen mit dem Wert angesetzt werden, welcher dem jeweiligen Aktivposten des Vorratsvermögens beim Verpflichteten entspreche.[6] Danach wären die gestiegenen Wiederbeschaffungskosten zwar nicht nach den Stichtagsverhältnissen, aber insoweit zu berücksichtigen, als sie beim Verpflichteten schon zu erhöhten Anschaffungskosten geführt haben. Zur Begründung wird zwar auf das noch dem Korrespondenzprinzip verpflichtete Urteil des IV.

1 BFH, Beschluss v. 7.8.2000 – GrS 2/99, BStBl II S. 832, StuB 2000 S. 1265; vgl. umfassend *Blaum/Kessler*, StuB 2000 S. 1233.

2 BFH, Urteil v. 23.3.2011 – X R 42/08, DStR 2011 S. 1603.

3 Vgl. zum Ganzen *Lüdenbach*, StuB 2011, S. 308 ff.

4 BFH v. 6.12.1984 – IV R 212/82, BStBl II 1985 S. 391; BFH, Urteil v. 16.11.1978 – IV R 160/74, BStBl II 1979 S. 138.

5 BFH, Urteil v. 6.12.1984 – IV R 212/82, BStBl II 1985 S. 391; BFH, Urteil v. 30.1.1986 – IV R 130/84, BStBl II S. 399.

6 BFH, Urteil v. 6.12.1984 – IV R 212/82, NWB AAAAB-03069, BStBl 1985 II S. 391; *Wacker* in Schmidt, EStG, 36. Aufl. 2017, § 15 Rz. 870.

Senats aus dem Jahre 1975 verwiesen. Neben dem Korrespondenzgedanken findet sich dort jedoch noch eine eigenständige Argumentation: Da sich mit dem Umschlag des Warenlagers beim Pächter das sachliche Substrat, und damit der Inhalt des Warenrückgabeanspruchs, laufend ändere, repräsentiere der Aktivposten des Verpächters ständig einen neuen Vermögensgegenstand (Wirtschaftsgut). Dieser sei jeweils mit den tatsächlichen Anschaffungskosten der beim Pächter vorhandenen und bedingt herausgabepflichtigen Vorräte anzusetzen.[1] Unseres Erachtens kann dem auch handelsrechtlich gefolgt werden, da zu einem anderen Ergebnis führende Stimmen[2] auf das Argument des sich wandelnden Substrats gar nicht eingehen.

Für die Pachterneuerungsverpflichtung gilt Folgendes: 412a

- **Bilanzansatz:** Die Verpflichtung des Pächters, die verpachteten Anlagen instand zu halten und unbrauchbar gewordene Pachtgegenstände durch neue zu ersetzen, ist Teil des Pachtverhältnisses und damit eines zunächst als solches nicht bilanzierungsfähigen schwebenden Geschäfts. Auch bei schwebenden Geschäften begründen aber Erfüllungsrückstände, Vorleistungen usw. bilanzierungsfähige Posten. Für den Verpflichteten ist dies unbestritten. Er hat bei Erfüllungsrückstand eine Verbindlichkeitsrückstellung anzusetzen. Im einfachsten Fall eines zeitlichen Gleichklangs von Pachtdauer und Nutzungsdauer der Anlagen ist der Pachterneuerungsrückstellung jährlich der Betrag zuzufügen, der sich als Quotient aus anfänglichem Verpachtungsvermögen und Nutzungs- bzw. Vertragsdauer ergibt. Für den Verpächter vertritt der BFH im Falle des Pachterneuerungsanspruchs folgende Auffassung:[3] Dem Erfüllungsrückstand aufseiten des Verpflichteten steht aufseiten des Berechtigten „ein Anspruch in Form einer – so gut wie sicheren und damit bilanzierungspflichtigen – Forderung gegenüber". Die Aktivierung des Pachterneuerungsanspruchs verstoße dabei nicht gegen das Vorsichtsprinzip, da die quasi sichere Forderung in hinreichend objektivierbarer Weise zu Vermögen des Anspruchsberechtigten geworden sei. Der Aktivierung stehe auch nicht die fehlende Einzelveräußerbarkeit des Anspruchs entgegen. Es genüge für die Annahme eines aktivierungspflichtigen Wirtschaftsguts, wenn der von ihm verkörperte Vermögenswert zusammen mit dem Unternehmen übertragen werden kann. Der Begriff des Wirtschaftsguts i. S. der Steuerbilanz unterscheide sich insoweit auch nicht von demjenigen des Vermögensgegenstands in der Handelsbilanz. Unerheblich sei beim Ganzen, dass der Anspruch rechtlich noch nicht entstanden sei. Diese Auffassung ist u. E. sachgerecht, eine Aktivierung in Steuer- und Handelsbilanz geboten.
- **Zugangsbewertung:** Eine Zugangsbewertung erfolgt nicht, da der Erfüllungsrückstand aus der Pachterneuerung erst im Zeitablauf entsteht.
- **Folgebewertung,** insbesondere bei gestiegenen Wiederbeschaffungskosten: Unseres Erachtens gilt die vom BGH für die Sachwertdarlehen bei den Vorräten angeführte Argumentation des sich wandelnden Substrats (→ Rz. 412) (in abgeschwächter Form) auch für die Pachterneuerung. Verpflichtung und Anspruch unterliegen ständiger Veränderung im Mengengerüst. Mit jedem Jahr, in dem es nicht zur Erneuerung kommt, wachsen Verpflichtung und Anspruch, mit jeder Durchführung von Erneuerungen sinken sie. Dem Grunde nach entstehen Verpflichtung und Anspruch damit jeweils neu und sind daher

1 BFH, Urteil v. 26.6.1975 – IV R 59/73, NWB AAAAA-91081, BStBl II S. 700.
2 Vgl. *Schubert/Berberich* in Beck'scher Bilanz-Kommentar, 13. Aufl. 2022, § 253 Rz. 608 f.
3 BFH, Urteil v. 17.2.1998 – VIII R 28/95, NWB CAAAA-96254, BStBl II S. 505.

mit der Rechtsprechung und dem steuerlichem Schrifttum einer Bewertung nach Maßgabe der aktuellen Wiederbeschaffungskosten zugänglich.[1] Eine dem entgegenstehende (herrschende) handelsrechtliche Meinung ist nicht erkennbar.

413–414 *(einstweilen frei)*

1.2.4 Teilwertabschreibung auf (eigenkapitalersetzendes) Darlehen

415 In der Frage der bonitätsbedingten Teilwertabschreibung auf ein dem Betriebsunternehmen gewährtes Darlehen hat der BFH den **einheitlichen geschäftlichen Betätigungswillen** wieder ins Visier genommen. Dieser habe Auswirkungen auf die Teilwertbestimmung. Die Bonität der Schuldnerin (Betriebsunternehmen) hänge von der Kapitalausstattung durch die beherrschende Person oder Personengruppe ab. Ein gedachter Erwerber des Besitzunternehmens würde den Wert der Darlehensforderung in ähnlicher Weise ermitteln wie denjenigen der Beteiligung am Betriebsunternehmen. In der Folge komme eine Teilwertabschreibung für ein Darlehen nur dann in Betracht, wenn **auch** der Teilwert der **Beteiligung** zu einer Abschreibung nötigt (Gesamtbetrachtung beider Wirtschaftsgüter).[2] Diese Rechtsdogmatik hat der X. BFH-Senat bestätigt.[3] Kurze Begründung wiederum: Beide Unternehmen sind „zwar formal getrennt … in funktionaler Hinsicht eine Einheit" (→ § 253 Rz. 246).

1.2.5 Teilabzugsverbot bei unentgeltlicher Nutzungsüberlassung

415a Bei der typischen Betriebsaufspaltung besteht bzw. bestand für die Besitzpersonengesellschaft bzw. deren Gesellschafter ein Anreiz, der vollen Besteuerung unterliegende Nutzungsvergütungen (Pachten) der Betriebskapitalgesellschaft durch nach dem Teileinkünfteverfahren nur mit 60 % zu besteuernde Dividenden zu substituieren, im einfachsten Fall dadurch, dass die Nutzungsüberlassung unentgeltlich erfolgt. Allerdings stellt sich dann die Frage nach dem Anwendungsbereich des § 3c Abs. 2 EStG, demzufolge mit den Dividendeneinkünften zusammenhängende Betriebsausgaben ebenfalls nur zu 60 % angesetzt werden können (Teilabzugsverbot).

415b Die Rechtsprechung[4] hat für das Teilabzugsverbot einen mittelbaren wirtschaftlichen Zusammenhang von Aufwendungen mit den Beteiligungseinkünften genügen lassen. Unterschieden werden vier Sachverhalts**varianten:**

- **Fremdübliche** Konditionen: Aus der Nutzungsüberlassung werden voll steuerpflichtige gewerbliche Einnahmen erzielt; das Teilabzugsverbot ist nicht einschlägig.
- **Unentgeltliche** Nutzungsüberlassung: Durch die Unentgeltlichkeit erhöht sich tendenziell der Gewinn der Betriebskapitalgesellschaft, was dem Mutterunternehmen zusätzliche Beteiligungserträge verschaffen kann. Die **Einkunftserzielungsabsicht** ist trotz der Unentgeltlichkeit der Nutzungsüberlassung gegeben. Allerdings „zielt" dann die Verwen-

1 Vgl. *Weber-Grellet* in Schmidt, EStG, 36. Aufl. 2017, § 5 Rz. 702; BFH, Urteil v. 28.5.1998 – IV R 31/97, NWB XAAAA-96782, BStBl II S. 286 ff.

2 BFH, Urteil v. 6.11.2003 – IV R 10/01, BStBl 2004 II S. 416. Deshalb scheitert auch eine Teilwertabschreibung auf eine unverzinsliche Darlehensforderung (BFH, Urteil v. 11.10.2005 – IV R 13/04, BStBl 2006 II S. 618; ebenso FG Münster, Urteil v. 11.4.2011, BB 2011 S. 1774, rkr.).

3 BFH, Urteil v. 14.10.2009 – X R 45/06, BStBl 2010 II S. 274, Kurzinfo StuB 2010 S. 116.

4 BFH, Urteil v. 28.2.2013 – IV R 49/11, DStR 2013 S. 953; BFH, Urteil v. 17.7.2013 – XR 17/11, DB 2013 S. 2059. Die Finanzverwaltung hat diese Rechtsprechung akzeptiert; vgl. u. a. BMF, Schreiben v. 23.10.2013, BStBl 2013 I S. 1268, und OFD Frankfurt a. M. v. 19.12.2017 – S 2128 A – 7 – St 213.

dung des Grundstücks etc. nach § 3 Nr. 40 EStG teilweise auf steuerfreie Dividenden mit der Folge des Teilabzugsverbots der zugehörigen Aufwendungen der Mutter nach § 3c Abs. 2 EStG.

- **Verbilligte** Überlassung: Die Aufwendungen auf die überlassenen Wirtschaftsgüter müssen anteilig im Verhältnis des vereinbarten zum fremdüblichen Pachtentgelt **aufgeteilt** werden.

Der eingeschränkte Betriebsausgabenabzug gilt nicht für sog. **Substanzverluste.** Gemeint waren damit zunächst **Forderungsverzichte** der Besitzpersonengesellschaft gegenüber der Betriebskapitalgesellschaft und entsprechende **Teilwertabschreibungen.** 415c

Diesen Rechtsgedanken weitete der IV. Senat aber auf die zur **Nutzung** überlassenen Wirtschaftsgüter (z. B. Gebäude) aus. Deren **Substanzverluste** seien ebenfalls vom Teilabzugsverbot auszunehmen, aber auch die substanzbezogenen **Aufwendungen** für diese Wirtschaftsgüter. Als solche Aufwendungen nennt der BFH die Absetzungen für Abnutzung (Abschreibung) und die Erhaltungsaufwendungen (Reparaturen u. Ä. an Gebäuden und Maschinen, Werterhaltung der Patente); nicht dazu dürften Refinanzierungsaufwendungen gehören.

(einstweilen frei) 415d–e

Für Wirtschaftsjahre, die nach dem 31.12.2014 beginnen, ist eine neue Rechtslage durch Änderung des § 3c Abs. 2 EStG beachtlich. Danach gilt (wenn natürliche Personen zu mehr als 25 % am Gesellschaftskapital beteiligt sind) sowohl für Teilwertabschreibungen auf Darlehen als auch für Abschreibungen und Erhaltungsaufwendungen auf unentgeltlich verpachtete Wirtschaftsgüter eine Beschränkung der Abzugsfähigkeit auf 60 %. Vgl. auch → § 253 Rz. 245. 415f

1.2.6 Bauten der Betriebsgesellschaft auf dem Grundstück des Besitzunternehmens

Wirtschaftliches Eigentum des bauerstellenden Pächters auf dem Grund und Boden des Verpächters besteht, wenn nach der wirtschaftlichen Substanz der Verhältnisse zwischen den beiden Parteien von einer Nutzung des Gebäudes durch den Pächter und Bauersteller bis zum Ende der **Nutzungsmöglichkeit** des Gebäudes auszugehen ist (→ § 266 Rz. 28).[1] 416

(einstweilen frei) 417–418

2. Betriebsverpachtung

2.1 Grundlagen

Die Betriebsverpachtung[2] eines **Einzelunternehmens** ist ein Kind der Steuergestaltung im Hinblick auf den altersbedingten Rückzug aus dem Erwerbsleben bei gleichzeitiger Sicherung der Altersversorgung aus den nunmehr vom Pächter zu erzielenden Unternehmenserträgen. Der steuerliche Reiz dieser Gestaltung besteht im sog. **Verpächterwahlrecht.**[3] Dieses erlaubt die Vermeidung einer Betriebsaufgabe mit gewinnrealisierender Aufdeckung von stillen Reserven im Anlagevermögen des verpachteten Betriebs. Der **Geschäfts-** oder **Firmenwert** verbleibt – *anders als u. U.* bei der Betriebsaufspaltung[4] – beim Verpachtungsunternehmen.[5] Ohne förmli- 419

1 BFH, Urteil v. 7.10.1997 – VIII R 63/93, BFH/NV 1998 S. 1202.
2 BFH, Urteil v. 11.10.2007 – X R 39/04, DB 2008 S. 270.
3 BFH, Urteil v. 14.3.2006 – VIII R 80/03, DStR 2006 S. 1170.
4 BFH, Urteil v. 27.3.2001 – I R 42/00, BStBl 2001 II S. 771; BFH, Urteil v. 16.6.2004 – X R 34/03, BStBl 2005 II S. 378.
5 BFH, Urteil v. 14.1.1998 – X R 57/93, DStR 1998 S. 887; BFH, Urteil v. 2.9.2008 –X R 32/05, BStBl 2009 II S. 634.

che Aufgabeerklärung des Verpächters erzielt er weiterhin Einkünfte aus dem Gewerbebetrieb, die nicht der Gewerbesteuer unterliegen. Dabei muss tatbestandlich die Möglichkeit zur Wiederaufnahme des Gewerbes in sachlicher, nicht unbedingt in persönlicher Form gegeben sein (deshalb auch „Betriebsunterbrechung"). Es liegen während der Betriebsverpachtung zwei Unternehmen vor, das **ruhende** des Verpächters und das **wirtschaftende** – der Gewerbesteuer unterliegende – des Pächters.

419a Ist Gegenstand der Betriebsverpachtung kein Einzelunternehmen, sondern der Betrieb einer **Kapitalgesellschaft,** so greift hierfür zivilrechtlich § 292 Abs. 1 Nr. 3 AktG (bei der GmbH per Analogie) ein. Steuerrechtlich stellt sich die Aufgabeproblematik nicht, da die Kapitalgesellschaft ohnehin nur gewerbliche Einkünfte bis zum Vollzug ihrer Liquidation erzielt.

2.2 Bilanzsteuerrechtliche Besonderheiten

2.2.1 Anlagevermögen

420 Nach der BFH-Rechtsprechung sind aus Sicht der steuerlichen Gewinnermittlung folgende **Sonderfälle** zu beachten,[1] die aber nicht als Tatbestandsmerkmale der Betriebsverpachtung gewertet werden dürfen; sie sind weitgehend identisch mit der Betriebsaufspaltung (→ Rz. 412):

- **Substanzerhaltungspflicht** des Pächters für abnutzbares Anlagevermögen: Der Verpächter bleibt (auch) wirtschaftlicher Eigentümer der verpachteten Anlagegegenstände einschließlich der vom Pächter zu besorgenden Ersatzbeschaffung.[2]
- Der Pächter muss für diese Verpflichtung eine **Rückstellung** für **Ersatzbeschaffung** bilden, die nach den mutmaßlichen Wiederbeschaffungskosten und dem Zeitpunkt der Erstbeschaffung – abgeleitet aus der Nutzungsdauer der Anlagegüter – zu bewerten ist.[3]
- **Bis** zur Ersatzbeschaffung hat der Verpächter einen **Anspruch** auf **Substanzerhaltung**[4] zu aktivieren und mit den mutmaßlichen Wiederbeschaffungskosten zu bewerten; sobald die Ersatzbeschaffung erfolgt, muss das betreffende Anlagegut mit den Anschaffungs- oder Herstellungskosten des Pächters beim Verpächter als Zugang erfasst werden bei gleichzeitiger Gegenbuchung (Verrechnung) mit dem Ersatzbeschaffungsanspruch.

Das gilt nicht bei lediglicher Übernahme der mit dem Pachtgegenstand zusammenhängenden laufenden Kosten des Unterhalts (nicht der Erneuerung des Pachtgegenstandes). Dann entsteht keine bilanzierbare Forderung des Verpächters als „Instandhaltungsanspruch", denn er hat nichts aufgewendet.[5] Die Rückstellung für eine rückständige Unterhaltsverpflichtung beim Pächter führt in diesem Fall nicht zur korrespondierenden Forderung des Verpächters.

421 Diese Bilanzierungsregeln sind durch ein **Korrespondenzprinzip** (→ Rz. 410) gekennzeichnet, das spiegelbildliche Aufwands- und Ertragseffekte bei beiden Parteien auslösen soll. **Allgemeine** bilanzsteuerliche Regeln müssen danach u. U. zurücktreten oder bedürfen einer besonderen Begründung (→ Rz. 412). Dagegen verstößt der Rückstellungsansatz für eine künftige Beschaffung von Anlagegütern gegen § 5 Abs. 4b EStG (→ § 249 Rz. 220).

---

1 Vgl. *Schmidt/Weber-Grellet*, EStG, 36. Aufl. 2017, § 5 Tz. 702.
2 BFH, Urteil v. 16.11.1978 – IV R 160/74, BStBl 1979 II S. 138.
3 BFH, Urteil v. 3.12.1991 – VIII R 88/87, BStBl 1993 II S. 89.
4 BFH, Urteil v. 17.2.1998 – VIII R 28/95, BStBl II S. 505.
5 BFH, Urteil v. 12.2.2015 – IV R 29/12, DStR 2015 S. 811, mit Anm. *Hoffmann.*

Die Zurechnung des Anlagevermögens zum Verpächter könnte dann infrage stehen, wenn die Betriebsverpachtung als ein **Leasingverhältnis** qualifiziert würde. Eine solche Qualifikation scheitert nicht schon an der zivilrechtlichen Gestaltung als Pacht, da es nach der Leasingrechtsprechung des BFH nicht darauf ankommt, wie ein Nutzungsüberlassungsverhältnis zivilrechtlich bezeichnet bzw. qualifiziert wird. Die Anwendbarkeit der Leasingerlasse ist daher im älteren Schrifttum – wenn auch nur sporadisch – diskutiert worden.[1] Bejaht man sie, so kann es insbesondere unter dem Gesichtspunkt des Nutzungsdauerkriteriums (→ Rz. 248) bei sehr langfristigen Pachtverträgen handelsrechtlich zur Zurechnung des wirtschaftlichen Eigentums beim Pächter kommen. Steuerrechtlich mag dem zwar § 16 Abs. 3 und Abs. 3b EStG entgegenstehen, wonach der Verpächter ohne Aufgabeerklärung bei Begründung eines Pachtvertrags keinen Veräußerungsgewinn aus der Übertragung erzielt, logisch zwingend der Pächter dann auch kein wirtschaftliches Eigentum erlangen kann. Handelsrechtlich wird man dem aber nicht folgen können, da § 16 EStG keine Konkretisierung des wirtschaftlichen Eigentums bzw. des auch handelsrechtlich bedeutsamen § 39 Abs. 1Satz 1 AO ist. Zweck von § 16 Abs. 3 EStG ist im Falle von Einzelunternehmen, die Abgrenzung zwischen einer Beendigung der Erzielung gewerblicher Einkünfte mit Übergang zu anderen Einkünften (insbesondere solchen aus Vermietung und Verpachtung) einerseits und einer Fortsetzung der gewerblichen Einkunftserzielung in lediglich geänderter Form anderseits zu schaffen. In systematischer Betrachtung geht es also bei § 16 Abs. 3 EStG nicht um die Abgrenzung des wirtschaftlichen Eigentums, sondern um die Abgrenzung von Einkunftsarten. Dies erklärt auch die Beschränkung auf den Fall von Personenunternehmen. Bei Kapitalgesellschaften, die definitionsgemäß nur gewerbliche Einkünfte erzielen, stellt sich die Qualifikationsfrage aber von vornherein gar nicht. § 16 Abs. 3 EStG ist nach allem vorrangig keine Definitions- oder Konkretisierungsnorm zu § 39 Abs. 1 Satz 1 AO, damit handelsbilanziell für die Beurteilung des wirtschaftlichen Eigentums irrelevant. 421a

2.2.2 Vorratsvermögen

Der **Korrespondenzgedanke** (→ Rz. 421) dominiert auch die Bilanzierungsregeln des bei Beginn des Pachtverhältnisses darlehensweise vom Verpächter dem Pächter überlassenen Vorratsvermögens, das Letzterer dem Verpächter am Ende wieder zurückerstatten muss. Die Bilanzierung entspricht derjenigen bei Betriebsaufspaltung (→ Rz. 412). 422

3. Entnahmen und Einlagen

Steuerlich erfolgt die Gewinnermittlung durch **Vermögensvergleich** nach § 4 Abs. 1 Satz 1 EStG. Konzeptionell entspricht dies dem HGB-Bilanzierungssystem bei unterschiedlichen Begrifflichkeiten. Nach HGB wird der „Gewinn" als Jahresüberschuss bezeichnet, der in der Bilanz und der GuV-Rechnung als „Ausgleichsgröße" gezeigt wird, um die Spiegelbildlichkeit des doppischen Systems zum Ausdruck zu bringen. Das EStG benötigt **keine GuV** zur Bestimmung des Gewinns. Als Ersatz dienen Entnahmen und Einlagen, welche Vermögensbewegungen innerhalb des Abrechnungszeitraums (Wirtschaftsjahres) erfassen sollen, die nicht durch die Geschäftstätigkeit veranlasst sind. Darstellungstechnisch wird das unterschiedliche Konzept der Gewinnermittlung nicht ersichtlich, weil in der (handelsrechtlichen) GuV-Rechnung die Ent- 423

1 Vgl. z. B. *Wöhe*, Betriebswirtschaftliche Steuerlehre, Bd. II, 1. Halbband, 5. Aufl. 1990, S. 344.

nahmen und Einlagen nicht erscheinen und umgekehrt der Vermögensvergleich (durch die Bilanzen) um die Entnahmen und Einlagen korrigiert wird.

424 Die vorstehenden Umschreibungen sind entsprechend § 4 Abs. 1 Satz 1 EStG auf den **Einzelkaufmann** ausgerichtet. Für Personenhandelsgesellschaften (→ Rz. 137) und Kapitalgesellschaften (→ § 272 Rz. 12 ff.) bedürfen sie der Modifizierung. Auf die zitierten Kommentarstellen wird verwiesen.

425 Zur **Bewertung** von Entnahmen und Einlagen in der Steuerbilanz liegt umfangreiches Gesetzes- und Rechtsprechungsmaterial vor. Das **Handelsrecht** gibt sich diesbezüglich sehr zurückhaltend. Die Bilanzierungspraxis folgt in weiten Zügen und häufig unreflektiert den steuerlichen Vorgaben nach einer besonderen Ausprägung der umgekehrten Maßgeblichkeit. Dabei stehen folgende steuerliche Grundüberlegungen Pate:

- **Entnahmen** müssen stille Reserven erfassen und entsprechend zum Teilwert nach § 6 Abs. 1 Nr. 4 Satz 1 EStG bewertet werden.
- **Einlagen** sind ebenfalls regelmäßig zum Teilwert nach § 6 Abs. 1 Nr. 5 Satz 1 EStG zu bewerten, um im Privatvermögen möglicherweise entstandene („steuerfreie") stille Reserven später nicht im Betriebsvermögen erfassen zu müssen.

Von der genannten Einlagebewertung gibt es **vier Ausnahmen** für

- Wirtschaftsgüter, die in den letzten drei Jahren vor der Einlage angeschafft oder hergestellt worden sind,
- Kapitalgesellschaftsanteile im Statut des § 17 EStG,
- in diesem Zusammenhang stehende Forderungen aus Finanzplandarlehen sowie[1]
- Wirtschaftsgüter i. S. des § 20 Abs. 2 EStG.

Nutzungsentnahmen (private Nutzung betrieblicher Wirtschaftsgüter oder sonstiger Leistungen) sind nicht zum Teilwert, sondern zu Selbstkosten zu bewerten.[2]

426 Die vorgenannten Bewertungsregeln sind ausgerichtet auf die Erfassung stiller Reserven bei Entnahmen aus dem Betriebsvermögen und umgekehrt die Vermeidung unberechtigter Erfassung von Werterhöhungen im Privatvermögen. Sofern sich die Entnahme bzw. Einlage **innerhalb** zweier einkommensteuerlicher Betriebsvermögen bewegt, gibt es umgekehrt Zwangsvorgaben zur Buchwertfortführung, z. B. in § 6 Abs. 3 und 5 EStG. Das gilt wiederum nicht für Transfers zwischen einkommen- und körperschaftsteuerlichem Betriebsvermögen, z. B. § 6 Abs. 6 Satz 1 und 2 EStG bzw. § 8 Abs. 3 KStG: Bewertung zum gemeinen Wert. Hierzu wird erneut auf die Kommentierung zu → § 272 Rz. 12 ff. verwiesen.

427 Eine besondere Ausprägung der steuerlichen Bewertungsbesonderheiten beim Transfer von Wirtschaftsgütern zwischen Betriebs- und Privatvermögen und umgekehrt stellt auch die Bemessungsgrundlage für die planmäßige Abschreibung (steuerliche Absetzung für Abnutzung = AfA) dar. Wenn nämlich im Privatvermögen, z. B. auf ein Gebäude, AfA verrechnet wurde und dieses Wirtschaftsgut gegenüber den Anschaffungs-/Herstellungskosten zum höheren Teilwert in ein Betriebsvermögen eingelegt wird, besteht die „Gefahr" einer doppelten AfA-Verrechnung für die nur einmal angefallenen Anschaffungs- oder Herstellungskosten, der § 7 Abs. 1 Satz 5 EStG vorbeugen will.

1 BFH, Urteil v. 29.11.2017 – X R 8/16.
2 BFH, Urteil v. 12.3.2020 – IV R 9/17 m. w. N.

BEISPIEL[1]

- Herstellungskosten des Gebäudes 420 TDM.
- AfA im Privatvermögen 230 TDM.
- Spätere Einlage in das Betriebsvermögen zum Teilwert von 820.
- Bemessungsgrundlage für die AfA laut BFH 820 – 230 = 590.
- Bei festgelegten AfA-Sätzen (für Gebäude) nach § 7 Abs. 4 EStG verbleibt es am Ende der fiktiven Nutzungsdauer bei einem nicht mehr abzuschreibenden Restbuchwert, der erst beim Abgang des Gebäudes gewinnmindernd auszubuchen ist.[2]

Handelsrechtlich kann dieser Vorgabe, welche die Doppelverrechnung der AfA vermeiden will, nicht gefolgt werden. Die planmäßige Abschreibung muss sich auch hier am **Wertverzehr** im Rahmen der voraussichtlichen Nutzungsdauer ausrichten (→ § 253 Rz. 155).

Bzgl. der Entnahmen und Einlagen in der Handelsbilanz behilft man sich mangels eigenständiger Bewertungsvorgaben regelmäßig mit **Wahlrechten,** die eine Übernahme steuerlicher Bewertungsvorgaben erlauben, aber nicht erzwingen. Ein typisches Beispiel stellt die **Einbringung** von Sachwerten in Kapitalgesellschaften dar, die als „tauschähnlich" qualifiziert wird (→ § 255 Rz. 69). Weiter sind **Umwandlungsvorgänge** zu nennen, die steuerlich nach §§ 3, 11 UmwStG eine Bewertungsfolge zum gemeinen Wert, unter bestimmten Voraussetzungen aber auch zum Buchwert auslösen, handelsrechtlich davon unbehelligt wahlweise nach § 24 UmwG zum Verkehrswert oder zum Buchwert des übertragenden Rechtsträgers angesetzt werden können. Zu Einzelheiten der Bewertungsvorgaben nach Umwandlungs- und Umwandlungssteuerrecht wird verwiesen auf die Kommentierung unter → § 272 Rz. 115 ff. 428

4. Die Steuerbilanz der mitunternehmerischen Personengesellschaft

4.1 Das transparente Besteuerungssystem

Die Personengesellschaft ist durch ein **transparentes** Steuersystem gekennzeichnet. Sie selbst unterliegt zwar der Gewerbe- und Umsatzsteuer, nicht aber der Besteuerung nach dem Einkommen. Das Einkommen wird bei den Gesellschaftern als Einkommen- oder Körperschaftsteuersubjekt erfasst. Aus dieser Transparenz nährte sich die bis vor ca. 40 Jahren dominierende **Bilanzbündeltheorie,** der zufolge die Gewinnermittlung der Personengesellschaft durch eine gedankliche Addition der für jeden Gesellschafter zu unterstellenden Steuerbilanz durchzuführen ist. Seit der Aufgabe dieser Theorie gilt demgegenüber die mitunternehmerische Personengesellschaft als eigenständiges **Gewinnermittlungssubjekt,** angereichert allerdings mit den **Sonder-** und **Ergänzungs**bilanzen der Gesellschafter als Ausfluss der Besteuerungstransparenz. 429

4.2 Die Mitunternehmerstellung

Die **Kaufmanns**eigenschaft nach § 1 HGB bezieht sich auf eine **gewerbliche** Betätigung. Dem *schließt sich formlos* § 15 Abs. 1 Nr. 1 EStG bei der Bestimmung der Einkünfte aus Gewerbebetrieb an. In § 15 Abs. 1 Nr. 2 Satz 1 EStG folgt daraus für den **Gesellschafter** einer Personengesellschaft (→ Rz. 435) die Bestimmung der gewerblichen Einkünfte (Transparenz, → Rz. 429) 430

1 Nach dem Fall des BFH, Urteil v. 18.8.2009 – X R 40/06, DB 2010 S. 594; so auch entschieden vom BFH, Urteil v. 28.10.2009 – VIII R 46/07, DB 2010 S. 593.

2 Zu weiteren Einzelheiten der Folgewirkungen des BFH-Urteils vgl. *Levedag,* DStR 2010 S. 249.

unter der Voraussetzung der **Mitunternehmerschaft.** Deshalb ist die Gesellschafterstellung oder eine vergleichbare Funktion notwendiges, aber nicht zureichendes Tatbestandsmerkmal der Mitunternehmerschaft. Zusätzlich muss er als **Mitunternehmer** qualifiziert sein.

431 Unter diesem **Typusbegriff** lässt sich eine Vielzahl von austauschbaren Merkmalen[1] subsumieren, die zusammengefasst ein Gesamtbild ergeben.[2] Danach liegt eine Mitunternehmerschaft nur dann vor, wenn im Rahmen eines Gesellschafts- oder vergleichbaren Verhältnisses zusammen mit anderen Gesellschaftern etc. Mitunternehmer**initiative** entfaltet werden kann und Mitunternehmer**risiko** getragen wird. Diese Tatbestandsmerkmale sind kumulativ zu erfüllen, allerdings unterschiedlicher Ausprägung und deshalb bedingt austauschbar.[3] Geringe Initiative gegen hohes Risiko und umgekehrt:

- **Mitunternehmerinitiative** wird hergestellt durch unternehmerische **Entscheidungen** als Geschäftsführer in Gestalt des persönlich haftenden Gesellschafters oder durch die **Stimmrechte** und **Kontrollmöglichkeiten,** z. B. eines Kommanditisten oder (atypisch) stillen Gesellschafters. Die gesellschaftsvertragliche Ausgestaltung ist dabei ebenso bedeutsam wie die teilweise abdingbaren gesetzlichen Regeln, z. B. in §§ 166, 233 HGB.
- **Mitunternehmerrisiko** bezeichnet die Teilhabe am **Erfolg** („Chance") oder das Gegenteil des gewerblichen Wirtschaftens, d. h. regelmäßige Gewinn- und Verlustzuteilung und Beteiligung an den stillen Reserven einschließlich Firmenwert.[4]

432 Die Unterschiedlichkeit prägender Merkmale von Mitunternehmerinitiative und -risiko kann anhand zweier – von vielen – Konstellationen dargestellt werden:

- Die GmbH als Komplementärin in der **GmbH & Co. KG** ist regelmäßig weder am Kapital (und damit den stillen Reserven) noch am Gewinn und Verlust der KG beteiligt. Gleichwohl trägt sie Mitunternehmerrisiko wegen der nicht abdingbaren Haftung für Schulden der KG auch bei Freistellung im Innenverhältnis und übt Mitunternehmerinitiative durch die Geschäftsführungs- und Vertretungsbefugnis aus.
- Durch die vom nachgiebigen Recht der §§ 230 ff. HGB ermöglichte Vertragsausgestaltung der **stillen Gesellschaft** (→ Rz. 127) kann dem Stillen in Form der Kontrollrechte, vergleichbar mit einem Kommanditisten, und der Verlustübernahme sowie des Anspruchs auf stille Reserven an Inhaber-Vermögen ein Mitunternehmerstatut verliehen werden.[5] Man spricht hier von einer **atypisch** stillen Gesellschaft (→ Rz. 186), wobei diesem Begriff nur ertragsteuerliche und keine handelsbilanzielle Bedeutung zukommt (→ Rz. 106).

432a Im Falle eines **Gesellschafterwechsels** ist der Übergang des wirtschaftlichen Eigentums an den Personengesellschaftsanteilen keine hinreichende Bedingung für den personellen Wechsel in der Mitunternehmerschaft (→ Rz. 225).

Hinsichtlich der **zeitlichen Zurechnung** von Einkünften gilt i. d. R. Folgendes: Bis zu dem Tag, an dem wirtschaftliches Eigentum und Mitunternehmerinitiative übergehen, sind die anteiligen Gewinne oder Verluste aus der Personengesellschaft noch dem Altgesellschafter, erst ab die-

1 Vgl. *Schmidt/Wacker,* EStG, 36. Aufl. 2017, § 15 Tz. 261.
2 BFH, Beschluss v. 25.6.1984 – GrS 4/82, BStBl II S. 751.
3 Vgl. *Schmidt/Wacker,* EStG, 36. Aufl. 2017, § 15 Tz. 262.
4 BFH, Urteil v. 28.10.1999 – VIII R 66-70/97, BStBl 2000 II S. 183.
5 BFH, Urteil v. 6.7.1995 – IV R 79/94, BStBl 1996 II S. 269; *Behrens/Karkowski,* DB 2001 S. 1059; *Groh,* DB 2004 S. 668.

sem Datum dem Neugesellschafter zuzurechnen. Eine davon abweichende Vereinbarung ist nur anzuerkennen, soweit sie für die Zukunft getroffen wird.[1]

BEISPIEL Mit Vertrag vom 1.7.01 veräußert A seinen Gesellschaftsanteil an X. Rechtliches und wirtschaftliches Eigentum sollen erst mit vollständiger Kaufpreiszahlung übergehen. Der Anteil am Gewinn oder Verlust der Gesellschaft soll aber schon ab 1.7. auf X entfallen. Der Kaufpreis wird am 1.9.01 gezahlt.

BEURTEILUNG Gewinn oder Verlust sind steuerlich bis zum 30.6.01 noch A, ab dann X zuzurechnen. Hätten A und X ihre Abrede auf die Vergangenheit ausgedehnt (z. B. Gewinn- und Verlust schon ab 1.1.01 X zuzurechnen), wäre dem insoweit steuerlich nicht zu folgen.[2]

4.3 Betriebsvermögensbestandteile

4.3.1 Gesellschaftsvermögen

In die steuerliche Gewinnermittlung können nur Wirtschaftsgüter und Schulden des **Betriebsvermögens** einbezogen werden (→ Rz. 217). Im regelmäßigen Fall der Mitunternehmerschaft mit **Gesamthands**vermögen (Ausnahme: atypisch stille Gesellschaft, → Rz. 432) sollen das gesamthänderisch gebundene Vermögen bzw. die Schulden zum steuerlichen Betriebsvermögen zählen und damit in die **Gewinnermittlung** eingehen (Ausnahme: Beteiligung an einer mitunternehmerischen Personengesellschaft, → Rz. 186). Nach h. M. gibt es hier **kein gewillkürtes** Betriebsvermögen, weil die Betriebsvermögenseigenschaft durch das Maßgeblichkeitsprinzip bestimmt wird.[3] Unseres Erachtens macht hierzu § 5 Abs. 1 Satz 1 EStG mit der Bezugnahme auf die Grundsätze ordnungsmäßiger Buchführung keine Aussage. Vielmehr umgekehrt: Das HGB enthält sich einer Aussage zum Inhalt des Kaufmannsvermögens, weshalb die steuerliche Handhabung nach einer besonderen Ausprägung einer umgekehrten Maßgeblichkeit in die Bresche springt (→ Rz. 196). 433

Für die steuerliche Bilanzierungspraxis genügt allerdings die Zweiteilung in notwendiges Betriebs- oder Privatvermögen: Zu **Wohnzwecken** des Gesellschafters genutztes Gesamthandsvermögen stellt abweichend vom Handelsrecht steuerlich ebenso notwendiges Privatvermögen dar (→ Rz. 217) wie das sog. **betriebsschädliche** Vermögen (→ Rz. 199), das auch im Gesamthandsvermögen kein steuerliches Betriebsvermögen darstellen kann. Zu Gesamthandsschulden zur Finanzierung notwendigen Privatvermögens vgl. das Beispiel unter Rz. 217.

Jedenfalls kann die Zugehörigkeit eines Wirtschaftsguts bzw. einer Schuld zum Gesamthandsvermögen eine Mitunternehmerschaft die (steuerliche) Betriebsvermögenseigenschaft nicht präjudizieren. Fehlt es an einer betrieblichen **Veranlassung** – private Wohnzwecke, Betriebsschädlichkeit, Kreditaufnahme zur Finanzierung von Privatvermögen, → Rz. 217 –, kann nur steuerliches Privatvermögen vorliegen. 434

BEISPIEL Die Eheleute im Beispiel unter → Rz. 217 halten im Gesamthandsvermögen der OHG einen Pkw – einen Porsche Turbo 911 –, den ihre Tochter regelmäßig zu Privatfahrten benötigt, für den die OHG aber keine Verwendung hat. Der Privatbedarf kann steuerlich nicht in irgendeiner Form abzugsfähig gemacht werden. Deshalb stellt der Porsche kein steuerliches Betriebsvermögen dar.

1 BFH, Urteil v. 25.9.2018 – IX R 35/17.

2 Ausführlich *Tiede*, StuB 2019 S. 233 ff.

3 So *Schmidt/Wacker*, EStG, 36. Aufl. 2017, § 15 Tz. 481.

Dagegen kann auch eine Darlehensforderung der Gesellschaft (zu deren Gesamthandsvermögen gehörig und deshalb handelsbilanziell zu aktivieren) steuerlich (nach § 4 Abs. 1 Satz 1 EStG) **gewillkürtes** Betriebsvermögen darstellen (→ Rz. 214).

BEISPIEL[1] Eine KG gewährt ihrem Gesellschafter darlehensweise laufende Auszahlungen, die dieser als Lebensversicherungsbeiträge verwendet. Die Versicherung war zur Sicherung von Ansprüchen einer Sparkasse gegen die Gesellschaft abgetreten. Es liegt gewillkürtes Betriebsvermögen vor. Umgekehrt liegt steuerlich eine **Entnahme** vor, wenn das Darlehen vom Gesellschafter für private Zwecke verwendet wird. Anders als die Versicherungsbeiträge selbst (diese sind immer privat veranlasst) waren im BFH-Fall die Darlehensgewährungen betrieblich veranlasst, da der Kommanditist aufgrund einer gesellschaftsvertraglichen Entnahmesperre und fehlender Gewinnanteile seine Lebensversicherungsprämien nicht aufbringen konnte.

4.3.2 Sonderbetriebsvermögen

435 Zum Mitunternehmeranteil i. S. des § 15 Abs. 1 Nr. 2 EStG gehören neben der Beteiligung am Gesamthandsvermögen bzw. der Einlage des atypisch stillen Gesellschafters (→ Rz. 432) auch das dem Gesellschafter/Mitunternehmer zuzurechnende Sonderbetriebsvermögen. Dazu zählen positive und negative Wirtschaftsgüter im wirtschaftlichen und regelmäßig auch rechtlichen Eigentum (→ Rz. 221) des Mitunternehmers, die

- entweder dem Betrieb der **Personengesellschaft** bzw. Mitunternehmerschaft dienen (Sonderbetriebsvermögen I) oder
- der **Beteiligung** des Gesellschafters an der Mitunternehmerschaft **förderlich** sind (Sonderbetriebsvermögen II, → Rz. 436) oder
- **Schulden** eines Mitunternehmers als Sonderbetriebsvermögen darstellen.

Die Betriebsvermögenseigenschaft des Sonderbetriebsvermögens lässt sich rechtsdogmatisch als Ausfluss des Transparenzprinzips (→ Rz. 429) durch die Gleichstellung des Mitunternehmers mit dem Einzelunternehmer rechtfertigen.[2]

BEISPIEL Ein Mitunternehmer M erstellt auf ihm gehörigem Grundstück eine Fabrikhalle zur Nutzung durch die Gesellschaft und finanziert dieses Engagement teilweise durch einen Bankkredit. Als Einzelunternehmer läge für M beim Grundstück mit Gebäude aktives und für den Bankkredit passives Betriebsvermögen vor. In seiner Eigenschaft als Mitunternehmer begründet M insoweit Sonderbetriebsvermögen I.

Sonderbetriebsvermögen I liegt bei Widmung zur Nutzung durch die Gesellschaft vor, also typischerweise bei Grundstücken, Maschinen, Patenten, Forderungen und Verbindlichkeiten gegenüber Dritten. Dabei ist unerheblich, ob die Nutzung als Bestandteil des Gesellschaftsvertrags oder auf anderer Schuldrechtsgrundlage durch Vertrag zwischen Gesellschaft und Gesellschafter begründet ist. Die Nutzung kann entgeltlich oder unentgeltlich erfolgen.

Sonderbetriebsvermögen darf **nicht** in die Handelsbilanz der Gesellschaft aufgenommen werden (→ Rz. 219).

436 Notwendiges **Sonderbetriebsvermögen II** verlangt tatbestandlich die unmittelbare Förderung der **Beteiligung** (des Mitunternehmers) an der Personengesellschaft. Den Musterfall stellen der

1 Nach dem Sachverhalt des BFH, Urteil v. 16.10.2014 – IV R 15/11, DStR 2015 S. 220; dazu *Lüdenbach*, StuB 2015 S. 227.

2 Vgl. *Schmidt/Wacker*, EStG, 36. Aufl. 2017, § 15 Tz. 506.

Anteil des Kommanditisten einer GmbH & Co. KG an der **Komplementär**-GmbH sowie die Darlehensforderung gegen die GmbH dar. Die Zugehörigkeit des Anteils eines Kommanditisten an der Komplementär-GmbH allein begründet nicht zwingend die Betriebsvermögenseigenschaft.[1] Eine Minderheitsbeteiligung des Kommanditisten an der geschäftsführenden Komplementär-GmbH von weniger als 10 % ist nicht dem Sonderbetriebsvermögen II zuzuordnen, wenn die Abstimmung mit der Stimmenmehrheit erfolgt.[2]

Die Qualifikation als notwendiges Sonderbetriebsvermögen II einer Mitunternehmerschaft setzt nach der BFH-Rechtsprechung eine Stärkung der Gesellschafterstellung des Kommanditisten in der GmbH & Co. KG voraus.[3] Diese **Stärkung** ist nach der **funktionalen** Betrachtungsweise davon abhängig, ob die Beteiligung eine wesentliche Grundlage für die Mitunternehmerstellung des Kommanditisten bewirkt. Diese Grundlage wiederum ist nach der **wirtschaftlichen Bedeutung** zu bestimmen, die die OFD Frankfurt an der **Beteiligungsquote** festmacht:

- **Kommanditanteil bis 50 % der Stimmrechte:** Die Beteiligung an der Komplementär-GmbH ist nur dann Sonderbetriebsvermögen, wenn der Kommanditist die Mehrheit der Stimmrechte an der GmbH hat.
- **Kommanditanteil größer als 50 % der Stimmrechte:** Die Beteiligung an der Komplementär-GmbH ist kein Sonderbetriebsvermögen, da der Kommanditist schon aufgrund der Stimmrechtsmehrheit bei der KG seinen Willen durchsetzen kann.
- **Kommanditanteil von 100 % der Stimmrechte:** Die Beteiligung an der Komplementär-GmbH ist i. d. R. Sonderbetriebsvermögen, ihre funktionale Wesentlichkeit liegt darin, dass erst die GmbH als zweiter Gesellschafter die Schaffung einer KG ermöglicht.

Die OFD-Verfügung behandelt noch folgende Sonderfälle:

- Die Komplementär-GmbH unterhält **eigenen** Geschäftsbetrieb ohne Zusammenhang mit der KG: kein Sonderbetriebsvermögen II.
- Die Komplementär-GmbH unterhält einen eigenen Geschäftsbetrieb, der mit demjenigen der KG **verflochten** ist: Dann Sonderbetriebsvermögen II, wenn die Geschäftsbeziehung nicht von geringer Bedeutung ist (z. B. GmbH ist Vertriebsgesellschaft für die KG).

Der zweite Punkt ist durch ein BFH-Urteil überholt. Es hält fest: „Danach ist die (Mehrheits-)Beteiligung eines Kommanditisten an einer Kapitalgesellschaft, die neben ihren geschäftlichen Beziehungen zur KG oder neben ihrer Geschäftsführertätigkeit als Komplementär-GmbH für die KG einen eigenen Geschäftsbetrieb von nicht ganz untergeordneter Bedeutung unterhält, in der Regel nicht dem notwendigen Sonderbetriebsvermögen II zuzuordnen. Dies gilt auch dann, wenn die … Komplementär-GmbH wirtschaftlich mit der GmbH & Co. KG verflochten ist und die Geschäftsbeziehungen aus Sicht der GmbH & Co. KG nicht von geringer Bedeutung sind."[4]

Die Unterscheidung zwischen Sonderbetriebsvermögen I und II kann eine **spezielle** Bedeutung, z. B. für die Wertung als wesentliche **Betriebsgrundlage** in Fällen der **umwandlungsrechtlichen** 437

1 BFH, Urteil v. 12.6.2013 – X R 2/10, BStBl 2013 II S. 907. Parallele zum vom BFH entschiedenen Fall der Besitzgesellschaft bei Betriebsaufspaltung; dazu *Prinz, U.*, DB 2014 S. 1218; OFD Nordrhein-Westfalen v. 21.6.2016, DB 2016 S. 1907.

2 BFH, Urteil v. 16.4.2015 – IV R 1/12, DStR 2015 S. 1362.

3 Vgl. hierzu OFD Frankfurt a. M., Vfg. v. 13.2.2014, DB 2014 S. 1227, dort ist auch die einschlägige BFH-Rechtsprechung zitiert.

4 BFH, Urteil v. 21.12.2021 – IV R 15/19.

Einbringung von Mitunternehmeranteilen in Kapitalgesellschaften, haben.[1] Eine **allgemeine** Bedeutung hat die Erweiterung des Sonderbetriebsvermögens um die Kategorie II bei **mittelbarer Nutzungsüberlassung** an die Gesellschaft, z. B. durch Zwischenschaltung eines Dritten. Durch die Erfassung des mittelbar überlassenen Wirtschaftsguts als Sonderbetriebsvermögen II und der Nutzungsvergütungen als anderweitige/mittelbare Sonderbetriebseinnahme werden Umgehungen und Rechtsmissbräuche **typisiert** verhindert:

BEISPIEL ▸ A vermietet ein Bürogebäude für 120 T€ p. a. an den gewerblichen Zwischenmieter ZM. ZM vermietet es mit einem Aufschlag von 50 % (für Hausmeisterservice und sonstige Bewirtschaftung) an diverse Endnutzer weiter, darunter zu 1/3 auch die A-KG, deren Kommanditist A ist. ZM schließt auch ansonsten nur Verträge über komplette Gebäude ab.

A überlässt den betrieblich genutzten Gebäudeteil (1/3) nicht seiner Gesellschaft, sondern dem Zwischenmieter. Er erhält keine Sondervergütungen von seiner Gesellschaft, sondern eine Pacht vom Zwischenmieter. Rechtsmissbrauch und Umgehung i. S. von § 42 AO sind nicht gegeben, da beachtliche außersteuerliche Gründe für die Einschaltung des Zwischenmieters sprechen (Bewirtschaftung, Interesse von ZM nur an kompletten Gebäuden). Sonderbetriebsvermögen I bzw. Sondervergütungen i. S. von § 15 Abs. 1 Satz 1 Nr. 2 Halbsatz 2 EStG liegen somit nicht vor.

Der von der KG genutzte Gebäudeteil dient jedoch mittelbar der Stärkung der Beteiligung von A. Er ist deshalb typisiert und unabhängig von den Tatbestandsvoraussetzungen des § 42 AO als Sonderbetriebsvermögen II in der Sonderbilanz zu erfassen.[2]

438 Beim Sonderbetriebsvermögen ist anders als beim Gesamthandsvermögen (→ Rz. 433) eine **Willkürung** möglich,[3] die insoweit tatbestandlich den Verhältnissen beim Einzelkaufmann folgt (→ Rz. 196), nämlich:

- **objektive** Eignung zur Förderung des Betriebs der Personengesellschaft bzw. der Beteiligung an dieser,
- **subjektive** Bestimmung zum Dienen der Mitunternehmerschaft, die ex ante klar und eindeutig zum Ausdruck gebracht werden muss (→ Rz. 197), nach Auffassung des BFH durch Ausweis in der Buchführung durch die Personengesellschaft und nicht lediglich durch Ausweis in der Sonderbilanz.[4]

Sonderbetriebsvermögen kann auch vorliegen im **gemeinschaftlichen** (wirtschaftlichen, → Rz. 222) Eigentum.

BEISPIEL ▸ Die Brüder Max und Moritz betreiben ein Fuhrunternehmen mit zwei Lkw in der Rechtsform der OHG. Sie beteiligen sich mit je 10 % am Kapital und an den Stimmrechten der S Speditions GmbH & Co. KG und stellen ihre beiden Lkw gegen fremdüblichen Fuhrlohn zur Verfügung. Es liegt Sonderbetriebsvermögen I bei der GmbH & Co. KG vor, obwohl die Lkw „an sich" auch Betriebsvermögen der OHG darstellen.[5]

1 BFH, Urteil v. 16.2.1996 – I R 183/94, BStBl II S. 342, zu § 20 UmwStG.

2 BFH, Urteil v. 9.9.1993 – IV R 14/91, BStBl 1994 II S. 250.

3 Vgl. *Bitz* in Littmann/Bitz/Pust (Hrsg.), Das Einkommensteuerrecht, § 15 Tz. 76; dort auch ein Katalog von einschlägigen BFH-Urteilen.

4 BFH, Urteil v. 11.3.1992 – XI R 38/89, BStBl II S. 797.

5 So die Lösung des BFH, des BMF und der h. M. zur sog. Bilanzierungskonkurrenz außerhalb der Fälle von Schwesterpersonengesellschaften mit Betriebsaufspaltung; vgl. im Einzelnen *Schmidt/Wacker*, EStG, 36. Aufl. 2017, § 15 Tz. 534.

4.3.3 Sondervergütungen

Nach § 15 Abs. 1 Nr. 2 Satz 1 EStG („und die") sind die **Sondervergütungen**, die der Mitunternehmer von der Gesellschaft für die verschiedensten Tätigkeiten, einerlei auf welcher vertraglichen Grundlage, erhält, als **Einkunftsbestandteil** der **Mitunternehmerschaft** zu behandeln und unterliegen damit der Gewerbesteuer. Diese Gewinnzurechnung innerhalb der Einkunftsermittlung der Mitunternehmerschaft **ersetzt** die Erfassung dieser Vergütungen als Einkünfte aus nichtselbständiger Arbeit, Kapitalvermögen oder Vermietung und Verpachtung. Diese systematische Begründung liegt in der Gleichstellung mit dem Einzelkaufmann, der keine „Tätigkeitsvergütung" für seine Arbeitsleitung als Betriebsausgabe absetzen kann. 439

Typische Sachverhalte sind:

- Die Geschäftsführervergütung für die Kommanditisten und gleichzeitige Geschäftsführer der Komplementär-GmbH bei der GmbH & Co. KG, einerlei ob der Dienstvertrag mit der KG oder der GmbH abgeschlossen ist.
- Beratungstätigkeit als Architekt oder Steuerberater für die Mitunternehmerschaft.
- Zinsen für Darlehensforderungen des Gesellschafters gegen die Gesellschaft (→ Rz. 450).
- Avalprovisionen für die zugunsten der Gesellschaft eingegangene Bürgschaft oder gewährte Sicherheiten.
- Nutzungsvergütung – auch gewinnabhängig – für überlassene Patente.
- Grundstücksmieten.

Zeitlich sind diese Vergütungen bei Anfall zu erfassen, d. h., wenn sie in der Gewinnermittlung der Mitunternehmerschaft als Aufwand anfallen. Eine wichtige Besonderheit gilt allerdings für **Pensionszusagen** an Mitunternehmer. Solche sind nach den üblichen Regeln (→ § 249 Rz. 120 ff.) in der Handels- und Steuerbilanz der Mitunternehmerschaft ohne gleichzeitigen Zufluss beim bedachten Mitunternehmer zu passivieren. Gleichwohl darf dadurch nach ständiger BFH-Rechtsprechung der Zuführungsbetrag den Gewinn („Gesamtgewinn") der Mitunternehmerschaft nicht mindern. Deshalb ist korrespondierend in der Sonderbilanz I des bedachten Mitunternehmers ein Aktivposten gewinnerhöhend aufzubauen und mit Leistungsbeginn im Gegenzug zum Passivansatz in der Gesamthandsbilanz wieder aufzulösen.[1] 440

Zum Ergebnis aus Sonderbilanzen gehören Sonderbetriebs**ausgaben** und **-einnahmen.** 441

BEISPIEL

- A zahlt Bankzinsen für den Kredit zum Erwerb der Beteiligung: Sonderbetriebsausgabe.
- B nutzt seinen im Privatvermögen befindlichen Pkw zu 40 % und legt die anteiligen Aufwendungen als Nutzungseinlage in das Sonderbetriebsvermögen ein: Sonderbetriebsausgaben.
- C erhält als Kommanditist und Gesellschafter der Komplementär-GmbH Dividenden: Sonderbetriebseinnahmen.

Würde der Grundsatz der **korrespondierenden Bilanzierung** (→ Rz. 440) i. S. der älteren Bilanz*bündel*theorie so (miss-)verstanden, dass die zivilrechtliche Trennung zwischen Gesellschaft und Gesellschafter steuerlich unbeachtlich sei, wären wie die in § 15 Abs. 1 Satz 1 Nr. 2 Halbsatz 2 EStG genannten Leistungen und Vergütungen auch **Veräußerungsgeschäfte** zwischen 442

1 BFH, Urteil v. 14.2.2006 – VIII R 40/03, BStBl 2008 II S. 182; BFH, Urteil v. 30.3.2006 – IV R 25/04, BStBl 2008 II S. 171; Übergangsregelungen für zuvor anders behandelte Fälle durch BMF v. 29.1.2008 – IV B 2 – S 2176/07/0001, BStBl I S. 317.

Gesellschaft und Gesellschafter (mindestens in Höhe der Beteiligungsquote) nicht anzuerkennen. Dieser Auffassung erteilte der BFH bereits 1976 eine Absage. Bei der Ermittlung dieses Gewinns sei „auch steuerrechtlich zu beachten, dass die Personengesellschaft als Gemeinschaft zur gesamten Hand (§ 719 BGB) mit eigener Rechtszuständigkeit ausgestattet ist .... Veräußerungen zwischen der Gesellschaft und dem Gesellschafter stellen zivilrechtlich einen Wechsel der Rechtszuständigkeit dar" und sind auch steuerrechtlich zu beachten.[1] Dies gilt jedenfalls insoweit, als Veräußerungen zu **fremdüblichen** Bedingungen und gelegentlich geschehen. Eine andere Beurteilung ist nur geboten, wenn die Gesellschaft z. B. ihren Wareneinkauf hauptsächlich bei den Gesellschaftern tätigt.[2]

BEISPIEL ▸ An der X-KG sind A zu 25 % und B zu 25 % beteiligt. Ende Dezember 01 ereignen sich noch folgende Geschäftsvorfälle:

- (1) A verkauft der KG ein Grundstück aus seinem Einzelunternehmen. Die Kaufpreisforderung soll Ende März erfüllt werden.
- (2) Die KG kauft auf Ziel Waren beim Einzelunternehmen des B. Die KG deckt ihren Wareneinkauf zur Hauptsache bei B ein. Die KG dient wirtschaftlich als Vertriebsgesellschaft für die von B hergestellten Produkte. Mitte März 02 gerät die KG überraschend in Zahlungsschwierigkeiten.

A hat die Forderung aus dem Grundstücksverkauf in seinem Einzelunternehmen auszuweisen und kann sie bei Vorliegen der allgemeinen Voraussetzungen aufwandswirksam wertberichtigen.

Die Forderung des B stammt nicht aus gelegentlichen Veräußerungen. B nutzt die KG als Vertriebsgesellschaft. Die Forderung ist deshalb im Gesellschaftsverhältnis veranlasst, d. h. in der steuerlichen Gesamtbetrachtung Eigenkapital. Der Forderungsausweis erfolgt steuerlich in der Sonderbilanz des B bei der KG und ist dort nach den Grundsätzen korrespondierender Bilanzierung nicht abschreibungsfähig.

Mit der Gleichbehandlung von Veräußerungsgeschäften gegenüber dem Gesellschafter mit Drittgeschäften erkennt die Rechtsprechung auch steuerlich die Eigenständigkeit und Rechtsfähigkeit der Personengesellschaft an (Personengesellschaft als Subjekt der Gewinnermittlung und -erzielung). In den Sonderbereich fallen dann nur noch solche Vergütungen, die in § 15 Abs. 1 Satz 1 Nr. 2 Halbsatz 2 EStG ausdrücklich genannt werden. Nicht ausdrücklich genannte Formen des Leistungsaustauschs mit dem Gesellschafter werden nicht anders behandelt als ein Leistungsaustausch mit Fremden.

BEISPIEL ▸ A verpachtet an die A+B OHG ein Grundstück. Die OHG errichtet auf dem Grundstück ein Bauwerk. Der Pachtvertrag sieht eine Entfernungsverpflichtung bei Beendigung vor (→ § 249 Rz. 67). Die OHG bildet in der Bilanz ratierlich eine Rückstellung für diese Verpflichtung.

A hat (anders als z. B. in Fällen rückständiger Mietzahlungen) keine korrespondierende Forderung in seiner Sonderbilanz zu erfassen. Der Entfernungsanspruch ist (anders als z. B. ein Pachterneuerungsanspruch bzw. Anspruch auf Substanzerhaltung, → Rz. 420) kein Teil des Nutzungsentgelts und damit der Sondervergütung i. S. des § 15 Abs. 1 Satz 1 Nr. 2 Halbsatz 2 EStG. Der Gesetzeszweck „erfordert jedoch nur für solche Ansprüche des Gesellschafters einen korrespondierenden Aktivposten in der Sonderbilanz, die zu einer Sondervergütung im Sinne dieser Vorschrift führen".[3]

Die Anerkennung der steuerlichen Eigenständigkeit der Gesellschaft und die Beschränkung des Sonderbereichs auf ausdrücklich genannte Vergütungsformen löst nicht alle Probleme. Im Ein-

1 BFH, Urteil v. 28.1.1976 – I R 84/74, BStBl II S. 744.
2 BFH, Urteil v. 21.1.1981 – IV R 160/76, BStBl II S. 427.
3 BFH, Urteil v. 28.3.2000 – VIII R 13/99, BStBl II S. 612.

zelfall kann z. B. strittig sein, ob die vereinbarte Entlohnung Tätigkeitsvergütung ist oder Kaufpreischarakter hat:

BEISPIEL Bauunternehmer A hat gegen einen Festpreis für die A GmbH & Co. KG auf deren Grundstück ein Gebäude errichtet. Zivilrechtlich liegt weder Kaufvertrag noch Werklieferungsvertrag, sondern ein Werkvertrag vor. A sieht deshalb in der Zahlung der KG eine Vergütung für eine Tätigkeit. Er erklärt daher Sonderbetriebsausgaben und -einnahmen bei der KG. Das FA erkennt einen kaufvertragsähnlichen Vorgang und keine Tätigkeitsvergütung, da A auch die Materialien geliefert hat.

Die Auffassung des FA wird durch den BFH bestätigt. Eine einheitliche Vergütung (Festpreis) ist dann nicht mehr Sonderbetriebseinnahme, wenn der Wert der Materiallieferung „im Verhältnis zum Wert der Arbeit nicht mehr von untergeordneter Bedeutung ist".[1]

Nach dem Wortlaut des § 15 Abs. 1 Satz 1 Nr. 2 Halbsatz 2 EStG sind sämtliche Tätigkeits-, Zins- und Pachtvergütungen und damit zusammenhängende Wirtschaftsgüter des Gesellschafters in dessen gewerbliche Einkünfte einzubeziehen. Die Rechtsprechung hat jedoch aus dem Gesetzeszweck als ungeschriebenes Tatbestandsmerkmal die **Veranlassung** der Leistung des Mitunternehmers durch das **Gesellschaftsverhältnis** abgeleitet.[2] Sondervergütungen und Sonderbetriebsvermögen sind demzufolge nicht gegeben, wenn „die Leistung und die Mitunternehmereigenschaft desjenigen, der leistet, nur **zufällig** und **vorübergehend** zusammentreffen und demgemäß jeglicher wirtschaftlicher Zusammenhang zwischen Leistung und Mitunternehmerverhältnis ausgeschlossen erscheint".[3] Zu denken ist etwa an einen einmaligen Auftrag zur Führung eines Prozesses, den ein Rechtsanwalt von einer Publikums-KG erhält, an der er selbst – neben zahlreichen anderen Kommanditisten – geringfügig beteiligt ist. 443

BEISPIEL An der Publikums-KG X sind u. a. der Rechtsanwalt (RA) (mit 1 %) und der Steuerberater (StB) (mit 10 %) beteiligt. Beide ermitteln den Gewinn ihrer eigenen freiberuflichen Praxis per Einnahmen-Ausgaben-Rechnung. Zum Bilanzstichtag 31.12.01 schuldet die KG beiden jeweils noch 10 T€, dem RA aus der einmaligen Führung eines Prozesses für die KG, dem StB aus der laufenden Führung der Buchhaltung.

Der RA muss die 10 T€ erst im Folgejahr (bei Vereinnahmung) als freiberufliche Einkünfte versteuern. Zwar hat er Vergütungen i. S. von § 15 Abs. 1 Satz 1 Nr. 2 Halbsatz 2 EStG erhalten. Aufgrund der geringen Höhe seiner Beteiligung und der Einmaligkeit des Auftrags fehlt jedoch jeglicher wirtschaftlicher Zusammenhang mit seiner Mitunternehmerschaft.

Der StB ist hingegen dauerbeauftragt und überdies nicht nur geringfügig beteiligt. Seine Leistung dient der Verwirklichung des Gesellschaftszwecks. Ein Zusammenhang mit der Gesellschafterstellung kann jedenfalls nicht ausgeschlossen werden. Der StB muss den Honoraranspruch deshalb als gewerbliche Einkünfte versteuern, und zwar schon mit Erbringung der Leistung, d. h. vor Vereinnahmung. Aufgrund des Grundsatzes der korrespondierenden Bilanzierung (siehe oben) ist der (Sonder-)Vergütungsanspruch in der Sonderbilanz per 31.12.01 (sonder-)ergebniswirksam als Forderung zu aktivieren.

Die vorstehende Behandlung beim Steuerberater ist inzwischen durch den BFH bestätigt worden, und zwar unter expliziter Berufung auf die Grundsätze der korrespondierenden Bilanzierung. Sie gilt nach dem Urteil auch dann, wenn der Steuerberater nur mittelbar, und das überdies im Wege einer atypisch stillen Beteiligung, Mitunternehmer ist.[4]

§ 15 Abs. 1 Satz 1 Nr. 2 Halbsatz 2 EStG ist nicht nur **Qualifikationsnorm** mit dem Zweck der Umqualifizierung anderer Einkünfte in solche gewerblicher Art, sondern daneben z. T. auch **Zu-** 444

1 BFH, Urteil v. 28.10.1999 – VIII R 41/98, BStBl 2000 II S. 339.
2 BFH Urteil v. 23.5.1979 – I R 163/77, BStBl II S. 763.
3 BFH, Urteil v. 24.1.1980 – IV R 154-155/77, BStBl II S. 269.
4 BFH, Urteil v. 21.12.2017 – IV R 44/14.

ordnungsnorm zur Lösung von **Bilanzierungskonkurrenzen.** Derartige Konkurrenzen ergeben sich z. B. bei Verpachtungen zwischen Schwesterpersonengesellschaften. Die Frage ist dann, ob das zur Nutzung überlassene Wirtschaftsgut als Sonderbetriebsvermögen der Verpächterin bei der pachtenden Gesellschaft erfasst wird oder ob das eigene Betriebsvermögen der Verpächterin Vorrang haben soll. Die Antwort der Rechtsprechung fällt uneinheitlich aus:

- Bei Nutzungsüberlassung durch eine **freiberufliche Schwestergesellschaft** Vorrang des Sonderbetriebsvermögens und damit zugleich Umqualifizierung,[1] ebenso
- Vorrang des Sonderbetriebsvermögens bei Nutzungsüberlassung durch **Einzelunternehmer,**[2] dagegen
- Vorrang des Betriebsvermögens der Verpächterin bei Nutzungsüberlassung durch eine gewerbliche **Schwestergesellschaft**[3] oder **Besitzobergesellschaft** (mitunternehmerische Betriebsaufspaltung).[4]

Die Bedeutung der Zuordnungsfrage liegt auch in den Fällen 2 und 3 vor allem auf dem Gebiet der Gewerbesteuer. Aus der (Nicht-)Zusammenfassung von Gewerbeerträgen können sich in Verlustsituationen beträchtliche Auswirkungen ergeben.

4.4 Ergänzungsbilanzen

445 Durch (Wert-)Ergänzungsbilanzen[5] werden für den einzelnen Mitunternehmer die Wertansätze aus der Gesamthandsbilanz (→ Rz. 449) korrigiert. Der zulässige Posten in einer Ergänzungsbilanz ist Bestandteil des Buchwertes eines Wirtschaftsgutes.[6] Ergänzungsbilanzen sind nur bei Personengesellschaften zulässig – trotz des Komplementärs einer KGaA also nicht bei dieser Rechtsform. Weder die Zahlung eines Aufgeldes im Rahmen der Übernahme einer Beteiligung als persönlich haftender Gesellschafter einer KGaA noch der Erwerb und die Einziehung eigener Kommanditaktien durch die KGaA führen zum Ansatz zusätzlicher, in einer Ergänzungsbilanz auszuweisender Anschaffungskosten des persönlich haftenden Gesellschafters.[7] Anlässe zur Bildung von Ergänzungsbilanzen sind insbesondere:

- Anteilserwerb (Gesellschafterwechsel) oder Eintritt in ein bisheriges Einzelunternehmen.
- Einbringung eines Betriebs-, Teilbetriebs- oder Mitunternehmeranteils in eine Personengesellschaft nach § 24 UmwStG.
- Übertragung einzelner Wirtschaftsgüter zwischen Gesellschaft und Gesellschafter nach § 6 Abs. 5 Satz 3 bis 5 EStG.
- Inanspruchnahme personenbezogener Steuerbegünstigungen, z. B. nach § 6b EStG.

446 **Die Wertkorrektur** kann **positiv** oder **negativ** ausfallen. Bezugsgrößen sind einerseits das anteilige Eigenkapital der Mitunternehmerschaft und andererseits die Anschaffungskosten bzw. die Tauschwerte der in die Mitunternehmerschaft eingebrachten Wirtschaftsgüter.

---

1 BFH, Urteil v. 23.5.1979 – I R 56/77, BStBl II S. 763.
2 BFH, Urteil v. 28.10.1999 – VIII R 41/98, BStBl 2000 II S. 339.
3 BFH, Urteil v. 26.11.1996 – VIII R 42/94, BStBl 1998 II S. 328.
4 BFH, Urteil v. 24.3.1999 – I R 114/97, BStBl 2000 II S. 399.
5 Vgl. *Schmidt/Wacker*, EStG, 36. Aufl. 2017, § 15 Tz. 460.
6 BFH, Urteil v. 20.10.2015 – VIII R 33/13, FR 2016 S. 769; vgl. *Wendt*, FR 2016 S. 773.
7 BFH, Urteil v. 7.9.2016 – I R 57/14, DStR 2016 S. 193.

BEISPIEL

- Die neu eintretende „OHG ist" kauft aus eigenen Mitteln 50 % des Festkapitals der O-OHG im Nennwert von 100 zu 180: **positive** Ergänzungsbilanz mit Wertkorrektur von 80.
- Der neu eintretende Kommanditist K bringt sein bisheriges Einzelunternehmen im Wert von 220 in die K-KG ein und erhält hierfür eine Beteiligung von 50 % = 100 am Festkapital der KG von insgesamt 200. K will von der Buchwertfortführung nach § 24 UmwStG Gebrauch machen: **negative** Ergänzungsbilanz mit Wertkorrektur von 120.

Die Wertkorrekturen in der Ergänzungsbilanz können steuersystematisch nicht auf die **Beteiligung** an der Personengesellschaft/Mitunternehmerschaft entfallen, weil es eine solche nicht gibt. An deren Stelle tritt gespiegelt das anteilige Eigenkapital der Gesellschaft (→ Rz. 186). Die „Beteiligung" fungiert nur als Rechengröße zur Ermittlung der positiven oder negativen Wertkorrektur. Dieser Korrekturbetrag ist auf die erworbenen oder eingebrachten Wirtschaftsgüter einschließlich Firmenwert nach dem Verhältnis von deren Teilwerten aufzuteilen und buchmäßig weiterzuentwickeln.[1] 447

BEISPIEL

- Im Beispiel unter → Rz. 446 zur OHG entfällt die Wertkorrektur mit
  - 30 auf Grund und Boden: keine AfA, Aufwand erst beim Abgang,
  - 50 auf den Firmenwert: AfA 15 % p. a.
- Im Beispiel unter → Rz. 446 zur KG entfällt die Wertkorrektur von 120 auf ein bislang im Betriebsvermögen des K nicht aktiviertes Patent mit einer Nutzungsdauer von zehn Jahren: AfA in der Gesamthandsbilanz 12 p. a., in der Ergänzungsbilanz negative AfA von ebenfalls 12; daraus Gewinneffekt für die Mitunternehmerschaft insgesamt von null.

Im typischen Fall des Erwerbs eines Mitunternehmeranteils an einer Personengesellschaft erfolgt einkommensteuerlich kein Anteilserwerb, sondern die Anschaffung von Anteilen an den zum Betriebsvermögen der Gesellschaft gehörenden Wirtschaftsgütern. Sofern das Entgelt diese Werte übersteigt, entstehen dem Erwerber Anschaffungskosten, die sich für ein Einzelunternehmen bei abnutzbaren Wirtschaftsgütern im Abschreibungspotenzial niederschlagen. Dieser Mehrwert ist in der Ergänzungsbilanz des Erwerbers zu erfassen.

In der Ergänzungsbilanz ist jedenfalls beim Gesellschafterwechsel (anders z. T. bei Einbringungsvorgängen nach § 24 UmwStG) nicht zwingend die gleiche AfA-Methode wie in der Gesamthandsbilanz anzuwenden. Bei abnutzbaren beweglichen Wirtschaftsgütern ist die Restnutzungsdauer bei einer Anschaffung oder Herstellung neu zu schätzen, also nicht an derjenigen in der Gesamthandsbilanz auszurichten.[2] Dabei ist tragendes Element für den BFH die Gleichstellung des erwerbenden (Neu-)Mitunternehmers mit dem Einzelunternehmer, der einen Betrieb erwirbt. Die Finanzverwaltung ergänzt den Inhalt des zitierten BFH-Urteils um eine Definition der **gesamten** Anschaffungskosten, die auch die in der Gesellschaftsbilanz enthaltenen (anteiligen) Anschaffungskosten umfassen. Die eigene AfA des Erwerbers bezieht sich auch auf die in der Gesellschaftsbilanz ausgewiesenen Anschaffungs-/Herstellungskosten. Bei nach typisierten Sätzen oder degressiv abzuschreibenden Gebäuden ist zu klären, ob die in der Gesamthandsbilanz gewählten Abschreibungssätze bzw. -methoden auch für den hinzutretenden Gesellschafter anwendbar sind. Hierbei kommt es vor allem auf seinen Erwerbszeitpunkt an. Bei gleichbleibendem typisierten Abschreibungssatz (dadurch fehlender Berück-

1 Einzelheiten mit vielen Beispielen bei *Bitz* in Littmann/Bitz/Pust (Hrsg.), Das Einkommensteuerrecht, § 15 Tz. 64.
2 So der BFH, Urteil v. 20.11.2014 – IV R 1/11, BStBl II 2017 S. 34.

sichtigung der Restnutzungsdauer) kann trotz Aufdeckung stiller Reserven eine Minder-AfA in der Ergänzungsbilanz resultieren, weil Bemessungsgrundlage der AfA in der Gesamthandsbilanz die ursprünglichen Anschaffungs-/Herstellungskosten sind, für den hinzutretenden Gesellschafter aber in der Summe aus anteiligem Gesamthandsbuchwert und Ergänzungsbilanzwert nur der niedrigere Wert der Immobilie im Beitrittszeitpunkt maßgeblich ist.[1]

4.5 Die Gewinnermittlung

448 Die Gewinnermittlung für den Gesellschafter erfolgt in der **„Gesamtbilanz der Mitunternehmerschaft“** in drei Stufen:[2]

- Anteil am Ergebnis der **Gesellschafts**-Steuerbilanz einschließlich des Ergebnisses nur einer Ergänzungsbilanz (→ Rz. 445 f.).
- Ergebnis aus **Sonderbilanzen,** welche Wertveränderungen der Wirtschaftsgüter im Sonderbetriebsvermögen sowie Sondervergütungen, sonstige Betriebseinnahmen und -ausgaben umfassen.
- **Sonderfall** des Gewinns oder Verlusts aus Veräußerung des Mitunternehmeranteils nach § 16 Abs. 1 Nr. 2 EStG.

449 Entsprechend bestimmt sich der **Anteil** an der **Mitunternehmerschaft** für den einzelnen Mitunternehmer aus dem

- anteiligen Betriebsvermögen der Personengesellschaft = Gesamthandsbilanz zzgl. Ergänzungsbilanzen,
- Sonderbetriebsvermögen = Sonderbilanz.

450 Die nach den üblichen steuerlichen Regeln zu ermittelnden Gewinne oder Verluste aus den einzelnen Bereichen der „Gesamtbilanz der Mitunternehmerschaft“ sind zu **addieren** („additive Gewinnermittlung“), allerdings mit **korrespondierender** Bilanzierung zwischen den Teilgrößen der „Gesamtbilanz“.[3] Die Korrespondenz verlangt gleiche Ausweise in den Teilbereichen der Gesamtbilanz.

BEISPIEL

- Darlehensforderungen des Gesellschafters gegen die Gesellschaft in seiner Sonderbilanz stehen gleich hohe Verbindlichkeiten in der Gesellschaftsbilanz gegenüber. Deshalb kann eine Teilwertabschreibung mit steuerlicher Wirkung vom Gesellschafter nicht vorgenommen werden, wenn die Forderung notleidend wird (Ausnahme für Forderungen aus üblichem Geschäftsverkehr).[4] In der Gesamtbilanz verwandelt sich die Forderung in nicht abschreibbares Eigenkapital[5] des Gesellschafters mit Aufwandseffekt erst bei Beendigung der Gesellschaft.
- Entsprechendes gilt für eine wertlose Regressforderung des Gesellschafters aus einer Bürgschaftsinanspruchnahme für eine Gesellschaftsschuld.[6]
- Zur Pensionsrückstellung für einen Mitunternehmer vgl. → Rz. 440.

---

1 BMF, Schreiben v. 19.12.2016,BStBl I 2017 S. 34, mit Beispielen.

2 Vgl. *Gschwendtner,* DStR 1993 S. 817, und DStR 1995 S. 914; BFH, Urteil v. 13.10.1998 – VIII R 78/97, BStBl 1999 II S. 163.

3 So ständige BFH-Rechtsprechung, z. B. BFH, Urteil v. 28.3.2000 – VIII R 13/99, BStBl II S. 612; BFH, Urteil v. 11.12.2003 – IV R 42/02, BStBl 2004 II S. 353.

4 Vgl. *Schmidt/Wacker,* EStG, 36. Aufl. 2017, § 15 Tz. 549.

5 BFH, Urteil v. 12.12.1996 – IV R 77/93, BStBl 1998 II S. 180.

6 BFH, Urteil v. 5.6.2003 – IV R 36/02, BStBl II S. 871.

Ein **Forderungsverzicht** des Gesellschafters gegenüber der Gesellschaft in seinem Sonderbetriebsvermögen aus Veranlassung im Gesellschaftsverhältnis erhöht handels- und steuerbilanziell den **Gewinn** der Gesellschaft unabhängig von der Werthaltigkeit der Forderung des verzichtenden Gesellschafters (anders bei Kapitalgesellschaften, → Rz. 94 ff.). Möglich ist handelsbilanziell auch die Einstellung in den Kapitalanteil des Gesellschafters oder in die Rücklage bei entsprechendem Gesellschafterbeschluss (wie bei Kapitalgesellschaften, → Rz. 98). Die in gleicher Höhe in der Sonderbilanz ausgewiesene Forderung führt steuerbilanziell durch den Verzicht zu einem **Abgangsverlust** in dieser Höhe. Im Saldo ist der Verzicht erfolgsneutral.[1] Anderes soll nach z. T. vertretener Auffassung gelten bei Verzicht aus eigenbetrieblichem Interesse, wenn die Forderung in einem „eigenen" Betriebsvermögen liegt und z. B. die Geschäftsbeziehung aufrechterhalten werden soll: Dann soll nach dieser Auffassung wie bei Kapitalgesellschaften vorgegangen werden.[2] Folgt man der ersten Auffassung – Erfolgsneutralität in allen Fällen – ist auch das Wiederaufleben der Forderung (Eintritt einer vereinbarten Besserungsbedingung) erfolgsneutral, weil sich die Wirkungen in Gesamthandsbilanz und Sonderbilanz saldieren.[3] 451

Darlehen der **Gesellschaft** an den Gesellschafter stellen regelmäßig Privatentnahmen (vergleichbar mit dem Einzelunternehmen) dar. Im Ausnahmefall kann die Darlehensgewährung aber auch betrieblich veranlasst sein und ist dann als gewillkürtes Betriebsvermögen zu würdigen.[4] Allerdings hat der BFH in einem früheren Urteil die Möglichkeit der Willkürung von Betriebsvermögen durch mitunternehmerische Personengesellschaften allgemein ausgeschlossen.[5] 451a

Im Sonderfall der sog. „Zebra-Gesellschaft" führt ein fremdüblicher Umsatz nicht zwingend zur Gewinnrealisation (→ § 252 Rz. 102). 452

BEISPIEL[6] Eine gewerblich tätige KG verkauft fremdüblich ein Grundstück an eine vermögensverwaltende (nichtgewerbliche) KG, an der sie mit 99 % der Anteile beteiligt ist. Dadurch ändert sich im Betriebsvermögen der Verkäuferin entsprechend der Beteiligungsquote an der Erwerberin nichts. Nur auf 1 % des Kaufpreises bezieht sich die Umsatzrealisation.

4.6 Bilanzierungsbeispiel

Zur Darstellung der Bilanzierungstechnik folgende Sachverhaltsvarianten: 453

BEISPIEL

- (1) K erwirbt am 1.1.01 zum Kaufpreis von 5.000 50 % des Kommanditkapitals der G-KG mit Nennwert von 1.000, außerdem 50 % des Nennkapitals der Komplementär-GmbH von 125 zu pari zzgl. 10 für anteiligen Gewinnvortrag: Kaufpreis insgesamt 5.135.

  Der Kaufpreis für den KG-Anteil entfällt (je anteilig zu 50 %) auf:

Nennkapital	1.000	
Offene Reserven der KG von	800	
Nicht bilanziertes Patent	1.700	Nutzungsdauer 10 Jahre
Firmenwert	1.500	Nutzungsdauer 10 Jahre
Kaufpreis = Anschaffungskosten mit Kommanditanteil	**5.000**	

1 Vgl. hierzu *Schmidt-Naschke/Rehm*, DStR 2013 S. 2087, m. w. N.
2 Str., vom BFH nicht entschieden.
3 Vgl. zum Ganzen auch: *Kubik/Münch*, BB 2022 S. 555 ff.
4 So der BFH, Urteil v. 16.10.2014 – IV R 15/11, mit Besprechung von *Pohl* in StuB 2015 S. 330.
5 BFH, Urteil v. 30.6.1987 – VIII R 353/82, BStBl 1988 II S. 418.
6 Nach BFH, Urteil v. 26.4.2012 – IV R 44/09, DStR 2012 S. 1497.

► (2) Der Kaufpreis wird finanziert mit:

Bankkredit von	3.000	Zins p. a. 160, wird aus eigenen Mitteln bezahlt
Eigenkapital von	2.135	
	5.135	

► (3) K stellt ab 1.1.01 eine in seinem Eigentum befindliche Büroetage der KG gegen eine Jahresmiete von 60 zur Verfügung. Die unbelastete Etage befand sich bisher in einem eigenen Betriebsvermögen des K und hat einen Buchwert von 1.400, einen Verkehrswert von 1.800 und eine AfA von 30.

► (4) **Laufender Absatz**
K erhält in 01 eine Dividende von der Komplementär-GmbH von 10.
K nutzt seinen im Privatvermögen befindlichen Pkw zu 40 % für die KG und verzichtet auf die Willkürung. 40 % der Autokosten von 100 = 40 legt er als Aufwandseinlage in das Sonderbetriebsvermögen ein.
K erhält eine Tätigkeitsvergütung von 180 p. a.

Folgende Buchungen sind für steuerliche Zwecke vorzunehmen:

Lfd. Nr.	Soll	Haben	Vorgang	Ort
(1)	1.800		Erwerb Kommanditanteil	Sonderbilanz I
(1)	1.700		Erwerb Patent	Ergänzungsbilanz
(1)	1.500		Erwerb Firmenwert	Ergänzungsbilanz
(1)	135		Erwerb GmbH-Anteil	Sonderbilanz II
(2)		3.000	Bankkredit	Sonderbilanz I oder Ergänzungsbilanz
(2)		2.135	Eigene Mittel	Sonderbilanz I und Ergänzungsbilanz
(3)	1.400		Büroetage	Sonderbilanz I
		1.400	Eigene Mittel	Sonderbilanz I
Ab (4) laufende Geschäftsvorfälle, auch Folgeeffekte aus (1) bis (3) umfassend				
	170		AfA auf Patente	Ergänzungs-GuV
		170	Buchwertminderung Patent	Ergänzungsbilanz
	150		AfA auf Firmenwert	Ergänzungs-GuV
		150	Buchwertminderung Firmenwert	Ergänzungsbilanz
	160		Aufwand Zins	Sonder-GuV oder Ergänzungs-GuV
		160	Einlage Zins	Sonderbilanz I oder Ergänzungsbilanz
		60	Ertrag Büromiete	Sonder-GuV I
	60		Entnahme Büromiete	Sonderbilanz I
	30		AfA Büroetage	Sonder-GuV I
		30	Buchwertminderung Büroetage	Sonderbilanz I
	10		Entnahme Dividende	Sonderbilanz II
		10	Dividendenertrag	Sonder-GuV II
	40		Pkw-Kosten	Sonder-GuV I
		40	Einlage Pkw-Kosten	Sonderbilanz I
	180		Entnahme Tätigkeitsvergütung	Sonder-GuV I
		180	Ertrag Tätigkeitsvergütung	Sonderbilanz I

Anmerkung: Der Bankkredit von 3.000 und die Eigenkapitalfinanzierung von 2.135 sind sowohl dem Sonderbetriebsvermögen I als auch der Ergänzungsbilanz nach freiem Ermessen zuzuordnen, entsprechend auch der Zinsaufwand von 160. Gewählt wurde nachfolgend:

	Bankkredit	Eigene Mittel	Σ
Sonderbilanz I	Ø	1.800	1.800
Ergänzungsbilanz	3.000*	200	3.200
Sonderbilanz II	Ø	135	135
		2.135	**5.135**

* Zinsaufwand von 160, zur Vereinfachung ganz in Ergänzungsbilanz erfasst.

Die Zuordnung des Fremdkapitals zur Ergänzungsbilanz entspricht nicht deren Eigenschaft als Wertkorrekturbilanz, reflektiert dafür aber die Finanzierungssituation der erworbenen Wirtschaftsgüter/Mehrwerte.

Daraus ergeben sich folgende Bilanzen mit GuV-Rechnung für Ende 01:

Sonderbilanz I

Aktiva			**Passiva**
Kommanditbeteiligung	1.800	Eigenkapital	3.170
Büroetage	1.370		
	3.170		**3.170**

Sonder-GuV I

Aufwand			**Ertrag**
AfA Büroetage	30	Miete Büroetage	60
Einlage Autokosten	40	Tätigkeitsvergütung	180
Gewinn	170		
	240		**240**

Zur Kontrolle: **Entwicklung** des Eigenkapitals der Sonderbilanz I:

Eigenfinanzierung Anteilserwerb KG	
Eigenfinanzierung Anteilserwerb KG	1.800
Einlage Büroetage	1.400
Entnahme Büromiete	–60
Einlage Pkw-Kosten	40
Entnahme Tätigkeitsvergütung	–180
Gewinn	170
	3.170

Sonderbilanz II

Aktiva			**Passiva**
GmbH-Anteil	**135**	Eigenkapital	**135**

Sonder-GuV II

Aufwendungen			**Erträge**
Ø Gewinn	**10**	Dividende	**10**

Zur Kontrolle: **Entwicklung** des Eigenkapitals der Sonderbilanz II:

Eigenfinanzierung Anteilserwerb GmbH	135
+ Dividendenertrag = Gewinn	10
– Entnahme Dividende	–10
	135

Ergänzungsbilanz

Aktiva			**Passiva**
Patent	1.530	Bankkredit	3.000
Firmenwert	1.350	Eigenkapital	–120
	2.880		**2.880**

Ergänzungs-GuV

Aufwendungen			**Erträge**
AfA Patent	170	Verlust	480
AfA Firmenwert	150		
Zinsaufwand	160		
	480		**480**

Zur Kontrolle: **Entwicklung** des Eigenkapitals der Ergänzungsbilanz:

Eigenfinanzierung der stillen Reserven	200
Einlage Zinsaufwand	160
Verlust	–480
	–120

4.7 Verlustausgleichsbeschränkung nach § 15a EStG

453a In der Grundstruktur besagt § 15a Abs. 1 Satz 1 EStG:

- Ein **negatives Kapitalkonto** (Beteiligungskonto) des (mitunternehmerischen) **Kommanditisten** ist nach Vorgabe des Gesellschaftsrechts (→ Rz. 158) auch steuerlich möglich.
- Der einem Kommanditisten zuzurechnende **Verlustanteil** (→ Rz. 453b) nach Maßgabe des § 169 Abs. 1 Satz 2 HGB (→ Rz. 158) darf nicht mit Einkünften aus anderen Gewerbebetrieben oder Einkunftsarten ausgeglichen werden, soweit ein negatives Kapitalkonto entsteht oder sich erhöht; auch ein **Verlustvortrag** nach § 10d EStG scheidet aus. Es verbleiben sog. verrechenbare Verluste.
- Spätere Gewinnanteile sind gesellschaftsrechtlich zur Abdeckung des negativen Kapitalanteils des Kommanditisten zu verwenden (→ Rz. 166); diese Gewinne können steuerlich mit dem (noch vorhandenen) Verlustvortrag (= negatives Kapitalkonto) **verrechnet** werden.

§ 15a EStG ist keine Gewinnermittlungsvorschrift;[1] vielmehr gelten hierfür die **allgemeinen** Regeln der §§ 4 bis 7g EStG.

1 *Korn* in Korn, EStG, § 15a Tz. 18.2.

§ 15a Abs. 1 bis 4 EStG ist unmittelbar nur auf Kommanditisten anzuwenden. Abs. 5 dieser Norm weitet den Anwendungsbereich auf wirtschaftlich gleichwertige Beteiligungen aus, insbesondere auf die **atypisch stille Gesellschaft** (→ Rz. 432).

§ 15a Abs. 1 Satz 1 EStG schließt „technisch" an den gesellschaftsrechtlichen **Haftungsbetrag** an, sei es die bilanziell nachzubildende **Pflicht**einlage (→ Rz. 156) oder die **Haft**einlage eines Kommanditisten (→ Rz. 156). Letztere kann höher sein als die Pflichteinlage (sog. überschießende **Außen**haftung) und schafft nach § 15a Abs. 2 Satz 2 und 3 EStG eine erweiterte Verlustausgleichsmöglichkeit. Eine erweiterte Haftung im **Innen**verhältnis führt demgegenüber (Umkehrschluss) nicht zu einem höheren Verlustausgleichsvolumen.

Maßgeblich zur Bestimmung des Verlustausgleichsvolumens sind immer die Verhältnisse am **Bilanzstichtag.**

Der Anteil am Verlust der KG (→ Rz. 453a) bestimmt sich nach 453b

- dem Steuerbilanzgewinn der **Gesellschaft,**
- dem Ergebnis einer **Ergänzungsbilanz** für den Kommanditisten,
- einem Ergebnis aus der **Anteilsveräußerung** nach § 16 Abs. 1 Nr. 2 EStG,
- dem einer Organträgerin-KG zuzurechnenden Einkommen der **Organgesellschaft.**

Demgegenüber zählen Ergebnisse aus einer **Sonder**bilanz nicht zum „Anteil am Verlust der KG".

Den weiteren Parameter der Verlustzuweisungsbegrenzung stellt das (negative) **Eigenkapital** des Kommanditisten dar (→ Rz. 453a). Zu dessen Bestimmung werden gewöhnlich die „Kontenmodelle" herangezogen, dargestellt am Beispiel des Vier-Konten-Modells (→ § 264c Rz. 16). Danach umfasst das Eigenkapital des Kommanditisten folgende Konten (mit unterschiedlicher Bezeichnung in der Praxis):

- sog. Festkapital (Kapitalkonto I),
- sog. variables Kapitalkonto II,
- Rücklagenkonto (Anteil nach Gewinnverteilungsschlüssel),
- Verlustvortragskonto.

Nicht zum Eigenkapital gehören (passive) **Darlehenskonten** der Gesellschafter (und Sonderbetriebsvermögen), auch im Fall des Eigenkapitalersatzes (→ Rz. 86). In der Vertrags- und Rechnungslegungspraxis werden die verschiedensten Bezeichnungen für Gesellschafterkonten geführt (→ Rz. 140) (Verrechnungskonto, Privatkonto, Kontokorrentkonto), denen nicht immer der Charakter als Eigen- oder Fremdkapital anzusehen ist: Die „Überschrift" zu dem jeweiligen Konto besagt im Grunde nichts. Vielmehr ist durch **Auslegung** die Eigenschaft als Eigen- oder Fremdkapital zu ermitteln.[1] Dabei gilt eine „Faustregel": Wenn **Verluste** auf diesem Konto belastet werden, liegt Eigenkapital vor.[2] Dagegen liefert die **Verzinsung** eines Kontos kein Indiz für den Darlehenscharakter, da auch Kapitalkonten verzinst werden können.

Ein sog. **Finanzplandarlehen** stellt nur Eigenkapital dar, wenn es während des Bestehens der Gesellschaft nicht gekündigt werden kann und beim Ausscheiden des Gesellschafters oder in

1 Der BFH zum Vier-Konten-Modell, Urteil v. 15.5.2008 – IV R 46/05, BStBl 2008 II S. 812; BFH, Urteil v. 16.10.2008 – IV R 98/06, BStBl 2009 II S. 272.

2 OFD Hannover, Vfg. v. 7.2.2008,DB 2008 S. 1350.

der Liquidation der Gesellschaft mit einem negativen Kapitalkonto verrechnet wird.[1] Forderungen der **Gesellschaft** gegen einen Kommanditisten sind handels- und steuerbilanziell als solche zu behandeln, stellen also keine Entnahme des Kommanditisten dar.[2]

453c Wegen der Ausklammerung des **Sonderbetriebs**vermögens aus dem Eigenkapitalbegriff des § 15a Abs. 1 Satz 1 EStG im Gegensatz zum **Ergänzungs**bilanzkapital ist zwischen diesen beiden Parametern und dem Eigenkapitalanteil in der Gesellschaftsbilanz streng zu trennen.

BEISPIEL

Kapitalkonto des Kommanditisten K in der Gesellschaftsbilanz	–1.000
Firmenwert in der Ergänzungsbilanz	200
Finanzierung des Firmenwerts von K durch Bankkredit	130
Von K an Gesellschaft vermietetes Grundstück – Buchwert	40
Finanzierung des Grundstücks von K durch Bankkredit	190

Es sind zusätzlich zum Kapitalkonto des K in der Gesellschaftsbilanz folgende weitere Bilanzen für K zu bilden			–1.000
Firmenwert	200	Erg.-Bil.-Kapital	200
Eigenkapital des K gem. § 15a Abs. 1 Satz 1 EStG			–800
Sonderbilanzen			
Negatives Kapital (u. U. Erg.-Bil.-Kapital, → Rz. 453)		– Bankkredit	–130
Grundstück		– Kapital	+270
Negatives Kapital		– Bankkredit	–190
Sonderbilanzkapitalien			–50
Ergebnisbestandteile (in der obigen Bilanz enthalten)			
Verlustanteil laut Gesellschafterbilanz			–140
AfA Firmenwert			–15
Verrechenbarer Verlust (→ Rz. 453a) nach § 15a Abs. 1 Satz 1 EStG			–155
Ergebnisse aus Sonderbilanzen des K			
Zinsen für Bankkredit			–8
Zinsen für Bankkredit			–17
Mieteinnahmen			+40
Normal zu versteuernde Einkunft aus Gewerbebetrieb – keine Verrechnung mit Verlust aus Gesellschafts- und Erg.-Bil.			25

1 BFH, Urteil v. 7.4.2005 – IV R 24/03, BStBl 2005 II S. 598.

2 *Korn* in Korn, EStG, § 15a Tz. 33.1.

5. Organschaft

5.1 Inhalt

5.1.1 Der steuerökonomische Gehalt

Die Organschaft verdankt ihr Entstehen steuerökonomisch dem **Trennungsprinzip** bzgl. der Körperschaft- und Einkommensteuersphäre, verbunden mit der Steuersubjektivität jeder Rechtseinheit. Wenn diese Einheiten hintereinandergeschachtelt (mehrstufig) wirtschaften oder sonst als Interesseneinheit (Konzern oder „Gruppe") organisiert sind, drohen systematisch **zwei unsinnige** Ergebnisse und wirtschaftlich nicht berechtigte **Steuerbelastungen:** 454

- Die Ausschüttung von Gewinnen von unten nach oben wird auf **jeder** Stufe (rechtliche Einheit) besteuert, obwohl das Ausschüttungssubstrat bereits der Besteuerung unterlegen hat.
- Innerhalb der als Interesseneinheit fungierenden Gruppe entstehen bei einzelnen Einheiten (Steuersubjekte) **Verluste,** die **nicht** mit zu versteuernden Gewinnen anderer Einheiten **verrechnet** werden können.

Dazu gesellen sich weitere unerwünschte Besteuerungseffekte innerhalb einer Unternehmensgruppe nach Maßgabe des geltenden deutschen Konzernbesteuerungssystems, z. B. im Rahmen der **Finanzierung** durch

- **Zurechnung** von **Zinsen** beim Gewerbeertrag nach § 8 Nr. 1a GewStG,
- Zinsabzugsverbot durch die **Zinsschranke** nach § 4h EStG, § 8a KStG,
- **Ausgabenabzugsbeschränkung** nach § 3c EStG, § 8b Abs. 3 und 5 KStG.

Diese und andere Besteuerungseffekte liefern die Motivation zur Errichtung einer **körperschaft-** und **gewerbesteuerlichen** Organschaft. Das ebenfalls existierende Institut der **umsatzsteuerlichen** Organschaft interessiert hier nicht.

5.1.2 Die rechtliche Strukturierung

5.1.2.1 Anknüpfung ans Gesellschaftsrecht

Das ertragsteuerliche Organschaftssystem baut auf dem Gesellschaftsrecht der **verbundenen** Unternehmen in den §§ 291 bis 307 AktG und der Analoganwendung auf GmbHs auf. Speziell geht es um den **Gewinnabführungsvertrag** nach § 291 Abs. 1 AktG, verbunden mit der Verlustübernahmeverpflichtung nach § 302 AktG. Dabei unterstellt sich eine Kapitalgesellschaft der Leitung eines beherrschenden Unternehmens mit der Verpflichtung (Gewinnabführungsvertrag), den erzielten Gewinn an das beherrschende Unternehmen abzuführen. Letzteres ist in der umgekehrten Richtung zur Übernahme der Verluste der beherrschten Gesellschaft verpflichtet. 455

Auf dieser Grundidee baut die Organschaftsbesteuerung auf, indem sie in der Rechtsperson des herrschenden Unternehmens die von beiden Steuerrechtssubjekten erzielten **Ergebnisse** als Besteuerungsobjekt **bündelt.** Diese als Idealtyp dargestellte Duettsituation kann unterhalb des herrschenden Unternehmens **(Organträger)** in zwei Richtungen aus Sicht des Unternehmensverbundes weiter aufgegliedert werden: 456

- Nach **unten:** Die beherrschte Gesellschaft **(Organgesellschaft)** herrscht ihrerseits (jetzt **auch** Organträgerin) über **weitere** (Tochter-)Gesellschaften, die ebenfalls als Organgesellschaft fungieren. Dieses „Spiel" – mehrstufige Organschaft – kann aus (steuer-)rechtlicher Sicht ad infinitum fortgesetzt werden.

- Zur **Seite:** Das beherrschte Unternehmen kann Organträgerin von mehreren Organgesellschaften sein, die sich dann ihrerseits nach unten „ausbreiten" können.

Man spricht hier vom **Organkreis,** der häufig vom (obersten) Organträger als **Holding** geleitet wird.

5.1.2.2 Tatbestandsvoraussetzungen und Rechtsfolge

457 ► Nach § 14 Abs. 1 Satz 1 KStG kann als **Organgesellschaft** jede **Kapitalgesellschaft** mit Sitz und Geschäftsleitung im Inland fungieren. Hier ist ausschließlich der Körperschaftenbereich angesprochen.

- Als **Organträger** kommt nach § 14 Abs. 1 Satz 1 Nr. 2 KStG jedes gewerbliche Unternehmen bis hin zum Einzelkaufmann mit Geschäftsleitung im Inland in Betracht. Dadurch **kann** sich das Steuersubstrat in den Einkommensteuerbereich verlagern.
- Die Organschaft muss eine Kapitalgesellschaft mit Sitz im Inland sein.
- Die Organschaft kann mehrstufig eingerichtet sein; dann ist die Organgesellschaft gleichzeitig Organträger.
- Die **Beherrschung** im gesellschaftsrechtlichen Sinne wird steuerlich durch die **finanzielle Eingliederung** nach § 14 Abs. 1 Satz 1 Nr. 1 KStG verdeutlicht; erforderlich ist die Mehrheit der Stimmrechte an den Anteilen der Organgesellschaft zu Beginn des Wirtschaftsjahres der Organgesellschaft, insofern eine gewisse Parallele zur Verbundposition in § 271 HGB (→ § 271 Rz. 30) und zum Konzerntatbestand in § 290 HGB (→ § 290 Rz. 8 ff.) darstellend.
- Der **Gewinnabführungsvertrag** als Unternehmensvertrag i. S. des § 291 Abs. 1 AktG (mit Verlustübernahmeverpflichtung nach § 302 AktG) muss bis zum Ende des jeweiligen Wirtschaftsjahres wirksam sein, d. h. wegen des satzungsändernden Charakters ins Handelsregister der Organgesellschaft eingetragen und für fünf Jahre gültig sein.
- Die Bildung von **Gewinnrücklagen** ist außerhalb der gesetzlich gebotenen nach § 272 Abs. 3 HGB (→ § 272 Rz. 79 ff.) nur nach vernünftigem kaufmännischem Ermessen, d. h. im Einvernehmen mit dem FA, möglich (§ 14 Abs. 1 Satz 1 Nr. 4 KStG).

Vororganschaftliche Verluste der Organgesellschaft werden während des Bestehens des Organschaftsverhältnisses „eingefroren", d. h., sie gehen nicht unter, können aber einstweilen nicht genutzt werden.

458 Bei **kumulativer** Erfüllung der vorstehend aufgeführten – und anderen hier nicht darzustellenden – Tatbestände ergeben sich die nachstehenden **Rechtsfolgen:**

- Die (positiven oder negativen) **Einkommen** aller Organgesellschaften werden mit dem des Organträgers **zusammengerechnet** – „technisch" ansatzweise gleich der handelsrechtlichen Gewinnabführung bzw. Verlustübernahme.
- Häufig wird ein Jahresergebnis in der Handelsbilanz von null ausgewiesen.
- Gewerbesteuerlich wird **ein** Gewerbeertrag ermittelt; die Organgesellschaft mutiert zur Betriebsstätte des Organträgers nach § 2 Abs. 2 Nr. 2 GewStG.

- Die Organgesellschaft bleibt zwar **Steuersubjekt,** aber ohne Einkommen. Infolge der Zurechnung an den Organträger kommt es bei ihr nur zur effektiven Versteuerung der **Ausgleichszahlungen** an **Minderheits**gesellschafter gem. § 16 KStG als Gewinnausschüttung.
- Dieses den wirtschaftlichen Gegebenheiten nicht entsprechende Bild wird häufig durch **Steuerumlage** korrigiert. Zu deren Ausweis wird auf die Kommentierung in → § 275 Rz. 122 verwiesen.
- Die unberührte Steuersubjektivität der Organgesellschaft erlaubt auch eine **eigenständige** Steuerbilanzpolitik, d. h. umgekehrt: Steuerliche **Wahlrechte** sind im Organkreis nicht einheitlich auszuüben.
- Durch die Zurechnung der von den Organgesellschaften ermittelten Einkommen an den Organträger können diese in den **Einkommensteuerbereich** verlagert werden, soweit an einer Personengesellschaft als Organträgerin natürliche Personen beteiligt sind oder ein Einzelkaufmann als Organträger fungiert.

Vororganschaftliche Verluste der Organgesellschaft werden während des Bestehens des Organschaftsverhältnisses „eingefroren", d. h., sie gehen nicht unter, können aber einstweilen nicht genutzt werden.

5.1.2.3 Durchführung des Gewinnabführungsvertrags

Die steuerliche Anerkennung der Organschaft knüpft an das gesellschaftsrechtliche Instrument des Gewinnabführungsvertrags an. Dieser bedarf der ordnungsgemäßen Durchführung in Gestalt einer Ergebnisbestimmung auf **handelsbilanz**rechtlicher Grundlage. Diese muss dem BGH zufolge[1] den „bei objektiv ordnungsgemäßer Bilanzierung" zum Bilanzstichtag sich ergebenden Jahresfehlbetrag (so die Datenvorgabe im Streitfall) berücksichtigen, woraus das Erfordernis der Abführung „des punktgenau richtigen Gewinns" (nach HGB) abgeleitet wird.[2] Diese Vorgabe wirkt angesichts der Realitäten der Bilanzwelt beinahe naiv.[3] Eine „objektiv richtige Bilanz" gibt es jenseits der betriebswirtschaftlichen Schlichtheit einer Eisdiele, die vom 1. 11. bis 28. 2. schließt, nicht, sondern vielmehr ein ganzes Potpourri richtiger Bilanzen. 458a

Dieser Befund beruht im Wesentlichen auf vier Gründen:

- Die Vielzahl **ungeklärter Rechtsfragen,** zu denen im Schrifttum häufig die unterschiedlichsten Auffassungen als richtig vertreten werden;
- die gesetzlichen Bilanzierungs**wahlrechte;**
- die notwendig mit der Bilanzierung verbundenen **Beurteilungsspielräume** bei der Vornahme von Prognosen und Schätzungen, Letztere auch bei Sachverhalten bis zum Bilanzstichtag;
- die quantitative Unbestimmbarkeit des **Wesentlichkeitsaspekts.**

Bei der Qualifizierung von „richtig" und „falsch" darf der **Beurteiler** (z. B. ein Betriebsprüfer) nicht seine Rechtsauffassung zu einem Bilanzrechtsproblem für „richtig" erachten, wenn der Bilanzierer einer anderen, aber vertretbaren Auffassung nachkommt; diese ist dann nicht

---

1 Vgl. BGH, Urteil v. 14.2.2005 – II ZR 361/02, BB 2005 S. 1104.

2 Vgl. *Dötsch/Pung,* DB 2013 S. 308, zur früheren Rechtslage unter Berücksichtigung des in der vorigen Fn. zitierten BGH-Urteils.

3 Vgl. zum Folgenden *Hoffmann,* StuB 2013 S. 397.

„falsch". Ebenso können Beurteilungsspielräume unterschiedlich ausgenutzt werden, mehrere Optionen also „richtig" sein.

458b Im Rahmen der sog. **„kleinen Organschaftsreform"** ist der Gesetzgeber durch Ergänzung des § 14 KStG der drohenden Nichtanerkennung eines Organschaftsverhältnisses wegen vom Finanzamt festgestellter oder behaupteter fehlerhafter (handelsrechtlicher) Bilanzierung entgegengetreten. Bilanzierungsfehler sind nach § 14 Abs. 1 Nr. 3 Satz 4 KStG dann unschädlich, wenn

1. der Abschluss wirksam festgestellt worden ist und
2. die Fehlerhaftigkeit auch bei Anwendung ordnungsmäßiger kaufmännischer Sorgfalt nicht hätte erkannt werden müssen und
3. ein vom Finanzamt festgestellter Fehler im folgenden Abschluss der Organgesellschaft korrigiert und das dann ermittelte Ergebnis in die Abführung oder den Ausgleich (im Verlustfall) einbezogen wird.

Zu den **Absolutionstatbeständen** folgende Erläuterungen:

Zu 1.: Falsche Bilanzierung (wie immer verstanden) **verhindert** nicht die Feststellung. Lediglich ein **nichtiger** Abschluss i. S. des § 256 AktG (analog) kann nicht festgestellt werden.

Zu 3.: Als Form der Beanstandung wird als Regelfall die Übersendung des **Berichts** der Außenprüfung angesehen.[1] Das dann geöffnete Zeitfenster ist knapp bemessen.[2] Wenn die Fehlerhaftigkeit bestritten wird, ist der Korrekturpflicht gleichwohl nachzukommen.[3] Die Folgefrage ist dann, wie bei einem erfolgreichen Bestreiten zu verfahren ist; u. E. muss dann eine Gegenkorrektur erfolgen.

Zu 2.: Die Bestimmung der **kaufmännischen Sorgfalt** ist bzw. wäre eine hochgradig streitanfällige Veranstaltung. Dem hat der Gesetzgeber vorgebeugt. Gemäß § 14 Abs. 1 Nr. 3 Satz 5 KStG gilt die kaufmännische Sorgfalt als erfüllt, wenn

a) bei Pflicht- und freiwilliger Abschlussprüfung der Abschluss der Organgesellschaft ein uneingeschränktes **Testat** erhalten hat,
b) der **Konzernabschluss,** in den der Abschluss der Organgesellschaft einbezogen worden ist, ebenfalls ein uneingeschränktes Testat trägt oder
c) eine **Bescheinigung** eines Steuerberaters oder Wirtschaftsprüfers über die Erstellung eines Jahresabschlusses der Organgesellschaften mit umfassenden Beurteilungen vorliegt.

458c Hier ergeben sich eine Reihe von Ungereimtheiten bzw. Erläuterungsbedürfnissen:

Zu a): Die **Einschränkung** des Testats bewirkt nach dem Gesetzeswortlaut nicht die Richtigkeitsvermutung. Einer Einschränkung wegen fehlender **Anhangangaben** oder wegen unzureichenden **Lageberichts** fehlt aber der Bezug zu Bilanz und GuV. Da § 14 Abs. 1 Nr. 3 Satz 4 KStG aber allein auf „fehlerhafte Bilanzansätze" abstellt, sind Einschränkungen, die Lagebericht und Anhang betreffen, u. E. unbeachtlich.[4]

---

1 Zum Beispiel bei *Schneider/Sommer*, GmbHR 2013 S. 26.
2 Zur Kritik anhand von Praxisproblemen vgl. *Prinz, U.*, StuB 2013 S. 265.
3 *Rödder*, Ubg 2012 S. 721; *Dötsch/Pung*, DB 2013 S. 310.
4 Anderer Auffassung (Testateinschränkung überhaupt) *Schneider/Sommer*, GmbHR 2013 S. 26; *Rödder*, Ubg 2012 S. 721.

Zu b): Für den **Konzernabschluss** gilt u. E. ebenfalls das Erfordernis einer Ausklammerung der Testatseinschränkung in Bezug auf den Konzern**anhang** und **-lagebericht**. Die Konzernklausel ist insbesondere für die Fälle des § 264 Abs. 3 HGB einschlägig, wonach u. a. die sonst gegebene Prüfungspflicht von Tochtergesellschaften bei Einbeziehung in den Konzernabschluss der Mutter-Kapital- oder „Kap. & Co."-Gesellschaft aufgehoben wird. Fraglich ist, ob es sich um einen **HGB-** bzw. **PublG**-Konzernabschluss handeln muss oder auch ein solcher nach **IFRS** infrage kommt. Dagegen könnte der Begriff „handelsrechtlicher Jahresabschluss" sprechen. Unseres Erachtens ist aber eine erweiterte Gesetzeslesart möglich, um die Anwendungsmöglichkeit des § 264 Abs. 3 HGB bei organschaftlicher Konzernstrukturierung nicht einzuschränken (was einem Wertungswiderspruch gleichkäme).

Dazu folgende **Begründung:** Durch die Konsolidierung erfährt der Jahresabschluss (der Organgesellschaft) fundamentale Änderungen wegen

- unterschiedlicher Ansatz- und Bewertungsmethoden,
- Bewertungsunterschieden aus der Erstkonsolidierung,
- Eliminierung von Innenverhältnissen,
- höherer Wesentlichkeitsgrenze.

Diese „Verwandlung" des Organ-Abschlusses in der HB II ist häufig nicht weit entfernt von einer IFRS-II-Bilanz. Das an sich schon großzügig konzipierte Sicherheitspolster gegen die Nichtanerkennung des Gewinnabführungsvertrags sollte deshalb nicht an einer Einbeziehung in den IFRS-Konzernabschluss scheitern.[1]

Erforderlich ist allerdings die (effektive) **Einbeziehung** in den Konzernabschluss; der Einbeziehungsverzicht nach § 296 Abs. 2 HGB wegen „untergeordneter Bedeutung" bzw. wegen Unwesentlichkeit nach IFRS darf im Interesse der Anerkennung des Gewinnabführungsvertrags nicht ausgeübt werden.

Zu c): Als gleichwertig mit dem uneingeschränkten **Testat** des Wirtschaftsprüfers gilt die **Bescheinigung** des Steuerberaters oder Wirtschaftsprüfers über die Abschlusserstellung mit umfassender Beurteilung. Hier fällt zunächst die Nichterwähnung des **vereidigten Buchprüfers** auf. Dieser ist auch für freiwillige Abschlussprüfungen des mittleren Größenformates kompetent. Unseres Erachtens muss der vBp dem WP in dieser Gesetzespassage gleichgestellt werden.

Problematisch ist die materielle Gleichstellung eines Abschluss**prüfungs**testats mit der Bescheinigung über eine Abschluss**erstellung.** Sie ist der Vermeidung von Querelen zwischen den beiden Berufsständen zu verdanken. „Unter umfassender Beurteilung" (aufgrund einer wie gearteten Prüfung?) ist die in IDW S 7 Tz. 45 ff. genannte Vorgehensweise gemeint, der auch die BStBK folgt. Dann aber ist es nicht recht verständlich, wenn einer **prüferischen Durchsicht** *(„review")* nicht wenigstens dieselbe Qualität wie der umfassenden Beurteilung zukommen soll.

5.2 Auswirkungen auf die steuerliche Bilanzierung

Die Gewinnabführungen und Verlustübernahmen in der Handels- und Steuerbilanz aufgrund des Gewinnabführungsvertrags (→ Rz. 455) bereiten **zusammen** mit der Zurechnung des Einkommens und des Gewerbeertrags beim Organträger die Gefahr einer **Doppel-** oder **Nicht**be- 459

1 Zur Anerkennung des IFRS-Konzernabschlusses vgl. *Rödder*, Ubg 2012 S. 721; *Schneider/Sommer*, GmbHR 2013 S. 26; *Lenz/Adrian/Handwerker*, BB 2012 S. 2853.

steuerung des von den Organgesellschaften erwirtschafteten Steuersubstrats. Zur Vermeidung dieses Effekts bedarf es **außerbilanzieller** Zu- und Abrechnungen bei der Gewinnermittlung des Organträgers.

Die **bilanziellen** Ergebnisabführungen stimmen überdies regelmäßig nicht mit den **Zurechnungen** des Einkommens bzw. des Gewerbeertrags überein. Auch hier droht die (partielle) Doppel- oder Nichtbesteuerung. Deshalb schreibt § 14 Abs. 4 KStG die Bildung besonderer **Ausgleichsposten** in der Steuerbilanz des Organträgers aufgrund von Mehr- oder Minderabführungen vor:

- **Mehrabführung:** Das handelsrechtlich dem Organträger zugerechnete Ergebnis ist höher als die steuerliche Einkommenszurechnung.
- **Minderabführung:** umgekehrt (Regelfall).

460 Typische Sachverhalte, die zu solchen **Mehr-** oder **Minderabführungen** durch Organgesellschaften und entsprechende Ausgleichsposten beim Organträger führen, sind:[1]

- Abweichungen zwischen Handels- und Steuerbilanzansätzen nach Gesetz oder durch Wahlrechtsausübung (→ § 252 Rz. 280).
- Korrektur von gewählten Handels- und Steuerbilanzansätzen durch (spätere) steuerliche Außenprüfungen.
- Bildung und Auflösung von Gewinnrücklagen durch die Organgesellschaft.

Zu den daraus entstehenden Mehr- oder Minderabführungen folgendes Beispiel (bei 100%iger Beteiligung der Organträger an der Organgesellschaft, → Rz. 462):

BEISPIEL ▸ Rücklagebildung mit aktivem Ausgleichsposten

Steuerbilanz Organgesellschaft				Steuerbilanz Organträger			
Aktiva		**Passiva**		**Aktiva**		**Passiva**	
Div. Aktiva	100	Rücklage	25	Forderung aus Gewinnabführung	75	Steuerrückstellungen	30
		Gewinnabführung	75	Ausgleichsposten	25	Ergebnis	70
		Ergebnis	0				
	100		**100**		**100**		**100**

Einkommen		Einkommen	
Ergebnis laut Bilanz	Ø	Ergebnis laut Bilanz	70
Rücklagenzuführung	25	Steuerrückstellungen = -aufwand	30
Gewinnabführung	75	– Neutralisierung Ausgleichsposten	–25
Einkommen	100	– Neutralisierung Gewinnabführung	–75
Zurechnung zum Organträger	–100		0
Eigenes Einkommen	0	Einkommenszurechnung von der Organschaft	100
		Einkommen	**100**

Die Rücklagenzuführung entspricht einer Minderabführung (bilanzielle Gewinnabführung kleiner als Einkommenszurechnung).

1 Im Detail und weiterführend m. w. N. *Sedemund*, DB 2010 S. 1255; *Bareis*, FR 2012 S. 937 ff.

Wenn in einem Folgejahr die Rücklage aufgelöst wird, ergibt sich eine Mehrabführung, wodurch der Ausgleichsposten wieder aufgelöst wird.

BEISPIEL ▸ Höheres Handelsbilanzergebnis mit passiven Ausgleichsposten.

In der Handelsbilanz sind Entwicklungskosten i. H. von 20 aktiviert, was steuerlich unzulässig ist (→ § 248 Rz. 9). Die Gewinnabführungsverpflichtung laut Handelsbilanz beläuft sich auf 120.

Einkommensermittlung bei der Organgesellschaft	
Ergebnis laut Steuerbilanz	–20
Gewinnabführung (Mehrabführung)	120
	100
Gewinnzurechnung zum Organträger	–100
Eigenes Einkommen	0

Bilanz Organträger Aktiva			Passiva
Gewinnabführung	120	Ausgleichsposten	20
		Steuerrückstellungen	30
		Ergebnis	70
	120		**120**

Einkommensermittlung des Organträgers	
Ergebnis	70
Steueraufwand	30
Neutralisierung der Gewinnabführung	–120
Neutralisierung Ausgleichsposten	20
	0
Einkommenszurechnung von der Organgesellschaft	100
Einkommen	**100**

Wird im Folgejahr auf das handelsrechtliche Bilanzierungswahlrecht verzichtet, ergibt sich eine Minderabführung von 20, die den Ausgleichsposten verschwinden lässt. Das Gleiche gilt in sukzessiver Form durch die Abschreibungen auf die Entwicklungskosten in der Handelsbilanz.

Der Ausgleichsposten stellt seiner Natur nach **kein Wirtschaftsgut** dar, sondern nur einen **Begleitposten** zum Beteiligungsansatz der Organgesellschaft beim Organträger. Deshalb ist z. B. keine Teilwertabschreibung möglich. Wenn sich der Ausgleichsposten nicht im Zeitverlauf wie in den Beispielen unter → Rz. 460 auflöst, wird er (erst) beim Abgang der Beteiligung (durch Veräußerung oder veräußerungsgleichen Vorgang) nicht aber bei Beendigung der Organschaft ergebniswirksam. Diese Behandlung sichert die eigentliche Funktion des Ausgleichspostens, nämlich die Vermeidung einer Doppel- oder Nichtbesteuerung (→ Rz. 459). 461

Die Bildung eines Ausgleichspostens ist nur anteilig im Verhältnis zur Beteiligung des Organträgers am Nennkapital der Organgesellschaft möglich.[1] Das Vorliegen einer Minder- oder Mehrabfindung (→ Rz. 459) löst den Ansatz eines Ausgleichspostens aus. Eine spätere **Aufstockung** einer Beteiligung des Organträgers wirkt sich deshalb auf die Höhe des Ausgleichspostens nicht aus. 462

1 *Mische/Recnik*, BB 2012 S. 1015; so auch *Neumann* in Gosch (Hrsg.), KStG 2. Aufl. 2009, § 14 Tz. 459 m. w. N. zu a. A.

Bei **Abs**tockung ist fraglich, ob damit eine Teilauflösung verbunden ist. Wenn ja, wird ein Veräußerungsgewinn aus der Abstockung durch die Auflösung positiv (bei passivem Ausgleichsposten) oder negativ (bei aktivem Ausgleichsposten) beeinflusst. Eine Lösung setzt Fiktionen über die Zuordnung des Ausgleichspostens zu anteiligen Beteiligungserwerben und -abgängen voraus. Dazu wird ein Zuordnungswahlrecht des Steuerpflichtigen propagiert,[1] was möglicherweise nicht den Gefallen der Finanzverwaltung finden wird. Rechtsprechung hierzu liegt nicht vor.

6. Rücklage nach § 6b EStG

6.1 Anwendungsbereich (§ 6b Abs. 1 und 4 EStG)

463 Die Sonderabschreibung und die Rücklagenbildung nach § 6b EStG stellen die dominierende und schon lange gültige **Lenkungsnorm** des deutschen Bilanzsteuerrechts dar. Die volkswirtschaftlich als sinnvoll erachteten Umstrukturierungen – zuvörderst gerichtet auf Grundstücke – sollen durch diese Subvention nicht behindert werden. Gedacht ist ursprünglich an den typischen Fall einer im Innenstadtbereich nicht mehr ertragreichen Fabrikanlage, die auf die grüne Wiese vor die Stadt verlagert werden soll. Darin stellt sich auch bereits die Klammer dieser Vergünstigungsnorm dar: Der Veräußerungs**gewinn** für das Areal im Innenstadtbereich soll nur dann unversteuert bleiben, wenn eine entsprechende Investition an anderer Stelle erfolgt. Es geht letztlich um den Verzicht auf eine „Wegbesteuerung" des in solchen Fällen oft hohen Veräußerungsgewinns. Technisch geschieht dies durch eine Verklammerung der Gewinne aus Veräußerungen und Reinvestitionen von bestimmten Anlagegütern.

464 Der **persönliche** Anwendungsbereich erstreckt sich auf natürliche und juristische Personen, insbesondere auch auf die nach HGB bilanzierenden Unternehmen. Umgekehrt besteht die Beschränkung auf **ein** Steuersubjekt, es ist also nicht möglich – etwa im Rahmen der Zusammenveranlagung zwischen Ehegatten –, den §-6b-Mechanismus in Gang zu setzen, ebenfalls nicht im Rahmen einer Betriebsaufspaltung oder einer körperschaft- und gewerbesteuerlichen Organschaft. Besondere Ausprägungen und Schwierigkeiten weist § 6b EStG im Rahmen von **Mitunternehmerschaften** aus. Zu Einzelheiten hierzu muss auf Kommentierungen zum EStG verwiesen werden.

465 Der Anwendungsbereich des § 6b EStG erstreckt sich (ohne Land- und Forstwirtschaft) sachlich auf **Grund und Boden** sowie **Gebäude.** Zu den Kapitalgesellschaftsanteilen vgl. → Rz. 471.

Tatbestandlich ist u. a. nach § 6b Abs. 4 EStG die Zugehörigkeit des veräußerten Wirtschaftsguts in mindestens **sechs** Zeitjahren zum **Anlagevermögen** (→ § 247 Rz. 24) einer inländischen Betriebsstätte erforderlich. Im Zuge von städtebaulichen Sanierungs- und Entwicklungsmaßnahmen genügt eine Vorbesitzzeit von zwei Jahren (§ 6b Abs. 8 EStG).

466 In § 6b Abs. 1 EStG ist auch die **Übertragbarkeit** eines entstandenen Gewinns auf ein Ersatzwirtschaftsgut geregelt (abgesehen von den Kapitalgesellschaftsanteilen, vgl. → Rz. 471).

- Grund und Boden auf Grund und Boden und Gebäude,
- Gebäude auf Gebäude.

1 *Mische/Recnik*, BB 2012 S. 1015.

Nach § 6b Abs. 4 EStG sind zur Anwendung des Übertragungsmechanismus u. a. folgende Punkte zu beachten:

- Mindestzugehörigkeit zum Anlagevermögen einer **inländischen Betriebsstätte** (→ Rz. 465),
- der Veräußerungsgewinn muss im **Inland** versteuert werden,
- Verfolgbarkeit der **Rücklagenentwicklung** in der Buchführung,
- Aufnahme des **Ersatzwirtschaftsguts** in ein besonderes Verzeichnis (R 6b 2 Abs. 2 EStR 2012).

Der reine **Inlandsbezug** ist in die Diskussion geraten.[1] Es wird darin ein Verstoß gegen die europarechtliche Niederlassungsfreiheit gesehen,[2] aus Kreisen der Finanzverwaltung dagegen bestritten.[3] Der EuGH hat die Europarechtswidrigkeit bestätigt. Darauf hat der Gesetzgeber im Steueränderungsgesetz 2015 reagiert (→ Rz. 469a).

Aus **steuergestalterischer** Sicht ist auf den optionalen Gehalt des § 6b EStG hinzuweisen. Das Wahlrecht muss in der Bilanz des Betriebes ausgeübt werden, in dem der Gewinn entstanden ist.[4] Nicht immer ist die Versteuerung eines aktuellen Veräußerungsgewinns schädlich, insbesondere dann nicht, wenn ein Steuerverlust, der immer vom Verfall bedroht ist, vermieden werden kann. Bei ersatzbeschafften Gebäuden wird durch die Inanspruchnahme des § 6b EStG auf künftiges Abschreibungspotenzial verzichtet (→ Rz. 464), der Optionscharakter erlaubt auch die vorzeitige Auflösung einer einmal gebildeten Rücklage unter Inkaufnahme des Zinszuschlags nach § 6 Abs. 7 EStG zur Vermeidung des Verlustuntergangs nach § 8c KStG im Zuge einer geplanten Unternehmensübernahme. 467

Seit dem BilMoG kann nach Aufgabe der **umgekehrten Maßgeblichkeit** die steuerbilanzielle Gestaltung ohne Rücksicht auf Vorgaben handelsrechtlicher Art erfolgen (→ § 252 Rz. 224). Das Wirtschaftsgut, auf das eine stille Reserve übertragen wird, ist nach § 5 Abs. 1 Satz 2 EStG in ein laufendes Verzeichnis bei Übertragung der Rücklagen aufzunehmen. 468

6.2 Begünstigungsvolumen (§ 6b Abs. 2 EStG)

Ausgangspunkt zur Ermittlung des Besteuerungsvolumens ist ein Veräußerungs**gewinn** für bestimmte Objekte (→ Rz. 463). Angesprochen ist also der „normale" bilanzrechtliche **Realisationstatbestand** (→ § 252 Rz. 96 ff.). Dazu zählen neben dem üblichen Kaufvertrag auch ein Tauschgeschäft (→ § 252 Rz. 171), die offene und verdeckte Einlage in eine Kapitalgesellschaft (→ § 272 Rz. 47 ff.), teilweise auch Einbringungen in steuerliche Mitunternehmerschaften (→ Rz. 463): 469

- Veräußerung von Betrieben, Teilbetrieben und Mitunternehmeranteilen, in deren Vermögen sich z. B. Grundstücke verbergen, wegen der transparenten Besteuerung,
- Einbringungen zum gemeinen Wert nach §§ 20, 24 UmwStG,
- mitunternehmerische Übertragungen bei Kapitalgesellschaftsanteilen im Gesamthands- oder Gemeinschaftsvermögen.

Umgekehrt sind folgerichtig von der Übertragung Vorgänge ausgeschlossen, die auch ander*wärts nicht* einen Realisationsvorgang bedeuten, z. B. die Umlegung im Flurbereinigungsverfahren (→ § 255 Rz. 68).

---

1 FG Niedersachsen, Urteil v. 1.12.2011, DStRE 2012 S. 395.
2 Vgl. *Jahndorf/Kleinmanns*, DStR 2010 S. 1697.
3 Vgl. *Mitschke*, DStR 2012 S. 1629.
4 BFH, Urteil v. 19.12.2012 – IV R 41/09, BStBl 2013 II S. 313.

Die Ermittlung des **Veräußerungsgewinns** erfolgt nach den üblichen Regeln, also

	Veräußerungspreis
./.	Veräußerungskosten
./.	Buchwert
=	Veräußerungsgewinn

Der so ermittelte Veräußerungsgewinn ist in einer Art **Interaktion** zwischen Verkaufs- und Ersatzobjekt auf Letzteres übertragbar, mindert also im Ergebnis die dortigen Anschaffungs- oder Herstellungskosten und stellt damit eine verminderte Abschreibungsbasis dar.

Die Begünstigung des § 6b EStG ist **personenbezogen** (→ Rz. 464). Deshalb kann ein Steuerpflichtiger in **einem** seiner Betriebe (auch Sonderbetrieb bei einer Mitunternehmerschaft, → Rz. 435) eine Rücklage bilden und auf die Ersatzbeschaffung in einem anderen Betrieb übertragen.[1]

6.3 Auslandsbezug (§ 6b Abs. 2a EStG)

469a Die Beschränkung der steuerneutralen Ersatzbeschaffung auf Objekte im Inland hat der EuGH als europarechtswidrig beurteilt.[2] Daraus hat der Gesetzgeber im Jahressteuergesetz 2015 für Reinvestitionen im EU-/EUR-Ausland ein **Wahlrecht** normiert, die Steuerschuld aus der Veräußerung in Teilzahlungen über fünf Jahre zinslos zu entrichten.

6.4 Zeitlicher Ablauf, Rücklagenbildung, Strafkomponente (§ 6b Abs. 3, 5 und 7 EStG)

470 Der § 6b EStG enthält auch eine **intertemporäre** Komponente bzgl. der Gewinnübertragung:

- Nach § 6b Abs. 5 EStG kann der Veräußerungsgewinn in 02 von den im **Vorjahr** 01 entstandenen Anschaffungs- oder Herstellungskosten abzüglich Abschreibung (= Buchwert 31.12.01) für ein Ersatzwirtschaftsgut abgezogen werden.
- Bei Veräußerung und Ersatzbeschaffung im **gleichen** Veranlagungszeitraum ist die Vergünstigung buchtechnisch als Abschreibung zu behandeln (= Abzug von den Ersatzbeschaffungskosten).
- Bei Anschaffung in **Folgejahren** ist die Bildung einer steuermindernden Rücklage erlaubt, die bei Ersatzbeschaffung innerhalb der dem Veräußerungsvorgang folgenden vier Wirtschaftsjahre unter Minderung der Anschaffungs- oder Herstellungskosten für das Ersatzwirtschaftsgut zu übertragen ist; bei hergestellten Gebäuden verlängert sich diese Frist u. U. auf sechs Jahre.
- Die Übertragung der Rücklage kann zwischen **verschiedenen Betrieben** eines Steuerpflichtigen erfolgen (z. B. aus einem Sonderbetriebsvermögen (→ Rz. 435) in einen eigenen Gewerbebetrieb), nicht zwischen den Gewerbebetrieben von Ehegatten und nicht zwischen Gesellschaftern eines Organkreises.
- Bei Reinvestition in einem anderen Betriebsvermögen des Steuerpflichtigen muss die im Veräußerungsbetrieb gebildete **Rücklage aufgelöst** werden.[3]

1 BFH, Urteil v. 19.12.2012 – IV R 41/09, BStBl 2013 II S. 313; Anm. *Schulze-Osterloh*, BB 2013 S. 498; *Rätke*, StuB 2013 S. 287.
2 EuGH-Urteil v. 16.4.2015 – Rs. C-591/13, DB 2015 S. 1328.
3 BFH, Urteil v. 19.12.2012 – IV R 41/09, BStBl 2013 II S. 313; dazu *Rätke*, StuB 2013 S. 287.

Das Gesetz enthält in § 6b Abs. 7 EStG eine **Strafkomponente** durch Zinszuschlag bei Nichterfüllung der Ersatzbeschaffungsauflage (→ Rz. 463). Voraussetzung für die Anwendung der Begünstigung ist nach § 6b Abs. 4 EStG neben steuerspezifischen Besonderheiten eine Frist von sechs Jahren für die veräußerten Wirtschaftsgüter. Dabei sind zur Bestimmung der Sechs-Jahres-Frist nicht die Veranlagungszeiträume, sondern kalendarische Rechengrößen bestimmend.[1] Der Zeitraum zwischen Veräußerung und Ersatzbeschaffung muss also mindestens sechs Jahre betragen. Zur Rücklagenbildung bedarf es dem Optionscharakter der Vorschrift folgend auch gar keiner effektiven Reinvestitions**absicht.**[2] Der genannte Zinszuschlag muss dabei in Kauf genommen werden. Dabei ist auch eine begriffliche Unterscheidung zwischen „Auflösung" und „Übertragung" der Rücklage zu beachten: Die Auflösung ist erfolgswirksam, da gerade keine erfolgsneutrale Übertragung auf ein Ersatzwirtschaftsgut erfolgt.

6.5 Mittelstandsförderung bei Kapitalgesellschaftsanteilen (§ 6b Abs. 10 EStG)

Einen Sondertatbestand stellt die Mittelstandsförderung in § 6b Abs. 10 EStG dar. Sie ist im Gefolge der Einführung des Halbeinkünfteverfahrens in das Gesetz gelangt, um beschränkt oder unbeschränkt steuerpflichtigen **natürlichen** Personen die (scheinbar) gleichen Vergünstigungen bei der Veräußerung von Kapitalgesellschaftsbeteiligungen wie derjenigen nach § 8b Abs. 2 KStG für Kapitalgesellschaften zu gewähren. Die Mittelstandskomponente kommt insbesondere auch in dem von Gesetzes wegen festgelegten Höchstbetrag von 500 T€ je Veranlagungszeitraum zum Ausdruck. Die Betragsgrenze ist gesellschafterbezogen auszulegen. Der genannten natürlichen Person können die Veräußerungsgewinne aus mehreren Einkunftsquellen zusammenfassend zugerechnet werden, also z. B. aus einem Einzelunternehmen und zusätzlich aus der Beteiligung des Einzelunternehmers an einer gewerblichen Mitunternehmerschaft. Dabei kann jeder Mitunternehmer den Höchstbetrag von 500.000 € für sich in Anspruch nehmen,[3] soweit dieser nach dem Gewinnverteilungsschlüssel ihm zuzurechnen ist. 471

Diesem Personenkreis wird ein **Wahlrecht** eröffnet,

- einen Gewinn aus der Veräußerung von Kapitalgesellschaftsanteilen im Teileinkünfteverfahren zu besteuern (§ 3 Nr. 40a EStG),
- bei Vorliegen der übrigen tatbestandlichen Voraussetzungen eine „steuerfreie" Rücklage nach § 6b EStG zu bilden.

Auch hier gilt zur „§-6b-Rücklage": Es gibt keine endgültige Steuerbefreiung, sondern nur einen Steuer**aufschub.**

Der Veräußerungsgewinn für die Anteile kann ohne Vorbesitzzeit (→ Rz. 465) übertragen werden auf 472

- im Veräußerungsjahr oder in den folgenden zwei Wirtschaftsjahren angeschaffte in- oder ausländische **Kapitalgesellschaftsanteile** oder
- im Veräußerungsjahr oder in den folgenden zwei Wirtschaftsjahren angeschaffte oder hergestellte **abnutzbare bewegliche Wirtschaftsgüter** oder

1 Vgl. *Hoffmann* in Littmann/Bitz/Pust, EStG, § 6b Tz. 80.

2 BFH, Urteil v. 5.6.1997 – III R 218/94, BFH/NV 1997 S. 754; BFH, Urteil v. 24.3.1998 – I R 20/94, BStBl 1999 II S. 272.

3 OFD Frankfurt a. M., Vfg. v. 11.4.2013, DB 2013 S. 1330.

- im Veräußerungsjahr oder in den folgenden vier Wirtschaftsjahren angeschaffte oder hergestellte **Gebäude.**

Die Übertragungs-Mechanik folgt dabei in den Grundzügen den Regeln der Abs. 1 bis 7 (→ Rz. 465 ff.), berücksichtigt dabei die Sonderheiten des Teileinkünfteverfahrens.

473 Die Deckelung auf den Höchstbetrag von 500 T€ gilt auch für mehrere, dann zusammenzurechnende Veräußerungsgewinne innerhalb des betreffenden Wirtschaftsjahres. Der Höchstbetrag umfasst den gesamten Veräußerungsgewinn, also auch den von der Steuerteilbefreiung nach § 3 Nr. 40a EStG betroffenen Betrag.[1] Anders verhält es sich bei der Übertragungsmöglichkeit selbst. Bei Ersatzbeschaffung der veräußerten Anteile wiederum durch Kapitalgesellschaftsanteile ist der volle steuerfreie und steuerpflichtige Veräußerungsgewinn von den Anschaffungs-/Herstellungskosten der neu erworbenen Beteiligung abzuziehen. Dadurch ist bei einer späteren Weiterveräußerung der Ersatzbeschaffung die Teilerfassung des Veräußerungsgewinns gewährleistet.

7. Ersatzbeschaffungsrücklage

7.1 Regelungsgehalt

474 Die **Rechtsgrundlage** für den Ansatz der Ersatzbeschaffungsrücklage (RfE) ist eher unklar. Häufig spricht man von Gewohnheitsrecht.[2] Mitunter wird eine gesetzliche Regelung gefordert, bislang jedoch vergebens. Der steuerpflichtige Anwender hat jedoch auf der Grundlage von R 6.6 EStR hinsichtlich der Ausgestaltung Rechtssicherheit.

Der Regelungszweck der RfE zielt auf die Übertragung eines **zwangsweise** entstandenen Gewinns für ein bilanziertes Wirtschaftsgut auf ein Ersatz-Wirtschaftsgut mit der Folge einer entsprechenden Minderung der Anschaffungs- oder Herstellungskosten für das Letztere und damit einer Verringerung der Abschreibungs-Bemessungsgrundlage. Im Ergebnis wird also der Zwangsgewinn auf die restliche Nutzungsdauer des Ersatzguts durch die Abschreibungsverringerung verteilt. Diese Spruch- und Verwaltungspraxis beruht auf **Billigkeit**serwägungen: Die für das ausgeschiedene Wirtschaftsgut erlangten Barbeträge sollen **ungeschmälert** einer Ersatzbeschaffung zur Verfügung stehen, was bei einer teilweisen „Wegsteuerung" nicht möglich wäre.[3] Die Billigkeit besteht also in der Ermöglichung der Wiederbeschaffung des Ersatzwirtschaftsguts in vollem Umfang.[4]

Die Ausgestaltung der RfE entspricht also damit genau derjenigen für die Rücklage nach § 6b EStG (→ Rz. 471). Die Verbuchungsfolge gilt für die Steuerbilanz, in der Handelsbilanz ist demgegenüber der volle Veräußerungsgewinn auszuweisen. Aus Sicht der Steuerlatenzrechnung beträgt der Steuerbuchwert dann null und im Vergleich zum höheren Handelsbilanz-Wert ist dem Grunde nach eine passive Steuerlatenz anzusetzen (→ § 274 Rz. 24).

1 So auch *Strahl* in Korn, EStG, § 6b Tz. 70; *Hoffmann* in Littmann/Bitz/Pust, EStG, § 6b Tz. 141; „kk" KÖSDi 2013 S. 18399.

2 BFH, Urteil v. 11.12.1984 – IX R 27/82, BStBl 1985 II S. 250; BFH, Urteil v. 18.9.1987 – III R 254/84, BStBl 1988 II S. 330; BFH, Urteil v. 12.1.2012 – IV R 4/09, BStBl 2014 II S. 443; *Kanzler*, FR 2012 S. 830.

3 BFH, Urteil v. 14.10.1999 – IV R 15/99, BStBl 2001 II S. 130.

4 BFH, Urteil v. 9.12.1982 – IV R 54/80, BStBl 1983 II S. 371; BFH, Urteil v. 11.12.1984 – IX R 27/82, BStBl 1985 II S. 250.

7.2 Tatbestandliche Voraussetzungen

Das **zwangsweise** Ausscheiden aus dem Betriebsvermögen wird durch folgende Ereignisse erfüllt:[1] 475

- höhere Gewalt,
- Vermeidung eines behördlichen Eingriffs,
- unverschuldeter Verkehrsunfall.[2]

Unter „höherer Gewalt" – dem Ausgangspunkt der Rechtsentwicklung zur RfE – wird gewöhnlich der Brandfall für ein betrieblich genutztes Gebäude oder der Eintritt eines Elementarschadens (Erdbeben oder Hochwasser) verstanden, daneben auch Schäden durch Bergwerksarbeiten.

Unter **behördlichen Eingriffen** werden insbesondere die Enteignung oder vergleichbare öffentliche Zwangsmaßnahmen verstanden.

Die zitierte BFH-Entscheidung zum unverschuldeten Verkehrsunfall bedient sich argumentativ der Rechtslage zum Ausscheiden des Wirtschaftsguts aufgrund höherer Gewalt.

7.3 Rücklagenbildung

Der ursprüngliche Hauptanwendungsfall – gerade für den Tatbestand der höheren Gewalt und der zwangsweisen öffentlichen Maßnahme – bezog sich auf das **Gebäude.** Sachlich war im Jahre des (auch teilweisen) Ausscheidens, z. B. wegen Feuer, die Zurverfügungstellung eines Ersatzwirtschaftsguts technisch nicht möglich. Deshalb war zur Zielerreichung (→ Rz. 474) die Streckung der Ersatzbeschaffung auf mehrere Wirtschaftsjahre erforderlich. Auch hier besteht eine parallele Regelung zum Anwendungsbereich des § 6b EStG (→ Rz. 471). 476

7.4 Erweiterung der Tatbestände

Erweiterungen der Tatbestände (→ Rz. 475), die zu einer RfE in der Steuerbilanz führen, sind die folgenden: 477

- Bei Elementarschäden werden auch Schäden an Teilen der Wirtschaftsgüter (regelmäßig Gebäude) als begünstigt anerkannt (R 6.6 Abs. 7 EStR 2008).
- Wenn der zum Schadenersatz Verpflichtete (z. B. im Falle eines Gebäudeschadens) seine Leistung einschließlich Umsatzsteuer erbringt und der Geschädigte zum Vorsteuerabzug berechtigt ist, kann dieser Umsatzsteuerbetrag in die RfE eingestellt werden.[3]
- Andererseits kann bei einer Entschädigungsforderung, die häufig erst in Verhandlungen mit der Versicherungsgesellschaft festgelegt wird, ein Zinsanspruch nicht durch die RfE neutralisiert werden.[4]
- Die Ausdehnung des Tatbestandsmerkmals „zwangsweises Ausscheiden" auf Pkw-Unfallschäden und auf andere vergleichbare Sachverhalte ist der BFH-Rechtsprechung zu verdanken.[5]

1 Vgl. *Hoffmann* in Littmann/Bitz/Pust, EStG, §§ 4, 5 Tz. 857.
2 BFH, Urteil v. 14.10.1999 – IV R 15/99, BStBl 2001 II S. 130.
3 BFH, Urteil v. 24.6.1999 – IV R 46/97, BStBl II S. 561.
4 BFH, Urteil v. 28.10.1998 – X R 96/96, BStBl 1999 S. 217.
5 BFH, Urteil v. 14.11.1990 – X R 85/87, BStBl 1991 II S. 222; BFH, Urteil v. 18.9.1987 – III R 254/84, BStBl 1988 II S. 330; BFH, Urteil v. 14.10.1999 – IV R 15/99, BStBl 2001 II S. 130.

In der **Zeitschiene** erlaubt R 6.6 Abs. 4 EStR für die Ersetzung von Grundstücken und Gebäuden eine Frist von zwei Jahren, die vom FA dann angemessen verlängert werden kann, wenn konkrete Planungen zur Ersatzbeschaffung bis dahin glaubhaft gemacht werden. Ein zeitlicher Zusammenhang bleibt gleichwohl zu wahren, dieser ist bei einer Frist von zwei bis drei Jahren sicherlich vorhanden, nicht dagegen bei siebenjährigem Abstand.[1] Neuerdings will der BFH[2] die **Fristenregelung** des § 6b Abs. 3 EStG (→ Rz. 470) auch für die Ersatzbeschaffungsrücklage anwenden, also eine Frist von vier bzw. sechs Jahren genehmigen, Letzteres bei funktionsgleicher Gebäudeherstellung. Dabei bedarf es keiner ständigen Überprüfung des Fortbestehens der ursprünglichen Investitionsabsicht. Anders als nach § 6b EStG muss mit der Errichtung des Gebäudes nicht bis zum Ablauf des vierten auf die Bildung der Rücklage folgenden Wirtschaftsjahres begonnen worden sein. Eine Verlängerung der Frist von sechs Jahren kommt nicht in Betracht. Dem betroffenen Steuerpflichtigen ist auch eine recht großzügige Planungsfrist für oder gegen die Ersatzbeschaffung eingeräumt. Er kann nämlich zunächst für das Jahr des Ausscheidens eine Rücklage bilden und diese bei Entscheidung zum Nichtersatz im Folgejahr zugunsten des Gewinns auflösen. Eine Verzinsung, analog der Regel für die Rücklage nach § 6b EStG (→ Rz. 470), ist nicht vorgesehen.

Zwingend muss die Ersatzbeschaffung durch ein **funktionsgleiches** Wirtschaftsgut erfolgen. An der Stelle des abgebrannten Fabrikgebäudes muss ebenfalls ein Fabrikgebäude entstehen, und nicht etwa ein Fabrikgebäude, kombiniert mit einem Wohnhaus.

Voraussetzung für die Übertragung der zwangsweise aufgedeckten stillen Reserven ist die Aufnahme des Ersatzwirtschaftsguts in ein besonders geführtes Verzeichnis entsprechend § 5 Abs. 1 Satz 2 EStG (→ § 252 Rz. 272).

7.5 Nicht begünstigte Vorgänge

478 ► Die den Buchwert eines Aktienportfolios übersteigende Entschädigung anlässlich des Verlassens der Gesellschaft kann nicht auf ein vergleichbares Aktienportfolio bei einer anderen Gesellschaft übertragen werden.

► Ebenso wenig rechtfertigt eine Änderung des Bebauungsplans die Bildung einer RfE.[3] Gleiches gilt für Strukturanpassungsmaßnahmen.[4]

► Die Ausgleichszahlung im Flurbereinigungsverfahren (die **Umlegung**) führt nicht zu einer Gewinnrealisierung (→ § 255 Rz. 59) und eröffnet mangels Gewinnrealisierung den Anwendungsbereich für die RfE nicht.

► Die **Entnahme** eines Wirtschaftsguts kann nicht zu einer gewinnmäßigen Neutralisierung durch RfE führen,[5] entsprechend stellt die **Einlage** eines Ersatzwirtschaftsguts keine Ersatzbeschaffung[6] dar.

► Der ***Squeeze-out*** ist vom BFH trotz fundierter Begründung im Schrifttum[7] nicht als „RfE-tauglich" befunden worden.[8]

1 BFH, Urteil v. 12. 6. 2001 – XI R 5/00, BStBl II S. 830.
2 BFH, Urteil v. 12.1.2012 – IV R 4/09, DStR 2012 S. 945.
3 BFH, Urteil v. 14.11.1990 – X R 85/87, BStBl 1991 II S. 222.
4 BFH, Urteil v. 7.7.1992 – VIII R 24/91, BFH/NV 1993 S. 461.
5 BFH, Urteil v. 24.5.1973 – IV R 23-24/68, BStBl II S. 582.
6 BFH, Urteil v. 11.12.1984 – IX R 27/82, BStBl 1985 II S. 250.
7 Vgl. *Luttermann*, FR 2010 S. 193.
8 BFH, Urteil v. 13.10.2010 – I R 79/09, BStBl 2014 II S. 943.

Sofern im hoheitlichen Bereich ein Verkauf veranlasst wird, kann an die Stelle der RfE auch eine Rücklage nach § 6b EStG mit gleichem Funktionsgehalt zur Vermeidung der Gewinnrealisierung in Betracht kommen.[1]

§ 247 Inhalt der Bilanz

(1) In der Bilanz sind das Anlage- und das Umlaufvermögen, das Eigenkapital, die Schulden sowie die Rechnungsabgrenzungsposten gesondert auszuweisen und hinreichend aufzugliedern.

(2) Beim Anlagevermögen sind nur die Gegenstände auszuweisen, die bestimmt sind, dauernd dem Geschäftsbetrieb zu dienen.

Inhaltsübersicht Rz.

LITERATUR:

Hageböke/Hasbach, Aktivierung von gemeinsam mit der Anschaffung/Herstellung eines Vermögensgegenstandes angeschafften/hergestellten Ersatzteilen, DB 2015 S. 1307; *Hoffmann*, Die Zuordnung von Grundbesitz zum Anlage- oder Umlaufvermögen, StuB 2008 S. 285; *Kammerl*, Buchungen zwischen Anlage- und Umlaufvermögen in der Reparaturproduktion, DB 1991 S. 1688; *Kußmaul/Huwen*, Die Bedeutung der Abgrenzung von Anlage- und Umlaufvermögen, StuB 2011 S. 290; *Kußmaul/Huwen*, Die Widerspruchslosigkeit der bilanziellen Differenzierung zwischen Anlage- und Umlaufvermögen, DStR 2010 S. 2471; *Lüdenbach*, Ansatz und Bewertung von Gold, StuB 2011 S. 545; *Lüdenbach*, Bewertung bei der Umwidmung von Umlauf- in Anlagevermögen, StuB 2012 S. 236; *Lüdenbach*, Umsatzerlöse aus der Veräußerung von Anlagevermögen, StuB 2022 S. 352 ff.; *Rogler/Jacob*, Bilanzierung unfertiger Bauten bei Bauunternehmen, BB 2000 S. 2407; *Roos*, Die bilanzielle Behandlung von Ersatzteilen im handelsrechtlichen Jahresabschluss, DB 2015 S. 813.

1 Vgl. *Kanzler*, FR 2001 S. 1224.

I. Zielsetzung, Regelungsinhalt, Begriffe

1 Der zwischenmenschliche Austausch von Gedanken in mündlicher oder schriftlicher Form bedarf einer **Strukturierung,** d. h. einer „Zerlegung" des gesamten Inhalts in folgerichtige Gedankenschritte.

2 Die Vorgabe gilt auch und erst recht für Bilanzen, bei denen latent immer im Hintergrund eine gewisse **Verschleierungsabsicht** der Ersteller gegenüber den Adressaten vermutet wird. Tatsächlich lassen sich in der Praxis Bilanzgliederungen – insbesondere bei Personenhandelsgesellschaften – finden, die auch für den fortgeschrittenen Bilanzexperten unentwirrbare Rätsel verursachen. Auf das Beispiel in → § 246 Rz. 87 sei verwiesen. Die grundlegende Unterscheidung zwischen Eigen- und Fremdkapital als Anforderung an die Gliederung der Passivseite (→ Rz. 13) lässt sich in diesem Beispiel zumindest für den Außenstehenden nicht nachvollziehen.

3 Abs. 1 legt zur ordnenden Gliederung einer Bilanz sozusagen das **Fundament,** das dann in besonderen Anwendungsbereichen weiterentwickelt wird. Auf der Aktivseite sind Anlage- und Umlaufvermögen, auf der Passivseite Eigenkapital und Schulden gliederungstechnisch und damit inhaltlich zu unterscheiden. Hinzu kommen für beide Bilanzseiten die Rechnungsabgrenzungsposten.

4 Abgesehen von den Rechnungsabgrenzungsposten handelt es sich um begriffliche **Gegensatzpaare;** u. E. ist es nicht möglich, in Zweifelsfällen „ein bisschen" Anlagevermögen und „überwiegend" Vorratsvermögen für einen bestimmten Bilanzposten (Beispiel: Vorführwagen des Automobilhändlers, → Rz. 23) zu zeigen. Ebenso wenig ist es möglich, in Fällen zweifelhafter Zuordnung (Beispiel: Kernbrennstäbe im Atomkraftwerk) einen Sonderausweis – weder Anlage- noch Umlaufvermögen, d. h. weder Fisch noch Fleisch – zu wählen. Entsprechendes gilt für Passivposten, die Eigen- und Fremdkapitalbestandteile miteinander verbinden und deshalb mitunter „zwischen" Eigen- und Fremdkapital ausgewiesen werden. Auch hier gilt ein „Entweder-oder" und nicht ein „Sowohl-als-auch" (→ § 246 Rz. 138). Diese Auffassung lässt sich aus dem bis zum Ergehen des BilMoG gültigen § 273 Satz 2 HGB ableiten, demzufolge die damaligen Sonderposten mit Rücklageanteil kraft Gesetzesvorgabe als Sonderposten zwischen Eigen- und Fremdkapital auszuweisen waren. Umkehrschluss: Wenn es an einer solchen Spezialvorschrift fehlt, kommt ein „Zwischenausweis" nicht in Betracht.

5 Wenn dann das Fundament der Gliederung mit den drei genannten Abgrenzungsbereichen klar ist, muss weiter „hinreichend" **untergliedert** werden (→ Rz. 8). Die bislang (→ Rz. 3) genannten Posten reichen daher nicht zur Gliederung einer Bilanz auch bei einfachen Verhältnissen aus. Es bedarf einer zusätzlichen Untergliederung.

Die in § 247 Abs. 1 HGB fragmentierten Begrifflichkeiten sind teilweise definiert (Anlagevermögen, → Rz. 19), teils undefiniert (Schulden, → Rz. 13 ff.). Das Gesetz überlässt das Auffinden einer vernünftigen Auslegung an dieser Stelle – wie an vielen anderen – der Wissenschaft, der Praxis und der Kommentierung. Die Finanzverwaltung verlangt im Rahmen des § 5b EStG eine Einreichung von Bilanz und GuV in elektronischer Form, welche dem Gliederungsmuster für große Kapitalgesellschaften folgt (→ § 243 Rz. 26 ff.).

II. Gliederung der Bilanz (Abs. 1)

1. Anwendungsbereich

Der Regelungsinhalt von § 247 HGB richtet sich an jeden **Kaufmann** i. S. des § 1 HGB (→ § 238 Rz. 1), also an eine Person, die ein Handelsgewerbe betreibt oder kraft Fiktion durch Handelsregistereintrag gem. § 2 HGB die Kaufmannseigenschaft erlangt. Damit sind auch die **Personenhandelsgesellschaften** (OHG und KG) außerhalb des Anwendungsbereichs des § 264a HGB angesprochen.[1] 6

- Kapitalgesellschaften haben die Gliederungsregeln in § 266 HGB zu beachten.
- Sog. „Kap. & Co."-Gesellschaften i. S. des § 264a HGB unterliegen den Gliederungsvorgaben des § 266 HGB nach Maßgabe der Verweisvorschrift des § 264c HGB.
- Unternehmen, die dem Publizitätsgesetz unterliegen, werden gem. § 5 Abs. 1 PublG ebenfalls auf § 266 HGB und die dortigen Gliederungsvorschriften verwiesen.
- Kreditinstitute und Versicherungsunternehmen unterliegen unabhängig von ihrer Rechtsform speziellen Gliederungsvorschriften.
- Auch für andere Branchen und Unternehmen gelten Spezialnormen (z. B. die Krankenhausbuchführungsverordnung).

In allen Fällen bleibt jedoch die Grundstruktur des § 247 HGB als Gliederungsvorgabe erhalten.

2. Ergänzende Gliederungsvorschriften

Für die Gliederung sind verschiedene **abstrakte Vorgaben** aus anderen Paragrafen zu beachten: 7

- GoB nach § 243 Abs. 1 HGB (→ § 243 Rz. 1).
- Klarheit und Übersichtlichkeit nach § 243 Abs. 2 HGB (→ § 243 Rz. 18).
- Vollständigkeit nach § 246 Abs. 1 Satz 1 HGB (→ § 246 Rz. 3).
- Saldierungsverbot nach § 246 Abs. 2 HGB (→ § 246 Rz. 388).

Diese Forderungen nach Klarheit/Übersichtlichkeit und Vollständigkeit sind **selbstverständlich** und deshalb ohne besonderen Aussagegehalt. Das Saldierungsverbot geht für die Bilanz implizit auch aus der Grundgliederungsvorgabe hervor: Danach können nicht Teilbereiche des Anlagevermögens mit Schulden verrechnet werden, weil sonst der gebotene Ausweis unmöglich ist.

3. Gliederungstiefe

Auf der Basis der in Abs. 1 vorgegebenen Gliederungsgrundstruktur (→ Rz. 3) muss der Kaufmann seine Bilanz weiter **untergliedern.** Das Gesetz überlässt dies seiner **sinnvollen Einschätzung.** Dabei wird er z. B. beachten, dass die Bilanzadressaten ausschließlich im engen Kreis der Familiengesellschafter befindlich sind, denen kraft Gesellschaftsvertrags jeder Einblick in die Buchungsunterlagen erlaubt ist, oder ob einer ganzen Reihe von Gläubigern als Kreditunterlage eine Bilanz (inkl. GuV) präsentiert werden muss.[2] Auch die Unternehmensgröße ist hier beachtlich. Aus der Vorgabe der weiteren Untergliederung ergibt sich beispielhaft, dass – We- 8

1 IDW RS HFA 7, Tz. 41.

2 So *ADS*, 6. Aufl., § 247 Tz. 15.

sentlichkeit vorausgesetzt – Vorräte, Debitoren und liquide Mittel gesondert ausgewiesen werden sollten, eine Zusammenfassung als „Umlaufvermögen" also nicht ausreichend ist. Entsprechend kann eine Unterscheidung zwischen Sach- und Finanzanlagen erforderlich, eine weitere Untergliederung aber vor allem bei den Finanzanlagen entbehrlich sein. Für die Schulden sollte i. d. R. mindestens zwischen Rückstellungen und Verbindlichkeiten unterschieden werden. Der Posten Eigenkapital muss beim Einzelkaufmann nicht weiter untergliedert werden, bei Personengesellschaften empfiehlt sich eine Anlehnung an den Gesellschaftsvertrag und im Falle der KG eine Unterscheidung nach Komplementären und Kommanditisten (→ § 264c Rz. 9 ff.).

9 So oder so wird sich der Kaufmann nach einer **Orientierungshilfe** umsehen und dann sehr schnell bei der Vorgabe des § 266 HGB landen. Formal besteht zur Übernahme dieser Gliederungsvorgaben – sowie zu den Größenstaffeln – kein förmlicher Zwang, aber doch ein sehr spürbarer faktischer. Das beruht bereits auf den einschlägigen EDV-Programmen, derer sich der Kaufmann bei der FiBu-Erstellung bedient. Diese verwenden durchgehend die Gliederungssystematik des § 266 HGB, aus der ein dieser Rechtsnorm förmlich nicht unterliegender Kaufmann kaum ausbrechen kann. Eine weitere faktische Minimierung des Spielraums ergibt sich aus der E-Bilanz (→ Rz. 5).

10 Diskutabel ist allerdings, ob das Größenraster der **großen** Kapitalgesellschaft oder dasjenige der **kleinen** gem. § 266 Abs. 1 HGB zu verwenden ist (→ § 266 Rz. 8a). Unseres Erachtens gilt Folgendes: Bei einem nicht den besonderen Gliederungsvorschriften unterworfenen Kaufmann (→ Rz. 1) ist die Beachtung der Größenraster des § 267 HGB im Rahmen der Gliederung zwar sinnvoll, aber gesetzlich nicht vorgeschrieben. Als **Mindestgliederung** wird das Format für die kleine Gesellschaft vorgeschlagen, seit Verabschiedung des MicroBilG (→ § 267a) auch das für Kleinstkapitalgesellschaften (→ § 266 Rz. 10a).[1]

11 Bei Anwendung der oder Anlehnung an die Gliederungsraster der Kapitalgesellschaft können auch die ergänzenden Vorgaben in § 265 HGB Beachtung finden:

- **Zusammenfassung** mehrerer Posten gem. § 265 Abs. 7 HGB (→ § 265 Rz. 47).
- **Abweichende** Postenbezeichnungen gem. § 265 Abs. 6 HGB (z. B. spezieller Ausweis von Schiffen bei der „Chiemsee Ausflugsdampfer OHG"; → § 265 Rz. 40).
- Angaben von **Vorjahreszahlen** nach § 265 Abs. 2 HGB (→ § 265 Rz. 19).
- Beachtung der **Darstellungsstetigkeit** nach § 265 Abs. 1 HGB (→ § 265 Rz. 6).

12 Die Erstellung eines **Anhangs** ist für diesen Bereich der Kaufmannschaft weder vorgesehen noch verboten. Sofern eine Anhangerstellung erwünscht ist, muss u. E. zwingend der ganze Inhalt der einschlägigen Vorgaben für Kapitalgesellschaften etc. abgearbeitet werden, und zwar wiederum nach Maßgabe der Spezifizierungen für die Größenklassen gem. § 267 Abs. 1 HGB (→ § 267 Rz. 3 ff.). Diese Auswahl ist im Anhang anzugeben. Wenn nur bestimmte Erläuterungen gegeben werden sollen oder müssen, darf der Begriff „Anhang" nicht verwendet werden (→ § 264 Rz. 9).

III. Eigenkapital vs. Schulden (Abs. 1)

13 Als Gegensatzpaar für die Passivseite führt Abs. 1 das „Eigenkapital" und die „Schulden" auf. Dabei ist die Ortung auf der Passivseite nur bedingt richtig. Das Eigenkapital versteht jeden-

1 *Fey et al.*, BB 2013 S. 110.

falls der HGB-Gesetzgeber als eine Art **Ausgleichs**posten, d. h. denjenigen Betrag, der die Bilanz „ausgleicht" und im angelsächsischen Sprachgebrauch passenderweise als ***„equity"*** zum Ausdruck gebracht wird (→ § 246 Rz. 118). Das so verstandene Eigenkapital als Saldo von Aktiva und Passiva kann daher durchaus auch aktivisch erscheinen, was der Gesetzgeber gliederungstechnisch förmlich für die Kapitalgesellschaften auch unter § 268 Abs. 3 HGB akzeptiert. Dabei gibt sich der Gesetzgeber keine Mühe, das Eigenkapital zu **definieren.** Er belässt es bei seinem Charakter als Differenzbetrag. Zu Mischformen von Bilanzposten „zwischen Eigenkapital und Schulden" vgl. → § 246 Rz. 118 ff.

Die **„Schulden"** sind der Oberbegriff für die „Verbindlichkeiten" i. S. der Gliederungsvorgaben des § 266 Abs. 3 HGB einerseits und für die dort genannten „Rückstellungen" (→ § 249 Rz. 10) andererseits. Der inhaltliche Unterschied zwischen den beiden Begriffen, die beide von Gesetzes wegen keine Definition erfahren, besteht im Merkmal der Ungewissheit, das für die Rückstellungen charakteristisch ist. Im Einzelnen wird zu den Begriffsinhalten auf die Kommentierung in → § 246 Rz. 118 ff. verwiesen. 14

Zur Gliederungs**tiefe** bietet sich, vergleichbar mit den Ausführungen zum Aktivvermögen (→ Rz. 9 f.), eine Analogie mit den Gliederungsvorgaben für Kapitalgesellschaften nach der Größenordnung gem. § 267 HGB an (→ § 267 Rz. 3). 15

IV. Anlage- vs. Umlaufvermögen (Abs. 2)[1]

1. Bedeutung der Unterscheidung

Die Definition des Anlagevermögens in § 247 Abs. 2 HGB ist kein Thema, das der besonderen Aufmerksamkeit des Publikums gewiss sein darf. Gleichwohl behalten auch uralte Fragestellungen der Bilanzierung ihre Reize, nicht etwa zur akademischen Beschäftigung, aber immerhin bei der Bewältigung von ganz konkreten Bilanzierungsaufgaben, die dann über kurz oder lang auch die Finanzgerichtsbarkeit beschäftigen mögen. 16

Mit der Eingruppierung eines Vermögensgegenstands/Wirtschaftsguts in das **Anlage-** und nicht in das **Umlauf**vermögen oder umgekehrt verbinden sich nennenswerte **Folgeeffekte:** 17

- ► Anlagevermögen ist – sofern abnutzbar – planmäßig abzuschreiben, Umlaufvermögen nicht.
- ► Finanzinstrumente des Umlaufvermögens unterliegen dem strengen, Finanzanlagen dem gemilderten Niederstwertprinzip (→ § 253 Rz. 203).
- ► Sofern die Gliederungspunkte nach § 266 HGB beachtlich sind, bedarf es der Eingruppierung in die eine oder andere Zeile.
- ► Selbsterstellte immaterielle Anlagegüter sind nach HGB nur im begrenzten Umfang aktivierbar (→ § 255 Rz. 198 ff.), für originäre immaterielle Güter des Umlaufvermögens bestehen keine entsprechenden Beschränkungen.

In der Gesetzesvorgabe des Abs. 2 kommt auch ein Fall der überlieferten **Arbeitsteilung** zwischen Handels- und Steuerbilanz zum Ausdruck: Das EStG übernimmt die handelsrechtliche Definition „unkommentiert" in § 6 Abs. 1 Nr. 1 und 2 EStG.[2] Es handelt sich um eine fast schon 18

---

1 Vgl. hierzu *Hoffmann*, StuB 2008 S. 285.

2 Entsprechend die BFH-Rechtsprechung, z. B. BFH, Urteil v. 10.8.2005 – VIII R 78/02, BStBl 2006 II S. 58, Kurzinfo StuB 2005 S. 1021.

als uralt zu bezeichnende Tradition. Die jetzt gültige Gesetzesformulierung entspricht derjenigen in § 131 Abs. 4 Satz 1 AktG 1937 bzw. §§ 151 Abs. 1, 152 Abs. 1 AktG 1965.

18a Der Ausweis von Vermögensgegenständen als Anlage- oder Umlaufvermögen hat zwar i. d. R., aber nicht immer Konsequenzen für den Ausweis des Abgangs in der **GuV.** Regelmäßig führt der Abgang von Anlagevermögen zu sonstigen betrieblichen Erträgen/Aufwendungen, während der Abgang von Umlaufvermögen, vor allem Vorräten, eher zu Umsatzerlösen führt. Zu den **Ausnahmefällen** Folgendes:

- Nach § 277 Abs. 1 HGB sind – neben anderen, hier nicht interessierenden Tatbeständen – Erlöse aus dem Verkauf von Produkten als Umsatzerlöse auszuweisen.
- Gewöhnlich bezieht sich der hier verwendete Begriff „Produkte" auf Handelswaren oder Erzeugnisse, also auf Kategorien des Umlaufvermögens. Es besteht jedoch keine Eins-zu-eins-Beziehung. Einerseits führt z. B. die Veräußerung von wegen Änderung der Produktion nicht mehr benötigten Roh-, Hilfs- oder Betriebsstoffen nicht zu Umsätzen. Andererseits ist die Kategorisierung als Umlauf- bzw. Vorratsvermögen aber auch nicht notwendige Voraussetzung für Umsatzerlöse. In letzterem Sinne hält IDW ERS IFA 3 in Tz. 48 fest: Entscheidend ist, ob der veräußerte Vermögensgegenstand als Produkt anzusehen ist, d. h. regelmäßig im Rahmen der Geschäftstätigkeit veräußert wird. Eine Qualifizierung des Vermögensgegenstands als Umlaufvermögen ist hierfür nicht erforderlich. Ein Immobilienunternehmen, das Immobilien planmäßig zunächst vermietet (Anlagevermögen) und regelmäßig jeweils nach Ablauf einer bestimmten Dauer bzw. erst bei Änderung der Marktverhältnisse veräußert, erzielt aus der Veräußerung Umsatzerlöse.

2. Konstitutives Merkmal des Anlagevermögens

2.1 Überblick

19 Der Begriff des Anlagevermögens wird über **unbestimmte Rechtsbegriffe** definiert.

Es muss sich um **Gegenstände** handeln,

- die dazu **bestimmt** sind
- **dauernd**
- dem **Geschäftsbetrieb**
- zu **dienen.**

20 Unter **„Gegenständen"** i. S. von § 247 Abs. 2 HGB sind inhaltlich unproblematisch die sonst den Bilanzansatz rechtfertigenden **Vermögens**gegenstände (→ § 246 Rz. 13) zu subsumieren. Offensichtlich hat der Gesetzgeber des BiRiLiG 1985 Änderungen der Terminologie bei unverändertem Inhalt entweder nicht nachvollziehen wollen oder übersehen. Als Gegenstände kommen in Betracht:

- sachlich-körperliche (Sachanlagen),
- immaterielle und
- finanzielle (Finanzanlagen).

21 Das Erfordernis des „Dienens" ist eher als unverfänglich einzugruppieren. Wenn sie dem **„Geschäft"** nicht **dienlich** sind, wird sie der Kaufmann auch nicht in seinen Geschäftsbetrieb aufnehmen, es sei denn, er verfolgt damit ungebührliche Machenschaften, beispielsweise zur Be-

nachteiligung von Minderheitsgesellschaftern oder zur Erreichung unberechtigter Steuervorteile.

Es verbleibt dann „noch" das Erfordernis einer inhaltlichen Bestimmung von **„dauernd"** und **„bestimmt sind"**.

2.2 „Dauerhaftigkeit"

2.2.1 Die Zweckbestimmung als Ge- oder Verbrauchsgut

Eine **negative** Begriffsumschreibung ist relativ leicht zu finden. Danach bedeutet „dauernd" nicht immerwährend, überhaupt sei dieser Begriff nicht rein zeitlich („immer und ewig") auszulegen.[1] Vielmehr soll der betreffende Vermögensgegenstand dem Unternehmen „im Sinne einer **Zweck**bestimmung"[2] dauernd dienen. Angesprochen ist dabei die häufig vorkommende Differenzierung nach **Ge-** und **Verbrauchsgut:** Im ersten Fall handelt es sich um Anlage-, im zweiten um Umlaufvermögen. **Gebraucht** wird also nach dieser Vorstellung das Anlagevermögen, weil es sich bei der Nutzung nicht sofort verschleißt, bei **Verbrauch** ist das Gegenteil der Fall. Irgendwie wirkt diese Begriffsakrobatik zirkulär und jedenfalls wenig ergiebig. 22

Auch mit der betrieblichen **Zweck**bestimmung hat man seine Schwierigkeiten: Eindeutig und ohne theoretischen Hintergrund bestimmbar ist die Zweckbestimmung einer Fliesenpresse im Fliesenproduktionsbetrieb oder einer landwirtschaftlich genutzten Fläche[3] (Anlagevermögen) und von Silizium-Wafern im Produktionsbetrieb für Solarmodule (Umlaufvermögen). Hier passen auch Ge- und Verbrauch als Kriterien – im Grunde genommen benötigt man sie gar nicht. Das Ergebnis – Zuordnung zum Anlage- und Umlaufvermögen – steht von vornherein fest. 23

Anders verhält es sich in Fällen des „Sowohl-als-auch":

- Vorführwagen eines Autohändlers erfüllen den **Zweck** der Präsentation von zu verkaufenden Autos (Anlagevermögen), werden aber von vornherein mit der **Absicht** des Weiterverkaufs nach vielleicht sechsmonatiger Nutzung erworben (Umlaufvermögen).[4]
- Musterhäuser eines Fertighausherstellers dienen dem **gleichen** Zweck wie die Vorführwagen des Autohändlers.[5]
- Das **Gleiche** gilt für Musterküchen und Musterelektrogeräte eines Küchenhändlers.[6]
- Das längerfristig im Betrieb genutzte **Flugzeug** soll vor Ablauf der technischen Nutzungsdauer wieder veräußert werden.[7]

In diesen Beispielen ist vom BFH jeweils auf Anlagevermögen entschieden worden; frühere Urteile besagten mitunter das Gegenteil. Wenn man die Zweckbestimmung für den Vorführwagen als Beispiel nimmt, umfasst diese **sowohl** den Gebrauch als Präsentationsmittel **als auch** den in nicht allzu ferner Zukunft geplanten Verkauf in Form eines Verkaufsakts. Welche Zwecksetzung **überwiegt,** lässt sich in absoluten Größen sicherlich nicht verbindlich normieren.

---

1 So z. B. *ADS*, 6. Aufl., § 247 Tz. 107; BFH, Urteil v. 5.2.1987 – IV R 105/84, BStBl 1987 S. 448.
2 *Kahle/Heinstein/Dahlke* in Handbuch des Jahresabschlusses in Einzeldarstellungen, Abt. II/2 Tz 1.
3 BFH, Urteil v. 31.5.2001 – IV R 73/00, BStBl II S. 674.
4 BFH, Urteil v. 17.11.1981 – VIII R 86/78, BStBl 1982 II S. 344.
5 BFH, Urteil v. 31.3.1977 – V R 44/73, BStBl II S. 684.
6 FG München, Urteil v. 28.9.1979 – VII (V) 231/76, rkr., EFG 1980 S. 142.
7 BFH, Urteil v. 9.2.2006 – IV R 15/04, BFH/NV 2006 S. 1267.

Der BFH hat dabei die Urteile zu den Vorführwagen und zu den Musterhäusern als Anlagevermögen nach folgenden Überlegungen entschieden:[1]

- Der Gesetzesausdruck „dauernd" darf nicht als reiner **Zeitbegriff** i. S. von „immer" oder „für alle Zeiten" verstanden werden.
- Maßgeblich ist allein, ob nach der **Zweckbestimmung** der Gebrauch oder der Verbrauch (auch durch Weiterveräußerung) im Vordergrund steht.
- Die Zweckbestimmung hängt zwar **subjektiv** von einem entsprechenden Willen des Steuerpflichtigen ab, muss jedoch anhand **objektiver** Merkmale (so z. B. Art des Wirtschaftsguts, Art und Dauer der Verwendung, Art des Unternehmens, u. U. auch Art der Bilanzierung) nachvollziehbar sein.
- Unerheblich ist bei **Ausstellungsgegenständen** dann die Veräußerung nach einer im Verhältnis zur (sonst möglichen) Nutzungsdauer sehr geringen Zeitspanne nach der Anschaffung.
- Vielmehr ist die „Dauerhaftigkeit" nach Maßgabe der Art der beabsichtigten **Verwendung** zu beurteilen.
- Im Hinblick darauf gilt für **Vorführgegenstände:** Sie können sinnvoll als Werbegegenstand nur ausgestellt werden, solange sie relativ **neu** sind.
- Deshalb bleiben Vorführgeräte bis zur **Veräußerung** Anlagevermögen.

Die vorgenannten Überlegungen lassen sich auch über den Bereich der Vorführgegenstände hinaus anwenden:

BEISPIEL[2] Die U KG verwendet einen Teil ihrer erheblichen liquiden Mittel zur Anschaffung von Goldbarren mit einem Feinheitsgrad von 999,9 und einem Barrengewicht von je 250 Gramm. Die Motive hierfür sind wie folgt: Die Gesellschafter-Geschäftsführer haben starke Zweifel an der weiteren Entwicklung des Euro. Hauptzweck des Goldgeschäfts ist deswegen die Schaffung von mittelfristiger Sicherheit. Entsprechend soll ein erhoffter Gewinn aus dem Anstieg des Goldpreises erst dann durch Wiederveräußerung realisiert werden, wenn die Gefahr einer Hyperinflation/Währungsreform nicht mehr akut ist.

BEURTEILUNG Entscheidend für den Goldkauf ist das Sicherheitsmotiv. In der Gewinnung von Sicherheit liegt der beabsichtigte „Gebrauch". Erst wenn sich die Sicherheitsfrage und damit der Hauptgebrauch des beschafften Gegenstands erledigt haben, soll das Gold wiederveräußert werden. Solange das Unternehmen das Gold für die Sicherheitszwecke nutzt und deshalb eine Veräußerung noch nicht beabsichtigt ist, stellt das Gold daher Anlagevermögen dar.

Der auf Sicherung zielende Wille des Unternehmens kann auch objektiviert werden: Wäre es der KG hauptsächlich um die Spekulation auf steigende Goldpreise gegangen, hätte sie sich etwa mit Goldzertifikaten eindecken können. Mit der physischen Anschaffung von Gold gehen demgegenüber erhöhte Kosten für Prägung, Transport, Verwahrung einher, die zu einem Aufschlag auf den reinen Goldpreis führen und einen eventuellen Spekulationsgewinn mindern. Die Inkaufnahme dieser zusätzlichen Kosten objektiviert die überragende Bedeutung des Sicherheitsmotivs.

Die BFH-Rechtsprechung scheint in Zweifelsfällen eher zu Anlagevermögen zu tendieren, wenn es sich aus betrieblicher Perspektive um **Gebrauchs**güter handelt, selbst wenn diese bald nach dem Erwerb weiterverkauft werden. Jedenfalls ist eine Änderung der Zweckbestim-

1 Vgl. *Lüdenbach*, StuB 2011 S. 545 ff.; in dieser Richtung auch *Kußmaul/Huwer*, DStR 2011 S. 2474.

2 Aus *Lüdenbach*, StuB 2011 S. 545 ff.

mung von „längerfristiger Nutzung“ hin zum „plötzlichen Verkauf“ per se nicht schädlich für die Wertung als Anlagevermögen.[1]

Für **Ersatz-** und **Reserveteile** und **Reparaturmaterialien** wird nach h. M.[2] bzgl. des Ausweises im Anlage- und Umlaufvermögen ein **Wahlrecht** offeriert (Ausweis unter „technischen Anlagen und Maschinen“ oder „Vorräten“). Dieses Wahlrecht gründet auf der universellen Verwendbarkeit dieser Vermögensgegenstände: Sie können auch dem Verkauf an Dritte gewidmet werden. Die **Zweckbestimmung** durch den Kaufmann entscheidet über den Ausweis, möglicherweise aber auch die Praktikabilität unter dem Wesentlichkeitsaspekt (→ § 252 Rz. 233 ff.). Als Beispiele können gelten:[3] Filter, Schläuche, Kugellager, Schrauben, Muttern, Flansche, Schalter. Unseres Erachtens ist ein Ausweis unter dem Vorratsvermögen vorzugswürdig.

Anders verhält es sich bei **Spezialreserveteilen,** die nur für bestimmte Anlagegüter verwendbar sind. Diese sind ebenso wenig zum Verbrauch (Verkauf) bestimmt wie die sog. **Erstausstattung.** Hier kommt u. E. nur ein Ausweis unter dem Anlagevermögen in Betracht. Es handelt sich aber um Vermögensgegenstände **eigener** Art, die nicht im zugehörigen Anlagegegenstand „aufgehen“. Ein solcher „Gesamtvermögensgegenstand“ ist allenfalls aus Vereinfachungsgründen akzeptabel.[4]

Wirtschaftsgüter, die mit **bedingter Verkaufsabsicht** erworben oder sonst dem Betriebsver- 24
mögen zugeführt werden, sind nicht zwingend als Umlaufvermögen zu qualifizieren. Das belegen nicht nur die Urteile zu Ausstellungsgegenständen (→ Rz. 23), sondern auch der Blick auf den Regelungsgehalt des § 6b EStG, der einerseits nur bei Zugehörigkeit zum Anlagevermögen (→ § 246 Rz. 465) einschlägig ist und andererseits nur bei einem Verkauf von Grundstücken (insbesondere) seine Wirkung überhaupt entfalten kann.[5] Der zum Verkauf bestimmte Grund und Boden eines Landwirts bleibt nach Einbeziehung in einen Bebauungsplan, aus dem heraus der Landwirt später sieben von acht Grundstücken verkaufte, bis zum Verkauf Anlagevermögen und erlaubt die Bildung einer 6b-Rücklage. Dies gilt allerdings auch nicht uneingeschränkt, nämlich dann, wenn ein Bauunternehmen sein 5.000 Quadratmeter großes Bauhofgelände aufgrund der Einbeziehung in einen Bebauungsplan parzelliert und aktiv die Veräußerung dieser baureif gemachten Grundstücke betreibt.[6] Dann entsteht mit der Parzellierung und Baureifmachung ein Gut anderer Marktgängigkeit, wirtschaftlich also ein „neues“ Gut, dessen Zweckbestimmung bereits vor dem eigentlichen Verkauf eine Umwidmung vom Anlage- in das Umlaufvermögen bewirkt.

2.2.2 Immobilien mit „gemischter“ Zweckbestimmung

Wegen der besonderen Abgrenzungserfordernisse zwischen Anlage- und Umlaufvermögen bei 25
Beteiligungen wird auf die Kommentierung in → § 271 Rz. 20 ff. verwiesen.

Speziell bei Grundstücken mit oder ohne Gebäudebestandteile klingt mitunter auch eine Un- 26
terscheidung zwischen **Substanz**nutzung einerseits und **„Umschlagstätigkeit“** andererseits an. Diese Begriffsbildung ist inspiriert durch die Abgrenzungsmerkmale beim sog. **gewerblichen**

1 BFH, Urteil v. 10.8.2005 – VIII R 78/02, BStBl 2006 II S. 58, StuB 2005 S. 1021.

2 Vgl. hierzu die Nachweise bei *Roos,* DB 2015 S. 814.

3 Nach *Roos,* DB 2015 S. 814.

4 *Hageböke/Hasbach,* DB 2015 S. 1308.

5 BFH, Urteil v. 31.5.2001 – IV R 73/00, BStBl II S. 673, StuB 2001 S. 972.

6 BFH, Urteil v. 25.10.2001 – IV R 47, 48/00, BStBl 2002 II S. 289, StuB 2002 S. 133.

Grundstückshandel, wo es darum geht, die (nicht gewerbliche) Vermögensverwaltung vom gewerblichen Betrieb eines Grundstücksverwerters abzutrennen. Die Frage ist, ob die durch die umfangreiche BFH-Rechtsprechung diesbezüglich herausgearbeiteten Kriterien auch auf die Unterscheidung von **Anlage-** und **Umlauf**vermögen anzuwenden sind.

27 Die Bezugnahme auf die BFH-Rechtsprechung zum gewerblichen Grundstückshandel ist wenigstens in solchen verbreiteten Fällen der Grundstücksvermarktung zweifelhaft, bei denen im Rahmen der Planungstätigkeit **sowohl** der Verkauf **als auch** die Vermietung in die Kalkulation eingebaut werden. Ökonomisch ist dies auch ohne Weiteres erklärlich, denn schließlich geht es im Rahmen einer anzustellenden Investitionsrechnung immer nur um die Bestimmung und Bewertung von *cash in* und *cash out flows.* Bei einer solchen Investitionsrechnung werden daher Ein- und Auszahlungen zunächst „abstrakt" berücksichtigt; erst bei Ermittlung der Risikozuschläge wird gefragt, woher diese *cashflows* resultieren, aus Miet- oder aus Kaufverträgen oder gestundeten Kaufpreisraten etc. Aus dieser Perspektive sind „Substanznutzung" und „-vermarktung" gleichwertig, es muss „lediglich" der maximale Überschuss der abgezinsten und risikogewichteten *cash in* gegenüber den *cash out flows* erreicht werden. Eine ähnliche Motivationslage hatte der BFH in einem Fall zu entscheiden, in dem ein Vermieter das Haus verkaufen wollte, aber gleichwohl eine weitere Vermietung nicht ausschloss, um die bestmögliche „Vermarktung" zu erreichen.[1]

2.2.3 Praxisbeispiele zu Sachanlagen

28 Dazu folgende Beispiele:

BEISPIELE

- Ein Bauträger entwickelt und erstellt Bürohochhäuser. Es gibt potenzielle Kunden für das fertige Produkt aus verschiedener Richtung: Eine große Wirtschaftsprüfungsgesellschaft interessiert sich für die langfristige Anmietung en bloc, weitere Interessenten sind an einer kurzfristigen Miete einzelner Etagen mit oder ohne Erwerbsoption interessiert, wieder andere wollen nur kaufen, aber nicht mieten. Und schließlich steht ein geschlossener Immobilienfonds vor der Tür, der das gesamte Objekt kaufen will, „wenn der Preis stimmt".
- Die Stadt S will ihren gesamten Wohnungsbestand zu ihrer Entschuldung verkaufen. Dazu wird eine Zweckgesellschaft gegründet, die den Grundbesitz von der Stadt erwirbt und deren Satzung auf die „Vermarktung" dieses Grundbesitzes ausgerichtet ist. Unter „Vermarktung" wird primär der Verkauf verstanden, jedoch ist die Verkaufsmöglichkeit für alle Wohnungen nach der Interessenlage der Mieter unter Berücksichtigung des kommunalpolitischen Umfelds ausgeschlossen. Ein erheblicher Teil – wie viel, weiß ex ante niemand – wird wohl bis auf Weiteres in der bisherigen Vermietungssituation bleiben müssen.

Der erstgenannte Sachverhalt unterscheidet sich vom zweiten hinsichtlich der favorisierten Lösung durch das Unternehmen. Im ersten Fall ist dem Unternehmer die Art der „Vermarktung" gleichgültig, im letzten Fall präferiert er zwar den Verkauf, nimmt aber von vornherein die zweitbeste Variante nicht nur in Kauf, sondern muss sie realistischerweise beachten. Die Frage ist nun, ob in diesen beiden Fällen der gesamte Grundbesitz dem Anlage- oder dem Umlaufvermögen zuzuordnen ist.

Das erste Fallbeispiel ähnelt in gewisser Weise demjenigen Fall, der einem BFH-Urteil zugrunde lag, in dem verschiedene Flugzeuge laufend vermietet, zurückgemietet und im Anschluss

1 BFH, Urteil v. 9.7.2003 – IX R 102/00, BStBl II S. 940, StuB 2003 S. 1040.

daran verkauft worden sind.[1] Der BFH spricht schon im Leitsatz von einem Sachverhalt, bei dem „die Vermietung mit dem An- und Verkauf aufgrund eines einheitlichen Geschäftskonzepts **verklammert** ist". Anders ausgedrückt: Das betreffende Geschäftsmodell ist auf optimale wirtschaftliche Verwertung („Vermarktung") des Vermögens ausgerichtet, einerlei ob durch Verkauf oder Vermietung oder beides.

Der BFH hat in dieser „Konstruktion" die Flugzeuge als Anlagevermögen behandelt. Die von Anfang an bestehende Absicht eines Verkaufs vor Ablauf der technischen Nutzungsdauer hindert jedenfalls nicht die Zurechnung von Flugzeugen zum Anlagevermögen.[2]

Im zweiten der oben dargestellten Beispiele (→ Rz. 28) ist die „Vermarktung" **primär** auf den **Verkauf** ausgerichtet.[3] Gleichzeitig wird von einem erheblichen oder vielleicht sogar überwiegenden Vermietungserfordernis ausgegangen und dies entsprechend in die Finanzierungskalkulation eingebaut. Das FG Düsseldorf hat in einem nicht veröffentlichten Urteil den favorisierten Verkauf gegenüber der notwendigerweise einzukalkulierenden Vermietung als bestimmend für eine Zuordnung zum **Umlauf**vermögen entschieden.[4] 29

In der Nichtzulassungsbeschwerde gegen dieses FG-Urteil hat sich der IV. BFH-Senat in seiner Entscheidungsbegründung mit dem Thema der Abgrenzung von Anlage- und Umlaufvermögen bei bislang vermieteten und zum Kauf bestimmten Grundstücken befasst. Dabei nimmt er zunächst eine Anleihe bei der Rechtsprechung zum **gewerblichen Grundstückshandel.** In diesen Fällen gehören die Grundstücke regelmäßig zum Umlaufvermögen, und zwar auch dann, wenn bestimmte Objekte – abgesehen von den verkauften – auch einige Jahre lang vermietet worden sind. Die Frage ist allerdings, ob tatsächlich die Rechtsprechung zu einem Spezialproblem analogiefähig bzgl. der Definition von Anlage- und Umlaufvermögen ist, geht es doch dabei in allererster Linie um die Abgrenzung von (steuerlichem) Privat- und Betriebsvermögen.

Der IV. BFH-Senat lehnt in dem NZB-Beschluss (→ Rz. 29) eine Anwendung der unter → Rz. 28 zitierten Rechtsprechung zu den **beweglichen** Wirtschaftsgütern ab. Diese beweglichen Wirtschaftsgüter verlören durch die Nutzung an Wert, während dies bei Gebäuden nicht unbedingt der Fall sein soll. Auch diese Differenzierung kann nicht überzeugen; selbstverständlich verlieren auch vermietete Grundstücke durch die Nutzung an Wert. Viele leidgeprüfte Vermieter von Wohnimmobilien werden diesen Tatbestand mehrfach unterstreichen wollen. Die Nichtanwendung der Rechtsprechung für die beweglichen Güter auf die Grundstücke ist wiederum nicht mit der allgemeinen Lösung des § 247 Abs. 2 HGB kompatibel. Die Abgrenzung von Anlage- und Umlaufvermögen ist nach der Gesetzesvorgabe nicht von der Art des Vermögensgegenstands abhängig, betrifft sie z. B. auch Finanzinstrumente oder immaterielle Vermögensgegenstände. 30

2.3 Finanzanlagen

Wie bei Sachanlagen gilt hier die **Zweckbestimmung** (→ Rz. 22). Hierzu werden für Finanzanlagen gewöhnlich folgende Qualifikationsmerkmale genannt: 31

- Für **Anteile** (an Gesellschaften) die subjektive Halteabsicht,

1 BFH, Urteil v. 26.6.2007 – IV R 49/04, BFH/NV 2007 S. 2004, StuB 2007 S. 672.
2 BFH, Urteil v. 9.2.2006 – IV R 15/04, BFH/NV 2006 S. 1267.
3 Dann Umlaufvermögen, vgl. z. B. BFH, Urteil v. 16.12.2009 – IV R 48/07, DB 2010 S. 314.
4 FG Düsseldorf, Urteil v. 19.8.2005 – K 1345/02F.

- für **Ausleihungen** mit Restlaufzeit unter einem Jahr: Umlaufvermögen,
- für **Ausleihungen** mit Restlaufzeit von über vier Jahren: Anlagevermögen,
- für **Ausleihungen** mit Restlaufzeit dazwischen: individuelle Absicht.

Die letztgenannte Kategorie erscheint zweifelhaft. Die Grenze kann u. E. auch bei zwei Jahren gezogen werden. Auch bei kürzerer Laufzeit als einem Jahr kann eine Daueranlage in ein kurzlaufendes Papier unterstellt werden, wenn eine Ersatzinvestition in ein vergleichbares Produkt beabsichtigt ist. Letztlich kommt es immer auf die Absicht des Investors an.

Das Dauerkriterium ist bei **Anteilen** (Beteiligungen) auch von deren **Handelbarkeit** abhängig. Börsengängige Aktien oder Genussrechtsscheine können Umlaufvermögen darstellen, dagegen kaum

- GmbH-Anteile,
- Personengesellschaftsbeteiligungen,
- stille Beteiligungen (→ § 274 Rz. 18),
- Genussrechte (→ § 271 Rz. 9).

Letztere können allerdings bei **beschränkter Vertragslaufzeit** (sehr selten) zum Umlaufvermögen gehören.[1]

3. Immaterialgüter

31a Die **Zweck**bestimmung (→ Rz. 22) ist nach objektiven und subjektiven Kriterien festzulegen; z. B. ist Softwareerstellung im Kundenauftrag Umlaufvermögen, anders bei Softwareentwicklung zur Überlassung an mehrere Nutzer. Für die **Dauerhaftigkeit** (→ Rz. 22) spricht die Möglichkeit der mehrmaligen Nutzung, z. B. das Recht zur mehrfachen Ausstrahlung eines Filmes über einen Zeitraum von mehr als zwölf Monaten.

4. Die „Bestimmung“ bzw. Widmung ...

4.1 ... beim Zugang

32 Zu hoch darf man diese unter → Rz. 30 wiedergegebenen Aussagen des IV. BFH-Senats[2] allerdings auch nicht ansiedeln, wenn man eine einigermaßen konsistente Abgrenzung von Anlage- und Umlaufvermögen gerade im Bereich der Immobilienwirtschaft finden will. Es handelt sich um die Begründung einer abgelehnten Nichtzulassungsbeschwerde. Prozessrechtlich kann hier die materielle Rechtslage nicht ausgebreitet werden. Einstweilen steht deshalb das auf „Umlaufvermögen“ entschiedene Urteil des FG Düsseldorf (→ Rz. 29) rechtskräftig im Raum. Es ist insbesondere nicht mit den zitierten BFH-Urteilen zu den beweglichen Wirtschaftsgütern kompatibel (→ Rz. 23).

Ein einigermaßen konsistentes Kriterium zur Abgrenzung der bedingten Veräußerungs- und ebenso bedingten Vermietungsabsicht – weil eben beide Verwendungen für den Steuerpflichtigen in Betracht kommen – haben der BFH und die übrige Rechtsprechung bislang nicht gefunden.[3]

1 Vgl. *Blaurock*, Handbuch der Stillen Gesellschaft, 7. Aufl. 2010, Tz. 13.197.
2 BFH, Beschluss v. 6.3.2007 – IV B 118/05, BFH/NV 2007 S. 1128, StuB 2007 S. 707.
3 Vgl. *Hoffmann*, StuB 2008 S. 285.

33 Ob es ein solches Kriterium mit trennscharfer Wirkung überhaupt geben kann, erscheint sehr zweifelhaft. Im Hinblick auf die Definitionsmerkmale des Abs. 2 (→ Rz. 19) bietet sich deshalb ein Ausweg unter Heranziehung von **„bestimmt sind"** an. **„Bestimmen"** kann nur der betreffende Steuerpflichtige, den das HGB als „Kaufmann" bezeichnet. Abgesehen von Fällen von Willkür und Missbrauch kommt **seiner** Zuordnung zum Anlage- oder Umlaufvermögen entscheidende Bedeutung zu.

34 Es besteht hier eine bedeutsame Parallele zum Thema der **Willkürung** eines Wirtschaftsguts als Betriebsvermögen (→ § 246 Rz. 197). Eine solche Willkürung kommt in Betracht bzw. ist erforderlich, wenn

- ein Wirtschaftsgut einen bestimmten Zusammenhang mit dem Betrieb aufweist (**positives** Kriterium) und
- es nicht einen betriebsschädlichen Charakter – weil verlustbringend – aufzuweisen hat (**negatives** Kriterium; → § 246 Rz. 215).[1]

Diese Widmung kann vom Steuerpflichtigen **nicht im Nachhinein,** also bei besserer Erkenntnis über die positive oder negative Entwicklung des Wirtschaftsguts, getroffen werden, sondern nur durch eine eindeutige und nach außen erkennbare Willenserklärung in Form einer zeitnahen buchmäßigen Erfassung des betreffenden Wirtschaftsguts, z. B. in der Anlagebuchführung oder auf einem FiBu-Konto. Ein nachträgliches Einbuchen im Rahmen der Abschlussarbeiten scheidet aus (→ § 246 Rz. 199).

35 Bezieht man diese Vorgabe auf die beiden unter → Rz. 28 dargestellten Sachverhalte bzgl. der teilweise vermieteten Grundstücke, muss vom Finanzgericht bei der Sachverhaltsermittlung eine solche Widmung als Anlage- oder Umlaufvermögen **festgestellt** werden. Diese ist dann, wenn nicht gewichtige Gegenindizien zu einem Missbrauch u. Ä. vorliegen, letztlich entscheidend für die Zuordnung zum Anlage- oder Umlaufvermögen.

36 Der BFH hat ebenfalls die **Widmung** des Steuerpflichtigen als wichtiges Tatbestandsmerkmal der Zuordnung zum Anlage- oder Umlaufvermögen betont:

- Im Falle von speziellen hochwertigen Stahlformen zur Durchführung von Kundenaufträgen sah der BFH Zweifel bzgl. der Zuordnung zum Anlage- oder Umlaufvermögen. Deshalb „muss … dem **Ermessen** des Kaufmanns ein gewisser Spielraum gelassen werden, wenn seine konstante und konsequente buchmäßige Behandlung der Vorgänge auf eine längere Zeitperiode gesehen zu einer vertretbaren und betriebswirtschaftlich zutreffenden laufenden Gewinnermittlung führt".[2]
- Bei der „Umwandlung" eines Mietwohngrundstücks im Anlagevermögen in zum Verkauf bestimmten Eigentumswohnungen „ergibt einerseits die Zweckbestimmung" und andererseits der **„Willen** des Unternehmers" den Ausschlag für die Zuordnung zum Anlage- oder Umlaufvermögen.[3]
- Im Fall der Musterhäuser von Fertighäuserherstellern gilt: „Die Zweckbestimmung ergibt sich zum einen aus der Natur der Sache selbst, zum anderen hängt sie vom **Willen** des Unternehmers ab."[4]

---

1 Vgl. hierzu im Einzelnen *Hoffmann* in Littmann/Bitz/Pust (Hrsg.), Das Einkommensteuerrecht, §§ 4, 5 Tz. 140 ff.
2 BFH, Urteil v. 8.10.1970 – IV R 125/69, BStBl 1971 II S. 51, 52.
3 BFH, Urteil v. 26.11.1974 – VIII R 61-62/73, BStBl 1975 II S. 352.
4 BFH, Urteil v. 31.3.1977 – V R 44/73, BStBl II S. 584, 685.

37 *(einstweilen frei)*

4.2 ... in der Folgebewertung (Umwidmung)

38 So wie die Zuordnung zum Anlage- oder Umlaufvermögen anlässlich des **Zugangs** eines Vermögensgegenstands ist dem Kaufmann auch eine **spätere** Umwidmung anheimgegeben. Den **Anlass** mögen neue Erkenntnisse oder geänderte Absichten liefern. Dabei dominiert die **bilanzpolitische** Interessenlage, vornehmlich die Vermeidung von außerplanmäßigen Abschreibungen auf Wertpapiere.

BEISPIEL[1] Am 29.12.01 erwirbt die U GmbH für 1 Mio. € lang laufende Anleihen. Der Zinssatz der Wertpapiere beträgt 6 %. Die U GmbH spekuliert auf einen deutlichen Rückgang der Marktzinsen im Jahr 02 und möchte die daraus erwarteten Kursgewinne der Wertpapiere realisieren. Sie erfasst die Wertpapiere per **31.12.01** daher im **Umlaufvermögen.**

Tatsächlich steigen die Marktzinsen bereits im ersten Halbjahr 02 kräftig. Als Folge sinkt der Kurs der Wertpapiere um 20 % und erholt sich bis zum Jahresende nicht. Die Geschäftsführung beschließt deshalb am 29.12.02 formell eine Änderung des Verwendungszwecks der Wertpapiere. Diese sollen nun bis zur Fälligkeit gehalten und deshalb per **31.12.02** im **Anlagevermögen** ausgewiesen werden.

Eine außerplanmäßige Abschreibung (um 0,2 Mio. €) soll wegen des vorübergehenden Charakters der Wertminderung unterbleiben (→ § 253 Rz. 203).

Bei geänderter Zweckbestimmung durch den Kaufmann – nicht mehr Spekulation, sondern Halten bis zur Fälligkeit – ist die Umklassifizierung vom **Umlauf-** in das **Anlage**vermögen geboten. Maßgeblicher Zeitpunkt ist u. E. nicht der Bilanzstichtag, sondern eher der Tag der Umwidmung (objektiviert geänderte Verwendungsabsicht). Nach dem Bilanzstichtag kommt sie (rückwirkend) als wertbegründendes Ereignis nicht infrage (→ § 252 Rz. 70). Erforderlich ist eine Dokumentation des Umwidmungsbeschlusses (wie im Beispiel durch den Geschäftsführerbeschluss am 29.12.02). Das verlangt die analog anzuwendende BFH-Rechtsprechung zur **Willkürung** von Betriebsvermögen (→ § 246 Rz. 214) im Interesse der **Objektivierung.**

39 Fraglich ist, wie bei Umwidmung mit dem Niederstwertprinzip umzugehen ist. Für das Beispiel unter → Rz. 38 gilt: Bei Umwidmung erst im Jahr 03, z. B. am 23.1.02 anlässlich der Bilanzerstellung, wäre aufgrund des strengen Niederstwertprinzips für das Umlaufvermögen (→ § 253 Rz. 224) am 31.12.01 eine Abschreibung auf 0,8 Mio. € vorzunehmen gewesen. Mit diesem Buchwert hätte dann am 23.1.02 die Umwidmung in das Anlagevermögen gebucht werden müssen. Bis zum Zeitpunkt der Umwidmung (23.1.02) wäre das strenge Niederstwertprinzip zu beachten gewesen. Von bilanzpolitischem Interesse ist dann, ob diese Abschreibung durch eine am oder kurz vor dem Bilanzstichtag erfolgte Umwidmung vermieden werden kann.

40 Die strittige Rechtslage ist wie folgt: IDW RH HFA 1.014 erkennt (auch in der Neufassung v. 26.10.2021) jedenfalls für Wertpapiere keine Notwendigkeit zur außerplanmäßigen Abschreibung bei Umwidmung vor bzw. zum Bilanzstichtag. Festgehalten wird vielmehr: „Umwidmungen sind mit dem Buchwert der Wertpapiere im letzten Jahresabschluss (bzw. in den Fällen von Anschaffungen im laufenden Geschäftsjahr mit den Anschaffungskosten) vorzunehmen.“[2] Dies geht auf die IDW-Stellungnahme HFA 2/1972 „Zur Bilanzierung von festverzinslichen Wertpapieren“ zurück, wo es allerdings sinngemäß zutreffend hieß: Die Umwidmung führt nicht zu neuen Anschaffungskosten, da diese kein Rechtsgeschäft darstellt. Die Bewertung

1 Nach *Lüdenbach*, StuB 2012 S. 236.

2 So auch das Bundesamt für das Kreditwesen v. 15.11.1965, WPg 1966 S. 161.

zum (unterstellt gegenüber der Vorjahresbilanz) gesunkenen Börsenkurs (→ Rz. 39) bleibt unbeachtet. Das hier waltende **bilanzpolitische Potenzial,** insbesondere der Finanzwirtschaft, soll jedenfalls nicht beeinträchtigt werden: Vielmehr soll die Umwidmung nach Schrifttumsauffassung gerade dann erlaubt sein, „wenn ein Kreditinstitut erkennt, dass es die Abschreibungen, die sich aufgrund der Marktentwicklung im Handels- oder Vorsorgewertpapierbestand ergeben, in seiner Erfolgsrechnung nicht mehr verkraften kann".[1] Unseres Erachtens bewahrt eine in letzter Minute vorgenommene Umwidmung hingegen nicht vor einer Anwendung des strengen Niederstwertprinzips auf den Umwidmungszeitpunkt. Für unsere Auffassung spricht die Parallele zur Willkürung eines Wirtschaftsguts als Betriebsvermögen. Diese Widmung kann nicht im Nachhinein, also bei besserer Erkenntnis über die positive oder negative Entwicklung des Wirtschaftsguts, getroffen werden, sondern nur durch eine zeitnah zur Anschaffung erfolgende buchmäßige Erfassung (→ § 246 Rz. 214). Ein nachträgliches Einbuchen erst im Rahmen der Bilanzarbeiten scheidet im Objektivierungsinteresse aus. Dieser von der BFH-Rechtsprechung für den Bilanz**ansatz** (Umfang des Betriebsvermögens) verfolgte Objektivierungsgedanke ist u. E. auch bei der **Bewertung** zu beachten. Daraus folgt u. E.: Umlaufvermögen ist für die Dauer seiner entsprechenden Qualifikation nach strengem Niederstwertprinzip (→ § 253 Rz. 224) zu bewerten; erst für die Wertentwicklung ab dem Zeitpunkt der tatsächlichen Änderung der Zweckbestimmung greift das gemilderte Niederstwertprinzip (→ § 253 Rz. 203).

Zusätzlich hält IDW RH HFA 1.014 fest, dass auf bereits zum vorherigen Abschlussstichtag abgewertete Wertpapiere des Umlaufvermögens nach Umwidmung zum Anlagevermögen eine Wertaufholung nicht allein mit der Begründung möglich ist, die bislang vorgenommene außerplanmäßigen Abschreibung basierte nur auf einer voraussichtlich nicht dauernden Wertminderung. Unseres Erachtens sollte dies eine Selbstverständlichkeit sein.

5. Abc der Abgrenzung von Anlage- und Umlaufvermögen

► **Ärztemuster** 41

eines Arzneimittelherstellers sind Umlaufvermögen.[2]

► **Ausstellungsstücke**

sind Anlagevermögen (→ Rz. 23).

► **Baumschulkulturen**

gehören auch bei mehrjähriger Kulturzeit zum Umlaufvermögen,[3] siehe auch „Pflanzenanlagen" und „Wald".

► **Bausparvorratsvertrag**

ist Umlaufvermögen.[4]

► **Beteiligung**

ist i. d. R. Anlagevermögen (§ 271 Abs. 1 HGB), bei einem gewerblichen Beteiligungshandel liegt dagegen Umlaufvermögen vor.[5]

1 *Krumnow et al.*, Rechnungslegung der Kreditinstitute zu § 340e HGB.
2 BFH, Urteil v. 20.10.1976 – I R 112/75, BStBl 1977 II S. 278.
3 BMF, Schreiben v. 21.3.1997 – IV A 9 – S 2163 – 3/97, BStBl I S. 369.
4 BFH, Urteil v. 9.7.1986 – I R 218/82, BStBl 1987 II S. 14.
5 BFH, Urteil v. 25.7.2001 – X R 55/97, BStBl II S. 809, für den Fall einer Ausstattung von elf GmbHs mit Sacheinlagen und anschließendem Verkauf.

- **Bodenschätze,**
  nicht abgebaute, sind Anlagevermögen.[1]
- **Brennstoffelemente**
  bei Kernkraftwerken sind Umlaufvermögen.[2]
- **Dienstwagen**
  sind Anlagevermögen.[3]
- **Druckvorlagen.**[4]
- **Eigentumswohnungen**
  sind bei gewerblichem Grundstückshandel Umlaufvermögen;[5] siehe auch „Wohnungen".
- **Eiserner Bestand**
  (Minimalbestand) an Rohmaterialien etc. ist Umlaufvermögen.
- **Emissionsrecht:**
  siehe „Schadstoffemissionsrecht".
- **Ersatzteile:**
  Erstausstattungssätze und nutzerspezifische (individualisierte) Ersatzteile sind Anlagevermögen (→ § 266 Rz. 43; Weiteres hierzu vgl. → Rz. 23).[6]
- **Filme**
  sind bei echter Auftragsproduktion Umlaufvermögen, bei Produktion zur zeitlichen Nutzungsüberlassung Anlagevermögen.[7]
- **Gerüst- und Schalungsteile**
  sind Anlagevermögen.[8]
- **Gewerblicher Grundstückshandel:**
  Grundstücke stellen regelmäßig Umlaufvermögen dar (→ Rz. 29),[9] es sei denn, das betreffende Grundstück ist eindeutig für die Vermögensanlage bebaut.[10]
- **Gussformen**
  (hochwertige aus Stahl) stellen Umlaufvermögen bei Bindung an einen Auftrag dar, bei auftragsunabhängiger Verwendbarkeit dagegen Anlagevermögen.[11]
- **Hennen:**
  Legehennen sind Anlagevermögen, Fleischhennen Umlaufvermögen.[12]
- **Immaterialgüter (→ Rz. 31a), land- und forstwirtschaftliche**
  sind Anlagevermögen.[13]

---

1 BFH, Urteil v. 25.7.2012 – I R 101/10, DStR 2013 S. 10 Tz. 21.
2 BMF, Schreiben v. 18.12.1973, DB 1976 S. 2486, gegenteilig noch BMF, Schreiben v. 9.2.1971, DB 1971 S. 455.
3 BFH, Urteil v. 17.11.1981 – VIII R 86/78, BStBl 1982 II S. 344; H 32 EStH 2003.
4 BFH, Urteil v. 22.10.2009 – III R 14/07, BStBl 2010 II S. 361.
5 BFH, Urteil v. 26.11.1974 – VIII R 61-62/73, BStBl 1975 II S. 352.
6 BMF, Schreiben v. 28.8.1991 – InvZ 1010, BStBl I S. 768.
7 Einzelheiten siehe BMF, Schreiben v. 23.2.2001 – IV A 6 – S 2241 – 8/01, BStBl I S. 175.
8 BFH, Urteil v. 29.7.1966 – VI 302/65, BStBl 1967 III S. 151.
9 BFH, Urteil v. 26.11.1974 – VIII R 61-62/73, BStBl 1975 II S. 352; BFH, Urteil v. 17.3.1981 – VIII R 149/78, BStBl II S. 522.
10 BFH, Urteil v. 16.1.1969 – IV R 34/67, BStBl II S. 375.
11 BFH, Urteil v. 8.10.1970 – IV R 125/69, BStBl 1971 II S. 51 ff.
12 BFH, Urteil v. 30.4.1985 – VIII R 268/81, BFH/NV 1985 S. 36.
13 BFH, Urteil v. 31.5.2001 – IV R 73/00, BStBl II S. 674.

- **Leergut:**
  Paletten, Kästen und Flaschen sind Anlagevermögen (H 6.1 EStH 2008).
- **Mineralvorkommen**
  sind Anlagevermögen.[1]
- **Modelle, Formen**
  mit kurzfristigem Verbrauch sind Umlaufvermögen.[2]
- **Musterhäuser**
  sind Anlagevermögen, auch wenn sie zum Verkauf anstehen (→ Rz. 23).[3]
- **Musterkollektionen**
  sind Anlagevermögen.[4]
- **Schadstoffemissionsrecht:**
  Schadstoffemissionsrechte, die nach dem Treibhausgas-Emissionshandelsgesetz (TEHG) gehandelt werden, sind immaterielle Wirtschaftsgüter des Umlaufvermögens.
- **Vorführwagen**
  im Kfz-Handel sind Anlagevermögen (→ Rz. 23).
- **Web-Dateien**
  sind Anlagevermögen.
- **Werbeartikel**
  (Kataloge, Prospekte etc.) sind Umlaufvermögen.
- **Werkzeuge**
  (Formen, Modelle, auch kundengebunden) sind Anlagevermögen, wenn allerdings nur für einen Auftrag bestimmt, sind sie u. U. Umlaufvermögen.
- **Wohnungen,**
  die zum Verkauf bestimmt sind, gehören zum Umlaufvermögen (→ Rz. 29).

§ 248 Bilanzierungsverbote und -wahlrechte

(1) n die Bilanz dürfen nicht als Aktivposten aufgenommen werden:

1. Aufwendungen für die Gründung eines Unternehmens,

2. Aufwendungen für die Beschaffung des Eigenkapitals und

3. Aufwendungen für den Abschluss von Versicherungsverträgen.

(2) [1]Selbst geschaffene immaterielle Vermögensgegenstände des Anlagevermögens können als Aktivposten in die Bilanz aufgenommen werden. [2]Nicht aufgenommen werden dürfen selbst geschaffene Marken, Drucktitel, Verlagsrechte, Kundenlisten oder vergleichbare immaterielle Vermögensgegenstände des Anlagevermögens.

1 BFH, Urteil v. 23.6.1977 – IV R 17/73, BStBl II S. 825; BFH, Beschluss v. 4.12.2006 – GrS 1/05, DStR 2007 S. 848, StuB 2007 S. 355.
2 BFH, Urteil v. 28.10.1977 – III R 72/75, BStBl 1978 II S. 115, sowie BFH, Urteil v. 13.3.1979 – III R 20/78, BStBl II S. 379.
3 BFH, Urteil v. 31.3.1977 – V R 44/73, BStBl II S. 684; H 32 EStH 2004.
4 BFH, Urteil v. 20.10.1965 – VI 62/65 U; BFH, Urteil v. 25.11.1965 – IV 299/63 U, BStBl 1966 III S. 86.

Inhaltsübersicht Rz.

LITERATUR:

Gabert, Die Bilanzierung von Filmrechten, StuB 2010 S. 891; *Hennrichs*, Immaterielle Vermögensgegenstände nach dem Entwurf des BilMoG, DB 2008 S. 537; *Hüttche*, Bilanzierung selbst erstellter immaterieller Vermögensgegenstände des Anlagevermögens im Lichte des BilMoG, StuB 2008 S. 163; *Marx*, Objektivierungserfordernisse bei der Bilanzierung immaterieller Anlagewerte, BB 1994 S. 2379; *Mindermann*, Der Ansatz immaterieller Vermögensgegenstände des Anlagevermögens, StuB 2010 S. 658; *Mindermann*, Zur Aktivierung selbsterstellter immaterieller Vermögensgegenstände, WPg 2008 S. 273; *Moxter*, Aktivierungspflicht für selbsterstellte immaterielle Anlagewerte, DB 2008 S. 1514; *Theile*, Immaterielle Vermögensgegenstände nach RegE BilMoG, WPg 2008 S. 1064.

I. Regelungsinhalt und -kontext

1 Hinsichtlich der Aktivierung von Vermögensgegenständen verfolgt das Gesetz einen zweistufigen Aufbau:

- Zu klären ist zunächst, ob ein ökonomischer Vorteil überhaupt **Vermögensgegenstand** ist oder als solcher gilt (**abstrakte** Bilanzierungsfähigkeit).
- Für alle Fälle, in denen dies bejaht wird, schreibt § 246 Abs. 1 Satz 1 HGB mit dem sog. Vollständigkeitsgebot (→ § 246 Rz. 3) die Bilanzierung vor, jedoch mit dem **Zusatz** „soweit gesetzlich nichts anderes bestimmt ist".
- Im Zusatz angesprochen ist die **konkrete** Bilanzierungsfähigkeit und Bilanzierungspflicht. Ein Vermögensgegenstand darf nur dann aktiviert werden, wenn kein Bilanzierungsverbot besteht, und muss nur dann angesetzt werden, wenn gesetzlich kein Wahlrecht bestimmt ist.

In diesem Kontext enthält **Abs. 1** eher **klarstellende** Regelungen, **Abs. 2 konstitutive** Regelungen für selbst geschaffene immaterielle Vermögensgegenstände des Anlagevermögens:

- Abs. 1 Nr. 1 und 2 verbieten die Aktivierung von Aufwendungen für **Gründungs- und Eigenkapitalbeschaffung** (→ Rz. 2 ff.). In diesen Fällen fehlt es aber regelmäßig bereits an der abstrakten Bilanzierungsfähigkeit. Ein Vermögensgegenstand liegt nicht vor.
- Abs. 1 Nr. 3 verbietet die Aktivierung von Aufwendungen für den Abschluss von **Versicherungsverträgen** (→ Rz. 5). Betroffen sind u. a. Abschlussprovisionen, die als Vertriebskosten z. B. auch in § 255 Abs. 2 HGB mit einem Ansatzverbot belegt sind.
- Nach Abs. 2 Satz 2 besteht für selbst erstellte Marken, Kundenlisten, Drucktitel, Verlagsrechte und ähnliche immaterielle Anlagen ein **Aktivierungsverbot** (→ Rz. 10).
- Nach Abs. 2 Satz 1 gilt für alle anderen selbst geschaffenen immateriellen Anlagen ein **Aktivierungswahlrecht** (→ Rz. 7). Sie dürfen, müssen aber nicht angesetzt werden.

Aus dem Vollständigkeitsgebot (→ § 246 Rz. 3) ergibt sich eine Aktivierungspflicht bei **Anschaffungs**vorgängen. Als Anschaffung gelten auch **gesellschaftsrechtliche** Einbringungen (→ § 272 Rz. 12) zur Unterscheidung von Anschaffung und Herstellung (→ § 255 Rz. 10).

II. Allgemeine Aktivierungsverbote (Abs. 1)

1. Gründungskosten (Abs. 1 Nr. 1)

2 Die förmlichen Aktivierungsverbote für die Gründungs- und Eigenkapitalbeschaffungskosten in Abs. 1 Nr. 1 und 2 sind nur klarstellender Natur. Das kommt schon im Gesetzeswortlaut zum Ausdruck, denn **„Aufwendungen"** sind ex definitione nicht aktivierbar, sofern sie nicht nach § 255 Abs. 2 HGB (→ § 255 Rz. 126) in die Herstellungskosten von Vermögensgegenständen einfließen. Vermögensgegenstände (→ § 246 Rz. 13) entstehen aus den Aufwendungen zur Unternehmensgründung und Eigenkapitalbeschaffung aber nicht.

Beispiele für **Gründungskosten** sind: Beratungsgebühren, Notariatshonorare, Gründungsprüfung, Eintragungskosten, Veröffentlichungskosten, Reisekosten der Gründer u. Ä. Der Begriff der Gründungskosten wird in Abs. 1 Nr. 1 nicht in einem weiten Sinne verwendet, der den Gesamtvorgang einer Sachgründung, z. B. durch Einlage von materiellen oder immateriellen Anlagen in ein neu gegründetes Unternehmen, umfassen würde. Der Aktivierung von Einlagen steht § 248 Abs. 1 Nr. 1 HGB daher nicht im Wege.

Die Behandlung von bereits vor Gründung bzw. Eröffnungsbilanz angefallenen Aufwendungen ist strittig. So gilt einer Auffassung nach Abs. 2 Nr. 1 auch für die Eröffnungsbilanz.[1] Anderer Ansicht nach ist eine Aktivierung in der Eröffnungsbilanz sinnvoll mit anschließender erfolgswirksamer Auflösung des Postens im ersten Geschäftsjahr.[2] Der ersten Auffassung ist zuzustimmen, da Abs. 1 Nr. 1 lediglich klarstellende Bedeutung hat, es den Gründungskosten bereits an der abstrakten Bilanzierungsfähigkeit fehlt.

2. Eigenkapitalbeschaffung (Abs. 1 Nr. 2)

3 Zu den Kosten der **Eigenkapital**beschaffung i. S. des Gesetzes zählen Emissionskosten, Börseneinführungsgebühren, Druckkosten für die Aktien, Kosten der Bewertung von Sacheinlagen u. Ä. Auch als Rechnungsabgrenzungsposten kann eine Aktivierung dieser Aufwendungen nicht erfolgen, sei es, dass man solche ebenfalls unter Abs. 1 Nr. 2 subsumiert, sei es wegen der fehlenden Zeitbestimmung (→ § 250 Rz. 43).

4 Aus der Nichterwähnung von **Fremdkapitalbeschaffungskosten** kann kein Umkehrschluss für deren Aktivierung gezogen werden. Diese bestimmt sich nach allgemeinen Ansatzkriterien. Die Schaffung eines Vermögensgegenstands durch Fremdkapitalfinanzierung kann man sich kaum vorstellen, wohl aber die eines aktiven Abgrenzungspostens für ein **Ausgabedisagio.** Dessen Bilanzierung folgt den Vorgaben in § 250 Abs. 3 HGB (→ § 250 Rz. 59) und wird entsprechend durch § 248 Abs. 1 HGB nicht berührt.

1 *Justenhoven/Usinger* in Beck'scher Bilanz-Kommentar, 13. Aufl. 2022, § 248 Tz. 1.
2 *ADS*, § 248 Tz. 6a.

3. Abschluss von Versicherungsverträgen (Abs. 1 Nr. 3)

5 Das Aktivierungsverbot für die Abschlusskosten von **Versicherungsverträgen** (Abs. 1 Nr. 3) entspringt einem nationalen Wahlrecht, das durch das VersRiLiG vom 24.6.1994 in nationales Recht umgesetzt worden ist. Das Aktivierungsverbot betrifft die Abschlussprovisionen als direkt zurechenbare Kosten und die Gemeinkosten der Außendienstabteilung. Andere Gemeinkosten für Fremdleistungen sind ebenfalls nicht aktivierbar, z. B. Werbebroschüren, Fernsehauftritte.

Nicht vom Aktivierungsverbot betroffen ist die sog. **Zillmerung,** die der Bilanzierung von Deckungsrückstellungen bei der Bewertung von Lebensversicherungsverträgen zugrunde liegt. Dabei dienen die ersten Jahresprämien des Versicherungsnehmers ganz oder zum Teil der Finanzierung der Abschlussaufwendungen mit der Folge einer Kürzung der Deckungsrückstellung, die einen negativen (aktiven) Wert erfahren kann.

4. Steuerliche Gewinnermittlung

6 Die Aktivierungsverbote für die Gründung, die Eigenkapitalbeschaffung und die Abschlusskosten für Versicherungen gelten auch bei der **steuerlichen** Gewinnermittlung.

III. Ansatzwahlrecht für selbst erstellte immaterielle Anlagegüter (Abs. 2 Satz 1)

1. Definitionsinhalt der immateriellen Vermögensgegenstände

7 Allgemein wird auf die Kommentierung unter → § 246 Rz. 16 zu Begriffsinhalt des immateriellen Vermögensgegenstands und Ansatzproblemen im Herstellungsprozess **verwiesen,** speziell wegen einzelner Fälle immateriellen Vermögens auf das **„Abc der immateriellen Vermögensgegenstände“** (→ § 246 Rz. 52).

2. Beschränkung auf das Anlagevermögen

8 Hinsichtlich der Unterscheidungsmerkmale von Anlage- und Umlaufvermögen ist zu verweisen auf die Kommentierung unter → § 247 Rz. 16 ff. Selbst erstelltes **Umlauf**vermögen ist vom Regelbereich des Abs. 2 ausgenommen. Ein typisches Beispiel stellt die Auftragsforschung dar, deren Ergebnis dem Besteller abzuliefern ist.

3. Selbstschaffung, Herstellung

9 Nur selbst geschaffene, also **hergestellte** Immaterialgüter des Anlagevermögens unterliegen dem Ansatzwahlrecht des Abs. 2 Satz 1 („können“). Von diesem Wahlrecht (= **Willkürung** eines Vermögensgegenstands) macht insbesondere im mittelständischen Bereich die Praxis nur sehr zögerlich Gebrauch (→ § 255 Rz. 204). Inwieweit und ab wann die **Vermögensgegenstandseigenschaft** von Entwicklungskosten anzunehmen ist, wird in DRS 24.45 behandelt. Danach **darf** „ein in der Entstehung befindliches“ Gut des Anlagevermögens bei der kumulativen Erfüllung folgender Voraussetzungen aktiviert werden:

- Befindlichkeit in der Entwicklung (→ § 255 Rz. 197),
- Vorliegen eines Vermögensgegenstandes (→ § 246 Rz. 22a),

- Entstehen des „angestrebten“ Vermögensgegenstandes mit hoher Wahrscheinlichkeit (→ § 255 Rz. 198 ff.),
- verlässliche Zurechnungsmöglichkeit der Entwicklungskosten (→ § 255 Rz. 196),
- Nichtbestehen eines speziellen Aktivierungsverbots (→ Rz. 10).

Die „hohe Wahrscheinlichkeit des Entstehens“ eines Vermögensgegenstands ist bei kumulativer Erfüllung folgender Kriterien gegeben (DRS 24.50):

- Die Fertigstellung des immateriellen Vermögensgegenstands ist technisch realisierbar.
- Für die Fertigstellung sind die erforderlichen technischen finanziellen und sonstigen Ressourcen verfügbar.
- Die Fertigstellung des immateriellen Vermögensgegenstands ist beabsichtigt.

Die Anleihe an den Ansatzkriterien des IAS 38.57 ist eindeutig. Damit verbunden sind auch die Schwächen dieser Voraussetzungen: Jedenfalls in den ersten Phasen der Entwicklung sind die Absicht der Fertigstellung und die Vermutung ausreichender Ressourcen selbstverständlich, denn sonst würden die entsprechenden Entwicklungskosten kaum in Gang gesetzt. Anders kann es sich mit der technischen Realisierbarkeit verhalten. Bei der Entwicklung eines neuen Medikaments bzw. darauf bezogenen Patents kann diese z. B. so lange grundlegenden Zweifeln unterliegen, wie die Arzneimittelzulassung noch nicht erteilt ist. Analog der IFRS-Praxis der Pharmabranche scheidet dann auch handelsrechtlich eine Aktivierung aus.

Die Bewertungsprobleme sind in → § 255 Rz. 198 ff. kommentiert. Steuerlich besteht dieses Ansatzwahlrecht nach § 5 Abs. 2 EStG nicht. Nicht nur deshalb bedarf es der Unterscheidung von **Anschaffung** und **Herstellung** (→ § 255 Rz. 10). Zu beachten ist auch, dass die Aktivierung selbst erstellter immaterieller Vermögensgegenstände des Anlagevermögens mit einer Ausschüttungssperre verbunden ist (→ § 268 Rz. 156).

BEISPIEL Die Biotech AG (B) forscht u. a. intensiv auf dem Gebiet der Karzinomprophylaxe. Eine ab 01 begonnene und bereits patentierte Neuentwicklung zur Bekämpfung des Lungenkrebses hat die erste klinische Testphase erfolgversprechend passiert. Die B sieht ihre Kapazitäten zur Weiterentwicklung als überfordert an und verkauft das Entwicklungsprodukt samt Patent und Warenzeichen im Jahr 05 an den Pharmahersteller P.

Bei der B liegt ein Herstellungsvorgang vor. Wären die Entwicklungskosten aktivierbar und würde das Wahlrecht ausgeübt, entstünde eine Ausschüttungssperre. Tatsächlich sind die ausgefallenen Entwicklungskosten aber nicht aktivierbar, da von der Markteinführung des Präparats nicht ausgegangen werden kann (→ § 255 Rz. 199). Diese Aktivierungsrestriktion gilt für den Erwerber P nicht, da aus seiner Sicht ein Anschaffungsvorgang vorliegt.

ABWANDLUNG B sieht keine sinnvolle Zukunft für seine Forschungssparte „Karzinom“ mehr und verkauft den Gesamtbereich dieser Sparte mit allen Forschungsergebnissen gegen einen Einmalbetrag an P.

Auch dieser Erwerb ist durch P vollumfänglich aktivierbar. Das Aktivierungsverbot in § 255 Abs. 2 Satz 4 HGB (→ § 255 Rz. 134) gilt für **angeschaffte** Forschungskosten nicht (DRS 24.43).

Die Frage, ob ein Anschaffungs- oder Herstellungsvorgang vorliegt, stellt sich u. a. beim **Customizing von Software** (→ § 255 Rz. 38), bei **Filmfonds** (→ § 255 Rz. 12), aber auch bei **Arbeitnehmererfindungen.**[1] Die Finanzverwaltung unterscheidet in Bezugnahme auf das Gesetz über Arbeitnehmererfindungen (§4 ArbnErfG) wie folgt:[2]

1 Für entgeltlichen Erwerb von Arbeitnehmererfindungen: FG München v. 20.10.1978 – VIII (IX) 196/76, EFG 1979 S. 71; aktuelles anhängiges Verfahren: FG Saarland – 1 K 1195/16.

2 BayLfSt v. 19.7.2017 – S 2134a.1.1-3/12 St32.

- **Diensterfindungen,** die aus der dem Arbeitnehmer obliegenden Tätigkeit oder auf maßgeblichen Erfahrungen oder Arbeiten im Betrieb beruhen: Solche Erfindungen kann der Arbeitgeber durch Erklärung gegenüber dem Arbeitnehmer und durch Zahlung einer gesonderten angemessenen Vergütung in Anspruch nehmen. Die Aufwendungen des Arbeitgebers stellen **Herstellungskosten** dar.
- **Freie Erfindungen,** die nicht im Zusammenhang mit dem Arbeitsverhältnis stehen: An ihnen hat der Arbeitgeber ein Vorkaufsrecht. Aufwendungen des Arbeitgebers für die Anschaffung der freien Erfindung stellen **Anschaffungskosten** dar.

DRS 24 Tz. 29 qualifiziert – ähnlich wie die Finanzverwaltung – Diensterfindungen als selbst geschaffene immaterielle Vermögensgegenstände, da der Mitarbeiter im Rahmen seiner regulären Beschäftigung tätig gewesen sei. Dem ist entgegenzuhalten, dass Diensterfindungen nicht notwendig aus der dem Arbeitnehmer obliegenden Tätigkeit („aus regulärer Beschäftigung") resultieren müssen. Ein Zusammenhang mit Tätigkeitsfeldern des Betriebs kann ausreichen. Eine den Produktionsbereich betreffende Diensterfindung kann deshalb auch ein Auszubildender oder ein technisch interessierter kaufmännischer Leiter machen.

Ein nicht unbedeutender Teil des (steuer-)bilanziellen Schrifttums votiert hingegen für einen entgeltlichen Erwerbsvorgang. Zwar erfolge der Übergang der vermögenswerten Rechte durch einseitige Erklärung des Arbeitgebers (§ 6 ArbnErfG), dies aber in der Weise, dass Leistung und Gegenleistung unter kaufmännischen Gesichtspunkten gegeneinander abgewogen seien.[1] Nicht hinreichend gewürdigt wird dabei, dass das Entgelt i. d. R. gerade nicht marktüblich ist, sondern sich je nach Stellung des Arbeitnehmers im Betrieb und Anteil des Betriebs am Zustandekommen der Erfindung Abschläge auf den Marktwert der Erfindung ergeben. Diese können nach den auf Basis von § 11 ArbnErfG ergangenen Vergütungsrichtlinien bis zu 98 % betragen.

Unseres Erachtens wird weder in DRS 24 noch in der Gegenposition hinreichend berücksichtigt, dass unterschiedliche Fälle von Diensterfindungen vorliegen können, idealtypisch wie folgt:

- Bei solchen aus regulärer Tätigkeit und mit hohem Abschlag auf den Marktwert kann die Vergütung eher als zusätzliches Entgelt für ohnehin zu erbringende Tätigkeiten interpretiert und ein Herstellungsvorgang angenommen werden.
- Bei großer Entfernung zur regulären Tätigkeit und geringem Abschlag auf den Marktwert kann eher die kaufmännische Anschaffung einer Erfindung unterstellt werden.[2]

Zur **Ermittlung** der Herstellungskosten wird verwiesen auf → § 255 Rz. 192 ff.

Eine Anschaffung (mit Aktivierungspflicht) liegt vor, wenn nach einem Verkauf eines Immaterialguts (des Anlagevermögens) wegen späterer nicht vorhersehbarer Zahlungsunfähigkeit des Erwerbers eine Rückübertragung auf den (ursprünglichen) Hersteller erfolgt (→ § 255 Rz. 65).[3]

Zur Abgrenzung von Anschaffung und Herstellung, u. a. auch bei **nachträglichen** Aufwendungen für einen erworbenen immateriellen Vermögensgegenstand, vgl. → § 255 Rz. 118b, → § 255 Rz. 47 und → § 255 Rz. 13.

1 Vgl. *Hänsch*, BBK 2017 S. 862 ff., m. w. N.
2 Praxisbeispiel bei *Lüdenbach*, StuB 2017 S. 866.
3 FG Hamburg, Urteil v. 21.11.2000 – II 296/98, EFG 2001 S. 559, zum Mandantenstamm eines Steuerberaters.

Die Frage des **Abgangs** eines immateriellen Anlagegegenstands stellt sich insbesondere bei Lizenzierungen (im pharmazeutischen Bereich „Auslizenzierung"). Danach kann auch bei unveränderter zivilrechtlicher Zurechnung ein Abgang vorliegen, weil das wirtschaftliche Eigentum (→ § 246 Rz. 221) vertraglich übertragen wird. Dieser Tatbestand liegt regelmäßig bei kumulativer Erfüllung folgender Kriterien vor (DRS 24.65):

- Der Lizenznehmer erhält ein exklusives Nutzungsrecht,
- die Gegenleistung ist im Wesentlichen fix,
- die Laufzeit der Lizenz ist unbegrenzt oder bei befristeter Laufzeit nicht jederzeit kündbar,
- der Lizenzgeber muss keine weiteren wesentlichen Leistungen erbringen.

Unseres Erachtens gilt auch Folgendes: Bei einem zeitlich befristeten Lizenzrecht kommt dem weiter bestehenden rechtlichen Eigentum keine Bedeutung zu, wenn das Lizenzrecht am Ende der Laufzeit ohne wirtschaftliche Substanz ist. Als Beispiel mögen die Lizenzen in der Pharmabranche dienen, die mit Ablauf des Patentschutzes praktisch wertlos werden.

Ein **Entwicklungskostenzuschuss** für einen immateriellen Anlagegegenstand ist wie ein Investitionszuschuss zu behandeln (→ § 246 Rz. 326), sofern das Aktivierungswahlrecht ausgeübt wird; andernfalls ist der Zuschuss als Aufwandszuschuss zu verbuchen (DRS 24.94).

IV. Spezielle Ansatzverbote (Abs. 2 Satz 2)

Für selbst erstellte Marken, Kundenlisten, Drucktitel, Verlagsrechte (i. S. von § 8 VerlG) und ähnliche immaterielle Anlagen formuliert Abs. 2 Satz 2 ein spezielles **Aktivierungsverbot.** Die Gesetzesvorgabe folgt hier exakt den Ansatzverboten in IAS 38.63. Grundlage ist eine reine **Kasuistik,** irgendeinem „Prinzip" folgt diese Ausnahmeregelung nicht. 10

Das Aktivierungsverbot erstreckt sich auch auf „ähnliche" immaterielle Anlagen. In der internationalen Rechnungslegung werden als markenähnlich z. B. sog. *trade dresses* (Waren- oder Verpackungsformen) angesehen, da sie nach dem Recht einiger Staaten nicht als Marken gelten. Nach § 3 Abs. 1 MarkenG ist der Begriff der Marke in Deutschland hingegen weitgefasst und umfasst alle Zeichen, Abbildungen, Buchstaben, dreidimensionalen Gestaltungen, Waren- oder Verpackungsformen einschließlich Farben und Farbzusammenstellungen, die geeignet sind, Waren oder Dienstleistungen eines Unternehmens von denjenigen anderer Unternehmen zu unterscheiden. Die geschützte besondere Form einer Getränkeflasche unterliegt demnach bereits als Marke und nicht erst als „ähnlicher Vermögensgegenstand" einem Aktivierungsverbot. Markenähnlich sind dann noch evtl. nicht dem Markengesetz unterliegende Geschmacks- und Gebrauchsmuster, daneben Namen von Internet-Domainen. Drucktitelähnlich sind Titel von Film-, Ton- oder Bühnenwerken.

Im Verhältnis zu den Kundenlisten – also systematische Dateien über Kunden, deren spezifische Merkmale usw. – ist die Ähnlichkeitsfrage komplexer:

BEISPIEL Eine Ehevermittlungsagentur bietet „Herren mit gehobenen Ansprüchen" kostenpflichtig ihre Dienste an. Voraussetzung für den Geschäftserfolg ist ein reichhaltiger Pool heiratswilliger Damen, die den „gehobenen Ansprüchen" genügen. Bei der Erstellung dieses Pools sind umfangreiche Aufwendungen angefallen.

BEURTEILUNG Die heiratswilligen Damen sind keine Kunden. Die Erstellung des Pools ist daher keine Erstellung einer Kundenliste. Es besteht eher Ähnlichkeit zu einer Liste spezialisierter Lieferanten. Lieferantenlisten sind in Abs. 2 Satz 2 jedoch nicht genannt. Fraglich ist, ob sie und damit mittelbar auch der Pool des Ehevermittlungsinstituts als den Kundenlisten „ähnlich (genug)" anzusehen sind. Dagegen spricht die Unterschiedlichkeit der Märkte (Absatz- vs. Beschaffungsmarkt).

Vermarktungsrechte im Profifußball – Medienrechte, Rechte am Stadion und am Club – sind auch bei möglicherweise gegebener abstrakter Bilanzierbarkeit wegen des speziellen Ansatzverbotes für selbst geschaffene Marken nicht aktivierbar. Sollte man dieser Beurteilung nicht folgen, stünde einem Ansatz die mangelnde Separierbarkeit zugehöriger Herstellungskosten vom Geschäfts- oder Firmenwert entgegen.[1]

DRS 24.56 enthält sich einer konkreten Würdigung, welche Vermögensgegenstände mit Marken, Kundenlisten, Drucktiteln und Verlagsrechten inhaltlich vergleichbar sind, und hält stattdessen abstrakt fest, vergleichbar seien immaterielle Vermögensgegenstände, deren Herstellungskosten nicht eindeutig von den Aufwendungen für die Entwicklung des Unternehmens in seiner Gesamtheit abgrenzbar seien. Dieser Interpretation wäre u. E. nur zuzustimmen, wenn auch bei den selbst im Gesetz genannten Fällen eine Abgrenzung von den Aufwendungen für die Entwicklung des Gesamtunternehmens nicht möglich wäre. Dies ist aber nicht der Fall. Wenn etwa ein Konzern Kosmetik- und Pflegeprodukte unter einer Vielzahl von Marken vertreibt und in gewissen zeitlichen Abständen sich auch um die Schaffung neuer Marken bemüht, dann ist der Aufwand für die jeweils neuen Marken sehr wohl von den Aufwendungen für die Entwicklung des gesamten Unternehmens unterscheidbar. Wenn die Unterscheidbarkeit also nicht zwingendes Merkmal der gesetzlich geregelten Fälle ist, taugt sie auch nicht als Kriterium der Fälle, die mit den gesetzlichen vergleichbar sind.

In **Anschaffungs**fällen gilt das spezielle Ansatzverbot nicht. Zur Unterscheidung von Anschaffung und Herstellung vgl. → § 255 Rz. 10. Nach DRS 24.34 strahlt das Ansatzverbot aber aus. Bei erworbenen (angeschafften) Marken, Drucktiteln, Verlagsrechten, Kundenlisten und vergleichbaren immateriellen Vermögensgegenständen des Anlagevermögens sollen wegen § 248 Abs. 2 Satz 2 HGB Kosten der „Modifikation" des Vermögensgegenstands i. d. R. ebenfalls nicht aktivierbar sein.

§ 249 Rückstellungen

(1) ¹Rückstellungen sind für ungewisse Verbindlichkeiten und für drohende Verluste aus schwebenden Geschäften zu bilden. ²Ferner sind Rückstellungen zu bilden für

1. **im Geschäftsjahr unterlassene Aufwendungen für Instandhaltung, die im folgenden Geschäftsjahr innerhalb von drei Monaten, oder für Abraumbeseitigung, die im folgenden Geschäftsjahr nachgeholt werden,**

2. **Gewährleistungen, die ohne rechtliche Verpflichtung erbracht werden.**

(2) ¹Für andere als die in Absatz 1 bezeichneten Zwecke dürfen Rückstellungen nicht gebildet werden. ²Rückstellungen dürfen nur aufgelöst werden, soweit der Grund hierfür entfallen ist.

1 *Kirsch/Weber/Gallasch*, DStR 2013 S. 541.

Inhaltsübersicht

LITERATUR:

Bertram/Johannleweling/Roß/Weiser, Handelsrechtliche Bilanzierung von Altersversorgungsverpflichtungen nach IDW RS HFA 30, WPg 2011 S. 57; *Bonnecke,* Rückstellungen für Restrukturierungsmaßnahmen, Ansatz, Umfang und Bewertung in der handels- und steuerrechtlichen Rechnungslegung, StuB 2021 S. 185; *Christiansen,* Zur Passivierung von Verbindlichkeiten: Dem Grunde nach bestehende Verbindlichkeiten, DStR 2007 S. 127; *Christiansen,* Zur Passivierung von Verbindlichkeiten: (Nicht-)Passivierung im Rahmen schwebender Geschäfte, DStR 2007 S. 869; *Deubert/Lewe,* Restrukturierungsrückstellungen im handelsrechtlichen Jahresabschluss: Besonderheiten in Konzernstrukturen, BB 2018 S. 274; *Engel-Ciric/Moxter,* Das umstrittene Rückstellungskriterium der wirtschaftlichen Verursachung in der jüngeren Rechtsprechung, BB 2012 S. 1143; *Euler/Hommel,* Passivierungszeitpunkt von Rückstellungen, BB 2014 S. 2475; *Förster/Werthebach,* Immer noch offene Fragen bei Verpflichtungsübernahmen, Schuldbeitritten und Erfüllungsübernahmen, BB 2019 S. 299 ff.; *Groh,* Verbindlichkeitsrückstellungen und Verlustrückstellungen, BB 1988 S. 27; *Henckel,* Anfängliche Unterdeckung bei einem unter(geschäfts-)jährigen Wechsel des Durchführungswegs der betrieblichen Altersversorgung, StuB 23/2020 S. 953; *Hoffmann,* Bilanzierungsarbitrage, StuB 2012 S. 457; *Hoffmann,* Die Sollbuchung beim Rückstellungsansatz, StuB 2011 S. 485; *Hoffmann,* Vom Erfüllungsrückstand zur Aufwandsrückstellung, StuB 2011 S. 361; *Hoffmann,* Von nicht bilanzierbaren Schulden und Forderungen, StuB 2012 S. 497; *Hoffmann,* Was bleibt von der wirtschaftlichen Verursachung bei der Rückstellung?, StuB 2014 S. 41; *Hoffmann/Lüdenbach,* Drohverluste beim Schuldnerwechsel, StuB 2012 S. 3; *Kessler, H./Leinen,* Bestrittene Steuerschulden in der Bilanz nach IFRS und HGB, WPg 2013 S. 67; *Küting/Kessler/Cassel/Metz,* Die bilanzielle Würdigung bestandsunsicherer Schadensersatzverpflichtungen nach IFRS und HGB, WPg 2010 S. 315; *Lüdenbach,* Abzinsung verzinslicher Rückstellungen, StuB 2010 S. 674; *Lüdenbach,* Alt- und Neupensionen beim Unternehmenserwerb, StuB 2010 S. 821; *Lüdenbach/Hoffmann,* Faktische Verpflichtungen und (verdeckte) Aufwandsrückstellungen nach IFRS und HGB/EStG, BB 2005 S. 2344; *Lüdenbach,* Rückstellung eines Leasingnehmers/Pächters für vertragliche Instandhaltungspflichten, StuB 2017 S. 376; *Lüdenbach,* Verhältnis von Wertminderung und Rückstellung bei Bodenkontamination, StuB 2022 S. 228 ff.; *Lüdenbach,* Rückstellung für Mitwirkungskosten bei zukünftiger Betriebsprüfung, StuB 2022 S. 113; *Lüdenbach,* Aufwand und Rückstellung für Berufsgenossenschaftsbeiträge bei „Pausenjahr", StuB 2022 S. 551; *Lüdenbach/Hoffmann,* Das Nichtanwendungsgesetz zur Hebung stiller Lasten, GmbHR 2014 Heft 3; *Marx,* Unschärfen bei der Abbildung von Ansammlungsrückstellungen nach EStG, HGB und IFRS, BB 2012 S. 563; *Moxter,* Neue Ansatzkriterien für Verbindlichkeitsrückstellungen, DStR 2004 S. 1057 und 1098; *Oser,* Sonstige Rückstellungen nach BilMoG, StuB 2012 S. 569; *Osterloh-Konrad,* Rückstellungen für Prozessrisiken in Handels- und Steuerbilanz, DStR 2003 S. 1631; *Prinz, U.,* Rückstellungen in der Steuerbilanz: Ein Gebot sachgerechter Leistungsfähigkeitsbesteuerung, DB 2011 S. 492; *Prinz, U.,* Leitlinien steuerbilanzieller Rückstellungsbildung: Eine besteuerungspraktische Bestandsaufnahme, DB 2015 S. 147; *Prinz, U.,* Rückstellungen für Altersfreizeit, StuB 2022 S. 11; *Roser,* Verbindlichkeitsrückstellungen dem Grunde und der Höhe nach, WPg 2015 S. 693; *Schlotter,* „Gekaufte" Drohverlustrückstellung, Ubg 2010 S. 635; *Schön,* Der Bundesfinanzhof und die Rückstellungen, BB 1994, Beilage 9; *Schüttler/Berthold,* Rückstellung für Zulassungskosten eines Pflanzenschutzmittels, DStR 2011 S. 2485; *Thaut,* Die Bilanzierung von Aufstockungsleistungen bei Altersteilzeit nach HGB, DB 2013 S. 2693 ff.; *Theile,* Sozialplanverpflichtungen und Restrukturierungen, PiR 2007 S. 297; *Wolf,* Passivierung von Rückstellungen im Lichte von „Dieselgate" – Die Ungewissheit der Höhe nach, StuB 2016 S. 334.

I. Begriff, Regelungsgehalt, Überblick

1 Der allgemeine **Sprachgebrauch** bietet keinen Anhaltspunkt für den bilanzrechtlichen Inhalt von Rückstellungen. „Zurückgestellt" werden weniger wichtige Arbeiten oder die Einstellungen an einem elektronischen Gerät auf die Grundversion. Anders verhält es sich bei den sprachverwandten **Rücklagen,** die auch deswegen bei laienhaftem Sachverstand über Bilanzinhalte mit den Rückstellungen verwechselt oder in einen Topf geworfen werden. Rücklagen bedeuten in dieser Laieninterpretation Sicherheitspolster für schlechtere Zeiten, die durch „Hamstern" von Vermögenswerten gebildet werden.

2 Der Blick auf den **Gesetzeswortlaut** und ergänzend auf andere Gesetzespassagen hilft hier weiter: Rückstellungen sind als „Verbindlichkeiten" gekennzeichnet, die „ungewiss" sind. In § 242 Abs. 1 HGB (→ § 242 Rz. 13) und § 246 Abs. 1 HGB (→ § 246 Rz. 76) ist demgegenüber die Rede von „Schulden", Verbindlichkeiten erscheinen dort nicht. Das Verhältnis dieser beiden Begriffe zueinander erschließt sich dann mit dem Blick auf § 266 Abs. 3 HGB (→ § 266 Rz. 82) und die dortige Gliederungssystematik für die Passivseite. Nach den Eigenkapitalkonten erscheinen unter B. und C. „Rückstellungen" und „Verbindlichkeiten". Zusammen mit dem „Ungewissen" in Abs. 1 erschließen sich die „Schulden" als **Oberbegriff** zu ungewissen und sicheren Verbindlichkeiten.

Der Gesetzesinhalt des § 249 Abs. 1 HGB zu den **Verbindlichkeits**rückstellungen lässt sich kategorisieren, und zwar wie folgt:

Rückstellungen sind anzusetzen für

- ungewisse Verbindlichkeiten (→ Rz. 10 ff.),
- drohende Verluste aus schwebenden Geschäften (→ Rz. 151 ff.),
- im Geschäftsjahr unterlassene Instandhaltungen, die innerhalb von drei Monaten nach dem Bilanzstichtag nachgeholt werden (→ Rz. 211 f.),
- Abraumbeseitigung, die im folgenden Geschäftsjahr nachgeholt wird (→ Rz. 213),
- Gewährleistungen, die ohne rechtliche Verpflichtung erbracht werden (→ Rz. 14 ff.).

3 Damit ist das grundlegende Problem der Rückstellungsbilanzierung bereits klar angesprochen: die **Ungewissheit** (→ Rz. 12) von Schulden, die dem Grunde oder der Höhe nach von künftigen Ereignissen und Entwicklungen abhängen, die aber gleichwohl stichtagsbezogen (→ § 252 Rz. 39) „heute schon" das Vermögen des Kaufmanns belasten (statische Betrachtung) und deshalb tendenziell das Ergebnis mindern (dynamische Betrachtung).[1]

4 Zur Ungewissheit der Verbindlichkeit gesellt sich ein weiteres schwer zu definierendes Tatbestandsmerkmal des Rückstellungsansatzes, nämlich das **„Drohen"** von **Verlusten.** Denn auch das „Drohende" hat etwas Ungewisses an sich, die Verluste – ohnehin etwas Unerwünschtes – stehen sozusagen vor der Tür und begehren Einlass. Jedenfalls mindert diese Kategorie der Rückstellungen in Stichtagsbetrachtung ebenfalls das Vermögen des Kaufmanns und ist somit **bereits vorhanden** (→ Rz. 160).

5 **Unsicherheit** und **Ungewissheit,** insbesondere über die genannten zukünftigen Ereignisse etc., sind ein **Wesensmerkmal** der Bilanzierung bzw. der darauf beruhenden Gewinnermittlung (→ § 252 Rz. 59). Ob eine Kundenforderung eingeht oder nicht, kann genauso ungewiss sein wie die Dauer der Nutzung eines Gebäudes. Bei den Rückstellungen kommt aber die Unge-

1 Vgl. hierzu *Schön,* BB 1994 Beilage 9 S. 3.

wissheit schon im Gesetzestext zum Ausdruck und erhält deshalb besonderes Gewicht. Unsicherheit und Ungewissheit erfordern vom bilanzierenden Kaufmann notwendig eine ermessensabhängige **Schätzung,** die durch das gewisse Nichteintreten der geschätzten Annahme oder des entsprechenden Werts definiert ist (→ § 252 Rz. 61).

Daraus folgt unmittelbar der hohe bilanzpolitische Gehalt dieses Postens (→ Rz. 45); ja, man kann sagen, die Rückstellungen stellen **die** bilanzpolitische Spielwiese des Kaufmanns schlechthin dar. Dies belegt in allererster Linie die Fülle der zu diesem Bilanzposten ergangenen BFH-Urteile, die an Häufigkeit die zu allen anderen Bilanzposten weitaus übersteigen.[1] Die steuerliche Relevanz des handelsrechtlichen Rückstellungs**ansatzes** (und der **Bewertung,** → § 253 Rz. 67) resultiert aus der Zurückhaltung des Steuergesetzgebers gegenüber einer eigenständigen Definition. Die **Steuerrechtsprechung** hatte deshalb keinerlei Probleme, das handelsrechtliche Rückstellungsgebot in seiner ganzen Abstraktheit den Entscheidungen zugrunde zu legen. Allerdings hat der Steuergesetzgeber im Laufe der Jahre durch verschiedene Ansatzverbote (→ Rz. 217 ff.) und Bewertungsvorgaben (→ § 253 Rz. 67) der Sicherung des Steueraufkommens Vorschub geleistet. 6

Bis zum Ergehen des BilMoG musste man systematisch zwischen den eine Ansatzpflicht begründenden **Verbindlichkeits**rückstellungen (einschließlich derer für drohende Verluste) einerseits und sog. **Aufwands**rückstellungen mit Ansatz**wahlrecht** andererseits unterscheiden. **Aufwands**rückstellungen verdanken ihre Bezeichnung der Tatsache einer am Stichtag **nicht** bestehenden Schuld gegenüber Dritten (fehlende Außenverpflichtung). Sie betrafen mehr oder weniger offen definierte künftige Aufwendungen, z. B. zum Unterhalt von Großanlagen oder Gebäuden, waren und sind steuerlich allerdings nicht ansetzbar. Allerdings konnte sich das BilMoG nicht zu einer Eliminierung zweier **Sonderkategorien** von Aufwandsrückstellungen entschließen, die zur unverändert erwünscht erscheinenden steuerlichen Ansatzbegründung beibehalten werden sollten oder (lobbyistisch) mussten (→ Rz. 211). **Wahlrechte** sind seit dem BilMoG ansonsten nur noch verblieben bei sog. Altzusagen für Pensionsverpflichtungen und für mittelbare Altersversorgungsverbindlichkeiten (→ Rz. 127). 7

In der **Untergliederung** der Rückstellungen nach dem Bilanzgliederungsschema in § 266 Abs. 3 HGB (→ § 266 Rz. 82) lassen sich drei Kategorien ausmachen: 8

1. Rückstellungen für Pensionen und ähnliche Verpflichtungen;
2. Steuerrückstellungen;
3. Besonderheiten in der Steuerbilanz (→ Rz. 217 ff.).

In der nachstehenden Kommentierung wird nur teilweise auf diese Gliederungssystematik Rücksicht genommen. Der Grund liegt in der weiten Ausdifferenzierung des Bereichs der sonstigen Rückstellungen durch die bereits erwähnte umfangreiche BFH-Rechtsprechung. Wie immer bei dem Verzicht des Gesetzgebers auf detaillierte Regelungen entwickelt sich im Laufe der Zeit durch Rechtsprechung, Standarderläuterungen und Kommentierungen eine **Kasuistik,** die gerade bei den Rückstellungen außerordentlich reichlich dotiert ist (→ Rz. 173).

Zur Rückstellungs**bewertung** wird auf → § 253 Rz. 67 verwiesen, zur **Inventarisierung** (**Bestands**aufnahme) auf → § 240 Rz. 7.

---

1 *Schön,* BB 1994 Beilage 9 S. 2, hat 1994 für die zurückliegenden Jahre seit Inkrafttreten des BiRiLiG 1985 50 BFH-Urteile zu den Rückstellungen feststellen können, dagegen nur ein einziges BGH-Urteil.

In Abs. 2 finden sich noch eine klarstellende **Beschränkung** des Ansatzes und ein Verbot der vorzeitigen **Auflösung** (→ Rz. 214).

Im Mittelpunkt des Interesses und unserer Kommentierung stehen die Ansatzvoraussetzungen für die Verbindlichkeitsrückstellungen. Nach der entscheidend durch die BFH-Rechtsprechung geprägten Rechtsdogmatik sind die folgenden **Ansatzvoraussetzungen kumulativ** zu erfüllen:

- **Bestehen** oder voraussichtliches Entstehen einer Verbindlichkeit (Schuld) bzw. hinreichende **Wahrscheinlichkeit** des künftigen Entstehens einer Verbindlichkeit, deren Höhe zudem auch ungewiss sein kann (→ Rz. 10 ff.).
- Wirtschaftliche **Verursachung** der Verpflichtung bis zum Bilanzstichtag (→ Rz. 23 ff.).
- Überwiegende **Wahrscheinlichkeit** der Inanspruchnahme aus der Verpflichtung, d. h. ernsthaftes Rechnen mit dem Vollzug (→ Rz. 43 ff.).
- (Nicht nur) für die **Steuer**bilanz nach § 5 Abs. 4b EStG: Die Aufwendungen dürfen nicht zu Anschaffungs- oder Herstellungskosten für ein Wirtschaftsgut in künftigen Geschäftsjahren führen (→ Rz. 220).

Keine eigenständige Tatbestandskategorie stellt der neuerdings ausufernd im Schrifttum bemühte **Erfüllungsrückstand** dar.[1] Die Begriffswahl sollte auf spezielle Verbindlichkeitsrückstellungen im Rahmen von schwebenden Dauerschuldverhältnissen beschränkt sein (→ Rz. 178).[2] Genauso wenig lässt sich u. E. das (angebliche) Erfordernis einer **Nettorealisation** als eigenständige Rückstellungskategorie begründen (→ Rz. 51). In Einzelfällen hat der BFH[3] die Rückstellung auch in anderer Form als Periodisierungsvehikel „missbraucht" (→ § 246 Rz. 360).

8a Traditionell ist die Rückstellungsbilanzierung in der deutschen Rechnungslegung handels- und steuerbilanziell eng verzahnt. Im Bereich der **Verbindlichkeits**rückstellung ergibt sich folgende Übersicht:[4]

	Handelsbilanz		Steuerbilanz	
	Ansatz	Bewertung	Ansatz	Bewertung
Verbindlichkeitsrückstellungen				
Rechtliche Verpflichtungen				
Allgemeine Verpflichtungen	§ 249 Abs. 1 Satz 1 Alt. 1HGB	§ 253 Abs. 1 Satz 2 HGB, § 254 HGB		§§ 5 Abs. 1a, Abs. 2a, 6 Abs. 1 Nr. 3a Buchst. a bis f EStG
Gleichartige Verpflichtungen		§ 240 Abs. 4 HGB		§ 6 Abs. 1 Nr. 3a Buchst. a EStG
Patent-, Urheber- oder Schutzrechtsverletzungen			§ 5 Abs. 3 Satz 2 EStG	
Jubiläumsrückstellungen		§ 253 Abs. 2 Satz 2 f. HGB	§ 5 Abs. 4 EStG	
Entsorgung radioaktiver Reststoffe		§ 253 Abs. 2 Satz 3 HGB	§ 5 Abs. 4b Satz 2 HGB	§ 5 Abs. 4b Satz 2 HGB

1 Vgl. *Hoffmann*, StuB 2011 S. 361.
2 Ebenso *Blümich/Buciek*, § 5 EStG Tz. 770.
3 BFH, Urteil v. 29.11.2000 – I R 87/90, BStBl 2002 II S. 655.
4 Nach *Roser*, WPg 2015 S. 694.

Versicherungstechnische Rückstellungen	§§ 341e bis 341f HGB	§ 341 Abs. 1 Satz 1 HGB		§ 20 KStG, § 21 KStG
Altersversorgungsverpflichtungen				
Pensionsrückstellungen		§ 253 Abs. 2 Satz 3 HGB	§ 6a EStG	§ 6a EStG
Faktische Verpflichtungen				
Gewährleistungen, die ohne rechtlichen Grund erbracht werden	§ 249 Abs. 2 Nr. 3 HGB	§ 253 Abs. 2 Satz 3 HGB		
Ansammlungsrückstellungen/ Verteilungsrückstellungen				§ 6 Abs. 1 Nr. 3a Buchst. d Satz 1 EStG
Rücknahme und Verwertung von Erzeugnissen				§ 6 Abs. 1 Nr. 3a Buchst. d Satz 2, Buchst. e Satz 2 EStG
Stilllegung von Kernkraftwerken				§ 6 Abs. 1 Nr. 3a Buchst. d Satz 3 EStG, § 6 Abs. 1 Nr. 3a Buchst. e Satz 2 EStG
Verlustrückstellungen				
Drohende Verluste aus schwebenden Geschäften	§ 249 Abs. 1 Satz 1 Alt. 2 HGB	§ 253 Abs. 2 HGB, § 254 HGB	§ 5 Abs. 4a EStG	
Aufwandsrückstellungen (Verpflichtungen gegen sich selbst)				
Unterlassene Instandhaltungen	§ 249 Abs. 2 Nr. 1 Alt. 1 HGB	§ 253 Abs. 2 Satz 3 HGB		§ 5 Abs. 4b Satz 1 EStG
Abraumbeseitigung – ohne (öffentlich-)rechtliche Verpflichtung	§ 249 Abs. 2 Nr. 1 Alt. 2 HGB	§ 253 Abs. 2 Satz 3 HGB	§ 5 Abs. 2a EStG	

Der Regelungsinhalt des § 249 HGB ist von **anderen** Bilanzposten und Angabepflichten zu unterscheiden: 9

- **Haftungsverhältnisse** für Schulden Dritter (sog. Eventualverbindlichkeiten) gem. § 251 HGB und § 268 Abs. 7 HGB: Ausweis „unter dem Strich" bzw. im Anhang (→ § 268 Rz. 150);
- **sonstige finanzielle Verpflichtungen** aus schwebenden Geschäften mit Zahlungsverpflichtung gem. § 285 Nr. 3a HGB (→ § 285 Rz. 16);
- **Rücklagen** (→ Rz. 1), die Bestandteil des Eigenkapitals sind und aus Einzahlungen der Gesellschafter oder einbehaltenen Gewinnen resultieren (→ § 272 Rz. 57).

II. Ungewisse Verbindlichkeiten (Abs. 1 Satz 1 Alternative 1)

1. Schuldcharakter/Außenverpflichtung

1.1 Rechtliches Bestehen, Kenntnis des Gläubigers

Konstitutives Tatbestandsmerkmal einer sog. Verbindlichkeitsrückstellung ist das Bestehen einer Schuld gegenüber **Dritten.** Der Gläubiger muss vom Unternehmen ein bestimmtes Tun 10 oder Unterlassen verlangen können. Dadurch ist eine Abgrenzung von den regelmäßig nicht ansetzbaren (Ausnahmen siehe → Rz. 7) **Aufwandsrückstellungen** (→ Rz. 211) gegeben, die auch als „Verbindlichkeiten gegenüber sich selbst" bezeichnet werden oder worden sind. Der **Schuld**charakter ist zunächst **rechtlich** zu verstehen und entspringt:

- Vertragsverhältnissen (z. B. bei Schlechterfüllung),
- gesetzlichen Schuldverhältnissen (z. B. Schadenersatz) oder
- öffentlich-rechtlichen Verpflichtungen, insbesondere im Umweltbereich (→ Rz. 63 ff.).

Dabei müssen alle Tatbestandsmerkmale erfüllt sein, die nach bürgerlichem und öffentlichem Recht dem Gläubiger die Erfüllung seines Anspruchs gewährleisten.[1] Das verpflichtete Unternehmen darf sich seiner Schuld nicht aus eigener Kraft entledigen können.[2] In aller Regel ist die Schuld in bar, durch Verrechnung oder durch Sachleistung zu erfüllen, zu einer zweifelhaften Ausnahme vgl. → § 246 Rz. 359. Kann sich das Unternehmen von seiner Verpflichtung durch vorzeitige Vertragskündigung lösen, hindert die am Stichtag noch nicht ausgesprochene Kündigung gleichwohl den Rückstellungsansatz.

BEISPIEL[3] Ein Reeder hatte bei einer Werft den Bau eines Tankschiffs in Auftrag gegeben. Wegen der Ölkrise 1973 konnte der Tanker nicht mehr sinnvoll verwertet werden. Der Reeder machte von seinem Kündigungsrecht nach damaligem § 649 BGB Gebrauch, so dass er am Bilanzstichtag statt des gesamten Kaufpreises nur eine Entschädigung an die Werft zu zahlen hatte. Der BFH akzeptierte den (niedrigeren) Entschädigungsbetrag als rückstellungsfähig. Da die Parteien am Stichtag in Verhandlungen über eine Vertragsänderung zur Erstellung eines anderen Schiffs standen, wollte das Finanzamt gar keine Rückstellung akzeptieren. Dem folgte der BFH nicht, weil der Reeder rechtlich insoweit vom Einvernehmen des Gläubigers abhängig war.

11 Die unzweifelhaft bestehende rechtliche Verpflichtung kann u. E. dann unbeachtlich sein, wenn der Anspruchsberechtigte **keinen Anreiz** zur Durchsetzung seines Anspruchs hat.

BEISPIEL

- Der selbständige Lebensversicherungsvertreter L ist bei Abschluss eines Versicherungsvertrags dem Versicherer gegenüber zur kostenlosen Nachbetreuung verpflichtet (→ § 252 Rz. 142). Am 31.12.01 gibt er seine Versicherungsagentur auf und eröffnet am 1.1.02 ein Immobilienvermittlungsbüro. Der Versicherer übergibt den „Bestand" an zu betreuenden Verträgen an den Versicherungsvertreter V ohne besonderes Entgelt. V akzeptiert dies im Hinblick auf die Möglichkeit des Abschlusses weiter zu provisionierender Versicherungen mit den übernommenen Bestandskunden.
- Der Hörgeräteakustiker H verpflichtet sich bei Abschluss des Kaufvertrags zur Nachbetreuung des Kunden auf fünf Jahre (→ § 252 Rz. 148). Am 31.12.01 gibt H sein Geschäft wegen mangelnder Rentabilität auf und bedankt sich in der Lokalzeitung bei seinen Kunden für die langjährige erfreuliche Zusammenarbeit. Diese Kunden sehen keinen Sinn in der Rechtsverfolgung ihrer Ansprüche.

In beiden Fällen **verwandelt** sich die **rechtliche Verpflichtung in eine faktische Nichtverpflichtung.** Ein Rückstellungsansatz scheidet u. E. aus – im Gegenteil zur **faktischen,** d. h. rechtsgrundlosen Verpflichtung (→ Rz. 14).

1 Vgl. *Schön,* BB 1994 Beilage 9 S. 4.
2 BFH, Urteil v. 25.3.2004 – IV R 35/02, BStBl 2006 II S. 64; BFH, Urteil v. 8.11.2000 – I R 6/96, BStBl 2001 II S. 570; BFH, Urteil v. 20.3.1980 – IV R 89/79, BStBl 1980 II S. 297; BFH, Urteil v. 19.8.2002 – VIII 30/01, BStBl 2003 II S. 131.
3 Nach BFH, Urteil v. 17.11.1987 – VIII R 348/82, BStBl II S. 845.

Man kann den Nichtansatz einer Rückstellung in diesen Fällen mit der sanktionslosen Beendigung der unternehmerischen Tätigkeit im fraglichen Bereich nach der BFH-Rechtsprechung mit folgenden Fällen begründen:

- Ausstieg aus einem Garantiefonds (→ Rz. 36),
- Einstellung des Tankstellenbetriebs (→ Rz. 37).

Ähnlich verhält es sich bzgl. des Nichtansatzes einer Verpflichtung zur Entsorgung von Elektroschrott wegen Verzichts auf späteren Marktauftritt (→ Rz. 72).

Diese rechtliche Strukturierung reicht als ansatzbegründendes Tatbestandsmerkmal nicht aus. 12
Hinzu kommt im Hinblick auf das der Rückstellung begrifflich immanente **Unsicherheitsmoment** (→ Rz. 3) die Ungewissheit über das Bestehen der Verpflichtung **überhaupt** oder der **Höhe** nach. Wenn die Schuld nämlich sicher besteht und der Höhe nach bezifferbar ist (z. B. Lieferantenverbindlichkeit), scheidet ein Rückstellungsansatz aus, die betreffende Schuld ist als „reine" Verbindlichkeit auszuweisen.

Wegen dieses Unsicherheitsmomentes kann im Grunde eine Verbindlichkeitsrückstellung je 13
nach Sachverhalt als **„Eventualschuld"** bezeichnet werden: „Sie besteht oder sie besteht nicht." Der umgangssprachlich nur den Haftungsverbindlichkeiten nach § 251 HGB (→ § 251 Rz. 8) zugeordnete Begriff „Eventualschuld" ist nach allgemeinem Sprachgebrauch inhaltlich **weiter** auszulegen und betrifft auch „eigene" Verbindlichkeiten eines Unternehmens.

BEISPIEL U wird wegen einer Patentverletzung von einem Konkurrenzbetrieb auf Schadenersatz verklagt. Die Rechtslage ist aus Sicht des Bilanzstichtags bzw. des Aufstellungstags sehr verworren. Hinter der Klage verbirgt sich u. U. eine Art strategische Maßnahme zur Einschüchterung des Konkurrenten mit der möglichen Rücknahme vor der gerichtlichen Entscheidung. Die entsprechende Schuld ist daher sehr **„eventuell"** im Hinblick auf ihre tatsächliche Feststellung durch ein Gericht.

Diese Auslegung der Unsicherheit entspricht jedenfalls dem Verständnis nach HGB/EStG, aber auch nach dem gültigen IAS 37. Der derzeit nicht weiterverfolgte Änderungsentwurf ED 37 der IFRS folgte allerdings einem anderen Konzept.[1] Danach begründete eine auch höchst unwahrscheinliche Verpflichtung den Bilanzansatz (die Verpflichtung besteht nicht mehr „eventuell"); die Ungewissheit sollte sich dann im Bewertungskalkül niederschlagen, so dass der anzusetzende Bilanzwert bis gegen null tendieren kann (→ Rz. 48).

Die BFH-Rechtsprechung verlangt in Einzelfallentscheidungen die Kenntnis des Gläubigers von 13a
seinem Anspruch am Bilanzstichtag bzgl.

- Schadenersatzverpflichtungen[2] (→ § 246 Rz. 352),
- Beseitigung von Umweltschäden[3] (→ Rz. 60),
- Steuernachforderungen[4] (→ Rz. 145).

---

1 Vgl. *Lüdenbach/Hoffmann/Freiberg*, Haufe IFRS-Kommentar, 16. Aufl. 2018, § 21.

2 BFH, Urteil v. 25.4.2006 – VIII R 40/04, BStBl 2006 II S. 749; BFH, Urteil v. 22.6.2006 – IV R 56/04, BStBl 2006 II S. 838, für Veruntreuungen.

3 BFH, Urteil v. 19.10.1993 – VIII R 14/92, BStBl 1993 II S. 891.

4 BFH, Urteil v. 22.8.2012 – X R 23/10, BStBl 2013 II S. 76.

1.2 Faktische Verpflichtungen (Abs. 1 Satz 2 Nr. 2)

1.2.1 Fehlende Gläubigeridentifizierung

14 Die **Identifizierbarkeit** des Gläubigers ist nicht zwingende Tatbestandsvoraussetzung. Es gilt somit nicht: Wenn kein konkreter Gläubiger bestimmbar ist, kann auch keine Schuld bestehen. Diese Aussage gilt indes nur eingeschränkt; nach der Rechtsprechung des BFH und der Bilanzierungspraxis werden auch sog. **faktische** Verpflichtungen in bestimmten Fällen als ansatzbegründend erachtet. „Faktisch“ bedeutet: Der Unternehmer kann sich aus Gründen seines **eigenen wirtschaftlichen Interesses** oder durch Begründung einer entsprechenden **Erwartungshaltung** in der Öffentlichkeit oder bei den Arbeitnehmern einer künftig bestimmbar werdenden Verpflichtung nicht entziehen.

Folgende Sachverhalte sind typisch:

15 ► Regulierungen von Produktschäden außerhalb der Garantiefrist im **Kulanz**weg sind häufig branchenüblich. Der Kunde kann auf eine entsprechende Großzügigkeit des Herstellers vertrauen oder umgekehrt betrachtet: Der betreffende Kaufmann kann sich – aus welchen Gründen auch immer – dieser Verpflichtung nicht entziehen.[1]

16 ► Restrukturierungsverpflichtungen aufgrund eines **Sozialplans** (→ Rz. 22) sind nach der Praxis der Finanzverwaltung (R 5.7 Abs. 9 EStR), der die handelsrechtliche Rechnungslegung folgt, regelmäßig dann anzusetzen, wenn der Betriebsrat über die geplante Betriebsänderung nach § 111 Satz 1 BetrVerfG unterrichtet ist. Ergänzend wird der Rückstellungsansatz im betreffenden Abschluss auch dann für zulässig erachtet, wenn bis zum Bilanzstichtag die Betriebsänderung von den zuständigen Organen des bilanzierenden Unternehmens (bei entsprechenden Durchsetzungsmöglichkeiten hilfsweise von den Organen des Mutterunternehmens) beschlossen worden ist, die Unterrichtung des Betriebsrats aber noch vor dem Erstellungszeitpunkt (→ § 252 Rz. 66) erfolgt ist. Handelsrechtlich kann nach Auffassung des IDW bei bis zum Abschlussstichtag erfolgter – ernsthafter – Beschlussfassung der zuständigen Organe eine Rückstellung auch infrage kommen, wenn die Unterrichtung des Betriebsrats oder der Arbeitnehmer bis zum Ende des Aufstellungszeitraums noch nicht erfolgt ist. Für die Konkretisierung der Verpflichtung kann hier ausreichend sein, dass die Information des Betriebsrats oder der Arbeitnehmer nachweisbar kurz bevorsteht oder aus anderen Gründen an der Durchführung der Restrukturierung zum Zeitpunkt der Aufstellung des Jahresabschlusses keine wesentlichen Zweifel mehr bestehen. Solche anderen Gründe können z. B. die bereits erfolgte Unterrichtung von Investoren sein oder die rechtsverbindliche Beauftragung externer Vertragspartner mit der Umsetzung der beschlossenen Maßnahmen.[2] In den vorgenannten Fällen liegt am Bilanzstichtag noch keine Rechtsverbindlichkeit vor. Ein auf oberster Konzernebene gefasster Restrukturierungsbeschluss kann für die Rückstellungsbildung im Jahresabschluss der Tochterunternehmen ausreichen, wenn die Tochterunternehmen rechtlich oder faktisch an die Vorgaben der Mutter gebunden sind.[3] Nicht rückstellungsfähig sind Aufwendungen im Zusammenhang mit der Verlegung von Betriebsteilen, Umbaumaßnahmen, Schulungskosten für Mitarbeiter, die künftig in anderen Geschäftsbereichen eingesetzt werden sollen, usw. Auch bei Kosten für Qualifizierungs- und Transfergesell-

1 BGH, Urteil v. 28.1.1991 – II ZR 20/90, BB 1991 S. 507; BFH, Urteil v. 20.11.1962 – I 242/61 U, BStBl 1963 III S. 113.
2 IDW, 255. Sitzung des Fachausschusses Unternehmensberichterstattung v. 21.3.2019.
3 Vgl. *Deubert/Lewe*, BB 2018 S. 877.

schaften kommt es darauf an, ob sie der Weiterbeschäftigung im Unternehmen oder der Flankierung der Beendigung der Arbeitsverhältnisse dienen.[1]

BEISPIEL[2] ▶ Im Februar 01 setzt der Vorstand nach Heranziehung einer Unternehmensberatungsgesellschaft das Projekt *„global market"* auf. Darin wird umfassend die Möglichkeit der Durchdringung bestimmter Auslandsmärkte und der damit verbundenen Kostenentwicklung der heimischen Produktion analysiert. Schon im November 01 stellt sich das Erfordernis des Abbaus von mindestens 30 % der im Inland beschäftigten Belegschaft heraus. Aus verschiedenen nicht weiter interessierenden Gründen wird der Beschluss zur Restrukturierung erst im Juni 02 gefasst und dem Betriebsrat erst im Januar 03 mitgeteilt. Die Bilanzerstellung erfolgt am 15.2.03 für den 31.12.02. Der Sozialplan wird mit dem Betriebsrat im Juni 03 ausgehandelt. Alsdann beginnen die individuellen Verhandlungen mit den betroffenen Arbeitnehmern.

Die Rückstellung für die Sozialplanverpflichtung ist zum 31.12.02 als Rückstellung anzusetzen, obwohl noch keine Rechtsverbindlichkeit vorliegt. Der Grund wird in einer wirtschaftlichen Verursachung bis zu diesem Stichtag gesehen.

- Eine faktische Verpflichtung kommt u. E. je nach den Umständen des Einzelfalls durch eine veröffentlichte **Selbstbindung** in Betracht.[3] Dazu folgendes Beispiel: 17

BEISPIEL[4] ▶ Die Power Car GmbH ist bei den lokalen Behörden und in der örtlichen Presse in die Kritik geraten. Moniert werden vor allem Lärmemissionen, daneben Bodenverunreinigungen. Eine gesetzliche Pflicht zur Sanierung des Bodens besteht nicht. Die Power Car GmbH geht jedoch in die Image-Offensive und erklärt in einer Presse-Konferenz ihre Absicht, im Folgejahr ein 1-Millionen-Programm zur Bodendekontaminierung durchzuführen. Die Aufsichtsbehörde nimmt dies wohlwollend zur Kenntnis, erlässt darüber hinaus eine Verfügung, wonach der Gewerbebetrieb am vorhandenen Ort in zwei Jahren einzustellen ist, sofern bis dahin nicht umfangreiche Lärmschutzvorrichtungen (Volumen von 2 Mio. €) eingebaut sind.

Die Kontaminierung des Bodens hat ihre Ursache in der Vergangenheit. Mangels gesetzlicher Verpflichtung kommt nur eine **faktische** Verpflichtung infrage. Diese könnte sich aus der öffentlich kundgemachten Absicht ergeben. Eine faktische Verpflichtung (mit der Folge der Rückstellungspflicht) bestünde dann, wenn die Power Car GmbH schon bisher veröffentlichte Zusagen auch eingehalten hat. Gibt das bisherige Geschäftsgebaren des Unternehmens zu größerem Zweifel Anlass, ob es die veröffentlichte Politik auch einhält, muss von einer Rückstellung abgesehen werden.

Der Einbau der Lärmschutzvorrichtungen ist durch die behördliche Verfügung als rechtliche Verpflichtung konkretisiert. Es besteht jedoch kein Zusammenhang mit einem **vergangenen Ereignis.** Die Verpflichtung entsteht nur dann, wenn das Unternehmen seine Geschäftstätigkeit über den Stichtag der Verfügung hinaus am gegebenen Ort in der bisherigen Form fortsetzt. Eine Rückstellung ist deshalb nicht zu bilden (→ Rz. 36).

1.2.2 Abgrenzung zur Aufwandsrückstellung

Die letztgenannte Fallvariante einer (möglichen) faktischen Verpflichtung zeigt die Schwierigkeit bei deren Einbeziehung in die „an sich" gebotene Rechtsverbindlichkeit als Ansatzkriterium der Verbindlichkeitsrückstellung. Die Frage ist, wo die Grenze zu ziehen ist, ab der sich das Unternehmen der angekündigten Selbstverpflichtung nicht mehr entziehen kann. Nach der Vorgabe von IAS 37.17 darf das Unternehmen **„keine realistische Alternative zur Erfüllung der Verpflichtung"** haben. Das ist in solchen Fällen der Öffentlichkeitsmitteilung dann der Fall, 18

1 Vgl. *Bonnecke*, StuB 2021 S. 185 ff., dort ausführlicher Überblick über Ansatz und Bewertung von Restrukturierungsrückstellungen.
2 Nach *Prinz*, DB 2007 S. 354.
3 So auch *Günkel/Bongaerts* in Prinz/Kanzler (Hrsg.), NWB Praxishandbuch Bilanzsteuerrecht, 2012, Tz. 5556.
4 Nach *Lüdenbach*, IFRS, 6. Aufl., S. 226.

wenn diese eine *valid expectation* zur Erfüllung der Verpflichtung hat. Insofern gleicht diese Ansatzvoraussetzung derjenigen für den **Sozialplan** (→ Rz. 16), bei dem die Mitarbeiter ebenfalls durch die Ankündigung an den Betriebsrat eine solche „belastbare Erwartung" gegenüber dem Unternehmen haben.

Die unterschiedliche Verpflichtungsstruktur von rechtlichen und faktischen Verbindlichkeiten liegt in der **Erzwingbarkeit** des „faktischen" Gläubigers zur Erfüllung der angenommenen Verbindlichkeit. Wird die in Aussicht genommene Gewährleistung (Kulanz) nicht erbracht, hat der vermeintlich Anspruchsberechtigte keine Handhabe gegen den Unternehmer. Im Fallbeispiel unter → Rz. 17 mag die interessierte Öffentlichkeit als anspruchsberechtigt (für die Dekontaminierung und die Lärmschutzvorrichtung) angesehen werden. Wenn sich die Geschäftsleitung – z. B. aufgrund der Intervention der ausländischen Muttergesellschaft – anders besinnt, hat die interessierte Öffentlichkeit das Nachsehen. Die Behörde kann (im Beispiel) lediglich die Lärmschutzvorrichtung bzw. deren Installation überwachen und bei Nichterfüllung dieser Pflicht das Unternehmen schließen. Allerdings handelt es sich dabei um eine Zukunftsverpflichtung – es fehlt das Vergangenheitsereignis (→ Rz. 36) –, die auch bei rechtlicher Verbindlichkeit nicht zum Rückstellungsansatz berechtigt. Und bei den Sozialplanansprüchen, die noch nicht zu einzelvertraglichen Abfindungsvereinbarungen geführt haben, kann sich das Unternehmen nach dem Bilanzstichtag auch eines anderen besinnen, die Tätigkeit mit unverändertem Personalstamm weiterführen, dann wird kein Arbeitnehmer auf die Erfüllung der in Aussicht gestellten Abfindung klagen wollen.

19 Die Erfüllung der faktischen Verpflichtung durch das Unternehmen entspringt einem **Opportunitätskalkül.**[1] Das Unternehmen wird die Kulanzleistung und die nicht verpflichtende Dekontaminierung nur dann vornehmen, wenn es sich davon einen **wirtschaftlichen Vorteil** verspricht. Ein solcher liegt sicherlich dann nicht mehr vor, wenn das Unternehmen die betreffende **Geschäftstätigkeit einstellt** oder überhaupt die **Liquidation** beschließt. In diesem Fall ist kein Imageschaden mehr zu befürchten, es fehlt dann ein ökonomisches Interesse an der Erfüllung faktischer Verpflichtungen – eben anders als bei den rechtlichen, die auch im Liquidationsfall erfüllt werden müssen. Insofern besteht eine spürbare Schwierigkeit in der trennscharfen **Abgrenzung** von **Verbindlichkeits**rückstellungen für faktische Verpflichtungen einerseits und **Aufwands**rückstellungen (→ Rz. 7) andererseits.[2]

20 Das unter → Rz. 19 dargestellte Opportunitätsverhältnis kann auch **investitionstheoretisch** erklärt werden. Der Automobilhersteller wird die kulante Beseitigung eines Motorschadens mit einem Kostenfaktor von 100 nur erledigen, wenn er künftig abgezinst mehr als 100 daraus erlösen kann. Ein Bilanzansatz von 100 verursacht **jetzt** den entsprechenden Aufwand, dem erst in der Zukunft Erträge gegenüberstehen. Der sonst beim Rückstellungsansatz so hoch gehaltene Grundsatz der periodengerechten Aufwandszuordnung (→ Rz. 33) wird hier gerade nicht beachtet.

21 Die vorstehenden Ausführungen beruhen nicht nur auf der Auslegung von IAS 37.10 und der dortigen Definitionsnorm zur faktischen Verpflichtung *(constructive obligation).* In diesem Bereich entspricht vielmehr die zugrunde liegende Rechtsdogmatik des HGB weitgehend derjenigen des IAS 37.

1 Vgl. hierzu im Einzelnen *Theile,* PiR 2007 S. 302; *Lüdenbach/Hoffmann/Freiberg,* Haufe IFRS-Kommentar, 16. Aufl. 2018, § 21.

2 Vgl. *Theile,* PiR 2007 S. 302.

22 Insbesondere faktische Verpflichtungen wegen Restrukturierungsbedarf bergen hohen **bilanzpolitischen** Gehalt. Dieser erschließt sich ebenfalls aus der schwierigen Abgrenzung von der Aufwandsrückstellung. Das beginnt bereits mit dem Begriffsinhalt von „Restrukturierung". Darunter kann man ohne weitere Erläuterung **vieles** und damit **nichts Genaues** verstehen. **Allein** der Abbau von **Arbeitsplätzen** ist damit regelmäßig nicht gemeint. Passender scheint die Definition in IAS 37.10: Ein vom Management geplantes und beherrschtes Programm zur wesentlichen Veränderung eines Geschäftsfelds. Diese Definition wird in IAS 37.70 weiter erläutert, etwa mit der Schließung eines bestimmten sachlich oder regional definierten Geschäftsbereichs. Ein solcher geht **auch** einher mit der Kündigung von Mietverhältnissen, Dauerbelieferungsrechten, Verschrottung von Maschinen, Stilllegung von Gebäuden, Geschäftsverlegungen etc.

In solchen Fällen geht das Bestreben des Managements häufig dahin, möglichst hohen Aufwand – für zumindest teilweise noch nicht bestehende Verpflichtungen – auszuweisen, um später nicht benötigten Rückstellungsbedarf still zugunsten des Ergebnisses **aufzulösen.** Dieses *„clean up"* oder *„big bath"* ist als bilanzpolitisches Instrument insbesondere dann angesagt, wenn ein neuer Vorstandsvorsitzender die Bühne betritt und „Altlasten" dem Vorgänger anhängt, um sich selbst später umso glänzender präsentieren zu können.[1]

1.3 Wirtschaftliche Verursachung

1.3.1 Begriffsinhalt (negativ)

23 Ein besonderer streitumwobener Teilaspekt des Rückstellungsansatzes bezieht sich auf das Kriterium der wirtschaftlichen Verursachung, das in der BFH-Rechtsprechung und im Schrifttum für eine Fülle von „Zweifelsfragen" ursächlich ist.[2] Der Grund dafür liegt zunächst in der begrifflichen **Unbestimmtheit:** Das gesamte menschliche Leben ist so gut wie immer **„wirtschaftlich"** definiert. Das geht hin bis zum Einsiedler, der ähnlich wie einst *Robinson Crusoe* überlegt, inwieweit er seinen kärglichen Unterhaltsbedarf ressourcenschonend decken kann. Oder noch weiter zurückblickend kann die Geburtsstunde der wirtschaftlichen Verursachung in die Vertreibung aus dem Paradies terminiert werden, als schlagartig alle Güter knapp wurden. Mit der alleinigen Verwendung des Begriffs „wirtschaftliche Verursachung" ist deshalb genauso wenig inhaltlich gewonnen wie mit der „wirtschaftlichen Betrachtungsweise" (→ § 246 Rz. 230), die dem (bilanzierenden) Kaufmann noch mehr in die Wiege gelegt worden ist als den übrigen Teilnehmern des Wirtschaftslebens. Deshalb ist dem Inhalt dieser Verursachung auf anderem Weg als dem der **nichtssagenden Floskel** „wirtschaftlich" auf die Spur zu kommen.

Wegen der Unbestimmtheit des Begriffsinhalts lassen sich „wirtschaftliche Verursachungen" immer feststellen, um nicht zu sagen „herbeiargumentieren".[3] Der Aussagegehalt des „Wirtschaftlichen" besagt nichts weiter als: Die Bilanzierung muss zweckentsprechend erfolgen, aber der entsprechende Zweck ist nicht bestimmt.[4]

---

1 Vgl. *Theile*, PiR 2007 S. 298; *Lüdenbach/Hoffmann/Freiberg*, Haufe IFRS-Kommentar, 16. Aufl. 2018, § 21.

2 Vgl. *Schön*, BB 1994 Beilage 9 S. 4; *Mayer-Wegelin/Kessler/Höfer* in Küting/Pfitzer/Weber, Handbuch der Rechnungslegung, 5. Aufl., § 249 Tz. 26; *Engel-Ciric/Moxter*, BB 2012 S. 1143.

3 Ähnlich *Schüttler/Berthold*, DStR 2011 S. 2487; vgl. auch *Oser*, StuB 2012 S. 576.

4 Nach *Schüttler/Berthold*, DStR 2011 S. 2485.

24 Negativ kann die wirtschaftliche Verursachung aussagen:

- Das Bestehen einer rechtlichen Verbindlichkeit genügt nicht, **zusätzlich** bedarf es der wirtschaftlichen Verursachung

  oder

- die wirtschaftliche Verursachung bestimmt **unabhängig** vom Bestehen der rechtlichen Verpflichtung am Stichtag den Bilanzansatz; anders formuliert: Die rechtliche Entstehung einer Verbindlichkeit ist für die Frage des Ansatzzeitpunkts **unerheblich.**[1]

25 Die letztgenannte Gesetzesauslegung verstieße in dieser apodiktischen Form gegen das unter → Rz. 10 dargestellte Erfordernis einer Rechtsverpflichtung, die nur in Ausnahmefällen durch eine faktische Verpflichtung ersetzt werden kann (→ Rz. 14). Der (zweitgenannten) Gesetzesauslegung kann deshalb nur Bedeutung zukommen, wenn sie im Zusammenhang mit dem **Stichtagsprinzip** verstanden wird.

BEISPIEL[2] ► Eine GmbH & Co. KG erhielt von der Umweltbehörde die Auflage zur Nachrüstung ihrer Tankstellen mit einem Gasrückführungssystem bis zum 31.12.07. Streitig war der Bilanzansatz zum 31.12.06.

Nach Auffassung des BFH ist ein Rückstellungsansatz frühestens zum 31.12.07 vorzunehmen, weil die rechtliche Verpflichtung zwar ein Jahr zuvor schon bestand, allerdings noch in einer Art Schwebezustand verharrte, da die Erfüllungshandlung noch nicht erzwungen werden konnte. Jedenfalls genügt nach Auffassung des BFH das rechtliche Bestehen am Stichtag nicht zur Begründung des Bilanzansatzes (→ Rz. 38). Hinzu kommen muss das Tatbestandsmerkmal der wirtschaftlichen Verursachung. Offen bleibt dann allerdings noch die Antwort auf die 2. Alternative unter → Rz. 24: Begründet die wirtschaftliche Verursachung allein den Rückstellungsansatz? So oder so bedarf es einer inhaltlichen Konkretisierung der wirtschaftlichen Verursachung.

26 Wenig zur Klärung des Verhältnisses von wirtschaftlicher und rechtlicher Verursachung trägt auch eine frühere Aussage des BFH bei, etwa des Inhalts: Wenn die rechtliche und die wirtschaftliche Verursachung **zeitlich auseinanderfallen,** ist für den Bilanzansatz der Zeitpunkt der früheren Verursachung maßgeblich.[3] Da die wirtschaftliche Verursachung nur als „Untermenge" der rechtlichen Entstehung zu interpretieren ist (→ Rz. 27), bleibt diese Aussage ohne Gehalt.

1.3.2 Ergänzungsfunktion zum rechtlichen Bestehen der Verpflichtung

27 Auf der Suche nach einem **positiv** bestimmbaren Inhalt der wirtschaftlichen Verursachung stößt man in eher älteren Urteilen auf eine Art **Ergänzungs**tatbestand bzgl. der rechtlichen Verursachung. Abgesehen vom Unsicherheitsmoment (→ Rz. 3), das bei diesen Betrachtungen system- und gesetzeswidrig unbeachtet bleibt, wird die am Stichtag förmlich fehlende Rechtsverbindlichkeit durch das Bestehen der „wesentlichen" – nicht aller – Anspruchsvoraussetzungen für den Gläubiger überlagert; es fehlt noch „der letzte **Schritt**"[4] zur Vollentstehung als unwesentlichem Tatbestandsmerkmal, das das „wirtschaftliche Entstehen" der Verbindlichkeit nicht mehr verhindert. Musterfälle sind

1 So *Schmidt/Weber-Grellet*, EStG, 35. Aufl. 2016, § 5 Tz. 384, m.w.N. und gegenteiligen Auffassungen.

2 Nach BFH, Urteil v.13.12.2007 – IV R 85/05, BStBl 2008 II S. 516, mit Kommentierung *Hoffmann*, DB 2008 S. 1013 und PiR 2008 S. 347; bestätigt durch BFH, Urteil v. 6.2.2013 – I R 8/12, DStR 2013 S. 1018 mit Anm. *Hoffmann*.

3 BFH, Urteil v. 23.9.1969 – I R 22/66, BStBl 1970 II S. 104, so noch bestätigt im umstrittenen Urteil (→ Rz. 38): BFH, Urteil v. 27.6.2001 – I R 45/97, BStBl 2003 II S. 121, Kurzinfo StuB 2001 S. 765.

4 Vgl. *Schön*, BB 1994 Beilage 5.

- Annahme des Vertragsangebots durch den Gläubiger;[1]
- Gestaltungsrechte des Gläubigers durch Anfechtung oder Kündigung eines Vertrags;
- Verpflichtung eines Vereins zur Rückzahlung von Beiträgen an die Mitglieder;[2]
- Verpflichtung einer Bausparkasse zur Rückzahlung der Einmalprämie anlässlich des Vertragsabschlusses bei Nichtinanspruchnahme des Darlehens.[3]

In diesen Fällen führt die Interessenlage der anderen Partei mit hoher Wahrscheinlichkeit zum rechtlichen „Vollentstehen" der Verbindlichkeit.

Zusammengefasst kann das **rechtliche** Bestehen einer Verpflichtung in dieser Ausprägung der BFH-Rechtsprechung als **dominierend** angesehen werden. Der **wirtschaftlichen** Verursachung kommt nur eine **Ergänzungs**funktion zu. Oder in etwas geänderter Perspektive: Die wirtschaftliche Verursachung stellt (nur) eine „Untermenge" der rechtlichen Entstehung der Verpflichtung dar.[4]

1.3.3 Eigenständige Ansatzbegründung

Nach den in der Aufzählung unter → Rz. 24 dargestellten Alternativen kann die **wirtschaftliche Verursachung** auch verstanden werden als 28

- zwar eigenständiges, aber **kumulativ** zum rechtlichen Bestehen zu erfüllendes oder
- **selbständiges,** die rechtliche Verursachung am Bilanzstichtag nicht benötigendes

Tatbestandsmerkmal für den Rückstellungsansatz.

Um diese Kriterien kreisten die BFH-Rechtsprechung und die Diskussion im Schrifttum Ende der 80er Jahre des vorigen Jahrhunderts, als die bilanzrechtliche Bewältigung der **Umweltschutzprobleme** immer mehr in den Mittelpunkt der Interessen rückte (→ Rz. 56 ff.). Insbesondere die Entsorgungsproblematik für Nuklearkraftwerke[5] (→ Rz. 67) mit den damit verbundenen gewaltigen Kosten, die erst in der fernen Zukunft zu **Ausgaben** (Auszahlungen), aber jetzt schon – jedoch mit welcher Begründung, in welcher Höhe? – zu **Aufwand** führen (→ Rz. 33), eignete sich als Exerzierfeld für die hier angesprochene Bilanzrechtsexegese.

Auf der Grundlage des **Vollständigkeitsgebots** (→ § 246 Rz. 3) könnte man die Passivierung dieser Entsorgungsverpflichtung für das Kernkraftwerk spätestens in dem Augenblick verlangen, in dem die erste nukleare Kettenreaktion, und damit die Stromerzeugung, beginnt. Der entsprechende Rückstellungsbetrag würde ein Zigfaches der daraus resultierenden Umsatzerlöse des betreffenden Geschäftsjahres ausmachen, die das Kraftwerk betreibende Gesellschaft wäre daher sofort **überschuldet** – ein als „unmöglich" betrachtetes Ergebnis, das man nach früherem HGB (§ 269 HGB a. F.) durch Aktivierung von Ingangsetzungskosten beheben wollte.[6] Diese kompensierende Buchung wurde allerdings auch deswegen verworfen, weil mit ihr nach damaligem HGB eine Ausschüttungssperre verbunden gewesen wäre. So suchte man nach anderen Lösungen zur Vermeidung des als unerträglich empfundenen Bilanzbilds. Die an sich naheliegende Lösung einer Aktivierung der künftigen Entsorgungskosten als Bestandteil der Her- 29

1 BFH, Urteil v. 16.11.1982 – VIII R 95/81, BStBl 1983 II S. 361.
2 BFH, Urteil v. 28.6.1989 – I R 86/85, BStBl 1990 II S. 550.
3 BFH, Urteil v. 12.12.1990 – I R 153/86, BStBl 1991 II S. 479.
4 *Euler/Hommel*, BB 2014 S. 2477, gestützt auf *Moxter*, FS Forster 1992 S. 431.
5 Vgl. *Clemm*, FS Moxter 1994 S. 180 ff.
6 So *Siegel*, BB 1993 S. 334; *Kupsch*, BB 1992 S. 2324; *Crezelius*, DB 1992S. 1363.

stellungskosten wurde ohne Problematisierung deswegen nicht verfolgt, weil offensichtlich die Gegenbuchung eines Rückstellungsansatzes – anders als nach IAS 16.16 (c) – unter den Herstellungskosten als indiskutabel angesehen wird, obwohl dem Gesetzeswortlaut des § 249 Abs. 1 HGB eine solche Aussage nicht entnommen werden kann.[1] Die Gegenbuchung zum Rückstellungsansatz wird fast selbstverständlich als Aufwandsposten angesehen. Für ein Beispiel für den gewinnneutralen Rückstellungsansatz vgl. → § 255 Rz. 77a.

30 In Ermangelung einer Kompensation auf der Aktivseite der Bilanz musste notgedrungen die **Passivseite** zur Vermeidung der Überschuldung des Kernkraftwerks in den ersten Betriebsjahren herangezogen werden. Dies gelang durch **Reduzierung** des Passivpostens für die Dekontaminierungs- und Rückbauverpflichtung, d. h. unter **Aufopferung** des **Vollständigkeitsgebots** – verstanden als Ansatzgebot für am Stichtag bestehende Schulden. Dies konnte nach traditioneller deutscher Bilanzrechtsdogmatik nur unter Heranziehung oder Neuerfindung von entsprechenden **Grundsätzen** gelingen (→ § 243 Rz. 4 ff.):

- dem **Realisations**prinzip, dem eine rückstellungsbegrenzende Wirkung zugewiesen wurde;[2]
- dem **Alimentations**prinzip: Ausgaben sind nur insoweit (über Rückstellungen) einzubuchen, als sie bis zum Bilanzstichtag entstandenen Erträgen zuzuordnen sind;[3]
- dem Prinzip der **Nettorealisation** bzw. dem **Belastungs**prinzip:[4] Nur bis zum Stichtag „realisierter Aufwand" ist auf der Passivseite über die Verbindlichkeitsrückstellung einzubuchen.

Die genannten „Grundsätze" überschneiden sich; gemeinsam ist der Aussagegehalt: Im Ergebnisausweis kommen Aufwendungen nur insoweit zum Tragen, als ihnen Erlöse (aus der Stromproduktion des Kernkraftwerks, → Rz. 29) nach irgendeiner Formel zuzuordnen sind (→ § 243 Rz. 17). Man spricht hier von **Verteilungs**rückstellungen (→ Rz. 67).

31 Diese aus der Entsorgungsverpflichtung für Kernkraftwerke entstandenen Überlegungen und Prinzipien wurden dann im Schrifttum (selbstverständlich) abstrahiert, d. h. als **allgemeingültig** hingestellt:[5]

Die ungewissen zukünftigen Ausgaben sind zum Bilanzstichtag nur dann zu passivieren, wenn

- sie die bis dahin greifbar realisierten Erträge alimentiert haben oder
- hierfür künftige Erträge nicht mehr entstehen werden.

Anders ausgedrückt:

- Rückstellungen für künftige Ausgaben[6] aufgrund von am Bilanzstichtag bestehenden Verpflichtungen kommen dann nicht in Betracht, wenn diese Ausgaben **künftige** Erträge generieren sollen.

---

1 Erstmals wurde eine solche Lösung im Schrifttum von *Lüdenbach,* BB 2003 S. 835, für das HGB vorgeschlagen und begründet, allerdings ohne positives Echo im Schrifttum mit Ausnahme von *Marx,* BB 2012 S. 562, der wegen des finalen Charakters der Anschaffungs- und Herstellungskosten die „IFRS-Lösung" auch handelsrechtlich für zulässig hält. Im Referentenentwurf des BilMoG wurde die „IFRS-Lösung" zwar als informativer gelobt, aber für auf das HGB wegen der erforderlichen Neuausrichtung des Anschaffungskostenprinzips nicht anwendbar erklärt; vgl. hierzu *Wich,* Entfernungsverpflichtungen in der kapitalmarktorientierten Rechnungslegung der IFRS, 2009.

2 Vgl. *Herzig,* DB 1990 S. 1341; *ders.* in FS Ludwig Schmidt 1993 S. 209.

3 Vgl. *Moxter,* Bilanzrechtsprechung, 6. Aufl. 2007, S. 118 f.

4 Vgl. *Schmidt/Weber-Grellet,* EStG, 35. Aufl. 2016, § 5 Tz. 382 f.

5 Vgl. hierzu die Zusammenstellung von *Kessler,* DStR 1996 S. 1430.

6 Häufig wird hier von „Aufwendungen" gesprochen, z. B. in IDW RS HFA 4 Tz. 17. Künftige Aufwendungen gehören jedoch nicht in den aktuellen Jahresabschluss (→ Rz. 161); vgl. hierzu *Hoffmann,* StuB 2010 S. 561.

- Umgekehrt ist ein Rückstellungsansatz geboten, wenn diese künftigen Ausgaben **vergangene** Erträge gespeist („kompensiert") haben, dann liegt Aufwand für das betreffende Geschäftsjahr vor.

Oder noch anders:

- „Die Verpflichtung muss nicht nur an Vergangenes anknüpfen (Frage: an was sonst?), sondern auch Vergangenes abgelten" (→ Rz. 180).[1]

BEISPIEL[2] Ein Pharmaunternehmen musste arzneimittelrechtlich eine Nachzulassung von Präparaten durchführen, die bereits am Markt erhältlich waren. Der BFH lehnte einen Rückstellungsansatz ab, weil die entsprechenden Registrierungskosten künftige Erträge generierten; gegenteilig der BFH[3] für die Gebühren anlässlich der Einführung neuer Pflanzenschutzmittel.

Weil die „wirtschaftliche Verursachung" begrifflich eine Leerformel darstellt (→ Rz. 23),[4] kann man darunter auch **andere** abstrakte Tatbestandsmerkmale formulieren: 32

- „Wirtschaftliche Verursachung setzt voraus, dass der Tatbestand, an den das Gesetz die Verpflichtung knüpft, im Wesentlichen verwirklicht ist" (es handelt sich um das unter → Rz. 27 dargestellte Kriterium).[5]

Oder anders ausgedrückt:

- Die wirtschaftliche Verursachung liegt dann vor, wenn „die Bildung einer Rückstellung die konkretisierte Zugehörigkeit künftiger Ausgaben zu bereits realisierten Erträgen" voraussetzt.[6]

Eine andere Formel verlangt,

- „... dass die Verbindlichkeit, die rechtlich erst in der Zukunft entsteht, so eng mit dem betrieblichen Geschehen des vergangenen Geschäftsjahres verknüpft sein muss, dass es gerechtfertigt erscheint, sie wirtschaftlich als eine bereits am Bilanzstichtag bestehende Last anzusehen, sie wirtschaftlich diesem Wirtschaftsjahr zuzuordnen".[7]

Oder man findet folgende Formulierung:[8]

- „Charakteristisch für die ... Zugehörigkeit künftiger Aufwendungen (gemeint sind Ausgaben) zu bereits realisierten Erträgen ist, dass die von ihnen verkörperten Verbindlichkeiten einen künftigen Aufwendungsüberschuss bilden, eine sog. unkompensierte Last: Den betreffenden künftigen Aufwendungen (richtig: Ausgaben) fehlt die Deckung durch zuordenbare künftige Erträge."

Hinter allen diesen hochgradig abstrahierenden Formulierungen verbirgt sich letztlich eine **übereinstimmende** Zielsetzung: Der im Periodenergebnis zu berücksichtigende Aufwand muss mit den ausgewiesenen Erträgen zusammenpassen *(to match)*. Dieses Bestreben muss man 33

1 Zum Beispiel BFH, Urteil v. 20.1.1993 – I R 115/91, BStBl II S. 373; BFH, Urteil v. 5.4.2006 – I R 43/05, BStBl II S. 593.

2 Nach BFH, Urteil v. 25.8.1989 – III R 95/87, BStBl II S. 893.

3 BFH, Urteil v. 8.9.2011 – IV R 5/09, BStBl 2012 II S. 122; vgl. hierzu *Hoffmann*, StuB 2012 S. 49; *Engel-Ciric/Moxter*, BB 2012 S. 1144, sowie *Schüttler/Berthold*, DStR 2011 S. 2485.

4 Zur Kritik vgl. auch *Groh*, StBJb 1979/80 S. 121 und 136; *Müller, W.*, ZGR 1981 S. 126 und 137; *Engel-Ciric/Moxter*, BB 2012 S. 1145.

5 Zitiert von *Weber-Grellet* unter Hinweis auf eine Reihe von BFH-Urteilen, z. B. v. 25.8.1989 – III R 95/87, BStBl II S. 893; außerdem BFH, Urteil v. 8.9.2011 – IV R 5/09, BStBl 2012 II S. 122 Tz. 30.

6 BFH, Urteil v. 25.8.1989 – III R 95/87, BStBl II S. 893.

7 Nach *Weber-Grellet*, DStR 1996 S. 900, unter Zitat von u. a. BFH, Urteil v. 10.12.1992 – XI R 34/91, BStBl 1994 II S. 158.

8 Vgl. *Moxter*, Bilanzrechtsprechung, 6. Aufl. 2007, S. 119.

nicht mit dem *matching principle* der IFRS identifizieren, man kann es auch aus § 252 Abs. 1 Nr. 5 HGB ableiten (→ § 252 Rz. 193) oder einem dynamischen Bilanzverständnis[1] zuordnen. Diese Systematisierungen führen letztlich zum gleichen Inhalt. Die Intuition des **„passenden" Ergebnisses** bestimmt die Argumentationsstruktur. Bezeichnenderweise spricht man bei der „Umgehung" des Vollständigkeitsgebots (Entsorgung des Kernkraftwerks, → Rz. 29) auch von „**Verteilungs**rückstellungen", m. a. W.: Der Aufwand soll periodisch „verteilt" zugewiesen werden. Zur **Ansammlungs**rückstellung vgl. → Rz. 69. Das einschlägige Vokabular ist allerdings uneinheitlich. Mitunter werden die unter dieser Rz. behandelten Rückstellungen auch als „Ansammlungsrückstellungen" bezeichnet, vgl. auch → § 253 Rz. 73.

34 Deshalb fällt es auch nicht schwer, gegen diese Denkschule sachlogische Vorbehalte anzubringen:[2]

- ► **Forschungs**aufwendungen werden im Aufwand verrechnet, obwohl sie erst in der Zukunft Erträge (hoffentlich) generieren; sie sind i. S. der vorstehend dargestellten Sprachregelung „unkompensiert".
- ► Die künftig entstehenden **Entsorgungs**ausgaben für das Kernkraftwerk werden nicht von dann noch entstehenden Stromerlösen alimentiert.
- ► Grundwasserverunreinigungen eines **früheren** Galvanisierungsunternehmens haben nichts mit der „Bruttorealisation" (→ Rz. 30) des nunmehr auf diesem Gelände betriebenen Hotels zu tun.

Unabhängig von diesen nicht gravierenden Vorbehalten können die Rückbauverpflichtungen am ehesten als Anwendungsfall des Bilanzansatzes einer Rückstellung „nur" aufgrund „isolierter" wirtschaftlicher Verursachung angesehen werden. Ohne **Rechts**verpflichtung kommen sie allerdings auch nicht aus: Die mit der dem **Betriebsbeginn** des Kraftwerks oder der Mietereinbauten entstehende Verpflichtung soll den Bilanzansatz in diesem Zeitpunkt noch **nicht** begründen (→ Rz. 29), aber auch nicht erst der Beginn der eigentlichen **Entsorgungsarbeiten.** Auf die Rechtsstruktur der **Anpassungs**verpflichtungen ist zum Vergleich hinzuweisen (→ Rz. 38b). Dort ist die wirtschaftliche Verursachung mit dem Beginn der Vollzugsfrist nach BFH-Auffassung (→ Rz. 38b) identisch. Beim Rückbau liegt sie früher, irgendwo **zwischen** dem Zeitpunkt der Rechtsbegründung und der Erfüllungspflicht. Die Rechtsverpflichtung gibt ihre Wirkung „tröpfchenweise" während der Nutzungsperiode des zurückzubauenden Vermögensgegenstandes ab. Der Ansatz wird durch das Erfordernis der **periodengerechten Aufwandszuordnung** bestimmt. Die drei „Prinzipien" nach → Rz. 30 können, da zum gleichen Ergebnis führend, als Definition der wirtschaftlichen Verursachung für **Rückbauverpflichtungen** anerkannt werden.

35 Nach einem anderen Denkansatz zur Bestimmung der wirtschaftlichen Verursachung wird die **Teilwert**definition des § 6 Abs. 1 Nr. 1 Satz 3 EStG bemüht.[3] Danach soll diese Verursachung am Stichtag gegeben sein, wenn sie ein gedachter Erwerber des ganzen Unternehmens in sein Kaufpreiskalkül preismindernd einbezöge; das wäre dann nicht der Fall, wenn diese fiktive Figur die zur Verpflichtungserfüllung benötigten Ausgaben durch konkrete zusätzliche Einnahmen am Bilanzstichtag als kompensiert ansehe. Eine zu diesem Zeitpunkt bestehende Rechtsverpflichtung bliebe bzgl. des Bilanzansatzes unbeachtlich.

1 So *Schön*, BB 1994 Beilage 9 S. 7.
2 Zurückhaltend formuliert von *Clemm* in FS Moxter 1994 S. 169.
3 Vgl. *Engel-Ciric/Moxter*, BB 2012 S. 1145.

Gegen diesen Vorschlag spricht die Gesetzes**systematik:** In § 249 HGB geht es um den Bilanz**ansatz,** der durch ein **Bewertungs**kalkül bestimmt werden soll. Der gedachte Erwerber wird auch nur in Bewertungskategorien denken. Dazu folgendes Beispiel:

BEISPIEL[1] Ein Kunde eines Maschinenbauherstellers M macht vor dem Bilanzstichtag einen Anspruch auf Nachbesserung innerhalb der Garantiefrist geltend. Der Vollkostenbetrag beläuft sich auf 4.500. M hält dieses Begehr für sachlich unberechtigt, da er von einer anweisungswidrigen Bedienung der Maschine durch den Kunden ausgeht.

Deshalb gewichtet M seine Verpflichtung wie folgt:

40 % Wahrscheinlichkeit der Inanspruchnahme von null	0
25 % Wahrscheinlichkeit der vollen Inanspruchnahme aus Kulanzgründen	1.235
35 % Wahrscheinlichkeit einer gütlichen Einigung mit Kostenübernahme des M von 1.000	350
Erwartungswert	1.585

Bei Maßgabe des wahrscheinlichsten Wertes beliefe sich der Bilanzansatz auf null.

Insgesamt betrachtet ist unter dem Rubrum „wirtschaftliche Verursachung" keine einigermaßen strikte Trennung zwischen dem bis zum Stichtag zu berücksichtigenden Aufwand (notfalls über eine Rückstellungsbildung) und dem erst künftig in die Ergebnisrechnung einzuführenden – trotz in Stichtagsperspektive bestehender rechtlicher Verpflichtung – zu gewinnen. Die **Schwierigkeit** liegt sowohl in der Unbestimmbarkeit des „Wirtschaftlichen" (→ Rz. 23) als auch in der **„Verursachung".** Die ungewisse Verbindlichkeit kann mit Erträgen sowohl in der Vergangenheit als auch in der Zukunft zusammenhängen, sich also „bipolar" darstellen.[2] Dann kommt es auf die engere Verbindung des Entstehungsakts mit Vergangenem und Zukünftigem an. 36

BEISPIEL[3] Ein Hubschrauber muss nach einer bestimmten Anzahl von abgeleisteten Flugstunden eine Art TÜV-Kontrolle absolvieren. Das Unternehmen wollte in diesem Streitfall nach Maßgabe der bis dahin abgeleisteten Flugstunden eine Rückstellung für die Überprüfungskosten bilden. Der BFH hat dies abgelehnt mit der Begründung: Die entsprechenden Aufwendungen seien durch die **künftigen** (nach der Untersuchung) anfallenden Flugleistungen verursacht.

Mit dieser Urteilsbegründung ist eine Rückstellung für Untersuchungsverpflichtungen („Inspektionen") nicht ansetzbar.

BEISPIEL[4] Ein Laufwasserkraftwerk muss nach einigen Betriebsjahren den vor der Staumauer anfallenden Schlamm entsorgen, um einen einwandfreien Wasserfluss zu erreichen. Hierfür wollte das Kraftwerksunternehmen eine Rückstellung bilden. Der BFH lehnte dies mit der Begründung ab, die Uferschlammentsorgung diene der **künftigen** Stromerzeugung.

In beiden Fällen war die **Causa,** d. h. der Grund für die Aufwendungen zur Überprüfung des Fluggeräts bzw. der Schlammbeseitigung, durch die **bisherige** Produktionstätigkeit **verursacht.** Die Ablehnung des BFH für die Rückstellungsbildung in beiden Fällen beruht somit nicht auf der Verursachung, sondern auf der **künftigen** Produktion, auf dem **Finis** der Tätigkeit, der künf-

1 Nach *Lüdenbach/Hoffmann/Freiberg,* Haufe IFRS-Kommentar, 16. Aufl. 2018, § 21.
2 Vgl. *Wendt,* StBJb 2003/2004 S. 256.
3 Nach dem Hubschrauberurteil des BFH v. 19.5.1987 – VIII R 327/83, BStBl II S. 848.
4 Das sog. Uferschlammurteil des BFH v. 19.12.1991 – IV R 28/91, BStBl 1992 II S. 600.

tigen Stromerzeugung bzw. Flugleistung. Die Betrachtungsweise des BFH ist **nicht kausal,** sondern **final** motiviert. Nicht die wirtschaftliche **Verursachung** stellt das Ansatzkriterium für die Verbindlichkeitsrückstellung dar, sondern die wirtschaftliche **Zielsetzung.** Vgl. auch die Verpflichtungskriterien für die Entsorgung von Elektroschrott (→ Rz. 71).

BEISPIEL[1] Eine Bank wollte eine Rückstellung für künftige Beiträge an einen Garantiefonds bilden. Der BFH lehnte den Ansatz ab, da sich die Bank dieser Beitragsleistung durch Austritt aus dem Fonds hätte entziehen können.

37 An dieser Stelle ergibt sich eine verblüffende Ähnlichkeit, genauer eine **Übereinstimmung,** mit den Regeln des IAS 37, was durch ein weiteres bereits unter → Rz. 25 aus anderer Perspektive herangezogenes BFH-Urteil beispielhaft darzustellen ist.

BEISPIEL[2] Ein Tankstellenbetreiber hatte die gesetzliche Auflage, künftig ein Gasrückführungssystem an den Zapfsäulen zu installieren. Der BFH lehnte die Rückstellung mit der (weiteren) Begründung ab: Der Tankstellenbetreiber könne ja seine diesbezügliche Tätigkeit bis zum Vollzug der öffentlich-rechtlichen Auflage um- oder **einstellen,** z. B. statt einer Tankstelle eine Autoreparaturwerkstatt betreiben. Dann käme die öffentlich-rechtliche Verpflichtung nicht zum Tragen. Deshalb scheide der Rückstellungsansatz aus.

Die Übereinstimmung mit einschlägigen Vorgaben in IAS 37 ist bemerkenswert:

BEISPIEL[3] Das Unternehmen ist umweltrechtlich zum künftigen Einbau einer Rauchfilteranlage verpflichtet. Gleichwohl ist der – der wirtschaftlichen Verursachung nach der deutschen Terminologie – vergleichbare Vergangenheitsbezug[4] nicht gegeben: Das Unternehmen könne sich durch Umstellung der Produktion oder Einstellung der Geschäftstätigkeit dieser Verpflichtung entziehen.

Auch nach IAS 37 gilt bzgl. des Rückstellungsansatzes eine finale Betrachtungsweise: Die rechtliche Verpflichtung ist dann nicht für den Rückstellungsansatz ausreichend, wenn das Unternehmen sich dieser Verpflichtung – auch durch Einstellung der Geschäftstätigkeit – entziehen kann.

38 Der BFH hat in dem zitierten Urteil (IV R 85/05; → Rz. 25 und → Rz. 37) auch implizit gegen ein heftig umstrittenes anderes BFH-Urteil[5] argumentiert. In letzterem Urteil war der von der Umweltbehörde angeordnete Einbau einer Spänetrocknungsanlage Streitgegenstand bzw. die dafür gebildete Rückstellung. Der I. BFH-Senat hatte den Rückstellungsansatz akzeptiert, weil er die öffentlich-rechtliche Verpflichtung als vorhanden annahm, obwohl sie erst **nach** dem streitigen Bilanzstichtag zu erfüllen war. Die Verpflichtung bestand nach öffentlichem Recht, stelle jedoch am fraglichen Bilanzstichtag (noch) keine bilanzierbare Schuld dar,[6] weshalb es auf irgendeine wirtschaftliche Verursachung (→ Rz. 23) dann nicht mehr ankomme. Sie lässt sich auch nicht mit dem Vollständigkeitsgebot begründen.[7] Diese Rechtsprechung wirkt überholt; dies ist im Übrigen auch durch ein Nichtanwendungsschreiben des BMF[8] belegt. Der I. BFH-Se-

1 Nach BFH, Urteil v. 13.11.1991 – I R 78/89, BStBl 1992 II S. 177.

2 Nach BFH, Urteil v. 13.12.2007 – IV R 85/05, DB 2008 S. 1013 (→ Rz. 25); bestätigt durch BFH, Urteil v. 6.2.2013 – I R 8/12, DStR 2013 S. 1018, mit Anm. *Hoffmann.*

3 Nach Appendix C zu IAS 37.19.

4 Vgl. *Lüdenbach/Hoffmann/Freiberg,* Haufe IFRS-Kommentar, 16. Aufl. 2018, § 21.

5 BFH, Urteil v. 27.6.2001 – I R 45/97, BStBl 2003 II S. 121, mit dem markanten Leitsatz: „Eine am Bilanzstichtag entstandene Verbindlichkeit ist unabhängig vom Zeitpunkt ihrer wirtschaftlichen Verursachung zu passivieren."

6 Vgl. hierzu *Christiansen,* DStR 2013 S. 1348.

7 So aber *Wassermeyer,* WPg 2002 S. 11; *Gosch,* DStR 2002 S. 981.

8 BMF, Schreiben v. 21.1.2003 – IV A 6 – S 2137 – 2/03, BStBl I S. 125.

nat ist inzwischen von dieser Rechtsauslegung abgerückt[1] und hat sich derjenigen des IV. Senats im Urteil IV R 85/05 angeschlossen. In beiden Fällen war die öffentlich-rechtliche Auflage erst **nach** dem jeweiligen Bilanzstichtag zu **erfüllen.** Die Verpflichtung bestand zwar am Bilanzstichtag (z. B. 31.12.01), war aber gem. der öffentlich-rechtlichen Auflage (angenommen) erst am 1.1.02 oder am 10.3.03 zu erfüllen. Nach der geläuterten Auffassung des I. BFH-Senats[2] entsteht die bilanzierbare Schuld bei solchen Sachverhalten erst nach dem Bilanzstichtag (hier 31.12.01); die dann bereits „im Raum stehende" Verpflichtung[3] wird erst durch den Vollzugszeitpunkt in die Bilanzwelt eingeführt. **Bis dahin** stellt die behördliche Verfügung keine bilanzierbare Schuld dar.

38a Mit der nunmehr erreichten Übereinstimmung der beiden BFH-Senatebzgl. des Zeitpunktes der Berücksichtigung einer Schuld zur Anpassung von Produktionsanlagen u. Ä. blieb noch **ein** Streitpunkt offen: Bedarf es zum Bilanzansatz **zusätzlich** zum Bestehen der Rechtsverpflichtung (dem Vollzug der behördlichen Anordnung) auch der **wirtschaftlichen Verursachung?** Dieser Frage konnte sich der IV. BFH-Senat in einem Streitfall zur Anpassungsverpflichtung von Flugzeugen widmen.[4] Dort lagen zwei Sachverhaltsvarianten vor:

- Anpassungsverpflichtungen, die bis zum Bilanzstichtag (1. Kategorie) und
- solche, die erst danach (2. Kategorie) zu erfüllen waren.

Die zeitliche Abfolge der Verpflichtungserfüllungen in Bezug auf den Stichtag stellt sich wie folgt dar:[5]

Urteil	Bilanzstichtag	Behördliche oder gesetzliche Anordnung	Ende der Umsetzungsfrist
I R 45/97[6]	30.9.1989	20.12.1988	1.3.1991
IV R 85/05[7]	31.12.1995/96	1995/96	Nicht vor dem 31.12.1997
I R 8/12[8]	31.12.2005/06	1.7.2005	Ab dem 1.1.2010
IV R 71/11 (1)[9]	31.12.2002	Gesetz	31.12.2002
IV R 7/11 (2)	31.12.2002	Gesetz	Nach dem 31.12.2002

Kurzgefasst der Inhalt der Urteile:

- I R 45/97: Bilanzansatz bereits nach behördlicher Anordnung, obwohl erst nach dem Bilanzstichtag zu vollziehen.
- IV R 85/02: kein Ansatz am Bilanzstichtag, da die Umsetzungsfrist bis dahin noch nicht abgelaufen war.
- I R 8/12: wie zuvor nach dem Urteil IV R 85/02; entgegen dem eigenen Urteil I R 45/97.

38b Die Anpassungspflichten nach der 2. Kategorie (Rz. 40 f. des Urteils IV R 7/11) waren wegen fehlender Vollzugsverpflichtung am Bilanzstichtag 31.12.2002 nicht ansetzbar. Die Anpas-

1 BFH, Urteil v. 6.2.2013 – I R 8/12, BStBl II S. 686, mit Anm. *Hoffmann,* DStR 2013 S. 1020; vgl. hierzu *Prinz, U.,* DB 2013 S. 1815; *Kolbe,* StuB 2013 S. 535.
2 BFH, Urteil v. 6.2.2013 – I R 8/12, DStR 2013 S. 1018.
3 *Gosch,* BFH/PR 2013 S. 228.
4 BFH, Urteil v. 17.10.2013 – IV R 7/11, BStBl 2014 II S. 302, mit Anm. *„Wit"* und *Hoffmann* in DStR 2014 S. 2745.
5 Nach *Hoffmann,* StuB 2014 S. 41.
6 BFH, Urteil v. 27.6.2001 – I R 45/97, BStBl 2003 II S. 121; Nichtanwendungserlass v. 21.1.2003, BStBl 2003 I S. 125.
7 BFH, Urteil v. 13.12.2007 – IV R 85/05, BStBl 2008 II S. 516.
8 BFH, Urteil v. 6.2.2013 – I R 8/12, DStR 2013 S. 1018.
9 BFH, Urteil v. 17.10.2013 – IV R 7/11, BStBl 2014 II S. 302.

sungsverpflichtungen der 1. Kategorie (Rz. 24) waren dagegen am Stichtag 31.12.2002 „fällig", d. h., es bestand zu diesem Zeitpunkt eine bilanzrechtliche Schuld. Aber **zusätzlich** bedurfte es nach Auffassung des IV. Senats noch der wirtschaftlichen Verursachung. Diese stellt der Senat aufgrund des Bestehens der bilanzrechtlichen Verpflichtung zu diesem Zeitpunkt (am Bilanzstichtag) fest, weil die technische Anpassung der Flugzeuge der abgelaufenen Rechnungsperiode zuzuordnen sei. Mit der Logik der Zeitabfolge hat man gewisse Schwierigkeiten. Im sog. Hubschrauberurteil des BFH[1] (→ Rz. 36) hatte der VIII. BFH-Senat wegen des Zukunftsbezugs der Unterhaltungsmaßnahmen einen Rückstellungsansatz abgelehnt.

In der Synopse der beiden BFH-Senate gilt:

- Für den I. BFH-Senat genügt für den Bilanzansatz das Vorliegen der rechtlichen Verpflichtung am Bilanzstichtag.
- Der IV. Senat verlangt latent zwar noch das zusätzliche Vorliegen der wirtschaftlichen Verursachung, die indes mit dem Bestehen der Schuld in bilanzrechtlichem Sinn erfüllt ist.

Die Begründungen für den Bilanzansatz mögen formal differieren, kommen jedoch zum gleichen Ergebnis, was die Rechnungslegungspraxis begrüßen darf.[2]

Einheitlich sehen die beiden Senate wegen der am Bilanzstichtag bestehenden Vollzugsverpflichtung eine rückstellungswirksame Rechtsverpflichtung als gegeben an. Dabei wird nicht untersucht, ob sich das Unternehmen **aus eigener Kraft** dieser Verpflichtung noch entledigen kann (→ Rz. 10). In der Darstellung des Sachverhalts zum Urteil IV R 7/11 erfährt man nichts über die weitere Handlungsweise des Unternehmens wegen der am Stichtag abgelaufenen Frist zur Durchführung der Anpassungsmaßnahmen. Ob danach eine Stilllegung des Flugzeuges erfolgen musste, wird ebenfalls nicht gesagt. Eine in einem solchen Fall nicht sehr fern liegende Handlungsalternative des Unternehmens könnte darin bestehen, das Flugzeug aus dem Verkehr zu ziehen und auf dem Sekundärmarkt ganz oder in Teilen (nur die Triebwerke betreffend) z. B. nach China zu verkaufen. In bilanzrechtlicher Kategorie ausgedrückt: Der Unternehmer kann sich der öffentlich-rechtlichen Verpflichtung aus eigener Kraft entziehen. Nach den unter → Rz. 10 zitierten BFH-Urteilen kommt ein Rückstellungsansatz in diesen Fällen mangels effektiver Verpflichtung nicht in Betracht. Einen solchen Gedanken hatte der IV. BFH-Senat in einem Vorgängerurteil IV R 85/05 (→ Rz. 37) unter dem Gesichtspunkt der wirtschaftlichen Verursachung geäußert: Der damals von der Umweltbehörde angegangene Tankstellenbetreiber habe ja die Möglichkeit besessen, den Tankstellenbetrieb einzustellen und sich damit der ihn betreffenden Auflage entziehen können. Es kommt also auf die Absicht der künftigen Nutzung an, um einen Bilanzansatz zu rechtfertigen. Diesen Gedanken greift der IV. BFH-Senat im vorstehend besprochenen Urteil IV R 7/11 nicht mehr auf.

38c Der **Anwendungsbereich** für Rückstellungen wegen der Erfüllung öffentlich-rechtlicher Anpassungsvorschriften wird durch die jetzt gegebene Rechtsprechungsharmonie des I. und des IV. BFH-Senats aufs Äußerste **zusammengestaucht.** Dazu folgende tabellarische Darstellung:

1 BFH, Urteil v. 19.5.1987 – VIII R 327/83, BStBl 1987 II S. 848.
2 Vgl. „*Wit*", DStR 2013 S. 2749.

Fall	Behördliche oder gesetzliche Anordnung	Ende der Umsetzungsfrist	Bilanzstichtag	Ansatz
(1)	15.3.01	31.12.02	31.12.01	Nein
(2)	15.3.01	31.12.02	31.12.02	Ja
(3)	15.3.01	1.1.03	31.12.02	Nein

Fall (1): kein Ansatz zum 31.12.02, da die Verpflichtung erst „im Raum steht" (BFH, Urteil – IV R 7/11 – 2. Sachverhaltsvariante, Tz. 41).

Fall (2): Ansatz zum 31.12.02 zwingend, Fall des BFH, Urteil – IV R 7/11 – 1. Sachverhaltsvariante (Tz. 24).

Fall (3): kein Ansatz zum 31.12.02, da erst **danach** der Vollzug erfolgen muss.

Nur bei **säumigem** Vollzug der Auflage nach Fall (2) kann es noch zu einem Rückstellungsansatz kommen. Bei **rechtzeitigem** Vollzug der Anpassungsverpflichtung bis zum Stichtag ergäbe sich kein Rückstellungsproblem, da die Aufwandsverrechnung bereits erfolgt ist.

Mit der Frage der Rückstellung für nach einer bestimmten Betriebsstundenzahl verpflichtend durchzuführende Instandhaltungs- und Inspektionsmaßnahmen bei Flugzeugen hat sich der I. Senat 2016 befasst. Er kommt zu dem Schluss, dass die öffentlich-rechtliche Verpflichtung jedenfalls **wirtschaftlich** vor Erreichen der zulässigen Betriebsstunden nicht verursacht ist, weil sich der Flugzeughalter durch Verzicht auf eine künftige Nutzung der Wartung entziehen kann; die Erfüllung der Verpflichtung legitimiert also den künftigen, nicht den vergangenen Betrieb des Flugzeugs.[1] Anders ist hingegen die einem Leasingnehmer (als Flugzeughalter) vertraglich auferlegte Pflicht zu werten, wenn der Leasingnehmer auch bei Beendigung des Leasingvertrages vor Erreichen der gesetzlich zulässigen Betriebsstundenzahl mit den anteiligen Kosten belastet bleibt. Anders als bei der öffentlich-rechtlichen Wartungsverpflichtung kann er sich dann nicht durch Einstellung des Flugbetriebes entziehen. Die Verpflichtung ist zum jeweiligen Bilanzstichtag anteilig wirtschaftlich verursacht. Insoweit baut sich im Zeitraum zwischen Vertragsbeginn bzw. der letzten Wartungsmaßnahme und der nächsten Wartung jeweils ein Erfüllungsrückstand aus dem Dauerschuldverhältnis auf, der nicht nur an Vergangenes anknüpft, sondern auch Vergangenes (nämlich die Wertabnutzung durch den Flugbetrieb) abgilt. Eine Verbindlichkeitsrückstellung ist deshalb zu bilden.[2] 38d

Eine wirtschaftliche Verursachung verneint der BFH insbesondere dort, wo sich das Unternehmen durch **Einstellung der Unternehmenstätigkeit** der Verpflichtung entziehen könnte. 38e

BEISPIEL Unternehmen U ist Mitglied der Handwerkskammer A. Die Vollversammlung der Kammer setzt im letzten Quartal des Jahres 03 den erfolgsabhängigen Zusatzbeitrag für das Jahr 04 mit 1,5 % des Gewerbeertrags fest. Entsprechende Beitragsbescheide ergehen Anfang 04. Bemessungsjahr für den Zusatzbeitrag ist das drei Jahre vor dem Beitragsjahr liegende Steuerjahr, hier also das Jahr 01. Die Beitragspflicht endet mit der Löschung des Unternehmens in der Handwerksrolle. Bei unterjähriger Löschung entfällt sie zeitanteilig.

Nach Auffassung des BFH soll eine wirtschaftliche Verursachung in derartigen Fällen insbesondere aus folgendem Grund fehlen: Würde der Kläger seinen Betrieb zum 31.12.03 **aufgeben,** wären die Beitragsverpflichtungen für die Folgejahre „nicht nur nicht mehr zu erfüllen, was

1 BFH, Urteil v. 9.11.2016 – I R 43/15, DStR 2017 S. 584.

2 Ebenda; vgl. auch *Lüdenbach*, StuB 2017 S. 376.

der BFH bereits hat ausreichen lassen, um den Vergangenheitsbezug zu verneinen, sondern sie entstünden schon nicht. Damit liegt keine hinreichende Verknüpfung dieser Verpflichtungen mit der Vergangenheit mehr vor."[1] Diese Argumentation bereitet insofern Bauchschmerzen, als U im Beispiel gerade keine Aufgabe des Betriebs zum 31.12. plant und deshalb nach § 252 Abs. 1 Nr. 2 HGB bilanziert. Hier stellt sich die Frage, ob es nicht widersprüchlich ist, wenn zur Verneinung einer wirtschaftlichen Verursachung die Annahme der Einstellung des Betriebs herangezogen wird, zur **Fortführungsannahme** tatsächlich aber eine Bilanzierung nach Fortführungswerten erfolgt? Der BFH erteilt entsprechenden Bedenken aber eine Absage: „Der Einwand des Klägers, bei der Bilanzierung sei von dem Fortbestand des Betriebs auszugehen, ist richtig, soweit es um die **Bewertung** von Bilanzpositionen geht. Im Streitfall aber geht es um den **Bilanzansatz** dem Grunde nach."

Formal scheint dieser Einwand begründet, da § 252 HGB mit „Allgemeine Bewertungsvorschriften" überschrieben ist und § 252 Abs. 1 Nr. 2 HGB nur vom Vorgehen „bei der Bewertung" spricht. **Richtlinienkonform** ist eine solche Auslegung aber nicht. Art. 6 Abs. 1 der EU-RL lautet wie folgt: „Die im Jahresabschluss und im konsolidierten Abschluss ausgewiesenen Posten werden gemäß folgenden allgemeinen Grundsätzen angesetzt und bewertet: a) Es wird eine Fortsetzung der Unternehmenstätigkeit unterstellt. ..." IDW RS HFA 17 Tz. 1 hält entsprechend fest: „Nach § 252 Abs. 1 Nr. 2 HGB ist bei der Bewertung von der Fortführung der Unternehmenstätigkeit (Going-Concern) auszugehen, sofern dem nicht tatsächliche oder rechtliche Gegebenheiten entgegenstehen. Entsprechendes gilt nach den Grundsätzen ordnungsmäßiger Buchführung für den Bilanzansatz." Auch nach **h. M. des Schrifttums** konkretisiert sich die Going-Concern-Prämisse in Bewertungs- und Ansatzvorschriften, ergeben sich aus der Prämisse bzw. ihrer Aufgabe also auch „Konsequenzen für den Ansatz".[2]

39 Insgesamt ist ein **durchgängiges Konzept** zur Beurteilung der Tatbestandsmerkmale der wirtschaftlichen oder rechtlichen Verursachung in der BFH-Rechtsprechung und im kommentierenden Schrifttum kaum festzustellen.

Losgelöst von irgendwelchen **Ausgaben,** die **periodisch** zuzuordnen sind, sollte nicht von wirtschaftlicher Verursachung gesprochen werden. Demgegenüber lässt der BFH mitunter bereits eine **Vertrags**grundlage oder **Geldvereinnahmung** auf dieser Grundlage als **„wirtschaftliche** Verursachung" gelten,[3] obwohl es sich dabei nur um eine **rechtliche** handeln kann (→ Rz. 28).

40 Immer wieder funkt in die ohnehin schon diffuse Begriffsszenerie der wirtschaftlichen **Verursachung** als weiterer diffuser Begriff nämlich die „wirtschaftliche **Belastung**" (→ § 246 Rz. 77) hinein. Dabei wird regelmäßig das **Stichtags**prinzip (→ § 252 Rz. 66) aus den Überlegungen ausgeblendet. Auf die Beispiele unter → § 246 Rz. 78 und → § 246 Rz. 79 wird verwiesen. Nicht alles, was das Unternehmen am Stichtag belastet, ist auch passivierbar. Nachfolgend Beispiele, die keine Passivierung rechtfertigen:

BEISPIELE[4]

- Der Würstchenbude auf dem Wochenmarkt droht im nächsten Jahr der Entzug der Lizenz, weil von der Stadtverwaltung die Ausschreibungsbedingungen geändert werden.

---

1 BFH, Urteil v. 5.4.2017 – X R 30/15, m. w. N.

2 *Kreipl/Müller* in Haufe HGB Bilanz Kommentar, 6. Aufl. 2015, § 252 Tz. 42.

3 Zum Beispiel im Urteil v. 17.12.1998 – IV R 21/97, BStBl 2000 II S. 116; BFH, Urteil v. 4.2.1999 – IV R 54/97, BStBl 2000 II S. 139.

4 *Hoffmann*, StuB 2012 S. 609.

- Ebenso droht dem Autovertragshändler der Entzug der Vertriebslizenz, weil er die Auflagen des Herstellers zur Modernisierung der Ausstellungshalle nicht erfüllen kann.
- Die Konzern-Mutter-Unternehmung im Ausland pocht seit Jahren auf den Abbau der Fehlbeträge bei der inländischen Tochter, was sich nur durch Personalfreistellungen mit hohen Abfindungen bewerkstelligen lässt, worüber allerdings nach außen hin noch nichts verlautet ist.
- Die Übernahme einer aktuell nicht ausfallbedrohten Bürgschaft zugunsten eines Großabnehmers hat dessen Hausbank zur Sicherstellung der Zahlungsfähigkeit verlangt.
- Passive Steuerlatenzen außerhalb des Anwendungsbereiches des § 274 HGB (→ § 274 Rz. 8).
- Unseres Erachtens auch Erfüllung von Verpflichtungen aus künftigen Gewinnen[1] (→ § 246 Rz. 78).

Unter dem Gesichtspunkt der wirtschaftlichen Belastung interpretiert der BFH § 249 Abs. 1 HGB in der Weise, dass eine Außenverpflichtung nicht rückstellungsfähig ist, wenn die Leistungspflicht gegenüber dem Dritten von einem stärker zu gewichtenden **eigenbetrieblichen Interesse** überlagert wird. Ein Beispiel ist der Gerüstbauer, der zwar zur Räumung des Kundengrundstücks bei Vertragsende verpflichtet ist (Außenverpflichtung), diese Räumung aber vor allem auch im eigenbetrieblichen Interesse der Verwendung der Gerüste für neue Aufträge vornimmt.[2] Hierzu wird auch auf → § 252 Rz. 145 verwiesen.

1.3.4 Gesamtbetrachtung

Kommen wir nach diesem Durchgang durch die (handelsrechtlich orientierte) BFH-Rechtsprechung und das kommentierende Schrifttum zurück auf die Ausgangsfrage nach dem **Verhältnis** von **rechtlicher** und **wirtschaftlicher** Verursachung (→ Rz. 24). Die dortigen negativen Feststellungen lassen sich wie folgt in **positiver** Form zusammenfassen: 41

- Ohne **Rechtsverpflichtung** kommt ein Rückstellungsansatz – abgesehen von den faktischen Verpflichtungen (→ Rz. 14 ff.) – nicht in Betracht.
- Eine bestehende Rechtsverpflichtung berechtigt dann nicht zum Rückstellungsansatz, wenn die Gläubiger **kein Interesse** an der Durchsetzung ihrer Ansprüche haben (→ Rz. 11).
- Die Rechtsverpflichtung muss am Stichtag **nicht** zwingend **vollständig** vorliegen; es genügt das Entstehen danach aufgrund der Rechtsstruktur eines Vertragswerks und der Interessenlage der Parteien (→ Rz. 27).
- Die am Bilanzstichtag mit Ungewissheit (→ Rz. 12) bestehende Verpflichtung darf nur insoweit angesetzt werden, als sie nach dem **Periodisierungsprinzip** des § 252 Abs. 1 Nr. 5 HGB zu den Erträgen des Abrechnungszeitraums „passt" (→ Rz. 33).
- Verpflichtungen, die der **künftigen** Produktionstätigkeit dienen, sind nicht ansetzbar (→ Rz. 36 ff.).
- Eine wirtschaftlich in irgendeinem Sinn bestehende Verpflichtung **ohne „rechtlichen Grund"** (Ausnahme faktische Verhältnisse, → Rz. 14 ff.) begründet keine Ansatzpflicht; es handelt sich insoweit um nicht passivierbare Aufwandsrückstellungen (→ Rz. 7). Als Beispiel mag die betriebswirtschaftlich notwendige künftige Werbekampagne dienen.

1 Anders BFH, Urteil v. 30.11.2011 – I R 100/10, DStR 2012 S. 450, mit Anm. *Hoffmann*, StuB 2012 S. 209.
2 BFH, Urteil v. 22.1.2020 – XI R 2/19 NWB SAAAH-50690.

1.3.5 Kasuistik der wirtschaftlichen Verursachung (Abc)

42 Wie immer in solchen Fällen, in denen auf hohem Abstraktionsniveau argumentiert wird, stellt die Auflistung von **Präjudizien** – das Kommentierungs-Abc – für den Praktiker eine wichtige Beurteilungsgrundlage dar. Dazu liefert in diesen Fällen insbesondere die BFH-Rechtsprechung eine reichhaltige Fundgrube, deren Ergebnisse man im Einzelfall für richtig oder falsch ansehen, jedenfalls aber **nicht** mit dem Argument der Bedeutung nur für die Steuerbilanz abtun kann. Grund: Der BFH kann bzgl. des Rückstellungsansatzes **nur** Handelsrecht (§ 249 HGB) auslegen, da mit spezifischen Ausnahmen (→ Rz. 6) das Steuergesetz keine Vorgaben macht.

Übersicht 1:	Beispiele für wirtschaftliche Verursachung (BFH und FinVerw)[1]	
Abbruchverpflichtung für Bauwerk	BFH, Urteil v. 19.2.1975 – I R 28/73, BStBl II S. 480; BFH, Urteil v. 28.3.2000 – VIII R 13/99, BStBl II S. 612	→ Rz. 67
Abrechnungskosten für bereits ausgeführte Leistungen im Baugewerbe	BFH, Urteil v. 25.2.1986 – VII R 134/80, BStBl 1986 II S. 788	→ Rz. 119
Altautorücknahme, „Altfahrzeug-Gesetz"	Kein BFH-Urteil	→ Rz. 76
Altersfreizeit	Kein BFH-Urteil	→ Rz. 100a
Altersteilzeitgesetz: Nach dem Blockmodell die Zahlungsverpflichtung in der Freistellungsphase	BMF, Schreiben v. 28.3.2007 – IV B 2 – S 2175/07/0002, BStBl 2007 I S. 297	→ Rz. 90
Altlasten	BFH, Urteil v. 5.2.1992 – I R 158/90, BStBl II S. 660	→ Rz. 64
Aufbewahrungskosten für Geschäftsunterlagen	BFH, Urteil v. 18.1.2011 – X R 14/09, DB 2011 S. 794 bei rechtlicher Verpflichtung	→ Rz. 117 → § 253 Rz. 75
Außenprüfung, Kosten durch die Prüfung der Finanzverwaltung	BFH, Urteil v. 6.6.2012 – I R 99/10, DStR 2012 S. 1790	→ Rz. 117
Batterie-Rücknahmeverpflichtung	BFH, Beschluss v. 15.3.1999 – I B 95/98, FR 1999 S. 801	→ Rz. 77
Bausparkassen: Rückzahlung von Einlagen und Abschlussgebühren	BFH, Urteil v. 12.12.1990 – I R 153/86, BStBl 1991 II S. 479; BFH, Urteil v. 12.12.1990 – I R 18/89, BStBl 1991 II S. 485	→ Rz. 27
Bausparkassen: Übersendung der Kontoauszüge für das abgelaufene Geschäftsjahr	FG Baden-Württemberg v. 1.12.1999, EFG 2000 S. 453, rkr.	
Beihilfen für Ruheständler bei Krankheit etc.	BFH, Urteil v. 30.1.2002 – I R 71/00, BStBl 2003 II S. 279	→ Rz. 88
Betriebsprüfungskosten bei Großbetrieben	BFH, Urteil v. 6.6.2012 – I R 99/10, BStBl 2013 II S. 196	→ Rz. 117
Buchung laufender Geschäftsvorfälle des Vorjahres	BFH, Urteil v. 25.3.1992 – I R 69/91, BStBl II S. 1010	→ Rz. 117
Bürgschaftsinanspruchnahme	OFD München, Vfg. vom 12.4.2002 – S 2137 – 49 St 41/42, DStR 2002 S. 1303; BFH, Urteil v. 25.11.1999 – III R 77/97, BStBl 2002 II S. 233	→ Rz. 151
Elektroschrott	BFH, Urteil v. 25.1.2017 – I R 70/15	→ Rz. 2

1 Von *Hoffmann* in Littmann/Bitz/Pust (Hrsg.), EStG, §§ 4, 5 Tz. 877; diese Quelle gilt auch für die nachstehende Übersicht.

ERA-Anpassungsfonds (Entgeltrahmentarifverträge) der Metall- und Elektroindustrie	BMF, Schreiben v. 2.4.2007 – IV B 2 – S 2137/07/003, DB 2007 S. 886	→ Rz. 102
Garantieleistungen	BFH, Urteil v. 13.12.1972 – I R 8/70, BStBl 1973 II S. 217	→ Rz. 80
Gleitzeitguthaben von Arbeitnehmern	BMF, Schreiben v. 11.11.1999 – IV C 2 – S 2176 – 102/99, BStBl I S. 959	→ Rz. 101
Gratifikationen an Arbeitnehmer	BFH, Urteil v. 7.7.1983 – IV R 47/80, BStBl II S. 753	→ Rz. 103
Jahresabrechnung eines Energieversorgungsunternehmens	BFH, Urteil v. 19.7.2011 – X R 26/10, DStR 2011 S. 1996 BFH, Urteil v. 18.1.1995 – I R 44/94, BStBl 1995 II S. 742	→ Rz. 119
Kammerbeiträge	BFH, Urteil v. 5.4.2017 – X R 30/15	→ Rz. 38e
Kontoauszüge, Kosten für Versand durch Bausparkassen	OFD Frankfurt a. M., Vfg. v. 2.5.2002 – S 2137A – 32 – St II 20, DStR 2002 S. 1267	→ Rz. 119
Künftige Jubiläumszuwendungen	BFH, Urteil v. 5.2.1987 – IV R 81/84, BStBl II S. 845	→ Rz. 217
Leasingraten, überhöhte, mit Rückzahlungspflicht nach Vertragsende	BFH, Urteil v. 21.9.2011 – I R 50/10, BStBl 2012 II S. 197	→ § 250 Rz. 18
Nachbetreuungsleistungen von Automobilzulieferern	BFH, Urteil v. 2.7.2021 – XI R 21/19	→ Rz. 55a
Nachbetreuungsleistungen von Hörgeräteakustikern	BFH, Urteil v. 5.6.2002 – I R 96/00, BStBl 2005 II S. 736; BMF, Schreiben v. 12.10.2005 – IV B 2 – S 2137 – 38/05, BStBl I S. 953	→ Rz. 51
Nachbetreuungsleistungen von Versicherungsvertretern	BFH, Urteil v. 28.7.2004 – XI R 63/03, BFH/NV 2005 S. 109	→ Rz. 51
Pflanzenschutzmittel, Zulassungskosten	BFH, Urteil v. 8.9.2011 – IV R 5/09, BStBl 2012 II S. 122	→ Rz. 31
Provisionsverpflichtung gegenüber Handelsvertretern (aber nur für bereits entstandene Provision, sonst nicht rückstellungsfähig), Sonderfall zu Provisionsfortzahlungen anlässlich der Einhaltung eines Wettbewerbsverbots	BFH, Urteil v. 14.3.1986 – III R 179/82, BStBl II S. 669; BFH, Urteil v. 19.10.1972 – I R 50/70, BStBl 1973 II S. 212; BFH, Urteil v. 24.1.2001 – I R 39/00, BStBl 2005 II S. 465; BMF, Schreiben v. 21.6.2005 – IV B 2 – S 2137 – 19/05, BStBl I S. 802	→ Rz. 116
Rabattmarken, einzulösen bei Einkäufen im neuen Jahr, siehe aber „Friseurgutscheine" unter Übersicht 2	BFH, Urteil v. 7.2.1968 – I 267/64, BStBl 1968 II S. 445 BFH, Urteil v. 4.12.1959 – III R 317/59 S, BStBl 1960 III S. 80	→ § 277 Rz. 30
Rekultivierungsaufwendungen	BFH, Urteil v. 19.5.1983 – IV R 205/79, BStBl II S. 670	→ Rz. 69
Rückzahlung von Entgelten (Beiträgen)	BFH, Urteil v. 28.6.1989 – I R 86/85, BStBl 1990 II S. 550	→ Rz. 27
Sparprämien, die am Ende der Laufzeit eines Sparvertrags fällig werden	BFH, Urteil v. 15.7.1998 – I R 24/96, BStBl II S. 728	→ Rz. 181
Steuererklärungskosten	BFH, Urteil v. 2.10.1980 – IV R 42/79, BStBl 1981 II S. 63	→ Rz. 117
Urlaubsverpflichtung	BFH, Urteil v. 8.7.1992 – XI R 50/89, BStBl II S. 910; BFH, Urteil v. 6.12.1995 – I R 14/95, BStBl 1996 II S. 406	→ Rz. 108

Übersicht 2: Beispiele für die Ablehnung der wirtschaftlichen Verursachung		
Abfallbeseitigung	BFH, Urteil v. 8.11.2000 – I R 6/96, BStBl 2001 II S. 570	→ Rz. 65
Abgasreinigungsanlage gem. „TA-Luft"	BFH, Urteil v. 27.6.2001 – I R 45/97, BFH/NV 2001 S. 1334	→ Rz. 70 → Rz. 38
Ärztemuster, in der Werbung zugesagte unentgeltliche Abgabe	BFH, Urteil v. 20.10.1976 – I R 112/75, BStBl 1977 II S. 278	
Arzneimittelregistrierung (anders Zulassungskosten für Pflanzenschutzmittel)	BFH, Urteil v. 25.8.1989 – III R 95/87, BStBl II S. 893	→ Rz. 31
Ausgleichsschuld gegenüber Handelsvertretern nach § 89b HGB	BFH, Urteil v. 4.12.1980 – IV B 35/80, BStBl 1981 II S. 266; BFH, Urteil v. 20.1.1983 – IV R 168/81, BStBl II S. 375	→ Rz. 115
Avalprovisionen, die auf künftige Zeiträume entfallen	BFH, Urteil v. 12.12.1991 – IV R 28/91, BStBl 1992 II S. 600	
Erfolgsprämien an Arbeitnehmer für künftige Leistungen	BFH, Urteil v. 18.6.1980 – I R 72/76, BStBl II S. 741; BFH, Urteil v. 2.12.1992 – I R 46/91, BStBl 1993 II S. 109; BFH, Urteil v. 7.7.1983 – IV R 47/80, BStBl II S. 753	→ Rz. 103
Friseurgutscheine, einzulösen im neuen Jahr	BFH, Urteil v. 19.9.2012 – IV R 45/09, DStR 2012 S. 2171 mit kritischer Anm. *Hoffmann*; s. „Rabattmarken" in Übersicht 1	→ § 277 Rz. 30
Garantiefonds der Banken	BFH, Urteil v. 13.11.1991 – I R 78/89, BStBl 1992 II S. 177	→ Rz. 36
Gasrückführungssystem	BFH, Urteil v. 13.12.2007 – IV R 85/05, DB 2000 S. 1013	→ Rz. 37
Anstehende Geschäftsverlegung in spätere Geschäftsjahre	BFH, Urteil v. 24.8.1972 – VIII R 31/70, BStBl II S. 943	→ Rz. 22
Hubschrauber: künftiger Überholungsaufwand	BFH, Urteil v. 19.5.1987 – VIII R 327/83, BStBl II S. 848	→ Rz. 36
Medikamentenmuster als Werbemittel für interessierte Ärzte	BFH, Urteil v. 20.10.1976 – I R 112/75, BStBl 1977 II S. 278	
Mietfreie Periode	BFH, Urteil v. 5.4.2006 – I R 43/05, BStBl II S. 593	→ Rz. 180 f.
Pensionssicherungsverein: Beiträge	BFH, Urteil v. 13.11.1991 – I R 102/88, BStBl 1992 II S. 336; BFH, Urteil v. 6.12.1995 – I R 14/95, BStBl 1996 II S. 406	→ Rz. 109
Prozesskosten in der Zukunft	BFH, Urteil v. 6.12.1996 – I R 14/95, BStBl II S. 406	→ Rz. 87
Rauchgasreinigungsanlage	BFH, Urteil v. 6.2.2013 – I R 8/12, DStR 2013 S. 1018 mit Anm. *Hoffmann*	→ Rz. 38
Rückerstattung des Kaufpreises für Grundstück wegen Sachmängeln	BFH, Urteil v. 28.3.2000 – VIII R 77/96, BStBl 2002 II S. 227; BMF, Schreiben v. 21.2.2002 – S 2137, BStBl I S. 335	→ Rz. 52
Rückzahlungspflicht des Arztes für Honorare bei unwirtschaftlicher Verordnungsweise	FG Bremen, Urteil v. 8.2.2012, BB 2012 S. 1083	→ Rz. 43

Steigende Zinsen bei Darlehensgewährung	BFH, Urteil v. 25.5.2016 – I R 17/15	→ Rz. 181
„Sanierungsgelder" für die Versorgungsanstalt des Bundes und der Länder wegen fehlenden Satzungsbeschlusses	BFH, Urteil v. 27.1.2010 – I R 103/08, BStBl II S. 614	→ Rz. 111
Steigende Zinsen beim Zuwachssparen	BFH, Urteil v. 20.1.1993 – I R 115/91, BStBl II S. 373	→ Rz. 181
Uferschutz und Entschlammung eines Flusskraftwerks	BFH, Urteil v. 12.12.1991 – IV R 28/91, BStBl 1992 II S. 600	→ Rz. 36
Zucker-Lagerungsabgaben	BFH, Urteil v. 13.5.1994, BFH/NV 1999 S. 27	

Auf den ergänzenden Katalog des Rückstellungsansatzes unter → Rz. 227 wird verwiesen.

1.4 Unsicherheitsmoment/Wahrscheinlichkeit der Inanspruchnahme

1.4.1 Erfüllung des Objektivierungsgebots?

Ein Wesensmerkmal von Rückstellungen ist das Unsicherheitsmoment (→ Rz. 3). Das Bestehen der Verpflichtung kann schon **dem Grunde** nach **unsicher** sein. **Dazu** gesellt sich regelmäßig die weitere Unsicherheit über die **Höhe.** Bzgl. des Ansatzes der Rückstellung unterscheidet der BFH[1] nach der Wahrscheinlichkeit 43

- des Bestehens der Verbindlichkeit einerseits und
- der tatsächlichen Inanspruchnahme andererseits,

da die innewohnenden Risiken jeweils anders zu beurteilen sein können.

In der Diktion des BFH[2] liest sich das Ansatzerfordernis etwa wie folgt: „Der Schuldner muss mit seiner Inanspruchnahme ernsthaft rechnen; die bloße Möglichkeit des Bestehens oder Entstehens einer Verbindlichkeit reicht zu ihrer Passivierung nicht aus." Wie sich diese Vorgabe in die Praxis umsetzen lässt, zeigt folgendes Beispiel:

BEISPIEL ► Ein Unternehmer verklagt eine Bank wegen Verstoßes gegen die Verschwiegenheitsverpflichtung, aufgrund derer dem Unternehmen irreparabler Schaden zugefügt worden ist. Die Rechtslage ist hochgradig umstritten. Die Bilanzierungsfrage der Bank geht dann dahin:

- Besteht überhaupt eine rechtliche Verpflichtung, die den Bilanzansatz begründet?
- Ist mit einer Inanspruchnahme zu rechnen?
- Wenn ja, wie hoch ist der letztlich dem Kläger entstandene Schaden, für den wir eintreten müssen?

Ein anderes Beispiel: Ärzte unterliegen einer latenten **Rückzahlungspflicht** von Honoraren bei unwirtschaftlicher Verordnungsweise. Ein Rückstellungsansatz ist wegen der konkreten gesetzlichen Vorgaben geboten.[3] Zur Wahrscheinlichkeitsschwelle bei Gerichtshängigkeit zu Gegenforderungen vgl. → Rz. 87a.

Über die **Bewertung** (→ § 253 Rz. 55) braucht erst dann befunden zu werden, wenn die Ansatzpflicht bejaht wird.

1 BFH, Urteil v. 16.12.2014 – VIII R 45/12, DStR 2015 S. 1358; dazu *Günkel*, BB 2015 S. 2092; *Prinz, U.*, FR 2015 S. 750.
2 Zum Beispiel BFH, Urteil v. 19.11.2003 – I R 77/01, DStR 2004 S. 134, Kurzinfo StuB 2004 S. 83.
3 BFH, Urteil v. 5.11.2014 – VIII R 13/12, BStBl 2015 II S. 523.

44 Versucht man sich der Lösung des Bilanzansatzproblems auf systematischer Basis zu nähern, wird man sehr schnell auf die **GoB** zurückverwiesen, weil sich das Gesetz einer näheren Beschreibung des Unsicherheitsmoments enthält. Im GoB-Bereich wird man nach tradierter handelsrechtlicher Vorstellung dann das **Vorsichtsprinzip** (→ § 252 Rz. 53 ff.) aus der Argumentationskiste herausholen mit dem gängigen Spruch: „Der vorsichtige Kaufmann rechnet sich im **Zweifel** eher arm als reich." Dieser beliebten Sentenz ermangelt es schon deswegen an Aussagekraft, weil in solchen Fällen immer jede Menge Zweifel bestehen. Ob überdies mit dieser Weisheit im konkreten Bilanzierungsfall viel anzufangen ist, mag bezweifelt werden. Im Beispiel unter → Rz. 43 wird der Vorstand der Bank die umfangreichen und kontroversen Schriftsätze der Parteien so lange auswerten müssen, bis eine Äußerung oder gar ein Urteil des Gerichts – und das noch in letzter Instanz – vorliegt. Die Frage ist dann, ob das Vorsichtsgebot eine systematische Ausblendung der von den eigenen Anwälten vorgetragenen Argumente verlangt oder ein eigenes abgewogenes Urteil unter Berücksichtigung aller Argumente. Die erstgenannte Lösung kommt u. E. nicht in Betracht, da das Vorsichtsprinzip nicht dahingehend ausgelegt werden kann, dass praktisch jeder zu einer Ergebnisminderung führende Sachverhalt zu berücksichtigen ist.

BEISPIEL ▸ Ein selbsternannter Umweltschützer mit einigem regionalen Bekanntheitsgrad verklagt das eine Fabrik betreibende Unternehmen wegen der nachhaltigen Beeinträchtigung der Erholungslandschaft und der damit verbundenen Beschränkung des Tourismusverkehrs auf Einstellung der Produktionstätigkeit. Er selbst betreibt einen Campingplatz im Abstand von 10 km von der Fabrik und will deshalb auch den ihm infolge ausbleibender Übernachtungsgäste entgehenden Schaden ersetzt haben.

Der die Fabrik betreibende Kaufmann und die interessierte Öffentlichkeit, insbesondere auch die Betriebsratsmitglieder, beurteilen das Begehr des Umweltschützers als abwegig. Allerdings plagen den Kaufmann aktuell die Nöte eines exorbitant hohen Gewinnausweises, den er dem Betriebsrat und insbesondere auch dem Finanzamt nicht unbedingt in dieser Form präsentieren will. Die Klage nimmt der Fabrikant als rückstellungsbegründenden Sachverhalt dankbar entgegen.

ABWANDLUNG ▸ Der Kaufmann steckt in finanziellen Schwierigkeiten. Die Bank verlangt für das notorisch überzogene Kontokorrent zusätzliche Sicherheiten und droht mit Kündigung der Kredite bei einem negativen Kapitalausweis im nächsten Abschluss.

In dieser Konstellation wird der Kaufmann die als „aberwitzig" bezeichnete Klage des Umweltschützers auf Schadenersatz vom Tisch wischen, eine aus Ordnungsmäßigkeitsgründen eingeholte kurze Stellungnahme des Hausanwaltes bestätigt ihm: Die Gefahr einer Verurteilung des Unternehmens sei sehr gering, allerdings liege im Hinblick auf die Besetzung der Richterbank mit deren persönlicher Einstellung zumindest in der ersten Instanz die Sache nicht so ganz eindeutig.

45 Das Beispiel belegt das hochgradig **bilanzpolitisch** (→ Rz. 6) umrankte Bilanzierungssegment „Verbindlichkeitsrückstellung". Dem wird im Schrifttum und insbesondere auch in der BFH-Rechtsprechung das Erfordernis der **Objektivierung** entgegengehalten: Nicht der persönliche Wunsch oder die Interessenlage des Kaufmanns sei ansatzentscheidend, sondern die „objektiven" Verhältnisse am Bilanzstichtag unter Beachtung des Wertaufhellungsprinzips (→ § 252 Rz. 66). Die Frage ist allerdings, wie der die Fabrik betreibende Kaufmann im Beispiel unter → Rz. 44 seiner Objektivierungspflicht nachkommen muss.

1.4.2 Die 51 %-Regel

Dazu hat sich in der BFH-Rechtsprechung die sog. **51 %-Regel** – der I. BFH-Senat spricht hier 46
bezeichnenderweise von „Formel" – herausgebildet in der gängigen Formulierung: Es müssen mehr Gründe für als gegen das Vorliegen einer Schuld sprechen.[1] Häufig spricht der BFH auch von der **Ernsthaftigkeit,** mit der der Kaufmann bzgl. einer Inanspruchnahme rechnen muss.[2] Dazu folgender weiterer aus der Bilanzierungspraxis abgeleiteter Fall:

BEISPIEL[3] ▸ Praktischer Bilanzierungsfall einer „Krisen-GmbH"

Momentaufnahme vor Bilanzierungsentscheidung am 15.2.2002

Umsatz mit massiven Umsatzeinbrüchen in Ostasien	100
Eigenkapital	12
Überbestände an Rohmaterial	6
Nicht gesicherte Forderung an China-Importeur in Zahlungsverzug	16
Schadenersatzforderung eines Kunden im Vorderen Orient wegen mangelhafter Lieferung	5
Aufforderung der Umweltbehörde zur Beseitigung der Bodenkontamination, Kosten unbekannt	?

Im effektiven Jahresabschluss der „Krisen-GmbH" haben sich diese Sachverhalte wie folgt niedergeschlagen bzw. hätten sich niederschlagen können:

	Gewählte und testierte Bilanzierung in Mio. €	Auch mögliche Bilanzierung in Mio. €	*Worst-Case*-Szenario in Mio. €
Jahresfehlbetrag, vorläufig (ohne Berücksichtigung der genannten Vorfälle)	–5	–5	–5
Abschreibung Forderung	–3	–10	–16
Abschreibung auf Rohmaterial	2	4	6
Rückstellung für Schadenersatz	–1	–3	–5
Rückstellung für Bodenverunreinigung	–1	–3	–10
Jahresfehlbetrag	–12	–25	–42
Eigenkapital 1.1.	12	12	12
Eigenkapital 31.12.	0	–13	–30

Die Frage ist nun, welche Bilanzierung ist „richtig", welche weist den „vollen Gewinn" aus, welche Lösung entspricht einer „wirtschaftlichen Betrachtungsweise"?

Eine Antwort auf die Fragen ist eindeutig: Der *Worst Case* wird von niemandem als „richtig" betrachtet. Aber welche Bilanzierung dann? Eine einigermaßen ökonomisch sinnvolle Antwort kann nur lauten: „Jede zwischen 5 Mio. € und 30 Mio. € Jahresfehlbetrag" ist richtig.

1 Vgl. z. B. BFH, Urteil v. 2.10.1992 – III R 54/91, BStBl 1993 II S. 153 („einige Wahrscheinlichkeit"). Vermutlich erstmals als „Formel" verwendet in BFH, Urteil v. 1.8.1984 – I R 88/80, BStBl 1985 II S. 44. Ausführlich zum Thema *Küting et al.*, WPg 2010 S. 318 ff., die als Fallbeispiel Schadenersatzverpflichtungen anwenden. Vgl. z. B. auch BFH, Urteil v. 19.10.2005 – XI R 64/04, BStBl 2006 II S. 371.

2 BFH, Urteil v. 9.3.1988 – I R 262/83, BStBl II S. 592.

3 Von *Hoffmann* in Littmann/Bitz/Pust (Hrsg.), EStG, §§ 4, 5 Tz. 21. Das Beispiel enthält Sachverhalte, die nicht durch Rückstellungsansatz abzubilden sind, aber das gleiche Unsicherheitsmoment aufweisen.

Das Fallbeispiel belegt typische Unsicherheitsmomente auch in anderen Bereichen als demjenigen der Rückstellung, die aber vom gleichen Unsicherheitsmoment betroffen sind und auf die deshalb die 51 %-Formel durchaus auch angewandt werden kann. Nimmt man diese wörtlich, so müssen die Gründe **dafür** und **dagegen** aufgelistet werden, etwa in folgender Form:

	Gründe für Inanspruchnahme	Gründe gegen Inanspruchnahme	Gewicht	
1.	Kunde kennt den Schaden.		58	
2.		Internationales Handelsgericht ist dem Vorderen Orient nicht hold.		21
3.	Technischer Mangel offensichtlich.		72	
4.		Technischer Mangel möglicherweise durch fehlerhafte Wartung entstanden.		38
5.	Erfahrungsgemäß wird Vergleich angestrebt.		81	
6.		Die Richterbesetzung gilt als *„producer minded"*.		37
7.	Etc.?		x	
8.		Etc.?		y
			∑ Nonsens	

In dieser Tabelle ist die 51 %-Formel insofern weiterentwickelt worden, als nicht nur einfach die Gründe für und gegen addiert, sondern auch noch mit einem Gewicht versehen werden. Schließlich gibt es gute und weniger gute Gründe. So oder so stellt sich die ganze Rechnung als logischer Nonsens dar, der Grund liegt einfach in der mangelnden **Grundgesamtheit,** die das **Gesetz der großen Zahl** nicht zur Anwendung gelangen lässt.[1] Es muss deshalb hinsichtlich des Inhalts des Wahrscheinlichkeitsbegriffs differenziert werden:

- Eine **mathematisch-statistische** Größe, die dem Gesetz der großen Zahl unterliegt (im Bilanzierungsbereich bei Gewährleistungsverpflichtungen aufgrund industrieller Massenfertigung oder bei Rückgabequoten im Versandhandel gegeben).
- Eine **subjektive Glaubensaussage,** für die man nicht mehr als „Vernunft" verlangen kann (bilanzrechtlich in **singulären** Fällen mit dem vorliegenden Beispiel gegeben).

Die 51 %-Formel weist eine verblüffende Ähnlichkeit mit der *„More likely than not"*-Regel der IFRS aus.

Allen einschlägigen Quantifizierungsversuchen ist das Etikett der **Scheinobjektivierung**[2] oder der **Scheinquantifizierung**[3] anzuhängen. An die Stelle einer statistischen Begründung tritt die „Wahrscheinlichkeit des besseren Arguments". Dann muss „nur" noch jemand gefunden werden, der die argumentative Qualität objektiv beurteilt. Die Bilanzentscheidung kann jedenfalls nur auf Grundlage einer „intuitiven Wahrscheinlichkeitsermittlung" erfolgen, die man auch als „Erwartungsgefühl" interpretieren kann,[4] „da die Quantifizierung von Wahrscheinlichkei-

1 Ähnlich *ADS*, 6. Aufl., § 249 Tz. 75.

2 Vgl. *Lambrecht* in Kirchhof/Söhn/Mellinghoff (Hrsg.), EStG, § 5 Tz. 73.

3 Vgl. *Hartung*, BB 1988 S. 1421; *Hoffmann*, DStR 1993 S. 125; vgl. aber *Herzig/Köster*, BB 1994 Beilage 23 S. 6; *Stengel*, BB 1993 S. 1406. Abwägend und zusammenfassend *Gosch*, DStR 2002 S. 977; *Wolf*, StuB 2016 S. 334.

4 Vgl. *Leffson*, Grundsätze ordnungsmäßiger Buchführung, 7. Aufl., S. 472.

ten nur selten nachprüfbar gelingt".[1] Dem Wunsch nach Objektivierung (→ Rz. 45) sind hier enge Grenzen gesetzt.

1.4.3 Schätzungszwang und Ermessensspielraum

Letztlich zeigen sich an diesem Beispiel und den zugehörigen Erläuterungen die nun einmal mit der Bilanzierung und der damit verbundenen Ermittlung des ökonomischen Phänomens „Vermögen" im Hinblick auf dessen definitionsgemäße Zukunftsbezogenheit verbundenen **Schätzungserfordernisse** (→ § 252 Rz. 59 ff.);[2] diese können insbesondere auch nicht mit dem Gebot der Objektivierung behoben werden. Ein „richtiger Wert" i. S. der Lehrbuchvorstellung lässt sich hier nicht ermitteln, vergleichbar mit der inzwischen gängigen Vorgehensweise im Rahmen der steuerlichen **Verrechnungspreisprüfung** im internationalen Leistungsverkehr innerhalb einer Unternehmensgruppe. Bei Leistungsaustauschen zwischen Fiskalgrenzen kann man lediglich von einem Intervall „richtiger" Werte ausgehen, wobei dann immer noch das Problem der Bestimmung dieses Intervalls ungelöst bleibt. 47

Dabei bewegt sich die Bilanzierungsentscheidung – Ansatz ja oder nein – in solchen Fällen wie denjenigen, die dem Beispiel unter → Rz. 44 ähneln, immer um eine Alles-oder-nichts-Entscheidung. Deshalb wird je nach bilanzpolitischer Interessenlage ohne Verstoß gegen die Sorgfaltsverpflichtung des Kaufmanns bzw. Vorstands immer eine 45%ige Wahrscheinlichkeit **für** das Bestehen der Verpflichtung oder eine 52%ige **dagegen** ins Feld geführt werden. Insofern kann man in diesen Fällen von einem **faktischen Ansatzwahlrecht** ausgehen. Auch das Gebot der Ansatz**stetigkeit** (→ § 246 Rz. 402) kann hier keine Abhilfe schaffen.[3] Im Folgeabschluss wird sich der Sachverhalt regelmäßig in einem anderen Licht darstellen, im Zeitverlauf wird jeder klüger. Dann stellt sich vielleicht das vorstehende Prozentverhältnis gerade umgekehrt dar.

(einstweilen frei) 48

Das Unsicherheitsmoment aufgrund eines bestimmten Geschäftsvorfalls und dessen bilanzieller Abbildung kann sich auch in verschiedenen Reichweiten erstrecken und (wie im Beispiel unter → Rz. 46) eine Reihe von Bilanzposten betreffen. 49

BEISPIEL[4] Ein Automobilzulieferer stellt am Jahresende im Rahmen einer sporadischen Qualitätskontrolle Mängel bei seinen Produkten fest. Von den Mängeln ist ein nicht unbedeutender Teil der noch auf Lager liegenden Tagesproduktion betroffen. Die Produktion des Vortags ist bereits an Kunden der Automobilindustrie ausgeliefert worden.

Eine konkretisierte Bilanzansatzverpflichtung (→ Rz. 43) liegt vor. Mit überwiegender Wahrscheinlichkeit (→ Rz. 46) wird der Zulieferer aus diesem Vergangenheitsereignis mit wirtschaftlicher Verursachung bis zum Bilanzstichtag (→ Rz. 23) in Anspruch genommen. Offen ist die Entscheidung über die verlässliche Bewertbarkeit (→ Rz. 48) und ggf. die vorzunehmende Bewertung selbst.

BEWERTUNGSPARAMETER

- Die mögliche Qualität der Mängel reicht von „Schönheitsfehlern" über „unbrauchbar" bis „gefährlich".

1 *Herzig*, DB 1990 S. 1347.

2 Vgl. hierzu auch *Hennrichs*, AG 2007 S. 698.

3 Anderer Auffassung *Küting/Tesche/Tesche*, StuB 2008 S. 657; die dort unterstellten „gleichen Verhältnisse" können in solchen Fällen kaum gegeben sein.

4 Nach *Haaker*, PiR 2005 S. 53.

- Die laufende Produktion muss bis zur Feststellung der Schadensursache gestoppt werden. Dadurch kann es zu Produktionsausfällen beim Kunden kommen, auf die reagiert werden muss, z. B. durch zusätzliche Schichten, ungeplanten Einkauf von Material.
- Kann ein Produktionsausfall beim Kunden nicht verhindert werden, drohen Vertragsstrafen.
- Wenn sich ein notorischer Fehler herausstellt, kann auch die Produktion früherer Zeiträume betroffen sein. Der Grund dieser Mängel kann in fehlerhaften Fremdbauteilen (von Unterlieferanten), Schlamperei der Mitarbeiter, fehlerhaft arbeitenden Maschinen oder einem nicht durchsichtigen Durcheinander aller möglichen Faktoren liegen.
- Je nach Ursache für die fehlerhafte Produktion können Produkte aus nicht definierbaren Losen in der Vergangenheit ausgeliefert worden sein. Sind die fehlerhaften Produkte beim Automobilhersteller in noch nicht ausgelieferten Fahrzeugen enthalten, müssen sie ausgebaut und ersetzt werden. Sind Autos schon ausgeliefert worden, kommt es zu einer Rückrufaktion.
- Möglicherweise sind aufgrund der fehlerhaften Teile bereits Unfälle von Nutzern der Autos eingetreten.
- Sind diese Unfälle in den USA passiert, stehen Sammelklagen ins Haus.

AUFGABE ► Lässt sich der Aufwand am 10.1.2005 (*fast close*, → § 252 Rz. 96) zuverlässig schätzen, und, wenn ja, in welcher Höhe?

50 Das Beispiel beweist einmal mehr die Unmöglichkeit der Ermittlung einer „objektiv richtigen" Bilanzierung. Bilanzierungsgrundlage kann in solchen Fällen nur die (bereits zitierte) Intuition des Kaufmanns (→ Rz. 46) und natürlich dessen Interessenlage (→ Rz. 44) sein.

1.5 Verbindlichkeitsrückstellung vs. passive Abgrenzung bei noch nicht vollständig erbrachter Leistung

51 In manchen Fällen neigt der BFH dazu, die Verbindlichkeitsrückstellung ansatzbegründend zur Korrektur von vorgängigen Bilanzierungsentscheidungen zu verwenden. Dies gilt insbesondere dann, wenn ein **Realisationsakt** mit entsprechendem Gewinnausweis verbucht worden ist, im Grunde genommen aber die Realisation gar nicht stattgefunden hat.[1] Aus **steuerlicher** Sicht mag dies auch durch den dadurch hergestellten „richtigen" Gesamtgewinn motiviert sein (→ § 252 Rz. 107). Aus der Perspektive der **handelsrechtlichen** Rechnungslegung erscheint eine solche „Bilanzierungshilfe" gegen unzulässige vorgängige Bilanzansätze als illegitim.

BEISPIEL[2] ► Ein Hörgeräteakustiker verkauft das Gerät und verpflichtet sich zur kostenlosen Nachbetreuung auf fünf Jahre. Nach Auffassung des BFH ist der fakturierte Umsatzerlös zu realisieren und für die mutmaßlichen Kosten der Nachbetreuung eine Rückstellung zu bilden („Nettorealisation").

Unseres Erachtens ist eine passive Rechnungsabgrenzung geboten (→ § 250 Rz. 57). So (passive Abgrenzung) hat der BFH auch für vor dem Bilanzstichtag erhaltene Provisionen entschieden, die ein Assekuradeur (Schiffsversicherung) für die Vertragsbearbeitung danach erhielt.[3] Vergleichbar lautet die Entscheidung des FG Köln zum Provisionsanspruch eines Finanzierungsberaters, der seine Vergütung ex ante (bei Vertragsabschluss vom Leasinggeber und -nehmer) erhält, aber noch auf fünf Jahre zu weiteren Betreuungsleistungen der Vertragspartner verpflichtet ist.[4]

1 BFH, Urteil v. 14.10.1999 – IV R 12/99, BStBl 2000 II S. 25.
2 Nach BFH, Urteil v. 5.6.2002 – I R 23/01, BFH/NV 2002 S. 1434, Kurzinfo StuB 2002 S. 1221.
3 BFH, Urteil v. 14.10.1999 – IV R 12/99, BStBl 2000 II S. 25.
4 FG Köln, Urteil v. 19.10.2011, EFG 2012 S. 105, rkr.

Einen Rückstellungsansatz verlangt der BFH auch bei den Nachbetreuungsleistungen von Versicherungsvertretern.[1] Das von der Finanzverwaltung (a. a. O.) eingebrachte Argument der **Unwesentlichkeit** als Hinderungsgrund für den Rückstellungsansatz wird vom BFH, Urteil X R 26/10 (a. a. O.), abgelehnt.

Durch diese Bilanzierungsvorgabe mag der Gewinn richtig ermittelt worden sein, die Frage ist indes, ob in diesem sog. **Mehrkomponentengeschäft**[2] (→ § 252 Rz. 147 ff.) der Teilbereich der Leistung, der auf die zeitraumbezogene Nachbetreuung entfällt, erst im Zeitverlauf hätte realisiert werden dürfen. Üblicherweise wird eine entsprechende Rückstellung als eine solche für einen **Erfüllungsrückstand** (→ Rz. 178 ff.) bezeichnet. Ein „Rückstand" kann aus der Perspektive des Stichtagsprinzips nur für eine bis dahin zu erbringende Leistung vorliegen, nicht aber für künftige Leistungsverpflichtungen (→ § 252 Rz. 149). Dies beachtete der X. BFH-Senat[3] im Fall der Nachbetreuungsverpflichtung einer Versicherungsagentur für Versicherungskunden nicht, wenn die Provision für den Vertragsabschluss auch die Vergütung für diese Nachbetreuung enthält. Der X. BFH-Senat sieht in dieser Verpflichtung einen Erfüllungsrückstand am Bilanzstichtag, obwohl bis dahin nichts zu „erfüllen" war. Allerdings muss der Versicherungsagent nach den Vorgaben des Senats die Art und die Höhe der mit der Nachbetreuung verbundenen Kosten detailliert nachweisen. Der Steuerpflichtige ist darlegungs- und nachweispflichtig. Er muss ganz detailliert die entstehenden Kosten erfassen und entsprechende Aufzeichnungen führen;[4] u. U. reichen fundierte Stichproben aus. Als Sachleistungsverpflichtung ist eine **Abzinsung** nach § 6 Abs. 1 Nr. 3a Buchst. e Satz 2 EStG vorzunehmen. Maßgebend ist der Zeitraum bis zum erstmaligen Beginn der Erfüllung, wenn also erstmals Bestandspflegemaßnahmen je Vertrag durchgeführt werden.[5] Das hat der Versicherungsvertreter unter Berücksichtigung von Erfahrungswerten darzulegen. Sofern der Kläger diesen (sehr hohen) Anforderungen an die Darlegung der Aufwendungen nicht nachkommt, muss das FG eine **Schätzung** „im unteren Rahmen" vornehmen. Handelsrechtlich ist eine entsprechende Abzinsung nach § 253 Abs. 2 HGB geboten, wobei abweichend vom Steuerrecht nicht allein auf den Beginn der Erfüllung abzustellen wäre (→ § 253 Rz. 123 ff.) Bei der Nachbetreuung muss es sich um eine konkrete Rechtspflicht handeln; weichere Formulierungen („im Rahmen der Möglichkeiten Kontakt halten") berechtigen keinen Rückstellungsansatz.[6] 52

BEISPIEL Der Hörgeräteakustiker empfängt einen Kunden, der bei der Konkurrenz bereits ein funktionsfähiges Hörgerät gekauft hat, aber mit der dortigen Betreuung und dem generellen Kundenservice nicht zufrieden ist. Unser Hörgeräteakustiker schließt deshalb mit dem Kunden einen Vertrag über die Betreuung auf fünf Jahre gegen einen sofort fälligen Einmalbetrag von 100 ab.

In der Konsequenz des zitierten BFH-Urteils müsste in diesem Fall der Betrag von 100 als Erlös und – da die Leistung noch nicht erbracht worden ist – gleichzeitig ein **Erfüllungsrückstand** von ebenfalls 100 eingebucht werden. Eine solche Verbuchung ist sicher noch niemandem ein-

---

1 BFH, Urteil v. 28.7.2004 – XI R 61/03, BFH/NV 2005 S. 109. So auch FG Münster, Urteil v. 6.10.2010, EFG 2011 S. 336, rkr., gegen BMF, Schreiben v. 28.11.2006, BStBl I S. 765, das wegen der Geringfügigkeit der Kosten einen Rückstellungsansatz ablehnt. Dazu BFH, Urteile v. 19.7.2011 – X R 26/10, BStBl 2012 II S. 856, sowie v. 27.2.2014 – III R 14/11, BStBl 2014 II S. 675.

2 So auch *Oser*, StuB 2015 S. 8.

3 BFH, Urteil v. 19.7.2011 – X R 26/10, BStBl 2012 II S. 856.

4 Ausführlich BFH, Urteil v. 12.12.2013 – X R 25/11, BStBl 2014 II S. 517.

5 *Weber-Grellet*, BB 2015 S. 44, Erfüllungsleistung i. S. des § 6 Abs. 1 Nr. 3ae EStG „ist nicht die Bestandspflegepflicht als solche, sondern die einzelnen Bestandspflegemaßnahmen".

6 FG Rheinland-Pfalz, Urteil v. 4.6.2013, EFG 2013 S. 1313 (Rev. BFH unter Az.: X R 27/13).

gefallen, widerspricht sie doch frontal der buchmäßigen Behandlung schwebender Geschäfte (→ Rz. 151, → § 246 Rz. 8) Das Beispiel beweist die **unzulässige Korrekturfunktion** eines Rückstellungsansatzes. Die Vertragskomponente „Nachbetreuung" unterliegt einem anderen Realisationszeitpunkt als der Verkauf des Hörgerätes (→ § 252 Rz. 148).

Dazu folgender weiterer Fall:[1]

BEISPIEL ► Die Bauprojektentwicklungs-GmbH verkauft im Jahr 04 ein fertiggestelltes Grundstück mit aufteilbaren Eigentumswohnungen an eine Grundstücksvermarktungs-GmbH. Besitz, Nutzen, Lasten und Gefahren gehen durch notariellen Vertrag im Jahr 04 auf den Erwerber über; das Gleiche gilt für die Eigentumsumschreibung im Grundbuch.

Im Kaufvertrag war ein Recht des Käufers auf Rücktritt vom Vertrag unter folgenden Voraussetzungen vereinbart worden:

- Der Verkäufer kommt seiner Verpflichtung zur Beschaffung der Finanzierung des Grundstücks nicht nach.
- Dem Käufer gelingt bis Ende 06 kein Weiterverkauf des Grundstücks nach Aufteilung in Eigentumswohnungen.

Tatsächlich übt der Käufer im Jahr 06 – nach Bilanzerstellung des Verkäufers für 04 – das Rücktrittsrecht aus.

53 Für die Entscheidung des BFH war der Übergang von Besitz, Gefahr, Lasten und Nutzungen aufgrund des notariellen Vertrags realisationsentscheidend. Hätte er den **wirtschaftlichen Gehalt** des Geschäftsmodells beachtet, wäre ihm dessen Charakter (die „Substanz") als **Verkaufskommissionsgeschäft** aufgefallen. Die hier sog. Grundstücksvermarktungs-GmbH fungierte nicht als Endabnehmer, sondern als Handelsintermediär, hier als Kommissionär. Dieser übernahm keinerlei Risiko aus dem ganzen Geschäft, das wirtschaftliche Eigentum war nicht auf ihn übergegangen (→ § 252 Rz. 159).

Man muss auch an die weiteren für den BFH nicht entscheidenden Bilanzierungsfolgen denken. Der BFH gab nämlich dem Finanzgericht für den zweiten Rechtszug zu bedenken, ob eine ausreichende Wahrscheinlichkeit der Rückübertragung aus Sicht des Bilanzerstellungstags für den Abschluss 04 bestanden hat, um einen Rückstellungsansatz zu bilden. Da dieser in der Gegenbuchung nur als Aufwand möglich ist (→ Rz. 29), kommt die Rückstellungsbildung hier ebenfalls wieder in ihrer Funktion als Realisationskorrektur zum Vorschein. Hier versagt dann allerdings auch der Begriff des **Erfüllungsrückstands** (→ Rz. 52).

In **einem** Dienstleistungsvertrag können sich auch zwei zu unterschiedlichen Zeitpunkten zu erfüllende Teilelemente verbergen.

BEISPIEL[2] ► Eine Friseur-GmbH bot für eine „Behandlung" zum Listenpreis von 40 € einen Gutschein für 10 € an, der bei einer folgenden Inanspruchnahme zum Haarschneiden etc. auf den dann zu erhebenden Gesamtpreis anzurechnen war. Der BFH lehnte den Ansatz einer Verbindlichkeitsrückstellung für am Stichtag nicht eingelöste Gutscheine ab, weil eine **Verpflichtung** insoweit nur aufschiebend bedingt war (→ § 246 Rz. 68). Auch eine **wirtschaftliche Verursachung** bis zum Bilanzstichtag sei nicht gegeben, weil die Gutscheine einen Preisnachlass nur für künftige Dienstleistungen gewährten. Unseres Erachtens kann auch umgekehrt argumentiert werden: Der in Aussicht gestellte Preisnachlass für eine künftige Dienstleistung des Friseurs für denselben Kunden ist auf den im alten Jahr erfolgten Haarschnitt wirtschaftlich verursacht. Einmal mehr kommt die Unbestimmtheit des Begriffs „wirtschaftli-

1 BFH, Urteil v. 25.1.1996 – IV R 114/94, BStBl 1997 II S. 382, mit Anm. *Hoffmann*, BB 1996 S. 1821, und Darstellung in DStR 2004 S. 1761.

2 BFH, Urteil v. 19.9.2012 – IV R 45/09, DStR 2012 S. 2171, mit Anm. *Hoffmann*.

che Verursachung" zum Vorschein (→ Rz. 23 ff.). Der wirtschaftliche Gehalt des Gutscheins entspricht demjenigen einer Rabattmarke, die aufgrund früherer Einkäufe im alten Jahr mit den Entgelten für weitere Einkäufe im neuen Jahr vom Käufer verrechnet werden kann.[1] In beiden BFH-Urteilen wurde eine Rückstellungsbildung als selbstverständlich erachtet.

Unseres Erachtens erfolgt die Zahlung des Kunden für die Friseurleistung im alten Jahr auch im Hinblick auf die mögliche Inanspruchnahme der Verbilligung bei einem weiteren Haarschnitt im neuen Jahr. Der Kunde hätte sich ja für einen anderen Salon entscheiden können, bei dem bei gleichen Preisen die Rabattierung für den künftigen Haarschnitt nicht vorgesehen war. Für die Komponente „Rabatt im neuen Jahr" wäre u. E. ein Passivposten anzusetzen entweder als Abgrenzungsposten, weil die anteilige Zahlung auf die Erlöskomponente „Gutschein" für eine bestimmte Zeit nach dem Bilanzstichtag erbracht wird (→ § 250 Rz. 38 ff.), oder als sonstige Verbindlichkeit aus implizit vereinnahmter Prämie für eine Stillhalterverpflichtung (→ § 252 Rz. 186a).[2]

Anders als der BFH im Friseur-Fall hat sich das FG Nürnberg für ein **Bonussystem** entschieden, bei dem der Kunde für Käufe Gutscheine oder Bonuspunkte bekommt, die er zukünftig beim Kauf von Waren einlösen kann.[3] Entscheidend war für das FG Folgendes: Nach den Teilnahmebedingungen des Bonussystems bestand bei Abschluss des neuen Kaufvertrages kein Mindestumsatz für die Einlösung von Gutscheinen bzw. Bonuspunkten. Auch eine isolierte Einlösung (kein über den Wert der Bonuspunkte hinausgehender Kauf), bei der das Unternehmen keine weiteren Einnahmen erzielte, war möglich. Wirtschaftlich gesehen bestand daher in Höhe der ausstehenden Bonuspunkte eine Sachleistungsverpflichtung mit der Folge des Ansatzes einer Verbindlichkeitsrückstellung. Da die Verpflichtung zur Akzeptanz der Bonuspunktgutscheine nicht durch den Anfall von Einnahmen oder Gewinnen veranlasst war, sondern nur der Entledigung bestehender Verpflichtungen diente, lagen auch die Voraussetzungen für ein steuerliches Passivierungsverbot gem. § 5 Abs. 2a EStG nicht vor.

Für die Betreiber von Strom- und Gasverteilernetzen sowie für Übertragungsnetzbetreiber gilt 54
seit 2009, für überregionale Gasfernleitungsnetzbetreiber (Fernleitungsnetzbetreiber) seit 2010 die **Anreizregulierungsverordnung** (ARegV). Diese begrenzt das Entgelt für die Leistungen nach oben. In diesem Rahmen kann folgendes Problem entstehen: Das Entgelt der **(mehrjährigen) Regulierungs**periode 1 erweist sich in einer Nachkalkulation als zu hoch. Der entsprechende Mehrerlös ist dann in **der mehrjährigen** Folgeperiode in der Weise „abzuführen", indem an die Stelle des eigentlich zulässigen Höchstentgelts der Folgeperiode ein um den Mehrerlös der Vorperiode vermindertes Entgelt tritt.[4] Zum umgekehrten Fall eines Mindererlöses enthält § 21b EnWG eine Bilanzierungsregel (→ § 246 Rz. 12a).

Die Frage, wie eine anstehende Erlösreduzierung **in der Regulierungsperiode 2** aufgrund des Mehrerlöses **in der Periode 1** bilanziell abgewickelt werden muss, ist hingegen Gegenstand von Diskussionen. Der Ansatz einer **Rückstellung** in Periode 1 setzt die kumulative Erfüllung der in → Rz. 8 genannten Tatbestandsmerkmale voraus. Zweifelhaft ist in diesem Fall der **Abfluss von Ressourcen,** denn in dem Zeitraum, der sich an die Erzielung der Übererlöse anschließt, findet keine Rückzahlung **(Abfluss)** statt, es wird lediglich der Erlös **(Zufluss)** gemindert. Unseres Erachtens kommt eine Rückstellungsbildung deshalb nicht in Betracht, obwohl die anderen Tatbestandsmerkmale für den Rückstellungsansatz hier i. d. R. gegeben sind. Vorzuziehen ist u. E. eine Rechnungsabgrenzung (s. u.).

1 BFH, Urteil v. 4.12.1959 – III 317/59 S, BStBl 1960 III S. 80; BFH, Urteil v. 7.2.1968 – I 267/64, BStBl 1968 II S. 445.
2 Dagegen *Kolbe*, StuB 2013 S. 141: keine passive Abgrenzung.
3 FG Nürnberg, Urteil v. 25.4.2019 – 4 K 1050/17.
4 Ausführlich zur Rechtsstruktur *Hageböke*, DStR 2011, S. 1480.

Das IDW legt sich wie folgt fest:[1]

- Ein negativer Saldo auf dem Regulierungskonto ist zu passivieren.
- Ein positiver Saldo darf nicht aktiviert werden.

Nach früherer Auffassung der Finanzverwaltung (geäußert zur früheren Gesetzeslage) sollte ein Mehrerlös bzw. der aus ihm resultierende zukünftige Mindererlös keinen Erfüllungsrückstand begründen, „da die Mehrerlöse erst in der Zukunft zu verrechnen sind".[2] Der Charakter der Verrechnungsverpflichtung sei „rein **zukunftsorientiert**"? Eine **Rückstellung** für die Mehrerlösabschöpfungen müsse deshalb ausscheiden. Gleiches sollte der Finanzverwaltung folgend für sog. **Kostenüberdeckungen** bei kommunalen Versorgungsbetrieben gelten.[3] Nur bei einer am Bilanzstichtag bestehenden freiwilligen Vereinbarung zwischen Netzbetreiber und -nutzer (offensichtlich der Ausnahmefall) akzeptierte die Verwaltung einen Rückstellungsansatz, wobei dieser Bilanzposten mit „Verbindlichkeit" identifiziert wurde (→ Rz. 2).

Eine „Verbindlichkeit" impliziert begrifflich eine **Erfüllung** an den Schuldner durch Zahlung, Erbringung von Sachleistungen oder Übertragung von Vermögensgegenständen. Die Reduzierung von künftigen Einnahmen fällt nicht unter dieses Begriffsbild. Der BFH hat allerdings schon in einem Urteil[4] die schiere Gewinnminderung in Periodisierungsabsicht als ausreichend für den Ansatz einer Rückstellung angesehen (→ § 246 Rz. 360). Auf dieser Grundlage hat er dann 2013 i. S. der kommunalen Wasserversorgung wie folgt entschieden: „Ist eine sog. Kostenüberdeckung nach Maßgabe öffentlich-rechtlicher Vorschriften (hier: nach § 10 Abs. 2 Satz 2 Halbsatz 1 SächsKAG für die Nutzungsentgelte im Rahmen der öffentlichen Wasserversorgung) in der folgenden Kalkulationsperiode auszugleichen (Rückgabe der Kostenüberdeckung durch entsprechende Preiskalkulation der Folgeperiode), liegt eine rückstellungsfähige ungewisse Verbindlichkeit vor."[5] Die Finanzverwaltung ist dem sowohl in Bezug auf Kostenüberdeckungen nach Kommunalabgabenrecht als auch in Bezug auf periodenübergreifende Saldierung nach § 5 ARegV in der Energiewirtschaft gefolgt.[6] Somit erscheint im obigen Beispiel für die Neutralisierung des Mehrerlöses im Jahr 01 durch Mindereinnahmen im Jahr 03 ein Rückstellungsansatzgebot. Unseres Erachtens kommt aber alternativ auch eine passive Abgrenzung infrage.[7]

Die Ansatzvorschriften für die passive Abgrenzung (→ § 250 Rz. 30) sind erfüllt:

- **Einnahmen** vor dem Bilanzstichtag,
- die nur **Erträge** für die **Zukunft** darstellen (keine Realisation),
- für eine **bestimmte Zeit** nach dem Abschlussstichtag.

Da am Stichtag kein Realisationstatbestand gegeben ist, kann die „Überzahlung" umsatzkürzend passiv abgegrenzt und im späteren Zeitraum der „Verrechnung" umsatzerhöhend aufgelöst werden.

---

1 IDW/FN 2010, S. 2, zur früheren Gesetzeslage, dagegen *Poullie/Müller*, StuB 2016 S. 883.

2 BMF, Schreiben v. 28.11.2011, BStBl I S. 1111.

3 OFD Rheinland/OFD Münster v. 4./5.4.2012, DB 2012 S. 890; BFH, Urteil v. 6.2.2013 – I R 62/11, BStBl 2013 II S. 954.

4 BFH, Urteil v. 29.11.2000 – I R 87/99, BStBl 2002 II S. 655.

5 BFH v. 6.2.2013 – I R 62/11, BStBl 2013 II S. 954.

6 OFD Nordrhein-Westfalen v. 16.12.2014 – S 2137 – 2010/0003- St 142 und BMF v. 22.11.2013 – IV C 6 – S 2137/09/10004: 003, BStBl 2013 I S. 1502.

7 So *Lüdenbach*, StuB 2011 S. 105, auch zum nachstehenden Lösungsvorschlag zur passiven Abgrenzung.

Die Verwendung der (scheinbaren) **Verbindlichkeits**rückstellung als Korrekturposten unzulässiger – aus Stichtagssicht verfrühter – Ertragsrealisation verwandelt heimlich diesen Posten in eine nicht ansetzbare (→ Rz. 7) **Aufwands**rückstellung. Dem Hörgeräteakustiker im Beispiel unter → Rz. 51 sind am Stichtag bzgl. seiner späteren Nachbetreuungsverpflichtung noch keine Aufwendungen entstanden, die vergangene (bis zum Stichtag angefallene) Erträge hätten generieren können. Künftige Aufwendungen lassen sich (ex definitione) nur zu nicht ansetzbaren **Aufwands**rückstellungen abbilden.[1] 55

Der BFH hält aber an der Rückstellungslösung für entsprechende Konstellationen fest. Ein jüngeres Urteilsbeispiel betrifft einen Automobilzulieferer, der Werkzeuge für den Autoproduzenten erstellt, diese auch übereignet, aber die Verpflichtung zur Wartung, Instandhaltung und Aufbewahrung übernimmt. Wird diese Verpflichtung ausschließlich durch einen für die Lieferung der Werkzeuge abgeschlossenen Werkzeugvertrag abgegolten und nicht durch die späteren Aufträge zur Produktion der Teile, ist eine Rückstellung für die Aufwendungen zur Wartung, Instandhaltung und Aufbewahrung der Werkzeuge zu bilden.[2] Unseres Erachtens wäre eine Behandlung als passiver Abgrenzungsposten (bei Überwiegen des Zeitmoments) oder als erhaltene Anzahlung (bei Überwiegen des Mengenmoments) vorzugswürdig. Der BFH betont in seiner Entscheidung im Übrigen wiederholt, dass er an die Sachverhaltsfeststellungen der Vorinstanz gebunden ist. Implizit ergibt sich hieraus: Erfolgt ein vollständiger Ausgleich der Kosten der Nebenpflichten aus dem Werkzeugvertrag erst über die Teilepreise, werden die Nebenpflichten erst mit dem jeweiligen Anfall der Kosten bilanzwirksam, und zwar als Element der Herstellungskosten der Teile. 55a

2. Einzelfälle der Verbindlichkeitsrückstellungen

2.1 Umweltschutz

2.1.1 Spezielle Ansatzvoraussetzungen?

Der Verbindlichkeitscharakter als Sachverhaltsmerkmal zur Rückstellung verlangt einen Anspruchsberechtigten, der aufgrund eines Gläubigerrechts vom Unternehmen ein bestimmtes Tun oder Unterlassen verlangen kann (→ Rz. 7). Dieses Tun oder Unterlassen muss rechtlich durchsetzbar und vollstreckbar sein. Diese Voraussetzungen gelten auch im öffentlichen Recht, das für den Umweltschutzbereich maßgeblich ist. Die **Gläubigerstellung** nimmt dabei die zuständige **Verwaltungsbehörde** ein.[3] Darin liegt ein Unterscheidungsmerkmal gegenüber vertraglichen oder gesetzlichen Schuldverhältnissen im Bereich des Zivilrechts. 56

Bzgl. der weiteren Tatbestandsmerkmale für den Ansatz einer Verbindlichkeitsrückstellung (→ Rz. 23) steht im Umweltbereich die **ausreichende Konkretisierung** – die Wahrscheinlichkeit der Inanspruchnahme (→ Rz. 43 ff.) – im Mittelpunkt der BFH-Rechtsprechung. Die hinreichende Konkretisierung setzt danach voraus:[4] 57

- eine Verpflichtung auf ein bestimmtes Handeln innerhalb eines bestimmten Zeitraums,

1 Vgl. *Hoffmann*, StuB 2011 S. 361.
2 BFH, Urteil v. 2.7.2021 – XI R 21/19.
3 Vgl. hierzu BFH, Urteil v. 8.11.2000 – I R 6/96, BStBl 2001 II S. 570, Kurzinfo StuB 2001 S. 347.
4 BFH, Urteil v. 25.3.2004 – IV R 35/02, BStBl 2006 II S. 644, Kurzinfo StuB 2004 S. 696; BFH, Urteil v. 5.11.2014 – VIII R 13/12, BStBl 2015 II S. 523.

- die regelmäßig bei Erlassen einer behördlichen Verfügung (Verwaltungsakt) oder bei Abschluss einer entsprechenden verwaltungsrechtlichen Vereinbarung vorliegt, **oder**
- (ersatzweise) eine Verpflichtung allein aufgrund gesetzlicher Bestimmungen,
- die einen konkreten Gesetzesbefehl voraussetzen,
- der bei Verletzung zu Sanktionen führt und
- der Steuerpflichtige sich der Erfüllung der Verpflichtung nicht entziehen kann.

Das Vorliegen dieser Tatbestandsvoraussetzungen hat der BFH im Falle einer Honorarrückforderung nach öffentlichem Recht wegen überhöhter Abrechnungen an Krankenkassen bestätigt.[1]

58 Im Schrifttum wurden insbesondere diese Ausprägungen des Konkretisierungserfordernisses im Umweltschutzbereich als **Sonderrecht** kritisiert, weil das Anforderungsprofil schärfer sei als in Fällen von privatrechtlichen Verpflichtungen (zu Bergschäden vgl. → Rz. 86).[2]

Man kann allerdings die besonderen Ansatzvoraussetzungen aus der BFH-Rechtsprechung für den Umweltschutzbereich auch als eine Art **Branchenspezifikum** im Hinblick auf die wirtschaftlichen Besonderheiten ansehen: Die öffentliche Verwaltung ist gerade im Umweltschutzbereich mit vielfältigen Interessenlagen konfrontiert, die ein Gläubiger auf privatrechtlichem Gebiet nicht zu beachten hat. So müssen beispielsweise die Interessen der Arbeitnehmerschaft auf Erhalt von Arbeitsplätzen, die durch irgendwelche Stilllegungsmaßnahmen eines Gewerbebetriebs getroffen sein können, berücksichtigt werden. Oder die Interessenlage von Verkehrsteilnehmern verhindert zeitweise oder ganz die an sich erforderliche Schutzmaßnahme gegen Lärmbelästigung.[3]

59 Vielfach räumt das öffentliche Recht der Behörde auch einen **Entscheidungsspielraum** ein.

BEISPIEL[4] Der Bewilligungsbescheid zum Betrieb eines Laufwasserkraftwerks verpflichtet den Betreiber bei Beendigung der Nutzung zur Beseitigung der gesamten Anlage und zur Wiederherstellung des früheren Zustands. Allerdings bleibt es der Behörde auch überlassen, die vorhandenen Anlagen zu erhalten und für andere Zwecke umbauen zu lassen.

Ganz abgesehen von dem Ermessen der öffentlichen Hand ist es auch fraglich, ob die Beendigung der Nutzung überhaupt infrage kommen kann. Gerade bei einem Laufwasserkraftwerk kann man sich einen Verzicht auf weitere Stromerzeugung nur in extremen Sonderfällen vorstellen. Die mit der Konzession verbundenen Auflagen sind daher ohne wirtschaftliche Substanz.

60 Weiter wird der BFH kritisiert, weil er die **Kenntnis** des **Gläubigers** (hier Umweltschutzbehörde) von seinem Anspruch (z. B. auf Beseitigung von Umweltschäden) verlangt.

BEISPIEL[5] Bei einem Galvanikunternehmen waren durch undichte Zu- und Ableitungen Schadstoffe in das Erdreich eingesickert. Ein Fachgutachten ermittelte einen Kostenbetrag zur Bodensanierung von

1 BFH, Urteil v. 5.11.2014 – VIII R 13/12, DStR 2015 S. 986.

2 Zum Beispiel bei *Herzig/Köster*, Beilage 23 Heft 33/1994 BB S. 5: „... die Gefahr einer Überobjektivierung und damit die Schaffung eines Sonderrechts für öffentlich-rechtlich begründete Verpflichtungen, die strikt abzulehnen ist."

3 „Sonstige Gründe der Opportunität" laut BFH, Urteil v. 19.11.2003 – I R 77/01, DStR 2004 S. 134, Kurzinfo StuB 2004 S. 83.

4 Nach BFH, Urteil v. 12.12.1991 – IV R 28/91, BStBl 1992 II S. 600 („Uferschlamm").

5 Nach BFH, Urteil v. 19.10.1993 – VIII R 14/92, BStBl II S. 891; ähnlich der Sachverhalt beim BFH, Urteil v. 19.11.2003 – I R 77/01, DStR 2004 S. 134, Kurzinfo StuB 2004 S. 83.

X DM. Das Unternehmen hatte die Bodenverunreinigung geheim gehalten, fürchtete aber die Kenntnisnahme durch die Polizei und weitere öffentliche Instanzen.

Der BFH verneinte die ausreichende Konkretisierung der Verpflichtung mangels Kenntnisnahme durch die Behörden.

Die Kritik an dieser Rechtsfindung[1] sieht hier wiederum ein **Sonderrecht** zur Rückstellungsbildung im Umweltbereich. Aber auch gegen diese Kritik lassen sich in abgewandelter Form die Besonderheiten der Rechtslage entgegenhalten, die unter → Rz. 58 angeführt sind. Das Unternehmen, das Geheimhaltung betreibt, muss nicht mit einer demnächst anstehenden Kenntnisnahme der Behörden rechnen. Man kann dann die 51 %-Regel (→ Rz. 46) bemühen und von einer nicht überwiegenden Wahrscheinlichkeit der Aufdeckung der Verunreinigung mit entsprechender Vollzugskonsequenz der Behörde argumentieren. Die Kritik gegen diese Rechtsprechung könnte dann nur auf die Effizienz der „Wahrscheinlichkeitstheorie" gestützt werden, wäre aber dann eben gerade nicht als Sonderrecht für den Umweltschutzbereich zu qualifizieren.

Die jeweilige Befindlichkeit der Verpflichtung im **rechtlichen** und **wirtschaftlichen Umfeld** muss jedenfalls gebührend berücksichtigt werden. Die einfache Feststellung des Vorliegens einer Verbindlichkeit genügt zum Rückstellungsansatz nicht, wenn ihre Erfüllung nicht hinreichend wahrscheinlich ist (→ Rz. 46). Deshalb darf z. B. auch die **Kenntnis** des Anspruchsgegners nicht als Tatbestandsmerkmal absolutiert werden. 61

BEISPIEL[2] Ein Unternehmen stellt technische Gebrauchsartikel für Haushalt und Handwerk her. Für Patentverletzungen bildete es Rückstellungen zum 31.12.09, Ansprüche von Geschädigten sind bis dahin nicht geltend gemacht worden. Das Finanzamt versagte einen Rückstellungsansatz wegen fehlender Ernsthaftigkeit (Konkretisierung) der Verpflichtung.

Dem folgte der BFH nicht. Die Kenntnisnahme über die Schädigung durch den Geschädigten sei keine die ausreichende Konkretisierung der Verpflichtung belegende Tatsache. Anders als im unter → Rz. 59 zitierten BFH-Urteil – VIII R 14/92 – wegen Bodenverunreinigung komme es auf die Kenntnis des Gläubigers nicht an. Das Entstehen von Umweltschäden erfahre die betreffende Behörde häufig gar nicht; anders verhielte es sich bei Patentrechtsverletzungen „infolge der ständigen Überwachung des Markts", die die frühere oder spätere Kenntnisnahme des Patentinhabers garantiere (→ Rz. 222).

Unseres Erachtens ist dieser Argumentation zu folgen.

Der BFH differenziert für die Wahrscheinlichkeit des Entstehens eines Rückstellungsbedarfs nach dem tatsächlichen Vorhandensein der Verbindlichkeit und der effektiven Inanspruchnahme aus dieser (→ Rz. 43). Unter das letztgenannte Kriterium ist auch die **Stringenz** der Rechtsdurchsetzung zu subsumieren. Gerade im Umweltschutzbereich ist die rechtliche Verpflichtung nicht gleichbedeutend mit der wirklichen Inanspruchnahme, d. h., die Wahrscheinlichkeitsschwelle ist u. U. geringer als z. B. bei Patentverletzungen. Zur genannten Stringenz der Rechtsverfolgung als Ansatzkriterium für eine Rückstellung folgendes Beispiel:

BEISPIEL[3] Die M-GmbH produziert Mofas und vertreibt diese in Deutschland und den USA. Die in beiden Ländern geltenden Abgasnormen könnten nur kostenintensiv eingehalten werden. Die findigen Ingenieure der M entwickeln aber eine günstige Software, die auf dem Prüfstand die Einhaltung der Nor-

1 Vgl. *Herzig*, DB 1994 S. 20; *Schön*, BB 1994 Beilage 9 S. 8.

2 BFH, Urteil v. 9.2.2006 – IV R 33/05, BStBl II S. 517, Kurzinfo StuB 2006 S. 395; zur steuerlichen Ansatzbeschränkung für Patentverletzungen vgl. → Rz. 222.

3 Nach *Lüdenbach*, StuB 2016 S. 430.

men vorspiegelt. Dies geschieht mit Wissen der Geschäftsführung der M, die in Kauf nimmt, dass bei Entdeckung der Manipulation Geldbußen drohen.

Die Geschäftsführung möchte aber keine Freiheitsstrafe wegen unrichtiger Darstellung im Jahresabschluss (§ 331 Abs. 1 Nr. 1 HGB) riskieren. Bei der Aufstellung des Jahresabschlusses stellt sie sich deshalb die Frage, ob sie für die möglicherweise drohenden Umweltbußgelder eine Rückstellung zu bilden hat. Bei der Beurteilung geht sie davon aus, dass die zuständigen Behörden in der Bundesrepublik die Manipulation kaum aufdecken und widrigenfalls nur ein unwesentliches Bußgeld festsetzen werden. Von den US-Behörden erwartet die Geschäftsführung zwar nicht das gleiche Maß an Kooperationsbereitschaft, baut aber darauf, dass die Behördenressourcen schon durch größere Skandale (Dieselgate) gebunden sind und erwartet deshalb keine Aufdeckung der Manipulation.

Unter Gegenüberstellung des BFH-Urteils VIII R 14/92 (a. a. O.) zur Patentrechtsverletzung (→ Rz. 222) kann man das Beispiel wie folgt lösen: Wenn die Geschäftsführung der M die kooperative Haltung der deutschen Behörden und die Überbeschäftigung der US-Behörden zutreffend einschätzt, kann sie unter Berufung auf die BFH-Rechtsprechung von einer Rückstellung absehen.

Allerdings sind die „Schranken" für einen Rückstellungsansatz generell zu beachten: Es muss am Bilanzstichtag eine **Verpflichtung** vorliegen, soweit nicht der Sozialplan betroffen ist.[1]

BEISPIEL ► Die N GmbH muss aufgrund einer Vertragskündigung einen neuen Standort suchen. Die Umzugskosten werden auf X € geschätzt. Am Bilanzstichtag sind noch keine Verträge mit Umzugsunternehmen etc. abgeschlossen. Ein Rückstellungsansatz kommt nicht in Betracht.

62 Insgesamt kann u. E. der BFH-Rechtsprechung zu den Umweltschutzverpflichtungen eine vernünftige Linie bescheinigt werden.[2] Das letztlich nur in Einzelfallentscheidung lösbare oder jedenfalls vertretbar zu beurteilende Problem der **Ungewissheit** wird nicht einseitig zulasten der Steuerpflichtigen entschieden. Die handelsrechtliche Bilanzierung – der BFH entscheidet hier ausschließlich über Handelsrecht (→ Rz. 42) – **kann** deshalb durchaus auf der Grundlage der Rechtsprechung des BFH zum Umweltschutz erfolgen, **muss** dies nicht, da – ebenfalls handelsrechtlich – auch gegenteilige Auffassungen vertreten werden, über die noch kein Zivilgericht geurteilt hat. Diese handelsrechtliche Orientierung wird auch in anderen als vom BFH entschiedenen Sachverhalten bestätigt. So wurde etwa handlungsrechtlich[3] ein Rückstellungsansatz auf eine mögliche Nachzahlung für EU-rechtlich unzulässige staatliche Beihilfen durch das EEG abgelehnt, weil derzeit eine (überwiegende) Wahrscheinlichkeit für die Inanspruchnahme bisher privilegierter Unternehmen fehle.

2.1.2 Kategorien des Umweltschutzes

63 In der Einzeldarstellung muss der große Bereich „Umweltschutz" differenziert werden, das erfolgt in den nachstehenden Abschnitten. Aus Sicht der bilanzrechtlichen Relevanz lassen sich folgende Bereiche unterscheiden:[4]

- Verpflichtungen aus Boden- oder Gewässerverunreinigungen u. Ä., die auf einer früheren oder aktuellen Produktionstätigkeit beruhen (Altlasten; → Rz. 64).
- Abfallbeseitigung (→ Rz. 65).

1 *Zwirner/Kähler*, StuB 2016 S. 622, mit weiteren Beispielen.
2 Anderer Auffassung wohl die h. M.; vgl. z. B. *Herzig/Liekenbrock*, DB 2013 S. 410.
3 Zitiert von *Oser*, StuB 2014 S. 47.
4 Nach *Hoffmann*, PiR 2008 S. 347.

- Rückbauverpflichtungen für Kraftwerke, Funkmasten etc. (→ Rz. 67).
- Wiederherstellungsverpflichtung nach Bodenschatzausbeute, d. h. Rekultivierung und Bohrlochverfüllung (→ Rz. 69).
- Rücknahmeverpflichtung bzgl. Altgeräten, z. B. Elektroschrott und Altfahrzeugen, Batterien (→ Rz. 71).
- Umrüstungen und Anpassungen von Produktionsanlagen (→ Rz. 70).

2.1.3 Altlasten

Diese Sachverhalte stellen sozusagen den „klassischen" Fall der Umweltschutzverpflichtung dar. Ein entsprechendes Beispiel (Galvanikunternehmen) ist unter → Rz. 60 bereits zusammen mit der zutreffenden Rechtsfindung des BFH dargestellt worden. In diesen Fällen ist auch die **rechtliche** und **wirtschaftliche** Verursachung (→ Rz. 10 und → Rz. 23) zweifellos erfüllt, einerlei wie man sich zu diesen Kriterien im konkreten Einzelfall stellen mag. Die Produktionstätigkeit hat mit der Folgewirkung einer Bodenverunreinigung die Verträge in der Vergangenheit alimentiert – vorbehaltlich einer Verunreinigung durch den früheren Eigentümer – was an der vom BFH gefundenen Lösung allerdings nichts ändern würde. Entscheidend kommt es auf die **Wahrscheinlichkeit** der Inanspruchnahme (→ Rz. 43 ff.) – d. h. auf die ausreichende Konkretisierung (→ Rz. 59) – an. Beim typischen Fall der Bodenverunreinigung stellt sich die Frage nach der **Werthaltigkeit** des Grundstücks, ob also zusätzlich eine außerplanmäßige (→ § 253 Rz. 178) oder eine Teilwertabschreibung (→ § 253 Rz. 186) geboten ist. Wenn ja, käme es zu einer Doppelberücksichtigung (allerdings ohne wertmäßige Entsprechung) des bestehenden Schadens. Der BFH[1] sieht dies differenziert. Er hält für ein kontaminiertes Grundstück mit Verpflichtung zur Beseitigung der Kontamination fest: „Bei dem wertberichtigten Grundstück einerseits und der zu passivierenden Verbindlichkeit andererseits handelt es sich um unterschiedliche Wirtschaftsgüter, deren Ansatz und Bewertung nach dem Grundsatz der Einzelbewertung... unabhängig voneinander... zu erfolgen hat. Zwischen beiden Positionen besteht weder ein dogmatisch begründbarer noch ein sachlogischer Zusammenhang... Die Teilwertabschreibung bildet den geminderten Wert des Grundstücks für den Betrieb am jeweiligen Bilanzstichtag ab, die Verbindlichkeit der Klägerin richtet sich auf die Beseitigung eines ordnungswidrigen Zustandes (Schadstoffbelastung) in der Zukunft." Daher werde zwar zweifach Aufwand erfasst, aber nicht der gleiche doppelt. Gegen das zitierte Urteil sind nicht nur seinerzeit Bedenken erhoben worden. Neuerdings ist ihm ein falsches Verständnis des Verhältnisses von Realisations- und Imparitätsprinzip vorgehalten worden. Auf derartige sachliche Einwände kommt es aber aus heutiger Sicht nicht (mehr) an. Das Urteil erging zum Rechtsstand 1992, als eine Teilwertabschreibung auch bei vorübergehender Wertminderung steuerrechtlich möglich war und dem nach §§ 254 und 279 HGB a. F. auch handelsrechtlich gefolgt werden konnte. Nach heutigem Recht ist handels- und steuerbilanziell (§ 253 Abs. 3 Satz 5 HGB und § 6 Abs. 1 Nr. 2 Satz 2 EStG) eine Wertberichtigung nur zulässig, wenn die Wertminderung voraussichtlich dauerhaft ist. Hiervon ist in derartigen Fallkonstellationen aber i. d. R. nicht auszugehen. Wenn der Bilanzierende die Dekontaminierung des Grundstückes vornehmen will und aus öffentlich-rechtlichen Gründen muss, erlangt das Grundstück nach Durchführung dieser Maßnahmen den Wert eines lastenfreien Grundstücks. Eine kontaminierungsbedingte Wertmin- 64

1 BFH, Urteil v. 19.11.2003 – I R 77/01, DStR 2004 S. 134, Kurzinfo StuB 2004 S. 83.

derung ist insoweit nur vorübergehend. Eine außerplanmäßige bzw. Teilwertabschreibung scheidet deshalb regelmäßig aus.[1]

2.1.4 Abfallbeseitigung aus dem Produktionsprozess

65 Im Rahmen eines industriellen oder handwerklichen Herstellungsvorgangs fallen regelmäßig Abfälle an. Diese wiederum sind häufig „umweltrelevant", müssen dann in einer besonderen Form **entsorgt** oder der **Wiederverwendung** zugeführt werden.

BEISPIEL[2] Ein Unternehmen stellt Lacke und Lackfarben her und bildete in der Bilanz zum 31.12.09 eine Rückstellung für die ausstehende Entsorgung von Wachs, Sondermüll und nicht zu verarbeitenden Rohstoffen. Die Abfallbeseitigung sollte eine Drittfirma übernehmen, die entsprechende Container auf dem Fabrikgelände aufgestellt hatte. Zum Stichtag hatte das Unternehmen allerdings noch keinen Auftrag zum Abtransport des Abfalls erteilt. Der BFH stellte keine ansatzbegründende Verpflichtung unter spezieller Berücksichtigung der für öffentlich-rechtliche Verpflichtungen in der Rechtsprechung aufgestellten Kriterien (→ Rz. 56) fest, vielmehr liege die Entsorgung der Abfallprodukte im ureigensten betrieblichen Interesse, weil sonst im Laufe der Zeit das Unternehmen an diesem „Schrott" ersticke. Deshalb beurteilt der BFH diese Entsorgungsverpflichtung als im eigenbetrieblichen Interesse stehend, somit als eine „Verpflichtung gegen sich selbst" (Aufwandsrückstellung) und nicht als Außenverpflichtung mit Verbindlichkeitscharakter (→ Rz. 10).

66 Anders verhält es sich bei Unternehmen, deren **Geschäftsmodell** in der Beseitigung von Bauschutt besteht. Hier ist von einer laufenden Überwachung der Tätigkeit unter dem Blickwinkel des Umweltschutzes auszugehen.

BEISPIEL[3] Ein Unternehmen erhält für die Beseitigung von Bauschutt von den Anlieferern ein Entgelt. Nach Zwischenlagerung wird der Bauschutt zu Schotter aufbereitet und als Füllmaterial an Straßen- und Gartenbaubetriebe verkauft. Die verbleibenden nicht recycelbaren Rohstoffe werden entsorgt. Zwischen der Anlieferung des Baumaterials und dem Verkauf des Schottermaterials bestehen keine rechtlichen Verbindungen.

Der IV. BFH-Senat befasst sich intensiv mit den einschlägigen öffentlich-rechtlichen Bestimmungen und kommt zum Ergebnis: Ein Betreiber einer Anlage zur Aufbereitung von Bauschutt ist regelmäßig einer hinreichend konkretisierten öffentlich-rechtlichen Verpflichtung zur Verarbeitung der angelieferten Materialien unterlegen. Und insbesondere ist der Behörde die Tätigkeit des Unternehmens bekannt und damit die Überwachungsverpflichtung.

Der Verkauf des aufbereiteten Bauschutts kann durch Rabattgewährung zur Vermeidung von Deponierungsaufwand gefördert werden. Für den Deponierungsaufwand hätte – so das FG – eine Rückstellung gebildet werden können. Gleichwohl dürfen Mindereinnahmen durch verdeckte Preisnachlässe nicht rückgestellt werden.[4]

---

1 Praxisbeispiel und Schrifttumsnachweise zum Ganzen bei *Lüdenbach*, StuB 2022 S. 228.

2 Nach BFH, Urteil v. 8.11.2000 – I R 6/96, BStBl 2001 II S. 570, Kurzinfo StuB 2001 S. 347.

3 Nach BFH, Urteil v. 25.3.2004 – IV R 35/02, BFH/NV 2004 S. 1157, Kurzinfo StuB 2004 S. 696. Hier wird nur die Rückstellungsbildung aus Sicht der umweltrechtlichen Verpflichtungen dargestellt. Die Rückstellungsbildung dem Grunde nach ist aus hier nicht weiter zu erörternden Erwägungen u. E. unzutreffend, vgl. hierzu *Hoffmann*, GmbH-StB 2006 S. 87.

4 FG Baden-Württemberg, Urteil v. 14.11.2011 – 10 K 2946/10, rkr., BB 2012 S. 894.

2.1.5 Entfernungsverpflichtungen, Rückbau

Diese Fallgruppe wurde unter → Rz. 23 ff. im Hinblick auf das Ansatzkriterium der **wirtschaftlichen Verursachung** dargestellt. Im Mittelpunkt der Kommentierung stand der Schrifttumsdiskussion folgend die Rückbauverpflichtung etc. von Kernkraftwerken (→ Rz. 29). Die bilanzrechtliche Problematik stellt sich in ähnlicher Form in folgenden **Sachverhaltskonstellationen:** 67

- Abbruch- bzw. Rückbauverpflichtungen für betriebene Anlagen zur Energiegewinnung (Wasserkraftwerk, Ölplattform).
- Rückbauverpflichtungen für Mietereinbauten oder Bauten auf fremdem Grundbesitz.
- Entfernungsverpflichtungen für Funkmasten auf fremdem Gebäude.

Die Fälle **verbinden** folgende Charakteristika:

- **Langfristigkeit** in der Abwicklung der betreffenden Vorgänge.
- Die Verpflichtung entsteht in rechtlicher Hinsicht (→ Rz. 10) ab dem Zeitpunkt des **Nutzungsbeginns,** möglicherweise aber auch schon zuvor bei Erteilung der behördlichen Genehmigung, gleichwohl soll auf die Passivierung (des Gesamtbetrags) verzichtet werden können.
- Die Ausnahme vom Vollständigkeitsgebot (→ § 246 Rz. 3) wird überwiegend mit dem **Alimentationsprinzip** (→ Rz. 30) begründet.

Begrifflich sollte man hier von **Verteilungs**rückstellung als sog. echter **Ansammlungs**rückstellung sprechen (→ Rz. 69).[1] Das Mengengerüst der Verpflichtung ist von Anfang an gegeben, anders als in den unter → Rz. 69 behandelten Sachverhalten.

Eine typische Erscheinungsform der Aufwandsverteilung stellt die Rückbauverpflichtung bei **Mietereinbauten** (→ § 246 Rz. 319) dar. Den Verteilungsmaßstab liefert dabei der **Zeitablauf** des Mietvertrags. Bei einer **Verlängerungsoption** stellt sich die Frage, ob der bis dahin vollständig angesammelte bzw. auf die ursprüngliche Vertragslaufzeit hin ausgerichtete Rückstellungsbetrag unter Berücksichtigung der am jeweiligen Stichtag zu ermittelnden Kosten für den Rückbau entsprechend der **neuen** Laufzeit nach Option anteilig aufzulösen[2] oder beizubehalten ist.[3] Der BFH entschied auf der Grundlage des § 6 Abs. 1 Nr. 3a d) EStG nach Maßgabe des Stichtagsprinzips auf eine Verteilung nach der neu vereinbarten Nutzungsdauer.[4] Die darauf folgende (Teil)auflösung zum betreffenden Stichtag könnte gegen das Auflösungsverbot in § 249 Abs. 2 Satz 2 HGB (→ Rz. 214) verstoßen. Dagegen spricht allerdings der Verteilungsgedanke, der die Rechtsverpflichtung in eine Aufwandsverteilung **uminterpretiert.** Dieser Überlegung folgend favorisieren wir die Neuverteilung des Entsorgungsaufwands auf die durch Optionsausübung neu bestimmte Nutzungsdauer, lehnen also die Auflösung ab. Das IDW hält nach Änderung von RS HFA 34 Tz. 20 nur noch die Auflösung für zulässig. Wenn allerdings die Ausübung der Option schon bei Abschluss des Mietvertrags überwiegend wahrscheinlich ist, ist von vornherein die Verteilung des Aufwands unter Einbeziehung der Optionsperiode vorzunehmen.

---

1 Nach *Marx*, BB 2011 S. 562.

2 So *Oser*, BB 2012 S. 1916; *ders.*, BB 2013 S. 114; a. A. *Lüdenbach*, StuB 2013 S. 188: Verteilung auf die neue Nutzungsdauer, soweit noch nicht zugeführt; so auch *Joisten*, FR 2013 S. 455. Das Hessische FG befürwortet die anteilige Auflösung (Urteil v. 21.9.2011, Az. BFH-Revision IV R 37/12). IDW RS HFA 34 Tz. 20 präferiert eine anteilige Auflösung.

3 So Niedersächsisches FG, Urteil v. 10.5.2012, EFG 2012 S. 1628 (a. A. der BFH, Urteil I R 46/12 a. a. O.).

4 BFH, Urteil v. 2.7.2014 – I R 46/12 Rz. 20, DStR 2014 S. 1961.

68 Die IFRS bilden diese Verpflichtung als Bestandteil der Herstellungskosten ab,[1] die herrschende HGB-Interpretation lässt keinen Rückstellungsansatz für Herstellungskosten zu (→ Rz. 30). Zur Darstellung eines „passenden" Bilanzbilds, muss deshalb zu einer – in systematischer Hinsicht – Hilfskrücke gegriffen werden, die in einer zeitlichen **Verteilung** des **Aufwands** für die Entsorgung etc. bis hin zur mutmaßlichen Beendigung des Produktionsvorgangs liegt (→ Rz. 33). Zur Bewertung wird verwiesen auf → § 253 Rz. 73.

68a Zu den Rück- bzw. Abbauverpflichtungen des **Gerüstbauers** wird auf → § 252 Rz. 145 verwiesen.

2.1.6 Wiederherstellungsverpflichtung nach Bodenschatzausbeute (Rekultivierung, Bohrlochverfüllung u. Ä.)

69 Wie in den vorstehend unter → Rz. 67 behandelten Sachverhalten ist der Produktionsprozess häufig begleitet von einer zuvor ergangenen öffentlich-rechtlichen **Verpflichtung** (→ § 253 Rz. 124).[2] Diese geht im Bereich der Bodenschatzausbeute dahin, nach dem (z. B.) Kiesabbau das dadurch entstehende „Bodenloch" wieder zu **verfüllen** und durch Auftrag einer Humusschicht zu **rekultivieren.** Auch diese Verpflichtung entsteht dem Grunde nach spätestens mit Beginn des Abbauprozesses. Allerdings ist der **Umfang** der Verpflichtungsstruktur anders geartet als etwa bei einem Atomkraftwerk. Sobald bei diesem die erste nukleare Kettenreaktion und damit die Dampferzeugung begonnen haben, ist der gesamte Kostenblock für den Entsorgungsbereich dem Grunde nach schon vorhanden. Das gilt mit einem etwas anderen technischen Hintergrund auch für ein Kohlekraftwerk. Bei der Kiesausbeute und der Braunkohlegewinnung ist der Verpflichtungsumfang durch das **Mengen**gerüst der Rekultivierungsverpflichtung, nämlich das **Abbauvolumen** bis zum Bilanzstichtag, definiert. Die Verpflichtung wächst hier von Stichtag zu Stichtag durch realökonomische Vorgänge an. Das Schrifttum spricht hier von Anwachsungs- bzw. unechten Ansammlungsrückstellungen, im Unterschied zu Verteilungs- oder echten Ansammlungsrückstellungen, bei denen das erforderliche Volumen von Anfang an gegeben ist.[3]

Deshalb ist in systematischer Sicht die Rückstellung nach Maßgabe der mutmaßlichen Rekultivierungskosten u. Ä. fortlaufend entsprechend der Ausbeute und den dafür entstehenden anteiligen Kosten **anzusammeln.**[4] Diese Ansammlung bzw. die hierfür zu bildende Rückstellung beruht somit nicht auf einer bilanzoptischen Notwendigkeit der Aufwandsverteilung (→ Rz. 33) wie beim Kernkraftwerk (→ Rz. 29), sondern auf der effektiven Verpflichtungsstruktur am jeweiligen Bilanzstichtag. Zur Bewertung vgl. → § 253 Rz. 73.

Wird im Konzernverbund eine Abbaustätte auf eine Schwestergesellschaft übertragen, wobei aber die übertragende Gesellschaft öffentlich-rechtlich zur Rekultivierung verpflichtet bleibt, kann die übernehmende Gesellschaft nur dann eine Rückstellung bilden, wenn sie zivilrechtlich wirksam die Verpflichtung im Innenverhältnis übernommen hat.[5]

1 Vgl. *Lüdenbach/Hoffmann/Freiberg*, Haufe IFRS-Kommentar, 16. Aufl. 2018, § 21.
2 Einzelheiten zu den dabei entstehenden Fertigungsprozessen bei BMF, Schreiben v. 25.7.2005, BStBl I 2005 S. 826.
3 Vgl. *Marx*, BB 2012 S. 562 ff.
4 *Marx* spricht hier von „Anwachsungsrückstellungen" als „unechter Ansammlungsrückstellung" (BB 2012 S. 562).
5 So das FG Berlin-Brandenburg, Beschluss v. 10.6.2020 – 9 V 9266/19, in einem Aussetzungsverfahren.

2.1.7 Umrüstungen, Anpassungen von Produktionsanlagen

An diesen Sachverhalten hat sich eine lange divergierende Rechtsprechung zwischen zwei BFH-Senaten entwickelt. Die Divergenz ist mittlerweile im Ergebnis behoben (→ Rz. 38). Zu unterscheiden ist dabei zwischen Aufwendungen, die der Vergangenheit zuzuordnen sind und zu einem Rückstellungsansatz berechtigten, und solchen, die sich auf die zukünftige Produktionstätigkeit beziehen, für die ein Rückstellungsansatz ausscheidet. Zusätzlich ist **steuerlich** die Besonderheit etwa vorliegender Anschaffungs- oder Herstellungskosten (im Rahmen dieser Umrüstungsvorgänge zu beachten), für die eine Rückstellung nicht in Betracht kommt (→ Rz. 220). 70

2.1.8 Rücknahme- und Entsorgungsverpflichtungen für Altgeräte

2.1.8.1 Elektro- und Elektronikgeräte

Das ElektroG begründet für Hersteller die Verpflichtung zur Rücknahme von Gebrauchtgeräten. Es unterscheidet dabei je nach Zeitpunkt des Inverkehrbringens und dem Nutzer (private vs. gewerbliche) wie folgt:[1] 71

Verpflichtungsstruktur Elektroschrott		
#	Haushalte	Entsorgungsverpflichteter
1	Alte Gebrauchtgeräte (vor 23.11.2005 in Verkehr gebracht)	Hersteller im Umlageverfahren nach Maßgabe des Marktanteils im Rücknahmezeitpunkt
2	Neue Gebrauchtgeräte (ab 23.11.2005 in Verkehr gebracht)	Hersteller im Umlageverfahren (jedoch Bringschuld zur Sammelstelle)
	Nicht private Nutzer	
3	Neue Gebrauchtgeräte (ab 23.11.2005 in Verkehr gebracht)	Hersteller
4	Alte Gebrauchtgeräte (vor 23.11.2005 in Verkehr gebracht)	Regel: Nutzer

Zu 1: Alte Gebrauchtgeräte, private Haushalte

Die Rücknahmeverpflichtung bzw. der darauf entfallende Kostenanteil orientiert sich in diesem Sonderfall nicht am Anteil der bislang in Verkehr gebrachten Geräte, sondern am Marktanteil im Rücknahmezeitpunkt. Diese Marktteilnahme ist ein künftiges Ereignis, dem sich der Marktteilnehmer durch Einstellung seiner Tätigkeit entziehen kann. Insofern ist eine Rückstellungsbildung nicht erlaubt (→ Rz. 36).[2] Auch die Bemessungsgrundlage richtet sich nach dem künftigen Umsatz mit Elektrogeräten etc. und nicht nach dem bisherigen Verkaufsvolumen.[3] 72

Zu 2: Neue Gebrauchtgeräte, private Haushalte

In der Regel bemisst sich auch hier der Anteil an den Kosten der Rücknahme (im kollektiven System) nach dem mengengrößenbestimmten Marktanteil im Rücknahmejahr. Dies entspricht dem Grunde nach Fall 1. Dann kommt ein Rückstellungsansatz wegen der künftigen Verpflichtungsstruktur nicht in Betracht. Der BFH erlaubt demzufolge eine Rückstellung erst dann, wenn eine Abholungsanordnung der für die Koordination der Rücknahmen geschaffenen Stiftung ergangen ist.[4] 73

---

1 Vgl. *Oser/Ross*, WPg 2005 S. 1069; *Schreiber*, BB 2006 S. 1842.
2 So schon IDW/FN 2006 S. 367; bestätigt durch BFH, Urteil v. 25.1.2017 – I R 70/15.
3 So auch *Oser/Ross*, WPg 2005 S. 1071.
4 BFH, Urteil v. 25.1.2017 – I R 70/15.

Zu 3: Neue Gebrauchtgeräte, gewerbliche Nutzer

74 Mit dem Inverkehrbringen entsteht die Rücknahmeverpflichtung mit der Folge eines dann vorzunehmenden Bilanzansatzes. Diese Rückstellung wächst kontinuierlich mit dem Verkauf von Geräten an.

Zu 4: Alte Gebrauchtgeräte, gewerbliche Nutzer

75 Nach deutscher Transformation des EU-Mitgliedsstaatenwahlrechts ist die Entsorgungsverpflichtung dem gewerblichen Nutzer und nicht dem Hersteller auferlegt worden. Es besteht dann kein Rückstellungserfordernis beim Hersteller.

75a Im Juli 2015 ist die Neuordnung des Elektro- und Elektronikgerätegesetzes (ElektroG2 bzw. ElektroG 2015) verabschiedet worden. Das Gesetz tritt stufenweise bis 2018 in Kraft. Wichtigste Änderung ist die Begründung einer Rücknahmepflicht für große Einzelhändler (mit mindestens 400 qm Verkaufsfläche) und große Fernvertreiber (mit mindestens 400 qm Lagerfläche). Der **Handel** hat drei Möglichkeiten des Umgangs mit den zurückgenommenen Geräten: Er verwertet die Elektro-Altgeräte selbst bei zertifizierten Recyclingunternehmen oder er übergibt sie den Herstellern bzw. den öffentlich-rechtlichen Entsorgungsträgern. Hinsichtlich der eigentlichen Rücknahmepflicht wird wie folgt unterschieden:[1]

- Kleingeräte (bis zu 25 cm Kantenlänge) sind unabhängig davon zurückzunehmen, ob der Kunde ein Neugerät kauft. Durch Marktaustritt kann sich der Händler dieser Rücknahmeverpflichtung entziehen, so dass für zukünftige Rücknahmen wie im Fall unter → Rz. 72 keine Rückstellung anzusetzen ist.
- Großgeräte mit mehr als 25 cm Kantenlänge sind nur dann zurückzunehmen, wenn der Kunde ein funktionsähnliches Neugerät erwirbt. Zukünftige Rücknahmen sind daher mit zukünftigen Erlösen verbunden und somit ebenfalls nicht zu passivieren.

Rückstellungsrelevante Sachverhalte können sich nach allem nur dort ergeben, wo Geräte bereits vor dem Stichtag zurückgenommen wurden und erst nach dem Stichtag entsorgt werden.

2.1.8.2 Altfahrzeugverordnung[2]

76 Hersteller und gewerbliche Importeure bestimmter **Fahrzeuge** sind nach dem AltfahrzeugG zur unentgeltlichen Rücknahme und Entsorgung von Altfahrzeugen ihrer Marke verpflichtet, und zwar für

- nach dem 30.6.2002 in Verkehr gebrachte Fahrzeuge generell und
- vor dem 1.7.2002 in Verkehr gebrachte Fahrzeuge ab dem 1.1.2007.

Die Rechtsverpflichtung beginnt mit dem Inverkehrbringen der Fahrzeuge, die die rechtliche und wirtschaftliche Verursachung i. S. des Rückstellungsansatzes darstellt (→ Rz. 23). Dieser Verpflichtung kann sich das Unternehmen durch Einstellung der Verkaufs- oder Produktionstätigkeit nicht mehr entziehen, auch wenn es seine Marktteilnahme beendet (→ Rz. 36 f.).

1 Vgl. im Einzelnen *Oser/Philippsen/Wirtz*, StuB 2017 S. 569 ff.
2 Rechtsgrundlage ist die EU-Altautorichtlinie, das AltfahrzeugG und die Altfahrzeugverordnung v. 21.6.2002. Vgl. hierzu *Hug/Ross/Seidler*, DB 2002 S. 1013.

Allerdings kann wegen der Wiederaufbereitung der Metallteile aus den Fahrzeugen eine Kostenbelastung des Herstellers etc. ausscheiden. Dann kommt es zu einer „Nullbewertung" der Rücknahmeverpflichtung (→ § 253 Rz. 70).

2.1.8.3 Andere Altgeräte

Altbatterien sind nach der Batterie-VO mit gleicher Verpflichtungsstruktur wie die Altfahrzeuge zu entsorgen bzw. zurückzunehmen, die vorstehenden Ausführungen für die Altfahrzeuge gelten entsprechend. Ein früheres entgegenstehendes FG-Urteil ist damit überholt.[1] Die einer Selbstverpflichtung unterliegende kostenlose Rücknahme von Altbatterien durch einen Batteriehändler verpflichtet zum Rückstellungsansatz für die nach dem Bilanzstichtag entstehenden Ausgaben wegen Entsorgung des am Stichtag vorhandenen Bestands.[2] Die Vernichtung von **Altreifen** berechtigt zur Rückstellung nur, wenn eine Verpflichtung durch Verwaltungsakt besteht.[3] 77

Ein besonderes Rückstellungserfordernis nach dem Abfallentsorgungssystem **„Grüner Punkt"** entsteht wegen der monatlichen Anmeldung mit Zahlungsverpflichtung nicht. Die Verpflichtungsstruktur entspricht insoweit in etwa derjenigen der Lohnsteueranmeldung. 78

2.1.9 Emissionsrechte

Zur Bilanzierung der **Rückgabeverpflichtung** für erhaltene Emissionsrechte (Schadstoff-Emissionsrechte, Treibhausgas-Emissionsrechte) wird verwiesen auf → § 246 Rz. 40. 79

2.1.10 Energieaudit

Mit Transformation der (EU-)Energieeffizienz-RL wurde das Gesetz über Energiedienstleistungen und andere Energieeffizienzmaßnahmen novelliert; danach besteht für Unternehmen, die keine kleinen und mittelgroßen sind (KMU), erstmals bis zum 5.12.2015 und anschließend mindestens alle vier Jahre die Pflicht, einen Energieaudit durchzuführen oder durchführen zu lassen. Die persönliche Pflicht knüpft an eine wirtschaftliche Tätigkeit an, die nicht in Form einer KMU betrieben wird. Das betreffende Unternehmen muss mindestens 250 Personen beschäftigen oder aber bei geringfügigerer Beschäftigungszahl einen Jahresumsatz von 50 Mio. € erzielen und eine Jahresbilanzsumme von mehr als 43 Mio. € ausweisen. Bei diesen Schwellenwerten sind die Daten von verbundenen und von Partnerunternehmen einzubeziehen (auch im Ausland), und zwar in vollem Umfang bei verbundenen und anteilig bei Partnerunternehmen. Dabei sind verbundene Unternehmen nicht unbedingt identisch mit solchen nach § 271 Abs. 2 HGB (→ § 271 Rz. 30 ff.). Ähnliches gilt für die Partnerunternehmen, für die eine Schwelle von 25 % der Geschäftsanteile oder Stimmrechte gilt (Einzelheiten sind einer EU-Empfehlung zu entnehmen).[4] Gültig zur Ermittlung der Schwellenwerte ist der Stichtag 31.12.2014 oder bei abweichendem Geschäftsjahr der im Jahr 2014 entstehende Abschlussstichtag. Die Kriterien müssen in zwei aufeinander folgenden Perioden erfüllt sein. Befreit vom Energieaudit sind auch Unternehmen, die bis zum 5.12.2015 ein Energiemanagementsystem oder ein Umweltmanagementsystem eingerichtet oder wenigstens mit der Einrichtung begon- 79a

1 FG München, Urteil v. 29.5.1998 – 7 V 345/98, DStRE 1998 S. 786.
2 BFH, Urteil v. 10.1.2007 – I R 53/05, BB 2008 S. 39.
3 BMF, Schreiben v. 11.2.1992 – IV B 2 – S 2137 – 8/92, DStR 1992 S. 357.
4 Vgl. im Einzelnen *Ehrsam/Reinhardt*, WPg 2015 S. 1184.

nen haben. Als Auditor kommen sowohl externe als auch unternehmensinterne Personen mit energiebezogener Fachkunde in Betracht.

Wenn der Energieaudit

- ► nicht,
- ► nicht richtig,
- ► nicht vollständig oder
- ► nicht rechtzeitig bis zum 5.12.2015

durchgeführt wird, kann wegen Ordnungswidrigkeit ein Bußgeld bis zu 50 T€ verhängt werden.

Die Verpflichtung zur Durchführung des Audits entsteht erst wieder nach Ablauf von vier Jahren nach dem letzten Audit. Wegen der fehlenden rechtlichen Verpflichtung ist eine Ansammlungsrückstellung (→ Rz. 69) nicht zu bilden.

2.2 Garantie-(Gewährleistungs-)Verpflichtungen, Kulanz (Abs. 1 Satz 2 Nr. 2)

80 Angesprochen sind – rückstellungstypisch (→ Rz. 3) – ungewisse Verbindlichkeiten, die sich u. a. aus Ansprüchen von **Vertragspartnern** ergeben:[1]

- ► Kaufpreis- oder Werklohnminderung,
- ► Schadenersatz wegen Nichterfüllung,
- ► Nachbesserung oder Lieferung einer mangelfreien Sache,
- ► Bürgschaften und Garantien (→ Rz. 151).

Die Garantieverpflichtung kann außer auf einer Rechtsgrundlage durch das Faktum der dauernden Übung – aus Kulanz – entstehen, sofern sich aus ihr für den Unternehmer eine Verpflichtung ergibt, der er sich nicht entziehen kann (→ Rz. 14 ff.).[2] Zu den Besonderheiten bei Gewährleistungen für **Drittschuldner** wird verwiesen auf → § 251 Rz. 33.

81 Zu unterscheiden ist zwischen

- ► **Einzel**rückstellungen für konkrete Ansprüche, sofern diese bis zur Bilanzerstellung bekannt werden und auf Auslieferungen der Produkte bis zum Bilanzstichtag beruhen und
- ► **Pauschal**rückstellungen entsprechend der betriebsindividuellen bzw. branchengesicherten Erfahrung aus der Vergangenheit im Falle von Serienfertigungen.[3]

Zu einem Beispiel für eine **Einzel**rückstellung wegen eines Sonderfalls (singuläres Ereignis) wird auf → Rz. 46 verwiesen.

82 Zur **pauschalen** Garantieverpflichtung folgender Überblick:[4]

- ► Ein Uhrmacher übernimmt für Uhrenreparaturen eine Garantie von einem halben Jahr. Die Garantiefrist läuft über den Bilanzstichtag. Der Mangel wurde vor dem Bilanzstichtag erkannt, aber erst später innerhalb der noch laufenden Garantiefrist geltend gemacht. Am Bilanzstichtag lag eine Schuld vor.

1 Vgl. zum Folgenden *Hoffmann* in Littmann/Bitz/Pust (Hrsg.), EStG, §§ 4, 5 Tz. 886.
2 BFH, Urteil v. 20.11.1962 – I 242/61 U, BStBl 1963 III S. 113.
3 FG Baden-Württemberg, Urteil v. 27.10.1994 – 6 K 121/90, EFG 1995 S. 303; BFH, Urteil v. 23.10.1985 – I R 230/82, BFH/NV 1986 S. 490.
4 Nach RFH, Urteil v. 19.12.1941 – III 140/41, RStBl 1942 S. 354.

- Bei einem serienmäßig hergestellten Gegenstand sind bis zum Stichtag Fehler bei einem einzigen Erzeugnis erkannt und geltend gemacht worden. Dann ist von gleichen Mängeln der übrigen Gegenstände dieser Serie mit entsprechenden Garantieansprüchen auszugehen.
- Ein Unternehmen stellt serienmäßig Fahrradnaben her. Bei einem Teil der Serie von 1.000 Stück wird das Material eines bekannten Lieferanten verwendet, das jedoch schon nach kurzer Zeit Verbiegungen aufweist, die die Nabe unbrauchbar machen. Die Serie ist kurz vor dem Bilanzstichtag restlos in der Produktion verbraucht worden. Am Bilanzstichtag waren bereits eine geringe Anzahl von Garantieansprüchen wegen dieses Fehlers geltend gemacht worden. Der Unternehmer muss eine Rückstellung für die kostenlose Ersatzlieferung dieses Teils der Serie vornehmen.
- Wenn bei bestimmten Waren wegen eines Mangels, der mit einer gewissen Regelmäßigkeit wiederkehrt, mit dem Vorhandensein dieses Mangels gerechnet werden muss, muss ebenfalls eine Garantierückstellung gebildet werden.
- Ein Unternehmen stellt Nähmaschinen her. Von je 1.000 Maschinen stellt sich bei durchschnittlich zehn Stück eine Verklemmung der beweglichen Teile ein, die auf bestimmte Arbeits- und Materialfehler zurückzuführen ist. Wegen der drohenden Inanspruchnahme aus diesen Mängeln muss der Unternehmer für je 1.000 Maschinen, die bereits verkauft sind und für die die Garantiefristen noch nicht abgelaufen sind, eine Rückstellung wegen zehn fehlerhafter Maschinen einstellen. Es spielt keine Rolle, wann der Mangel von den Kunden entdeckt worden und wann er im Einzelnen angemeldet worden ist.

In diesen Fällen genügt die am Bilanzstichtag bestehende **Gefahr** der Inanspruchnahme; die Geltendmachung von Ansprüchen durch den Berechtigten ist nicht erforderlich. Das Problem muss vom Unternehmer überhaupt noch nicht erkannt worden sein, aber die Inanspruchnahme muss mit hoher Wahrscheinlichkeit drohen.[1] Es genügt als Nachweis sogar auch ohne bekannt gewordene Garantiefälle bis zur Bilanzerstellung (→ § 252 Rz. 66) ein Vergangenheitsbezug, demzufolge mit Regelmäßigkeit Garantieleistungen auftreten.[2]

Generell muss die hinreichende Wahrscheinlichkeit (→ Rz. 46) künftiger Garantieleistungen 83
aus den **Vergangenheits**erfahrungen des Betriebs belegt werden.[3] Das lässt sich bei **Serienprodukten** statistisch errechnen. Der EuGH hat sich mit der pauschalen Rückstellungsbildung für Garantiefälle einverstanden erklärt.[4] Die Wahrscheinlichkeit der Inanspruchnahme muss durch entsprechende Aufzeichnungen in der Vergangenheit belegt werden.[5] Für einen **Bauträger** kommt die Finanzrechtsprechung zu entsprechenden Schlussfolgerungen:[6] Das Unternehmen ist verpflichtet, zur Rechtfertigung einer von ihm begehrten pauschalen Rückstellung konkrete Tatsachen, z. B. zu betriebsindividuellen oder branchenüblichen Erfahrungen der Vergangenheit, darzulegen. Es ist nicht ausreichend, pauschal auf Erfahrungen im Bauträgergeschäft zu verweisen. Bei der Bewertung der Gewährleistungsverpflichtungen sind zudem werthaltige Rückgriffsansprüche der Subunternehmer mindernd zu berücksichtigen.[7]

1 BFH, Urteil v. 20.11.1962 – I 242/61 U, BStBl 1963 III S. 113.
2 BFH, Urteil v. 22.11.1962 – IV 323/59 U, BStBl 1963 III S. 234.
3 Dazu BFH, Urteil v. 30.6.1983 – IV R 41/81, BStBl 1984 II S. 263.
4 EuGH, Urteil v. 14.9.1999 – Rs. C-275/97, DStR 1999 S. 1645.
5 BFH, Urteil v. 18.10.1960 – I 198/60 U, BStBl III S. 495.
6 FG Berlin-Brandenburg, Urteil v. 8.1.2019 – 6 K 6121/17.
7 BFH, Urteil v. 17.2.1993 – X R 60/89, BStBl 1993 S. 437.

Anders als bei Pauschalrückstellungen müssen bis zum Bilanzstichtag verursachte **Einzelgewährleistungsfälle** besonders bis zum Erstellungstag (→ § 252 Rz. 74) bekannt geworden sein.[1] Wurde ein Werkmangel durch den Besteller bis zum Bilanzstichtag deshalb noch nicht gerügt, weil der (objektiv schon angelegte) Mangel bis zum Stichtag noch keine erkennbare betriebsbeeinträchtigende Wirkung entfaltete, hatten folglich beide Vertragsbeteiligten am Stichtag noch keine Kenntnis vom Mangel, muss der Werkunternehmer nach Ansicht des FG Mecklenburg-Vorpommern aus Stichtagssicht noch nicht ernsthaft mit einer Inanspruchnahme zur Gewährleistung rechnen; eine Rückstellung soll deshalb ausscheiden.[2] Der BFH lehnt die hiergegen gerichtete Nichtzulassungsbeschwerde ab und führt Folgendes an:[3] Eine die Ernsthaftigkeit der Inanspruchnahme begründende „überwiegende Wahrscheinlichkeit" setze bei privatrechtlichen Schadenersatz- oder Gewährleistungsverpflichtungen „entweder die Kenntnis des Gläubigers von den anspruchsbegründenden Umständen oder zumindest dessen unmittelbar bevorstehende Kenntniserlangung voraus". Diese Aussage überzeugt nicht. Sie steht etwa im Widerspruch zur Rechtsprechung des IV. Senats betreffend Patentverletzungen. Hier wird typisiert eine ständige Überwachung des Markts durch den Patentinhaber unterstellt und es gilt deshalb schon (weit) vor dessen Kenntnisnahme ein Rückstellungsansatz als geboten (→ Rz. 222). Für den Ausschluss einer Rückstellung für Gewährleistung bei fehlender Kenntnis des Mangels durch beide Parteien soll aber nach Auffassung des BFH angeblich § 252 Abs. 1 Nr. 4 Halbsatz 1 HGB sprechen, da danach die am Bilanzstichtag vorliegenden Verhältnisse nach dem subjektiven Erkenntnisstand des sorgfältigen Kaufmanns zu beurteilen seien. Der Wortlaut der handelsrechtlichen Vorschrift gibt eine solche Interpretation allerdings nicht her. Das Gesetz stellt gerade auch auf Fälle ab, in denen die Informationen erst später bekannt werden, daher am Stichtag auch bei Sorgfalt noch gar nicht bekannt gewesen sein konnten. Bei so dünner Begründung überrascht nicht, dass der BFH sich im Weiteren dann zurücknimmt. Er stellt lediglich fest: „Auch die Rechtsfrage, ob eine Gefahr der Inanspruchnahme des Werkunternehmers auch dann überwiege, wenn den (d. h. beiden) Vertragsparteien der Mangel zum Bilanzstichtag noch nicht bekannt war, lässt sich am Maßstab der bislang aufgestellten Grundsätze für den jeweiligen Einzelfall beantworten und bedarf daher keiner Klärung durch ein Revisionsverfahren. Jedenfalls dann, wenn die beiderseitige Unkenntnis maßgeblich auf dem Umstand beruht, dass der Mangel am Bilanzstichtag noch keine betriebsbeeinträchtigende Wirkung entfaltete und daher gar nicht erkennbar erschien, **liegt es nahe,** die Gefahr der Inanspruchnahme des Werkunternehmers am Bilanzstichtag noch nicht als überwiegend anzusehen." Mit anderen Worten: Alles kommt auf den Einzelfall an. Die Lösung des FG „liegt nahe", ist aber nicht zwingend.

84 Für **Kulanzfälle** (→ Rz. 14) sind vergleichbare Ansatzvoraussetzungen wie für Gewährleistungsansprüche gegeben, wenn aufgrund der Vergangenheitserfahrung solche Verpflichtungen faktischer Art erfüllt werden. Die Gesetzespassage (Abs. 1 Satz 2 Nr. 2) greift unmittelbar langjährige BFH-Rechtsprechung auf und stellt insoweit eine reine Klarstellung zur Rechtslage dar. Ursprünglich hatte der BFH auch sog. **„sittliche"** Verpflichtungen als rückstellbar entschieden.[4] Diese Rechtsprechung wurde im Gefolge auf **Garantieleistungen** an eigenen Produkten weiterentwickelt, für die die Gewährleistungsfrist bereits abgelaufen war. Im Ergebnis hat in solchen Fällen das Unternehmen eine Leistung erbracht, zu denen es aus Rechtsgründen nicht ver-

1 BFH, Urteil v. 30.6.1983 – IV R 41/81, BStBl 1984 II S. 263.
2 FG Mecklenburg-Vorpommern, Urteil v. 21.2.2018 – 3 K 53/15.
3 BFH, Beschluss v. 28.8.2018 – X B 48/18, NWB SAAAH-02099.
4 BFH, Urteil v. 29.5.1956 – I 224/55 U, BStBl 1956 III S. 212.

pflichtet war. Andere Ansatzvoraussetzungen stellen die in der Vergangenheit erbrachten Kulanzleistungen dar; aber auch „Rückschlüsse aus der künftigen Entwicklung sind möglich und geboten".[1] Jedenfalls sind diesbezüglich vom Unternehmen entsprechende **Aufzeichnungen** zu führen. Im Ergebnis wird nach dieser Rechtsprechung die ansonsten zum Rückstellungsansatz erforderliche Rechtsverbindlichkeit durch die ökonomische Interessenlage des Unternehmens ersetzt. Im Übrigen wird auf → Rz. 14 verwiesen.

Haftpflichtverbindlichkeiten können gegenüber Dritten aufgrund gesetzlicher **Verschuldens**haftung (z. B. nach § 823 BGB) oder gesetzlicher **Gefährdungs**haftung (z. B. § 7 StVG)[2] bestehen. Der Rückstellungsansatz setzt das haftungs- und schadenersatzbegründende Ereignis als **bis** zum Bilanzstichtag ergangen voraus, auch wenn das Ereignis erst im Wertaufhellungszeitraum (→ § 252 Rz. 70) bekannt wird.[3] Eine Pauschalierungsmöglichkeit für Haftpflichtschäden besteht allerdings nicht.[4] 85

Zur **Produzentenhaftung** aufgrund von Folgeschäden, für die der Hersteller eines Erzeugnisses geradestehen muss, liegt keine BFH-Rechtsprechung vor. Angesprochen sind typische Fälle betreffend Gebrauchs- und Arzneimittel, Kraftfahrzeuge, Haushaltsgeräte und Lebensmittel. Unseres Erachtens kommt die oben zitierte BFH-Rechtsprechung zu den Haftpflichtfällen als Anwendungsgrundlage in Betracht. Pauschalrückstellungen sind damit ausgeschlossen.

Für **Bergschäden** ergibt sich eine Schadenersatzverpflichtung für den Bergwerksinhaber aus öffentlichem Recht. Die Ansatzbedingungen sind dabei nicht so rigoros wie für die öffentlich-rechtlichen Verpflichtungen generell (→ Rz. 56 ff.). Die erforderliche Konkretisierung der Verpflichtung besteht in der Erkennbarkeit des Bergschadens (z. B. Risse am Mauerwerk eines Hauses). Allein die Niederbringung eines Schachts genügt u. E. nicht als Tatbestandsmerkmal für die Rückstellungsbildung.[5] 86

2.3 Kosten eines Rechtsstreits, rechtshängige Schadenersatzverpflichtungen

Dem BFH zufolge ist das Prozesskostenrisiko mit **Beginn** der Rechtshängigkeit, beschränkt auf die mutmaßlichen Kosten der angerufenen Instanz, anzusetzen.[6] Insoweit sind der Zeitpunkt des Bilanzansatzes und die Bewertung durch das zitierte BFH-Urteil vorgespurt; dagegen werden im Schrifttum kaum Einwendungen erhoben. Anders verhält es sich mit der **vorgreiflich** zu beurteilenden Frage nach der Möglichkeit eines Bilanz**ansatzes** überhaupt. Im Gefolge von weiterer BFH-Rechtsprechung[7] werden folgende Auffassungen vertreten: 87

► Bei Gerichtsprozessen (u. E. auch Schiedsgerichtsverfahren) ist immer eine **überwiegende** Wahrscheinlichkeit (→ Rz. 43 ff.) der Entstehung von Kosten wegen (teilweise) Unterliegens gegeben.[8]

---

1 So der BFH, Urteil v. 20.11.1962 – I 242/61 U, BStBl 1963 III S. 113.

2 BFH, Urteil v. 30.6.1983 – IV R 41/81, BStBl 1984 II S. 263.

3 BFH, Urteil v. 17.1.1963 – IV 165/59 S, BStBl III S. 237; BFH, Urteil v. 30.6.1983 – IV R 41/81, BStBl 1984 II S. 263.

4 BFH, Urteil v. 30.6.1983 – IV R 41/81, BStBl 1984 II S. 263.

5 Anderer Auffassung beispielsweise *Bordewin*, BB 1979 S. 156.

6 BFH, Urteil v. 27.5.1964 – IV 352/62 U, BStBl III S. 478; bestätigt durch BFH, Urteil v. 6.12.1995 – I R 14/95, BStBl 1996 II S. 406; vgl. auch H 5.7 Abs. 5EStH („Prozesskosten").

7 BFH, Urteil v. 27.11.1997 – IV R 95/96, BStBl 1998 II S. 375; BFH v. 8.11.2000 – I R 10/98, BStBl 2001 II S. 349; BFH, Urteil v. 30.1.2002 – I R 68/00, DStR 2002 S. 713, mit Anm. *Hoffmann*.

8 Vgl. *Osterloh-Konrad*, DStR 2003 S. 1633; *Hommel*, BB 2002 S. 1141; *Hoffmann*, DStR 2002 S. 716; *Wolf*, StuB 2016 S. 334.

► Auch in Prozessfällen gelten die **üblichen** Wahrscheinlichkeitskriterien, also das Erfordernis der überwiegenden Wahrscheinlichkeit (→ Rz. 46).[1]

Daraus folgt: Geht man realistischerweise von einem (teilweisen) Unterliegen im Passiv- und Aktivprozess aus, kommt ein Rückstellungsansatz für die entsprechenden Kosten in Betracht, sofern man das Ansatzkriterium der überwiegenden Wahrscheinlichkeit auch auf die Prozesskosten anwendet. Dann bleibt weiter das Ansatzkriterium der **wirtschaftlichen Verursachung** (→ Rz. 23 ff.) zu prüfen. Danach sind künftige Ausgaben für den Rückstellungsansatz auf den Bilanzstichtag zu beziehen, wenn mit diesen bis dahin angefallene Erträge generiert worden sind. Daraus folgt z. B. für einen Patentrechtsstreit als Passivbeteiligter:

► Wird die Herausgabe von Gewinnen aus Patentrechtsverletzungen eingeklagt, sind die Gerichts- und andere Kosten bis zum Bilanzstichtag verursacht.

► Es kann aber auch über das rechtmäßige Bestehen des Patentschutzes gestritten werden, dann geht es (vorrangig) um zukünftige Erträge, für die ein Rückstellungsansatz ausscheidet.

Eine wirtschaftliche Verursachung erst nach dem Bilanzstichtag ist im Aktivprozess etwa gegeben, wenn die Unterlassung einer Wettbewerbstätigkeit eingeklagt werden soll.

Die wirtschaftliche Verursachung bis zum Bilanzstichtag wird auch davon abhängig gemacht, ob sich der betreffende Kaufmann (Steuerpflichtiger) realistischerweise einer bestimmten Verpflichtung noch entziehen kann (→ Rz. 37). So hat der Kläger bzw. Beklagte im Prozess immer die Möglichkeit, das Handtuch zur Ersparnis weiterer Kosten zu werfen. Nach dieser Sichtweise der wirtschaftlichen Verursachung sind bis zur Entscheidung der angerufenen Instanz nur die Kosten rückstellungsfähig, die endgültig entstanden sind. Und umgekehrt wären nicht ansetzbar solche Kosten der Rechtsverfolgung, die durch Rücknahme der Klage im Aktivprozess bzw. Schuldanerkenntnis im Passivprozess noch vermieden werden können.

Die Kosten für einen **nach** dem Bilanzstichtag eingeleiteten Prozess sind nicht absetzbar.[2]

87a Die Ermittlung der überwiegenden Wahrscheinlichkeit, die einen Rückstellungsansatz rechtfertigen kann, ist besonders kritisch im Falle von Verpflichtungen aus **Schadenersatz,** Produkthaftung, Einzelgarantie, patentrechtlichen Verstößen u. Ä.

BEISPIEL[3] ► Das Maschinenbauunternehmen M wird von einem Konkurrenten wegen einer gewichtigen Patentverletzung angegangen. Die Tatbestandsermittlung hat sich während des Geschäftsjahres als ausgesprochen mühsam erwiesen. Auch die Rechtsauslegung bereitet wegen der teilweise erforderlichen Anwendung ausländischen Rechts besondere Schwierigkeiten. Vergleichsverhandlungen blieben bis zum Bilanzstichtag ergebnislos. Die Anwälte des M werden zur Beurteilung der Bilanzansatzpflicht um ein „Wahrscheinlichkeitskalkül" gebeten. Um nicht in die Logik der Voraussage eines Fußballspielergebnisses abzudriften, schreiben sie: „Es gibt guten Grund für einen positiven Ausgang des Streitfalles, doch sind noch verschiedene Sachverhaltsmerkmale aufzuarbeiten und die Stellungnahme der Kollegen aus UK abzuwarten."

Mit dieser profunden Aussage bewaffnet, eilt der Kaufmann zu seinem Abschlussprüfer, um dort verbindlichen Rat einzuholen. Doch dieser fühlt sich mit einer „vorläufigen" Aussage überfordert und zieht sich nach Inanspruchnahme eines halben Dutzends einschlägiger Kommentare auf die „Beachtung des **Vorsichtsprinzips**" zurück. Damit ist dem Kaufmann wiederum wenig gedient, denn er müsste zusätzlich erfahren, wo bei der bilanziellen Abbildung des Sachverhalts der Vorsichtsbereich verlassen und

1 Vgl. *Küting et al.,* WPg 2010 S. 327, die das Urteil des BFH – I R 68/00, DStR 2002 S. 713, anders interpretieren.

2 BFH, Beschluss v. 11.11.2015 – I B 3/15, BFH/NV 2016 S. 387.

3 Vgl. *Hoffmann,* StuB 2013 S. 437.

die Schwelle zum Bilanzierungs**leichtsinn** überschritten wird. Der Wirtschaftsprüfer wird sich mit dem Hinweis auf die erforderliche Dokumentation der **plausiblen,** d. h. willkürfreien Entscheidungsfindung aus der Affäre ziehen. Letztlich kann der Kaufmann den Ansatz nach seiner bilanzpolitischen **Interessenlage** wählen oder ablehnen, je nachdem ob sein wahrscheinlichster Wert unter oder über der 50 %-Grenze zum Tragen kommt. Beide „Lösungen" erscheinen dem Abschlussprüfer **plausibel** und sind damit (für die Handels- und Steuerbilanz) gesetzesgerecht. Die **Austauschmöglichkeit** der Wahrscheinlichkeitsgewichtungen ist mit den Händen zu greifen.

BEISPIEL: ABWANDLUNG DES SACHVERHALTS Nun wandeln wir den Sachverhalt ab: Der Kläger reicht am 31.12. gegen M eine Klage auf Schadenersatz wegen Patentverletzung von 1 Mio. € ein und zahlt den Gerichtskostenvorschuss. An den Erkenntnissen der handelnden Personen über die Rechtslage hat sich durch die Klageeinreichung nichts geändert. Auch die Motivation des Klägers ist nicht eindeutig; vieles spricht für eine Beschleunigungstaktik zur Herbeiführung eines Vergleichs. Von offensichtlicher Willkür kann keine Rede sein.

Durch die Klageeinreichung hat sich nach FG-Auffassung das „Bilanzierungsbild" grundlegend geändert;[1] jetzt soll es plötzlich nicht mehr auf die mühsame Gewichtung der Argumente „für und wider" ankommen. Durch die Rechtshängigkeit habe sich M aller **Unwägbarkeiten** der Bilanzierung entledigt. Die **Klage allein** rechtfertige den Bilanzansatz, begründet also die überwiegende Wahrscheinlichkeit der Inanspruchnahme.

BEISPIEL: WEITERE ABWANDLUNG DES SACHVERHALTS Die Anwälte des M stellen nach Rechtshängigkeit der Klage eine hohe Wahrscheinlichkeit des Obsiegens im Prozess fest, rechnen allenfalls mit einer Vergleichssumme von 100 T€.

Die neue Erkenntnis soll den Bilanzansatz für 1 Mio. € zuzüglich Kosten nicht verhindern – jedenfalls wenn man mit dem FG die Rechtshängigkeit als ansatzbegründend wertet.

Dieser Gesetzeslesart in ihrer apodiktischen Form ist der BFH[2] nicht gefolgt. Seine Interpretation der überwiegenden Wahrscheinlichkeit (→ Rz. 46) sowohl des Bestehens als auch der effektiven Inanspruchnahme (→ Rz. 43) lautet etwa wie folgt (Tz. 29 der Urteilsbegründung): Nach den Umständen des Einzelfalles **kann** der Steuerpflichtige bei seiner Prognoseentscheidung von einer überwiegenden Wahrscheinlichkeit der Inanspruchnahme bei Gerichtshängigkeit einer gegen ihn gerichteten Schadenersatzklage ausgehen, sofern diese Klage nicht willkürlich oder nur zum Schein angestrengt worden ist. Es können allerdings auch gewichtige objektive Umstände vorliegen, die **gegen** ein Unterliegen im Prozess sprechen. Diese dürfen „werterhellend" in die Prognose einfließen. Im entschiedenen Streitfall macht der BFH ein von sachkundiger Seite vorgelegtes „qualifiziertes" Gutachten als einen solchen „Umstand" dingfest, wenn es mit überzeugendem Inhalt die Klage als nicht begründet prognostiziert.[3] Aufgrund eines solchen Gutachtens im konkreten Fall entschied der BFH auf den Nichtansatz der Rückstellung. Daraus wird rechtsgestaltend ein faktisches **Bilanzierungswahlrecht** gefolgert: Durch Unterlassen eines Gutachtenauftrags kann die Rückstellungspflicht umgangen werden.[4]

Ein anderes Beurteilungsmuster kann sich ergeben, wenn ein geltend gemachter Schadenersatzanspruch durch eine **Vergleichslösung** erledigt werden soll.

1 So das Schleswig Holsteinische FG, Urteil v. 25.9.2012, gestützt z. B. vom BFH, Urteil v. 30.1.2002 – I R 68/00, BStBl 2002 II S. 688; *Frotscher*, EStG, § 5 „Prozessrisiken und Prozesskosten"; *Osterloh-Konrad*, DStR 2003 S. 1650; a. A. mit überzeugenden Argumenten, *Küting et al.*, WPg 2010 S. 326 ff.

2 BFH, Urteil v. 16.12.2014 – VIII R 45/12, BStBl 2015 II S. 759.

3 Zum Inhalt eines solchen Gutachtens vgl. *Prinz*, WPg 2015 S. 1224.

4 *Prinz*, WPg 2015 S. 1223 ff.; *Lüdenbach*, StuB 2016 Heft 1.

BEISPIEL[1] Wegen vermeintlicher oder wirklicher Schlechtlieferung wird Unternehmen F im Jahr 01 von einem US-amerikanischen Kunden auf Schadenersatz i. H. von 20 Mio. USD angegangen. Der Anwalt von F hält die Klage für unbegründet und geht mit überwiegender Wahrscheinlichkeit von einem positiven Urteil des US-Gerichtes aus, empfiehlt allerdings eine Vergleichslösung mit einem Höchstbetrag von 5 Mio. USD. Eine Rückstellung zum 31.12.01 wird wegen überwiegender Unwahrscheinlichkeit einer Inanspruchnahme nicht gebildet. Im Wertaufhellungszeitraum wird überraschend ein Vergleich über 3 Mio. USD abgeschlossen.

Ein Vergleich schafft eine **neue Rechtsgrundlage** und stellt deshalb ein ansatz- und wertbegründendes Ereignis dar. Dieser Tatbestand ist bilanziell mit einem Ansatz und einer Bewertung von 5 Mio. USD zu berücksichtigen.

87b Fragt man nach einer schlüssigen Begründung zur **Außerkraftsetzung** des Wahrscheinlichkeitserfordernisses für den Rückstellungsansatz, erhält man eine entwaffnende Antwort: „Da der Ausgang eines Rechtsstreites regelmäßig unsicher ist, muss eine hinreichende Wahrscheinlichkeit bejaht werden."[2] Das heißt: Der Rückstellungsansatz setzt ein Unsicherheitsmoment voraus, Prozessverpflichtungen sind immer **unsicher,** deshalb sind sie als **sichere** Verbindlichkeit zu werten. Oder: 2 x unsicher = 1 x sicher.

Folgt man der u. E. nicht haltbaren Hypothese der überwiegenden Wahrscheinlichkeit der Inanspruchnahme bei Gerichtshängigkeit nicht, so kann es durchaus im Prozessverlauf zu einer **unterschiedlichen** Einschätzung der (quantitativ nicht definierbaren) Wahrscheinlichkeit der Inanspruchnahme kommen. Wenn in einem Zwischenstadium des Prozesses eine Inanspruchnahme eher unwahrscheinlich erscheint, ist die Rückstellung u. E. aufzulösen.[3] Bei Unterschreiten der Wahrscheinlichkeitsschwelle ist u. E. der **Grund** für die Rückstellungsbildung nach § 249 Abs. 2 Satz 2 HGB entfallen (→ Rz. 216). Die Risikobeurteilung der Inanspruchnahme kann sich bis zum nächsten Bilanzstichtag auch wieder ändern mit der Folge einer erneuten Einbuchung. **Gegenargumente** haben es nicht leicht:

- Der Hinweis auf das **Vollständigkeits**gebot (→ § 246 Rz. 3) „zieht" logisch nicht, denn es geht ja gerade um die Definition der Vollständigkeit (Rückstellung ja oder nein).
- Die Heranziehung des **Vorsichts**prinzips ist immer wohlfeil, löst aber das zu entscheidende Bilanzierungsproblem nicht, solange die Abgrenzung zum Bilanz**leichtsinn** nicht gelingt (vgl. das Beispiel unter → Rz. 87a).

Zur **Bewertung** einer mutmaßlichen Verpflichtung bei Rechtshängigkeit vgl. → § 253 Rz. 60.

2.4 Arbeitsverhältnisse

2.4.1 Ausgeglichenheitsvermutung, schwebendes Geschäft, Verlustrückstellung?

88 Das Arbeitsverhältnis stellt den typischen Fall eines nicht bilanzierbaren **schwebenden** Vertragsverhältnisses dar, solange daraus nicht Verluste drohen (→ Rz. 160) oder Erfüllungsrückstände bestehen (→ Rz. 178). Dabei lehnt der BFH eine Drohverlustrückstellung für Arbeitsverhältnisse auch dann ab, wenn das Unternehmen ein höheres Leistungsentgelt erbringt als der mutmaßliche Leistungsbeitrag des Arbeitnehmers ausmacht (→ Rz. 177). Das gilt für

1 Ausführlich bei *Lüdenbach,* StuB 2013 S. 922.

2 So BFH, Urteil v. 8.11.2000 – I R 10/98, a. a. O.; *Strahl,* KöSDi 2002 S. 13248; *Ortmann-Babel,* BB 2013 S. 305.

3 So implizit der BFH, Urteil v. 16.12.2014 – VIII R 45/12, DStR 2015 S. 1358 Tz. 29; a. A. BFH, Urteil v. 30.1.2002 – I R 68/00, DStR 2002 S. 713: Auflösung erst bei Rechtskraft der Entscheidung.

- Berufsausbildungsverhältnisse auch bei Überbestand (→ Rz. 177a)[1] sowie
- Verdienstsicherungsvereinbarungen durch Tarifvertrag.[2]

Entsprechend lehnt auch das IDW unter Verweis auf die bestenfalls temporäre Unausgeglichenheit eine Drohverlustrückstellung für den Fall ab, dass der Arbeitgeber aufgrund einer Betriebsvereinbarung eine Aufstockung zum Kurzarbeitergeld leistet (→ § 277 Rz 21a).

Zu einem Bilanzansatz kann es dann im Rahmen eines solchen schwebenden Dauerschuldverhältnisses nur durch **Vorleistungen** oder **Erfüllungsrückstände** (→ Rz. 178 ff.) der einen oder anderen Partei kommen. Angesprochen ist damit als Bilanzposten die Rechnungsabgrenzung, vor allen Dingen aber die Verbindlichkeitsrückstellung. Im letztgenannten Fall geht es um sog. Verpflichtungsüberhänge, die auch **nach** Beendigung des Arbeitsverhältnisses bestehen können.

BEISPIEL[3] Ein Unternehmen verpflichtet sich, die Pensionäre nach Beendigung des Dienstverhältnisses mit Beihilfeleistungen im Krankheitsfall u. Ä. zu unterstützen. Für diese Verbindlichkeit ist eine entsprechende Rückstellung anzusetzen.

2.4.2 Einzelne Sachverhalte

2.4.2.1 Abfindungen

Der Bilanzansatz setzt eine rechtsverbindliche Zahlungspflicht aufgrund der vereinbarten Auflösung des Dienstverhältnisses am Stichtag voraus. Für zukünftige Abfindungen an langjährige Mitarbeiter soll keine Rückstellung gebildet werden können, auch wenn eine solche Verhaltensweise der betrieblichen Übung entspricht.[4] 89

Anders kann es sich u. E. verhalten, wenn die Auflösung des Vertrags schon vereinbart, die Abfindung aber noch offen ist. Im Rahmen eines Sozialplans (kollektive Entlassungen) gilt u.U. etwas anderes (→ Rz. 16).

2.4.2.2 Altersteilzeit und Altersfreizeit

Altersteilzeiten werden durch **Tarifvertrag, Betriebs- oder Individualabreden** vereinbart. Daneben ist das **Altersteilzeitgesetz** (ATG) von Bedeutung. Nach ihm konnte ein Unternehmen bei Reduktion der Arbeitszeit mindestens 55-jähriger Mitarbeiter unter bestimmten Bedingungen Förderzuschüsse erhalten. Diese Fördermöglichkeit bestand nur für vor dem 1.1.2010 begonnene Altersteilzeiten. Auch für spätere Zeitpunkte behält das Altersteilzeitgesetz gleichwohl seine Bedeutung. Vorgeschrieben ist etwa bei einer Altersteilzeit im Blockmodell (→ Rz. 91) gem. § 8a Abs. 1 ATG ein Insolvenzschutz. Sofern diese nicht durch Bürgschaften, Patronatserklärungen etc. erfolgt, sondern durch Verpfändung von oder Treuhandverhältnisse über Vermögensgegenstände, ist das Saldierungsgebot aus § 246 Abs. 2 HGB zu beachten (→ § 246 Rz. 388). 90

Nach der Art der zeitlichen Freistellung ist zwischen Block- und Gleichverteilungsmodell zu differenzieren. Bei i. d. R. 50%iger Reduzierung der Arbeitszeit gilt: 91

1 BFH, Urteil v. 25.1.1984 – I R 7/80, BStBl II S. 344.
2 BFH, Urteil v. 25.2.1986 – VIII R 377/83, BStBl II S. 465.
3 Nach BFH, Urteil v. 30.1.2002 – I R 71/00, BStBl 2003 II S. 279, Kurzinfo StuB 2002 S. 865.
4 BFH, Beschluss v. 9.5.1995 – IV B 97/94, BFH/NV 1995S. 1970.

- Im **Blockmodell** erfolgt eine Zusammenballung der Arbeitszeit auf die erste Hälfte der Altersteilzeitperiode mit anschließender vollständiger Freistellung von der Arbeitsleistung bei einem formal weiterbestehenden Arbeitsverhältnis.
- Im **Gleichverteilungsmodell** erbringt der Arbeitnehmer während der gesamten Altersteilzeitphase die reduzierte Arbeitszeit.

In beiden Fällen erfolgt eine zeitlich gleichbleibende Vergütung, die neben dem zeitanteiligen Gehalt oder Lohn (i. d. R. 50 %) eine **Aufstockung** (i. d. R. mindestens 20 % des Vollzeitentgelts sowie zusätzlich Sozialversicherungsbeiträge) enthält.

92 Im **Blockmodell** leistet der Arbeitnehmer in der ersten Hälfte der Blockungszeit seine **vollen** Dienste und wird dafür in der zweiten Hälfte unter Weiterbezahlung der Bezüge vollständig von der Arbeit **freigestellt.** Eindeutig liegt beim Unternehmen ein **Erfüllungsrückstand** (→ Rz. 178) im Zeitpunkt des Ablaufs der Beschäftigungsphase für den in der Freistellungsphase noch zu bezahlenden Arbeitslohn vor. Insoweit ist die Ansammlung einer Rückstellungsbildung über die Freistellungsphase **unstreitig.**

93 Strittig war im Schrifttum die Bildung von Verbindlichkeitsrückstellungen für die **Aufstockungsbeträge** – im **Blockmodell** als zusätzlicher Rückstellungsbetrag, im **Gleichverteilungsmodell** als alleinige Rückstellung. Dazu hatte sich sowohl das BMF[1] als auch das IDW[2] geäußert. Das IDW sah in den Aufstockungsbeträgen während der Beschäftigungsphase eine **Abfindung,** die (in abgezinster Form) bereits dann zu bilden war, wenn der oder die Arbeitnehmer den Anspruch auf Altersteilzeit erlangten, und die mit der Zahlung ratierlich aufzulösen war. Arbeitnehmer, welche die persönlichen Voraussetzungen zur Inanspruchnahme des Altersteilzeitangebots eines Unternehmens zwar noch nicht zum Bilanzstichtag erfüllen (etwa noch nicht die Altersgrenze erreicht haben), während der Laufzeit von Tarifvertrag, Betriebs- oder Individualvereinbarung aber erfüllen werden, sollen mit in den Rückstellungsansatz aufgenommen werden. Aufgrund einer **Wahrscheinlichkeitsschätzung** soll dabei die mutmaßliche Inanspruchnahme des Altersteilzeitangebots für die Rückstellungshöhe maßgeblich sein.

94 Der **BFH**[3] hat sich – wohlgemerkt auch hier unter ausschließlicher Auslegung von Handelsrecht (→ Rz. 42) – der vorgenannten Ansicht des IDW nicht angeschlossen. Nach Auffassung des BFH gilt im **Blockmodell:** Erfüllungsrückstände und Aufstockungsbeträge sind keine eigenständigen Verpflichtungen, vielmehr ist eine **einheitliche Betrachtung** geboten. Danach ist im Blockmodell die gesamte während der Freistellungsphase zu zahlende Vergütung (also inkl. des auf die Freistellungsphase entfallenden Aufstockungsbetrags) als Erfüllungsrückstand (→ Rz. 178) ratierlich über die Beschäftigungsphase anzusammeln. Nur in diesem Zeitraum kann ein Erfüllungsrückstand (→ Rz. 178 ff.) vorliegen, danach nicht mehr, weil dann der Charakter des Arbeitsverhältnisses als schwebendes Geschäft beendet ist. Deshalb muss bei Beginn der Freistellungsphase die Verpflichtung in voller Höhe bilanziert sein, um sie danach über die Freistellungsphase aufzulösen. Für das **Gleichverteilungsmodell,** zu dem der BFH keine Entscheidung getroffen hat, würde hieraus folgen: Es ist überhaupt keine Rückstellung zu bilden, da kein Erfüllungsrückstand entsteht.

---

1 BMF, Schreiben v. 11.11.1999 – IV C 2 – S 2176 – 102/99, BStBl I S. 959.

2 IDW RS HFA 3 (hier zunächst in a. F.).

3 BFH, Urteil v. 30.11.2005 – I R 110/04, BStBl 2007 II S. 251, mit weitgehend zustimmender Auffassung zu BMF, Schreiben v. 28.3.2007, BStBl I S. 297. Die Lösung des BFH entspricht derjenigen von *Oser/Doleczik*, DB 2000 S. 6.

Eine Einbeziehung der **Anwartschaften** auf Altersteilzeit nach einem Wahrscheinlichkeitskalkül lehnt der BFH ab. 95

Das BMF hat sich der Lösung des BFH angeschlossen,[1] allerdings ergänzend (für vor dem 1.1.2010 begonnene Altersteilzeitverhältnisse; → Rz. 90) die möglichen Erstattungsansprüche gegen die Arbeitsbehörde als Gegenrechnung vorgesehen. Zur Berücksichtigung des Zinseffekts und der biometrischen Risiken vgl. → § 253 Rz. 87 ff. und 80 ff. 96

BEISPIEL In der Grundstruktur stellen sich die beiden Berechnungsmodelle für eine am 31.12.00 vereinbarte und am 1.1.01 beginnende Altersteilzeit im Blockmodell bei einem angenommenen Vollzeitentgelt von 100, einer Aufstockung von 30 sowie einer Laufzeit von sechs Jahren (drei Jahre aktiv, drei Jahre Freistellung) wie folgt dar: 97

Prämissen	31.12.00	31.12.01	31.12.02	31.12.03	31.12.04	31.12.05	31.12.06
			Arbeitsphase			**Freistellungsphase**	
Zeitanteiliges Entgelt		50	50	50	50	50	50
Aufstockung		30	30	30	30	30	30
Gesamtentgelt		80	80	80	80	80	80
Zahlung: Jahresmitte							
Diskontierungszins: 5,5 %							
Biometrisches Risiko: vernachlässigt							
Lösung IDW RS HFA 3 a. F.	31.12.00	31.12.01	31.12.02	31.12.03	31.12.04	31.12.05	31.12.06
			Arbeitsphase			**Freistellungsphase**	
Erfüllungsrückstand, undiskontiert	0	50	100	150	100	50	0
Erfüllungsrückstand, diskontiert	**0,00**	**43,74**	**89,88**	**138,56**	**94,82**	**48,68**	**0,00**
Aufstockungsbetrag, undiskontiert	**180**	**150**	**120**	**90**	**60**	**30**	**0,00**
Aufstockung, diskontiert	**134,09**	**117,88**	**99,49**	**78,72**	**55,37**	**29,21**	**0,00**
Rückstellung (Summe diskontierter Beträge)	**134,09**	**161,62**	**189,37**	**217,28**	**150,19**	**77,89**	**0,00**
Lösung BFH/BMF	31.12.00	31.12.01	31.12.02	31.12.03	31.12.04	31.12.05	31.12.06

1 BMF, Schreiben v. 28.3.2007 – IV B 2 – S 2175/07/0002, BStBl I S. 297.

		Arbeitsphase			Freistellungsphase		
Erfüllungsrückstand, undiskontiert	0	80	160	240	160	80	0
Erfüllungsrückstand, diskontiert (= Rückstellung)		**69,98**	**143,80**	**221,69**	**151,71**	**77,89**	**0,00**

Im Beispiel ist aus Vereinfachungsgründen die Geltung des steuerbilanziellen Abzinsungssatzes (5,5 %) auch für die Handelsbilanz unterstellt. Tatsächlich ergibt sich die handelsbilanzielle Diskontierung aus Marktverhältnissen (→ § 253 Rz. 116) unter Berücksichtigung der Restlaufzeit. Bei Pensionen und ähnlichen Verpflichtungen kann dabei i. d. R. von der tatsächlichen Restlaufzeit abstrahiert und eine durchschnittliche Restlaufzeit von 15 Jahren für die Auswahl des Zinssatzes fingiert werden (→ § 253 Rz. 117).

Weiter wird im Beispiel eine Diskontierung nach Tranchen (separate Behandlung jedes Jahresteils) vorgenommen. Andere Verfahren, z. B. ein Abstellen auf die mittlere Laufzeit, können ebenso zulässig sein (→ § 253 Rz. 117).

98 Am ausgeprägtesten war der Dissens von IDW und BFH/BMF hinsichtlich der Behandlung von Aufstockungsbeträgen bei der Behandlung von **Anwartschaften:**

- Die Perspektive in IDW RS HFA 3 a. F. passte dabei am besten zu einer Situation struktureller oder konjunktureller **Überkapazitäten** und einer damit einhergehenden hohen **Arbeitslosenrate.** In einem solchen Kontext haben Altersteilzeitregelungen den Charakter von **Sozialplänen,** die dem **Interesse** des **Unternehmens** an einer Reduktion überschüssiger Personalkapazitäten dienen und den dadurch für die Arbeitnehmer entstehenden Nachteil durch Aufstockungsbeträge sozial abfedern. Eine **sofortige Rückstellungsbildung** mit Inkrafttreten des „Sozialplans" (→ Rz. 16) erscheint dann konsequent.
- In eher durch Vollbeschäftigung charakterisierten Zeiten kann die Gewährung des Rechts auf Altersteilzeit aber auch als eine vorrangig im **Interesse** der **Arbeitnehmer** liegende Maßnahme angesehen werden, die ihnen eine Reduzierung der Arbeitszeit (Gleichverteilungsmodell) oder einen frühzeitigen Ruhestand (Blockmodell) erlaubt, welche die sonst entstehenden Gehaltseinbußen aber zu einem erheblichen Teil durch die Aufstockungsbeträge ausgleicht. Aus dieser die Interessen der Arbeitnehmer in den Vordergrund stellenden Perspektive ist eine Verwandtschaft zu anderen, langfristigen Vergütungsanreizen (Pensionen, Jubiläumszuwendungen usw.) gegeben. Wie bei den verwandten Anreizen wäre dann statt einer sofortigen Rückstellung der Aufstockungsbeträge eine **Ansammlung** über die **Dauer** des **Erdienenszeitraums** geboten.

BEISPIEL ▸ Am 31.12.01 tritt ein (Mantel-)Tarifvertrag in Kraft, der jedem Arbeitnehmer, der während der zehnjährigen Laufzeit des Vertrags die Phase des 55. Lebensjahres erreichen wird, ein Recht auf Altersteilzeit unter Gewährung von 30 % Aufstockungsbeträgen gibt. Beim Unternehmen U ist zu diesem Zeitpunkt kein Arbeitnehmer älter als 50 Jahre.

Frühere Lösung IDW

Per 31.12.01 ist dem Grunde nach für Arbeitnehmer, die während der Laufzeit des Vertrags das 55. Lebensjahr erreichen, eine Rückstellung für Aufstockungsbeträge zu bilden. Als Bewertungsparameter sind jedoch die Wahrscheinlichkeit der Erlangung des Inanspruchnahmerechts (Fluktuation, Sterblichkeit etc.) und der Ausübung des Rechts (Wünsche der Arbeitnehmer) zu berücksichtigen.

Lösung BFH

Vor Ablauf von fünf Jahren (erster Arbeitnehmer erreicht die Altersgrenze) kommt keine Rückstellung infrage, danach nur für die Arbeitnehmer, welche die Altersteilzeit im Blockmodell begonnen haben, und zwar nach dem ratierlich entstehenden Erfüllungsrückstand.

Lösung in Analogie zu Pensionen, Jubiläumsgratifikationen etc.

In dieser Analogie wäre eine Ansammlung der Aufstockungsbeträge über die Zeitdauer bis zum möglichen Beginn der Altersteilzeit geboten, also bei 50-Jährigen über fünf Jahre, bei 49-Jährigen über sechs Jahre, bei 48-Jährigen über sieben Jahre usw.

98a Die unter → Rz. 98 vorgenommene und von uns so schon seit der 1. Aufl. vertretene Differenzierung nach dem wirtschaftlichen Gehalt der Altersteilzeitregelung – Interesse des Unternehmens an **Freisetzung** älterer Arbeitnehmer (Abfindung) vs. besondere Vergütung mit Entlohnungscharakter – findet sich seit 2013 auch in IDW RS HFA 3.[1] Danach ist handelsrechtlich in jedem Einzelfall zu prüfen, ob der Abfindungs- oder der **Entlohnungscharakter** überwiegt. Im Einzelnen ist nach IDW RS HFA 3 Tz. 18 ff. für das Blockmodell wie folgt zu differenzieren:

- Vereinbarung mit **Abfindungscharakter:** volle Passivierung der diskontierten Aufstockungsbeträge in dem Zeitpunkt, in dem die rechtliche Verpflichtung zur Gewährung von Altersteilzeit entsteht. Dies ist i. d. R. der Zeitpunkt des Abschlusses der entsprechenden Individual- oder Kollektivvereinbarung. Bei Kollektivvereinbarungen ist der Grad der wahrscheinlichen Inanspruchnahme durch die während der Dauer der Vereinbarungen in die Berechtigung hineinwachsenden Arbeitnehmer auf Basis von (eigenen oder fremden) Erfahrungswerten zu schätzen.
- Vereinbarung mit **Entlohnungscharakter:** Ansammlung der Rückstellung über den Zeitraum, in dem vereinbarungsgemäß die zusätzliche Entlohnung in Form der Aufstockungsbeträge von den Arbeitnehmern erdient wird. Bei Entlohnung auch einer in der Vergangenheit geleisteten Tätigkeit, impliziert dies eine Passivierung des auf die Vergangenheit entfallenden Betrags.

BEISPIEL ► Am 31.12.20 tritt eine Altersteilzeitvereinbarung über ein Blockmodell (drei + drei Jahre) in Kraft, zu dessen Inanspruchnahme alle Arbeitnehmer berechtigt sind, die zu Beginn der Altersteilzeit das 55. Lebensjahr vollendet haben und seit zehn Jahren im Unternehmen sind. Arbeitnehmer A vollendet am 31.12.23 das 55. Lebensjahr und ist schon seit dem 1.1.05 im Unternehmen. Für ihn ist der (diskontierte) Abfindungsbetrag sofort in voller Höhe zu passivieren.

Besteht keine ausdrückliche Vereinbarung über den **Zeitraum,** in dem die zusätzliche Entlohnung in Form der Aufstockungsbeträge erdient wird, ist bei Vereinbarungen mit Entlohnungscharakter eine Verteilung über den Zeitraum des Inkrafttretens der Altersteilzeitvereinbarung bis zum Ende der Beschäftigungsphase zulässig, ebenso aber eine Differenzierung nach Aufstockunsgleistungen der Beschäftigungsphase (Ansammlung bis zum jeweiligen Fälligkeitszeitpunkt) und solchen der Passivphase (Ansammlung bis zum Ende der Beschäftigungsphase). Insgesamt ist festzuhalten: „Auf die wesentlichen Faktoren der Rückstellung für Aufstockungsleistungen (Beginn, Ende und Verfahren der Ansammlung) geht IDW RS HFA 3 kaum ein. Der HFA hat sich vielmehr bewusst nicht für ein Ansammlungsverfahren entschieden, sondern wartet die weitere Diskussion hierzu ab."[2]

99 Das in § 8a ATG enthaltene Gebot des **Insolvenzschutzes** (→ Rz. 90) bezieht sich nur auf die Wertguthaben einschließlich des darauf entfallenden Arbeitgeberanteils am Gesamtsozialver-

1 Vgl. zum Entwurf *Zwirner,* StuB 2012 S. 731.

2 *Thaut,* DB 2013 S. 2693 ff.

sicherungsbeitrag, somit nur auf den **Erfüllungsrückstand im Block**modell, hingegen nicht auf die **Aufstockungsbeträge.** Bei Annahme zweier an sich selbständiger Rückstellungskomponenten (→ Rz. 97) bedeutet dies: Erfolgt eine entsprechende Beschränkung des Verwendungszwecks des Deckungsvermögens auf den Erfüllungsrückstand, ist nur hierfür eine **Saldierung** nach § 246 Abs. 2 HGB vorzunehmen (→ § 246 Rz. 388).

BEISPIEL ► Die Rückstellung für Altersteilzeit setzt sich (vor Saldierung) wie folgt zusammen: 100 T€ wegen Erfüllungsrückstand, 50 T€ wegen Aufstockungsbeträgen. Das Deckungsvermögen beträgt 120 T€. Es ist ausschließlich zur Deckung der Verpflichtungen aus den Erfüllungsrückständen bestimmt.

BEURTEILUNG ► In der Bilanz ist eine Saldierung zwischen Deckungsvermögen und Erfüllungsrückstand vorzunehmen, hieraus resultiert ein Aktivüberhang von 20 T€, der als letzter Posten der Aktivseite auszuweisen ist.

Daneben ist eine Rückstellung von 50 T€ wegen der Aufstockungsbeträge anzusetzen.[1]

99a Sehen eine Altersteilzeitarbeitsvereinbarung und der einschlägige Tarifvertrag einen sog. Nachteilsausgleich vor, indem Arbeitnehmer, die vorzeitig in den Ruhestand gehen, für daraus entstehende Rentenabschläge kompensiert werden, kann hierfür nach Ansicht des BFH steuerbilanziell keine Rückstellung gebildet werden. Vor dem tatsächlichen Eintritt in den Ruhestand soll die Verpflichtung wirtschaftlich noch nicht verursacht sein.[2] Nach Auffassung des IDW ist das Urteil des BFH abzulehnen. Handelsbilanziell sei es geboten, den Aufwand für den Nachteilsausgleich bereits vor dem Zeitpunkt des Eintritts in die Rente durch Bildung einer Rückstellung entsprechend zu erfassen.[3]

100 Der **Ausweis** der Altersteilzeitverpflichtungen (→ Rz. 125) erfolgt unter den **sonstigen Rückstellungen** (→ § 266 Rz. 82).[4]

100a Von Altersteilzeit zu unterscheiden sind Vereinbarungen über **Altersfreizeit.** Hierbei erdienen Arbeitnehmer oder solche einer bestimmten Gruppe (z. B. Schichtarbeiter) pro Jahr der Unternehmenszugehörigkeit einen zusätzlichen Anspruch auf bezahlte Freizeit. Dieser Anspruch ist häufig unmittelbar vor Eintritt in die Rente einzulösen, je nach Modell

► **in natura,** also in bezahlten Freistellungstagen (dies ggf. auch schon weit vor Erreichen der Altersgrenze), oder
► nach Option des Arbeitnehmers in natura oder durch Geldausgleich.

Abzugrenzen sind entsprechende Vereinbarungen zunächst von Regelungen, nach denen die Zahl der Urlaubstage mit dem Dienstalter steigt. Derartige Regelungen begründen keinen Erfüllungsrückstand und damit keine Verbindlichkeitenrückstellung. Bei Altersfreizeitvereinbarungen im eigentlichen Sinne werden ein solcher Erfüllungsrückstand und eine Berücksichtigung durch eine Ansammlungsrückstellung hingegen bejaht.[5] Daran soll auch das Wahlrecht des Arbeitnehmers auf (vorzeitige) Inanspruchnahme in natura nichts ändern, weil diese Option aus Sicht des Unternehmens eine auflösende Bedingung für die Erledigung des Erfüllungsrückstandes darstellen soll. Im Zeitpunkt der vorzeitigen Inanspruchnahme ist eine gebildete Rückstellung entsprechend zu verringern.

1 Nach *Zwirner*, BB 2011 S. 619 ff.

2 BFH, Urteil v. 27.9.2017 – I R 53/15. Dem nun folgend: BMF, Schreiben v. 22.10.2018 – IV C 6 – S 2175/07/10002, BStBl 2018 I S. 1112, NWB PAAAG-97996.

3 IDW, 255. Sitzung des Fachausschusses Unternehmensberichterstattung vom 21.3.2019.

4 Vgl. *Wulf/Petzold*, DB 2001 S. 2161; *Zwirner*, BB 2011 S. 619.

5 Vgl. zum Ganzen *Prinz*, StuB 2022 S. 11 ff.

2.4.2.3 Arbeitszeitkonten

Die der Flexibilisierung der Arbeitszeit dienenden Arbeitszeitkonten haben den Vorteil einer nachgelagerten Versteuerung, die nicht als steuerbarer Zufluss beim Arbeitnehmer gewertet wird. Die Arbeitnehmer können wahlweise in einer späteren Freistellungsphase ausbezahlt oder auch in einen Altersversorgungsanspruch umgewandelt werden. Es liegt hier **Erfüllungsrückstand** des Arbeitgebers im Rahmen des „schwebenden" Arbeitsvertrags vor (→ Rz. 178), der durch eine Verbindlichkeitsrückstellung abzudecken ist.[1] Zur Bewertung vgl. → § 253 Rz. 85. 101

Zu unterscheiden sind[2]

- (**langfristig** ausgerichtete) **Wertkonten** zur längerfristigen Freistellung für Sabbaticals u. a. sowie zur Vorschaltung vor dem Eintritt in den Ruhestand,
- (**kurzfristig** ausgerichtete) **andere** Arbeitszeitkonten aus Gleitzeit- und Überstundenmodellen.

Die **anderen Arbeitszeitkonten** werden regelmäßig durch Anpassung der Arbeitszeit ausgeglichen. Dabei kann auch ein Saldo entstehen, also ein **Guthaben** des **Arbeitgebers** gegenüber dem Arbeitnehmer wegen geringerer Arbeitsleistung im Verhältnis zur vertragsmäßigen Vergütung. Der Ansatz eines solchen Guthabens ist aus arbeitsrechtlichen Einschränkungen zweifelhaft.[3]

Die langfristig ausgerichteten **Wertkonten** – so genannt, weil in Geldeinheiten geführt – werden gespeist aus einem Verzicht auf Auszahlung von Weihnachtsgeld und Tantiemen, auf Überstundenvergütungen und einem Urlaubsverzicht. Dieses so dotierte Guthaben wird in einer Freistellungsphase von der Arbeitsleistung ausbezahlt und im Zeitpunkt der Freistellung nach Maßgabe der aktuellen Vergütung in Freistellungstage umgerechnet. Das Guthaben wird üblicherweise verzinst und zur Sicherstellung mit Wertpapieren u. Ä. unterlegt – vergleichbar mit den entsprechenden Maßnahmen zur Finanzierung von Altersversorgungsverpflichtungen (→ § 246 Rz. 392).

2.4.2.4 Entgelt-Rahmenabkommen (ERA)

Das Entgelt-Rahmenabkommen in der Eisen-, Metall- und Elektroindustrie Nordrhein-Westfalen sieht einen sog. **Anpassungs**fonds vor, in dem bestimmte nicht ausgezahlte Vergütungsbestandteile angesammelt werden. Es liegt insofern ein Erfüllungsrückstand (→ Rz. 178) in Form der einbehaltenen sog. Strukturkomponente vor, der am Bilanzstichtag rechtlich (→ Rz. 10) und wirtschaftlich (→ Rz. 23) verursacht und mit hoher Wahrscheinlichkeit zu erfüllen ist (→ Rz. 43). Entsprechend ist für diese Strukturkomponente eine Verbindlichkeitsrückstellung unter Abzinsung (→ § 253 Rz. 109) zu bilden.[4] 102

2.4.2.5 Gratifikationen, Boni, Tantiemen u. Ä.

Sofern eine vertragliche Verpflichtung zur Gewährung von Tantiemen etc. für das abgelaufene Geschäftsjahr besteht, ist der Rückstellungsansatz unproblematisch. Das gilt auch ohne förm- 103

1 BMF, Schreiben v. 11.11.1999 – S 2176, BStBl I S. 959.
2 Vgl. hierzu *Ries*, WPg 2010 S. 811.
3 Vgl. hierzu *Ries*, WPg 2010 S. 815; ablehnend FG Berlin-Brandenburg, Urteil v. 23.8.2011, EFG 2012 S. 600, rkr.
4 So BMF, Schreiben v. 2.4.2007 – IV B 2 – S 2137/07/0003, BStBl I S. 301; *Herzig/Bohn*, BB 2006 S. 1551, gegen *Frei*, BB 2005 S. 1045; BayLfSt, Vfg. v. 3.9.2010, BB 2010 S. 2754.

liche Rechtsverpflichtung aufgrund jahrelanger Übung, die nach arbeitsrechtlichen Regeln regelmäßig eine Verbindlichkeit begründet, wenn nicht ein entsprechender Vorbehalt erfolgt.

Ohne eine solche Rechtsverbindlichkeit ist eine Rückstellung unzulässig, außerdem bedarf es zur Rückstellungsbildung (bei Rechtsverbindlichkeit) auch einer Abgeltung des **zurückliegenden** Verhaltens. Wenn mit der Prämie eine **künftige** Leistungssteigerung u. Ä. des Arbeitnehmers abgegolten werden soll, kommt eine Rückstellung nicht in Betracht.[1]

2.4.2.6 Weihnachtsgeld

104 Ein Rückstellungserfordernis ergibt sich bei abweichendem Wirtschaftsjahr. Sobald der Gratifikation eine rechtsverbindliche Zusage oder betriebliche Übung zugrunde liegt, ist durch die anzusetzende Verbindlichkeitsrückstellung eine zeitproportionale Zuteilung auf den bis zum Stichtag abgelaufenen Zeitraum vorzunehmen.[2]

2.4.2.7 Jubiläumszuwendungen

105 Vgl. für die Steuerbilanz → Rz. 217. Handelsrechtlich besteht uneingeschränkte Ansatzpflicht.

2.4.2.8 Krankheit

106 Hier gilt nach der BFH-Rechtsprechung die Ausgeglichenheitsvermutung des Arbeitsverhältnisses. Ein höherer Krankenstand bei älteren Arbeitnehmern (wenn ein solcher vorliegen sollte) ist nicht durch Rückstellungsbildung zu berücksichtigen.[3] Auch für die künftigen Verpflichtungen zur Lohnfortzahlung bei Arbeitsunfähigkeit wegen Krankheit ist ein Rückstellungsansatz nicht möglich.[4] Wohl aber sind Rückstellungen für Beihilfen an Ruheständler ansatzpflichtig (→ Rz. 88).[5] Das gilt auch bei Abschluss einer Beihilfeversicherung.[6]

2.4.2.9 Sozialplanverpflichtung, Restrukturierung

107 Vgl. → Rz. 16 und → Rz. 22.

2.4.2.10 Urlaub und Gleitzeitguthaben

108 Der Urlaubsanspruch ist ein integrierender Bestandteil des schwebenden Arbeitsverhältnisses und kann deswegen nur im Rahmen von bestehenden Erfüllungsrückständen (→ Rz. 178 ff.) des Arbeitgebers passiviert werden. Deshalb ist für die **Urlaubsgewährung** generell keine Rückstellung möglich, sondern nur insoweit, als der Arbeitnehmer eine Vorleistung erbracht hat und der Arbeitgeber deshalb in einen Leistungsrückstand geraten ist. Noch nicht erbrachte Urlaubsfreistellungen am Bilanzstichtag (für das abgelaufene Wirtschaftsjahr) sind deshalb als Verbindlichkeitsrückstellung anzusetzen.[7] Entsprechendes gilt für Gleitzeitguthaben der Arbeitnehmer, die nach dem Bilanzstichtag durch zusätzliche Freizeit ausgeglichen werden sol-

---

1 BFH, Urteil v. 7.7.1983 – IV R 47/80, BStBl II S. 753.
2 BFH, Urteil v. 26.6.1980 – IV R 35/74, BStBl II S. 506.
3 BFH, Urteil v. 25.9.1956 – I 122/56 U, BStBl III S. 333.
4 BFH, Urteil v. 7.6.1988 – VIII R 296/82, BStBl II S. 886.
5 BFH, Urteil v. 30.1.2002 – I R 71/00, BStBl 2003 II S. 279.
6 BayLfSt, Vfg. v. 12.8.2011, BB 2011 S. 2354.
7 BFH, Urteil v. 8.7.1992 – XI R 50/89, BStBl II S. 910.

len; im umgekehrten Fall eines negativen Gleitzeitkontos („Minderstunden") ist eine Aktivierung als Rechnungsabgrenzungsposten oder als Anzahlung nicht zulässig.[1]

Bei **abweichendem** Wirtschaftsjahr kann sich die offene Urlaubsverpflichtung des Arbeitgebers nur auf den zeitanteiligen Urlaubsanspruch bis zum Stichtag beziehen. Eine Rückstellung für den Urlaub des gesamten Kalenderjahres kommt nicht in Betracht.[2]

Die Urlaubsrückstellung ist abstrakt das Produkt aus noch nicht genommenen Urlaubstagen (Resturlaub) und Arbeitskosten je Tag. In der Konkretisierung der **Arbeitskosten je Tag** unterscheiden sich Steuer-[3] und Handelsrecht.[4] Im **Handelsrecht** ergibt sich vor allem aus folgenden Gründen ein höherer Tageskostensatz:

- **Aperiodische Leistungen** (z. B. Weihnachtsgeld) und Zuführungen zu Pensionsrückstellungen werden in die Jahresarbeitskosten einbezogen.
- In der Umrechnung auf Tageskosten werden die Jahresarbeitskosten nur durch die **produktiven Tage** dividiert, also z. B. die tariflichen Urlaubstage selbst und die sonstigen Ausfallzeiten (vor allem Krankheit) nicht berücksichtigt.

BEISPIEL

	BFH	IDW
Gesamtanzahl Tage	365	365
– Arbeitsfreie Tage	-115	-115
– Urlaubs-, Krankheitstage		-25
– Sonstige Ausfalltage		-5
	250	220
Resturlaub in Tagen	10	10
Zu berücksichtigende Kostenbestandteile	€	€
Bruttogehalt, jährlich	20.000	20.000
Tarifliches Weihnachtsgeld u. a. aperiodische Bestandteile	–	1.000
Urlaubsgeld (soweit nicht im Ganzen bereits ausbezahlt)	500	500
Zuführung Pensionsrückstellung	–	100
Arbeitgeberanteil zur Sozialversicherung	2.000	2.000
Berufsgenossenschaftsbeitrag, jährlich	500	500
Feststehende Gehaltssteigerung (Folgejahr) bzw. erwartete (BilMoG) Gehaltssteigerung		1.000
Kostenbasis	23.000	25.100
Kosten pro Tag	92	114
Rückstellungsansatz für 10 Tage Resturlaub	920	1.141

Für (kurzfristige) **Gleitzeitguthaben** gilt das vorstehende Berechnungsschema ebenfalls.

1 FG Berlin-Brandenburg v. 23.8.2011 – 6 K 2028/06, StuB 2012 S. 521.
2 BFH, Urteil v. 26.6.1980 – IV R 35/74, BStBl II S. 506.
3 BFH, Urteil v. 8.7.1992 – XI R 50/89, BStBl II S. 910, und BFH, Urteil v. 10.3.1993 – I R 70/91, BStBl II S. 446.
4 IDW, Schreiben v. 16.4.1992, WPg 1992 S. 330.

2.4.2.11 Pensionssicherungsverein

109 Der BFH lehnt Rückstellungen für **künftige** Beiträge an den Pensionssicherungsverein ab.[1] Handelsrechtlich wird der Ansatz demgegenüber befürwortet.

Durch die Änderung des Gesetzes über die betriebliche Altersversorgung vom 12.12.2006 ist für die Insolvenzsicherung der Altersversorgungsbezüge das **Kapitaldeckungsverfahren** (früher Umlageverfahren) eingeführt worden. Die erforderliche Nachfinanzierung führt zu Leistungsverpflichtungen der betroffenen Unternehmen, die seit 31.3.2007 in 15 Jahresraten, jeweils fällig zum 31.3., zu erbringen sind. Bei vorfälliger Ablösung der Schuld ist eine Diskontierung der einzelnen Jahresraten mit dem zum Zeitpunkt der Zahlung um ein Drittel erhöhten Rechnungszinsfuß nach § 65 des VersicherungsaufsichtsG vorzunehmen, im Jahr 2007 und 2008 daher mit 3 %. Erstmals in der Handelsbilanz zum 31.12.2006 ist der abgezinste Betrag als Verbindlichkeit zu passivieren.[2]

2.4.2.12 Versorgungsleistungen im Umlageverfahren

110 Eine Pensionsrückstellung scheidet nach BFH aus,[3] wenn der versorgungsverpflichtete Arbeitgeber Mitglied einer **Versorgungskasse** ist und die Versorgungsleistung von dieser Versorgungskasse im sog. Umlageverfahren erbracht wird (→ Rz. 126). Die Tatbestandsmerkmale des BFH-Urteils waren die folgenden:

- Der Arbeitgeber erteilt eine Pensionszusage nach § 6a EStG,
- er ist gleichzeitig Mitglied einer Versorgungskasse,
- er leistet Umlagezahlungen an diese Versorgungskasse,
- die Umlagen dienen der Finanzierung der Versorgungslasten aller in der Solidargemeinschaft zusammengeschlossenen Arbeitgeber und können weder den einzelnen Versorgungsverpflichteten noch den jeweiligen Mitgliedern zugerechnet werden,
- die späteren Versorgungsleistungen werden unmittelbar von der Versorgungskasse an den Versorgungsberechtigten ausgezahlt und
- eine Rechtsbeziehung besteht ausschließlich zwischen dem Arbeitgeber und der Versorgungskasse, d. h., die Kasse übernimmt gegenüber dem Versorgungsberechtigten keine unmittelbare eigene Verpflichtung.

Die **Erfüllung** der Altersversorgungsverpflichtung obliegt ausschließlich der Kasse, eine Inanspruchnahme des Arbeitgebers ist sehr unwahrscheinlich, was einen Bilanzansatz verhindert.

Nur bei ausschließlicher **Zahlungsfunktion** der Versorgungskasse mit entsprechender Erstattung der Zahlungen durch den Arbeitgeber ist die Rückstellung bei diesem vorzunehmen.

2.4.2.13 Sanierungsgelder für Versorgungsanstalten und Zusatzversorgungskassen

111 Wegen **Umstellung** der Finanzierungsmethode vom Umlageverfahren auf Kapitaldeckung muss die Versorgungsanstalt des Bundes und der Länder von den betroffenen Unternehmen einen sog. **Sanierungs**beitrag erheben, um am 1.1.2002 den laufenden Renten sowie den bis dahin begründeten Anwartschaften einen Bestandsschutz zu geben. Die laufenden Leistungen

1 BFH, Urteil v. 13.11.1991 – I R 102/88, BStBl 1992 II S. 336; BFH, Urteil v. 6.12.1995 – I R 14/95, BStBl 1996 II S. 406.
2 HFA des IDW in der 205. Sitzung am 28./29.11.2006.
3 BFH, Urteil v. 5.4.2006 – I R 46/04, BStBl II S. 688; dazu BMF, Schreiben v. 26.1.2010 – IV C 6 – S 2176/07/10005, BStBl I S. 138.

werden weiterhin durch das Umlageverfahren gedeckt. Für sog. Altfälle mussten aus Vertrauensschutzgründen die bisherigen Ansprüche weiter bedient werden, was nur durch zusätzliche „Sanierungsgelder" finanziell möglich war. Einen Rückstellungsansatz zum 31.12.2001 lehnte der BFH[1] ab, weil zu diesem Zeitpunkt noch keine Rechtsverpflichtung vorlag und der wirtschaftliche „Bezug" (= Verursachung) bis dahin fehlte. Das wirtschaftlich wesentliche Merkmal läge (so der BFH) in der Zukunft, weil dann erst die finanzielle Unterdeckung bestünde. Das IDW schließt sich dem im Wesentlichen an.[2]

Nach der Umstellung von einem umlagefinanzierten auf ein kapitalgedecktes Verfahren erhob die Kirchliche Zusatzversorgungskasse (KZVK) seit 2002 von ihren Mitgliedsunternehmen zusätzliche Beiträge (sog. Sanierungsgelder) zur Finanzierung der Deckungslücke. Nach dem BGH, Urteil v. 9.12.2015, wurden diese Gelder rechtswidrig erhoben, in der Folge daher den Mitgliedsunternehmen erstattet. Die Erstattung führte zu einem Ertrag, der ggf. durch (allerdings für die Zukunft bindenden) Verzicht auf das Nichtpassivierungswahlrecht des Art. 28 Abs. 1 Satz 2 EGHGB neutralisiert werden konnte. 2016 informierte die KZVK ihre Mitgliedsunternehmen sodann darüber, ab 2016 sog. satzungskonforme Finanzierungsbeiträge über die nächsten 25 Jahre zu erheben. Hierfür kann aus den unter → Rz. 111 genannten Gründen keine Rückstellung gebildet werden. 111a

Zur KZVK Dortmund der evangelischen Kirche, die nach einer Umstellung von Umlagefinanzierung auf Kapitaldeckung sog. Stärkungsbeiträge zur Schließung der Deckungslücke über 25 Jahre erhebt, gibt das IDW folgende Erläuterungen:[3]

- Die Deckungslücke begründet keine Konkretisierung der Subsidiärhaftung (→ Rz. 128) der Mitgliedsunternehmen, da das vorhandene Gesamtvermögen ausreicht, die Rentenverpflichtungen der nächsten 15 Jahre zu erfüllen. Eine Rückstellung aus Subsidiärhaftung scheidet daher aus.
- Die Stärkungsbeiträge sind vorbehaltlich der Ausübung des Wahlrechts zur Passivierung mittelbarer Pensionsverpflichtungen ebenfalls nicht rückstellungsfähig, sondern für den jeweiligen Erhebungszeitraum als Aufwand zu berücksichtigen (und zwar selbst dann, wenn die Festsetzung für das Erhebungsjahr X + 1 schon X erfolgt).
- Wird eine Einmalzahlung bereits im Voraus zur Verrechnung mit späteren Stärkungsbeiträgen geleistet, ist die Zahlung aktiv abzugrenzen.

2.4.2.14 Berufsgenossenschaftsbeiträge

Bei traditioneller Erhebung der Beiträge ist für die das abgelaufene Geschäftsjahr betreffenden Beiträge, also die erwartete (Abschluss-)Zahlung, eine Rückstellung zu bilden. Legt die zuständige Berufsgenossenschaft anlässlich der Umstellung auf Beitragsvorschüsse ein Pausenjahr ein, erhebt also für 20x1 keine Beiträge, sondern setzt lediglich die Vorschüsse für 20x2 auf Basis des Jahres 20x1 fest, entsteht im bzw. für das „Pausenjahr" 20x1 weder Aufwand noch eine Rückstellung.[4] 111b

1 Umkehrschluss vom BFH, Urteil v. 27.1.2010 – I R 103/08, BStBl II S. 614. Vgl. „kk", KÖSDI 2010 S. 16909, sowie auch *Buciek*, FR 2010 S. 610.
2 FN-IDW 2002 S. 220.
3 IDW Life 2018 S. 636.
4 Vgl. im Einzelnen *Lüdenbach*, StuB 2022 S. 551.

2.4.2.15 *Stock options*, aktienkursorientierte Vergütung

112 Zum Thema generell ist zu verweisen auf → § 272 Rz. 94 ff. Bilanzsystematisch ist zu unterscheiden zwischen

- realen Optionen und
- virtuellen Optionen *(stock appreciation rights)*.

Primär ist die letztgenannte Vergütungsform rückstellungsrelevant, weil sie aus **eigenem** Vermögen der Gesellschaft bestritten wird (→ § 272 Rz. 100 ff.).

Bei **realen Optionen** stellt sich ein Bilanzansatzproblem für die **Stillhalter**verpflichtung des Unternehmens aus dem Optionsprogramm. Diese Verpflichtung ist allerdings auf die Ausgabe eigener Anteile gerichtet und damit als ein erfolgsunwirksamer Vorgang als schwebendes Geschäft (→ § 246 Rz. 8) zu werten, ebenso wie das Arbeitsverhältnis. Der Ansatz einer Rückstellung kommt daher u. E. weder wegen Vorliegens eines Erfüllungsrückstands (Verbindlichkeitsrückstellung) noch eines anstehenden Verlusts (Drohverlustrückstellung, → Rz. 160) in Betracht. Stattdessen befürworten wir folgendes Vorgehen:

- Die Gewährung der Optionen führt zu Personalaufwand, und zwar in Höhe des Werts der Optionen im **Zusagezeitpunkt** *(grant date measurement)*.
- Die Gegenbuchung erfolgt in der **Kapitalrücklage.**
- Der Aufwand ist über den Erdienungszeitraum zu **verteilen.**

Zur Begründung dieser von der h. M. abweichenden Auffassung wird im Einzelnen auf → § 272 Rz. 102 ff. verwiesen.

113 *(einstweilen frei)*

114 Bei **virtuellen Optionen** schuldet das Unternehmen eine erfolgsabhängige Vergütung, die sich von anderen an den Unternehmenserfolg gekoppelten Vergütungen (Tantiemen) zunächst lediglich dadurch unterscheidet, dass der Erfolg nicht über eine Größe der Rechnungslegung (Jahresüberschuss etc.), sondern die **Wertentwicklung** des Unternehmens definiert ist. Für die Qualifikation des Passivpostens ist dieser Unterschied ohne Relevanz. Wie bei einer Tantieme ist eine Verbindlichkeitsrückstellung zu bilden.

Eine weitere Besonderheit der virtuellen Optionen besteht jedoch in der regelmäßigen Verknüpfung der Ausübungsberechtigung an einen **mehrjährigen Verbleib** im Unternehmen (sog. Dienstperiode). Eine solche Mindestverbleibensbedingung ist zwar auch bei Tantiemen möglich, dort aber eher die Ausnahme. Bei virtuellen Optionen bringt die Bedingung eine Belohnung für die Dienste mehrerer Jahre zum Ausdruck. Entsprechend ist der Aufwand auf die Dienstperiode zu verteilen. Da andererseits aber die wahrscheinlich aus der virtuellen Option zu zahlende Vergütung zu jedem Stichtag neu zu ermitteln ist, greifen **ratierliche Ansammlung** und **Stichtagsanpassung** ineinander.

BEISPIEL Am 1.1.01 wird 1.000 Arbeitnehmern das virtuelle Recht eingeräumt, zum 31.12.03 je 100 Aktien für einen Kurs von 10 € zu erwerben, sofern sie nicht vorher aus dem Unternehmen ausscheiden. Bei Ausübung des Rechts zahlt das Unternehmen je Aktie die positive Differenz zwischen aktuellem Kurswert und dem Ausübungspreis von 10 €.

Der Kurs entwickelt sich wie folgt:

31.12.01	19 €
31.12.02	16 €
31.12.03	17,5 €

Beschränkt auf den inneren Wert der Optionen und unter Vernachlässigung der Fluktuation (→ § 272 Rz. 101) ergeben sich folgende Rückstellungs- und Aufwandsbeträge:

Jahr	Kurs	Innerer Wert	· Zahl der Optionen	= Gesamtwert	· Zeitanteil	= Rückstellung	Zuführung (Aufwand)
31.12.01	19,0	9,0	· 100 · 1.000	900.000	· 1/3	300.000	300.000
31.12.02	16,0	6,0	· 100 · 1.000	600.000	· 2/3	400.000	100.000
31.12.03	17,5	7,5	· 100 · 1.000	750.000	· 3/3	750.000	350.000

Auch bei virtuellen Optionen verneint der BFH eine Rückstellung dann, wenn die Ausübung der Option an ein Exit-Ereignis (Börsengang) und weitere Bedingungen gebunden ist; hierzu wird auf → § 272 Rz. 113 verwiesen.

2.5 Handelsvertreter, Versicherungsvermittler

2.5.1 Verpflichtungen gegenüber dem Handelsvertreter

Diese vor Jahrzehnten heiß umstrittene Thematik der Rückstellungsbilanzierung wegen des **Ausgleichsanspruchs** des Handelsvertreters ist vom BFH zumindest für die steuerliche Bilanzierung entschieden worden:[1] Danach ist ein Bilanzansatz bis zum Jahr der Vertragsbeendigung nicht möglich. Eine zeitanteilige Zuführung über die Vertragslaufzeit hinweg kommt nicht in Betracht. Es handelt sich um einen Grenzfall der Würdigung von Verbindlichkeitsrückstellungen,[2] weshalb dem Machtwort des BFH handelsrechtlich nicht zwingend zu folgen ist. Die handelsrechtliche Bilanzierungspraxis hat sich allerdings nach der üblichen „umgekehrten Maßgeblichkeit" eines handelsrechtlich orientierten BFH-Urteils dieser Vorgabe angeschlossen. 115

Die Erfolgswirkung einer bei Vertragsbeendigung zu passivierenden Rückstellung kann nicht dadurch kompensiert werden, dass im Gegenzug ein Kundenstamm aktiviert würde. Eine Anschaffung des Kundenstamms durch Leistung der Ausgleichszahlung würde voraussetzen, dass der Handelsvertreter den Kundenstamm zum Vertragsende an den Unternehmer überträgt. Dies widerspricht aber der Zivilrechtslage. Eine Ausgleichszahlung nach § 89b führt nicht zu einem nachvertraglichen Wettbewerbsverbot des Handelsvertreters. Wettbewerbsverbote sind eigenständig und mit eigenständiger Entschädigung in § 90a HGB geregelt. Ohne separate Vereinbarung eines Wettbewerbsverbots kann der Handelsvertreter daher nach Vertragsende den Kundenstamm weiter nutzen, sei es in eigener Sache oder für ein Konkurrenzunternehmen. Der Unternehmer erlangt daher durch den Ausgleich nach § 89b HGB keine Verfügungsmacht über einen Vermögensgegenstand und tätigt demzufolge keine Anschaffung (und auch keine Herstellung).[3]

Der laufende **Provisionsanspruch** des Handelsvertreters entsteht von Gesetzes wegen (§ 87a HGB) bei Geschäftsabschluss aufschiebend bedingt, d. h., mit Ausführung des Geschäfts fällt die Bedingung weg, dann ist der Bilanzansatz vorzunehmen.[4] Der Vorgabe des BFH folgt die wohl h. M.[5] Wenn man allerdings „Entstehen" mit Fälligkeit gleichsetzt, verbleibt es u. E. beim 116

1 BFH, Urteil v. 20.1.1983 – IV R 168/81, BStBl II S. 375.
2 Vgl. *Weber-Grellet*, DStR 1996 S. 1436.
3 Zu weiteren Einzelheiten: *Lüdenbach*, StuB 2018 S. 184.
4 BFH, Urteil v. 22.2.1973 – IV R 168/71, BStBl II S. 481; BFH, Urteil v. 24.1.2001 – I R 39/00, BStBl 2005 II S. 465.
5 Anderer Auffassung *Killinger*, BB 1981 S. 1925; *Körner*, WPg 1984 S. 43.

Ansatzgebot im Zeitpunkt der Ausführung des Geschäfts. § 87a HGB kann allerdings auch abbedungen werden, z. B. bzgl. des Entstehens des Provisionsanspruchs bei Geldeingang beim Geschäftsherrn. Dann ist in Konsequenz des zitierten BFH-Urteils erst zu diesem Zeitpunkt ein Rückstellungsansatz möglich. Für Provisionsverpflichtungen, die erst in der Zeit nach Beendigung des Vertragsverhältnisses fällig werden, ist eine Rückstellung zu bilden, allerdings dann wieder nicht, wenn damit ein Wettbewerbsverbot abgegolten werden soll.[1]

2.5.2 Nachbetreuungsleistungen

116a Zu den Nachbetreuungsleistungen eines Versicherungsvermittlers vgl. → Rz. 52. Für die entsprechende Verpflichtung eines **Handelsvertreters** kommt eine Rückstellung nur bei konkreter Verpflichtung in Betracht.[2]

2.6 Verpflichtungen im Rahmen der Rechnungslegung und Prüfung, Aufbewahrungs- und Abrechnungsverpflichtungen, Mitwirkungspflichten bei erwarteter zukünftiger BP

117 Im Zusammenhang mit der **öffentlich-rechtlichen** Verpflichtung zur kaufmännischen Rechnungslegung hat der Kaufmann verschiedene Auflagen außer der laufenden Buchführung (→ § 238 Rz. 9) zu erfüllen:

- Erstellung eines **Jahresabschlusses** nach § 242 Abs. 2 HGB auf der Grundlage eines Inventars nach § 240 Abs. 2 HGB.
- Buchungen für **Geschäftsvorfälle** des Vorjahres.[3]
- Betriebliche **Steuererklärungen** (→ Rz. 149).[4]
- In Teilbereichen die Auftragserteilung zur Durchführung einer **Abschlussprüfung** nach § 316 Abs. 1 HGB und nach weiteren spezialgesetzlichen Regelungen (sog. Pflichtprüfungen).[5]
- In Teilbereichen Erstellung eines **Lageberichts** gem. § 289 HGB.
- Durchführung einer Haupt- oder **Gesellschafterversammlung.**
- Künftige **Betriebsprüfungskosten** bei Klein- und Kleinstbetrieben nur **nach** Ergehen der Prüfungsanordnung;[6] bei **Großbetrieben** mit regelmäßiger Anschlussprüfung ist der Rückstellungsansatz auch **ohne** am Bilanzstichtag vorliegende Prüfungsauftragsanordnung geboten, da eine überwiegende Wahrscheinlichkeit für die tatsächliche Vornahme der Anschlussprüfung gegeben ist; auf das bestehende Ermessen der Finanzverwaltung (§ 4 Abs. 4 BpO) kommt es insoweit nicht an.[7] Die erwarteten Kosten der Erfüllung der Mitwirkungspflicht nach § 200 AO, also interne Kosten und/oder Steuerberatungskosten, sind (Abzinsung hier vernachlässigt) gleichmäßig auf die Jahre des erwarteten Anschlussprüfungszeitraums aufzuteilen.[8]

1 BFH, Urteil v. 24.1.2001 – I R 39/00, BFH/NV 2001 S. 1063.
2 BFH, Urteil v. 27.2.2014 – III R 14/11, BStBl 2014 II S. 676. Einzelheiten bei *Prinz, U.*, DB 2015S. 149.
3 BFH, Urteil v. 25.3.1992 – I R 69/91, BStBl II S. 1010.
4 BFH, Urteil v. 23.7.1980 – I R 30/78, BStBl 1981 II S. 63; BFH, Urteil v. 24.11.1983 – IV R 22/81, BStBl 1984 II S. 301.
5 BFH, Urteil v. 23.7.1980 – I R 28/77, BStBl 1981 II S. 62.
6 FG Münster, Urteil v. 24.6.2021 – 10 K 2084/18 K,G, Rev. eingelegt (BFH – XI R 19/21).
7 BFH, Urteil v. 6.6.2012 – I R 99/10, BStBl 2013 II S. 196; BMF, Schreiben v. 7.3.2013 BStBl I S. 274.
8 Vgl. *Lüdenbach*, StuB 3/2022 S. 113.

- Aufbewahrung von **Geschäftsunterlagen** nach § 257 HGB[1] und § 147 AO (zur Bewertung vgl. → § 253 Rz. 74).
- Anpassung des betrieblichen **EDV-Systems** an die Grundsätze zum Datenzugriff und zur Prüfbarkeit digitaler Unterlagen (GDPdU).[2] Dagegen sollen die Kosten für die SEPA-Umstellung am 31.12.2013 nicht passivierbar sein, weil die Verpflichtung wirtschaftlich erst mit Inkrafttreten der Neuregelung am 1.8.2014 entsteht.[3]
- **Veröffentlichung** des Jahresabschlusses.[4]
- **Aufzeichnungen** gem. § 90 Abs. 3 AO und Gewinnabgrenzungsaufzeichnungsverordnung.[5]
- **Gerichts-** und **Anwaltskosten** bei betrieblich veranlassten Sanktionen, z. B. bei Kartellrechtsverfahren.[6]

Diese Rechtsverpflichtungen haben ihre Ursache in der Vergangenheit (→ Rz. 31), der Kaufmann kann sich ihnen nicht durch Änderung des Geschäftsinhalts oder gänzliche Einstellung der Geschäftstätigkeit entledigen (→ Rz. 36 f.). Der BFH hat diese Rechtslage bestätigt.[7]

118 Für eine (nur) gesellschaftsvertraglich vereinbarte („freiwillige") Abschlussprüfung kann dem BFH zufolge keine Rückstellung gebildet werden.[8] Begründung: Die gesellschaftsrechtlichen Vereinbarungen regeln das **Innen**verhältnis zwischen Gesellschaft und Gesellschafter und schaffen deshalb keine **Außen**verpflichtung als notwendiges Tatbestandsmerkmal für den Ansatz einer Verbindlichkeitsrückstellung (→ Rz. 10).[9] Das IDW sieht hierin gleichwohl (für die Handelsbilanz) eine Außenverpflichtung, weil die Gesellschafter der Gesellschaft als Dritte gegenüberstehen.[10] Eine abweichende Bilanzierung zwischen Handels- und Steuerbilanz kann vermieden werden, weil die Auffassung des BFH jedenfalls handelsrechtlich als **vertretbar** anzusehen ist (→ § 252 Rz. 253b).[11] Unseres Erachtens besteht jedenfalls eine Rückstellungs**verpflichtung** in folgenden Fällen:[12] Die Abschlussprüfung erfolgt wegen

- Auflagen von Kreditgebern,
- öffentlich-rechtlicher Auflagen bei Ausschreibungen oder Subventionen,
- Vorgaben bei Unternehmensumstrukturierungen oder Unternehmenskäufen.

119 Für die privatrechtliche Verpflichtung zur **Abrechnung** von **Bauleistungen** nach der VOB ist ein Rückstellungsansatz geboten.[13] Entsprechendes gilt für die **Versendung** von **Kontoauszügen**

1 BFH, Urteil v. 19.8.2002 – VIII R 30/01, BStBl 2003 II S. 131; IDW RH HFA 1009 Tz. 5.
2 Schriftwechsel BMF und BStBK In Kammerreport 04-2010, OFD Münster v. 15.4.2010; erstmals für nach dem 24.12.2008 beginnende Geschäftsjahre.
3 So das HFA des IDW in IDW/FN 2013 S. 237.
4 Unseres Erachtens analog den Aufbewahrungskosten für Geschäftsunterlagen; IDW RH HFA 1009 Tz. 5.
5 *Dziadkowski*, FR 2013 S. 777.
6 OFD Nordrhein-Westfalen, Verf. v. 26.2.2015, DB 2015 S. 524.
7 BFH, Urteil v. 19.8.2002 – VIII R 30/01, DStR 2002 S. 2030.
8 BFH, Urteil v. 5.6.2014 – IV R 26/11, BStBl 2014 II S. 886, mit Zitaten bestätigender und gegenteiliger Auffassung im Schrifttum; a. A. IDW RH HFA 1009 Tz. 6. Zur Rückstellungspflicht bei freiwilligen Abschlussprüfungen von Kapitalgesellschaften vgl. *Althoff*, DB 2016 S. 1893, da Außenverpflichtung.
9 Vgl. *Weber-Grellet*, FR 2014 S. 1033.
10 Vgl. IDW/FN 2010 S. 354.
11 Vgl. *Oser*, DStR 2014 S. 2310; *Hoffmann*, DStR 2014 S. 1818.
12 Vgl. *Roser*, WPg 2015 S. 699.
13 BFH, Urteil v. 25.2.1986 – VIII R 134/80, BStBl 1986 II S. 788.

für Bausparkassen[1] sowie für die Kosten der **Jahresabrechnung** eines Energieversorgungsunternehmens bei Wesentlichkeit (→ § 246 Rz. 256) des entsprechenden Aufwands.[2]

119a Für die zukünftigen **Aufbewahrungskosten für Mandantendaten** im DATEV-Rechenzentrum kann ein Steuerberater dann keine Rückstellung bilden, wenn hierzu keine rechtliche Verpflichtung besteht. Eine öffentlich-rechtliche Verpflichtung ist nach Ansicht des BFH nicht gegeben, resultiert insbesondere auch nicht aus § 66 StBerG. Infrage kommt daher nur eine vertragliche Verpflichtung gegenüber dem Mandanten. Im Urteilsfall fehlte es an einer solchen Vertragsregelung.[3]

2.7 Pensionen und ähnliche Verpflichtungen

2.7.1 Überblick

120 Die gliederungstechnisch von großen Kapital- und „Kap. & Co."-Gesellschaften getrennt auszuweisenden Pensionsverpflichtungen (→ Rz. 8) betreffen Verbindlichkeiten des Unternehmens, die versorgungshalber unter der Bezeichnung Pensionen, Ruhegelder, Renten u. Ä. an (frühere) Arbeitnehmer geleistet werden. Üblicherweise spricht man auch von Leistungen aufgrund **betrieblicher Altersversorgung,** die (regelmäßig) entsprechende Ansprüche von Arbeitnehmern aus der gesetzlichen Rentenversicherung, Versorgungszahlungen aus einem öffentlichen Dienstverhältnis oder Ansprüche an Versicherungsgesellschaften u. Ä. ergänzt. Altersversorgungsverpflichtungen können aber auch gegenüber Organmitgliedern einer Gesellschaft, den Gesellschaftern einer Personenhandelsgesellschaft und gegenüber Dritten (Dienstleistern) bestehen (→ § 252 Rz. 64). Die aus der Altersversorgung berechtigten Rentner und ausgeschiedenen Mitarbeiter erbringen für das Unternehmen **keine Gegenleistung** aufgrund dieser Ansprüche.

Als Durchführungsweg der Altersversorgung kommen in Betracht:

- Direktzusage (unmittelbares Vertragsverhältnis zwischen Arbeitgeber – „Trägerunternehmen" – und Arbeitnehmer) ohne oder mit Deckungsvermögen (→ § 253 Rz. 83).
- Mittelbare Verpflichtungen (zu erfüllen von einem anderen Rechtsträger, mit verbleibendem Obligo des Arbeitgebers = Trägerunternehmen).

  Mittelbare Verpflichtungen liegen z. B. vor bei Einschaltung von
  - Direktversicherungen,
  - Pensionskassen,
  - Pensionsfonds,
  - Unterstützungskassen.

121 Wegen der **Bestandsaufnahme** generell in Form einer Vertragsinventur wird verwiesen auf → § 240 Rz. 7. Üblich ist eine Vorverlagerung der Aufnahme auf den 30.9. (bei Stichtag 31.12.), so dass die personellen Veränderungen innerhalb dieser drei Monate nicht erfasst werden. Rechtsgrundlage ist eine Analogie zu § 241 Abs. 3 HGB (→ § 241 Rz. 20), die steuerlich bei einer Personenzahl ab 21 – ausgenommen Geschäftsführer und Vorstandsmitglieder – akzeptiert wird (R 6a Abs. 18 EStR 2008).

1 OFD Frankfurt, DStR 2002 S. 1267.
2 BFH, Urteil v. 18.1.1995 – I R 44/94, BStBl 1995 II S. 742.
3 BFH, Urteil v. 13.2.2019 – XI R 42/17.

Besondere Aufmerksamkeit bei der Bestandsaufnahme ist auf den **Lebensnachweis** zu richten, insbesondere bei ausländischen Rentnern.

Diese Verpflichtungen knüpfen an **biometrische** Rechnungsgrundlagen an: Lebensalter, Tod, Invalidität. Regelmäßig erfolgt die Zahlung in Form von **lebenslangen Leibrenten,** möglich sind aber auch **Zeitrenten** (Beispiel Waisenrenten) oder **Einmalabfindungen.** Ab dem Zeitpunkt der erstmaligen Auszahlung erbringt der begünstigte Arbeitnehmer meistens keine Gegenleistung mehr für das Unternehmen. Bis dahin besteht eine aufschiebend bedingte **Anwartschaft** des Arbeitnehmers auf die Versorgungsleistung, die regelmäßig (→ Rz. 127) zum Bilanzansatz verpflichtet. Zu den Pensionsverpflichtungen zählen auch Sachzuwendungen, die mit den laufenden Zahlungen einhergehen, z. B. die Übernahme von Krankheitskosten. 122

Neben eigentlichen Pensionsverpflichtungen erwähnt das Gesetz in § 266 HGB (→ § 266 Rz. 82), d. h. für **Gliederungszwecke,** auch **„ähnliche** Verpflichtungen", die jedoch inhaltlich kaum dingfest zu machen sind. Mitunter werden Übergangsgelder oder Gnadengehälter in diesem Zusammenhang erwähnt, doch gilt für diese: Umfassen sie biometrische Risiken, dann gelten sie als (eigentliche) Pensionen, im umgekehrten Fall handelt es sich um sonstige Rückstellungen. Das IDW hält deshalb lapidar fest: „Bis heute sind **keine Anwendungsfälle** für pensionsähnliche Verpflichtungen bekannt geworden."[1] 123

Für Saldierungs- und Bewertungszwecke wird im Gesetz eine **andere Ähnlichkeit** hervorgehoben. Hinsichtlich Deckungsvermögen (→ § 246 Rz. 392) und hinsichtlich Abzinsung (→ § 253 Rz. 121) ist jeweils von Altersversorgungsverpflichtungen und **„vergleichbaren langfristig fälligen Verpflichtungen"** die Rede. Nach IDW[2] sind hierunter u. a. Verpflichtungen aus Altersteilzeit, Lebensarbeitszeitkonten, Jubiläumszuwendungen, Vorruhestandsgelder, Übergangsgelder sowie Sterbegelder zu subsumieren. Wesentliches Kennzeichen dieser Verpflichtungen sei, dass sie mit biometrischen Risiken behaftet sind, aber nicht bereits Altersversorgungsverpflichtungen i. S. von § 1 Abs. 1 Satz 1 BetrAVG darstellen. 124

Altersteilzeitverpflichtungen (→ Rz. 90 ff.), **Arbeitszeitkonten** (→ Rz. 101) usw. führen gliederungstechnisch zu „normalen" Verbindlichkeitsrückstellungen, also sonstigen Rückstellungen (→ § 266 Rz. 82). Auch die Verpflichtung zur Übernahme der **Verwaltungskosten,** die mit der betrieblichen Altersversorgung des Unternehmens verbunden sind, stellen u. E. sonstige Rückstellungen dar. 125

Eine Ansatzpflicht besteht dem BFH zufolge nicht, wenn Arbeitnehmer zwar einen Altersversorgungsanspruch gegen das Unternehmen haben, dieser jedoch aller Wahrscheinlichkeit nach von **überbetrieblichen Versorgungskassen** erfüllt wird. Dies ist dann der Fall, wenn die frühere Beschäftigungslage öffentlich-rechtlicher Natur war und das Dienstverhältnis privatrechtlich fortgesetzt wird (→ Rz. 110).[3] Zum sog. Sanierungsgeld im Umlageverfahren siehe → Rz. 101. 126

1 IDW RS HFA 30 Tz. 9.
2 IDW RS HFA 30 Tz. 8.
3 BFH, Urteil v. 8.10.2008 – I R 3/06, BB 2009 S. 321; BFH, Urteil v. 5.4.2006 – I R 46/04, BStBl II S. 688; a. A. IDW zu Händen des BMF, Schreiben v. 3.6.2009, IDW-FN 2009 S. 335. Gegen die BFH-Entscheidungen auch *Zeis*, WPg 2007 S. 788. Den BFH bestätigend: BMF, Schreiben v. 26.1.2010 – IV C 6 – S 2176/07/10005, StuB 2010 S. 155.

2.7.2 Ansatzwahlrechte (Art. 28 EGHGB)

127 Aus bilanzrechtlicher Sicht ist zwischen **Alt-** und **Neuzusagen** (auf betriebliche Altersversorgung) zu unterscheiden. Diese Differenzierung begründet sich aus der nur für Neuzusagen gültigen Ansatz**pflicht** (→ Rz. 120), während für Altzusagen ein Ansatzwahlrecht besteht. Die Neuzusagen sind als solche Zusagen definiert, die nach dem 31.12.1986 erteilt worden sind (Art. 28 Abs. 1 Satz 1 HGB). Den fehlenden Bilanzansatz von Altzusagen müssen Kapital- und „Kap. & Co."-Gesellschaften im Anhang (→ § 284 Rz. 31) angeben.

Der Charakter „Altzusage" bleibt erhalten, wenn sich durch **Beförderungsmaßnahmen** der Ruhegeldanspruch etc. erhöht oder die bisherige Trägerschaft durch eine Unterstützungskasse von einer Direktzusage abgelöst wird. Das gilt wiederum nicht (Neuzusage), wenn die gesamte Altersversorgungsregelung auf ein **neues Konzept** umgestellt wird.

Zur Behandlung von Altzusagen beim Unternehmenserwerb/Betriebsübergang wird auf → Rz. 134 verwiesen.

128 Weiter ist zu differenzieren zwischen **unmittelbaren** (der Bilanzierer ist Schuldner) und **mittelbaren** Pensionsverpflichtungen. Die **letztgenannte** Kategorie verdankt ihre Bezeichnung der rechtlichen Auslagerung der Verpflichtung auf eine eigenständige Rechtsperson: Unterstützungskasse, Pensionskasse, Pensionsfonds, Versorgungskasse im öffentlichen Dienst. Durch die Zwischenschaltung dieser Rechtsperson kann sich das sog. **Trägerunternehmen** seiner Verpflichtung letztlich nicht entziehen, da es nach arbeitsrechtlicher Rechtsprechung für den möglichen Ausfall der zwischengeschalteten Rechtsperson haftet, d. h. die Altersversorgungsleistung dann selbst erbringen muss (Subsidiärhaftung nach § 1 Abs. 1 Satz 3 BetrAVG). Die Subsidiärhaftung zieht erst dann eine verpflichtende Rückstellung nach sich, wenn sich die Haftung hinreichend konkretisiert (→ Rz. 111a).

Nicht immer ist die **Abgrenzung zwischen mittelbaren und unmittelbaren** Altersversorgungsverpflichtungen eindeutig. In einem Ergebnisbericht des Fachausschusses Altersversorgung von DAV/IVS aus dem Juni 2019 wird hierzu u. a. Folgendes festgehalten:[1]

- Hat der Arbeitgeber eine jährliche Erhöhung der Renten um 1 % zugesagt, die im Tarif der rückgedeckten Unterstützungskasse aber nicht versichert ist, soll Folgendes gelten: Wenn die tatsächlichen Überschussanteile aus der Rückdeckungsversicherung entgegen den Erwartungen zu einem Rentenanpassungstermin nicht ausreichen, um die zugesagte Rentenanpassung zu finanzieren, und wenn der Arbeitgeber die Finanzierungslücke (beispielsweise aus steuerlichen Gründen) nicht ausgleicht, erlischt insoweit die Durchführungsverpflichtung der Pensionskasse. Die führt jedoch nicht zu einer Umwidmung aller künftigen Verpflichtungsbestandteile in eine unmittelbare Verpflichtung. Betroffen ist nur die fällige Rentenanpassung.
- Überträgt ein Unternehmen seine unmittelbaren Altersversorgungsverpflichtungen auf einen nicht versicherungsförmig ausgestalteten Pensionsfonds und übernimmt dieser auch alle zukünftigen Anpassungsverpflichtungen, stellt aber die Höhe der tatsächlichen Rentenerhöhungen aus aufsichtsrechtlichen Gründen unter den Vorbehalt ausreichender finanzieller Mittel, darf das Unternehmen vom Ansatzwahlrecht für mittelbare Altersversorgungsverpflichtungen grundsätzlich Gebrauch machen. Wenn der Pensionsfonds jedoch gegenüber dem Arbeitgeber erklärt, dass er eine konkrete Rentenanpassung jetzt

1 https://aktuar.de/unsere-themen/fachgrundsaetze-oeffentlich/2019-06-10_DAV-Ergebnisbericht_Handelsrechtliches_Passivierungswahlrecht.pdf.

und künftig ganz oder teilweise nicht übernimmt, weil ihm die finanziellen Mittel fehlen, erlischt insoweit auch seine im Pensionsplan festgelegte Durchführungsverpflichtung. Die führt insoweit zu einer unmittelbaren und dem Ansatzgebot unterliegenden Verpflichtung des Arbeitgebers.

- ► Muss eine Pensionskasse mit ausschließlich Rentnern im Bestand die garantierten Leistungen kürzen, komm es darauf an, ob der Arbeitgeber die Möglichkeit hat, die Kürzung durch zusätzliche Beitragszahlungen auszugleichen. Ist dies nicht der Fall, liegt insoweit keine mittelbare Verpflichtung mehr vor. Für die zukünftig von der Pensionskasse nicht mehr übernommenen Leistungen und Rentenerhöhungen besteht ein Ansatzgebot.
- ► Kündigt ein Arbeitgeber seine Beteiligung an einer nicht kapitalgedeckt finanzierten Zusatzversorgungskasse (ZVK), wird der Ausstieg u.U. nach dem sog. Erstattungsmodell vollzogen: Die ZVK leistet weiterhin die Versorgungszahlungen an die Versorgungsberechtigten, die der Arbeitgeber der ZVK sodann erstattet. Die ZVK kann gleichwohl weiterhin Versorgungsträger sein, der sich dieser Leistungsverpflichtung nicht entziehen kann. Unseres Erachtens wird in diesem Beispiel das für die Mittelbarkeit wichtige Prinzip der Durchführungsverpflichtung überspannt und die Konstellation ist vielmehr als unmittelbare Verpflichtung zu werten.

Die Ausübung des Wahlrechts der Nichtbilanzierung von Altzusagen und/oder mittelbaren Verpflichtungen nach Art. 28 Abs. 1 EGHGB bedingt eine **Anhangangabe** nach Abs. 2 (→ § 284 Rz. 31). Diese errechnet sich im Fall der mittelbaren Verpflichtung als Differenzbetrag zwischen dem abgezinsten Erfüllungsbetrag und dem beizulegenden Zeitwert des beim externen Versorgungsträger angelegten Vermögens (→ § 246 Rz. 392).[1] Letzteres ist mit der für die bilanzierten Rückstellungen angewandten Methode zu bewerten. 128a

Das Ansatzwahlrecht erlaubt keine Auflösung einer einmal gebildeten Rückstellung, solange der Rechtsgrund nicht entfallen ist (→ Rz. 216). Wegen des Bilanzansatzes bei **Schuldbeitritt** mit Erfüllungsübernahme wird auf → § 246 Rz. 379 verwiesen.

Das Ansatzwahlrecht bietet gleichwohl **bilanzpolitisches Gestaltungspotenzial.** Unter Durchbrechung des Stetigkeitsgebots für den Bilanzansatz (→ § 246 Rz. 402) gilt die erstmalige Bilanzierung der bisher nicht bilanzierten Altersversorgungsverpflichtungen als begründeter Ausnahmefall nach § 252 Abs. 2 i.V. mit § 246 Abs. 3 Satz 2 HGB (→ § 246 Rz. 402), was durch den verbesserten Einblick in die Vermögens- und Ertragslage gerechtfertigt wird.[2]

Eine weitere Frage entsteht dann, ob das neu auszuübende Ansatzwahlrecht auch für einen **Teilbetrag** der gesamten Verpflichtung ausgeübt werden kann. Dazu lautet die Antwort des IDW:[3] Ein unterschiedliches Vorgehen ist nur dann zulässig, wenn die betroffenen Altersversorgungszusagen ihrerseits verschiedenartig sind. Dabei kann es sich um in- vs. ausländische Betriebsstätten handeln oder um laufende Renten vs. Anwartschaften. Weiter kann man sich eine Differenzierung nach Alter oder Funktion im Unternehmen bzw. Konzern vorstellen.

Das Gebot der **Ansatzstetigkeit** (→ § 246 Rz. 402 ff.) steht dem Übergang von der Nichtbilanzierung zum Ansatz einer Altpensionszusage oder einer mittelbaren Verpflichtung nicht entgegen.[4] Dabei kann auch der Neuansatz eines Teilbetrags der bisher nicht bilanzierten Schuld

---

1 Vgl. *Fey/Ries/Lewe*, BB 2010 S. 1011; IDW RS HFA 3 Tz. 36.
2 IDW RS HFA 30 Tz. 79a.
3 IDW RS HFA 30 Tz. 79b.
4 IDW RS HFA 30 Tz. 79a.

gewählt werden.[1] Der einmal angesetzte Betrag ist in den Folgejahren nach den üblichen Regeln fortzuschreiben.[2]

2.7.3 Wechsel des Durchführungswegs

129 Ein praxisrelevanter Wechsel des Durchführungswegs ist der **Übergang** von der unmittelbaren auf die mittelbare Zusage mit verbleibender Schuldnerschaft des Abgebenden (→ § 246 Rz. 379 und → § 246 Rz. 112).[3] Für die mittelbare Altersversorgungsverpflichtung besteht nach Art. 28 Abs. 1 Satz 2 EGHGB ein Passivierungswahlrecht. Dies rechtfertigt aber noch nicht die erfolgswirksame Ausbuchung der bisherigen Rückstellung. Vielmehr darf eine bislang passivierte Rückstellung nur insoweit ausgebucht werden, als sich der Arbeitgeber durch Übertragung von Vermögen auf den Dritten (z. B. Unterstützungskasse) zumindest wirtschaftlich der Verpflichtung entledigt. Auch dann erlischt im Innenverhältnis die Verpflichtung nur im Umfang der Entledigung der Schuld. Somit können u. a. folgende Konstellationen auftreten:[4]

- Ausreichende Dotierung, aber gekürzter Leistungsumfang (z. B. im Gegensatz zu unmittelbaren Zusagen keine Hinterbliebenenversorgung) → Beibehaltung der Rückstellung im Umfang der Leistungskürzung.
- Ungekürzter Leistungsumfang, aber anfängliche Unterdotierung → Beibehaltung der Rückstellung nach dem Maß der Unterdotierung.

Bei unterjährigem Wechsel des Durchführungsweges ist die Deckung auf den unterjährigen Zeitpunkt zu ermitteln.[5]

Vorstehendes gilt sinngemäß auch bei nicht schuldbefreiender Übernahme der Pensionslast, sofern die Bonität des Übernehmers nicht zweifelhaft ist. Allerdings kann bei der Folgebilanzierung bzgl. eines gestiegenen oder erstmals entstehenden Unterdeckungsbetrags **wahlweise** ein Rückstellungsbetrag zugeführt werden (→ § 246 Rz. 402). Darüber ist jedes Jahr neu zu befinden.[6] Im Übrigen gilt für die Folgebilanzierung: Erhöhungen der Pensionsrückstellung, die nicht auf noch nicht amortisierte BilMoG-Unterschiedsbeträge zurückzuführen, sondern z. B. Folge der Aufzinsung oder zusätzlich erdienter Ansprüche sind, müssen der Rückstellung nicht zugeführt werden.[7] Die Pensionsrückstellung kann insoweit „eingefroren" werden. Die nicht passivierten Erhöhungsbeträge sind lediglich für die Anhangangabe des Fehlbetrags nach Art. 28 Abs. 2 EGHGB bedeutsam. Wird der externen Versorgungseinrichtung später weiteres Vermögen zugewendet, mindert dies zwar den Fehlbetrag im Anhang, führt jedoch nur insoweit zu einer Verminderung der Pensionsrückstellung,als der Betrag der Unterdeckung nun den Buchwert der Rückstellung unterschreitet.

130 Ist bei vollständiger Übertragung der Pensionslast auf einen Pensionsfonds oder eine Unterstützungsklasse gegen einen Einmalbetrag der Einmalbetrag höher als die bisher gebildete Pensionsrückstellung, stellt der **Unterschiedsbetrag** laufenden **handelsbilanziellen** Aufwand dar und kann **steuerlich** nach § 4e EStG im Jahr nach der Zahlung beginnend auf zehn Jahre

1 Vgl. *Lüdenbach*, StuB 2015 S. 28.
2 Vgl. zum Thema auch *Lüdenbach*, StuB 2015 S. 28.
3 IDW RS HFA 30 Tz. 46; zu den betriebswirtschaftlichen Aspekten vgl. *Zajons/Mische*, BB 2013 S. 1072.
4 Vgl. im Einzelnen: IDW, Fachausschuss Unternehmensberichterstattung (FAB), 261. Sitzung v. 8.9.2020.
5 Vgl. *Henckel*, StuB 23/2020 S. 953.
6 Vgl. *Lucius/Veit*, BB 2010 S. 235.
7 IDW RS HFA 30 Tz. 48.

verteilt werden.[1] Möglich sind auch **Kombinationen** der Übertragung von Direktzusagen auf betriebliche Altersversorgung, insbesondere die Übertragung

- des *Past-Service*-Anteils (bereits verdienter Anspruch) auf den Pensionsfonds,
- des *Future-Service*-Anteils (noch zu erdienender Anspruch) auf eine Unterstützungskasse.

Zu diesem **Kombinationsmodell** hält der BFH fest: „Die an den Pensionsfonds zur Übernahme der bestehenden Versorgungsverpflichtung oder Versorgungsanwartschaft entrichteten Leistungen nach § 4e Abs. 3 Satz 3 EStG [können] als Betriebsausgaben nicht im Umfang der in der Steuerbilanz insgesamt aufzulösenden Pensionsrückstellung abgezogen werden, sondern nur soweit die Auflösung dieser Rückstellung auf den bereits erdienten Teil der Anwartschaft entfällt."[2]

2.7.4 Abgrenzung zum Steuerrecht

Der Rückstellungsansatz und insbesondere die Bewertung von Pensionsverpflichtungen sind in der deutschen Bilanzierungslandschaft traditionell **steuerlich** durch die umfangreichen Vorschriften des § 6a EStG dominiert. Das gilt auch für Besonderheiten bzgl. des Bilanzansatzes bzw. des Ausweises einer entsprechenden Verbindlichkeit dem Grunde nach. Steuerlich wird eine solche Verpflichtung nur als Bilanzposten anerkannt, wenn diesem eine entsprechende Schriftform zugrunde liegt, die handelsrechtlich nach allgemeiner Auffassung nicht erforderlich ist, sondern durch eine betriebliche Übung ersetzt werden kann. Diesem Aspekt kommt in der Praxis keine allzu große Bedeutung zu, da das Schriftformerfordernis bei einer solch langfristig währenden Verbindlichkeit des Arbeitgebers schon aus Ordnungsmäßigkeitsgründen unverzichtbar ist. Beachtlich sind aber die Passivierungsbeschränkungen wegen Verletzung des sog. Eindeutigkeitsgebots (§ 6a Abs. 1 Nr. 3 Halbsatz 2 EStG) oder wegen eines schädlichen Vorbehalts (§ 6a Abs. 1 Nr. 2 EStG). Als schädlichen Vorbehalt hat der BFH etwa eine Abfindungsklausel gewertet, bei der die anzuwendende Sterbetafel und der maßgebende Abzinsungssatz nicht ausreichend sicher bestimmt waren.[3] Das Eindeutigkeitsgebot sieht das FG Düsseldorf bei folgender Formulierung nicht gewahrt: „Sie haben auch die Möglichkeit, zu einem früheren oder einem späteren Zeitpunkt als der Vollendung des 65. Lebensjahres bei Ausscheiden aus der Firma eine Altersrente gemäß Punkt A-1. zu beziehen. .... Der vorzeitige Bezug der Rente ist jedoch ... frühestens nach Vollendung des 60. Lebensjahres möglich." Diese Formulierung kann in dem Sinne verstanden werden, dass unmittelbar mit dem Ausscheiden der tatsächliche Rentenbezug einsetzen muss, kann aber auch so interpretiert werden, dass bei einem Ausscheiden vor dem 60. Lebensjahr der Rentenbezug erst mit Vollendung des 60. Lebensjahrs einsetzt. Die Frage der Eindeutigkeit kann nach Auffassung des FG auch nicht in der Weise aufgespaltet werden, dass eine Rückstellungsbildung „zumindest" unter Berücksichtigung der im Vertrag genannten Regelaltersgrenze von 65 Jahren zulässig ist. Die Rückstellung ist vielmehr insgesamt unzulässig.[4] 131

Sog. **Vorschaltzeiten** berechtigen einen Arbeitnehmer erst nach Ablauf einer bestimmten Mindestdienstzeit und eines Mindestalters zur Aufnahme in ein Versorgungswerk. Steuerlich gilt 132

1 HFA, IDW Life 2016 S. 887.
2 BFH, Urteil v. 20.11.2019 – XI R 52/17; gleichlautend: BFH, Urteil v. 20.11.2019 – XI R 42/18.
3 BFH v. 23.7.2019 – XI R 48/17.
4 FG Düsseldorf, Urteil v. 9.6.2021 – 7 K 3034/15 K,G,F, Rev. eingelegt (BFH – I R 29/21).

im letztgenannten Fall ein Mindestlebensalter von 27 Jahren, zuvor kann für den betreffenden Arbeitnehmer keine Rückstellung gebildet werden.

2.7.5 Bewertung

133 Zur **Bewertung** von Pensionsrückstellungen wird auf → § 253 Rz. 82 ff. verwiesen.

2.7.6 Alt- und Neupensionen sowie mittelbare Pensionszusagen beim Unternehmenserwerb

134 Erwirbt ein Unternehmen im ***Asset-Deal*** ein anderes Unternehmen, liegt regelmäßig zugleich ein (Teil-)**Betriebsübergang** nach **§ 613a BGB** in Form der Einzelrechtsnachfolge vor. Das erwerbende Unternehmen tritt dann in die Rechte und Pflichten aus den im Zeitpunkt des Betriebsübergangs bestehenden Arbeitsverhältnissen und damit auch in die Altersversorgungsverpflichtungen aus den verfallbaren und unverfallbaren Anwartschaften der im Zeitpunkt des Betriebsübergangs **aktiven** Versorgungsberechtigten ein. Lediglich die Ansprüche **ausgeschiedener** Versorgungsberechtigter (laufende Versorgungsverpflichtungen und unverfallbare Anwartschaften) bleiben beim übertragenden Unternehmen. Für diese Fälle ist jedoch die Vereinbarung eines **Schuldbeitritts** bzw. einer auf das Innenverhältnis der beteiligten Unternehmen beschränkten **Freistellung** des gegenüber den Versorgungsberechtigten verpflichteten Unternehmens denkbar (→ § 246 Rz. 112). Zum Übergang von Altersversorgungsverpflichtungen bei Gesamtrechtsnachfolge vgl. → § 246 Rz. 111.

135 Der Erwerb eines Unternehmens im Wege des *Asset-Deals* ist im HGB nur unvollständig geregelt. § 246 Abs. 1 Satz 4 HGB verlangt lediglich den Ansatz eines **Geschäfts-** oder **Firmen**werts in Höhe der Differenz zwischen Kaufpreis und übernommenem Nettovermögen. Offen bleibt aber, wie das erworbene Nettovermögen **anzusetzen** und zu **bewerten** ist. Infrage kommt eine entsprechende Anwendung von § 301 HGB. In der dortigen Kommentierung ist für die **konzernbilanzielle** Darstellung eines Unternehmenserwerbs im *Share-Deal* festgehalten (→ § 301 Rz. 92):

- **Grundsatz:** Das erworbene Nettovermögen ist unabhängig von den Ansätzen und Bewertungen des Veräußerers im Allgemeinen zu Zeitwerten zu berücksichtigen.
- **Ausnahme (Bewertungsvorbehalt):** Den Rückstellungen ist jedoch eine Bewertung nach § 253 Abs. 1 Satz 2 und 3 und Abs. 2 HGB vorbehalten.

136 Die Anwendung des Grundsatzes auch auf *Asset-Deals* entspricht dem Charakter eines Anschaffungsvorgangs. Hieraus ergibt sich im vorliegenden Fall zunächst für **Altpensionen** sowie für **mittelbare** Pensionszusagen: Ein vom Veräußerer in Anspruch genommenes Nichtansatzwahlrecht gem. Art. 28 Abs. 1 EGHB ist für den Erwerber irrelevant: Er hat auch Altpensionen und mittelbare Zusagen zu passivieren (→ § 246 Rz. 113).[1] Anderes kann nur dann gelten, wenn ein (Teil-)Unternehmensübergang entweder unentgeltlich stattfindet oder ein umwandlungsrechtlicher Übergang (Verschmelzung etc.) durch **Gesamt**rechtsnachfolge vorliegt und vom Buchwertfortführungswahlrecht des § 24 UmwG Gebrauch gemacht wird.[2]

137 Hinsichtlich übernommener **„Neupensionen"** (schon beim Veräußerer keine Anwendung von Art. 28 Abs. 1 EGHB) ist zu fragen, ob der **Bewertungsvorbehalt** des § 301 Abs. 1 Satz 3 HGB

1 IDW RS HFA 30 Tz. 96 f. für Altpensionen; für diese und mittelbare Zusagen u. a.: ADS, § 255 Tz. 67 und 268; WP-Handbuch, 15. Aufl., Abschnitt F 11., sowie speziell für die Abbildung einer Verschmelzung nach Anschaffungskostenprinzip *Bilitewski/Ross/Weiser*, WPg 2014 S. 74.

2 So auch IDW RS HFA 30 Tz. 97; *Fey/Rieg/Lewe*, BB 2012 S. 825.

(→ § 301 Rz. 92) analog auch auf den Einzelabschluss bzw. *Asset-Deal* anzuwenden ist. Zu einem relevanten Unterschied zwischen Zeitbewertung (Grundsatz) und Bewertung nach § 253 HGB (Ausnahme) kann es etwa deshalb kommen, weil der im **gleitenden** Zehn-Jahres-Durchschnitt ermittelte **Diskontierungs**satz (→ § 253 Rz. 116) vom **aktuellen** Zinssatz abweicht. Unseres Erachtens ist dann eine Bewertung nach § 253 HGB aus folgenden Gründen geboten:

- Die Kapitalkonsolidierung nach § 301 HGB folgt der sog. **Einzelerwerbsfiktion.** Der *Share-Deal* (in § 301 HGB angesprochene Transaktionsform) soll im Konzernabschluss so abgebildet werden, als ob die Vermögensgegenstände und Schulden im Rahmen eines *Asset-Deals* (fiktive Vergleichstransaktion) einzeln zugegangen wären. Stellt – wie einheitlich angenommen – § 301 HGB eine angemessene Umsetzung der Einzelerwerbsfiktion dar, muss auch ein tatsächlicher *Asset-Deal* den gleichen Regeln folgen.
- Nur eine derartige Handhabung wahrt auch die **Erfolgsneutralität** des Übergabevorgangs. Würden Neupensionen etwa bei einem Unternehmensübergang am 30.12.01 stattdessen mit ihrem Zeitwert angesetzt (→ Rz. 134), ergäbe sich sofort danach (31.12.01) die Notwendigkeit einer abweichenden Bewertung nach § 253 HGB. Daraus ergäbe sich ein systematisch nicht zu rechtfertigender Erwerbsgewinn oder -verlust.

Sofern eine wirksame Schuldübernahme durch den Unternehmenserwerb nicht zustande kommt, verbleibt das übertragende Unternehmen in der Schuldnerstellung. Die bilanziellen Folgeprobleme sind in → § 246 Rz. 379 sowie → § 246 Rz. 112 kommentiert. 138

Zur Übernahme der Verpflichtung zur Versorgung von **Beamten** durch das Unternehmen vgl. → Rz. 142. 139

Auch **steuerbilanziell** besteht beim *Asset-Deal* im Allgemeinen keine Bindung an die Ansätze und Werte des Veräußerers. Der Erwerber tätigt vielmehr einen Übergabevorgang, der 140

- entweder **netto** als Erwerb eines Saldos aus aktiven Wirtschaftsgütern und Schulden (Nettovermögen) gegen den Barkaufpreis[1] oder
- **brutto** als Erwerb nur der aktiven Wirtschaftsgüter gegen Barkaufpreis und Übernahme von Schulden[2]

betrachtet werden kann.

Aus der vom BFH propagierten Erfolgsneutralität des Anschaffungsvorgangs (→ Rz. 204) ergab sich dann für den **Bilanzansatz** u. a.: Beim Veräußerer wirksame steuerliche Passivierungsverbote, etwa für Drohverlustrückstellungen oder bestimmte Jubiläumsrückstellungen, waren für den Erwerber nicht maßgeblich (→ Rz. 197). Entsprechendes muss dann für **Altpensionen** gelten. Das handelsrechtliche Passivierungswahlrecht und das steuerliche Passivierungsverbot des Veräußerers waren nach Übergang dieser Pensionsverpflichtungen durch Unternehmenserwerb gegenstandslos. Diese Rechtslage ist steuerbilanziell durch Einfügung von § 5 Abs. 7 EStG überholt (→ Rz. 204c).

Mit welchem **Wert** (Neu- oder Alt-)Pensionen vom Erwerber handelsrechtlich anzusetzen sind, ist weniger klar. Die Bewertung sah der BFH mangels eigenständiger steuerlicher Regelungen durch den handelsrechtlichen Anschaffungskostenbegriff bestimmt (→ § 255 Rz. 21). Unseres Erachtens bestehen gegen Einvernahme des Anschaffungskostenprinzips für Schulden aber er-

1 So die korrespondierende Betrachtung beim Veräußerer, BFH, Urteil v. 17.10.2007 – I R 61/06, BStBl 2008 II S. 555, m. w. N. und unter expliziter Verwendung des Begriffs „Nettomethode".

2 So meist die Betrachtung beim Erwerber, vgl. z. B. BFH, Urteil v. 16.12.2009 – I R 102/08, BStBl 2011 II S. 566.

hebliche systematische Bedenken (→ § 255 Rz. 51), da das Handelsrecht Anschaffungskosten als Aufwendungen für den Erwerb eines Vermögensgegenstands definiert, aber weder eine Schuld Vermögensgegenstand ist noch der Gläubiger bei ihrer Begründung/Übernahme etwas aufwendet. Schulden haben somit zwar einen Zugangswert, aber keine Anschaffungskosten.

Damit bleibt die Frage nach der Bewertung der **zugehenden** Schuld insgesamt offen. In der vom BFH für Unternehmenserwerbe verfolgten **Bruttobetrachtung** könnte man geneigt sein, hier nach **Tauschgrundsätzen** zu argumentieren. Danach würde der Unternehmenserwerber gegen eine Barkomponente und die Übernahme der Schulden (Tauschkomponente) die aktiven Wirtschaftsgüter und einen *Goodwill* erwerben. Wie bei anderen Tauschvorgängen (z. B. nach § 6 Abs. 6 EStG) würde der gemeine Wert (= Zeitwert) der hingegebenen Leistung die Höhe der Anschaffungskosten des erworbenen Unternehmens bestimmen.

Ein derartiges Vorgehen wahrt bei übernommenen Pensionen handelsbilanziell die **Erfolgsneutralität** des Anschaffungsvorgangs, wenn nicht zum (sogleich) nachfolgenden Bilanzstichtag wieder auf die normale Bewertung nach § 6a EStG überzugehen ist. Erfolgsneutralität ist hingegen gegeben, wenn nach der Nettomethode (Erwerb des Nettovermögens gegen Barzahlung) sowohl das erworbene Aktivvermögen als auch die zugehenden Schulden (als negative Wirtschaftsgüter) mit ihrem Zeitwert angesetzt werden.

BEISPIEL[1] Die K als Käuferin erwirbt am 30.12.01 den Geschäftsbetrieb der V-GmbH mit allen wesentlichen Aktiva und Passiva im Wege der Einzelrechtsnachfolge *(Asset-Deal)* zu einem Kaufpreis von 700 T€. Das übergehende Nettovermögen ermittelt sich zu Buchwerten (Handels- und Steuerbilanz) und Zeitwerten wie folgt:

			HB-Wert	Zeitwert	StB-Wert
Div. Aktiva	1.500	Nettovermögen	550	400	590
		Neupensionen	950	1.000	910
		Altpensionen	0	100	0
Summe Aktiva	1.500	Summe Passiva	1.500	1.500	1.500

Handelsbilanziell sind die Pensionen mit 950 + 100 = 1.050 T€ einzubuchen. Hieraus resultiert folgender *Goodwill*:

Kaufpreis		700
- Nettovermögen		
Div. Aktiva	1.500	
Pensionen	-1.050	-450
= *Goodwill*		**250**

141 Zieht der Unternehmenserwerb keine wirksame Schuldübernahme nach sich (so insbesondere hinsichtlich der Ansprüche ausgeschiedener Versorgungsberechtigter, → Rz. 134) und bleibt das übertragende Unternehmen somit den Versorgungsberechtigten gegenüber unmittelbar verpflichtet, ist nach IDW[2] bei **Schuldübernahme** durch den Erwerber im Innenverhältnis wie folgt zu differenzieren (vgl. auch → § 246 Rz. 112):

1 Vgl. *Lüdenbach*, StuB 2010 S. 821 ff.

2 IDW RS HFA 30 Tz. 100 ff.

- Beim **übertragenden** Unternehmen sind die Pensionsrückstellungen aufzulösen, sofern keine Inanspruchnahme aus der unmittelbaren Schuld droht (→ § 246 Rz. 109). Der **Erwerber** passiviert die übernommene Verpflichtung.
- Hat das übertragende Unternehmen in Ausübung des Wahlrechts des Art. 28 Abs. 1 EGHGB **Altpensionen** nicht passiviert, ist der Freistellungsanspruch so lange erfolgsneutral zu stellen, bis die Erfüllung der Versorgungsverpflichtung aufwandswirksam geworden ist. Die vom übernehmenden Unternehmen eingegangene **Freistellungsverpflichtung** darf nicht unter Bezugnahme auf Art. 28 Abs. 1 EGHGB unbilanziert bleiben, auch wenn es sich bei dieser Schuld nicht um eine Altersversorgungsverpflichtung oder pensionsähnliche Verpflichtung des übernehmenden Unternehmens handelt.

Verlagert eine juristische Person des öffentlichen Rechts Tätigkeiten auf eine privatrechtliche Einheit (z. B. Kapitalgesellschaft) und werden **Beamte** nun für diese Einheit tätig, wird Letztere nicht **Dienstherr** im beamtenrechtlichen Sinne. Trägt sie gleichwohl nach den Vereinbarungen die Altersversorgungslasten bei deren Fälligkeit, gilt:[1] 142

- Da sich die Pensionsansprüche der Beamten weiterhin ausschließlich gegen ihren Dienstherrn richten, ist bei diesem die Pensionsrückstellung zu bilanzieren. Korrespondierend hierzu hat der Dienstherr einen Freistellungsanspruch gegenüber der rechtlich selbständigen Einheit zu aktivieren. Zu unserem Vorbehalt gegen die Aktivierbarkeit eines Freistellungsanspruchs vgl. → § 246 Rz. 112.
- Die privatrechtliche Einheit hat die Verpflichtung zur Zahlung der Versorgungsleistungen gegenüber der juristischen Person des öffentlichen Rechts als **sonstige Rückstellung** anzusetzen.

Werden die Altersversorgungslasten bei deren Fälligkeit nicht von der privatrechtlichen Einheit übernommen und werden stattdessen im Rahmen der **Entgeltregelung** für die Überlassung der Beamten Aufschläge für die Erfüllung der Pensionsverpflichtungen erhoben, gilt: Die Aufschläge sind aus Sicht der rechtlich selbständigen Einheit Bestandteil des Entgelts für die Personalgestellung und damit Bestandteil eines schwebenden Geschäfts.

2.7.7 Verzicht auf die Altersversorgung

Zu einem Verzicht auf Pensionsansprüche kommt es praktisch nur in **mittelständischen** Unternehmensstrukturen, wenn „Not am Mann ist", also Gesellschafter-Geschäftsführer zur Verbesserung des Bilanzbilds oder Verbesserung der Ertragslage an die Kandare genommen werden. Ein steuerliches Hindernis stellt bei einem Verzicht die **Zuflussfiktion** nach BFH-Rechtsprechung[2] dar: Der Verzicht auf den werthaltigen Pensionsanspruch führt danach zu einem fingierten Zufluss als Lohneinkunft i. S. des § 19 EStG, obwohl der Verzichtende keinerlei Liquiditätszufluss zu verzeichnen hat. Dieser Lohnzufluss bedeutet eine verdeckte Einlage in die Kapitalgesellschaft. Dabei hat die **Bewertung** des Nichtzuflusses nicht mit dem Wert gem. § 6a, sondern mit dem Anwartschaftsbarwert zu erfolgen.[3] Im Ergebnis hat der Verzichtende die frühere Steuerersparnis bei der Gesellschaft durch die Zuführungen zur Rückstellung nachzuversteuern. 143

1 IDW RS HFA 23 Tz. 26 f.
2 BFH, Beschluss v. 9.6.1997 – GrS 1/94, BStBl 1998 II S. 307.
3 BFH, Urteil v. 15.10.1997 – I R 58/93, BStBl 1998 II S. 305.

Dieser unschönen Perspektive des verzichtenden Gesellschafter-Geschäftsführers ist die Finanzverwaltung entgegengekommen.[1] Bei einem Verzicht auf die noch nicht erdiente Anwartschaft (*„future service"*) sind keine Einlage und damit auch kein Lohnzufluss des bzw. beim Verzichtenden anzunehmen.

144 Bei einem Verzicht nur auf den *future service* ergibt sich **handelsrechtlich** kein Bilanzierungseffekt, da in der Bewertung regelmäßig nur der Barwert der **erdienten** Versorgungsanwartschaft berücksichtigt ist.[2] **Steuerlich** (nach § 6a EStG) werden die Zuführungen zur Rückstellung auf die Zeit des Dienstantritts bis zum Beginn der Leistungsphase **verteilt.** Daraus kann sich das Erfordernis einer Korrektur des (steuerlichen) Wertansatzes im Gefolge des Teilverzichts ergeben.[3]

2.7.8 Abfindung einer Altersversorgungszusage, Erdienungszeitraum

144a Steuerlich ist die Abfindung für eine Pensionszusage mit dem vGA-Risiko gepflastert. In einer Urteilsserie mit Entscheidungsdatum vom 11.9.2013 hat der I. BFH-Senat bei folgenden Sachverhalten eine **vGA** festgestellt:[4]

- **Urteil I R 89/12:** Der Gesellschafter-Geschäftsführer erhielt nach Auszahlung der Rückdeckungsversicherung diese Valuta als **Einmalbetrag.** Nach dem Altersversorgungsvertrag sollte er die Zahlung erhalten, wenn er **nach** Vollendung des 60. Lebensjahres aus den Diensten der Gesellschaft ausgeschieden war. Diese Voraussetzung war nicht erfüllt; die handelnden Personen hatten sich irrtümlich an der Fälligkeit der Rückdeckungsversicherung orientiert.

- **Urteil I R 60/12:** Der Gesellschafter-Geschäftsführer erhielt nach Erreichen der vereinbarten Altersgrenze die zugesagte Pension, **zusätzlich** noch ein reduziertes Salär für die weiterhin ausgeübte Geschäftsführertätigkeit. Dem BFH zufolge darf die GmbH nicht „als beliebige Quelle" zweier Leistungselemente genutzt werden. Der Abschluss eines Beratungsvertrags mit der GmbH sei dagegen – so der BFH – unproblematisch. Eine Geschäftsführungsfunktion darf dabei allerdings nicht mit der Beratung verbunden sein.

- **Urteil I R 28/13:** Der Gesellschafter-Geschäftsführer erhielt eine **Abfindung** für seinen Pensionsanspruch, weil er die Geschäftsanteile auf seinen Sohn **übertragen** wollte. Die Abfindungszahlung war im Pensionsvertrag nicht geregelt, sondern wurde „ad hoc" im Zusammenhang mit der Anteilsübertragung vereinbart. Dabei lag der Abfindungsbetrag niedriger als der steuerliche Bilanzwert. Durch die Abfindung hat die GmbH eine Vermögensmehrung – das Gegenteil einer vGA – erfahren. Gleichwohl sieht der BFH darin auf Grundlage des sog. „doppelten Fremdvergleichs" eine vGA.

- **Urteil I R 26/12:** Eine Pensionszusage muss **erdienbar sein.** Das ist sie nicht, wenn der Gesellschafter-Geschäftsführer bei Vertragsabschluss das 60. Lebensjahr bereits vollendet hat.

1 BMF, Schreiben v. 14.8.2012, StuB 2012 S. 684; teilweise entgegen OFD Niedersachsen, Vfg. v. 15.6.2012, StuB 2011 S. 634.

2 *Bandl*, StuB 2012 S. 782.

3 OFD Niedersachsen, Vfg. v. 15.6.2012 – S 2742 – 202 – St 242, StuB 2011 S. 634; dagegen *Bandl*, StuB 2012 S. 782; zu Einzelheiten der Berechnungserfordernisse vgl. *Pradl*, GStB 2012 S. 349.

4 Vgl. hierzu *Briese*, DB 2014 S. 801; *Rätke*, StuB 2014 S. 402; *Hoffmann*, GmbHR 2014 S. 497; dort auch Hinweise zu Gestaltungsüberlegungen. Die Urteile sind nachzulesen in DStR 2014 S. 633 ff.

- **Urteil I R 17/13:** Die Erdienbarkeitsvoraussetzung gilt auch für die Hinterbliebenenversorgung. Der Altersversorgungsanspruch einer verstorbenen Ehefrau kann nicht auf die später geehelichte „Nachfolgerin" übertragen werden, wenn diese die Erdienungsgrenze nicht erreicht.

Aus **Beratungssicht** sind insbesondere folgende Aspekte der BFH-Aussagen beachtlich:

- Auch bei Zusage eines Einmalbetrags kann es sich um eine betriebliche Altersversorgung handeln.
- Auf die Einhaltung der Vertragskonditionen entsprechend der (ursprünglichen) Pensionszusage ist bei der Abwicklung akribisch zu achten.

2.8 Steuern

Der Rückstellungsansatz bezieht sich auf die vom **Unternehmen** (Gesellschaft) geschuldete Steuer, d. h. Körperschaft-, Gewerbe- und Umsatzsteuer. Unter **Stichtagsbetrachtung** (→ § 252 Rz. 39) kommen die bis dahin entstandenen Steuerschulden nach Maßgabe der Veranlagungszeiträume zum Ansatz. Für Körperschaft- und Gewerbesteuer entsteht die Schuld mit Ablauf des Veranlagungszeitraums (§ 30 KStG, § 18 GewStG). Stichtagsbezogen sind steuerbilanziell auch Nachzahlungen aufgrund von Außenprüfungen (periodengerechte Zuordnung) anzusetzen.[1] Für abweichende Wirtschaftsjahre (→ § 240 Rz. 22) gilt: Der Veranlagungszeitraum muss spätestens am Bilanzstichtag enden. Das abstrakte Risiko aus **künftigen** Feststellungen einer steuerlichen Außenprüfung (sog. Betriebsprüfungsrisiko) ist steuerlich nicht ansatzfähig,[2] handelsbilanziell möglicherweise schon zuvor (→ § 274 Rz. 37 ff.). Steuerlich ist spätestens dann eine Rückstellung zu bilden, wenn ein Betriebsprüfer eine bestimmte Sachverhaltsbehandlung gut begründet mit wahrscheinlichem Steuernachzahlungseffekt beanstandet hat.[3] 145

Wenn also die Bilanz bzgl. der Nichtbilanzierung von Steuerschulden fehlerhaft ist, muss eine Periodisierung der fehlenden Steuerschulden steuerbilanziell erfolgen.

BEISPIEL[4] Ein Kaufmann hat versehentlich (nicht steuerstrafrechtlich relevant) Umsatzsteuer in Rechnungen doppelt ausgewiesen, nämlich in der Anzahlungsrechnung und dann wiederum in der Schlussrechnung.

Nach Auffassung des BFH ist hier eine periodengerechte Zuordnung vorzunehmen, weil ein ordentlicher Kaufmann diese Doppelsteuerschuld bilanziell erfasst hätte. Diese Rechtsauffassung des BFH erscheint vertretbar, man könnte allerdings auch infrage stellen, inwieweit der Wissenshorizont des ordentlichen Kaufmanns auf dem Gebiet der Umsatzsteuer ausgeprägt sein muss, um diese auch bilanziell richtig zu erfassen. Unseres Erachtens sollte der Vorgabe des BFH aber gleichwohl auch in der Handelsbilanz gefolgt werden.

Zinsen auf Steuernachforderungen sind im Entstehungsjahr als Rückstellung anzusetzen. Dabei entsteht der Zinslauf jedoch erst 15 Monate nach Ablauf des Kalenderjahres, in dem die Steuerschuld entstanden ist.[5] Zu Steuerguthaben vgl. → § 246 Rz. 56.

1 BFH, Urteil v. 15.3.2012 – III R 96/07, DStR 2012 S. 1495.

2 BFH, Urteil v. 13.1.1966 – IV 51/62, BStBl III S. 189; BFH, Urteil v. 27.11.2001 – VIII R 36/00, BStBl 2002 II S. 731.

3 BFH, Urteil v. 27.11.2001 – VIII R 36/00, DStR 2002 S. 625.

4 Nach dem BFH, Urteil v. 15.3.2012 – III R 96/07, BStBl 2012 II S. 719.

5 Zu Einzelheiten hierzu, insbesondere auch zum Zusammenspiel von Steuerforderungen und -schulden, vgl. BayLfSt v. 10.3.2015, DStR 2015 S. 1752.

Erfolgt in späteren Jahren eine Korrektur der zu viel in Rechnung gestellten und auch ans Finanzamt abgeführten Umsatzsteuer, ist der **Rückforderungsanspruch** nach Auffassung des III. BFH-Senats im zitierten Urteil III R 96/07 erst im Veranlagungszeitraum, in dem die Rechnung berichtigt wird, bilanziell zu erfassen (→ § 246 Rz. 56).[1] Unseres Erachtens ist wie im zitierten Urteil III R 96/07 synchron zu entscheiden: Der sorgfältige Kaufmann bilanziert nicht nur auf der Passivseite. Der Verweis auf das „wirtschaftliche Entstehen" (?) ist im Grunde aussagelos. Was für die Passivseite gilt, muss zur Vermeidung schizophrener Ergebnisse auch aktivisch gelten.[2]

Im Übrigen ist die Rechtsprechung zum Zeitpunkt der Berücksichtigung von Mehrsteuern infolge einer Außenprüfung, die nicht auf einer Steuerhinterziehung beruhen, aber uneinheitlich. Für eine Berücksichtigung erst im Jahr des Aufgriffs des Sachverhalts durch den Außenprüfungsbericht spricht sich der I. Senat aus,[3]für eine Passivierung zu Lasten des Steuerentstehungsjahres der III. Senat.[4]

Bei Schulden aus **hinterzogenen** Steuern darf demgegenüber eine Rückstellung erst erfolgen, wenn die Tat aufgedeckt ist bzw. mit einer unmittelbaren Aufdeckung zu rechnen ist.[5]

Der BFH wendet hier seine Rechtsprechung zu den öffentlich-rechtlichen Verpflichtungen aufgrund des Umweltschutzes an (→ Rz. 55 ff.), insbesondere mit folgender Begründung: Zivilrechtlich entsteht die Verpflichtung aus Straftaten bereits mit Ergehen der Tat; wenn aber der Steuerpflichtige von der Nichtentdeckung ausgehen kann, fehlt es an einer hinreichenden Wahrscheinlichkeit der Inanspruchnahme (→ Rz. 45). Der HFA des IDW ist hier a. A.:[6] Die hinterzogenen Steuern sind in voller Höhe als Rückstellung dem Geschäftsjahr zuzuordnen, in dem die (hinterzogene) Steuerschuld entstanden ist. Für eine Gleichbehandlung nicht hinterzogener mit hinterzogenen Mehrsteuern spricht sich das FG Münster aus, wobei es in beiden Fällen eine Passivierung erst im Jahr der „aufdeckungsorientierten Maßnahme" (Beanstandung einer konkreten Sachverhaltsbehandlung durch den Prüfer) für zutreffend hält.[7]

Die unterschiedliche bilanzielle Behandlung der Nachzahlungen von „normalen" Feststellungen einer steuerlichen Außenprüfung einerseits und derjenigen von hinterzogenen Steuern durch die Steuerfahndungsprüfung andererseits ist auch aus folgendem Grund nicht unbedingt konsequent. Im ersten Fall wird das Entstehen einer („normalen") Verbindlichkeit unterstellt (so im zitierten BFH-Urteil III R 96/07), im anderen Fall der hinterzogenen Steuern soll es sich um eine Rückstellung handeln (zitiertes BFH-Urteil X R 23/10). Durch die Zuweisung der hinterzogenen Steuerschulden in den Rückstellungsbereich begründet sich der Nichtansatz in den betroffenen Veranlagungszeiträumen aus der damals nicht vorhandenen überwiegenden Wahrscheinlichkeit der Aufdeckung. Dieses Kriterium versagt allerdings, wenn man so wie bei den Steuernachzahlungen aufgrund von Betriebsprüfungsfeststellungen (Fall III R 96/07) die Steuerverpflichtung als „normale" Verbindlichkeit ansieht. Diesen Charakter (Verbindlichkeit) behält bzw. erfährt die Schuld durch die Aufdeckung der Straftat, sie ist also gleichermaßen zu

1 Vgl. auch BFH, Urteil v. 4.2.2005 – VII R 20/04, BStBl 2010 II S. 55; BFH, Urteil v. 22.8.2012 – X R 23/10, DStR 2012 S. 2114.

2 Vgl. *Lüdenbach*, StuB 2014 S. 535.

3 BFH, Beschluss v. 16.12.2009 – I R 43/08, BStBl 2012 II S. 688.

4 BFH, Urteil v. 15.3.2012 – III R 96/07, BStBl 2012 II S. 719.

5 BFH, Urteil v. 27.11.2001 – VIII R 36/00, BStBl 2002 II S. 731; BFH, Urteil v. 22.8.2012 – X R 23/10, BStBl 2013 II S. 76; BFH, Urteil v. 12.5.2020 – XI B 59/19.

6 HFA-Sitzung v. 12./13.3.2013, zitiert bei *Oser*, StuB 2014 S. 49.

7 FG Münster, Urteil v. 20.8.2019 – 12 K 2903/15 G,F.

qualifizieren wie die durch Betriebsprüfung aufgedeckte Steuerschuld. Außerhalb von Verbindlichkeitsrückstellungen gilt das Wahrscheinlichkeitskriterium nicht, da es sich ex definitione um eine „sichere" Verbindlichkeit handelt (→ § 246 Rz. 66).

Strittig ist ein Rückstellungsansatz in der Handelsbilanz für **latente Steuern** bei nicht den Vorschriften des § 274 HGB unterliegenden Personenunternehmen oder kleinen Kapitalgesellschaften (→ § 274 Rz. 4).

Als Rückstellungsansatz können auch **Haftungsschulden** – z. B. für Lohnsteuer – in Betracht kommen, möglich ist auch ein Ausweis unter „Sonstige Rückstellungen" (→ § 266 Rz. 83). Der Ansatz ist durch die mitgeteilte Beanstandung gerechtfertigt.[1]

Ob bzw. bis zu welchem Zeitpunkt Steuerabschlusszahlungen als **Rückstellungen** auszuweisen sind, ist umstritten. Nach Auffassung des BFH,[2] ebenso wie nach Teilen des Schrifttums,[3] kommt ein Ausweis der Steuerabschlusszahlung als Verbindlichkeit erst in Betracht, wenn die Steuerschuld durch einen Steuerbescheid dokumentiert ist. Zur Begründung des vorherigen Rückstellungsansatzes wird im Wesentlichen Folgendes ausgeführt: Neben rechtlich unstrittigen Sachverhalten beeinflussen i. d. R. auch rechtlich unsichere Sachlagen die Steuerschuld. In das „Gesamtaggregat" Steuerschuld müsse beides einfließen, so dass sich insgesamt eine **Unsicherheit** der Höhe nach und damit eine Rückstellung ergebe. 146

Die Gegenauffassung nimmt eine **Trennung** der Steuerschuld in einen sicheren, als Verbindlichkeit auszuweisenden Betrag (i. d. R. der Betrag laut Steuererklärung) und einen ungewissen, als Rückstellung auszuweisenden Teil (Betriebsprüfungsrisiken usw.) vor.[4] Für diese Auffassung spricht auch die Behandlung von erwarteten Steuererstattungen. Obwohl Forderungen nach Maßgabe des Vorsichtsprinzips nur dann anzusetzen sind, wenn sie so gut wie sicher sind, werden erwartete Steuererstattungen nach ganz einheitlicher Auffassung als sonstige Forderungen bilanziert. Eventuell verbleibende (Betriebsprüfungs-)Risiken werden von der laut Steuererklärung zu erwartenden Erstattung „isoliert", also nicht in das „Gesamtaggregat" einbezogen, sondern als Rückstellung berücksichtigt. Wenn aber gem. Steuererklärung erwartete Steuererstattungen Forderungscharakter haben (→ Rz. 146b), ist umgekehrt auch gegen die Qualifizierung einer erwarteten Abschlusszahlung als sonstige Verbindlichkeit nichts einzuwenden.

Die strittige Qualifikation der Steuerabschlusszahlung ist nicht nur für den Ausweis, sondern auch für die **Bewertung** relevant, da § 253 Abs. 2 nur für Rückstellungen, nicht für Verbindlichkeiten eine Abzinsung vorsieht.

BEISPIEL[5] ▸ Die U GmbH erzielt im Jahr 01 nach Handels- und Steuerrecht vor Steuern und vor Zinseffekten ein Ergebnis (zugleich zu versteuerndes Einkommen und Gewerbeertrag) von 1.000.000 €. Die danach bei einem Steuersatz von 30 % erwartete Jahressteuer beträgt 300.000 €. Erkennbare Risiken bestehen hinsichtlich dieses Betrags nicht. Die U hat vielmehr das Ergebnis auf Basis der Gesetzes-, Erlass- und Rechtsprechungslage ermittelt. Ertragsteuervorauszahlungen wurden i. H. von 196.000 € geleistet. Die erwartete Abschlusszahlung beträgt somit 104.000 €. Wie bereits bei Bilanzaufstellung für 01 geplant, gibt die U ihre Steuererklärungen erst Mitte des vierten Quartals ab und erhält erwartungsgemäß erst Ende Dezember 02 die Steuerbescheide, wonach die Abschlusszahlungen Anfang Januar 03 zu leisten sind. Für eventuelle Abzinsungen ist ein Zinssatz von 4 % zugrunde zu legen.

1 BFH, Urteil v. 16.2.1996 – I R 73/95, BStBl II S. 592.
2 Vgl. BFH, Beschluss v. 16.12.2009 – I R 43/08, BStBl 2012 II S. 688, Kurzinfo StuB 2010 S. 204.
3 Vgl. *Herzig/Liekenbrock*, DB 2013 S. 409 ff.
4 Vgl. *ADS*, Rechnungslegung und Prüfung der Unternehmen, 6. Aufl. 1997, § 266 Rz. 207; *Lüdenbach*, StuB 2013 S. 427.
5 Nach *Lüdenbach*, StuB 2013 S. 427.

Folgt die U GmbH dem BFH und der ersten Schrifttumsauffassung, muss sie die erwartete Abschlusszahlung von 104.000 € per 31.12.01 mit dem diskontierten Betrag ansetzen (per Steueraufwand an Steuerrückstellung 100.000 €). Im Jahr 02 erfolgt dann eine Aufzinsung, die nicht im Steuerergebnis, sondern als Zinsaufwand zu berücksichtigen ist (per Zinsaufwand an Steuerrückstellung 4.000 €).

Orientiert sich die U GmbH an der Gegenauffassung, wofür in ihrem konkreten Fall zusätzlich spricht, dass die Steuererklärung keine erkennbaren Risiken aufweist, ist im Jahr 01 der Nominalbetrag der erwarteten Abschlusszahlung anzusetzen (per Steueraufwand an Steuerverbindlichkeit 104.000 €). Eine Aufzinsung im Jahr 02 unterbleibt dann.

Bei Anwendung der ersten, möglicherweise herrschenden Auffassung gilt: Bis zum Ergehen einer **rechtskräftigen** Veranlagung (auch nach Vorbehaltsfestsetzung gem. § 164 AO) wird die bis dahin selbst errechnete Steuerschuld – da der Höhe nach ungewiss (→ Rz. 2) – als Verbindlichkeitsrückstellung gewürdigt, aber für große Kapital- und „Kap. & Co."-Gesellschaften (→ § 267 Rz. 14) unter dem Gliederungsposten „Steuerrückstellungen" (→ § 266 Rz. 83) ausgewiesen. Nach Vorliegen einer solchen Veranlagung soll die Nachzahlung als „sonstige Verbindlichkeit" – aus Steuern – (→ § 266 Rz. 95) dargestellt werden. Dabei ist immer eine unzureichende Vorauszahlung unterstellt; für überschießende Vorauszahlung vgl. → Rz. 146b.

146a Wie bei „normalen" Verbindlichkeitsrückstellungen stellt sich auch bei solchen für (noch nicht bestandskräftig veranlagte) „Steuern" die Frage nach der **Wahrscheinlichkeit** (→ Rz. 43 ff.) des Entstehens einer zusätzlichen Schuld, meistens durch Feststellung im Rahmen einer Außenprüfung nach Vorbehaltsveranlagung. Der BFH richtet das Wahrscheinlichkeitskriterium bei diesen unsicheren Steuerschulden an den Vorgaben für öffentlich-rechtliche Verpflichtungen aus dem Umweltschutz u. Ä. (→ Rz. 63 ff.) aus. Dabei wird ihm im Schrifttum eine Sonderbeurteilung für **steuerliche** Bilanzierungszwecke vorgehalten,[1] was systematisch nicht zutreffen kann, da der BFH hier nur Handelsrecht auslegt, wenn auch nicht i. S. der h. M. (für die handelsrechtliche Bilanzierung). Auf weitere Argumente in → Rz. 56 ff. wird verwiesen. Unseres Erachtens kommt diesem Meinungsstreit bei den regelmäßig vorliegenden hohen **Unsicherheiten** für Steuerrisiken – weite Amplitude der plausiblen Bandbreite[2] – keine wesentliche praktische Bedeutung zu.

Bei **Vorbehaltsveranlagungen** besteht bis zum endgültigen Steuerbescheid „nach Bp" ein Unsicherheitsmoment dahingehend, ob die vorläufige und bezahlte Veranlagung den Bp-Feststellungen „standhält". Regelmäßig ist dies nicht der Fall. Dabei können auch Sachverhalte involviert sein, die vom Bilanzierer selbst als **zweifelhaft** bzgl. der steuerlichen Anerkennung gewertet werden. Sollte hieran mit überwiegender Wahrscheinlichkeit gezweifelt werden, müsste handelsbilanziell eine entsprechende Rückstellung für diese mutmaßliche Steuerschuld angesetzt werden bzw. bleiben. Mit anderen Worten: Trotz vorläufiger Veranlagung mit Bezahlung würde eine verbleibende Steuerschuld für diesen Veranlagungszeitraum noch vor Abschluss der Bp ausgewiesen. In der Praxis wird ein solcher Posten höchst **selten** auftauchen, um nicht die Begehrlichkeit des Betriebsprüfers zu wecken. Rechtfertigen lässt sich die Nichtbilanzierung einer solchen möglichen Schuld durch Reduzierung des Wahrscheinlichkeitsmaßes auf unter 50 % (→ Rz. 46).

146b Die vorstehend unter → Rz. 146 und → Rz. 146a behandelte Ausweisproblematik beschränkt sich auf die Darstellung der **Passivseite** mit der impliziten Unterstellung nicht ausreichender Vorauszahlungen auf die Körperschaft- und Gewerbesteuer. Bei **überschießender Vorauszah-**

1 Bezogen auf die Bilanzierung von Steuerrisiken durch *Herzig/Liekenbrock*, DB 2013 S. 410.
2 IDW RS HFA 34 Tz. 16.

lung dreht sich das Spektrum um, in bilanzsystematischer Betrachtung aber nicht spiegelbildlich. Im Aktivausweis wird nicht zwischen sicheren (passivisch: Verbindlichkeiten) und unsicheren (passivisch: Rückstellungen) Posten unterschieden. Bis zum Ergehen eines Steuerbescheides für ein abgelaufenes Geschäftsjahr (aus der Stichtagsperspektive) ist eine **Forderung** nach „normalen" Ansatzkriterien unsicher, da rechtlich noch nicht bestehend. Ein Ansatz kommt nur in Betracht, wenn mit der Entstehung der Forderung „fest zu rechnen" oder diese „quasisicher" ist (→ § 246 Rz. 57). Das wird in der Praxis für das selbsterrechnete Steuerguthaben regelmäßig unterstellt.

Das Risiko einer höher als die selbsterrechnete und bilanzierte veranlagten Steuerschuld wird nach der herrschenden Praxis von der Forderung separiert und als eigenständiger Posten gewürdigt.[1] Unter dieser Prämisse geht es inhaltlich nur noch um eine unsichere **Verbindlichkeit.** Sollte diese wegen überwiegender Wahrscheinlichkeit (→ Rz. 146a) ansatzpflichtig sein, kommt ein Rückstellungsausweis in Betracht, auch wenn aktivisch wegen noch nicht ergangenen Steuerbescheides für den betreffenden Veranlagungszeitraum eine Forderung ausgewiesen sein sollte.

Das Wechselspiel zwischen unsicheren Steuerguthaben und -verbindlichkeiten lässt sich an folgendem Beispiel nachverfolgen:

BEISPIEL ▸ Die U GmbH leistet im Jahr und für das Jahr 01 Körperschaftsteuervorauszahlungen von insgesamt 10 Mio. €. Für Zwecke des Jahresabschlusses ermittelt die qualifizierte Steuerabteilung die Jahressteuer mit 8 Mio. € und demzufolge eine Steuererstattung von 2 Mio. €. Entsprechend wird auch die Steuererklärung im September 02 abgegeben. Bei der Steuerberechnung ist eine Teilwertabschreibung auf Anlagegüter berücksichtigt. Ohne die Teilwertabschreibung hätte die Jahressteuer 9,5 Mio. € betragen. Das Finanzamt erkennt die Teilwertabschreibung nicht an und setzt die Jahressteuer mit Bescheid vom 20.12.02 auf 9,5 Mio. € fest. Im Januar 03 erhält U demzufolge eine Erstattung von 0,5 Mio. € ausgezahlt. Gegen den Bescheid legt die U GmbH Anfang Januar 03 Einspruch ein. Nach gut begründeter Einschätzung des externen Steuerberaters ist die Rechtsansicht des Finanzamtes falsch. Aussetzung der Vollziehung (AdV) kann wegen § 361 Abs. 2 Satz 4 AO nicht beantragt werden.

Bilanzierung im Jahr 01:

Steuererstattungsansprüche werden in der Kommentarliteratur hauptsächlich unter dem Gesichtspunkt der Anhangangabe nach § 268 Abs. 4 Satz 2 HGB für abweichende Wirtschaftsjahre behandelt. Hier soll die Aktivierung des nach Erklärung erwarteten Erstattungsanspruchs zutreffend sein, obwohl die Jahressteuer erst mit Ablauf des Kalenderjahres entsteht (→ § 268 Rz. 137). Erst recht muss eine Aktivierung des erwarteten Steuererstattungsanspruchs dann bei kalendergleichem Wirtschaftsjahr zulässig sein. Die U GmbH kann daher per 31.12.01 2 Mio. € aktivieren.

Bilanzierung im Jahr 02:

Für einen Teilbetrag von 0,5 Mio. € bleibt es auch per 31.12.02 zweifelsohne dabei. Fraglich ist, ob dies auch für die strittigen 1,5 Mio. € gilt. Hätte U eine geringere Jahresvorauszahlung – nämlich 8 Mio. € – geleistet, wäre für die Abschlusszahlung von 1,5 Mio. € ein Antrag auf AdV möglich gewesen. Dieser Betrag wäre nur dann per 31.12.02 einer Rückstellung zuzuführen gewesen, wenn U mit überwiegender Wahrscheinlichkeit mit Nichtdurchsetzung ihrer Rechtsauffassung gerechnet hätte. So aber hat U nach intern und extern substantiierter Auffassung ein Zuviel an Vorauszahlungen geleistet, welche wegen der Vorschrift des § 361 Abs. 2 Satz 4 AO gar nicht aussetzungsfähig sind. Hier soll nach möglicherweise h. M. nach „allgemeinen handelsrechtlichen Grundsätzen" (Vorsichtsprinzip) der strittige Steuererstattungsanspruch erst im Zeitpunkt des berichtigten Steuerbescheids oder erkennbarer Abhil-

1 Vgl. *Lüdenbach*, PiR 2008 S. 242.

fe durch das Finanzamt ansatzfähig sein.[1] Nach der Gegenauffassung sind auf bestrittene Steuerschulden geleistete Zahlungen hingegen bei begründet erwarteter Erstattung zu aktivieren.[2]

Der Gegenauffassung ist zuzustimmen. Wenn eine nur mit überwiegender Wahrscheinlichkeit, aber nicht sicher erwartete Steuererstattung nicht aktiviert werden dürfte, hätte im Beispiel die U GmbH schon per 31.12.01 keinen Erstattungsanspruch, auch keinen i. H. von 0,5 Mio. €, ansetzen können. Ein solches Vorgehen würde zu irreführenden Steueraufwandsgrößen nicht nur in der GuV und in den interperiodischen Analysen führen, sondern auch im zwischenbetrieblichen Vergleich, weil bei ansonsten gleicher Sachlage hinsichtlich der Streitfrage die Bilanzierung und GuV-Behandlung abhängig von Vorauszahlungs- oder AdV-Vorgängen wären. Die GuV ist aber keine Einnahmen-Ausgaben-Rechnung. Für die Gegenauffassung spricht schließlich noch die abgabenrechtliche Behandlung: Zum einem kommt in § 361 Abs. 2 Satz 4 AO die relative Verselbständigung der Vorauszahlung gegenüber der Jahressteuer zum Ausdruck. Zum anderen kann eine Aussetzung auch wegen bestehender Bonitätsrisiken verweigert oder von einer Sicherheitsleistung abhängig gemacht werden (§ 361 Abs. 2 Satz 5 AO). Die wegen nicht beantragter oder nicht gewährter AdV geleistete wahrscheinliche Überzahlung hat aus dieser Sicht Kautionscharakter und sollte wie eine Kaution aktiviert werden können.

Das IDW hat eine Gleichbehandlung von noch rechtsstrittigen, also im Einspruchs- oder Klageverfahren befindlichen (Voraus-)Zahlungsüberschüssen (potenziellen Aktivposten) und Restzahlungen (potenziellen Passivposten) abgelehnt. Eine Schuld (Rückstellung) ist danach erst anzusetzen, wenn der Steuerpflichtige mit überwiegender Wahrscheinlichkeit das Rechtsbehelfsverfahren verlieren wird, ein Vermögensgegenstand hingegen erst dann, wenn ein Obsiegen des Steuerpflichtigen so gut wie sicher ist.[3]

147 In der **Steuerbilanz** sind Schulden aus Körperschaft- und Gewerbesteuer[4] trotz deren Nichtabzugsfähigkeit bei der Gewinnermittlung ebenfalls anzusetzen. Die Korrektur erfolgt außerbilanziell durch entsprechende Zurechnung. Entsprechendes gilt für (EU-)Geldbußen.[5]

148 **Zinsen** auf Steuernachzahlungen nach § 233 AO sind erst nach Ablauf von 15 Monaten nach Ende des Kalenderjahres, in dem die Steuernachforderung entstanden ist, als Rückstellung anzusetzen.[6]

149 Zurückzustellen sind auch die Kosten zur Erstellung der **betrieblichen Steuererklärungen** für Veranlagungszeiträume, die bis zum Bilanzstichtag enden[7] (→ Rz. 117).

150 *(einstweilen frei)*

1 Vgl. *Brauchle/Spingler/Tenzer*, WPg 2019 S. 664 m. w. N.
2 Vgl. *Kessler/Leinen*, WPg 2013 S. 67.
3 IDW Life 2017 S. 528.
4 OFD Rheinland, Vfg. v. 5.5.2009 – S 2137 – 2009/0006 – St 141, DB 2009 S. 1046.
5 BFH, Urteil v. 7.11.2014 – IV R 4/12, DB 2014 S. 385.
6 OFD Frankfurt a. M., Vfg. v. 22.4.2013, DB 2013 S. 1084; u. E. richtigerweise als sonstige Verbindlichkeit.
7 BFH, Urteil v. 23.7.1980 – I R 30/78, BStBl 1981 II S. 63.

III. Drohende Verluste aus schwebenden Geschäften (Abs. 1 Satz 1 Alternative 2)

1. Schwebendes Geschäft

1.1 Begriffsdefinition, Anwendungsbereich

„Schwebend" ist ein Geschäft in bilanzrechtlicher Hinsicht, insoweit das zugrunde liegende, auf einen Leistungsaustausch gerichtete Vertragsverhältnis („Geschäft") von der zur **Sach**leistung verpflichteten Partei noch **nicht erfüllt ist.** Derartige Geschäfte sind wegen der Ausgeglichenheitsvermutung – Wert der Leistung entspricht der Gegenleistung – nicht bilanzierbar (→ § 246 Rz. 8). Bei diesen Vertragsverhältnissen kann es sich um zweiseitig verpflichtende Dauerschuldverhältnisse oder um Einmalgeschäfte handeln. 151

Zu den Drohverlustrückstellungen folgende Systematik:

Übersicht 3: Einteilung schwebender Geschäfte

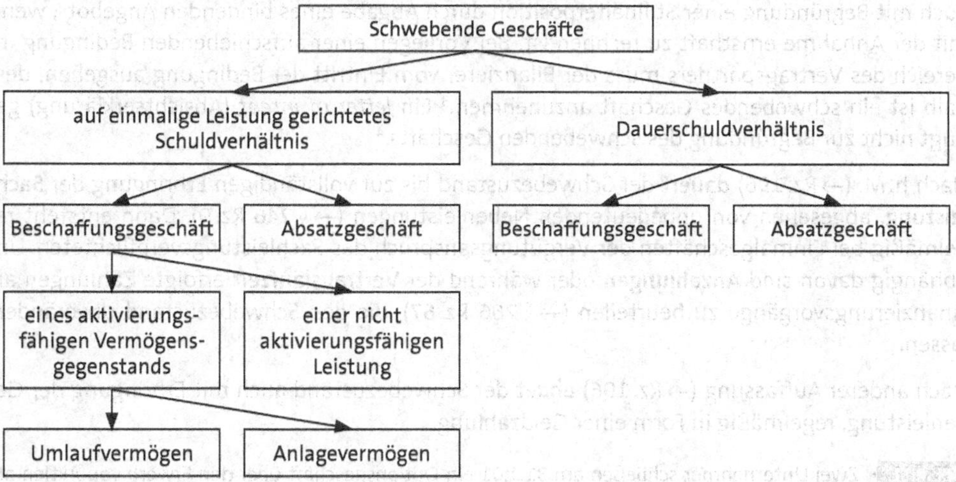

Der Bilanzierende tätigt ein **Beschaffungs**geschäft als Empfänger der Sach- oder Dienstleistung oder ein **Absatz**geschäft als Sachleistungsverpflichteter. **Einseitig** verpflichtende Rechtsgeschäfte begründen kein schwebendes Geschäft im bilanzrechtlichen Sinn. Aus ihnen können keine Drohverlust-, sondern nur Verbindlichkeitsrückstellungen in Betracht kommen (→ Rz. 42).[1] Selbst wenn im Falle der entgeltlichen Bürgschaftsübernahme ein Gegenseitigkeitsverhältnis besteht, betrifft die Gegenseitigkeit nur die Zusage, jedoch nicht das konkrete Einstehen im Zahlungsstörungsfall.[2] Die drohende Inanspruchnahme aus einer **Bürgschaft** oder einer **Garantie**[3] (→ § 250 Rz. 15) führt somit nicht zu einer Drohverlust-, sondern zu einer Verbindlichkeitsrückstellung, bei deren Bemessung es allerdings ähnlich der von vornherein

1 OFD München, Vfg. v. 12.4.2002 – S 2137 – 49 St 41/42, DStR 2002 S. 1303; BFH, Urteil v. 18.12.2001 – VIII R 27/00, BStBl 2002 II S. 733, mit Anm. *Hoffmann*, GmbHR 2002 S. 334.

2 FG München, Urteil v. 6.11.2019 – 7 K 2095/16.

3 BFH, Beschluss v. 11.4.2003 – IV B 176/02, BFH/NV 2003 S. 919; FG München, Urteil v. 2.3.2009 – 7 K 1770/06, EFG 2009 S. 917.

auf eine Saldogröße gerichteten Drohverlustrückstellung im Einzelfall zu Saldierungen kommen kann.[1] Für eine Verrechnung mit dem verbürgten, voraussichtlich zu zahlenden Betrag kommen etwa verwertbare Sicherheiten und u. E. auch der werthaltige Teil des latenten Ausgleichsanspruchs gegenüber dem Schuldner infrage. Der Rückstellungsansatz wegen der drohenden Inanspruchnahme aus der Bürgschaft setzt die sofortige Abschreibung der Rückgriffsansprüche gegen den Hauptschuldner wegen Wertlosigkeit voraus.[2]

152 Eine **Vermischung** von Einmalgeschäften und Dauerschuldverhältnissen ist denkbar, so insbesondere im Falle von **Sukzessivlieferungsverträgen.** Hier ist allerdings danach zu unterscheiden, ob diese Verträge nur Rahmenkonditionen festlegen oder (insbesondere) feste Preisvereinbarungen und Absatzmengen enthalten. Nur im letztgenannten Fall handelt es sich um einen Schwebezustand, vergleichbar mit dem Mietverhältnis, mit der Unterscheidung einer normalerweise in zeitlich unregelmäßigen Abständen zu erbringenden Teilleistung.

1.2 Beginn und Ende

153 Der Schwebezustand **beginnt** mit dem rechtswirksamen **Vertragsabschluss.** Er beginnt aber auch mit Begründung einer Stillhalterposition durch Abgabe eines bindenden Angebots, wenn mit der Annahme ernsthaft zu rechnen ist. Bei Vorliegen einer aufschiebenden Bedingung im Bereich des Vertragspartners muss der Bilanzierer vom Eintritt der Bedingung ausgehen; deshalb ist ein schwebendes Geschäft anzunehmen.[3] Ein *letter of intent* (Absichtserklärung) genügt nicht zur Begründung des schwebenden Geschäfts.[4]

154 Nach h. M. (→ Rz. 196) **dauert** der Schwebezustand bis zur vollständigen Erbringung der **Sachleistung,** abgesehen von unbedeutenden Nebenleistungen (→ § 246 Rz. 9). Dann entsteht regelmäßig bei Einmalgeschäften der Vergütungsanspruch des Sachleistungsverpflichteten. Unabhängig davon sind **Anzahlungen** oder während der **Vertragslaufzeit** erfolgte Zahlungen als Finanzierungsvorgänge zu beurteilen (→ § 266 Rz. 67), die den Schwebezustand unverändert lassen.

Nach anderer Auffassung (→ Rz. 196) **endet** der Schwebezustand auch mit Erbringung der Gegenleistung, regelmäßig in Form einer Geldzahlung.

BEISPIEL[5] Zwei Unternehmer schließen am 31.1.01 ein Optionsgeschäft über den Erwerb von Aktien ab. Als Erfüllungstag wird (amerikanische Option) der 28.2.02 vereinbart.

In der Zeit dazwischen besteht „an sich" ein Schwebezustand. Nach Auffassung des BFH im zitierten Urteil ist dieser jedoch in bilanzrechtlicher Sicht mit der üblichen Zahlung der Optionsprämien an den Stillhalter bei Geschäftsabschluss am 31.1.01 beendet, d. h., nach dieser Auffassung bedarf es zur Beendigung des bilanzrechtlich interpretierten Schwebezustands nicht der Erfüllung durch den Sachleistungsverpflichteten, hier den Stillhalter.

155 Die BFH-Lösung mag mit der Besonderheit der Zahlung – Gegenleistung für die Sachleistung des „Stillhalters" – erklärbar sein. Ansonsten sollten die **Zahlungsmodalitäten** im Rahmen von schwebenden Geschäften wie sonst auch nach § 252 Abs. 1 Nr. 5 HGB (→ § 252 Rz. 205) keinen

---

1 BFH, Urteil v. 15.10.1998 – IV R 8/98, BStBl 1999 II S. 333; FG München, Urteil v. 6.11.2019 – 7 K 2095/16, NWB UAAAH-51388, EFG 2020 S. 982; jeweils m. w. N. aus der BFH-Rechtsprechung.

2 BFH, Beschluss v. 12.6.2013 – X B 191/12, BFH/NV 2013 S. 1622.

3 Ähnlich IDW RS HFA 4 Tz. 9 f.

4 IDW RS HFA 4 Tz. 10.

5 Nach BFH, Urteil v. 18.12.2002 – I R 17/02, BStBl 2004 II S. 126.

Einfluss auf den Bilanzansatz haben. Zahlungen vor (vollständiger) Erbringung der Sachleistung sind dann als **Anzahlungen** (Teilzahlung) oder **Vorauszahlung** (vollständige Bezahlung wie im Optionsfall des BFH unter I R 17/02 a. a. O.) zu behandeln.[1] Beim Sachverhalt des unter → § 252 Rz. 163 dargestellten Beispiels wäre sonst wegen der Vorauszahlung der gesamten Miete auf 18 Jahre nach der von uns nicht geteilten Auffassung kein schwebendes Geschäft anzunehmen.

156 Bei **Dauerschuld**verhältnissen (typischer Fall: Mietvertrag) erfolgt regelmäßig in kurzen Abständen die Zahlung als Gegenleistung für die zeitraumbezogene Sachleistung (hier Raumüberlassung). Ein Periodisierungsproblem stellt sich dann praktisch nicht. Fallen allerdings Zahlungsfälligkeiten und Sachleistungserbringung zeitlich nennenswert auseinander, können sich Abgrenzungsprobleme ergeben. Dazu wird verwiesen auf → § 250 Rz. 18 f.

1.3 Bilanzrechtliche Grundlage

157 Die bilanzrechtliche Nichterfassung des schwebenden Geschäfts ist nicht zuletzt **pragmatisch** begründet.[2] Ansonsten wäre die Sachleistungsverpflichtung im Zeitpunkt des Vertragsabschlusses zu **bewerten,** d. h. der Wert der zehnjährigen Nutzungsüberlassung eines Ladengeschäfts oder der 25-jährigen einer Produktionshalle zu ermitteln. Dabei könnte sich bald einmal ein „Schnäppchen" herbeirechnen lassen, das als nicht realisierter Gewinn ausgewiesen würde. Mit dem Verzicht auf den Bilanzansatz wird diese Gefahr beseitigt.

158 Man kann in der Nichtbilanzierung des schwebenden Vertragsverhältnisses einen Verstoß gegen das **Vollständigkeitsgebot** (→ § 246 Rz. 3) erkennen. Dieser lässt sich indes gut mit der **Ausgeglichenheitsvermutung** rechtfertigen: Bei Vertragsabschluss gehen die Parteien nach „do ut des" von der Gleichwertigkeit ihrer jeweiligen Leistungsverpflichtung aus, d. h., einen Gewinn oder Verlust erwarten beide Parteien nicht, deshalb gibt es nichts zu bilanzieren.

159 Allerdings können sich die wirtschaftlichen Umweltverhältnisse im Zeitverlauf **ändern.** Der Vertrag kann sich auf einmal als glückliche Fügung erweisen – der Einkaufskontrakt garantiert noch zwei Jahre niedrigere Beschaffungskosten als der Markt – oder umgekehrt ein finanzielles Desaster bereiten – die gemietete Verkaufsfläche für hochwertige Designerware wird durch zwei neu angesiedelte Discounter schlagartig im Wert erheblich reduziert.

Dann stellt sich die Frage nach der bilanziellen Behandlung dieser Gewinne oder Verluste, Letztere im Anwendungsbereich des § 249 Abs. 1 Satz 1 Alternative 2 HGB (→ Rz. 160 ff.). Zur Bilanzierung entsprechender Gewinne (aus schwebendem Geschäft) wird auf → § 252 Rz. 162 ff. verwiesen.

2. Drohender Verlust

2.1 Stichtagsbetrachtung, steuerliches Ansatzverbot

160 Der Bilanzansatz erfordert einen drohenden Verlust im Rahmen des schwebenden, nicht bilanzierten Vertrags (→ Rz. 157 f.). Zu entscheiden ist somit über einen Bilanzansatz, der aus einem an sich nicht ansetzbaren Vorgang wie dem schwebenden Vertrag resultiert. Vor der Subsumtion eines Rückstellungsfalls unter das steuerliche Ansatzverbot (→ Rz. 223) ist vorgreiflich der

1 So IDW RS HFA 4 Tz. 12.

2 Vgl. *Schön*, BB 1994 Beilage 9 S. 9.

Tatbestand des schwebenden Geschäfts zu prüfen. Liegt ein solches **nicht** vor, kann sich das Tor der **Verbindlichkeits**rückstellung öffnen (→ Rz. 151), z. B. bei einer drohenden Bürgschaftsinanspruchnahme. „Verlust" ist begrifflich eine **Saldogröße,**[1] es bedarf deshalb der Gegenüberstellung von positiven und negativen **ökonomischen** Auswirkungen aus einem schwebenden Vertragsverhältnis aus Sicht des Bilanzstichtags (→ § 252 Rz. 39). Dabei ist nach dem wirtschaftlichen Gehalt des „Geschäfts" zu differenzieren (siehe hierzu unter → Rz. 163). Am Bilanzstichtag muss ernsthaft mit einem Verpflichtungsüberschuss zu rechnen sein.[2]

161 Dieser Verlust muss „drohen". Darunter könnte man nach normaler Sprachregelung einen anstehenden, sozusagen vor der Tür wartenden Verlust verstehen, der demnächst hereinbrechen wird. Tatsächlich wird dies im Schrifttum teilweise auch so gesehen, zumindest geht dies aus der gängigen Begriffswahl hervor, der zufolge künftige Verluste durch diese Rückstellung **antizipiert** (→ § 252 Rz. 99)[3] bzw. **vorweggenommen** werden. Eine solche Gesetzesinterpretation widerspricht dem Stichtagsprinzip (→ § 252 Rz. 79), denn künftige Verhältnisse dürfen nicht in der jeweiligen Bilanz berücksichtigt werden, auch nicht künftig entstehende Verluste und auch nicht durch ausufernde Bemühung des Vorsichtsprinzips (→ § 252 Rz. 55 ff.). Am Stichtag sind diese „Droh"-Verluste aus belastendem Vertrag vorhanden, sie stehen nicht erst in der Zukunft an.[4]

Im Schrifttum wird häufig ein Missverständnis durch **falsche Begriffswahl** gefördert.[5] Man spricht von (zu saldierenden) **künftigen** Aufwendungen und Erträgen. Solche haben aus Stichtagsperspektive nichts in der aktuellen Bilanz zu suchen. **Vorweggenommen** werden nur **Zahlungsströme,** in denen sich die am Stichtag bis dahin entstandenen Aufwendungen und Erträge niederschlagen. Zahlungsvorgänge sind nach § 252 Abs. 1 Nr. 5 HGB „bilanzneutral" (→ § 252 Rz. 205). Bei Dauerschuldverhältnissen ist der diskontierte Überschuss von Aus- über Einzahlungen (nicht Aufwendungen und Erträge) als Drohverlust festzumachen, vgl. hierzu den Sachverhalt des Apothekerurteils (→ Rz. 164).

Der Kaufmann ist am Bilanzstichtag **steuerlich** wegen des bestehenden Verlusts aus dem schwebenden Vertrag in seiner **Leistungsfähigkeit** gemindert.[6] Dagegen verstößt das steuerliche **Ansatzverbot** in § 5 Abs. 4a EStG (→ Rz. 223). Zu der Ausnahme vom Verbot des steuerlichen Ansatzes von Drohverlustrückstellungen bei der Bildung von **Bewertungseinheiten** nach § 254 HGB wird verwiesen auf → § 254 Rz. 127.

BEISPIEL Der Büroimmobilienvermieter B bedient sich formularmäßig vorformulierter Mietverträge mit einer Indexklausel, aufgrund derer die Mietzinsen laufend anzupassen sind. Nach einschlägigen Marktuntersuchungen, die in der Wirtschaftspresse veröffentlicht werden, ist in der betreffenden Region wegen des Überbestands an Neubauten für Büroimmobilien in den nächsten zwei bis fünf Jahren mit ei-

1 IDW RS HFA 4 Tz. 19.

2 IDW RS HFA 4 Tz. 15.

3 So *Herzig*, StBJb 1985/86 S. 89 ff.; *Moxter*, BB 1993 S. 2481; *Schmidt/Weber-Grellet*, EStG, 35. Aufl. 2016, § 5 Tz. 451: „Künftige Verluste"; wie hier *Kessler, H.*, in Küting/Pfitzer/Weber (Hrsg.), Handbuch der Rechnungslegung – Einzelabschluss, 5. Aufl., § 249 Tz. 186; FG Köln, Urteil v. 10.11.2006, EFG 2006 S. 1608, der BFH konnte zu diesem Thema im Urteil v. 29.4.2008 – I R 67/06, DB 2008 S. 1777, aus verfahrensrechtlichen Gründen nicht Stellung nehmen.

4 In der Formulierung des I. BFH-Senats: „Die mit den Verlusten [aus schwebendem Vertrag] verbundene Vermögensminderung ... [am Stichtag]" (BFH, Urteil v. 17.10.2007 – I R 61/06, BStBl 2008 II S. 555). So auch *Piltz*, StBJb 1999/2000 S. 224: Die Verluste sind am Stichtag bereits da.

5 Vgl. hierzu *Hoffmann*, StuB 2011 S. 561.

6 Anderer Auffassung *Weber-Grellet*, DStR 1999 S. 1549, weil in diesem Augenblick noch Liquidität zur Steuerzahlung vorhanden sei. Dagegen *Hoffmann*, DStR 1999 S. 1545, mit dem Hinweis auf die Vermögensrechnung (Bilanzierung) als Grundlage der steuerlichen Gewinnermittlung. Wie hier ausführlich *Prinz, U.*, DB 2011 S. 492; *Hennrichs* in FS Lang 2011 S. 237; *Schulze-Osterloh* in FS Lang 2011 S. 255.

nem Rückgang des Mietniveaus zu rechnen, das sich durch den vereinbarten Index auf die bestehenden Verträge auswirken würde.

In diesem Fall „droht" ein „Verlust" aus den bestehenden Mietverträgen in der Zukunft. Diese dürfen entgegen dem Sprachgebrauch **nicht antizipiert** werden. Umgekehrt verhält es sich in folgenden Fällen.

BEISPIEL Der unter der Marke Z operierende Modefilialist hat in bester Geschäftslage von Köln ein Ladenlokal für eine Monatsmiete von 100 auf zehn Jahre angemietet. Die Kundennachfrage ist wesentlich geringer als erwartet. Nach drei Jahren wird die Filiale geschlossen, es gelingt der Abschluss eines Untermietvertrags, der allerdings für die restlichen sieben Jahre nur einen Mietzins von 80 vorsieht. Am Bilanzstichtag droht nicht ein Verlust, er ist bereits vorhanden und würde von einem potenziellen Erwerber des Unternehmens in das Kaufpreiskalkül einbezogen.[1] Das Ansatzverbot des § 5a Abs. 4a EStG bedeutet kein Abzugsverbot, sondern schiebt „lediglich" den steuerlichen Abzug zeitlich hinaus.

BEISPIEL A und B schließen am 11.11.01 ein Devisentermingeschäft mit Erfüllungszeitpunkt 30.6.02 ab. Erfüllungsbasis ist der Mittelkurs am Tage des Vertragsabschlusses. Am 31.12.01 hat sich der Kurs zuungunsten des A und zugunsten des B entwickelt. A hat eine Verlustrückstellung zu bilden, B wegen des Imparitätsprinzips keinen Gewinn (zu diesem Stichtag) auszuweisen.

In beiden Fällen „droht" der Verlust nicht als zukünftiges Ereignis, er ist vielmehr am Bilanzstichtag **effektiv vorhanden,** ist allerdings **nicht realisiert.** Nach dem Imparitätsprinzip sind solche Wertminderungen bzw. Verluste zu berücksichtigen (→ § 252 Rz. 99). Es handelt sich nicht um **zukünftige** Aufwendungen,[2] denn solche können nach dem Stichtagsprinzip nicht angesetzt werden. Außerdem sind in der GuV-Rechnung nach § 242 Abs. 2 HGB (→ § 242 Rz. 15) „Aufwendungen ... des **Geschäftsjahres**", nicht aber **künftige** Aufwendungen auszuweisen. Niemand käme auf die Idee, die in zwei Jahren anfallenden Löhne aktuell als Aufwand zu zeigen.

Ein Verlust aus einem solchen schwebenden Vertrag kann i. d. R. erst im **Zeitverlauf** entstehen, 162
bei **Abschluss** des Vertrags gilt demgegenüber aufgrund der wirtschaftlichen Interessenlage unabhängiger Vertragsparteien die Ausgeglichenheitsvermutung (→ Rz. 158). Die Bestimmung des Verlusts aus dem schwebenden Vertrag ist jeweils stichtagsbezogen zu ermitteln. Anders ausgedrückt: Es geht um die Feststellung eines Verlusts für die **Restlaufzeit (Restwert**betrachtung). **Zuvor** entstandene Gewinne oder wirtschaftliche Vorteile aus diesem Vertrag sind nicht gegenzurechnen (keine **Gesamtwert**betrachtung).

2.2 Abgrenzung des Verlusts zum nachteiligen Vertrag

Verlust i. S. des § 249 Abs. 1 Satz 1 HGB ist nicht identisch mit **wirtschaftlichem Nachteil** unter 163
Berücksichtigung von Fremdvergleichsverhältnissen.

BEISPIEL Der Modefilialist Z im 2. Beispiel unter → Rz. 161 (Abwandlung des Sachverhalts) zahlt für seine Filiale in der Fußgängerzone von Köln eine Miete von 100. Drei Jahre nach Vertragsabschluss ermäßigt sich die Vergleichsmiete in diesem Bereich auf 80. Z ist noch sieben Jahre an den Vertrag gebunden. Eine Schließung der Filiale ist ökonomisch nicht sinnvoll, weil aus ihr insgesamt ein Gewinn erzielt wird.

1 BFH, Urteil v. 17.10.2007 – I R 61/06, BFH/NV 2008 S. 1023.
2 So der IDW RS HFA 4 Tz. 17.

Im Sinne der internationalen Rechnungslegung handelt es sich hier um einen ungünstigen Vertrag *(unfavorable contract)* und gerade nicht um einen belastenden *(onerous contract)* als Pendant zum Drohverlustvertrag in der deutschen Terminologie.

2.3 Die Bestimmung der Saldogröße

164 Zur Bestimmung der Saldogröße „Verlust" (→ Rz. 160) bedarf es einer Definition der beiderseitigen **Leistungsinhalte** bzw. **Erwartungsgrößen.**

BEISPIEL[1] Ein Apotheker hatte in räumlicher Nähe zu seinem Apothekenbetrieb eine Etage angemietet und diese zu einem geringeren Mietzins an einen Arzt weitervermietet. Sein ökonomisches Kalkül ging auf die vom Arzt auszustellenden Rezepte, die von den Patienten naheliegenderweise bei der betreffenden Apotheke eingelöst werden.

Die vor dem BFH lange schwebende Streitfrage ging dahin, ob **allein** das Verhältnis der beiden Mietzinse zu berücksichtigen oder **zusätzlich** der wirtschaftliche Vorteil des Apothekers aus dem Verhalten der Patienten in den Saldierungsbereich einzubeziehen ist. Der Große BFH-Senat hat sich für die letztgenannte Variante entschlossen (sog. wirtschaftliches Synallagma).

165 Ein ähnlicher Sachverhalt lässt sich häufig in der **Brauereiwirtschaft** feststellen. Dort mietet die Brauerei eine Gaststätte und vermietet sie zu dem eigenen „Einstandspreis" weiter. Die dabei anfallende Unterdeckung soll durch eine gleichzeitig abgeschlossene Bierabnahmeverpflichtung des Gastwirts (Untermieter) mit entsprechendem (oder erhofftem) Gewinn – errechnet auf Vollkostenbasis – überkompensiert werden (→ § 253 Rz. 64).[2]

166 Ein ähnliches Kalkül kann dem Abschluss anderer schwebender **Absatzgeschäfte** zugrunde liegen. Hierbei stellt sich die Frage nach der Konsistenz der Rückstellungsbeurteilung beim schwebenden Geschäft zur Behandlung außerplanmäßiger Abschreibungen bei nicht mehr schwebenden Aufträgen.

BEISPIEL T ist hauptsächlich als Auftragnehmer der öffentlichen Hand im Straßenbau tätig. Während der Wintermonate werden zum partiellen Ausgleich der saisonalen Unterbeschäftigung aber auch Aufträge von Privaten für Pflasterarbeiten usw. angenommen, dabei zum Teil auch Auftragspreise akzeptiert, die zwar einen positiven Deckungsbeitrag gewährleisten, aber unterhalb der Vollkosten liegen. Konkret liegen per 31.12.01 zwei Aufträge mit jeweils 100 T€ Auftragswert, 70 T€ variablen Kosten und 120 T€ Vollkosten vor:

- Auftrag A ist bereits zu 100 % erledigt. Es fehlt nur noch die Abnahme.
- Auftrag B ist noch nicht begonnen worden.

Für den bereits fertigen Auftrag (im Beispiel Auftrag A) wäre im Rahmen der sog. verlustfreien Bewertung nach § 253 Abs. 4 Satz 1 HGB eine Abschreibung (von 20 T€) vorzunehmen. Fraglich ist, ob dies auch gilt, wenn ein Verlust aus Vollkostenperspektive bewusst zur Erzielung positiver Deckungsbeiträge in Kauf genommen wurde. Der BFH hat hier eine restriktive Auffassung vertreten. Ein Supermarktbetrieb, der zur Kundenbindung teils als Aktionsware, teils dauernd bestimmte Artikel anbietet, deren Verkaufspreis unter den Vollkosten liegt, soll keine Abschreibung vornehmen dürfen.[3] Begründet wird dies damit, dass ein gedachter Unterneh-

1 Nach dem sog. Apothekerfall, BFH, Vorlagebeschluss v. 26.5.1993 – X R 72/90, BStBl II S. 855, nachgehend BFH, Beschluss v. 23.6.1997 – GrS 2/93, BStBl 1993 II S. 855. Dem BFH wohl implizit zustimmend IDW RS HFA 4 Tz. 26.

2 Vgl. dazu mit ausführlichen Berechnungsbeispielen *Weinberger/Fiebiger*, StuB 2012 S. 211.

3 BFH, Urteil v. 29.4.1999 – IV R 14/98, BStBl II S. 81.

menserwerber diese Kalkulation insoweit akzeptiert hätte, als das Unternehmen insgesamt mit Gewinn kalkuliert. Eine positive Gesamtbewertung des Unternehmens verhindert die Abschreibung auf ein einzelnes Wirtschaftsgut.

Für Verbindlichkeitsrückstellungen vertritt der BFH eine andere Auffassung. Hier verlangt er einen Vollkostenansatz.[1] Zur Drohverlustrückstellung liegt relevante jüngere Rechtsprechung nicht vor. Eine klare Auffassung hat aber IDW RS HFA 4 Tz. 35 f.: „Die voraussichtlich noch anfallenden Aufwendungen sind **zu Vollkosten** zu bewerten. (…) Eine Bewertung zu Vollkosten ist auch dann vorzunehmen, wenn ein insgesamt verlustbringendes schwebendes Absatzgeschäft mit positiven Deckungsbeiträgen zur Verbesserung der Kapazitätsauslastung abgeschlossen wird." In Anwendung dieser Auffassung müsste im Beispiel bei Auftrag B handelsrechtlich eine Drohverlustrückstellung passiviert werden.

Es ist offensichtlich, dass vorstehende Lösungen zu einem inkonsistenten Ergebnis führen. Zur Vermeidung eines Widerspruchs ist im Beispiel

- ► entweder aufbauend auf dem IDW eine Rückstellung im Auftrag B, und damit auch eine außerplanmäßige Abschreibung für Auftrag A, vorzunehmen oder
- ► aufbauend auf dem BFH auf beides zu verzichten.

Die besseren Argumente sprechen für die erste Lösung. Anders als die auf Gesamtrentabilität abstellende Argumentation des BFH wahrt sie den Einzelbewertungsgrundsatz und damit auch das Imparitätsprinzip.

(einstweilen frei) 167

Die Bestimmung der Saldogröße „Verlust" stellt sich in besonderer Form im Rahmen eines **Mehrkomponentengeschäfts** (→ § 252 Rz. 147). 168

BEISPIEL ► T stellt weltweit Rolltreppen und Laufbänder her. Er schließt für den neu erbauten Flughafen in Dubai einen Kontrakt ab, der neben der Installation die 10-jährige Wartung der gesamten Anlage umfasst. Die Installation birgt einen kalkulierten Verlust (bewertet zu Vollkosten) von 100, dem ein erwarteter Gewinn aus der Serviceleistung von 180 gegenübersteht.

In die „Verlustkalkulation" aus Sicht des schwebenden Geschäfts ist der Gesamtbereich des Auftrags einzubeziehen. Eine Verlustrückstellung kommt für den Installationsteil nicht in Betracht.

BEISPIEL[2] ► Ein Hersteller von Druckgeräten verkauft diese laut Liste zum Preis unterhalb der Selbstkosten. Damit fördert er den margenträchtigen Absatz von Druckerpatronen, ohne die das Druckgerät nicht funktioniert.

Diese faktische Vertragskoppelung verhindert die Bildung einer Drohverlustrückstellung für die Druckgeräte, da die dortigen Verluste bewusst zur Erreichung wirtschaftlicher Vorteile durch korrespondierende Verträge bzw. mögliche Vertragsabschlüsse eingegangen werden. Vergleichbar kommt eine Abschreibung von sog. Verlustprodukten im Einzelhandel nicht in Betracht, wenn durch sie der Absatz von gewinnträchtigen anderen Waren gefördert wird.[3]

Mehrstufige und matrixförmige Mehrkomponentengeschäfte ergeben sich im Verhältnis von Automobilproduzenten (OEM) und Zulieferer. Hier werden regelmäßig auf der Grundlage der 169

1 Einzelgarantiefälle, Urteil v. 13.11.1991 – I R 129/90, BStBl 1992 II S. 519; Jahresabschlusserstellung, Urteil v. 24.11.1983 – IV R 22/81, BStBl 1984 II S. 301; Schadensermittlung bei Versicherern, Urteil v. 19.1.1972 – I R 114/65, BStBl 1972 II S. 392; Urlaubsverpflichtungen, Urteil v. 6.12.1995 – I R 14/95, BStBl 1996 II S. 406.

2 Nach *Kessler/Scholz-Görlach*, PiR 2007 S. 306.

3 Vgl. *Hoffmann*, PiR 2007 S. 204.

Marktmacht des OEM Vertragsbestandteile (Preis je Stück) einstweilen festgelegt, die abzugebende Menge des Zulieferers aber nicht. Daneben kommt es zu „Quersubventionen" einer Lieferkomponente (Außenspiegel und Becherhalter). Zieht man diese beiden Lieferungselemente – Außenspiegel mit Verlust bei derzeitiger Liefermenge, Becherhalter umgekehrt – zu einem Saldierungsbereich zusammen, stellt sich das Problem eines Drohverlusts aktuell nicht. Dieses Szenario kann mit weiteren Komponenten, den vereinbarten oder vermieteten Stückzahlen und Preisen, die vom OEM bei größeren Abnahmemengen auch wieder reduziert oder umgekehrt: weitergeführt werden.[1] Eine feste Regel zur Bestimmung der Saldogröße kann es hier nicht geben, sondern es wird nur ein pflichtgemäßes Ermessen des Kaufmannes in konsistenter Form angewandt. Bei einem Zulieferer mit nur einem OEM als Kunden kann theoretisch das gesamte Geschäft als Saldierungsbereich angesehen werden.

170 Für einmalige **Beschaffungsgeschäfte** stellt sich die Frage, inwieweit Preisveränderungen am Markt in einen Verlust aus dem gesamten Auftrag durchschlagen.

BEISPIEL ► Der Automobilzulieferer A stellt Zylinder für bestimmte Typen von Verbrennungsmotoren her. Dazu hat er einen einmaligen Einkaufskontrakt für Aluminium des Typs XY auf Termin abgeschlossen. Im Zeitpunkt der Ausführung des Geschäfts ist der Aluminiumpreis, und damit ein vergleichbarer Beschaffungspreis, um 10 % gegenüber dem Zeitpunkt des Vertragsabschlusses gesunken. Entsprechendes gilt für einen Beschaffungskontrakt über Kolbenringe.

Zur Lösung des Falls bietet sich ein Vergleich mit schon beschafftem Rohmaterial (Aluminium, Kolbenringe) an; die Bestände sind somit bereits im bilanzierbaren Vermögen des Automobilzulieferers. Die Frage stellt sich dann nach einer außerplanmäßigen Abschreibung wegen gesunkener Wiederbeschaffungspreise, die nach h. M. mit Blick auf den Beschaffungsmarkt zulässig ist (→ § 253 Rz. 231).

Fraglich ist, ob dieses Abschreibungserfordernis auch auf die **noch nicht gelieferten** Materialien in Form einer Drohverlustrückstellung analog anzuwenden ist.[2] Eine solche Anwendung wird unter dem Schlagwort der **Antizipation** von außerplanmäßigen Abschreibungen befürwortet. Nach diesem Gedanken stellt die Drohverlustrückstellung bei schwebenden Beschaffungsgeschäften über bilanzierungsfähige Vermögensgegenstände eine vorweggenommene (außerplanmäßige) Abschreibung dieser Vermögensgegenstände dar. Eine Drohverlustrückstellung soll daher zu passivieren sein, wenn für den Vermögensgegenstand am Abschlussstichtag bei bereits erfolgter Lieferung eine Pflicht zur (außerplanmäßigen) Abschreibung bestünde.[3]

- Bei beschaffungsmarktorientiert zu bewertenden Waren führt danach der unter dem Kontraktpreis liegende Wiederbeschaffungspreis des Stichtags zu einer Drohverlustrückstellung,
- während im Falle von Vermögensgegenständen des Anlagevermögens bei gleichen Wertentwicklungen aufgrund des gemilderten Niederstwertprinzips eine Drohverlustrückstellung nur dann zu bilden ist, wenn es sich um eine dauernde Wertminderung handelt.

171 *(einstweilen frei)*

172 Insgesamt gilt u. E. für den **Beschaffungsbereich:**

- Es gibt unabhängig von der rechtlichen Ausformung des Beschaffungsgeschäfts (Einzel- oder Dauerschuldvertrag) für Zwecke der Drohverlustrückstellung nur einen **einheitli-**

1 Instruktive Einzelheiten bei *Münstermann/Gnädiger*, PiR 2012 S. 116 und S. 137.
2 Dafür *ADS*, 6. Aufl., § 249 Tz. 153.
3 IDW RS HFA 4 Tz. 30 f. Inzwischen a. A. das IDW HFA in IDW/FN 2013 S. 500; vgl. → § 253.

chen Verlustbegriff. In Anwendung dieses Begriffs auf Beschaffungsgeschäfte über Vorräte ist zu untersuchen, ob aus dem gesamten Kontrakt noch ein **Gewinn** erzielt werden kann. Dabei ist auch die Absatzseite einzubeziehen und wie folgt zu differenzieren: Soweit die Preisminderung beim Einkauf auch auf den Verkaufspreis durchschlägt, ist eine Abschreibung bzw. Verlustrückstellung vorzunehmen; das könnte im Beispiel unter → Rz. 170 für das Aluminium der Fall sein und umgekehrt für die Kolbenringe wegen des geringen Kostenanteils aus dem Gesamtprodukt „Zylinder".[1]

- Bei Dauerbeschaffungsverhältnissen für Rohmaterialien u. Ä. ist die vorstehende Lösung ebenfalls anzuwenden.
- Schlägt die Preisminderung beim Einkauf hingegen wegen hoher Wertschöpfung nicht oder nur unwesentlich auf den Verkaufspreis durch, unterbleibt eine Rückstellung.

Zur Anwendung dieser Überlegungen folgender Fall:[2] 173

BEISPIEL U ist ein Premiumhersteller von Schokolade und benötigt als wichtigsten Rohstoff Kakao. Der Preis für Kakao unterliegt starken Schwankungen. U ist daher um Kalkulationssicherheit bemüht. Hierfür bedient er sich zweier unterschiedlicher Methoden:

- **Echter Terminkontrakt:** In einzelnen Fällen, vor allem bei nicht zu langen Laufzeiten, kann U gegenüber Lieferanten eine Festpreisvereinbarung durchsetzen. Auf Basis einer solchen Vereinbarung bestellt U etwa am 1.11.01 bei Lieferant L1 1.000 t Kakao für einen Fixpreis von 2.000 €/t, lieferbar am 15.2.02.
- **Kombination von Kontrakten:** In anderen Fällen, vor allem bei längeren Laufzeiten, besteht der Lieferant hingegen auf einem Preis, der den Marktverhältnissen zum Lieferzeitpunkt entspricht. Bei Lieferant L2 bestellt U nach dieser Maßgabe am 1.11.01 1.000 t Kakao, lieferbar am 15.6.02, zum dann geltenden Marktpreis (unechtes Termingeschäft). Um gleichwohl Planungssicherheit zu erzielen, schließt U gleichzeitig und mit gleicher Fälligkeit an der Börse als „Sicherungsgeschäft" einen Terminkauf (mit Barausgleich) über 1.000 t. Der hierbei vereinbarte Terminpreis ist 2.000 €/t.

Zwischen dem 1.11.01 und dem 31.12.01 sinkt der Marktpreis für Kakao.

BEURTEILUNG

- In der **Kombinationsvariante** stellt sich die Drohverlustproblematik bei dem an der Börse abgeschlossenen Sicherungsgeschäft. Wäre der Kontrakt schon am 31.12.01 (und nicht erst am 15.6.02) fällig, müsste U einen Barausgleich zahlen, der sich aus der Differenz von Kontraktpreis (2.000 €/t) und niedrigerem Stichtagspreis ergibt. Der Ansatz einer Rückstellung in entsprechender Höhe kann jedoch durch Bildung einer Bewertungseinheit mit dem Grundgeschäft gem. § 254 HGB verhindert werden (→ § 254 Rz. 60 ff.).
- Beim **echten Termingeschäft** gilt ökonomisch: Da U als Premiumhersteller seine Produkte mit auskömmlichen Margen und stabilen Preisen verkauft, der Rückgang des Rohstoffmarktpreises also nicht auf seinen Erlös durchschlägt, sorgt der Abschluss des Terminkontrakts nur für den planmäßigen Gewinn. Die Marktpreisentwicklung ist hingegen ohne Auswirkung auf die Gewinnerwartung. Betriebswirtschaftlich droht U kein Verlust.
- Gleichwohl soll ein solcher wegen des Antizipationskonzepts (→ Rz. 170) bilanziell anzusetzen sein.[3] Der Antizipationsgedanke steht u. E. im Beispielfall aber im Widerspruch zur allgemeinen Definition des drohenden Verlustes. Danach impliziert ein gemessen an den aktuellen Marktverhältnissen ungünstiger Vertrag noch keinen Verlust (→ Rz. 163).
- Nur ein solches Ergebnis führt im Übrigen auch zur Gleichbehandlung mit der ökonomisch gleichartigen Sicherung durch Kombination von unechtem und Börsentermingeschäft. Im Kombinationsfall wird durch die Bildung einer Bewertungseinheit zwischen zwei an sich selbständigen Geschäf-

1 Ähnlich *Freiberg*, PiR 2005 S. 62.
2 Vgl. *Lüdenbach*, StuB 2011 S. 383 ff.
3 Vgl. *ADS*, 6. Aufl., § 249 Tz. 153; IDW RS HFA 4 Tz. 30 f.

ten ein Verlustausweis vermieden. Erst recht kann dann bei Vornahme eines ökonomisch gleichwertigen, aber von vornherein einheitlichen Geschäfts kein Verlust ausgewiesen werden.

174 Bei **Absatz**geschäften – einmaliger oder dauernder Natur – ist u. E. ausschließlich auf die Preisverhältnisse am Absatzmarkt abzustellen. Allerdings ist **vorgreiflich** im Verlustfall eine außerplanmäßige Abschreibung auf das unfertige oder fertige Produkt oder die Handelsware vorzunehmen.[1] Lediglich soweit der Verlust aus dem Gesamtauftrag die bisher aktivierten Kosten übersteigt, ist eine Drohverlustrückstellung zu bilden. Bei der Verlustkalkulation für Roh-, Hilfs- und Betriebsstoffe[2] – u. E. auch bei Handelsware – ist dem IDW HFA zufolge **wahlweise** auf den Beschaffungs- oder Absatzmarkt einzugehen (→§ 253 Rz. 231).

Diese Lösung kann sich auch auf den **Saldierungsbereich** im Apothekerfall (→ Rz. 164) stützen. Dort hat der BFH das wirtschaftliche Umfeld bei der Saldierungsrechnung zur Bestimmung des Verlusts berücksichtigt. Entsprechend muss auch beim Automobilzulieferer verfahren werden, d. h., ein (unterstellter) erzielbarer Gesamtgewinn aus dem Auftrag ist in das Kalkül einzubeziehen.

175 Bei **Warentermingeschäften,** die nicht auf physische Erfüllung, sondern auf Barausgleich, Glattstellung durch gegenläufigen Kontrakt etc. zielen, ist der für die Drohverlustrückstellung maßgebliche Saldo die Differenz von Kontraktpreis und restlaufzeitäquivalentem Terminpreis des Stichtags. Bei gesunkenem Preis hat der Terminkäufer, bei gestiegenem der Terminverkäufer eine Rückstellung zu bilden (→ § 253 Rz. 231).

Zu **Devisentermingeschäften** wird auf → § 254 Rz. 81 verwiesen.

2.4 Spezielle Dauerschuldverhältnisse

176 Den wichtigsten Anwendungsbereich der Drohverlustrückstellung bzw. des Verzichts darauf stellen die **Dauerschuldverhältnisse** (→ Rz. 151) dar, die man u. U. wiederum in Absatz- und Beschaffungsmarkt unterteilen kann. Dazu drei Fälle aus der BFH-Rechtsprechung:[3]

In einem BFH-Urteil[4] ging es um die **Vermietung** eines Heizwerks. Unstreitig waren die dem Eigentümer aus dem Betrieb des Heizwerks entstehenden Kosten höher als die zu erzielende Miete. Der BFH erlaubte die Bildung einer Drohverlustrückstellung wegen der verlustbringenden Vermietung.[5] Die Vermietung war in diesem Fall dem **Absatz**bereich nach Maßgabe der vorstehenden Skizze (→ Rz. 151) zuzuordnen.

Ein Leasingnehmer wollte im Rahmen eines **Leasingvertrags** für ein Gebäude eine Drohverlustrückstellung bilden, weil unstreitig der in der Leasingrate enthaltene Zinsanteil gegenüber dem Marktzins überhöht war. Das hat der BFH abgelehnt, weil der Wert der Gebäudenutzung nicht ermittelbar sei.[6] Der Leasingvertrag ist zwar **ungünstig** *(unfavorable)*, aber nicht **belastend** (*onerous*; → Rz. 163). Entsprechend darf nach HGB/EStG der Darlehensnehmer bei einem

1 So BFH, Urteil v. 7.9.2005 – VIII R 1/03, BStBl 2006 II S. 298 (vgl. hierzu unter → § 253). So auch IDW RS HFA 4 Tz. 20.
2 IDW HFA in FN 11/2013.
3 Nach *Lüdenbach/Hoffmann/Freiberg,* Haufe IFRS-Kommentar, 16. Aufl. 2018, § 21.
4 BFH, Urteil v. 19.7.1983 – VIII R 160/79, BStBl 1984 II S. 56. Zu Drohverlusten aus Mietverhältnissen im sozialen Wohnungsbau vgl. *Ruter/Mokler/Serf,* DB 2001 S. 209.
5 Ähnlich IDW RS HFA 4 Tz. 23 mit dem Vorbehalt einer dauernden Wertminderung des betreffenden Vermögensgegenstands.
6 BFH, Urteil v. 27.7.1988 – I R 133/84, BStBl II S. 999.

Festzinsdarlehen nicht schon deshalb eine Rückstellung bilden, weil der Marktzins nach Vertragsschluss gesunken ist (→ Rz. 163).[1]

„**Normale“ Arbeitsverhältnisse** sind generell vom BFH nicht als der Drohverlustrückstellung zugänglich beurteilt worden (→ Rz. 88); eine Begründung dafür: Die menschliche Arbeit als Produktionsfaktor sei nicht bewertbar. 177

Für **Berufsausbildungsverhältnisse** ist eine differenziertere Betrachtung erforderlich. Ausgangspunkt ist hier, dass für den einzelnen Ausbildungsvertrag die Kosten für Ausbildungsvergütung, Lehrwerkstatt etc. den Ertrag aus der Arbeitsleistung unter Berücksichtigung der Freistellung für Berufsschule und der im Vergleich zu normalen Arbeitnehmern geringeren Produktivität i. d. R. übersteigen. Die Frage geht dann dahin, ob der so zunächst kalkulatorisch ermittelbare Verlust durch andere Vorteile kompensiert wird. Am schärfsten stellt sich diese Frage, wenn in Konjunkturkrisen unter Berufung auf sozialpolitische Verantwortung über den Bedarf an eigenen Arbeitskräften hinaus ausgebildet wird. Über die eigentliche Arbeitsleistung hinausgehenden Nutzen erzielt der Arbeitgeber hier wie folgt: 177a

- Er verbessert seine Reputation, wenn er publik macht, aus gesellschaftlicher Verantwortung über den Bedarf auszubilden,
- er kann nach Abschluss der Ausbildung qualifizierte Mitarbeiter übernehmen und
- er hat in diesem Fall bei erwarteter Übernahme von X Personen und bei 2*X Auszubildenden die Möglichkeit, die Besten auszuwählen.

Bereits den ersten Aspekt sieht der BFH als saldierungsfähig an, da die Ansehenssicherung oder -erhöhung einen sehr hohen wirtschaftlichen Wert habe.[2] Unseres Erachtens ist dieser Vorteil aber zu wenig greifbar.[3] Beim zweiten Aspekt bestehen vergleichbare Bedenken nicht. Der Vorteil eines nach Ausbildungsende im eigenen Unternehmen schon eingearbeiteten Mitarbeiters erspart Aufwendungen für Personalgewinnung und Personaleinarbeitung. Dies spricht aber zunächst nicht vollständig gegen eine Rückstellung, sondern nur für deren Begrenzung auf den Überbestand. Fraglich ist dann jedoch, wann überhaupt ein Vorteil vorliegt. Einen solchen wird man z. B. nicht schon dann bejahen können, wenn das Unternehmen zehn Kräfte übernehmen will, aber 20 ausbildet, da es damit rechnen muss, dass nicht jeder der zehn das Übernahmeangebot annimmt und nicht jeder übernahmegeeignet ist. Diese Aspekte der Übernahmewilligkeit und -eignung finden im dritten Aspekt ihren Ausdruck. Wenn das Unternehmen nur die Besten übernehmen möchte und bei Beginn der Ausbildung nicht prognostizieren kann, wer diese sein werden, und wenn überdies ein Abwanderungsrisiko besteht, tut es gut daran, deutlich über den Bedarf hinaus auszubilden. Eine Relation von zwei zu eins indiziert dann noch keinen rückstellungsfähigen Überbestand.

3. Verbindlichkeitsrückstellungen im Rahmen eines schwebenden Vertrags (Erfüllungsrückstände)

3.1 Typische Sachverhalte

Innerhalb eines schwebenden Geschäfts (als notwendigen Tatbestandsmerkmals zur Feststellung eines Drohverlusts) können sich **Leistungsrückstände** oder **Vorleistungen** des einen oder 178

1 Vgl. *Matthiak*, DStR 1990 S. 662 ff.; *Kessler*, WPg 1996 S. 8 ff.
2 BFH, Urteil v. 3.2.1993 – I R 37/91, BStBl 1993 II S. 441.
3 *Lüdenbach*, StuB 2018 S. 596, m. w. N.

anderen Vertragspartners ergeben, die **nicht** dem steuerbilanziellen Ansatzverbot für Drohverlustrückstellungen unterliegen. Das gilt insbesondere für Dauerschuldverhältnisse, z. B. Arbeitsverträge oder Nutzungsüberlassungsverträge (Miete, Leasing). Daraus können anzusetzende Forderungen entstehen,[1] z. B. also auch Verbindlichkeitsrückstellungen, Schulden und Abgrenzungsposten. Im Schrifttum wird von Vorrang der Verbindlichkeitsrückstellung gesprochen.[2] Unseres Erachtens kann i. e. S. kein **Vorrang** bestehen, vielmehr sind die **Tatbestandsmerkmale** für beide Rückstellungskategorien **unterschiedlich** und jeweils zu beachten. Jedenfalls berührt das Ansatzverbot für Drohverlustrückstellungen in der Steuerbilanz den gebotenen Ansatz einer Verbindlichkeitsrückstellung nicht.

BEISPIELE Dem Geschäftsführer einer GmbH wird neben den laufend ausbezahlten Bezügen eine gewinnabhängige Tantieme bezahlt, die nach Feststellung des Jahresabschlusses 01 am 31.5.02 vertragsgemäß zur Auszahlung kommt. Die GmbH ist bzgl. der Tantieme am 31.12.01 im Erfüllungsrückstand und muss dafür eine Verbindlichkeitsrückstellung bilden.

Der Mieter M ist am Stichtag 31.12.01 mit drei Monatsmieten säumig (Erfüllungsrückstand), dafür hat er eine entsprechende Rückstellung – so die Praktikerregel, systematisch eine Verbindlichkeit – einzubuchen, da der Schuldgrund und die Höhe der Verpflichtung nicht „ungewiss" (→ Rz. 2) sind.

Im Rahmen eines Leasingvertrags werden degressive Raten vereinbart.[3] Gegenüber dem im Zeitverlauf gleichmäßigen Wert der Nutzungsüberlassung durch den Leasinggeber liegt seitens des Leasingnehmers eine Vorleistung vor, die aktiv abzugrenzen ist (→ § 250 Rz. 18).

Ein Arbeitnehmer hat am Bilanzstichtag noch einen restlichen Urlaubsanspruch und ein Guthaben auf dem Gleitzeitkonto (→ Rz. 101).

Pensionäre haben einen Anspruch auf Beihilfeleistungen im Krankheitsfall,[4] vgl. → Rz. 88.

Der **Erfüllungsrückstand** stellt **keine eigenständige** Rückstellungskategorie dar (→ Rz. 82), wie man der ausufernden Inanspruchnahme dieses Terminus im Schrifttum und in der Rechtsprechung entnehmen könnte.[5] Unseres Erachtens sollte der Begriff auf Leistungsrückstände im Rahmen schwebender Geschäfte beschränkt werden. Ein Erfüllungsrückstand kann nur für Leistungsverpflichtungen vorliegen, die bis zum Bilanzstichtag geschuldet werden.[6] Ein typischer Sachverhalt kann sich bei der Abwicklung von Projekten der öffentlich-privaten Partnerschaften ergeben (→ § 250 Rz. 21a).

3.2 Unmaßgeblichkeit des Erfüllungszeitpunkts

179 Der Begriff des Erfüllungsrückstands knüpft eng an den schuldrechtlich gebotenen Zeitpunkt der Erfüllung an.[7] Gleichwohl darf er nicht generell an **Fälligkeitszeitpunkten** festgemacht werden (so aber im Fall des Zahlungsverzugs des Mieters im Beispiel unter → Rz. 178).

BEISPIEL[8] Ein Unternehmer verpflichtet sich zur Zahlung von Sondervergütungen an Arbeitnehmer anlässlich deren zehn- oder 25-jähriger **Dienstjubiläen.**

1 IDW RS HFA 4 Tz. 14.
2 Vgl. *Moxter*, DStR 1998 S. 514; *Schubert* in Beck'scher Bilanz-Kommentar, 13. Aufl. 2022, § 249 Tz. 107.
3 Fall des BFH, Urteil v. 12.8.1982 – IV R 184/79, BStBl II S. 696.
4 BFH, Urteil v. 30.1.2002 – I R 71/00, BStBl 2003 II S. 279; zur Bewertung vgl. *Höfer/Pisters*, DB 2002 S. 2288.
5 Vgl. *Hoffmann*, StuB 2011 S. 361.
6 BFH, Urteil v. 15.7.1998 – I R 24/96, BStBl 1998 II S. 728 unter II.2 „bis dahin".
7 BFH, Urteil v. 15.7.1998 – I R 24/96, BStBl 1998 II S. 728, m. w. N. aus der BFH-Rechtsprechung und der Literatur.
8 Nach BFH, Urteil v. 5.2.1987 – IV R 81/84, BStBl II S. 845; zur Jubiläumsrückstellung vgl. auch unter → Rz. 217 ff.

Nach Auffassung des BFH sind kontinuierlich aufzubauende Rückstellungen über die Dienstzeit hinweg anzusetzen, obwohl die Fälligkeit der Zahlung erst im Zeitpunkt des Jubiläums gegeben ist. Bis dahin hat der Arbeitnehmer schon Vorleistungen auf dieses Entgelt erbracht.

Die auf die Auslegung des HGB (bzw. vor BiRiLiG des AktG) gerichtete Rechtsprechung des BFH hat sich im Zeitablauf fortentwickelt. Nahm sie (abgesehen von spezifischen Arbeitnehmersachverhalten wie der Jubiläumszuwendung, → Rz. 179) zunächst bei Dauerschuldverhältnissen einen Erfüllungsrückstand nur an, wenn eine vertraglich **fällige Leistung** nicht erbracht wurde,[1] hat sie den Begriff des Erfüllungsrückstands später in **wirtschaftlicher Betrachtungsweise** erweitert. In dieser erweiterten Auslegung ist es ausreichend, wenn mit der nach dem Vertrag geschuldeten zukünftigen Leistung an **Vergangenes angeknüpft** und Vergangenes **abgegolten** wird (→ Rz. 31).[2] In der Anwendung dieser erweiterten Betrachtungsweise sind u. a. folgende Fälle entschieden worden: 180

- Gewährt ein Kreditinstitut bei kündbaren Sparverträgen mit steigendem Zinssatz (sog. **Zuwachssparen**) am Ende jedes Vertragsjahres eine Verzinsung, die der marktüblichen Gesamtverzinsung für Kapitalüberlassungen der bis dahin erreichten Laufzeit entspricht, so kann es wegen künftig noch steigender Zinsen keine Rückstellung bilden.[3] Soweit ein **Prämiensparvertrag** neben einer Basisverzinsung am Ende der jeweiligen Gesamtlaufzeit eine auf den eingezahlten Sparbeiträgen basierende feste Prämienzahlung vorsieht und unkündbar ist, ist die Bildung einer Rückstellung für ungewisse Verbindlichkeiten jedoch zulässig.[4]
- Hat ein Mieter nach einem **mietfreien ersten Jahr** anschließend die marktübliche Miete zu zahlen, hat er am Ende des ersten Jahres keinen Erfüllungsrückstand zu passivieren.[5]
- Die Verpflichtung einer Bank zur Leistung einer Sparprämie, die am Ende der Laufzeit eines Sparvertrags gutgeschrieben wird (sog. **Bonussparen**), ist als zusätzliche Verzinsung für das angesparte Kapital anzusehen, für die eine Rückstellung wegen eines Erfüllungsrückstandes zu bilden ist.[6]

Der scheinbare Widerspruch der beiden ersten Urteile zum dritten löst sich wie folgt auf: Im dritten Fall sorgte erst die Sparprämie für eine über die **gesamte** Laufzeit **angemessene** Vergütung, hätte hingegen bezogen allein auf die letzte Periode dort eine überhöhte Vergütung bedeutet. In den beiden anderen Fällen waren jedoch nach den für den BFH nach § 118 Abs. 2 FGO bindenden Feststellungen der ersten Instanz die späteren Zahlungen marktüblich. Aus dieser Sicht ist also grundlegend wie folgt zu unterscheiden:

- Stehen den **jetzigen,** im Marktvergleich zu **niedrigen** Zahlungen **zukünftige,** im Marktvergleich zu **hohe** Zahlungen gegenüber, knüpfen die zukünftigen Leistungen nach dem Maße des überhöhten Betrags in wirtschaftlicher Betrachtung an Vergangenes an und gelten Vergangenes ab. In früheren Perioden ist deshalb eine Schuld wegen eines **Erfüllungsrückstands** anzusetzen.

1 Vgl. dazu die Nachweise in den Urteilen v. 27.6.2001 – I R 11/00, BStBl II S. 758, und v. 15.7.1998 – I R 24/96, BStBl II S. 728.

2 Vgl. dazu die Nachweise vom BFH, Urteil v. 5.4.2006 – I R 43/05, BStBl II S. 593.

3 BFH, Urteil v. 20.1.1993 – I R 115/91, BStBl II S. 373.

4 FinMin Schleswig-Holstein v. 21.4.2020 – VI 304-S 2137-345, unter Bezugnahmen auf u. a. BFH, Urteil v. 15.3.2017 – I R 11/15, BStBl 2017 II S. 1043.

5 BFH, Urteil v. 5.4.2006 – I R 43/05, BStBl II S. 593.

6 BFH, Urteil v. 15.7.1998 – I R 24/96, BStBl II S. 728.

- Sind die jetzigen Zahlungen angemessen oder sind sie zwar zu niedrig, stehen ihnen aber keine zukünftigen, überhöhten, sondern nur **zukünftige, marktkonforme Zahlungen** gegenüber, ist in den zukünftigen Zahlungen kein Element enthalten, das an Vergangenes anknüpft und Vergangenes abgilt. Es liegt daher in früheren Perioden **kein Erfüllungsrückstand** vor.

Im Fall des zitierten Urteils I R 43/05 (→ Rz. 180) dominiert allerdings die Berufung des BFH die Feststellung des FG über die Marktüblichkeit des Mietzinses **nach** der elfmonatigen „Freistellung". Diese Feststellung impliziert **auch** die Marktüblichkeit einer solchen mietfreien („unentgeltlichen") Nutzungsperiode. Das kann nicht richtig sein, da im Wirtschaftsleben unter Fremden nichts verschenkt wird. Effektiv kann die „mietfreie" Periode nur ein Incentive des Vermieters darstellen. Die effektiv zu zahlende Miete für die gesamte Vertragslaufzeit entfällt dann **anteilig** auf die „geschenkte" Periode. Dann ist wiederum der Tatbestand der progressiven Miete gegeben mit dem Ergebnis eines Erfüllungsrückstands für die (scheinbar) mietfreie Periode.[1] Die Lösung des Sachverhalts entspricht unter diesen Annahmen, die der BFH prozessrechtlich nicht getroffen hat, der Beurteilung des Fallbeispiels unter → Rz. 181.

Für den Fall, dass Mieten wegen coronabedingter Probleme („Lockdown") ganz oder teilweise für Zukunftszeiträume erlassen, die Konditionen des Mietvertrags (Mietzins, Laufzeit) ansonsten aber nicht angepasst werden, hält das IDW fest: „Ein ex ante gewährtes Mietzugeständnis dient einer vorübergehenden (kurzfristigen) wirtschaftlichen Stützung des Mieters durch den Vermieter, die für nur eine oder wenige bestimmte Teilperiode(n) (z. B. Monat oder Quartal) der Restlaufzeit des Mietvertrags bestimmt wird. Folgt man dieser Sichtweise, sind die Mietminderungen nur in der bzw. denjenigen Teilperiode(n) (in Form eines verringerten Mietaufwands) zu berücksichtigen, auf die sie sich beziehen."[2] Diese etwas sibyllinische Aussage wird nur vor dem Hintergrund verständlich, dass eben umstritten ist, ob der Vorteil aus (anfänglichen) mietfreien Perioden nicht durch Abgrenzungsposten oder Rückstellung wegen eines Erfüllungsrückstands zu periodisieren ist.

181 Zur Anwendung der vorstehenden Unterscheidungen folgender Fall **progressiver Mieten:**[3]

BEISPIEL U schließt am 1.1.01 einen fünfjährigen Vertrag über die Anmietung eines Verwaltungsgebäudes ab. Die Miete ist jährlich vorschüssig zu zahlen. Marktkonform wäre eine Jahresmiete von 100 T€. Die Parteien vereinbaren stattdessen jedoch einen progressiven Verlauf der Mieten wie folgt: 01: 70 T€, 02: 85 T€, 03: 100 T€, 04: 115 T€, 05: 130 T€. Im Durchschnitt ergibt sich hieraus die marktübliche Jahresmiete von 100 T€.

BEURTEILUNG Gegen das Vorliegen eines Erfüllungsrückstands per 31.12.01 spricht nicht, dass U im ersten Jahr nur 75 T€ schuldet, also nach Zahlung dieser Summe keinen **vertraglich** vereinbarten Betrag schuldig bleibt. Entscheidend ist vielmehr, ob **wirtschaftlich** ein Erfüllungsrückstand vorliegt. Diese Voraussetzung ist gegeben, da U im Jahr 01 (und 02) **weniger** als das Marktübliche zahlt, dafür in den Jahren 04 und 05 **mehr** als das Marktübliche schuldet. Jetzigen, im Marktvergleich zu niedrigen Zahlungen stehen somit zukünftige, im Marktvergleich zu hohe Zahlungen gegenüber. Die zukünftigen Leistungen knüpfen daher nach dem Maße des überhöhten Betrags in wirtschaftlicher Betrachtung an Vergangenes an und gelten Vergangenes ab.

---

1 Vgl. dazu *Hoffmann*, DStR 2006 S. 1125.

2 IDW, Zweifelsfragen zu den Auswirkungen der Ausbreitung des Coronavirus auf die Rechnungslegung und deren Prüfung (Teil 3). Der dort auch behandelte nachträgliche Verzicht führt zu sonstigen betrieblichen Erträgen.

3 Vgl. *Lüdenbach*, StuB 2011 S. 227 ff.

Ähnlich lautet die Entscheidung des BFH für eine progressive Verzinsung (→ § 246 Rz. 77).[1]

BEISPIEL (NACH DIESEM BFH-URTEIL) Die Darlehenskontrahenten hatten für die neunjährige Laufzeit eines Darlehens in den ersten Jahren gegenüber dem Marktniveau „zu niedrige Zinsen" vereinbart. Gegenüber dem einvernehmlich festgelegten durchschnittlichen Zinssatz von 5,2 % wurden die in den ersten Jahren „fehlenden Zinsen" durch höhere Zinsfüße in den Folgejahren ausgeglichen. Die am Bilanzstichtag der ersten Jahre zivilrechtlich geschuldeten „zu niedrigen" Zinsen waren dem BFH zufolge in wirtschaftlicher Betrachtung gleichwohl als Schuld zu passivieren und wegen der Langfristigkeit der Nutzungsüberlassung auch abzuzinsen (→ § 253 Rz. 133).

182 Auch nach der BFH-Rechtsprechung[2] zur **Pachterneuerungsrückstellung** wegen einer Substanzerhaltungspflicht (→ § 246 Rz. 412), bei der den Verpächter die Verpflichtung zur Wiederherstellung der verpachteten Wirtschaftsgüter am Ende der Pachtzeit trifft, kommt es auf das Kriterium der Fälligkeit nicht an. Schuldrechtliche Verpflichtungen **allein** stellen keine Bilanzierungsgrundlage dar (→ § 246 Rz. 3). Es ist die Bilanzierung die wirtschaftliche Substanz des zu beurteilenden Sachverhalts zugrunde zu legen. Das gelingt gerade nicht durch eine **zeitliche Atomisierung**[3] eines Dauerschuldverhältnisses.

Entsprechend ist auch bei einem Leasingvertrag der mutmaßliche Veräußerungserlös für das Leasinggut am Ende der Vertragslaufzeit in die bilanzrechtliche Würdigung des Vertrags einzubeziehen.[4] Dieser fließt in die Kalkulation der Vertragsparteien ein.

3.3 Unterscheidung zwischen Drohverlust und Erfüllungsrückstand

183 Der Erfüllungsrückstand ist vom Drohverlust streng zu **unterscheiden:**[5]

- Ein Drohverlust entsteht, wenn Leistung und Gegenleistung (bei Dauerschuldverhältnissen bezogen auf die Restlaufzeit) beim jeweiligen Bilanzierenden negativ auseinanderfallen, also für die Restlaufzeit ein Überschuss der eigenen Leistungen gegenüber dem Nutzen aus der Gegenleistung erwartet wird.
- Ein als Verbindlichkeitsrückstellung zu berücksichtigender Erfüllungsrückstand kann auch bei (hinsichtlich der Restlaufzeit) wirtschaftlich ausgeglichenem Dauerschuldverhältnis bestehen (so die Beispiele unter → Rz. 178). Dabei soll ein Vorrang der Verbindlichkeitsrückstellung gegenüber der Drohverlustrückstellung bestehen,[6] u. E. prägnanter formuliert: Die beiden Rückstellungsvarianten folgen unterschiedlichen Sachverhalten und sind deshalb im Ansatz **unabhängig** voneinander.
- Beide Ansatzkriterien können jedoch auch kumuliert vorliegen.

Zum letztgenannten Fall folgendes Beispiel:

BEISPIEL Der Modefilialist in Köln im Beispiel unter → Rz. 161 gerät mangels liquider Mittel in Zahlungsverzug.

Dafür hat er eine Verbindlichkeitsrückstellung zu bilden und zusätzlich eine Drohverlustrückstellung wegen der inkongruenten Untervermietung.

1 BFH, Urteil v. 25.5.2016 – I R 17/15, BStBl 2015 II S. 930.
2 BFH, Urteil v.3.12.1991 – VIII R 88/87, BStBl 1993 II S. 89 ff.
3 So die Formulierung von *Schön*, BB 1994 Beilage 9 S. 11.
4 Anders der BFH, Urteil v. 8.10.1987 – IV R 18/86, BStBl 1988 II S. 57.
5 Vgl. *Schön*, BB 1994 Beilage 9 S. 11.
6 Vgl. *Schubert* in Beck'scher Bilanz-Kommentar, 13. Aufl. 2022, § 249 Tz. 107.

IV. Rückstellungen beim Schuldnerwechsel

1. Unternehmenserwerb im *Asset-Deal*

184 Handelsbilanziell besteht beim Unternehmenserwerb im *Asset-Deal* keine Bindung an die Ansätze und Werte des **Veräußerers**. Der Erwerber tätigt vielmehr einen Anschaffungsvorgang, der

- entweder **netto** als Erwerb eines Saldos aus aktiven Wirtschaftsgütern und Schulden (Nettovermögen) gegen den Barkaufpreis oder
- **brutto** als Erwerb nur der aktiven Wirtschaftsgüter gegen Barkaufpreis und Übernahme von Schulden

betrachtet werden kann (→ Rz. 137 ff.).

Aus der **Erfolgsneutralität** des Anschaffungsvorgangs (→ § 253 Rz. 13) folgte dann nach Auffassung des BFH: Beim Veräußerer wirksame steuerliche Passivierungsverbote für Drohverlustrückstellungen[1] oder bestimmte Jubiläumsrückstellungen und Rückstellungen für zukünftige Beiträge zum Pensionssicherungsverein[2] gelten für den Erwerber nicht. Umgekehrt besteht aber auch keine Möglichkeit, nach Übergangsvorschriften (etwa für Altpensionen) ausgeübte Nichtpassivierungswahlrechte des Veräußerers fortzusetzen (→ Rz. 137). Diese hauptsächlich in Auslegung des HGB ergangene Rechtsprechung bleibt handelsbilanziell weiterhin von Bedeutung. Steuerbilanziell ist sie durch die Sondervorschrift des § 5 Abs. 7 EStG hinfällig geworden; auf → Rz. 204a wird zur Steuerbilanz verwiesen.

2. Schuldnerwechsel bei Mietverträgen

2.1 Rechtliche und wirtschaftliche Grundlagen

185 Auch bei Dauerschuldverhältnissen können Gläubiger und Schuldner ausgewechselt werden. Gängiger Fall ist der Mietvertrag, aus dem der Mieter aussteigen will, der Vermieter seinerseits aber kein Interesse an der Beendigung des Mietverhältnisses hat. Es ist dann die Sache des Mieters, sich aus dem „Geschäft“ möglichst schadlos zurückzuziehen. Dazu muss er (der Mieter) mit Einverständnis des Vermieters oder auf entsprechender Vertragsgrundlage entweder einen Folgemieter, der in den bestehenden Mietervertrag mit dem Eigentümer eintritt, oder einen Untermieter finden, der im Innenverhältnis den Mietvertrag mit der Mietzahlungsverpflichtung übernimmt.

186 Dazu stehen im Wesentlichen zwei Rechtstechniken zur Verfügung (→ § 246 Rz. 379).

Die beiden Varianten unterscheiden sich **rechtlich:**

- **Schuldübernahme:** Eigentümer, bisheriger Mieter und neuer Mieter einigen sich auf den Austausch des Mieters.
- Der bisherige Nutzer bleibt Mieter, begründet aber ein **Untermietverhältnis** mit dem neuen Nutzer.
- Im ersten Fall tritt der bisherige Mieter aus dem Vertragsverhältnis aus; Vertragspartner des Eigentümers ist nunmehr der neue Mieter. Wenn dieser die Miete nicht mehr bezahlt, kann sich der Eigentümer nur an ihn halten. Bei den Verhandlungen über den Aus-

1 BFH, Urteil v. 16.12.2009 – I R 102/08, BStBl 2011 II S. 566.
2 BFH, Urteil v. 14.12.2011 – I R 72/10, DStR 2012 S. 452.

tausch des Mieters kann sich der Eigentümer aber durch eine Bürgschaft des bisherigen Mieters oder durch dessen Schuldbeitritt absichern. Der Eigentümer hat dann direkt und indirekt zwei Schuldner.

- Bei der Untermietlösung **(Erfüllungsübernahme** mit oder ohne **Schuldbeitritt)** bleibt der bisherige Mieter dem Eigentümer als Schuldner erhalten. Wenn er in dieser Funktion ausfällt, kann der Eigentümer die Ansprüche des Hauptmieters aus der Zahlungsverpflichtung des Untermieters pfänden und sich überweisen lassen. Dann tritt indirekt der Untermieter wieder in die Schuldnerstellung gegenüber dem Eigentümer ein. Dem Eigentümer verbleiben also auch in dieser Gestaltung zwei Schuldner in direkter und indirekter Form.

Die Interessenlage der Parteien bei identischem wirtschaftlichen Gehalt ist in beiden Rechtsgestaltungstechniken praktisch unverändert darstellbar und muss deshalb im Jahresabschluss identisch abgebildet werden.[1] In der Bilanz ist kein Platz für die Wiedergabe von Rechtsstrukturen ohne Berücksichtigung von deren wirtschaftlicher Substanz. Deshalb geht die Unterscheidung[2] zwischen Begründung eines neuen Mietvertrags oder eines Untermietverhältnisses schon im Ansatz an den bilanzrechtlichen Grundlagen vorbei. 187

2.2 Austausch des Mieters, Bürgschaft und Kompensationszahlung des bisherigen Mieters

Kommt es zum Austausch der Mieter (1. Variante in → Rz. 186), wird im einfachsten Fall beim **bisherigen** Mieter gar nichts bilanziert. Bei der Erfüllung der monatlichen Zahlungspflichten bucht der **neue** Mieter „Per Mietaufwand an Geld" und der Eigentümer „Per Geld an Mietertrag". Der bisherige Mieter kommt erst **dann** ins Spiel, wenn der neue Mieter seinen Zahlungsverpflichtungen nicht nachkommt und der Eigentümer aufgrund einer Bürgschaft, eines Schuldbeitritts o. Ä. den bisherigen Mieter in Anspruch nimmt. Dieser hat, sobald eine solche Entwicklung absehbar ist, aber nicht früher, die erwartete Inanspruchnahme als Verbindlichkeitsrückstellung zu passivieren. Im aktuellen Jahresabschluss ist dies nach dem Stichtagsprinzip (→ § 252 Rz. 63) nicht zu berücksichtigen. 188

An dieser erfreulich **einfachen** Lösung kann oder soll jedenfalls nach weitverbreiteter Auffassung dann nicht mehr festgehalten werden, wenn die Umstrukturierung des Mietverhältnisses mit einer **Abstandszahlung** des bisherigen Mieters an den neuen verbunden ist. Eine solche Gestaltungsvariante kann unterschiedlich begründet sein: 189

- Es liegt eine eigentliche **Fehlinvestition** des bisherigen Mieters vor, dessen Ladenlokal (z. B.) nicht mehr sinnvoll verwendet werden kann und deshalb unter der Verpflichtung zur Weiterzahlung der Miete geschlossen werden muss. Hier liegt ein „klassischer" Fall des **Drohverlustes** vor (→ Rz. 176).
- Der bisherige Mieter kann das Ladenlokal zwar weiterhin **ertragsbringend** verwenden, doch sieht er eine lukrativere Möglichkeit für seinen Geschäftsbetrieb durch Anmietung eines anderen Ladenlokals in besserer Lage und/oder zu günstigerem Preis (***unfavorable contract,*** → Rz. 176).

Beide Sachverhalte sind u. E. **gleich** zu behandeln, im Fachschrifttum und in der BFH-Rechtsprechung hat allerdings nur der Austritt aus dem **verlustbehafteten** Vertrag (erste Variante) prak- 190

1 So nun auch der BFH im vorstehend zitierten Urteil I R 72/10.

2 Zum Beispiel *Schlotter/Pinkernell*, FR 2011 S. 689; *Schlotter*, Ubg 2010 S. 635; *Prinz, M.*, FR 2011 S. 445 und 551. Anders wohl *Schlotter*, BB 2012 S. 952: „wirtschaftlich gleichwertig".

tische Bedeutung erlangt. In diesem Fall wird der neue Mieter u.U. (→ Rz. 191) nur gegen eine **Kompensationszahlung** in den Mietvertrag direkt oder indirekt „einsteigen".

Der Zahlungsvorgang des bisherigen Mieters an den neuen muss in irgendeiner Weise verbucht werden. Diese Zahlung stellt dem wirtschaftlichen Gehalt nach eine **Kompensation** für die – aus welchen Gründen auch immer – von beiden Parteien als überhöht angesehene Miete dar. Hier ist zwischen Zahlendem und Zahlungsempfänger zu unterscheiden:

Dem **bisherigen Mieter** dient die Zahlung der Beendigung des bisher bestehenden Dauerschuldverhältnisses. Die Zahlung wird bei ihm sofort aufwandswirksam. Eine **aktive Rechnungsabgrenzung** der geleisteten Zahlung kommt u. E. nicht infrage, da die dafür geforderten zukünftigen Ausgaben fehlen (→ § 250 Rz. 36).[1]

Für den **neuen** Mieter kompensiert die erhaltene Zahlung einen Teil der im Rahmen des (aus seiner Sicht neu begründeten) Dauerschuldverhältnisses zu erbringenden Leistungen in Form von Mietzahlungen. Die Ausgleichszahlung ist daher dem Mietverhältnis in Bezug auf die „Restlaufzeit" des Vertrags zuzurechnen, stellt also einen typischen Fall der **passiven Rechnungsabgrenzung** (→ Rz. 206) gem. § 250 HGB bzw. § 5 Abs. 5 EStG (→ § 250 Rz. 10 ff.) dar.[2] Über die Laufzeit des Vertrags ist der Posten sodann ertragswirksam oder aufwandskürzend aufzulösen. Trotz eindeutiger Erfüllung der gesetzlichen Tatbestandsmerkmale dieser beiden Normen wurden sie weder vom BFH noch vom BMF zur Problemlösung herangezogen.

Vorstehende Lösungshinweise gelten unabhängig davon, auf welcher Rechtstechnik (→ Rz. 186) die Übertragung der Mietzahlungsverpflichtung auf den Neumieter erfolgt.

191 Dieses „einfache" Bilanzierungsmodell hat das BMF schon vor Einfügung von § 4f und § 5 Abs. 5 EStG (→ Rz. 204a) nicht akzeptiert.[3] Nach dessen Meinung galt für den Fall des Übergangs des Mietvertrags (Schuldübernahme) im Rahmen eines Unternehmenserwerbs auf den neuen Mieter (= Unternehmenskäufer) Folgendes: Der neue Mieter sollte die erhaltene Zahlung erfolgsneutral im Eigenkapital einbuchen und zugleich erfolgsneutral eine Drohverlustrückstellung passivieren.[4] Im nächsten Jahresabschluss sollte die Drohverlustrückstellung dann gewinnerhöhend nach § 5 Abs. 4a EStG aufgelöst werden. Demgegenüber sah der BFH in der Schuldübernahme einen verlustrealisierenden Vorgang beim Veräußerer, weshalb der Erwerber des Unternehmens vom steuerlichen Passivierungsverbot ausgenommen sei.[5]

Dabei wurde vom BMF das **Verbleiben** im „Drohverluststatus" unterstellt, was in der Praxis aber keineswegs so sein muss. Denn jedenfalls beim Übergang außerhalb eines Unternehmenserwerbs hat sich der neue Mieter nicht in ein Verlustgeschäft eingekauft, sondern will mit der Ladenpassage Gewinne erzielen. Der beim bisherigen Mieter vorliegende „Verluststatus" muss sich demnach keineswegs zwingend beim neuen Mieter **fortsetzen.** Das war zwar im Sachverhalt des BFH-Urteils[6] gegeben, ist aber nicht zu verallgemeinern (→ Rz. 206).

---

1 Vgl. auch *Lüdenbach*, StuB 2011 S. 753; detailliert hierzu *Hoffmann/Lüdenbach*, StuB 2012 S. 3.

2 So auch *Weber-Grellet*, DB 2011 S. 2877; *Siegel*, FR 2012 S. 390; *Bareis* präferiert „erhaltene Anzahlungen", hält aber auch die passive Abgrenzung als „denkbar" (FR 2012 S. 387).

3 BMF, Schreiben v. 24.6.2011 – IV C 6 – S 2137/0-03, BStBl I S. 627 Tz. 5.

4 Das ist beim BMF, Schreiben v. 24.6.2011 – IV C 6 – S 2137/0-03, BStBl I S. 627, nicht direkt abzulesen, weil dieses unnötigerweise noch andere Sachverhalte in seine Buchungsbeispiele übernimmt, die mit dem Problem überhaupt nichts zu tun haben und das Ganze nur unübersichtlich machen.

5 BFH, Urteil v. 14.12.2011 – I R 72/10, DStR 2012 S. 452 Tz. 11; *Schlotter*, BB 2012 S. 953; *Prinz, U./Adrian*, StuB 2012 S. 260.

6 BFH, Urteil v. 16.12.2009 – I R 102/08, BStBl 2011 II S. 566; ebenso BFH, Urteil v. 14.12.2011 – I R 72/10, DStR 2012 S. 452.

2.3 Begründung eines Untermietverhältnisses (mit Schuldübernahme im Innenverhältnis)

Ausführlich wird vom BMF und vom Schrifttum[1] die zweite Rechtstechnik unter → Rz. 186 behandelt, nämlich die Begründung eines Untermietverhältnisses mit interner Übernahme der Mietzahlungsverpflichtung des Hauptmieters gegenüber dem Eigentümer durch den Untermieter. Dieser Sachverhalt einschließlich des Drohverlustes beim Hauptmieter lag dem BFH im Urteil I R 102/08[2] im Rahmen eines Unternehmenskaufs im *Asset-Deal* zugrunde. Der Hauptmieter musste die Übernahme der nutzlosen Mietverträge durch eine Kürzung des Gesamtkaufpreises kompensieren. Mit gleichem Ergebnis und einfacher in der Darstellung leistet der Hauptmieter zum Beginn des Untermietverhältnisses eine Einmalzahlung zum Ausgleich der (unterstellt) übernommenen Verlustsituation bzw. zur Befreiung von der eigenen Verlustlage. Der BFH urteilt nur über die Bilanzierung beim Untermieter. 192

Laut BFH resultiert aus der erhaltenen Kompensationszahlung beim **Untermieter** ein Passivposten in Form einer Verbindlichkeit. Der BFH leitet diese Bilanzierungsfolge aus der Motivation der **Neutralität** des Anschaffungsvorgangs ab. Angeschafft werden soll dabei eine **Verbindlichkeit** bzw. Rückstellung, wogegen u. E. erhebliche Bedenken bestehen (→ § 255 Rz. 191).[3] Ohne eine solche Gegenbuchung des Geschäftsvorfalls auf der Habenseite bestünde dem BFH zufolge die Gefahr einer Abbildung des Anschaffungsvorgangs als gewinnerhöhend. Unseres Erachtens besteht diese Gefahr dann nicht, wenn unserem Vorschlag zufolge (→ Rz. 190) die Gegenbuchung als **passive Abgrenzung** erfolgt. 193

Hinsichtlich der BFH-Lösung des Problems über die Einbuchung der Kompensationszahlung beim Untermieter als Verbindlichkeit zur Vermeidung eines Anschaffungsgewinns mit korrespondierender Aktivierung einer Forderung beim Hauptmieter haben wir erhebliche bilanzsystematische Bedenken, zunächst weil Verbindlichkeiten **nicht angeschafft** werden können (→ § 255 Rz. 51). 194

Weitere grundlegende Vorbehalte bestehen gegen die Aktivierung der Forderung bzw. Passivierung der Verpflichtung aufgrund eines **„Freistellungsanspruchs"**. Dieser Anspruch bzw. die Verpflichtung hierzu stellt lediglich einen anderen Begriff für den eigentlichen Inhalt des Vertrags zwischen Hauptmieter und Untermieter dar, nämlich die Übernahme der Zahlungsverpflichtung gegenüber dem Eigentümer. Die Interessenlage der Parteien ist nicht anders als bei Eintritt des neuen Mieters in den (Haupt-)Mietvertrag unter Gewährung einer Bürgschaft durch den bisherigen Mieter und muss u. E. deshalb im Jahresabschluss identisch abgebildet werden (→ Rz. 187). Dann verbleibt beim Hauptmieter wirtschaftlich lediglich die Funktion eines Bürgen oder Garanten zugunsten des Eigentümers, der so lange nichts bilanziert, bis die Inanspruchnahme aus der „Garantie" droht. Bis dahin handelt es sich um **aufschiebend bedingte** Forderungen bzw. Verbindlichkeiten, die nach den allgemeinen Regeln nicht ansatzfähig sind (→ § 246 Rz. 58; → § 246 Rz. 82). Die Forderung ist zwar vollwertig, aber eben nicht bilanzierbar. Sie ist am Stichtag auch nicht vollstreckbar,[4] denn der Untermieter zahlt ja seine Schuld. Möglicherweise tut er dies **künftig** einmal nicht mehr, dann kann dies auf den aktuel- 195

1 Zum Beispiel *Prinz, M.*, FR 2011 S. 446; *Ley*, DStR 2007 S. 589; *Meurer*, BB 2011 S. 1259; *Prinz, U./Adrian*, BB 2011 S. 1646; *Rätke*, StuB 2011 S. 650.

2 BFH, Urteil v. 16.12.2009 – I R 102/08, BStBl 2011 II S. 566; bestätigt durch BFH, Urteil v. 14.12.2011 – I R 72/10, DStR 2012 S. 452.

3 Vgl. *Lüdenbach*, StuB 2011 S. 227.

4 So *Meurer*, BB 2011 S. 1260; ähnlich BFH, Urteil v. 11.10.2007 – IV R 52/04, BStBl 2009 II S. 705 unter II.D.2.b) in der Urteilsbegründung.

len Abschluss nach dem **Stichtagsprinzip** (→ § 252 Rz. 63) keine Auswirkung haben. Die Aktivierung scheitert vor allem auch an der noch **nicht erbrachten Leistung** des Hauptmieters, die in der Zurverfügungstellung der Mieträume besteht. Aktivierbar sind nach eindeutiger Auffassung des BFH in ständiger Rechtsprechung zum handelsrechtlich interpretierten Realisationsprinzip nur Forderungen aus gegenseitigem Vertrag **nach** Erbringung der bedungenen Sachleistung.[1] Korrespondierend zur Forderung kommt die Passivierung der **„Freistellungsverbindlichkeit"** erst **nach** erbrachter Leistung in Betracht, also nicht für die künftige Überlassung der Mieträume. Die **abstrakte** Bilanzierbarkeit ist gegeben, es fehlt an der **konkreten** (→ § 246 Rz. 8). Typisch ist der Fall des BFH im zitierten Urteil IV R 80/96 zur Steuerfachschule: Aktivierbar ist die **bis** zum Bilanzstichtag erbrachte Unterrichtsleistung, nicht dagegen die **noch ausstehenden** Einheiten, auch wenn der Schüler schon die Gesamtleistung vergütet hat.

Ein solcher Freistellungsanspruch durch Schuldübernahme im Innenverhältnis besteht auch bei der Übertragung von **Pensionsverpflichtungen** ohne die Möglichkeit einer Aktivierung dieses Anspruchs (→ § 246 Rz. 112).[2]

196 Nicht folgen können wir weiterhin der Auffassung, wonach durch die **Kompensationszahlung** der **Schwebezustand** des Vertrags zwischen allen Beteiligten **beendet** sei. Sicherlich ist durch diese Zahlung beim Hauptmieter die **Realisation** des bisher steuerlich nicht bilanzierten Verlustes gelungen[3] und damit für ihn die Beendigung des Schwebezustands erfolgt. Andererseits tritt der Untermieter nicht rechtlich, aber **faktisch** in das bilanzrechtliche Synallagma mit dem Eigentümer ein und setzt dadurch den Schwebezustand fort.

Würde man mit zwei Senaten des BFH, dem BMF und dem Schrifttum eine allseitige Beendigung des Schwebezustands annehmen, müsste dies auch auf den **Eigentümer** zurückfallen, für den sich aus der Begründung des Untermietverhältnisses kein bilanzierungspflichtiger Geschäftsvorfall ergeben kann. In der Konsequenz würde dann der Eigentümer eine Mietforderung – aus nicht mehr schwebendem Geschäft – aktivieren und spiegelbildlich der Hauptmieter eine Mietverbindlichkeit. Dann stellt sich die Frage, ob sich durch die Vertragsgestaltung zweier Mieter untereinander die Bilanzierung beim Eigentümer, der von dem Vorgang überhaupt nicht betroffen ist, ändern muss und, wenn ja, wie. Da nunmehr mangels Schwebezustand das Bilanzierungsverbot für Gegenleistungen aus dem Mietvertrag nicht mehr bestünde, müsste der Eigentümer, der sich den „Machenschaften" seiner Haupt- und Untermieter in Beachtung der Rechtsauffassung des BFH beugt, die kapitalisierte Mietforderung gewinnerhöhend einbuchen – eine höchst gewöhnungsbedürftige Vorstellung.

Gegen die neuerdings vertretene Beendigung des Schwebezustands durch die Kompensations**zahlung** spricht auch die bis vor einigen Jahren unangefochtene Auffassung, wonach die Beendigung des Schwebezustands der vollständigen Erbringung der **Sachleistungs**verpflichtung be-

1 BFH, Urteil v. 10.9.1998 – IV R 80/96, BStBl 1999 II S. 21; BFH, Urteil v. 20.5.1992 – X R 49/89, BStBl II S. 904; BFH, Urteil v. 29.4.1987 – I R 192/82, BStBl II S. 797; BFH, Urteil v. 23.3.2011 – X R 42/08, DB 2011 S. 1951, unter Tz. 19: „geschuldete Erfüllungshandlung [...] erbracht hat".

2 IDW RS HFA 34.31 („Nettobilanzierung").

3 BFH, Urteil v. 14.12.2011 – I R 72/10, DStR 2012 S. 452.

darf (→ Rz. 154).[1] Im BFH-Urteilsfall I R 102/08 verstößt u. E. die das Urteil tragende Annahme der Beendigung des Schwebezustands durch Zahlungsvorgänge gegen die Regeln über die Beendigung von bilanziellen Schwebezuständen. Die herkömmliche Auffassung ist vom X. BFH-Senat bestätigt worden.[2] In diesem Streitfall haben Versicherungskunden bei Vertragsabschluss (ex ante) die Nachbetreuungsleistung des Versicherungsvertreters für die nächsten fünf Jahre vorausbezahlt. Für den X. BFH-Senat (Tz. 28 des Urteils) ändert das nichts am Schwebezustand. BFH-intern stehen sich zu diesem Thema die Auffassung des I. und IV. Senats einerseits und diejenigen des X. und des Großen Senats andererseits gegenüber. Der I. Senat hat sich inzwischen von dieser Auffassung gelöst.[3]

2.4 Zusammenfassendes Beispiel

Zur Zusammenfassung der vorstehend behandelten Fragen der Bilanzierung von Mietzahlungen und Entschädigungen folgendes Beispiel: 196a

BEISPIEL ▸ In allen Fällen wird von folgender Grundsituation ausgegangen:

Ab 31.12.01 nutzt M die bisherigen Geschäftsräume nicht mehr. Der Mietvertrag läuft noch drei Jahre. Die Miete beträgt 100 p. a. → **Drohverlustrückstellung 31.12.01: 300 in der HB.**

VARIANTE 1 ▸ Im Dezember 02 gelingt es, einen **Untermieter** für die zwei Restjahre zu finden, allerdings nur für **die Hälfte der Fläche** bei einer **Miete von 50** p. a. Es ist völlig unwahrscheinlich, für die Restfläche noch einen weiteren Untermieter zu finden.

Buchung 31.12.02:	Per Drohverlust RSt	200	an	Geld	100 *(Zahlung an den Eigentümer)*
			an	Ertrag	100 *(wegen Verringerung des Schadens durch Gewinnung eines Untermieters)*
Buchung 31.12.03:	Per Drohverlust RSt	50	an	Geld	100 *(Zahlung an den Eigentümer)*
	Per Aufwand	50			
	Per Geld	50	an	Mietertrag	50 (oder an Mietaufwand 50), *je nachdem ob man Aufwand aus Hauptmiete und Ertrag aus Untermiete für saldierbar hält oder nicht.*

Der Drohverlust wird gemindert, das spricht eher gegen eine Saldierung des Mietaufwands. Unseres Erachtens ist aber auch die Saldierung vertretbar.

1 Zum Beispiel IDW RS HFA 4 Tz. 12; BFH, Beschluss v. 23.6.1997 – GrS 2/93, BStBl II S. 735; *Buciek*, FR 2010 S. 426. In die Schar der Neuinterpreten des Schwebezustands und seiner Beendigung reihen sich pikanterweise entgegen der Vorgabe des § 11 Abs. 2 2. Alt. FGO auch der I. und IV. Senat ein (*Buciek*, FR 2010 S. 426, nämlich in den Urteilen v. 18.12.2002 – I R 17/02, BStBl 2004 II S. 126; v. 11.10.2007 – IV R 52/04, BStBl 2009 II S. 705; v. 16.12.2009 – I R 102/08, BStBl 2011 II S. 566). Beim BFH, Urteil v. 29.11.2007 – IV R 62/05, BStBl 2008 II S. 557 unter II.1.a) der Begründung folgt der IV. Senat demgegenüber der herkömmlichen Lehre: Beendigung des Schwebezustands durch die Erbringung der Sachleistung. Gegen diese Nichtbeachtung einer Gesetzesvorgabe durch das Gericht selbst gibt es wohl kein Rechtsmittel. Den beiden BFH-Senaten folgt im Schrifttum *Meurer*, BB 2011 S. 1259. Vgl. folgende Fußnote.

2 BFH, Urteil v. 19.7.2011 – X R 26/10, DB 2011 S. 2350; inzwischen ist auch der I. BFH-Senat zur herkömmlichen Auffassung über die Beendigung des Schwebezustands (nur) durch die Leistungserbringung zurückgekehrt in den Urteilen v. 21.9.2011 – I R 50/10, BStBl 2012 II S. 197, sowie v. 9.1.2013 – I R 33/11, DStR 2013 S. 957 Tz. 44.

3 BFH, Urteil v. 21.9.2011 – I R 50/10, DStR 2011 S. 2387 Tz. 14; BFH, Urteil v. 14.12.2011 – I R 72/10, DStR 2012 S. 452 Tz. 16.

Kommentar: Dies ist der klassische Fall einer Minderung des Drohverlustes durch Teilvermietung der nicht mehr benötigten Flächen. Klassisch würde man dann aber wohl Ertrag und Aufwand nicht für saldierungsfähig halten, u. E. ist eine Saldierung aber vertretbar.

VARIANTE 2 ▸ Im Dezember 02 gelingt es, einen Untermieter für die zwei Restjahre zu finden, und zwar für die volle Fläche, aber gleichwohl nur für eine (marktkonforme) **Miete von 50.**

Kommentar: Lösung wie zuvor, da ökonomisch gleichwertige Situation.

VARIANTE 3 ▸ Im Dezember 02 gelingt es, einen Untermieter für die zwei Restjahre zu finden, und zwar für die **volle Fläche** und die volle **Miete von 100,** die der Untermieter erfüllungshalber an den Eigentümer zahlen wird. Die nicht marktkonforme Miete von 100 übernimmt er aber nur, weil ihm der Hauptmieter die Differenz zur marktkonformen Miete von 50 (diesmal zwei Jahre) im Wege einer **Einmalzahlung von 100** sofort vergütet.

Buchung 1.12.02:	Alternative 1:				
	Per Drohverlust RSt	300	an	Geld	100 *(Zahlung an den Eigentümer)*
			an	Geld	100 *(Zahlung an den Untermieter)*
			an	Ertrag	100 (wg. Verring. Schaden d. U-verm.)
	Alternative 2:				
	Per Drohverlust RSt	200	an	Geld	100 *(Zahlung an den Eigentümer)*
			an	Ertrag	100 (wg. Verring. Schaden d. U-verm.)
	Per RAP	100	an	Geld	100 *(Zahlung an den Untermieter)*
Buchung 31.12.03:	Alternative 1:				
	Keine Buchung				
	Alternative 2:				
	Per Drohverlust RSt	50	an	Ertrag	50
	Per Aufwand (oder Ertrag)	50	an	aRAP	50

Je nachdem ob man Erfolg aus Haupt- und Untermiete für saldierbar hält.

Kommentar: Wir präferieren Alternative 1, da sie zur Gleichbehandlung mit Variante 4 und Variante 5 führt.

VARIANTE 4 ▸ Statt der Begründung eines Untermietverhältnisses tritt U gegen eine Einmalzahlung von 100 schuldbefreiend mit Wirkung ab 1.1.03 in den Mietvertrag mit dem Eigentümer ein.

Buchung 31.12.02:	Per Drohverlust RSt	300	an	Geld	100 *(Zahlung an den Eigentümer)*
			an	Geld	100 *(Zahlung an den Untermieter)*
			an	Ertrag	100

Kommentar: Der bisherige Mieter ist aus dem Dauerschuldverhältnis entlassen; damit ist der Drohverlust endgültig realisiert. Mangels fortbestehenden Dauerschuldverhältnisses gibt es auch keine Veranlassung für eine aktive Abgrenzung. Nur so gelingt eine Gleichbehandlung mit Variante 5.

VARIANTE 5 Der bisherige Mieter zahlt die 100 nicht an den Nachmieter, sondern an den Eigentümer, weil dieser ihn gegen Gestellung eines Nachmieters aus dem Mietvertrag entlässt, obwohl der Nachmieter nur 50 statt 100 p. a. zahlt.

Wie in Fällen der vorzeitigen Entlassung aus einem Darlehensvertrag gegen Vorfälligkeitsentschädigung ist der Erfolg mit Entlassung aus dem Vertrag endgültig realisiert. Es gibt nach Beendigung des Vertrags bzw. dafür geleisteter Zahlung nichts mehr zurückzustellen oder abzugrenzen.

Für die Bilanzierung beim **Untermieter** in Variante 3 gilt (→ Rz. 188 ff.): Den empfangenen Entschädigungsbetrag hat er u. E. vorrangig passiv abzugrenzen: „Per Geld an passive Rechnungsabgrenzung" (→ § 250 Rz. 36 f.). In den Folgeabschlüssen löst der Untermieter die passive Abgrenzung ratierlich auf. Soweit aufgrund der (zu) hohen Miete bei isolierter Betrachtung (Ausklammerung der Kompensationszahlung) von Anfang an ein Verlust droht, unter Berücksichtigung der Kompensationszahlung aber nicht, stellt sich noch die Frage nach dem **Verhältnis** von der Drohverlustrückstellung zur passiven Abgrenzung. Unseres Erachtens hat in diesem Fall die passive Abgrenzung Vorrang. Eine Drohverlustrückstellung ist nicht anzusetzen.

3. Übertragung weiterer Rückstellungen (Jubiläum, Pension usw.)

Die unter → Rz. 185 ff. dargestellte Rechtslage nach Maßgabe des BFH-Urteils I R 102/08 hat der BFH in einem weiteren Urteil[1] bestätigt und weiterentwickelt. Es ging in diesem Rechtsstreit um die Vermögensübernahme im Rahmen eines *Asset-Deals;* zum Vermögen gehörten auch **Rückstellungen für Jubiläumszusagen** (→ Rz. 105 und → Rz. 217) und **Beiträge zum Pensionssicherungsverein** (→ Rz. 109), die wohl in der Handels-, aber nicht in der Steuerbilanz bilanziert waren bzw. werden konnten. 197

Der BFH stützte sich bei der Urteilsfindung wie im Fall I R 102/08 entscheidend auf den **erfolgsneutralen** Charakter des Anschaffungsvorgangs. Die Übernahme der steuerlich zutreffend nicht bilanzierten Rückstellungsposten stelle einen Entgeltbestandteil zugunsten des Veräußerers dar. Dann griffen die steuerlichen Ansatzverbote nicht, da die Verpflichtung **realisiert** sei. Der Erwerber müsse deshalb diese Verpflichtungen in der Handels- und Steuerbilanz passivieren. Zu Pensionsverpflichtungen vgl. → Rz. 202. Die in den Mittelpunkt der Argumentation gestellte Erfolgsneutralität des Anschaffungsvorgangs von Verbindlichkeiten (mit Zementierung für die Zukunft) gilt für den BFH-Senat **nicht immer:** Unverzinsliche Darlehensverbindlichkeiten sind beim Zugang gewinnerhöhend einzubuchen (→ § 253 Rz. 33).[2] 198

Folge: Wenn einmal eine steuerlich (noch) nicht ansetzbare Schuld im *Asset-Deal* oder sonst wie entgeltlich übertragen wird, gehen die allgemeinen Bilanzierungsregeln den speziellen steuerlichen Ansatzverboten vor.[3] Die Finanzverwaltung[4] wollte dagegen die steuerlichen Sondervorschriften mit Ansatzverbot in der ersten Bilanz **nach** der Übernahme der Schuld durch den Dritten wieder zu ihrem Recht kommen lassen. Diesem Begehr ist der Gesetzgeber am 18.12.2013 gefolgt (→ Rz. 204a). 199

1 BFH, Urteil v. 14.12.2011 – I R 72/10, DStR 2012 S. 452.

2 Vgl. hierzu *Hoffmann*, StuB 2012 S. 457.

3 *Prinz, M.*, sieht hier eine Umkehrung der Regel „lex specialis, derogat legi generali" (FR 2012 S. 410); vgl. auch → § 246.

4 BMF, Schreiben v. 24.6.2011 – IV C 6 – S 2137/0-03, BStBl 2011 I S. 627.

199a Das IDW folgt dem BFH in der Forderung nach Erfolgsneutralität eines Verbindlichkeits-Zugangs.[1] Als Anwendungsbereich in der Handelsbilanz nennt das IDW einen niedrigeren Erfüllungsbetrag gegenüber dem durch die Übernahme der Verpflichtung erhaltenen Entgelt. Die geforderte erfolgsneutrale Behandlung des Übernahmevorgangs lässt sich mit verschiedenen Techniken erreichen, dabei darf ein Erwerbsgewinn weder im Zugangszeitpunkt noch in den Folgeabschlussstichtagen erfolgen. Der HFA des IDW präferiert die Methode des BFH zur Vermeidung des Erwerbsgewinns. Andere Methoden werden als zulässig angesehen, so der Ansatz eines passiven Rechnungsabgrenzungspostens in Höhe der Differenz zwischen dem Erfüllungsbetrag und dem Zeitwert der Verpflichtung. Im Anhang ist eine Erläuterung der angewandten Methode geboten.

200 *(einstweilen frei)*

201 Die Realisierung steuerlicher Lasten durch Übertragung der Verpflichtung ist auch bei (sicheren) Verbindlichkeiten (→ § 253 Rz. 17) möglich. Dazu folgendes Beispiel (→ § 253 Rz. 33).

SACHVERHALT Die S GmbH schuldet der Großlieferantin G AG aus einem Sanierungsvergleich ein auf fünf Jahre unverzinsliches Darlehen von 100, das bei S handelsrechtlich mit dem Nennwert (hier Erfüllungsbetrag, → Rz. 17) bilanziert ist. Steuerlich beträgt der abgezinste Wertansatz auf der Basis des gesetzlich fixierten Zinssatzes von 5,5 % (→ Rz. 23) 75. Die Drittfirma D KG übernimmt schuldbefreiend mit Einverständnis der G die Darlehensverbindlichkeit gegen eine „Übernahmegebühr" von 82. Die D will durch zinsbringende Anlage dieser „Gebühr" in fünf Jahren den Rückzahlungsbetrag von 100 „übertreffen"; die S will sich der dann geltenden Rückzahlung von 100 schon heute entledigen, die G AG schätzt die Bonität der D höher ein als diejenige der S GmbH und verhält sich bei dem Geschäft neutral.

LÖSUNG In der Handelsbilanz realisiert die S einen Ertrag von 100 – 82 = 18.
In der Steuerbilanz realisiert die S einen Verlust von 75 – 82 = –7.

202 Das Gestaltungspotenzial der hier dargestellten Rechtsprechung des I. BFH-Senats schlug auch auf das weite Feld der steuerlich notorisch nach § 6a EStG unterbewerteten **Pensionsrückstellungen** durch (→ § 246 Rz. 117). Für Übergänge von Pensionslasten hatte das BMF schon zuvor entsprechend ausgerichteten Gestaltungsansätzen gegensteuern wollen – wozu ihm der BFH[2] die Gefolgschaft versagt hatte (→ § 246 Rz. 112). Die Übernahme der Pensionslast durch den Erwerber führte dem BFH zufolge zu Anschaffungskosten, was beim übernehmenden Unternehmer die Bewertungsbeschränkung des § 6a Abs. 3 Satz 1 EStG aufhob. Beim abgebenden Unternehmen wurde steuerlich ein Verlust in Höhe des Unterschiedsbetrags zwischen den beiden Bewertungsmaßstäben realisiert. In der Folgezeit kam es dann wie bei den Jubiläumsrückstellungen zu einer zweigliedrigen Bewertung für die übernommenen Altbestände einerseits und für die danach möglicherweise hinzukommenden Neuverpflichtungen andererseits. All dem ist durch das AIFM-Steuer-Anpassungsgesetz vom 18.12.2013 ein Riegel vorgeschoben worden (→ Rz. 204a und → § 246 Rz. 117a).

203 *(einstweilen frei)*

204 Die vorstehend skizzierte Rechtslage beruht auf der Auswertung der beiden zitierten Urteile des I. BFH-Senats I R 102/08 und I R 72/10 sowie des ebenfalls zitierten BMF-Schreibens v. 24.6.2011. In allen diesen Vorlagen ist die Besteuerungssituation des **aufnehmenden** Unter-

1 IDW/FN 2015 S. 237.
2 BFH, Urteil v. 26.4.2012 – IV R 43/09, DStR 2012 S. 1128, mit Anm. *Hoffmann;* vgl. auch *Hoffmann*, StuB 2012 S. 497.

nehmens gegenständlich gewesen. Demgegenüber hat sich der IV. BFH-Senat in einem Urteil[1] der Rechtslage des **abgebenden** Unternehmens annehmen müssen. Es ging um die Übertragung von Altersversorgungsverpflichtungen einer KG auf eine konzernverbundene GmbH. Die Rückstellung für die Pensionslasten war bei der KG bislang nach § 6a Abs. 3 EStG mit 234 T€ bilanziert. Die KG musste der GmbH zur „Ausfinanzierung" der übernommenen Verpflichtung ein sog. „Basisentgelt" entrichten, also die Ablöseschuld für die übernommenen Pensionslasten. Diese betrug 310 T€, woraus sich per Saldo ein steuermindernder Aufwand aus dem Wegfall beider Bilanzposten von 76 T€ ergab. Das „Basisentgelt" wurde dabei vom Finanzamt als aktivierungspflichtige Forderung angesehen. Das Finanzamt wollte im Rechtsstreit beide Bilanzposten bei der abgebenden KG weiterführen und damit den von der KG begehrten Aufwand (per Saldo) nicht anerkennen. Der BFH ist dem entgegengetreten mit der einfachen Begründung:

- Die Inanspruchnahme der KG aus den Altersversorgungsverpflichtungen ist nach der Erfüllungsübernahme und dem Schuldbeitritt der GmbH höchst **unwahrscheinlich** geworden und deshalb nicht mehr ansetzbar (→ Rz. 216).

- Auch dem vom Finanzamt im Rechtsstreit begehrten Ansatz eines **Freistellungsanspruchs** (→ Rz. 192) kann der BFH nichts abgewinnen mit der einfachen Begründung: Da die Inanspruchnahme aus der Pensionslast der KG als Übergeberin höchst unwahrscheinlich geworden ist, muss dies nach zwingender Logik auch für den Anspruch auf Freistellung von der Pensionslast gelten. Man darf **ergänzen:** Ansprüche auf **künftige** Leistungen sind nach allgemeinen Bilanzierungsregeln nicht ansetzbar; Entsprechendes gilt für die korrespondierenden Verbindlichkeiten (→ Rz. 194). Zu weiteren Argumenten gegen die Bilanzierbarkeit eines solchen Freistellungsanspruchs vgl. → § 246 Rz. 112.

Die Kompensationszahlung führt u. E. vielmehr bei der nunmehr mit der Pensionslast verpflichteten GmbH zu einem **passiven Abgrenzungsposten,** da dessen Tatbestandsmerkmale erfüllt sind (→ § 250 Rz. 30 ff.):[2]

- Die Einnahme des Betrags vor dem Stichtag dient als Ertrag in späteren Jahren i. S. einer Aufwandskürzung.

- Ausgaben i. S. des Gesetzestextes stellen (auch) Betriebsvermögens**minderungen** dar, entsprechend Einnahmen Betriebsvermögens**mehrungen** (→ § 250 Rz. 31).[3]

Der Steuergesetzgeber ist diesem Vorschlag nicht gefolgt (→ Rz. 204a).

4. Steuerliche Ansatz- und Bewertungsvorbehalte bei der Übertragung von Rückstellungen (§§ 4f und 5 Abs. 7 EStG)

Nach dem seit 2013 anzuwendenden § 4f EStG ist der Aufwand aus der Übertragung der Ver- 204a
pflichtung im Jahr der Übertragung nur noch mit 1/15 als Betriebsausgabe abzugsfähig; die verbleibenden Teile sind in den 14 Folgejahren „außerhalb der Bilanz" bei der steuerlichen Ergebnisermittlung abzuziehen. Dem liegt folgender Gesetzesaufbau zugrunde:

---

1 BFH, Urteil v. 26.4.2012 – IV R 43/09, DStR 2012 S. 1128, mit Anm. *Hoffmann;* dazu auch *Hoffmann,* StuB 2012 S. 497.

2 Vgl. hierzu *Hoffmann,* StuB 2012 S. 497; a. A. *Schlotter,* FR 2013 S. 615 f., der nur den Übertragungszeitpunkt betrachtet. Die erhaltene Gegenleistung soll aber die Aufwendungen des Unternehmens in der Zukunft kompensieren.

3 BFH, Beschluss v. 7.4.2010 – I R 77/08, BStBl 2010 II S. 739.

- § 4f Abs. 1 Satz 1 EStG erwähnt als **Transfersubstrat** „Verpflichtungen" aufgrund von Ansatzverboten (gemeint Drohverlustrückstellungen), Ansatzbeschränkungen (gemeint Jubiläumsrückstellungen) und Bewertungsvorbehalten (gemeint Pensionsverpflichtungen).
- Der sich aus diesem Vorgang ergebende **Aufwand** (siehe → Rz. 204 sowie → § 246 Rz. 117a) unterliegt der vorstehend dargestellten Verteilungsregel.
- § 4f Abs. 1 Satz 2 EStG nimmt sich in nicht leicht lesbarer Diktion speziell der **Pensionsrückstellungen** und deren Behandlung bei der Übertragung nach dem BFH-Urteil IV R 43/09 an. Man kann diese Gesetzespassage kurz in saldierter Form lesen: Der die Rückstellungsauflösung übersteigende Betrag der für die Übernahme zu entrichtenden Barzahlung stellt den zu verteilenden Aufwandsposten dar.
- In § 4f Abs. 1 Satz 1 EStG sind lediglich „Übertragungen" der betreffenden Schulden genannt, womit eine **schuldbefreiende** Maßnahme angesprochen ist: Der bisherige Schuldner (das abgebende Unternehmen) wird innerhalb einer solchen Rechtsfigur seiner Schuld entledigt. Das gelingt gerade bei Pensionsverpflichtungen, aber vielleicht auch bei anderen Übernahmevereinbarungen nicht uneingeschränkt. Dann behilft man sich entweder mit dem **Schuldbeitritt** (der Übernehmer der Last tritt dem unverändert weiter als Schuldner fungierenden bisherigen Unternehmer als weiterer Schuldner bei und verpflichtet sich im Innenverhältnis zur Übernahme der Last aus dem übernommenen Schuldverhältnis) oder die Parteien vereinbaren „nur" eine **Schuldübernahme** im Innenverhältnis.

Diese Regeln gelten für alle **Rechtsnachfolger** des ursprünglich Verpflichteten nach § 4f Abs. 1 Satz 7 EStG. Einige Ausnahmen von der genannten Verteilungsregel – insbesondere bei Betriebsveräußerungen oder -aufgaben – werden unter → § 246 Rz. 117a behandelt.

Diese drei verschiedenen Rechtstechniken zur (bilanzrechtlichen) Übertragung der Schulden werden von § 4f EStG im Wesentlichen **einheitlich** behandelt. Insbesondere der immer wieder auftauchende **„Freistellungsanspruch"** bei „nur" interner Schuldübernahme sollte deshalb endgültig ad acta gelegt werden. Es kommt ihm ja auch keine Wirtschaftsgut-/Vermögensgegenstandseigenschaft zu, weil sein Entstehen im Zeitpunkt des Übergangs höchst unwahrscheinlich ist und nur ein irgendwann später einmal drohender Zahlungsausfall beim Übernehmenden in Betracht kommt. Solche möglichen zukünftigen Entwicklungen haben in der aktuellen Bilanz nach dem Stichtagsprinzip keine Daseinsberechtigung. Die Forderung ist in rechtlicher Betrachtung aufschiebend bedingt (→ § 246 Rz. 58) und erlaubt schon deshalb keinen Bilanzansatz, auch nicht wegen der bis dahin unterbliebenen Leistungserbringung.

204b In der Beurteilung des neuen § 4f EStG fällt die außerbilanzielle und deshalb systemwidrige Betriebsausgabenverteilung besonders ins Gewicht. Man hätte den nämlichen Effekt ohne Systembruch durch eine Schätzungsvorgabe für die „bestimmte Zeit" in § 250 Abs. 5 EStG als Rechnungsabgrenzungsposten erreichen können, dazu wäre „Stützmaterial" in Gestalt einschlägiger BFH-Urteile verfügbar gewesen (→ § 250 Rz. 52). Die 15-jährige Auflösungsfrist des außerbilanziellen Postens ist typisierend an die Bewertungsvorgabe des § 253 Abs. 2 Satz 2 HGB (→ § 253 Rz. 117) und die Verteilungsregel in Art. 67 Abs. 1 Satz 1 EGHGB angelehnt. Für kollektive Pensionsverpflichtungen kann man diese Typisierung gut akzeptieren, weil ihre Entwicklung gewöhnlich ohne große Ausschläge vonstattengeht. Bei Einzelverpflichtungen – Pensionszusagen, aber auch Drohverlustrückstellungen – passt diese Frist allerdings nicht

(→ § 246 Rz. 117a), was zu Gestaltungsüberlegungen zwingt. Dazu folgendes Beispiel,[1] betreffend eine Drohverlustrückstellung:

BEISPIEL ▸ Die U-GmbH schließt am 17.7.2014 einen Devisenterminkontrakt mit Fälligkeit am 17.1.2015 ab. Am Stichtag 31.12.2014 hat sich der Kurs der zu erwerbenden Fremdwährung ungünstig entwickelt, was handelsbilanziell zur Bildung einer Drohverlustrückstellung von 160 zwingt. Am 2.1.2015 bietet sich die Gelegenheit zur Übertragung des Terminkontraktes auf einen Dritten unter Bezahlung von 150. Würde U diese Gelegenheit nutzen, wäre der Betrag von 150 in den Jahren 2014 bis 2028 mit jeweils 10 als Betriebsausgabe zu berücksichtigen. Wartet U hingegen 15 Tage (bis zum 17.1.2014), kann er den dann „realisierten" Verlust voll im Jahr 2014 als Betriebsausgabe absetzen.

§ 5 Abs. 7 EStG widmet sich dem Part des **übernehmenden** Unternehmers, der in den mehrfach zitierten BFH-Urteilen I R 69/11 und I R 28/11 angesprochen worden ist. Die entscheidende Aussage des I. BFH-Senats ging auf die **Erfolgsneutralität** des sog. **Anschaffungsvorgangs** für Schulden, was wir systematisch für verfehlt erachten (→ § 255 Rz. 51). Dadurch wurden unter Umkehrung des sonst gültigen Rechtsauslegungsgrundsatzes „lex specialis derogat legi generali" die einzelgesetzlichen Ansatz- und Bewertungsbeschränkungen mit der Folge stiller Lasten außer Kraft gesetzt.[2] Dem ist der Gesetzgeber in § 5 Abs. 7 Satz 1 EStG entgegengetreten: Die beim übergebenden Unternehmer gültigen Ansatzverbote, -beschränkungen und Bewertungsvorbehalte (→ Rz. 204a) sind beim Übernehmenden zwar nicht im Zeitpunkt der Übernahme, aber danach **wieder anzuwenden.** Das war bereits zuvor die Vorgabe der Verwaltung,[3] die vom I. Senat jedoch nicht bestätigt worden war. Wenn also z. B. der Übernehmer für die Übernahme einer nach § 6a EStG mit 100 zu bewertenden Pensionslast 120 erhält, kann er die Rückstellung nach der Übernahme nur mit 100 bewerten.[4] Der dadurch entstehende **„Erwerbsgewinn"** *(day one gain)* kann nach Abs. 7 Satz 5 **optional** mit in eine **gewinnmindernde Rücklage** eingestellt werden. Diese ist jährlich in den 14 folgenden Wirtschaftsjahren mit **mindestens** 1/14 zugunsten des Gewinns aufzulösen. In Übereinstimmung mit § 4f Abs. 1 EStG (→ § 246 Rz. 117a) regelt § 5 Abs. 7 Satz 1 EStG den Fall der dinglichen Schuldübernahme, Satz 2 dann den Schuldbeitritt und die Schuldfreistellung. 204c

Die durch § 5 Abs. 7 EStG beabsichtigte Bindung des Schuldübernehmers an die Bilanzierungsvorschriften, die für den ursprünglich Verpflichteten am Bilanzstichtag gegolten hätten, wenn es nicht zur Verpflichtungsübertragung gekommen wäre, soll bei grenzüberschreitenden Sachverhalten lt. BMF entsprechend gelten. Unterliegt der ursprünglich Verpflichtete nicht dem deutschen Steuerrecht, hat der Übernehmer den Wert anzusetzen, der beim Übergeber anzusetzen wäre, würde Letzterer deutschem Steuerrecht unterliegen.[5] Umgekehrt ist auch § 4 Abs. 7 nur anzuwenden, wenn die Verpflichtung bereits an dem der Übertragung vorangegangenen Bilanzstichtag bestand und beim Übernehmer § 5 Abs. 7 EStG entweder unmittelbar zur Anwendung gelangt oder gelangen würde, wenn er deutschem Einkommensteuerrecht unterläge.[6] Dies bedeutet: Beim Überträger findet keine Aufwandsverteilung statt, wenn der Übernehmer seinen Gewinn z. B. nach § 4 Abs. 3 EStG ermittelt oder als ausländischer Übernehmer

1 *Lüdenbach/Hoffmann*, GmbHR 2014 S. 123.
2 Vgl. hierzu *Prinz, M.*, FR 2013 S. 615 ff.
3 BMF, Scheiben v. 24.6.2011, BStBl 2011 I S. 627 Tz. 4.
4 Vgl. *Lüdenbach/Hoffmann*, GmbHR 2014 Heft 3.
5 BMF, Schreiben v. 30.11.2017– IV C 6 – S 2133/14/10001 Tz. 8.
6 BMF, Schreiben v. 30.11.2017 – IV C 6 – S 2133/14/10001 Tz. 3.

seinen Gewinn nicht durch Vermögensvergleich vermittelt und hierzu nach deutschem Recht auch nicht verpflichtet wäre.[1]

Die Rücklage ist gem. § 5 Abs. 7 Satz 6 EStG nach Wegfall der zugrunde liegenden Verpflichtung **aufzulösen.** Das gilt insbesondere bei Drohverlustrückstellungen. Die Rücklage ist kein Bestandteil des steuerlichen Eigenkapitals.

Handelsrechtlich kann der gewinnmindernden Rücklagenbildung nicht gefolgt werden. Unseres Erachtens liegt auch hier die Bildung eines passiven Abgrenzungspostens mit typisierender zeitlicher Auflösung nahe. Die Übernahme der BFH-Lösung aufgrund der genannten Erfolgsneutralität des Anschaffungskostenprinzips können wir nicht unterstützen (→ § 255 Rz. 51).

Die Besonderheit der transparenten Besteuerung von **Mitunternehmerschaften** wird in § 5 Abs. 7 Satz 3 EStG bzgl. des entgeltlichen Erwerbs eines Mitunternehmeranteils angesprochen. In diesem Fall übernimmt nicht der erwerbende Mitunternehmer eine Verpflichtung, da diese zivilrechtlich der Gesellschaft zugehörig ist. Andererseits soll der Mitunternehmer beim Erwerb des Anteils an der Gesellschaft auch an der Verteilung des Erwerbsgewinns teilnehmen dürfen. Die erwerbenden **Mitunternehmer** müssten diese gewinnmindernde Rücklage in ihren **Ergänzungsbilanzen** (→ § 246 Rz. 445) nach quotaler Aufteilung des Erwerbsgewinns entsprechend der Quote der Beteiligung am Kapital oder Gewinn bilden und entsprechend auflösen. Unseres Erachtens kann jeder Mitunternehmer die Bildung der Rücklage und deren Auflösung individuell ausüben.

Die **Entgeltlichkeit** der Übernahme wird vom Gesetz nicht besonders erwähnt, man kann sich solche Vorgänge ebenso im Rahmen des *„Arm's length"*-Prinzips auch unter nahestehenden Personen nur in entgeltlicher Form vorstellen. Bei einem *Share-Deal* wird der Kaufpreis entsprechend beeinflusst.

204d–e *(einstweilen frei)*

204f Eine **verfahrensrechtliche** Verknüpfung zwischen den Anwendungsbereichen des § 4f EStG und § 5 Abs. 7 EStG besteht nicht. Wenn z. B. beim abgebenden Unternehmen durch eine Außenprüfung ein nach § 4f EStG relevanter Vorgang festgestellt wird, kommt es nicht zwingend zur „Gegenreaktion" nach § 5 Abs. 7 EStG.[2]

205–210 *(einstweilen frei)*

V. Aufwandsrückstellungen (Abs. 1 Satz 2 Nr. 1)

211 Von den förmlichen Aufwandsrückstellungen (zur Definition vgl. → Rz. 7) hat das BilMoG gegenüber der Gesetzesfassung des BiRiLiG unsystematisch zwei Typen übrig gelassen für

- unterlassene Instandhaltungskosten, die innerhalb von **drei Monaten** nach dem Bilanzstichtag nachgeholt werden, sowie
- Abraumbeseitigung, die innerhalb einer **Jahresfrist** nachgeholt wird.

Bzgl. der Übergangsvorschriften für die nicht mehr ansetzbaren Aufwandsrückstellungen wird auf Art. 67 EGHGB verwiesen.

1 *Förster/Werthebach*, BB 2019 S. 299 ff.

2 *Schultz/Debner*, BB 2014 S. 111.

Die Ansatzvoraussetzung bezieht sich zunächst auf **Reparaturen**, d. h. Erhaltungsmaßnahmen aller Art, an Vermögensgegenständen des (in aller Regel) Sachanlagevermögens. Dabei können die Kriterien für die Abgrenzung von den Herstellungskosten (→ § 255 Rz. 156 ff.) herangezogen werden. 212

Diese Aufwendungen müssen **unterlassen** worden sein, d. h., sie waren aus Sicht des Bilanzstichtags an sich notwendig, wurden aber aus innerbetrieblichen Gründen oder weil keine Handwerker zur Verfügung standen in das neue Geschäftsjahr verschoben. Umgekehrt: Noch nicht notwendige Instandhaltungsarbeiten sind i. d. R. nicht rückstellungsfähig.[1] Ggf. kann bei durch Leasing- oder Pachtvertrag auferlegten Instandhaltungspflichten aber eine Rückstellung wegen Erfüllungsrückstand infrage kommen (→ Rz. 38d).[2]

BEISPIEL Der Fassadenanstrich für die Werkswohnungen ist im Laufe der Jahre verschmutzt und erneuerungsbedürftig geworden. Ob diese Maßnahme im laufenden Geschäftsjahr oder im kommenden oder erst in drei Jahren durchgeführt wird, ist aus Sicht des Unternehmensinteresses ohne Belang. In diesem Fall ist eine Aufwandsrückstellung nicht möglich.

Das Dach der Produktionshalle hat durch einen Sturm im November durch Abriss von Ziegeln eine undichte Stelle erhalten. Diese wurde notdürftig geflickt und droht sich bei Schneefall in einen größeren Schaden auszuweiten. Wegen des hohen Auftragsbestands, der bis zum Jahresende abzuarbeiten war, wurde die Reparatur in den ruhigen Januar verlegt. In diesem Fall ist die Instandhaltung ein „Unterlassen" i. S. der Gesetzesvorgabe.

Weiter muss das Unterlassen „im **Geschäftsjahr**" erfolgt sein, um einen Bilanzansatz zu begründen. Fraglich ist dann, ob auch für in **früheren** Geschäftsjahren unterlassene Aufwendungen eine Rückstellungspflicht besteht.

BEISPIEL In der Lagerhalle ist im Dezember 01 (Bilanzstichtag 31.12.) eine größere Fensterscheibe zu Bruch gegangen. Zur Vermeidung einer Wassereindringung ist das Fenster mit Holz abgedichtet worden. Im Jahr 02 hat diese „Notverglasung" niemanden gestört, da durch Deckenlicht der Raum ausreichend ausgeleuchtet ist. Im Zuge anderer Reparaturen soll dann Anfang 03 ein neues Glasfenster eingesetzt werden.

Unseres Erachtens ist in diesem Fall eine Rückstellung zum 31.12.02 nicht ansetzbar, da ein „Unterlassen" im Hinblick auf das offensichtliche Nichterfordernis der Instandsetzung nicht vorlag. Die gesetzliche Frist von drei Monaten bestätigt das dringende Erfordernis einer solchen nicht vorgenommenen Instandhaltung, die im vorliegenden Fall durch den Zeitablauf widerlegt ist.

Die **Abraumbeseitigung** bezieht sich auf Rückstände von bereits abgebauter Bodensubstanz, für deren Beseitigung keine öffentlich-rechtliche oder vertragliche Verpflichtung besteht. Liegt eine solche vor, ist ohnehin eine Verbindlichkeitsrückstellung erforderlich (→ Rz. 69). Es muss sich daher in diesem Fall um eine Maßnahme **freiwilliger** Art handeln, die als Ansatzvoraussetzung lediglich die Nachholung innerhalb eines Jahres nach dem Bilanzstichtag enthält. 213

VI. Begrenzung der Rückstellungsarten, Einschränkung der Rückstellungsauflösung (Abs. 2)

Der in Abs. 2 Satz 1 vorgenommenen Begrenzung der Rückstellung auf die in Abs. 1 genannten Zwecke kommt nur klarstellende Bedeutung zu. Die Formulierung erklärt sich aus **ausufernder Rückstellungsphantasie** in der Zeit vor dem Ergehen des Bilanzrichtliniengesetzes, als für all- 214

1 So auch *Günkel/Bongaerts*, in Prinz/Kanzler (Hrsg.), NWB Praxishandbuch Bilanzsteuerrecht, 2012, Tz. 5544.
2 Anwendungsbeispiel für einen Gebäudepachtvertrag: *Lüdenbach*, StuB 2017 S. 396.

gemeines Unternehmensrisiko, Absatzrisiko, Betriebsprüfungsrisiko, Konjunkturrisiko und jede Menge anderer Risiken Rückstellungen als zulässig erachtet worden sind. Insbesondere sind (außerhalb des Tatbestandes schwebender Geschäfte) auch Rückstellungen für absehbare künftige Verluste nicht ansetzbar.[1]

215 Nicht rückstellungsfähig sind auch die „an sich" (aus betriebswirtschaftlicher Sicht) erforderlichen Maßnahmen, wie die Bewerbung einer Marke oder der Ersatz des Maschinenparks, die dringend erforderliche Erneuerung der Elektroanlage etc. In allen diesen Fällen liegt keine Verbindlichkeit vor, allenfalls eine Verpflichtung gegen sich selbst, d. h. rückstellungstypisch eine Aufwandsrückstellung allgemeiner Art (→ Rz. 7), die mit dem BilMoG für nicht mehr zulässig erklärt worden ist.

216 Auch Satz 2 kann nur **klarstellende** Bedeutung beanspruchen. Solange ein Rückstellungsgrund besteht, muss ein Ansatz erfolgen und umgekehrt. Rückstellungen sind also aufzulösen, wenn sich ansatzerhellend (→ § 252 Rz. 70) die bisherige Annahme bzgl. der Wahrscheinlichkeit einer Inanspruchnahme als unzutreffend herausstellt; das kann bei einer Änderung der Verhältnisse oder neuen Informationen, die zu einer geänderten Beurteilung führen, der Fall sein.[2] Bei längerfristigen Rückstellungen – Einzelgewährleistung, schwieriger Rechtsstreit – lassen sich die Wahrscheinlichkeitseinschätzungen auch wieder **ändern** mit der Folge einer **Wiedereinbuchung** der Rückstellung. Bei Wandlung einer zuvor ungewissen in eine jetzt gewisse Schuld muss erfolgsneutral auf „normale" Verbindlichkeit umgebucht werden, was in der Praxis häufig unterbleibt. Zum Auflösungszeitpunkt bei **Gerichtsanhängigkeit** einer Verpflichtung wird verwiesen auf → Rz. 87b. Bei berechtigter **vergleichsweiser** Lösung kann eine neue Rechtsgrundlage mit ansatzerhellender Wirkung vorliegen (→ Rz. 87a). Für die jährliche **Neubewertung** stellt Abs. 2 (eine Ansatzvorschrift) keine Schranke dar. Vielmehr ist die Bewertung einer Rückstellung laufend an die akuten Verhältnisse des Bilanzstichtags anzupassen.[3]

VII. Steuerliche Sonderregelungen

1. Rückstellung für Dienstjubiläen (§ 5 Abs. 4 EStG)

217 Der BFH sieht die Bedingungen für den Ansatz einer Verbindlichkeitsrückstellung dann als erfüllt an, wenn die zugesagte Jubiläumszuwendung (diese muss nicht in Geld bestehen, auch Urlaubsfreistellungen kommen infrage) auf Leistungen des Arbeitnehmers in der **Vergangenheit** entfällt (dann Ansatzpflicht).[4] Auf diese Rechtsprechung hat der Gesetzgeber mit den Einschränkungen in § 5 Abs. 4 EStG reagiert. Danach sind folgende Voraussetzungen kumulativ zu erfüllen:

- Bestehen eines Dienstverhältnisses von mindestens **zehn Jahren,**
- ein Dienstjubiläum, welches das **Bestehen** eines Dienstverhältnisses von mindestens 15 Jahren voraussetzt,
- **schriftliche** Erteilung der Zusage (beispielsweise durch Bezugnahme auf eine Betriebsvereinbarung).

1 Vgl. zur Abgrenzung drohender Verluste aus schwebenden Geschäften von allgemeinen Verlusterwartungen *Lüdenbach*, StuB 2015 S. 388.
2 BFH, Urteil v. 26.4.2012 – IV R 43/09, DStR 2012 S. 1128, mit Anm. *Hoffmann*.
3 BFH, Urteil v. 2.7.2014 – I R 46/12 Tz. 19.
4 BFH, Urteil v. 5.2.1987 – IV R 81/84, BStBl II S. 845.

Diese Beschränkungen werden für Handelsbilanzzwecke nicht als erforderlich angesehen.[1] Von Verpflichtungen aus **Dienst**jubiläen sind diejenigen aus **Firmen**jubiläen zu unterscheiden, für die bei Erfüllung der sonstigen Voraussetzungen eine Rückstellungsbildung ohne die vorgenannten Einschränkungen in Betracht kommt.[2]

Liegen die Voraussetzungen des § 5 Abs. 4 EStG vor, kann eine Rückstellung gleichwohl nicht angesetzt werden, wenn nicht ernsthaft damit zu rechnen ist, aus der Zusage auch tatsächlich in Anspruch genommen zu werden. Bei Verpflichtungen mit Widerrufsvorbehalten ist in besonderem Maße zu prüfen, ob die Entstehung der Verbindlichkeit nach der bisherigen betrieblichen Übung oder nach den objektiv erkennbaren Tatsachen in diesem Sinne wahrscheinlich ist.[3]

218 Der BFH hat das **Schriftformerfordernis** eingeschränkt interpretiert: Die allgemein gültigen Kriterien der Rückstellungsbildung würden durch die spezielle Gesetzeslage für **Dienst**jubiläumsverpflichtungen nicht ausgehebelt. Wenn nach der bisherigen Übung Dienstjubiläen mit Sonderzahlungen nach Maßgabe einer Betriebsvereinbarung erfüllt werden, ist ein Rückstellungsansatz auch dann vorzunehmen wenn diese Jubiläumsgaben auf freiwilliger Basis bzw. ohne Rechtsanspruch gewährt werden.[4]

219 Das Thema der Jubiläumsrückstellung hat das Bundesverfassungsgericht zu einem grundlegenden Beschluss veranlasst.[5] Diesem lag ein Vorlagebeschluss des X. BFH-Senats[6] zugrunde. Gegenstand des Verfahrens war die zeitweise Aussetzung der Bildung von Jubiläumsrückstellungen, deren Verfassungsmäßigkeit der X. BFH-Senat bezweifelte. Rechtlich ging es um die Frage der Folgewirkung für die Besteuerung nach der Leistungsfähigkeit, wenn ein vorhandener Schuldposten, wenn auch in nicht eindeutig bestimmbarer Höhe, aus der Gewinnermittlung zeitweise ausgeschaltet wird (durch Verzicht auf Rückstellungsbildung), dafür dann in der weiteren Zukunft durch die Auszahlung der Jubiläumsvergütung erst zu einer Gewinnminderung führt. Das BVerfG hat mit wenig überzeugender Begründung die Ermittlung der Leistungsfähigkeit durch Vermögensvergleich zurückgedrängt, Rückstellungen generell als zweifelhafte Posten beurteilt und sich systembrechend auf die Zahlungsvorgänge als Bestimmungsgröße für das Leistungsfähigkeitsprinzip ausgesprochen. Diese Aussage begegnet grundlegenden Bedenken bzgl. des Inhalts von Bilanzen und damit der Gewinnermittlung durch Vermögensvergleich. Im Grunde genommen wird die Vorgabe des § 252 Abs. 1 Nr. 5 HGB (→ § 252 Rz. 174 ff.) (teilweise) außer Kraft gesetzt. Im Rahmen der Bilanzierung kann die Leistungs- nicht durch die Zahlungsfähigkeit definiert werden. Umgekehrt müsste man dann auch auf der Aktivseite Forderungen oder Anlagegegenstände als leistungsfähigkeitsmindernd ansehen, da diese gerade nicht zur Steuerzahlung bereitstehen.[7]

219a Für die Bewertung von Jubiläumsrückstellungen besteht ein Wahlrecht bzgl. einer versicherungsmathematischen Bewertung und eines Pauschalwertverfahrens mit von der Finanzverwaltung tabellarisch vorgegeben Werten. Die Berechnung kann für alle Jubiläumsverpflichtun-

1 Vgl. *Küting/Pfitzer/Weber*, BB 1988 S. 2280: Erfüllungsrückstand innerhalb eines schwebenden Dienstverhältnisses.

2 Dazu BFH, Urteil v. 29.11.2000 – I R 31/00, BStBl 2004 II S. 41.

3 OFD Niedersachsen v. 6.2.2017 – S 2137 – 48 – St 221/St 222 unter Bezugnahme auf BMF, Schreiben v. 8.12.2008, BStBl 2008 I S. 1013.

4 BFH, Urteil v. 18.1.2007 – IV R 42/04, DStR 2007 S. 385.

5 BVerfG v. 12.5.2009 – 2 BvL 1/00, BStBl II S. 685, mit Anm. *Buciek*, FR 2009 S. 873.

6 Beschluss v. 10.11.1999 – X R 60/95, BStBl 2000 II S. 131.

7 Zur Kritik an der Entscheidung des BVerfG siehe auch *Prinz, U./Adrian*, StuB 2011 S. 171; *Hennrichs*, in FS Lang 2011 S. 237; *Schulze-Osterloh*, FS Lang, S. 255; *Prinz, U.*, DB 2011 S. 492.

gen des Betriebes nur einheitlich nach einem Verfahren erfolgen. Das gewählte Verfahren bindet den Steuerpflichtigen für fünf Wirtschaftsjahre.[1] Die Vorgaben für eine pauschale Bewertung hat das BMF 2020 an die Aktualisierung der Heubeck-Richttafeln angepasst.[2]

2. Rückstellungen für künftige Anschaffungs- oder Herstellungskosten (§ 5 Abs. 4b EStG)

220 Die h. M. im **handelsrechtlichen** Schrifttum verneint die Möglichkeit eines Rückstellungsansatzes für künftige Anschaffungs- oder Herstellungskosten,[3] der steuerlichen Regelung des § 5 Abs. 4b EStG kommt insofern nur deklaratorische Bedeutung zu. Die (handelsrechtliche) Begründung des Rückstellungsverbots sieht in der Verpflichtung zur Anschaffung oder Herstellung eines bestimmten Wirtschaftsguts/Vermögensgegenstands (zu Recht) lediglich eine Vermögensumschichtung, die in der (zeitlich) vorgreiflichen Bildung eines Aufwandspostens konterkariert würde. Das gilt auch im Hinblick auf die nach Installation dieses Wirtschaftsguts vorzunehmende Abschreibung. Als selbstverständlich wird einmal mehr die (angeblich) nicht mögliche Gegenbuchung des Rückstellungsansatzes als Aktivposten angeführt: Rückstellungen sind nach fast einhelliger Auffassung im Schrifttum ausschließlich im **Aufwand** zu verrechnen (→ Rz. 29).

Das Rückstellungsverbot betrifft nach h. M. nur Aufwendungen auf erst zukünftig anzuschaffende Wirtschaftsgüter, hingegen nicht zukünftige Anschaffungsaufwendungen auf bereits angeschaffte:[4]

BEISPIEL ▸ Am 31.12.01 erwirbt MU von V 100 % der Anteile an der TU. Neben einer im Januar 02 zu leistenden fixen Zahlung von 1.000 ist im März 03 eine erfolgsabhängige Zahlung von 200 fällig, wenn der Umsatz des Jahres 02 mehr als 1.500 beträgt. Per 31.12.01 geht U mit überwiegender Wahrscheinlichkeit von der Erreichung dieses Schwellenwerts aus. Am 31.12.01 ist zu buchen:

Per Beteiligung	1.200	an	Verbindlichkeit	1.000
		an	Rückstellung	200

Die Rückstellung berücksichtigt wahrscheinliche zukünftige Anschaffungsaufwendungen auf einen bereits angeschafften Vermögensgegenstand.

221 Im zitierten BFH-Urteil – XI R 8/96 unter → Rz. 220 – ging es um die umweltrechtliche Auflage an einen Gastwirt zum Einbau eines Fettabscheiders, damit die in der Küche generierten Fette nicht in die Kanalisation eingespeist werden. Der Rückstellungsansatz für diesen Fettabscheider muss allerdings bereits aus anderen Kriterien abgelehnt werden, nämlich der **Zukunftsorientierung** der betreffenden Aufwendungen (→ Rz. 36). Der einkommensteuerlichen Rückstellungsbegrenzungsvorgabe kommt deswegen auch aus handelsrechtlicher Sicht lediglich klarstellende Bedeutung zu. Dies wird auch durch das Entscheidungskalkül eines gedachten **Unternehmenserwerbers** begründet (→ Rz. 35), wonach ein Rückstellungsansatz nicht infrage kommt, wenn sich dieser Investor für seine künftigen Ausgaben (hier für Anschaffungs- und Herstellungskosten) eine Nutzenkompensation verspricht, was zwingend der Fall sein muss,

1 OFD Niedersachsen v. 6.2.2017 – S 2137 – 48 – St 221/St 222 unter Bezugnahme auf BMF, Schreiben v. 8.12.2008, BStBl 2008 I S. 1013.

2 BMF, Schreiben – IV C 6 -S 2137/19/10002 :001 DOK 2020/0178923.

3 So entschieden und mit entsprechenden Schrifttumsnachweisen versehen vom BFH, Urteil v. 19.8.1998 – XI R 8/96, BStBl 1999 II S. 18.

4 Vgl. *Lüdenbach*, StuB 2012 S. 154 ff., m. w. N; a. A. FG Köln, Urteil v. 30.5.2012, EFG 2012 S. 1867, rkr.

denn sonst würde nicht investiert. Als Sonderfall mag man Investitionen in den Umweltschutz annehmen, die nicht zu zukünftigen Einnahmen führen.

Das Passivierungsverbot soll hingegen nicht bei solchen durch umweltbedingte Auflagen begründeten „Anschaffungen" greifen, die wegen der Integration des „angeschafften" Objekts in eine **bestehende** Anlage den Charakter von Erhaltungsaufwand haben.[1] Ein Beispiel wäre der als Voraussetzung der Erhaltung der Betriebserlaubnis vorgesehene Einbau eines Partikelfilters in eine bestehende technische Anlage. Der Filter wird unselbständiger Bestandteil der Anlage. Er führt weder zu einer Erweiterung (der Kapazität) der Anlage noch zu einer wesentlichen Verbesserung (nur Wahrung statt Verlängerung der ursprünglich angenommenen Nutzungsdauer) und stellt deshalb im Umkehrschluss aus § 255 Abs. 2 Satz 1 HGB Erhaltungsaufwand dar.

Das Rückstellungsverbot für Anschaffungs- und Herstellungskosten soll allerdings dann nicht gelten, wenn damit bereits **vorliegende** Anschaffungs- oder Herstellungskosten berücksichtigt werden, z. B. noch nicht abgerechnete Bauleistungen für ein bestehendes Gebäude.[2] Ein weiterer Ansatz ist u. E. für Investitionen geboten, wenn diese durch ein **Vergangenheitsereignis** bedingt sind, z. B. Regale oder Datenverarbeitungsanlagen zur Aufbewahrung von Geschäftsunterlagen (→ Rz. 117).[3] Auch die Rückstellung für Ersatzbeschaffung im Rahmen einer Betriebsverpachtung muss angesetzt werden (→ § 246 Rz. 421).

Das Rückstellungsverbot für künftige Anschaffungs- und Herstellungskosten gilt auch dann, wenn das betreffende Wirtschaftsgut keine Erträge mehr generieren wird.[4]

Bedeutung erlangt § 5 Abs. 4b EStG auch bei bestimmten Leasingverträgen im sog. Restwertmodell, wie sie insbesondere im Kfz-Handel vorkommen. Schuldet der Händler hier zu Beginn der Leasinggesellschaft einen sog. Beteiligungsbeitrag, um das Wertänderungsrisiko aus dem verpflichtenden Rückkauf abzusichern, ist der Beteiligungsbetrag Teil der Anschaffungskosten aus dem zukünftigen Rückkauf und deshalb wegen § 5 Abs. 4b Satz 1 EStG nicht rückstellungsfähig.[5]

3. Verletzung fremder Patent-, Urheber- oder ähnlicher Schutzrechte (§ 5 Abs. 3 EStG)

Dieses Ansatzverbot ist typischer Ausfluss einer steueraufkommenschonenden Reaktion auf 222
ein unliebsames BFH-Urteil.[6] Ein (steuerlicher) Rückstellungsansatz setzt die Erfüllung folgender **Tatbestandsmerkmale** alternativ voraus:

- Geltendmachung der Ansprüche durch den Rechtsinhaber,
- ernsthafte „Bedrohung" einer solchen Geltendmachung.

1 FG Münster, Urteil v. 14.2.2011, Rev. BFH zugelassen, BB 2012 S. 312, zum Einbau einer Rauchgasentstaubungsanlage in eine Feuerungsanlage, die zusammen ein einheitliches Wirtschaftsgut bilden.

2 OFD München/Nürnberg, Vfg. v. 19.7.2000 – S 2000, WPg 2000 S. 1132.

3 So *Schmidt/Weber-Grellet*, EStG, 35. Aufl. 2016, § 5 Tz. 369: teleologische Reduktion des Wortlauts; *Buciek* in Blümich, EStG, § 5 Rz. 887.

4 BFH, Urteil v. 8.11.2016 – I R 35/15, DStR 2017 S. 763; a. A. noch die Vorinstanz FG Münster, Urteil v. 25.2.2015, EFG 2015 S. 1283.

5 Thüringer FG, Urteil v. 17.6.2020 – 4 K 460/17.

6 BFH, Urteil v. 11.11.1981 – I R 157/79, BStBl 1982 II S. 748.

Im letztgenannten Fall ist die Rückstellung spätestens in der Bilanz des dritten auf die erstmalige Bildung folgenden Wirtschaftsjahres aufzulösen, wenn Ansprüche nicht geltend gemacht worden sind.

„Geltendmachung" liegt schon bei der Abmahnung vor, nicht etwa erst bei Gerichtsanhängigkeit. Beim zweiten Sachverhaltsmerkmal „ernsthaft" liegt eine generelle Tatbestandsvoraussetzung für den Rückstellungsansatz vor (Wahrscheinlichkeitskriterium, → Rz. 43). Ein höherer „Ernsthaftigkeitsgrad" wird hier nicht verlangt.[1] Dabei setzt der BFH im letztzitierten Urteil die Schwelle für die Ernsthaftigkeit recht niedrig an: Wegen der „ständigen Überwachung des Markts" soll dem Patentinhaber die Verletzungshandlung „i. d. R." bekannt sein. Man kann daraus schließen: Im Falle von Patentrechtsverletzungen wird **typisierend** das Ernsthaftigkeitskriterium als erfüllt angesehen.[2] Hier liegt die Risikostruktur anders als bei Umweltschäden, bei denen von einer solchen „Marktüberwachung", d. h. einer regelmäßigen Kontrolle des Produktionsverhaltens des Unternehmens durch die Umweltbehörde, nicht ausgegangen werden kann (→ Rz. 61).

Der vom Gesetz vorgesehene Fristablauf beginnt mit der erstmaligen Patentverletzung und wird nicht durch weitere Patentverletzungen in den Folgejahren verlängert. Offen ist, ob dieser Vorgabe auch handelsrechtlich zu folgen ist.

4. Drohverlustrückstellungen (§ 5 Abs. 4a EStG)

223 Das steuerliche Ansatzverbot für Drohverlustrückstellungen seit 1997 (→ Rz. 160) wird als Maßnahme zur Durchsetzung des **Leistungsfähigkeits**prinzips bei der Gewinnermittlung durch Vermögensvergleich gerechtfertigt:[3] **Künftige** (!) Verluste dürften in der stichtagsbezogenen Vermögensermittlung nicht „antizipiert" werden. Richtigerweise handelt es sich um am Stichtag vorhandene, also gerade nicht um „vorwegzunehmende" Verluste.

BEISPIEL[4] Ein Verbrauchermarkt ist auf der grünen Wiese errichtet worden. Er ist entweder über einen herkömmlichen Bankkredit (Laufzeit 25 Jahre) finanziert worden oder alternativ über eine Leasingkonstruktion, ebenfalls mit 25 Jahren Laufzeit. Nach drei Jahren muss der Markt mangels Kundennachfrage geschlossen werden. In absehbarer Zeit ist eine wirtschaftlich sinnvolle Nutzung des Gebäudes nicht möglich oder jedenfalls nicht im geplanten Umfang. Wie ist die Schließung des Markts steuerbilanziell zu berücksichtigen?

LÖSUNG Bei herkömmlicher Finanzierung ist eine Teilwertabschreibung vorzunehmen, bei Leasingfinanzierung – der Verbrauchermarkt ist in der Bilanz des Leasinggebers aktiviert – kann demgegenüber (steuerlich) keine Drohverlustrückstellung gebildet werden. Der Verlust realisiert sich im letzten Fall erst über die Restlaufzeit des Vertrags hinweg, bei der Teilwertabschreibung ist dies sofort der Fall.

Macht man (bei Bilanzierung fälschlicherweise) die Leistungsfähigkeit an der Liquiditätslage fest (→ Rz. 224), besteht kein Unterschied bei beiden Finanzierungsformen im vorstehenden Beispiel. Der Leasingfinanzierer hat die Monatsraten noch 22 Jahre lang zu erbringen, der Kreditfinanzierer die entsprechenden Zins- und Tilgungsraten. Bei beiden mag am Stichtag noch Liquidität zur Steuerzahlung vorhanden sein, sie löst sich aber im Zeitverlauf auf. Es kann bi-

1 BFH, Urteil v. 9.2.2006 – IV R 33/05, DStR 2006 S. 885.

2 Vgl. *Hoffmann*, DStR 2006 S. 887.

3 Insbesondere *Weber-Grellet*, DB 1997 S. 388 (BFH-Vertreter); *Thiel*, StBJb 1997/1998 S. 311 (Vertreter der Finanzverwaltung). Weitere Literaturnachweise bei *Küting/Kessler*, WPg 1999 S. 722.

4 Vgl. *Hoffmann*, DStR 1999 S. 1547.

lanzrechtlich keinen Unterschied ausmachen, ob Zinsen und Tilgungen unter diesem Titel oder im Rechtskleid der Miete zu erbringen sind.

Vor allem aber hat vorhandene Liquidität nach § 252 Abs. 1 Nr. 5 HGB nichts mit Vermögen und Gewinn zu tun (→ § 252 Rz. 205). Wenn die Besteuerung gewerblicher Einkünfte an den Vermögensvergleich anknüpft, dann muss dies konsequent erfolgen.

BEISPIEL ▸ Die mittelständische K GmbH & Co. KG erteilt dem verdienten Produktionsleiter anlässlich des zehnjährigen Dienstjubiläums eine direkte Pensionszusage ohne Rückversicherung. Die Rentenzahlungen beginnen 25 Jahre nach der Zusage. Der Teilwert der Verpflichtung ist sofort zurückzustellen. Es wird kein Aufwand „antizipiert", die steuerliche Leistungsfähigkeit der Gesellschafter ist geschmälert, obwohl noch Liquidität vorhanden ist, d. h. erst 25 Jahre später benötigt wird, um die am Stichtag vorhandene Schuld zu erfüllen.

224 Diesen Systembruch[1] bei der Ermittlung der Bemessungsgrundlage durch Nichtansatz von am Stichtag vorhandenen Schulden hat der X. BFH-Senat[2] im vergleichbaren Fall einer nicht als Rückstellung berücksichtigten Jubiläumsverpflichtung als verfassungswidrig erkannt und dem Bundesverfassungsgericht zur Entscheidung vorgelegt. Knapp zehn Jahre später wurde von dort beschieden:[3]

Der dem Leistungsfähigkeitsprinzip folgenden Steuerbilanz gebühre Vorrang vor dem den Gläubigerschutz favorisierenden handelsrechtlichen Vorsichtsprinzip. Es sei zu bezweifeln, dass „die **Antizipation** nur wahrscheinlicher **zukünftiger** Vermögensminderungen durch die Bildung gewinnmindernder Rückstellungen ... mit einer Minderung auch der **aktuellen finanziellen** Leistungsfähigkeit einhergeht".

Man sieht: Die Fehlinterpretation von Rückstellungsaufwand als „künftig" mit dem gedanklichen Hintergrund des erst später erfolgenden Liquiditätsabflusses macht auch vor den Toren des Bundesverfassungsgerichts nicht halt. Damit muss die unternehmerische Steuerwelt leben und nach Ausweichgestaltungen Ausschau halten (→ Rz. 226).

225 Die Nichtbilanzierung schwebender Geschäfte beruht auf der Ausgeglichenheitsvermutung im Zeitpunkt des Vertragsabschlusses (→ § 246 Rz. 8). Im Zeitverlauf kann sich dies positiv oder negativ verändern.

BEISPIEL[4] ▸ Nach dem mühsam bewältigten Bachelor-Examen in Betriebswirtschaftslehre sieht die B ihren Berufsweg in kundennahen Dienstleistungen. Sie bringt ihre persönliche Vorliebe für französischen Käse in ein Geschäftsmodell ein und mietet in der Fußgängerpassage auf zehn Jahre eine Filiale mit dem Schwerpunkt „Ziegenkäse en Détail". Die (fremdübliche) Miete beträgt 100 €/m². Das Geschäft floriert anfänglich.

ALTERNATIVE (1) ▸ Nach drei Jahren eröffnet in 120 m Abstand die Systemhandelskette „Fromage – comme il faut" eine Filiale mit vergleichbarem, aber umfangreicherem Sortiment. B muss das Abenteuer mit dem Ziegenkäse beenden und ist zur Untervermietung mit 70 €/m² gezwungen.

ALTERNATIVE (2) ▸ Die Fußgängerzone wird durch Errichtung neuer Parkmöglichkeiten und durch Neugestaltung besonders kundenfreundlich. Die vergleichbare Miete steigt auf 130 €/m². Interessenten zum Eintritt in den bestehenden Mietvertrag geben sich die Klinke in die Hand.

---

1 Vgl. hierzu im Einzelnen *Hoffmann*, StuB 2010 S. 561.
2 BFH, Beschluss v. 10.11.1999 – X R 60/95, DStR 2000 S. 237.
3 BVerfG, Beschluss v. 12.5.2009 – 2 BvL 1/00, BStBl II S. 685 (Hervorhebungen im folgenden Zitat durch die Verfasser).
4 Nach *Hoffmann*, StuB 2010 S. 165.

Bilanzielle Abbildung	
Alternative (1)	In der Handelsbilanz Drohverlustrückstellung, in der Steuerbilanz kein Ansatz
Alternative (2)	In der Handels- und Steuerbilanz **Realisationsprinzip**, also kein Ansatz
Alternative (1) und (2)	In der Steuerbilanz „**Paritätsprinzip**"

226 Die handelsrechtlich eher nachrangige Frage der Abgrenzung von Drohverlust- und Verbindlichkeitsrückstellung ist steuerbilanziell wegen des nur im Drohverlustfall bestehenden Abzugsverbots von hoher Relevanz. Von Bedeutung sind beispielsweise folgende Fälle:

- Die drohende Inanspruchnahme aus einer Bürgschaft begründet eine Verbindlichkeitsrückstellung (→ Rz. 151).
- Das Gleiche gilt für den Erfüllungsrückstand im Rahmen eines schwebendenden Geschäfts, etwa eines Mietvertrags oder eines Arbeitsverhältnisses (→ Rz. 183).

5. Erfolgsabhängige Rückzahlungsverpflichtungen (§ 5 Abs. 2a EStG)

226a Auf die Kommentierung unter → § 246 Rz. 84 ff. wird verwiesen.

6. Übertragungen von Rückstellungen

226b Auf → Rz. 204a wird verwiesen.

7. Abzugsverbote (§ 4 Abs. 5 EStG)

226c Für aus Sicht des Bilanzstichtags wahrscheinliche Ausgaben kann dann keine oder keine steuerwirksame Verbindlichkeitenrückstellung gebildet werden, wenn die Ausgabe einem **Abzugsverbot** nach § 4 Abs. 5 EStG unterliegt. Ein Beispiel ist etwa eine vom Kartellamt angedrohte Geldbuße. Nach § 4 Abs. 5 Satz 1 Nr. 8 Satz 1 EStG darf eine von einer inländischen Behörde festgesetzte Geldbuße mit bestimmten Ausnahmen den Gewinn nicht mindern. Entsprechend ist dann im Zeitraum zwischen Aufdeckung und Festsetzung steuerbilanziell keine (steuerwirksame) Rückstellung zulässig. Das Abzugsverbot für Geldbußen gilt nicht, soweit der wirtschaftliche Vorteil, der durch den Gesetzesverstoß erlangt wurde, abgeschöpft worden ist, wobei der BFH strenge Anforderungen an eine solche Bruttoabschöpfung stellt.[1]

VIII. Abc der Rückstellungen – Ansatz und Bewertung

227

Abbruchkosten	→ Rz. 42 und → Rz. 67
Abfallbeseitigung	→ Rz. 65
Abfindung Personal	→ Rz. 89
Abgasreinigungsanlage	→ Rz. 70
Abraumbeseitigung	→ Rz. 69
Abrechnungsverpflichtung im Baugewerbe	→ Rz. 119

1 BFH, Urteil v. 22.5.2019 – XI R 40/17.

Abrechnungsverpflichtung eines Energieversorgungsunternehmens bei Wesentlichkeit des Aufwands	→ Rz. 119
Abschlussprüfung	→ Rz. 117
Abzinsung für Pensionsverpflichtungen	→ § 253 Rz. 117
Abzinsung, allgemein	→ § 253 Rz. 109
Aktienkursorientierte Vergütung	→ Rz. 112
Altbatterien	→ Rz. 77
Altersfreizeit	→ Rz. 100a
Altersteilzeit	→ Rz. 42 und → Rz. 90
Altersversorgung, betriebliche	→ Rz. 120 ff. und → § 253 Rz. 80 ff.
Altfahrzeuge	→ Rz. 76
Altlastensanierung	→ Rz. 42 und → Rz. 64
Altreifen	→ Rz. 77
Anpassungsverpflichtungen aus Umweltgründen	→ Rz. 70
Ansammlungsrückstellungen	→ Rz. 67 und→ § 253 Rz. 73
Ansammlungsrückstellungen, unechte	→ Rz. 69
Anschaffungs-/Herstellungskosten, künftige	→ Rz. 220
Arbeitsverhältnisse, Ausgeglichenheitsvermutung	→ Rz. 88
Arbeitszeitkonten	→ Rz. 101
Arzneimittelzulassung	→ Rz. 31
Ärztemuster	→ Rz. 42
Aufbewahrungspflichten für Geschäftsunterlagen	→ Rz. 117 und → § 253 Rz. 74
Auffüllverpflichtung	→ Rz. 69
Auflösung (der Rückstellung)	→ Rz. 214
Aufwandsrückstellungen, nicht ansatzfähige	→ Rz. 18
Aufwandsrückstellungen, ansatzfähige	→ Rz. 211
Ausbildungskosten bei Überbestand an Azubis	→ Rz. 177a
Ausgleichsschuld gegenüber Handelsvertretern	→ Rz. 115
Außenprüfung der Finanzverwaltung	→ Rz. 117
Ausstehende Montage bei schon als Umsatz realisierten Verkaufsgeschäften	→ § 252 Rz. 128
Avalprovision	→ Rz. 42
Batterierücknahmeverpflichtung	→ Rz. 77
Bausparkassen (Einlagenrückzahlung, Abschlussgebühren, Kontoauszüge)	→ Rz. 42
Beihilfen für Krankheit im Ruhestand	→ Rz. 42 und → Rz. 88
Bergschäden	→ Rz. 86
Betriebsprüfungskosten	→ Rz. 117
Betriebsprüfungsrisiko	→ Rz. 145
Bohrlochverfüllung	→ Rz. 69
Buchführungskosten	→ Rz. 117
Bürgschaften	→ Rz. 151

Darlehen bei gesunkenem Marktzins	→ Rz. 171
Devisentermingeschäfte	→ § 254 Rz. 81
Drohverluste	→ Rz. 151 ff.
Elektroschrott	→ Rz. 71
Entfernungsverpflichtungen	→ Rz. 67
Entsorgungsverpflichtungen	→ Rz. 65 ff. und → Rz. 71 ff.
ERA-Anpassungsfonds	→ Rz. 102
Erfolgsabhängige Vergütungen	→ § 246 Rz. 84 ff.
Erfolgsprämien an Arbeitnehmer	→ Rz. 103
Erfüllungsbetrag	→ § 253 Rz. 55
Erfüllungsrückstand	→ Rz. 9, → Rz. 88 und → Rz. 178
Ermessensspielraum	→ Rz. 47 und → § 253 Rz. 55
Erwartungswert	→ § 253 Rz. 61
Faktische Verpflichtungen	→ Rz. 14
Friseurgutscheine	→ § 277 Rz. 30 und → § 252 Rz. 61
Garantiefonds, Beiträge	→ Rz. 36
Garantieverpflichtungen	→ Rz. 80 ff. und → Rz. 151
Gasrückführungssystem bei Tankstellen	→ Rz. 37
Gerichtshängigkeit von Forderungen	→ Rz. 87
Geschäftsverlegung	→ Rz. 22 und → Rz. 42
Gewährleistungen	→ Rz. 84
Gewährleistungsverpflichtungen	→ Rz. 80 ff.
Gleitzeitguthaben	→ Rz. 108
Gratifikationen	→ Rz. 103
Gutscheine (eines Friseurs)	→ Rz. 51 und → § 277 Rz. 30
Haftungsverhältnisse für Drittschulden	→ Rz. 151
Handelsvertreter (Ausgleichsanspruch)	→ Rz. 42 und → Rz. 115
Hauptversammlung, Kosten	→ Rz. 117
Honorarrückzahlung	→ Rz. 43
Hubschrauber, Inspektionskosten	→ Rz. 36
Inspektionsverpflichtungen	→ Rz. 36
Instandhaltung, unterlassene	→ Rz. 211 f.
Jahresabschluss	→ Rz. 117
Jubiläumszuwendungen	→ Rz. 105 und → Rz. 217
Kammerbeiträge	→ Rz. 38e
Kiesgrubenausbeute	→ § 253 Rz. 70
Kontoauszüge, Kosten für Versand	→ Rz. 42 und → Rz. 119
Kostenüberdeckungen	→ Rz. 54
Kulanz	→ Rz. 14 ff. und → Rz. 84
Künftige Anschaffungs- und Herstellungskosten	→ Rz. 220

Kurzarbeit, Aufstockungsbeträge	→ § 249 Rz. 151
Künftige Vorteile, Gegenrechnung	→ § 253 Rz. 70
Leasingverträge (überhöhte Leasingraten)	→ Rz. 176 und → Rz. 42 und → § 250 Rz. 20
Lebensarbeitszeitkonten	→ Rz. 101
Leergut	→ § 246 Rz. 349 und → § 252 Rz. 132
Maßgeblichkeit	→ § 253 Rz. 78
Medikamentenmuster	→ Rz. 42
Mehrerlös	→ Rz. 54
Mietgarantie	→ § 252 Rz. 107
Mietverträge	→ Rz. 161 ff.
Nachbetreuungsleistungen (Hörgeräte, Versicherungen)	→ Rz. 51 f.
Nachbetreuungsleistungen Automobilzulieferer	→ Rz. 55a
Nachteiliger Vertrag	→ Rz. 163
Patentverletzung, Verletzung sonstiger Schutzrechte	→ Rz. 61 und → Rz. 222
Provisionsanspruch des Handelsvertreters	→ Rz. 116
Pensionssicherungsverein	→ Rz. 109
Pensionsverpflichtungen, Ansatz	→ Rz. 120 ff.
Pensionsverpflichtungen, Bewertung	→ § 253 Rz. 82 ff.
Pensionsverpflichtungen, mittelbare	→ Rz. 128
Pfandkreislauf, Palettenkreislauf	→ § 246 Rz. 340 ff. und → § 252 Rz. 132
Prämiensparverträge	→ § 249 Rz. 181
Produkthaftung	→ Rz. 85
Prozesskosten	→ Rz. 87
Prüfungskosten (Jahresabschluss)	→ Rz. 118 und → Rz. 117
Rabattverpflichtungen	→ § 277 Rz. 30 und → § 252 Rz. 61
Rauchfilteranlage, Einbauverpflichtung	→ Rz. 37
Rechtsverfolgungskosten	→ Rz. 87
Registrierungskosten (für Arznei- und Pflanzenschutzmittel)	→ Rz. 31
Rekultivierung	→ Rz. 63 und → Rz. 69
Restrukturierungskosten	→ Rz. 16
Rückbauverpflichtung	→ Rz. 30 und → Rz. 67
Rückerstattung des Kaufpreises	→ Rz. 52
Rücknahmeverpflichtung für Altgeräte	→ Rz. 71
Rückzahlung von Beiträgen	→ Rz. 27
Rückzahlung von Arzthonoraren bei Unwirtschaftlichkeit	→ Rz. 43
Sachleistungsverpflichtungen	→ § 253 Rz. 69
Sammelbewertung	→ § 253 Rz. 68
Sanierungsgelder der Versorgungsanstalt des Bundes und der Länder (VBL)	→ Rz. 111

Schadenersatz	→ Rz. 46
Schätzungszwang	→ Rz. 47 und → § 253 Rz. 55
Schwebende Geschäfte	→ Rz. 151 ff.
Sicherheitsinspektionen	→ Rz. 36
Sozialplan	→ Rz. 16 ff.
Spänetrocknungsanlage, Einbauverpflichtung	→ Rz. 38
Sparprämien	→ Rz. 42 und → Rz. 181
Steuererklärungen, betriebliche	→ Rz. 117 und → Rz. 149
Steuerschulden	→ Rz. 145 ff.
Stock options	→ Rz. 112
Substanzerhaltungspflicht des Pächters	→ Rz. 182
Tantiemen	→ Rz. 103
Teilwertabschreibung vs. Rückstellung	→ § 253 Rz. 235
Teilwertgedanke (zur wirtschaftlichen Verursachung)	→ Rz. 35
Uferschlammentsorgung	→ Rz. 59
Umrüstungen von Produktionsanlagen	→ Rz. 70
Umweltschutzverpflichtungen	→ Rz. 56 ff.
Ungewissheitsmoment	→ Rz. 3
Urlaub	→ Rz. 108
Verlustausgleich (bei Beherrschungs- oder Ergebnisabführungsvertrag)	→ § 277 Rz. 60
Veröffentlichung des Jahresabschlusses	→ Rz. 117
Verteilungsrückstellungen	→ Rz. 67
Vollkostenbewertung	→ § 253 Rz. 64
Wahrscheinlichkeitskriterium	→ Rz. 43 und → § 253 Rz. 59
Warentermingeschäfte	→ Rz. 175
Weihnachtsgeld	→ Rz. 104
Wertpapierabhängige Bewertung von Pensionsverpflichtungen	→ § 253 Rz. 105
Wirtschaftliche Verursachung	→ Rz. 23
Zuckerlagerungsabgaben	→ Rz. 42
Zuwachssparen	→ Rz. 181

§ 250 Rechnungsabgrenzungsposten

(1) Als Rechnungsabgrenzungsposten sind auf der Aktivseite Ausgaben vor dem Abschlussstichtag auszuweisen, soweit sie Aufwand für eine bestimmte Zeit nach diesem Tag darstellen.

(2) Auf der Passivseite sind als Rechnungsabgrenzungsposten Einnahmen vor dem Abschlussstichtag auszuweisen, soweit sie Ertrag für eine bestimmte Zeit nach diesem Tag darstellen.

(3) [1]Ist der Erfüllungsbetrag einer Verbindlichkeit höher als der Ausgabebetrag, so darf der Unterschiedsbetrag in den Rechnungsabgrenzungsposten auf der Aktivseite aufgenommen werden. [2]Der Unterschiedsbetrag ist durch planmäßige jährliche Abschreibungen zu tilgen, die auf die gesamte Laufzeit der Verbindlichkeit verteilt werden können.

Inhaltsübersicht — **Rz.**

LITERATUR:

Arbeitskreis Steuern und Revision im BWA, Bilanzierung von Kreditbearbeitungsgebühren, DStR 2011 S. 2211; *Dreixler/Ernst*, Aktive Rechnungsabgrenzungsposten bei Step-down-Geldern, StuB 2012 S. 220; BB 1983 S. 740; *Herzig/Joisten*, Bilanzierung von Abschlussgebühren für Darlehensverträge als Rechnungsabgrenzungsposten, DB 2011 S. 1014; *Herzig/Söffing*, Rechnungsabgrenzungsposten und die Lehre vom Mindestzeitraum, BB 1993 S. 465; *Hoffmann*, Die passive Abgrenzung als Schuld, StuB 2010 S. 449; *Hoffmann*, Die verschmähte Passivabgrenzung, StuB 2013 S. 329; *Hommel/Kunkel/Zick*, Passive Rechnungsabgrenzungsposten – Statische Interpretation durch die neuere Rechtsprechung?, BB 2019 S. 1259 ff.; *Kolbe*, Bildung einer Rückstellung für die Beteiligung des Mieters an dem späteren Verkaufserlös des gemieteten Wirtschaftsguts, StuB 2012 S. 301; *Küting/Strauß*, Der passive Rechnungsabgrenzungsposten: ein „Schlüsselspieler" in der Fußballbundesliga, DB 2010 S. 1189; *Lüdenbach*, Entschädigungszahlungen für vorzeitige Zinsanpassung beim Darlehensgeber und -nehmer, StuB 2010 S. 193; *Marx/Löffler*, Die „bestimmte Zeit" als Voraussetzung für handels- und steuerrechtliche Rechnungsabgrenzungsposten, DB

2015 S. 2765; *Prinz, U.* in Step-down-Gelder im Rechtsstreit: Problematische Aktivierung eines RAP, FR 2011 S. 1165; *Tiedchen*, Rechnungsabgrenzung und „bestimmte Zeit", BB 1997 S. 2471; *Tiedchen*, Nachbetreuungspflichten von Versicherungsvertretern, Optikern und Hörgeräteakustikern, FR 2012 S. 22.

I. Wesensgehalt

1 Die Rechnungsabgrenzungsposten sind in § 5 Abs. 5 EStG identisch mit § 250 Abs. 1 und 2 HGB definiert. Das Handelsrecht passt sich hier spürbar den einkommensteuerlichen Vorgaben im Interesse einer steuerneutralen Umsetzung der 4. EG-Richtlinie an das nationale Recht an. Historisch stellen die Rechnungsabgrenzungsposten ein Relikt aus der dynamischen Bilanztheorie *Eugen Schmalenbachs* dar. Der zufolge können **alle** Bilanzposten als solche der Rechnungsabgrenzung (Periodenabgrenzung) definiert werden: z. B. aktive Vermögensgegenstände – Ausgabe, noch nicht Aufwand. Die **gesetzlichen** Definitionen (s. o.) sind demgegenüber wesentlich enger, dienen gleichwohl *Schmalenbachs* Anliegen der **periodengerechten Erfolgsermittlung** (→ § 252 Rz. 158),[1] oder in der Diktion des BFH: „Die Ertragswirkung der Einnahmen soll in die Periode verlagert werden, in der die korrespondierenden Aufwendungen anfallen."[2] Im Ergebnis entspricht diese Zielsetzung dem internationalen *„matching"* oder *„accrual principle"* (→ Rz. 31). Favorisiert man dagegen die **statische** Bilanztheorie, bei der **zunächst** nach dem Vorliegen eines Vermögensgegenstands oder einer Schuld gefragt wird, deren Ansatz und Wert das Ergebnis bestimmen, dann kommt dem Rechnungsabgrenzungsposten die Funktion der Periodisierung des Ergebnisses zu.[3]

Der übereinstimmende Wortlaut der beiden Rechtsnormen legt bei der handelsrechtlichen Gesetzesinterpretation noch mehr als sonst die Heranziehung der BFH-Rechtsprechung nahe. Der Ansatz- und Bewertungsvorbehalt des § 5 Abs. 6 EStG läuft bei den praktisch identischen Wortlauten des § 5 Abs. 5 EStG und § 250 Abs. 1 und 2 HGB ins Leere.

2 Systematisch unterscheidet man traditionell **transitorische** Rechnungsabgrenzungsposten und **antizipative.** Bei der ersten Gruppe liegt zeitlich (regelmäßig, → Rz. 12) ein Zahlungsvorgang **vor** der späteren erfolgswirksamen Verrechnung; bei der Letzteren folgt der Zahlungsvorgang der erfolgswirksamen Verrechnung nach.

BEISPIEL[4] ▶ **Ein Beispiel für antizipative aktive Abgrenzungsposten:**

Ein Autovermieter überlässt Autos an Selbstfahrer. Die Vergütung erfolgt abhängig vom Mietzeitraum und zusätzlich von der Fahrleistung.

Nach Auffassung des BFH sind die zeitabhängigen Vergütungsbestandteile (Tagespauschale) entsprechend dem Zeitablauf realisiert (→ § 252 Rz. 141) und am Bilanzstichtag für die noch in „Umlauf" befindlichen Autos einzubuchen. Gleiches gilt für die Vergütungskomponente der Fahrleistung, die je nach Sachlage zu schätzen ist. Der BFH lehnt zutreffend den Ansatz eines Abgrenzungspostens ab und präferiert den Posten „Forderungen aus Leistungen".

BEISPIEL ▶ **Ein Beispiel für antizipative passive Abgrenzungsposten:**

Der bilanzierende Darlehensschuldner D hat den Bilanzstichtag 31.7. Die Zinsen werden von der Bank vierteljährlich postnumerando in Rechnung gestellt. Der Zinsaufwand für Juli ist von D als Verbindlichkeit einzubuchen, in der Praxis regelmäßig als sonstige Verbindlichkeit (→ § 266 Rz. 94).

1 So auch *Herzig/Söffing*, BB 1993 S. 468; aus der BFH-Rechtsprechung z. B. BFH, Urteil v. 9.12.1993 – IV R 130/91, BStBl 1995 II S. 202, als Ausformung des Realisationsprinzips: „Wenn das Unternehmen seine Leistung erbracht hat …". So bereits der BFH, Urteil v. 26.5.1965 – I 84/63 U, BStBl III S. 480, sowie BFH, Urteil v. 31.5.1967 – I 208/63, BStBl III S. 607, zum Abgrenzungsposten nach dem AktG 1937.

2 BFH, Urteil v. 24.6.2009 – IV R 26/06, BStBl II S. 781.

3 Vgl. zum Wesensgehalt auch: *Hommel/Kunkel/Zick*, BB 2019 S. 1259 ff.

4 Nach BFH, Urteil v. 20.5.1992 – X R 49/89, BStBl II S. 904.

In weiterer Untergliederung kann man hinsichtlich des Zeitablaufs unterscheiden zwischen **zeitlich** bestimmt und zeitlich **unbestimmt.** Der Gesetzgeber hat sich aus dieser Systematik lediglich die transitorischen Posten mit einer bestimmten Laufzeit herausgegriffen. Für die antizipativen Posten kommt gliederungsmäßig nur eine Bilanzierung als Vermögensgegenstand (Forderung) oder Verbindlichkeit in Betracht.

Insbesondere bei aktiven Abgrenzungsposten handelt es sich in der Praxis häufig um recht kleine Beträge, deren bilanzielle Erfassung nach dem **Wesentlichkeitskriterium** (→ § 252 Rz. 235) u. E. entfallen kann. Ähnlich hatte der BFH befunden. So könnten Beträge, die die im jeweiligen Jahr geltende Grenze des § 6 Abs. 2 EStG (geringwertige Wirtschaftsgüter) nicht überschreiten, von der Abgrenzung ausgenommen werden,[1] wobei die Bezugnahme auf § 6 Abs. 2 EStG darin begründet ist, dass dort der Gesetzgeber eine Wesentlichkeitsentscheidung getroffen hat, die bis zu bestimmten Maximalbeträgen erlaubt, Aufwendungen, die an sich zu periodisieren wären, sofort anzusetzen. Die genannte Wesentlichkeitsgrenze sollte kein Gesamtbetrag sein, sondern für jeden einzelnen Abgrenzungssachverhalt gelten, so dass es kumuliert auch zu höheren Nichtaktivierungen/-passivierungen kommen würde.[2] Schon die ältere Rechtsprechung hielt unter Berufung auf die Grundsätze der Wirtschaftlichkeit bzw. angemessenen Vereinfachung der Buchführung eine Abgrenzung von geringfügigen einmaligen Ausgaben nicht für zwingend.[3] Im jüngsten Urteil hat der BFH aber – für Zwecke der Steuerbilanz – dem Nichtansatz geringfügiger Beträge eine Absage erteilt und argumentiert wie folgt:[4] Zwar stehe die Existenz des Grundsatzes der Wesentlichkeit außer Frage, für seine Anwendung auf aktive Abgrenzungsposten hätte es aber einer gesetzlichen Regelung im Rahmen des § 5 Abs. 5 Satz 1 Nr. 1 EStG bedurft. Mangels einer solchen Regelung seien auch geringfügige Beträge anzusetzen. Unzutreffend sei der von der Vorinstanz gezogene Analogieschluss zur Abschreibung geringerwertiger Wirtschaftsgüter, da Abgrenzungsposten zum einen gar keine Wirtschaftsgüter seien und zum anderen die Sofortabschreibung speziellen Zwecken (Stärkung der Investitionen bzw. Selbstfinanzierung) diene. Auch aus Verhältnismäßigkeitsgründen sei ein Verzicht auf die Abgrenzung kleiner Beträge nicht gerechtfertigt, da die Ermittlung der Abgrenzungsbeträge i. d. R. einfach und leicht durchzuführen sei. Eine Divergenz zum Beschluss des X. Senats i. S. von Kfz-Steuern bestehe nicht, da die Geringfügigkeit in diesem Beschluss nicht entscheidungserheblich gewesen sei. Eine Auseinandersetzung mit der Frage, ob der handelsrechtliche Wesentlichkeitsgrundsatz über die Maßgeblichkeit auch auf die Steuerbilanz ausstrahlt, nimmt der BFH nicht vor.

II. Merkmale der Unterscheidung von anderen Bilanzposten

1. Vermögensgegenstand und Schuld

Die aktiven Rechnungsabgrenzungsposten dienen der ergebniswirksamen Verlagerung von Ausgaben i. S. der periodengerechten Gewinnermittlung (→ Rz. 1) in einen späteren Gewinnermittlungszeitraum. Spiegelbildlich verhält es sich bei den passiven Abgrenzungsposten bzgl. der Einnahmen. Wenn man so will, stehen bzgl. der Aufwands- und Ertrags-Periodisierung Rechnungsabgrenzungsposten in „Konkurrenz" zu **Vermögensgegenständen** und **Schulden.** 3

1 BFH, Beschluss v. 18.3.2010 – X R 20/09, BFH/NV 2010 S. 1796 u. a. zur Kfz-Steuer; bestätigt durch FG Baden-Württemberg, Urteil v. 2.3.2018 – 5 K 548/17.

2 FG Baden-Württemberg, Urteil v. 8.11.2019 – 5 K 1626/19.

3 BFH, Urteil v. 16.9.1958 – I 351/56 U, BStBl 1958 III, S. 462, und BFH, Urteil v. 2.6.1960 – IV 114/58.

4 BFH, Urteil v. 16.3.2021 – X R 34/19.

Liegen solche vor, schließt deren Bilanzierung die Bildung eines Abgrenzungspostens aus (→ Rz. 4).[1] Diesbezüglich wird im Schrifttum auch ein Verbindlichkeitsausweis von passiven Rechnungsabgrenzungsposten vorgeschlagen, und zwar für die überbordende Höhe der sog. *signing fees* (→ § 252 Rz. 142) bei den deutschen Profifußballvereinen, um deren Schuldcharakter hervorzuheben.[2] Dieses Begehr ist bilanzanalytisch sinnvoll, steht allerdings dem Grundkonzept der Nichtbilanzierung schwebender Geschäfte entgegen (→ § 246 Rz. 8).[3]

Nicht nur in der für Kapital- und „Kap. & Co."-Gesellschaften gültigen Bilanz**gliederung** nach § 266 HGB, sondern auch in den rudimentäreren Gliederungsvorgaben für Personenunternehmen nach § 247 Abs. 1 HGB erscheinen die Rechnungsabgrenzungsposten als eigenständig gegenüber den Vermögensgegenständen und Schulden (→ § 266 Rz. 3). Mangels der Eigenschaft als Vermögensgegenstand und Schuld kommt für Rechnungsabgrenzungsposten eine eigentliche **Bewertung** (→ Rz. 40 ff.) nicht in Betracht – so zumindest die h. M. (→ § 255 Rz. 2). Andererseits wird bestimmten (aktiven) Abgrenzungsposten auch wieder die Vermögensgegenstands-Eigenschaft zugesprochen, etwa Mietvorauszahlungen.[4]

4 Trotz (i. d. R.) fehlender Eigenschaft als Vermögensgegenstand bzw. Schuld handelt es sich um „vollwertige" (nicht „subsidiäre")[5] **Bilanzposten.** Dem Gesetzestext in §§ 247, 246 HGB ist kein Unterordnungsverhältnis zu entnehmen. Eine Bilanzposten-Hierarchie gibt es weder bei diesen **Ansatz**regeln noch bei der Detail-Gliederung **(Ausweis)** nach § 266 HGB.[6] Sofern die Tatbestandsvoraussetzungen für den Ansatz eines Rechnungsabgrenzungspostens erfüllt sind, ist unter Beachtung der „Konkurrenz" zu anderen Bilanzposten (→ Rz. 3) ein entsprechender Ausweis vorzunehmen.

2. Anzahlungen

5 Probleme bei der inhaltlichen Abgrenzung können sich gegenüber den Bilanzposten „Anzahlungen" ergeben.[7] Das Gliederungsschema des § 266 HGB kennt geleistete Anzahlungen für immaterielle Vermögensgegenstände des Anlagevermögens und der Sachanlagen, für Vorratsvermögen sowie – passivisch – für Bestellungen. Ein Beispiel für das Vorratsvermögen sind Abschlagszahlungen des Bauträgers an den Bauunternehmer während der Bauphase, im Bereich der Sachanlagen die erste Teilzahlungsrate bei Bestellung einer Maschine, also Vorleistungen bei Anschaffung oder Herstellung von (im)materiellen Anlagegegenständen.[8] Da hier jeweils Vermögensgegenstände beschafft werden, besteht keine Ausweiskonkurrenz zu aktiven Rechnungsabgrenzungsposten. Vgl. aber → Rz. 6 ff.

6 Bei **Werkzeugkostenzuschüssen** (→ § 246 Rz. 333 und → § 246 Rz. 354), die etwa ein Automobilhersteller an einen Zulieferer leistet, wobei das Eigentum am Werkzeug beim Zulieferer verbleibt, ist nach Auffassung des IDW[9] wie folgt zu differenzieren:

1 BFH, Urteil v. 14.11.2012 – I R 19/12, n. v. unter Tz. 12.
2 Vgl. *Küting/Strauß*, DB 2010 S. 1189.
3 Vgl. *Hoffmann*, StuB 2010 S. 449.
4 ADS, 6. Aufl., § 250 Tz. 11.
5 So *Prinz, U.* in Prinz/Kanzler, NWB Praxishandbuch Bilanzsteuerrecht, 2012 III Tz. 4943.
6 *Crezelius* in Kirchhof, EStG, 10. Aufl., § 5 Tz. 87, allerdings beschränkend auf den Ausweis.
7 Teils Anzahlung, teils Rechnungsabgrenzung: BFH, Urteil v. 25.10.1994 – VIII R 65/91, BStBl 1995 II S. 312.
8 Vgl. *Gschwendtner*, DStZ 1995 S. 422.
9 IDW HFA 2/1996.

- **zeitbezogene** Gegenleistung (Lieferung der auf den Werkzeugen produzierten Teile über eine schätzbare Zeitdauer): → aktive **Abgrenzung** beim Zuschussgeber, passive beim Zuschussempfänger,
- **mengenbezogene** Gegenleistung (Lieferung einer bestimmten Mindestmenge an Teilen): → geleistete **Anzahlung** auf Vorräte beim Zuschussgeber, erhaltene Anzahlung auf Bestellungen beim Zuschussempfänger,
- **Kombination** beider Gegenleistungsarten: → geleistete/erhaltene **Anzahlung.**

Diese Differenzierung führt zu zutreffenden Ergebnissen, wenn – wie vom IDW selbst ausdrücklich vorgesehen[1] – das Kriterium des Zeitbezugs nicht eng interpretiert wird, etwa als schätzbare Zeitdauer auch der wahrscheinliche Produktlebenszyklus oder die geringere Nutzungsdauer der Werkzeuge gilt. Unter diesen Voraussetzungen wird es i. d. R. zu einem **Abgrenzungs-** und nicht zu einem Anzahlungsposten kommen.

Erhaltene Zuschüsse aus **Bierlieferungsverträgen** sind passiv abzugrenzen (→ § 246 Rz. 331). 7

Anzahlungen können aber z. B. für bestellte **Unterhaltsaufwendungen** an Gebäuden erfolgen. 8
Sofern hier das Kriterium der zeitlichen Bestimmbarkeit nicht erfüllt ist, scheidet eine Bilanzierung als aktiver Rechnungsabgrenzungsposten aus. Eine Aktivierung kommt dann nur als „sonstiger Vermögensgegenstand" in Betracht. In materieller Hinsicht führen beide denkbaren Bilanzausweise zum gleichen Ergebnis der Vermeidung eines zeitlich „zu frühen" Aufwands (→ Rz. 1).

BEISPIEL[2] (SACHVERHALT) ▸ Das Unternehmen U betreibt den Abbau von Mineralvorkommen. Zur Ausbeute eines solchen Bodenschatzes zahlt es dem Grundstückseigentümer (Landwirt) am 15.7.01 einen Betrag von 1.000 € unter dem Rechtstitel „Kauf des Rechts auf Aneignung des Mineralvorkommens". Die Ausbeutung sollte bei Bedarf nach rechtzeitiger Ankündigung erfolgen. Bis dahin konnte der Landwirt den Boden weiter bewirtschaften.

LÖSUNG (DES BFH) ▸ Solange die Ausbeute noch nicht erfolgt ist (erste Periode), muss der entrichtete „Kaufpreis" als Anzahlung nach Beginn der Ausbeute (zweite Periode) als Rechnungsabgrenzungsposten aktiviert und auf den Ausbeutungszeitraum hin abgeschrieben werden.

BEURTEILUNG ▸ Die Begründung des BFH ist „ergebnisorientiert", d. h., die vom Steuerpflichtigen begehrte sofortige Aufwandsverrechnung wird als „unpassend" empfunden, sie muss „gewinnneutral" (im Zahlungsjahr) behandelt werden. Der BFH erkennt (damals) in der Ausbeuteberechtigung kein materielles[3] oder immaterielles Wirtschaftsgut (→ Rz. 55). Die künstliche zeitliche Zerlegung der Ausbeuteberechtigung dient allein der Erfüllung des Tatbestandsmerkmals „bestimmter Zeitraum" (→ Rz. 54). **Vor** Ausbeutebeginn dient die Anzahlung, **danach** der Rechnungsabgrenzungsposten der Gewinnneutralisierung des Zahlungsvorgangs.

Das sich sehr systematisch gebende BFH-Urteil belegt die **mangelnde,** bei manchen Sachverhalten gegebene **Unterscheidbarkeit** von Anzahlungen und Rechnungsabgrenzungsposten. Geleistete Anzahlungen können u. E. bilanzanalytisch als Vermögensgegenstände, erhaltene als Schuld gesehen werden.

BEISPIEL ▸ Einer Mietvorauszahlung kann die Vermögensgegenstandseigenschaft allenfalls auf der Grundlage des Kriteriums der Einzelverwertbarkeit abgesprochen werden. Dann müsste folgerichtig bei möglicher Untervermietung diese Eigenschaft bejaht werden und umgekehrt. Der Vermieter erhält durch die Anzahlung eine „Nutzungsschuld", die nicht mehr durch den Anspruch auf Entgelt kompensiert wird.

1 IDW HFA 2/1996 unter 2111.
2 BFH, Urteil v. 25.10.1994 – VIII R 65/91, BStBl 1995 II S. 312.
3 Überholt durch den BFH, Beschluss v. 4.12.2006 – GrS 1/05, BStBl 2007 II S. 508 (→ Rz. 55).

Passive Rechnungsabgrenzungsposten haben die gleiche „Zielrichtung" wie erhaltene Anzahlungen, nämlich die Verhinderung einer vorzeitigen Umsatzrealisation.[1]

9 Die wesentlichen Merkmale der Unterscheidung von Anzahlungen und Rechnungsabgrenzungsposten lassen sich somit eher kasuistisch orientiert als systematisch fundiert wie folgt darstellen:

- **Rechnungsabgrenzungsposten** beziehen sich regelmäßig auf **Dauer**sachverhalte (z. B. Sachversicherungsverträge),
- **Anzahlungen** beziehen sich dagegen auf **Einmal**vorgänge (z. B. Rohstoffeinkauf),
- Anzahlungen sind bei (späterer) **Nichterbringung** der Leistung zurückzugewähren.[2]

Typische **Beispiele** für (aktive) Rechnungsabgrenzungsposten sind Kfz-Steuern, Sachversicherungen u. Ä. Häufig handelt es sich – im Verhältnis zur Bilanzsumme – um geringfügige Beträge, die unter Wesentlichkeitsgesichtspunkten (→ § 252 Rz. 233) mit einem überschlägig ermittelten **Festwert** oder **gar nicht**[3] bilanziert werden können. Anders kann es sich bei einer Spedition mit 500 Lkw für die Kfz-Steuer verhalten.

3. Dauerschuldverhältnisse

10 Die typische Ausgangssituation zur Bildung von Rechnungsabgrenzungsposten stellt das (rechtliche) **Dauerschuldverhältnis** (bilanzrechtlich schwebender Vertrag) zwischen zwei Parteien dar, das dem Grunde nach wegen der Ausgeglichenheitsvermutung nicht bilanzierbar ist und erst dann einen Bilanzansatz erfordert, wenn eine der Vertragsparteien mit der Erfüllung ihrer Leistungsverpflichtung in Rückstand geraten ist (→ § 249 Rz. 178) oder eine Vorleistung erbracht hat (→ § 246 Rz. 8).

11 Der Anwendungsbereich der Rechnungsabgrenzung bezieht sich typischerweise auf **gegenseitige Verträge** i. S. der §§ 320 ff. BGB mit einem zeitraumbezogenen Leistungsaustausch oder zeitlich auseinanderfallenden Leistungen und Gegenleistungen (→ Rz. 31). Maßgeblich soll dabei das **Schuldrechtsverhältnis** und nicht irgendein wirtschaftlicher Konnex sein.[4] Eine etwas andere Tendenz hat die Aussage des BFH zum Abschluss eines Mobilfunkdienstleistungsvertrags gegen verbilligte Abgabe eines Mobiltelefons.[5] Dort lägen in zivilrechtlicher Betrachtung zwei **selbständige** Rechtsgeschäfte vor, die allerdings nur durch die entsprechende wirtschaftliche Interessenlage der Vertragspartner zustande gekommen und deshalb zur bilanziellen Abbildung **gesamthaft** zu betrachten sind. Auch im öffentlichen Recht begründete gegenseitige Verpflichtungen – Beispiel Zinssubventionen – können zu Abgrenzungsposten führen.[6]

Der Anwendungsbereich der Rechnungsabgrenzungsregeln ist allerdings nicht auf synallagmatische schuldrechtliche Leistungen beschränkt.[7] So ist z. B. auch bei der Kfz-Steuer der Vorleistungscharakter gegeben.[8]

---

1 BFH, Urteil v. 7.3.2007 – I R 18/06, BStBl 2007 II S. 697; BFH, Urteil v. 14.10.1999 – IV R 12/99, BStBl 2000 II S. 25.

2 *ADS*, 6. Aufl., § 250 Tz. 14.

3 So FG Niedersachsen v. 2.2.1981 – IX 244/79, EFG 1981 S. 552; anders (für Aktivierung) BFH, Urteil v. 19.5.2010 – I R 65/09, BStBl 2010 II S. 967. Die Finanzverwaltung beachtet bei Außenprüfungen eine Nichtbeanstandungsgrenze von 1.500 € (*Ritzrow*, StBp 2012 S. 103, mit Hinweis auf FinMin NRW v. 4.3.1980).

4 BFH, Urteil v. 22.7.1982 – IV R 111/79, BStBl II S. 655 – Fall der Mühlenstilllegung, Tz. 33.

5 BFH, Beschluss v. 7.4.2010 – I R 77/08, BStBl 2010 II S. 739, unter Tz. 15 f.

6 BFH, Urteil v. 24.6.2009 – IV R 26/06, BStBl 2009 II S. 781, m. w. N.

7 BFH, Urteil v. 24.7.1996 – I R 94/95, BStBl 1997 II S. 122, zur Forfaitierung von Leasingraten (→ Rz. 34); BFH, Urteil v. 17.9.1987 – IV R 49/86, BStBl 1988 II S. 327, zu Nichtvermarktungsprämien; BFH, Beschluss v. 7.4.2010 – I R 77/08, DB 2010 S. 1098 (Mobilfunkgerät).

8 BFH, Urteil v. 19.5.2010 – I R 65/09, DB 2010 S. 1731 (Kfz-Steuer).

12 Eine (passive) Abgrenzung kommt nicht mehr in Betracht, wenn der Zahlungsempfänger einer „Entschädigung" **danach** keine Leistung mehr erbringen muss, das Austauschverhältnis also beendet ist. „Leistung" ist dabei auch als Duldung oder Unterlassung zu verstehen.[1]

BEISPIEL

- Eine Hausverwaltungsgesellschaft erhält für die vorzeitige Beendigung bestehender Verwaltungsverträge eine Entschädigung.[2]
- Eine Bank erhält für die Neufestsetzung von wesentlichen Darlehensbedingungen zugunsten ihrer Kunden von diesen eine „Vorfälligkeitsentschädigung".[3] Umkehrschluss: Der Zahlende kann keine aktive Abgrenzung ansetzen.
- In beiden Fällen war der Leistungsaustausch bereits beendet, d. h., die Zahlungsempfängerin hatte keine Leistung mehr zu erbringen. Deshalb lehnte der BFH die Passivierung eines Abgrenzungspostens ab. Anders verhält es sich z. B. bei der pränumerando erhaltenen Vergütung zur Stilllegung eines Mühlenbetriebs mit der Verpflichtung, eine solche 30 Jahre nicht zu betreiben (→ Rz. 22).

13 Umgekehrt darf eine Erlösrealisierung nicht erfolgen, solange und soweit der Geldempfänger noch zur Erbringung einer **Gegenleistung** verpflichtet ist. Insoweit stellt die passive Abgrenzung ein probates Mittel zur Erfüllung des **Realisations**grundsatzes (→ § 252 Rz. 102) dar.[4] Nach Erbringung der Gegenleistung kann eine Rechnungsabgrenzung nicht mehr erfolgen.[5] Deshalb sind Entschädigungen für die vorzeitige Beendigung eines Dauerleistungsverhältnisses nicht passiv abzugrenzen, nämlich für die

- Beendigung eines Hausverwaltungsvertrags,[6]
- Ertragswertminderung durch Einschränkung der Betriebstätigkeit,[7]
- Schadenersatzleistung wegen nicht erfüllten Vertrags.[8]

14 Auf diese Urteile stützt sich der BFH in einem weiteren „Entschädigungsfall", nämlich der Vergütung, die eine Bank für eine Vertragsänderung zu einem von ihr ausgegebenen Darlehen erhielt.[9] Der Sachverhalt lag allerdings anders als in den beiden unter → Rz. 13 aufgezählten BFH-Fällen. Jetzt wurde die Vertragsbeziehung nicht beendet, sondern zu für den Darlehensnehmer günstigeren Konditionen fortgesetzt – einerlei, ob nur der **alte** Vertrag mit neuen Zinskonditionen fortgesetzt oder ein **neuer** Vertrag mit entsprechenden Konditionen abgeschlossen wurde. Der BFH sieht die Entschädigung als Gegenwert für die Entlassung aus dem alten Vertrag, die entsprechend sofort zu Ertrag bei der Bank (korrespondierend zu Aufwand beim Schuldner) führt. „Entschädigung" ist aber nicht gleich „Entschädigung".

Betrachtet man demgegenüber den Vorgang aus der Perspektive des wirtschaftlichen **Kalküls** der Beteiligten – also nicht mit der nichtssagenden Allerweltsfloskel der „wirtschaftlichen Betrachtungsweise" (→ § 246 Rz. 230) –, dann stellt er sich wie folgt dar: Die Bank hatte keine Rechtsverpflichtung zur Änderung der Zinskonditionen. Sie entsprach dem Wunsch ihres Kun-

1 BFH, Urteil v. 22.7.1982 – IV R 111/79, BStBl II S. 655 – Fall der Mühlenstilllegung, Tz. 33.
2 BFH, Urteil v. 23.2.2005 – I R 9/04, BStBl II S. 481.
3 BFH, Urteil v. 7.3.2007 – I R 18/06, BStBl II S. 687.
4 BFH, Urteil v. 22.7.1982 – IV R 111/79, BStBl II S. 655; BFH, Urteil v. 29.11.1990 – IV R 313/89, BStBl 1992 II S. 715; BFH, Urteil v. 17.5.1990 – IV R 21/89, BStBl II S. 891; BFH, Urteil v. 24.8.1983 – I R 16/79, BStBl 1984 II S. 273; BFH, Urteil v. 20.11.1980 – IV R 126/78, BStBl 1981 II S. 398.
5 BFH, Urteil v. 7.3.2007 – I R 18/06, BStBl II S. 697.
6 BFH, Urteil v. 23.2.2005 – I R 9/04, BStBl II S. 481.
7 BFH, Urteil v. 11.7.1973 – I R 140/71, BStBl II S. 840.
8 BFH, Urteil v. 8.9.2011 – I R 78/10, StuB 2011 S. 959.
9 BFH, Urteil v. 7.3.2007 – I R 18/06, BStBl II S. 697, mit kritischer Besprechung von *Lüdenbach*, StuB 2010 S. 193.

den nur bei eigener Schadlosstellung. Dazu **kompensierte** sie finanzmathematisch errechnet ihren Verlust aus laufenden Zinseinnahmen in der Restlaufzeit durch die Einmalzahlung ex ante. Dadurch wurde sie ertragsmäßig für die Restlaufzeit nach der ursprünglichen Kalkulation gleichgestellt. Die passive Abgrenzung hätte dann – entgegen der konkreten BFH-Entscheidung (I R 18/06) – genau den Zweck erfüllt, der ihr sonst in der BFH-Rechtsprechung richtigerweise zuerkannt wird, nämlich die periodengerechte Zuordnung von Aufwand und Ertrag (→ Rz. 1 mit den dortigen Zitaten). So aber – durch das BFH-Urteil – vereinnahmte die Bank unter Verstoß gegen das Realisationsprinzip (→ Rz. 13) die Zinseinnahme vorzeitig, während ihr Refinanzierungsaufwand nach ihren Einkaufskontrakten unverändert in der Restlaufzeit anfällt. Zur Begründung der sofortigen Ertragsrealisierung hatte der BFH noch angeführt, die Entschädigung stelle die Gegenleistung für eine von der Bank bereits erbrachte Leistung – den Verzicht auf die Fortführung des Vertrags zu den ursprünglich vereinbarten Bedingungen – dar. Diese Begründung überzeugt nicht. Bei gegebenem Darlehensvolumen und gegebener Differenz von altem und neuem Zins gilt: Je länger die **Restlaufzeit** (also eine zukunftsbezogene Größe) des Darlehens ist, umso höher muss die fair ausgehandelte Höhe der Entschädigung ausfallen. Die Höhe der Entschädigung orientiert sich also an der Dauer der **zukünftigen** Kapitalüberlassung und der Differenz der **zukünftigen** zu den ursprünglichen Zinskonditionen. Unerheblich ist demgegenüber die vergangenheitsbezogene Frage, wie lange das Darlehen zum Vertragsänderungszeitpunkt schon besteht. Abgegolten wird somit in erster Linie **Zukünftiges** und nicht **Vergangenes.** Eine andere Beurteilung kann lediglich dann infrage kommen, wenn sich der Barwert der „neuen" Verpflichtung stark von dem der „alten" Verpflichtung (beide auf Basis der „Rest"-Laufzeit) unterscheidet. In diesem **Ausnahmefall** ist wirtschaftlich ein Abgang des alten Kredits anzunehmen, wobei anlässlich der Umschuldung/Vertragsänderung gezahlte Gebühren, Entschädigungen etc. in den Abgangserfolg des alten Darlehens einfließen. Liegt kein deutlicher Barwertunterschied vor, ist bilanziell eine Fortsetzung des Darlehens gegeben und eine Verteilung der anlässlich der Fortsetzung vereinbarten Gebühren oder Entschädigungen über die Restlaufzeit geboten.[1]

15 Schwebende Verträge, deren Forderungen und Verbindlichkeiten dem Grunde nach nicht bilanzierbar sind, bestehen unabhängig von der **Zahlungsmodalität.** Regelmäßig – typisch beim Miet- oder Leasingvertrag – erfolgen die Zahlungen **periodengleich** mit der Nutzungsüberlassung. Es gibt aber auch **Ausnahmefälle:**

BEISPIEL

- (1) Ein Mineralabbauunternehmen bezahlt einen Festbetrag X an einen Landwirt, der ihm im Gegenzug das **Ausbeuterecht** am Bodenschatz überlässt.[2]
- (2) A verpflichtet sich gegenüber B gegen einen sofort fälligen Festbetrag, fünf Jahre lang in einem bestimmten Bezirk keinen **Wettbewerb** auszuüben.[3]
- (3) Der Fußballbundesligaclub Emma 05 AG erlaubt der Sportverwertungs-GmbH F die Nutzung der Südtribüne des von „Emma" gemieteten Stadions zur Vermarktung auf fünf Jahre. Dafür zahlt F neben der laufenden jährlichen Vergütung an „Emma" bei Vertragsabschluss ein ***signing fee.***[4]

1 Vgl. im Einzelnen *Lüdenbach*, StuB 2010 S. 193.

2 Fall des BFH, Urteil v. 25.10.1994 – VIII R 65/91, BStBl 1995 II S. 312; vgl. den näheren Sachverhalt unter → Rz. 8.

3 Nach *Lüdenbach/Völkner*, BB 2008 S. 1162; vgl. auch BFH, Urteil v. 29.10.1969 – IV 175/65, BStBl 1970 II S. 315, zum Handelsvertretervertrag.

4 Vgl. hierzu die Darstellung der Rechtsschritte und des wirtschaftlichen Hintergrunds bei *Küting/Strauß*, DB 2010 S. 1189.

- (4) Ein Garantiegeber übernimmt gegenüber Banken, die den Erwerb von Eigentumswohnungen von einem Bauträger finanzieren, eine **Ausbietungsgarantie.** Damit sollen die Banken im Fall der Zwangsversteigerung gegenüber Ausfällen aus ihren Grundpfandrechten gesichert werden. Die Wohnungserwerber zahlen die Ausbietungsgarantie für die gesamte Laufzeit im Voraus.[1]
- (5) **Avalprovisionen** für Bürgschaftsübernahmen einer Bank werden im Vorhinein für die gesamte Laufzeit entrichtet.[2]
- (6) **Bearbeitungsgebühren** für eine Bürgschaftsübernahme einer Bank werden im Vorhinein bezahlt.[3]

In allen Fällen ist die Vorauszahlung für das Dauerschuldverhältnis beim Zahlungsleistenden (Berechtigten) aktiv, beim Zahlungsempfänger passiv abzugrenzen.

Im dritten Fall des vorstehenden Beispiels ist früher – offensichtlich branchenüblich – die vorab bezahlte Vergütung bei Vertragsabschluss *(„signing")* ertragswirksam vereinnahmt worden. Dies hat zu einer **Fehlerfeststellung** der DPR (→ § 342b Rz. 23 ff.) geführt.[4] Der Charakter der passiven Abgrenzung als „Realisationsverhinderer" wird hier besonders deutlich (→ § 252 Rz. 142).[5] Hinter dieser passiven Abgrenzung verbirgt sich eine Schuld,[6] die u. E. nicht als Verbindlichkeit oder erhaltene Anzahlung zu qualifizieren ist, weil Forderungen und Verbindlichkeiten aus schwebendem Vertrag nicht bilanzierbar sind, solange diese sich wertmäßig ausgleichen (→ § 246 Rz. 8).[7] Beim Zahlungsschuldner (hier F) ist eine aktive Abgrenzung vorzunehmen („Vertragsabschlussvergütung").

Der vierte Fall befasst sich mit dem typischen Fall der Vermarktung von Immobilien als Eigentumswohnungen. Diese Ausbietungsgarantie ist vergleichbar mit einer Mietausfallgarantie, mit der dem Erwerber einer Wohnung das Engagement schmackhaft gemacht werden soll. Wie im Fall des *„signing fee"* wird durch die passive Abgrenzung der Vorauszahlung dem Realisationsprinzip Geltung verschafft (→ § 252 Rz. 141 f.). Der Zahlungsvorgang und -zeitpunkt ist nach § 252 Abs. 1 Nr. 5 HGB unbeachtlich (→ § 252 Rz. 205).[8]

Die passive Abgrenzung mit zeitanteiliger Auflösung präjudiziert nicht etwa erforderliche **Verbindlichkeitsrückstellungen** wegen einer Inanspruchnahme aus der (z. B.) Mietgarantie[9] (→ § 249 Rz. 151).

Nach dieser eindeutigen Lösung für den Zahlungsempfänger stellt sich die Frage nach der Behandlung beim Anspruchsberechtigten. Üblicherweise wird bei diesem die Schaffung eines immateriellen Vermögensgegenstands (z. B. „Wettbewerbsunterlassung") angenommen.[10] Diese Lösung überrascht schon deshalb, weil z. B. für Vorleistungen aus Mietverträgen eine korrespondierende Behandlung bei beiden Parteien als Abgrenzungsposten für selbstverständlich er- 16

1 Fall des BFH, Urteil v. 23.3.1995 – IV R 66/94, BStBl II S. 712.
2 Fallabwandlung beim BFH, Urteil v. 12.12.1991 – IV R 28/91, BStBl 1992 II S. 600.
3 BFH, Urteil v. 19.1.1978 – IV R 153/72, BStBl II S. 262.
4 Fall der Borussia Dortmund GmbH & Co. KGaA, im elektronischen Bundesanzeiger nachzusehen. Gleichwohl halten *Kudert/Marquard*, WPg 2010 S. 238, diese sofortige Vereinnahmung für „vertretbar".
5 Vgl. *Hoffmann*, StuB 2010 S. 449.
6 Vgl. *Küting/Strauß*, DB 2010 S. 1191.
7 Vgl. *Hoffmann*, StuB 2010 S. 450.
8 Das KG Berlin sieht dies im Beschluss v. 11.2.2010 – 1 WS 212/08, 2 AR 67/03 – 1 Ws 212/08, Kurzinfo StuB 2010 S. 513, anders: Die Mietgarantiegebühren können bei Erhalt gewinnerhöhend vereinnahmt werden. Dagegen *Hoffmann*, StuB 2010 S. 521. Zum KG-Entscheid im Einzelnen vgl. *Eisolt*, StuB 2010 S. 533.
9 BFH, Urteil v. 23.3.1995 – IV R 66/94, BStBl II S. 772.
10 Vgl. zu Folgendem *Lüdenbach/Völkner*, BB 2008 S. 1162.

achtet wird.[1] Diese spiegelbildliche Behandlung bei beiden Partnern ist schon aus dem Wesensgehalt der Abgrenzungsposten abzuleiten, deren Ansatz im Falle von Vermögensgegenständen und Schulden zurücktreten muss (→ Rz. 3); wenn die Gegenleistung für den Wettbewerbsverzicht dem BFH zufolge passiv abzugrenzen ist, also keine Schuld vorliegt, muss dies für die Aktivseite entsprechend gelten: Abgrenzung, nicht Vermögensgegenstand.

17 Die Vereinbarung eines Wettbewerbsverbots zwischen Fremden entspringt dem do ut des, hat wie sonst auch die Ausgeglichenheitsvermutung für sich. Ein Vermögensgegenstand kann insoweit nicht vorliegen, die Nichtbilanzierung von schwebenden Geschäften gilt auch hier (→ § 246 Rz. 8). Die Zahlung pränumerando (→ Rz. 15) ändert daran gem. § 252 Abs. 1 Nr. 5 HGB (→ § 252 Rz. 205) nichts.

18 Vorleistungen sind nicht zwingend als **Einmalbetrag** zu verstehen; sie können auch **wiederholt** im Laufe eines Dauerschuldverhältnisses anfallen.

BEISPIEL[2] In einem 30-jährigen Leasingvertrag über ein Gebäude waren in den ersten fünf Nutzungsjahren höhere Raten zu bezahlen als im Folgezeitraum. Die Leistung des Leasinggebers war demgegenüber im gesamten Vertragszeitraum unverändert (Überlassung des Gebäudes zur Nutzung). Der Mehrbetrag in den ersten fünf Jahren war jeweils abzugrenzen.

Anders lautet die BFH-Entscheidung zu **überhöhten Leasingraten,** die bei Beendigung des Leasingvertrags dem Leasingnehmer zu erstatten sind.[3] Eine Passivabgrenzung komme nicht in Betracht, weil keine zeitraumbezogene Leistung vorliege.[4] Unseres Erachtens liegt in der Nutzungsüberlassung während der Laufzeit des Leasingvertrags mit den überhöhten Zahlungen ein typischer Fall einer Leistung über einen bestimmten Zeitraum hinweg vor[5] (→ Rz. 48).[6]

19 Leistungen an eine **dritte** Person für eine einmalige Gegenleistung sind nicht (aktiv) abgrenzbar, auch wenn daraus ein künftiger Nutzen für das leistende Unternehmen resultiert.

BEISPIEL[7] Eine AG erhöht ihr Grundkapital zur weiteren Expansion. Die damit verbundenen Aufwendungen sind nicht im Interesse einer periodengerechten Gewinnermittlung aktivierbar.

20 Von den Dauerschuldverhältnissen zu unterscheiden sind **Sukzessivlieferungsverträge** und **Wiederkehrschuldverhältnisse,** z. B. Zeitschriftenabonnement. Hier liegen regelmäßig Kaufverträge vor, bei denen Vorleistungen als Anzahlungen (→ Rz. 5) zu bilanzieren sind.

4. Nutzungsrechte, öffentlich-private Partnerschaften

21 Fraglich ist in diesem Zusammenhang auch die bilanzielle Abbildung von **Infrastrukturmaßnahmen** (z. B. Autobahnbau) im Rahmen von öffentlich-privaten Partnerschaften (ÖPP) bzw. international *Public-private-Partnerships* (PPP). Aus nicht mitgeteilten Gründen (→ Rz. 24) kann das BMF in der Autobahn kein beim (privaten) Bauunternehmen bilanzierbares Wirtschaftsgut bzw. keinen derartigen Vermögensgegenstand erkennen.[8] Zur periodengerechten **Aufwands-**

1 BFH, Urteil v. 22.7.1982 – IV R 111/79, BStBl II S. 655 – Fall der Mühlenstilllegung.
2 Nach BFH, Urteil v. 12.8.1982 – IV R 184/79, BStBl II S. 696.
3 BFH, Urteil v. 21.9.2011 – I R 50/10, DStR 2011 S. 2387.
4 So auch *Oser,* BB 2012 S. 186.
5 Vgl. *Hoffmann,* StuB 2012 S. 330.
6 Anderer Auffassung *Kolbe,* StuB 2012 S. 303, der keinen abgrenzungsfähigen Ertrag nach dem Stichtag sieht.
7 BFH, Urteil v. 4.5.1977 – I R 27/74, BStBl II S. 802.
8 BMF, Schreiben v. 4.10.2005 – IV B 2 – S 2134 a – 37/05, BStBl I S. 916.

verteilung bleibt dem BMF dann nur – die auch fiskalisch motivierte – Heranziehung der **Rechnungsabgrenzung.**

BEISPIEL ▸ Der mautpflichtige Lübecker Herrentunnel wird von weit weniger Autofahrern als geplant genutzt. Die dem privaten Bauunternehmen für 30 Jahre zustehenden Nutzungsgebühren decken nicht die Amortisationsaufwendungen ab. Eine sonst mögliche Teilwertabschreibung scheidet für Rechnungsabgrenzungsposten aus (→ Rz. 28).

Die Bilanzierungsvorgabe des BMF, Schreiben v. 4.10.2005 a. a. O., bezieht sich auf den Autobahnbau, ist aber auf andere Projekte – Straßentunnel, Schule – anwendbar. Immer geht es um eine Verteilung der Herstellungsaufwendungen auf die Vertragslaufzeit zur passenden Periodisierung.[1] Ansonsten ist ein Bilanzausweis dieses schwebenden Geschäfts (→ § 246 Rz. 8) nur bei Vorleistungen des öffentlichen Partners und Erfüllungsrückständen des privaten Partners geboten. Letztere können sich ergeben, wenn der Öffentliche für besondere Erhaltungsaufwendungen laufende Zahlungen zur Abgeltung der Leistungsverpflichtung des Privaten an diesen leistet, dieser seiner diesbezüglichen Verpflichtung noch nicht nachgekommen ist. Für diesen Erfüllungsrückstand ist eine Verbindlichkeitsrückstellung (→ § 249 Rz. 178) anzusetzen. Wenn umgekehrt eine Vorleistung des Öffentlichen, bezogen auf die Unterhaltsverpflichtung des Privaten, vorliegt, hat dieser eine passive Rechnungsabgrenzung (→ Rz. 64) zu bilden. 21a

Die anschließende Frage dreht sich um die bilanzrechtliche Beurteilung der doch sehr überraschenden Qualifikation einer Autobahn oder eines Straßentunnels als Rechnungsabgrenzungsposten; anders formuliert: Ist die Vorgabe des BMF auch **handelsrechtlich akzeptabel?** 22

Für den Abgrenzungsposten spricht die Ausgeglichenheitsvermutung des unter Fremden abgeschlossenen schwebenden Vertrags zu dessen Beginn.[2] Ein bilanzierbarer *favorable* oder *onerous contract* kann sich erst im Zeitverlauf durch Änderung des wirtschaftlichen Umfelds ergeben.[3] Die insoweit aktiv abgrenzbare Vorleistung des Privatunternehmens (Baukonzern oder Arge) besteht in den Herstellungskosten der Autobahn, der über 30 Jahre hinweg die Berechtigung zur Mauterhebung gegenübersteht. Die Unsicherheit über die Höhe der Einnahmen steht der aktiven Abgrenzung nicht entgegen, soweit man die beiden unter → Rz. 15 dargestellten Fälle analog anwendet: Der Umfang der Sandausbeute war dem Mineralabbauunternehmen allenfalls der Größenordnung nach bekannt, der Ertrag aus dem Wettbewerbsverzicht konnte nur erhofft werden.

Schwieriger zu beurteilen ist das Sachverhaltsmerkmal der **Gegenseitigkeit** des Leistungsaustauschs innerhalb eines Schuldrechtsverhältnisses mit zwei Parteien (→ Rz. 10). Die öffentliche Hand erbringt förmlich über die Vertragslaufzeit hinweg keine Gegenleistung, das besorgen die Autofahrer mit ihrer Maut. Man kann dieses Problem möglicherweise durch die Annahme eines Verzichts der öffentlichen Vertragspartner auf die ihr „an sich" zustehende Mauterhebung überbrücken. Zwingend ist diese Argumentation allerdings nicht. 23

Die Aktivierung der Autobahn beim privaten Partner (Bauunternehmung) als Abgrenzungsposten kommt nur in Betracht, wenn dieses Bilanzierungsobjekt ihm nicht als **Vermögensgegenstand** bilanzrechtlich zuzuordnen ist (→ Rz. 3). Das wäre bei wirtschaftlicher Eigentümerschaft gegeben. Rechtlicher Eigentümer der Autobahn ist die BRD, wirtschaftlicher Eigentümer eben- 24

1 BFH, Urteil v. 14.11.2012 – I R 19/12, n.v. unter Tz. 12.

2 Vergleichbar mit dem hier mehrfach zitierten BFH-Fall zum Mineralabbaurecht (→ Rz. 55) oder der Einmalzahlung für ein Wettbewerbsverbot (→ Rz. 15).

3 Vgl. *Lüdenbach/Völkner*, BB 2008 S. 1162.

falls, wenn man die Zuordnungskriterien der Leasingerlasse heranzieht. Die 90 %-Grenze der Nutzungsdauer, die eine bilanzielle Zurechnung zum Nutzungsberechtigten bewirkt, wird bei der 30-jährigen Vertragslaufzeit bei weitem nicht erreicht. Der Ansatz eines Vermögensgegenstands beim privaten Partner würde demnach ausscheiden.

25 Eine andere Lösung könnte in der Annahme eines (30-jährigen) **Nutzungsrechts** des privaten Partners an der Autobahn als **immateriellem** Vermögensgegenstand liegen – vergleichbar mit den Vorgaben nach den IFRS in IFRIC 12.17. Die Ansatzrestriktion für die Selbsterstellung gilt seit dem BilMoG nicht mehr (→ § 248 Rz. 9). Allerdings soll einer Rechtsauffassung zufolge ein Nutzungsrecht nur Bestandteil eines Wirtschaftsguts (Vermögensgegenstands) und deshalb abstrakt nicht bilanzierbar sein.[1]

26 Bejaht man dagegen die generelle Aktivierbarkeit von Nutzungsrechten, gelangt man in das aus deutschem Blickwinkel der Rechnungslegung gewöhnungsbedürftige Faktum der **Doppelbilanzierung** eines (einzigen) Vermögensgegenstands. Dazu muss man sich die BRD in ihrer Eigenschaft als rechtlicher und wirtschaftlicher Eigentümer als virtuelles Bilanzierungssubjekt vorstellen; sie würde dann die Autobahn als materiellen und der private Partner würde diese als immateriellen Vermögensgegenstand aktivieren. Eine solche Lösung entspräche international der Leasing-Bilanzierung nach IFRS 16. So gesehen würde die Lösung des Bilanzansatzes der Autobahn als immaterieller Vermögensgegenstand die HGB-Rechnungslegung ungeahnt und möglicherweise ungewollt in das Fahrwasser der internationalen Rechnungslegung führen.

27 Auch in anderen Wirtschaftsbereichen könnte dieser Vorschlag (Nutzungsrecht als immaterieller Vermögensgegenstand) neue Bilanzierungsperspektiven eröffnen.

BEISPIEL ► Die G-AG entwickelt und betreibt gewerblich genutzte Großimmobilien, z. B. eine Einkaufspassage. Sie ist rechtlicher und wirtschaftlicher Eigentümer und bilanziert sie als Grundstück. Zur Teilfinanzierung bietet die G-AG Einzelhandelsketten Teilflächen der Passage an. Aufgrund der günstigen Lage besteht hohes Interesse an den Verkaufsflächen. Die G-AG schließt deshalb mit den Einkaufsketten „Nutzungsverträge“ über 15 Jahre gegen eine Einmalzahlung von X € ab. Die Ladengeschäftsbetreiber müssen in diesem Zeitraum nur die Betriebskosten bezahlen. Die Miete ist mit der Einmalzahlung abgegolten.

„An sich“ liegt hier der typische Bilanzierungssachverhalt der aktiven Abgrenzung bei den Ladenbetreibern vor mit entsprechender Passivierung bei der G-AG (→ Rz. 31 und → Rz. 15). Hält man demgegenüber den Ansatz eines immateriellen Vermögenswerts „Nutzungsrecht“ für zulässig, wäre die Doppelbilanzierung nur vermeidbar, wenn die G-AG einen irgendwie errechneten virtuellen Grundstücksteil im Gegenzug zur erhaltenen Einmalzahlung als Abgang verbucht und während des 15-jährigen Nutzungszeitraums ratierlich wieder als Zugang einbucht – eine höchst gewöhnungsbedürftige Bilanzierung aus deutscher (und internationaler) Sicht.

28 Auch in den Folgebilanzierungen führen die beiden Lösungsmöglichkeiten – aktive Abgrenzung vs. immaterieller Vermögensgegenstand – zu nennenswerten Unterschieden:

► Der aktive Abgrenzungsposten (kein Vermögensgegenstand) ist einer **außerplanmäßigen Abschreibung** nach § 253 Abs. 3 Satz 3 HGB (→ Rz. 21) nicht zugänglich. Der Betreiber des Lübecker Straßentunnels mit mäßiger Besucherfrequenz muss (unterstellt) auf 30 Jahre

1 Vgl. *Schmidt/Weber-Grellet*, EStG, 33. Aufl. 2014, § 5 Tz. 176.

einen (teilweisen) Nonvaleur bilanzieren, der durch Ansatz einer Drohverlustrückstellung (→ § 249 Rz. 56, nicht steuerlich) zu kompensieren wäre.

- Der optional aktivierte selbsterstellte immaterielle Anlagegegenstand verlangt die Bildung einer **Ausschüttungsgrenze** nach § 268 Abs. 8 HGB (→ § 268 Rz. 150), der beim Ansatz eines materiellen Vermögensgegenstands oder eines aktiven Abgrenzungspostens nicht vorgesehen ist.

Insgesamt halten wir die Lösung des Bilanzierungsproblems für den Autobahnbau etc. beim privaten Partner eines PPP-Modells als aktive Rechnungsabgrenzung auf der Grundlage der überkommenen HGB/EStG-Dogmatik für **besser** begründet als diejenige für den immateriellen Vermögensgegenstand. 29

III. Die Tatbestandsmerkmale (Abs. 1 und 2)

1. Überblick

Die gesetzlichen Tatbestandsmerkmale für die aktive und passive Abgrenzung sind 30

- Ausgaben oder Einnahmen vor dem Bilanzstichtag (→ Rz. 31),
- Erfolgswirksamkeit für eine bestimmte Zeit nach dem Bilanzstichtag (→ Rz. 37 ff.),
- Bestimmbarkeit der **Zeitdauer** oder des **Termins** für die Ergebniswirksamkeit (→ Rz. 43 ff.).

2. Ausgaben und Einnahmen

Die Tatbestandsmerkmale der Ausgaben und Einnahmen umfassen betrieblich veranlasste **Minderungen** oder **Erhöhungen** im Vermögensbestand durch 31

- eigentliche **Zahlungs**vorgänge (Aus- und Einzahlungen) in bar oder durch Banküberweisungen, Schecks u. Ä., aber auch Tauschvorgänge,
- Einbuchung bzw. Ausbuchung von **Forderungen** und **Verbindlichkeiten**,[1]
- sonstige Aufwendungen und Erträge, auch Sachleistungen (→ Rz. 35a) = bilanzielle Vermögensveränderungen, die im Interesse des **periodengerechten Gewinnausweises** durch Abgrenzung in der zeitlichen Zuordnung zu korrigieren sind (→ Rz. 35a).[2]

Das erstgenannte Tatbestandsmerkmal lässt sich nahe am Gesetzeswortlaut wie folgt darstellen: „Aufwand für eine bestimmte Zeit nach dem Abschlussstichtag liegt vor, wenn einer Vorleistung eine noch nicht erbrachte zeitraumbezogene Gegenleistung gegenübersteht

1 Herrschende Meinung, beispielsweise *Blümich/Buciek*, EStG, § 5 Tz. 670; *Fuhrmann* in Korn, EStG, § 5 Tz. 633; so auch BFH, Urteil v. 31.5.1967 – I 208/63, BStBl III S. 607; BFH, Urteil v. 17.7.1974 – I R 195/72, BStBl II S. 684, vermutlich auch BFH, Urteil v. 14.10.1999 – IV R 12/99, BStBl 2000 II S. 25; BFH, Urteil v. 31.5.1967 – I 208/63, BStBl II S. 607; BFH, Urteil v. 29.11.2006 – I R 46/05, BStBl 2009 II S. 955, m. w. N.; BFH, Urteil v. 8.9.2011 – I R 78/10, StuB 2011 S. 959. Teilweise beschränkt das Schrifttum auf fällige Forderungen und Verbindlichkeiten, unterstellt also eine vertragsgemäße Erfüllung, die zu *„Cash"* geführt hätte (*Crezelius* in Kirchhof, EStG, § 5 Tz. 85).

2 BFH-Vorlagebeschluss an den Großen Senat, betreffend verbilligte Abgabe von Mobiltelefonen, v. 7.4.2010 – I R 77/08, DStR 2010 S. 1015 Tz. 11, mit Hinweisen auf die unterschiedlichen Auffassungen im Schrifttum. Die Rechtfertigung dieser Gesetzesinterpretation sieht der BFH unter Tz. 12 des Beschlusses im periodengerechten Erfolgsausweis (→ Rz. 1). Der GrS hat im Beschluss v. 31.1.2013 – 1/10, DStR 2013 S. 633, dazu nicht (negativ) Stellung genommen, die Rechtsauslegung des I. Senats also indirekt bestätigt; kritisch hierzu *Prinz, U.*, DB 2011 S. 2162. Im Schlussurteil zu diesem Streitfall v. 15.5.2013 – I R 77/08, DStR 2013 S. 1774, mit Anm. *Hoffmann*, hat der I. Senat seine im Vorlagebeschluss v. 7.4.2010 geäußerte Rechtsauffassung bestätigt.

(→ Rz. 10)."[1] Für die passive Abgrenzung gilt dies **spiegelbildlich**. In der Regel besteht eine Korrespondenz zwischen aktiver und passiver Abgrenzung,[2] allerdings keineswegs zwingend.[3] Die Erwartung eines bestimmten Verhaltens innerhalb eines bestimmten Zeitraums (→ Rz. 43 ff.) als Gegenleistung für die Vorleistung begründet den Ansatz eines Rechnungsabgrenzungspostens.[4] Typischerweise spielt sich das Geschehen im Rahmen eines gegenseitigen Vertrags i. S. der §§ 320 ff. BGB ab (→ Rz. 11), allerdings nicht zwingend – beispielsweise bei der Kfz-Steuer.[5]

32 Fraglich kann sein, wie die **Rückforderungsmöglichkeit** einer Vorausleistung das Abgrenzungsgebot beeinflusst. Hierzu hat der BFH zum Sachverhalt eines zehnjährigen **Festdarlehens** mit abnehmenden Zinsen *(„step-down")* entschieden.[6] Das Finanzamt wollte die **„Überzinsen"** der ersten Laufzeitperiode gegenüber dem Durchschnittszinssatz über die gesamte Laufzeit hinweg aktiv abgrenzen. Der BFH **differenziert** hierzu:

- Sofern dem Darlehensnehmer bei vorzeitiger Beendigung des Vertragsverhältnisses eine Rückforderung der „zu viel" bezahlten Zinsen zusteht, spricht dies indiziell für einen Abgrenzungsansatz.
- Aber auch bei Nichtrückforderbarkeit ist aktiv abzugrenzen, sofern **keine** reguläre Kündigungsmöglichkeit besteht (nur aus wichtigem Grund) und die vorzeitige Vertragsauflösung nicht in Betracht kommt; dann ist die Erstattung von Zinsen irrelevant.

Der letztgenannte Aspekt („nicht in Betracht kommt") stellt eine bilanzrechtliche Qualifikation schuldrechtlicher Strukturen dar, die nach der wirtschaftlichen **Interessenlage** der handelnden Personen zu identifizieren sind. Die Rechtsmaterie der Möglichkeit zur Kündigung ist dabei beliebig – ob ordentlich oder außerordentlich. Auch bei der Möglichkeit einer ordentlichen Kündigung nur für die Darlehensnehmerin muss dies bilanzrechtlich unberücksichtigt bleiben, wenn z. B. die Interessen der Schuldnerin aufgrund der in der ersten Hälfte der Laufzeit sehr hohen und in der zweiten Hälfte (sehr niedrigen Zinsen nicht auf eine Kündigung des Vertragsverhältnisses hindeuten,[7] die Rechtsstrukturen also nicht als bilanzrechtlich hindernd anzusehen sind (→ Rz. 61).[8]

Ähnlich lautet die Argumentation des BFH zur Abgrenzung von Gebühren für die **Kreditsachbearbeitung** (→ Rz. 61) und zur Aufnahme einer typischen stillen Beteiligung.[9]

33 Eine passiv abzugrenzende Vorleistung liegt u. E. auch vor, wenn eine Versicherungsgesellschaft mit der Einmalprovision für den Abschluss eines Lebensversicherungsvertrags auch die **Nachbetreuung** des Versicherungsnehmers schuldet; insoweit hat die Gesellschaft eine Vorleistung erbracht (→ § 249 Rz. 83).[10]

---

1 BFH, Urteil v. 22.6.2011 – I R 7/10, DB 2011 S. 2006.
2 So z. B. der BFH, Urteil v. 27.7.2011 – I R 7/10, DB 2011 S. 2006, Tz. 19.
3 *Prinz, U.*, FR 2011 S. 1166.
4 BFH, Urteil v. 27.7.2011 – I R 77/10, BStBl 2012 II S. 284; bestätigt durch BFH, Urteil v. 14.11.2012 – I R 19/12, n. v.
5 BFH, Urteil v. 19.5.2010 – I R 65/09, BStBl 2010 II S. 967.
6 BFH, Urteil v. 27.7.2011 – I R 77/10, BStBl 2012 II S. 284, besprochen von *Prinz, U.* in FR 2011 S. 1165, sowie Arbeitskreis „Steuern und Revision", DB 2011 S. 2211; *Dreixler/Ernst*, StuB 2012 S. 220.
7 Vgl. das Beispiel bei *Lüdenbach*, StuB 2012 S. 403.
8 So *Hageböke*, Ubg 2012 S. 40.
9 BFH, Urteil v. 14.11.2012 – I R 19/12, n. v. Tz. 22.
10 Anderer Auffassung der BFH, Urteil v. 19.7.2011 – X R 26/10, DStR 2011 S. 1990: „Rückstellung wegen Erfüllungsrückstandes". Wie hier *Tiedchen*, FR 2012 S. 23.

Die Einbuchung von Forderungen und Verbindlichkeiten als Abgrenzungspotenzial (→ Rz. 31) entspricht dem üblichen Begriffsverständnis von Einnahmen und Ausgaben im Rahmen von Buchungs- und Bilanzierungsvorgängen. Zweifelhaft ist dabei die **Höhe** der einzubuchenden Forderung bzw. Verbindlichkeit.

BEISPIEL Der bilanzierende Mieter M schuldet am Bilanzstichtag 31.12.01 die am 1.10.01 fällige Rate für die Zeit bis zum 30.9.02. Er bucht die gesamte Jahresmiete als Verbindlichkeit ein und aktiviert 9/12 als Rechnungsabgrenzung. Umgekehrt bucht der bilanzierende Vermieter bei gleichem Stichtag.

Ist allerdings der Eingang der Rate aus Bonitätsgründen zweifelhaft, kommt eine Wertberichtigung beim Vermieter nur auf den ergebniserhöhenden Teilbetrag der Jahresrate von 3/12 in Betracht.

Dieser Aspekt legt eine andere Buchungsvariante nahe, nämlich Mieter und Vermieter passivieren bzw. aktivieren nur jeweils 3/12 der Jahresrate als antizipativen Posten (Verbindlichkeit und Forderung, → Rz. 2), **verzichten** also auf die Inanspruchnahme eines (transitorischen) Abgrenzungspostens. Dadurch würde auch der Vorgabe im Schrifttum gefolgt, wonach nur **fällige** Schulden und Forderungen abgegrenzt werden dürfen.[1] Unseres Erachtens spielt die Fälligkeit keine Rolle, es kommt nur auf den Bilanzansatz und die damit verbundene Veränderung des Vermögensausweises an (→ Rz. 31).

Beide Lösungen gewährleisten den periodengerechten Erfolgsausweis (→ Rz. 1). Bei der letztgenannten Buchungsvariante entfällt die Abgrenzung, weil die Periodisierung durch den Ansatz einer Verbindlichkeit bzw. Forderung erreicht wird (→ Rz. 2). Diesem Verfahren – Teileinbuchung der rechtlich bestehenden Verbindlichkeit bzw. Forderung – kann das **Vollständigkeitsgebot** (→ § 246 Rz. 8) nicht entgegengehalten werden. Der Mietvertrag (im Beispiel) stellt den typischen Fall eines (zunächst) ausgeglichenen Dauerschuldverhältnisses dar, das nicht bilanzierbar ist (→ Rz. 10). Zum Bilanzansatz kommt es erst bei einem Erfüllungsrückstand (hier gegeben beim Mieter) bzw. einer Vorleistung (beim Vermieter). Deshalb halten wir die zweite Lösungsvariante mit Einbuchung nur des Erfüllungsrückstands für besser begründet als den Ansatz der gesamten (geschuldeten) Jahresrate. Dabei kommt auch die unbedingte Bilanzierungsregel zum Tragen, wonach nur Forderungen und Schulden für **bis** zum Bilanzstichtag erbrachte Leistungen aus gegenseitigem Vertrag ansetzbar sind (→ § 246 Rz. 55). 34

Anders verhält es sich, wenn das Nutzungsverhältnis durch **Transformation** der Zahlungsströme in Vermögensgegenstände (indirekt) bilanzierbar gemacht wird. 35

BEISPIEL Ein Leasingunternehmen verkauft zum jeweiligen Gegenwartswert die (gesamten) Forderungen aus den Leasingverträgen an eine Bank (sog. Forfaitierung, → § 246 Rz. 262), beispielsweise eine Forderung von 100 T€ zum Kaufpreis von 65 T€. Die Forderung von 100 ist beim Leasinggeber, da aus schwebendem Geschäft stammend (→ § 246 Rz. 8) und weil die Leistung noch nicht erbracht ist (→ § 246 Rz. 262), nicht aktivierbar, wohl aber die Forderung von 65 T€ an die Bank. Zur Periodisierung (→ Rz. 1) ist eine passive Abgrenzung vorzunehmen, soweit die Forderung von 65 T€ Leasingzahlungen für Zeiträume nach dem Bilanzstichtag reflektiert. Das Leasingunternehmen schuldet auch nach dem Forderungsverkauf noch die vertragsgemäße Nutzungsüberlassung an den Leasingnehmer, hat insoweit seine Leistung noch nicht realisiert (→ Rz. 13). Vgl. hierzu das Buchungsbeispiel unter → § 246 Rz. 280.

Die passive Abgrenzung für die forfaitierte Forderung ist im Zeitverlauf entsprechend der Laufzeit des Leasingvertrags aufzulösen, nach Literaturmeinung in linearer Form,[2] finanzmathematisch korrekt durch periodengerechte Aufzinsung.

1 Vgl. hierzu auch *Lüdenbach*, StuB 2011 S. 716.

2 Vgl. *Groove*, DB 1984 S. 889; *Bink*, DB 1987 S. 1106; *Link*, DB 1988 S. 616; BMF, Schreiben v. 9.1.1996 – S 2170, BStBl I S. 9. Ebenso BFH, Urteil v. 24.7.1996 – I R 94/95, BStBl 1997 II S. 122.

35a Ein **aktiver** Abgrenzungsposten ist nach Auffassung des BFH[1] auch dann anzusetzen, wenn ansonsten durch eine **Vermögensminderung** (→ Rz. 31) – hier Verkauf eines Mobiltelefons unterhalb des Einstandspreises im Interesse des Abschlusses eines zweijährigen Mobilfunkvertrags – das Ziel der zutreffenden Periodisierung nicht erreicht werden kann. Die Aktivabgrenzung kompensiert diese Vermögensminderung. Diese Auffassung findet eine Stütze in der Anweisung des § 252 Abs. 1 Nr. 5 HGB (→ § 252 Rz. 205).

36 Der Gesetzeswortlaut ist für den Bereich der aktiven Abgrenzung nicht exakt, nimmt den Stichtag selbst aus dem Anwendungsbereich heraus („vor"). Gemeint sind Ausgaben und Einnahmen **bis** einschließlich zum Ende des Stichtags, **nicht davor.**

3. Aufwand bzw. Ertrag nach dem Bilanzstichtag

37 Es handelt sich bei diesen beiden Tatbestandsmerkmalen um die übliche Begriffswahl für **erfolgswirksame** Buchungsvorgänge. Die Zielrichtung der Rechnungsabgrenzung – „passende" Periodisierung von Ausgaben und Einnahmen (→ Rz. 1), soweit nicht schon durch angesetzte Vermögensgegenstände und Schulden erreicht (→ Rz. 3) – kommt hier zum Ausdruck. Der Sinn der Abgrenzung liegt darin, Einnahmen und Ausgaben für Zwecke der GuV als Ertrag bzw. Aufwand dem Jahr zuzuordnen, zu dem sie wirtschaftlich gehören.[2] Es handelt sich um eine spezielle Ausprägung der Periodisierungsvorgabe (→ § 252 Rz. 205), der zufolge nicht Ausgaben oder Einnahmen, sondern Aufwendungen und Erträge zum Erfolgsausweis führen sollen.

38 In aller Regel sind – nicht bilanzierbare (→ Rz. 10) – Dauerschuldverhältnisse, auch in Form von Duldungen oder Verzichten, angesprochen, z. B.

- Miet- und Leasingverhältnisse (→ Rz. 18 f.),
- Abbauberechtigungen für Mineralvorkommen (→ Rz. 15),[3]
- Genehmigung einer Überspannungsleitung[4] oder einer Ferngasleitung[5] auf dem Grundstück eines Landwirts,
- Verpflichtung zur Einstellung oder Nichtaufnahme eines Mühlenbetriebs,[6]
- Verzicht auf ein Wassernutzungsrecht,[7]
- Zuschuss für die Besetzung von Ausbildungsverhältnissen (→ Rz. 44),[8]
- Zuschuss für Zinsaufwendungen,[9]
- länger dauernde Unterrichtstätigkeit (→ § 252 Rz. 141).[10]

39 In diesen Fällen richten sich die Leistungsverpflichtung und damit der zu periodisierende Aufwand nicht nach einer Menge, sondern nach der **Zeitdauer** (zitierte BFH-Urteile IV R 111/79 sowie IV R 26/06), die auch unbestimmt (zitierte BFH-Urteile IV R 130/91 und IV R 96/78) oder

1 BFH, Urteil v. 15.5.2013 – I R 77/08, DStR 2013 S. 1774, mit Anm. *Hoffmann;* vgl. hierzu auch *Hoffmann*, StuB 2013 S. 637.
2 BFH, Urteil v. 24.6.2009 – IV R 26/06, BStBl 2009 II S. 781, unter II.1.
3 BFH, Urteil v. 25.10.1994 – VIII R 65/91, BStBl 1995 II S. 312.
4 BFH, Urteil v. 9.12.1983 – IV R 130/91, BStBl 1995 II S. 202.
5 BFH, Urteil v. 24.3.1982 – IV R 96/78, BStBl II S. 643.
6 BFH, Urteil v. 22.7.1982 – IV R 111/79, BStBl II S. 655.
7 BFH, Urteil v. 17.7.1980 – IV R 10/76, BStBl 1981 II S. 669.
8 BFH, Urteil v. 5.4.1984 – IV R 96/82, BStBl II S. 552.
9 BFH, Urteil v. 24.6.2009 – IV R 26/06, DStR 2009 S. 1629.
10 BFH, Urteil v. 10.9.1998 – IV R 80/96, BStBl 1999 II S. 21, für den Fall einer Steuerfachschule.

immerwährend (zitiertes BFH-Urteil IV R 10/76) sein kann. Beim Mineralvorkommen ist ausnahmsweise die Aufwandsperiodisierung der **Menge** nach – dem Abbauvolumen – vorzunehmen (zitiertes BFH-Urteil VIII R 65/91, → Rz. 53).

Keine aktive Abgrenzung ist bei im Voraus bezahlten Pensionen (Auszahlung für Januar 02 schon im Dezember 01) möglich, da die Vorauszahlungen ganz oder ganz überwiegend nicht Aufwands-, sondern Tilgungscharakter haben, das Merkmal „zukünftiger Aufwand" also nicht erfüllt ist.[1] 39a

Nicht unstrittig ist, ob künftige Ertragsminderungen wie künftiger Aufwand (aktive Abgrenzung) bzw. künftige Aufwandsminderungen wie künftiger Ertrag (passive Abgrenzung) zu behandeln sind. Der BFH hat jedenfalls von einem Mobilfunkunternehmen eine aktive Abgrenzung des dem Kunden bei Vertragsbeginn gewährten Vorteils verlangt.[2] Im Schrifttum ist dem entgegengehalten worden, dass tatsächlich eine Minderung zukünftiger Erträge vorliege, die der BFH ohne explizite Begründung mit einem Aufwand gleichsetze.[3] Eine solche Gleichsetzung liegt aber auf der Linie der Rechtsprechungsentwicklung zu § 5 Abs. 5 EStG (als Pendant des § 250 HGB). Die Rechtsprechung hat zunächst das Merkmal „bestimmte Zeit" von einem kalendermäßig bestimmten zu einem rechnerisch, ggf. auch nur durch Schätzung, bestimmbaren ausgeweitet,[4] dann in den Mobilfunkurteilen den Begriff der „Ausgaben" von Zahlungsvorgängen auf Sachleistungen ausgedehnt, beides mit der expliziten Einordnung der bilanziellen Abgrenzung in das Realisationsprinzip. In dieser konzeptionellen Einordnung ist es nur konsequent, auch zukünftige Aufwendungen und zukünftige Ertragsminderungen gleich zu behandeln, eine aktive Abgrenzung geleisteter Ausgaben also auch bei zukünftigen Ertragsminderungen zu verlangen. Für die passive Abgrenzung zukünftiger Aufwandsminderungen muss im Interesse des Realisationsprinzips dann Entsprechendes gelten. Zum Ganzen folgendes Beispiel: 39b

BEISPIEL[5] Mitte 01 gelingt es der V-Immobilien KG, für ein im Bau befindliches Einkaufszentrum die Elektrofachmarktkette M als Ankermieter zu gewinnen. M wird für eine hohe Kundenfrequenz und damit bessere Vermietbarkeit der übrigen Flächen sorgen. Wegen der Ankerstellung verlangt M einen „Rabatt" auf die sonst ortsübliche Miete. Die Parteien finden folgende Lösung für einen Zehnjahresvertrag: M zahlt auf Basis der sonst ortsüblichen Quadratmetermiete eine Jahresmiete von 100 T€ ab Mietbeginn 1.1.02; V gewährt am 31.12.01 einen Pre-Opening-Zuschuss von 200 T€ zur pauschalen Beteiligung an den mit der Eröffnung des Elektrofachmarkts verbundenen Kosten (Werbung, Gewinnung von Personal, Ladeneinrichtung usw.).

Beurteilung: Bei u. E. zu bevorzugender und vom BFH vertretener erweiterter Auslegung können Aufwand und Ertragsminderung bzw. Ertrag und Aufwandsminderung gleichgesetzt werden mit der Folge, dass V den Zuschuss aktiv, M ihn passiv abgrenzt.

4. Bewertung

Die Rechnungsabgrenzungsposten sind als **Ansatz**größen konzipiert, dagegen fehlt eine förmliche **Bewertungs**regel. In prägnanter Formulierung: „Rechnungsabgrenzungsposten werden 40

1 Vgl. *Lüdenbach*, StuB 2014 S. 302.
2 Vgl. BFH, Urteil v. 7.4.2010 – I R 77/08, BStBl 2010 II S. 739, und BFH, Urteil v. 15.5.2013 – I R 77/08.
3 Vgl. u. a. *Schulze-Osterloh*, BB 2013 S. 2097.
4 BFH, Urteil v. 14.10.1999 – IV R 12/99, BStBl 2000 II S. 25.
5 Nach *Lüdenbach*, StuB 2017 S. 118.

zwar nicht bewertet, aber **berechnet**"[1] (→ Rz. 3). Eine solche Berechnung ist **implizit** im Gesetzeswortlaut enthalten. Diese folgt aus der Periodisierungsfunktion, welche die Einnahmen und Ausgaben einer bestimmten **Periode** zuordnet. Ist diese abgelaufen, kann für den bis dahin abzugrenzenden Betrag keine Ansatzberechtigung mehr bestehen.

BEISPIEL[2] Ein Landwirt erhält für die Darlehensaufnahme anlässlich einer Baumaßnahme einen Zinszuschuss zeitgleich mit der Darlehensaufnahme. Deren Laufzeit beträgt als Tilgungsdarlehen 20 Jahre; darauf kalibriert wird der Zuschuss im Einvernehmen mit dem BFH passiv abgegrenzt. Einen Teil des Darlehens zahlt der Landwirt vorzeitig zurück; entsprechend ist der Passivposten mit einem (Einmal-)Teilbetrag „außerplanmäßig" aufzulösen.

Wegen der nicht möglichen Bewertung erfolgt weder aktivisch noch passivisch eine **Abzinsung.**

41 Bei Darlehen mit Annuitätentilgung hat die Auflösung während der Laufzeit „planmäßig" **degressiv** nach der Zinsstaffelmethode zu erfolgen, um periodengerecht den im Zeitverlauf abnehmenden Zinsaufwand zu kompensieren. Bei Rückzahlung mit einem Einmalbetrag und Zinsfestschreibung wäre die Auflösung in **linearer** Form vorzunehmen, um den während der Laufzeit gleichbleibenden Zinsaufwand zu spiegeln.

42 Andererseits kann bei einem Dauernutzungsverhältnis die Gegenleistung für die erhaltene Nutzungsmöglichkeit mit dieser betragsmäßig angeglichen werden, also im Zeitverlauf nach unten angepasst werden.

BEISPIEL[3] Ein Produktionsunternehmen finanziert seinen Maschinenpark im Leasingverfahren. Es werden degressive Leasingraten vereinbart. Dem BFH zufolge entsprechen die Leasingvergütungen dem abnehmenden Nutzungswert der geleasten Maschinen, so dass eine aktive Abgrenzung der Leasingraten zur Linearisierung des Aufwands im Zeitverlauf ausscheidet.

Anders soll es sich beim **Immobilienleasing** mit degressiven Raten verhalten, weil die Nutzungsabgabe im Zeitverlauf gleich bleibe (→ § 246 Rz. 263).[4]

5. Bestimmte Zeit

5.1 Bestimmung nach dem Kalender

43 Nach früherer Auffassung und früherer BFH-Rechtsprechung[5] waren die bis zum Bilanzstichtag zu erbringenden Ausgaben oder erhaltenen Einnahmen nur abzugrenzen, wenn sie ergebnismäßig einem **genau** nach dem **Kalender** definierbaren Zeitraum (→ Rz. 46) zuzuordnen waren. Gedacht war dabei an typische Abgrenzungsfälle aus der Buchhaltungspraxis für Kfz-Steuern, Versicherungsprämien u. Ä. (→ Rz. 9). Aber auch in Sonderfällen führt der „Kalender" zu eindeutigen Ergebnissen.

BEISPIEL

► Das Unternehmen M unterhält einen Mühlenbetrieb. Es erhält nach dem Mühlenstrukturgesetz eine Abfindung für seine Verpflichtung zur Stilllegung der Mühle und Nichtwiederaufnahme des Mühlenbetriebs für 30 Jahre.[6]

---

1 *Tiedchen*, FR 2012 S. 23.

2 BFH, Urteil v. 24.6.2009 – IV R 26/06, BStBl II S. 781; auch zur zeitanteiligen Auflösung.

3 BFH, Urteil v. 28.2.2001 – I R 51/00, BStBl II S. 645.

4 BFH, Urteil v. 12.8.1982 – IV R 184/79, BStBl II S. 696, im Schrifttum heftig kritisiert mit Nachweisen im vorstehend zitierten BFH-Urteil.

5 Überblick bei *Herzig/Söffing*, BB 1993 S. 465.

6 BFH, Urteil v. 22.7.1982 – IV R 111/79, BStBl II S. 655.

► Das Unternehmen erhält einen Zuschuss von der Hauptfürsorgestelle für die Anschaffung einer Bohrmaschine. Damit soll ein auf zehn Jahre mit einem Schwerbehinderten zu besetzender Arbeitsplatz geschaffen werden.[1]

Das Kriterium der „Kalendermäßigkeit" dient in seiner Absolutheit dem **Objektivierungs**gebot (→ Rz. 52), zeitigt aber in vielen Fällen ein **„unmögliches"** Ergebnis. 44

BEISPIEL

► A zahlt an B am 1.1.01 1.000 € für die Unterlassung von Wettbewerb bis zum 31.12.05.

► C zahlt an D am 1.1.01 2.000 € für die immerwährende Unterlassung von Wettbewerb.

► Bei Abstellen auf die kalendermäßige Bestimmbarkeit wäre nur im ersten Fall eine Abgrenzung vorzunehmen, im zweiten Fall nicht.

Die BFH-Rechtsprechung hat sich wegen des als unbillig empfundenen – insbesondere Verstoß gegen das Realisationsprinzip bei D – Ergebnisses zunehmend vom Kalender als Tatbestandsmerkmal gelöst und stattdessen eine **rechnerische** Zeitbestimmung herangezogen.[2] Durchgängig wird an der einheitlichen Auslegung für die Aktiv- und Passivseite festgehalten.[3] Rechnerisch ist eine „bestimmte Zeit" im Einzelfall der Vertragsgrundlage zu entnehmen. 45

BEISPIEL[4] ► Unternehmen U erhält aus einem Arbeitsförderungsprogramm einen Zuschuss und verpflichtet sich im Gegenzug zur Besetzung eines Ausbildungsplatzes für „mindestens zwei aufeinanderfolgende Ausbildungsverhältnisse".

Da der Zeitraum eines Ausbildungsverhältnisses nach der Arbeitsrechtslage bestimmbar ist (z. B. drei Jahre), kann der Verteilungszeitraum für den Zuschuss auf sechs Jahre festgelegt werden. Das „mindestens" in der Vereinbarung hinterlässt ein Unsicherheitsmoment, das allerdings nach dem Theorem der Mindestlautzeit als unbeachtlich angesehen wird.

Expressis verbis verzichtet der BFH auf die kalendermäßige Bestimmbarkeit als Tatbestandsmerkmal der **aktiven** Abgrenzung. Als Beispiel dient der Streitfall eines Ausbeutevertrags für Mineralien, wofür der berechtigte Unternehmer eine Vorauszahlung geleistet hatte.[5]

In der Rechtsprechung des BFH und im Schrifttum wird bzgl. der Zeitbestimmung ohne jeden Vorbehalt von „Zeit**raum**" gesprochen, während das Gesetz nur **„die** Zeit" kennt. Mit anderen Worten: Die gesetzliche „Zeit" wird als „Zeitraum" und nicht als Zeit**punkt** verstanden. Das mag sachlich angehen, da regelmäßig mit der Bestimmung eines Zeitpunkts in der Zukunft notwendig **auch ein Zeitraum** definiert wird. Ebenso wird, wenn **nur** ein Zeit**punkt** für eine Leistung im Rahmen eines Austauschverhältnisses (→ Rz. 11) bestimmt ist, das Tatbestandsmerkmal der zeitlichen Bestimmbarkeit erfüllt. 46

BEISPIEL ► A zahlt an B am 31.12.01 1.000 €. B verpflichtet sich A gegenüber, am 1.2.03 100 kg seltene Erden, Typ XY, zum dann gültigen Marktpreis zu liefern.

---

1 BFH, Urteil v. 22.1.1992 – X R 23/89, BStBl II S. 488.

2 BFH, Urteil v. 14.10.1999 – IV R 12/99, BStBl 2000 II S. 25.

3 Vgl. z. B. BFH, Urteil v. 9.12.1993 – IV R 130/91, BStBl 1995 II S. 202: „sie kann ... nicht zu unterschiedlichen Ergebnissen auf der Aktiv- und Passivseite führen." Anderer Auffassung *Bordewin*, DStZ 1982 S. 463; *Hauber*, BB 1983 S. 740; *Tiedchen*, BB 1997 S. 2471 (→ Rz. 26); wie BFH *Federmann*, BB 1984 S. 246; *Gschwendtner*, DStZ 1995 S. 417.

4 Entnommen aus BFH, Urteil v. 5.4.1984 – IV R 96/82, BStBl II S. 552.

5 BFH, Urteil v. 25.10.1994 – VIII R 65/91, BStBl 1995 II S. 312; ähnlich BFH, Urteil v. 9.12.1993 – IV R 130/91, BStBl 1995 II S. 202, zur passiven Abgrenzung für die Duldung von Stromversorgungsleistungen.

Die Tatbestandsmerkmale der Passivabgrenzung sind bei B, die der Aktivabgrenzung bei A erfüllt (→ Rz. 30). Der Abgrenzungsposten ist von B am 1.2.2003 erfolgswirksam aufzulösen. Bei A ist eine Umbuchung auf den Vorratsbestand vorzunehmen.

Demgegenüber will der BFH in (teilweiser) Übereinstimmung mit dem Schrifttum bei der **Stillhaltervergütung** für Optionsgeschäfte (→ § 246 Rz. 289) keinen passiven Abgrenzungsposten für die ex ante zu entrichtende Vergütung akzeptieren, weil der Stillhalter „einen einmaligen bestimmten Erfolg" schulde. Dies stimmt schon sachlich nicht, denn die Leistungsverpflichtung des Stillhalters zur Duldung der Optionsausübung besteht während der gesamten Laufzeit des Optionsvertrags; sie endet mit der Ausübung oder dem Verfall. Die unterstellte „Einmaligkeit der Leistung" wird möglicherweise in der Inanspruchnahme des Stillhalters bei Erfüllung der Vertragskonditionen gesehen.[1] Das ist schon deshalb unzutreffend, weil die Option auch ohne Inanspruchnahme des Stillhalters verfallen kann.

47 Die passive Abgrenzung wird auch deswegen als einschlägiger Bilanzposten abgelehnt, weil eine zeitanteilige Auflösung für die Stillhalterverpflichtung nicht in Betracht käme, bevor die Laufzeit der Option noch nicht beendet bzw. die Inanspruchnahme des Optionsverpflichteten noch nicht erfolgt ist. Tatsächlich darf bis dahin eine Gewinnrealisation nicht erfolgen; deren Verhinderung ist aber gerade das Hauptziel der Passivabgrenzung (→ Rz. 8). Keineswegs muss die Auflösung einer solchen Abgrenzung zeitanteilig erfolgen.

48 Der BFH (→ Rz. 18) hat im Falle einer überhöhten Leasingzahlung für Kraftfahrzeuge über mehrere Monate und Jahre hinweg mit Rückzahlungspflicht bei Beendigung des Vertragsverhältnisses keine zeit**raum**bezogene Leistung gesehen; die Rückzahlung („Auskehrung") der zu viel vereinnahmten Leasingraten erfülle nicht den Abgrenzungsgedanken in Form einer zeitraumbezogenen Leistung, habe aber den Realisationstatbestand (→ Rz. 30) erfüllt, hier in Form eines Verlustes.[2] Die überhöhten Leasingraten könnten deshalb ergebnismäßig durch einen ratierlich aufzubauenden Rückstellungsansatz den Wirtschaftsjahren der Nutzungsüberlassung zugeordnet werden. Demgegenüber sieht der BFH in einem anderen Urteil[3] (→ Rz. 18) in überhöhten Leasingraten für ein Gebäude in den ersten fünf Jahren den Tatbestand der passiven Abgrenzung erfüllt; diese neutralisiert ergebnismäßig die überhöhten Leasingraten (→ Rz. 18).

5.2 Der Mindestzeitraum

49 Die „Lehre vom Mindestzeitraum"[4] wurde vom BFH erstmals förmlich im nachstehend dargestellten Sachverhalt als Ersatzlösung für die kalendermäßige Bestimmung herangezogen. Wie immer in solchen Fällen wird das Adjektiv „grundsätzlich" bemüht, wodurch die kalendermäßige Bestimmung nicht argumentativ aufgegeben wird, aber ohne an dieser festhalten zu müssen.

BEISPIEL[5] Ein Fabrikunternehmen F nutzte die Wasserkraft eines Flusses zur Stromerzeugung mit Verwendung im eigenen Produktionsbetrieb. Ein Energieversorger E wollte den Stauraum für die eigene Stromerzeugung erweitern, wodurch die Produktion von F beeinträchtigt wurde. Die beiden Unterneh-

1 So wohl *Treuberg/Scharpf*, DB 1991 S. 665.

2 BFH, Urteil v. 21.9.2011 – I R 50/10, DStR 2011 S. 2387; vgl. hierzu *Hoffmann*, StuB 2012 S. 330.

3 BFH, Urteil v. 12.8.1982 – IV R 184/79, BStBl 1982 II S. 696.

4 So die Überschrift des Beitrags von *Herzig/Söffing*, BB 1993 S. 465; begründet durch BFH, Urteil v. 9.12.1993 – IV R 130/91, BStBl 1995 II S. 202, sowie BFH, Urteil v. 25.10.1994 – VIII R 65/91, BStBl 1995 II S. 312.

5 Nach BFH, Urteil v. 17.7.1980 – IV R 10/76, BStBl 1981 II S. 669.

men verhandelten darüber und einigten sich auf eine „Entschädigung" von 1 Mio. DM für einen Mehraufwand des F von jährlich 96.000 DM.

Diese Datenbasis erlaubte dem BFH die Festlegung eines Mindestzeitraums unter bewusster Vernachlässigung eines Zinseffekts von zehn Jahren.

Nicht so (mathematisch) einfach stellt sich ein Sachverhalt dar, der förmlich eine **immerwährende** Verpflichtung enthält, die durch eine Einmalzahlung abgegolten wird. 50

BEISPIEL[1] Ein Landwirt L erhielt von einem Gasversorgungsunternehmen G Einmalbeträge für die zeitliche unbegrenzte Duldung des Einbaus und Unterhalts einer unterirdischen Ferngasleitung auf seinem Grundbesitz.

In diesem Fall wurde der BFH mit dem Theorem des Mindestzeitraums in die Enge getrieben: „… kann … ein Mindestzeitraum nicht ermittelt werden." Er behilft sich mit der „Technik" einer ewigen Rente, um die gezahlten Einmalbeträge auf einen bestimmten Zeitraum zu verteilen. Ähnlich ging der BFH in einem weiteren Streitfall vor, in dem ein Landwirt von einem Energieversorgungsunternehmen für die unbefristete Inanspruchnahme seiner Grundstücke zur Überspannung mit Stromversorgungsleitungen entschädigt wurde.[2] Letztlich belässt es der BFH bei der Zeitbezogenheit und periodischen Aufteilbarkeit der noch ausstehenden Gegenleistung, was wiederum eine zumindest qualitativ gleichbleibende Dauerverpflichtung voraussetzt.[3] Der Mindestzeitraum als Tatbestandsmerkmal wird auch bei vertraglicher Ergänzung durch eine Verlängerungsoption akzeptiert.[4]

Dass auch bei **immerwährender Leistung** ein Abgrenzungsposten zu bilden ist, begründet der BFH schließlich wie folgt: „Auch eine immerwährende Zeit ist bestimmt, weil feststeht, dass sie niemals enden wird."[5] Der für die Auflösung des passiven Abgrenzungspostens heranzuziehende Zeitraum ist dann u. a. auf Basis der Wertüberlegungen zu bestimmen, die die Parteien bei der Bemessung des Entgelts zugrunde gelegt haben. Lässt sich hieraus nichts ableiten, hält der BFH bei immerwährender Unterlassungspflicht (Landwirt verzichtet immerwährend auf die Erhöhung der Zahl an Zuchtsauen) im Zweifel 25 Jahre (entsprechend einer 4%igen Verzinsung einer ewigen Rente) für angemessen.[6]

Das IDW hat sich für die handelsrechtliche Bilanzierung der Lehre vom Mindestzeitraum angeschlossen.[7] 51

5.3 Schätzungserfordernis und Objektivierung

Die „bestimmte Zeit" in § 250 HGB soll in der Gesetzesinterpretation des BFH in hohem Umfang dem Objektivierungsgebot dienen (→ Rz. 44). Dem steht ein **Schätzungs**erfordernis, das weite Bereiche der Bilanzierung durchzieht (→ § 249 Rz. 5), entgegen. In den unter → Rz. 50 dargestellten Fällen soll die mathematische Fundierung der Schätzung des „bestimmten" Zeit- 52

1 Nach BFH, Urteil v. 24.3.1982 – IV R 96/78, BStBl II S. 643.
2 BFH, Urteil v. 9.12.1993 – IV R 130/91, BStBl 1995 II S. 202.
3 BFH, Urteil v. 7.3.2007 – I R 18/06, BStBl II S. 697, sowie BFH, Urteil v. 24.6.2009 – IV R 26/06, DStR 2009 S. 1629.
4 BFH, Urteil v. 9.12.1993 – IV R 130/91, BStBl 1995 II S. 202.
5 BFH, Urteil v. 15.2.2017 – VI R 96/13; ebenso bereits BFH, Urteil v. 17.10.1968 – IV 84/65, und zwar mit Verweis darauf, dass der Barwert einer ewigen Rente bei einer 4%igen Verzinsung dem 25-Fachen des Jahresbetrags entspricht.
6 Ebenda.
7 HFA 2/1996 Tz. 2111, WPg 1996 S. 709.

raums dem Objektivierungsgebot standhalten. Dabei unterscheidet der BFH **unzulässige** „individuelle Schätzungen hinsichtlich der Dauer der Gegenleistung" und **erlaubte** Schätzungen „aufgrund allgemeingültiger Maßstäbe".[1] Auch das IDW erlaubt Schätzungen bei der Zeitbestimmung.[2]

BEISPIEL

- Eine Bausparkasse erhob für den Abschluss eines Bausparvertrags eine Abschlussgebühr von 1 % der Bausparsumme. Sie wollte diese Gebühr passiv abgrenzen – auf welchen Zeitraum ist nicht ersichtlich. Der BFH lehnte dies ab, weil das Sachverhaltsmerkmal der „bestimmten Zeit" nicht erfüllt war: „Eine ‚bestimmte' Zeit ... ist grundsätzlich ein ... kalendermäßig festgelegter oder doch berechenbarer, nicht hingegen nur durch Schätzung bestimmbarer Zeitraum." Eine Zeitbestimmung für den einzelnen Bausparvertrag sei nicht möglich, eine Durchschnittsbetrachtung unzulässig.[3] Die Abschlussgebühr sei Entgelt für den Vertragsabschluss, durch das die Abschlusskosten (Vertragsbearbeitung), Abschlussprovisionen und Werbeaufwand ausgeglichen werden sollen.[4]
- Ein Gasversorgungsunternehmen erhob von den Abnehmern für die Einrichtung von Gasanschlüssen Baukostenzuschüsse und verpflichtete sich zur Herstellung und Unterhaltung der Anschlussleitungen. Eine Zeitbestimmung ist in dem Vertrag nicht vorgesehen. Der BFH akzeptierte die Verteilung auf 20 Jahre als „Ergebnis einer möglichen Schätzung".[5] Inwieweit hier keine individuelle, sondern eine Schätzung aufgrund „allgemeingültiger" Maßstäbe vorlag,[6] ist nicht ersichtlich.

Eine Schätzung einer „bestimmten Zeit" ist nicht für sog. **Minderstunden** (Gegenteil von Überstunden) möglich, die späteren Überstunden arbeitsvertraglich gegengerechnet werden; eine aktive Abgrenzung scheidet aus.[7]

53 Dem BFH gelingt es schließlich auch,[8] das Zeitmoment in § 250 HGB **gänzlich zurückzudrängen,** ohne das Objektivierungsgebot zu verletzen.

BEISPIEL Ein Landwirt genehmigt dem Mineralabbauunternehmen M die Ausbeutung des Bimsvorkommens auf seinem Grundbesitz für eine Einmalzahlung von 1.000 €. Wie lange sich der Abbau hinzieht und wie hoch die Ausbeutemenge sein darf, wird von den Parteien nicht festgelegt. „Der Erfüllungszeitraum kann allenfalls (!) geschätzt werden, was einer Passivabgrenzung nicht entgegensteht."

Zwei Jahre zuvor hieß es in einem anderen BFH-Urteil:[9] Ein lediglich durch Schätzung bestimmbarer Zeitraum (hier: Nutzungsdauer einer Maschine) ist nicht „bestimmt".

Um gleichwohl zu einer aktiven Abgrenzung zur „gewinnneutralen" Behandlung auch ohne das Zeitbestimmtheitsmoment zu kommen, muss der BFH tief in die Entstehungsgeschichte der Rechnungsabgrenzung in der jetzt gültigen (→ Rz. 1) Fassung einsteigen mit dem teleologischen Auslegungsergebnis: Der **Zweck** des Gesetzes liegt in der Verhinderung einer „willkürlichen Beeinflussung des Gewinns". Das überrascht, denn eigentlich dienen alle gesetzlichen Bi-

1 So BFH, Urteil v. 9.12.1993 – IV R 130/91, BStBl 1995 II S. 202. Die nachstehend als Beispiel dargestellten Präjudizien werden in diesem Zusammenhang vom BFH zitiert.
2 IDW HFA 2/96 Tz. 2111a).
3 BFH, Urteil v. 3.11.1982 – I B 23/82, BStBl 1983 II S. 132.
4 BFH, Urteil v. 11.2.1998 – I R 23/96, BStBl II S. 381; dagegen umfassend argumentierend *Herzig/Joisten*, DB 2011 S. 1014.
5 BFH, Urteil v. 23.2.1977 – I R 104/75, BStBl II S. 392. Diesem Zeitraum schließt sich die Finanzverwaltung (OFD Hannover, Vfg. v. 23.5.2005 – S 2741 – 222 – StO 242) für die Versorgung mit Wasser und Strom an.
6 So die bereits zitierte Vorgabe vom BFH, Urteil v. 9.12.1993 – IV R 130/91, BStBl 1995 II S. 202.
7 FG Berlin-Brandenburg, Urteil v. 23.8.2011, EFG 2012 S. 600.
8 Nach BFH, Urteil v. 25.10.1994 – VIII R 65/91, BStBl 1995 II S. 312.
9 BFH, Urteil v. 22.1.1992 – X R 23/89, BStBl 1992 II S. 488.

lanzierungsvorgaben diesem Zweck. Jedenfalls erlaubt diese Gesetzesauslegung „eine weitergehende inhaltliche Bestimmung des Tatbestandsmerkmals, ‚bestimmte Zeit', die den Besonderheiten des jeweiligen Rechtsverhältnisses Rechnung trägt". **Ausbeuteverträge** sind „ihrem Wesen nach" nicht kalendermäßig bestimmbar. An die Stelle der „bestimmten Zeit" tritt die **Fördermenge** (→ Rz. 39).

Der Rechtsfindung des BFH in diesem Urteil kommt nur noch insoweit Bedeutung zu, als es als Beleg für eine zulässige Lösung vom Tatbestandsmerkmal der „bestimmten Zeit" herangezogen werden soll. Dann kann für die Passivseite (im Sachverhalt des BFH-Urteils der Landwirt) weiterhin eine Verteilung des Gesamterlöses nach Maßgabe der jährlichen Fördermenge erfolgen. Dies gilt allerdings dann wiederum nicht, wenn der Bodenschatz als materieller Vermögensgegenstand (→ Rz. 8) und der Vertrag über die Abbaugenehmigung als Veräußerungsgeschäft angesehen wird. 54

Ansonsten ist die Rechtslage bzgl. der bilanzrechtlichen Behandlung des Bodenschatzes für die Handels- und Steuerbilanz **überholt.** Der BFH hat dem zum Abbau verfügbaren Bodenschatz die Wirtschaftsguteigenschaft zuerkannt.[1] Dem ist u. E. auch handelsrechtlich zu folgen. Möglich erscheint auch die Qualifikation als immaterieller Vermögensgegenstand (→ § 246 Rz. 16). So oder so bedarf es der aktiven Abgrenzung nicht (mehr), da die periodengerechte Aufwandsverrechnung beim Abbauunternehmen durch die Abschreibung des Erwerbsaufwands nach Maßgabe der Fördermenge gesichert ist. Auf dieser Rechtsgrundlage kann dem **Zeit**moment der Rechnungsabgrenzung als Tatbestandsmerkmal die ihm vom Gesetzgeber zugedachte Rechtsfolge (wieder) zukommen. 55

Im Ergebnis besagt das BFH-Urteil im Beispiel unter → Rz. 53: Die Zeitbestimmung des Gesetzeswortlauts kann **unbeachtet** bleiben, wenn eine „willkürliche Beeinflussung des Gewinns" durch andere Objektivierungsmerkmale verhindert wird. Eine wortlautorientierte Auslegung hätte zur sofortigen Aufwandsverrechnung führen müssen, womit der Gewinnermittlungswillkür auch hätte Einhalt geboten werden können. Aber dann wäre – vom BFH unausgesprochen – dem Periodisierungsgedanken (*matching principle*, → § 252 Rz. 206) nicht Genüge getan und überdies – beim Vergütungsempfänger – das Realisationsprinzip verletzt worden. 56

5.4 Bedenken gegen die Aufgabe des Zeitbestimmtheitskriteriums

Sofern der Zeitraum i. S. des § 250 HGB als nur noch bestimmbar oder gar schätzbar angesehen wird, soll „eine sachgerechte Einschränkung der Bildung von Rechnungsabgrenzungsposten kaum mehr möglich" sein.[2] Es könne dann mit geeigneten Mitteln der Marktforschung die zeitliche Wirksamkeit einer Werbekampagne bestimmt oder jedenfalls geschätzt werden. Entsprechendes soll für Forschungs- und Entwicklungskosten gelten, die beide nach damaliger Rechtslage nicht aktivierbar waren. Deshalb sei für die **Aktiv**seite an der Kalenderfrist als Tatbestandsmerkmal festzuhalten. Das soll allerdings für die **Passiv**seite nicht gelten; hier sei bei einer Vergütung für ein immerwährendes Nutzungsrecht (→ Rz. 50) nach dem Vorsichtsprinzip eine sachgerechte Schätzung vorzunehmen. 57

Dem ist entgegenzuhalten: Der Gesetzeswortlaut des § 250 HGB und die BFH-Rechtsprechung **differenzieren nicht** nach Aktiv- und Passivseite (→ Rz. 45). Auch das Vorsichtsprinzip gilt beid- 58

1 BFH, Beschluss v. 4.12.2006 – GrS 1/05, BStBl 2007 II S. 508; BFH, Urteil v. 24.1.2008 – IV R 45/05, BStBl 2009 S. 449.
2 *Tiedchen*, BB 1997 S. 2471.

seitig. Es ist nicht einzusehen, dass Schätzungen passivisch zugelassen, aktivisch aber abgelehnt werden.[1]

Die „abschreckenden" Beispiele der Aktivierung von Werbekampagnen oder Forschungskosten unter dem Titel der aktiven Rechnungsabgrenzung (→ Rz. 28) sind auch deshalb argumentativ zweifelhaft, weil hier **keine gegenseitigen Austauschverhältnisse** vorliegen (→ Rz. 18). Jedenfalls soll das Kriterium der „bestimmten Zeit" einer „uferlosen Bildung von Rechnungsabgrenzungsposten" entgegenwirken.[2]

5.5 Saldierungsverbot für aktive und passive Abgrenzungsposten am Beispiel der Baukostenzuschüsse

58a Nach § 246 Abs. 2 Satz 1 HGB gilt ein **Verrechnungsverbot** für Aktiv- und Passivposten der Bilanz sowie Erträge und Aufwendungen der GuV. Bzgl. der bilanziellen Vorgabe befasst sich das kommentierende Schrifttum allerdings fast ausschließlich mit Vermögensgegenständen und Schulden. Aktive und passive Abgrenzungsposten werden regelmäßig ausgeklammert. Diese Ausklammerung lässt sich konzeptionell rechtfertigen: Aktive und passive Abgrenzungsposten bringen eine Ergänzung des vorrangig statischen Bilanzkonzepts um Elemente der dynamischen Bilanztheorie. Zweck dieser Ergänzung ist die zutreffende Periodisierung von Aufwendungen bzw. Erträgen. Diese Zwecksetzung bedingt den **Vorrang der GuV-Betrachtung** gegenüber der Bilanzbetrachtung. Wo es keinen Ertrag, der wegen des Vorauseilens der Einnahme zu periodisieren ist, oder umgekehrt keinen Aufwand gibt, der wegen des Vorauseilens der Ausgaben zu periodisieren ist, entsteht kein Abgrenzungsposten.

Die Wirkung des GuV-Vorrangs lässt sich am **Beispiel** der **Baukostenzuschüsse** in der Versorgungswirtschaft bei Anwendung des **Pachtmodells** darstellen. In der Regel werden hier folgende Regelungen hinsichtlich baulicher Erweiterungsmaßnahmen des Netzes und der hierfür vom Kunden vereinnahmten Baukostenzuschüsse getroffen: Der Pächter (Netzbetreiber) nimmt die Baumaßnahmen vor und belastet die Kosten weiter an den Verpächter, der die Kosten aktiviert. Nur der Pächter als Netzbetreiber hat nach § 11 NAV einen rechtlichen Anspruch gegenüber den Kunden auf die Baukostenzuschüsse. Der Pachtvertrag verpflichtet ihn jedoch zur Weiterleitung vereinnahmter Zuschüsse an den Verpächter, eben weil dieser auch die Kosten der bezuschussten Maßnahmen trägt. Der Pachtvertrag enthält weder Regelungen der Art, dass die weitergeleiteten Baukostenzuschüsse auf bestimmte zukünftige Pachtperioden anzurechnen sind, noch Bestimmungen, dass bei vorzeitiger Beendigung des Pachtverhältnisses weitergeleitete Baukostenzuschüsse zeitanteilig an die Pächter zurückzuerstatten sind. Hinsichtlich der von dem Netzbetreiber vereinnahmten und an den Verpächter weiterzuleitenden Baukostenzuschüsse kommen dann für den **Pächter** zwei mögliche Bilanzierungsweisen infrage:

- Alternative 1 – Bruttodarstellung: passive Abgrenzung des vereinnahmten und aktive Abgrenzung des weitergeleiten Betrags.
- Alternative 2 – Nettodarstellung mit scheinbarem Verstoß gegen das Verrechnungsverbot: Im kurzfristigen Zwischenzeitraum zwischen Vereinnahmung und Weiterleitung des Betrags erfolgt die Passivierung einer Verbindlichkeit. Nach erfolgter Weiterleitung liegt kein Bilanzposten bzgl. der Baukostenzuschüsse vor.

1 *Marx/Löffler*, DB 2015 S. 2768.
2 *Marx/Löffler*, DB 2015 S. 2768.

Die erste Alternative ist von der Finanzverwaltung für die Steuerbilanz vorgesehen.[1] Hierbei soll die Auflösung beider Abgrenzungsposten über 20 Jahre erfolgen. Das IDW hält ein entsprechendes Vorgehen auch handelsrechtlich für angezeigt.[2] Die OFD Münster führt rechtfolgenseitig Folgendes an: „Da der Pächter somit im Ergebnis sowohl einen passiven RAP (bei Erhalt des Baukostenzuschusses) als auch einen aktiven RAP (bei anschließender Weiterleitung des Baukostenzuschusses) bilden muss, ist der Baukostenzuschuss bei ihm wirtschaftlich gesehen nur ein ‚durchlaufender Posten'." Das IDW gibt zu bedenken, dass die vom Kunden erhaltenen „Zuschüsse kostenmindernd in die Kalkulation der Netzentgelte eingehen und wirtschaftlich betrachtet damit als Vorauszahlungen auf den Gas-, Strom- oder Fernwärmepreis anzusehen sind". Die Weiterleitung der Baukostenzuschüsse an den Verpächter sei in diesem Kontext „als eine Vorauszahlung auf die Netzpacht zu interpretieren". Unseres Erachtens ist hingegen die Nettobetrachtung ohne Verstoß gegen das Saldierungsverbot aus folgenden Gründen vorzuziehen:

- Die Baukostenzuschüsse stellen nach zutreffender Auffassung der Finanzverwaltung beim Verpächter wirtschaftlich gesehen nur einen durchlaufenden Posten dar (→ § 277 Rz. 21). Hieraus folgt, dass in der GuV des Pächters weder Erträge aus Erhalt der Baukostenzuschüsse noch Aufwendungen aus deren Weiterleitung darzustellen/zu erfassen sind. Damit fehlt es aber überhaupt an der Rechtfertigung eines Abgrenzungspostens: Wo keine Erträge/Aufwendungen vorliegen, kann es auch keine bilanziellen Posten zu deren Abgrenzung geben.
- Der Pächter soll nach Ansicht des IDW den passiven Abgrenzungsposten nach den Grundsätzen für die Bilanzierung empfangener Investitionszuschüsse bei Zurechnung des Investitionsobjekts zu ihm behandeln.[3] Dies erscheint unzutreffend, da der Pächter überhaupt keine Investition tätigt und ihm das Investitionsobjekt auch gar nicht zuzurechnen ist. Für die aktive Abgrenzung der Weiterleitung der Zuschüsse beruft sich das IDW darauf, die weitergeleiteten Beträge seien als Vorauszahlung auf die Netzpacht zu interpretieren (s. o.). Diese Interpretation scheint tatbestandseitig verfehlt, weil die erforderlich schuldrechtliche synallagmatische Verknüpfung fehlt: Der Pächter leitet die Zahlung nicht weiter, um eine zukünftige Nutzungsüberlassung zu vergüten, sondern weil der Baukostenzuschuss zur Bezuschussung einer Baumaßnahme bestimmt ist, deren Kosten gar nicht der Pächter, sondern der Verpächter trägt. Rechtsfolgenseitig könnte ein gleichwohl gebildeter aktiver Abgrenzungsposten maximal über die Restdauer des Dauerschuldverhältnisses aufgelöst werden. Ein von IDW und Finanzverwaltung angenommener darüber hinausgehender Auflösungszeitraum würde bedeuten, dass die abgegrenzte Zahlung zum Teil einem Zeitraum zugeordnet wird, in dem die andere Partei gar keine Sachleistung mehr erbringt. Die Zahlung stünde mit diesem Teil ohne Gegenleistung dar, ein Umstand, der mit dem Vorauszahlungsbegriff nicht in Einklang zu bringen ist.

Nach allem stellt sich die **Saldierungsfrage** gar nicht, so dass nur Alternative 2 angemessen ist.

1 Vgl. z. B. OFD Münster v. 8.1.2008.

2 Ergebnisbericht – online – über die 100. Sitzung des Fachausschusses für öffentliche Unternehmen und Verwaltungen (ÖFA) am 14.3.2008.

3 Vgl. u. a. Ergebnisbericht – online – über der 103. Sitzung des Fachausschusses für öffentliche Unternehmen und Verwaltungen (ÖFA) am 23.9.2009.

IV. Unterschied zwischen Rückzahlungs- und Ausgabebetrag bei Verbindlichkeiten (Abs. 3)

59 Der Unterschiedsbetrag zwischen dem Rückzahlungsbetrag von Verbindlichkeiten und dem Ausgabebetrag (**Disagio,** bei hypothekarisch gesichertem Darlehen **Damnum**) stellt eine neben der laufenden Verzinsung zusätzlich geleistete Vergütung für die Kapitalnutzung dar.[1] Den systematischen Bezug zum Wesensgehalt des aktiven Abgrenzungspostens sieht der BFH in der Einbuchung einer Verbindlichkeit, die den Zahlungsabfluss nach dem Gesetzeswortlaut („Ausgabe") ersetzt.[2]

Das handelsrechtliche **Aktivierungswahlrecht** nach § 250 Abs. 3 HGB kann nur insgesamt und im Jahr der Darlehensaufnahme in Anspruch genommen werden. Weder teilweise Aktivierung noch Nachaktivierung in Folgejahren sind zulässig.[3] Das handelsrechtliche Ansatzwahlrecht ist steuerlich als Ansatzgebot zu berücksichtigen.[4] Denn als zusätzlich zu der laufenden Verzinsung zu deren Feineinstellung geleistete Vergütung für die Kapitalnutzung ist das Damnum eine **Vorleistung** für zeitraumbezogene Gegenleistungen, die für eine bestimmte Zeit nach dem Abschlussstichtag zu erbringen ist.[5] Das handelsrechtliche Wahlrecht zur sofortigen Aufwandsverrechnung stellt einen **Systembruch** dar, weil künftiger Aufwand (für die Kapitalüberlassung) vorweggenommen und dadurch ein Zugangsverlust *(day one loss)* verbucht wird. Der aktive Rechnungsabgrenzungsposten ist während der gesamten Laufzeit des Darlehens aufzulösen, und zwar entweder durch gleichmäßige Verteilung auf die Darlehenslaufzeit bei Fälligkeitsdarlehen[6] oder nach der Zinsstaffelmethode[7] in jeweils fallenden Beträgen bei Annuitätsdarlehen, die sich der sinkenden Kapitalnutzung anpassen. Das gilt u. E. uneingeschränkt nur bei Zins**festschreibung** für die gesamte Darlehenslaufzeit. Bei kürzerer Zinsbindung als die Laufzeit und/oder bei der Möglichkeit der ordentlichen Kündigung vor Laufzeitende ist die Verteilung auf den kürzeren Zeitraum vorzunehmen.

Bei **Tilgung** der Schuld ist das aktivierte Damnum als Abgang (ohne Gegenwert) zu verbuchen; das gilt auch im Fall der **Umschuldung,** soweit das Damnum nicht als zusätzliche Gegenleistung für den neuen oder veränderten Kredit anzusehen ist.[8]

Zu der ähnlich gelagerten Bilanzierungsstruktur von Nullcouponanleihen/Zerobonds vgl. → § 253 Rz. 35. Beim Darlehens**geber** kommt eine spiegelbildliche Behandlung des Disagios ebenso in Betracht wie eine Netto-Verbuchung (→ § 303 Rz. 16).

60 Allgemein verbesserte **Kreditbedingungen,** die das einzelne Darlehensverhältnis nicht beeinflussen, rechtfertigen dem BFH zufolge nicht die vorzeitige Auflösung des Damnums,[9] weil der aktive Rechnungsabgrenzungsposten nach den Grundsätzen der AfA des § 7 EStG aufzulösen

1 OLG Hamm, DB 1984 S. 2398; *Prass,* BB 1981 S. 1058; *Rieger,* BB 1981 S. 2133. Der BFH spricht im Urteil v. 29.11.2006 – I R 46/05, DB 2007 S. 719, im Fall einer festverzinslichen Schuldverschreibung von „Feineinstellung der Zinsen". Vgl. auch BFH, Urteil v. 22.1.2003 – X R 41/98, BFH/VN 2003 S. 757. Anders FG Köln, Urteil v. 17.3.2005, DB 2007 S. 2.

2 BFH, Beschluss v. 7.4.2010 – I R 77/08, DStR 2010 S. 1015 Tz. 11, unter Bezugnahme auf das nachstehend zitierte Urteil – I R 46/05.

3 Gleicher Auffassung *Küting/Trützschler* in Küting/Weber (Hrsg.), Handbuch der Rechnungslegung – Einzelabschluss, § 250 Rz. 88.

4 BFH, Beschluss v. 3.12.1969 – GrS 2/68, BStBl II S. 291; BFH, Urteil v. 19.1.1978 – IV R 153/72, BStBl II S. 262.

5 BFH, Urteil v. 19.1.1978 – IV R 153/72, BStBl II S. 262; BMF, Schreiben v. 29.11.2006 – I R 46/05, DB 2007 S. 719.

6 BFH, Urteil v. 19.1.1978 – IV R 153/72, BStBl II S. 262, und H 6.10 EStH 2005.

7 Vom BFH, Urteil v. 19.1.1978 – IV R 153/72, BStBl II S. 262, offengelassen.

8 BFH, Urteil v. 13.3.1974 – I R 165/72, BStBl II S. 359.

9 BFH, Urteil v. 20.11.1969 – IV R 3/69, BStBl 1970 II S. 209.

sei, obwohl er (der BFH) andererseits davon ausgeht, der aktive Rechnungsabgrenzungsposten sei kein Wirtschaftsgut, deshalb nicht nach § 6 EStG zu bewerten, und habe keinen Teilwert. Jedoch lehnt die Entscheidung die **außerplanmäßige Abschreibung** des Disagios wegen der allgemeinen Verbesserung der Kreditbedingungen ab, weil das Damnum nicht im eigentlichen Sinne Anschaffungskosten für ein Darlehen darstellt, das seinerseits als Rechtsverhältnis einen Teilwert hätte. Ferner ist das Damnum wie der laufende Zins Entgelt für die Kapitalnutzung, die ihrerseits nicht aktivierbar ist und auf die deshalb die Begriffe Anschaffungskosten und Teilwert i. S. des § 6 EStG nicht passen. Die Auffassung des BFH erscheint handelsrechtlich nicht zwingend. Im Schrifttum wird für vertretbar gehalten, bei signifikanter Verringerung des Marktzinsniveaus eine außerplanmäßige Abschreibung vorzunehmen.[1] Bei vorzeitigen außerplanmäßigen Teiltilgungen ist u. E. eine außerplanmäßige Teilauflösung des Abgrenzungspostens geboten.

Verwaltungsgebühren, die der Darlehensnehmer im Zusammenhang mit der Aufnahme des Kredits an den Darlehensgeber zahlt, sollen nach einem älteren BFH-Urteil[2] bei wirtschaftlicher Betrachtung den Geldbeschaffungskosten zuzuordnen und damit als Teil des Entgelts (Zinsen) für die Darlehensüberlassung aktiv abzugrenzen sein. Das soll auch für die **Bearbeitungsgebühren** gelten, die der Bürgschaftsschuldner für die Übernahme der Bürgschaft an die Bank im Voraus zu entrichten hat. Diese Behandlung ist nicht unbedingt kompatibel mit der spiegelbildlichen Betrachtung der Abschlussgebühren für Bausparkassen (→ Rz. 52).[3] Nicht aktiv abgrenzbar ist dem BFH zufolge ein „Bearbeitungsentgelt", wenn dieses bei vorzeitiger Vertragsbeendigung nicht (anteilig) zurückzuzahlen ist.[4] Mit diesem Urteil grenzt sich der I. BFH-Senat von dem zuvor zitierten Urteil des IV. Senats (IV R 153/72) ab. Eine Rückzahlungspflicht ist bei öffentlich geförderten Darlehen der Fall.[5] Die Berechtigung zum Behalt der Vorabzahlung stellt ein gewichtiges Indiz gegen die Zeitraumbezogenheit der Gegenleistung dar und spricht deshalb gegen eine aktive Abgrenzung. Dieses Indiz ist widerlegt bei Abschluss des Dauerschuldverhältnisses für mehrere Jahre zu festen Bedingungen und wenn die Vertragsparteien eine vorzeitige Beendigung des Vertrags nicht in Erwägung gezogen haben.[6] Die wirtschaftliche Interessenlage der Parteien dominiert die rechtliche Strukturierung.[7] Entsprechendes gilt für Bearbeitungsgebühren anlässlich der Aufnahme einer **stillen Beteiligung.**[8] Umgekehrt ist der Vorleistungscharakter der Vorabzahlung dann gegeben, wenn bei vorzeitiger Vertragsbeendigung der Empfänger zeitanteilig rückvergüten muss.[9] Ähnlich lautet die Argumentation des BFH zu Darlehensverhältnissen mit **fallenden Zinssätzen** (→ Rz. 32). Nach im Schrifttum vertretener Auffassung soll neben den vorgenannten Aspekten auch die inhaltliche Rechtfertigung der Bearbeitungsgebühr zu berücksichtigen sein. Eine Kreditbearbeitungsgebühr, die eine angemessene Vergütung für den Prüfungsaufwand vor Vertragsschluss wiedergibt, soll danach nie einen Abgrenzungstatbestand darstellen.[10] 61

1 *Küting/Trützschler* in Küting/Weber (Hrsg.), Handbuch der Rechnungslegung – Einzelabschluss, § 250 Rz. 95 m. w. N.
2 BFH, Urteil v. 19.1.1978 – IV R 153/72, BStBl II S. 262.
3 Vgl. *Herzig/Joisten*, DB 2011 S. 1014.
4 BFH, Urteil v. 22.6.2011 – I R 7/10, BStBl 2011 II S. 870.
5 Der BFH zitiert hierzu BGH v. 12.5.1992 – XI ZR 258/91, BB 1992 S. 1355, und BGH v. 19.10.1993 – XI ZR 49/93, BB 1994 S. 28.
6 BFH, Urteil v. 6.4.1993 – VIII R 86/91, BStBl II S. 709; *Blümich/Buciek*, EStG, § 5 Tz. 678a.
7 Kritisch hierzu *Hageböke*, Ubg 2012 S. 40.
8 BFH, Urteil v. 14.11.2012 – I R 19/12, BB 2013 S. 1906.
9 BFH, Urteil v. 12.8.1982 – IV R 184/79, BStBl II S. 696.
10 AK Steuern und Revision im BWA, DStR 2011 S. 2211 ff.

V. Tabellarischer Überblick über Einzelfälle aus der BFH-Rechtsprechung und anderen Quellen

1. Aktiv abzugrenzen sind

62

Einmalige **Bearbeitungsgebühren,** die der Schuldner an den Bürgen für die Übernahme der Bürgschaft über den Abschlussstichtag hinaus bei Übernahme der Bürgschaft zahlt	BFH, Urteil v. 19.1.1978 – IV R 153/72, BStBl II S. 262; FG München, Urteil v. 9.12.2008, EFG 2009 S. 909
Verbilligte Abgabe von **Mobiltelefonen** gegen Abschluss eines Mobildienstleistungsvertrags	BFH, Urteil v. 15.5.2013 – I R 77/08, DStR 2013 S. 1774 (→ Rz. 31)
„Entschädigungszahlungen" eines Kaufinteressenten für die mehrjährige Bindung des Eigentümers an ein Angebot zum Abschluss eines Grundstückskaufvertrags sind auf die Laufzeit der Bindung abzugrenzen.	BFH, Urteil v. 4.6.1991 – X R 136/87, BStBl 1992 II S. 70
Bearbeitungsprovision und Risikoprämie für das Recht zur außerplanmäßigen Tilgung	FG Baden-Württemberg, Urteil v. 13.11.2002, EFG 2003 S. 379, rkr.
Eine einmalige **Verwaltungsgebühr** des Darlehensnehmers an den Darlehensgeber bei Darlehensaufnahme. Gilt nicht für ein „Bearbeitungsentgelt" bei öffentlich geförderten Darlehen, wenn keine Rückzahlungspflicht bei vorzeitiger Vertragsbeendigung besteht.	BFH, Urteil v. 19.1.1978 – IV R 153/72, BStBl II S. 262 (→ Rz. 61); BFH, Urteil v. 22.6.2011 – I R 7/10, DB 2011 S. 2006 (→ Rz. 61, → Rz. 63)
Nach § 250 Abs. 3 Satz 1 HGB das **Disagio** bzw. **Damnum**	→ Rz. 59
Diskontspesen und **Diskontzinsen** bei Hingabe von Wechseln mit Laufzeit über den Abschlussstichtag hinaus	BFH, Urteil v. 31.7.1967 – I 234/64, BStBl 1968 II S. 7; BMF, Schreiben v. 27.3.1985– II R 181/80, BStBl II S. 416
Vom **Erbbauberechtigten** übernommene Erschließungsbeiträge und Kanalanschlussgebühren	BFH, Urteil v. 17.4.1985 – I R 132/81, BStBl II S. 617; BFH, Urteil v. 8.12.1988 – IV R 33/87, BStBl 1989 II S. 407; BFH, Urteil v. 20.11.1980 – IV R 126/78, BStBl 1981 II S. 398: passive Rechnungsabgrenzung beim Erbbauverpflichteten, wenn das belastete Grundstück zu seinem Betriebsvermögen gehört (→ § 246 Rz. 11)
Kfz-**Haftpflicht**versicherung und Kfz-Steuer	BFH, Urteil v. 10.7.1970 – III R 112/69, BStBl II S. 779 (→ Rz. 9); BFH, Urteil v. 19.5.2010 – I R 65/09, DB 2010 S. 1731 (→ Rz. 31)
Degressive Leasingraten und Vormieten für Immobilienleasing, nicht bei Mobilienleasing	BFH, Urteil v. 12.8.1982 – IV R 184/79, BStBl II S. 696 (→ Rz. 16, → Rz. 42)
Mietvorauszahlungen	BFH, Urteil v. 12.5.1959 – I 215/58 U, BStBl III S. 268 (→ Rz. 18 und → § 246 Rz. 34)
Gezahltes **Urlaubsentgelt** bei abweichendem Wirtschaftsjahr für die Zeit nach dem Abschlussstichtag, dagegen allerdings BFH für den Fall von Urlaubsgeld	BFH, Urteil v. 7.11.1963 – IV 396/60 S, BStBl 1964 III S. 123; BFH, Urteil v. 6.4.1993 – VIII R 86/91, BStBl II S. 709
Vorleistungen bei **Mineralausbeuteverträgen**	→ Rz. 8 und → Rz. 55
Neueindeckung eines Dachs durch Pächter als zusätzliches Pachtentgelt	BFH, Urteil v. 10.11.1994 – IV B 22/94, BFH/NV 1995 S. 591
Franchising – Eintrittsgebühr beim Franchisenehmer	→ § 246 Rz. 376
Unter Umständen **Betreibermodelle** i. S. von öffentlich-privaten Partnerschaften	→ Rz. 21 ff.
„Überzinsen" für langfristige Darlehen mit fallenden Zinssätzen in den ersten Jahren der Laufzeit	BFH, Urteil v. 27.7.2011 – I R 77/10, BStBl 2012 II S. 284 (→ Rz. 32)

Zinsbegrenzungsprämien sind laufzeitbezogene Aufwendungen für den Zinsfestschreibungszeitraum und entsprechend abzugrenzen	Folgerung aus BFH, Urteil v. 24.11.1999 – I R 144/96, BStBl 2000 II S. 263
Urlaubsgeld, sofern dieses für das gesamte Wirtschaftsjahr vorausbezahlt und bei Ausscheiden des Arbeitnehmers zurückzuzahlen ist	BFH, Urteil v. 6.4.1993 – VIII R 86/91, BStBl 1993 II S. 709
Geleistete **Zuschüsse,** wenn nicht immaterieller Vermögensgegenstand Vertragsabschlussvergütung	→ § 246 Rz. 334 → Rz. 15
Handgeld (*„signing fee"*) für den Vertragsabschluss von ablösefrei „erworbenen" Profifußballern	→ § 246 Rz. 48
Vertragsabschlussprämien an Neukunden bei bestimmbarer Mindestlaufzeit	*Roos,* DStR 2015 S. 437
Verdecktes Ausgabeaufgeld bei Wandelanleihen	→ § 272 Rz. 61

2. Nicht aktiv abzugrenzen sind

63

„Bearbeitungsentgelt" bei Abschluss eines öffentlich geförderten Darlehens, wenn dieses „Entgelt" bei vorzeitiger Beendigung des Darlehensverhältnisses nicht rückzahlbar ist.	BFH, Urteil v. 22.5.2011 – I R 7/10, DB 2011 S. 2006 (→ Rz. 61)
Aufwendungen zur Schaffung eines **Abraumvorrats,** da Herstellungskosten des Abbauprodukts	BFH, Urteil v. 23.11.1978 – IV R 20/75, BStBl 1979 IIS. 143
Abzinsungsbeträge bei zinslosen Darlehen an Arbeitnehmer oder Handelsvertreter	BFH, Urteil v. 23.4.1975 – I R 236/72, BStBl II S. 875
Aufwendungen des Mieters oder Pächters für **Einbauten,** da Herstellung eines (materiellen) Wirtschaftsguts	BFH, Urteil v. 26.2.1975 – I R 32/73 und I R 184/73, BStBl II S. 443 (→ Rz. 3 und → § 246 Rz. 319 ff.)
Lizenzgebühr vor dem Verkauf von Schallplatten	BFH, Urteil v. 23.9.1969 – I R 22/66, BStBl 1970 II S. 104
Laufende **Provisionsaufwendungen** eines Buch- und Schallplattenvertriebs oder eines Zeitschriftenvertriebs	BFH, Urteil v. 29.10.1969 – I 93/64, BStBl 1970 II S. 178; BFH, Urteil v. 19.12.1957– IV 432/56 U, BStBl 1958 III S. 162
Provisionsaufwendungen des Darlehensnehmers an einen Dritten für die Darlehensvermittlung	BFH, Urteil v. 4.3.1976 – IV R 78/72, BStBl 1977 II S. 380 (→ § 259 Rz. 28)
Provisionsvorschüsse an Handelsvertreter vor der Entstehung des Provisionsanspruchs	BFH, Urteil v. 4.8.1976 – I R 145/74, BStBl II S. 675
Jährlich wiederkehrende **Versicherungsprämien** in etwa gleicher und geringer Höhe	FG Niedersachsen, Urteil v. 2.2.1981 – IX 244/79, EFG 1981 S. 552 (→ Rz. 9)
Urlaubsgeld bei abweichendem Geschäftsjahr	BFH, Urteil v. 6.4.1993 – VIII 86/91, BStBl II S. 709
Geleistete **Vorfälligkeitsentschädigung**	→ Rz. 12
Degressive Leasingraten für Mobilien, nicht Immobilien	BFH, Urteil v. 28.2.2001 – I R 51/00, BStBl II S. 645 (→ Rz. 42)
Kleinbeträge für Kfz-Steuer	BFH, Beschluss v. 18.3.2010 – X R 20/09, DStRE 2010 S. 1036 (→ Rz. 2)
Im Voraus geleistete **Werbebeiträge beim Franchisenehmer**	FG Köln, Urteil v. 28.9.2017 – 7 K 1175/16

3. Passiv abzugrenzen sind

64

Entgelt für die Übernahme von **Erschließungskosten** durch Erbbauberechtigten ist beim Erbbauverpflichteten passiv abzugrenzen	BFH, Urteil v. 8.12.1988 – IV R 33/87, BStBl 1989 II S. 407; BFH, Urteil v. 4.9.1997 – IV R 40/96, BFH/NV 1998 S. 569
Finanzierungszuschläge von Teilzahlungskunden bei Wechseldiskontierung	BFH, Urteil v. 17.4.1962 – I 180/61 U, BStBl III S. 307
Gebührenanteile für eine Bürgschaftsübernahme, die eine Teilzahlungsbank einem mit ihr zusammenhängenden Einzelhändler gutschrieb	BFH, Urteil v. 15.2.1967 – I 48/64, BStBl III S. 297; BFH, Urteil v. 17.7.1974 – I R 195/72, BStBl II S. 684
Pauschalvergütung des Ehevermittlers	BFH, Urteil v. 17.8.1967 – IV 285/65, BStBl 1968 II S. 80
Vorausgezahlte **Betreuungsgebühren** für den Vermittler von Leasingverträgen	FG Köln, Urteil v. 19.10.2011, EFG 2012 S. 105 rkr. (→ § 249 Rz. 51)
Einmaliger Entschädigungsbetrag zur Abfindung einer betraglich nicht festliegenden 15 Jahre dauernden **Umsatzbeteiligung**	BFH, Urteil v. 4.9.1962 – I 198/61 U, BStBl 1963 III S. 7
Einmalige Zahlung für die **Beteiligung** des Zahlenden **an Verwertungserlösen** aus Urheberrechten	BFH, Urteil v. 27.5.2015 – X B 72/14
Entschädigungszahlung an Handelsvertreter nach § 90a HGB bzw. an Verlag für ein befristetes **Wettbewerbsverbot**	BFH, Urteil v. 29.10.1969 – IV 175/65, BStBl 1970 II S. 315; BFH, Urteil v. 4.9.1962 – I 198/61 U, BStBl III 1963 S. 7
Franchise – Eintrittsgebühr beim Franchisegeber	→ § 246 Rz. 375
Entgelte für zeitlich **unbefristete Grunddienstbarkeiten** und persönliche Dienstbarkeiten (Ferngasleitung)	BFH, Urteil v. 17.10.1968 – IV 84/65 BStBl 1969 II S. 180; BFH, Urteil v. 24.3.1982 – IV R 96/78, BStBl II S. 643; BFH, Urteil v. 9.12.1993 – IV R 130/91, BStBl 1995 II S. 202 (→ Rz. 24)
Entgelt für den immerwährenden Verzicht auf Ausweitung eines **Schweinezuchtbetriebs**	BFH, Urteil v. 15.2.2017 – VI R 96/13 (→ Rz. 50)
Vom Grundstückseigentümer im Voraus vereinnahmter **Erbbauzins**	BFH, Urteil v. 20.11.1980 – IV R 126/78, BStBl 1981 II S. 398; BFH, Urteil v. 26.3.1991 – IV B 132/90, BFH/NV 1991 S. 736; BFH, Beschluss v. 18.3.1986 – VII S 41/85, BFH/NV 1985 S. 617 (→ § 246 Rz. 11)
Die einmalige Entschädigung für die Übernahme einer mit erhöhtem betrieblichem Aufwand verbundenen **dauernden Unterlassungslast**	→ Rz. 50
Die Abfindung für die Verpflichtung, einen **Mühlenbetrieb** stillzulegen und 30 Jahre nicht wieder zu betreiben	→ Rz. 43
Die vereinnahmten **Baukostenzuschüsse** eines Gasversorgungsunternehmens der Abnehmer	→ Rz. 52
Der einmalige öffentliche Zuschuss zur Besetzung eines **Ausbildungsplatzes**	→ Rz. 38
Vorleistungen des öffentlichen Partners bei ÖPP	→ Rz. 21a
Vorvereinnahmung von Leasingraten (Forfaitierung) mit linearer Auflösung des Passivpostens	→ Rz. 35 und → Rz. 12
Anspruch auf **Nichtvermarktungsprämien**	BFH, Urteil v. 17.9.1987 – IV R 49/86, BStBl 1988 II S. 327; BMF, Schreiben v. 15.1.1988 – IV B 2 – S 2132 – 14/87, BStBl 1988 I S. 46

Übernahme einer **Ausbietungsgarantie** mit Auflösung innerhalb des Garantiezeitraums	BFH, Urteil v. 23.3.1995 – IV R 66/94, BStBl II S. 772
Zuschuss bei **Bierlieferungsverträgen**	BMF, Schreiben v. 11.7.1995 – IV B 2 – S 2134 a – 2/95, DB 1995 S. 1637 (→ Rz. 7)
Vorauszahlungen von Prämien für Bearbeitungsleistungen eines **Assekuradeurs** (Schiffstransportversicherung)	BFH, Urteil v. 14.10.1999 – IV R 12/99, BStBl 2000 II S. 25 (→ § 252 Rz. 140)
Subventionelle **Zinszuschüsse** der öffentlichen Hand	BFH, Urteil v. 24.6.2009 – IV R 26/06, DStR 2009 S. 1629
Vergütungen für den **Vertragsabschluss** (*„signing fee"*)	→ Rz. 15
Zinszuschüsse der Autohändler oder -hersteller an Banken für die verbilligten Zinsen bei der Autofinanzierung	*Balmes/Graessner*, FR 2011 S. 885
Honorarvorauszahlungen für laufenden Unterricht (Steuerfachschule)	→ § 252 Rz. 141 BFH, Urteil v. 10.9.1998 – IV R 80/96, BStBl 1999 II S. 21
Vorauszahlung der Gebühr für die Inanspruchnahme einer Steuerfachschule	→ Rz. 38
Ausbeutevorratsvermögen	→ Rz. 53

4. Nicht passiv abzugrenzen sind

65

Abschlussgebühr für **Bausparvertrag**	→ Rz. 52
Einmalentgelt für die Überlassung einer **Baulast**, siehe aber das zitierte Urteil zur **Grunddienstbarkeit**	BFH, Urteil v. 3.5.1983 – VIII R 100/81, BStBl II S. 572; BFH, Urteil v. 17.10.1968 – IV 84/65 BStBl 1969 II S. 180
Ertragswertentschädigung für die Beeinträchtigung des künftigen Betriebs	BFH, Urteil v. 11.7.1973 – I R 140/71, BStBl II S. 840
Friseurgutscheine, einzulösen bei erneuter Dienstleistung im neuen Jahr	BFH, Urteil v. 19.9.2012 – IV R 45/09, DStR 2012 S. 2171 (→ § 277 Rz. 10)
(Künftige) **Instandhaltung** als Kostenbestandteil des Mietzinses	BFH, Urteil v. 26.5.1976 – I R 80/74, BStBl II S. 622
(Künftige) **Instandhaltungsaufwendungen** eines Wartungsunternehmens	BFH, Urteil v. 3.7.1980 – IV R 138/76, BStBl II S. 648
Übernahme von **Datenspeicherungsleitungen** mit der Verpflichtung, die Daten über Jahre hinweg bereitzuhalten	BFH, Urteil v. 24.8.1983 – I R 16/79, BStBl 1984 II S. 273
Bauspartechnische Abgrenzung	BFH, Urteil v. 7.3.1973 – I R 48/69, BStBl II S. 565
Erhaltene **Werkzeugkostenbeiträge** in der Automobilindustrie, dafür Rückstellung	BFH, Urteil v. 29.11.2000 – I R 87/99, BStBl 2002 II S. 655 (→ Rz. 6)
Einstandsgebühr für Nutzungsberechtigung eines Golfplatzes	BFH, Urteil v. 19.4.2000 – XI B 42/99, BFH/NV S. 1200
Entschädigung für die **Aufhebung** eines auf eine bestimmte Laufzeit begründeten **Schuldverhältnisses,** wenn für den Zahlungsempfänger keine weiteren Verpflichtungen mehr bestehen	(→ Rz. 12)
Sog. **Vorfälligkeitsentschädigung,** die eine Bank als Gegenleistung für die Änderung nachteiliger Vertragsverhältnisse erhält	→ Rz. 12, u. E. unzutreffend BFH, Urteil v. 7.3.2007 – I R 18/06, BStBl II S. 697

Stillhaltervergütung (erhaltene Optionsprämie), dafür Verbindlichkeitsansatz geboten	BFH, Urteil v. 18.12.2002 – I R 17/02, BStBl 2004 II S. 126 (→ § 246 Rz. 9) Nach EuGH, 15.6.2017 – verb. Rs. C-444/16 und C-445/16 hingegen Recht zur Wahl zwischen a) sofortiger Ertragsrealisierung der Prämie bei „Ausgleich" durch eine Rückstellung und b) passiver Abgrenzung
Schadenersatz wegen nicht erfüllten Vertrags	BFH, Urteil v. 8.9.2011 – I R 78/10, StuB 2011 S. 959 (→ Rz. 12)
Überhöhte Leasingraten, die nach Vertragsbeendigung zurückbezahlt werden, dafür Rückstellung	BFH, Urteil v. 21.9.2011 – I R 50/10, DStR 2011 S. 2387 (→ Rz. 18 und → Rz. 48)
Öffentlicher **Zuschuss** für die Anschaffung einer Maschine bei Verpflichtung zur Beschäftigung eines Schwerbehinderten	BFH, Urteil v. 22.1.1992 – X R 23/89, BStBl 1992 II S. 488 (→ Rz. 53)
Im Voraus vereinnahmte Werbekostenbeiträge beim **Franchisegeber**	BFH, Urteil v. 22.8.2007 – X R 59/04, BStBl 2008 II S. 284 (→ § 246 Rz. 369)
Werkzeugkostenzuschüsse	BFH, Urteil v. 28.5.2015 – IV R 3/13 (→ § 246 Rz. 358)

§ 251 Haftungsverhältnisse

[1]Unter der Bilanz sind, sofern sie nicht auf der Passivseite auszuweisen sind, Verbindlichkeiten aus der Begebung und Übertragung von Wechseln, aus Bürgschaften, Wechsel- und Scheckbürgschaften und aus Gewährleistungsverträgen sowie Haftungsverhältnisse aus der Bestellung von Sicherheiten für fremde Verbindlichkeiten zu vermerken; sie dürfen in einem Betrag angegeben werden. [2]Haftungsverhältnisse sind auch anzugeben, wenn ihnen gleichwertige Rückgriffsforderungen gegenüberstehen.

Inhaltsübersicht

LITERATUR:

Fey, Probleme bei der Rechnungslegung von Haftungsverhältnissen, WPg 1992 S. 1; *Kronner/Seidler,* Patronatserklärung als Instrument zur Überschuldungsbeseitigung: Auswirkungen auf Liquiditätsplanung, Bilanzierung und Abschlussprüfung, BB 2019 S. 555 ff.; *Rätke,* Die Passivierung von „harten" Patronatserklärungen in der Steuerbilanz, StuB 2007 S. 308; *Wolf*, Die Kündigung und Bilanzierung von Patronatserklärungen, StuB 2011 S. 447.

I. Überblick

§ 251 HGB verlangt vom Kaufmann eine Angabe außerhalb des doppischen Rechenwerks und damit der Bilanz („**unter**" der Bilanz, „**unter**" dem Strich). Angabepflichtig sind Risiken, die aus bestimmten Haftungsverhältnissen resultieren. Diese belasten am Bilanzstichtag den Kaufmann nicht in dem Sinne, dass aus ihnen eine Zahlungsschuld droht. Gleichwohl zwingen sie den Kaufmann, sich über einschlägige Verpflichtungen auf dem Laufenden zu halten und die externen Bilanzadressaten über den Stand solcher Verpflichtungen zu informieren. Die Erfassung solcher Verpflichtungen erfolgt in Nebenbüchern, z. B. dem Wechselkopierbuch. Bei größerer einschlägiger Geschäftstätigkeit – z. B. den Bürgschaftsübernahmen bei Banken – müssen detaillierte organisatorische Vorkehrungen zur vollständigen Erfassung der betreffenden Geschäftsvorfälle installiert werden. 1

Effektive (Zahlungs-)Verpflichtungen aus solchen Schuldverhältnissen sind **bedingungs**abhängig, weshalb man umgangssprachlich regelmäßig von „**Eventualschulden**" spricht (→ Rz. 8). Typische Beispiele sind die Inanspruchnahme des Bürgen durch den Gläubiger (regelmäßig eine Bank) oder die Einlösung der Schuld aus dem „geplatzten" Wechsel durch den Indossanten. 2

Der **Informationsgehalt** für externe Bilanzadressaten ist allerdings insoweit beschränkt, als nur die Angabe eines **unaufgeschlüsselten** Gesamtbetrags gefordert ist. 3

Die Vermerkpflicht des § 251 HGB stellt in der bilanzrechtlichen Systematik lediglich eine Art Hilfsgröße dar. **Vorgreiflich** muss die **generelle bilanzielle Behandlung** der entsprechenden Verpflichtung geprüft werden. 4

BEISPIEL

- Das Kreditinstitut kündigt dem Kaufmann die Inanspruchnahme für einen notleidend gewordenen, von ihm verbürgten Kredit einer Tochtergesellschaft an.[1]
- Der Kaufmann hat sein Wertpapierdepot der Hausbank verpfändet, die den Kunden des Kaufmanns eine Gewährleistung i. H. von 10 % des abgewickelten Auftragsvolumens, z. B. eines Bauvorhabens, eingeräumt hat. Der Kunde nimmt die Bank in Anspruch, die sich ihrerseits aus dem Wertpapierportfolio schadlos halten will.

In beiden Fällen resultiert die Inanspruchnahme aus der Haftungsverbindlichkeit i. S. des § 251 HGB, gleichwohl **entfällt** die Angabepflicht „unter dem Strich", weil vorgreiflich für die drohende Inanspruchnahme aus dieser Eventualschuld nach Eintreten der Bedingung als Schuld (Rückstellung oder Verbindlichkeit) zu passivieren ist (→ § 249 Rz. 42).

Unseres Erachtens kommt deshalb die „Inanspruchnahme" des Bilanz**vermerks** statt der Passivierung auch dann nicht in Betracht, wenn die **Bewertung** einer Verpflichtung nur innerhalb einer großen Bandbreite von möglichen Ereignissen möglich ist (→ Rz. 19). 5

BEISPIEL

- Der Anlagebauer A hat eine Meerwasserentsalzungsanlage in Lanzarote installiert. Sechs Monate nach Inbetriebnahme häufen sich Klagen der örtlichen Fischer über ständig nachlassende Fang-

1 Vgl. hierzu BFH, Urteil v. 25.11.1999 – III R 77/97, BStBl 2002 II S. 233.

ergebnisse. Vorsorglich meldet der Auftragnehmer, die Regierung der Kanaren, Ansprüche an den Anlagebauer A an.

- Unklar ist am Bilanzstichtag, ob der Rückgang der Fangergebnisse auf die Meerwasserentsalzungsanlage zurückzuführen ist. Sollte dies der Fall sein, wäre allerdings mit hoher Wahrscheinlichkeit ein Gewährleistungsfall gegeben. Inwieweit daraus Zahlungsverpflichtungen entstehen können, ist am Bilanzstichtag in hohem Maße unsicher.
- A kann sich der Bilanzierungsentscheidung in diesem schwierigen Fall nicht durch eine Einbeziehung dieses Vorgangs in den Gesamtbetrag der Angabepflicht nach § 251 HGB entziehen. Vorgreiflich ist das Erfordernis des Bilanzansatzes zu prüfen und nach bestmöglicher Schätzung zu bewerten.
- Unabhängig davon ist fraglich, ob eine solche Gewährleistungsverpflichtung überhaupt in den Angabebereich nach § 251 HGB fällt (→ Rz. 21).

Dieses Auslegungsergebnis wird durch den Gesetzestext unterstrichen. Eventualschulden sind nur unter der Bilanz anzugeben, „**sofern** sie nicht auf der Passivseite auszuweisen sind". Das Gesetz geht somit sprachlich eindeutig von einer **alternativen** und nicht kumulativen Lösung aus: **Entweder** Bilanzansatz **oder** Angabe „unter dem Strich". Der Gesetzeswortlaut spricht also den Bilanzansatz an, nicht die **Bewertung.** Diese ist normspezifisch ausgerichtet (→ Rz. 18), erlaubt dabei keine Wahrscheinlichkeitskalküle über die effektiv irgendwann einmal erfolgte Inanspruchnahme, z. B. aus einer Bürgschaft (→ Rz. 23). Zu „bewerten" ist im Umfang des eingegangenen Obligos.

Unseres Erachtens ist **„sofern"** im Gesetzestext nicht als **„soweit"** zu interpretieren. Dann wäre bei einer drohenden Bürgschaftsinanspruchnahme die nach Wahrscheinlichkeit zu bewertende Rückstellung von z. B. 30 für ein Obligo von 100 der Haftungsvermerk auf 70 zu reduzieren. Unseres Erachtens ist der Rückstellungsansatz in der Bilanz vorrangig. Wie bei allen ex definitione unsicheren Rückstellungsbewertungen (→ § 253 Rz. 58) bedarf es nicht der (zusätzlichen) Nennung des möglicherweise höheren Betrags der Inanspruchnahme in der Zukunft.

6 Die in § 251 HGB aufgeführten Tatbestände resultieren aus **einseitig verpflichtenden** Rechtsgeschäften und sind insoweit von den wechselseitig verpflichtenden in Form von schwebenden Geschäften zu unterscheiden. Deren Nichtbilanzierung (→ § 246 Rz. 8) derogiert auch die Angabepflicht nach § 251 HGB.

BEISPIEL Unternehmer U mietet eine Ladenpassage auf fünf Jahre zu einem monatlichen Mietzins von X. Diese Verpflichtung ist so lange nicht bilanzierbar, wie aus ihr kein Verlust droht. Lediglich für Kapital- und „Kap. & Co."-Gesellschaften besteht eine Anhangangabepflicht nach § 285 Nr. 3a HGB (→ § 285 Rz. 16 ff.).

Zu den einzelnen in § 251 HGB angesprochenen Sachverhalten vgl. → Rz. 20 ff.

7 Die Angabevorschrift betrifft alle Kaufleute. Sie entspricht konzeptionell den **Anhang**angaben für Kapital- und „Kap. & Co."-Gesellschaften. Dieser Bereich von Unternehmen (abgesehen vom kleineren Format i. S. des § 267 Abs. 1 HGB) ist nach § 268 Abs. 7 HGB (→ § 268 Rz. 144) zu einer **Aufgliederung** und **Ergänzung** des Gesamtbetrags der Obligos nach § 251 HGB verpflichtet. Diese Gesellschaften trifft auch eine **zusätzliche** Angabepflicht für Haftungsverhältnisse zugunsten von Organmitgliedern nach § 285 Nr. 9c HGB (→ § 285 Rz. 30). Im Konzernabschluss gelten dieselben Vorschriften durch Bezugnahme in § 298 Abs. 1 HGB (→ § 298 Rz. 5).

II. Die Haftungsverhältnisse (Satz 1)

1. Begriffsinhalt

8 Die gesetzliche Begriffswahl ist klärungsbedürftig. Dabei taucht der umgangssprachlich übliche Ausdruck **„Eventualverbindlichkeit“** (→ Rz. 2) nicht auf. Das ist der Sache nach zutreffend, wenn man den Wortlaut des § 249 Abs. 1 Satz 1 HGB dagegenhält: Dort sind „ungewisse“ Verbindlichkeiten als bilanzierungspflichtig dargestellt, also solche, die **„eventuell“** eintreten, aber im Fachjargon nicht als Eventualverbindlichkeiten bezeichnet werden. **Beide** Typen von Verbindlichkeiten – nach §§ 251 und 249 HGB – sind also u.U. **bedingt,** z.B. eine nach § 249 Abs. 1 Satz 1 HGB anzusetzende Verpflichtung aus einer Patentverletzungsklage eines Konkurrenten, die irgendwann einmal („eventuell“) gerichtlich als bestehend oder nicht bestehend beurteilt wird (→ § 249 Rz. 13).

In Satz 1 spricht § 251 HGB ebenfalls von **Verbindlichkeiten,** umgekehrt in Satz 2 bei allen Tatbeständen des Satzes 1 und in der Überschrift von **Haftungsverhältnissen,** ebenso § 268 Abs. 7 HGB unter Bezugnahme auf § 251 HGB. Daraus folgt: § 251 HGB beschränkt inhaltlich die „Eventualität“ der Verbindlichkeit auf die **Haftungs**inanspruchnahme; die „eventuelle“ Inanspruchnahme für eine **eigene** Schuld (obiges Beispiel der Patentverletzung) ist nicht unter § 251 HGB zu subsumieren.

Unter „Haftung“ i. S. des § 251 HGB ist demnach die vertraglich begründete Verpflichtung zum Eintreten für die Schulden eines **Dritten** zu verstehen.

9 Sinnvollerweise **beschränkt** das Gesetz die Angabepflicht aus der Fülle von möglichen Haftungsverhältnissen auf die vier enumerativ genannten Sachverhalte (→ Rz. 16). Im Umkehrschluss sind **andere** Haftungsfälle **nicht** anzugeben (→ § 285 Rz. 17). Nicht anzugeben sind daher neben Haftungen aus dem öffentlichen oder dem Steuerrecht oder solchen aus unerlaubter Handlung auch folgende Fälle:

BEISPIEL

- Die A-AG begründet mit der B-GmbH ein Joint-Venture in der Rechtsform einer OHG. Damit haftet A gem. § 128 HGB für die Verbindlichkeiten der OHG.
- Die C-AG begründet ein steuerliches Organschaftsverhältnis mit der D-GmbH und verpflichtet sich gem. § 302 AktG zur Übernahme der Verluste der Tochter-GmbH.
- Die C-AG beschließt die Eingliederung der Tochter-AG nach §§ 319 ff. AktG mit der damit verbundenen Haftung nach § 322 AktG für die Verbindlichkeiten der eingegliederten Gesellschaft.

Die enumerative Darstellung der von der Angabepflicht umfassten Haftungsfälle im Gesetz schließt u. E. alle drei genannten und weitere gesetzliche Haftungsfälle, die aus Vertragsabschlüssen resultieren, von der Angabepflicht aus.[1] Diese betrifft vielmehr (nur) Verträge, die unmittelbar auf die Haftungsübernahme ausgerichtet sind.[2] In den vorstehend genannten drei Beispielfällen ist die übernommene Haftung demgegenüber „nur“ eine gesetzliche Folge des Vertragsabschlusses.

1 Anderer Auffassung beispielsweise *Kleindiek* in Ulmer (Hrsg.), HGB-Bilanzrecht, § 251 Tz. 15; *Schulze-Osterloh* in Baumbach/Hueck, GmbHG, 18. Aufl., § 42 Tz. 309; wie hier *ADS*, 6. Aufl., § 251 Tz. 10 f.; tendenziell wie hier, allerdings mit moderater Ausweitung der Angabepflicht, *Roß*, DB 2011 S. 2219.

2 Vgl. *Fey* in Küting/Pfitzer/Weber (Hrsg.), Handbuch der Rechnungslegung – Einzelabschluss, 5. Aufl., § 251 Tz. 17.

Die **Vielzahl** der gesetzlich und damit selbstverständlich bestehenden Haftungsverhältnisse lässt deren Aufnahme in den Angabebetrag als **sinnlos** erscheinen. Sie ist aber auch durch einen im Gesetzeswortlaut deutlich zum Ausdruck kommenden beschränkten Anwendungsbereich ausgeschlossen, weil nur die **zugunsten Dritter** eingegangenen Haftungsverhältnisse tatbestandlich erfasst werden (→ Rz. 21). Sofern ein gesetzlicher Haftungstatbestand – z. B. nach Umweltrecht – virulent wird, geht es ausschließlich um den Ansatz bzw. Nichtansatz einer Rückstellung (→ Rz. 5).

10 Nicht zu den angabepflichtigen Verbindlichkeiten zählt das Obligo des Trägerunternehmens aus einer über eine zugehörige Unterstützungskasse abgewickelte **Altersversorgungsverpflichtung,** die nach dem Wahlrecht des Art. 28 Abs. 1 EGHGB nicht bilanziert ist (→ § 249 Rz. 127). Entsprechendes gilt für die nicht bilanzierten sog. Altzusagen für Firmenpensionen nach Art. 28 Abs. 1 EGHGB. Kapital- und „Kap. & Co."-Gesellschaften sind nach der Spezialvorschrift des Art. 28 Abs. 2 EGHGB zu einer Anhangangabe für diese nicht bilanzierten Versorgungsverpflichtungen gezwungen (→ § 284 Rz. 37).

11 Ein angabepflichtiges Haftungsverhältnis aus **Pensionsverpflichtungen** kann sich hingegen ergeben, wenn im Rahmen von **Unternehmensveräußerungen** oder der rechtlichen Verselbständigung von Unternehmensteilen durch Einzelrechtsnachfolge die Verpflichtung lediglich im Innenverhältnis (wirtschaftlich) auf einen anderen übergeht, das Unternehmen aber nach § 4 BetrAVG primärer Schuldner bleibt. Dann verwandelt sich aus bilanzrechtlicher – d. h. die wirtschaftliche Substanz des Vertrags berücksichtigender – Betrachtungsweise die Primärschuld in ein Haftungsobligo (→ § 246 Rz. 110). Die (befristete) Haftung aus § 613a Abs. 2 BGB für übergegangene Anwartschaften ist gem. IDW RS HFA 30 Tz. 99 nicht vermerkpflichtig, weil sie auf gesetzlicher Grundlage beruht (→ Rz. 9).

12 Die Haftungsverbindlichkeit muss am Bilanzstichtag (→ § 252 Rz. 39) rechtlich bestehen. In der Zeit danach entstehende Sachverhalte sind **ansatzbegründend** (→ § 252 Rz. 70 ff.), werden also nicht durch Wertaufhellung auf den Bilanzstichtag zurückbezogen. Eine rechtliche Verpflichtung und damit die Ansatzpflicht besteht auch dann, wenn kurz vor dem Bilanzstichtag etwa die Bürgschaft förmlich aufgehoben und kurz darauf wieder neu begründet wird. In diesem Fall ist von einem konkludent vereinbarten Fortbestehen des Bürgschaftsvertrags auszugehen.

13 Für die Verbindlichkeit eines Dritten kann der Unternehmer eine **doppelte** oder gar **mehrfache** Haftung übernehmen, z. B. durch Bestellung einer Grundschuld (→ Rz. 36) und zusätzlich einer persönlichen Bürgschaft. In den Vermerkposten ist nur eine dieser Verbindlichkeiten aufzunehmen, da der Haftungsfall des Kaufmanns nur einmal besteht. Die Wahl soll dabei auf den Vermerk des „stärkeren" Haftungsverhältnisses fallen.[1] Ob dies im Beispielfall die Grundschuld ist, erscheint dann zweifelhaft, wenn die Vorbelastungen auf dem Grundstück dessen Versteigerungswert übersteigen. Unseres Erachtens ist der **höhere** vereinbarte Sicherungsbetrag, also der Wert der Grundschuld oder ein ggf. bestehender Höchstbetrag für die Bürgschaft, für die Aufnahme in den Gesamtbetrag der Angabepflicht maßgeblich.

1 So *Grottel/Berberich* in Beck'scher Bilanz-Kommentar, 13. Aufl. 2022, § 251 Tz. 15.

2. Ausweis, Aufgliederung

Das Gesetz verlangt einen Ausweis **„unter"** der Bilanz. Gewählt wird in der Praxis die Passivseite, was aber nicht zwingend ist. Bei **Anhang**erstellungsverpflichtung wird der entsprechende Vermerk nach § 268 Abs. 7 HGB regelmäßig dort untergebracht (→ § 268 Rz. 144) und das (dortige) Wahlrecht zum Vermerk „unter Bilanz" nicht in Anspruch genommen. § 268 Abs. 7 HGB gilt insoweit als Lex specialis, das § 251 HGB vorgeht. 14

Es genügt der Ausweis eines **Gesamtbetrags** mit dem gewöhnlich verwendeten Titel „Eventualverbindlichkeiten" (→ Rz. 8). Eine **Aufgliederung** kann (außer bei Kapital- und „Kap. & Co."-Gesellschaften ab dem mittelgroßen Format, → § 268 Rz. 144) nicht verlangt werden, es sei denn, eine solche ist für den außenstehenden Adressaten des Jahresabschlusses von elementarer Wichtigkeit. Hierzu kann als Analogieschluss auf § 243 Abs. 1 HGB (→ Rz. 22) zurückgekommen werden. 15

BEISPIEL ▶ Die B-GmbH betätigt sich als Bauträger. Zur Herstellung der Bauten bedient sie sich u. a. einer Schwester-GmbH, die vom gleichen Anteilseigner E beherrscht wird. Die Schwester-GmbH hat als Geschäftszweck die Ausführung von Dachdeckerarbeiten. Zur Förderung eines Großprojekts übernimmt die Schwester-Gesellschaft den Kaufinteressenten gegenüber eine Gewährleistungsverpflichtung zur vertragsmäßigen Erfüllung der Baubeschreibung.

Unseres Erachtens ist hier eine gesonderte Angabepflicht für das das übliche Geschäftsvolumen **übersteigende** Obligo erforderlich. Anders verhält es sich, wenn die Übernahme einer solchen Gewährleistung den wesentlichen Teil der Geschäftstätigkeit ausmacht (→ Rz. 34).

Die Angabe sollte sinnvollerweise unter Bezugnahme auf § 251 HGB erfolgen („Eventualverbindlichkeiten nach § 251 HGB"), um Missverständnisse über den Inhalt und Umfang zu vermeiden. 16

Sofern eine **freiwillige Aufgliederung** erfolgt, muss eindeutig auf den Gesetzesinhalt verwiesen werden, also

- Wechselobligo,
- Bürgschaftsübernahmen,
- Gewährleistungen,
- bestellte Sicherheiten für fremde Verbindlichkeiten.

Leerposten sind entsprechend den allgemeinen Regeln (→ § 265 Rz. 32) nicht anzugeben, ebenso wenig Vorjahreszahlen.

Für (mittelgroße und große) Kapital- und „Kap. & Co."-Gesellschaften ist eine Pflicht zur Angabe von Vorjahreszahlen im Anhang nach h. M. nicht gegeben (→ § 284 Rz. 12). 17

3. Bewertung

Die Angabepflicht muss in **bewerteter** Form vollzogen werden („Betrag"). Eine qualitative Umschreibung – „unser Wechselobligo am Bilanzstichtag übersteigt nicht den üblichen Rahmen" – ist unzulässig. Anzugeben ist der **Höchstbetrag** der Schuld, irgendwelche Wahrscheinlichkeitsüberlegungen über die mögliche Inanspruchnahme sind ausgeschlossen. Diese müssen **vorgreiflich** erfolgen, um die Bilanzierung dem Grunde und der Höhe nach zu bestimmen (→ Rz. 5). Wenn die Entscheidung zu Letzterer fällt, bedarf es der Quantifizierung des Bilanzvermerks nicht (mehr). 18

Häufig liegen eindeutig bestimmbare Beträge vor:

- beim Wechselobligo (→ Rz. 22),
- bei der Höchstbetragbürgschaft,
- beim Grundpfandrecht (bestellt für fremde Verbindlichkeiten).

In den beiden letztgenannten Fällen ist der **Nominal**betrag aus der Vertragsurkunde heranzuziehen[1] oder der geringere am Stichtag **valutierende** Betrag der Verbindlichkeit.[2] Bei einer Verpflichtung in Fremdwährung sind die einschlägigen Bewertungsvorschriften (→ § 256a Rz. 13 ff.) analog heranzuziehen. Mögliche Folgekosten aus der Inanspruchnahme (z. B. Zinsen und Gebühren) sind u. E. nicht mit anzugeben.[3]

19 Schwieriger fällt die Bewertung bei Obligos für **variable** Verbindlichkeiten des Primärschuldners.

BEISPIEL Die Muttergesellschaft M-OHG übernimmt gegenüber ihrer Tochter T-AG (adressiert an deren Vorstand) die Verpflichtung, „sie jederzeit mit ausreichender Liquidität zur Erreichung ihrer Geschäftszwecke auszustatten".

Diese sog. harte Patronatserklärung (→ Rz. 27) ist einem Bürgschaftsobligo dem wirtschaftlichen Gehalt nach vergleichbar. Die Patronatserklärung ist allerdings gegenüber jedermann, also allen Gläubigern der T-AG, ausgesprochen. Unseres Erachtens ist nach dem Stichtagsprinzip die Angabe in Höhe der in der letzten vorliegenden Jahresbilanz der T-AG ausgewiesenen Schulden vorzunehmen (→ Rz. 31), ggf. unter Einbeziehung der finanziellen Verpflichtungen nach § 285 Nr. 3a HGB (→ § 285 Rz. 16 ff.).

Wird diese harte Patronatserklärung ausschließlich zugunsten der Hausbank oder den Hausbanken der T-AG ausgesprochen, ist der am Stichtag in Anspruch genommene Kreditrahmen als Angabegröße im Abschluss der M-OHG zu berücksichtigen.

Wie sonst auch bei der Bilanzierung (→ § 252 Rz. 59 ff.) sind in diesen Fällen **Schätzungen** mit teilweise großen Intervallen erforderlich. Das enthebt u. E. nicht von der Angabepflicht. Bei den Schätzungen sollen einer Auffassung im Schrifttum zufolge nicht die sonst anzuwendenden Regeln für den Bilanzansatz und die -bewertung gelten, sondern auch **ungünstige Umstände,** die lediglich denkbar sind, berücksichtigt werden, allerdings auch wieder nicht in Form eines *Worst-Case*-Szenarios.[4] Diese Vorgabe mag theoretisch zutreffend sein, in der Praxis wird es selten gelingen, ein *Worst-Case*-Szenario von demjenigen eines lediglich denkbaren und möglichen Eintretens zu unterscheiden. Jede sich einigermaßen vernünftig darstellende und von Außenstehenden nachvollziehbare Schätzung halten wir in diesen Fällen für ausreichend. Unseres Erachtens ist eine Schätzung immer möglich, auch wenn die Bandbreite des möglichen Eintreffens der Tatbestände groß ist. Deshalb ist der lediglich erläuternde Vermerk „inwieweit wir aus unserer Bürgschaft für die Tochter-GmbH in Australien in Anspruch genommen werden können, lässt sich nicht abschätzen" nicht zulässig. Möglicherweise verbirgt sich in der Praxis hinter einer solchen Bemerkung auch der an sich gebotene Ansatz einer Schuld (meistens Rückstellung), wonach dann ein Bilanzvermerk nach § 251 i.V. mit § 268 Abs. 7 HGB als eine Art Feigenblatt bzw. Rechtfertigung bei späteren rechtlichen Belangungen dienen soll (→ Rz. 5).

---

1 So *ADS*, 6. Aufl., § 251 Tz. 51 und 56.
2 Vgl. *Grottel/Berberich* in Beck'scher Bilanz-Kommentar, 13. Aufl. 2022, § 251 Tz. 85.
3 So auch *ADS*, 6. Aufl., § 251 Tz. 103.
4 So *ADS*, 6. Aufl., § 251 Tz. 108, m.w.N.

Weitere Hinweise zu Bewertungsfragen sind in der nachstehenden Kommentierung der einzelnen Tatbestände, die zur Angabepflicht nach § 251 HGB führen, enthalten.

4. Die vermerkpflichtigen Tatbestände im Einzelnen

4.1 Ausgangsüberlegungen

20 In kasuistischer Form führt das Gesetz vier Tatbestände auf. Diese enumerative Darstellung bedeutet eine sinnvolle **Beschränkung** (→ Rz. 9) der Angabepflichten, die ohnehin wegen des in der Zusammenfassung zu einem Gesamtbetrag im Ausweis nicht durch übermäßig hohen Informationsgehalt gekennzeichnet ist. Die gemeinsame Klammer der vier Tatbestände ist die **einseitige** Verpflichtung (→ Rz. 6) des Unternehmens zum bedingten Einstehen für **fremde** Verbindlichkeiten (→ Rz. 8). Diese sind in Form typischer schuldrechtlicher Verhältnisse aufgeführt (→ Rz. 16).

21 Die h. M.[1] will aus dieser Systematik ausscheren und für die **Gewährleistungsverträge** (→ Rz. 32) eine Angabepflicht auch für **eigene** (primäre) Schuldverhältnisse fordern, soweit sie über das Branchenübliche hinausgehen. Dem ist schon aus Gründen der bilanzrechtlichen Systematik zu widersprechen (→ Rz. 4): **Eigene** Verbindlichkeiten können kein Haftungsverhältnis i. S. des § 251 HGB begründen, sondern sind vorgreiflich entweder als **Schuld** passivierbar oder als Verpflichtung aus **schwebendem Vertrag** systematisch nicht bilanzierbar. Des Weiteren spricht der Gesetzesaufbau in § 251 HGB gegen die Auffassung der h. M.: „Haftung" i. S. der drei übrigen Tatbestände des § 251 HGB ist immer nur als eine solche für fremde Verbindlichkeiten explizit aufgeführt (→ Rz. 8). Nichts spricht für eine andere Zielrichtung des Gesetzgebers im Fall der Gewährleistungsverträge.[2] Weitere Argumente gegen die Sonderbehandlung der Gewährleistungsverträge in § 251 HGB sind unter → Rz. 32 ff. dargelegt.

4.2 Wechselobligo

22 Die Haftung aus einem Wechselgeschäft kann den **Aussteller** gem. Begebung nach § 9 WG oder bei Übertragung als **Indossant** gem. § 15 WG treffen, sofern der Schuldner den Wechsel nicht einlöst. Über die Bonität des Wechselschuldners ist nicht zu befinden, der Vermerk muss allein aufgrund des wechselrechtlichen Obligos erfolgen.

Umkehrwechsel im sog. **Scheck-Wechsel-Verfahren** sind ebenfalls in den Vermerk einzubeziehen (→ § 266 Rz. 93). In diesen Fällen zahlt regelmäßig der Schuldner mit einem Scheck unter gleichzeitiger Übersendung eines Wechselformulars an den Gläubiger mit der Bitte um Ausstellung eines **Finanzwechsels** in gleicher Höhe, der auf den Kunden gezogen (mit der Folge der Angabepflicht) und dann bei der Bank zum Diskont eingereicht wird.

Der Bestand des Wechselobligos ist organisatorisch durch ein **Wechselkopierbuch** nachzuhalten (→ § 240 Rz. 7). Zur erforderlichen Bestandsaufnahme (Inventur) vgl. → § 240 Rz. 7. Für das **latente Risiko** aus dem Wechselobligo kann nach BFH-Rechtsprechung (→ § 252 Rz. 76) unter Wertaufhellungsgesichtspunkten eine Rückstellung für die am Bilanzstichtag noch umlaufenden Wechsel gebildet werden.

---

1 Zum Beispiel *ADS*, 6. Aufl., § 251 Tz. 61; *Fey* in Küting/Pfitzer/Weber (Hrsg.), Handbuch der Rechnungslegung – Einzelabschluss, 5. Aufl., § 251 Tz. 49.

2 Ähnlich argumentiert gegen die h. M. *Schulze-Osterloh* in Baumbach/Hueck (Hrsg.), GmbHG, 18. Aufl., § 42 Tz. 309.

Nicht zu verwechseln mit dem Obligo ist die Verpflichtung des Akzeptanten, regelmäßig des Schuldners, der eine entsprechende Verpflichtung „innerhalb" der Bilanz auszuweisen hat.

Das wertpapierrechtlich bestehende Obligo aus **Schecks** wird regelmäßig aus Geringfügigkeitsgründen nicht erfasst und demnach nicht in den Vermerk nach § 251 HGB einbezogen.

Die **Bewertung** des anzugebenden Betrags entspricht dem Nennwert des gesamten Obligos (→ Rz. 18).

4.3 Bürgschaften und ähnliche Rechtsverhältnisse

4.3.1 Bürgschaften

23 Vom Kaufmann eingegangene Bürgschaften sind in allen rechtlichen Ausprägungen angabepflichtig, also auch die – nur selten vorkommende – **nicht** selbstschuldnerische Bürgschaft. Entsprechendes gilt für den **Kreditauftrag,** der nach § 778 BGB eine bürgschaftsgleiche Verpflichtung auslöst. Die vom Gesetz eigens aufgeführten Wechsel- und Scheckbürgschaften sind im normalen kaufmännischen Geschäftsverkehr kaum anzutreffen.

4.3.2 Schuldmitübernahme, Erfüllungsübernahme, Gesamtschulden

24 Auf die **Bezeichnung** „Bürgschaft" kommt es, wie auch sonst bei der Bilanzierung, nicht an. Sofern man den *„Substance over form"*-Gedanken als generelle Regel der Bilanzierung anerkennt (→ § 246 Rz. 230), muss dies auch für die Angabe von Haftungsverhältnissen, hier von Bürgschaften, gelten. Ein typisches Beispiel stellen **Finanzierungszusagen** von Kreditinstituten an Zweckgesellschaften dar (→ Rz. 35). Die h. M. will dagegen unter „Bürgschaften" nur diejenigen Rechtsverhältnisse ausweisen, die diese Vertragsüberschrift tragen, nicht hingegen „bürgschaftsähnliche".[1] Stattdessen wird für die übrigen Haftungsobligos eine Angabe unter „Gewährleistung" präferiert. Es kommt indes nicht auf die Bezeichnung der Vertragsgrundlage an, sondern auf den **wirtschaftlichen Gehalt.** So wie man ein Mietverhältnis (Nutzungsüberlassung eines Vermögensgegenstands) durch Ver- und Rückkauf begründen kann, also durch zwei Kaufverträge (→ § 246 Rz. 234), so können Bürgschaften dem wirtschaftlichen Gehalt nach auch durch originäre Schuldverhältnisse begründet werden. Dabei kommt es nicht entscheidend auf den förmlich (nicht) vereinbarten Forderungsübergang nach § 774 BGB an, da dieser regelmäßig wertlos, also ohne wirtschaftlichen Gehalt ist.

BEISPIEL ▸ Die Muttergesellschaft M-OHG vereinbart mit der Hausbank der Tochter T-GmbH eine **Schuldmitübernahme** für die Verbindlichkeiten der T-GmbH. Die Bonität der T-GmbH ist zweifelsfrei vorhanden. Die Schuldmitübernahme entspricht der wirtschaftlichen Substanz nach einer Bürgschaft und ist entsprechend bei der M-OHG vermerkpflichtig nach § 251 HGB. Umgekehrt kann es sich verhalten, wenn die Tochtergesellschaft nicht mehr ausreichende Bonität zur Tilgung der Bankschuld hat. Dann kehrt sich die Bilanzierungspflicht um: Die M-OHG bilanziert die auf die T-GmbH lautende Schuld als eigene, bei der T-GmbH kommt es zum Bilanzvermerk (→ § 246 Rz. 379).

Statt der Schuldmitübernahme kann im vorstehenden Sachverhalt auch eine **Erfüllungsübernahme** vereinbart sein. Von Rechts wegen hat die Bank dann keinen Anspruch auf die Einstandspflicht der M-OHG. Nach wohl h. M.[2] muss der Schuldner (hier die T-GmbH) weiterhin die Bankverbindlichkeit passivieren und in gleichem Umfang einen Rückgriffsanspruch gegen die M-OHG aktivieren. Unseres Erachtens ist diese „Doppelbilanzierung" der Schuld zumindest dann nicht geboten, wenn die Bank über

1 Zum Beispiel *Grottel/Berberich* in Beck'scher Bilanz-Kommentar, 13. Aufl. 2022, § 251 Tz. 50.

2 Vgl. *ADS*, 6. Aufl., § 246 Tz. 418.

die im Innenverhältnis zwischen M-OHG und T-GmbH begründete Erfüllungsübernahme informiert ist; dann Lösung wie bei der Schuldmitübernahme (→ § 246 Rz. 379).

Die gleiche Lösung wie die bei den vorstehenden ergibt sich u. E. bei einer treuhänderisch eingegangenen Verpflichtung. Auch hier kommt der Treugeber als Verpflichteter für den Bilanzansatz nur in Betracht, wenn seine Einstandspflicht überwiegend wahrscheinlich ist (→ § 246 Rz. 379).

Eine Angabepflicht kann auch bei einem die Schuld nicht übernehmenden und deshalb nicht bilanzierenden, aber an der **Spaltung** teilnehmenden Rechtsträger gem. § 133 Abs. 1 UmwStG entstehen.

Eine **anteilige** Schuldverpflichtung mit entsprechender Angabepflicht nach § 251 HGB kann sich bei einer **Gesamtschuld** gem. § 421 BGB ergeben:[1] 25

BEISPIEL Die C-OHG gründet mit der D-GmbH ein ohne eigenes Gesellschaftsvermögen operierendes und nicht bilanzierendes *Joint Venture* zum Bau eines Straßentunnels. Es besteht erheblicher Vorfinanzierungsbedarf für das Objekt, für den die Bank B gewonnen werden konnte. Die beiden *Joint-Venture*-Partner sind nachdem Arge-Vertrag am Vermögen und am Ergebnis zur Hälfte beteiligt. Sie übernehmen im Innenverhältnis auch entsprechend die jeweils hälftige Bedienung der Bankschuld.

Im Beispiel ist u. E. bei jedem der Arge-Partner der **halbe** Kreditbetrag zu passivieren. Die bestehende Einstandspflicht für die zweite Hälfte der Bankschuld ist, vergleichbar einer Bürgschaft, angabepflichtig. Die Angabepflicht „verwandelt sich" in eine Rückstellung oder eine Verbindlichkeit, sobald der andere Arge-Partner für seine Einstandspflicht nicht mehr aufkommen kann.

Ein Schuldbeitritt kann auch für **Dauerschuldverhältnisse** erfolgen, z. B. zur Verpflichtung aus Mietverhältnissen eines Dritten als Mieter und „Hauptverpflichteter". Unseres Erachtens kommt hierfür eine Angabepflicht nicht in Betracht, solange die ordnungsmäßige Abwicklung des Mietverhältnisses nicht infrage steht. Der Grund liegt in der generellen Nichtbilanzierung von schwebenden Vertragsverhältnissen (hier beim „Hauptschuldner"). Wenn eine solche Verpflichtung dem Grunde nach nicht bilanzierbar ist (→ § 246 Rz. 8), kann auch das Obligo aus der Schuldübernahme nicht angabepflichtig sein.[2] 26

4.3.3 Patronatserklärungen

Der **Rechtsgehalt** von Patronatserklärungen ist unterschiedlich.[3] Als gemeinsamen Nenner der verschiedenen Ausprägungen kann die Zusage des Patrons (regelmäßig Muttergesellschaft) bzgl. zu treffender Maßnahmen oder Unterlassungen bzgl. einer Tochtergesellschaft gelten, um dadurch die Kreditwürdigkeit der Tochter herzustellen oder zu erhöhen. Unterschieden werden kann im Wesentlichen wie folgt: 27

- nach dem **Adressaten** zwischen **externen** Patronatserklärungen gegenüber dem Gläubiger und **internen** Erklärungen gegenüber dem Schuldner (meist Tochterunternehmen),
- nach der **rechtlichen Bindung** und Reichweite zwischen **harten** Patronatserklärungen, die eine rechtliche Verpflichtung zur Ausstattung mit (alle oder bestimmte Schulden sichernder) ausreichender Liquidität usw. begründen, und **weichen** Erklärungen, die entweder nur Absichtserklärungen darstellen oder deren Inhalt nicht auf schuldensichernde Maß-

1 So auch *ADS*, 6. Aufl., § 246 Tz. 420.
2 Anderer Auffassung *ADS*, 6. Aufl., § 251 Tz. 105.
3 Vgl. hierzu IDW RH HFA 1.013 v. 22.2.2008; *Scherff/Willeke*, StuB 2008 S. 740.

nahmen, sondern auf Beibehaltung der Gesellschafter- oder Organstellung oder Ähnliches gerichtet ist.

Bei einer harten, internen Erklärung entfällt die Angabepflicht u. E. nicht,[1] da die Geschäftsleitung jederzeit die Weitergabe an ihre Gläubiger vornehmen kann.

28 Der Zusagegehalt (zugunsten des Dritten) ist dem Vertragstext nicht immer eindeutig zu entnehmen. Durch **verklausulierte** Formulierungen soll in der Rechnungslegungspraxis der Angabepflicht ausgewichen werden. Eine differenzierte Vertragsauslegung ist dann erforderlich, da in unlösbaren Zweifelsfällen auf „Angabe“ zu entscheiden ist.[2] Der Inhalt einer Patronatserklärung kommt derjenigen einer Bürgschaft nahe, weshalb sie u. E. unter diesem Titel erfasst werden kann.[3] Das Gleiche gilt für Kredit- oder Finanzierungszusagen (→ § 285 Rz. 23).

29 Als angabepflichtig kommen vor diesem Hintergrund i. d. R. nur **harte** Patronatserklärungen in Betracht:

BEISPIEL

- Die Mutter-OHG M verpflichtet sich gegenüber der Tochter-GmbH T, diese jederzeit mit der zur Unternehmensführung erforderlichen Liquidität auszustatten.
- Die Zusage lautet auf die Einhaltung einer absoluten Mindestgröße des Eigenkapitals oder einer relativen Größe, bezogen auf die Bilanzsumme.

In diesen Fällen wird die Muttergesellschaft mittelbar auch den Gläubigern der Tochter verpflichtet. Deshalb ist eine Vermerkpflicht nach § 251 HGB anzunehmen, die sich bei einer **drohenden Inanspruchnahme** in einen Rückstellungsansatz verwandeln kann (vergleichbar einer Bürgschaft; → Rz. 4).

30 Nicht unter die Vermerkpflicht fallen **„weiche“** Patronatserklärungen:[4]

- Die M-OHG verpflichtet sich der Bank gegenüber zur Aufrechterhaltung der Gesellschafterstellung während der Laufzeit des Bankkredits zugunsten der T-GmbH.
- Die M-OHG verpflichtet sich, den Gewinnabführungsvertrag mit der Verlustausgleichsverpflichtung analog § 302 AktG beizubehalten.
- Die M-OHG verpflichtet sich der Bank gegenüber, die Geschäftsführung der T-GmbH zur ordentlichen Kreditabwicklung anzuhalten.

31 Die **Bewertung** der Angabepflicht (→ Rz. 18) hat sich an der Zielrichtung der (harten) Patronatserklärung auszurichten. Es ist also zu fragen, wem diese Erklärung dient, wer sie also sozusagen erzwungen hat. Das gilt auch dann, wenn die Erklärung nicht förmlich der dritten Person (meist einem Kreditgeber) gegenüber abgegeben wird, sondern der Geschäftsführung oder dem Vorstand des begünstigten Unternehmens. Es ist regelmäßig von einer Weitergabe dieser Zusage durch die Geschäftsleitung des Kreditnehmers an die Kredit gebende Bank auszugehen (→ Rz. 27). Der vermerkpflichtige Betrag beläuft sich dann auf den aktuellen Kon-

1 Das hat das IDW RH HFA 1.013 v. 22.2.2008 offengelassen.

2 So IDW RH HFA 1.013 Tz. 6.

3 Anderer Auffassung die möglicherweise h. M., die eine Subsumption unter „Gewährleistungen“ präferiert; z. B. *ADS*, 6. Aufl., § 251 Tz. 78. Praktische Bedeutung kommt dieser Frage nur zu, wenn eine Grundlage oder pflichtmäßige Aufgliederung (→ Rz. 3) analog oder gem. § 268 Abs. 7 HGB erfolgt.

4 Zu den verschiedenen Formen der Patronatserklärungen vgl. *Fey* in Küting/Pfitzer/Weber (Hrsg.), Handbuch der Rechnungslegung – Einzelabschluss, § 251 Tz. 54.

tostand der Bankverbindlichkeit bzw. der Verbindlichkeiten bei mehreren Adressaten der Patronatserklärung.

Vertretbar ist auch eine inhaltliche Identifizierung der harten Patronatserklärung mit einer **Höchstbetragsbürgschaft.** Dann ist der Betrag der eingeräumten Kreditlinie[1] oder deren Inanspruchnahme am Bilanzstichtag (→ Rz. 18) anzugeben.

Zweifelhaft ist auch das Angabevolumen, wenn sich die Erklärung nicht auf ein konkretes Schuldverhältnis bezieht, sondern allgemein das **Überleben** der Tochtergesellschaft zugesichert wird. Dann könnte die Zusage als **alle** Verbindlichkeiten der Tochter betreffend gewertet werden. Nach einer Auffassung im Schrifttum sollte der Vermerk auf **diejenigen** Gläubiger und deren Anspruch beschränkt werden, denen die Zusage der Mutter zugegangen ist.[2] Dagegen sprechen allerdings die Einstandspflicht gegenüber allen Gläubigern in der Insolvenz der Tochtergesellschaft und die vom Patron nicht abschätzbare Weiteradressierung der Erklärung durch das Management des Tochterunternehmens. Unseres Erachtens sollte der Gesamtbetrag der Verbindlichkeiten am Bilanzstichtag mit entsprechender Erläuterung angegeben werden (→ Rz. 19).

4.4 Gewährleistungsverträge

4.4.1 Der Haftungstatbestand

Durch Gewährleistungsverträge zugunsten Dritter (→ Rz. 21) werden Haftungsverhältnisse übernommen, wenn dem Gläubiger (des Dritten) ein bestimmter wirtschaftlicher Nachteil oder Schaden entsteht oder eine Zusage nicht eintritt. Diese Vertragstypen umfassen auch eigentliche Bürgschaften („bürgschaftsähnlich"), weshalb eine eindeutige Zuordnung des jeweiligen Vertragstyps nicht immer möglich ist.[3] 32

Zur Bestimmung der Angabepflicht von Gewährleistungsverträgen bedarf es zunächst einer **Systematisierung** der Gewährleistung aus Sicht der Unternehmenspraxis:[4] 33

- **Handelsübliche** Gewährleistungen beruhen regelmäßig auf dem Gesetz, manchmal aber auch auf der Branchenübung („10-Jahre-Durchrost-Garantie"). Sie tauchen als Bilanzierungsproblem im Zusammenhang mit der Gewinnrealisierung auf (→ § 252 Rz. 147). Nach § 251 HGB sind sie schon deswegen nicht angabepflichtig, weil die Verpflichtung den Schuldner selbst und nicht einen Dritten erfasst (→ Rz. 21). Außerdem hätte die Erfüllung einer Angabe schon deswegen keinen Sinn, weil fast jede gewerbliche und unternehmerische Tätigkeit mit irgendwelchen Gewährleistungsverpflichtungen verbunden ist.
- Bei **unüblichen** Gewährleistungen fehlt u. E. ebenfalls die von § 251 HGB geforderte Haftung für Verbindlichkeiten Dritter. Infrage kommt hier die umsatzkürzende Bildung einer Rückstellung, ansonsten u. E. die Verfahrensweise beim Mehrkomponentengeschäft (→ § 252 Rz. 147).

1 So IDW RH HFA 1.013 Tz. 20.
2 So IDW RH HFA 1.013 Tz. 20.
3 Tendenziell a. A. IDW RH HFA 1.013 Tz. 5, der formal Gewährleistungsverträge von Bürgschaften abgrenzt, d. h. als Alternativen behandelt.
4 Vgl. zum Folgenden auch *Hoffmann*, StuB 2011 S. 689.

BEISPIEL ▶ Der Kaufpreis eines Kfz wird mit einem unüblichen kostenfreien Service für eine Fahrleistung von 100.000 km verbunden. Dieser Service wird auf 8 T€ kalkuliert und ist im Kaufpreis des Autos von 52 T€ enthalten.

Der Kfz-Händler bucht entsprechend:

Per Debitor	52 T€	an	Umsatz mit USt	44 T€
		an	passive Abgrenzung	8 T€

Hierzu folgendes weiteres Beispiel:

BEISPIEL ▶ Der Lieferant einer Abfüllmaschine gibt eine Funktionsfähigkeitsgarantie für zehn Jahre ab, branchenüblich sind höchstens fünf Jahre. Der erhaltene Kaufpreis ist auf die eigentliche Anlage und auf die unübliche Garantie aufzuteilen. Der letztgenannte Teil des Erlöses ist in den Jahren sechs bis zehn zu vereinnahmen. Der Preisanteil für die unübliche Garantie ist nach dem Vorbild des Mehrkomponentengeschäfts (→ § 252 Rz. 133) entweder passiv abzugrenzen oder zurückzustellen. Im Falle von Passivabgrenzung gelten die im vorstehenden Beispiel dargestellten Buchungsschritte. Nach tradierter handelsrechtlicher Auffassung werden eher die sonstigen betrieblichen Aufwendungen und Erträge angesprochen. Die „Übergarantie" ist aber in jedem Fall bilanziell abzubilden, es bleibt (schon deshalb) kein Raum für eine Angabepflicht – abgesehen von dem Fehlen einer Drittschuld (→ Rz. 21).

Sieht man u. E. unzutreffend von einer Passivierung der erweiterten Garantie ab, ist nach h. M. die Gewährleistung unter der Bilanz anzugeben (→ Rz. 21).

34 Ein Bilanzvermerk kann auch dann ausscheiden, wenn die Übernahme von Gewährleistungen den **Geschäftsinhalt** darstellt (→ Rz. 15).

BEISPIEL ▶ Die Bauträger B-GmbH baut und verkauft Eigentumswohnungen. Wegen des schleppenden Verkaufs muss die GmbH für zehn Jahre Mietgarantien aus den Objekten zugunsten der Käufer übernehmen. Dazu bedient sie sich der G-GmbH, die im Eigentum des Hauptgesellschafters der B-GmbH steht. Für die Übernahme der Mietgarantie erhält die G-GmbH ein im Augenblick des Vertragsabschlusses angemessenes Entgelt.

Die Übernahme der Garantie für die Mieteinnahmen und das dafür erhaltene Entgelt stellt das Geschäftsmodell der G-GmbH dar. Die hierfür von der B-GmbH oder den Wohnungskäufern erhaltene „Provision" ist als Umsatzerlös periodisiert über die Laufzeit des Garantieversprechens von G zu vereinnahmen. Bzgl. des Gewährleistungsobligos gilt für die Bilanz der G-GmbH:

- Sofern sie – wie in solchen Fällen üblich – gegenüber dem Kunden der B-GmbH (Eigentumserwerber) abgegeben worden ist, besteht keine Angabepflicht, sondern stattdessen eine Bilanzierungspflicht, sobald die Inanspruchnahme aus der Garantie „droht", mit ihr also ernsthaft zu rechnen ist.
- Gibt die B-GmbH die Mietgarantie primär gegenüber dem eigenen Kunden ab und verschafft sie diesem zusätzliche Sicherheit, indem die G-GmbH einspringt, sofern die B-GmbH ihren Verpflichtungen aus der Mietgarantie nicht nachkommt, entsteht bei der B-GmbH ein bürgschaftsähnliches Haftungsverhältnis.

Beim unechten *Factoring* übernimmt der Faktor nicht das Ausfallrisiko für die Forderung, dieses bleibt beim zedierenden Forderungsverkäufer. Sofern die Forderung gleichwohl ausgebucht wird (mit der h. M. etwa dann, wenn die Abtretung offen, d. h. mit Anzeige gegenüber dem Schuldner, erfolgt, → § 246 Rz. 281), stellt das Delkredere-Risiko eine angabepflichtige Haftung für fremde Verbindlichkeiten dar.

In der Praxis wichtige Fälle der Gewährleistung für fremde Leistungen sind:

- Anzahlungsgarantien,
- Bietungsgarantien,

- Forderungsankaufsgarantien,
- Freistellungszusagen jeder Art,
- Hinterlegung von Kautionswechseln für fremde Schulden,
- Vertragserfüllungsgarantien,
- Werthaltigkeitsgarantien (z. B. bei ABS-Gestaltungen).

4.4.2 Die Vertragsbezeichnung

Einschlägige Verträge werden in den seltensten Fällen die Vertragsüberschrift „Gewährleistung" tragen. Wie immer bei der Bilanzierung ist nicht die Vertragsüberschrift, sondern der **wirtschaftliche** Gehalt (die „Substanz") von Bedeutung. Wenn das Unternehmen nach allen zwischengeschalteten Personen letztlich für die betreffende Schuldnerin – ob Konzernunternehmen oder nicht – einstehen muss, besteht eine Angabepflicht. 35

BEISPIEL ► Die Sächsische Landesbank musste für die Kredite von in Irland ansässigen sog. *Conduits*-Tochtergesellschaften aufgrund eines *valuation agreement* haften und ist daran fast zugrunde gegangen.

In gewisser Weise bildet das Gewährleistungsobligo eine Auffanggröße für alle Haftungsfälle ähnlichen Charakters wie Bürgschaften, aber immer nur für **fremde** Schulden.[1]

5. Gegebene Sicherheiten für fremde Verbindlichkeiten

Als Sicherheiten in diesem Sinne sind zu verstehen: 36

- Grundpfandrechte,
- verpfändete bewegliche Sachen und Rechte,
- Sicherungsübereignungen von beweglichen Vermögensgegenständen (Vorräte, Anlagegüter),
- Sicherungsabtretungen von Forderungen.

Solche Sicherheiten werden im Regelfall für **eigene** Verbindlichkeiten des bilanzierenden Unternehmens gewährt und sind dann **nicht** nach § 251 HGB bzw. § 268 Abs. 7 HGB angabepflichtig, wohl aber bei Anhangerstellungspflicht nach § 285 Nr. 1b HGB (→ § 285 Rz. 6). Vielmehr muss die Bestellung solcher Sicherheiten ausnahmsweise für **fremde** Verbindlichkeiten erfolgen, z. B. also für eine Tochter- oder eine Muttergesellschaft.

BEISPIEL ► Die M-OHG gewährt der Bank B als Sicherheit ein Grundpfandrecht oder eine andere der oben genannten Sicherheiten für die gesamten Kreditbeziehungen der Tochter T-GmbH.

Einen im Schrifttum diskutierten Sonderfall[2] bildet die sog. Forfaitierung von **Leasingforderungen** in Form eines Verkaufs der zukünftig entstehenden Forderungen aus dem Leasingvertrag an eine Bank unter Übernahme des Bonitätsrisikos des Leasingnehmers (→ § 246 Rz. 262). In diesem Fall gewährt die Leasinggesellschaft der Bank eine Sicherheit für den Eingang der Forderungen durch Sicherungsübereignung bzw. Pfandbestellung betreffend die verleasten Vermögensgegenstände. In formaler Betrachtung hat die Leasinggesellschaft selbst keine Ver- 37

1 IDW HFA 1/1998.

2 Vgl. *ADS*, 6. Aufl., § 251 Tz. 98; *Fey* in Küting/Pfitzer/Weber (Hrsg.), Handbuch der Rechnungslegung – Einzelabschluss, § 251 Tz. 50.

pflichtung aus diesem Geschäft, sondern lediglich die Bank. Die Leasinggesellschaft gewährt also eine Sicherheit für fremde Verpflichtungen. Gegen die Angabepflicht spricht allerdings die bilanzielle Berücksichtigung des Forderungsverkaufs durch (regelmäßig) passive Abgrenzung des Differenzbetrags zwischen Nennwert und Kaufpreis, in dem sich auch die Bonität neben den eigentlichen Zinseffekten des Leasingnehmers niederschlägt. Es käme bei einer Angabe nach § 251 HGB zu einer Art **Doppelerfassung** ein und desselben wirtschaftlichen Substrats, weshalb die Angabepflicht nach § 251 HGB entfällt.

Ein weiterer Sonderfall ist beim Einzelkaufmann die Bestellung eines Grundpfandrechts auf einem Betriebsgrundstück anlässlich der Aufnahme eines rein privaten, daher nicht bilanzierten Darlehens.

III. Rückgriffsforderungen (Satz 2)

38 Nach § 250 Satz 2 HGB wird die Angabepflicht nicht durch **Rückgriffsforderungen** abbedungen, auch bei deren Gleichwertigkeit.

BEISPIEL Die Tee-Einzelhandelskette T-OHG übernimmt zugunsten des Importeurs I in Bremen eine Kreditausfallbürgschaft mit Höchstbetrag von X € gegenüber dem indischen Teehersteller Z. Gleichzeitig sichert sich die OHG für diese Ausfallbürgschaft durch ein Grundpfandrecht auf dem Hafengelände des I in Bremen ab.

Die Kreditausfallbürgschaft ist von der OHG mit dem Betrag X anzugeben. Freiwillig kann sie diese Angabe durch die Erwähnung des Grundpfandrechts wie folgt vornehmen: „Davon durch Grundpfandrecht rückgesichert X €."

IV. Anhangerläuterungen

39 § 285 Nr. 27 HGB (→ § 285 Rz. 182) verlangt von Kapital- und „Kap. & Co."-Gesellschaften eine Darlegung der „Gründe der Einschätzung des Risikos der Inanspruchnahme". Die Angabepflicht reflektiert die vorgreifliche Entscheidung über einen erforderlichen **Bilanzansatz** als Rückstellung (→ Rz. 4). Letzterer entfällt (nur) dann, wenn keine Inanspruchnahme aus dem Haftungsobligo „droht". Oder anders, in der Wortwahl des Rückstellungsansatzes (→ § 249 Rz. 46) formuliert: Die **Wahrscheinlichkeit** der Inanspruchnahme ist gering, es sprechen mehr Gründe dagegen als dafür. Oder noch deutlicher: „Gründe für eine Inanspruchnahme aus dem Haftungsobligo sind nicht ersichtlich, wir schließen dies aus dem jahrelang bestehenden Obligo ohne Inanspruchnahme unsererseits." So könnte die Anhangformulierung im Regelfall lauten.

Dritter Titel: Bewertungsvorschriften

§ 252 Allgemeine Bewertungsgrundsätze

(1) Bei der Bewertung der im Jahresabschluss ausgewiesenen Vermögensgegenstände und Schulden gilt insbesondere Folgendes:

1. **Die Wertansätze in der Eröffnungsbilanz des Geschäftsjahrs müssen mit denen der Schlussbilanz des vorhergehenden Geschäftsjahrs übereinstimmen.**
2. **Bei der Bewertung ist von der Fortführung der Unternehmenstätigkeit auszugehen, sofern dem nicht tatsächliche oder rechtliche Gegebenheiten entgegenstehen.**

3. Die Vermögensgegenstände und Schulden sind zum Abschlussstichtag einzeln zu bewerten.

4. Es ist vorsichtig zu bewerten, namentlich sind alle vorhersehbaren Risiken und Verluste, die bis zum Abschlussstichtag entstanden sind, zu berücksichtigen, selbst wenn diese erst zwischen dem Abschlussstichtag und dem Tag der Aufstellung des Jahresabschlusses bekannt geworden sind; Gewinne sind nur zu berücksichtigen, wenn sie am Abschlussstichtag realisiert sind.

5. Aufwendungen und Erträge des Geschäftsjahrs sind unabhängig von den Zeitpunkten der entsprechenden Zahlungen im Jahresabschluss zu berücksichtigen.

6. Die auf den vorhergehenden Jahresabschluss angewandten Bewertungsmethoden sind beizubehalten.

(2) Von den Grundsätzen des Absatzes 1 darf nur in begründeten Ausnahmefällen abgewichen werden.

Inhaltsübersicht

Rz.

LITERATUR:

Bienert/Seidler, Rückwirkung im Handelsrecht, BB 2020 S. 1451; *Braun/Geppert*, Pflicht zur Berichterstattung über das Vorliegen einer wesentlichen Unsicherheit der Unternehmensfortführung in Anhang und Lagebericht, BB 2021 S. 811; *Cremer*, Gegenstand, Voraussetzungen und Rechtsfolgen der Bilanzberichtigung, NWB 2020 S. 1; *Drüen*, Der Große Senat des BFH und die objektiv richtige Bilanz, GmbHR 2013 S. 505; *Friedl/Buchner*, Die Änderung eines Jahresabschlusses – Ablauf einer Fehlerkorrektur nach handelsrechtlichen Vorschriften, StuB 2014 S. 183; *Friedl/Buchner*, Die Änderung eines Jahresabschlusses – Wesentlichkeitskriterien, Umfang und Folgewirkungen nach handelsrechtlichen Vorgaben, StuB 2014 S. 211; *Goerdeler/Müller*, Die Behandlung von nichtigen oder schwebend unwirksamen Anschaffungsgeschäften, von Forderungsverzichten und Sanierungszuschüssen im Jahresabschluss, WPg 1980 S. 313; *Hennrichs*, Fehlerbegriff und Fehlerbeurteilung im Enforcementverfahren, DStR 2009 S. 1446; *Hoffmann*, Strukturierte Geschäftsmodelle in der BFH-Rechtsprechung, StuB 2009 S. 43; *Hirschberger/Leuz*, Der Grundsatz der Wesentlichkeit bei der Jahresabschlusserstellung, DB 2012 S. 2529; *Hoffmann*, Umsatzrealisation von

Teilleistungen, PiR 2009 S. 312; *Hoffmann*, Aufhellungstheorien, StuB 2013 S. 317; *Küting/Eichenlaub*, Einzelbewertungsgrundsatz im HGB- und im IFRS-System, BB 2011 S. 1195; *Küting/Tesche*, Der Stetigkeitsgrundsatz im verabschiedeten neuen deutschen Bilanzrecht, DStR 2009 S. 1491; *Löffler/Roß*, Ansatz- und Bewertungsstetigkeit im handelsrechtlichen Jahresabschluss, WPg 2012 S. 363; *Lüdenbach*, Wirtschaftliche Betrachtungsweise – 100 Jahre und kein bisschen weiter? Verpasste Chancen im Rechtsvergleich, StuB 2019 S. 15 ff.; *Lüdenbach*, Gewinnrealisierung noch vor Beendigung des Probebetriebs, StuB 2022 S. 149; *Lüdenbach/Hoffmann*, Wirtschaftliches Eigentum und bilanzielle Ertragsrealisierung bei rechtsunwirksamen Geschäften, DB 2009 S. 861; *Mader/Seitz*, Die Fortführung der Unternehmenstätigkeit („going concern") wird unterstellt – auch in der Corona-Krise, DStR 2020 S. 996; *Moxter*, Bilanzrechtsprechung, 6. Aufl. 2007; *Prinz, U.*, Abschied vom subjektiven Fehlerbegriff für steuerbilanzielle Rechtsfragen, WPg 2013 S. 650; *Roß*, Phasengleiche Gewinnvereinnahmung bei Minderheitsgesellschaftern?, WPg 2022 S. 23; *Schüppen*, Abschied vom subjektiven Fehlerbegriff im Bilanzrecht, DB 2022 S. 749 ff.; *Schüttler*, Anhangangabe bei Bestandsgefährdung, StuB 2019 S. 438; *Weber-Grellet*, Abschied vom subjektiven Fehlerbegriff, DStR 2013 S. 729.

I. Der GoB-Charakter

1. Regelungsinhalt und Ausnahmen

Der Inhalt von § 252 HGB erklärt sich zunächst **rechtshistorisch.** Vor der Transformation der 4. EG-Richtlinie durch das Bilanzrichtliniengesetz (BiRiLiG) waren GoB vorhanden, aber im Regelungsgehalt des AktG 1965 nicht förmlich normiert. Außerhalb der Aktiengesellschaften war auch fraglich, inwieweit die dort festgehaltenen Bilanzierungsvorschriften (z. B. das Anschaffungskostenprinzip) auch auf andere Rechtsformen analog anzuwenden sind. Damit hat das BiRiLiG zu Recht aufgeräumt und z. B. in § 252 HGB alle rechnungslegungspflichtigen Subjekte bestimmten Normen unterworfen, hier den GoB. Dabei ist die Aufzählung in § 252 HGB **keineswegs vollständig** („insbesondere"). Es handelt sich entgegen der vorstehenden Überschrift zum dritten Titel des dritten Buchs des HGB auch nicht ausschließlich um „Bewertungsvorschriften". Förmlich vom Gesetz genannt sind auch eigentliche **Ansatz**vorschriften (→ Rz. 8a), z. B. die Bilanzidentität nach Abs. 1 Nr. 1 (→ Rz. 9 ff.) oder das Realisationsprinzip nach Abs. 1 Nr. 4 (→ Rz. 102 ff.). 1

Die GoB sind über § 5 Abs. 1 Satz 1 EStG auch **steuerbilanziell** beachtlich, soweit kein Vorbehalt über § 5 Abs. 6 EStG eingreift (→ Rz. 270) oder ein Wahlrecht nach § 5 Abs. 1 Satz 1 Halbsatz 2 („es sei denn") ausgeübt wird (→ Rz. 271). Es gibt deshalb z. B. kein steuerliches Wertaufhellungs-[1] oder Vorsichtsprinzip.[2] Die **EU-Rechnungslegungsrichtlinie 2013** (→ § 264 Rz. 37d) erfordert eine Ergänzung des GoB-Katalogs in § 252 Abs. 1 HGB bzgl. des Wesentlichkeitskriteriums (→ Rz. 234a).

§ 252 ist von **allen** Kaufleuten anzuwenden und nicht durch Gesellschaftsvertrag außer Kraft zu setzen oder zu modifizieren. Die in einfachen Gesellschaftsverträgen beliebte Formel „für die Bewertung gelten die steuerlichen Vorschriften" ist gegenstandslos, wenn diese gegen die Regeln des HGB verstoßen. Ebenso ist es unzulässig, einen Verstoß gegen die Bewertungsvorschriften des HGB durch eine Anhangangabe zu „heilen", etwa wie folgt formuliert: „Die Bewertung des Grundbesitzes erfolgt zur besseren Darstellung der Vermögenslage zum Zeitwert." 2

1 So aber BFH, Beschluss v. 7.8.2000 – GrS 2/99, BStBl II S. 632.

2 So aber *Prinz, U.*, StuB 2009 S. 566: „... wird man handels- und steuerrechtliche Vorsichtsüberlegungen trennen müssen".

3 Wie häufig bei Rechnungslegungsvorschriften werden hier **undefinierte Rechtsbegriffe** verwendet, die folgerichtig der Auslegung bei der Rechtsanwendung bedürfen. **Ermessensausübungen** des bilanzierenden Organs („Kaufmann") sind dabei unumgänglich, wodurch schon deswegen „**richtige**" Jahresabschlüsse in einem mathematischen Verständnis nicht möglich sind. Das verhindert die Komplexität des Wirtschaftslebens, das in einzelwirtschaftlicher Sicht durch den Jahresabschluss abgebildet werden soll. Vgl. hierzu auch § 243 Rz. 1 ff.

4 Die scheinbare Großzügigkeit des Gesetzgebers in Abs. 2, der die **Abweichungen** von den in Abs. 1 aufgeführten Regeln **ausnahmsweise** erlaubt (→ Rz. 229), ist systembedingt erforderlich, wenn auch nicht ausufernd anwendbar. Die erforderliche **Begründung** liefert für sich betrachtet keine relevante Auslegungsschranke. „Irgendein" Grund lässt sich fast immer finden. Ausnahmen müssen Ausnahmen bleiben und diese sind nicht nur formal, sondern auch inhaltlich mit triftigen Gründen zu versehen und zu **dokumentieren.**

Die sich anschließende Frage zielt auf den **Ort** der Dokumentation. Soll es sich also nur um einen internen Vermerk im Interesse einer möglichen Nachprüfung handeln oder soll die Anwendung der Ausnahmevorschrift auch dem außenstehenden Adressaten des Jahresabschlusses kundgetan werden? Sofern eine **Anhang**erstellungspflicht besteht, ergibt sich die Offenlegungspflicht aus § 284 Abs. 2 Nr. 1 HGB für den Einzel- und nach § 313 Abs. 1 Nr. 1 HGB für den Konzernabschluss. Unseres Erachtens ist ein entsprechender **Vermerk** unterhalb der Bilanz oder GuV auch bei fehlender Anhangpflicht geboten.

BEISPIEL[1] Die Maier & Müller OHG – Tunnelbau – hat einen einzigen Großauftrag zu bewältigen, der sich über einen Zeitraum von dreieinhalb Jahren hinweg erstreckt.

Dem Realisationsprinzip zufolge wäre in den Geschäftsjahren vor der Fertigstellung lediglich Aufwand auszuweisen, ein mit dem Leistungsfortschritt verbundener Gewinn wäre nicht zu zeigen, die nicht aktivierbaren Kosten wären im Aufwand zu verrechnen. Das Bilanzbild spiegelt damit ziemlich unvollständig die erbrachte Leistung der OHG wider (→ Rz. 123). Eine ausnahmsweise eingeräumte Vorrangstellung (→ Rz. 5) des Periodisierungsprinzips in Abs. 1 Nr. 5 (→ Rz. 205) vor dem Realisationsprinzip in Abs. 1 Nr. 4 (→ Rz. 102) erscheint hier u. U. zulässig – wohlgemerkt unter Berücksichtigung des Vorsichtsprinzips bei den damit verbundenen Schätzungen (→ Rz. 53). Die Gesetzesgrundlage wäre § 252 Abs. 2 HGB. Dagegen liegt keine Abweichung von den speziellen Bewertungsvorschriften in § 253 HGB vor, weil es sich insoweit um eine den allgemeinen Regeln vorgehende Bestimmung zum Bilanz**ansatz** handelt.[2]

2. Hierarchie und Systematik der Regeln

5 Entgegen manchen Vorgaben der Wissenschaft (→ § 243 Rz. 5), die Hierarchien von GoB-Bestandteilen erarbeitet haben, belässt es der Gesetzgeber bei einer unstrukturierten Aufzählung einzelner GoB. Ein **innerer Zusammenhang** ist nicht ersichtlich.[3] So geht auch nicht etwa nach dem Gesetzesaufbau das Vorsichtsprinzip (→ Rz. 53) dem Periodisierungsgedanken (→ Rz. 205) oder dem Realisationsprinzip (→ Rz. 102) vor, sondern alle erscheinen auf der **gleichen** Hierarchieebene. Auch nicht geschriebene GoB (→ Rz. 233) sind den in § 252 HGB auf-

1 In Anlehnung an *Müller* in FS Goerdeler, 1997, S. 408.

2 So auch *ADS*, 6. Aufl., § 252 Tz. 7.

3 Vgl. *Müller* in FS Goerdeler, 1997, S. 405; differenzierend *Fülbier/Kischel/Selchert* in Küting/Pfitzer/Weber (Hrsg.), Handbuch der Rechnungslegung – Einzelabschluss, § 252 Tz. 14.

gelisteten ebenbürtig.[1] Generell gebricht es dem Gesetzesaufbau an **Systematik:** Die Bewertung muss vorsichtig erfolgen. Wie steht es aber mit dem **Ansatz?** „Leichtsinnig" oder „fahrlässig" darf ein solcher sicherlich nicht ausgewählt werden, aber wie dann?

BEISPIEL ► Die X-AG ist mit einer Schadenersatzklage konfrontiert. Die Sachverhaltsermittlung ist hochgradig komplex, die Rechtslage unklar. Die Schätzungen für das Bestehen der Verpflichtung schwanken zwischen „voll" und „gar nicht". Das Anwaltsteam schätzt die Wahrscheinlichkeit des Bestehens seiner Verpflichtung nach Aufforderung durch den Vorstand auf 30 % bis 65 % ein, betont aber den reinen Gefühlscharakter dieser Schätzung (→ § 249 Rz. 43 ff.).

Nach den üblichen Lehrbuchvorgaben wäre die Bewertung „vorsichtig", d. h. mit 65 %, vorzunehmen. Hier geht es aber – zunächst – nur um den Ansatz. Kann hier die Wahrscheinlichkeit mit dem Durchschnittswert ermittelt werden (bei allen theoretischen und praktischen Vorbehalten gegen solche Zahlenspielereien), also mit 47,5 %? Die 51 %-Formel des BFH könnte dafür sprechen (→ § 249 Rz. 46). Dann aber würde nicht vorsichtig angesetzt, wenn man eine Identität der Vorsichtsvorgabe für Ansatz und Bewertung als richtig erachtet. Bei 65%iger Wahrscheinlichkeit der Inanspruchnahme müsste in der Konsequenz der Ansatz der Schuld bejaht werden. Vgl. auch → Rz. 53 ff.

3. Ermittlung der GoB

Auf die Kommentierung unter → § 243 Rz. 9 ff. wird verwiesen. 6

4. Widersprüchlichkeiten zu den speziellen Bewertungsvorschriften

In den §§ 253–256a HGB und in anderen Gesetzesstellen sind mitunter Regeln enthalten, die 7
als Lex specialis den allgemeinen Bewertungsregeln **vorgehen.** Genannt werden dabei[2] die

- ► Nichtbeachtung des Realisations- und Imparitätsprinzips durch die Zeitbewertung nach § 340e Abs. 3 Satz 1 HGB,
- ► Währungsumrechnung nach § 256a Satz 2 HGB (→ § 256a Rz. 15),
- ► Rückstellungsbewertung zum Erfüllungsbetrag nach § 253 Abs. 1 Satz 2 HGB (→ § 253 Rz. 48),
- ► Bildung von Bewertungseinheiten nach § 254 HGB (→ § 254 Rz. 54).

Unseres Erachtens sind nicht alle der vorstehend genannten Spezialregeln der Bewertung als **Verstoß** gegen die GoB zu werten. Das wäre nur der Fall, wenn die Vorgaben des § 252 HGB absolutistisch – keine Ausnahme vertragend – betrachtet würden. Diese Sichtweise muss u. E. zurücktreten, wenn das Ergebnis eine schlichtweg unsinnige Bilanzierung mit sich brächte, so z. B. der Verzicht auf die Bildung von Bewertungseinheiten (→ § 254 Rz. 5).

Nach den zuvor zitierten Autoren seien die in → Rz. 7 aufgeführten Gesetzespassagen aus dem 8
BilMoG nicht nur massiv GoB-widrig; sie sollen auch an den „**Fundamenten** der handelsrechtlichen Rechnungslegung rütteln" und das „gesamte GoB-Gefüge ins Wanken bringen". Demgegenüber sei an andere „uralte" Bewertungsregeln erinnert, die mindestens so GoB-widrig sind wie die vier genannten, die Existenz des HGB indes bislang vernehmlich nicht ins Wanken brachten. Musterbeispiel ist der Verzicht auf die Abschreibung wertgeminderter Finanzanlagen, soweit diese nicht von Dauer sind. Deshalb unterbleiben flächendeckend Abschreibungen

1 Vgl. *Fülbier/Kischel/Selchert* in Küting/Pfitzer/Weber (Hrsg.), Handbuch der Rechnungslegung – Einzelabschluss, § 252 Tz. 14, m. w. N.

2 Vgl. *Fülbier/Kischel/Selchert* in Küting/Pfitzer/Weber (Hrsg.), Handbuch der Rechnungslegung – Einzelabschluss, § 252 Tz. 16.

auf entsprechende Titel, weil ja in den nächsten 20 Jahren mit einer Werterholung oder vollständigen Rückzahlung zu rechnen ist, also von der Dauerhaftigkeit des aktuellen Börsenpreises nicht ausgegangen werden muss (→ 253 Rz. 141 ff.). Mit der Beachtung des Stichtags- und Vorsichtsprinzips hat diese Bilanzierungsweise nichts am Hut. Die Tugend des ehrenhaften Kaufmanns, der sich eher arm als reich rechnet, hat sich hier in das Gegenteil verkehrt.

II. Die gesetzlich erwähnten GoB-Regeln (Abs. 1)

1. Bedeutung für Bewertung und Bilanzansatz

8a § 252 HGB enthält unter der Überschrift „Allgemeine Bewertungsgrundsätze" und als Teil von „Dritter Titel – Bewertungsvorschriften" in formaler Betrachtung nur Vorgaben für die **Bewertung,** hingegen nicht für den **Bilanzansatz.** Die zugrunde liegende EU-Bilanzrichtlinie 2013/34/EU listet in Art. 6 Abs. 1 inhaltlich entsprechende Grundsätze hingegen mit der Maßgabe auf, „die im Jahresabschluss und im konsolidierten Abschluss ausgewiesenen Posten werden gemäß diesen ‚allgemeinen Grundsätzen angesetzt und bewertet'". In richtlinienkonformer Anwendung von § 252 HGB müssten die dort niedergelegten Grundsätze daher entsprechend für den Bilanzansatz gelten. Dass nur eine solche Ausweitung auf Ansatzfragen zu sachgerechten Ergebnissen führt, ist in einigen Fällen evident, so etwa bei der Bilanzidentität (→ Rz. 9) oder dem Stichtagsprinzip (→ Rz. 39). In anderen Fällen ist die Ausweitung hingegen strittig, so etwa bei der **Fortbestehensprämisse** (→ Rz. 21), der nach Auffassung des BFH für den Bilanzansatz keine Bedeutung zukommt, während IDW und Schrifttum anderer Auffassung sind; hierzu wird auf → § 249 Rz. 38a verwiesen.

2. Bilanzidentität, Kongruenzprinzip (Abs. 1 Nr. 1)

2.1 Der Bezug zum Stichtagsprinzip

9 Die von Gesetzes wegen postulierte Bilanzidentität („Kongruenzprinzip") steht sachlich in nahem Kontext zum **Stichtagsprinzip** (→ Rz. 39). Die physikalische Realität der ununterbrochen dahinfließenden Zeit wird im Interesse der Information über die Resultate der kaufmännischen Rechnungslegung an einem bestimmten sog. Stichtag angehalten (→ Rz. 68). Gleichwohl laufen die Zeit und somit das Geschäftsleben des Unternehmens und die damit verbundenen buchungspflichtigen Geschäftsvorfälle weiter. Letztere können sich nicht in einer Art zeitloser Sphäre bewegen. Deshalb verlangt der Grundsatz der Bilanzidentität die **vollständige** Erfassung dieser Geschäftsvorfälle so, als wenn das **künstliche Anhalten** am Bilanzstichtag nicht erfolgt wäre.

2.2 Sinn und Zweck

10 Daraus kann man auch die Vorgabe der richtigen Erfassung des **Totalgewinns** erklären, also des Ergebnisses der Wirtschaftstätigkeit eines Unternehmens über den gesamten Zeitraum seiner Existenz. Diese auch „Totalrechnung" genannte Idee verlangt die erfolgswirksame Erfassung **aller** Aufwendungen und Erträge, was buchungstechnisch durch die Bilanzidentität erreicht wird.

BEISPIEL ▸ Das Maschinenbauunternehmen M bildet zum 31.12.01 eine Gewährleistungsrückstellung für einen Einzelfall i. H. von 100. Nach Erstellung und Feststellung des Jahresabschlusses 01 stellt sich als Verhandlungslösung mit der Gegenpartei ein Rückstellungserfordernis von lediglich 40 heraus. Deshalb stellt M in die Eröffnungsbilanz zum 1.1.02 nur einen Betrag von 40 ein.

Durch diese Vorgehensweise würde über die Gesamtperiode hinweg ein um 60 zu hoher Aufwand des Unternehmens dargestellt. Nach dem Grundsatz der Bilanzidentität muss deshalb ein Betrag von 100 in die Eröffnungsbilanz eingestellt werden, obwohl sich dieser im Nachhinein als „falsch" herausgestellt hat. Die im Jahr 02 erforderliche Auflösung der Rückstellung stellt in zwischenperiodischer Betrachtung oder aus Sicht der Totalperiode das „richtige" Ergebnis dar. Zweimal falsch ist insgesamt richtig.

In dem vorstehenden Beispiel ist auch ein weiterer ökonomischer Hintergrund für das Erfordernis der Bilanzidentität hineingelegt worden. Angesprochen ist das in vielen wesentlichen Bilanzposten enthaltene **Schätzungserfordernis** (→ Rz. 53 f.). Schätzungshalber ermittelte Bilanzposten erweisen sich erst im Zeitverlauf als richtig, entwickeln sich somit über die Perioden hinweg zur Richtigkeit. 11

Der vorstehend dargestellte Wertausgleich zwischen den beiden Perioden wird auch als **Zweischneidigkeit** oder Janusköpfigkeit der Bilanz bezeichnet. Durch diese Zweischneidigkeit werden **bilanzpolitische** Gestaltungsmöglichkeiten eingeschränkt, andererseits wird aber auch die Bilanz**analytik** beeinträchtigt. 12

BEISPIEL Die (im Rahmen des Schätzungsermessens) gering gehaltene Pauschalwertberichtigung auf Forderungen und die Teilwertabschreibung auf Beteiligungen und unfertige Arbeiten müssen in späteren Perioden bei ansonsten gleichbleibenden Verhältnissen irgendwie nachgeholt werden. Die zurückhaltende Verlusterfassung geschieht in der Hoffnung auf eine bessere Zukunft, in der sich die so gebildeten stillen Lasten ebenso still zulasten des dann besseren Ergebnisses auflösen lassen.

Umgekehrt verhält es sich beim gegenteiligen bilanzpolitischen Ansatz, wenn Wertberichtigungen auf Forderungen besonders hoch dotiert werden. Die stillen Reserven lösen sich irgendwann in der Zukunft still auf. Erfolgt dies in Krisenzeiträumen des Unternehmens, wird dadurch die Ertragslage in periodischer Betrachtung zu gut dargestellt. Bilanzanalytische Möglichkeiten zur Erkenntnis dieser Bilanzpolitik bestehen nur beschränkt.

2.3 Die Übereinstimmung der Wertansätze

Die zwingende Gesetzesvorgabe der Übereinstimmung der Bilanzposten (vom Gesetz verengend als „Wertansätze" bezeichnet) wird gewöhnlich als Bilanz**identität** bezeichnet. Die Schlussbilanz des alten Jahres und die Eröffnungsbilanz des neuen Jahres sind identisch („dieselbigen"). Das Gesetz kennt nur **eine** Bilanz „für den Schluss eines Geschäftsjahres" – abgesehen von der Eröffnungsbilanz bei Beginn des **Handelsgewerbes** (→ § 242 Rz. 5) oder bei Sonderregeln als Leges speciales z. B. für Umwandlungsvorgänge zur Neugründung nach dem UmwG (→ § 242 Rz. 11). Der Begriffsinhalt von „identisch" schließt ein zweites Objekt aus. Schluss- und Eröffnungsbilanz stellen ein und dieselbe Bilanz dar, sonst wären sie nicht identisch. Auch deshalb kann es keine besondere Eröffnungsbilanz anlässlich einer Gesetzesänderung, etwa durch das BilMoG, geben.[1] (→ Rz. 18) 13

Anlässlich einer solchen Änderung erlassene Übergangsvorschriften (etwa Art. 67 EGHGB) **durchbrechen** auch **nicht** die Bilanzidentität. Soweit für den Übergang ein Wahlrecht zur **erfolgsneutralen** Umbuchung eines nicht mehr zulässigen Bilanzpostens ausgeübt wird, durchbricht dies **nicht** die Bilanzidentität.[2] Es gibt nur **eine** Bilanz und kein Duett. „Durchbrochen" 14

1 So auch *Petersen/Zwirner/Boecker*, DB 2011 S. 55, ganz am Anfang, dann aber eine „separate" – die BilMoG-Eröffnungsbilanz – feststellend.

2 So *Hoffmann*, StuB 2011 S. 202. Das sehen *Petersen/Zwirner/Boecker*, DB 2011 S. 55, „eindeutig" anders.

wird dabei nur die generelle **Zielsetzung** der Bilanzidentität, nämlich die Realisierung des Totalgewinns (→ Rz. 10) in der Summe der Einzelergebnisse über die Unternehmenslaufzeit.

2.4 Einzelheiten

15 **Buchungstechnisch** wird die Bilanzidentität durch die Vorträge der abgeschlossenen Bestandskonten in unveränderter Höhe in das Rechenwerk des neuen Jahres bewerkstelligt. Dabei darf nicht zwischen den einzelnen Konten „getauscht" werden. Es kommt daher nicht nur auf die identische Höhe der Aktiva und Passiva insgesamt – des Eigenkapitals – an, sondern diese muss sich auf **jeden einzelnen** Bilanzposten beziehen. Damit ist implizit auch eine Identität des Mengen- und Wertgerüsts der einzelnen Bilanzposten angesprochen.

16 *(einstweilen frei)*

17 Keine „Durchbrechung" der Bilanzidentität liegt bei Bilanzierung **nach** Gewinnverwendung i. S. des § 268 Abs. 1 HGB vor (→ § 268 Rz. 3 ff.).

2.5 Ausnahmen nur in Sonderfällen, keine Ausnahme bei Transaktionen zum Schnittpunkt der Jahre

18 Die vorstehend dargestellte **Funktion** der Bilanzidentität erlaubt u. E. nur in Sonderfällen (→ Rz. 20) **eine Ausnahme** i. S. des § 252 Abs. 2 HGB (→ Rz. 4). Als Beispiele für Ausnahmen gelten die DM-Eröffnungsbilanz vom 20.6.1948 oder das Pendant hierzu im Übergang von der DDR-Währung auf die DM. Anders verhält es sich bei Änderungen der Rechnungslegungsgesetze, z. B. durch das BiRiLiG von 1985 und das BilMoG von 2009.[1]

Allerdings kommt dem Gebot der Bilanzidentität (Kongruenzprinzip) nur dienende Funktion zu. Mit ihm soll das Ziel der Identität der Summe der Periodenfolge mit dem Totalerfolg erreicht werden. Diesem Ziel dient es i. d. R., wenn Fehler aus Vorperioden erfolgswirksam „in laufender Rechnung" korrigiert werden. Ausnahmsweise kann aber zur Wahrung des zutreffenden Totalerfolgs gerade eine erfolgsneutrale Korrektur geboten sein, nämlich dann, wenn der Fehler selbst erfolgsneutral entstanden ist.

BEISPIEL[2] Eine OHG ist im Jahr 01 durch Spaltung gegründet worden. Sie hat das Wahlrecht zur Buchwertfortführung nach § 24 UmwG nicht ausgeübt, vielmehr die Eröffnungsbilanz zu Zeit- bzw. Anschaffungskostenwerten erstellt. Eine Rücklage nach § 6b EStG aus der Bilanz der Rechtsvorgängerin wurde dabei in der Eröffnungsbilanz nach getätigter Reinvestition in Grundstücke nach der sog. Bruttomethode im Sonderposten nach Art. 67 Abs. 3 EGHGB weitergeführt. Diese Bilanzierung war unzulässig, denn die Entscheidung zur Buchwertfortführung nach § 24 UmwG konnte nur insgesamt für alle Bilanzposten gefällt werden. Das Korrektiv zu den Anschaffungskosten der früheren Buchwerte durfte nicht mit dem dienenden Sonderposten korrigiert werden.

Die Korrektur der fehlerhaften Eröffnungsbilanz konnte nach IDW RS HFA 6 Tz. 15 im letzten noch offenen Jahresabschluss erfolgen. Diese „Korrektur in laufender Rechnung" wird i. d. R. mit „**erfolgswirksamer** Korrektur" gleichgesetzt. Nach DRS 13.25 ist diese „Korrektur" im Ergebnis der Berichtsperiode zu berücksichtigen. Eine Durchbrechung des Bilanzenzusammenhangs soll nach IDW RS HFA 6 Tz. 27 nicht zulässig sein, was aus dem **Kongruenzprinzip** abzuleiten ist. Dieses besagt in Kurzform: Ein in früheren Perioden erfolgswirksam entstandener Fehler ist bei Aufdeckung in der Folgeperiode mit umgekehrten Vorzeichen erfolgswirksam zu korrigieren. Im vorliegenden Fall würde eine erfolgswirksame Korrektur (per Sonderposten an Ertrag) einen unzutreffenden **Totalerfolg** bewirken, weil der Fehler aus der Eröffnungsbilanz stammt, also nicht erfolgswirksam eingebucht worden ist. In diesem Fall liegt

1 Anders noch in der Vorauflage. Vgl. zum Thema *Hoffmann*, StuB 2011 S. 201.

2 Nach *Lüdenbach*, StuB 2016 S. 830.

u. E. ein nach § 252 Abs. 2 HGB begründeter **Ausnahmefall** vor, weil dem übergeordneten Kongruenzprinzip gedient werden muss. Im Ergebnis ist die Korrektur **erfolgsneutral** gegen die Eröffnungsbilanzwerte (per Sonderposten an Eigenkapital) vorzunehmen.

Keine Ausnahmen von dem Grundsatz der Bilanzidentität liegen bei Vermögensübertragungen zum **Ende** des alten oder zu **Beginn** des neuen **Geschäftsjahres** vor. Die kautelarjuristische Praxis bedient sich in solchen Fällen häufig der Datierung 31.12.00/1.1.01, oft auch angereichert mit 24.00 Uhr und 00.00 Uhr. Damit soll unter Bemühung der berühmten juristischen oder logischen Sekunde eine Übertragung im Schnittpunkt oder gar Scheitelpunkt zweier Geschäftsjahre dargestellt werden.[1] 19

In Wirklichkeit handelt es sich dabei häufig um eine **Doppel**- und damit **Nicht**datierung, d. h., das eigentliche Datum der Übertragung bleibt ungeregelt und erlaubt den Vertragsparteien eine ihnen genehme Zuordnung zum alten oder zum neuen Geschäftsjahr. Einen Zeitpunkt außerhalb des Zeitflusses kann es nicht geben, er ist deshalb „unlogisch" und entspringt lediglich einem juristischen Konstrukt.

Wird also beispielsweise eine Beteiligung „im Schnittpunkt der Jahre" veräußert, muss der Abgang entweder im alten oder im neuen Jahr verbucht werden. Erscheint die Beteiligung noch in der Bilanz vom 31.12.01, ist sie damit erst im neuen Jahr abgegangen, womit die Auslegung der genannten Doppeldatierung dokumentiert wird. Möglich ist allerdings auch eine andere Dokumentation für interne Zwecke, etwa im Interesse der zeitlich zutreffenden Besteuerung, die innerhalb des einen oder anderen Geschäftsjahres erfolgen muss und nicht etwa in der juristischen Sekunde zwischen zwei Geschäftsjahren, die nicht bestehen kann und deshalb auch keine steuerliche Folge auslöst.[2]

Auch eine **Fusion** von Unternehmen zum Bilanzstichtag muss dem einen oder anderen Geschäftsjahr zugeordnet werden. Das kann sinnvoll durch **Überleitungsrechnungen** der Öffentlichkeit dargestellt werden, wenn also zum 31.12. das „wegfusionierte" Unternehmen in Form seines Jahresabschlusses noch ohne Berücksichtigung der Verschmelzung zu diesem Stichtag dargestellt wird, um dann im neuen Geschäftsjahr beim aufnehmenden Unternehmen zu erscheinen. Durch diese Überleitungsrechnungen wird der Bilanzzusammenhang in materieller Hinsicht nicht durchbrochen, sondern lediglich in einzelnen Buchungsschritten dem Publikum dargelegt. Diese Auslegung erfährt ihre Bestätigung in diesen Fällen durch das technisch notwendige Rückwirkungsgebot; denn am 31.12.01 war rechtlich das „wegfusionierte" Unternehmen noch vorhanden und ist erst durch Eintragung der Fusion ins Handelsregister – z. B. am 15.5.02 – erloschen mit der Folge einer rückwirkenden Zurechnung der bis dahin angefallenen Geschäftsvorfälle einschließlich des Vortrags der Bilanzzahlen aus dem abgelaufenen Geschäftsjahr in das neue. Das Erfordernis der **Zuordnung** zum einen oder anderen Geschäftsjahr wird auch steuerlich im Rahmen von § 2 UmwStG nachvollzogen. 20

Ein vergleichbares Bilanzierungsproblem ergibt sich bei der **Anwachsung**, etwa verbunden mit der Vertragsformulierung „mit Ablauf des 31.12.01" oder „mit Wirkung zum 1.1.02". Nach der BFH-Rechtsprechung[3] soll es bei der Interpretation der Zeitangabe „auf die Umstände des Ein- 20a

1 Zur Inhaltslosigkeit der „logischen Sekunde" vgl. BFH, Urteil v. 26.1.2011 – IX R 7/09, BFH/NV 2011 S. 880.

2 So kann dies in der Begründung beim BFH, Urteil v. 2.5.1974 – IV R 47/73, BStBl II S. 707, nachgelesen werden; vgl. hierzu *Hoffmann*, StuB 2010 S. 605, m. w. N.

3 BFH-Rechtsprechung v. 10.3.1998 – VIII R 76/96, BStBl 1999 II S. 269, sowie v. 22.9.1992 – VIII R 7/90, BStBl 1993 II S. 228.

zelfalls" ankommen. Wenn solche Umstände nichts hergeben, ist die Vertragsbestimmung „mit Wirkung vom 1.1." als konstituierend für das Geschehen im **neuen** Jahr anzusehen. Bei Formulierung „mit Ablauf" wäre das Geschehen im **alten** Jahr festzumachen. Zumindest das Ertragssteuerrecht muss sich für das eine oder andere Jahr (Veranlagungszeitraum) entscheiden. Zu diesem Themenbereich hat der BFH in dem zitierten Urteil[1] IV R 47/73 das Reichsgerichtsurteil v. 11.1.1904[2] mit der berühmt gewordenen Sentenz vom „unmessbaren Zeitpunkt, in welchem das Jahr bereits zu seinem Ende gelangt ist, um sofort und ohne Unterbrechung in ein neues Jahr überzugehen" zitiert. Die wiederholte Bezugnahme des IV. BFH-Senats auf den „Schnittpunkt der Jahre" half letztlich nicht bzgl. der Frage nach der Zuordnung zu dem einen oder anderen Veranlagungszeitraum. Für die rein **bilanzrechtliche** Perspektive birgt dieses Urteil allerdings einen anderen Erkenntniswert. Dazu in Abwandlung des dort entschiedenen Sachverhalts folgendes Beispiel:

BEISPIEL ▸ Aus der zweigliedrigen Kommanditgesellschaft scheidet der Kommanditist „mit Ablauf des 31.12.01" aus der Gesellschaft aus. Wie ist dieses Ausscheiden in der Bilanz des Komplementärs zum 31.12.01 darzustellen?

Die genannte Vertragsformulierung ist hinsichtlich der zeitlichen Abfolge ungenau, denn was heißt schon „mit Ablauf"? Möglich ist eine Auslegung, der zufolge das Ausscheiden zeitgleich mit dem Bilanzstichtag (genauer: „Stichzeitpunkt") erfolgt. Aber dann ist immer noch nicht die Frage beantwortet, ob in der Bilanz des (ehemaligen) Komplementärs zum 31.12.01 noch eine Beteiligung oder schon Vermögensgegenstände und Schulden des Unternehmens infolge der Anwachsung (→ § 255 Rz. 109) auszuweisen sind. In Anwendung der Auffassung des IV. Senats ist noch eine Beteiligung auszuweisen. Allerdings stellt sich dann die Frage nach der Bilanzidentität, denn am 1.1.02 ist die Beteiligung nicht mehr vorhanden. Der IV. Senat geht explizit auf das Gebot der Bilanzidentität ein, hält aber gleichwohl an der vorgenannten Lösung fest. Die Überlegung, die Schlussbilanz des Vorjahres müsse identisch sein mit der Anfangsbilanz des Folgejahres, könne „nicht dazu führen, dass eine am 31. Dezember noch bestehende Beteiligung notwendigerweise auch am 1. Januar ausgewiesen werden müsste". Systematisch wäre dann eine begründete Ausnahme vom Identitätsgebot anzunehmen (→ Rz. 18).

Zu Bewertungsfragen bei Anwachsung vgl. → § 255 Rz. 109.

3. Fortbestehenshypothese (Abs. 1 Nr. 2)

3.1 Der ökonomische Gehalt

21 Das Gesetz geht in Abs. 1 Nr. 2 von der **Vermutung** einer Unternehmensfortführung aus und unterwirft die Bewertungsvorschriften dieser Annahme. Die Vermutung bedarf daher einer **Widerlegung,** woran sich sofort die Frage anschließt, **wer** diese Vermutung widerlegen muss und **wie** dies geschehen soll. Die erste Frage ist schnell beantwortet: Der Kaufmann, z. B. der Vorstand einer Aktiengesellschaft in Gesamtverantwortung, muss die Vermutung widerlegen. Die Beantwortung des „Wie" hängt von den tatsächlichen Gegebenheiten am Bilanzstichtag ab: Liegt schon ein Einstellungsbeschluss, d. h. die förmliche Insolvenzanmeldung oder der Beschluss, eine solche in den nächsten Tagen durchzuführen, vor, ist die Gesetzesvermutung leicht zu widerlegen. In der Realität verhält es sich indes diesbezüglich anders. Das in einer

1 BFH, Urteil v. 2.5.1974 – IV R 47/73, BStBl 1974 II S. 707.
2 Reichsgerichtsurteil v. 11.1.1904 – I 127/03, RGZ 56 S. 425.

Krisensituation befindliche Unternehmen, also wiederum die Aktiengesellschaft als Beispiel, will in aller Regel ja gerade keine Insolvenz anmelden, sondern um ihr Überleben kämpfen. Dann kann dem Vorstand nach seiner Interessenlage und derjenigen der Gläubiger, Arbeitnehmer etc. kaum zugemutet werden, die Gesetzesvermutung zu **widerlegen.** Es würde sich um den Musterfall einer *Selffulfilling Prophecy* handeln (→ § 289 Rz. 49). Vielmehr umgekehrt: Der Vorstand wird alle Techniken der Prognose über die künftige Unternehmensentwicklung dazu verwenden, die gesetzliche Fortbestehensvermutung zu **bestätigen.**

Dazu muss er u. U. folgende (mögliche) **Sachverhalte** abarbeiten, die nach Schrifttumsauffassung[1] zur Widerlegung der Fortbestehenshypothese infrage kommen: 22

- Unfähigkeit zur Durchführung notwendiger Investitionen zwecks Erhaltung der Konkurrenzfähigkeit,
- Ausschöpfung sämtlicher Kreditlinien bei Bestehen weiteren unabweisbaren Kreditbedarfs,
- Ausfall wesentlicher Kreditgeber, Zulieferer oder Abnehmer,
- Verschiebung des Nachfrageverhaltens, welchem angesichts der Leistungsfähigkeit des Unternehmens nicht gefolgt werden kann,
- Wegfall des Zugangs zu Rohstoffmärkten, z. B. aufgrund politischer Veränderungen,
- Entstehen erdrückender Konkurrenz,
- Fehlschläge bei der Einführung neuer Produkte sowie
- ungenügende Eigenkapitalausstattung aufgrund fortwährender Verluste.

Tatsächlich können **singuläre** Ereignisse in Anlehnung an die vorstehende Aufzählung zwingend zu einer Unternehmenseinstellung führen, z. B. wenn ein Solarzellenhersteller keine Silicium-*Wafer* mehr beziehen kann oder das einzige nennenswerte Produkt des Unternehmens aufgrund rechtlicher Auflagen urplötzlich vom Markt genommen werden muss.

Die beiden Beispiele zeigen: Nur in extremen **Ausnahmefällen** wird ein eindeutiges Ereignis vorliegen. Nimmt man solche Fälle aus der beispielhaften Aufzählung heraus, werden sich aus Sicht des Bilanzstichtags – nicht des späteren Eintritts der genannten möglichen Bedingungen – oft Gegenargumente finden lassen, die für die Fortführung des Unternehmens sprechen: 23

- Zur Überwindung des ausgeschöpften Kreditbedarfs bei den Banken ist der Vorstand bei der Landesbürgschaftsbank zur Weiterführung der Produktion und zur Sicherung der Arbeitsplätze vorstellig geworden. Die Verhandlungen sind nicht abgeschlossen, aber auch nicht aussichtslos. Der Vorstand hofft nicht unberechtigt auf eine positive Entscheidung der Bürgschaftsbank.
- Der erdrückenden Konkurrenz wird durch Preisanpassungen und Entlassungen von Mitarbeitern zur Senkung der fixen Kosten sowie die kurzfristige Neuentwicklung von Produkten entgegengesteuert.

Eher realistisch bzgl. der Widerlegung der Fortbestehenshypothese sind **rechtliche** Gegebenheiten, die allerdings dann auch wieder nur singuläre Fälle betreffen, wie z. B. die von der Umweltbehörde verfügte Schließung des Unternehmens wegen fortlaufender Gewässerverunreinigung.

1 Vgl. *Fülbier/Kuschel/Selchert* in Küting/Pfitzer/Weber (Hrsg.), Handbuch der Rechnungslegung – Einzelabschluss, 5. Aufl., § 252 Tz. 49.

24 Die vorstehenden Beispiele belegen: Die Fortbestehenshypothese ist in der Praxis oft nur dann widerlegt, wenn bereits **entsprechende Beschlüsse** der Unternehmensleitung gefasst worden sind. Andernfalls – d. h. in der akuten Krise des Unternehmens – wird die Fortbestehenshypothese i. d. R. aufrechterhalten, nicht entgegen der Interessenlage des Kaufmanns bzw. genauer: aller am Unternehmensgeschehen beteiligten Parteien widerlegt. Letzteres käme im Ergebnis einer inoffiziellen Insolvenzanmeldung gleich. Der veröffentlichte Jahresabschluss trüge dann die Überschrift: „Wir müssen schließen." Aus dieser ökonomischen **Zwangslage** heraus kommt der in den Bilanzierungslehrbüchern breit behandelten Fortbestehenshypothese bzw. deren Widerlegung in der Praxis oft erst dann Bedeutung zu, wenn die Würfel bereits gefallen sind, die Unternehmensschließung also beschlossene Sache ist.

24a Der BGH formuliert den **Vorrang der Fortbestehens- vor der Einstellungsannahme** wie folgt: „Die Fortführung der Unternehmenstätigkeit ist nach dem Gesetz der zunächst zu unterstellende Regelfall; es spricht so lange eine Vermutung dafür, wie nicht Umstände sichtbar werden, welche die Fortführung unwahrscheinlich erscheinen lassen [...] oder zweifelsfreie Kenntnis von der Unmöglichkeit der Fortführung besteht [...]. Daher ist selbst bei Zweifeln an der Überlebensfähigkeit des Unternehmens unter Fortführungsgesichtspunkten zu bilanzieren. Die Fortführungsvermutung entfällt erst, wenn es objektiv fehlerhaft wäre, von der Aufrechterhaltung der Unternehmenstätigkeit auszugehen [...]. Die Umstände müssen ergeben, dass die Einstellung der Unternehmenstätigkeit unvermeidbar oder beabsichtigt ist."[1] „Liegt bei Bilanzaufstellung bereits ein Insolvenzgrund vor, ist entscheidend, ob eine Fortführung der Unternehmenstätigkeit auch nach Eröffnung des Insolvenzverfahrens zu erwarten oder damit zu rechnen ist, dass das Unternehmen noch vor dem Insolvenzantrag, bereits im Eröffnungsverfahren (§ 22 Abs. 1 Satz 2 Nr. 2 InsO) oder alsbald nach Insolvenzeröffnung stillgelegt werden wird (§§ 157, 158 InsO). [...]. Daher kann trotz eines Insolvenzgrundes handelsrechtlich eine Bilanzierung nach Fortführungswerten zulässig sein, wenn ein glaubhafter Fortführungsinsolvenzplan vorliegt, eine übertragende Sanierung innerhalb des Prognosezeitraums angestrebt wird und möglich ist [...] oder anzunehmen ist, dass die Unternehmenstätigkeit auch nach einer Eröffnung des Insolvenzverfahrens jedenfalls innerhalb des Prognosezeitraums fortgeführt werden wird. [...] Allein die Tatsache, dass das Unternehmen trotz eines bereits vorliegenden Insolvenzgrundes weiter tätig ist, rechtfertigt es nicht, bei der Bewertung von der Fortführung der Unternehmenstätigkeit auszugehen."[2]

Der BGH-Rechtsprechung folgt seit der Neufassung 2018 im Wesentlichen auch IDW PS 270, u. a. wird Folgendes festgehalten:

- Die Bilanzaufsteller haben **stets** eine Einschätzung zur Fähigkeit des Unternehmens zur Fortführung der Unternehmenstätigkeit vorzunehmen, dies selbst in Fällen einer offenkundig positiven und ungefährdeten Lage.
- Eine Abkehr von der handelsrechtlichen Fortführungsannahme erfolgt erst nach der Entscheidung zur Liquidation oder zur Einstellung der Geschäftstätigkeit oder in einer unausweichlichen Situation, die hierzu zwingt, also nicht bereits bei Bestehen einer wesentlichen Unsicherheit.

1 BGH, Urteil v. 26.1.2017 – IX ZR 285/14.
2 Ebenda.

Schon bei Bestehen einer **wesentlichen Unsicherheit** bzgl. der Fortführung müssen die gesetzlichen Vertreter gem. IDW PS 270 n. F. Tz. 9 im Abschluss

- die wichtigsten Ereignisse oder Gegebenheiten angeben, aus denen die Unsicherheit resultiert,
- die Pläne zum Umgang mit diesen Ereignissen oder Gegebenheiten angeben und
- darauf hinweisen, dass das Unternehmen möglicherweise nicht in der Lage ist, im gewöhnlichen Geschäftsverlauf seine Vermögenswerte zu realisieren sowie seine Schulden zu begleichen.[1]

Diese Angabepflicht gilt – u. a. wegen des Gebots der Klarheit gem. § 243 HGB – auch für **Unternehmen, die keinen Anhang aufstellen** müssen. Redundanzen zwischen Abschluss- und Lageberichtsinformationen zu wesentlichen Unsicherheiten sollen nach IDW PS 270 Tz. A28 durch Verweistechnik vermieden werden können. Im Schrifttum wird bezweifelt, dass ein Verweis vom Lagebericht auf den Anhang zulässig ist, da gem. DRS 20.20 der Lagebericht in geschlossener Form aufzustellen ist.[2]

Die BStBK[3] vertritt (mit Blick auf Steuerberater als beauftragte Bilanzaufsteller) eine großzügigere Auffassung als das IDW. Bei Vorliegen bestandsgefährdender Risiken soll folgender Kurzhinweis genügen: „Die Geschäftsführung ist der Auffassung, dass die Voraussetzungen zur Bewertung unter der Annahme der Unternehmensfortführung gegeben sind, da ...“ z. B. Rangrücktrittserklärungen, Patronatserklärungen oder ausreichend stille Reserven vorliegen.

Bei der pflichtgemäßen Prüfung der Berechtigung der Fortbestehensannahme hat der Kaufmann wie bei allen zukunftsorientierten Bilanzierungsvorgaben einen **Ermessensspielraum.** Stellt sich im vorstehenden Beispiel über die Verhandlungen mit der Landesbürgschaftsbank **nach** Erstellung und Feststellung des Jahresabschlusses, z. B. am 17.2.01, die Versagung der Bürgschaft mit der Folge einer anschließenden Insolvenzanmeldung heraus, hat der Vorstand sein Ermessen nicht zwingend missbraucht und deshalb unter Fortbestehensannahme „richtig“ bilanziert. Besserwisserisches Getue aufgrund des komfortablen Kenntnisstands ex post – „das war ja schon immer klar“ – darf in solchen Fällen nicht Platz greifen. 25

Die Fortbestehenshypothese muss auch nicht **zeitlich unbeschränkt** in die Zukunft reichen. Ein Zeitraum, der länger als zwölf Monate ist, lässt sich u. E. in der Regel nicht mit dem Jahresrhythmus der Bilanzierung vereinbaren, da dann wieder eine neue Überprüfung der Richtigkeit dieser Hypothese gefordert ist. IDW PS 270 Tz. 18 sieht einen **Mindest**zeitraum von zwölf Monaten ab Abschlussstichtag vor. Beurteilen die gesetzlichen Vertreter unterjährig das Vorliegen einer Insolvenzantragspflicht wegen Überschuldung (§ 19 Abs. 2 InsO) und wird in diesem Zusammenhang eine insolvenzrechtliche Prognose von zwölf Monaten ab dem Zeitpunkt der Erstellung dieser Prognose aufgestellt, ist diesem Prognosezeitraum auch handelsrechtlich zu folgen (IDW PS 270 Tz. A13). 26

Das Sanierungs- und Insolvenzfortentwicklungsgesetz (SanInsFoG) hat neue Prognosezeiträume zur Beurteilung von Überschuldung und drohender Zahlungsunfähigkeit eingeführt. Dies

1 Vgl. hierzu auch *Braun/Geppert*, BB 2021 S. 811 ff.

2 Vgl. u. a. *Kolb/Neubeck*, StuB 2019 S. 268 ff.

3 BStBK, Hinweise zur Verlautbarung der BStBK zu den Grundsätzen für die Erstellung von Jahresabschlüssen in Bezug auf Gegebenheiten, die der Annahme der Unternehmensfortführung entgegenstehen, vom 13./14.3.2018; vgl. dazu und zum Dissens mit dem IDW *Schüttler*, StuB 2019 S. 438 ff.

beeinflusst nach Anpassung von IDW PS 270 auch die Fortführungs-Prüfung durch den Abschlussprüfer. Im Einzelnen ist Folgendes zu beachten:

- Für die Fortführungs-Beurteilung der Geschäftsführung gilt ein gespaltener Prognosezeitraum von i. d. R. 24 Monaten bei drohender Zahlungsunfähigkeit (§ 18 Abs. 2 Satz 2 InsO n. F.) und zwölf Monaten bei Überschuldung (§ 19 Abs. 2 Satz 1 InsO n. F.).
- Stellt die Geschäftsführung entsprechende Fortbestehensprognosen auf, legt der Prüfer i. d. R. den gleichen Prognosezeitraum, d. h. 24 bzw. zwölf Monate, zugrunde (IDW PS 270 Tz. A 13).

Im Übrigen nimmt das IDW in einem F&A zu ISA 570 (Rev.) bzw. IDW PS 270 n. F. unter Frage 6 für ein Unternehmen, bei dem zulässigerweise keine insolvenzrechtliche Prognose aufgestellt wurde, folgende Differenzierung vor:

- Fall 1: Weder bedeutsame Zweifel an der Fortführung noch bedeutsame Aufstellungsverzögerung: Prognosehorizont von zwölf Monaten ab dem Abschlussstichtag.
- Fall 2: Zwar keine bedeutsamen Zweifel, aber bedeutsame Aufstellungsverzögerung: Ausdehnung des Prognosezeitraums über die zwölf Monate nach dem Abschlussstichtag hinaus evtl. notwendig.

27 Stehen „hinter" der bedrohten Gesellschaft hilfswillige **Anteilseigner**, können diese in vielfältiger Rechtstechnik eine **Stützungs**maßnahme zukommen lassen (→ § 251 Rz. 23). Eine beliebte Form ist die **Patronats**erklärung. Sie muss aber den Zeitraum bis zum darauffolgenden Abschluss (→ Rz. 26) erfassen und darf nicht vorzeitig kündbar sein. Bei entsprechender „Potenz" des Patrons/der Patronin wird die Fortbestehenshypothese des bedachten Unternehmens bestätigt.

Die handelsrechtliche Fortführungsprognose ist von der **insolvenzrechtlichen** Fortbestehungsprognose nach § 19 Abs. 2 Satz 1 InsVO zu unterscheiden, auch wenn beide Prognosen aus den gleichen Planungen abzuleiten sind.[1]

3.2 Konkurrenz zum Stichtagsprinzip

28 Nach in IDW PS 270 1 Tz. 5 enthaltener Auffassung ist auch ein späterer, **nach** Stichtag des Jahresabschlusses gefasster Liquidationsbeschluss auf den Jahresabschluss zum vorhergehenden Stichtag **zurückzubeziehen.** Hiergegen wurde vorgebracht, dass § 252 Abs. 1 HGB keine hierarchische Struktur der dort genannten Bilanzierungsvorgaben (→ Rz. 5) enthält, die Fortführungshypothese also nicht höherwertig einzustufen ist als das Stichtagsprinzip.[2] Andererseits tendiert aber der prognostische Informationsnutzen einer Bilanzierung unter Fortführungsgesichtspunkten gegen null, wenn bereits bei Feststellung des Abschlusses feststeht, dass es diese Fortführung gar nicht geben wird, u. E. sollte deshalb der Auffassung des IDW gefolgt werden.

BEISPIEL ► Eine partnerschaftlich organisierte Werbeagentur in der Rechtsform einer GmbH & Co. KG war jahrelang sehr erfolgreich. Sie expandierte national und international in eindrucksvollem Tempo und das führte zu einer beachtlichen Ausweitung des Partner- und Mitarbeiterstamms. Damit einher ging ein stetig steigender Kreditbedarf, um die Investitionen, aber auch die Gewinnansprüche der Partner befriedigen zu können.

---

1 Vgl. hierzu umfangreiche Erläuterungen im Positionspapier des IDW v. 13.8.2012, zu Handlungsanweisungen für den Steuerberater bei Abschlusserstellung unter zweifelhafter Fortführungsmöglichkeit vgl. *Pollanz*, DStR 2014 S. 822; zur Ansicht, dass IDW PS 270 keine richtlinienkonforme Auslegung des Gesetzes darstellt: *Mader/Seitz*, DStR 2020 S. 996 ff.

2 So *Schulze/Osterloh*, DStR 2007 S. 1006.

Nach generellem Rückgang der Branchenkonjunktur und dem Wegfall wichtiger Kunden kündigten einige Partner die Beteiligung zum 31.12.01. Die verbleibende Mehrheit der Partner (rechtlich Kommanditisten) beschloss am 15.2.02 die Weiterführung der Gesellschaft mit verstärktem Engagement und verändertem Marktauftritt. Am 20.3.02 wurde der Jahresabschluss für 01 unter der Fortbestehenshypothese erstellt und am 28.3.02 festgestellt.

Danach kündigten weitere Partner ihre Gesellschafterstellung, und eine Bank forderte ihre Kredite zur Rückzahlung zum 30.6.02. Darauf beschloss die Gesellschafterversammlung am 17.5.02 die Liquidation der Gesellschaft.

Unseres Erachtens war die Bilanzierung unter Fortbestehensannahme zutreffend. Weder am Bilanzstichtag 31.12.01 noch bei Feststellung am 28.3.02 war der Liquidationsbeschluss vom 17.5.02 vorhanden.

Fraglich ist, wie vorzugehen wäre, wenn der Liquidationsbeschluss am 10.3.02 erfolgen würde. Sachlich stellt der Beschluss ein Nachstichtagsereignis dar, wäre also wert- und ansatzbegründend, wobei im Anhang – ohne Anhangerstellungspflicht an passender Stelle der Abschlussdarstellung – auf den Liquidationsbeschluss im neuen Geschäftsjahr hingewiesen werden müsste. Da bei Feststellung des Abschlusses und Verteilung an Banken usw. aber die Liquidation schon feststeht, hat die Bilanzierung unter Fortführungsannahme keinen Informationsnutzen mehr. Dem IDW folgend sollte deshalb unter Liquidationsgesichtspunkten bilanziert werden.

Die Stichtagsthematik stellt sich unabhängig von Liquidationsbeschlüssen bei drastischer Verschlechterung der Zukunftsaussichten dar. Zur Corona-Krise hat das IDW etwa festgehalten: Kann infolge der Auswirkungen der Pandemie nicht mehr von der Fortführung der Unternehmenstätigkeit ausgegangen werden, ist der Abschluss per 31.12.2019 auch dann unter Abkehr von der Going-Concern-Annahme aufzustellen, wenn die Pandemie als Nachstichtagsereignis qualifiziert wird (→ Rz. 72).[1] Entsprechendes gilt in Bezug auf Abschlüsse mit Stichtagen vor dem 24.2.2022 für die Auswirkungen des Angriffskriegs Russlands gegen die Ukraine.[2] Für spätere Stichtage stellt der Krieg ohnehin ein wert- und ansatzerhellendes Ereignis dar, das je nach individueller Betroffenheit des Unternehmens u. a. bei außerplanmäßigen Abschreibungen und Rückstellungen zu berücksichtigen ist.[3]

3.3 Rechtsfolge von Zweifeln an und von Aufgabe der Fortbestehenshypothese

3.3.1 Angabepflichten bei Zweifeln an der Fortbestehenshypothese

Nach IDW PS 270 besteht bei wesentlicher Unsicherheit über die Fortführung eine Angabepflicht. Betroffen ist auch hier z. B. die Corona-Krise. In der Regel erfolgt die Angabe im Anhang. Wird zulässigerweise kein Anhang aufgestellt, können die Ausführungen unter der Bilanz erfolgen. Die Bezeichnung als „wesentliche Unsicherheit im Zusammenhang mit der Fähigkeit zur Fortführung der Unternehmenstätigkeit" ist dabei nicht zwingend. Alternativ kann nach IDW der Begriff des „bestandsgefährdenden Risikos" verwendet werden. Im Bestätigungsvermerk des Abschlussprüfers sind demgegenüber zwingend beide Begriffe zu verwenden. 28a

1 IDW, Fachlicher Hinweis zur Auswirkung der Ausbreitung des Coronavirus auf die Rechnungslegung und deren Prüfung (Teil 2)., 26.3.2020.

2 IDW, Fachlicher Hinweis zu den Auswirkungen des Ukraine-Krieges auf die Rechnungslegung und deren Prüfung.

3 Ebenda.

3.3.2 Die Abkehr von der Hypothese

29 Das Gesetz schweigt sich über die **Rechtsfolge** einer nicht mehr möglichen Fortbestehenshypothese bzgl. der Bilanzierung mit einer Ausnahme aus. Die Ausnahme betrifft die förmliche **freiwillige Liquidation,** bei der nach § 270 Abs. 2 Satz 3 AktG bzw. § 71 Abs. 2 Satz 3 GmbHG Vermögensgegenstände des Anlagevermögens, deren Veräußerung in einem absehbaren Zeitraum beabsichtigt ist, wie **Umlaufvermögen,** höchstens aber zu fortgeführten Anschaffungs-/Herstellungskosten zu bewerten sind, während im Übrigen die allgemeinen Bewertungsvorschriften gelten. Der weitere typische Bereich einer Abkehr von der *Going-Concern*-Prämisse betrifft das **Insolvenzverfahren** allerdings nicht zwingend (→ Rz. 38a).

30 *(einstweilen frei)*

31 Die besondere Bewertungsvorgabe für das Anlagevermögen im Falle einer Liquidation (→ Rz. 29) reflektiert die eigentliche **Zerschlagung** des nach Vorabbefriedigung der gesicherten Gläubiger noch vorhandenen Vermögens bzw. dessen Versilberung zur Befriedigung der nicht oder unzureichend gesicherten Gläubiger. In anderen Fällen kann es durchaus auch zu einer **Teilbetriebsveräußerung** einer vom Markt als lebensfähig angesehenen Sparte oder einer betrieblichen Funktion kommen. In Ausnahmefällen ist eine geordnete Abwicklung denkbar, regelmäßig allerdings erst unter der Ägide eines Insolvenzverwalters.

3.3.3 Auswirkung auf die Rechnungslegung

32 Mit dem **Wegfall** der Fortbestehenshypothese rückt die Darstellung des am Abschlussstichtag vorhandenen **Vermögens** gegenüber demjenigen der Ertragslage in den Vordergrund:[1]

- Nur noch die im Zeitpunkt der Verwertung verwendbaren **Vermögensgegenstände** sind zu aktivieren,
- neben den bislang passivierten Schulden sind die durch die Abkehr von der Fortbestehenshypothese begründeten **Verpflichtungen** anzusetzen.

Dadurch werden aber **nicht** die **allgemeinen Regeln** der Gewinnermittlung aufgehoben, also Vorsichts- (→ Rz. 55), Realisations- (→ Rz. 102) oder Imparitätsprinzip (→ Rz. 101). Anders soll es sich beim **Stichtagsprinzip** dann verhalten, wenn der Wegfall der Fortbestehenshypothese bis zur Bilanzerstellung bekannt wird. Dann müsse die Bewertung unter Wegfall der Fortbestehenshypothese erfolgen,[2] weil sonst Gewinnausschüttungs- oder Entnahmerechte geltend gemacht werden könnten. In der Regel kann bei Wegfall der *Going-Concern*-Annahme praktisch aber ohnehin kein Ausschüttungs- oder Entnahmesubstrat mehr vorliegen, also kein Jahresüberschuss oder Bilanzgewinn und auch nicht die erforderliche Liquidität. Unseres Erachtens sollte das Stichtagsprinzip in diesen extrem seltenen Fällen weiterbeachtet werden, allerdings mit entsprechendem Hinweis in Anhang und Lagebericht.

33 Auf die Bilanz**ansätze** hat der Wegfall der Fortbestehenshypothese folgende Auswirkungen:[3]

- Sofern der Ansatz bislang nach den Regeln des **wirtschaftlichen Eigentums** (→ § 246 Rz. 221) erfolgt ist, kann er nach den Umständen des zugrunde liegenden Vertrags beibehalten werden. Allerdings sehen diese Verträge regelmäßig außerordentliche Kündi-

1 IDW RS HFA 17, Tz. 4.
2 IDW RS HFA 17, Tz. 25.
3 IDW RS HFA 17, Tz. 6 ff.

gungsgründe für den anstehenden Insolvenzfall vor, so dass wirtschaftliches Eigentum nicht mehr angenommen werden kann. Beispiel: sicherungsübereignete Maschinen.

- **Rechnungsabgrenzungs**posten (→ § 250 Rz. 11) für Vorleistungen sind aufzulösen, wenn die entsprechende Vertragsbeziehung nicht fortgesetzt wird. Aus der Vertragsbeendigung resultierende Zahlungsansprüche oder -verpflichtungen sind als sonstige Vermögensgegenstände/Verbindlichkeiten anzusetzen.
- **Rückzahlungs**verpflichtungen für **öffentliche Zuschüsse** entstehen häufig bei Nichteinhaltung der Bindungsfrist. Der für die Zuwendung bislang angesetzte Sonderposten (→ § 246 Rz. 325) wird dann ergebniswirksam durch den Rückzahlungsbetrag als Verbindlichkeit ersetzt.
- (Zusätzliche) Rückstellungen für **Abfindungen,** Vertragsstrafen, Rückbauverpflichtungen sind anzusetzen.
- Bislang zu Recht nicht gebildete **Pensionsrückstellungen** (→ § 249 Rz. 156 f.) sind nunmehr anzusetzen.
- Aktive **latente Steuern** auf Verlustvorträge sind auszubuchen.
- **Gesellschafterdarlehen** sind weiterhin zu passivieren (→ § 246 Rz. 86).

Für die **Bewertung** gilt:[1] 34

- Weil die Vermögensgegenstände nicht mehr zur Nutzung, sondern zur **Verwertung** bestimmt sind, richtet sich die Bewertung vorzugsweise nach dem **Absatzmarkt.**
- Bei **Schulden** ist die möglicherweise vorzeitige **Fälligstellung** zu beachten, insbesondere zur Bestimmung des Erfüllungsbetrags und des Abzinsungssatzes für Rückstellungen.
- Die allgemeinen Bewertungsvorgaben sind zu beachten (→ Rz. 32); deshalb dürfen die **fortgeführten Anschaffungskosten** nicht überschritten werden, selbst wenn die auszubuchenden Zeitwerte höher liegen sollten.
- Die **Bilanzidentität** (→ Rz. 10) ist zu beachten, auch wenn nach § 71 Abs. 1 GmbHG, § 270 Abs. 1 AktG Sonder-Eröffnungsbilanzen zu erstellen sind.
- **Gewinne** aus der Verwertung von Vermögensgegenständen sind erst nach Realisation (→ Rz. 102 ff.) zu erfassen.
- Für das **Stetigkeitsgebot** (→ Rz. 209 ff.) gilt der Wegfall der Fortbestehenshypothese als begründete Ausnahme zur Abkehr (→ Rz. 226) mit entsprechendem Vermerk im Anhang (→ § 284 Rz. 57 ff.).
- **Bilanzmäßige Abschreibungen** (→ § 253 Rz. 142 ff.) sind nur noch bei anzunehmenden langfristigen Abwicklungszeiträumen zu verrechnen. Unter Umständen ist der **Abschreibungsplan** wegen der geänderten Nutzungsdauer (→ § 253 Rz. 145) anzupassen. Das Erfordernis einer **außerplanmäßigen** Abschreibung (→ § 252 Rz. 142 ff.) ist zu prüfen.
- **Ansammlungsrückstellungen** (→ § 253 Rz. 73) sind zum vollständigen Schuldenausweis auf den **Erfüllungsbetrag** zu erhöhen.
- **Altersversorgungs**verpflichtungen sind wegen des Wegfalls einer Gegenleistung nach Beendigung des Arbeitsverhältnisses mit dem **Barwert** (→ § 253 Rz. 100) anzusetzen.

1 IDW RS HFA 17, Tz. 18 ff.

35 Für den **Ausweis**[1] gilt u. a.:

- **Anlagevermögen** (→ § 247 Rz. 19) ist trotz der Bewertung nach Veräußerungsgesichtspunkten als solches auszuweisen.
- **Außerplanmäßige** Abschreibungen wegen des Wegfalls der *Going-Concern*-Hypothese sind („sachgerecht") als besondere Spalte im Anlagegitter (→ § 284 Rz. 68a ff.) darzustellen.
- Die **Laufzeitvermerke** für Verbindlichkeiten (→ § 268 Rz. 141 ff., → § 289 Rz. 4) sind wegen der in diesen Fällen regelmäßig bestehenden Sonderkündigungsrechte anzupassen.
- Die Ergebniseffekte aus Ansatz- und Bewertungsänderungen wegen Wegfall der Fortbestehenshypothese sind als **außergewöhnlich** zu erläutern (→ § 285 Rz. 193b) und auszuweisen.

36 Im **Anhang** ist möglicherweise zusätzlich wegen des *„True and fair view"*-Gebots (→ § 264 Rz. 31) ein Hinweis zu geben.[2] Im **Lagebericht** muss deutlich auf die Gründe für die Aufgabe der Fortbestehenshypothese hingewiesen werden. Außerdem ist auf den mutmaßlichen Zeitraum der Liquidation einzugehen.[3]

37 Ein **Ausnahmefall** i. S. des § 252 Abs. 2 (→ Rz. 229) ist bei der Fortbestehenshypothese nicht denkbar.[4]

38 Das Mutterunternehmen trifft die Pflicht zur Erstellung eines **Konzernabschlusses** (→ § 290 Rz. 1) auch nach Wegfall der Fortbestehenshypothese.[5] Deren Wegfall besagt nichts über dieses Verhältnis bei den Töchtern. Es können dann zwei Gruppen von Tochterunternehmen vorliegen, nämlich mit oder ohne *Going-Concern*-Prämisse, die jeweils einheitlich bilanzieren und bewerten (→ § 308 Rz. 3). In Insolvenz befindliche Tochterunternehmen können nach § 296 HGB wahlweise (→ § 296 Rz. 3) in den Konzernabschluss einbezogen werden.

3.4 Rechnungslegung in der Insolvenz

38a Nach § 155 Abs. 1 Satz 1 InsO berührt die Insolvenz die handels- und steuerrechtlichen Rechnungslegungspflichten des Insolvenzschuldners nicht. Mit **Übergang** der Verwaltungs- und Verfügungsrechte (§ 80 InsO) sind diese Pflichten durch den Insolvenzverwalter und nicht mehr durch die Organe der Gesellschaft zu erfüllen. Sie betreffen i. V. mit § 155 Abs. 2 InsO den **letzten Jahres-/Konzernabschluss** samt Lagebericht der **werbenden** Gesellschaft für den Zeitraum bis zum Tag vor Eröffnung des Insolvenzverfahrens, also für ein Rumpfgeschäftsjahr. Dieser Abschluss ist nach den allgemein gültigen Regeln des HGB, jedoch i. d. R. unter Abkehr von der *Going-Concern*-Prämisse (→ Rz. 32 ff.), zu erstellen. Die *Going-Concern*-Prämisse kann nur dann weiterhin zugrunde gelegt werden, wenn hinreichende Anhaltspunkte für eine Fortführung der Unternehmenstätigkeit trotz Eröffnung des Insolvenzverfahrens vorliegen. Grundlage für die Beurteilung ist das vom Insolvenzverwalter verfolgte Unternehmenskonzept.[6] Die Feststellungskompetenz für den Jahresabschluss liegt beim Insolvenzverwalter.

1 IDW RS HFA 17, Tz. 33 ff.
2 IDW RS HFA 17, Tz. 39.
3 IDW RS HFA 17, Tz. 41.
4 Vgl. *Fülbier/Kuschel/Selchert* in Küting/Pfitzer/Weber (Hrsg.), Handbuch der Rechnungslegung – Einzelabschluss, 5. Aufl., § 252 Tz. 59.
5 Vgl. hierzu IDW RS HFA 17, Tz. 42 ff.
6 IDW RH HFA 1.012, Tz. 15.

Der Insolvenzverwalter hat außerdem originär nach § 155 Abs. 1 Satz 1 InsO die Rechnungslegungspflichten, welche die Insolvenzmasse betreffen, zu erfüllen. Er ist i. V. mit § 155 Abs. 2 InsO demnach für Kapitalgesellschaften u. a. verpflichtet,

- auf den Zeitpunkt der Verfahrenseröffnung eine handelsrechtliche **Eröffnungsbilanz** mit Erläuterungsbericht und
- ein **Inventar,**
- für den **Schluss** eines jeden Geschäftsjahres, das zwölf Monate nicht überschreiten darf (→ § 240 Rz. 22), einen Jahres-/Konzernabschluss (ggf. nebst Lagebericht) entsprechend den allgemein gültigen Regeln (z. B. Anhangerstellung, Unterzeichnung nach → § 245),
- auf den Tag des Beschlusses über die Aufhebung oder Einstellung des Insolvenzverfahrens eine Schlussbilanz

aufzustellen.[1]

Nach Insolvenzeröffnung kann durch Verfügung des Insolvenzverwalters ein zweites **Rumpfgeschäftsjahr** gebildet werden, um zum ursprünglichen Stichtag zurückzukehren.[2] Der Insolvenzverwalter darf dabei auch ein anderes als das bisher gültige Geschäftsjahr wählen.[3] Dazu ist eine Anmeldung zum Handelsregister und die dortige Eintragung der Änderung erforderlich.[4] Die Anmeldung und die Eintragung können nicht rückwirkend erfolgen.[5] Während der Dauer des Insolvenzverfahrens bleibt die Pflicht zur Rechnungslegung, wie etwa nach dem HGB, unberührt.

Die Eröffnungsbilanz ist nicht mit der **Vermögensübersicht** nach § 153 InsO identisch. Der Eröffnungsbilanz ist ein Erläuterungsbericht beizufügen.[6] Dies gilt nicht für „Kap. & Co."-Gesellschaften (→ § 264a Rz. 5). Bilanzansätze und die Bewertung in der Eröffnungsbilanz stimmen regelmäßig mit der Schlussbilanz der werbenden Gesellschaft überein. Die Erläuterungen in der Eröffnungsbilanz sind auf die wesentlichen Bilanzposten zu beschränken.[7] Mit Beendigung des Insolvenzverfahrens muss der Insolvenzverwalter auf diesen Stichtag einen handelsrechtlichen Abschluss erstellen.

Zur Abschlussprüfung sowie zum Bestätigungsvermerk in der Insolvenz wird auf → § 322 Rz. 98 verwiesen. 38b

4. Stichtagsprinzip (Abs. 1 Nr. 3)

4.1 Stichtag und Zeitverlauf

Der Inhalt der Gesetzesvorgabe zum Bilanzstichtag lässt sich nur im Konnex mit dem physikalischen Phänomen der **Zeit** (→ Rz. 9) und dem **Wertaufhellungs**gesichtspunkt (→ Rz. 70) verstehen. Deshalb wird vorab auf die dortigen Kommentierungen verwiesen. 39

1 IDW RH HFA 1.012, Tz. 16 ff.
2 IDW RH HFA 1.012, Tz. 10, Nachweise zu abweichenden Auffassungen bei *Eisolt/Schmidt*, BB 2009 S. 654 ff.
3 BGH, Urteil v. 14.10.2014 – II ZB 20/13, GmbHR 2015 S. 132.
4 OLG Frankfurt a. M., Beschluss v. 21.5.2012 – 20 W 65/12, DB 2012 S. 2389, IDW RH HFA 1.012, Tz. 10.
5 OLG Frankfurt a. M., Beschluss v. 1.10.2013 – 20 W 340/12; dazu *Lorenz/Koller*, WPg 2014 S. 1142.
6 IDW RH HFA 1.012, Tz. 21.
7 IDW RH HFA 1.012, Tz. 22

4.2 Ausnahmen

40 **Ausnahmen** vom Stichtagsprinzip i. S. des § 252 Abs. 2 HGB (→ Rz. 229) sind nur höchst eingeschränkt zulässig, wenn man nicht der Willkür freien Lauf lassen will. Irgendwelche „in der Luft liegenden" Verluste sind ebenso wenig zu berücksichtigen wie mögliche Verbesserungen des derzeit misslichen wirtschaftlichen Umfelds. Vgl. auch → Rz. 41.

BEISPIEL ▸ Der Kaufmann bucht zum 31.12.01 eine Rückstellung für die Restrukturierung ein. Gedacht ist an eine mögliche Stilllegung des Zweitwerks in Stadt S, wofür Pläne mit Verwirklichung ab März 03 in der Schublade liegen, aber noch nicht den Arbeitnehmervertretern kommuniziert worden sind (→ § 249 Rz. 16).

Die am 30.6.01 gebildete 100%ige Wertberichtigung auf eine Kundenforderung, die wegen Falschlieferung bestritten worden ist, wird zum 31.12.01 beibehalten, obwohl am 10.12.01 ein rechtskräftiger Vergleich mit dem Kunden über 50 % des Forderungsbetrags getroffen worden ist, der vereinbarungsgemäß am 10.2.02 erfüllt werden soll. Die Bonität des Kunden ist unbestritten.

In beiden Fällen ist das Stichtagsprinzip verletzt: Die Rückstellung darf noch nicht eingebucht werden, umgekehrt ist die im Vergleich festgelegte Forderung anzusetzen. In beiden Vorgängen liegt eine unzulässige Bildung von stillen Reserven.

41 Andererseits enthält das **Gesetz selbst** Bewertungsvorgaben, die als **Abweichung** vom Stichtagsprinzip gewertet werden können:

- Außerplanmäßige Abschreibungen auf Anlagegegenstände nach § 253 Abs. 3 Satz 3 HGB (→ § 253 Rz. 190) sind nur geboten, wenn die Wertminderung am Stichtag von **Dauer** ist.
- Für Finanzanlagen besteht ein Bewertungswahlrecht bzgl. der Vornahme außerplanmäßiger Abschreibungen bei voraussichtlich **nicht dauernder** Wertminderung gem. § 253 Abs. 3 Satz 4 HGB (→ § 253 Rz. 203).

Diese beiden zukunftsorientierten, das Stichtagsprinzip aushebelnden Bewertungsvorgaben sind als lobbyistische Einflussnahme interessierter Rechnungslegungsanwender zu verstehen und dürfen deshalb **nicht verallgemeinert** werden. Stichtagsbezogen wäre nur darüber zu befinden, ob zu **diesem** Zeitpunkt eine Wertminderung vorliegt oder nicht; die Dauer der Wertminderung ist in der Perspektive unerheblich.

42 **Ausnahmen** vom Stichtagsprinzip auf der Grundlage von § 252 Abs. 2 HGB sind in der Rechnungslegungspraxis im Zusammenhang mit Unternehmens**sanierungen** festzustellen. Hier kommt es regelmäßig zu Rückbeziehungen in die Bilanz des verflossenen Jahres, wenn dessen Ergebnis feststeht und die Insolvenz vermieden oder ein zu schlechtes Bilanzbild beseitigt werden soll. Beispiele für solche **Stützungsmaßnahmen** meistens eines Mutterunternehmens oder Alleingesellschafters sind

- Einlagen à fonds perdu in die Kapitalrücklage der (z. B.) Tochtergesellschaft (→ § 272 Rz. 70),
- Werthaltigkeitsgarantien für bestimmte abschreibungsbedrohte Vermögensgegenstände, z. B. Aktien oder wesentliche Beteiligungen, deren Buchwert am Bilanzstichtag über dem Börsenkurs liegt bzw. hinsichtlich der Werthaltigkeit zweifelhaft ist,
- Gewährung von Rückdeckungsansprüchen für Gewährleistungsrisiken,
- Forderungsverzichte sowie
- befreiende Schuldübernahmen.

In allen diesen Fällen handelt es sich nicht um Bewertungs-, sondern um **Ansatz**posten, die aber auch in anderen Bereichen des § 252 HGB explizit oder latent angesprochen sind

(→ Rz. 1). Die Möglichkeit zur Rückbeziehung solcher Sanierungsmaßnahmen auf den Bilanzstichtag hat eine Parallele in § 234 Abs. 1 HGB und § 235 Abs. 1 Satz 1 AktG. Nach allgemeinen Regeln der Gesetzesauslegung sind Analogieschlüsse auf spezialgesetzliche Regeln nicht zulässig. Unseres Erachtens verstößt die Rückbeziehung der gesamten Rechtsgestaltungen auf den vorhergehenden Bilanzstichtag gegen das Stichtagsprinzip und lässt sich nur als begründete **Ausnahme** nach Abs. 2 (→ Rz. 229) rechtfertigen.

Eine solche Ausnahme soll vorliegen,[1] wenn Gesellschafter (nicht Dritte) für Außenstehende erkennbar **Sanierungsmaßnahmen** (z. B. Forderungsverzicht; → § 246 Rz. 94 ff.) oder *Debt-to-Equity-Swap* (→ § 246 Rz. 94) bis zum Bilanzstichtag eingeleitet und bis zur Bilanzerstellung vollzogen haben. Dann dürfe auch eine Liquiditätszuführung *(„fresh money")* im Erhellungszeitraum (→ Rz. 79) als **auflösend bedingte** Forderung (→ § 246 Rz. 58) noch in alter Rechnung eingebucht werden, soweit dies – wie bei Genussrechten (→ § 246 Rz. 121) – gesetzlich möglich ist (bei förmlicher Kapitalerhöhung nicht der Fall). 43

5. Einzelbewertung (Abs. 1 Nr. 3)

5.1 Sinngehalt

Das Gesetz verlangt für jeden Vermögensgegenstand und jede Schuld eine **individuelle** Bewertung (→ § 240 Rz. 3).[2] Der Grund liegt in der Verhinderung einer **Bewertungskompensation** etwa in diesem Sinn: Die erforderliche Rückstellung für einen Einzelgewährleistungsfall wird deswegen unterlassen, weil im Grund und Boden des Fabrikgrundstücks noch erhebliche stille Reserven enthalten sind. Es soll also zwischen und innerhalb der einzelnen Vermögensgegenstände (→ § 246 Rz. 13 ff.) und Schulden (→ § 246 Rz. 76) kein Wertausgleich und keine -verrechnung erfolgen. Man kann im Einzelbewertungsgrundsatz auch einen weitergehenden Aspekt erkennen: Es soll nicht der Wert des Unternehmens oder eines Unternehmensteils **insgesamt** im Zuge der Rechnungslegung (Bilanzierung) ermittelt werden, sondern nur das Vermögen zu einem bestimmten **Stichtag** (→ Rz. 79) nach Maßgabe der Ansatz- und Bewertungsgrundlagen des Gesetzes. Mit dem Gesamtwert des Unternehmens haben diese Werte so gut wie immer nichts gemeinsam. **Synergie**effekte sollen aufgrund des Einzelbewertungsgrundsatzes nicht in die Bilanz Einzug halten. Der Einzelbewertungsgrundsatz soll auch der größtmöglichen Objektivierung dienen.[3] 44

5.2 Abgrenzungsprobleme beim Vermögensgegenstand

Ein praktisches Problem der **Einzel**bewertung steckt in der **Definition** des Vermögensgegenstands bzw. der Schuld, genauer bei der Abgrenzung von anderen **Vermögensgegenständen** und **Schulden.** Einer Definition dieser beiden Grundbegriffe der Rechnungslegung enthält sich das Gesetz (→ § 246 Rz. 12). Ob durch eine solche notwendig höchst abstrakte Definition viel gewonnen wäre, bleibt nicht zuletzt im Hinblick auf die Begriffsumschreibungen im IFRS-Framework zweifelhaft. Bei **Grundstücken** mit aufstehendem **Gebäude** hält sich die Praxis der handelsrechtlichen Bilanzierung an die einschlägigen Vorgaben aus der tradierten BFH-Rechtsprechung und den entsprechenden Anwendungshinweisen in den Einkommensteuerrichtlinien. Entsprechend werden **Betriebsvorrichtungen** von Gebäudebestandteilen unterschieden. 45

1 Nach *Heinz/Sander,* BB 2011 S. 2795 ff.
2 BFH, Urteil v. 2.12.2015 – I R 83/13, DStR 2016 S. 1314.
3 Vgl. *Küting/Eichenlaub,* BB 2011 S. 1195.

Die Heizungs- und Klimaanlagen des Gebäudes gelten als Gebäudebestandteil und nicht als getrenntes Wirtschaftsgut (= Vermögensgegenstand) nach HGB (→ § 266 Rz. 34).

46 Vergleichbare Abgrenzungsprobleme gibt es auch in **anderen Bereichen** des produzierenden Gewerbes, die sich allerdings kaum auf entsprechende BFH-Rechtsprechung und Verwaltungserlasse stützen können.

Angesprochen sind nicht die einfachen Fälle wie „der" Lkw – beim Sattelschlepper wieder zweifelhaft – oder „die" Maschine, sondern Erscheinungsprofile des zeitgenössischen Wirtschaftslebens.

BEISPIELE Der einzelne Arbeitsplatzcomputer in einer Werbeagentur mit 50 Nutzermöglichkeiten läuft nur über die Serverkonfiguration auf der Grundlage der entsprechenden Datenleitungen. Die Frage ist, ob der einzelne Computer, der selbst nur mehr Rechenaufgaben erfüllt, als Vermögensgegenstand anzusehen ist und ob die gesamte Anlage oder die Serverkonfiguration einen von der Verkabelung separierbaren Vermögensgegenstand darstellt.

In der Fabrikhalle eines Automobilherstellers ist „die" Maschine nicht zu finden, sondern eine komplette Produktionsanlage, bestehend aus Förderbändern, Robotern, Prüfgeräten etc. Stellt nun der einzelne Roboter einen Vermögensgegenstand dar oder die gesamte Roboteranlage oder sogar die gesamte Produktionsstraße?

Als weiteres Beispiel sei auf die Müllverbrennungsanlage in → § 246 Rz. 71 verwiesen. Hier ist mit dem Einzelbewertungsgrundsatz schon mangels einschlägiger BFH- oder sonstiger Rechtsprechung wenig anzufangen, solange man sich nicht auf eine aus der Vielzahl von im Schrifttum vorgestellten Definitionen des Vermögensgegenstands (→ § 246 Rz. 13) festlegt.

Die „Definition" im konkreten Anwendungsfall bleibt dem **Ermessen** des Kaufmanns überantwortet. Orientiert er sich dabei – vor allem beim Grundstück mangels besserer anderer Erkenntnisse – an den steuerlichen Vorgaben, ist dagegen nichts einzuwenden. Als Beispiel mag die „Zerlegung" einer Windparkanlage durch den BFH[1] (→ § 246 Rz. 71) in vier Vermögensgegenstände/Wirtschaftsgüter dienen.

Über die Probleme der **Separierung** von Vermögensgegenständen zur Bestimmung als „eigenständig" wird verwiesen auf → § 246 Rz. 63 ff.

5.3 Sachnotwendige Einschränkungen des Einzelbewertungsgrundsatzes

47 Eine weitere Schranke gegenüber der durchgängigen Anwendung des Einzelbewertungsprinzips[2] ergibt sich auf der (eigentlichen) Bewertungsebene durch die heranzuziehenden Bewertungs**techniken:**

- Bei der Findung des Wertansatzes müssen für Produkte **Schlüsselungen** von Gemeinkosten aus der Kostenstellenrechnung verwendet werden, die systematisch nur in einem gemeinsamen Bewertungsverfahren einem bestimmten Produktionslos zugeordnet werden können.
- Ein ähnliches Problem ergibt sich bei der **Vermengung** homogener Güter, z. B. in einem Tank.[3]

1 BFH, Urteil v. 14.4.2011 – IV R 46/09, DStR 2011 S. 1024.

2 Auch der BFH bestätigt die Abkehr vom Einzelbewertungsgrundsatz bei einer großen Gesamtheit von Sachverhalten: BFH, Urteil v. 12.12.1990– I R 153/86, BStBl 1991 II S. 479.

3 Vgl. *Küting/Eichenlaub*, BB 2011 S. 1196.

- Wenn eine **objektive** Ermittlung oder Bewertung des einzelnen Bewertungsobjekts unmöglich, unzumutbar und unwirtschaftlich ist (z. B. Aktivierung eines Pachterneuerungsanspruchs,[1] → § 246 Rz. 413, oder Preisermittlung für Warenbestände[2]), kann ausnahmsweise vom Einzelbewertungsgrundsatz abgewichen werden.
- Bei der **Kuppel**produktion steht die Bewertung des einen Produkts in unauflöslichem Zusammenhang mit derjenigen des anderen.
- Die Bestandsaufnahme und Bewertung von **Kleinmaterial,** wie überhaupt für Gegenstände innerhalb eines **Festwertes** (→ § 240 Rz. 32) bei der **Gruppenbewertung** (→ § 240 Rz. 34) oder bei Bewertungs**vereinfachungsverfahren** (→ § 256 Rz. 1).
- Die Bewertung eines Portfolios von **Kundenforderungen** (etwa im Versandhandel oder beim Energieverteilungsunternehmen) lässt sich auf Einzelbasis nicht sinnvoll bewerkstelligen, hier muss notgedrungen eine Sammelbewertung des latenten Ausfallrisikos erfolgen, allerdings der Erfassung einzelner erkennbarer Ausfallrisiken nachgeordnet (→ § 253 Rz. 242).
- Spiegelbildlich gilt dies für den Fall der latenten **Gewährleistungsrisiken** für die bis zum Bilanzstichtag verkauften Produkte aus der Provenienz der industriellen Serienfertigung, für die nur eine Pauschalbewertung nach Maßgabe der bisherigen Erfahrungen nach statistischer Ermittlung möglich ist.
- Ein umfangreiches Portfolio von **Pensionsverpflichtungen** wird gesamthaft nach Maßgabe einheitlicher Bewertungsparameter (z. B. Sterbetabelle und Rechnungszinsfuß) bewertet (→ § 253 Rz. 74 ff.).
- Zur **Veräußerung** bestimmte **Grundstücke** sind wegen des einheitlichen Nutzen- und Funktionszusammenhangs des Grund und Bodens und des aufstehenden Gebäudes als **einheitlicher** Vermögensgegenstand zu behandeln.[3]

Die mangelnden Ermittlungsmöglichkeiten für die genannten Wertansätze – Forderungsportfolio, Gewährleistungen etc. – sind eng verknüpft mit dem ***Cost-Benefit***-Prinzip (→ Rz. 243). Man kann wie folgt formulieren: „An sich wäre eine Einzelbegutachtung von 80.000 offenen Kundenforderungen des Versandhändlers oder 500.000 Kunden des Energieversorgers möglich, wirtschaftlich sinnvoll wäre eine solche Vorgehensweise nicht."

Dieser Gedanke kann aber auch bei einem umfangreichen **Grundbesitz** Platz greifen. 48

BEISPIEL ► Ein Mobilfunkunternehmen unterhält weltweit ca. 80.000 Funkmasten. Im Zuge einer Unternehmensakquisition (freundliche oder feindliche Übernahme durch einen Konkurrenten) sind diese Funkmasten zu bewerten. Eine fachmännische Wertermittlung jedes einzelnen Mastes durch spezialisierte Techniker wäre nicht sinnvoll und ergäbe auch im Hinblick auf die bei der Bewertung mitspielenden Schätzungsspielräume kein „richtiges" Ergebnis, das den Aufwand rechtfertigen würde. Sinnvoller erscheint eine detaillierte Bewertung aufgrund einer **Stichprobenauswahl**, sei diese zufällig oder bewusst gestaltet, um von dieser aus eine Art Sammelbewertung auf der Grundlage von umbautem Raum, installierter Technik etc. für die jeweilige statistische Gesamtheit durchzuführen.

1 BFH, Urteil v. 17.2.1998 – VIII R 28/95, DStR 1998 S. 1167.
2 BFH, Urteil v. 9.12.2014 – X R 36/12 n. v.
3 IDW RS HFA 31, Tz. 26.

Diese Rechtsauslegung wird obergerichtlich[1] bestätigt zur **Cluster-Bewertung** der Telekom anlässlich ihres Börsengangs. 12.000 Immobilien einzeln zu bewerten, wird vom Gericht als sinnlos beurteilt.

Entsprechende *Cost-Benefit*-Überlegungen verbergen sich auch hinter der Möglichkeit der **Festbewertung** nach § 240 Abs. 3 HGB (→ § 240 Rz. 23) bzw. der **Gruppenbewertung** nach § 240 Abs. 4 HGB (→ § 240 Rz. 34). Letzteres auch bei der **Rückstellungs**bewertung (→ § 253 Rz. 65).

49 All diese Beispiele und die gesetzlich normierten Ausnahmen vom Einzelbewertungsgrundsatz – **Verrechnung** gem. § 246 Abs. 2 Satz 2 HGB (→ § 246 Rz. 392 ff.) sowie die Bildung von **Bewertungseinheiten** (→ § 254) – belegen: Dieser darf **nicht verabsolutiert** werden, sondern bedarf einer sinnvollen Auslegung im Gesamtzusammenhang der Rechnungslegungsziele, insbesondere auch vor dem Hintergrund der jeder Bilanzierung notwendig anhaftenden Ungenauigkeiten und Unsicherheiten. An dieser Stelle tut sich ein sinnvoller Anwendungsbereich der **Ausnahmeregeln** des § 252 Abs. 2 HGB auf (→ Rz. 229). Die erforderliche Begründung ist in den vorstehenden Beispielen bereits mitgeliefert worden.

5.4 Bewertungseinheiten

50 Die „absolutistisch" verstandene Einzelbewertung muss auch dann auf eine sinnvolle Beschränkung zurückgeführt werden, wenn sich die Bewertungsergebnisse von zwei Vermögensgegenständen **gegenseitig bedingen.** Angesprochen ist damit das Thema der sog. Bewertungseinheit, das man als Ausnahmefall nach Abs. 2 oder aber als sinnvolle Auslegung des Einzelbewertungsgrundsatzes werten kann. Gemeint sind damit Wertabsicherungsgeschäfte, die **Sicherungszusammenhänge** (sog. *Hedges*) begründen, wie diese bei Finanzinstituten üblich sind oder wenigstens i. S. der Risikokompensation sein sollten. In der einfachsten Ausprägung des sog. *Mikro-Hedge* werden einzelne Geschäfte durch ein gegenläufiges Deckungsgeschäft kompensiert.

BEISPIEL ▸ Ein deutsches Unternehmen hat in Brasilien eine Produktionsanlage montiert und vereinbarungsgemäß am 10.12.01 in USD fakturiert. Die Forderung ist am 15.2.02 fällig. Auf diesen Zeitpunkt verkauft das Unternehmen USD zum Einbuchungskurs der Forderung in deren Höhe *(future)* oder sichert sie sich bedingt durch den Erwerb einer Verkaufsoption auf USD zum mutmaßlichen Zeitpunkt des Forderungseingangs.

51 Die bilanzielle Abbildung der beiden Geschäfte könnte ohne zusammenfassende Betrachtung zu einem **unsinnigen Ergebnis** führen: Wenn der Dollarkurs am Bilanzstichtag gegenüber dem Einbuchungskurs sinkt, muss eine Abschreibung vorgenommen werden. Genau gegenläufig verläuft in diesem Fall die Kursentwicklung des Derivats *(future* oder *option);* der dadurch entstehende Gewinn darf nach dem Realisationsprinzip (→ Rz. 191) herkömmlicher Betrachtung zufolge nicht ausgewiesen werden. Obwohl aus den beiden Geschäften insgesamt betrachtet kein Verlust droht, hat eine Abwertung zum Bilanzstichtag zu erfolgen, die keine ökonomische Berechtigung hat und im Folgezeitraum wieder korrigiert wird.

52 Die ursprünglich im Schrifttum gegen eine kompensatorische Bewertung vorgetragenen **Bedenken** im Hinblick auf einen absolut betrachteten Einzelbewertungsgrundsatz waren größtenteils bereits vor der Kodifizierung durch § 254 HGB **ausgeräumt.** Im Einzelnen wird auf die Kommentierung in → § 254 HGB verwiesen.

---

1 OLG Frankfurt, Beschluss v. 16.5.2012, BB 2012 S. 2302; BGH, Beschluss v. 2.10.2012 – XI ZB 12/12.

6. Vorsichtsprinzip und Schätzungserfordernisse (Abs. 1 Nr. 4 Halbsatz 1)

6.1 Rechtsvergleich

Das Vorsichtsprinzip hat die Aura **der** grundlegenden HGB-Bilanzierungsnorm. Der Kaufmann soll im Interesse des Gläubigerschutzes vorsichtig bilanzieren, sich lieber „zu arm" als „zu reich" rechnen und deshalb Aktivposten „im Zweifel" niedriger und Passiva höher in die Bilanz einstellen. Nach dieser Devise bestimmt sich auch der entziehbare Gewinn, der dem Kaufmann für sein erfolgreiches Wirtschaften zusteht. Da in solchen Fällen **immer „Zweifel"** bestehen, ist diese Bilanzierungsvorgabe eher inhaltslos und nichtssagend. 53

Dieser moralischen Vorgabe der Bilanzierung sollte bzw. soll sich auch der **Fiskus** beugen, was ihm der Gesetzgeber durch die Anwendung der GoB (sog. Maßgeblichkeitsprinzip) i. S. des § 5 Abs. 1 Satz 1 EStG vorgibt oder wenigstens vorgab. Diese (scheinbar) antifiskalische Bilanzierungsvorgabe wird zunehmend und nachhaltig bekämpft: Ein solches Bilanzverständnis „atmet den Geist des 19. Jahrhunderts", ist nicht mehr zeitgemäß und widerspricht dem Grundsatz der Besteuerung nach der Leistungsfähigkeit.[1] Ebenso wenig soll sich das Vorsichtsprinzip mit dem von den **internationalen Rechnungslegungsstandards** verlangten Informationsbedarf der Kapitalmärkte und überhaupt der Öffentlichkeit vertragen.

Die Frage ist deshalb, inwieweit diese hier kurz skizzierten Charakteristiken der verschiedenen **Rechnungslegungssysteme** tatsächlich durch die Vorsicht oder das Gegenteil – „Leichtsinn" (?) oder „Fahrlässigkeit" (?) – des Vorsichtsprinzips geprägt sind oder nicht. Oder verhalten sich die IFRS diesbezüglich „neutral"?

Auch die Bilanzierungs**praxis** wird vom Vorsichtsgebot in der vorstehend dargestellten Diktion und von dem daraus gewöhnlich abgeleiteten Inhalt wenig behelligt:

- Wenn die Finanzbranche – und das unterstützende Schrifttum – in der *Subprime*-Krise zurück in die Obhut des guten alten HGB ruderte, dann mit der Begründung: Im Anschaffungskosten-Gehäuse brauchen wir keine Abschreibungen auf unsere unverkäuflichen „Wert"-Papiere mehr vorzunehmen, denn schließlich belegen unsere getätigten Anschaffungskosten die Werthaltigkeit, die sich in den nächsten 10 bis 20 Jahren auch wieder einstellen wird.
- Die Versicherungsbranche hat zur Bewältigung der immensen Wertverluste des Aktienportfolios 2001/2002 eine im Geschwindschritt durchgezogene Gesetzesänderung benötigt, wonach nicht mehr die aktuellen Kurse, sondern die Phantasie über die mutmaßliche Kursentwicklung in der Zukunft (→ § 253 Rz. 204) den Bilanzmaßstab bilden durften.

Nochmals: „Im Zweifel" soll sich der Kaufmann lieber arm als reich rechnen. In der Wirklichkeit führen diese „Zweifel" gerade zum Gegenteil. Oder mit der alten Wirtschaftsprüferweisheit ausgedrückt: „Vorsichtig bilanziert, wer es sich leisten kann." Übrigens bleibt im Rahmen dieser Bilanzierungspraxis auch das Stichtagsprinzip (→ Rz. 39) auf der Strecke.

Auch der wohlfeile Vergleich der beiden Rechnungslegungssysteme – die IFRS dienen der Information, das HGB, insbesondere durch das Vorsichtsprinzip, fördert den Gläubigerschutz durch Verhinderung unberechtigter Gewinnausschüttungen – führt in die Irre. Auch das HGB will 54

1 Vgl. *Weber-Grellet*, DB 1997 S. 391.

durch den Abschluss informieren (wie jedes veröffentlichte Dokument) und dient gerade dadurch dem Gläubigerschutz. Wie kann der Gläubiger besser geschützt werden als durch die bestmögliche Darstellung der wirtschaftlichen Verhältnisse des Schuldners durch den Jahresabschluss?

6.2 Kein Vorrang vor anderen Grundregeln

55 Kommen wir zurück auf den ehrbaren Kaufmann (→ Rz. 53), der das Charakteristikum des vorsichtigen Handelns schon mit der Muttermilch in sich aufgenommen hat – so jedenfalls kann man manche einschlägigen Beiträge im Fachschrifttum verstehen. Nun ist aber „Vorsicht" keine berufsspezifische Charaktereigenschaft von Kaufleuten, ganz abgesehen von deren personeller Ablösung durch Geschäftsführungsgremien etc. Vorsicht ist vielmehr eine **generell menschliche** und deshalb branchenübergreifende Tugend. Dem Lastwagenfahrer wird ein vorsichtiger Umgang mit seinem gefährdungsträchtigen Vehikel ebenso aufgegeben wie dem Produktionsleiter eines Pharmaherstellers. Kinder sollen sich im Straßenverkehr vorsichtig verhalten, genauso wie Geldanleger beim Aktienkauf.

56 Schon der allgemein gültige **Verhaltenskodex** widerlegt den besonderen Stellenwert des Vorsichtsprinzips im HGB gegenüber den beiden anderen Rechnungslegungsstandards. Das Leistungsfähigkeitsprinzip des Steuerrechts verlangt daher keineswegs eine Art leichtsinnige Bilanzierung und natürlich auch nicht das IFRS-System. Das ist eher in der Schrifttumsauslegung der Fall, wenn z. B. das Vorsichtsprinzip „als zentraler Bestandteil der allgemeinen Grundsätze" angesehen wird.[1] Der EuGH formuliert dies im berühmten Tomberger-Urteil[2] wie folgt: „Der Grundsatz der Vorsicht muss in jedem Fall beachtet werden."[3] Eine eher nichtssagende Vorgabe, die man auch negativ formulieren kann. Dem Vorsichtsprinzip gebührt **kein Vorrang** vor den anderen Grundregeln der Bilanzierung, soweit sie in § 252 Abs. 1 HGB aufgezählt sind.

BEISPIELE

- Dem hanseatischen Importkaufmann I kommen aufgrund internationaler Pressenotizen vom2.4.01 an Zweifel an der Werthaltigkeit seiner Kaffeebestände, die in der am 25.3.01 erstellten und den Hausbanken zugeleiteten Bilanz zum 31.12.00 mit 100 bewertet worden sind. Er blickt dem Gesamtergebnis des Jahres 01 mit einem gerüttelt Maß an Skepsis entgegen und will es von einer unerwünschten Abwertung der Kaffeebestände freihalten. Deshalb will er den Kaffeebestand in die Eröffnungsbilanz 01 nunmehr mit 80 übernehmen.

  Diese Art der Bilanzierung mag zwar dem Vorsichtsgedanken genügen, widerspricht aber elementar dem Grundsatz der Bilanzidentität (→ Rz. 9) und ist deshalb unzulässig.

- Um dem Vorsichtsprinzip im Jahr 01 nach den eingeschätzten wirtschaftlichen Verhältnissen nachkommen zu können, erfasst I im letzten Quartal 01 sämtliche Einkäufe an Rohkaffee nicht mehr auf Bestandskonten, sondern bucht diese im Wareneinsatz und verzichtet entsprechend auf eine Aufnahme des noch vorhandenen Rohkaffees in das Inventar zum 31.12.01. Insoweit geht I partiell auf eine Einnahmenüberschussrechnung über.

  Diese Art der Rechnungslegung mag dem Vorsichtsprinzip genügen, verstößt indes elementar gegen die Grundregel der kaufmännischen Rechnungslegung in § 252 Abs. 1 Nr. 5 HGB (→ Rz. 205), d. h. der Anweisung zur Vermögens- und Gewinnermittlung durch Periodisierung der Vermögensbewegungen.

---

1 Hier zitiert nach *Kessler*, DB 1997 S. 1.

2 EuGH, Urteil v. 27.6.1996 – Rs. C-234/94, DB 1996 S. 1400.

3 Der EuGH bezieht sich auf Art. 31 der 4. EG-Richtlinie, der insoweit mit § 252 Abs. 1 HGB übereinstimmt.

Die beiden Beispiele mögen banal erscheinen, belegen jedoch zumindest den **Nichtvorrang** des Vorsichtsprinzips gegenüber den anderen allgemeinen Bilanzierungsvorgaben in § 252 Abs. 1 HGB.

6.3 Keine willkürliche Auslegung

Das Vorsichtsprinzip darf aber auch nicht als eine Art **Persilschein**, z. B. für freihändig entschiedene Abschreibungen oder Rückstellungsbildungen, verstanden werden, insbesondere nicht nach Aufhebung der sog. Willkürabschreibung nach Maßgabe des § 253 Abs. 4 HGB a. F. durch das BilMoG. So kann unser vorsichtig bilanzierender Kaufmann I im vorigen Beispiel unter → Rz. 56 nicht seine Kaffeebestände zum 31.12.01 um 40 % gegenüber den Einstandspreisen abwerten mit der Begründung: „Man weiß nie, was kommt." Ein so verstandenes Vorsichtsprinzip hat (auch) im HGB keine gesetzliche Grundlage. Vielmehr muss sich die Bilanzierung an den – durchaus vom Vorsichtsgedanken geprägten – weiteren Bilanzierungsgrundsätzen orientieren, wie 57

- Imparitätsprinzip, d. h. Ansatz nur von realisierten Gewinnen, aber von bereits vorhandenen Verlusten (→ Rz. 99),
- Anschaffungskostenprinzip (→ § 253 Rz. 12) sowie
- Niederstwertprinzip (→ § 253 Rz. 224 ff.).

6.4 Eingeschränkte spezialgesetzliche Beachtung

Dabei folgen keineswegs alle speziellen Ansatz- und Bewertungsvorgaben dem Vorsichtsgedanken. Musterbeispiel ist das gemilderte Niederstwertprinzip für Finanzanlagen (→ § 253 Rz. 203 ff.), das der Bilanzierungspraxis ausreichend Spielraum zur Bildung **von stillen Lasten** eröffnet, die mit dem Vorsichtsprinzip – lieber Aktiva zu niedrig als zu hoch bewerten – kaum in Übereinstimmung zu bringen sind. Dieser Befund erlaubt einen Seitenblick auf die IFRS, die verbreiteter Meinung zufolge dem Vorsichtsprinzip nicht folgen: Nach IFRS 9 ist im Gegensatz zum gemilderten Niederstwertprinzip für Finanzanlagen, die nach dem *„Fair value"*-Modell bewertet werden, kein Blick in die Zukunft bzw. über die voraussichtliche Dauer der Wertminderung hinaus erlaubt. Vielmehr verträgt der börsenunterlegte *fair value* keine Prognose über die voraussichtliche Dauer einer Wertminderung, so dass die Abwertung – eine Bewertungsvorgabe, die auch die Unterstützung des BFH für die steuerliche Gewinnermittlung erfahren hat (→ § 253 Rz. 208) – vorzunehmen ist.[1] 58

Nach dem Gesetzeswortlaut beschränkt sich der Vorsichtsgedanke auf die **Bewertung.** Nur muss sich dieser nach dem inneren Zusammenhang der Bilanzierungssystematik im Vorfeld der Bewertung, nämlich bei der Entscheidung über den **Ansatz,** auch schon im Kalkül des Kaufmanns niederschlagen. Ansonsten könnte eine vorsichtige Bewertung durch den Nichtansatz einer Rückstellung, z. B. für Produkthaftpflichtfälle, bequem ausgehebelt werden. Vgl. hierzu auch das Beispiel in → Rz. 5.

Insgesamt darf das Vorsichtsprinzip somit nicht als Freibrief zur Legung von stillen Reserven verstanden werden.[2] Seine Bedeutung erfährt es vornehmlich im Falle von erforderlichen

1 BFH, Urteil v. 26.9.2007 – I R 58/06, DB 2008 S. 214, mit Anm. *Hoffmann*, DB 2008 S. 260.
2 So aber möglicherweise *Weber-Grellet*, DB 1997 S. 391.

Schätzungen, und zwar bei der Auswahl der Methode und der Berechnungsparameter im Zuge solcher Schätzungsverfahren.[1]

6.5 Schätzungserfordernisse

6.5.1 Die deutsche Perspektive

59 Beim Stichwort „Schätzung" denkt man in der deutschen Rechnungslegungs- und Besteuerungspraxis regelmäßig zunächst an Sachverhalte, die nach Maßgabe des **§ 162 AO** abgewickelt werden, z. B. an den Pizzabäcker, der viel mehr Mehl und Tomatendosen einkauft, als er nach den aufgezeichneten Umsatzerlösen verbraucht haben dürfte. Oder es geht um die nicht mögliche – weil unwirtschaftliche – Ermittlung von exakt zurechenbaren Gemeinkosten, etwa in Form des Transports von Lebensmitteln vom Zentrallager an die einzelnen Verkaufsfilialen (→ § 255 Rz. 29). Im letztgenannten Fall kommt der *Cost-Benefit*-Gedanke zum Tragen, möglicherweise kombiniert mit dem Wesentlichkeitsgedanken, der unter → Rz. 233 ff. weiter dargestellt wird.

60 In beiden Fällen – steuerliche Schätzung oder vereinfachte Wertermittlung nach HGB – geht es um **Vergangenheitsphänomene.** Das eigentliche Schätzungsproblem bei der Bilanzierung bezieht sich demgegenüber auf die **Zukunft,** d. h. auf die künftigen Entwicklungen, die der Kaufmann ohne hellseherische Begabung nicht oder nicht ausreichend vorhersehen kann (→ Rz. 81). In dieser Hinsicht ist im handels- und steuerrechtlichen Schrifttum spürbare **Zurückhaltung,** was deren Problematisierung und Analyse anbetrifft, festzustellen. Das Gesetz selbst schweigt sich hierzu aus; man könnte meinen, ein Schätzungsproblem bzgl. der zukünftigen Wertentwicklungen von ansatzpflichtigen Vermögensgegenständen und Schulden bestünde nicht. Der BFH hält sich in seiner Rechtsprechung diesbezüglich ebenfalls konsequent zurück – auch prozessrechtlich bedingt, da er selbst solche Schätzungen als Revisionsinstanz nicht vornehmen kann. Ausnahmen bestätigen auch hier die Regel, wie z. B. bei der Bestimmung der Nutzungsdauer eines Vertreterrechts.[2]

6.5.2 Die ökonomische Perspektive

61 Ganz anders sehen die IFRS-Regeln das Schätzungserfordernis bei der Bilanzierung. Das mag mit der Verinnerlichung der **ökonomischen Grundlagen** eines Vermögenswerts zusammenhängen, der hinsichtlich seiner Existenz von **künftigen** Zahlungsüberschüssen abhängt (→ § 246 Rz. 13). Entsprechend ist im IFRS-Framework – dessen Inhalt teilweise vergleichbar mit den allgemeinen Bewertungsvorgaben des § 252 Abs. 1 HGB ist – **sehr deutlich** vom **Schätzungsgehalt** bei der Bilanzierung die Rede: „To a large extent, financial reports are based on estimates, judgements and models rather than exact depictions" (Conceptual Framework Par. OB 11). Das gilt keineswegs nur dann, wenn innerhalb der IFRS-Regeln bei fehlenden Marktpreisen der *fair value* im *Discounted-Cashflow*-Verfahren ermittelt werden muss. Auch nach HGB und dessen Anschaffungskostenprinzip wird bei wesentlichen Bilanzposten in diesem Sinne geschätzt.[3] Man darf sich den Blick dafür nicht durch den Musterfall des Grundstücks am Münchener Marienplatz verstellen, das mit den fortgeführten Werten aus der DM-Eröff-

1 Vgl. hierzu *Fülbier/Kuschel/Selchert* in Küting/Pfitzer/Weber (Hrsg.), Handbuch der Rechnungslegung – Einzelabschluss, 5. Aufl., § 252 Tz. 77.

2 BFH, Urteil v. 12.7.2007 – X R 5/05, BStBl II S. 959.

3 Vgl. hierzu IDW PS 314 n. F. (→ § 317 Rz. 54).

nungsbilanz vom 21.6.1948 zu Buche steht. Hier wird dem Bilanzersteller durch die faktischen Verhältnisse das Schätzungserfordernis abgenommen. Aber ansonsten verbirgt sich auch hinter vermeintlich eindeutigen Bilanzposten eine Fülle von Schätzungsprozessen (→ § 321 Rz. 61), die umgekehrt aber manchmal erst nach vielen Jahren zur Gewissheit über den endgültigen und damit richtigen Betrag gelangen. So gesehen **entwickeln** sich diese geschätzten Bilanzposten im Zeitverlauf hin zur **Richtigkeit.** Die früheren Schätzungen stellen sich in der **Retro**spektive als **falsch, prospektivisch** dagegen als **richtig** i. S. der Fehlerhaftigkeit einer Bilanz (→ Rz. 81) heraus (→ Rz. 245).

BEISPIEL ► Der Tunnelbauer T stößt bei den Vortriebsarbeiten plötzlich auf einen unerwartet hohen Grundwasserspiegel und bedarf daher der Hilfe eines Spezialtiefbauunternehmens. Ob und in welchem Umfang dem Auftraggeber gegenüber diese unerwartete und in den Ausschreibungen nicht enthaltene Position weiterbelastet werden kann, ist unklar. Wegen des bei mit hohen Pönalen belegten Zeitpunkts der Auftragsbeendigung (des Tunnelbauers) bleibt keine Zeit zur detaillierten rechtlichen Abklärung. Das Spezialtiefbauunternehmen bietet seine Leistung nach Maßgabe eines bestimmten Einheitspreises für den steigenden Meter an, macht jedoch eine ganze Reihe von Vorbehalten wegen des Gesteinmaterials, der Wasserführung etc. deutlich.

Zum Bilanzstichtag rechnet der Tiefbauer seine Leistung „entsprechend der Angebotskalkulation" ab, führt dabei eine ganze Reihe von Sonderposten auf, über die mit dem Tunnelbauunternehmen noch verhandelt werden muss. Entsprechend bucht der Tiefbauer seine Gesamtforderung von 100 als Umsatzerlös ein, bildet jedoch aus Vorsichtsgründen eine Wertberichtigung von 18 wegen möglicher nichtanzuerkennender Abrechnungspositionen. Umgekehrt bucht der Tunnelbauer zum gleichen Stichtag aus Vorsichtsgründen eine Lieferantenverbindlichkeit von 100 ein, wohl um die noch ausstehende Klärung der Einzelpositionen wissend, die aller Wahrscheinlichkeit nach zu einer Reduktion des berechneten Betrags führen.

Ob diese Buchung des Tunnelbauers mit 100 laut Rechnungsstellung aus Vorsichtsgründen zwingend ist, steht u. E. nicht eindeutig fest. Auch eine Einbuchung zwischen 90 und 95 könnte vertretbar sein.

Das Beispiel zeigt jedenfalls: Innerhalb der scheinbar schätzungsimmunen Posten „Debitoren" und „Kreditoren" können sich erhebliche Schätzungsprozesse des Bilanzierenden verbergen. Wegen möglicher Anpassungen des ursprünglichen Einbuchungsbetrags innerhalb des Wertaufhellungszeitraums wird auf → Rz. 79 verwiesen.

Besonders „schätzungsträchtig" sind folgende Bilanzierungsbereiche: 62

- Nutzungsdauer von abnutzbarem Anlagevermögen,
- unfertige Produkte und Leistungen,
- Beteiligungen ohne Börsennotiz,
- Rückstellungen.

Bei der letztgenannten Position „Rückstellung" ist auch der Bilanz**ansatz** häufig einem Schätzungsermessen ausgeliefert (→ § 249 Rz. 43 ff.). Als Beispiel seien hier die **Umweltschutz**verpflichtungen genannt, die dem Grunde nach bestehen, aber vielleicht noch nicht aufgedeckt sind – ein Thema, dem sich der BFH und das Schrifttum intensiv gewidmet haben (→ § 249 Rz. 56).

Im Wesentlichen geht es aber im Schätzungsprozess um die **Bewertung,** was unter der „Unsicherheitsposition, Nr. 1" der Bilanzierung, den Rückstellungen, dargestellt werden soll. Die Bewertung hat nach vernünftigem kaufmännischen Ermessen zu erfolgen (→ § 253 Rz. 58), was inhaltlich dem *best estimate* in IAS 37.37 näherungsweise gleichkommt. Was ist hier nun vernünftig und wie stellt sich das bestmögliche Schätzungsverfahren für Schulden dar, die ex de- 63 finitione (→ § 249 Rz. 3) dem **Grunde** und – jetzt hier behandelt – der **Höhe** nach ungewiss sind?

64 Relativ einfach lässt sich die Frage auf **statistischer** Grundlage beantworten, wenn nach dem Gesetz der großen Zahl statistisch gesicherte Vergangenheitsergebnisse ermittelt werden können (→ § 253 Rz. 59), die eine Projektion auf die Zukunft erlauben. Beispiele hierfür sind:

- ► Pensionsverpflichtungen für eine ausreichend große Grundgesamtheit und
- ► Gewährleistungsfälle in der industriellen Massenproduktion.

65 Das statistische Verfahren versagt jedoch in **Einzelfällen** der Gewährleistung (→ § 253 Rz. 60), wenn z. B. ein Anlagebauer eine Fliesenfabrik in China errichtet und vom Auftraggeber mangels ausreichender Funktionalität der Anlage mit Garantieforderungen behelligt wird. Hier muss nach dem Lehrbuch der wahrscheinlichste Wert als Bemessungsgrundlage angesetzt werden. Da ein solcher praktisch nicht feststellbar ist, wird häufig mit Szenariomodellen gearbeitet.

BEISPIEL ► Im vorstehend dargestellten Fall macht der chinesische Abnehmer einen Schadenersatzanspruch von 10 Mio. € geltend. Der deutsche Lieferant rechnet bei gleicher Wahrscheinlichkeit mit einer Inanspruchnahme i. H. von 2 Mio. €, 4 Mio. € und 6 Mio. €.[1]

Nach dem Lehrbuch wäre nach HGB ein Betrag von 6 Mio. €, nach den IFRS von 4 Mio. € zurückzustellen. Danach ließe sich die vorsichtigere HGB-Bilanzierung belegen. In der bilanzierenden Wirklichkeit läuft die Entscheidungsfindung allerdings anders. Nach IFRS wären bei entsprechender bilanzpolitischer Zielrichtung auch Argumente für einen höheren Wahrscheinlichkeitsgrad für die Inanspruchnahme von 6 Mio. € zu finden, mit der Folge eines entsprechenden Bilanzansatzes. Und umgekehrt nach HGB: Argumente für eine höhere Wahrscheinlichkeit der Inanspruchnahme i. H. von 4 Mio. € würden eine Bewertung zu diesem Betrag rechtfertigen.

So oder so wäre die Bilanzierung nicht unvorsichtig, d. h. **leichtsinnig**, sondern läge im Rahmen des Ermessensspielraums, der dem Kaufmann in diesen Fällen sachnotwendig zur Verfügung steht.[2]

7. Stichtagsprinzip und Wertaufhellung (Abs. 1 Nr. 4 Halbsatz 2)

7.1 Gesetzesinhalt

66 Nach dem Gesetzeswortlaut ist zwischen **zwei Terminen** zu unterscheiden:

1. Bilanz**stichtag** (→ Rz. 68) und
2. **Erstellungs**tag (→ § 245 Rz. 12).

Sofern sich bestimmte Ereignisse zwischen diesen beiden Terminen ergeben, müssen sie u. U. bei der Bilanzierung beachtet werden. „Ereignisse" sind „namentlich … vorhersehbare Risiken und Verluste". Der Gesetzeswortlaut ist daher insofern imparitätisch ausgerichtet (→ Rz. 86); Gewinnerwartungen („Chancen") sind unbeachtlich. Dem ist allerdings die Rechtsprechung des BFH entgegengetreten: Auch mögliche Umstände einer Minderung oder des Wegfalls ei-

1 Vgl. hierzu *Lüdenbach*, IFRS, 6. Aufl. 2010, S. 238.
2 Vgl. IDW PS 314 n. F. Tz. 10.

nes Verlustrisikos sind zu berücksichtigen.[1] Inhaltlich unterscheidet das Gesetz zwischen „Ereignissen", die bis zum Bilanzstichtag „entstanden" sind, d. h. zu diesem Zeitpunkt bestehen (**objektiver** Tatbestand), aber möglicherweise erst später „bekannt geworden sind" (**subjektiver** Tatbestand).

Zu diesem Themenbereich – als „Wertaufhellung" bezeichnet – hatte bereits 1919 der Reichsfinanzhof geurteilt.[2] In der Rechtsentwicklung ist die genannte **imparitätische** Gesetzesvorgabe eher unbeachtet geblieben. Diese – paritätische – Gesetzesauslegung kann sich mit einiger Mühe, allerdings nicht zwingend, auf das Wort **„namentlich"** im Gesetzeswortlaut stützen. Die „Risiken und Verluste" werden als Beispiele für „Ereignisse" oder „Tatbestände" oder „Verhältnisse" angesehen (→ Rz. 77). 67

7.2 Der ökonomische Gehalt

Das hier angesprochene Bilanzierungsproblem hat seinen ökonomischen Grund in dem **physikalischen** Phänomen der **Zeit** und der menschlichen Beschränktheit des Einblicks in die **Zukunft.**[3] Diese Unsicherheit über die Zukunft wird indes unentwegt durch die Gegenwart eingeholt, d. h., das unsichere Ereignis tritt ein oder der Kenntnisstand über einen bestimmten Zustand – z. B. des Schuldners, der Höhe der Schadenersatzverpflichtung – wächst im Zeitverlauf. Andererseits muss die buchmäßige Erfassung von Geschäftsvorfällen irgendwann einmal – täglich, vierteljährlich, jährlich – angehalten werden (→ Rz. 9), wenn das Ergebnis der Geschäftstätigkeit zur Ermittlung ansteht (→ Rz. 9). Die Realität des wirtschaftlichen Geschehens stellt sich als **Strom**größe dar. Das genannte „Anhalten" erfordert ein Vorgehen, genannt Bilanzierung, das diesem realökonomischen Befund entgegensteht.[4] 68

Das Stichtagsprinzip hat deshalb immer etwas Künstliches und damit **Willkürliches** an sich (vgl. Beispiele unter → Rz. 79 f.). Werden z. B. börsengängige Aktien vererbt, wird deren Wert am Todestag des Erblassers bewertet, auch wenn der Kurs später im Zahlungszeitpunkt der Erbschaftsteuerschuld höher oder niedriger ist. 69

Auch bei der Bilanzierung – bei der kaufmännischen Rechnungslegung gleich welcher Provenienz – kann sich diese **Stichtagsaufnahme** eines bestimmten Sachverhalts – z. B. der Wert eines Aktienportfolios – sofort wieder anders darstellen, die Zeit läuft auch „buchhalterisch" weiter. Was gestern (am Bilanzstichtag) richtig war, ist möglicherweise einige Tage später falsch.

7.3 Rechtsdogmatik

7.3.1 Wertaufhellung und Wertbegründung

Zur Darlegung des Inhalts dieses Gegensatzpaares dienen zwei Sachverhalte: 70

BEISPIELE

- Der bis zum Bilanzstichtag zunehmend schleppend zahlende Kunde mit sich aufbauendem Forderungsbestand geht kurz nach dem Bilanzstichtag in die Insolvenz.

---

1 BFH, Urteil v. 15.9.2004 – I R 5/04, BStBl 2009 II S. 100.
2 RFH, Urteil v. 31.10.1919 – I A 216/19, RFHE I S. 272.
3 Vgl. hierzu *Hoffmann* in Littmann/Bitz/Pust (Hrsg.), EStG, §§ 4, 5 Tz. 492.
4 Vgl. *Marx*, BB 2011 S. 1004; *ders.*, FR 2011 S. 267.

► Derselbe Kunde gewinnt kurz nach dem Bilanzstichtag im Lotto oder macht eine Erbschaft und zahlt prompt die gesamten überfälligen Forderungsbeträge.[1]

Diese beiden Sachverhaltsalternativen sind der traditionellen BFH-Rechtsprechung und der sich daran orientierenden Rechtslehre zur logischen Vereinbarung des Stichtags- mit dem Erstellungstermin entnommen, die unter dem Stichwort „Wertaufhellung" subsumiert wird: Im ersten Fall ist die Insolvenz ein wert**aufhellendes** Ereignis, sie bestätigt nur die schon am Bilanzstichtag nicht mehr vorhandene Werthaltigkeit der Forderung. Im zweiten Fall – bei gleicher Bonität des Schuldners – ist der Lottogewinn dagegen ein wert**begründendes** Ereignis: ein solches, das am Bilanzstichtag noch nicht vorlag und deshalb – will man dem gesetzlichen Gebot („bis zum Abschlussstichtag") nicht ausweichen – nicht berücksichtigt werden darf. Dieses Ereignis ist eben erst „in neuer Rechnung" eingetreten und kann deshalb in der stichtagsbezogenen Betrachtungsweise nicht mehr berücksichtigt werden, obwohl die wieder aufgelebte Werthaltigkeit bei Bilanzerstellung bekannt war.

71 Das Beispiel hat allerdings einen entscheidenden Haken: In der **Realität** gewinnt der vor der Pleite stehende Kunde nie im Lotto. Einen eher die Wirklichkeit des Wirtschaftslebens wiedergebenden Sachverhalt zeigt das folgende Beispiel:

BEISPIEL[2] ► Ein Maschinenbauunternehmen baut im Kundenauftrag eine Spezialmaschine. Vor Fertigstellung verschlechtert sich die wirtschaftliche Situation des Kunden erheblich. Einen anderen Kunden kann der Hersteller mit der schon weit fortgeschrittenen Arbeit nicht bedienen. Die beiden Vertragspartner treten in Verhandlungen ein, die sich über den Bilanzstichtag hinweg hinziehen. Im Ergebnis mindert der Hersteller den Kaufpreis um einen erheblichen Teilbetrag gegenüber dem ursprünglich vereinbarten. Für den daraus resultierenden Restkaufpreis erhält der Hersteller eine Bankbürgschaft am 10.1.01 beim Bilanzstichtag 31.12.00.

Die Bürgschaft ist wertbegründend. Am Bilanzstichtag war die Forderung des Herstellers gegenüber dem Kunden (noch nicht) in diesem Umfang werthaltig. Zu diesem Zeitpunkt konnte nicht mit ausreichender Wahrscheinlichkeit die Erteilung der Bürgschaft vom Bilanzierenden angenommen werden. Die Unterschrift unter dieses Papier entspricht dem Lottogewinn im Lehrbuchfall (→ Rz. 70).

72 Mit diesen Beispielen kann eine **logisch einwandfreie** Zusammenführung der beiden vom Gesetz genannten Stichtage und deren sachlicher Inhalte gelingen. Die **Realität** des Wirtschaftslebens stellt sich allerdings häufig anders dar. Selten geht ein säumiger Kunde noch „rechtzeitig" vor der Bilanzerstellung in die Insolvenz; erst recht stirbt nicht gerade pünktlich vor dem Bilanzstichtag der „Erbonkel" in Amerika. Vielmehr stellt sich die Bilanzierungsentscheidung des Kaufmanns in der wirklichen Welt etwa wie folgt dar:

BEISPIEL ► Der Kunde zahlt seit geraumer Zeit schleppend. Der Forderungsbestand am Bilanzstichtag beträgt dabei 1.000. Der Kaufmann rechnet am Bilanzstichtag mit einem Geldeingang von 700. Vor Bilanzerstellung gehen 300 ein.

Ist dieser Geldeingang wertbegründend oder -aufhellend? Wenn Letzteres gilt, welcher Wert ist für die Bilanzierung maßgebend? 300 oder vielleicht doch 700 oder nur 400?

Probleme bereiten auch **Kausalketten**, die vor dem Stichtag ihren Anfang nehmen, aber erst nach dem Stichtag ihre volle Wirkung entfalten. Hier kommt es darauf an, in welchem Maße der vor dem Stichtag liegende Ausgangspunkt schon die Nachstichtagsentwicklung prädeter-

1 Entnommen der Begründung des BFH, Urteil v. 4.4.1973 – I R 130/71, BStBl II S. 485.

2 Nach *Lüdenbach*, PiR 2007 S. 364; ähnlich der BFH im sog. Tankerurteil v. 17.11.1987 – VIII R 348/82, BStBl 1988 II S. 430.

miniert. Beim Coronavirus – Ursprung vor dem 31.12.2019, Entwicklung zu Epidemie und Pandemie nach dem Stichtag – hat das IDW die Nachstichtagsentwicklung als wert- bzw. ansatzändernd qualifiziert.[1] Dies ist zutreffend, weil nach dem Stichtag liegende soziale Verhaltensweisen, Behördenmaßnahmen usw. ganz wesentlich zur epidemischen Entwicklung beigetragen haben.[2] Für Zwecke der Unternehmensfortführungsprognose kann die Corona-Krise gleichwohl bereits den Abschluss zum 31.12.2019 betreffen (→ Rz. 28).

7.3.2 Subjektive und objektive Wertaufhellungskonzeption

Die Rechtsprechung und das Schrifttum begegnen dieser Bilanzierungsvorgabe – zunächst unstrukturiert dargestellt – mit Begriffen wie „subjektiver Kenntnisstand, subjektiv Gewusstes, objektiv Wissbares" u. Ä. Dabei wird zwischen **zwei Wertaufhellungskonzeptionen** unterschieden,[3] gemeint ist dabei immer auch der **Ansatz:** 73

1. **Subjektive** Aufhellungskonzeption: Die Bilanz ist so zu erstellen, wie sie ein – fiktiver vorsichtiger und ordentlicher – Kaufmann unter verständiger Würdigung aller Umstände und Verhältnisse am Bilanz**stichtag** aufgestellt hätte. Die Bilanzierung hat so zu erfolgen, als ob sie bereits am Bilanzstichtag erstellt worden wäre.[4]
2. **Objektive** Aufhellungskonzeption: Die Bilanzierung hat so zu erfolgen, wie sich die Verhältnisse am Bilanzstichtag nach dem Kenntnisstand des sorgfältigen Kaufmanns im Zeitpunkt der Bilanz**erstellung** darstellen. Maßgeblich sind somit die am Bilanzstichtag objektiv bestehenden Verhältnisse, beleuchtet mit dem Kenntnisstand am Erstellungstag.[5]

Die Vorgabe der **objektiven** Aufhellungskonzeption entspricht der menschlichen Psyche: Man kann von niemandem verlangen, sich künstlich dumm zu stellen. Andererseits wird vom Kaufmann auch keine „divinatorische Gabe" verlangt.[6] Diese beiden höchstrichterlichen Aussagen aus der „Vorzeit" belegen bereits: Ein logisch schlüssiges Konzept zur Vereinbarung des Stichtagsprinzips mit dem stetig nachwachsenden Kenntnisstand des Kaufmanns im Zeitverlauf ist schwer zu finden.

Jedenfalls wird die **subjektive** Wertaufhellungskonzeption in Reinkultur auch nicht vertreten: Es kommt zwar auf die am Bilanzstichtag gegebenen Verhältnisse an – ansonsten wäre das Stichtagsprinzip obsolet geworden –, aber der Kenntnisstand des Kaufmanns über diese Verhältnisse bei Bilanzerstellung ist zu berücksichtigen, und zwar auch unter Einbeziehung dessen, was der Kaufmann zu diesem Zeitpunkt (in der Silvesternacht) bei ordentlichem Verhalten hätte wissen **müssen.**[7] Dann aber ist der **Unterschied** zur **objektiven** Aufhellungskonzeption nur mehr theoretischer Art: Sie verlangt bei Bilanzerstellung die Berücksichtigung aller am Bilanzstichtag gegebenen Verhältnisse ohne Rücksicht auf den wirklichen oder den fiktiven „or- 74

1 Fachlicher Hinweis des IDW v. 4.3.2020 zu den Auswirkungen der Ausbreitung des Coronavirus auf die Rechnungslegung zum Stichtag 31.12.2019 und deren Prüfung.
2 Vgl. *Lüdenbach*, PiR 2020 S. 191.
3 BFH, Urteil v. 28.3.2000 – VIII R 77/96, BStBl 2002 II S. 227; *Hommel/Berndt*, DStR 2000 S. 1745.
4 So die Vorgabe des RFH, Urteil v. 31.10.1919 – I A 216/19, RFHE I S. 272.
5 So auch das Reichsgericht im Jahr 1912: „Das Gesetz mutet dem Bilanzierenden nicht zu, sich künstlich unter Außerachtlassung der vorhandenen Nachrichten in einen früheren Erkenntnisstand zurückzuversetzen"; zitiert von *Hüttemann* in FS Priester, 2007, S. 309.
6 RFH, Urteil v. 17.10.1934 – VI A 749/33, StuW 1935 II Nr. 16 Sp. 35.
7 So auch *Buciek*, FR 2010 S. 523.

dentlichen" Kenntnisstand. Der BFH formuliert:[1] „Bis zur Aufstellung der Bilanz erlangte Kenntnisse" sind bei der Bilanzierung „zu verwerten". Daraus ist kein Gegensatz zu „wissen müsste" herauszulesen. Die „erlangten Kenntnisse" dürfen nicht durch Scheuklappentechnik oder „Vogel-Strauß-Methode" minimiert werden, also durch bewusstes Fernhalten entsprechender Informationen, etwa mit einer Anweisung der Geschäftsführung: „Ab sofort keine weiteren Erkundigungen zur wirtschaftlichen Situation des säumigen Kunden K mehr einholen."

BEISPIEL Der Kaufmann K stellt Fischkonserven her. Er erstellt die Bilanz zum 31.12.00 am 10.3.01. Am 22.3.01 stellt sich die Verunreinigung eines im Dezember produzierten Loses heraus.

Folgende beiden Lösungen kann man sich zurechtlegen:

- Bis zum Erstellungstag war das am Stichtag bestehende schadhafte Produktionslos nicht bekannt. Deshalb ist dies nach beiden Wertaufhellungskonzeptionen nicht zu berücksichtigen.
- Eine andere Lösung könnte dahin lauten: Ein ordentlicher Kaufmann hätte die Produktion gebührend überwacht. Dann wäre schon am Bilanzstichtag die Fehlerhaftigkeit bekannt (wissbar) gewesen. Erst recht gilt dieses „wissen müssen" am Erstellungstag.

Subjektive und objektive Konzeption kommen zum gleichen Ergebnis.

BEISPIEL **(Abwandlung)**

Der Kaufmann K erstellt die Bilanz am 28.2.01. Am 15.2.01 stellt sich die verunreinigte Produktion eines im Dezember produzierten Loses heraus.

Sowohl nach der objektiven als auch nach der subjektiven Konzeption ist der vor der Erstellung bekannt gewordene Fehler zu berücksichtigen. Auch hier stellt sich nach beiden Konzeptionen das gleiche Ergebnis heraus.

75 Beide Konzeptionen bedürfen eines „praktikablen Kriteriums, ob nach dem Abschlussstichtag eintretende Ereignisse die am Abschlussstichtag gegebenen Vermögensverhältnisse erhellen oder ob sie erst im neuen Geschäftsjahr erfolgende Änderungen der Abschlussstichtags-Vermögensverhältnisse betreffen".[2]

BEISPIEL Die (damalige) Daimler-Benz AG war zum 31.12.1995 (Bilanzstichtag) mit einem hohen Engagement an den Fokker-Flugzeugwerken beteiligt. Die Tochtergesellschaft war notleidend geworden. Daimler machte die Weiterführung des Unternehmens von einer Milliardenhilfe der niederländischen Regierung abhängig. Diese wurde nach dem Bilanzstichtag abgelehnt, weshalb der Beteiligungswert (für Fokker) bei der Daimler-Benz AG auf null sank.

FRAGE Ist die Ablehnung der Subvention im neuen Jahr vor der Bilanzerstellung ein wertaufhellendes oder wertbegründendes Ereignis?

BEISPIEL Die Fritz Werner & Niles AG (Werkzeugmaschinenhersteller) in Berlin geriet 1995 zunehmend in die Krise. Der Bilanzstichtag war der 31.12.1995. Im Januar 1996 verbreitete der Vorstand Pressemitteilungen, denen zufolge die akuten Schwierigkeiten durch ein Finanzierungskonzept aller Beteiligten aufgefangen werden könnten. Im Februar 1996 musste der Vorstand einen Konkursantrag stellen.

1 BFH, Beschluss v. 7.4.2010 – I R 77/08, DStR 2010 S. 1015, unter Tz. 28; BFH, Beschluss v. 12.12.2012 – I B 27/12, BFH/NV 2013 S. 545, Tz. 8; BFH, Urteil v. 19.10.2005 – XI R 64/04, BStBl 2006 II S. 371, unter II.3.b.

2 *Moxter*, DStR 2008 S. 470.

FRAGE ▸ Ist das Nichtzustandekommen des Finanzierungskonzepts mit der Folge des Konkursantrags für den Stichtag 31.12.1995 wertaufhellend oder wertbegründend?

In beiden Fällen wurde die Bilanzierungsentscheidung nicht von der subjektiven oder objektiven Wertaufhellungskonzeption, sondern von der Erwartungshaltung der Öffentlichkeit bestimmt. Niemand wird Verständnis für ein **wertbegründendes** Ereignis in Gestalt einer Insolvenz etc. kurz nach dem Bilanzstichtag aufbringen. Diese „Ereignisse“ müssen in die Bilanz zum 31.12.1995 einfließen.

Die **Unergiebigkeit** der Differenzierung nach subjektiver und objektiver Aufhellung zeigt sich 76
nicht zuletzt auch in der BFH-Rechtsprechung.[1] Als Beispiel seien die Wechselobligo-Urteile des BFH genannt: In diesen hatte die bilanzierende Unternehmung eine Rückstellung für das Obligo aus den am Stichtag noch uneingelösten Wechseln gebildet. Alle Wechsel waren bis zur Bilanzerstellung vom Schuldner eingelöst worden. In beiden Streitfällen hat der BFH eine Rückstellung im Hinblick auf den wertaufhellenden Charakter der Wechseleinlösung abgelehnt.

- **Begründung im ersten Urteil:**[2] Es seien für den Bilanzansatz auch solche Umstände zu berücksichtigen, die „am Bilanzstichtag noch **nicht eingetreten (!)** oder bekannt waren“.
- **Korrektur im zweiten Urteil:**[3] Maßgeblich sind die Verhältnisse **am** Bilanzstichtag, die durch die späteren Wechseleinlösungen der Schuldner bis zum Erstellungstermin aufgehellt werden.
- **Erneute Korrektur in einem weiteren Urteil:**[4] Am Stichtag noch nicht eingetretene Verhältnisse müssen unberücksichtigt bleiben. Nur am Bilanzstichtag „objektiv“ vorhandene Verhältnisse sind der Wertaufhellung zugänglich, wenn sie bis zur Erstellung bekannt oder erkennbar werden.
- **Weiteres Urteil:**[5] Der zu beurteilende Kenntnisstand zum Zeitpunkt der Bilanzerstellung ist daher auf die am Bilanzstichtag – objektiv – bestehenden Verhältnisse zu beziehen.

Vielleicht will sich der BFH mit der Paranthese im zuletzt zitierten Urteil als Vertreter der **„objektiven“** Aufhellungstheorie präsentieren. Allerdings können sich die Vertreter der subjektiven Lehre mit dieser Kernaussage des Urteils ebenfalls identifizieren, etwa mit dieser Begründung (→ Rz. 73): Der ordentliche Kaufmann wäre am Stichtag über die bestehenden Verhältnisse informiert gewesen, hätte die Nichtinanspruchnahme aus dem Wechselobligo bereits gekannt oder vorausgeahnt.

Insgesamt führt die **Begriffsspielerei** mit dem objektiv vorhandenen Wissen oder dem subjektiv bei ordentlicher Sorgfalt Gewussten oder objektiv Wissbaren, sei dies nun am Bilanzstichtag oder -erstellungstag, zu keinem logisch stringenten Ergebnis.[6] Aus **praktischer** Sicht lautet die Devise: Die Bilanz ist nach am Bilanzstichtag vorhandenen Tatsachen, die bei ordentlichem Verhalten bis zum Erstellungstag bekannt geworden sind, zu erstellen.

---

1 Nachzulesen im Einzelnen in der Dissertation von *Ciric*, Grundsätze ordnungsmäßiger Wertaufhellung, 1995, mit Besprechung von *Hoffmann*, BB 1996 S. 1157.

2 BFH, Urteil v. 27.4.1965 – I 324/62 S, BStBl II S. 409.

3 BFH, Urteil v. 19.12.1972 – VIII R 18/70, BStBl 1973 II S. 218.

4 BFH, Urteil v. 30.1.2002 – I R 68/00, BStBl II S. 688.

5 BFH, Urteil v. 28.3.2000 – VIII R 77/96, BStBl 2002 II S. 227.

6 Vgl. *Hoffmann* in Littmann/Bitz/Pust (Hrsg.), EStG, §§ 4, 5 Tz. 492.

7.4 Die Problembereiche in ökonomischer Sicht

7.4.1 Die „Ereignisse" im Zeitverlauf

77 Das eigentliche – und systematisch unlösbare – Problem ist unter → Rz. 68 bereits skizziert und mit dem Beispiel unter → Rz. 72 unterlegt worden. Dazu nochmals ein Beispiel:

> **BEISPIEL** ▸ Bilanzstichtag ist der 31.12.00. Der Kaufmann hat eine überfällige Forderung gegen einen Kunden. Nach der über die Hausbank eingezogenen Auskunft ist der betreffende Kunde auch andernorts mit Zahlungsrückständen aufgefallen. Mitarbeiter haben mehrfach ihre Löhne erst verspätet ausgezahlt bekommen. Weitere Erkenntnisse liegen weder am 31.12.00 noch am 20.2.01 (Bilanzerstellungsdatum) vor.
>
> Die Forderung geht am 20.3.01, alternativ am 20.3.05, ein.
>
> Weitere Alternative: Die Forderung geht nach langjährigen Verhandlungen mit dem Schuldner zu 50 % am 30.3.03 ein, der Kaufmann verzichtet gegen Besserungszusage auf den Restbetrag.

Nach Maßgabe der vorstehend dargestellten Rechtsdogmatik stellt sich die Frage: Wie beeinflusst das subjektiv Gewusste, das objektiv Wissbare oder der subjektive Kenntnisstand des sorgfältigen Kaufmanns – sei es nach der subjektiven oder der objektiven Theorie – den Wertansatz für die Forderung am 31.12.00?

78 Mit dem theoretischen Rüstzeug aus der BFH-Rechtsprechung ist die Frage nicht zu beantworten. Allerdings: Es gibt auch keine andere rechtssystematische Basis: (Auch) dem Kaufmann ist **keine hellseherische** (→ Rz. 73) Begabung zu eigen, diese ist nur dem mit dem besseren oder eigentlichen Wissen über den Vorgang post festum gesegneten Betriebsprüfer oder Richter in retrospektiver Form möglich. Daraus erklärt sich die Lösung solcher Bilanzierungsprobleme in der Steuererhebungspraxis: Geht die Forderung bis zur Beendigung der Außenprüfung oder der mündlichen Verhandlung vor dem FG ein, wird subjektiv Gewusstes, objektiv Wissbares oder der subjektive Erkenntnisstand über diesen Eingang mit Erfolg kaum bestritten werden können und umgekehrt. Die Gegenargumentation – nach der Bilanzerstellung eingetretene Umstände oder erlangte Kenntnisse sind unbeachtlich[1] – ist abstrakt richtig, aber nicht so ohne Weiteres im Steuerstreit durchsetzbar. Zum sog. subjektiven Fehlerbegriff vgl. → Rz. 255a ff.

Das Abstellen auf das **„Wissen"** – sei es nun subjektiv gewusst oder objektiv wissbar etc. – hantiert mit dem falschen Begriff. Der Kaufmann **kann** gar nicht **„wissen"**, ob und ggf. wann und in welcher Höhe die Forderung eingeht. Er kann hier nur **Vermutungen** walten lassen, und bei Vermutungen versagen endgültig die Begriffe von subjektiv und objektiv als Unterscheidsmerkmal: **Subjektive** Vermutungen sind ein Pleonasmus, und **objektive** Vermutungen ein Widerspruch in sich selbst.

7.4.2 Verhältnisse und Ereignisse bis zum Stichtag und danach

79 Begrifflich muss unterschieden werden nach den **am** Bilanzstichtag gegebenen **Verhältnissen** bzw. **Zuständen** einerseits und **Ereignissen** andererseits, die diese Verhältnisse **nach** dem Stichtag bis zur Aufstellung bestätigen bzw. erhellen. Die Insolvenz des schleppend zahlenden Kunden wäre als ein solches Ereignis zu werten, das den Zustand der Kundenforderung (die Wertlosigkeit) am Bilanzstichtag i. d. R. nur bestätigt. In anderen Fällen ist die Ortung des Ereignisses mit Zeitbezug in diesem Sinn ungleich schwieriger.

1 BFH, Urteil v. 20.8.2003 – I R 49/02, BStBl 2003 II S. 941 mit Zitaten weiterer BFH-Urteile.

BEISPIEL[1] Das Unternehmen U hat eine neue Generation von Kinderwindeln entwickelt, flächendeckend in den Medien beworben und zum Weihnachtsgeschäft auf den Markt gebracht. Anfang Februar (Bilanzstichtag 31.12.) mehren sich Kundenbeschwerden infolge starker Infektionen bei Säuglingen. Kunden und Krankenkassen stellen Schadenersatzansprüche in Aussicht. Spezialisierte Anwälte haben bereits eine Internetplattform zur Bündelung der Gläubigerinteressen eingerichtet.

Im Gegensatz zum Insolvenzfall als **zeitpunkt**bezogenem **Einmal**ereignis können sich Zustände und Verhältnisse im **Zeitverlauf entwickeln,** z. B. die Krise an den Finanzmärkten oder die Preisentwicklung bei Computerchips oder aber der zunehmend schlechtere Geschäftsgang der Fokker-Flugzeugwerke bzw. der Werkzeugmaschinen AG (→ Rz. 75). Ähnlich verhält es sich im vorstehenden Beispielsfall der Kinderwindeln. Das Ereignis der Infektion kommt möglicherweise nicht sofort nach der Anwendung zum Vorschein, sondern beruht auf einer mehrwöchigen oder mehrmonatigen Inkubationszeit. Dann könnten durch die Nachrichten über die Infektion die am Bilanzstichtag bestehenden Umstände erhellt werden. Das Beispiel zeigt aber auch das damit verbundene weitere Problem, nämlich die Ermittlung des Inkubationszeitraums. Beträgt dieser mit Sicherheit weniger als drei Wochen, könnten sich die im Februar herausgestellten Infektionen auf eine mangelhafte Produktionscharge im neuen Jahr zurückführen lassen. Bei zweimonatiger Inkubationszeit spricht dagegen viel für die schon am Stichtag vorhandene bilanzielle Risikosituation. Möglicherweise ist aber auch die Inkubationszeit nur in Intervallen zwischen einer Woche und drei Monaten zu bestimmen, dann wird im vorliegenden Fall eine eindeutige Aussage über die Verhältnisse am Bilanzstichtag nicht möglich sein.

Möglicherweise ist aber auch nicht ein bestimmtes, noch festzustellendes Produktionslos – z. B. durch Bedienungsfehler – ursächlich, sondern das neu entwickelte Produkt insgesamt wegen des nicht ausreichend getesteten Materials.

Auch eine Ende Januar festgestellte Bodenverunreinigung durch ein Leck in der Galvanisierungsanlage wird sich möglicherweise nicht eindeutig auf ein Ereignis vor oder nach dem Bilanzstichtag zurückführen lassen. Anders verhält es sich bei der Feststellung von Hausschwamm im Januar. Ein solcher Schaden entwickelt sich im Zeitverlauf. Aller Wahrscheinlichkeit lag der Schwammbestand schon am Bilanzstichtag vor.[2]

Bei **Produktions**schäden kann die verursachungsgerechte Zuordnung des Vorfalls schwierig sein, die sich wiederum im Zeitlauf niederschlägt. 80

BEISPIEL Eine Ende Dezember in Betrieb genommene Fertigungsanlage fällt im Wertaufhellungszeitraum aufgrund eines Totalschadens aus. Die Nachuntersuchung zeigt Konstruktionsfehler, gibt aber auch Bedienungsfehlern eine gewisse Mitschuld.

Theoretisch wäre der „Umstand“ (des Schadens) zu teilen: Der Konstruktionsfehler läge am Bilanzstichtag vor, die schadhafte Bedienung erst danach. Praktisch wird eine solche Aufteilung nicht gelingen.

Die Beispiele erinnern an die willkürlichen Effekte des **Stichtagsprinzips** (→ Rz. 69). Die wirtschaftliche Situation des Unternehmens wird durch die Entdeckung der Hautinfektionen etc. gleichermaßen beeinträchtigt, ob dies nun dem alten oder dem neuen Geschäftsjahr zuzuordnen ist.

Zu einem weiteren Beispiel zur Bestimmung des niedrigeren beizulegenden Werts bei Preisänderungen im Aufstellungszeitraum vgl. → § 253 Rz. 237.

1 Ähnlich bei *Hüttemann* in FS Priester, 2007, S. 313: Infektion einer Schafsherde.
2 Beispiel nach *Hüttemann* in FS Priester, 2007, S. 312 f.

Die Kurserhöhung des **Schweizer Frankens** am 15.1.2015 stellt u. E. ein wert**begründendes** Ereignis dar, das keinen Einfluss auf die Wertansätze im Abschluss zum 31.12.2014 hat.[1] Wertbestimmend aktivisch und passivisch ist der Kurswert am 31.12.2014.

7.4.3 Die Ungewissheit künftiger Entwicklungen

81 Zu einer sinnvollen Wertaufhellungskonzeption muss das Thema in einen **umfassenderen** Zusammenhang gestellt werden, nämlich in das die Bilanzierung insgesamt durchziehende Problem der **Ungewissheit** bzw. Unsicherheit über **künftige** Entwicklungen (→ § 249 Rz. 47), die notwendigerweise einen **Schätzungs**prozess bzw. eine Ermessensentscheidung vom bilanzierenden Kaufmann erfordern (→ Rz. 53 ff.). Dieses Schätzungsverhalten kann durch Ereignisse bis zur Aufstellung des Abschlusses erleichtert oder bestätigt werden. Häufig oder meistens muss die Schätzung jedoch ohne solche unterstützenden Erkenntnisse auskommen. Im Beispiel der Kinderwindeln (→ Rz. 79) konnte der Kaufmann zunächst vom normalen Gang der Dinge ausgehen, der gerade nicht im Verkauf von schadhaften Produkten liegt. Der in das Beispiel hineingelegte Ausnahmefall widerlegt seine bis dahin „richtige" Schätzung, sofern tatsächlich ein Produktionslos aus dem Dezember betroffen ist. Dies ist bei der Bilanzerstellung am 15.2.01 zu berücksichtigen. Treffen demgegenüber die Informationen über Infektionen erst nach Bilanzerstellung, etwa im März 01, ein, stellt sich die bei Bilanzerstellung über die Verhältnisse am Stichtag vollzogene Schätzung als unrichtig heraus. Schätzungen sind indes meist immanent unrichtig, weil sie durch die späteren tatsächlichen Ereignisse i. d. R. mindestens teilweise widerlegt oder höchstselten als „richtig" bestätigt werden (→ Rz. 61). Deshalb ist in diesem Fall die Bilanz ohne Berücksichtigung der nachträglich eingegangenen Information über die Infektionen nicht unrichtig. Die „Korrektur" erfolgt im nächsten Jahresabschluss, jedoch nicht als Berichtigung eines Bilanzierungsfehlers, sondern als Aktualisierung der Schätzung.

82 Das die Wertaufhellungskonzeption überlagernde **Schätzungs**problem geht aus dem folgenden Beispiel hervor, das dem Sachverhalt des „BIAO-Rechtsstreits" entnommen ist.[2]

BEISPIEL Eine Bank übernimmt Kreditausfallbürgschaften über 3 Mio. USD und eine weitere über 1,5 Mio. USD und erhält dafür eine Risikoprämie (Avalentgelt) von 4.375 USD bzw. 2.175,35 USD (Provisionssatz 7/8 %). Die verbürgte Forderung ging im Aufhellungszeitraum in vollem Umfang ein. Die bürgende Bank (Steuerpflichtiger) wurde aus ihrer Bürgschaft nicht in Anspruch genommen. Entsprechende Geschäftsbeziehungen gleichen Inhalts sind jahrelang reibungslos, d. h. ohne Kreditausfall, abgewickelt worden.

Die steuerpflichtige Bank wollten eben einer unstreitigen Rückstellung wegen eines Bonitätsrisikos in offensichtlich geringer Höhe eine weitere Rückstellung für das Ausfallrisiko aufgrund einer Länderbewertung, die nach einem bestimmten Berechnungsmodus ermittelt worden ist, i. H. von 638 TDM mit steuerlicher Wirkung bilden.

Der BFH hat die Rückstellungsbildung abgelehnt und dabei den Geldeingang innerhalb der Erhellungsfrist als Bestätigung für das nicht vorhandene Risiko gewertet.

83 Die Entscheidung hätte in gleichem Umfang erfolgen müssen, wenn der Geldeingang erst nach der Bilanzerstellung zu verzeichnen gewesen wäre.[3] Der Grund liegt in der **Risikostruktur**

1 So auch IDW News exklusiv v. 6.2.2015.

2 BFH, Urteil v. 15.9.2004 – I R 5/04, BFH/NV 2005 S. 421; vgl. hierzu *Hoffmann* in Littmann/Bitz/Pust (Hrsg.), EStG, §§ 4, 5 Tz. 492g.

3 Anderer Auffassung *Hüttemann* in FS Priester, 2007, S. 318: die Schuldnerposition hätte sich zwischen Stichtag und Zahlungstag wesentlich verändern können.

des Geschäfts. Die beiden erhaltenen Provisionen und der diesen zugrunde liegende Vergütungssatz von 7/8 % belegen ein sehr geringes Ausfallrisiko. Bürgschaften und Kreditgarantien werden unter Fremden nur eingegangen, wenn der Sicherungsgeber nicht mit einer Inanspruchnahme rechnet. Deshalb akzeptiert der BFH in ständiger Rechtsprechung auch nur Rückstellungen für Bürgschaftsobligos, wenn die Inanspruchnahme konkret aufgrund Illiquidität des Primärschuldners absehbar ist. Das zu vernachlässigende und deshalb nicht bilanzierbare Risiko im entschiedenen Fall wird einerseits durch den Blick zurück (bisher unbeanstandete Geschäftsbeziehung bei sehr geringem Risiko) und hier (ausnahmsweise) durch den bei Bilanzerstellung bekannten Wegfall des Risikos durch Erfüllung der Hauptschuld bestätigt.

7.5 Weitere Sachverhalte

7.5.1 Zufallskurse am Bilanzstichtag

Regelmäßig ist ein am Bilanzstichtag festzustellender Börsen- oder Marktpreis (imparitätisch) als Bilanzierungsgrundlage zu verwenden. Nicht nur nach Auffassung des BFH ist ein Börsen- oder Marktpreis „ein objektiver Wert, der nicht auf der persönlichen Auffassung des einzelnen Kaufmanns über die künftige wirtschaftliche Entwicklung, sondern auf der allgemeinen Auffassung beruht, wie sie in der Marktlage am Bilanzstichtag zum Ausdruck kommt".[1] Gesunkene Marktpreise nach dem Stichtag beruhen auf danach eingetretenen Ereignissen, sind also wert**begründend**. 84

Anders kann es sich nach Auffassung des BFH im eben zitierten Urteil verhalten, wenn Kurse auf wenig liquiden Märkten **Zufallscharakter** aufweisen. Dann können Preisnotizen kurz vor oder nach dem Stichtag als Bewertungsgrundlage herangezogen werden, sofern sich in ihnen keine danach eingetretenen Tatsachen niederschlagen. Bei stark schwankenden Preisen für Importwaren sollen demzufolge nach Auffassung des BFH die Entwicklungen auf den Märkten etwa vier bis sechs Wochen vor und nach dem Stichtag berücksichtigt werden. Das gilt zur Wiederholung nur bei wenig liquiden Märkten und kann u. E. in diesem Rahmen auch handelsrechtlich angewandt werden. 85

7.5.2 Preisentwicklung nach dem Bilanzstichtag

Wert**aufhellend** kann auch die Preisentwicklung zwischen Bilanzstichtag und Erstellungstag sein. 86

BEISPIEL Die Einzelhandelskette Outdoor-Sport bietet zur Wintersaison 01 modische Skipullover zum Verkaufspreis von 350 bei einem Einstandspreis von 180 an. Der Verkauf läuft bis zum 31.12. mehr als schleppend, das Design trifft nicht den Geschmack des Publikums. Am 7.1.02 startet die Kette eine umfangreich beworbene Rabattaktion mit einem „einmaligen Sonderpreis" von 150. Dieser Wert stellt die Grundlage für den Wertansatz in der am 18.1.02 erstellten Bilanz dar.

7.5.3 Unwirksame oder schwebend unwirksame Verträge

Auf → Rz. 166 wird verwiesen. 87

1 BFH, Urteil v. 17.7.1956 – I 292/55 U, BStBl II S. 379; ähnlich BFH, Urteil v. 26.9.2007 – I R 58/06, DB 2008 S. 214, mit Anm. *Hoffmann* wegen der Besonderheit der vorübergehenden Wertminderung; so auch BFH, Urteil v. 21.9.2011 – I R 89/10, DStR 2012 S. 21; vgl. auch *Bäuml*, StuB 2008 S. 130.

7.5.4 Rechtsstreitigkeiten

88 Bei **Rechtsstreitigkeiten** – gerichtlich oder außergerichtlich – über das Bestehen von Forderungen oder Verbindlichkeiten vertritt der BFH eine **typisierende** Haltung: Erst wenn ein rechtskräftiges Urteil oder ein unbedingtes Schuldanerkenntnis vorliegt, kann die betreffende Forderung ein- oder eine vorsorglich gebildete Rückstellung ausgebucht werden. Dem Gerichtsurteil oder dem Schuldanerkenntnis kommt somit auf jeden Fall eine ansatz- bzw. wertbegründende Eigenschaft zu.

BEISPIEL[1] ▸ Ein die Forderung bestätigendes Urteil geht im Wertaufhellungszeitraum zu. Die Forderung wird damit als bestehend (auch am Bilanzstichtag) anerkannt. Gleichwohl ist sie in der Bilanz zum 31.12. nicht zu aktivieren. Zu einer solchen Leistungsklage wird auch eine andere Auffassung vertreten (→ Rz. 90), der zufolge das Urteil wertaufhellenden Charakter aufweist, wenn der streitige Sachverhalt schon vor dem Stichtag bestand.

BEISPIEL[2] ▸ Ein Steuerpflichtiger hatte wegen einer gegen ihn gerichteten (zivilrechtlichen) Klage eine Rückstellung für ungewisse Verbindlichkeiten gebildet. Im Urteil der Tatsacheninstanz, das vor dem Bilanzstichtag zuging, wurde diese Klage abgewiesen und die Revision nicht zugelassen. Gleichwohl war nach Auffassung des BFH die Rückstellung noch nicht aufzulösen, weil der Kläger noch eine Nichtzulassungsbeschwerde hätte einlegen können. Tatsächlich hatte er davon keinen Gebrauch gemacht, was allerdings erst nach dem Bilanzstichtag als „Ereignis" (→ Rz. 77) festgestellt werden konnte.

89 Die typisierende Lösung des BFH entspricht nicht der zivilprozessrechtlichen Betrachtung, der zufolge ein Urteil nicht Recht **schafft,** sondern nur **feststellt,** was rechtens ist. Diesem Aspekt folgen eher die Vorgaben der IFRS in IAS 10.9.[3] Unseres Erachtens ist deshalb der Auslegung des BFH für handelsrechtliche Zwecke nicht notwendig zu folgen, zumindest im Interesse eines Gleichlaufs von Handels- und Steuerbilanz aber auch akzeptabel. Zum Rückstellungsansatz für gerichtshängige Forderungen der Gegenpartei wird auf → § 249 Rz. 87 verwiesen.

90 Erfolgt die Beilegung eines Rechtsstreits durch einen **Vergleich,** kommt es u. E. zunächst nicht darauf an, ob der Vergleich erst nach dem Bilanzaufstellungszeitraum oder noch innerhalb dessen geschlossen wird. Der Vergleich schafft eine neue Rechtgrundlage und ist damit dem Grunde nach sowohl handels- als auch steuerrechtlich ein wert- bzw. ansatzänderndes Ereignis.[4] Im passiven Rechtsstreit kann ein innerhalb des Bilanzaufstellungszeitraums geschlossener Vergleich aber Anlass sein, die Schätzungen zum Bilanzstichtag zu überprüfen.

BEISPIEL ▸ U wird im Jahr 01 von X auf 100 T€ Schadenersatz verklagt. Der Anwalt der U hält eine Prozessniederlage für überwiegend wahrscheinlich und geht für den Fall einer Niederlage mit überwiegender Wahrscheinlichkeit von einem Schadenersatz von ca. 75 T€ aus. Im Februar 02 schließen die Parteien einen Vergleich über 25 T€.

Der Vergleich gibt Anlass, die Schätzung des Anwalts der Höhe nach infrage zu stellen und sie ggf. nicht der Bilanzierung zum 31.12.01 zugrunde zu legen.

1 BFH, Urteil v. 26.4.1989 – I R 147/84, BStBl 1991 II S. 213.

2 BFH, Urteil v. 30.1.2002 – I R 68/00, BStBl IIS. 688.

3 Vgl. *Lüdenbach*, PiR 2007 S. 144.

4 So BFH, Urteil v. 16.12.2014 – VIII R 45/12, BStBl 2015 II S. 759; a. A. FG Münster, Urteil v. 17.8.2010 – 1 K 3969/07, BB 2011 S. 303, das einen vom Handelsrecht unabhängigen steuerrechtlichen Wertaufhellungsbegriff annimmt und für steuerbilanzielle Zwecke einem Vergleich werterhellenden Charakter beimisst. Kritisch dazu: *Hoffmann*, StuB 2011 S. 281 ff.

Der BFH hatte bislang keine Gelegenheit, die unterschiedlichen Arten von Urteilen zu behandeln. Man kann Feststellungs-, Gestaltungs- und Leistungsurteile unterscheiden.[1] Durch Feststellungsurteil wird eine rechtsbezeugende Feststellung des Bestehens oder Nichtbestehens eines Rechtsverhältnisses getroffen. Es kann z. B. das Bestehen eines Anspruchs festgestellt werden oder die Nichtigkeit eines Gesellschafterbeschlusses. Liegt der zu entscheidende Sachverhalt in seinem Ursprung vor dem Bilanzstichtag, ist das Urteil als wertaufhellend zu qualifizieren. Anders verhält es sich bei einem Gestaltungsurteil, z. B. der Klage auf Anfechtung eines Hauptversammlungsbeschlusses einer Aktiengesellschaft. Hier ist das Urteil wertbegründend, also unbeachtlich bei Ergehen nach dem Bilanzstichtag (vgl. aber → Rz. 169a).

7.5.5 Dividendenvereinnahmung von Kapitalgesellschaften

Die Dividende entsteht rechtlich und damit ansatz**begründend** (→ Rz. 70) mit Fassung des **Gewinnausschüttungsbeschlusses.** Nach Auffassung des EuGH[2] und des BGH[3] – beide Urteile zum berühmt gewordenen Fall „Tomberger" – wirkt demgegenüber ein nach dem Bilanzstichtag gefasster Ausschüttungsbeschluss aufgrund einer undefinierten wirtschaftlichen Betrachtung ansatz**erhellend,** wenn folgende Tatbestandsmerkmale kumulativ erfüllt sind: 91

- Die Muttergesellschaft ist zu 100 % an einer Tochterkapitalgesellschaft beteiligt.
- Die Tochtergesellschaft ist ein abhängiges Konzernunternehmen.
- Die Feststellung des Jahresabschlusses der Tochtergesellschaft und der Gewinnausschüttungsbeschluss für das abgelaufene Geschäftsjahr müssen von der Gesellschafterversammlung der Tochter vor Beendigung der Abschlussprüfung bei der Mutter gefasst worden sein.
- Mutter- und Tochtergesellschaft haben ein übereinstimmendes Geschäftsjahr.

Diese Entscheidungen überraschten insoweit, als ein Dividendenanspruch rechtlich erst mit dem Gewinnausschüttungsbeschluss, der regelmäßig erst nach dem rechtsbegründenden Feststellungsbeschluss im neuen Geschäftsjahr erfolgen kann, vorliegt, was eher für eine ansatz**begründende** Wirkung spricht (→ Rz. 70 ff.). Die Gegenauffassung kann sich in Übereinstimmung mit den „Tomberger"-Entscheidungen auf eine Art „wirtschaftliche Ansatzaufhellung" stützen, wonach im neuen Jahr nur das vollzogen wird, was am Bilanzstichtag (der Mutter) eigentlich schon bestanden hat. Dabei ist am Bilanzstichtag (der Mutter) überhaupt offen, ob und, wenn ja, in welchem Umfang ein Gewinn der Tochtergesellschaft entstanden ist. Ungeklärt ist auch die Anwendung auf mehrheitlich, aber nicht vollständig beherrschte Tochtergesellschaften. 92

Jedenfalls kann auf der vorstehend dargestellten (→ Rz. 91) Sachverhaltsliste das Vereinnahmungsjahr für die Dividende durch die Muttergesellschaft bequem **gesteuert** werden, indem der Gewinnverwendungsbeschluss vor oder nach Beendigung der Abschlussprüfung gelegt wird.

1 Nach *Ohmen/Seidler*, BB 2015 S. 3051 ff.
2 EuGH, Urteil v. 27.6.1996 – Rs. C-234/94, BB 1996 S. 1492.
3 BGH, Urteil v. 12.1.1998 – II ZR 82/83, DStR 1998 S. 383.

Vermutlich aus diesem Grund folgt der BFH den Entscheidungen des EuGH und des BGH (→ Rz. 91) nicht und akzeptiert die Dividendenvereinnahmung in der **Steuerbilanz** erst im Veranlagungszeitraum des Dividendenbeschlusses.[1] Dies entspricht der IFRS-Rechtslage.

Der zitierte Beschluss des Großen BFH-Senats GrS 2/99 bezieht sich auf den Normalfall, in dem der Gewinnausschüttungsbeschluss der Feststellung des Jahresabschlusses nachfolgt. Daraus folgt für den Fall eines **Vorabausschüttungsbeschlusses** über einen durch Gesellschafterbeschluss festgelegten Betrag die Vereinnahmung zum Zeitpunkt der Beschlussfassung.[2] Die Vorabdividende ist u. E. ergebniswirksam zu vereinnahmen,[3] da in aller Regel eine (rechtlich mögliche) Rückzahlungsverpflichtung höchst unwahrscheinlich ist.

Wird bei Veräußerung von Gesellschaftsanteilen vereinbart, dass die Gewinne bis zum Übertragungsstichtag noch dem Veräußerer zustehen **(rückbehaltener Gewinnanspruch)**, so ist ein potenzielles Bilanzierungsobjekt des Veräußerers nicht der erst mit Ausschüttungsbeschluss entstehende Gewinnanspruch gegenüber der Gesellschaft, sondern die künftig durch den Gewinnausschüttungsbeschluss entstehende Forderung gegenüber dem Erwerber. Hierzu hält der BFH fest, dass die Aktivierung einer Forderung gegen den Erwerber einer GmbH-Beteiligung aus dem Vorbehalt eines Gewinnausschüttungsanspruchs bereits vor Ausschüttungsbeschluss in Betracht kommt, wenn dem Veräußerer Ansprüche gegen den Erwerber auch bei Vereitelung des Anspruchs zustehen.[4]

7.5.6 Gewinnvereinnahmung bei Personengesellschaften, stillen Gesellschaften, Genussrechten

93 Auf die Kommentierung in → § 255 Rz. 177 ff. wird verwiesen.

7.5.7 Breach of Covenants, außerordentliche Darlehenskündigungsrechte

93a „Verletzt" das darlehnsnehmende Unternehmen bestimmte bilanzbezogene Vertragsbedingungen *(breach of covenants)*, indem es etwa eine vereinbarte Mindesteigenkapitalquote unterschreitet, ist dies u. E. werterhellend. Ein Verzicht des Darlehensgebers auf das daraus folgende Kündigungsrecht ist handelsbilanziell nur dann zu berücksichtigen, wenn der Verzicht vor dem Bilanzstichtag erfolgt. Ein danach erklärter Kündigungsverzicht kann bestenfalls nach dem Rechtsgedanken zu den Sanierungsmaßnahmen (→ Rz. 93b) auf den Stichtag zurückbezogen werden.[5]

7.5.8 Forderungsverzicht und Rangrücktritt

93b Die beiden Gestaltungen wirken rechtsgestaltend, also wertbegründend. Im Rahmen von Bilanzsanierungen kann allgemeiner Auffassung zufolge eine Rückbeziehung auf den betreffenden Stichtag erfolgen (→ § 246 Rz. 94 und → § 246 Rz. 86).

1 BFH, Beschluss v. 7.8.2000 – GrS 2/99, BStBl II S. 632; vgl. *Blaum/Kessler*, StuB 2000 S. 1233. Einschränkend FG Köln v. 29.4.2015, EFG 2015 S. 1569.
2 BFH, Urteil v. 4.12.2014 – IV R 28/11, Tz. 32, BFH/NV 2015 S. 495.
3 Anderer Auffassung *Oser/Wirtz*, DB 2015 S. 199 sowie *Roß*, WPg 2022 S. 23 ff.
4 BFH, Urteil v. 2.10.2018 – IV R 24/15 unter zivilrechtlicher Bezugnahme auf BGH, Urteil v. 30.6.2004 – VIII ZR 349/03.
5 So *Ohmen/Seidler*, BB 2015 S. 3052.

7.5.9 Fälligkeitsänderung

Werden Darlehensfälligkeiten erst nach dem Stichtag geändert, so stellt dies einen wertbegründenden Vorgang dar. Dagegen ist diese Änderung schon dann zu berücksichtigen, wenn sie bis zum Bilanzstichtag mündlich vereinbart und später wenigstens im Wertaufhellungszeitraum schriftlich bestätigt wird. 93c

7.5.10 Kapitalmaßnahmen bei Kapitalgesellschaften

Kapitalerhöhungen und -herabsetzungen bei Kapitalgesellschaften werden rechtswirksam mit Eintragung im Handelsregister. Diese Eintragung nach dem Bilanzstichtag wirkt wertbegründend. 93d

7.5.11 Sanierungsmaßnahmen

Gesellschaftsrechtliche Kapitalmaßnahmen oder Rangrücktrittserklärungen (→ § 246 Rz. 86) stellen wertbegründende Maßnahmen dar, die dann wirksam werden, wenn sie rechtswirksam beschlossen worden sind. Nach wohl allgemeiner Auffassung, und auch in der Bilanzierungspraxis, werden solche Sanierungsmaßnahmen bilanziell auf den betreffenden zurückbezogen. 93e

7.5.12 Vergleichsvereinbarung

Auf → Rz. 90 wird verwiesen. 93f

7.6 Ende des Wertaufhellungszeitraums, Erstellungsfrist und -vorgang

In Rechtsprechung und Schrifttum ist auch die Bedeutung des tatsächlichen **Zeitpunkts** der Bilanzerstellung offengeblieben. Mit zunehmendem Zeitabstand zum Bilanzstichtag wächst das potenzielle Wertaufhellungsvolumen über die Verhältnisse am Bilanzstichtag. Je später der Kaufmann bilanziert, desto größer ist sein Kenntnisstand und desto „richtiger" ist seine Bilanz. Aber mit der Wertaufhellung muss es irgendwann ein Ende haben, wenn nicht die stichtagsbezogene Bilanzierung überhaupt ad absurdum geführt wird. 94

Für die Steuerbilanz wird einer Schrifttumsäußerung[1] zufolge eine Wertaufhellungsfrist bis zur rechtskräftigen Veranlagung, u.U. auch bis zum Ergehen eines rechtskräftigen Urteils – vielleicht sechs bis zwölf Jahre nach dem Stichtag – im Interesse der Besteuerung nach der Leistungsfähigkeit für erforderlich erachtet. Vgl. hierzu die Kritik in → Rz. 255c.

Das FG Düsseldorf[2] hat das Ende des Wertaufhellungszeitraums auf zwölf Monate nach dem Bilanzstichtag festgelegt, so auch der BFH,[3] allerdings mit Einschränkungen. Die Gültigkeit der handelsrechtlichen Fristen für Kapital- und „Kap. & Co."-Gesellschaften in § 264 Abs. 1 HGB (drei oder sechs Monate) hat der BFH als Ende des Wertaufhellungszeitraums bestätigt.[4]

1 Vgl. *Weber-Grellet* in FS Reiß, 2008, S. 483.
2 FG Düsseldorf, Urteil v. 9.11.1999 – 13 K 661/96 E, G, EFG 2000 S. 304.
3 BFH, Urteil v. 6.12.1983 – VIII R 110/79, BStBl 1984 II S. 227.
4 BFH, Beschluss v. 12.12.2012 – I B 27/12, BFH/NV 2013 S. 545, Tz. 9.

Zum Ganzen folgendes Beispiel:

BEISPIEL[1] Die U GmbH müsste als große Kapitalgesellschaft ihren Jahresabschluss für das Geschäftsjahr 01 bis zum 31.3.02 aufstellen. Tatsächlich wird durch eine Verkettung unglücklicher Umstände erst Ende Oktober 02 ein zunächst vorläufiger Abschluss erstellt. Die Vorläufigkeit ergibt sich aus folgendem Vorgang: Ein ehemaliger Kooperationspartner hat überraschend im September 02 eine Klage über 50 Mio. € wegen Patentverletzung in den Jahren bis 01 eingereicht. Die Anwälte von U räumen der Klage des X eine überwiegende Erfolgschance ein. Die Geschäftsführung der U ist sich unsicher, ob für dieses, im ersten Quartal des Jahres auch bei gewissenhafter Prüfung noch nicht vorhersehbares, jetzt aber evident gewordenes Risiko eine Rückstellung zu bilden ist.

Nach lehrbuchmäßiger Lösung wäre im Beispiel eine Rückstellung anzusetzen, da das Risiko (mögliche Patentverletzung) bis zum Bilanzstichtag **entstanden** und **vor Aufstellung** des Jahresabschlusses 01 bekannt geworden ist. Dem steht aber die Rechtsprechung des BFH entgegen. Dieser hat im zitierten Beschluss aus 2012 entschieden, dass der Wertaufhellungszeitraum durch die **gesetzliche Frist für die Aufstellung** des Jahresabschlusses begrenzt sei, also der Wertaufhellungszeitraum spätestens an dem Tag ende, an dem der Jahresabschluss hätte erstellt werden müssen, im Beispiel also zum 31.3.02. Der Beschluss ist inhaltlich **enttäuschend.** Auf eine Begründung verzichtet er überhaupt und verweist stattdessen auf frühere Entscheidungen, die das Thema aber entweder gar nicht behandeln[2] oder selbst wiederum auf eine Begründung verzichten[3] oder die Frage offenlassen, weil sie nicht entscheidungserheblich war.

Eine auch deshalb gerechtfertigte, vom BFH abweichende Lösung ergibt sich **mittelbar** aus IDW RS HFA 6, Tz. 9 ff., wonach eine **Änderung** festgestellter **fehlerfreier** Jahresabschlüsse in Betracht gezogen werden kann, wenn gewichtige Gründe, darunter „erst nach Feststellung erlangte **wertaufhellende Erkenntnisse**", vorliegen; zeitliche Grenzen für eine Änderung sollen dabei nicht bestehen. Wenn demzufolge eine zeitlich unlimitierte Ausdehnung des Wertaufhellungszeitraums durch Änderung eines bereits festgestellten fehlerfreien Jahresabschlusses zulässig ist, muss im Sinne eines **Erst-recht-Arguments** dann aber für Fälle, in denen bisher (d. h. innerhalb der gesetzlichen Fristen) gar kein Jahresabschluss festgestellt wurde, ebenfalls der längere Aufhellungszeitraum gelten. Im Beispiel ist daher für die mögliche Patentverletzung eine Rückstellung zu bilden.

94a *(einstweilen frei)*

95 Der BFH hat sich eingehender mit der Frage befasst, **wann** eigentlich eine Bilanz erstellt ist.[4] Das Bilanzierungs-Procedere stellt einen fortlaufenden Prozess dar, der zu unterschiedlichen Zeiträumen die einzelnen Bilanzpositionen abschließt. Konkrete Frage: Ist ein am 20.1. (Bilanzstichtag 31.12.) bekannt gewordener Forderungsausfall zu berücksichtigen, wenn der Posten „Debitoren" am 10.1. abschließend erstellt und vom Abschlussprüfer geprüft worden ist, oder muss bis zur Unterzeichnung des Jahresabschlusses (→ § 245 Rz. 8 ff.) durch den Kaufmann am 15.2. dieser Forderungsausfall noch berücksichtigt werden? Die Antwort des BFH lautet: Maßgeblich ist die **förmliche** Bilanzerstellung (→ § 243 Rz. 22), allerdings mit einer Ausnahme für „relativ unbedeutende Risiken". Im letztgenannten Aspekt kommt der ***Materiality***-**Grund-**

1 *Lüdenbach,* StuB 2014 S. 29.
2 So BFH v. 30.1.2002 – I R 68 / 00, BStBl 2002 II S. 688.
3 So der BFH v. 3.7.1991 – X R 163-164/87, BStBl 1991 II S. 80.
4 BFH, Urteil v. 15.9.2004 – I R 5/04, BFH/NV 2005 S. 421.

satz zum Tragen, der für Zwecke der kaufmännischen Rechnungslegung allgemein und für die Abschlusserstellung speziell grundlegende Bedeutung hat (→ Rz. 233).

Im Übrigen reduziert sich dieses Problem durch den fortlaufenden Trend zum sog. ***„fast close“***, einer Abschlusserstellung nur wenige Tage nach dem Bilanzstichtag. Dieser Aspekt schränkt die „Praxistauglichkeit“ der beiden in → Rz. 73 genannten Wertaufhellungskonzeptionen weiter ein (→ Rz. 23). 96

Zur Rechtsstruktur von **Auf-** und **Feststellung** des Jahresabschlusses wird auf → § 245 Rz. 8 ff. verwiesen.

7.7 Einzelfälle aus der BFH-Rechtsprechung

Beispiele aus der Rechtsprechung für wert**beeinflussende** Tatsachen (ansatz- bzw. wertbegründend): 97

Vergleichsangebot der Gegenseite zu einer Schadenersatzforderung; Vergleich über einen strittigen Sachverhalt	BFH, Urteil v. 11.10.1973 – VIII R 1/69, BStBl 1974 II S. 90; FG Nürnberg, Urteil v. 12.12.2000 – I 342/99, EFG 2001 S. 278
Nicht rechtskräftiger Anspruch auf Schadenersatz wegen Culpa in Contrahendo u. Ä.	BFH, Urteil v. 26.4.1989 – I R 147/84, BStBl 1991 II S. 213; *Mathiak*, StuW 1985 S. 278
Ausgleichsanspruch für Handelsvertreter	BFH, Urteil v. 17.5.1978 – I R 89/76, BStBl II S. 497; BFH, Urteil v. 3.7.1991 – X R 163-164/87, BStBl II S. 802
Wegfall einer Verbindlichkeit, für die eine Rückstellung gebildet worden ist, - durch Vertragsänderung oder - durch rechtskräftiges Urteil	BFH, Urteil v. 17.11.1987 – VIII R 348/82, BStBl 1988 II S. 430; BFH, Urteil v. 30.1.2002 – I R 68/00, BStBl II S. 688
Vertragsänderung nach dem Bilanzstichtag berechtigt nicht zur Rückstellung	BFH, Urteil v. 25.7.1995 – VIII R 38/93, BStBl 1996 II S. 153
Tod nach dem Bilanzstichtag bei lebenslänglichem Wettbewerbsverbot	BFH, Urteil v. 23.6.1981 – VIII R 43/79, BStBl 1982 II S. 56
Überschreiten der vereinbarten Stundenhöchstmenge nach dem Bilanzstichtag	BFH, Urteil v. 13.4.1988 – I R 104/86, BStBl II S. 892; kritisch *Mathiak*, DStR 1989 S. 232
Rechtskräftiges Urteil zu Schadenersatzverpflichtung	BFH, Urteil v. 27.11.1997 – IV R 95/96, BStBl 1998 II S. 375; BFH, Urteil v. 26.4.1989 – I R 147/84, BStBl 1991 IIS. 213
Gewinnverwendungsbeschluss nach dem Bilanzstichtag	BFH, Beschluss v. 7.8.2000 – GrS 2/99, BStBl II S. 632
Geldeingang auf wertberichtigte Kundenforderung	BFH, Urteil v. 20.8.2003 – I R 49/02, BStBl II S. 941 So auch BMF, Schreiben v. 16.7.2014, BStBl 2014 I S. 1162 Tz. 20
Börsenkursänderung nach dem Bilanzstichtag	BFH, Urteil v. 21.9.2011 – I R 89/10, BStBl 2014 II S. 612
Verneinung einer Schadenersatzverpflichtung durch rechtskräftiges Urteil nach dem Bilanzstichtag	BFH, Urteil v. 27.11.1997 – IV R 95/96, BStBl 1998 S. 375

Beispiele aus der Rechtsprechung für Ansatz- bzw. **Wertaufhellung:**

Kundenkonkurs nach dem Bilanzstichtag	RFH, Urteil v. 17.12.1931 – III A 86/4, StuW 1932 S. 470
Zahlung von Wechselschulden sechs Monate nach Bilanzstichtag	BFH, Urteil v. 27.4.1965 – I 324/62 S, BStBl III S. 409
Wechseleinlösung nach dem Bilanzstichtag	BFH, Urteil v. 4.4.1973 – I R 130/71, BStBl II S. 485
Modische Textilartikel	BFH, Urteil v. 21.10.1981 – I R 170/78, BStBl 1982 II S. 121
Mängelrügen eines Kunden nach dem Bilanzstichtag	BFH, Urteil v. 28.3.2000 – VIII R 77/96, BStBl 2002 II S. 227
Gewinnverwendungsbeschluss nach dem Bilanzstichtag konkretisiert den Dividendenanspruch eines Mehrheitsgesellschafters	BFH, Urteil v. 8.3.1989 – X R 9/86, BStBl II S. 714, überholt durch BFH, Beschluss v. 7.8.2000 – GrS 2/99, BStBl II S. 632
Aufdeckung einer Straftat nach dem Bilanzstichtag	BFH, Urteil v. 2.10.1992 – III R 54/91, BStBl 1993 II S. 153; FG Münster, Urteil v. 23.5.2001 – 8 K 7105/98 E, G, EFG 2001 S. 1291
Prozesskosten für die nächste Instanz bei Rechtsbehelfseinlegung nach dem Bilanzstichtag	BFH, Urteil v. 6.12.1995 – I R 14/95, BStBl 1996 II S. 406
Geldeingang auf garantierten Kredit	BFH, Urteil v. 15.9.2004 – I R 5/04, BFH/NV 2005 S. 421

7.8 Ausnahmen vom Stichtagsprinzip

98 Das Gesetz macht in folgenden Fällen durch Bezugnahme auf **künftige** Verhältnisse Ausnahmen vom Stichtagsprinzip:

- Bewertung von Verbindlichkeiten und Rückstellungen (→ § 253 Rz. 55);
- Pflicht oder Wahlrecht für (nicht) dauernde Wertminderungen des Anlagevermögens (→ § 253 Rz. 190).

Bei Wegfall der Fortbestehenshypothese soll ebenfalls vom Stichtagsprinzip abgewichen werden (→ Rz. 32).[1]

8. Ansatz nicht realisierter Verluste und Risiken, Imparitätsprinzip (Abs. 1 Nr. 4 Halbsatz 3)

99 Die Realisierung von Gewinnen und Verlusten ist **imparitätisch** geregelt (Imparitätsprinzip). Die Verlustkomponente ist sprachlich in das Wertaufhellungsgebot integriert (§ 252 Abs. 1 Nr. 4 Halbsatz 1 HGB), wobei Letzteres durchaus paritätisch verstanden wird (→ Rz. 67). Nicht realisierte Verluste sind **keine künftigen**, sondern am Bilanzstichtag **vorhandene.** Unnötige Missverständnisse löst dabei die Terminologie von der **Antizipation** von Verlusten aus (→ § 249 Rz. 161).[2] Bilanzierbar sind die am Bilanzstichtag bestehenden („entstandenen") Verluste, d. h. Vorgänge, die zu diesem Zeitpunkt das Vermögen des Kaufmanns mindern. **Zahlungsabflüsse** sind dabei unbeachtlich, es wird keine Gewinnermittlung durch Einnahmen und Ausgaben

1 IDW RS HFA 17 n. F., Tz. 25.

2 Vgl. *Hoffmann* in Littmann/Bitz/Pust (Hrsg.), EStG, §§ 4, 5 Tz. 500; *Kessler*, DStR 1994 S. 1289, in Diskussion mit *Weber-Grellet*, DB 1994 S. 288. Weiter ist zu verweisen auf den BFH, Beschluss v. 23.6.1997– GrS 2/93, BStBl 1997 II S. 735.

vorgenommen, sondern durch Vermögensvergleich bzw. durch Periodisierung gem. § 252 Abs. 1 Nr. 5 HGB (→ Rz. 205).

Musterbeispiel eines solchen vorhandenen, aber noch nicht realisierten Verlusts sind solche aus **schwebenden**, „an sich" nicht bilanzierbaren (→ § 246 Rz. 8) Geschäften. Die daraus resultierenden Forderungen und Verbindlichkeiten bleiben wegen der – zunächst gegebenen – Ausgeglichenheitsvermutung bilanziell unerfasst, solange nicht daraus ein Verlust **entstanden** ist („droht"). Dazu wird auf → § 249 Rz. 161 verwiesen. Umgekehrt sind „drohende" Gewinne aus schwebenden Geschäften nicht ansetzbar, sondern eben erst nach Realisation, die wiederum mit Geldzufluss nicht identisch ist (→ Rz. 208). 100

Unklar und missverständlich ist die Vorgabe zur Berücksichtigung „aller vorhersehbarer Risiken". Gemeint sein können nur **bilanzierbare** Risiken, nicht solche der voraussichtlichen Entwicklung des Unternehmens, die im Lagebericht gem. → § 289 Rz. 33 ff. zu beurteilen und zu erläutern sind. „Risiken" i. S. des § 252 Abs. 1 Nr. 4 HGB können nur als Oberbegriff für Ansatz- und Bewertungsgebote verstanden werden, in denen sich **Verlustpotenzial** niederschlägt: 101

- Rückstellungen für ungewisse Verbindlichkeiten (§ 249 HGB).
- Wertberichtigungen auf Forderungen des Umlaufvermögens (§ 253 Abs. 4 HGB).
- Außerplanmäßige Abschreibungen auf Anlagegegenstände (§ 253 Abs. 3 Satz 3 HGB).
- Abschreibungen auf Vorratsvermögen (§ 253 Abs. 4 HGB).

Diesbezüglich wird auf die einschlägigen Kommentierungen verwiesen.

9. Realisationsprinzip (Abs. 1 Nr. 4 letzter Satzteil)

9.1 Umsatzbezogene Gewinnrealisierung

9.1.1 Abgang des Vermögensgegenstands

Nach dem Realisationsprinzip dürfen Gewinne (positive Erfolgsbeiträge) **nur** und **erst** dann ausgewiesen werden, wenn sie realisiert sind (§ 252 Abs. 1 Nr. 4 HGB). Anders verhält es sich mit Verlusten, die – wenn vorhanden – auch ohne Realisation anzusetzen sind (Imparitätsprinzip, → Rz. 99). Näheres gibt der Gesetzesinhalt nicht her. Er fordert den Anwender zur **Beachtung** auf, liefert selbst aber keine Lösungsvorschläge, erst recht **keine Definition.** 102

Die Gewinnrealisation ist üblicherweise mit einem **Umsatzakt** verbunden. Diesem Teilbereich widmet sich die nachstehende Kommentierung unter → Rz. 103 bis → Rz. 187. In Sonderfällen ist der Realisationstatbestand mit bewussten Gestaltungsmaßnahmen **außerhalb** der eigentlichen unternehmerischen Leistungserbringung verbunden. Hierauf wird unter → Rz. 189 ff. eingegangen. In einer besonderen **steuerlichen** Perspektive des Verkaufs eines Wirtschaftsgutes mit Verbleib im Betriebsvermögen des Veräußerers kommt es nicht zu einer Gewinnrealisation, hier die Situation der sog. „Zebra-Gesellschaft" (→ § 246 Rz. 452).[1]

An der internationalen Betrachtungsweise orientiert sich IDW ERS HFA 13 n. F.[2] Danach liegt ein gewinnrealisierender **Abgang** eines Vermögensgegenstands dann vor, wenn alle wesentli- 103

1 BFH, Urteil v. 26.4.2012 – IV R 44/09, DStR 2012 S. 1497.
2 IDW FN 2007 S. 83; *Scherff/Willeke*, StuB 2007 S. 465.

chen Eigentümerrechte auf eine andere Person – nicht wie vorgesehen, sondern tatsächlich – übergegangen sind, insbesondere die Möglichkeit bzw. Berechtigung zur

- beliebigen Verwendung,
- Nutzung des Gegenstands,
- Ausschließung der Einwirkung Dritter auf den Gegenstand,
- Herausgabe des Gegenstands (von Dritten) sowie
- Beseitigung von Beeinträchtigungen (durch Dritte).

104 Diese wesentlichen Eigentumsrechte müssen nicht notwendig mit der Zuordnung des **zivilrechtlichen** Eigentums verbunden sein. Zu beachten sind vielmehr entscheidend die Kriterien des **wirtschaftlichen** Eigentums (→ § 246 Rz. 221 ff.). Dieses setzt das Innehaben von Besitz in Erwartung des Eigentumserwerbs,[1] Gefahr, Nutzen und Lasten (hilfsweise Chancen und Risiken aus dem Vermögensgegenstand)[2] für die wirtschaftliche Nutzungsdauer des betreffenden Vermögensgegenstands voraus. Zur weiteren Konkretisierung des wirtschaftlichen Eigentums vgl. → § 246 Rz. 189. Der Realisationsvorgang bedarf des Übergangs des wirtschaftlichen Eigentums (→ Rz. 110) als „notwendige, aber auch hinreichende Bedingung".[3]**Unzutreffend** ist deshalb auch die vom BFH verwendete Formulierung: „Übertragung des rechtlichen oder (!) wirtschaftlichen Eigentums".[4] Der Übergang des rechtlichen Eigentums allein genügt zur Gewinnrealisierung nicht, wohl aber der des wirtschaftlichen.

9.1.2 Zeitverlauf

105 Das Realisationsprinzip enthält eine **zeitliche** Komponente.[5] Insofern besteht eine wichtige Verbindung zum **Stichtagsprinzip** (→ Rz. 39). Es geht in diesem Zusammenhang um die Lösung typischer Problembereiche:

BEISPIELE

- Hat der Bauunternehmer seine Leistung erbracht, wenn das Gebäude selbst bezugsfertig ist, die Außenanlagen aber erst nach Ende des Winters fertiggestellt werden können?
- Hat der Lizenzgeber seine Leistung mit Abschluss des Überlassungsvertrags auf fünf Jahre erbracht oder erst im entsprechenden Zeitverlauf?

Der Realisationsgrundsatz stellt so gesehen zusammen mit dem Stichtagsprinzip das entscheidende **Fundament** der Bilanzierung schlechthin dar. Sie verleihen dem Periodisierungsprinzip *(accrual principle)* des § 252 Abs. 1 Nr. 5 HGB (→ Rz. 205 ff.) Ausdruck. Nicht Zahlungen, Zahlungszeitpunkte und Zahlungsfristen bestimmen den Inhalt der Rechnungslegung (sonst Einnahmen-Ausgaben-Rechnung), sondern der Zeitpunkt der Leistungserbringung und des Entstehens der Zahlungsverpflichtung bestimmt ihn. Entsprechend sind Geschäftsvorfälle bei Auftreten und nicht bei Zahlung zu erfassen.[6]

1 BFH, Urteil v. 15.3.1973 – VIII R 90/70, BStBl 1973 II S. 591; BFH, Urteil v. 1.2.2012 – I R 57/10, BStBl 2012 II S. 407, Tz. 20.

2 BFH, Urteil v. 1.2.2012 – I R 57/10, BStBl 2012 II S. 407, Tz. 20; BFH, Urteil v. 17.12.2009 –IIR 92/08, DB 2010 S. 541.

3 So *Heuermann*, DB 2011 S. 556, zu Kapitalgesellschaftsanteilen i. S. des § 17 EStG; u. E. generell auch für die HGB-/EStG-Bilanzierung maßgeblich; bestätigt durch BFH, Urteil v. 17.7.2013 – X R 40/10, DStR 2013 S. 2050 zur Betriebsveräußerung gegen Leibrente (Tz. 36).

4 Zum Beispiel beim BFH, Urteil v. 20.7.2010 – IX R 38/09, GmbHR 2010 S. 97.

5 Vgl. *Hoffmann* in Littmann/Bitz/Pust (Hrsg.), EStG, §§ 4, 5 Tz. 411.

6 BFH, Urteil v. 3.8.2005 – I R 94/03, BStBl 2006 II S. 20.

Man kann es mit dem BFH[1] auch so deuten: „Theoretisch“ kommen **drei** Zeitpunkte für die Feststellung der Realisation beim „normalen“ Veräußerungsgeschäft (→ Rz. 110) in Betracht:

1. Vertragsabschluss,
2. Erfüllung der Leistungsverpflichtung,
3. Bezahlung durch den Erwerber.

Rechtsprechung und Lehre haben sich für die „mittlere Lösung“ entschieden. Nach Erfüllung der Leistungsverpflichtung verbleiben beim Veräußerer nur die „geringen und überschaubaren Risiken“ des Zahlungseingangs und der Gewährleistung, die durch Rückstellungen abgedeckt werden könnten (sog. **Risikominimierung,** → Rz. 113). Anders verhält es sich, wenn trotz zweifelhafter Bonität des Kunden geliefert wird (→ Rz. 133).

Man kann es auch in der Sprachregelung des BFH[2] wie folgt darstellen (→ § 246 Rz. 57): Die Gewinnrealisierung tritt mit Erbringung der geschuldeten **Erfüllungshandlungen** durch den Leistungsverpflichteten ein; dann ist ihm die Gegenleistung (regelmäßig die Zahlung) so gut wie sicher. Dies ist bei rechtlich bereits entstandener Forderung der Fall, aber auch bei Setzung der wirtschaftlichen Ursachen bis zum Bilanzstichtag, so dass von dem rechtlichen Entstehen der Forderung ausgegangen werden kann.[3]

Was unter den **„wirtschaftlichen Ursachen“** zu verstehen ist, bleibt ungesagt. Es kann sich aber nur um die komplette Erbringung der bedungenen Leistung handeln, wofür aus irgendeinem formal-rechtlichen Aspekt die Forderungsentstehung bis zum Stichtag noch nicht erfolgt ist (z. B. die Antragstellung auf Erstattung eines Beihilfeanspruchs, → § 246 Rz. 57).

9.1.3 Gliederungssystematik

Auf der Grundlage des **Zeit**moments lassen sich die Realisationsvorgänge in zeit**punkt**- und zeit**raum**bezogen untergliedern. Inhaltlich bietet sich folgende Gliederungssystematik: 106

- **Verkaufs**geschäfte (→ Rz. 110),
- Erbringung von **Dienstleistungen** (→ Rz. 140) sowie
- **Nutzungsvergütungen** für Vermögensgegenstände (→ Rz. 146).

Dabei handelt es sich um „reguläre“ Verkaufs- und Vertriebsgeschäfte. Das moderne Wirtschaftsleben „erfindet“ aber zunehmend Geschäftsmodelle, die dieser Vorstellung von Erlösgenerierung nicht (mehr) entsprechen. Hier ist oft nicht sofort erkennbar, ob eine Zeitpunktleistung oder eine Nutzungsüberlassung vorliegt. Diese liefern die Vorgaben für die weiteren Gliederungspunkte:

- Mehrkomponentengeschäfte (→ Rz. 147),
- strukturierte Geschäftsmodelle (→ Rz. 154),
- Verkauf von Nutzungsrechten (→ Rz. 162),
- rechtsmängelbehaftete Erlöse (→ Rz. 166) sowie
- bilanzpolitisch motivierte Transaktionen (→ Rz. 173).

1 BFH, Urteil v. 29.11.1973 – IV R 181/71, BStBl 1974 II S. 202.

2 Vgl. z. B. BFH, Urteil v. 9.1.2013 – I R 33/11, DStR 2013 S. 957, Tz. 29, oder BFH, Urteil v. 23.3.2011 – X R 42/08, BStBl 2012 II S. 188.

3 Vgl. z. B. BFH, Urteil v. 8.11.2000 – I R 10/98, BStBl 2001 II S. 349; BFH, Urteil v. 6.10.2009 – I R 36/07, BStBl 2010 II S. 232.

9.1.4 Nettorealisation?

107 Der Beurteilungsmaßstab bzgl. der **Umsatz-** und damit regelmäßig auch der **Gewinn**realisation ist in der internationalen Rechnungslegung ein anderer als derjenige nach HGB/EStG. Das HGB bzw. dessen Auslegung ist (auch) in diesem Bilanzierungsbereich durch die steuerliche Betrachtungsweise infiziert. Es herrscht eine Art umgekehrte Maßgeblichkeit, bei der das **Ergebnis** als Saldogröße im Vordergrund der Betrachtung steht. Salopp formuliert: Ob nun ein Umsatz im betreffenden Geschäftsjahr zu Unrecht ausgewiesen ist, kann dahingestellt bleiben, sofern eine gegenläufige Buchung im Aufwand das Ergebnis wieder richtigstellt (→ Rz. 132). Dazu hat sich der u. E. systematisch bedenkliche Begriff der **Nettorealisation** im Schrifttum festgesetzt (→ Rz. 149).[1] Den kann man im Einzelfall auch so interpretieren: Der Umsatz ist „an sich" zu früh ausgewiesen, aber das Ergebnis „stimmt" (→ § 249 Rz. 51). Das Realisationsprinzip erfährt dadurch auch eine Passivkomponente. Aus dieser perspektivischen Fessel des Steuerrechts muss sich die HGB-Bilanzierung lösen.

108 Die Perspektive der internationalen Rechnungslegung ist eine andere: Dort steht der erzielte Umsatz als **Analyse**faktor im Zentrum der Betrachtung. Die amerikanische Börsenaufsichtsbehörde SEC („Bilanzpolizei") ist in diesem Bilanzierungsbereich besonders fündig geworden. Mehr als die Hälfte der festgestellten Bilanzierungsfehler entfallen auf eine unzulässige Umsatzrealisation. Die Protokolle dieser SEC-Verfahren vermitteln einen hervorragenden Einblick in den Erfindungsreichtum der Konzerne zur Generierung von Scheinumsatz.[2]

109 Kein Maßstab für die Umsatzrealisation sind in beiden Rechnungslegungssystemen

- die **Fälligkeit** der entstandenen Forderung[3] (Beispiel unter → Rz. 140),
- der **Geldeingang** (kein pagatorisches Realisationsprinzip), auch nicht bei Kaufpreisvorauszahlung,[4]
- die Rechnungs**stellung** (auch für ausgesonderte Ware)[5] sowie
- der **Vertragsabschluss** bei schwebenden Geschäften (→ § 246 Rz. 8)[6] und die daraus resultierenden (rechtlichen) Forderungen und Verbindlichkeiten aus noch nicht erbrachten Sachleistungen (→ § 246 Rz. 8).

9.1.5 Kasuistik und die Lösung von Grenzfällen durch (vorschnelle) Analogien

109a Nach § 252 Abs. 1 Nr. 5 gilt: „Aufwendungen und Erträge sind unabhängig von den Zeitpunkten der entsprechenden Zahlungen im Jahresabschluss zu berücksichtigen." Diese gesetzliche Vorgabe formuliert eher die **Aufgabenstellung** der bilanziellen Erfolgsrechnung (im Unterschied zur Einnahmen-Ausgaben-Rechnung) als eine **Lösung:** Wann genau Erträge realisiert sind, bleibt offen. Insoweit bleibt hier nur der Rückgriff auf die GoB. Für den Bilanzierenden

1 Vgl. *Hoffmann*, GmbH-StB 2006 S. 87.

2 Kompakt aufbereitet in der Freiburger Dissertation von *Unkelbach*, Wirtschaftliches Eigentum und Umsatzrealisation, 2009.

3 BFH, Urteil v. 19.2.1991 – VIII R 106/87, BStBl II S. 569, m. w. N.; BFH, Urteil v. 20.5.1992 – X R 49/89, BStBl II S. 904; BFH, Urteil v. 12.5.1993 – XI R 1/93, BStBl II S. 786; anders möglicherweise BFH, Urteil v. 5.4.2006 – I R 43/05, BStBl II S. 593, mit Anm. *Hoffmann*, DStR 2006 S. 1125.

4 BFH, Urteil v. 1.2.2012 – I R 57/10, BStBl 2012 II S. 407 Tz. 21.; BFH, Urteil v. 27. 10. 2015 – VIII R 47/12, DStR 2016 S. 292 unter Tz. 38.

5 BFH, Urteil v. 29.4.1987 – I R 192/82, BStBl II S. 797; BFH, Urteil v. 12.5.1993 – XI R 1/93, BStBl II S. 786.

6 Zum Beispiel BFH, Urteil v. 2.3.1990 – III R 70/87, BStBl II S. 733.

präsentieren sich diese i. d. R. als Katalog von Realisationsfällen („Abc"), die durch Schrifttum und Rechtsprechung anerkannt sind.

In der Beurteilung spezieller Einzelfälle durch Schrifttum und Rechtsprechung spielt häufig die **Analogie** eine wichtige Rolle. Die Argumentation zielt dann darauf, Parallelen des Spezialfalls zu einem allgemeinen Fall aufzuzeigen, um die für den allgemeineren Fall anerkannte Konkretisierung des Realisationsprinzips zu übertragen. Exemplarisch lässt sich dies an folgendem, einem Urteilsfall nachgebildeten Beispiel zeigen:

BEISPIEL ▸ P betreibt ein Pfandleihaus und gewährt Pfandkredite gegen Einräumung eines Pfandrechts an beweglichen Sachen (→ § 1204 BGB).

- ▸ In der Regel werden zwischen 30 und 50 % des von P geschätzten Wertes des Pfandguts als Kredit vergeben.
- ▸ Auf die Pfandkredite fallen 1 % Zinsen pro Monat (§ 10 Abs. 1 Nr. 1 PfandlV) sowie degressiv gestaffelte monatliche Gebühren (im Durchschnitt 2,5 %) an (→ § 10 Abs. 1 Nr. 2 PfandlV).
- ▸ Die Pfandkredite laufen drei Monate und können gegen Zahlung der Zinsen und Gebühren des abgelaufenen Zeitraums jeweils um weitere drei Monate verlängert werden.

In 80 % der Fälle werden die Forderungen beglichen und die Pfandgegenstände an den Verpfänder zurückgegeben. Für die anderen Fälle gilt: Hat der Verpfänder zur Verlängerung der Vertragslaufzeit die bereits aufgelaufenen Zinsen und Gebühren nicht bezahlt, so wird der verpfändete Gegenstand öffentlich versteigert (→ § 9 PfandlV). Wird bei der Versteigerung ein die Haupt- und Nebenforderungen unterschreitender Betrag erzielt, so geht dies zu Lasten des Pfandleihers. Die Buchführung des P zeigt zum 31.12.01 einen ausgereichten Darlehensbestand von 10 Mio. €. Die durchschnittliche Laufzeit seit Darlehensausgaben oder -prolongierung beläuft sich auf zwei Monate. Rechnerisch sind damit 3,5 %/Monat · 2 Monate · 10 Mio. € = 700 T€ Zinsen und Gebühren entstanden.

Fraglich ist, ob U die zeitanteilig auf 01 entfallenden Zinsen und Gebühren (evtl. angepasst auf eine Wertberichtigung) bereits im Jahr 01 realisiert?

In der Beantwortung dieser Frage sucht der BFH[1] nach einer **Analogie** und findet sie im **Darlehensvertrag.** Wie es dort auf die rechtliche Entstehung des Zinsanspruchs nicht ankommt, sondern der unter Berücksichtigung von Laufzeit, Darlehenshöhe und Zinssatz auf das abgelaufene Jahr entfallende Zinsanteil in alter Rechnung ertragswirksam zu aktivieren ist, sei auch beim Pfandleiher zu verfahren. Im Beispiel hätte der Pfandleiher also (vor Wertberichtigung) 0,7 Mio. € im Jahr 01 zu realisieren. Fraglich ist, ob die vorgenommene Analogie gut begründet ist. Die PfandlV selbst bezeichnet den Pfandkredit zwar als ein Darlehen. Bedenken gegen eine Übertragung der allgemein für Darlehen geltenden Ertragsrealisierungsgrundsätze ergeben sich aber aus § 5 Abs. 1 Nr. 1 PfandlV. Danach darf sich der Pfandleiher wegen der Rückzahlung des Darlehens sowie der Zinsen und Gebühren **nur aus dem Pfand befriedigen.** Der Verpfänder schuldet also weder die Rückzahlung des Darlehens und der Zinsen und Gebühren noch trägt er hierfür eine irgendwie geartete persönliche Haftung. Anders als bei „normalen" Darlehen fehlt es also an einem persönlichen Schuldner, insoweit auch an einem Schuldverhältnis im engeren Sinne. Der BFH hat diesen Unterschied allerdings nicht für wesentlich erachtet. Der Pfandkreditvertrag sei ein **„Darlehensvertrag eigener Art"**, bei dem der Pfandleiher **„lediglich (!)** auf die Geltendmachung seines Rückzahlungsanspruchs (§ 607 Abs. 1 BGB) verzichtet".

Immer wenn eine Qualifizierung als Gegenstand **„eigener Art"** vorgenommen wird, ist Skepsis angezeigt. Ein derartiges Vokabular kann u. U. dazu dienen, einen fundamentalen Unterschied zum

1 BFH, Urteil v. 9.7.1970 – V R 32/70, BStBl II 1970 S. 645, ähnlich: BFH, Urteil v. 30.11.1961 – IV 302/58 U, BStBl III 1962 S. 81.

Vergleichsgegenstand auszublenden, um die Argumentation kurzer Hand zu beenden. Diese Skepsis verstärkt sich vorliegend durch die Verwendung des Wortes **„lediglich"**. Man stelle sich eine GmbH vor, die dem Angehörigen eines Gesellschafters pfandrechtlich gesichert Geld „leiht", diese Geldhingabe als Darlehen qualifiziert und bilanziert, um im Anhang ihres Jahresabschlusses den geneigten Bilanzadressaten darauf hinzuweisen, dieser Darlehensvertrag unterscheide sich von anderen „lediglich" dadurch, dass die GmbH von vornherein (!) auf die Rückzahlung verzichtet habe. Beim Publikum und bei den Finanzbehörden würde ein solches „lediglich" nicht auf viel Verständnis stoßen. Ein Rückzahlungsverzicht würde die Frage provozieren, ob in substantieller Betrachtung nicht etwas ganz anderes als ein Darlehen vorliegt.

Selbst wenn man die vorstehenden Zweifel beiseiteschieben wollte, bliebe die Lösung des BFH noch in folgender Hinsicht problematisch: Für die Bilanzierung gewinnabhängiger Kapitalüberlassungen (stille Beteiligungen, partiarische Darlehen usw.) gilt im Allgemeinen: Wenn die gewinnabhängige Vergütung nicht spätestens bei Bilanzaufstellung des Kapitalgebers feststeht, darf dieser den Ertrag erst in neuer Rechnung berücksichtigen. Übertragen auf den Pfandleiher würde danach gelten: Soweit die zum Bilanzstichtag bestehenden Haupt- und Nebenforderungen nicht spätestens bei Bilanzaufstellung „getilgt" sind, vielmehr ungewiss ist, ob es zur Rückzahlung kommt (bzw. ein Verwertungserlös die Forderungen deckt), dürfte kein Ertrag realisiert werden.

Es geht an dieser Stelle nicht darum, das konkrete Urteil des BFH weiter zu kritisieren. Wichtiger ist ein **allgemeiner Befund:** Spezielle Einzelfälle werden oft durch **Analogie zu prototypischen Fällen,** wie zu einem Verkauf von Waren, der Vermietung eines Gegenstandes oder der Gewährung eines verzinslichen Darlehens, gelöst. Die Argumentation zielt dann darauf, **Parallelen** des Spezialfalls zu einem allgemeinen Fall aufzuzeigen, um die für den prototypischen Fall anerkannte Konkretisierung des Realisationsprinzips zu übertragen. Die „verbleibenden" Unterschiede zum Grundfall werden dann **kleingeredet.** Das Resultat ist eine allzu oft nur schlecht begründete Kasuistik. Wer hier im Rechtsvergleich der internationalen Rechnungslegung zu wenig Prinzip und zu viel Kasuistik vorhält, tut dies weitgehend aus einem Glashaus heraus.

9.2 Verkaufsgeschäfte inkl. Werk- und Werklieferverträgen

9.2.1 Angewandtes Schuldrecht

110 Die einschlägige BFH-Rechtsprechung[1] ist insbesondere auf den **Verkauf von Gütern** sowie Werk- und Werklieferungsverträge konzentriert.[2] Den Realisationszeitpunkt stellen dabei die Lieferung des Wirtschaftsguts (Vermögensgegenstand) durch den Veräußerer und – soweit gesetzlich oder einzelvertraglich vorgesehen – die Abnahme des veräußerten Wirtschaftsguts durch den Erwerber dar. Die Rechtsprechung spricht zwar allgemeiner dann von einer Realisation, wenn der zur Sachleistung Verpflichtete seinen Leistungsauftrag „wirtschaftlich erfüllt" hat,[3] macht diese „wirtschaftliche Erfüllung" aber an schuldrechtlichen Kategorien (Preisgefahr, Gefahr des zufälligen Untergangs) fest. Dies ist nicht immer der Zeitpunkt, in dem in wertender Gesamtbetrachtung auf den Erwerber Besitz, Gefahr, Nutzen und Lasten (Chancen

1 Umfassende Nachweise beim BFH, Urteil v. 31.3.1995 – IR 74/93, BStBl II S. 683.

2 Vgl. hierzu insbesondere *Wassermeyer*, Steuerberaterkongress Report, 1986, S. 69.

3 BFH, Urteil v. 27.2.1986 – IV R 52/83, BStBl II S. 552; BFH, Urteil v. 3.8.2005 – I R 94/03, BStBl 2006 II S. 20.

und Risiken) aus dem erworbenen Wirtschaftsgut (→ Rz. 104) übergehen.[1] Konzeptionell verträgt sich insbesondere in Werk- und Werklieferungsfällen das starke Abstellen auf den Übergang der Preisgefahr, also der Gefahr des zufälligen Eigentums, nicht nahtlos mit den Kriterien wirtschaftlichen Eigentums. Stehen etwa dem Erwerber einer Windkraftanlage ab Beginn des Probebetriebs schon die Einspeisevergütungen zu (Nutzen), erfolgen zu diesem Zeitpunkt auch der Übergang der Sachherrschaft (Besitz) und der Übergang der gewöhnlichen Lasten (Steuern usw.) und bleibt nur noch das eher theoretische Risiko des zufälligen Untergangs beim Auftragnehmer, sollte nach allgemeinen Kriterien gelten: Der Erwerber kann bei gewöhnlichem Verlauf der Dinge den Auftragnehmer und jeden anderen dauernd von der Einwirkung auf die Anlage ausschließen, hat also wirtschaftliches Eigentum erlangt.[2] Die Rechtsprechung[3] und die herrschende handelsrechtliche Meinung sehen dies aber anders und machen den Umsatzakt an der Abnahme, also dem Übergang der Preisgefahr, fest (→ auch → § 246 Rz. 229b).

Gewinnrealisierung sollte dann eintreten, wenn der Leistungsverpflichtete seine geschuldeten Erfüllungshandlungen erbracht hat; dann ist ihm die Gegenleistung (regelmäßig die Vergütung) – abgesehen von dem mit jeder Forderung verbundenen Risiko (→ Rz. 113) – so gut wie sicher.[4]

Im Wesentlichen entspricht nach der BFH-Rechtsprechung der Realisationszeitpunkt demjenigen der Bewirkung einer **geschuldeten Leistung** i. S. des § 362 Abs. 1 BGB.[5] Beim Kaufvertrag ist dies der Zeitpunkt der **Übergabe** des Kaufgegenstands mit der Folge eines Übergangs der Gefahr des **zufälligen** Untergangs und der zufälligen Verschlechterung (→ § 446 BGB).[6] Dann hat der Verkäufer alles nach dem Vertrag seinerseits zum Eintritt des Rechtsübergangs Erforderliche getan, so dass der Erwerber nicht mehr die Einrede des nichterfüllten Vertrags nach § 320 BGB entgegenhalten kann. Künftige Wertänderungen können dann den Verkäufer nicht mehr treffen. Auf den Übergang des **rechtlichen** Eigentums kommt es nicht an. Entgegen manchen Formulierungen in BFH-Urteilen[7] bewegt sich der Realisationsakt nicht in einem quasi rechtsfreien Raum der „reinen" Wirtschaft. Das Zivilrecht wird keineswegs ausgeblendet (→ § 246 Rz. 231 ff.), sondern nur der (**sachen**rechtliche) Eigentumsübergang. 111

Wirtschaftliche Aspekte sind am Übergang von Nutzen und Lasten (→ Rz. 104) und von Risiken und Chancen erkenntlich. Sobald den Veräußerer kein wesentliches und realistisches Wertänderungsrisiko (oder eine -chance) mehr trifft, ist der Realisationstatbestand i. d. R. erfüllt.

Auch **bedingte,** erst in der Zukunft ausübbare Rechte können in Verbindung mit der jeweiligen wirtschaftlichen Interessenlage beim Vertragsabschluss einen Realisationstatbestand darstellen: beispielsweise Verkauf- bzw. Kaufoptionen, die (bei Vertragsabschluss) günstig erscheinen (→ Rz. 156) oder sog. Doppeloptionen, deren Ausübung durch einen der beiden „Partner" gewährleistet ist (→ § 246 Rz. 312).[8] 112

1 BFH, Urteil v. 13.10.1972 – I R 213/69, BStBl 1973 II S. 209.
2 Ausführlicher: *Lüdenbach*, StuB 2022 S. 149.
3 Zur Windkraftanlage: BFH, Urteil v. 22.9.2016 – IV R 1/14, DStR 2016 S. 2895, und FG Münster, Urteil v. 15.9.2021 – 13 K 3059/19 G,F.
4 BFH, Urteil v. 23.3.2011 – X R 42/08, BStBl 2012 II S. 188; BFH, Urteil v. 9.1.2013 – I R 33/11, DStR 2013 S. 957, unter Tz. 29; jüngst BFH, Urteil v. 14.5.2014 – VIII R 25/11, Tz. 10, BStBl II S. 968.
5 BFH, Urteil v. 8.12.1982 – I R 142/81, BStBl 1983 II S. 369.
6 BFH, Urteil v. 5.5.1976 – I R 121/74, BStBl II S. 541; BFH, Urteil v. 27.2.1986 – IV R 52/83, BStBl II S. 552.
7 Zum Beispiel BFH, Urteil v. 13.10.1972 – I R 213/69, BStBl 1973 II S. 209.
8 Zum Beispiel BFH, Urteil v. 11.7.2006 – VIII R 32/04, GmbHR 2007 S. 49, mit Anm. *Hoffmann*, betreffend den Erwerb von GmbH-Anteilen.

9.2.2 Risikominimierung

113 Der Zeitpunkt des Übergangs von Nutzen und Lasten bzw. Chancen und Risiken wird vom BFH mit der damit verbundenen **Risikominimierung** (→ Rz. 105) begründet: Ab diesem Zeitpunkt verbleibt beim Veräußerer nur noch das – regelmäßig als minimal anzusehende – Risiko einer üblichen Gewährleistung und des Zahlungseingangs.[1] Diese Hypothese stimmt im Regelfall, es gibt aber auch **Ausnahmen:**

BEISPIELE[2]

- Ein Bauträger verkauft mit Übergang des rechtlichen Eigentums eine Einkaufspassage an einen Immobilienfonds und **garantiert** eine das aktuelle Mietniveau **spürbar** übersteigende Mindestmieteinnahme für den Zeitraum von zehn Jahren (→ Rz. 134 und → Rz. 186).
- Der Maschinenbauer M hat eine Spezialanfertigung für einen Kunden fertiggestellt. Vor Auslieferung wird dessen prekäre wirtschaftliche Situation bekannt. Trotz sehr **ungewissen Zahlungseingangs** liefert M die Maschine aus, da er sie anderweitig nicht verwerten kann (→ Rz. 133).
- Der Maschinenbauer M hat ein neues Robotersystem zur Verwendung in der Automobilindustrie entwickelt und will dieses zur Markteinführung als Anschauungsmodell installieren. Der Automobilhersteller „kauft" unter Übertragung des rechtlichen Eigentums diese Anlage mit einer fünfjährigen Stundungsvereinbarung für den Kaufpreis und umfangreichen, fünf Jahre dauernden **Gewährleistungsverpflichtungen** des M (→ Rz. 147).
- Der Unternehmer U verkauft ein baureifes Grundstück an den Bauträger B trotz dessen zweifelhafter Bonität, weil andere Interessenten abgesprungen sind, sichert sich aber einen Rückübertragungsanspruch.
- Der Unternehmer U verkauft sein Unternehmen gegen einen minimalen Festpreis mit einer **Beteiligung** am **Jahresgewinn** von 40 % für zehn Jahre (→ Rz. 171).

In allen Beispielsfällen verbleibt ein wesentliches Risiko aus dem verkauften und übergebenen Gegenstand beim Verkäufer. Unter Anwendung der **Risikominimierungs**hypothese der BFH-Rechtsprechung – die rein handelsrechtlich fundiert und aus dieser Sicht akzeptiert ist – kann in diesen Beispielsfällen eine Umsatzrealisation nicht angenommen werden.

Ausgangspunkt für diese Lösung ist im ersten Beispiel der Tatbestand „spürbarer" Überschreitung des Mietniveaus mit der Garantiezusage. Eine solche kann aber auch von einem Bauträger anlässlich des Verkaufs von Eigentumswohnungen in etwa auf dem Niveau der Marktmiete oder geringfügig darunter gewährt werden. Dann liegt u. E. ein **Zweikomponenten**geschäft vor (→ Rz. 147 ff.). Der Anteil der Garantiemiete am Verkaufserlös ist dann passiv abzugrenzen und über die Laufzeit aufzulösen.[3]

114 Bei Liefergeschäften oder Werkleistungen ist die „wirtschaftliche Erfüllung" i. S. der ständigen BFH-Rechtsprechung regelmäßig (zeitlich) identisch mit einem allerdings eng gefassten Begriff des Übergangs des **wirtschaftlichen Eigentums** (→ Rz. 110) auf den Erwerber.[4] Damit ist die Gefahr (das Risiko) der zufälligen Verschlechterung oder des zufälligen Untergangs des Wirtschaftsguts auf den Erwerber übergegangen.

1 Vgl. BFH, Urteil v. 29.11.1973 – IR 181/71, BStBl 1974 II S. 202; BFH, Urteil v. 5.5.1976 – I R 121/74, BStBl II S. 541; BFH, Urteil v. 14.12.1982 – VIII R 53/81, BStBl 1983 II S. 303; BFH, Urteil v. 12.5.1993 – XI R 1/93, BStBl II S. 786; BFH, Urteil v. 3.8.2005 – I R 94/03, BStBl 2006 II S. 20, m. w. N.; BFH, Urteil v. 29.11.2007 – IV R 62/05, BStBl 2008 II S. 557.

2 Nach *Hoffmann* in Littmann/Bitz/Pust (Hrsg.), EStG, §§ 4, 5 Tz. 416.

3 Anders FG Berlin-Brandenburg v. 23.6.2010, EFG 2011 S. 695: Rückstellung für Garantieleistung.

4 BFH, Urteil v. 29.11.1973 – I R 181/71, BStBl 1974 II S. 202; BFH, Urteil v. 29.4.1987 – I R 192/82, BStBl II S. 797; BFH, Urteil v. 25.1.1996 – IV R 114/94, BStBl 1997 II S. 382.

Beim Werk-(Lieferungs-)Vertrag stellt nach h. M. die **Übergabe** mit der Abnahme den Realisationszeitpunkt dar[1] (→ Rz. 121).

115 Der Übergang von Nutzen und Lasten als Realisationskriterium soll dann unbeachtlich sein, wenn **zuvor** das **rechtliche** Eigentum – bei Grundstücken Eintragung ins Grundbuch – übergegangen ist[2] bzw. vor Übergabe des Grundstücks.[3] Unseres Erachtens gilt dies nicht vorbehaltlos, nämlich dann nicht, wenn der Veräußerer die wesentlichen Chancen und Risiken aus dem Geschäft zurückbehalten hat und somit wirtschaftlicher Eigentümer geblieben ist (→ § 246 Rz. 225 f.). Das lässt sich durch entsprechende Vertragskomponenten unschwer erreichen. Das rechtliche Eigentum stellt im Rahmen der Bilanzierung kein Tatbestandsmerkmal, sondern nur ein Indiz dar (→ § 246 Rz. 222). Zu Fallbeispielen vgl. → Rz. 159 und → Rz. 161.

116 Der Risikoübergang ist auch dann nicht erfolgt, wenn

- wesentliche **Nebenleistungen** noch nicht erbracht sind (z. B. wesentliche Montagearbeiten; → Rz. 128) oder
- der Käufer innerhalb einer bestimmten Frist ein **Rücktrittsrecht** ausüben kann (→ Rz. 129 ff.).

9.2.3 Sonderfälle des Übergangs der Preisgefahr

117 Bei **Versendung** eines Gegenstands auf Verlangen des Käufers an einen **anderen** Ort als den **Erfüllungsort** richtet sich der Realisationszeitpunkt nach der Übergabe des Gegenstands an den zur Versendung beauftragten Unternehmer (Spediteur). Erfolgt die Übergabe am 30.12. und die Auslieferung beim Empfänger am 2.1., ist noch im alten Jahr der Realisationstatbestand gegeben (§ 447 BGB). Anders verhält es sich beim „normalen" Distanzverkauf, wenn die Parteien als Erfüllungsort den Sitz des Käufers vereinbart haben. Hier geht die Preisgefahr erst mit der Übergabe der Sache an den Käufer auf diesen über. Erst dann ist der Umsatz realisiert (§ 445 BGB).

118 Beim **Schiffstransport** wird häufig der Gefahrübergang auf den Käufer zum Zeitpunkt der Verladung auf das Schiff vereinbart. Die Gefahr des zufälligen Untergangs der Ware während des Transports trägt der Käufer. Nach Meinung des BFH[4] soll gleichwohl das wirtschaftliche Eigentum erst dann auf den Käufer übergehen, wenn er im Besitz der Konnossemente ist. In einem anderen Fall für schwimmende Ware (Rohkaffee) hat der BFH den Übergang der Gefahr deshalb verneint, weil der Rohkaffee nicht hinreichend individualisiert, sondern lediglich gattungsmäßig bezeichnet war.[5]

119 Bei **Verweigerung der Annahme** des Liefergegenstands durch den Käufer geht zwar nach § 300 Abs. 2 BGB die Gefahr des zufälligen Untergangs einer Gattungsware auf den Käufer über, gleichwohl soll darin kein Realisationstatbestand gegeben sein, weil der Wille des Empfängers zur Abnahme der Leistung noch nicht objektiv erkennbar geworden ist.[6]

---

1 BFH, Urteil v. 24.1.2008 – IV R 87/06, BStBl 2008 II S. 428; BFH, Urteil v. 8.9.2005 – IV R 40/04, BStBl 2006 II S. 26; BFH, Urteil v. 14.5.2014 – VIII R 25/11, BStBl II S. 968.

2 BFH, Urteil v. 18.5.2006 – III R 25/05, BFH/NV 2006 S. 1747.

3 BFH, Urteil v. 3.5.1979 – I R 49/78, BStBl II S. 738.

4 BFH, Urteil v. 3.8.1988 – I R 157/84, BStBl 1989 II S. 21.

5 BFH, Urteil v. 9.2.1972 – I R 23/69, BStBl II S. 563.

6 BFH, Urteil v. 29.4.1987 – I R 192/82, BStBl II S. 797; a. A. *Mengel*, StBp 1996 S. 191.

120 Die für die Umsatzrealisation zivilrechtlich erforderliche Übergabe kann auch durch ein **Besitzkonstitut** gem. § 930 BGB ersetzt werden.

BEISPIEL[1] Ein Automobilhersteller will noch im alten Jahr Umsatz generieren. Er vereinbart mit seinen Vertragshändlern einen Verkauf „in alter Rechnung", ohne aber die Fahrzeuge den Händlern körperlich zur Verfügung zu stellen. Die Autos bleiben in gesonderter Aufstellung im Werkshof stehen. Die Händler erhalten für die Bezahlung dieser Fahrzeuge ein Zahlungsziel von 270 Tagen.

Das wirtschaftliche Eigentum ist wegen des Risikoübergangs auf die Händler diesen zuzuordnen. Ein Umsatzerlös beim Automobilhersteller ist deshalb realisiert (sog. „*Bill and hold*"-Geschäft).

Das Gleiche gilt für **verkaufsfördernde** Maßnahmen, wiederum darzustellen anhand der Automobilindustrie.

BEISPIEL Der Automobilhändler verkauft ohne „körperliche" Auslieferung der Autos diese an die Händler mit erheblichen Preisnachlässen und zusätzlichen Boni, um noch in alter Rechnung Umsatz zu generieren. Dieses sog. *channel stuffing* hindert den Umsatzausweis nach Maßgabe der US-GAAP-Regelungen nicht, es bedarf lediglich einer entsprechenden Anhangangabe (→ Rz. 186).

9.2.4 Werkverträge und Werklieferungsverträge

121 Bei **Werkverträgen** und **Werklieferungsverträgen** über die Errichtung eines Gebäudes bedarf es nach h. M. zur Herbeiführung des Übergangs von Preisgefahr und damit zur Gewinnrealisation neben der Erbringung der geschuldeten Leistung (→ Rz. 110) auch der **Abnahme** des Werks durch den Besteller, sofern eine solche gesetzlich oder vertraglich vorgesehen ist.[2]

BEISPIEL[3] Ein Bauunternehmer verkaufte ein noch nicht erschlossenes Grundstück, das aber spätestens fünf Jahre nach Baureife des gesamten Baugebiets erschlossen werden sollte. Im Kaufpreis waren die Erschließungskosten enthalten. Der Bauunternehmer wollte den Vertrag als Werkvertrag behandelt wissen und den Gewinn erst nach Durchführung der Erschließung realisieren. Das FG sah demgegenüber in der Vertragsgestaltung einen Kaufvertrag mit Realisierung nach Übergabe von Besitz, Gefahr, Nutzen und Lasten.

Bei der Herstellung eines Gebäudes mit Eigentumswohnungen kommt die Besonderheit der „Verzahnung" von **Mit-** und **Sondereigentum** ins Spiel. Hier soll es nach Maßgabe des BFH[4] nicht auf die formelle Abnahme des gesamten Werks ankommen. Diese kann vielmehr auch stillschweigend, nämlich durch eine mehrmonatige unbeanstandete Nutzung der Wohnung durch die Erwerber, erfolgen. Dies gilt zunächst für das Sondereigentum (die Eigentumswohnung), färbt dann aber auch auf das Gemeinschaftseigentum ab. Die mehrmonatige Nutzung ohne Mängelrüge konkludiert die Abnahme. In typisierender Betrachtung verlangt der BFH im zitierten Urteil eine wenigstens dreimonatige vorbehaltlose Nutzung.

Eine **förmliche Abnahme** erfolgt bei kleineren Vorhaben oft nicht und bei größeren unter Protokollierung einer häufig umfangreichen Mängelliste. Ob eine solche Mängelliste die Realisation verhindert, ist vom BFH bislang nicht entschieden worden.

Die bei Werkverträgen üblichen **Anzahlungen** sind als Vorleistungen auf den vom anderen Vertragsteil noch zu erbringenden Leistungsteil als Bestandteil eines schwebenden Geschäfts

1 Nach *Hoffmann/Lüdenbach*, DStR 2004 S. 1759.
2 BFH, Urteil v. 17.1.1963 – IV R 335/59 S, BStBl III S. 257; BFH, Urteil v. 13.11.1985 – VIII R 391/83, BFH/NV 1986 S. 531.
3 Nach dem Niedersächsischen FG, Urteil v. 23.6.2015, dargestellt von *Rätke*, StuB 2016 S. 156.
4 BFH, Urteil v. 8.9.2005 – IV R 40/04, BStBl 2006 II S. 26. Kritisch dazu *Lüdenbach*, StuB 2009 S. 195.

(→ § 246 Rz. 8) erfolgsneutral zu behandeln. Entsprechendes gilt für **Abschlagszahlungen,** wobei die Trennung der beiden Begriffe in der Praxis Schwierigkeiten bereitet.[1]

Für Werkleistungen unter der Ägide einer Honorarordnung für **Architekten** und Ingenieure (HOAI) hat der BFH eine umstrittene Entscheidung getroffen.[2] Danach tritt eine Gewinnrealisierung für Planungsleistungen eines Ingenieurs dann ein, wenn der Anspruch auf eine Abschlagszahlung nach § 8 Abs. 2 HOAI entstanden (nicht geleistet worden) ist. Es müssten lediglich eine abnahmefähige Teilleistung und eine prüfbare Rechnung vorliegen. Dieses Sonderrecht ersetze die sonst zur Gewinnrealisierung erforderliche Abnahme eines Werks. Die hier genannte Abschlagszahlung wird vom BFH von der Anzahlung auf schwebende Geschäfte (→ § 250 Rz. 5) abgegrenzt. Der Erhalt der Abschlagszahlung ist dem Auftragnehmer nach erbrachter Leistung auch dem BFH zufolge „so gut wie sicher" (→ Rz. 113). Das hier obwaltende Argumentationsmuster ähnelt demjenigen zur Dauer-Inkassotätigkeit (→ Rz. 140) und lässt eine gewisse Parallele zur sog. *„Percentage of completion"*-Methode der Gewinnrealisierung nach Maßgabe des Leistungsfortschritts erkennen. Der HFA des IDW ist der Entscheidung des BFH entgegengetreten: Die Abschlagszahlungen bewirkten keinen Gefahrübergang; sie seien lediglich als vorläufig zu qualifizieren und führen zu einem Rückzahlungsanspruch, wenn die endgültige Vergütung niedriger ist als die Summe der erhaltenen Abschlagszahlungen. Die Aufgliederung der Leistungsbilder führe nicht zur Abnahme einer Teilleistung. Anders der BFH, der den rechtlich entstandenen Anspruch auf eine Abschlagszahlung als Grenzmarke für eine abnahmefähige Teilleistung ansieht. 122

Die Finanzverwaltung war zunächst auf diesen Zug aufgesprungen;[3] es sollen nicht nur Abschlagszahlungen nach HOAI n. F., sondern auch nach § 632a BGB als Realisationskriterium dienen. Derlei Abschlagszahlungen seien von erfolgsneutral zu behandelnden Anzahlungen zu trennen – was in der Praxis nicht immer gelingen wird. Inzwischen hat sich die Finanzverwaltung eines anderen besonnen und das zitierte Schreiben vom 29.6.2015 aufgehoben.[4] Das BFH-Urteil VIII R 25/11[5] soll nur auf den entschiedenen Fall der HOAI a. F. angewandt werden.

Bei dem **Anspruch des Insolvenzverwalters** nach § 9 InsVV handelt es sich laut BFH hingegen um einen Anspruch auf Vorschuss auf die (endgültige) Vergütung. Bei einem bilanzierenden Insolvenzverwalter scheidet insoweit eine Teilgewinnrealisierung aus.[6]

9.2.5 Langfristige Auftragsfertigung

Auch bei der sog. **langfristigen Auftragsfertigung** – Bauvorhaben für Gebäude, Großanlagen etc. mit einem Fertigstellungszeitraum von mehr als einem Jahr – kann es erst zu einer Gewinnrealisierung nach Abnahme des gesamten Werks kommen. Wegen der nicht aktivierungsberechtigten Kostenelemente im Rahmen des Herstellungsprozesses werden somit bis zur Abnahme auf diesen langfristigen Auftrag Verluste ausgewiesen, obwohl insgesamt ein Gewinn zu erwarten ist (→ Rz. 4). Diese Art der bilanzmäßigen Abbildung wird vielfach als unbefriedigend empfunden. Mit verschiedenen bilanzrechtlichen Ansätzen versucht das Schrifttum hier- 123

1 *Prinz, U.*, DB 2016 S. 372.
2 IDW FN 2015 S. 257; ähnlich *Marx/Juds*, DStR 2015 S. 1462.
3 BMF, Schreiben v. 29.6.2015, BStBl I S. 542.
4 BMF, Schreiben v. 15.3.2016, DB 2016 S. 686.
5 BFH, Urteil v. 14.5.2014 – VIII R 25/11, BStBl 2014 II S. 968.
6 BFH, Urteil v. 7.11.2018 – IV R 20/16.

für „Abhilfe“ zu schaffen.[1] Von Gesetzes wegen können sich solche „Ausweichlösungen“ zur Umsetzung des strengen Realisationsprinzips auf § 252 Abs. 2 HGB stützen. Dazu bedarf es einer „Begründung“ (→ Rz. 4).

124 Ein **Gestaltungs**ansatz geht dahin, den Gesamtauftrag in technisch und wirtschaftlich abgrenzbare **Teilleistungen** aufzusplitten und diesem jeweils das zur Realisationsannahme wichtige Kriterium der Abnahme zuzuordnen. Da allerdings der Gefahrenübergang erst mit Vollendung des Werks (§ 646 BGB) erfolgt, bedarf es zur Herbeischaffung des Realisationstatbestands noch eines zusätzlichen Kunstgriffs, der im Schrifttum mit der **„wirtschaftlichen Abnahmegleichheit“** dargestellt wird. Weitere Kriterien für die Möglichkeit einer solchen Teilgewinnrealisierung sind die[2]

- Abgrenzbarkeit der Teilleistung,
- getrennte Abrechnungsfähigkeit,
- positive Ertragsfähigkeit des Gesamtauftrags sowie
- erfolgte Zahlung des Auftraggebers entsprechend dem Leistungsfortschritt (nach dem Zahlungsplan).

125 Dieser Art der Teilgewinnrealisierung ist mit einer gewissen **Zurückhaltung** zu begegnen. Unproblematisch mag diese Art der bilanzmäßigen Erfassung dann sein, wenn z. B. im Rahmen eines Gesamtauftrags zur Erstellung einer Anzahl von Einfamilienhäusern das erste vollständig erstellt ist. Hier kann dann auch tatsächlich von einer effektiven Abnahme durch den Auftraggeber ausgegangen werden. Anders dagegen, wenn der Auftrag auf die Errichtung eines kompletten Einkaufszentrums durch einen Generalübernehmer geht. Hier scheidet regelmäßig das Vorliegen einer in sich abgrenzbaren Teilleistung mit einer entsprechenden („wirtschaftlichen“) Abnahme aus.

126 Im Gefolge der Anlehnung an die **internationalen** Rechnungslegungsstandards wird als weitere Ausnahme nach Maßgabe des § 252 Abs. 2 HGB der Anwendung der sog. *„Percentage of Completion“*-Methode (im Gegensatz zu der dem strengen Realisationsgedanken folgenden *„Completed Contract“*-Methode) das Wort geredet. Vereinfacht ausgedrückt erfolgt die Bilanzierung hierbei auf der Grundlage des geschätzten Gesamtgewinns, der unter Berücksichtigung der noch anstehenden Fertigstellungszeit anteilig auf den Bilanzstichtag zurückgerechnet wird. Voraussetzung ist nach US-GAAP und IFRS in jedem Fall die Möglichkeit

- einer zuverlässigen Schätzung des Gesamtgewinns aus dem Auftrag und
- der Bestimmung des Fertigstellungsgrads am Bilanzstichtag.

127 Die BFH-Rechtsprechung akzeptiert bei einer endgültigen **Teilabrechnung** über eine abgrenzbare und fertige Teilleistung, die vom Auftraggeber abgenommen worden ist, die hierauf entfallende Teilgewinnrealisierung.[3] Zur anteiligen Gewinnvereinnahmung nach Maßgabe der PoC-Methode hat sich der BFH dagegen noch nicht definitiv äußern müssen; er hat aber „gegen diese vom strengen Realisationsprinzip abweichende Auffassung erhebliche Bedenken“ geäußert.[4]

1 Siehe im Einzelnen *Marx/Löffler* in Beck'sches Handbuch der Rechnungslegung, Bd. II, Abschnitt B 799; *Krawitz*, DStR 1997 S. 888; *Kahle*, StuB 2001 S. 1201; *Schmid/Walter*, DB 1994 S. 2353.

2 BFH, Urteil v. 13.12.1979 – IV R 69/74, BStBl 1980 II S. 239.

3 BFH, Urteil v. 5.12.1956 – II 71/56 U, BStBl 1957 III S. 28; BFH, Urteil v. 8.12.1982 – I R 142/81, BStBl 1983 II S. 369.

4 BFH, Urteil v. 5.5.1976 – I R 121/74, BStBl II S. 541.

Bei hohen vor Baubeginn anfallenden Vertriebskosten ist u. E. deren Aktivierung zu befürworten (→ § 255 Rz. 135).

9.2.6 Montageleistungen

In bestimmten Branchen ist die Montage einer zu liefernden **Sachgesamtheit** (z. B. einer Maschinenanlage) wesentlicher Bestandteil des Kaufvertrags: 128

BEISPIEL Die T-GmbH produziert Großpressen mit einem Gewicht von etwa 80 Tonnen zur Herstellung von keramischen Fliesen. Die Pressen werden überwiegend exportiert, insbesondere nach Ostasien. Die in Deutschland produzierte Presse wird in der Fabrikhalle in vollem Umfang aufgebaut und mehrtätigen Probeläufen unterzogen. Anschließend erfolgt eine sog. Werksabnahme durch den asiatischen Auftraggeber. Danach wird die Maschine wieder zerlegt und durch den Spediteur an den Bestimmungsort überbracht. Die Aufstellung (Montage) der Presse erfolgt durch den deutschen Hersteller mit seinen Arbeitnehmern. Dabei werden auch asiatische Arbeitnehmer in die Bedienung der Maschine eingewiesen.

Einen solchen Fall hat der BFH noch nie entschieden. Branchenüblich soll eine **Zweiteilung** der Fakturierung sein: Bei Übergabe an den Spediteur wird die bis dahin erbrachte Leistung umsatzmäßig realisiert, z. B. 80 % der Gesamtleistung. Die restlichen 20 % für die Montage und die Durchführung des Probelaufs mit Einweisung der fremden Arbeitnehmer werden im Anschluss daran in Rechnung gestellt.

Diese Zweiteilung der Fakturierung ist jedenfalls dann zulässig, wenn aus Sicht des Kunden **trennbare Teilleistungen** vorliegen. Diese Bedingung ist häufig zweifelhaft.[1] Der asiatische Abnehmer will nicht eine in Deutschland besichtigte Maschine haben, sondern eine in seinem Werk funktionierende. Bis dahin ist ein wesentliches Risiko aus dem Geschäft noch nicht vom deutschen Hersteller abgegangen.

Einen vergleichbaren Vorgang stellt die „Bestellung" einer Einbauküche dar. Regelmäßig wird der Küchenlieferant auch mit der Montage beauftragt, und erst nach deren Durchführung ist die Leistung erbracht. Anders verhält es sich, wenn der Auftragnehmer nur die Teile bestellt und die Montage unter Zuhilfenahme befreundeter Handwerker oder in Eigenarbeit selbst übernimmt.

Nach Auffassung des IDW soll eine noch ausstehende unwesentliche Montageleistung der Umsatzrealisierung nicht entgegenstehen, wobei die ausstehende Leistung aufwandswirksam (u. E.: besser umsatzkürzend) als Rückstellung zu berücksichtigen sein soll. Diese Umsatzrealisierung vor Erbringung der Montageleistung soll aber wiederum dann nicht gelten, wenn gesetzlich oder vertraglich eine Abnahme nach Montage vorgesehen ist und der Übergang der Preisgefahr erst mit Abnahme erfolgt (→ Rz. 110).[2]

9.2.7 Bedingter Verkauf, Rücktrittsrechte, Pfandkreislauf

Im Versandhandel sind der Kauf auf **Probe** und insbesondere auch der Kauf mit **Rückgaberecht** (aufschiebende Bedingung) oder **Rücktrittsrecht** (auflösende Bedingung) ein weit verbreitetes Geschäftsmodell. Beide Rechtstechniken sind austauschbar und können nicht zu einer unterschiedlichen bilanziellen Abbildung führen. Hier ist bei Einzelbetrachtung (anders für Portfolios) eine Umsatzrealisation u. E. erst dann möglich, wenn der Rückgabezeitraum oder die Billigungsfrist abgelaufen ist.[3] In der Praxis wird bei einem größeren Portfolio entsprechender 129

1 Vgl. *Hoffmann* in Littmann/Bitz/Pust (Hrsg.), EStG, §§ 4, 5 Tz. 428.
2 IDW Life 2021 S. 492 f.
3 OFD Münster, Vfg. v. 12.6.1989 – S 2132 – 156 – St 11 – 31, DStR 1989 S. 402.

Geschäfte regelmäßig bei Übergabe der Sache eine Umsatzrealisation vorgenommen. Die Rückgabequote wird dann durch eine Rückstellung berücksichtigt. Die Bewertungsgrundlage stellen statistisch ermittelte Erfahrungssätze aus den Vorjahren dar. Die Gegenbuchung für diese Rückstellung müsste im Interesse der „an sich" nicht zulässigen Umsatzrealisation zulasten der Umsatzerlöse erfolgen. Die Praxis erfasst den Vorgang häufig aber zulasten eines besonderen Aufwandskontos zur Vermeidung von Abstimmungsproblemen bei der Umsatzsteuer. Die hier angewandte **Portfolio**-Betrachtung stellt im Hinblick auf die objektivierende Statistik zur Rücklaufquote eine sinnvolle Lösung dar.

130 Anders verhält es sich bei **Einmal**geschäften. Dann ist zu differenzieren nach dem **Rechtsgrund** des Rücktritts vom Vertrag. Dieser kann auf einer **Vertrags**klausel oder einer **Gesetzesregel** beruhen.

BEISPIEL[1] Verkauft wurden zwei Gebäude, eines davon war noch nicht fertiggestellt. Mängel sollten den Besitzübergang nicht hindern. Bei Abnahme im gleichen Geschäftsjahr wurden erhebliche Mängel festgestellt mit der Folge eines Kaufpreiseinbehalts durch den Erwerber. Nach weiteren Kaufpreisreduzierungen infolge von Mängelrügen erfolgte zwei Jahre später eine komplette Rückabwicklung des Kaufvertrags mit Erstattung des Kaufpreises.

Der BFH bestätigte die Realisation infolge des Übergangs von Nutzen und Lasten (→ Rz. 111). Dem ist zu folgen, soweit tatsächlich im konkreten Fall die „übliche" Risikominimierung eingetreten ist. Daran können Zweifel im Hinblick auf das noch nicht fertiggestellte Gebäude mit erheblichen Mängeln bestehen. Unzutreffend ist jedenfalls die Aussage des BFH: „Eine spätere Vertragsauflösung steht, unabhängig (!) davon, auf welchen Gründen sie beruht, der Gewinnrealisation grundsätzlich nicht entgegen."

Diese Aussage ist überschießend, soweit man „grundsätzlich" nicht als möglichen Rückzieher aus dem Inhalt versteht. Ein ex ante (vertraglich) vereinbartes Rücktrittsrecht hat einen anderen substanziellen Hintergrund als ein gesetzliches (damals Wandlung, heute Rücktritt nach erfolgloser Nacherfüllung). Beim „normalen" Kauf- oder Werkliefervertrag kann tatsächlich die **Risikominimierung** (→ Rz. 113) erfolgt sein, d. h., die Mängel und das Risiko der Rückabwicklung des Vertrags waren nicht ersichtlich. Bei einem vertraglichen Rücktrittsrecht über einen solitären Vermögensgegenstand ist dies anders. Vgl. die Beispiele unter → Rz. 113 und → Rz. 159.

131 Rückgabe und Rücktrittsrechte sind in ihrer bilanziellen Abbildung auch danach zu differenzieren, ob der berechtigte Abnehmer ein **Endverbraucher** oder ein **Handelsintermediär** ist. Beim Endverbraucher liegt regelmäßig kein erhebliches Rückgabeinteresse vor, die Rückgabequote lässt sich nach Vergangenheitserfahrungen schätzen (→ Rz. 129). Ausnahmsweise kann es sich anders verhalten im Falle der Markteinführung neuer Produkte oder überhaupt eines neuen Marktauftritts.

BEISPIEL Die Vino Pavese SpA will einen neuen Vertriebshandel im deutschsprachigen Markt eröffnen und kauft Kundenlisten, die einen hohen Gehalt an Interesse an höherwertigen Rotweinen belegen. Die Aktion unter „Geld-zurück-Garantie" erlaubt eine Rückgabe innerhalb einer Frist von 30 Tagen „bei Nichtgefallen".

Eine Gewinnrealisierung ist erst nach Ablauf der Frist möglich.

Beim Handelsintermediär liegt u. U. ein (verdecktes) **Kommissionsgeschäft** vor – unabhängig von der Übertragung des rechtlichen Eigentums (→ Rz. 159).

1 Nach BFH, Urteil v. 28.3.2000 – VIII R 77/96, DB 2000 S. 1442, mit Anm. *Kanzler*, NWB F. 17a S. 1502; *Stoschek/Peter*, DB 2003 S. 954; *Hoffmann*, DB 2000 S. 1444; dem BFH zustimmend BMF, Schreiben v. 21.2.2012, DStR 2002 S. 498.

Das typische Beispiel stellt das branchenübliche **Remissionsrecht** der Buchhändler gegenüber den Buchverlagen dar. Es handelt sich um einen überlieferten Handelsbrauch, demzufolge ein Buchhändler die vom Verlag zuvor erworbenen Bücher regelmäßig an den Verlag zurückgeben und damit den Kauf rückgängig machen kann. Nach allgemeinen Kriterien (→ Rz. 129) kann eine Umsatzrealisation beim Verlag erst dann erfolgen, wenn das Buch beim Händler über den Ladentisch gegangen ist. Die „reine Lehre" wird indes von den Verlagen nicht praktiziert; sie behilft sich mit einem den Realisationsvorgang kompensierenden **Rückstellungsansatz,** der sich auf Erfahrungswerte stützt. Voraussetzung ist aber eine statistisch belegbare Rücktrittswahrscheinlichkeit.[1] Nach erweiternder Auffassung darf generell die Umsatzrealisation beim Verlag unter gleichzeitiger Bildung einer Verbindlichkeitsrückstellung erfolgen.[2] Auf jeden Fall muss die Rückstellung **umsatzkürzend** eingebucht werden, darf also nicht wegen der umsatzsteuerlichen Abstimmungsprobleme auf einem Konto „sonstige Aufwendungen" erscheinen.

Rückgabemöglichkeiten bei Verkaufsgeschäften können auch nur einen Teilbereich der Liefe- 132
rung umfassen, wie beispielsweise die Warenumschließungen beim sog. **Pfandkreislauf** in der Getränkeindustrie (→ § 246 Rz. 340 ff.).[3] Der Hersteller (oder Großhändler) stellt dem Abnehmer der Getränke (z. B. einem Gastwirt) nicht nur das eigentliche Produkt (Getränk) in Rechnung, sondern auch das sog. Pfandgeld. Beides zusammen wird in der Praxis auch dann als Umsatzerlös verbucht, wenn das Leergut im wirtschaftlichen Eigentum des Herstellers verbleibt und dort als Anlagevermögen angesetzt wird. Dazu ist die Umsatzvereinnahmung (beim Hersteller) nicht kompatibel, es liegt kein Realisationsakt vor.

9.2.8 „Risiko"-Geschäfte

Mitunter werden Lieferungen auch bewusst an Kunden vorgenommen, deren **Zahlungsfähig-** 133
keit als **zweifelhaft** anzusehen ist (zweites Beispiel unter → Rz. 113). Der Grund mag im Abbau von Überbeständen liegen oder in der Aufrechterhaltung der umfangreichen Geschäftsbeziehungen. Denkbar ist auch im Falle einer Spezialanfertigung die Nichtverwendbarkeit für andere potenzielle Auftraggeber. In diesen Fällen wird üblicherweise zusammen mit der Umsatzfakturierung eine Einzelwertberichtigung auf die Forderung gebildet, um den mutmaßlichen Zahlungsausfall zu berücksichtigen. In systematischer Sicht dürfte hier eine Umsatzrealisation bzw. eine Umsatzverbuchung nicht erfolgen, da anders als im Regelfall das **Risiko** aus dem Geschäft wegen des drohenden Zahlungsausfalls **nicht minimiert** worden ist (→ Rz. 113). Die betreffende Ware oder das Produkt ist dann weiterhin im Bestand zu führen, u. U. unter Abschreibung auf den noch zu erwartenden Geldeingang. Die anders geartete Buchungspraxis in Deutschland beruht auch auf der sonst nur erschwert möglichen Abstimmung mit Umsatzsteuerschulden.

Die Risikominimierung tritt u. U. auch dann nicht ein, wenn mit dem Verkauf des betreffenden 134
Wirtschaftsguts eine signifikante **Renditegarantie** ausgesprochen wird (→ Rz. 113, dort das erste Beispiel, sowie → Rz. 186). Das ist insbesondere dann der Fall, wenn das wirtschaftliche Umfeld das Erreichen des vom Verkäufer garantierten Renditeniveaus als zweifelhaft erscheinen lässt.

1 Vgl. *Unkelbach*, PiR 2012 S. 137.

2 So *Petersen/Künkele/Göttler*, DStR 2012 S. 2141, wo außerdem die Bewertungsfragen für diese Rückstellung behandelt werden.

3 Vgl. hierzu *Hoffmann*, PiR 2006 S. 95.

BEISPIEL ► Der Profi-Fußballclub S verkauft sein Stadion an einen Investment-Fonds und garantiert eine Einnahme aus dem Kartenverkauf von X Mio. €. Dieses Erlösvolumen orientiert sich am Verbleiben in der 1. Bundesliga. Bei Abstieg in die 2. Bundesliga ist nur noch mit der Hälfte des Erlöses zu rechnen, weshalb der Verein in diesem Fall in den Garantiefall „hineinwächst". Das Verbleiben in der 1. Bundesliga ist auf längere Sicht nicht gesichert.

In diesem Fall ist u. E. eine Umsatzrealisation nicht zulässig. Anders kann es sich verhalten, wenn auch in der 2. Bundesliga eine ausreichende Besucherfrequenz zu erwarten ist.

9.2.9 Unternehmensverkauf

135 Der Übergang des wirtschaftlichen Eigentums stellt sich als zu lösendes Problem insbesondere auch beim Unternehmensverkauf, sei es im *Asset-* oder im *Share-Deal,* dar. **Negativ** ist die Unbeachtlichkeit des rechtlichen Eigentums wie auch sonst bei der Bilanzierung festzustellen (→ § 246 Rz. 222). Positiv verlangt der BFH[1] zur Feststellung des wirtschaftlichen Eigentums die Erfüllung – nicht immer vollständig – folgender Kriterien:[2]

- **Rechtlich** geschützte Positionen zum Erwerb des Rechts, die gegen den Willen des Erwerbers nicht mehr entzogen werden können;
- Innehaben der mit dem Anteil verbundenen wesentlichen **Rechte,** insbesondere Stimmrecht und Dividendenanspruch;
- Tragen der Chancen der **Wertsteigerung** und der Risiken einer **Wertminderung.**

136 Eine **unentziehbare Rechtsposition** zum Erwerb des Unternehmens bzw. der Anteile daran liegt vor, wenn der schuldrechtliche Anspruch des Erwerbers unbedingt ist oder von Handlungen abhängt, die der Erwerber kontrolliert, und der rechtliche Eigentümer nicht mehr wirksam über das Unternehmen/die Anteile verfügen kann.

137 Das **Wertänderungsrisiko** und dessen Übergang auf den Käufer richtet sich nach den Kaufpreisbestimmungen. Wenn die Höhe des Kaufpreises z. B. von der Höhe des **Eigenkapitals** des zu erwerbenden Unternehmens an einem bestimmten Stichtag (z. B. zum „*Closing*") abhängt, verbleibt das Wertänderungsrisiko i. d. R. beim Verkäufer. Umgekehrt verhält es sich bei einer **Festpreisvereinbarung** bzw. der Preisfixierung aufgrund von Vergangenheitsdaten. Wird der Kaufpreis überwiegend aufgrund des **Ertragswerts** festgelegt und lediglich als Nebenbedingung bzw. zur Verhinderung missbräuchlichen Verhaltens des Veräußerers zwischen Vertragsschluss und dinglichem Vollzug eine bestimmte Höhe des Eigenkapitals, *Working Capitals* o. Ä. festgelegt, bei deren Unterschreiten der Kaufpreis anzupassen ist, liegt u. E. das relevante Wertänderungsrisiko gleichwohl schon beim Erwerber. Dies gilt jedenfalls dann, wenn die Bestimmungen zum Eigenkapital usw. in erster Linie den Charakter einer Schutzklausel gegen Missbrauch haben.

138 **Beschränkungen** der Rechtsposition des Verkäufers können im Verbot einer nachhaltigen Einwirkung (des Verkäufers) auf die Zielgesellschaft, der Untersagung einer Umstrukturierung oder dem Gebot einer bestimmten Stimmrechtsausübung oder Gewinnausschüttung liegen.

1 Vgl. z. B. BFH, Urteil v. 10.3.1988 – IV R 226/85, BStBl II S. 832; BFH, Urteil v. 9.10.2008 – IX R 73/06, BStBl 2009 II S. 140.

2 Vgl. hierzu im Einzelnen *Kleinheisterkamp/Schell,* DStR 2010 S. 833; BFH, Urteil v. 11.7.2006 – VIII R 32/04, BStBl II 2007 S. 296. Zu Personengesellschaftsanteilen vgl. BFH, Urteil v. 15.6.2009 – IV R 3/07, BStBl 2010 II S. 182, zum Kartellamtsvorbehalt (→ Rz. 170).

139 In der Realität fallen Vertragsabschluss (*Signing*) und -vollzug (*Closing*) regelmäßig **zeitlich** auseinander. Entweder entspricht dies dem Wunsch der Parteien oder aber – wie regelmäßig – sind noch **Genehmigungen** Dritter – Behörden, Gremien etc. (→ Rz. 167) – ausstehend. Dann liegt bis dahin keine unentziehbare Rechtsposition des Erwerbers vor, das wirtschaftliche Eigentum bleibt beim Verkäufer. Anders wäre es, wenn das zuständige Gremium, z. B. der Aufsichtsrat, schon zuvor sein Einverständnis ausgedrückt hat oder die Kartellamtsgenehmigung einen schlichten Formakt bedeutet (→ Rz. 170).

9.3 Erbringung von Dienstleistungen

9.3.1 Zeitpunktbezogene Dienstleistungen; insbesondere Vermittlungstätigkeit

140 Zeit**punkt**bezogene Dienstleistungen sind nach Erbringung der bedungenen Leistung zu realisieren,[1] unwesentliche Nebenleistungen sind unbeachtlich. Die Dienstleistung ist dann „wirtschaftlich erfüllt".

BEISPIEL Bei Gutachtertätigkeit ist dies die Ablieferung des Schriftstücks, bei Planungstätigkeit das Entstehen des Anspruchs auf Abschlagszahlung (→ Rz. 143a).[2]

Bei **Inkasso**tätigkeit ist die Provision auch dann (gewinnrealisierend) zu vereinnahmen, wenn der Geldeingang nur einen Teilbetrag der ausstehenden Forderung umfasst. Voraussetzung ist die Unentziehbarkeit dieses Teil-Provisionsanspruchs, auch wenn noch Forderungsbeträge offen sind, bei deren Eingang weitere Provisionsansprüche entstehen.[3] Empfangene Provisionsvorschüsse eines Handelsvertreters sind als „erhaltene Anzahlungen" zu passivieren, solange der Provisionsanspruch unter der aufschiebenden Bedingung der Ausführung des Geschäfts steht. Aufwendungen, die im wirtschaftlichen Zusammenhang mit den Provisionsvorschüssen stehen, sind nicht als „unfertige Leistung" zu aktivieren, wenn kein Wirtschaftsgut entstanden ist.[4] Hierzu wird auf → § 266 Rz. 60 verwiesen.

Beim **Makler**vertrag (zeit**punkt**bezogen) ist der Realisationszeitpunkt für die Vermittlungsleistung derjenige des Vertragsabschlusses.[5] Für die Vermittlung eines **Versicherungs**vertrags betr. Lebens- und Krankenversicherungen gilt für den Vermittler Folgendes: Den Vertragsabschluss als möglichen Aktivierungszeitpunkt bestätigt differenzierend der BFH[6] im Falle eines Assekuradeurs. Dieser bereitet den Abschluss von Transportversicherungen vor und betreut danach das Vertragsverhältnis bis hin zum Prämieninkasso. Provisions**vorschüsse** sind als erhaltene Anzahlungen erfolgsneutral zu passivieren **oder** als passive Abgrenzung auszuweisen (→ § 250 Rz. 4). Die **Entstehung** von Provisions**ansprüchen** richtet sich nach dem Vertragsinhalt zwischen Versicherer und Versicherungsvertreter.[7] Nach dem abdingbaren § 92 Abs. 4 HGB entsteht der Provisionsanspruch mit Zahlung der Prämie,[8] aus der sich die Provisi-

1 So auch *Blümich/Buciek*, EStG, § 5 Tz. 944.
2 BFH, Urteil v. 14.5.2014 – VIII R 25/11, BStBl II S. 968.
3 BFH, Urteil v. 29.11.2007 – IV R 62/05, BStBl 2008 II S. 557.
4 BFH, Urteil v. 26.4.2018 – III R 5/16.
5 BFH, Urteil v. 27.11.1968 – I 104/65, BStBl 1969 II S. 296; BFH, Urteil v. 15.4.1970 – I R 107/68, BStBl II S. 517; BFH, Urteil v. 20.6.2001 – I B 182/00, StuB 2001 S. 972.
6 BFH, Urteil v. 14.10.1999 – IV R 12/99, BStBl 2000 II S. 25.
7 FG Münster, Urteil v. 21.12.2011, BB 2012 S. 1018; BFH, Urteil v. 9.10.2013 – I R 15/12, BFH/NV 2014 S. 907.
8 Ähnlich OFD Niedersachsen, Vfg. v. 1.8.2014, DB 2014 S. 2077.

on errechnet. Davon kann individualrechtlich abgewichen werden,[1] z. B. durch Festlegung der **Entstehung** des Provisionsanspruchs nach Maßgabe der Prämienzahlung des Kunden (→ Rz. 144). Dann ist zu klären, ob es sich statt um eine zeit**punkt**- um eine zeit**raum**bezogene Dienstleistung handelt (→ Rz. 141). Zu unterscheiden davon ist die **Fälligkeit** des Provisionsanspruchs, die keinen Einfluss auf die Aktivierung des Anspruchs hat (→ Rz. 109). Die Vermittlungsleistung eines **Möbelverbunds,** für die eine „Verbandsabgabe" vom Möbelhersteller zu entrichten ist, wird mit dem Vertragsabschluss zwischen Hersteller und Möbelhersteller erbracht.[2]

9.3.2 Zeitraumbezogene Dienstleistungen

141 Zeit**raum**bezogene Dienstleistungen sind im Zeitablauf zu realisieren:

BEISPIEL[3] Eine Steuerfachschule bietet einen Kurs zur Vorbereitung auf die Steuerberaterprüfung an, beginnend am 1.9.01 und endend am 30.6.02. Nach Auffassung des BFH ist der Umsatz pro rata temporis zu realisieren, nicht erst am Ende der Lehrveranstaltung. Der BFH stützt diese Sicht auf die Bilanzierung von Sukzessivlieferungs- und Wiederkehrschuldverhältnissen (→ Rz. 187), bei der jede im Rahmen des Vertragsgehäuses erfolgte Lieferung und Leistung als Realisationstatbestand gilt.

Unseres Erachtens ist diese Lösung dann zweifelhaft, wenn die Unterrichtstätigkeit nicht gleichmäßig über den vereinbarten Zeitraum hin zu erbringen ist. Auf keinen Fall ist die (rechtlich bestehende) Restforderung für die Unterrichtsleistung vom 1.1. bis zum 30.6.02 aktivierbar (→ § 246 Rz. 55).

Allerdings sollen die erforderlichen **Schätzungen** die zeitanteilige Realisation nicht verhindern.

BEISPIEL[4] Ein Autovermieter vermietet Autos an Selbstfahrer (nicht Taxi). Die bis zum Stichtag nach der Laufleistung anfallende (Teil-)Vergütung für noch nicht zurückgegebene Fahrzeuge ist zu realisieren. Eine (scheinbare) Grenze durch den Kenntnisstand am Erstellungstag (→ Rz. 70) ist u. E. nicht gegeben. Auch nach der Bilanzerstellung noch nicht zurückgegebene Fahrzeuge sind im Schätzweg zu erfassen.

142 Erhält ein Versicherungsvermittler eine jährliche **Bestands**pflegeprovision, wird diese ratierlich realisiert. Für die Betreuung bereits abgeschlossener Lebensversicherungsverträge, die durch die erhaltene Prämie abgegolten ist, kann nach zwei BFH-Urteilen[5] eine Rückstellung für Erfüllungsrückstand (→ Rz. 148) gebildet werden; u. E. stellt ein passiver Abgrenzungsposten den vorzugswürdigen Ausweisposten dar (→ § 250 Rz. 15; → § 249 Rz. 52). Dagegen das BMF:[6] Wesentliche Kosten seien mit den künftigen Betreuungsleistungen nicht mehr verbunden, also keine Rückstellung. Der BFH hat anders entschieden.[7]

Passiv abzugrenzen ist das ***„signing fee"*** (→ § 250 Rz. 15), das z. B. Fußballproficlubs bei Vertragsabschluss mit einer Sportrechteverwertungsgesellschaft erhalten, wenn die dabei vereinbarte Nutzungsüberlassung des Stadions für Werbung, Bewirtung etc. für fünf Jahre ex ante in einem Einmalbetrag vergütet wird. Als weiteres Beispiel für die erforderliche passive Ab-

1 BFH, Urteil v. 17.3.2010 – X R 28/08, BFH/NV 2010 S. 2033; ähnlich BMF, Schreiben v. 28.5.2002, DB 2002 S. 1348.
2 BFH, Urteil v. 3.8.2005 – I R 94/03, BStBl 2006 II S. 20.
3 Fall des BFH, Urteil v. 10.9.1998 – IV R 80/96, BStBl 1999 II S. 21.
4 Nach BFH, Urteil v. 20.5.1992 – X R 49/89, BStBl IIS. 904.
5 BFH, Urteil v. 28.7.2004 – XI 63/03, BStBl 2006 II S. 866. Zur Behandlung von Stornoreserven vgl. → Rz. 144.
6 BMF, Schreiben v. 28.11.2006 – IV B 2 – S 2137 – 73/06, BStBl I S. 765.
7 BFH, Urteil v. 19.7.2011 – X R 26/10, DStR 2011 S. 1996.

grenzung dient die im Voraus bezahlte Miet- oder Ausbietungsgarantie, die der Vermarkter von Bauherrenmodellen den Erwerbern von Eigentumswohnungen erbringt (→ § 250 Rz. 15).

Insolvenzverwalter können mit Zustimmung des Insolvenzgerichts nach § 9 Satz 1 InsO einen **Vorschuss** auf ihren Vergütungsanspruch der Insolvenzmasse entnehmen. Nach Auffassung der OFD Rheinland[1] soll eine solche Entnahme gewinnrealisierend sein. Begründet wird dies durch die OFD mit einem angeblichen Unterschied zu Abschlagszahlungen, die auf eine noch zu erbringende Leistung anzurechnen sind. Richtigerweise werden solche Abschlagszahlungen etwa in der Bauwirtschaft erst **nach** Erbringung der vereinbarten Teilleistung entrichtet. Genauso verhält es sich bei den „Vergütungsvorschüssen" an Insolvenzverwalter. Eher passend wäre die Bezugnahme auf das BFH-Urteil zur Steuerfachschule (→ Rz. 141). 143

9.3.3 Zeitpunkt- oder zeitraumbezogene Dienstleistung?

In Sonderfällen – Lebensversicherungen, Inkassotätigkeit – kann die Definition nach zeit**punkt**- oder zeit**raum**bezogen fraglich sein. 144

BEISPIEL[2] ▸ Die V-GmbH vermittelt als Versicherungsmakler Lebensversicherungsverträge. Der Anspruch auf die **Abschlussprovision** entsteht nach der Vertragsformulierung mit erfolgreicher Vertragsvermittlung. Die **Bestandspflege** (→ Rz. 142) wird **separat** vergütet. Für die Provisionierung besteht ein Provisions**haftungszeitraum** von fünf Jahren. Die **Fälligkeit** der Provision (ebenfalls nach der Vertragsformulierung) richtet sich zeitgestaffelt danach, ob der Versicherungsnehmer seine Prämie bezahlt. Danach verfällt der Provisionsanspruch zu 100 % bei Beendigung des Versicherungsvertrags im ersten Jahr, zu 80 % im zweiten Jahr etc. Nach Ablauf von fünf Jahren erlischt die Rückvergütungspflicht.

Die Versicherer sichern ihren Anspruch durch Einbehalt von 10 % der Abschlussprovision auf einem **Stornoreservekonto.** Aus diesem heraus werden die im Zeitablauf der Versicherungsverträge entfallenden Rückvergütungsansprüche der Versicherer ausbezahlt:

Gesamte Abschlussprovision 01	1.150
Storno 01	150
Bereinigte Abschlussprovision	1.000
Verteilung auf 02 etc.	1.000

Unseres Erachtens ist der Vertragsinhalt wie folgt zu verstehen: Der „Anspruch auf die Abschlussprovision" stellt zunächst nur eine Rechengröße für den ungestörten fünfjährigen Ablauf des Versicherungsvertrags dar. Die vertraglich erwähnte „Fälligkeit" kann als anteiliger Verzicht auf die Gesamtstornierung verstanden werden. Dann ist die Prämie (hier 20 %) der Gesamtprovision endgültig verdient und am Ende der jeweiligen Periode als Umsatz zu vereinnahmen.

Unter Realisationsgesichtspunkten stellt sich die Frage nach dem **Inhalt** der Leistungsverpflichtung der V-GmbH. Er könnte bestehen in der 145

- **schlichten** Vermittlung eines Versicherungsvertrags nach § 92 Abs. 4 HGB (Zeit**punkt**betrachtung),
- Vermittlung eines mindestens **fünf Jahre** durchgeführten Versicherungsvertrags (Zeit**raum**betrachtung),
- wobei für jedes Jahr der sog. Provisionshaftung die Prämien **endgültig** verdient sind.

1 OFD Rheinland, Vfg. v. 28.9.2011, DB 2011 S. 847.
2 Nach *Lüdenbach*, StuB 2010 S. 670, dort auch die Zahlenbeispiele.

Im zweiten Fall wäre die Realisation anteilig im Provisionierungshaftungszeitraum vorzunehmen, also jährlich mit 20 %. Sofern der Versicherer eine Vorauszahlung – z. B. vertragliche Provision nach Maßgabe der Versicherungssumme abzüglich sog. Stornorückbehalts – erhält, ist diese beim Vermittler zunächst als erhaltene **Anzahlung**[1] zu passivieren oder (in einem vergleichbaren Sachverhalt)[2] passiv abzugrenzen (→ § 250 Rz. 4) und mit der endgültigen verdienten Provision – hier 20 % im zweiten Jahr – zu verrechnen.

Dieser Teilbetrag der Gesamtprovision ist **endgültig** verdient, obwohl der Provisionshaftungszeitraum noch nicht beendet ist. Die anteilige Umsatzrealisation ist geboten – vergleichbar mit dem Fall des **Inkassounternehmens** (→ Rz. 140), das auch eine (endgültig verdiente) Teilleistung als Realisationstatbestand werten muss.[3] Nach dem Lebensversicherungsreformgesetz[4] seit dem 1.1.2015 sehen die Courtagevereinbarungen der Versicherer die **Aufteilung** der Gesamtvergütung vor:

- 25 % entstehen als **Abschluss**courtagen mit Vertragsabschluss.
- Jeweils 5 % entstehen als Jahrescourtagen mit Beginn des 6., 7. und 8. Versicherungsjahres.

Bzgl. der **Stornoquote** ist u. E. ist auch eine **Portfolio**betrachtung zulässig, die ihre Grundlage in der vom Versicherer statistisch zu ermittelnden **Stornoquote** hat. Vergleichbar mit der Vorgehensweise beim Versandhandel (→ Rz. 129) ist dann der zu erwartende Ausfall der Vermittlungsprämie bei der V-GmbH als Wertberichtigung der Forderung aus dem Stornoreservekonto umsatzmindernd oder aufwandswirksam zu verbuchen. Der Wertberichtigungsbetrag kann dann unter Heranziehung der statistisch ermittelten Stornoquote und gewichtet mit der im Zeitverlauf abweichenden Provisionshaftung ermittelt werden.[5]

In der BFH-Rechtsprechung ist keine klare Linie zu erkennen. In einem früheren Urteil[6] wird der Realisationstatbestand an der Zahlung der Erstprämie festgemacht, und zwar auch dann, wenn anstelle einer Einmalprovision laufende Provisionen nach Maßgabe der Prämienzahlungen vereinbart wurden. Diesen laufenden Provisionen wird damit der Rechtscharakter der Fälligkeit des Provisionsanspruchs zugeordnet, der nach allgemeinen Realisationsregeln bedeutungslos ist (→ Rz. 109). Ohne Berücksichtigung dieses Urteils hat der BFH in einer späteren Entscheidung[7] wie folgt judiziert:

- Die Entstehung des Anspruchs richtet sich nach dem zwischen dem Versicherer und dem Versicherungsvertreter geschlossenen Vertrag.
- Der abdingbare § 92 Abs. 4 HGB überlässt es der Vertragsgestaltung, welche Prämienzahlung zur Entstehung des Provisionsanspruchs führen soll.
- Die Entstehung des Provisionsanspruchs könne daher vertraglich z. B. von der Zahlung der ersten Prämie durch den Versicherungsnehmer, aber auch von der Zahlung einer bestimmten Anzahl von Monatsprämien abhängig gemacht werden.[8] Im wirtschaftlichen

1 BFH, Urteil v. 17.3.2010 – X R 28/08, BFH/NV 2010 S. 2033, mit Kommentierung von *Weiland*, DStR 2011 S. 2213.
2 BFH, Urteil v. 14.10.1999 – IV R 12/99, BStBl 2000 II S. 25 („Assekuradeur").
3 BFH, Urteil v. 29.11.2007 – IV R 62/05, BStBl 2008 II S. 557.
4 Vgl. hierzu *Lüdenbach*, StuB 2015 S. 678.
5 Berechnungsbeispiel bei *Lüdenbach*, StuB 2010 S. 670.
6 BFH, Urteil v. 21.10.1971 – IV 305/65, BStBl 1972 II S. 274.
7 BFH, Urteil v. 17.3.2010 – X R 28/08, BFH/NV 2010 S. 2033.
8 So auch BMF v. 28.5.2002, DB 2002 S. 1348.

Ergebnis käme dies dann der Lösung des Beispiels unter → Rz. 144 gleich, dort allerdings in negativer Form durch die Stornoreserve ausgedrückt.

Die Finanzverwaltung vertritt teilweise eine etwas abweichende Ansicht.[1] Danach soll der Versicherungsvertreter die vom Versicherer einbehaltene **Stornoreserve** als Forderung aktivieren. Der Versicherer schreibt die Stornoreserve einem „Stornoreservekonto" gut. Der Versicherungsvertreter kann das Risiko eines Provisionsausfalls für eine bereits erhaltene Provision als **Rückstellung** passivieren. Die Bewertung soll nach den Erfahrungswerten der letzten drei Jahre bemessen werden.

Beim **Gerüstbauer** soll im Regelfall eine zeitpunktbezogene Leistung (Werkvertrag) mit Gewinnrealisierung bei Abbau des Gerüsts, bei besonders langer Vorhaltung eher eine zeitraumbezogene Leistung (Gebrauchsüberlassung) mit Gewinnrealisierung über die Monate der Gebrauchsüberlassung vorliegen.[2] Zugrunde liegt der Gedanke, dass entweder die Werkleistung oder die Gebrauchsüberlassung dem Ganzen das Gepräge gibt. Überlegungen zum „Gepräge" wären entbehrlich, wenn dem Mehrkomponentengedanken (→ Rz. 147) folgend, Aufbau, Vorhaltung und Abbau des Gerüsts als eigenständige Leistungen angesehen würden; mit Zeitraumcharakter der Vorhaltung und Zeitpunktcharakter von Auf- und Abbau.[3] Folgt man demgegenüber dem „Geprägegedanken", ist bei Annahme einer zeitpunktbezogenen Leistung eine Rückstellung für die Abbaukosten nicht zulässig, dies schon deshalb, weil die Gesamtleistung erst mit Abbau realisiert wird und vorher kein Erfüllungsrückstand besteht. Unabhängig davon soll es an einer wirtschaftlichen Belastung fehlen, da die Räumung des Grundstücks überwiegend dem eigenbetrieblichen Interesse des Gerüstbauers (Verwendung der Gerüste für neue Aufträge) diene (→ § 249 Rz. 40).[4]

9.3.4 Zeitrahmenverträge

Von zeit**raum**bezogenen Leistungen sind Zeit**rahmen**verträge zu unterscheiden, wie z. B. Suk- 145a
zessivlieferungsverträge in der Automobilindustrie. Dort wird nur der zeitliche Rahmen für einzelne Leistungen festgelegt, die Erbringung der Leistung selbst hängt vom Anforderungsprofil des Vertrags ab.

BEISPIEL[5] Die S AG übernimmt die Steuerberatung eines geschlossenen Immobilienfonds gegen eine im Voraus zuzahlende Pauschalvergütung. Die steuerliche Beratung umfasst insbesondere die

- Erstellung der Steuererklärungen bis zum Abschluss des Kalenderjahres, in dem das Bauvorhaben fertiggestellt ist,
- Betreuung der abschließenden Außenprüfung.

Die geplanten und später auch tatsächlich eingehaltenen Zeitabläufe sind wie folgt:

- 01: Auflage des Fonds und Vereinnahmung des Pauschalhonorars von 200 T€ im Jahr 01.
- 02: Erstellung der Steuererklärungen für 01.
- 02: Fertigstellung des Gebäudes.
- 03: Erstellung der Steuererklärungen für 02.
- 04: Betreuung der Betriebsprüfung.

1 OFD Niedersachsen, Vfg. v. 1.8.2014, DB 2014 S. 2077.
2 FG Baden-Württemberg, Urteil v. 3.3.2016 – 3 K 1603/14, BB 2016 S. 1711 NWB VAAAF-73239.
3 *Hoffmann*, StuB 2016 S. 717 ff.
4 BFH, Urteil v. 22.1.2020 –XI R 2/19; in Bestätigung v. FG Münster, Urteil v. 5.12.2018 – 13 K 2688/15 K.
5 Nach *Lüdenbach*, StuB 2013 S. 464.

Nachfolgende Tabelle zeigt, welches Honorar S erzielt hätte, wenn er seine Leistungen nicht pauschal, sondern gesondert nach Anwendung durchschnittlicher Sätze der StbVV abgerechnet hätte, und welche Kosten dem gegenüberstehen.

	Erlöse bei selbständiger Abrechnung		Kosten	
	T€	%	T€	%
StE 01 02	100	40,0	60	37,5
StE 02 03	100	40,0	60	37,5
Bp 04	50	20,0	40	25,0
	250	100,0	160	100,0

Es handelt sich nicht um eine zeitraumbezogene Leistung mit **gleichbleibender** Dauerverpflichtung wie bei einer Nutzungsüberlassung oder wie im Fall der Steuerfachschule unter → Rz. 141. Lediglich der zeitliche Rahmen für einzelne abgrenzbare Teilleistungen ist vereinbart. Für den Auftraggeber hat jeder Teilbereich einen eigenständigen Wert. Nach Erbringung der Leistungen in den Jahren 01 und 02 könnte der Auftraggeber die weiteren Leistungserbringungen mit einem Dritten vereinbaren. Die Realisierung des Umsatzes ist dann vorzunehmen, wenn die einzelnen Teilleistungen erbracht sind.[1] Dazu bedarf es einer **Aufteilung** des **Gesamtentgelts** in Gestalt des Pauschalhonorars auf die einzelnen Leistungselemente. Dabei ist nicht auf das Verhältnis der Kosten abzuheben, sondern auf die bei selbständiger Abrechnung erzielbaren Erlöse (hier nach der StBVV). Die Kosten sind demgegenüber in der Periode zu berücksichtigen, in der sie anfallen.

9.4 Nutzungs- und Kapitalüberlassung

146 Zeitraumbezogene Leistungen – Vermietung, Verzinsung – sind pro rata temporis zu vereinnahmen. **Dividenden** sind demgegenüber bei Fälligwerden des Auszahlungsanspruchs zu realisieren (→ Rz. 91).[2] **Genussrechts**vergütungen sind nach Auffassung des BFH phasengleich zu vereinnahmen,[3] u. E. nur bedingt zutreffend (→ § 255 Rz. 183).

Die Umsatzrealisation für **Lizenz**entgelte richtet sich nach der wirtschaftlichen Substanz des Vertrags:

- Bei Lizenzeinräumung **ohne zeitliche Begrenzung** bzw. bis zum mutmaßlichen Ende der lizenzierten Produktion (bei der forschenden Pharmaindustrie identisch mit dem Ende des Patenschutzes) zu einem **Festpreis** ist ein Umsatzerlös mit Vertragsabschluss anzunehmen.[4]
- Bei Vereinbarung einer Lizenzgebühr nach Maßgabe des zugehörigen Umsatzes oder der produzierten Stückzahl ist der Umsatzerlös zeitanteilig nach Anfall zu realisieren. Vgl. aber auch die Sonderfälle unter → Rz. 164 und → Rz. 172.
- Entsprechendes gilt für Lizenzerlöse in der Software- und Filmindustrie. Dazu können Vorgaben nach dem IFRS 15 als Auslegungshilfe herangezogen werden.

1 BFH, Urteil v. 10.9.1998 – IV R 80/96, BStBl 1999 II S. 21; in Abgrenzung zum dort entschiedenen Sachverhalt der Leistungserbringung einer Steuerfachschule (→ Rz. 141).
2 BFH, Beschluss v. 7.8.2000 – GrS 2/99, BStBl II S. 632, zum Sonderfall einer Ausschüttung aus einer voll beherrschten Tochtergesellschaft.
3 BFH, Urteil v. 18.12.2002 – I R 11/02, BStBl 2003 II S. 400.
4 So auch das FG Münster v. 15.12.2010, BB 2011 S. 434.

9.5 Mehrkomponentengeschäfte

147 In **einem** förmlichen Vertragswerk können **mehrere** sich **ergänzende,** aber **unterscheidbare** Teilleistungen verknüpft sein. Dies entspricht aktuellen Geschäftsmodellen, in denen der Kunde eine integrierte Problemlösung *(bundled sales arrangements)* nachfragt. Beispiele sind:

- Mit dem Kaufpreis eines Kfz wird ein kostenfreier Service für eine Fahrleistung bis 100.000 km vereinbart.
- Der Verkauf von EDV-Software wird mit Installations- und Wartungsleistungen und der Lieferung von Upgrades kombiniert.
- Der Verkauf von Gegenständen geht mit Kreditierung des Kaufpreises einher.
- Der Verkauf eines Vermögensgegenstands wird mit Nutzungskontingenten verbunden (Verkauf eines Mobiltelefons mit Mobilfunkvertrag).
- Der Verkauf einer Ware oder Dienstleistung wird im Interesse der Kundenbindung[1] mit Vorteilen bei künftigen Käufen oder Leistungen verbunden („*Miles and More*"; → § 277 Rz. 31 ff.).

148 Die Kombination von Leistungselementen hat allerdings nur dann bilanzrechtliche Relevanz, wenn die Teilleistungen unterschiedlichen Realisationsregeln folgen.[2] Das ist z. B. der Fall, wenn der Verkauf eines Gegenstands (Zeit**punkt**betrachtung) mit längerer Serviceleistung (Zeit**raum**betrachtung) verbunden wird (→ Rz. 106), wie im obigen Beispiel der Autoverkauf mit Serviceleistungen. Ein typischer vom BFH entschiedener Sachverhalt einer gebündelten Leistung mit unterschiedlicher Zeitkomponente bezieht sich auf die **Nachbetreuungsleistungen** nach Verkauf eines Hörgeräts.[3] Nach BFH-Rechtsprechung und h. M. im Schrifttum ist die im vereinbarten „Kaufpreis" enthaltene Nachbetreuungsleistung durch Rückstellungsbildung als Erfüllungsrückstand „abzudecken"; dabei ist das Vorliegen eines Rückstellungsgrunds fraglich (→ § 249 Rz. 49). Unseres Erachtens sind die Erlösbestandteile zu separieren: Der Verkauf des Hörgeräts ist als Realisationstatbestand zeitpunktbezogen zu sehen, die Nachbetreuungsleistungen **– wenn wesentlich –** sind im **Zeitverlauf** zu realisieren.

149 Im Vergleich zur geradezu überbordenden und deshalb entsprechend unübersichtlichen Standardisierung der Mehrkomponentengeschäfte *(multiple deliverables)* nach US-GAAP[4] und teilweise durch IFRS 15 wirkt die Behandlung des Themas durch den BFH und das ihm folgende Schrifttum eher bieder. Das zweifache Leistungselement wird systematisch nicht als Realisationsproblem erkannt, genauer gesagt: Eine Gesamtrealisation wird im ersten Schritt akzeptiert, um alsdann nach **Erfüllungsrückständen** mit einem Rückstellungserfordernis zum Erreichen einer **„Nettorealisation"** Ausschau zu halten; vgl. hierzu mit weiteren Beispielen → § 249 Rz. 52. Dabei bleibt schon der verbale **Widerspruch** in sich selbst unbeachtet: Wenn ein „Rückstand" der Erfüllung vorliegt, ist gerade nicht „erfüllt", die Leistung somit noch nicht erbracht worden. Entsprechend dient die Rückstellung der „Nettorealisation" (→ Rz. 107), gemeint ist damit die „eigentliche" Realisation der bislang erhaltenen Leistung. Die unbeantwortete Frage lautet dann: Warum wird nicht gleich „netto" realisiert, also das, was überhaupt realisiert werden darf? Aus steuerlicher Sicht mag diese Betrachtungsweise angehen – genauer aus **ertrag**steuerlicher Sicht, denn hier kommt es letztlich auf das Ergebnis (die Besteuerungsgrundlage) an;

1 Vgl. auch *Lühn*, PiR 2010 S. 97.
2 Vgl. *Lüdenbach/Hoffmann*, DStR 2006 S. 153 ff.
3 BFH, Urteil v. 5.6.2002 – I R 23/01, BFH/NV 2002 S. 1434.
4 Im Überblick dargestellt von *Unkelbach*, Wirtschaftliches Eigentum und Umsatzrealisation, 2009.

der ausgewiesene Umsatz als wichtige betriebswirtschaftliche Kennziffer (→Rz. 108) spielt hier keine Rolle.

150 Die HGB-Perspektive sollte sich in diesem Teilbereich der Realisationsproblematik eher an den **internationalen** Regelungsvorgaben orientieren, denn schließlich soll das HGB nach den Vorstellungen der BilMoG-Verfasser die Qualität der IFRS erreichen. Insoweit biete sich auch eine Anlehnung an das Konzept von E-DRS 17.41 an. Danach bedarf es zur komponentenweisen Erlöserfassung der Erfüllung zweier Kriterien:[1]

1. **Wert**mäßige Trennbarkeit,
2. **sachliche** Trennbarkeit.

Bei Nichterfüllung beider Kriterien darf die Erlöserfassung erst nach Erbringung beider Teilleistungen erfolgen.

151 Zur **sachlichen** Trennbarkeit folgende Fälle:

BEISPIEL Ein Pay-TV-Anbieter veräußert Satellitenreceiver, mit denen seine codierten Programme (und nur diese) für die nächsten zwölf Monate empfangen werden können. Eine darüber hinausgehende Nutzung des Receivers ist nur möglich, wenn der Kunde das Programmabonnement verlängert und einen ihm dabei zugeteilten Freischaltungscode in das Gerät eingibt. Der Gesamtpreis für Receiver und das Abonnement der ersten zwölf Monate beträgt 240 €, der Preis einer Verlängerung des Abonnements um weitere zwölf Monate 180 €.

BEURTEILUNG Der Receiver hat *stand alone*, d. h. ohne das Abonnement, keinen Wert für den Käufer/Abonnenten. Kauf- und Abonnementvertrag stellen daher eine sachliche Einheit dar. Es ist nicht zulässig, bei Auslieferung des Receivers 240 - 180 = 60 € als Umsatz zu realisieren und nur die verbleibenden 180 € auf zwölf Monate zu verteilen. Der Gesamtbetrag von 240 € ist vielmehr über zwölf Monate verteilt mit je 20 € zu vereinnahmen.

FALLVARIANTE Abschluss eines 24-monatigen Mobilfunkvertrags mit gleichzeitiger Lieferung eines vertragsunabhängig nutzbaren Mobiltelefons.
Wenn das Handy unabhängig vom Dauervertrag *(stand alone)* nutzbar ist und umgekehrt im Rahmen des Dauervertrags auch mit anderen Geräten telefoniert werden kann, sind die Leistungen sachlich trennbar.

Die Möglichkeit des separaten **Bezugs** reicht i. d. R. zur Annahme eigenständiger Leistungen aus. So kann eine Nachbetreuungsleistung (→Rz. 148) auch separat von der Anschaffung des Geräts eingekauft werden. Die sachliche Trennung ist deshalb möglich. Nicht ausreichend ist die Möglichkeit des separaten Bezugs aber dann, wenn das Interesse des Bestellers objektiviert gerade auf den Bezug aller Leistungen „aus einer Hand" gerichtet ist.

BEISPIEL Die B GmbH erstellt hauptsächlich schlüsselfertige Einfamilienhäuser. Die Teilleistungen (Planung, Erdaushub, Bodenplatte, Rohbau etc.) könnten die Kunden jeweils auch bei unterschiedlichen Leistungsanbietern beauftragen. Den Kunden ist aber gerade daran gelegen, für Bau, Gewährleistung usw. nur einen einzigen Ansprechpartner zu haben und einen von vornherein feststehenden Gesamtpreis zu zahlen.

Es liegt eine einheitliche Leistung vor.

1 Vgl. hierzu die umfangreiche Darstellung der US-amerikanischen Standards durch *Pilhofer/Bösser/Düngen*, WPg 2010 S. 78.

Die **wertmäßige** Trennung verlangt eine **verlässliche Bestimmbarkeit** der jeweiligen Werte der Leistungskomponenten. Dazu können Marktwerte, aber bei teilweisem separaten Verkauf der Leistungen durch das Unternehmen selbst auch Preislisten als Hilfsmittel herangezogen werden.

Zur Ausfüllung dieser notwendig abstrakten Kriterien kann sich die Rechtsanwendung – eher überraschend – auch an der **umsatzsteuerlichen** BFH-Rechtsprechung orientieren. Dagegen spricht nicht das unterschiedliche Regelungsziel von Umsatzsteuer- und Bilanzrecht. Die steuerbegründende Lieferung ist definiert als Verschaffung der Verfügungsmacht, nicht des rechtlichen Eigentums. Die Erlösdefinition des BFH für bilanzrechtliche Zwecke verwendet zwar andere Begriffe, inhaltlich ergeben sich regelmäßig keine (entscheidenden) Unterschiede.[1] 152

BEISPIEL[2] Ein Dienstleistungsunternehmen stellte für eine Saison oder ein Rennen einen vollständigen Rennsportservice mit Rennorganisation, Transport von Rennwagen, Wartung und Pflege, Fahrerbetreuung etc. zur Verfügung. Der BFH sah darin eine einheitliche (zeitraumbezogene) Leistung mangels Trennbarkeit der Leistungselemente.

BEISPIEL[3] Ein Autohändler verkaufte Gebrauchtwagen mit gleichzeitiger Vereinbarung einer Car-Garantie, die kostenlose Reparaturen innerhalb eines bestimmten Zeitraums umfasste.

Der BFH sah im Abschluss des Garantievertrags eine selbständige zeitraumbezogene Leistung, die getrennt vom zeitpunktbezogenen Verkauf zu beurteilen ist.

BEISPIEL[4] Eine einheitliche zeitbezogene Leistung liegt nach Auffassung des BFH bei Lieferung eines Standardsoftwarepakets, bestehend aus Datenträger und Benutzerhandbuch, vor. Letzteres stellt ein unwesentliches Leistungselement dar und kann nach *Materiality*-Grundsätzen (→ Rz. 233) vernachlässigt werden.

BEISPIEL[5] Der EDV-Softwareanbieter liefert eine Software mit umfangreichem Anpassungsbedarf *(Customizing)* an den Kunden. Die Anpassung ist als wesentliches Leistungselement anzusehen. Die Umsatzrealisation kann insgesamt erst nach der zeitraumbestimmten Anpassung erfolgen.

Einen eher typischen Beispielsbereich für Mehrkomponentengeschäfte liefert der Warenverkauf mit Nachbetreuungsleistungen oder **erweiterten Garantien.** Zu Nachbetreuungsleistungen wird verwiesen auf § 249 Rz. 11, Rz. 51 und Rz. 55a. Zur Garantie folgender Fall: 152a

BEISPIEL[6] In einer Region mit geringer Kaufkraft betreiben die Wettbewerber A und B Geschäfte für weiße Ware. Unter anderem werden Spülmaschinen im **Billigsegment** angeboten.

- Von A mit einer Inklusivgarantie für den an die zweijährige gesetzliche Frist anschließenden Drei-Jahres-Zeitraum,
- von B mit einer inhaltsgleichen, aber nur optionalen und gegen besonderes Entgelt erwerbbaren Garantie.

---

1 Vgl. *Unkelbach*, PiR 2007 S. 97; *Hoffmann*, GmbH-StB 2008 S. 25; zur methodologischen Zulässigkeit *Weber-Grellet*, DStR 1991 S. 438.

2 Nach BFH, Urteil v. 26.3.1992 – V R 16/88, BStBl II S. 929.

3 Nach dem BFH, Urteil v. 16.1.2003 – V R 16/02, BB 2003 S. 831, und dem BFH, Urteil v. 9.10.2002 – V R 67/01, BStBl 2003 II S. 378.

4 Nach dem BFH, Urteil v. 13.3.1997 – V R 13/96, BB 1997 S. 108.

5 Nach dem EuGH, Urteil v. 27.10.2005 – Rs. C-41/04 *(Levob)*, UR 2006 S. 20.

6 Nach *Lüdenbach*, StuB 2017 S. 28.

Ihre Kalkulation ist wie folgt:

	A	B
Gerät		
EK-Geräte	200	200
Aufschlag 25 %	50	50
Kalk. Kosten Garantie	40	
Aufschlag 100%	40	
VK	330	250
Garantie		
Kalk. Kosten		40
Aufschlag 100%		40
VK		80

A verkauft im Dezember 1.000 Maschinen mit Inklusivgarantie, B ebenso viele mit separater Garantie.

Soweit ersichtlich, hat sich nur die **umsatzsteuerliche** Rechtsprechung mit Garantie- bzw. Gewährleistungsverlängerungen befasst, und zwar mit folgendem Ergebnis:[1]

- Eine ohne besonderes Entgelt gewährte Garantieverlängerung (Inklusivgarantie) ist i. d. R. eine **unselbständige Nebenleistung** zur Lieferung des Gegenstandes.
- Eine **gesonderte bepreiste** und optionale Garantie hingegen ist i. d. R. eine **selbständige Leistungsverpflichtung.**

Die selbständig bepreiste Garantie wird vereinzelt im **ertragsteuerlichen** Schrifttum aus Sicht des Kunden behandelt. Sie soll keinen Teil der Anschaffungskosten darstellen.[2]

Unseres Erachtens gilt für Zwecke der (Handels- und Steuer-)**Bilanzierung** des leistenden Unternehmens Folgendes: Die separate **Bepreisung** bzw. deren Fehlen ist nicht mehr als ein **schwaches Indiz** für bzw. gegen eine Eigenständigkeit der Leistung. Andere Umstände können bedeutsamer sein. So wird man etwa bei einer Spülmaschine im Billigsegment nicht mit Langlebigkeit rechnen können. Sowohl aus der durchschnittlichen Sicht eines Verkäufers als auch aus der des Käufers hat daher eine Garantieverlängerung einen eigenen Wert.

Folgt man der vorstehenden Argumentation, dann tätigt ein Unternehmen beim Verkauf von Haushaltsgeräten mit Inklusivgarantie i. d. R. ein **Mehrkomponentengeschäft.** Es hat daher das Entgelt nach dem Verhältnis der Marktwerte (hilfsweise aus Kosten plus üblichem Aufschlag ableitbar) aufzuteilen. Im obigen Beispiel sind daher bei A von 330.000 € vereinnahmtem Entgelt 250.000 € **als Umsatz** mit Übergabe der Maschinen realisiert, hingegen 80.000 € **passiv abzugrenzen.** Der passive Abgrenzungsposten führt sodann durch Auflösung in den Jahren dreibis fünf mit je 26.667 € zu Umsatz. B hat Umsatz und Abgrenzungsposten in gleicher Höhe auszuweisen.

Wertet man dagegen die Inklusivgarantie als **unselbständige Nebenleistung,** so wäre auch die formal selbständige Garantie entsprechend zu behandeln.

Beide Unternehmen würden daher im Beispiel bei Übergabe der Maschinen (und im Fall B bei Abschluss der Garantie) einen Umsatz von 330.000 € realisieren. Für das Garantierisiko wäre aufwandswirksam eine Rückstellung zu bilden. Diese würde sich anders als der Abgrenzungs-

1 FG Baden-Württemberg v. 15.4.2015 – 1 K 1195/13, EFG 2016 S. 516, m. w. N.
2 IWW-Verlag, WISO 9/2015 S. 4.

posten nicht an dem vom Kunden entrichteten Entgelt, sondern an den vom Unternehmen erwarteten Kosten für Garantiefälle errichten. Pro 1.000 verkauften Geräten wären den Rückstellungen 40.000 € zuzuführen.

Generell kann dem **Wesentlichkeitsaspekt** (→ Rz. 233) bei der Beurteilung potenzieller Mehr- 153
komponentengeschäfte genügend Raum gegeben werden, und zwar aus Sicht des Kunden/Leistungsempfängers. Wenn dieser bestimmte Leistungselemente nur als Mittel zum Zweck wahrnimmt, kommt diesem Leistungselement keine wesentliche Bedeutung zu.

BEISPIEL[1] ▶ Ein Sportparkbetreiber bot neben Gebäuden zum Betrieb verschiedener Ballsportarten auch die Benutzung von zugehörigen Räumlichkeiten (Umkleidekabinen, Sauna, Ruheraum, Gymnastikraum) an. Die Ballsportplätze konnten im Abonnement oder einzeln gebucht werden, enthielten indes immer die Möglichkeit zur Benutzung der gesamten Räumlichkeiten.

Nach Auffassung des BFH wollte der Kunde keine Räume mieten, sondern den Ballsport betreiben. Die Raumnutzung stellte nur das Mittel zu diesem Zweck dar. Man kann die Raumnutzung als untergeordnetes Leistungselement ansehen. Insgesamt liegt hier kein Mehrkomponentengeschäft vor, sondern ein einheitliches zeitraumbezogenes (beim Abonnement) oder zeitpunktbezogenes (bei Einzelnutzung).

9.6 Strukturierte Geschäftsmodelle

Die entscheidend durch die BFH-Rechtsprechung bestimmte Rechtsdogmatik zum Realisati- 154
onszeitpunkt – insbesondere auch bei zeitpunktbezogenen Geschäften – ist durch eine **schuldrechtliche** Betrachtungsweise dominiert (→ Rz. 110). Übergabe der Sache, Abnahme des hergestellten Werks, Übergang von Besitz, Gefahr und Nutzen und Lasten und die typischen Fälle einer Leistungsstörung sind auf **einfache** Geschäftsvorfälle des täglichen Lebens ausgerichtet. Man kann diesbezüglich von traditionellen oder „geordneten" Verhältnissen ausgehen, die indes in der Realität des Wirtschaftslebens durch komplexe Vertragsgestaltungen überlagert werden. Durch gezielte **Kombination**, z. B. von herkömmlichen Kaufgeschäften, können der wirtschaftlichen Substanz nach ganz andere Geschäfte in verschleierter Form getätigt werden, beispielsweise Finanzierungen oder Nutzungsüberlassungen. Solche „Strukturierungen" bedienen sich also herkömmlicher schuldrechtlicher Kategorien, um ganz andere Geschäftsinhalte zu realisieren, als die Vertragsüberschrift andeutet.

Typische Fälle sind bestimmte Leasingkonstruktionen (→ § 246 Rz. 237). 155

BEISPIEL ▶ Ein Lastwagenhersteller überlässt dem Spediteur Fahrzeuge gegen monatliche Nutzungsvergütung über eine Mindestlaufzeit. Der Spediteur erhält gleichzeitig die Option zum Erwerb der Fahrzeuge nach dieser Grundmietzeit zu einem Betrag X. Aus Sicht der Erkenntnisse bei Vertragsabschluss ist die Ausübung der Kaufoption für den Spediteur günstig. Die (rechtliche) Nutzungsüberlassung stellt in Wirklichkeit unter Beachtung der wirtschaftlichen Strukturen einen Verkauf dar (Finanzierungsleasing). Die zivilrechtliche **Nutzungsüberlassung** ist bilanzrechtlich in eine **Veräußerung** („Mietkauf", → § 246 Rz. 260) umzudeuten.

Der Sachverhalt kann aber auch umgekehrt liegen: Eine rechtliche Veräußerung kann im Zu- 156
sammenhang mit weiteren Vertragskonstellationen in wirtschaftlicher Sicht eine **Nutzungsüberlassung** darstellen.

1 Nach dem BFH, Urteil v. 31.5.2001 – V R 97/98, BStBl II S. 658.

BEISPIEL[1] Ein Neuwagenhändler verkauft an einen Großabnehmer (Autovermieter) im Flottengeschäft eine Anzahl Neuwagen zum Preis 100. Er verpflichtet sich zum Rückkauf nach Maßgabe bestimmter Berechnungsschlüssel (z. B. Fahrleistung) zum Preis von 60 nach Ablauf von 18 Monaten. Nach Kenntnisstand beim Vertragsabschluss kann das betreffende Fahrzeug höchstens zu 50 auf dem Sekundärmarkt vom Hersteller weiter verkauft werden.

Förmlich setzt sich das Geschäft zwischen dem Autohändler und dem Autovermieter aus **zwei Kaufverträgen** zusammen. Nutzungsmöglichkeit und rechtliches Eigentum werden im (ersten) Kaufvertrag auf den Autovermieter übertragen. Dem wirtschaftlichen Gehalt nach stellt das Geschäft eine **Nutzungsüberlassung** dar. Die Nutzungsvergütung besteht in der Differenz zwischen Ver- und Rückkaufspreis zzgl. des darin enthaltenen Zinseffekts. Der BFH hat demgegenüber das Schuldrecht dominieren lassen und zwei Kaufverträge der Entscheidung zugrunde gelegt. Die aus den sicheren Verpflichtungen resultierenden Zahlungsströme am Anfang und Ende der Vertragsbeziehung lassen sich in **Monatsraten** umrechnen.[2] Bei einem Verkaufspreis von 1.000, einem Rückkaufspreis von 700 und einem Zinssatz von 7,5 % p. a. ergibt eine Monatsrate von ca. 17,6 den gleichen Bar- oder Endwert wie die Summe aus Bar- und Endwert von Kauf- und Rückkaufspreis (→ § 246 Rz. 237).

Bei der Bilanzierung soll der **wirtschaftliche Gehalt** eines Geschäftsmodells und nicht die **schuldrechtliche Ausgestaltung** abgebildet werden. Erst recht ist die Zuordnung des (rechtlichen) Eigentums für den Bilanzansatz unbeachtlich (→ § 246 Rz. 222). Letzteres wird unter → Rz. 178 weiter ausgeführt. Die **Zahlungsmodalität** – hier Kauf- und Rückkaufspreisstaffel Monatsrate – ist nach § 252 Abs. 1 Nr. 5 (→ Rz. 205) für den Bilanzansatz ohne Bedeutung.

157 Der BFH[3] sieht demgegenüber im Verkauf mit einer Rückverkaufs**option** ein Mehrkomponentengeschäft[4] mit der Stillhaltervergütung als Komponente, die durch eine Verbindlichkeit bis zur Ausübung bzw. zum Verfall der Option zu passivieren ist. In dem weiteren BFH-Urteil[5] hat der BFH das Thema der Stillhaltervergütung bestätigend aufgegriffen und zusätzlich Bezug genommen auf ein eigenes Präjudiz.[6] Die Finanzverwaltung hat sich im Wesentlichen der Rechtsauslegung des BFH angeschlossen.[7] Dabei wertet die Finanzverwaltung das Risiko des Preisverfalls auf dem Gebrauchtwagenmarkt als ein solches aus schwebendem Geschäft, für das ein Ansatz in der Steuerbilanz nach § 5 Abs. 4a EStG nicht zulässig ist (→ § 249 Rz. 223). Beim optionsberechtigten Käufer stellt das vereinbarte Recht zum Rückverkauf ein nicht abnutzbares immaterielles Wirtschaftsgut (→ § 246 Rz. 52) dar, das mit den Anschaffungskosten nach § 6 Abs. 1 Nr. 2 EStG anzusetzen ist (→ § 255 Rz. 21). Sobald der optionsberechtigte Käufer von seinem Recht Gebrauch macht, also den Rückverkauf einfordert, ist dieses immaterielle Wirtschaftsgut erfolgswirksam auszubuchen. Aus Praktikabilitätsgründen beanstandet es die Finanzverwaltung nicht, wenn der Anspruch auf Rückverkauf und die Verpflichtung zum Rückkauf von den Vertragsparteien einvernehmlich mit null bewertet werden, d. h. auf eine Aktivierung beim Käufer und eine Passivierung beim Verkäufer (Kfz-Händler) verzichtet wird. Eine entsprechende unwiderrufliche Erklärung beider Parteien muss vorliegen.[8]

1 Nach dem Sachverhalt bei BFH, Urteile v. 11.10.2007 – IV R 52/04, DStR 2008 S. 237, mit Kommentar von *Hoffmann*, DStR 2008 S. 240, und *Hoffmann/Lüdenbach*, DStR 2004 S. 1763. Nichtanwendungserlass des BMF v. 12.8.2009, BStBl I S. 890, sowie des BFH, Urteil v. 17.11.2010 – I R 83/09, DStR 2011 S. 353, mit kritischer Anm. *Hoffmann*; vgl. auch *Hoffmann*, StuB 2011 S. 161, sowie GmbHR 2011 S. 363. In Übereinstimmung mit dem BFH *Prinz, U.*, StuB 2011 S. 262. Dieses Geschäftsmodell lässt sich auch als *„Sale and buy back"*-Transaktion charakterisieren (→ Rz. 173).

2 Vgl. hierzu *Hoffmann*, StuB 2009 S. 747.

3 BFH, Urteil v. 11.10.2007 – IV R 52/04, BStBl 2009 II S. 705.

4 So *Herzig/Joisten*, Ubg 2010 S. 472.

5 BFH, Urteil v. 17.11.2010 – I R 83/09, DStR 2011 S. 353.

6 BFH, Urteil v. 18.12.2002 – I R 17/02, BStBl II 2004 S. 126; so auch BMF, Schreiben v. 12.10.2011, BStBl 2011 I S. 967.

7 BMF, Schreiben v. 12.10.2011, BStBl 2011 I S. 967.

8 OFD Nordrhein-Westfalen, Vfg. v. 25.7.2014, DB 2014 S. 1770, ebenso BayLfSt, Vfg. v. 13.8.2014, DB 2014 S. 2077.

Gegen diese Auffassung ist vorzutragen:[1] 158

- Das Geschäftsmodell „Verkauf mit Rückkaufverpflichtung“ hat mit der Vorstellung des Gesetzgebers vom **Inhalt** eines Kaufvertrags absolut nichts gemein. Das Modell verdankt seine Geburt u. a. einer nach **Umsatzgenerierung** hechelnden Automobilindustrie, die den Verlust beim Weiterverkauf im Interesse der Umsatzgenerierung in Kauf nimmt.
- Die ungewöhnliche **Kombination** von Ver- und Rückkauf wird nicht in Gänze erfasst, wenn die bilanzielle Würdigung des Geschäftsmodells beim Verkauf endet und lediglich den absehbaren Verlust aus dem Verkauf am Sekundärmarkt als Rückstellungsposten in Betracht zieht. Ver- und Rückkauf sind **insgesamt** bilanziell zu würdigen.
- Im Sinne einer steuerlichen Beurteilung stellt der Rückkauf den Teil eines **Gesamtplans** dar.
- Es ist dabei **unerheblich,** ob der Käufer eine **Verpflichtung** oder eine **Option** zum Rückverkauf eingeht, wenn die Option beim Vertragsabschluss – wie in der Realität fast immer – tief „im Geld ist“, d. h. von der Optionsausübung mit hoher Wahrscheinlichkeit auszugehen ist. Darum wird in bilanzrechtlicher Sicht die unbedingte Verpflichtung durch die wirtschaftliche Interessenlage **ersetzt** (→ Rz. 179).
- Die förmliche Bezugnahme des I. BFH-Senats in seinem zitierten Urteil I R 83/09 geht in zweierlei Hinsicht fehl: Wertpapieroptionsgeschäfte werden über ein und denselben Vermögensgegenstand/ein und dasselbe Wirtschaftsgut abgeschlossen, z. B. eine Aktie; beim Autoverkauf und -rückkauf liegen demgegenüber zwei Optionssubstrate vor, zunächst nämlich ein neues und dann ein gebrauchtes Fahrzeug. Solche Optionen gibt es an der Wertpapierbörse nicht. Ein weiterer Vorbehalt gegen die Analogie zum Wertpapierhandel besteht in der für den Autovermieter tief im Geld liegenden Rückgabeoption schon bei Abschluss des entsprechenden Geschäfts; denn er hat kein Interesse an der Weiterverwertung des Fahrzeugs nach Ablauf der Überlassungsfrist (= Rückverkauf; → Rz. 179).
- Der Charakter der **Nutzungsüberlassung** wird auch beim Vergleich mit dem *operating lease* (→ § 246 Rz. 247) deutlich. Bei Letzterem verbleibt wenigstens in der Ausgestaltung im deutschen Leasinggeschäft das rechtliche Eigentum beim Leasinggeber, hier – im Autoflottengeschäft – geht es auf den Käufer bis zum Rückverkauf über. Das hat Auswirkungen auf die Besicherung der Refinanzierung, nicht aber auf die bilanzielle Abbildung, die auf das **wirtschaftliche** Eigentum ausgerichtet ist (→ Rz. 156). Deshalb lässt sich das Geschäftsmodell – Verkauf mit Rückkauf – auch als **Sonderform** des *operating lease* qualifizieren. Der **einzige** Unterschied zum „normalen“ Leasing besteht neben der Zahlungsmodalität (→ Rz. 156) in der Übergabe des Kfz-Briefes. Dem kann bilanzrechtlich keine Bedeutung beigemessen werden.
- Die Komponenten des Kaufvertrags – wenn man den Rückkauf nicht in die bilanzielle Abbildung einbezieht – sollen bestehen aus
  - Lieferung des Autos,
  - zeitlich begrenzter Übernahme von Risiken des Käufers.

1 Abgelehnt von *Oser*, StuB 2012 S. 573, wegen Bezugnahme auf die IFRS; unsere Auffassung ist allerdings im Wesentlichen auf HGB-Rechnungslegungsgrundsätze bezogen.

Die zweite Komponente ist in der Realität nicht vorhanden. Der Käufer trägt kein nennenswertes Risiko (→ Rz. 178):

- Nach ständiger BFH-Rechtsprechung bedarf es zur Realisation beim Verkauf einer **Risikominimierung** (→ Rz. 113). Als zulässige Risikokomponenten, die den Realisationsvorgang nicht hindern, gelten das Zahlungsausfall- und das Gewährleistungsrisiko. Im hier vorliegenden Fall behält der Autoverkäufer (Händler) sämtliche Risiken aus dem Verkaufsobjekt, was durch die am Sekundärmarkt zu erwartenden Verluste eindeutig ausgedrückt wird. Das relevante Risiko am Objekt bezieht sich nicht auf sechs Monate bei einer Nutzungsdauer von acht Jahren. Erst wenn der „Risikoträger" sich endgültig aus dem Risiko aus dem Objekt begeben hat – z. B. durch Verkauf des Autos am Sekundärmarkt –, entledigt er sich des wirtschaftlichen Eigentums. Entsprechend verhält es sich beim „klassischen" Leasing: Wer während 90 % der Nutzungsdauer oder mehr das Risiko am Objekt trägt, ist wirtschaftlicher Eigentümer und umgekehrt (→ § 246 Rz. 248).

Der **einheitlichen** Würdigung dieses Geschäftsmodells steht nicht der Grundsatz der **Einzelbewertung** in § 252 Abs. 1 Nr. 3 HGB entgegen (→ Rz. 44 ff.).[1] Es geht hier nicht um irgendein Bewertungsproblem, sondern um den **Bilanzansatz**, d. h. um die Abbildung eines wirtschaftlichen Sachverhalts dem Grunde nach (nicht der Höhe nach).

In der älteren BFH-Rechtsprechung[2] wird der Erstverkauf als Realisationstatbestand gewürdigt und mit einer möglichen Drohverlustrückstellung (→ § 249 Rz. 151 ff.) angereichert. Die entschiedenen Sachverhalte spielten allerdings in der Zeit vor dem Ansatzverbot in der Steuerbilanz (→ § 249 Rz. 161). Darin besteht möglicherweise eine Divergenz zum BFH-Urteil IV R 52/04 – so jedenfalls das BMF im zitierten Nichtanwendungserlass. Der BFH hat in den beiden Urteilen IV R 52/04 sowie I R 83/09 immer nur den Ansatz einer Verbindlichkeit bestätigt, die sich aus der Stillhaltervergütung speist. Die jeweiligen Autohändler wollten indes den Ansatz einer Rückstellung für die Verluste am Sekundärmarkt erstreiten. Dazu äußerten sich beide BFH-Urteile nicht. Gerade im Falle des Urteils I R 83/09 standen weit höhere Verlustbeträge am Bilanzstichtag des Streitjahres im Feuer, über die der BFH nicht entschieden hat. Deshalb ist auch offengeblieben, ob in diesen Fällen eine Verbindlichkeits- oder eine Drohverlustrückstellung zu bilden wäre.[3]

159 Hinter einem Kauf mit Rückkaufverpflichtung (*Putoption* des Käufers) kann sich auch ein anderes Geschäftsmodell verbergen, nämlich ein **Kommissionsgeschäft** (→ Rz. 131).[4]

BEISPIEL[5] Eine Bauträgergesellschaft verkauft ein fertiggestelltes Gebäude mit aufteilbaren Eigentumswohnungen an eine Vermarktungsgesellschaft. Letztere ist zum Rückverkauf bei unverändertem Preis innerhalb von zwei Jahren berechtigt, wenn ihr bis dahin der Weiterverkauf oder die Finanzierung des Projektobjekts nicht gelungen ist. Im Kaufvertrag ist der Übergang von Nutzen und Lasten an die Vermarktungsgesellschaft vereinbart.

Entgegen der Lösung des BFH ist eine Umsatzrealisation bei der Bauträgergesellschaft nicht erfolgt,[6] da sie trotz des Übergangs von Nutzen und Lasten und dem rechtlichen Eigentum bis zum Ablauf der zweijährigen Rücknahmeverpflichtung das Risiko an diesem Geschäft nicht losgeworden ist. Die Risiko-

1 So aber *Rätke*, StuB 2005 S. 220.

2 BFH, Urteil v. 15.10.1997 – I R 16/97, BStBl 1998 II S. 249, und BFH, Urteil v. 25.7.2000 – VIII R 35/97, BStBl 2001 II S. 566.

3 Im Einzelnen *Hoffmann*, StuB 2012 S. 169.

4 Vgl. auch IDW ERS HFA 13 n. F., Tz. 34.

5 Nach dem BFH, Urteil v. 25.1.1996 – IV R 114/94, BStBl 1997 II S. 382, mit Anm. *Hoffmann*, BB 1996 S. 1821.

6 Anderer Auffassung *Haarmann* in FS Raupach, 2006, S. 237 f.

minimierung als entscheidendes Tatbestandsmerkmal der Umsatzrealisation (→ Rz. 113) hat nicht stattgefunden. Der Verkäufer hat entgegen dem normalen Gehalt eines Kaufvertrags nicht über das betreffende Gut verfügt. Dem wirtschaftlichen Gehalt nach liegt ein Kommissionsgeschäft vor, bei dem eine Umsatzrealisation durch den Kommittenten erst nach Verkauf durch den Kommissionär in Betracht kommt (→ § 249 Rz. 52).

(Verdeckte) Kommissionsgeschäfte können sich auch aus den Marktzwängen und wirtschaftlichen Interessenlagen der agierenden Personen ergeben, wenn dabei eine Partei ihre **Marktmacht** gegenüber der anderen ausspielt. 160

BEISPIEL Der Einzelhandelsriese A bietet wöchentlich umfangreich beworbene Sonderverkaufsaktionen. Dazu erhält der Elektrowerkzeughersteller F den Auftrag zur Anlieferung von 20.000 Geräten, verteilt auf 1.500 Filialen in Deutschland am Tag X zwischen 14.00 Uhr und 16.00 Uhr.

Nach Beendigung der Aktion bleiben 5.000 Geräte bei A unverkauft. Eine Rücknahmepflicht des F war nicht vereinbart. Gleichwohl nimmt F die unverkauften Geräte zurück.

Nach lehrbuchmäßiger Betrachtung ist der Realisationszeitpunkt bei Anlieferung an die Filialen gegeben (→ Rz. 111). Das Geschäftsmodell spielt sich allerdings nicht in herkömmlichen Bahnen ab, die der Ausgestaltung des Schuldrechts zugrunde liegen. A ist zwar rechtlich zur Bezahlung der Gesamtlieferung verpflichtet, doch wird F diesen Anspruch nach seiner Interessenlage nicht durchsetzen. Er ist zur Rücknahme der unverkauften Geräte faktisch verpflichtet, denn sonst wird er von A „ausgelistet", wird also nie mehr einen Auftrag erlangen.

Eine Erlösrealisierung bei F muss deshalb den Regeln des Kommissionsgeschäfts folgen, d. h., der Verkauf an den Endkunden des A ist maßgeblich.

Ein weiteres Beispiel für strukturierte Geschäftsmodelle stellt der Verkauf mit Werthaltigkeits- bzw. Rendite**garantie** dar (vgl. auch das erste Beispiel unter → Rz. 113). 161

BEISPIEL[1] Die Bauträger AG verkauft zu einem selbst ermittelten Verkehrswert Vorratsgrundstücke an die Unterstützungskasse GmbH, über die Altersversorgungsverpflichtungen der AG abgewickelt werden. Der Verkauf wird vom Vorstand wie folgt begründet: „Die Grundstücke müssen einstweilen bei der Unterstützungskasse ‚geparkt werden', da eine Realisierung des Verkehrswerts am Markt wegen der schlechten Nachfragesituation derzeit nicht möglich ist." Der „Verkehrswert" wird also vom Vorstand festgelegt.

Aus sozialrechtlichen Gründen muss die AG der Unterstützungskasse eine Verwertungsgarantie geben, um Letztere aus dem ganzen Geschäft schadlos zu halten. Unseres Erachtens ist eine Umsatzrealisation gegeben, da das Risiko aus den Grundstücken trotz des Übergangs von Nutzen und Lasten und rechtlichem Eigentum bei der Bauträger AG verblieben ist, also die Risikominimierung nach Maßgabe der BFH-Rechtsprechung (→ Rz. 113) nicht vorliegt.

9.7 Verkauf von Nutzungsrechten

Auch **Nutzungsrechte** können Gegenstand eines Veräußerungsgeschäfts sein. 162

BEISPIEL V überträgt das bisher ihm zustehende Erbbaurecht auf E. Ein Entgelt zahlt E nicht, oder – in der Alternative – er zahlt für den Eintritt in den Erbbaurechtsvertrag einen Einmalbetrag von 100 und übernimmt (natürlich) die Verpflichtung zur Zahlung des Erbbauzinses.

In den beiden Sachverhaltsvarianten schlagen sich unterschiedliche Marktverhältnisse nieder. Im ersten Fall reflektiert der Erbbauzins das augenblickliche Preisniveau für die betreffenden Baugrundstücke. In der Alternative ist der Erbbauzins im Verhältnis zu den Marktverhältnissen

1 Fall der Walter Bau AG, FAZ v. 3.11.2003, S. 16.

zu niedrig. In bilanzrechtlichen Kategorien kann man diesen Tatbestand wie folgt umschreiben: Der Erbbaurechtsvertrag stellt ein schwebendes Geschäft dar, das dem Grunde nach nicht bilanzierbar ist (→ § 246 Rz. 11). Durch die Übertragung des Nutzungsrechts am Grundstück (hier Bauberechtigung) ist die Hypothese der **Ausgeglichenheit** des schwebenden Geschäfts mit der Folge einer Nichtbilanzierung **widerlegt.** Der Veräußerer des Erbbaurechts hat im Gefolge der günstigen Preisentwicklung einen Gewinn erzielt, der Erwerber ist in einen im Verhältnis zur Marktsituation günstigen Vertrag eingetreten, hat dabei Anschaffungskosten auf einen immateriellen Vermögensgegenstand getragen.

163 Anders verhält es sich, wenn der rechtliche und wirtschaftliche **Eigentümer** ein Nutzungsrecht „verkauft".

BEISPIEL[1] Die Erbengemeinschaft E ist Eigentümer eines auf einem Grundstück in bester Innenstadtlage betriebenen Warenhauses, möchte jedoch das Geschäft einstweilen nicht weiterbetreiben. Zur Bestreitung der Erbschaftsteuer und anderer Schulden werden kurzfristig erhebliche liquide Mittel benötigt. Andererseits sollen die minderjährigen Kinder später die Chance zur Neuaufnahme des wirtschaftlichen Betätigungsfelds eines Kaufhauses behalten.

Die Erbengemeinschaft „verkauft" deshalb das Nutzungsrecht am Gebäude an eine Modehandelskette für 20 Jahre zum Preis X. Das Gebäude hat eine Restnutzungsdauer von 40 Jahren.

Bei dem „Verkauf" des Nutzungsrechts handelt es sich der wirtschaftlichen Substanz nach nicht um ein Veräußerungsgeschäft, sondern um einen **Nutzungsüberlassungs**vertrag (Mietvertrag) mit einer Einmalzahlung pränumerando. In diesem Betrag schlägt sich ein Abzinsungseffekt nieder. Dem bilanzrechtlichen Charakter nach handelt es sich um ein **schwebendes** Geschäft, das durch die Zahlungsmodalität nicht beeinflusst wird (→ Rz. 105). Der Einmalbetrag ist unter Berücksichtigung des Zinseffekts auf die vereinbarte Vertragslaufzeit von 20 Jahren passiv abzugrenzen (→ § 250 Rz. 13), d. h. umsatzmäßig zu verteilen.

164 Anders verhält es sich bei Nutzungsüberlassung eines Vermögensgegenstands für die **gesamte** mutmaßliche **Nutzungsdauer.**

BEISPIEL Die Biotec AG hat einen erfolgversprechenden Wirkstoff zur Bekämpfung des Blutkrebses entwickelt und patentrechtlich schützen lassen. Das Patent verfällt in 18 Jahren. Zur Durchführung der noch erforderlichen Kliniktests und des Zulassungsverfahrens sowie der späteren Vermarktung des Wirkstoffs „Antihämin" fehlen der Biotec die finanziellen Ressourcen. Sie lizenziert daher das Patent exklusiv sowie sachlich und räumlich unbeschränkt auf 18 Jahre gegen eine jährliche Mindestgebühr und eine Umsatzbeteiligung an den Pharmariesen P (vgl. den ähnlich gelagerten Sachverhalt beim Filmfonds unter → § 246 Rz. 366 ff.).

LÖSUNG Die bilanzrechtliche Beurteilung kann sich nicht am Rechtstitel orientieren. Die Biotec bleibt zwar Eigentümerin des Patents, doch kommt dieser Rechtsstellung keine wirtschaftliche Substanz mehr zu. Nach Ablauf des Patents ist dieses wertlos bzw. nicht mehr vorhanden. Der Vertrag ist als Verkaufsgeschäft zu würdigen, die Umsatzrealisation allerdings u. U. wegen der Unsicherheit des Geldeingangs nur zeitraumbezogen vorzunehmen (→ Rz. 172).

165 Der Verkauf von Nutzungsrechten muss unter Berücksichtigung der **weiterbestehenden Verpflichtung** bilanziell abgebildet werden.

BEISPIEL[2] A ist Nutzungsberechtigter eines Bootsliegeplatzes. Die Restdauer des auf 20 Jahre geschlossenen Mietvertragsbeträgt zehn Jahre. Angesichts zwischenzeitlich stark gestiegener Nachfrage nach Lie-

---

1 Nach *Lüdenbach/Hoffmann*, DStR 2006 S. 1384.

2 Nach *Lüdenbach/Hoffmann*, DStR 2006 S. 1386. Vgl. hierzu auch → § 246 Rz. 29 ff.

geplätzen hat der Mietvertrag einen Marktwert und ist abstrakt bilanzierungsfähig. A veräußert dieses Recht.

ALTERNATIVE 1 Der neue Mieter übernimmt die Rechte und Pflichten gegenüber dem Eigentümer auch im Außenverhältnis.

ALTERNATIVE 2 Im Außenverhältnis bleibt A gegenüber dem Eigentümer berechtigt und verpflichtet.

In der 1. Alternative steht dem „Verkauf" der Liegeplatzberechtigung keine Verpflichtung mehr gegenüber. Der Veräußerungserlös ist in vollem Umfang zeitgleich realisiert.

In der 2. Alternative tritt neben das Hauptmietverhältnis *(head lease)* ein Untermietverhältnis *(sub lease)*. Eine sofortige Erlösrealisierung ist nur möglich, wenn A das vom Untermieter vereinnahmte Entgelt endgültig behalten darf, unabhängig davon, ob ihm etwa wegen Leistungsstörungen im Hauptmietverhältnis die Untervermietung unmöglich wird.

BEISPIEL Der Profifußballclub H AG mietet auf 15 Jahre die Großarena von einer Sportstadion-Betreiber B-GmbH gegen eine Umsatzbeteiligung an den Ticketeinnahmen. Nach der Vertragsgestaltung steht dem Club in diesem Zeitraum das Vermarktungsrecht an der gesamten Anlage zur Verfügung.

Aufgrund dieses ihm zustehenden „Nutzungsrechts" verkauft der Club die „Bewirtungsrechte" für die Tribünen an das Cateringunternehmen A und die „Vermarktungsrechte" an den *businessseats* und den VIP-Lounges an die Sportrechteverwertungs-GmbH S auf jeweils zehn Jahre (alternativ 15 Jahre) zu einem Einmalbetrag. Die Verträge sehen jedoch u. a. Konventionalstrafen für den Fall des Abstiegs in die 2. Bundesliga vor. Die Strafen sind umso höher, je früher ein Abstieg erfolgt. Sie ermäßigen sich nachträglich umso mehr, je früher ein Wiederaufstieg gelingt.

LÖSUNG Bei einer Veräußerung der Rechte auf zehn Jahre scheitert eine sofortige Umsatzrealisierung schon an der fehlenden Übertragung **aller** Rechte (nur 10 statt 15 Jahre) durch H (Abweichung z. B. unter→ Rz. 164).

Bei einer Veräußerung der Rechte auf 15 Jahre würde eine sofortige Realisation des Einmalbetrags das schwebende Geschäft „zerlegen". Nur die Aktivkomponente – das Einmalentgelt für die Nutzungsüberlassung – würde betrachtet, die „Passivseite" – die Überlassungsverpflichtung – hingegen ignoriert. Dieses Vorgehen wäre nicht sachgerecht. Die für den Fall des Abstiegs in die 2. Bundesliga vorgesehene Konventionalstrafe belegt: Der Fußballclub kann den Einmalbetrag nur dann ungeschmälert behalten, wenn er seinerseits eine Dauervertragsleistung erbringt. Es liegt ein Dauerrechtsverhältnis vor. Die Realisation des „Verkaufs" der Vermarktungsrechte muss also über die Vertragslaufzeit hinweg erfolgen.

9.8 Rechtsmängelbehaftete und nichtige Geschäfte, schwebende Unwirksamkeit

Ein Realisationsvorgang beruht regelmäßig auf einer schuldrechtlichen Grundlage (→ Rz. 111). 166
Eine solche kann (schwebend) **unwirksam** sein.

BEISPIEL[1] V verkauft und überträgt an K alle Aktien der A-AG. Der Vertrag ist aufgrund kartellrechtlichen Genehmigungsvorbehalts schwebend unwirksam. Die Parteien gehen von einer problemlosen Genehmigung aus und halten sich an die Vertragsbedingungen trotz der noch bestehenden rechtlichen Unwirksamkeit.

Nach dem BGH-Urteil ist die Realisation mit Abschluss des noch unwirksamen Rechtsgeschäfts erfolgt. Anders muss u. E. die Beurteilung ausfallen, wenn die kartellrechtliche Genehmigung höchst unsicher ist.

Unseres Erachtens lässt sich dieses Ergebnis auch durch den Gedanken der subjektiven und objektiven **Richtigkeit** der Bilanz (→ Rz. 73) finden.[2] Die Vertragsparteien sind von der Rechtswirksamkeit des Ver-

1 Nach dem BGH, Urteil v. 31.10.1978 – KZR 5/77, BB 1979 S. 543; vgl. auch BFH, Urteil v. 25.6.2009 – IV R 3/07, BStBl 2010 II S. 182.

2 Vgl. *Goerdeler/Müller,* WPg 1980 S. 315.

tragsabschlusses ausgegangen. Irgendeine Bösgläubigkeit (§ 872 BGB im Umkehrfall) ist nicht feststellbar, auch nicht beim Veräußerer als bilanzierendem Kaufmann.

167 Der Verkauf von Aktien, Unternehmen u. Ä. kann auch unter Gremienvorbehalt – Zustimmung des Aufsichtsrats oder der Gesellschafterversammlung – von Käufer und Verkäufer stehen. Durch solche Vorbehalte soll die Wirksamkeit des Geschäfts offengehalten werden. Sofern eine oder beide Parteien eines Vertragsabschlusses einem solchen Vorbehalt unterliegen, ist das Eintreten der Vertragswirkung in der Schwebe. Ein bilanzrechtlich wirksamer Realisationsvorgang ist bis zur Genehmigung nicht vorhanden.

168 Die rechtliche Unwirksamkeit kann den Vertragspartnern auch möglicherweise gar **nicht bewusst** sein.

BEISPIEL[1] Ein Bauträger verkauft und überträgt den Besitz von Kaufeigenheimen an eine Vielzahl privater Erwerber, nachdem diese den Kaufpreis entrichtet hatten. Nachträglich stellte sich die Formnichtigkeit des Kaufvertrags nach dem damaligen § 313 BGB heraus. Der BFH bejaht die Gewinnrealisation, weil der Vertrag von allen Parteien trotz der Nichtigkeit durchgeführt worden ist, eine Rückabwicklung weder möglich noch erwünscht war.

Eine formungültige Übertragung eines GmbH-Anteils verhindert regelmäßig (→ § 246 Rz. 233), wenngleich nicht immer den Übergang des wirtschaftlichen Eigentums (→ § 246 Rz. 225).[2] Ein wirtschaftlicher Eigentumsübergang bei rechtsungültiger Übertragung kann insbesondere dann vorliegen, wenn die Parteien bei ihren weiteren Rechtshandlungen von der Rechtsgültigkeit ausgegangen sind (→ Rz. 170 und → § 246 Rz. 225).[3]

169 Der Übergang des wirtschaftlichen Eigentums (→ § 246 Rz. 221 ff.) stellt einen wichtigen Bilanzierungsfall bei **Fusionen** und **Spaltungen** von Kapitalgesellschaften dar. **Rechtlich** geht das Eigentum erst mit der Eintragung ins Handelsregister über, für den Wechsel des wirtschaftlichen Eigentums und damit den Bilanzansatz der Vermögensgegenstände und Schulden beim übernehmenden Rechtsträger sind folgende **Voraussetzungen** bis zum **Abschlussstichtag,** der dem Verschmelzungs- bzw. Spaltungsgeschehen zugrunde liegt, **kumulativ** zu erfüllen:[4]

169a Anders als beim rechts- und damit bilanzrechtlich wertbegründenden **Vergleich** ist bei einer erfolgreichen **Anfechtung** das Geschäft von Anfang an nichtig (→ § 142 BGB). Fraglich ist deshalb, ob bei einem 01 verkauften Vermögensgegenstand und erfolgreicher Anfechtung Anfang 02 der Ertrag realisiert ist.[5] Je nach den Umständen bleibt es jedenfalls dann bei der Realisation im Jahr 01, wenn bis zum Ende des Werterhellungszeitraums zwar der Kunde die Anfechtung erklärt hat, aber ihr Erfolg noch völlig ungewiss ist (→ Rz. 90).

- **Formwirksamer** Abschluss des Verschmelzungs- bzw. Spaltungsvertrags;
- Vorliegen der entsprechenden **Beschlüsse** und **Zustimmungs**erklärungen der Gesellschafter.

Werden diese Voraussetzungen erst im neuen Geschäftsjahr beschlossen, liegt ein „in alter Rechnung" nicht mehr berücksichtigungsfähiges **wertbegründendes** Ereignis (→ Rz. 70) vor.

1 Nach BFH, Urteil v. 29.11.1973 – IV R 181/71, BStBl 1974 II S. 202; ähnlich BFH, Urteil v. 22.7.2008 – IX R 51/05, BFH/NV 2008 S. 2004.
2 BFH, Urteil v. 24.1.2012 – IX R 69/10, n.v.
3 BFH, Urteil v. 24.1.2012 – IX R 69/10, n.v.
4 IDW HFA 2/1997, Tz. 21.
5 Keine Realisation nach Auffassung von *Bienert/Seidler,* Rückwirkung im Handelsrecht, BB 2020 S. 1451.

Die fehlende Handelsregistereintragung am Bilanzstichtag ist dagegen unmaßgeblich, wenn damit mit hoher Wahrscheinlichkeit am Bilanzstichtag gerechnet werden kann und diese im Wertaufhellungszeitraum als „erhellend" erfolgt.

Zusammenfassend lässt sich die Rechtslage bzgl. des Realisationsvorgangs bei **rechtsmängelbehafteten** Geschäften wie folgt darstellen:[1] 170

- Die Parteien müssen sich **realisationsbegründend** am Stichtag aus ihrer Sicht (subjektiv) **rechtswirksam gebunden** haben. Vgl. hierzu auch das Beispiel unter → 284 Rz. 8. Bis zur Rechtswirksamkeit kann jede Partei die Option zum Ausstieg aus dem Geschäft in Anspruch nehmen. Vgl. hierzu das Beispiel unter → § 246 Rz. 233. Gremienvorbehalte muss sich jede Partei zurechnen lassen. Eine „freischwebende" wirtschaftliche Betrachtungsweise kann hier keine bilanzansatzbegründende Wirkung beim (scheinbaren) Erwerber entfalten (→ § 246 Rz. 233).
- Anders sind die Fälle zu beurteilen, in denen die Rechtswirksamkeit von der Zustimmung bzw. dem Handeln **Dritter** (z. B. Kartellamt, Handelsregister) abhängt. Hier ist die (hohe) Wahrscheinlichkeit bzgl. der Zustimmung aus Sicht des Stichtags für die bilanzielle Zurechnung und deren Übergang maßgeblich (→ Rz. 137).[2]
- Wenn die Parteien die Rechtsunwirksamkeit bei Vertragsabschluss **nicht erkannt,** aber in der Folgezeit das Gewollte auch vollzogen und kein Interesse an einer Rückabwicklung haben, ist die Realisation aufgrund des formunwirksamen Vertrags nicht wieder rückgängig zu machen.

9.9 Ausbuchung ohne Realisationstatbestand (unsicherer Kaufpreis)

Mit der Umsatz- und Ertragsrealisation ist in aller Regel eine **Abgangsbuchung** für das betreffende Wirtschaftsgut verbunden. In Ausnahmefällen können diese beiden Buchungsvorgänge aber auch zeitlich auseinanderfallen, nämlich dann, wenn zwar das wirtschaftliche Eigentum auf den Erwerber übergegangen ist, Zeitpunkt und Höhe des Kaufpreises jedoch zu **unsicher** sind, um dem Gesichtspunkt der Risikominimierung (→ Rz. 113) als Tatbestandsvoraussetzung der Umsatzrealisation nachzukommen. In solchen (seltenen) Fällen geht zwar das wirtschaftliche Eigentum über, gleichwohl kommt es nicht zur Gewinnrealisation.[3] 171

BEISPIEL

- Der Verkaufspreis beruht der Höhe nach auf einer Indexierung bezogen auf einen Sachwert, im BFH-Fall „Normal-Steine".[4]
- Wenn das Verkaufsentgelt für ein Wirtschaftsgut erst nach einer unbestimmten Zahl der Jahre und nach Maßgabe der dann gültigen Preisindizes bestimmter Güter festgelegt werden soll, darf die Realisation erst erfolgen, wenn der endgültige Kaufpreis bestimmt werden kann oder nicht rückzahlbare Abschlagszahlungen geleistet werden.[5]
- Ein Mitunternehmeranteil ist gegen eine Mindestvergütung zzgl. einer auf Lebenszeit des Veräußernden zu gewährenden Quote auf den Gewinnanteil verkauft worden.[6]

1 Vgl. *Lüdenbach/Hoffmann*, DB 2009 S. 861.
2 Vgl. hierzu BFH, Urteil v. 25.6.2009 – IV R 3/07, BStBl 2010 II S. 182.
3 Vgl. *Haarmann*, FS Raupach, 2006, S. 244.
4 Nach BFH, Urteil v. 16.7.1964 – IV 377/62 U, BStBl III S. 622.
5 BFH, Urteil v. 4.4.1968 – IV 210/61, BStBl 1968 IIS. 411.
6 Nach BFH, Urteil v. 14.5.2002 – VIII R 8/01, BStBl II S. 532.

► Veräußerungsentgelt stellt auch eine gewinnabhängige Kaufpreisforderung dar. Sie ist aufschiebend bedingt. Der Realisationstatbestand ist indes erst im Zuflusszeitpunkt erfüllt.[1]

Die drei erstgenannten Fälle betrafen den Verkauf von Unternehmens**anteilen.** Die Verkäufer waren nicht mehr (Mit-)Unternehmer, ihre Beteiligung ist somit in buchhalterischer Sprache „abgegangen". Gleichwohl trat bei ihnen mit dem Verkauf keine Gewinnrealisation ein, da nach Auffassung des BFH der Eingang und die Höhe des Kaufpreises zu ungewiss, also zu risikoträchtig, waren. Im Mitunternehmerfall führt die Mindestvergütung nur dann zu einem sofortigen Gewinn, wenn sie das Kapitalkonto (den „Buchwert" des Mitunternehmeranteils) überschreitet.

172 Auch bei dem Verkauf eines **einzelnen** Wirtschaftsguts kann das Risikoprofil (→ Rz. 113) des Veräußerungspreises zu hoch für die Umsatzrealisation sein.

BEISPIEL[2] ► Die Biotec AG (B) überlässt ein Patent an einem erfolgversprechenden neuen Präparat mit Buchwert null zeitlich unbefristet an R. Das Präparat hat noch nicht die Zulassung zum Verkauf als Arzneimittel erhalten, mit ihr wird indes fest gerechnet (alternativ: die Zulassung ist bereits erfolgt). Der Kaufpreis errechnet sich nach Maßgabe der aus dem Präparat in der Zukunft zu erzielenden Umsatzerlöse während der restlichen Patentlaufzeit.

Der Verkauf des Patents mit der entsprechenden exklusiven Lizenzierung führt zum Übergang des rechtlichen und wirtschaftlichen Eigentums auf den Lizenznehmer (→ Rz. 164) und ist bei diesem (mit welchem Wert?) einzubuchen. Entsprechend ist beim Verkäufer eine Abgangsbuchung vorzunehmen, in diesem Falle mangels bisheriger Aktivierung mit null. Der Umsatzerlös beim Verkäufer des Patents ist nach Eingang des aus dem Verkauf des lizenzierten Präparats beim Erwerber entstehenden Umsatzes zu realisieren (sog. *cash accounting*). Die Kaufpreisforderung ist **aufschiebend bedingt** (→ § 246 Rz. 58), was einen Ansatz nur erlaubt, wenn der Eintritt der Bedingung so gut wie sicher ist.[3] Letzteres ist hier nicht der Fall.

BEISPIEL ► **(Abwandlung)**

Gegenüber dem Sachverhalt in der vorstehend dargestellten Variante hat das Patent beim Verkäufer einen Buchwert, da er selbst es vor zwei Jahren käuflich erworben und danach weiterentwickelt hat.

Hier kommt es zu einer Abgangsbuchung ohne gleichzeitigen Umsatzerlös. Grund auch hier: Die Höhe und der zeitliche Anfall des Kaufpreises sind zu unbestimmt, die Risikominimierung (→ Rz. 113) ist somit nicht eingetreten. In der Praxis will man sich gegen das ungewohnte Bilanzbild – Abgang eines werthaltigen Wirtschaftsguts ohne Gegenleistung – mit einem geschätzten Umsatz i. H. des Restbuchwerts behelfen. Diese Lösung mag pragmatisch sein, entspricht aber nicht dem Gedanken der Unsicherheit und damit Nichtrealisierbarkeit des Umsatzerlöses.[4]

Der Ansatz einer unsicheren Forderung wie im vorstehenden Beispiel kommt nicht in Betracht. Zwei Argumentationsschienen stehen zur Verfügung:

► Der erfolgsabhängige Kaufpreisbestandteil ist **aufschiebend** bedingt (→ § 246 Rz. 58).

► Der Verkäufer erwirbt keine (bedingte) Forderung, sondern die **Teilnahmeberechtigung** an einer Gewinn- oder Erlöschance.

1 BFH, Urteil v. 27.10.2015 – VIII R 47/12, DStR 2016 S. 292 unter Tz. 36 ff.

2 Nach *Hoffmann*, PiR 2006 S. 210.

3 *Lüdenbach/Freiberg*, BB 2014 S. 747.

4 Vgl. hierzu *Mellwig/Hastedt*, DB 1992 S. 1589, mit Ergänzung für den Erwerber, der Anschaffungskosten mit der jeweiligen Zahlung aktivieren soll.

► Diese abstrakt bilanzierbare Chance *(„unit of account")* steht als **Tauschmasse** zur Verfügung.

Unseres Erachtens sollte vor der Festlegung auf eine (aufschiebend bedingte) Forderung nach dem **Bilanzierungsobjekt** geforscht werden.

BEISPIEL[1] ► Die Gesellschaft G kauft am 30.12.01 außerbörslich eine Option auf einen exotischen Rohstoffindex zu 1.000. Am 31.12.01 beträgt der Wert nach einem Optionspreismodell (IDW RS BFA 6, Tz. 10) wegen Handelsbeschränkungen, geringer Marktliquidität etc. nur 700.

Deutlicher kommt dieser Aspekt noch beim Kauf von Lotterielosen zum Ausdruck.

BEISPIEL ► Bei Anschaffungskosten von z. B. 500 soll die Ausschüttungsquote der Lotteriegesellschaft 60 % betragen. Ein Rückkauf oder Weiterverkauf der Lose kommt nicht in Betracht. Der anzusetzende Schätzwert beträgt deshalb 300 (= 60 % von 500).

In beiden Fällen wird keine Forderung (aufschiebend bedingt) erworben. Ein Vergleich mit dem Erwerb einer Aktie bietet sich an: Die Aktie berechtigt u. a. zur Gewinnteilhabe, aber erst wenn ein Ausschüttungsbeschluss gefasst ist. Das Bilanzierungsobjekt ist eben gerade nicht eine am Stichtag nicht bestehende Forderung, sondern die Teilhabe an einer Gewinn- oder Erlöschance. Neben der konzeptionell nicht überzeugenden hilfsweisen Schätzung des (Mindest-)Umsatzes i. H. des Restbuchwertabgangs kann deshalb eine Lösung nach **Tauschgrundsätzen** infrage kommen. Sie kann sich auf folgende Analogie stützen:[2]

► Bei Erwerb eines Optionsrechts gegen Prämienzahlungen oder bei einem entgeltlich erworbenen Gewinnbezugsrecht wird zwischen der Zugangsbewertung zu Anschaffungskosten für dieses Recht und der Folgebewertung unterschieden. Die Unsicherheit, ob aus dem Options- oder Gewinnbezugsrecht zukünftig Vorteile zufließen werden, hindert die erfolgsneutrale Zugangsbuchung (per Options- bzw. Bezugsrecht an Geld) nicht, sondern ist „nur" bei der Folgebewertung zu berücksichtigen.

► Wird das Zugangsobjekt nicht durch Hingabe von Geld, sondern von einem anderen Vermögensgegenstand erworben, fallen Anschaffungskosten i. H. von dessen Zeitwert an. Die Zugangsbuchung ist wiederum erfolgsneutral, zur Erfolgsrealisation kann es lediglich beim abgehenden Vermögensgegenstand kommen. Würde also in den o. g. Beispielen das Recht auf eine Gewinnquote (Mitunternehmerfall) oder auf eine Umsatzbeteiligung durch Hingabe eines Grundstücks erworben, bestünden keine Bedenken gegen die Aktivierung des Rechts auf die Gewinnquote etc. in Höhe des Zeitwerts des hingegebenen Grundstücks.

► Im hier interessierenden Fall – Verkauf gegen Umsatzbeteiligung – kommt eine Besonderheit gegenüber dem Vergleichsobjekt – Erwerb einer Option oder Gewinnbeteiligung gegen Prämienzahlung – hinzu: Die Erträge (Verkaufserlös) beziehen sich auf den hingegebenen Gegenstand (Patent) selbst. Ist die Umsatz- bzw. Ertragsbeteiligung umfassend, bleibt der Verkäufer wirtschaftlicher Eigentümer, scheidet eine Abgangsbuchung und damit korrespondierend eine Zugangsbuchung aus. Bei einer weniger umfassenden Ertragsbeteiligung kommt es zum Abgang des Patents. Dann liegt ein Tauschgeschäft vor

1 Nach *Lüdenbach,* StuB 2014 S. 149.
2 Vgl. hierzu *Lüdenbach,* StuB 2009 S. 541.

(→ Rz. 183). Ein solches erlaubt die Aktivierung beim nunmehrigen rechtlichen und wirtschaftlichen Eigentümer.

BEISPIEL[1] **(Weiterführung des vorstehenden Beispiels)**

Die Biotec AG (B) verkauft am 31.12.01 das Patent an R gegen eine Beteiligung von 10 % des aus dem Präparat in der Restlaufzeit des Patentschutzes von zehn Jahren erwarteten Ertrags von 10 Mio. €, d. h. 1 Mio. € p. a. Risikogerecht abgezinst mit 15 % ergibt sich ein Barwert von 5 Mio. €, der dem Zeitwert entsprechen soll. Die Abgangsbuchung bei B kann nur erfolgen, wenn neben dem rechtlichen auch das wirtschaftliche Eigentum an R übergegangen ist. Das wäre bei einer weiterbestehenden mehrheitlichen Beteiligung des B an den Chancen und Risiken aus dem Patent nicht der Fall. Vergleichbar einem Optionsinhaber ist die Position des B durch eine Asymmetrie von Chancen und Risiken (→ § 246 Rz. 288) gekennzeichnet: B hat nur eine Chance in seiner Beteiligung an positiven Erträgen, jedoch kein Risiko (mehr). Die Chance ist dabei auf 10 % der Erträge beschränkt. Alle Risiken und fast alle Chancen sind auf R übergegangen, er ist wirtschaftlicher Eigentümer.

B hat demnach eine Abgangsbuchung vorzunehmen und gleichzeitig einen Zugang für das Gewinnbezugsrecht zu erfassen. B tauscht das Patent gegen das Gewinnbezugsrecht. Das Patent ist von B mit seinem Buchwert von 3 Mio. € auszubuchen. Das Gewinnbezugsrecht – vergleichbar mit einem Optionsrecht – ist (als Wahlrecht, → Rz. 194) mit dem Zeitwert des hingegebenen Patents von 5 Mio. € zu aktivieren, was zu einem Abgangserfolg für das Patent von 2 Mio. € führt.

In den Folgejahren ist das Gewinnbezugsrecht jeweils neu nach Maßgabe der Restlaufzeit und der stichtagsbezogen jeweils zu ermittelnden Gewinnchancen zu bewerten. Die abnehmende Restlaufzeit vermindert den Wert, ebenso sinkende Ertragserwartungen. Umgekehrt reduziert sich die Abschreibung bei steigenden Gewinnerwartungen.

Vgl. zum Ganzen auch die Kommentierung unter → § 255 Rz. 75 ff. aus der Perspektive des Erwerbers.

9.10 Bilanzpolitisch motivierte Transaktionen

9.10.1 *„Sale and buy back"*-Geschäfte

173 Rein oder doch entscheidend bilanzpolitisch motivierte Transaktionen dürfen nicht zur Umsatzrealisation führen.[2] Als Beispiel sind je nach konkreter Ausgestaltung *„Sale and buy back"*-Geschäfte zu nennen.[3] Sie sind unter → Rz. 156 aus Sicht des Geschäftsinhalts als **Nutzungsüberlassung** (Miete) dargestellt worden. Eine andere Beurteilungsmöglichkeit eröffnet sich aus Sicht der **bilanziellen Zurechnung** (→ § 246 Rz. 221 ff.) des mit Rückkaufsverpflichtung oder -möglichkeit verkauften Vermögensgegenstands.

Das Problem bei diesen Transaktionen ist die **Ortung** des bei dem ersten Verkauf bereits **beabsichtigten** Rückerwerbs. Bei der bilanziellen Beurteilung darf man sich – wie immer – nicht an den Rechtsstrukturen festhalten. Auch der Übergang des rechtlichen Eigentums besagt bzgl. des Realisationstatbestands nichts. Entscheidend ist die **Risikominimierung** (→ Rz. 113) oder – international – der Übergang der wesentlichen Chancen und Risiken. Der Verkäufer kann zwar das rechtliche Eigentum an einem Wirtschaftsgut übertragen, aber immer noch die mit der Eigentümerstellung verbundenen wesentlichen Rechtselemente zurückbehalten (vgl. das Beispiel unter → Rz. 159). Die Beurteilung muss sich an dem Kriterium des **wirtschaftlichen Eigentums** (→ § 246 Rz. 221 ff.) ausrichten, d. h. am Recht der Verwertung des Gegenstands durch

1 Nach *Lüdenbach*, StuB 2009 S. 541.
2 Vgl. im Einzelnen IDW ERS HFA 13 n. F.
3 Hierzu IDW ERS HFA 13 n. F., Tz. 1.

Nutzung oder Veräußerung und Innehaben der Chancen und Risiken durch Wertsteigerung oder Wertverlust während der voraussichtlichen Nutzungszeit.

Eindeutig ist die Beurteilung, wenn Verkauf und Rückkauf in einem einzigen Vertragswerk oder durch entsprechende Bezugnahme miteinander **verknüpft** sind. Dabei kommt es nicht auf die Nämlichkeit des betreffenden Wirtschaftsguts an, es genügen gattungsgleiche Wirtschaftsgüter. Bei einem engen **zeitlichen** und **sachlichen Zusammenhang** von Verkauf und Rückkauf kommen eine Realisation und eine Abgangsverbuchung beim Verkäufer nicht in Betracht. Je **länger** die Zeitspanne zwischen Kauf und Rückkauf bemessen ist, desto eher ist von einem „normalen" Verkaufsgeschäft auszugehen. Eine feste Zeitdefinition ist dabei nicht möglich, der betreffende Zeitraum („Schamfrist") ist jedenfalls nach **Art** des Vermögensgegenstands zu bemessen: Bei volatilen Werten (z. B. Aktien) genügt eine relativ kurze Frist, bei wertbeständigen Wirtschaftsgütern (z. B. Grundstücken) muss eine sehr viel längere Frist in Betracht gezogen werden. Die **Nutzungs**möglichkeit des Erwerbers für einen **erheblichen** Anteil der Gesamtnutzungsdauer spricht entscheidend für den Übergang des wirtschaftlichen Eigentums, weil dann das Restwertrisiko – Differenz zwischen vereinbartem Kaufpreis und Restbuchwert – gering ist. 174

Ein starkes Indiz für einen von vornherein beabsichtigten Rückerwerb stellt eine **Kaufpreisstundung** und anschließende **Verrechnung** mit dem Rückkaufspreis dar. Insbesondere spricht die Vereinbarung **gegenläufiger** *Put*- and *Call*-**Optionen** gegen eine Veräußerung, sofern die Optionsrechte auf demselben Basispreis, denselben Ausübungsmodalitäten und übereinstimmenden Laufzeiten beruhen. Hält in diesem Fall der rechtliche Verkäufer eine *Call*-Option und der Erwerber eine *Put*-Option, wird es nach der beidseitigen Interessenlage mit Sicherheit zu einem Rückerwerb kommen (→ § 246 Rz. 310). Eine der beiden Parteien hat je nach Wertentwicklung des Optionsgegenstands immer einen Vorteil aus der Optionsausübung.[1] 175

Die **Automobilindustrie,** die notorisch mit Überkapazitäten zu kämpfen hat, liefert reichlich Anschauungsunterricht für *„Sale and buy back"*-Gestaltungen (→ Rz. 156 ff.).[2] Von den **Wertpapierpensionsgeschäften** (→ § 246 Rz. 307) unterscheiden sich Kauf und Rückkauf von Autos, weil sie sich nicht auf identische (Wertpapiere), sondern auf verschiedene Vermögensgegenstände – neues Auto, gebrauchtes Auto – beziehen.[3] 176

Alle großen europäischen Automobilhersteller betreiben dieses Geschäftsmodell und berichten darüber im IFRS- und HGB-Anhang abgekürzt wie folgt:

BMW NACH HGB ▸ Umsätze mit Autovermietern, bei denen eine Rücknahmeverpflichtung vorliegt, werden auf der Grundlage von IDW ERS 13 n. F. im Umlaufvermögen zu fortgeführten Herstellungskosten ausgewiesen, da das wirtschaftliche Eigentum nicht an den Autovermieter übergegangen ist.

AUDI NACH IFRS ▸ Erlöse aus dem Verkauf von Fahrzeugen, für die Rückkaufverpflichtungen bestehen, werden nicht sofort realisiert, sondern in Höhe der Differenz zwischen Veräußerungspreis und voraussichtlichem Rücknahmepreis linear über den Zeitraum zwischen Veräußerung und Rücknahme vereinnahmt. Die Fahrzeuge werden im Vorratsvermögen bilanziert.

---

1 Vgl. zum umgekehrten Fall BFH, Urteil v. 11.7.2006 – VIII R 32/04, GmbHR 2007 S. 49, mit Anm. *Hoffmann*.

2 Empirisch dargestellt durch *Wenk/Jagosch*, KoR 2010 S. 33 und 40.

3 *Wenk/Jagosch*, KoR 2010 S. 35, identifizieren dagegen beide Gestaltungen. Gleichwohl können u. E. die Vorgaben von IDW ERS HFA 13 n. F. mit Einschränkungen berücksichtigt werden, bedingt aber nur § 340b HGB.

Für den IFRS-Konzernabschluss berichten andere Automobilhersteller vergleichbar. Es wird kein Kauf mit einer Rückkaufverpflichtung und auch kein Mehrkomponentengeschäft (→ Rz. 147),[1] sondern der wirtschaftliche Gehalt in Form eines Nutzungsüberlassungsverhältnisses (Miete) bilanziell abgebildet (→ Rz. 178).

177 Die vier großen deutschen Automobilhersteller gehen für die Bilanzierung dieses Geschäftsmodells nach IFRS und HGB **einheitlich** vor.[2] In Form von Buchungssätzen stellt sich das wie folgt dar:

BEISPIEL[3]

- Verkauf Ende 01 gegen bar zu 100
- Herstellungskosten 80
- Rücknahme Ende 03 zu 60

Buchungen des Verkäufers:

Jahr	Soll	Haben	Betrag
01	Bank	Verbindlichkeit	60
01	Bank	Passive Abgrenzung	40
02	Passive Abgrenzung	Umsatz (Miete)	20
02	Abschreibung	Vorräte	10
03	Passive Abgrenzung	Umsatz (Miete)	20
03	Abschreibung	Vorräte	10
03	Verbindlichkeit	Bank	60

Der Käufer und bis zum Rückkauf Nutzungsberechtigte des Automobils bucht wie folgt:

Jahr	Soll	Haben	Betrag
01	Forderung	Bank	60
01	Aktive Abgrenzung	Bank	40
02	Mietaufwand	Aktive Abgrenzung	20
02	Mietaufwand	Aktive Abgrenzung	20
03	Bank	Forderung	60

60 stellen im Beispiel den Darlehenscharakter der beiden Transaktionen dar, 40 die Nutzungsvergütung. Die in das Geschäftsmodell eingebauten Zinskalküle sind hier nicht berücksichtigt.

Nach den Zitaten aus den Geschäftsberichten (→ Rz. 176) erfolgt im Zuge des (rechtlichen) Verkaufs keine Umgliederung des Autos vom Vorrats- in das Anlagevermögen, was im Hinblick auf das unbestimmte Dauerhaftigkeitskriterium des § 247 Abs. 2 HGB (→ § 247 Rz. 22) vertretbar erscheint. Die erforderliche und vorgenommene Abschreibung deutet eher auf Anlagevermögen hin. Mit anderen Worten: Die Planmäßigkeit der Abschreibung (→ § 253 Rz. 142 ff.) wird in das Umlaufvermögen inkorporiert. Oder umgekehrt: Die Abschreibung auf den niedrigeren beizulegenden Wert (→ § 253 Rz. 224) wegen des nutzungsbedingten Wertverlusts erfolgt ratierlich.

178 Diese bilanzielle Abbildung geht vom **Verbleib** des wirtschaftlichen Eigentums beim Hersteller/Verkäufer aus. Dem **rechtlichen** Eigentum kommt wie immer bei der Bilanzierung nur In-

1 So aber *Herzig/Joisten*, Ubg 2010 S. 472.
2 So *Wenk/Jagosch*, KoR 2010 S. 35.
3 Dieses und andere nachfolgende Beispiele in Anlehnung (mit Abänderungen) an *Wenk/Jagosch*, KoR 2010 S. 34.

dizfunktion zu (→ § 246 Rz. 221). Das wirtschaftliche Eigentum aus Sicht eines Transaktionsvorgangs kann anhand folgender **Kriterien** beurteilt werden:[1]

1. Chancen und Risiken einer Wertänderung.
2. Chancen und Risiken aus der laufenden Nutzung.
3. Verfügungsmöglichkeit durch Nutzung oder Veräußerung.

Zu 1.: Durch den **fest vereinbarten Rücknahmepreis** trifft den (rechtlichen) Käufer kein Risiko, im Gegenteil den Verkäufer, wie dies branchenüblich durch Verluste beim Weiterverkauf auf dem Sekundärmarkt zum Ausdruck kommt (→ Rz. 156). Das Risiko des zufälligen Untergangs beim Käufer und vorübergehenden rechtlichen Eigentümer wird durch Kaskoversicherungen minimiert und kann vernachlässigt werden.

Zu 2.: Die laufende Nutzung in der Zeitspanne zwischen Kauf und Rückkauf liegt beim Käufer. Der Verkauf mit fest vereinbarter Rücknahmeverpflichtung stellt im wirtschaftlichen Gehalt einen **Mietvertrag** dar (→ Rz. 156), der sich lediglich durch die **Zahlungsmodalität** in Form der Differenz zwischen Verkaufs- und Rückkaufpreis von der üblichen periodisch zu erbringenden Vergütung unterschiedet. Die Zahlungsmodalität ist indes nach § 252 Abs. 1 Nr. 5 HGB (→ § 252 Rz. 205) für die bilanzielle Abbildung unerheblich. Die Chance und das Risiko des Verkäufers aus der Vermietung beschränken sich auf die Bonität des Käufers.

Zu 3.: Das Nutzungs- und Verwertungsrecht nach dem Rückkauf verbleibt beim Verkäufer (Automobilhersteller). In Betracht kommt praktisch nur die Verwertung (Verkauf) am **Sekundärmarkt,** wo branchentypisch nur Risiken und kaum Chancen lauern (→ Rz. 156).

Die vorstehenden Überlegungen zur bilanziellen Zurechnung gelten auch, wenn dem Käufer (Autovermieter) statt eines festen Rücknahmepreises ein **Andienungsrecht** gewährt wird. Dieses liegt regelmäßig beim Vertragsabschluss durch die Marktgegebenheit für den Autovermieter „tief **im** Geld", d. h., von der Optionsausübung ist bei Vertragsabschluss mit hoher Wahrscheinlichkeit auszugehen. Es mag dann in formaler Betrachtung ein **unechtes** Pensionsgeschäft vorliegen, das allerdings nach der wirtschaftlichen Interessenlage des Autovermieters als „echt" zu behandeln ist (→ § 246 Rz. 311).[2] 179

Der im Rahmen des unechten Pensionsgeschäfts typisch vereinbarte Rücknahmepreis liegt optionstheoretisch „**am** Geld". Wegen der Marktgegebenheiten im Automobilsektor (→ Rz. 176) befindet sich demgegenüber der Rücknahmepreis für den Automobilhersteller weit „**aus** dem Geld", weshalb man allenfalls von einem „atypisch unechten Pensionsgeschäft" sprechen kann. In der bilanziellen Abbildung sind die einem Geschäft zugrunde liegenden **Rechtsstrukturen** in Verbindung mit der wirtschaftlichen **Interessenlage** der Vertragsparteien zu berücksichtigen (→ § 246 Rz. 222). Es kann deshalb für den Bilanzansatz keinen Unterschied machen, ob dem Käufer (Autovermieter) das Recht und die **Pflicht** zum Rückverkauf zukommen oder nur die **Option,** wenn diese bei Vertragsabschluss angesichts der gegebenen Marktverhältnisse mit hoher Wahrscheinlichkeit ausgeübt wird (→ Rz. 158). Das wirtschaftliche Ergebnis ist das gleiche. Der Verkäufer (Hersteller) kann den Rückverkauf zwar nicht fordern, aber dieses fehlende Recht wird gleichwertig durch die Interessenlage des Käufers (Autovermieter) ersetzt. Der Rückkauf steht deshalb im Zeitpunkt des Vertragsabschlusses auch bei (nur) Option zum

1 IDW ERS HFA 13 n. F., Tz. 7.
2 So auch *Wenk/Jagosch*, KoR 2010 S. 37.

Rückverkauf fest. Das wirtschaftliche Eigentum verbleibt u. E. beim Verkäufer als „ultimativem Risikoträger".[1]

179a *(einstweilen frei)*

180 Die vorstehenden Lösungshinweise decken den wohl allein praktizierten Sachverhalt einer Zeitspanne zwischen Kauf und Rückkauf zwischen 6 und 24 Monaten ab. Bei einer Mietdauer, die **nahe** an der **Nutzungsmöglichkeit** liegt, bleibt das dargestellte Chancen- und Risikoprofil (→ Rz. 178) in Analogie zum echten Pensionsgeschäft (→ § 246 Rz. 309) erhalten. Aus Wesentlichkeitsgesichtspunkten soll dem IDW[2] zufolge eine Gewinnrealisierung beim Verkäufer zulässig sein, wenn der Unterschied zwischen Rücknahmepreis und dem Verkehrswert vernachlässigbar ist. Der Käufer (Autovermieter) führt dann das Auto im abnutzbaren Anlagevermögen. Der Automobilhersteller muss u.U. eine Drohverlustrückstellung im Umfang des Unterschiedsbetrags zwischen Rücknahme und Weiterveräußerungspreis vornehmen.

181 Eine weitere, **wenig praxisnahe** Vorgehensweise der beiden Marktparteien mag die Vereinbarung eines Rücknahmepreises zum **Verkehrswert** im **Rückgabezeitpunkt** sein. Dann trägt der Verkäufer kein Verwertungsrisiko mehr. Deshalb ist ein Übergang des wirtschaftlichen zusammen mit dem rechtlichen anzunehmen.

9.10.2 Verkauf mit Nutzungsvorbehalt

182 Ein weiterer Hinderungsgrund für die Realisation kann im **Vorbehalt** von **Nutzung** liegen, wenn also zwar das rechtliche Eigentum übergeht, der Verkäufer sich jedoch für eine gewisse Zeit die Nutzungsmöglichkeit am verkauften Wirtschaftsgut zurückbehält. Eindeutig ist die Lösung dann, wenn diese Periode die gewöhnliche Nutzungsdauer des verkauften Wirtschaftsguts umfasst: Dann hat das rechtliche Eigentum keine wirtschaftliche Substanz und das wirtschaftliche Eigentum ist beim Veräußerer verblieben; entsprechend können ein Abgang und ein Gewinnrealisationstatbestand nicht vorliegen. Auch bei einem Verkauf unter **Nießbrauchsvorbehalt** gelten ähnliche Überlegungen: Im Normalfall steht einer Umsatzrealisation nichts im Wege, in Sonderfällen kann aber der Nießbrauch so bemessen sein, dass sich während der Laufzeit der Wert des betreffenden Wirtschaftsguts erschöpft, der Erwerber des Wirtschaftsguts (Nießbrauchsverpflichtete) keinen Nutzen aus dem Wirtschaftsgut ziehen kann. In diesem Fall bleibt das wirtschaftliche Eigentum beim Veräußerer (Nießbraucher).

9.10.3 Tauschgeschäfte

183 Bei Tauschgeschäften sind **zwei** bilanzielle Aspekte beachtlich:

1. **Erlös**realisierung: Ist überhaupt ein Umsatzgeschäft gegeben?
2. **Gewinn**realisierung: Wenn ja, wie hat die Bewertung – Buchwert oder Zeitwert des hingegebenen Vermögensgegenstands – zu erfolgen (→ § 255 Rz. 61)?

Hier geht es um die **Erlös**komponente. Dazu folgendes Beispiel:

BEISPIEL Das Elektrizitätsversorgungsunternehmen E1 liefert an E2 in der Region 1 Strom und erhält in der Region 2 Strom von E2. Transportkosten in unterschiedlicher Höhe liegen nicht vor. Umsatz wird von E1 bzw. E2 nur in der überschießenden Höhe erzielt.

1 Ähnlich *Justenhoven/Meyer* in Beck'scher Bilanz-Kommentar, 13. Aufl. 2022, § 246 Tz. 25; a. A. möglicherweise *Zülch/Hoffmann/Siggelkow*, KoR 2010 S. 41; *Wenk/Jagosch*, KoR 2010 S. 36.

2 IDW ERS HFA 13 n. F., Tz. 17.

Sofern die Tauschgeschäfte von ökonomischer Substanz sind, bestehen gegen die Umsatzrealisation keine Bedenken. In Abwandlung des vorstehenden Beispiels wäre das dann der Fall, wenn E1 Spitzenstrom aus Speicherkraftwerken und E2 im Gegenzug Grundlast aus Gaskraftwerken liefert. Anderes gilt bei einer bilanzpolitischen Motivation.

BEISPIEL Die Telefonprovider A und B sind börsennotiert. Die Analystenbewertungen fußen zu einem großen Teil auf Umsatzmultiplikatoren. A und B kommen daher auf die Idee, Leitungskapazitätsrechte in der gleichen Region in der Weise zu tauschen, dass B für die Nutzung der Kapazität von A zahlt und umgekehrt. Die vereinbarten Entgelte sollen zusätzlich zum Endkundenumsatz in der GuV als Umsatz ausgewiesen werden.

Die beiden Beispiele unter →Rz. 183 beziehen sich auf gleichartige Leistungen. Bei **ungleichartigen** Leistungsinhalten enthalten Tauschgeschäfte regelmäßig wirtschaftliche Substanz. 184

BEISPIEL Die Raffineriekapazitäten von Kraftstoffanbietern sind ungleich mit Benzin- und Dieselproduktion ausgelastet. Deshalb tauschen die Anbieter je nach Nachfrage ihre Produktionsmengen zu einem im Vorhinein festgelegten Preisverhältnis aus. Die beiden Produkte sind nicht gleichartig, das Tauschgeschäft ist auch nicht auf eine bilanzpolitische Motivation – jedenfalls nicht primär – ausgerichtet. Die Umsatzrealisation ist zulässig.

Die bilanzrechtliche Beurteilung ist unabhängig davon, ob die Tauschgeschäfte durch Verrechnung beglichen werden oder effektiv „Geld fließt".

Zur Verschleierung der rein bilanzpolitischen Motivation können auch **dritte Personen** in einen Tausch von Leistungen einbezogen werden:[1] 185

- A betreibt eine Onlineplattform und bestellt EDV-Leistungen bei B zu überhöhten Preisen.
- B bezahlt mit diesem Preisvorteil eine Marketingkampagne bei der Werbeagentur C.
- C schaltet aus diesem Auftrag Onlinewerbung bei A.

Durch diesen sog. *round drip deal* generiert A eigenen Umsatz durch den überhöhten Aufwand für EDV-Leistungen von B. Eine wirtschaftliche Substanz kam dem Geschäft nicht zu. Die Fallgestaltung erinnert an die umsatzsteuerlichen Karussellgeschäfte, die einen unzulässigen Steuervorteil gewähren sollen – vergleichbar mit dem künstlichen Umsatzausweis des A.

9.11 Kaufanreize mit *channel stuffing*

Verkaufsanreize sind an sich bzgl. der Umsatzrealisation unverfänglich, insbesondere bei Lieferungen an Endkunden (→Rz. 131). Bei Einschaltung von Handelsintermediären kann es sich auch anders verhalten. Als einschlägige Mittel kommen u. a. in Betracht: 186

- besonders langfristige Zahlungsziele,
- Rabatte,
- Rücknahmegarantien,
- Renditegarantien sowie
- Kombinationen dieser Methoden.

1 SEC-Fall der Homestore Inc., dargestellt bei *Unkelbach*, Wirtschaftliches Eigentum und Umsatzrealisation, 2009, unter G IV. Hinzuweisen ist auf einen vergleichbaren Fall des FG Hamburg, Urteil v. 8.8.1996 – VI 192/93 n.v., NZB des BFH, Beschluss v. 20.8.1997 – V B 14/96, BFH/NV 1999 S. 229, zu einem substanzlosen Ringgeschäft zur Generierung eines Wechselkredits.

Wenn kein entsprechender zusätzlicher Kaufbedarf beim Endkunden entsteht, kommt es notgedrungen beim Händler zu einem Lageraufbau oder **ceteris paribus** zu einem Umsatzrückgang beim Hersteller in der Folgeperiode. In vergleichsweise einfachen Fällen soll diese Vorgehensweise der SEC zufolge[1] lediglich eine **Anhang**erläuterungspflicht begründen. Anders kann die Umsatzrealisation bei zusätzlichen Förderungsmaßnahmen des Herstellers zu beurteilen sein, wenn z. B. dieser dem Händler für seinen zusätzlichen Lagerbestand eine **Renditegarantie** erteilt.[2] Hier ist u.U. das wirtschaftliche Eigentum am Produkt nicht übergegangen, nach den Beurteilungskriterien des BFH (→ Rz. 113) fehlt es an der Risikominimierung.

9.12 Geschenkgutscheine, Voucher

186a Werden **Geschenkgutscheine, Voucher** oder ähnliche Anrechtspapiere entgeltlich ausgegeben, kann i. d. R. davon ausgegangen werden, dass ein signifikanter Teil der Anrechte nicht ausgeübt wird, sondern durch Zeitablauf verfällt. Fraglich ist dann, ob Ertrag erst mit Ablauf der Ausübungsfrist, also mit endgültigem Verfall der Ansprüche, zu realisieren ist.

Der BFH[3] hat sich mit diesem Thema bereits in vordigitaler Zeit befasst: Ein Schuhhändler mit zahlreichen Filialen verkaufte sog. **Gutmünzen,** die nicht nur bei erneuten Einkäufen eingelöst werden konnten, sondern auch auf Verlangen des Münzinhabers in bar erstattet werden mussten. Der BFH hält hierzu fest:

- „Ungeachtet dessen, für welche Einlösungsform sich der einzelne Inhaber einer Marke entscheidet, entstand jedenfalls aufgrund der Verpflichtung zur Barauszahlung eine nach den Ausgabebedingungen der KG unbedingte und in ihrer Höhe feststehende **Verbindlichkeit.**" Dabei weist er die „im handelsrechtlichen Schrifttum vertretene Auffassung" zurück, dass Verpflichtungen „bereits dann als Rückstellungen für ungewisse Verbindlichkeiten auszuweisen sind, wenn erhebliche Zweifel darüber bestehen, ob der Schuldner tatsächlich in Anspruch genommen wird". Anzusetzen soll also eine Verbindlichkeit und keine Rückstellung sein.
- Der BFH entscheidet sich gleichwohl gegen eine vollständige Passivierung der ausgegebenen, aber weder bereits eingelösten oder verfallenen Gutmünzen. Bei einem Gesamtbestand gleichartiger Verbindlichkeiten mit jeweils geringem Nennwert, von denen ein nicht individuell identifizierbarer Teil mit an Sicherheit grenzender Wahrscheinlichkeit nicht erfüllt werden muss, sei nach § 252 Abs. 2 HGB **von der Einzelbewertung abzuweichen** und ein pauschales Bewertungsverfahren anzuwenden, um zu verhindern, „dass in der Bilanz des Kaufmanns ein den Vermögensverhältnissen widersprechender Gesamtbestand von Verbindlichkeiten ausgewiesen wird". Ein in der Vorinstanz belegtes **99 %-Konfidenzintervall** sei dabei angemessen.

Die Begründung des BFH erscheint zweifelhaft, da § 252 Abs. 2 HGB einen Ausnahmefall voraussetzt, der bei entsprechendem Geschäftsmodell gerade nicht gegeben ist. Das FG Nürnberg[4] vermeidet in einem Urteil zu einem Bonussystem aber eine solche Auseinandersetzung und eine Divergenz zum BFH, indem es dessen Urteil als entscheidend durch die Bareinlösemöglichkeit geprägt erklärt. Es befürwortet deshalb für ein Bonussystem ohne Bareinlösungs-

1 Einzelheiten bei *Unkelbach,* Wirtschaftliches Eigentum und Umsatzrealisation, 2009, unter G III.
2 Besonders informativ ist der Fall des Pharmariesen *Bristol-Myers-Squibb,* dargestellt von *Hoffmann/Lüdenbach,* DStR 2004 S. 1764.
3 BFH, Urteil v. 22.11.1988 – VIII R 62/85, BStBl 1989 II S. 359 NWB NAAAA-92805.
4 FG Nürnberg, Urteil v. 25.4.2019 – 4 K 1050/17 NWB NAAAH-27757.

möglichkeit eine **Rückstellung,** die nach vernünftiger kaufmännischer Beurteilung, d. h. i. H. der ermittelten **Erfahrungswerte** (also mit einem niedrigeren Wert als bei 99 %-Konfidenz), anzusetzen sei.[1]

9.13 Gewährung vergünstigter Optionen auf zukünftige Leistungen

Geschäfte, die im Jahr 01 ausgeführt werden, bei denen aber der Kunde einen Gutschein zum verbilligten Einkauf im Jahr 02 erhält, beurteilt die Finanzrechtsprechung wie folgt:[2] 186b

- Verbindlichkeiten seien nicht anzusetzen, weil die aus dem Gutschein resultierende Verpflichtung im jeweiligen Ausgabejahr dem Grunde nach ungewiss sei.
- Eine Rückstellung für ungewisse Verbindlichkeiten scheide ebenfalls aus, weil die mit den Gutscheinen versprochene Preisminderung für künftige Leistungen nicht bereits durch das Versprechen im Ausgabejahr, sondern erst durch die Leistung im Folgejahr wirtschaftlich verursacht sei. Insbesondere könne ein Anspruch auf Preisermäßigung wirtschaftlich nicht schon früher verursacht sein als das Geschäft, auf das er sich bezieht.
- Eine Berücksichtigung als passiver Rechnungsabgrenzungsposten komme ebenfalls nicht in Betracht, da die Kunden im Jahr 01 den „normalen" Preis bezahlen, die Gutscheine also lediglich als „Zugabe und Dankeschön für die Treue" (!) ausgegeben worden seien.

In einem ganz anderen Kontext, nämlich bei der Vereinbarung einer Kaufoption über Wertpapiere, hat der BFH allerdings entschieden, dass der Stillhalter i. H. der erhaltenen Optionsprämie eine (sonstige) Verbindlichkeit zu passivieren hat, da er (ähnlich wie bei einer Anzahlung) einerseits schon das Entgelt erhalten, andererseits die Sachleistung (das Stillhalten) noch nicht erbracht hat (→ § 246 Rz. 289).[3] Der in Rückstellungsfragen relevante und hoch interpretationsfähige Aspekt der wirtschaftlichen Verursachung spielt damit keine Rolle mehr. Die hier interessierenden Fälle unterscheiden sich von dem Wertpapierfall im Wesentlichen nur darin, dass die Optionsprämie nicht explizit vereinbart ist. Implizit ist sie aber häufig bestimmt.

BEISPIEL[4] Die U AG handelt mit wenig preisvolatilen Rohstoffen. Um einen neuen Großkunden K zu gewinnen, erwägt U ursprünglich einen Preisnachlass von 5 % auf ein geplantes Transaktionsvolumen von (unrabattiert) je 10 Mio. € 01 und 02, trifft dann aber tatsächlich mit K folgende Vereinbarungen: K erhält im Jahr 01 Rohstoffe zum absatzmarktkonformen Preis von 10 Mio. €. U räumt K darüber hinaus eine Option ein, 02 Rohstoffe bis zu einem Absatzmarktpreisvolumen von nominal 10 Mio. € zu erwerben, dafür aber 10 % weniger zuzahlen. Es ist ganz überwiegend wahrscheinlich, dass K die Option in vollem Volumen ausnutzen wird.

Beurteilung: Aus der Gegenüberstellung von ursprünglich geplanter Transaktion (je 10 Mio. € nominal in den Jahren 01 und 02 mit je 0,5 Mio. € Rabatt) und tatsächlicher Transaktion (10 Mio. € nominal im Jahr 01 ohne Rabatt, Option auf weitere 10 Mio. € nominal im Jahr 02 für 1 Mio. € Rabatt) ergibt sich die implizite Optionsprämie von 0,5 Mio. €. U tätigt damit 01 ein Mehrkomponentengeschäft. Die 01 vereinnahmten 10 Mio. € entfallen mit 9,5 Mio. € auf die im Jahr 01 getätigte Lieferung (Umsatz 01), sind mit weiteren 0,5 Mio. € jedoch als Stillhalterverpflichtung zu passivieren.

---

1 Anwendungsbeispiel zum Ganzen: *Lüdenbach*, StuB 2021 S. 76.

2 Vgl. u. a. BFH, Urteil v. 19.9.2012 – IV R 45/09, BStBl 2013 II S. 123, und Niedersächsisches FG, Urteil v. 3.6.2013 – 6 K 357/12.

3 Vgl. BFH, Urteil v. 18.12.2002 – I R 17/02, BStBl 2004 II S. 126.

4 Nach *Lüdenbach*, StuB 2017 S. 73.

9.14 Wiederkehrschuldverhältnisse, Sukzessivlieferungsverträge

187 Sog. **Wiederkehr**schuldverhältnisse, die für die weiteren Zeitabschnitte oder Bezugsmengen stets neu entstehen – insbesondere Kleinabnahmeverträge über Wasser, Strom, Gas, Wärme –, müssen für die zurückliegende Zeit als abgewickelt (realisiert) und können nur für die gerade laufende Bezugsperiode als schwebend angesehen werden. Im Gegensatz dazu muss der Teillieferungs- oder Sukzessivlieferungsvertrag als einheitlicher Vertrag angesehen werden, dessen gesamte Warenlieferung nur ratenweise vollzogen wird; solche Rechtsgeschäfte sind schwebende Geschäfte, solange nicht die letzte Rate geliefert ist.

9.15 Erlösschmälerungen, Sachboni, Kundenbindungsprogramme

188 Auf → Rz. 186a sowie die Kommentierung unter → § 277 Rz. 30 ff. und → § 249 Rz. 53 wird verwiesen.

9.16 Gewinnrealisierung außerhalb des Leistungserbringungsprozesses (bei Finanzwerten)

9.16.1 Zuschreibungsge- und -verbote

189 Der auf einer unternehmerischen Leistungserbringung beruhende Realisationsakt wird bei Verkaufsgeschäften oder Werklieferungsverträgen an der sog. wirtschaftlichen Leistungserfüllung festgemacht (→ Rz. 110 f.). Auch der Übergang des wirtschaftlichen Eigentums entsprechend dem geänderten Chancen-Risiko-Profil lässt sich damit in der logischen Strukturierung in Einklang bringen (→ Rz. 113). Das dem Lieferanten oder Hersteller verbleibende **Risiko** des Geldeingangs und der Gewährleistung wird als zu **gering** erachtet, um den Realisationsakt hinauszuschieben. Dieses Risiko kann im Vergleich zu anderen potenziellen Realisationstatbeständen spürbar höher sein (vgl. das Beispiel unter → Rz. 128), gleichwohl wird diesen die Realisationsmöglichkeit abgesprochen.

BEISPIEL ▸ Der Altersversorgung dienendes Zweckvermögen i. S. des § 246 Abs. 2 Satz 2 HGB (→ § 246 Rz. 392) ist nach § 253 Abs. 1 Satz 4 HGB i. V. mit Satz 3 (→ § 255 Rz. 212 ff.) zum Zeitwert auch oberhalb der Anschaffungskosten anzusetzen. Diese Bilanzierung soll dem Schrifttum zufolge gegen das Realisationsprinzip verstoßen[1] und dem Gläubigerschutz abträglich sein.

190 Vor dem Theorem der **Risikominimierung** kann dieser Sichtweise nicht uneingeschränkt gefolgt werden. Wenn die verbleibenden Risikokategorien „Zahlungsausfall" und „Gewährleistung" die Umsatz- und dort Gewinnrealisation nicht hemmen, sollte dies **erst recht** bei Sachverhalten gelten, die dem Unternehmen ohne jedes Risiko einen buchmäßigen Gewinn bescheren.

BEISPIEL ▸ U hält Aktien eines DAX-Emittenten im Buchwert von 1.000 und einem Kurswert von 1.300. Eine ergebniswirksame (Realisation) Zuschreibung von 300 ist dem U

1. **geboten,** wenn er die Aktien irgendwann einmal zu 1.500 gekauft, später aber wegen vorübergehender (oder dauernder) Wertminderung abgeschrieben hätte;
2. **verboten,** wenn die Anschaffungskosten 1.000 betrügen.

191 Die Zuschreibung ist für U – und damit indirekt für die Unternehmensgläubiger – völlig risikolos, ganz anders als etwa die gewinnrealisierende Forderungseinbuchung im Beispiel unter

1 *Arbeitskreis Bilanzrecht der Hochschullehrer der Rechtswissenschaft,* BB 2008 S. 212; *Küting/Kessler/Kessler,* WPg 2008 S. 752.

→ Rz. 128. Das Zuschreibungsverbot in der 2. Alternative kann auf das Anschaffungskostenprinzip gestützt werden, das indes allgemein als Ausformung des Realisationsprinzips angesehen wird. Prinzipien sollten indes nicht verabsolutiert werden, weil sich sonst schnell einmal ein unsinniges Ergebnis herausstellt, wie die Diskussion um den Einzelbewertungsgrundsatz bei Bewertungseinheiten gezeigt hat (→ Rz. 50 ff.). Auch das IDW setzt sich zur Findung eines ihm sinnvoll erscheinenden Ergebnisses über das Anschaffungskostenprinzip hinweg.[1]

Auch der **Liquiditäts**gesichtspunkt spricht nicht dagegen, denn die Aktien können jederzeit in bares Geld umgetauscht werden. Auch das Argument, nach dem **Stichtag** könnte ein Kursverfall eintreten, spricht nicht dagegen. Denn schließlich ist dem Stichtag immer ein Willkürelement eigen (→ Rz. 69). Kurz danach kann eine Forderung wegen drohender Insolvenz des Schuldners in die „Ramsch"-Kategorie fallen – um nur ein Beispiel zu nennen.

Und um nochmals auf den **Gläubigerschutz** zurückzukommen: Wieso sollen diese in der 2. Alternative im Beispiel unter → Rz. 190 weniger geschützt sein als in der 1. Alternative? Wen interessiert in diesem Zusammenhang, ob U 20 Jahre zuvor einen Preis von 1.500 bezahlt hat?

Und schließlich das **Objektivierungsgebot:** Gibt es einen objektiveren Bilanzausweis als denjenigen, der der Börsenbewertung entspricht? Dem – unterstellt von bilanzrechtlichen Prinzipien wenig behelligten – U im Beispiel unter → Rz. 190 wird dies alles nicht so recht einleuchten. Er will in seiner Vermögensübersicht (Bilanz) sein wirkliches Vermögen ausweisen und dadurch – beabsichtigt oder nicht – den getreuen und fairen Einblick in dieses verschaffen. Das gelingt ihm auch bei prospektiver bilanzpolitischer Strategie durch Verkauf der Aktien am 30.12.01 zu 1.300 (Beispiel unter → Rz. 190) und Rückkauf am 2.1.02 zu 1.302 oder 1.299. 192

Das hier hinterfragte Zuschreibungs**verbot** entpuppt sich in seinem wirtschaftlichen Gehalt als Zuschreibungs**wahlrecht**[2] und fördert somit gerade nicht das Objektivierungsgebot.

9.16.2 Risikominimierung

Auch bei Finanzwerten steht in der Rechnungslegungspraxis ein spürbarer Risikogehalt einer Gewinnrealisierung nicht zwingend entgegen. 193

BEISPIEL

- U kauft mit dem (abgezinsten) Börsenkurs 01 einen Zerobond zu 650. Alljährlich erhöht er im Einvernehmen mit dem IDW (→ § 253 Rz. 35) gewinnrealisierend den Buchwert. Das Risiko an dem Papier stellt keine Hinderungsschwelle gegen die Realisation dar. Im Jahr 10 wird der Bond infolge der Insolvenz der Emittentin wertlos.
- U kauft eine Schrottanleihe *(junk bond)* zum Nennwert von 55 mit einem Jahrescoupon von 7 % und einer Restlaufzeit von sechs Jahren. Er freut sich jedes Jahr über den eingelösten Coupon und die enorme Effektivverzinsung, die nichts anderes darstellt als eine Gewinnrealisation, soweit diese den vergleichbaren risikofreien Zins übersteigt.

Auch in diesem Bilanzierungsbereich stört der hohe Risikogehalt des Geschäftsvorgangs die Gewinnrealisation nicht. Mit der Vorgabe des BFH in ständiger Rechtsprechung (→ Rz. 113 f.) und der dieser folgenden handelsrechtlichen Kommentierung lässt sich dieses Ergebnis kaum in Einklang bringen.

1 Bei der Zugangsverbuchung von Treibhausgasemissionsrechten, IDW RS HFA 15, Tz. 11.
2 Vgl. *Schmidt*, KoR 2008 S. 2.

9.16.3 Tauschgeschäfte

194 Tauschgeschäfte sind ertragsteuerlich gewinnrealisierend zum Verkehrswert des hingegebenen Wirtschaftsguts, handelsrechtlich (nach Kommentarmeinung) wahlweise wie nach Steuerrecht oder zum Buch- oder einem Zwischenwert anzusetzen (→ § 255 Rz. 61). Unter Risikominimierungsaspekten (→ Rz. 113 f.) kann sich der Tauschvorgang im Bereich von **Finanzwerten** als „risikoneutral" bei gleichzeitiger Gewinnrealisierung darstellen (zum Tausch von Sachwerten vgl. → Rz. 183).

BEISPIEL ▸ Sachverhalt im Ausgang wie im Beispiel unter → Rz. 190, 2. Alternative. U will den günstigen Kurs seines DAX-Papiers zur Umschichtung in einen anderen DAX-Wert nutzen, der ihm derzeit unterbewertet erscheint. Dieser Umstieg soll „liquiditätsneutral" erfolgen. U verkauft also über die Börse den DAX-Wert 1 und erwirbt vom Erlös den DAX-Wert 2. Vernachlässigt man Transaktionskosten und -zeitraum, stellt sich die Umschichtung dem wirtschaftlichen Gehalt als reines Tauschgeschäft dar, wie es der Entscheidung des BFH im berühmten Tauschgutachten[1] zugrunde lag. Die der Transaktion zugrunde liegenden Kaufverträge sind bilanzrechtlich ohne Substanz, sie dienen nur der technischen Abwicklung der Transaktion.

Die handelsrechtlich als zulässig erachtete und steuerlich gebotene Gewinnrealisierung wird durch das unveränderte Risikoprofil – DAX-Wert vs. DAX-Wert – nicht verhindert. U befindet sich in der gleichen Risikoposition vor und nach der Umschichtung. Die fehlende Risikominimierung bleibt bei der Gewinnrealisation unbeachtet.

9.16.4 Beachtung des Objektivierungsgebots

195 Die vielfach im Schrifttum und in der BFH-Rechtsprechung (zutreffend) verlangte Objektivierung der Rechnungslegung kann im Bereich von börsengängigen Finanztiteln (und bestimmten *commodities,* z. B. Schweinebäuchen oder Rohkakao) besonders lupenrein erreicht werden. Eine solche Überordnung lässt sich dem § 252 HGB jedenfalls nicht entnehmen (→ Rz. 5). Dieser Befund muss auch für eine förmlich nicht im Gesetz enthaltene Grundregel (→ Rz. 233 ff.) gelten. So muss der *Cost-Benefit*-Gedanke (→ Rz. 243) dem Einzelbewertungsgrundsatz vorgehen, wenn Letzterer nur mit wirtschaftlich unsinnigem Aufwand verwirklicht werden kann (→ Rz. 48).

196 Wohin die **Überordnung** eines Bilanzierungsgrundsatzes über andere führen kann, hat die mühsame Debatte zu den **Bewertungseinheiten** bei *Mikro-Hedges* belegt (→ Rz. 50 ff.). Der von manchen Autoren hochgehaltene Einzelbewertungsgrundsatz hat zu wirtschaftlich unsinnigen bilanziellen Abbildungen von Geschäftsvorfällen geführt, die nur durch Relativierung des Prinzips behoben werden konnten. Ähnlich verhält es sich in diesen Fällen, wenn ein im Höchstmaß objektivierter Wert (→ Rz. 84) und einwandfrei – nicht durch *Discounted-Cashflow*-Fantasien – ermittelter *fair value* verfügbar sind und gleichwohl nicht in die Vermögensübersicht wegen eines als vorrangig angesehenen „Prinzips" übernommen werden dürfen.

9.17 Vereinnahmung von Gewinnanteilen, Genussrechtsvergütungen

197 Auf die Kommentierung zu

- Dividenden von Kapitalgesellschaften (→ Rz. 91),

1 BFH, Urteil v. 16.12.1958 – I D 1/57 S, BStBl 1959 II S. 30.

- Gewinnanteilen von Personenhandelsgesellschaften (→ § 264c Rz. 33 sowie → § 255 Rz. 176 f.),
- stillen Gesellschaftsanteilen (→ § 255 Rz. 181),
- Genussrechten (→ § 255 Rz. 182),
- Wandelschuldverschreibungen (→ § 246 Rz. 131c)

wird verwiesen.

9.18 Sachdividende[1]

9.18.1 Gesetzesregeln

In aller Regel werden Gewinnausschüttungen in **bar** vorgenommen, das lässt sich zumindest bei börsennotierten Aktiengesellschaften auch gar nicht anders bewerkstelligen, da kaum Grundstücke, Baumaterialien und Autos in der erforderlichen Stückelung an die Aktionäre verteilt werden können. 198

Gleichwohl ist durch das Transparenz- und Publizitätsgesetz v. 17.5.2002 mit einem neu eingefügten § 58 Abs. 5 AktG unter der Voraussetzung einer entsprechenden Satzungsklausel die Ausschüttung von **Sachwerten** (auch Naturaldividende genannt) förmlich in das Gesetz eingefügt worden. Zuvor wurden solche Dividenden auch schon für zulässig erachtet. Das Gleiche gilt auch für die **GmbH** ohne förmliche Gesetzesregelung.[2] Im Gewinnverwendungsabschluss des § 174 AktG (→ § 268 Rz. 72) wird der Sachwert eigens erwähnt.

Im Rahmen eines Unternehmens**verbunds** lässt sich diese Rechtsgestaltung auch zur Bereinigung von **Beteiligungsstrukturen** heranziehen, also etwa zum „Umhängen" von Enkelgesellschaften von der Tochter direkt an die Mutter (vgl. nachstehendes Schaubild 2). Eine der Sachdividende in Form einer Beteiligung sehr ähnliche Gestaltung stellt die **Abspaltung** i. S. des § 123 Abs. 2 UmwG dar.

9.18.2 Anwendungsfälle

Zwei Grundfälle einschlägiger Rechtsgestaltungen sind in den beiden nachstehenden Übersichten dargestellt. 199

1 Vgl. hierzu die Darstellung von *Hoffmann*, PiR 2008 S. 35; aus dem Schrifttum sodann *Orth*, WPg 2004 S. 777 und 841; *Siegel/Schulze-Osterloh/Bareis*, WPg 2008 S. 553; *Heine/Lechner*, AG 2005 S. 270.

2 Vgl. *Rowedder/Schmidt-Leithoff*, GmbHG, 4. Aufl. 2002, § 29 Tz. 123.

BEISPIEL „BÖRSENGANG“

Beteiligungsstruktur zuvor

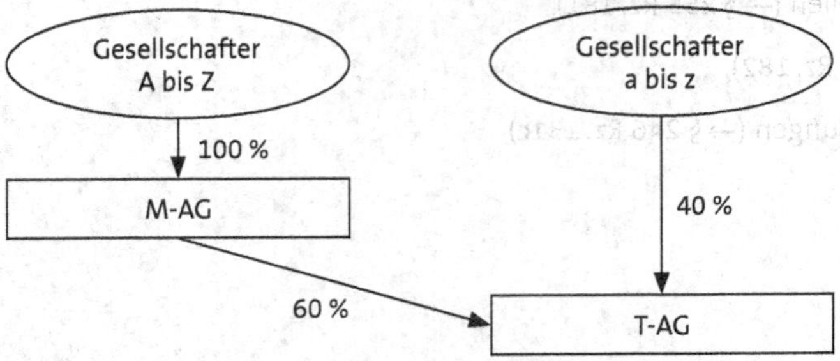

Gestaltung: Ausschüttung von 60 % der T-AG-Aktien an die Anteilseigner der M-AG („Börse“).

Beteiligungsstruktur danach

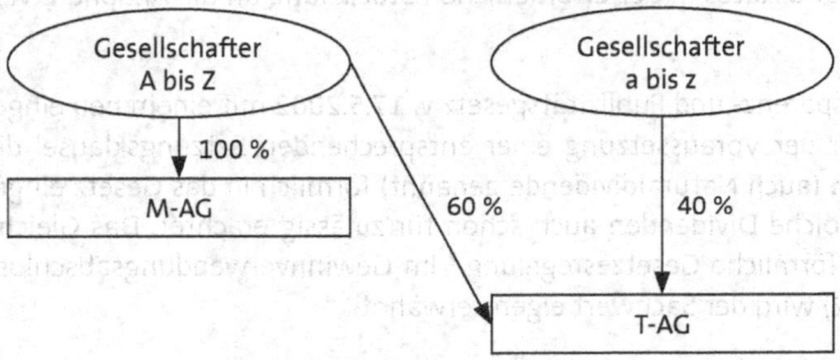

Die M-AG bedient ihre Aktionäre im Rahmen einer außerordentlichen Ausschüttung nicht mit förmlicher Liquidität, sondern mit Aktien an ihrer Tochtergesellschaft T-AG. Die Aktionäre der M-AG erhalten also den Aktienbesitz an der T-AG und können diesen über die Börse liquidieren. In diesem Fall wird also die ansonsten unabdingbare Bedienung der Ausschüttungsverpflichtung mit Bargeld durch Aktien ersetzt, die ihrerseits aber einen hochliquiden Markt erfordern – also Aktien als Liquidität zweiter Klasse.

„KONZERNUMBAU“

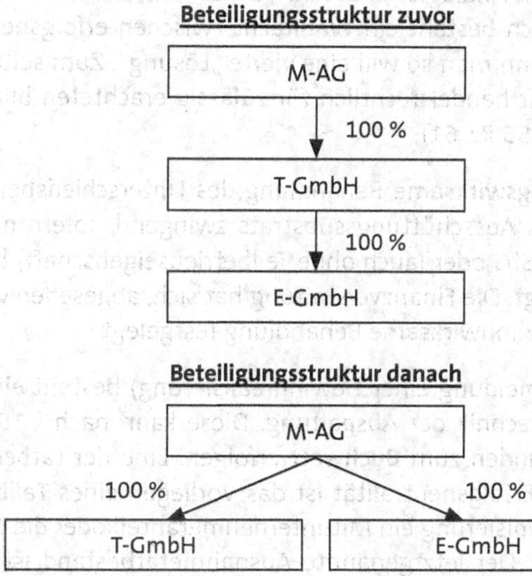

Ergebnis: Die Beteiligungsstruktur ist vereinfacht.

Der Gestaltungshintergrund besteht in einer Bereinigung und Verkürzung der Beteiligungsstruktur. Die T-GmbH schüttet ihre Beteiligung an der E-GmbH an die Mutter M-AG aus. Folge: Die bisherige E-GmbH als Tochter der T-GmbH mutiert zur Tochter der M-AG und Schwester der T-GmbH.

Gesellschaftsrechtlich kann die Umstrukturierung im Falle des Schaubildes 2 nicht nur durch Sachdividende, sondern auch durch Abspaltung nach § 123 Abs. 3 UmwG vollzogen werden. Der rechtstechnische Unterschied besteht in der partiellen Gesamtrechtsnachfolge nach UmwG, was allerdings bei einer ausschließlichen GmbH-Beteiligung als Abspaltungssubstrat kaum zu den materiell-rechtlichen Unterschieden gegenüber der Sachdividende führen dürfte.

9.18.3 Bilanzielle Abbildung

Die Aufgabe besteht in der Transformation eines **Sachwerts** in den **Geldbetrag,** die sich bei einer Barausschüttung nicht stellen kann. Zwischen dem Buch- und dem Zeitwert der auszuschüttenden Sache bestehen regelmäßig **Wertunterschiede.** 200

Bei der üblichen Bardividende kann es kein Bewertungsproblem (bei der ausschüttenden Gesellschaft) geben. Anders bei der Sachdividende: Hier besteht regelmäßig ein Unterschied zwischen Buchwert und Zeitwert des Ausschüttungssubstrats. Die Frage zielt auf die buchmäßige Behandlung dieses Unterschiedsbetrags. Denkbar sind drei Lösungen:

- Die Abgangsbuchung des Sachwerts erfolgt mit dessen **Buchwert,** ein Gewinn- oder Verlust wird bei der Gesellschaft nicht realisiert (erfolgs**neutrale** Behandlung).
- Es erfolgt eine **Aufdeckung** der stillen Reserven im auszuschüttenden Sachwert (erfolgs**wirksame** Behandlung).
- Durch den Ansatz eines **Zwischenwerts** sollen die mit den aufzudeckenden stillen Reserven entstehenden Steuereffekte neutralisiert werden.

Handelsrechtlich ist keine Bewertungsvorgabe feststellbar, die Auffassungen im Schrifttum divergieren. Naheliegend ist ein Analogieschluss zu § 24 UmwG, der auch auf Spaltungsvorgänge anzuwenden wäre. Danach besteht ein **Wahlrecht** zwischen erfolgsneutraler und erfolgswirksamer Behandlung – wenn man so will eine vierte „Lösung". Zum selben Ergebnis kommt man durch eine Analogie zur handelsrechtlich für zulässig erachteten bilanziellen Abbildung von **Tausch**vorgängen (→ § 255 Rz. 61).

201 **Ertragsteuerlich** ist die **erfolgswirksame** Behandlung des Unterschiedsbetrags zwischen dem Buch- und Verkehrswert des Ausschüttungssubstrats zwingend, sofern nicht ein Ausnahmetatbestand etwa nach UmwStG oder (auch ohne Teilbetriebseigenschaft) bei Realteilung einer Personengesellschaft[1] vorliegt. Die Finanzverwaltung hat sich, abgesehen von solchen Ausnahmefällen, auf eine solche gewinnwirksame Behandlung festgelegt.[2]

Im Hinblick darauf (zur Vermeidung einer Gewinnrealisierung) besteht ein Gestaltungsanreiz zur Anwendung der Rechtstechnik der **Abspaltung.** Diese kann nach § 15 Abs. 1 i.V. mit § 11 Abs. 2 UmwStG antragsgebunden zum **Buchwert** erfolgen. Eine der tatbestandlichen Voraussetzungen zur steuerlichen Erfolgsneutralität ist das Vorliegen eines **Teilbetriebs.** Als ein solcher gilt nach gesetzlicher Typisierung ein Mitunternehmeranteil oder die 100%ige Beteiligung an einer Kapitalgesellschaft. Der letztgenannte Ausnahmetatbestand ist im Beispiel 2 unter → Rz. 199 angenommen.

9.18.4 Zeitpunkt der Abgangsverbuchung

202 Fraglich ist, ob die **Abgangsverbuchung** für den zur Ausschüttung bestimmten Sachwert – mit oder ohne stille Reserven – noch im alten Jahr (für das die Ausschüttung beschlossen wird) oder erst in neuer Rechnung, also im Zeitpunkt des Ausschüttungsbeschlusses, vorzunehmen ist. Unseres Erachtens stellt der Ausschüttungsbeschluss (im neuen Geschäftsjahr) ein wertbegründendes Ereignis (→ Rz. 91) dar, so dass eine Berücksichtigung in alter Rechnung ausscheidet. Auf diesen Zeitpunkt ist u. E. die Bewertung vorzunehmen.[3] Bei vorhandenen stillen Reserven ist dann erst der Realisationsvorgang gegeben, u. E. auch für steuerliche Zwecke.

9.18.5 Berücksichtigung stiller Reserven mit Steuerbelastung

203 Systematisch stellt sich dann weiterhin die Frage, ob die Sachdividende nach Abzug der aus dem Realisationsvorgang resultierenden Steuerlast zu beziffern ist. Allerdings kann keine Beteiligung oder ein Grundstück „nach Abzug der Steuerlast" an den oder die Gesellschafter ausgekehrt werden. Falls keine ausreichenden Gewinnrücklagen oder Gewinnvorträge vorhanden sind, kann bei einer GmbH dann die Gefahr einer Einlagerückgewähr nach §§ 30 ff. GmbHG entstehen, bei einer Aktiengesellschaft wird u.U. mehrmals der ausgewiesene Bilanzgewinn entgegen § 57 Abs. 3 AktG ausgeschüttet, und das teilweise an den Fiskus.[4] Dieses Problem stellt sich auch bei einer handelsrechtlich als zulässig erachteten Buchwertausschüttung, da steuerlich stille Reserven aufzudecken sind.

1 Vgl. BFH, Urteil v. 16.3.2017 – IV R 31/14, und BFH, Urteil v. 30.3.2017 – IV R 11/15 zum Ausscheiden eines Mitunternehmers unter Mitnahme von mitunternehmerischem Vermögen in ein anderes Betriebsvermögen.

2 BMF, Schreiben v. 28.4.2003 – IV A 2 – S 2750n – 7/03, BStBl I S. 292.

3 Vgl. *Müller*, NZG 2002 S. 759; *Prinz/Schürner*, DStR 2003 S. 183; *Bareis*, BB 2008 S. 479.

4 Ähnliche Gedanken bei *Siegel*, WPg 2008 S. 556. Allerdings vermeidet *Siegel* das Problem der Ausschüttung eines unteilbaren Grundstücks, indem er Aktienbestände als Ausschüttungssubstrat seinen Berechnungen zugrunde legt.

9.18.6 Gesamtbefund

Unseres Erachtens ist die Rechtslage insbesondere wegen des Steuereffekts höchst unklar.[1] 204
Deshalb sollten Umweggestaltungen mit steuerlicher Buchwertfortführung favorisiert werden, also insbesondere die Abspaltung (→ Rz. 201), was allerdings durch das Teilbetriebserfordernis häufig verhindert wird.

10. Periodisierungsprinzip (Abs. 1 Nr. 5)

In § 252 Abs. 1 Nr. 5 HGB kommt ziemlich versteckt und unter der falschen Paragraphenüber- 205
schrift (es handelt sich nicht um eine Bewertungsnorm) eine grundlegende Aufforderung an den Kaufmann zum Ausdruck: Die Gewinnermittlung ist nicht etwa durch Gegenüberstellung von Zahlungsströmen (Einnahmen-Ausgaben-Rechnung), sondern durch **Periodisierung** von Aufwendungen und Erträgen und damit durch Gegenüberstellung von „Vermögen" (Eigenkapital, → § 246 Rz. 118 ff.) zu ermitteln, d. h. durch **Bilanzierung** entsprechend dem üblichen Sprachgebrauch. Im Sinne *Eugen Schmalenbachs* kann man von periodengerechter Erfolgsermittlung sprechen (→ § 250 Rz. 1). Von dieser Vorgabe kann es entsprechend auch keine Ausnahme i. S. von § 252 Abs. 2 HGB geben (→ Rz. 229), denn dadurch würde das ganze Rechnungslegungskonzept des 3. HGB-Buchs (vgl. 2. Beispiel in → Rz. 56) gerade wieder aufgehoben (abgesehen von den bewussten Ausnahmen für Einzelkaufleute in § 241a HGB). Die im Schrifttum angegebenen **Ausnahmen** vom Periodisierungsprinzip[2] betreffen nur den Zeitpunkt der Berücksichtigung von Aufwendungen und Erträgen, nicht allerdings die reine Grundnorm, die lediglich eine Anweisung zur Bilanzierung generell enthält.
Die Periodisierung bedarf zwingender Bestimmung **zweier Zeitpunkte** („Stichtag"). Insofern können Stichtags- und Periodisierungsprinzip als zwei Seiten einer Medaille angesehen werden (→ Rz. 39).

Die **Art** der Periodisierung mit zeitlicher Zuordnung wird in § 252 Abs. 1 Nr. 5 HGB nicht gere- 206
gelt, das geschieht teilweise an anderer Stelle des Gesetzes. Auf der Aktivseite der Bilanz mit den korrespondierenden Erträgen in der GuV erfolgt dies durch das **Realisations**prinzip (→ Rz. 91), für die Passivseite und die Aufwendungen fehlt eine explizite gesetzliche Vorgabe. Diese wird im Schrifttum im sog. **Verursachungsprinzip** gefunden.[3] Danach sollen Aufwendungen in der Periode berücksichtigt werden, in der die entsprechenden Werteverzehre erfolgen. Obwohl mit anderer Begrifflichkeit und deshalb auch im Schrifttum bestritten, handelt es sich in etwa um die Bilanzierungsvorgabe des *matching principle* i. S. der internationalen Rechnungslegung, dort auch als *accrual accounting* bezeichnet (F.OB 17).

Der Tatbestand der Verursachung, auch wenn er mit „wirtschaftlich" (tautologisch) umschrie- 207
ben wird, lässt sich allerdings nicht immer eindeutig zuordnen.[4] Dies gilt insbesondere für den Ansatz von **Verbindlichkeitsrückstellungen** (→ § 249 Rz. 23 ff.). An dieser Stelle sei nur auf das Beispiel des sog. Hubschrauberurteils des BFH[5] verwiesen, bei dem es um den Ansatz einer Rückstellung für die luftfahrtrechtliche Überprüfung (z. B. TÜV für Autos) ging. Der BFH sah die

1 Siehe den abschließenden Befund der Diskussion von *Siegel/Schulze-Osterloh/Bareis*, WPg 2008 S. 567.

2 Vgl. *ADS*, 6. Aufl., § 252 Tz. 102.

3 Vgl. *Fülbier/Kuschel/Selchert* in Küting/Pfitzer/Weber (Hrsg.), Handbuch der Rechnungslegung – Einzelabschluss, 5. Aufl., § 252 Tz. 124; *ADS*, 6. Aufl., § 252 Tz. 112.

4 Vgl. *Fülbier/Kuschel/Selchert* in Küting/Pfitzer/Weber (Hrsg.), Handbuch der Rechnungslegung – Einzelabschluss, 5. Aufl., § 252 Tz. 123.

5 BFH, Urteil v. 19.5.1987 – VIII R 327/83, BStBl II S. 848.

wirtschaftliche Verursachung in der Zukunft im Hinblick auf die danach ermöglichte weitere Nutzung und lehnte einen Bilanzansatz für die Kosten in früheren Perioden ab. Das Gegenargument könnte sich auf die abgelaufene Flugleistung als Verursachungsgrund stützten, weil die entsprechende Inspektion nach der Anzahl der geleisteten Flugstunden durchzuführen ist (→ § 249 Rz. 36).

208 Eindeutig lässt sich das Periodisierungsprinzip nur **negativ** umschreiben: **Zahlungs**vorgänge, -zeitpunkte und -fälligkeiten sind für den Bilanzansatz **unerheblich.** Vgl. dazu das Beispiel unter → § 249 Rz. 180.

11. Bewertungsstetigkeit (Abs. 1 Nr. 6)

11.1 Inhalt und Zielsetzung

209 Der Gesetzeswortlaut beschränkt sich an dieser Stelle auf **Bewertungs**fragen, die Stetigkeit im **Ansatz** ist identisch in § 246 Abs. 3 HGB (→ § 246 Rz. 320) geregelt. Das Stetigkeitsgebot gilt als **sachliche** Komponente nur für Vermögensgegenstände und Schulden (Einleitungssatz von Abs. 1), nicht dagegen für Rechnungsabgrenzungsposten und latente Steuern (§ 246 Abs. 1 HGB). Stetig bilanziell abzubilden sind gleichartige Sachverhalte aus Sicht der bilanziellen Beurteilung (z. B. über die Risikostruktur und die Nutzungsart).[1] Die Gesetzesvorgabe enthält außerdem eine **zeitliche** Komponente („Beibehaltung"), was auch in dem umgangssprachlichen Begriff **„Stetigkeit"** zum Ausdruck kommt. Es geht daher um den Jahresabschluss im **Zeitvergleich** und die diesbezüglichen Analysemöglichkeiten für den Abschlussadressaten. Dazu sollen die einmal getroffenen Entscheidungen über die Methode einer Bewertung beibehalten werden. Diese Entscheidung grenzt also die folgenden Entscheidungsspielräume ein.[2]

11.2 Begriffsinhalt der „Methode"

210 Nach der griechischen Ursprungsbedeutung wird mit der Methode ein **„Weg** zu etwas hin" verstanden. Es handelt sich also um „technische" Verfahren zur Wertermittlung für den einzelnen Vermögensgegenstand bzw. die jeweilige Schuld. Man kann unter Bewertungsmethoden „in ihrem Ablauf **definierte Verfahren** der Wertfindung"[3] verstehen. Diese Verfahren sind auf das Ziel der Bewertungsfindung in wiederholter Anwendung ausgerichtet. „Beibehalten" umfasst inhaltlich nicht nur einen Zeitbezug, sondern auch einen sachlichen Anwendungsbereich bezogen auf das jeweilige **Bewertungsobjekt.** Danach kann man zwischen **zeitlicher** und **sachlicher** Stetigkeit unterscheiden (→ Rz. 209).[4]

211 Ohne diesen objektiven (sachlichen) Bezug könnte beispielsweise bei **Umlaufvermögen,** das mehrfach im Jahr umgeschlagen wird, jedes Mal eine andere Bewertungsmethode angewandt werden. Die Begründung dafür würde lauten: Das (z. B.) verwendete Rohmaterial Stahlplatten in V4A-Ausfertigung, Größe XY – was in der aktuellen Inventarliste zur Bilanz zum 31.12.2001 erscheint – war im Vorjahr noch nicht vorhanden, entsprechend braucht das Stetigkeitsgebot hier nicht beachtet zu werden. Nach dieser – u. E. unzulässigen – Gesetzesauslegung würde das Stetigkeitsgebot in weiten Bereichen der Bilanz schlichtweg leerlaufen.

---

1 IDW RS HFA 38, Tz. 4.
2 Vgl. *Fülbier/Kuschel/Selchert* in Küting/Pfitzer/Weber (Hrsg.), Handbuch der Rechnungslegung – Einzelabschluss, 5. Aufl., § 252 Tz. 145.
3 IDW RS HFA 38, Tz. 8.
4 Vgl. *ADS*, 6. Aufl., § 252, Tz. 107.

Andererseits stellt sich die Frage nach der **Identität** der nach der gleichen Methode zu bewertenden Vermögensgegenstände (im Zeitverlauf). So kann nach dem vorigen Beispiel unter → Rz. 211 die Stahlplatte eine andere Größe oder eine andere Qualität (V2A) aufweisen. Unseres Erachtens sollte auch in diesem Fall dem Stetigkeitsgebot Rechnung getragen werden. Deshalb müssen alle Stahlplatten entweder einheitlich nach der Durchschnittsmethode oder nach einem anderen Verbrauchsfolgeverfahren (→ § 256 Rz. 19) bewertet werden. 212

Man kann weiter differenzieren nach[1] 213

- **Wertermittlung** und
- **Wertverteilung** im Zeitablauf (vgl. das Beispiel zur Abschreibungsermittlung für Reiseomnibusse unter → Rz. 225).

Die erstgenannte Kategorie ist gekennzeichnet durch die im Bereich des **Vorrats**vermögens angewandten Methoden zur Bestimmung der Anschaffungs- oder Herstellungskosten, z. B. das Verfahren des gewogenen Durchschnitts (→ § 240 Rz. 36) oder die Verbrauchsfolgeverfahren (→ § 256), aber auch langfristige Bilanzposten. Die zweite Kategorie ist eher dem abnutzbaren **Anlage**vermögen zuzuordnen (vgl. das Beispiel für die Linienomnibusse unter → Rz. 225).

BEISPIELE

- Die Beteiligung an einem Tochterunternehmen wird jährlich einem Werthaltigkeitstest auf der Grundlage einer Unternehmensbewertung nach dem *Discounted-Cashflow*-Verfahren unterworfen. Dazu stellt die Lehre der Unternehmensbewertung verschiedene Ausprägungen des *Discounted-Cashflow*-Modells zur Verfügung (→ § 253 Rz. 203). Diese Methoden sind im Zeitverlauf beizubehalten. Anders verhält es sich mit dem Kapitalisierungszinsfuß, der wegen der notwendigen Schwankung des Kapitalmarktzinses sinnvollerweise keinem Stetigkeitsgebot unterworfen werden kann.
- Pensionsrückstellungen können nach dem international üblichen Anwartschaftsbarwertverfahren *(projected unit credit method)* oder nach dem modifizierten Teilwertverfahren bewertet werden (→ § 253 Rz. 92). Zwischen diesen beiden Methoden ist im Zeitverlauf ein Abweichen nur nach Maßgabe von Abs. 2 erlaubt. Anders verhält es sich beim Zins: Hier muss auch nach dem Teilwertverfahren eine jährliche Anpassung an die Kapitalmarktverhältnisse erfolgen (→ § 253 Rz. 104).
- Planmäßige Abschreibungen auf abnutzbares Anlagevermögen können leistungsabhängig oder zeitraumbezogen verrechnet werden (→ Rz. 132). Diese Verfahren stellen „Methoden" dar, die dem Stetigkeitsgebot unterliegen. Die Schätzung der Leistungsabgabe bzw. der Nutzungsdauer stellen nicht stetig, wohl aber sachgerecht auszuübende Ermessensentscheidungen dar.[2] Vgl. auch → Rz. 225.
- Vgl. auch das Beispiel unter → Rz. 252.

Die Methoden können ihre **Grundlagen** beziehen aus[3] 214

- gesetzlichen Vorgaben, z. B. Umfang der Anschaffungskosten (→ § 255 Rz. 21);
- GoB-indizierten Regeln, z. B. Zeitpunkt der Gewinnrealisation (→ Rz. 102 ff.);
- steuerlichen Regeln, z. B. sofortige Aufwandsverrechnung von geringwertigen Anlagegütern (→ Rz. 239);

1 Vgl. *Fülbier/Kuschel/Selchert* in Küting/Pfitzer/Weber (Hrsg.), Handbuch der Rechnungslegung – Einzelabschluss, 5. Aufl., § 252 Tz. 126.

2 Vgl. hierzu IDW RS HFA 38, Tz. 10.

3 Vgl. hierzu *Fülbier/Kuschel/Selchert* in Küting/Pfitzer/Weber (Hrsg.), Handbuch der Rechnungslegung – Einzelabschluss, 5. Aufl., § 252 Tz. 125.

- unternehmens- und konzerninternen Vorgaben (*„manuals"*), „Hausmeinungen" von Wirtschaftsprüfungsgesellschaften, z. B. zur Bestimmung der Nutzungsdauer von Marken;
- bisheriger Vorgehensweise, z. B. Verwendung des *Discounted-Cashflow*-Verfahrens XY (→ Rz. 213).

215 Der „methodischen" Vorgehensweise sind in der Praxis des Wirtschaftslebens allgemein und der Rechnungslegung speziell häufig unüberwindliche **Grenzen** gesetzt. Diese beziehen sich insbesondere auf zukunftsbezogene Bilanzansätze und -bewertungen, bei denen regelmäßig **Schätzungen** mit **Ermessensentscheidungen**[1] erforderlich sind (→ Rz. 61). Hier kann man z. B. für den Ansatz und die Bewertung eines Rückstellungserfordernisses für Produkthaftpflichtfälle eine bestimmte Szenariotechnik als Methode begreifen. Der Verfahrensablauf ist dagegen nicht mehr „methodisch" bestimmbar, sondern hängt von den individuellen Einschätzungen ab.

216 Gewöhnlich wird in diesen Fällen mit gewichteten **Wahrscheinlichkeiten** argumentiert: „Mehr Gründe dafür als dagegen" oder „51 zu 49"-Kriterium (→ § 249 Rz. 46). Man bewegt sich dabei in einer Modellwelt, die mit der wirtschaftlichen Realität nichts gemein hat. Die Bilanzierungsentscheidung ist in solchen Fällen notwendig höchst subjektiv und wird es immer bleiben. Mehr als **Plausibilität** („einleuchtend") kann der Abschlussadressat hier nicht erwarten, d. h. logische Konsistenz und Widerspruchsfreiheit.

217 Vor dem Hintergrund des Stetigkeitsgebots genügt allerdings nicht der Bezug auf den Erwartungswert oder eine andere Bewertungskategorie. Es muss eine **Modellbasis** geschaffen werden,[2] in die dann die Berechnungsparameter eingebracht werden. Damit ist das Stetigkeitsgebot erfüllt. Die Rechengrößen variieren demgegenüber aufgrund geänderter Erkenntnisse des Bilanzierenden im Zeitverlauf (→ Rz. 225).

11.3 Das Stetigkeitsgebot

218 Soweit gesetzliche Bilanzierungs**wahlrechte** bestehen, sind sie im Zeitverlauf **stetig** anzuwenden.

BEISPIELE

- Verbrauchsfolgeverfahren (→ § 256 Rz. 18)
- Außerplanmäßige Abschreibungen bei vorübergehender Wertminderung von Finanzanlagen (→ § 253 Rz. 203), Einbeziehung von Kostenelementen in die Herstellungskosten (→ § 255 Rz. 131)
- Wahl des Zinssatzes bei Pensionsrückstellungen (→ § 253 Rz. 240)

Weitere Beispiele unter → § 284 Rz. 53.

219 Zusätzlich besteht eine Fülle von **unechten** oder **faktischen** Wahlrechten, die durch **Ermessensentscheidungen** auszuüben sind, und zwar zur

- Auslegung **unbestimmter** Rechtsbegriffe,
- Auswahl von **Schätzverfahren** bei unsicheren Werten,
- Auswahl der **Schätzparameter** bei der Einzelfallanwendung.

1 Nach IDW RS HFA 38, Tz. 9, „unechte Wahlrechte", im Gegensatz zu den „echten", die vom Gesetz eingeräumt werden, etwa bei der Pflicht zur Einbeziehung von Gemeinkosten in die Herstellungskosten.

2 Vgl. hierzu *Lüdenbach/Freiberg*, PiR 2007 S. 336 f.

Zum **Schätzverfahren** folgendes Beispiel:

BEISPIEL ▸ Eine nicht börsennotierte Beteiligung ist an verschiedenen Stichtagen zu bewerten. Das kann über Multiplikatoren oder im DCF-Verfahren erfolgen. Darauf ist das Stetigkeitsgebot anzuwenden. Dazu nachgelagert ist nach dieser Entscheidung für das DCF-Verfahren der Diskontierungszinssatz bzw. dessen Eigenkapitalkostenanteil im CAPM-Modell zu ermitteln. Unseres Erachtens[1] gilt zur Entscheidung für das CAPM-Modell kein Stetigkeitsgebot; die nachfolgende Auswahl des Realoptionsansatzes ist deshalb als nachgelagerter Berechnungsschritt „stetigkeitsfrei".

Unseres Erachtens sind auch Wahlrechte nach Maßgabe von **Standardisierungsregeln** stetig auszuüben, auch wenn man hierzu keine GoB-Regeln erkennen will. 220

BEISPIELE ▸

- **Komponentenansatz** bei der planmäßigen Abschreibung (→ § 253 Rz. 150)
- **Verlängerung** der Nutzungsdauerschätzung (→ § 253 Rz. 171)

Für individuelle Schätzungen zur Beurteilung eines Einzelfalles kann es kein Stetigkeitsgebot geben. Gerade weil es sich um einen **„einzelnen"** Fall handelt, versagt der Blick auf einen **Präzedenz**fall. 221

BEISPIEL ▸ Das Produktionsunternehmen P hat bislang alle Gebäude außer Wohnhäuser auf 50 Jahre Nutzungsdauer abgeschrieben. Diese Nutzungsdauer wurde auch der Abschreibung für ein neues Verwaltungsgebäude zugrunde gelegt. Nach dreijähriger Nutzung zeigt sich eine vermehrte Reparaturfälligkeit aufgrund der Verwendung bislang unbekannter Baumaterialien. Das Stetigkeitsgebot verhindert nicht eine Neuschätzung der Nutzungsdauer auf nunmehr 40 Jahre.

Die Erstellung eines ordnungsmäßigen Jahresabschlusses beruht in wesentlichen Zügen auf der Durchführung von **Schätzungsprozessen** (→ Rz. 59 ff.), die sich außerhalb der Sphäre der reinen Mathematik bewegen. Diese Schätzungen sind notwendig **subjektiv-ermessensbehaftet**, der zu Recht immer wieder geforderten **Objektivierung** sind vielmals enge Grenzen gesetzt. Man mag darin eine (unvollständige) Auflistung besonders „schätzungsträchtiger" Bilanzposten nachlesen: 222

- Kundenforderungen mit ihren Ausfallrisiken;
- Vorräte, die überaltert und technisch überholt sind oder den modischen Geschmack nicht mehr treffen;
- Nutzungsdauer von Sach- und Immaterialanlage;
- Festlegung der Dauer einer Wertminderung von Sachanlagen;
- Gewährleistungen für Einzelfälle;
- „unsichere" Schulden, genannt Rückstellungen;
- Anleihen hochverschuldeter Staaten.

Schätzungsverfahren bei **singulären** Sachverhalten können kaum „methodisch" durchgeführt werden. Beispiele hierfür sind: 223

- Der offene Restbetrag einer Forderung gegen einen Kunden in Weißrussland für die Installation einer chemischen Produktionsanlage.

1 Vgl. hierzu auch die Beispiele zur internationalen Rechnungslegung bei *Fink/Zeyer*, StuB 2011 S. 185.

- Abwertungserfordernis für den Bestand an modischer Damenoberbekleidung nach plötzlichem Geschmackswandel im Publikum.
- Eine Tochtergesellschaft in Norditalien verliert spürbar an Rentabilität wegen der Einflussnahme des neu gewählten Betriebsrats.
- Das in Vorjahren aufgetretene Tankleck führt zu Gewässerverunreinigungen in immer neuen Gesteinsschichten.

Die Beispiele zeigen: Singuläre Ereignisse können mit Stetigkeitsmethoden kaum bewertungstechnisch „gefasst" werden. Es fehlt hier an der **Beständigkeit** im **Zeitverlauf.** Jeder Sachverhalt verlangt hier seine eigene Vorgehensweise zur Ermittlung des Wertansatzes. Die Bewertung erfolgt insoweit **„methodenfrei"**, was wiederum nicht mit **willkürlich** zu identifizieren ist, jedenfalls aber zu nicht einschränkbaren Ermessensspielräumen des bilanzierenden Kaufmanns führt. Auf das weitere Beispiel unter → § 284 Rz. 60 wird verwiesen.

224 In offiziellen Stellungnahmen kann man demgegenüber lesen:

- „Die Ansatz- und Bewertungsmethoden sind **grundsätzlich** stetig anzuwenden."[1]
- „Die Bilanzierungsgrundsätze [auch die Bewertung] sind ... **grundsätzlich** beizubehalten."[2]

Mit anderen Worten lautet die Aussage: Von der Regel gibt es Ausnahmen; welche oder wenigstens welcher Art, wird nicht gesagt, bleibt also der Interpretation des Bilanzierers anvertraut. Dieser wird das „Grund**sätzliche**" in Konfrontation mit der Realität des Wirtschaftslebens und den vorstehend dargestellten Beispielsfällen interpretieren müssen. Dabei ist unerheblich, ob die Ausnahme im „grundsätzlichen" Stetigkeitsgebot selbst oder im Vorbehalt des Abs. 2 (→ Rz. 229) begründet ist.

11.4 Anpassung an geänderte wirtschaftliche Verhältnisse

225 Das Stetigkeitsgebot der Bewertung rechtfertigt nicht den Verzicht auf eine **Anpassung** an wirtschaftliche Verhältnisse, die sich gegenüber der erstmaligen Festlegung der Methode geändert haben.[3] Stetigkeit kann nur im Rahmen einer **„Ceteris paribus"**-Betrachtung sinnvoll interpretiert werden. Dazu folgendes Beispiel:

BEISPIEL Ein Reisebusunternehmen hat sich bislang auf Erlebnistouren für Jugendliche konzentriert und deshalb nur Busse der Drei-Sterne-Kategorie eingesetzt. Nun will man sich in Ausweitung des Geschäfts auf das zahlungskräftige Seniorenpublikum mit Bildungsreisen konzentrieren und schafft deshalb Reisebusse der höchsten Komfortstufe an.

Die einfachen Busse unterliegen keinem schnellen modischen Änderungsgeschmack und sind technisch weniger aufwendig ausgestattet. Ihre Nutzungsdauer ist bei der üblichen Fahrleistung von X km auf acht Jahre veranschlagt worden. Bei den neuen Luxusbussen ist die technische Ausstattung eher fehleranfällig. Das Design und die Inneneinrichtung unterliegen einem schnelleren Geschmackswandel. Eine Abschreibungsdauer von sechs Jahren erscheint deshalb zutreffend. Die Bewertungs**methode** wird nicht geändert. Diese ist auf die Ermittlung der mutmaßlichen Nutzungsdauer ausgerichtet.

Das Beispiel zeigt: Unter Methode darf nicht allein die Festlegung einer Abschreibungsdauer für einen bestimmten Anlagegegenstand verstanden werden. „Methode" im vorigen Beispiel

1 IDW RS HFA 38, Tz. 14.

2 DRS 17, Tz. 7.

3 IDW RS HFA 38, Tz. 10: Änderung der Bewertung, nicht der Bewertungsmethode.

ist die Berücksichtigung des technischen Inhalts und des modischen Geschmacks des Publikums. Allerdings kommt man auch dann zum gleichen Ergebnis, wenn man die Nutzungsdauer von Reiseomnibussen generell zunächst einmal auf acht Jahre festlegt, um dann aus den genannten Gründen eine sechsjährige Nutzungsdauer unter Hinweis auf die **Ausnahme**regel in § 252 Abs. 2 HGB (→ Rz. 229) festzulegen.

Weitere Fälle mit dem Erfordernis einer Anpassung an geänderte **wirtschaftliche** Verhältnisse – und eben **keine** Methodenänderung – sind:

- Anpassung der Nutzungsdauer von abnutzbarem Anlagevermögen, wenn sich eine entsprechende Änderung gegenüber dem ursprünglichen Plan herausstellt (z. B. eine verkürzte Nutzungsdauer eines Kernkraftwerks wegen politischer Einflussnahme).
- Generell die Vornahme außerplanmäßiger Abschreibungen bei entsprechendem Wertverfall von Anlage- oder Umlaufvermögen.
- Änderung des Prozentsatzes für die pauschale Forderungsabschreibung (Wertberichtigung) bei wesentlich geändertem Zahlungsverhalten des Kundenstamms.

11.5 Ausnahmen vom Stetigkeitsgebot

Das Stetigkeitsgebot stellt **„den"** Anwendungsbereich der **Ausnahme**vorschrift von § 252 226
Abs. 2 HGB dar (→ Rz. 229) – wenigstens nach den Vorgaben des kommentierenden Schrifttums. Als **„Begründung"** i. S. dieser Vorschrift werden z. B. genannt:[1]

- Gesetzesänderungen, insbesondere von Steuergesetzen,
- Anpassung an geänderte oder neue Deutsche Rechtsprechungs-Standards,
- Einleitung von Sanierungsmaßnahmen,
- Anpassung an die Ergebnisse einer steuerlichen Außenprüfung,
- Einbeziehung in oder Entlassung aus einem Konzernverbund,
- wesentliche Veränderungen in der Gesellschafterstruktur,
- Wechsel des Managements mit geänderter Unternehmensstrategie,
- grundlegend andere Einschätzung der Unternehmensentwicklung,
- Kapazitäts- und Bestandsveränderungen,
- Übergang hin zu oder weg von Bewertungsvereinfachungsverfahren nach § 256 HGB,
- technische Umwälzungen im Unternehmen,
- Produktions- und Sortimentsumstellungen,
- Veränderungen des Beschäftigungsgrads sowie
- Änderung der Finanz- und Kapitalstruktur.

Die Standardsetter[2] schränken diesen Ausnahmekatalog zumindest numerisch spürbar ein. Die Inanspruchnahme der Abweichung müsse „sachlich gerechtfertigt" (wie sonst?) sein, was **„grundsätzlich** nur der Fall" sei,[3] bei

1. Änderungen der **rechtlichen** Gegebenheiten,

---

1 Vgl. *ADS*, 6. Aufl., § 252 Tz. 113.

2 IDW RS HFA 38, Tz. 15; DRS 13, Tz. 8 (zwar nur zum Konzernabschluss, aber als generell gültige Ausnahme von dem Stetigkeitsgebot formuliert).

3 So IDW RS HFA 38, Tz. 15.

2. einer besseren Vermittlung des ***true and fair view*** (→ § 254 Rz. 22) durch die Methodenänderung,
3. Inanspruchnahme von Ansatz- und Bewertungs**vereinfachungen,**
4. Anpassung an **konzerneinheitliche** Richtlinien,
5. Verfolgung **steuerlicher** Ziele.[1]

DAZU FOLGENDE BEISPIELE

- **Zu 1.:** Der BFH bejaht die aktive Rechnungsabgrenzung des Kostenüberhangs bei verbilligter Abgabe von Mobilfunktelefonen (→ § 250 Rz. 31). Wegen des unerwünscht niedrigen Ergebnisausweises folgt der Mobilfunkdienstleister im aktuellen Abschluss erstmals – auch handelsrechtlich – dieser Bilanzierungsvorgabe des BFH.
- **Zu 1.:** Die Maschinenfabrik B erfreut sich eines Konjunkturhochs aufgrund erfolgreicher Unternehmensakquisitionen in den letzten Jahren. Die dort entstandenen Firmenwerte werden nunmehr statt wie bisher auf zwölf Jahre einheitlich auf fünf Jahre (→ § 285 Rz. 105) abgeschrieben, um der Gesetzesanregung zu folgen.
- **Zu 2.:** Die Maschinenfabrik A befindet sich in der Krise. Die bisher praktizierte degressive Abschreibung auf bewegliche Anlagegegenstände wird auf linear umgestellt, weil so der Abnutzungsverlauf besser dargestellt werden könne.
- **Zu 2.:** Die Holding-GmbH hat bisher die Werthaltigkeit nach dem DCF-Verfahren getestet. Sie geht zu einem Multiplikatorverfahren unter Berücksichtigung der Börsenkapitalisierung von Vergleichsunternehmen über. Dadurch gelingt der Holding-GmbH die Vermeidung einer Abschreibung auf eine Reihe von Tochtergesellschaften. Diese neue Bewertungsmethode spiegele die wirtschaftliche Situation der Holding besser wider.
- **Zu 2.:** Die Tunnelbau AG geht angesichts eines drohenden Verlustausweises zur Aktivierung der Fremdkapitalkosten (→ § 255 Rz. 136 ff.) über, weil angesichts des erhöhten Zinsaufwands die Ertragslage bei beibehaltener Aufwandsverrechnung der Zinsen verzerrt dargestellt würde.
- **Zu 2.:** Die Handwerkermarktbetreiber AG befürchtet aktuell einen Verlustausweis und geht vom Lifo- auf das Fifo-Bewertungsverfahren über (→ § 256 Rz. 29), weil so der tatsächliche Materialverbrauch dem tatsächlichen Durchlauf entspreche. Die aktuell sinkenden Einkaufspreise führen zu einem verbesserten Ergebnisausweis.
- **Zu 3.:** Die Handwerkermarktbetreiberin B GmbH geht vom Lifo- auf das Durchschnittsverfahren (→ § 256 Rz. 19) über, weil anhand des vorliegenden Bestandsführungsprogramms die Umrechnung auf die Bilanzwerte vereinfacht werde. Die damit verbundene Gewinnminderung führt zur erwünschten Glättung des Ergebnisausweises im Zeitverlauf.
- **Zu 4.:** Die Wirtschaftsprüfungskanzlei W GmbH hat bisher die Bewertung der produktiven Stunden zu durchschnittlichen Kosten der Arbeitsstunden der Prüfer vorgenommen. Sie fusioniert mit der größeren Z AG. Nunmehr erfolgt nach der Konzernbilanzrichtlinie der Z AG die Bewertung zum individuellen Kostensatz des jeweiligen Prüfers.
- **Zu 5.:** Die Tunnelbau BC GmbH erwartet einen hohen Verlustausweis im anstehenden Jahresabschluss. Deshalb bewertet sie die unfertigen Aufträge erstmals unter Einbeziehung der darauf entfallenden Fremdkapitalzinsen (→ § 255 Rz. 136 ff.), um den Verlust in der Steuerbilanz möglichst klein zu halten (→ Rz. 280).[2]

227 Nach Maßgabe auch des verkürzten[3] Katalogs benötigt der Kaufmann keine allzu große Phantasie, um seinen Methodenwechsel bei der Bewertung zu **begründen.** Das sollte aus Sachverhalten im vorstehenden Beispiel ersichtlich geworden sein. Die Beschränkung auf die fünf Fälle

1 Vgl. hierzu *Scheffer/Binder*, StuB 2012 S. 771.
2 So der BMF, Schreiben v. 12.3.2010, BStBl I S. 239, Tz. 6; u. E. unzutreffend, vgl. → Rz. 262.
3 IDW RS HFA 38, Tz. 15.

soll ja auch nur „grundsätzlich" gelten, erlaubt also die Anwendung weiterer Rechtfertigungsgründe.[1] Für den Bilanz**ansatz** gilt dasselbe (→ § 246 Rz. 403). Insbesondere den Tatbestand 2, der meistens die erforderliche Begründung liefern kann. Manchmal bedarf es auch lediglich einer Widerlegung der „Ceteris paribus"-Bedingung (→ Rz. 225). Wenn aus bilanzpolitischen Erwägungen von der Bewertungsstetigkeit abgewichen werden soll, werden sich immer Gründe dafür finden. Das Stetigkeitsgebot wirkt im Hinblick auf die Zielrichtung einer Einschränkung bilanzpolitischer Gestaltungen wie ein **Papiertiger oder** ein **„Lippenbekenntnis"**[2].

228 Die Änderung ist im Gegensatz zu den IFRS-Regeln in IAS 8 **nicht retrospektiv,** sondern nur im **laufenden** Geschäftsjahr, ggf. unter **Anhangangabe** nach § 284 Abs. 2 Nr. 3 HGB (→ § 284 Rz. 57), vorzunehmen.[3] Einer Anpassung der Vorjahreszahlen nach § 265 Abs. 2 Satz 1 HGB (→ § 265 Rz. 29) bedarf es nicht, sondern diese ist im Anhang darzustellen.[4] Vgl. hierzu → § 284 Rz. 57 ff.

11.6 Stetigkeit in der Steuerbilanz

228a Das Steuerbilanzrecht kennt kein spezielles Stetigkeitsgebot. Dieses kann steuerlich nur über § 5 Abs. 1 Satz 1 EStG (Maßgeblichkeit) in die steuerliche Gewinnermittlung Einzug halten. Die unter → Rz. 218 bis → Rz. 227 dargestellte **Regel** und die **Ausnahmen** handelsbilanzieller Provenienz gelten damit auch bei der steuerlichen Gewinnermittlung. Grundlegende Streitigkeiten oder BFH-Urteile zum Thema sind nicht bekannt. Die Einschätzung des Stetigkeitsgebotes als „Papiertiger" (→ Rz. 227) gilt auch steuerlich.

Spezielle steuerliche **Wahlrechte** – z. B. Rücklagenbildung nach § 6b EStG (→ § 246 Rz. 463 ff.), § 5 Abs. 7 EStG (→ § 249 Rz. 204c), GWG- und Poolabschreibung (→ § 253 Rz. 174) – unterliegen im Zeitverlauf keinem Stetigkeitsgebot. Zur Stetigkeit bei dem von der Finanzverwaltung eingeräumten Wahlrecht zur Teilwertabschreibung vgl. → Rz. 277.

III. Abweichungsmöglichkeit in Ausnahmefällen (Abs. 2)

229 Zu dem vorstehend kommentierten Katalog von allgemeinen Bilanzierungsgrundsätzen in § 252 Abs. 1 HGB sieht Abs. 2 **Ausnahmen** in begründeten Fällen vor. Diese sind in den dortigen Kommentierungen jeweils mitbehandelt worden. Im Ergebnis zeigt sich ein **divergierender** Anwendungsbereich:

- Von den Grundsätzen der **Bilanzidentität** (→ Rz. 9), der **Periodisierung** (→ Rz. 205) und der **Fortbestehenshypothese** (→ Rz. 21) kann es keine begründete Ausnahme geben.
- Für die **Bilanzidentität** – richtigerweise nur die mit der Identität bezweckte Erreichung des richtigen **Totalgewinns** (→ Rz. 18) – kennt das Gesetz Ausnahmen beim **Übergang** auf ein neues Rechnungslegungsrecht, z. B. Art. 24 Abs. 3 und 5 sowie Art. 67 Abs. 3 und 4 EGHGB (→ Rz. 18).
- Der **Einzelbewertungs**grundsatz muss häufig zur sinnvollen Vorgehensweise der Bilanzierung aus ökonomischen Zwangslagen unbeachtet bleiben (→ Rz. 47).
- Das **Vorsichts**prinzip (→ Rz. 47) verträgt i. d. R. ebenfalls keine Ausnahme (→ Rz. 53).

1 *Löffler/Roß*, WPg 2012 S. 367 zu IDW RS HFA 38, Tz. 715.
2 So *Kessler* in Kessler/Leinen/Strickmann, BilMoG, 2. Aufl. 2010, S. 272.
3 IDW RS HFA 38, Tz. 19 ff.
4 IDW RS HFA 38, Tz. 19.

- Im Rahmen des **Realisations**prinzips kann man sich eine begründete Ausnahme bei der langfristigen Auftragsfertigung durch Anwendung der „*Percentage of Completion*"-Bewertungsmethode (→ Rz. 123) oder börsengängiger Wertpapiere (→ Rz. 189 ff.) vorstellen.
- Die **Bewertungsstetigkeit** ist zumindest nach Schrifttumsauffassung mit möglichen Ausnahmetatbeständen reichlich garniert (→ Rz. 226 f.).
- Beim **Formwechsel** nach dem Umwandlungsrecht kann die Bewertungsstetigkeit wegen gesellschaftsrechtlicher Besonderheiten durchbrochen werden.

230 Generell erfordert das „Abweichen" das Vorliegen zweier Tatbestände:

- Ausnahmefall,
- Begründung.

Darunter können die **speziellen** Bewertungsvorschriften (→ Rz. 7) nicht subsumiert werden. Diese gehen den allgemeinen Bewertungsregeln als Spezialrecht vor. Stattdessen werden im Schrifttum[1] zwei Anwendungsfälle vorgestellt, die als begründeter Ausnahmefall in Betracht kommen sollen:

- Änderungen in der Gewichtung der **Zwecke** oder **Ziele** des Jahresabschlusses.
- Grundlegende **Änderungen** der rechtlichen, wirtschaftlichen oder organisatorischen Verhältnisse.

231 Wir können uns dieser Berufung auf abstrakte Regeln nicht anschließen. Bei ihrer Anwendung wären der **Willkür** Tür und Tor geöffnet.

BEISPIEL Die Holding H AG erwirbt alle Anteile an der T GmbH und schließt mit ihr einen Organschaftsvertrag ab. Bislang galt bei der T die Devise: „Gewinne möglichst verstecken." Nun verlangt die H eine höchstmögliche Gewinnabführung. Die Zielsetzung des Jahresabschlusses wird dadurch „gewichtig" verschoben. Außerdem liegt durch den Organschaftsvertrag (→ § 246 Rz. 455) eine grundlegende Änderung der rechtlichen und organisatorischen Verhältnisse vor.

Sollte dann tatsächlich die Ausnahmeregelung greifen, wäre z. B. unter Durchbrechung des Bilanzenzusammenhangs die buchtechnische Vorgehensweise im Beispiel unter → Rz. 10 mit Berufung auf § 252 Abs. 2 HGB erlaubt, u. E. ein unmögliches Ergebnis. Zielführend kann nur eine differenzierende Beurteilung nach dem ökonomischen Gehalt des Vorgangs sein. Die Ausnahmeregelung des § 252 Abs. 2 HGB bedarf einer höchstrestriktiven Anwendung, damit nicht dem gesamten Katalog des § 252 Abs. 1 HGB der Titel „Papiertiger" angeheftet wird, wie dies bzgl. des Methodenwechsels zutreffend der Fall ist (→ Rz. 227).

232 Steuerlich kann diesen handelsrechtlichen Regeln gefolgt werden. Zusätzlich ist die autonome Steuerbilanzpolitik auf der Grundlage des § 5 Abs. 1 Satz 1 EStG zu erwähnen (→ Rz. 161 ff.). Dieser sind nur die Grenzen der **Willkür** entgegenstehend.[2]

1 Vgl. *Fülbier/Kuschel/Selchert* in Küting/Pfitzer/Weber (Hrsg.), Handbuch der Rechnungslegung – Einzelabschluss, 5. Aufl., § 252 Tz. 26.

2 Ähnlich *Marx*, StuB 2012 S. 295.

IV. Nicht gesetzlich erwähnte Rechnungslegungsgrundlagen

1. Wesentlichkeit *(materiality)*

1.1 Notwendiger Bestandteil der Rechnungslegung

Die Rechnungslegungsgrundlage der Wesentlichkeit teilt eine Gemeinsamkeit mit dem **Schätzungs**erfordernis (→ Rz. 52), beide werden im HGB nicht erwähnt, dafür erfahren sie in den IFRS einen erheblichen Stellenwert. Aus der **Nichterwähnung** als Bilanzierungsgrundsatz im HGB darf keineswegs die Unbeachtlichkeit oder gar Ungültigkeit des Wesentlichkeitsgrundsatzes gefolgert werden. Das folgt schon aus den Bedürfnissen der Praxis, die sich nicht zuletzt auch im Zeitalter des *fast close* (→ Rz. 96) nicht mit Kleinbeträgen herumschlagen kann. Der Verzicht auf das Klein-Klein kann auch soziologisch typisiert werden: Das Pendant ist nicht mit dem ehrbaren Kaufmann zu vereinbaren, der im Tagesgeschäft den Blick auf die strategische Entwicklung richten muss, in der Formulierung *Friedrich Hölderlins*: „Der weithin blickende Kaufmann". So soll sich auch der Richter nicht mit Peanuts beschäftigen, das war schon die Devise des römischen Rechts: „Minima non curat praetor". Anders formuliert: Der Wesentlichkeitsgrundsatz stellt einen **generellen Vorbehalt** der **Rechtsanwendung** und der **Informationsvermittlung** (→ § 289 Rz. 14) dar.[1] 233

Der Wesentlichkeitsgedanke allerdings erfährt auch im HGB in manchen Gesetzespassagen seine Anerkennung. Dabei dominieren die Vorschriften zur **Konzern**rechnungslegung, als Beispiel ist auf die 234

- Schuldenkonsolidierung in § 303 Abs. 2 HGB (→ § 303 Rz. 23),
- Zwischenergebniseliminierung in § 304 Abs. 2 HGB (→ § 304 Rz. 28),
- Aufwands- und Ertragskonsolidierung in § 305 Abs. 2 HGB (→ § 305 Rz. 13)

zu verweisen. Auch für den **Einzel**abschluss sind entsprechende Vorgaben ersichtlich. Musterbeispiel ist die Festbewertung nach § 240 Abs. 3 HGB (→ § 240 Rz. 23) sowie einige Anhangangabevorschriften, z. B. § 284 Abs. 2 Nr. 4 HGB (→ § 284 Rz. 66).

Zum Wesentlichkeitskriterium im Rahmen der **Abschluss**prüfung vgl. → § 317 Rz. 17 ff.; speziell für den Anhang und den Lagebericht → § 284 Rz. 28 ff.

Nach Artikel 5 der EU-Rechnungslegungsrichtlinie 2013 (→ § 264 Rz. 37d) müssen die Vorschriften zum Ansatz, zur Bewertung, Darstellung (Gliederung), Offenlegung und Konsolidierung **nicht** erfüllt werden, wenn die Wirkung ihrer Einhaltung **unwesentlich** ist. Allerdings: Ein nationales Wahlrecht erlaubt die **Begrenzung** dieser Nichterfüllungspflicht auf die Darstellung und Offenlegung. Umgekehrt bedeutet dies: Der nationale Gesetzgeber **kann** das Wesentlichkeitskriterium für Ansatz, Bewertung und Konsolidierung ausschließen. Dieser Option wird nach HGB – abgesehen von der Impraktikabilität – schon deswegen nicht gefolgt werden können, weil sonst die vielen bestehenden expliziten Wesentlichkeitsausnahmen (→ Rz. 234) aufgehoben werden müssten. 234a

1 Vgl. *Hirschberger/Leuz*, DB 2012 S. 2529.

235 **Divergierend** äußert sich der BFH zum Wesentlichkeitsaspekt bei der **steuerlichen** Bilanzierung. Nach Auffassung des

- X. Senats[1] zu den **Nachbetreuungskosten** von Versicherungsvertretern (→ § 249 Rz. 51) gibt es in der Steuerbilanz keine Wesentlichkeitsgrenzen;
- X. Senats sind 188 T€ für Nachbetreuungsleistungen von Versicherungsvertretern „nicht unwesentlich";[2]
- I. Senats[3] gilt das Gegenteil bei der Ermittlung der voraussichtlich **dauernden Wertminderung** mit einem unberücksichtigt zu lassenden **Schwellenwert** von 5 % zum Börsenkurs von börsengängigen Aktien (→ § 253 Rz. 214);
- I. Senats wiederum[4] ist ein Versorgungsunternehmen zur Rückstellungsbildung für die Kosten der **Jahresabrechnung** mit dem Kunden verpflichtet, wenn ein wesentlicher Aufwand zu erwarten ist; die Wesentlichkeit ist nicht nach dem einzelnen Vertragsverhältnis, sondern nach der Bedeutung der Verpflichtung für das Unternehmen zu bestimmen;
- X. Senats[5] sind **geringfügige Kfz-Steuerbeträge** als unwesentlich, nicht als Abgrenzungsposten anzusetzen (→ § 250 Rz. 2);
- VIII. Senats[6] sind die Aufwendungen für die **Abrechnungsverpflichtungen** (z. B. die Ausstellung von Rechnungen für Zwecke der Umsatzsteuer) wegen Unwesentlichkeit nicht rückstellbar (→ § 249 Rz. 119);
- IV. Senats[7] müssen geringfügige **Forderungen** aktiviert werden;
- X. Senats[8] sind aktive Rechnungsabgrenzungsposten auch dann anzusetzen, wenn die Beträge geringfügig sind.

1.2 Quantitative oder qualitative Bestimmung

236 Die nächste Frage betrifft dann die **Bestimmung** der Wesentlichkeit, und zwar zunächst in **quantitativer** Form. Dazu werden im Schrifttum immer wieder Relativwerte ins Feld geführt,[9] d. h. die **Abweichungsgröße** bezogen auf den Jahresüberschuss oder die Bilanzsumme oder den Bilanzposten oder das Eigenkapital. Keine dieser Relationen hat im Schrifttum oder gar im Standardsetting oder in sonstigen Verlautbarungen letztlich allgemeine Anerkennung gefunden. Das Ergebnis bleibt einstweilen: **Feste Größen** zur Quantifizierung der Wesentlichkeitsgrenze **gibt es nicht,** kann es nicht geben, weil die vielfältigen Sachverhalte des Wirtschaftslebens nicht über einen Kamm geschoren werden können. Anders formuliert: Es kommt auf die Umstände des **Einzelfalls** an.

237 Auch die deutsche **zivilrechtliche** Rechtsprechung befasst sich bei der Beurteilung von Bilanzrechtsstreitigkeiten mit dem *Materiality*-Grundsatz.

1 BFH, Urteil v. 19.7.2011 – X R 26/10, BStBl 2012 II S. 856.
2 BFH, Urteil v. 12.12.2013 – X R 25/11, DStR 2014 S. 840.
3 BFH, Urteil v. 21.9.2011 – I R 89/10, DStR 2012 S. 21.
4 BFH, Urteil v. 18.1.1995 – I R 44/94, BStBl II 1995 S. 742.
5 BFH, Beschluss v. 18.3.2010 – X R 20/09, DStRE 2010 S. 1036.
6 BFH, Urteil v. 25.2.1986 – VIII R 134/80, BStBl 1986 II S. 788.
7 BFH, Urteil v. 28.9.1967 – IV R 284/66, BStBl III 1967 S. 761; so auch BFH, Urteil v. 18.3.2010 – X R 20/09, BFH/NV 2010 S. 1796, Tz. 39.
8 BFH, Urteil v. 16.3.2021 – X R 34/19
9 Vgl. *Ossadnik*, WPg 1993 S. 617.

BEISPIEL[1] Eine Holdinggesellschaft mit einer Bilanzsumme von ca. 1.726 Mio. DM hatte bei einem ausgewiesenen Bilanzgewinn von 711 Mio. DM einen Veräußerungsgewinn von 157 Mio. DM nicht erfasst (= rund 22 % des ausgewiesenen Bilanzgewinns). Das Landgericht wertete diesen Verstoß gegen die Rechnungslegungsvorschriften als unwesentlich.

Zum Wesentlichkeitsaspekt beim sog. Anlagespiegel wird verwiesen auf → § 284 Rz. 30.

Aus dem US-amerikanischen Rechnungslegungsfundus ist eine andere, nämlich vorrangig **qualitative** Sicht der *materiality* festzustellen. Dort hatten sich vor den amerikanischen Gerichten Beschuldigte mit quantitativen Größen verteidigt, also mit dem Hinweis auf die Nichtüberschreitung einer mehr oder weniger üblichen 3 %-Grenze der Umsatzerlöse oder 5 % der Bilanzsumme. Dem folgten die Gerichte unter Hinweis auf die in SAB 99 aufgeführten qualitativen Kriterien nicht. Soweit eine Abweichung von den Regeln bzw. Nichterfassung von Umsatzerlösen (oder im Gegenteil) dazu führt oder bewusst dafür ausgenutzt wird, 238

- einen Verlust in einen Gewinn umzukehren,
- die Änderung eines Trends zu verschleiern,
- Analysten- oder Bankvorgaben einzuhalten sowie
- Zielvorgaben zur Gewährung eines Bonus für das Management zu erreichen,

ist die Berufung auf fehlende *materiality* nach quantitativen Maßstäben unzulässig. Die Quantität ist unbeachtlich, wenn es um „Sein oder Nichtsein" geht, d. h. um das Erreichen der Zielvorgabe oder nicht, die Umkehrung eines Trends oder nicht (→ § 264 Rz. 33).

BEISPIEL Die Citizens Utilities Co. hat mehr als 50 Jahre lang hintereinander immer einen Zuwachs an Umsatz ausgewiesen. Zur Beibehaltung dieses Trends hat die Gesellschaft die Erfassung von Umsatz in das Folgejahr verschoben, und zwar nur im Umfang von 1,7 % der Umsatzerlöse. Dadurch sollte aber der Bruch der über 50-jährigen Erfolgsgeschichte verheimlicht werden, auf die die Analysten weiterhin pochten. Gerichte und die SEC haben diesen Verstoß als wesentlich betrachtet.

1.3 Geringwertige Anlagegüter und Sammelabschreibung nach Steuerrecht

Einen speziellen Anwendungsbereich liefert die steuerlich vorgegebene Behandlung der sog. **geringwertigen Wirtschaftsgüter** (GWG) des Anlagevermögens, die sofort in vollem Umfang abgeschrieben werden können. Dem folgt die handelsrechtliche Bilanzierungspraxis uneingeschränkt, schon um hier nicht eine Abweichung zwischen beiden Rechenwerken zu begründen. In der Lehre hat man diese Verfahrensweise mit unterschiedlichen Begründungen akzeptiert, zum Teil als **GoB**-Bestandteil gewertet oder aber auf die **Geringfügigkeit** der einschlägigen Beträge verwiesen. Die Anwendung der besonderen Reglungen für geringwertige Wirtschaftsgüter setzt voraus, dass diese selbständig nutzbar sind. Hieran fehlt es z. B. bei einer technischen Sicherheitseinrichtung (TSE) zur Gewährleistung der steuerlichen Anforderungen an die Kassenaufzeichnung. Lediglich aus Vereinfachungsgründen lässt das BMF hier zu, dass die Kosten für die nachträgliche erstmalige Ausrüstung bestehender Kassen oder Kassensysteme mit einer TSE und die Kosten für die erstmalige Implementierung der einheitlichen digitalen Schnittstelle eines bestehenden elektronischen Aufzeichnungssystems in voller Höhe sofort als Betriebsausgaben abgezogen werden.[2] 239

1 LG Frankfurt a. M., Urteil v. 3.5.2001 – 3/6 O 135/00, DB 2001 S. 1483.
2 BMF, Schreiben v. 21.8.2020 – IV A 4 -S 0316-a/19/10006 :007, IV C 6 -S 2134/19/10007 :003 DOK 2020/0834574.

240 Die seit 2008 wirksame steuerliche Neuregelung der Behandlung von geringwertigen Wirtschaftsgütern in § 6 Abs. 2 EStG – **Sofortabschreibung** bei Zugangsbeträgen bis 800 €, sog. **Poolabschreibung** (keine Inventarisierung) mit gesetzlich vorgegebener Nutzungsdauer von fünf Jahren für den jeweiligen Jahreszugang bei Anschaffungs- oder Herstellungskosten von über 250 € bis 1.000 € (→ § 253 Rz. 173 ff.) – hat im Schrifttum erneut die Frage nach der Wesentlichkeit provoziert: Kann die Poolabschreibung auch in den HGB-Abschluss übernommen werden? (Zur Behandlung im Anlagegitter → § 284 Rz. 97.) Die bejahende Antwort könnte man sich leichtmachen, denn die Praxis wird nicht anders verfahren und nach der Begründung des RegE zum BilMoG dadurch einen GoB in die Welt setzen. An einer rechtsdogmatischen Grundlage soll es demgegenüber fehlen – so verschiedene Äußerungen im Schrifttum.[1] Dazu folgende zwei Beispiele aus diesen Meinungsäußerungen:

BEISPIEL[2] Ein mittelständisches IT-Unternehmen entwickelt und verkauft Software. Es stattet die gesamte Belegschaft von 100 Mitarbeitern zum 1.1.01 mit neuen Arbeitsplatz-PCs, Computertischen und Tischkopierern aus. Die Anschaffungskosten betragen:

PC	1.000 €
Computertisch	900 €
Tischkopierer	850 €
Gesamtanschaffungskosten	**2.750 €**

Drei Jahre später werden die PCs und die Tischkopierer mangels Leistungsfähigkeit ausgetauscht. In den Sammelposten werden die Ersatzbeschaffungen eingebucht, der Abgang der alten Geräte wird indes nicht berücksichtigt, vielmehr laufen die auf fünf Jahre festgelegten Abschreibungen weiter, obwohl die Geräte nicht mehr vorhanden sind.

BEISPIEL[3] Ein Steuerpflichtiger handelt mit Paletten, er kauft ein:

50.000 Paletten à 200 €	10.000.000
Poolabschreibung 01	-2.000.000
Restbuchwert 31.12.01	8.000.000
Verkauf im Jahr 2009	7.500.000
Poolabschreibung 02	-2.000.000
Buchwert 31.12.02 (trotz Abgang)	6.000.000
Buchgewinn aus dem Palettenverkauf unter Gegenüberstellung zur Abschreibung des betreffenden Jahres	5.500.000

Die Steuerbemessungsgrundlage ist demgemäß 02 um 5.500.000 € zu hoch (Veräußerungserlös 7.500.000 € - Jahresabschreibung 2.000.000 €). Der Ausgleich erfolgt in den folgenden drei Jahren der Abschreibungsdauer.

241 Beide Beispiele führen zu einem vorzeitig realisierten Gewinn mangels regulärer Abgangsbuchung. Allerdings sind die gewünschten Ergebnisse spürbar in die Fälle **hineingelegt:** Im Computerfall erfolgt der Verkauf zum „regulären Buchwert" nach drei Jahren. Verkaufsgrund ist die mangelnde Leistungsfähigkeit. Es wird deshalb kaum möglich sein, am Sekundärmarkt einen entsprechenden Preis zu erzielen. Erst recht gilt dieser Vorbehalt zum Palettenfall. Bei

1 Vgl. dazu auch das Pro und Contra von *Haaker/Brösel*, PiR 2009 S. 272.
2 Nach *Rade/Kropp*, WPg 2008 S. 13.
3 Nach *Conrad*, DStR 2008 S. 711.

Realitätsnähe würde der Kauf und Verkauf von Paletten ein grandioses Geschäftsmodell darstellen, dessen Lebensdauer Nachahmer sehr schnell auf null reduzieren würden.

Nur in **extremen** Sachverhaltskonstellationen kann sich tatsächlich eine **Überbewertung** durch Anwendung der Poolabschreibung gegenüber der regulären Ermittlung der Abschreibungsbeträge ergeben. In der weitaus überwiegenden Anzahl der Fälle dürfte sich durch die fünfjährige Typisierung der Nutzungsdauer ein **Ausgleich** innerhalb des Sachanlagevermögens ergeben.[1]

242 Zur Berücksichtigung des *Materiality*-Grundsatzes darf die „falsche" Abschreibungsbemessung durch die Poolabschreibung **nicht isoliert** betrachtet werden, sondern bedarf der Einbettung in die gesamte bilanzielle Unternehmensstruktur. So kann man das Beispiel mit den Arbeitsplatz-PCs bei dem mittelständischen IT-Unternehmen mit 100 Mitarbeitern wie folgt ergänzen:

BEISPIEL ▸ (in Weiterentwicklung der ersten Beispiele unter → Rz. 240)

- Die Jahresleistung des Unternehmens, bewertet zu den Personalkosten, beträgt 10 Mio. €. Die exakte Kostenzuordnung zu den einzelnen Projekten (Software-Entwicklung) gelingt nicht in allen Fällen. Es wird mit pauschalen Zurechnungen gearbeitet, hinter denen sich ein Schätzungsintervall in der Größenordnung von 5 % der gesamten Personalkosten = 500 T€ verbirgt, bei einer Aktivierungsquote von 30 % für am Bilanzstichtag noch nicht abgearbeitete Aufträge, also 150 T€.
- Bei einer Softwareentwicklung im Kundenauftrag ist die zugesagte Leistungsfähigkeit zweifelhaft. Außerdem besteht ein erheblicher Zeitverzug. Die Bewertung zu den regulären Herstellungskosten erscheint überhöht und verlangt eine Abschreibung zwischen 50 T€ und 150 T€ je nach Einschätzung der Wahrscheinlichkeiten über die Projektrealisierung.
- Ein Kunde hat wegen mangelnder Leistungsfähigkeit des abgelieferten Programms eine Reklamation angekündigt und mit gerichtlicher Durchsetzung gedroht. Die Größenordnung des Risikos beläuft sich zwischen 100 T€ und 300 T€.

Die Erweiterung des Beispiels zeigt die im Jahresabschluss jedes Unternehmens enthaltenen **Unsicherheitsmomente.** Von daher gesehen erscheint es wenig sinnvoll, bei der Festlegung von Abschreibungsgrößen „genau" zu rechnen, etwa nach Maßgabe der AfA-Tabelle (die ihrerseits nicht „genau" ist), wenn an **anderen** Stellen des Jahresabschlusses Bewertungsunsicherheiten in einem Vielfachen der durch die Poolabschreibung bestimmten Größenordnung bestehen. Es ist beispielsweise auch wenig sinnvoll, einen Weltrekord im 100-m-Lauf mit einer Stoppuhr auf 100stel Sekunden genau zu ermitteln, wenn die Länge der Bahn sich irgendwo im Näherungsbereich der 100-m-Grenze zwischen 87 m und 109 m bewegt.

Insgesamt sollte also auch die steuerliche Poolabschreibung in aller Regel handelsrechtlich **akzeptabel** sein. Der GoB-Charakter ist dabei nicht induktiv (die Praxis macht es sowieso nicht anders), sondern deduktiv (abgeleitet aus Rechnungslegungsregeln) herausgearbeitet worden (→ § 243 Rz. 9 ff.).

2. Wirtschaftlichkeit *(cost benefit)*

243 Die handelsrechtliche Anerkennung der Poolabschreibung kann auch mit dem *Cost-Benefit*-Aspekt begründet werden, der in naher Beziehung zum **Wesentlichkeitsgesichtspunkt** steht.[2] Angesprochen ist damit ein dominierender Sachzwang des Wirtschaftslebens. Die Rechnungs-

1 Vgl. die von *Rade/Kropp*, WPg 2008 S. 13, aufgeführten Vergleiche zu den Nutzungsdauern nach den amtlichen Abschreibungstabellen (für Büromöbel z. B. 13 Jahre).

2 So IDW, Berichterstattung über die 208. Sitzung des HFA, IDW FN 2007 S. 506; *Hirschberger/Leuz*, DB 2012 S. 2529.

legung dient **keinem Selbstzweck,** ist also den übrigen Unternehmensbereichen nicht übergeordnet – im Gegenteil: Sie hat **dienende** Funktion.

Einen **typischen** Anwendungsbereich stellen die sog. **unechten Gemeinkosten** dar (→ § 255 Rz. 28), wenn auf die direkte Zurechnung von Gemeinkosten auf die Kostenträger aus Wirtschaftlichkeitsgründen verzichtet wird. Im Einzelhandel könnten z. B. bei entsprechendem Ressourceneinsatz die Kosten der Logistik bis hinunter zum einzelnen Lebensmittelprodukt aufgeteilt werden. Ein solches Vorgehen wäre indes sinnlos, es brächte kein vernünftiges Ergebnis im Verhältnis zu den damit verbundenen Kosten. Die stattdessen gewählte pauschale Schlüsselung der Zuordnung dieser Gemeinkosten auf bestimmte Warengruppen bringt ein gegenüber der „genauen" Zurechnung durch Einzelkalkulation höchst unwesentlich verändertes Ergebnis *(materiality).*

3. Wirtschaftliche Betrachtungsweise

243a Weder in der Abgabenordnung noch im EStG/KStG noch im HGB wird der Grundsatz der wirtschaftlichen Betrachtungsweise explizit erwähnt. Eine gängige Erklärung besteht darin, dass der Grundsatz für die Steuer- und Handelsbilanzierung so selbstverständlich ist, dass es gerade deshalb keiner Erwähnung bedarf. Idealtypisch lassen sich **zwei Ausprägungen** der wirtschaftlichen Betrachtungsweise unterscheiden:[1]

- Als **Auslegungsprinzip** leistet sie eine wirtschaftlich orientierte Auslegung von Gesetz und Gesetzesbegriffen,
- als **Prinzip der Sachverhaltsbeurteilung** führt sie zu einer wirtschaftlich orientierten Beurteilung des Sachverhalts.

Bei der Aktivierung von Vermögensgegenständen nach wirtschaftlichem Eigentum, der Passivierung von Schulden nach wirtschaftlicher Verursachung oder dem Eigenkapitalausweis von bestimmten Genussrechten geht es eher darum, einen gegebenen Sachverhalt oder Geschäftsvorfall abweichend von seiner zivilrechtlichen Qualifikation oder Zurechnung zu bilanzieren, weil man die bilanziellen Begriffe anders auslegt als entsprechende zivilrechtliche Begriffe. Die Annahme eines verdeckten Kreditgeschäfts bei langer Stundung des Kaufpreises,[2] die Zusammenfassung eines Bündels zivilrechtlich ganz unterschiedlicher Bauherrenverträge zu einem Anschaffungsgeschäft[3] oder die Aufspaltung des Assekuradeurvertrags in mehrere Umsatzkomponenten[4] berühren hingegen eher die Frage, welche Art von Sachverhalt oder Geschäftsvorfall unabhängig von der zivilrechtlichen Qualifikation überhaupt vorliegt.

Im deutsche Recht hat der Grundsatz eine **wechselvolle Geschichte:**[5] Eine **steuerliche Kodifizierung** des ersten Aspektes der wirtschaftlichen Betrachtungsweise brachte § 4 der RAO 1919. § 1 Abs. 3 StAnpG 1934 weitete dies auf den zweiten Aspekt aus. Mit Ersatz des StAnpG durch die AO 1977 ist der Grundsatz der wirtschaftlichen Betrachtungsweise als sog. Selbstverständlichkeit dann komplett aus dem Gesetz gestrichen worden. Im Nachbarland Österreich hat man bei der Schaffung der Bundesabgabenordnung (BAO) im Jahre 1961 nur hinsichtlich des ersten Punkts den gleichen Weg beschritten. Für notwendig wurde die Verankerung der wirt-

1 Vgl. *Tipke*, JuS 1970 S. 149 ff.
2 Vgl. BFH, Urteil v. 24.5.1968 – VI R 6/67, BStBl 1968 II S. 574 NWB RAAAA-90423.
3 Vgl. BFH, Urteil v. 14.11.1989 – IX R 197/84, BStBl 1990 II S. 299 NWB EAAAA-93161.
4 Vgl. BFH, Urteil v. 14.10.1999 – IV R 12/99, BStBl 2000 II S. 25, Kurzinfo StuB 2000 S. 256 NWB DAAAA-88628.
5 Ausführlich: *Lüdenbach*, StuB 2019 S. 15 ff.

schaftlichen Betrachtungsweise als Prinzip der Sachverhaltsbeurteilung in § 21 Abs. 1 BAO gehalten: „Für die Beurteilung abgabenrechtlicher Fragen ist in wirtschaftlicher Betrachtungsweise der wahre wirtschaftliche Gehalt und nicht die äußere Erscheinungsform des Sachverhalts maßgebend." Der VwGH (als österreichisches Pendant zum BFH) betont, dass dies keine Regel zur Auslegung von Steuergesetzen, sondern eine Richtlinie zur Beurteilung abgabenrechtlich relevanter Sachverhalte und somit auch eine Beweiswürdigungsregel sei, wonach auf das tatsächliche Geschehen und nicht auf die davon eventuell abweichende formale Gestaltung abzustellen sei.[1] Die wirtschaftliche Betrachtungsweise erfordere zwar zunächst die Ermittlung der zivilrechtlich herbeigeführten Rechtsfolgen; wenn diese aber feststünden, sei nach § 21 BAO zu prüfen, welches wirtschaftliche Ergebnis damit herbeigeführt wurde.[2] Befürchtungen, eine überbordende wirtschaftliche Betrachtungsweise könne die rechtlichen Merkmale der zu beurteilenden Sachverhalte ignorieren und zur Bilanzierung und **Besteuerung fiktiver Sachverhalte** führen, tritt auch der BFH entgegen. Nach ihm führt die wirtschaftliche Betrachtungsweise nicht dazu, „ernstlich getroffene bürgerlich-rechtliche Vereinbarungen beiseite zu schieben, um an ihrer Stelle einen nicht verwirklichten, fingierten Sachverhalt zu setzen oder einen fehlenden Besteuerungstatbestand zu ersetzen".[3] Diese Bemerkung ist einem Urteil entnommen, in dem der BFH die bürgerlich-rechtliche Übereignung eines kiestragenden Grundstücks unter gleichzeitiger Vereinbarung einer Rückübertagung nach Beendigung der Kiesausbeute in eine Nutzungsüberlassung (Vermietung/Verpachtung) umgedeutet hat, so wie er umgekehrt in bestimmten Leasingfällen eine Nutzungsüberlassung in einen Übergang des wirtschaftlichen Eigentums umdeutete, beides jeweils in einer Gesamtwürdigung, die die zivilrechtlichen Umstände gerade berücksichtigte, aber den mit ihnen wirtschaftlich verfolgten Zweck nicht unberücksichtigt lassen konnte.

Im **Handelsbilanzrecht** zeigen sich ebenfalls widersprüchliche Entwicklungen. In ihrer ursprünglichen Fassung aus dem Jahr 1978 enthielt die 4. EG-Richtlinie und demzufolge auch das ab 1987 geltende Handelsbilanzrecht keinen Grundsatz der wirtschaftlichen Betrachtungsweise. Dies änderte sich mit Verabschiedung der **Richtlinie 2003/51/EG.** In Art. 4 wurde folgender Abs. 6 angefügt: „Die Mitgliedstaaten können gestatten oder vorschreiben, dass der Ausweis von Beträgen in Posten der Gewinn- und Verlustrechnung sowie der Bilanz den wirtschaftlichen Gehalt des zugrunde liegenden Geschäftsvorfalls oder der zugrunde liegenden Vereinbarung berücksichtigt." Zur Umsetzung der Richtlinie 2003/51/EG sah der **Referentenentwurf des BilMoG** vom 8.11.2007 daher eine entsprechende Neufassung von § 246 Abs. 1 Satz 1 HGB vor: Schon der Regierungsentwurf enthielt die beabsichtige Neufassung nicht mehr. Die unbeantwortete Frage, ob damit den EU-Vorgaben Genüge getan wurde, stellte sich ein zweites Mal, als die 4. Richtlinie durch die **Richtlinie 2013/34/EU** ersetzt wurde. In etwas präziserer Formulierung hielt nun Art. 6 Abs. 1 Buchst. h fest: „Die Posten der GuV sowie der Bilanz werden unter Berücksichtigung des wirtschaftlichen Gehalts des entsprechenden Geschäftsvorfalls oder der betreffenden Vereinbarung bilanziert und dargestellt." Vor allem aber wurde die wirtschaftliche Betrachtungsweise aus dem ganz heterogene Dinge betreffenden Art. 4 der Vorgängerrichtlinie in den **„allgemeine Grundsätze für die Rechnungslegung"** betreffenden Art. 6 verlagert, wo er auf gleicher Stufe wie etwa das Going-Concern-Prinzip oder das Vorsichtsprinzip geregelt ist. In Deutschland erfolgte aber (anders als in Österreich – § 196a

1 Vgl. VwGH, Urteil v. 11.8.1993 – 91/13/0005.
2 Vgl. VwGH, Urteil v. 11.3.1992 – 90/13/0230.
3 BFH, Urteil v. 5.10.1973 – VIII R 78/70, BStBl 1974 II S. 130 NWB AAAAA-90916.

Abs. 2 UGB) keine Übernahme der wirtschaftlichen Betrachtungsweise in das Gesetz (etwa in § 252 HGB als Pendant zu Art. 6), weil der Grundsatz als ohnehin in den GoB verankert und damit seine Kodifizierung als überflüssig angesehen wurde.

Die in der Entwicklung der AO und des Bilanzrechts immer wieder vorkommene Behauptung, eine Kodifizierung der wirtschaftlichen Betrachtungsweise sei überflüssig, weil diese ohnehin selbstverständlich sei, teilen wir in einem Punkt nicht: Die Annahme, die Kodifizierung eines Prinzips an zentraler Stelle des Gesetzes würde am Rang dieses Prinzips bei der **praktischen Rechtsanwendung** nichts ändern, ist u. E. lebensfremd. Rechtspraktisch bedeutet das Fehlen einer Kodifizierung einen zu zurückhaltenden Umgang mit der wirtschaftlichen Betrachtungsweise. Am wenigsten betrifft dies den Wissenschaftsbetrieb und die Rechtsprechung. Beide können mit der Figur der teleologischen Auslegung umgehen und sich auch ohne Kodifizierung einer wirtschaftlichen Betrachtungsweise zutrauen, Kaufverträge in Nutzungsüberlassungen umzudeuten (oder nicht), Nutzungsüberlassungsverträge wie Kaufgeschäfte zu behandeln (oder nicht), auch ohne Kodifizierung eine zivilrechtliche Gesellschafterstellung wirtschaftlich als Arbeitnehmerstellung zu werten[1] (oder umgekehrt eine zivilrechtliche Arbeitnehmerstellung als tatsächliche Gesellschafterstellung).[2] Ohne für den jeweiligen Geschäftsvorfall heranziehbare Präzedenzfälle neigen die Personen der Rechnungslegung und die Abschlussprüfer hingegen eher zu einem zu zurückhaltenden Umgang mit der wirtschaftlichen Betrachtungsweise. Wie sollen sie dem Management oder den Gesellschaftern plausibel machen, dass für Zwecke von Bilanz und GuV eine Gewinnverwendung als Arbeitsentgelt oder umgekehrt ein Arbeitsentgelt als Eigenkapitalauskehrung darzustellen ist, wenn sie sich lediglich auf so etwas Praxisfernes wie teleologische Auslegung berufen können? Eine klare Prononcierung der wirtschaftlichen Betrachtungsweise im Gesetz wäre hier ein **rechtspraktischer Fortschritt.**

4. Bilanzänderungen, Bilanzberichtigungen

4.1 Handelsbilanz

4.1.1 Der Zeitverlauf

244 Die Bilanz**änderung** (hier nicht verstanden als Begriffsinhalt für die Steuerbilanz, → Rz. 254) ist **inhaltlich erweiternd** auch aus der Perspektive der GuV zu verstehen, d. h. Änderungen von Aufwands- oder Ertragsposten mit entsprechend notwendigen Folgeänderungen für die damit verbundenen Bilanzansätze, bei Anhangerstellungspflicht auch eine Änderung des Anhangs. Formal richtig ist von Änderungen des Jahres- oder Konzernabschlusses zu sprechen, doch wird hier der übliche Terminus „Bilanzänderung" gebraucht.

In der **Erstellungsphase** (→ § 243 Rz. 22) kann von einer Bilanzänderung förmlich nicht gesprochen werden, denn bis dahin liegt noch keine Bilanz bzw. kein Jahresabschluss im Rechtssinne vor. Zweifelhaft kann sein, ob Änderungen in der Phase zwischen Erstellung und Feststellung (→ § 245 Rz. 12) eine Änderung im Rechtssinne darstellen. Fasst man die **Feststellung** als **rechtsbegründenden** Akt auf – ohne sie liegt ein Jahresabschluss im Rechtssinne nicht vor –, dann ist eine Änderung in diesem Zeitabschnitt vorbehaltlos möglich, macht aber im Falle einer Pflichtprüfung gem. § 316 Abs. 3 HGB eine entsprechende Nachtragsprüfung erforderlich (→ § 316 Rz. 15).

1 BFH, Urteil v. 22.11.1955 – I 139/54 S, BStBl 1956 III S. 4 NWB JAAAA-89731.
2 BFH, Urteil v. 9.10.1969 – IV 294/64 NWB QAAAB-50434.

4.1.2 Definition von „Fehler“

245 Nach Vorlage eines rechtsgültigen Abschlusses ist bzgl. der Änderungsmöglichkeiten zwischen **fehlerhaften** und **fehlerfreien** Abschlüssen zu differenzieren.[1] Was unter „Fehler“ in diesem Zusammenhang zu verstehen ist, bleibt unbeantwortet. Die Formulierung „Ein Jahresabschluss ist fehlerhaft, wenn er gegen die gesetzlichen Vorschriften verstößt“ ist zirkulär und deshalb ohne Inhalt. Hier erscheint eine **negative** Abgrenzung unter Anlehnung an die einschlägigen Definitionen der IFRS sinnvoll, nämlich in Unterscheidung zwischen **Neueinschätzungen** von Sachverhalten nach und eigentlichen **Fehler**korrekturen. In der Revision von Schätzungen liegt kein „Fehleranerkenntnis“. Die abweichende frühere Einschätzung der künftigen Entwicklung, die mit Bewertungsfolgen für einen Bilanzposten verbunden ist, macht den damaligen Wertansatz nicht falsch. Das folgt aus dem notwendigen Inhalt einer Schätzung, die aus Sicht des endgültigen Ergebnisses fast immer „unrichtig“ ist (→ Rz. 61); anders ausgedrückt: Es kann nicht **„den“** richtigen Wert geben, sondern nur eine „richtige“ – oft sehr weite – Bandbreite richtiger Werte.[2] Fehlerhaftigkeit liegt im Übrigen auch nur bei **Wesentlichkeit** vor – wie immer man diese definieren mag (→ Rz. 236). Zum sog. subjektiven Fehlerbegriff bei **Rechtsfragen** vgl. → Rz. 253a. Zu unterscheiden sind unbeabsichtigte Fehler *(error)* von gewillkürten *(fraud)*, → § 317 Rz. 32b sowie → § 321 Rz. 32.

4.1.3 Änderungsmöglichkeiten

246 Gleichwohl soll nach Auffassung des IDW[3] eine „Neueinschätzung“ und damit Änderung der Abbildung eines **fehlerfreien** Sachverhalts in Betracht kommen, „wenn gewichtige rechtliche, wirtschaftliche oder steuerrechtliche Gründe vorliegen“. Gewichtige Gründe werden bei **Bedarf** fast immer festgestellt werden können. Ergebnisabhängige Ansprüche aus schuldrechtlichen Vereinbarungen – Musterbeispiel sind ergebnisabhängige Tantiemen – sollen diese Änderung nicht verhindern, sofern dies vertraglich nicht gegenläufig geregelt ist. Ob sich die Höhe schuldrechtlicher Ansprüche verändert, richtet sich nach den getroffenen Vereinbarungen. Können sie nicht geändert werden, bleiben sie in unveränderter Höhe passiviert.

247 Als **Beispiele** für gewichtige Gründe werden genannt:[4]

- Nach Feststellung des Jahresabschlusses für das Vorjahr werden im laufenden Jahr hohe Verluste bekannt, die statt einer Gewinnausschüttung eine Dotierung der Gewinnrücklagen gebieten.
- Feststellungen der steuerlichen Betriebsprüfung machen kompensierende Anpassungen der Handelsbilanz erforderlich (u. E. nur sinnvoll für den Jahresabschluss des letzten geprüften Veranlagungszeitraums).
- Fehleinschätzung von Ansatz- und Bewertungsproblemen, die trotz subjektiver Richtigkeit als sinnvoll erscheinen (u. E. zweifelhaft, weil hier Willkürlichkeit kaum auszuschließen ist).

Nach IDW sollen in diesen Fällen einer Änderung eines fehler**freien** Jahresabschlusses auch **wertaufhellende** Erkenntnisse berücksichtigt werden. Im Ergebnis kann dadurch der Wertaufhellungszeitraum praktisch unbegrenzt hinausgezögert werden; der BFH folgt dem nicht

1 IDW RS HFA 6 v. 12.4.2007.
2 Ähnlich *Hennrichs*, DStR 2009 S. 1447.
3 IDW RS HFA 6 v. 12.4.2007, Tz. 9.
4 Nach *Prinz,U.*, in FS Müller, 2001, S. 689.

(→ Rz. 94). Wird hingegen eine Änderung (subjektiv) fehlerfreier Abschlüsse wegen Werterhellung für zulässig gehalten, stellt sich noch die Frage nach einer sachlichen **Reichweite** des ausgedehnten Wertaufhellungszeitraums:

BEISPIEL ► Bei Feststellung des Jahresabschlusses 01 im März 02 war die nicht mehr gegebene Werthaltigkeit eines Großkredits (Ausleihung) trotz besten Bemühens nicht ersichtlich. Erst im August 02 wird dies erkennbar und daraufhin die Bilanz 01 geändert. Fraglich ist nun, ob der Wertaufhellungszeitraum punktuell für den Großkredit ausgedehnt werden kann oder sämtliche Bilanzierungssachverhalte daraufhin zu prüfen sind, ob sich die Erkenntnisse zwischen März und August geändert haben.

Im Schrifttum[1] wird hier unter Berufung auf das IDW[2] folgende Differenzierung vorgeschlagen:

- Vollzieht sich die Änderung im Jahresabschluss ausnahmsweise ergebnisneutral (z. B. **Ausweisänderungen**), so hat dies keine neue Überprüfung auch anderer Posten zur Folge.
- Hat die Änderung eine **ergebnisändernde** Wirkung, so sind bekannt gewordene aufhellende Erkenntnisse mit gegenläufiger Auswirkung zu berücksichtigen.

247a Für den gebilligten, aber fehlerhaften **Konzernabschluss** sind die Vorgaben des DRS 13 zu beachten. Voraussetzung für die Fehlerhaftigkeit ist **fahrlässiges** oder **vorsätzliches** Handeln der Erstellungsorgane (DRS 13.271). Einer Rückwärtsberichtigung bedarf es nur

- zur Vermittlung eines zutreffenden Bildes der Vermögens-, Finanz- und Ertragslage,
- wenn eine zeitnahe Informationsvermittlung nicht durch Korrektur in laufender Rechnung erreicht werden kann.

Das Erfordernis der Fehlerkorrektur kann in Konkurrenz zum Kongruenzprinzip gelangen (vgl. hierzu das Beispiel in → Rz. 18).

248 **Fehlerhafte** Jahresabschlüsse – immer noch ohne Definition des Fehlers (→ Rz. 245) – dürfen dem IDW zufolge aufgrund der Fehlerhaftigkeit allein ohne Rücksicht auf sonstige Gründe geändert werden. Voraussetzung ist die Einhaltung des *Materiality*-Grundsatzes (→ Rz. 233). Dabei erfährt der **Wertaufhellungsgedanke** für fehlerhafte Abschlüsse einen anderen Stellenwert als bei fehlerfreien. Fehlerhaftigkeit soll vorliegen, wenn der Fehler bis zum Wertaufhellungszeitpunkt vom bilanzierenden Kaufmann hätte erkannt werden müssen. Ist dies bis zu diesem Zeitpunkt nicht der Fall, wird nach der Theorie der subjektiven Richtigkeit (→ Rz. 73) vom IDW ein fehlerfreier Abschluss unterstellt. Nach dem Inhalt der zuvor zitierten Tz. 10 der IDW-Stellungnahme kann der objektiv fehlerhafte, aber subjektiv richtig „gewordene" Abschluss ohne Beschränkung auf den Wertaufhellungszeitpunkt geändert werden, sofern die übrigen Voraussetzungen in Form der zitierten, aber nicht beschriebenen (→ Rz. 246) gewichtigen Gründe vorliegen.

Ist der Abschluss zwar fehlerhaft, aber **nicht nichtig,** wird aus dem Recht zur Änderung des Abschlusses ausnahmsweise eine Pflicht, wenn

- der Jahresabschluss entgegen den gesetzlichen Vorgaben kein den tatsächlichen Verhältnissen entsprechendes Bild der Vermögens-, Finanz- und Ertragslage vermittelt und

1 Vgl. *Friedl/Buchner,* StuB 2014 S. 211 ff., m. w. N.

2 Vgl. IDW RS HFA 6, Tz. 29.

- eine zeitnahe Informationsvermittlung der Abschlussadressaten durch eine Korrektur im aktuellen (Jahres- oder Zwischen-)Abschluss nicht erreicht werden kann.[1]

4.1.4 Nichtige Abschlüsse

Jahresabschlüsse können so „massiv" fehlerhaft sein, dass sie als **nichtig** angesehen werden. 249
Dabei gelten gem. § 256 AktG (analog anwendbar auf andere Gesellschaften) imparitätisch als **Nichtigkeitsgründe** die Überbewertung generell und die vorsätzliche Unterbewertung. Wann diese Fakten gegeben sind, kann der Kommentarliteratur – auch der vorliegenden – nicht entnommen werden. Logisch elegant wird diese Undefinierbarkeit mit „Nichtigkeitsschwelle" umschrieben.[2] Dann sind Abschlüsse von Gesetzes wegen nicht vorhanden und können insoweit unbeschränkt richtiggestellt werden. Allerdings wird die Nichtigkeit in Teilbereichen durch **Zeitablauf** gem. § 256 Abs. 6 AktG geheilt. Dabei werden diese Spezialvorschriften des Aktiengesetzes von der h. M. auch für GmbH und wohl für GmbH & Co. KG als analog anwendbar angesehen. Aus praktischer Sicht kommt dieser Nichtigkeit eines Jahresabschlusses geringe Bedeutung „mangels Masse" zu. Jedenfalls sind seit Einführung des Bilanzrichtliniengesetzes solche Fälle sehr selten feststellbar gewesen, vor allen Dingen wohl deswegen, weil kein entsprechendes wirtschaftliches Interesse bei potenziellen Klägern vorlag.

Insbesondere **Bewertungs**fehler sollen nach der Vorstellung des Gesetzgebers zur Nichtigkeit 249a
führen durch

- **Über**bewertung nach § 256 Abs. 5 Nr. 1 AktG,
- **Unter**bewertung nach § 256 Abs. 5 Nr. 2 AktG (bei vorsätzlicher unrichtiger Wiedergabe oder Verschleierung der Vermögens- und Ertragslage der Gesellschaft)

von Bilanzposten. Ob **Ansatz**fehler vergleichbarer Art ebenfalls zu einer Nichtigkeit führen, ist von Gesetzes wegen offen, u. E. teleologisch extensiv zu befürworten.

Den **Bezugspunkt** für die Nichtigkeit stellt der „Posten" dar, u. E. der „Bilanzposten" (→ § 266 HGB).[3] Das heißt, **innerhalb** des „Postens" können sich Bilanzierungsfehler ausgleichen, nicht aber **zwischen** ihnen.

Die Nichtigkeit setzt eine **Wesentlichkeit** des Fehlers voraus. Der Begriff entzieht sich regelmäßig einer allgemeinen Quantifizierung (→ Rz. 236). Je nach den Umständen des konkreten Sachverhalts ist eine Quantifizierung aber auch gar nicht notwendig. In einem Urteilsfall des BGH hatte ein Unternehmensverbund durch Hin-und-her-Geschäfte künstliche Provisionserlöse beim Vermittler und künstliche Anschaffungskosten beim Beschaffer generiert. Strittig war beim beschaffenden Unternehmen die Wesentlichkeit der unterlassenen außerplanmäßigen Abschreibung der mit den überhöhten Kosten aktivierten Vermögensgegenstände. Der BGH hält fest: „Ungeachtet der quantitativen Betrachtung ist die Schwelle zur Wesentlichkeit jedenfalls im Hinblick auf die Bedeutung der missachteten Bewertungsvorschrift, § 253 Abs. 3 bzw. 4 HGB, und die Schwere des Verstoßes überschritten. Wird die Überbewertung eines Bilanzpostens von einer Gesellschaft gezielt eingesetzt, um den Gläubigern ein nicht den tatsächlichen Verhältnissen entsprechendes Bild von der Vermögens-, Finanz- und Ertragslage zu vermitteln, kann deren Schutz nicht hintanstehen, um die Gesellschaft vor der Folge der Nich-

1 IDW RS HFA 6, Tz. 21
2 Vgl. *Henrichs/Müller*, ZHR 2004 S. 168, 384 und 414.
3 *Friedl/Buchner*, StuB 2014 S. 183.

tigkeit des Jahresabschlusses zu bewahren."[1] Der BGH betont noch etwas (eigentlich) Selbstverständliches: Der Bewertungsverstoß wird „nicht dadurch ausgeglichen, dass die Beklagte im Anhang zusätzliche Angaben gemacht hat". In einem LG -Urteilsfall wird lapidar festgehalten: „Bei einer Überbewertung i. H. von rund 40 % der Bilanzsumme kann kein Zweifel an der Wesentlichkeit bestehen."[2] Das LG-Urteil geht außerdem noch auf die Mangelhaftigkeit der Buchführung als Nichtigkeitsgrund ein und stellt dazu fest: „Ist die Buchführung der Gesellschaft so beschaffen, dass sich die Existenz oder der Verbleib von angeblichen Guthaben nicht eindeutig bestimmen lässt, liegt ein Verstoß gegen die Grundsätze ordnungsmäßiger Buchführung (GoB) i. S. der §§ 238 Abs. 1, 264 Abs. 2 S. 1 HGB vor (Grundsätze der Vollständigkeit, Klarheit und Zeitgerechtheit der Aufzeichnungen). Dies kann gem. § 256 Abs. 1 Nr. AktG die Nichtigkeit eines Jahresabschlusses begründen."

4.1.5 Berichtigungsmöglichkeiten: rückwirkend oder im aktuellen Abschluss

250 Die sich an die Korrektur eines fehlerhaften oder eines nichtigen, aber bzgl. der Nichtigkeit geheilten Jahresabschlusses anschließende Frage geht auf die **Art** der Berichtigung, nämlich

- **rückwirkende** Berichtigung an der Fehlerquelle mit entsprechender Richtigstellung des Jahresabschlusses, in dem der Fehler (erstmals) aufgetreten ist, und Folgeänderungen in den Jahren danach sowie
- Berichtigung in **laufender Rechnung,** z. B. auch in einem nach Börsenrecht gebotenen Halbjahresabschluss.

Die Praxis bevorzugt in den wenigen aufgetretenen Fällen der Fehlerberichtigung die letztgenannte Variante. Diese Berichtigungsmöglichkeit ist auch zu **favorisieren,** weil sie im Zeitablauf regelmäßig schneller wirkt, d. h. das Informationsbedürfnis der Rechnungslegungsadressaten eher befriedigt als die Korrektur von Jahresabschlüssen für frühere Zeiträume, die zumindest bei Aktiengesellschaften die Einhaltung umständlicher Formalitäten – neben der Neuerstellung auch eine ergänzende Prüfung mit bedingtem Bestätigungsvermerk[3] (→ § 322 Rz. 83) und erneute Feststellung – erforderlich macht. Entsprechende retrograde Korrekturen erfolgen deswegen in der Praxis eigentlich nur dann, wenn die Öffentlichkeit über die Fehler bereits informiert ist (z. B. IKB-Fall), so dass der Zeitbedarf zur Berichtigung der Jahresabschlüsse keinen Informationsverlust der Öffentlichkeit mit sich bringt.

251 Auch Feststellungen der ***Enforcement*-Instanzen** über fehlerhafte Abschlüsse (→ § 342b Rz. 24) machen eine rückwirkende Korrektur nicht erforderlich. Durch die Beachtung des Bilanzenzusammenhangs nach dem Grundsatz der Bilanzidentität wird jedenfalls dem Gebot der Erzielung des Totalgewinns (→ Rz. 10) durch die Berücksichtigung früher entstandener Bilanzfehler in laufender Rechnung Genüge getan.

251a Wird entgegen der herrschenden Praxis die Rückwärtsberichtigung eines fehlerhaften, aber nicht oder (Heilung) nicht mehr nichtigen Abschlusses vorgenommen, sind folgende Wirkungen auf die **Gewinnverwendung** zu beachten: Der ursprüngliche Gewinnverwendungsbeschluss bleibt auch weiterhin wirksam. Die Änderungen im fehlerhaften Abschluss dürfen deshalb nur so weit erfolgen, wie der „neue" Bilanzgewinn für die bereits beschlossene Aus-

1 BGH, Beschluss v. 11.5.2021 – II ZR 56/20.
2 LG München I, Endurteil v. 5.5.2022 – 5 HK O 15710/20.
3 Instruktiv im eBAnz nachzulesen bei der Rückwärtsberichtigung mehrerer Konzernabschlüsse der Borussia Dortmund GmbH & Co. KGaA aufgrund einer Fehlerfeststellung der DPR (→ § 342b Rz. 24).

schüttung noch ausreichend ist. Eine weiter reichende Änderung setzt entweder die zulässige Auflösung sonstiger Rücklagen voraus oder den formellen Verzicht der Gesellschafter auf einen Teil der Ausschüttung. Führt die Änderung des Abschlusses hingegen zu einem höheren Gewinn, so ist über diesen nach allgemeinen Regeln zu verfügen.[1]

4.1.6 Anpassung an Feststellungen der steuerlichen Außenprüfung

Einen Sonderfall nehmen die im Zuge von **steuerlichen Außenprüfungen** vorgenommenen Anpassungen der handelsrechtlichen Bilanzausweise an die Prüfungsfeststellungen ein. 252

Bei nicht ganz kleinen Unternehmen weichen regelmäßig die einen oder anderen Bilanzposten in der sog. Prüferbilanz von der der Steuererklärung zugrunde gelegten Handels- und Steuerbilanz ab. Dann besteht ein sehr praktisches Bedürfnis – kein Zwang, solange kein handelsrechtlicher Bilanzierungsfehler vorliegt –, die beiden Rechenwerke wieder **zusammenzuführen.** Damit ist kein Anerkenntnis einer fehlerhaften handelsrechtlichen Bilanzierung verbunden.

BEISPIEL Das Unternehmen U hat eine Rückstellung für Altersteilzeit nach dem Blockmodell gebildet und ist bei der Bewertung den Vorgaben des IDW[2] gefolgt (→ § 249 Rz. 91 ff.). Im Rahmen der steuerlichen Außenprüfung wurde seitens des Finanzamts das entsprechende BFH-Urteil[3] als „richtig" erachtet. Diese Einstellung wurde vom Unternehmen akzeptiert mit entsprechender Korrektur des Bilanzansatzes in der Prüferbilanz. In der handelsrechtlichen Folgebilanz will U diesem Bewertungsverfahren seinerseits nachkommen, um Abweichungen zwischen beiden Bilanzansätzen zu vermeiden.

Unseres Erachtens ist diese Verfahrensweise dem Grunde nach zulässig, denn der BFH hat in diesem Urteil – wie häufig – allein **Handelsrecht** ausgelegt. Darauf kann sich U berufen, auch wenn das IDW an seiner anderweitigen Auffassung festhält. Es handelt sich um eine Änderung der Bewertungsmethode i. S. des § 252 Abs. 1 Nr. 6 HGB (→ Rz. 209 ff.), die als begründeter Ausnahmefall i. S. des Abs. 2 anzusehen ist (→ Rz. 226) und ggf. eine Anhangangabepflicht nach § 284 Abs. 2 Nr. 3 HGB (→ § 284 Rz. 57) auslöst.

Die entsprechenden Änderungen der HGB-Bilanzposten sollen – wie in der Praxis fast ausnahmslos – in „laufender Rechnung", d. h. im Geschäftsjahr, in dem die Prüfungsfeststellungen vorliegen, erfolgen. Dabei dürfen die geänderten Bilanzposten der Außenprüfung, an die die Handelsbilanz angeglichen werden soll, nicht etwa in die Eröffnungsbilanz unter „Bilanzdurchbrechung" (Jargon der steuerlichen Betriebsprüfer) zur Vermeidung einer Überleitungsrechnung eingebucht werden. Dies würde dem ehernen Grundsatz der **Bilanzidentität** widersprechen (→ Rz. 9). Entsprechend zeigt der aktuelle Jahresabschluss mit erfolgswirksamen Anpassungsbuchungen ein Ergebnis, das der Besteuerung nicht zugrunde gelegt werden kann, sondern einer entsprechenden Korrektur bedarf (→ § 329 Rz. 2). Nur ausnahmsweise ist die Korrektur in laufender Rechnung ergebnisneutral (→ Rz. 18). Rechentechnisch bietet sich für den ergebniswirksamen Normalfall die Anwendung der von den steuerlichen Betriebsprüfern verwendeten sog. **„Mehr-Weniger-Rechnung"** an. 253

BEISPIEL Die Betriebsprüfung erkennt im Einvernehmen mit dem Unternehmen die gebildete Wertberichtigung aus Forderungen zum 31.12.03 i. H. von 25 nicht mehr an und erhöht den betreffenden Aktivwert um 25 unter Gegenrechnung des unterstellten Steuereffekts von 10. Das steuerliche Ergebnis im Jahr 03 erhöht sich dann vor Zurechnung der Steuern um 15. Diese Erhöhung des Eigenkapitals

1 Vgl. *Friedl/Buchner*, StuB 2014 S. 183 ff., m. w. N.
2 IDW RS HFA 3.
3 BMF, Schreiben v. 30.11.2005 – I R 110/04, BStBl II S. 251.

laut Prüferbilanz wird dann in die Handelsbilanz 04 durch Anpassung der Wertberichtigungsberechnung an die Vorgaben der Betriebsprüfung erfolgswirksam eingebucht. In der nachfolgenden Übersicht sind die entsprechenden Bilanzabweichungen und die daraus resultierenden Buchungen bzw. die Korrektur des steuerlichen Ergebnisses um die Anpassungsbuchungen dargestellt.

	Handelsbilanz	Steuerbilanz	VU	Handelsbilanz	Steuerbilanz	VU	Gewinnunterschied
	31.12.01	31.12.01	31.12.01	31.12.02	31.12.02	31.12.02	
	€	€	€	€	€	€	€
Aktiva							
Forderungen aus LL	1.950	1.975	25	1.975	1.975	0	-25
Sonstige Aktiva	4.506	4.506	0	5.092	5.092	0	0
	6.456	6.481	25	7.067	7.067	0	-25
Passiva							
Eigenkapital							
Gezeichnetes Kapital	25	25	0	25	25	0	0
Gewinnvortrag	1.631	1.631	0	2.231	2.246	15	15
Jahresüberschuss	600	615	15	500	485	-15	-30
Eigenkapital gesamt	2.256——	2.271——		2.756——	2.756——		-15—
Steuerrückstellungen	200	210	10	310	310	0	-10
Sonstige Passiva	4.000	4.000	0	4.000	4.000	0	0
	6.456	6.481	25 0	7.066	7.066	0	-25

Anmerkung:

02 werden die Betriebsprüfungs-Feststellungen in der Handelsbilanz berücksichtigt:

1. Die Pauschalwertberichtigung wird nach den Betriebsprüfungs-Feststellungen berechnet.
2. Die geänderte Steuer für das Vorjahr wird nunmehr in der Handelsbilanz eingebucht.

Da diese beiden Posten bereits in der Steuerbilanz im Vorjahr berücksichtigt worden sind, müssen sie im Jahr der Einbuchung in die Handelsbilanz für steuerliche Zwecke wieder eliminiert werden.

In der GuV ist der Steuereffekt aus diesen Anpassungen unter dem Steueraufwand (→ § 275 Rz. 118) auszuweisen, auch wenn es insgesamt zu einem negativen Ausweis (Steuerertrag) kommt. Es kann als Sammelgröße der Posten „Sonstige betriebliche Erträge" (→ § 275 Rz. 79) in Betracht kommen.

4.1.7 Der subjektive Fehlerbegriff

Der Große BFH-Senat hat sich in seinem Beschluss (→ Rz. 255a) ausdrücklich auf die Beurteilung der **Steuerbilanz** mit Bezug auf das verfassungsrechtliche Gebot der Besteuerung nach der Leistungsfähigkeit bezogen und handelsbilanzielle Aspekte ausgeklammert. Für Theorie und Praxis stellt sich in der Folge die Frage, ob der Ablehnung des subjektiven Fehlerbegriffs zur Beurteilung von steuerlichen Bilanzrechtsfragen auch **handelsrechtlich** gefolgt werden kann, soll oder muss. Die Antwort sollte sich nicht auf die eher „philosophische" Lösung beschränken und die unterschiedlichen Zielsetzungen der beiden Rechenwerke betonen: Ermittlung eines „richtigen" Gewinns zur Erreichung der Belastungsgleichheit mit anderen Einkünften und überhaupt zur Gewährleistung verfassungsgerechter Besteuerung **einerseits** und vorsichtiger Gewinnermittlung unter Beachtung des Gläubigerschutzes **andererseits.** So leicht lassen sich die beiden Rechenwerke nicht separieren, insbesondere dann nicht, wenn 253a

- der jeweilige Gesetzeswortlaut (so gut wie) identisch ist (Beispiel: Rechnungsabgrenzung),
- sich das eine Regelwerk wegen dort vorhandener Lücken (Steuerbilanz) der Inhalte des anderen (Handelsbilanz) bemächtigt (Beispiel: Anschaffungskosten, Rückstellungsansatz),
- die steuerliche Bilanzierung nach den Vorgaben der (handelsrechtlichen) GoB (→ Rz. 270) erfolgen muss.

Der Streitgegenstand im Beschluss des Großen BFH-Senats GrS 1/10 (→ Rz. 255a) eignet sich gut zur Exemplifizierung. Schon im Vorlagebeschluss und dann im Endurteil (beide zitiert in → Rz. 255a) hat der I. BFH-Senat die Aktivierungspflicht der verbilligten Handyabgabe aus dem Wortlaut und Sinngehalt der in beiden Gesetzen identischen Norm zur Rechnungsabgrenzung (→ § 250) abgeleitet. Damit ist die Rechtsfrage **steuerbilanziell** geklärt. Der BFH als allein zur Beurteilung der Rechtslage kompetente Instanz hat entschieden, durchaus anders als ernstzunehmende Gegenstimmen im Schrifttum. Die Rechtsauslegung des BFH gilt nun als **objektiv richtig,** die der Gegenmeinung galt – da gut begründet und durchaus „vertretbar" – zwar bis zum Ergehen der BFH-Entscheidung als subjektiv richtig, aber doch objektiv falsch und deshalb nicht als der Besteuerung zugrunde zu legen. 253b

Doch dieser Befund gilt eben nur für die **Steuerbilanz.** Handelsbilanzrechtlich kann man eine Bilanzierungsweise, die sich auf die genannten Gegenstimmen im Schrifttum beruft, weiterhin als subjektiv richtig (vielleicht besser „zulässig") anerkennen, da der BFH zwar eine gewichtige Stimme in der Interpretation des HGB, jedoch nicht die einzig zählende ist. Wenn allerdings der BFH Handelsrecht auslegt (z. B. bei Verbindlichkeitsrückstellungen oder Eigenschaft als Vermögensgegenstand/Wirtschaftsgut), ist dessen Auffassung zu würdigen (→ Rz. 269b). Das IDW HFA hat zutreffend eine direkte Auswirkung des BFH-Beschlusses auf die Handelsbilanz abgelehnt;[1] der subjektive Fehlerbegriff nach IDW HFA 6 Tz. 4 sowie DRS 13.27 (→ Rz. 245) wird handelsbilanziell aufrechterhalten. Anders wäre die handelsbilanzrechtliche Situation dann zu beurteilen, wenn eine Instanz die **objektive** Richtigkeit für die Handelsbilanz festlegen würde. Infrage käme hier der **Bundesgerichtshof.** Doch damit ist rechtspraktisch nichts gewon-

1 IDW HFA in FN 2013 S. 358.

nen, denn der BGH entscheidet – ganz anders als der BFH – nur alle Jubeljahre oder noch seltener einen Streitfall zum Bilanzrecht. Als Nächstes denkt man an das **Institut der Wirtschaftsprüfer (IDW)** und dessen HFA-Stellungnahmen zur Rechnungslegung (RS). Die Rechtsauffassung eines privaten Vereins kann indes nicht mit der Entscheidungskompetenz eines obersten Gerichtes identifiziert werden. Außerdem sind die Vereinsmitglieder nicht an der Vertretung einer wohl begründeten, aber von einem RS abweichenden Auffassung gehindert.[1] Dem **Deutschen Standardisierungsrat** (DSR) kann man Regelungskompetenz zusprechen, aber nur für die Konzernrechnungslegung. Ein mit dem BFH vergleichbarer Status kommt ihm aber auch hier nicht zu.

253c Man kann somit – abweichend von unserer Auffassung – durchaus die objektive Richtigkeit in handelsbilanziellen Fragen als Beurteilungsmaßstab propagieren,[2] der Vorstoß muss aber im Sande verlaufen, da rechtspraktisch keine Instanz zur Bestimmung dieser objektiven Richtigkeit zur Verfügung steht.[3] Vom Beschluss des Großen BFH-Senats unberührt wird handelsrechtlich weiter (auch) **subjektiv richtig** zu Rechtsfragen bilanziert werden können, wenn die jeweilige Bilanzierung durch eine (nicht völlig abstruse und/oder interessengesteuerte) Schrifttumsauffassung gedeckt ist.[4] Unrichtig wird eine Bilanzierung handelsrechtlich somit erst dann, wenn sie schlechthin unvertretbar ist, etwa von allen (ernstzunehmenden) Stimmen im Schrifttum abgelehnt wird (→ § 331 Rz. 12). Bei Zugrundelegung des subjektiven Fehlerbegriffs stellt sich die Frage nach einem Widerruf des Bestätigungsvermerks bei erst nach dessen Erteilung ergangener, der vorgenommenen Bilanzierung widersprechender Rechtsprechung von vornherein nicht; bei Anwendung des objektiven Fehlerbegriffs wird mit anderer Begründung – der Prüfer könne nur den bei Erteilung des Bestätigungsvermerks verfügbaren Kenntnisstand berücksichtigen – ebenfalls ein Widerruf abgelehnt.[5] Zur Subjektivität bei der Beurteilung von **Rechtsfragen** gesellen sich die noch viel subjektiver angehauchten Fragen der **Sachverhaltsermittlung** und der **Schätzungserfordernisse.** „Objektiv richtige" Bilanzen hat es noch nie gegeben und wird es auch nie geben; die „Vertretbarkeit" stellt das höchstmögliche Anforderungsprofil dar, mehr geht nicht. Die Qualifikation der handelsrechtlichen Bilanzierung als zivil- und strafrechtsfreier Raum sollte deshalb nicht überraschen.

253d Zu beachten sind auch strukturelle, den zeitlichen Ablauf berücksichtigende Unterschiede von handels- und steuerrechtlicher Bilanzierung:

► Angenommen, der BGH entscheidet (ausnahmsweise, → Rz. 253b) ein Bilanzierungsproblem. Dann war vor Ergehen des Urteils jede vertretbare Bilanzierung subjektiv richtig. Durch den Befund des BGH i. S. einer objektiven Richtigkeit wird die bisherige Bilanzierung **nicht nachträglich** falsch. Nach Ergehen des BGH-Urteils sind andere Rechtsauffassungen nicht mehr vertretbar.

► Steuerlich ist die endgültige Steuerfestsetzung oft **viele Jahre nach** dem Veranlagungszeitraum nach der dann vom BFH festgelegten Rechtslage vorzunehmen. Handelsbilanziell muss viel kurzfristiger wegen des Vertrauens auf die Ausschüttung etc. „reagiert" werden. Selbst nichtige Abschlüsse werden nach § 256 AktG geheilt (→ Rz. 149).

1 *Hoffmann*, StuB 2012 S. 289.

2 So *Schulze-Osterloh*, BB 2013 S. 1132.

3 So auch *Schulze-Osterloh*, ZHR 2015 S. 19 mit Ausnahme des BFH zur Bestimmung der Anschaffungs- und Herstellungskosten, S. 27 f..

4 Im Ergebnis auch *Hennrichs*, NZG 2013 S. 686.

5 *Schüppen*, DB 2022 S. 749 ff.

4.2 Steuerbilanz

4.2.1 Grundkonzeption

Vergleichbar der handelsrechtlichen (zirkulären) Definition (→ Rz. 245) liegt steuerbilanziell bei einem Verstoß gegen ein Bilanzierungsgebot oder -verbot ein Fehler vor. Ein solcher ist notfalls **periodenübergreifend** im Interesse der Besteuerung nach der Leistungsfähigkeit zu korrigieren. Diese Bilanz**berichtigung** nach § 4 Abs. 2 Satz 1 EStG ist von der Bilanz**änderung** i. S. des § 4 Abs. 2 Satz 2 EStG zu unterscheiden; bei der Letzteren wird ein richtiger gegen einen anderen richtigen Bilanzansatz ausgetauscht, z. B. durch geänderte Ausübung eines **Wahlrechts** (→ Rz. 265). 254

Zu einer periodenübergreifenden Richtigstellung bedient sich die BFH-Rechtsprechung und ihr folgend die Finanzverwaltung in weitgehender Übereinstimmung mit dem Schrifttum des **Bilanzenzusammenhangs** (→ Rz. 9), der auf gar keinen Fall „durchbrochen" werden darf. Richtig erfasst werden muss der **„Totalgewinn"**. Ein Bilanzierungsfehler darf sich nicht **endgültig** zugunsten des Fiskus oder des Steuerpflichtigen auswirken. 255

Der Bilanzenzusammenhang ist auch von hohem steuerlichen Wert im Hinblick auf die der Bilanzierung jedweder Couleur immanenten **Schätzungs**erfordernisse (→ Rz. 59). Eine **objektiv richtige** Bewertung – aus der Perspektive ex post und das auch Jahre nach dem Stichtag – gibt es nicht. Auch steuerlich muss in der Vermögensübersicht eine im Nachhinein sich als falsch herausstellende Schätzung an den neuen Kenntnisstand angepasst werden.

4.2.2 Subjektive und objektive Richtigkeit bzw. Fehlerhaftigkeit

4.2.2.1 Sachverhalts- oder Rechtsfragen

Ein aus der Sicht ex post falsch geschätzter Bilanzansatz ist **subjektiv richtig,** wenn der Bilanzierer alle ihm verfügbaren Erkenntnismöglichkeiten über die Verhältnisse am Stichtag bei der Bilanzerstellung berücksichtigt hat (sog. subjektiver Fehlerbegriff).[1] Er darf dem I. Senat des BFH zufolge mit Bestätigung durch den Großen BFH-Senat[2] nur für **Sachverhalts-**, nicht für **Rechts**fragen gelten. Es handelt sich dabei um eine Parallelwertung des **Wertaufhellungskonzepts** (→ Rz. 73). Anders zu beurteilen sind vom Steuerpflichtigen **bewusst** falsch gewählte Ansätze zur Erreichung eines unberechtigten steuerlichen Vorteils, was als Verstoß gegen Treu und Glauben gewertet wird (→ Rz. 261). 255a

Im Gefolge des zitierten Beschlusses des Großen BFH-Senats muss zum Begriffsgegensatz von „objektiv" und „subjektiv", „richtig" oder „falsch" bzgl. der Bilanzansätze weiter differenziert werden nach der Fehlerhaftigkeit bei der

- Auslegung von **Rechtsfragen,**
- Beurteilung von **Sachverhalten.**

Zum erstgenannten Fall hat der Große BFH-Senat Stellung genommen, den zweiten Fall (Sachverhaltsfragen) dagegen nicht behandelt (→ Rz. 255c). Der Große BFH-Senat leitet seine Ent-

1 BFH, Beschluss v. 7.4.2010 – I R 77/08, BStBl 2010 II S. 739; vgl. *Rätke*, StuB 2010 S. 528; *Prinz, U.*, DB 2011 S. 2162.

2 BFH, Beschluss v. 31.1.2013 – GrS 1/10, BStBl 2013 II S. 317. DStR 2013 S. 633, mit Anm. *Hoffmann*, DB 2013 S. 733; sowie *Hahne*, BB 2013 S. 1011; *Prinz, U.*, WPg 2013 S. 650; *Hennrichs*, NZG 2013 S. 681; *Schulze-Osterloh*, BB 2013 S. 1131. Sodann *Weber-Grellet*, DStR 2013 S. 729; *Hoffmann*, StuB 2013 S. 277; „Endurteil" des BFH v. 15.5.2013 – I R 77/08, DStR 2013 S. 1774, mit Anm. *Hoffmann;* den BFH-Beschluss bestätigend die Finanzverwaltung durch OFD Niedersachsen, Vfg. v. 29.7.2014, DStR 2014 S. 2294.

scheidungsbegründung mit einem BFH-Urteil[1] in folgender Aussage ein (Tz. 37 des Beschlusses): „Bei der Bewertung einer Forderung zum Bilanzstichtag sind auch bis zur Bilanzaufstellung erworbene Kenntnisse zu berücksichtigen. Nachträglich erworbene Kenntnisse, die der Steuerpflichtige bei der Bilanzaufstellung nicht gehabt habe und die sich ein sorgfältiger Kaufmann bis zu diesem Zeitpunkt auch nicht hätte verschaffen können, rechtfertigen eine spätere Bilanzberichtigung oder Bilanzänderung nach § 4 Abs. 2 EStG nicht. Handelsrecht und Steuerrecht können von dem Kaufmann nicht mehr verlangen, als dass er bei der Aufstellung der Bilanz seine bis dahin erlangte Kenntnis von dem am Bilanzstichtag vorliegenden Sachverhalt pflichtgemäß und gewissenhaft verwertet. Erfährt er erst nach der Aufstellung der Bilanz von **Tatsachen,** die eine bilanzierte Forderung als nicht vollwertig erscheinen ließen, ist er weder verpflichtet noch berechtigt, die von ihm nach bestem Wissen aufgestellte Bilanz zu berichtigen." Anders ausgedrückt: Diese Bilanz ist schlichtweg richtig.

Der vom Großen BFH aufgegriffene Sachverhalt des Urteils I 56/60 U a. a. O. behandelt eine Tatsachenfrage und die Möglichkeit oder Unmöglichkeit des Kaufmanns zu einer objektiv richtigen Bilanzierung mangels eines ausreichenden Blicks in die Zukunft. Mit diesem Beispiel kann das Gegensatzpaar von „subjektiv richtig" und „objektiv falsch" sehr plastisch dargestellt werden. Der Große BFH-Senat hatte sich in seinem Beschluss aber gerade **nicht** zu solchen **Sachverhaltsfragen** mit der damit einhergehenden notwendig subjektiven Einschätzung der Werthaltigkeit eines Bilanzpostens zu befassen. Der Vorlagefrage des I. Senats folgend behandelt der Große Senat ausschließlich reine Rechtsfragen der Bilanzierung, schließt Tatsachenbeurteilungen explizit aus seiner Entscheidungsbegründung aus (Tz. 78).

4.2.2.2 Beurteilung von Rechtsfragen

255b Streitgegenständlich war in diesem Verfahren folgender Sachverhalt: Eine Mobilfunkgesellschaft übergab einem Mobilfunkkunden für den Abschluss eines zweijährigen Nutzungsvertrags ein Mobiltelefon „kostenlos" oder zu einem gegenüber dem Einstandspreis ermäßigten Wert. Der Mobilfunkanbieter hatte den Unterschiedsbetrag im Aufwand verrechnet, das Finanzamt und im Ergebnis der I. BFH-Senat im Vorlagebeschluss verlangten eine aktive Rechnungsabgrenzung (→ § 250 Rz. 31). Der Vorlagebeschluss zielte **nicht** auf die Begutachtung der vom I. BFH-Senat entschiedenen Rechtsauffassung (aktive Abgrenzung), sondern auf die **Möglichkeit** des steuerpflichtigen Mobilfunkanbieters zur **Berufung** auf die **subjektive Richtigkeit** seiner Rechtsauffassung, weil ein solcher Sachverhalt vom BFH bislang noch nicht entschieden worden war. Der I. Senat lehnte in seinem Vorlagebeschluss diese Gesetzeslesart des Steuerpflichtigen ab, die sich immerhin auf zwei Präjudizien[2] dieses Senats stützen konnte, widerrief also im Ergebnis seine damalige Beurteilung. Eine abweichende Rechtsprechung anderer BFH-Senate war im Zeitpunkt der Vorlage an den Großen BFH-Senat nicht festzustellen, eine **Divergenzanrufung** kam nicht in Betracht; so musste der Große Senat mit der immer passenden Begründung der „grundsätzlichen" Bedeutung dieses Bilanzrechtsproblems behelligt werden (§ 11 Abs. 4 FGO). Jedenfalls ist durch den Beschluss des Großen Senats die, abgesehen von den beiden genannten Urteilen des I. Senats, schon immer gültige, kaum umstrittene Rechtslage bzgl. der Beachtung von reinen Rechtsfragen bei der Bilanzierung wiederhergestellt worden.[3]

1 BFH, Urteil v. 11.10.1960 – I 56/60 U, BStBl 1961 II S. 3.
2 BFH, Urteil v. 5.6.2007 – I R 47/06, BStBl II S. 818; BFH, Urteil v. 17.7.2008 – I R 85/07, BStBl II S. 924.
3 Vgl. hierzu BFH, Urteil v. 12.11.1992 – IV R 59/91, BStBl 1993 II S. 392.

Die Auswirkung des ausschließlich vom BFH auszulegenden Steuerbilanzrechts in seiner Anwendung auf einen bestimmten Sachverhalt kann anhand folgenden Beispiels dargestellt werden:

BEISPIEL ▸ Der steuerpflichtige Bilanzierer – ein Anlagebauer – will für seine Objekte der langfristigen Auftragsfertigung bilanzgestalterisch von der bisherigen *„Completed Contract"*-Methode auf die *„Percentage of Completion"*-Methode übergehen. Die Zulässigkeit dieses Verfahrens nach HGB ist umstritten, der BFH hat bislang hierzu noch keine Entscheidung treffen müssen, wohl aber gegenüber obiger „erhebliche Bedenken" geäußert (→ Rz. 123).[1] Wegen der im Schrifttum auch nach HGB als zulässig erachteten Anwendung der *„Percentage of Completion"*-Methode ist die entsprechende Bilanzierung des Steuerpflichtigen vertretbar und damit nach der bisherigen Sprachregelung „subjektiv richtig".

Diesem Bilanzierungsverfahren hat der Große BFH-Senat nun einen Riegel vorgeschoben. Bei der Bilanzierung ist „nicht vertretbares sondern **richtiges** Recht anzuwenden".[2] Und der Große BFH-Senat dazu (Tz. 74): „Das Finanzamt hat ... bei der Gewinnermittlung durch Betriebsvermögensvergleich ebenso wie auch sonst bei der Steuerfestsetzung unabhängig von den Rechtsansichten des Steuerpflichtigen zu prüfen, ob bei der Gewinnermittlung die Rechtslage zutreffend beurteilt worden ist." Den Maßstab für die richtige Beurteilung eines Sachverhalts liefert ausschließlich die BFH-Rechtsprechung und nicht etwa die aufgrund von Literaturmeinungen vertretbare Gesetzeslesart des bilanzierenden Steuerpflichtigen. Auf die **„subjektive Richtigkeit"** kann sich der Bilanzierer bei der Rechtsauslegung auch dann **nicht** berufen, wenn er eine am Bilanzstichtag (noch) bestehende Rechtsauffassung des BFH berücksichtigt, die aber später aufgegeben wird; dann ist Letztere maßgebend, ein **Vertrauensschutz** bzgl. der früheren Meinung wird dem Bilanzierenden nicht eingeräumt (Tz. 66). Das Finanzamt kann die ihm durch den Beschluss des Großen Senats auferlegte Anwendung des „richtigen" Rechts erst im Zeitpunkt der Veranlagung des betreffenden Geschäftsjahres zum Ausdruck bringen. Anzuwenden ist die dann gültige vom BFH bestätigte Rechtslage. Man kann insoweit von einer „**Rechts**aufhellung" sprechen, die sich dann in einem ganz anderen Zeitrahmen vollzieht als die herkömmlich verstandene Wertaufhellung (→ Rz. 94).

Die Frage ist, wie mit dieser Vorgabe aus dem Beschluss des Großen Senats in der Praxis umzugehen ist. Kommen wir dazu zurück auf das obige Beispiel zur Anwendung der *„Percentage of Completion"*-Methode. Der Gestaltungshintergrund, der dem Finanzamt bzw. der Betriebsprüfung bekannt ist, liegt in der Rettung von sonst untergehenden Verlustvorträgen angesichts des bevorstehenden Erwerbs dieser (unterstellt) Kapitalgesellschaft durch ein Konkurrenzunternehmen. Das Finanzamt wird vermutlich diese Bilanzierung nicht akzeptieren, mögen auch die Steuerpflichtigen namhafte Literaturbeiträge, die das Gegenteil zur Handels- und steuerlichen Bilanzierung aussagen, vortragen. Eine Einigung der beiden Kontrahenten über die Rechtslage im Verhandlungsweg erscheint ausgeschlossen. Die „Lösung" kann im Nachgeben einer der Parteien liegen, der Inhalt des Beschlusses des Großen Senats ist dann gegenstandslos. In der Alternative verneint das Finanzamt die Anwendbarkeit der vom Steuerpflichtigen gewünschten Bilanzierung, was dieser wiederum nicht akzeptieren will und vor das Finanzgericht und ggf. vor den BFH zieht. Die Entscheidung über die objektive Rechtslage kann sich dann durchaus über sechs weitere Jahre nach Beendigung der Betriebsprüfung ziehen. Das klingt auf den ersten Blick aufregend, ist jedoch bisher auch schon der Fall gewesen. Die jetzt explizit dargestellte Rechtsauffassung des Großen BFH-Senats zur erforderlichen objekti-

1 BFH, Urteil v. 5.5.1976 – I R 121/74, BStBl II S. 541.
2 *Weber-Grellet*, DStR 2013 S. 731.

ven Richtigkeit der Bilanz in Bezug auf Rechtsfragen liefert der Praxis keine neuen Erkenntnisse. Die Schranken für diesen „Rechtsaufhellungszeitraum“ können nur in den verfahrensrechtlichen Grenzmarken liegen, die allerdings im Falle einer Rechtsverfolgung vor den Gerichten nicht eingreifen. Zur handelsbilanziellen Sicht vgl. → Rz. 253a ff.

Der Beschluss des Großen Senats hat das Rechtsverhältnis zwischen Steuerpflichtigen und Gerichtsbarkeit behandelt. Die sich daran anschließende Frage geht dahin, inwieweit die Finanzverwaltung eine von einer Entscheidung des BFH abweichende Rechtsauffassung (weiterhin) vertreten kann. Angesprochen sind damit die sog. **Nichtanwendungserlasse** zu bestimmten BFH-Urteilen. In diesen soll nach dem Wunsch der Finanzverwaltung dem BFH in einem weiteren Streitfall die Gelegenheit zur Überprüfung seiner Rechtsauffassung gegeben werden. Die Frage ist, ob in dem hier besprochenen Beschluss des Großen BFH-Senats zum subjektiven Fehlerbegriff implizit auch eine Schranke für die Nichtanwendungserlasse auf dem Gebiet der steuerlichen Bilanzierung enthalten ist,[1] nämlich: Wenn sich der BFH als oberste Rechtsauslegungsinstanz auf dem Gebiet der steuerlichen Bilanzierung darstellt, kann die Finanzverwaltung nicht „flächendeckend“ die Rechtsauffassung des BFH desavouieren. Allerdings gibt es auch ein Gegenargument, nämlich aufgrund der Frage: Wie gelingt es künftig sowohl dem Steuerpflichtigen als auch der Finanzverwaltung (Gebot der Waffengleichheit), eine vom BFH gefundene Rechtsauffassung zu „bekämpfen“? Die Antwort kann eigentlich nur lauten: Im Gang durch den Instanzenweg. Dann aber muss das Ergehen eines „Rüttelurteils“ in erster Instanz generell zum Ruhen anderer Rechtsbehelfsverfahren führen, bis der BFH erneut entschieden hat. Im Ergebnis läge dann auch ein Nichtanwendungserlass vor, wenn die Initiative von der Verwaltung ausgeht.

4.2.2.3 Beurteilung von Tatsachen

255c In Tz. 78 der Beschlussbegründung klammert der Große BFH-Senat seine Rechtsfindung zur **objektiv richtigen** Rechtslage gegenüber den möglichen **subjektiven** Fehlern des Kaufmanns durch Berücksichtigung „unzutreffender Tatsachen (Prognosen oder Schätzungen)“ aus. Die Letztgenannten sind nicht Gegenstand seines Beschlusses (Tz. 78). „Tatsachen“ werden gewöhnlich mit „Sachverhalten“ identifiziert; das macht den Inhalt des „Unzutreffenden“ in dieser Aussage des Großen Senats schwer verständlich. Gemeint sein können nur Prognosen oder Schätzungen des Kaufmanns, die sich mit der besseren Erkenntnis ex post als unzutreffend erweisen. Die Frage ist dann, inwieweit die vom Großen Senat nicht behandelten „Tatsachen“ oder „Sachverhalte“ der subjektiven Richtigkeit unterliegen können oder nicht. Nach einer Entscheidungsinterpretation[2] soll „grundsätzlich“ (?) die auf Rechtsfragen beschränkte Entscheidung des Großen Senats auf Tatsachenfragen zu **übertragen** sein. Auch hier bestehe keine Bindung des Finanzamts und der Gerichtsbarkeit an vertretbare Sachverhaltsbeurteilungen des Steuerpflichtigen. Das Finanzamt habe den richtig ermittelten Sachverhalt seiner Rechtsbeurteilung zugrunde zu legen. Auf dieser argumentativen Grundlage wird dann die Gültigkeit der „subjektiven“ (handelsrechtlichen) Wertaufhellungskonzeption (→ Rz. 73), die auf den subjektiven Erkenntnisstand am Tag der Bilanzaufstellung (→ Rz. 84) abstellt, als überholt (durch Aufgabe des subjektiven Fehlerbegriffs durch den Großen BFH-Senat) beurteilt. Deshalb seien nicht nur die bis zur Bilanzaufstellung, sondern die **bis zur Veranlagung** bekanntgewordenen Tatsachen und Erkenntnisse über die am Bilanzstichtag gegebenen tatsächlichen („objekti-

---

1 So *Oser*, DB 2013 S. 2466.
2 *Weber-Grellet*, DStR 2013 S. 732.

ven") Verhältnisse zu berücksichtigen.[1] So verstanden müsste auch die gerichtliche Entscheidung über „richtig" oder „falsch" erst möglicherweise im Rahmen einer Bp-Berichtigungsveranlagung oder gar erst eines Gerichtsurteils berücksichtigt werden.

DAZU FOLGENDES BEISPIEL[2] ► Die G-GmbH hat am 31.12.01 eine überfällige Forderung gegen die S-GmbH von 1.000. G rechnet mit einem Totalausfall der Forderung und schreibt sie zum 31.12.01 vollumfänglich ab. Vollstreckungsversuche in den Jahren 02 und 03 schlagen fehl. Am 27.8.05 gewinnt Sim Lotto (alternativ beteiligt sich eine solvente D-GmbH mit 75 % an der S). Diese bezahlt alsbald die Schuld von 1.000 an G nebst Zinsen. Die Veranlagungen für 01 bis 03 erfolgen unter Vorbehalt. Gerade noch vor Durchführung der endgültigen Veranlagungen der Jahre 01 bis 03 erfährt das Finanzamt vom Lottogewinn bzw. von der Beteiligung der D. Es stellt eine objektiv falsche Bilanzierung für 01 fest und veranlagt am 18.9.05 endgültig ohne die Abschreibung für die Forderung. Die Bp hatte nach ihrem Erkenntnisstand bei Abschluss der Prüfung am 16.6.05 die Abschreibung im Jahr 01 akzeptiert.

Das Beispiel zeigt: Auch die Bp wird durch die Ausdehnung des Aufhellungszeitraums bis zur endgültigen Veranlagung überfordert, aber auch das zur Veranlagung berufene Finanzamt. Dazu folgende Ausweitung des vorstehenden Beispiels:

BEISPIEL ► Mit unveränderten übrigen Zeitpunkten gewinnt die S erst am 30.11.05 im Lotto bzw. erfolgt erst dann die Beteiligung der D.

Bei der Veranlagung erschien dem Finanzamt die Sachverhaltsbeurteilung durch die Bp als zutreffend. Entsprechend akzeptierte auch das Finanzamt im Rahmen des Steuerbescheids die 01 vorgenommene Abschreibung. Nach dem Kenntnisstand am 30.11.05 war die vom Finanzamt unterstellte Sachverhaltslage **objektiv falsch.** Man kann auch so formulieren: Die Veranlagung war **subjektiv richtig.** Auch das Finanzamt kann Opfer des mangelhaften Einblicks in die künftigen Entwicklungen eines Sachverhalts sein. Die erwünschte „objektive Richtigkeit" der Steuerfestsetzung wird auch in diesem Falle nicht erreicht.

ZUM GANZEN NOCH FOLGENDES BEISPIEL[3] ► Die U, eine große GmbH, stellt ihren handelsrechtlichen Jahresabschluss für 00 entsprechend den gesetzlichen Vorgaben (→ § 264 Abs. 1 Satz 3 HGB) bis zum 31.3.02 auf. Gleichzeitig, da für die Berechnung der Steuerrückstellungen ohnehin benötigt, stellt sie auch die Steuerbilanz auf.

Ein wesentlicher Bilanzierungssachverhalt betrifft eine Kundenforderung über 2 Mio. €. Der Kunde hat im Dezember 01 Insolvenz angemeldet. Nach allen bei Bilanzaufstellung verfügbaren Informationen ist mit einer relevanten Insolvenzquote nicht zurechnen. Die U schreibt die Forderung daher vollständig ab. Aufgrund unvorhersehbarer, werterhellender Umstände stellt sich die Sachlage ab Mitte 02 besser dar. Der Insolvenzverwalter teilt daher im August 02 eine voraussichtliche Insolvenzquote von 60 % (1,2 Mio. €) mit. Im September 02 gibt die U ihre Steuererklärungen für 01 ab.

Die U-GmbH hat bei Bilanzaufstellung die Forderung auf Basis **aller verfügbaren Informationen,** und damit **subjektiv richtig,** mit 0 € bewertet. Nach Bilanzaufstellung und damit außerhalb des Werterhellungszeitraums nach § 252 Abs. 1 Nr. 4 HGB stellt sich jedoch heraus, dass diese Bewertung objektiv falsch war. Für die Handelsbilanz 01 bleibt diese nachträgliche Erkenntnis irrelevant. Fraglich ist aber, ob für die Steuerveranlagung ein anderer, objektiver Fehlerbegriff gilt?

Unseres Erachtens gilt auch steuerlich die **handelsrechtliche** Wertaufhellungsgrenze (→ Rz. 94). Nur die bis zur Erstellung bei bestem Bemühen vorliegenden Erkenntnisse sind auch steuerbilanziell zu berücksichtigen, nicht aber solche, die danach verfügbar sind. In Gegenüberstellung mit der Beurteilung von **Rechts**fragen gilt für **Tatsachen:** Die einheitliche Aus-

1 So auch *Schmidt/Weber-Grellet,* EStG, 35. Aufl. 2016, § 5 EStG Tz. 81; *Weber-Grellet* in FS Reiß, 2008, S. 492; ähnlich *Herfurth,* StuB 2014 S. 126.

2 Vgl. *Hoffmann,* StuB 2013 S. 318; *ders.* in Littmann/Bitz/Pust, EStG §§ 4, 5 Tz. 534c.

3 Nach *Lüdenbach,* StuB 2014 S. 380, mit den folgenden Erläuterungen.

legung von Rechtsfragen (nur) in den Schranken der verfahrensrechtlichen Grenzen dient der Gleichmäßigkeit der Besteuerung, genauso die Nichtberücksichtigung von Erkenntnissen nach Ablauf des Werterhellungszeitraumes.

4.2.2.4 Ermessensspielräume des Kaufmanns

255d Kommen wir nun zurück zu der revolutionär klingenden Ablehnung des **Wertaufhellungstheorems** (→ Rz. 255c). Dazu wird folgende Ausnahme vorgetragen: Es soll einen **Vorrang** der Beurteilungen des bilanzierenden Steuerpflichtigen, die auf der Ausübung kaufmännischen Ermessens beruhen – Schätzungen, Prognosen, Abschreibungen etc. –, geben („Einschätzungsprärogative"). Damit sind viele wesentliche Bilanzposten angesprochen, wie der eine, der im Beispiel unter → Rz. 255c herausgegriffen worden ist. Abschreibungsbemessungen, Ansatz und Bewertung von langfristigen Rückstellungen, Abschreibungen auf Vorrätebestände oder Beteiligungen sind als weitere Beispiele zu nennen. Dann soll wieder die vom Kaufmann im Rahmen seines Ermessensspielraums gewählte Bilanzierung, die auf **vertretbaren** Prognosen beruht, ihre Gültigkeit erfahren. Die tradierte Wertaufhellungstheorie hat danach also doch noch nicht abgewirtschaftet, erst recht nicht durch den Beschluss des Großen BFH-Senats. Man kann in dieser Lesart die Interpretation des GrS-Beschlusses der unstreitig vom Finanzamt vorzunehmenden Sachverhaltsbeurteilung (auch im Rahmen einer Bp) wie folgt verstehen: Sie muss den ordnungsgemäß begründeten Kenntnisstand des bilanzierenden Kaufmanns am Erstellungstag feststellen, nicht aber spätere Entwicklungen, die zu diesem Zeitpunkt nicht absehbar waren und möglicherweise auch dem Finanzamt bei Veranlagung nicht bekannt sein konnten, berücksichtigen. Nur in einer solchen Lesart kann die Ausweitung des Beschlusses des Großen Senats auf Sachverhaltsermittlungen sinnvoll interpretiert werden. Oder anders formuliert: Mit der Bilanzierung darf nicht so lange gewartet werden, bis jeder Bilanzposten als objektiv richtig in Erscheinung tritt.

BEISPIEL: Die G-GmbH erteilt ihrem alleinigen Geschäftsführer – ohne Unterhaltsverpflichtungen und bei bester Gesundheit – eine Pensionszusage im Alter von 35, Rentenauszahlungsbeginn mit Vollendung des 65. Lebensjahres. Ob der Geschäftsführer dieses Alter erreicht und wie lang dann seine Rentenbezüge noch zu bezahlen sind, weiß man erst 30 oder 50 Jahre später, der Geschäftsführer kann im 40. Lebensjahr einen tödlichen Unfall erleiden. Die bis dahin etwa nach § 6a EStG aufgebaute Pensionsverpflichtung erweist sich dann in ihrer Berechnung und hier auch im Ansatz als unzutreffend. Sollte tatsächlich ein solcher Unfall passieren, könnte die verpflichtete G-GmbH nach fünf Jahren zutreffend bilanzieren, ansonsten müsste sie weitere 25 oder 45 Jahre mit der Bilanzierung dieses Postens warten.

Auch aus dieser Perspektive lässt sich folgern: Durch den Beschluss des Großen Senats hat sich an den steuerlichen Bilanzierungsvorschriften nichts geändert, man kann ihm nur eine klarstellende Bedeutung zur Frage der Berücksichtigung von reinen Rechtsfragen der Bilanzierung zugestehen.

4.2.2.5 Objektive vs. subjektive Richtigkeit bzw. Fehlerhaftigkeit

255e Durch den unter → Rz. 255a behandelten Beschluss des Großen BFH-Senats GrS 1/10 a. a. O. ist – so wenigstens in der Pressemitteilung des BFH veröffentlicht – der subjektive Fehlerbegriff zu Rechtsfragen der Bilanzierung **aufgegeben** worden. Zu Sachverhaltsfragen oder wenigstens den notwendigen Beurteilungen und Ermessensentscheidungen des Bilanzierers (→ Rz. 255a) ist dagegen keine Entscheidung ergangen, d. h., der **subjektive Fehler**begriff soll hier weiterhin seine Gültigkeit beanspruchen dürfen. Damit ist auch die **objektive Richtigkeit** begrifflich (als

Gegensatz) bestätigt worden. Unseres Erachtens sollte über den Sinngehalt dieses so anmutig klingenden, aber eher Missverständnisse auslösenden **Gegensatzpaares** nachgedacht werden.

Ausgangspunkt dieser Überlegungen ist der **Wesensgehalt** einer Bilanz, auch **Vermögens**übersicht genannt. Sie ist durch eine Fülle von Einschätzungserfordernissen des Bilanzierers gekennzeichnet, die im Mantel der scheinbar mathematisch exakten Struktur verborgen sind.[1] Jenseits der betriebswirtschaftlichen Schlichtheit einer Eisdiele, die vom 1.11. bis zum 28.2. schließt, gibt es kein Unternehmen, das **„die"** richtige Bilanz erstellen kann. Zu vielen **Unwägbarkeiten** über künftige Entwicklungen ist auch der klügste und sorgfältigste Bilanzierer (Kaufmann) ausgeliefert, z. B. beim Ansatz und bei der Bewertung von Verbindlichkeitsrückstellungen (→ § 249 Rz. 5). Es muss deshalb immer eine **ganze Reihe** potenziell richtiger Bilanzen des einen Unternehmens zu dem betreffenden Stichtag geben. Das gilt gerade auch unter Anwendung der **Wertaufhellungstheorie** (→ Rz. 70 ff.), die weder in der subjektiven noch in der objektiven Ausprägung das hier dargestellte Problem lösen kann; auf das Beispiel unter → Rz. 77 sei verwiesen.

Wenn nun eine solche mit größtmöglicher Sorgfalt erstellte Bilanz als nur **subjektiv richtig,** aber **objektiv falsch** gekennzeichnet wird, verbirgt sich hinter diesem (scheinbar) logischen Gegensatzpaar ein grobes **Missverständnis** über den unter → Rz. 255e dargestellten Wesensgehalt einer Bilanz. Diese ist nun einmal durch die mangelnde Möglichkeit zur Erkenntnis des Kaufmanns über künftige Entwicklungen oder schon vorhandene Sachverhalte (→ Rz. 255g) gekennzeichnet. Sofern ein Betrachter oder Prüfer der Bilanz zum 31.12.01 drei Jahre nach deren pflichtgemäßer Erstellung den Eingang einer wertberichtigten Forderung oder das Gegenteil – Nichteingang einer nicht wertberichtigten Forderung – feststellt, kann er 05 die Bilanzierung für 01 als falsch werten. Nur kämpft er gegenüber dem Bilanzierer zum 31.12.01 mit Erstellung am 28.3.02 mit einer unvergleichlich längeren Lanze. Schon deswegen kann dem ordentlichen Bilanzierer zum 31.12.01 nicht – ob objektiv oder sonstwie gekennzeichnet – ein Fehler entgegengehalten werden. Er hat nicht subjektiv richtig, sondern **einfach richtig** bilanziert. Im Beispiel unter → Rz. 255d stellt sich der objektive **Fehler** in der üblichen Terminologie fünf Jahre später heraus und die objektive Richtigkeit nach 30 Jahren (Rentenbeginn); oder erst nach seinem Tod, wenn die Rentenlaufzeit endet, kennt man die objektiv richtige Bilanzierung. Daraus folgt: In der Praxis gibt es **keine objektiv richtige** Bilanz, mit der irgendjemand etwas anfangen kann. Und weiter: Kein Betrachter oder Prüfer kann mit seinem besseren Kenntnisstand zum 12.5.05 die nach bestem Wissen und größtmöglicher Sorgfalt erstellte Bilanz zum 31.12.01 als fehlerhaft brandschatzen. 255f

Die erforderlichen Ermessensentscheidungen und Schätzungen bei der Bilanzierung gibt es nicht nur bei **zukunftsorientierten** Bilanzposten oder beiläufig abzubildenden Sachverhalten. Auch bei **Vergangenheitsbezug** sind häufig keine exakten Werte feststellbar oder mit vertretbarem Aufwand (→ Rz. 243) ermittelbar. Als Beispiele mögen die Kostenschlüsselungen für die Aufteilung von Gemeinkosten oder die Aufteilung von Anschaffungskosten bei Sammelerwerben *(Asset-Deal)* von Vermögensgegenständen (→ § 255 Rz. 54 ff.) dienen. Nochmals ist festzustellen: Die Bilanzierung bewegt sich in einer Welt der Ungenauigkeit, die **nie** in die objektive Richtigkeit transformierbar ist. Und wenn es diese nicht gibt, sollte man sie nicht in die Diskussion einführen. 255g

1 Ähnlich *Drüen*, GmbHR 2013 S. 506.

4.2.2.6 Bilanzberichtigung zugunsten des Steuerpflichtigen

255h Aus der Entscheidung des Großen BFH-Senats GrS 1/10 (→ Rz. 255a) lassen sich bzgl. einer Bilanzberichtigung folgende Sachverhalte anhand des BFH-Urteils zur Rückstellung für Betriebsprüfungskosten (→ § 249 Rz. 117) mit dem zugehörigen BMF-Schreiben[1] darstellen.[2]

BEISPIEL ▸ Klärung einer streitigen Rechtsfrage durch den BFH

Großbetrieb A hat sich bei der Aufstellung der Bilanz zum 31.12.2011 am 1.3.2012 gegen eine Rückstellung wegen der Kosten einer künftigen Außenprüfung entschieden, weil am Bilanzstichtag noch keine Prüfungsanordnung vorlag. Am 6.6.2012 entscheidet der BFH zugunsten der Steuerpflichtigen, bei Großbetrieben sei für die Rückstellungsbildung eine Prüfungsanordnung nicht erforderlich. A kann nun eine Bilanzberichtigung beantragen, sofern der Steuerbescheid für 2011 noch änderbar ist. Das Finanzamt kann die Bilanzberichtigung nicht mit der Begründung ablehnen, die unterlassene Bildung einer Rückstellung durch A sei vertretbar gewesen.

BEISPIEL ▸ Bilanzberichtigung zwecks Klärung der Rechtsfrage

A führt einen Mittelbetrieb i. S. von § 4 Abs. 3 BpO. Er hat zum 31.12.2011 keine Rückstellung für die Kosten einer künftigen Außenprüfung gebildet, weil am Bilanzstichtag keine Prüfungsanordnung vorlag; der Steuerbescheid ergeht unter dem Vorbehalt der Nachprüfung. Als A von der BFH-Entscheidung zur Rückstellung bei Großbetrieben erfährt, beantragt er eine Bilanzberichtigung bei seinem unter dem Vorbehalt der Nachprüfung stehenden Bescheid, weil er der Auffassung ist, die BFH-Rechtsprechung lasse sich auf Mittelbetriebe übertragen. Das Finanzamt kann diesen Antrag nicht mit der Begründung ablehnen, die bisherige Bilanzierung des A sei nicht nur objektiv richtig, sondern auch subjektiv fehlerfrei gewesen. Vielmehr kann das Finanzamt die Bilanzberichtigung nur mit der Begründung ablehnen, bei Mittelbetrieben scheide eine Rückstellung aus, wenn keine Prüfungsanordnung vorliege.[3] A kann hiergegen mit einem Einspruch und ggf. einer Klage vorgehen und durch die Rechtsprechung klären lassen, ob sich die BFH-Rechtsprechung auch auf Mittelbetriebe übertragen lässt.

BEISPIEL ▸ Von der Verwaltungsauffassung abweichende Bilanzierung

A führt einen Mittelbetrieb i. S. von § 4 Abs. 3 BpO und passiviert zum 31.12.2012 eine Rückstellung für die Kosten einer künftigen Außenprüfung, obwohl noch keine Prüfungsanordnung vorliegt. A hält die Verwaltungsauffassung für falsch,[4] nach der bei Klein- und Mittelbetrieben eine Prüfungsanordnung für eine Rückstellungsbildung erforderlich ist. Das Finanzamt wird die Rückstellung nicht anerkennen. Sollte später aber einmal der BFH auch bei Mittelbetrieben eine Rückstellung für die Kosten einer künftigen Außenprüfung anerkennen, ohne hierfür eine Prüfungsanordnung am Bilanzstichtag zu verlangen, kann A eine Bilanzberichtigung zu seinen Gunsten beantragen, sofern der Steuerbescheid für 2012 noch änderbar ist. A muss im Gegensatz zur bisherigen Verwaltungsauffassung nicht mehr durch einen Vermerk oder Zusatz bei der Bilanzaufstellung deutlich machen, er strebe einen von der Verwaltungsauffassung abweichenden Ansatz an,[5] um eine spätere Bilanzberichtigung zu ermöglichen. Es genügt, wenn sich aufgrund einer neuen BFH-Rechtsprechung später die objektive Unrichtigkeit der Bilanz herausstellt.

Nach Ergehen eines für den Steuerpflichtigen günstigen Urteils mit der Möglichkeit der **Bilanzberichtigung** kann der Antrag nach § 4 Abs. 2 Satz 1 EStG gestellt werden, und zwar vor Erlass des Steuerbescheids, während des Vorbehaltszeitraums oder im Rahmen einer Bp. Selbst während eines Klageverfahrens außerhalb der Bilanzierungsmaterie (Streit geht um einen Sonderausgabenabzug) ist ein Bilanzberichtigungsantrag möglich.[6]

1 BFH, Urteil v. 6. 6. 2012 – I R 99/10, BStBl II 2013 S. 196; dazu BMF, Schreiben v. 7.3.2013, BStBl I S. 274.

2 Nach *Rätke*, StuB 2013 S. 400.

3 So auch BMF, Schreiben v. 7.3.2013 – IV C 6 – S 2137/12/10001, BStBl 2013 I S. 274.

4 Vgl. BMF, Schreiben v. 7.3.2013 – IV C 6 – S 2137/12/10001, BStBl 2013 I S. 274.

5 R 4.4 Abs. 1 Satz 6 EStH 2009; zuvor BMF, Schreiben v. 11.3.2008 – IV B 2 – S 2175/07/0002, BStBl 2008 I S. 496.

6 *Rätke*, StuB 2013 S. 400.

Allerdings müssen die verfahrensrechtlichen Voraussetzungen zur Berücksichtigung einer Bilanzierung vorliegen, nämlich

- Einreichung der (bisherigen) Bilanz und der Steuererklärung noch ohne Veranlagung,
- Steuerbescheid unter Nachprüfungsvorbehalt.

Das Finanzamt kann seinerseits im Rahmen der Veranlagung bei ermittelter Unrichtigkeit der Bilanz von der eingereichten Steuerbilanz abweichen. Andererseits darf das Finanzamt nach § 176 Abs. 1 AO im Gefolge eine Änderung der höchstrichterlichen Rechtsprechung einen Steuerbescheid nicht zuungunsten des Steuerpflichtigen ändern.

4.2.3 Bestandskraft von Steuerbescheiden und Verjährung

Die Rechtsdogmatik vom **Vorrang** des richtigen Totalgewinns (→ Rz. 255) gerät in Konflikt mit **steuerverfahrensrechtlichen** Instituten.[1] Fehler im Besteuerungsverfahren können bei Bestandskraft der zugehörigen Veranlagung und bei Verjährung regelmäßig nicht mehr zu(un)gunsten des Steuerpflichtigen geändert werden. 256

BEISPIEL[2] Ein bilanzierender Steuerpflichtiger hatte jahrelang fälschlicherweise die Umsatzboni von einem Lieferanten für das Vorjahr erst im Folgejahr bei der Auszahlung als Einnahme erfasst. Im Jahr der Richtigstellung (unterstellt 05) wurden zwei Bonusabrechnungen erfasst: die Vereinnahmung für das Vorjahr und die Aktivierung für das laufende Jahr. Die Veranlagungen für die Jahre vor der Richtigstellung waren bestandskräftig.

BEISPIEL Ein bilanzierender Steuerpflichtiger wird im Jahr 01 mit Gewährleistungsansprüchen konfrontiert. Fälschlicherweise bucht er die Verpflichtung nicht ein. Die Veranlagung für 01 wird rechtskräftig. Im Jahr 05 muss er die Verpflichtung in bar erfüllen. Die Zahlung ist steuerlich abzugsfähig, und zwar 03, weil – unterstellt – dieses Veranlagungsjahr noch nicht bestandskräftig war.

Die ständige BFH-Rechtsprechung löst beide Fälle in den Beispielen unter → Rz. 256 nach dem Theorem des **formellen Bilanzenzusammenhangs** (sog. Zweischneidigkeit der Bilanz). Dieser besagt: Die Richtigstellung des Bilanzierungsfehlers, der in einem bestandskräftigen Veranlagungszeitraum erfolgt ist, muss in der **Schlussbilanz** des ersten verfahrensmäßig noch offenen Veranlagungszeitraums erfolgen. Durch diese Technik wird der Bilanzierungsfehler im Entstehungsjahr durch einen **weiteren Fehler** im Berichtigungsjahr korrigiert: „Zweimal falsch ist einmal richtig" – richtig i. S. der Erreichung des zutreffenden **Totalgewinns** (→ Rz. 255). 257

Gegen diese vom BFH präferierte Lösung wird die **Nichtbeachtung** der **verfahrensrechtlichen** Vorgaben der Bestandskraft und der Verjährung vorgebracht. Diese würden durch die Anwendung des formellen Bilanzenzusammenhangs beiseitegeschoben. Um diesen Geltung zu verschaffen, müsse die Richtigstellung des Bilanzierungsfehlers im Entstehungsjahr korrigiert werden. Die entsprechende Lehre vom **materiellen** Bilanzenzusammenhang verlangt demnach eine virtuelle Fehlerkorrektur im bestandskräftigen Entstehungsjahr, buchungstechnisch zu vollziehen durch Einbuchung des richtigen Bilanzansatzes in der **Eröffnungsbilanz** des ersten 258

1 Vgl. zum Folgenden *Hoffmann* in Littmann/Bitz/Pust, EStG, §§ 4, 5 Tz. 518 ff.
2 Nach BFH, Urteil v. 14.1.1960 – IV 108/58 U, BStBl III S. 137.

noch bestandsoffenen Wirtschaftsjahres mit folgenden Effekten bei den Beispielen unter → Rz. 256:

- Der in die Eröffnungsbilanz für 05 erfolgsneutral eingebuchte **Bonusanspruch** für 04 führt bei Vereinnahmung im Jahr 05 nicht zu einer Gewinnerhöhung. Diese erfolgt nur „einfach" durch Einbuchung des Anspruchs für 05 in der Schlussbilanz für 05.
- Die Einbuchung der **Gewährleistungsrückstellung** in das bestandskräftige Jahr 01 – buchungstechnisch in die Eröffnungsbilanz für 03 – macht die Erfüllung der Verpflichtung 05 erfolgsneutral.

259 Der **Ergebnisvergleich** zwischen dem formellen und materiellen Bilanzenzusammenhang zeigt:

- Die **formelle** „Theorie" bedient sich des Rechtsinstituts des Bilanzenzusammenhangs (→ Rz. 255), um den richtigen **Totalgewinn** zu erfassen.
- Die **materielle** Theorie misst dem verfahrensrechtlichen Aspekt der Bestandskraft und der Verjährung Vorrang zu, opfert dabei durch Durchbrechung des Bilanzenzusammenhangs (Fehlerkorrektur in der Eröffnungsbilanz) die zutreffende Erfassung des Totalgewinns. Die beiden fraglichen Bilanzen sind richtig, das Gesamtergebnis aber falsch: Zweimal richtig ist einmal falsch.

Unseres Erachtens ist der vom BFH vertretenen[1] Theorie des formellen Bilanzenzusammenhangs, die auch die Finanzverwaltung akzeptiert,[2] aus **zwingenden ökonomischen Fakten** (→ Rz. 59, → Rz. 255) zu folgen: Bilanzen können nie objektiv richtig sein, sondern nur eine vernünftige Beurteilung des Kaufmanns zum Inhalt haben. Diese Einschätzung zu einem Sachverhalt ist immer **subjektiv** und nähert sich im Zeitverlauf der **objektiven** Richtigkeit an. Dieses Zeitintervall kann sehr kurz sein – die Forderung am Stichtag geht kurz darauf ein –, der Sachverhalt kann aber auch erst Jahrzehnte später endgültig abgewickelt sein – die Pensionsverpflichtung ist durch den Tod des Berechtigten erfüllt, das Gebäude abgebrochen –, so dass keine Wertanpassung mehr erforderlich ist. Sinnvollerweise sollte man das Gegensatzpaar „subjektiv richtig" und „objektiv falsch" nicht mehr in die Diskussion einführen (→ Rz. 255f).

Nach u. E. zutreffender Auffassung des FG Sachsen-Anhalt gelten die Grundsätze des formellen Bilanzzusammenhangs nur zwischen Bilanzen, die der **Steuerpflichtige selbst** aufgestellt bzw. berichtigt hat und die der Veranlagung des Vorjahres zugrunde lagen. Weicht hingegen das Finanzamt (im Rahmen einer Betriebsprüfung) fehlerhaft von der Bilanz des Steuerpflichtigen ab, wird dieser Bilanzierungsfehler nicht Teil der maßgeblichen Steuerbilanz. Insoweit entsteht keine von der Bilanz des Steuerpflichtigen abweichende „Veranlagungsbilanz", die in den Folgejahren über den Bilanzenzusammenhang korrigiert werden könnte. In einem solchen Fall muss vielmehr die (richtige) Bilanz des Steuerpflichtigen für den Betriebsvermögensvergleich im Folgejahr herangezogen werden.[3]

BEISPIEL ▸ Das Finanzamt hat zu Unrecht in der Prüferbilanz zum 31.12.05 eine Umsatzsteuer-Verbindlichkeit der U passiviert und das Jahr 05 entsprechend bestandskräftig veranlagt. Die U führt die Verbindlichkeit in ihren Bilanzen für 06 bis 08 nicht fort.

1 Zum Beispiel BFH, Urteil v. 10.11.1997 – GrS 1/96, BStBl 1998 II S. 83; BFH, Urteil v. 11.2.1998 – I R 150/94, BStBl II S. 503; BFH, Urteil v. 16.5.1990 – X R 72/87, BStBl II S. 1044; BFH, Beschluss v. 29.11.1965 – GrS 1/65 S, BStBl 1966 II S. 142.

2 R 4.4 EStR 2008.

3 FG des Landes Sachsen-Anhalt, Urteil v. 27.2.2019 – 3 K 972/14.

Die unzutreffende Prüferbilanz kann nicht für den Betriebsvermögensvergleich des Streitjahres 2008 herangezogen und gewinnerhöhend aufgelöst werden, da die Grundsätze des formellen Bilanzzusammenhangs nur zwischen Bilanzen gelten, die der Steuerpflichtige selbst aufgestellt bzw. berichtigt hat und die der Veranlagung des Vorjahres zugrunde lagen. Zu einer gewinnerhöhenden Auflösung der Verbindlichkeit kommt es daher 08 nicht.

Betroffen vom formellen Bilanzenzusammenhang sind bei Mitunternehmerschaften auch Sonderbetriebseinnahmen/-ausgaben. Der BFH hält deshalb Folgendes fest: Werden Sonderbetriebsausgaben, die aus privaten Mitteln bestritten worden sind (Anwaltskosten im Zusammenhang mit der Durchsetzung von Gesellschafterrechten), im Jahr der Entstehung des Aufwands irrtümlich nicht berücksichtigt, kommt eine erfolgswirksame Nachholung in einem Folgejahr nach den Grundsätzen des formellen Bilanzenzusammenhangs nicht in Betracht.[1]

4.2.4 Die Vornahme der Bilanzberichtigung

Einfach verhält sich das Berichtigungsverfahren in den vorstehend angesprochenen Sachverhalten, bei denen zu jedem folgenden Bilanzstichtag eine Wertanpassung aufgrund neuer Erkenntnisse erforderlich ist, z. B. bei der Rückstellungsbewertung für einen Produkthaftungsfall. Da die betreffenden Bilanzansätze – unterstellt – subjektiv richtig sind (→ Rz. 255), passt die übliche Terminologie „Bilanz**berichtigung**“ eigentlich nicht. Es handelt sich um Bilanz**anpassungen** wegen besserer Erkenntnisse im Zeitverlauf. 260

In diesen Fällen ist die Korrektur regelmäßig erfolgswirksam vorzunehmen. Wenn sich der bisherige falsche Bilanzansatz allerdings im **Ergebnis** nicht ausgewirkt hat, muss die Korrektur erfolgsneutral erfolgen.[2]

BEISPIEL ▸ Die Beteiligungen an der Komplementär-GmbH sind vom Kommanditisten nicht in das Sonder-Betriebsvermögen II eingebucht worden (→ § 246 Rz. 435).

Anders verhält es sich, wenn ein abnutzbares Wirtschaftsgut des notwendigen Betriebsvermögens versehentlich nicht bilanziert worden ist. Dann ist in einer „Schattenrechnung“ der Einbuchungswert so zu ermitteln, als ob schon immer richtig bilanziert worden wäre. Die AfA im Zeitraum ohne Bilanzansatz ist dann verloren.[3] In diesem Fall fehlt es an einem **fortführbaren** Bilanzenzusammenhang.[4]

Ein solcher liegt wiederum vor, wenn eine Teilwertabschreibung unzulässig erfolgt oder die AfA falsch berechnet worden ist. Hier ist die AfA ab dem Berichtigungsjahr so anzupassen, dass sich der Fehler im restlichen Nutzungszeitraum „selbst korrigiert“.[5] Die Schranke für eine solche AfA-Korrektur liegt beim Verstoß gegen Treu und Glauben, wenn also der Steuerpflichtige eine AfA bewusst unterlässt, um sich einen steuerlichen Vorteil zu verschaffen.[6] 261

1 BFH, Urteil v. 17.6.2019 – IV R 19/16.
2 Sog. Stornierungstheorie: BFH, Urteil v. 25.1.1985 – III R 130/80, BStBl II S. 309; BFH, Urteil v. 20.10.2015 – VIII R 33/13, DStR 2016 S. 904 Tz. 35.
3 H 7.4 EStH 2008, „unterlassene oder überhöhte AfA. BFH, Urteil v. 15.12.1993 – X R 102/92, BFH/NV 1994 S. 543; BFH, Urteil v. 26.11.2008 – X R 23/05, BFH/NV 2009 S. 814; BFH, Urteil v. 24.10.2001 – X R 153/97, BStBl 2002 II S. 75.
4 BFH, Urteil v. 28.1.1992 – VIII R 28/90, BStBl II S. 881; BFH, Urteil v. 24.10.2001 – X R 153/97, BStBl 2002 II S. 75; BFH, Urteil v. 9.5.2012 – X R 38/10, DB 2012 S. 1743 Tz. 26.
5 BFH, Urteil v. 4.5.1993 – VIII R 14/90, BStBl II S. 661.
6 BFH, Urteil v. 5. 3. 1980 – II R 19/75, BStBl II S. 255; BFH, Urteil v. 3.7.1980 – IV R 31/77, BStBl 1981 II S. 255.

Bei **zu niedriger AfA** wegen unrichtiger Bemessungsgrundlage ist die AfA vom berichtigten Wert unter Berücksichtigung der bisher verrechneten AfA neu zu bestimmen. Bei festen AfA-Prozentsätzen (z. B. Gebäude) verlängert sich dadurch der Nutzungszeitraum.

262 Ein **fortführbarer** Bilanzenzusammenhang fehlt auch in folgenden Fällen:[1]

- Nichtberücksichtigung eines **Entnahmegewinns.**
- Nichtberücksichtigung der privaten **Pkw-Nutzung.**
- **Nichteinlage** der Kosten für die betriebliche Nutzung des Pkw im Privatvermögen.
- **Außerbilanzielle** Zurechnungen und Kürzungen.[2]

Hier ist die Fehlerkorrektur nur im betreffenden Zeitraum möglich, dessen Veranlagung indes u. U. bestandskräftig ist.

263 Trotz einfach strukturierter Rechtsdogmatik hat sich im Zeitverlauf in der BFH-Rechtsprechung eine reichhaltige Kasuistik herausgebildet, die in der nachstehenden Tabelle zusammengestellt ist:[3]

Bilanzierungsfehler mit Gewinnauswirkung

Verjährte Schuld	BFH v. 3.6.1992 – X R 50/91, BFH/NV 1992 S. 741
Früher entstandene Forderungen	BFH v.10.3.1989 – III R 190/85, BFH/NV 1990 S. 358
Fehlende Kreditorenverbuchung	FG Baden-Württemberg v. 10.9.1987 – XII V 4/86, EFG 1988 S. 405
Haftungsinanspruchnahme für Steuerschuldner des Übergebers bei Betriebsübernahme	BFH v. 2.5.1984 – VIII R 239/82, BStBl II S. 695
Nicht belegbare Darlehenverbindlichkeit gegenüber ausländischen Geschäftspartnern	BFH v. 22.1.1985 – VIII R 29/82, BStBl II S. 308
Unzulässigerweise bilanzierte Pensionszusage an mitarbeitenden Ehegatten	BFH v. 16.5.1990 – X R 72/87, BStBl II S. 1044; BFH v. 10.12.1992 – IV R 118/90, BStBl 1994 II S. 381
Pensionszusage an Gesellschafter-Geschäftsführer	BFH v. 13.1.1977 – IV R 9/73, BStBl II S. 472
Passive Abgrenzung für Erschließungskosten bei Erbbauverpflichteten, wenn der Erbbauberechtigte diese Kosten übernimmt	BFH v. 8.12.1988 – IV R 33/87, BStBl 1989 II S. 407
Aus- und Einbuchung bei Tauschgeschäften	BFH v. 14.12.1982 – VIII R 53/81, BStBl 1983 II S. 303
„Nachholung" einer 6b-Rücklage	BFH v. 14.12.1982 – VIII R 53/81, BStBl 1983 II S. 303
Erfolgswirksame Berichtigung einer Verbindlichkeitsrückstellung bei nicht mehr drohender Inanspruchnahme, auch wenn die Rückstellung in einer früheren Eröffnungsbilanz erfolgsneutral eingebucht worden ist	BFH v. 17.1.1973 – I R 204/70, BStBl II S. 320
In Vorjahren zu Unrecht aktivierte Aufwendungen sind erfolgswirksam abzuschreiben	BFH v. 12.11.1992 – IV R 59/91, BStBl 1993 II S. 392
Änderung der Rechtsprechung des BFH kann fehlerhaften Bilanzansatz bewirken, der im ersten möglichen Veranlagungsjahr zu berichtigen ist	BFH v. 12.11.1992 – IV R 59/91, BStBl 1993 II S. 392

1 Ähnlich *Heinicke* in Schmidt, EStG, 35. Aufl. 2016, § 4 Tz. 710.
2 BFH, Urteil v. 30.1.2013 – I R 54/11, DStR 2013 S. 1022.
3 Nach *Hoffmann* in Littmann/Bitz/Pust, EStG, §§ 4, 5 Tz. 546 ff.; siehe auch die Übersicht bei *Heinicke*in Schmidt, EStG, 35. Aufl. 2016, § 4 Tz. 715 ff.

Wegfall einer zunächst nicht passivierten Rentenverpflichtung	BFH v. 26.6.1996 – XI R 41/95, BStBl 1996 II S. 601
Unvollständige Aktivierung eines Wirtschaftsgutes, hier: Mietereinbau	BFH v. 9.5.2012 – X R 38/10, DStR 2012 S. 1743
Die Grundsätze des Bilanzenzusammenhangs gelten generell interpersonell, z. B. ► bei Schenkungen ► nach Einbringung eines Einzelunternehmens in eine Kapitalgesellschaft ► nach Einbringung eines Einzelunternehmens in eine Personengesellschaft ► nach Einbringung einer Personengesellschaft in eine Kapitalgesellschaft	BFH v. 9.6.1964 – I 287/63 U, BStBl 1965 III S. 48 BFH v. 8.12.1988 – IV R 33/87, BStBl 1989 II S. 407 BFH v. 7.6.1988 – VIII R 296/82, BStBl II S. 886 BFH v. 17.10.2001 – I R 111/00, BFH/NV 2002 S. 628

Sonderprobleme der Nachholung von Abschreibungen

Bei bisher zu niedriger Gebäude-AfA ist der überhöhte Restbuchwert (mit neuem AfA-Satz) auf die Restnutzungsdauer zu verteilen	BFH v. 3.7.1980 – IV R 31/77, BStBl 1981 II S. 255
Eine in früherem Veranlagungszeitraum versehentlich unterlassene Teilwert-AfA ist nachholbar	BFH v. 13.10.1976 – I R 261/70, BStBl 1977 II S. 76
Nachholung von AfA auf Erschließungsbeiträge ist beim Erbbauberechtigten erfolgswirksam möglich	BFH v. 17.4.1985 – I R 132/81, BStBl II S. 617
Nachholung von versehentlich nicht vorgenommener AfA für unbilanziertes Wirtschaftsjahr	BFH v. 15.12.1993 – X R 102/92, BFH/NV 1994 S. 543

Bilanzberichtigung ohne Gewinnauswirkung

Fälschlicherweise bilanzierte private Bank-Kontokorrentschuld ist gewinnneutral auszubuchen, auch soweit der Schuldsaldo auf gewinnmindernden Buchungen in den Vorjahren beruht (keine Entnahme)	BFH v. 9.9.1980 – VIII R 64/79, BStBl 1981 II S. 125
Gewinnneutral eingeführte Verbindlichkeit des Privatvermögens	BFH v. 26.2.1976 – I R 150/74, BStBl II S. 378
Fälschlicherweise bilanzierte Wirtschaftsgüter des notwendigen Betriebsvermögens sind erfolgsneutral auszubuchen (keine Entnahme)	BFH v. 21.1.1972 – III R 57/71, BStBl II S. 374
Die Einbuchung (nicht Einlage) eines fälschlicherweise nicht bilanzierten Wirtschaftsguts ist mit dem Wert vorzunehmen, mit dem es bei von Anfang an richtiger Bilanzierung zu Buche stünde	BFH v. 12.10.1977 – I R 248/74, BStBl 1978 II S. 191 BFH v. 24.10.2001 – X R 153/97, BStBl 2002 II S. 75
Früher bereist entnommene, aber noch bilanzierte Wertpapiere sind erfolgsneutral auszubuchen (keine „erneute" Entnahme)	BFH v. 21.10.1976 – IV R 222/72, BStBl 1977 II S. 148
Bei Nichterstellung von Bilanzen ist eine Schattenrechnung vorzunehmen mit der Folge einer Eröffnungsbilanz, „als ob" von Anfang an richtig bilanziert worden wäre	BFH v. 30.10.1997 – IV R 76/96, BFH/NV 1998 S. 578

Durchbrechung des Bilanzenzusammenhangs nach dem Grundsatz von **Treu und Glauben**

Für den Fall einer Realteilung einer Personengesellschaft Korrektur in der Eröffnungsbilanz des ersten noch nicht bestandskräftigen Veranlagungsjahres	BFH v. 19.1.1982 – VIII R 21/77, BStBl II S. 456

Durchbrechung des Bilanzenzusammenhangs bei **Schätzungen** und **Nichtveranlagung**

Bei Gewinnschätzungen ist Durchbrechung geboten	RFH v. 10.10.1933 – I A 259/32, RStBl 1934 S. 141 RFH v. 26.2.1936 – VI A 130/36, RStBl S. 695
Bei Nichtveranlagung wegen nicht vorliegender Erklärungen ist Durchbrechung geboten	BFH v. 28.1.1992 – VIII R 28/90, BStBl II S. 881
Bei Betriebsaufgabe einer KG durch Konkurs ist nur noch eine Entwicklung der Kapitalkonten im Schätzwege erforderlich. Dabei soll der Bilanzenzusammenhang gewahrt sein.	BFH v. 12.10.1993 – VIII R 86/90, BStBl 1994 II S. 174

4.2.5 Beurteilung ungeklärter Rechtsfragen

264 Der BFH hatte in zwei Urteilen den subjektiven Fehlerbegriff (→ Rz. 255) auch auf **Rechtsfragen** angewandt. Bei einer im Bilanzerstellungszeitpunkt ungeklärten Rechtslage soll nach dieser Gesetzeslesart jede der kaufmännischen Sorgfalt entsprechende Bilanzierung als „richtig" angesehen werden.

BEISPIEL[1] Kaufmann A hat zum 31.12.2001 keine Rückstellung für die Kosten der Aufbewahrung von Geschäftsunterlagen gebildet. Nach Ergehen des zitierten BFH-Urteils, das eine solche Pflicht bejaht, will A seine Bilanz zum 31.12.2001 berichtigen. Das war bislang nicht möglich, da mangels einer (früheren) BFH-Entscheidung die Bilanz subjektiv richtig war.

Von dieser Rechtsauffassung ist der BFH inzwischen abgewichen; nur die **objektiv** (rechtlich) **richtige,** d. h. vom BFH präjudiziell so entschiedene Bilanzierungsweise sei der Besteuerung im verfahrensrechtlichen Rahmen zugrunde zu legen (→ Rz. 255a).

4.2.6 Bilanzänderung

265 Die Terminologie des Gesetzes in § 4 Abs. 2 EStG ist missverständlich. In Satz 1 wird von „Änderung" gesprochen, wobei in der üblichen – auch hier verwendeten – Begrifflichkeit „Berichtigung" gemeint ist. Die „Änderung" in Satz 2 spricht den **Austausch** von zwei aufgrund gesetzlicher Wahlrechte zulässigen Bilanzansätzen an. Zu den möglichen Wahlrechten wird auf die Darstellung unter → Rz. 280 verwiesen.

BEISPIEL Die G-GmbH hat im Wirtschaftsjahr 01 mit der Ertragslage zu kämpfen. Um den Verlust nicht noch höher zu treiben, verzichtet sie im Einvernehmen mit der Finanzverwaltung (→ Rz. 276) auf die Teilwertabschreibung einer Forderung gegen einen zahlungsunfähig gewordenen Kunden. Eine steuerliche Außenprüfung im Jahr 03 für 01 führt zu erheblichen Nachaktivierungen für bislang als Reparaturaufwand verbuchte Ausgaben. Den dadurch entstandenen Gewinnausweis (statt des bisherigen Verlustes) will die G vermeiden, indem sie die wahlweise mögliche Nichtabschreibung auf die Forderung durch eine Teilwertabschreibung ersetzt.

1 Nach dem BFH, Urteil v. 19.8.2002 – VIII R 30/01, BStBl 2003 II S. 131.

Der im Beispiel aufgeführte Sachverhalt ist der typische Fall, den § 4 Abs. 2 Satz 2 EStG regeln will: Neuausübung eines steuerbilanziellen Wahlrechts. **Tatsächliche Vorgänge** – Veräußerungen, Entnahmen, Einlage, verdeckte Gewinnausschüttungen – können **nicht** über die Bilanzänderung rückgängig gemacht werden.

Entgegen dem eng verstandenen Wortlaut des § 4 Abs. 2 Satz 1 EStG sind nicht nur Verstöße gegen die **GoB** als Änderungsgröße verwendbar, sondern auch solche gegen spezielle **steuerliche** Bilanzierungsvorschriften, z. B. die kumulative Anwendung der degressiven Abschreibung zusammen mit der Sonderabschreibung nach § 4 FördG.[1]

Die Änderungsmöglichkeit durch Neuausübung des Bilanzierungswahlrechts ist **betragsmäßig beschränkt** auf den Berichtigungsbetrag = Gewinnänderung nach § 4 Abs. 1 Satz 1 EStG.[2] Das gilt auch für fehlerhafte Entnahme- und Einlage-Buchungen oder Nichtbuchungen[3] sowie für außerbilanzielle Zurechnungen.[4] § 4 Abs. 2 Satz 2 EStG erlaubt eine Bilanzänderung lediglich in Höhe der sich aus der Steuerbilanz infolge der Bilanzberichtigung des § 4 Abs. 2 Satz 1 EStG ergebenden Gewinnänderung. Von der BP bzw. dem Finanzamt veranlasste Berichtigungen bei außerbilanziellen Zurechnungen (etwa: § 10 Satz 1 InvZulG a. F.) nach Satz 1 erhöhen daher das Änderungsvolumen nach Satz 2 nicht.[5] Maßgeblich für das Volumen ist die Korrektur beim Steuerbilanzgewinn und nicht beim zu versteuernden Einkommen. Von den außerbilanziellen Zurechnungen sind Anpassungen zu unterscheiden, die der Steuerpflichtige in einer Überleitungsrechnung nach § 60 EStDV vornimmt, weil er auf die Erstellung einer eigenen Steuerbilanz verzichtet. Diese Anpassungen werden nur technisch außerhalb der Bilanz vorgenommen, stellen materiell aber innerbilanzielle Änderungen dar und sind daher durch das Berichtigungsvolumen nach Satz 1 limitiert.[6] Die Änderungen müssen unverzüglich nach der Berichtigung erfolgen, wobei die „Technik" offenbleibt.[7] 266

Die Änderung muss sich **sachlich** nicht auf das berichtigte Wirtschaftsgut beziehen:[8] 267

- Bildung einer 6b-Rücklage nach Veräußerungsgewinnerhöhung durch die steuerliche Außenprüfung.[9]
- Ansatz einer Rückstellung nach geänderter BFH-Rechtsprechung.[10]

5. Standards des DRSC

5.1 Vermutungsregel für die Konzernrechnungslegung

Nach § 342 Abs. 1 Nr. 1 kommt dem Deutschen Rechnungslegungs Standards Committee (DRSC) durch Vertrag mit dem Bundesministerium der Justiz (BMJ) u. a. die Aufgabe zu, Empfehlungen zur Anwendung der Grundsätze über die **Konzernrechnungslegung** zu entwickeln (→ § 342 Rz. 7). Nach Prüfung einer solchen „Empfehlung" kann das BMJ diese bekannt- 268

1 BFH, Urteil v. 14.3.2006 – I R 83/05, BStBl 2006 II S. 799; dazu *Schulze-Osterloh*, FR 2016 S. 712.
2 BFH, Urteil v. 27.9.2006 – IV R 7/06, BStBl 2008 II S. 600 (Obiter Dictum).
3 BFH, Urteil v. 31.5.2007 – IV R 54/05, BStBl 2008 II S. 665.
4 BMF v. 13.8.2008 – IV C 6 – S 2141/07/10004, BStBl I S. 845; ebenso BFH v. 23.1.2008 –I R 40/07, BStBl 2008 II S. 669.
5 BFH, Urteil v. 27.5.2020 – XI R 12/18.
6 BFH, Urteil v. 27.5.2020 –XI R 12/18.
7 R 4.4 Abs. 2 Nr. 5 EStR 2008; nicht so eng BFH, Urteil v. 17.7.2008 – I R 85/07, BStBl 2008 II S. 924.
8 *Heinicke* in Schmidt, EStG, 35. Aufl. 2016, § 4 Tz. 751, mit den nachfolgenden Beispielen aus der BFH-Rechtsprechung.
9 BFH, Urteil v. 18.8.2005 – IV R 37/04, BStBl 2006 II S. 165.
10 BFH, Urteil v. 17.7.2008 – I R 85/07, BStBl II S. 924.

machen. Dann gilt zugunsten des Rechnungslegers, der diese Empfehlung beachtet, eine **Vermutungsregel**, der zufolge die **Grundsätze ordnungsmäßiger Konzernrechnungslegung** beachtet worden sind.

Rechtssystematisch sind diese Vermutungsregel und deren Folgerungen umstritten.[1] Jedenfalls steht dem Rechtsanwender der Gegenbeweis offen, allerdings ohne die Möglichkeit zur gerichtlichen Klärung.[2] Auf → § 342 Rz. 14 ff. wird verwiesen.

5.2 Praktische Bedeutung über die Funktion der Abschlussprüfung

269 Über **Prüfungsstandards** des IDW (PS) kommen den Empfehlungen des DRSC dem Wirtschaftsprüferstand gewisse Bindungswirkungen zu, die nach dem Inhalt der DRSC-Empfehlung ausdifferenziert sind (→ § 243 Rz. 13).

- Soweit der DRSC **Regelungslücken** schließt, liegt nach IDW PS 201 n. F. Tz. 14 bei Nichtbeachtung durch den Rechnungsleger ein Verstoß i. S. des § 322 Abs. 4 HGB vor, bei Wesentlichkeit mit entsprechenden Folgerungen für den Bestätigungsvermerk (→ § 322 Rz. 41 ff.).
- Sofern der DRSC gesetzliche **Wahlrechte** förmlich einschränkt (Beispiel in DRS 4 Tz. 31 für früheres Recht) oder eine bestimmte Ausübung bevorzugt, ist im Prüfungsbericht (→ § 321 Rz. 53) auf die Nichtbeachtung hinzuweisen (IDW PS 450).
- Sofern der DRSC **über das Gesetz hinausgehende** Anforderungen an die Rechnungslegung stellt, hat die Nichtbeachtung keinerlei Konsequenz.

5.3 Sonstige Rechtsgrundlagen

5.3.1 IDW-Standards

269a Wenig überraschend hebt das IDW in PS 201 n. F. Tz. 15 die Bedeutung seiner eigenen Rechnungslegungsstandards **(IDW RS)** für die Interpretation von Rechnungslegungsnormen hervor. Abweichungen davon soll der Abschlussprüfer im Prüfungsbericht darstellen und begründen. Bei Fehlen gewichtiger Gründe werden ihm Nachteile in Regressfällen, Verfahren der Berufsaufsicht oder Strafverfahren in Aussicht gestellt. Für Prüfungshinweise **(IDW PH)** wird eine vergleichbare „Bindungswirkung" negiert.

Adressat dieser Vorgaben ist immer nur der Abschlussprüfer. Der Rechnungsleger ist aber mittelbar betroffen, wenn der Abschlussprüfer mit Versagung oder Einschränkung des Bestätigungsvermerks droht.

5.3.2 Oberste Rechtsprechung

269b Zur Bedeutung bilanzrechtlicher Rechtsprechung hält IDW PS 201 n. F. Tz. 9 f. Folgendes fest:

- Rechtsprechung von **EuGH, EuG oder BGH sowie das Handelsrecht auslegende Rechtsprechung des BFH,** die über den entschiedenen Fall hinaus Bedeutung hat, ist bei der Interpretation der Rechnungslegungsnormen zu würdigen.
- Demgegenüber sah der Entwurf des Standards noch eine abgestufte Bedeutung – BFH nur zu würdigen, die anderen Urteile zu beachten – vor.

1 Vgl. *Hommelhoff/Schwab*, BFuP 1998 S. 42.
2 OLG Köln, Urteil v. 17.2.1998 – 22 U 163/97, DB 1998 S. 1855.

Der zweite Punkt wäre auf eine Art „Nichtanwendungserlass" hinausgelaufen, wenn das IDW ablehnend zu einem Urteil des BFH Stellung nimmt. Es war – wie im vergleichbaren Fall von BMF-Nichtanwendungserlasen – schwer zu erkennen, was die Legitimität für ein solches Vorgehen verschaffen sollte.

Auch in der finalisierten Neufassung von IDW PS 201 ist aber noch vorgesehen, dass der Abschlussprüfer dann, wenn das Unternehmen von IDW-Standards abweicht und der Rechtsprechung folgt, im Prüfungsbericht darauf einzugehen hat (IDW PS 201 n. F. Tz. 15).

V. Die GoB im Steuerrecht (Maßgeblichkeit)[1]

1. Bindung an die GoB (§ 5 Abs. 1 Satz 1 Halbsatz 1 EStG)

Die steuerliche Gewinnermittlung resultiert aus einem Betriebsvermögenvergleich gem. § 4 Abs. 1 Satz 1 EStG. Materiell entscheidende Größe zur Definition der Besteuerungsgrundlage ist also das Betriebsvermögen und dieses ist wiederum nach § 5 Abs. 1 Satz 1 EStG „nach den handelsrechtlichen Grundsätzen ordnungsmäßiger Buchführung auszuweisen". Mehr an allgemeinen Vorschriften zur steuerlichen Gewinnermittlung gibt das EStG nicht her. Der **Gesetzeswortlaut** kennt keine Maßgeblichkeit. Jedenfalls kann eine fehlerhafte – weil (auch handelsrechtlich gebotene) Bilanzansätze nicht berücksichtigende – Handelsbilanz insoweit nicht der Besteuerung unterliegen.[2] Der BFH geht möglicherweise noch einen Schritt weiter: „Spezielle steuerrechtliche Vorschriften sind ... auch dann eigenständig auszulegen und anzuwenden, wenn sie im Handelsrecht eine Entsprechung finden."[3] Rechnungsabgrenzungsposten – mit praktisch identischem Wortlaut in § 250 HGB und § 5 Abs. 5 EStG – wären dann nicht mehr zwingend für beide Bilanzwelten identisch auszulegen – ganz im Dienste einer weiteren Komplizierung der Rechnungslegungsszenerie. Wir unterstützen diese Rechtsentwicklung nicht. 270

Das Schlagwort „Maßgeblichkeit" wird häufig implizit als Begründungsmuster für die gewünschte **Einheitsbilanz** verstanden. Demgegenüber kommt dem „Maßgeblichkeitsprinzip" nach dem Gesetzeswortlaut lediglich die Funktion eines **Auffangtatbestands** zu: Wenn die steuerlichen Gewinnermittlungsvorschriften sich nicht gegenteilig äußern, bleibt es bei der Anwendung von handelsrechtlichen Normen: Ein aus dem Handelsrecht abgeleiteter verbindlicher Ansatz oder eine entsprechende Bewertung ist dann, aber auch nur dann, steuerlich „maßgeblich", wenn nicht in irgendeiner Hinsicht im Steuergesetz oder nach dem Halbsatz 2 des § 5 Abs. 1 Satz 1 HGB („es sei denn") eine andere Vorgehensweise zwingend ist oder als Wahlrecht ausgeübt werden kann. In Sonderfällen stellt sich weiter die Frage, ob handelsrechtlich ein Wahlrecht besteht und ob daraus für die Steuerbilanz Muss- oder Kann-Vorschriften erwachsen. Daraus ergeben sich die unter → Rz. 280 dargestellten Varianten der Bezugskonstellation Handelsbilanz versus Steuerbilanz. Der steuerliche Wahlrechtskatalog umfasst dabei nicht nur gesetzlich geregelte, sondern auch verwaltungsseitig zugelassene, nämlich Investitionszuschüsse nach R 6.5 Abs. 2 EStR 2012 (→ § 246 Rz. 326) und Ersatzbeschaffungsrücklagen

1 Vgl. zum Folgenden grundlegend *Kahle*, Beilage 4 zu DB 22/2014.

2 BFH, Urteil v. 13.6.2006 – I R 58/05, Kurzinfo StuB 2006 S. 596, GmbHR 2006 S. 943, mit Anm. *Hoffmann*, bestätigt durch BFH, Urteil v. 13.2.2008 – I R 44/07, BStBl II S. 673, Kurzinfo StuB S. 194.

3 BFH, Beschluss v. 31.1.2013 – GrS 1/10, DStR 2013 S. 635, mit Anm. *Hoffmann* unter Tz. 74; vgl. hierzu *Prinz, U.*, WPg 2013 S. 653.

nach R 6.6 EStR 2012 (→ § 246 Rz. 474). Eine sog. **„konkrete"** Maßgeblichkeit gilt nur im Sonderfall des § 5 Abs. 1a EStG (→ § 254 Rz. 127).

2. „Es sei denn": steuerliches Wahlrecht (§ 5 Abs. 1 Satz 1 Halbsatz 2 EStG)

2.1 Subventionsnormen

271 Mit diesem Halbsatz 2 sollte ein Ersatz für die **vor** dem BilMoG gültigen Öffnungsnormen im HGB-Abschluss zugunsten der steuerlichen Subventions- und Lenkungsmaßnahmen gefunden werden. Es geht dabei konkret um

- Rücklagen und Sonderabschreibungen nach § 6b EStG,
- Rücklagen und Sonderabschreibungen für Ersatzbeschaffung gem. R 6 EStR 2008,
- erhöhte Absetzungen für Gebäude in Sanierungsgebieten gem. § 7h EStG,
- erhöhte Absetzungen für Baudenkmale gem. § 7i EStG,
- erhöhte Absetzungen für Anlagegegenstände des Kohle- und Erzbergbaus nach § 81 EStDV,
- erhöhte Absetzungen auf Herstellungskosten für bestimmte Anlagen in Gebäuden nach § 82a EStDV.

Es wird also typischerweise das Anlagevermögen angesprochen, woraus sich dann die in § 5 Abs. 1 Satz 2 HGB formulierte **Dokumentationspflicht** erklärt. In dieses Verzeichnis sind aufzunehmen:

- Tag der Anschaffung oder Herstellung,
- Anschaffungs- bzw. Herstellungskosten,
- die Rechtsvorschrift des steuerlichen Wahlrechts,
- die vorgenommene Abschreibung.

272 Nicht vom Gesetz angesprochen ist die **Einstellung** in eine Rücklage nach § 6b Abs. 3 EStG **vor** der Übertragung auf ein Ersatzwirtschaftsgut (nur in der Steuerbilanz). Da diese – wenn man so will: zeitlich vorgezogene Sonderabschreibung – in der üblichen Anlagebuchhaltung dargestellt wird, bedarf es keiner zusätzlichen Teilorganisation für diese **Dokumentation.** Das BMF[1] erlaubt die Verwendung der **Anlagebuchhaltung** als Dokumentation i. S. der genannten Rechtsnorm. Die Finanzverwaltung gibt sich bzgl. der Dokumentationspflicht eher großzügig als formalistisch, deshalb kann dieses Verzeichnis auch in einer separaten Excel-Datei oder handschriftlich geführt werden. Eine Pflicht zur Einreichung beim Finanzamt ist nicht vorgeschrieben, stellt dafür auf jeden Fall aus rechtlicher Sicht ein Tatbestandsmerkmal für die Anerkennung der steuerlichen Sonderabschreibung dar.

273 Eindeutig auf diese steuerliche Beibehaltung der **Subventionsnormen** (→ Rz. 271) (unabhängig von der vor dem BilMoG damit verbundenen Verunstaltung der Handelsbilanz) ist die Ausnahme von der Beachtung der GoB in § 5 Abs. 1 Satz 1 letzter Teilsatz EStG als **Wahlrecht** ausgerichtet. „Wahlrecht" deshalb, weil diese Bewertungsmaßnahmen in die Entscheidungskompetenz des Steuerpflichtigen gelegt sind („kann"). Es handelt sich dabei um **GoB-widrige** Bewertungen, die als steuerliche **Lenkungsnormen** der GoB-Maßgeblichkeit nicht unterliegen sollen.

1 BMF, Schreiben v. 12.3.2010 – IV C 6 – S 2133/09/10001, BStBl I S. 239, StuB 2010 S. 238 Tz. 20.

2.2 Verbrauchsfolgeverfahren

274 Zweifel an der Gesetzesauslegung des „es sei denn" bestehen allerdings dann, wenn steuerlich **GoB-konforme** Wahlrechte bestehen. Typisches Beispiel stellt das **Verbrauchsfolgeverfahren** nach § 256 HGB und § 6 Abs. 1 Nr. 2a EStG dar. Hier kann der Steuerpflichtige zwischen dem Durchschnitts- und dem Lifo-Verfahren wählen, was im Hinblick auf das noch weiter gehende Wahlrecht in § 256 HGB für das Fifo-Verfahren (→ § 256 Rz. 35) allgemein als GoB-gerecht angesehen wird. Nach dem Gesamtaussagegehalt des Halbsatzes 1 und 2 von § 5 Abs. 1 Nr. 1 EStG muss der „andere Ansatz" ein **GoB-widriger** sein; daraus folgt in logischen Kategorien ausgedrückt: Ein GoB-gerechter Ansatz kann deshalb nicht ein „anderer" i. S. des Gesetzeswortlauts sein. In der Folge müsste der in der Handelsbilanz gewählte Bilanzansatz – im Beispiel etwa die Lifo-Bewertung – auch in die Steuerbilanz übernommen werden. Nach Auffassung des BMF[1] und nach R 6.9 Abs. 1 EStR ist dies indes nicht der Fall: Handels- und steuerrechtliche Wahlrechte können in der Handels- und der Steuerbilanz unterschiedlich ausgeübt werden, also z. B. in der Handelsbilanz Durchschnittsbewertung, in der Steuerbilanz Lifo oder umgekehrt. Diese Gesetzesauslegung durch die Finanzverwaltung steht nicht in Übereinstimmung mit dem Willen des BilMoG-Gesetzgebers, der das bisherige Verständnis der Maßgeblichkeit (nicht der abgeschafften umgekehrten) unverändert aufrechterhalten wollte.[2]

2.3 GoB-widrige steuerliche Wahlrechte

275 Besonders umstritten sind im Schrifttum die nach dem Gesetzeswortlaut gegebenen steuerlichen Bilanzierungswahlrechte in § 6 Abs. 1 Nr. 2 Satz 2 (**Teilwertabschreibung**) und § 6a EStG (**Pensionsrückstellungen).** In beiden Fällen eröffnet der **Wortlaut** dem Steuerpflichtigen ein Wahlrecht („kann" bzw. „darf"). Insofern besteht bzgl. des Gesetzeswortlauts **Übereinstimmung** mit den genannten Subventionsnormen (→ Rz. 273), die lediglich eine Option (Wahlrecht) eröffnen. Nach einer bestimmten Gesetzeslesart im Schrifttum, die ausschließlich am Wortlaut ausgerichtet ist, soll durch die BilMoG-Gesetzesauffassung auch bzgl. der Teilwertabschreibung und der Pensionsrückstellungen eine von den GoB losgelöste Bilanzierung in der Steuerbilanz möglich sein. Anders ausgedrückt: Eine zwingende außerplanmäßige Abschreibung auf einen Vermögensgegenstand/ein Wirtschaftsgut in der Handelsbilanz muss nicht in der Steuerbilanz steuerlich nachvollzogen werden; Pensionsrückstellungen, die handelsrechtlich zu bilden sind, brauchen keine Berücksichtigung in der Steuerbilanz zu finden.

Eine solche Gesetzesinterpretation widerspricht in aller Eindeutigkeit dem **Willen** des **Gesetzgebers,** der nach anerkannten Auslegungsgrundsätzen neben dem möglicherweise missglückten Wortlaut des Gesetzes zu berücksichtigen ist.[3] Gerade zur Teilwertabschreibung wurde die Bundesregierung zu ihrem Gesetzentwurf vom Bundesrat um Nachprüfung gebeten, ob auf eine solche trotz des handelsrechtlichen Abschreibungsgebots verzichtet werden könne. Dem hat die Bundesregierung widersprochen: An dem Abschreibungserfordernis auch in der Steuerbilanz ändere die Gesetzesneufassung nichts. Dieser Meinungsaustausch zwischen Bundesregierung und Bundesrat ist im Gesetzgebungsverfahren vor dem Bundestag bekannt gewesen und in dessen Überlegungen eingeflossen. Außerdem ist die Gesetzesauslegung **teleologisch** auszurichten: Durch die Gewinnermittlung soll eine Besteuerungsgrundlage nach Maßgabe der **Leistungsfähigkeit** unter möglichst objektiver Wertbestimmung erfolgen können.

1 BMF, Schreiben v. 12.3.2010 – IV C 6 – S 2133/09/10001, BStBl I S. 239, StuB 2010 S. 238.
2 Vgl. *Hennrichs,* Ubg 2009 S. 537; *Anzinger/Schleiter,* DStR 2010 S. 397.
3 Vgl. *Hennrichs,* Ubg 2009 S. 538; BR-Drucks. 16/10.067 S. 124.

Eine freie Bestimmung der Besteuerungsgrundlage durch den Steuerpflichtigen widerspricht dieser Vorgabe elementar. Lediglich bewusste Lenkungsmaßnahmen des Steuergesetzgebers erlauben ein solches Wahlrecht.[1]

Hinzu kommt noch ein weiteres Argument: Nach § 4 Abs. 1 Satz 1 EStG soll die Gewinnermittlung durch **Vermögens**vergleich erfolgen. Nicht gebildete Pensionsrückstellungen und nicht gebotene Abschreibungen auf einen niedrigeren Teilwert stellen insoweit demgegenüber **„Un"**-Vermögen dar.

Nach der Rechtslage **vor** dem BilMoG waren Teilwertabschreibungen trotz des förmlichen Wahlrechts im Wortlaut („kann") und Pensionsrückstellungen („darf") als vorrangige GoB-Bestimmung zwingend vorzunehmen. Daran wollte der Gesetzgeber nichts ändern. Vielmehr sollte die Durchbrechung der Maßgeblichkeitsvorgabe durch Anwendung GoB-widriger steuerlicher Normen nur im Interesse des verfolgten Lenkungszwecks durch Subventionsnormen (→ Rz. 273) möglich sein.

276 Die Finanzverwaltung hat sich dieser Vorgabe teilweise angeschlossen, teilweise nicht. Bzgl. der **Pensionsrückstellungen** sollen die handelsrechtlichen Passivierungsgebote auch steuerlich übernommen (§ 6a EStG), also in unverändertem Umfang verstanden werden.[2] Umgekehrt sieht es das BMF bzgl. der **Teilwertabschreibungen** (Tz. 15 des Schreibens, jetzt R 6.8 EStR), hier wird dem Steuerpflichtigen ein Wahlrecht eingeräumt, eine gebotene Teilwertabschreibung vorzunehmen oder nicht. Es ist nicht recht ersichtlich, warum der Grund für diese differenzierte Betrachtungsweise der Wahlrechte im jeweiligen Gesetzeswortlaut liegen soll:[3] „Kann" in § 6 Abs. 1 Nr. 1 Satz 1 EStG sei als Wahlrecht zu verstehen, „darf" in § 6a EStG dagegen nicht. Mit normalem Sprachverständnis dürfte diese Gesetzesauslegung wenig zu tun haben. Die Gesetzeslesart des BMF ist überdies nicht durch die **Dokumentationspflicht** als notwendiges Tatbestandsmerkmal der möglichen Vornahme einer „Abschreibung" gedeckt (→ Rz. 272). In das Verzeichnis sind **„Abschreibungen"** aufzunehmen, wenn eine Teilwertabschreibung **unterlassen** wird, ist diese Pflicht nicht erfüllbar.

Die Gesetzesauslegung des BMF (jetzt R 6.8 EStR) im Einvernehmen mit einem Teil des Schrifttums[4] führt zu steuerlichen **Gestaltungsmöglichkeiten**, wie anhand der folgenden Beispiele darzustellen ist:[5]

BEISPIELE

- Die Ingenieurbau-GmbH hat den Auftrag zur Errichtung einer Brücke im Zeitraum von drei Jahren zum Festpreis. Schon am Bilanzstichtag 01 ist die Fehlkalkulation des Festpreises wegen der ungünstigen Bodenverhältnisse zum Einbau der Widerlager offensichtlich und führt zur außerplanmäßigen Abschreibung von Y €. Steuerlich werden die Herstellungskosten ohne Teilwertabschreibung bilanziert.
- Die Maschinenbau M-AG hat eine Großanlage zur Abfüllung von Flaschenbier für Thailand gebaut und dort montiert. Kunde ist die staatlich beherrschte T-Corp. Sie verweigert die Abnahme der Anlage und Bezahlung der restlichen Forderung der M i. H. von 22 % der Auftragssumme. Handels-

1 Vgl. *Anzinger/Schleiter*, DStR 2010 S. 397.

2 BMF, Schreiben v. 12.3.2010 – IV C 6 – S 2133/09/10001, BStBl I S. 239, StuB 2010 S. 238 Tz. 9.

3 Vgl. *Mitschke*, FR 2010 S. 219.

4 Vgl. hierzu den Nachweis bei *Schulze-Osterloh*, DStR 2011 S. 536, Fn. 21, 29 und 30; so auch *Prinz, U.*, in Prinz/Kanzler (Hrsg.), NWB Praxishandbuch Bilanzsteuerrecht, III.1 Tz. 363; dagegen im Schrifttum *Anzinger/Schleiter*, DStR 2010 S. 397; *Freidank/Velte*, StuW 2010 S. 189 f.; *Hennrichs*, Ubg 2009 S. 533; *Hoffmann*, StuB 2009 S. 515, sowie StuB 2010 S. 210; *Schenke/Risse*, DB 2009 S. 1958 f.; *Marx*, StuB 2012 S. 292; *Marx*, StuB 2014 S. 595.

5 Entnommen aus *Hoffmann* in Littmann/Bitz/Pust (Hrsg.), EStG, §§ 4, 5 Tz. 332.

rechtlich ist eine Wertberichtigung (Abschreibung) der Forderung zwingend, steuerlich unterbleibt sie.

► Die Solar-AG hat 2007 Siliziumzellen an die K-Corp. in Kalifornien geliefert. Diese hatte damals eine Vorauszahlung von 30 % des Lieferwerts geleistet, geriet dann aber in Liquiditätsprobleme, die 2008 zur Flucht vor dem Gläubigerschutz nach Chapter XI des US-Insolvenzrechts führte. Die Forderung wurde per 31.12.2008 in der Handelsbilanz und Steuerbilanz auf 10 % des Restbetrags abgeschrieben. Bei Bilanzerstellung zum 31.12.2010 ist unverändert mit einem Fast-Total-Ausfall der Forderung zu rechnen. Für die Steuerbilanz erinnert sich der Bilanzbuchhalter der AG an das steuerliche Wahlrecht zur Teilwertabschreibung, das er nun nicht mehr anwenden will, und nimmt eine erfolgswirksame Zuschreibung auf den noch offenen Nennbetrag der Forderung vor, in der Handelsbilanz allerdings nicht.

Der letztgenannte Fall, genauer: die damit verbundene Gestaltung, könnte durch das **Stetigkeitsgebot** (→ Rz. 209 ff.) unterbunden werden. Das Stetigkeitsgebot als GoB-Norm kann für die vom BMF eröffnete Wahlrechtsausübung jedoch schon deswegen nicht vereinnahmt werden, weil dieses Bewertungswahlrecht gerade GoB-widersprechend ist.[1] Tatsächlich nimmt das BMF-Schreiben v. 12.3.2010[2] auf den Stetigkeitsgrundsatz keinen Bezug. Stattdessen soll eine **willkürliche** Gestaltung zu prüfen sein. Für steuerliche Zwecke stellt das Willkürverbot eine eher unbekannte Norm dar, deren Konkurrenz zur Missbräuchlichkeit i. S. des § 42 AO einer näheren Interpretation bedarf. Bis dahin muss die vom BMF gebotene „Prüfung" der Willkür im Sande verlaufen. Außerdem ist die von der Finanzverwaltung erlaubte Nichtabschreibung einer Kundenforderung, für die im Insolvenzverfahren nach fünf Jahren mit einer Quote von höchstens 1 % zu rechnen ist, ihrerseits in hohem Grade willkürlich. Warum soll dann innerhalb dieses willkürlichen Szenarios weitere Willkür unzulässig sein? Jedenfalls darf der (erstmalige) Verzicht auf die Teilwertabschreibung im Jahr 01 bei – unterstellt – unverändert dauernder Wertminderung nicht „maßgeblich" sein für die Wahlrechtsausübung im Jahr 02 oder 04, d. h., in den Jahren nach 01 lebt das zugestandene Wahlrecht immer wieder neu auf.[3] Unseres Erachtens ist auch ein **anteiliger** Verzicht auf die Abschreibung (Bildung eines Zwischenwertes) mit der vorstehenden Begründung ebenfalls zulässig. Warum soll eine „an sich" notwendige Abschreibung **insgesamt** unterbleiben dürfen, eine **teilweise** dagegen nicht?[4] 277

Zur Wertaufholung vgl. → § 253 Rz. 254. 278

3. Steuerlicher Bewertungsvorbehalt (§ 5 Abs. 6 EStG)

Nach § 5 Abs. 6 EStG sind die Vorschriften über die Bewertung zu befolgen. Dieser steuerbilanzielle **Bewertungsvorbehalt** führt z. B. dazu, dass an die Stelle der nach § 253 Abs. 2 Satz 1 HGB gebotenen Abzinsung von Rückstellungen mit einem stichtagsbasierten Zinssatz steuerbilanziell die Abzinsung mit einem fixierten Zinssatz tritt (§ 6a Abs. 1 Nr. 3a/e EStG, § 6a Abs. 2 Satz 4 EStG). Gleichwohl geht mit dem Bewertungsvorbehalt keine völlige Loslösung von der Handelsbilanz einher. So formuliert etwa § 6 Abs. 1 Nr. 3a EStG zwar steuerliche **Höchstgrenzen** für Rückstellungen, liegt im Einzelfall aber der handelsrechtliche Wert unter der Höchstgrenze, ist der Handelsbilanzwert für die Steuerbilanz zu übernehmen (→ § 253 Rz. 78). Der 279

1 *Hoffmann*, StuB 2010 S. 789; so auch im Ergebnis *Dietel*, DB 2012 S. 483.

2 BMF, Schreiben v. 12.3.2010 – IV C 6 – S 2133/09/10001, BStBl I S. 239, StuB 2010 S. 238 Tz. 15; so jetzt auch R 6.8 EStR 2012.

3 *Zwirner/Künkele*, Ubg 2013 S. 311.

4 So auch *Ehmcke* in Blümich, EStG, § 6 Tz. 561d; H/H/R, *Winkeljohann*, EStG, § 6 Tz. 571; dagegen *Herzig/Briesemeister*, DB 2010 S. 919; „Bedenken" bei *Korn/Strahl* in Korn, EStG, § 6 Tz. 194.

BFH hält hierzu fest: „Dennoch ist der Wortlaut des § 5 Abs. 1 Satz 1 EStG nach dem BilMoG in der Weise zu verstehen, dass die handelsrechtliche Maßgeblichkeit für die Steuerbilanz zunächst besteht. Sie wird nur dann und nur insoweit durchbrochen, als der Gesetzgeber steuerrechtliche Ansatz- oder Bewertungsvorbehalte festgeschrieben hat (§ 5 Abs. 6 EStG). Da durch den „höchstens insbesondere'-Verweis der Bezug zur handelsrechtlichen Bewertung weiterhin bestehen bleiben sollte, hat dies keine Verselbständigung der Steuerbilanzwerte von den Handelsbilanzwerten zur Folge gehabt, selbst wenn die Steuerbilanz durch das BilMoG gegenüber der Handelsbilanz deutlich verselbständigt wurde."[1]

4. Systematik der Abweichungen von Handels- und Steuerbilanz[2]

4.1 Verbindliche Regel in der Handelsbilanz – keine Regel in der Steuerbilanz

280 In diesen Fällen gilt der GoB-Verweis. Das Maßgeblichkeitsprinzip übt seine **idealtypische** Wirkung aus. Dazu folgende Sachverhalte/Bilanzposten:

- Zugangsbewertung von Sachanlagen und Vorräten, Forderungen und Verbindlichkeiten,
- Ansatz von Verbindlichkeitsrückstellungen und bestimmten Aufwandsrückstellungen,
- Bewertung von kurzfristigen Rückstellungen.

4.2 Verbindliche Regel in der Handelsbilanz – verbindliche Regel in der Steuerbilanz

4.2.1 Übereinstimmung

281 Hier liefert die Maßgeblichkeit eine **deklatorische** Aussage. Die Übereinstimmung beider Bilanzen ist so oder so gewährleistet. Dazu folgende Fälle:

- Aktivierungsverbot für selbstgeschaffenen Geschäfts- oder Firmenwert,
- keine Abschreibung für vorübergehende Wertminderungen im Anlagevermögen ohne Finanzanlagen,
- Wertaufholungsgebot für alle Wirtschaftsgüter mit Ausnahme des Geschäftswerts,
- Ansatz von Pensionsrückstellungen,[3]
- Rückstellungen für Aufwendungen, die in künftigen Wirtschaftsjahren zu Anschaffungs- oder Herstellungskosten führen, sind nicht passivierbar,
- transitorische Rechnungsabgrenzungsposten.

4.2.2 Keine Übereinstimmung

282 Bestehen in beiden Rechnungskreisen verbindliche Vorschriften, die sich unterscheiden, dann liegt der typische Fall der **Durchbrechung** der Maßgeblichkeit vor. Dazu folgende Fälle:

- Abzinsungssätze für langfristige Rückstellungen nach durchschnittlichem Marktzinssatz (→ § 253 Rz. 4) in der Handelsbilanz und pauschaliert mit 5,5 % in der Steuerbilanz.
- Abzinsung von Pensionsrückstellungen mit einem Durchschnittszinssatz in der Handelsbilanz (→ § 253 Rz. 117) und mit 6 % der Steuerbilanz.

1 BFH, Urteil v. 20.11.2019 – XI R 46/17.

2 Nach *Scheffler*, StuB 2009 S. 836; *Herzig/Briesemeister*, WPg 2010 S. 63; vgl. hierzu auch OFD Münster, Kurzinfo v. 14.9.2012, DB 2012 S. 2309.

3 R 6.11 Abs. 3 EStR 2012.

- Rückstellungen für drohende Verluste aus schwebenden Geschäften: in der Handelsbilanz Ansatzpflicht (→ § 249 Rz. 13), in der Steuerbilanz Ansatzverbot.
- Rückstellungsbewertung in der Handelsbilanz zum Erfüllungsbetrag unter Berücksichtigung der künftigen Kosten, steuerlich zum Stichtagswert (→ § 253 Rz. 55 und → Rz. 78).
- Langfristige Verbindlichkeiten: Abzinsung in der Steuerbilanz, keine Abzinsung in der Handelsbilanz (→ § 253 Rz. 13).

4.3 Verbindliche Regel in der Handelsbilanz – Wahlrecht in der Steuerbilanz

Hier wird die Maßgeblichkeit erneut **durchbrochen**, sofern bei der Steuerbilanz das steuerliche Wahlrecht nicht in Übereinstimmung mit dem handelsrechtlichen Gebot ausgeübt wird oder ausgeübt werden kann. Folgende Fälle: 283

- Dauernde Wertminderung im Anlage- und Umlaufvermögen führt handelsrechtlich zur Abschreibungspflicht (→ § 253 Rz. 178 ff.), steuerlich soll ein Wahlrecht bestehen (→ Rz. 276).
- Rückstellung wegen Verletzung von Patentrechten (→ § 249 Rz. 173), Rückstellungen für die Jubiläumszuwendungen (→ § 249 Rz. 217).
- Investitionszuschüsse können in der Steuerbilanz nach R 6.5 Abs. 2 EStR entweder erfolgswirksam vereinnahmt werden oder sind von den Anschaffungskosten/Herstellungskosten zu kürzen, handelsrechtlich ist nur die letztgenannte Variante oder die Bildung eines passiven Sonderpostens zulässig (→ § 255 Rz. 45, → § 246 Rz. 326).

Bei Erfüllung der steuerlichen Ansatz- und Bewertungsvorschriften **kann** der Handelsbilanzansatz in der Steuerbilanz nachvollzogen werden, **muss** dies allerdings wegen des dortigen Wahlrechts **nicht**.

4.4 Wahlrecht in der Handelsbilanz – verbindliche Regel in der Steuerbilanz

Eine Maßgeblichkeit kann hier nicht bestehen, sondern nur eine Art **umgekehrte**, wenn nämlich der Bilanzierer eine Übereinstimmung der betreffenden Wertansätze wünscht; dazu folgende Sachverhalte: 284

- Selbst geschaffene Immaterialgüter des Anlagevermögens: nach § 248 Abs. 2 Satz 1 HGB (→ § 248 Rz. 9) Ansatzwahlrecht, nach § 5 Abs. 2 EStG Ansatzverbot.
- Das Disagio ist handelsrechtlich nach § 250 Abs. 3 HGB ansetzbar (→ § 250 Rz. 59), steuerlich besteht eine Pflicht.
- Bei vorübergehenden Wertminderungen von Finanzanlagen besteht in der Handelsbilanz ein Abwertungswahlrecht (→ § 253 Rz. 203), steuerlich ein Abschreibungsverbot.
- Lineare AfA für Gebäude nach § 7 Abs. 4 EStG, handelsrechtlich Wahlrecht nach Maßgabe des Wertverzehrs (→ § 253 Rz. 165 ff.).
- Lineare AfA für immaterielles Anlagevermögen in der Steuerbilanz, handelsrechtlich Wahlrecht nach Maßgabe des Wertverzehrs (→ § 253 Rz. 165).

- Einbeziehung von Verwaltungsgemeinkosten und Kosten des Sozialbereichs in die steuerlichen Herstellungskosten, handelsrechtlich (→ § 255 Rz. 133) Wahlrecht.[1]
- Abschreibungsdauer für Geschäfts- und Firmenwert: Handelsrechtlich gilt eine individuelle Nutzungsdauer, steuerlich eine fiktive von 15 Jahren (→ § 285 Rz. 105).

4.5 Wahlrecht in der Handelsbilanz – keine Regel in der Steuerbilanz

285 Hier sind die in der Handelsbilanz auszuübenden Wahlrechte auch steuerlich zu übernehmen; dazu folgende Sachverhalte:

- Die Bewertungsvereinfachungsverfahren nach § 240 Abs. 3 und Abs. 4 HGB (→ § 240 Rz. 23 und Rz. 34) können in der Handelsbilanz wahlweise angewandt werden, steuerlich besteht keine Regelung. Nach Maßgeblichkeitsgesichtspunkten sind die Handelsbilanz-Werte in die Steuerbilanz zu übernehmen.[2]
- Mittelbare Pensionsverpflichtungen und sog. Altzusagen (→ § 249 Rz. 127): in der Handelsbilanz Passivierungswahlrecht nach Art. 28 Abs. 2 EGHGB; steuerlich ebenso Ansatzwahlrecht.[3]

4.6 Wahlrecht in der Handelsbilanz – Wahlrecht in der Steuerbilanz

286 In diesem Fall können die Bilanzwerte übereinstimmen, müssen es aber nicht. Das Wahlrecht kann in beiden Bilanzen unterschiedlich ausgeübt werden; dazu folgende Sachverhalte:

- Zinsen für Fremdkapital gem. § 255 Abs. 3 Satz 2 HGB (→ § 255 Rz. 136 ff.) einerseits und R 6 Abs. 4 EStR andererseits: in beiden Bilanzen Wahlrecht, das unterschiedlich ausgeübt werden kann. Anderer Auffassung die Finanzverwaltung: Bei Ansatz in der Handelsbilanz Pflichtübernahme in die Steuerbilanz.[4]
- Verbrauchsfolgeverfahren nach § 256 HGB (→ § 256 Rz. 6 ff.), § 6 Abs. 1 Nr. 2 EStG: unterschiedliche Wahlrechtsausübung möglich (→ Rz. 274).
- Planmäßige Abschreibung bzw. AfA in linearer oder degressiver Form: Wenn steuerlich eine degressive AfA (für bewegliche Sachanlagen) möglich ist, ist in der Handelsbilanz auch die lineare zulässig.[5] Die Nutzungsdauer muss dabei übereinstimmend geschätzt werden.
- Unterschiedliche Wahlrechtsausübung im Umwandlungsrecht nach § 24 UmwG einerseits und § 3 Abs. 1 und 2 bzw. § 11 Abs. 1 und 2 UmwStG.

4.7 Keine Regel in der Handelsbilanz – eigenständige Regel in der Steuerbilanz

287 Angesprochen sind hier **steuerkonzeptionell** besondere Bilanzierungsvorschriften, die für die Handelsbilanz keine Bedeutung haben; dazu folgende Beispiele:

---

1 BMF, Schreiben v. 12.3.2010 – IV C 6 – S 2133/09/10001, BStBl I S. 239, StuB 2010 S. 238 Tz. 8; so auch R 6.3 EStR 2012; a. A. die h. M. im Schrifttum, für Wahlrecht plädierend *Herzig/Briesemeister*, DB 2010 S. 921, die als Argument den Vereinfachungszweck und das Gewohnheitsrecht anführen, u. E. aber die Vorgabe „handelsrechtliches Wahlrecht aktivisch, steuerlich Pflicht" nach BFH, Beschluss v. 3.2.1969 – GrS 2/68, BStBl II 1969 S. 291, nicht aushebeln können. Zur Kritik an dieser Verwaltungsauffassung vgl. *Herzig/Briesemeister*, DB 2010 S. 592; *Zwirner*, DStR 2010 S. 592; *Kaminski*, DStR 2010 S. 1396.

2 BMF, Schreiben v. 12.3.2010 – IV C 6 – S 2133/09/10001, BStBl I S. 239 Tz. 7.

3 BMF, Schreiben v. 12.3.2010 – IV C 6 – S 2133/09/10001, BStBl I S. 239, StuB 2010 S. 238 Tz. 11.

4 R 6.3 Abs. 5 EStR 2012: Bei Ansatz in der Handelsbilanz Pflichtübernahme in die Steuerbilanz.

5 BMF, Schreiben v. 12.3.2010 – IV C 6 – S 2133/09/10001, BStBl I S. 239, StuB 2010 S. 238 Tz. 18.

- Beteiligungen an mitunternehmerischen Personengesellschaften stellen in der Handelsbilanz einen Vermögensgegenstand dar, steuerlich dagegen wegen des mitunternehmerischen Besteuerungskonzepts kein Wirtschaftsgut.
- Investitionszulagen: In der Steuerbilanz als (steuerfreier) Ertrag zu erfassen, in der Handelsbilanz mit den Anschaffungs- oder Herstellungskosten zu verrechnen.

4.8 Keine Regel in der Handelsbilanz – eigenständiges Wahlrecht in der Steuerbilanz

Hier sind die **Subventions**wahlrechte zu subsumieren (→ Rz. 271), die in der Steuerbilanz angesetzt werden können. 288

(einstweilen frei) 289

§ 253 Zugangs- und Folgebewertung

(1) [1]Vermögensgegenstände sind höchstens mit den Anschaffungs- oder Herstellungskosten, vermindert um die Abschreibungen nach den Absätzen 3 bis 5, anzusetzen. [2]Verbindlichkeiten sind zu ihrem Erfüllungsbetrag und Rückstellungen in Höhe des nach vernünftiger kaufmännischer Beurteilung notwendigen Erfüllungsbetrages anzusetzen. [3]Soweit sich die Höhe von Altersversorgungsverpflichtungen ausschließlich nach dem beizulegenden Zeitwert von Wertpapieren im Sinn des § 266 Abs. 2 A. III. 5 bestimmt, sind Rückstellungen hierfür zum beizulegenden Zeitwert dieser Wertpapiere anzusetzen, soweit er einen garantierten Mindestbetrag übersteigt. [4]Nach § 246 Abs. 2 Satz 2 zu verrechnende Vermögensgegenstände sind mit ihrem beizulegenden Zeitwert zu bewerten. [5]Kleinstkapitalgesellschaften (§ 267a) dürfen eine Bewertung zum beizulegenden Zeitwert nur vornehmen, wenn sie von keiner der in § 264 Absatz 1 Satz 5, § 266 Absatz 1 Satz 4, § 275 Absatz 5 und § 326 Absatz 2 vorgesehenen Erleichterungen Gebrauch machen. [6]Macht eine Kleinstkapitalgesellschaft von mindestens einer der in Satz 5 genannten Erleichterungen Gebrauch, erfolgt die Bewertung der Vermögensgegenstände nach Satz 1, auch soweit eine Verrechnung nach § 246 Absatz 2 Satz 2 vorgesehen ist.

(2) [1]Rückstellungen mit einer Restlaufzeit von mehr als einem Jahr sind abzuzinsen mit dem ihrer Restlaufzeit entsprechenden durchschnittlichen Marktzinssatz, der sich im Falle von Rückstellungen für Altersversorgungsverpflichtungen aus den vergangenen zehn Geschäftsjahren und im Falle sonstiger Rückstellungen aus den vergangenen sieben Geschäftsjahren ergibt. [2]Abweichend von Satz 1 dürfen Rückstellungen für Altersversorgungsverpflichtungen oder vergleichbare langfristig fällige Verpflichtungen pauschal mit dem durchschnittlichen Marktzinssatz abgezinst werden, der sich bei einer angenommenen Restlaufzeit von 15 Jahren ergibt. [3]Die Sätze 1 und 2 gelten entsprechend für auf Rentenverpflichtungen beruhende Verbindlichkeiten, für die eine Gegenleistung nicht mehr zu erwarten ist. [4]Der nach den Sätzen 1 und 2 anzuwendende Abzinsungszinssatz wird von der Deutschen Bundesbank nach Maßgabe einer Rechtsverordnung ermittelt und monatlich bekannt gegeben. [5]In der Rechtsverordnung nach Satz 4, die nicht der Zustimmung des Bundesrates bedarf, bestimmt das Bundesministerium der Justiz und für Verbraucherschutz im Benehmen mit der Deutschen Bundesbank das Nähere zur Ermittlung der Abzinsungszinssätze, insbesondere die Ermittlungsmethodik und deren Grundlagen, sowie die Form der Bekanntgabe.

(3) [1]Bei Vermögensgegenständen des Anlagevermögens, deren Nutzung zeitlich begrenzt ist, sind die Anschaffungs- oder die Herstellungskosten um planmäßige Abschreibungen zu vermindern. [2]Der Plan muss die Anschaffungs- oder Herstellungskosten auf die Geschäftsjahre verteilen, in denen der Vermögensgegenstand voraussichtlich genutzt werden kann. [3]Kann in Ausnahmefällen die voraussichtliche Nutzungsdauer eines selbst geschaffenen immateriellen Vermögensgegenstands des Anlagevermögens nicht verlässlich geschätzt werden, sind planmäßige Abschreibungen auf die Herstellungskosten über einen Zeitraum von zehn Jahren vorzunehmen. [4]Satz 3 findet auf einen entgeltlich erworbenen Geschäfts- oder Firmenwert entsprechende Anwendung. [5]Ohne Rücksicht darauf, ob ihre Nutzung zeitlich begrenzt ist, sind bei Vermögensgegenständen des Anlagevermögens bei voraussichtlich dauernder Wertminderung außer-

planmäßige Abschreibungen vorzunehmen, um diese mit dem niedrigeren Wert anzusetzen, der ihnen am Abschlussstichtag beizulegen ist. [6]Bei Finanzanlagen können außerplanmäßige Abschreibungen auch bei voraussichtlich nicht dauernder Wertminderung vorgenommen werden.

(4) [1]Bei Vermögensgegenständen des Umlaufvermögens sind Abschreibungen vorzunehmen, um diese mit einem niedrigeren Wert anzusetzen, der sich aus einem Börsen- oder Marktpreis am Abschlussstichtag ergibt. [2]Ist ein Börsen- oder Marktpreis nicht festzustellen und übersteigen die Anschaffungs- oder Herstellungskosten den Wert, der den Vermögensgegenständen am Abschlussstichtag beizulegen ist, so ist auf diesen Wert abzuschreiben.

(5) [1]Ein niedrigerer Wertansatz nach Absatz 3 Satz 5 oder 6 und Absatz 4 darf nicht beibehalten werden, wenn die Gründe dafür nicht mehr bestehen. [2]Ein niedrigerer Wertansatz eines entgeltlich erworbenen Geschäfts- oder Firmenwertes ist beizubehalten.

(6) [1]Im Falle von Rückstellungen für Altersversorgungsverpflichtungen ist der Unterschiedsbetrag zwischen dem Ansatz der Rückstellungen nach Maßgabe des entsprechenden durchschnittlichen Marktzinssatzes aus den vergangenen zehn Geschäftsjahren und dem Ansatz der Rückstellungen nach Maßgabe des entsprechenden durchschnittlichen Marktzinssatzes aus den vergangenen sieben Geschäftsjahren in jedem Geschäftsjahr zu ermitteln. [2]Gewinne dürfen nur ausgeschüttet werden, wenn die nach der Ausschüttung verbleibenden frei verfügbaren Rücklagen zuzüglich eines Gewinnvortrags und abzüglich eines Verlustvortrags mindestens dem Unterschiedsbetrag nach Satz 1 entsprechen. [3]Der Unterschiedsbetrag nach Satz 1 ist in jedem Geschäftsjahr im Anhang oder unter der Bilanz darzustellen.

Inhaltsübersicht

LITERATUR:

Bechtold/Braun/Goenia, Wertpapiergebundene Zusagen im Spannungsfeld von ausschließlicher Wertpapierbindung und garantierter Mindestleistung, DB 2011 S. 2669; *Fink/Kunath,* Bilanzpolitisches Potenzial bei der Rückstellungsbildung und -bewertung nach neuem Handelsrecht, DB 2010 S. 2345; *Herzig/Briesemeister/Joisten/Vossel,* Component approach im Handels- und Steuerbilanzrecht, WPg 2010 S. 561; *Höfer/Rhiel/Veit,* Die Rechnungslegung für betriebliche Altersversorgung im BilMoG, DB 2009 S. 1605; *Hoffmann,* Voraussichtlich dauernde und/oder wesentliche Wertminderungen von börsengängigen Aktien im Portfoliobesitz, PiR 2008 S. 177; *Hoffmann,* Voraussichtlich dauernde Wertminderung bei börsennotierten Aktien, DB 2008 S. 26; *Hoffmann,* Wertminderungen – vorübergehend oder doch *other than temporary,* StuB 2009 S. 32; *Hoffmann,* Wertminderungsabschreibungen auf bewegliches Anlagevermögen, PiR 2009 S. 118; *Hoffmann/Lüdenbach,* Neues zur voraussichtlich dauernden Wertminderung des abnutzbaren Anlagevermögens, DB 2009 S. 577; *Husemann,* Abschreibungen eines Vermögensgegenstandes entsprechend der Nutzungsdauer wesentlicher Komponenten, WPg 2010 S. 507; *Jeske,* Bilanzierung von Pensionsverpflichtungen nach BilMoG, NWB 2009 S. 1404; *Kuhn/Moser,* Änderung der Vorschriften zur Abzinsung von Pensionsrückstellungen, WPg 2016 S. 381; *Kropp/Wirtz,* Problembereiche bei der Abzinsung von Rückstellungen, DB 2011 S. 541; *Lüdenbach,* Abzinsung verzinslicher Rückstellungen, StuB 2011 S. 674; *Lüdenbach,* Marktzins- und bonitätsbedingte Wertminderungen bei Anleihen, StuB 2012 S. 113; *Lüdenbach,* Bewertung bei Umwidmung von Umlauf- in Anlagevermögen, StuB 2012 S. 236; *Lüdenbach,* Bilanzierung einer Wahlschuld, StuB 2012 S. 316; *Lüdenbach,* Behandlung des Unterschiedsbetrags bei Übergang zur Komponentenabschreibung, StuB 2018 S. 634; *Lüdenbach,* Zinsbedingte Wertminderung börsennotierter Anleihen in Handels- und Steuerbilanz, StuB 2022 S. 190; *Lüdenbach/Freiberg,* Vereinnahmungs- statt Erfüllungsbetrag als Maßstab bei der (Zugangs-)Bewertung bestimmter Verbindlichkeiten, BB 2012 S. 1911; *Marx,* Teilwertabschreibungen des Anlagevermögens in wirtschaftlichen Krisensituationen, StuB 2012 S. 666; *Marx,* Unschärfen bei der Abbildung von Ansammlungsrückstellungen nach EStG, HGB und IFRS,

BB 2012 S. 562 ff.; *Marx*, Kritische Analyse des BMF-Schreibens vom 16.7.2014 zur Teilwertabschreibung, StuB 2014 S. 591; *Prinz, U.*, BMF-Schreiben vom 16.7.2014 zur Teilwertabschreibung wegen voraussichtlich dauernder Wertminderung, DB 2014 S. 1825; *Rhiel/Veit*, Auswirkungen des BilMoG bei der Bilanzierung von Pensionsrückstellungen, PiR 2009 S. 167; *Saure*, Teilwertabschreibungen in der Steuerbilanz auf Warenbestände von Handelsunternehmen, DStR 2017, S. 408; *Thierer*, Handelsrechtliche Bilanzierung von Rückdeckungsversicherungen beim Arbeitgeber, DB 2011 S. 189; *Tiede*, Abzinsung von Verbindlichkeiten, StuB 2019 S. 82 ff.; *Volkmann*, Rückstellungen für die Rücknahme und Verwertung von Altfahrzeugen, StuB 2009 S. 263; *Wolf*, Passivierung von Rückstellungen im Lichte von „Dieselgate", StuB 2016 S. 334; *Wolz/Oldewurtel*, Pensionsrückstellungen nach BilMoG, StuB 2009 S. 424; *Wüstemann/Koch*, Zinseffekte und Kostensteigerungen in der Rückstellungsbewertung nach BilMoG, BB 2010 S. 1075; *Zülch/Hoffmann*, Die Bilanzierung sonstiger Rückstellungen nach BilMoG, StuB 2009 S. 369; *Zwirner*, Neuregelung zur handelsrechtlichen Bewertung von Pensionsrückstellungen, DStR 2016 S. 929; *Zwirner/Künkele/Liebscher*, Abzinsung von „sonstigen Rückstellungen" nach BilMoG: Praxisprobleme und Lösungen, BB 2011 S. 2155; *Zwirner/Künkele/Mugger*, Die Zuschreibungspflicht nach BilMoG in Handels- und Steuerrecht, DStR 2012 S. 532 ff.

I. Überblick

Nach der Abhandlung der allgemeinen Bewertungsprinzipien in § 252 HGB folgt in § 253 HGB die Systematik der Bewertungs**vorgänge** im Rahmen der Bilanzierung, die in der durch das BilMoG geschaffenen Überschrift „Zugangs- und Folgebewertung" zutreffend zum Ausdruck kommt. Dies erfolgt besonders prägnant bei den Vermögensgegenständen (auf der Aktivseite) in Abs. 1 Satz 1: 1

- Die Anschaffungs- oder Herstellungskosten betreffen den **Zugang**,
- die Abschreibungen betreffen die anschließend erforderlichen Bewertungsvorgänge **(Folgebewertung)** in Abs. 3 bis 5 bis zum **Abgang** eines Vermögensgegenstands, also dem Zeitpunkt, in dem dieser die Bilanzierungssphäre des betreffenden Unternehmens verlässt.

Der **Abgang** ist dabei mathematisch zwingend nicht mit einer eigenen Bewertungsvorgabe versehen, da er mit dem zuletzt nach Zugangsbewertung und Abschreibung vorliegenden Wert zu erfassen ist.

In den Absätzen 3 bis 5 werden dann – teilweise spezifiziert nach Anlage- und Umlaufvermögen – die Abschreibungen weiter **aufgeschlüsselt,** nämlich in planmäßige und außerplanmäßige, bei Umlaufvermögen einfach „Abschreibungen" genannt. Die in Abs. 5 behandelten **Zuschreibungen** können systematisch als negative Abschreibungen bezeichnet werden. 2

Der Gesetzesaufbau stellt sich für die Bewertungsfolge auf der **Aktivseite,** also für Vermögensgegenstände, ausgesprochen elegant dar. Er zieht wesentliche Bewertungselemente vor die Klammer, z. B. Anschaffungs- und Herstellungskosten für alle Vermögensgegenstände, die er einheitlich anspricht, und Abschreibungen, die er teilweise ebenfalls bilanzpostenübergreifend regelt. Der **Gegensatz** zu der Vorgehensweise der **IFRS** ist bemerkenswert: Dort werden Zugangs- und Folgebewertungsfragen der Aktiva in den verschiedensten Standards behandelt, mit der notwendigen Folge von Wiederholungen, z. B. bei der Definition von Anschaffungs- oder Herstellungskosten, und manchmal auch inneren Widersprüchlichkeiten. 3

Viel eher **kasuistisch** ist das Regelwerk des § 253 HGB für die **Passivseite** – also die Schulden in Form von Verbindlichkeiten und Rückstellungen – aufgezogen (Abs. 1 Satz 2). Der Sache nach lassen sich allerdings Zugangs- und Folgebewertung in diesem Bereich systematisch nicht ge- 4 trennt darstellen. Der Erfüllungsbetrag und die Abzinsung gelten sowohl im Zeitpunkt des Zugangs als auch an jedem folgenden Bilanzstichtag als Bewertungsgrundlage.

5 Schließlich ist in Abs. 1 Satz 3 und 4 noch eine Ausnahmebewertung für bestimmte Wertpapiere und wertpapiergedeckte Pensionsverpflichtungen vorgesehen (→ Rz. 105). In Abweichung von dem sog. Anschaffungskostenprinzip des Abs. 1 Satz 1 (→ Rz. 12) bzw. dem „Erfüllungswertprinzip" des Abs. 1 Satz 2 ist hiernach der **Zeitwert** auch dann anzusetzen, wenn er über den Anschaffungskosten bzw. unter dem Erfüllungsbetrag liegt (→ § 255 Rz. 4 ff.).

6 **Nicht** nach § 253 HGB bewertet werden (→ § 255 Rz. 2):

- **Rechnungsabgrenzungsposten** i. S. des § 250 HGB (→ § 250 Rz. 40);
- Posten aus der **Steuerlatenzrechnung** gem. § 274 HGB, die eigenen Bewertungsvorgaben folgen (→ § 274 Rz. 63 ff.).

7 Die **steuerlichen** Bewertungsvorgaben für die Aktivseite (dort Wirtschaftsgüter genannt) entsprechen in der strukturellen Aufbereitung derjenigen des § 253 HGB. Hier kommt noch eine wohltuende rechtsdogmatische Übereinstimmung in den beiden Rechenwerken über die Bewertungsschritte zum Ausdruck, mögen diese auch im Laufe der Zeit in Einzelpunkten fiskalisch verunstaltet worden sein. Dabei ergänzt § 6 Abs. 1 Nr. 1 Satz 1 EStG die Zugangsbewertungsvarianten der Anschaffungs- oder Herstellungskosten noch um den **„an deren Stelle tretenden Wert"** (→ § 255 Rz. 6). Angesprochen sind damit besondere steuerliche Bewertungsprozesse, z. B. die Folgebewertung durch planmäßige Abschreibungen nach Übertragung einer Rücklage nach § 6b EStG, aber auch Vorgänge, die einer spezifischen steuerlichen Bewertung unterliegen, im Handelsbilanzrecht indes nicht angesprochen worden sind. Insbesondere geht es um die **Einlagen** von Vermögensgegenständen, z. B. aus dem Privatvermögen eines Kaufmanns oder eines GmbH-Gesellschafters, in das zu bilanzierende Gesellschaftsvermögen. In diesen Fällen kann sich die handelsrechtliche Bilanzierung teilweise auf die spezifischen steuerlichen Vorgaben stützen (→ § 246 Rz. 195 ff.). Gerade der Einlagevorgang erscheint dann als Ersatztatbestand für die Anschaffung oder Herstellung.

8 Die strukturelle Verbindung der Bewertungsprozesse für die Vermögensgegenstände bzw. Wirtschaftsgüter kann der folgenden Tabelle entnommen werden:

	Buchungsvorgang	EStG	HGB
	Ausgangsgrößen		
-	Anschaffungskosten	§ 6 Abs. 2 Nr. 1 EStG	§ 253 Abs. 1 Satz 1 HGB
-	Herstellungskosten	§ 6 Abs. 2 Nr. 1 EStG	§ 253 Abs. 1 Satz 1 HGB
-	„der an deren Stelle tretende Wert"	§ 6 Abs. 2 Nr. 1 EStG	
	Abzugsposten		
-	Absetzung für Abnutzung	§ 7 EStG	
-	planmäßige Abschreibung		§ 253 Abs. 3 Satz 1 und 2 HGB
-	erhöhte Absetzungen	§ 7d EStG	
-	Sonderabschreibungen	§ 7g EStG	
-	Abzüge	§ 6b EStG	

-	ähnliche Abzüge	Ersatzbeschaffungsrücklage	
	Zwischensumme	= „fortgeführte AK/HK" Wertaufholungshöchstbetrag	= „fortgeführte AK/HK" Wertaufholungshöchstbetrag
-	außerordentliche Abschreibungen	Absetzung für außergewöhnliche Abnutzung gem. § 7 Abs. 1 Satz 6 EStG Teilwertabschreibung gem. § 6 Abs. 1 Nr. 1 Satz 2, Abs. 1 Nr. 2 Satz 2 EStG	außerplanmäßige Abschreibung gem. § 253 Abs. 3 Satz 3, Abs. 3 Satz 4 und 2 HGB
+	Wertaufholungszuschreibungen	§ 6 Abs. 1 Nr. 1 Satz 4 EStG, § 6 Abs. 1 Nr. 2 Satz 3 EStG	§ 253 Abs. 5 HGB
	Buchwert		

Für die Bewertung der **Schulden** ergeben sich im Vergleich zwischen HGB und EStG durchaus Berührungspunkte, dann aber auch wieder spezifische Abweichungen.

Die gesamten Bewertungsvorgaben des § 253 HGB sind **rechtsformübergreifend** und **größenunabhängig** ausgestaltet. Die EU-Bilanzrichtlinie 2013 (→ § 264 Rz. 37d) erfordert keine in der Praxis bedeutsame Anpassung der gültigen Bewertungsvorschriften des HGB; zur Rückstellungsbewertung vgl. → Rz. 57. 9

II. Bewertung der Vermögensgegenstände (Abs. 1 Satz 1)

1. Zugangsbewertung

Das Gesetz bemüht hier zunächst den Begriffsinhalt der auf der Aktivseite mehrheitlich erscheinenden Posten („Vermögensgegenstände"). Bevor über die Bewertung eines Bilanzzugangs zu befinden ist, muss also zunächst die **Eigenschaft** eines Vermögensgegenstands festgestellt werden. Diesbezüglich wird auf die Kommentierung in → § 246 Rz. 14 ff. verwiesen. 10

Ist die Vermögensgegenstandseigenschaft bestätigt (abstrakte Bilanzierungsfähigkeit) und besteht kein Bilanzierungsverbot (konkrete Bilanzierungsfähigkeit), kann das Bewertungsverfahren seinen Lauf nehmen. Die beiden Bewertungsgrößen der Anschaffung und der Herstellung sind legal in § 255 HGB definiert und dort auch kommentiert. Die steuerliche Ersatzgröße des „an deren Stelle tretenden Werts" ist sinnvollerweise nach Maßgabe der einschlägigen steuerrechtlichen Vorschriften in Sonderfällen anwendbar (→ Rz. 7). 11

Erläuterungsbedürftig ist das Adverb **„höchstens"** im Zusammenhang mit der Bewertungsvorgabe des Abs. 1 Satz 1. „Höchstens" bezieht sich **nicht** auf die **Zugangs**bewertung. Vielmehr sind die Anschaffungs- oder Herstellungskosten und ist nicht ein niedrigerer Wert im Zugangszeitpunkt als Bewertungsmaßstab heranzuziehen. In der **Folgebewertung** – also nach Abschreibungen (→ Rz. 139 ff.) und ggf. Zuschreibungen (→ Rz. 247 ff.) – darf die Bewertungsobergrenze der (fortgeführten) Anschaffungs- oder Herstellungskosten nicht überschritten werden – vorbehaltlich der Sonderregeln für Finanzinstrumente, die der Altersversorgung dienen, gem. Abs. 1 Satz 3 und 4 (→ § 255 Rz. 212) und für Kreditinstitute. 12

Die Anschaffungs- oder Herstellungskosten als Bewertungsmaßstab beim Zugang und „Deckel" der Folgebewertung gelten auch dann, wenn der tatsächliche Wert *(fair value)* eindeutig höher liegt. Deshalb ist eine Bewertung zum höheren Wiederverkaufswert unzulässig, weil sie gegen den Grundsatz der **Bilanzwahrheit** verstößt.[1] Das gilt u. E. allerdings nicht im Fall einer verdeckten Einlage des Gesellschafters in die Gesellschaft (→ § 255 Rz. 88 sowie → § 272 Rz. 71).

13 Die Zugangsbewertung soll also **erfolgsneutral** vonstattengehen, ein Zugangsgewinn oder -verlust *(day one gain or loss)* ist systematisch nicht vorgesehen.[2] Nicht zweifelsfrei ist diese Maxime in Sonderfällen, die allerdings auch nicht außerhalb der Realität des Wirtschaftslebens liegen, bei **negativen Kaufpreisen**, wenn beispielsweise der Erwerber eines kriselnden Unternehmens oder einer nicht mehr benötigten Produktionsanlage vom Verkäufer für den Erwerb einen „Zuschuss" erhält. In diesen Fällen könnte man durchaus über einen **Erwerbsgewinn** nachdenken. Der BFH hat diese Frage durch die Bildung eines „Ausgleichspostens"[3] gelöst, d. h. eigentlich gar nicht gelöst, denn dieser Ausgleichsposten ist eine Geburt der Verlegenheit (→ § 255 Rz. 97). Dies erklärt sich auch prozessrechtlich, weil der BFH über diesen Bilanzierungspunkt, da nicht streitgegenständlich, nicht zu befinden hatte. Zu derlei **„Ausgleichsposten"** wird verwiesen auf → § 246 Rz. 387.

14 Aber auch einen **„Zugangsverlust"** kann man sich im Einzelfall vorstellen.

BEISPIEL[4] Ein Ehevermittlungsunternehmen in einzelkaufmännischer Form tätigte An- und Verkäufe von Wertpapieren, die sich im Nachhinein als verlustträchtig herausstellten. Der BFH verneinte die Betriebsvermögenseigenschaft, stellte notwendiges Privatvermögen für diese Wertpapiere fest, so dass sich der Verlust nicht in die Besteuerungssphäre des Gewerbebetriebs einnisten konnte.

Fraglich ist, inwieweit dieser Vorgabe auch **handelsrechtlich** gefolgt werden kann. Möglich erscheint dabei die vorbehaltlose Übernahme der BFH-Rechtsprechung zur Abgrenzung von notwendigem Betriebs- und Privatvermögen mit der Zwischenstufe des gewillkürten Betriebsvermögens (→ § 246 Rz. 195 ff.).

Will man für die **Handelsbilanz** dieser steuerlichen Vorgabe nicht folgen, stellt sich tatsächlich die Frage, ob der Verlust bereits im Zugangszeitpunkt zu verbuchen ist. Für den BFH waren diese Verluste bereits bei Einbuchung (also im Zugangszeitpunkt) „erkennbar". Ob dies mit der Realität des Wirtschaftslebens übereinstimmt, darf man getrost bezweifeln, dieser Satz ist sicherlich entscheidend geprägt vom gewünschten Ergebnis des Urteils zu verstehen. Niemand wird ein Wertpapier erwerben, wenn er von einem späteren Verlust überzeugt ist oder jedenfalls davon ausgehen muss. So gesehen ist tatsächlich ein Erwerbsvorgang als erfolgsneutrale Vermögensumschichtung zu charakterisieren. Man kann auch so formulieren: Im Erwerbszeitpunkt ist der Erwerber von der Angemessenheit des Kaufpreises überzeugt, für ihn stellt er den *fair value* dar. Das gilt auch, wenn sich der Erwerbspreis im Nachhinein als überhöht herausstellt, weil der betreffende (z. B.) Fondsanteil konstruierte Risikostrukturen enthielt, die auch dem Fachmann nicht ersichtlich waren. Oder anderes Beispiel: Der Anteil an einem ge-

1 EuGH, Urteil v. 3.10.2013 – C-322/12 „GIMLE", DStR 2013 Heft 42 S. VI, zur belgischen Umsetzung der 4. EG-Richtlinie.

2 Vgl. z. B. BFH, Urteil v. 26.4.2006 – I R 49, 50/04, DStR 2006 S. 1313, wo die Erfolgsneutralität des Anschaffungsvorgangs im Fall eines negativen Kaufpreises festgestellt worden ist.

3 Im eben zitierten BFH-Urteil v. 26.4.2006 – I R 49, 50/04, und zuvor schon bei BFH, Urteil v. 12.12.1996 – VI R 77/93, BStBl 1998 II S. 180; vgl. hierzu *Hoffmann* in Littmann/Bitz/Pust (Hrsg.), EStG § 6 Tz. 221, m. w. N.

4 Nach BFH, Urteil v. 19.2.1997 – XI R 1/96, BStBl II S. 399.

schlossenen Immobilienfonds mit gewerblichen Einheiten wird im Hinblick auf die hohen steuerlichen Förderungen durch Sonderabschreibungen etc. gekauft. Im Kaufpreis war allerdings ein hoher Anteil an Gebühren, Honoraren etc. „versteckt", der die Steuervorteile überkompensierte. Entsprechend hatte der Erwerber in der Ex-post-Perspektive insoweit einen Verlust „gekauft".

Diese Überlegungen zur effektiven **Erfolgsneutralität** des Anschaffungsvorgangs mögen regelmäßig durch folgende Abschreibungen – nicht aber Zuschreibungen – „bereinigt" werden, nicht allerdings in jedem Fall. So kann der bei der Folgebewertung vorliegende niedrigere Börsenpreis (eines Wertpapiers oder die Wertminderung des Anteils am geschlossenen Immobilienfonds) zwar festgestellt werden, allerdings verbunden mit der weiteren Annahme einer nur **vorübergehenden** Wertminderung (→ Rz. 190). Diese Bewertungskomponente stünde bei einer Zugangsbewertung unter Abzug der Verlustkomponente in den vorhergehenden Beispielen nicht zur Verfügung. Nach uneingeschränkt dominierender Meinung ist für Handels- und Steuerbilanzzwecke von der **Erfolgsneutralität** des Anschaffungs- bzw. Herstellungsvorgangs auszugehen. 15

2. Abschreibungen, Zuschreibungen, Zeitbewertung

Nach der Bewertung mit dem Zugangswert ist im Rahmen der erstmaligen und der folgenden Bilanzierungen das Erfordernis von **Abschreibungen** zu prüfen, dazu möglicherweise auch das **Rückgängigmachen** von solchen Abschreibungen gem. Abs. 5 (→ Rz. 247). Die Abschreibungen werden dann in Abs. 3 für das Anlagevermögen (→ Rz. 139) und in Abs. 4 für das Umlaufvermögen (→ Rz. 224) weiter spezifiziert. 16

Für bestimmte der Altersversorgung dienende Vermögensgegenstände (regelmäßig Wertpapiere) ist eine Zeitwertbilanzierung nach Abs. 1 Satz 3 und 4 vorgesehen. Auf die Kommentierung unter → Rz. 105 ff. und → § 255 Rz. 213 ff. wird verwiesen.

III. Bewertung von Verbindlichkeiten (Abs. 1 Satz 2)

1. Der Erfüllungsbetrag

Als Bewertungsmaßstab von Schulden gilt der Erfüllungsbetrag (Verbindlichkeiten) bzw. der mit vernünftiger kaufmännischer Beurteilung zu bestimmende **Erfüllungsbetrag** (Rückstellungen). Die vor dem BilMoG gültige Gesetzesfassung beschränkte sich auf die Erwähnung des Rückzahlungsbetrags. Bzgl. der in aller Regel auf „Geld" lautenden Zahlungsverpflichtung ergibt sich hieraus kein Unterschied. Auch der vernünftig denkende Kaufmann wird keinen anderen Schuldbetrag bilanzieren wollen als den in Geld ausgedrückten. Sofern dieses „Geld" in Fremdwährung besteht, gelten besondere Bewertungsvorschriften in § 256a HGB; auf die dortige Kommentierung wird verwiesen. 17

Die vom BilMoG eingeführte Bewertungsgröße „Erfüllungsbetrag" für die Verbindlichkeiten verdankt ihre Geburt einer Parallelisierung zur Bewertung der Rückstellungen (→ Rz. 55). Bei Erfüllungspflicht in **Sachwerten** soll nach der Regierungsbegründung (S. 114) „der im Erfüllungszeitpunkt voraussichtlich aufzuwendende Geldbetrag" anzusetzen sein. Hierbei werden allerdings die Begrifflichkeiten verwischt. Wenn eine „voraussichtlich" anzusetzende Größe zu bilanzieren ist, handelt es sich um einen **unsicheren** Betrag, der bei den Schulden als **Rückstellung** auszuweisen ist (→ § 249 Rz. 10). 18

19 Eine **Sachbewertung** für (sichere) Verbindlichkeiten wird in der Rechnungslegungspraxis selten anzutreffen sein.

BEISPIEL Das Stahlbiegeunternehmen S hat einem Bauunternehmen den Auftrag zur Errichtung einer neuen Montagehalle erteilt. In den vom Bauunternehmer akzeptierten Ausschreibebedingungen stellt S den Baustahl „kostenlos" bei. Diese Beistellung hat das Bauunternehmen in seiner Angebotskalkulation berücksichtigt und den Gesamtpreis entsprechend um 1.000 € gekürzt. Im Zeitpunkt des Vertragsabschlusses musste das Stahlbiegeunternehmen für die berechnete Stahlmenge 800 € an Einstands- und Bearbeitungskostenkalkulieren.

Bis zur Lieferung des Baustahls an die Baustelle liegt ein nicht bilanzierbares schwebendes Geschäft vor (→ § 246 Rz. 8). S beschafft den Baustahl vom Hersteller zum Einstandspreis von 900 €. Die Bearbeitungskosten sind zu vernachlässigen. Nach Anlieferung an die Baustelle bucht S „per Anlagen im Bau an Materialbestand 900 €".

Die vertraglich ausbedungene Sachleistungsverpflichtung hat keinen Eingang in die buchmäßige Abwicklung des Geschäfts gefunden.

BEISPIEL Die Unternehmensberatungs-AG U verpflichtet sich gegenüber der Konzernholding-AG K zur Durchführung einer Strategieberatung mit einem Festhonorar von 1.000 € zzgl. 100 Aktien der K. K hat keine eigenen Aktien im Bestand. Am 31.12.01 ist die Beratungsleistung erbracht und wird von U in Rechnung gestellt: „1.000 € zzgl. 100 Aktien, fällig am 31.1.02."

K passiviert als Verbindlichkeiten neben 1.000 € die Beschaffungskosten für die Aktien. Fraglich ist, ob der Kurs am Bilanzstichtag oder am Erstellungstag, z. B. 20.1.02 oder 25.2.02, oder am Erfüllungstag, 31.1.02, maßgeblich ist. Unseres Erachtens gilt hier das Stichtagsprinzip (→ § 252 Rz. 66), also der Kurs am Bilanzstichtag. Die Kursveränderung nach dem Bilanzstichtag ist wertbegründend und deshalb nicht zu berücksichtigen (→ § 252 Rz. 70). Unser Lösungsvorschlag könnte deswegen zweifelhaft sein, weil die Gesetzesbegründung von einer „Einschränkung des Stichtagsprinzips" ausgeht, dabei allerdings immer nur von Preis- und Kostensteigerungen spricht, also Aktienkursentwicklungen aus diesen Überlegungen ausschließt. Dabei ist wiederum interpretationsbedürftig, was unter „Einschränkung" zu verstehen ist. Jedenfalls bewegen sich solche Bewertungsüberlegungen jenseits des Anwendungsbereichs von (sicheren) Verbindlichkeiten und berühren den langfristigen Bereich, wo säkulare Trends der Kosten- und Preisentwicklung regelmäßig anzunehmen sind, also Rückstellungen z. B. für Rückbau- und Entsorgungsverpflichtungen (→ Rz. 130).

20 Eine Sachleistungsverpflichtung kann sich auch als **Tauschgeschäft** darstellen.

BEISPIEL Autohändler A benötigt ein Privatflugzeug, um schnell bei Kunden in Osteuropa vorsprechen zu können. Flugzeughändler F benötigt eine standesgemäße Limousine.

A liefert an F eine Mercedes S-Klasse mit Buchwert 900 € und Verkehrswert 1.000 €. F liefert an A eine gebrauchte Cessna mit Buchwert 800 € und Verkehrswert 1.000 €.

A und F wollen handelsrechtlich das Geschäft erfolgsneutral (→ § 255 Rz. 61) abwickeln. Wie ist zu buchen?

Bei A		Bei F	
per Debitor F an Erlös	900	per Debitor A an Erlös	800
per Abgang an Vorräte	900	per Abgang an Vorräte	800
per Anlagevermögen an Kreditor F	(900) 800	per Anlagevermögen an Kreditor A	(800) 900
per Kreditor F an Debitor F	(900) 800	per Kreditor A an Debitor A	(800) 900
Saldo Debitor F	100 (0)	Saldo Kreditor A	100 (0)

FRAGE Wie gleichen sich hier Debitor und Kreditor aus?

ANTWORT Es gibt keine korrespondierenden Buchungen zwischen den Parteien. Jede ist an ihre Buchwerte gebunden (Zahlen in Klammern) und berücksichtigt nicht die Buchwerte der Gegenseite.

Sachwertdarlehen kommen in der Praxis in Fällen der Betriebsaufspaltung und **Betriebsverpachtung** (→ § 246 Rz. 412 ff.) vor, wenn der Pächter die Verpflichtung eingeht, gepachtete Vermögensgegenstände in gleicher Art, Menge und Güte zurückzugeben. Diese Verpflichtung trifft den Pächter als wirtschaftlichen Eigentümer der betreffenden Vermögensgegenstände. Die Bewertung der Rückgabeverpflichtung (Sachwertdarlehen) ist zu den am jeweiligen Bilanzstichtag gültigen Wiederbeschaffungskosten vorzunehmen.[1] Bei einer Preis**erhöhung** ist also zu buchen „per Bestand an Darlehen", bei einer Preis**senkung** gegenüber dem Vorjahresausweis umgekehrt. Der Verpächter hat seinerseits eine entsprechende Sachwertforderung zu aktivieren.[2]

21 Bei der Bestimmung des Erfüllungsbetrags von **Sachverpflichtungen** oder **Wahlschulden** (→ Rz. 40) ist zu unterscheiden, ob sich der zur Erfüllung notwendige Gegenstand bereits im Vermögen des Unternehmens befindet (→ Rz. 65) oder erst beschafft werden muss.

22 Die **steuerliche** Bewertung von Verbindlichkeiten soll analog („sinngemäße Anwendung") zur Bewertung von nicht abnutzbaren Wirtschaftsgütern erfolgen (§ 6 Abs. 1 Nr. 3 i.V. mit Nr. 2 EStG). Dem entspricht dem BFH[3] zufolge der Ansatz mit dem **Rückzahlungs**betrag, den er dem **Erfüllungs**betrag gleichsetzt.[4] Bei **Geld**schulden ist dieser gleich dem Nominalwert. Danach müsste die Bewertung der Verbindlichkeit im **Zugangszeit**punkt mit den **Anschaffungskosten,** in der Folge mit diesen oder dem höheren Teilwert vorgenommen werden. Wegen unserer Vorbehalte bzgl. der Bewertung von Verbindlichkeiten im Zugangszeitpunkt mit den (vermeintlichen) Anschaffungskosten wird auch verwiesen auf → § 255 Rz. 51. Das Steuerrecht kennt keinen eigenen Anschaffungskostenbegriff. Mangels eigenständiger steuerlicher Regelungen sollen daher nach BFH[5] die Anschaffungskosten einer Schuld durch den handelsrechtlichen Anschaffungskostenbegriff bestimmt werden. Inhaltlich läuft dieser Verweis aber eher **ins Leere,** da das Handelsrecht Anschaffungskosten als Aufwendungen für den Erwerb eines **Vermögensgegenstands** definiert, eine **Schuld** aber weder Vermögensgegenstand ist noch der Gläubiger bei ihrer Begründung/Übernahme etwas aufwendet. Schulden haben – wie durch das BilMoG in § 253 Abs. 1 Satz 2 HGB klargestellt – somit (handelsrechtlich) zwar einen Zugangswert, aber keine Anschaffungskosten.

In irritierender Auswirkung spricht der BFH im zuvor zitierten Urteil I R 102/08, betreffend einen Schuldzugang durch Unternehmenserwerb, in zwei unmittelbar aufeinanderfolgenden Sätzen von den Anschaffungskosten der Schuld und von der Erhöhung der Anschaffungskosten (des Unternehmenserwerbers) durch Übernahme der Schuld. Unklar ist, wie eine Schuld zugleich selbst Anschaffungsobjekt (bewertet zu Anschaffungskosten) und Entgelt für den Erwerb des Unternehmens sein kann. Damit bleibt insbesondere die Frage nach der Bewertung einer durch Unternehmenserwerb zugehenden Schuld offen. Unseres Erachtens ist hier auf den Teilwert abzustellen.[6]

1 BFH, Urteil v. 5.5.1976 – I R 166/74, BStBl II S. 717.
2 BFH, Urteil v. 6.12.1984 – IV R 212/82, BStBl 1985 II S. 391.
3 BFH, Urteil v. 15.7.1998 – I R 24/96, BStBl II S. 728.
4 BFH, Urteil v. 12.12.1990 – I R 153/86, BStBl 1991 II S. 479.
5 BFH, Urteil v. 16.12.2009 – I R 102/08, BB 2010 S. 496 ff.
6 Vgl. zum Ganzen *Lüdenbach,* StuB 2010 S. 821 ff.

23 In der Regel ist die **Zugangs**bewertung von Schulden **erfolgsneutral.** Der BFH hat andererseits aber keine Bedenken gegen eine erfolgswirksame Zugangsbewertung bei unverzinslichen Darlehen (→ Rz. 33).[1]

24 Eine in der Steuerbilanz systematische Abweichung gegenüber der handelsrechtlichen Vorgabe ergibt sich bei der **Folgebewertung.** Diese ist in der Handelsbilanz imparitätisch orientiert, d. h., Erhöhungen des Erfüllungsbetrags sind zu berücksichtigen, Wertminderungen gegenüber dem Zugangswert mangels Realisierung außer Acht zu lassen. Steuerlich kommt nach § 6 Abs. 1 Nr. 3 EStG auch eine „negative" Teilwertabschreibung in Betracht (→ Rz. 36). Für die spiegelbildliche Bezugnahme auf die Aktivwerte zum Auslegungsproblem der **„dauernden Wertminderung"** (→ Rz. 189) stellt sich also die Frage: Muss eine Sachleistungsverpflichtung mit einer Werterhöhung aufgrund gestiegener Preise berücksichtigt werden oder – da nur vorübergehender Natur – unberücksichtigt bleiben? Ähnlich gelagerte Anwendungsfälle können sich insbesondere bei **Währungsverbindlichkeiten** oder indexierten Rückzahlungsbeträgen ergeben (→ § 256a Rz. 28). Vgl. zu Fällen der Überverzinslichkeit → Rz. 36.

2. Vereinnahmungs- statt Erfüllungsbetrag als Maßstab der Zugangsbewertung bestimmter Verbindlichkeiten[2]

25 Nach § 253 Abs. 1 Satz 2 HGB ist der Erfüllungsbetrag gesetzlicher Maßstab der (Zugangs-)Bewertung von sicheren Schulden (Verbindlichkeiten), der vernünftig beurteilte Erfüllungsbetrag entsprechend bei unsicheren Schulden (Rückstellungen). Der Vereinnahmungsbetrag (Ausgabebetrag) einer Schuld wird im Gesetz demgegenüber nur als „Nichtmaßstab" in § 250 Abs. 3 Satz 1 HGB genannt (→ § 250 Rz. 59). Danach bliebe auch bei Divergenz von Vereinnahmungs- und Erfüllungsbetrag Letzterer für die Bewertung maßgeblich. Die Differenz zum Vereinnahmungsbetrag ist wahlweise als Disagio zu aktivieren oder sofort im Aufwand zu verrechnen.

Steuerrechtlich schreibt § 6 Abs. 1 Nr. 3 Satz 1 EStG die sinngemäße Anwendung der Bewertungsvorschriften für Vermögensgegenstände/positive Wirtschaftsgüter vor. Dem entspricht nach der Rechtsprechung des BFH ein Ansatz in Höhe des Rückzahlungsbetrags[3] bzw. mit diesem ausdrücklich gleichgesetzten Erfüllungsbetrags.[4] Bei Abhängigkeit der Zahlungsverpflichtung von einem Kurswert (z. B. nach Fremdwährung) bestimmt sich der Zugangswert nach dem (damaligen) Wechselkurs. Der Ansatz eines höheren Wertes (Teilwertzuschreibung) ist nur bei dauernder Werterhöhung zulässig[5] (Analogie zur Teilwertabschreibung auf Finanzwerte, → Rz. 208 ff.).

Der Vereinnahmungsbetrag findet als alternativer Maßstab der Zugangsbewertung hingegen keine Berücksichtigung in den gesetzlichen Vorgaben. Aus den fehlenden gesetzlichen Regelungen wird bzw. wurde im Schrifttum abgeleitet, dass der Verfügungs- bzw. Vereinnahmungsbetrag für die Zugangsbewertung von Verbindlichkeiten i. d. R. irrelevant sei.[6] Zum Beleg dieser Ansicht wird insbesondere auf mit einem Disagio versehene Darlehen und damit

1 BFH, Beschluss v. 6.10.2009 – I R4/08, BStBl 2010 II S. 177, mit Anm. *Buciek*, FR 2010 S. 341; BFH, Urteil v. 27.1.2010 – I R 35/09, BStBl II S. 478.

2 Nachfolgende Ausführungen im Wesentlichen entnommen aus *Lüdenbach/Freiberg*, BB 2012 S. 1911.

3 BFH, Urteil v. 15.7.1998 – I R 24/96, BStBl II S. 728, m. w. N.

4 BFH, Urteil v. 12.12.1990 – I R 153/86, BStBl II 1991 S. 479.

5 *Hölscher*, DStR 2015 S. 1403; BMF, Schreiben v. 16.7.2014, BStBl 2014 I S. 1162, Tz. 30.

6 Vgl. *Brösel/Olbrich* in Küting/Pfitzer/Weber (Hrsg.), Handbuch der Rechnungslegung, § 253 Tz. 256.

auf § 250 Abs. 3 Satz 1 HGB verwiesen. Ein Abgehen vom Vereinnahmungsbetrag bei der Zugangsbewertung ist jedoch in vielen Fällen kontraintuitiv.

BEISPIEL ▶ Die U GmbH befindet sich in einer schwierigen Liquiditätslage. Der risikofreudige Investor I ist bereit, frisches Geld in Höhe von 500 GE für 1 Jahr nach Art einer stillen Beteiligung mit Verlustteilhabe zur Verfügung zu stellen. Die Parteien einigen sich auf Folgendes: Falls U einen näher definierten *breakevenpoint* nicht innerhalb eines Jahres erreicht, entfällt die Rückzahlungspflicht, bei Erreichen ist das Doppelte des Nominalwerts von 500 GE, also ein Betrag von 1.000 GE, zurückzuzahlen. Unabhängig von der Ergebnisentwicklung erhält I eine laufende Verzinsung von 6 %. U und I rechnen einvernehmlich mit einer Wahrscheinlichkeit von 45 % für die Zielverfehlung und einer von 55 % für die Zielerreichung. Hieraus ermittelt sich ein Erwartungswert der Schuld in Höhe von 0,45 x 0 + 0,55 x 1000 GE = 550 GE. Die Differenz zum am 31.12.01 von I gezahlten Betrag von 500 GE erklärt sich als Risikoprämie. Mit welchem Betrag ist die Schuld einzubuchen?

Die einfachste, sozusagen naive Lösung in Fällen der vorstehenden Art wäre eine Einbuchung der Schuld mit dem Vereinnahmungsbetrag (per Geld an Schuld). „Naiv" erscheint diese Lösung insofern, als sie ohne Blick in das Gesetz, in dem der Vereinnahmungsbetrag als Maßstab der Zugangsbewertung überhaupt nicht vorkommt, einfach Folgendes unterstellt: Wegen des notwendigen Ausgleichs von Soll und Haben (dem Gebot der Erfolgsneutralität der Zugangsbewertung) müsse der Zugangswert der Schuld (Habenbuchung) dem Geldeingang (Sollbuchung) entsprechen.

Nach einem Blick ins Gesetz erscheint hingegen anstelle der naiven Lösung eine Einbuchung mit dem vernünftig beurteilten (geschätzten) Erfüllungsbetrag erforderlich. Sie macht eine Bestimmung des Erfüllungsbetrags notwendig. Nur bei weder dem Ansatz noch der Höhe nach an ungewissen Bedingungen geknüpften Geldschulden ist diese Bestimmung einfach. Der Erfüllungsbetrag entspricht dem Nominalwert.[1] Im Fall der Verpflichtung des U gegenüber I im vorstehenden Beispiel besteht jedoch eine Ungewissheit. Fraglich ist dann die Ermittlung des Erfüllungsbetrags:

- ▶ Der von den Parteien zugrunde gelegte Nominalwert von 500 GE (zugleich Vereinnahmungsbetrag) wird in keinem der Szenarien jemals zur Auszahlung gelangen und kann daher nicht als Erfüllungsbetrag interpretiert werden.
- ▶ Ein Ansatz des Erwartungswerts wird bei Einzelrückstellung abgelehnt, da dies die Wahrscheinlichkeitsbetrachtung für die Bilanzierung dem Grunde nach (§ 249 HGB) mit der für die Bilanzierung der Höhe nach (§ 253 HGB) vermische.
- ▶ Vielmehr soll i. d. R. der (für den Fall, dass es überhaupt zu einer Inanspruchnahme kommt) wahrscheinlichste Wert angesetzt werden.

Im Fall der U würde dies zu folgender Einbuchung führen:

Per Geld	500 GE an Schuld 1.000 GE
Per Aufwand	500 GE

Der zuletzt dargestellte Buchungssatz führt zu einem in der internationalen Rechnungslegung als *„day one loss"* bekannten Erfolg im Zugangszeitpunkt. Fraglich ist, ob es einen solchen Erfolg bei entgeltlich, d. h. im Leistungsaustausch begründeten Schulden auch handelsrechtlich geben darf.

Für den entgeltlichen Zugang von Vermögensgegenständen ist der Grundsatz der **Erfolgsneutralität von Anschaffungsvorgängen** anerkannt. Aus **prinzipienorientierter Sicht** scheint es daher geboten, auf der Passivseite entsprechend dem Grundsatz der Erfolgsneutralität der Zugangsbewertung entgeltlich begründete Schulden anzuwenden. Fraglich bleibt aber, ob dem nicht der in § 253 Abs. 1 Satz 2 HGB als Zugangsbewertungsmaßstab vorgeschriebene Erfüllungsbetrag **(kasuistisch)** entgegensteht. Hier geht es im Verhältnis zu § 252 HGB darum, ob die Bewertung mit dem Erfüllungsbetrag in allen Fällen zwingend ist oder im Wege der teleologischen Reduktion § 253 Abs. 1 Satz 2 HGB so ausgelegt werden kann, dass in bestimmten Fällen auch eine andere Bewertung, insbesondere eine zum Vereinnahmungsbetrag, geboten 26

1 BFH, Urteil v. 12.12.1990 – I R 153/86, BStBl II 1991 S. 479 Fn. 1.

ist. Für eine solche einschränkende Auslegung sprechen einige der nachfolgend dargestellten Beispiele.

27 Eine Besonderheit der Zugangsbewertung gilt für **Nullcouponanleihen** (→ Rz. 35). Sie sind nicht mit dem Erfüllungsbetrag (bzw. nach HGB a. F. Rückzahlungsbetrag), sondern nur mit dem Ausgabebetrag (= Vereinnahmungsbetrag) einzubuchen. Ein Ansatz des Erfüllungs- bzw. Rückzahlungsbetrags inkl. eines „überhöhten Disagios" (gemeint: eines nicht nur der Modifizierung des laufenden Zinses dienenden, sondern an dessen Stelle tretenden Disagios) wird als unangemessen abgelehnt.[1] Kapitalschuld und (verdeckte) Zinsschuld des Darlehensnehmers sind voneinander zu trennen. Der Erfüllungsbetrag erstreckt sich dann nur auf das überlassene Kapital (Ausgabe- bzw. Vereinnahmungsbetrag) und bereits zum Stichtag aufgelaufene Zinsen.

BEISPIEL ▸ Die Parteien U und I einigen sich auf ein unverzinsliches und unkündbares Darlehen mit fünfjähriger Laufzeit und einem Nominalbetrag (Erfüllungs- und Rückzahlungsbetrag) von 1.000 GE. Während der Laufzeit fallen keine Zinsen an. Im Gegenzug wird das Darlehen nicht für den Nominalbetrag von 1.000 GE, sondern nur für 700 GE ausgegeben. U hat die Schuld (ausnahmsweise) mit dem Vereinnahmungsbetrag einzubuchen. Eine Bilanzierung zum Erfüllungsbetrag unter gleichzeitiger Erfassung der Differenz von 300 GE zum Vereinnahmungsbetrag als Aufwand oder Rechnungsabgrenzungsposten (→ § 250 Abs. 3 Satz 1 HGB) scheidet aus. Die Verbindlichkeit ist vielmehr mit ihrem Vereinnahmungsbetrag wie folgt einzubuchen: Per Geld 700 an Verbindlichkeit 700. In den Folgeperioden ist die Verbindlichkeit nach Maßgabe einer Effektivzinsberechnung (ca. 7,4 % p. a.) laufzeitgerecht und erfolgswirksam zuzuschreiben.

Für die vorstehende Lösung wird im Schrifttum Folgendes angeführt: Eine (im Gesetz geforderte) Bilanzierung zum Rückzahlungsbetrag/Erfüllungsbetrag gilt bei Nullcouponanleihen oder entsprechenden Darlehen als „wesensfremd" und wird auch wegen der bei einer sofortigen Aufwandsverrechnung des Disagios eintretenden **„Verzerrung der Ertragslage"** abgelehnt. An die Stelle des schuldrechtlich vereinbarten müsse daher der „wirtschaftliche Rückzahlungs-/Erfüllungsbetrag" treten, der nur die bis zum Bewertungsstichtag entstandenen Aufzinsungen umfasse.[2] Ein einfacheres Argument besagt: Die in der Kursdifferenz zwischen Ausgabe- und Rückzahlungsbetrag „versteckten" Zinsen würden als „schwebend" (→ § 246 Rz. 8) bei normalen Anleihen auch nicht passiviert.

Auch steuerrechtlich scheidet bei Nullcouponanleihen eine Passivierung zum Erfüllungsbetrag aus, denn „der Einlösungsbetrag eines Zerobonds, der außer dem zur Nutzung überlassenen Kapital auch das gesamte Entgelt für die Kapitalüberlassung enthält, deckt sich nicht mit dem in § 250 Abs. 3 HGB verwendeten Begriff ‚Rückzahlungsbetrag'" (bzw. jetzt „Erfüllungsbetrag").[3]

28 Der Erfüllungsbetrag ist als Bewertungsmaßstab nicht nur für Geldleistungsverpflichtungen, sondern auch für **Sachleistungsverpflichtungen** beachtlich. Der Erfüllungsbetrag von Sachverpflichtungen umfasst nach ganz h. M. die voraussichtlich anfallenden Vollkosten (→ Rz. 64).[4] Angewandt auf den Fall **erhaltener Anzahlungen** wären diese also zu den erwarteten Vollkosten zu passivieren. Um einen aus der Differenz von empfangener Anzahlung und erwarteten Vollkosten entstehenden *„day one gain"* zu verhindern, sind nach einhelliger Auffassung des

1 IDW HFA 1/1986.
2 *ADS*, Rechnungslegung und Prüfung der Unternehmen, 6. Aufl. 1994, § 253 Tz. 86.
3 BMF, Schreiben v. 5.3.1987 – IV B 2 – S 2133 – 1/87, BStBl I S. 394.
4 Vgl. IDW RS HFA 34, Tz. 21.

Schrifttums erhaltene Anzahlungen jedoch „in Höhe der zugeflossenen Mittel auszuweisen".[1] Nur so würden die **Erfolgsneutralität der Zugangsbuchung** und ein **Einklang mit dem Realisationsprinzip** gem. § 252 Abs. 1 Nr. 4 HGB gewährleistet.

BEISPIEL Kunde K beauftragt Bauherrn B mit dem Bau eines Gebäudes. Der vereinbarte Preis von 1.000 GE wird sofort nach Vertragsschluss gezahlt (100 % Anzahlung). Die (voraussichtlichen) Vollkosten des B belaufen sich auf 900 GE. Würde die Sachverpflichtung in Höhe des Erfüllungsbetrags (= 900 GE) passiviert, ergäbe sich mit Vertragsschluss ein Gewinn von 100 GE. Nach der zutreffenden h. M. muss K allerdings die Verpflichtung in Höhe des Vereinnahmungsbetrags (= zugeflossene Mittel), somit in Höhe von 1.000 GE, ausweisen.

Zur Wahrung der **Erfolgsneutralität** der Zugangsbewertung sieht das IDW bei Empfang einer **Optionsprämie** für das Eingehen einer **Stillhalterposition** aus einem bedingten Termingeschäft eine Passivierung „in Höhe der erhaltenen Optionsprämie", also des Vereinnahmungsbetrags, vor.[2] Eine Bilanzierung zum erwarteten (wahrscheinlichsten) Erfüllungsbetrag scheidet aus. Dem steht auch das Realisationsprinzip (§ 252 Abs. 1 Nr. 4 HGB) entgegen. 29

BEISPIEL Gegen eine Optionsprämie von 100 GE gewährt U dem K das Recht, ein derzeit mit 1.000 GE notierendes Aktienpaket binnen Jahresfrist für 800 GE an U zu verkaufen. Der durch ein Optionspreismodell von U ermittelte Wert der eingegangenen Stillhalterposition beträgt bei Abschluss nur 75 GE. Würde man diesen als Erfüllungsbetrag zu interpretierenden Wert ansetzen, wäre bei U ein Gewinn von 25 GE im Zugangszeitpunkt zu buchen. Betrüge die Wahrscheinlichkeit der Inanspruchnahme aus der Stillhalterposition nicht mehr als 50 %, würde der vernünftig geschätzte Erfüllungsbetrag sogar nur mit null bestimmt. Die Optionsprämie wäre in voller Höhe sofort gewinnwirksam. Stattdessen ist nach IDW, herrschender handelsrechtlicher Meinung sowie der Rechtsprechung des BFH[3] eine Passivierung in Höhe des Vereinnahmungsbetrags (der empfangenen Prämie) geboten.

Die vorstehenden Beispiele betreffen Schulden, die beim bilanzierenden Unternehmen originär durch Darlehensaufnahme, Vereinnahmung erhaltener Anzahlungen, Eingehung einer Stillhalterposition usw. begründet wurden. Weitere Besonderheiten ergeben sich, wenn das bilanzierende Unternehmen bereits bestehende Verbindlichkeiten z. B. im Wege der Schuldbefreiung oder im Innenverhältnis gegen Entgelt übernimmt (derivative Schulden). 30

BEISPIEL K ist Beklagter in einem Prozess. Mit einer Wahrscheinlichkeit von 60 % wird K den Prozess gewinnen, mit einer Wahrscheinlichkeit von 40 % einen Betrag von 1.000 GE zahlen müssen. Gegen ein Entgelt von 500 GE übernimmt U im Innenverhältnis die ungewisse Verbindlichkeit. Müsste U die Verbindlichkeit nach den beim K als originärem Schuldner geltenden Regelungen von § 249 HGB i.V. mit § 253 Abs. 1 HGB ansetzen, wäre die Zugangsbuchung wie folgt:

Per Geld 500 GE an Ertrag 500 GE.

Bereits in früherer Rechtsprechung hat der BFH jedoch betont, dass die für Ansatz und Bewertung von originär begründeten Forderungen/Verbindlichkeiten geltenden Regelungen nicht für den Erwerb bestehender Forderungen/Verbindlichkeiten gelten.[4] Im Einzelnen argumentiert der IV. Senat hierbei wie folgt: Der Rückzahlungs-/Erfüllungsbetrag einer Verbindlichkeit entspricht i. d. R. dem Nominalwert. Dies folge aus entsprechender Anwendung der Vorschriften für Forderungen, bei denen es auch keine eigentlichen Anschaffungskosten gebe. Etwas

1 *Brösel/Olbrich* in Küting/Pfitzer/Weber (Hrsg.), Handbuch der Rechnungslegung, § 253 Tz. 296.

2 IDW RS BFA 6, Tz. 17.

3 BFH, Urteil v. 18.12.2002 – I R 17/02, DStR 2003 S. 678, m. Anm.

4 BFH, Urteil v. 4.3.1976 – IV R 78/72, BStBl 1977 II S. 380.

anderes gelte für Forderungen lediglich dann, wenn diese durch Zession (also nicht originär) erworben wurden. Dann müsste konsequenterweise auch für übernommene Schulden die entsprechend gleiche Ausnahme gelten.

Diesem Gedanken folgt die neuere Rechtsprechung des BFH:[1] „Verbindlichkeiten, welche beim Veräußerer aufgrund von Rückstellungsverboten ... in der Steuerbilanz nicht bilanziert worden sind, sind bei demjenigen Erwerber, der die Verbindlichkeit im Zuge eines Betriebserwerbs gegen Schuldfreistellung übernommen hat, keinem Passivierungsverbot unterworfen, sondern als ungewisse Verbindlichkeit auszuweisen und von ihm auch an den nachfolgenden Bilanzstichtagen nach § 6 Abs. 1 Nr. 3 EStG mit ihren Anschaffungskosten ... zu bewerten." Dies gebiete der auch auf übernommene Passivposten anzuwendende Grundsatz der **erfolgsneutralen** Behandlung von Anschaffungsvorgängen. Zwar geht es in der zuletzt zitierten Entscheidung des BFH vorrangig um Fragen des Ansatzes, nicht der Bewertung. Unseres Erachtens sind die tragenden Argumente aber gleichermaßen für die Bewertung von Bedeutung. So besteht nach der Urteilsbegründung eine Passivierungspflicht in der Bilanz des Erwerbers der Verbindlichkeit dem Grunde nach auch dann, wenn beim originären Schuldner eine Passivierung mangels Erfüllung der Ansatzkriterien (etwa Wahrscheinlichkeit der Inanspruchnahme) ausschied.

31 Die vorstehenden Beispiele belegen: Von der gesetzlich vorgesehenen Zugangsbewertung von Schulden zum Erfüllungsbetrag ist nach Ansicht des Schrifttums in zahlreichen Fällen zugunsten des Vereinnahmungsbetrags abzusehen. Gemeinsam ist diesen Fällen, dass nur durch Zugrundelegung des Vereinnahmungsbetrags das Gebot der Erfolgsneutralität der Zugangsbewertung entgeltlich begründeter Schulden und damit das Realisationsprinzip zu wahren sind.

Die (nur handelsrechtlich) in § 250 Abs. 3 Satz 1 HGB normierte und als Wahlrecht ausgestattete Möglichkeit der erfolgswirksamen Zugangsbewertung (sofortige Aufwandsverrechnung eines Disagios) widerlegt u. E. die sonst gegebene Notwendigkeit der Erfolgsneutralität der Zugangsbewertung nicht, sondern stellt lediglich eine kasuistische Ausnahme dar. Aus dieser Ausnahme zu schließen, der Verfügungs- bzw. Vereinnahmungsbetrag sei generell für die Zugangsbewertung von Verbindlichkeiten irrelevant, wäre verfehlt.

Sofern man also mit der h. M. dem Realisationsprinzip im Allgemeinen und dem Gebot der Erfolgsneutralität der Zugangsbewertung im Besonderen Vorrang einräumt, ist gegen den Wortlaut des § 253 Abs. 1 Satz 2 HGB in zahlreichen Fällen die Zugangsbewertung von Verbindlichkeiten mit dem Vereinnahmungs- statt dem Erfüllungsbetrag vorzunehmen. In dieser Hinsicht erweist sich die auf den ersten Blick „naive Lösung" des Bilanzierenden im Beispiel unter → Rz. 24 bei zweiter Betrachtung als sachgerecht. Der Erfolgsneutralität der Zugangsbewertung als Prinzip ist Vorrang vor einer Bilanzierung zum Erfüllungsbetrag zu geben.

3. Zinseffekte in der Handels- und Steuerbilanz (§ 6 Abs. 1 Nr. 3 EStG)

32 Man kann unterscheiden zwischen **un-, nieder- und hoch**verzinslichen Verbindlichkeiten. Ausgedrückt ist dabei immer ein Bezug zum aktuellen Marktzinssatz für vergleichbare Schulden. Für **Rückstellungen** und **Renten**verpflichtungen ist der Zinseffekt in Abs. 2 geregelt (→ Rz. 109).

1 BFH, Urteil v. 16.12.2009 – I R 102/08, BB 2010 S. 496 ff.

Für die **Verbindlichkeiten** bestehen handelsrechtlich keine zinsspezifischen Bewertungsvorschriften. Sie sind aus den allgemeinen Grundsätzen der Rechnungslegung zu bestimmen.

Effektiv unverzinsliche Verbindlichkeiten mit längerer Laufzeit gibt es – abgesehen von Son- 33
derfällen der Unternehmens**sanierung** – in substanzieller Betrachtung nur zwischen **nahestehenden** Personen oder Unternehmen oder als Sanierungsbeihilfen. **Steuerlich** gilt hier eine Abzinsungspflicht gem. § 6 Abs. 1 Nr. 3 EStG mit einem Zinssatz von 5,5 % p. a. für Verbindlichkeiten mit einer Laufzeit von einem Jahr und länger, vom Bilanzstichtag aus gerechnet. Das Ergebnis ist bei Hingabe unverzinslicher Darlehen frappierend: Im Zeitpunkt des Zugangs ist ein **unrealisierter Gewinn** auszuweisen (international *day one gain*), der erst in der Folgezeit durch Aufzinsung zurückgedreht wird. Die Rechtfertigung für diese Vorgehensweise lautet aus dem Bereich des BFH[1] wie folgt: Der Schuldner erhöhe seine wirtschaftliche Leistungsfähigkeit durch den Unterschied von „Geld heute" und „Rückzahlung später"; per Saldo sei dieser Gewinn an „Wirtschaftskraft" steuerwürdig. Anders lautet die Aussage des BFH im Fall von Schuldübernahmen im *Asset-Deal* (→ § 249 Rz. 196).

Im Einzelnen stellt sich die **Steuerrechtslage** wie folgt dar:

- Auch eine ausgesprochen niedrigere Verzinsung verhindert das Abzinsungserfordernis.[2]
- Das Abzinsungsgebot gilt auch für Gesellschafter- und kapitalersetzende Darlehen.[3]
- Die Abzinsungspflicht besteht nicht für Anzahlungen oder Vorausleistungen.
- Bei fehlender Laufzeitvereinbarung muss nach Auffassung des BFH (in den beiden zitierten Entscheidungen) die tatsächliche Handhabung und nicht etwa die gesetzliche Kündigungsfrist von drei Monaten zur Beurteilung der effektiven Laufzeit herangezogen werden. Dem BFH zufolge kommt es nicht auf die formalen Kündigungsmöglichkeiten an, sondern darauf, ob der Schuldner tatsächlich mit einer langfristigen Kapitalüberlassung rechnen kann.[4] Die Restlaufzeit ist dann zu schätzen.[5]
- Bei einer insoweit unbestimmten Laufzeit kommt es zu einer erheblichen Abzinsung in Höhe des 9,3-Fachen des fiktiven Zinssatzes von 5,5 % nach § 13 Abs. 2 BewG.[6]

Für vergleichbare Probleme bei der Erfüllung der **Laufzeitvermerke** wird verwiesen auf → § 285 Rz. 4, → § 268 Rz. 143 sowie → § 256a Rz. 19 ff.[7]

Handelsrechtlich wird eine solche Abzinsung nach absolut herrschender Meinung wegen des Verstoßes gegen das **Realisationsprinzip** für unzulässig erachtet. Zu bilanzieren ist demnach zum Rückzahlungsbetrag bzw. Erfüllungsbetrag.[8] Wegen der weithin dominierenden steuerrechtlich geprägten Betrachtungsweise wird in der Praxis häufig die herrschende handelsrechtliche Meinung unbeachtet gelassen. Das ist systematisch unzutreffend, denn das Realisa-

1 Vgl. *Buciek*, DB 2010 S. 1031.

2 BMF, Schreiben v. 26.5.2005 – IV B 2 – S 2175 – 7/05, BStBl I S. 699 Tz. 13: „Mehr als 0 %." Um wie viel mehr, wird nicht gesagt, „aber 1 % sollte jedenfalls genügen" (*Buciek*, DB 2010 S. 1032).

3 BFH, Beschluss v. 6.10.2009 – I R 4/08, BStBl 2010 II S. 177, mit Anm. *Hoffmann*, DB 2009 S. 2757; BFH, Urteil v. 27.1.2010 – I R 35/09, BStBl 2010 II S. 478, m. w. N.

4 Vgl. *Buciek*, DB 2010 S. 1031.

5 BFH, Beschluss v. 22.7.2013 – I B 183/12 n. v.

6 Vgl. „kk", KöSDi 2010 S. 17226.

7 Vgl. *Hoffmann*, StuB 2010 S. 41.

8 So z. B. *ADS*, 6. Aufl., § 253 Tz. 81; *Karrenbauer/Döring/Buchholz* in Küting/Weber (Hrsg.), Handbuch der Rechnungslegung, § 253 Tz. 266.

tionsprinzip nach § 252 Abs. 1 Nr. 4 Halbsatz 2 HGB (→ § 252 Rz. 102 ff.) gilt über den Maßgeblichkeitsgrundsatz (→ § 252 Rz. 270) auch für die Steuerbilanz.[1]

Zur (nicht) korrespondierenden Bilanzierung beim **Gläubiger** vgl. → § 255 Rz. 187. Das Ergebnis in der **Zusammenschau** beider bilanzierenden Subjekte ist frappierend: Im Zeitpunkt des Darlehenszugangs weist der Schuldner einen unrealisierten Gewinn aus, der während der Darlehenslaufzeit zurückgedreht wird. Im Zugangszeitpunkt kann der Gläubiger keine Abzinsung vornehmen, was in der Gesamtschau beider Parteien zu einer Art **umgekehrtem Imparitätsprinzip** als Gewinnermittlungsgrundlage führt.

Das Abzinsungsgebot enthält allerdings auch einen steuerlichen **Gestaltungseffekt.** Die Darlehensgewährung erfolgt regelmäßig an eine notleidende Tochtergesellschaft mit Verlustvorträgen. Diese können u. U. den Abzinsungseffekt ergebnismäßig auffangen; insofern entsteht kein steuerpflichtiger Gewinn bzw. Gewerbeertrag. Die spätere Aufzinsung mindert dann wiederum die Bemessungsgrundlage für die Körperschaft- und Gewerbesteuer.

34 Anders verhält es sich bei **(scheinbar)** unverzinslichen Verbindlichkeiten zwischen **fremden** Personen, z. B. im Falle eines Unternehmensverkaufs, bei dem der – unverzinslich vereinbarte – Restkaufpreis erst in drei Jahren zu erfüllen ist. Eine solche Verbindlichkeit kann, in Analogie zum **Disagio** (→ § 250 Rz. 59), zum Rückzahlungsbetrag mit einer Gegenbuchung für den Zinsverlust als aktive Abgrenzung und zeitanteiliger Auflösung dieses Abgrenzungspostens eingebucht werden.[2] Wegen einer entsprechenden steuerlichen Vorgabe[3] wird in der Praxis eher der **abgezinste** Verbindlichkeitsbetrag als Zugangsbetrag eingebucht und laufzeitgerecht aufgezinst – entsprechend der Bewertungsvorgabe in § 6 Abs. 1 Nr. 3 EStG. Es handelt sich dabei um Fälle von Leistungsverpflichtungen (wie z. B. im zuvor erwähnten Fall des Unternehmenskaufs), die in eine Darlehensverbindlichkeit umgewandelt werden. Bei Darlehensgewährung in **Geld** muss steuerlich der Abzinsungsbetrag im Zugangszeitpunkt als Ertrag verbucht werden (*day one gain*, → Rz. 13).

35 Einen versteckten Zinsanteil enthält auch die **Nullcoupon**anleihe (Zerobond). Eine solche Verbindlichkeit ist beim Emittenten mit dem **Ausgabebetrag,** also der baren Gegenleistung des Zeichners, zu passivieren und nach Maßgabe einer Effektivzinsberechnung laufzeitgerecht (passiv) **zuzuschreiben,** bis beim Einlösungstag der dann zu vergütende Rückzahlungsbetrag erreicht wird.[4] Gegen die Bruttobilanzierung – Passivierung des Rückzahlungsbetrags und Aktivierung des Unterschiedsbetrags als aktive Abgrenzung, vergleichbar mit dem Disagio (Bruttomethode) – wird der Gedanke des schwebenden Geschäfts vorgebracht: Die versteckten Zinsen würden bei einem normalen Darlehen ebenfalls nicht passiviert. Allerdings gilt dieses Argument genauso für das Disagio, so dass hier in den beiden Darstellungsformen konzeptionelle Brüche festzustellen sind, mit denen die Praxis allerdings gut zu leben scheint. Die laufende Aufzinsung kann als jährlich zunehmende Kapitalüberlassung des Zeichners der Nullcouponanleihe verstanden werden, die jeweils eine Zugangsbuchung zur Verbindlichkeit veranlasst.

36 In Fällen der **Unter-** oder **Über**verzinslichkeit (→ Rz. 243) muss zunächst die Bezugsgröße definiert werden, und zwar im Zeitpunkt der Ausgabe und zum jeweiligen Bilanzstichtag. Im **Ausgabezeitpunkt** kann unter Fremden in einer Effektivzinsbetrachtung (d. h. unter Einbeziehung

1 Vgl. *Groh,* DB 2007 S. 2276.
2 So der Vorschlag von *ADS,* 6. Aufl., § 253 Tz. 82.
3 BFH, Urteil v. 25.2.1975 – VIII R 19/70, BStBl II S. 647.
4 So IDW HFA 1/1986.

von Disagien etc.) keine Unter- oder Überverzinslichkeit vorliegen, da hier die Zinskonditionen als marktgerecht ausgehandelt gelten. Anders verhält es sich bei der **Folge**bilanzierung, wenn sich der fest vereinbarte Zinssatz bezogen auf geänderte Marktbedingungen und/oder Bonität des Schuldners nicht als günstig oder ungünstig darstellt.

BEISPIEL[1] Die U GmbH hat am 1.1.01 ein Fälligkeitsdarlehen mit zehnjähriger Laufzeit über 1 Mio. € aufgenommen. Der jährlich fällige **Festzins** beträgt **6 %.** Bei Abschluss des Darlehens war dieser marktkonform. Im Verlauf des Jahres 01 kommt es zu einer **Minderung** des Marktzinsniveaus. Bei Aufnahme eines Darlehens am 31.12.01 hätte U nur noch einen Festzinssatz von 5 % akzeptieren müssen. Aus Sicht des 31.12.01 ist das Darlehen überverzinslich, der Vertrag ungünstig. Der Zinssatz für neun- und zehnjährige Laufzeit ist praktisch gleich.

Der Nachteil aus der entstandenen Überverzinslichkeit ergibt sich im **Barwertvergleich,** indem der Barwert der Zahlungsreihe (Zins und Tilgung) bei Diskontierung mit dem vertraglichen Zinssatz mit dem bei Abzinsung mit dem aktuellen Zins verglichen wird.

Zum gleichen Ergebnis führt eine **Diskontierung des Mehrzinses,** also der Differenz zwischen vertraglichen und aktuell marktkonformen Zinszahlungen, mit dem aktuellen Zinssatz:

Jahr	Zahlungsreihe Darlehen	Diskontiert mit 6 %	Diskontiert mit 5 %	Zahlungsreihe Mehrzins	Diskontiert mit 5 %
2	60.000	56.604	57.143	10.000	9.524
3	60.000	53.400	54.422	10.000	9.070
4	60.000	50.377	51.830	10.000	8.638
5	60.000	47.526	49.362	10.000	8.227
6	60.000	44.835	47.012	10.000	7.835
7	60.000	42.298	44.773	10.000	7.462
8	60.000	39.903	42.641	10.000	7.107
9	60.000	37.645	40.610	10.000	6.768
10	1.060.000	627.412	683.285	10.000	6.446
	Barwert 31.12.01	1.000.000	1.071.078		**71.078**
			-1.000.000		
	Differenz		**71.078**		

Verbindlichkeiten sind nach Abs. 1 Satz 2 zu ihrem **Erfüllungsbetrag** (hier 1 Mio. €) anzusetzen. Er entspricht bei Geldverbindlichkeiten dem nach HGB a. F. anzusetzenden Rückzahlungsbetrag. Nur ausnahmsweise, etwa bei **Fremdwährungs- oder indexierten Verbindlichkeiten,** führen geänderte Marktverhältnisse (Wechselkurse oder Inflationsraten) zu einer **Anpassung** des Erfüllungsbetrags und bedingen nach dem Höchstwertprinzip eine Zuschreibung auf die Schuld.

Ein solcher Ausnahmefall liegt bei der U nicht vor. Zwar erhöht sich der Barwert des Darlehens, aber **nicht** dessen Erfüllungs- bzw. Rückzahlungsbetrag. Eine Zuschreibung auf die Verbindlichkeit scheidet handelsrechtlich aus.

Zu unterscheiden ist bei diesem Dauerschuldverhältnis zwischen

- ungünstigem *(unfavourable)* und
- verlustträchtigem *(onerous)*

---

1 Nach *Lüdenbach*, StuB 2010 S. 875.

Geschäft. „Ungünstig" beruht auf einem Opportunitätskalkül und beachtet entgangene Gewinne. Dieser Sachverhalt ist hier gegeben, ein Drohverlust (→ § 249 Rz. 161) liegt nicht vor.[1] **Handelsrechtlich** ist das Darlehen mit dem Erfüllungsbetrag (= Rückzahlungsbetrag) anzusetzen (→ Rz. 17), der gestiegene Marktwert ist unerheblich. Steuerlich kann durch den Verweis in § 6 Abs. 1 Nr. 3 EStG auch der höhere Teilwert in Betracht kommen (→ Rz. 22). Anders als bei Währungsverbindlichkeiten, die bei zehnjähriger Laufzeit wegen eines Kursverlustes nicht zu einer Zuschreibung berechtigen sollen,[2] kann u. E. hier von einer dauernden Wertminderung ausgegangen werden. Eine solche tritt schon ein, wenn nach vier Jahren noch keine Kompensation der Mehrzinszahlung eingetreten ist. Dann kann der Zinsnachteil in der Restlaufzeit bei einem jetzt gültigen Zinssatz von 7 % nicht mehr eingeholt werden.[3]

Die Zinskondition ist als wesentlicher Bestandteil eines (schwebenden) Dauerschuldverhältnisses anzusehen, das regelmäßig nicht bilanzierbar ist (→ § 246 Rz. 8). Erst bei einem damit verbundenen („drohenden") Verlust *(onerous contract)* kommt handelsrechtlich ein Rückstellungsansatz in Betracht (→ § 249 Rz. 160 ff.). Umgekehrt ist wegen des Realisationsprinzips (→ § 252 Rz. 102 ff.) keine Aktivierung für einen im Zeitverlauf entstandenen günstigeren Zins gegenüber der Marktentwicklung zulässig.

Allerdings ist der drohende Verlust als Tatbestandsmerkmal vom **ungünstigen** Vertrag *(unfavorable contract)* zu unterscheiden (→ § 249 Rz. 163). Ungünstig ist ein Vertrag bereits dann, wenn seine Konditionen schlechter sind, als es den aktuellen, bonitätsgerechten Marktbedingungen entspricht. Wenn aber mit der in diesem Sinne ungünstigen, weil überverzinslichen Darlehensverbindlichkeit im Ergebnis positiv gewirtschaftet wird, liegt kein Drohverlust vor. Vielfach ist die Zurechnung eines Drohverlusts zu einer bestimmten Kreditfinanzierung kaum möglich, so dass die Hochverzinslichkeit nicht zu einer Rückstellung oder Umbewertung der Verbindlichkeit berechtigt. Steuerlich wird in solchen Fällen einer ungünstig gewordenen Finanzierung auch eine Teilwertzuschreibung für die Verbindlichkeit diskutiert,[4] allerdings bisher nicht mit dem Segen des BFH oder der Finanzverwaltung.

37 Im Interesse einer längerfristigen Bindung des Gläubigers werden Verbindlichkeiten häufig mit **akzelerierender** Verzinsung begründet (z. B. bestimmte Sparbriefe). Die zu Beginn der Laufzeit niedrigeren Zinsen werden durch später entsprechend erhöhte kompensiert, so dass sich über die Gesamtlaufzeit hinweg der Marktzinssatz im Ausgabezeitpunkt errechnet (sog. „Zuwachssparen"). In den Anfangsjahren „fehlen" also Zinsaufwendungen, die dann später nachgeholt werden. Unseres Erachtens muss hier eine Gesamtbetrachtung über die Laufzeit hinweg erfolgen, die zu einer entsprechenden Periodisierung des gesamten Zinsaufwands führt (§ 252 Abs. 1 Nr. 5 HGB). In den Anfangsjahren ist also eine entsprechende (zusätzliche) Zinsschuld als Rückstellung zu passivieren, die dann in den späteren Jahren bei der höheren Zinszahlungsschuld in Anspruch genommen wird. Der BFH ist hier allerdings für steuerliche Zwecke anderer Ansicht: Eine Rückstellung für die Zinsdifferenz wird abgelehnt (→ § 249 Rz. 181).[5]

Auch bei einem geplanten zeitweiligen **Zinsverzicht** (außerhalb von Sanierungsfällen) ist der Zinsaufwand über die Laufzeit hinweg zu periodisieren. In einem vergleichbaren Fall hat für die Steuerbilanz allerdings der BFH einen „mietfreien" Zeitraum von elf Monaten zu Beginn

1 Anderer Auffassung BFH, Urteil v. 25.2.1986 – VIII R 377/83, BStBl II S. 465.
2 So der BFH, Urteil v. 23.4.2009 – IV R 62/06, BStBl II S. 778.
3 *Lüdenbach*, StuB 2010 S. 875.
4 Vgl. *Groh*, DB 2007 S. 2275.
5 BFH, Urteil v. 20.1.1993 – I R 115/91, BStBl II S. 373.

eines zehnjährigen Mietvertrags nicht als periodisierbar angesehen, also den mietfreien Zeitraum im Ergebnis nicht mit Mietaufwand der restlichen Periode belastet (→ § 249 Rz. 180).[1]

Bei längerfristigen Bankschulden, z. B. Hypothekenkredit, wird häufig ein **Disagio** bzw. **Damnum** vereinbart, d. h., der dem Schuldner seitens der Bank darlehensweise überlassene Betrag ist **niedriger** als der **Rückzahlungsbetrag,** also z. B. Rückzahlung 100, Ausgabe 98. Dieser Differenzbetrag kann (Wahlrecht) nach § 250 Abs. 3 Satz 1 HGB als Rechnungsabgrenzungsposten aktiviert werden und ist dann nach Satz 2 laufzeitgerecht dem Aufwand zu belasten (→ § 250 Rz. 59). Steuerlich besteht hier eine Ansatzpflicht. 38

Wie das Disagio sind die von der Bank erhobenen **Gebühren, Provisionen** etc. zu behandeln, da es auf die **Bezeichnung** dieses Zusatzentgelts für den Gläubiger nicht ankommen kann. Anderes gilt u. E. für Einmalleistungen im Zusammenhang mit der Kreditgewährung an **Dritte,** z. B. Vermittlungsprovisionen. Diese sind bei Fälligkeit als Aufwand zu verbuchen.[2]

4. Wertsicherungsklauseln

Bei langfristigen Verbindlichkeiten wird mitunter eine **Indexierung** (häufig nach dem Lebenshaltungskostenindex) vereinbart. Nach Rechtslage vor Ergehen des BilMoG wurde in eher stichtagsbezogener Betrachtung der nach Maßgabe der Indexklausel aktuell gültige Rückzahlungsbetrag passiviert. Regelmäßig bewegt sich eine Indexklausel innerhalb einer **Mindestspanne:** Änderung des Rückzahlungsbetrags bei Erhöhung des Index XY um 10 %. Die Frage ist dann, ob das bis zum Laufzeitende der Verbindlichkeit zu erwartende Erreichen der Index-Schwelle vorweggenommen werden kann oder gar der mutmaßliche Rückzahlungsbetrag insgesamt aufgrund einer vermuteten Indexänderung zu berücksichtigen ist. Letzteres soll nach Schrifttumsauffassung durch eine Verbindlichkeitsrückstellung aufgefangen werden.[3] Diese Lösung ist nach BilMoG mit der Bewertungsvorgabe des Erfüllungsbetrags (→ Rz. 17) überholt. Eine solche zukunftsorientierte Bewertung erfährt jedenfalls durch die Ersetzung des Rückzahlungs- mit dem Erfüllungsbetrag nach dem BilMoG (→ Rz. 18) Auftrieb.[4] Dies gilt allerdings nur für die handelsrechtliche Bilanzierung, da der BFH und das EStG in solchen Fällen eine streng stichtagsbezogene Bewertung für richtig erachten. 39

5. Wahlschulden, Sachwertschulden, Geldwertschulden

Wahlschulden sind nach § 262 BGB **zivilrechtlich** solche Schulden, bei denen der Gläubiger ein Wahlrecht hat, welche von mehreren Leistungen der Schuldner bewirken muss. In der Praxis wird regelmäßig ein Wahlrecht zwischen Geldleistung einerseits und Sachleistungen andererseits vereinbart. Die Sachleistung kann dabei z. B. in der Lieferung einer bestimmten Menge von Rohstoffen (z. B. Gold) bestehen. Infrage kommt aber auch die Gewährung von Rechten, also etwa Anteilen an einem (anderen) Unternehmen oder von immateriellen Vermögensgegenständen. Ein Beispiel für den ersten Fall sind etwa **Umtauschanleihen** (sog. Exchangeables), bei denen den Gläubigern ein Umtausch- oder (eher selten) ein Bezugsrecht auf Aktien einer dritten Gesellschaft (also nicht der Schuldnergesellschaft) eingeräumt wird. Für sie hat 40

1 BFH, Urteil v. 5.4.2006 – I R 43/05, BStBl II S. 593; so auch *Rätke*, StuB 2006 S. 789; a. A. *Hoffmann*, DStR 2006 S. 1125.
2 So auch die steuerliche Regelung des BFH, Urteil v. 4.5.1977 – I R 27/74, BStBl II S. 802, sowie BFH, Urteil v. 4.3.1976 – IV R 78/72, BStBl 1977 II S. 380.
3 Vgl. *ADS*, 6. Aufl., § 253 Tz. 132.
4 Vgl. im Einzelnen *ADS*, 6. Aufl., § 253 Tz. 126 ff.

der BFH in neuerer Rechtsprechung entschieden: Wird die Option auf Aktienlieferung durch den Anleihegläubiger ausgeübt, ist die Anleiheverbindlichkeit gegen den Buchwert der abgegebenen Aktien auszubuchen. Sofern der Ansatz der Anleiheverbindlichkeit den Buchwert der Aktien übersteigt, entsteht ein Veräußerungsgewinn, der § 8b Abs. 2 KStG unterfällt. Bei der Ermittlung des Veräußerungsgewinns kann die Anleiheverbindlichkeit wegen § 5 Abs. 1a EStG nicht mit einem über dem Nennwert liegenden Teilwert berücksichtigt werden, wenn in der Handelsbilanz eine Bewertungseinheit zwischen der Anleiheverbindlichkeit und im Bestand der Anleiheschuldnerin gehaltenen Aktien gebildet wurde.[1]

41 Ein **spezieller** Fall der Wahlschuld ist die **Wandelanleihe,** bei der die Sachleistung auf Anteile am Unternehmen des Schuldners lauten. In diesem speziellen Fall hat der Gläubiger auf der Basis von § 272 Abs. 2 Nr. 2 HGB **bilanziell** den Emissionserlös zwischen Eigen- und Fremdkapital aufzuteilen (→ Rz. 44 und → § 272 Rz. 61).

42 Die **Bilanzierung** des **allgemeinen** Falls ist weniger eindeutig.[2] Ökonomisch kann die Wahlschuld in zwei Komponenten zerlegt werden, nämlich

- einerseits eine verzinsliche Anleihe oder sonstige Verbindlichkeit (sog. **Basisinstrument**),
- andererseits eine Stillhalterposition bzgl. des Rechts des Vertragspartners, eine positive Wertentwicklung der Sachleistungsalternative durch Option für die Sacherfüllung zu realisieren (sog. **eingebettetes Derivat**).

Die erste Frage bzgl. der Bilanzierung geht dann dahin, ob beide Komponenten **separat** zu bilanzieren sind (→ Rz. 44) oder eine **einheitliche** Schuld (→ Rz. 43) anzusetzen ist. Unseres Erachtens besteht hier aus unter → § 246 Rz. 295 ff. dargelegten Gründen i. d. R. ein **faktisches Wahlrecht.** Je nach Ausübung des Wahlrechts ergeben sich dann unterschiedliche Bewertungsfolgen.

43 Bei **einheitlicher** Bilanzierung gilt in Anwendung des **Vorsichts-** und **Höchstwert**prinzips Folgendes:[3]

- **Jede** Erfüllungsalternative ist zunächst nach den für **sie** geltenden Grundsätzen zu bewerten.
- Als Erfüllungsbetrag i. S. von § 253 HGB ist sodann der **höhere** Betrag anzusetzen.

Hierbei ist für den Erfüllungsbetrag der Sachleistungsalternative weiter zu differenzieren, ob die bedingt geschuldete Sache

- bereits **vorhanden** oder
- noch zu **beschaffen**

ist.

Im ersten Fall sollen gestiegene (Wieder-)Beschaffungskosten der bedingt geschuldeten Sache nicht zu einer Erhöhung der Verbindlichkeit führen.[4] Unklar ist allerdings, ob dies nicht gegen das Einzelbewertungsprinzip verstößt. Soweit man dies bejahen würde, ließe sich eine evtl. Zuschreibung zur Wahlschuld nur über § 254 HGB verhindern. Soweit und solange der Schuldner die dokumentierte Absicht hat, die Schuld im Falle der Geltendmachung des Wahlrechts durch

1 BFH, Urteil v. 27.3.2019 – I R 20/17.
2 Nachfolgende Überlegungen im Wesentlichen nach *Lüdenbach,* StuB 2012 S. 316 ff.
3 Vgl. *ADS,* 6. Aufl., § 253 Tz. 142.
4 So für sog. Sachwertschulden: *Brösel/Olbrich* in Küting/Pfitzer/Weber, Handbuch der Rechnungslegung, Einzelabschluss, § 253 Tz. 318.

schon in seinem Bestand befindliche Güter zu erfüllen, sind die Voraussetzungen für eine Bewertungseinheit i. S. von § 254 HGB i. d. R. gegeben (→ § 254 Rz. 16).

Bei **separater** Bilanzierung ist für den Zweck der **Zugangsbewertung** der **Emissionserlös** auf Basisinstrument und Derivat nach einer angemessenen Methode **aufzuteilen.** Nach IDW RS HFA 22, Tz. 19 soll vorrangig eine Aufteilung nach den relativen Zeitwerten erfolgen. Eine Restwertbetrachtung (z. B. bei einer Wandelanleihe: Emissionserlös der Anleihe minus Barwert der Anleihe = Zugangswert des Derivats) kommt bei weniger guter Datenlage aber ebenfalls infrage. Als Ergebnis dieser Aufteilung ergibt sich i. d. R. 44

- für das **Derivat** eine implizite Stillhalterprämie, die als sonstige Verbindlichkeit oder als passive Abgrenzung auszuweisen ist,
- für das **Basisinstrument** in Höhe dieser impliziten Prämie eine Differenz zwischen Vereinnahmungsbetrag und Rückzahlungsbetrag, die ähnlich wie bei Wandelanleihen (→ Rz. 40) als Disagio zu werten ist und daher nach § 250 Abs. 3 HGB als **Abgrenzungsposten** aktiviert und über die Laufzeit verteilt werden muss (→ § 250 Rz. 59).

Bei der **Folgebewertung** ist zu beachten: Basisvertrag und sonstige Verbindlichkeit werden weiterhin mit dem ursprünglichen Betrag angesetzt, der aktive Rechnungsabgrenzungsposten wird über die Laufzeit aufgelöst. Bei einem Anstieg des Preises der Sachleistungsalternative ist dem Grunde nach eine **Drohverlustrückstellung** zu bilden, dies wegen § 254 HGB jedoch dann nicht, wenn das Unternehmen die zur Erfüllung nötigen Sachen bereits im Bestand hat und die Absicht dokumentiert ist, die Bestandsgüter bei Geltendmachung des Wandlungsrechts durch die Investoren entsprechend zu verwenden.

Zur Zusammenfassung der Überlegungen aus → Rz. 42 ff. folgendes Beispiel: 45

BEISPIEL Die MU-GmbH ist 60%iger Mehrheitsgesellschafter der börsennotierten TU AG. Bei der TU AG wird Anfang 01 eine Kapitalerhöhung von 50 Mio. € (inkl. Ausgabe-Agio) durchgeführt. MU finanziert ihren Anteil von 30 Mio. € durch die Emission einer Anleihe mit fünfjähriger Laufzeit. Die in Teilbeträgen von 1.000 € gestückelte Anleihe wird **unter** dem unter bonitäts- und laufzeitgerechten Werten liegenden Zinsniveau ausgegeben. Der daraus resultierende Barwertvorteil beträgt 5 Mio. €. Als Kompensation erhalten die Zeichner der Anleihe das Recht, bei Fälligkeit statt Begleichung in bar eine Begleichung in Aktien der TU AG zu verlangen. Im Falle einer Ausübung dieser Option muss die MU je Anleihe (1.000 € Nominalbetrag) 100 Aktien der TU AG übertragen. Bei Ausgabe der Anleihe beträgt der Wert einer TU Aktie 10 €. Zum 31.12.01 hat sich dieser Wert um 10 % auf 11 € erhöht.

BEURTEILUNG **1. Einheitliche Bilanzierung**

Das Höchstwertprinzip, d. h. der Ansatz des höheren Betrags aus Geld- und Sachleistungsalternative, würde wegen des Anstiegs des Aktienkurses per 31.12.01 zu einer aufwandswirksamen Zuschreibung um 3 Mio. € auf einen Verbindlichkeitenwert von 33 Mio. € führen. Wenn die MU jedoch die dokumentierte Absicht hat, die Schuld im Falle der Geltendmachung des Wahlrechts durch schon in ihrem Bestand befindliche Anteile zu erfüllen, wären die Voraussetzungen für eine Bewertungseinheit i. S. von § 254 HGB gegeben; die Verbindlichkeit wäre trotz Anstieg des Aktienkurses weiterhin mit 30 Mio. € zu bilanzieren.

2. Separate Bilanzierung

Bei der Zugangsbewertung ergibt sich ein Derivatewert von 5 Mio. €, der als implizite Stillhalterprämie zu interpretieren und als sonstige Verbindlichkeit oder als passive Abgrenzung auszuweisen ist. Für den auf das Basisinstrument entfallenden Teil entsteht eine Differenz zwischen Vereinnahmungsbetrag (25 Mio. €) und Rückzahlungsbetrag (30 Mio. €). Diese kann nach § 250 Abs. 3 HGB als Abgrenzungsposten aktiviert und über die Laufzeit verteilt werden.

Bei der Folgebewertung ist das Basisinstrument weiterhin mit dem ursprünglichen Betrag anzusetzen, der aktive Rechnungsabgrenzungsposten wird über die Laufzeit aufgelöst. Der Anstieg des Aktienkurses um 3 Mio. € ist durch die Optionsprämie gedeckt und führt noch nicht zu einer Drohverlustrückstellung. Diese wäre auch bei einem Anstieg über 5 Mio. € wegen § 254 HGB nicht zu bilden, wenn und solange die Absicht dokumentiert ist, die Bestandsaktien bei Geltendmachung des Wandlungsrechts durch die Investoren entsprechend zu verwenden.

46 Von den zuvor behandelten Wahlschulden (→ Rz. 40) unterscheiden sich sog. **Sachwertschulden** dadurch, dass sie **zwingend** in Form einer bestimmten Sachleistung zu erfüllen sind. In der Regel ist hier eine einheitliche Bilanzierung geboten. Sie führt zu einer Zuschreibung auf die Schuld, wenn der Preis der Sachleistung steigt. Eine Ausnahme besteht wiederum dann, wenn die geschuldete Sache bereits vorhanden ist (→ Rz. 43).

47 Im Unterschied zu Wahlschulden (→ Rz. 40) und Sachwertschulden (→ Rz. 46) sind **Geldwertschulden** in Geld zu erfüllen. Ein Bezug zu Sachleistungen ergibt sich lediglich aus der Bindung des Erfüllungsbetrags an die Preisentwicklung einer Sache. Unseres Erachtens besteht hier wie bei Wahlschulden ein faktisches Wahlrecht zwischen einheitlicher Bilanzierung nach Maßgabe des Höchstwertprinzips (→ Rz. 43) und separater Bilanzierung von Basisinstrument und eingebettetem Derivat (→ Rz. 44). Abweichend von der Wahlschuld hat das eingebettete Derivat jedoch den Charakter eines **unbedingten Termingeschäfts.** Für die separate Bilanzierung folgt daraus: Bei Vereinbarung fremdüblicher Bedingungen ist der anfängliche Wert des Derivats ausgeglichen (Bewertung mit null), in der Folge bei aus Sicht des Unternehmens eintretender Verschlechterung der Preisverhältnisse eine Drohverlustrückstellung zu bilden. Bei einheitlicher Bilanzierung ergibt sich der gleiche Aufwandseffekt aus der Zuschreibung gem. Höchstwertprinzip.

6. Verlustzurechnungen an Gläubiger (stille Beteiligungen usw.)

48 Verbindlichkeiten sind mitunter auch durch eine **Verlusttragungsverpflichtung** des Gläubigers gekennzeichnet (zur Gewinnbeteiligung des Gläubigers vgl. → § 255 Rz. 181):

- ► Die **stille Beteiligung** sieht nach dem gesetzlichen Regelstatut des § 232 Abs. 2 HGB die Verlusttragung bis zur Höhe der Einlage vor.
- ► Beim **Genussrechtskapital** setzt u.U. vertraglich die garantierte Verzinsung im Verlustfall des Schuldners/Emittenten aus (→ § 255 Rz. 183).

Unabhängig davon ist die Frage nach dem **Bilanzausweis** der Einlage (= Forderung des Stillen bzw. Genussrechtsinhabers) in der Bilanz des Emittenten und der daraus folgenden Verlustzurechnung unter Eigen- oder Fremdkapital zu beantworten (→ § 246 Rz. 121).

49 Im Verlustfall mindert sich die Rückzahlungsverpflichtung gegenüber dem Stillen (= Gläubiger) um dessen Verlustanteil mit der Buchung: per Einlage Stiller an Ertrag aus Verlustübernahme (→ § 277 Rz. 53 ff.) mit Sonderausweis. „Davon aus Herabsetzung der stillen Einlage."[1] Damit wäre eine spiegelbildliche Betrachtung mit der für zulässig erachteten Bilanzierung beim Inhaber/Emittenten erreicht (→ Rz. 223). Eine rein technische Abweichung bestünde in der Erfassung des Verlustanteils auf einem Unterkonto „Verlustanteil Stiller"[2] – analog der Buchungsweise für Kommanditisten (→ § 246 Rz. 172).

50 Eine Besonderheit ergibt sich, wenn vertraglich der Stille seinen Verlustanteil nur aus **künftigen Gewinnen** decken muss.[3] Dann trägt der Inhaber/Emittent in diesem Jahr der Verlustent-

1 So analog zum Genussrecht HFA 1/1994 unter 2.2.1b.
2 So *Blaurock*, Stille Gesellschaft, 7. Aufl. 2010, Tz. 13.134.
3 Vgl. hierzu *Groh*, DB 2004 S. 669.

stehung den gesamten Verlust. In der späteren Gewinnsituation setzt die Gewinnbeteiligung des Stillen demgegenüber aus bis zur Abtragung der aufgelaufenen Verlustanteile. Daraus ergeben sich keine aktivierbaren Ansprüche des Inhabers als Verlustdeckungsanspruch und ebenso keine passivierbare Verpflichtung des Stillen zur Verlustdeckung.

Fraglich ist der Bilanzausweis, wenn der Verlustanteil die Einlageverbindlichkeit übersteigt. 51
Nach einhelliger Auffassung kommt eine Forderungsaktivierung gegen den Stillen nur in Betracht, wenn diesen vertraglich eine Ausgleichsverpflichtung entgegen § 232 Abs. 2 HGB trifft. Nach dem gesetzlichen Regelstatut bedeutet der Verlustvortrag eine **Gewinnausschüttungssperre:** Bis zur Beseitigung der Verlustzurechnung darf der Stille keinen Gewinn beziehen.

Eine Ausweismöglichkeit wird in der Analogie zum **negativen Kapitalkonto** der Kommanditisten (→ § 264c Rz. 41) gesehen mit der Bezeichnung: „Nicht durch Vermögenseinlage gedeckter Verlustanteil des stillen Gesellschafters." Gegen diese Lösung spricht die Zuteilung eines Verlusts an den Stillen, den er im Insolvenzfall des Inhabers nicht tragen müsste. In Wirklichkeit kann ein negatives Kapitalkonto des Stillen nicht bestehen, denn es gibt keine Bilanz der stillen Gesellschaft (→ § 246 Rz. 127). Bilanziert wird nur das Vermögen des Geschäftsinhabers. Deshalb kann es allenfalls ein negatives Kapital des Inhabers geben.[1]

Die **andere** Möglichkeit des Ausweises bestünde in einer Verlustdotierung bis zur Höhe des Einlagekontos und Nachhaltung des überschießenden Betrags in einer außerbilanziellen Nebenrechnung. Dabei bleibt der Jahresfehlbetrag im Ausweis vom überschießenden Verlustanteil des Stillen unberührt.

BEISPIEL

Einlage 01	100
Verlustanteil 01	20
Verlustanteil 02	110
Ausweis für 02	
Einlage stiller Gesellschafter	100
Verlustzurechnung	-100
	Ø
(nachzuhalten	30)

Unseres Erachtens ist die zweite Ausweisvariante, wie im vorigen Beispiel dargestellt, vorzugswürdig.

Die Verwendung von Gewinnanteilen des Stillen in Folgejahren zur Abdeckung des Verlustvortrags ist in der GuV-Rechnung des Beteiligungsnehmers/Emittenten auszuweisen: „Aufwand aus der Wiederauffüllung der stillen Einlage."[2] Damit wird eine periodengerechte Ergebniserfassung erreicht. 52

Im Falle eines Genussrechts mit **Eigenkapitalcharakter** (→ § 246 Rz. 121 f.) soll dem IDW zufolge[3] der an den Genussrechtsinhaber vergütete Zins aufwandswirksam verbucht und unter 53

1 Vgl. *Groh*, DB 2004 S. 669; so auch BFH, Urteil v. 23.7.2002 – VIII R 36/01, BStBl II S. 858.
2 Analog zu IDW HFA 1/1994 unter 2.2.1b).
3 IDW HFA 1/1994 unter 2.2.2a) und b).

dem Titel „Vergütung an Genussrechtskapital" ausgewiesen werden – dies, weil eine schuldrechtliche Verpflichtung erfüllt werde, die keine Gewinnverwendung darstelle. Unseres Erachtens ist diese Behandlung in der GuV-Rechnung nicht kompatibel mit dem unterstellten Eigenkapitalcharakter der Einlage. Im **Verlustfall** lautet die Vorgabe des IDW anders: Hier dominiert wieder der Eigenkapitalcharakter, es liege eine Ergebnisverwendung vor, die bei der Abschlusserstellung **nach** dem Jahresüberschuss (gemeint ist Jahresergebnis) als „Entnahme aus Genussrechtskapital" und „Wiederauffüllung des Genussrechtskapitals" zu berücksichtigen ist. Die gebotene Analogie zur stillen Beteiligung würde zur entsprechenden Rücklagenbewegung (→ § 268 Rz. 7) unter der Bezeichnung „Entnahme aus der stillen Einlage" und „Wiederauffüllung der stillen Einlage" führen.

Beim **Genussrecht** wäre danach vom Emittenten zu buchen:

- **Nicht-Verlustfall:** per Zinsaufwand an Verbindlichkeit
- **Verlustfall:** per „Entnahme aus Genussrechtskapital" an Bilanzgewinn
- **Bei späterem Gewinnanteil:** per Bilanzgewinn an „Wiederauffüllung des Genussrechtskapitals"

In der Folge ist **unterhalb** des **Jahresergebnisses** wie folgt auf den Bilanzgewinn überzuleiten:

Jahresfehlbetrag	100
Verlustanteil Genussrechtsinhaber	-20
Gewinnvortrag	170
Bilanzgewinn	90

In der **Bilanz** stellt sich die Eigenkapitalentwicklung wie folgt dar:

Gezeichnetes Kapital (AG oder GmbH als Inhaber)		5.000
Genussrechtskapital (Nennwert)	150	
Entnahme aus Genussrechtskapital	20	130
Restlicher Fehlbetrag	80	
Gewinnvortrag	170	
Bilanzgewinn	90	90
		5.220

Kontrolle:

Eigenkapital am Anfang		
– Gezeichnetes Kapital	5.000	
– Genussrechtskapital	150	
– Gewinnvortrag	170	5.320
Eigenkapital am Ende		5.220
Jahresfehlbetrag		100

Die Darstellung der Eigenkapitalentwicklung wirkt systemfremd. Das Dilemma rührt aus der künstlichen Zweiteilung des Eigenkapitals: in das „normale", d. h. **gesellschafts**rechtlich orientierte, einerseits und das **schuld**rechtlich strukturierte andererseits. Entsprechend ist die Ergebnisverwendungsrechnung (→ § 268 Rz. 4 ff.) zweigeteilt aufzuziehen. Üblicherweise kann es nur **ein** Eigenkapital geben, das u. a. Verluste als Jahresfehlbetrag erfasst und als Verlustvortrag in neuer Rechnung zeigt und dann ggf. nach einem späteren Jahresüberschuss den Verlustvortrag wieder verschwinden lässt. In Wirklichkeit ist der Genussrechtsinhaber aber kein „Inhaber" des Unternehmens, sondern Gläubiger, was einen Eigenkapitalausweis gerade nicht zulässt. Vgl. hierzu den in → § 246 Rz. 122 dargestellten Sachverhalt.

Im Falle der **stillen Beteiligung** mit Eigenkapitalcharakter gelten die vorstehenden Erläuterungen (→ Rz. 51) zum Genussrechtskapital entsprechend. 54

IV. Bewertung von Rückstellungen

1. Rückstellungen allgemein (Abs. 1 Satz 2)

1.1 Der Erfüllungsbetrag

In sprachlicher „Tateinheit" werden die Rückstellungen zusammen mit den Verbindlichkeiten der Bewertungsgröße **„Erfüllungsbetrag"** auf der Grundlage von Vollkosten zugeordnet (→ Rz. 18), allerdings angereichert mit der vernünftigen kaufmännischen Beurteilung. Nach der Bewertungsvorgabe der EU-Rechnungslegungsrichtlinie 2013 wird die Rückstellungsbewertung auf eine andere (verbale) Basis gestellt. In Anlehnung an die Regel des IAS 37.37 *(„best estimate")* ist nun der **bestmögliche Schätzwert** maßgeblich und nicht mehr die vernünftige kaufmännische Beurteilung. Wenn man will, kann man das als Abkehr vom Vorsichtsprinzip (→ § 252 Rz. 53) werten.[1] Unseres Erachtens bringt der nach HGB gültige Erfüllungsbetrag nur dann „vorsichtigere" Werte, wenn die Bewertungsparameter modelltheoretisch entsprechend gesetzt werden (→ Rz. 61). Jedenfalls wird nach beiden Maßstäben oft innerhalb erheblicher Breiten geschätzt. In der Praxis wird sich durch die formal geänderte Bewertungsvorgabe in der EU-Richtlinie 2013 wenig ändern. Letztere stellte bereits den Wertmaßstab des HGB vor Ergehen des BilMoG dar. Der Erfüllungsbetrag ist durch dieses Gesetz eingefügt worden. Nach der Gesetzesbegründung[2] sollen „unter **Einschränkung** des **Stichtagsprinzips**[3] (→ § 252 Rz. 98) künftige Preis- und Kostensteigerungen" sowie der mutmaßliche Zeitpunkt oder Zeitraum der Erfüllung[4] berücksichtigt werden, nach Auffassung des IDW in unternehmens- und branchen**spezifischer** Ausrichtung; ohne entsprechende Daten soll die künftige Preisentwicklung nach dem aktuellen **Inflationsziel** der EZB geschätzt werden. Dazu sind objektive Hinweise zu hinreichend sicheren Erwartungen über künftige Kosten- und Preissteigerungen erforderlich.[5] **Erwartete,** aber **noch nicht eingetretene** externe Ereignisse – Technologiewandel, Umweltauflagen, Gesetzesänderungen – sind als **wertbegründend** (→ § 252 Rz. 70) nicht zu beachten,[6] wohl aber hochwahrscheinlich zu erwartende Kostensenkungen.[7] Die stillschweigende Anlehnung an die entsprechenden Bewertungsvorgaben in IAS 37.36 wird in der Gesetzesbegründung der Bundesregierung – auch im Gegensatz zur steuerlichen Bilanzierung nach der BFH-Rechtsprechung – als Fortentwicklung der GoB bezeichnet, eine zweifelhafte induktive Ermittlung der GoB durch die exekutive Gewalt (→ § 243 Rz. 8). Dem bilanzierenden 55

1 So das IDW in IDW/FN 2012 S. 92.

2 Regierungsbegründung zum BilMoG, S. 112.

3 Nach *H. Kessler* besteht bei der Bewertung mit dem Erfüllungsbetrag kein Gegensatz zum Stichtagsprinzip. Vielmehr müsse aus der Stichtagsperspektive unter *Going-Concern*-Annahme die künftige Mengen- und Preisentwicklung berücksichtigt werden (in *Kessler/Leinen/Strickmann* (Hrsg.), Handbuch BilMoG, 2. Aufl. 2010, S. 328).

4 IDW RS HFA 34, Tz. 4.

5 Regierungsbegründung des BilMoG, S. 112. *Theile/Stahnke* fordern eine „fundierte" Trendfortschreibung (DB 2008 S. 1758).

6 Vgl. *Küting/Cassel/Metz*, DB 2008 S. 2318.

7 IDW RS HFA 34, Tz. 28.

Kaufmann ist damit ein erheblicher **Ermessensspielraum,** insbesondere bei langfristigen Verpflichtungen, anvertraut, der durch die vorgegebene „vernünftige kaufmännische Beurteilung" nicht wirklich eingeschränkt werden kann. „Den" richtigen Wert kann es hier wie sonst auch häufig bei der Bilanzierung nicht geben.[1] Innerhalb eines Schätzungsvolumens, das seinerseits nicht exakt quantifizierbar ist, sind alle nachprüfbar und willkürfrei ermittelten Werte „richtig" (→ Rz. 59). Vergleichbar verhält es sich nach IAS 37.38, wo die erforderliche Schätzung *(best estimate)* dem Management auferlegt ist. Die damit verbundenen Ermessensentscheidungen und bilanzpolitischen Spielräume mag man beklagen. Sie sind indes der Gewinnermittlung durch Vermögensvergleich (Bilanzierung) **wesensimmanent.**

Dabei dürfen diese **Schätzungen** nicht „frei bleiben". Sie müssen einer logischen Strukturierung folgen und dürfen nicht im Zeitverlauf willkürlich verändert werden. Diese Stetigkeit gebietet indes nicht das Festhalten an einzelnen Bewertungsparametern, wenn sich die entsprechenden wirtschaftlichen Umweltbedingungen verändert haben. Auf die Beispiele unter → § 252 Rz. 225 wird verwiesen. Zur Anhangangabe vgl. → § 285 Rz. 104.

56 Die von der Regierungsbegründung zum BilMoG als „normal" angesehene Kosten- und Preissteigerung kann in **gesamt**wirtschaftlicher oder **branchen**spezifischer Ausrichtung dem Kalkül zugrunde gelegt werden, sofern nicht eindeutige gegenläufige Tendenzen, etwa infolge kostengünstigerer Technologie für Entsorgungsmaßnahmen im Kernkraftbereich, eine anders geartete Vorgehensweise verlangen. Die regelmäßig zu unterstellende **Preissteigerung** wird vom Gesetz insoweit konsequent mit einer **Abzinsungsvorgabe** bei mutmaßlicher Laufzeit der Rückstellung von über zwölf Monaten begleitet (→ Rz. 113). Dementsprechend wäre die **Nominalrendite** risikoloser Staatsanleihen mit vergleichbarer Laufzeit als Bewertungsmaßstab zu verwenden, um eine Kaufkraftäquivalenz zu erreichen. Dieses Ziel wird im Hinblick auf die **pauschalierte** Vorgabe eines bestimmten Zinssatzes (→ Rz. 116) nur annähernd erreicht. Zur bilanzmäßigen Abbildung im Zeitverlauf unter Berücksichtigung des Aufzinsungseffekts wird auf das Beispiel unter → Rz. 130 verwiesen.

57 **Steuerlich** gilt dagegen das strenge **Stichtagsprinzip** für die „Wertverhältnisse" nach § 6 Abs. 1 Nr. 3a f). Dabei ist eine **Abzinsung** nach § 6 Abs. 1 Nr. 3a e) nur bis zum Erfüllungstag vorzunehmen; bei **Verteilungs**rückstellungen (→ § 249 Rz. 67) kann dann häufig eine Abzinsung unterbleiben.[2]

1.2 Das Schätzungserfordernis

58 Das **Unsicherheits**moment im Gefolge der Schätzungserfordernisse im Rahmen vernünftiger kaufmännischer Beurteilung ist der Rückstellungsbilanzierung sowohl beim **Ansatz** (→ § 249 Rz. 10 ff.) als auch bei der **Bewertung** immanent (→ § 249 Rz. 3). Dies lässt sich im Vergleich zur steuerlichen Bilanzierung in folgender Skizze darstellen. Die Sonderbewertungsnormen in § 6 Abs. 1 Nr. 3a EStG (→ Rz. 64 ff.) sind dabei nicht berücksichtigt.

1 *Hoffmann*, DStR 2011 S. 88.
2 BMF, Schreiben v. 9.12.1999, BStBl I S. 1127 Tz. 5.

BEISPIEL

Ebene		HB	StB
1	Ansatz Nein = Ende	Ausreichend konkretisiert „51 zu 49"	Ausreichend konkretisiert „51 zu 49"
		Ja ↓	Ja ↓
2	Bewertung 1. Ebene	Erfüllungsbetrag nach vernünftiger kaufmännischer Beurteilung	Stichtagswert, kaufmännisch vernünftig (?)
		↓	↓
3	Bewertung 2. Ebene	Laufzeit kaufmännisch vernünftig	Laufzeit, kaufmännisch vernünftig
		↓	↓
4	Bewertung 3. Ebene	Abzinsung bei Laufzeit von über einem Jahr nach spezifischer Vorgabe	Abzinsung bei Laufzeit von über einem Jahr mit 5,5 % p. a.

Das größte Unsicherheitsmoment in der **Bewertung** ergibt sich auf der ersten Stufe, also bei der Ermittlung des Erfüllungsbetrags (HB) bzw. Stichtagswerts (StB). Vergleichbar der Vorgehensweise beim Bilanz**ansatz** (→ § 249 Rz. 46) werden hier im Schrifttum **Wahrscheinlichkeitskalküle** in unterschiedlicher Ausprägung vorgestellt. Solche Berechnungen haben einen objektiv nachprüfbaren Charakter, wenn es sich um Sachverhalte **großer Häufigkeit** handelt, bei denen statistisch das Gesetz der großen Zahl anwendbar ist (→ § 252 Rz. 64): 59

- Garantie- und Kulanzleistungen,
- Wechselobligo,
- (teilweise) Schadensregulierungen in der Versicherungswirtschaft.

BEISPIEL Die Aufzeichnungen eines Herstellers von Motorkettensägen belegen: 95 % der produzierten Güter werden ohne Defekt ausgeliefert, 3 % mit geringen Schäden und 2 % mit größeren Defekten. Entsprechend lässt sich eine gewichtete Wahrscheinlichkeit der Inanspruchnahme feststellen, für die dann aber immer noch nicht die Art der Schäden und die damit verbundenen Kosten festgestellt sind. Hierzu bedarf es einer zusätzlichen statistischen Ermittlungsebene, die dann möglicherweise zu einer Durchschnittsbetrachtung führt.

Solche Wahrscheinlichkeitsrechnungen auf statistischer Grundlage sind dagegen nicht möglich bei **singulären Sachverhalten** (→ § 252 Rz. 65): 60

- Produkthaftungsverpflichtungen,
- Schadenersatzfällen,
- Produktrücknahmen,
- Kartellverstößen etc.

In diesen Fällen nähert sich das Hantieren mit Wahrscheinlichkeiten einer **Alibifunktion,** um eine mathematisch „ermittelte" Größe dem Buchungsbeleg zugrunde zu legen.

BEISPIEL[1] Im Rahmen einer Feststellungsklage ist das Unternehmen U zum Schadenersatz dem Grunde nach verpflichtet worden. Die Höhe der Inanspruchnahme bleibt einem weiteren Verfahren oder der vorgängigen Einigung der Streitparteien anvertraut.

Der Anwalt hält eine Inanspruchnahme i. H. von 2 Mio. €, 4 Mio. € und 6 Mio. € für gleich wahrscheinlich.

Üblicherweise wird im handelsrechtlichen Schrifttum der Ansatz von 6 Mio. € favorisiert. Allerdings handelt es sich dabei um den typischen Fall einer Lehrbuchlösung. Im konkreten Fall werden sich auch unterschiedliche Wahrscheinlichkeiten den genannten Beträgen zuordnen lassen, also z. B. 4 Mio. € mit einer höheren Quote. Dann wäre je nach Gesetzesauslegung auch ein Rückstellungsansatz von 4 Mio. € gut vertretbar. Das IDW propagiert einerseits das Vorsichtsprinzip, allerdings soll die Schätzungsbandbreite weder zu optimistisch noch zu pessimistisch definiert werden.[2] Dann bedarf es nach dieser Anweisung noch der Festlegung der **Amplitude;** sie soll dem IDW zufolge (selbstverständlich) unter Heranziehung aller verfügbaren Informationen wertaufhellend (→ § 252 Rz. 70) bestimmt werden. Mit diesen Hinweisen ist dem Bilanzierenden im konkreten Fall wenig gedient, andererseits kann ein Rechnungslegungsstandard (abstrakt) keine näheren Hinweise liefern. Letztlich ist der Bilanzierer auf seine eigene **Einschätzung** und entsprechenden **Ermessensspielraum** zurückgeworfen. Die nicht definierbare Schätzungsbandbreite bestätigt den Bilanzierer in seinem Erfordernis zur Ausübung vernünftigen kaufmännischen Ermessens. Auch Szenariobetrachtungen helfen im Grunde nicht weiter; sie vermitteln lediglich eine mathematische Scheingenauigkeit, denn ohne „Verrenkung" kann jeweils der betreffende Wert in seiner Eintrittswahrscheinlichkeit aufgerundet oder abgeändert werden. Wenn schon, dann kommt eher der Ansatz des Erwartungswertes mit einer gewichteten Durchschnittsbetrachtung zum Tragen;[3] diese wird allerdings für die HGB-Bilanzierung eher abgelehnt.[4]

Unseres Erachtens gilt dies auch für eingeklagte Schadenersatzverpflichtungen; den Bewertungsmaßstab stellt also nicht der Streitwert vor dem Gericht dar, sondern der nach dem vorstehenden Kriterium geschätzte Wert (ähnlich dem Bilanzansatz, → § 249 Rz. 87b).[5]

Man kann auch die unterschiedlichen Wahrscheinlichkeiten auf der Grundlage einer Gauß'schen Normalverteilung zuordnen und dann den Mittelwert wählen. Dieser soll aber dem Vorsichtsprinzip widersprechen.[6] Deshalb müsste ein höherer Wert mit geringerer Wahrscheinlichkeitsquote angesetzt werden. Aber auch hier zeigt sich der Spielcharakter entsprechender Quantifizierungsversuche. In der Bilanzierungspraxis werden in solchen Fällen von einigem Gewicht die Werte nach den **bilanzpolitischen Vorgaben** gewählt, soweit sie sich nicht außerhalb jeglicher Realität bewegen.

61 Lässt man sich gleichwohl von diesen lehrbuchmäßigen Spielereien auf arithmetischer Basis leiten, dann erscheint die Errechnung eines **Erwartungswerts** als sinnvolle Größe, weil so die Ermessensspielräume am ehesten reduziert werden. Dazu folgendes Beispiel:

1 In Anlehnung an *Lüdenbach,* IFRS, 6. Aufl. 2010, S. 250.

2 IDW RS HFA 34, Tz. 16.

3 *Hoffmann,* StuB 2013 S. 478.

4 Vgl. z. B. *Herzig/Liekenbrock,* DB 2013 S. 413: wahrscheinlichster Wert.

5 So *Osterloh-Konrad,* DStR 2003 S. 1678; gestützt auf *Stengel,* BB 1993 S. 1407; *Wolf,* StuB 2016 S. 334.

6 So *Schubert* in Beck'scher Bilanz-Kommentar, 13. Aufl. 2022, § 253 Tz. 136 ff.

BEISPIEL ▸ Der Kunde eines Maschinenbauherstellers M macht vor dem Bilanzstichtag einen Anspruch auf Nachbesserung innerhalb der Garantiefrist geltend. Die entstehenden Kosten werden auf 4.500 € taxiert. M hält das Begehr für sachlich unberechtigt und gewichtet seine Verpflichtung wie folgt:

40 % Wahrscheinlichkeit der Inanspruchnahme von 0	0 €
25 % Wahrscheinlichkeit der vollen Inanspruchnahme aus Kulanzgründen	1.125 €
35 % Wahrscheinlichkeit einer gütlichen Einigung mit Kostenübernahme des M von 1.000 €	350 €
Erwartungswert	1.475 €

Bei Maßgabe des wahrscheinlichsten Werts beliefe sich der Bilanzansatz auf null.

Bei allen Unsicherheiten der Rückstellungsbewertung für singuläre Verpflichtungen erscheint eine Art **Praktikerlösung** am ehesten in Betracht zu kommen. Diese besteht in der Bestimmung eines Intervalls von zwei gerade noch in Betracht kommenden Größen, deren Mitte dann den Bilanzansatz bildet. Diese Lösung hat einen Vorteil gegenüber allen anderen: Die Abweichung des effektiven in der Zukunft zu entrichtenden Betrags von dem einstweilen bilanzierten ist der geringstmögliche Betrag, nämlich 50 %. Die „Verschätzung" kann sich also höchstens in diesem Prozentbereich bewegen. Dieser Lösung mag man das Vorsichtsprinzip entgegenhalten. Doch dieses ist noch weniger quantifizierbar als andere Berechnungsgrößen. Bei einer späteren Rechtfertigung des im Nachhinein als falsch ermittelten Betrags kann man erfolgreich kaum das Vorsichtsprinzip als Rechtfertigung für den „Fehler" ins Feld führen. 62

Im **Zeitverlauf** wird auch jeder bilanzierende Kaufmann klüger. Die entsprechenden Berechnungsgrundlagen der Schätzung sind an den gewachsenen Kenntnisstand anzupassen. Wenn sich z. B. bei Verhandlungen mit einer schadenersatzfordernden Gegenpartei ein Einigungskorridor herausgestellt hat, ist innerhalb dieses Korridors zu bewerten. Zum Wertaufhellungsproblem wird verwiesen auf die Kommentierung in → § 252 Rz. 66. 63

1.3 Die einzubeziehenden Kosten

Der Kostenumfang für **Sachleistungsverpflichtungen** ist von Gesetzes wegen förmlich nicht festgelegt. Allgemein wird ein **Vollkosten**ansatz[1] unter Berücksichtigung von (angemessenen) Gemeinkosten, soweit diese bei der Vorrätebewertung als Herstellungskosten anzusetzen sind (→ § 255 Rz. 126), für zutreffend erachtet. Dafür kann man eine Analogie zur Ermittlung der Herstellungskosten nach § 255 Abs. 2 HGB zurate ziehen (→ § 255 Rz. 129, siehe aber unten), aber auch die steuerliche Vorgabe in § 6 Abs. 1 Nr. 3a b) EStG. Unbeantwortet bleibt dabei die Frage nach der Einbeziehung von **verwaltungs**bezogenen Gemeinkosten, für die das handelsrechtliche Bewertungswahlrecht gilt.[2] Nicht in Betracht kommt ein Ansatz von Grenzkosten. Der Vollkostenansatz gilt handelsrechtlich auch für Drohverlustrückstellungen im Rahmen von Absatzgeschäften. IDW RS HFA 4 Rz. 35 f. hält hier fest: „Die voraussichtlich noch anfallenden Aufwendungen sind zu Vollkosten zu bewerten. (...) Eine Bewertung zu Vollkosten ist auch dann vorzunehmen, wenn ein insgesamt verlustbringendes schwebendes Absatzgeschäft mit positiven Deckungsbeiträgen zur Verbesserung der Kapazitätsauslastung abgeschlossen wird" (→ Rz. 234). Speziell für den Fall der Nachbetreuungskosten von Versicherungsvertretern hat 64

1 IDW RS HFA 34, Tz. 15.
2 *Kessler* in Küting/Pfitzer/Weber (Hrsg.), Handbuch der Rechnungslegung, § 249 Tz. 309, „nach den Umständen des Einzelfalls".

der BFH detaillierte Anweisungen zur Erfassung der entstehenden Kosten im Rahmen der Rückstellungsbewertung aufgeführt.[1]

Der BFH[2] hat sich in handels- und steuerbilanzieller Betrachtung für die Einbeziehung **fixer** und **variabler** Gemeinkosten in den Vollkostenansatz ausgesprochen. Das soll auch für die streitgegenständlichen **Finanzierungskosten** eines Gebäudes zur Aufbewahrung von Geschäftsunterlagen gelten (→ Rz. 75). Den Konnex bzw. die Analogie zur Herstellungskostenermittlung (siehe oben) lehnt der BFH ab. Diese Beurteilung des BFH muss u. E. für alle Sachleistungsverpflichtungen gelten.

Bei **verzinslichen** Verpflichtungen – aus Schadenersatz, aus Steuerschulden etc. – sind die erwarteten Zinsen in den Erfüllungsbetrag (→ Rz. 55) einzurechnen. Auf diesen Wert ist die **Abzinsung** mit dem restlaufzeitadäquaten Zinssatz (→ Rz. 121) auszurichten.[3] Sofern zwischen beiden Zinssätzen kein wesentlicher **Unterschied** besteht, kann der Nennwert der Verpflichtung angesetzt werden, d. h., die gegenläufig wirkenden Zinseffekte heben sich gegenseitig auf (→ Rz. 135).[4]

1.4 Einzelbewertungsgrundsatz

1.4.1 Einzel- vs. Gruppenbewertung

65 Die Bewertung muss im Regelfall den einzelnen Verpflichtungstatbestand erfassen, aber wirtschaftlich zwingende Ausnahmen berücksichtigen (→ § 252 Rz. 47 ff.). Bei einer Vielzahl gleichartiger ungewisser Verpflichtungen kann in der Praxis nur nach Maßgabe der **Gruppenbewertung** nach § 240 Abs. 4 HGB (→ § 240 Rz. 34) unter Anwendung typisierter Bewertungsparameter sinnvoll gearbeitet werden (→ § 252 Rz. 49). Zum Beispiel werden **Gewährleistungsrückstellungen** für Serienprodukte etwa mit 0,5 % des Durchschnittsumsatzes der letzten beiden Geschäftsjahre erfasst.

1.4.2 Aus Vermögensbeständen gedeckte Sachleistungsverpflichtungen

66 Bei der Bewertung soll wie folgt differenziert werden:[5] Befindet sich der zur Erfüllung der Sachleistungsverpflichtung zu liefernde Vermögensgegenstand

- noch **nicht im Bestand**, bestimmt der für die künftige Beschaffung oder Herstellung und Lieferung erforderliche Betrag die Höhe der Verpflichtung;
- hingegen bereits **im Bestand** und steht er zur Erfüllung der Verpflichtung zur Verfügung, bestimmt der Buchwert des Vermögensgegenstands den Wert der Sachleistungsverpflichtung.

Die Lösung des zweiten Falls verstößt dann nicht gegen das Einzelbewertungsprinzip, wenn der Buchwert der vorhandenen Vermögensgegenstände als Erfüllungsbetrag interpretiert wird. Bei anderer Interpretation wäre nur unter den Voraussetzungen des § 254 HGB eine kompensatorische Bewertung der Sachverpflichtung zulässig.

1 BFH, Urteil v. 19. 7. 2011 – X R 26/10, BStBl 2012 II S. 856.
2 BFH, Urteil v. 11.10.2012 – I R 66/11, BStBl 2013 II S. 678, mit Anm. *Hoffmann*, DStR 2013 S. 454.
3 IDW RS HFA 34, Tz. 34.
4 IDW RS HFA 34, Tz. 35.
5 IDW RS HFA 7, Tz. 23 f.

Ein relevanter Anwendungsfall der aus Beständen gedeckten Verpflichtungen ist die beabsichtigte (ggf. auch dokumentierte) Deckung von Verpflichtungen aus CO_2-Emmissionprogrammen durch entsprechende Zertifikate (→ § 246 Rz. 42). Weitere Anwendungsfälle ergeben sich bei Wahlschulden oder Sachwertschulden (→ Rz. 40 ff.).

1.5 Systematik: Einzel- und Sammelbewertung, kompensatorische Bewertung, echte und unechte Ansammlung

Die besonderen **steuerlichen** Bewertungsvorschriften – abweichend vom Erfüllungsbetrag nach § 253 Abs. 1 Satz 2 HGB (→ Rz. 17) nach den Wertverhältnissen am Bilanzstichtag – lassen sich auch teilweise gut zur Strukturierung der handelsrechtlichen Bewertungsvorgaben für die Verbindlichkeitsrückstellungen verwenden. Dies besagt in der Reihenfolge des § 6 Abs. 1 Nr. 3a EStG: 67

- Für **gleichartige** voneinander unabhängige Verpflichtungen aus einer Vielzahl vergleichbarer Geschäftsvorfälle gilt eine Art **Sammelbewertungsgrundsatz** (sinnvoller Verstoß gegen die Einzelbewertung), um daraus auf der Grundlage des Gesetzes der großen Zahl (→ Rz. 59) einen mathematisch fixierbaren Rückstellungsbetrag zu ermitteln. Die darin einfließende Vergangenheitserfahrung stellt eine wichtige Objektivierungsgrundlage dar. Unseres Erachtens ist dieser Bewertungsgrundlage auch handelsbilanzrechtlich zu folgen. 68
- **Sachleistungsverpflichtungen** sind nach Handels- und Steuerbilanz unter Gemeinkostenzuschlag zu bewerten (→ Rz. 64) und entfallen auf folgende Sachverhalte:[1] 69
  - Einzelgarantiefälle,[2]
  - Jahresabschlusserstellung und -prüfung, Erstellung der betrieblichen Steuererklärungen,[3]
  - steuerliche Betriebsprüfung,[4]
  - Abrechnungsverpflichtungen im Baugewerbe,[5]
  - Kosten der Schadensermittlung bei Versicherern,[6]
  - Aufbewahrung von Geschäftsunterlagen,[7]
  - Vorteilsverrechnung (Berücksichtigung künftiger Vorteile, → Rz. 70),
  - Kürzung um **künftige Vorteile;** dabei geht es um folgende typische vom BFH auf handelsrechtlicher Basis entschiedene Sachverhalte,[8] die u. E. auch in der Handelsbilanz Gültigkeit beanspruchen können: 70
  - Rückgriffsrechte gegen Versicherer,[9]

1 Vgl. *Hoffmann* in Littmann/Bitz/Pust (Hrsg.), Das Einkommensteuerrecht, § 6 Tz. 665.

2 BFH, Urteil v. 13.11.1991 – I R 129/90, BStBl 1992 II S. 519, zur Kfz-Industrie.

3 BFH, Urteil v. 24.11.1983 – IV R 22/81, BStBl 1984 II S. 301; dieser Fall soll dem BFH zufolge ausnahmsweise ohne Gemeinkosten zu bewerten sein, u. E. überholt durch BFH, Urteil v. 11.10.2012 – I R 66/11, DStR 2013 S. 451 Tz. 17.

4 BFH, Urteil v. 6.6.2012 – I R 99/10, BStBl 2013 II S. 196, mit BMF, Schreiben v. 7.3.2013, BStBl I S. 274.

5 BFH, Urteil v. 25.2.1986 – VIII R 134/80, BStBl II S. 788; BFH, Urteil v. 18.1.1995 – I R 44/94, BStBl II S. 742.

6 BFH, Urteil v. 19.1.1972 – I 114/65, BStBl II S. 392.

7 BFH, Urteil v. 19.8.2002 – VIII R 30/01, BStBl 2003 II S. 131; BFH, Urteil v. 11.10.2012 – I R 66/11, DStR 2013 S. 451, mit Anm. *Hoffmann*. Zu Einzelheiten der Berechnung vgl. OFD Niedersachsen v. 5.10.2015, DB 2015 S. 1328.

8 Vgl. *Hoffmann* in Littmann/Bitz/Pust (Hrsg.), Das Einkommensteuerrecht, § 6 Tz. 667.

9 BFH, Urteil v. 14.11.1957 – IV 67/57, BB 1958 S. 225.

- Rückgriffsforderung für sog. Sprungrückstellungen bei Abonnentenverträgen,[1]
- Rückgriffsforderung eines Bauunternehmers gegen Subunternehmer bei Garantieverpflichtungen,[2]
- Einnahmen aus Kippgebühren bei Verpflichtungen zur Wiederauffüllung ausgeschachteter Kiesvorkommen,[3]
- Forderungsübergang kraft Gesetzes im Falle der Inanspruchnahme durch Dritte (Bürgschaften, Gesamtschuldnerschaft),[4]
- Ausgleichsansprüche gegen Urlaubskasse,[5]
- Erstattungsanspruch gegen die Arbeitsbehörde nach § 4 Altersteilzeitgesetz.[6]

Die vorstehend aufgeführten BFH-Urteile sind für Veranlagungszeiträume vor 1999 (zur damals gültigen Rechtslage) ergangen. Es stellt sich die Frage, inwieweit diese Urteile auch nach heutigem Recht noch anwendbar sind. Danach kommt es entscheidend auf den Gehalt von **künftigen Vorteilen** an. Nach dem Rechtsstand bis 1998 war die Interpretation des BFH zu kompensatorischen Gegenrechnungen etwa die Folgende: Im oben zitierten BFH-Urteil X R 60/98 zum Fall des Bauunternehmers mit Rückgriffsrechten gegen Subunternehmer hat der BFH formuliert: „Eine in der Entstehung begriffene Rückgriffsforderung darf nur dann zur Kompensation verwandt werden, wenn sie bei vernünftiger kaufmännischer Beurteilung die Inanspruchnahme ausschließen oder mindern würde." Es genügte also m. a. W. kein Hoffnungswert, es bedurfte vielmehr einer eindeutigen Rechtsgrundlage für diesen Rückgriffsanspruch. Entsprechendes galt für den Fall der Kippgebühren, wenn also ein Kiesgrubenausbeuter mit der Anlieferung von Bauschutt zur Auffüllung der ausgebeuteten Kiesgrube rechnen konnte: Die mutmaßlich anfallenden **Kippgebühren** berechtigten nicht zur kompensatorischen Bewertung, wohl aber ein am Bilanzstichtag fest vereinbartes Kippvolumen mit entsprechenden Preisen.[7]

Die ab 1999 gültige Neufassung des Gesetzeswortlautes dreht sich entscheidend um den **„Vorteil"**. Eindeutig handelt es sich um eine **Saldogröße,** deshalb sind von den Einnahmen („Bruttovorteil") damit verbundene Aufwendungen abzuziehen.

BEISPIEL ▸ Das Kiesausbeuteunternehmen K hat mit einer Tiefbau-GmbH T fest Anlieferungsleistungen für Bauschutt – bestimmt nach Menge und Preis – für fünf Jahre kontrahiert. Der Bauschutt wird von K an einer Sammelstelle vom Lkw abgekippt und dann von T mit einem Radlader an der aktuell „richtigen" Stelle der Kiesgrube abgeschüttet. Diese Kosten des T sind bei der Vorteilsermittlung abzuziehen.

Der Vorteil muss in einem **sachlichen** Zusammenhang mit der Erfüllung **verbunden** sein. Zur Interpretation darf auf die Rechtsprechung des BFH zur Rechtslage vor 1999 nicht zurückgegriffen werden. Des sachlichen Zusammenhangs bedarf es dem BFH zufolge gleichwohl.[8] **Negativ** beschreibt der BFH dieses Kriterium: Die Aufrechterhaltung des Betriebes mit der

1 BFH, Urteil v. 3.8.1993 – VIII R 37/92, BStBl 1994 II S. 444.
2 BFH, Urteil v. 17.12.1993 – X R 60/89, BStBl II S. 437.
3 BFH, Urteil v. 16.9.1970 – I R 184/67, BStBl 1971 II S. 85.
4 BFH, Urteil v. 19.3.1975 – I R 173/73, BStBl II S. 614; BFH, Urteil v. 26.1.1989 – IV R 86/87, BStBl II S. 456.
5 BFH, Urteil v. 8.2.1995 – I R 72/94, BStBl II S. 412.
6 BMF, Schreiben v. 11.11.1999 – S 2176, BStBl I S. 959.
7 So auch IDW RS HFA 34, Tz. 30 ff., unter dem Titel „Nettobilanzierung".
8 BFH, Urteil v. 17.10.2013 – IV R 7/11, DStR 2013 S. 2745, mit Anm. *Hoffmann;* BFH, Beschluss v. 21.8.2013 – I B 60/12, DB 2013 S. 21; *Pfeifer/Hegemann,* DStR 2014 S. 1072.

Möglichkeit einer Einnahmeerzielung genügt nicht. **Positiv** erwähnt der BFH den gedachten Unternehmenserwerber, der die Kompensationsmöglichkeit belastungsmindernd berücksichtigen würde. Wir sehen einen „sachlichen Zusammenhang" bei Kippgebühren in der vorstehend dargestellten **Interessenlage** des Bauunternehmers.[1] Das FG Baden-Württemberg betont, dass ersparte Aufwendungen keine künftigen Vorteile darstellen, also etwa eine Rückstellung für Mitarbeiterabfindungen infolge eines Sozialplans nicht um die durch das Beschäftigungsende wegfallenden laufenden Gehälter zu kürzen ist.[2]

Die Finanzverwaltung sieht den Vorteil eindeutig dann als gegeben an, wenn er vertraglich („vertragliche Vereinbarung", in R 6.11 EStG implizit enthalten) bestätigt ist. Dazu bedarf es aber einer Vereinbarung über Preis **und** Menge des für einen bestimmten Zeitraum abzuliefernden Schutts. Eine solche Verpflichtung eines (z. B.) Bauunternehmens über eine feste Menge wird in der Praxis eher selten sein. Ohne eine solche Vereinbarung interpretiert die Finanzverwaltung[3] die Rechtslage ab 1999 wie folgt: Die bloße **Möglichkeit** des Eintritts genügt nicht, es soll das Kriterium der **überwiegenden Wahrscheinlichkeit** (51 %-Regel) wie für den Rückstellungsansatz gelten[4] (→ § 249 Rz. 46). Unseres Erachtens sind beide Kriterien widersprüchlich, da die „Möglichkeit" gerade durch Wahrscheinlichkeiten zu ermitteln ist. Die „Aussicht" ist also **sachverhaltsbezogen** zu ermitteln. Wenn das regionale Interesse an Entsorgungsmöglichkeiten für Bauschutt u. Ä. am Bilanzstichtag groß ist, liegt eine „begründete Aussicht" vor und steht zur kompensatorischen Gegenrechnung zur Verfügung. Umgekehrt verhält es sich, wenn in der betreffenden Region genügend Entsorgungsplätze vorhanden sind. Zumindest in der Tendenz sind die Kompensationsmöglichkeiten durch die „möglichen Aussichten" ab 1999 gegenüber der bis 1998 gültigen und für die oben zitierte BFH-Rechtsprechung maßgebenden Rechtslage gestiegen.

Die OFD Karlsruhe verlangt zur Auslegung des Wahrscheinlichkeitskriteriums realitätsfern eine zehnjährige **Prognoserechnung** auf der Grundlage des durchschnittlichen Erlöses der letzten drei Wirtschaftsjahre durchzuführen.[5] Das Ergebnis der Zukunft wird mit demjenigen der Vergangenheit gefüttert (→ § 289 Rz. 34).

Handelsrechtlich gilt unverändert die Regel der „vernünftigen kaufmännischen Beurteilung" 71
(→ Rz. 55). Die Rechtsprechung des BFH (→ Rz. 70) interpretierte nach der Rechtslage bis 1998 diese wenig konkretisierte Gesetzesvorgabe mangels eigenständiger steuerlicher Bewertungsvorgabe auch für die steuerliche Bilanzierung. Deshalb stellt sich die Frage, ob die geänderte steuerliche Rechtsvorgabe im Einzelfall zwingend ein Abweichen von der früheren handelsrechtlichen Interpretation zur kompensatorischen Gegenrechnung erforderlich macht. Nach den Gesetzen der formalen Logik müsste man zu diesem Schluss kommen. Wir bevorzugen allerdings – auch im Interesse der Vereinheitlichung von Handels- und Steuerbilanz – eine andere Gesetzesauslegung, die an die „kaufmännische Vernunft" anknüpft, nämlich: Die jetzt gültige steuerliche Gesetzesformulierung der „begründeten Aussichten" (→ Rz. 70) widerspricht nicht dem dehnbaren Begriffsinhalt der „kaufmännischen Vernunft". Nach Auffassung des IDW sind nur Vorteile kompensatorisch zu berücksichtigen, die rechtsverbindlich gesichert

1 Wenig konkret die Ausführungen von *Pfeifer/Hegemann*, DStR 2014 S. 1072: „Umstände des Einzelfalls".
2 FG Baden-Württemberg v. 12.9.2017 – 6 K 1472/16, EFG 2018 S. 1343 Nr. 16.
3 R 6.11 EStR 2012; vgl. hierzu *Brank/Hasenclever*, DStR 2011 S. 637.
4 BFH, Beschluss v. 21.8.2013 – I B60/12, FH/NV 2014 S. 28, mit Besprechung von *Prinz*, DB 2015 S. 150; ähnlich *Oser/Wirtz*, StuB 2016 S. 10.
5 OFD Karlsruhe v. 14.3.2006.

sind.[1] Das IDW hält gegen die BFH-Ansicht (→ Rz. 70) an seiner Auffassung[2] fest: Nur fest kontrahierte Kippgebühren können kompensatorisch berücksichtigt werden. Gleichwohl ist die Übernahme der BFH-Rechtsprechung in die Handelsbilanz zulässig (→ § 252 Rz. 253c).

Die IDW-Auffassung gerät allerdings in Turbulenzen bei einer entgeltlichen Übernahme der Verfüllungsverpflichtung. Der Übernehmer wird die überwiegende Wahrscheinlichkeit der Erzielung von künftigen Kippgebühren in den Kaufpreis einkalkulieren, also z. B. für die handelsrechtlich mit dem Erfüllungsbetrag (100) angesetzte Schuld nur 90 bezahlen wollen. Für diesen Unterschiedsbetrag von 10 ist dem IDW[3] zufolge „grundsätzlich" ein **immaterieller Vermögensgegenstand** („Recht zur Erlangung von Kippgebühren") anzusetzen, sofern im konkreten Einzelfall die Ansatzvoraussetzungen erfüllt sind. Mit anderen Worten: Der HFA des IDW konnte sich nicht zu einer prägnanten Auffassung durchringen. Der Ansatz eines Vermögensgegenstands verlangt u. a. Anschaffungskosten. Zu solchen gelangt man im vorliegenden Fall durch eine **Aufrechnungsfiktion:** Der Übernehmer erhält für den Erfüllungsbetrag zunächst 100, die Chancen auf die Kippgebühren im Wert von 10 muss er sich anrechnen lassen (insoweit Anschaffungskosten). Das abgebende Unternehmen rechnet mit den ausgehandelten 10 auf und bezahlt nur 90. Ob die Differenz von 10 tatsächlich einen immateriellen Vermögensgegenstand darstellt, ist nach den einschlägigen Ansatzkriterien (→ § 246 Rz. 16) zu beurteilen. Dabei erscheinen die Kriterien der Einzelverwertbarkeit und des Schuldendeckungspotenzials als fraglich. Beachtlich ist auch Folgendes: Die bei der Rückstellungsbewertung (laut IDW) nicht zu berücksichtigende Chance auf Kippgebühren (beim abgebenden Unternehmen) erscheint beim Übernehmer als ansatzpflichtiger Vermögensgegenstand.

Am Bilanzstichtag bestehende Ersatz- und Rückgriffsansprüche gegen Dritte sind wegen des Verrechnungsverbots in § 246 Abs. 2 Satz 1 HGB unsaldiert auszuweisen.[4]

72 Vergleichbare Überlegungen sind nicht nur für den Bereich der Bewertung von Verpflichtungen zur Wiederauffüllung ausgeschachteter Kiesvorkommen angebracht. Dazu folgendes Beispiel:

BEISPIEL[5] Der Automobilhersteller P ist nach der Altfahrzeugverordnung (→ § 249 Rz. 75) zur Rücknahme und Entsorgung von in Verkehr gebrachten Fahrzeugen verpflichtet. Die Altfahrzeuge enthalten in zunehmendem Umfang wiederverwertbare Metalle. Deren Wert erlaubt die Wiederaufbereitung. Dazu hat sich ein Netz von spezialisierten Unternehmen etabliert, welche sich dem Hersteller gegenüber zur kostenlosen Abnahme der Altfahrzeuge verpflichteten. Der Hersteller rechnet deshalb nicht mit nennenswerten Kosten aus der Rücknahmeverpflichtung.

Unseres Erachtens scheidet eine Rückstellungsbildung unter Heranziehung der BFH-Entscheidung zu den Kippgebühren des Kiesgrubenausbeuters[6] aus, da am Stichtag noch kein entsprechender Anspruch entstanden ist.

Das Argument des Verstoßes gegen den Einzelbewertungsgrundsatz ist u. E. nicht berechtigt, da die Gegenrechnung **Bestandteil der** Bewertung der Verpflichtung ist.

1 IDW RS HFA 34, Tz. 31.
2 IDW RH 1009, Tz. 6; *Oser*, StuB 2015 S. 7.
3 IDW Life 2016 S. 57.
4 IDW RS HFA 34, Tz. 33, unter dem Titel „Bruttobilanzierung".
5 Auf der Grundlage des Beitrags von *Volkmann*, StuB 2009 S. 263.
6 BFH, Urteil v. 16.9.1970 – I R 184/67, BStBl 1971 II S. 85.

Rückgriffsansprüche gegenüber Dritten sind jedoch insoweit nicht zu berücksichtigen, als der Anspruch gegenüber dem Dritten über das allgemeine Kreditrisiko hinausgehenden Ausfallrisiken unterliegt.[1]

Zur **Ansammlung im Zeitverlauf** folgende Beispiele aus der BFH-Rechtsprechung:[2] 73

- Verpflichtung zur Rekultivierung, Einplanierung und Hohlraumverfüllung;[3]
- Abbruch- und Entfernungsverpflichtungen, Rückbau,[4] insbesondere auch im Rahmen von Mietverhältnissen;[5]
- Jubiläumsgelder;[6]
- Entsorgung von Kernkraftwerken;
- Stilllegungskosten;
- Pachterneuerung;[7]
- Rücknahme und Verwertung von Erzeugnissen, z. B. Elektrogeräten, Altautos, Batterien etc. (→ § 249 Rz. 71 ff.).

Typischerweise sind mit **gewerblichen Mietverhältnissen** Rückbauverpflichtungen bei Beendigung des Mietvertrags verbunden. Ebenso typisch sind in diesem Bereich **Mietverlängerungen,** sei es durch Ausübung einer entsprechenden Option oder „spontan" – oftmals noch während der ursprünglich vereinbarten Mietlaufzeit. Bzgl. der anzusammelnden Rückstellung für die Kosten der Entfernung von Einbauten etc. stellt sich dann die Frage nach der Neubestimmung der Verteilungsfrist und der bis dahin – bis zur Vereinbarung der Verlängerung – aufgelaufenen Rückstellungshöhe.

BEISPIEL[8] **Sachverhalt**

Die P GmbH ist seit 1.1.01 Pächterin eines Gebäudes der V. Zu Beginn des auf vier Jahre (31.12.04) befristeten Vertrags hat sie diverse Mietereinbauten vorgenommen, die sie für voraussichtlich 140 T€ zum Vertragsende rückbauen muss. Im April 03 einigen sich P und V auf eine Verlängerung des Pachtvertrags bis zum 31.12.07.

LÖSUNG Unter Vernachlässigung von Abzinsung (→ Rz. 109 ff.) und Kostensteigerung ist die Rückstellung daher in den Jahren 01 ff. mit jeweils 35 T€ zu dotieren; Rückstellungswert am 31.12.02: 70 T€.

03 ergibt sich eine neue Annahme über den Verteilungszeitraum, die Restgröße beträgt nicht mehr zwei Jahre, sondern fünf Jahre (neue Restvertragsdauer). Für die Änderung stehen zwei Varianten zur Verfügung:

- **Verteilung** des noch „offenen" Rückstellungsbetrags von 70 T€ auf fünf Jahre, somit Dotierung der Rückstellung mit 14 T€ p. a. in den Jahren 03 ff.
- **Reduktion** der Rückstellung per 31.12.03 von 140 T€, also auf 60 T€. Behandlung der Differenz zum Rückstellungswert 31.12.02 als Ertrag.

---

1 Vgl. BFH, Urteil v. 31.5.2017 – X R 29/15.

2 Vgl. *Hoffmann* in Littmann/Bitz/Pust (Hrsg.), Das Einkommensteuerrecht, § 6 Tz. 669.

3 BFH, Urteil v. 19.2.1975 – I R 28/73, BStBl II S. 480.

4 BFH, Urteil v. 29.10.1974 – I R 104/73, BStBl 1975 II S. 114; BFH, Urteil v. 27.11.1968 – I 162/64, BStBl 1969 II S. 247; BFH, Urteil v. 5.5.2011 – IV R 32/07, DB 2011 S. 1667.

5 BFH, Urteil v. 2.7.2014 – I R 46/12, DB 2014 S. 2381.

6 BFH, Urteil v. 5.2.1987 – IV R 81/84, BStBl II S. 845, nunmehr allerdings gesondert geregelt in § 5 Abs. 4 EStG.

7 BFH, Urteil v. 3.12.1991 – VIII R 88/87, BStBl 1993 II S. 89; BFH, Urteil v. 17.2.1998 – VIII R 28/95, BStBl II S. 505.

8 *Lüdenbach*, StuB 2013 S. 188.

Der BFH hat sich für die zweite Variante entschieden.[1] Dabei stützt sich der BFH auf den Gedanken der Stichtagsbewertung.[2] Nach Auffassung des IDW soll handelsrechtlich ein **Wahlrecht** zwischen den beiden Varianten bestehen.[3] Eine spiegelbildliche Betrachtung muss u. E. dann zum Tragen kommen, wenn sich die mutmaßlichen Kosten für den Rückbau – steuerlich bewertet nach den Stichtagsverhältnissen (→ Rz. 57) – erhöhen. Dann wären die „fehlenden" zeitanteilig bestimmten Aufwendungen in einem Einmalbetrag nachzuholen.

In diesen Fällen ist nach der BFH-Rechtsprechung, der handelsrechtlich gefolgt werden kann, der Rückstellungsbetrag anzusammeln (bewertet mit dem Erfüllungsbetrag, → Rz. 18). Dabei sind zwei Arten der Ansammlung zu beachten:

- rein **zeitanteilige** Ansammlung in ratierlicher Form bei sog. **Verteilungs-** oder echten **Ansammlungsrückstellungen** (etwa aus Rückbauverpflichtungen) (→ § 249 Rz. 67),
- Ansammlung nach **Schlüsselgrößen** gem. tatsächlicher Inanspruchnahme bei sog. **unechten Ansammlungsrückstellungen** (etwa für Deponierekultivierung).[4]

Der erstgenannte Fall betrifft die oben genannte **Abbruch-** und **Entfernungs-** sowie die Pachterneuerungsverpflichtung, für die das Mengengerüst am Bilanzstichtag schon bekannt ist, dem Grunde nach auch die Entsorgung von **Kernkraftwerken,** die steuerlich mit einer besonderen Laufzeit wegen der Abzinsungshöhe „versehen sind". Nach § 6 Abs. 1 3a d) EStG ist die Ansammlung in **gleichen** Raten vorzunehmen. Die **Verfüllungsverpflichtung** – z. B. Auffüllung einer ausgebeuteten Kiesgrube – ist umgekehrt auch steuerrechtlich nach dem Umfang der bis zum Bilanzstichtag getätigten Ausbeute nach technisch-physikalischer Schlüsselgröße zu bemessen.[5] Nur bei diesen unechten Ansammlungsrückstellungen wächst die Verpflichtung aufgrund realökonomischer Vorgänge von Stichtag zu Stichtag. Im Fall der echten Ansammlungsrückstellungen (Verteilungsrückstellungen) ist das erforderliche Volumen hingegen bereits von Anfang an gegeben.[6]

Für beide Arten der Ansammlungsrückstellung gelten steuerrechtlich nach § 6 Abs. 1 3a e) die Preisverhältnisse am Stichtag (→ Rz. 18).

Zur buchmäßigen Erfassung im **Zeitverlauf** wird auf das Beispiel in → Rz. 130 zur Abzinsung auf → Rz. 121, zur Stichtagsbetrachtung auf → Rz. 55 verwiesen.

74 Zum Sonderfall der Bewertung der Rückstellung für **Aufbewahrungspflichten** öffentlich-rechtlicher Natur nach § 257 HGB und § 147 AO haben sich sowohl das IDW[7] als auch die Finanzverwaltung[8] geäußert. Das IDW verlangt eine Bewertung der Rückstellung auf der Grundlage der zur Erfüllung der Aufbewahrungsverpflichtung notwendigen Aufwendungen. Dazu gehören (interne) Personalkosten oder Aufwendungen für die Inanspruchnahme von Dienstleistungen Dritter, aber auch Sachkosten für die Raumnutzung und für bewegliche Anlagegüter, z. B. Regale. Dabei differenziert das IDW zwischen Aufwendungen für die erstmalige Archivierung und den Folgekosten, z. B. für die Heizung und Klimatisierung von Räumen. Kurz gefasst: Das

1 BFH, Urteil v. 2.7.2014 – I R 46/12, DB 2014 S. 2381.
2 Vgl. hierzu *Oser*, BB 2014 S. 2546, im Einvernehmen mit dem BFH; *Hoffmann*, StuB 2014 S. 789; für die erste Variante *Joisten*, FR 2013 S. 455.
3 Sowohl IDW RS HFA 34, Tz. 20.
4 Terminologische Unterscheidung nach *Marx*, BB 2012 S. 562 ff.
5 BFH, Urteil v. 5.5.2011 – IV R 32/07, DB 2011 S. 1667; *Marx*, BB 2012 S. 562.
6 Vgl. *Marx*, BB 2012 S. 562 ff.
7 IDW RH HFA 1.009.
8 SenVerw Berlin, Erlass v. 13.9.2006 – III A – S 2175 – 1/06, DStR 2007 S. 156; OFD Magdeburg, Vfg. v. 21.9.2006 – S2137 – 41 – St 211, DB 2006 S. 2491.

IDW geht von einer Vollkostenbewertung für die Rückstellung aus. In die „Vollkosten“ sind nach Ansicht des BFH im Urteil I R 66/11 (→ Rz. 64) auch die fixen und variablen Gemeinkosten samt den zugehörigen Finanzierungsaufwendungen einzubeziehen.

Der Wertansatz bestimmt sich nach den im **Erfüllungszeitpunkt** voraussichtlich geltenden Kostenverhältnissen (→ Rz. 55). Außerdem ist eine **Abzinsung** (→ Rz. 109) vorzunehmen. Zu diesem Teilgebiet der Bewertung musste sich der BFH[1] nicht äußern, da die jährlichen Archivierungskosten nicht im Streit standen.

Die **Finanzverwaltung** drückt sich hier auf der Grundlage von § 6 Abs. 1 Nr. 3a Buchst. b EStG etwas konkreter aus, ohne im Ergebnis von den Vorgaben des IDW wesentlich abzuweichen. Danach sollen als **Kostenelemente** in die Bewertung einfließen:

- die (einmaligen) Sach- und Personalkosten für die eigentliche Archivierung (Mikroverfilmung und Digitalisierung, Brennen von CD u. Ä.);
- laufende Kosten für die Nutzung der Räume (Miete oder AfA, Heizung und Strom) und der Einrichtungen (AfA auf Regale, Personalkosten für Reinigung u. Ä.).

Die Finanzverwaltung bietet zwei Berechnungsmethoden an:

- Die jährlichen Kosten werden für die Unterlagen eines jeden aufzubewahrenden Jahres gesondert ermittelt, dann jeweils mit der Anzahl der Jahre bis zum Ablauf der Aufbewahrungsfrist multipliziert.
- Die jährlich anfallenden Aufwendungen – soweit dem Grunde nach rückstellungsfähig – für die Aufbewahrung (Lagerung) werden mit dem Faktor 5,5 multipliziert (gewichtete Restaufbewahrungsdauer der Unterlagen des Geschäftsjahres und der neun vorhergehenden Jahre).[2] Multipliziert werden dürfen aber nicht die Einmalkosten der Einlagerung bis zum Bilanzstichtag.

BEISPIEL Einzelunternehmer A bewahrt seine Geschäftsunterlagen in einem Nebenraum seines Betriebsgebäudes auf. Nach dem Bilanzstichtag ist mit folgenden Kosten für die Aufbewahrung der (entstandenen) Geschäftsunterlagen zu rechnen:

Anteilige AfA und Unterhaltskosten für den Nebenraum (jährlich)	900 €
AfA für Einrichtungsgegenstände (jährlich)	200 €
Kosten für Hard- und Software zur Lesbarmachung der Daten (jährlich)	100 €
Jährlich anfallende rückstellungsfähige Kosten	1.200 €
· 5,5	6.600 €
Kosten der Datensicherung (einmalig)	200 €
Rückstellungsbetrag	6.800 €

Eine **Abzinsung** dieser Beträge erfolgt nach § 6 Abs. 1 Nr. 3a Buchst. e Satz 2 EStG nicht. Die Begründung nach EStG lautet dem Gesetzeswortlaut entsprechend: Beginnend mit dem Zeitpunkt der Leistungserfüllung – hier die Aufbewahrungspflicht – endet der Verzinsungszeitraum.

Systematisch bestehen nach Handels- und Steuerrecht zwei **Unterschiede:**

- Stichtagskosten nach EStG, Erfüllungsbetrag nach HGB (→ Rz. 58),
- Abzinsung nach HGB (→ Rz. 109), nicht nach EStG.

1 BFH, Urteil v. 8.4.2011 – X R 14/09, DB 2011 S. 794.
2 Bestätigt durch BFH, Urteil v. 18.1.2011 – X R 14/09, DB 2011 S. 794.

Diese Abweichungen wirken gegenläufig und erlauben wegen Geringfügigkeit bei der praktischen Anwendung u.U. einen übereinstimmenden Ansatz.

75 In die Bewertung muss auch das gesetzliche **Aufbewahrungsvolumen** einfließen. Hierzu hat der BFH[1] zu dieser Sachleistungsverpflichtung wie folgt entschieden:

- Zu berücksichtigen sind nur die Unterlagen, die am Bilanzstichtag noch der **Aufbewahrungspflicht** unterliegen.
- Das Erfordernis der Aufbewahrung **künftig** (nach dem Bilanzstichtag) entstehender Dokumente ist mangels wirtschaftlicher Verursachung (→ § 249 Rz. 23 ff.) bis zum Stichtag nicht zu berücksichtigen.
- Die Aufbewahrungsfrist **beginnt** nach § 147 Abs. 4 AO mit dem Schluss des Kalenderjahres, in dem die letzten Buchungsfälle angefallen sind, also zum 31.12.01, die Buchungsvorgänge beginnen im Jahr 01. Spätere Buchungen, z. B. die für den Dezember 01 im Jahr 02 oder die Abschlussbuchungen für das Jahr 01, sind nicht bis zum Bilanzstichtag verursacht.

75a Der BFH hat im Urteil I R 66/11 (→ Rz. 2)[2] die Einbeziehung von **Finanzierungszinsen** in die Rückstellungsbewertung gefordert. Die Finanzverwaltung[3] hat das Urteil zum Anlass genommen, die Berechnungs**methoden** zur Ermittlung des fraglichen Zinsaufwands näher zu fixieren. Dabei beschränkt die Verwaltung die Anwendung des Urteils nicht auf Kreditinstitute wie im Urteilsfall des BFH (dort eine Sparkasse). Es ging um die Finanzierung von Archivräumen zur Aufbewahrung von Geschäftsunterlagen (→ Rz. 12). Die Finanzierungsmittel müssen der Verwaltung zufolge in einem bestimmten Verfahren den Anschaffungs- oder Herstellungskosten der Räumlichkeiten **zugeordnet** werden. Bei spezieller Kreditaufnahme ist die Zuordnung eindeutig. Ansonsten – bei gemischter Eigen- und Fremdfinanzierung – bedarf es einer verursachungsgerechten Schlüsselung. Im BFH-Fall lag eine sog. Poolfinanzierung vor. Bei einer solchen gibt der Bilanzierer seine **gesamten** Eigen- und Fremdmittel in einen „Pool" und finanziert daraus seinen Geschäftsbetrieb. Dem BFH zufolge besteht die Vermutung einer Zuordnung des Zinsaufwands nach der Fremdkapitalquote des „Pools" im Zeitpunkt der **Anschaffung** oder **Herstellung** der betreffenden Investition (im BFH-Fall Archivierungsräume). In der **Folgezeit** ist die Veränderung des anteiligen Fremdkapitals am Finanzierungspool zu überprüfen. Bei sinkendem Fremdkapitalanteil muss eine Tilgung durch höheren Eigenkapitalanteil angenommen werden. Daneben kann sich auch der durchschnittliche Passivzinssatz verändern. Die Rückführung zugeordneter Kredite ist der Verwaltung zufolge entsprechend der Nutzungsdauer zu unterstellen.

Dazu wird in der zitierten Verf. folgendes Beispiel geliefert:

BEISPIEL ZUR BERECHNUNG DES FINANZIERUNGSKOSTENANTEILS Der anteilige Buchwert (BuWe) der Archivräume beträgt zum 31.12.01 10.000 €, die jährliche AfA beträgt 300 €. Im Jahr 01 beträgt der durchschnittliche Passivzinssatz 3,5 %, im Jahr 02 beträgt er 3,6 %. Die Geschäftsunterlagen sind sechs Jahre aufzubewahren. Im Zeitpunkt der Anschaffung der Archivräume betrug das Eigenkapital im Pool 20.000 € und das Fremdkapital 80.000 €. Die Quote ist bis einschließlich 01 konstant geblieben. Im Jahr 02 beträgt die Fremdkapitalquote des Finanzierungspools 79 %.

1 BFH, Urteil v. 18.1.2011 – X R 14/09, DB 2011 S. 794.
2 BFH, Urteil v. 11.10.2012 – I R 66/11, BStBl 2013 II S. 678, mit Anm. *Hoffmann*, DStR 2013 S. 454.
3 BayLfSt, Vfg. v. 31.1.2014. Die nachstehenden Berechnungsbeispiele sind, z.T. gekürzt, dieser Vfg. entnommen; vgl. hierzu *Adrian*, StuB 2014 S. 243.

BERECHNUNG:

$$\textit{Fremdkapitalquote} = \frac{\textit{Fremdkapital}}{\textit{Fremdkapital + Eigenkapital}} = \frac{80.000\ €}{80.000\ € + 20.000\ €} = 0{,}8$$

RÜCKSTELLUNG ZUM 31.12.01:

Jahr	Anteiliger BuWe	x	Fremdkapitalquote	x	Durchschn. Passivzinssatz		
02	9.700	x	0,8	x	0,035	=	272
03	9.400	x	0,8	x	0,035	=	263
04	9.100	x	0,8	x	0,035	=	255
05	8.800	x	0,8	x	0,035	=	246
06	8.500	x	0,8	x	0,035	=	238
07	8.200	x	0,8	x	0,035	=	230
							1.504
Die durchschnittlichen Kosten pro Jahr betragen somit (: 6 Jahre)						=	251
Die jährlichen durchschnittlichen Kosten sind mit dem Faktor 3,5 zu multiplizieren						=	879

Der Anteil der Finanzierungskosten in der Rückstellung für die Aufbewahrung von Geschäftsunterlagen zum 31.12.01 beträgt somit 879 €.

Durch den Faktor 3,5 wird der Tatsache Rechnung getragen, dass sich in den Archivräumen Unterlagen befinden, die noch unterschiedlich lange aufzubewahren sind.

RÜCKSTELLUNG ZUM 31.12.02:

Jahr	Anteiliger BuWe	x	Fremdkapitalquote	x	Durchschn. Passivzinssatz		
03	9.400	x	0,79	x	0,036	=	267
04	9.100	x	0,79	x	0,036	=	259
05	8.800	x	0,79	x	0,036	=	250
06	8.500	x	0,79	x	0,036	=	242
07	8.200	x	0,79	x	0,036	=	233
08	7.900	x	0,79	x	0,036	=	255
							1.476
Die durchschnittlichen Kosten pro Jahr betragen somit (: 6 Jahre)						=	246
Die jährlichen durchschnittlichen Kosten sind mit dem Faktor 3,5 zu multiplizieren						=	861

Auf die **Ansatzprobleme** der Rückstellungsbilanzierung für Aufbewahrungspflichten ist die Kommentierung zu → § 249 Rz. 117 ausgerichtet, zu den **Übergangsproblemen** auf die neue Rechtslage nach dem BilMoG die Kommentierung zu Art. 67 Rz. 13 ff. (4. Aufl.). 76

1.6 Maßgeblichkeitsaspekte

Durch die unterschiedlichen handels- und steuerrechtlichen Bewertungsvorgaben können die Wertansätze in **beiden** Richtungen voneinander **abweichen** (vgl. hierzu die Synopse in → § 249 Rz. 8a). Für die Gründe sei verwiesen auf die unterschiedlichen Zinssätze zur Diskontierung (→ Rz. 133), die unterschiedliche Berücksichtigung von Restlaufzeiten (→ Rz. 124) und die steuerliche Nichtberücksichtigung von künftigen Preis- und Kostensteigerungen (→ Rz. 135). Dann stellt sich die Frage, ob Maßgeblichkeitsgesichtspunkte (→ § 252 Rz. 270) auch steuerlich be- 77 stimmend sind oder abweichende steuerliche Ansatz- und Bewertungswahlrechte bestehen oder steuerliche Wahlrechte abweichend vom Handelsrecht ausgeübt werden (vgl. die Systematik in → § 252 Rz. 280 ff.). Fraglich in diesem Zusammenhang ist die Bewertungspflichtvorgabe in § 5 Abs. 6 EStG.

78 Die Finanzverwaltung[1] vertritt seit längerem hierzu gestützt auf die Gesetzesbegründung und auf den Einleitungssatz des § 6 Abs. 1 Nr. 3a EStG („höchstens insbesondere") folgende Auffassung: Der handelsrechtliche Wertansatz ist auch für die Steuerbilanz **maßgeblich,** wenn der erstgenannte Wert niedriger ist als der „steuerliche" nach § 6 Abs. 1 Nr. 3a EStG.

BEISPIEL

Bewertung nach		Steuerbilanzwert laut Finanzverwaltung	Steuerbilanzwert nach anderer Auffassung
HGB	EStG		
1.000	1.200	1.000	1.200
1.000	900	900	900

Die Finanzverwaltung vertritt hier im Ergebnis das Gegenteil von dem von ihr vertretenen Wahlrecht zur Teilwertabschreibung (→ § 252 Rz. 275). Die **dortige** Option in § 6 Abs. 1 Nr. 2 Satz 2 EStG („kann") darf entgegen aller Maßgeblichkeitsüberlegungen uneingeschränkt ausgeübt werden, **hier** – bei der Rückstellungsbewertung – wird das Wahlrecht durch den Handelsbilanzwert nach oben „gedeckelt".

Die Finanzverwaltung hat allerdings zunächst Schützenhilfe vom BFH[2] im Urteil zu den Aufbewahrungskosten von Geschäftsunterlagen (→ Rz. 74) erhalten: Aus dem Einleitungssatz zu § 6 Abs. 1 Nr. 3a EStG („sind höchstens") sei eine Deckelung auf den Handelsbilanzwert abzuleiten, und zwar „unmissverständlich". Unter Berufung darauf kommt auch das FG Rheinland-Pfalz im Falle einer bergrechtlichen Ansammlungsrückstellung zum Schluss: „Rückstellungen in der Steuerbilanz dürfen, von Pensionsrückstellungen nach § 6a EStG abgesehen, den zulässigen Ansatz in der Handelsbilanz nicht überschreiten."[3] Einen Schlussstrich unter diese Diskussion hat schließlich der BFH in einem Ansammlungsrückstellungen für Rekultivierung betreffenden Urteil gezogen.[4] Danach gilt: „Die im Einleitungssatz des § 6 Abs. 1 Nr. 3a EStG enthaltene Regelung, dass Rückstellungen ‚höchstens insbesondere' mit den Beträgen nach den folgenden Grundsätzen in Buchst. a bis f anzusetzen sind, führt dazu, dass die sich aus § 6 Abs. 1 Nr. 3a Buchst. a bis f EStG ergebenden Rückstellungsbeträge den zulässigen Ansatz nach der Handelsbilanz nicht überschreiten dürfen." Allgemein hält das Urteil fest: „Dennoch ist der Wortlaut des § 5 Abs. 1 Satz 1 EStG nach dem BilMoG in der Weise zu verstehen, dass die handelsrechtliche Maßgeblichkeit für die Steuerbilanz zunächst besteht. Sie wird nur dann und nur insoweit durchbrochen, als der Gesetzgeber steuerrechtliche Ansatz- oder Bewertungsvorbehalte festgeschrieben hat (§ 5 Abs. 6 EStG). Da durch den ‚höchstens insbesondere'-Verweis der Bezug zur handelsrechtlichen Bewertung weiterhin bestehen bleiben sollte, hat dies keine Verselbständigung der Steuerbilanzwerte von den Handelsbilanzwerten zur Folge gehabt,

1 OFD Münster, Vfg. v. 13.7.2012, DStR 2012 S. 1606; gleichlautend OFD Rheinland; vgl. hierzu *Rutemöller,* BB 2012 S. 2174; *Prinz, M.,* Gastkommentar in DB 35/2012. Nunmehr so enthalten in R 6.11 Abs. 3 EStR 2012; zur Kritik umfassend *Prinz, U.,* WPg 2016 S. 961.
2 BFH, Urteil v. 11.10.2012 – I R 66/11, DStR 2013 S. 451, mit Anm. *Hoffmann.*
3 FG Rheinland-Pfalz v. 7.12.2016 – 1 K 1912/14, n. rkr. (anhängig als BFH, Urteil – I R18/17).
4 BFH, Urteil v. 20.11.2019 – XI R 46/17.

selbst wenn die Steuerbilanz durch das BilMoG gegenüber der Handelsbilanz deutlich verselbständigt wurde."

(einstweilen frei) 79

2. Rückstellungen für Altersversorgung und vergleichbare Verpflichtungen (Abs. 1 Satz 2 bis 4)

2.1 Begriff der vergleichbaren Verpflichtung

Bzgl. der **Abzinsung** (→ Rz. 109 ff.) sowie der Reichweite des **Saldierungsverbots** bei Deckungsvermögen (→ § 246 Rz. 392) behandelt das Gesetz Altersversorgungsverpflichtungen und „vergleichbare langfristig fällige Verpflichtungen" ausdrücklich gleich. Zur Ermittlung des **unabgezinsten** Betrags nach Abs. 1 Satz 2 bis 4 fehlt zwar ein entsprechender Hinweis im Gesetz, aber auch hier und damit für die **Bewertung** insgesamt gilt eine **Gleichstellung** als geboten.[1] 80

Fraglich ist dann, welche langfristigen Verpflichtungen **„vergleichbar"** sind. Unter Bezugnahmen auf die Begründung des Regierungsentwurfs des BilMoG nennt das IDW hier:

- **Altersteilzeit**verpflichtungen,
- Verpflichtungen aus **Lebensarbeitszeitkonten,**
- **Jubiläums**leistungen,
- **Sterbegelder.**

Vergleichbarkeit bedeutet dabei nicht eine Übereinstimmung der Bewertung in allen Aspekten mit denjenigen von Pensionsrückstellungen. Vielmehr ist auf **Spezifika** Rücksicht zu nehmen, bei Lebensarbeitszeitkonten etwa im Gegensatz zu Pensionen das biometrische Risiko nicht zu berücksichtigen.

Zum **Bilanzausweis** von Kapitalgesellschaften spricht das Gesetz in § 266 HGB (→ § 266 Rz. 82) nicht von Altersversorgungs- und vergleichbaren Verpflichtungen, sondern von „Pensionen und ähnlichen Verpflichtungen". Hierbei gelten die Begriffe „Pensionsverpflichtung" und „Altersversorgungsverpflichtung" als **deckungsgleich, nicht** hingegen die Begriffe „pensionsähnliche Verpflichtung" und „der Altersversorgung vergleichbare langfristig fällige Verpflichtung".[2] Eine praktische Konsequenz hieraus ist etwa: Verpflichtungen aus **Lebensarbeitszeitkonten,** Altersteilzeit, Jubiläumszuwendungen, Vorruhestandsgelder, Übergangsgeldern sowie Sterbegeldern sind 81

- zwar (mit evtl. Ausnahmen beim biometrischen Risiko) wie eine Pensionsverpflichtung zu **bewerten** (→ Rz. 138),
- jedoch nicht mit Pensionen, sondern als „normale" sonstige Rückstellung **auszuweisen** (→ § 249 Rz. 123).

2.2 Versorgungsformen und Finanzierungsarten

Mit Altersversorgungszusagen sollen Arbeitnehmer für ihre Betriebstreue entgolten werden. Das geschieht durch einen – ökonomisch betrachteten – **Einbehalt** von Leistungsvergütungen während der aktiven Zeit, um die so angesparten Beträge in einen Rentenanspruch ab dem 82

1 So wohl auch IDW RS HFA 30, Tz. 8.
2 So auch IDW RS HFA 30, Tz. 7 ff.

Erreichen einer bestimmten Altersgrenze oder der Invalidität umzuwandeln. In arbeitsrechtlicher Perspektive können diese Vergütungsbestandteile vom **Arbeitgeber** zusätzlich zum laufenden Verdienst (arbeitgeberfinanziert) oder durch den **Arbeitnehmer** selbst im Wege einer sog. Gehaltsumwandlung (arbeitnehmerfinanziert) erbracht werden.

83 Ein wichtiges Unterscheidungsmerkmal der **arbeitgeber**finanzierten Altersversorgungsleistungen und deren bilanzieller Abbildung stellt die **Art** der Finanzierung dar:

- **Eigen**finanzierung: Das Unternehmen erspart sich die Aufnahme von Eigen- oder Fremdkapital (von dritter Seite) und benutzt die Arbeitnehmer als Kreditgeber. Die Altersversorgungsbezüge müssen dabei aus der im laufenden Geschäft erarbeiteten Liquidität bedient werden.
- **„Fremd-"**Finanzierung: Das Unternehmen legt bewusst entsprechend dem mutmaßlichen Finanzierungsbedarf liquide Mittel beiseite, kauft daraus Wertpapiere, um aus deren Erträgen die laufenden Pensionsverpflichtungen bedienen zu können.
- **Mischform:** Die beiden Grundformen werden gerade in deutscher Rechnungslegungspraxis häufig vermischt.

Die erstgenannte Finanzierungsform ohne förmliche Bereitstellung von Finanzierungsmitteln *(„unfunded")* stellte lange Zeit die Regel in der deutschen Unternehmenslandschaft dar. Im Zuge der Internationalisierung der Unternehmenstätigkeit fand die Finanzierung durch laufende Bereitstellung von liquiden Mitteln zum Wertpapiererwerb *(„funding")* immer mehr Verbreitung. Diese Finanzierungsform, die sich aus Gründen der Insolvenzsicherung neuerdings in sog. *Contractual Trust Arrangements* (CTA) niederschlagen, hat das BilMoG als besonderen Ansatzposten in § 246 Abs. 2 Satz 2 HGB (→ § 246 Rz. 401) berücksichtigt.

84 Nach der Verpflichtungsstruktur können zwei Arten der Leistungszusage unterschieden werden:

- garantierte Leistung *(defined benefit)*,
- garantierter Beitrag *(defined contribution)* an einen solche Wertpapiere u. Ä. verwaltenden Fonds.

Im erstgenannten Fall trägt der **Arbeitgeber** allein das **Risiko** möglicher künftiger Anpassungen für die im Regelfall dynamisierten Zusagen, abgesehen von den biometrischen Risiken (Rentenlaufzeit, Hinterbliebenenversorgung u. Ä.). Bei der rein beitragsverpflichteten Altersversorgung wird dieses Risiko auf den **Arbeitnehmer** abgewälzt, allerdings bleibt nach deutschem Arbeitsrecht das Unternehmen letztlich immer dann in der Leistungsverpflichtung, wenn der Versorgungsträger (unwahrscheinlicherweise) ausfällt. Deshalb haben sich in Deutschland rein beitragsorientierte Altersversorgungspläne bisher kaum durchgesetzt.

85 Altersversorgungsverpflichtungen werden regelmäßig in Form von lebtäglichen **Renten,** in Sonderfällen in abgekürzter Form (z. B. bei Waisen- und Invaliditätsrenten), gewährt, seltener als **Einmalabfindung** (Kapitalleistung) oder als (vererbliche) Ratenzahlung. In aller Regel werden Altersversorgungsleistungen an **Arbeitnehmer** erbracht, nur in Ausnahmefällen an Berater, Vertreter etc. (→ § 249 Rz. 120), was für den Rückstellungsansatz und die -bewertung unerheblich ist. Die lebtäglichen Renten werden üblicherweise mit Hinterbliebenenversorgung verknüpft. Dabei haben die Begünstigten u. U. ein Wahlrecht zum Verzicht auf die Hinterbliebe-

nenversorgung gegen eine höhere Eigenrente (sinnvoll bei einem Arbeitnehmer ohne Versorgungsverpflichtungen).[1]

Die Altersversorgungsleistungen in Form von garantierten Beiträgen können unmittelbar vom Unternehmen **selbst** oder unter Zwischenschaltung eines externen Versorgungsträgers in Form einer Unterstützungs- oder Pensionskasse erbracht werden (**mittelbare** Verpflichtung; vgl. hierzu → § 249 Rz. 126). Im weiteren Sinne begründen auch die Arbeitgeberbeiträge zur gesetzlichen Rentenversicherung einen „Defined contribution"-Plan, bei dem sich Rückstellungsfragen allerdings nicht ergeben. 86

2.3 Bewertungsparameter

Zur Ermittlung des Bilanzwerts im Falle der beitragsorientierten Zusage bedarf es der Heranziehung verschiedener **Berechnungsparameter:** 87

- der Höhe der Rente, z. B. 250 € pro Monat oder 15 % des zuletzt erreichten Brutto-Monatsverdienstes,
- des Zinsfußes (→ Rz. 117),
- des Renteneintrittsalters (Finanzierungsendalter, → Rz. 99),
- biometrischer Annahmen (Sterbealter, Invalidität, Witwen- oder Witweransprüche, Waisenversorgung),
- der Arbeitnehmerfluktuation.

Diese Parameter sind nach einem versicherungsmathematischen Verfahren zur „Ansammlung" der Rückstellung über die Dienstjahre zu verarbeiten (→ Rz. 89).

Nach dem Typus des **Anspruchsberechtigten** sind zu unterscheiden: 88

- Anwärter in bestehendem Beschäftigungsverhältnis,
- Rentner, d. h. frühere Arbeitnehmer nach Eintritt des Verrentungstatbestands,
- frühere Arbeitnehmer vor Erfüllung des Rentnertatbestands mit arbeitsrechtlich unverfallbaren Ansprüchen,
- ersatzweise eintretende Anspruchsberechtigte (Witwer, Witwen und Waisen).

Die **biometrischen** Berechnungsgrundlagen sind nach den Regeln der Versicherungsmathematik unter Berücksichtigung von Wahrscheinlichkeitsaspekten zu ermitteln. Diese dem statistischen Gesetz der großen Zahl unterliegenden Daten treffen die Verhältnisse eines bestimmten Unternehmens umso eher, je größer die betreffende Mitarbeiterzahl sich darstellt. Umgekehrt sagen diese nichts über die „richtige" Bewertung einer Einzelzusage, z. B. für einen Gesellschafter-Geschäftsführer, aus. Allerdings gibt es meistens keine anderen „richtigen" Berechnungsgrundlagen, so dass auch im Falle einer Einzelzusage i. d. R. die tabellarisch verfügbaren biometrischen Berechnungsgrundlagen in der statistisch ermittelten Größe heranzuziehen sind. 89

Regelmäßig werden in Deutschland die **Richttafeln** von *K. Heubeck* mit laufender Aktualisierung im Hinblick auf die steigenden Lebenserwartungen etc. angewandt. Nach BFH entsprechen diese Richttafeln anerkanntermaßen den auf Pensionen anzuwendenden Regeln der Finanzmathematik.[2]

1 Vgl. zu den Bewertungsproblemen in diesen Fällen *Hainz/Veit*, BB 2015 S. 171.
2 BFH, Urteil v. 10.7.2002 – I R 88/01, BStBl 2003 III S. 936.

2018 sind **neue Heubeck-Richttafeln** („RT 2018 G") veröffentlicht und sodann am 19.10.2018 vom BMF anerkannt worden.[1] Für die Anwendung gilt Folgendes:

- **Handelsbilanz:** Anwendung zum ersten Bilanzstichtag nach dem Tag der Veröffentlichung des BMF-Schreibens. Aus der Anwendung resultierende Erhöhungen der Pensionsrückstellungen sind (mit anderen Erhöhungen) normal als Aufwand zu erfassen. Lediglich für Anhangzwecke kann bei bedeutendem Effekt nach §§ 285 Nr. 32, 314 Abs. 1 Nr. 24 HGB eine Erläuterung des aus der Anwendung der neuen Tafeln resultierenden Teilbetrags geboten sein. Vermindert sich die Rückstellung ausnahmsweise, ist ein sonstiger betrieblicher Ertrag auszuweisen.
- **Steuerbilanz:** Der Unterschiedsbetrag aus der Anwendung der neuen Tafeln ist gesondert zu ermitteln und über drei Wirtschaftsjahre gleichmäßig erfolgswirksam zu verteilen (§ 6a Abs. 4 Satz 2 EStG). Einzelheiten enthält das zitierte BMF-Schreiben. Bei einer rückstellungsfähigen Pensionszusage im Jahr der Veröffentlichung neuer „Heubeck-Richttafeln" existiert kein „Unterschiedsbetrag" i. S. des § 6a Abs. 4 Satz 2 EStG, der auf drei Jahre zu verteilen ist.[2]

90 Ein **BMF-Schreiben**[3] behandelt die Frage, unter welchen Voraussetzungen **unternehmensspezifische Annahmen** zur Biometrie (Lebenserwartung usw.) an die Stelle allgemeiner Richttafeln treten können. Das Schreiben hält u. a. Folgendes fest:

- Die **Nachweispflicht** für die Anwendbarkeit anderer, unternehmensspezifischer Annahmen trifft den Steuerpflichtigen.
- Die Verwendung unternehmensspezifischer Rechnungsgrundlagen kommt nur in besonderen **Ausnahmefällen** in Betracht.
- Der Modifikation ist **Datenmaterial** zugrunde zu legen, das über die Daten des betreffenden Unternehmens hinausgehen muss.
- Im Falle der Modifikation für einen **Teilbestand** existiert i. d. R. ein **Komplementärbestand,** der eine gegenläufige Modifikation erfordert.
- Bei **Konzernen** i. S. des § 18 AktG ist auf den Gesamtbestand der Pensionsverpflichtungen der inländischen Konzerngesellschaften abzustellen.

Das IDW ist bis auf den ersten Punkt anderer, nicht so restriktiver Auffassung.[4]

91 Der durch das BilMoG in Abs. 1 Satz 2 eingeführte **„Erfüllungsbetrag"** als Bewertungsgröße für Rückstellungen (→ Rz. 55) gilt insbesondere auch für Pensionsverpflichtungen. Diese Bewertungsgröße richtet sich speziell gegen die **steuerlich** maßgebliche, die dem **Stichtagsprinzip** unterliegt. Es soll damit handelsrechtlich unter Einschränkung des Stichtagsprinzips eine „zukunftsgerichtete Rückstellungsbewertung"[5] erreicht werden. Als Bewertungsgrundlage gelten also nicht die am Bilanzstichtag rechtsverbindlich gültigen Zusagen, sondern es gilt der mutmaßliche Erfüllungsbetrag in der Zukunft. Bei Pensionsverpflichtungen sind damit insbesondere **Gehalts-** und **Karrieretrends** für die Anwartschaften und die Rentenentwicklung für die nicht mehr aktiv tätigen Anspruchsberechtigten zu berücksichtigen.[6] Dazu kommen die bereits er-

1 BMF, Schreiben v. 19.10.2018 – IV C 6 – S 2176/07/10004 :001, BStBl 2018 I S. 1107.
2 BFH, Urteil v. 13.2.2019 – XI R 34/16.
3 BMF, Schreiben v. 9.12.2011, BStBl I S. 1247.
4 Schreiben des IDW v. 14.6.2011 an das BMF – http://www.idw.de/idw/portal/d609762; vgl. auch IDW RS 30, Tz. 64.
5 So die Regierungsbegründung zum BilMoG, S. 114.
6 Vgl. *Rhiel/Veit*, DB 2008 S. 1509.

wähnten biometrischen Entwicklungen im Hinblick auf die verlängerten Lebenserwartungen und zusätzlich aus unternehmensindividueller Sicht die Fluktuation der Mitarbeiter, die allerdings wegen der schon nach fünf Arbeitsjahren seit der Pensionszusage entstehenden unverfallbaren Anwartschaft in ihrer Bedeutung gegenüber früher deutlich zurückgeführt worden ist. Der Gesetzgeber rechnet mit spürbaren Erhöhungen des Rückstellungsbetrags und sieht hierfür eine großzügige Übergangsregelung vor.

Mit dem **Erfüllungsbetrag** will sich das BilMoG den international üblichen Berechnungsmethoden annähern und verlässt bewusst das Bewertungskonzept des Steuerrechts mit der Folge eines (weiteren) Auseinanderfallens von Handels- und Steuerbilanzwerten.

Das damit dem Kaufmann bzw. dem Management und dessen „vernünftiger … Beurteilung" überantwortete Schätzverfahren muss sich auf möglichst umfangreiche **objektivierbare** Größen stützen. Es bedarf regelmäßig einer längerfristig angelegten Rückschau über Lohn- und Gehaltsentwicklungen in Bezug auf die Inflation, Karrieretrends, das unternehmensindividuelle Renteneintrittsalter etc. Das IDW konkretisiert diese Anforderung wie folgt:[1]

- Lohn-, Gehalts- und Rententrends dürfen nur insoweit berücksichtigt werden, als sie auf hinreichend objektiven Hinweisen beruhen (z. B. aufgrund von Erfahrungswerten aus der Vergangenheit).
- Änderungen aufgrund externer, singulärer Nachstichtagsereignisse (z. B. durch nach dem Abschlussstichtag verabschiedete gesetzliche Vorschriften) sind nicht zu berücksichtigen.
- Bei der Bestimmung des Erfüllungsbetrags sind sämtliche Trendannahmen einzubeziehen, die seine Höhe beeinflussen können (z. B. Anwartschaftstrends und die Wahrscheinlichkeit der Inanspruchnahme einer Rentenoption).

Die Erhebung der Berechnungsgrundlagen und die Festlegung der Bewertungsparameter kann unter Wesentlichkeitsvorbehalt bis zu **drei Monate** vor dem Bilanzstichtag erfolgen.[2]

2.4 Wahlrecht zwischen Anwartschaftsbarwert- und Gleichverteilungsverfahren

Der Bilanzierende hat bzgl. des versicherungsmathematischen Verfahrens zur Verteilung des Pensionsaufwands bzw. zur „Ansammlung" der Rückstellung über die Dienstjahre innerhalb der Grenzen kaufmännischer Vernunft die **Wahl.** Dabei ist er nicht an das in Deutschland aufgrund der steuerlichen „Maßgeblichkeit" des § 6a EStG – auch nicht in modifizierter Form (→ Rz. 95) – präferierte **Teilwertverfahren** als Ausprägung des Gleichverteilungsverfahrens gebunden. Das gilt insbesondere bei der gewöhnlich leistungsorientierten Zusage (→ Rz. 84), die in Übereinstimmung mit den IFRS (IAS 19) auch mit dem **Anwartschaftsbarwertverfahren** *(projected unit credit method)* bewertet werden kann. 92

Das angewandte Bewertungsverfahren muss folgenden **Anforderungen** genügen:[3]

- Anwendung anerkannter **versicherungsmathematischer** Verfahren.
- Laufende Renten und Anwartschaften ausgeschiedener Arbeitnehmer sind mit dem **Barwert** anzusetzen.
- Die **Mittelansammlung** muss verursachungsgerecht auf die mutmaßliche Lebensarbeitszeit des Mitarbeiters verteilt werden.

1 IDW RS HFA 30, Tz. 51 ff.
2 IDW RS HFA 30, Tz. 65.
3 IDW RS HFA 30, Tz. 60.

Das **Anwartschaftsbarwertverfahren** „funktioniert“ wie folgt: Aus dem zugesagten Altersversorgungsbetrag – gewöhnlich eine lebtägliche Rente – ist der Barwert der am Bilanzstichtag erdienten und vernünftig bewerteten Pensionsansprüche (unter Berücksichtigung der mutmaßlichen Gehalts- und Rentenentwicklung, → Rz. 91) zu ermitteln. Maßstab der Bewertung ist ein hypothetischer Beitrag an eine Versicherungsgesellschaft, die diesen Anspruch erfüllen müsste. Dieser Verpflichtungsumfang (*defined benefit obligation*, DBO) erhöht sich für einen aktiven Mitarbeiter jährlich um den Aufzinsungsbetrag und um den Barwert des im Wirtschaftsjahr neu erdienten Pensionsanspruchs *(current service cost)*.

BEISPIEL ▸ Wird eine Pension von 0,5 % des Gehalts pro Dienstjahr zugesagt und hat ein Arbeitnehmer 20 Dienstjahre abgeleistet, so hat er einen Pensionsanspruch von 10 % seines Gehalts p. a. (z. B. 30.000 €) erdient. Die DBO ist der Anwartschaftsbarwert einer Jahresrente von 3.000 €. Die *current service cost* für das Folgejahr (Aufwand, der auf die im Geschäftsjahr erdienten Ansprüche entfällt) ist der Anwartschaftsbarwert eines jährlichen Rentenanspruchs von 150 – also 1/20 der DBO.

93 Das **Teilwertverfahren** verdankt seine Bezeichnung der Bewertungsvorgabe in § 6a Abs. 3 Satz 1 EStG. Mit dem normalen Teilwert der steuerlichen Gewinnermittlung hat dieser Begriff wenig gemein. Er wird dann in der Folge auch weiter gesetzlich definiert und lässt sich nach dem Zeitverlauf wie folgt differenzieren als Teilwert

- **vor** Beendigung des Dienstverhältnisses (→ Rz. 96),
- **nach** Beendigung des Dienstverhältnisses (→ Rz. 100).

94 Systematisch **nicht** als Bestandteil des Teilwertverfahrens ist der **Zinsfuß** anzusehen, d. h., der üblicherweise mit dem Teilwertverfahren verbundene Rechnungszinsfuß von 6 % stellt ein Spezifikum der steuerlichen Bewertung dar. Das Teilwertverfahren kann auch mit anderen Rechnungszinsfüßen angewandt werden. Zur Höhe des handelsrechtlich anzuwendenden Zinsfußes vgl. → Rz. 117. Die steuerliche Bewertungsvorgabe in § 6a Abs. 3 EStG führt notorisch zu einer **stillen Last**.

95 Auch das Teilwertverfahren will – wie das Anwartschaftsbarwertverfahren (→ Rz. 92) – die bis zum Bilanzstichtag erdiente Anwartschaft bzw. den danach bestehenden Barwert der Versorgungsverpflichtung ermitteln. Allgemeiner Auffassung zufolge ist jedenfalls das Teilwertverfahren (besser Gleichverteilungsverfahren) auch handelsrechtlich in seiner versicherungstechnischen Ausgestaltung zulässig, muss allerdings Gehalts- und Rententrends berücksichtigen, was nach § 6a EStG unzulässig ist (**modifiziertes** Teilwertverfahren).

96 Nach § 6a Abs. 3 Satz 2 Nr. 1 Satz 1 EStG gilt als Teilwert einer Pensionsverpflichtung

„vor Beendigung des Dienstverhältnisses des Pensionsberechtigten der Barwert der künftigen Pensionsleistungen am Schluss des Wirtschaftsjahres **abzgl.** des sich auf denselben Zeitpunkt ergebenden Barwerts betragsmäßig gleichbleibender Jahresbeträge“.

Hinter dieser Vorgabe verbirgt sich der arbeitsrechtliche Anspruch des **Erdienens** der Pensionsleistung während des Dienstverhältnisses. Vor Eintritt des Rentenalters darf deshalb das Unternehmen nicht den gesamten Barwert der künftigen Pensionsverpflichtung zurückstellen. Vielmehr muss von diesem Wert der Barwert **gleichbleibender** Jahresbeträge bis zum Eintreten des Versorgungsfalls abgezogen werden. Dieser letztgenannte Betrag entspricht in etwa demjenigen Wert, den sich der betreffende Arbeitnehmer durch seine Betriebstreue (Verbleiben im Dienstverhältnis) noch erdienen muss.[1] Das Teilwertverfahren unterstellt somit einen virtuellen Lebensversicherungsvertrag (regelmäßig in Form einer Rentenversicherung), der mit einer **konstanten** fiktiven Prämie zu finanzieren ist. Deren Laufzeit beginnt mit dem Wirtschaftsjahr, in das der Diensteintritt fällt (→ Rz. 97). Die daraus errechnete Pensionsrückstellung stellt dann im Ergebnis das Deckungskapital für diese virtuelle Versicherung dar.[2] Das arbeitgebende Unternehmen fungiert in dieser Funktion als Versicherungsgesellschaft, vereinnahmt also die fiktive Prämie sozusagen selbst. Die fiktive Prämie entspricht dem zusätzlichen Entgelt, das der Arbeitgeber für die Beibehaltung des Dienstverhältnisses entrichtet – sog. Arbeitgeberfinanzierung (→ Rz. 82). Der Prämienbarwert stellt den Gegenwert für die noch zu erdienenden künftigen Ansprüche des Arbeitnehmers (*„future service“*) dar. Erst wenn diese Dienste erbracht sind – im Zeitpunkt des Rentenbeginns –, entspricht der Prämienbarwert dem Anwartschaftsbarwert (→ Rz. 100). Ohne Berücksichtigung biometrischer Berechnungsparameter lässt sich das fiktive Deckungskapital der Anwartschaft durch laufende Aufzinsung der fiktiven Prämien mit dem festgelegten Rechnungszinsfuß ermitteln.

Im **Zeitverlauf** bestimmt sich der Teilwert nicht nach dem Zusagezeitpunkt, sondern nach dem 97
Diensteintritt. Erfolgt die Zusage nach Diensteintritt – wie regelmäßig außerhalb des Bereichs von Gesellschafter-Geschäftsführern der Fall –, muss für diesen *„past service“* am Bilanzstichtag des Wirtschaftsjahres, in das die Zusage fällt, die fiktive Prämienzuführung **nachgeholt** werden, was regelmäßig zu einem hohen Einmal-Zuführungsbetrag führt. Das Gleiche gilt für das Wirtschaftsjahr, in dem eine Erhöhung der Altersversorgungsleistung zugesagt wird oder ein Übergang auf neue biometrische Rechnungsgrundlagen erfolgt. In diesem Fall kann, mit bestimmten Einschränkungen nach § 6a Abs. 4 EStG, der außerordentliche Zuführungsbetrag auf die beiden folgenden Wirtschaftsjahre verteilt, also im Ergebnis gedrittelt werden. Diese Möglichkeit wird mit Gegenstimmen im Schrifttum auch handelsrechtlich als zulässig erachtet.[3]

Die Berücksichtigung des Diensteintrittszeitraums zur Bestimmung des Teilwerts (vor Ertei- 98
lung der Zusage) ist allerdings steuerlich bei neueren Zusagen auf das 23. Lebensjahr, bei älteren auf das 27., 28. oder 30. Lebensjahr beschränkt (§ 6a Abs. 2 Nr. 1 EStG). Auch hier ist die Übernahme in die handelsrechtliche Bewertung fraglich. Abgesehen von Fällen einer überdurchschnittlich jungen Belegschaft kann dieser Vorgabe unter Wesentlichkeitsgesichtspunkten u. E. auch handelsrechtlich gefolgt werden. Abgesehen von diesem Sonderfall ist der Bilanzausweis während des Dienstzeitraumes nach dem Teilwertverfahren bei gleichem Zinssatz immer höher als nach dem Anwartschaftsbarwertverfahren.[4]

Der Verteilungszeitraum für die Teilwertprämie (→ Rz. 96) richtet sich nach dem vertraglich 99
vereinbarten Versorgungsfall, regelmäßig also dem Erreichen der Regelaltersgrenze in der gesetzlichen Rentenversicherung. In arbeitsrechtlichen Sonderfällen eines früheren Eintretens ist dieser maßgeblich, auch bei einem einzelvertraglich abweichenden früheren Zeitpunkt. Dem folgt das Steuerrecht allerdings nur bis zum Alter von 60 Jahren.[5] Nach R 6a Absatz 11 Satz 10 EStR 2012 galt die gegenüber einem Pensionsberechtigten getroffene Wahl des bei der Ermitt-

1 Ähnlich *Höfer* in Littmann/Bitz/Pust (Hrsg.), Das Einkommensteuerrecht, § 6a Tz. 120.
2 So *HHR*, Dommermuth, § 6a Tz. 100.
3 Vgl. z. B. *ADS*, 6. Aufl., § 253 Tz. 329, mit der Begründung einer „betriebswirtschaftlich sinnvollen Verteilung“. Diese Begründung ist eher apodiktisch zu werten und im Interesse einer Angleichung an die steuerlichen Gewinnermittlungsvorschriften zu verstehen.
4 Nachweis bei *Lorson/Melcher/Zündorf*, DStR 2014 S. 2588.
5 BMF, Schreiben v. 29.12.1997 – S 2176, BStBl I S. 1023.

lung des Teilwertes zu berücksichtigenden Pensionsalters einheitlich für die gesamten Pensionsverpflichtungen einschließlich evtl. Entgeltumwandlungen. Dem ist der BFH nicht gefolgt, sondern hat entschieden, dass bei verschiedenen gegenüber einem Arbeitnehmer im Rahmen von Entgeltumwandlungen erteilten Pensionszusagen mit jeweils unterschiedlichen Pensionsaltern nach Wahl des Berechtigten hinsichtlich des jeweiligen Finanzierungsendalters auf den in den einzelnen Zusagen festgelegten Leistungszeitpunkt abzustellen ist.[1] Das BMF hat sich mit Schreiben vom 2.5.2022 der Auffassung des BFH angeschlossen.[2]

2.5 Teilwert/Barwert nach Beendigung des Dienstverhältnisses

100 Nach Beendigung des Dienstverhältnisses ist **keine Gegenleistung** des Arbeitnehmers zugunsten des Unternehmers mehr zu erwarten. Dies ist die tatbestandliche Voraussetzung für die Bewertung einer **Renten**verpflichtung nach Maßgabe einer Versorgungszusage.

Der (Anwartschafts-)Barwert der künftigen Pensionsleistungen (→ Rz. 96) stellt auch steuerlich den Bewertungsmaßstab (vgl. § 6a Abs. 3 Satz 2 Nr. 2 EStG) dar für:

- unverfallbare Anwartschaften eines ausgeschiedenen Mitarbeiters vor Eintritt des Rentenfalls,
- Arbeitnehmer oder dessen Angehörige (→ Rz. 88) mit Eintritt des Versorgungsfalls,
- sog. „technische“ Rentner, also Arbeitnehmer, die über das vertragliche Pensionsalter hinaus tätig sind und deren Pensionsansprüche deshalb ruhen.

Von diesem Bewertungsmaßstab darf der Barwert künftiger Teilwertprämien nicht mehr abgezogen werden, da die Anwartschaft voll erdient ist (→ Rz. 96).[3]

2.6 Der Rechnungszinsfuß

101 Wegen des zur Ab- und Aufzinsung zu verwendenden Rechnungs**zins**fußes wird verwiesen auf → Rz. 117.

2.7 Anwendungsprobleme

102 Das dem deutschen Rechnungslegungsrecht unterliegende Unternehmen kann bei den Pensionsverpflichtungen **drei** Bewertungsmodellen unterworfen sein:

- nach IFRS (IAS 19),
- nach HGB,
- nach Steuerrecht (§ 6a EStG).

Dazu müssten konsequenterweise drei Bewertungsgutachten des Aktuars vorgelegt werden – eine **kostentreibende** Veranstaltung, die auch die Verfasser des Regierungsentwurfs zum BilMoG ausweislich ihrer Begründung (S. 122) beschäftigt hat. Eine Abhilfe sieht die Bundesregierung in der teilweisen Verwendung der für einen Rechnungslegungsstandard ermittelten Daten unter spezifischer Abweichung eines Teilbereichs des Berechnungserfordernisses für den anderen Standard.

---

1 BFH, Urteil v. 20.11.2019 – XI R 42/18, BStBl 2020 II S. 271.

2 BMF, Schreiben v. 2.5.2022 – IV C 6 - S 2176/20/10005 :001, DOK 2022/0457721, Maßgebendes Finanzierungsendalter bei der Bewertung von Pensionsrückstellungen nach § 6a EStG und von Rückstellungen für Zuwendungen anlässlich eines Dienstjubiläums.

3 Vgl. *Höfer* in Littmann/Bitz/Pust (Hrsg.), Das Einkommensteuerrecht, § 6a Tz. 164.

Das kann je nach Ausgangslage des betreffenden Unternehmens wie folgt ausgestaltet werden:

- Auf jeden Fall wird eine **steuerliche** Bewertung nach § 6a EStG benötigt, d. h., das Teilwertverfahren ist heranzuziehen.
- Ein nur dem **HGB** -Bilanzrecht unterworfenes Unternehmen wird dann für Zwecke der handelsrechtlichen Rechnungslegung ebenfalls das Teilwertverfahren verwenden, allerdings mit einem gegenüber dem standardisierten steuerlichen Zinsfuß von 6 % angepassten Zinsfuß gem. Abs. 2 Satz 2 (→ Rz. 117) und den sonstigen Modifikationen (→ Rz. 95).
- Wer ohnehin die Rechnungslegung nach **IFRS** erfüllt – z. B. Tochtergesellschaften einer der IFRS-Rechnungslegung unterliegenden Muttergesellschaft für Konsolidierungszwecke („HB II") –, muss die Bewertung nach IAS 19 durchführen und kann das dortige Verfahren mit geändertem Zinsfuß und möglicherweise einigen kleineren Anpassungen auch für die HGB-Rechnungslegung verwenden. Gesondert davon ist dann ein Steuergutachten zu erstellen.

Insgesamt ist die von der Bundesregierung vorgeschlagene **Vereinfachungsmöglichkeit** nur in engen Grenzen anwendbar. Insbesondere die gezwungenen oder auch freiwilligen IFRS-Anwender sind mit „zweieinhalb Gutachten" schlechter gestellt als die reinen HGB-/EStG-Anwender mit „eineinhalb Gutachten".

2.8 Mittelbare Pensionsverpflichtungen

103 Die Bewertung **mittelbarer** Pensionsverpflichtungen (→ Rz. 86) muss das Vermögen des zwischengeschalteten Versorgungsträgers (z. B. einer Unterstützungskasse) berücksichtigen, die Verpflichtung also nur saldiert ausweisen. Dabei ist dessen Vermögen (regelmäßig Wertpapiere) zu Veräußerungswerten zu bewerten.[1] Der Bilanzansatz beruht dem Grunde nach für solche mittelbaren Pensionsverpflichtungen – Schuldner im Rechtssinne ist der zwischengeschaltete Versorgungsträger – auf der Subsidiärhaftung des Trägerunternehmens nach der Rechtsprechung des Bundesarbeitsgerichts.

Für den vorstehend definierten Bilanzansatz und die damit einhergehende Bewertung ist das Wahlrecht in Art. 28 Abs. 1 Satz 2 EGHGB zu beachten. Danach kann optional der Ansatz entfallen (→ § 249 Rz. 126). Bei Anhangerstellungspflicht muss dieser so definierte Fehlbetrag angegeben werden (→ § 284 Rz. 37).

2.9 Übergangsregelung

104 Zum Übergang auf das neue Bewertungsverfahren für Pensionsrückstellungen nach BilMoG ist ein spezielles Wahlrecht in Art. 67 Abs. 1 EGHGB vorgesehen. Auf die dortige Kommentierung wird verwiesen (Art. 67 Rz. 3 in der 4. Aufl.).

1 Herrschende Meinung, z. B. *ADS*, 6. Aufl., § 253 Tz. 333.

2.10 Wertpapierabhängige Rückstellungsbewertung, Zeitbewertung von Deckungsvermögen, Rückdeckungsversicherungen (Abs. 1 Satz 3 und 4)

105 Soweit sich die Höhe von Altersversorgungsverpflichtungen ausschließlich nach dem beizulegenden Zeitwert von Wertpapieren i. S. des § 266 Abs. 2 A.III.5 HGB bestimmt, sind Rückstellungen hierfür nicht mit dem Erfüllungsbetrag, sondern nach Abs. 1 Satz 3 ausnahmsweise zum beizulegenden **Zeitwert** der Wertpapiere zu bewerten. Angesprochen ist damit zunächst die in Deutschland eher noch die Ausnahme darstellende Finanzierungsform der betrieblichen Altersversorgung in Form der sog. *„defined contribution"* (→ Rz. 84). Diese sog. wertpapiergebundenen Pensionszusagen, die inhaltlich auch andere langfristige Verbindlichkeiten gegenüber Arbeitnehmern, z. B. in Form von **Lebensarbeitszeitkonten** oder **Vorruhestands-** und **Jubiläumsverpflichtungen,** umfassen (→ Rz. 80),[1] müssen zwar nach deutscher Regelungspraxis i. d. R. eine Mindestleistung *(defined benefit)* vorsehen, dies schließt eine Klassifizierung als wertpapiergebundene Zusage i. S. von Abs. 1 Satz 3 jedoch nicht aus. Vielmehr ist in diesen Fällen wie folgt zu differenzieren: Für die Mindestleistungen gelten die allgemeinen Bewertungsregeln, für die darüber hinausgehenden Verpflichtungen gilt die Zeitbewertung.[2]

Die Bezugnahme auf einen **bereits vorhandenen,** also vom Unternehmen schon finanzierten Fonds an Wertpapieren ist nicht zwingend.[3] Es genügt, wenn die Höhe der Altersversorgung z. B. an den DAX oder einen anderen Index gebunden ist. Bei fallenden Kursen kann der Wert der **Mindestgarantie** unterschritten werden. Dann ist die Pensionsrückstellung mit diesem Wert anzusetzen.

Wegen des **Wertpapierbegriffs** verweist das Gesetz auf die Gliederungsvorgabe für die Bilanz in § 266 HGB. Die Kommentierung ist unter → § 266 Rz. 75 und → § 266 Rz. 47 erfolgt.

106 In Abs. 1 Satz 4 ist eine **weitere Zeitbewertung** für das sog. **Deckungsvermögen,** d. h. die insolvenzfest zur Sicherung von Altersversorgungsansprüchen angelegten Vermögensgegenstände – regelmäßig ebenfalls Wertpapiere – vorgesehen (→ § 246 Rz. 401).

In erweiterter Auslegung ergibt sich: Die Zeitbewertung der Rückstellung gilt auch für Altersversorgungszusagen, die nicht durch Wertpapiere, sondern durch eine **kongruente Rückdeckungsversicherung finanziert sind.**[4] Eine Rückdeckungsversicherung ist als kongruent zu bezeichnen, wenn die aus ihr erfolgenden Zahlungen sowohl hinsichtlich der **Höhe** als auch der **Zeitpunkte deckungsgleich** sind mit den Zahlungen an den Versorgungsberechtigten.

Im Einzelnen ist bei der Bilanzierung von Rückdeckungsversicherungen sowie der zugrunde liegenden Pensionsverpflichtung wie folgt zu differenzieren:[5]

- Qualifiziert sich die Rückdeckungsversicherung als **saldierungspflichtiges Deckungsvermögen,** weil sie in geeigneter Weise (insolvenzfest und zweckexklusiv, → § 246 Rz. 397 f.) zugunsten des Arbeitnehmers verpfändet wurde, ist die **Versicherung** unabhängig davon zum Zeitwert zu erfassen, ob alle Risiken aus der Pension abgedeckt sind (Kongruenz) oder nicht (Inkongruenz). Die Kongruenzfrage berührt dann nur die Bewertung der **Rück-**

1 So wohl auch der BT-Rechtsausschuss, bestätigt durch IDW RS HFA 30, Tz. 77; *Wellisch/Machill,* BB 2009 S. 1353; vgl. auch *Höfer/Rhiel/Veit,* DB 2009 S. 1606.

2 Vgl. *Bechtold/Braun/Goenia,* DB 2011 S. 2669 ff.

3 Vgl. hierzu *Rhiel/Veit,* PiR 2009 S. 167.

4 Vgl. *Rhiel/Veit,* PiR 2009 S. 167; *Wellisch/Machill,* BB 2009 S. 1351.

5 Vgl. *Thierer,* DB 2011 S. 189 ff., sowie IDW RS HFA 30, Tz. 71 ff.

stellung. Nur soweit die Pension an die Rückdeckungsversicherung gekoppelt ist (Kongruenz), **folgt** die Bewertung der Verpflichtung der Bewertung des Deckungsvermögens. Bei Inkongruenz bzw. hinsichtlich inkongruenter Teile ist eine eigenständige Bewertung der Rückstellung geboten.

► Liegt kein **saldierungsfähiges Deckungsvermögen** vor, ist u. E. die **Versicherung** nur dann ausnahmsweise zum Zeitwert zu erfassen, wenn eine Bewertungseinheit i. S. von § 254 HGB begründet wird und die Versicherung kongruent ist; in allen anderen Fällen würde die Bewertung der Rückdeckungsversicherung mit dem Deckungskapital erfolgen. Die Bewertung der **Rückstellung** hängt jedoch wiederum davon ab, inwieweit die Versicherung kongruent ist (insoweit Pensionsverpflichtung zum Zeitwert der Rückdeckungsversicherung) oder nicht (Bewertung nach normalen Regeln).

Die nachfolgende Tabelle fasst die relevanten Konstellationen zusammen.

		Kein zu saldierendes Deckungsvermögen	
	Saldierungspflichtiges Deckungsvermögen	**Bewertungseinheit**	**Keine Bewertungseinheit**
Kongruente Rückdeckungsversicherung (RDV)	RDV zu Zeitwert Pension wie RDV Saldo: null	RDV zu Zeitwert Pension wie RDV Keine Saldierung	RDV mit Deckungskapital Pension zu Zeitwert RDV Keine Saldierung
Inkongruente Rückdeckungsversicherung (RDV)	RDV zu Zeitwert Pension: Anwartschaftsbarwert oder Teilwert Saldo: ungleich null	RDV mit Deckungskapital (zzgl. anges. verzinsl. Ü.anteile) Pension: Anwartschaftsbarwert oder Teilwert Keine Saldierung	RDV mit Deckungskapital (zzgl. anges. verzinsl. Ü.anteile) Pension: Anwartschaftsbarwert oder Teilwert Keine Saldierung

Unterschiede zwischen dem Zeitwert und dem Deckungskapital der Rückdeckungsversicherung ergeben sich insbesondere aus den Bewertungsreserven und den nicht garantierten Schlussgewinnanteilen. Beide fließen nur in die Zeitbewertung ein. Das Deckungskapital umfasst demgegenüber nur die unwiderruflich zugeteilten Überschussbeteiligungen (→ § 249 Rz. 326).

Wegen der Verfahren zur Bestimmung des beizulegenden Zeitwerts wird im Übrigen auf → § 255 Rz. 212 verwiesen. Praktisch kann i. d. R. der von der Versicherung routinemäßig angegebene „steuerliche Aktivwert" (EStR 4b Abs. 3 Satz 3) herangezogen werden.

Kleinstkapitalgesellschaften (→ § 267a Rz. 2) können die ihnen erlaubten Erleichterungen bei der Erstellung von Bilanz und GuV und den Verzicht auf die Erstellung des Anhangs nur in Anspruch nehmen, wenn sie auf die Zeitbewertung **verzichten.** Die **Verrechnung** nach § 246 Abs. 2 Satz 2 HGB (→ § 246 Rz. 392) ist bei einem solchen Verzicht auf der Basis der fortgeführten Anschaffungskosten vorzunehmen.

Durch **IDW FAB RH 1.021** ist es nur zu partiellen Änderungen an vorstehend dargelegten Re- 106a
geln gekommen. Der RH unterscheidet bei Vorliegen von Rückdeckungsversicherungen zwischen (teilweise) Versicherungsbindung der Pensionszusagen (häufig, aber nicht zwingend mit Erfüllung der Saldierungsvoraussetzungen verbunden) und Versorgungsleistungen, die unabhängig von der Rückdeckungsversicherung zugesagt sind. Vorgeschlagen wird eine Teilung der

Pensionsrückstellung in den kongruent gesicherten und den nicht gesicherten Teil. Danach gilt Folgendes:

- **Pensionszusagen mit Versicherungsbindung:** Bewertung der Pension mit dem beizulegenden Zeitwert der Versicherung, soweit Kongruenz mit der Rückdeckungsversicherung besteht. Nicht kongruente Teile unterliegen den allgemeinen Bewertungsregeln.
- **Pensionszusagen ohne Versicherungsbindung:** Soweit Kongruenz zwischen Leistungszusage und Rückdeckungsversicherung besteht, erfolgt i. d. R. auch hier eine kongruente Bewertung, wobei mangels gesetzlicher Vorgabe wahlweise der Aktivseite der Primat eingeräumt werden kann (Bewertung der Pensionsrückstellung mit dem Buchwert der Rückdeckungsversicherung) oder der Passivseite (Bewertung der Rückdeckungsversicherung mit dem Erfüllungsbetrag der Pension). Nicht kongruente Teile unterliegen den allgemeinen Bewertungsregeln. Die Bewertungskongruenz ist ausnahmsweise dann nicht zulässig, wenn die Rückdeckungsversicherung zu anderen Zwecken als der Erfüllung der Pensionszusage verwendet werden soll.

107 Im Falle einer **Entwidmung** von bislang zum Deckungsvermögen gehörenden Vermögensgegenständen, z. B. aufgrund einer Rückübertragung im Falle einer Überdotierung von Treuhandvermögen, sind diese mit dem von Zeitpunkt der ursprünglichen Widmung auf den der jetzigen Entwidmung **„fortgeführten" Buchwert** auszuweisen. Fortführung bedeutet

- bei abnutzbaren Vermögensgegenständen des Anlagevermögens die Berücksichtigung der zwischenzeitlichen (wegen Zeitbewertung bilanziell nicht berücksichtigten) planmäßigen Abschreibung,
- bei allen Anlagen die Korrektur des ursprünglichen Buchwerts um ggf. erforderliche außerplanmäßige Abschreibungen nach § 253 Abs. 3 Satz 3 HGB oder Zuschreibungen nach § 253 Abs. 5 Satz 1 HGB.[1]

Als Folge der Entwidmung ist ein etwaiger aktivierter Unterschiedsbetrag aus der Vermögensverrechnung i. S. des § 246 Abs. 2 Satz 3 HGB ebenso aufzulösen wie eine aufgrund von Zeitwertbewertung oberhalb der Anschaffungskosten gebildete passive latente Steuer. Eine evtl. vorhandene Ausschüttungssperre entfällt oder mindert sich.

2.11 Anhangangaben

108 Zu den Anhangangaben wird verwiesen auf → § 285 Rz. 174.

3. Abzinsung von Rückstellungen (Abs. 2)

3.1 Systematik

109 Mit bestimmten Ausnahmen bei selbst (etwa wegen Verzugs) nominal verzinslichen Schulden (→ Rz. 134) gilt: Rückstellungen mit einer **Restlaufzeit** von mehr als **einem** Jahr sind nach Abs. 2 abzuzinsen. Das gilt auch für Drohverlustrückstellungen.[2] In der Abzinsungspflicht dem Grunde nach folgt das BilMoG einmal mehr stillschweigend den entsprechenden Bewertungsvorgaben der IFRS. Die dortige Begründung lautet im Hinblick auf den *„Time value of money"*-Effekt: Zukünftige Auszahlungen belasten das Unternehmen weniger als aktuell fällige.

1 IDW RS HFA 30, Tz. 70.
2 IDW RS HFA 4, Tz. 28 und Tz. 41.

Der Regierungsentwurf zum BilMoG wandelt diese Begründung unter Hinweis auf den *„True and fair view"*-Gedanken ab, der als „realitätsgerechte Information – über die wahre Belastung" formuliert wird. Die in den Rückstellungen gebundenen Finanzmittel könnten – so die Regierungsbegründung auf S. 118 – ertragsbringend angelegt werden. Gegen dieses Argument wurde der **Bruch** mit dem **Realisationsprinzip** ins Feld geführt und damit wurden ein „gravierender Eingriff in das System der handelsrechtlichen GoB" und eine Beeinträchtigung des Gläubigerschutzes festgestellt.[1]

Neben Rückstellungen kommen noch folgende Bilanzposten für eine Abzinsung in Betracht: 110

- **un-** oder **unterverzinsliche** Forderungen im Anlage- (→ Rz. 188) oder Umlaufvermögen (→ Rz. 242),
- Verbindlichkeiten auf **Rentenbasis** (→ Rz. 68).

Bei der Bestimmung des **Abzinsungssatzes** folgt das BilMoG den Vorgaben der IFRS nicht, sondern schreibt es dessen **Normierung** vor (→ Rz. 116). Dies wird mit dem Objektivierungsgebot und dem Vereinfachungseffekt begründet. Der dabei anzuwendende Durchschnittszinssatz aus vergangenen Perioden dient der **Glättung.** 111

Die beiden Bewertungskomponenten – Kostensteigerungen (→ Rz. 56) und Nominalzins – werden gleichermaßen von der **Inflationserwartung** beeinflusst.[2] Dabei setzt sich der Nominalzins nach der Fisher-Gleichung aus dem Realzins und den Inflationserwartungen zusammen. Dieser Zusammenhang wird vom Gesetz nicht berücksichtigt. Für den Zähler des Quotienten – die Kosten- und Preissteigerung – fehlt eine Normierung, anders als für den Abzinsungssatz im Nenner. Bei zunehmender Höhe der angenommenen Kostensteigerung folgt daraus eine entsprechend steigende Volatilität des Rückstellungsausweises. Der Grund liegt in der zu geringen Kompensation der relativ hoch angenommenen Kostensteigerung durch den Durchschnittszinssatz. Bei Anwendung des Stichtagszinses käme der Kompensationseffekt stärker zum Tragen. Diese zusätzliche Volatilität entspricht nicht der gesetzgeberischen Intention. 112

Der **Glättungseffekt** des vorgegebenen Durchschnittszinses führt auch je nach individueller Annahme über den Preis- und Kostentrend zu einer systematischen Unter- oder Überdotierung des Rückstellungsausweises. Die **Zielsetzung** des Glättungseffekts einerseits und der realitätsgerechten Rückstellungsbewertung andererseits ist **nicht konsistent.**

Von der Abzinsungspflicht **ausgenommen** sind Rückstellungen mit einer Restlaufzeit von nicht mehr als einem Jahr. Eine solche (quantitativ) feste Laufzeit-„Verordnung" verträgt sich häufig schlecht mit dem Rückstellungsbegriff „immanentes Unsicherheitsmerkmal" (→ § 249 Rz. 31). Da Rückstellungen ex definitione dem Grunde und/oder der Höhe nach ungewiss sind, lässt sich eine zeitliche Quantifizierung für die restliche Laufzeit häufig nicht festmachen; eine Ausnahme ist z. B. die Rückbauverpflichtung nach Ende des Mietvertrags. Der Bilanzersteller ist dann auch (→ Rz. 55) in dieser Hinsicht auf ein Schätzungsverfahren angewiesen. 113

Im Sinne eines faktischen Wahlrechts gilt die Abzinsung von Rückstellungen mit einer Restlaufzeit von nicht mehr als einem Jahr aber als zulässig.[3] Unseres Erachtens wird dieses Wahlrecht bei ursprünglich mehr als einem Jahr betragenden, aber nicht ganzjährigen Laufzeiten durch Konsistenzerfordernisse eingeschränkt (→ Rz. 126). 114

1 Vgl. *Arbeitskreis Bilanzrecht der Hochschullehrer der Rechtswissenschaft*, BB 2009 S. 209.
2 Vgl. *Wüstemann/Koch*, BB 2010 S. 1076.
3 IDW RS HFA 34, Tz. 44.

BEISPIEL ► Eine Rückstellung wird zum 31.12.01 eingebucht. Die Restlaufzeit beträgt 1,8 Jahre. Für Zwecke der Bewertung kann wie folgt vorgegangen werden:

- ► Alternative 1: Abzinsung über 1,8 Jahre (exaktes Vorgehen),
- ► Alternative 2: Abzinsung über 2 Jahre (Aufrundung),
- ► Alternative 3: Abzinsung über 1 Jahr (Abrundung).

Für die Abzinsung per 31.12.02 bei einer Restlaufzeit von 0,8 Jahren ist aus Konsistenzgründen folgendes Vorgehen geboten:

- ► Alternative 1: Abzinsung über 0,8 Jahre (exaktes Vorgehen),
- ► Alternative 2: Abzinsung über 1 Jahr,
- ► Alternative 3: keine Abzinsung.

115 Die **„Laufzeit“** beginnt mit dem **erstmaligen** buchmäßigen Ansatz, aus Vereinfachungsgründen meistens mit dem erstmaligen Bilanzansatz. Die Laufzeit endet im (voraussichtlichen) Erfüllungszeitpunkt. Hinsichtlich Unsicherheiten bei der Bestimmung des Erfüllungszeitpunkts und damit der (Rest-)Laufzeit ist wie folgt zu unterscheiden:[1]

- ► Vertragliche Verpflichtungen mit **bestimmter** Laufzeit: Die vereinbarte Laufzeit ist zugrunde zu legen.
- ► Vertragliche Verpflichtungen mit bestimmter **Mindest**laufzeit: Verlängerungsoptionen des Bilanzierenden oder des Vertragspartners sind nur dann zu berücksichtigen, wenn die Verlängerung rechtlich vor dem Abschlussstichtag bereits vereinbart wurde oder wegen sonstiger Gegebenheiten von der Wahrscheinlichkeit der Optionsausübung ausgegangen werden kann.
- ► Verlängerung des Mietverhältnisses nach Ablauf des ursprünglich vereinbarten Zeitraums: keine rückwirkende Korrektur der Rückstellungszuführung, sondern Beibehaltung der Ansammlungsrückstellung mit jeweiliger Anpassung an die Preisentwicklung.[2]
- ► Vertragliche Verpflichtungen mit **unbestimmter** Laufzeit: Sofern hinreichend konkrete Anhaltspunkte für die tatsächliche Restlaufzeit vorliegen, ist auf diese abzustellen, ansonsten aus Vorsichtsgründen auf den frühestmöglichen Kündigungszeitpunkt.
- ► **Außervertragliche** oder **bedingte** Verpflichtungen (z. B. Gewährleistungen, Schadenersatz, Prozesskosten): Der Zeitpunkt der voraussichtlichen Inanspruchnahme ist vorsichtig zu schätzen.

116 Das Gesetz gibt aus Praktikabilitätsgründen und zur Vermeidung übermäßiger zinsinduzierter Erfolgsschwankungen (Glättungseffekt) die Anwendung eines **Durchschnittszinssatzes** vor, der als **„Markt**zinssatz“ bezeichnet wird. Negativ ausgedrückt: In die Bestimmung des Zinssatzes soll nicht die Bonität des bilanzierenden Unternehmens einfließen.[3] Zur Bestimmung des Marktzinssatzes wird im Übrigen die Hilfe des Bundesjustizministeriums und der Deutschen Bundesbank in Anspruch genommen (→ Rz. 121). Die von der Bundesbank bekanntzugebenden Zinssätze haben in zeitlicher Hinsicht zwei Dimensionen:

- ► Unter dem Gesichtspunkt der **Laufzeitkongruenz** sind Zinsen für unterschiedliche (Rest-)Laufzeiten bekanntzugeben.

---

1 IDW RS HFA 34, Tz. 36 ff.
2 FG Niedersachsen, Urteil v. 10.5.2012, BB 2012 S. 1914; Rev. BFH AZ I R 46/12.
3 Begründung des RegE zum BilMoG, S. 120.

► Im Interesse des **Glättungseffekts** wird für das jeweilige Laufzeitfenster nicht der aktuelle Zins angegeben, sondern der Zins, der sich im Durchschnitt der letzten sieben Geschäftsjahre (bzw. bei Pensionsverpflichtungen binnen der letzten zehn Geschäftsjahre; → Rz. 118a) bei der jeweiligen Laufzeit ergeben hat.

3.2 Altersversorgungs- und vergleichbare langfristig fällige Verpflichtungen

Unter (sinnvoller) Abkehrung vom Einzelbewertungsgrundsatz **erlaubt** (Option) Abs. 2 Satz 2 die Bewertung von Anwartschaften auf Altersversorgungen und laufenden Renten mit einem **durchschnittlichen Marktzinssatz** bei einer angenommenen Restlaufzeit von 15 Jahren (→ Rz. 121). Die sog. Duration muss deshalb nicht ermittelt werden.[1] Diese Option unterliegt dem Stetigkeitsgebot des § 252 Abs. 1 Nr. 6 HGB (→ § 252 Rz. 209). In der Praxis wird durchgängig von dieser Option Gebrauch gemacht.[2] Die Gesetzesbegründung stellt sie allerdings unter den Vorbehalt der Einhaltung des *true and fair view* gem. § 264 Abs. 2 Satz 2 (→ § 264 Rz. 15). Ein Verstoß dagegen soll dann vorliegen, wenn Pensionsverpflichtungen eine weitaus kürzere Restlaufzeit als 15 Jahre aufweisen. Dieser Fall erscheint allenfalls in Fällen der Kollektivversorgung für reine Rentnerbestände bei schon länger geschlossener Altersversorgungsordnung denkbar. Umgekehrt wäre ein *„True and fair view"*-Vorbehalt bei weitaus überwiegenden jungen Aktivbeständen denkbar, bei denen die Laufzeit der Verpflichtung bis zu 50 Jahre betragen kann. 117

Das IDW empfiehlt zwar bei deutlich über oder unter 15 Jahren liegenden durchschnittlichen Restlaufzeiten ein Abstellen auf die tatsächliche Restlaufzeit, hält aber hier an dem Wahlrecht zur Verwendung des 15-Jahres-Zinses fest.[3] Der Auffassung des IDW ist zuzustimmen. Abgesehen davon, dass das Gebot der tatsachengetreuen Darstellung ohnehin nur Kapitalgesellschaften (und bestimmte „Kap. & Co."-Gesellschaften) betrifft, schränkt es die Ausübung ausdrücklich im Gesetz als gleichwertig zur Verfügung gestellter Wahlrechte nicht ein (→ § 264 Rz. 23).

Vergleichbare langfristig fällige Verpflichtungen resultieren aus Altersteilzeit (→ § 249 Rz. 89), Arbeitszeitkonten (→ § 249 Rz. 101), Jubiläumszuwendungen (→ § 249 Rz. 105), Beihilfen, Vorruhestandsgeldern, Übergangsgeldern sowie Sterbegeldern.[4] Auch hier gilt: Selbst bei deutlich geringerer Laufzeit als 15 Jahre (etwa bei Altersteilzeit) kann bei der Auswahl des Zinssatzes eine 15-jährige Laufzeit fingiert werden.[5] 118

Durch das im März 2016 verabschiedete „Gesetz zur Umsetzung der Wohnimmobilienkreditrichtlinie" ist Abs. 2 Satz 1 (→ Rz. 116) dahingehend geändert worden, dass für Zwecke der Durchschnittsbildung (Glättung) bei Rückstellungen für Altersversorgungsverpflichtungen nicht mehr auf den Zins der letzten sieben, sondern auf den der letzten zehn Geschäftsjahre abzustellen ist. Per 31.12.2015 resultierte hieraus für eine pauschalierte Restlaufzeit von 15 Jahren ein Zins von 4,32 %, statt nach bisheriger Rechnung von 3,89 %. Die Neuregelung ist von Anhangangaben und Ausschüttungssperren flankiert (→ Rz. 259). 118a

1 Vgl. *Rhiel/Veit*, DB 2008 S. 1510.
2 Vgl. *Herzig*, DB 2012 S. 1344.
3 IDW RS HFA 30, Tz. 57.
4 IDW RS HFA 30, Tz. 8.
5 IDW RS HFA 30, Tz. 57.

Die Neuregelung gilt nur für Altersversorgungsverpflichtungen. Für vergleichbare langfristige Verpflichtungen (→ Rz. 118) bleibt es hingegen bei der Sieben-Jahres-Glättung.[1] Nicht in den „Genuss" des Zehn-Jahres-Durchschnitts kommen daher etwa Rückstellungen für Altersteilzeit, Dienstjubiläen und Lebensarbeitszeitkonten. Bei Vorruhestands-, Übergangs- und Sterbegeldern soll es auf den objektivierten Zweck ankommen, bei Sterbegeld etwa darauf, ob lediglich eine kurzfristige Kompensation wegfallender Einnahmen oder eine längerfristige Hinterbliebenenversorgung bezweckt ist.[2] Zu der Frage, wann beim Übergang einer Pensionsverpflichtung durch Unternehmenserwerb oder sonstiges Geschäft der Sieben-Jahres- und wann der Zehn-Jahres-Zins maßgeblich ist, wird auf → § 246 Rz. 112a verwiesen.

Zu Wechselwirkungen bei dem Übergang von einem Sieben-Jahres- auf einen 10-Jahres-Zins einerseits und den bei Übergang auf das BilMoG entstandenen Wahlrechten andererseits hat das IDW Stellung genommen.[3]

3.3 Rentenverpflichtungen

119 Die Abzinsungspflicht für langfristige Rückstellungen sowie das Wahlrecht, bei Rückstellungen für Pensionsverpflichtungen statt des laufzeitkongruenten Zinssatzes pauschal den Zinssatz für 15 Jahre zu nutzen, gilt nach Abs. 2 Satz 3 entsprechend für auf Rentenverpflichtungen beruhende Verbindlichkeiten, für die eine Gegenleistung nicht mehr zu erwarten ist. Die Bewertungsgrundlage stellt der **Barwert** dar.

Die Regelung betrifft eine Art „Mischposten". Er umfasst Verbindlichkeiten für **früher** erhaltene Gegenleistungen in der Form von:

- Rentenverpflichtungen gegenüber früheren **Arbeitnehmern** (unverfallbare Anwartschaften) und laufenden Renten nach Eintritt des **Versorgungsfalls** (→ Rz. 100),
- Verpflichtungen gegenüber **Dritten**, insbesondere aus Kaufpreisverrentungen.

Der pauschale Zinssatz für 15-jährige Laufzeiten nach Abs. 2 Satz 2 kann u. E. nur im ersten Fall herangezogen werden, im zweiten Fall fehlt es regelmäßig an dem einer Pauschalisierungsregelung zugänglichen Verpflichtungsportfolio. Zu bewerten sind wenige Einzelverpflichtungen, und dies nach der Vorgabe von Abs. 2 Satz 1 mit dem laufzeitkongruenten Marktzins (→ Rz. 116).

3.4 Ausweis in der GuV-Rechnung

120 Die Auf- und Abzinsungseffekte von Kapital- und „Kap. & Co."-Gesellschaften sind in der GuV im Bereich des Zinsaufwands und -ertrags gesondert auszuweisen (→ § 277 Rz. 61 ff.). Zur Buchungstechnik vgl. → Rz. 130.

3.5 Festlegung der Abzinsungssätze

121 Dem bilanzierenden Unternehmen wird aus Objektivierungs- und Vereinfachungsgründen die Ermittlung der Durchschnittszinssätze nach Satz 1 und 2 durch **externe Vorgaben** abgenommen. Danach gibt die Deutsche Bundesbank auf der Grundlage der Rückstellungsabzinsungsverordnung (RückAbzinsVO) die anzuwendenden Abzinsungssätze für jedes Laufzeitfenster

1 Vgl. IDW Life 2016 S. 304 ff.
2 Vgl. *Thaut*, DB 2016 S. 2185 ff.
3 HFA, IDW Life 2016 S. 306.

monatlich bekannt. In dieser Rechtsverordnung werden auch zwischen dem Bundesjustizministerium und der Deutschen Bundesbank die Ermittlungsmethodik für die Abzinsungssätze, deren Grundlagen sowie die Form der Bekanntgabe festgelegt. Die Diskontierungssätze sind auf der Internetseite der Bundesbank abrufbar.[1] Für die **Steuerbilanz** gilt von Gesetzes wegen nach § 6a Abs. 1 Nr. 3e EStG ein Zinssatz von 5,5 %. p. a., bei Pensionen gem. § 6a EStG von 6 %. Die **Zinslaufzeit** endet steuerlich (insbesondere bei Ansammlungsrückstellungen) mit dem Beginn der Erfüllungen, auch wenn diese ratierlich erfolgen (§ 6 Abs. 1 Nr. 3a EStG).

Die Bundesbank veröffentlicht nur Zinssätze für eine Laufzeit bis 50 Jahre. Bei tatsächlich längeren Restlaufzeiten ist gegen die Verwendung des 50-Jahres-Zinssatzes nichts einzuwenden.[2]

Das Gesetz verzichtet auf eine differenzierende Berücksichtigung **ausländischer Währungen,** 122
erklärt also die Eurozinsstruktur und das Niveau auch für ausländische Währungen als anwendbar. Nach der Regierungsbegründung (S. 119 f.) muss indes im Interesse der Vermittlung des *true and fair view* (Vorbehalt, → Rz. 117) bei wesentlicher Abweichung in der Datenlage der Abzinsungssatz für die ausländische Währung individuell ermittelt werden. Dabei sind die Vorgaben der Rechtsverordnung entsprechend anzuwenden, ist also die Ermittlung einer Zinsstrukturkurve für ganzjährige Restlaufzeiten zwischen einem und 50 Jahren geboten und auf den durchschnittlichen Zinssatz der vergangenen sieben (bzw. bei Pensionen zehn) Geschäftsjahre abzustellen. Nach der Regierungsbegründung soll die Zinsstrukturkurve auf Basis einer Null-Coupon-Zinsswapkurve bestimmt werden. Das IDW hält die Diskontierung mit einem währungskongruenten Abzinsungszinssatz zwar für „sachgerecht", angesichts des eindeutigen Gesetzeswortlauts bestehe indes keine Pflicht.[3]

3.6 Laufzeit und Zinssatz bei Tilgungsrückstellungen

Bei **Tilgungsrückstellungen** ist der Erfüllungsbetrag nicht in einer Summe und zu einem Zeitpunkt zu leisten, sondern über einen **mehrjährigen Zeit**raum in Teilen („Tilgungsraten"). Ein klassisches Beispiel sind Drohverlustrückstellungen (→ § 249 Rz. 160) oder Erfüllungsrückstände aus Dauerschuldverhältnissen (→ § 249 Rz. 178), aber auch Rückstellungen aus Aufbewahrungspflichten (→ Rz. 74), über einen längeren Zeitraum zu erbringenden Rekultivierungsverpflichtungen (→ § 249 Rz. 69) usw. 123

Steuerbilanziell ist gem. § 6 Abs. 1 Nr. 3a Buchst. e EStG bei Tilgungsrückstellungen für Sach- 124
leistungsverpflichtungen zur Diskontierung auf den Zeitraum bis zum Beginn der Erfüllung (erste „Tilgungsrate") abzustellen (→ Rz. 133). Ein typisches Beispiel für den Beginn der Erfüllung liefert der Fall der Rekultivierung und Nachsorge von Deponien. Man kann die einschlägigen Arbeitsprozesse als einheitliches Ganzes sehen – mit dem Abzinsungsende bei Beginn der Verfüllung –[4] oder die Leistung in verschiedene Bestandteile zerlegen – mit jeweils späterem Abzinsungsende.[5] **Handelsrechtlich** halten wir ein solches Vorgehen nicht für zulässig, es sei denn, das Berechnungsergebnis unterschiede sich nur unwesentlich von demjenigen bei Abstellen auf die tatsächlichen Restlaufzeiten.[6] Stattdessen ist bei der Bestimmung des Zinses

1 Vgl. www.bundesbank.de, Rubrik Sachgebiete: Statistik; Zinsen, Renditen; Abzinsungszinssätze gem. § 253 Abs. 2 HGB.
2 Vgl. *Zwirner/Künkele/Liebscher*, BB 2011 S. 2155 ff., sowie IDW RS HFA 34, Tz. 45.
3 IDW RS HFA 34, Tz. 46.
4 So das FG Münster, Urteil v. 25.2.2015, EFG 2015 S. 1283 (Rev. BFH unter AZ I R 35/15).
5 So das BMF, Schreiben v. 25.7.2005, BStBl I 2005 S. 826.
6 Anderer Auffassung *Kropp/Wirtz*, DB 2011 S. 541 ff.

(Abzinsungs**satz**) und der Restlaufzeit (Abzinsungs**zeitraum**) nach einer der folgenden Varianten vorzugehen:

- Abzinsung in **Jahresscheiben,** d. h. Einzelbetrachtung der in den jeweiligen Jahren voraussichtlich fälligen Teile des Erfüllungsbetrags, wobei für Monatsverpflichtungen vereinfacht eine Erfüllung zum jeweiligen Jahresende oder zur Jahresmitte angenommen werden kann, oder
- Abzinsung nach Maßgabe der durchschnittlichen Laufzeit, d. h. entweder der **Duration** oder der durchschnittlichen **Kapitalbindungsdauer** unter Wesentlichkeitsgesichtspunkten auch nach Maßgabe eines **ungewichteten Durchschnitts** der Restlaufzeiten (z. B. Laufzeit bis zur ersten „Tilgung" + 1/2 Laufzeit bis zur letzten Tilgung).[1]

Die durchschnittliche Kapitalbindungsdauer ergibt sich dabei aus der Gewichtung der Jahrestranchen mit ihrer jeweiligen Laufzeit. Die Bestimmung der **Duration** ist aufwändiger. Hier müssen die Jahrestranchen zunächst mit dem ihrer Laufzeit entsprechenden Zinssatz in einzelne Barwerte umgerechnet werden. Aus dem mit der Zeitdauer gewichteten Verhältnis von jeweiligem Barwert zur Summe der Barwerte ergeben sich die Einzeldurationen, aus der Summe der Einzeldurationen ergibt sich die (Gesamt-)Duration. In den meisten Fällen führt aber das Abstellen auf die Kapitalbindungsdauer zu keinen wesentlichen anderen Ergebnissen und ist daher unter Vereinfachungsgründen vorzuziehen.

BEISPIEL Ein Mietobjekt wird ab 1.1.01 nicht mehr genutzt. Der Mietvertrag läuft noch drei Jahre. Die nachschüssig zu leistende Jahresmiete betrug zuletzt 97 T€. Angesichts einer Indexierung der Miete wird mit Beträgen von 100 T€, 103 T€ und 106 T€ für die noch ausstehenden Jahre gerechnet. Eine Untervermietung ist nicht zulässig. Die Drohverlustrückstellung berechnet sich je nach gewählter Methode wie folgt:

Daten				
Restlaufzeit in Jahren	1	2	3	
Zinssätze	4 %	4,25 %	4,50 %	
I. Einzelbetrachtung				
Restlaufzeit	Undiskontierter Betrag	Zinssatz	Diskontierungsfaktor	Diskontierter Betrag
1	100	4 %	0,9615	96,15
2	103	4,25 %	0,9201	94,77
3	106	4,50 %	0,8763	92,89
	309			**283,81**
II. Kapitalbindung				
1. Restlaufzeit:(+100 x 1 + 103 x 2 + 106 x 3)/309 =				2,0194
2. Diskontierungsfaktor (interpoliert)				0,9193
3. Barwert	(309 x 0,9193)			**284,06**

1 Vgl. zum Ganzen auch IDW RS HFA 34, Tz. 39.

III. Duration					
1. Restlaufzeit (Duration)					
Restlaufzeit	Undiskontierter Betrag	Zinssatz	Diskontierungsfaktor	Diskontierter Betrag	Duration
1	100	4 %	0,9615	96,15	0,3388
2	103	4,25 %	0,9201	94,77	0,6679
3	106	4,50 %	0,8763	92,89	0,9818
	309			283,81	1,9885
2. Diskontierungsfaktor (interpoliert)				0,9206	
3. Barwert (309 x 0,9206)				284,47	

Unter Praktikabilitätsgesichtspunkten sind die beiden ersten Verfahren vorzuziehen. Die Abweichung der Ergebnisse aus den drei Verfahren ist minimal und unter Beachtung der immanenten Unsicherheit der Rückstellung (im Beispiel: Index- und damit Mietentwicklung) völlig unwesentlich.

3.7 Abzinsung bei nicht ganzjährigen Laufzeiten

Auch für **steuerbilanzielle** Zwecke sind Rückstellungen mit einer Restlaufzeit von mindestens einem Jahr abzuzinsen, und zwar i. d. R. mit 5,5 % (§ 6 Abs. 1 Nr. 3a EStG), für Pensionsverpflichtungen mit 6 % (§ 6a EStG). Die Finanzverwaltung verlangt bei einer Abzinsung nach § 6 Abs. 1 Nr. 3a EStG für **nicht ganzjährige Laufzeiten** eine **Interpolation** der Abzinsungsfaktoren (Vervielfältiger).[1] 125

BEISPIEL ▶ Die (voraussichtliche) Laufzeit der Rückstellung beträgt 21 Monate, der undiskontierte Betrag ist 100.

Vervielfältiger für 2 Jahre: $1/1{,}055^2$	= 0,898	
Vervielfältiger für 1 Jahr: 1/1,055	= 0,948	0,948
Differenz:	- 0,050	
Davon 9/12 =	- 0,038	- 0,038
Interpolierter Vervielfältiger		0,910

Die Rückstellung ist mit 91 anzusetzen.

Die **handelsrechtlich** nach § 253 Abs. 2 Satz 4 HGB maßgeblichen Abzinsungssätze werden von der **Bundesbank** nur für **ganzjährige Laufzeiten** veröffentlicht. Fraglich ist dann, ob wie im Steuerrecht nicht ganzjährigen Laufzeiten durch **Interpolation** Rechnung zu tragen ist, wobei sich die Interpolation zugleich auf den Zinssatz bezöge, da dieser anders als im Steuerecht laufzeitabhängig ist. Das Schrifttum hält eine Berücksichtigung unterjähriger Zeiträume bei der Bestimmung des Zinssatzes und des Abzinsungszeitraums überwiegend zwar für **zulässig,** aber **nicht geboten.**[2] Zur Begründung wird u. a. angeführt, dass der Gesetzgeber durch den Rückgriff auf durchschnittliche (zeitlich geglättete) Zinssätze bewusst eine Typisierung der Berechnung ermöglichen wollte. 126

1 BMF, Schreiben v. 26.5.2005 – IV B 2 – S 2175 – 7/05, BStBl I S. 699 ff., Tz. 24 und 3.
2 Vgl. u. a. *Kropp/Wirtz,* DB 2011 S. 541 ff.

Bei Berücksichtigung nur ganzer Jahre ist weiterhin strittig, ob hier i. S. einer **Auf- und Abrundung** auf die **näherliegende** ganzjährige Restlaufzeit (bei 1,3 Jahren also etwa auf ein Jahr, bei 1,8 Jahren entsprechend auf zwei Jahre) abzustellen[1] oder stets **abzurunden** ist, also nur die vollendeten Jahre (bei 1,8 Jahren als etwa ein Jahr) zu berücksichtigen sind.[2] Das IDW hält jede der drei Alternativen (exakte Laufzeit, kaufmännische Rundung, Abrundung) für zulässig.[3] Der Unterschied der Meinungen wird unter Wesentlichkeitsgesichtspunkten aber nur selten praxisrelevant sein. Überdies sind die Bestimmungen des abzuzinsenden Erfüllungsbetrags und der Restlaufzeit regelmäßig mit hohen Unsicherheiten behaftet. Das vereinfachte Abstellen auf ganzjährige Laufzeiten ist daher i. d. R. aus Wesentlichkeitsgründen und unter dem Gesichtspunkt der ohnehin bestehenden Bewertungsunsicherheit sinnvoll.

Sofern gleichwohl auch unterjährige Laufzeiten berücksichtigt werden oder die Auf- und Abrundungslösung gewählt wird, stellt sich die Frage, wie **im letzten (Teil-)Jahr** der Rückstellungslaufzeit zu verfahren ist:

BEISPIEL ► Eine Rückstellung hat am 31.12.01 eine (voraussichtliche) Restlaufzeit von 1,6 Jahren. Der Bilanzierende diskontiert den Erfüllungsbetrag per 31.12.01 wie folgt:

- Alternative 1: für 1 Jahr
- Alternative 2: für 1,6 Jahre
- Alternative 3: für (aufgerundete) 2 Jahre

Am 31.12.02 beträgt die (voraussichtliche) Restlaufzeit noch 0,6 Jahre.

BEURTEILUNG ► Unseres Erachtens besteht unter Stetigkeitsgesichtspunkten eine Bindung an die am 31.12.01 gewählte Vorgehensweise wie folgt:

- 31.12.01: Alternative 1 → 31.12.02: keine Abzinsung
- 31.12.01: Alternative 2 → 31.12.02: Abzinsung für 0,6 Jahr
- 31.12.01: Alternative 3 → 31.12.02: Abzinsung für (aufgerundet) 1 Jahr

Beträgt die Laufzeit bereits am ersten Bilanzstichtag weniger als ein Jahr, aber mindestens sechs Monate, kommen u. E. ebenfalls die drei im vorstehenden Beispiel genannten Alternativen infrage.

3.8 Abzinsung bei geänderter Schätzung von Erfüllungsbetrag und Erfüllungszeitpunkt

127 Bei gleichbleibender Erwartung hinsichtlich des Erfüllungsbetrags und Erfüllungszeitpunktes wird der Wert der Rückstellung nur durch den Abzinsungs**satz** und den Abzinsungs**zeitraum** beeinflusst. Die Rückstellung erhöht sich c. p. durch die Verringerung der Restlaufzeit (Abzinsungszeitraum), sie erhöht/vermindert sich c. p. mit sinkendem/steigendem Diskontierungszins.

128 Die Einschätzung von Erfüllungs**betrag** und Erfüllungs**zeitpunkt** kann sich aber ebenfalls ändern. In diesem Fall ist wie folgt zu verfahren:[4]

- Eine geänderte Einschätzung des Erfüllungsbetrags ist mit dem aus Restlaufzeit und Zinssatz des Bilanzstichtags ermittelten Barwert im **operativen** Ergebnis zu berücksichti-

1 So *Fink/Kunath*, DB 2010 S. 2348.
2 So *Kropp/Wirtz*, DB 2011 S. 541 ff.
3 IDW RS HFA 34, Tz. 42.
4 Vgl. *Theile/Stahnke/Nagafi*, StuB 2011 S. 323 ff.

gen. Die nach Berücksichtigung dieses Effekts noch verbleibende Änderung der Rückstellung ist **zinsbedingt.**

- Bei geänderter Einschätzung des Erfüllungszeitpunkts und damit des Abzinsungszeitraums ändert sich die Rückstellung nur **zinsbedingt.**
- Bei **gleichzeitiger** Änderung beider Erwartungen ist zunächst der Barwerteffekt aus der Anpassung des Erfüllungsbetrags im **operativen** Ergebnis zu berücksichtigen, die verbleibende Änderung der Rückstellung ist **zinsbedingt.**

Nachfolgend ein zusammenfassendes Beispiel für die drei vorgenannten Fälle.

BEISPIEL

Anpassung des geschätzten Erfüllungsbetrags 03

Jahr	Geschätzter Erfüllungsbetrag	Anpassungsbetrag	Zinssatz	Rückstellung	Sonst. betr. Aufwand (-)/Ertrag (+)	Zinsaufwand (-)/-ertrag (+)
1	100.000		4,35 %	88.008,10	-88.008,10	
2	100.000		4,25 %	92.012,72		-4.004,62
3	110.000	10.000	4,20 %	105.566,22	-9.596,93	-3.956,57
4	110.000			110.000,00		-4.433,78
					-97.605,03	-12.394,97
						-110.000,00

Anpassung der geschätzten Laufzeit 03

Jahr	Geschätzter Erfüllungsbetrag	Anpassung	Zinssatz	Rückstellung	Sonst. betr. Aufwand (-)/Ertrag (+)	Zinsaufwand (-)/-ertrag (+)
1	100.000		4,35 %	88.008,10	-88.008,10	
2	100.000		4,25 %	92.012,72		-4.004,62
3	100.000	Erfüllung in 5	4,20 %	92.101,05		-88,33
4	100.000		4,15 %	96.015,36		-4.002,64
5	100.000			100.000,00		-7.898,95
					-88.008,10	-11.991,90
						-100.000,00

Anpassung Erfüllungsbetrag und Laufzeit 03

Jahr	Geschätzter Erfüllungsbetrag	Anpassung	Zinssatz	Rückstellung	Sonst. betr. Aufwand (-)/Ertrag (+)	Zinsaufwand (-)/-ertrag (+)
1	100.000		4,35 %	88.008,10	-88.008,10	
2	100.000		4,25 %	92.012,72		-4.004,62
3	110.000	10.000	4,20 %	101.311,15	-9.210,10	-88,33
4	100.000		4,15 %	96.015,36		-4.002,64
5	110.000			110.000,00		-8.688,85
					-97.218,20	-12.781,80
						-110.000,00

3.9 Abzinsung von Ansammlungs-/Verteilungsrückstellungen

129 Als **Verteilungsrückstellungen** oder **echte Ansammlungsrückstellungen** (→ § 249 Rz. 67) werden Rückstellungen für solche Verpflichtungen bezeichnet, die zwar rechtlich unmittelbar in voller Höhe entstehen, nach h. M. aber unter dem Gesichtspunkt der wirtschaftlichen Verursachung und des Alimentationsprinzips ratierlich anzusammeln sind (→ Rz. 73). Der Prototyp dieser Rückstellungskategorie sind Rückstellungen für **Rückbauverpflichtungen.**

Fraglich schien in solchen Fällen nach Erlass des BilMoG, ob die **abgezinste** Ansammlungsrate als operativer Aufwand (sonstige betriebliche Aufwendungen) des jeweiligen Jahres einzubuchen ist (sog. Nettomethode) oder umgekehrt der **nicht abgezinste** Betrag bei gleichzeitiger Kompensation durch einen Zinsertrag aus der Diskontierung (sog. Bruttomethode). Unsere schon in den Vorauflagen vertretene Auffassung, nur die **Nettomethode** führe zu zutreffenden Ergebnissen (→ Rz. 13), wird nunmehr durch das IDW bestätigt.[1]

130 Die Bewertung jeder Art **langfristiger** Rückstellungen setzt die Ausfüllung folgender Berechnungsparameter voraus:

- Erfüllungsbetrag,
- (erwartete) Laufzeit (→ Rz. 115) und
- durch die Bundesbank vorgegebene Zinssätze (→ Rz. 121).

Bei den Verteilungsrückstellungen ist **zusätzlich** eine Annahme über das Verteilungsverfahren zu treffen (→ Rz. 131).

Der **Erfüllungsbetrag** muss ausgehend von den mutmaßlichen Kosten der Verpflichtungserledigung am Bilanzstichtag die zu erwartenden Kostensteigerungen bis zur Fälligkeit kalkulieren (→ Rz. 56). Regelmäßig wird dabei von einer festen jährlichen Preissteigerungsrate über die Laufzeit hinweg ausgegangen.

BEISPIEL ▸ Der sechsjährige zum 1.1.01 beginnende Mietvertrag für ein Ladenlokal sieht eine Rückbauverpflichtung vor, deren Kosten nach Preisverhältnissen am1.1.01 auf 500 T€ geschätzt wurden. Bei einer unterstellten Preissteigerungsrate von 3 % ergibt sich der Erfüllungsbetrag (erwartete Kosten am 31.12.06) wie folgt:

500 x 1,036 = 597 T€, gerundet also 600 T€.

131 Ähnlich wie bei Pensionsrückstellungen (Anwartschaftsbarwert vs. Teilwertverfahren, → Rz. 92) besteht bei den Verteilungsrückstellungen ein **Verfahrenswahlrecht:**[2]

- Im **Barwertverfahren** wird der operative Aufwand des jeweiligen Jahres (sonstiger betrieblicher Aufwand) als Barwert des anteilig zuzuführenden Erfüllungsbetrags ermittelt. Bei Anwendung dieses Verfahrens ergibt sich ein im Zeitablauf steigender operativer Aufwand.
- Im **Gleichverteilungsverfahren** wird der operative Aufwand (bis auf aus der Laufzeitabhängigkeit des Zinses resultierende Effekte) konstant gehalten. Im Zeitablauf steigen lediglich die Zinsaufwendungen und treten Effekte aus der Änderung des Zinssatzes ein.

1 IDW RS HFA 34, Tz. 11.
2 IDW RS HFA 34, Tz. 19.

Dabei dürfen **Erfolge** aus **Änderungen** des **Abzinsungszinssatzes** zwischen zwei Abschlussstichtagen oder Zinseffekte einer geänderten Schätzung der Restlaufzeit wahlweise (aber einheitlich) im operativen oder im Finanzergebnis ausgewiesen werden.[1]

Zur Wirkung der Verfahren folgende Fortsetzung des Rückbaubeispiels aus → Rz. 130.

BEISPIEL Die relevanten (über den Sechs-Jahres-Zeitraum konstant bleibenden) Zinssätze für die am 1.1.01 begründete und am 31.12.06 fällige Rückbauverpflichtung von inflationiert 600 T€ sind wie folgt:

Restlaufzeit RLZ	Zins i_{RLZ}
1	3,79 %
2	3,93 %
3	4,08 %
4	4,23 %
5	4,36 %

BARWERTVERFAHREN: Der **primäre operative Aufwand** (vor evtl. ebenfalls als operativ qualifiziertem Effekt aus der Zinssatzänderung) beträgt für die jeweilige Periode 1: 1/6 x 600 / $(1+i_{RLZ})^{RLZ}$, also z. B. für die Periode 2: 100 / $(1{,}0423)^4$ = 84,72.

Der **primäre Zinsaufwand** ergibt sich durch Aufzinsung des Bilanzwerts der Vorperiode mit dem der Restlaufzeit der Vorperiode entsprechenden Zinssatz, also z. B. für Periode 3 mit 169,46 * 4,23 % = 7,17.

Der wahlweise im operativen oder im Finanzergebnis zu berücksichtigende Effekt aus der Zinssatzänderung (im Beispiel rein restlaufzeitbedingt, da die Marktzinssätze als konstant unterstellt werden) ergibt sich für die jeweilige Periode, indem der undiskontiert auf die Vorperioden kumulierte entfallende Ansammlungsbetrag zum einen mit dem der Restlaufzeit der Vorperiode entsprechenden Zinssatz, zum andern mit dem der aktuellen Periode diskontiert (beides jeweils über die aktuelle Restlaufzeit) und sodann die Differenz gebildet wird. Für Periode 3 ergibt sich z. B. folgende Berechnung: 200 /$(1{,}0408)^3$ - 200 /$(1{,}0423)^3$ = 0,76.

Das Ergebnis der Berechnungen ist wie folgt:

Jahr	RSt 1.1.	Zinsaufwand	s. b. A.	Zinsänderung	Verbrauch	RSt 31.12.	GuV
1			80,78			80,78	80,78
2	80,78	3,52	84,73	0,42		169,46	88,67
3	169,46	7,17	88,69	0,76		266,08	96,63
4	266,08	10,86	92,58	0,80		370,32	104,24
5	370,32	14,55	96,35	0,52		481,74	111,42
6	481,74	18,26	100,00		600,00	0,00	118,26
		54,36	543,14	2,51	600,00		600,00

GLEICHVERTEILUNGSVERFAHREN Im Gleichverteilungsverfahren ergibt sich der primäre operative Aufwand, indem der auf den Entstehungszeitpunkt der rechtlichen Verpflichtung (im Beispiel 1.1.01) diskontierte Erfüllungsbetrag mit dem Annuitätenfaktor multipliziert wird. In der Ermittlung beider Größen wird jeweils auf den Zinssatz abgestellt, der sich nach Maßgabe der Restlaufzeit des Bilanzstichtags ergibt. Für Periode 2 ergibt sich etwa folgende Berechnung: 600 / $(1{,}0423)^6$ +[$(1{,}0423)^6$ * 0,0423) /($1{,}0423^6$ - 1)] = 89,94.

1 IDW RS HFA 34, Tz. 49.

Jahr	RSt 1.1.	Zinsaufwand	s. b. A.	Zinsände-rung	Verbrauch	RSt 31.12.	GuV
1			89,64			89,64	89,64
2	89,64	3,91	89,94	0,12		183,60	93,96
3	183,60	7,77	90,28	0,28		281,92	98,32
4	281,92	11,50	90,62	0,39		384,43	102,51
5	384,43	15,11	90,94	0,00		490,48	106,04
6	490,48	18,59	90,94	0,00	600,00	0,00	109,52
		56,87	542,34	0,79	600,00		600,00

132 Wie das vorstehende Beispiel zeigt, führen Barwert- und Gleichverteilungsverfahren nicht nur zu einer unterschiedlichen **Aufteilung** des jeweiligen Periodenaufwands auf **operativen und Zinsaufwand,** sondern unterscheiden sich auch in der Gesamthöhe des jeweiligen Periodenaufwands und damit in der **Rückstellungshöhe.** In der Spitze (Periode 1) ergibt sich im Beispiel etwa ein Unterschied der Rückstellung von ca. 10 %. Angesichts der beinahe jeder Rückstellungsbewertung immanenten Unsicherheit (werden die Rückbaukosten wirklich 600 T€ betragen oder nicht vielleicht 100 T€ mehr oder weniger?) ist dies nicht zu beanstanden. Die freie Wahl zwischen zwei zu so unterschiedlichen Periodenergebnissen und Rückstellungswerten führenden Verfahren provoziert aber – wie die sonstigen Unsicherheiten der Rückstellungsbewertung – folgende Frage: Wie notwendig und sinnvoll ist **die mathematische Genauigkeit an der Abzinsungsfront** (Diskontierung mit auf zwei Nachkommastellen berechneten restlaufzeitabhängigen Zinssätzen) angesichts **sonstiger Ungewissheiten** und **freier Verfahrenswahl?** Jede Messung (Bewertung) ist nur so genau wie das schwächste Glied in der Kette. Bei einem 100-Meter-Lauf würde es daher keinen Sinn ergeben, eine elektronische Zeitmessanlage zu installieren, wenn die Streckenlänge selbst nur grob durch Fußschritte bestimmt wurde. Zurückbezogen auf die Rückstellungsbewertung heißt dies für die **Praxis:** Angesichts aller sonstiger Unsicherheiten und Bewertungsfreiheiten sind **Vereinfachungen bei der Abzinsung** aus Wesentlichkeitsgründen häufig gerechtfertigt. Eine Möglichkeit der Vereinfachung wäre etwa, die verwendeten Zinssätze auf 0,5 %-Schritte zu runden. Eine andere Möglichkeit besteht darin, bei nicht zu langen Laufzeiten den Mittelwert der laufzeitabhängigen Zinssätze zu wählen.

BEISPIEL (FORTSETZUNG) Der Mittelwert der Zinssätze beträgt im vorstehenden Beispiel 4,1 %. Bei durchgängiger Anwendung dieses Satzes ergäbe sich nach der Barwertmethode folgende Berechnung:

Jahr	RSt 1. 1.	Zinsaufwand	s. b. A.	Zinsände-rung	Verbrauch	RSt 31. 12.	GuV
1			81,80			81,80	81,80
2	81,80	3,35	85,15	0,00		170,30	88,51
3	170,30	6,98	88,64	0,00		265,93	95,63
4	265,93	10,90	92,28	0,00		369,11	103,18
5	369,11	15,13	96,06	0,00		480,31	111,20
6	480,31	19,69	100,00		600,00	0,00	119,69
		56,07	543,93	0,00	600,00		600,00

Die Unterschiede der „exakten" Berechnung nach dem Barwertverfahren zu dieser vereinfachten Berechnung sind minimal (in der Spitze etwa 1 % bei der Höhe der Rückstellung) und wesentlich geringer als die Unterschiede zwischen jeweils „exakter“ Berechnung nach Barwertverfahren einerseits und Gleichverteilungsverfahren andererseits.

3.10 Abzinsungsfälle in der Steuerbilanz

Auch steuerbilanziell sind Rückstellungen mit einer Restlaufzeit von mindestens einem Jahr abzuzinsen (§ 6 Abs. 1 Nr. 3a-e EStG), wobei die Diskontierung typisiert mit 5,5 % (bei Pensionen 6 %) vorzunehmen ist. Unterschiede zum Handelsbilanzrecht bestehen außerdem bei der 133

- Bestimmung der Restlaufzeit (→ Rz. 124),
- Behandlung einer nicht ganzjährigen Laufzeit (→ Rz. 125),
- Diskontierung (selbst) verzinslicher Rückstellungen (→ Rz. 134),
- fehlenden Berücksichtigung von künftigen Preis- und Kostensteigerungen nach dem Stichtagsprinzip (→ Rz. 135).

Der letztgenannte Aspekt kollidiert mit dem Abzinsungssatz von 5,5 %, in dem wenigstens derzeit eine Inflationierung eingebaut ist.

Folgende Rückstellungssachverhalte kommen u. a. für eine steuerbilanzielle Abzinsung in Betracht:[1]

- Arbeitsfreistellung bei Altersteilzeitvereinbarungen,[2]
- Einzelgarantiefälle,
- Schadensrückstellung der Versicherungsunternehmen,[3]
- Entfernung von Anlagen,[4]
- Pachterneuerung,[5]
- Produkthaftpflichtfälle,
- Rekultivierung,[6]
- bergrechtliche Verpflichtungen,[7]
- Schadenersatzverpflichtungen,[8]
- Stilllegung von Kernkraftwerken,
- Umweltverpflichtungen,[9]
- Entsorgung von Altfahrzeugen,
- progressive Verzinsung,[10]
- Nachbetreuungsleistungen von Versicherungsvertretern.[11]

1 Nach der Auflistung bei *Hoffmann* in Littmann/Bitz/Pust (Hrsg.), Das Einkommensteuerrecht, § 6 Tz. 671.
2 BMF, Schreiben v. 11.11.1999 – S 2176, BStBl I S. 959, sowie BMF, Schreiben v. 28.3.2007 – IV B 2 – S 2175/07/0002, DB 2007 S. 769.
3 BMF, Schreiben v. 16.8.2000 – S 2175, DB 2000 S. 1789; BMF, Schreiben v. 12.7.2005 – IV B 2 – S 2175 – 9/05, DB 2005 S. 1544.
4 BFH, Urteil v. 29.10.1974 – I R 103/73, BStBl 1975 II S. 114.
5 BFH, Urteil v. 3.12.1991 – VIII R 88/87, BStBl 1993 II S. 89.
6 BFH, Urteil v. 19.2.1975 – I R 28/73, BStBl II S. 480.
7 BMF, Schreiben v. 9.12.1999 – IV C 2 – S 2175 – 30/99, BStBl I S. 1127.
8 BFH, Urteil v. 30.6.1983 – IV R 41/81, BStBl 1984 II S. 263.
9 Niedersächsisches FG, Urteil v. 18.4.2007 – 3 K 11463/05, EFG 2007 S. 1856.
10 BFH, Urteil v. 25.5.2016 – I R 17/15.
11 BFH, Urteil v. 12.12.2013 – X R 25/11, BStBl 2014 II S. 517 Tz. 43.

Streitig war das Ende der Zinslaufzeit (→ Rz. 124). Nach § 6 Abs. 1 Nr. 3a Buchst. e Satz 2 EStG ist der Zeitpunkt der erstmaligen Erfüllung der Sachleistungsverpflichtung maßgeblich.

- Zu einem sog. Leistungsbündel, hier den Rekultivierungsverpflichtungen für Deponien, hält der BFH fest: „Ob bezogen auf die Abzinsung von Rückstellungen für Nachsorgeverpflichtungen nach § 6 Abs. 1 Nr. 3a Buchst. e Satz 2 EStG separate Abzinsungszeiträume für die sog. Stilllegungs- und die Nachsorgephase zu bilden sind, ist anhand der vom FG festzustellenden Rechtsgrundlagen der jeweiligen Nachsorgeverpflichtung zu beurteilen."[1] Entscheidend ist, ob – wie bei bergrechtlichen Verpflichtungen[2] – nur Teilleistungen einer einheitlichen Sachleistungsverpflichtung oder selbständige Pflichten vorliegen.
- Bei der Verpflichtung zur Nachbetreuung von Versicherungsverträgen ist nach BFH entscheidend darauf abzustellen, wann erstmals Bestandspflegemaßnahmen (z. B. als Reaktion auf eine Adress- oder Kontoänderung des Kunden) erwartet werden. Der Steuerpflichtige hat insoweit mittels Stichproben die Erfahrungswerte der Vergangenheit zu belegen.[3]

Für **pauschal** bewertete Rückstellungen für Gewährleistungen lehnt die Finanzverwaltung eine Abzinsung aus Vereinfachungsgründen ab.[4]

Wird für eine zunächst unverzinsliche Verbindlichkeit im laufenden Wirtschaftsjahr eine Verzinsung vereinbart, die erst am Beginn des folgenden Wirtschaftsjahres beginnt, ist schon im aktuellen Wirtschaftsjahr keine Abzinsung mehr vorzunehmen. Nach Ansicht des BFH ist für die Frage der Abzinsung nämlich stets eine zukunftsbezogene Betrachtung vorzunehmen. Eine Abzinsung scheidet somit schon dann aus, wenn zum Bilanzstichtag die zukünftige Verzinslichkeit der Verbindlichkeit feststeht. Unerheblich ist, ob die Verbindlichkeit zuvor zinslos war und ob die Verzinsung vor oder nach dem Bilanzstichtag beginnt.[5]Umgekehrt gilt: Eine rückwirkend auf den Vertragsbeginn vereinbarte Verzinsung eines zunächst unverzinslich gewährten Darlehens ist bilanzsteuerrechtlich unbeachtlich, sofern diese Vereinbarung erst nach dem Bilanzstichtag getroffen wird.[6]

133a Lebensarbeitszeitkonten werden **wertmäßig** vom Arbeitgeber geführt (→ § 249 Rz. 101). Der bestehende Erfüllungsrückstand des Arbeitgebers ist als Sachleistungsverpflichtung mit dem mutmaßlichen Erfüllungsbetrag (→ Rz. 55) – Lohn- und Gehaltsbestandteile, Arbeitgeberanteile zur Sozialversicherung, aufgelaufenes Zinsguthaben – zu bewerten. Die Bewertungsparameter im Einzelnen entsprechen denjenigen für die Urlaubsrückstellung (→ Rz. 136). Wegen der Langfristigkeit ist eine Abzinsung (→ Rz. 109 ff.) vorzunehmen. **Steuerrechtlich** unterbleibt die Abzinsung, wenn für das Zeitwertkonto eine Mindestverzinsung vorgesehen ist. Strittig ist steuerbilanziell, ob bei klassischen Partizipationsmodellen (Teilhabe des Arbeitnehmers an Chancen und Risiken der zur Rückdeckung verwendeten Kapitalanlage) ohne explizite Mindestverzinsung eine Abzinsung der Verpflichtung vorzunehmen ist.[7]

1 BFH, Urteil v. 8.11.2016 – I R 35/15, DStR 2017 S. 763.
2 Dazu BMF v. 9.12.1999, BStBl 1999 I S. 1127, DStR 2000 S. 202 Tz. 3.
3 BFH, Urteil v. 13.7.2017 – IV R 34/14, n.v.
4 BMF, Schreiben v. 26.5.2005, BStBl 2005 I S. 689 Tz. 27.
5 BFH, Urteil v. 18.9.2018 – XI R 30/16. Dazu ausführlich: *Tiede*, StuB 2019 S. 82 ff.
6 BFH, Urteil v. 22.5.2019 – X R 19/17.
7 Vgl. *May/Bechtoldt*, BB 2016 S. 235 ff.

3.11 Abzinsung verzinslicher Rückstellungen in Handels- und Steuerbilanz

Steuerbilanziell unterbleibt eine Abzinsung **ausnahmsweise** dann, wenn die ungewisse Verbindlichkeit selbst **verzinslich** ist (§ 6 Abs. 1 Nr. 3a.e EStG i.V. mit § 6 Abs. 1 Nr. 3 Satz 2 EStG). Ein solcher Ausnahmefall ist etwa gegeben, wenn eine andere Partei das Unternehmen auf eine Leistung verklagt, das Unternehmen spätestens mit Erhebung der Klage in Verzug (§ 286 Abs. 1 Satz 2 BGB) gerät und bei Verurteilung neben der Hauptleistung der Gegenseite auch **Verzugszinsen**, und zwar in Höhe von 8 Prozentpunkten (Entgeltforderungen aus beiderseitigen Handelsgeschäften) oder von 5 Prozentpunkten (sonstige Forderungen) über dem halbjährlich von der Bundesbank bekanntgegebenen Basiszinssatz schuldet (§ 288 Abs. 1 BGB).[1] Nach den Verhältnissen zum 31. 12. 2010 ergibt sich hieraus etwa ein Zinssatz von 0,12 % + 5 % oder 8 % = 5,12 % oder 8,12 %. 134

Der dann steuerbilanziell vorgesehene Verzicht auf die Abzinsung ist dem Grunde nach gerechtfertigt, da das Unternehmen in solchen Fällen nur in Höhe des Nennbetrags wirtschaftlich belastet ist.[2] In einem **Barwertkalkül** wird dies offensichtlich: Bei Übereinstimmung von Nominalverzinsung und Diskontierungssatz entspricht der Nominalwert dem Barwert.

BEISPIEL Eine Schuld von nominal 100 ist in zwei Jahren mit aufgelaufenen Zinsen von 10 % p. a., somit zu 121 zu erfüllen. Bei einem Diskontierungssatz von 10 % entspricht der Barwert 121/1,21 = 100 also dem Nominalwert.

Aus finanzmathematischer Sicht ist dann lediglich eine **Konsistenz** der Annahmen zu fordern:

- Würde der auflaufende Zins beim Erfüllungsbetrag berücksichtigt, wäre eine Diskontierung vorzunehmen (z. B. 121/1,21 = 100).
- Ist Basis der Bewertung nur der Erfüllungsbetrag vor auflaufenden Zinsen (z. B. 100), kann und muss eine Abzinsung unterbleiben (so die steuerbilanzielle Lösung).

Das vorgenannte Kalkül geht dann nicht mehr völlig auf, wenn der auf der Zahlungsstromseite zu berücksichtigende **nominelle Zins** (z. B. 8,12 %) und der **Diskontierungssatz** (5,5 %) **nicht übereinstimmen**. Dem Gesetzeswortlaut und dem BMF-Anwendungsschreiben[3] folgend sind solche Brüche jedoch in Kauf zu nehmen, da § 6 EStG auch im Übrigen (etwa bei der Festlegung eines markt- und laufzeitunabhängigen Zinssatzes von 5,5 %) das Abzinsungsproblem **typisiert** angeht. Eine Abzinsung von verzinslichen Verbindlichkeiten (gewissen oder ungewissen) unterbleibt steuerbilanziell deshalb auch dann, wenn der nominale Zinssatz deutlich vom typisierten Diskontierungssatz abweicht.

Nach einem (offenen) Brief des BMF vom 12. 1. 2016 in Antwort auf eine Verbandsanfrage gelten Verpflichtungen für wertpapiergebundene Zeitwertkonten mit Nominalwertgarantie und Teilhabe des Arbeitnehmers an der Wertsteigerung als verzinslich und sind daher nicht abzuzinsen. Voraussetzung ist, dass die Zeitwertkonten unter Ausschluss der Rückführung durch einen Dritten geführt werden (§ 7e Abs. 2 Satz 1 SGB IV).

Handelsbilanziell besteht keine (explizite) Ausnahmeregelung bzgl. eines **Abzinsungsverzichts** für **verzinsliche** Rückstellungen. Im Sinne der vorstehenden Konsistenzüberlegungen (→ Rz. 134) bieten sich dann zwei prinzipiell gleichwertige Lösungen an: 135

1 http://www.bundesbank.de/info/info_zinssaetze.php.

2 *Kulosa* in Schmidt, EStG, 36. Aufl. 2017, § 6 Tz. 461.

3 BMF, Schreiben v. 26.5.2005 – IV B 2 – S2175 – 7/05, BStBl I S. 699 Tz. 13.

- Der **Erfüllungsbetrag** wird als zum Erfüllungszeitpunkt voraussichtlich aufzuwendender **Geldbetrag** interpretiert[1] und umfasst dann auch die erwarteten Zinsen. Der so „erhöhte" Betrag wird abgezinst.[2]
- Unter Verweis auf das Stichtagsprinzip werden die nach dem Stichtag entstehenden Zinsen als nicht rückstellungsfähig, weil wirtschaftlich noch nicht verursacht,[3] erachtet. Zur zutreffenden Darstellung der wirtschaftlichen Belastung des Unternehmens muss auf eine Diskontierung verzichtet werden. Die Vernachlässigung der Zinsen in der Zahlungsreihe bei gleichzeitiger Diskontierung würde demgegenüber gegen fundamentale finanzmathematische **Äquivalenzanforderungen** verstoßen. Falls der Begriff Erfüllungsbetrag eng – unter Ausschluss der erst nach dem Stichtag entstehenden Zinsen – interpretiert wird, ist daher im Wege der teleologischen Reduktion eine **einschränkende** Auslegung der Abzinsungsvorschrift geboten, wonach diese wie im Steuerecht bei verzinslichen Verbindlichkeiten nicht gilt.[4]

BEISPIEL[5] Die X AG macht innerhalb des Garantiezeitraums Mängel an einer von U GmbH erbrachten Lieferung geltend und verlangt deshalb eine Minderung des bereits gezahlten Kaufpreises um 100 T€. Beide Parteien können sich nicht über die Wesentlichkeit des eingetretenen Mangels einigen. Die X AG erhebt daraufhin Klage über 100 T€ nebst Verzugszinsen ab Klageerhebung. Die Klage wird der U GmbH am 31. 12. 2010 zugestellt.

Der Anwalt der U GmbH hält die Angelegenheit zwar nicht für aussichtslos, sieht aber in einer erbetenen Gesamtwürdigung doch „mehr Gründe, die für eine Verurteilung sprechen könnten". Er rechnet mit einer Verfahrensdauer von 1 ³/₄ Jahren (21 Monaten).

LÖSUNG 1 **Diskontierung:**

Die Verzugszinsen werden als Teil des Erfüllungsbetrags interpretiert. Der Gesamtbetrag wird abgezinst.

Kaufpreisminderung	100,00		
Verzugszinsen (21/12*5,12 %)	8,96		
Erfüllungsbetrag (A)	108,96		108,96
Abzinsungsfaktor 1 Jahr (1/1,0375)	0,9639	0,9639	
Abzinsungsfaktor 2 Jahre ($1/1,039^2$)	0,9263		
Differenz	0,0375		
davon 9/12		-0,0281	
Abzinsungsfaktor 21 Monate (B)		0,9357	0,9357
Diskontierter Betrag (A x B)			101,95

LÖSUNG 2 **Verzicht** auf Diskontierung:

Nur die Hauptforderung von 100 wird zurückgestellt, und zwar unabgezinst.

1 So *Kropp/Wirtz*, DB 2011 S. 541 ff.
2 So nun IDW RS HFA 34, Tz. 34.
3 BFH, Urteil v. 5.5.2011 – IV R 32/07, DB 2011 S. 1667.
4 Nach IDW RS HFA 34, Tz. 35, nur zulässig, wenn sich der Zins der Zahlungsreihe und der Abzinsungssatz im Wesentlichen entsprechen.
5 Entnommen: *Lüdenbach*, StuB 2011 S. 674 ff.

3.12 Abzinsung und Verzinsung von Steuern

Ob Steuerschulden, mit deren Zahlung erst für mehr als 12 Monate nach dem Bilanzstichtag zu rechnen ist, abzuzinsen sind, hängt zunächst von der Qualifikation der Schuld ab. Eine Abzinsung kommt handelsrechtlich nur infrage, insoweit die Schuld 135a

- als Rückstellung und
- nicht als Verbindlichkeit

angesehen wird. Hierzu wird auf → § 249 Rz. 146 verwiesen.

Sofern ein Rückstellungscharakter bejaht wird, kann sich noch das Problem der **Verzinslichkeit** der Steuerschuld selbst nach § 233a AO stellen. Hierfür gelten die Ausführungen unter → Rz. 134 f. entsprechend. Soweit die Steuerschuld als Verbindlichkeit angesehen wird, entfällt handelsrechtlich die Abzinsungspflicht (→ Rz. 33).

Für die Verzinsung der Steuerpositionen galt in der Vergangenheit ein Zinssatz von 6 % p. a. nach Ablauf des 15. Monats. Nachdem das **BVerfG** mit Beschluss vom 8.7.2021 – 1 BvR 2237/14, 1 BvR 2422/17 diese Regelung als nicht verfassungsgemäß beurteilt hat, ist der Entwurf eines **2. AO-Änderungsgesetzes** vorgelegt worden. Dieser sah (wie das am 21.7.2022 verkündete Gesetz) einen Zinssatz von 1,8 % p. a. ab 1.1.2019 vor (§ 238 Abs. 1a AO). Da der Referentenentwurf erst im Februar 2022, also nach dem Bilanzstichtag 31.12.2021, veröffentlicht wurde, war die Frage aufgekommen, wie unter Beachtung von Wertaufhellung und Wertänderung mit Steuerpositionen zum 31.12.2021 zu verfahren ist. Der FAB des IDW hielt es für sachgerecht, den im RefE vorgesehenen Zinssatz bei der Beurteilung des derzeit (besten) Schätzwerts zu berücksichtigen, solange die Gesetzesänderung noch nicht rechtskräftig war.[1] Dem ist zuzustimmen. 136

(einstweilen frei) 137–138

V. Abschreibungen auf das Anlagevermögen (Abs. 3)

1. Konzeption

Abs. 3 regelt die **Folgebewertung „nach unten"** des Anlagevermögens. Dabei wird differenziert nach 139

- abnutzbarem und
- nicht abnutzbarem

Anlagevermögen. In der letztgenannten Kategorie erscheinen zusätzlich die Finanzanlagen als Sonderbewertungstatbestand.

Die abnutzbaren Anlagegegenstände müssen „zunächst" **planmäßig** abgeschrieben werden, um dann zusätzlich noch einem **Wertminderungs**test bzgl. der Vornahme einer außerplanmäßigen Abschreibung zu unterliegen. Der letztgenannte Bewertungsschritt gilt auch für die zeitlich unbegrenzt nutzbaren Anlagegegenstände. Den **Finanzanlagen** gebührt das Privileg eines **Wahlrechts**: Schon bei nur vorübergehender Wertminderung **kann** eine außerplanmäßige Abschreibung vorgenommen werden. Bei voraussichtlich dauernder Wertminderung (→ Rz. 203) ist in allen Fällen eine Abschreibung zwingend. **Immaterielle** Anlagegüter sind

1 IDW, Berichterstattung des Fachausschusses Unternehmensberichterstattung über die außerordentliche Sitzung v. 24.2.2022.

nicht planmäßig abzuschreiben, wenn ganz ausnahmsweise die zeitliche Nutzung unbegrenzt ist (DRS 24.106 f.). Ein zeitlich unbegrenztes oder gegen geringes Entgelt unbegrenzt verlängerbares Recht (z. B. eine Marke) hat dann keine unbegrenzte Nutzungsdauer für Bilanzierungszwecke, wenn die unbegrenzte Nutzbarkeit nur durch regelmäßige (und signifikante) Erhaltungsaufwendungen gewährleistet werden kann (DRS 24.108). Ein Beispiel hierfür ist eine Marke, deren Wert nur durch regelmäßige Werbung erhalten werden kann.

Die in Abs. 3 genannten Vorgaben zur Bewertung des Anlagevermögens „nach unten" werden in Abs. 5 (→ Rz. 247) durch eine **Wertaufholungszuschreibung** ergänzt, die bei späterem Wegfall der zuvor bestehenden Gründe für den niedrigeren Wertansatz aufgrund außerplanmäßiger Abschreibung erfolgt. Dies gilt als **Rückausnahme** allerdings nicht für den entgeltlich erworbenen Geschäfts- oder Firmenwert.

Die vorstehenden Bewertungsregeln gelten **rechtsformübergreifend**.

140 Zu den **abnutzbaren** Anlagegegenständen (zeitlich begrenzte Nutzung) gehören im Wesentlichen:

- **Sach**anlagen ohne Grund und Boden und ohne Anlagen im Bau einschließlich Anzahlungen darauf (vgl. das Gliederungsschema des § 266 HGB) sowie
- **immaterielle** Anlagegüter einschließlich Geschäfts- und Firmenwert mit einigen kasuistischen Ausnahmen in der BFH-Rechtsprechung (→ § 246 Rz. 52).

Zu den **nicht abnutzbaren** Anlagegütern gehören im Wesentlichen:

- Grund und Boden,
- Finanzanlagen (vgl. § 266 Abs. 2 HGB),
- geleistete Anzahlungen und im Bau befindliche Anlagen und
- einige immaterielle Vermögensgegenstände (→ § 246 Rz. 52).

141 Die Bezugsgröße der Abschreibungsverrechnung stellt den jeweiligen Vermögensgegenstand mit seinen Anschaffungs- oder Herstellungskosten dar. Dabei ist die Bestimmung des Vermögensgegenstands nicht immer eindeutig. Vielfach sind Anlagegüter nur in „Zusammenarbeit" (→ § 246 Rz. 63 ff.) nutzbar. Es ist dann eine Frage der **Konvention**, ob z. B. die Innenausstattung eines Flugzeugs als eigenständiger Vermögensgegenstand zu werten ist oder nicht (→ § 246 Rz. 70). In IAS 16 löst sich die Abschreibungsgrundlage vom einzelnen Vermögenswert (→ Rz. 149) und identifiziert diese mit dem *„part"* eines *„items"* (sog. **Komponentenansatz**). Wegen der Abstraktheit der Vermögensgegenstand-Definition – ist eine Einbauküche ein einheitlicher Vermögensgegenstand[1] oder sind die Elektrogeräte separat zu beurteilen? – besteht handelsrechtlich kein grundlegender Unterschied zum **Komponentenansatz**.

2. Planmäßige Abschreibung bei zeitlich begrenzter Nutzungsdauer (Abs. 3 Satz 1 und 2)

2.1 Der betriebswirtschaftliche Gehalt

142 Die **zeitlich begrenzte** Nutzungsdauer ist der vom Gesetz verwendete Begriff für die eher umgangssprachliche Ausdrucksweise „abnutzbar", wie sie auch zuvor gebraucht worden ist.

1 So das FG Köln, Urteil v. 16.1.2008 – 14 K 4709 – 4709/04, DStRE 2009 S. 131, rkr. Offengelassen von IDW RH HFA 1016 (→ Rz. 149).

Das **Erfordernis** der Abschreibungsverrechnung für abnutzbare Anlagegüter kann man aus zwei Blickwinkeln betrachten:

- Der **Ertragslage**: Die Abnutzung im Zeitverlauf soll **periodengerecht** im Aufwand verrechnet werden oder anders ausgedrückt: Die Anschaffungs- oder Herstellungskosten sind auf den Zeitraum der Nutzung zu verteilen (**dynamische** Interpretation).
- Der **Vermögenslage**: Die **Wertminderung** der Anlagegegenstände durch Nutzung im Zeitverlauf ist zu berücksichtigen (**statische** Interpretation).

Buchungstechnisch kann die Abschreibung **direkt** oder **indirekt** verrechnet werden:

- Bei direkter Erfassung ist der betreffende Aktivwert um die Abschreibung zu vermindern.
- Bei indirekter Erfassung ist ein (weiteres) passivisches Konto mit dem Abschreibungsbetrag zu erkennen.

Die indirekte Form der Abschreibungsverrechnung korrespondiert buchungstechnisch mit der Bruttodarstellung des Anlagevermögens gem. § 284 Abs. 3 HGB.

2.2 Der Abschreibungsplan

2.2.1 Der Planinhalt

Der Abschreibungsplan wird durch fünf **Tatbestände** bestimmt,[1] sobald der betreffende Vermögensgegenstand als abnutzbares Anlagevermögen identifiziert worden ist (→ Rz. 140): 143

- Abschreibungsobjekt (→ Rz. 129),
- Anschaffungs- oder Herstellungskosten als Bemessungsgrundlage der Abschreibung (→ Rz. 156),
- Abschreibungsbeginn (→ Rz. 162),
- voraussichtliche Nutzungsdauer (→ Rz. 145) bzw. Nutzungsintensität (→ Rz. 154),
- Abschreibungsmethode (→ Rz. 165) und
- Höhe eines etwaigen Restwerts (→ Rz. 156).

Zu einer etwaigen Planänderung vgl. → Rz. 171.

Der **Verzicht** auf **detaillierte** Regelungen im Gesetz überrascht auf den ersten Blick, weil in der Rechnungslegungspraxis und in den Buchhalterschulen gerade diese Aspekte der Abschreibungsverrechnung im Vordergrund stehen. Der Grund für diese Enthaltsamkeit des Gesetzgebers im HGB besteht in der detaillierten Regelungssystematik des **Steuerrechts** (dort Absetzung für Abnutzung = AfA genannt), das in einer **besonderen Form** der **umgekehrten Maßgeblichkeit** die Szene beherrscht (hat) und durch das BilMoG nicht insgesamt abgeschafft worden ist. Das HGB bietet hier einen großen, weil unbestimmten Rahmen für die Ausfüllung des Abschreibungsplans, die in den überwiegenden Praxisanwendungsfällen durch die steuerlichen Vorgaben ihre Erfüllung erhält. Dabei wird in systematischer Sicht das Abschreibungsverfahren dem Steuerrecht entnommen, aber in der Handelsbilanz ausgeübt, um dem Ziel einer einheitlichen Abschreibungsverrechnung nachzukommen. Bei besonderer bilanzpolitischer Vorgabe kann es sich auch anders verhalten, nachdem durch Abschaffung der umgekehrten Maßgeblichkeit die Abschreibungsmethode in der Handels- und Steuerbilanz austauschbar geworden ist (→ Rz. 167). Zur Anwendbarkeit der steuerlichen **Abschreibungsvereinfachungen** – 144

1 Vgl. *ADS*, 6. Aufl., § 253 Tz. 364.

GWG, Poolabschreibungen – in der Handelsbilanz vgl. → § 252 Rz. 239 ff., zu den konkreten Anforderungen an GWG- und Poolabschreibung → Rz. 173 ff.

2.2.2 Die Nutzungsdauer bzw. -intensität

145 Diese Anlehnung der handelsbilanziellen Rechnungslegungspraxis an die steuerbilanziellen Vorgaben hat ihren guten Grund: Bei der Bestimmung der **Nutzungsdauer** ist jeder Buchhalter auf Konventionen, externe oder interne Vorgaben angewiesen. Deshalb greift er gern zu den **einkommensteuergesetzlichen** Abschreibungsbestimmungen des § 7 EStG für Gebäude und den AfA-Tabellen der Finanzverwaltung, durch welche die „betriebsgewöhnliche Nutzungsdauer" kraft Amtes – allerdings nicht rechtsverbindlich[1] – „festgelegt" wird (§ 7 Abs. 1 Satz 2 EStG). Zum abnutzbaren Sachanlagevermögen werden regelmäßig die einschlägigen Abschreibungstabellen der Finanzverwaltung konsultiert. Diese stellen eine Dienstanweisung dar und enthalten ein Angebot der Verwaltung für eine auch vom Steuerpflichtigen anzunehmende Schätzung. Sie binden die Gerichte nicht, geben diesen allerdings Anhaltspunkte für eine Entscheidung.[2] Auch die Sofortabschreibung für geringwertige Anlagegüter nach § 6 Abs. 2 EStG bzw. die Poolabschreibung gem. § 6 Abs. 2a EStG können u. E. in der handelsrechtlichen Rechnungslegungspraxis angewandt werden (→ Rz. 173).

146 Gegen die Bezugnahme auf die steuerlichen Vorgaben mag man wegen deren (auch) fiskalpolitischer Motivation systematisch orientierte **Bedenken** erheben. Deshalb wird ihrer Übernahme in die handelsrechtliche Bilanzierung auch nur unter Vorbehalt zugestimmt.[3] Andererseits kann niemand ex ante – also bei der Ausfüllung des Abschreibungsplans durch die Nutzungsdauer – den Beweis für eine kürzere Nutzungsdauer als 13 Jahre für Büromöbel antreten. Das wird allenfalls dann gelingen, wenn in dem betreffenden Unternehmen Büromöbel „grundsätzlich" alle zehn Jahre ausgetauscht werden. Vergleichbares gilt für die Nutzungsdauer von Gebäuden, bei denen die steuerlichen AfA-Sätze nur dann anzuwenden sein sollen, „wenn sie den wirtschaftlichen Gegebenheiten entsprechen".[4] Nur: Wann ent- oder widersprechen die undefinierbaren „wirtschaftlichen Gegebenheiten" den steuerlichen Vorgaben der Nutzungsdauer? Wer will die „Richtigkeit" einer Gebäudenutzung von 38 statt 50 Jahren „beweisen"? Und wenn tatsächlich die „wirtschaftlichen Gegebenheiten" eindeutig für eine kürzere Nutzungsdauer sprechen, dann müssten diese auch steuerlich anzuerkennen sein, z. B. die Gebäudeabschreibung im Einzelhandel.[5] Das IDW[6] nennt für Wohngebäude eine Nutzungsdauer von i. d. R. nicht unter 50 Jahren und nicht über 80 Jahren, für gewerblich genutzte Gebäude ist die Nutzungsdauer regelmäßig kürzer als für Wohngebäude. Zur Nutzungsdauer bei gebraucht erworbenen Gebäuden bzw. zur Restnutzungsdauer bei nachträglichen Herstellungskosten (Rz 159) vertritt das FG Düsseldorf[7] die Ansicht, dass das in Anlage 4 der Sachwertrichtlinie[8] enthaltene „Modell zur Ableitung der wirtschaftlichen Restnutzungsdauer für Wohngebäude unter Berücksichtigung von Modernisierungen" ein geeignetes Verfahren dar-

1 BFH, Urteil v. 14.4.2011 – IV R 46/09, DStR 2011 S. 1024 Tz. 32 ff.

2 FG Niedersachsen, Urteil v. 9.7.2001, EFG 2014 S. 1789.

3 Vgl. *ADS*, 6. Aufl., § 253 Tz. 379.

4 Vgl. *ADS*, 6. Aufl., § 253 Tz. 379.

5 OFD Hannover, Vfg. v. 8.10.2008 – S 2741 – 162 – StO 233/234, DB 2008 S. 2567.

6 IDW RS IFA 2, Tz. 24.

7 FG Düsseldorf, Urteil v. 12.7.2019 – 3 K 3307/16 F.

8 Richtlinie zur Ermittlung des Sachwerts (Sachwertrichtlinie; SW-RL) v. 5.9.2012 (BAnz AT 18.10.2012, B1), Fundstelle: NWB OAAAE-26075.

stellt. Das Modell operiert mit einer Punktetabelle zur Ermittlung des Modernisierungsgrades und leitet daraus unter Berücksichtigung der ursprünglichen Nutzungsdauer sowie des Alters im Bewertungszeitpunkt eine Restnutzungsdauer ab.

Gegen die Anwendung der **steuerlichen** Nutzungsdauern bei der handelsrechtlichen Abschreibungsverrechnung bestehen somit im Regelfall keine konzeptionellen Vorbehalte. Wegen des Sonderfalls der planmäßigen Abschreibung auf den Geschäfts- oder Firmenwert wird verwiesen auf → § 285 Rz. 105 und → § 309 Rz. 7.

Fraglich ist, ob der vorstehende Befund durch das im Februar 2021 veröffentlichte **BMF-Schreiben** zur Abschreibung von **Hardware und Software** ins Wanken gerät.[1] Das Schreiben hält einleitend fest, dass für die raschem technischem Wandel unterliegende Hard- und Software seit rund 20 Jahren die betriebsgewöhnliche Nutzungsdauer nicht mehr geprüft wurde und es deshalb einer Anpassung an die geänderten tatsächlichen Verhältnisse bedarf. Diese Änderung fällt drastisch aus: Eine **Nutzungsdauer von nur noch einem Jahr** wird unterstellt für 146a

- Computerhardware, d. h. Computer, Desktop-Computer, Notebooks, Desktop-Thin-Clients, Workstations, Dockingstations, externe Speicher- und Datenverarbeitungsgeräte (Small-Scale-Server), externe Netzteile sowie Peripheriegeräte (Tastatur, Maus, Scanner, Kamera, Headset, externe Speicher, Beamer, Plotter, Monitor, Drucker),
- Software, d. h. Betriebs- und Anwendersoftware zur Dateneingabe und -verarbeitung, neben Standardanwendungen auch auf den individuellen Nutzer abgestimmte Anwendungen wie ERP-Software, Software für Warenwirtschaftssysteme oder sonstige Anwendungssoftware zur Unternehmensverwaltung oder Prozesssteuerung.

Handelsrechtlich wird man dem für die Wirtschaftsgüter nicht folgen können, deren tatsächliche durchschnittliche Nutzungsdauer im Unternehmen erfahrungsgemäß zwei oder mehr Jahre beträgt.[2] Ein Teil dieser Wirtschaftsgüter – etwa einfache Drucker und Notebooks, Tastaturen, Netzteile, Standardsoftware usw. - wird aber die Wertgrenzen für die sofortige GWG-Abschreibung nicht überschreiten, sodass sich die Frage einer tatsächlichen längeren Nutzungsdauer hier unter Wesentlichkeitsgesichtspunkten nicht stellt (→ Rz. 177).

Im Februar 2022 ist das BMF-Schreiben zur Abschreibung digitaler Wirtschaftsgüter mit dem Ziel der Schaffung von mehr Rechtssicherheit aktualisiert worden.[3] Praktisch bedeutsam sind insbesondere folgende Bestimmungen:

- Tz. 1.1: „Die Anwendung der kürzeren Nutzungsdauer stellt kein Wahlrecht im Sinne des § 5 Absatz 1 EStG dar", d. h., es gilt keine Maßgeblichkeit der Handelsbilanz.
- Tz. 1.4: „Es wird nicht beanstandet, wenn abweichend zu § 7 Absatz 1 Satz 4 EStG die Abschreibung im Jahr der Anschaffung oder Herstellung in voller Höhe vorgenommen wird", wobei ohnehin fraglich ist, ob die Abschreibung der digitalen Wirtschaftsgüter überhaupt § 7 Abs. 1 EStG unterliegt, da dort in Satz 1 nur Wirtschaftsgüter angesprochen sind, deren Nutzung sich „erfahrungsgemäß auf einen Zeitraum von mehr als einem Jahr erstreckt."

1 BMF, Schreiben v. 26.2.2021 – IV C 3 – S 2190/21/10002 :013 DOK 2021/0231247.

2 So nun auch: *IDW*, Zweifelsfragen zu den Auswirkungen der Ausbreitung des Coronavirus auf die Rechnungslegung und deren Prüfung (Teil 3, 5. Update, April 2021).

3 BMF, Schreiben v. 22.2.2022 – IV C 3 – S 2190/21/10002 :025 DOK 2022/0186479.

Das IDW hat anlässlich des geänderten BMF-Schreibens seine Auffassung bekräftigt, dass die steuerlichen Nutzungsdauern regelmäßig nicht in der Handelsbilanz zugrunde gelegt werden können.[1]

146b Bei **immateriellen** Anlagegütern fehlen steuerliche Vorgaben, an denen sich auch die Handelsbilanz orientieren könnte. Stattdessen soll man sich an „rechtlichen, wirtschaftlichen und sonstigen (!) Faktoren" orientieren (DRS 24.97). Beispielhaft nennt DRS 24.98:

- unternehmensindividuelle Gegebenheiten,
- Produktlebenszyklen ähnlicher immaterieller Vermögensgegenstände,
- (erwartete) technische und technologische Veralterung,
- wirtschaftliche Stabilität der Branche,
- Abhängigkeit der Nutzungsdauer des immateriellen Vermögensgegenstands von der Nutzungsdauer anderer Vermögensgegenstände des Unternehmens.

Durch das BilRUG ist eine pauschalierte Nutzungsdauer für selbstgeschaffene Immaterialgüter und den Geschäfts- oder Firmenwert von zehn Jahren normiert (→ Rz. 147), wenn eine verlässliche Schätzung der Nutzungsdauer nicht möglich ist. Bei unbeschränkter zeitlicher Nutzung – z. B. Nutzungs- oder Leitungsrecht – darf eine Abschreibung nicht erfolgen. Umgekehrt ist eine Abschreibung auf Marken, Drucktitel i. S. des § 248 Abs. 2 Satz 2 HGB (→ § 248 Rz. 10) vorzunehmen, wenn die unbeschränkte Nutzungsdauer nur durch laufende Unterhaltsaufwendungen (z. B. Werbung) aufrechterhalten werden kann (DRS 24.108). Der BFH sieht den Verzicht einer planmäßigen Abschreibung nicht erst dann vor, wenn die Nutzungsdauer unbegrenzt ist (etwa bei einem Schutzrecht, das ohne Weiteres verlängert werden kann). Es reicht aus, dass die Nutzungsdauer unbestimmbar ist.[2]

147 Als Beispiel für eine nicht (umgekehrt) maßgebliche Bestimmung der Nutzungsdauer ist die steuerliche Abschreibungsvorgabe für den **Geschäfts-** oder **Firmenwert** von 15 Jahren gem. § 7 Abs. 1 Satz 3 EStG. Das BilRUG sieht in § 253 Abs. 3 Satz 3 HGB für selbstgeschaffene immaterielle Anlagegüter (→ § 248 Rz. 7 ff.) bei nicht verlässlicher Schätzungsmöglichkeit der Nutzungsdauer eine planmäßige Abschreibung auf zehn Jahre vor. Entsprechendes gilt nach § 253 Abs. 3 Satz 4 HGB für den entgeltlich erworbenen *Goodwill*. Im Anhang ist der gewählte Abschreibungszeitraum für den *Goodwill* zu erläutern (→ § 285 Rz. 107), nicht dagegen für die selbst erstellten Immaterialgüter des Anlagevermögens. Bzgl. der fehlenden (oder vorhandenen) verlässlichen Schätzungsmöglichkeit ist dem Bilanzierer ein weites Argumentationsfeld eröffnet.

Die **Leistungsabgabe** eines Anlagegutes muss nicht zwingend durch den **Zeit**verlauf definiert werden. Ein Anlagegut wird häufig nur in Intervallen innerhalb eines Zeitraumes genutzt (→ Rz. 143). Oder die Nutzung einer (z. B.) Maschine erfolgt entgegen der üblichen Beanspruchung im Mehrschichtbetrieb. In diesen Fällen ist aus betriebswirtschaftlicher Sicht bei der Abschreibungsbemessung neben dem bloßen Zeitverlauf auch die **Intensität** der Nutzung (Gebrauchsverschleiß) innerhalb der planmäßigen Verwendung zu berücksichtigen. Steuerlich ist diese leistungsabhängige Abschreibungsverrechnung nach § 7 Abs. 1 Satz 6 EStG bei wirtschaftlicher Begründung zulässig. Erforderlich ist nach Auffassung der Finanzverwaltung in R 7.4 Abs. 5 EStR der Nachweis der Leistung je Wirtschaftsjahr durch Zählwerk, Betriebsstun-

1 IDW, Berichterstattung über die 268. FAB-Sitzung v. 18.5.2022.
2 So etwa BFH, Urteil v. 21.2.2017 – VIII R 56/14 für eine erworbene Vertragsarztzulassung.

denzähler oder (bei Kfz) durch Kilometerzähler (Abschreibung nach Leistungsmenge). Dem kann auch handelsrechtlich gefolgt werden.

Nicht allgemein anerkannt ist eine Abschreibungsverrechnung nach der Erlöserwartung, etwa im Rahmen eines Produktzyklus.

BEISPIEL[1] Der Pharmaproduzent errichtet eine neue Maschinenanlage mit einer Nutzungsdauer von zehn Jahren zur Produktion des noch fünf Jahre patentgeschützten Wirkstoffes. In dieser Zeit ist nicht nur die Absatzmenge höher, sondern auch der Erlös je Packung dreimal so hoch wie danach wegen der Konkurrenz durch Generika.

Nach einem älteren BFH-Urteil[2] soll die planmäßige Abschreibung den „Rückgang des Nutzwertes" einer Anlage erfassen. Dabei sei auch das „Fortschrittsrisiko" zu berücksichtigen, u. a. in den Fällen, in denen Änderungen, „die den Fabrikanten zu Preisherabsetzungen zwingen", dazu führen, „dass die Leistung der Maschinen für den Betrieb, ihr Reinertrag sinkt". Das Urteil interpretiert die Leistung mithin als Ertrags- und nicht als reine Mengengröße. Im vorstehenden Beispiel wäre demnach eine Orientierung an den Ertragserwartungen sachgerecht, die in den ersten fünf Jahren zu höheren Abschreibungen führen würde als in den folgenden fünf Jahren.

- Die Nutzung in Intervallen kann handels- und steuerbilanziell (in Teilbereichen) durch die Leistungsabschreibung erfolgen (→ Rz. 143).
- Für die übermäßige Beanspruchung im z. B. Schichtbetrieb kann steuerlich u. E. auf die Rechtsfigur der **außergewöhnlichen** Abnutzung nach § 7 Abs. 1 Satz 7 EStG reflektiert werden.

2.2.3 Abschreibungsobjekt (Komponenten)

Zur Bestimmung der Nutzungsdauer eines Anlageguts bedarf es zweier vorab zu klärender Tatbestandsmerkmale, denn „das" Wirtschaftsgut bzw. „der" Vermögensgegenstand ist **Gegenstand** der Abschreibung: 148

- Liegt **ein** oder liegen **mehrere** Vermögensgegenstände vor (zum Begriffsinhalt, → § 246 Rz. 12 ff.)?
- Wenn es sich tatsächlich um **einen** Vermögensgegenstand handelt, können **Teile** davon einer unterschiedlichen Nutzungsdauer unterliegen?

Die erstgenannte Frage wird in der Rechnungslegungspraxis und auch in der Kommentierung meistens am Beispiel des Gebäudes „geregelt"; und das wiederum anhand der vorliegenden BFH-Rechtsprechung und der ergänzenden Stellungnahmen der Finanzverwaltung (→ § 266 Rz. 30 ff.).

BEISPIELE

- Das Bürogebäude stellt zusammen mit der Heizungs-, Klima- und Elektroanlage sowie der Sanitärinstallation **ein** Gebäude dar. Vor 1970 sah man dies noch anders.
- Im Warenkaufhaus stellt die Rolltreppe einen Gebäudebestandteil dar. Nicht dagegen der Lastenaufzug (gilt als Betriebsvorrichtung im bewertungsrechtlichen Sinn; → § 266 Rz. 37).

1 Nach *Lüdenbach*, StuB 2013 S. 384, dort mit Berechnungen.

2 BFH, Urteil v. 11.2.1955 – IV 102/53 U, BStBl 1955 III S. 165.

Außerhalb des Wirtschaftsguts „Gebäude“ fehlen regelmäßig vergleichbare steuerliche Abgrenzungskriterien.

BEISPIELE

- Für ein **Flugzeug** ist nicht geklärt, ob der Rahmen einen von den Triebwerken getrennten Vermögensgegenstand darstellt.
- Für den **Lastzug** ist unklar, ob die Zugmaschine zusammen mit dem Auflieger einen Vermögensgegenstand repräsentiert oder zwei vorliegen.
- Beim **Flughafen** stellt sich die Frage, ob das Terminalgebäude zusammen mit den Flugpisten einen einzigen oder mehrere Vermögensgegenstände darstellt.
- Im letztgenannten Fall ist dann die Frage, ob die **Flugpisten** insgesamt einen Vermögensgegenstand darstellen oder aber drei; nämlich die eigentlichen Start- und Landebahnen (*runways*), die Rollwege (*taxiways*) und die Stellflächen (*ramps*).[1]

Die Beispiele belegen: Der Inhalt und insbesondere auch der Umfang eines Vermögensgegenstands kann mithilfe von dessen **abstrakten Definitionsmerkmalen** (→ § 246 Rz. 63 ff.) in vielen Fällen nicht eindeutig bestimmt werden. Man kann dann für Zwecke der Abschreibungsbemessung und Festlegung der Nutzungsdauer auch **zirkulär** argumentieren, nämlich: Die Nutzungsdauer der Start- und Landebahnen ist kürzer als diejenige der Stellflächen, also liegt ein eigenständiger Vermögensgegenstand vor. Diese Vorgehensweise würde allerdings wieder gegen den Definitionsbestandteil des Vermögensgegenstands verstoßen, nämlich die gesonderte Verwertbarkeit. Ein Flughafengelände kann nur zusammen mit allen drei Typen der Betriebsflächen genutzt und verkauft werden.

149 Dieses Dilemma haben die IFRS in IAS 16.13 elegant gelöst (→ § 246 Rz. 70). Sie bestimmen die Abschreibung unabhängig von der Definition eines Vermögenswerts – diese ist genauso abstrakt wie diejenige des Vermögensgegenstands – anhand der wesentlichen Bestandteile eines undefiniert bleibenden *„items“* (sog. ***components approach***). Danach bleibt die Frage offen, ob das Flugzeug in zwei Bestandteile – Rahmen und Triebwerke – „zerfällt“ oder nicht. Die Abschreibung kann nach der jeweiligen mutmaßlichen und mit Sicherheit unterschiedlichen Nutzungsdauer bestimmt werden, also z. B. 30 Jahre für den Rahmen und 15 Jahre für die Triebwerke (→ Rz. 141).

150 Das IDW[2] will als handelsrechtliches Bilanzierungs**wahlrecht** dem Komponentenansatz folgen und sieht darin keinen Verstoß gegen den Einzelbewertungsgrundsatz (→ § 252 Rz. 45; → § 246 Rz. 63 ff.). Entgegen dem Inhalt von IAS 16.13 erfolgt allerdings eine Beschränkung auf physische Komponenten, d. h. künftige Großreparaturen und Inspektionen werden aus diesem (handelsrechtlichen) Wahlrecht ausgenommen.[3] Auch das Kriterium des einheitlichen Nutzungs- und Funktionszusammenhangs (→ § 246 Rz. 64) soll dem IDW zufolge durch die Separierung der Abschreibungsverläufe nicht berührt sein.

151 Folgt man der rechtlichen Möglichkeit der Anwendung unterschiedlicher Abschreibungsverläufe gem. technischer und wirtschaftlicher Abnutzung, stellt sich die Frage nach der **Bestimmung** dieser *„parts“* (→ § 246 Rz. 70) als Ausgangsgröße der Abschreibungsbemessung.[4]

1 Vgl. *Aschendorf*, StBp 1996 S. 188.

2 IDW HFA RH 1016, Tz. 8. Dagegen *Herzig et al.*, WPg 2010 S. 564: „keine atomistische Bewertung“; dafür *Husemann*, WPg 2010 S. 507. Ablehnend auch der BFH, Urteil v. 14.4.2011– IVR 46/09, BStBl II S. 696 Tz. 24.

3 Dazu kritisch *Linder*, DStR 2011 S. 1238.

4 Vgl. hierzu im Einzelnen *Husemann*, WPg 2010 S. 507.

Das **Gebäude** als bislang einheitlich abzuschreibender Vermögensgegenstand wäre aufzuteilen in

- **Tragwerk:** Fundamente, Decken, Mauern, Stützen,
- **Gebäudehülle:** Dach, Fassade, Fenster, Eingänge,
- **technische Ausrüstung:** Heizung, Kühlung, Lüftung, Sanitär, Elektro, Aufzüge etc.,
- **Innenausbau („Dekoration"):** Trockenbau, Fußböden.

Für das **Flugzeug** kommt folgende Aufteilung in Betracht:

- Rahmen,
- Triebwerk,
- Inneneinrichtung.

Für die **Müllverbrennungsanlage**:

- Entladehalle,
- Abfallbunker,
- Rostfeuerung,
- Schlackenaustragung,
- Dampferzeugung,
- Elektrofilter,
- Energienutzung,
- Speisewassererwärmer,
- Katalysator,
- Rückstromwirbler/Gewerbefilter,
- Kamin,
- Emissionsmessstation.

Die Müllverbrennungsanlage provoziert dann wieder die Frage, ob aus handelsrechtlicher Sicht die (z. B.) Dampferzeugung einen **Vermögensgegenstand** darstellt oder nicht (→ § 246 Rz. 63 ff.). Dieses nicht lösbare Problem umgeht zum Vergleich IAS 16.13 elegant: Ob ein Vermögensgegenstand („*item*") vorliegt oder nicht, spielt keine Rolle; zu identifizieren sind *„part"*, die eine eigenständige Nutzungsdauer aufweisen. Pragmatisch wird man in der HGB-Bilanzierung möglicherweise wegen besonderer Nutzungsdauern (also retrograd) im Flugzeugtriebwerk einen eigenständigen Vermögensgegenstand erkennen.

Allzu weit kann und muss man bei der **wahlweisen** Komponentenabschreibung nach dem IDW RH 1016 nicht gehen. Der *Cost-Benefit*-Gesichtspunkt (→ § 252 Rz. 244) und die Wesentlichkeit (→ § 252 Rz. 233 ff.) sind gebührend zu beachten, gerade und weil die Schätzung der Nutzungsdauer nur in weiten Ermessensspielräumen erfolgen kann. 152

Beim Übergang von einer bisherigen einheitlichen Abschreibung zur Komponentenabschreibung weicht der retrospektiv ermittelte Wert, der sich ergeben hätte, wenn von Anfang an nach Komponenten abgeschrieben worden wäre, regelmäßig vom bisherigen Buchwert ab. Je nach Alter des Gegenstandes, nach Verhältnis kurzlebiger zu langlebigen Teilen usw. liegt der retrospektive Wert unter oder über dem bisherigen Buchwert. Die Frage, wie mit dieser Differenz umzugehen ist, behandelt IDW RS HFA 1.006 nicht. 152a

Die Tatbestandsvoraussetzungen für eine außerplanmäßige Abschreibung (Abs. 3 Satz 5) bzw. bei umgekehrten Vorzeichen die Differenz für eine Zuschreibung (Abs. 5 HGB) sind i. d. R. nicht gegeben. Da eine einmalige Anpassung des Buchwertes somit ausscheidet, bleibt nur die Realisierung des Unterschiedsbetrags zwischen bisheriger Bewertung und retrospektivem Wert über die Restnutzungsdauer. Allerdings fehlt es wegen der Komponentenabschreibung an einem einheitlichen Restzeitraum. Unterschiedliche Restnutzungsdauern liegen vor. Deren Anwendung setzt aber zunächst voraus, dass der bisherige Buchwert auf die Komponenten aufgeteilt wird. Bei anfänglicher Aufteilung eines Gesamtkaufpreises auf Komponenten wäre nach IDW RS IFA 2 Tz. 21 auf das Verhältnis der Verkehrswerte der Komponenten abzustellen. Beim hier interessierenden Fall eines späteren Übergangs bietet sich analog an, das Verhältnis der aktuellen Verkehrswerte im Übergangszeitpunkt heranzuziehen. Im Vergleich zu einer Orientierung an den ursprünglichen Verkehrswerten bringt dies nicht nur regelmäßig eine praktische Erleichterung. Es entspricht überdies besser den konzeptionellen Grundlagen der Komponentenabschreibung, die etwa den Austausch einer Komponente nicht als Instandhaltungsaufwand, sondern als Ab- und Zugang behandelt. Wenn demzufolge einzelne Komponenten schon ausgetauscht worden sein sollten, wären die ursprünglichen Verkehrswerte schon deshalb obsolet.[1]

153 **Steuerlich** wird einer entsprechenden Vorgehensweise von der Finanzverwaltung und vom BFH[2] nicht gefolgt werden, da sie gegen eine ganze Phalanx von gegenteiligen Präjudizien verstieße. Dabei ist allerdings die BFH-Rechtsprechung im Ergebnis auch schon unter anderer Überschrift dem Komponentenansatz in **retrograder** Form gefolgt, beispielsweise bei der Bestimmung der Abschreibungsdauer von z. B. Ladeneinbauten und Betriebsvorrichtungen in Gebäuden (→ § 246 Rz. 68).

154 Ein weiteres Problem der Bestimmung der Nutzungsdauer resultiert aus **nachträglichen** Herstellungskosten (→ § 255 Rz. 156 ff.). Damit kann eine Verlängerung der ursprünglich festgelegten Nutzungsdauer verbunden sein, insbesondere wenn diese nach Aktivierung auf einer wesentlichen Verbesserung des betreffenden Vermögensgegenstands, regelmäßig eines Gebäudes, beruht. Der Abschreibungsplan bedarf dann einer Änderung (→ Rz. 171).

155 Die „Nutzungs**dauer**" lässt sich inhaltlich in zwei Ausprägungen übersetzen:

- Die **effektive** Nutzung durch die Arbeit einer Maschine, eines Flugzeugtriebwerks etc. („Intensität");
- der „reine" **Zeitverlauf**.

Die erstgenannte Verteilungsmethode kann man mit den Begriffen des EStG (§ 7 Abs. 1 Satz 6 EStG) auch als **leistungsabhängiges** Abschreibungsverfahren bezeichnen. Sie ist z. B. bei Lkw auf der Grundlage der mutmaßlichen Laufleistung oder beim Flugzeugmotor entsprechend der kalibrierten Betriebszeit anwendbar. Diese auch handelsrechtlich zulässige Bestimmung der Nutzungsdauer kommt in der Praxis allerdings eher selten zur Anwendung. Hier dominiert die Aufwandsverteilung der Anschaffungs- oder Herstellungskosten nach dem reinen Zeitverlauf. Dieser ist andererseits nach der der Investition zugrunde liegenden Produktionsplanung auch eng mit der effektiven Nutzung verbunden, so dass sich in vielen Fällen keine nennenswerten Abweichungen zwischen den beiden Verfahren zur Bestimmung der Nutzungsdauer ergeben.

---

1 Vgl. zum Ganzen *Lüdenbach*, StuB 2018 S. 634.

2 So der BFH, Urteil v. 14.4.2011 – IV R 46/09, DStR 2011 S. 1024 Tz. 24.

Zur Bemessung der Nutzungsdauer ist nicht die **technische**, sondern die **wirtschaftlich** sinnvolle Verwendungsmöglichkeit maßgeblich.[1] Dabei kann die wirtschaftliche Nutzungsdauer nie länger sein als die technische, wohl aber umgekehrt.

BEISPIEL Der Ladenumbau eines modisch orientierten Kleidungsfilialisten hält physisch 30 Jahre. Der Geschmackswandel der Kundschaft verlangt einen Ersatz nach spätestens sieben Jahren.

In der industriellen Fertigung sind häufig **Produktlebenszyklen** festzustellen, z. B. bei den Modellen der Automobilindustrie. Die zur Fertigung benötigten Maschinen werden bzgl. ihrer wirtschaftlichen Nutzungsdauer von diesem Zyklus beeinflusst, d. h. gegenüber der technischen Verwendungsmöglichkeit verkürzt.

Eine planmäßige Abschreibung ist andererseits vorzunehmen, wenn ein Vermögensgegenstand trotz **technischer** Abnutzung keine Wertminderung erfährt.[2]
Eine Produktionseinheit – in casu eine Windkraftanlage – soll dem BFH zufolge aus drei ineinander verzahnten Wirtschaftsgütern bestehen (→ § 246 Rz. 71).[3] Dennoch bestimmt das Wirtschaftsgut, das dem Komplex das Gepräge gibt, mitunter die Nutzungsdauer der übrigen zugehörigen Wirtschaftsgüter. So muss nach 16 Jahren der Nutzung einer Windkraftanlage diese nach den AfA-Tabellen abgeschrieben sein, nicht aber die externe Verkabelung und die Zuwegung, für die längere Nutzungsdauern gelten. Gleichwohl sind diese „Zusatzeinheiten" ebenfalls dem BFH zufolge auf 16 Jahre abzuschreiben, weil bei der dann erfolgenden Ersatzbeschaffung für die (eigentliche) Windkraftanlage die peripheren Einheiten technisch und wirtschaftlich bedingt ebenfalls ersetzt werden müssen.

Der Gesetzesinhalt (handelsrechtlich) bestimmt von den vier Tatbestandsmerkmalen der Abschreibungsverrechnung (→ Rz. 143) lediglich die Anschaffungs- oder Herstellungskosten und überlässt die inhaltliche Ausfüllung der restlichen drei dem Anwender.

2.2.4 Das Abschreibungsvolumen

Die Bestimmung der ersten von **zwei** erforderlichen Größen zur Bestimmung des gesamten Abschreibungsbetrags stellen die **Anschaffungs-** oder **Herstellungs**kosten des abzuschreibenden Vermögensgegenstands (→ Rz. 141) dar, die in § 255 HGB definiert und dort kommentiert sind. Steuerlich stellt die **Einlage** einen Ersatztatbestand für die Anschaffung („anschaffungsähnlich") dar.[4] Die zweite Rechengröße wird durch den mutmaßlichen **Restwert** am Ende der planmäßigen Nutzung bestimmt. Dieser wird in der Praxis allerdings nur dann bei der Abschreibungsbemessung berücksichtigt, wenn der Vermögensgegenstand am Ende der geplanten Nutzung noch wesentliche wirtschaftliche Werte enthält, also Wiederverkaufswert oder Schrottwerte. Hierzu zählen z. B. Chemieanlagen mit hochwertigen Metallen oder das Ausschlachtungspotenzial wie bei Flugzeugtriebwerken oder Schiffen. Die Bestimmung des Restwerts ist regelmäßig mit der Nutzungsdauer korreliert. 156

BEISPIEL Die Lufthansa AG schreibt den Flugzeugrahmen in zwölf Jahren auf einen Restwert von 15 % des Ausgangsbetrags ab.

Die Iberia S. A. schreibt den Flugzeugrahmen ohne Restwert ab.

1 BFH, Urteil v. 23.9.2008 – I R 47/07, BFH/NV 2009 S. 443.
2 BFH, Urteil v. 9.2.2006 – IV R 15/04, DB 2007 S. 9, zu einem zur Vermietung bestimmten Flugzeug.
3 So der BFH, Urteil v. 14.4.2011 – IV R 46/09, DStR 2011 S. 1024 Tz. 28.
4 BFH, Urteil v. 18.5.2010 – X R 7/08, DB 2010 S. 1913.

Die Singapur Airlines schreibt das gesamte Flugzeug (mit Triebwerken) auf 15 Jahre und 10 % Restwert ab.

Das Finanzgereicht Baden-Württemberg[1] macht folgende Vorgaben für die Berücksichtigung eines Rest- bzw. Schrottwertes bei Binnen-**Schiffen:**

- Nur in Fällen, in denen erfahrungsgemäß auch nach Beendigung der Nutzungsdauer eines Wirtschaftsguts ein im Verhältnis zu den Anschaffungs- oder Herstellungskosten eines neuen Wirtschaftsguts beträchtlicher Restwert bestehen bleibt, ist die Bemessungsgrundlage für die AfA um einen solchen Restwert zu mindern. Der BFH hat diesem Punkt im Revisionsverfahren eine Absage erteilt:[2] Bei Anschaffung eines gebrauchten Wirtschaftsgutes sind für die Frage, ob der Restwert beträchtlich ist, die tatsächlichen Anschaffungskosten, nicht die eines fiktiven neunen Wirtschaftsgutes maßgeblich. Unter sonst gleichen Umständen kommt es daher bei gebrauchten Wirtschaftsgütern eher zu einem beträchtlichen Restwert.
- Ein erheblich ins Gewicht fallender Schrottwert ist bei Schiffen nicht anzunehmen, wenn er voraussichtlich weder mehr als 10 % der Anschaffungs- und Herstellungskosten des Wirtschaftsguts noch mehr als 20.000 DM beträgt. Diese vom BFH im Urteil vom 22. 7. 1971 - IV R 74/für das Jahr 1971 angewandte absolute Größe ist dabei um die Inflation bereinigt auf das jeweilige Streitjahr fortzuschreiben.
- Der Restwert eines Binnenschiffs ist anhand der Differenz etwaiger Erlöse aus werthaltigen (Roh)Stoffen zu den Kosten für die Zerlegung, Entsorgung und den Transport des Schiffs zum Abwrackbetrieb zu ermitteln.

157 Der Restwert ist zwingend zu berücksichtigen, wenn man nach dem Nutzungsplan einen Verkauf des Anlagegegenstands **vor** Ende der **möglichen** Nutzungsdauer vorsieht.

BEISPIEL ► Der Automobilhersteller A vermietet im Flottengeschäft (*operating lease*) Neuwagen mit einer Standardlaufzeit von 36 Monaten. Nach der Rücknahme erfolgt ein Verkauf auf dem Sekundärmarkt. Auch in diesem Fall ist die Abschreibung nach Maßgabe des Nutzungsplans für drei Jahre unter Berücksichtigung des mutmaßlichen Verkaufspreises auf dem Sekundärmarkt zu bestimmen.[3]

157a Hat in Leasingfällen der Leasinggeber ein sehr günstiges **Andienungsrecht,** das er in typisierter Bertachtung mit hoher Wahrscheinlichkeit ausüben wird, und wird der Rechtsprechung des BFH folgend dem Leasinggeber gleichwohl das wirtschaftliche Eigentum zugerechnet (→ § 246 Rz. 259a), gelingt eine sachgerechte Periodisierung des Ergebnisses nur, wenn entweder der Andienungspreis als Restwert die Bemessungsgrundlage der Abschreibung mindert oder ein Teil des Andienungspreises als ratierlich zu vereinnahmende Leasingzahlung interpretiert wird. Beides wäre aber nicht konsistent: Wenn das Andienungsrecht für das wirtschaftliche Eigentum irrelevant ist, kann es auch für die Periodisierung des Erfolgs nicht herangezogen werden. Die Konsistenzproblematik stellt sich nicht, wenn der Herausgabeanspruch des Leasinggebers als bedeutungslos gewertet und damit das wirtschaftliche Eigentum dem Leasingnehmer zugerechnet wird.[4]

1 FG Baden-Württemberg, Urteil v. 14.2.2018 – 7 K 1320/17, EFG 2018 S. 723, nrkr.
2 BFH, Urteil v. 1.3.2019 – X B 45/18.
3 Ähnlich der BFH, Urteil v. 19.11.1997 – X R 78/94, BStBl 1998 II S. 59.
4 Vgl. zum Ganzen *Lüdenbach,* StuB 2018 S. 554.

Auch bei **immateriellen** Vermögensgegenständen müssen bei der Abschreibungsbemessung Restwerte berücksichtigt werden, was allerdings in der Praxis eher selten der Fall sein dürfte. Ein mögliches Beispiel für einen Restwert stellt der Vertrag mit einem Dritten dar, der das pharmazeutische Patent nach zehn Jahren, also drei Jahre vor Ablauf des Patentschutzes, kaufen soll. 158

Das Abschreibungsvolumen kann sich im Zeitverlauf durch **nachträgliche** Herstellungskosten, insbesondere bei Gebäuden, **erhöhen** (→ § 255 Rz. 133 ff.). Dann gilt steuerlich: 159

- Beim **Gebäude** sind die Herstellungskosten (ursprüngliche Bemessungsgrundlage) um die nachträglichen Herstellungskosten zu erhöhen. Auf die neue Bemessungsgrundlage sind die in § 7 Abs. 4 EStG typisiert vorgegebenen Abschreibungssätze unverändert anzuwenden. Eine Neueinschätzung der Nutzungsdauer kann unterbleiben (R 7.4 Abs. 9 Satz 2 EStR). Dadurch wird im Ergebnis die Nutzungsdauer über die gesetzlich typisierte hinaus verlängert.[1] Sofern die tatsächliche Restnutzungsdauer gegenüber dieser Verlängerung tatsächlich kürzer ist – wie beweisen? (→ Rz. 146) –, kann der steuerpflichtige Bilanzierer nach § 7 Abs. 4 Satz 2 EStG auf die dann anzunehmende Restnutzungsdauer seine Restabschreibung ausrichten.[2]
- Bei **anderen** Anlagegütern ohne typisiert vorgegebene Abschreibungssätze sind die nachträglichen Herstellungskosten dem letzten Buchwert (nicht den ursprünglichen Herstellungskosten) zuzuschlagen. Verbunden damit ist eine neue Schätzung der Restnutzungsdauer vorzunehmen. Der Abschreibungssatz ist alsdann auf die neue Restlaufzeit anzupassen.[3]

Sofern sich ausnahmsweise die Bemessungsgrundlage (→ Rz. 136) nachträglich vermindert, ist **spiegelbildlich** zu den vorstehend dargestellten Regeln vorzugehen.

Handelsrechtlich kann u. E. bzgl. der nachträglichen Veränderung der Anschaffungs- oder Herstellungskosten den steuerlichen Vorgaben gefolgt werden.

Die **steuerliche** Abschreibung muss auch die Besonderheit des Gegensatzpaares von **Betriebs-** und **Privat**vermögen berücksichtigen. Wirtschaftsgüter können von einer in die andere Sphäre wechseln, hier darzustellen am Fall der Überführung – regelmäßig eines Gebäudes – aus dem Privat- in das Betriebsvermögen. Dann stellt der Einlagewert = Teilwert (→ Rz. 136) nach § 6 Abs. 1 Nr. 5 EStG den Bewertungsmaßstab dar, beschränkt auf die Anschaffungs- oder Herstellungskosten bei Zuführung des Wirtschaftsgutes innerhalb von **drei Jahren** nach dem Zugang in das Privatvermögen. 160

Außerhalb dieses **Zeitraums** ist die „Verschiebung" zwischen den Anschaffungs- oder Herstellungskosten einerseits und dem Teilwert als Abschreibungsbemessungsgrundlage andererseits zu beachten (§ 7 Abs. 1 Satz 5 EStG). Der Gesetzgeber will die **Doppelnutzung** von Abschreibungspotenzial – auch steuerliche Sonderabschreibungen (→ § 252 Rz. 271) – verhindern, wenn der Einlagewert gegenüber den Anschaffungs- und Herstellungskosten im Privatvermögen gestiegen ist. 161

1 BFH, Urteil v. 20.2.1975 – IV R 241/69, BStBl II S. 412.
2 BFH, Urteil v. 7.6.1977 – VIII R 105/73, BStBl II S. 606.
3 BFH, Urteil v. 29.11.2007 – IV R 73/02, BStBl 2008 II S. 407.

Durch die BFH-Rechtsprechung[1] und das BMF[2] (in Erweiterung der BFH-Entscheidung) ist hier je nach der Art der „Wertverschiebung" zwischen Privat- und Betriebsvermögen anhand des Beispiels eines Gebäudes wie folgt vorzugehen:

	Fall 1	Fall 2	Fall 3
AK/HK im Privatvermögen	7.000	7.000	7.000
AfA im Privatvermögen 2 %, 25 Jahre	3.500	3.500	3.500
„Buchwert" bis zur Einlage	3.500	3.500	3.500
Einlagewert	10.000	4.000	1.000
Bemessungsgrundlage AfA im Betriebsvermögen	6.500	3.500	1.000
Jahres-AfA im Betriebsvermögen 3 %	195	105	30
AfA für 33 1/3 Jahre Restnutzung	6.500	3.500	1.000
Buchwert nach Auslauf der AfA	3.500	500	Ø
Möglicher späterer Abgangsverlust	3.500	500	Ø
Nicht abgeschriebener Betrag			2.500

ERLÄUTERUNG

- Der **Fall 1** belegt deutlich die Vermeidung der Doppelabschreibung. Die Abschreibungsverrechnung von 3.500 + 6.500 = 10.000 (= Einlagewert) insgesamt endet mit einem Restbuchwert von 3.500, der dem BMF zufolge erst bei Abgang gewinnmindernd geltend gemacht werden kann. Auch eine Teilwertabschreibung soll offensichtlich dann zumal nicht möglich sein. Die Restnutzungsdauer (33 1/3 Jahre) für alle Fälle ist auf diesen Wert hier kalibriert.
- Der **Fall 2** ist abgewandelt auf einen Einlagewert über dem „Buchwert" im Privatvermögen, aber niedriger als die Anschaffungskosten.
- Im **Fall 3** ist der Einlagewert niedriger sowohl als die Anschaffungskosten, aber auch als der „Buchwert" im Privatvermögen. Es erfolgt im Betriebsvermögen eine Abschreibung bis auf null, die nicht verrechnete AfA von 2.500 stellt einen nicht abzugsfähigen nachträglichen Verlust im Privatvermögen dar.
- Der **Fall 4** (hier nicht dargestellt) entspricht dem unter → Rz. 160 behandelten Sachverhalt.

Zur Vermeidung einer als unzulässig erachteten Nutzung des ambivalenten Einkünfteermittlungssystems ist für ein im Privatvermögen entdecktes **Kiesvorkommen** vom BFH[3] wie folgt entschieden worden: Die Einlage in das Betriebsvermögen ist zum Teilwert vorzunehmen; davon sind indes Absetzungen für Substanzminderung nicht vorzunehmen.

Im Anschaffungsfällen muss das wirtschaftliche Eigentum übergegangen sein (→ § 252 Rz. 93). Andererseits ist für steuerliche Zwecke in Ausnahmefällen die Abschreibungsmöglichkeit auch ohne wirtschaftliches Eigentum für Aufwendungen im betrieblichen Interesse möglich.[4]

1 BFH, Urteil v. 28.10.2009 – VIII R 46/07, BStBl 2010 II S. 964; BFH, Urteil v. 18.8.2009 – X R 40/06, BStBl 2010 II S. 961.

2 BMF, Schreiben v. 27.10.2010, BStBl I S. 1304; diesem ist auch das Zahlenmaterial der nachfolgenden Tabelle entnommen.

3 BFH, Urteil v. 24.1.2008 – IV R 45/05, BStBl II 2009 S. 449, auf der Grundlage des BFH, Beschluss v. 4.12.2006 – GrS 1/05, BStBl II 2007 S. 508; BFH, Urteil v. 4.2.2016 – IV R 46/12.

4 BFH, Urteil v. 19.12.2012 – IV R 29/09, BStBl II 2013 S. 390.

2.2.5 Der Abschreibungsbeginn

Die Abschreibung beginnt mit der **Vollendung** des Anschaffungsvorgangs durch Übergang des wirtschaftlichen Eigentums (→ § 252 Rz. 104), also **nicht** erst mit der **effektiven Nutzung**. Dies gilt auch für selbst hergestellte Immaterialgüter des Anlagevermögens, wenn für diese die Entwicklungsphase **abgeschlossen** ist (→ § 255 Rz. 201). Es genügt die Nutzungs**möglichkeit**, ggf. aufgrund spezifischer Vereinbarungen. Auch bei Gebäuden gilt als Abschreibungsbeginn der Zeitpunkt der planmäßigen Nutzungs**möglichkeit**, nicht der tatsächlichen Nutzung.[1] Aus dem lapidaren Gesetzeswortlaut des § 253 Abs. 3 Satz 2 HGB („der Plan muss") lässt sich diese Vorgabe für den Abschreibungsbeginn nur mühsam herauslesen. Dazu eignet sich eher das „**kann**" mit der Interpretation: Ob die effektive Nutzung erfolgt oder nicht, muss unbeachtet bleiben. Das gilt auch für **steuerliche** Zwecke und für immaterielle Anlagegegenstände (DRS 24.104):[2] 162

BEISPIEL

- Spediteur S erhält im Dezember 01 einen neuen Lkw ausgeliefert. Benötigt wird er erst im März 02. S betreibt die Zulassung erst Ende Februar 02.
- U schafft im Dezember 01 eine neue Computeranlage an und lässt sie vom Serviceunternehmen anschließen. Zur effektiven Nutzung kommt es vorerst nicht, weil im Zuge einer unvorhergesehenen Unternehmensakquisition das gesamte IT-Umfeld neu konfiguriert werden soll.
- Die Abschreibung beginnt in beiden Fällen bereits mit der Nutzungsmöglichkeit. Also in 01.

Die (bewusst) **verzögerte Inbetriebnahme** kann aber Auswirkung auf die Schätzung der **Gesamtnutzungsdauer** haben:

BEISPIEL[3] Die S AG ist ein Speditionsunternehmen. Am 3.1.01 nutzt sie die Gelegenheit, aus einer Insolvenz mehrere neue Lastkraftwagen (Serienfahrzeuge) zu besonders günstigen Konditionen anzuschaffen. Ein Teil der Lastwagen wird nicht unmittelbar eingesetzt. Für diese wird deshalb zunächst auch keine Zulassung bei der Kfz-Behörde beantragt. Die Zulassung erfolgt erst am 3.1.02. Erst ab diesem Tag beginnt auch der Einsatz der Fahrzeuge. Die S AG hat Lkw bisher über die betriebsindividuelle Nutzungsdauer von fünf Jahren linear abgeschrieben.

BEURTEILUNG Werden auch die neuen Lkw linear abgeschrieben, gilt für die Vorrats-Lkw: Mag auch der Beginn der Nutzungsdauer(Abschreibungsbeginn) vom verzögerten Einsatz der Fahrzeuge nicht tangiert werden, so gilt Entsprechendes nicht für die **Länge** der Nutzungsdauer und damit das Abschreibungsende. Da die betriebsindividuelle Nutzungsdauer eines sofort nach Anschaffung eingesetzten Lkw bei der S AG fünf Jahre beträgt, verlängert sich diese bei erst ein Jahr nach Anschaffung zum Einsatz gelangenden unter sonst gleichen Umständen auf sechs Jahre. Statt 1/5 beträgt die lineare Abschreibung in 01 somit nur 1/6.

WEITERES BEISPIEL[4] Die K KG bestellt eine Windkraftanlage. Der Lieferant betreibt sechs Monate lang die Anlage im Probebetrieb. Erst danach erfolgt die Abnahme und mit ihr die Anschaffung. Die aus der Probezeit resultierende Einspeisevergütung wird von K als Umsatz vereinnahmt. Doch erst die Abnahme erlaubt die Abschreibung (→ § 246 Rz. 229b zur Kritik dieser Rechtsprechung).

1 IDW RS IFA 2, Tz. 22.

2 BFH, Urteil v. 11.1.2005 – IX R 15/03, BStBl II S. 477; BFH, Urteil v. 1.2.2012 – I R 57/10, BStBl II S. 407.

3 *Lüdenbach*, StuB 2011 S. 260 ff.

4 Nach BFH, Urteil v. 22.9.2016 – IV R 1/14, DStR 2016 S. 2895. Ähnlich FG Münster, Urteil v. 15.9.2021 – 13 K 3059/19 G, F.

Bei **leistungsabhängiger Abschreibung** (→ Rz. 165) ist der nominelle Beginn der Abschreibung (Anschaffung) ohne Bedeutung. Vielmehr kommt es auf das Verhältnis der tatsächlichen Leistung im Jahr der Anschaffung zur voraussichtlichen Gesamtleistung an.

BEISPIEL (FORTSETZUNG) Die S AG (aus dem vorigen Beispiel) schreibt die Lkw nicht linear, sondern nach dem Verhältnis von Jahreskilometern zur erwarteten Kilometergesamtleistung ab (→ Rz. 169). Für die Vorrats-Lkw bedeutet dies bei einer Jahresleistung von 0 Km in 01 eine Abschreibung von 0 € in 01.

Die **leistungs**abhängige Abschreibung (→ Rz. 122) führt also bei verzögerter Inbetriebnahme effektiv zu einem anderen Abschreibungsbeginn als die lineare Abschreibung.

Die Nutzungsmöglichkeit bestimmt sich u. U. nach der vom Lieferanten **zugesagten** technischen Leistung. Wenn in diesen Fällen eine (z. B.) Maschinenanlage den vereinbarten Output erst nach monatelangen Probeläufen erreicht,[1] ist bis dahin keine Abschreibung zu verrechnen. Entsprechendes gilt u. E., wenn eine Maschine mit komplexer Technologie – z. B. eine CNC-Fräsmaschine – angeschafft wird. Zur Bedienung und Programmierung der Steuerungseinheit ist mit dem Lieferanten ein Schulungspaket für die eigenen Mitarbeiter vereinbart. Erst nach dieser Schulung ist die **Betriebsbereitschaft** der Maschine hergestellt (→ § 255 Rz. 37). Ab diesem Zeitpunkt beginnt die Abschreibungsverrechnung.

163 Bei **unterjähriger** Anschaffung wird in der praktischen Handhabung einmal mehr die steuerliche Vorgabe in die handelsrechtliche Abschreibungsverrechnung eingeführt: Als steuerlich noch die Halbjahresregelung für bewegliche Anlagegegenstände galt – Zugang im ersten Halbjahr volle Abschreibung, Zugang im zweiten Halbjahr hälftige – hat man dies auch in die Handelsbilanz übernommen. Seitdem steuerlich nur noch die Zwölftelregelung gültig ist, folgt die Rechnungslegungspraxis generell dieser Vorgabe.

2.2.6 Das Abschreibungsende

164 Die Abschreibung endet

- mit dem **Verbrauch** der Bemessungsgrundlage (Volumen, → Rz. 136),
- mit der Beendigung der Nutzung durch Verkauf, Entnahme oder Entsorgung, dann buchtechnisch **Abgang**.

Im letztgenannten Fall sollte die Abschreibung dann pro rata bis zum effektiven Nutzungsende weiter gerechnet werden. Als zulässig erachtet wird allerdings auch eine Beendigung der Abschreibung am Ende des vorhergehenden Wirtschaftsjahres, weil die Aufwandsbelastung insgesamt gleich ist und sich lediglich innerhalb des Abgangs einerseits und des Abschreibungsbetrags andererseits verschiebt. Zur Verbuchungstechnik im Anlagegitter vgl. → § 268 Rz. 90 ff.

2.2.7 Die Abschreibungsmethode

165 Bei der Abschreibungsmethode im engeren Sinne ist zunächst zwischen der unter → Rz. 154 dargestellten **nutzungsabhängigen** (leistungsabhängigen) einerseits und der **zeitraumbezogenen** andererseits zu unterscheiden. Für die in der Praxis dominierende Letztgenannte präsentieren die Lehrbücher verschiedene Verfahren:

- lineare Abschreibung,
- geometrisch-degressive Abschreibung,

1 Vgl. dazu das Beispiel von *Lüdenbach*, StuB 2009 S. 273.

- arithmetisch-degressive Abschreibung,
- progressive Abschreibung,
- leistungsabhängige Abschreibung und
- einige mehr.[1]

Handelsbilanziell gibt es keine bestimmte Vorgabe zur anzuwendenden Abschreibungsmethode. Bei Gebäuden wird beispielsweise die lineare und die geometrisch-degressive als zulässig erachtet.[2] Die steuerlich typisierten Abschreibungsmethoden sind in der Handelsbilanz zu übernehmen, soweit sie in die dortigen (weiten) Bandbreiten „passen".

Steuerlich ist die unterschiedliche Zuordnung der Abschreibungsmethoden in § 7 EStG beachtlich.[3] Zu unterscheiden sind 166

- Gebäude, mit oder ohne ihre Bestandteile, z. B. Außenanlage,
- bewegliche Anlagegüter (Sachanlagen),
- immaterielle Anlagegüter,
- Geschäfts- oder Firmenwert.

Diese Wirtschaftsgüter können bzw. müssen **aktuell** steuerlich nach folgenden Regeln abgeschrieben werden:

- Gebäude im Allgemeinen mit 3 %, 2 %, 2,5 % p. a. **linear** (§ 7 Abs. 4 Nr. 1 EStG) je nach Fertigstellung.
- Bewegliche Anlagegüter **linear** bei Zugang ab 1. 1. 2011, vorher auch **degressiv** mit einem auf das Zweieinhalbfache der linearen Abschreibung und auf 25 % der Bemessungsgrundlage begrenzten Abschreibungssatz. Außerdem ist die **Leistungs**abschreibung (→ Rz. 122) zulässig (→ Rz. 143). Nach dem Zweiten Corona-Steuerhilfegesetz kann die degressive AfA anstatt der linearen AfA gewählt werden, wenn die Anschaffung oder Herstellung des beweglichen Wirtschaftsguts zwischen dem 1.1.2020 und dem 31.12.2021 erfolgt. Nach dem Vierten Corona-Steuerhilfegesetz soll diese Regelung auf Anschaffungen/Herstellungen bis 31.12.2022 ausgeweitet werden.
- Immaterielle Anlagegüter **linear**.
- Geschäfts- oder Firmenwert **linear** auf 15 Jahre.

Für Gebäude sind in § 7 Abs. 5 EStG noch eine Vielzahl anderer Abschreibungsverfahren für frühere Zugangsjahre gelistet. Ein Wechsel von in Anspruch genommenen degressiven AfA gem. § 7 Abs. 5 EStG zur AfA nach der tatsächlichen Nutzungsdauer gem. § 7 Abs. 4 Satz 2 EStG ist nicht zulässig.[4] Bedeutsam ist auch die Berücksichtigung von Sonderfällen rund um das Gebäude (→ § 246 Rz. 54 ff.; → § 246 Rz. 283 ff.), z. B. die sog. Betriebsvorrichtungen. Durch das Gesetz zur Förderung des Mietwohnungsneubaus ist mit § 7b EStG eine Sonderabschreibung eingeführt worden. Sie kann für die Anschaffung oder Herstellung neuer Wohnungen in einem Mitgliedstaat der EU in Anspruch genommen werden, unabhängig davon, ob der Neubau dem Betriebs- oder Privatvermögen zugeordnet wird. Im Jahr der Anschaffung oder Herstellung und in den folgenden drei Jahren können (neben der AfA nach § 7 Abs. 4 EStG) Sonderabschreibungen bis zu jährlich 5 % in Anspruch genommen werden. Der in einem Förderjahr nicht aus-

1 Vgl. die Übersicht bei *Ballwieser,* Münchener Kommentar zum HGB, 2. Aufl. 2008, § 253 Tz. 35.
2 IDW RS IFA 2, Tz. 28.
3 *Kulosa* in Schmidt, EStG, 36. Aufl. 2017, § 7 Tz. 25.
4 BFH, Urteil v. 29.5.2018 – IX R 33/16.

geschöpfte Teil kann nicht nachgeholt werden und bewirkt lediglich eine höhere Restwert-AfA nach § 7a Abs. 9 EStG. § 7b EStG gilt nur für Baumaßnahmen aufgrund eines nach dem 31.8.2018 und vor dem 1.1.2022 gestellten Bauantrags/Bauanzeige.

Immaterielle Anlagegüter gelten nach der BFH-Rechtsprechung mitunter als nicht abnutzbar (→ § 246 Rz. 36) und sind deshalb nicht planmäßig abschreibbar.

167 In der Praxis führte hier wenigstens bis zum Ergehen des BilMoG die steuerliche Betrachtungsweise das Zepter. Sie lässt immer die lineare Abschreibung zu. Die geometrisch-degressive liefert eine fiskalische Stellschraube; mal wird sie aufgehoben, mal mit den Anfangsverrechnungssätzen variiert (ab 2009 mit 25 % Höchstsatz; wieder aufgehoben für Zugänge ab dem 1. 1. 2011). Diese steuerliche Vorgabe gilt allerdings immer nur für abnutzbare bewegliche **Sach**anlagegegenstände, nicht für die **immateriellen**, denen ausschließlich die lineare Methode vorgegeben ist. Für Gebäude gilt ebenfalls die lineare Abschreibung als Regelsatz, wird ergänzt durch unterschiedliche Regeln des Steuergesetzgebers in Form einer speziellen Abschreibungsdegression, was eindrücklich durch § 7 Abs. 5 EStG dokumentiert ist. Gerade auch bei den Gebäuden wurden die steuerlichen Abschreibungsvorgaben im handelsrechtlichen Abschluss vor BilMoG weitgehend übernommen (→ Rz. 144).

167a Die Frage, ob neu eingeführten **steuerlichen Abschreibungsmethoden**, etwa der nach dem Zweiten Corona-Steuerhilfegesetz zulässigen degressiven Abschreibung für bewegliche Wirtschaftsgüter (→ Rz. 166), auch **handelsrechtlich gefolgt** werden kann (etwa um Steuerlatenzrechnungen zu vermeiden), ist differenziert zu beantworten:

- Wurde bisher handelsrechtlich (und steuerrechtlich) linear abgeschrieben, könnte handelsbilanziell der Grundsatz der **Methodenstetigkeit** (→ § 252 Rz. 209 ff.) dem Übergang zu einer degressiven Abschreibung entgegenstehen.
- Rechtfertigen könnte die Übernahme der degressiven Abschreibung in die Handelsbilanz aber folgende Argumentation: Mit Corona geht eine erhöhte Unsicherheit einher. Diese verlangt im Zweifel nach einer vorsichtigeren Bewertung, im Falle der beweglichen Wirtschaftsgüter also nach einer schnelleren, z. B. degressiven Abschreibung. Damit wäre auch die Rückkehr zur linearen Abschreibung bei in späteren Geschäftsjahren angeschafften Wirtschaftsgütern zu rechtfertigen.

168 Das Lehrbuchbeispiel zur Unterscheidung von linearer und degressiver Abschreibung (in praktischer Anwendung nur bei beweglichen Sachanlagegegenständen) stellt sich wie folgt dar:

- Die **lineare** Methode wendet auf die Ausgangsbasis der Anschaffungs- oder Herstellungskosten (→ Rz. 156), ggf. unter Berücksichtigung eines Restwerts (→ Rz. 157), einen **festen** Prozentsatz über die Gesamtnutzungsdauer hinweg an. Dieses Verfahren stellt die Regelmethode für die Steuerbilanz nach § 7 Abs. 1 Satz 1 EStG dar.
- Die geometrisch **degressive** Abschreibung geht auch von einem festen Prozentsatz aus, wendet diesen aber immer nur auf den restlichen **Buchwert** an. Dadurch ergibt sich systematisch eine unendliche geometrische Reihe, die durch den Übergang auf die lineare Methode dann abgewürgt wird, wenn der restliche Abschreibungsbetrag bezogen auf die Nutzungsdauer nach Maßgabe der linearen Berechnung höher ist als der degressiv ermittelte.

Dem folgt das Steuerrecht in § 7 Abs. 4 Satz 1 EStG. Dieser Übergang erfolgt „planmäßig“, es liegt also keine Planänderung vor (→ Rz. 168).

BEISPIEL Eine Maschine hat eine Nutzungsdauer von fünf Jahren. Die beiden Abschreibungsverläufe stellen sich wie folgt dar:

		Abschreibung linear	Abschreibung geom.-degressiv 25 %	Übergang auf lineare Abschreibung	Hinweis
(1)	Zugang	10.000	10.000,00		
	Abschreibung	2.000	2.500,00		
(2)	Buchwert	8.000	7.500,00	7.500	gleichwertig
	Abschreibung	2.000	1.875,00	1.875	
(3)	Buchwert	6.000	5.625,00	5.625	Übergang auf linear
	Abschreibung	2.000	1.687,50	1.875	
(4)	Buchwert	4.000	3.937,50	3.750	
	Abschreibung	2.000	–	1.875	
(5)	Buchwert	2.000	–	1.875	
	Abschreibung	2.000	–	1.875	
	Buchwert	0		0	

Die **Leistungsabschreibung** rechtfertigt sich aus den unterschiedlichen Beanspruchungen eines (steuerlich § 7 Abs. 1 Satz 6 EStG) beweglichen Anlagegutes über die Nutzungsdauer hinweg. Die Abschreibung berücksichtigt den Nutzungsverbrauch im Zeitverlauf im Verhältnis zur geschätzten Gesamtleistung (km-Leistung eines Lkw, Betriebszeit eines Flugzeugtriebwerkes, Stückausstoß einer Maschine). Diese wird unter Bezugnahme auf die Anschaffungs- oder Herstellungskosten in zeitbezogenen **Leistungseinheiten** heruntergebrochen, um in der Summe des Geschäftsjahres im Aufwand verrechnet zu werden.

BEISPIEL

AK für Flugzeugtriebwerk	10.000.000 €
Gesamtlaufzeit	40.000 h
Kosten je h = Leistungseinheit	2.500/250 €
Laufzeit im Geschäftsjahr	3.000 h
Abschreibung im Geschäftsjahr	750.000 €

Auf dieser Berechnungsgrundlage („Nachweis") **erlaubt** § 7 Abs. 1 Satz 6 EStG die Anwendung dieser Abschreibungsmethode als **Ausnahme** von der linearen Regel. Verlangt wird dafür eine „wirtschaftliche Begründung". Um diese bare Selbstverständlichkeit nicht als nichtssagend abzukanzeln, bietet sich ein Blick auf den betriebswirtschaftlichen Gehalt der planmäßigen Abschreibung (→ Rz. 121) an. Der Abschreibung kommt (auch) die Funktion der periodengerechten Aufwandsbelastung in der GuV zu („Allokationsfunktion").[1] Dies geschieht zutreffend mit der vorstehend genannten Methode.

Für die **leistungsabhängige Abschreibung** gilt **steuerbilanziell**: Sie ist nach § 7 Abs. 1 Satz 6 EStG i. S. eines bedingten Wahlrechts bei beweglichen Wirtschaftsgütern des Anlagevermögens nur dann zulässig, wenn sie **wirtschaftlich** begründet ist und der auf das einzelne Jahr entfallende Umfang der Leistung nachgewiesen wird. Die wirtschaftliche Begründung kann in der unterschiedlichen Nutzungsintensität gleichartiger Vermögensgegenstände liegen, der Dienstwagen des Außendienstlers etwa intensiver als der des Oberbuchhalters. Damit führt 169

1 *Lüdenbach*, StuB 2011 S. 266.

eine Abschreibung nach Jahreskilometerleistung zu zutreffenderen Differenzierungen als eine nach Nutzungsdauer.

Die leistungsabhängige Abschreibung ist jedenfalls bei entsprechender Begründung auch **handelsbilanziell** allgemein anerkannt.

170 Herkömmlicherweise orientiert sich die leistungsabhängige Abschreibung am **Mengengerüst** (Outputmenge), also etwa der Betriebszeit eines Flugzeugtriebwerks, der Kilometerleistung eines Lkw oder den Betriebsstunden einer Produktionsanlage. Bis dahin bewegt man sich noch auf der physikalisch-technischen Ebene der Produktion. In den Begriff „Leistung" lässt sich aber auch eine **Preiskomponente** einbauen.

Die **Preiskomponente** hängt u.U. von den **Marktverhältnissen** ab, genauer gesagt vom Produktzyklus. Handelt es sich bei dem betreffenden Produkt um einen Selbstläufer, wird sich an der Preisschraube im Zeitverlauf nicht viel verändern. Anders kann es sich im Verhältnis eines *first mover* verhalten, also eines innovativen Unternehmens, das ein neu entwickeltes Produkt auf den Markt wirft und für eine gewisse Zeit eine Art Monopolrente (*windfall profit*) einstreichen kann, bis die Konkurrenz mit eigenen Neuentwicklungen Paroli bietet. Schöne Beispiele in der jüngsten Vergangenheit liefert Apple mit seinen Smartphones und Tablets, die gleich nach der Einführung hohe Margen realisieren ließen, bis die Konkurrenten mit vergleichbaren Produkten die Marktreife geschafft hatten. In einem solchen Fall könnte die „Leistung" bzw. der *„Output"* auch auf der Basis der Verwertungserlöse mit folgendem Abschreibungsplan definiert werden: Höhere Abschreibungen in der mutmaßlichen Monopolperiode, rückläufige in den späteren Nutzungsjahren. **Leistungsabhängige** und **degressive** Abschreibung fallen tendenziell zusammen. Somit kann sich in solchen Fällen eine degressive Abschreibungsmethode auch als vorzugswürdig gegenüber der linearen darstellen (→ Rz. 147).

2.2.8 Planänderung

171 Der ursprüngliche Plan muss u.U. im Zeitverlauf geändert werden wegen

- Änderung der Nutzungsdauerschätzung,
- Änderung der Abschreibungsmethode,
- Änderung der Bezugsgröße (z.B. nach außerplanmäßigen Abschreibungen (→ Rz. 178) oder nachträglichen Anschaffungs- oder Herstellungskosten (→ § 255 Rz. 156 ff.),
- Zuschreibungen (→ Rz. 247).

Solche Änderungen sind einer Planung immanent. Sie stellen bei einer entsprechenden Notwendigkeit keine Methodenänderungen (→ § 252 Rz. 187) dar. Dadurch wird die frühere Schätzung nicht „unrichtig", erst recht nicht diese Bilanzen. Die BFH-Rechtsprechung ist hier mitunter missverständlich, wenn sie von „fehlerhaft" spricht. Jedenfalls soll die Anpassung beginnend im ersten noch nicht bestandskräftigen Veranlagungszeitraum erfolgen, sofern sich die Nutzungsdauer verlängert.[1]

Jedenfalls **muss** der bilanzierende Steuerpflichtige die **reguläre** Abschreibung (AfA) vornehmen.[2] Eine bewusste „Ergebnisgestaltung" durch Nichtabschreibung ist unzulässig wegen Ver-

1 BFH, Urteil v. 4.5.1993 – VIII R 14/90, BStBl II S. 661, für überhöhte AfA, für zu niedrige gilt dies spiegelbildlich (*Kulosa* in Schmidt, EStG, 36. Aufl. 2017, § 7 Tz. 7).

2 BFH, Urteil v. 8.4.2008 – VIII R 64/06, BFH/NV 2008 S. 1660.

stoßes gegen Treu und Glauben.[1] Eine versehentlich (nicht willkürlich) früher unterlassene AfA kann im ersten noch verfahrensrechtlich offenen Veranlagungszeitraum nachgeholt werden.[2] Umgekehrt geht bei fehlerberichtigender Einbuchung eines schon zuvor notwendiges Betriebsvermögen darstellenden Wirtschaftsgutes die „versäumte" Abschreibung verloren.[3]

Änderungen dürfen umgekehrt **nicht „ergebnisorientiert"** erfolgen, also z. B. **Aussetzung** der Abschreibung in einem Wirtschaftsjahr mit mäßiger Ertragslage. Umgekehrt sind Planänderungen bei sich herausstellender Änderung der **tatsächlichen Nutzungsdauer** erforderlich. Gerade diese ist jährlich zu überprüfen. Bei einer bislang zu **lang** geschätzten Nutzungsdauer ist dann der Restbuchwert auf die neugeschätzte Nutzungszeit zu verteilen.

Bei verlängerter – gegenüber der ursprünglichen Planung – wirtschaftlicher Nutzungsdauer im Gefolge unausgelasteter Kapazitäten kann (Wahlrecht) über die geänderte Nutzungsdauer abgeschrieben werden; zulässig ist aber auch die Beibehaltung der ursprünglichen Planung.[4]

Eine Planänderung stellt sich häufig im Zusammenhang mit Feststellungen einer steuerlichen 171a
Außenprüfung („Bp") als Problem dar, wenn im Ausgangspunkt – wie üblich – handels- und steuerbilanziell die gleiche Nutzungsdauer angesetzt wird. Dabei kann der unrealistische Fall einer ex ante fehlerhaften = willkürlichen Nutzungsdauerschätzung aus der weiteren Analyse ausgeklammert werden. Eine Änderung der steuerlichen Nutzungsdauer – außerhalb der gesetzlich normierten für Gebäude und *Goodwill* – durch die Bp braucht handelsrechtlich nicht nachvollzogen werden. Meistens besteht die Interessenlage aber in der Verwendung **identischer Abschreibungsverläufe** in der Handels- und Steuerbilanz. Die Anpassung der handelsrechtlichen an die steuerliche Nutzungsdauer bedarf formal bei einem fehlerfreien Jahresabschluss gewichtiger Gründe.[5] Die Anpassung an die Steuerbilanz gilt aber bereits als wichtiger Grund.[6] Dabei muss sich die Änderung der Abschreibungsdauer innerhalb der **Bandbreite**[7] zulässiger handelsrechtlicher Nutzungsdauerschätzung bewegen, was ebenfalls keine praktische Hürde darstellt.

BEISPIEL

- Die Bp verlängert die Nutzungsdauer einer Maschine/eines Patents von acht auf zehn Jahre oder verkürzt diese von acht auf fünf Jahre. Die undefinierte Bandbreite ist damit regelmäßig „erfüllt".
- Die Bp verlängert bzw. will die Nutzungsdauer des pharmazeutischen Patents von sieben Jahren = Ablauf des Patentschutzes auf 14 Jahre verlängern. Das käme einer glatten Willkür gleich, da im achten Jahr die Generika-Konkurrenz das Patent wertlos macht. Lässt sich das Unternehmen gleichwohl im Rahmen einer „Paketlösung" mit Zugeständnissen der Bp an anderer Stelle auf die 14 Jahre ein, so kann dies handelsrechtlich nicht nachvollzogen werden.

Die Anpassung des Abschreibungsverlaufs kann „in laufender Rechnung" (→ § 252 Rz. 250) vorgenommen werden, praktisch also im Geschäftsjahr der Bp-Feststellung oder auch im Folgejahr. Diese Anpassung darf u. E. nicht durch eine Zuschreibung erfolgen (→ Rz. 171), sondern

1 BFH, Urteil v. 3.7.1980 – IV R 31/77, BStBl 1981 II S. 255.
2 Ständige Rechtsprechung des BFH, z. B. Urteil v. 14.11.2007 – XI R 37/06, BFH/NV 2008 S. 365; so auch EStH 2012, H 7.4.
3 BFH, Urteil v. 22.6.2010 – VIII R 3/08, BStBl II S. 1035.
4 IDW HFA, Stellungnahme v. 11.6.2010, IDW FN 2010 S. 355.
5 IDW RS HFA 6.
6 *ADS*, 6. Aufl., § 172 AktG Tz. 56.
7 Mit der Bandbreite argumentieren *Fey/Deubert/Lewe*, BB 2013 S. 1387, wiederholt, obwohl damit eine praxisverwendbare Quantität nicht vermittelt wird.

durch Weiterverrechnung der Abschreibung nach Maßgabe des Restwertes und der neu festgelegten Nutzungsdauer.

172 Die **Methode** der Abschreibung – linear oder geometrisch degressiv – darf nicht willkürlich **geändert** werden. Dabei gilt nach der Lehrbuchvorgabe: Die Änderung des Abschreibungsplans ist auf begründete Ausnahmefälle zu beschränken, ebenso die der gewählten Abschreibungsmethode. Allerdings gilt für die Praxis: Eine Begründung für eine solche Ausnahme lässt sich regelmäßig ohne besondere Anstrengung ermitteln.

2.3 Geringwertige Anlagegüter und Poolabschreibung

173 Seit jeher kennt die steuerliche Gewinnermittlung eine **Vereinfachungsvorschrift** zur Erfassung und Bewertung geringwertiger Anlagegüter (GWG genannt, obwohl auf Anlagevermögen beschränkt). Tatbestandliche Voraussetzung zur Bestimmung eines geringwertigen Anlageguts ist die Fähigkeit zur **selbständigen** Nutzung (§ 6 Abs. 2a Satz 1 EStG). Dazu hat sich im Lauf der Zeit eine umfangreiche Kasuistik in der BFH-Rechtsprechung herauskristallisiert. In den EStR unter H 6.13 sind dazu zwei Abc-Register zum Für und Wider der selbständigen Nutzbarkeit wiedergegeben. Ab 2008 hat sich daneben eine sog. Sammel- oder Poolabschreibung etabliert. Diese Gemengelage ist ab dem Veranlagungszeitraum 2010 neu konzipiert worden.

174 Danach gilt dem Gesetzes**wortlaut** zufolge:[1]

- Nach § 6 Abs. 2 EStG **Wahlrecht** bei Zugangswert bis 800 € (ab 2018) bzw. 410 € (bis 2017) zwischen sofortigem Betriebsausgabenabzug oder Verteilung auf die Nutzungsdauer (→ Rz. 175).
- Im Wertbereich zwischen 250 € und 800 € (ab 2018) bzw. 150 € und 410 € (bis 2017): Führung eines **Verzeichnisses** über Zugangszeitpunkt der einzelnen Posten.
- Nach § 6 Abs. 2a EStG (weiteres) **Wahlrecht** für Zugangswerte zwischen 250 € (ab 2018) bzw. 150 € (bis 2017) und 1.000 €: Einstellung in einen **Sammelposten** mit fünfjähriger Auflösung.
- Zugangswerte bis 250 € (ab 2018) bzw. 150 € (bis 2017): Sofortabschreibung oder Verteilung auf die Nutzungsdauer (→ Rz. 175).

Die Wahlrechtsausübung in § 6 Abs. 2 EStG muss innerhalb eines Wirtschaftsjahres nicht **einheitlich** erfolgen, wohl aber diejenige nach § 6 Abs. 2a Satz 5 EStG (Sammelpostenalternative). Periodenübergreifend ist nach R 6.13 Abs. 5 EStÄR das Wahlrecht zwischen den beiden **Alternativen** in jedem Wirtschaftsjahr neu ausübbar.

175 Nach **anderer** Gesetzeslesart[2] besteht bei Zugangswerten bis 800 € (bzw. bis 2017: 410 €) kein Aktivierungswahlrecht, sondern ein Sofortabschreibungsgebot.

176 *(einstweilen frei)*

1 Vgl. hierzu *Ortmann-Babel/Bolik*, StuB 2010 S. 56.
2 Vgl. *Kanzler*, NWB 2010 S. 746.

Zur **Übernahme** der steuerlichen Regeln in die Handelsbilanz vertritt das IDW folgende Auffassung:[1] 177

- Sammelposten i. S. des § 6 Abs. 2a ESt: Übernahme in die Handelsbilanz nur dann, wenn der Posten insgesamt unwesentlich ist. Bei Unwesentlichkeit ist aber auch eine sofortige aufwandswirksame Verrechnung handelsrechtlich nicht zu beanstanden.
- GWG-Abschreibung nach § 6 Abs. 2 Satz 1 EStG: Sofortabschreibung auch handelsrechtlich zulässig, unabhängig davon ob die betreffenden Anlagegüter insgesamt von untergeordneter Bedeutung sind.

Durch die drastische Herabsetzung der steuerlichen Nutzungsdauer für Hard- und Software auf nur noch ein Jahr wird in diesem Bereich die Frage, ob etwas selbständiges GWG ist oder nicht, weniger relevant (→ Rz. 146a).

Wegen der Behandlung im **Anlagegitter** wird auf → § 284 Rz. 96 f. verwiesen, wegen Wesentlichkeitsüberlegungen auf → § 252 Rz. 239.

Der Sammelposten ist kein steuerbilanzielles Wirtschaftsgut, sondern ein Posten eigener Art, der keine Sonderabschreibung nach § 7g Abs. 5 EStG erlaubt.[2]

3. Außerplanmäßige Abschreibung (Abs. 3 Satz 3)

3.1 Der betriebswirtschaftliche Gehalt

Abs. 3 Satz 3 fasst hinsichtlich der außerplanmäßigen Abschreibung das gesamte Anlagevermögen einschließlich des Geschäfts- oder Firmenwertes des Regelungsinhalts zusammen, also abnutzbare (und planmäßig abzuschreibende) und nicht abnutzbare (→ Rz. 140). Die Regelung ist **obligatorisch** („sind"), anders als diejenige des Abs. 3 Satz 4 für den Sonderfall der Finanzanlagen, für die ein **Wahlrecht** („können") vorgesehen ist (→ Rz. 203). 178

Der betriebswirtschaftliche Gehalt erschließt sich aus den Grundlagen des Vermögensvergleichs. Vermögen in diesem Sinn kann nur bei einem entsprechenden Wert vorliegen. Bezogen auf die Ausgangsbewertung mit den Anschaffungs- und Herstellungskosten bedeutet dies: Diese sind für die Folgebewertung nicht mehr (ausschließlich) maßstäblich, es muss jährlich eine Überprüfung der **Werthaltigkeit** erfolgen. Liegt der Buchwert **über** dem „richtigen" Wert, muss zur Vermeidung des Ausweises von Nicht-Vermögen (Nonvaleur) eine Abschreibung erfolgen, genannt verlustfreie „Bewertung" (vgl. aber → Rz. 190). Die Notwendigkeit einer solchen Überprüfung der Werthaltigkeit stellt sich dabei **vermehrt** für die nicht abnutzbaren und deshalb nicht planmäßig abzuschreibenden Vermögensgegenstände, bei den abnutz- und abschreibbaren umso **weniger**, je kürzer die Restnutzungsdauer ist. 179

Den **Buchwert** erwähnt der Gesetzestext in Abs. 3 Satz 3 nicht, seine latente Existenz verdankt er der Vorgabe einer ggf. vorzunehmenden außerplanmäßigen Abschreibung, weil eine solche immer nur von einem Buchwert aus definierbar ist. „**Außerplanmäßig**" bezeichnet den Gegenpart zu den regulären (planmäßigen) Abschreibungen (→ Rz. 143), umfasst aber begrifflich auch solche Abschreibungen, die auf die nicht abnutzbaren Vermögensgegenstände vorzunehmen sind.

1 IDW Life 2017 S. 848.
2 FG München, Urteil v. 19.12.2013 – 1 K 2603/11, BB 2014 S. 1074.

Die außerplanmäßige Abschreibung in diesem Sinne stellt dann den Differenzbetrag zwischen dem so definierten Buchwert und einem anderen Wertmaßstab dar, der den erstgenannten unterschreitet und vom Gesetz undefiniert als **niedrigerer beizulegender** Wert bezeichnet wird und so einen Bezug zu dem Vergleichsmaßstab „Buchwert" herstellt.

Spricht ein Dritter mit ausreichender Bonität eine **Garantie** für die **Werthaltigkeit** eines Vermögensgegenstands – regelmäßig eine Beteiligung oder eine Forderung – aus, so ist dies in das Bewertungskalkül einzubeziehen. Sobald die Wertminderung realisiert ist – z. B. durch Insolvenz des Beteiligungsunternehmens bzw. des Schuldners –, ist die Garantieforderung erfolgswirksam einzubuchen.[1] Zum Verhältnis von außerplanmäßiger Abschreibung und Rückstellungen wird beispielhaft auf → § 249 Rz. 64 verwiesen.

3.2 Der beizulegende Wert bzw. Teilwert

3.2.1 Identität von beizulegendem Wert und Teilwert

180 In der Tradition der deutschen Rechnungslegung verzichtet der Gesetzgeber auch im BilMoG auf eine **Definition** des beizulegenden Werts, was dem Anwender jede vertretbare Interpretation erlaubt. Ebenso traditionsreich ist der steuerliche Gegenpart des niedrigeren beizulegenden Werts, nämlich der **Teilwert**. Dieser allerdings ist ebenso wenig legal definiert als derjenige Wert, den der fiktive Erwerber des gesamten Betriebs im Rahmen des Gesamtkaufpreises für das einzelne Wirtschaftsgut ansetzen würde (§ 6 Abs. 1 Nr. 1 Satz 3 EStG).

Die Frage ist nun, inwieweit der beizulegende Wert des HGB dem steuerlichen Teilwert **entspricht**. Die übliche Antwort darauf lautet ungefähr wie folgt:[2] „Der Teilwertbegriff ist im Schrifttum umstritten, weil das Zurechnungsproblem eines Gesamtkaufpreises auf das einzelne Wirtschaftsgut nicht eindeutig lösbar ist." Das trifft sicherlich zu. Nur kann die undefinierte Größe „beizulegender Wert" zwar abstrakt eindeutig bestimmt werden, im konkreten Bewertungsverfahren stellen sich aber die gleichen Probleme wie bei der Teilwertbestimmung. Von daher gesehen besteht aus pragmatischer Perspektive kein Unterschied zwischen den beiden Größen. Jenseits eher akademischen Denksportübungen orientiert sich die Rechnungslegungspraxis traditionell ohnehin an der letztlich kasuistisch ausgerichteten BFH-Rechtsprechung auch für die Zwecke der handelsrechtlichen Bilanzierung.

181 Gegen diese praxisgerechte, weil Handels- und Steuerbilanz identisch beurteilende, Vorgehensweise werden im Schrifttum **konzeptionelle Bedenken** entgegengebracht.[3] Diese stützen sich aus **steuerlicher** Sicht auf zwei ältere BFH-Urteile.[4] Danach soll dem fiktiven Unternehmenserwerber nach der gesetzlichen Teilwertdefinition in § 6 Abs. 1 Nr. 1 Satz 3 EStG auch ein Gewinnaufschlag zugebilligt werden. Diese Urteile berücksichtigen wegen der einfach gelagerten Sachverhalte nicht die bislang nicht entschiedene Frage, ob und in welchem Umfang Gemeinkosten in die Verlustermittlung einzubeziehen sind (→ Rz. 233 ff.). Insofern bleibt das Konzept der steuerlichen Abschreibung auf den niedrigeren Teilwert ergebnisoffen. Überhaupt ist fraglich, ob der IV. BFH-Senat an den beiden zitierten Urteilen in dieser Hinsicht festhält. Zweifel sind angebracht im Hinblick auf das in → Rz. 233 dargestellte Urteil IV R 14/98.

1 Vgl. *Mujkanovic*, StuB 2014 S. 278.
2 Vgl. *ADS*, 6. Aufl., § 253 Tz. 471.
3 Vgl. *Herzig*, DB 2012 S. 1345; *Winkeljohann* in HHR, EStG, § 6 Anm. 582.
4 BFH, Urteil v. 5.5.1966 – IV R 252/60, BStBl III S. 370, sowie BFH, Urteil v. 27.10.1983 – IV R 143/80, BStBl 1984 II S. 35.

Für die **Handelsbilanz** wird der „niedrigere beizulegende Wert" mit „verlustfrei" (u. E. zutreffend) definiert (→ Rz. 179). „Niedriger beizulegen" ließe sich auch unter Einbeziehung der Gewinnmarge nach der Vorstellung in den beiden zitierten BFH-Urteilen IV R 252/60 und IV R 143/80 interpretieren. Abgesehen davon stellt sich (vorgängig) die für die steuerliche Bilanzierung bereits angesprochene Unklarheit über die Erfassung von Gemeinkosten bei der Ermittlung des „Verlusts".

Unser Fazit: Die unterschiedlichen Konzeptionen für die Abschreibung (nach Teilwert bzw. niedrigerem anzusetzendem Wert) sind in ihrer Berechnung nicht eindeutig. Dann sollte man der Rechnungslegungs**praxis** nicht verübeln, wenn sie zur Ermittlung der jeweiligen Buchwerte mit einheitlichen Bewertungsparametern für die Handels- und Steuerbilanz vorgeht, so auch im Berechnungsbeispiel für Vorratsvermögen in → Rz. 232.

3.2.2 Wertmaßstäbe

In der handelsrechtlichen Kommentierung werden zur näheren Beschreibung des beizulegenden Werts mehrere Wertmaßstäbe diskutiert: 182

- **Wiederbeschaffungswert**: Dieser begrenzt den beizulegenden Wert **nach oben**, womit zu seiner Bestimmung wenig ausgesagt ist. Dies gilt insbesondere für abnutzbare Anlagegüter, weil in diesem Fall nicht der Wiederbeschaffungs-**Neuwert** als Vergleichsmaßstab herangezogen werden kann, sondern ein dem Zeit- bzw. Nutzungsverlauf entsprechend **abgeschriebener** Wert. Der Wiederbeschaffungswert ist insoweit zur Bestimmung eines „beizulegenden" Werts eher geeignet, wenn technisch bedingt nennenswerte Preissenkungen für die betreffenden Anlagegüter nicht zu erwarten sind, also z. B. für Gebäude oder maschinelle Großanlagen, aber auch für Büromöbel oder Lastwagen. Anders kann es sich bei Computeranlagen und allen stark digitalisierten Vermögensgegenständen verhalten. Klare Verhältnisse kann der Wiederbeschaffungspreis zur Bestimmung des beizulegenden Werts nur dann schaffen, wenn Börsen- oder Marktpreise vorliegen. Aber dann bedarf es eines speziell ermittelten Wiederbeschaffungspreises nicht mehr.

  Der Wiederbeschaffungswert kann nicht allein nach der aktuellen Befindlichkeit – dem technischen Umfeld – einer Anlage bestimmt werden. Mit zu beachten sind die **wirtschaftlichen Erfordernisse** des Unternehmens. Wird eine vorhandene Maschine nur zur Hälfte ausgelastet – nicht nur vorübergehender Zustand –, dann sind die Wiederbeschaffungskosten zur Bestimmung des beizulegenden Werts auf den geringeren Kapazitätsbedarf hin zu kalibrieren.

  Der wirtschaftlich sinnvolle Ausnutzungszustand einer (technischen) Anlage kann sich durch **technischen Fortschritt** verändern und die Wiederbeschaffungskosten mit entsprechender Anpassung des beizulegenden Werts bei gleicher oder verbesserter Produktionskapazität spürbar nach unten verändern.

BEISPIEL Ein Mobilfunkunternehmen hat vor zehn Jahren ein Glasfaserkabel mit 26 Leitungen verlegt, um für die zu erwartende Nachfrageausweitung nach Telefongesprächen gerüstet zu sein. Inzwischen ist die Datentransportkapazität durch Komprimierung um ein Vielfaches beschleunigt worden. Auf Jahre hinaus ist das Gesprächsvolumen mit einer Leitung (statt 26) zu bewältigen. Der Wiederbeschaffungswert für das Kabel ist trotz planmäßiger Abschreibung wesentlich niedriger als der Buchwert.

- **Einzelveräußerungspreis**: Dieser ist als Wertmaßstab schon deswegen wenig geeignet, weil Anlagevermögen ex definitione gerade **nicht** zur (baldigen) **Veräußerung** bestimmt ist. In vielen Fällen der gewerblichen Nutzung von Sachanlagevermögen – Fabrik- und Lagergebäude, dort eingebaute Maschinenanlagen – kann dieses regelmäßig nur mit starkem Wertverlust gegenüber dem fortgeführten Buchwert veräußert werden. Anders kann es sich bei Bürogebäuden und Warenhäusern verhalten oder bei der Lizenz für ein Arzneimittel. Vor allem aber kommt hier der Gedanke der erforderlichen Gesamtbewertung zum Tragen. Internet-Recherchen erlauben bei gängigen Anlagegütern eine recht genaue Taxierung. Bei nicht mehr verwendeten Sachanlagen entspricht der beizulegende Wert dem Schrottwert. Immaterielle Anlagegüter ohne Verwendungsmöglichkeit sind wertlos.

- **Ertragswert**: Dieser eignet sich insbesondere zur Wertermittlung von **Beteiligungen** an nicht börsennotierten Unternehmen, von Warenzeichen und Patenten sowie des Geschäfts- oder Firmenwerts. Die Ermittlungstechnik benutzt die erwarteten und mit Zinseffekten versehenen Einnahmeüberschüsse. Diese können häufig nur im Verbund mit anderen Vermögensgegenständen erzeugt werden, was sich mit dem Einzelbewertungsgrundsatz (→ § 252 Rz. 44) schlecht verträgt.

BEISPIEL Der Generikahersteller G hat zu 1.000 € ein rezeptfreies Heilmittel erworben. Dieses umfasst das Patent, das Warenzeichen, die Produktionsanlage und die IT-Infrastruktur. Der Kaufpreis wurde aus Sicht des Erwerbers durch eine Ertragswertermittlung auf *Discounted-Cashflow*-Basis belegt. Am nächsten Bilanzstichtag kann ein beizulegender Wert isoliert für die Produktionsanlage (z. B.) sinnvoll nicht ermittelt werden.

- **Rendite**: Bei einem Gebäude kann der beizulegende Wert niedriger sein als der Buchwert, wenn die Mieteinnahmen z. B. die getätigten Herstellungskosten nicht rechtfertigen (→ § 255 Rz. 164b).

Bzgl. des Geschäfts- oder Firmenwerts wird gestritten, ob der **erworbene** (und deshalb bilanzierte) mit dem bereits vorhandenen **originären** zusammen zu bewerten ist (Einheitstheorie) oder gesondert.[1] U. E. ist der letztgenannten Lösung aus pragmatischen Gesichtspunkten der Vorzug zu geben; die Wertbestimmung des Geschäfts- oder Firmenwerts ist schon schwierig genug und wird durch künstliche Separierungen in Einzelteile nicht mehr handhabbar. In Analogie zu den konzernbilanziellen Vorschriften des DRS 23.128 f. (→ § 309 Rz. 11) kann der beizulegende Wert des *Goodwill* wahlweise nach einer der beiden folgenden Methoden berechnet werden:

beizulegender Zeitwert des erworbenen Unternehmens		beizulegender Zeitwert des erworbenen Unternehmens
beizulegender Zeitwert erworbenes Nettovermögen	-	Buchwert erworbenes Nettovermögen
beizulegender Wert *Goodwill*	=	beizulegender Wert *Goodwill*

- **Fehlmaßnahmen**:[2] Dieser Tatbestand „taugt" am ehesten zu einer Teilwertabschreibung. Sie ist definiert als Anschaffung oder Herstellung eines Wirtschaftsguts, dessen wirtschaftlicher Nutzen von Anfang an dauerhaft deutlich hinter den Anschaffungs-/Herstellungskosten zurückbleibt, was ein gedachter Erwerber des Unternehmens im Kaufpreis berücksichtigen würde.[3] Eine solche Fehlmaßnahme hat der BFH im Urteil III R 201-202/84 zum Turmdrehkran (Rz. 188) festgestellt. Aber auch zur Darlegung von Fehlmaßnahmen sind hohe Hürden zu überspringen. Das gelang dem Steuerpflichtigen z. B.

1 Vgl. *Marx*, StuB 2012 S. 652; *Adrian* in Prinz/Kanzler (Hrsg.), NWB Praxishandbuch Bilanzsteuerrecht, 2012, Rz. 3339.
2 Vgl. hierzu *Kulosa* in Schmidt, EStG, 36. Aufl. 2017, § 6 Tz. 246.
3 BFH, Urteil v. 17.9.1987 – III R 201-202/84, BStBl 1988 II S. 488; BFH, Urteil v. 20.5.1988 – III R 151/86, BStBl 1989 II S. 269.

nicht im Fall des Urteils X R 151/94 (Rz. 187). Nur unbewusste (irrtümliche) Fehleinschätzungen rechtfertigen eine Teilwertabschreibung wegen Fehlmaßnahmen.[1] Keine Teilwertabschreibung kommt demzufolge infrage, wenn das Unternehmen ein Verwaltungsgebäude in Prunkausstattung (goldene Wasserhähne usw.) erstellt und anschließend geltend macht, ein fiktiver Erwerber des Unternehmens würde diesen Prunk nicht vergüten.

3.2.3 Gesamt- statt Einzelbewertung

Der Einzelbewertung kommt auch im Bereich von industriellen Anlagen mit Gebäuden, Vorrichtungen etc. keine Bedeutung zu, wenn es den beizulegenden Wert zu bestimmen gilt. 183

BEISPIEL[2] Die Lackieranlage einer Automobilfabrik muss zusammen mit anderen Produktionsbereichen dieser Fabrik mangels Nachfrage nach den entsprechenden Fahrzeugen einstweilen stillgelegt werden. Eine Wiederaufnahme der Produktion ist am Bilanzstich- und -erstellungstag nicht ersichtlich. Die Anlage ist zwar voll betriebsbereit, funktionstüchtig und steht auf dem neuesten technischen Stand, es fehlt allerdings an der Rentabilität, da sie nicht genutzt werden kann.

Die Lackieranlage allein ist dem Grunde nach nur anhand einer Reihe von Fiktionen bewertbar, erst recht die darin installierten Roboter, Waschstraßen, Arbeitsbühnen etc.

Das Problem der Bestimmung des beizulegenden Werts umfasst also schnell einmal einen ganzen Unternehmensbereich (die gesamte Anlage) und nähert sich dem Thema einer **Unternehmensbewertung**. Dieser Gedanke liegt dem Bewertungssystem der IFRS in IAS 36 zugrunde, wo es letztlich abgesehen von eindeutigen Sonderfällen – das Gebäude steht zum Abbruch bereit, die Maschine muss verschrottet werden – primär und entscheidend um die **Gesamtrentabilität** einer zahlungsmittelgenerierenden Einheit (*cash generating unit*) geht. 184

Hat man sich dann auf den beizulegenden Wert der gesamten Anlage geeinigt, stellt sich – genau wie beim Teilwert – die Frage nach der Aufteilung der Wertminderung auf die einzelnen in der Lackieranlage (im vorigen Beispiel) befindlichen Vermögensgegenstände, also die Gebäude, die Maschinen in Form von Robotern, Förderbändern etc., Treppen und Zugangswege, die Abfallentsorgungsanlage und dergleichen mehr.

Aber auch bei Aufrechterhaltung der Produktion, allerdings mangels Nachfrage mit verminderter Kapazitätsauslastung, stellt sich das Problem der Aufteilung einer Wertminderung auf die einzelnen Vermögensgegenstände. 185

BEISPIEL[3] Der Autozulieferer Z muss seinen Ausstoß um 50 % zurückfahren, weil ein entsprechender Großabnehmer als Kunde ausgefallen ist. Die aktuelle Kapazitätsplanung muss entsprechend auf 50 % der bisherigen Größe reduziert werden.

Die angezeigte außerplanmäßige Abschreibung provoziert dann die Frage, ob es einen Unterschied ausmacht, wenn jede zweite Maschine stillgelegt (und auf null abgeschrieben wird) oder jede Maschine nur noch zur Hälfte betrieben wird. Unseres Erachtens ist im zweiten Fall eine insgesamt gleich hohe Abschreibung geboten.

Die positive Gesamtrentabilität eines Unternehmens schließt die außerplanmäßige Abschreibung (und die Teilwertabschreibung, → Rz. 188) nicht aus.

1 BFH, Beschluss v. 25.10.1972 – GrS 6/71, BStBl 1973 II S. 79, zur Einlage der Beteiligung an einer Unterstützungskasse.

2 Nach *Lüdenbach/Hoffmann*, StuB 2009 S. 8.

3 Nach *Lüdenbach/Hoffmann*, StuB 2009 S. 9.

BEISPIEL[1] ► Ein regional diversifiziertes Unternehmen mit nur regional verkäuflichen Waren (z. B. verderbliche Lebensmittel) kann eine Lagerhalle nur mit 1/3 der Kapazität dauerhaft nutzen. Der den Wertmaßstab darstellende Wiederherstellungswert kann nur der kapazitätsgerechte sein. Auf diesen ist die Abschreibung in der Handels- und Steuerbilanz vorzunehmen.

3.2.4 Der Teilwert in der BFH-Rechtsprechung

186 Der Ausgangspunkt in der ständigen BFH-Rechtsprechung zur Teilwertbestimmung ist eine – schwer widerlegbare – **Vermutung**: Der Buchwert entspricht dem Teilwert.[2] Begründung: Der Kaufmann hat sich diese Investition den Betrag X kosten lassen, also liegt ein entsprechender Wert vor. Über die Angemessenheit oder wirtschaftliche Sinnhaftigkeit hat die Besteuerung nicht zu befinden. Den Steuerpflichtigen soll nach Auffassung der Finanzverwaltung die Nachweispflicht für den niedrigeren Teilwert treffen, aber auch für die voraussichtlich Dauerhaftigkeit der Wertminderung.[3] Im Einzelfall ist diese Argumentation des BFH u. E. nicht tragfähig wegen:

187 ► **überhöhter Kosten**

BEISPIEL ► Ein erfolgreiches Unternehmen benötigt ein neues Verwaltungsgebäude. Wegen privater Vorlieben eines der Inhaber wird dieses in besonders teurer Ausstattung gebaut, und zwar mit einem Kostenpunkt von 5 Mio €. Die gleiche Funktionalität hätte mit einem Kostenfaktor von 2 Mio € erreicht werden können.

Bei unbesehener Heranziehung des Teilwertbegriffs müsste eine Teilwertabschreibung erfolgen, denn der gedachte Erwerber des Betriebs wird diesen Kostenfaktor für das Verwaltungsgebäude nicht im Kaufpreis vergüten, sondern einen entsprechenden Abschlag vornehmen. Auch handelsrechtlich müsste u. E. eine solche Wertminderung zur Vermeidung eines Nonvaleurs in der Bilanz berücksichtigt werden. Der BFH lässt eine Ausnahme von der Vermutung, der Teilwert entspreche den AK/HK zu, wenn „dem Steuerpflichtigen bei seinen Überlegungen .... ein Irrtum unterlaufen, er also nicht von richtigen Voraussetzungen ausgegangen ist", oder „betriebsfremde, rein persönliche Überlegungen der Lebensführung seine Entscheidung bestimmt haben."[4] Die zweite Variante – betriebsfremde Überlegungen – könnte einschlägig sein. Einen gewissen Analogieschluss zum überteuerten Bauwerk liefert ein BFH-Urteil, in dem eine Teilwertabschreibung auf ein übergroßes Betriebsgebäude abgelehnt worden ist. Diese Übergröße war im Hinblick auf eine künftige Geschäftsausweitung bautechnisch geplant worden, die Geschäftsausweitung hat sich dann allerdings nicht realisieren lassen.[5]

► **Punktwert oder Schätzungsintervall**

Speziell bei Grundstücken kann eine Bewertung nur im **Näherungsverfahren** erfolgen. Bandbreiten von +/- 20 % oder mehr um einen rechnerischen Mittelwert sind üblicherweise feststellbar. Dann ist jeder Wert innerhalb einer solchen Bandbreite als Verkehrs- oder Teilwert anzusehen.[6] Der BFH lehnt indes die Anwendung von Bandbreiten auf die Teilwertermittlung ab.[7] Richtigerweise kann nur **ein** Wert in die Steuerbemessungsgrundlage einfließen. Bei einem gutachterlich „festgelegten" Wert trifft im steuerlichen

1 Nach *Lüdenbach*, StuB 2015 S. 428.
2 Zum Beispiel BFH, Urteil v. 20.5.1988 – III R 151/86, BStBl II S. 269.
3 BMF, Schreiben v. 2.9.2016 – IV C 6 – S 2171-b/09/10002, DStR 2016 S. 2107, Tz. 4.
4 BFH, Beschluss v. 25.10.1972 – GrS 6/71, BStBl 1973 II S. 79.
5 BFH, Urteil v. 17.1.1978 – VIII R 31/75, BStBl II S. 335.
6 *Uterhark/John*, DB 2013 S. 2708.
7 BFH, Urteil v. 19.8.2009 – III R 79/07, BFH/NV 2010 S. 610; ebenso BFH, Beschluss v. 20.12.2012 – IV B 12/12, BFH/NV 2013 S. 547; BFH, Beschluss v. 9.1.2013 – IV B 8/12, BFH/NV 2013 S. 551; BFH, Beschluss v. 30.1.2014 – X B 63/13.

Schätzungsverfahren die Finanzverwaltung die Beweislast für einen höheren und den Steuerpflichtigen für einen niedrigeren Wert.

Ähnlich lautet die Argumentation[1] (keine Teilwertabschreibung) zu einem Umbau eines 90 Jahre alten Wohnhauses in ein Bürogebäude, obwohl die Kosten für einen vergleichbaren Büroanbau je m² niedriger waren als für den Umbau des Wohngebäudes. Das gilt auch, wenn sonst keine passenden Objekte in der Umgebung verfügbar waren.

► **fehlender Rentabilität** 188

BEISPIEL ► Eine Maschinenanlage in Form eines Turmdrehkrans eines Bauunternehmens war wegen der Branchenrezession überdimensioniert, wofür der BFH eine Teilwertabschreibung für angezeigt erachtete.[2]

Ein Reeder hatte einen Tanker bestellt, der im Gefolge der später auftretenden Ölkrise wegen der Übergröße nicht mehr rentabel genutzt werden konnte und eine Teilwertabschreibung erforderte.[3]

BEISPIEL ► Unstreitige Mehrkosten für eine Fabrikationsanlage berechtigten nicht zur Teilwertabschreibung, weil der Gesamtbetrieb ausreichende Rentierlichkeit aufwies.[4]

Der BFH nimmt in diesem Urteil bewusst oder unbewusst Bezug auf die Gesamtunternehmensbewertung, zumindest jedoch auf den dem Bewertungskonzept des IAS 36 zugrunde liegenden Gedanken: Wenn der Gesamtbetrieb oder die irgendwie definierte zahlungsmittelgenerierende Einheit – also ein Gesamtkomplex von Vermögensgegenständen – positive Ergebnisse erzielt, scheidet eine außerplanmäßige Abschreibung auf einzelne Vermögensgegenstände aus, wenn nicht offensichtlich ein nicht behebbarer Schaden festzustellen ist.

► **gesunkener Wiederbeschaffungskosten**

BEISPIEL ► Das bestehende Gebäude wurde mit überhöhten Kosten erstellt, weil aus Sicht des Bilanzstichtags der Baukostenindex nachhaltig und erheblich gesunken ist. Dieser Tatbestand verlangt eine Teilwertabschreibung.[5]

In zwei Urteilen zum Bewertungsrecht hat sich der BFH gegen eine Teilwertabschreibung auf die einzelnen Wirtschaftsgüter mit der Begründung mangelnder Rentabilität des Gesamtunternehmens ausgesprochen.[6] Weitere notwendige Voraussetzung für eine solche Teilwertabschreibung sei die konkrete Einleitung von Stilllegungsmaßnahmen für diesen Betrieb bzw. Betriebsteil.

Für den Teilwert von **unbebauten Grundstücken** hält der BFH Folgendes fest:[7]

► Der Teilwert entspricht in der Regel dem Verkehrswert.

► Die Ermittlung des Verkehrswerts kann nach drei Methoden erfolgen:
  - Vorrangig durch Heranziehung zeitnaher, nicht wesentlich mehr als ein Jahr zurückliegender Verkaufspreise für benachbarte vergleichbare Grundstücke,
  - durch Ableitung aus Bodenrichtwerten (§ 196 BauGB),
  - ausnahmsweise durch Erstellung von Einzelgutachten.

1 BFH, Urteil v. 14.3.1998 – X R 151/94, BFH/NV 1998 S. 1086.
2 BFH, Urteil v. 17.9.1987 – III R 201/84, 202/84, BStBl 1988 II S. 488.
3 BFH, Urteil v. 17.11.1987 – VIII R 348/82, BStBl 1988 II S. 430.
4 BFH, Urteil v. 13.7.1967 – IV 138/63, BStBl 1968 II S. 11.
5 BFH, Urteil v. 14.2.1956 – I 239/54 U, BStBl III S. 102.
6 BFH, Urteil v. 2.3.1973 – III R 88/69, BStBl II S. 475; BFH, Urteil v. 20.9.1989 – II R 96/86, BStBl 1990 II S. 206.
7 BFH, Urteil v. 21.9.2016 – X R 58/14, BFH/NV 2017 S. 275.

Eine zweimalige Herabsetzung des Bodenrichtwerts durch den Gutachterausschuss rechtfertigt die Annahme einer voraussichtlichen Dauer der Wertminderung.[1] Eine Teilwertabschreibung rechtfertigt auch der verseuchte Grund und Boden (→ § 249 Rz. 64).[2]

Der Teilwert von **Anteilen an offenen Immobilienfonds**, deren Ausgabe und Rücknahme endgültig eingestellt ist, ist lt. BFH[3] der Börsenkurs der Anteile im Handel im Freiverkehr. Eine voraussichtlich dauernde Wertminderung liegt dabei vor, wenn der Börsenwert zum Bilanzstichtag unter denjenigen im Zeitpunkt des Erwerbs der Anteile gesunken ist und der Kursverlust die Bagatellgrenze von 5 % der Anschaffungskosten bei Erwerb überschreitet.

Die Teilwertabschreibung ist konzeptionell nach dem **Einzelbewertungsgrundsatz** (→ § 252 Rz. 47) individuell für jedes Wirtschaftsgut vorzunehmen, wenn nicht ausnahmsweise aufgrund praktischer Schwierigkeiten eine Einzelwertermittlung nicht oder nur mit unverhältnismäßigem Aufwand durchführbar wäre.[4] In der Praxis ist dieser „Ausnahmefall" aber häufig die Regel.

188a Wird die Anschaffung oder Herstellung von Wirtschaftsgütern durch **staatliche Zuschüsse** gefördert, kann dies den Teilwert gleichartiger Wirtschaftsgüter mindern, wenn der Staat mit Subventionen für bestimmte Wirtschaftsgüter nachhaltig, über längere Zeit und in etwa gleichbleibender Höhe in das Marktgeschehen eingreift.[5] Entsprechend kann auch ein von der Kommune subventioniertes Angebot von Gewerbegrundstücken den Teilwert benachbarter Bestandsgrundstücke beeinflussen.[6]

188b Der Teilwert von für private Zwecke entnommenen Kuppelprodukten kann ausnahmsweise null sein, wenn eine Veräußerung an Dritte ausscheidet, so etwa der Teilwert des bei der Stromerzeugung in einem Blockheizkraftwerk anfallenden und privat genutzten Kuppelprodukts Wärme, wenn aus wirtschaftlichen Gründen (Leitungskosten) kein fremder Abnehmer infrage kommt, der Fremdveräußerungspreis also null ist.[7]

3.3 Dauer der Wertminderung

3.3.1 Zukunftsperspektive, Aufhebung des Stichtagsprinzips

189 Die vorstehenden Ausführungen belegen: **Außerhalb** von Börsen- und Marktpreisen – und dieser Sachverhalt ist abgesehen von Finanzanlagen (→ Rz. 203) die Regel – können eindeutige, also „richtige", Werte nie festgestellt werden. Es handelt sich immer um **Schätzgrößen** mit häufig recht großen Schätzungsintervallen. Innerhalb dieser Bandbreite von Werten sind alle Bilanzansätze richtig, d. h. plausibel und vertretbar. Dem Objektivierungsziel der Rechnungslegung sind hier recht enge Grenzen gesetzt.

190 Aber selbst wenn einmal tatsächlich ein gegenüber dem Buchwert niedrigerer beizulegender Wert bzw. Teilwert festzustellen sein sollte, ist damit noch keineswegs das Erfordernis einer Abschreibung belegt. Das Gesetz – das HGB in § 253 Abs. 3 Satz 3 und das EStG in § 6 Abs. 1 Nr. 1 Satz 2 – verlangt in einem zweiten Bewertungsschritt als **zusätzliches** Tatbestandsmerkmal für die Ab-

1 BFH, Beschluss v. 29.7.2014 – I B188/13, BFH/NV 2014 S. 1742.
2 BFH, Urteil v. 7.2.2002 – IV R 87/99, BStBl II S. 294: Die Teilwertabschreibung bestätigend; ebenso BMF v. 2.9.2016 – IV C 6 – S 2171-b/09/10002, DStR 2016 S. 2107 Tz. 12.
3 BFH, Urteil v. 13.2.2019 – XI R 41/17.
4 BFH, Urteil v. 9.12.2014 – X R 36/12 n.v.
5 BFH, Urteil v. 21.9.2016 – X R58/14, BFH/NV 2017 S. 275 mit umfangreichen Rechtsprechungsnachweisen.
6 Ebenda.
7 Vgl. *Lüdenbach*, StuB 2020 S. 600 unter Bezugnahme auf BFH, Urteil v. 12.3.2020 – IV R 9/17.

schreibungspflicht in Abweichung (→ Rz. 194) vom **Stichtagsprinzip** (→ § 252 Rz. 96) eine „voraussichtlich **dauernde** Wertminderung". Dem bilanzierenden Kaufmann wird vom Gesetzgeber traditionell nach deutschem Rechnungslegungsverständnis eine besondere Form der **Zukunfts**perspektive in die Hand gegeben. Er kann seinen Prognoseschatz über die Entwicklung seines Unternehmens im Allgemeinen und einer speziellen Produktionsanlage oder eines Gebäudes walten lassen. Nicht die Verhältnisse am Bilanzstichtag (→ Rz. 203) bestimmen den beizulegenden Wert; dieser stellt nur bei dauerhafter Wertminderung das Abschreibungserfordernis dar. Das Gesetz **verlangt** (!) also den Ausweis eines aktuellen „Un"-Werts (→ Rz. 180), vorausgesetzt er ist nicht dauernder Natur. Der Kaufmann muss also z. B. feststellen:

► Das nicht mehr verwendete Fabrikgebäude kann in vielleicht 5 Jahren als Fitness-Center genützt werden.

► Die Stilllegung der Lackieranlage in der Automobilproduktion (→ Rz. 183) ist nur vorübergehender Natur. Mit Einführung des neuen Modells XY in zwei Jahren werden die betreffenden Anlagen wieder benötigt.

► Das derzeit nur zur Hälfte ausgenutzte Lagergebäude wird in seiner vollen Kapazität genutzt, wenn im nächsten Jahr als neues Geschäftsfeld der Handel mit Rohkaffee aufgenommen wird. Die Kapazitätsauslastung erfolgt in drei Jahren dann erst recht bei der geplanten Ausweitung des Handels im osteuropäischen Raum.

► Die Politik der öffentlichen Hand will den Konjunktureinbruch durch Infrastrukturbauten ausgleichen. Dann wird in ein bis zwei Jahren der im Augenblick eingemottete Turmdrehkran (→ Rz. 188) wieder benötigt.

Bei aller **Unbestimmtheit** der Dauer einer unterstellt vorliegenden Wertminderung muss zum Vergleich die künftige Buchwertentwicklung eines abnutzbaren Anlageguts herangezogen werden.

3.3.2 Definition der dauernden Wertminderung

Mit der Vorgabe einer Bestimmung der voraussichtlichen Dauer einer Wertminderung durchbricht das Gesetz das Stichtagsprinzip ohne dem Anwender eine einigermaßen handhabbare Definition zu liefern. Eine solche ist allerdings auch den Standardsettern nicht gelungen, dazu soll zunächst die HGB-Kommentierung bemüht werden.[1] 191

„Eine **dauernde** Wertminderung bedeutet ein **nachhaltiges** Absinken des den Anlagen zum Abschlussstichtag beizulegenden Werts unter den Buchwert. Im Zweifel wird aus Gründen der Vorsicht von einer dauernden Wertminderung auszugehen sein, es sei denn, dass für eine nur **vorübergehende** Wertminderung konkrete Anhaltspunkte vorliegen".

Die Formulierung stellt einen geradezu klassischen Fall einer **Tautologie** dar. Es werden zwei Worte („dauernde Wertminderung") durch zwei andere gleichbedeutende („nachhaltiges Absinken") ersetzt. Also: „Eine dauernde Wertminderung ist eine dauernde Wertminderung." Im Anschluss wird die gängige Floskel „im Zweifel" verwendet. Da in solchen Fällen immer Zweifel bestehen, müsste die Aussage also lauten: Eine Abschreibung auf den niedrigeren Stichtagswert ist zwingend. Diese Logik wird allerdings gleich wieder auf den Kopf gestellt, mit der wiederum nichtssagenden Aussage: Die dauernde Wertminderung darf nicht von vorübergehender Natur sein. Ergebnis also: **Die dauernde Wertminderung ist nicht definierbar**.

1 Vgl. *ADS*, 6. Aufl., § 253 Tz. 456.

192 Eine weitere Definition liefert das Bundesministerium der Finanzen:[1]

„Eine **voraussichtlich dauernde** Wertminderung bedeutet ein **voraussichtlich nachhaltiges** Absinken des Werts des Wirtschaftsguts unter den maßgeblichen Buchwert (...). Die Wertminderung ist voraussichtlich nachhaltig, wenn der Steuerpflichtige hiermit aus der Sicht am Bilanzstichtag aufgrund objektiver Anzeichen ernsthaft zu rechnen hat. Aus der Sicht eines sorgfältigen und gewissenhaften Kaufmanns müssen mehr Gründe für als gegen eine Nachhaltigkeit sprechen. Grundsätzlich ist von einer voraussichtlich dauernden Wertminderung auszugehen, wenn der Wert des Wirtschaftsguts die Bewertungsobergrenze während eines erheblichen Teils der voraussichtlichen Verweildauer im Unternehmen nicht erreichen wird."

Auch hier wird die **Tautologie** auf die Spitze getrieben: Voraussichtlich dauernd ist so viel wie voraussichtlich nachhaltig, wenn entsprechende Anzeichen vorliegen. Es folgt dann eine Anleihe aus ständiger BFH-Rechtsprechung zum **ordentlichen Kaufmann** (verdeckte Gewinnausschüttung) und der **Gründegewichtung** (Rückstellungsansatz). Der Gehalt des letztgenannten Kriteriums zeigt sich am Beispiel der Wertentwicklung einer börsengängigen Aktie: Wenn das Überwiegen der Gründe für eine Werterhöhung sprechen sollte, müsste eigentlich der sorgfältige Kaufmann sofort zugreifen, also 100.000 Stück Daimler etc. erwerben. Am Schluss schließt sich erneut ein Musterfall für einen Satz tautologischen Inhalts an.

3.3.3 Axiomatische Lösungsvorschläge für abnutzbare Vermögensgegenstände[2]

193 Mit den Definitionsversuchen zur dauernden Wertminderung kommt man also bei der praktischen Anwendung nicht weiter.

Das handelsrechtliche Schrifttum hat sich unisono aus diesem logischen Knäuel axiomatisch gelöst. Ein Abschreibungszwang sei dann gegeben, wenn der

- ► beizulegende Stichtagswert erheblich **unter** dem Buchwert und
- ► dieser Stichtagswert voraussichtlich in einem erheblichen *Zeitraum* der Restnutzungsdauer unter dem planmäßig weiter abgeschriebenen (Buch-)Wert

liegt.

Als zeitliche Grenzmarke hat sich im Schrifttum[3] die **hälftige** Restnutzungsdauer herauskristallisiert, teilweise beschränkt auf eine Höchstgrenze von **fünf** Jahren. Wenn also der Stichtagswert länger als die genannten Fristen unter den jeweiligen Buchwerten liegt, ist auf diesen außerplanmäßig abzuschreiben.

BEISPIEL

Buchwert Gebäude am 31.12.01	600 T€
Abschreibung linear p. a.	20 T€
Restnutzungsdauer	30 Jahre
Beizulegender Wert/Teilwert/Stichtagswert am 31.12.01	310 T€
Buchwert am Ende der halben Restnutzungsdauer	300 T€
Stichtagswert 51,7 % des (letztgenannten) Buchwerts	

1 BMF, Schreiben v. 2.9.2016 – IV C 6 – S 2171-b/09/10002, DStR 2016 S. 2107 Tz. 5; zur Kritik *Marx*, StuB 2014 S. 592.

2 Vgl. hierzu *Hoffmann/Lüdenbach*, DB 2009 S. 577.

3 Zum Schrifttumsnachweis – auch für das Handelsrecht – wird auf das einschlägige BFH-Urteil v. 14.3.2006 – I R 22/05, BStBl II S. 680, verwiesen. Das BMF, Schreiben v. 2.9.2016 – IV C 6 – S 2171-b/09/10002, DStR 2016 S. 2107 Tz. 8, schließt sich dieser Rechtsprechung an. Ebenso BFH, Urteil v. 29.4.2009 – I R 74/08, DStR 2009 S. 1687. Diese Zeitvorgabe ist dem Gesetz nicht zu entnehmen (*Weber-Grellet*, BB 2010 S. 45).

Der Stichtagswert liegt nicht für mindestens die halbe Restnutzungsdauer unter dem beizulegenden Wert, also ist eine außerplanmäßige Abschreibung unzulässig. Entsprechendes gilt auch steuerrechtlich.[1] Dem BFH zufolge soll diese Zeitangabe (fiktiv) auch gelten, wenn in kurzer Frist nach dem Bilanzstichtag ein Verkauf unter dem Restbuchwert am Bilanzstichtag erfolgt ist.[2]

Der dargestellten Arithmetik folgen DRS 24.112 und DRS 24.113 für immaterielle Anlagegegenstände.

Die Auswertung des Beispiels zeigt die Gesetzesvorgabe vor dem Hintergrund sonst hochgehaltener und immer wiederholter **Bilanzierungsgrundsätze** in einem bemerkenswerten Zwielicht: 194

- Es wird an 14 Bilanzstichtagen eine **stille Last** ausgewiesen.
- Die Bilanzierung erfolgt unter Verstoß gegen das **Vorsichts**prinzip, wonach die Bewertung auf der Aktivseite eher zu niedrig als zu hoch vorgenommen werden soll.
- Die vom **Imparitäts**prinzip verlangte Berücksichtigung eines unrealisierten Verlusts unterbleibt.
- Das **Objektivierungs**ziel bleibt unbeachtet.
- Das **Stichtags**prinzip wird außer Kraft gesetzt.[3]
- Der **Besteuerung** wird für 14 Wirtschaftsjahre eine Gewinnermittlung durch teilweisen Nicht-Vermögensvergleich zugrunde gelegt mit entsprechendem Verstoß gegen das Leistungsfähigkeitsprinzip.[4]

Die Gesetzesvorgabe „voraussichtlich dauernde Wertminderung" verstößt also gegen fast alle – häufig pleonastisch bezeichneten – „Fundamentalprinzipien" der HGB-Rechnungslegung und der Besteuerung.

Die unter →Rz. 193 dargelegten Lösungsparameter zur Operationalisierung der Dauerhaftigkeit einer Wertminderung setzen den **Stichtags**wert (für die aktuelle Bilanzierung) in Beziehung zu einem **künftigen** Buchwert. Dadurch liegen zwei eindeutig bestimmte Rechengrößen vor, was den Bilanzausweis elegant mit dem Taschenrechner ermitteln lässt. Mit diesem **Vereinfachungsgedanken** begründet der BFH das Nichtvorliegen einer dauernden Wertminderung bei einem Gebäude.[5] Die **Realität** des Wirtschaftslebens folgt allerdings anderen Gesetzmäßigkeiten. Ebenso wenig wie der planmäßig abzuschreibende Buchwert bleibt der Teilwert oder beizulegende Wert eines Gebäudes, einer Maschine, eines Firmenwerts etc. im Zeitverlauf unverändert. Sofern der Bilanzierung **effektive** und **nicht fiktive** Werte zugrunde liegen sollen, kann der künstlichen Einfrierung des Teilwerts bzw. beizulegenden Werts nicht gefolgt werden. Oder anders ausgedrückt: Der Vergleich eines Stichtagswerts vom 31.12.01 mit planmäßig fortgeführten Werten zum 31.12.02 bis zum 31.12.15 (Beispiel unter →Rz. 193) ist 195

1 Nach BMF und BFH. Die handelsrechtlich auch vertretene Fünf-Jahres-Frist wird vom BFH und BMF nicht bestätigt; vgl. BMF, Schreiben v. 2.9.2016 – IV C 6 – S 2171-b/09/10002, DStR 2016 S. 2107 Tz. 9.

2 BFH, Urteil v. 9.9.2010 – IV R 38/08, DB 2011 S. 621.

3 So auch *Weber-Grellet*, BB 2010 S. 45.

4 Demgegenüber soll nach den Gesetzesmaterialien (im BFH-Urteil a. a. O. zitiert) die Besteuerung nach der Leistungsfähigkeit durch die Nichtabschreibung auf einen Wertverlust gefördert werden. Diese Aussage ist nur vor dem ideologischen Hintergrund des damaligen Gesetzesverfahrens erklärlich, das ursprünglich die Teilwertabschreibung überhaupt als unzulässig regeln wollte.

5 BFH, Urteil v. 29.4.2009 – I R 74/08, DStR 2009 S. 1687.

nicht sinnvoll, weil sich auch der beizulegende Wert bzw. Teilwert im Zeitablauf durch Alterung des Vermögensgegenstandes verändert.

BEISPIEL[1] Am 1. 7. 2008 schließt Finanzvermittler F für die von ihm beherrschte U-GmbH ein aussichtsreiches Geschäft ab. Der Vertragsschluss bestärkt ihn in seinem Lebensmotto: „Es gibt keine schlechten Zeiten, sondern nur Leute, die damit nicht zurechtkommen." Euphorisiert begibt sich F sofort nach dem Vertragsschluss zu einem Luxuswagenhändler und entscheidet sich spontan für den Kauf eines panzerartigen Luxusgeländewagens, dessen Imagewert nur noch von seinem unglaublichen Benzinverbrauch übertroffen wird. Ohne weitere Verhandlung akzeptiert F den Listenpreis von 180 T€. Das Fahrzeug wird noch am gleichen Tag auf die U-GmbH zugelassen. Es wird fast ausschließlich für Geschäftsfahrten genutzt und planmäßig wegen der hohen Laufleistung über fünf Jahre abgeschrieben. Die fortgeführten Anschaffungskosten zum 31. 12. 2008 betragen mithin 162 T€.

Der Buchhalter der U-GmbH trifft bei Abschlusserstellung folgende Feststellung:

- Nach Mitteilung der Werte aus Schwacke-Liste, DAT-Liste und Internet ergibt sich für das gebrauchte Fahrzeug per 31. 12. 2008 ein **Wiederbeschaffungswert** von 94,5 T€. Die Diskrepanz zu den planmäßig fortgeführten Anschaffungskosten erklärt sich nach durch weitere Internetrecherchen belegten Untersuchungen des Buchhalters wie folgt:
- F hätte einen **Rabatt** aushandeln können. Im Internet recherchierte Marktberichte belegen bereits im Juli 2008 durchsetzbare Rabatte von 20 %.
- Im dritten Quartal 2008 hat die **Finanzmarktkrise** zu scharfen Umsatzeinbrüchen im Luxussegment geführt. Schon im **September 2008** wären Rabatte von 30 % und mehr realisierbar gewesen.
- Schließlich erleiden Fahrzeuge der extremen Luxusklasse mit Zulassung und **Ingebrauchnahme** einen hohen Wertverlust.

Der Buchhalter erwägt zum 31. 12. 2008 die Vornahme einer Teilwertabschreibung/außerplanmäßige Abschreibung von 162 T€ - 94,5 T€ = 67,5 T€.

Der beizulegende Wert/Teilwert kann im Beispiel durch den eindeutig feststellbaren **Wiederbeschaffungspreis**[2] (→ Rz. 182) von 94,5 T€ belegt werden. Dieser stellt die Obergrenze der Bewertung dar.

Die weitere Frage geht nach der **Dauerhaftigkeit** der Wertminderung. Nach der unter → Rz. 193 dargelegten herrschenden Gesetzesauslegung ist wie folgt zu rechnen:

BEISPIEL

Beizulegender Wert/Teilwert/Stichtagswert	94,5 T€
Restnutzungsdauer	$4\frac{1}{2}$ Jahre
halbe Restnutzungsdauer	$2\frac{1}{4}$ Jahre
Abschreibung p. a. linear	36 T€
Buchwert nach $2\frac{1}{4}$ Jahren	83 T€

ERGEBNIS Der Stichtagswert liegt nur ca. 1 Jahr und 11 Monate statt $2\frac{1}{4}$ Jahren unter dem planmäßigen Buchwert. Eine außerplanmäßige bzw. Teilwert-Abschreibung kommt nach den zitierten Auffassungen im Schrifttum, dem BFH-Urteil und dem BMF-Schreiben nicht in Betracht.

Nur mit der kontraktfaktischen **Unterstellung**, der zum Bilanzstichtag festgestellte beizulegende Wert/Teilwert bleibe mindestens so lange **konstant**, bis ihn die planmäßig fortgeführten Anschaffungskosten erreichen, machen die Ausführungen von BMF/BFH und der herrschenden

1 Nach *Hoffmann/Lüdenbach*, DB 2009 S. 577; Kritik wie hier vgl. *Marx*, StuB 2014 S. 593.

2 Vgl. *ADS*, 6. Aufl., § 253 Tz. 458; BFH, Urteil v. 17.1.1978 – VIII R 31/75, BStBl II S. 335.

Literaturmeinung Sinn. Bei realitätsgerechter Prämisse – der beizulegende Wert//Teilwert eines Fahrzeuges sinkt von Jahr zu Jahr – ist gerade nicht nachweisbar, dass der Buchwert weniger als 50 % der Nutzungsdauer unter dem Vergleichswert bleibt.

Bei Gebäuden mit dauerhafter **Nutzungsabsicht** (ohne Synergieeffekte) ist eine dauernde Wertminderung mit der Folge einer außerplanmäßigen Abschreibung anzunehmen,[1] wenn 195a

- der beizulegende Wert am Stichtag **erheblich** unter dem Buchwert liegt und
- diese Wertminderung voraussichtlich **nicht nur vorübergehend** ist (→ Rz. 192).

Als erheblich sieht der BFH eine Abweichung von mehr als 20 % an.[2] Zur Dauerhaftigkeit wird (für Gebäude) ein Zeitraum von regelmäßig mehr als drei bis fünf Jahren angegeben. Bei Wohngebäuden mit einer Nutzungsdauer von 50 Jahren kann der Betrachtungszeitraum bis auf zehn Jahre verlängert werden. Jedenfalls bei **unbebauten Grundstücken** entscheidet über die Zulässigkeit der Teilwertabschreibung nach Auffassung des BFH, ob mehr Gründe für als gegen die Dauerhaftigkeit sprechen. Eine allgemeingültige Frist für die Dauer der Wertminderung wird dabei abgelehnt. Hinsichtlich der den Steuerpflichtigen treffenden Feststellungslast für eine voraussichtliche Dauerhaftigkeit einer Wertminderung werden „überspannte Anforderungen" zurückgewiesen, da Fehlprognosen zu jedem nachfolgenden Bilanzstichtag über das Wertaufholungsgebot korrigiert werden können.[3]

Zur Ermittlung einer allfälligen außerplanmäßigen Abschreibung muss dem IDW zufolge bei Gebäuden eine Einstufung erfolgen:[4]

- zur dauerhaften Nutzung bestimmt,
- zum Verkauf bestimmt,
- zum Abriss bestimmt.[5]

Grundlage für die Bewertung ist bei zur dauerhaften Nutzung bestimmten Gebäuden der subjektive Immobilienwert. Dieser Wert kann über den intersubjektiv nachprüfbaren Wert hinausgehen. Dann sind die damit verbundenen Synergieeffekte zu überprüfen.

3.3.4 Ökonomisch begründbare Lösung

Den in diesem Beitrag analysierten Lösungsvorschlägen zur Bestimmung der unbestimmbaren Bewertungsgrundlage „voraussichtliche Dauer" ist insoweit zu folgen, als bei einschlägigen Bewertungsverfahren immer mit **Schätzungen** vorzugehen ist. Das Schätzungserfordernis erlaubt nicht das axiomatische Vernachlässigen zwingender ökonomischer Gesetzmäßigkeiten durch modelltheoretische Fixierung („Einfrieren") eines Werts, um diesen („einfach", → Rz. 195) reibungslos mit einfach mittelbaren anderen Werten in Beziehung zu setzen. Das der Bilanzierung immanente Schätzungsverfahren darf die Realität des Wirtschaftslebens nicht durch mathematische Fiktionen außer Kraft setzen. Denn schließlich soll die Bilanz das Ergebnis der Wirtschaftstätigkeit eines Unternehmens im Zeitverlauf darstellen. Die gewollte 196

1 IDW RS IFA 2, Tz. 39.

2 Zum Beispiel BFH, Urteil v. 25.6.1964 – III ZR 111/61, BB 1964 S. 1197. Gegen die Anwendung eines „schematischen Prozentsatzes" aber BGH, Urteil v. 1.4.1987 – IVa ZR 139/85, MDR 1987 S. 914; zweifelnd zur Anwendung dieser Rechtsprechung auf Bilanzierungsfragen *Esser/Nann*, WPg 2015 S. 184.

3 BFH, Urteil v. 21.9.2016 – X R 58/14, BFH/NV 2017 S. 275.

4 IDW RS IFA 2, Tz. 33.

5 IDW RS IFA 2, Tz. 33.

Außerkraftsetzung wirtschaftlicher Zwangsläufigkeiten wirkt auch konträr zum **Objektivierungsziel** der kaufmännischen Rechnungslegung.

197 Der **beizulegende** Wert des HGB kann u. E. nicht als ein solcher verstanden werden, der jahrelang – im Beispiel des Gebäudes unter → Rz. 193 14 Jahre – per Annahme/Fiktion unverändert bleibt. Die Bilanzierung als **Bewertungsprozess** würde dadurch ad absurdum geführt. Gleiches gilt für den **Teilwertbegriff.** Im Beispiel mit dem Auto unter → Rz. 195 wird kein Käufer des ganzen Unternehmens 2¼ Jahre *nach* dem angenommenen Stichtag den Verkäufer mit 94,5 T€ vergüten, nur weil damals dieser Wert festzustellen war. Der gedachte Unternehmenserwerber wird seinerseits die aktuelle Schwacke-Liste etc. konsultieren und für einen nunmehr 33 Monate alten statt sechs Monate jungen Wagen mit einer Laufleistung von vielleicht 100 Tkm statt 20 Tkm einen Wert von z. B. 30 T€ dingfest machen.

198 Der Teilwert/beizulegende Wert eines abnutzbaren Anlagegegenstands lässt sich **nicht einfrieren.** Soweit nicht die Gründe für eine Wertminderung später entfallen, was als **Wertaufholung** abzubilden wäre und nicht durch Versagen der außerplanmäßigen/Teilwertabschreibung, gilt vielmehr: Wie die Vergleichsgröße – der planmäßig linear entwickelte Buchwert – unterliegt auch der beizulegende Wert/Teilwert einer **Fortschreibung.**

199 Gerade auf der Basis der Teilwertvermutung des BFH, die bei Fehlen besonderer Umstände den linearen Buchwert als Schätzung für den Teilwert verwendet, ist deshalb folgende Betrachtung **plausibel:** Der zum 31.12.2008 belegte Teilwert im Beispiel unter → Rz. 195 betrifft ein sechs Monate junges Fahrzeug. Dieses Fahrzeug wird durch die weitere Nutzung noch mehr an Wert verlieren, in welchem Umfang bzw. Tempo ist ungewiss. Auf Basis der Teilwertvermutungen wird der Teilwert grob gerechnet nach der Hälfte der Restnutzungsdauer nur noch ½ der 94,5 T€, also ca. 47 T€, betragen. Er liegt also auch dann noch unter den planmäßig fortgeschriebenen Anschaffungskosten von 90 T€. Inhaltlich steht er für zwei Annahmen:

- Wenn beim Kauf wegen gestiegener Rabatte für Neufahrzeuge zu viel gezahlt wurde, wird dies nicht ohne Auswirkungen auf die Wertentwicklung eines entsprechenden Gebrauchtfahrzeugs bleiben.
- Ein 33 Monate altes hat einen anderen Teilwert als ein sechs Monate junges Fahrzeug.

200 Eine sinnvolle – weil die wirtschaftliche Realität abbildende – Bewertung kann nur auf der Grundlage von **Marktdaten** erfolgen, mögen diese wie das menschliche Dasein überhaupt unvollkommen sein. Die laufend feststellbaren **Wiederbeschaffungskosten** für Geländefahrzeuge liefern jedenfalls eine ausreichende Bewertungsgrundlage. Dabei können die einschlägigen Preise auch wieder ansteigen. Ob dies der Fall ist, weiß niemand. Da Zukünftiges nicht bewiesen werden kann, ist auch der **Beweis** der **Dauerhaftigkeit** einer Wertminderung nicht möglich.

In zwei börsennotierte Aktien betreffenden Fällen (→ Rz. 208) hat der BFH jedoch entschieden (→ Rz. 208):[1] Der **niedrigere Marktpreis** des Bilanzstichtags ist als **dauerhafte** Wertminderung anzusehen, da im Marktpreis **alle Erwartungen der Marktteilnehmer** über die Zukunft enthalten sind und weder der Steuerpflichtige noch das Finanzamt eine bessere Erkenntnis haben können.

1 BFH, Urteil v. 26.9.2007 – I R 58/06, BFH/NV 2008 S. 432.

Übertragen auf das **Fahrzeug der U** bedeutet dies:[1] Die Recherchen des Buchhalters beruhen auf einer Ermittlung des **Marktpreises.** In ihm sind **alle Erwartungen der Marktteilnehmer** über die Zukunft enthalten. Von einer Dauerhaftigkeit der Wertminderung ist daher auszugehen. Der Verstoß gegen die unter → Rz. 194 aufgeführten Bilanzierungsprinzipien entfällt, insbesondere dem Stichtagsprinzip wird Genüge getan. Dass es später auch anders kommen kann, liegt in der Natur der ungewissen Sache „Zukunft" und ist im Fall des Falls durch eine Wertaufholung abzubilden, nicht aber durch eine Versagung der Teilwertabschreibung bzw. außerplanmäßigen Abschreibung von Anfang an.

3.3.5 Komponentenansatz

201 Der optionale **Komponenten**ansatz (→ Rz. 149 ff.) zur Bestimmung der planmäßigen Abschreibung (→ § 246 Rz. 70) findet dem IDW zufolge auf die außerplanmäßige Abschreibung keine Anwendung.[2] Der sog. Niederstwerttest ist auf den Vermögensgegenstand **insgesamt** vorzunehmen.

3.4 Steuerliches Wahlrecht

202 Zu dem von der Finanzverwaltung eingeräumten **Wahlrecht** zur Vornahme einer Teilwertabschreibung trotz Erfüllung der vorstehend dargestellten Tatbestandsmerkmale wird verwiesen auf → § 252 Rz. 276.

4. Sonderfall der Finanzanlagen (Abs. 3 Satz 4)

4.1 Doppeltes Bilanzierungswahlrecht: vorübergehende oder dauernde Wertminderung

203 Für Finanzanlagen bestehen **zwei** Bilanzierungswahlrechte:

- Ein **förmliches** zur **gewünschten** Abschreibung bei vorübergehender Wertminderung,
- ein **faktisches** zur **Vermeidung** von Abschreibungen mangels dauernder Wertminderung.

Dieses – sog. – **gemilderte Niederstwert**prinzip liefert einen bedeutenden bilanzpolitischen Spielraum, der allenfalls durch in der Praxis dürftige Anhangangaben gem. § 285 Nr. 18 HGB (→ § 285 Rz. 124 ff.) bzgl. des Informationsgehalts eines Abschlusses kompensiert wird. Dazu einige Sachverhalte:

- Bei **festverzinslichen Wertpapieren** mit einem Kursverlust gegenüber dem Einstandspreis lässt sich bei unveränderter Bonität des Emittenten immer die Dauer des Wertverlusts bestreiten, da nach fünf oder 15 Jahren ja die Einlösung des Papiers aus heutiger Sicht gesichert ist. Eine Abschreibung **muss nicht** vorgenommen werden, **kann** aber, da ja eine vorübergehende Wertminderung besteht.
- **Aktien** und entsprechende **Fondsanteile:** Der Kurs am Bilanzstichtag ist zwar nennenswert niedriger als der auf dem Einstandspreis beruhende Buchwert; also wahlweise mögliche Abschreibung wegen nur vorübergehender Wertminderung. Allerdings ist der Börsenkurs einem dauernden Auf und Ab unterworfen. Deshalb liegt u.U. keine dauernde

1 Für eine solche Übertragung und damit eine Rechtsänderung gegenüber dem zitierten BFH-Urteil v. 5.6.2007 – I R 22/06, BStBl II S. 812; *Weber-Grellet*, BB 2009 S. 38 ff. Diese Auslegung der Dauerhaftigkeit einer Wertminderung soll dem BFH zufolge handelsrechtlich nicht gelten. Zur Kritik vgl. *Lüdenbach/Hoffmann*, StuB 2009 S. 6.

2 IDW HFA RH 1016, Tz. 10.

Wertminderung vor. Börsenanalysten haben einen fundamentalen Wert von mehr als dem Einstandswert festgestellt, also keine Abschreibung zwingend erforderlich.

- **Nicht** an einem **aktiven Markt** gehandelte Papiere, z. B. verbriefte Forderungen von Kreditkartenkunden japanischer und koreanischer Banken: Mangels eines aktiven Markts muss auf *Discounted-Cashflow*-Verfahren gestützte Werte zurückgegriffen werden. Diese ermitteln je nach Parametereinsatz eine große Schwankungsbreite von „richtigen" Werten, die schon aus aktueller Sicht eine Abschreibung nicht notwendig machen und aus der Perspektive des Dauerns einer möglichen Wertminderung einen zusätzlichen Ermessensspielraum gewähren.
- Der Investor I hat sich nach dem Regelstatut des § 232 HGB **still** an einem Newcomer auf dem Gebiet der Neukonstruktion von Autobatterien beteiligt.
- Die B-Bank investiert in **nichtbörsengängige** Genussrechte mit hoher Verzinsung, die allerdings im Verlustfall des Emittenten zur Zahlung ausgesetzt wird.

4.2 Lösungsvorschlag des IDW

204 Die Tatbestandsmerkmale des „Dauernden" und „Vorübergehenden" implizieren eine Aufhebung des Stichtagsprinzips (→ § 252 Rz. 41). Der Bilanzwert „heute" wird bestimmt von Ereignissen in der Zukunft.[1] Es muss sich zur Dauerhaftigkeit das Erfordernis „voraussichtlich" der Wertminderung dazugesellen – und zwar einheitlich für die Handels- und die Steuerbilanz, wenn bei Letzterer eine Teilwertabschreibung nach § 6 Abs. 1 Nr. 1 Satz 2 EStG begehrt wird (→ Rz. 191). Wie weit die Voraussicht des Kaufmanns in die Dauerhaftigkeit reichen muss, ist nicht geregelt. Ein bis fünf Jahre, mit dem Mittelwert von drei Jahren,[2] werden im Schrifttum genannt. Doch handelt es sich um eine unerfüllbare Gesetzesvorgabe; niemand kann den Börsenkurs eines Wertpapieres in drei Jahren etc. voraussagen; wäre dies möglich, gäbe es keine Börse mehr. Die **Nichterfüllbarkeit** der gesetzlichen Vorgabe erlaubt eine weitgehend **freie Möglichkeit** der **Gesetzesinterpretation** durch den Bilanzierer (→ Rz. 221 ff.).

Das nicht definierbare Kriterium der Dauer der Wertminderung bzw. der nur vorübergehenden ist auch unter → Rz. 191 dargestellt worden. Daraus erklärt sich das vergebliche Bemühen der dort zitierten Kommentare und Standardsetter um Herstellung einer einigermaßen praxistauglichen Gesetzesanwendungstechnik. Dabei steht für Finanzanlagen, anders als beim abnutzbaren Anlagevermögen, die **Restnutzungsdauer** nicht als Berechnungsparameter zur Verfügung. In diese Lücke springt wenigstens für Versicherungsunternehmen das IDW mit der Stellungnahme VFA 2 mit einer ergänzenden Verlautbarung aus 2002.[3]

205 **IDW VFA 2** liefert einen Sieben-Punkte-Katalog von **Indizien,** mithilfe derer im konkreten Bilanzierungsfall die Bewertungsentscheidung getroffen werden soll:

- Höhe der **Differenz** zwischen dem Buchwert und dem Zeitwert,
- **Dauer** des Bestehens dieser Differenz,
- **stark abweichender Kursverlauf** des betreffenden Wertpapiers von der allgemeinen Kursentwicklung,
- **Substanzverluste** aus betrieblichem Anlass etc.,

1 Vgl. *Hoffmann*, StuB 2011 S. 42.
2 *Schön, W.*, FS Raupach 2006 S. 311.
3 VFA, 149. Sitzung, FN-IDW 2002 S. 667; im Folgenden dargestellt nach *Lüdenbach/Hoffmann*, StuB 2009 S. 5.

► Verschlechterung der **branchenspezifischen Zukunftsaussichten,**

► erhebliche **finanzielle Schwierigkeiten,**

► hohe Wahrscheinlichkeit von **Insolvenz** oder **Sanierungsbedarf.**

Wie diese sieben Kriterien zu berücksichtigen sind und wann tatsächlich die Schwelle zur Dauerhaftigkeit der Wertminderung überschritten wird, bleibt der **Auslegung** des Anwenders überlassen. Es wird also nicht gesagt, wann die Qualität in Quantität umschlägt. Vielmehr enthält sich der VFA 2 bewusst jeglicher Regelung in der Form fester Quantifizierung *(„bright lines")*. Umgekehrt kann sich das bilanzierende Unternehmen dieser qualitativen Kriterien bemächtigen und aufgrund von plausiblen – also vertretbaren, aber nicht beweisbaren – Annahmen darlegen, weshalb der „wahre" Wert des betreffenden Wertpapierbestands höher ist als der Börsenkurs.

Die ergänzende Verlautbarung des IDW VFA aus 2002 geht wie folgt vor: Sie 206

► formuliert **Aufgreifkriterien** für Dauerhaftigkeit und

► knüpft daran eine **Beweislastregel.**

Nach den **Aufgreifkriterien** besteht eine Vermutung für Dauerhaftigkeit in folgenden Fällen:

► Der Zeitwert des Wertpapiers liegt in den dem Bilanzstichtag vorangehenden **sechs Monaten** permanent um mehr als **20 % unter dem Buchwert.**

► Der **Durchschnittswert** der täglichen Börsenkurse des Wertpapiers liegt in den letzten **zwölf Monaten** um **mehr als 10 %** unter dem Buchwert.

Ist mindestens eine der beiden Voraussetzungen gegeben, kommt es zur **Beweislastumkehr.** Eine außerplanmäßige Abschreibung darf in diesem Fall nur dann unterlassen werden, wenn das Unternehmen aufgrund nachweisbarer Umstände eine nur vorübergehende Wertminderung darlegen kann. Als Belege können herangezogen werden:

► Fundierte Aussagen unabhängiger **Analysten** zu von dem Unternehmen gehaltenen Wertpapieren.

► Analyseverfahren des Unternehmens selbst, die beispielsweise auf **Kursgewinnverhältnissen (KGV)**, ***Net Asset Values*** **(NAV)** oder sonstigen Analysen der Kursverläufe von Wertpapieren beruhen.

► Falls diese externen oder internen Analyseverfahren nicht zur Verfügung stehen bzw. mangels aussagefähiger Daten nicht durchgeführt werden können, kann eine **verantwortliche Schätzung** des nachhaltigen Werts per *Discounted-Cashflow*-Verfahren durch das (Versicherungs-)Unternehmen erforderlich werden.

In diese Beweislastumkehr ist gerade durch den letzten Punkt der Wind aus den Segeln genommen worden. Im Grunde genommen kann das Unternehmen die übliche *Disounted-Cashflow*-Methodik mit plausiblen Inputs anwenden, um den geforderten Gegenbeweis zu führen. Der **Ermessensspielraum** des Vorstands bleibt weitgehend ungeschmälert.

Die Stellungnahme des VFA richtet sich formal nur an **Versicherungs**unternehmen. Unseres Erachtens können diesbezüglich keine Unterschiede zu anderen Unternehmen bestehen. Deshalb kommen die Kriterien des VFA in seiner offiziösen Stellungnahme auch branchenübergreifend zur Anwendung in Betracht. 207

Die jedenfalls in der Bilanzierungspraxis, nicht zwingend im Schrifttum vorherrschende handelsrechtliche Auffassung geht dahin, dass abgesehen von größeren Kursverlusten bei börsennotierten Vermögensgegenständen das Für und Wider einer Dauerhaftigkeit neutral abzuwä- 207a gen ist, also eine außerplanmäßige Abschreibung unterbleiben kann, wenn sowohl Gründe für wie gegen die Dauerhaftigkeit vorliegen. Für die IFRS würde eine solche neutrale Wertung passen. Das Handelsrecht ist aber durch das – gerade im Rechtsvergleich so hoch gehaltene – **Vorsichtsprinzip** geprägt. Zu fragen ist daher, ob nicht **im Zweifel,** also in nicht eindeutigen Fällen, immer von einer **Dauerhaftigkeit** auszugehen ist. Eine überzeugende, jüngere Entscheidung des **BGH** bejaht dies. Sie hält fest: „Was als voraussichtlich dauernde Wertminderung anzusehen ist, ist gesetzlich nicht geregelt. Wegen der Geltung des Vorsichtsprinzips werden Wertminderungen von Vermögensgegenständen des Anlagevermögens im Zweifel als voraussichtlich dauernd und nur ausnahmsweise als voraussichtlich vorübergehend angesehen …"[1] Steuerbilanzielle Konsequenzen ergeben sich wegen des Bewertungsvorbehalts und der besonderen Beweislastregeln daraus nicht. Auch umgekehrt ist praktisch vor einer falschen Einheitsbilanz zu warnen: Die Nichtzulässigkeit der steuerlichen Teilwertabschreibung schützt nicht vor außerplanmäßiger Abschreibung in der Handelsbilanz.

4.3 Finanzrechtsprechung und deren Bedeutung für die Handelsbilanz

4.3.1 Steuerliche Bilanzierung

4.3.1.1 Börsengängige Aktien

208 Für die **steuerliche** Bilanzierung löst sich der BFH elegant aus der Fessel der undefinierbaren Dauer einer Wertminderung von **börsengängigen** Aktien – zu Forderungen vgl. → Rz. 246 – anhand des folgenden Sachverhalts:

BEISPIEL[2]

- Die Klägerin und Revisionsklägerin (Klägerin), eine GmbH, erwarb am 23.5.2001, in dem Streitjahr, Infineon-Aktien zu 44,50 € je Stück und ordnete sie dem Anlagevermögen zu.
- Der Kurs sank bis zum 31.12.2001 auf 22,70 €, bis zur Aufstellung des Jahresabschlusses für 2001 stieg er auf 26 € an.
- In ihrer Bilanz zum 31.12.2001 nahm die Klägerin eine Teilwertabschreibung auf 26 € pro Aktie vor, die Finanzamt und Finanzgericht unter Verweis auf die fehlende Dauerhaftigkeit ablehnten.

209 Der BFH entschied zugunsten der Klägerin mit folgender Begründung:

- „Ob der Wertverlust einer börsennotierten Aktie voraussichtlich dauerhaft ist, ist nach vernünftiger kaufmännischer Beurteilung nach den prognostischen Möglichkeiten aus der Sicht des Bilanzstichtags zu beurteilen. (…). Der Börsenwert spiegelt (…) die Auffassungen der Marktteilnehmer über den Wert einer Aktie als Kapitalanlage wider. Die Preise beinhalten die Einschätzung der künftigen Risiken und Erfolgsaussichten des Unternehmens und geben daher zu einem gegebenen Stichtag die Erwartungen einer großen Zahl von Marktteilnehmern über die zukünftige Entwicklung des Kurses sowie die Einschätzung wieder, dass der jetzt gefundene Kurs voraussichtlich dauerhaften Charakter besitzt. Es kann vom Steuerpflichtigen nicht erwartet werden, dass er über bessere prognostische Fähigkeiten verfügt als der Markt."
- „Dem steht nicht entgegen, dass börsennotierte Aktien ständigen Kursschwankungen unterliegen. Diese Veränderungen beruhen darauf, dass nach dem Stichtag weitere Er-

1 BGH, Beschluss v. 11.5.2021 – II ZR 56/20.
2 BFH, Urteil v. 26.9.2007 – I R 58/06, BStBl 2009 II S. 294, mit Besprechung von *Hoffmann*, DB 2008 S. 260, und *Lüdenbach/Hoffmann*, StuB 2009 S. 6, der auch die folgende Passage der Kommentierung entnommen ist.

eignisse eintreten – sei es im betroffenen Unternehmen selbst oder in seinem ökonomischen Umfeld –, die zu einer abweichenden Werteinschätzung führen. In Übereinstimmung mit der Einschätzung des Markts ist in diesen Fällen – jedenfalls bei informationseffizienten Märkten – davon auszugehen, dass der aktuelle Börsenwert eine höhere Wahrscheinlichkeit aufweist, die künftige Kursentwicklung zu prognostizieren, als dies bei den historischen Anschaffungskosten der Wertpapiere der Fall ist. Da eine Prognose über die künftigen Kurse, soweit diese möglich ist, bereits in den Börsenkurswert eingeflossen ist, bedarf es im Streitfall einer Bestimmung des zugrunde zu legenden Prognosezeitraums nicht."

210 Das sind klare Worte (ähnlich im Folgeurteil I R 89/10, → Rz. 214), die nicht jedem Börsentheoretiker, Analysten und Spezialisten der Unternehmensbewertungsmaterie gefallen werden. Der aus diesem Bereich propagierte oder ermittelte „wahre", „richtige" oder „fundamentale" Wert hat keine Chance in der **Steuer**bilanz. Andererseits hat die Rechtsfindung des BFH, die sich auf eine lange Rechtstradition stützen kann,[1] den großen Vorteil – für manche möglicherweise aber auch den Nachteil – einer kolossalen Vereinfachung des Bewertungsverfahrens. Es genügt zur Ermittlung des „richtigen" Werts der Blick auf den Kurszettel.

211 Das Finanzgericht in der Vorentscheidung ist ganz anders an die Sache herangegangen. Es hat die voraussichtliche Dauer der Wertminderung in gründlicher retrospektiver Prognose anhand der effektiven Kursentwicklung der Infineon-Aktien analysiert, deren Auf und Ab im Einzelnen verfolgt, um letztendlich festzustellen: „Im Zweifel" liegen Kursschwankungen vor, Aktienkurse gehen immer nach oben und nach unten, mit der Folge: Der Kursverlust der Infineon-Aktien von praktisch 50 % (!) gegenüber den Anschaffungskosten ist **vorübergehender** Natur.

Um nochmal die **„Zweifel"** aufzugreifen: Das Finanzgericht sieht im Zweifel Kursschwankungen, also nur vorübergehende Wertminderungen. Das IDW erkennt „im Zweifel" nachhaltige Wertminderungen. „Zweifel" bestehen hier immer, genauer: Um diese geht es gerade, sie sind problemimmanent. Aussage also des Finanzgerichts: „Wir sind **gegen** Abschreibung", des IDW „Wir sind **für** Abschreibungen".

212 Mit ihren Entscheidungen haben sich beide Steuergerichtsinstanzen auch der Beantwortung der spannenden **Folge**frage entzogen, die lautet: Wenn schon eine dauernde Wertminderung vorliegt, wie hoch ist dieselbe eigentlich? Mit anderen Worten: Wo liegt eigentlich der „richtige" Kurs der Aktie, der gerade noch eine vorübergehende Wertminderung reflektiert? Warum soll ein Kursverfall von 40 % gegenüber den Anschaffungskosten eine vorübergehende Wertminderung indizieren (→ Rz. 213) und von 41 % eine dauernde?

213 Dabei wird einmal mehr die **Historie** bemüht, um die **Zukunft** vorherzusagen. Das FG Münster hat in zwei Urteilen[2] folgende Werte festgelegt: Dauerhaft ist die Wertminderung, wenn

- entweder der Börsenkurs am Bilanzstichtag um mehr als 20 % unter dem Erwerbskurs liegt oder
- der Börsenkurs an zwei aufeinander folgenden Stichtagen den Kurs beim Erwerb um mehr als 10 % unterschreitet.

1 Vgl. die Nachweise bei *Schön, W.*, FS Raupach 2006, S. 304.

2 FG Münster, Urteil v. 31.8.2010, DStR 2010 S. 2340, mit Kommentierung von *Kulosa*, sowie v. 9.7.2010, DStRE 2010 S. 1420; vgl. hierzu kritisch *Schlotter*, BB 2011 S. 171, unter Verweis auf das Stichtagsprinzip, und *Hoffmann*, StuB 2011 S. 1.

214 Der I. BFH-Senat hat **vordergründig** in seiner Revisionsentscheidung zum FG Münster[1] (→ Rz. 213) mit der Bezugnahme auf **Schwellenwerte** aufgeräumt. Zunächst bestätigt er hier die Linie seines Vorgängerurteils I R 58/06 (→ Rz. 208): Der „objektivste" Wert einer börsengängigen Aktie sei der **Börsenkurs** am Bilanzstichtag; in diesem schlügen sich die Erwartungen aller Marktteilnehmer über die weitere Kursentwicklung des Papiers und damit die voraussichtlich dauernde Wertminderung nieder. Einen **Vorbehalt** macht der BFH dann bei Insidergeschäften um den Bilanzstichtag herum oder bei zu geringem Börsenhandel. Von dieser erfreulich klaren Aussage kehrt der I. Senat dann im weiteren Verlauf der Urteilsbegründung wieder zurück:

- Innerhalb einer Bandbreite von 5 % des Kurswerts am Stichtag braucht aus **Wesentlichkeitsgründe**n (→ § 252 Rz. 235) ein gegenüber den Anschaffungskosten niedrigerer Kurs nicht berücksichtigt zu werden. Im Ergebnis reduziert der BFH damit den anzuwendenden Schwellenwert von 40 % (Finanzverwaltung) oder 20 % (FG Münster) auf 5 %. Die Finanzverwaltung weitet den Anwendungsbereich des 5%igen Schwellenwerts von den Anschaffungskosten auf den letzten Buchwert aus.[2]
- **Handelsrechtlich** soll der Bezugnahme auf den Börsenkurs nicht gefolgt werden müssen. Den Bewertungsexperten von Aktien wird insoweit vom BFH freier Lauf gelassen, wenn diese ihre Vorstellungen über den „fairen" oder „wirklichen" Wert einer Aktie verlauten lassen (→ Rz. 220).

In einer Hinsicht hat der I. BFH-Senat allerdings Klartext gesprochen: Abzustellen ist auf den Kurs am Bilanz**stich**tag und nicht auf denjenigen am **Erstellungs**tag – eine häufig missachtete Selbstverständlichkeit (→ § 252 Rz. 84). Bzgl. eines Börsenkurses gibt es nichts aufzuhellen, der zur Bilanzierung bereitstehende Wert ist so hell und klar wie sonst nie[3] – abgesehen von solchen Sonderfällen, die der BFH (Insidergeschäfte, geringer Börsenhandel) aufgegriffen hat.[4] Für Aktien im Umlaufvermögen gelten die nämlichen Regeln.[5]

215 Inhaltlich genauso wie zu den börsengängigen Aktien (→ Rz. 214) hat sich der BFH zu einem **Aktien-Investmentfonds** geäußert.[6] Den Bewertungsmaßstab stellt dabei der **Rücknahme-** und nicht der Ausgabepreis dar. Am Bilanzstichtag muss der Fonds mehr als 50 % des Investmentvermögens in Aktien investiert haben. Dabei muss der Investmentanteil selbst nicht börsennotiert sein.[7] Das FG Hamburg hat die Maßgeblichkeit des Börsenkurses am Stichtag auch für im Anlagevermögen gehaltene Goldvorräte bestätigt.[8]

216 In der weiteren Rechtsentwicklung hat sich durch die Aufhebung der umgekehrten Maßgeblichkeit (→ § 252 Rz. 270) durch das BilMoG eine neue Situation zur **Teilwertabschreibung,** insbesondere auch auf Finanzanlagen, ergeben. Der Finanzverwaltung zufolge soll dem Steuerpflichtigen trotz dauernder Wertminderung des Wirtschaftsguts ein **Wahlrecht** zum Verzicht

1 BFH, Urteil v. 21.9.2011 – I R 89/10, BStBl 2013 II S. 612; dazu *Hoffmann*, StuB 2012 S. 89.
2 BMF, Schreiben v. 2.9.2016 – IV C 6 – S 2171-b/09/10002, DStR 2016 S. 2107.
3 Anderer Auffassung *Hörhammer/Schumann*, StuB 2014 S. 552; *Marx*, StuB 2014 S. 594.
4 So auch der BMF v. 2.9.2016 – IV C 6 – S 2171-b/09/10002, DStR 2016 S. 2107 Tz. 15.
5 BMF, Schreiben v. 2.9.2016 – IV C 6 – S 2171-b/09/10002, DStR 2016 S. 2107 Tz. 22.
6 BFH, Urteil v. 21.9.2011 – I R 7/11, BStBl 2014 II S. 616, bestätigt durch BMF, Schreiben v. 2.9.2016 – IV C 6 – S 2171-b/09/10002, DStR 2016 S. 2107 Tz. 17.
7 BMF, Schreiben v. 2.9.2016 – IV C 6 – S 2171-b/09/10002, DStR 2016 S. 2107 Tz. 17.
8 FG Hamburg, Urteil v. 3.6.2020 – 5 K 20/19.

auf die Abschreibung zukommen (→ § 252 Rz. 276). Für Finanzanlagen ergeben sich im Zusammenspiel mit der handelsrechtlichen Bilanzierung folgende Konstellationen:

- Nur **vorübergehende** Wertminderung (→ Rz. 203): handelsrechtlich Abschreibungswahlrecht, steuerlich keine Abschreibungsmöglichkeit.
- **Dauernde** Wertminderung (→ Rz. 191): handelsrechtlich Abschreibungsgebot, steuerlich Wahlrecht.
- **Beurteilung** der Dauerhaftigkeit: In beiden Bilanzwelten sind die **gleichen** Maßstäbe zur Vermeidung einer Schizophrenie anzuwenden. **Nicht** möglich ist also die Konstellation: für die Handelsbilanz vorübergehende, für die Steuerbilanz dauernde Wertminderung.

4.3.1.2 Festverzinsliche Wertpapiere

Zu festverzinslichen Börsenpapieren im Vermögen des Gläubigers (Investors) ist die Lösung des BFH[1] (→ Rz. 242) in der Perspektive des Bilanzstichtags (→ § 252 Rz. 66) unmittelbar eingängig: 217

- „Ob eine Wertminderung ‚voraussichtlich dauernd' ist, muss unter Berücksichtigung der Eigenart des jeweils in Rede stehenden Wirtschaftsguts beurteilt werden."
- Anleihen verbriefen eine Forderung i. H. des Nominalwerts, „und zwar unabhängig davon, ob zwischenzeitlich infolge bestimmter Marktgegebenheiten der Kurswert des Papiers unter dessen Nominalwert liegt".
- „Ein Absinken des Kurswerts unter den Nominalwert erweist sich .... mithin jedenfalls dann, wenn sich darin nicht ein Risiko hinsichtlich der Rückzahlung widerspiegelt, als nur vorübergehend."
- Bedeutsam war im Urteilsfall insoweit das Fehlen von Anhaltspunkten dafür, dass „das Absinken der Kurswerte unter die Nennwerte auf Gründen beruht, die mit einem Risiko in Bezug auf die Einlösung bei Fälligkeit zu tun haben".

Deutlich wird in diesen Urteilsauszügen Folgendes:

- Ein marktzinsbedingter Kursrückgang ist als vorübergehend anzusehen,
- umgekehrt ist aber ein bonitätsbedingter Kursrückgang als Folge eines gegenüber dem Anschaffungszeitpunkt gestiegenen Ausfallrisikos i. d. R. als voraussichtlich dauerhaft zu werten und damit berücksichtigungsfähig.[2]

So auch die Finanzverwaltung[3] zu den griechischen Staatsanleihen, die im Zuge des Unterstützungsprogramms der EU einem Forderungsverzicht von 50 % unterliegen: Abschreibungsberechtigung wegen Bonitätsrisikos.

Zur Unterscheidung beider Wertminderungsursachen folgendes Beispiel:

BEISPIEL[4] Aus mittelfristig nicht zur Finanzierung des Unternehmens benötigten Mitteln erwirbt die U-GmbH am 1.1.01 10.000 neu ausgegebene Anleihen der X-AG im Nominalwert von je 100 €, also insgesamt i. H. von 1 Mio. €. Die Anleihe wird zu pari ausgegeben, hat eine Laufzeit von sieben Jahren und einen festen jährlich nachträglich fälligen Zins von 5 %. Die erwartete Rendite aus der Anleihe ent-

1 BFH, Urteil v. 8.6.2011 – I R 98/10, BStBl 2012 II S. 716; bestätigt durch das BMF v. 2.9.2016 – IV C 6 – S 2171-b/09/10002, DStR 2016 S. 2107 Tz. 14 und Tz. 23, auch für das Anlagevermögen.

2 Bestätigt durch BFH, Urteil v. 18.4.2018 – I R 37/16.

3 OFD Rheinland, Kurzinfo v. 16.7.2012, DB 2012 S. 1652.

4 Nach *Lüdenbach*, StuB 2012 S. 113.

spricht demzufolge ebenfalls 5 %. Zum Zeitpunkt der Emission hat die X ein Rating von „A", entsprechend einer geringen Ausfallwahrscheinlichkeit. Der Zins von 5 % ist marktkonform, d. h., er entspricht der Laufzeit der Anleihe und der Bonität der X. 01 steigen einerseits ganz allgemein die Marktzinsen und sinkt andererseits wegen unerwarteter Ertragseinbrüche die Bonität der X. Das Unternehmen wird am 31.12.01 nur noch mit „BB" (erhöhte Ausfallwahrscheinlichkeit) eingestuft. Die Zinsentwicklung für „A" und „BB" ist wie folgt:

	A		BB
01.01.01	5 %	**bonitätsbedingt** →	7 %
			↓ **marktzinsbedingt**
31.12.01	6 %		8 %

Die U-GmbH muss demnach beim Kursrückgang/Zinsanstieg zwischen zwei Effekten unterscheiden:

- bonitätsbedingten (horizontaler Pfeil in obiger Tabelle) und
- marktzinsbedingten (vertikaler Pfeil).

Nur der erste Effekt kann als voraussichtlich (!) dauerhaft qualifiziert werden. Auf Basis des somit relevanten Zinssatzes von 7 % ergibt sich per 31.12.01 ein Barwert der zukünftigen Zahlungen von 904.700 € (statt 861.300 € bei Diskontierung mit 8 %). Die Wertminderung von insgesamt 138.700 € (Basis: Börsenkurs 31.12.01, zugleich Barwert für 8 %) ist daher mit einem Anteil von 95.300 € (Basis: Barwert für 7 %) als dauerhaft zu qualifizieren.

Die strenge Haltung des BFH zu festverzinslichen Wertpapieren ist aber in der Folge aufgeweicht worden. Untere Gerichte haben das Aktienurteil, nach dem bei einem mehr als unwesentlich unter den Anschaffungskosten liegenden Börsenwert die Wertminderung stets dauerhaft ist (→ Rz. 209), auf andere börsennotierte Wirtschaftsgüter, z. B. **Gold,** ausgedehnt.[1] Schon vorher hat sich die **Finanzverwaltung** entsprechend positioniert und in ihrem Erlass zur Teilwertabschreibung die zu börsennotierten Aktien ergangene Rechtsprechung auf **alle** börsennotierten Wertpapiere erweitert.[2]

Festverzinsliche Wertpapiere bzw. Anleihen ohne feste Laufzeit, die nur vom Emittenten, nicht aber vom Anleger gekündigt werden können (Perpetuals), sind nach Ansicht des FG Brandenburg mit dem niedrigeren Kurswert zu bewerten.[3]

4.3.1.3 (Unverbriefte) Forderungen

217a Unverzinsliche Forderungen im Anlagevermögen (Darlehen) gegen eine Tochtergesellschaft rechtfertigen keine Teilwertabschreibung mangels Dauerhaftigkeit der Wertminderung.[4] Zur Begründung verweist der BFH auf das Urteil zu verbrieften Forderungen – I R 98/10 (→ Rz. 217): Die Forderung ist zwar wegen der Unverzinslichkeit während der Laufzeit gegenüber dem Nennwert (= Buchwert) wertgemindert, aber wegen der Rückzahlung zum Nennwert nicht auf Dauer.

1 FG Hamburg, Urteil v. 3.6.2020 – 5 K 20/19, NWB NWB RAAAH-55997.
2 BMF, Schreiben v. 2.9.2016 – IV C 6 – S 2171-b/09/10002: 002, BStBl 2016 I S. 995 Tz. 17.
3 FG Berlin-Brandenburg, Urteil v. 22.10.2020 – 10 K 10021/17, Rev. eingelegt (Az. BFH XI R 36/20).
4 BFH, Urteil v. 24.10.2012 – I R 43/11, BStBl 2013 II S. 167; durch BMF, Schreiben v. 2.9.2016 – IV C 6 – S 2171-b/09/10002, DStR 2016 S. 2107 Tz. 21, bestätigt.

Zur **Passivseite** (die Bilanzperspektive des Emittenten) lautet die Entscheidung des BFH[1] für Fremdwährungsanleihen in JPY: Bei einer Restlaufzeit von zehn Jahren sei mit einem Ausgleich der Kursschwankung zu rechnen; eine Teilwerterhöhung wegen Kursverlustes (des €) am Bilanzstichtag müsse nicht von Dauer sein.[2] Aus handelsbilanzieller Sicht erscheint diese Annahme fraglich (→ § 256 Rz. 39). 218

Diese Überlegungen zur **Bewertung** von Anleihen sind gegenstandslos, wenn die Papiere ausgetauscht werden, z. B. durch Neuausgabe von Schuldverschreibungen gegen „Einziehung" der Altpapiere. Dann ist ein ergebnisrealisierender **Tausch**vorgang (→ § 255 Rz. 61) gegeben.[3] 219

4.3.2 Handelsrechtliche Bilanzierung

Für die steuerliche Bilanzierung stellen sich also die kniffligen Themen der Bilanzierung von **börsengängigen** Aktien nicht mehr – sofern man dem BFH und der Finanzverwaltung folgt (→ Rz. 214). Ein Blick auf den Kurszettel genügt. Anderes gilt für den **handelsrechtlichen** Abschluss, zumindest aus Sicht des BFH. Überraschend äußert sich dazu der BFH in einem typischen Obiter Dictum, also in einer die Urteilsbegründung nicht tragenden Aussage, sowohl im Urteil I R 58/06 (→ Rz. 209) als auch im Urteil I R 89/10 (→ Rz. 214). Die Auslegung des § 6 Abs. 1 Nr. 2 Satz 2 EStG – also die voraussichtlich dauernde Wertminderung – sei eine **rein steuerrechtliche** Regelung, „die losgelöst (!) vom Handelsrecht" zu erfolgen habe. Also: Die voraussichtliche Dauer der Wertminderung ist handelsrechtlich ein anderes Thema als steuerrechtlich. Dieser Befund ist schwer verdaulich. Offensichtlich wollte sich der I. BFH-Senat nicht mit einer Phalanx von anderen Auffassungen im Schrifttum und auch der handelsrechtlichen Standardsetzer anlegen. Auch die Begründung für diese steuerliche Besonderheit ist eher fadenscheinig: Bei der Besteuerung soll es sich um ein **Massen**verfahren handeln, das die Ressourcen der Finanzverwaltung und der steuerlichen Berater überfordern würde, wenn etwa die Kriterien des IDW VFA 2 (→ Rz. 205 f.) abzuarbeiten wären. Diese Aussage provoziert einige Fragen: 220

- Der handelsrechtlichen Bilanzierung bleibt dem BFH zufolge die mühsame Abarbeitung der Kriterien des IDW und anderer in der Literatur zur Ermittlung der Dauerhaftigkeit nicht erspart. Wenn diese dann erfolgt ist, schließt sich die steuerliche Bilanzierung an, die dann einfach nach dem Kurswert greifen darf. Wo liegt der **Vereinfachungs**effekt? Oder anders herum gefragt: Warum soll diese „fundamentale" Wertermittlung dann nicht auch steuerlich übernommen werden können?
- Die Besteuerung soll die **periodengerechte** Gewinn- oder Verlustermittlung bewirken, um die Besteuerung nach der **Leistungsfähigkeit** sicherzustellen. Auch hier die Gegenfrage: Soll nicht auch der handelsrechtliche Abschluss periodengerecht den Gewinn und Verlust ermitteln, um z. B. daraus Gewinnausschüttungen oder Sanierungsmaßnahmen ableiten zu können?

---

1 BFH, Urteil v. 23.4.2009 – IV R 62/06, BStBl II S. 778.

2 Anders für ein unbefristetes CHF-Darlehen FG Baden-Württemberg, Urteil v. 11.7.2017 – 5 K 1091/1. Begründung: fundamentale Veränderung der wirtschaftlichen Daten wegen Einführung eines Interventionskurses durch die Schweizerische Nationalbank.

3 So das BMF, Schreiben v. 9.3.2012, DB 2012 S. 660, zu den Griechenlandanleihen.

4.3.3 Beurteilung

221 Zu den bilanzpolitischen Interessenlagen folgende Hinweise:

- Lautet die bilanzpolitische Vorgabe auf **Abschreibung**, braucht man handelsrechtlich die voraussichtliche Dauer nicht nachzuweisen. Es genügt als Abschreibungs**wahlrecht** die vorübergehende Wertminderung auf den Börsenkurs, die dann steuerlich Anerkennung finden muss.
- Umgekehrt bei bilanzpolitischer Vorgabe „Nichtabschreibung". Hier ist durch **interne Berechnungen** darzulegen, dass der gesunkene Stichtagskurs nur eine vorübergehende Wertminderung darstellt. Steuerlich ist dagegen, wenn man dem BFH folgt (→ Rz. 214), auf den niedrigeren Börsenkurs – abgesehen von einer Wesentlichkeitsschwelle von 5 % gegenüber dem Buchwert – abzuschreiben. Die Bilanzierungssituation eines höheren Handelsbilanz- als Steuerbilanzwerts mit der Folge einer **passiven Steuerlatenz** (→ § 274 Rz. 24) ist für das traditionelle deutsche Bilanzverständnis gewöhnungsbedürftig. Folgt man dagegen dem BMF, muss man die zitierten Schwellenwerte beachten.

Steuerrechtsdogmatisch stellen sich zwei Folgefragen:

- Ist diese Art der Bilanzierung durch die **unterschiedlichen Inhalte** von außerplanmäßiger Abschreibung und Teilwertabschreibung (→ Rz. 180) gerechtfertigt?
- Oder handelt es sich um einen bisher nicht bekannten **Bewertungsvorbehalt** nach § 5 Abs. 6 EStG?

Beide Fragen hat der BFH im seinem Obiter Dictum provoziert, aber nicht beantwortet.

222 Die vom BFH für die steuerliche Bilanzierung als richtig erachtete Bezugnahme auf den Kurswert am Bilanzstichtag verhindert auch eine unzulässige Inanspruchnahme des Wertaufhellungsprinzips (→ § 252 Rz. 60). Kursentwicklungen **nach** dem Bilanzstichtag sind zur Bewertung genauso unerheblich wie der Lehrbuchfall des Lottogewinns eines konkursbedrohten Schuldners am 2.1. – ganz abgesehen von dem unerträglichen Gedanken der Wertbestimmung in der Bilanz je nach Zeitpunkt der Erstellung mit einem „ordnungsmäßigen" Intervall von wenigstens zwölf Monaten (→ § 243 Rz. 24). Insgesamt ergibt die **handelsrechtliche** Rechtslage eine – durch das BilMoG unveränderte – enorme **Ermessenshaftigkeit** (Schätzungsintervall) für die Bilanzierung, die in anderen Bilanzbereichen nur noch bei den Rückstellungen anzutreffen ist. Die marktgestützte *„Fair value"*-Bewertung, der das Stichtagsprinzip immanent ist, liefert hier bei Weitem objektivere Bilanzierungsvorgaben als das HGB mit seinem das Stichtagsprinzip durchbrechenden (→ Rz. 190) Dauerhaftigkeitskriterium.

222a Für Beteiligungen (Anteile an Kapitalgesellschaften) bestehen bzgl. der Steuerwirksamkeit von Teilwertabschreibungen Besonderheiten im Gefolge des Teileinkünfteverfahrens: Bei Anteilen im

- einkommensteuerlichen Betriebsvermögen sind 40 % (§ 3c Abs. 2 EStG),
- körperschaftsteuerlichen Betriebsvermögen sind 100 % (§ 8b Abs. 3 Satz 3 KStG)

durch Zurechnung „außerhalb der Bilanz" nicht steuerwirksam.

Zu Gesellschafterdarlehen vgl. → Rz. 257 sowie → § 246 Rz. 415 f.

4.4 Stille Beteiligungen und Genussrechte

223 Genussrechte und stille Beteiligungen stellen in aller Regel beim Investor **Finanzanlagen** dar (→ § 247 Rz. 31), die nach vertraglicher Ausgestaltung allerdings auch als **Beteiligungen** quali-

fiziert werden können (→ § 271 Rz. 9), obwohl sie nur einen schuldrechtlichen Forderungscharakter aufweisen (→ § 246 Rz. 127). Es gilt für beide Kategorien der stillen Beteiligung das **Wahlrecht** der Abschreibung bei vorübergehender und die **Pflicht** bei dauernder Wertminderung (→ Rz. 203). Nach h. M.[1] führt ein – vorübergehender oder dauernder – Verlust zu einer Minderung des Einlagekontos, = Buchwert der Einlage des Stillen in der Bilanz des Inhabers (Emittenten). Diese Vorgabe, mit der eine Abschreibung des Buchwerts der Beteiligung beim bilanzierenden Stillen verbunden ist, stimmt nicht mit den allgemeinen Regeln der Bewertung von Finanzanlagen überein, sofern der Verlust **keine Wertminderung** bedeutet (typischer Fall: Anlaufverluste[2]) oder nur als vorübergehend gilt, ohne dass die Abschreibungsoption ausgeübt werden soll; m. a. W. wird durch die Minderung des Einlagekontos in der Stichtagsperspektive das generell gültige Wahlrecht aufgehoben bzw. bei fehlender Wertminderung überhaupt eine unzulässige Abschreibung verlangt. Unseres Erachtens werden vom Gesetz **alle** Finanzanlagen **gleich** behandelt, ein Sonderrecht für stille Beteiligungen und Genussrechte kommt nicht in Betracht.[3] Für die **steuerliche** Bilanzierung sieht der BFH[4] dies allerdings anders und schließt sich der oben genannten Auffassung der h. M. zur handelsrechtlichen Bilanzierung an. Man kann vielleicht die verlustinduzierte Abschreibung ohne damit verbundene dauerhafte Wertminderung auch als (Teil-)Abgang (→ § 268 Rz. 112) der Einlage des Stillen werten. Dabei entsteht möglicherweise ein Konflikt mit der gesellschaftsrechtlichen Strukturierung (Stimmrechtsverteilung, Liquidationserlös).

Zur Vereinnahmung des Gewinnanteiles des Stillen vgl. → § 255 Rz. 183.

4.5 Nicht börsennotierte Beteiligungen und Anteile an Spezialfonds

Beteiligungen und sonstige Unternehmensanteile an Kapital- und Personenhandelsgesellschaften ohne Börsennotiz sind systematisch auf der Grundlage einer Unternehmensbewertung im handelsrechtlichen Jahresabschluss zu berücksichtigen.[5] Der am Abschlussstichtag beizulegende Wert ist regelmäßig aus dem Ertragswert- oder aus einem *Discounted-Cashflow*-Verfahren abzuleiten. Dazu ist auf den IDW-Standard S 1 zu rekurrieren, aufgrund dessen der Unternehmenswert als Zukunftserfolgswert bestimmt wird. Den beiden Verfahren liegt die gleiche Grundkonzeption in Form eines Kapitalwertkalküls zugrunde, so dass sich unter gleichen Prämissen die gleichen Unternehmenswerte ergeben. Bei der Bewertung sind Synergieeffekte nur zwischen dem Mutterunternehmen und der Beteiligungsgesellschaft bzw. dem Tochterunternehmen zu berücksichtigen. 223a

Bzgl. des anzuwendenden Kapitalisierungszinssatzes muss nach IDW RS HFA 10 Tz. 9 die Rendite aus der Alternativanlage herangezogen werden. Dabei sind die Steuerbelastungseffekte des bilanzierenden Unternehmens aus der Alternativanlage zu berücksichtigen. Bei Bewertung unter Veräußerungsaspekten sind nur noch sog. unechte Synergieeffekte zu berücksichtigen, d. h. nur Synergien, die sich ohne Berücksichtigung der Auswirkungen aus dem Bewertungsanlass realisieren lassen.

1 Vgl. *Blaurock*, Stille Gesellschaft, 7. Aufl. 2010, Tz. 13.159, m. w. N.
2 Vgl. hierzu aus steuerlicher Perspektive *Behrens/Karkowski*, DB 2001 S. 1059.
3 So auch *Lüdenbach* aus Sicht des GuV-Ausweises, StuB 2010 S. 152.
4 BFH, Urteil v. 27.3.2012 – I R 62/08, DStR 2012 S. 1024.
5 IDW RS HFA 10, Tz. 1.

Bei Anteilen an einem **Spezialfonds** (nach „KAGB Spezial AIF") sind nach h. M. die Fondsanteile und nicht die dahinter liegenden Vermögensgegenstände als Bilanzierungsobjekt anzusehen.[1] Auch für die Feststellung des beizulegenden Werts bzw. der Höhe der Wertminderung soll auf die Fondsanteile als solche und nicht die „dahinter liegenden" Vermögensgegenstände abzustellen sein. Konsistent wäre dann, auch bei der Bewertungsfrage der zweiten Stufe, nämlich der Dauerhaftigkeit, entsprechend zu verfahren. Die h. M. verfährt jedoch anders und verlangt für die Beurteilung der Dauerhaftigkeit eine Durchschau auf die vom Fonds gehaltenen Vermögensgegenstände. Im Falle eines gemischten – sowohl in Aktien als auch in Anleihen investierten Fonds – soll dabei wie folgt vorgegangen werden: Getrennte Betrachtung der Aktien einerseits und der Anleihen andererseits, Beurteilung der Dauerhaftigkeit der Wertminderung bei Aktien nach den Grundsätzen für IDW RS VFA 2, d. h. bei den Anleihen durch Differenzierung zwischen bonitätsbedingten (= dauerhaften) und sonstigen Wertänderungen. Stehen hierbei teils bonitätsbedingten, teils sonstigen Wertminderungen der Anleihen Wertsteigerungen bei den Aktien gegenüber, ist fraglich, wie diese bei der Ermittlung des beizulegenden Werts saldierend zu berücksichtigenden Wertsteigerungen für die Beurteilung der Dauerhaftigkeit zu würdigen sind. Theoretisch vorzugswürdig wäre es, den dauerhaften Teil der Wertsteigerungen gegen den dauerhaften Teil der Wertminderungen zu verrechnen, dagegen die verbleibenden Wertsteigerungen gegen die vorübergehenden Wertminderungen. Ein allgemein anerkanntes Instrumentarium zu entsprechender Aufteilung der Wertsteigerung nach deren Dauerhaftigkeit steht aber gar nicht zur Verfügung. Es bleiben daher nur Hilfslösungen, vorzugsweise die Wertsteigerungen, anteilig so saldiert, wie es dem Verhältnis von dauerhafter und vorübergehender Wertminderung entspricht.[2]

4.6 Der Wertinhalt einer Beteiligung

223b Eine Beteiligung stellt einen Vermögensgegenstand sui generis dar.[3] „Hinter ihm" verbirgt sich ein ganzes Konglomerat von Vermögensgegenständen in der Bilanzierungssphäre eines Tochterunternehmens. Diese bilanzielle Konstellation wird am deutlichsten im Rahmen der Kapitalkonsolidierung anlässlich eines *Share-Deals* offengelegt (→ § 301 Rz. 8). Aus dieser Perspektive werden nicht Anteile (Beteiligungen) bilanziert, sondern Vermögensgegenstände inkl. *Goodwill* und Schulden übernommen. Diese werden dann nach den spezifischen Ansatz- und Bewertungsvorschriften im Zeitverlauf weiterentwickelt.

Im HGB-Einzelabschluss und in der Steuerbilanz schlagen sich die Einzelbewertungen der (indirekt) innerhalb der Beteiligung erworbenen Vermögensgegenstände etc. nicht im Beteiligungsansatz nieder. Erst wenn dieser einer Wertminderung **insgesamt** unterliegt, kommt es zu einer außerplanmäßigen Abschreibung (→ Rz. 118), später vielleicht auch wieder zu einer Zuschreibung (→ Rz. 185).

223c Im Rahmen eines Beteiligungserwerbs steht regelmäßig neben den immateriellen Vermögensgegenständen der (derivative) *Goodwill* im Mittelpunkt des Bilanzierungsinteresses. Ein hochgradiges „Politikum" liegt dabei im **Abschreibungserfordernis** des *Goodwill*. Sofern er ihm Rahmen eines *Asset-Deals* („direkt") erworben wird, muss nach § 246 Abs. 1 Satz 4 HGB eine Abschreibung über die Nutzungsdauer hinweg erfolgen (→ § 246 Rz. 386b). Das Bewertungskonzept des HGB sieht dagegen lediglich die Abschreibung bei Wertminderung des Beteiligungs-

1 Vgl. u. a. IDW, 159. Sitzung des VFA, FN 2006 S. 96 f., und *Fey/Mujkanovic*, WPg 2003 S. 217.
2 Anwendungsbeispiel bei *Lüdenbach*, StuB 2016 S. 592.
3 Vgl. *Hoffmann* in FS Welf Müller.

wertes **insgesamt** (international *„impairment only"*) vor. Dadurch wird im Zeitverlauf der Ersatz des erworbenen durch den selbstgeschaffenen – „an sich" nicht bilanzierbaren – *Goodwill* in die Beteiligungsbewertung aufgenommen. Dieser bilanzrechtlich bedenkliche Effekt ließe sich durch die *„At equity"*-Bewertung (→ § 312 Rz. 6 ff.) vermeiden. Die EU-Rechnungslegungsrichtlinie (→ § 264 Rz. 37d) erlaubt in Art. 9 Abs. 7a die Anwendung dieser Bilanzierungsmethode im Einzelabschluss.[1]

VI. Abschreibungen auf Umlaufvermögen (Abs. 4)

1. Regelungsbereich

Zur Vermeidung der Überbewertung sind auch im Umlaufvermögen Abschreibungen gegenüber dem Ausgangswert der Anschaffungs- oder Herstellungskosten vorzunehmen. Da in diesem Bilanzbereich **keine planmäßigen** Abschreibungen möglich sind, spricht das Gesetz lediglich von **„Abschreibungen"**; im Gegensatz zum Anlagevermögen, wo der gleiche Vorgang als „außerplanmäßig" bezeichnet wird (→ Rz. 178). Die hier vorzunehmende Abschreibung muss pflichtgemäß erfolgen („sind", sog. strenges Niederstwertprinzip). Die Durchbrechung des Stichtagsprinzips durch das Erfordernis der dauernden Wertminderung wie beim Anlagevermögen (→ Rz. 191) gilt hier handelsbilanziell nicht, anders allerdings im Steuerrecht (§ 6 Abs. 1 Nr. 2 Satz 2 EStG). 224

Wegen der schärferen Bestimmungen für eine (außerplanmäßige) Abschreibung im Umlaufvermögen ist von praktischem Interesse, ob eine sonst gebotene Abschreibung auf einen Gegenstand des Umlaufvermögens durch „rechtzeitige" Umwidmung in Anlagevermögen vermieden werden kann. Hierzu wird auf → § 247 Rz. 38 verwiesen.

Die Abschreibungspflicht kann auf die allgemeinen Bewertungsregeln in § 252 Abs. 1 Nr. 4 HGB (**Vorsichts-** und **Imparitätsprinzip**) gestützt werden (→ § 252 Rz. 99). Eher umgangssprachlich wird die hier geforderte Abschreibung auch im Interesse der Freihaltung künftiger Perioden von Verlusten ausgedrückt (**„verlustfreie Bewertung"**), wozu – ebenfalls umgangssprachlich – bei der Bewertung des Umlaufvermögens regelmäßig ein **Niederstwerttest** vorzunehmen ist. Dabei werden entgegen der üblichen Sprachregelung Verluste **nicht antizipiert**, also nicht vorweggenommen. Sie sind am Bilanzstichtag bereits vorhanden, aber eben noch nicht realisiert.[2] 225

Das Gesetz kennt für das Umlaufvermögen zwei Bewertungsmaßstäbe, die den Anschaffungs- oder Herstellungskosten oder einem bereits teilweise abgeschriebenen Wert gegenüberzustellen sind und den „niedrigeren Wert" repräsentieren: 226

- ein Börsen- oder Marktpreis am Bilanzstichtag (→ Rz. 166),
- ein (niedrigerer) beizulegender Wert (→ Rz. 169).

2. Der Börsen- oder Marktpreis (Abs. 4 Satz 1)

Das HGB bedient sich bei der Heranziehung des dominierenden Bewertungsmaßstabs (Börsen- oder Marktpreis) unausgesprochen des *„Fair value"*-Gedankens, der die internationale Rechnungslegung dominiert: Einen **besseren** Wertmaßstab als denjenigen an einer Börse oder an 227

1 Zu Plädoyer dafür *Oser*, Gastkommentar DB 2014 Heft 21.

2 *Hoffmann*, StuB 2013 S. 161; ebenso *Haaker/Velte*, DStR 2014 S. 970; vgl. hierzu *Gelhausen et al.*, WPg 2012 S. 1235.

einem – aktiv agierenden – Markt kann es nicht geben. Das Bewertungsverfahren ist damit auch denkbar einfach, der Kurszettel am Bilanzstichtag genügt als Buchungsgrundlage. Dabei braucht man sich auch nicht zu sehr mit den verschiedenen Ausprägungen einer Börsennotiz zu beschäftigen, denn auch eine etwa im Freiverkehr zustande gekommene Preisnotiz gilt jedenfalls als Marktpreis. Ein „Markt" besteht nicht nur für Wertpapiere, sondern auch für *„commodities"*, z. B. Rohkakao oder Schweinebäuche.

228 Offener ist die **Definition** eines Marktes, die jedenfalls nicht zu eng ausfallen darf. Das **Internet** bietet hier eine ausgiebige Informationsbasis, die für viele Produkte durchaus als „marktähnlich" bezeichnet werden kann und jedenfalls in das Bewertungskalkül zur Bestimmung des beizulegenden Werts einfließen muss. So gesehen besteht zwischen dem Marktpreis und dem beizulegenden Wert ein fließender Übergang. Der beizulegende Wert darf keineswegs ohne Berücksichtigung von entsprechenden Preisinformationen über das Internet festgelegt werden.

229 Nach allgemeiner Auffassung sind **Zufallskurse** an der Börse oder am „Markt" differenziert zu betrachten:[1] Bei einem solchen Zufallskurs **über** dem Kursniveau muss ein Abschlag zur Ermittlung eines Durchschnittskurses erfolgen. Liegt dieser Zufallskurs **unter** dem „allgemeinen Kursniveau", muss er – nach dieser Auffassung – berücksichtigt werden. Unseres Erachtens ist dieser Argumentation mit Vorbehalt zu begegnen:

- Materiell bedarf es erst der Bestimmung eines **Zufalls,** der dem allgemeinen Börsen- und Marktgeschehen sozusagen entflohen ist, was nur in extremen Sonderfällen (z. B. Unterbrechung der Marktnotizen mangels Angebot oder Nachfrage) der Fall sein kann.
- Wenn der Zufalls**kurs** nicht der „richtige" ist, dann kann er auch keine Bewertungsgrundlage „nach unten" darstellen.

3. Der niedrigere beizulegende Wert (Abs. 4 Satz 2)

3.1 Der Niederstwert in der Produktion und im Handel

230 Dem Abschreibungserfordernis kann man sich sowohl von der **Beschaffungs-** als auch von der **Absatz**seite her nähern, einerlei ob man diesen Umweltpunkten des Unternehmens den Charakter des Markts zusprechen will oder nicht. Dabei hat sich für den Bereich des Vorratsvermögens im Schrifttum folgende Systematik herauskristallisiert:[2]

- **beschaffungs**orientierte Bewertung für
  - Rohmaterial und
  - unfertige und fertige Erzeugnisse, soweit auch Fremdbezug möglich wäre;
- **absatz**marktorientierte Bewertung für
  - unfertige und fertige Erzeugnisse und
  - Überbestände an Rohmaterial;
- beschaffungs- **und** absatzmarktorientierte Bewertung (sog. doppelte Maßgeblichkeit) für
  - Handelswaren und
  - Überbestände an fertigen und unfertigen Erzeugnissen.

1 Zum Beispiel *Brösel/Olbrich* in Küting/Pfitzer/Weber (Hrsg.), Handbuch der Rechnungslegung, § 253 Tz. 637; *ADS*, 6. Aufl., § 253 Tz. 512.

2 Vgl. *Brösel/Olbrich* in Küting/Pfitzer/Weber (Hrsg.), Handbuch der Rechnungslegung, § 253 Tz. 638.

Im Vergleich der beiden Bezugspunkte „Beschaffungs- oder Absatzmarkt" kommt für die Bestimmung des (niedrigeren) beizulegenden Werts dem **Absatz**markt besondere Bedeutung zu.[1] Allgemein wird einem niedrigeren Beschaffungspreis, z. B. für Rohmaterial, eine Maßgeblichkeit für die Bestimmung des beizulegenden Werts beigemessen.[2] Unseres Erachtens ist diese Aussage nicht zwingend richtig, z. B. dann nicht, wenn trotz gesunkener Wiederbeschaffungspreise etwa eine Handelsware noch gewinnbringend verkauft werden kann. Diese Ware ist dann „verlustfrei" bewertet, und künftige Geschäftsjahre sind nicht von einem Verlust freizustellen (→ Rz. 226). Ein **entgangener Gewinn** stellt analog zum nachteiligen Vertrag (→ § 249 Rz. 163) keinen Abschreibungsgrund dar.[3] Das IDW[4] erachtet für Roh-, Hilfs- und Betriebsstoffe **wahlweise** die beschaffungsmarkt- und die absatzmarktorientierte Bewertung für zulässig. Das letztgenannte Verfahren setzt einen verlässlichen Nachweis einer kostendeckenden Veräußerung des weiterverarbeiteten Vermögensgegenstands voraus. Unseres Erachtens ist dieses Bewertungswahlrecht auch auf **Handelswaren** anwendbar. Zu schwebenden Beschaffungsgeschäften (Drohverlusten) vgl. → § 249 Rz. 174. 231

Bei gefallenen Wiederbeschaffungspreisen für Rohmaterial ist zusätzlich die Frage zu stellen, inwieweit dieses Vorprodukt in den Endpreis als Kalkulationsgröße eingeht. Je geringer dieser Anteil ist, desto weniger kann er Einfluss auf den am Markt durchzusetzenden Endverbrauchspreis haben. Und schließlich: Nachhaltig gesunkene Wiederbeschaffungspreise indizieren wenigstens bei Produkten mit geringem Wertschöpfungsanteil auch niedrigere Verkaufserlöse, die dann ausreichend zur Bestimmung des beizulegenden Werts sind.

Viel wichtiger zur Bestimmung dieses Werts sind also generell die zu erzielenden **Verkaufserlöse** (nochmals: „verlustfreie Bewertung"). Dabei bedient man sich einer retrograden Bewertungsmethode, die nach folgendem Schema aufgebaut ist: 232

Mutmaßlicher Verkaufserlös	+
Erlösschmälerungen	-
Versand- und andere Vertriebskosten	-
noch anfallende Verwaltungskosten	-
beizulegender Wert	=

Der BFH[5] verlangt bei der entsprechenden Berechnung noch einen Abzug für den Unternehmergewinn, was u. E. jedenfalls handelsrechtlich unzutreffend ist, da nur ein Verlust zu berücksichtigen ist und nicht ein entgehender Gewinn (→ Rz. 231), u. E. auch bei der konzeptionell entgegenstehenden Auffassung (→ Rz. 180).

Für industriell erstellte unfertige **Erzeugnisse** kann folgendes Rechenschema herangezogen werden:[6]

1 Umfassend befürwortet von *Gelhausen et al.*, WPg 2012 S. 1235.

2 Das hat auch der BFH in früheren Urteilen zum Bewertungsrecht so bestätigt, vgl. z. B. BFH, Urteil v. 20.7.1973 – III R 100 – 101/72, BStBl II S. 794.

3 So auch *Moxter*, Bilanzrechtsprechung, 6. Aufl. 2007, S. 273; *Ballwieser* in Schmidt/Ebke (Hrsg.), Münchener Kommentar zum HGB, 3. Aufl. 2013, § 253 Tz. 58; *Weindel*, DB 2013 S. 355.

4 IDW HFA in FN 2013 S. 500; *Gelhausen et al.*, WPg 2012 S. 1235; anders *Haaker/Velte*, die die Absatzmarktorientierung als unzulässige Bezugnahme auf IAS 2 werten (DStR 2014 S. 970).

5 BFH, Urteil v. 24.2.1994 – IV R 18/92, BStBl II S. 514; BFH, Urteil v. 9.11.1994 – I R 68/92, BStBl 1995 II S. 336. Vgl. hierzu auch die Rechenformel in R 8 Abs. 2 EStR 2012 betreffend Handelswaren.

6 *Hoffmann* in Littmann/Bitz/Pust (Hrsg.), Das Einkommensteuerrecht, § 6 Tz. 447.

BEISPIEL

		T€
(1)	Voraussichtlicher Erlös	778
(2)	Aufgelaufene Herstellungskosten zum Stichtag	504
(3)	Enthaltene kalkulatorische Kosten	5
(4)	Verbleibende Herstellungskosten (2) - (3)	499
(5)	Nach Stichtag anfallende HK ohne kalkulatorische Kosten	368
(6)	Sonstige noch anfallende Kosten	60
(7)	Teilwertabschreibung, wenn (4) + (5) + (6) > (1), sonst null	149
(8)	Bilanzansatz (4) - (7)	350

233 Eine für die Bewertung entscheidende Frage ist dabei die Einbeziehung von **Gemeinkosten** des Vertriebs und vielleicht auch der Verwaltung in die vorstehende Kalkulation. Für die Fertigungs**gemein**kosten stellt sich die weitere Frage, nach welcher **Kapazitätsauslastung** diese auf das produzierte Stück zu verrechnen sind.

Mehrheitlich wird wohl im Schrifttum eine **Vollkosten**bewertung bei **normaler** Kapazitätsauslastung gefordert.[1]

Die Einbeziehung von (insbesondere) **Vertriebsgemeinkosten** in die Berechnung des beizulegenden Werts hat sich insbesondere beim Thema der sog. **Verlustprodukte** im Einzelhandel erhitzt. Dazu folgendes Beispiel:

BEISPIEL[2] P bietet als Lebensmittel-Vollsortimenter regelmäßig Aktionsware und dauernd bestimmte Artikel an, die als **Verlustprodukte** bezeichnet werden. Der Verkaufspreis liegt zwar jeweils über dem Einstandswert, die Spanne reicht indes nicht zur Deckung der anteiligen Gemeinkosten aus. In der Alternative liegt der Verkaufspreis noch unter dem Einstandswert. Diese „fehlende" Gemeinkostendeckung bzw. der direkt ermittelte Verlust wird durch andere Produkte mit höheren Margen eingeholt.

Nach Auffassung des BFH kommt eine Abschreibung auf einen gegenüber dem Einstandspreis überhöhten beizulegenden Wert nicht in Betracht, da ein gedachter **Unternehmenserwerber** diese Produktkalkulation insoweit akzeptiert hätte, als das Unternehmen insgesamt mit Gewinn kalkuliert. Anders formuliert: Eine positive Gesamtbewertung des Unternehmens verhindert die Teilwertabschreibung auf ein einzelnes Wirtschaftsgut; darin mag man einen Verstoß gegen den **Einzelbewertungsgrundsatz** (→ § 252 Rz. 44) und eine implizite Bilanzierung eines **originären** Geschäftswertes erkennen. In gewagter Logik wird dies der Modifikation der der Teilwertdefinition immanenten Einzelbewertung im Rahmen des Gesamtkaufpreises zugeordnet.[3] Dem BFH zufolge sei diese Vorgehensweise „branchenüblich".

234 Bezeichnenderweise liefert das BFH-Urteil keine eindeutige Lösung bzgl. der Einbeziehung von Gemeinkosten in die Kalkulation, da dieses Thema dem Grunde nach gar nicht angesprochen worden ist. Es ging immer nur um undefinierte „Verlustprodukte". Unseres Erachtens hilft die Formulierung in IAS 2.6 eher weiter: *„cost necessary to make the sale"*. Und zu diesen notwendigen Verkaufskosten gehören u. E. zwingend die Mieten und sonstigen Raumkosten für die Ver-

1 So z. B. *Schubert/Berberich* in Beck'scher Bilanz-Kommentar, 13. Aufl. 2022, § 253 Tz. 522; für steuerliche Zwecke *Christiansen*, StBJb 1991/92 S. 129. Anderer Auffassung für die handelsrechtliche Bewertung *ADS*, 6. Aufl., § 253 Tz. 528: Beschränkung auf variable Gemeinkosten ist zulässig.

2 In Anlehnung an BFH, Urteil v. 29.4.1999 – IV R 14/98, BStBl II S. 81; vgl. hierzu *Hoffmann*, PiR 2007 S. 204.

3 Zur geteilten Auffassung im Schrifttum vgl. im Einzelnen *Weindel*, DB 2013 S. 353, der das BFH-Urteil wegen Verstoßes gegen das Imparitätsprinzip (→ § 252 Rz. 99) ablehnt („Hoffnungswert").

kaufsfilialen, die Ladentheken etc. Deshalb darf man zur Durchführung des Niederstwerttests nicht mit der Handels-, sondern mit der Kostenspanne rechnen. Nach a. A. sind nur die Einzelkosten zu berücksichtigen, da (echte) Gemeinkosten nicht in die Anschaffungskosten einbezogen werden dürfen (→ § 255 Rz. 21).[1] Im Übrigen widerspricht die Lösung des BFH auch der handelsrechtlichen Auffassung für die Bewertung von Drohverlusten (→ Rz. 64). Bei zwei mit gleicher Motivation (Kapazitätsauslastung) und gleichen Randbedingungen (positiver Deckungsbeitrag, aber unter Vollkosten) abgeschlossenen Fertigungsaufträgen würde im Fall einer bereits fertigen Leistung (unter Verstoß gegen die Einzelbewertung) keine (Teil-)Wertminderung, beim noch schwebenden Auftrag aber (u. E. zu Recht) ein Drohverlust anerkannt. Diese Inkonsistenz wiegt umso schwerer, als der Drohverlustrückstellung ein antizipativer Charakter zugesprochen wird.[2]

Nach der BFH-Rechtsprechung gilt für die steuerliche Gewinnermittlung insbesondere für **Waren:** 234a

- Das **retrograde** Verfahren – Teilwertbestimmung ausgehend vom Verkaufspreis – ist zulässig.[3]
- Es muss regelmäßig durch **Herabsetzungslisten** (über die angebotenen Preise) belegt sein.[4]
- Eine Teilwertabschreibung ist vorzunehmen, wenn die **erzielbaren Verkaufspreise** nicht mehr die Selbstkosten zuzüglich eines durchschnittlichen Unternehmergewinnes[5] decken.[6]
- Die Einbeziehung eines **kalkulatorischen Gewinns** gilt dann nicht, wenn für bestimmte Waren kein Gewinn kalkuliert wird.[7]
- In **Sonderfällen** (hier Juwelier- und Goldschmiedegeschäft) kann zum Teilwertnachweis auf die Preisherabsetzung verzichtet werden.[8]

Für **Erzeugnisbestände** gelten die **Wiederbeschaffungskosten** als teilwertbestimmende Größe. Einzubeziehen sind die bis zum Bewertungsstichtag aufgewendeten produktionsbezogenen Verwaltungs- und Vertriebskosten.[9]

Der (nur steuerrechtlich) bei der retrograden Bestimmung des Stichtagswerts abzuziehende **Unternehmergewinn** ist nach Ansicht der Rechtsprechung aus der durchschnittlichen Gewinnspanne des Bilanzierenden und nicht der Branche zu ermitteln. Dies soll sich angeblich aus dem Teilwertbegriff ergeben.[10] Unseres Erachtens ist dies unzutreffend: Wenn etwa die Gewinnspanne des bilanzierenden Unternehmens deshalb niedriger ist, weil es infolge mangelhaften Einblicks in den Beschaffungsmarkt überhöhte Einstandspreise für Waren bezahlt, leuchtet nicht ein, dass der gedachte Erwerb des Gesamtunternehmens die Waren deshalb im

1 So *Weindel*, DB 2013 S. 356.
2 Vgl. *Lüdenbach*, StuB 2017 S. 922.
3 BFH, Urteil v. 25.7.2000 – VIII R 35/97, BStBl 2001 II S. 566.
4 BFH, Urteil v. 27.10.1983 – IV R 143/80; BStBl 1984 II S. 35; BFH, Urteil v. 9.12.2014 – X R 36/12 n. V.
5 BFH, Urteil v. 5.5.1966 – IV 252/60, BStBl 1966 III S. 370.
6 BFH, Urteil v. 27.10.1983 – IV R 143/80, BStBl 1984 II S. 35.
7 BFH, Urteil v. 25.7.2000 – VIII R 35/97, BStBl 2001 II S. 566.
8 BFH, Urteil v. 13.10.1976 – I R 79/74, BStBl 1977 II S. 540.
9 BFH, Urteil v. 20.7.1973 – III R 100-101/72, BStBl 1973 II S. 794.
10 FG Münster, Urteil v. 21.11.2018 – 13 K 444/16.

Rahmen der Kaufpreisallokation höher bewerten sollte als im Vergleichsfall des Erwerbs eines Unternehmens, das mit branchenüblichen Einkaufspreisen und Gewinnspannen operiert.

235 Der Niederstwert nach Maßgabe der unter → Rz. 232 dargestellten Berechnungsmethode gilt auch im Bereich der **langfristigen** Auftragsfertigung (z. B. Schiffsbau). Zwar handelt es sich bis zur Auftragsabwicklung um ein schwebendes Geschäft (→ § 249 Rz. 4), doch ist ein enthaltener Verlust für das gesamte Projekt als Abschreibung zu berücksichtigen.[1]

236 Generell dürfen die **physische Beschaffenheit** von Rohmaterialien und Waren und die **Verkäuflichkeit** von Produkten bei der Bewertung nicht unberücksichtigt bleiben. Angesprochen sind dabei die Fragen der **Gängigkeit,** des **modischen Geschmacks,** der **Beschädigung** etc.

Rohmaterialien mit geringer **Gängigkeit,** aber zur Aufrechterhaltung des Produktionsbetriebs notwendig, werden gewöhnlich nach einem bestimmten Bewertungssystem **(Lagerreichweite** oder reziprok **Umschlagshäufigkeit)** bewertet. Dabei wird der aktuelle Bestand in Bezug auf den Verbrauch der vergangenen Periode (regelmäßig ein Jahr) gesetzt, um daraus den Quotienten **„Reichweite"** zu ermitteln, der dann entsprechend den errechneten Monaten oder Jahren mit bestimmten Abschlägen versehen wird. Steuerlich wird diese Vorgehensweise förmlich von der Finanzverwaltung nicht akzeptiert,[2] sondern als „nachweisloses Pauschalverfahren" angesehen. Stattdessen soll auf der Grundlage der Ist-Verschrottung in einem Multiplikatorverfahren eine Art „Verschrottungsabschlag" errechnet werden.[3] Unseres Erachtens ist diese Methode abzulehnen, da sie nicht die mangelnde Werthaltigkeit der (noch) nicht verschrotteten Teile berücksichtigt. Die lange Lagerdauer von Rohstoffen oder Waren bildet nach allem zwar einen Anknüpfungspunkt für die Abwertung, genügt aber u. E. auch ohne Vorliegen konkreter Verwertungsrisiken (physisches Alterungsrisiko, Änderung des modischen Geschmacks, technischer Fortschritt, Mengenrisiko) nicht für eine Abschreibung. Die besonderen Verwertungsrisiken lassen sich insbesondere dann gut nachweisen, wenn ohnehin für betriebswirtschaftliche Steuerungszwecke IT-Systeme vorhanden sind, mit denen laufende Bestands- und Preisoptimierungen vorgenommen werden.[4]

Soweit sich die Reichweitenabschreibung auf Zinsverlust und Lagerkosten stützt, stellt sie u. E. zumindest aus handelsrechtlicher Sicht eine notwendige Bewertungsmaßnahme dar. Die sog. Reichweitenabschreibung ist insbesondere auch bei **Kfz-Ersatzteilen** erforderlich und wird vom BFH nur insoweit akzeptiert, als der Erlös die Selbstkosten (→ Rz. 232) nicht (mehr) deckt.[5]

Dem **modischen Geschmack** kommt eine besonders große Bedeutung bei Einzelhandelsprodukten zu. Musterfall ist der Textileinzelhandel: Hier türmen sich sehr schnell Ladenhüter auf, die in der Folge unter dem Einstandswert angeboten werden. Entsprechende Abschreibungen werden auch von der Steuerverwaltung und vom BFH akzeptiert, wenn sie durch sog. „Minuslisten" belegt sind.[6]

1 Allgemeine Auffassung im handelsrechtlichen Schrifttum, bestätigt durch BFH, Urteil v. 7.9.2005 – VIII R 1/03, BStBl 2006 II S. 299; BFH, Urteil v. 25.11.2009 – X R 27/05, n.v.

2 OFD Frankfurt a. M., Vfg. v. 17.7.1997 – S2173 A – 7 – St II 20, DB 1997 S. 1795; BMF, Schreiben v. 7.5.2001 – S 2171b, BB 2001 S. 1405.

3 Vgl. Nachricht von *Kemper/Beck/Konold*, DStR 2014 S. 1370.

4 *Saure*, DStR 2017 S. 408 ff.

5 BFH, Urteil v. 24.2.1994 – IV R 18/92, BStBl 1994 II S. 514; so auch OFD Frankfurt v. 17.7.1997, BB 1997 S. 1939.

6 Für ein Juweliergeschäft vgl. BFH, Urteil v. 22.8.1968 – IV R 234/67, BStBl II S. 801; für den Textileinzelhandel vgl. BFH, Urteil v. 6.11.1975 – IV R 205/71, BStBl 1977 II S. 377; für den Einzelhandel mit Herrenoberbekleidung vgl. BFH, Urteil v. 5.6.1985 – I R 65/82, BFH/NV 1986 S. 204.

Für **schwerverkäufliche** Waren lässt die Finanzverwaltung Abschreibungen zu für

- Apotheken,[1]
- Musikhandel,[2]
- Sortimentsbuchhandlungen.[3]

Ein besonderes Problem stellt ein **Preisrückgang** im **Aufstellungszeitraum** dar, weil dann die Abgrenzung von Wert**erhellung** und **-begründung** (→ § 252 Rz. 49 ff.) bedeutsam ist. 237

BEISPIEL[4]

- Die **Bauträger** B-GmbH verspürt Ende 01 einen massiven Rückgang der Nachfrage nach Eigentumswohnungen. Unfertige Wohnungen mit Verkaufspreisen von 50 Mio. € laut Prospekt am Bilanzstichtag 31.12.01 werden im neu aufgelegten Prospekt am 20.1.02 zu 45 Mio. € angeboten, was die vorher brachliegende Nachfrage spürbar belebt.
- Die **Stahlhändler** S-GmbH hat am Bilanzstichtag Vorräte von 100 Mio. €, die überwiegend im ersten Halbjahr 01 eingekauft wurden. Die Preisnotizen für den Baustahl am Stichtag 01 hätten einen Verkaufserlös von 105 Mio. € erwarten lassen. Bis zum Erstellungstag hat sich der Marktpreis nach unten bewegt, was einen Verkaufserlös von 95 Mio. € erwarten lässt.
- Die Bilanzerstellung zum 31.12.01 erfolgt in beiden Fällen am 15.2.02.

Die Bewertung folgt im Erstellungszeitraum mit dem Ziel, die Verhältnisse am Bilanzstichtag wiederzugeben. Deshalb sind nur **werterhellende,** nicht **-bestimmende** Faktoren zu berücksichtigen (→ § 252 Rz. 70 ff.). Unseres Erachtens lassen sich die beiden Sachverhalte nach HGB wie folgt beurteilen:[5]

- Sofern die Vorräte auf einem **liquiden** Markt gehandelt werden (hier Stahl), stellt der leicht feststellbare Stichtagswert die Bewertungsgrundlage dar. Spätere Preisentwicklungen sind, auch wenn sie bis zur Erstellung bekannt werden, nicht zu berücksichtigen. Der Marktpreis stellt den „objektivsten" Wert dar, der aus den Erwartungen der Marktteilnehmer gespeist wird (→ Rz. 209). Eine Abschreibung auf die Stahlvorräte scheidet aus.
- Bei inhomogenen Gütern, die nicht auf liquiden Märkten gehandelt werden (hier Eigentumswohnungen), können Preisherabsetzungen **kurz nach** dem Bilanzstichtag die fehlende Marktkonformität der noch zum Bilanzstichtag verlangten Preise belegen. Deshalb sind im vorliegenden Fall die Eigentumswohnungen auf der Basis eines Verkaufspreises von 45 Mio. € (abzgl. der noch anfallenden Kosten) zu bewerten. Dagegen wären schlechtere Marktbedingungen, die sich erst geraume Zeit nach dem Bilanzstichtag einstellen, nicht zu berücksichtigen (hier tatbestandlich nicht gegeben).

3.2 Wertpapiere

Bei Wertpieren mit börsengängigem Handel fallen die Wertverhältnisse des Beschaffungs- und Absatzmarkts abgesehen von geringfügigen Transaktionskosten zusammen. Der beizulegende Wert ist auf der Grundlage der **Börsennotiz** am Bilanzstichtag zu bestimmen, Verkaufsspesen u. Ä. können u. E. aus Geringfügigkeitsgesichtspunkten außer Betracht bleiben oder bei 238

1 DB 1964 S. 1279.
2 OFD Düsseldorf v. 17.3.1964.
3 OFD Frankfurt, DB 1976 S. 1458.
4 Nach *Lüdenbach*, PiR 2010 S. 268.
5 Nach *Lüdenbach*, PiR 2010 S. 268. Der Bezug auf die IFRS erscheint uns i. S. der Rechtsauslegung passend, da HGB und IFRS bzgl. der Niederstbewertung und der Wertaufhellung auf dem gleichen Konzept beruhen.

größeren Beständen in pauschaler Form als Abzugsposten berücksichtigt werden. Die steuerlich gültige Bagatellgrenze von 5 % des Kurswerts am Bilanzstichtag (→ Rz. 214) kann handelsrechtlich aus Wesentlichkeitsüberlegungen akzeptiert werden.

239 Das das Stichtagsprinzip durchbrechende Tatbestandsmerkmal der **dauerhaften** Wertminderung ist unter → Rz. 191 für das finanzielle **Anlage**vermögen kritisiert worden. Die Ausweitung auf das **Umlauf**vermögen in der Steuerbilanz provoziert noch einen weiteren begriffslogischen Einwand; vgl. hierzu → Rz. 244.

240 *(einstweilen frei)*

241 Zu einem Fall festverzinslicher Wertpapiere des **Umlaufvermögens** (→ Rz. 217) hat der BFH[1] eine voraussichtlich dauernde Wertminderung nicht feststellen können, weil „hinter dem Papier" eine zahlungsfähige Adresse stehe, so dass ein dauernder Ausfall nicht zu befürchten sei. Außerdem stützt sich der BFH auf den spiegelbildlichen Fall der „negativen Teilwertabschreibung" für Währungsanleihen mit zehnjähriger Restlaufzeit (→ Rz. 36). Bei zweifelhafter Bonität des Schuldners kann demgegenüber eine Teilwertabschreibung in Betracht kommen.

Fazit: Für festverzinsliche Wertpapiere des Umlaufvermögens kommt nach Auffassung des BFH eine kursindizierte Abschreibung wegen Änderung des Marktzinses **mangels Dauerhaftigkeit** der Wertminderung nicht in Betracht. Diese Rechtslage ist aber zwischenzeitlich aufgeweicht worden (→ Rz. 217).

3.3 Forderungen

242 Für Forderungen an Kunden (Debitoren) stellt sich die Frage der Wertminderung gegenüber den Anschaffungskosten (bei originär geschaffenen Forderungen gleich dem Nennwert) bzgl. der **Bonität** des Kunden und eines **Zinsverlusts.** In der Buchhaltungspraxis wird technisch dem Problem der Werthaltigkeitsabschreibung bzw. Teilwertabschreibung in zwei Arbeitsgängen nachgekommen:

- Ermittlung der Werthaltigkeit **einzelner** Forderungsposten unter Berücksichtigung der in → Rz. 243 aufgeführten Besonderheiten – überwiegend determiniert von Präjudizien des BFH oder Verlautbarungen der Finanzverwaltung, die meist problemlos in die handelsrechtliche Wertermittlung übernommen werden können,
- anschließend der Ansatz von sog. **Pauschalwert**berichtigungen unter Vernachlässigung des Einzelbewertungsgrundsatzes (→ § 252 Rz. 47).

243 Zur Ermittlung eines etwaigen Abschreibungserfordernisses auf einzelne Forderungsposten sind folgende wertbestimmende Faktoren zu beachten:[2]

- **Rückgriffsansprüche** bei zweifelhaften Forderungen.[3]
- Gewährte **Sicherheiten** sind risikominimierend zu berücksichtigen, aber nur bis zur Höhe des zu erwartenden Verwertungserlöses.[4]

1 BFH, Urteil v. 8.6.2011 – I R 98/10, DB 2011 S. 1834; von der Finanzverwaltung im BMF-Schreiben v. 2.9.2016 – IV C 6 – S 2171-b/09/10002, DStR 2016 S. 2107, unter Tz. 23a akzeptiert.

2 BFH, Urteil v. 2.12.2015 – I R 83/13, DStR 2016 S. 1314.

3 BFH, Urteil v. 8.11.2000 – I R 10/98, BStBl 2001 II S. 349; BFH, Urteil v. 7.5.1998 – IV R 24/97, BFH/NV 1998 S. 1471; Hessisches FG, Urteil v. 13.9.2011, EFG 2012 S. 812.

4 BFH, Urteil v. 25.2.1986 – VIII R 180/85, BFH/NV 1986 S. 458; BFH, Urteil v. 24.10.2006 – I R 2/06, BStBl 2007 II S. 469.

- Entsprechendes gilt bei bestehenden **Kundenausfallversicherungen** und **Ausfallgarantien.**
- Die **Weiterbelieferung** eines zweifelhaften Kunden schließt eine Abschreibung nicht aus.[1]
- Entsprechendes gilt, wenn der Kunde neue Lieferungen immer nur gegen Bezahlung der offenen **alten** Forderungen erhält.
- **Länderrisiken** sind bei Transaktionsbeschränkungen durch **Devisen**bewirtschaftung, aber auch wegen mangelnder Bonität (Argentinien) zu berücksichtigen.
- **Aufrechenbare Verbindlichkeiten** vermindern entsprechend das Ausfallrisiko.
- Dinglich gesicherter **Rückabwicklungsanspruch** (→ § 255 Rz. 65).
- Erfolgte Einzelwertberichtigungen sind von der Bemessungsgrundlage der **Pauschalwertberichtigung** abzuziehen.
- Bei **Un-** oder **Unterverzinslichkeit** sind kompensierende Vorteile zu berücksichtigen (→ Rz. 36), z. B. bei Arbeitnehmerdarlehen,[2] Wohnungsbaudarlehen, vgl. auch → § 255 Rz. 187.
- Rangrücktritts- (→ § 246 Rz. 86 ff.) bzw. Patronatserklärungen (→ § 251 Rz. 27).

Zur Ermittlung der Einzelwertberichtigungen können auch **Bewertungsgruppen** gebildet werden, sofern die betreffenden Forderungen mit ähnlichen Risiken behaftet sind, z. B. Transferbeschränkungen aus ausländischen Staaten. Die Verlängerung der Zahlungsfrist für einen bislang säumigen Schuldner zwingt nicht unbedingt zu einer Wertberichtigung; vielmehr ist eine solche Entscheidung einzelfallabhängig zu treffen. Generell von der Wertberichtigung auszuschließen ist die gesetzliche Umsatzsteuer, sofern eine Korrektur der Umsatzsteuerschuld bei Zahlungsausfall nach § 17 UStG als möglich erscheint. In der Praxis üblich sind auch Berechnungstechniken auf quantitativer Grundlage, also z. B. 1 % Wertberichtigung bei einem Monat Überfälligkeit, 3 % bei zwei Monaten etc.

Nach Durchführung der Einzelwertberichtigungen werden üblicherweise für **latente,** d. h. nicht erkannte Ausfallrisiken pauschale Abschreibungen vorgenommen. Traditionell folgt die Rechnungslegungspraxis in Deutschland dabei den Vorgaben der Finanzverwaltung, die indes in Sachen der Pauschalwertberichtigung nie offiziell bekanntgegeben worden sind. Früher war einmal ein Abschlag von 3 % nach Abzug der Umsatzsteuer „gestattet", derzeit geht man eher von einer Art Nichtaufgriffsgrenze von 1 % dieses Werts aus. Dabei schränkt die Finanzverwaltung[3] derzeit die Berücksichtigung von Zinsverlusten auf solche Forderungen ein, die erst nach dem Erstellungstag der Bilanz eingehen. Dahinter verbirgt sich die Interpretation der dauernden Wertminderung, die nicht vorliegen soll, wenn bis zu diesem Zeitpunkt die Forderung eingegangen ist (→ Rz. 240). Auch hier ist der Tatbestand der möglichen früheren oder späteren Bilanzerstellung und die damit verbundene Rechtsfolge als unbefriedigend zu würdigen. Dem *„fast closer"* – Bilanzerstellung am 15.1. – steht dann ein höheres Wertberichtigungsvolumen zur Verfügung als dem *„slow closer"* – Abschlusserstellung am 30.6. Soweit Pauschalwertberichtigungen auf Basis empirischer Datenausfälle in der Vergangenheit dotiert werden, ist 243a

1 BFH, Urteil v. 20.8.2003 – I R 49/02, BStBl II S. 941. Entsprechend nun FG Berlin-Brandenburg v. 22.8.2018 – 10 V 10038/18; vgl. auch *Lüdenbach,* StuB 2009 S. 109.
2 BFH, Urteil v. 24.1.1990 – I R 145/86, I R 157/85, BStBl II S. 639.
3 OFD Rheinland, Vfg. v. 6.11.2008 – S2174 – St 141, DB 2008 S. 2623; SenFin Berlin v. 31.7.2015, StuB 2016 S. 357.

zu prüfen, ob ein Anpassungsbedarf wegen fundamental geänderter Verhältnisse besteht. Dies kann etwa aufgrund der Corona-Krise der Fall sein.[1]

Für Pauschalwertberichtigungen in der Handelsbilanz von **Kreditinstituten** enthält IDW RS BFA 7 spezifische Vorgaben, die sich u. a. an der internen Risikosteuerung orientieren: Der Standard gewährt aber ein Methodenwahlrecht zwischen sog. Anrechnungsverfahren, dem Vereinfachungsverfahren sowie der Übernahme des IFRS-9-Impairment-Modells in den handelsrechtlichen Jahresabschluss.[2]

Auch bei der Pauschalwertberichtigung ist die **Umsatzsteuer** von der Bemessungsgrundlage zu kürzen. Der Ansatz einer Pauschalwertberichtigung ist nicht davon abhängig, inwieweit Ausfallrisiken **tatsächlich** bestehen; allenfalls bei Ausschluss von solchen Risiken muss von dem Ansatz der Pauschalwertberichtigung abgesehen werden. **Allgemeine** wirtschaftliche Risiken – Konjunkturrückgang, branchentypische Verschiebungen etc. – dürfen nicht in eine Pauschalwertberichtigung einfließen. **Erfahrungen** aus der Vergangenheit können zur Ermittlung des Abschreibungsbetrags bzw. -prozentsatzes herangezogen werden. Ob eine steuerliche Außenprüfung einer Abweichung von der genannten Nichtaufgriffsgrenze im Einzelfall zustimmt, bleibt einer Einzelfallentscheidung anvertraut. Eine **Differenzierung** des Pauschalsatzes ist durchaus möglich, z. B. nach In- und Auslandskunden.

4. Steuerbilanzielle Besonderheiten

244 Die unter → Rz. 230 erfolgten Ausführungen sind auch zur Bestimmung des (niedrigeren) Teilwertes i. S. des § 6 Abs. 1 Nr. 2 Satz 2 EStG maßgeblich. Dem BFH zufolge[3] soll bei der Teilwertschätzung „zwar" dem kaufmännischen Ermessen „besondere Bedeutung" zukommen, diese muss aber auf der dokumentierten Auswertung aller Erkenntnismöglichkeiten des Kaufmanns beruhen.

Steuerlich stellt sich in diesen Fällen der Anwendung des strengen Niederstwertprinzips immer **zusätzlich** (anders als nach HGB) die Frage des Vorliegens einer **dauernden** Wertminderung nach § 6 Abs. 1 Nr. 2 Satz 2 EStG. Dabei ist **begrifflich** ein Hindernis zu überwinden. Denn Posten des Umlaufvermögens dienen **nicht** dauernd dem Unternehmen (→ § 247 Rz. 22), weshalb bei ihnen eine dauernde Wertminderung eigentlich nicht vorstellbar ist. Die Beispiele unter → Rz. 243 sind teilweise BFH-Urteilen entnommen, die sämtlich die Gesetzesformulierung der „Dauer" noch nicht berücksichtigen mussten. Die Durchsetzung einer Wertberichtigung (= Teilwertabschreibung) in diesem Bereich wird durch das Erfordernis der Dauer jedenfalls nicht erleichtert. Der BFH hat sich mit dieser speziellen Thematik noch nicht befassen müssen. Zur Teilwertabschreibung infolge der **Unverzinslichkeit** vgl. → § 255 Rz. 187.

245 Im **Körperschaftsteuerbereich** wird nach § 8b Abs. 3 Satz 4 bis 8 KStG ab 2008 ein Forderungsverlust (Abgang), z. B. durch Verzicht oder eine Teilwertabschreibung eines Gesellschafterdarlehens (z. B. wegen Unverzinslichkeit), außerhalb der Bilanz durch Zurechnung neutralisiert, es sei denn, es kann (unwahrscheinlicherweise) die Fremdüblichkeit bewiesen werden. Dies gilt nicht nur für Forderungen an Gesellschafter, sondern auch an „nahestehende Personen"

1 IDW, Fachlicher Hinweis zur Auswirkung der Ausbreitung des Coronavirus auf die Rechnungslegung und deren Prüfung (Teil 2), sowie speziell für Banken: Fachlicher Hinweis zu den Auswirkungen der Coronavirus-Pandemie auf Wertminderungen von Finanzinstrumenten im Jahres- und Konzernabschluss von Kreditinstituten zum 31.12.2020.

2 Vgl. im Einzelnen *Gaber*, WPg 2022 S. 32.

3 BFH, Urteil v. 21.10.2010 – IV R 21/07, DB 2010 S. 2706.

i. S. des § 1 Abs. 2 AStG. Generell gilt eine Beteiligungsquote für die Abzugsbeschränkung von mehr als 25 % am Nennkapital. Bis 2007 war die Teilwertabschreibung ohne korrespondierende Zurechnung außerhalb der Bilanz zulässig.[1] Bei Forderungen des Gesellschafters im **einkommensteuerlichen** Betriebsvermögen (typisch Betriebsaufspaltung, → § 246 Rz. 414) führte bis 2014 der Forderungsverlust oder die Teilwertabschreibung nicht zu einer Zurechnung nach § 3c Abs. 2 Satz 1 EStG.[2] Grund: Beteiligungen und Forderungen stellen zwei verschiedene Wirtschaftsgüter dar (→ Rz. 246). Für Wirtschaftsjahre, die nach dem 31.12.2014 beginnen, gilt bei einer Beteiligungsquote von mehr als 25 % am Nennkapital (ohne Einbeziehung nahestehender Personen) die oben dargestellte Rechtslage für Beteiligungen im körperschaftsteuerlichen Betriebsvermögen (→ § 246 Rz. 415). Danach sind Wertminderungen von Gesellschafterforderungen (auch der Verzicht) nach § 3c Abs. 2 EStG n. F. nur noch zu 60 % abzugsfähig. Spätere Wertaufholungsgewinne bleiben dann außer Ansatz, soweit auf sie Teilwertabschreibungen nach § 3c Abs. 2 HGB vorgenommen worden sind. Sofern eine (mitunternehmerische) Personengesellschaft an der Kapitalgesellschaft beteiligt ist, gilt für Beteiligungen im Gesamthandsvermögen bei Forderungsverlusten etc. aus Darlehen an eine Kapitalgesellschaft Folgendes:[3]

- Soweit an der Personengesellschaft natürliche Personen bis zu 25 % des Nennkapitals beteiligt sind, wird die Vermögensminderung zu 100 % wirksam.
- Soweit die Beteiligungsquote 25 % übersteigt, kann die Vermögensminderung nur zu 60 % berücksichtigt werden.

Die Abzugsbeschränkung gilt auch für **Betriebsausgaben** und **Veräußerungskosten** eines Gesellschafters, sofern eine gesellschaftsrechtliche Veranlassung durch unentgeltliche oder teilentgeltliche Überlassung von Wirtschaftsgütern an die Kapitalgesellschaft (oder Körperschaft) damit in Zusammenhang steht.

Abschreibungen (Wertberichtigungen) auf **Bankguthaben** und ähnliche Posten werden generell für unzulässig erachtet. Daran sind spätestens seit dem vehementen Ausbruch der Finanzkrise im Jahr 2008 Zweifel angebracht. 246

Ein Abschreibungsbedarf kann sich auch bei einem sog. **eigenkapitalersetzenden** Darlehen eines **Gesellschafters** gegen die Gesellschaft ergeben, insbesondere bei Ausspruch eines **Rangrücktritts** (→ § 246 Rz. 61). Aus steuerlicher Sicht verhindert die Gesellschafterstellung des Gläubigers nicht das Abschreibungserfordernis.[4] Die von der Finanzverwaltung propagierte „Einheit" der Darlehensforderung mit der Beteiligung ist unzutreffend. Beteiligungen einerseits und Forderungen des Gesellschafters, auch mit kapitalersetzendem Charakter, andererseits stellen zwei verschiedene Wirtschaftsgüter dar. Dieser Befund wurde eindrucksvoll in einem Urteil des X. BFH-Senats[5] dargestellt. Es ging dabei um Darlehensforderungen eines Besitzunternehmens gegen die Betriebs-Kapitalgesellschaft (→ § 246 Rz. 414) und außerdem um

1 BFH, Urteil v. 14.1.2009 – I R 52/08, BStBl II S. 674.

2 BFH, Urteil v. 18.4.2012 – X R 6/10, DStR 2012 S. 1318, mit Anm. *Hoffmann;* BFH, Urteil v. 28.2.2013 – IV R 49/11, DStR 2013 S. 953, mit Kommentar *Hoffmann*, GmbHR 2013 S. 660; vgl. auch *Hoffmann*, StuB 2012 S. 529. Die entgegenstehende Auffassung vom BMF, Schreiben v. 8.11.2010, BStBl I S. 1292, lehnt der BFH ab.

3 Vgl. hierzu *Ott*, StuB 2015 S. 44.

4 BFH, Urteil v. 14.1.2009 – I R 52/08, DStR 2009 S. 631, mit Besprechung von *Ott*, StuB 2009 S. 317, und *Hoffmann*, GmbHR 2009 S. 491. Zur Anwendung dieses BFH-Urteils im Verhältnis zu Sachverhalten mit **ausländischen** Gesellschaften bis zum VZ 2007 nach Maßgabe des § 1 Abs. 1 AStG hat sich das BMF in einem umfangreichen Schreiben v. 29.3.2011, BStBl I S. 277, geäußert. Zur systematischen Kritik daran vgl. u. a. *Prinz, U./Scholz*, FR 2011 S. 925.

5 BFH, Urteil v. 18.4.2012 – X R 5/10, DStR 2012 S. 1318, mit Anm. *Hoffmann*.

Rückstellungen dieses Besitzunternehmens wegen drohender Inanspruchnahme aus Bürgschaften für Bankkredite an die Betriebs-GmbH. Das Darlehen war wegen der Notlage der Betriebs-GmbH vom Besitzunternehmen zinslos gestellt und hatte infolge eines Rangrücktritts auch eigenkapitalersetzenden Charakter nach früherem Rechtsverständnis. Die Finanzverwaltung wollte im Streitfall gestützt auf die Anweisungen des BMF[1] einen Veranlassungszusammenhang zwischen der auf Darlehensforderung vorgenommenen Teilwertabschreibung sowie der auf die aufwandswirksame Rückstellung („Betriebsvermögensminderung") und den aus der Beteiligung an der Betriebsgesellschaft möglicherweise zu erzielenden Betriebseinnahmen nach § 3 Nr. 40 EStG herstellen. Die Grundlage für diese Konstruktion hat die Finanzverwaltung in der Zinslosstellung des Darlehens gesehen, was dem Fremdvergleich nicht standhalte und deshalb gesellschaftsrechtlich veranlasst sei. Der X. BFH-Senat ist demgegenüber der bilanzrechtlichen Argumentation des I. Senats im zitierten Urteil I R 52/08 gefolgt und hat den „wirtschaftlichen" Zusammenhang deswegen verneint, weil Beteiligungen (dem Teileinkünfteverfahren unterliegend) und die Darlehensforderung bzw. die Rückstellungsbildung von der Beteiligung streng zu **trennende** Wirtschaftsgüter darstellen. Die einschlägigen Vorgaben im zitierten BMF-Schreiben hat der X. BFH-Senat nicht anerkannt. Im Einkommensteuerbereich sind also die gesamten Bilanzposten einstweilen nicht vom Teilabzugsverbot gem. § 3c Abs. 2 Satz 1 EStG betroffen, anders als im Körperschaftsteuerbereich (→ Rz. 245). Diese Gesetzeslesart wurde von einem weiteren Urteil des IV. BFH-Senats bestätigt,[2] das die vorstehend dargestellten Überlegungen des X. Senats weiterentwickelt und systematisiert hat (→ § 246 Rz. 415c).

VII. Wertaufholung (Abs. 5)

1. Allgemeine Regeln (Abs. 5 Satz 1)

1.1 Anwendungsbereich

247 Für die Vermögensgegenstände des Anlage- und Umlaufvermögens gilt das sog. Wertaufholungsgebot mit einer Ausnahme für den Geschäfts- und Firmenwert in Satz 2 (→ Rz. 258). Wertaufholung bedeutet **einfach** Rückgängigmachung einer **außerplanmäßigen** oder überhöhten **planmäßigen** Abschreibung, also **Zuschreibung.** Bzgl. der betroffenen Bilanzbereiche lässt sich das Gebot wie folgt strukturieren:[3]

248 Die Rechtslage ist nach Handels- und Steuerrecht durch das BilMoG vereinheitlicht worden. Zuvor galt das Wertaufholungsgebot nur für Kapital- und „Kap & Co."-Gesellschaften nach § 280 HGB a. F. Dabei ist die Formulierung in beiden Gesetzen unterschiedlich ausgestaltet, aber bei gleichem „Wirkungsgrad" (vgl. § 6 Abs. 1 Nr. 1 Satz 4 EStG).

249 Die Bezugnahme der Wertaufholung auf vorgängige außerplanmäßige Abschreibungen schränkt den Anwendungsbereich auf bewegliche Anlagegüter mit relativ kurzer Nutzungsdauer erheblich ein. Die Wertaufholung ist „gedeckelt" auf den **Buchwert;** bei einem Buchwert von null stellt sich das Problem einer Wertaufholungszuschreibung nicht (mehr). Zum Nachweis des Wertaufholungshöchstbetrags bedarf es nach vorgenommener außerplanmäßiger Abschreibung zumindest im Falle der abnutzbaren Anlagegüter einer Art **Schattenanlagebuch-**

1 BFM, Schreiben v. 8.11.2010, BStBl I S. 1292.
2 BFH, Urteil v. 28.2.2013 – IV R 49/11, DStR 2013 S. 953, mit Anm. *Hoffmann*, GmbHR 2013 S. 660.
3 In Anlehnung an *Hoffmann*, GmbHR 1999 S. 383.

führung, welche die Buchwertentwicklung nachhält, als ob eine außerplanmäßige Abschreibung nicht stattgefunden hätte.

Zur buchtechnischen Behandlung im Anlagespiegel (→ § 268 Rz. 96) folgendes Beispiel:

BEISPIEL

Anschaffungskosten am 1.1.01	10.000 €
planmäßige Abschreibung p. a.	2.000 €
beizulegender Wert am 31.12.02	3.000 €
Wegfall des Abschreibungsgrunds am 31.12.04	

Ab 1.1.03 reduziert sich die planmäßige Abschreibung auf 1.000 €.

Die Zuschreibung am 31.12.04 ist „gedeckelt" auf den in einer Schattenrechnung zu ermittelnden Buchwert bei unverändert planmäßiger Abschreibung.

Jahr	Abschreibung, regulär	Abschreibung, außerplanmäßig	Zuschreibung	Buchwert „Schatten"	Buchwert, effektiv
2001	2.000				8.000
2002	2.000	3.000		6.000	3.000
2003	1.000			4.000	2.000
2004	1.000		1.000	2.000	2.000
2005	2.000			0	0

Ab 2003 reduziert sich die planmäßige Abschreibung zur Verteilung des Restbuchwerts auf die Nutzungsdauer. 2004 wird die Zuschreibung mit den aufgelaufenen Abschreibungen saldiert (Nettomethode). 2005 kommt wieder die reguläre Abschreibung zum Tragen.

Das Wertaufholungsgebot umfasst auch das **Umlaufvermögen**, allerdings wiederum mit eingeschränktem Anwendungsbereich. Bei den Vorräten lässt sich die wieder aufgelegte Werthaltigkeit meistens nur durch den erfolgten Verkauf belegen. Nach dem dadurch erfolgten Abgang des betreffenden Vorratspostens stellt sich die Wertaufholungsproblematik nicht mehr. Anders kann es sich verhalten bei **Kundenforderungen** oder **Ausleihungen,** wenn tatsächlich die Bonität des Schuldners wieder gestiegen ist. 250

Von den nicht abnutzbaren Anlagegütern ist der **Grund** und **Boden** schon deswegen wenig „zuschreibungsbedroht", weil auf ihn eher sehr selten außerplanmäßige Abschreibungen vorgenommen werden müssen. Als Anwendungsbeispiel mag der Grund und Boden gelten, dessen plötzlich festgestellte Kontaminierung eine Wertminderung veranlasste, die später durch Baulanderschließung (über-)kompensiert wird.[1] Nochmals: Ohne vorgängige außerplanmäßige Abschreibung kommt eine Wertaufholungszuschreibung nicht in Betracht. Eher ist das bei **Gebäuden** der Fall, dann allerdings auch wiederum nur gekürzt auf die fortgeführten Anschaffungs- oder Herstellungskosten (= Buchwert). 251

BEISPIEL Ein Fabrikgebäude musste mangels Weiterführung der Produktion geräumt und stillgelegt werden. Eine außerplanmäßige Abschreibung war vorzunehmen. Sieben Jahre später gelingt dem Unternehmen nach Änderung des Bebauungsplans und einer besseren straßenmäßigen Erschließung die Einrichtung eines Outlet-Centers.

1 Nach *Zwirner/Künkele/Mugler,* DStR 2012 S. 532 ff.

252 Den „klassischen" Anwendungsfall für die Wertaufholung stellen **Finanzanlagen** dar, insbesondere auch nicht börsennotierte Beteiligungen an Kapital- und Personenhandelsgesellschaften. Hier besteht mangels planmäßiger Abschreibung kein (zusätzlicher) „Deckel" für die Zuschreibung. Die erforderliche (zeitliche) Rückwärtsbetrachtung kennt in der Handels- und Steuerbilanz keine Grenzen. Irgendwann einmal erfolgte außerplanmäßige bzw. Teilwertabschreibungen – gerade auf Finanzanlagen – sind „zuschreibungsbedroht", steuerlich im Ergebnis die „Altfälle" nach § 8b Abs. 2 Satz 4 KStG bzw. § 3 Nr. 70 Satz 2 Buchst. c EStG. Die Grenze „nach oben" stellen nur die Anschaffungskosten dar. Für börsengehandelte Wertpapiere kommt die 5 %-Bagatellgrenze der Finanzverwaltung zufolge nicht zur Anwendung(→ Rz. 214).[1]

253 Auch in diesem Bereich folgt die Bilanzierungspraxis einer Art umgekehrter Maßgeblichkeit. Bei steuerlichen Außenprüfungen kommt es regelmäßig zu **„Nachaktivierungen"** (→ § 268 Rz. 113). Dahinter verbergen sich buchtechnisch zwei verschiedene Vorgänge, die sich **äußerlich** als Wertaufholungen präsentieren, in Wirklichkeit aber eine **Bilanzberichtigung** zum Inhalt haben, ohne dass ein eigentlicher Fehler vorliegt (→ § 252 Rz. 252).

BEISPIEL 1 Das Softwareunternehmen S baut im Interesse einer „kreativitätsfördernden Durchdringung des Raumerlebnisses" den Bürobereich „Design" vom Einzelzimmer in einen Großraum um. Kostenpunkt im Jahr 01 1.000. Die Betriebsprüfung nimmt eine Aktivierungspflicht mit Abschreibung auf 20 Jahre an. S folgt dieser Vorgabe in der Handelsbilanz 03 und bucht per 31.12.03 die Betriebsprüfungsfeststellung (Anlagespiegel, → § 268 Rz. 114) wie folgt ein:

Zugang	1.000
Abschreibung des Geschäftsjahres	-100
Buchwert 31.12.03 = Einbuchungswert	900

Der Buchwert wird als sonstiger betrieblicher Ertrag gegengebucht.

BEISPIEL 2 Sachverhalt wie Beispiel 1. Allerdings aktiviert S die Umbaukosten 2001 (31.12.) in der Handels- und Steuerbilanz mit 1.000, nimmt aber eine Nutzungsdauer von zehn Jahren an. Die Betriebsprüfung geht von 20 Jahren aus und schreibt steuerlich ab 2001 50 p. a. ab. S folgt dann in der HB 03 und bucht entsprechend per 31.12.03.

	Abschreibung HB	AfA laut Betriebsprüfung
2002	100	50
2003	100	50
Buchwert bisher 31.12.03	800	900
Zuschreibung 31.12.03	100	
Buchwert neu 31.12.03	900	900

Im Anlagespiegel (→ § 268 Rz. 115) kann diese Buchung entweder „brutto" gezeigt werden – Zuschreibung 100, Abschreibung 100 – oder „netto", d. h. keine Abschreibung 2003.

Die Betriebsprüfungsanpassung erfolgt in den Beispielen – wie fast immer – in laufender Rechnung, d. h., die im Ergebnis als „falsch" akzeptierte Handelsbilanz 01 wird nicht berichtigt (→ § 252 Rz. 253). Die beiden Sachverhalte unterscheiden sich allerdings in der bilanzrechtlichen Systematik:

1 BMF, Schreiben v. 2.9.2016 – IV C 6 – S 2171-b/09/10002, DStR 2016 S. 2107 Tz. 17.

- Im **Beispiel 1** wird nachträglich der Zugang aufgrund nachträglicher Herstellungskosten (→ § 255 Rz. 156 ff.) unter Abzug der bislang nicht vorgenommenen Abschreibungen eingebucht.
- Im **Beispiel 2** wird die bislang zu hoch angesetzte planmäßige Abschreibung zurückgedreht. Ein Zugang eines Vermögensgegenstands ist hier nicht buchmäßig nachzuholen.

1.2 Wegfall der Gründe

254 Tatbestandsmerkmal für die Zuschreibung ist handelsrechtlich der Wegfall der „Gründe" für die frühere außerplanmäßige Abschreibung. Diese „Gründe" sind **umfassend** zu verstehen, d. h. beziehen sich auf die frühere und die aktuelle Wertermittlung **insgesamt.**[1] Dies entspricht im Ergebnis der steuerlichen Bewertungsvorgabe.[2] Es geht also nicht an, die Wertaufholungszuschreibung nur deswegen zu unterlassen, weil der frühere konkrete Grund immer noch besteht, der aber durch andere Wertbestimmungsgründe überkompensiert wird. Als Beispiele mögen die unter → Rz. 251 dargestellten Fälle des stillgelegten Fabrikgrundstücks dienen, das Jahre später als Outlet-Center wieder genutzt werden kann, sowie das kontaminierte Grundstück, das zu Bauland wird. Würde man nur die Stilllegung der Fabrik als Grund i. S. des Gesetzes ansehen, käme die Zuschreibung nicht in Betracht. Umgekehrt heißt dies aber auch: Die Zuschreibungspflicht besteht nicht, wenn an die Stelle des früheren Wertminderungsgrunds ein **neuer** tritt. So kann ursprünglich die Ausleihung in Fremdwährung wegen des Kursverlusts durch Abwertung wertgemindert worden sein. In der Folgezeit hat die Fremdwährung zwar ihr altes Kursniveau wieder erreicht, indes ist der Schuldner in Zahlungsschwierigkeiten geraten. Nach DRS 24.117 gilt dies auch für die Wertaufholung eines **immateriellen** Anlagegegenstandes.

Bei der Zuschreibungspflicht geht es nicht um ganz oder gar nicht. Auch ein erholter **„Zwischenwert"** führt zur Zuschreibungspflicht. Der Zuschreibungsgrund wird in § 6 Abs. 1 Nr. 1 Satz 4 EStG steuerlich zwar anders umschrieben als in Abs. 5. Einen materiellen Unterschied können wir darin nicht erkennen. Es geht in beiden Rechtskreisen um den Wegfall der früheren Abschreibungsgründe.

254a Wegen des von der Finanzverwaltung für richtig erachteten **Wahlrechts** zur Teilwertabschreibung (→ § 252 Rz. 275) kann eine Zuschreibung durch Nichtnachweis der Wertminderungsperiode rückgängig gemacht werden.[3]

254b *(einstweilen frei)*

255 Der Zuschreibungsbetrag ist **ergebniswirksam** zu verbuchen und auszuweisen je nach Art des Vermögensgegenstands (→ § 275 Rz. 18).

1.3 Wertaufholungsrücklage

256 Eine Sonderbehandlung der Wertaufholungszuschreibung erfahren Aktiengesellschaften nach § 58 Abs. 2a AktG und GmbHs nach § 29 Abs. 4 GmbHG bzgl. eines **Wahlrechts** zur Einstellung in eine **Wertaufholungsrücklage.** Es handelt sich um ein durch das BilMoG nicht bereinigtes

1 So auch *Zwirner/Künkele/Mugler*, DStR 2012 S. 532 ff.
2 BMF, Schreiben v. 2.9.2016 – IV C 6 – S 2171-b/09/10002, DStR 2016 S. 2107 Tz. 27.
3 BMF, Schreiben v. 2.9.2016 – IV C 6 – S 2171-b/09/10002, DStR 2016 S. 2107 Tz. 26.

Relikt aus der Zeit der umgekehrten Maßgeblichkeit (→ § 252 Rz. 270). Den in § 58 Abs. 2a AktG und § 29 Abs. 4 GmbHG genannten Sonderposten mit Rücklagenanteil gibt es unter dem BilMoG nicht mehr. Man kann nur interpretieren: Die Rücklagendotierung ist **nach** Steuern, also z. B. mit 70 % des Zuschreibungsbetrags, möglich. Auffällig ist das geforderte Einvernehmen des Aufstellungs- und Feststellungsorgans (→ § 268 Rz. 8) für die Ausübung dieses Bilanzierungswahlrechts. Deshalb bleibt unklar, ob die Rücklagendotierung einen Bestandteil der Ergebnis**ermittlung** durch Vorstand/Geschäftsführer oder erst der **Feststellung** des Abschlusses durch Aufsichtsrat oder Gesellschafterversammlung darstellt. Nach wohl h. M.[1] soll eine (direkte) Buchung per Vermögensgegenstand an Rücklage unzulässig sein. Stattdessen wird eine erfolgswirksame Verbuchung vorgeschlagen, allerdings erst „nach dem Jahresergebnis". Unseres Erachtens liegt hier ein Widerspruch in sich selbst vor, denn „nach dem Jahresergebnis" können keine erfolgswirksamen Buchungen mehr erfolgen. Unseres Erachtens sollte die Dotierung der Rücklage im Rahmen der Ergebnisverwendungsrechnung (→ § 268 Rz. 7) erfolgen, und zwar als Zusatzposten „Einstellung in die Gewinnaufholungsrücklage". Auf die entsprechenden Buchungen innerhalb der Rücklagenbewegung in → § 268 Rz. 22 ff. wird verwiesen.

1.4 Steuerliche Sonderfälle für Kapitalgesellschaftsanteile

257 Anteilen an Kapitalgesellschaften kommt u. a. bei der **Bewertung** mitunter eine Sonderstellung zu:

- Vor dem Übergang zum **Halbeinkünfteverfahren** 2001 waren Teilwertabschreibungen auf solche Beteiligungen steuerwirksam, **jetzt** werden sie nach § 8b Abs. 2 Satz 4 KStG ganz, nach § 3c Abs. 2 Satz 1 EStG zu 40 % bei der Einkommensermittlung zugerechnet.
- **Ausschüttungsbedingte** Teilwertabschreibungen im Anwendungsbereich des Anrechnungsverfahrens waren bei Erwerb einer Beteiligung von einem Nichtanrechnungsberechtigten nach § 50c Abs. 1 Satz 1 EStG ebenfalls bei der Einkommensermittlung zuzurechnen.

Dazu hat der BFH Folgendes entschieden:

- Umfasst eine gebotene Teilwertzuschreibung (Wertaufholung) sowohl steuerwirksame als auch steuerunwirksame Bestandteile, dann ist die Zuschreibung **zunächst** mit den steuerunwirksamen und **dann** erst mit den steuerwirksamen früheren Teilwertabschreibungen zu verrechnen.[2]
- Die Teilwertzuschreibung von Beteiligungen, die ausschüttungsbedingt im Anrechnungsverfahren abgeschrieben worden sind, muss trotz der damaligen Korrektur „außerhalb der Bilanz" im Halbeinkünfteverfahren steuerwirksam erfolgen.[3]

Eine **Teilwertzuschreibung** (Wertaufholung; → Rz. 185) auf eine Beteiligung an einer Kapitalgesellschaft nach § 6 Abs. 1 Satz 1 Nr. 4 EStG unterliegt allerdings der 5%igen Einkommenszurechnung nach § 8b Abs. 3 Satz 1 KStG. Dies gibt Anlass, auf eine ohnehin steuerunwirksame (außerbilanziell zuzurechnende) Teilwertabschreibung zu verzichten (→ § 252 Rz. 275). Die We-

1 Vgl. *Störk/Buchholz* in Beck'scher Bilanz-Kommentar, 13. Aufl. 2022, § 253 Tz. 663; *ADS*, 6. Aufl., § 58 AktG Tz. 107.
2 BFH, Urteil v. 19.8.2009 – I R 2/09, GmbHR 2010 S. 49, mit Anm. *Hoffmann*.
3 BFH, Urteil v. 19.8.2009 – I R 1/09, GmbHR 2009 S. 1336, mit Anm. *Hoffmann*.

sentlichkeitsschwelle (Bagatellgrenze von 5 % der Notierung, → Rz. 214) gilt nicht für Wertaufholungen; für diese ist der aktuelle Börsenkurs am Bilanzstichtag maßgeblich.[1]

Für **Gesellschafterdarlehen** im **Einkommen**steuerbereich vgl. → § 246 Rz. 414. Im **Körperschaft**steuerbereich werden qualifizierte Gesellschafterdarlehen nach § 8b Abs. 3 Satz 4 bis 8 KStG wie Beteiligungen behandelt.[2]

Allgemein sind die Besonderheiten des Teileinkünfteverfahrens beachtlich. Der Wertaufholungseffekt ist bei Anteilen im

- einkommensteuerlichen Betriebsvermögen zu 60 % (§ 3 Nr. 40a EStG),
- körperschaftsteuerlichen Betriebsvermögen zu 5 % (§ 8b Abs. 3 Satz 1 KStG)

steuerwirksam.

2. Ausnahme für den Geschäfts- oder Firmenwert (Abs. 5 Satz 2)

258 Der (derivative) Geschäfts- oder Firmenwert *(Goodwill)* erfährt eine **Ausnahme** vom Zuschreibungsgebot. Der RegE des BilMoG (S. 126) begründet dies mit dem Verbot des Ansatzes eines selbst geschaffenen Geschäfts- oder Firmenwerts (→ § 246 Rz. 381). Die Wertaufholungszuschreibung käme einem solchen Ansatz gleich. Ob diese Begründung haltbar ist, kann dahingestellt bleiben. Jedenfalls darf man hinter der Gesetzesregel eine stillschweigende Übernahme des entsprechenden Verbotes in IAS 36.124 vermuten, der in IAS 36.125 mit gleichem Inhalt wie der RegE begründet wird.

VIII. Ausschüttungssperre und Anhangangaben bei Pensionsrückstellungen (Abs. 6)

259 2016 ist Abs. 2 Satz 1 (→ Rz. 116) dahingehend geändert worden, dass für Zwecke der Durchschnittsbildung (Glättung) bei Rückstellungen für Altersversorgungsverpflichtungen nicht mehr auf den Zins der letzten sieben, sondern auf den der letzten zehn Geschäftsjahre abzustellen ist (→ Rz. 118a). Flankierend ist § 253 HGB um einen Abs. 6 erweitert worden, der Folgendes vorschreibt:

- **Ausschüttungssperre:** Gewinne dürfen nur ausgeschüttet werden, wenn die nach der Ausschüttung verbleibenden frei verfügbaren Rücklagen zuzüglich eines Gewinnvortrags und abzüglich eines Verlustvortrags mindestens dem Unterschiedsbetrag zwischen einer Bewertung mit dem durchschnittlichen Marktzinssatz aus den vergangenen zehn Geschäftsjahren und einer Bewertung mit dem Zinssatz aus den vergangenen sieben Geschäftsjahren entsprechen. Nach IDW RS HFA 30 Tz. 55b ist ein evtl. gegenläufiger Effekt aus Steuerlatenzen korrigierend zu berücksichtigen.
- **Anhangangabe:** Der Unterschiedsbetrag zwischen beiden Bewertungen ist in jedem Geschäftsjahr im Anhang oder unter der Bilanz darzustellen.

260 Die **Ausschüttungssperre** bewirkt inhaltlich, dass die (kumulierte) Erhöhung des Eigenkapitals aus dem Übergang vom Sieben- zum Zehn-Jahres-Durchschnitt (gekürzt um evtl. Effekte aus passiven latenten Steuern) nicht dividendenfähig ist. Die neue Ausschüttungssperre ist nicht

1 So jedenfalls FinMin Schleswig-Holstein, Kurzinfo v. 19.12.2014, StuB 2015 S. 72; ebenso OFD Nordrhein-Westfalen v. 22.1.2015, DB 2015 S. 217.

2 Zustimmend der BFH, Urteil v. 12.3.2014 – I R 87/12, DStR 2014 S. 1227.

durch eine entsprechende **Gewinnabführungssperre** flankiert worden, § 301 AktG ist vielmehr unverändert geblieben. Hieraus entstand die Frage, ob im Falle einer steuerlichen **Organschaft** die Organgesellschaft einen „Bewertungsgewinn" aus der Glättung des Zinses über zehn statt sieben Jahre abführen muss oder nicht. Für eine Abführung spricht der Wortlaut von § 301 AktG, dagegen hätten teleologische Überlegungen sprechen können, denen zufolge Abführungssperren das funktionale Äquivalent von Ausschüttungssperren sind. Hinsichtlich der Teleologie ist aber zu bedenken, dass u. a. vom IDW im Gesetzgebungsverfahren eine Anpassung von § 301 AktG angemahnt wurde, der Gesetzgeber aber in Kenntnis dieser Bedenken, und damit bewusst, von einer Anpassung abgesehen hat. Eine planwidrige Regelungslücke liegt somit nicht vor. Eine Gewinnabführung des „Bewertungsgewinns" war deshalb geboten, um den Ergebnisabführungsvertrag nicht zu verletzen und damit steuerlich nicht die Nichtanerkennung der Organschaft zu riskieren (→ § 268 Rz. 176). Dies hat das BMF zwischenzeitlich bestätigt:[1] Auch (Bewertungs-)Gewinne aus der Anwendung des § 253 HGB n. F. (sog. „Abstockungsgewinne") sind vollständig an den Organträger abzuführen.

Zu weiteren Ausschüttungssperren wird auf → § 268 Rz. 156 ff. verwiesen.

261 Die Anhangangabe gilt nach Auffassung von Teilen des Schrifttums[2] auch für mittelbare Pensionsverpflichtungen, die in Ausübung des Wahlrechts nach Art. 28 Abs. 1 Satz 2 EGHGB nicht passiviert werden. Hier soll die Angabe nach Art. 28 Abs. 2 HGB „gedoppelt" werden, d. h. zum einen Nennung des Betrags, der sonst zu passivieren gewesen wäre (Zehn-Jahres-Zins), zum anderen Angabe des Unterschiedsbetrags zur Diskontierung mit dem Sieben-Jahres-Zins. Nach a. A. ist für nicht passivierte Pensionsverpflichtungen nur der sich bei Zehn-Jahres-Glättung ergebende Betrag (nach Art. 28 Abs. 2 HGB) im Anhang anzugeben.[3] Die zweite Auffassung ist folgerichtig, da Abs. 6 Satz 1 lediglich verlangt, den Unterschiedsbetrag „zwischen dem **Ansatz** der Rückstellungen nach Maßgabe des entsprechenden durchschnittlichen Marktzinssatzes aus den vergangenen zehn Geschäftsjahren und dem **Ansatz** der Rückstellungen nach Maßgabe des entsprechenden durchschnittlichen Marktzinssatzes aus den vergangenen sieben Geschäftsjahren" anzugeben, bei Nichtpassivierung aber gar kein Ansatz erfolgt.

Aus der Platzierung der Angabevorschrift in § 253 HGB, also im Allgemeinen, für alle Kaufleute geltenden Teil des Gesetzes, folgert das IDW, dass bzgl. passivierter Pensionsverpflichtungen auch Personenunternehmen eine Angabe (unter der Bilanz) zur Differenz zwischen der Sieben- und Zehn-Jahres-Glättung zu leisten haben.[4] Außerdem hielt es das IDW für sachgerecht, die ausschüttungsgesperrten Beträge bei der Beurteilung des Wiederauflebens der Außenhaftung eines Kommanditisten im Fall der Entnahme den ausschüttungsgesperrten Beträgen des § 268 Abs. 8 HGB gleichzustellen und somit bei dieser Beurteilung in analoger Anwendung von § 172 Abs. 4 Satz 3 HGB den Kapitalanteil um den ausschüttungsgesperrten Betrag rechnerisch zu vermindern.[5] Aus dem Gesetzeswortlaut von § 172 HGB ergab sich dies nicht. Mit dem **MoPeG** wurde aber § 172 Abs. 4 Satz 2 HGB dahingehend ergänzt, dass bei der Ermittlung des Kapitalanteils neben den ausschüttungsgesperrten Beträgen nach § 268 Abs. 8 HGB zukünftig explizit auch Bewertungsunterschiede i. S. von § 253 Abs. 6 Satz 2 HGB nicht zu berücksichtigen sind.

---

1 So auch BMF, Schreiben v. 23.12.2016, BStBl I 2016.

2 Vgl. etwa *Zwirner*. DStR 2016 S. 929 ff.

3 Vgl. *Kuhn/Moser*, WPg 2016 S. 381 ff.

4 IDW Life 2016 S. 304 ff.

5 IDW RS HFA 30, Tz. 55c; insgesamt zur Kommanditgesellschaft: *Kampe/Dettmann/Plumeyer*, WPg 2018 S. 1074 ff.

§ 254 Bildung von Bewertungseinheiten

[1]Werden Vermögensgegenstände, Schulden, schwebende Geschäfte oder mit hoher Wahrscheinlichkeit erwartete Transaktionen zum Ausgleich gegenläufiger Wertänderungen oder Zahlungsströme aus dem Eintritt vergleichbarer Risiken mit Finanzinstrumenten zusammengefasst (Bewertungseinheit), sind § 249 Abs. 1, § 252 Abs. 1 Nr. 3 und 4, § 253 Abs. 1 Satz 1 und § 256a in dem Umfang und für den Zeitraum nicht anzuwenden, in dem die gegenläufigen Wertänderungen oder Zahlungsströme sich ausgleichen. [2]Als Finanzinstrumente im Sinn des Satzes 1 gelten auch Termingeschäfte über den Erwerb oder die Veräußerung von Waren.

Inhaltsübersicht Rz.

LITERATUR:

Arbeitskreis Externe Rechnungslegung, Bilanzierung von Finanzinstrumenten im Währungs- und Zinsbereich auf der Grundlage des HGB, DB 1997 S. 637; *Drewes,* Offene Fragen zur Bildung handelsrechtlicher Bewertungseinheiten im Konzern, BB 2012, S. 241; *Freiberg,* Prolongation von Sicherungsbeziehungen mit Devisentermingeschäften, StuB 2014 S. 264; *Glaser/Hachmeister,* Pflicht oder Wahlrecht zur Bildung bilanzieller Bewertungseinheiten nach dem BilMoG, BB 2011 S. 555; *Käshammer/Mayer,* Anwendung des Schachtelprivilegs nach § 8b KStG auf Ergebnisse aus Währungskurssicherungsgeschäften, StuB 2020 S. 930; *Knobloch/Arend,* Anschaffungskosten im Kontext des § 8b KStG, DB 2021 S. 405; *Lüdenbach,* Drohende Verluste aus Rohstoffbeschaffungsgeschäften, StuB 2011 S. 383; *Lüdenbach,* Erfolg aus Währungssicherung eines Aktienverkaufs als Teil des begünstigten Veräußerungsgewinns? StuB 2017 S. 434; *Lüdenbach/Freiberg,* Handelsbilanzielle Bewertungseinheiten nach IDW ERS HFA 35 unter Berücksichtigung der steuerbilanziellen Konsequenzen, BB 2010 S. 2683; *Lüdenbach/Freiberg,* Kasuistik und Prinzip bei der Zugangsbewertung gesicherter Anschaffungsgeschäfte nach HGB (und IFRS), DB 2011 S. 2213, *Oser et al.,* Bewertungseinheiten in der Bilanzierungspraxis mittelständischer Konzerne, Ergebnisse einer empirischen Untersuchung von BDI/EY/DHBW, StuB 2012 S. 91; *Patek,* Bilanzielle Implikationen der handelsrechtlichen Normierung von Bewertungseinheiten, DB 2010 S. 1077; *Petersen/Zwirner/Froschhammer,* Die Bilanzierung von Bewertungseinheiten nach § 254 HGB, StuB 2009 S. 449; *Rimmelspacher/Fey,* Beendigung von Bewertungseinheiten im handelsrechtlichen Jahresabschluss, WPg 2013 S. 994; *Schmitz,* Steuerliche Auswirkungen handelsrechtlicher Bewertungseinheiten, DB 2009 S. 1621; *Zwirner/Boecker,* Bewertungseinheiten in Form antizipativer Hedges – Besonderheiten und Probleme, BB 2012 S. 2395.

I. Regelungsinhalt

1 **Vorsichts- und Imparitätsprinzip** können bei Sicherungszusammenhängen zur Absicherung finanzieller Risiken zu Bilanzierungsergebnissen führen, die der tatsächlichen Lage des Unternehmens nicht entsprechen. Droht etwa aus dem Sicherungsgeschäft ein Verlust, dem in gleicher Höhe ein unrealisierter Gewinn aus dem Grundgeschäft gegenübersteht, so ist der ökonomische Saldo null. Nach Maßgabe des Imparitätsprinzips wäre aber bilanziell ein Verlust auszuweisen.

Zur Vermeidung derartiger **Verzerrungen** erlaubt § 254 HGB unter bestimmten Tatbestandsvoraussetzungen die Bildung einer Bewertungseinheit und befreit in den Rechtsfolgen vom Vorsichtsprinzip und von dessen Ausformungen.

Auf der **Tatbestandseite** werden Anforderungen an 2

- ► das Grundgeschäft (→ Rz. 17),
- ► das Sicherungsgeschäft (→ Rz. 25) und
- ► den Zusammenhang beider Geschäfte (→ Rz. 39)

formuliert.

Rechtsfolge einer anzuerkennenden Bewertungseinheit ist die Aussetzung allgemeiner Regeln. Sonst anzusetzende Niederstwertabschreibungen, Wertberichtigungen oder Rückstellungen müssen etwa im Umfang des Sicherungszusammenhangs nicht angesetzt werden (→ Rz. 60).

Das buchungstechnische Vorgehen bei wichtigen **praktischen Anwendungsfällen** des § 254 HGB ist unter → Rz. 107 ff. dargestellt. 3

II. Zweck des *Hedge-Accountings*

Nach Maßgabe des **Imparitätsprinzips** sind am Bilanzstichtag bestehende Wertminderungen und drohende Verluste aufwandswirksam zu berücksichtigen. Hingegen sind Wertsteigerungen und erwartete Gewinne so lange nicht anzusetzen, bis sie durch Veräußerung etc. realisiert sind. 4

Zwischen zwei Geschäften kann nun ein **Sicherungszusammenhang** bestehen, weil die Wertminderung oder der drohende Verlust (→ § 249 Rz. 154) bei dem einen Geschäft durch Wertsteigerungen oder erwartete Gewinne bei dem anderen wirtschaftlich ausgeglichen wird. Eine **tatsachengetreue Darstellung** ist unter diesen Umständen nur möglich, wenn die beiden Geschäfte nicht **einzeln** bewertet werden (→ § 252 Rz. 44), sondern im Hinblick auf den Sicherungszusammenhang als **Bewertungseinheit** betrachtet werden. 5

Ein solches Vorgehen lässt § 254 HGB zu, indem er

- ► im Umfang des **effektiven Sicherungszusammenhangs**
- ► die **Nichtanwendung** von § 252 Abs. 1 Nr. 3 und 4 HGB sowie
- ► der sie konkretisierenden Vorschriften des § 253 Abs. 1 HGB (Anschaffungskosten oder niedrigerer Stichtagswert),
- ► § 249 Abs. 1 HGB (Drohverlustrückstellung)
- ► § 256a HGB (Währungsumrechnung)

bestimmt (→ Rz. 60).

An die Stelle der allgemeinen Regeln treten damit **Sonderbestimmungen** für die Bilanzierung bei Sicherungszusammenhängen *(Hedge-Accounting)*.

BEISPIEL ► Am 15.12.01 bucht U eine Darlehensforderung über 100.000 USD, fällig in zwei Jahren. Der Kurs beträgt 1 €/1 USD. Eingebucht werden daher 100.000 €. Zur Sicherung schließt U einen Dollarterminverkauf über 100.000 USD mit gleicher Fälligkeit und – vereinfacht angenommen – gleichem Kurs ab.

Am Bilanzstichtag ist der Dollar auf 1,1 €/1 USD gestiegen:

- ► Aus dem Terminverkauf droht daher ein Verlust von 10.000 €.
- ► Spiegelbildlich hat sich der Wert der Forderung um 10.000 € auf 110.000 € erhöht.

NORMALREGELN Auf die Forderung kann wegen des Anschaffungskostenprinzips gem. § 253 Abs. 1 Satz 1 HGB, des Imparitätsprinzips gem. § 252 Abs. 1 Nr. 4 HGB und im Umkehrschluss aus § 256a Satz 2 HGB (→ § 256a Rz. 14) keine Zuschreibung vorgenommen werden; der gegenläufige Verlust aus dem Sicherungsgeschäft wäre hingegen als Drohverlustrückstellung gem. § 249 Abs. 1 HGB zu berücksichtigen.

Das Ergebnis – ein Aufwand von 10.000 € – entspräche nicht der wirtschaftlichen Situation des Unternehmens. Dieses hat sich durch das Sicherungsgeschäft gerade von der Wertentwicklung des Dollars unabhängig gemacht.

HEDGE-ACCOUNTING Indem das Einzelbewertungsprinzip für diesen Fall aufgegeben und durch die Sonderregelungen des § 254 HGB verdrängt wird, kann ein dem wirtschaftlichen Gehalt entsprechendes Ergebnis erreicht und auf den Ansatz der Rückstellung verzichtet werden.
Alternativ ist auch eine Bruttodarstellung möglich, bei der die Forderung über die Anschaffungskosten hinaus, nämlich mit 110.000 €, und die Drohverlustrückstellung mit 10.000 € angesetzt werden (→ Rz. 63).

Der Ergebnissaldo ist in beiden Fällen null.

VARIANTE Der Dollar fällt bis zum Bilanzstichtag auf 0,9 €/1 USD.

In Anwendung der Normalregeln wäre die Forderung auf 90.000 € abzuschreiben, der erwartete Gewinn von 10.000 € aus dem Termingeschäft hingegen nicht zu bilanzieren.

Die Sonderregeln von § 254 HGB sorgen hier für folgende Korrekturmöglichkeiten:
Nettomethode: Die Forderung wird entgegen § 256a HGB weiter mit dem Sicherungskurs von 1/1 und damit zu 100.000 € bilanziert.
Bruttomethode: Die Forderung wird mit 90.000 € bilanziert, im Gegenzug aber das Termingeschäft mit seinem unrealisierten Ertrag aktiviert.

In beiden Fällen ergibt sich ein Ergebnissaldo von null.

6 § 254 HGB ermöglicht mithin eine „Verrechnung" von unrealisierten Aufwendungen mit unrealisierten Erträgen, und zwar im Fall der Absicherung zukünftiger Transaktionen **auch periodenübergreifend:**

BEISPIEL Mitte Dezember 01 sind die Umsatzplanungen für 02 abgeschlossen. Sie sehen aus US-Exporten einen Umsatz von 10 Mio. USD für 02 vor. Die geplanten Umsätze bzw. die damit verbundenen Geldeingänge werden beim Kurs von 1 €/1 USD (Kassakurs = Terminkurs) über einen Devisenterminverkauf abgesichert. Bis zum Bilanzstichtag steigt der Dollarkurs auf 1,1 €/1 USD. Das Devisengeschäft weist einen negativen Wert von 1 Mio. € aus.

NORMALREGELN Eine Drohverlustrückstellung ist i. H. von 1 Mio. € aufwandswirksam zu bilden.

HEDGE-ACCOUNTING Bei effektiver Sicherungsbeziehung zwischen den geplanten Liquiditätszuflüssen aus Umsatzerlösen und abgeschlossenem Termingeschäft wird der Drohverlust nicht passiviert.

7 Fraglich erscheint, ob sich der Zweck von § 254 HGB in der **Periodisierung** erschöpft, also lediglich ein Ausweis **unrealisierter, noch nicht** entstandener Verluste verhindert werden soll, solange Grund- und Sicherungsgeschäft **noch** „schweben", oder ob die Vorschrift auch dann greift, wenn aus dem unrealisierten ein realisiertes „Ergebnis" entsteht, also Grund- und Sicherungsgeschäft erfüllt werden. Betroffen von dieser Frage ist insbesondere die Zugangsbewertung gesicherter Anschaffungsgeschäfte. Nach h. M. (→ Rz. 89 ff.) erfolgt die Einbuchung gegen Preisrisiken (etwa Währungsrisiken) gesicherter Anschaffungen zum Sicherungskurs. Bei Beschränkung von § 254 HGB auf die Periodisierungsfunktion wären hingegen die Kurs- bzw. Preisverhältnisse des Anschaffungszeitpunkts maßgeblich und bei gleichzeitiger Erfüllung des

Sicherungsgeschäfts ein bisher unrealisierter Verlust oder Ertrag aus dem Sicherungsgeschäft zu realisieren.

BEISPIEL Am 1.11.01 schließt U mit dem Lieferanten L einen Vertrag über die Anschaffung von Vorräten zum Preis von 10.000 USD ab. Liefer- und Zahlungsdatum ist der 2.1.02. Zeitgleich und mit gleichem Erfüllungsdatum tätigt U mit der B ein Devisentermingeschäft mit Barausgleich, nachdem eine positive Differenz zwischen dem Kassawert von 10.000 USD am 2.1.02 und dem kontrahierten Wert (10.000 €) von B, eine negative von U auszugleichen sind.

Die Kursentwicklung ist wie folgt

1.11.01	1 €/1 USD
31.12.01 und 2.1.02	0,95 €/1 USD

U bucht bei Anwendung von § 254 HGB wie folgt:

31.12.01: keine Buchung. Aus dem Devisentermingeschäft entsteht zwar ein unrealisierter Verlust von 500 € (9.500 € Kassawert für 10.000 USD minus 10.000 € Kontraktpreis). In gleicher Höhe hat sich aber der (abstrahiert vom Sicherungsgeschäft) erwartete „Aufwand" für die Beschaffung der Vorräte vermindert. Beide Effekte gleichen sich aus.

Zum 2.1.02 sind zwei Alternativen denkbar:

ALTERNATIVE 1 (H. M.)

per Vorräte	500 €	an	Geld	500 € (Ausgleich Termingeschäft)
per Vorräte	9.500 €	an	Geld	9.500 € (Bezahlung Vorräte)

ALTERNATIVE 2

per Aufwand	500 €	an	Geld	500 € (Ausgleich Termingeschäft)
per Vorräte	9.500 €	an	Geld	9.500 € (Bezahlung Vorräte)

Gegen die h. M. spricht u. E. u. a. der Zweck von § 254 HGB. Nach der Begründung des RegE BilMoG besteht er darin, „unter Einschränkung des Imparitätsprinzips, des Realisationsprinzips und des Einzelbewertungsgrundsatzes auf die Berücksichtigung **nicht realisierter** Verluste" zu verzichten, „wenn diesen in gleicher Höhe nicht realisierte Gewinne gegenüberstehen". Entsprechend sieht auch das Schrifttum die Funktion von § 254 HGB darin, den „Ausweis **unrealisierter** Verluste" zu verhindern.[1] Mit Erfüllung der Geschäfte bestehen aber keine unrealisierten Verluste oder Erträge mehr. Diese sind zu **realisierten** geworden. Der angenommene Zweck von § 254 HGB ist nicht mehr tangiert. Wegen weiterer Einwände gegen die h. M. wird auf → Rz. 89 ff. verwiesen.

Die Sonderregeln des § 254 HGB ermöglichen eine sog. **kompensatorische Bewertung:** Unrealisierte Erträge können zur Kompensation unrealisierter Verluste und Wertminderungen verwandt werden. Nicht zulässig ist hingegen der Ausweis unrealisierter Erträge **über** den Kompensationsbedarf **hinaus.** 8

BEISPIEL In Abwandlung des Beispiels unter → Rz. 5 verlaufen Terminkurs und Kassakurs unterschiedlich, da sich nach Abschluss der Geschäfte die Zinsen der beiden Währungsräume auseinanderentwickeln.

1 Vgl. u. a. *Zepp/Reimler* in Petersen/Zwirner/Brösel, Systematischer Praxiskommentar Bilanzrecht, 2010, § 254 Tz. 3.

Der Kassakurs des Dollars fällt daher bis zum Bilanzstichtag auf 0,9 €/1 USD, der Devisenterminkurs hingegen auf 0,85 €/USD.

In Anwendung der Normalregeln würde gelten:

► Die Forderung ist auf 90.000 € abzuschreiben.

► Der erwartete Gewinn von 15.000 € aus dem Termingeschäft ist nicht zu bilanzieren.

Die Sonderregeln von § 254 HGB sorgen hier für folgende Korrekturmöglichkeit: Die Forderung wird entgegen § 256a HGB weiter mit dem Sicherungskurs von 1/1 und damit zu 100.000 € bilanziert. Der erwartete Gewinn von 15.000 € aus dem Termingeschäft wird damit i. H. von 10.000 € zur Kompensation des Verlusts aus der Forderung verwendet. Der darüber hinausgehende Teil von 5.000 € bleibt unberücksichtigt.

9 Auch **außerhalb** des Anwendungsbereichs von § 254 HGB findet sich der Gedanke der Bewertungseinheit, so etwa bei

► der Bewertung von **Sachleistungsverpflichtungen,** die aus vorhandenen Beständen erfüllt werden können (→ § 253 Rz. 42), oder

► der verlustfreien Bewertung von zinsbezogenen Geschäften des **Bankbuchs** nach IDW RS BFA 3.

III. Wahlrecht oder Pflicht zur Bildung von Bewertungseinheiten?

10 Strittig ist der **Verpflichtungsgrad** von § 254 HGB. Hierbei geht es um das Verhältnis von **ökonomischer** und **bilanzieller** Sicherung.

BEISPIEL ► In Umsetzung entsprechender Risikomanagementrichtlinien schließt U am 1.1.01 zur Absicherung des Währungsrisikos eines gerade aufgenommenen, in fünf Jahren fälligen US-Dollar-Darlehens einen Terminkauf von US-Dollar mit gleicher Frist und gleichem Volumen ab (ökonomische Sicherung). Bis zum 31.12.01 steigt der Kurs des US-Dollars gegenüber dem Euro. In isolierter Betrachtung wäre also eine Zuschreibung auf das Darlehen (Höchstwertprinzip) notwendig, während der gegenläufig erwartete Gewinn aus dem schwebenden Devisentermingeschäft nicht ansatzfähig wäre. Der Ausweis eines in isolierter Betrachtung entstehenden Verlustes für das Jahr 01 könnte durch die Anwendung von § 254 HGB verhindert werden (bilanzielle Sicherung). Fraglich ist, ob U zur Anwendung von § 254 HGB (bilanzielle Sicherung) verpflichtet oder lediglich berechtigt ist?

Das **IDW** lässt ein Wahlrecht zu.[1] Im Entwurf ERS HFA 35 wurde dies wie folgt begründet:[2] Der Gesetzeswortlaut lasse offen, ob bilanziell eine Bindung an das Risikomanagement bestehe. Für ein **Wahlrecht** spreche aber der Regelungskontext, nämlich die Platzierung von § 254 HGB in den Bewertungsvorschriften. Diese Begründung erscheint nicht unbedingt schlüssig. Warum die Platzierung im Bewertungsteil den Wahlrechtscharakter der Vorschrift belegen soll, ist nicht ersichtlich.

11 Im Kern geht es bei der Wahlrechtsfrage um Folgendes:[3] Nach § 254 Satz 1 HGB gelten bestimmte Ausprägungen des Vorsichtsprinzips nicht, wenn Grundgeschäfte zum Ausgleich gegenläufiger Risiken mit Sicherungsgeschäften „zusammengefasst werden". Dieser Akt setzt eine Entscheidung des bilanzierenden Kaufmanns voraus (→ Rz. 57). Fraglich ist, ob im Faust'schen Sinne – „Zwei Seelen wohnen, ach! in meiner Brust, die eine will sich von der an-

1 IDW RS HFA 35, Tz. 12.
2 IDW RS HFA 35, Tz. 12.
3 Vgl. *Lüdenbach/Freiberg,* BB 2010 S. 2683 ff.

dern trennen“ – der Kaufmann **zweierlei Willen,** einen zu den Zwecken des Risiko- und einen zu denen des Bilanzmanagements, haben kann?

Eine solche „Zweiteilung des Willens“ wurde vor BilMoG (für Bewertungseinheiten als GoB)[1] und wird (für § 254 HGB)[2] im Schrifttum z.T. abgelehnt und die Ablehnung etwa mit dem **„Postulat einer willkürfreien Bilanzierung“**[3] begründet. Eine derartige Argumentation erscheint uns allerdings **zirkulär:** Ein für richtig gehaltenes, also „postuliertes“ Ergebnis kann jedenfalls nicht unter Rückgriff auf ein nicht unabhängig von dem Ergebnis bestehendes Postulat begründet werden.

Unseres Erachtens spricht nichts gegen die Annahme eines zweigeteilten Willens. Der Kaufmann hat (soziologisch gesprochen) zwei unabhängige und nicht immer mit gleicher Tendenz auszufüllende Rollen:

- Als **Unternehmer** muss er entscheiden, ob und, wenn ja, wo er risikofreudig oder vorsichtig agiert.
- Als **Bilanzierender** ist er gesetzlich zur Vorsicht angehalten.

In dieser **Rollenpluralität** kann er sich etwa als Unternehmer im Glauben an die Werthaltigkeit für die Weiterbelieferung eines aus Altlieferungen noch säumigen Abnehmers entscheiden, gleichwohl als Bilanzierender eine Wertberichtigung auf die Altforderungen vornehmen (müssen).[4] Dieses Beispiel zeigt: Wie auch in anderen sozioökonomischen Kontexten müssen die Entscheidungen in einer Funktion (Rolle) nicht für die andere binden. Gegen eine Bindung spricht überdies die in vielen Fällen nicht einmal gegebene Identität der Rollenträger. Haben etwa im Konzern die Organe eines Tochterunternehmens hohe Freiheitsgrade, wird die Entscheidung über die Vornahme oder Nichtvornahme ökonomischer Sicherungen von anderen Organträgern getroffen als die Entscheidung über die bilanzielle Sicherung im Konzernabschluss. Die Annahme eines **(faktischen) Wahlrechts**[5] halten wir daher mit anderer Begründung als das IDW im Ergebnis für zutreffend.

Gegen unsere Auffassung wird im Schrifttum Folgendes eingewandt:[6] Die „Berücksichtigung zweier Willen eines bilanzierenden Unternehmens“ verstoße gegen die „Vorgabe zur willkürfreien Bilanzierung“. **Willkürfreiheit** – als Ausprägung des Grundsatzes der **Bilanzwahrheit** – sei nämlich nur dann gegeben, wenn es zur Übereinstimmung von Aussage (Rechnungslegung) und innerer Überzeugung (Risikomanagement) komme. 12

Unseres Erachtens ist allerdings die Bilanzierung immer nur die Abbildung eines Sachverhalts nach bestimmten Abbildungsregeln. Eine von den Abbildungsregeln unabhängige Bilanzwahrheit existiert nicht. Lassen die Regeln mehrere Abbildungen zu (Wahlrecht), gibt es mehrere Wahrheiten. Dass die Ausübung solcher Wahlrechte im Einklang mit der inneren Überzeugung stehen soll, erschließt sich uns nicht. Wir sehen daher den Grundsatz der Willkürfreiheit **höchstens** dort tangiert, wo das Wahlrecht zur Bildung von Bewertungseinheiten bei **gleichartigen Sachverhalten** in der gleichen Periode oder periodenübergreifend unterschiedlich ausgeübt

1 Vgl. z. B. *Arbeitskreis Externe Unternehmensrechnung,* DB 1997 S. 639 ff.; *Windmöller/Breker,* WPg 1995 S. 398.

2 Vgl. z. B. *Scharpf* in Küting/Pfitzer/Weber (Hrsg.), Handbuch der Rechnungslegung, Einzelabschluss, 5. Aufl., § 254 Tz. 3 ff.; *Kessler/Cassel* in Haufe HGB Bilanz Kommentar, 12. Aufl. 2021, § 254 Tz. 7.

3 *Scharpf* in Küting/Pfitzer/Weber (Hrsg.), Handbuch der Rechnungslegung, Einzelabschluss, 5. Aufl., § 254 Tz. 5 ff.

4 Vgl. *Lüdenbach,* StuB 2009 S. 109 ff.

5 So auch *Gelhausen/Fey/Kämpfer,* Rechnungslegung und Prüfung nach dem Bilanzrechtsmodernisierungsgesetz, 2009, Abschnitt H Tz. 86.

6 Vgl. *Glaser/Hachmeister,* BB 2011 S. 555 ff.

wird, also die Stetigkeitsvorgabe (→ § 252 Rz. 224) nicht beachtet wird. Zu keinem anderen Urteil führt auch der (ohnehin für Kapitalgesellschaften geltende) Grundsatz der tatsachengetreuen Darstellung (→ § 264 Rz. 23). Nach Ansicht des IDW unterliegt das Wahlrecht nicht einmal dem sachlichen Stetigkeitsgebot.[1]

12a Die nach IDW-Auffassung fehlende Bindung an das Stetigkeitsgebot bedeutet bei konsequenter Anwendung nicht nur, dass die Entscheidung für oder gegen eine bilanzielle Bewertungseinheit im Falle gleichartiger Sachverhalte jeweils unterschiedlich getroffen werden kann, sondern impliziert auch, dass ein gegebener Sicherungszusammenhang jederzeit aufgehoben (designiert) werden kann (→ Rz. 86).

12b Sofern für Zwecke des Risikomanagements eingegangene ökonomische Sicherungsbeziehungen bilanziell nicht als Bewertungseinheiten nachvollzogen werden, ist dies (bei Wesentlichkeit) im (Konzern-)Lagebericht darzustellen.[2]

13 Empirisch zeigt sich, dass mittelständische Konzerne in Ausübung des Wahlrechts in hohem Maße darauf verzichten, ökonomische Sicherungsbeziehungen bilanziell nachzuvollziehen.[3] Erklärend ist der hohe Aufwand, der im Hinblick auf Dokumentationserfordernisse (→ Rz. 41) und die regelmäßig durchzuführende Überprüfung der Wirksamkeit der Sicherungsbeziehungen (→ Rz. 31 und → Rz. 53) mit der Bildung von Bewertungseinheiten verbunden sein kann. Soweit mittelständische Konzerne überhaupt Bewertungseinheiten bilden, beschränken sie sich daher auf einfachere bilanzielle Sicherungsbeziehungen (perfekte *Mikro-Hedges*), bei denen die Effektivität ggf. qualitativ, d. h. ohne komplexe Berechnungen, bestimmt werden kann (→ Rz. 50).

IV. Besonderheiten im Konzern

14 Gegenüber dem Einzelabschluss bestehen folgende Besonderheiten bei der Bildung von Bewertungseinheiten im Konzern:

- Ein aus Sicht des Einzelabschlusses für eine Bewertungseinheit taugliches Grundgeschäft erlaubt aus Konzernsicht nicht die Anwendung von § 254 HGB, wenn es ein Konzerninnengeschäft darstellt (z. B. Warenbezug in Fremdwährung von Schwestergesellschaft).
- Entsprechend ist auch ein aus Sicht des Einzelabschlusses geeignetes Sicherungsinstrument im Konzernabschluss nicht sicherungstauglich, wenn es nicht mit einem Konzernfremden abgeschlossen wurde (z. B. zur Absicherung von Zinsrisiken aus einem Bankdarlehen mit Muttergesellschaft abgeschlossener Zinsswap) (→ Rz. 21).

Ggf. bestehen aber über die mittelbare Berücksichtigung von Außenbeziehungen Möglichkeiten zur Bildung einer Bewertungseinheit:

BEISPIEL Ein inländisches Mutterunternehmen MU hat zwei Tochterunternehmen: die inländische Produktionstochter PTU und die US-amerikanische Vertriebstochter VTU.

PTU fakturiert Lieferungen an VTU (Konzerninnenumsätze) in Dollar. VTU tätigt hieraus zeitnah Außenumsätze in Dollar, wobei der Aufschlag gegenüber dem konzerninternen Einkaufspreis 20 % beträgt. Die wichtigsten Aufwendungen des Konzerns, insbesondere die inländischen Produktionskosten, fallen in Euro an. Eine Änderung der Euro-Dollar-Parität hat deshalb folgende Wirkungen auf den Konzern: Die Umsatzerlöse variieren, die konsolidierten Herstellungskosten bleiben unverändert.

1 IDW RS HFA 35, Tz. 12; vgl. auch *Zwirner/Boecker*, BB 2012 S. 2395 ff.
2 IDW RS HFA 35, Tz. 101.
3 *Oser et al.*, Bewertungseinheiten, StuB 2012 S. 91 ff.

Zur Absicherung des Währungsrisikos auf die voraussichtlichen Lieferungen 02 von PTU an VTU (Volumen: 100) schließt der Konzern 01 einen Dollarterminverkauf (Volumen: 100) mit Fälligkeit 02 ab. Am 31.12.01 hat das Termingeschäft einen negativen Wert.

BEURTEILUNG Ein konzerninterner Vorgang kann kein gesichertes Grundgeschäft sein. Folgende Möglichkeit hat der Konzern aber: Er bestimmt (designiert) den erwarteten externen Umsatz (120) mit einem Anteil von 100 als gesichertem Grundgeschäft. Der per 31.12.01 drohende Verlust aus dem Dollarterminverkauf ist dann nicht zurückzustellen. Er ist erst dann in der GuV zu berücksichtigen, wenn auch das Grundgeschäft (Außenumsatz) Berücksichtigung findet.

Soweit die Voraussetzungen für eine Bewertungseinheit sowohl auf Einzel- wie Konzernebene erfüllt sind (Grund- und Sicherungsgeschäft mit Konzernexternen), gilt: Das Wahlrecht zur Bildung von Bewertungseinheiten (→ Rz. 10) kann nach § 308 Abs. 1 Satz 2 HGB im Konzernabschluss neu ausgeübt werden (→ § 308 Rz. 6). Denkbar wäre etwa, im Einzelabschluss auf die Bildung einer Bewertungseinheit zu verzichten, um den Steuerbilanzgewinn niedrig zu halten, im Konzernabschluss jedoch im Interesse eines möglichst positiven Ergebnisses eine Bewertungseinheit zu bilden. Dabei ist nicht einmal eine einheitliche Ausübung/Nichtausübung im Konzern geboten, da nach Ansicht des IDW (→ Rz. 12) das Wahlrecht zur Bildung einer Bewertungseinheit keinem sachlichen Stetigkeitsgebot unterliegt (→ Rz. 12a).[1] 15

V. Tatbestandsvoraussetzungen

1. Überblick

Für die Bildung einer Bewertungseinheit formuliert § 254 HGB **Anforderungen** an 16

- das Grundgeschäft (→ Rz. 17),
- das Sicherungsgeschäft (→ Rz. 25) und
- den Zusammenhang beider Geschäfte (→ Rz. 39).

2. Anforderungen an das Grundgeschäft

2.1 Taugliche Grundgeschäfte

Als zu sicherndes Grundgeschäft einer Bewertungseinheit lässt § 254 HGB zu: 17

- **Vermögensgegenstände** (z. B. Debitoren, Ausleihungen, Aktien, Vorräte),
- **Schulden** (z. B. Bankdarlehen und Kreditoren),
- **schwebende Geschäfte** (z. B. Liefer- bzw. Kaufverpflichtungen zu einem festgelegten Preis) und
- mit hoher Wahrscheinlichkeit **erwartete Transaktionen,** für die das Unternehmen – anders als bei schwebenden Geschäften – noch keine rechtliche Bindung eingegangen ist (z. B. erwarteter Verkauf von Produkten oder Kauf von Rohstoffen).

Auch derivative Finanzinstrumente können sich als Grundgeschäft einer Bewertungseinheit qualifizieren. Insoweit besteht die Möglichkeit zur Designation einer Bewertungseinheit zwischen zwei oder mehr derivativen Finanzinstrumenten. Von den Vorgaben betroffen sind neben freistehenden Derivaten auch abspaltungspflichtige eingebettete Derivate (→ § 246 Rz. 295). Nicht nur schwebende Geschäfte über Vermögensgegenstände, sondern auch über

1 So unter Verweis auf IDW RS HFA 35, Tz. 12, *Drewes*, BB 2012, S. 241 ff.

künftige Verpflichtungen (Eventualverbindlichkeiten aus Haftungsverhältnissen) kommen im Einzelfall (etwa Absicherung des Kreditrisikos) als taugliche Grundgeschäfte in Betracht.[1]

Grundgeschäfte mit Forderungscharakter taugen nur dann für einen Sicherungszusammenhang, wenn sie nicht **akut ausfallgefährdet** sind.[2] Entsprechendes gilt auch für Sicherungsgeschäfte (→ Rz. 29). Kein zulässiges Grundgeschäft stellt der **Firmenwert** dar. Der Firmenwert ist zwar qua Fiktion Vermögensgegenstand nach § 246 Abs. 1 Satz 4 HGB (→ § 246 Rz. 380 ff.), spiegelt aber das allgemeine, somit nicht über eine Bewertungseinheit absicherungsfähige Unternehmensrisiko wider.

18 Eine vertraglich noch nicht fixierte, lediglich erwartete Transaktion ist nur dann ein zulässiges Grundgeschäft im Rahmen eines sog. **antizipativen *Hedge*** (→ Rz. 40), wenn eine **hohe Wahrscheinlichkeit** für den tatsächlichen Eintritt dieser Transaktion nachgewiesen wird. Dieser Nachweis ist nicht nur bei Beginn, sondern über die gesamte Laufzeit des Sicherungszusammenhangs zu erbringen. Gefordert ist nicht nur eine überwiegende (51 %), sondern eine hohe Wahrscheinlichkeit. Das IDW fordert, dass der tatsächliche Abschluss der gesicherten Geschäfte „so gut wie sicher ist" und dem Zustandekommen allenfalls noch außergewöhnliche Umstände entgegenstehen.[3] In den IFRS wird allgemein eine Eintrittswahrscheinlichkeit von mehr als 90 % gefordert. Wichtiger als solche ohnehin meist subjektiven Zahlenspiele (→ § 249 Rz. 46) sind aber qualitative Anforderungen. Hier kann Folgendes festgehalten werden:

Für den **Nachweis** der hohen Wahrscheinlichkeit sind bloße Absichtserklärungen des Unternehmens nicht ausreichend. Vielmehr sind diese durch nachprüfbare Fakten und die Rahmenbedingungen des Unternehmens im Einzelnen zu unterlegen. Von besonderer Bedeutung sind:

- **Erfahrungswerte der Vergangenheit** für entsprechende Transaktionen,
- Untermauerung der geplanten Transaktion durch aktuelle ***Business*-Pläne** des Unternehmens unter Beachtung der Güte vergleichbarer früherer Pläne (Soll-Ist-Abgleich),
- wirtschaftliches **Umfeld** des Unternehmens (gesamtwirtschaftliche Rahmenbedingungen, Konkurrenzsituation etc.).

Hinsichtlich der **Erfahrungswerte** der Vergangenheit gilt etwa: Wurden bereits in der Vergangenheit antizipative Hedges gebildet, deren geplante Grundgeschäfte später tatsächlich nicht abgeschlossen wurden, spricht dies aktuell gegen die erforderliche hohe Wahrscheinlichkeit des Eintritts des (angeblich) abgesicherten geplanten Geschäfts. Beim Ganzen nimmt die Dokumentation der beabsichtigten antizipativen Sicherungsbeziehungen eine bedeutende Rolle ein.[4]

19 Von Bedeutung ist auch der **Planungszeitraum:** Je weiter das Geschäft in der Zukunft liegt, umso höher ist das Planungsrisiko. Daneben spielt die **Art** der geplanten Geschäfte eine Rolle. Der Nachweis einer hohen Wahrscheinlichkeit ist leichter für eine **Vielzahl gleichartiger,** routinemäßiger Transaktionen zu erbringen (z. B. erwartete Fremdwährungserlöse aus Warenverkäufen im Ausland) als für eine **einzelne** Transaktion (z. B. Teilnahme an einem Bieterwettbewerb für einen Großauftrag im Ausland).

1 Gleicher Auffassung *Scharpf* in Küting/Pfitzer/Weber (Hrsg.), Handbuch der Rechnungslegung, Einzelabschluss, 5. Aufl., § 254 Tz. 58; a. A. *Justenhoven/Usinger* in Beck'scher Bilanz-Kommentar, 13. Aufl. 2022, § 254 Tz. 10.

2 Vgl. *Scharpf* in Küting/Pfitzer/Weber (Hrsg.), Handbuch der Rechnungslegung, Einzelabschluss, 5. Aufl., § 254 Tz. 63; sich anschließend IDW RS HFA 35, Tz. 30.

3 IDW RS HFA 35, Tz. 32.

4 Vgl. *Zwirner/Boecker*, BB 2012 S. 2395 ff.

Insbesondere bei gleichartigen Transaktionen lässt sich die Wahrscheinlichkeit dadurch erhöhen, dass lediglich ein **Prozentsatz** der künftig erwarteten Transaktionen als Grundgeschäft in einer Sicherungsbeziehung designiert wird.

BEISPIEL ► Das Unternehmen hat in den vergangenen drei Geschäftsjahren im Monatsdurchschnitt für 10 Mio. USD Waren in die USA exportiert. In einzelnen Monaten betrug der Umsatz allerdings nur 5 Mio. USD, dafür in anderen 15 Mio. USD.

Für Januar 02 erwartet es laut im September 01 erstelltem *Business*-Plan Umsätze von 10 Mio. USD. Die Umfeldbedingungen widersprechen diesem Ziel nicht. Im September 01 wird ein Devisenterminverkauf mit Erfüllung im Januar 02 abgeschlossen.

ALTERNATIVE 1 ► Volumen des Termingeschäfts: 10 Mio. USD.

ALTERNATIVE 2 ► Volumen des Termingeschäfts: 5 Mio. USD, Designation einer Sicherungsbeziehung i. H. von 50 % der erwarteten Umsätze.

In der zweiten Alternative ist die hohe Wahrscheinlichkeit gegeben, in der ersten ist diese hingegen zweifelhaft.

20 Als gesicherte Grundgeschäfte kommen für den Konzernabschluss regelmäßig nur Geschäfte mit **konzernexternen Vertragspartnern** infrage, da interne Geschäfte im Rahmen der Konsolidierung eliminiert werden. Geschäfte, die der **(Währungs-)**Sicherung erwarteter konzerninterner Umsätze dienen, können aber indirekt dem *Hedge-Accounting* unterworfen werden, indem der konzernexterne Anschlussumsatz als **Grundgeschäft** designiert wird (→ Rz. 14).

21 **Eigene Anteile** des Berichtsunternehmens sowie kontrahierte oder erwartete Transaktionen, die sich auf diese beziehen (z. B. Aktienrückkaufsangebot), sind nicht *Hedge*-tauglich, da An- und Verkauf eigener Anteile erfolgsneutral abzubilden sind, hier also kein Risiko vorliegt, welches sich in der GuV niederschlagen kann (→ § 272 Rz. 44).

21a Eine Absicherung von **Pensionsverpflichtungen** gegen Zinsänderungsrisiken durch die Designation einer bilanziellen Bewertungseinheit scheidet aus.[1] Es fehlt an einem i. S. des § 254 HGB absicherungsfähigen Risiko. Die Abzinsung von Pensionsrückstellungen erfolgt mit einem kalkulatorischen (Durchschnitts-)Zinssatz und unterliegt somit keinem Marktpreisrisiko (→ § 249 Rz. 116). Die (laufende) Wertänderung der Pensionsrückstellung ist daher nicht unmittelbare Folge einer Änderung der Marktzinsen. Mangels absicherungsfähiger Risikoposition scheidet eine Designation als Grundgeschäft aus.

2.2 Sachliche, prozentuale und zeitliche Komponenten des Grundgeschäfts

22 § 254 HGB verlangt nicht die Absicherung des Grundgeschäfts insgesamt. Möglich ist auch die Absicherung von sachlichen, prozentualen oder zeitlichen **Teilen** eines Grundgeschäfts *(Partial Hedge)*. Hierzu folgende Beispiele:

- **Sachliche Komponenten:** Ein verzinsliches Finanzinstrument unterliegt z. B. Zins-, Währungs- und Ausfallrisiken, die jeweils einzeln abgesichert werden können. Ein Unternehmen kann dann etwa das Zinsänderungsrisiko aus einem festverzinslichen Wertpapier durch einen Zinsswap absichern, das Bonitätsrisiko aber unabgesichert lassen.
- **Prozentualer Anteil** des Grundgeschäfts: Die Absicherung geplanter Fremdwährungsumsätze bezieht sich z. B. nur auf 50 % des Planumsatzes (→ Rz. 19). Eine (nur) prozen-

1 Anders HFA des IDW, 213. Sitzung des HFA, IDW FN 2008 S. 489.

tuale Sicherung kann auch für Grundgeschäfte mit vorgegebener Tilgungsstruktur beachtlich sein. Im Zeitablauf ändert sich das Nominalvolumen des Grundgeschäfts, nicht notwendigerweise aber das des Sicherungsinstruments. Ein übersteigendes Volumen des Sicherungsinstruments ist nach den allgemeinen Bilanzierungsgrundsätzen zu erfassen.

- **Zeitlicher Anteil:** Die variablen Zinsen aus einem zehn Jahre laufenden Darlehen werden z. B. nur für die ersten fünf Jahre durch einen Swap abgesichert. Bei zeitlicher Inkongruenz von Grund- und Sicherungsgeschäft können sich u.U. Effektivitätsprobleme ergeben, die aber ggf. durch Anschlussgeschäfte beherrscht werden können (→ Rz. 38).

23 Die Risikokomponente muss allerdings **separat identifizierbar** sein, da sonst die tatbestandsseitig prospektiv und rechtsfolgenseitig retrospektiv geforderte Feststellung des Umfangs der Sicherung (→ Rz. 46) nicht möglich ist. Bei einem festverzinslichen Finanzinstrument erfüllt etwa der risikofreie oder ein *Benchmark*-Zins im Allgemeinen diese Voraussetzung, hingegen das Inflationsrisiko (Nominal- vs. Realzins) regelmäßig nicht. Bei Absicherung nichtfinanzieller Grundgeschäfte (z. B. Vorräte) bestehen besondere Schwierigkeiten, separate Risiken zu identifizieren und zuverlässig zu bewerten. Von diesen Schwierigkeiten ausgenommen ist das Währungsrisiko.

24 Unabhängig davon, ob das gesicherte Grundgeschäft finanzieller oder nicht finanzieller Natur ist, kann es gegen **einseitige Risiken** (d. h. die Änderungen der Zahlungsströme oder der Zeitwerte des Grundgeschäfts über oder unter eine bestimmte Schwelle) abgesichert werden. So kann beispielsweise der erwartete Kauf von Rohstoffen (Grundgeschäft) lediglich gegen das Risiko eines Anstiegs des Rohstoffpreises abgesichert werden. Zur Absicherung eines solchen *one sided risk* werden insbesondere Optionen als Sicherungsinstrumente eingesetzt.

3. Anforderungen an Sicherungsinstrumente

3.1 Finanzinstrumente

25 Als *Hedge-Accounting*-taugliche Sicherungsinstrumente kommen gem. § 254 Satz 1 HGB ausschließlich Finanzinstrumente infrage (→ Rz. 26). Ihnen werden in Abs. 2 Warentermingeschäfte (→ Rz. 31) gleichgestellt.

26 Der Begriff der **Finanzinstrumente** ist im Gesetz nicht definiert. Im Referentenentwurf des BilMoG fand sich (im Hinblick auf eine vorgesehene Zeitbewertung bestimmter Finanzinstrumente) der Hinweis, der Begriff der Finanzinstrumente sei im Interesse der Vergleichbarkeit und Gleichwertigkeit zu IFRS-Abschlüssen in Anlehnung an die IFRS zu interpretieren. Demnach wäre der Begriff sehr weit zu fassen. Er würde etwa aktivisch alle Bilanzposten betreffen, die nicht immaterielles oder sachliches Anlagevermögen, Vorratsvermögen, Sachleistungsforderung, Steuern oder Abgrenzungsposten sind.

Dem Verweis auf die IFRS folgt in der Begründung des Referentenentwurfs aber sogleich eine Rückverweisung auf das deutsche Recht: Es spreche nichts dagegen, auch § 1 Abs. 11 KWG heranzuziehen. Der dort verwandte Begriff ist aber deutlich eingeschränkt. Er umfasst im Wesentlichen Geldmarkttitel, Wertpapiere, Devisen und Finanzderivate. Der fehlende Verweis auf die weitergehende Definition in § 1a Abs. 3 KWG könnte für eine derart einschränkende Interpretation sprechen. Diese Lesart ist aber wiederum nicht mit der Definition von Finanzderivaten in dem Referentenentwurf kompatibel. Diese ist „eins zu eins“ IAS 39.9 entnommen.

In diesem verwirrenden Begriffs-Pingpong kann nur der Blick auf die mit § 254 HGB verfolgte **Zielsetzung** weiterhelfen. Diese besteht im Wesentlichen in der Kodifizierung bereits als GoB anerkannter Fälle der Bewertungseinheiten. In der Pate stehenden bisherigen **GoB-Praxis** wurden aber vor BilMoG gerade keine engen Anforderungen an das Sicherungsinstrument formuliert. So war etwa die Möglichkeit der Absicherung einer Fremdwährungsforderung durch eine fristenkongruente Fremdwährungsverbindlichkeit allgemein anerkannt, ohne dass besondere Anforderungen an die Posten (etwa wertpapiermäßige Verbriefung) gestellt wurden. Dem Gesetzesziel entspricht daher eine **weite Interpretation** des Begriffs des Finanzinstruments, die alle monetären Posten (Forderungen, Verbindlichkeiten etc.) sowie alle Eigenkapitalinstrumente (Aktien, GmbH-Anteile etc.) umfasst.[1]

Abgrenzungsprobleme zu nicht finanziellen Vermögensgegenständen oder Schulden ergeben 27
sich insbesondere bei derivativen Finanzinstrumenten:

- Soweit durch einen Kontrakt allgemeine Schadensrisiken abgedeckt werden, etwa durch **Versicherungen, Wetterderivate** etc., liegt u. E. kein Finanzinstrument vor.
- Bei **Garantien** (Bürgschaften, Akkreditiv, Kreditderivat etc.) ist zu unterscheiden, ob sie versicherungsähnlich nur den Eintritt eines Schadensfalls (z. B. Ausfall des Schuldners) abdecken oder Zahlungsverpflichtungen und Ansprüche auch ohne Schadensereignis entstehen. Nur im zweiten Fall ist u. E. ein Finanzinstrument gegeben.

BEISPIEL X hält 10 Mio. € Anleihen des Unternehmens Y. Y wird von den Rating-Agenturen mit B bewertet. X befürchtet eine Verschlechterung des Ratings und in der Folge einen Kursverlust bei den Anleihen. X schließt deshalb mit der Bank Z einen Vertrag ab, der eine Zahlung garantiert, wenn es innerhalb einer spezifizierten Zeitspanne zu einer Verschlechterung des Ratings kommt.

Nach der ökonomischen Substanz handelt es sich nicht um eine Bürgschaft, die wie eine Versicherung bei Zahlungsunvermögen von Y greift, sondern um eine Kursabsicherung der Anleihe. Diese Absicherung ist wie andere Absicherungen (z. B. über Verkaufsoptionen) als Finanzderivat zu behandeln.

Für **Kreditderivate** wird auf → § 246 Rz. 294a verwiesen.

Ob eine Sicherung durch ein derivatives oder ein originäres Finanzinstrument erfolgt, ist für 28
§ 254 HGB **unerheblich.** In vielen Fällen ergibt sich auch ökonomisch eine gleichwertige Absicherung.

BEISPIEL Unternehmen A erwirbt ein festverzinsliches Wertpapier mit einem Nominalbetrag von 1 Mio. € und einer (Rest-)Laufzeit von fünf Jahren. A möchte sich gegen das Risiko eines – durch eine Zinserhöhung hervorgerufenen – Marktwertrückgangs des Wertpapiers absichern und erwägt hierzu zwei Alternativen:

1. **Finanzderivat:** Abschluss eines Zinsswaps über 1 Mio. €, bei dem die festen Zinsen gegen variable Zinsen getauscht werden. Marktwertänderungen des Wertpapiers werden durch gegenläufige Änderungen des Zinsswaps kompensiert.
2. **Originäres Finanzinstrument:** Refinanzierung des Wertpapiers mit einer fristenkongruenten, festverzinslichen Verbindlichkeit über 1 Mio. €. Auch hier gleichen sich die Wertänderungen des Wertpapiers und der Verbindlichkeit aus.

Die Alternativen 1 und 2 sind aus ökonomischer Sicht (weitgehend) identisch und daher beide für Zwecke eines Sicherungszusammenhangs nach § 254 HGB anzuerkennen.

BEISPIEL Unternehmen B bestellt Anfang Dezember 01 eine Maschine für 10 Mio. USD, Lieferung und Bezahlung in drei Monaten (schwebendes Geschäft). Um das Risiko einer Abwertung des Euro gegenüber dem US-Dollar (und damit eines höheren Kaufpreises in Euro in drei Monaten) abzusichern, erwägt B zwei Alternativen:

1 Ähnlich IDW RS HFA 35, Tz. 34.

1. Abschluss eines Termingeschäfts zum Kauf von 10 Mio. USD in drei Monaten zu einem festen Kurs in Euro (Devisenterminkauf). Im Falle einer Abwertung des Euro wird der gestiegene Kaufpreis der Maschine in Euro durch einen gegenläufigen Gewinn aus dem Termingeschäft ausgeglichen.
2. Einsatz einer Forderung über 10 Mio. USD mit einer (Rest-)Laufzeit von drei Monaten. Im Falle einer Abwertung des Euro wird der gestiegene Kaufpreis der Maschine in Euro durch einen gegenläufigen Gewinn aus der Rückzahlung der Forderung ausgeglichen.

Beide Alternativen sind ökonomisch gleichwertig. Sowohl das Termingeschäft (derivatives Finanzinstrument) als auch die Forderung (originäres Finanzinstrument) können als Sicherungsgeschäft anerkannt werden.

29 Finanzinstrumente sind nur dann (bzw. so lange) *Hedge*-tauglich, wie sie nicht **akut ausfallgefährdet** sind.[1] Auch der auf dem Papier beste Sicherungszusammenhang bringt nichts, wenn die Erfüllung des Sicherungsgeschäfts im Hinblick auf die Bonität des Vertragspartners hoch ungewiss erscheint. Nach den Erfahrungen der Finanzmarktkrise, in deren Verlauf scheinbar perfekte Sicherungen wegen Insolvenz einer Bank als Sicherungsvertragspartner wertlos wurden, ist eine entsprechende Einschränkung sinnvoll, angemessen aber auch die Beschränkung auf Extremfälle („akut"):

- Besteht die akute Ausfallgefahr **von Anfang an**, scheidet auch die Bildung einer Bewertungseinheit von vornherein aus.
- Entsteht die akute Ausfallgefahr erst **nach Begründung** der Sicherungsbeziehung, ist die Bewertungseinheit u. E. wegen Fortfall der Sicherungstauglichkeit des Geschäfts dann zwangsweise aufzulösen.

30 Nicht *Hedge*-tauglich sind **interne Sicherungsgeschäfte,** die zwischen „Vertragspartnern" innerhalb eines Unternehmens bzw. Konzerns abgeschlossen werden. Solche internen Geschäfte werden – insbesondere bei Banken und anderen sehr großen Unternehmen – verwendet, um die Risiken in einer zentralen Organisationseinheit (z. B. dem *treasury center*) zu sammeln, die dann verantwortlich für das Management dieser Risiken und den damit verbundenen Abschluss von unternehmens- bzw. konzernexternen Sicherungsgeschäften ist.

BEISPIEL ► Unternehmen C ist Tochterunternehmen von D und möchte das Zinsrisiko aus einem festverzinslichen Wertpapier mit einem Zinsswap absichern. Gem. Konzernvorgabe von D darf C hierzu nicht selbständig den Swap am Markt abschließen, sondern muss diesen mit der zentralen *group treasury* von D kontrahieren.

EINZELBILANZ ► C kann in seinem Einzelabschluss für den Zinsswap und das Wertpapier die Regeln des § 254 HGB anwenden, wenn alle Voraussetzungen hierzu erfüllt sind.

KONZERNBILANZ ► Bei Erstellung des Konzernabschlusses ist der interne Swap zu eliminieren und damit entfallen auch – auf Konzernebene – die Voraussetzungen für die Anwendung von § 254 HGB.

Zur Anwendung des *Hedge-Accountings* auf Konzernebene muss der Konzern ein Sicherungsinstrument mit einem konzernexternen Vertragspartner abschließen. Für Banken bedeutet dies beispielsweise: Es ist auf Konzernebene eine (unternehmensübergreifende) Sicherungsbeziehung zwischen dem Grundgeschäft des Tochterunternehmens und einem konzernexternen Sicherungsderivat des *treasury center* herzustellen. Dies kann auch in der Weise geschehen, dass das *treasury center* Risikopositionen aus internen Geschäften zunächst gegeneinan-

1 IDW RS HFA 35, Tz. 37.

der aufrechnet und nur die verbleibende Nettorisikoposition mit Derivaten extern am Markt schließt (Makro-*Hedge*, → Rz. 42).

3.2 Warentermingeschäfte

Als Finanzinstrumente gelten gem. § 254 Satz 2 HGB auch Termingeschäfte über den Erwerb oder die Veräußerung von Waren. 31

Der Begriff der **Ware** ist losgelöst von der Funktion des Vertragsobjekts im Unternehmen zu sehen. Ein Termingeschäft über Erdöl ist etwa unabhängig davon als Termingeschäft zu qualifizieren, ob das Unternehmen mit Erdöl handelt (Ware in der Bilanz des Unternehmens) oder dieses verarbeitet (Rohstoff in der Bilanz des Unternehmens). Als „Ware" gelten alle handelbaren (materiellen oder immateriellen) Güter, etwa auch Emissionsrechte.

Der Begriff **Termingeschäft** ist nach der Begründung des Rechtsausschusses i. S. von § 1 Abs. 11 Satz 4 Nr. 1 KWG zu verstehen und umfasst daher neben Termingeschäften i. e. S. (unbedingte Termingeschäfte bzw. Festgeschäfte) auch **Optionsgeschäfte.**

Nach der **Erfüllungsart** können Warentermingeschäfte wie folgt unterschieden werden: 32

- Geschäfte, die auf die **physische Lieferung** des Vertragsgegenstands in der Zukunft und die anschließende Verwendung des Vertragsobjekts beim oder dessen Weiterveräußerung durch den Erwerber gerichtet sind.
- Geschäfte, die für mindestens eine der beiden Parteien eine Option zum **Barausgleich** von vereinbartem Terminkurs und Kassakurs am Erfüllungstag *(net settlement)* vorsehen.

Im einfachsten Fall dient ein Geschäft mit Option zum Barausgleich der Sicherung des auf physische Lieferung zielenden Grundgeschäfts.

Sicherungszusammenhänge können sich jedoch auch in anderer Weise ergeben:

BEISPIEL U plant für das nächste Jahr die Produktion von 10 Mio. Fahrzeugen und benötigt dafür 3 Mio. Tonnen Stahl. 40 % des Stahls kauft U auf Termin. Der Terminkontrakt sieht keine Möglichkeit zum Barausgleich vor. 60 % der voraussichtlich benötigten Stahlmenge sichert U durch eine Kaufoption ab. Der Optionsvertrag sieht keine physische Lieferung vor. Je nach Entwicklung des Stahlpreises wird U diese Option ausüben (und den Barausgleich kassieren) oder verfallen lassen.

BEURTEILUNG Der Terminkontrakt dient nicht der Sicherung einer erwarteten Transaktion, sondern ist selbst ein schwebendes (Grund-)Geschäft. Ein Sicherungszusammenhang mit dem Optionskontrakt besteht jedoch nicht, da dieses nicht auf den Verkauf, sondern ebenfalls auf den Kauf gerichtet ist, also eine gleichgerichtete und keine gegenläufige Position vorliegt. Der Wert beider Kontrakte steigt, wenn der Stahlpreis sich erhöht, und sinkt, wenn der Stahlpreis fällt.

Der Optionskontrakt kann jedoch als Sicherung des erwarteten 60 %-Bedarfs dienen. Steigt der Stahlpreis, muss U für den Einkauf der 60 % einen höheren Preis zahlen (zusätzlicher Zahlungsausgang), kann dann aber aus der Kaufoption i. H. der Differenz von Kassapreis und vertraglichem Terminpreis einen Gewinn erzielen (zusätzlicher Zahlungseingang). Zwischen der erwarteten Transaktion (Stahleinkauf) und dem Termingeschäft (Option) kann ein Sicherungszusammenhang begründet werden.

Bei einem Warentermingeschäft i. e. S. wird eine bestimmte Menge auf einem bestimmten Zeitpunkt zu einem bei Abschluss des Termingeschäfts bereits fixierten Preis vereinbart. In der Beschaffungspraxis von Industrieunternehmen sind jedoch auch andere, **unechte Warentermingeschäfte ohne Preisfixierung** anzutreffen. 33

BEISPIEL Schokoladenhersteller U schließt mit Lieferant L am 1.10.01 einen Vertrag über die Lieferung einer bestimmten Menge Kakao am 6.1.02. Der Kaufpreis ergibt sich jedoch nicht aus den im Oktober an den Terminmärkten für Kakao geltenden Notierungen, sondern entspricht jeweils dem Marktpreis bei Lieferung. Die Preisentwicklung für Kakao (Kassapreise) ist wie folgt:

1.10.01	100 €/ME
31.12.01 und 6.1.02	80 €/ME

BEURTEILUNG Aus bilanzieller Sicht besteht gar kein Marktpreisrisiko und damit isoliert betrachtet weder eine Möglichkeit noch eine Notwendigkeit für die Anwendung von § 254 HGB. Es droht kein Verlust aus dem schwebenden Geschäft, denn der Drohverlust ist nach h. M. die Antizipation einer außerplanmäßigen Abschreibung (→ § 249 Rz. 170), die sich bei Anschaffung bis zum Bilanzstichtag ergeben hätte. Wenn U den Kakao am 31.12.01 angeschafft hätte, wäre dieser zu 80 € (und nicht etwa zu 100 € mit anschließender außerplanmäßiger Abschreibung auf 80 €) eingebucht worden. Da somit bei bereits angeschafften Rohstoffen keine außerplanmäßige Abschreibung erfolgt wäre, scheidet nach der h. M. auch die Antizipation einer solchen durch eine Drohverlustrückstellung aus.

Eine andere Betrachtung ergibt sich – die Absatzseite ausgeklammert – lediglich aus Sicht der Planungs-/Kalkulationsrechnung. Am 1.12. hatte das Unternehmen seine Kosten mit 100 € geplant. Am 31.12. zeigt sich, dass die Kosten niedriger sind, nämlich nur 80 € betragen werden. Diese Soll-Ist-Abweichung kann im Rahmen der Planungs-/Kalkulationsrechnung ein unrealisiertes Ergebnis darstellen, aber eben kein bilanzielles.

34 Fraglich erscheint, wie bei einer **Kombination** von unechtem Termingeschäft (Grundgeschäft) mit einem echten, auf Barausgleich gerichteten Termingeschäft (Sicherungsgeschäft) zu verfahren ist.

BEISPIEL 2 (Fortsetzung von → Rz. 33)
Zur Erzielung von Planungssicherheit, d. h. zur Sicherung des mit L am 1.10.01 abgeschlossenen Grundgeschäfts gegen Preisrisiken, tätigt U gleichzeitig an der Börse als „Sicherungsgeschäft" einen Terminkauf (mit Barausgleich). Der hierbei vereinbarte Terminpreis ist 100 €/ME.

BEURTEILUNG Das „Grundgeschäft" ist bilanziell (!) risikolos (→ Rz. 33). Aus ihm ergibt sich bilanziell (anders für die Planungsrechnung per 31.12.01) weder ein unrealisierter Verlust noch ein unrealisierter Gewinn. Aus dem vermeintlichen „Sicherungsgeschäft" droht hingegen zum Bilanzstichtag ein Verlust von 20 €. Fraglich ist, ob dem Ausweis eines Verlustes durch Bildung einer Bewertungseinheit begegnet werden kann. Dagegen könnte sprechen, dass bilanziell (!) aus dem Grundgeschäft gar kein unrealisiertes Ergebnis entsteht und es damit scheinbar an Sicherungsbedarf und Sicherungsmöglichkeit fehlt. Eine solche Betrachtung vernachlässigt allerdings, dass der § 254 HGB als legitimes Ziel der Sicherung nicht nur den Schutz vor Wertschwankungen, sondern auch vor Zahlungsstromschwankungen vorsieht. Ein Zahlungsstromrisiko besteht mit dem Abschluss des unechten Termingeschäfts aber, da U nicht weiß, ob er 100 € oder einen anderen Betrag im Januar 02 an L zu leisten hat. Die Bildung einer Bewertungseinheit ist daher zulässig und führt per Saldo zu keinem Ausweis eines unrealisierten Verlustes.

35 Die in Beispiel 2 unter → Rz. 34 vorgenommene Kombination von unechtem Termin**geschäft** mit dem Lieferanten und echtem, auf Barausgleich zielendem Termingeschäft an der Börse entspricht in ihrer Gesamtwirkung dem Abschluss eines **echten Termingeschäfts** ohne Barausgleich. In der Kombinationsvariante fixiert das unechte Termingeschäft die Liefermenge, der volumengleiche Börsenterminkauf den saldiert zu zahlenden Preis. Insgesamt ist damit wie bei einem echten Termingeschäft ohne Barausgleich die Lieferung einer bestimmten Menge zu einem bestimmten Preis festgelegt. Dies führt zur Frage, welche bilanziellen Konsequenzen sich ergäben, wenn U statt der Kombination von vornherein ein wirtschaftlich gleichwertiges echtes Termingeschäft ohne Barausgleich abgeschlossen hätte.

BEISPIEL 3 Bei ansonsten gleichen Annahmen vereinbart U mit L am 1.10.01 eine Lieferung von Kakao zum 6.1.02 zum jetzt schon fixierten Preis von 100 €/ME (echtes Termingeschäft). Der Marktpreis am Stichtag beträgt nur noch 80 €/ME. Auch für den höheren kontrahierten Preis ist aber noch eine kostendeckende Produktion und Veräußerung der Schokolade gegeben.

BEURTEILUNG Beträgt nun der Marktpreis am 31.12.01 nur 80 €, war nach lange herrschender Auslegung von § 249 HGB wegen der Antizipationstheorie (→ Rz. 33) eine Drohverlustrückstellung von 20 € zu bilden, da der Kontraktpreis um 20 € über den aktuellen Wiederbeschaffungskosten liegt.

Zwei wirtschaftlich gleichwertige Konstellationen (Beispiel 2 und Beispiel 3) würden danach bilanziell unterschiedlich behandelt. Unseres Erachtens besteht hierfür aber keine Rechtfertigung. Schon seit der 1. Aufl. haben wir daher die Ansicht vertreten, dass eine sachgerechte Gleichbehandlung beider Fälle durch Einschränkung der Antizipationstheorie und/oder der außerplanmäßigen Abschreibung vorzunehmen ist, da im Beispiel 3 gar keine Drohverlustrückstellung geboten ist (→ § 249 Rz. 145).[1] Inzwischen vertritt auch das IDW folgende Auffassung:[2] Gesunkene Wiederbeschaffungspreise von Roh-, Hilfs- und Betriebsstoffen sind dann kein Grund für eine außerplanmäßige Abschreibung (bereits beschaffte Rohstoffe) bzw. Drohverlustrückstellung (schwebendes Beschaffungsgeschäft), wenn eine kostendeckende Weiterverarbeitung und Veräußerung möglich ist. Für nicht angemessen halten wir die Beschränkung dieser Überlegungen auf Roh-, Hilfs- und Betriebsstoffe.

In der Praxis kann der perfekten Sicherung einer schwebenden oder geplanten Beschaffung 36
von Rohstoffen das Fehlen eines Terminmarkts für identische Objekte entgegenstehen. Ein Terminmarkt kann aber für **ähnliche Basisobjekte** bestehen.

BEISPIELE Solarunternehmen S benötigt Silberpaste für die Herstellung von Solarzellen. Börsenpreise und Börsentermingeschäftsmöglichkeiten bestehen nur für Silber.

Gebäckhersteller G benötigt Schokolade für die Herstellung von Schokoplätzchen. Börsenpreise und Börsentermingeschäftsmöglichkeiten bestehen nur für Kakao.

Bei Erfüllung der übrigen Voraussetzungen des § 254 HGB stellt sich in den Beispielen die Frage, ob zwischen geplanten oder kontrahierten Geschäften über Silberpaste bzw. Schokolade und Börsentermingeschäften über Silber bzw. Kakao eine Bewertungseinheit gebildet werden kann. Dies ist dann zu bejahen, wenn wichtigster **Treiber der Preisentwicklung** von Silberpaste/Schokolade die Preisentwicklung von Silber/Kakao ist. Unter diesen Voraussetzungen ist die bei einer Bewertungseinheit geforderte prospektive Effektivität der Sicherung anzunehmen (→ Rz. 44).

3.3 Umfang der Designation des Sicherungsinstruments

Ein Finanzinstrument (oder Warentermingeschäft) darf **sachlich, zeitlich oder prozentual** auch 37
in Teilen designiert werden (→ Rz. 22). Vorauszusetzen ist aber – wie beim Grundgeschäft (→ Rz. 23) – die verlässliche Bestimmbarkeit des Werts beider Teile. Nur so ist die Abgrenzung zwischen dem Anwendungsbereich von § 254 HGB (nach Sonderregeln zu bilanzierender Teil) und dem Nichtanwendungsbereich (nach allgemeinen Bilanzierungsregeln zu bilanzierender Teil) möglich.

1 Ausführlich *Lüdenbach*, StuB 2011 S. 383 ff.; vgl. zu den sich aus § 254 HGB ergebenden Zweifeln an der Antizipationstheorie auch *Patek*, DB 2011 S. 1077.

2 IDW FN 2013, S. 500, zur 233. Sitzung des HFA.

Keine Probleme bereitet die Abgrenzung beider Teile bei **prozentualer** Designation. Bei **zeitlicher** oder **sachlicher** Abgrenzung kommt es hingegen auf die Umstände des Einzelfalls an. Bei Optionen ist etwa eine Beschränkung des Sicherungszusammenhangs auf den **inneren Wert** möglich (Ausklammerung der sog. Zeitwertkomponente), bei Termingeschäften eine Beschränkung auf die **Kassakomponente** (Ausklammerung der sog. Zinskomponente).

38 Eine Sicherungsbeziehung kann von vornherein auch nur für einen bestimmten **Teil der Laufzeit** von Grund- oder Sicherungsgeschäft begründet werden. Soweit als Folge davon der Wert bzw. Zahlungsstromausgleich nicht zeitkongruent erwartet wird, ist zur Wahrung der Sicherungseffektivität der Abschluss entsprechender **Anschlussgeschäfte** ggf. erforderlich. Der Abschluss solcher Geschäfte muss aber möglich und im Rahmen der Dokumentation von Sicherungsstrategie bzw. Sicherungszusammenhang auch von Anfang an vorgesehen sein.

Insbesondere bei der Absicherung erwarteter Transaktionen können Anschlussgeschäfte auch deshalb erforderlich werden, weil das **Grundgeschäft später als erwartet** eintritt. Auch hier gilt: Ist im Rahmen der Dokumentation von Sicherungsstrategie bzw. Sicherungszusammenhang von Anfang an für einen solchen Eventualfall ein Anschlussgeschäft vorgesehen, führt das Anschlussgeschäft nicht zur (erfolgswirksamen) Auflösung der ursprünglichen Bewertungseinheit und Begründung einer neuen, sondern stellt die Fortsetzung der ursprünglichen dar. Geleistete Ausgleichszahlungen sind als Anschaffungskosten der Anschlusssicherung zu erfassen.[1]

4. Anforderungen an den Sicherungszusammenhang

4.1 Überblick

39 **Voraussetzung** für die Anwendung von § 254 HGB ist, dass zwei (oder mehr) Geschäfte

- zum **Ausgleich** gegenläufiger Wertänderungen oder Zahlungsstromänderungen aus dem Eintritt vergleichbarer Risiken
- **zusammengefasst** werden.

Angesprochen sind damit objektive und subjektive Tatbestandselemente:[2]

- Aus **objektiver Sicht** müssen beide Geschäfte voraussichtlich im Wesentlichen gegenläufig auf den Eintritt vergleichbarer Risiken reagieren. Wo diese sog. **prospektive Effektivität** nicht gegeben ist, kann von vornherein kein Sicherungszusammenhang bestehen (→ Rz. 44).
- Aus **subjektiver Sicht** ist eine Zuordnung von Sicherungs- und Grundgeschäft erforderlich. Die beiden Geschäfte müssen „zusammengefasst werden". Diese **Zuordnungsentscheidung** kann nur das Bilanzierungssubjekt leisten (→ Rz. 10 ff.). Dieses muss etwa entscheiden, ob ein Devisenterminkontrakt spekulativen Zwecken oder der Absicherung eines anderen Geschäfts dienen soll. Fraglich ist dann, wie weit diese Entscheidung zu **dokumentieren,** die Dokumentation also Voraussetzung für das *Hedge-Accounting* ist (→ Rz. 54).

1 Vgl. IDW, IDW BFA 2/1993, Abschnitt D.
2 Sich dieser Differenzierung anschließend IDW RS HFA 35, Tz. 3.

Die konkrete Ausformung beider Elemente ist abhängig von

- der **Art** des abzusichernden Risikos (Wertänderungs- oder Zahlungsstromrisiko; → Rz. 40) und
- dem **Aggregationsniveau** der Sicherungsbeziehung (Mikro-, Portfolio- oder Makro-*Hedge*; → Rz. 42).

4.2 Wertänderungs- vs. Zahlungsstromrisiko

Sicherungsfähig sind nach § 254 HGB **Wertänderungsrisiken** oder **Zahlungsstromrisiken.** Ohne 40
die Regeln der internationalen Rechnungslegung materiell übernehmen zu wollen, kann man in deren Begrifflichkeit auch von ***„Fair value"-Hedge*** oder ***Cashflow-Hedge*** reden. Im handelsrechtlichen Schrifttum wird daneben noch der Begriff der **antizipativen Bewertungseinheit** verwendet.[1] Er kann als **Unterform** des *Cashflow-Hedge* verstanden werden, dessen Besonderheit darin besteht, dass das abgesicherte zukünftige Geschäft **noch nicht kontrahiert** (also kein schwebendes Geschäft) ist, sondern lediglich (mit hoher Wahrscheinlichkeit) **erwartet** wird. **Tatbestandseitig** bedarf es dann besonderer Anforderungen an die Begründung eines Sicherungszusammenhangs (Nachweis der hohen Wahrscheinlichkeit; → Rz. 18), **rechtsfolgenseitig** ergeben sich mit einer unter → Rz. 66 dargestellten Ausnahme keine Besonderheiten gegenüber anderen *Cashflow-Hedges*.

Die Unterscheidung von *„Fair value"-Hedge* und *Cashflow-Hedge* lässt sich an dem folgenden Beispiel der Absicherung von Zinsrisiken erläutern (vgl. zur Anpassung des EURIBOR durch die IBOR-Reform → Rz. 88b):

BEISPIEL **1. Absicherung Festzinsanleihe durch Swap**

Unternehmen A erwirbt eine dreijährige Anleihe über 100 Mio. € mit einem festen Zinscoupon von 6 %. Aufgrund der fixen Zinsen unterliegt die Anleihe dem Risiko einer Wertänderung: Im Falle steigender Zinsen nimmt der Marktwert ceteris paribus ab, bei sinkenden Zinsen zu.

Zur Absicherung des Risikos einer Marktwertänderung (Bonitätsänderungen ausgeklammert) tritt A in einen *payer swap* (zahle fix, empfange variabel) ein, der die fixen Zinsen aus der Anleihe gegen variable Zinsen (z. B. den Drei-Monats-EURIBOR) austauscht. Der Zinsswap führt in der Gesamtbetrachtung zu einer variabel verzinslichen Aktivposition, die keinem Wertänderungsrisiko mehr unterliegt.

BEURTEILUNG Die Sicherungsbeziehung ist ein *„Fair value"-Hedge.*

2. Absicherung variabel verzinslicher Anleihe

Unternehmen B erwirbt eine dreijährige Anleihe über 100 Mio. € mit einem variablen Zinscoupon (Drei-Monats-EURIBOR + x). Aufgrund der variablen Zinsen unterliegt die Anleihe dem Risiko einer Änderung der Zinszahlungsströme: Im Falle sinkender EURIBOR-Zinsen nehmen die künftigen Zinszahlungen ab und umgekehrt.

Zur Absicherung dieses Risikos einer Änderung der künftigen Zinszahlungen tritt A in einen *receiver swap* (empfange fix, zahle variabel) ein, der die variablen Zinsen aus der Anleihe gegen feste Zinsen austauscht. Der Zinsswap führt in der Gesamtbetrachtung zu einer festverzinslichen Aktivposition, die keinem *Cashflow*-Risiko mehr unterliegt.

BEURTEILUNG Die Sicherungsbeziehung ist ein *Cashflow-Hedge.*

Aus der Perspektive der gesicherten Grundgeschäfte ergeben sich damit die folgenden bei- 41
spielhaften Zuordnungen zu den Sicherungsformen:

1 Stellvertretend IDW RS HFA 35, Tz. 24 und 91.

1. **Absicherung Vermögensgegenstände und Schulden**

- Absicherung eines Festzinsdarlehens gegen Änderungen des Marktwerts mit einem Zinsswap: *„Fair value"-Hedge.*
- Absicherung eines **Aktien**bestands gegen Änderungen des Aktienkurses mit einem Aktienterminverkauf oder einer Aktienverkaufsoption: *„Fair value"-Hedge.*
- Absicherung einer begebenen **Anleihe** mit variabler Verzinsung gegen das Risiko steigender Zinsaufwendungen mit einem Zinsswap: *Cashflow-Hedge.*
- Absicherung der Rückzahlung eines **Fremdwährungsdarlehens** durch einen Devisenterminkauf: Abgesichert wird einerseits das Zahlungsstromrisiko der Tilgung *(Cashflow-Hedge),* andererseits aber auch der währungsbedingte Marktwert der Schuld am Stichtag *(„Fair value"-Hedge).*

2. **Absicherung schwebender Geschäfte**

- Absicherung eines schwebenden **Vorrätekaufs** in Fremdwährung gegen das Wechselkursrisiko mit einem Devisenterminkauf: Abgesichert wird einerseits das Zahlungsstromrisiko bei Fälligkeit *(Cashflow-Hedge),* andererseits aber auch der währungsbedingte Marktwert des schwebenden Geschäfts am Stichtag *(„Fair value"-Hedge).*
- Absicherung eines schwebenden **Rohstoffkaufs** in Euro gegen das Preisrisiko mit einem Terminverkaufsgeschäft auf den Rohstoff oder einen Rohstoffindex. Abgesichert wird einerseits das Zahlungsstromrisiko bei Fälligkeit *(Cashflow-Hedge),* andererseits aber auch der preisbedingte Marktwert des schwebenden Geschäfts am Stichtag *(„Fair value"-Hedge).*

3. **Absicherung erwarteter Transaktionen**

- Absicherung eines erwarteten **Kaufs** von **Rohstoffen** oder erwarteter Anlagen in **Fremdwährung** gegen das Wechselkursrisiko mit einem Devisenterminkauf oder einer Devisenkaufoption: *Cashflow-Hedge.*
- Absicherung eines erwarteten **Verkaufs** von **Produkten** in **Fremdwährung** gegen das Wechselkursrisiko mit einem Devisenterminverkauf oder einer Devisenverkaufsoption: *Cashflow-Hedge.*
- Absicherung eines erwarteten **Kaufs** von Öl in **Berichtswährung** gegen das Preisrisiko mit einem Terminverkaufsgeschäft oder einer Verkaufsoption auf das Öl: *Cashflow-Hedge.*
- Absicherung einer erwarteten **Emission** einer **Anleihe** gegen einen Zinsanstieg mit einem *Forward*-Zinsswap: *Cashflow-Hedge.*

4.3 Mikro-, Portfolio- und Makro-*Hedge*

42 Nach der Art bzw. dem Aggregationsniveau der Sicherungsbeziehung lassen sich unterscheiden:

- **Mikro-*Hedge:*** Ein **einzelnes** Grundgeschäft wird durch ein Sicherungsgeschäft abgesichert.
- **Portfolio-*Hedge:*** Eine **Gruppe** von Grundgeschäften, die gleichartig auf Risiken reagieren, wird durch ein oder mehrere Sicherungsgeschäfte abgesichert.

- **Makro-*Hedge*:** Eine **Nettoposition** wird durch eine oder mehrere Sicherungsgeschäfte abgesichert.[1]

Hierzu folgende Beispiele:

- **Mikro-*Hedge*:** Ein **einzelnes Darlehen,** das variabel verzinslich ist, wird durch einen laufzeit- und volumenkongruenten Swap (zahle fix, empfange variabel) abgesichert (→ Rz. 40).
- **Portfolio-*Hedge*:** Die zinsabhängige Wertentwicklung eines **Portfolios von Rentenpapieren** mit identischen Währungen und ähnlichen Laufzeiten wird durch einen laufzeitähnlichen Swap (zahle variabel, empfange fix) abgesichert (→ Rz. 40), dessen Gesamtvolumen dem Portfolio entspricht.
- **Makro-*Hedge*:** Eine **Bank** hat im Volumen von 100 Mrd. € Darlehen mit einer Restlaufzeit von fünf Jahren ausgereicht und refinanziert diese im Umfang von 80 Mrd. € durch Anleihen mit im Wesentlichen gleicher Laufzeit. Hinsichtlich der 80 Mrd. € gleichen sich die Effekte von Marktzinsänderungen auf Aktiva und Passiva aus. Zu sichern bleibt die Nettoposition von 20 Mrd. €. Hierfür werden Swaps (zahle variabel, empfange fix) mit entsprechendem Volumen abgeschlossen.

Voraussetzung für die Anerkennung eines **Portfolios** als Grundgeschäft im Rahmen des *Hedge-* 43
Accountings ist die **Risikohomogenität** der in der Gruppe zusammengefassten Geschäfte. Die Sensitivität jedes einzelnen Geschäfts im Hinblick auf Parameteränderungen des abgesicherten Risikos muss sich annähernd proportional zur Sensitivität der gesamten Gruppe verhalten. Hiervon kann etwa ausgegangen werden, wenn sich das Verhältnis der Sensitivitäten in einer Spanne von 90 % bis 110 % bewegt. Die Gleichartigkeit der zusammengefassten Geschäfte kann ggf. aber auch **qualitativ** über die Ausstattungsmerkmale (gleiche Währung, ähnliche Restlaufzeiten und Nominalzinssätze, im Wesentlichen gleiche Referenzzinssätze, ähnliche Bonität des Emittenten) beurteilt werden.[2]

Der **Makro-*Hedge*** ist die Anforderung, die Risikohomogenität nicht nur auf die zusammengefassten Aktiv- und Passivgeschäfte je für sich anzuwenden, sondern mit umgekehrtem Vorzeichen auch auf das Verhältnis beider Positionen zueinander. Nur so ergibt sich eine **risikohomogene Nettoposition.**

4.4 Prospektive Effektivität – qualitative oder quantitative Bestimmung

Effektivität bezeichnet allgemein die **Güte der Sicherungsbeziehung.** Spezifizierungen sind 44
nach der Art des abgesicherten Risikos und nach dem Zeitbezug notwendig.

Nach der Art des abgesicherten Risikos gilt: 45

- Bei Sicherung gegen **Wertänderungsrisiken** (*„Fair value"-Hedge;* → Rz. 40) ist die Effektivität der Grad, zu dem die Zeitwertänderungen des gesicherten Grundgeschäfts, soweit sie aus dem gesicherten Risiko resultieren, durch Zeitwertänderungen des Sicherungsinstruments ausgeglichen werden.

---

1 Der Begriff des Makro-*Hedge* wird allerdings uneinheitlich verwendet, z. T. ohne spezielle Bezugnahme auf eine Nettoposition, vgl. *Arbeitskreis Externe Unternehmensrechnung,* DB 1997 S. 637 ff. Auf die uneinheitliche Begriffsverwendung in der Praxis verweist nunmehr auch IDW RS HFA 35, Tz. 20.

2 IDW RS HFA 35, Tz. 18.

- Bei Sicherung gegen **Zahlungsstromrisiken** (*Cashflow-Hedge;* → Rz. 40) ist die Effektivität der Grad, zu dem die Zahlungsstromänderungen der gesicherten Transaktion – soweit sie aus dem gesicherten Risiko resultieren – durch Zahlungsstromänderungen aus dem Sicherungsinstrument ausgeglichen werden.

46 In **zeitlicher** Hinsicht ist zu unterscheiden zwischen prospektiver und retrospektiver Effektivität:[1]

- **Prospektive Effektivität** ist auf die Zukunft gerichtet und in dem Maße gegeben, wie für die gesamte (verbleibende) Laufzeit der Sicherungsbeziehung ein Ausgleich der Zeitwert- oder Zahlungsstromänderungen erwartet wird (→ Rz. 47).
- **Retrospektive Effektivität** ist auf die Vergangenheit (seit Begründung der Sicherungsbeziehung oder seit Periodenbeginn) bezogen und in dem Maße gegeben, wie für den Vergangenheitszeitraum ein Ausgleich der Zeitwert- oder Zahlungsstromänderungen stattfand (→ Rz. 67).

47 Nach der **Begründung des Rechtsausschusses** hat ein Unternehmen „zu jedem Bilanzstichtag positiv festzustellen, ob und in welchem Umfang sich die gegenläufigen Wertänderungen oder Zahlungsströme (…) am Bilanzstichtag und voraussichtlich in Zukunft ausgleichen". Gefordert ist damit **tatbestandseitig** zunächst nur eine **prospektive Beurteilung** der Effektivität. Eine retrospektive ist insoweit entbehrlich, als der nicht effektive Teil einer Sicherungsbeziehung ohnehin nicht den Vorschriften von § 254 HGB unterliegt (→ Rz. 67).

Die Begründung des Rechtsauschusses hält weiter fest, dass „sich **zufällig** ausgleichende Wertänderungen oder Zahlungsströme, die aus unterschiedlichen Risiken resultieren, die Annahme einer wirksamen Bewertungseinheit" nicht rechtfertigen.

BEISPIEL ► U sichert erwartete Zahlungseingänge in Kanadischen Dollar (CAD) durch einen Devisenterminverkauf in USD ab. Historisch weist die Kursentwicklung von USD und CAD eine hohe positive Korrelation auf.

Die Annahme der prospektiven Effektivität, eines nicht nur zufälligen Ausgleichs der Geschäfte, ist gerechtfertigt.

VARIANTE ► U hat aus im Einzelnen nicht dokumentierten Gründen Mitte 01 Australische Dollar (AUD) auf Mitte 02 verkauft. Für Mitte 02 erwartet U Zahlungseingänge in USD.

Am Bilanzstichtag stellt U fest: USD und AUD haben sich seit Mitte 01 in hoher positiver Korrelation untereinander und in hoher negativer Korrelation zum Euro entwickelt. Historisch lässt sich allerdings keine hohe Korrelation von AUD und USD nachweisen. Am Bilanzstichtag droht aus dem Termingeschäft ein Verlust.

BEURTEILUNG ► Der Ausgleich aus erwartetem Zahlungseingang in USD und erwartetem Zahlungsausgang in AUD ist **nur zufällig**. Der Ansatz einer Drohverlustrückstellung (→ Rz. 80) für das Devisentermingeschäft kann nicht unter Hinweis auf § 254 HGB vermieden werden. Ein prospektiv effektiver Sicherungszusammenhang liegt nicht vor.

48 Prospektive Effektivität wird damit in der Gesetzesbegründung gefordert, aber weder im Gesetz noch in der Begründung definiert. Die Begründung des Rechtsausschusses hält nur Folgendes fest:

- Welche Methoden zu Feststellung der Wirksamkeit einer Sicherungsbeziehung angewandt werden, bleibe dem **Ermessen** des Unternehmens überlassen.

1 So nun auch IDW RS HFA 35, Tz. 48 ff.

► Etwaige **Effektivitätsspannen,** wie sie die **IFRS** für die Annahme einer wirksamen Bewertungseinheit vorsehen, hätten handelsrechtlich **keine Bedeutung.**

Im letzten Punkt sind die *„bright lines"* von IAS 39 angesprochen. Nach IAS 39.88(b) und IAS 39.AG105a war eine Sicherungsbeziehung nur dann anzuerkennen, wenn die Effektivität innerhalb der Spanne von 80 % bis 125 % liegt.

BEISPIEL ► Auf Basis von Modellen oder historischen Daten wird Folgendes erwartet:

Bei einer Zeitwertänderung für das Grundgeschäft von -50 ändert sich der Zeitwert des Grundgeschäfts um +55.

Die Effektivität liegt dann bei 110 % (= 55/50) bzw. 91 % (= 50/55) und damit in dem geforderten Intervall.

VARIANTE ► Bei einer Zeitwertänderung für das Grundgeschäft von -50 ändert sich der Zeitwert des Sicherungsgeschäfts um +70. Mit einer Effektivität von 140 % (= 70/50) bzw. 71 % (= 50/70) ist die Beziehung nicht hinreichend effektiv.

Die Gesetzesbegründung erteilt solchen **starren Grenzen** *(bright lines)* eine **Absage.** Der Bilanzierende hat nach pflichtgemäßem Ermessen und sachlich und zeitlich konsistent zu entscheiden, welche Anforderungen er an die prospektive Effektivität stellt.

Dieses Ermessen kann er aber nicht beliebig ausdehnen. Die Grenze zu **schädlichen zufälligen Sicherungen** ist jedenfalls überschritten, wenn nicht einmal mehr eine Spanne von 50 % bis 200 % gewahrt wird.

BEISPIEL ► Bei einer Zeitwertänderung für das Grundgeschäft von -100 ändert sich der Zeitwert des Sicherungsgeschäfts um +49. Mit einer Effektivität von 49 % (= 49/100) bzw. 204 % (= 100/49) ist die Beziehung nicht mehr hinreichend effektiv. Zu weniger als der Hälfte werden die Wertänderungen des Grundgeschäfts noch durch das Sicherungsgeschäft abgesichert. Die Grenze zur schädlichen Zufallssicherung ist überschritten.

Eine bestimmte **Methode zur Effektivitätsmessung** wird im Gesetz nicht vorgeschrieben. 49

Die gewählte Methode muss sich zunächst an der **Risikomanagementstrategie** orientieren. So wird die Effektivitätsmessung z. B. allein auf der Grundlage der verbleibenden Bestandteile vorgenommen, wenn einzelne Komponenten des Sicherungsgeschäfts nicht designiert wurden.

BEISPIEL ► Ein erwarteter USD-Zahlungseingang wird durch einen Devisenterminverkauf abgesichert. Als Sicherungsinstrument wird nur die Kassakomponente designiert, die Zinskomponente hingegen ausgeklammert (→ Rz. 81).

Die Effektivitätsüberlegungen können sich auf die Kassakomponente beschränken und führen bei Fristen- und Volumenkongruenz dann regelmäßig zu einer 100%igen Effektivität.

Die Wertänderung der ausgeklammerten Komponente ist unmittelbar in der GuV zu erfassen.

Auf eine **quantitative** Ermittlung der prospektiven Effektivität kann **verzichtet** werden, wenn die wesentlichen Ausgestaltungsmerkmale des Grund- und des Sicherungsgeschäfts (also insbesondere Betrag, Laufzeit, Zinstermine etc.) identisch sind (sog. ***critical terms match***). Im Falle solcher perfekter Sicherungsbeziehungen kann eine hohe **Effektivität qualitativ** unterstellt werden.[1] 50

1 So nun auch IDW RS HFA 35, Tz. 58.

BEISPIELE

1. Absicherung des Zinszahlungsrisikos einer variabel verzinslichen Verbindlichkeit mit einem marktgerecht abgeschlossenen Zinsswap.
   Wenn die Nominalbeträge, Laufzeiten, Zinsanpassungstermine, Termine für Zinszahlungen sowie der Referenzzins für die Bemessung der Zinszahlungen für die Verbindlichkeit und den Zinsswap identisch sind, ist die prospektive Effektivität gegeben.
2. Absicherung des Wechselkursrisikos aus erwarteten Verkaufserlösen in Fremdwährung mit einem marktgerecht abgeschlossenen Devisentermingeschäft.
   Sofern die Währung, das Volumen und die Laufzeit der Geschäfte identisch sind, ist die prospektive Effektivität gegeben.
3. Absicherung des Zeitwerts eines Wertpapiers mit einem marktgerecht abgeschlossenen Termingeschäft auf das gleiche Wertpapier.
   Falls die Nominalbeträge, Laufzeiten und Währungen des Wertpapiers und des Termingeschäfts identisch sind, ist die prospektive Effektivität gegeben.

Wie je nach den Umständen die Sicherungseignung allein schon aus qualitativer Sicht bejaht werden kann, kann umgekehrt die qualitative Perspektive allein schon zur Negierung der Sicherungseignung führen. In dieser Hinsicht hat z. B. das FG Köln verneint, dass ein Zinswährungsswap in Schweizer Franken nach § 254 HGB der Sicherung eines variablen Euro-Darlehens dienen könne. „Zwar wurden mit dem Zinswährungsswap zugleich auch variable Zinssätze gegen feste Zinssätze eingetauscht. Bezugsgröße für den jeweiligen Zins waren aber unterschiedliche Währungen, so dass eine Abhängigkeit vom Wechselkurs des Schweizer Franken und damit von einer anderen variablen Größe geschaffen wurde."[1]

51 Liegen die Bedingungen für die Anwendung des *critical terms match* hingegen nicht vor, ist die prospektive Effektivität **rechnerisch** zu ermitteln. Hierzu eignen sich im Fall des Mikro-*Hedge* etwa folgende Ansätze:

- **Historische Dollar-Offset-Methode:** Dabei werden Wert- bzw. Zahlungsstromänderungen des Grund- und Sicherungsgeschäfts aus einem Vergleichszeitraum verglichen (→ Rz. 71).
- **Statistische Verfahren:** Dabei werden ebenfalls Änderungen von Wert bzw. Zahlungsstrom des Grund- und Sicherungsgeschäfts in der Vergangenheit herangezogen, um dann mithilfe einer Regressionsanalyse statistisch untersucht zu werden. Im Vergleich zur Dollar-Offset-Methode führt die Regressionsmethode häufig zu besseren Ergebnissen bei der Effektivitätsmessung, weil sich einzelne Ausreißer weniger auswirken. Sie kann allerdings erst angewandt werden, wenn eine hinreichende Anzahl an Messwerten vorliegt; so wird häufig eine Mindestzahl von 25 Werten verlangt. Daher wird am Beginn einer Sicherungsbeziehung häufig zunächst die Dollar-Offset-Methode angewandt, um beim Erreichen der Mindestanzahl von Datenpunkten auf die Regressionsmethode umzustellen. Die Regressionsmethode ist komplexer und daher nur bei einer höheren Anzahl (komplexer) Sicherungen sinnvoll anwendbar.
- **Sensitivitätsanalysen:** Anders als bei den vorgenannten – auf historischen Daten basierenden – Methoden wird bei der Sensitivitätsmethode eine fiktive Änderung eines Risikofaktors unterstellt und ermittelt, welche Änderungen von Wert oder Zahlungsstrom des Grund- und Sicherungsgeschäfts sich modellmäßig ergeben. So wird beispielsweise im Falle der Absicherung von Zinsrisiken eine Änderung der Zinskurve (z. B. um 100 Basis-

1 FG Köln, Urteil v. 24.1.2019 – 12 K 2605/15, Rev. eingelegt (Az. BFH IV R 23/20).

punkte) und im Falle der Absicherung von Wechselkursrisiken eine fiktive Änderung der Wechselkurse (z. B. um 20 %) unterstellt.

Obgleich es sich um Finanzderivate handelt, sind **geschriebene Optionen** *(written options)*, also Stillhalterpositionen, meist kein taugliches Sicherungsinstrument. Da ein möglicher Verlust erheblich höher ausfallen kann als ein möglicher Wertzuwachs aus dem damit „gesicherten" Grundgeschäft, ist die prospektive Effektivität regelmäßig bereits qualitativ zu verneinen.[1] Ausnahmen bestehen dort, wo die geschriebene Option der Absicherung einer gekauften Option dient. 52

Zusammengesetzte Optionen (Kombinationsoptionen), bei denen sich das Unternehmen teils in der Stillhalter-, teils in der Optionsinhaberposition befindet, können unter dem Aspekt der prospektiven Effektivität sicherungstauglich sein. Solche Produkte bietet der Finanzsektor etwa im Bereich der Währungs- oder Zinssicherung an, indem eine Währungs- bzw. Zinsobergrenze mit einer Untergrenze verknüpft wird (vgl. zum Ersatz des LIBOR → Rz. 88b). 53

BEISPIEL Zur Absicherung eines variabel verzinslichen Darlehens (Zinssatz LIBOR) schließt U bei einem aktuellen LIBOR von 4,5 % eine Zinsbegrenzungsvereinbarung (Collar) mit einer Bank. Die Vereinbarung sieht vor:

- eine Zahlung der Bank i. H. von LIBOR -6 %, wenn der LIBOR über 6 % steigt. Hierdurch wird die effektive Zinsbelastung des Unternehmens nach oben auf 6 % begrenzt (Cap). Beispiel: Bei einem LIBOR von 6,5 % zahlt die Bank 0,5 % an das Unternehmen und reduziert dessen Nettobelastung auf 6,5 % - 0,5 % = 6 %;
- eine Zahlung des Unternehmens i. H. von 3 % LIBOR, wenn der LIBOR unter 3 % fällt. Hierdurch wird die effektive Zinsbelastung des Unternehmens nach unten auf 3 % begrenzt (Floor). Bei einem LIBOR von 2,5 % zahlt das Unternehmen beispielsweise an die Bank 0,5 % und erhöht seine Belastung auf 2,5 % + 0,5 % = 3 %.

Hinsichtlich der Zinsobergrenze ist das Unternehmen Optionsinhaber, hinsichtlich der Zinsuntergrenze Stillhalter.

Derartige Kombinationsoptionen sind dann *Hedge*-tauglich, wenn in einer **Nettobetrachtung** die eigene Risikotragung nicht die Risikoübernahme durch den Kontraktpartner überwiegt. Ein Indiz für das Überwiegen ist die Vereinnahmung einer Optionsprämie, denn rational handelnde Parteien werden für die Übernahme eines (größeren) Risikos eine **Prämie** verlangen. Aus dieser Sicht soll das vorstehende Beispiel variiert werden:

BEISPIEL Zur Absicherung eines variabel verzinslichen Darlehens (Zinssatz LIBOR aktuell 4,5 %) schließt U eine Zinsbegrenzungsvereinbarung (Collar) mit einer Bank. Die Vereinbarung sieht vor:

- eine Zahlung der Bank i. H. von LIBOR -5 %, wenn der LIBOR über 5 % steigt (Cap 5 %);
- eine Zahlung des Unternehmens i. H. von 5 % LIBOR, wenn der LIBOR unter 3 % fällt (Floor 3 %).

In dieser Variante ist die sich aus dem Cap ergebende Stillhalterposition digital gestaltet. Das Unternehmen profitiert wie im Ausgangsbeispiel von einem Rückgang des LIBOR auf 3 % durch einen entsprechenden Rückgang seiner Darlehenszinsen. Ein weiterer Rückgang bringt ihm aber im Unterschied zum Ausgangsbeispiel nicht nur keinen Vorteil mehr, sondern verschlechtert seine Situation. Sinkt der *LIBOR* etwa von 3,0 auf 2,9 %, muss das Unternehmen 5 % - 2,9 % = 2,1 % an die Bank zahlen, mit den Zahlungen an die Darlehensgläubiger also in Summe 2,1 % + 2,9 % = 5 %.

Für diese Verschlechterung gegenüber dem Ausgangsbeispiel (einfacher Floor von 3 %) wird das Unternehmen indirekt entschädigt:

1 Gleicher Auffassung *Cassel* in Kessler/Leinen/Strickmann (Hrsg.), Bilanzrechtsmodernisierungsgesetz (BilMoG-RegE), 2008, S. 193.

- Bei einem aktuellen LIBOR von 4,5 % betrug im Ausgangsbeispiel die Zinsobergrenze 6 % (4,5 % + 1,5 %) und die Zinsuntergrenze 3 % (4,5 % - 1,5 %);
- nunmehr beträgt die Zinsobergrenze nur 5 % (4,5 % + 0,5 %), als Entschädigung für die zwar nach wie vor bei 3 % (4,5 % - 1,5 %) liegende, aber jetzt digital und somit risikoreicher ausgestaltete Zinsuntergrenze.

Im vorstehenden Beispiel kann u. E. das Vorliegen einer Nettostillhalterposition nicht mehr verneint werden. Zwar erhält das Unternehmen keine offene Optionsprämie, die Bank hat dem Unternehmen aber durch die Herabsetzung des Cap einen Vorteil eingeräumt. Dieser indirekte Vorteil ist als **verdeckte Prämie** zu würdigen. Aus Sicht des Unternehmens ist die Kombinationsoption daher netto als geschriebene Option anzusehen. Ein *Hedge-Accounting* scheidet daher aus.

4.5 Dokumentation

54 In der **internationalen Rechnungslegung** ist die Dokumentation des Sicherungszusammenhangs **materiell-rechtliche Voraussetzung** für das *Hedge-Accounting.* Erst ab Vorliegen der Dokumentation besteht ein *Hedge-Accounting*-tauglicher Sicherungszusammenhang. Die Dokumentation kann demzufolge nicht nachgeholt werden (z. B. im Zuge der Erstellung des Abschlusses, in dem für die Sicherungsbeziehung erstmals *Hedge-Accounting* angewandt werden soll, oder infolge der Feststellung des Abschlussprüfers).

Das Dokumentationserfordernis verhindert **Ergebnismanipulationen,** die sich im Zusammenhang mit dem *„Fair value"- Accounting* ergeben. Der Bilanzierende könnte ohne das Dokumentationserfordernis zunächst einmal abwarten, wie sich das „Sicherungsgeschäft" entwickelt, um bei günstiger Entwicklung den *fair value* unter Hinweis auf die Handelsabsicht ertragswirksam werden zu lassen, bei negativer Entwicklung hingegen einen Aufwand unter Hinweis auf den Sicherungszusammenhang vermeiden.

55 **Handelsrechtlich** stellt sich das Manipulationsproblem in ähnlicher Weise:

BEISPIEL ► U schließt ohne dokumentierte Absicht am 1.7.01 einen Devisenterminkauf von 1 Mio. USD, Erfüllung 30.6.03 (alternativ 30.6.02), ab. U hat außerdem am 1.7.01 ein Fälligkeitsdarlehen über 1 Mio. USD mit gleicher Laufzeit (bzw. Alternativlaufzeit) aufgenommen.

Der Dollarkurs entwickelt sich wie folgt:

1.7.01:	1 €/USD
31.12.01:	1,2 €/USD oder alternativ 0,8 €/USD

Nachfolgend die Bilanzierung mit und ohne Berufung auf einen Sicherungszusammenhang:

Bilanzierung 31.12.01	Stichtagskurs 1,2 €/USD		Stichtagskurs 0,8 €/USD	
	Restlaufzeit ≤ 1 Jahr	Restlaufzeit > 1 Jahr	Restlaufzeit ≤ 1 Jahr	Restlaufzeit > 1 Jahr
Ohne Sicherungszusammenhang				
Darlehen	-1,2	-1,2	-0,8	-1,0
Termingeschäft	0,0	0,0	-0,2	-0,2
Saldo	-1,2	-1,2	-1,0	-1,2
Mit Sicherungszusammenhang				
Darlehen	-1,2	-1,2	-0,8	-0,8
Termingeschäft	0,2	0,2	-0,2	-0,2
Saldo	-1,0	-1,0	-1,0	-1,0
Vorteil aus nachträglicher Berufung auf Sicherung	0,2	0,2	0,0	0,2

In drei der vier Fälle sorgt die nachträgliche Berufung für ein um 0,2 besseres Ergebnis.

Dem Ziel einer objektivierten Rechnungslegung würde widersprochen, wenn wie im Beispiel unter →Rz. 55 der Bilanzierende abhängig von der tatsächlichen Entwicklung die Entscheidung für oder gegen eine Anwendung von § 254 HGB erst im Nachhinein treffen könnte. Der RegE sah in diesem Sinne noch den Nachweis des Sicherungszusammenhangs als Tatbestandsvoraussetzung vor, in der endgültigen Fassung von § 254 HGB ist dies hingegen nicht mehr vorgesehen. Die Begründung des **Rechtsausschusses** hält hierzu lapidar fest: „Die Dokumentation von Bewertungseinheiten wird **nicht** zum **Tatbestandsmerkmal** erhoben. Deshalb enthält § 285 Nr. 23 HGB umfangreiche Angabepflichten.“ 56

Der Hinweis des Rechtsausschusses auf den Fortfall der Dokumentation als Tatbestandsmerkmal enthält allerdings nur die **halbe Wahrheit.** Auch die verabschiedete Fassung des Gesetzes sieht die Anwendung der spezifischen Rechnungslegungsregeln für Sicherungszusammenhänge (Nichtanwendung von § 249 Abs. 1 HGB etc.) nur in folgendem Fall vor: Vermögensgegenstände usw. werden „zum Ausgleich gegenläufiger Wertänderungen oder Zahlungsströme aus dem Eintritt vergleichbarer Risiken mit Finanzinstrumenten zusammengefasst (Bewertungseinheit)“. Bewertungseinheiten ergeben sich danach nicht allein aufgrund des objektiven Ausgleichs von gegenläufigen Entwicklungen, sondern erst dadurch, dass Grundgeschäft und Sicherungsgeschäft (Finanzinstrument) 57

- **„zusammengefasst** werden“, und zwar
- **„zum Ausgleich“** gegenläufiger Entwicklungen.

Gefordert wird also

- eine **Handlung** – die „Zusammenfassung“ durch das Rechnungslegungssubjekt,
- die dieses mit bestimmter **Zielrichtung** – „zum Ausgleich“ – vornimmt.

Die Bewertungseinheit liegt mit anderen Worten nicht objektiv vor, sondern entsteht (bei Erfüllung objektiver Zusatzbedingungen) erst durch den **zielgerichteten Akt der Zusammenfassung.**[1] Kommt es zu diesem Akt erst nach dem Bilanzstichtag (in Kenntnis der tatsächlichen Entwicklungen), so entsteht die Bewertungseinheit u. E. ebenfalls erst nach dem Bilanzstichtag und nicht schon mit Wirkung für die Vergangenheit.[2] Das IDW ist hier aber aus nicht erkennbaren Gründen großzügiger und lässt eine Dokumentation bis zur Abschlusserstellung genügen.[3]

Entgegen der pauschalen Gesetzesbegründung kann jedenfalls über das Tatbestandsmerkmal der zielgerichteten Zusammenfassung indirekt auch die Dokumentation zu einem Tatbestandsmerkmal werden.[4] In dieser Hinsicht ist nach der Art der Sicherung zu differenzieren: 58

Beim **Mikro-*Hedge*** (→ Rz. 42) ergibt sich die Absicht der Zusammenfassung häufig bereits aus zeitlichen und inhaltlichen Übereinstimmungen von Grund- und Sicherungsgeschäften. Eine **formale** Dokumentation des Sicherungszusammenhangs ist dann u. U. entbehrlich.

BEISPIEL U schließt am 1.7.01 mit der Bank B einen Vertrag über ein variabel verzinsliches Darlehen über 1 Mio. € mit quartalsmäßigen Zinsterminen und Endfälligkeit am 31.12.03 ab. Am gleichen Tag schließt U mit B einen bis zum 31.12.03 laufenden Swap-Vertrag über ein Nominalvolumen von

1 So nun auch IDW RS HFA 35, Tz. 41 ff.
2 Gleicher Auffassung *Scharpf* in Küting/Pfitzer/Weber (Hrsg.), Handbuch der Rechnungslegung, Einzelabschluss, 5. Aufl., § 254 Tz. 23 ff.
3 IDW RS HFA 35, Tz. 14.
4 Ähnlich *Schmidt*, BB 2009 S. 887 ff.

1 Mio. € ab, wonach U quartalsmäßig variable Zinsen auf den Betrag von 1 Mio. € von der Bank erhält und fixe Zinsen auf den gleichen Betrag an die Bank zahlt *(receiver swap)*.

BEURTEILUNG Der Swap-Vertrag ist **objektiv** zur Sicherung des Zinsrisikos aus dem Darlehen geeignet. Die Umstände sprechen eindeutig dafür, dass der Vertrag auch in dieser **Absicht** geschlossen wurde: Beide Verträge wurden am gleichen Tag mit gleicher Laufzeit, gleichem Volumen und gleichen Zinsterminen abgeschlossen. Die Sicherungsabsicht ist durch diese Umstände hinreichend objektiviert. Weiterer (formaler) Dokumentation bedarf es nicht.

Ggf. kommt auch eine Synthetisierung der beiden Geschäfte infrage (→ Rz. 126).

FALLVARIANTE Der Swap-Vertrag wird erst zwölf Monate später als das Darlehen und mit einer anderen Bank, Bank C, abgeschlossen. Er weicht außerdem im Volumen (2 Mio. € statt 1 Mio. €) und in den Zinsterminen (Monat statt Quartal) ab. Der Swap **kann** zu 50 % als Sicherungsinstrument für die Restlaufzeit des Darlehens designiert werden. Eine minimale Dokumentation ist zur Anerkennung eines solchen Sicherungszusammenhangs aber erforderlich. Ausreichend ist etwa eine Zweckbeschreibung im Vertrag oder ein Hinweis in der Buchhaltung, etwa indem bei Verbuchung der ersten Swap-Zahlung im Buchungstext ein Hinweis auf das Grundgeschäft enthalten ist.

Nach u. E. zutreffender Auffassung des IDW hat das Unternehmen allerdings ein **Wahlrecht,** ob es ökonomisch im Rahmen des Risikomanagementprozesses vorgenommene Sicherungen auch bilanziell als Bewertungseinheit behandeln will (→ Rz. 10).[1] Folgt man dieser Auffassung, ist auch im Falle eines perfekten, auf 100 % Absicherung zielenden Mikro-*Hedge* eine Dokumentation der bilanziellen Absicht erforderlich.

Im Falle der Absicherung einer **künftig erwarteten Transaktion** (→ Rz. 18) ist der Umfang der erforderlichen Dokumentation regelmäßig größer. Das Grundgeschäft und damit der Sicherungszusammenhang ist nur objektivierbar, wenn Art und Gegenstand der erwarteten Transaktion, erwartete Menge bzw. Währungsbeträge sowie Zeitpunkt bzw. Zeitraum des Eintritts der erwarteten Transaktion dokumentiert werden.

Beim **Portfolio-*Hegde*** (→ Rz. 42) muss als Vorstufe der Begründung des Sicherungszusammenhangs zunächst das Grundgeschäft festgelegt, d. h. der Kreis der risikohomogenen Einzelgeschäfte definiert werden. Diese Festlegungen erfolgen regelmäßig bereits im Hinblick auf ein schon kontrahiertes oder kurz vor dem Abschluss stehendes Sicherungsgeschäft. Ein bei der Definition des Portfolios vorgenommener Hinweis auf das Sicherungsgeschäft kann als Dokumentation dann ausreichen.

Die größten Dokumentationsanforderungen ergeben sich beim **Makro-*Hedge*** (→ Rz. 42), sind dort aber i. d. R. integraler Bestandteil des Risikomanagementprozesses.

59 Die ggf. (→ Rz. 58) erforderliche **formale Dokumentation** umfasst nach IDW neben der **Willensbekundung** des Bilanzierenden (→ Rz. 58) folgende Elemente:[2]

- **Art des abzusichernden Risikos** (z. B. Fremdwährungsrisiko) sowie **Sicherungsziel und Sicherungsstrategie** (z. B. Voll- oder Teilabsicherung in sachlicher und zeitlicher Hinsicht, z. B. revolvierende Sicherungen durch Anschlussgeschäfte; → Rz. 38),
- Identifikation und Beschreibung des **Grundgeschäfts,**
- Identifikation und Beschreibung des **Sicherungsgeschäfts,**

1 IDW RS HFA 35, Tz. 12.
2 IDW RS HFA 35, Tz. 41 ff.

- Angaben zur prospektiven und retrospektiven **Effektivität** (Methode und Ergebnis der Beurteilung),
- beim **Portfolio-*Hedge*** außerdem Nachweis der Homogenität der Grundgeschäfte.

VI. Rechtsfolgen

1. Nichtanwendung bestimmter Vorschriften

Bei Erfüllung der Tatbestandsvoraussetzungen sind im Umfang und für den Zeitraum des Sicherungszusammenhangs bestimmte Vorschriften nicht anzuwenden. Betroffen sind 60

- **Einzelbewertungsprinzip** gem. § 252 Abs. 1 Nr. 3 HGB (→ § 252 Rz. 35),
- **Imparitätsprinzip** gem. § 252 Abs. 1 Nr. 4 HGB (→ § 252 Rz. 99),
- Ansatz von **Drohverlustrückstellungen** gem. § 249 Abs. 1 HGB (→ § 249 Rz. 151),
- Bewertung zu **Anschaffungskosten** oder zum **niedrigeren Stichtagswert** gem. § 253 Abs. 1 HGB,
- Bewertung von **Fremdwährungsposten** gem. § 256a HGB i.V. mit § 253 HGB (→ § 256 Rz. 8).

Die Nichtanwendung ist von unterschiedlicher Motivation und Wirkung: 61

- Die Aussetzung des **Einzelbewertungsprinzips** ist vor allem als **abstrakte Voraussetzung** für die Anerkennung der Bewertungseinheiten relevant.
- Die Aussetzung des **Imparitätsprinzips** erscheint auf den ersten Blick entbehrlich, da die **konkreten Folgen** sich bereits aus der Aussetzung der Regelungen des § 249 Abs. 1 HGB, § 253 Abs. 1 HGB und § 256a HGB ergeben (→ Rz. 61).
- Bei zweiter Betrachtung ermöglicht die ausdrückliche Aussetzung des Imparitätsprinzips aber auch die Wahl zwischen einer **Netto- und einer Bruttobetrachtung.** Nach der Bruttobetrachtung wird etwa wegen Nichtanwendung des Imparitätsprinzips der unrealisierte Gewinn aus einem Sicherungsgeschäft ertragswirksam ausgewiesen, im Gegenzug die Wertminderung des Grundgeschäfts nach Normalregeln aufwandswirksam behandelt. Spiegelbildlich dazu bleibt bei der Nettobetrachtung die Wertminderung des Grundgeschäfts wegen Nichtanwendung von § 249 Abs. 1 HGB, § 253 Abs. 1 HGB und § 256a HGB unberücksichtigt, während der unrealisierte Gewinn aus dem Sicherungsgeschäft nach Normalregeln bilanzunwirksam bleibt (→ Rz. 63).

Die spezifischen Rechtsfolgen aus § 254 HGB reichen nur so weit, wie die Wertänderungen beim Grund- oder Sicherungsgeschäft auf die **gesicherte Risikovariable** und nicht auf andere Umstände zurückzuführen sind. 62

BEISPIEL U sichert das Währungsrisiko aus einer im Umlaufvermögen gehaltenen USD-Festzinsanleihe durch eine USD-Verbindlichkeit ab. Nach Begründung der Sicherungsbeziehung treten folgende Effekte auf:

1. Der Wert der Anleihe (in USD) mindert sich wegen einer Bonitätsherabstufung des Emittenten und steigender Kapitalmarktzinsen.
2. Der Wert der Anleihe (in Euro) sinkt noch stärker, weil der Kurs des USD sich gegenüber dem des Euro verschlechtert.

BEURTEILUNG Zins- und Bonitätsrisiken sind nicht Teil des Sicherungszusammenhangs und damit von § 254 HGB nicht betroffen. Die Wertänderung der Anleihe ist daher aufzuspalten:

1. Der zins- und bonitätsbedingte Verlust ist bilanziell und in der GuV zu erfassen.

2. Der währungsbedingte Verlust ist wegen § 254 HGB in der GuV nicht und in der Bilanz nur bei Anwendung der Nettomethode (→ Rz. 63) zu berücksichtigen.

Entsprechende Überlegungen gelten auch für das Sicherungsgeschäft, soweit auch dieses nicht den mit den gesicherten Variablen zusammenhängenden anderen Risiken (insbesondere **Bonitätsrisiken**) unterliegt. Das IDW spricht in diesem Zusammenhang von einer **„zweistufigen Bewertungstechnik“**,[1] bei der

- die gesamte Wertänderung des Grund- und Sicherungsgeschäfts jeweils in die **Wertänderung aufgrund des abgesicherten Risikos** und eine **sonstige Wertänderung** aufgespalten wird,
- die Wertänderung aufgrund des abgesicherten Risikos weiter in einen **effektiven und einen ineffektiven Teil** (→ Rz. 71) eingeteilt wird.

Nur der effektive Teil der Wertänderung, aufgrund des abgesicherten Risikos, unterliegt den speziellen Vorschriften von § 254 HGB.

2. Brutto- vs. Nettomethode (Durchbuchungs- vs. Einfrierungsmethode)

63 Für den nicht kodifizierten Rechtszustand **vor BilMoG** waren zur kompensatorischen Bewertung bei Sicherungszusammenhängen allgemein die Gleichwertigkeit von Brutto- und Nettodarstellungen anerkannt. Die Begrifflichkeit war dabei allerdings uneinheitlich:

- Als **Einfrierungsmethode**[2] oder **Festbewertungsmethode**[3] wurde eine **Nettomethode** bezeichnet, bei der das Grundgeschäft zum Sicherungskurs bilanziert und ein drohender Verlust/erwarteter Gewinn oder eine Wertminderung/Wertsteigerung beim Sicherungsinstrument nicht erfasst wird.
- Als **Durchbuchungsmethode** oder **Marktbewertungsmethode** wurde eine **Bruttomethode** bezeichnet, bei der (im Umfang der effektiven Sicherung) unrealisierte Gewinne oder Verluste des Grundgeschäfts erfasst werden, im Gegenzug aber auch unrealisierte Verluste oder Gewinne beim Sicherungsinstrument.

64 Unabhängig von der Terminologie geht es damit inhaltlich um den unter → Rz. 61 dargelegten Unterschied zwischen einer **Netto- und einer Bruttodarstellung.** Unstrittig besteht ein solches **Wahlrecht** – mit bestimmten Ausnahmen (→ Rz. 66) – auch nach BilMoG.[4]

BEISPIEL ▸ Aus einem Devisentermingeschäft ergibt sich ein unrealisierter Ertrag von 20. Das Geschäft dient der perfekten Absicherung eines lang laufenden Fremdwährungsdarlehens, auf das im Hinblick auf § 256a HGB nach Maßgabe des Höchstwertprinzips eine aufwandswirksame Zuschreibung von 100 auf 120 notwendig wäre. Bei Existenz eines Sicherungszusammenhangs ergeben sich zwei Darstellungsalternativen:

ALTERNATIVE 1 ▸ **Bruttodarstellung**

Der unrealisierte Ertrag von 20 aus dem Sicherungsgeschäft wird wegen **Nichtanwendung** von § 252 Abs. 1 Nr. 4 HGB aktivisch ausgewiesen, das Darlehen in **Anwendung** von § 256a HGB und § 253 Abs. 1 HGB mit 120 bewertet. Der Saldo beider Positionen ist -100.

---

1 IDW RS HFA 35, Tz. 65 ff.

2 So die Begrifflichkeit in der Begründung des RegE des BilMoG.

3 So *Arbeitskreis Externe Rechnungslegung*, DB 1997 S. 637 ff.

4 Vgl. mit ausführlicher Begründung *Patek*, DB 2010 S. 1077 ff.; daneben *Schmidt*, BB 2009 S. 882 ff.; *Wiechens/Helke*, DB 2009 S. 1333 ff.; nun auch IDW RS HFA 35, Tz. 75 ff.

ALTERNATIVE 2 ▶ **Nettodarstellung**

Der unrealisierte Ertrag aus dem Sicherungsgeschäft wird in **Anwendung** von § 252 Abs. 1 Nr. 4 HGB nicht aktiviert, das Darlehen wegen **Nichtanwendung** von § 256a HGB und § 253 Abs. 1 HGB mit 100 passiviert. Der Saldo beider Positionen ist -100.

Die Entscheidung für die Bruttodarstellung tangiert nicht die **GuV.** Hier **können** Ertrag und Aufwand u. E. im Umfang der Effektivität saldiert werden,[1] eine unsaldierte Darstellung ist bei Einsatz der Bruttomethode aber ebenfalls zulässig.

Probleme kann die Bruttomethode bei **Portfolio- und Makro-Hedges** bei einer **Werterhöhung des Grundgeschäfts** bereiten: 65

- ► Entspricht die (auf die gesicherte Risikovariable zurückzuführende) Werterhöhung des Portfolios der Grundgeschäfte mit umgekehrtem Vorzeichen der Wertänderung des Sicherungsgeschäfts, stellt sich nur bei der Bruttomethode die Frage, ob die Werterhöhung der Grundgeschäfte als Sammelposten erfasst werden kann oder den einzelnen Grundgeschäften quotal zuzuordnen ist. Unseres Erachtens sind beide Vorgehensweisen zulässig.
- ► Bei der Nettomethode bleibt es hingegen beim Ansatz der Grundgeschäfte zu Anschaffungskosten, weil im Gegenzug der negative Wert des Sicherungsgeschäfts nicht bilanziert wird. Das Problem der Aufteilung oder Zuordnung der Wertsteigerung stellt sich also nicht.

Entsprechendes gilt für **Wertminderungen** des gesicherten Portfolios, denen eine (aus Sicht des Unternehmens) positive Wertentwicklung des Sicherungsgeschäfts gegenübersteht:

- ► Bei der Bruttomethode ist die Wertminderung der Grundgeschäfte als Sammelposten oder über quotale Zuordnungen zu erfassen und daneben das Sicherungsgeschäft mit seinem positiven Wert zu bilanzieren.
- ► Bei der Nettomethode bleibt es hingegen beim Ansatz der Grundgeschäfte zu Anschaffungskosten.

Strittig ist, ob das Methodenwahlrecht auch für den *Cashflow-Hedge* schwebender oder erwarteter Transaktionen gilt (→ Rz. 17 f.). Berechtigte Bedenken gegen eine Bruttodarstellung[2] bestehen hier jedenfalls bei Absicherung von Anschaffungsgeschäften. 66

BEISPIEL ▶ Zur Absicherung einer für den Erfüllungszeitpunkt 30.6.03 kontrahierten Beschaffung von Flugzeugen in US-Dollar kauft U am 1.7.01 mit gleicher Fälligkeit 100 Mio. USD auf Termin. Kassakurse und Terminkurse werden vereinfachend als identisch unterstellt und entwickeln sich wie folgt:

	1.7.01	**31.12.01**	**31.12.02**	**30.6.03**
Kassakurs = Terminkurs	1,00	0,90	0,80	0,70
Drohender Verlust (Mio. €)		10	20	

Am 31.12.01 und 31.12.02 droht aus dem Devisentermingeschäft ein Verlust, der nach der Nettomethode nicht zu passivieren wäre. Nach der Bruttomethode müsste im Gegenzug ein erwarteter Gewinn (aus dem Sinken der Beschaffungspreise in Euro) aktiviert werden. Den Ansatz eines solchen Gewinns verhindert nicht das Imparitätsprinzip – dies wäre durch § 254 HGB ausgesetzt –, sondern ein anderer Umstand: Der erwartete Vorteil besteht in der Minderung von Anschaffungskosten gegenüber dem ursprünglich kalkulierten Wert. Wie die Anschaffung selbst ist aber auch die (erhoffte) Minderung

1 So nun auch IDW RS HFA 35, Tz. 81.

2 Vgl. *Schmidt*, BB 2009 S. 882 ff.

von Anschaffungskosten ein erfolgsneutraler Vorgang. Ein bei Aussetzung des Imparitätsprinzips ansatzfähiger, unrealisierter Gewinn liegt überhaupt nicht vor.

Wird anders als im Beispiel nicht ein schon kontrahiertes schwebendes, sondern ein lediglich (mit hoher Wahrscheinlichkeit) **erwartetes Geschäft** abgesichert (antizipativer *Hedge*, → Rz. 40), gilt jedenfalls: Der erwartete Vorteil aus dem Grundgeschäft ist weder Vermögensgegenstand noch Rechnungsabgrenzungsposten und damit gem. § 246 Abs. 1 Satz 1 HGB nicht aktivierungsfähig (→ § 246 Rz. 12 ff.).[1] Nur die Nettomethode kann in diesem Fall zur Anwendung gelangen.

3. Umfang und Zeitraum des Risikoausgleichs

3.1 Effektiver und ineffektiver Teil

67 Bei Bildung einer Bewertungseinheit sind „§ 249 Abs. 1 HGB, § 252 Abs. 1 Nr. 3 und 4 HGB, § 253 Abs. 1 Satz 1 HGB sowie § 256a HGB in dem **Umfang** und für den **Zeitraum** nicht anzuwenden, in dem die gegenläufigen Wertänderungen oder Zahlungsströme sich **ausgleichen**" (→ Rz. 60). Angesprochen ist damit erneut die **Effektivitätsfrage,** nun aber nicht (nur) aus prospektiver Sicht als Tatbestandsvoraussetzung für die Bildung einer Bewertungseinheit (→ Rz. 47), sondern rechtsfolgenseitig und damit (vorrangig) **retrospektiv.**

Nur „im Umfang des Ausgleichs" kann auf den sonst gebotenen Ansatz einer Drohverlustrückstellung, die sonst gebotene Niederstwertabschreibung etc. verzichtet werden. Zum Bilanzstichtag ist demzufolge festzustellen, im welchem Maße der Sicherungszusammenhang

- (noch) effektiv ist und daher Drohverluste etc. nicht anzusetzen sind,
- nicht (mehr) effektiv ist und daher Drohverluste etc. zu bilanzieren sind.

BEISPIEL Am 1.7.01 nimmt U ein USD-Darlehen über 10 Mio. €, fällig in zwei Jahren, auf und kauft zur Sicherung gleichzeitig 11 Mio. USD auf Termin mit gleicher Fälligkeit. Vereinfachend wird die Identität von Termin und Kassakurs angenommen. Die Kurse sind wie folgt:

1.7.01	1 €/1 USD
31.12.01	0,9 €/1 USD

Aus dem Darlehen ergibt sich per 31.12.01 ein unrealisierter Ertrag von 1 Mio. €, da nach Stichtagsverhältnissen nicht mehr 10 Mio. €, sondern 0,9 · 10 Mio. = 9 Mio. € als Tilgungsbetrag erwartet werden.

Aus dem Devisentermingeschäft droht per 31.12.01 ein Verlust, der sich wie folgt errechnet:

Nach dem kontrahierten Kurs für 11 Mio. USD aufzuwenden:	11 Mio. €
Nach Stichtagskurs aufzuwenden (= 0,9 · 11 Mio. €)	9,9 Mio. €
Drohender Verlust	1,1 Mio. €

BEURTEILUNG Mit einem Anteil von 10 Mio. € (= 10/11) ist der Terminkontrakt sicherungseffektiv und gleicht die gegenläufige Wertentwicklung des Darlehens aus, mit einem Anteil von 1 Mio. € (1/11) ist er nicht effektiv.

Der drohende Verlust von 1,1 Mio. € ist demzufolge aufzuspalten in

- einen effektiven Teil von 10/11 · 1,1 Mio. € = 1 Mio. € und
- einen ineffektiven Teil von 1/11 · 1,1 Mio. € = 0,1 Mio. €.

U erfasst einen Aufwand von 0,1 Mio. € und hat dabei gem. → Rz. 63 folgende Ausweisalternativen:

1 IDW RS HFA 35, Tz. 77.

BRUTTODARSTELLUNG

per Darlehen	1,0 Mio. €	an	Ertrag	1,0 Mio. €
per Aufwand	1,1 Mio. €	an	Drohverlustrückstellung	1,1 Mio. €

mit der Möglichkeit der Saldierung von Aufwand und Ertrag in der GuV.

NETTODARSTELLUNG:

per Aufwand	0,1 Mio. €	an	Drohverlustrückstellung	0,1 Mio. €

Das IDW sieht die bilanzielle Erfassung des Aufwands aus dem ineffektiven Teil als **„Rückstellung für Bewertungseinheiten"** unter dem Posten „sonstige Rückstellungen" vor.[1] Jedenfalls wenn das Sicherungsinstrument – wie im vorstehenden Beispiel – ein schwebendes Geschäft ist, sollte u. E. aber deutlich werden, dass es sich dabei um eine **„Rückstellung für drohende Verluste"** handelt.[2] 68

Einen Vorrang der allgemeinen Vorschriften sehen wir auch, wenn sich aus dem Sicherungsgeschäft ein unrealisierter Ertrag, aus dem Grundgeschäft hingegen eine **Abwertung** (bei Aktiva) oder **Höherbewertung** (bei Passiva) ergibt. Hierzu kann das Beispiel aus → Rz. 68 wie folgt variiert werden:

BEISPIEL Am 1.7.01 nimmt U ein USD-Darlehen über 11 Mio. €, fällig in zwei Jahren, auf und kauft zur Sicherung gleichzeitig 10 Mio. USD auf Termin mit gleicher Fälligkeit. Vereinfachend wird die Identität von Termin- und Kassakurs angenommen. Die Kurse sind wie folgt:

1.7.01	1 €/1 USD
31.12.01	1,1 €/1 USD

Aus dem Darlehen ergibt sich per 31.12.01 ein unrealisierter Verlust von 1,1 Mio. €, da nach Stichtagsverhältnissen nicht mehr 11 Mio. €, sondern 1,1 · 11 Mio. = 12,1 Mio. € als Tilgungsbetrag erwartet werden.

Aus dem Devisentermingeschäft wird per 31.12.01 ein Gewinn erwartet, der sich wie folgt errechnet:

Nach dem kontrahierten Kurs für 11 Mio. USD aufzuwenden	11 Mio. €
Nach Stichtagskurs aufzuwenden (= 11 Mio. USD/1,1)	10 Mio. €
Erwarteter Gewinn	1 Mio. €

BEURTEILUNG Mit einem Anteil von 10 Mio. € (= 10/11) ist das Darlehen effektiv abgesichert, mit einem Anteil von 1 Mio. € (1/11) nicht.

Die nach Imparitätsprinzip notwendige Höherbewertung um 1,1 Mio. € ist demzufolge aufzuspalten in:

- einen effektiven abgesicherten Teil von 10/11 · 1,1 Mio. € = 1 Mio. € und
- einen ineffektiven Teil von 1/11 · 1,1 Mio. € = 0,1 Mio. €.

U erfasst einen Aufwand von 0,1 Mio. € und hat dabei gem. → Rz. 63 folgende Ausweisalternativen:

BRUTTODARSTELLUNG

per Termingeschäft	1,0 Mio. €	an	Ertrag	1,0 Mio. €
per Aufwand	1,1 Mio. €	an	Darlehen	1,1 Mio. €

mit der Möglichkeit der Saldierung von Aufwand und Ertrag in der GuV.

1 IDW RS HFA 35, Tz. 82.

2 Vgl. *Lüdenbach/Freiberg*, BB 2010 S. 2653 ff.; ähnlich *Scharpf* in Küting/Pfitzer/Weber (Hrsg.), Handbuch der Rechnungslegung, Einzelabschluss, 5. Aufl., § 254 Tz. 354 ff.

NETTODARSTELLUNG

per Aufwand	0,1 Mio. €	an	Darlehen	0,1 Mio. €

Die sog. „Rückstellung für Bewertungseinheiten" wird auch in diesem Fall nicht benötigt.

69 Der aus der Ineffektivität der Sicherungsbeziehung resultierende **Aufwand** kann in der **GuV** statt unter dem sonst gebotenen Posten (sonstige betriebliche Aufwendungen, Abschreibungen auf Finanzanlagen etc.) wahlweise auch unter dem Posten erfasst werden, in dem die Wertänderung des Grundgeschäfts erfasst wird.[1]

70 Hinsichtlich der Häufigkeit des Effektivitätsnachweises bleibt die Gesetzesvorgabe unbestimmt. Nach großzügiger Auffassung des IDW ist (als Mindestanforderung) ein Effektivitätsnachweis lediglich zu jedem Bilanzstichtag erforderlich.[2] Unbedenklich erscheint dies allerdings nur für den Fall einer Identität aller wesentlichen Ausgestaltungsmerkmale des Grund- und des Sicherungsgeschäfts (→ Rz. 40) zu sein, da hier ein quantitativer Nachweis sowieso entfällt. In allen anderen Fällen halten wir eine quartalsweise (alle drei Monate) Überprüfung der prospektiven und retrospektiven Effektivität für angezeigt, bei Erstellung von Zwischenabschlüssen jedenfalls für verpflichtend.

3.2 Methoden zur Bestimmung des (in-)effektiven Teils

3.2.1 Einfache Dollar-Offset-Methode (*„Change in fair value"*-Methode)

71 Zur Bestimmung der Effektivität bzw. der effektiven und der ineffektiven Teile kommen die gleichen Methoden infrage, die auch bei der prospektiven Effektivitätsbeurteilung Anwendung finden (→ Rz. 51). Bei ausschließlich auf **Wertänderungen** zielenden Sicherungen *(„Fair value"-Hedge)* kann vorrangig die einfache Dollar-Offset-Methode angewandt werden. Im Beispiel unter → Rz. 67 ist dies implizit geschehen. Explizit würde die Rechnung dort wie folgt aussehen:

BEISPIEL

$$\frac{\text{Wertänderung Darlehen}}{\text{Wertänderung Termingeschäft}} = \frac{-1}{1{,}1} = 90{,}91\,\%$$

somit effektiv (kein Aufwand)	90,91 %	1,1 Mio	=	1,0
somit ineffektiv (Aufwand)	9,09 %	1,1 Mio	=	0,1

3.2.2 Hypothetische-Derivate-Methode

72 Die Anwendung der einfachen Dollar-Offset-Methode (→ Rz. 51) kann jedoch Probleme bei der Beurteilung von Bewertungseinheiten bereiten, die vorrangig der **Zahlungsstromsicherung** dienen.

So wird sich im Falle der Absicherung der variablen Zinsrisiken eines Darlehens mittels eines Zinsswaps (mit dem die variablen Zinsen aus dem Grundgeschäft gegen feste Zinsen ge-

1 IDW RS HFA 35, Tz. 84.
2 IDW RS HFA 35, Tz. 40.

tauscht werden) u.U. auch bei perfekten Sicherungsbeziehungen mathematisch eine nicht hinreichende retrospektive Effektivität ergeben:

- Die Ursache hierfür liegt in der Logik der **Dollar-Offset-Methode.** Sie sieht den **Vergleich** der **Zeitwertänderungen** aus dem Grund- und dem Sicherungsgeschäft vor,
- obwohl das **Ziel** eines *Cashflow-Hedge* nicht in der Absicherung von Zeitwertänderungen, sondern von **Zahlungsstromänderungen** besteht.

Bei genauerer Betrachtung des Effektivitätstests nach der Dollar-Offset-Methode ergibt sich für die Absicherung eines variabel verzinslichen Darlehens durch einen Zinsswap dann folgendes Bild: 73

1. Das **Grundgeschäft** weist lediglich **eine einzige Zahlungsstruktur** auf, die künftigen variablen Zins-*Cashflows*. Für diese wäre nach der Dollar-Offset-Methode der Zeitwert zu berechnen. Die (kumulierten) Änderungen des Zeitwerts würden in den Effektivitätstest einfließen.
2. Der **Zinsswap** weist hingegen **zwei Zahlungsstrukturen** auf:
   - die künftigen variablen Zins-*Cashflows* (das sog. *floating leg*) des Zinsswaps, der die variablen Zins-*Cashflows* des Grundgeschäfts kompensiert und
   - die fixen Zins-*Cashflows* (der sog. *fixed leg*) des Zinsswaps;
   - der Zeitwert des Swaps ergibt sich aus der Kombination beider Zahlungsströme,
   - die (kumulierten) Änderungen beider Zeitwertkomponenten würden in den Effektivitätstest einfließen.
3. Bei perfekter Absicherung entsprechen sich nur die Zeitwerteffekte aus dem variablen *leg* des Zinsswaps und aus dem Grundgeschäft. Bei ausschließlicher Einbeziehung dieser beiden Effekte in die Effektivitätsmessung ergäbe sich eine Effektivität von 100 %. Probleme ergeben sich aber daraus, dass auf Seiten des Zinsswaps die Änderung des *fixed leg* hinzukommt. Hieraus kann sich bei Anwendung der Dollar-Offset-Methode für den perfekten *Cashflow-Hedge* eine rechnerische Ineffektivität ergeben. Ein **scheinbar drohender Verlust** aus dem Swap wäre mit diesem ineffektiven Teil zu passivieren.

Vergleichbare Probleme wie beim Zinsswap bereitet die einfache Dollar-Offset-Methode bei der Absicherung von Fremdwährungsposten oder erwarteten Zahlungen in Fremdwährung durch **Devisentermingeschäfte.** Der Terminkurs ergibt sich nicht einfach aus dem Kassakurs, sondern enthält eine sog. **Zinskomponente,** die sich aus der Zinsdifferenz zwischen den beiden beteiligten Währungen ergibt. Je höher die Zinsdifferenz und je länger die (Rest-)Laufzeit des Termingeschäfts, umso stärker weichen Termin- und Kassakurs daher voneinander ab. 74

BEISPIEL Zur Absicherung der Rückzahlung eines am 1.7.01 aufgenommenen, in zwei Jahren fälligen USD-Darlehens über 100 TUSD kauft U am gleichen Tag und mit gleicher Fälligkeit 100 TUSD auf Termin. Der Kassakurs am 1.7.01 beträgt 1 €/1 USD. Der Dollar sinkt bis zum 31.12.01 auf 0,9 €/1 USD. Nachfolgend werden unter der Annahme einer Zinsdifferenz von 3 % zwischen beiden Währungen die Entwicklung des Terminkurses sowie der Zeitwert von Darlehen und Termingeschäft dargestellt:

		1.7.01	31.12.01
	Zinsdifferenz (€ - USD)	0,03	0,03
·	Kassakurs	1,00	0,90
·	Vertragslaufzeit	2,0	1,5
=	Swapsatz	0,06	0,0405
+	Kassakurs	1,00	0,90
=	Terminkurs	1,0600	0,9405

Veränderung zum 1.7.01		-0,1195
· 100		100
= Marktwert Derivat	0,00	-11,95
Marktwert Verbindlichkeit	-100,00	-90,00
Veränderung zum 1.7.01		10,00

Zeitwertänderung des Terminkontrakts (bei anfänglicher Ausgeglichenheit zugleich drohender Verlust) und des Darlehens gleichen sich nicht 100%ig aus.

75 Zur Vermeidung derartiger Effekte kann die Dollar-Offset-Methode in anderer Form angewandt werden. Statt der oben beschriebenen sog. *„Change in fair value"*-Methode (einfache Dollar-Offset-Methode) gelangt die **Hypothetische-Derivate-Methode** zur Anwendung, die ihren Ursprung in IAS 39.IG.F.5.5. hat. Dabei wird die Berechnung der in den Effektivitätstest eingehenden Zeitwertänderung des gesicherten Zahlungsstroms mithilfe eines hypothetischen Derivats ermittelt, das als Stellvertreter für die gesicherten Zahlungsströme fungiert:

- Bei einem ausgereichten variabel verzinslichen Darlehen ist das hypothetische Derivat etwa ein *payer swap* (zahle fix, erhalte variabel) mit gleichen *critical terms* wie das Grundgeschäft (Volumen, Laufzeit, Referenzzins, Zinsanpassungstermine etc.).
- Bei Absicherung einer geplanten Rückzahlung eines Fremdwährungsdarlehens dient als hypothetisches Derivat ein Verkauf der Fremdwährung auf Termin mit gleichen *critical terms* (Volumen, Fälligkeit, Währung).

Da dieses hypothetische Derivat wie das tatsächliche Sicherungsderivat ebenfalls einen *fixed leg* aufweist (Zinsswap) bzw. eine Zinskomponente enthält (Devisentermingeschäft), werden die unter → Rz. 73 f. beschriebenen Störeffekte ausgeglichen (vgl. zur Anpassung des EURIBOR durch die IBOR-Reform → Rz. 88b).

BEISPIEL U hat am 1.1.01 ein variabel verzinsliches Darlehen über 1 Mio. € mit Fälligkeit zum 31.12.03 ausgereicht, für das der Darlehensnehmer den Sechs-Monats-EURIBOR zahlt. Da U mit einem Rückgang der Zinsen und dadurch mit einem Rückgang des Zinsertrags aus dem Darlehen rechnet, schließt er mit seiner Bank gleichzeitig einen marktgerechten *Receiver*-Zinsswap über nominal 10 Mio. € mit Laufzeit ebenfalls bis zum 31.12.03 ab, aus dem er einen Festzinssatz von 3 % erhält und den Sechs-Monats-EURIBOR zahlt. Bei Abschluss der Geschäfte beträgt der Sechs-Monats-EURIBOR 3 %; die nächste Zinsanpassung erfolgt am 1.1.02.

Das für die Messung der retrospektiven Effektivität erforderliche, an Stelle des Grundgeschäfts (ausgereichtes variabel verzinsliches Darlehen) tretende hypothetische Derivat ist ein *payer swap* über 10 Mio. € mit einer Laufzeit vom 1.1.01 bis 31.12.03, aus dem (hypothetisch) ein fester Zins von 3 % zu zahlen ist und (hypothetisch) der Sechs-Monats-EURIBOR empfangen wird.

Im Weiteren werden die Zinsentwicklung, die tatsächlichen Zahlungen und der Zeitwert (Barwert) dargestellt:

1. Einnahmen aus dem ausgereichten Darlehen

Stichtag	1.1.01	31.12.01	31.12.02	31.12.03
Zinssatz	3,0 %	4,0 %	3,5 %	
Einnahme		30.000	40.000	35.000

2. *receiver swap* (tatsächliches Sicherungsderivat)

Stichtag	1.1.01	31.12.01	31.12.02	31.12.03
Zinssatz	3,0 %	4,0 %	3,5 %	
Tatsächliche Zahlung		0	-10.000	-5.000
Erwartete Zahlungsreihe	1.1.01	0	0	0
Barwert	0			
Erwartete Zahlungsreihe		31.12.01	-10.000	-10.000
Barwert		**-18.861**		
Erwartete Zahlungsreihe			31.12.01	-5.000
Barwert			**-4.831**	

3. Zahlungssaldo

Stichtag	1.1.01	31.12.01	31.12.02	31.12.03
Zinssatz	3,0 %	4,0 %	3,5%	
Einnahmen Darlehn		30.000	40.000	35.000
Ausgaben Swap		0	-10.000	-5.000
Saldo		30.000	30.000	30.000

4. *payer swap* (hypothetisches Derivat)

Stichtag	1.1.01	31.12.01	31.12.02	31.12.03
Zinssatz	3,0 %	4,0 %	3,5 %	
Barwert	0	**+18.861**	**+4831**	0

Die **retrospektive Effektivität** bestimmt sich auf Basis der kumulierten Wertänderungen (also der Barwerte) wie folgt:

31.12.01:	18.861/18.861	= 100 %
31.12.02 (kumuliert):	4.831/4.831	= 100 %
31.12.03 (kumuliert):	0/0	= 100 %

Über den Umweg des hypothetischen Derivats wird zu jedem Zeitpunkt eine 100%ige Effektivität dargestellt. Der drohende Verlust aus dem tatsächlichen Derivat wird daher zu keinem Zeitpunkt bilanziert.

3.2.3 Qualitative Beurteilung statt Scheinquantifizierung

Die Hypothetische-Derivate-Methode (→Rz. 75) **kann** auch nach HGB angewandt werden, da das Gesetz keine Vorschriften über die Methode zur Ermittlung der Effektivität enthält, die Auswahl der Methode vielmehr dem Ermessen des Unternehmens überlässt. Die Auswahl einer international anerkannten Methode liegt im Rahmen dieses Ermessens. 76

Fraglich ist aber, ob die Methode angewandt werden **muss,** ob insbesondere bei nach *critical terms match* (→ Rz. 50) perfekten Sicherungsbeziehungen der Umweg über die Mathematik der Hypothetische-Derivate-Methode zwingend ist. Zur Beantwortung muss noch einmal auf IAS 39 Bezug genommen werden. Dieser erkannte zwar für die Bestimmung der prospektiven Effektivität einen *critical terms match* als ausreichend an, verlangte aber bei der Bestimmung der retrospektiven Effektivität einen quantitativen Test. Da dieser Test im Falle des Zinsswaps oder der Sicherung von Fremdwährungszahlungsströmen aus den vorgenannten Gründen in 77 direkter Gegenüberstellung von Grundgeschäft und Sicherungsgeschäft nicht aufgeht, wurde an die Stelle des Grundgeschäfts ein hypothetisches Derivat gesetzt. Dieses hypothetische Derivat steht aber wiederum in keiner mathematischen „Eins zu eins"-Beziehung zum Grundgeschäft, sondern in einer qualitativen nach Maßgabe der *critical terms.*

Die logische Struktur der Hypothetische-Derivate-Methode ist bei perfekten Sicherungsbeziehungen dann nur bei **oberflächlicher** Betrachtung wie folgt:

I. Das hypothetische Derivat entspricht dem Grundgeschäft.

II. Der Zusammenhang von hypothetischem Derivat und Sicherungsgeschäft ist (vollständig) effektiv.

Folgerung aus (I.) und (II.):

III. Der Zusammenhang von Grundgeschäft und Sicherungsgeschäft ist (vollständig) effektiv.

78 Bei **näherer** Betrachtung sind die in den einzelnen Sätzen angenommenen Relationen aber zu spezifizieren. Die unter Punkt I angenommene Entsprechung von hypothetischem Derivat und Grundgeschäft ist **qualitativ,** auf Basis von *critical terms,* die in Punkt II ermittelte Effektivität hingegen **quantitativ.** Aus der Verknüpfung einer qualitativen und einer quantitativen Aussage folgt aber keine quantitative Aussage. Es gilt nach den Regeln der **Aussagen- und Messlogik** vielmehr: Das niedrigste Skalenniveau im Prämissenzusammenhang determiniert das Skalenniveau des Gesamtergebnisses. Insoweit ist die logische Struktur wie folgt anzupassen:

I. Das hypothetische Derivat entspricht in **qualitativer** Betrachtung dem Grundgeschäft.

II. Der Zusammenhang von hypothetischem Derivat und Sicherungsgeschäft ist in **quantitativer** Betrachtung vollständig effektiv.

Folgerung aus (I.) und (II.):

III. Der Zusammenhang von Grundgeschäft und Sicherungsgeschäft ist in **qualitativer** Betrachtung **vollständig** effektiv.

Die Hypothetische-Derivate-Methode ist im Falle qualitativ perfekter Sicherungen daher gewissermaßen ein **Griff in die Trickkiste.** Mit erheblichem Dokumentations- und Rechenaufwand wird der Eindruck erweckt, eine quantitative Bestimmung der retrospektiven Effektivität zu erbringen. Das Ergebnis der quantitativen Analyse kann dann nicht mehr verwundern:

- Tritt an die Stelle des durch einen *receiver swap* gesicherten ausgereichten variabel verzinslichen Darlehens ein *payer swap* als hypothetisches Derivat, so vergleicht der quantitative Effektivitätstest in der Gegenüberstellung von Sicherungsderivat *(receiver swap)* und hypothetischem Derivat *(payer swap)* zwei perfekt spiegelbildliche Geschäfte und muss notwendig zu einer Effektivität von 100 % führen.
- Tritt an die Stelle der durch einen Devisenterminkauf gesicherten Rückzahlung eines Fremdwährungsdarlehens als hypothetisches Derivat ein Devisenterminverkauf, so ist es nicht verwunderlich, wenn die anschließende mathematische Analyse zu dem Ergebnis gelangt, dass sich Sicherungsderivat (Devisenterminkauf) und hypothetisches Derivat (Devisenterminverkauf) zu 100 % ausgleichen.

79 Da im **Handelsrecht** eine explizite Vorgabe zur Bestimmung der retrospektiven Effektivität fehlt, mithin **kein Zwang zur Scheinquantifizierung** gegeben ist, muss die Hypothetische-Derivate-Methode auf schon nach qualitativer Beurteilung perfekte Sicherungsbeziehungen u. E. nicht angewandt werden. Das qualitative Urteil reicht aus.

Als möglicherweise **sinnvoller Anwendungsbereich** der Hypothetische-Derivate-Methode bleiben dann die Fälle **nicht perfekter Sicherung,** also etwa die Sicherung eines variabel verzinslichen Darlehens mit monatlicher Zinsanpassung durch einen Swap mit jährlicher Zinsanpassung, oder die Sicherung einer für den 1.8.02 erwarteten Beschaffung in Fremdwährung durch einen auf den 1.7.02 abgeschlossen Devisenterminkauf. Hier liefert die Hypothetische-Derivate-Methode ein (qualitativ überformtes) mathematisches Modell für die Abgrenzung von effektivem und ineffektivem Teil.

3.3 Die Bemessung potenzieller Verluste oder Wertminderungen

Die Vorschriften des § 254 HGB ermöglichen es, einen drohenden Verlust oder eine Wertminderung im Umfang der Sicherung nicht zu erfassen. Der Trennung in effektiven und ineffektiven Teil **logisch vorgeschaltet** ist damit die Frage, in welcher Höhe **überhaupt** ein Verlust oder eine Wertminderung droht. Diese Frage ist nicht trivial, wie das Beispiel der Währungssicherung zeigt: 80

BEISPIEL ▸ Zur Absicherung der Rückzahlung eines am 1.7.01 aufgenommenen, in zwei Jahren fälligen USD-Darlehens von 100 TUSD kauft U am gleichen Tag und mit gleicher Fälligkeit 100 TUSD auf Termin. Der Kassakurs am 1.7.01 beträgt 1 €/1 USD. Der Dollar sinkt bis zum 31.12.01 auf 0,9 €/1 USD. Nachfolgend unter der Annahme einer Zinsdifferenz von 3 % zwischen beiden Währungen die Entwicklung des Terminkurses sowie der Zeitwert von Darlehen und Termingeschäft:

		1.7.01	31.12.01
	Zinsdifferenz (€ - USD)	0,03	0,03
	Kassakurs	1,00	0,90
·	Vertragslaufzeit	2,0	1,5
=	Swapsatz	0,06	0,0405
+	Kassakurs	1,00	0,90
=	Terminkurs	1,0600	0,9405
	Veränderung zum 1.7.01		-0,1195
·	100		100
=	Marktwert Derivat	0,00	-11,95
	Marktwert Verbindlichkeit	-100,00	-90,00
	Veränderung zum 1.7.01		10,00

Der Marktwert des Derivats am 31.12.01 beträgt -11,95. Fraglich ist aber, ob in dieser Höhe auch ein Verlust droht.

Zur **Ermittlung des drohenden Verlusts** kommen folgende Ansätze infrage: 81

- Der **Terminkurs** des **Bilanzstichtags** wird mit dem **Kontraktkurs** (ursprünglicher Terminkurs) verglichen. Bei zwischen Fremden anzunehmender anfänglicher Ausgeglichenheit des Geschäfts entspricht dies dem **negativen Marktwert** (von 11,95 im Beispiel unter → Rz. 80). Dieser kann wie folgt interpretiert werden: Wenn das Unternehmen das alte Termingeschäft am Stichtag ablösen würde, müsste es hierfür den negativen Marktwert an den Kontraktpartner zahlen.
- Der **Kassakurs des Bilanzstichtags** wird mit dem **Kontraktkurs** (ursprünglicher Terminkurs) verglichen. Der sich danach ergebende Verlust (im Beispiel von 16) kann wie folgt interpretiert werden: Wenn der Devisenterminkauf bereits am Stichtag fällig wäre, müsste U an den

Kontraktpartner den Kontraktkurs zahlen (im Beispiel 106), obwohl er die Devisen auf dem Kassamarkt für einen niedrigeren Preis beschaffen könnte (im Beispiel 90).

- Der **Kassakurs** des **Bilanzstichtags** wird mit dem **Kassakurs** bei **Abschluss** des Kontrakts verglichen. Hiernach ergäbe sich ein Verlust in Höhe der Änderung des Kassakurses (im Beispiel von 10). Er kann wie folgt interpretiert werden: Die Zinskomponente des Devisentermingeschäfts ist ein Ausgleich für die bei den Vertragsparteien entstehenden Vor- und Nachteile, die sich unter Beachtung der Zinsdifferenz zwischen beiden Währungsgebieten im Vergleich zwischen sofortiger und späterer Devisenübertragung ergeben. Diese Zinsdifferenz (im Beispiel 6) ist daher kein Drohverlust der einen oder unrealisierter Gewinn der anderen Seite, sondern Zinsertrag oder Zinsaufwand, der über die Laufzeit zu verteilen ist. Nach Bereinigung um die Zinsdifferenz bleibt nur noch die Kassakomponente des Termingeschäfts (gleich Kassakurs bei Abschluss) zum Vergleich mit dem Kassakurs des Stichtags.

Unseres Erachtens ist die dritte Methode aus folgenden Gründen vorzuziehen:

- Gegen die **erste Methode** spricht, dass – anders als nach IFRS – (Sicherungs-)Derivate handelsrechtlich **nicht** zum ***fair value*** zu erfassen sind. Entscheidend ist handelsrechtlich nicht der Zeitwert *(fair value)*, sondern die Höhe eines drohenden Verlusts. Nach allgemeinen Grundsätzen droht aus einem schwebenden Beschaffungsgeschäft (hier Beschaffung von Devisen) ein Verlust, wenn der Kontraktpreis höher als der Stichtagspreis ist. Dies entspricht nicht dem ersten, sondern dem zweiten Ansatz.
- Die **zweite Methode** ignoriert aber die im Kontraktpreis enthaltene **Zinskomponente** (→ Rz. 74). Sie würde daher bereits zum Zeitpunkt des Kontraktschlusses wegen der zinsbedingten Differenz von Kassa- und Terminkurs zu einem Verlust oder Gewinn ***(day one loss or gain)*** führen und damit im Gegensatz zu einem weiteren Grundsatz der Drohverlustrückstellungen stehen: Bei zwischen Fremden im Zeitpunkt des Vertragsschlusses anzunehmender Ausgeglichenheit des Geschäfts droht zu diesem Zeitpunkt noch kein Verlust.

BEISPIEL ► Bei ansonsten gleichen Daten (wie im Beispiel unter → Rz. 80) ist der Bilanzstichtag des U nicht der 31.12., sondern der 1.7. Am 1.7.01 hat U bei einem Kassakurs von 1,0 €/1 USD für einen in zwei Jahren fälligen Devisenterminkauf einen fremdüblichen Preis von 1,06 €/USD akzeptiert, der sich eben aus dem Zinsdifferential der Währungen erklärt. Das schwebende Geschäft ist mithin marktüblich, d. h. im Zeitpunkt des Abschlusses ausgeglichen. Die Gegenüberstellung von Kassakurs 1.7.01 und Terminkurs 1.7.01 würde demgegenüber zu einem *day one loss* von 6 TUSD führen.

- Die Schwierigkeiten des zweiten Ansatzes werden vermieden, wenn i. S. der **dritten Methode** die **anfängliche Differenz** (im Beispiel 6) zwischen Terminkurs und Kassakurs als Zins interpretiert und über die **Laufzeit verteilt** wird.[1] Als Bezugsgröße für den Kassakurs des Stichtags bleibt dann die Kassakomponente des Termingeschäfts, d. h. der ursprüngliche Kassakurs.

82 Unsere Präferenz für die dritte Lösung entspricht bei ***Cashflow-Hedges*** auch dem **Sicherungsziel.** Ein Verlust in Höhe des negativen Marktwerts oder der Differenz von Kontrakt- und Kassakurs würde am Stichtag nur drohen, wenn die Ablösung des Terminkontrakts beabsichtigt wäre. Tatsächlich ist der Terminkontrakt in dem vorgenannten Beispiel (→ Rz. 80) aber nicht mit vorzeitiger Ablösungs- oder Veräußerungsabsicht abgeschlossen worden. Er dient nicht der Absicherung eines Zahlungsstroms oder eines Zeitwerts am Bilanzstichtag, sondern der eines erwarteten oder bereits

1 Dies a) befürwortend bzw. b) zulassend a) *Prahl/Naumann* in v. Wysocki/Schulze-Osterloh/Hennrichs/Kuhner (Hrsg.), Handbuch des Jahresabschlusses, Abt. II/10 Tz. 77, und IDW RS BFA 6, Tz. 17; b) *Schubert* in Beck'scher Bilanz-Kommentar, 13. Aufl. 2022, § 249 Tz. 130.

feststehenden Zahlungsstroms zum späteren Fälligkeitstermin. Wenn für diese Absicherung wegen der Zinsdifferenz eine Prämie zu zahlen ist (oder bei umgekehrter Richtung der Zinsdifferenz vereinnahmt wird), ist deren Aufteilung auf die Laufzeit sachgerecht.

3.4 Effektivität bei der Zahlungsstromsicherung von Fremdwährungsgeschäften

Für die Zahlungsstromsicherung (*Cashflow-Hedge;* → Rz. 40) enthält § 254 HGB folgende Vorgabe: 83
Werden Vermögensgegenstände, Schulden, schwebende Geschäfte oder mit hoher Wahrscheinlichkeit erwartete Transaktionen zum Ausgleich **gegenläufiger Zahlungsströme** mit Finanzinstrumenten zusammengefasst, sind § 249 Abs. 1 HGB etc. (→ Rz. 60) in dem Umfang und für den Zeitraum nicht anzuwenden, in dem die gegenläufigen Zahlungsströme sich ausgleichen. Bei Absicherung einer für künftige Perioden erwarteten Rückzahlung eines Fremdwährungsdarlehens oder einer Beschaffung von Rohstoffen in Fremdwährung ergibt sich hier folgende Schwierigkeit:

- **Sicherungszweck** ist der Ausgleich von Zahlungsströmen in **zukünftigen Perioden.**
- In der **Anfangsperiode** kommt es aber noch zu **keinen Zahlungsströmen** und demzufolge auch zu keinen **gegenläufigen** Zahlungsströmen.
- Wäre der Zahlungsstromausgleich nur stichtags- bzw. periodenbezogen zu beurteilen, wäre daher ein zum Bilanzstichtag der **Anfangsperiode** drohender Verlust aus dem Sicherungsgeschäft in vollem Umfang anzusetzen.

Nach dem **Regelungszweck** von § 254 HGB wird das Imparitätsprinzip etc. für den Sicherungszusammenhang ausgesetzt, um den ökonomisch unzutreffenden Ausweis endgültig nicht entstehender Verluste und Aufwendungen in Zwischenperioden zu verhindern. Dem entspräche ein solches Vorgehen nicht. Zwei Lösungen des Problems bieten sich an:

- Bei Zahlungsstromsicherung rechtfertigt schon der **erwartete** zukünftige Ausgleich der Zahlungsströme die Aussetzung des Imparitätsprinzips etc.
- Die Zahlungsstromsicherung wird **zugleich** auch als Wertänderungssicherung (*„Fair value"-Hedge;* → Rz. 40) interpretiert, dabei aber als Wertänderung nur die der Kassakomponente betrachtet.

Zur zweiten Lösung das folgende Beispiel:

BEISPIEL Zur Absicherung einer für den 30.6.03 erwarteten Beschaffung von Flugzeugen in USD kauft U am 1.7.01 mit gleicher Fälligkeit 100 Mio. USD auf Termin. Kassakurse und Terminkurse entwickeln sich wie folgt:

	1.7.01	31.12.01	31.12.02	30.6.03
Zinsdifferenz (€ - USD)	0,03	0,03	0,03	0,03
· Kassakurs	1,00	0,90	0,80	0,70
· Vertragslaufzeit	2,0	1,5	0,5	0,0
= Swapsatz	0,06	0,0405	0,012	0
+ Kassakurs	1,00	0,90	0,80	0,70
= Terminkurs	1,06	0,94	0,81	0,70
Veränderung gegenüber 1.7.01		-0,1195	-0,2480	-0,3600
· 100		100	100	100
= Marktwert Derivat	0,00	-11,95	-24,80	-36,00
Wert Kassakomponente Derivat	0,00	-10,00	-20,00	-30,00
AK Flugzeuge in Euro	100,00	90,00	80,00	70,00
Vorteil gegenüber 1.7.01		10,00	20,00	30,00

Bei Berücksichtigung nur der Kassakomponente gilt:

- Der Wert der Kassakomponente des Derivats entspricht zu allen Stichtagen bei umgekehrtem Vorzeichen dem Anschaffungskostenvorteil, der sich aus dem Rückgang des USD ergibt. Die Wertänderungen gleichen sich vollständig aus. Eine Rückstellung ist per 31.12.01 und 31.12.02 nicht zu bilden.
- Die Zinskomponente von 6 Mio. € ist über die Laufzeit zu verteilen.

Es ergeben sich insgesamt folgende Buchungen:

31.12.01:

per Zinsaufwand	1,5 Mio. €	an	Derivat	1,5 Mio. €

31.12.02:

per Zinsaufwand	3,0 Mio. €	an	Derivat	3,0 Mio. €

30.6.03:

per Zinsaufwand	1,5 Mio. €	an	Derivat	1,5 Mio. €
per USD-Konto	70 Mio. €	an	€-Konto	106 Mio. €
per Derivat	6 Mio. €			
per Aufwand	30 Mio. €			
per Flugzeuge	100 Mio. €	an	USD-Konto	70 Mio. €
		an	Aufwand	30 Mio. €

4. Nachträgliches Entstehen einer Sicherungsbeziehung

84 Grund- und Sicherungsgeschäft müssen nicht gleichzeitig begründet werden, bei gleichzeitiger Begründung muss außerdem nicht von Anfang an eine Sicherungsbeziehung gewollt und dokumentiert (Designation) sein.

Bei **zeitlichem Versatz** werden die Regeln des *Hedge-Accountings* erst ab Vorliegen beider Geschäfte und Designation des Sicherungszusammenhangs angewandt.

BEISPIEL Am 1.1.01 nimmt U eine Fremdwährungsanleihe i. H. von 10 Mio. USD, fällig am 31.12.05, auf.

Am 1.1.02 vergibt U seinerseits ein Fremdwährungsdarlehen i. H. von 10 Mio. €, fällig am 31.12.05. Die Kurse und Buchwerte und GuV entwickeln sich wie folgt:

Buchwerte ohne *Hedge*						
	€/USD	Anleihe	Darlehen	Saldo	GuV	Anmerkung
1.1.01	1,0	-100		-100		
31.12.01	1,1	-110		-110	-10	
31.12.02	1,2	-120	110	-10	-10	
31.12.03	1,3	-130	110	-20	-10	
31.12.04	1,4	-140	140	0	20	Restlaufzeit
31.12.05	1,5	-150	150	0	0	≤ 1 Jahr
					-10	

Buchwerte mit *Hedge* (Bruttomethode)					
	€/USD	Anleihe	Darlehen	Saldo	GuV
1.1.01	1,0	-100		-100	
31.12.01	1,1	-110		-110	-10
31.12.02	1,2	-120	120	0	0
31.12.03	1,3	-130	130	0	0
31.12.04	1,4	-140	140	0	0
31.12.05	1,5	-150	150	0	0
					-10

Der Sicherungszusammenhang besteht erst ab 02. Der bis 01 entstandene Aufwand ist vom Sicherungszusammenhang nicht betroffen. Dieser sorgt aber von 02 bis 05 jeweils für ausgeglichene Ergebnisse gegenüber einer volatilen Ergebnisentwicklung ohne *Hedge*.

Auch die Designation eines Sicherungsinstruments erst lange nach Vertragsabschluss ist handelsrechtlich zulässig. Bereits kontrahierte derivative Finanzinstrumente können somit nachträglich als Sicherungsinstrumente einer Bewertungseinheit designiert werden. Die Gesetzesvorgabe lässt allerdings offen, wie mit Abweichungen zwischen dem Zugangswert und dem *fair value* im Zeitpunkt der Designation als Sicherungsinstrument umzugehen ist. Insbesondere für den Effektivitätsnachweis ergeben sich Auswirkungen bei nachträglichem Einsatz **unbedingter** Termingeschäfte als Sicherungsinstrumente. Überdies ist ein Ausgleich künftiger Zahlungsströme bei unterschiedlichen Abschlusszeitpunkten von Grund- und Sicherungsgeschäft u.U. nicht gewährleistet. 85

Bereits kontrahierte Finanzinstrumente, die nachträglich als Sicherungsinstrument einer Bewertungseinheit designiert werden, sind unmittelbar vor Begründung eines (ausnahmsweise möglichen) Sicherungszusammenhangs marktgerecht zu bewerten.

5. Beendigung einer Sicherungsbeziehung

5.1 Überblick

Die Anwendung der Regeln von § 254 HGB ist unter den folgenden Bedingungen zu beenden: 86

- Grund- und Sicherungsgeschäft enden **gleichzeitig**,
- nur das **Grund- oder** nur das **Sicherungsgeschäft fällt weg** (Veräußerung, Tilgung, Glattstellung etc.) oder
- die Sicherungsbeziehung erfüllt die Voraussetzungen für die Anwendung von § 254 HGB nicht mehr, beim antizipativen *Hedge* (→ Rz. 40), weil die **Erwartung** einer künftigen Transaktion **nicht mehr hinreichend sicher** ist, in allen Fällen, weil von einer prospektiven Effektivität nicht mehr ausgegangen werden kann oder sich retrospektiv das Maß von Effektivität und Ineffektivität nicht mehr verlässlich bestimmen lässt,[1]
- das Unternehmen **beendet** die **Designation** des Sicherungsgeschäfts und damit die Sicherungsbeziehung, setzt etwa das Sicherungsgeschäft nunmehr zu Absicherung einer anderen Position ein (Dedesignation).

1 IDW RS HFA 35, Tz. 50 ff. und Rz. 64.

Im letztgenannten Fall sind die bis zum Dedesignationszeitpunkt eingetretenen, bisher nicht realisierten Verluste zum Zeitpunkt der Dedesignation zu erfassen. In allen Fällen gilt: Die **ab Fortfall** der Sicherungsbeziehung eintretenden Wertänderungen sind den allgemeinen Regeln zu unterwerfen (imparitätische Einzelbewertung). Fraglich ist in den ersten drei Fällen die Behandlung **bis dahin** eingetretener, bisher im Hinblick auf den Sicherungszusammenhang nicht oder netto nicht erfasster Wertänderungen. Hierzu wird auf die nachfolgenden Ausführungen verwiesen.[1]

5.2 Gleichzeitige Beendigung von Grund- und Sicherungsgeschäft

87 Bei gleichzeitiger Beendigung beider Geschäfte ist nach der Art der Sicherungsbeziehung zu unterscheiden:

- Im Falle der **Wertänderungssicherung** *(„Fair value"-Hedge)* sind die Effekte aus dem Grundgeschäft einerseits und dem Sicherungsgeschäft andererseits i. d. R. saldiert und damit im Ergebnis ohne GuV-Wirkung zu erfassen.[2] Eine Ausnahme besteht dann, wenn zuvor nach der Bruttomethode (Durchbuchungsmethode) verfahren wurde (→ Rz. 63). In diesem Fall sind zur Wahrung der Stetigkeit auch die (nicht schon in Vorperioden erfassten) Effekte aus der Beendigung des Sicherungsgeschäfts in der GuV zu zeigen.
- Bei **Zahlungsstromsicherung** *(Cashflow-Hedge)* ist weiter danach zu differenzieren, ob 1. ein Anschaffungs- oder Absatzgeschäft gesichert wurde oder 2. ein sonstiges Geschäft. Zur strittigen Behandlung des ersten Unterfalls wird auf → Rz. 89 ff. vierwiesen. Bei den sonstigen Geschäften, etwa der Sicherung eines variablen Zinses durch einen Payer-Zinsswap, ist die letzte Zahlung wie alle vorhergehenden, d. h. i. d. R. saldiert, mit dem Zinsertrag/-aufwand zu erfassen.

5.3 Wegfall nur des Sicherungsgeschäfts

88 Bei vorzeitigem Wegfall des der **Sicherung von Wertänderungen** eines Vermögensgegenstands bzw. einer Schuld dienenden Sicherungsgeschäfts sollen nach einer im Schrifttum vertretenen Auffassung anlässlich der Beendigung geleistete oder empfange Ausgleichszahlungen als **Anpassung der Anschaffungskosten des Vermögensgegenstands bzw. des Erfüllungsbetrags der Schuld,** und somit erfolgsneutral, erfasst werden (Buchwertanpassung).[3] Unsere unter → Rz. 96 ff. bzgl. der Vermögensgegenstände bzw. Anschaffungskosten geäußerten Bedenken gegen ein solches Vorgehen gelten für die Schulden bzw. den Erfüllungsbetrag entsprechend. Wird gleichwohl nach der Schrifttumsauffassung verfahren, ist im Fall der Währungssicherung der angepasste Buchwert als neue Anschaffungskostenobergrenze zu beachten, im Fall einer Sicherung gegen Marktzinsrisiken ist der Buchwertanpassungsbetrag über die Restlaufzeit nach Maßgabe der Effektivzinsmethode aufzulösen.

BEISPIEL ► Ein Devisentermingeschäft dient der Absicherung einer Verbindlichkeit und weist zum Zeitpunkt seiner vorzeitigen Glattstellung einen Ertrag aus. Nach der Netto-/Einfrierungsmethode (→ Rz. 63) wurde dieser Ertrag nicht gebucht, aber im Gegenzug eine aufwandswirksame Zuschreibung zur gesicherten Verbindlichkeit unterlassen. Unseres Erachtens wird mit der vorzeitigen Glattstellung der positive Wert des Termingeschäfts ertragswirksam; im Gegenzug ist u. E. die bisher unterbliebene Zuschreibung auf die Verbindlichkeit aufwandswirksam nachzuholen. Wurde brutto (Durchbuchungs-

1 Umfassend zur Beendigung von Bewertungseinheiten *Rimmelspacher/Fey,* WPg 2013 S. 994 ff.

2 IDW RS HFA 35, Tz. 86.

3 Vgl. *Rimmelspacher/Fey,* WPg 2013 S. 994 ff., unter Berufung auf IDW RS HFA 35, Tz. 87.

methode) gebucht, d. h., der unrealisierte Ertrag wurde aktiviert und der Verbindlichkeit aufwandswirksam zugeschrieben, entsteht u. E. mit Glattstellung kein Ertrag mehr, ebenso keine Anpassungsnotwendigkeit bei der Verbindlichkeit.

Entsprechende Überlegungen gelten für **Zinssicherungen:**

BEISPIEL ► Unternehmen A hat ein mit 3 % festverzinsliches Wertpapier durch einen Zinsswap gegen Zinsänderungsrisiken abgesichert. Nach Abschluss der Sicherung steigt der Marktzins stark und sinkt dementsprechend der Kurswert des Wertpapiers. Ohne Absicherung wäre eine Abschreibung auf das Wertpapier erforderlich. Sie unterbleibt im Hinblick auf den Zinsswap (Nettomethode) oder wird durch eine Aktivierung des Zinsswaps ausgeglichen (Bruttomethode). Nach einem Jahr wird der Zinsswap vorzeitig glattgestellt, hierbei ein hoher Betrag vereinnahmt:

- Nach der Nettomethode (→ Rz. 63) entsteht aus der Glattstellung ein Ertrag. Er ist u. E. durch eine Nachholung der Abschreibung auf das Wertpapier zu kompensieren.
- Nach der Bruttomethode (→ Rz. 63) entsteht kein Ertrag, aber auch keine Notwendigkeit zur Nachholung von Abschreibungen, da diese bereits vorgenommen wurden.

Bei vorzeitigem Wegfall des der Sicherung von **Zahlungsstromrisiken** dienenden **Sicherungsgeschäfts** ist die geleistete oder empfangene Ausgleichszahlung unstrittig erfolgswirksam zu behandeln.

Entfällt ein Sicherungsgeschäft nicht ersatzlos, sondern wird es gegen die Ausgleichszahlung **prolongiert,** bleibt die Bewertungseinheit bestehen und begründet die Ausgleichszahlung von Anschaffungskosten der (Folge-)Sicherung.[1]

5.4 Wegfall nur des Grundgeschäfts

Fällt bei Sicherung von **Wertänderungsrisiken** das **Grundgeschäft** weg, soll eine dafür geleistete oder empfangene Zahlung (z. B. Vorfälligkeitsentschädigung) in dem Umfang, wie sie dem abgesicherten Risiko entspricht, erfolgsneutral durch Anpassung des Buchwerts des Sicherungsinstruments erfasst werden. Das Sicherungsinstrument ist in der Folgezeit nach allgemeinen Grundsätzen einzeln und imparitätisch zu bewerten. 88a

Fällt das Grundgeschäft hingegen bei einer Sicherung von **Zahlungsstromänderungen** weg, ist eine evtl. Ausgleichszahlung erfolgswirksam zu erfassen. Für fortbestehende Sicherungsgeschäfte in Form von Derivaten (schwebende Geschäfte) gilt: Ein positiver Wert ist aufgrund des Realisationsprinzips (§ 252 Abs. 1 Nr. 4 HGB) nicht einzubuchen, ein negativer Wert (Drohverlust) mit dem Betrag zum Zeitpunkt des Fortfalls der Sicherungsbeziehung aufwandswirksam anzusetzen. Dieser Wert ist in der Folgezeit nach allgemeinen Grundsätzen fortzuschreiben. Im Fall der Sicherung durch ein nicht derivatives Grundgeschäft als Sicherungsinstrument ist entsprechend eine ungünstige, bisher nicht berücksichtigte Wertentwicklung durch aufwandswirksame Buchwertanpassung zu berücksichtigen.

BEISPIEL ► Ein Devisentermingeschäft dient der **Absicherung zukünftiger Zahlungsströme** und befindet sich in einer Drohverlustsituation. Ein Eintritt der zukünftigen **Zahlungsströme** wird **nicht mehr erwartet:** Es sind nicht nur zwischen Fortfall der Sicherungsbeziehung und Fälligkeit des Sicherungsgeschäfts entstehende weitere Verluste aufwandswirksam zu erfassen, sondern auch der bis zum Fortfall der Sicherungsbeziehung aufgelaufene Verlust ist sofort zu berücksichtigen.[2]

1 Vgl. *Freiberg,* StuB 2014 S. 264.
2 IDW RS HFA 35, Tz. 64.

5.5 Änderung der Referenzzinssätze durch die IBOR-Reform

88b Aufgrund zahlreicher Skandale um Zinsmanipulationen wurde durch den globalen Finanzstabilitätsrat im Jahr 2014 eine Reform der Referenzzinsätze (LIBOR, EURIBOR usw.) gefordert. Die Reform wurde in der EU-Benchmark-Verordnung EU 2016/1011 aus dem Jahr 2016 umgesetzt, die Frist für das Inkrafttreten aber im Frühjahr 2019 auf den 31.12.2021 verschoben. Im Kern kommt es zu einer neuen Ermittlungstechnik für den EURIBOR, zum Ersatz des EONIA durch den €STR und zum Fortfall des LIBOR. Zu den Auswirkungen dieser sog. **IBOR-Reform** auf die Bilanzierung nimmt IDW RH FAB 1.020 Stellung und hält u. a. Folgendes fest:

- Variable, an einen Referenzzinssatz geknüpfte verzinsliche Forderungen oder Verbindlichkeiten sind wegen der Änderung des Referenzzinssatzes nicht auszubuchen.
- Etwaige Ausgleichszahlungen anlässlich der Änderung sind ergebnisneutral, insbesondere durch Bildung eines Rechnungsabgrenzungspostens, zu berücksichtigen.
- Speziell für Bewertungseinheiten gilt: Die Änderung des Referenzzinssatzes führt weder zur Ausbuchung des Grundgeschäfts noch des Sicherungsgeschäfts. Die Bewertungseinheit bleibt i. d. R. bestehen, die prospektive Effektivität ist aber zu prüfen. Ergeben sich hier vorübergehende Effektivitätseinbußen daraus, dass die Referenzzinssätze beim Grundgeschäft und beim Sicherungsgeschäft mit zeitlichem Versatz geändert werden, führt dies allein nicht zur Auflösung der Bewertungseinheit.

Banken erfassen Ausgleichszahlungen bei Derivaten des Handelsbestands zwingend, bei Derivaten des Bankbuchs (Nichthandelsbestand) wahlweise sofort erfolgswirksam.[1]

6. Anschaffungskosten bei gesicherten Beschaffungs- bzw. Veräußerungserträge bei gesicherten Absatzgeschäften[2]

6.1 Problemstellung

89 Bereits kontrahierte (also schwebende) oder geplante Beschaffungsgeschäfte können einem Preisrisiko ausgesetzt sein. Von besonderer praktischer Bedeutung sind

- **Kursrisiken** bei Anschaffung von **Wertpapieren,**
- **Währungsrisiken** bei Anschaffung von **Anlagegütern** in Fremdwährung,
- **beide Risikoformen** bei Anschaffung von (vertretbaren) Gütern des **Vorratsvermögens.**

Sofern nun ein Unternehmen durch Abschluss von **Sicherungsgeschäften Vorsorge gegen Risiken aus Beschaffungsgeschäften** trifft, stellt sich die Frage, welchen Einfluss dies auf die spätere Zugangsbewertung des Beschaffungsgegenstands hat.

BEISPIEL ► Am 1.11.01 schließt U mit dem Lieferanten L einen Vertrag über die Anschaffung von Vorräten zum Preis von 10.000 USD ab. Liefer- und Zahlungsdatum ist der 2.1.02. Zeitgleich und mit gleichem Erfüllungsdatum tätigt U mit der Bank B ein Devisentermingeschäft mit Barausgleich, nachdem eine positive Differenz zwischen dem in Euro ermittelten Kassawert von 10.000 USD am 2.1.02 und dem kontrahierten Wert (10.000 €) von B, eine negative von U auszugleichen ist. Zinsdifferenzen zwischen beiden Währungsräumen bestehen nicht. Der Kassakurs entspricht daher dem Terminkurs. Die Kursentwicklung ist wie folgt:

1 IDW, Gemeinsame Berichterstattung des Fachausschusses Unternehmensberichterstattung (FAB) und des Bankenfachausschusses (BFA), 16.6.2020.

2 Nachfolgende Ausführungen überwiegend entnommen aus *Lüdenbach/Freiberg*, DB 2011 S. 2213 ff.

1.11.01	1 €/1 USD
31.12.01 und 2.1.02	0,95 €/1 USD

Die getätigte Transaktion erfüllt die Voraussetzungen für die Bildung einer Bewertungseinheit nach § 254 HGB.

BEURTEILUNG Zum 31.12.01 nimmt U keine Buchung vor. Aus dem Devisentermingeschäft entsteht zwar ein unrealisierter Verlust von 500 € (9.500 € Kassawert von 10.000 USD minus 10.000 € Kontraktpreis), in gleicher Höhe hat sich aber der (abstrahiert vom Sicherungsgeschäft) erwartete „Aufwand" für die Beschaffung der Maschine vermindert. Beide Effekte gleichen sich aus.

Zum 2.1.02 (Zugangsbewertung des Beschaffungsgeschäfts und Erfüllung des Devisentermingeschäfts) sind zwei Alternativen denkbar.

ALTERNATIVE 1 (Einbuchung der Vorräte zum Sicherungskurs = h. M.):

per Vorräte	10.000 €	an	Geld	9.500 € (Bezahlung Lieferant)
		an	Geld	500 € (Ausgleich Termingeschäft).

ALTERNATIVE 2 (Einbuchung der Vorräte zum Kassakurs):

per Vorräte	9.500 €	an	Geld	9.500 € (Bezahlung Lieferant)
per Aufwand	500 €	an	Geld	500 € (Ausgleich Termingeschäft).

Mit dem IDW[1] spricht sich die **h. M.**[2] für die **Einbuchung des Grundgeschäfts zum Sicherungskurs,** im Beispiel also für die erste Alternative, aus. An expliziten Regelungen fehlt es allerdings im HGB.

Anders ist die Rechtslage demgegenüber in den **IFRS.** Diese schrieben eine Anpassung des Zugangswerts gesicherter Anschaffungen in bestimmten Fällen vor bzw. erlauben sie in anderen Fällen (IAS 39.94, IAS 39.98, IAS 39.87). Die Einbuchung des Anschaffungsobjekts zum Sicherungskurs, das sog. ***basis adjustment***[3] war allerdings (im Falle von *Cashflow-Hedges*) von Anfang an umstritten. Der Exposure Draft zu IAS 39 aus 2002 sah in Übereinstimmung mit den US-GAAP keine Möglichkeit einer solchen Anpassung des (Zugangs-)Buchwerts vor (IAS 39.BC157). **Konzeptionelle Zweifel** an einer Anpassung wurden damit begründet, dass Erfolge aus Sicherungsgeschäften möglicherweise nicht die **Definition von Anschaffungskosten** erfüllen (IAS 39.BC163). Zugunsten einer Anpassung wurden andererseits Vereinfachungsüberlegungen angeführt, da bei Realisierung des Sicherungserfolgs erst mit Erfolgswirksamkeit des Grundgeschäfts im Falle der gesicherten Anschaffung langlebiger Sachanlagen ein Nachhalten über die gesamte Nutzungsdauer erforderlich wäre. In dieser Gemengelage entschied sich der IASB, Wahlrechte zu gewähren. 90

1 IDW RS HFA 35, Tz. 92 für geplante Geschäfte; sowie implizit IDW RS BFA 6, Tz. 22, und IDW BFA 2/1995 Abschnitt B für die Sicherung von Anschaffungsgeschäften durch Optionen.

2 Vgl. z. B. *ADS*, Rechnungslegung und Prüfung der Unternehmen, 6. Aufl. 1994, Ausgabe 11, § 255 Tz. 74.

3 Explizit verwendet der IASB den Begriff nur für *cash flow Hedges*, IAS 39.BC155 ff., spricht aber bei der Anpassung des Zugangswerts aus *„Fair value"-Hedges* vom *„same effect"* (IAS 39.BC158).

IFRS 9.6.5.11(d) sieht eine erneute Kehrtwende vor. Das *basis adjustment* bei *Cashflow-Hedges* wird nun zur Pflicht. Als Rechtfertigung dienten hauptsächlich Vereinfachungsgründe (ED/2010/13.BC134 ff.).

91 Die **IFRS** bauen also auf im Zeitablauf wechselnde **Kasuistik.** Da § 254 HGB im Unterschied zu IAS 39 bzw. IFRS 9 aber keine explizite (kasuistische) Regelung zum *basis adjustment* enthält, bedarf die herrschende **handelsrechtliche** Meinung einer **prinzipienorientierten Überprüfung.** Es bleibt zu klären, ob bei Erwerb des Objekts (Grundgeschäft) die nicht gegenüber dem Lieferanten, sondern gegenüber einem Dritten (Vertragspartner des Sicherungsgeschäfts) entstandenen Aufwendungen/Erträge

- entweder nach Wortlaut und Zweck der **Sonderbestimmungen von § 254 HGB** ohne Rücksicht auf ihre Anschaffungskostenqualität in der Zugangsbewertung des Erwerbsobjekts berücksichtigt werden dürfen oder – falls dies nicht bejaht wird –
- i. S. der **allgemeinen Begrifflichkeit** von § 255 Abs. 1 HGB Anschaffungskostenbestandteile darstellen.

6.2 Reichweite der Bewertungseinheit nach § 254 HGB

6.2.1 Der Wortlaut: kein Verweis auf § 255 HGB

92 Rechtsfolge einer nach § 254 HGB anzuerkennenden Bewertungseinheit ist die **Aussetzung allgemeiner Regeln.** An ihre Stelle treten Sonderbestimmungen für die Bilanzierung bei Sicherungszusammenhängen *(Hedge-Accounting;* → Rz. 60). Die Frage, ob Sicherungserfolge konzeptionell den Charakter von Anschaffungskosten i. S. von § 255 Abs. 1 HGB haben, müsste mithin dann nicht beantwortet werden, wenn sich eine spezifische Ausformung der Anschaffungskosten oder ein Ersatz der Anschaffungskosten durch einen anderen Bewertungsmaßstab aus dem Wortlaut oder Zweck von § 254 HGB ergäbe.

Aus dem **Wortlaut** ergibt sich eine solche Rechtsfolge u. E. aber nicht, auch wenn § 254 HGB unter den im Falle einer wirksamen Bewertungseinheit nicht anzuwendenden Vorschriften u. a. § 253 Abs. 1 Satz 1 HGB anführt. Im Verhältnis zur dort vorgeschriebenen Bewertung von Vermögensgegenständen mit „höchsten ... den Anschaffungs- oder Herstellungskosten, vermindert um die Abschreibung nach den Absätzen 3 bis 5 ...“ bewirkt eine Bewertungseinheit aber nur Folgendes: Ein sonst gebotener Übergang von den Anschaffungskosten zum niedrigeren Stichtagswert (außerplanmäßige Abschreibung) ist bei effektiver Sicherung nicht vorzunehmen. Bei Entscheidung für eine Bruttobilanzierung im Wege der sog. Durchbuchungsmethode (→ Rz. 63) ist der Effekt aus der Bildung einer Drohverlustrückstellung für das Sicherungsgeschäft durch eine Zuschreibung des gesicherten Vermögensgegenstands auf seinen über den Anschaffungskosten liegenden Stichtagswert auszugleichen.

In beiden Varianten wird der in § 255 Abs. 1 HGB definierte **Begriff der Anschaffungskosten bereits vorausgesetzt.** Unseres Erachtens gilt daher: § 254 HGB schreibt keine Nichtanwendung von § 255 Abs. 1 HGB vor, ändert die dort gegebene Definition der Anschaffungskosten nicht und bestimmt demzufolge auch nicht, dass an die Stelle der Anschaffungskoten ein anderer (Zugangs-)Bewertungsmaßstab treten soll. § 254 HGB hält vielmehr nur fest, wo im Falle einer Sicherungsbeziehung von den allgemeinen Regeln der Folgebewertung – Stichtagswert, maximal Anschaffungskosten – abgewichen werden darf.

6.2.2 Der Zweck: vom unrealisierten zum realisierten Ergebnis

Vorstehender Auslegung des Wortlauts von § 254 HGB – Aussetzung der allgemeinen Regeln nur für die Folgebewertung, nicht für die Zugangsbewertung – entspricht auch der **Zweck** von § 254 HGB. Nach der Begründung des RegE zum BilMoG besteht er darin, „unter Einschränkung des Imparitätsprinzips, des Realisationsprinzips und des Einzelbewertungsgrundsatzes auf die Berücksichtigung **nicht realisierter Verluste**" zu verzichten, „wenn diesen in gleicher Höhe nicht realisierte Gewinne gegenüberstehen".[1] Entsprechend sieht auch das Schrifttum die Funktion von § 254 HGB darin, den „Ausweis unrealisierter Verluste" zu verhindern.[2] Die Frage unrealisierter, noch nicht entstandener Verluste oder Gewinne stellt sich aber nur, solange Grund- und Sicherungsgeschäft noch „schweben". Werden sie vollzogen, entsteht aus dem unrealisierten ein **realisiertes Ergebnis** (Sicherungsgeschäfte sowie auf Veräußerung gerichtete Grundgeschäfte) bzw. ein **realisierter Zugangs**wert (auf Anschaffung gerichtete Grundgeschäfte). Der angenommen Zweck von § 254 HGB ist nicht mehr tangiert. 93

Im vorgenannten Sinne geht auch die **Finanzverwaltung** von einem eingeschränkten Zweck von § 254 HGB aus. Anlass für ihre Beschäftigung mit der Frage ist die in § 5 Abs. 1a Satz 2 EStG bestimmte sog. konkrete Maßgeblichkeit (→ Rz. 127). Die Finanzverwaltung vertritt hier folgende Auffassung:[3] 94

- Eine Bewertungseinheit ist nur für Zwecke der Bewertung der Wirtschaftsgüter zu berücksichtigen. Werden Verluste und Gewinne tatsächlich realisiert, sind diese Vorgänge nicht mehr unter Bewertungs-, sondern unter Realisationsgesichtspunkten zu beurteilen [...].
- Das hat zur Folge, dass bei Vorgängen, in denen einem Grundgeschäft ein konkretes Sicherungsgeschäft zugeordnet werden kann (Mikro-*Hedge*), § 5 Abs. 1a Satz 2 EStG zwar bewirkt, dass die Bewertung des Grundgeschäfts nur unter Berücksichtigung des Sicherungsgeschäfts vorzunehmen ist. Werden aber Grund- und Sicherungsgeschäft realisiert, können diese Vorgänge konkret zugeordnet werden und die Gewinn- und Einkommensermittlungsvorschriften und die Vorschriften über die Verlustverrechnung sind anwendbar.

Sobald Grundgeschäft und Sicherungsgeschäft **realisiert** werden, ist danach der Regelungsbereich von § 254 HGB und demzufolge auch der von § 5 Abs. 1a Satz 2 EStG nicht mehr betroffen und eine Behandlung nach **sonst geltenden Grundsätzen** geboten.

BEISPIEL ► U schließt am 1.7.01 mit dem Verkäufer V einen Kaufvertrag über den Erwerb einer Beteiligung an einer nicht börsennotierten, amerikanischen Kapitalgesellschaft für 10 Mio. USD. Zu diesem Zeitpunkt beträgt der Wechselkurs 1 €/1 USD. Die Anteile sollen am 2.1.02 rechtlich und wirtschaftlich übergehen (Anschaffungszeitpunkt), der Anteilskaufpreis soll zu diesem Zeitpunkt entrichtet werden. Der (Markt-)Wert der Beteiligung in USD bleibt zu allen Betrachtungszeitpunkten gleich. Zur Absicherung des Währungsrisikos schließt U am 1.7.01 mit der Bank B einen Devisenterminkauf auf den 2.1.02 ab. Zinsbedingte Differenzen zwischen Termin- und Kassakurs bestehen nicht. U bildet eine Bewertungseinheit zwischen beiden Geschäften. Bis zum Bilanzstichtag sinkt der Wert des USD auf 0,9 €/1 USD.

---

1 BT-Drucks. 16/10067 v. 30.7.2008, S. 58.

2 Vgl. u. a. *Zepp/Reimler* in Petersen/Zwirner/Brösel (Hrsg.), Systematischer Praxiskommentar Bilanzrecht, 2010, § 254 Tz. 3.

3 BMF, Schreiben v. 25.8.2010 – IV C 6 – S 2133/07/1001, StuB 2010 S. 715; vgl. ebenso OFD Frankfurt a. M. v. 22.3.2012 – S 2133 A - 30 – St 210.

BEURTEILUNG U bucht zum 31.12.01 keine Drohverlustrückstellung, da dem unrealisierten Verlust aus dem Termingeschäft eine entsprechende Minderung des in Euroumgerechneten Kaufpreises der Beteiligung gegenübersteht. Dem ist wegen § 5 Abs. 1a Satz 2 EStG auch steuerlich zu folgen. Nach Auffassung der Finanzverwaltung ist die Beteiligung am 2.1.02 mit 9 Mio. € einzubuchen und gleichzeitig ein Verlust aus dem Devisentermingeschäft i. H.von 1 Mio. € zu realisieren. Eine Einbuchung der Beteiligung zu 10 Mio. € (Sicherungskurs) unter Verzicht auf den Ausweis eines Verlustes aus dem Termingeschäft ist (mindestens steuerbilanziell) nicht zulässig.

6.2.3 Zwischenfazit: Geltung des allgemeinen Anschaffungskostenbegriffs

95 Aus Wortlaut und Zweck von § 254 HGB ist nicht zu entnehmen, dass der Zugangswert gesicherter Anschaffungsgeschäfte auch in Abweichung vom allgemeinen Anschaffungskostenbegriff des § 255 Abs. 1 HGB um den aufgelaufenen Sicherungserfolg anzupassen sei. Maßgeblich bleibt vielmehr auch bei gesicherten Anschaffungsgeschäften der allgemeine Anschaffungskostenbegriff.

6.3 Sicherungserfolge als Teil der Anschaffungskosten?

6.3.1 Finaler Anschaffungskostenbegriff: Aufwendungen zur Erlangung der Verfügungsmacht

96 Nach der Legaldefinition in § 255 Abs. 1 Satz 1 HGB sind Anschaffungskosten Aufwendungen, die geleistet werden „um einen Vermögensgegenstand zu erwerben". In Schrifttum[1] und Rechtsprechung[2] wird dies als **finaler Anschaffungskostenbegriff** charakterisiert (→ § 255 Rz. 17). Aufwendungen sind danach dann als Anschaffungskosten zu qualifizieren, wenn ihr Zweck die Erlangung der Verfügungsmacht über einen Vermögensgegenstand ist. Diese Vorgaben gelten gleichermaßen für Anschaffungsnebenkosten (§ 255 Abs. 1 Satz 2 HGB) und Anschaffungskostenminderungen bzw. -erhöhungen (§ 255 Abs. 1 Satz 3 HGB).

Immer kommt es auf die **Zweckbestimmung der Aufwendungen** an. Ein bloßer **kausaler oder zeitlicher Zusammenhang** mit der Anschaffung ist **nicht ausreichend.**[3]

97 **Anschaffungskosten** (oder Anschaffungskostenminderungen) müssen nicht gegenüber dem Veräußer anfallen, sondern können auch **gegenüber Dritten** entstehen. Bei den Anschaffungsnebenkosten, etwa Maklerprovisionen oder Grunderwerbssteuer, ist dies evident. Die Rechtsprechung hat aber auch andere Fälle entsprechend behandelt. Verspricht etwa der im Auftrag des Veräußerers tätige und von diesem im Erfolgsfall entlohnte Makler dem Erwerber im Innenverhältnis einen Teil seiner Provision, so mindert dies die Anschaffungskosten.[4] Ein bloß kausaler und kein zweckgerichteter Zusammenhang besteht hingegen in den Fällen, in denen ein Steuerberater **Schadenersatz für Anschaffungskostenbestandteile** (im Urteilsfall Grunderwerbsteuer) leistet, die bei **optimierter Gestaltung** hätten vermieden werden können. Die Schadenersatzleistung berührt die Anschaffungskosten nicht und ist ertragswirksam zu vereinnahmen.[5] Auf die Angemessenheit der Anschaffungskosten kommt es auch in anderen Fäl-

1 Vgl. z. B. *ADS*, § 255 Tz. 40.

2 In Auslegungen von § 255 Abs. 1 HGB u. a. BFH, Urteil v. 13.10.1983 – IV R 160/78, BStBl 1984 II S. 101, BFH, Urteil v. 19.4.1977 – VIII R 44/74, BStBl II S. 600, und BFH, Urteil v. 17.10.2001 – I R 32/00, BStBl 2002 II S. 349, jeweils m. w. N.

3 BFH, Urteil v. 3.8.2005 – I R 36/04, BStBl 2006 II S. 369.

4 BFH, Urteil v. 26.2.2002 – IX R 20/98, BStBl 2002 II S. 796.

5 BFH, Urteil v. 26.3.1992 – IV R 74/90, BStBl 1993 II S. 96.

len nicht an. Wie wegen nicht optimierter Gestaltung angefallene Anschaffungsnebenkosten ist auch ein – gemessen am Verkehrs- oder Nutzwert – überhöhter Kaufpreis zu aktivieren.[1]

6.3.2 Sicherungsgeschäfte: Aufwendungen/Erträge zur Eliminierung von Preisrisiken

Durch den Abschluss eines Sicherungsgeschäfts verringern oder erhöhen sich wirtschaftlich die insgesamt durch die Anschaffung ausgelösten Aufwendungen. Fraglich ist aber, ob eine solche Gesamtbetrachtung auch bilanzrechtlich, nach Maßgabe des Anschaffungskostenbegriffs zulässig ist. 98

BEISPIEL Am 1.11.01 plant U die Anschaffung von Vorräten vom Lieferanten L zum 31.1.02. Nach der bis Ende Januar gültigen Preisliste des U beträgt der Preis 10.000 USD. Zeitgleich tätigt U mit der Bank B ein Devisentermingeschäft mit Fälligkeit am 31.1.02, nachdem eine positive Differenz zwischen dem Kassawert von 10.000 USD am 31.1.02 und dem kontrahierten Wert (10.000 €) von B, eine negative von U auszugleichen ist. Die Kursentwicklung ist wie folgt:

1.11.01	1 €/1 USD
31.12.01 bis 31.1.02	1,1 €/1 USD

Anfang Januar setzt U seinen Plan in eine tatsächliche Bestellung um. Die Vorräte werden am 31.1.02 geliefert. Zu diesem Zeitpunkt sind zwei Alternativen denkbar:

ALTERNATIVE 1 (Einbuchung zum Sicherungskurs):

a) per Vorräte	11.000 €	an	Geld	11.000 € (Zahlung Lieferant)
b) per Geld	1.000 €	an	Vorräte	1.000 € (Ausgleich Termingeschäft)

ALTERNATIVE 2 (Einbuchung zum Kassakurs):

a) per Vorräte	11.000 €	an	Geld	11.000 € (Zahlung Lieferant)
b) per Geld	1.000 €	an	Ertrag	1.000 € (Ausgleich Termingeschäft)

In der **Alternative 1** wird mit Buchung a) die Kaufpreiszahlung als Anschaffungskosten i. S. von § 255 Abs. 1 Satz 1 HGB berücksichtigt. Buchung b) setzt voraus, dass der vereinnahmte Barausgleich aus dem Termingeschäft den Charakter einer **Anschaffungskostenminderung** i. S. von § 255 Abs. 1 Satz 3 HGB hat. Gegen eine solche Qualifizierung spricht nicht schon, dass die „Minderung" nicht wie üblich durch Preisnachlässe (Skonti, Rabatte usw.) durch den Veräußerer erfolgt. Auch Beiträge von dritter Seite (hier der Bank) können im Einzelfall als Anschaffungskostenminderung zu qualifizieren sein. Voraussetzung ist aber ein finaler Zusammenhang mit der Anschaffung. Dieser ist u. E. aus folgenden Gründen nicht gegeben:

Anders als im Vermittlungsprovisionen betreffenden Urteilsfall des XI. Senats des BFH (→ Rz. 97) gilt: Die Bank als **Terminkontraktpartner erstattet keine Anschaff**ungsaufwendungen. Ihre **Zahlungspflicht** besteht vielmehr **unabhängig** davon, ob U wie geplant die Vorräte anschafft oder später von seiner Planung Abstand nimmt. Die Zahlungsverpflichtung des Terminkontraktpartners beruht daher – wie die Schadenersatzverpflichtung eines Beraters für

1 RFH, Urteil v. 14.3.1928 – IV A 54/28, StuW 1928 S. 430; ähnlich BFH, Urteil v. 7.2.2002 – IV R 87/99, BStBl II S. 294; *Franke*, Synergien in Rechtsprechung und Rechnungslegung, 2009, S. 86 ff.

vermeidbare Erwerbsaufwendungen (→ Rz. 97) – wirtschaftlich und rechtlich auf einem **eigenständigen Rechtsgrund** und ist deshalb auch bilanziell als ein **eigenständiger Geschäftsvorfall** zu beurteilen.

Im Steuerberaterfall (→ Rz. 97) hat der BFH einen finalen Zusammenhang der Schadenersatzleistung des Dritten mit der Anschaffung verneint, obwohl der Schadenersatz wirtschaftlich immerhin ein Substitut für die bei optimierter Gestaltung des Erwerbsvorgangs erzielbare Minderung der Anschaffungskosten war. Im hier interessierenden Fall der Sicherungsgeschäfte fehlt es selbst an einem solchen Substitutionscharakter. Der Kontraktpartner des Sicherungsgeschäfts springt nicht für vermeidbare Kosten des Grundgeschäfts ein, sondern leistet (oder empfängt) **unabhängig von Vornahme oder Nichtvornahme des Grundgeschäfts.**

Der Abschluss eines Sicherungsgeschäfts dient deshalb auch **nicht der Erlangung der Verfügungsmacht** über das Erwerbsobjekt. Sein **Zweck** ist lediglich die **Eliminierung von Preisrisiken** (und -chancen) aus dem Grundgeschäft durch Übertragung auf einen Dritten. Der Abschluss des Sicherungsgeschäfts ist in den hier interessierenden Fällen damit zwar regelmäßig Folge einer bereits vertraglich festgeschrieben oder aber geplanten Erwerbsentscheidung, also **kausal** und zeitlich in den auf die Erlangung der Verfügungsmacht zielenden Prozess eingebunden, durch diesen auch subjektiv motiviert, es liegt aber **kein objektiv finaler Zusammenhang** vor. Weder ändert das Sicherungsgeschäft die Zahlungsverpflichtungen gegenüber dem Veräußerer (§ 255 Abs. 1 Satz 1 HGB) noch muss es in Kauf genommen werden, um die Verfügungsmacht zu erlangen (§ 255 Abs. 1 Satz 2 HGB), noch stellt es (im Ertragsfall) eine Vergütung von gegenüber dem Veräußerer entstehenden Anschaffungskosten dar (§ 255 Abs. 1 Satz 3 HGB).

99 In einzelnen Fällen fehlt es selbst an der kausalen und zeitlichen Verbindung zum Grundgeschäft.

BEISPIEL ▸ U hat am 3.1.01 zur Stützung eines Vertriebspartners ein am 2.1.05 fälliges Darlehen über 100.000 USD ausgereicht. Im Januar 04 bestellte U eine Maschine mit einem Kaufpreis von 100.000 USD, liefer- und zahlbar am 2.1.05. Nach § 254 HGB bildet U mit Wirkung ab Januar 04 für das Währungsrisiko eine Bewertungseinheit zwischen dem USD-Darlehen und dem schwebenden Geschäft über die Anschaffung der Maschinen. Diese bilanzielle Zuordnungsentscheidung bringt die Darlehnsvergabe weder in einen kausalen oder zeitlichen noch in einen finalen Zusammenhang mit dem Erwerb der Maschine. Eine Einbuchung der Maschine zum Sicherungskurs (= Kurs des USD bei Begründung der Bewertungseinheit) kommt daher aus Sicht des Anschaffungskostenbegriffs nicht infrage.

6.3.3 Der Sonderfall der Kaufoption bei Zweierbeziehung

100 In den vorstehenden Kapiteln sind als Instrumente zur Eliminierung von aus Preisschwankungen resultierenden Chancen und Risiken jeweils unbedingte Termingeschäfte behandelt worden. Das Interesse des Unternehmens kann aber auch darauf gerichtet sein, **nur das Risiko** einer Preisänderung zu eliminieren, die Chance hingegen zu behalten. Taugliche Sicherungsinstrumente wären in diesem Fall **Kaufoptionsrechte** (bedingte Termingeschäfte). Sie können mit dem potenziellen Veräußerer oder mit einem Dritten vereinbart werden.

101 Bei Kaufoption gegenüber dem potenziellen Veräußerer befürworten das IDW[1] und die h. M.[2] folgendes Vorgehen: Das Optionsrecht

- wird als sonstiger Vermögensgegenstand zunächst mit seinen Anschaffungskosten (gezahlte Optionsprämie) aktiviert;
- ist bei Minderung des (inneren) Werts außerplanmäßig abzuschreiben und
- ist bei Ausübung der Option mit seinem **Buchwert** (Anschaffungskosten oder Wert nach außerplanmäßiger Abschreibung) **in die Anschaffungskosten des Optionsgegenstands einzubeziehen.**

BEISPIEL U erwägt den Erwerb von Anteilen an der B. Am 1.7.01 schließt U mit X einen Optionsvertrag, der U berechtigt, die Anteile am 2.1.02 für 100.000 € von X zu erwerben. Hierfür zahlt U eine Optionsprämie von 10.000 €. Der Börsenwert der Anteile entwickelt sich wie folgt:

1.7.01	100.000 €
31.12.01 und 2.1.02	105.000 €

BEURTEILUNG U bucht wie folgt:

1.7.01 (Aktivierung Optionsprämie):

per sonstigen Vermögensgegenstand	10.000 €	an	Geld	10.000 €

31.12.01 (Abschreibung Optionsprämie):

per Aufwand	5.000 €	an	sonstigen Vermögensgegenstand	5.000 €

Mit der Stichtagsbuchung wird berücksichtigt, dass der innere Wert der Option nur noch 5.000 € beträgt, da U die Anteile ohne Option für 105.000 €, mit solcher für 100.000 € erwerben kann, die Option also nur noch einen Vorteil von 5.000 € erwarten lässt.

2.1.02 (Ausübung der Option):

per Anteile	105.000 €	an	Geld	100.000 €
		an	sonstigen Vermögensgegenstand	5.000 €

Aus Sicht des finalen Anschaffungskostenbegriffs lässt sich die Einbeziehung (des Buchwerts) der Optionsprämie in die Anschaffungskosten dogmatisch wie folgt rechtfertigen: Mit Ausübung der Kaufoption tätigt der Erwerber zwei Leistungen:

- Er zahlt den Ausübungspreis in bar und
- gibt gleichzeitig sein Optionsrecht durch Ausübung hin (Tauschkomponente).

In steuerlicher Terminologie liegt also ein **Tausch mit Baraufgabe** vor.

102 Unklar bleibt allerdings die Frage, warum nach der h. M. (→ Rz. 101) der Tauschteil der Anschaffungskosten durch den **Buchwert des Optionsrechts limitiert** sein soll. Nach allgemeinen Grundsätzen ist der Tausch ein gewinnrealisierender Vorgang oder darf jedenfalls im Wege eines Wahlrechts so behandelt werden (→ § 252 Rz. 194). Entsprechend müsste dann bei Aus-

1 So IDW RS BFA 6, Tz. 22, als in den hier interessierenden Fragen inhaltlich unveränderter Nachfolgestandard von IDW BFA 2/1995.

2 Vgl. z. B. *Schubert/Hutzler* in Beck'scher Bilanz-Kommentar, 13. Aufl. 2022, § 255 Tz. 64; *Knop/Küting* in Küting/Pfitzer/Weber (Hrsg.), Handbuch der Rechnungslegung – Einzelabschluss, 5. Aufl. 2011, § 255 Tz. 121.

übung einer hoch vorteilhaften Option der über dem Buchwert liegende (innere) Wert der Option erfolgswirksam gegen die Anschaffungskosten gebucht werden (dürfen).

BEISPIEL Am 1.7.01 schließt U mit X einen Optionsvertrag, der U berechtigt, Anteile am 2.1.02 für 100.000 € von X zu erwerben. Hierfür zahlt U eine Optionsprämie von 10.000 €. Der Börsenwert der Anteile steigt von 100.000 € am 1.7.01 auf 150.000 € am 31.12.01 und 2.1.02.

U bucht wie folgt:

1.7.01 (Aktivierung Optionsprämie):

per sonstigen Vermögensgegenstand	10.000 €	an	Geld	10.000 €

31.12.01 (keine Buchung) und 2.1.02 (Ausübung der Option):

ALTERNATIVE 1

per Anteile	110.000 €	an	Geld	100.000 €
		an	sonstigen Vermögensgegenstand	10.000 €

ALTERNATIVE 2

per Anteile	150.000 €	an	Geld	100.000 €
		an	Sonstiger Vermögensgegenstand	10.000 €
		an	Ertrag	40.000 €

Für die von IDW und Schrifttum (→ Rz. 101) vorgesehene (zwangsweise) Limitierung auf den Buchwert der Option (Alternative 1) erkennen wir keine Rechtfertigung.

Der BFH kommt mit anderer Begründung als wir ebenfalls zu einer **Gewinnrealisierung, wenn zuvor eine Teilwertabschreibung erfolgte.**[1] Im Urteilsfall war auf eine Kaufoption auf Aktien eine Teilwertabschreibung vorgenommen und gem. dem vor StEntlG 1999/2000/2002 geltenden Recht auf eine Zuschreibung nach Werterholung verzichtet worden. Die spätere Ausübung des Optionsrechts sieht der BFH nicht als gewinnrealisierenden Tausch i. S. von § 6 Abs. 6 Satz 1 EStG an, denn die Kaufoption werde bei ihrer Ausübung nicht auf den Stillhalter übertragen; sie gehe lediglich unter. Die für die Einräumung der Option ursprünglich angefallenen Anschaffungskosten (und nicht der niedrigere Buchwert) sollen aber bei Optionsausübung **Anschaffungsnebenkosten** der zum vereinbarten Basispreis erworbenen Aktien sein. Zwar komme der Anschaffungsnebenkostencharakter nur dann zum Tragen, wenn das Optionsrecht tatsächlich ausgeübt wird. Bereits vorher lägen aber in Bezug auf den noch aufschiebend bedingten Aktienerwerb Anschaffungsnebenkosten vor.

103 Unmittelbar angesprochen sind in IDW RS BFA 6 nur die auf den Kaufgegenstand selbst gerichteten Optionen. Dabei besteht nur ein Vertragsverhältnis mit einem einzigen Partner: Der Stillhalter ist zugleich Empfänger der Optionsprämie und bei Erfüllung des Optionsvertrags Veräußerer des Optionsgegenstands.

In anderen Konstellationen können zwei unterschiedliche Vertragsverhältnisse mit unterschiedlichen Vertragspartnern bestehen **(Dreierbeziehung).** Ein praktisch bedeutsames Beispiel ist die Absicherung des Währungsrisikos aus einem Beschaffungskontrakt mit dem Lieferanten

1 BFH, Urteil v. 22.5.2019 – XI R 44/17; kritisch dazu *Knobloch/Arend*, DB 2021 S. 405 ff.

durch Abschluss eines Optionsvertrags über die Vertragswährung mit der Bank B. Fraglich ist, ob die in IDW RS BFA 6 niedergelegten Grundsätze dann sinngemäß gelten. **Gegen eine Analogie** spricht u. E. Folgendes:

- Nur in einer Zweierkonstellation kann die Ausübung der Option als Tausch (mit Baraufgabe) interpretiert werden,
- in einer Dreierkonstellation wird das Optionsrecht nicht mit dem Veräußerer „getauscht".

Das IDW spricht sich – im Falle einer Sicherung geplanter Transaktionen – gleichwohl für eine Anpassung des Zugangswerts des Grundgeschäfts und damit für die erste Alternative aus, rechtfertigt dies aber aus der Anwendung von § 254 HGB.[1] Die gegen diese Anwendung bestehenden Bedenken sind unter → Rz. 92 ff. dargestellt.

6.3.4 Anschaffungskostenqualität von Sicherungserfolgen nur ausnahmsweise gegeben

Nach Maßgabe des **finalen Anschaffungskostenbegriffs** erscheint eine Einbuchung gesicherter Anschaffungen zum Sicherungskurs regelmäßig (d. h. mit Ausnahmen bei Kaufoptionen) unbegründet. Der Kontraktpartner aus dem Sicherungsgeschäft vergütet (oder erhält) keine Anschaffungsaufwendungen. Zahlungspflichten im Verhältnis der Sicherungskontrahenten bestehen vielmehr unabhängig davon, ob das Unternehmen wie geplant eine Anschaffung vollzieht oder später von seiner Planung Abstand nimmt. Die Zahlungsverpflichtungen aus dem Termingeschäft beruhen daher wirtschaftlich und rechtlich auf einem eigenständigen Rechtsgrund und sind deshalb auch bilanziell als ein eigenständiger Geschäftsvorfall zu qualifizieren. Der Abschluss eines Sicherungsgeschäfts dient deshalb auch nicht der Erlangung der Verfügungsmacht über das Erwerbsobjekt. Sein Zweck ist lediglich die Eliminierung von Preisrisiken (und -chancen). Er ist damit zwar regelmäßig Folge einer bereits vertraglich festgeschrieben oder aber geplanten Erwerbsentscheidung, also kausal und zeitlich in den auf die Erlangung der Verfügungsmacht zielenden Prozess eingebunden, durch diesen auch subjektiv motiviert, es fehlt aber der objektive finale Zusammenhang. 104

6.4 Absicherung von Absatzgeschäften

Die vorstehenden Überlegungen zur Sicherung von Anschaffungsgeschäften gelten sinngemäß für die Sicherung von **Absatzgeschäften:** 105

- Bevorzugt man bei Beschaffungen mit der h. M. (→ Rz. 89) eine Einbuchung zum Sicherungs-„Kurs", so ist aus Konsistenzgründen umgekehrt im Fall eines Absatz-/Veräußerungsgeschäfts für die Bestimmung der Höhe von Umsatz/Veräußerungserlös der Sicherungs-„Kurs", nicht der „Kurs" bei Erbringung der Leistung, maßgeblich.
- Teilt man die h. M. zu Beschaffungsgeschäften nicht, so ist auch bei gesicherten Absatz-/Veräußerungsgeschäften der Sicherungserfolg selbständig als Aufwand oder Ertrag zu behandeln.

Eine Sonderrolle kommt wiederum Optionen zu, die in einem Zweierverhältnis (nicht in einer Dreierkonstellation, → Rz. 103) vereinbart sind. Führt die Ausübung einer erworbenen Option zum Verkauf eines Vermögensgegenstands an den Kontraktpartner aus dem Optionsvertrags,

1 IDW RS HFA 35, Tz. 92.

ist der Buchwert des Optionsrechts mit dem Verkaufserlös zu verrechnen und mindert den Erfolg/Umsatz aus dem Abgang.[1]

BEISPIEL U erwägt die Veräußerung der börsennotierten Beteiligung B. Sie ist vor einigen Jahren für 100.000 € angeschafft worden und steht nach wie vor mit diesem Wert in den Büchern. Am 1.7.01 schließt U mit X einen Optionsvertrag, der U berechtigt, die Anteile am 2.1.02 für 100.000 € an X zu veräußern. Hierfür zahlt U eine Optionsprämie von 10.000 €. Der Börsenwert der Beteiligung entwickelt sich wie folgt:

1.7.01	100.000 €
31.12.01 und 2.1.02	95.000 €

U bucht wie folgt:

1.7.01 (Aktivierung Optionsprämie):

per sonstigen Vermögensgegenstand	10.000 €	an	Geld	10.000 €

31.12.01 (Abschreibung Optionsprämie und Beteiligung):

per Aufwand	5.000 €	an	sonstigen Vermögensgegenstand	5.000 €
per Abschreibung Beteiligung	5.000 €	an	Beteiligung	5.000 €

Mit der ersten Stichtagsbuchung wird die Minderung des inneren Werts der Option berücksichtigt. Da U die Anteile ohne die Option für 95.000 €, mit ihr für 100.000 € veräußern kann, lässt die Option nur noch einen Vorteil von 5.000 € erwarten. Diesem Wertverlust der Option steht kein unrealisierter Gewinn bei den Anteilen gegenüber. Deren Wert hat sich vielmehr ebenfalls um 5.000 € vermindert, da der Buchwert der Optionsprämie (5.000 €) mit dem erwarteten Veräußerungserlös (100.000 €) zu verrechnen ist. Zur Anwendung von § 254 HGB kommt es daher mangels gegenläufiger Entwicklungen nicht.

2.1.02 (Ausübung der Option):

per Geld	100.000 €	an	Beteiligung	95.000 €
		an	sonstigen Vermögensgegenstand	5.000 €

FALLVARIANTE Der Börsenwert der Beteiligung per 31.12.01/2.1.02 beträgt 75.000 €.

Buchungen

31.12.01 (teilweise Abschreibung Beteiligung)

per Abschreibung Beteiligung	10.000 €	an	Beteiligung	10.000 €

Eine Abschreibung um weitere 15.000 € auf 75.000 € ist nicht erforderlich, da die Option einen Veräußerungspreis von 100.000 € bzw. nach Verrechnung der Optionsprämie einen Nettozufluss von 90.000 € garantiert. Ohne Anwendung von § 254 HGB wäre eine solche zusätzliche Abschreibung hingegen erforderlich.

2.1.02 (Ausübung der Option):

per Geld	100.000 €	an	Beteiligung	90.000 €
		an	sonstigen Vermögensgegenstand	10.000 €

1 IDW RS BFA 6, Tz. 22.

VII. Einzelfälle der Sicherung im Mikro-*Hedge*

1. Vorbemerkung

Mittelständische Unternehmen scheuen den mit der Anwendung von § 254 HGB verbundenen Aufwand, insbesondere aus Dokumentation (→ Rz. 54) und Effektivitätsnachweisen (→ Rz. 44 und → Rz. 67). In hohem Maße machen sie daher von dem Wahlrecht zur Nichtanwendung von § 254 HGB Gebrauch (→ Rz. 10). Soweit sie überhaupt eine Bewertungseinheit bilden, beschränken sie sich überwiegend auf Mikro-*Hedges,* da hier der Dokumentationsaufwand gering ist (→ Rz. 58) und bei perfekter Sicherungsbeziehung die Effektivitätsfrage ggf. qualitativ, d. h. ohne komplexe Berechnungen, beantwortet werden kann (→ Rz. 50).[1] 106

2. Sicherung von Fremdwährungsforderungen und -verbindlichkeiten

Die Sicherung von Fremdwährungsforderungen und -verbindlichkeiten kann sowohl auf deren **Wertänderungen** als auch auf die **Zahlungsströme** zielen, mithin sowohl *„Fair value"-Hedge* als auch *Cashflow-Hedge* sein (→ Rz. 40). 107

BEISPIEL Ein USD-Darlehen mit einer Laufzeit von zwei Jahren wird am 1.7.01 bei einem Kurs von 1 €/1 USD über 10 Mio. USD aufgenommen. Es ergeben sich folgende Risiken/Chancen:

- Bei steigendem Dollarkurs ist nach § 253 Abs. 1 HGB i.V. mit § 256a HGB unter Beachtung des Höchstwertprinzips per 31.12.01 eine Zuschreibung auf das Darlehen vorzunehmen.
- Bei steigendem oder sinkendem Dollarkurs ist das Darlehen per 31.12.02 wegen einer Restlaufzeit von dann weniger als einem Jahr ohne Rücksicht auf seine Anschaffungskosten mit dem Stichtagskurs anzusetzen (→ § 256a Rz. 14).
- Bei steigendem oder sinkendem Dollarkurs steigt oder sinkt der bei Fälligkeit (30.6.02) in Euro aufzuwendende Tilgungsbetrag.

Die beiden ersten Aspekte betreffen das Wertänderungsrisiko, der dritte kann auch als Zahlungsstromrisiko gedeutet werden.

Zur Absicherung der Währungsrisiken kommen sowohl ein gegenläufiges **originäres Finanzinstrument** (bei einer USD-Forderung also u. U. eine USD-Verbindlichkeit) als auch ein **Finanzderivat,** z. B. ein Termingeschäft (bei einer Forderung ein Devisenterminverkauf, bei einer Verbindlichkeit ein Devisenterminkauf), infrage. 108

Die Zusammenfassung gegenläufiger Positionen zu einer Bewertungseinheit setzt zunächst **prospektive Effektivität** voraus (→ Rz. 48). Diese kann beim Mikro-*Hedge* i. d. R. **qualitativ** beurteilt werden (→ Rz. 50): 109

BEISPIEL Das Unternehmen hat per 1.7.01 einerseits eine Verbindlichkeit von 10 Mio. USD, andererseits eine Forderung von 15 Mio. USD. Der Unterschied in den Fälligkeitsterminen ist vernachlässigbar (Forderung 30.5.03, Verbindlichkeit 30.6.03) und hindert die qualitative Annahme einer ausreichenden prospektiven Effektivität nicht. Der Volumenunterschied lässt sich einfach dadurch erledigen, dass nur 2/3 der Forderung als Sicherungsgeschäft designiert werden (→ Rz. 37).

Die buchmäßige Behandlung in den einzelnen Perioden setzt eine **retrospektive Beurteilung** der Effektivität voraus. Sie ergibt sich bei gegenseitiger Sicherung von Forderungen und Ver- 110

1 Zum empirischen Nachweis und zur Erklärung der Zurückhaltung mittelständischer Konzerne *Oser et. al.,* StuB 2012 S. 91 ff.

bindlichkeiten ebenfalls aus **qualitativen** Überlegungen. Es bedarf dann auch hier keiner mathematischen Analysen (→ Rz. 50).

111 Im Vergleich zwischen der Bilanzierung mit und ohne Sicherungszusammenhang ist **§ 256a HGB** zu beachten: Danach gelten Imparitätsprinzip, Niederstwert- und Höchstwertprinzip nur, solange die Restlaufzeit noch mehr als ein Jahr beträgt (→ § 256a Rz. 14).

- Während es also bei Restlaufzeiten von **mehr als einem Jahr** darauf ankommt, ob die vorgenannten Prinzipien gelten (ohne Sicherungszusammenhang) oder im Hinblick auf § 254 HGB ausgesetzt sind (mit Sicherungszusammenhang),
- ist mit Erreichen der Restlaufzeit von **nicht mehr als einem Jahr** ein Gleichklang gegeben.

Praktisch bedeutet dies: Bei **kurzfristigen Forderungen** und **Verbindlichkeiten** macht es **keinen Unterschied,** ob ein Sicherungszusammenhang zwischen beiden Posten gebildet wird oder nicht.

BEISPIEL Am 1.12.01 werden eine USD-Forderung und eine USD-Verbindlichkeit über jeweils 1 Mio. USD beim Kurs 1 €/1 USD begründet. Forderung und Verbindlichkeit sind jeweils am 31.1.02 fällig. Am Bilanzstichtag beträgt der Kurs 1,1 €/1 USD (alternativ 0,9 €/1 USD).

Forderung und Verbindlichkeit sind mit jeweils 1,1 Mio. € (alternativ jeweils 0,9 Mio. €) anzusetzen. Ertrag (alternativ Aufwand) aus der Anpassung der Forderung und Aufwand (alternativ Ertrag) aus der Verbindlichkeit gleichen sich aus.

VARIANTE Die Posten sind am 31.1.03 fällig.

Ohne Sicherungszusammenhang gilt nun zum 31.12.01:

Bei steigendem Dollar steht der Forderung von 1,0 Mio. € eine Verbindlichkeit von 1,1 Mio. € (Höchstwertprinzip) gegenüber (bei fallendem Dollar der Forderung von 0,9 Mio. € eine Verbindlichkeit von 1 Mio. €). Es entsteht ein Aufwand von 0,1 Mio. €. Er lässt sich nur über die Bildung einer Bewertungseinheit vermeiden.

112 Die gegenseitige Sicherung von ursprünglich langfristigen Forderungen und Verbindlichkeiten kann nach der **Brutto-** oder der **Nettomethode** verbucht werden (→ Rz. 63):

- Bei steigendem Kurs der Fremdwährung erfolgt nach der Bruttomethode eine Zuschreibung zur Forderung zur Kompensation der **Zuschreibung** der Verbindlichkeit,
- nach der Nettomethode werden hingegen beide Werte **eingefroren.**

113 Zur gegenseitigen Sicherung von ursprünglich langfristigen Forderungen unter Beachtung der nach Restlaufzeit differenzierenden Vorschriften des § 256a HGB folgende Fortsetzung des Beispiels aus → Rz. 109.

BEISPIEL Der Dollarkurs entwickelt sich wie folgt:

1.7.01:	1,0 €/1 USD
31.12.01:	1,1 €/1 USD
31.12.02:	1,2 €/1 USD
30.5.03:	1,3 €/1 USD
30.6.03:	1,35 €/1 USD

	USD-Forderung davon nicht im *Hedge* 33 %	davon im *Hedge* 67 %	USD-Verbindlichkeit
USD	5,0	10,0	-10,0
Bewertung in Euro 1.7.01	5,0	10,0	-10,0
Bewertung in Euro 31.12.01 (Restlaufzeit > 1 Jahr)	5,0	11,0	-11,0
Bewertung in Euro 31.12.02 (Restlaufzeit < 1 Jahr)	6,0	12,0	-12,0
Erfüllungsbetrag in Euro	6,5	13,0	-13,5

Buchungen					GuV		Zum Vergleich ohne *Hedge*	
per Geld	10,0	an	Verbindlichkeit	10,0				
per Forderung	15,0	an	Geld	15,0				
31.12.01								
per Aufwand	1,0	an	Verbindlichkeit	1,0	-1,0		-1,0	
per Forderung 67 %	1,0	an	Ertrag	1,0	1,0	0,0	0,0	-1,0
31.12.02								
per Aufwand	1,0	an	Verbindlichkeit	1,0	-1,0		-1,0	
per Forderung 67 %	1,0	an	Ertrag	1,0	1,0		2,0	
per Forderung 33 %	1,0	an	Ertrag	1,0	1,0	1,0	1,0	2,0
30.5.03								
per Geld	19,5	an	Forderung	18,0				
		an	Ertrag	1,5	1,5			1,5
30.6.03								
per Verbindlichkeit	12,0	an	Geld	13,5				
per Aufwand	1,5				-1,5	0,0		-1,5
		an	Verbindlichkeit		Total	1,0	Total	1,0

Über alle Perioden ist der Erfolg unabhängig davon, ob ein Sicherungszusammenhang hergestellt wird oder nicht. § 254 HGB beeinflusst nur die Verteilung des Ergebnisses auf die Perioden. Im Vergleich gilt:

- Ohne Sicherungszusammenhang ist in Periode 1 zwar bei der Verbindlichkeit eine Zuschreibung vorzunehmen, wegen des Anschaffungskostenprinzips aber nicht bei der Forderung. Mit Sicherungszusammenhang kann auch auf die Forderung zugeschrieben werden.
- Am Ende der Periode 2 ist wegen § 256a HGB bei einer Restlaufzeit von weniger als einem Jahr die Umrechnung mit dem Stichtagskurs unabhängig vom Imparitätsprinzip vorzunehmen. Die Variante mit und ohne Sicherungszusammenhang führt per 31.12.02 zu gleichen Bilanzwerten und damit in der Kumulation von Periode 1 und 2 zwingend zum gleichen Erfolg.
- Der Mehrerfolg der Periode 1 bei Sicherungszusammenhang entspricht dem Mehrerfolg der Periode 2 in der Variante ohne Sicherungszusammenhang, Letzterer erklärt sich daraus, dass in 01 noch keine Zuschreibung auf die Forderung vorgenommen wurde und daher der insgesamt erforderliche Zuschreibungsbetrag voll in Periode 2 ertragswirksam wird.

114 Der Absicherung von Fremdwährungsforderungen oder -verbindlichkeiten können auch Derivate, insbesondere **Termingeschäfte,** dienen. Hierbei ergeben sich die unter → Rz. 74 diskutierten Probleme:

- Der wirtschaftliche Zweck der Sicherung richtet sich auf den **Zahlungsstrom.** Kompensationen der Wertänderungen an dem Bilanzstichtag sind nur Nebenzweck.
- Bei einem retrospektiven Effektivitätstest nach der einfachen Dollar-Offset-Methode gelingt die rechnerische Kompensation der Wertänderungen nur unvollständig (scheinbare Effektivität), wenn die **Zinskomponente** des Termingeschäfts in die Sicherung einbezogen wird.

Nach der hier vertretenen Ansicht kann das Problem wie folgt gelöst werden (→ Rz. 81):

- Die **Zinskomponente** des Termingeschäfts wird separat betrachtet und **über die Laufzeit** verteilt.
- Für die Kassakomponente ergibt sich dann bei Übereinstimmung der Volumina, Währung usw. während der einzelnen Perioden eine **perfekte Sicherung** der Wertänderung, über die gesamte Laufzeit eine perfekte Sicherung des Zahlungsstroms.

BEISPIEL Am 1.7.01 wird ein in zwei Jahren fälliges Darlehen über 100 Mio. USD aufgenommen. Der Dollarkurs steigt während der Laufzeit:

Bei einem Zinsdifferential von 3 % zwischen US-Dollar und Euro ergeben sich zunächst folgende Terminkurse und daraus resultierend die Marktwerte des Termingeschäfts sowie ihre Änderung in Gegenüberstellung zur Wertänderung des Grundgeschäfts:

		1.7.01	31.12.01	31.12.02	30.6.03
	Zinsdifferenz (€ - USD)	0,03	0,03	0,03	0,03
·	Kassakurs	1,00	1,10	1,20	1,35
·	Vertragslaufzeit	2,0	1,5	0,5	0,0
=	Swapsatz	0,06	0,0495	0,018	0
+	Kassakurs	1,00	1,10	1,20	1,35
=	Terminkurs	1,06	1,15	1,22	1,35
	Veränderung gegenüber 1.7.01		0,0895	0,1580	0,2900
·	100		100	100	100
=	Marktwert Derivat	0,00	8,95	15,80	29,00
	Marktwert Verbindlichkeit	100,00	110,00	120,00	135,00
	Veränderung gegenüber 1.7.01		10,00	20,00	35,00

Bei Betrachtung des gesamten Termingeschäfts inkl. seiner Zinskomponente erscheint die Sicherung nicht völlig effektiv, da die Wertänderungen von Verbindlichkeit und Termingeschäft sich nicht zu 100 % ausgleichen. Betrachtet man jedoch nur die Kassakomponente des Termingeschäfts, so entwickelt sich deren Wert bei umgekehrtem Vorzeichen genau wie der Wert der Verbindlichkeit. Die Beschränkung auf die Kassakomponente bedingt eine aufwandswirksame Erfassung der Zinskomponente. Entsprechend dem Zinscharakter ist u. E. eine lineare Verteilung über die Laufzeit von zwei Jahren zulässig.

Hieraus ergeben sich folgende Buchungen nach Brutto- und Nettomethode (wobei die Erfüllung des Termingeschäfts in beiden Fällen vereinfacht nur hinsichtlich des Differenzbetrags von Vertrags- und Kassakurs gebucht wird):

Buchungen Bruttomethode					GuV	
1.7.01	per Geld	100,00	an Verbindlichkeit	100,00		
31.12.01	per Aufwand	1,50	an Derivat (Zinskomponente)	1,50	-1,50	
	per Aufwand	10,00	an Verbindlichkeit	10,00	-10,00	
	per Derivat (Kassakomponente)	10,00	an Ertrag	10,00	10,00	-1,50
31.12.02	per Aufwand	3,00	an Derivat (Zinskomponente)	3,00	-3,00	
	per Aufwand	10,00	an Verbindlichkeit	10,00	-20,00	
	per Derivat (Kassakomponente)	10,00	an Ertrag	10,00	20,00	-3,00
30.6.03	per Aufwand	1,50	an Derivat (Zinskomponente)	1,50	-1,50	
	per Verbindlichkeit	120,00	an Geld	135,00		
	per Aufwand	15,00			-15,00	
	per Derivat (Kassakomponente)	15,00	an Ertrag	15,00	15,00	
	per Geld (netto)	29,00	an Derivat	35,00		
	per Derivat (Zinskomponente)	6,00				-1,50
						-6,00

Buchungen Nettomethode					GuV	
1.7.01	per Geld	100,00	an Verbindlichkeit	100,00		
31.12.01	per Aufwand	1,50	an Derivat (Zinskomponente)	1,50		-1,50
31.12.02	per Aufwand	3,00	an Derivat (Zinskomponente)	3,00		-3,00
30.6.03	per Aufwand	1,50	an Derivat (Zinskomponente)	1,50		-1,50
	per Verbindlichkeit	100,00	an Geld	135,00		
	per Aufwand	35,00			-35,00	
	per Geld (netto)	29,00	an Ertrag	35,00	35,00	
	per Derivat (Zinskomponente)	6,00				-1,50
						-6,00

3. Schwebende oder geplante Beschaffungs- oder Absatzgeschäfte in Fremdwährung

115 Die Absicherung geplanter oder bereits kontrahierter Fremdwährungstransaktionen durch ein Devisentermingeschäft dient der **Zahlungsstromsicherung,** ist also ein *Cashflow-Hedge* (→ Rz. 40). Die Beurteilung der Effektivität richtet sich daher nicht auf Wert-, sondern Zahlungsstromänderungen.

116 Die **prospektive Effektivität** kann regelmäßig **qualitativ** beurteilt werden (→ Rz. 50). **Retrospektive Ineffektivitäten** ergeben sich nur bei zeitlicher Differenz von Grund- und Sicherungsgeschäft, sind dort aber ohne besondere mathematische Methoden leicht zu bestimmen:

BEISPIEL Zur Absicherung einer für den 1.7.02 geplanten Anlagenbeschaffung mit Zahlung in Fremdwährung (100 USD) werden am 1.12.01 Devisen auf Termin 1.7.02 gekauft. Die Beschaffung verzögert sich um einen Monat.

Unter Vernachlässigung des Unterschieds von Kassa- und Terminkurs entwickeln sich die Kurse wie folgt:

1.12.01:	1 €/1 USD
31.12.01:	1,1 €/USD
1.7.02:	1,2 €/USD
1.8.02:	1,3 €/USD

Hieraus ergeben sich folgende Buchungen:

1.12. und 31.12.01 keine Buchung.

1.7.02:

per USD-Konto	120 €	an	€-Konto	100 €
		an	Abgrenzungsposten, Sicherung	20 €

1.8.02:

per Anlage	130 €	an	USD-Konto	130 €
per Abgrenzungsposten, Sicherung	20 €	an	Anlage	20 €

Der Kursanstieg bis zum 1.7.02 (20 Mio. €) ist Teil der effektiven Sicherung, hinsichtlich des weiteren Kursanstiegs bis zum 1.8.02 besteht keine effektive Sicherung.

Zur Frage, ob auch die Einbuchung der Anlage zum Kassakurs vertretbar ist, wird auf → Rz. 7 und → Rz. 89 ff. verwiesen.

117 Bei der Sicherung geplanter oder schwebender Beschaffungs- und Absatzgeschäfte bestehen folgende Besonderheiten gegenüber der Absicherung von Fremdwährungsforderungen oder -verbindlichkeiten:

- Aus den unter → Rz. 66 dargelegten Gründen ist nur **die Nettomethode** anwendbar.
- Die Behandlung der **Zinskomponente** des Devisentermingeschäfts ist weniger klar als bei der Sicherung von Forderungen oder Verbindlichkeiten (→ Rz. 81).

Zum zweiten Punkt Folgendes: Bei Sicherung von **Forderungen** und **Verbindlichkeiten** kann die Zinskomponente ohne Weiteres als Ergänzung der (impliziten oder expliziten) Verzinsung der Grundposition interpretiert werden, bei schwebendem oder geplantem **Absatz-** oder **Beschaffungsgeschäft** fehlt die **Verzinsung der Grundposition.** Gleichwohl bestünde auch hier etwa die Alternative, die später benötigten Devisen (Devisenterminkauf) sofort zu beschaffen und bis zum späteren Termin aus dem so gebildeten Fremdwährungskonto an der Zinsdifferenz zwischen Euro- und Fremdwährungsgebiet zu partizipieren bzw. diese bei anderem Vorzeichen in Kauf zu nehmen. Der durch die Nichtvornahme dieser Alternative entstehende Vorteil oder Nachteil wird durch die Zinskomponente des Termingeschäfts ausgeglichen. Insoweit ist auch bei der Absicherung von Absatz- oder Beschaffungsgeschäften die Verteilung der Zinskomponente auf die Laufzeit u. E. noch **vertretbar.** Bei Absicherung der Beschaffung von Sachanlagen hat diese Variante zudem folgenden Vorteil: Ein (zinsbedingter) Sicherungsaufwand würde sonst in den Anschaffungskosten berücksichtigt und erst langfristig über die Abschreibung erfolgswirksam werden.

Mit Eintritt der Transaktion und Fälligkeit des Sicherungsgeschäfts werden die **Umsatzerlöse** (Absatzgeschäft) bzw. **Anschaffungskosten** (Beschaffungsgeschäft) zum **Sicherungskurs** eingebucht, bei separater Behandlung der Zinskomponente zum **Kassaanteil** des Sicherungsgeschäfts. Ist die Sicherung durch ein Optionsgeschäft erfolgt, für das eine **Optionsprämie** zu zahlen war, geht nach der h. M. auch der Buchwert des Optionsrechts in die Anschaffungskosten ein.[1] Dies impliziert, dass der Sicherungszusammenhang nicht nur den Ausweis unrealisierter Verluste während der Dauer des Sicherungszusammenhangs verhindern (**Periodisierungs**funktion), sondern auch bei Beendigung durch Erfüllung der Geschäfte zu **Anpassungen** führen soll. Zwingend erscheint diese Sichtweise nicht (→ Rz. 7 und → Rz. 89 ff.). 118

Zunächst ein Beispiel zur Umsatzsicherung: 119

BEISPIEL ▸ U plant für den 30.6.02 Umsätze von 100 USD und sichert sie durch einen Devisenterminverkauf.

Kurse und Marktwerte entwickeln sich wie folgt:

		1.7.01	31.12.01	30.6.02
	Zinsdifferenz (€ - USD)	0,03	0,03	0,03
·	Kassakurs	1,00	0,80	0,75
·	Vertragslaufzeit	1,0	0,5	0,0
=	Swapsatz	0,03	0,012	0
+	Kassakurs	1,00	0,80	0,75
=	Terminkurs	1,030	0,812	0,750
	Veränderung gegenüber 1.7.01		-0,2180	-0,2800
·	100		-100	-100
=	Marktwert Derivat	0,00	21,80	28,00
	Wert Kassakomponente Derivat	0,00	20,00	25,00
	(Plan-)Umsatz in €	100,00	80,00	75,00
	Nachteil gegenüber 1.7.01		-20,00	-25,00

Es ergeben sich folgende Buchungen:

Buchungen bei separater Behandlung Zinskomponente

1.1.01 und 1.7.01 keine Buchung.

1 IDW RS HFA 35, Tz. 92.

31.12.01:

per Derivat (Zinskomponente)	1,5	an	Ertrag	1,5

30.6.02:

per Derivat (Zinskomponente)	1,5	an	Ertrag	1,5
per USD-Konto	75,0	an	Umsatz	75,0
per €-Konto	103,0	an	USD-Konto	75,0
		an	Umsatz (Alternative: an sonstige betriebliche Erträge)	25,0
		an	Derivat	3,0

Buchungen bei einheitlicher Behandlung Termingeschäft

30.6.02:

per USD-Konto	75,0	an	Umsatz	75,0
per €-Konto	103,0	an	USD-Konto	75,0
		an	Umsatz (Alternative: an sonstige betriebliche Erträge)	28,0
		an	Derivat	3,0

120 Falls die Zinsdifferenz ein umgekehrtes Vorzeichen hätte oder das Unternehmen nicht Verkäufer, sondern Käufer der Devisen wäre, entstünde bei separater Betrachtung ein Zinsaufwand. Zur zweiten Variante das nachfolgende Beispiel der Sicherung eines **Beschaffungsgeschäfts:**

BEISPIEL U plant, für den 30.6.01 eine Sachanlage für 100 USD zu beschaffen, und sichert sie durch einen Devisenterminkauf.

Kurse und Marktwerte entwickeln sich wie folgt:

	1.7.01	**31.12.01**	**30.6.01**
Zinsdifferenz (€ - USD)	0,03	0,03	0,03
· Kassakurs	1,00	0,80	0,75
· Vertragslaufzeit	1,0	0,5	0,0
= Swapsatz	0,03	0,012	0
+ Kassakurs	1,00	0,80	0,75
= Terminkurs	1,030	0,812	0,750
Veränderung gegenüber 1.7.01		-0,2180	-0,2800
· 100		100	100
= Marktwert Derivat	0,00	-21,80	-28,00
Wert Kassakomponente Derivat	0,00	-20,00	-25,00
(Plan-)AK in €	100,00	80,00	75,00
Vorteil gegenüber 1.7.01		20,00	25,00

Es ergeben sich folgende Buchungen:

Buchungen bei separater Behandlung Zinskomponente

1.1.01 und 1.7.01 keine Buchung.

31.12.01:

per Aufwand	1,5	an	Derivat (Zinskomponente)	1,5

30.6.02:

per Aufwand	1,5	an	Derivat (Zinskomponente)	1,5
per USD-Konto	75,0	an	€-Konto	103,0
per Derivat	3,0			
per Abgrenzungsposten	25,0			
per Sachanlage	100,0	an	USD-Konto	75,0
		an	Umsatz (Alternative: an sonstige betriebliche Erträge)	25,0

Buchungen bei einheitlicher Behandlung Termingeschäft

1.1.01, 1.7.01 und 31.12.01 keine Buchung.

30.6.02:

per USD-Konto	75,0	an	€-Konto	103,0
per Abgrenzungsposten	28,0			
per Sachanlage	103,0	an	USD-Konto	75,0
		an	Abgrenzungsposten	28,0

4. Variabel verzinsliche Darlehen

Die Absicherung variabel verzinslicher Darlehen durch einen *payer swap* (zahle fix, empfange variabel) dient der **Zahlungsstromsicherung,** ist also *Cashflow-Hedge* (→ Rz. 40). Die Beurteilung der Effektivität richtet sich daher nicht auf Wert-, sondern Zahlungsstromänderungen. 121

Ein Swap kann auch zur Absicherung des Zeitwerts festverzinslicher Finanzanlagen oder Verbindlichkeiten eingesetzt werden (→ Rz. 75) oder zur Zahlungsstromsicherung variabler Finanzanlagen.

Die **prospektive Effektivität** kann bei Absicherung eines variabel verzinslichen Darlehens durch einen *payer swap* regelmäßig **qualitativ** beurteilt werden (→ Rz. 50). 122

Die **retrospektive Effektivität** ist bei identischen *critical terms* (Volumen, Laufzeit, Referenzzins, Zins- und Zinsanpassungstermine) ohne Weiteres durch Gegenüberstellung der Zahlungsströme der Periode gegeben. 123

In der bilanziellen und buchmäßigen Behandlung kann dann die Bar- bzw. **Marktwertentwicklung** des Swap regelmäßig **ignoriert** werden. Droht aus Sicht des Marktwerts ein Verlust, so ist dieser nicht anzusetzen, da sich die Zahlungsströme in der jeweiligen Periode ausgleichen. Bei umgekehrter Wertentwicklung ist die dem aus dem Swap erwarteten Gewinn gegenüberstehende Verschlechterung der Darlehensbedingungen ohnehin nicht bilanzierungsfähig. Auch in diesem Fall findet weder beim Swap noch beim Grundgeschäft eine bilanzielle Anpassung statt. Die gesamte Buchung richtet sich mithin auf den Ausgleich der Zinsen. 124

Dem Sicherungszusammenhang beider Geschäfte entspricht dabei u. E. am besten eine **Saldierung** evtl. Erträge aus dem Swap mit den Zinsaufwendungen aus dem Darlehen.

125 Zum Ganzen folgendes Beispiel (vgl. zur Änderung des EURIBOR durch die IBOR-Reform → Rz. 88b):

BEISPIEL U nimmt am 1.1.01 ein Darlehen über 1 Mio. € auf, das zum EURIBOR jährlich nachschüssig verzinst wird. Maßgeblich ist jeweils der Zinssatz des Jahresanfangs. Das Darlehen ist am 31.12.03 fällig. Das Zinsrisiko sichert U durch einen *payer swap* (zahle 3 %, empfange EURIBOR) mit gleichem Volumen, gleichen Zinsterminen, gleichen Zinsanpassungsterminen und gleicher Fälligkeit.

Zunächst die Entwicklung und die Buchungen für den Fall eines Zinsrückgangs und damit einer negativen Marktwertentwicklung des Swaps. Unterstellt wird eine flache Zinsstrukturkurve:

Stichtag	1.1.01	31.12.01	31.12.02	31.12.03
Zinssatz	3,0 %	2,0 %	2,5 %	
Tatsächliche Zahlung Swap		0	-10.000	-5.000
Erwartete Zahlungsreihe	1.1.01	0	0	0
Barwert	0			
Erwartete Zahlungsreihe		31.12.01	-10.000	-10.000
Barwert		-19.416		
Erwartete Zahlungsreihe			31.12.01	-5.000
Barwert			-4.878	

Hieraus ergeben sich folgende Buchungen, die in jedem Jahr zu einem Zinsaufwand von 3 % bzw. 30.000 € führen.

1.1.01:

per Geld	1.000.000	an	Darlehen	1.000.000

31.12.01:

per Zinsaufwand (Darlehen)	30.000	an	Geld	30.000

31.12.02:

per Zinsaufwand (Darlehen)	20.000	an	Geld	20.000
per Zinsaufwand (Swap)	10.000	an	Geld	10.000

31.12.03:

per Zinsaufwand (Darlehen)	25.000	an	Geld	25.000
per Zinsaufwand (Swap)	5.000	an	Geld	5.000
per Darlehen	1.000.000	an	Geld	1.000.000

VARIANTE Der Zins steigt nach Abschluss der Geschäfte.

Stichtag	1.1.01	31.12.01	31.12.02	31.12.03
Zinssatz	3,0 %	4,0 %	3,5 %	
Tatsächliche Zahlung Swap		0	10.000	5.000
Erwartete Zahlungsreihe	1.1.01	0	0	0
Barwert	0			
Erwartete Zahlungsreihe		31.12.01	10.000	10.000
Barwert		18.861		
Erwartete Zahlungsreihe			31.12.01	5.000
Barwert			4.831	

Hieraus ergeben sich folgende Buchungen, die wiederum in jedem Jahr zu einem Zinsaufwand von 3 % bzw. 30.000 € führen.

1.1.01:

per Geld	1.000.000	an	Darlehen	1.000.000

31.12.01:

per Zinsaufwand (Darlehen)	30.000	an	Geld	30.000

31.12.02:

per Zinsaufwand (Darlehen)	40.000	an	Geld	40.000
per Geld	10.000	an	Zinsaufwand (Swap)	10.000

31.12.03:

per Zinsaufwand (Darlehen)	35.000	an	Geld	35.000
per Geld	5.000	an	Zinsaufwand (Swap)	5.000
per Darlehen	1.000.000	an	Geld	1.000.000

Bei **zeitgleichem** Abschluss von Kredit- und Swap-Vertrag mit dem **gleichen Vertragspartner** kommt auch eine zusammengefasste Betrachtung von Darlehen und Swap mit der Folge der Bilanzierung eines **synthetischen Festzinskredits** infrage: Der Gesamtwirkung beider Verträge entsprechend würde U im Beispiel unter →Rz. 125 danach ein Festzinsdarlehen von 1 Mio. € bilanzieren und (wie bei Anwendung von § 254 HGB) jährlich einen Zinsaufwand von 30.000 € ausweisen. 126

Die zusammengefasste Betrachtung ergibt vor allem dann Sinn, wenn beide Verträge **als Paket** ausgehandelt wurden, für jeden Vertag in isolierter Betrachtung also nicht ohne Weiteres von Marktkonformität ausgegangen werden kann. In einer solchen Konstellation kann etwa der Swap von Anfang an nachteilig sein, weil der Kreditvertrag von Anfang an vorteilhaft ist. Die üblicherweise für ein schwebendes Geschäft zwischen Fremden geltende Annahme der anfänglichen Ausgeglichenheit trifft dann nicht zu. In isolierter Betrachtung droht aus dem Swap schon bei Vertragsschluss ein Verlust, der noch nicht unter Hinweis auf gegenläufige Zahlungsströme bilanzunwirksam bleiben darf. In zusammengefasster Betrachtung stellt sich das Verlustproblem hingegen nicht.[1]

VIII. Steuerliche Folgen der Bildung einer Bewertungseinheit (§ 5 Abs. 1a Satz 2 EStG)

§ 5 Abs. 1a Satz 2 EStG bestimmt im Wege der sog. **konkreten Maßgeblichkeit:** „Die Ergebnisse der in der handelsrechtlichen Rechnungslegung zur Absicherung finanzwirtschaftlicher Risiken gebildeten Bewertungseinheiten sind auch für die steuerliche Gewinnermittlung maßgeblich." Danach ist für Zwecke der steuerlichen Gewinnermittlung bei Bewertungseinheiten unmittelbar an die **tatsächliche handelsrechtliche Bilanzierung** anzuknüpfen. Aus der nur in § 5 Abs. 1a Satz 2 EStG, nicht hingegen in § 254 HGB enthaltenen Begrifflichkeit „finanzwirtschaftliche Risiken" folgt nicht, dass einkommensteuerlich nur ein Teilbereich der handelsrechtlich gebildeten Bewertungseinheiten erfasst wird. Alle zulässigerweise für handelsrechtliche Zwecke ge- 127

1 Zum Ganzen *Lüdenbach*, StuB 2009 S. 354 ff.

bildeten Bewertungseinheiten sind vielmehr auch bei der steuerlichen Gewinnermittlung zu berücksichtigen.[1]

Die Vorschrift wird flankiert durch § 5 Abs. 3a Satz 2 EStG, wonach ein als Verlustrückstellung zu erfassendes negatives Ergebnis einer Bewertungseinheit nicht dem allgemeinen steuerbilanziellen Ansatzverbot für Drohverlustrückstellungen (→ § 249 Rz. 223 ff.) unterliegt. Auf diese Weise gelingt u. a. eine Gestaltung des steuerlichen Ergebnisses unabhängig von der Anwendung der Brutto- oder Nettomethode (→ Rz. 63). Die Finanzverwaltung hält allerdings nur die Nettomethode für zulässig.[2]

BEISPIEL ► Zur Währungsabsicherung eines aufgenommenen langfristigen US-Fälligkeitsdarlehens kauft U USD auf Termin. Bis zum Bilanzstichtag steigt der Kurs des Euro gegenüber dem USD. Aus dem Devisentermingeschäft droht ein Verlust, aus dem USD-Darlehen ergibt sich ein unrealisierter Gewinn. Zur Vereinfachung sei unterstellt, dass Verlust und unrealisierter Gewinn den gleichen Betrag ausweisen (→ Rz. 81). U dokumentiert eine Bewertungseinheit zwischen beiden Geschäften.

BILANZIERUNG NACH DER BRUTTOMETHODE ► Das Darlehen wird handelsrechtlich mit dem niedrigeren Stichtagskurs angesetzt, das Devisentermingeschäft als Drohverlustrückstellung passiviert. Beiden Werten bzw. Ansätzen ist wegen § 5 Abs. 1a Satz 2 EStG i.V. mit § 5 Abs. 4a Satz 2 EStG auch steuerlich zu folgen. Handels- und steuerrechtlich resultiert aus der Bewertungseinheit ein Ergebnis von null. Laut Finanzverwaltung soll diese Methode steuerlich nicht zulässig sein.

BILANZIERUNG NACH DER NETTOMETHODE ► Das Darlehen wird handelsrechtlich unverändert mit dem Einstandskurs bilanziert, ein Drohverlust nicht passiviert. Dem ist gem. § 5 Abs. 1a Satz 2 EStG auch steuerlich zu folgen.

128 Umstritten ist bzw. war im Schrifttum das Verhältnis von § 5 Abs. 1a Satz 2 EStG zu Regelungen, die die Aufwendungen als steuerlich **nicht abziehbar** oder Erträge als **steuerfrei** bestimmen (sog. **zweite Gewinnermittlungsstufe**). Von besonderer praktischer Relevanz sind in diesem Zusammenhang die Bestimmungen des § 8b KStG zur Nichtberücksichtigung der Veräußerungsgewinne und -verluste aus **Beteiligungen an Kapitalgesellschaften** (§ 8b Abs. 2 KStG), Teilwertabschreibungen auf entsprechende Beteiligungen (§ 8b Abs. 3 Satz 3 KStG) bzw. Teilwertabschreibungen und sonstigen Verlusten aus bestimmten Gesellschafterdarlehen (§ 8b Abs. 3 Satz 4 bis 8 KStG):

- Nach einer ersten Auffassung gehen die entsprechenden Regelungen § 5 Abs. 1a Satz 2 EStG vor. Die Bildung einer Bewertungseinheit für zwei oder mehr Wirtschaftsgüter ändere nichts daran, dass für Bilanzierungszwecke weiterhin getrennte Wirtschaftsgüter vorlägen, auf welche die jeweils geltenden steuerspezifischen Vorschriften anzuwenden seien. § 8b KStG verdränge daher als **spezialgesetzliche Regelung** die formelle Maßgeblichkeit aus § 5 Abs. 1a EStG.[3]
- Nach zweiter Auffassung lasse § 8b KStG die Gewinnermittlung in Handels- und Steuerbilanz (erste Gewinnermittlungsstufe) unberührt und sei erst auf der **zweiten Gewinnermittlungsstufe** anzuwenden. Soweit Wertänderungen auf der ersten Gewinnermittlungsstufe aber wegen Bildung einer Bewertungseinheit überhaupt nicht erfasst würden, bestünde für eine Hinzurechnung auf der Stufe 2 kein Ansatzpunkt mehr.[4]

1 Vgl. *Zwirner/Boecker*, BB 2012 S. 2395 ff.
2 OFD Rheinland, Vfg. v. 11.3.2011 – S 2133 – 2011/0002 – St 141, DB 2011 S. 737.
3 Vgl. *Schmitz*, DB 2009 S. 1620 ff.
4 Vgl. *Micksch/Mattern*, DB 2010 S. 579 ff.

Unseres Erachtens liegt die zweite Position näher am Wortlaut des Gesetzes, § 8b Abs. 2 Satz 3 und Satz 4 KStG sprechen etwa von „**Gewinnminderungen**, die (...) bei der Ermittlung des Einkommens nicht zu berücksichtigen" sind. Vorausgesetzt wird dabei das Vorliegen einer Gewinnminderung überhaupt auf der ersten Gewinnermittlungsstufe, andernfalls kommt die Hinzurechnungsvorschrift nicht zum Tragen.

BEISPIEL Die U-AG erwirbt eine Beteiligung an einer amerikanischen Kapitalgesellschaft für 10 Mio. USD (= 10 Mio. €) und finanziert dies durch ein zeitgleich aufgenommenes, langfristiges Fälligkeitsdarlehen von 10 Mio. USD. Die U bildet eine Bewertungseinheit zwischen beiden Posten. Bis zum Bilanzstichtag sinkt der Wert des USD gegenüber dem Euro von 1/1 auf 0,9/1.

Nach der Nettomethode (→ Rz. 63) ist handelsrechtlich wie folgt vorzugehen:

Weder wird ein Aufwand wegen währungsbedingter Teilwertabschreibung auf die Beteiligung (1 Mio. €) noch ein Ertrag wegen währungsbedingter Minderung des Erfüllungsbetrags des Darlehens (1 Mio. €) gebucht.

Dem ist wegen § 5 Abs. 1a Satz 2 EStG auch steuerlich zu folgen. § 8b Abs. 2 Satz 3 KStG gelangt nicht zur Anwendung, weil eine Teilwertabschreibung auf die Beteiligung gar nicht vorgenommen wird, damit ist auch kein Raum für eine außerbilanzielle Hinzurechnung eines solchen Betrags.

Verfährt die U handelsbilanziell nach der Bruttomethode (→ Rz. 63), kann sie gleichwohl in der handelsrechtlichen GuV Ertrag aus Abwertung des Darlehens und Aufwand aus Abschreibung der Beteiligung saldieren. Im Ergebnis entsteht wiederum kein Aufwand aus Teilwertabschreibung, der eine Hinzurechnung nach § 8b Abs. 2 Satz 3 KStG auslösen würde.

Das steuerliche Ergebnis sollte, wie im Beispiel dargelegt, nicht davon abhängen, ob handelsrechtlich nach der Brutto- oder der Nettomethode bilanziert wird. Dem entspricht auch – bei allem übrigen Dissens – die einheitliche Auffassung von Schrifttum und BMF.[1]

Im Übrigen vertritt die Finanzverwaltung[2] aber folgende Auffassung: Sobald Grundgeschäft und Sicherungsgeschäft realisiert werden, sei der Regelungsbereich von § 254 HGB und § 5 Abs. 1a Satz 2 EStG nicht mehr betroffen und steuerlich eine Ergebnisrealisierung nach sonst geltenden Grundsätzen geboten, mit der Folge, dass spätestens dann etwa unter § 8b KStG fallende Veräußerungsverluste oder -gewinne steuerlich unberücksichtigt bleiben.

BEISPIEL (FORTSETZUNG) Die U-AG beendet ihre Engagements vorzeitig am 1.1.02. Sie veräußert die Beteiligung für 9 Mio. € und tilgt das Darlehen mit gleichem Betrag (Vorfälligkeitsentschädigungen zur Vereinfachung vernachlässigt).

Nach der Nettomethode (→ Rz. 63) entsteht handelsrechtlich ein Gewinn aus der Tilgung des Darlehens sowie ein Verlust aus dem Abgang der Beteiligung, wobei Letzterer nach Ansicht des BMF unter der Voraussetzung von § 8b KStG steuerlich nicht zu berücksichtigen ist, so dass per Saldo ein steuerpflichtiger Gewinn von 1 Mio. € entsteht.

Das FG Berlin-Brandenburg hielt für den Fall währungsgesicherter US-Aktien mit positivem Erfolg des Sicherungsgeschäfts entsprechend fest, dass (zulässigerweise gebildete) Bewertungseinheiten zwar für die steuerliche Gewinnermittlung maßgeblich sind, es aber bei § 8b KStG nicht um die Gewinn-, sondern Einkommensermittlung gehe. § 8b Abs. 2 KStG komme hier die Funktion zu, für die Ermittlung des steuerpflichtigen Einkommens bestimmte Korrekturen an dem vom Körperschaftsteuerpflichtigen erzielten Steuerbilanzgewinn vorzunehmen, in dem bestimmte Teile des Gewinns vom steuerpflichtigen Einkommen ausgenommen werden. Welche Teile des Gewinns dies betrifft, entscheide sich allein nach § 8b KStG, nicht aber nach § 254 HGB i.V. mit § 5 Abs. 1a EStG. Da aber der Erfolg aus dem Devisentermingeschäft weder Veräußerungserlös noch Veräußerungskosten darstellt, sei er nach der Definition

1 BMF, Schreiben v. 25.8.2010 – IV C 6 – S 2133/07/1001, StuB 2010 S. 715.

2 BMF, Schreiben v. 25.8.2010 – IV C 6 – S 2133/07/1001, StuB 2010 S. 715; OFD Rheinland, Vfg. v. 11.3.2011 – S 2133 – 2011/0002 – St 141, DB 2011 S. 737.

des § 8b Abs. 2 Satz 2 KStG auch kein Teil des begünstigten Veräußerungsgewinns.[1] Der BFH hat sich dieser Auffassung nicht angeschlossen und entschieden, dass der Ertrag aus Währungskurssicherungsgeschäft den steuerfreien Veräußerungsgewinn aus Anteilsverkauf erhöht.[2]

129 Nach der Bruttomethode (→ Rz. 63) entsteht handelsrechtlich weder ein Gewinn (aus dem Darlehen) noch ein Verlust (aus der Beteiligung). Das steuerliche Ergebnis muss gleichwohl dem nach der Nettomethode entsprechen, nach früherer Ansicht des BMF also per Saldo ein steuerpflichtiger Gewinn von 1 Mio. € sein, während nach Ansicht des BFH der Währungssicherungseffekt Teil des steuerfreien Gewinns ist.

Besteht bei in Fremdwährung notierten Aktien eine Bewertungseinheit zwischen diesen Aktien und einem Fremdwährungstermingeschäft, nimmt also der Termingeschäftserfolg gem. BFH an den Begünstigungen des § 8b KStG (95%ige Freistellung) teil.

Das BMF hat das Urteil des ersten Senats zum Anlass genommen, seine Positionen zu aktualisieren, und hält nun u. a. für Währungssicherung Folgendes fest:[3]

- Der Erfolg aus dem Sicherungsgeschäft ist nur dann in die Ermittlung des Erfolgs aus § 8b KStG einzubeziehen, wenn der Steuerpflichtige bei Abschluss des Sicherungsgeschäfts ausschließlich den späteren konkret erwarteten Erlös aus der Veräußerung von Anteilen i. S. des § 8b Abs. 2 KStG vor Währungskursschwankungen absichern wollte.
- Dies erfordert eine eindeutige und nachträglich nicht veränderbare Dokumentation dieses Zuordnungswillens und auch betragsmäßig eine nachvollziehbare und plausible Verbindung von Grund- und Sicherungsgeschäft.
- Sofern ausnahmsweise ein Verpflichtungsgeschäft über eine spätere Übertragung von Anteilen schon vor dem Sicherungsgeschäft abgeschlossen wurde, kann der erforderliche Veranlassungszusammenhang einfach durch Betrags- und Laufzeitäquivalenz nachgewiesen werden.
- Ein Sicherungsüberhang von mehr als 10 % soll auf jeden Fall schädlich sein.
- Bei späterer Änderung oder Anpassung des Sicherungsgeschäftes (z. B. Verlängerung der Laufzeit, weil die Aktien am geplanten Termin noch nicht veräußert werden konnten) soll die Realisierung des bis zur Vertragsanpassung erzielten Sicherungserfolgs geboten sein.

§ 255 Bewertungsmaßstäbe

(1) [1]Anschaffungskosten sind die Aufwendungen, die geleistet werden, um einen Vermögensgegenstand zu erwerben und ihn in einen betriebsbereiten Zustand zu versetzen, soweit sie dem Vermögensgegenstand einzeln zugeordnet werden können. [2]Zu den Anschaffungskosten gehören auch die Nebenkosten sowie die nachträglichen Anschaffungskosten. [3]Anschaffungspreisminderungen, die dem Vermögensgegenstand einzeln zugeordnet werden können, sind abzusetzen.

(2) [1]Herstellungskosten sind die Aufwendungen, die durch den Verbrauch von Gütern und die Inanspruchnahme von Diensten für die Herstellung eines Vermögensgegenstands, seine Erweiterung oder für eine über seinen ursprünglichen Zustand hinausgehende wesentliche Verbesserung entstehen. [2]Dazu gehören

1 FG Berlin-Brandenburg v. 10.2.2016 – 11 K 12212/13, EFG 2016 S. 1629 Nr. 19.

2 BFH, Urteil v. 10.4.2019 – I R 20/16; vgl. dazu auch Niedersächsisches Landesamt für Steuern, Vfg. v. 15.4.2020 – S 2750a-113-St 241; zu beidem *Bolik*, StuB 2020 S. 562.

3 BMF, Schreiben v. 5.10.2020 – IV C 2 – S 2750-a/19/10005 :002, NWB NWB LAAAH-60343, BStBl 2020 I S. 1033; vgl. dazu *Käshammer/Mayer*, StuB 2020 S. 930.

die Materialkosten, die Fertigungskosten und die Sonderkosten der Fertigung sowie angemessene Teile der Materialgemeinkosten, der Fertigungsgemeinkosten und des Werteverzehrs des Anlagevermögens, soweit dieser durch die Fertigung veranlasst ist. [3]Bei der Berechnung der Herstellungskosten dürfen angemessene Teile der Kosten der allgemeinen Verwaltung sowie angemessene Aufwendungen für soziale Einrichtungen des Betriebs, für freiwillige soziale Leistungen und für die betriebliche Altersversorgung einbezogen werden, soweit diese auf den Zeitraum der Herstellung entfallen. [4]Forschungs- und Vertriebskosten dürfen nicht einbezogen werden.

(2a) [1]Herstellungskosten eines selbst geschaffenen immateriellen Vermögensgegenstands des Anlagevermögens sind die bei dessen Entwicklung anfallenden Aufwendungen nach Absatz 2. [2]Entwicklung ist die Anwendung von Forschungsergebnissen oder von anderem Wissen für die Neuentwicklung von Gütern oder Verfahren oder die Weiterentwicklung von Gütern oder Verfahren mittels wesentlicher Änderungen. [3]Forschung ist die eigenständige und planmäßige Suche nach neuen wissenschaftlichen oder technischen Erkenntnissen oder Erfahrungen allgemeiner Art, über deren technische Verwertbarkeit und wirtschaftliche Erfolgsaussichten grundsätzlich keine Aussagen gemacht werden können. [4]Können Forschung und Entwicklung nicht verlässlich voneinander unterschieden werden, ist eine Aktivierung ausgeschlossen.

(3) [1]Zinsen für Fremdkapital gehören nicht zu den Herstellungskosten. [2]Zinsen für Fremdkapital, das zur Finanzierung der Herstellung eines Vermögensgegenstands verwendet wird, dürfen angesetzt werden, soweit sie auf den Zeitraum der Herstellung entfallen; in diesem Falle gelten sie als Herstellungskosten des Vermögensgegenstands.

(4) [1]Der beizulegende Zeitwert entspricht dem Marktpreis. [2]Soweit kein aktiver Markt besteht, anhand dessen sich der Marktpreis ermitteln lässt, ist der beizulegende Zeitwert mit Hilfe allgemein anerkannter Bewertungsmethoden zu bestimmen. [3]Lässt sich der beizulegende Zeitwert weder nach Satz 1 noch nach Satz 2 ermitteln, sind die Anschaffungs- oder Herstellungskosten gemäß § 253 Abs. 4 fortzuführen. [4]Der zuletzt nach Satz 1 oder 2 ermittelte beizulegende Zeitwert gilt als Anschaffungs- oder Herstellungskosten im Sinn des Satzes 3.

Inhaltsübersicht

Rz.

LITERATUR:

Feldgen, Folgebehandlung des passiven Ausgleichspostens bei Pensionsverpflichtungen und Auslagerung auf Pensionsfonds, StuB 2014 S. 801; *Fey/Deubert*, Bedingte Anschaffungskosten für Beteiligungen im handelsrechtlichen Jahresabschluss des Erwerbers, BB 2012 S. 1461; *Hartung*, Herstellungskosten bei Kuppelproduktion, BB 1997 S. 1627; *Hoffmann*, Abfindungen von Gesellschaftern aus dem Gesellschaftsvermögen, PiR 2010 S. 270; *Hoffmann*, Überhöhte Anschaffungskosten, PiR 2010 S. 213; *Kahle/Hiller*, Anschaffungsnebenkosten beim Erwerb von Beteiligungen an Kapitalgesellschaften, DB 2014 S. 500; *Küting/Ellmann*, Herstellungskosten von selbst geschaffenen immateriellen Vermögensgegenständen des Anlagevermögens, DStR 2010 S. 1300; *Lüdenbach*, Aktivierung von Werbelackierungen und -beschriftungen auf Fahrzeugen, StuB 2010 S. 317; *Lüdenbach*, Abstandszahlung für vorzeitige Beendigung eines Pachtvertrags, StuB 2012 S. 443; *Lüdenbach*, Earn out-Klausel beim Beteiligungserwerb, StuB 2012 S. 154; *Lüdenbach*, Aktivierung einer Maklerprovision als Anschaffungskosten eines Mietvertrags, StuB 2012 S. 73; *Lüdenbach*, (Freiwillige) Schnellbauaufwendungen als Herstellungskosten, StuB 2015 S. 878; *Lüdenbach*, Übernahme von Abbruchkosten eines Altgebäudes durch Erbbauberechtigten, StuB 2020 S. 841; *Lüdenbach*, Kosten der allgemeinen Verwaltung vs. Kosten der Fertigungsverwaltung, StuB 2021 S. 705; *Lüdenbach/Freiberg*, Bilanzierungsprobleme beim Tausch und Tausch mit Baraufgabe, DB 2012 S. 2701; *Oser*, Bilanzierung von Entnahmen aus einer GmbH beim Gesellschafter, WPg 2014 S. 555; *Roß*, Günstiger Gelegenheitskauf beim Asset Deal: Ist DRS 23 die Lösung?, BB 2021 S. 559; *Spindler*, Zur Abgrenzung von Herstellungs- und Erhaltungsaufwand bei Instandsetzungs- und Modernisierungsmaßnahmen an Gebäuden, DStR 1996 S. 765; *Scharfenberg/Marquardt*, Die Bilanzierung des Customizing von ERP-Software, DStR 2004 S. 195; *Schießl*, Neues vom BFH zur Kaufpreisaufteilung auf Grund und Gebäude, StuB 2020 S. 11; *Scholz*, Bilanzierung und Bewertung von Erwerben durch Erbschaft oder Vermächtnis im handelsrechtlichen Jahresabschluss, DB 2021 S. 296; *Söffing/Schaz*, Bilanzierung von Werbespots; *Weiss*, Neuere Rechtsprechung zu den anschaffungsnahen Herstellungskosten des § 6 Abs. 1 Nr. 1a EStG, BB 2019 S. 363; *Witteler/Lewe*, Abbruch- und Entsorgungskosten als Herstellungskosten von ortsgebundenen Folgeinvestionen, DB 2009 S. 2445.

I. Überblick

1. Handelsbilanz

1 Bei § 255 HGB handelt es sich im Wesentlichen um **Definitions**normen, betreffend

- die Anschaffungskosten (Abs. 1),
- die Herstellungskosten (Abs. 2, 2a und 3) sowie
- den beizulegenden Zeitwert (= *fair value;* Abs. 4).

2 Die beiden erstgenannten Bewertungsmaßstäbe regeln die Zugangsbewertung, d. h. den Wertmaßstab für in das Rechenwerk eingehende **Vermögensgegenstände** (→ § 253 Rz. 1). Deshalb findet § 255 HGB **keine** Anwendung auf

- Rechnungsabgrenzungsposten (§ 250 HGB; → § 250 Rz. 3),
- latente Steuern (§ 274 HGB; → § 274 Rz. 63 ff.),
- Schulden (→ Rz. 191),

wohl aber auf den entgeltlich erworbenen Geschäfts- oder Firmenwert (§ 246 Abs. 1 Satz 4 HGB; → § 246 Rz. 340).

3 Anschaffungs- und Herstellungskosten sind im Zuge des Eintretens eines Vermögensgegenstands in der Welt des bilanzierenden Kaufmanns anzuwenden (sog. **Zugangsbewertung**). Auch der beizulegende Zeitwert kann für die Zugangsbewertung relevant sein, z. B. bei Deckungsvermögen (→ § 253 Rz. 105). Im Zugangszeitpunkt ist der beizulegende Zeitwert aber – abgesehen von Transaktionskosten – i. d. R. mit den Anschaffungskosten identisch. Zu bilanziellen Unterschieden kommt es, wenn der beizulegende Zeitwert auch in der **Folge** als Bewertungsmaßstab erhalten bleibt. Diese Möglichkeit besteht für die Anschaffungs- oder Herstellungskosten nur eingeschränkt: Sie liefern in der Folgezeit nach dem Zugang lediglich die **Wertobergrenze** (→ § 253 Rz. 12), können aber durch Folgebewertungsmaßnahmen wie planmäßige oder außerplanmäßige Abschreibungen nach unten „korrigiert" werden. Man kann insoweit für die Anschaffungs- oder Herstellungskosten von einer „historischen" Bewertungsgrundlage sprechen, die u. U. viele Jahre im Rechenwerk des Unternehmens verbleibt. Im Anlagegitter (→ § 284 Rz. 80) bleibt diese Ausgangsgröße der Bewertung auch in der äußeren Darstellung erhalten.

4 Diese vergangenheitsorientierte Bewertungssystematik gilt im Gegensatz zur „*Fair value*"-Bewertung (→ Rz. 212) als besonders **objektivierend.** Das mag dann zutreffen, wenn der *fair value* mangels feststellbarer Börsen- und Marktpreise auf Bewertungsmodellen gründet.

2. Steuerbilanz

Die Anschaffungs- und Herstellungskosten nach Abs. 1 und 2 bilden traditionell auch den Bewertungsmaßstab für die **steuerliche Bilanzierung.** In ständiger Rechtsprechung wendet der BFH insbesondere den Anschaffungskostenbegriff des Abs. 1 nicht nur für Bilanzierungszwecke, sondern auch für die **Überschusseinkünfte,** z. B. nach §§ 21[1] und 23[2] EStG, an. Die Übertragung des Anschaffungs- und Herstellungskostenbegriffs auf die Überschusseinkünfte hat der Große BFH-Senat gebilligt.[3] 5

Für die steuerliche Bilanzierung gilt nach § 6 EStG zusätzlich noch ein **anderer** Bewertungsmaßstab für die Zugangsbewertung, nämlich der „an **deren Stelle** (gemeint sind Anschaffungs- und Herstellungskosten) **tretende Wert**" (→ § 253 Rz. 7). Angesprochen sind damit insbesondere Sondertatbestände der Zugangsbewertung, denen förmlich kein Anschaffungs- oder Herstellungsvorgang zugrunde liegt. Das ist dann der Fall, wenn ein bereits vorhandener Vermögensgegenstand, der nicht (mehr) angeschafft oder hergestellt werden kann, aus dem Privatvermögen des Steuerpflichtigen in sein Betriebsvermögen **eingelegt** oder von einem (steuerlichen) Betriebsvermögen in ein anderes **überführt** wird. Ein vergleichbarer Vorgang liegt bei der Neueröffnung eines Gewerbebetriebs mit Sacheinlagen vor („Totaleinlage"). 6

Diese Begrifflichkeiten (Einlage, Überführung) sind an sich rein steuerlich orientiert. Das **HGB** kennt zu diesen Vorgängen **keine eigenständigen** Regeln. Sie werden in der Praxis z. T. durch die steuerlichen Vorgaben ausgefüllt. Diese Vorgehensweise ist aus Praktikabilitätsgründen häufig sinnvoll, auch wenn die steuerlich in diesen Fällen regelmäßig anzuwendenden Bewertungsmaßstäbe (bei Einlagen der Teilwert, bei Überführungen der bisherige Buchwert) für die handelsrechtliche Gewinnermittlung nicht präjudiziell wirken. Handelsrechtlich kann man sich aber z. B. von den Wertobergrenzen des § 6 Abs. 1 Nr. 5 EStG in den genannten beiden Sonderfällen – Zuführung innerhalb von drei Jahren nach der Anschaffung oder Herstellung, Kapitalgesellschaftsanteile nach § 17 EStG – i. d. R. nicht leiten lassen. 7

Die traditionellen Bewertungsmaßstäbe der Anschaffungs- und Herstellungskosten dienen in der bilanzrechtlichen Systematik der **Erfolgsneutralität** des Zugangsvorgangs in die Bilanz (→ § 253 Rz. 13). Erst durch die weitere Verwendung der zugegangenen Vermögensgegenstände sollen ggf. Aufwendungen und Erträge entstehen. 8

(einstweilen frei) 9

3. Ermittlung der Anschaffungs- oder Herstellungskosten

Das HGB kennt folgende Verfahren zur Ermittlung der Anschaffungs- oder Herstellungskosten: 9a

	HGB
Einzelbewertung	§ 252 Abs. 1 Nr. 3 (→ § 252 Rz. 44)
Durchschnittsbewertung	§ 240 Abs. 4 2. Alternative i.V. mit § 256 Satz 2 (→ § 240 Rz. 36)
Gruppenbewertung	§ 240 Abs. 4 1. Alternative i.V. mit § 256 Satz 2 (→ § 240 Rz. 34)
Festwert	§ 240 Abs. 3 i.V. mit § 256 Satz 2 (→ § 240 Rz. 23)

1 BFH, Urteil v. 12.9.2001 – IX R 39/97, BStBl 2003 II S. 569, Kurzinfo StuB 2002 S. 618.
2 BFH, Urteil v. 19.12.2000 – IX R 100/97, BStBl 2001 II S. 345, Kurzinfo StuB 2001 S. 354.
3 BFH, Beschluss v. 4.7.1990 – GrS 1/89, BStBl 1990 II S. 830.

Verbrauchsfolgebewertung	§ 256 (→ § 256)
Retrograde Bewertung	Häufig im Einzelhandel[1]
Zeitbewertung bei Tausch und Einbringungen	→ Rz. 212 ff.

II. Anschaffungsvorgänge (Abs. 1)

1. Definition, Anschaffungsgegenstand, Abgrenzung zur Herstellung

10 Abs. 1 definiert zwar die Anschaffungs**kosten,** nicht aber abseits von Sonderfällen (→ Rz. 17) den Anschaffungs**vorgang** selbst. Entsprechendes gilt für die Herstellungskosten nach Abs. 2 (→ Rz. 116 ff.). Lediglich aus dem „zu erwerben" lässt sich ein rudimentärer Definitionsbestandteil ableiten. „Erwerben" kann man nur **Vorhandenes,** d. h., ein Anschaffungsvorgang kann sich nur auf einen **bereits bestehenden Vermögensgegenstand** beziehen, der von einer anderen Person als derjenigen des bilanzierenden Kaufmanns stammt[2] und dort seinerseits angeschafft oder hergestellt worden ist. Im Gegensatz dazu meint „Herstellung" die **Neuschaffung** eines bisher **noch nicht bestehenden** Vermögensgegenstands. Der Anschaffungsvorgang ist **zeitpunkt-**, die Herstellung **zeitraum**bezogen (→ Rz. 122).

Von der genannten Definition des Anschaffungsvorgangs wenden sich der BFH und das Schrifttum ab bei

- Sanierungsmaßnahmen von Tochterkapitalgesellschaften (→ Rz. 167),
- Einräumung eines Rechts (→ § 246 Rz. 25).

11 In die an sich begrifflich trennscharfe Abgrenzung des Anschaffungs- vom Herstellungsvorgang schleichen sich aber auch im Gesetzestext systematische **„Unsauberkeiten"** ein:

- Der **Anschaffungs**vorgang wird um die Versetzung „in einen betriebsbereiten Zustand" **erweitert** (→ Rz. 38).
- Der **Herstellungs**vorgang bezieht sich nicht nur auf einen neugeschaffenen Vermögensgegenstand, sondern auch auf dessen **Erweiterung** und wesentliche **Verbesserung** in Abs. 2 Satz 1 (→ Rz. 159 ff.).

12 In einer erweiterten Definition bezeichnet der BFH[3] den Anschaffungsvorgang als die Überführung eines Vermögensgegenstands von einer **fremden** in die **eigene** wirtschaftliche Verfügungsmacht. Diese Definition passt sehr gut auf sächliches Anlage- und Umlaufvermögen, ebenso auf Beteiligungen und Forderungen bei derivativem Erwerb (Letzteres z. B. durch *Factoring*). Bei der **Neubegründung** von Forderungen (durch Erbringung der bedungenen Leistung, → Rz. 185) oder der **Gründung** einer Tochtergesellschaft (→ Rz. 167) versagt diese Begrifflichkeit.[4] Hier ist im Schrifttum offen, ob es sich um einen Anschaffungs- und Herstellungsvorgang handelt. Beschränkt man den Anschaffungstatbestand auf einen bereits vorhandenen Vermögensgegenstand, scheidet in den letztgenannten Fällen die Anschaffungskostenbewertung aus. Es kann sich dann nur um einen **Herstellungsvorgang** handeln (→ Rz. 167). Speziell bei Einräumung von Rechten (z. B. Bierlieferung, → Rz. 15) nimmt es der BFH wohl fiskalisch

1 Vgl. *Hoffmann,* PiR 2006 S. 240.

2 BFH, Urteil v. 2.9.1988 – III R 53/84, BStBl II S. 1009; ähnlich BFH, Urteil v. 9.7.2013 – IX R 43/11, DStR 2013 S. 1984, Tz. 13.

3 BFH, Beschluss v. 22.8.1966 – GrS 2/66, BStBl III S. 672. Grundlegend hierzu *Wichmann,* DB 2016 S. 2493.

4 Vgl. *Hoffmann* in Littmann/Bitz/Pust (Hrsg.), EStG, § 6 Tz. 154.

orientiert mit der Abgrenzung von Anschaffung und Herstellung nicht so genau. Die Einräumung eines Rechts wird in einem Urteilspotpourri als Anschaffung gewertet, obwohl dieses Wirtschaftsgut dadurch erst in die Welt gesetzt wird (→ § 246 Rz. 28).

12a Zur Bestimmung des Anschaffungs**vorgangs** bedarf es der Ermittlung des Anschaffungs**gegenstands,** also z. B. eines Regenschirms oder eines Lkw. Aber nicht immer sagt der dem Erwerbsvorgang zugrunde liegende Vertrag das aus, was die Parteien, hier der Erwerber, **wirklich** wollen. Einen typischen Fall stellt die Begründung (Vorbehalt, → Rz. 12) eines **unverzinslichen Darlehens** dar (→ Rz. 187a).

13 Die Unterscheidung zwischen Anschaffung und Herstellung bekommt insbesondere Bedeutung bei Ausübung des **Ansatzwahlrechts** (→ § 248 Rz. 7 ff.) für **immaterielle** Anlagegegenstände (→ Rz. 118). Im Falle der Herstellung ist als Gegenposten eine Gewinnausschüttungssperre nach § 268 Abs. 8 HGB (→ § 268 Rz. 156) zu beachten. Betroffen ist insbesondere der Bereich der **Filmwirtschaft.** Die Filmrechte machen in dieser Branche einen Großteil des Aktivvermögens aus. Regelmäßig gilt dabei folgende Unterscheidung:

- **Echte** Auftragsproduktion: Der Auftraggeber – z. B. eine Fernsehanstalt – erwirbt vom Hersteller die Urheberrechte am Film. Der Auftragnehmer ist Hersteller, der Auftraggeber Erwerber und Träger des Risikos aus der Filmproduktion.
- **Unechte** Auftragsproduktion: Der Auftraggeber trägt das Risiko der Filmherstellung und erteilt dem Produzenten umfassende Weisungen; er ist Hersteller.

„Unecht" besagt: Der Auftraggeber beauftragt zwar einen Filmproduzenten mit der Erstellung eines Filmes, trifft aber gleichwohl die Letztentscheidung für die Filmproduktion und trägt das wirtschaftliche Risiko. Der Auftraggeber ist Hersteller und unterliegt dem Aktivierungs**wahlrecht** nach § 248 Abs. 2 HGB (→ § 248 Rz. 7) und dem Aktivierungs**verbot** nach § 5 Abs. 2 EStG. Fehlt es an der Letztverantwortung des Auftraggebers, liegt eine echte Auftragsproduktion vor; der Auftragnehmer ist als Hersteller des Filmes anzusehen, der Auftraggeber erwirbt den Film entgeltlich durch Anschaffung, so dass das Aktivierungs**verbot** bzw. **-wahlrecht** bei ihm nicht greift.

Nach der zitierten Rechtsprechung und Verwaltungsauffassung sprechen folgende Indizien für eine unechte Auftragsproduktion:[1]

- Verpflichtung zur Erstellung eines Gesamtbetrages für die Produktionskosten, was vom Auftraggeber zu genehmigen ist.
- Einfluss des Auftraggebers auf die Kostenkalkulation.
- Vereinbarung eines festen Honorars.
- Übernahme des Kostenrisikos durch den Auftraggeber.

13a Bei **Werbespots** liegt das Risiko entscheidend beim Auftraggeber, ebenso korrespondierend die Einflussnahme bei der Gestaltung. Will man eine Parallele zur Filmherstellung ziehen, so liegt i. d. R. eine unechte Auftragsproduktion vor. Das Risiko liegt überwiegend beim Auftraggeber. Die Rechte am beworbenen Produkt oder an einer Marke bleiben unverändert beim Auftraggeber. Allerdings ist dabei die Vorfrage unbeantwortet, ob beim Werbespot überhaupt ein Wirtschaftsgut/Vermögensgegenstand vorliegt. Unseres Erachtens ist dies nicht der Fall (→ § 246 Rz. 16).

1 *Söffing/Schaz*, DB 2016 S. 1838.

14 Ein weiterer Abgrenzungsfall betrifft die Installation eines **unternehmensindividuell zugeschnittenen EDV-Programms,** z. B. des sog. ERP-Systems (→ Rz. 38). Das Problem der Abgrenzung zwischen Anschaffung und Herstellung beruht in diesem Fall insbesondere auf der „Versetzung in einen betriebsbereiten Zustand", was genau genommen einen Herstellungsvorgang beschreibt (→ Rz. 37).

15 Bei **Belieferungsrechten** (→ § 246 Rz. 25) stellt sich regelmäßig die Frage,[1] ob bei

- einem entgeltlichen Erwerb (z. B. durch Zuschussgewährung) **Anschaffungs-** oder **Herstellungs**kosten vorliegen,
- unterstellter Herstellung die infrage stehenden Kosten als **Entwicklungskosten** i. S. des § 255 Abs. 2a HGB (→ Rz. 192 ff.) anzusehen sind.

Eine **Anschaffung** kann nach üblichem Begriffsverständnis nur für einen **bereits bestehenden** Vermögensgegenstand vorliegen (→ Rz. 10), also bei Erwerb eines Bierbelieferungsrechts durch einen weiteren Gastwirt von seinem Vorgänger. Bei Neugewährung dieses Rechts durch die Brauerei an den „ursprünglichen" Gastwirt kann nach diesen Definitionsmerkmalen nur eine **Herstellung** gegeben sein. Gleichwohl geht der BFH in den in → § 246 Rz. 27 aufgelisteten Belieferungsrechten immer von entgeltlichen Anschaffungsvorgängen aus. Daran muss die handelsrechtliche Beurteilung nicht gebunden sein, wenn der BFH hier auch nur Handelsbilanzrecht auslegt, aber u. E. nicht unbedingt zutreffend. DRS 24.26 entspricht in geänderter Terminologie der Auslegung des BFH, es sollen Anschaffungskosten („Transaktion mit einem Dritten") vorliegen, sowohl für einen bereits bestehenden Vermögensgegenstand als auch für einen, der durch die Transaktion entsteht (also z. B. durch das Belieferungsrecht).

BEISPIEL[2] Die U-GmbH erbringt IT-Dienstleistungen. Seit Längerem bemüht sie sich, das Großunternehmen K als Kunden zu gewinnen. Im Juli 02 engagiert sie deshalb B, ein ehemaliges Aufsichtsratsmitglied der K, als „Berater". Die Gewinnung von K als Kunde wird nun hochwahrscheinlich. Tatsächlich gelingt Ende 01 der Abschluss eines zweijährigen Vertrags mit K. B erhält für die Monate Juli bis Dezember jeweils ein Honorar von 20 T€.

Die U-GmbH möchte den Aufwand von 120 T€ als Kosten des immateriellen Anlagegegenstands Belieferungsrecht aktivieren und über zwei Jahre abschreiben, vorzugsweise als entgeltlich erworbenes (angeschafftes) Recht, hilfsweise als selbst geschaffenes (hergestelltes).

Wertet man die Neubegründung des Belieferungsrechts als **Anschaffung,** fehlt es an Anschaffungs**haupt**kosten, womit nach BFH-Rechtsprechung eine Aktivierung der Anschaffungs**neben**kosten (des Beraterhonorars) ausscheiden soll (→ Rz. 34). Bei der von uns favorisierten Wertung der Vermittlungsleistung als **Herstellung** kommt als Wahlrecht die Aktivierung von **Entwicklungskosten** in Betracht (→ Rz. 204). Der Vermögensgegenstand „Belieferung" ist bis zum Vertragsabschluss noch nicht hergestellt, aber seine Fertigstellung und die ökonomische Verwertbarkeit sind hochwahrscheinlich (→ Rz. 199). Die Aktivierbarkeit des Beraterhonorars ist also gegeben.

16 Herstellungsprozesse sind regelmäßig mit Anschaffungen **verknüpft.** Die Erstellung eines **Gebäudes** beispielsweise erfordert nicht nur den Einsatz von Arbeitskraft und von gemieteten Gerüsten oder Kranen, sondern auch die Anschaffung von Baustahl und Beton. Eine **Fertigungsstraße** setzt sich aus einer Vielzahl von Maschinen-Aggregaten zusammen, die z. B. durch Förderbänder miteinander verbunden sind. Dann stellt sich die Frage, ob einzelne Ma-

1 Vgl. hierzu *Lüdenbach,* StuB 2012 S. 483; vgl. dazu auch *Wichmann,* DB 2016 S. 2497.

2 Nach *Lüdenbach,* StuB 2012 S. 483.

schinen angeschafft oder die Gesamtanlage hergestellt wird. In einem konkreten Fall hat der BFH auf „Anschaffung“ entschieden.[1]

2. Einzelne Sachverhalte

17 Regelmäßig erfolgen Anschaffungsvorgänge auf der Rechtsgrundlage eines **Kauf-** oder **Werklieferungs**vertrags. Diese Fälle stellen das **Leitbild** des Gesetzgebers für den Anschaffungsvorgang dar und sind in der Rechnungslegungspraxis in den allermeisten Fällen auch gegeben. Daneben sind als **Sonderfälle** der Anschaffung zu erwähnen:

- Tauschgeschäfte (→ Rz. 61),
- gesellschaftsrechtliche Einbringungsvorgänge (→ Rz. 69),
- Sachgesamtheiten (→ Rz. 54),
- Unternehmensumstrukturierung (→ Rz. 101),
- Einlagen, Überführungen (→ Rz. 6 f.).

Infrage kommen auch Erwerbe durch Hoheitsakte (z. B. durch den Zuschlag im Zwangsversteigerungsverfahren).[2]

Als Tauschvorgänge werden steuerlich auch die **Einbringungen** von Vermögensgegenständen in eine Personen- oder Kapitalgesellschaft angesehen, obwohl es sich nicht um einen Tausch i. S. des Schuldrechts handelt **(„tauschähnlich“)**.[3]

17a Nach Auffassung des BFH ist bei Auslegung des Anschaffungskostenbegriffs auf den wirtschaftlichen Gehalt des Sachverhalts abzustellen. Das gilt insbesondere bei sich im Ergebnis gegenseitig aufhebenden Erklärungen, z. B.[4]

- Verzicht auf die Entrichtung des Entgelts aus privaten Gründen,[5]
- Rückzahlung an den Berechtigten,[6]
- Rückschenkung des Kaufpreises,[7]
- Ablösung eines Nutzungsrechtes (Nießbrauch).[8]

3. Anschaffungszeitpunkt

18 Der Anschaffungszeitpunkt ist identisch mit dem Übergang des **wirtschaftlichen Eigentums,** regelmäßig definiert als Übergang von Besitz, Nutzungen, Gefahr und Lasten (→ § 252 Rz. 104). Dabei ist nicht der vertraglich vorgesehene, sondern der **tatsächliche** Übergang[9] beachtlich (→ § 252 Rz. 104). Das rechtliche Eigentum ist wie auch sonst für Bilanzierungszwecke unerheblich, dem üblichen Eigentumsvorbehalt beim Verkauf auf Ziel kommt beispielsweise keine bilanzrechtliche Bedeutung zu. Beim abnutzbaren Anlagevermögen stellt der Anschaf-

1 BFH, Urteil v. 19.4.2012 – III R 34/11, NWB 2012 S. 2748.
2 Vgl. *Korn/Strahl* in Korn (Hrsg.), EStG, § 6 Tz. 59.
3 Vgl. *Hoffmann*, StuB 2009 S. 127.
4 BFH, Urteil v. 22.10.2013 – X R 14/11, DStR 2014 S. 85, Tz. 51.
5 BFH, Urteil v. 30.1.1991 – XI R 6/84, BFH/NV 1991 S. 453.
6 BFH, Urteil v. 26.6.1991 – XI R 5/85, BFH/NV 1992 S. 24.
7 BFH, Urteil v. 27.10.2005 – IX R 76/03, BStBl 2006 II S. 359.
8 BFH, Urteil v. 18.11.2014 – IX R 49/13, DStR 2015 S. 27.
9 BFH, Urteil v. 17.12.2009 – III R 92/08, DB 2010 S. 541, Kurzinfo StuB 2010 S. 289.

fungszeitpunkt regelmäßig auch den Beginn der planmäßigen Abschreibungsverrechnung dar (→ § 253 Rz. 162).

19 Praktische Schwierigkeiten bzgl. der Bestimmung des Zugangszeitpunkts können sich bei Beschaffungsvorgängen **um** den Bilanzstichtag **herum** ergeben.

BEISPIEL ▸ Der Kaufmann U erwirbt in notarieller Urkunde alle Anteile an der GmbH „mit Wirkung zum 31.12.00, 24.00 Uhr/1.1.01, 0.00 Uhr".

Der Erwerbszeitpunkt ist nicht definiert, auch nicht durch die physisch nicht mögliche juristische Sekunde. Effektiv handelt es sich um eine „Doppeldatierung", d. h. im Ergebnis um ein Nichtdatum. Das gewollte oder beabsichtigte Datum kann dann nur durch Vertragsauslegung oder letztlich durch die Interessenlage der handelnden Personen bestimmt werden.

Wenn anders als im vorstehenden Beispiel eine klare Datierung vorliegt – 31.12.00, 24.00 Uhr bzw. 1.1.01, 0.00 Uhr –, kann dieses Datum nicht umgedeutet werden. Beim Bilanzstichtag 31.12. ist im ersten Fall der Zugang im alten Jahr, im zweiten Fall im neuen Jahr anzunehmen.[1]

20 Anschaffungs(neben)kosten können auch **vor** dem eigentlichen Anschaffungsvorgang anfallen (→ Rz. 31 ff.).[2] Beispiele sind Notargebühren, Maklerkosten u. Ä. Anschaffungskosten liegen bereits dann vor, wenn das betreffende Wirtschaftsgut noch nicht im bilanzrechtlichen Eigentum des Anschaffenden befindlich ist.

4. Anschaffungskosten

4.1 Überblick

21 Der Definitionsgehalt der Anschaffungskosten in Abs. 1 lässt sich in tabellarischer Aufbereitung wie folgt darstellen:

Anschaffungspreis (Gegenleistung)	+
Anschaffungsnebenkosten (z. B. Transport-, Makler- und Notargebühren)	+
Nachträgliche Anschaffungskosten (z. B. nacherhobene Grunderwerbsteuer oder Kaufpreisveränderungen aufgrund von Gleitklauseln im Erwerbsvertrag)	+
Anschaffungspreisminderungen (wiederum aufgrund von Anpassungsklauseln oder mängelbedingten Gutschriften und Zuschüssen)	–
Aufwendungen zur Versetzung in einen betriebsbereiten Zustand	+
Anschaffungskosten	=

Dieser Anschaffungskosteninhalt des Abs. 1 – mitunter als Gegenleistung bezeichnet – unterscheidet sich spürbar von der Vorgabe der Richtlinie 2013/34/EU, die nur den „Einkaufpreis samt Nebenkosten, vermindert um alle zurechenbaren Anschaffungspreisminderungen" erwähnt (Art. 2 Nr. 6). Die Ausweitung verdankt ihren Inhalt einschlägigen BFH-Rechtsprechun-

1 BFH, Urteil v. 7.11.1991 – IV R 43/90, BStBl 1992 II S. 398; BFH, Urteil v. 23.1.1992 – IV R 88/90, BStBl II S. 525; BFH, Urteil v. 26.11.1992 – X R 187/87, BStBl 1993 II S. 298; BFH, Urteil v. 29.4.1993 – IV R 107/92, BStBl II S. 666; BFH, Urteil v. 6.5.2010 – IV R 52/08, DStR 2010 S. 1374, Kurzinfo StuB 2010 S. 555: „mit Wirkung zum 31.12." Vgl. hierzu auch *Hoffmann*, StuB 2010 S. 605.

2 Grundlegend BFH, Urteil v. 13.10.1983 – IV R 160/78, BStBl 1984 II S. 101, zu Vermittlungsprovisionen anlässlich des Beitritts in eine Bauherrengemeinschaft.

gen vor Erlass des Bilanzrichtliniengesetzes im Interesse der damals hochgehaltenen steuerneutralen Transformation der europarechtlichen Bilanzierungsvorgabe. Das bezieht sich insbesondere auf den Inhalt der **nachträglichen** Anschaffungskosten (→ Rz. 47) und auf die Versetzung in den **betriebsbereiten Zustand** (→ Rz. 37).

Nach der **Legaldefinition** in Abs. 1 Satz 1 HGB sind Anschaffungskosten Aufwendungen, die geleistet werden, „gewöhnlich **um** einen Vermögensgegenstand zu erwerben". In Schrifttum[1] und Rechtsprechung[2] wird dies als **finaler Anschaffungskostenbegriff** charakterisiert. Aufwendungen sind danach dann als Anschaffungskosten zu qualifizieren, wenn ihr Zweck die **Erlangung der Verfügungsmacht** über einen Vermögensgegenstand ist. Diese Vorgabe gilt gleichermaßen für Anschaffungsnebenkosten und Anschaffungskostenminderungen bzw. -erhöhungen. Die „Anschaffungs"-Kosten müssen der Beschaffung eines Wirtschaftsgutes/Vermögensgegenstandes (final) zuzuordnen sein. Ein bloßer kausaler oder zeitlicher Zusammenhang genügt nicht.[3] 22

Sonderfälle wie Schenkung oder Erbschaft ausgeklammert, setzt die Erlangung der Verfügungsmacht in unserer Rechtsordnung regelmäßig den Abschluss eines Verpflichtungsgeschäfts (Kauf, Tausch etc.) voraus. Auch diesem Geschäft zuzuordnende Vermittlungsmaklerprovisionen oder Vertragsbeurkundungsgebühren dienen daher mittelbar der Erlangung der Verfügungsmacht. In anderen Fällen können der Anschaffung dienende Aufwendungen auch schon vorher, etwa zur Gewinnung der Kenntnis über das Anschaffungsobjekt (Nachweismaklerprovisionen etc.) anfallen. Immer kommt es auf die Zweckbestimmung der Aufwendungen an. Ein bloßer **kausaler** oder **zeitlicher** Zusammenhang mit der Anschaffung ist **nicht ausreichend.**[4]

Anschaffungskosten (oder Anschaffungskostenminderungen) müssen nicht gegenüber dem Veräußerer anfallen, sondern können auch **gegenüber Dritten** entstehen. Bei den Anschaffungsnebenkosten ist dies evident. Die Rechtsprechung hat aber auch andere Fälle entsprechend behandelt. Verspricht etwa der im Auftrag des Veräußerers tätige und von diesem im Erfolgsfall entlohnte Makler dem Erwerber im Innenverhältnis einen Teil seiner Provision, so mindert dies die Anschaffungskosten.[5] Ein bloß kausaler und kein zweckgerichteter Zusammenhang besteht hingegen in den Fällen, in denen ein Berater **Schadenersatz** für Anschaffungskostenbestandteile (im Urteilsfall Grunderwerbsteuer) leistet, die bei optimierter Gestaltung hätten vermieden werden können. Die Schadenersatzleistung berührt die Anschaffungskosten nicht und ist ertragswirksam zu vereinnahmen.[6] Auf die Angemessenheit der Anschaffungskosten kommt es auch in anderen Fällen nicht an (→ Rz. 88). Wie wegen nicht optimierter Gestaltung angefallene Anschaffungsnebenkosten ist auch ein – gemessen am Verkehrs- oder Nutzwert – überhöhter Kaufpreis zu aktivieren.[7] Beides kann ggf. aber zum nächsten Bilanzstichtag Anlass für eine außerplanmäßige Abschreibung sein. 23

1 Vgl. z. B. *Schubert/Hutzler* in Beck'scher Bilanz-Kommentar, 13. Aufl. 2022, § 255 Tz. 12; *ADS*, 6. Aufl., § 255 Tz. 40.

2 In Auslegungen von § 255 Abs. 1 HGB u. a. BFH, Urteil v. 13.10.1983 – IV R 160/78, BStBl 1984 II S. 101; BFH, Urteil v. 19.4.1977 – VIII R 44/74, BStBl II S. 600; BFH, Urteil v. 17.10.2001 – I R 32/00, BStBl 2002 II S. 349, jeweils m. w. N.

3 BFH, Urteil v. 2.9.2014 – IX R 50/13, DStR 2015 S. 291.

4 BFH, Urteil v. 3.8.2005 – I R 36/04, BStBl 2006 II S. 369.

5 BFH, Urteil v. 26.2.2002 – IX R 20/98, BStBl II S. 796.

6 BFH, Urteil v. 26.3.1992 – IV R 74/90, BStBl 1993 II S. 96.

7 RFH, Urteil v. 14.3.1928 – IV A 54/28, StuW 1928 S. 430; ähnlich BFH, Urteil v. 7.2.2002 – IV R 87/99, BStBl II S. 294; *Franke*, Synergien in Rechtsprechung und Rechnungslegung, 2009, S. 86 ff.

4.2 Anschaffungspreis

4.2.1 Grundfall: Kaufpreis

24 Der Grundsachverhalt zur Bestimmung des Anschaffungspreises beruht auf einem **Kaufvertrag**, der einen entsprechenden Wert ausweist („Aufwendungen"). Die abzugsfähige Vorsteuer stellt dabei einen eigenständigen Forderungsbetrag gegenüber dem Fiskus dar; umgekehrt ist die nicht abzugsfähige Vorsteuer als Bestandteil des Kaufpreises zu werten. Zur Vorsteuerkorrektur nach § 15a UStG wird auf → Rz. 47 verwiesen.

Unerheblich ist, ob der Kaufpreis **angemessen** ist oder nicht oder der Kaufmann den identischen Vermögensgegenstand anderweitig hätte **billiger** besorgen können. Eine solche Überhöhung eines Kaufpreises wird sich in der Praxis regelmäßig bei Bezug einer nahestehenden Person feststellen lassen – ein Sachverhalt, der im Körperschaftsteuerbereich eine verdeckte Gewinnausschüttung darstellt (→ Rz. 88). Zu überhöhten Anschaffungskosten bei Transaktionen mit Fremden wird auf → Rz. 89 ff. verwiesen.

Ausnahmsweise führt nach dem finalen Anschaffungskostenbegriff (→ Rz. 22) der (zivilrechtliche) Kaufpreis dann nicht zu Anschaffungskosten, wenn bereits im Zeitpunkt der Vereinbarung des Entgelts nur von einer Wertlosigkeit des Erwerbsobjekts ausgegangen werden konnte. Diese Überlegung kann sich u. a. auf die Rechtsprechung des BFH zum Ausscheiden des lästigen Gesellschafters stützen. Für den Fall des Erwerbs von Anteilen an einer Personengesellschaft über Buchwert hat der BFH hier wie folgt entschieden:[1] Einer Aktivierung auch des buchwertüberschreitenden Teils des Entgelts „als Anschaffungskosten in einer Ergänzungsbilanz liegt die widerlegbare tatsächliche Vermutung zugrunde, dass die bilanzierten materiellen und immateriellen Wirtschaftsgüter des Gesellschaftsvermögens stille Reserven enthalten oder dass nichtbilanzierte immaterielle Einzelwirtschaftsgüter oder ein originärer Geschäftswert vorhanden sind, an denen der eintretende Gesellschafter teilhat, und – der den Buchwert übersteigende Teil der Abfindung Entgelt für den Anteil des neuen Gesellschafters an den stillen Reserven und/oder an einem Geschäftswert ist. Diese Vermutung ist … widerlegt, wenn und soweit feststeht, dass die bilanzierten und nichtbilanzierten Einzelwirtschaftsgüter des Gesellschaftsvermögens keine stillen Reserven enthalten und/oder kein Geschäftswert vorhanden ist … In diesen Fällen kommt keine Aktivierung der Mehranschaffungskosten, sondern ihr sofortiger Abzug … in Betracht." Verallgemeinert folgt daraus:

- Es besteht die Vermutung, dass ein zivilrechtlich vereinbarter Kaufpreis zugleich Anschaffungskosten darstellt.
- Diese Vermutung ist ausnahmsweise dann widerlegt, wenn im Zeitpunkt der Vereinbarung nur davon ausgegangen werden konnte, dass das Erwerbsobjekt keinen Wert hat.

4.2.2 Finanzierungsleasing

25 Ein Sonderfall des Anschaffungsvorgangs liegt dann vor, wenn – ausnahmsweise (→ § 246 Rz. 247) – im Rahmen eines Leasingvertrags die Zurechnung des Leasingobjekts beim Leasing**nehmer** vorzunehmen ist. Nach Maßgabe der Leasingerlasse für bewegliche[2] und unbeweg-

1 BFH, Urteil v. 30.3.1993 – VIII R 63/91, BStBl 1993 II S. 706.
2 BMF, Schreiben v. 19.4.1971 – S 2170, BStBl I S. 264.

liche Wirtschaftsgüter[1] sind in diesen Fällen dem Leasingnehmer als Anschaffungskosten (oder Herstellungskosten) diejenigen des Leasinggebers heranzuziehen. Nicht immer werden diese dem Leasingnehmer nicht bekannt sein. Dann kann wie folgt vorgegangen werden: Der Barwert der Mindestleasingraten stellt den Anschaffungskosten-Hilfswert dar, nach oben begrenzt allerdings auf den beizulegenden Zeitwert. Als Mindestleasingraten gelten dabei nicht nur die Raten der unkündbaren Grundmietzeit, sondern auch evtl. Restwertgarantien oder – bei Zurechnung des wirtschaftlichen Eigentums wegen günstiger Kauf- oder Verlängerungsoption – auch die mit Ausübung dieser Optionen verbundenen Zahlungen. Als Diskontierungssatz können die Grenzfremdkapitalkosten herangezogen werden. Sie entsprechen dem Zinssatz, der bei fremdfinanziertem Kauf zu zahlen wäre.

4.2.3 Fremdwährung

Bei einem Anschaffungspreis in Fremdwährung ist der Umrechnungskurs (Mittelkassakurs, → § 256a Rz. 6) zum Zeitpunkt der Verschaffung der **Verfügungsmacht** (Anschaffungszeitpunkt) zugrunde zu legen. **Zahlungsvorgänge** zur Begleichung des Rechnungspreises vor oder nach dem bilanziellen Zugang berühren nicht die Anschaffungskosten, sondern sind ergebniswirksam als Kursgewinne oder -verluste zu verbuchen (→ § 256a Rz. 10).[2] Liegt der Bezahlung des Fremdwährungspostens ein **Kurssicherungsgeschäft** zugrunde, kann der zur Zahlung verwendete Sicherungskurs als Anschaffungskosten herangezogen werden. Die Begleichung der Fremdwährungsverbindlichkeiten erfolgt möglicherweise auch durch eigene Bestände in dieser Währung. In diesem Fall ist die Umrechnung zum Mittelkurs im Zugangszeitpunkt (des Vermögensgegenstands) vorzunehmen. Dann kann sich ein Währungsgewinn für den verwendeten Devisenbestand ergeben, der erfolgswirksam zu verbuchen ist. 26

Ein vergleichbares Problem ergibt sich, wenn zwischen dem Anschaffungszeitpunkt und der Erfüllung der Kaufpreisverpflichtung eine Wertschwankung der Gegenleistung erfolgt.

4.3 Externe Nebenkosten des Erwerbs, vergebliche Anschaffungskosten

Die Anschaffungsnebenkosten umfassen alle Aufwendungen, die anschaffungsbezogen und **neben** dem eigentlichen Kaufpreis bzw. Tauschwert anfallen. Erfolgt dieser Anfall aus externer Quelle, dient er der Erlangung der wirtschaftlichen Verfügungsmacht, d. h. dem eigentlichen Anschaffungsvorgang. Die **innerbetrieblichen** Nebenkosten der Anschaffung dienen demgegenüber der Herstellung der Betriebsbereitschaft (→ Rz. 37). 27

Aktivierbar sind dabei nur **Einzelkosten** oder umgekehrt: **Gemeinkosten** sind vom Aktivierungsvolumen ausgeschlossen. Deshalb bedarf es einer Abgrenzung der Gemein- von den Einzelkosten. Damit sind die sog. **unechten** Gemeinkosten aus Sicht der Kostenrechnungspraxis angesprochen (→ Rz. 129). Als solche gelten Kosten, die eigentlich ihrer Natur nach den angeschafften (oder hergestellten) Vermögensgegenständen unmittelbar zurechenbar wären, was aber mangels der zugehörigen kostenrechnerischen Organisation unterbleibt. Dieses Unterlas- 28

1 BMF, Schreiben v. 21.3.1972 – S 2170, BStBl I S. 188.

2 Anderer Auffassung *Schubert/Hutzler* in Beck'scher Bilanz-Kommentar, 13. Aufl. 2022, § 255 Tz. 47: Vorauszahlungen sind in Höhe des Auszahlungsbetrags erfolgsneutral auf den Zugangswert des Vermögensgegenstands umzubuchen.

sen kann auf reinem Schlendrian beruhen („Kosten interessieren uns nicht, wir sind umsatzorientiert") oder aus Wirtschaftlichkeitsgesichtspunkten.

BEISPIEL[1] Der inländische Porzellanhersteller P bestellt nach ausführlichen Machbarkeitsstudien *(feasibility studies)* in Korea eine neue Produktionsanlage. Zur Überwachung des Herstellungsverfahrens reist ein bei P beschäftigter **Ingenieur** wiederholt nach Korea. Nach den Zeitaufzeichnungen hat er die Hälfte der Jahresarbeitszeit mit der Überwachung verbracht. Daneben hat sich auch die **Einkaufsabteilung** mit diesem beschäftigt, u. a. mit der Ausschreibung, der erforderlichen Logistik, der Finanzierung (Leasing oder Kauf) und der Frage der Währungssicherung.

LÖSUNG Die Kosten der **Machbarkeitsstudie** sind mit der Produktionsanlage nicht unmittelbar verbunden – die Entscheidung hätte aufgrund der Studie auch anders ausfallen können – und deshalb nicht **aktivierbar.** Die Reisekosten des **Ingenieurs** sowie die Hälfte seines Jahresgehalts sind der Maschinenanlage einzeln ohne Rückgriff auf Schlüsselungsgrößen zuzuordnen und deshalb aktivierungspflichtig nach § 255 Abs. 1 HGB. Gehaltsaufwendungen des Ingenieurs wären zwar auch ohne die Arbeiten in Korea angefallen, was aber die Einbeziehung in die Anschaffungskosten der Anlage nicht hindert.

Die Kosten der **Einkaufsabteilung** können nach irgendwelchen Annahmen auch dem Korea-Projekt zugeordnet werden. Soweit es sich um **Sachkosten** – z. B. für die Abschreibung und Beheizung der Räume, in denen die Einkaufsabteilung tätig ist – handelt, liegen „echte" Gemeinkosten vor, die nicht „einzeln" der Beschaffung der koreanischen Anlage zuzuordnen sind. Eine anteilige Aktivierung auf die Produktionsanlage kommt nicht in Betracht.

Die **Lohnkosten** sind dem Grunde nach durch Zeitaufschreibungen dem jeweiligen Anschaffungsvorgang zuzuordnen. Dies würde aber eine Detaillierung voraussetzen, und zwar nicht nur nach den Projekten (koreanische Anlage vs. sonstige Einkäufe), sondern ebenso nach der Art der Tätigkeit – Suchkosten für die Ausschreibung einerseits, Organisation der Logistik des Transports andererseits – unterscheiden. Entsprechende Zeitaufschreibungen sind im Unternehmen nach der internen Organisation nicht vorgesehen. Insoweit liegen „an sich" aktivierungspflichtige (unechte) Gemeinkosten vor.

29 Eine besondere Bedeutung kommt der Gemeinkostendefinition im Bereich der **Warenlogistik** des Einzelhandels zu. Das dortige Beschaffungsverfahren verursacht in nennenswertem Umfang Gemeinkosten,[2] weil hier aus *Cost-Benefit*-Gesichtspunkten eine produktbezogene Schlüsselung unterbleibt. Dort muss mit groben Pauschalzuschlägen gearbeitet werden, wenn diese Gemeinkosten als **unecht** angesehen werden.[3] In dieser Perspektive wird bei der modernen Warenlogistik über den Begriffsinhalt der unechten Gemeinkosten das Erfordernis der einzelnen Zurechenbarkeit in § 255 Abs. 1 Satz 1 HGB erfüllt.

30 Wegen Erwerbs**neben**kosten bei Unternehmens**umstrukturierungen** im Konzernfall vgl. → § 304 Rz. 9, im Einzelabschluss → Rz. 136 sowie → § 272 Rz. 136.

31 Die externen Nebenkosten lassen sich unterteilen in solche, die

- **vor** dem eigentlichen Erwerb oder
- erst im **Zusammenhang** mit der Verschaffung der Verfügungsmacht

entstehen.[4]

Aufwendungen, die vor der Erwerbs**entscheidung** fallen, sind u. E. nicht aktivierbar, z. B. Marktstudien, Machbarkeitsuntersuchungen *(feasibility studies),* Besichtigungsreisen etc. (vgl. das

1 Nach *Lüdenbach/Hoffmann/Freiberg,* Haufe IFRS-Kommentar, 20. Aufl. 2022, § 14. Die Erkenntnisse aus der IFRS-Rechnungslegung, die auf dem gleichen Konzept wie das HGB beruhen, können u. E. (nicht nur) hier als Auslegungshilfe herangezogen werden.

2 Vgl. *von Keitz,* KoR 2006 S. 101.

3 So aus Sicht der Finanzverwaltung *Saure,* StBp 2002 S. 285; StBp 2013 Heft 9 und 10.

4 Vgl. *HHR,* EStG, § 6 Tz. 293.

Beispiel unter → Rz. 28).[1] Die hier vertretene Auffassung wird von der BFH-Rechtsprechung nur insofern gestützt, als sog. **vergebliche Ausgaben** nicht aktivierbar sind, z. B. eine Reise im Interesse des Erwerbs eines Vermögensgegenstands, wozu es dann aber aus irgendwelchen Gründen nicht kommt.[2] Im Falle von Beratungskosten zur fehlgeschlagenen **Gründung** einer Aktiengesellschaft sieht der BFH[3] dies anders: Es lägen bei **Beteiligungen** im Anwendungsbereich von § 20 EStG – da nicht abnutzbare Wirtschaftsgüter – Anschaffungskosten vor, die nicht zu Werbungskosten bei den Einkünften aus Kapitalvermögen führen. Unseres Erachtens gilt dies nicht für Beteiligungen im Betriebsvermögen: hier sofort abzugsfähige Betriebsausgaben.

Anschaffungskosten können u. E. nur **nach** Treffen der Erwerbsentscheidung vorliegen.[4] Insbesondere *Due-Diligence*-Aufwendungen stellen deshalb keine Anschaffungskosten dar, selbst wenn es im Anschluss daran zu einem Erwerb kommt.[5]

Die anschließende Frage geht dann dahin, **wann** diese Erwerbsentscheidung gefallen ist. Im Falle der fehlgeschlagenen Gründung einer Aktiengesellschaft hat der BFH[6] die damit verbundenen Beratungskosten als Anschaffungskosten gewertet, da **zuvor** ein **„endgültiger** Entschluss" zur Gründung – wenn auch ohne Erfolg – gefasst worden sei. Ein Gründungsvorgang kann allerdings nicht dem Beteiligungs- oder Unternehmenserwerb gleichgestellt werden. Im Falle einer *Due-Diligence*-Prüfung **vor** dem Erwerb einer Unternehmensgruppe hat der BFH[7] ebenfalls Anschaffungskosten für das entsprechende Honorar festgestellt, weil die Erwerbsentscheidung zuvor schon **„grundsätzlich"** gefallen gewesen sei. Die Formulierung „endgültig" im zitierten BFH-Urteil VIII R 4/02 bedeute nicht, dass die Entscheidung „gänzlich unumstößlich gefasst sein muss". Seitdem hantieren der VIII. BFH-Senat und das Schrifttum in diesen Fällen ausufernd mit der nichtssagenden und deshalb argumentativ beliebten Floskel **„grundsätzlich"**, so im Falle des Entgelts für die Auswahl einer Kapitalanlagestrategie.[8] Der Rechtsanwender darf sich dann über den Wesensgehalt der „Grundsätzlichkeit" einer Erwerbsentscheidung seine Gedanken machen.

Unseres Erachtens ist die Beauftragung einer *Due-Diligence*-Prüfung gerade ein Musterfall für 32
eine noch **offene** Erwerbsentscheidung – einerlei ob „grundsätzlich" oder „ungrundsätzlich". Der Auftrag wird ja gerade deswegen erteilt, **um** zu einer Entscheidung zu **kommen.** Diese ist insbesondere auch vom zu vereinbarenden Kaufpreis abhängig,[9] denn „grundsätzlich" kann jedermann zum Kauf eines (z. B.) hochwertigen Perserteppichs entschieden sein, wenn indes die Preisvorstellungen der Parteien nicht konvergieren, kommt das Geschäft nicht zustande, d. h., der Erwerbs-„Grundsatz" ist nur als **aufschiebend bedingt** gefasst.

Es liegt in diesem Stadium des Erwerbsprozesses auch noch kein Vermögensgegenstand vor, der einem Anschaffungsvorgang zugänglich sein kann (→ Rz. 10). Die zu diesem Zeitpunkt entstandenen Kosten kann man nicht anschaffen (→ Rz. 33). Überhaupt dürfen BFH-Entscheidun-

1 So z. B. *ADS*, 6. Aufl., § 255 Tz. 22; a. A. *HHR*, EStG, § 6 Tz. 293.
2 BFH, Urteil v. 15.4.1992 – III R 96/88, BStBl II S. 819.
3 BFH, Urteil v. 20.4.2004 – VIII R 4/02, BStBl II S. 597, Kurzinfo StuB 2004 S. 566.
4 BFH, Urteil v. 20.4.2004 – VIII R 4/02, BStBl II S. 597, Kurzinfo StuB 2004 S. 566.
5 Vgl. *Peter/Graser*, DStR 2009 S. 2032 in differenzierender Stellungnahme.
6 BFH, Urteil v. 20.4.2004 – VIII R 4/02, BStBl II S. 597, Kurzinfo StuB 2004 S. 566.
7 BFH, Urteil v. 27.3.2007 – VIII R 62/05, BStBl 2010 II S. 159, Kurzinfo StuB 2007 S. 474; ähnlich FG Köln v. 6.10.2010 – 13 K 4188/07, BB 2011 S. 174 mit kritischer Würdigung durch *Hoffmann*, StuB 2011 S. 81.
8 BFH, Urteil v. 28.10.2009 – VIII R 22/07, BStBl 2010 II S. 469, Kurzinfo StuB 2010 S. 236.
9 So auch *Kahle/Hiller*, DB 2014 S. 504, mit einer Vielzahl weiterer Nachweise, welche die *Due-Diligence*-Prüfung nicht als Anschaffungsnebenkosten werten; anders Vertreter der Finanzverwaltung wie *Hruschka*, StBg 2012 S. 2.

gen zu Anschaffungskosten im Bereich der Überschusseinkünfte nicht unbesehen in die Bilanzierungssphäre transferiert werden (siehe sogleich). Für Beteiligungserwerbe im Betriebsvermögen mit Vermögensvergleich liegt keine BFH-Rechtsprechung vor. Der BFH konnte sich dazu bislang einer Stellungnahme enthalten.[1]

33 Man darf sich auch nicht durch den Begriff *„Due Diligence"* die Sicht auf vergleichbare Vorgänge wie beim Unternehmenskauf in anderen komplexen Beschaffungsvorgängen verstellen lassen.

BEISPIEL[2] Der Flugzeughersteller B erwägt die Ausrüstung des in der Entwicklungsphase befindlichen Kurzstreckenflugzeugs *„Dreamflyer"* mit neuen Triebwerken der Hersteller RR oder PG oder aber mit den bereits genutzten Triebwerken für einen älteren Kurzstrecken-Typ. Vor der Entscheidung werden durch ein Projektteam Studien über Lärmentwicklung, Spritbedarf, *return on investment* etc., teils mit der eigenen Entwicklungsabteilung, teils unter Heranziehung externen *Know-hows,* z. B. Gutachten von Hochschulen, durchgeführt. Der Entscheidungsprozess dauert 21 Monate vom 1.5.01 bis zum 31.1.03 und führt zur Bestellung der Triebwerke von PG.

Auch hier ist die Erwerbsentscheidung oder der Verbleib bei den bisherigen Triebwerken „grundsätzlich" dann gefallen, wenn die Entscheidung dafür oder dagegen getroffen ist. Bezeichnenderweise wird im Branchenjargon eine entsprechende Präsentation von Lieferkandidaten beim Flugzeughersteller als *„Audit"* bezeichnet, als Prüfungsvorgang zur Vorbereitung der „grundsätzlichen" Entscheidung. Bei der *Due Diligence* wird dieser *Audit* formalisiert im Datenraum durchgeführt, in dem vielleicht vier noch im Rennen verbliebene Bewerber Einsicht in die delikaten internen Unternehmensdaten nehmen können. Dann mögen zwei aus dem Rennen mangels Befähigungsnachweis für ihr Leistungspotenzial ausscheiden. Dann können mit den zwei letzten Bewerbern die eigentlichen Verhandlungen aufgenommen werden, mit welchem Ergebnis ist dann immer noch offen.

Die Aktivierbarkeit von derlei Vorerwerbskosten scheitert auch an grundlegenden bilanzrechtlichen Regeln.[3] Bilanziert werden kann auf der Aktivseite nur ein Vermögensgegenstand. Freischwebende Kosten, die mit einem möglichen Erwerbsvorgang zusammenhängen, können unmöglich einen Vermögensgegenstand darstellen. Fertige Triebwerke oder eine Unternehmensbeteiligung stellen ein solches „Vermögen" des Kaufmanns i. s. des § 242 Abs. 1 HGB dar (→ § 242 Rz. 11; → § 246 Rz. 189), sobald das wirtschaftliche **Eigentum** auf ihn übergegangen ist (→ Rz. 18). Dem entspricht die Charakterisierung Anschaffung als zeit**punkt**bezogener Vorgang (→ Rz. 10). Die Anschaffung entspricht dem Erwerb eines bereits **bestehenden** Vermögensgegenstandes, anders als die Herstellung, die zeit**raum**bezogen (→ Rz. 10) ist. Kosten kann man nicht anschaffen, sondern nur bereits vorhandene Vermögensgegenstände. Erst diese unterliegen dem Ansatz und können **danach,** z. B. mit Nebenkosten des Erwerbs, bewertet werden. Kosten der Entscheidungsfindung schlagen sich nicht im Wert des Erwerbsgegenstands nieder, man erhält für sie kein Äquivalent.[4]

---

1 BFH, Urteil v. 9.1.2013 – I R 72/11, DB 2013 S. 673 Tz. 7 mit Besprechung von *Hoffmann,* PiR 2013 S. 169; dort auch Darstellung des effektiven Vorgehens bis zur Erwerbsentscheidung.

2 Nach *Hoffmann,* StuB 2011 S. 81.

3 Vgl. *Hoffmann,* StuB 2011 S. 82.

4 *Kahle/Hiller,* DB 2014 S. 504; *Tiedchen* in Hennrichs/Kleindiek/Watrin (Hrsg.), Münchener Kommentar Bilanzierung, Bd. 2, 2013, § 255 Tz. 28.

Eine weitere Beschränkung ergibt sich aus der Aktivierungsbeschränkung auf **Einzelkosten** (→ Rz. 28). Wenn eine Unternehmensgruppe[1] erworben wird, scheitert die Aktivierung von *Due-Diligence*-Kosten schon an diesem Kriterium. Das Gleiche gilt für den Fall der Triebwerksbestellung (vgl. das vorige Beispiel).

Schließlich verträgt sich ein Aktivierungsgebot für die Vorerwerbskosten schlecht mit dem **Stichtagsprinzip** (→ § 252 Rz. 61 ff.). Die Entscheidungsfindung für den Erwerb eines Triebwerkes oder einer Unternehmensgruppe kann sich über einen oder mehrere Bilanzstichtage hinweg abspielen. Sollte tatsächlich ein Aktivierungsgebot für die Vorerwerbskosten bestehen, müsste die bilanzielle Behandlung wie folgt vorgenommen werden:

- Entweder werden die bis dahin (vor dem Erwerb) angefallenen Kosten auf **Verdacht** hin aktiviert, um danach die vergeblichen auszubuchen, oder
- diese Kosten werden zunächst als **potenzielles** Aktivierungssubstrat im Aufwand verrechnet, um die „erfolgreichen" im Zeitpunkt der Anschaffung zu reaktivieren.

Im erstgenannten Fall rechnet sich der Kaufmann am betreffenden Stichtag reicher, als er ist, was mit dem Vorsichtsprinzip (→ § 252 Rz. 53 ff.) kaum in Einklang zu bringen wäre. Die zweite Variante stellt eine neue bilanzrechtliche Kreation dar: ein als Aktivierungsreserve geführter Aufwand.

Unsere Auffassung entspricht im Wesentlichen der, die nun auch in IDW RS HFA 31 Rz. 7 f. für Kosten von Vorbereitungshandlungen bei Herstellung vertreten wird (→ Rz. 120a).

34 Unter Umständen fallen bei einer Anschaffung nur Nebenkosten (und keine Hauptkosten) an. Die BFH-Rechtsprechung sieht einen solchen Fall etwa als gegeben an, wenn ein Nutzungsrecht (Mietvertrag) erworben wird und dafür eine Maklerprovision zu zahlen ist. Der Mietvertrag stellt einen erworbenen immateriellen Vermögensgegenstand dar, der lediglich wegen des Grundsatzes der Nichtbilanzierung schwebender Geschäfte nicht anzusetzen ist.[2] Hieraus soll auch die Nichtaktivierbarkeit der Nebenkosten folgen. Mit den Worten des BFH: „Können Anschaffungs(haupt)kosten nicht aktiviert werden, können auch Anschaffungsnebenkosten nicht aktiviert werden."[3]

Für **Vermittlungsprovisionen** zum Abschluss von Buch- und Zeitschriftenabonnements soll Entsprechendes gelten.[4]

35 Gegenteilig hat der BFH zum Erwerb eines Erbbaurechts entschieden (→ § 246 Rz. 11). Sowohl beim Mietvertrag wie auch beim Erbbaurecht liegen indes Nutzungsverhältnisse vor.[5] Ob nun schuldrechtlich (Mietvertrag) oder dinglich (Erbrechtsvertrag) begründet, beide Nutzungsrechte stellen Vermögensgegenstände dar; ergo müssten die Anschaffungsnebenkosten in beiden Fällen **gleich** behandelt werden. Angesichts der Inkonsistenz der Mietvertragsrechtsprechung zu Urteilen betreffend dingliche Nutzungsverhältnisse sollte die Annahme, ohne Hauptkosten könnten keine Nebenkosten aktiviert werden, über die entschiedenen Fälle (schwebende obligatorische Geschäfte) hinaus nicht angewandt werden. Erlangt also beispielsweise ein Unter-

1 Sachverhalt des BFH-Urteils v. 27.3.2007 – VIII R 62/05, BStBl 2010 II S. 159.
2 BFH, Urteil v. 20.1.1983 – IV R 158/80, BStBl 1983 II S. 413.
3 BFH, Urteil v. 19.6.1997 – IV R 16/95, BStBl 1997 II S. 808.
4 BFH, Urteil v. 3.8.1993 – VIII R 37/92, BStBl 1994 II S. 444.
5 So *Lüdenbach*, StuB 2012 S. 73.

nehmen unentgeltlich eine staatliche Lizenz, entstehen aber Nebenkosten (z. B. in Form eines erfolgsabhängigen Beraterhonorars); diese Nebenkosten sind u. E. zu aktiveren.[1]

Nicht aktivierbar als Anschaffungsnebenkosten sind **Finanzierungskosten** für Anschaffungsvorgänge,[2] anders als bei Herstellungen (→ Rz. 136). Diese Differenzierung der Aktivierbarkeit von Finanzierungszinsen nach Anschaffungs- und Herstellungsvorgängen ist wenig befriedigend. Die einheitliche Lösung nach IFRS (IAS 23) ist in betriebswirtschaftlicher Sicht vorzugswürdig. Allerdings bleibt auch hier das Problem der Nichterfassung von Eigenkapitalkosten erhalten.

Aktivierbar sollen dagegen die **Bauzeitzinsen** sein, die ein Grundstückserwerber dem Veräußerer bis zur Anschaffung erstattet.[3] Zinsen für einen **gestundeten** Kaufpreis stellen keine Anschaffungskosten des Erwerbers dar.[4] Zu den in den **Lager**kosten enthaltenen Zinsanteilen vgl. → Rz. 45.

36 Beispiele für Nebenkosten der Anschaffung:

- **Beratungskosten,** sofern sie nach Erwerbsentscheid anfallen (→ Rz. 31),
- **Besichtigungs-** und **Reisekosten,** ebenfalls nach Erwerbsentscheidung (→ Rz. 31),[5]
- **Notargebühren,** die auf den Erwerb eines Vermögensgegenstands entfallen, nicht dagegen diejenigen, die die Finanzierung des Erwerbs betreffen,[6]
- **Gebühren,** z. B. für die Grundbucheintragung des Eigentumswechsel, nicht hingegen für die Eintragung von Grundschulden,
- **Einkaufsprovisionen** u. Ä., z. B. für die Möglichkeit der Nutzung von Profifußballern[7] (→ § 246 Rz. 48),
- **Eigenprovision:** Gemeint sind Provisionserlöse, die ein gewerblicher Vermittler für die von ihm gezeichneten Anteile in gleicher Weise wie für die Vermittlung von Anteilen an Dritte erzielt.[8]
- **Steuern und Abgaben,** die mit dem Erwerbsvorgang zusammenhängen, z. B. Zölle, Grunderwerbsteuer für den unmittelbaren Grundstückserwerb, dagegen nicht Grunderwerbsteuer aufgrund von **Anteilsvereinigungen** gem. § 1 Abs. 3 Nr. 1, Abs. 4 Nr. 2b GrEStG, weil nicht der Anteilserwerb als solcher, sondern eine rein grunderwerbsteuerspezifische Fiktion Tatbestand dieser Steuerschuld sei.[9] Unseres Erachtens ist die Urteilsbegründung mit dem finalen Anschaffungskostenbegriff (→ Rz. 27) nicht unbedingt kompatibel;[10] zum Erwerb der Anteile (finis) müsste die Grunderwerbsteuer in Kauf genommen werden, ebenso wie Makler- und Notariatsgebühren beim (direkten) Grundstückserwerb. Auf Personenhandelsgesellschaften unter dem Regelungsgehalt des § 1 Abs. 2a GrEStG ist

1 Vgl. *Lüdenbach*, StuB 2018 S. 144 ff.

2 Anderer Auffassung *ADS*, 6. Aufl., § 255 Tz. 35, mit der Begründung: Wenn die Finanzierungskosten beim Lieferanten anfallen, werden sie dem Erwerber (auch) in Rechnung gestellt.

3 BFH, Urteil v. 19.4.1977 – VIII R 44/74, BStBl II S. 600; BFH, Urteil v. 18.2.1993 – IV R 40/92, BStBl 1994 II S. 224.

4 BFH, Urteil v. 27.7.2004 – IX R 32/01, BStBl II S. 1002, Kurzinfo StuB 2004 S. 937.

5 BFH, Urteil v. 10.6.1981 – VIII R 195/77, BStBl II S. 470.

6 BFH, Urteil v. 28.9.1993 – X B 96/93, BFH/NV 1994 S. 237.

7 BFH, Urteil v. 14.12.2011 – I R 108/10, DStR 2012 S. 223, unter Tz. 33.

8 BFH, Urteil v. 14.3.2012 – XR 29/11, NWB 2012 S. 2827.

9 BFH, Urteil v. 20.4.2011 – I R 2/10, BStBl II S. 761. Aufwandsverrechnung bei Anteilsvereinigung auch bestätigt durch BFH, Urteil v. 14.3.2011 – I R 40/10, DB 2011 S. 1785.

10 Vgl. *Lüdenbach*, StuB 2011 S. 796.

diese Rechtsprechung ebenfalls anzuwenden,[1] weil auf der Gesellschafterebene keine Anschaffung im finalen Sinn (lediglich kausal) vorliegt. Der Erwerb der KG-Anteile bewirkt keine Verfügungsmacht über das Grundstück.

- **nicht abzugsfähige Vorsteuer** (→ Rz. 24),[2]
- **Transportkosten** einschließlich Be- und Entladung,[3]
- **Verbrauchsteuern,**[4]
- **Strategieentgelt** an einen Vermögensberater zur Anlage auf dem Kapitalmarkt, wenn der Berater bei der Anlage zwischen verschiedenen Anlagestrategien auswählen darf (→ Rz. 31).[5]

4.4 Interne Nebenkosten des Erwerbs – Herstellung der Betriebsbereitschaft ...

4.4.1 ... bei Sachanlagen

Dieser Teilbereich des Anschaffungskostenbegriffs geht ebenfalls über die Vorgabe der EU-Richtlinie hinaus (→ Rz. 21) und verdankt sein „Entstehen" einem recht alten BFH-Urteil,[6] das die nach einem Grundstückerwerb anfallenden Erschließungskosten als aktivierungspflichtig ansah, bei den Herstellungskosten allerdings nicht fündig wurde und deshalb die Anschaffungskosten bemühte, den Anschaffungskostenbegriff daher recht weit ausdehnte (→ Rz. 147). Inhaltlich hat die „Versetzung in einen betriebsbereiten Zustand" mit einer Anschaffung nichts gemein (→ Rz. 10), sie ist eher einem **Herstellungsvorgang** zuzuordnen.[7] 37

BEISPIEL ▸ Ein Wohnwagenhersteller K erwirbt von einem Lastwagenproduzenten die Plattform und verschiedene Aufbauteile. Im Anschluss daran baut er Motor, Getriebe, Sitze etc. ein, um schlussendlich einen Wohnwagen „in Betriebsbereitschaft zu versetzen". Vgl. auch → Rz. 118a.

4.4.2 ... bei Softwareinstallationen

Besondere Bedeutung hat die Abgrenzung von Anschaffungs- und Herstellungskosten im Gefolge der „Versetzung in einen betriebsbereiten Zustand" durch die zugehörigen Aktivitäten des BMF zur Installation umfangreicher **Individualsoftware** (genannt ERP) erfahren.[8] Das BMF scheut aus fiskalischen Motiven nicht davor zurück, die umfangreichen Aufwendungen zum sog. *Customizing*, also der Anpassung des Quellcodes auf die individuellen Belange des Unternehmens, unter die „Herstellung der Betriebsbereitschaft" zu subsumieren (→ Rz. 37). Die Unterscheidung von Anschaffungs- und Herstellungskosten bei der Installation der ERP-Software 38

---

1 BFH, Urteil v. 2.9.2014 – IX R 50/13, Tz. 19, BStBl 2015 II S. 260, bestätigt durch OFD Nordrhein-Westfalen v. 21.4.2015, DB 2015 S. 1013.

2 Nach zweifelhafter Auffassung in IDW RH HFA 1.017, Tz. 13 soll es auch zulässig sein, nicht abzugsfähige Vorsteuern auf Vorratsvermögen unmittelbar als Aufwand zu buchen.

3 BFH, Urteil v. 14.11.1985 – IV R 170/83, BStBl 1986 II S. 60, zum Fall der Verbringung eines Seeleichters in das Inland.

4 BFH, Urteil v. 5.5.1983 – IV R 18/80, BStBl II S. 559, zur Branntweinsteuer; BFH, Urteil v. 30.1.1976 – III R 60/74, BStBl II S. 426, zur Biersteuer.

5 BFH, Urteil v. 28.10.2009 – VIII R 22/07, BStBl 2010 II S. 469, Kurzinfo StuB 2010 S. 236.

6 BFH, Urteil v. 18.9.1964 – VI 100/63 S, BStBl 1965 II S. 85. Die in der Folge ergangene einschlägige BFH-Rechtsprechung wird bestätigt durch den BFH, Beschluss v. 12.6.1978 – GrS 1/77, BStBl II S. 620.

7 So auch *Knop/Küting* in Küting/Pfitzer/Weber (Hrsg.), Handbuch der Rechnungslegung – Einzelabschluss, 5. Aufl., § 255 Tz. 38.

8 BMF, Schreiben v. 18.11.2005 – IV B 2 - S 2172 - 37/05, BStBl I S. 1025; dazu IDW RS HFA 11, WPg 2005 S. 682; *Hoffmann*, StuB 2006 S. 56.

hat seine handelsbilanzielle Bedeutung auch nach dem BilMoG und der damit verbundenen Aktivierbarkeit von **immateriellen Anlagegegenständen** (→ § 248 Rz. 9) insoweit behalten, als im Herstellungsfall nur ein (steuerlich nach § 5 Abs. 2 EStG irrelevantes) Wahlrecht zur Aktivierung besteht, das zudem mit einer Ausschüttungssperre nach § 268 Abs. 8 HGB (→ § 268 Rz. 156 ff.) verbunden ist.

Demgegenüber hatte man bis dahin unter den „Kosten zur Herstellung der Betriebsbereitschaft" eher geringfügige **Nebenarbeiten** verstanden:[1]

- Fundamentierungs- und Abstützungsarbeiten bei der Installation größerer Maschinen,
- Einholung der Betriebsgenehmigung, Montagekosten, Renovierungs- und Sanierungsarbeiten nach Gebäudeanschaffung (→ Rz. 165) sowie
- Umlackierung und Beschriftung von Fahrzeugen.[2]

39 Sofern[3] die Schaffung der Individualsoftware durch die eigene „Mannschaft" des Unternehmens erfolgt, liegt Herstellung vor, ebenso beim Bezug von Fremdleistungen im Rahmen eines **Dienst**vertrags mit einem Softwareanbieter, weil hier das Herstellungsrisiko beim Unternehmen verbleibt. Umgekehrt liegt Anschaffung bei Heranziehung eines Softwareunternehmens im Rahmen eines **Werk**vertrags vor, weil hier Letzterer der Risikonehmer für das Gelingen des Projekts ist.

40 Üblicherweise wird vom Unternehmen bei Installation von Individualsoftware vorab der Quellcode zu einem relativ niedrigen Preis angeschafft, der dann zu umfangreichen **Arbeiten zur Anpassung** an die Bedürfnisse des Auftraggebers führt *(„Customizing")*, was die Finanzverwaltung als Anschaffungstatbestand wertet (→ Rz. 38). Das IDW wertet demgegenüber allenfalls einen eigenständigen Anschaffungsvorgang für die Programmteile, die weiterhin **selbständig** nutzbar sind (wohl eher die große Ausnahme). Ansonsten gehen diese Teile im Gesamtprojekt unter, das je nach Vertragslage (→ Rz. 39) als Anschaffungs- oder Herstellungsvorgang zu werten ist.

41 Auch der Erwerb von Standardsoftware kann zu Herstellungskosten führen, nämlich dann, wenn diese Software durch wesensverändernde Anpassungen zu einem **neuen** Vermögensgegenstand „Individualsoftware" mutiert. Auch hier hängt die Aktivierungspflicht von der rechtlichen Qualität der Inanspruchnahme eines Softwareanbieters ab mit der Folge der Risikotragung (→ Rz. 39).

42 Für die spätere Erweiterung oder Verbesserung von Software kommt es nach der im Jahr 2017 erfolgten Neufassung von IDW RS HFA 11 Tz. 16 nicht darauf an, ob (wie bei einem Werkvertrag) das Risiko beim Softwareanbieter liegt. Entscheidend ist vielmehr die Behandlung der Aufwendungen für die Erlangung der ursprünglichen Software. Daraus folgt: Aufwendungen für die Modifikation von Software,

- die zu einem früheren Zeitpunkt angeschafft und damit pflichtgemäß aktiviert wurde, sind nachträgliche Anschaffungskosten;
- die zu einem früheren Zeitpunkt selbst geschaffen wurde, sind nachträgliche Herstellungskosten und deshalb unter dem Aspekt der Ansatzstetigkeit nur dann aktivierbar,

1 Vgl. *Hoffmann* in Littmann/Bitz/Pust (Hrsg.), EStG, § 6 Tz. 170.

2 Vgl. hierzu die Fallstudie von *Lüdenbach*, StuB 2010 S. 317, auf der Grundlage des Urteils FG München v. 10.5.2006 – 1 K 5521/04, EFG 2006 S. 1238.

3 Zu Folgendem vgl. IDW RS HFA 11, Tz. 9 ff.

wenn ursprünglich von dem Wahlrecht des § 248 Abs. 2 Satz 1 HGB Gebrauch gemacht wurde.

Auch ansonsten bewegt sich das IDW in RS HFA 11 weitgehend in den Bahnen des BMF-Schreibens (→ Rz. 38). Zum Schwure kommt es bei den Maßnahmen zur Verknüpfung der ERP-Software mit dem betrieblichen Umfeld durch das *Customizing*. Das BMF[1] sieht hierin trotz der u. U. vielfachen Kosten gegenüber der Anschaffung des Quellcodes generell Aufwendungen zur Herstellung der Betriebsbereitschaft mit Aktivierungspflicht, während das IDW[2] differenziert in solche, die „nur" der Herstellung der Betriebsbereitschaft dienen – Aktivierungspflicht –, und solche, die eine umfangreiche Bearbeitung und Ergänzung der ausgelieferten Standardsoftware mit sich bringen (Aktivierungswahlrecht). Letzteres gilt dann nicht (Aktivierungspflicht), wenn die Leistungen eingekauft oder durch Werkvertrag bezogen werden, umgekehrt bei Erstellung mit der eigenen „Mannschaft" und bei Bezug durch Dienstvertrag. Unseres Erachtens bestimmt sich die Qualifizierung als Anschaffung oder Herstellung nach dem **Überwiegen** der gekauften zu den selbsterstellten Elementen; vgl. hierzu das Beispiel unter → Rz. 118b. Je nach Sachverhalt kann bei weitgehenden Maßnahmen auch eine **Wesensänderung** vorliegen, bei der der bisherige (potenzielle) Vermögensgegenstand in einen **neuen** aufgeht. Soweit Herstellung vorliegt, lebt die Willkürungsoption (→ § 248 Rz. 9) wieder auf. 43

Aus Sicht der Bilanzierungspraxis folgt aus der zitierten Stellungnahme des BMF und des IDW Folgendes: 44

- Wer die Einheitsbilanzierung anstrebt, muss auf das Ansatzwahlrecht für originäre Immaterialgüter des Anlagevermögens (→ § 248 Rz. 9) verzichten.
- Dann stellt sich ihm die undankbare Aufgabe, die Herstellung der Betriebsbereitschaft und die dort zuzuordnenden Kosten zu definieren.
- Diese sind durch beide Standardsetter höchst „weich" umschrieben, was angesichts der Materie nicht verwundert.
- Der Umfang der Kosten für die Herstellung der Betriebsbereitschaft wird vom BMF tendenziell spürbar höher angesetzt als vom IDW.
- Bei den nicht eindeutigen Abgrenzungsmerkmalen wird der „Einheitsbilanzierer" die BMF-Variante anwenden, ohne wegen der unklaren Abgrenzungsvorgaben eindeutig gegen die IDW-Regeln zu verstoßen – eine Art umgekehrter Maßgeblichkeit.
- Ermessensspielräume bleiben dem Bilanzierer reichlich anvertraut.

Customizing-Kosten können auch für Software anfallen, die ausschließlich von einem sog. SaaS(Software as a Service)-Anbieter gemietet wird. Unseres Erachtens sind die Customizing-Kosten jedenfalls dann auf die Nutzungsdauer des Nutzungsvertrags aktiv abzugrenzen, wenn das Customizing vom SaaS-Anbieter übernommen und diesem separat vergütet wird (→ § 250 Rz. 38). Zu einem ähnlichen Sachverhalt vertritt das FG München allerdings eine andere Auffassung.[3] Im Urteilsfall schloss das bilanzierende Unternehmen mit einer anderen Gesellschaft einen Vertrag über die Nutzung einer sog. Systemlandschaft (Hardware, selbstgeschaffene Software, mit Unterlizenzrecht versehene Fremdsoftware) ab. Neben der monatlichen Nutzungsgebühr sah ein weiterer Vertrag eine hohe Einmalzahlung für die Implementierung (Migration Bestandsdaten, Anpassung von Erfassungsprozessen usw.), insgesamt also für

1 BMF, Schreiben v. 18.11.2005 – IV B 2 - S 2172 - 37/05, BStBl I S. 1025, Tz. 6.
2 IDW RS HFA 11, Tz. 17.
3 FG München, Urteil v. 4.2.2021 – 10 K 1620/20, rkr.

die Nutzungsbereitschaft der Systemlandschaft im Betrieb des Nutzers, vor. Das FG erkannte auf die entgeltliche Anschaffung eines immateriellen Wirtschaftsguts (Nutzungsrecht). Der Aktivierung dieses Nutzungsrechts und damit auch der Aktivierung der Implementierungskosten stehe der Grundsatz der Nichtbilanzierung schwebender Geschäfte entgegen, denn: „Ohne das Nutzungsrecht ist die Implementierung wertlos." Das FG setzt sich noch mit Aktivierung von Nebenkosten in Erbbaurechtsfällen auseinander (→ § 250 Rz. 62). Diese soll nicht im Widerspruch zur Nichtaktivierung der Betriebsbereitschaftskosten des obligatorischen Nutzungsrechts stehen, denn die Einmalkosten im Erbbaufall „sind kein vorweggenommenes oder zusätzliches Nutzungsentgelt: Sie beruhen rechtlich wie wirtschaftlich auf einer Rechtsgrundlage, die vom (künftigen) Leistungsaustausch nicht erfasst wird". Dem kann man u.U. zustimmen, aber es wird nicht erkennbar, wo hier der Unterschied zu obligatorischen Nutzungsrechten liegen soll.

45 Zu den unternehmensintern anfallenden **Nebenkosten** der Anschaffung werden nach einer Literaturauffassung auch die **Lagerkosten** (insbesondere Zinsen) für langfristig reifende Produkte (Wein, Whisky u. Ä.) angesehen.[1] Begründung: Die Reifezeit kann als Produktionsprozess i. w. S. angesehen werden. Dann aber handelt es sich um Herstellungsvorgänge, die tatsächlich – soweit es sich um Finanzierungsaufwendungen handelt – das Wahlrecht zur Aktivierung nach Abs. 3 eröffnen (→ Rz. 136).[2]

46 **Gemeinkosten** (→ Rz. 28) sind in die innerbetrieblichen Anschaffungsnebenkosten nicht einzubeziehen.

4.5 Nachträgliche Anschaffungskosten

47 Dem Anschaffungs**vorgang** ist eine **Zeitpunkt**betrachtung eigen (→ Rz. 10) und den Anschaffungs**kosten** ein **finales** Element. Das bedeutet: Ein Anschaffungsvorgang muss einmal sein Ende haben, und entsprechend müssen sich die zugehörigen Kosten auf **diesen** Vorgang beziehen. Aus konzeptioneller Sicht können deshalb irgendwann einmal entstehende Aufwendungen **„auf"** einen früher einmal angeschafften Vermögensgegenstand nicht mehr Anschaffungskosten darstellen, auch nicht unter der Überschrift „nachträglich". Solche „nachträgliche Aufwendungen" stellen entweder Herstellungskosten oder Erhaltungsaufwand dar (→ Rz. 158). Ohne Bezug zum Anschaffungs**vorgang** (nicht: **…gegenstand**) können keine Anschaffungskosten mehr vorliegen; sonst entstünden Anschaffungskosten ohne Anschaffung.

BEISPIEL

- Ein **Erdölbevorratungsbeitrag** steht nicht im Zusammenhang mit der Beschaffung von Erdöl,[3] daher keine (nachträglichen) Anschaffungskosten.
- **Wasserversorgungs-** und **Abwasserbeiträge** nach Kommunalrecht für bereits erschlossene Grundstücke: Ein kausaler Zusammenhang von Aufwendungen mit einem Grundstück begründet keine (nachträglichen) Anschaffungskosten.[4]
- Der Grundstückserwerb mit anschließender **Abstandszahlung** zur Aufhebung eines Pachtvertrags auf dem erworbenen Grundstück führt nicht zu (nachträglichen) Anschaffungskosten für das Grundstück, sondern zum Erwerb eines immateriellen Wirtschaftsguts[5] (→ Rz. 111).

1 Vgl. *ADS*, 6. Aufl., § 255 Tz. 29.
2 So auch *Knop/Küting* in Küting/Pfitzer/Weber (Hrsg.), Handbuch der Rechnungslegung – Einzelabschluss, 5. Aufl., § 255 Tz. 42.
3 BFH, Urteil v. 17.10.2001 – I R 32/00, BStBl 2002 II S. 349, Kurzinfo StuB 2002 S. 345.
4 BFH, Urteil v. 3.8.2005 – I R 36/04, BStBl 2006 II S. 369, Kurzinfo StuB 2006 S. 29.
5 BFH, Beschluss v. 2.3.1970 – GrS 1/69, BStBl II S. 382; ähnlich *Wichmann*, DB 2016 S. 2494.

Umgekehrt können nachträgliche Anschaffungskosten aufgrund ihres **finalen** Zusammenhangs mit dem Erwerb von Vermögensgegenständen vorliegen bei 48

- Belastung mit Branntweinsteuer, z. B. für aus dem Ausland erworbenen Branntwein, weil die Steuerschuld erst nach Verbringung in den freien Verkehr entsteht;[1]
- Kosten für Rechtsstreitigkeiten, die geraume Zeit nach einem Anschaffungsvorgang entstehen, z. B. bzgl. der Grunderwerbsteuer;
- Abstandszahlungen für die Aufgabe von Grundpfandrechten, die final mit dem Erwerbsvorgang verbunden sind (→ Rz. 48a);[2] anders bei Ablösezahlung zur Beendigung des Pachtvertrags (→ Rz. 47);
- Vorsteuerkorrektur nach § 15a UStG;[3]
- Ablösung einer Nießbrauchsbelastung (→ Rz. 48a).[4]

Zur Ablösung eines dinglichen Rechts hält der BFH fest:[5] 48a

- Hat ein Steuerpflichtiger zunächst ein mit einem dinglichen Recht belastetes Grundstück erworben und löst er dieses später ab, um das Grundstück zu nicht mehr durch das Recht belasteten Zwecken nutzen zu können, sind die Aufwendungen zur Beseitigung der dinglichen Belastung nachträgliche Anschaffungskosten auf den Grund und Boden.
- Dabei spielt es keine Rolle, ob die beseitigten Einschränkungen in der Nutzbarkeit des Grundstücks öffentlich-rechtlicher oder privat-rechtlicher Art sind.

Besondere Bedeutung hat(-te) das Thema der nachträglichen Anschaffungskosten im Zusammenhang mit **Sanierungsaufwendungen** für Beteiligungen an Kapitalgesellschaften (→ Rz. 168 ff.). 49

4.6 Anschaffungspreisminderungen sowie verdeckte Zinsen

Bei Anschaffungsvorgängen kann wegen dessen **Erfolgsneutralität** (→ Rz. 8) kein „Erwerbsgewinn" *(day one profit)* entstehen. Deshalb sind entsprechende Preisminderungen – typischerweise Skonti, Boni, Umsatzrückvergütungen etc. – vom Anschaffungspreis zu kürzen. Das gilt auch für **verdeckte Preisnachlässe**, z. B. bei der Inzahlungnahme von Gebrauchtfahrzeugen. Die Provisionszahlungen der Eigenkapitalvermittler bei geschlossenen Immobilienfonds mindern die Anschaffungskosten.[6] Ebenso ist eine „Provision" zu behandeln, der keine Leistungserbringung zugrunde lag, z. B. beim Vermittler eines Kaufvertrags.[7] Sog. Eigenprovisionen (→ Rz. 27) stellen keine Anschaffungskostenminderungen dar, sondern sind als Betriebseinnahmen zu verbuchen. Zahlungen des Verkäufers an den Käufer wegen verdeckter Mängel sind als Kürzung der Anschaffungskosten zu behandeln.[8] **Konventionalstrafen** wegen Nichteinhaltung des vereinbarten Liefertermins sind in Analogie zu den Schnellbaukosten (→ Rz. 120) 50

1 BFH, Urteil v. 5.5.1983 – IV R 18/80, BStBl II S. 559.
2 BFH, Urteil v. 15.12.1992 – IX R 323/87, BStBl 1993 II S. 488; dazu *Spindler*, DB 1993 S. 297; anders beim Grundstückserwerb mit anschließender Abfindung an den Grundstückspächter, hier soll der Erwerb eines immateriellen Vermögensgegenstands vorliegen (BFH, Beschluss v. 2.3.1970 – GrS 1/69, BStBl 1970 II S. 382).
3 IDW RH HFA 1.017, Tz. 12 mit dem Zusatz: Aus Vereinfachungsgründen kann auch eine Nachaktivierung unterbleiben.
4 BFH, Urteil v. 18.11.2014 – IX R 49/13, BStBl 2015 II S. 224.
5 BFH, Urteil v. 7.6.2018 – IV R 37/15.
6 BFH, Urteil v. 26.2.2002 – IX R 20/98, BStBl II S. 796, Kurzinfo StuB 2002 S. 619.
7 BFH, Urteil v. 16.3.2004 – IX R 46/03, BStBl II S. 1579, Kurzinfo StuB 2004 S. 887.
8 BFH, Urteil v. 20.8.2013 – IX R 5/13.

regelmäßig als Anschaffungskostenminderung zu behandeln. Vertretbar ist u. E. allerdings auch die Wertung als vom Lieferanten gewährte Vorteile mit der Folge einer Behandlung als Ertrag.[1] Beide Auffassungen sind im Schrifttum aufzufinden.[2] Bei dem daraus entstehenden faktischen Wahlrecht favorisieren wir die erstgenannte Lösung.

§ 255 Abs. 1 Satz 3 HGB gilt allgemein für Ermäßigung der Anschaffungskosten und betrifft „Rückflüsse" von Bestandteilen der Anschaffungskosten.[3] Dabei kann es sich auch um Erstattungen oder Vergütungen Dritter handeln, soweit diese nicht eine Leistung des Empfängers abdecken. Das gilt auch für (→ § 246 Rz. 278)

- öffentliche Subventionsdarlehen, die später in einen verlorenen Zuschuss umgewandelt werden,[4]
- öffentliche Investitionszuschüsse für Krankenhäuser.[5]

51 Fraglich kann die Behandlung eines **Zinseffekts** sein:

- Bei einem sich über einen längeren Zeitraum erstreckenden Herstellungsprozess (Gebäude, industrielle Großanlage) zahlt der Auftraggeber und Abnehmer der Anlage zeitlich früher als üblich, vielleicht sogar zu Beginn der Arbeiten (weil ein Budgetposten „abzuräumen ist"). Diese vorzeitige Zahlung wird mit ihrem Zinseffekt offen oder verdeckt als Kaufpreisminderung vom Hersteller anerkannt. Fraglich ist, ob insoweit ein Zinsertrag oder eine Anschaffungspreisminderung vorliegt (vom BFH bisher nicht entschieden).
- Umgekehrt kann ein Kaufpreis vom Lieferanten deswegen förmlich erhöht werden, weil im Vertrag die Entrichtung unüblich lang gestundet wird. Nach Auffassung des BFH ist hier eine Abzinsung des Kaufpreises und damit eine Minderung der Anschaffungskosten vorzunehmen, wenn mehr als zwölf Monate zwischen Erwerb und Zahlung liegen. Die Aufteilung einer Gesamtzahlung in Kaufpreis als Gegenleistung für die Übertragung des Wirtschaftsguts einerseits und Zinsen als Entgelt für Kapitalnutzung andererseits ist dabei vom Willen der Vertragschließenden unabhängig. „Für die Besteuerung der Gegenleistung ist nicht maßgebend, was die Vertragsparteien als Kaufpreis bezeichnen, sondern was nach dem Inhalt des Vertrags der Käufer als Kaufpreis tatsächlich zu erbringen hat ... Das ist ... der durch Abzinsung zu ermittelnde Barwert der ... Kaufpreisforderung."[6] Ähnlich äußert sich der EuGH zur Kaufpreisstundung: Im Fall eines Kaufvertrags, der die Zahlung des Kaufpreises über einen längeren Zeitraum zinslos vorsieht, ist der „formal einheitliche Erwerb als ein Vorgang anzusehen, der sich in Wirklichkeit aus zwei Teilen zusammensetzt, nämlich zum einen aus dem Erwerb ... im eigentlichen Sinne und zum anderen aus einem impliziten Darlehensgeschäft".[7] Auch bei einem „Stundungszeitraum" von weniger als zwölf Monaten kann die Bereinigung der Anschaffungskosten um einen Zinsanteil notwendig sein. Dies gilt z. B. dann, wenn das wirtschaftliche Eigentum vor dem rechtlichen erworben wird, der Kaufpreis aber erst bei rechtlichem Er-

1 Vgl. hierzu *Lüdenbach*, StuB 2016 S. 471.
2 *Winnefeld*, Bilanz-Handbuch, 5. Aufl. 2015, § 255 Rn 53; *Knop/Küting* in Handbuch der Rechnungslegung – Einzelabschluss, § 255 Rn 117 m. w. N.
3 BFH, Urteil v. 14.6.2012 – VI R 89/10, DB 2012 S. 2199.
4 BFH, Urteil v. 7.12.2010 – IX R 46/09, BFH/NV 2012 S. 1023.
5 BFH, Urteil v. 14.7.1988 – IV R 78/85, BStBl 1989 II S. 189.
6 BFH, Beschluss v. 8.10.2014 – VIII B 115/13, NWB FAAAE-81155, BFH/NV 2015 S. 200, m. w. N. zur Rechtsprechungshistorie.
7 EuGH, Urteil v. 23.4.2020 - Rs. C 640/18 „Wagram"; dazu *Lüdenbach*, StuB 2020 S. 613.

werb zu zahlen und deshalb der Höhe nach von der zeitlichen Differenz zwischen beiden Zeitpunkten abhängig ist.[1]

In der handelsüblichen Skontierung wird überwiegend ein Zinsertrag (des Anschaffenden) gesehen.[2] Anderer Auffassung ist indes der BFH;[3] er sieht in der Skontogewährung eine Minderung der Anschaffungskosten. Das Bilanzierungsproblem stellt sich insbesondere bei skontierbaren Lieferungen, die am Bilanzstichtag noch nicht beglichen worden sind. Dem BFH zufolge ist ein Skontoabzug bei der Bewertung (Teilwertabschreibung) in dieser Konstellation nicht möglich, weil der Skontierungsgrund **noch nicht** realisiert ist. **Nach** erfolgter Inanspruchnahme des Skontos ist in dieser Sicht eine Korrektur der Anschaffungskosten und entsprechend der Lieferantenverbindlichkeit vorzunehmen. Diese Änderung wirkt nicht auf den Anschaffungszeitpunkt zurück. Anschaffungskosten und Kaufpreisschuld sind dem BFH zufolge getrennt zu sehen. Wertet man dagegen den Skonto als Zins, dann entspricht die Verbindlichkeit dem Barwert. Allerdings berühren die Finanzierungskosten nicht die Anschaffungskosten (→ Rz. 103). Man kann auch in Warengeschäften mit Skontoabzug ein **Mehrkomponentengeschäft** sehen (→ § 252 Rz. 147) und die Teilkomponente „Zins" für Bilanzierungszwecke separat behandeln. Unseres Erachtens sollte aus **Praktikabilitätsgründen** auf eine getrennte Erfassung eines Zinseffektes verzichtet werden. Insoweit erscheint die Vorgabe des BFH (a. a. O.) vorzugswürdig und entspricht der Handhabung in der Bilanzierungspraxis. Außerdem ist hier dem **Wesentlichkeitsgebot** (→ § 252 Rz. 233) gebührend Beachtung zu schenken.

Fraglich ist auch die Behandlung eines **Bonus**, der sich an der **Menge** von beschafften Waren, Rohmaterialien etc. orientiert. Ein solcher kann den Warenbezügen nicht „einzeln" zugerechnet werden und mindert deshalb nicht die Anschaffungskosten für die der Bonusgewährung zuzuordnenden Beschaffungsvorgänge (Umkehrschluss zu den Einzelkosten, → Rz. 28).[4] Die praktische Bedeutung des Vorgangs ist allerdings minimal. Regelmäßig sind davon Vermögensgegenstände des Umlaufvermögens betroffen, die durch den laufenden Umschlag die alsbaldige Ergebniserhöhung bewirken. Nur in Ausnahmefällen kann dieser Aspekt im Sachanlagevermögen wirksam werden.

Eine Anschaffungspreisminderung liegt nur dann vor, wenn sie dem betroffenen Vermögensgegenstand einzeln zuzuordnen ist.

BEISPIEL[5] U kauft für 10 Mio. € Waren von X (Zielwert). Dafür erhält U einen Bonus von 10 % = 1 Mio. €. 80 % der Waren sind am Stichtag schon weiter veräußert.

Die verbleibenden 20 % sind mit Anschaffungskosten von 2 Mio. € zu erfassen. Eine Minderung der Anschaffungskosten kommt für diesen Bestand mangels Einzelzurechenbarkeit nicht in Betracht. Aus den veräußerten 80 % errechnet sich ein Materialeinsatz von 7,2 Mio. € (= 8 Mio. € minus 10 %). Die Bonusforderung ist wie folgt einzubuchen:

per Forderung	1 Mio. €	an	Materialaufwand	0,8 Mio. €
		an	Ertrag	0,2 Mio. €

1 Vgl. BFH, Urteil v. 27.7.2004 – IX R 32/01, NWB VAAAB-27434, BStBl 2004 II S. 1002, Kurzinfo StuB 2004 S. 937, NWB GAAAB-65289; *Lüdenbach*, StuB 2018, S. 749

2 So *Baumeister/Knobloch*, DB 2016 S. 186 m. w. N.

3 BFH, Urteil v. 27.2.1991 – I R 176/84, BStBl II S. 456.

4 So *Knop/Küting* in Küting/Pfitzer/Weber (Hrsg.), Handbuch der Rechnungslegung – Einzelabschluss, 5. Aufl., Tz. 62; a. A. *ADS*, 6. Aufl., § 255 Tz. 50.

5 Nach *Lüdenbach/Freiberg*, StuB 2015 S. 565.

4.7 Nachträgliche Anschaffungskostenminderung von Anteilen bei Auskehrung von Gesellschaftsvermögen

51a Bei GmbHs können in der Kapitalrücklage verbuchte Vermögensgegenstände vom Gesellschafter entweder unmittelbar entnommen oder über die Gewinnverwendung bezogen werden[1] (→ § 268 Rz. 8a). Die bilanzielle Abbildung beim Gesellschafter richtet sich nach einem Korrespondenzprinzip:

- Bei **Gründung** einer GmbH oder **später** durch Zuzahlung kann die Kapitalrücklage vom Gesellschafter dotiert werden.
- Beim **Anteilserwerb** kann der (neue) Gesellschafter die im Kaufpreis bestehende Kapitalrücklage abgelten.

Wenn ein – in einfachen Fällen immer nachweisbarer – Zusammenhang zwischen dem Beteiligungsbuchwert und einer Kapitalrückzahlung besteht,[2] liegt eine Minderung der Anschaffungskosten auf die Beteiligung vor. Oder anders formuliert: Soweit Anschaffungskosten auf die Beteiligung durch Kapitalzuführung des Gesellschafters an die Gesellschaft vorliegen, bewirkt eine Rückzahlung dieses Kapitals eine entsprechende Minderung der Anschaffungskosten auf die Anteile.[3] Entsprechendes gilt bei einer Auskehrung der im Rahmen eines Beteiligungserwerbes „gekauften" Kapitalrücklage.[4]

Eine Gegenmeinung lehnt die Behandlung der Ausschüttung aus der Kapitalrücklage als Anschaffungskostenminderung ab, da die Beteiligung nicht mengenmäßig reduziert wird und auch keine Änderung der gesellschaftsrechtlichen Verhältnisse stattfindet. Bei nicht ganz einfachen Verhältnissen ist die Herkunft der Dividende dieser nicht anzusehen; vgl. hierzu → Rz. 174. Es wird auch die Auffassung vertreten, wonach eine Ausschüttung von Gewinnrücklagen, die beim Anteilserwerb bereits bestanden, zu einer Anschaffungskostenminderung führt. In einer prononcierten Version soll dies für Gewinnausschüttungen gelten, die aus der Realisierung von im Erwerbszeitpunkt vorhandenen stillen Reserven stammen.[5]

51b Zum einfachsten Fall der Neugründung folgendes Beispiel:[6]

BEISPIEL ► M gründet am 30.12.01 als Alleingesellschafter die T-GmbH mit einem Stammkapital von 50 T€ und einer Kapitalrücklage von 950 T€ (Agio, § 272 Abs. 2 Nr. 1 HGB). Am 31.12.01 beschließt M die Auflösung und Auskehrung der Kapitalrücklage von 950 T€ an sich.

Die Auskehrung der Kapitalrücklage kann dabei „direkt" als **Entnahme** erfolgen oder über die **Gewinnverwendungs**rechnung (→ § 268 Rz. 3). Für den Gesellschafter liegt eine Minderung der Anschaffungskosten vor und kein Beteiligungsertrag. Letzterer kann nur aus einem von der GmbH selbst erwirtschafteten Vermögen entstehen. Würde man dagegen in der Auskehrung der vom Gesellschafter dotierten oder gekauften Kapitalrücklage einen Beteiligungsertrag sehen, so wäre wenigstens in einer Welt ohne Steuern das Tor zu einer unbeschränkten Beteiligungsertrags-Rotation eröffnet.[7]

---

1 Vgl. zum Folgenden *Oser,* WPg 2014 S. 555; *Hennrichs* in FS Hoffmann-Becking, 2013, S. 511.
2 IDW, 171. Sitzung des HFA, IDW-FN 2000 S. 173.
3 *Gelhausen/Heinz* in FS Hoffmann-Becking, 2013, S. 364.
4 IDW, 170. Sitzung des HFA, IDW-FN 1999 S. 552.
5 *IDW* (Hrsg.), WP-Handbuch Bd. 1, 14. Aufl. 2012, E Tz. 541; vgl. hierzu *Lüdenbach,* StuB 2014 S. 906.
6 Nach *Oser,* WPg 2014 S. 557.
7 *Oser* spricht von einem Perpetuum mobile (WPg 2014 S. 557).

„An sich" müsste dieser Befund auch gelten, wenn nach einem Beteiligungserwerb mit stillen Reserven und Firmenwert Gewinne ausgeschüttet werden und diese sich nicht aus dem laufenden Geschäft der erworbenen Gesellschaft, sondern aus der Auflösung der gekauften stillen Reserven mit Firmenwert speisen. Hier ist aber der gebotene eindeutige Nachweis zum Zusammenhang von Anschaffungskosten und Auskehrung des erworbenen Vermögens (→ Rz. 51a) nicht möglich.[1] 51c

Im **Anlagespiegel** ist die Kapitalrückzahlung in der Abgangsspalte (→ § 284 Rz. 88) zu erfassen.

4.8 Anschaffungskosten für Schulden?

In einer Urteilsfolge hat der I. BFH-Senat den Anschaffungskostenbegriff und die damit verbundene Bewertung auch für Schulden in Anspruch genommen, und zwar für 51d

- Drohverlustrückstellungen[2] (→ § 249 Rz. 184 ff.),
- Jubiläumsrückstellungen[3] (→ § 249 Rz. 217 ff.),
- Pensionsrückstellungen[4] (→ § 253 Rz. 87 ff.).

Der Grund für diese Rechtsauslegung liegt in der Erhaltung der **Erfolgsneutralität** des Anschaffungsvorgangs (→ § 246 Rz. 116; → § 249 Rz. 198). Unseres Erachtens ist die Inanspruchnahme des Anschaffungskostenbegriffs für Schulden aus systematischen Gründen unzulässig:[5]

- Nach dem **Gesetzeswortlaut** (§ 255 Abs. 1 Satz 1 HGB) entstehen Anschaffungskosten für **Vermögensgegenstände,** also gerade das **Gegenteil** von Schulden. Wie rechtfertigt sich eine solche mehr als gewagte Dialektik?
- Ein **Analogieschluss** (in das Gegenteil!) scheidet mangels planwidriger Gesetzeslücke aus. Unmittelbar nach § 253 Abs. 1 Satz 1 HGB erhalten Verbindlichkeiten und Rückstellungen, also Schulden, ihren Bewertungsmaßstab.
- Bei der Anschaffung entstehen dem Anschaffenden nach dem Gesetzesverständnis und -wortlaut **„Kosten"**, nicht aber dem Übernehmer von Schulden.
- Mit diesen „Kosten" wird das Anschaffungsobjekt **bewertet.** Die eingegangene Schuld bewertet sich demgegenüber – extrem zirkulär – selbst; ihr Anschaffungsobjekt ist zugleich Bewertungsmaßstab.
- Dieser Bewertung kann nach § 253 Abs. 1 Satz 2 HGB nur der **Erfüllungsbetrag** zugrunde liegen. Demgegenüber soll nach Satz 1 eine Anschaffung vorliegen, aber nach Satz 2 bewertet werden.
- Anschaffungskosten können nur für Anschaffungen entstehen. Solche liegen nach ständiger BFH-Rechtsprechung (z. B. III R 53/84) beim Transfer eines bereits **vorhandenen** Vermögensgegenstandes, also nicht bei Schulden, vor.

---

1 Das ist das Hauptargument von *Müller, W.*, gegen die Behandlung von Ausschüttungen mit Finanzierung aus der Kapitalrücklage als Minderung der Anschaffungskosten (DB 2000 S. 533). Ähnlich *Hennrichs* in FS Hoffmann-Becking, 2013, S. 511.

2 BFH, Urteil v. 16.12.2009 – I R 102/08, BStBl 2011 II S. 566.

3 BFH, Urteil v. 14.12.2011 – I R 72/10, DStR 2012 S. 452.

4 BFH, Urteile v. 12.12.2012 – I R 69/11 sowie I R 28/11, DStR 2013 S. 575, mit Anm. *Hoffmann*, StuB 2013 S. 237.

5 Vgl. *Hoffmann*, Gastkommentar in DB 2013 Heft 29; gegen die h. M. Zu dieser vgl. z. B. *Geberth/Höhn*, DB 2013 S. 1194; „in der Begründung überzeugend" *Geberth/Höhn*, DB 2013 S. 1192; *Schlotter*, BB 2012 S. 951; *Beckert/Hagen*, NWB 2012 S. 119; *Kahle/Vogel*, Ubg 2012 S. 493; *Schönherr/Krüger*, DStR 2012 S. 829; *Hahne*, BB 2012 S. 698; a. A. (wie hier) *Siegel*, FR 2011 S. 781; *Prinz, M.*, FR 2012 S. 409.

- Die Gesetze der Doppik fragen nach der **Gegenbuchung** in Gestalt des Gegenwerts (des „Kaufpreises") für die übernommene Schuld, z. B. in Form eines Wertpapierdepots. Dieser ist nach tradierter Buchungslehre mit den Anschaffungskosten (dann **ohne** Anführungszeichen) zu aktivieren; passivisch wird dem BFH zufolge **mit** Anführungszeichen angeschafft.

4.9 Sonderfälle

4.9.1 Rückbaukosten und Entfernungsverpflichtungen

52 Zur Frage, ob z. B. bei Bau auf fremden Grundstücken eingegangene Rückbauverpflichtungen Anschaffungs- oder Herstellungskostencharakter haben, wird auf → § 249 Rz. 29 verwiesen.

4.9.2 Erhaltene Zuschüsse und Zulagen

53 Auf die Kommentierung unter → § 246 Rz. 324 ff. wird verwiesen.

4.9.3 Kaufpreisaufteilung bei Sachgesamtheiten

54 Bei Erwerb mehrerer Vermögensgegenstände durch einen **einzigen** (regelmäßig) Kaufakt stellt sich das Problem der Aufteilung dieses „Einheitspreises" auf die erworbenen Vermögensgegenstände. Beispiele für solche Vorgänge sind:

- Erwerb eines Grundstücks mit aufstehendem Gebäude,
- Erwerb eines einzelkaufmännischen Unternehmens,
- (steuerlicher) Erwerb von Mitunternehmeranteilen wegen der transparenten Besteuerung (→ § 246 Rz. 429),
- (im Konzernabschluss) auch der Unternehmenserwerb im *Share-Deal* (→ § 301 Rz. 7).

Das BMF hat auf seiner Website eine „Arbeitshilfe zur Aufteilung eines Gesamtkaufpreises für ein bebautes Grundstück (Kaufpreisaufteilung)" angeboten. Danach ist die Residual- bzw. Restwertmethode (→ Rz. 58) unzulässig. Bodenwert und Gebäudewert sind also unabhängig voneinander zu ermitteln. Vorab ist zu prüfen, ob das Sachwertverfahren angemessen oder das Ertrags- oder Vergleichswertverfahren vorzugswürdig ist. Das FG Berlin-Brandenburg hatte keine Bedenken gegen die Eignung dieser Arbeitshilfe.[1] Im Revisionsverfahren ist der BFH dem nicht gefolgt: Die Arbeitshilfe gewährleiste die Aufteilung nach den realen Verkehrswerten von Grund und Gebäude nicht, weil sie die Bewertungsverfahren auf das (vereinfachte) Sachwertverfahren verenge und sog. Orts- oder Regionalisierungsfaktoren nicht berücksichtige. Im Fall einer streitigen Grundstücksbewertung sei das FG daher i. d. R. gehalten, gem. § 81 Abs. 1 FGO das Gutachten eines öffentlich bestellten und vereidigten Sachverständigen für die Bewertung von Grundstücken einzuholen, wenn es nicht ausnahmsweise selbst über die nötige Sachkunde verfüge.[2] Inzwischen hat das BMF seine Arbeitshilfe – eher kosmetisch als substanziell – angepasst. Diese hält nun fest: „Die dem Sachwertverfahren zugrundeliegenden Normalherstellungskosten 2010 aus der Anlage 1 der SW-RL sind im Regelfall nicht mittels eines Regionalfaktors an die Verhältnisse am örtlichen Grundstücksmarkt einschließlich der regionalen Baupreisverhältnisse anzupassen. Daher wird grundsätzlich ein Regionalfaktor von 1,0 unterstellt. Insbesondere der örtliche zuständige Gutachterausschuss kann jedoch aus besonde-

1 FG Berlin-Brandenburg, Urteil v. 14.8.2019 – 3 K 3137/19.
2 BFH, Urteil v. 21.7.2020 – IX R 26/19; vgl. dazu *Schießl*, StuB 2021 S. 11.

rem Grund eine Anpassung durch Festlegung eines von 1,0 abweichenden Regionalfaktors vorgeben." Sofern ein solcher bekannt ist, ist er zu berücksichtigen.

Der **Einzelbewertungsgrundsatz** (→ § 252 Rz. 44) macht diese Aufteilung erforderlich. Sie wirkt sich auch bei der Folgebewertung aus: Grund und Boden sind nicht planmäßig abschreibbar, wohl aber das Gebäude. Aus steuerlicher Sicht stellt sich beim Grundstück zusätzlich das Aufteilungsproblem, wenn dieses aus steuersystematischen Gründen je nach Nutzung und Funktion in vier Bestandteile „zerfällt" (→ § 266 Rz. 31).[1] Handelsrechtlich muss eine entsprechende Bilanzierungsentscheidung dann getroffen werden, wenn ein Kaufmann ein Grundstück mit aufstehendem Gebäude erwirbt, das teils für sein Unternehmen und teils zu privaten Wohnzwecken genutzt wird (→ § 246 Rz. 196). 55

Hierzu kommen die Gebäudeteile, die als **selbständige Wirtschaftsgüter**[2] gelten (→ § 266 Rz. 35): 56

- Betriebsvorrichtungen,
- Ladeneinbauten u. Ä.,
- Mietereinbauten.

Unseres Erachtens kann dieser steuerlichen Vorgabe auch in der Handelsbilanz gefolgt werden, wie dies in der Praxis durchgehend geschieht.

Das Aufteilungsproblem stellt sich regelmäßig nur beim **Erwerber,** für den **Verkäufer** spielt es kaum eine Rolle, auf welchen Teil des Gesamtpakets sein Verkaufspreis entfällt (Ausnahme für die Steuerbilanz: Der Grundstücksanteil für Zwecke einer 6b-Rücklage oder -Abschreibung). Aus diesem fehlenden Interessengegensatz zwischen den Parteien stellt sich das Problem der Aufteilung des Kaufpreises vor dem Hintergrund des aus steuerlicher Sicht damit verbundenen Gestaltungspotenzials für den Erwerber. 57

BEISPIEL[3] Der Erwerber einer orthopädischen Werkstätte ordnete den gesamten Kaufpreis den Schuhleisten mit Einzelkosten von unter 800 DM (damals Bewertungsgrenze für geringwertige Anlagegüter) zu. Das Finanzamt sah in dem Kaufpreis die Vergütung für einen nach damaliger Rechtslage nicht abschreibbaren Kundenstamm.

Der BFH akzeptiert zwar die Kaufpreisaufteilung der Vertragsparteien „im Allgemeinen",[4] allerdings mit dem Vorbehalt: Entspricht diese Aufteilung „nicht den wirtschaftlichen Gegebenheiten, ist der Gesamtkaufpreis im Verhältnis der Teilwerte aufzuteilen".[5] Diesen Vorgaben des BFH kann u. E. auch handelsrechtlich mit abgeänderten Begrifflichkeiten gefolgt werden.

Das an dieser Stelle einmal mehr auftauchende **Schätzungsproblem** mit seiner Ermessensentscheidung des Kaufmanns kann nicht auf rein willkürlicher Basis erfolgen, sondern bedarf einer gewissen Objektivierung. Die **Verhältnis**methode – die Aufteilung des Kaufpreises nach dem Verhältnis der Teilwerte/beizulegenden Zeitwerte der Erwerbsstücke – ist der sog. Restwertmethode auch handelsrechtlich i. d. R. vorzuziehen.[6] Bei der **Restwert**methode wird etwa der Wert des Grund und Bodens ermittelt, um denjenigen des Gebäudes durch Subtraktion 58

1 R 4.2 Abs. 4 EStR.
2 R 4.2 Abs. 3 EStR.
3 BFH, Urteil v. 17.9.1987 – III R 272/83, BStBl 1988 II S. 441.
4 BFH, Urteil v. 31.1.1973 – I R 197/70, BStBl II S. 391.
5 BFH, Urteil v. 23.2.1984 – IV R 128/81, BStBl II S. 516.
6 So auch IDW RS IFA 2, Tz. 14; dazu *Esser/Nann*, WPg 2015 S. 182.

vom Gesamtkaufpreis anzusetzen. Ein überhöhter oder zu niedriger Gesamtkaufpreis wird auf diese Weise nur der Restgröße, im Beispiel also dem Gebäude, zugeordnet. Systematisch zutreffender erfolgt nach der Verhältnismethode die Zuordnung zu beiden Objekten. Allerdings laufen im praktischen Bewertungsprozess beide Methoden ineinander über, was angesichts der damit verbundenen Schätzungsspielräume nicht verwundert. Überdies ist die Restwertmethode dann vorzuziehen, wenn der Wert **eines** Objekts deutlich verlässlicher zu ermitteln ist als der des **anderen.**

Das vom BFH in diesem Zusammenhang regelmäßig ins Spiel gebrachte Erfordernis des Ansatzes **objektiver** Werte[1] kann nicht viel mehr bedeuten als eine Absage an willkürliche Wertfeststellungen. Da in solchen Fällen „objektive" Marktpreise nie vorliegen, bleibt dem subjektiven Ermessen des Kaufmanns weiter Raum. Die **vertraglich** vorgenommene Kaufpreisaufteilung ist dann nicht der Besteuerung zugrunde zu legen, wenn sie nur zum **Schein** vorgenommen worden ist oder ein **Gestaltungsmissbrauch** gegeben ist.[2] Das Finanzgericht als Tatsacheninstanz hat zu prüfen, ob Zweifel an der vertraglichen Aufteilung bestehen.

59 Im Kontext der Konzernrechnungslegung taucht dieses Problem in großem Stil bei der sog. **Kaufpreisallokation** im Zusammenhang mit Unternehmenszusammenschlüssen auf (→ § 301 Rz. 7).

60 Aus der steuerlichen Rechtsprechung und Literatur sind noch folgende Fälle der Kaufpreisaufteilung festzustellen:

Sachverhalt	BFH-Entscheidung	Fundstelle
Beteiligung und Forderung	Erwerb eines Geschäftsanteils an einer GmbH zusammen mit Forderungen gegen die GmbH ist im Verhältnis der Teilwerte aufzuteilen.	BFH, Urteil v. 31.1.1973 – I R 197/70, BStBl II S. 391
Bodenschatz	Vom Grundstück abteilbar, sobald mit Verwertung zu rechnen ist.	BFH, Urteil v. 27.3.1991 – I B 187/90, BStBl II S. 643; BMF, Schreiben v. 9.8.1993 – S 2134, BStBl I S. 678
Computer-Hard- und Software	Erwerb einer Großrechenanlage mit Systemsoftware.	BFH, Urteil v. 28.7.1994 – III R 47/92, BStBl II S. 873
Firmenwertähnliche Wirtschaftsgüter	Immaterielle Wirtschaftsgüter sind generell vom Firmenwert zu trennen.	BFH, Urteil v. 28.5.1998 – IV R 48/97, BStBl II S. 775
Gebäudeabbruch	Bei Wertlosigkeit des erworbenen Gebäudes und bei Abbruchverpflichtung des Verkäufers entfällt der gesamte Kaufpreis auf den Grund und Boden.	BFH, Urteil v. 12.6.1978 – GrS 1/77, BStBl II S. 620; BFH, Urteil v. 15.2.1989 – X R 97/87, BStBl II S. 604; BFH, Urteil v. 22.8.1984 – I R 198/80, BStBl 1985 II S. 126
	Bei noch bestehender Werthaltigkeit des Gebäudes ist die übliche Aufteilung auch dann vorzunehmen, wenn der Erwerber in Abbruchabsicht handelt.	BFH, Urteil v. 12.6.1978 – GrS 1/77, BStBl II S. 620; BFH-Urteil 15.11.1978 – I R 2/76, BStBl 1979 II S. 299; BFH, Urteil v. 15.12.1981 – VIII R 116/79, BStBl 1982 II S. 385;
		BFH, Urteil v. 9.2.1983 – I R 29/79, BStBl II S. 451

1 BFH, Urteil v. 19.12.1972 – VIII 124/69, BStBl 1973 II S. 295.
2 BFH, Urteil v. 16.9.2015 – IX R 12/14, DStR 2016 S. 33.

Sachverhalt	BFH-Entscheidung	Fundstelle
Geschäftswert	Stellt Residualwert beim entgeltlichen Unternehmenserwerb (auch Mitunternehmeranteil) dar, nachdem der Kaufpreis auf die Teilwerte der einzelnen Wirtschaftsgüter verteilt worden ist. Vergleichbar der Kapitalkonsolidierung im Konzernabschluss gem. § 301 Abs. 3 HGB.	BFH, Urteil v. 12.8.1982 – I V R 43/79, BStBl II S. 652; BFH, Urteil v. 28.3.1990 – II R 30/89, BStBl II S. 569; BFH, Urteil v. 7.11.1985 – IV R 7/83, BStBl 1986 II S. 176
Grundstückserwerb mit Gebäude	Anwendung der Teilwertmethode bzw. Verkehrswertmethode. Vertragliche Kaufpreisaufteilung.	BFH, Urteil v. 15.1.1985 – IX R 81/83, BStBl II S. 252; BFH, Urteil v. 21.1.1971 – IV 123/65, BStBl II S. 682; BFH, Urteil v. 29.8.1996 – VIII R 15/93, BStBl 1997 II S. 317; BFH, Urteil v. 16.9.2015 – IX R 12/14, DStR 2016 S. 33
Immaterielle Wirtschaftsgüter	Warenzeichen, Vertreterstamm, Firmennamen: Aufteilung nach „wirtschaftlichen" Gesichtspunkten.	BFH, Urteil v. 28.3.1966 – VI 320/64, BStBl III S. 456
Mitunternehmeranteil/ Personengesellschafts-Anteil	Ist steuerlich kein Wirtschaftsgut. Er verkörpert Anteile an den zum Gesellschaftsvermögen gehörenden Wirtschaftsgütern.	BFH, Beschluss v. 25.2.1991 – GrS 7/89, BStBl 1991 II S. 691; BFH, Urteil v. 18.2.1993 – IV R 40/92, BStBl 1994 II S. 224; BFH, Urteil v. 24.5.1984 – I R 166/78, BStBl II S. 747
Optionsanleihen	Der (offene oder verdeckte) Mehrwert des Erwerbspreises ist als Bezugsrecht auf Aktien, der Rest als Anschaffungskosten auf die eigentlichen Anteile zu aktivieren.	OFD Düsseldorf, Vfg. v. 23.3.2001 – S 2136 A – St 11, DB 2001 S. 1337; *Groh*, DB 2002 S. 860
Wertpapier mit Gewinnbezugsrecht	Das mit dem Wertpapier/der Beteiligung gem. § 101 Nr. 2 BGB erworbene Gewinnbezugsrecht ist separat bewertbar.	BFH, Urteil v. 21.5.1986 – I R 199/84, BStBl II S. 794; BFH, Urteil v. 21.5.1986 – I R 190/81, BStBl II S. 815; BFH, Urteil v. 21.1.1999 – IV R 27/97, BStBl II S. 638

4.9.4 Tausch, Tausch mit Baraufgabe

Das Tauschgeschäft wird in § 561 BGB mit dem Kaufrecht abgehandelt. Man kann im Tausch eine Art **doppeltes Kaufgeschäft** sehen, in dem der Kaufpreis wechselseitig durch Aufrechnung mit dem Sachwert ausgeglichen wird.[1] Bilanzrechtlich folgt daraus notwendig ein Anschaffungsgeschäft beider Tauschpartner. Aus **steuerlicher** Sicht ist diese Bilanzierungsvorgabe im Hinblick auf die damit verbundene **Gewinnrealisierung** von besonderem Interesse. Die Lösung in ständiger Rechtsprechung des BFH besteht im Ansatz des gemeinen Werts[2] für den hingegebenen Vermögensgegenstand als Anschaffungskosten des erworbenen Gegenstands. Vergleichbar bestimmt IAS 16.24 die Anschaffungskosten durch den *fair value* des hingegebenen Gegenstands. 61

1 Ähnlich bereits das BFH, Urteil v. 13.9.1955 – I 246/54 U, BStBl 1955 III S. 320; vgl. auch BFH, Urteil v. 27.5.1970 – IV R 222/69, BStBl 1970 II S. 743.

2 BFH, Urteil v. 25.1.1984 – I R 183/81, BStBl II S. 422.

62 Das HGB **enthält** sich der Vorgabe eines expliziten Bewertungsmaßstabs (→ § 252 Rz. 183). In diese Bresche ist das Schrifttum gesprungen, das unter der Überschrift „Tauschgrundsätze" **drei** Verfahrensweisen für zulässig erachtet,[1] damit im Grunde genommen **keinen** Lösungsvorschlag bietet:

- Strenge Buchwertführung,
- Gewinnrealisierung,
- ergebnisneutrale Behandlung.

Das letztgenannte Wahlrecht ist so zu verstehen: Die Gewinnrealisierung ist insoweit vorzunehmen, wie sie zur Neutralisierung der Ertragsteuerbelastung aus dem Vorgang notwendig ist. Diese „Lösung" stellt eine Art Notgeburt des erstgenannten Wahlrechts dar, weil mit diesem bei Aufdeckung stiller Reserven in der Steuerbilanz ein schwer begründbarer Steueraufwand im handelsrechtlichen Abschluss aus dem Tauschvorgang entsteht, sofern nicht aus dem gleichen Vorgang latente Steuern aktiviert werden (→ § 274 Rz. 25).

Das Wahlrecht zur **Buchwertfortführung** wird gewöhnlich wie folgt begründet:

- Durch den Anlagetausch fließen dem Unternehmen keine **liquiden Mittel** zu, die für Gewinnausschüttungen verwendet werden können.[2]
- Beim Tausch fehlt es „häufig" (!) an einer **Umsatzabsicht.**[3]

Dagegen ist vorzutragen:[4]

- Die erstgenannte Auffassung verkennt den Wesensgehalt einer Vermögensrechnung, die gerade nicht **Liquiditätsüberschüsse** ermitteln will. Der darzustellende Gewinn durch Vermögensvergleich stellt eine Saldogröße von periodisierten **Aufwendungen** und **Erträgen** dar (→ § 252 Rz. 205), und nicht von Einnahmen und Ausgaben.
- Die erstgenannte Auffassung hebt auch **einseitig** auf die (nicht getätigte) Einnahme ab und übergeht das Spiegelbild der (nicht getätigten) Ausgabe, was ihrerseits Liquidität erhöht.
- Zum zweiten Argument ist zu sagen: „Wenn es häufig" an einer Umsatzabsicht **fehlt,** muss es „häufig" eine solche **geben.** Das stellt die Frage nach der Unterscheidbarkeit. Solange diese nicht beantwortet ist, muss dem zweiten Argument jede Aussagekraft abgesprochen werden.

Nach allem haben die sog. „Tauschgrundsätze" nicht wirklich den Charakter von Grundsätzen. Es handelt sich lediglich um eine lückenhaft begründete h. M. Die Etikettierung als „Grundsätze" taugt aber in der Praxis, um allfällige Zweifel an der h. M. meist schon im Keim zu ersticken. Unseres Erachtens sollte der **steuerlichen** Handhabung (Gewinnrealisierung) auch handelsbilanziell gefolgt werden, ebenso der BFH-Rechtsprechung zu **substanzlosen** Tauschgeschäften (→ Rz. 69), die sich von Tauschgeschäften mit kommerziellem **Gehalt** – Beteiligung gegen unbebautes Grundstück, Torjäger gegen Innenverteidiger im Profifußball – materiell unterscheidet.[5] Auch das berühmte Tauschgutachten des BFH[6] differenziert:

1 Vgl. *ADS*, 6. Aufl., § 255 Tz. 89 ff.
2 *Wassermeyer*, DStJG 1984 S. 177.
3 *Schubert/Gadek* in Beck'scher Bilanz-Kommentar, 10. Aufl. 2016, § 255 Tz. 40 (nicht mehr in der 11. Aufl.).
4 Vgl. *Lüdenbach/Freiberg*, DB 2012 S. 2702.
5 So auch die Vorgabe für die IFRS in IAS 16.25 und IAS 38.46.
6 BFH, Gutachten v. 16.12.1958 – I D 1/57 S, BStBl 1959 III S. 30.

► Tausch einer Beteiligung in eine andere, die art-, wert- und funktionsgleich ist: wirtschaftliche Identität.

► Tausch ungleicher Beteiligungen: Aufgabe der bisherigen Beteiligung durch Umsatzakt.

In der wirtschaftlichen Wirklichkeit sind die Tauschwerte regelmäßig **nicht identisch,** es kommt deshalb zu **Zuzahlungen** einer der Parteien zum Gesamtgeschäft (Tausch mit Baraufgabe). Geleistete Zuzahlungen erhöhen die Anschaffungskosten des Erwerbers, erhaltene mindern sie.[1] Bei einer Zuzahlung zum erworbenen Wirtschaftsgut/Vermögensgegenstand ist als Anschaffungskosten des erworbenen der gemeine Wert des hingegebenen Wirtschaftsguts/Vermögensgegenstands abzüglich der erhaltenen Zuzahlung anzusetzen. Handelsrechtlich wird dieser Auffassung gefolgt.[2] 63

BEISPIEL[3] ► Die A-GmbH ist Eigentümerin eines unbebauten Grundstücks (nachfolgend Altgrundstück) mit einem Buchwert von 1 Mio. € und einem Zeitwert (zugleich gemeiner Wert) von 2 Mio. €. Für die Auspläne der A-GmbH würde ein halb so großes Grundstück ausreichen. Eines der benachbarten Unternehmen, die N, verfügt über eine solches Grundstück mit einem Zeitwert von 1 Mio. € und hat selbst Interesse an dem größeren Grundstück. Zwei Gestaltungsalternativen werden besprochen:

► Alternative 1: N leistet für das Altgrundstück 2 Mio. € in bar an A. A erwirbt anschließend für den marktkonformen Preis von 1 Mio. € ein Neugrundstück von N oder einem Dritten.

► Alternative 2: N entrichtet 1 Mio. € in bar und überträgt außerdem ein ihm gehörendes Grundstück (nachfolgend ebenfalls Neugrundstück) mit einem Zeitwert von 1 Mio. € auf A.

Steuerbilanziell stellen sich für A folgende Fragen:

► Welcher Veräußerungserfolg entsteht beim Abgang des Altgrundstücks?

► Mit welchem Wert ist das Neugrundstück einzubuchen?

In beiden Alternativen ist die steuerbilanzielle Antwort eindeutig: A verbucht aus dem Abgang des Altgrundstücks einen Veräußerungsgewinn i. H. der Differenz von Zeitwert und Buchwert (stille Reserven der hingegebenen Sache [Altgrundstück]) und bucht das Ersatzgrundstück mit seinen Anschaffungskosten von 1 Mio. € ein. In der Gesamtwirkung beider Transaktionen

► hat sich das Geldvermögen der A um 1 Mio. € erfolgswirksam erhöht,

► ist hingegen das Sachvermögen (Grundstücke) unverändert, enthält aber im Vergleich zur Ausgangssituation keine stillen Reserven mehr.

Handelsbilanziell würde in Anwendung der h. M.[4] hingegen nur in der Verkaufsvariante, demgegenüber nicht in der Tauschvariante zwingend ein Ertrag entstehen. Bei Inanspruchnahme des herrschend befürworteten Buchwertfortführungswahlrechts könnte A vielmehr den Tausch wie folgt verbuchen:

Per	NeuGrSt	0 Mio €	an AltGrSt	1 Mio. €
	Geld	1 Mio. €	an Ertrag	0 Mio. €

Der „Preis" für die Nichterfassung eines Veräußerungsgewinns wäre eine ebenso unzutreffende Bestimmung der Anschaffungskosten der erworbenen Sache:

Buchwert hingegebener VG (Altgrundstück)	1 Mio. €
- erhaltene Barzahlung	- 1 Mio. €
= AK erworbener VG (Neugrundstück)	0 Mio. €

1 BFH, Urteil v. 13.9.1955 – I 246/54 U, BStBl III S. 320; BFH, Urteil v. 27.3.2007 – VIII R 28/04, BStBl II S. 699, unter II.2.d).

2 Vgl. *ADS*, 6. Aufl., § 255 Tz. 90.

3 Nach *Lüdenbach/Freiberg*, DB 2012 S. 2703.

4 *Wohlgemuth* in von Wysocki/Schulze-Osterloh/Hennrichs/Kuhner, Handbuch des Jahresabschlusses, 54. Lieferung 2012, I9/C, Tz. 63.

Die stillen Reserven im Altgrundstück (1 Mio. €) würden in vollem Umfang auf das Neugrundstück übertragen und bei diesem angesichts des 1 Mio. € nicht überschreitenden Zeitwerts zu einem Ansatz von null führen. Die Transaktion würde – gegen die Faktenlage – so abgebildet, als ob das Neugrundstück unentgeltlich auf A übergegangen wäre. Ein „Ausweg" innerhalb der h. M. könnte darin bestehen, die Aufdeckung stiller Reserven insoweit zu gebieten, als durch die Baraufgabe „konsumierbare Einnahmen zufließen". In diesem Fall käme es auf die Aufteilung der erhaltenen Gesamtleistung in Sachleistung und Baraufgabe an. Bei den vorstehenden Zahlen (Baraufgabe entspricht der Höhe der stillen Reserven) wären die stillen Reserven in vollem Umfang zu realisieren, bei anderen Zahlen (z. B. die Gegenseite leistet 1,5 Mio. € in Sachen und 0,5 Mio. € in bar) wäre demgegenüber nur ein Teil der stillen Reserven (hier die Hälfte) aufzulösen, der andere Teil auf das Neugrundstück zu übertragen.

Ein Verzicht auf eine solche „Modifikation" der h. M. würde zu weiteren Schieflagen führen, etwa dann, wenn der Buchwert des Altgrundstücks unter der erhaltenen Baraufgabe läge, z. B. bei unveränderter empfangener Baraufgabe von 1 Mio. € und unveränderten Zeitwerten der Grundstücke von 1 Mio. € der Buchwert des abgehenden Grundstücks nur 0,9 Mio. € betrüge. In Anwendung des vorstehenden Schemas ergäbe sich nun Folgendes:

Buchwert hingegebener VG (Altgrundstück)	0,9 Mio. €
- erhaltene Barzahlung	- 1 Mio. €
= AK erworbener VG (Neugrundstück)	-0,1 Mio. €

Diese Lösung ist offensichtlich unzutreffend, da die Anschaffungskosten des zugehenden Vermögensgegenstands jedenfalls nicht negativ werden dürfen. Um dies zu vermeiden, müsste also in das Schema eine Nebenbedingung („jedoch nicht < null") eingeführt werden. Sie würde zu folgender Buchung führen:

Per	Neugrundstück	0 Mio. €	an Altgrundstück	0,9 Mio. €
	Geld	1 Mio. €	an Ertrag	0,1 Mio. €

Ergebnis: Für den Tausch mit Baraufgabe kann das handelsrechtlich eingeräumte Wahlrecht zur Buchwertfortführung keine eindeutige Lösung mehr liefern. Auch aus dieser Perspektive bietet sich eine Übernahme der Tauschregeln des Einkommensteuerrechts an.

64 Tauschvorgänge können auch zwischen einem **materiellen** und einem **immateriellen** Anlagegegenstand erfolgen. In diesem Fall wird (auch) der immaterielle Vermögensgegenstand entgeltlich, d. h. durch Anschaffung, erworben.

65 Ebenso kann es zu einem Tauschgeschäft zwischen einem Sach(anlage)gut oder einem Immaterialgut einerseits gegen eine **Forderung** andererseits kommen.

BEISPIEL[1] Die U-GmbH veräußert Anfang Januar 01 ein nicht mehr benötigtes Grundstück des Anlagevermögens mit einem Buchwert von 2 Mio. € für einen Preis von 6 Mio. € an den Immobilienspekulanten I. I möchte das Grundstück unverzüglich parzellieren und danach gewinnbringend weiterveräußern.

Objektive begründbare erhöhte Zweifel an der Zahlungsfähigkeit des I bestehen zum Zeitpunkt der Veräußerung nicht. Gleichwohl wird folgende Zahlungsmodalität vereinbart: Der Kaufpreis wird in sechs jeweils zum Quartalsultimo fälligen Raten à 1 Mio. €, beginnend am 30.6.01 entrichtet. I rechnet damit, die notwendige Liquidität für die Quartalszahlungen teils durch Bankzwischenkredite, teils durch rasche Veräußerungserfolge der parzellierten Grundstücke besorgen zu können. Für den Fall der nicht vollständigen Zahlung des Kaufpreises hat sich die U das Recht auf **„Rückabwicklung"** vorbehalten. Konkret hat U das Recht, bei Verzug einer Ratenzahlung um mehr als 30 Tage eine Rückübertragung des Grundstücks zum gutachterlich festzustellenden Marktpreis, maximal aber zu 6 Mio. € zu verlangen. Durch Grundbucheintragungen ist für eine dingliche Sicherung dieses Anspruchs gesorgt.

1 Nach *Lüdenbach*, StuB 2012 S. 360.

Der Grundstücksmarkt ist angesichts niedrigerer Zinsen und hoher Unsicherheit über die Geldwertstabilität überhitzt. Bereits Anfang des Jahres mahnen erste ernstzunehmende Stimmen vor einem baldigen Ende der Immobilienblase. Im zweiten Quartal beginnt die Blase tatsächlich zu platzen. Grundstückspreise fallen im Wert um bis zu 30 %. Die von I beabsichtigte Vermarktung des gekauften Grundstücks gelingt ebenso wenig wie eine Bankfinanzierung. U ist deshalb nicht in der Lage, die erste Rate zu zahlen.

Um Schlimmeres abzuwenden, macht die U von ihrem Rückübertragungsrecht Gebrauch. Ein Gutachter ermittelt einen Grundstückswert von 5 Mio. €. U hat demnach bei Verrechnung mit der ursprünglichen Kaufpreisforderung (6 Mio. €) noch eine Restforderung von 1 Mio. €, die aber angesichts der inzwischen bestehenden Schwierigkeiten des I als uneinbringlich gelten müssen.

U möchte die Rückübertragung als Stornierung des ursprünglichen Geschäfts bzw. der ursprünglichen Buchungen behandeln, d. h. das Grundstück wieder mit seinem früheren Buchwert von 2 Mio. € einbuchen.

Evtl. Abzinsungseffekte sind zu vernachlässigen.

Eine (buchhalterische) **Stornierung** bedarf eines Rechtsgrunds. Infrage kommt sie bei einer vorangegangenen **Falschbuchung.** Eine solche liegt in der ursprünglichen Veräußerung nicht vor. Der Fall eines **versuchten Verkaufs** („auf gut Glück") (→ § 252 Rz. 133) mangels anderer Nachfrage ist zum effektiven Verkaufstermin mit guter Bonität des Erwerbers nicht gegeben. Die Risikominimierung als notwendiges Tatbestandsmerkmal der Erlösrealisierung (→ § 252 Rz. 113) lag im Verkaufszeitpunkt vor.

Die Rückübertragung stellt einen neuen Geschäftsvorfall dar. Das FG Hamburg[1] hat die Rückübertragung eines von einem Steuerberater (S) verkauften Mandantenstamms wegen späterer Zahlungsunfähigkeit des Erwerbers als bei S aktivierungspflichtig behandelt, obwohl der Mandantenstamm zuvor nach § 5 Abs. 2 EStG nicht bilanziert war[2] (→ § 248 Rz. 10).

Die Rückübertragung ist somit als Anschaffungsvorgang des U im Beispiel unter → Rz. 65 zu werten.[3] Die Gegenleistung besteht aber nicht in Geld, sondern im Verzicht auf die Forderung bzw. einen Teil der Forderung. Somit liegt ein Tauschgeschäft vor, das steuerlich nach § 6 Abs. 6 Satz 1 EStG mit dem Verkehrswert des hingegebenen Wirtschaftsguts (hier Forderung) zu einem Zugangswert des Grundstücks mit 5 Mio. € führt. Die handelsrechtlichen **Wahlrechte** (→ Rz. 62), die eine zwangsweise Aufdeckung stiller Reserven verhindern sollen, sind hier nicht einschlägig. Die Bewertungsvorgabe zum Verkehrswert der Forderung ist im Sachverhalt durch den Wert der dinglichen Sicherung infolge der Rückgabeoption bestimmt (→ § 253 Rz. 243) und entspricht dem Verkehrswert des Grundstücks von 5 Mio. €. Die Differenz von 1 Mio. € ist als Wertverlust der Forderung außerplanmäßig abzuschreiben. 66

Buchungen:	**per Grundstück**	**5 Mio. €**	**an Forderung**	**6 Mio. €**
	per Abschreibung	**1 Mio. €**		
		6 Mio. €		

Die handelsrechtliche Bilanzierungspraxis folgt in aller Regel den steuerlichen Vorgaben, nimmt somit einen Realisationsvorgang an. Dies erscheint so lange sinnvoll, wie nicht mit solchen Tauschgeschäften **willkürliche bilanzpolitische Gestaltungen** verbunden sind. Diesbezüglich birgt die Realisationsvorgabe beim Tauschgeschäft erhebliche Gefahren. Die beiden 67

1 FG Hamburg, Urteil v. 21.11.2000, EFG 2001 S. 569.

2 Ähnlich auch BFH, Urteil v. 21.10.1999 – I R 43, 44/98, BStBl 2000 II S. 424, zu § 17 EStG. Für ein neues Geschäft auch *Hoffmann*, BB 1996 S. 1820 ff., eher ablehnend *Stosckek/Peter*, DB 2003 S. 956 ff.

3 Vgl. zum Folgenden *Lüdenbach*, StuB 2012 S. 360.

Tauschparteien können im Grunde genommen nach oben unbeschränkt ihrem Geschäft jeden Wert zuordnen, da die „natürliche" Hürde des Liquiditätsabflusses nicht damit einhergeht.

BEISPIEL ▸ Zwei Fußballprofivereine unterhalten sich über die Abgabe bzw. den Erwerb je eines ihrer Spieler. „Gibst du mir Donatello für 3 Mio. €, gebe ich dir Georgio für 5 Mio. €."

Handelseinig können sich die beiden Partner dann genauso gut bei 15 Mio. € bzw. 17 Mio. € oder 53 Mio. € und 55 Mio. € werden. Im italienischen Fußballprofigeschäft sind solche eigenkapitalgenerierenden und verlustmindernden Geschäfte in großem Stil an der Tagesordnung gewesen. Auch andere Regionen des Fußballprofigeschäfts und auch andere Branchen sind möglicherweise von entsprechenden „Bilanzierungsklimmzügen" zur Gewinn- und Eigenkapitalkreation nicht verschont geblieben.

68 Das **Umlegungsverfahren** zur Baulanderschließung stellt einen gesetzlich geregelten Tauschvorgang dar. Dabei ist allerdings der eingebrachte und der daraus im Zuteilungsweg erlangte Grundbesitz in der wirtschaftlichen Substanz identisch. Die Betriebsvermögenseigenschaft (→ § 246 Rz. 208) setzt sich fort, ein Realisations- und Anschaffungsvorgang ist insoweit nicht anzunehmen.[1] Gleiches gilt, wenn im Zuge einer Baulandumlegung durch Hoheitsakt ein Grundstück entzogen und dafür Ersatzland zugewiesen wird.[2]

4.9.5 Gesellschaftsrechtliche Einbringungsvorgänge

69 Kein Tauschgeschäft im eigentlichen Sinn stellen **gesellschaftsrechtliche Einbringungsvorgänge** in Gestalt von **Sacheinlagen** dar, wenn ein Vermögensgegenstand (z. B. eine Beteiligung an einer Kapitalgesellschaft) in eine Kapital- oder Personengesellschaft gegen Gewährung von Gesellschaftsrechten (Sacheinlage) oder auch nur in die Kapitalrücklage eingebracht wird. Die aufnehmende Gesellschaft gibt ihrerseits keinen Vermögensgegenstand her. Steuerlich ist damit häufig ein Realisationsvorgang verbunden bzw. fiskalisch erwünscht, weshalb sich als eine Art Rechtfertigung – man kann auch von einem logischen Feigenblatt sprechen – der Begriff **„tauschähnlich"** in die ständige Sprachregelung eingeschlichen hat.[3] Dieser Vorgabe folgt die handelsrechtliche Bilanzierungspraxis im Gefolge einer besonderen Ausprägung der (nicht gesetzlich gebotenen) umgekehrten Maßgeblichkeit. Wenn dem Einbringenden als Gegenleistung das eingebrachte Wirtschaftsgut Gesellschaftsrecht (bei Personengesellschaften) gewährt wird, entstehen bei der Gesellschaft Anschaffungskosten.[4] Gesellschaftsrechte werden dabei nur bei Gutschrift auf dem sog. Kapitalkonto I vermittelt (auch bei nur teilweiser Gutschrift). Eine Gutschrift (nur) auf dem Kapitalkonto II (→ § 246 Rz. 165) begründet keine Anschaffungskosten, sondern stellt eine **Einlage** dar, sofern das Wirtschaftsgut aus dem steuerlichen Privatvermögen transferiert wird.

Ein bei der Einlage zu entrichtendes Agio (→ § 272 Rz. 60) – in bar oder in Sachwerten – stellt einen Bestandteil der Gegenleistung (→ Rz. 21) dar, die der Anteilserwerber aufbringen muss.[5] Selbst wenn diese Gegenleistung im Hinblick auf den Wert der neuen Anteile überhöht sein sollte, ist sie als Anschaffungskosten dieser Anteile zu werten und nicht als verdeckte Einlage in das gesamt vorhandene Eigenkapital der Gesellschaft.[6]

1 BFH, Urteil v. 23.9.2009 – IV R 70/06, BStBl 2010 II S. 270, Kurzinfo StuB 2010 S. 32.
2 BFH, Urteil v. 29.3.1995 – X R 3/92, BB 1995 S. 2096; BFH, Urteil v. 13.4.2010 – IX R 36/09, DB 2010 S. 1566.
3 Vgl. *Hoffmann*, StuB 2009 S. 127.
4 BFH, Urteil v. 24.1.2008 – IV R 37/06, BStBl 2011 II S. 617 und v. 17.7.2008 – I R 77/06, BStBl 2009 II S. 464.
5 BFH, Urteil v. 24.4.2007 – I R 35/05, BStBl 2008 II S. 253.
6 BFH, Urteil v. 27.5.2009 – I R 53/09, DB 2010 S. 30.

Zur Bewertung der (offenen oder verdeckten) Sacheinlage beim die Einlage empfangenden Unternehmen wird auf → § 272 Rz. 18 ff. verwiesen.

4.9.6 Übernahme von Verbindlichkeiten, Zusage von Renten, Kaufpreisraten

Als Bestandteil des Kaufpreises gelten auch übernommene Verbindlichkeiten des Verkäufers unter **Anrechnung** auf den Kaufpreis.[1] 70

BEISPIEL ▸ Der Erwerber eines Grundstücks übernimmt mit schuldbefreiender Wirkung (im Einvernehmen mit der Gläubigerin) die Valuta der zulasten des bisherigen Eigentümers bestehenden Verbindlichkeit.

Dagegen führt die Übernahme **dinglicher** Grundstückslasten (z. B. Pfandrechte) nicht zu Anschaffungskosten, sofern (wie im vorstehenden Beispiel) die Valuta nicht mitübernommen wird. Als Beispiel dient der Erwerb eines mit einem Erbbaurecht belasteten Grundstücks.[2] Erst die entgeltliche **Ablösung** einer solchen dinglichen Last führt zu (nachträglichen) Anschaffungskosten (→ Rz. 48a).[3] Die Kosten der Grundschuldbestellung im Rahmen einer Kaufpreis**finanzierung** für ein Grundstück gehören nicht zu den Anschaffungskosten. 71

Ein Kaufpreis kann auch in **langfristigen Raten** zu erbringen sein. Dann ist der Barwert (Kapitalwert) der Zahlungsverpflichtungen als Anschaffungskosten anzusetzen. Soweit die jährlichen Zahlungen die entsprechende Barwertminderung übersteigen, liegt Zinsaufwand vor. Steuerlich ist ein Zinsfuß von 5,5 % anzusetzen.[4] Handelsrechtlich ist u. E. der Zins bei Begründung der Zahlungsverpflichtung in Anlehnung an die Vorgabe des § 253 Abs. 2 Satz 1 bzw. Satz 2 HGB (→ § 253 Rz. 116) zu bestimmen. Danach darf der Zins nicht mehr verändert werden. Anpassungen der Ratenhöhe aufgrund von Wertsicherungsklauseln sind als Einmalbetrag ergebniswirksam zu verbuchen.

Als Kaufpreis kann auch eine **Rentenzahlung** (insbesondere Leibrente) vereinbart werden. Der Wert dieser Gegenleistung ist auf der Basis des nach § 253 Abs. 2 Satz 3 HGB gültigen Zinsfußes (→ § 253 Rz. 119) vorzunehmen. Dem kann auch steuerlich gefolgt werden, da insoweit seitens der Finanzverwaltung kein fester Zinsfuß vorgegeben ist, vielmehr nur ein Vorgehen „nach versicherungsmathematischen Grundsätzen",[5] also neben dem Zinseffekt die Berücksichtigung biometrischer Daten. 72

4.9.7 Kostenlose (unentgeltliche) Anschaffungen

Ein Anschaffungsvorgang kann auch durch Schenkung (z. B. an gemeinnützige Unternehmen), durch Vermächtnis, Erbgang und erbrechtliche Realteilung oder durch unentgeltliche Übertragung aufgrund hoheitsrechtlicher Lenkungsmaßnahmen vorliegen. Da in diesen Fällen allerdings keine Anschaffungs**kosten** vorliegen, kommt diesen Vorgängen keine Bedeutung im Hinblick auf die Bewertbarkeit – abgesehen von Nebenkosten s. u. – zu. 73

BEISPIEL ▸ Das Energieversorgungsunternehmen E erhält von der Bundesrepublik Deutschland unentgeltlich Emissionsberechtigungen im Rahmen des Treibhausgas-Emissionshandelsgesetzes. Diese Emissionsrechte werden aufgrund der in das System eingebauten Knappheitsgrenze an der Börse gehan-

1 BFH, Urteil v. 18.10.2011 – IX R 15/11, DB 2011 S. 2752.
2 BFH, Urteil v. 17.11.2004 – I R 96/02, BFH/NV 2005 S. 440, Kurzinfo StuB 2005 S. 176.
3 Vgl. *Gosch*, StBp 2005 S. 149.
4 BFH, Urteil v. 18.3.2009 – I R 9/08, DStR 2009 S. 1473, Kurzinfo StuB 2009 S. 549.
5 R 6.2 Satz 1 EStR 2008.

delt, haben somit trotz der unentgeltlichen Zuteilung einen Marktwert. Die Zuteilung durch die öffentliche Hand stellt zwar einen Anschaffungsvorgang des E dar, eine Bewertung kann mangels zugehöriger Kosten allerdings nicht erfolgen.[1]

Auch ohne entgeltlichen Anschaffungsvorgang können zur AfA-Berechtigung führende Anschaffungs**neben**kosten vorliegen für Notar- und Eintragungsgebühren anlässlich einer Erbauseinandersetzung durch Realteilung ohne Ausgleichszahlung;[2] anders allerdings der BFH[3] zur Vermittlung von Profifußballern, die ablösefrei vom aufnehmenden Verein eingesetzt werden können (→ § 246 Rz. 48). Zu Nebenkosten der Anschaffung bei Erbbaurecht oder beim Abschluss von Mietverträgen vgl. → Rz. 35. Eine Anschaffung ist definiert als Übertragung eines Wirtschaftsguts in die Verfügungsmacht des Erwerbers (→ Rz. 10); dieser Tatbestand ist auch bei Unentgeltlichkeit gegebenen. Bei **teilentgeltlichem** Erwerb sind die Nebenkosten **vollumfänglich** als Anschaffungskosten zu werten.[4] Bei voller Unentgeltlichkeit lehnt die Finanzverwaltung[5] die Berücksichtigung der Anschaffungsnebenkosten als AfA-Substrat ab.

In Teilen des Schrifttums wird für Erwerbe durch **Schenkungen, Erbe oder Vermächtnis** auf einen Wertungswiderspruch zwischen Anschaffungskostenprinzip (kein Ansatz mangels Anschaffungskosten) und Vollständigkeitsgrundsatz hingewiesen. Ein Ansatz in Höhe eines Erinnerungswertes (1 €) gilt hierbei nur als Scheinlösung.[6] Die wohl h. M. nimmt gleichwohl ein Wahlrecht zwischen Ansatz zum Erinnerungswert, Zeitwert oder Zwischenwert an.

Aus der Rechtsprechung des BFH sind zwei Urteile betreffend Erbgänge hervorzuheben:

- Der Erwerb **als Erbe eines Gesellschafters** stellt eine erfolgsneutrale Einlage dar, da typisiert anzunehmen ist, dass der Gesellschafter mit seiner testamentarischen Verfügung eine Förderung des Gesellschaftszwecks beabsichtigt hat.[7]
- Der (erlaubnispflichtige) Erwerb eines Pflegeheims **als Erbe eines Heimbewohners** ist Folge der gewerblichen Betätigung des Pflegeunternehmens und daher ertragswirksam in Höhe des Wertes des empfangenen Erbes zu erfassen (per Wirtschaftsgüter an Ertrag).[8]

74 Keine unentgeltliche Lieferung liegt regelmäßig bei Vereinbarung eines **symbolischen** Preises von 1 € vor. In Wirklichkeit wird dabei ein von beiden Parteien als wertlos erachteter Vermögensgegenstand „entgeltlich“ übertragen.

4.9.8 Bedingte Kaufpreisbestandteile, gewinn- oder umsatzabhängige Gegenleistung; *Earn-out*-Klauseln

75 Für bestimmte Vermögensgegenstände kann der Erwerbspreis auch durch umsatz- oder gewinnabhängige (künftige) Vergütungen sowie Vergütungsbestandteile bestimmt werden. Aus

1 So BMF, Schreiben v. 29.9.2005 – IV B 2 - S 2134a - 33/05, DB 2005 S. 2214; a. A. IDW RS HFA 15, Tz. 11, wonach wahlweise „ein vorsichtig geschätzter Zeitwert“ als Zugangswert unter Gegenbuchung eines „gesonderten Passivpostens“ als zulässig erachtet wird. Begründung: „Nach den Grundsätzen ordnungsmäßiger Buchführung“. Kritisch hierzu *Hoffmann/Lüdenbach*, DB 2006 S. 57.

2 Vgl. *Schmidt/Kulosa*, EStG, 35. Aufl. 2016, § 6 Tz. 53; so auch BFH, Urteil v. 9.7.2013 – IX R 43/11, DStR 2013 S. 1984; zum Urteil der Vorinstanz vgl. *Hoffmann*, GmbH-StB 2012 S. 131.

3 BFH, Urteil v. 14.12.2011 – I R 108/10, DStR 2012 S. 229 unter Tz. 34.

4 Unter anderem BFH, Urteil v. 24.4.1991 – XI R 5/83, BStBl 1991 II S. 793.

5 BMF v. 13.1.1993, BStBl 1993 I S. 80.

6 Vgl. *Scholz*, DB 2021 S. 296 ff.

7 BFH, Urteil v. 28.2.1956 – I 192/54, BStBl 1956 III S. 154.

8 BFH, Urteil v. 6.12.2016 – I R 50/16, BStBl 2017 II S. 324.

Sicht des Veräußerers stellt sich hier insbesondere die Frage, ob die zur Begründung des Realisationsakts erforderliche **Risikominimierung** (→ § 252 Rz. 113) erfolgt ist, um ein eigentliches Veräußerungsgeschäft annehmen zu können. Aus Sicht des Erwerbers stellt sich ein solches Geschäft als besonders „schätzungsträchtig" dar, wenn er daraus einen bestimmten Wert als Anschaffungskosten bestimmen will. Der BFH hat in Sonderfällen ein zu hohes Risikoprofil festgestellt, um daraus einen Realisationsakt ableiten zu können (→ § 252 Rz. 171).[1]

Bei Einzelwirtschaftsgütern stellt sich insbesondere die Frage, wie der **Erwerber** den Anschaffungsvorgang zu behandeln hat, wenn beim **Veräußerer** ein Realisationsvorgang mangels Risikominimierung nicht anzunehmen ist. 76

BEISPIEL[2] Die Biotec AG B überlässt durch einen zeitlich und örtlich unbefristeten Lizenzvertrag das Patent an einem neuen erfolgversprechenden Präparat exklusiv dem Pharmakonzern R. Das patentierte Präparat hat die dritte klinische Testphase mit Bravour überstanden, die behördliche Zulassung zum Verkauf als Arzneimittel steht vor der Tür (alternativ: ist bereits erfolgt). Der Kaufpreis berechnet sich nach einem festen Prozentsatz des Umsatzes, den der Pharmahersteller während der Patentrestlaufzeit von zwölf Jahren aus diesem Präparat erzielen wird.

Diese sog. „Auslizenzierung" gilt zwar als Veräußerung, allerdings ist eine Risikominimierung beim Veräußerer i. S. der BFH-Rechtsprechung, der u. E. auch handelsrechtlich zu folgen ist (→ § 252 Rz. 113), nicht erfolgt. Die Frage ist dann, ob gleichwohl beim Erwerber eine Aktivierung und beim Verkäufer eine Ausbuchung erfolgen muss. Bei Letzterem stellt sich insbesondere dann dieses Problem, wenn das Patent einen Buchwert aufweist. Eine Ausbuchung würde einen Aufwand verursachen, dem kein Erlös gegenübersteht. Dieses unbefriedigende Ergebnis wird zur Vermeidung des Verlustausweises aus dem Verkauf durch die Einbuchung eines Veräußerungserlöses in Höhe des Buchwerts „bekämpft".[3] Konsequent ist dieser Lösungsvorschlag insoweit nicht, als damit eine zuverlässige Schätzung in Höhe der Gegenleistung (Verkaufserlös) in Höhe des Buchwerts als möglich unterstellt wird. Unseres Erachtens käme lediglich eine Abgangsbuchung beim Veräußerer in Höhe der jährlichen Lizenzvergütung in Betracht (*„cash accounting"*). Zu einer Alternativlösung vgl. → § 252 Rz. 172. 77

Wenn ein Anschaffungsvorgang mit **bedingtem** Kaufpreis-Bestandteil anzunehmen ist, stellt sich die Frage nach dem Ansatz des bedingten Teils. 77a

BEISPIEL[4] Ende 01 erwirbt K von V das Patent auf ein bisher nur im Laborversuch mit Mäusen getestetes Medikament. Ein fixer Kaufpreisanteil von 50 Mio. € ist im Januar 02, ein variabler Kaufpreisanteil von 25 Mio. € erst bei erfolgreicher Arzneimittelzulassung zu leisten. Ein entsprechender Erfolg gilt bereits Ende 01 als überwiegend wahrscheinlich. Solange dagegen die Wahrscheinlichkeitshürde nicht übersprungen wäre, käme eine Erfassung der Zusatzvergütung nicht in Betracht.[5]

Für den variablen Kaufpreisbestandteil ist eine Rückstellung zu bilden (per Patent an Rückstellung). Das Ansatzkriterium für die Verbindlichkeitsrückstellung – Unsicherheit dem Grunde nach – ist erfüllt (→ § 249 Rz. 8). Dagegen ist steuerbilanziell der § 5 Abs. 4b EStG nicht einschlägig: keine Aufwendungen für **künftige** Geschäftsjahre, denn die Anschaffung ist bereits erfolgt.

---

1 BFH, Urteil v. 14.5.2002 – VIII R 8/01, BStBl II S. 532, Kurzinfo StuB 2002 S. 720, zum Verkauf eines Mitunternehmeranteils gegen eine Mindestvergütung zzgl. eines auf Lebenszeit des Veräußerers zu gewährenden Gewinnanteils; außerdem BFH, Urteil v. 16.7.1964 – IV 377/62 U, BStBl III S. 622, zu einer besonderen Form der Indexierung eines Sachwerts.

2 Nach *Hoffmann*, PiR 2006 S. 209.

3 Vgl. *Neu/Stamm*, DStR 2005 S. 145, sowie das Fallbeispiel von *Mellwig/Hastedt*, DB 1992 S. 1589.

4 Nach *Lüdenbach*, StuB 2013 S. 626. Ähnlich *Lüdenbach/Freiberg*, BB 2014 S. 747: „nachträgliche Anschaffungskosten".

5 *Lüdenbach/Freiberg*, BB 2014 S. 749.

Mindestens steuerbilanziell kann bei erfolgsabhängigem Kaufpreis auch **§ 5 Abs. 2a EStG** Bedeutung erlangen. Hiernach sind Verpflichtungen, die nur zu erfüllen sind, soweit künftig Einnahmen oder Gewinne anfallen, erst zu passivieren, wenn die Einnahmen oder Gewinne angefallen sind. Handelsbilanziell wird man dem nur insoweit folgen müssen, wie die Verpflichtung an die Erzielung zukünftiger Gewinne (inkl. Liquidationsüberschüsse) und nicht lediglich an zukünftige Einnahmen anknüpft. Hierzu folgender Fall:

BEISPIEL Zum 31.12.01 erwirbt U von X ein Pharma-Patent mit einer Patentrestlaufzeit von drei Jahren. Der Kaufpreis beträgt 10 Mio. € fix und 5 Mio. € variabel. Die fixe Komponente ist am 31.12.04 (zzgl. marktüblicher Zinsen) zu entrichten. Die variable Komponente ist (zzgl. Zinsen) nur dann zu zahlen, wenn U in den verbleibenden drei Jahren aus dem Patent einen Umsatz von kumuliert mindestens 100 Mio. € generiert. Zum 31.12.01 wird mit überwiegender Wahrscheinlichkeit mit Erreichen der kumulierten Umsatzschwelle gerechnet. Zum 31.12.02 und 31.12.03 gilt Entsprechendes, da bis dahin bereits 48 Mio. € bzw. 9 Mio. € Umsatz generiert wurden.

Handelsbilanz: Neben den sicheren 10 Mio. € sind auch die unsicheren 5 Mio. € anzusetzen, da zu allen Zeitpunkten überwiegend wahrscheinlich und keine Gewinnabhängigkeit, sondern nur eine Einnahmeabhängigkeit besteht. Zum 31.12.01 ist deshalb zu buchen: per Patent 15 Mio. € an Schuld 15 Mio. €. Zum 31.12.02 und 03 ist zum einen der Buchwert des Patents um die planmäßige Abschreibung zu kürzen, zum anderen die Schuld um noch nicht gezahlte Zinsen aufwandswirksam zu erhöhen.

Steuerbilanz: Nach der Rechtsprechung des BFH gilt die Passivierungsbeschränkung des § 5 Abs. 2a EStG sowohl dem Grunde als auch der Höhe nach.[1] Bei durch Vereinnahmung von Geld begründeten Darlehen bedeutet dies eine ertragswirksame Verbuchung des Vereinnahmungsbetrags. Für den hier zu behandelnden Fall eines Kaufpreisdarlehens könnte analog für den variablen Teil per 31.12.01 zu buchen sein: per Patent 5 Mio. € an Ertrag 5 Mio. €. Zu den Folgestichtagen wäre die Beurteilung komplexer. Die erfolgsabhängige Schuldkomponente hängt wegen ihrer kumulativen Ausgestaltung zwar weiterhin auch von zukünftigen Einnahmen ab, 48 % bzw. 98 % des insgesamt vereinbarten Erfolgsziels sind aber schon erreicht.

Die kumulative Gestaltung des Erfolgsziels erzeugt also eine gemischte, teils auf die Zukunft, teils auf die Vergangenheit bezogene Erfolgsabhängigkeit. Soweit ersichtlich, ist über einen solchen Mischfall noch nicht entschieden worden. Aus der systematischen Einordnung der Passivierungsbeschränkung lässt sich aber eine Lösung ableiten. Systematisch soll es bei nur ergebnisabhängig rückzahlbaren Verpflichtungen an einer **gegenwärtigen wirtschaftlichen Belastung** aus dieser Verpflichtung fehlen, da diese nur aus künftig Erwirtschaftetem zu bedienen ist. Dies gilt im Beispiel wegen der kumulativen Ausgestaltung nicht, wie besonders evident zum 31.12.03 wird: Bei einer Restdauer der Vereinbarung von 33 % fehlen nur noch 2 % am kumulierten Umsatzziel. Hier noch anzunehmen, bei den variablen 5 Mio. € fehle es (überwiegend) an einer wirtschaftlichen Belastung in den bereits abgelaufen Perioden, wäre sinnwidrig. Die deshalb im Beispiel zum 31.12.03 gebotene vollständige Passivierung der variablen Verpflichtung strahlt auf die vorherigen Stichtage zurück. Bei überwiegender Wahrscheinlichkeit des Erreichens des Ziels ist entweder schon per 31.12.01 eine vollständige Passivierung geboten oder dies scheidet auch per 31.12.03 noch aus. Rechtfertigende Gründe für einen „Mittelweg“ gibt es nicht.

1 BFH, Urteil v. 10.7.2019 – XI R 53/17; kritisch: *Prinz*, StuB 2019 S. 881.

4.9.9 Unternehmens- und Beteiligungskauf

4.9.9.1 Bilanzsystematische Grundlagen

Beim Kauf (Verkauf) von Unternehmen und Unternehmensbeteiligungen sind bestehende Unsicherheitsmomente bzgl. der Angemessenheit des Kaufpreises und damit der Bestimmung der Anschaffungskosten gegeben. Für die Erstkonsolidierung im Konzernabschluss hat der Gesetzgeber in § 301 Abs. 2 Satz 1 HGB eine beschränkte Berücksichtigung vorgesehen (→ § 301 Rz. 24). Für den Einzelabschluss fehlt eine solche Spezialvorschrift, abgesehen vom Geschäfts- oder Firmenwert (→ Rz. 80). Die Preisanpassungen lassen sich systematisieren nach Maßgabe 78

- des **Bilanzinhalts,** im Saldo der Eigenkapitalhöhe (→ Rz. 80);
- der **Ertragslage,** durchaus auch definiert durch eine einzige Kennzahl, z. B. den Umsatz in einem bestimmten Zeitraum nach dem Erwerb (→ Rz. 84).

Auch von der Erfüllung dieser Preisanpassungsklauseln hängt u. U. die Bestimmung der Anschaffungskosten für das erworbene Unternehmen oder die erworbene Beteiligung ab. Man kann hier von bedingten Anschaffungskosten sprechen.[1] Dabei ist als Vorfrage zu klären, was eigentlich in bilanzsystematischer Sicht den Kaufgegenstand nach deutschem Recht darstellt, nämlich: 79

- ein Unternehmen, „wie es steht und liegt", genannt *Asset-Deal;*
- eine Beteiligung (bis 100 % der Anteile) an einer Kapitalgesellschaft *(Share-Deal);*
- eine Beteiligung an einer Personenhandelsgesellschaft – handelsrechtlich *Share-Deals,* steuerlich wegen der Transparenz *Asset-Deal;*
- aus Sicht der Erstkonsolidierung (→ § 301 Rz. 8) die „Verwandlung" eines rechtlichen *Share-Deals* in einen wirtschaftlichen *Asset-Deal.*

4.9.9.2 Bilanzgarantien

Die Bestimmung des Unternehmenskaufpreises sowohl im *Asset-* als auch im *Share-Deal* erfolgt häufig auf der Grundlage einer **Bilanz** zum Übergangszeitpunkt. Dadurch können sich zwischen dem Datum des Abschlusses des Vertrags (obligatorisches Geschäft) und dem des dinglichen Vollzugs Anpassungen bei der Bewertung einzelner Bilanzposten und durch die Ermittlung eines *Goodwill* ergeben. Im *Asset-Deal* schlagen sich diese Korrekturen in den Anschaffungskosten der einzelnen erworbenen Vermögensgegenstände abzüglich Schulden nieder (→ § 249 Rz. 135). Spezifische Vorschriften zur entsprechenden Bilanzierung bei der Zugangsbewertung im Einzelabschluss (des Erwerbers) enthält das HGB nur bzgl. des **Geschäfts- und Firmenwerts** nach § 246 Abs. 1 Satz 4 HGB (→ § 246 Rz. 380). Für die Folgebewertungen empfiehlt sich die entsprechende Anwendung des § 301 Abs. 1 Satz 2 und 3 HGB (→ § 249 Rz. 135). 80

Steuerlich rückt der Aspekt des Erwerbs einer **Sachgesamtheit** in den Vordergrund der Überlegungen mit dem Erfordernis der Kaufpreisaufteilung (→ Rz. 54). Dazu gibt es auch einige Rechtsprechung und Literatur (→ Rz. 60). Zu den folgenden Überlegungen bzgl. der Behandlung von nachträglichen Kaufpreisänderungen im *Asset-Deal* fehlt es an BFH-Rechtsprechung. Unseres Erachtens kann die nachstehend für das HGB entwickelte Systematik auch steuerbilanziell Anwendung finden.

1 Vgl. *Fey/Deubert,* BB 2012 S. 1461.

Unabhängig von diesen Überlegungen kann es zur (weiteren) Anpassung des Kaufpreises gegenüber der Ausgangsgröße in Form der regulären Handelsbilanz durch sog. **Bilanzgarantien** kommen.

Im **einfachsten** Fall bei kleineren Unternehmenseinheiten kann man sich das Vorgehen der Parteien wie folgt vorstellen: Sie schließen am 11.12.01 oder 11.2.02 den Unternehmenskaufvertrag folgenden Inhalts ab: „Der Kaufpreis beträgt 1.000; er mindert sich um den jeweiligen Betrag, mit dem das Eigenkapital in der Bilanz zum 31.12.01 die Größe 920 nicht erreicht." Bei Bilanzerstellung am 15.3.02 kann der endgültige Kaufpreis und damit die Anschaffungskosten für das Unternehmen ermittelt und auf die erworbenen *Assets* und übernommenen Schulden aufgeteilt werden (→ Rz. 54).

Im vorstehend dargestellten Sachverhalt kann sich danach die „Garantie" im üblichen Begriffsverständnis nur zugunsten des Käufers auswirken. Möglicherweise wird vertraglich aber auch die Chance des Verkäufers berücksichtigt, indem sich der endgültige Kaufpreis bei Überschreiten der Größe 920 (im Beispiel) entsprechend erhöht.

In **komplexeren** Situationen eines Unternehmenskaufs stellen sich **Bilanzgarantien** in anderem Gewande dar.

Sie resultieren in **Ausnahme**fällen – also trotz des üblichen *Due Diligence* – aus eigentlichen Bilanzierungs**fehlern** (→ § 252 Rz. 245), **regelmäßig** aber aus **Unsicherheiten** im Ansatz oder in der Bewertung bestimmter Bilanzposten (→ § 252 Rz. 70 ff.), z. B.

- Einzelgewährleistungsfälle,
- passive Schadenersatzklage,
- Steuerschulden,
- Forderungen gegen Großkunden.

Die Parteien des Unternehmenskaufs auf der Grundlage einer Bilanz wollen sich bei der Kaufpreisbestimmung nicht mit dem bestmöglich ermittelten Kenntnisstand am Erstellungstag über die Verhältnisse am Stichtag (→ § 252 Rz. 73) begnügen. Zur endgültigen Bestimmung des Kaufpreises verlassen sie deshalb das Korsett des Wertaufhellungskonzepts und berücksichtigen im Unternehmenskaufvertrag die weitere Entwicklung bestimmter unsicherer Bilanzposten bis zu einem späteren Stichtag, der z. B. drei oder fünf Jahre nach dem Stichtag der Übergabebilanz liegen kann. Bis dahin bleibt die endgültige Kaufpreisbestimmung für das Unternehmen in der Schwebe.

81 Dann ist die Behandlung der Eigenkapitalgarantie in den Folgeabschlüssen des erworbenen Unternehmens zu klären. Vorab: Die „Garantie" umfasst begrifflich nur das Obligo des Veräußerers, demzufolge diese den zukünftigen Wert des vertraglich erfassten unsicheren Bilanzpostens in Höhe des Ansatzes in der Übergabebilanz garantiert (vgl. das Beispiel in → § 301 Rz. 40). Die „Garantie" kann vertraglich aber auch nach **beiden** Richtungen, also zugunsten oder zuungunsten beider Parteien, ausgerichtet sein.

BEISPIEL In der Übergabebilanz des Unternehmens U sind zwei Posten als „Garantiefall" vertraglich fixiert:

	Bilanzwert
Schadenersatzverpflichtung	800
Wertberichtigte Forderung gegen Großkunden	500

Nach den Vereinbarungen sollen Wertänderungen innerhalb des Garantiezeitraums den Kaufpreis verändern. Dazu kommt es tatsächlich:

- Die Schadenersatzverpflichtung führt endgültig zu einem Geldabfluss von 1.100.
- Die zweifelhafte Forderung geht mit 900 ein.

Per Saldo ändert sich der Unternehmenskaufpreis:

Minderung wegen Schadenersatz	-300
Erhöhung wegen Forderungseingang	+400
Mehrkaufpreis	100

Der Erwerber bucht:

Per Rückstellung	800		
Per Aufwand	300	an Bank	1.100
Per Bank	900	an Forderung	500
		an Ertrag	400
Per *Goodwill*	100	an Kaufpreisschuld	

82 Im vorigen Beispiel ist die endgültige Kaufpreisbestimmung ohne Berücksichtigung des Zeitverlaufs dargestellt. Bis dahin können sich zu den Stichtagen innerhalb des „Garantiezeitraums" weitere Erkenntnisse über die Werthaltigkeit der beiden Posten ergeben. So mag sich die Wahrscheinlichkeit über die Höhe des Schadenersatzes in der ersten Folgebilanz von 800 auf 950 erhöhen und der mutmaßliche Forderungseingang von 500 auf 400 ermäßigen. Unseres Erachtens sind Anpassungsbuchungen regelmäßig auch **vor** der endgültigen Erkenntnis über die Werthaltigkeit der „garantierten" Posten vorzunehmen. Diese Verfahrensweise bietet sich auch an, wenn am Ende der „Garantiefrist" die betreffenden Bilanzposten hinsichtlich ihrer Werthaltigkeit immer noch in der Schwebe sind. Hierzu sollten jedenfalls im Vertrag Lösungsmuster vorgegeben sein.

83 Die weitere Frage bzgl. der zeitlichen Berücksichtigung **vorläufiger** Erkenntnisse zur Wertentwicklung „garantierter" Bilanzposten richtet sich nach der Beachtung des **Imparitätsprinzips** (→ § 252 Rz. 99). Das heißt, können bis zur endgültigen Wertermittlung nur kaufpreis**erhöhende** Einschätzungen berücksichtigt werden (Imparität) oder aber auch kaufpreis**mindernde?** Letzteres kann insoweit vertreten werden, als es sich nicht wie sonst im Rahmen des Imparitätsprinzips um ergebnis**wirksame** Vorgänge handelt.[1] Im Beispiel unter → Rz. 81 würde sich die Kaufpreisminderung in der Reduzierung des *Goodwill* niederschlagen, also zunächst erfolgsneutral, mit der Feststellung einer bislang überhöhten Abschreibung auf den *Goodwill.* Dieser „Zipfel" der Imparität unterstützt unseren Vorschlag zur **paritätischen** Berücksichtigung der Kaufpreisanpassung im Zeitverlauf.

84 Die vorstehend behandelte bilanzielle Darstellung einer „Bilanzgarantie" im *Asset-Deal* kann nahtlos auf die Auswirkung eines *Share-Deals* in der Bilanz des Erwerbers übertragen werden. Allerdings „verdichten" sich hier die „Garantien" für den Wert einzelner Bilanzposten beim erworbenen Unternehmen im **Beteiligungs**ansatz, der auch den im Zuge der Kaufpreisbestimmung ermittelten *Goodwill* umfasst. Die Erhöhung oder Minderung des Kaufpreises für die Beteiligung ist unmittelbar dieser zu belasten oder gutzuschreiben.

1 So *Fey/Deubert*, BB 2012 S. 1461, zum *Share-Deal*.

4.9.9.3 *Earn-out*-Klausel

85 Durch *Earn-out*-Klauseln sollen nachträglich – nach dem Vertragsabschluss und auch nach dem *„closing"* – **bessere Erkenntnisse** über die dauerhafte **Ertragslage** des Kaufobjekts (*„target"*) im (endgültigen) Kaufpreis berücksichtigt werden. Bezugspunkte können die Ertragslage insgesamt – definiert durch Jahresüberschuss, EBIT(DA), *Cashflow* etc. – oder einzelne Bestimmungsgrößen der Ertragslage – Umsatz, Umsatz pro Verkaufsfläche, Rohertrag im Großhandel – darstellen. Für Abgrenzungsmerkmale gegenüber **anderen** Vertragsinhalten des Unternehmenskaufvertrags wird auf → § 301 Rz. 37 verwiesen.

86 Eigentliche *Earn-out*-Klauseln sind in der BFH-Rechtsprechung gar nicht und im Schrifttum nur sehr spärlich behandelt worden. Dazu folgendes Beispiel zu einem *Share-Deal*:[1]

BEISPIEL Am 29.12.01 erwirbt MU von V 100 % der Anteile an der TZ. Neben einer im Januar 02 zu leistenden **fixen** Zahlung von 1.000 ist im März 03 eine **erfolgsabhängige** Zahlung von 200 fällig, **wenn** der Umsatz des Jahres 02 mehr als 1.500 beträgt. Per 31.12.01 geht U mit überwiegender Wahrscheinlichkeit von der Erreichung dieses Schwellenwerts aus. Tatsächlich wird der Wert wegen unerwarteter (und vorübergehender) Sondereinflüsse knapp verfehlt. Eine außerplanmäßige Abschreibung/Teilwertabschreibung auf die Beteiligung ist aber nicht indiziert.

Die *Earn-out*-Klausel kann wegen der Ungewissheit, wenn auch überwiegender Wahrscheinlichkeit, des Eintretens der Bedingung am 31.12.01 (→ § 249 Rz. 46) nur über Rückstellungen zulasten des Beteiligungswerts **erfolgsneutral** eingebucht werden, obwohl allgemein die Gegenbuchung zu Rückstellungen als aufwandswirksam angesehen wird (→ § 249 Rz. 29). Die aufschiebende Bedingung stellt keinen Hinderungsgrund für den Ansatz der Rückstellung dar, wenn der Eintritt der Bedingung wahrscheinlich ist (→ § 246 Rz. 82). Zur Herstellung einer Bilanzierungs-Korrespondenz wird im Schrifttum die spiegelbildliche Aktivierung der (bedingten) Kaufpreisforderung als zulässig erachtet, was dem sonst propagierten Ansatzkriterium „so gut wie sicher" widerspricht. In der Praxis löst ein konkret zu beurteilender Einzelfall oft die Distanz zwischen den beiden Wahrscheinlichkeitsschwellen auf, so dass der korrespondierenden Bilanzierung bei den Vertragsparteien gefolgt werden kann.[2]

Nach Wegfall der überwiegenden Wahrscheinlichkeit der Erreichung des Umsatzziels ist zum 31.12.02 die Rückstellung spiegelbildlich wieder erfolgsneutral gegen den Beteiligungsbuchwert auszubuchen.

Steuerlich ist trotz § 5 Abs. 4b EStG (→ § 249 Rz. 220) eine Rückstellung zu bilden. Das dortige Ansatzverbot bezieht sich auf **künftige** Anschaffungen (→ § 249 Rz. 221); im Beispiel ist die Anschaffung aber bereits erfolgt. Dieser Regel kann **GoB**-Charakter zugeordnet werden und sie ist deshalb auch handelsrechtlich gültig.

Auch § 5 Abs. 2a EStG verhindert den Ansatz der Rückstellung nicht, da sie nicht erfolgswirksam eingebucht wird (→ § 246 Rz. 85). Überdies scheitert die Anwendung der Vorschrift auch deswegen, weil die aus der *Earn-out*-Klausel wahrscheinlich resultierende Verpflichtung nicht von dem Gewinn/den Einnahmen des Schuldners, sondern von denjenigen des Erwerbsobjekts (im Beispiel Tochterunternehmen) abhängt.

1 Nach *Lüdenbach*, StuB 2012 S. 154.

2 So *Fey/Deubert*, BB 2012 S. 1463 f.; *Link*, BB 2014 S. 556.

Ein weiteres Beispiel für eine *Earn-out*-Klausel stellt die nachträgliche Kaufpreisanpassung bei Nichterreichen eines bestimmten Umsatzvolumens oder einer anderen betriebswirtschaftlichen Schlüsselgröße dar, jetzt zu einem *Asset-Deal*. 87

BEISPIEL[1] Der Steuerberater verkauft seine Praxis mit der „Garantie" des Erreichens einer bestimmten Umsatzgröße. Da die Größe nicht eingehalten wird, ist der Kaufpreis drei Jahre später nach unten zu korrigieren.

Die Anschaffungskosten für den Praxiswert (in anderen Branchen für den *Goodwill*) sind ab diesem Zeitpunkt mit entsprechender Anpassung der Abschreibung zu reduzieren.

4.9.10 Überhöhte oder zu niedrige Anschaffungskosten[2]

4.9.10.1 Verträge zwischen Nahestehenden

Bei „überhöht" denkt man aus Sicht der **steuerlichen** Beratungspraxis zunächst unreflektiert an das Zauberwort der verdeckten Gewinnausschüttung. 88

BEISPIEL Der Allein-Gesellschafter-Geschäftsführer A verkauft sein Grundstück mit einem Verkehrswert von 80 zu 100 an seine GmbH.

LÖSUNG Durch den überhöhten Anschaffungspreis ändert sich das Einkommen der GmbH mangels Gewinnminderung nicht. Der überhöhte Kaufpreis von 20 gilt als verdeckte Gewinnausschüttung, die Anschaffungskosten für das Grundstück ermäßigen sich in der Steuerbilanz auf 80.[3]

ABWANDLUNG A verkauft dasselbe Grundstück zum selben Preis an seine Ehefrau, die dieses im Rahmen ihres einzelkaufmännischen Gewerbebetriebs nutzt.

LÖSUNG (BEI DER ERWERBERIN) Wie zuvor bei der GmbH, nur wird die dortige verdeckte Gewinnausschüttung durch eine Entnahme ersetzt.

Folgt man der überlieferten einheitlichen Beurteilung solcher Transaktionen in der Handels- und Steuerbilanz (als „Einheitsbilanz"), stellt sich die Frage nach der Behandlung des Überpreises in der **Handelsbilanz.** In der Fallabwandlung im obigen Beispiel liegt die Lösung auf der Hand: Obwohl das Handelsbilanzrecht eine **Entnahme** aus dem einzelkaufmännischen Gewerbebetrieb als Rechtsinstitut, vergleichbar mit § 4 Abs. 1 Satz 2 EStG, nicht kennt, kann der steuerlichen Vorgabe unproblematisch gefolgt werden. Schwieriger fällt die Beurteilung zum ersten Sachverhalt des Beispiels. Steuerlich wird der Überbetrag von 20 fiktiv als **Aufwand** behandelt, um dann daraus eine verdeckte Gewinnausschüttung abzuleiten. Folgte man dem handelsrechtlich, entstünde ein **Zugangsverlust** (international: *day one loss*), was mit der gebotenen **Erfolgsneutralität** des Anschaffungsvorgangs nicht vereinbar wäre (→ § 253 Rz. 13).[4] Die sofortige Aufwandsverrechnung von 20 erscheint auch nicht ganz geheuer, weshalb im Schrifttum zwei **Hilfskonstrukte** angeboten werden:

► Aktivierung mit den förmlichen Anschaffungskosten und alsbaldiger Vornahme einer außerplanmäßigen **Abschreibung** von 20.[5]

1 FG Düsseldorf, Urteil v. 17.4.2003 – 16 K 5643/02 F, EFG 2003 S. 1296.
2 Vgl. hierzu *Hoffmann*, PiR 2010 S. 213; *Kohlhepp*, DStR 2011 S. 702; *Martini/Valta*, DStR 2011 S. 705.
3 BFH, Urteil v. 13.3.1985 – I R 9/81, BFH/NV 1986 S. 116; BMF, Schreiben v. 28.5.2002 – IV A 2 - S 2742 - 32/02 Tz. 42, DStR 2002 S. 910.
4 Vgl. z. B. BFH, Urteil v. 26.4.2006 – I R 49, 50/04, DStR 2006 S. 1313, Kurzinfo StuB 2006 S. 596.
5 Zum Beispiel *Wohlgemuth/Radde* in Beck'sches Handbuch der Rechnungslegung, B 162 Tz. 37.

- Aktivierung eines **Rückforderungsanspruchs** der GmbH gegen den Gesellschafter i. H. von 20.[1]
- Die erstgenannte Lösung würde nur formal die Erfolgsneutralität des Anschaffungsvorgangs reflektieren, in Wirklichkeit aber den Zugangsverlust absegnen.
- Der zweite Lösungsvorschlag scheitert u.U. an dem Fehlen einer Forderung, zumindest nicht in durchsetzbarer Form, solange der Schuldner seine Verbindlichkeit nicht anerkannt hat.[2]

Auch der BGH hatte Gelegenheit, zur Frage überhöhter Anschaffungskosten bei Bezügen von Nahestehenden Stellung zu nehmen. Im Beschlussfall hatte ein Unternehmensverbund durch Hin-und-her-Geschäfte künstliche Provisionserlöse beim Vermittler und künstliche Anschaffungskosten von Anlagegegenständen beim Beschaffer generiert. Die Zugangsbewertung zu den überhöhten Kosten beanstandet der BGH nicht, verlangt dafür aber eine nachfolgende außerplanmäßige Abschreibung, wobei er festhält: „Wegen der Geltung des Vorsichtsprinzips werden Wertminderungen von Vermögensgegenständen des Anlagevermögens im Zweifel als voraussichtlich dauernd und nur ausnahmsweise als voraussichtlich vorübergehend angesehen ..."[3]

Der Kaufpreis für einen Vermögensgegenstand kann auch im Verhältnis zum Verkehrswert zu niedrig sein.

BEISPIEL[4] Ein Gesellschafter verkauft an die von ihm maßgeblich beeinflusste AG „GIMLE" ein Aktienpaket zu 100 SEK je Aktie. 38 Tage später verkauft die AG „GIMLE" diese Aktien unter Gewinnrealisierung zu 340.000 SEK je Aktie – ein 3.400-mal höherer Preis als die Anschaffungskosten – weiter.

Der EuGH erachtete die Bilanzierung zu den vereinbarten Anschaffungskosten mit dem Prinzip der Bilanzwahrheit und der Vorsicht entsprechend den Vorgaben der 4. EG-Richtlinie als zutreffend (→ § 253 Rz. 12). Er befasst sich bei der Rechtsfindung nicht mit dem tatsächlichen Gehalt der Transaktion, die nur als verdeckte Einlage des Gesellschafters in die Gesellschaft gewürdigt werden kann (→ § 272 Rz. 71).

4.9.10.2 Verträge zwischen Fremden

89 Deshalb wenden wir uns jetzt demselben Thema für Transaktionen zwischen Fremden zu. Das „Nahestehen" wird dabei nach IAS 24 und § 285 Nr. 21 HGB (→ § 285 Rz. 145 ff.) nur als **Anhangangabe** thematisiert. Zwischen Fremden ist bilanzrechtlich die „Überhöhung" aus einer **anderen Perspektive** als bei Verträgen zwischen „Nahestehenden" zu betrachten. Geschäften unter Fremden liegt ex definitione ein Fremdvergleichspreis zugrunde. Es geht also um die Bestimmung des **„richtigen"** Werts, denn ohne diesen kann es keine „Überhöhung" geben. Dann aber stellt sich die Frage nach dem **Grund,** also dem **Motiv** des Erwerbs für die Entrichtung eines Kaufpreises, der den „an sich" zu zahlenden Betrag übersteigt. Aus Sicht des **Verkäufers** ist bei (beiderseits) unterstelltem rationalen Verhalten das Motiv zum Einverständnis mit einem überhöhten Preis nicht weiter zu hinterfragen.

1 Vgl. *ADS*, 6. Aufl., § 255 Tz. 71.
2 BFH, Urteil v. 26.4.1989 – I R 147/84, BStBl 1991 II S. 213.
3 BGH, Beschluss v. 11.5.2021 – II ZR 56/20.
4 Sachverhalt des EuGH-Urteils „GIMLE", IStR 2014 S. 24; dazu *Schulze-Osterloh*, NZG 2014 S. 1; *Hoffmann*, StuB 2014 S. 277; *Lüdenbach*, StuB 2020 S. 613.

Anders verhält es sich für den **Erwerber,** was anhand folgender Sachverhalte zu verschiedenen Bilanzposten diskutiert werden soll. Die Beurteilung der Fälle erfolgt unter → Rz. 92. 90

BEISPIELE

(1) Der Maschinenbauer M kauft ein neben seinem Gelände liegendes unbebautes Grundstück zur Erweiterung der Produktionsstätte. Diese könnte er nur durch Betriebsverlagerung „auf die grüne Wiese" realisieren. Seine den *fair value* übersteigende Offerte – belegt durch effektiv erfolgte Käufe anderer Grundstücke in vergleichbarer Lage – kommt M billiger zu stehen als die Kosten der Betriebsverlagerung.

(2a) Der Softwareentwickler S verhandelt mit einem Parallelanbieter P bzgl. der Übernahme des „Geschäfts", das P altershalber abgeben will. Man einigt sich auf die Übernahme der IT-Ausrüstung, einiger Schreibtische und Schränke mit einem Verkehrswert von 10 für einen Preis von 120 sowie auf die Weiterbeschäftigung von zehn Projektentwicklern.

(2b) Das Fernsehunternehmen F erwirbt vom Parallelanbieter P langfristige Lizenzen für die Übertragung von Sportereignissen. Es zahlt hierfür den Verkehrswert. Man einigt sich zudem auf die Übernahme von Büro- und Geschäftsausstattung zu einem Preis weit über Verkehrswert sowie auf die Weiterbeschäftigung von zehn für die Nutzung der Lizenzen nicht wesentlichen Mitarbeitern.

(3) Der Hedge-Fonds H kauft systematisch Lieferantenforderungen und Bankkredite des in finanziellen Schwierigkeiten steckenden Herren- und Damenmode-Herstellers M-AG und anderer in vergleichbaren Situationen befindlicher Unternehmen. Dazu überbietet er die Preisofferte von Factoringunternehmer U regelmäßig um 20 %, im Geschäftsjahr 01 insgesamt um 120 GE. Diese Forderungen will H alsdann durch einen *debt for equity swap*[1] in Eigenkapital umwandeln. Mit der dann erworbenen Mehrheit an Aktienkapital der M-AG kann H diese strategisch neu ausrichten und mittelfristig an der Börse platzieren.

(4) Die Hotel-GmbH BH hält einen Anteil von 49 % an der Reiseveranstaltungs-AG R. Der Börsenkurs beträgt aktuell 70 je Aktie, im *free float* bewegen sich 10 % der Aktien. Die Hauptversammlungspräsenz bewegt sich regelmäßig gegen 100 % der Stimmrechte. Von einem Minderheitsaktionär erwirbt H außerbörslich 2 % des Aktienkapitals der R-AG zum Preis von 83 je Aktie. BH beabsichtigt eine strategische Neuausrichtung des Geschäftsmodells der R-AG, um die eigenen Hotels in internationalen Fremdenverkehrszentren besser auszulasten.

In allen Fällen ist der Kaufgegenstand nach dem Vertragstext leicht zu bestimmen: Grundstück, IT-Ausrüstung mit Schreibtischen, Kundenforderungen, Bankguthaben und Aktien. Da in der Bilanz aber nicht förmliche Vertragsinhalte, sondern wirtschaftliche Inhalte entsprechend der Interessenlage der Beteiligten – hier der Erwerber – abgebildet werden sollen, muss nach den Motiven für die Berappung des „Überpreises" gefragt werden. Diese sind in den Fallbeispielen genannt. Dann liegt die weitere Frage in der Luft, ob die Erwerber den Überpreis nicht für das Erwerbsobjekt, sondern wenigstens teilweise für ein anderes „Gut" bezahlen (wollen). Man könnte dann von einem **Mehrkomponentengeschäft** (→ § 252 Rz. 147) aus Sicht des Erwerbers sprechen mit der Folge einer Kaufpreisaufteilung (→ Rz. 54 ff.), dem Grunde nach aus Sicht der deutschen und internationalen Bilanzwelt kein neues Problem. Typische Fälle des Einzelabschlusses sind der Erwerb eines bebauten Grundstücks oder eines Unternehmens im *Asset-Deal*. Idealer löst der BFH das Aufteilungsproblem für die Mehrzahl der erworbenen Wirtschaftsgüter durch Anwendung der relativen Teilwerte (→ Rz. 58). 91

Eigentlich kann es zu überhöhten Anschaffungskosten bei Transaktionen unter Fremden gar nicht kommen (→ Rz. 89). Die entstandenen Anschaffungskosten können sich zwar im **Nachhinein** aus verschiedenen Gründen als überhöht herausstellen. Das ist dann aber nicht das 92

1 Vgl. *Hoffmann*, PiR 2010 S. 117.

Thema der Bestimmung von Anschaffungskosten, sondern von außerplanmäßigen Abschreibungen. Dieser Befund soll nun mit den Fallbeispielen unter → Rz. 89 konfrontiert werden:

(1) Es handelt sich um den Standardfall, mit dem sich bereits der Reichsfinanzhof in **ähnlichen Konstellationen** befassen musste, allerdings nur im Hinblick auf eine Teilwertabschreibung für den „überhöhten" Anschaffungspreis, was er aber ablehnte.[1] Den eigentlichen „Klassiker" des Themas – den **Arrondierungskauf** – behandelt der BFH[2] im Falle eines Landwirts, der Ackerland mit einem Verkehrswert von 8,75 DM zu 10,80 DM kaufte mit der Begründung:

1. Nähe zum eigenen Hof (Arrondierung),
2. andere Bewerber mussten überboten werden („Verkehrswert" niedriger als der gemeine Wert).

In unserem Fallbeispiel ist der Arrondierungsgedanke mitenthalten, allerdings angereichert mit einem Investitionskalkül. M bezahlt den Mehrwert gegenüber dem gemeinen Wert, weil der durch andere Interessenten belegte Verkehrswert für ihn eine untergeordnete Bedeutung hat. Er ist nicht an **einem** Grundstück in dem betreffenden Erschließungsgebiet interessiert, sondern nur an **dem** neben seinem liegenden. Der Verkehrswert ergibt sich aus einer Marktpreisperspektive mit **mehreren** Anbietern und Nachfragern. Aus Sicht des M liegt eine **monopolistische** Struktur vor, die einen höheren Preis zur Folge hat als denjenigen für Vergleichsobjekte. Man kann von überhöhten Anschaffungskosten sprechen, wenn man die Vergleichspreise als „richtig" ansieht. Würde der Erwerb des Grundstücks durch M von einer nahestehenden Person erfolgen, dürfte u. E. der bezahlte Mehrwert nicht als Einnahme bzw. verdeckte Gewinnausschüttung gewertet werden. Der Fremdvergleich müsste über den „Monopolpreis" erfolgen.

Ob man nun hier von „Überpreis" sprechen will oder nicht, u. E. liegen insoweit **Anschaffungskosten** auf das **Grundstück** vor.

(2a) Die Interessenlage des S ist eine ganz andere als die des M im vorliegenden Beispiel. S kauft die IT-Ausrüstung und die Schreibtische nur „bei Gelegenheit", er könnte sie jederzeit bei einem Dritten zu vergleichbarem Preis erwerben. Den Mehrpreis von 110 zahlt S im Rahmen eines Unternehmenserwerbs für das eingespielte Team. Die Frage ist dann, ob sich hinter dem Team ein (immaterielles) Wirtschaftsgut/(immaterieller) Vermögenswert verbirgt.

In der internationalen Rechnungslegung wird der Charakter eines solchen Vermögenswerts als *„assembled workforce"* diskutiert und regelmäßig mangels Erfüllung des Kontrollkriteriums die abstrakte Bilanzierbarkeit verneint, weil die Arbeitnehmer jederzeit kündigen können. Dem wird man auch für das HGB folgen müssen. Der Mehrpreis ist somit ausschließlich als *Goodwill* zu erfassen.

(2b) Das Erwerbsinteresse des S ist nur auf die Lizenzen gerichtet. Ein Unternehmen wird nicht erworben, da die Büroausstattung und das übernommene Personal in keinem funktional wesentlichen Zusammenhang zu den Lizenzen stehen. Mangels des Unternehmenserwerbs kann auch kein *Goodwill* entstehen (→ § 246 Rz. 383). Der Überpreis ist daher den erworbenen Einzelwirtschaftsgütern zuzuordnen. Infrage kommt eine Verteilung auf Lizenzen einerseits und Büroausstattung andererseits nach dem Verhältnis der Verkehrs-

1 RFH, Urteil v. 16.12.1936 – VI A 587/35, RStBl 1937 S. 106.
2 BFH, Urteil v. 7.2.2002 – IV R 87/99, BStBl II S. 294, Kurzinfo StuB 2002 S. 450.

werte *(relative fair values)* oder entsprechend dem primären Erwerbsmotiv eine ausschließliche Zuordnung zu den Lizenzen. Eine dritte Möglichkeit wäre, Aufwand für den **eigenen Geschäftswert** anzunehmen, der nicht aktivierbar ist – in etwa vergleichbar mit dem Erwerb eines Konkurrenzunternehmens zur Stilllegung.[1]

(3) Die Mehrpreise für die aufgekauften Forderungen erklären sich aus der strategischen Entscheidung des H. Eine Aktivierung des bezahlten Aufpreises als Vermögenswert/Wirtschaftsgut „Strategiewert" – wie „Spielerwert des Profifußballs" – kommt u. E. mangels Erfüllung der abstrakten Ansatzkriterien nicht in Betracht. Andererseits sträubt man sich gegen die Vorstellung von Anschaffungskosten auf **Forderungen** für den Mehrpreis. Dieser wird im Hinblick auf die künftige Unternehmensentwicklung bezahlt, stellt also so etwas wie nicht aktivierbare *Start-up*-Kosten dar. Dann wäre eine Aktivierung als Aufwand auf den **eigenen Firmenwert** nicht möglich. Diese Lösung ist u. E. vorzugswürdig. Eine Prognose betreffend die BFH-Entscheidung in einem ähnlich gelagerten Fall wäre allerdings gewagt.

(4) In diesem Fall neigt man zur Identifizierung des Mehrpreises von 13 je Aktie als **Paketzuschlag**, obwohl bei einem Erwerbsvolumen von 2 % des Nennkapitals von „Paket" begrifflich nicht die Rede sein kann. „Paket" passt hier eher zu „Paketlösung", also dem Mehrkomponentengeschäft. Die BH kauft (auch) Aktien des Reiseveranstalters R, aber eigentlich schon das Potenzial zur künftigen Entwicklung der Hotelkette. Insoweit liegt wieder der Gedanke des Aufwands auf den eigenen Geschäftswert oder die *Start-up*-Kosten nahe, vielleicht zu bezeichnen als „Kosten der Erweiterung des Geschäftsbetriebs".

Der BFH würde eher traditionell argumentieren mit der Floskel: „Die **Werthaltigkeit** ist insoweit belegt, als sich der Kaufmann hat etwas kosten lassen." Daraus wäre allerdings die Aktivierbarkeit dem Grunde nach nicht belegt, denn **zuvor** muss noch die Frage nach dem erworbenen Wirtschaftsgut beantwortet werden. Dann könnte die Antwort des BFH undifferenziert nur lauten: „Aktien". Unseres Erachtens ist die andere Lösung – Aufwand auf den eigenen Firmenwert – vorzugswürdig.

4.9.11 „Negativer" Kaufpreis, negativer Unterschiedsbetrag

4.9.11.1 Die Motivationslage

Nicht so sehr bei einzelnen Vermögensgegenständen, sondern mehr bei ganzen **Unternehmen** oder **-teilen** wird häufig ein negativer Kaufpreis vereinbart, d. h., der Erwerber erhält vom Verkäufer nicht nur den Vermögensgegenstand, sondern auch einen baren **„Zuschuss"** anlässlich des Erwerbs. Diese Handlungsweisen sind letztlich durch die zukünftigen Erwartungen bzw. Befürchtungen des Veräußerers und die Hoffnungen des Erwerbers begründet. Der Veräußerer – z. B. ein Konzern – sieht keine sinnvolle Möglichkeit mehr, ein kriselndes Tochterunternehmen nachhaltig in die Gewinnzone zu führen. Umgekehrt erkennen die Erwerber – z. B. leitende Mitarbeiter im Rahmen eines MBO – die realistische Chance einer nachhaltigen Sanierung, sofern sie nicht mehr in die Fesseln des Konzernverbunds eingebunden sind und andere erfolgsträchtig erscheinende Strategien aufziehen wollten. Aus Sicht des veräußernden Konzerns ist dann ein Zuschuss zu diesem Geschäft bis zum Betrag der sonst erforderlichen Sanierungen – eine Insolvenz wird aus Prestigegründen ausgeschlossen – eine wirtschaftlich sinnvolle Maß- 93

1 Vgl. die Darstellung der BFH-Rechtsprechung zum Wettbewerbsverbot bei *Hoffmann*, PiR 2009 S. 59.

nahme, die andererseits die Erwerberseite bei Finanzierung der Unternehmensneuerrichtung unterstützt.

In systematischer Hinsicht kann sich der gleiche Effekt einstellen, wenn zwar der Kaufpreis nicht negativ ist, aber durch bisher nicht passivierte Verpflichtungen (z. B. für spätere Umstrukturierungen) gegenüber dem Eigenkapitalausweis in der Übernahmebilanz gemindert ist.

4.9.11.2 Sachverhaltsausprägungen

94 Aus einzelbilanzieller Sicht kommt ein sog. negativer Unternehmenskaufpreis in folgenden Konstellationen vor:

- Der Erwerber erhält im *Asset-Deal* ein **Personen**unternehmen mit einem positiven Eigenkapital von vielleicht 100 zu einer Gegenleistung von null und ggf. zusätzlich mit einem Zubrot von 50 (→ Rz. 95).
- Der Erwerber erhält im *Share-Deal* eine Beteiligung an einer Kapitalgesellschaft ohne Entgelt und zusätzlich ein Zubrot von 50 (→ Rz. 96).

Zur ersten Fallvariante sieht die herrschende **handelsrechtliche Auffassung** Folgendes vor:[1]

- Vorrangig Abstockung der nichtmonetären Vermögensgegenstände (ggf. zusätzlich Aufstockung der Schulden).
- Soweit kein ausreichendes Abstockungsvolumen vorhanden ist (insbesondere bei Dominanz monetärer Vermögensgegenstände), Bildung eines Passivpostens, der je nach den Umständen in den Folgeperioden ertragswirksam aufzulösen ist.
- Alternativ wird es in Anlehnung an die Regelungen von DRS 23 für einen negativen Unterschiedsbetrag im Konzernabschluss auch für zulässig gehalten, auf eine Abstockung ganz zu verzichten und den deshalb zu bildenden Passivposten über die gewichtete durchschnittliche Restnutzungsdauer der erworbenen abnutzbaren Vermögensgegenstände aufzulösen (dazu → § 309 Rz. 19).

4.9.11.3 BFH-Rechtsprechung

95 Der BFH[2] hat die Fallvariante 1 unter → Rz. 94 mit Veräußerung eines Mitunternehmeranteils (steuerlich einzelne Wirtschaftsgüter) durch eine **Abstockung** der übertragenen Wirtschaftsgüter abgesehen von den liquiden Mitteln bis zu einem Restwert von 1 € gelöst. Buchungssatz also: „per Geld an Wirtschaftsgüter". Nun hat aber im Urteilsfall das Abstockungsvolumen nicht ausgereicht, um die erhaltene negative Kaufpreiszahlung gegenzubuchen. Deshalb „erfand" der BFH als (zusätzliches) Gegenkonto einen **„Ausgleichsposten"** (→ § 246 Rz. 387), ohne den bilanzrechtlichen Charakter dieses Postens insbesondere im Hinblick auf die Folgebewertung zu charakterisieren.

Dem BFH kam in beiden in → Rz. 94 zitierten Fällen der Glücksfall des Erwerbs einer Kommanditbeteiligung entgegen, wo sich die Abstockungsvorgabe in einer negativen Ergänzungsbilanz niederschlug. Beim Erwerb eines Einzelunternehmens wäre die Verunglimpfung grundlegender bilanzrechtlicher Vorgaben sofort ins Auge gesprungen. In der Handels- und Steuerbilanz müssten nach der Abstockungslösung des BFH werthaltige Vermögensgegenstände/Wirtschaftsgüter vom zutreffenden Buchwert auf null abgeschrieben werden. Eine „Abstockung"

1 Systematischen Überblick über die Schrifttumsauffassungen: *Roß*, BB 2021 S. 559 ff.

2 BFH, Urteil v. 12.12.1996 – IV R 77/93, BStBl 1998 II S. 180; BFH, Urteil v. 21.4.1994 – IV R 70/92, BStBl II 1994 S. 745.

gibt es bilanzrechtlich nicht. Der Begriff verschleiert die tatsächlich vom BFH verordnete Abschreibung, die handels- und steuerbilanzrechtlich nicht begründbar ist.[1]

Den nach allen Abstockungen für den noch verbleibenden **Habensaldo** des **Veräußerers** vom BFH erfundenen **„Ausgleichsposten"** gibt es im deutschen Handelsbilanzrecht – das der BFH für seine Entscheidungen anwendet – nicht. Zulässig sind passivisch nur **Ansätze** für Schulden und Rechnungsabgrenzungsposten und zum Bilanzausgleich *(„equity")* das Eigenkapital (bei Kapital- und „Kap & Co."-Gesellschaften gesellt sich dann noch die passive Steuerlatenz) dazu.

Genauso verfehlt ist die **Begründung** für den aus der rechtsfreien Sphäre gegriffenen „Ausgleichsposten". Bemüht wird der § 265 Abs. 5 Satz 2 HGB, also eine **Gliederungsvorschrift,** die nur für Kapital- und „Kap. & Co."-Gesellschaften einschlägig ist. Gliederungsvorgaben sind denjenigen für den Ansatz nachgelagert. Erst **wenn** ein Ansatz möglich ist, kann über Gliederung (und Bewertung) weiter nachgedacht werden. Und für „Ausgleichsposten" fehlt die Ansatzberechtigung (→ § 246 Rz. 3).

In einem anderen BFH-Urteil[2] wurde zum Verkauf einer **Beteiligung** an einer Kapitalgesellschaft (**verdecktes Leistungselement,** Fall 2 unter → Rz. 94) entschieden. In diesem Fall stellte sich noch deutlicher die Frage nach der wirtschaftlichen **Begründung** für die Zuzahlung des Verkäufers zum Erwerb des GmbH-Anteils. Eine Möglichkeit kann gefunden werden, wie im BFH-Fall die Befreiung von der selbstschuldnerischen Bürgschaft des Veräußerers zugunsten einer Bank. Eine **andere, sehr realitätsnahe Begründung** besteht in den angesichts der Krisensituation des verkauften Unternehmens erforderlichen Restrukturierungsaufwendungen, die der Veräußerer nicht mehr tragen will, oder aber in der Vermeidung des Prestigeverlusts durch eine Insolvenz. Es liegt ein Zweikomponentengeschäft vor, das bilanziell entsprechend abzubilden ist (→ § 252 Rz. 147). 96

Der BFH lehnt in dieser Entscheidung (Urteil v. 26.4.2006 – I R 49, 50/04) die Verbuchung eines **Erwerbsgewinns** *(„day one gain")* ab (Buchungssatz: per Geld an Ertrag). Weiter erörtert der BFH das Vorliegen bzw. Entstehen eines negativen **„Geschäftswerts"**, lehnt diesen allerdings, wie schon der BFH im vorstehend zitierten Urteil, ab, da das Gliederungsschema des § 266 HGB einen entsprechenden Posten nicht vorsehe (→ § 253 Rz. 13). Diese Begründung aus der **Gliederungs**ebene ist genauso verfehlt wie für den „Ausgleichsposten" (→ Rz. 95). Auch hier geht es um den Ansatz, dessen Inhalt durch Gliederungsvorschriften weder erweitert noch reduziert werden darf. 97

Wiederum bemühte der BFH als Gegenbuchung einen **„Ausgleichsposten"**, dessen bilanzrechtlichen Gehalt er allerdings offenlässt, ihm allerdings spürbar Sympathie entgegenträgt.

Der BFH musste aus verfahrensrechtlichen Gründen (mangelnde Streitbefangenheit) die **Folgebewertung** dieses Ausgleichspostens – man kann plastischer von „**Verlegenheits**posten" sprechen, → § 265 Rz. 39 – nicht klären. Verschiedene Lösungsmöglichkeiten sind diskutabel:[3] 98

1 Kritisch auch *Ballwieser* in Münchener HGB-Kommentar, 2. Aufl. 2008, § 255 Tz. 114: „keine marktgerechten Werte"; *Bachem,* BB 1993 S. 970: „Vorwegnahme künftiger Gewinne". Außerdem *Gießler,* DStR 1995 S. 700; *Möhrle,* DStR 1999 S. 1418; *Mujkanovic,* WPg 1994 S. 524.

2 BFH, Urteil v. 26.4.2006 – I R 49, 50/04, BStBl II S. 656.

3 Vgl. *Schulze-Osterloh,* BB 2006 S. 1955; *Hoffmann,* DStR 2006 S. 1315; *Meier/Geberth,* DStR 2011 S. 733.

- Der mögliche Charakter eines **negativen Firmenwerts** legt die ratierliche Auflösung während der „Nutzungsdauer" nahe, d. h. den Zeitraum bis zum Erreichen der geplanten Gewinnzone.[1]
- Analog zu § 309 Abs. 2 HGB (→ § 309 Rz. 15) wird eine Auflösung dann vorgenommen, wenn ein entsprechender **Verlust** eingetreten ist[2] bzw. im Kaufpreis berücksichtigte negative Erwartungen eingetreten sind.[3]
- Anwendung der ***Equity***-Technik zur Bilanzierung von Beteiligungen in einem Konzernabschluss (→ § 312 Rz. 44 ff.), wenn und soweit sich das Eigenkapital des Tochterunternehmens wieder in den positiven Bereich bewegt, wird der Passivposten aufgelöst.
- Der negative Ausgleichsposten wird als eine Art **Wertberichtigung** zum Beteiligungsansatz gewertet mit der Folge einer Auflösung erst bei einem Realisationsvorgang (Veräußerung o. Ä.) der Beteiligung.[4]

Die drei erstgenannten Lösungsvorschläge können auf nicht zweifelsfreie Analogieschlüsse gestützt werden, eine durchschlagende Argumentationshilfe liefern sie allerdings nicht. Ausgeschlossen ist demgegenüber die Interpretationsvariante einer **Wertberichtigung** zum Beteiligungsansatz,[5] im Ergebnis also der Ausweis eines negativen Beteiligungswertes. Vergleichbar mit dem genannten „Ausgleichsposten" kennt das deutsche Bilanzrecht negative Aktiva nicht. Aktiva können bestenfalls auf einen Wert von null abgeschrieben werden, mehr geht nicht. Negative Aktivwerte scheiden deshalb aus der Diskussion aus. Es ist z. B. auch nicht möglich, ein im Auftragsbestand befindliches Bauvorhaben mit tiefroten Zahlen auf einen negativen Wert abzuschreiben. Die Abschreibung hat ihre Grenze bei null (→ § 253), darüber hinaus im Auftrag drohende Verluste sind als Rückstellung auszuweisen.

99 Die bilanzrechtliche Abbildung eines Vorgangs muss auf die **Motivationslage** der handelnden Personen zurückgreifen (→ Rz. 73). Regelmäßig will sich der Verkäufer des Objektes entledigen und bietet dem Erwerber neben der kaufpreislosen Übergabe des Unternehmens bzw. der Beteiligung einen irgendwie bezeichneten „Zuschuss" an. Mit diesem sollen dem Erwerber Finanzmittel zur notwendigen Restrukturierung in der nahen oder späteren Zukunft zur Verfügung gestellt werden. Der ganze Deal setzt sich also aus **zwei Komponenten** zusammen: Dem Unternehmens- bzw. Beteiligungsverkauf und der Sanierungsvorsorge durch den Verkäufer. Beide Seiten dieser Medaille sind miteinander verbunden, dürfen jedoch im Bilanzansatz nicht miteinander kombiniert werden. Der BFH hat im zitierten Urteil vom 26.4.2006 – I R 49, 50/04 in seiner Segelanweisung an das Finanzgericht zum zweiten Rechtszug auf eine in diesem Fall ganz wichtige Teilmenge des Vorgangs verwiesen, nämlich die Befreiung von der selbstschuldnerischen Bürgschaft des Veräußerers gegenüber der das Target finanzierenden Bank erkannt. Genauso sind das genannte Restrukturierungserfordernis durch den Erwerber und die damit verbundenen Aufwendungen als Komponente des gesamten Geschäfts zu behandeln.[6]

---

1 *Hoffmann*, DStR 2006 S. 1315.

2 In dieser Richtung *Moxter* in FS Semler, 1993, S. 853.

3 *Feldgen*, StuB 2014 S. 801 ff.

4 So die h. M. im Schrifttum: *Schiffers*, WPg 2006 S. 1282 f.; *Scheunemann/von Mandelsloh/Preuß*, DB 2011 S. 205.

5 *Scheunemann/von Mandelsloh/Preuß*, DB 2011 S. 201; *Preißer/Preißer*, Negativer Geschäftswert beim *asset deal*, DStR 2011 S. 133; *Ernsting*, GmbHR 2007 S. 135; *Kreidl/Schreiber*, BB 2007 S. 87; *Schulze-Osterloh*, BB 2006 S. 1955; *Schiffers*, WPg 2006 S. 1282 f.; *Preißer/Bressler*, BB 2011 S. 427.

6 Vgl. hierzu *Hoffmann*, StuB 2011 S. 122; den Mehrkomponentencharakter des Vorgangs betonen insbesondere auch *Kreidl/Schreiber*, BB 2007 S. 88.

Man kann diese zusätzliche Zahlung auch als „Zubrot" bezeichnen, durch das der Erwerber seine künftigen Aufwendungen mit dem Erwerbsobjekt decken kann. So gesehen handelt es sich um einen **Aufwand**szuschuss aus Sicht des Abgebenden und einen **Ertrags**zuschuss aus derjenigen des aufnehmenden Unternehmens.[1] Der Vorgang ist beidseits – insofern auch dem **Korrespondenz**prinzip der Besteuerung folgend – **erfolgswirksam** zu verbuchen, allerdings unter Beachtung der Periodisierungsvorgabe in § 252 Abs. 1 Nr. 5 HGB (→ § 252 Rz. 205). Später anfallende Restrukturierungsaufwendungen sind beim aufnehmenden Unternehmen durch passive Rechnungsabgrenzung zeitgerecht zuzuordnen (→ § 250 Rz. 39 ff.). Dazu muss das Erwerberunternehmen im *Share-Deal* der erworbenen (nunmehrigen) Tochtergesellschaft die erhaltenen liquiden Mittel weitergeben, was u. E. als Sanierungsaufwand erfolgswirksam zu verbuchen ist, wobei die Sonderproblematik des § 8b Abs. 3 KStG ins Spiel kommt.

Die ganzen bilanzrechtlichen Kunstgriffe des BFH in der vorstehenden Darstellung beruhen auf dem zu Recht angewandten Prinzip der Erfolgsneutralität eines Anschaffungsvorganges. Dieses Ziel ist mit der vorstehenden Lösung erreicht, im Grunde ganz anders als die Abstockung beim *Asset-Deal* (→ Rz. 95). Die Abstockungslösung gewährt die Erfolgsneutralität im Grund genommen nur vordergründig und vor allen Dingen punktuell. Sofort nach Abwicklung des Vorgangs können auf null gesetzte Vorräte veräußert werden, so dass die zuvor erfolgte Abwertung durch einen Ertrag kompensiert wird. Genauso verhält es sich beim abnutzbaren Anlagevermögen, nur in zeitlich versetzter Form. So gesehen hat der BFH das Ziel der Erfolgsneutralität des Anschaffungsvorgangs im *Asset-Deal* gerade nicht erreicht. Im *Share-Deal* stellt sich dasselbe Problem in möglicherweise stärkerer periodischer Verzerrung dar. Hier mag ein Realisationsvorgang erst durch den späteren Verkauf der Beteiligung erfolgen, doch schwebt bis dahin immer der potenzielle Erwerbsgewinn, wenn man u. E. unrichtigerweise den Zuschuss als negative Bewertungskomponente in der Beteiligung bis zur Veräußerung versteht (→ Rz. 98).

Analoge Probleme der Abgrenzung zwischen negativem Kaufpreis und „Zuschüssen" des Veräußerers stellen sich auch im Konzernabschluss. Hierzu wird auf → § 301 Rz. 106 verwiesen.

Die vorstehenden Fälle behandeln die Vergütung des (negativen) Kaufpreises durch den Verkäufer an den **Erwerber.** Anders verhält es sich bei dem in der Wirtschaftspraxis häufig anzutreffenden Verkauf eines Unternehmens (regelmäßig im *Share-Deal*) unter Einzahlung eines Betrags X oder einer ungesicherten Darlehensgewährung durch den Verkäufer mit möglichem späterem Schuldenerlass in bzw. an das **Kaufobjekt.**Das heißt, der Erwerber erhält den (negativen) „Kaufpreis" nur indirekt im Unternehmensvermögen des Zielobjekts *(target)*, muss regelmäßig allerdings selbst ebenfalls einen „Obolus" in Höhe einer Einlage **in** das Kaufobjekt (z. B. GmbH) leisten. 100

BEISPIEL[2] Ein Konzern will eine bestimmte Sparte, von der er sich keinen ausreichenden *value added* für den Konzern mehr verspricht, abstoßen. Es finden sich leitende Angestellte zu einem sog. Management-Buy-out (MBO) zusammen. Der Veräußerer hat insbesondere auch ein Interesse an der Aufrechterhaltung der abzustoßenden Sparte wegen der dort gebundenen Arbeitsplätze. Deshalb verkauft er die betreffende Kapitalgesellschaft zum symbolischen Preis von 1 € (→ Rz. 74), und beide Vertragspartner verpflichten sich zu einer – wie auch immer zu bezeichnenden – „Einlage" in das Vermögen der Kapitalgesellschaft. Unseres Erachtens sind beide (unterstellten) Bareinzahlungen in das Vermögen der

1 Vergleichbar der Fall von Investorenzulagen für den Kauf von Fußballprofis bei *Küting/Strauß/Tesche*, DStR 2010 S. 2649.

2 Nach *Hoffmann* in Littmann/Bitz/Pust (Hrsg.), EStG, § 6 Tz. 622.

Kapitalgesellschaft handelsrechtlich und steuerlich als **Einlage** zu werten, auch wenn der Veräußerer im Zeitpunkt der Gewährung der Einlage nicht mehr Gesellschafter sein sollte und auch wenn die Einlage zunächst förmlich als Darlehen tituliert wird, das aber zum späteren Zeitpunkt bei Erfüllung weiterer Voraussetzungen der neuen MBO-Gesellschafter bzw. der Kapitalgesellschaft erlassen werden soll. Dabei ist auch zusätzlich unerheblich, ob dieser Erlass eines Darlehens, in Wirklichkeit ein Zuschuss des veräußernden Konzerns, handelsrechtlich als Ertrag erfasst oder direkt in die Kapitalrücklage eingestellt wird (→ § 272 Rz. 73 f.).

Die Annahme einer Einlage durch den Veräußerer und bisherigen Anteilseigner scheitert auch nicht an der Weitergabe der Gesellschafterstellung durch den Kaufvertrag über die Anteile an der Kapitalgesellschaft. Eine (verdeckte) Einlage ist nämlich auch bei einer förmlichen **Nichtgesellschafterstellung** möglich. So hat der BFH[1] im Falle des Ausgabeaufgelds aus einer Optionsanleihe das entsprechende Aufgeld der Anleihezeichner als Einlage behandelt (obwohl die meisten Optionen gar nicht ausgeübt worden sind). Was in diesem Fall für den Noch-nicht-Anteilseigner gilt, muss erst recht im Beispielsfall für den Nicht-mehr-Anteilseigner gelten.

4.9.12 Unternehmensumstrukturierungen

101 Zur Bestimmung der Anschaffungskosten im Falle von Unternehmensumstrukturierungen wird verwiesen auf → § 272 Rz. 115 ff.

4.9.13 Kaufoptionen

102 Beim Erwerb von Kaufoptionen ist regelmäßig bei Abschluss des Vertrags die sog. Stillhalterprämie an den Partner zu bezahlen. Im Falle der Ausübung der Option wird der so als sonstiger Vermögensgegenstand aktivierte Buchwert dieser Prämie auf die Anschaffungskosten des optionsgegenständlichen Werts (z. B. einer Aktie) umgebucht, bei Nichtausübung erfolgt die Ausbuchung des sonstigen Vermögensgegenstandes im Aufwand.

Fraglich ist, mit welchem Betrag die Option bei Ausübung in den Anschaffungskosten zu berücksichtigen ist, wenn ihr (innerer) Wert unter den Anschaffungskosten liegt, die Ausübung aber gleichwohl vorteilhaft ist. Unseres Erachtens sollten die Anschaffungskosten des Optionsgegenstands den Betrag nicht überschreiten, der sich ohne Option ergeben hätte. Die Option ist deshalb bei unter den Anschaffungskosten liegendem inneren Wert z. T. aufwandswirksam auszubuchen.

BEISPIEL Für eine Optionsprämie von 10 erwirbt U am 1.4.01 das Recht, am 31.3.02 eine Aktie der X für einen Preis von 100 zu erwerben. Am 31.12.01 notiert die Aktie mit 110. Der innere Wert der Option (110 - 100 = 10) entspricht den Anschaffungskosten. Am 31.3.02 ist der Kurs der Aktien auf 104 gesunken. Der Wert der Option beträgt nur noch 104 - 100 = 4.

U übt die Option aus, da die Ausübung um 4 vorteilhafter als die Nichtausübung ist. Unseres Erachtens ist wie folgt zu buchen:

per Aktie	104	an Geld	100
per Aufwand	6	an sonstige Vermögensgegenstände	10

Die Option wird mit einem Teilbetrag von 6 aufwandswirksam, nur mit dem inneren Wert von 4 Teil der Anschaffungskosten der Aktie.

Für Einzelheiten der Berücksichtigung von Sicherungsmaßnahmen für Kaufpreise wird verwiesen auf → § 254 Rz. 92 ff.

1 BFH, Urteil v. 30.11.2005 – I R 3/04, BFH/NV 2006 S. 426, Kurzinfo StuB 2006 S. 111.

4.9.14 Finanzierungskosten

Für Anschaffungsvorgänge entstandene Finanzierungskosten sind nicht aktivierbar (→ Rz. 35) – anders als bei Bestimmung der Herstellungskosten (→ Rz. 136). 103

BEISPIEL[1] ▶ Der Kaufmann K erwirbt ein bebautes Grundstück und übernimmt die darauf lastende Bankverbindlichkeit des Verkäufers V wegen des günstigen Nominalzinses. Dabei vergütet K dem V in gesonderter Vereinbarung dessen Disagio. Letzteres ist als Finanzierungskosten anzusehen. Anders verhält es sich, wenn V in die Kaufpreisfestlegung das Disagio einkalkuliert. Dann ist diese Kalkulation im Anschaffungspreis enthalten.

Zu den in den Kaufpreis u.U. einfließenden Zinskalkülen vgl. → Rz. 51.

4.9.15 Zwangsversteigerung

Beim ersteigerten Grundstück zählen zu den Anschaffungskosten[2] 104

- das Bargebot,
- das Bargebot des (mit-)steigernden Gläubigers einschließlich der darin enthaltenen Zinsen auf seine Forderung,
- die bestehen bleibenden Rechte,[3]
- die Versteigerungskosten,
- die Grunderwerbsteuer,
- die nicht ausgebotenen eigenen Grundpfandrechte des Ersteigerers, soweit ihr Wert durch den Verkehrswert des ersteigerten Grundstücks gedeckt ist.[4]

Gegen den Inhalt des letzten Aufzählungspunkts bestehen insoweit Bedenken, als die dem nicht ausgebotenen Grundpfandrecht zugrunde liegende Forderung mit ihrem Buchwert ausfällt. Darin kann eine Saldierung des Forderungsverlusts mit dem höheren Grundstückswert gesehen werden.[5] Rechtfertigen lässt sich diese Lösung des BFH, wenn man die Forderung als eine Art Anzahlung (→ § 266 Rz. 67) betrachtet. Erfahrungsgemäß wird im Zwangsversteigerungsverfahren der Verkehrswert des Grundstücks nicht erreicht.

4.9.16 Abfindungen an Gesellschafter aus dem Gesellschaftsvermögen[6]

4.9.16.1 GmbH

Nach § 34 GmbHG können unter eingeschränkten Voraussetzungen Geschäftsanteile gegen Abfindung an den ausscheidenden Gesellschafter **eingezogen** werden. Dies muss nicht (sogleich) mit einer Kapitalherabsetzung oder Aufstockung des Nominalbetrags der verbleibenden Anteile verbunden sein. Der oder die eingezogenen Anteile bleiben dann einstweilen bestehen.[7] Die Einziehung stellt sich als Erwerb eigener Anteile dar. Das eröffnet den Anwendungsbereich des § 272 Abs. 1a HGB (→ § 272 Rz. 41 ff.): 105

---

1 In Anlehnung an BFH, Urteil v. 12.5.2009 – IX R 40/08, BFH/NV 2009 S. 1629; BFH, Urteil v. 27.7.2004 – IX R 32/01, BStBl II S. 2002, Kurzinfo StuB 2004 S. 937.

2 Vgl. *Kolbinger*, BB 1993 S. 2119.

3 FG Rheinland-Pfalz, EFG 1992 S. 252, rkr.

4 BFH, Urteil v. 11.11.1987 – I R 7/84, BStBl 1988 II S. 424.

5 Vgl. *Knop/Küting* in Küting/Pfitzer/Weber (Hrsg.), Handbuch der Rechnungslegung, Einzelabschluss, § 255 Tz. 119.

6 Vgl. *Hoffmann*, PiR 2010 S. 270.

7 Vgl. *Baumbach/Hueck*, GmbHG, 19. Aufl. 2010, § 33 Tz. 17a und b; § 34 Tz. 20.

- Die Anschaffungskosten der eingezogenen Anteile (= Abfindungsbetrag) sind als **Kapitalrückzahlung** mit entsprechender Kürzung des gesamten Eigenkapitalausweises zu verbuchen.
- **Innerhalb** des Eigenkapitals ist als erster Buchungsschritt der Nennbetrag der eingezogenen Anteile vom **gezeichneten Kapital** abzusetzen.
- Der darüber **hinausgehende** Betrag ist von den freien **Rücklagen** abzusetzen.
- **Ungelöst** bleibt die Frage des Ausweises eines die freien Rücklagen **übersteigenden** Abfindungsbetrags.

4.9.16.2 Personenhandelsgesellschaft

106 Wegen der Rechnungslegungssubjektivität der Personenhandelsgesellschaft können bei der Abfindung eines Gesellschafters aus dem Gesellschaftsvermögen Anschaffungskosten **mangels Anschaffungsvorgang** (→ Rz. 10) nicht vorliegen; die Vermögensgegenstände und Schulden verbleiben unverändert im bilanziellen Eigentum der Gesellschaft, der bei einer Anschaffung vorausgesetzte Übergang des (wirtschaftlichen) Eigentums von einem Subjekt auf ein anders findet nicht statt. Ein systematischer **Unterschied** zur Abfindung aus der GmbH ist **nicht** zu erkennen. Gleichwohl wertete das IDW den Abfindungsbetrag in der Vergangenheit als Anschaffungskosten der Gesellschaft, die anteilig neben den vorhandenen stillen Reserven auch bislang nicht bilanzierte immaterielle Anlagegüter und den Firmenwert (→ Rz. 108) umfassen sollten.[1] Zur Rechtfertigung dieser bilanziellen Abbildung wurde das **Realisationsprinzip** bemüht, das einen Gewinnausweis beim Veräußerer in diesen Fällen erlaube, um korrespondierend beim Erwerber – der Gesellschaft – zu Anschaffungskosten führen müsse; es habe durch den Umsatzakt eine „Werterhöhung am Markt" stattgefunden.

107 Unseres Erachtens war die Vorgabe des IDW auch dem Wunsch nach Vermeidung unerwünschter Ergebnisse – eine Art retrograde Begründung – zu verdanken:

- In vielen Fällen der Abfindung übersteigen die zu vergütenden Beträge den Eigenkapitalausweis der Gesellschaft; die Verbuchung gegen Eigenkapital würde zu dessen **Negativausweis** auf der Aktivseite führen.
- Das EStG verlangt eine Besteuerung des **Veräußerungsgewinns**[2] beim Ausscheidenden mit korrespondierenden Anschaffungskosten bei den verbleibenden Gesellschaftern wegen des Transparenzprinzips der Besteuerung von Mitunternehmerschaften (→ § 246 Rz. 429).

108 **Gegen** die Auffassung des IDW (→ Rz. 106) und **für** die – mit dem GmbH-Fall identische – Buchung gegen das Eigenkapital sprachen immer schon folgende **konzeptionelle** Überlegungen:[3]

- Die Übereinstimmung mit der Kapitalgesellschaft bzgl. der Rechnungslegungssubjektivität; „… die Personenhandelsgesellschaft ist **Kaufmann** i. S. der §§ 238 ff. HGB und damit Bilanzierungssubjekt (wie die Kapitalgesellschaft)." Es gibt kein „Bilanzbündel" der Gesellschafter.

---

1 IDW RS HFA 7 a. F., Tz. 59. Die Aussage des HFA war apodiktisch, entbehrte jeder Begründung. Dazu ist auf den grundlegenden Beitrag von *Clemm*, BB 1992 S. 1959, zu verweisen.

2 Vgl. *Schmidt/Wacker* in Schmidt (Hrsg.), EStG, 35. Aufl. 2016, § 16 Tz. 480 mit der Besonderheit für den lästigen Gesellschafter unter Tz. 491.

3 Vgl. hierzu auch *Lüdenbach*, StuB 2013 S. 744.

- Die Vermögensgegenstände und Schulden sind anders als nach dem EStG nicht anteilig den Gesellschaftern zuzuordnen, sondern nach § 124 HGB der **Gesellschaft** selbst.
- **Bilanzierungsobjekt** i. S. des § 246 HGB ist das positive und negative Gesamthandsvermögen der Gesellschaft.
- Eine (Teil-)**Liquidation** kann nicht vorliegen, da die Gesellschaft nichts liquidiert.
- Anschaffungskosten **ohne** Anschaffung stellen ein gespenstisches Phänomen dar (→ Rz. 106).
- Eine als zulässig erachtete **disquotale Gewinnausschüttung** – ein entfernt verwandter Vorgang – kann einem Gesellschafter praktisch den ganzen Gewinn, den anderen nur einen Minianteil zukommen lassen. Ein Anschaffungsvorgang beim Empfänger wird hier nicht angenommen.
- Ein originärer **Firmenwert** kann in diesen Fällen nach § 246 Abs. 1 Satz 4 HGB nicht entstehen, da von der Gesellschaft oder den verbleibenden Gesellschaftern kein Unternehmen erworben wird (→ § 246 Rz. 381).

Solchen u. ä. Bedenken folgend sieht die 2017 verabschiedete Neufassung von IDW RS HFA 7 vor, dass eine positive Differenz zwischen dem Abfindungsbetrag und dem Kapitalanteil des ausscheidenden Gesellschafters vorzugsweise mit dem verbleibenden Eigenkapital der Personenhandelsgesellschaft zu verrechnen ist (IDW RS HFA 7 Tz. 58b). Alternativ hält das IDW aber eine Aufdeckung von stillen Reserven und Goodwill weiterhin für zulässig (IDW RS HFA 7 Tz. 59).

Im Falle des Ausscheidens eines Gesellschafters aus einer zweigliedrigen Gesellschaft entstehen bei der damit verbundenen **Anwachsung** Anschaffungskosten beim verbleibenden Gesellschafter für ein Unternehmen. Dazu folgendes Beispiel: 109

BEISPIEL Als Folge einer Anwachsung schafft A das Nettovermögen der bisher zweigliedrigen OHG an. Ihm entstehen hierfür Anschaffungskosten zunächst in Höhe der Abfindung von 500 T€ an den ausgeschiedenen Gesellschafter B.

Fraglich ist die Behandlung der bisher von A gehaltenen **Beteiligung.** Wegen der Gesamtrechtsnachfolge lässt die wohl h. M. eine Analogie zu verschmelzungsrechtlichen Regelungen von **§ 24 UmwG** zu.[1] Demzufolge soll A ein **Wahlrecht** haben zwischen

- Fortführung der Buchwerte der OHG oder
- Behandlung des Vorgangs als Tausch der Beteiligung gegen das erworbene Vermögen (hier wegen der Abfindung des B als Tausch mit Baraufgabe).

Bei Behandlung als **Tausch** soll nach den sog. „Tauschgrundsätzen" wiederum ein Wahlrecht (→ Rz. 62) bestehen, die abgehenden Anteile mit ihrem Buchwert oder ihrem **höheren Zeitwert** anzusetzen. Bei Ausübung des Wahlrechts mit dem höheren Zeitwert entsteht ein Buchgewinn.[2] Wegen der zeitlichen Zuordnung vgl. → § 252 Rz. 20a.

4.9.17 Lebensversicherungen

Sofern kapitalbildende Lebensversicherungen als notwendiges Betriebsvermögen zu werten sind (→ § 246 Rz. 210), stellen die Aufwendungen für den angesammelten **Sparanteil** die An- 110

1 Vgl. z. B. *Künkele/Zwirner*, BC 2012 S. 51 ff.
2 Vgl. hierzu das Beispiel von *Lüdenbach*, StuB 2015 S. 308.

schaffungskosten dar.[1] Dieser speist sich aus einem Teilbereich der gezahlten Prämien zuzüglich der garantierten Verzinsung. Daraus errechnet sich das geschäftsplanmäßige **Deckungskapital,** das vom Versicherer passiviert und vom bilanzierenden Versicherten zu aktivieren ist. Nicht zum aktivierungspflichtigen Deckungskapital führen die Prämienanteile zur Deckung des Versicherungsrisikos und der Verwaltungskosten. Sofern die Abschlusskosten des Lebensversicherungsvertrags gezillmert werden, mindert sich das Deckungskapital. Der niedrigere Rückkaufswert, der bei Kündigung ausbezahlt wird, stellt ohne Kündigung keinen Bewertungsmaßstab dar.

4.9.18 Abstandszahlungen (Ablösungen)

111 Abstandszahlungen (Ablösungen) zur Aufhebung von Verträgen kommen in verschiedenen Sachverhaltskonstellationen vor:

- zur Einrichtung eines **Neubaus** (→ Rz. 154),
- beim Engagement von **Fußballprofis** und anderen Berufssportlern (→ § 246 Rz. 45),
- zur Ablösung eines **Nießbrauchs,**[2]
- zur vorzeitigen **Beendigung** eines Miet- oder Pachtvertrags.[3]

Zum letztgenannten Sachverhalt hat sich zunächst der Große Senat des BFH[4] geäußert. Es ging tatbestandlich um die Aufhebung eines Pachtvertrags, der vom früheren Grundstückseigentümer abgeschlossen worden war, durch den neuen Eigentümer. Dieser wollte im neu erworbenen Grundstück einen Gewerbebetrieb installieren und musste den Mieter durch die Abstandszahlung zur Räumung motivieren. Der Große Senat sah in der Abstandszahlung **keine** (nachträglichen) **Anschaffungskosten** für das Grundstück mit Gebäude, weil das wirtschaftliche Eigentum schon zuvor übergegangen, die Anschaffung damit abgeschlossen gewesen sei. Stattdessen entscheidet der Große Senat auf Anschaffung eines auf die Restlaufzeit des Pachtvertrags abzuschreibenden **immateriellen** Vermögenswerts mit zwei Begründungsschienen:

- Der Kaufmann hat sich mit der Zahlung für die Ablösung des Kaufvertrags „etwas kosten" lassen.
- Der Kaufmann erhält durch die Zahlung einen mehrperiodischen Nutzen.

Das erste Argument ist gegenstandslos, da die Zahlung ja nur das Problem überhaupt in die Welt setzt; ohne Zahlung gäbe es (selbstverständlich) nichts zu bilanzieren. Das zweite Argument zur Rechtfertigung des Bilanz**ansatzes** bedient sich der **Bewertungs**ebene. Richtigerweise hätte es zunächst einer Prüfung über das Vorliegen eines (immateriellen) Wirtschaftsguts dem Grunde nach bedurft (→ § 246 Rz. 16). Auch fehlt eine Auseinandersetzung des Großen Senats mit der Frage, ob das so begründete immaterielle Wirtschaftsgut „Nutzungsrecht" durch die **Vereinigung** mit dem Eigentum erlischt.

112 Für **Vermietungseinkünfte** ist der VIII. BFH-Senat den Vorgaben des Großen Senats nicht gefolgt; die Ablösung eines Mietvertrags stelle sofort abzugsfähige Werbungskosten dar. Die **Begründungen** lauten unterschiedlich:[5]

1 BFH, Urteil v. 3.3.2011 – IV R 45/08, BStBl II S. 552.
2 BFH, Urteil v. 18.11.2014 – IX R 49/13, DStR 2015 S. 27.
3 Vgl. *Lüdenbach*, StuB 2012 S. 360.
4 Beschluss v. 2.3.1970 – GrS 1/69, BStBl II S. 382.
5 Immer noch nach *Lüdenbach*, StuB 2012 S. 360.

- Der Große Senat habe seine Lösung mit Ansatz eines immateriellen Vermögenswerts allein mit der **mehrjährigen** aus der Zahlung entstandenen Nutzungsmöglichkeit – vergleichbar einem aktiven Rechnungsabgrenzungsposten (→ § 250 Rz. 1) – begründet. Diese Lösungsansätze stünden bei den Überschusseinkünften nach § 11 Abs. 2 EStG nicht zur Verfügung.[1]
- Die nicht mögliche Begründung (durch den Großen Senat) eines (konkreten) Bilanzansatzes durch eine periodenübergreifende Nutzungsmöglichkeit (→ Rz. 112) greift der VIII. Senat des BFH in einem weiteren Urteil[2] auf. Hier wird wieder die Abstandszahlung zur Aufhebung eines Mietverhältnisses bei Vermietungseinkünften behandelt. Die Begründung für die Ablehnung des Periodisierungsgedankens wird auf den **Rechnungsabgrenzungsposten** (→ § 250 Rz. 1) beschränkt mit dem Ergebnis des sofortigen Werbungskostenabzugs der Abstandszahlung. Übertragen auf die Gewinnermittlung durch Vermögensvergleich (Bilanzierung) wird mit dieser Argumentation implizit die Möglichkeit der Rechnungsabgrenzung wegen des fehlenden Zukunftsbezugs verneint.
- Ohne Differenzierung zwischen gewerblichen und Überschusseinkünften beurteilt der VIII. BFH-Senat in einem dritten Urteil[3] die angesprochenen Abstandszahlungen als sofort abzugsfähige Werbungskosten. Durch die Auflösung des Rechtsverhältnisses sei eine bereits bestehende Einkunftsquelle wieder erlangt worden. Es bestehe deshalb ein innerer wirtschaftlicher Zusammenhang mit der **bisherigen** Verpachtung, die Abstandszahlung sei nicht auf die Einkunftsquelle, sondern auf den Ertrag bezogen worden. Aus Sicht der Rechnungsabgrenzung fehlt in dieser Argumentation der Zukunftsbezug, was einen Bilanzansatz verhindern würde.

Die unter → Rz. 111 und → Rz. 112 dargestellte BFH-Rechtsprechung verneint das Vorliegen nachträglicher Anschaffungskosten für die Ablösung **obligatorischer** Nutzungsrechte. Anders lautet die Rechtsprechung verschiedener BFH-Senate[4] zu **dinglichen** Nutzungsrechten.[5] Diese Abstandszahlungen sind danach als Anschaffungskosten für das Grundstück – ggf. mit Teilung auf Grund und Boden und Gebäude – zu behandeln. Den Grund für die **unterschiedliche** Behandlung dinglicher und obligatorischer (→ Rz. 113) Nutzungsrechte bzgl. deren Ablösung begründen die BFH-Senate etwa wie folgt: 113

- Bei Abstandszahlungen an **Mieter/Pächter** verschafft sich der Eigentümer die Möglichkeit einer anderweitigen Grundstücksnutzung.
- Bei der Ablösung einer dinglichen Belastung erhält der Eigentümer erstmals die **freie Verfügungsmacht** i. S. des § 903 BGB.

Wir sehen hierin **keine unterschiedliche** Bilanzierungsqualität. In beiden Fällen ist die Verfügungsmacht des bilanzierenden Eigentümers zeitlich **befristet,** aber auf **Dauer** vorhanden. Generell gilt: In der Bilanz sind **wirtschaftlich identische** Sachverhalte (nach der Interessenlage der Beteiligten) in gleicher Weise abzubilden, auch wenn sie auf unterschiedlichen Rechtsgrundlagen beruhen. In der Bilanz werden keine Rechtsstrukturen, sondern die **darauf** beruhenden wirtschaftlichen Verhältnisse abgebildet (→ § 246 Rz. 230).

---

1 BFH, Urteil v. 24.10.1979 – VIII R 92/77, BStBl 1980 II S. 187.

2 BFH, Urteil v. 17.1.1978 – VIII R 97/75, BStBl II S. 337.

3 BFH, Urteil v. 25.2.1975 – VIII R 115/70, BStBl II S. 730.

4 BFH, Urteil v. 21.7.1992 – IX R 14/89, BStBl 1993 II S. 484; BFH, Urteil v. 21.12.1982 – VIII R 215/78, BStBl 1983 II S. 410; BFH, Urteil v. 15.12.1992 – IX R 323/87, BStBl 1993 II S. 488.

5 Vgl. hierzu immer noch *Lüdenbach*, StuB 2012 S. 360.

114 Eine Aktivierung der Abstandszahlung kann dann infrage kommen, wenn der ursprüngliche Nutzungsvertrag bilanzrechtlich als Veräußerung zu werten war.[1] Das wäre z. B. der Fall bei einem auf mehr als 90 % der Nutzungsdauer abgeschlossenen Leasingvertrag, der als *finance lease* zu qualifizieren ist (→ § 246 Rz. 246). Eine Ablösungszahlung zur Beendigung dieses Leasingvertrags führt zum Rückerwerb des (zu bilanzierenden) wirtschaftlichen Eigentums, stellt also einen Anschaffungsvorgang dar.

4.10 Abc der Anschaffungskosten

115

Abfindungen an Gesellschafter aus dem Gesellschaftsvermögen der GmbH	→ Rz. 105
Abfindungen an Gesellschafter aus dem Gesellschaftsvermögen einer Personenhandelsgesellschaft	→ Rz. 106
Ablösung Nießbrauch	→ Rz. 48
Ablösung eines Nutzungsrechtes (Nießbrauch)	→ Rz. 17a; → Rz. 111
Abstandszahlung zur Aufhebung eines Pachtvertrags	→ Rz. 47
Abstandszahlungen (Ablösungen)	→ Rz. 111
Abstandszahlungen für Fußballprofis	→ § 246 Rz. 45
Abstandszahlungen zur Neubauerrichtung	→ Rz. 111
Abstandszahlungen zur vorzeitigen Beendigung eines Mietvertrags	→ Rz. 111
Abstandszahlungen, dingliche Nutzungsrechte	→ Rz. 113
Abstützungsarbeiten	→ Rz. 38
„An deren Stelle tretender Wert", Abgrenzung	→ Rz. 6
Anpassungsarbeiten	→ Rz. 40
Anschaffungen, kostenlose	→ Rz. 73
Anschaffungsnebenkosten bei Buchwertfortführung	→ § 272 Rz. 131 → § 272 Rz. 135
Anschaffungspreisminderungen	→ Rz. 50
Anschaffungsvorgang	→ Rz. 10
Anteilsvereinigung	→ Rz. 36
Arrondierung	→ Rz. 92
Aufstockung	→ § 272 Rz. 136
Auftragsproduktion, echte und unechte	→ Rz. 13
Ausgleichsposten	→ Rz. 98
Auslizenzierung	→ Rz. 77
Bauzeitzinsen	→ Rz. 35
Belieferungsrechte	→ Rz. 15
Beratungskosten	→ Rz. 36
Besichtigungs- und Reisekosten	→ Rz. 36
Betriebsbereitschaft, Herstellung	→ Rz. 37
Betriebsgenehmigung	→ Rz. 38
Bilanzgarantien, Einzelabschluss	→ Rz. 80
Bilanzgarantien, Konzernabschluss	→ § 301 Rz. 36

1 Vgl. *Lüdenbach*, StuB 2012 S. 360.

III. Herstellungsvorgänge (Abs. 2)

1. Definition, Anwendungsbereiche, Abgrenzung zur Anschaffung

116 Neben den Anschaffungs- stellen die Herstellungskosten den zweiten wesentlichen Teilbereich der Zugangsbewertung dar (→ Rz. 3). Funktional beziehen sie sich auf einen **bisher nicht vorhandenen** Vermögensgegenstand, der bilanzierende Kaufmann schafft ihn erst in seinem eigenen Betätigungsfeld, anders als bei den Anschaffungskosten, die für den Erwerb eines **bereits vorhandenen** Vermögensgegenstands anfallen. So wie die Anschaffung definiert das Gesetz den Herstellungsvorgang selbst nicht, sondern lediglich die damit zusammenhängenden **Kosten** (→ Rz. 10).

117 Im Interesse einer sinnvollen Angleichung an die einschlägige BFH-Rechtsprechung (zu Gebäuden, → Rz. 156 ff.) nennt Abs. 2 Satz 1 drei **Anwendungsbereiche** der Herstellungskosten:

- die (eigentliche) Herstellung **(Neuerstellung)**,
- die **Erweiterung** gegenüber dem bisherigen Zustand (→ Rz. 159 ff.) sowie
- die wesentliche **Verbesserung** (→ Rz. 162 ff.).

Den beiden ergänzenden Kriterien zu Neuschaffung kommt dabei insbesondere Bedeutung bei Aufwendungen im Zusammenhang mit **Gebäuden** zu (→ Rz. 153 ff.).

Anschaffungs- und Herstellungsvorgänge sind im produktiven Bereich sachlich miteinander **verwoben** (→ Rz. 12), d. h., in einem Herstellungsvorgang – z. B. Erstellung eines Gebäudes oder einer Maschine – werden Materialien, Rohlinge etc. zur anschließenden Verarbeitung (Herstellung) eingekauft (angeschafft).

Abgrenzung zwischen Herstellung und Anschaffung, insbesondere bei Erwerb „halbfertiger" Objekte

118 Die **Unterscheidung** zwischen Anschaffung und Herstellung ist häufig bilanzrechtlich bedeutungslos, aber nicht immer. Bis zum Ergehen des BilMoG kam der Entscheidung auf Anschaffung oder Herstellung im Bereich der **immateriellen** Anlagegüter besondere Bedeutung zu, weil Letztere einem **Ansatzverbot bei Herstellung unterlagen.** Typische Anwendungs- bzw. Streitbereiche bezogen sich auf die Herstellungsvorgänge bei Filmen (→ Rz. 12; wer ist Hersteller, wer schafft an?), bei Individualsoftware mit kundenspezifischer Anpassung (→ Rz. 38) und bei Bauherrenmodellen. Die Unterscheidung zwischen Anschaffung und Herstellung bei immateriellen Anlagegütern hat allerdings auch nach dem BilMoG seine Bedeutung insoweit behalten, als dass im Herstellungsfall keine Ansatzpflicht, sondern nur ein Wahlrecht besteht (→ § 248 Rz. 9), bei dem zudem eine Ausschüttungssperre nach § 268 Abs. 8 HGB (→ § 268

Rz. 156 ff.) und ein gesonderter Bilanzausweis nach § 266 HGB (→ § 266 Rz. 21) zu beachten sind.

Jeder Herstellungsprozess ist notwendig mit Anschaffungskosten verknüpft: Beim Bau eines Hauses muss u. a. Beton, Sand und Wasser gekauft (= angeschafft) werden. 118a

Die Frage ist dann, ob der **ganze** Vorgang als Anschaffung oder Herstellung zu qualifizieren ist, wenn mehr als einzelne „Bausteine", nämlich ein schon „halbfertiges" Objekt, erworben wird.

BEISPIEL ► **Grundfall:**

B erwirbt einen Rohbau und besorgt mit Handwerkern die Fertigstellung. Der Erwerbspreis für den Rohbau entspricht 1/3 der insgesamt bis zur Fertigstellung entstehenden Aufwendungen.

Fallvariante:

B erwirbt ein weit über den Rohbauzustand hinaus „fertiggestelltes" Gebäude. Gleichwohl sind noch umfangreiche „Restarbeiten" (Anstrich, Geländer usw.) zu erledigen, die etwa 10 % der insgesamt anfallenden Aufwendungen ausmachen.

LÖSUNG ► Unseres Erachtens ist wie folgt zu differenzieren nach Maßgabe der Fertigstellung des Objekts:

- ► Bei Überwiegen der eigenen Aufwendungen liegt Herstellung vor (Grundfall).
- ► Bei Überwiegen des Einkaufs (Fallvariante) liegt Anschaffung vor; die eigenen Aufwendungen dienen dann der Herstellung der Betriebsbereitschaft (→ Rz. 37).

Hierzu auch folgendes Beispiel:[1] 118b

BEISPIEL ► Ende 01 erwirbt K von V das Patent auf ein bisher nur im Laborversuch mit Mäusen getestetes Medikament. Ein fixer Kaufpreisanteil von 50 Mio. € ist im Januar 02, ein variabler Kaufpreisanteil von 25 Mio. € erst bei erfolgreicher Arzneimittelzulassung zu leisten. Ein entsprechender Erfolg gilt bereits Ende 01 als überwiegend wahrscheinlich.

02 und 03 entstehen A für die Weiterentwicklung des Patents, klinische Studien und die Ende 03 erfolgende Arzneimittelzulassung Aufwendungen von 80 Mio. €. K übt Aktivierungswahlrechte nach § 248 Abs. 2 HGB nicht aus.

Das vorstehende Beispiel ist schon unter → Rz. 77a zur Bestimmung der **Kaufpreisschuld** dargestellt. Die jetzige Erweiterung betrifft die „eigenen Kosten" des Erwerbers zur Weiterentwicklung des Patents hin zur Marktgängigkeit. Wegen Nichtausübung des Aktivierungswahlrechts nach § 248 Abs. 2 HGB (→ § 248 Rz. 9) ist die Qualifizierung als Anschaffungs- bzw. Herstellungskosten entscheidend. Vorauszusetzen ist zunächst: Eine Separierung der Anschaffungskosten für das Patent und der späteren eigenen Aufwendungen kann nicht in Betracht kommen, da letztlich ein **einheitlicher** Vermögensgegenstand entstehen soll, nämlich ein Patent mit pharmazeutischer Zulassung des Wirkstoffs zu Vermarktung. Eine zusammenfassende Betrachtung der Erwerbskosten und der nachfolgenden eigenen Aufwendungen ist daher geboten. Hier ist zu entscheiden, ob

- ► der ursprüngliche Erwerb auch die eigenen Aufwendungen als nachträgliche Anschaffungskosten oder
- ► umgekehrt die eigene Herstellung die ursprünglichen Erwerbskosten als Herstellungskosten

infiziert.

1 Nach *Lüdenbach*, StuB 2013 S. 626.

Eine objektivierte Lösung kann sich nur an **Quantitäten** orientieren, wie sie vorstehend bei der Lösung im Beispiel unter → Rz. 118a genannt worden sind. Im Patentfall überwiegen die eigenen Aufwendungen für die Herstellung der Marktreife gegenüber den Anschaffungskosten für das Patent. Deshalb liegt insgesamt ein Herstellungsvorgang vor, für den das aktive Ansatzwahlrecht gilt. Damit wird auch der Erwerb des „unfertigen" Patents dessen Herstellungskosten insgesamt zugerechnet, wodurch der gesamte Vorgang als Materialaufwand in der GuV-Rechnung zu erfassen ist. Die Lösung entspricht in etwa derjenigen für die Installation von Software (→ Rz. 43).

119 Weitere Abgrenzungsprobleme zwischen Anschaffung und Herstellung können sich im Bereich von **Beteiligungen** ergeben, z. B. bei **Sanierungs**aufwendungen (→ Rz. 168).

2. Herstellungszeitraum

120 Der Herstellungsprozess **beginnt** spätestens mit dem eigentlichen Produktionsprozess. **Zuvor** anfallende Rüstarbeiten in der industriellen Fertigung, aber auch im Baugewerbe sind ebenfalls der Herstellung zuzuordnen. Mitunter sind der eigentlichen „Arbeit" umfangreiche Planungsarbeiten (insbesondere bei Gebäuden) vorgeschaltet. Deren Aufnahme ist mit dem Beginn des Herstellungsprozesses identisch.[1] Bei der **Auftragsfertigung** gesellen sich dazu Sondereinzelkosten des Vertriebs – nämlich die Kosten der Auftragserlangung –, die Angebotskalkulation u. Ä. Fraglich ist, ob diese Sondereinzelkosten des Vertriebs nach Auftragserlangung den Herstellungskosten zuzuordnen sind (→ Rz. 135). Die während der **Unterbrechung** des Herstellungsvorgangs anfallenden Kosten für Lagerung, Energie u. Ä. sind nicht als Herstellungskosten anzusetzen.[2] Sog. **Schnellbaukosten** stellen Herstellungskosten dar und berechtigen (steuerlich) nicht zu einer vom Gebäude separaten Abschreibung.[3]

120a Vorbereitungshandlungen, die unmittelbar der Herstellung eines Vermögensgegenstands dienen, gehören nach IDW RS HFA 31 Rz. 7 f. nur dann bereits zum Herstellungsvorgang, wenn der betreffende Vermögensgegenstand – etwa durch externe Aufträge oder betriebsinterne Vorgaben – bis zur Beendigung der Aufstellung des Abschlusses hinreichend konkretisiert ist. Konkretisiert er sich erst später, kommt eine Nachaktivierung (im Folgejahr) nicht in Betracht. Für Zwecke der Reinvestitionsfristen nach § 6b EStG vertritt der BFH eine ähnliche Auffassung: Das „Ins-Werk-Setzen" und damit der Beginn der Herstellung im Zusammenhang mit § 6b EStG kann bei einem Gebäude z. B. schon vor der Stellung eines Bauantrags liegen, etwa im Abschluss eines der Ausführung zuzurechnenden Lieferungs- oder Leistungsvertrags oder der Aufnahme von ersten Bauarbeiten. Andererseits sind Maßnahmen, die noch nicht auf ein konkretes Objekt gerichtet sind (Vorbesprechungen, Konzeptüberlegungen), nicht ausreichend.[4]

121 Bei komplexeren Vermögensgegenständen – Gebäude, Fabrikanlagen, Maschinenpark – bedarf es vor Beginn der „eigentlichen, d. h. körperlichen" Erstellungsarbeiten umfangreicher **Planungen.** Sie gelten als Bestandteil der Herstellung;[5] entsprechend sind die zugehörigen Kosten unstreitig „für" dieses Wirtschaftsgut zu aktivieren. Die Streitgegenstände vor dem BFH beziehen

1 So auch *Kulosa* in Schmidt (Hrsg.), EStG, 35. Aufl. 2016, § 6 Tz. 155, unter Bezugnahme auf BFH, Urteil v. 9.2.1983 – I R 29/79, BStBl II S. 451, das allerdings unscharf vom „Datum der Baupläne spricht". Umfassend *Witteler/Lewe*, DB 2009 S. 2445 f.

2 IDW RS HFA 31, Tz. 10.

3 BFH, Urteil v. 26.8.1958 – I 80/57 U, BStBl III S. 420; dazu das Fallbeispiel von *Lüdenbach*, StuB 2015 S. 878.

4 BFH, Urteil v. 9.7.2019 – X R 7/17.

5 BFH, Urteil v. 11.3.1976 – IV R 176/72, BStBl II S. 614.

sich deshalb meist auf Fälle **vergeblicher** Planungskosten für ein nicht errichtetes Gebäude, die dann aber später für ein **anderes** Bauvorhaben genutzt werden konnten. Der BFH bejaht die Behandlung dieser Planungskosten als Herstellungskosten für das „Zweitobjekt" in folgenden Fällen:

- Wegen nachbarschaftlicher Einwendungen kam mit grundlegend neuer Konzeption statt eines Flachbaus ein „Hochbau" zur Ausführung.[1]
- Statt eines Fertighauses wird ein konventionell gebautes Haus errichtet.[2]
- Nach streitiger Auseinandersetzung mit einem Bauunternehmer wird ein anderer mit der Erstellung eines nunmehr baurechtlich genehmigten Werks beauftragt.[3]

Der Herstellungsvorgang **unterscheidet** sich von der Anschaffung durch die **Zeitraumbezogenheit,** die Anschaffung erfolgt demgegenüber zu einem bestimmten **Zeitpunkt** (→ Rz. 10), allerdings mit der Besonderheit der Versetzung in einen betriebsbereiten Zustand, der eher als ein Herstellungsvorgang zu werten ist (→ Rz. 37 f.). 122

Der **Herstellungs**vorgang ist zu seinem Ende gekommen, wenn der betreffende Vermögensgegenstand **betriebsbereit** ist, nicht erst wenn er betrieblich **genutzt** wird. Aufwendungen **danach** können nur dem Erhalt dieses Vermögensgegenstands, z. B. einer Maschine, oder deren Erweiterung oder wesentlicher Verbesserung dienen. Entsprechendes gilt auch für die **Anschaffung,** deren Ende bei Betriebsbereitschaft vorliegt. 123

Vergleichbar mit den Anschaffungskosten soll die Aktivierung der Herstellungskosten den Bilanzzugang **erfolgsneutral** gestalten (→ Rz. 8). Das gelingt von Gesetzes wegen insoweit nicht vollständig, als dass die Einbeziehungswahlrechte für Verwaltungskosten (→ Rz. 131) und das Aktivierungsverbot für Vertriebskosten (→ Rz. 134 f.) eine entsprechende sofortige Aufwandsverrechnung erlauben bzw. erforderlich machen. 124

3. Anwendungsbereiche

Der wesentliche Anwendungsbereich des Abs. 2 bezieht sich auf die fertigen und unfertigen Erzeugnisse im Bereich des **Vorrats**vermögens, daneben noch für das sächliche und immaterielle **Anlage**vermögen. Letzteres erfährt bzgl. der Aktivierbarkeit ergänzende Hinweise in Abs. 2a (→ Rz. 192 ff.). 125

BEISPIEL Zum Vorratsvermögen im Bereich der unfertigen Leistungen gehören bei der Anwalts-GmbH der laufende Prozess und das noch nicht fertiggestellte Rechtsgutachten. Zu bewerten sind auf der Grundlage der bis dahin aufgelaufenen Arbeitsstunden der individuelle Stundensatz für den mit dem betreffenden Auftrag befassten Mitarbeiter (Einzelkosten, → Rz. 128) sowie die unechten (z. B. Sekretariat) und echten (z. B. Mieten) Gemeinkosten (→ Rz. 129).

Die Individual-Software-GmbH entwickelt im Auftrag des Einzelhandelsfilialisten A ein EDV-Programm zur Optimierung der Logistik im Lebensmittelbereich. Auch hier sind die Einzel- und Gemeinkosten nach der Grundstruktur des vorherigen Beispiels in die am Bilanzstichtag noch nicht fertiggestellte Leistung zu aktivieren. Die Sondervorschriften des Abs. 2a (→ Rz. 192 ff.) sind unbeachtlich, da es sich um einen immateriellen Vermögensgegenstand des **Umlauf**vermögens handelt.

---

1 BFH, Urteil v. 6.3.1975 – IV R 146/70, BStBl II S. 574.

2 BFH, Urteil v. 8.4.1986 – IX R 82/82, BFH/NV 1986 S. 528.

3 BFH, Urteil v. 29.11.1983 – VIII R 173/81, BStBl 1984 II S. 306.

4. Herstellungskosten

4.1 Erweiterung (Modifikation) und Verbesserung (Abs. 2 Satz 1 Teil 2)

125a Zur Frage, wann eine aktivierungspflichtige **Erweiterung** oder wesentliche **Verbesserung** materieller Vermögengestände vorliegt, hat der BFH vor allem zum Wirtschaftsgut **Gebäude** eine Rechtsdogmatik entwickelt. Hierzu wird auf → Rz. 156 ff. verwiesen. Ein anderer regelmäßiger Gegenstand der Finanzrechtsprechung sind Außenanlagen, insbesondere Verpflasterungen einer zuvor nur mit Asphalt- oder Splittauflage versehenen Hoffläche. Hier werden nachträgliche Herstellungskosten angenommen.[1]

125b DRS 24.30 ff. wendet Elemente dieser Dogmatik auf immaterielle Vermögensgegenstände des Anlagevermögens an. Bei **Veränderungen** (Oberbegriff) betriebsbedingter immaterieller Vermögensgegenstände ist danach wie folgt zu unterscheiden:

- Modifikation:
  - Eine Modifikation liegt bei einer Erweiterung oder wesentlichen Verbesserung gegenüber dem ursprünglichen Zustand beim gleichen Vermögensgegenstand vor.
- Wesensänderung:
  - Bei einer **Wesensänderung** wandeln sich die Funktionalität und die Zweckbestimmung mit der Folge der Entstehung eines neuen Vermögensgegenstands (DRS 24.8).

Die **Modifikation** beeinflusst nicht die Abgrenzung von Anschaffung und Herstellung (→ § 246 Rz. 39). Bei der **Wesensänderung** ist demgegenüber eine Neubeurteilung über Anschaffung oder Herstellung erforderlich. Im Einzelnen gilt für Modifikationsaufwendungen der immateriellen Vermögensgegenstände des Anlagevermögens:

- Aktivierung, wenn sie auf einen ursprünglich aktivierten Vermögensgegenstand fallen (unabhängig davon, ob die ursprüngliche Aktivierung pflichtweise – Erwerb – oder freiwillig – selbst erstellt – erfolgte).
- Keine Aktivierung, wenn sie einen nicht ursprünglich aktvierten Vermögensgegenstand betreffen (DRS 24.32 f.).

Unerheblich ist dabei, ob das Unternehmen oder ein Dritter das Risiko (→ § 246 Rz. 39) einer erfolgreichen Modifikation trägt. Bei **Wesensänderungen** von aktivierten immateriellen Vermögensgegenständen des Anlagevermögens, die zur Entstehung eines neuen führen, kommt es hingegen auf das Risiko an:

- Trägt das Unternehmen das Herstellungsrisiko, besteht das Aktivierungswahlrecht gem. § 248 Abs. 2 Satz 1 HGB.
- Trägt ein Dritter das Herstellungsrisiko, besteht eine Aktivierungspflicht für den neuen immateriellen Vermögensgegenstand (DRS 24.37 f.).

Für bisher nicht aktivierte Vermögensgegenstände, die durch Wesensänderung zu einem neuen Vermögensgegenstand werden, sollte u. E. Entsprechendes gelten.

125c Die Abgrenzung von Modifikation und Wesensänderung dürfte sich in der Praxis oft als wenig trennscharf erweisen und entsprechende Ermessensentscheidungen erfordern.

1 Vgl. FG Münster, Urteil v. 22.1.2020 – 13 K 3039/16 m. w. N. zur Rechtsprechung.

In diese „Systematik" schleicht sich komplizierend auch noch die Abgrenzung zwischen Modifikation einerseits und Erhaltungs- und Modernisierungsmaßnahmen andererseits ein. Wenn eine Unterscheidung „nicht zweifelsfrei" möglich sei, sollen nach DRS 24.36 **Erhaltungsaufwendungen** (nicht aktivierbar) angenommen werden. In solchen Fällen sind allerdings „Zweifel" fast immer angesagt. Beispiel: Die Modifikation einer Patentlizenz oder eines EDV-Programms bedeutet notgedrungen eine Modernisierung, d. h., die Modifikation ist gleichbedeutend mit Modernisierung.

BEISPIEL In das Personalbearbeitungsprogramm werden Module zur geänderten Ermittlung der steuerfreien Reisekostenbestandteile eingefügt und bislang nicht vorhandene Schnittstellen zur Auftragsbearbeitung und Bestandsführung der Produkte eingebaut. Dadurch wird die Funktionsfähigkeit des Programms insgesamt aufrechterhalten (Erhaltungsaufwand); gleichzeitig liegt eine aktivierungspflichtige Modifikation durch wesentliche Verbesserung vor.

Der Aktivierungsbeginn für Anschaffungskosten eines Immaterialgutes ist i. d. R. ab der Fällung eines bindenden Beschlusses der/des zuständigen Instanz/Gremiums festgelegt. In die Herstellungskosten sind die Aufwandselemente in Abs. 2 und 3 (→ Rz. 116 ff.) einzubeziehen. Die dortigen Wahlrechte können ausgeübt werden. Die Erfassung endet mit Erreichen eines betriebsbereiten Zustands. 125d

4.2 Pflichtbestandteile (Abs. 2 Satz 1 und 2)

Der bilanzrechtliche Herstellungsbegriff umfasst nur **pagatorische** Kosten, nicht aber bestimmte Elemente aus der betrieblichen Kostenrechnung („Herstellkosten"), wie z. B. **kalkulatorische** Zinsen, Unternehmerlöhne, Wagniskosten etc. Überhaupt muss der Aufbau der Kostenrechnung im Produktionsunternehmen nach Inhalten durchforstet werden, die bilanzrechtlich nicht zu Herstellungskosten führen. 126

Das Vorliegen einer **Kostenrechnung** i. S. des betrieblichen Rechnungswesens ist eine höchst wünschenswerte, aber nicht unabdingbare Grundlage zur Ermittlung der anzusetzenden Herstellungskosten. Sofern eine solche im Ausnahmefall fehlt, muss auf Daten der Finanzbuchführung zurückgegriffen werden, also z. B. durch Rückrechnung von den Verkaufserlösen unter Einbeziehung der Rohmaterialmarge und der zugehörigen Fertigungslöhne auf die Herstellungskosten (sog. **retrograde** Ermittlung). 127

Das HGB schreibt kein bestimmtes **Kostenrechnungsmodell** vor. Deshalb kann und muss sich das bilanzielle Bewertungsverfahren, abgesehen von den eben genannten Vorbehalten, an der vorliegenden Struktur der Kostenrechnung ausrichten. Dabei sind nach dem Gesetzeswortlaut zunächst eindeutig die sog. **Einzel**kosten in die Herstellungskosten einzubeziehen. Einzelkosten sind solche, die unter Umgehung der Schlüsselung im Betriebsabrechnungsbogen dem einzelnen Produkt (dem **Kostenträger**) direkt zuordenbar sind. Es geht dabei insbesondere um Fertigungslöhne und um das zugehörige Material. 128

Neben den einem Produkt ohne Schlüsselung zurechenbaren Einzelkosten (Abs. 2 Satz 1) sind nach Abs. 2 Satz 2 auch Material- und Fertigungs**gemeinkosten** in die Herstellungskosten einzubeziehen. Vor dem BilMoG bestand diesbezüglich ein Wahlrecht, weshalb immer die Frage auftauchte, ob die sog. **unechten** Gemeinkosten (→ Rz. 28) einbeziehungspflichtig waren oder nicht. Unter unechten Gemeinkosten versteht man solche, die an sich dem einzelnen Kostenträger zugeordnet werden könnten, worauf aber wegen mangelnder Qualität der Kostenrechnung oder aus Wirtschaftlichkeitsgründen verzichtet wird. Durch die Pflicht zur Einbeziehung 129 in die Herstellungskosten seit BilMoG hat sich dieses Problem weitgehend erübrigt; auch die unechten Gemeinkosten gehören zu den Herstellungskosten.[1]

130 Beachtlich ist in diesem Zusammenhang die Beschränkung der Einbeziehung von solchen Gemeinkosten auf „**angemessene** Teile". Auszugehen ist also von einer nie eindeutig zu definierenden Normalbeschäftigung. Deswegen bedarf es einer Unterscheidung zwischen den Einzel- und den Fertigungsgemeinkosten. Für die Einzelkosten ist keine Angemessenheitsschranke normiert. Die „Angemessenheit" der Gemeinkosten setzt eine Schranke für die Aktivierung von sog. **Leerkosten**,[2] d. h. Kosten der Unterauslastung einer Fertigungskapazität in nennenswertem Umfang. Bedeutung hat diese Schranke etwa in Zeiten der Corona-Krise. „Angemessen" lässt sich allerdings auch als betriebswirtschaftlich „vernünftig" übersetzen, wäre dann z. B. auf die Gemeinkostenerfassung bei einer **Kuppelproduktion** anzuwenden. Ganz generell kann das Gesetz hier nur auf betriebswirtschaftlich angemessene Kalkulationsverfahren abstellen, muss daher die vorhandene Kostenrechnungsstruktur mit ihrer Divisions- oder Äquivalenzziffernkalkulation so lange akzeptieren, wie nicht der schiere Schlendrian oder die reine Willkür herrscht.

Abschreibungen auf das Anlagevermögen sind nicht auf Grundlage kalkulatorischer Wiederbeschaffungskosten nach Maßgabe der Kostenrechnung, sondern nach den tatsächlichen Anschaffungs-/Herstellungskosten mit dem auf den Anstellungszeitraum entfallenden Wertverzehr zu ermitteln, nicht notwendig aber mit der gleichen Abschreibungsmethode, die bilanzmäßig verwendet wird. Außerplanmäßige Abschreibungen sind nicht zu berücksichtigen.[3]

Als aktivierungspflichtige Gemeinkostenbestandteile sind im Bereich des **Materials** angesprochen die Kosten der Lagerung und Logistik, die Prüfung des Fertigungsmaterials, die Einkaufsabteilung und die Warenannahme.

Zu den **Fertigungs**gemeinkosten zählen Energie, Versicherungsprämien für die Produktionsstätten, der laufende Unterhalt der Maschinen, das Lohnbüro etc.

Unter die **Sondereinzelkosten** der Fertigung werden gewöhnlich Versuchs- und Konstruktionskosten, z. B. Erstellung von Modellen, besonderen Werkzeugen und Ähnlichem, verstanden.

Unseres Erachtens zwingt der Gesetzesbezug auf die Angemessenheit der Gemeinkosten nicht zum Schluss, Einzelkosten seien immer in beliebiger Höhe einzubeziehen. Aktivierungsvoraussetzung ist ein Herstellungsbezug. Dieser würde etwa dann fehlen, wenn angeschaffte Materialien gar nicht verbaut worden wären. Liegt ein solcher Bezug vor, stellen auch als überhöht geltende Einzelkosten Herstellungskosten dar.[4] Dies gilt auch für Kosten im Interesse einer beschleunigten Fertigstellung.[5]

4.3 Einbeziehungswahlrechte (Abs. 2 Satz 3)

131 Satz 3 enthält ein Wahlrecht zur Einbeziehung von **Verwaltungs**gemeinkosten und besonderen Bereichen der **Personal**kosten (soziale Einrichtungen, freiwillige soziale Leistungen, betriebliche Altersversorgung). Dabei differenziert der Gesetzeswortlaut etwas verdeckt:

1 IDW RS HFA 31, Tz. 26.
2 IDW RS HFA 31, Tz. 21: Einzubeziehen sind nur die Gemeinkosten bei „Normalbeschäftigung".
3 IDW RS HFA 31, Tz. 22.
4 Vgl. BFH, Urteil v. 31.3.1992 – IX R 164/87, BStBl II S. 805.
5 Vgl. *Lüdenbach*, StuB 2015, S. 878.

- Bei den allgemeinen Verwaltungskosten sind angemessene **„Teile“** einbeziehbar,
- für die besonderen Personalkosten gilt die Angemessenheitsforderung **generell.**

Die „Teile“ der Verwaltungskosten sind u. E. wie folgt zu verstehen: Sie können einerseits im **administrativen** Bereich anfallen (dann Wahlrecht), sie können aber auch funktional verstanden werden,[1] d. h. die Material- oder Produktionsverwaltung betreffen. Im letztgenannten Fall sind sie den Fertigungsgemeinkosten zuzuordnen.[2]

Umgekehrt verhält es sich bei den in Satz 3 angeführten Sonderposten im **Personalbereich:** 132
Hier ist nicht nach Funktionen zu unterscheiden, d. h. beispielsweise nicht nach Altersversorgungsleistungen für frühere produktive Mitarbeiter einerseits und Verwaltungsangestellte andererseits zu differenzieren, so dass das Wahlrecht hier generell gilt. Sollte umgekehrt aus Gründen der kostenrechnerischen Organisation eine Trennung zwischen produktivem und Verwaltungsbereich erfolgen, bestehen u. E. keine durchgreifenden Bedenken, diese Verfahrensweise in die bilanzielle Bewertung einfließen zu lassen.

Generell ist bei diesen einschlägigen Abgrenzungen der Kostenelemente **nicht kleinlich** zu verfah- 133
ren. Insbesondere können auch die Zuordnungskriterien in R 6.3 Abs. 3 EStR herangezogen werden.

Durch Änderung des § 6 Abs. 1 Nr. 1b EStG im Rahmen des Gesetzes zur Modernisierung des Besteuerungsverfahrens ist klargestellt worden, dass Elemente des Abs. 2 Satz 3 nicht zwingend in die für Besteuerungszwecke mittelbaren Herstellungskosten einbezogen werden. Vielmehr besteht ein Bewertungswahlrecht, das bei Gewinnermittlung nach § 5 EStG in Übereinstimmung mit der Handelsbilanz auszuüben ist.

§ 253 Abs. 3 HGB spricht von **Teilen** der Verwaltungskosten etc., R 6.3 EStR von **„angemessenen Kosten“** der Verwaltung. Diese beiden Begriffe lassen sich inhaltlich **vereinheitlichen,** insbesondere in der Beschränkung auf den Produktionsbereich.[3] Schätzungen müssen wie häufig in der Bilanzierung hingenommen werden.

4.4 Einbeziehungsverbote (Abs. 2 Satz 4)

Ein generelles Aktivierungsverbot im Rahmen der Herstellung gilt für **Vertriebs-** und **For-** 134
schungskosten (zu Letzteren vgl. → Rz. 197). Die Anschaffung von Forschungsergebnissen ist dem Grunde nach aktivierbar (vgl. das Beispiel unter → § 248 Rz. 9).

Zu den Vertriebskosten gehören folgende regelmäßig zu schlüsselnde Gemeinkosten: 135

- Werbung, gedruckt oder durch Telekommunikation,
- Werbeprämien an Bestandskunden für die Vermittlung von Neukunden,[4] z. B. Versicherungsvertrag, Zeitschriftenabonnement, Mobilfunkvertrag,
- generell Reklamefeldzüge,
- Marktstudien,
- Ausstellungen und Messen,
- Reisekosten des Vertriebsapparats sowie
- Tagungen und Schulungen zur Verkaufsförderung.

---

1 Vgl. *Küting*, StuB 2008 S. 425.

2 Ein Beispiel dazu bei *Lüdenbach*, StuB 2021 S. 705.

3 Vgl. *Hoffmann*, PiR 2012 S. 268.

4 *Roos*, DStR 2015 S. 437; zu Vertragsabschlussprämien vgl. § 250 Rz. 62.

Dazu gehören aber auch **Sondereinzelkosten** des Vertriebs, wie

- ► Verpackungen, Ausgangsfrachten, Verkaufsprovisionen, intern und extern,
- ► Ausfallrisikoversicherungen und
- ► Lizenzgebühren.

Abgrenzungsprobleme ergeben sich in manchen Fällen gegenüber den Sondereinzelkosten der **Fertigung.** Beispiele hierfür sind die Kosten der Angebotskalkulation, z. B. Konstruktionszeichnungen und überhaupt Planungen. Die „nützlichen Abgaben", die regelmäßig vor Auftragserteilung zu bezahlen sind, gelten nach h. M. als nicht aktivierbar.[1] Unmaßgeblich für die Qualifizierung als Vertriebskosten ist der **zeitliche** Anfall.

Besonderheiten bestehen hier aber in bestimmten Fällen der langfristigen Fertigung.

BEISPIEL ► Bauträger B erstellt steuerbegünstigte Wohnungen (Denkmalschutz). Käufer für die überteuerten Wohnungen werden von einer Strukturvertriebsgesellschaft beschafft. Diese erhält von der B eine sog. Innenprovision von 20 % auf den Kaufpreis des Endkunden. Der Provisionsanspruch entsteht mit Abschluss des notariellen Kaufvertrags mit dem jeweiligen Kunden. Die Wohnungen befinden sich zu diesem Zeitpunkt noch im Bau.

BEURTEILUNG ► Bei langfristiger Fertigung – wie etwa hier im Hochbau – gilt (mindestens) nach verbreiteter Auffassung im Schrifttum die Aktivierung vorlaufender Einzelkosten des Vertriebs als zulässig, weniger aber unter dem Gesichtspunkt der Herstellungskosten als demjenigen der Teilgewinnrealisierung (→ § 252 Rz. 123 ff.).

4.5 Verlorene Vorauszahlungen und Kosten von Baumängelbeseitigung

135a Bei der Herstellung können diverse „Störfälle" auftreten. Diese können zum einen zu vergeblichen Aufwendungen führen, etwa in der Weise, dass an einen Auftragnehmer schon eine Anzahlung geleistet wurde, dieser aber in Insolvenz geht und die Leistung nicht erbringt. Zum anderen kann der (insolvente) Auftraggeber auch mangelhaft geleistet haben und dem Auftragnehmer deshalb zusätzlicher Aufwand für die Mängelbeseitigung entstehen. Zur Kombination dieser Fälle folgendes Beispiel:

BEISPIEL ► Die U-GmbH vereinbart mit Bauunternehmer **B1** die Errichtung eines Verwaltungsgebäudes zu einem leicht unter marktüblichen Bedingungen liegenden, in Raten zu zahlenden Festpreis von 1 Mio. €. U zahlt die erste Rate von 20 % nach Fertigstellung der Kellerdecke. Die vor Dacheindeckung fällige zweite Rate von 30 % leistet U vorzeitig. Kurz nach Erhalt dieser Rate meldet B1 Insolvenz an. Bis dahin hat B1 laut Sachverständigengutachten 30 % des Auftragsvolumens erbracht, so dass U **200 T€ vergeblich** geleistet hat.

U beauftragt für 800 T€ einen zweiten Bauunternehmer **B2** mit der Weiterführung des Baus. Gegen diesen machte U nach Fertigstellung wegen Mängeln bei der Statik einen Minderungsanspruch von 100 T€ geltend, kann ihn aber wegen Zahlungsunfähigkeit nicht durchsetzen. **B3** beseitigt die Mängel für 100 T€. Insgesamt ergibt sich folgendes Bild:

	Soll	Ist
Zahl. an B1	1.000	500
Zahl. an B2	0	800
Zahl. an B3	0	100
Summe	1.000	1.400

1 Vgl. *ADS*, 6. Aufl., § 255 Tz. 213; IDW RS HFA 31, Tz. 12.

Nach der in Auslegung von § 255 HGB ergangenen Rechtsprechung des BFH[1] ist wie folgt zu differenzieren:

- **Verlorene Vorauszahlungen,** denen keine Gegenleistung gegenübersteht, zählen nicht zu den Herstellungskosten (betroffen im Beispiel der vergeblich an B1 geleistete Betrag von 200 T€).
- Demgegenüber gehören zu den Herstellungskosten alle Zahlungen, denen eine **Herstellungsleistung** des Vertragspartners gegenübersteht. Ein **Ungleichgewicht** zwischen Leistung und Gegenleistung ist unerheblich. Entscheidend ist nur, dass eine Herstellungsleistung tatsächlich erbracht worden ist, hingegen ohne Bedeutung, ob diese mangelhaft ist (im Beispiel sind die Zahlungen an B2 daher Herstellungskosten).
- Aufwendungen zur **Beseitigung** eines bereits vor Fertigstellung auftretenden Mangels sind kein Erhaltungsaufwand, sondern Herstellungskosten (im Beispiel Zahlung an B3; insgesamt ergeben sich im Beispiel daher Herstellungskosten von 1,2 Mio. €).

4.6 Finanzierungskosten (Abs. 3)

136 In Abs. 3 wird den Bilanzierenden ein mit der steuerlichen Bilanzierung übereinstimmendes (R 6.3 Abs. 4 EStR) **Wahlrecht** zur Aktivierung bestimmter Finanzierungskosten für den **Herstellungsprozess** (nicht für die Anschaffung) eingeräumt. Wie bei den Verwaltungsgemeinkosten (→ Rz. 133) darf steuerbilanziell das Aktivierungswahlrecht nur im Einklang mit der Handelsbilanz ausgeübt werden. Das Wahlrecht ist auf **Fremdkapitalzinsen** und ähnliche Vergütungen für die Kapitalüberlassung (z. B. auch Disagio) beschränkt, umfasst somit nicht Opportunitätskosten des Eigenkapitals. Zwei Voraussetzungen zur Ausübung des Wahlrechts werden im Schrifttum genannt:[2]

- **Sachlich** muss das Fremdkapital der Finanzierung der Herstellung dienen (→ Rz. 137).
- **Zeitlich** müssen die Zinsen auf den Herstellungszeitraum entfallen (→ Rz. 138).

137 Der geforderte sachliche Zusammenhang zur Herstellung ist selbst dann nicht nachzuweisen, wenn ein Kredit speziell zur Finanzierung eines Herstellungsvorgangs (z. B. eines Fabrikneubaus) aufgenommen wird und eine rechtliche Zweckbindung besteht:

BEISPIEL[3] Die U betreibt in Köln auf einigen tausend Quadratmetern ein Kaufhaus und einen Verleih für Karnevalsutensilien. Für den Neubau eines Lagers erhält sie aus Fördermitteln ein Darlehen von 1 Mio. €, das nur zweckgebunden verwendet werden darf. Der Darlehensbetrag wird in Teilbeträgen von je 500 T€ am 1.3. und 1.10.01 ausgezahlt. Das mit dem Bau beauftragte Unternehmen B erhält Abschlagszahlungen von je 600 T€ am 1.1.01 und 1.12.01.

Die Zahlung vom 1.1.01 wird unter Nutzung eines Kontokorrentkredits geleistet. Bei Geldeingang des Darlehens am 1.3.01 ist das Kontokorrent aus laufenden Einnahmen bereits wieder im Haben.

In den Folgemonaten laufen die Geschäfte saisonbedingt schlecht, gleichwohl zu tätigende Investitionen in Bestände und Geschäftsausstattung werden aus dem Kontokorrentkredit getätigt. Der Geldeingang aus dem Darlehen am 1.10.01 wird zur Rückführung des Kontokorrents verwendet. Aus dem Überschuss des saisonbedingt im Oktober und November wieder gut laufenden Geschäfts wird am 1.12.01 die zweite Rate an den Bauunternehmer gezahlt.

1 BFH, Urteil v. 31.3.1992 - IX R 164/87, BStBl 1992 II S. 805 m. w. N.
2 Vgl. *ADS*, 6. Aufl., § 255 Tz. 202.
3 Nach *Lüdenbach*, StuB 2009 S. 503.

02 hat der Steuerberater für Zwecke der Förderstelle die ordnungsgemäße Verwendung der Mittel zu bescheinigen. Er stellt fest, dass der Investitionssaldo (1,2 Mio. €) den Saldo der erhaltenen Fördermittel (1,0 Mio. €) übersteigt, und erteilt die Bescheinigung.

Wie das Beispiel zeigt, lässt sich Geld kaum ansehen, wofür es verwendet wird. Den einem Unternehmen von Eigen- oder Fremdkapitalgebern oder aus dem laufenden *Cashflow* zugeflossenen Mitteln stehen vielmehr allgemein die Ausgaben gegenüber, ohne dass für den einzelnen Euro ein „sachlicher Zusammenhang" zwischen Einzahlungs- und Auszahlungsseite entsteht. Ein solcher Zusammenhang zwischen Fremdkapital und Herstellung entsteht – wie das vorstehende Beispiel belegt – auch nicht dadurch, dass ein Kreditvertrag unter Bezugnahme auf den herzustellenden Gegenstand neu abgeschlossen oder sogar eine entsprechende rechtliche Zweckbindung enthält.[1]

Überdies werden selbst bei Aufnahme sog. **Objektdarlehen**[2] teilweise allgemein eingeräumte Kreditlinien beansprucht (sog. Mischfinanzierung). Allgemeine Kreditlinien haben besondere Bedeutung beim **Vorratsvermögen,** das von der Einbeziehung der Finanzierungskosten nicht ausgeschlossen ist.

In allen Fällen ist ein zwingender sachlicher Zusammenhang zwischen einer einzelnen Finanzierung und für einzelne Objekte angefallene Herstellungskosten kaum feststellbar. Ein Kausal- oder Finalzusammenhang kann lediglich **fingiert** werden. Eine **geltungserhaltende Interpretation** von Abs. 3 muss solche Fiktionen genügen lassen. Im Interesse der Willkürfreiheit ist nur eine **Konsistenz** der jeweiligen Fiktion zu fordern. Konsistent ist u. E. ein Vorgehen nach den beiden folgenden Hauptvarianten:

- Nur Zinsen aus **zweckgebundenen Objektdarlehen** werden in die Herstellungskosten einbezogen. Um die Fiktion jeder Zuordnung wissend, wird dabei die vertragliche Zweckbindung als objektvierter Ersatzmaßstab für einen sachlich nicht zu belegenden Zusammenhang verwendet.

- Zinsen aus sämtlichen Verbindlichkeiten werden einbezogen. Als Begründung dient ein (in IAS 23 verwendetes) **Vermeidungskonzept** *(if avoided approach).* Danach hätten sich andere Fremdfinanzierungen – insbesondere aus Kontokorrenten – in entsprechendem Umfang zurückführen, die diesbezüglichen Zinsen vermeiden lassen, wenn die Herstellungsausgaben nicht angefallen wären.

Bei der zweiten Variante sind **Unterformen** denkbar. Eine anteilige Finanzierung der einzelnen Vermögensgegenstände mit **Eigen- und Fremdkapital** entsprechend der Kapitalstruktur kann unterstellt werden. Die gesamten Fremdkapitalzinsen werden dann nur quotal den einzelnen Vermögensgegenständen zugerechnet und insoweit auch anteilig in die Herstellungskosten einbezogen. Eine andere Unterstellung wäre die vorrangige Finanzierung des Anlagevermögens mit Eigenkapital: Fremdkapitalzinsen würden dann je nach Verhältnis zwischen Anlagevermögen und Eigenkapital bei der Herstellung von Anlagen nicht oder in geringerem Maße als bei der Herstellung von Vorräten berücksichtigt.

Wichtig ist die **konsistente** Anwendung der jeweiligen Unterstellung auch im Zeitablauf.

1 Anderer Auffassung *ADS*, 6. Aufl., § 255 Tz. 203.
2 Nach IDW RS HFA 31, Tz. 25, am ehesten in die Herstellungskosten einzubeziehen.

Aus bilanzpolitischer Sicht ist dem Vermeidungskonzept i. A. der Vorzug zu geben: Wenn schon Bilanzpolitik mit der Aktivierung von Zinsen betrieben werden soll, dann i. d. R. im maximalen Umfang.

BEISPIEL[1] Die X-AG baut im Verlauf des Geschäftsjahres 01 eine Fertigungsstraße mit Herstellungskosten/Finanzierungsvolumen von 10.000.000 €.

Folgende Kredite/Darlehen stehen hierfür zur Verfügung:

	Zinssatz		Zinsaufwand p. a.
Ein speziell für die Fertigungsstraße aufgenommenes Darlehen wird zum 1.1. voll ausbezahlt.	7 %	7.000.000	490.000
Kontokorrentkredit (Durchschnitt)	12 %	2.000.000	240.000
Allgemeines Betriebsmitteldarlehen (Durchschnitt)	10 %	4.000.000	400.000
Durchschnittszins/Summen	87 %	13.000.000	1.130.000
Die Auszahlungen an den Hersteller erfolgen am:			
1.1.		4.000.000	
1.7.		3.000.000	
31.12. (Schlusszahlung)		3.000.000	
		10.000.000	

Die gesamten Zinsaufwendungen im Jahr 01 übersteigen annahmegemäß 478.000 €.

LÖSUNG Die Bauzeitzinsen ermitteln sich wie folgt:

1.1. bis 31.12.	8,7 %	4.000.000	348.000
Restfinanzierung ab 1.7.	8,7 %	3.000.000	130.000
Aktivierungsfähige Bauzeitzinsen, gesamt			478.000

Die Schlusszahlung am 31.12. hat auf die Bauzeitzinsen keinen Einfluss mehr.

Der durchschnittliche Finanzierungskostensatz beläuft sich auf 10,67 %.

Die Aktivierung muss sich auf jeden Fall auf die Höhe der insgesamt im **Geschäftsjahr** entstan- 138
denen Fremdkapitalkosten beschränken.

Aktivierungsfähig sind nur die **während des Herstellungszeitraums** anfallenden Fremdkapital- 139
kosten. Von Bedeutung sind daher dessen Beginn und Ende. Der Beginn ist auf den Zeitpunkt der Vorbereitungen zur Herstellung/Anschaffung des Vermögensgegenstands festzulegen, z. B. Einholung behördlicher Genehmigungen oder bei Grundstücken Einrichtung der Baustelle, Abbruch von Bauhindernissen und Auszahlungen, beispielsweise für Planungskosten (→ Rz. 120).

BEISPIEL A beginnt am 1.7. mit den Vorbereitungen zum Bau eines Gebäudes. Das Baudarlehen hat er im Hinblick auf einen erwarteten Anstieg der Zinsen bereits zum 1.6. aufgenommen. Erste Auszahlungen erfolgen am 1.8.

Die Zinsaufwendungen für Juni sind nicht aktivierbar, weil mit der Herstellung noch nicht begonnen wurde.

1 Vgl. *Lüdenbach/Hoffmann/Freiberg*, Haufe IFRS-Kommentar, 20. Aufl. 2022, § 9.

Die Zinsaufwendungen für Juli betreffen zwar schon den Zeitraum nach Herstellungsbeginn. Da aber noch keine Auszahlungen für den Bau angefallen sind, können die Zinsen für Juli der Herstellung nicht zugerechnet werden.

Die Möglichkeit zur Aktivierung von Fremdkapitalkosten endet mit Erreichung der Nutzungsmöglichkeit (Anlagen) oder der Absatzreife (Vorräte). Geringfügige Anpassungen oder Ausschmückungen hindern die Beendigung des Herstellungsprozesses und damit die Möglichkeit zur Aktivierung von Zinsen nicht.

Im Fall einer Fertigungsstraße mit aufeinander abgestimmten Maschinen, Transportbändern und Robotern endet der Aktivierungszeitraum erst mit der Funktionsfähigkeit der Gesamtanlage. Dann beginnt auch die Abschreibungsfrist (→ § 253 Rz. 164).

140 Kapital- und „Kap. & Co."-Gesellschaften müssen die Einbeziehung der Fremdkapitalkosten in die Herstellungskosten nach § 284 Abs. 2 Nr. 5 HGB im **Anhang** offenlegen (→ § 284 Rz. 67).

4.7 Tabellarischer Überblick

141 In der Abfolge von der Einbeziehungspflicht bis zum -verbot lässt sich der Regelungsgehalt von Abs. 2 wie folgt darstellen:

Pflichtbestandteile der Bewertung (Wertuntergrenze, → Rz. 126 ff.):

- ► Fertigungseinzelkosten (Löhne, Fremdarbeiten),
- ► Materialeinzelkosten (Rohstoffe, fremd erstellte Teile),
- ► Sondereinzelkosten der Fertigung (Modelle, Spezialwerkzeuge),
- ► Materialgemeinkosten (Raumkosten des Rohmateriallagers),
- ► Fertigungsgemeinkosten (Raumkosten für die Fabrik),
- ► Verwaltungskosten für den Material- und Fertigungsbereich (Lohnbüro) sowie
- ► Werteverzehr des Anlagevermögens (Produktionshalle, Roboter).

Wahlrechte der Einbeziehung (→ Rz. 131 ff.):

- ► allgemeine Verwaltung (Controlling, Kostenrechnung),
- ► freiwillige soziale Leistungen (Beihilfen im Krankheitsfall),
- ► soziale Einrichtungen (Kinderbetreuung),
- ► betriebliche Altersversorgung sowie
- ► Finanzierungskosten (→ Rz. 136 ff.).

Einbeziehungsverbote:

- ► Vertriebs- (→ Rz. 135) und
- ► Forschungskosten (→ Rz. 197).

142 Die aktivierungspflichtigen Kostenelemente sind identisch mit R 6.3 EStR 2008; vgl. aber → Rz. 133. Gegenüber den vergleichbaren Vorgaben in IAS 2 ergeben sich keine wesentlichen Unterschiede.

5. Abc der Herstellungskosten und der sonstigen Zugangsbewertung

143 *Abgrenzung zum Erhaltungsaufwand* *→ Rz. 156 ff.*

Abgrenzung zur Anschaffung *→ Rz. 116*

IV. Zugangsbewertung bei einzelnen Bilanzposten

1. Grund und Boden

1.1 Derivativer Erwerb

Für den Grund und Boden gelten abgesehen von Einlagevorgängen u. Ä. (→ Rz. 6) fast ausschließlich **Anschaffungs**kosten als Wertmaßstab der Zugangsbewertung. Nur ausnahmsweise können hier Herstellungskosten vorliegen (→ Rz. 152). 144

Als Bewertungsmaßstab dient regelmäßig der **Kaufpreis** (→ Rz. 21). Übliche **Neben**kosten sind (→ Rz. 36) 145

- Notar- und Grundbuchgebühren (nicht soweit sie der Grundstücksfinanzierung dienen, z. B. für die Grundschuldbestellung),
- Grunderwerbsteuer,
- Maklergebühren,
- Besichtigungskosten (nach dem Kaufentscheid, → Rz. 31).

Bei bebauten Grundstücken ist eine **Aufteilung** (→ Rz. 54) des Erwerbspreises zumindest auf Grund und Boden einerseits und Gebäude andererseits, möglicherweise aber auch auf einen oder mehrere der unter → Rz. 56 genannten **Bestandteile** (→ § 266 Rz. 35), insbesondere Betriebsvorrichtungen, erforderlich. Für die **Finanzierungs**kosten der Anschaffung besteht das Bewertungswahlrecht nach § 255 Abs. 3 HGB (→ Rz. 35) nicht. 146

1.2 „Nachträgliche Anschaffungskosten" (Erschließungsbeiträge u. Ä.)

Ein ständiges Thema der BFH-Rechtsprechung im Zusammenhang mit dem Vermögensgegenstand „Grund und Boden" stellt die bilanzielle Abbildung von **Erschließungsmaßnahmen,** also die Ver- und Entsorgung des Grundstücks mit Strom, Wasser, Zugangswegen etc., dar. Der BFH hatte in einem Urteil aus dem Jahr 1957 derlei Erschließungsmaßnahmen durch die öffentliche Hand als Bestandteil der **Herstellungskosten des Gebäudes** gewertet. Von dieser Rechtsprechung ist er dann 1964 abgewichen:[1] Erschließungsmaßnahmen gehören zu den Aufwendungen auf den Grund und Boden, denn die Voraussetzung zur Errichtung eines Gebäudes sei das Vorhandensein von Grund und Boden. An dieser Rechtsprechung hat sich dem Grunde nach bis heute nichts geändert, die handelsrechtliche Bilanzierung folgt dieser steuerlichen Vorgabe. Begrifflich kann bzgl. der Erschließungsmaßnahmen von einem Anschaffungsvorgang schwerlich gesprochen werden. Der „Wurmfortsatz" in § 255 Abs. 1 Satz 1 HGB von der Versetzung in einen betriebsbereiten Zustand ist dieser Rechtsprechung zu verdanken. Begriff- 147

1 BFH, Urteil v. 18.9.1964 – VI 100/63 S, BStBl 1965 III S. 85.

lich liegen eher Herstellungskosten vor (→ Rz. 38), denn angeschafft i. S. des üblichen Verständnisses (→ Rz. 10) wird hier gar nichts.

148 Allerdings sind **nicht alle** Erschließungsmaßnahmen und vergleichbaren Vorgänge im Zusammenhang mit Grundstücken als Anschaffungskosten auf den Grund und Boden zu werten. Die Aktivierungspflicht auf Grund und Boden soll nur für die **erstmalige** Erschließung gelten, nicht dagegen für **Zweit**erschließungen bzw. Ersatz oder Modernisierung der Ersterschließung. So sollen z. B. Veränderungen des Straßenbelags und die Errichtung von Fußgängerwegen als eine Art **Erhaltungsaufwand** gelten.[1]

Danach ist bzgl. einschlägiger Erschließungsmaßnahmen zu unterscheiden zwischen

- Aktivierungspflicht bei Grund und Boden,
- Aktivierungspflicht beim Gebäude,
- sofort abzugsfähiger Betriebsausgabe.

149 Aus der reichhaltigen Kasuistik der BFH-Rechtsprechung und derjenigen der Instanzgerichte sind folgende Einzelentscheidungen zu erwähnen, die Anschaffungskosten auf den **Grund und Boden** für die jeweiligen Vorgänge bejahen:

- Straßenerstanlage,[2]
- entsprechender Aufwand beim Erbbauberechtigten,[3] beim Erbbauverpflichteten passiver Abgrenzungsposten,[4]
- Erschließungskosten einer Privatstraße einschließlich Entgelt für ein Wegerecht,[5]
- Flächenbeitrag nach BauGB,[6]
- Fußgängerzone, soweit vom Eigentümer erhoben[7] (anders bei Erhebung vom Gewerbetreibenden: Erhaltungsaufwand),[8]
- Gebühren, Beiträge und Zuschüsse zur Energie- und Wasserversorgung,[9]
- Wasserver- und -entsorgung,[10]
- Anschluss an Versorgungsnetze (Strom, Gas, Fernwärme),[11]
- Kanalbaubeitrag (Kanalanschlussgebühr),[12]

1 Vgl. hier BFH, Urteil v. 22.3.1994 – IX R 52/90, BStBl II S. 842, mit ausführlicher Kommentierung von *Spindler*, DB 1996 S. 444.

2 BFH, Urteil v. 18.9.1964 – VI 100/63 S, BStBl 1965 III S. 85 (Anliegerbeitrag); BFH, Urteil v. 15.10.1997 – II R 68/95, BStBl II S. 820; BFH, Urteil v. 13.4.2000 – XI B 2/99, BFH/NV 2000 S. 1094, Kurzinfo StuB 2000 S. 1105.

3 BFH, Urteil v. 22.2.1967 – VI 295/65, BStBl III S. 417.

4 BFH, Urteil v. 8.12.1988 – IV R 33/87, BStBl 1989 II S. 407.

5 BFH, Urteil v. 7.10.1960 – VI 120/60 U, BStBl III S. 491; siehe auch BFH, Urteil v. 19.10.1999 – IX R 34/96, BStBl 2000 II S. 257, Kurzinfo StuB 2000 S. 321 (Privatstraße ist eigenes Wirtschaftsgut).

6 BFH, Urteil v. 6.7.1989 – IV R 27/87, BStBl 1990 II S. 126.

7 BFH, Urteil v. 16.11.1982 – VIII R 167/78, BStBl 1983 II S. 111.

8 BFH, Urteil v. 12.4.1984 – IV R 137/80, BStBl II S. 489.

9 BFH, Urteil v. 3.7.1997 – III R 114/95, BStBl II S. 811; BFH, Urteil v. 15.2.1989 – X R 6/86, BFH/NV 1989 S. 494; BFH, Urteil v. 14.3.1989 – IX R 138/88, BFH/NV 1989 S. 633.

10 BFH, Urteil v. 12.11.1986 – I R 192/85, BStBl 1987 II S. 383.

11 BFH, Urteil v. 21.1.1965 – IV 33/63 U, BStBl III S. 227, bestätigt durch die Finanzverwaltung in H 6.4 EStR 2005, die das gegenläufige Urteil des BFH v. 14.3.1989 – IX R 138/88, BFH/NV 1989 S. 633, nicht anwendet.

12 BFH, Urteil v. 24.11.1967 – VI R 302/66, BStBl 1968 II S. 178; BFH, Urteil v. 3.7.1997 – III R 114/95, BStBl II S. 811.

- Zuschüsse für Baukosten an Versorgungsunternehmen[1] (anders, wenn es sich um Aufwendungen für Anlagen **auf** dem Grundstück des Steuerpflichtigen handelt, dann Herstellungskosten des Gebäudes),[2]
- Zweiterschließung, wenn diese zur Erweiterung der baulichen Nutzbarkeit oder einer günstigeren Zugangsmöglichkeit führt,[3]
- Anschluss an die Kanalisation auch bei vorhandener Sickergrube, wenn dadurch angrenzendes Weideland bebaubar wird,[4]
- verkehrstechnische Anbindung.[5]

Zu den Herstellungskosten des **Gebäudes** (in Abgrenzung zum Grund und Boden, → Rz. 147) zählen: 150

- Richtfest,[6]
- Hausanschlusskosten einschließlich Kanalanstichgebühr,[7]
- Sielanschlusskosten,[8]
- Ansiedlungsbeiträge als „Ersatz" der Baugenehmigung,[9]
- Garagenplatzablösebeitrag,[10]
- Nachfolgelastenbeiträge,
- Kinderspielplatz (entweder Herstellungskosten des Gebäudes oder selbständiges Wirtschaftsgut),
- Feier zur Grundsteinlegung,[11]
- Schnellbaukosten.[12]

In **Sonderfällen** wird vom BFH ein **immaterielles Wirtschaftsgut** angenommen oder abgelehnt: 151

- Gebühren für besondere betriebliche Nutzbarmachung betreffend die Energieversorgung eines Handels mit keramischen Rohstoffen können immaterielles Wirtschaftsgut sein.[13]
- Zuschuss zur Umgehungsstraße für ein Steinbruch- und Kieswerk stellt kein immaterielles Wirtschaftsgut dar, sondern Erhaltungsaufwand.[14]
- Anliegerbeitrag zulasten eines Grundstückspächters ist immaterielles Wirtschaftsgut.[15]

Zu Fällen eines Erhaltungsaufwands vgl. → Rz. 158.

---

1 BFH, Urteil v. 14.3.1989 – IX R 138/88, BFH/NV 1989 S. 633; BFH, Urteil v. 27.9.1991 – III R 76/89, BFH/NV 1992 S. 488.

2 BFH, Urteil v. 24.11.1967 – VI R 302/66, BStBl 1968 II S. 178; BFH, Urteil v. 27.9.1991 – III R 76/89, BFH/NV 1992 S. 488.

3 BFH, Urteil v. 12.1.1995 – IV R 3/93, BStBl II S. 632; BFH, Urteil v. 7.11.1995 – IX R 54/94, BStBl 1996 II S. 190, für Zugang erstmaliger Anschluss an öffentliche Straße.

4 BFH, Urteil v. 11.12.2003 – IV R 40/02, BStBl 2004 II S. 282, Kurzinfo StuB 2004 S. 275.

5 Niedersächsisches FG, Urteil v. 11.2.2014 – 8 K 62/13, EFG 2014 S. 481.

6 BFH, Beschluss v. 4.7.1990 – GrS 1/89, BStBl II S. 830.

7 BFH, Urteil v. 24.11.1967 – VI R 302/66, BStBl 1968 II S. 178 (anders Kanalbaubeitrag).

8 FG Hamburg, Urteil v. 19.10.1995 – III 344/94, EFG 1996 S. 135.

9 BFH, Urteil v. 11.3.1976 – VIII R 212/73, BStBl II S. 449.

10 BFH, Urteil v. 8.3.1984 – IX R 45/80, BStBl II S. 702.

11 FG Berlin-Brandenburg, Urteil v. 14.12.2010, EFG 2011 S. 1143; NZB beim BFH unter IV B 23/11.

12 BFH, Urteil v. 26.8.1958 – I 80/57 U, BStBl 1958 III S. 420.

13 BFH, Urteil v. 15.2.1989 – X R 6/86, BFH/NV 1989 S. 494.

14 BFH, Urteil v. 28.3.1990 – II R 30/89, BStBl II S. 569; ähnlich BFH, Urteil v. 26.2.1980 – VIII R 80/77, BStBl II S. 687.

15 BFH, Urteil v. 29.4.1965 – IV 403/62 U, BStBl III S. 414.

152 In **Ausnahmefällen** hat der BFH eine Zugangsbewertung beim Grund und Boden über die **Herstellungskosten** für richtig erachtet:

- Landgewinnung, Urbarmachung von Unland,[1]
- Rekultivierung von früheren Straßen oder Industriegeländen.[2]

2. Gebäude

2.1 Gebäudeabbruch zur Neubauerstellung, Abstandszahlungen

153 Zum Gebäudeabbruch im Zusammenhang mit einem Neubau liegt eine detaillierte BFH-Rechtsprechung[3] vor, die u. E. auch handelsrechtlich übernommen werden kann:[4]

- Entschluss **nach** dem Erwerb führt zur Abschreibung des restlichen Buchwerts des erworbenen Gebäudes.
- Bei Erwerb in **Absicht** des Abbruchs zur Neuerstellung ist der Restbuchwert des abgebrochenen Gebäudes den Herstellungskosten des Neubaus zuzurechnen, soweit das erworbene Gebäude noch werthaltig war.[5] Das gilt auch bei Abbruch anderer Vermögensgegenstände, die zusammen mit dem Gebäude erworben worden sind, z. B. einer Energieerzeugungsanlage;[6] vgl. auch → Rz. 156a.
- Ist der Abbruch beim Erwerb wegen **Wertlosigkeit** des Gebäudes bereits geplant gewesen oder hatte der Erwerber ausschließlich Interesse am **Grund und Boden,** dann ist der Restbuchwert des erworbenen Gebäudes beim Erwerber als Anschaffungskosten auf den Grund und Boden zu aktivieren.

Die **Abbruchkosten** selbst folgen der Behandlung des Gebäude-Restbuchwerts.

Zur **handelsrechtlichen** Bilanzierung der Abbruchs- und Entsorgungskosten als Herstellungskosten von ortsgebundenen Folgeinvestitionen werden teilweise andere Auffassungen vertreten:[7]

- Die Rückbaukosten am Ort der Neuherstellung gehören bei sachlichem, zeitlichem und räumlichem Zusammenhang mit der Neuerstellung zu den Herstellungskosten.[8]
- Gleiches gilt bei rechtlicher Rückbauverpflichtung im Rahmen der Baugenehmigung.
- Der Restbuchwert der abgebrochenen Anlage ist stets als Verlust aus Anlageabgang zu werden.

Die (teilweise) Abweichung dieses Vorschlags von der Lösung des BFH ist für die Handelsbilanz nicht zwingend, da der BFH hier ausschließlich handelsrechtlich argumentiert.

Werden Abbruchkosten ausnahmsweise von einem Erbbauberechtigten getragen, der nach dem Abbruch ein neues Gebäude errichtet, sind die Abbruchkosten bei ihm aktiv abzugrenzen

1 BFH, Urteil v. 26.6.1975 – IV R 66/72, BStBl 1976 II S. 8.
2 BFH, Urteil v. 27.1.1994 – IV R 104/92, BStBl II S. 512.
3 BFH, Beschluss v. 12.6.1978 – GrS 1/77, BStBl II S. 620.
4 Vgl. *Hoffmann* in Littmann/Bitz/Pust (Hrsg.), EStG, § 6 Tz. 270.
5 BFH, Beschluss v. 4.7.1990 – GrS 1/89, BStBl II S. 830.
6 BFH, Urteil v. 25.1.2006 – I R 58/04, BStBl II S. 707, Kurzinfo StuB 2006 S. 681.
7 Vgl. *Witteler/Lewe*, DB 2009 S. 2445.
8 So auch IDW ERS IFA 2, Tz. 12; in der endgültigen Fassung IDW RS IFA 2 nicht mehr enthalten.

und über die Laufzeit des Erbbauvertrags bzw. bei kürzerer Nutzungsdauer des Neugebäudes über dessen Nutzungsdauer aufzulösen.[1]

Zu **Abstandszahlungen** zur Vertragsauflösung bzgl. dinglicher Rechte (Erbbaurecht)[2] oder obligatorischer Rechte (Miet- oder Pachtvertrag)[3] im Interesse einer Neubauerrichtung wird verwiesen auf → Rz. 111 ff. **Abstandszahlungen** zur Ablösung von Kfz-Stellplatzverpflichtungen stellen Herstellungskosten dar.[4] Das gilt auch bei Mietereinbauten. 154

Zum Herstellungsbeginn durch **Bauplanung** vgl. → Rz. 120. 155

2.2 Abgrenzung von Erhaltungs- und Herstellungsaufwand

2.2.1 Abgrenzungskriterien

Ein „uraltes" Bilanzierungsproblem – steuerlich abgehandelt bei den Vermietungseinkünften, doch uneingeschränkt auf Gewinnermittlungsfälle anwendbar – im Zusammenhang mit Gebäuden stellt die Abgrenzung von Erhaltungs- und Herstellungsaufwand dar. Der BFH hat sich vielfach um eine prinzipienorientierte Systematisierung bemüht, landete indes bei der Entscheidung der Einzelfälle notgedrungen – wegen der Vielfalt der möglichen Erscheinungsform – in einer fast unübersehbaren Kasuistik. Dabei ist die Feststellung von Erhaltungsaufwand den drei **Herstellungs**tatbeständen gegenüberzustellen (→ Rz. 159 ff.):[5] 156

- Neuherstellung (→ Rz. 156a),
- Erweiterung (→ Rz. 159),
- wesentliche Verbesserung (→ Rz. 162).

An einem **bestehenden** Gebäude kann die Herstellung eines **neuen** dingfest gemacht werden, wenn ein sog. **technischer** Vollverschleiß vorliegt und noch verwendbare Teile (häufig eher nur in recycelter Form) in den Herstellungsprozess des neuen eingebaut werden (→ Rz. 153).[6] 156a

Ähnlich verhält es sich bei **wirtschaftlichem** Vollverschleiß,[7] wenn das Gebäude in seiner bisherigen Funktion nicht mehr sinnvoll nutzbar war und die Baumaßnahme eine andere Zweckbestimmung ermöglichen soll.

Sofern Erhaltungsaufwand (→ Rz. 158) vorliegt, braucht nach den drei Herstellungstatbeständen nicht weiter geforscht zu werden. Dabei sind Erhaltungsaufwendungen im Verhältnis zur Neuerstellung nicht mehr denkbar, wenn ein **Vollverschleiß** des Gebäudes vorliegt, da es nicht mehr zeitgemäßen Wohn- oder generell Nutzungsverhältnissen entspricht. Es muss sich also um eine Art **Ruine** handeln.[8] Aber auch bei einer **Funktionsänderung** können Herstellungsaufwendungen vorliegen, wenn also eine Mühle in ein Wohnhaus umgebaut wird.[9] Kein Präjudiz für die Beurteilung schafft der übliche Begriff **„Generalüberholung"**. Der BFH wertet dies als Schlagwort, hinter dem sich sowohl Erhaltungs- als auch Herstellungsaufwand verbergen 157

1 Vgl. im Einzelnen *Lüdenbach*, StuB 2020 S. 841.
2 BFH, Urteil v. 13.12.2005 – IX R 24/03, BStBl 2006 II S. 461.
3 BFH, Urteil v. 9.2.1983 – I R 29/79, BStBl II S. 451.
4 BFH, Urteil v. 9.5.2012 – X R 38/10, DStR 2012 S. 1743.
5 Dem folgt auch IDW RS IFA 1, Tz. 3, für die Handelsbilanz.
6 IDW RS IFA 1, Tz. 4.
7 IDW RS IFA 1, Tz. 4.
8 Vgl. *Spindler*, BB 2002 S. 2041.
9 BFH, Urteil v. 31.3.1992 – IX R 175/87, BStBl II S. 808.

kann. Ebenso wenig stellt die **Zusammenballung** von Erhaltungsaufwendungen mit recht hohen Beträgen innerhalb eines Geschäftsjahres ein Beurteilungskriterium dar.[1] Und schließlich sind Herstellungskosten auch dann nicht anzunehmen, wenn Instandsetzungs- und Modernisierungsarbeiten in Form einer **zeitgemäßen** Technik und Ausstattung des Gebäudes erfolgen.

2.2.2 Erhaltungsaufwand

158 Aus der BFH-Rechtsprechung und den Verlautbarungen der Finanzverwaltung sind folgende Beispiele für den Sachverhalt eines **Erhaltungsaufwands** feststellbar.[2]

- Anbringung einer zusätzlichen Fassadenverkleidung zum Wärme- oder Schallschutz,[3]
- Umstellung der Gebäudeheizung von Einzelöfen auf Zentralheizung,[4]
- Anbringung einer Betonvorsatzschale zur Trockenlegung der durchfeuchteten Fundamente,[5]
- Vergrößern eines bereits vorhandenen Fensters,[6]
- Versetzen von Wänden,[7]
- Ersatz eines Flachdachs durch ein Satteldach – sofern die damit verbundene Fläche und Nutzungsmöglichkeit nicht erweitert wird –,[8]
- Ersatz vorhandener Türschlösser durch eine Türschließanlage,[9]
- Anbringung eines Wasser- und Gasanschlusses, wenn bislang Brunnen oder Kohleofen vorhanden,[10]
- Umbau eines Großraumbüros in vier Einzelbüros.[11]

2.2.3 Erweiterung

159 Das zweite Tatbestandsmerkmal für das Vorliegen von Herstellungskosten nach Abs. 2 Satz 1 – die **Erweiterung** – ist in folgenden Fällen vom BFH bestätigt worden, denen auch handelsrechtlich gefolgt werden kann:[12]

- Das Dach eines Einfamilienhauses wurde vollständig erneuert und dabei der Dachüberstand von 10 cm auf 40 cm vergrößert. Die alten Dachgauben wurden durch größere ersetzt mit der Folge einer größeren Wohnfläche im Dachgeschoss. Außerdem wurde die Terrasse erweitert und unter der Terrasse ein Kelleranbau mit 3 m² einschließlich eines Kellerausganges etc. geschaffen.[13]

1 So auch IDW RS IFA 1, Tz. 11.
2 Vgl. *Hoffmann* in Littmann/Bitz/Pust (Hrsg.), EStG, § 6 Tz. 293.
3 BFH, Urteil v. 13.3.1979 – VIII R 83/77, BStBl II S. 435.
4 BFH, Urteil v. 24.7.1979 – VIII R 162/78, BStBl 1980 II S. 7.
5 Entgegen BFH, Urteil v. 10.5.1995 – IX R 62/94, BStBl 1996 II S. 639.
6 BMF, Schreiben v. 18.7.2003 – IV C 3 – S 2211 – 94/03, BStBl I S. 386.
7 BFH, Urteil v. 3.12.2002 – IX R 64/99, BStBl 2003 II S. 590, Kurzinfo StuB 2003 S. 225.
8 BMF, Schreiben v. 18.7.2003 – IV C 3 – S 2211 – 94/03, BStBl I S. 386.
9 BFH, Urteil v. 2.2.1990 – III R 188/85, BFH/NV 1990 S. 732.
10 BFH, Urteil v. 3.12.2002 – IX R 64/99, BStBl 2003 II S. 590, Kurzinfo StuB 2003 S. 225.
11 BFH, Urteil v. 16.1.2007 – IX R 39/05, BStBl II S. 922, Kurzinfo StuB 2007 S. 909.
12 So zusammenfassend IDW RS IFA 1, Tz. 5; vgl. *Hoffmann* in Littmann/Bitz/Pust (Hrsg.), EStG, § 6 Tz. 294.
13 BFH, Urteil v. 9.5.1995 – IX R 88/90, BStBl 1996 II S. 628.

- Das Dachgeschoss wurde neu eingedeckt und an der Stelle von Kammern wurde Wohnraum geschaffen und dabei durch zwei zuvor nicht vorhandene Dachgauben vergrößert.[1]
- Erweiterung der nutzbaren Fläche durch Errichtung eines Sattel- statt eines Flachdachs, auch wenn die zusätzliche Fläche nicht als Wohnraum genutzt wird; es genügt die Nutzungsmöglichkeit.[2] Ein Haus mit Satteldach ist gegenüber einem mit Flachdach ein Objekt anderer Art und anderer Marktgängigkeit.[3]
- In drei Wohnungen eines Miethauses wurde ein Schlafzimmer um den Bereich des vormals vorhandenen Lichthofs vergrößert.[4]
- Aufgrund eines Dachausbaus wurde der Wohnraum um 12 m² vergrößert.[5]
- Aufstockung und Umbau.[6]
- Umgestaltung der Dachterrasse in Wohnraum.[7]
- Substanzvermehrung durch Anbringung von Natursteinplatten, nicht dagegen Verkleidung zum Wärme- und Schallschutz.[8]

Unter die Erweiterung fasst der BFH begrifflich auch die **Hinzufügung** von bisher nicht vorhandenen Gebäudeteilen:[9] 160

- Alarmanlage,[10]
- Außentreppe,[11]
- Jalousien,[12]
- Kachelofen,[13]
- Kamin,[14]
- Rollläden,[15]
- Satteldach als Ersatz für undichtes Flachdach mit Schaffung von Wohnraum,[16]
- Sonnenmarkise,[17]
- Treppenhausauslagerung,[18]
- Ersteinrichtung von WC oder Bad.[19]

1 BFH, Urteil v. 9.5.1995 – IX R 69/92, BStBl 1996 II S. 630.
2 BFH, Urteil v. 15.5.2013 – IX R 36/12, DB 2013 S. 1822.
3 Vgl. *Weber-Grellet*, Fr 2013 S. 909.
4 BFH, Urteil v. 9.5.1995 – IX R 2/94, BStBl 1996 II S. 637.
5 BFH, Urteil v. 10.5.1995 – IX R 62/94, BStBl 1996 II S. 639.
6 BFH, Urteil v. 27.1.1993 – IX R 97/88, BStBl II S. 601.
7 BFH, Urteil v. 13.10.1998 – IX R 80/95, BFH/NV 1999 S. 605.
8 BFH, Urteil v. 27.9.2001 – X R 55/98, BFH/NV 2002 S. 627, Kurzinfo StuB 2002 S. 502.
9 Vgl. *Hoffmann* in Littmann/Bitz/Pust (Hrsg.), EStG § 6 Tz. 295.
10 BFH, Urteil v. 16.2.1993 – IX R 85/88, BStBl II S. 544.
11 BFH, Urteil v. 9.5.1995 – IX R 2/94, BStBl 1996 II S. 637.
12 BFH, Urteil v. 10.6.1988 – III R 152/85, BFH/NV 1989 S. 456.
13 FG Schleswig Holstein, Urteil v. 9.8.1984 – II 284/82, EFG 1985 S. 18; BFH, Urteil v. 27.7.2000 – X R 26/97, BFH/NV 2001 S. 306.
14 BFH, Urteil v. 9.5.1995 – IX R 17/93, BFH/NV 1996 S. 114.
15 BFH, Urteil v. 1.2.1983 – VIII R 193/82, DB 1983 S. 1959.
16 BFH, Urteil v. 19.6.1991 – IX R 1/87, BStBl 1992 II S. 73.
17 BFH, Urteil v. 29.8.1989 – IX R 176/84, BStBl 1990 II S. 430.
18 BFH, Urteil v. 8.5.2001 – IX B 153/00 n.v., StuB 2001 S. 1177.
19 BFH, Urteil v. 22.1.2003 – X R 9/99, BStBl II S. 596.

161 Sofern mit aktivierungspflichtigen Erweiterungen oder Hinzufügungen eigentliche Erhaltungsaufwendungen verbunden sind, kommt eine Aktivierung Letzterer nur dann in Betracht, wenn die betreffenden Baumaßnahmen „bautechnisch“ **ineinandergreifen.**[1]

BEISPIEL[2] Durch Aufsetzen einer Dachgaube entsteht wegen Raumvergrößerung Herstellungsaufwand. Im Zuge dieses Ausbaus wird die schadhafte Dacheindeckung insgesamt erneuert. Dann sind die Ziegel, die Arbeitsleistung, das Architektenhonorar etc. auf Herstellungs- und Erhaltungsaufwand aufzuteilen.

2.2.4 Wesentliche Verbesserung

162 Am schwersten ist nach der BFH-Rechtsprechung das dritte Tatbestandsmerkmal für das Vorliegen von Herstellungskosten – die **wesentliche Verbesserung** – auszulegen.[3] Das setzt einen Vergleich des ursprünglichen mit dem neuen Zustand des Gebäudes voraus. „Ursprünglich“ meint den Zeitpunkt der Anschaffung oder Herstellung.[4]

Der BFH hat zur Systematisierung eine Dreiklasseneinteilung des Gebäudezustands „erfunden“:

- sehr einfach,
- mittel,
- Luxus.

Dabei soll „Luxus“ bei Verwendung besonders hochwertiger Materialien vorliegen, umgekehrt „sehr einfach“ bei folgenden Sachverhalten:

- unbeheiztes Bad ohne Waschbecken und ohne Fliesen,
- einfach verglaste Fenster,
- Kohleöfen.

163 „Mittel“ bleibt dabei als **negatives** Definitionsmerkmal übrig, wird daher nicht weiter beschrieben. Die BFH-Urteile und die Finanzamtsanweisungen betreffen praktisch nur Wohngebäude. Im Falle von Betriebsgebäuden, die für die HGB-Rechnungslegung in erster Linie interessant sind, dürfte sich das Problem ähnlich stellen: Die meisten Fälle liegen innerhalb des Bereichs „mittel“. Die Dreiteilung hilft somit bei der Rechtsauslegung wenig. Zur Ergänzung hat der BFH noch eine **Vermutungsregel** aufgestellt, der zufolge eine Modernisierung dann zur Erhöhung des Standards führt, wenn drei von vier Einrichtungsbereichen eine deutliche Verbesserung erfahren haben, und zwar:

- Heizung,
- Sanitär,
- Elektro und
- Fenster.

Eine wesentliche Verbesserung entsteht nicht bereits durch eine Zusammenballung von Erhaltungsaufwendungen.

1 BFH, Urteil v. 9.5.1995 – IX R 2/94, BStBl 1996 II S. 637; ähnlich IDW RS IFA 1, Tz. 16.
2 Nach BMF, Schreiben v. 18.7.2003 – IV C 3 – S 2211 – 94/03, BStBl I S. 386, unter Tz. 33 ff.; BayLfSt, Vfg. v. 6.8.2010 – S 2211.1.1-4/2 St 32, DB 2010 S. 1729.
3 Vgl. *Pezzer*, DB 1996 S. 852.
4 BFH, Urteil v. 9.5.1995 – IX R 116/92, BStBl 1996 II S. 632; so auch IDW RS IFA 1, Tz. 7.

Aus der Kasuistik der BFH-Rechtsprechung ist für die Fälle einer betrieblichen Nutzung eines Gebäudes zu Produktions- oder Handelszwecken beachtlich: Die Entfernung und Setzung von Zwischenwänden erhöht nicht für sich allein den Gebrauchswert des Hauses und bedeutet deshalb keine „wesentliche Verbesserung“.[1] 164

Nach Auffassung des IDW[2] kann eine wesentliche Verbesserung bei einer entsprechenden Verlängerung der **Nutzungsdauer** oder einer Erhöhung der **Gebäudequalität**[3] festgemacht werden. Dabei schließt es sich der „Standardisierung“ des BFH (→ Rz. 162) an. Die qualitative Verbesserung des Gebäudes wird regelmäßig dem IDW zufolge durch entsprechende Erhöhung der erzielbaren Miete bestätigt. Auszuklammern sind dabei Modernisierungen zur Erreichung eines zeitgemäßen Gebrauchskomforts. 164a

Führt die wesentliche Verbesserung zu Herstellungskosten, ist das Erfordernis einer außerplanmäßigen Abschreibung zu prüfen, wenn die Mieteinnahmen nicht entsprechend „mitziehen“[4] (→ § 253 Rz. 182). 164b

2.2.5 Anschaffungsnahe Herstellungskosten

Dieses Thema bewegt den BFH seit Langem.[5] Das dahinterstehende ökonomische Kalkül ist einfach: Im zwischen zwei unabhängigen Parteien vereinbarten Kaufpreis schlägt sich der Zustand eines Gebäudes nieder und damit der Renovierungsbedarf; je mehr Renovierungsarbeiten erforderlich sind, desto niedriger der Kaufpreis. Deshalb sind Erhaltungsaufwendungen in nahem zeitlichen Zusammenhang mit dem Erwerb „steuerlich verdächtig“. 165

In einer Urteils-Trilogie vom 14.6.2016[6] hat der BFH den Inhalt der anschaffungsnahen Herstellungskosten vor dem Hintergrund von § 6 Abs. 1 Nr. 1a Satz 1 EStG weiterführend gegenüber der bisherigen Rechtsprechung präzisiert. Danach gilt zusammengefasst Folgendes: Herstellungskosten sind steuerlich anzunehmen, wenn innerhalb von drei (Kalender-)Jahren seit der Anschaffung Reparaturaufwendungen von mehr als 15 % der Gebäudeanschaffungskosten anfallen. Dabei folgt der Begriff **„Gebäude“** der „Zerlegung“ aus steuersystematischen Gründen (→ § 266 Rz. 31). Wenn also z. B. ein Gebäude im Erdgeschoss gewerblich und im Obergeschoss zur privaten Vermietung genutzt wird, sind die anschaffungsnahen Herstellungskosten bzw. die 15 %-Grenze nach Maßgabe dieser Zweiteilung je einzeln zu definieren. Hierbei kommt es bzgl. der Frage, ob das Gebäude aus mehreren Wirtschaftsgütern besteht, nicht auf die frühere Nutzung durch den Veräußerer oder die ursprünglich vom Erwerber beabsichtigte Nutzung an, sondern auf die tatsächliche Nutzung nach Durchführung der Maßnahmen.[7]

§ 6 Abs. 1 Nr. 1a Satz 1 EStG normiert eine Aktivierungspflicht vorgehend vor den sonst zu beachtenden Kriterien des Erhaltungs- und Reparaturaufwandes. Anders ausgedrückt: Sonst – also ohne Anschaffungsvorgang – sofort abzugsfähige bzw. Aufwand darstellende Betriebsausgaben werden zur Aktivierung herangezogen. Im Zeitverlauf ist die **Drei-Jahres-Frist** Tag genau zu rechnen, die Instandsetzungs- und Modernisierungsmaßnahme im Sinne dieser Rechts-

1 BFH, Urteil v. 3.12.2002 – IX R 64/99, BStBl 2003 II S. 590, Kurzinfo StuB 2003 S. 225.

2 IDW RS IFA 1, Tz. 11.

3 IDW RS IFA 1, Tz. 12 f.

4 IDW RS IFA 1, Tz. 22.

5 Vgl. für einen Überblick über die jüngere Rechtsprechung zu den anschaffungsnahen Herstellungskosten *Weiss*, BB 2019 S. 363 ff.

6 BFH, Urteile v. 14.6.2016 – IX R 25/14, IX R 15/15 und IX R 22/15.

7 FG Nürnberg, Urteil v. 15.7.2020 – 3 K 1215/19, rkr.

form muss innerhalb dieses Drei-Jahres-Zeitraums tatsächlich **durchgeführt,** nicht aber abgeschlossen oder abgerechnet sein.[1] Im Gegensatz zur älteren Rechtsprechung wird damit für die Einbeziehung von Schönheitsreparaturen in die anschaffungsnahen Aufwendungen nicht mehr ein enger räumlicher, zeitlicher und sachlicher Zusammenhang mit der Instandsetzung oder der Modernisierung verlangt. Es genügt neben dem zeitlichen Zusammenhang der **objektbezogene** Zusammenhang (also z. B. das Gebäude insgesamt) für die Einbeziehung (der Schönheitsreparaturen) in die anschaffungsnahen Herstellungskosten. Interpretationsbedürftig erscheint Satz 2 der zitierten Rechtsnorm, wonach Erweiterungsaufwendungen sowie Erhaltungsarbeiten, die jährlich üblicherweise anfallen, nicht als Aufwendungen i. S. des Satzes 2 (also anschaffungsnahe Herstellungskosten) gelten. Dabei überrascht zunächst die Einbeziehung von Erweiterungen, weil diese ja ohnehin aktivierungspflichtig sind (→ Rz. 159). Gemeint ist: Die Erweiterungen (wie auch die Erhaltungsaufwendungen) gelten nicht als Anschaffungskosten i. S. der 15 %-Grenze.[2]

Der BFH hat die Anwendung der steuerlichen Regelung auch für unvermutet angefallene Kosten bejaht. Auch unvermutete Aufwendungen für Renovierungsmaßnahmen, die lediglich dazu dienen, Schäden zu beseitigen, welche aufgrund des langjährigen vertragsgemäßen Gebrauchs der Mietsache durch den Nutzungsberechtigten entstanden sind, führen unter den weiteren Tatbestandsvoraussetzungen des § 6 Abs. 1 Nr. 1a EStG zu anschaffungsnahen Herstellungskosten. Dies gilt auch, wenn im Rahmen einer solchen Renovierung „verdeckte“, d. h. dem Steuerpflichtigen im Zuge der Anschaffung verborgen gebliebene, jedoch zu diesem Zeitpunkt bereits vorhandene Mängel behoben werden.[3] **Handelsrechtlich** wird man dem nicht zwingend folgen müssen. Vertretbar ist folgende Differenzierung: Offene Mängel finden im Kaufpreiskalkül Berücksichtigung; deren zeitnahe Beseitigung hat daher den Charakter des Substituts eines sonst anfallenden Kaufpreises, also auch sonst aktivierungspflichtiger Kosten. Verdeckte Mängel haben keinen solchen Substitutcharakter und sind daher nicht zu aktivieren.

Das IDW[4] folgt für **handelsbilanzielle** Zwecke nicht genau den Vorgaben des § 6 Abs. 1a EStG; es soll bei hohen Aufwendungen auf das Gebäude im Gefolge einer Anschaffung eine Einzelbetrachtung durchgeführt werden, ob und inwieweit in casu ein aktivierungspflichtiger Vorgang anzunehmen ist. Anders ausgedrückt: Man will sich hier nicht festlegen, sondern die Entscheidung des Bilanzierers im Einzelfall offenlassen. Der BFH grenzt sich in den zitierten drei Urteilen mehrfach von der handelsrechtlichen Sicht der Dinge ab („unabhängig von ihrer handelsrechtlichen Einordnung“). Unseres Erachtens ist handelsbilanziell nicht zwingend die Typisierung mit 15 % der Anschaffungskosten abzulehnen. Sie eröffnet einen Anhaltspunkt, dem man folgen kann oder nicht; in der praktischen Bilanzierung ist deshalb die steuerbilanzielle Sicht auch in die Handelsbilanz übernehmbar.[5]

Bei Anschaffungsersatztatbeständen, so etwa bei Entnahme, tritt für Zwecke der Anwendung von § 6 Abs. 1 Nr. 1a EStG evtl. der Ersatzwert (z. B. bei Entnahme der Teilwert) an die Stelle der Anschaffungskosten.[6]

1 So Erlass der Senatsverwaltung für Finanzen von Berlin v. 20.11.2012, DB 2013 S. 372; so auch *Schießl*, DB 2016 S. 719.

2 Eine Übergangsregelung zur vorstehenden Rechtsprechung enthält BMF, Schreiben v. 20.10.2017 – IV C 1 - S 2171-c/09/10004 :006.

3 BFH, Urteil v. 13.3.2018 – IX R 41/17, BStBl 2018 II S. 533 und BFH, Urteil v. 9.5.2017 – IX R 6/16 BStBl 2018 II S. 9.

4 IDW RS IFA 1.

5 Ähnlich *Hoffmann*, in DStR 2016 S. 2273.

6 FG Köln, Urteil v. 25.2.2021 – 11 K 2686/18, Rev. eingelegt (Az. BFH IX R 7/21).

2.2.6 Komponentenansatz

166 Der Komponentenansatz zur Festlegung der Abschreibungsdauer (→ § 246 Rz. 70) zeitigt Folgeeffekte auf die Abgrenzung von Erhaltungs- und Herstellungsaufwand (→ § 246 Rz. 71). Beim Ersatz einer Komponente (Abgang) durch eine neue ist Herstellungsaufwand anzunehmen,[1] der nach herkömmlicher Betrachtung Erhaltungsaufwand wäre.

BEISPIEL ▸ Wird nach dem Beispiel des IDW[2] eine grundlegende Dachsanierung (→ § 246 Rz. 66) durchgeführt, ist diese nach dem Komponentenansatz mit dem Dach als „Komponente" Herstellungskosten zu aktivieren; anders bei Behandlung des gesamten Gebäudes als einheitlich abzuschreibender Vermögensgegenstand: dann Erhaltungsaufwand.

Die Kriterien für das Vorliegen von Herstellungskosten gegenüber Erhaltungsaufwand (→ Rz. 156) wären im Rahmen des Komponentenansatzes neu zu bestimmen, was kaum möglich erscheint.[3] Widersprüchlich wirkt auch der Hinweis des IDW auf die nicht mögliche separate Abschreibung und damit Aktivierung von **Großreparaturen** im Vergleich zum Gebäude als eigenständigem Abschreibungsobjekt, denn beim Ersatz eines Dachs handelt es sich eo ipso um eine Großreparatur.

2.2.7 Baumängel

166a Die Herstellung von Gebäuden, insbesondere ausgestattet mit hochwertiger Technik, ist häufig von mangelhafter Ausführung gekennzeichnet. Das beginnt mit einer fehlerhaften oder unvollständigen Planung, setzt sich mit statischen Nachbesserungen über nachbarschaftsrechtliche Einwendungen bis zu fehlerhaften Ausbauarbeiten fort. Bei solchen Aufwendungen handelt es sich um **Einzelkosten** für Material und Fertigung (→ Rz. 129). Anders als für Gemeinkosten gilt hier keine „Angemessenheitsgrenze" (→ Rz. 130). Die Auffassung des BFH ist:[4]

- Auch Schlechtleistungen stellen Herstellungskosten dar.
- Ein Ungleichgewicht zwischen Leistung und Gegenleistung berührt nicht den Charakter der Aufwendungen als Herstellungskosten.
- Es muss lediglich eine dem Herstellungsvorgang zuzurechnende Leistung tatsächlich erbracht worden sein.
- Ob diese Leistung vertragsgemäß oder mangelhaft ist, bleibt unerheblich.
- Ebenso sind Zahl und Gewicht der Mängel ohne Bedeutung.
- Auch überflüssige Baumaßnahmen zählen zu den Herstellungskosten.
- Lediglich Vorauszahlungen, denen wegen Insolvenz des Empfänger-Handwerkers keine Leistung gegenübersteht, gehören nicht zu den Herstellungskosten.

Die beiden Urteile des BFH sind zu Gebäuden im steuerlichen Privatvermögen ergangen, ihnen liegt indes der Herstellungskostenbegriff des § 255 Abs. 2 HGB zugrunde. Deshalb sind diese Urteile auch zur Bestimmung des Herstellungsumfangs in Bilanzierungsfällen anzuwenden. Eine außerplanmäßige Abschreibung (→ § 253 Rz. 178) ist nach Maßgabe der Herstellungskos-

---

1 So wohl auch IDW RS IFA 1, Tz. 20: „Austausch wesentlicher physischer Substanz".

2 IDW HFA RH 1.016, Tz. 5 bis 7.

3 Vgl. *Herzig et al.*, WPg 2010 S. 567. Dafür *Husemann*, WPg 2010 S. 510.

4 BFH, Urteil v. 30.8.1994 – IX R 23/92, BStBl 1995 II S. 306; BFH, Urteil v. 31.3.1992 – IX R 164/87, BStBl 1992 II S. 805; dazu auch *Lüdenbach*, StuB 2014 Heft 1.

ten eines identischen Bauwerks vorzunehmen, u. E. auch eine (steuerliche) Teilwertabschreibung (→ § 253 Rz. 187).

3. Beteiligungen an Tochtergesellschaften

3.1 Anschaffungskosten ohne Anschaffung?

167 Folgt man den Abgrenzungsmerkmalen für Anschaffung und Herstellung (→ Rz. 10 und → Rz. 122), liegt zweifellos ein Anschaffungsvorgang beim **derivativen** Erwerb einer bestehenden Beteiligung vor. Als Anschaffungskosten gelten dabei der Kaufpreis einschließlich ggf. Erwerbskosten, u. E. auch Beratungskosten, soweit sie den Vertragsabschluss selbst betreffen, nicht aber die Beratung im Vorfeld der Erwerbsentscheidung (→ Rz. 31). Anders verhält es sich bei der **Neugründung** einer Tochtergesellschaft (→ Rz. 12). Eine Anschaffung kann hier nicht vorliegen, denn es besteht ja ein solcher Vermögensgegenstand noch gar nicht (→ Rz. 12). Als Zugangsbewertungsmaßstab verbleiben dann nur die **Herstellungskosten.**[1] Die h. M. ist dieser begrifflich zwingenden Gesetzesauslegung nicht gefolgt, auch nicht die BFH-Rechtsprechung.[2] Allerdings sind auch gegenteilige Auffassungen im Schrifttum festzustellen.[3] Kapital**erhöhungen** bei der Tochtergesellschaft durch Einlagen der Muttergesellschaft führen allgemeiner Auffassung zufolge zu nachträglichen (→ Rz. 47) Anschaffungskosten.

3.2 Sanierungsmaßnahmen bei Kapitalgesellschaften

168 Bei der **Zugangsbewertung** mag diese unterschiedliche Auffassung ohne Belang sein. Anders verhält es sich in der Folge, insbesondere wenn sog. verdeckte Einlagen in **Sanierungsabsicht** bei der Tochtergesellschaft getätigt werden. Hier liegen Anschaffungskosten nicht vor, da nichts angeschafft wird; das gilt auch für die sog. nachträglichen Anschaffungskosten, weil diese final auf den Erwerbsvorgang gerichtet sein müssen (→ Rz. 47). Gleichwohl spricht der BFH in solchen Fällen regelmäßig von nachträglichen Anschaffungskosten, wobei der Maßgeblichkeitsgrundsatz bei verdeckten Einlagen nicht gelten soll.[4] Sanierungszuschüsse sind dem BFH zufolge immer zu aktivieren; eine Teilwertabschreibung kann nur für die Beteiligung insgesamt erfolgen.[5]

169 Handelsrechtlich bietet sich bei einschlägigen Sanierungsmaßnahmen – Barzuschuss, Forderungsverzicht – eine **Analogie** zur BFH-Rechtsprechung zu den Sanierungsmaßnahmen bei **Gebäuden** an (→ Rz. 158 ff.). Nur bei wesentlicher Verbesserung (→ Rz. 162) kann von einer (Zusatz-)Herstellung ausgegangen werden. Demgegenüber sind werterhaltende Maßnahmen bei Tochtergesellschaften – d. h. regelmäßig die Beseitigung einer Überschuldung – als Erhaltungsaufwand zu verbuchen.

Die darstellungstechnische Folgerung für die Annahme von Erhaltungsaufwand bei Sanierungsmaßnahmen für Tochtergesellschaften besteht in der **direkten Aufwandsverrechnung.** Eine Einbuchung in das Anlagegitter als Zugang mit gleichzeitiger Abschreibung kommt daher nicht in Betracht (→ § 268 Rz. 92).

---

1 So der Denkanstoß von *Goerdeler/Müller*, WPg 1980 S. 320.

2 BFH, Beschluss v. 9.6.1997 – GrS 1/94, BStBl 1998 II S. 307.

3 Vgl. *Goerdeler/Müller*, WPg 1980 S. 319 f.; *Wichmann*, DB 2016 S. 2496, *Hoffmann* in FS *Welf Müller*, S. 631 ff.

4 BFH, Beschluss v. 9.6.1997 – GrS 1/94, BStBl 1998 II S. 307.

5 BFH, Urteil v. 7.6.2014 – X R 19/11, n.v.

Die vorstehend kurz skizzierte Rechtslage nach Steuerrecht gilt nicht für die **Personenhandelsgesellschaft** wegen deren besonderen Steuerstatuts. Handelsrechtlich ist nicht zwischen Kapital- und Personenhandelsgesellschaften zu differenzieren.

Aus der **BFH-Rechtsprechung** zu einschlägigen Bilanzierungsfällen (nicht zu den Fällen nach § 17 EStG) lässt sich folgende Übersicht zusammenstellen:[1] 170

- „Anlaufverluste einer GmbH rechtfertigen bei dem Alleingesellschafter eine Teilwertabschreibung auf die GmbH-Beteiligung u. a. dann nicht, wenn der Gesellschafter zur Beseitigung dieser Verluste und zur Erreichung einer künftigen Rentabilität der GmbH erhebliche neue Mittel (Forderungsverzichte und Kapitalerhöhung) zuführt. Der Teilwert ist anders zu beurteilen, wenn Maßnahmen zur Gewährleistung einer künftigen Rentabilität ergriffen worden sind. Der BFH entscheidet dann auf ‚zusätzliche Anschaffungskosten'."[2]
- „Erlässt der Alleingesellschafter einer GmbH aus gesellschaftsrechtlichen Gründen dieser eine Schuld, so ist der Verzicht auf die Forderung einer gesellschaftsrechtlichen Einlage gleich zu achten." „Dabei wirkt sich der Erlass nicht vermögensmindernd aus, da er den Wert der Beteiligung erhöhte." „Der Verzicht auf die Forderung stellt bei der Steuerpflichtigen einen aktivierungspflichtigen Aufwand auf die Beteiligung dar."[3]
- Der BFH betont entscheidungserheblich, dass Beteiligungen an der und Forderungen an die Gesellschaft zwei verschiedene Wirtschaftsgüter darstellen. Daraus wird man ein gewichtiges Gegenargument gegen eine schlichte „Umbuchung" von Forderung auf Beteiligung im Falle eines Forderungsverzichts ableiten können.[4]
- „Die Vermutung, dass sich der Teilwert eines Wirtschaftsguts im Zeitpunkt seiner Anschaffung oder Herstellung mit den Anschaffungs- oder Herstellungskosten deckt, gilt nicht ohne Weiteres für zusätzliche Anschaffungskosten in Gestalt verdeckter Einlagen bei Kapitalgesellschaften" (Leitsatz). Zum Sachverhalt führt der BFH aus: „Der Wert der Geschäftsanteile der GmbH war durch die Verluste der GmbH gesunken. Eine Besserung der Geschäftslage der GmbH war nicht zu erwarten. Nach den Feststellungen des Finanzgerichts verzichtete die Klägerin auf die Pachtzinsforderungen nicht, um die Rentabilität der GmbH wieder herzustellen, sondern lediglich, um den Konkurs abzuwenden."[5]
- „Verwendet der Gesellschafter einer Kapitalgesellschaft eine Forderung gegen diese als Sacheinlage, erhöht sich der Buchwert der ihm zustehenden Beteiligung um den gemeinen Wert der Forderung." Begründung: Es liegt ein Tausch von Wirtschaftsgütern vor, „bei dem der gemeine Wert der hingegebenen Wirtschaftsgüter maßgebend ist". Der gemeine Wert der Forderung lag im Streitfall unter dem Nennwert.[6]
- „Verdeckte Einlagen bei Kapitalgesellschaften führen nicht zwingend zu einer Erhöhung des Werts der Beteiligung … Liegen Anhaltspunkte für eine drohende Konkursgefahr der Kapitalgesellschaft vor, so liegt die Notwendigkeit einer Teilwertabschreibung auf die Beteiligung im Bereich des Möglichen."[7]

1 Nach *Hoffmann* in Littmann/Bitz/Pust (Hrsg.), EStG, § 6 Tz. 565, dort sind auch weiterführende Hinweise zur Steuerrechtslage zu finden.
2 BFH, Urteil v. 29.5.1965 – IV 49/65 U, BStBl III S. 503.
3 BFH, Urteil v. 29.5.1968 – I 187/65, BStBl II S. 722.
4 BFH, Urteil v. 31.1.1973 – I R 197/70, BStBl II S. 391.
5 BFH, Urteil v. 9.3.1977 – I R 203/74, BStBl II S. 515.
6 BFH, Urteil v. 25.1.1984 – I R 183/81, BStBl II S. 422.
7 BFH, Urteil v. 24.10.1986 – VIII S 11/86, BFH/NV 1987 S. 298; zur Begründung bezieht sich der VIII. Senat auf das BFH, Urteil v. 9.3.1977 – I R 203/74, BStBl II S. 515.

- Die Verlustübernahmen bei missglückter Organschaft sind „in der Regel als nachträgliche Anschaffungskosten für die Beteiligung ... zu aktivieren". Die Verluste „können Gegenstand einer Teilwertabschreibung ... sein".[1]
- Bilanzierung des Sanierungszuschuss an eine Tochtergesellschaft bei der Muttergesellschaft. Nach Auffassung des BFH „führen verdeckte Einlagen zu nachträglichen Anschaffungskosten für die Beteiligung, die auf dem Beteiligungskonto zu aktivieren sind". Der VIII. BFH-Senat setzt sich mit dem Urteil[2] auseinander, wonach gleichzeitige Abschreibungen auf den niedrigeren Teilwert nicht ausgeschlossen sind.[3]
- Die Bürgschafts-Inanspruchnahme des Verpächter-Gesellschafters für seine Betriebs-Kapitalgesellschaft im Rahmen einer Betriebsaufspaltung führt zu nachträglichen Anschaffungskosten auf die Beteiligung. Eine Teilwertabschreibung kommt in Betracht.[4]
- Leistet ein Gesellschafter, der sich für Fremdverbindlichkeiten der Gesellschaft verbürgt hat, eine Einzahlung in die Kapitalrücklage der Gesellschaft, um der Gesellschaft die Bedienung der Fremdverbindlichkeit zu ermöglichen und damit für sich die Inanspruchnahme als Bürge zu vermeiden, führt dies zu nachträglichen Anschaffungskosten auf seine Beteiligung.[5]
- Der Verzicht des Gesellschafters auf eine Forderung gegen die GmbH führt zu nachträglichen Anschaffungskosten auf die Beteiligung in Höhe des Forderungswerts.[6]
- Der Forderungsverlust des Verpächter-Gesellschafters bei einer Betriebsaufspaltung führt nicht zu Anschaffungskosten auf die Beteiligung.[7]

Die vorstehende Rechtslage ist durch das BFH-Urteil vom 11.7.2017 – IX R 36/15 größtenteils überholt. Zwar betrifft das Urteil keinen bilanzierenden Gesellschafter, sondern einen nach § 17 EStG Beteiligten. Der Senat betont aber – anders als die frühere Rechtsprechung bzw. deren Interpretation –, dass auch für § 17 EStG der handelsrechtliche Anschaffungskostenbegriff des § 255 Abs. 1 HGB gilt. Das Urteil hat somit auch Bedeutung für die Bilanzierung. Der Senat hält Folgendes fest:

- Mit dem Wegfall von § 32a GmbHG durch das MoMiG (2008) ist die Grundlage entfallen, auf der Basis des Eigenkapitalersatzrechts den Ausfall in der Krise gewährter Darlehen oder die Inanspruchnahme von in der Krise gewährten Bürgschaften als nachträgliche Anschaffungskosten der Beteiligung zu aktivieren.
- Nachträgliche Anschaffungskosten der Beteiligung können i. d. R. nur solche Aufwendungen des Gesellschafters sein, die nach handels- und bilanzsteuerrechtlichen Grundsätzen zu einer offenen oder verdeckten Einlage in das Kapital der Gesellschaft führen, also etwa Nachschüsse i. S. der §§ 26 ff. GmbHG oder sonstige Zuzahlungen nach § 272 Abs. 2 Nr. 4 HGB wie Einzahlungen in die Kapitalrücklage, Barzuschüsse oder der Verzicht auf noch werthaltige Forderungen.

1 BFH, Urteil v. 16.5.1990 – I R 96/88, BStBl II S. 797.
2 BFH, Urteil v. 9.3.1977 – I R 203/74, BStBl II S. 515.
3 BFH, Urteil v. 18.12.1990 – VIII R 158/86, BFH/NV 1992 S. 15 = BB 1992 S. 401.
4 BFH, Urteil v. 9.1.1986 – VIII R 159/85, BStBl 1987 II S. 257.
5 BFH, Urteil v. 20.7.2018 - IX R 5/15, BFH/NV 2019 S. 71 = StuB 2018 S. 885.
6 BFH, Urteil v. 29.7.1997 – VIII R 57/94, BB 1997 S. 2638.
7 BFH, Urteil v. 18.12.2001 – VIII R 27/00, BFH/NV 2002 S. 581, Kurzinfo StuB 2002 S. 344; entgegen dem vorstehend zitierten BFH, Urteil v. 9.1.1986 – VIII R 159/85, BStBl 1987 II S. 257.

- Vom Gesellschafter gewährte Darlehen (Fremdkapitalfinanzierungen) führen nur dann zu nachträglichen Anschaffungskosten, wenn sie aufgrund entsprechender vertraglicher Abreden mit einer Einlage vergleichbar sind. Dies kann insbesondere bei der Vereinbarung eines Rangrücktritts der Fall sein.
- Die bisherigen Grundsätze sind allerdings aufgrund von Vertrauensschutz weiter anzuwenden, wenn der Gesellschafter eine „eigenkapitalersetzende" Finanzierungshilfe bis zum Tag der Veröffentlichung des Urteils (27.9.2017) geleistet hat oder die Hilfe bis zu diesem Tag „eigenkapitalersetzend" geworden ist.[1]

Zur bilanziellen Abbildung von Sanierungsmaßnahmen bei der (Kapital-)**Gesellschaft** wird verwiesen auf → § 246 Rz. 94 ff.

3.3 Kapitalrückzahlung (negative Anschaffungskosten)

Eine Kapitalrückzahlung von der Gesellschaft an die Gesellschafter ist zu **unterscheiden** von Dividenden, die aus von der Gesellschaft erwirtschafteten Gewinnen gespeist werden. Kapitalrückzahlungen können auf folgenden Vorgängen bei der Tochter-Kapitalgesellschaft (zu Personenhandelsgesellschaften → Rz. 180) beruhen: 171

- Liquidation (→ Rz. 172),
- Kapitalherabsetzung (→ Rz. 173),
- Rückzahlung aus der Kapitalrücklage (→ Rz. 174).

Bei der **Liquidation** handelt es sich bilanzrechtlich um einen **Abgang** des Bilanzpostens, sobald der Liquidationserlös ausgekehrt wird. Häufig – bei Auflösung der Gesellschaft durch Insolvenz – gibt es keinen oder nur einen minimalen Erlös. So oder so ist dieser (Null-)Erlös dem Restbuchwert der Beteiligung gegenüberzustellen, um daraus den **Abgangserfolg** zu ermitteln. Dem ist in der Grundstruktur auch **steuerlich** zu folgen, allerdings mit den aus dem Teileinkünfteverfahren resultierenden Besonderheiten, insbesondere aus § 8b EStG bzw. § 3 Nr. 40 und § 3c Abs. 2 EStG sowie § 20 Abs. 1 Nr. 2 EStG. 172

Die **Kapitalherabsetzung** führt in der Bilanz der Anteilseigner zu einem **Teilabgang.** Der Gewinn/Verlust daraus ergibt sich durch Saldierung des anteiligen Buchwerts der Beteiligung mit dem ausgekehrten Betrag. Dem ist auch steuerlich zu folgen[2] unter Beachtung der in → Rz. 172 genannten Besonderheiten. 173

Die Rückzahlung aus der **Kapitalrücklage** kann bei einer Kapitalgesellschaft rechtstechnisch nur durch eine Dividende/Gewinnausschüttung erfolgen. Wirtschaftlich vermischt sich dabei der in der Dividende regelmäßig erzielte Gewinn der Gesellschaft (→ Rz. 170) mit früheren Einlagen der Gesellschafter. Der Dividende ist ihr diesbezüglicher Inhalt bei nicht ganz einfachen Verhältnissen nicht anzusehen. Deshalb wird im Schrifttum die Behandlung der Kapitalrücklage, die sich in der Dividende verbirgt, als Kapitalrückzahlung eher abgelehnt.[3] Zu prüfen ist dabei allerdings das Erfordernis einer außerplanmäßigen Abschreibung auf den Beteiligungsbuchwert wegen eines gesunkenen Wiederbeschaffungswerts (→ § 253 Rz. 182). Zu Einzelheiten vgl. → Rz. 51a. 174

1 Ausführlich zum Urteil v. 11.6.2017: *Schießl*, StuB 2017 S. 765. Zu Übergangsregelungen: BMF v. 5.4.2019 – IV C 6 – S 2244/17/10001.

2 BFH, Urteil v. 14.10.1992 – I R 1/91, BStBl 1993 II S. 189.

3 So ausführlich begründet durch *Müller*, DB 2000 S. 533; differenzierend: *Schubert/ Hutzler* in Beck'scher Bilanz-Kommentar, 13. Aufl. 2022, § 255 Tz. 151; a. A. *ADS*, 6. Aufl., § 253 Tz. 48.

Steuerlich besteht eine Besonderheit, wenn in dieser Dividende eine Entnahme aus dem **Einlagekonto** nach § 27 KStG enthalten ist. Dann ist in Abweichung vom Handelsbilanzrecht erfolgsneutral der auf den Anschaffungskosten beruhende Beteiligungsansatz zu kürzen; wenn die Verwendung des Einlagekontos betragsmäßig den Buchwert der Beteiligung übersteigt, ist der überschießende Betrag als Betriebseinnahme zu verwenden.[1] Sie unterliegt nicht der Steuerfreistellung nach § 8b Abs. 1 KStG.[2]

3.4 Besonderheiten bei Personenhandelsgesellschaften

3.4.1 Zugangsbewertung

175 Für Beteiligungen an Personenhandelsgesellschaften wertet das IDW[3] die **Anschaffungskosten** als Maßstab für die Zugangsbewertung. Eine solche soll sowohl bei Neugründung als auch beim Erwerb von dritter Seite vorliegen. Eingeforderte Einlagen sind als Resteinzahlungsverpflichtung zu berücksichtigen. Nicht eingeforderte Einlagen dürfen dagegen nicht angesetzt werden; es bedarf dann u.U. einer Anhangangabe nach § 285 Nr. 3a EStG. Kapital**erhöhungen** durch Einlagen führen zu nachträglichen (→ Rz. 167) Anschaffungskosten, Kapitalherabsetzungen zu negativen (→ Rz. 171) Anschaffungskosten. Im Falle von Sacheinlagen wird das Wahlrecht für Tauschgeschäfte (→ Rz. 62) als richtig erachtet. Die Haftsumme des Kommanditisten (Handelsregistereintrag) ist auch aus der Sicht der Beteiligung ohne bilanzielle Bedeutung (→ § 246 Rz. 156). Bei einer Inanspruchnahme aus der Haftsumme wächst dem Kommanditisten eine Forderung gegen die Gesellschaft zu, die u. E. in der Bilanz des Kommanditisten regelmäßig als Sanierungsbeitrag zu werten (→ Rz. 168) und als Aufwand zu behandeln ist.[4] Für Beteiligungen als **stiller Gesellschafter** (→ § 266 Rz. 52) gelten ebenfalls die Anschaffungskosten als Maßstab für die Zugangsbewertung.

3.4.2 Gewinnbezugsrecht

176 Differenzierend zu betrachten ist das Problem, ob ein Gewinnanspruch des Gesellschafters – insbesondere des (bilanzierenden) **Kommanditisten** bei übereinstimmendem Geschäftsjahr – noch in alter Rechnung zu vereinnahmen ist oder nicht. Das IDW[5] bejaht dies, obwohl der Anspruch des Gesellschafters auf den Gewinnanteil rechtlich erst mit der Feststellung des Jahresabschlusses entsteht. Dazu genügt nach dem „Otto"-Urteil des BGH ein Mehrheitsbeschluss; es bedarf somit entgegen früherer BGH-Rechtsprechung nicht einer Zustimmung aller Gesellschafter wegen des angenommenen Grundlagengeschäfts.[6] Das IDW stützt seine Auffassung für eine phasengleiche Vereinnahmung des rechtlich noch nicht entstandenen Anspruchs auf eine **„gebotene wirtschaftliche Betrachtungsweise"**.[7] Was hier unter „wirtschaftlich" zu verstehen ist, wird nicht erläutert. Bemerkenswerterweise hatte sich das IDW auch für die Dividendenvereinnahmung in phasengleicher Form nach IAS 18 auf eine von der Standardvorgabe

1 BFH, Urteil v. 14.10.1992 – I R 1/91, BStBl 1993 II S. 189; BFH, Urteil v. 16.3.1994 – I R 70/92, BStBl II S. 522.

2 So wohl die h. M., z. B. *Gosch* in Gosch (Hrsg.), § 8b KStG, Tz. 106; bestätigt durch BFH, Urteil v. 28.10.2009 – I R 116/08, BFH/NV 2010 S. 549, mit kritischer Anmerkung von *Prinz, M.*, FR 2010 S. 580.

3 IDW RS HFA 18, Tz. 7 und 11.

4 Ähnlich IDW RS HFA 18, Tz. 11, der allerdings eine Aktivierung als Einlage dann für zutreffend erachtet, wenn die Leistung nach dem Gesellschaftsvertrag zu erbringen ist.

5 IDW RS HFA 18, Tz. 12 ff.

6 So noch BGH, Urteil v. 29.3.1996 – II ZR 263/94, BB 1996 S. 1105; anders nun BGH, Urteil v. 15.1.2007 – II ZR 245/05, DStR 2007 S. 494 („Otto").

7 So wohl auch *von Kanitz*, WPg 2007 S. 58.

abweichende **wirtschaftliche** Betrachtungsweise gestützt und musste im Nachhinein davon **abrücken.**[1] Dabei ist der *„Substance over form"*-Gedanke („wirtschaftliche Betrachtungsweise") nach IFRS allgemeiner Auffassung zufolge weitaus stärker ausgeprägt als nach HGB. Wieso die Gewinnvereinnahmung des von der Tochter-Personenhandelsgesellschaft im alten Jahr erzielten Gewinnanteils noch im alten Jahr „wirtschaftlich" geboten und umgekehrt im neuen Jahr als „unwirtschaftlich" zu unterbleiben hat, bleibt ungeklärt.

Gegen die Auffassung des IDW – generell zwingende periodengleiche Vereinnahmung des Gewinnanteils – spricht der Rechtscharakter der **Feststellung** (→ § 245 Rz. 123) eines Jahresabschlusses. Die vom IDW herangezogenen Gesetzespassagen[2] (§§ 120–122, 161 Abs. 2, 167 und 169 HGB) sind vor dem Hintergrund der zwingenden Feststellung des Jahresabschlusses zu interpretieren. Erst **nach** Feststellung kann der Gesellschafter über seinen Gewinnanteil verfügen. Der **aufgestellte** Jahresabschluss ist nicht rechtsverbindlich, er kommt einem Entwurf gleich. Bis zur Feststellung ist der Jahresabschluss im Rechtssinne nicht vorhanden – das ist allgemeine Auffassung im Schrifttum zum Recht der Kapitalgesellschaften.[3] Für Personenhandelsgesellschaften kann nichts anderes gelten (→ § 264c Rz. 33).[4] Der BGH hat im zitierten (→ Rz. 176) „Otto"-Urteil diese Frage gar nicht problematisiert, d. h. implizit – „gesetzlich vorgeschrieben" – die inhaltliche Identität der Feststellung bei Kapital- und Personenhandelsgesellschaften bestätigt. Dort wird auch die Feststellung explizit als ein Gesellschafterbeschluss dargestellt, und zwar unabhängig von einer entsprechenden Passage im Gesellschaftsvertrag. Wie bei einer Kapitalgesellschaft ist das Feststellungserfordernis bei der Personenhandelsgesellschaft Ausfluss zwingenden Rechts. Die Rechtslage ist insoweit auch ohne entsprechende gesellschaftsvertragliche Regelung identisch mit derjenigen vom IDW für die Kompetenz der Gesellschafterversammlung dargelegten. 177

Das IDW[5] wertet die **Feststellung** des Jahresabschlusses bei fehlender gesellschaftsvertraglicher Regelung aus Sicht des bilanzierenden Gesellschafters als **werterhellend.** Unseres Erachtens ist sie als zwingender Rechtsakt **wertbegründend** (→ § 252 Rz. 150 ff.) wie alle Ereignisse nach dem Bilanzstichtag, die Rechtsverhältnisse in die Welt setzen. Die Feststellung ist durch einen **Gewinnverwendungsbeschluss** zu ergänzen, in dem den einzelnen Gesellschaftern ihr Rechtsanspruch auf den Gewinnanteil zuzuweisen ist.[6] Demgegenüber lässt das IDW nach dem gesetzlichen Regelstatut auch einen von den Geschäftsführern (genannt persönlich haftende Gesellschafter) aufgestellten Jahresabschluss als Grundlage der Realisation des Gewinnanteils genügen, wenn aus deren Sicht der Abschluss verbindlichen Charakter hat,[7] der durch Unterzeichnung des Jahresabschlusses zu dokumentieren ist. Diese Formvorgaben können indes dem Rechtsakt der Feststellung nicht vorgreifen, weil sonst diese rechtsbegründende Funktion (→ § 264c Rz. 33) außer Kraft gesetzt würde. Im gesetzlichen Regelstatut ist durch die BGH-Rechtsprechung („Otto") die Feststellung als gesetzliche Grundlage des Abschluss-Procederes erkannt worden. Jedenfalls soll dieser (vorläufige) Abschluss einen Mindestgewinnanteil des Gesellschafters definieren, der auch ohne Feststellung des Jahresabschlusses beim Gesellschafter vereinnahmt werden **darf** (Wahlrecht). 178

1 Vorbemerkung zu RS HFA 2 n. F.; vgl. dazu *Lüdenbach*, PiR 2007 S. 233.
2 IDW RS HFA 18, Tz. 13 ff.
3 Zum Beispiel *ADS*, 6. Aufl., § 42a GmbHG.
4 RIC 3, Tz. 21.
5 IDW RS HFA 18, Tz. 15 ff.
6 BGH, Urteil v. 15.1.2007 – II ZR 245/05, DStR 2007 S. 494 („Otto").
7 IDW HFA RS 18, Tz. 15.

179 Die unter → Rz. 178 dargestellte Rechtslage zur Vereinnahmung von Gewinnanteilen soll sich dem IDW[1] zufolge im Rahmen der Gewinnverwendung durch die **Gesellschafterversammlung** anders verhalten als nach dem gesetzlichen Regelstatut. Diese Differenzierung **verkennt** den Charakter der Feststellung eines Jahresabschlusses durch Mehrheitsbeschluss der Gesellschafter (wie bei einer Kapitalgesellschaft).[2] Mit oder ohne gesellschaftsvertragliche Grundlage bedarf es zur Rechtswirksamkeit des Jahresabschlusses einer Feststellung (→ Rz. 178), derzufolge eine Gewinnzuweisung (Ausschüttung) an die Gesellschafter erfolgen kann.

Entsprechend kann bei **Rücklagendotierung** dem IDW zufolge insoweit kein Gewinnanteil beim Gesellschafter aktiviert werden. Eine solche Rücklagendotierung ist durch Mehrheitsbeschluss der Gesellschafterversammlung auch ohne gesellschaftsrechtliche Vorgabe im Rahmen der Feststellung möglich. Wäre nach Abschlusserstellung und vor Feststellung ohne diese Rücklagenbildung den Gesellschaftern ein Gewinnanspruch zugewiesen und dort aktiviert worden (→ Rz. 178), müsste diese Aktivierung nach anderslautender Feststellung wieder zurückgedreht werden. Gleiches gilt für eine vorgreifliche Rücklagendotierung.

Werden **Rücklagen** durch Gesellschafterbeschluss **ausgeschüttet**, liegt hier eine reguläre Dividende vor, wenn dadurch bislang nicht vereinnahmte Gewinnanteile bei der Mutterunternehmung realisiert werden.[3] Werden dagegen durch Beteiligungserwerb „gekaufte" Rücklagen ausgeschüttet, ist eine Kapitalrückzahlung[4] anzunehmen.

Die Aktivierung eines **Gewinnauszahlungsanspruchs** kann von einem Gesellschafterbeschluss abhängen. Dann soll dem IDW zufolge[5] eine aktivierbare Forderung des Gesellschafters auf seinen Gewinnanteil erst durch diesen Beschluss entstehen. Unseres Erachtens muss diesem Beschluss die Feststellung des Jahresabschlusses vorausgehen – wie unbestritten bei einer Kapitalgesellschaft. Vor Feststellung läge ein rechtswirksamer Gewinnauszahlungsanspruch mangels eines rechtsförmlich bestehenden Jahresabschlusses nicht vor. Unseres Erachtens gilt dies auch ohne gesellschaftsvertragliche Grundlage für einen spezifischen Jahresabschluss, weil insoweit die Gesellschafter an einer Beschlussfassung nicht gehindert sind.[6]

179a An der vorstehend vorausgesetzten gesellschaftsrechtlichen Grundlage ist es durch das MoPeG (mit Wirkung ab 2024) zu Änderungen gekommen. Nach den neuen gesetzlichen Regelungen gilt:

- Nach § 122 HGB n. F. hat jeder Gesellschafter aufgrund des festgestellten Jahresabschlusses Anspruch auf Auszahlung seines ermittelten Gewinnanteils, sofern dies nicht zum offenbaren Schaden der Gesellschaft führen würde oder der Gesellschafter seinen vereinbarten Beitrag trotz Fälligkeit nicht geleistet hat. Während nach bisherigem Recht jeder persönlich haftende Gesellschafter lediglich einen Betrag von 4 % zur Auszahlung verlangen kann, entsteht der Auszahlungsanspruch nunmehr gem. § 121 HGB durch eine von den Gesellschaftern vorzunehmende Feststellung des Jahresabschlusses. Ein Gewinnverwendungsbeschluss ist nicht mehr vorgesehen (sog. Prinzip der Vollausschüttung).
- Bilanzielle Konsequenz beim Gesellschafter wäre bei Zugrundelegung der bisher herrschenden Auffassung zum Gewinnanspruch des beschränkt haftenden Gesellschafters

1 IDW RS HFA 18.20 ff.
2 BGH, Urteil v. 15.1.2007 – II ZR 245/05, DStR 2007 S. 494 („Otto").
3 *Ley*, KöSDi 2016 S. 19802.
4 IDW HFA 18 Tz 23.
5 IDW RS HFA 18, Tz. 22.
6 So auch *Hennrichs*, WPg 2010 S. 1070 f.

(Kommanditist), dass zukünftig auch der Gewinnanspruch der persönlich haftenden Gesellschafter bei gesetzlichem Regelstatut phasenkongruent entsteht.

3.4.3 Kapitalrückzahlungen

Kapitalrückzahlungen **mindern** den Beteiligungsbuchwert des Gesellschafters.[1] Dazu gehören 180

- Entnahmen des Gesellschafters zulasten seines Kapitalanteils;
- Ausschüttungen aus Rücklagen, sofern sich dieser Betrag in den Anschaffungskosten der Beteiligung niederschlägt, d. h. die Rücklagen bereits beim Beteiligungserwerb vorhanden waren;
- Auszahlung freier Liquidität.

Unabhängig von der gesellschaftsrechtlichen Ausgestaltung der Gewinnverwendung ist die zeitliche Abfolge u. E. wie bei einer Kapitalgesellschaft (→ § 252 Rz. 91) konzipiert: Wenn sich die Datenkonstellation wie im Fall „Tomberger" (einer GmbH) darstellt,

- kommt es zur phasen**gleichen**, ansonsten
- kommt es zur phasen**verschobenen**

Gewinnvereinnahmung beim Gesellschafter/Komplementär oder Kommanditisten.

Zur Führung der **Gesellschafterkonten** bei Personenhandelsgesellschaften wird verwiesen auf die Kommentierung in → § 246 Rz. 163 ff., für den Sonderfall der „Kap. & Co."-Gesellschaften auf → § 264c Rz. 7 ff.

4. Stille Beteiligung, Genussrechtskapital

4.1 Zugangsbewertung

Eine besondere Bilanzrechtsstruktur weisen die stille Beteiligung und das Genussrechtskapital auf. In beiden Fällen liegen lediglich **schuldrechtliche** Beziehungen zwischen dem Investor (dem Stillen) und dem Unternehmensinhaber (Emittenten) vor (→ § 246 Rz. 121 ff.). Gleichwohl besteht im Regelstatut des § 232 HGB ein Gewinnbezugsrecht und eine Verlusttragungspflicht des Stillen, beim Genussrechtskapital kann eine ähnliche Regelung getroffen werden, regelmäßig allerdings eine Festverzinsung mit Verlusttragungspflicht. 181

In beiden Fällen begründet der Investor mit seiner Einlage eine **Forderung**,[2] da das Einlagegut in das Vermögen des Emittenten übergeht, die gleichwohl im Falle der stillen Einlage unter bestimmten Voraussetzungen als Beteiligung gewertet wird (→ § 271 Rz. 9).[3]

4.2 Gewinnbezugsrechte …

4.2.1 … des Stillen

Die Überlegungen unter → Rz. 176 f. für den Gewinnanspruch aus Beteiligungen an Personenhandelsgesellschaften können möglicherweise auch auf die Gewinnansprüche des (bilanzierenden) Stillen angewandt werden. Solange eine Feststellung des Jahresabschlusses des Emittenten nicht erfolgt ist, hat der Stille keinen Rechtsanspruch auf einen Gewinnanteil; er weiß 182

1 IDW RS HFA 18, Tz. 25 ff.
2 Vgl. *Groh*, DB 2004 S. 668.
3 Kritisch und differenzierend *Groh*, DB 2004 S. 668, m. w. N.

bis dahin nicht einmal, ob überhaupt ein seinen Anspruch begründender Jahresüberschuss oder Bilanzgewinn vorliegt. Andererseits befürwortet die h. M.[1] einen Ausweis des Gewinnanteils unter „Erträgen aus Teilgewinnabführungsverträgen" (→ § 277 Rz. 35), was eine phasengleiche Vereinnahmung impliziert. Eine eindeutige Lösung erscheint deshalb nicht möglich.

Der **BFH** befürwortet eine phasengleiche Vereinnahmung des Gewinnanteils durch den **(typisch)** Stillen bei Personalunion mit dem Inhaber/Emittenten,[2] aber auch bei einem Beteiligungsverhältnis unter Fremden;[3] die GoB-Regel der Vereinnahmung nur **realisierter** Gewinne soll dem nicht entgegenstehen. Die dortige Bezugnahme auf zwei Präjudizien (Tz. 14 des Urteils) gibt dazu nichts her. Auch die Nichtbeachtung des GoB-Gehalts der handelsrechtlichen Bilanzierung kann nur als kasuistische, d. h. als systembrechende Abweichung von der Prinzipienorientierung im Interesse einer steuerlich als geboten erscheinenden Lösung verstanden werden. Der Gesetzeswortlaut des § 252 Abs. 1 Nr. 4 HGB sagt hierzu allerdings nach eigenem Eingeständnis des BFH nichts. Zum Pendant der Verlusterfassung vgl. → § 253 Rz. 223.

Bei (steuerlich) **atypisch** stiller Beteiligung gilt für die Steuerbilanz die sog. Spiegelbildmethode (→ § 264c Rz. 33 sowie → § 246 Rz. 186), d. h., der Gewinnanteil des Stillen ist diesem durch die Gewinnfeststellung für das jeweilige Wirtschaftsjahr beim Geschäftsherrn zuzuordnen.

4.2.2 ... des Genussrechtsinhabers

183 Der Anspruch auf **Genussrechtsverzinsung** soll dem BFH[4] zufolge auch dann phasengleich zu vereinnahmen sein, wenn der Schuldner die Ansprüche **nicht** bedienen muss, sofern bei ihm durch die Vergütung ein Jahresfehlbetrag entsteht oder sich erhöht. Der BFH wertet diese Vertragsklausel als **Fälligkeits**abrede. Dem können wir nicht uneingeschränkt folgen, sofern beim Schuldner/Emittenten gleichzeitig ein Jahresfehlbetrag entsteht.

BEISPIEL ▸ Ein Genussrechtsinhaber hat eine Zinsforderung von 8 % auf seine Einlage (= 8.000) für das Geschäftsjahr 01, die er phasengleich aktiviert. Der Jahresfehlbetrag (der Bilanzverlust) erhöht sich beim Emittenten entsprechend. Von 02 bis 05 verhält es sich ebenso. 06 wird der Emittent insolvent. Bis dahin ist eine Auszahlung mangels Fälligkeit nach Vertragsbedingung nicht erfolgt. Der Genussrechtsinhaber muss 06 die aktivierten Zinsansprüche von insgesamt 5 · 8.000 = 40.000 gewinnmindernd ausbuchen (und die Genussrechtsforderung abschreiben).

Der BFH mildert im zitierten Urteil I R 11/02 seine Lösung insoweit ab, als die Verzinsung trotz der Verlusterhöhung „hinreichend sicher" sein muss. Im vorstehenden Beispiel stellt sie sich ex post als „höchst unsicher" heraus. In der Praxisperspektive ist dann zu fragen, ob schon für das Geschäftsjahr 01 die „hinreichende Sicherheit" bestand und ob sie z. B. schon 03 entfallen ist. Vermutlich lag im Streitfall die Verlustentstehung außer Reichweite.

Das **IDW** befürwortet ohne Vorbehalt unter Anwendung der Regeln für die Dividendenvereinnahmung nach dem „Tomberger-Fall" (→ § 252 Rz. 91) eine **phasengleiche** Realisierung. Eine phasengleiche Vereinnahmung kommt u. E. jedenfalls insoweit in Betracht, als der Genussrechtsvertrag eine bestimmte Verzinsung **garantiert.**

1 Vgl. *Blaurock*, Handbuch der Stillen Gesellschaft, 7. Aufl., Tz. 13.162; so auch BFH, Urteil v. 27.3.2012 – I R 62/08, DStR 2012 S. 1025 Tz. 14.

2 BFH, Urteil v. 19.2.1991 – VIII R 106/87, BStBl II S. 569.

3 BFH, Urteil v. 27.3.2012 – I R 62/08, DStR 2012 S. 1025 Tz. 21.

4 BFH, Urteil v. 18.12.2002 – I R 11/02, BStBl 2003 II S. 400, Kurzinfo StuB 2003 S. 272.

4.2.3 Die Verlustdeckungspflicht von Gewinnanteilen

Hinzu kommt der Vergleich zum Gewinnanspruch des **Kommanditisten** in einer Verlustsituation (→ § 246 Rz. 158), und zwar einheitlich mit der stillen Gesellschaft und dem Genussrecht. Nach §§ 169 Abs. 2 und 232 Abs. 2 Satz 2 Halbsatz 2 HGB muss der Gewinnanteil zur Abdeckung von Verlustvorträgen verwendet werden. Beim bilanzierenden Kommanditisten wird ein Gewinnanspruch in dieser Konstellation zweifelsfrei nicht aktiviert. Unseres Erachtens kann es sich beim stillen Gesellschafter und beim Genussrechtsinhaber nicht anders verhalten. Die Verlustsituation – auch im Beispiel unter → Rz. 182 – zeigt den Charakter des fehlenden Verlusts als Entstehungsgrundlage (Bedingung) für den Gewinn- bzw. Zinsanspruch und nicht als Fälligkeitsabrede gem. dem BFH-Urteil I R 11/02 (→ Rz. 182). 184

5. Forderungen (aus Lieferungen und Leistungen, Zerobonds, Darlehen)

Unabhängig von der Zugehörigkeit zum Anlage- oder Umlaufvermögen (Anleihen einerseits, Kundenforderungen andererseits) stellen bei derivativem Erwerb die **Anschaffungskosten** den Bewertungsmaßstab von Forderungen dar, z. B. in Fällen des echten Factorings (→ § 246 Rz. 279). Anders verhält es sich bei der **originären** Begründung von Forderungen; hier kann eigentlich nur von Herstellungskosten die Rede sein, da kein bereits vorhandener Vermögensgegenstand erworben wird (→ Rz. 12). Materielle Bedeutung kommt dieser Rechtsfrage allerdings nicht zu. Der BFH hat sie deswegen offengelassen.[1] Vereinfachend kann man im Regelfall für die Zugangsbewertung den **Nennwert** (der Geldeinlage) als Wertmaßstab heranziehen. Auch ohne förmliche Gegenleistung – oft in Form eines symbolischen Preises – kann bei einem Kaufvertrag ein **entgeltliches** Geschäft mit der Folge einer (regelmäßigen) Verlustrealisation verbunden sein. Das Verkaufsobjekt ist bei Geschäften unter Fremden in diesen Fällen wertlos.[2] 185

Ausnahmen gelten für niedrig- oder unverzinsliche Forderungen, z. B. Zerobonds (→ § 246 Rz. 303). Hier gilt der abgezinste Betrag als Zugangswert im Ankaufsfall, nicht etwa der Nennwert mit einer zugleich erfolgenden außerplanmäßigen Abschreibung. Die jährliche Aufzinsung wird – obwohl ergebniswirksam – als nachträgliche Anschaffungskosten gewertet.[3] Damit wird formal die an sich unzulässige (→ § 253 Rz. 12) Bewertung über die (effektiven) Anschaffungskosten gerechtfertigt. Auch mit dem Realisationsprinzip (→ § 252 Rz. 189) verträgt sich diese Bilanzierung nicht unbedingt. 186

BEISPIEL ▸ Ein Zerobond mit Nominalwert 100 und einer Restlaufzeit von zehn Jahren wird zu 70 gekauft und jährlich entsprechend der Kursentwicklung zugeschrieben. Im Jahr neun geht der Emittent in Insolvenz.

Dieser Verbuchungsvorschlag (für un- oder niedrigverzinsliche Forderungen) gilt einhellig für den **derivativen** Forderungserwerb, also den Ankauf einer bestehenden Forderung. Bei **Begründung** einer Forderung durch Lieferung oder Leistung oder durch Darlehensvergabe wird demgegenüber überwiegend eine Einbuchung zum Nennwert mit anschließender **Abschreibung** auf den Gegenwartswert für zutreffend erachtet. Auch bei Einbuchung mit dem abgezinsten Nennwert (= Gegenwartswert) kommt es zu einem **Aufwand** beim bilanzrechtlichen Zugang

1 BFH, Urteil v. 23.4.1975 – I R 236/72, BStBl II S. 875; BFH, Urteil v. 4.3.1976 – IV R 78/72, BStBl 1977 II S. 380.

2 Vgl. z. B. BFH, Urteil v. 5.3.1991 – VIII R 163/86, BStBl II S. 630, sowie vom 18. 8. 1992 – VIII R 13/90, BStBl 1993 II S. 34.

3 So *ADS*, 6. Aufl., § 253 Tz. 54.

(international *„day one loss"*). Dieser Zugangsaufwand wird im Zeitverlauf also beim bilanzrechtlichen Zugang durch einen Aufzinsungsertrag kompensiert.[1]

Darlehensgewährung	am 1.1.01	auf 5 Jahre
Gegenwartswert	am 1.1.01	90
Jährliche Aufzinsung (vereinfacht)		2
Buchungen		
am 1.1.01	Forderung 90	an Bank 100
	Aufwand 10	
am 31.12.01	Forderung 2	an Ertrag 2
am 31.12.02	Forderung 2	an Ertrag 2

187 **Steuerlich** wird dem – abgesehen von Zerobonds – nicht gefolgt: Die Zugangsbewertung muss mit dem Nennwert erfolgen, eine Teilwertabschreibung entfällt mangels **dauernder** Wertminderung (→ § 253 Rz. 244).[2] Beim **Schuldner** des unverzinslichen Darlehens mit einer Laufzeit von über einem Jahr ist demgegenüber eine Abzinsung vorzunehmen (→ § 253 Rz. 33). In der Gesamtbetrachtung von Gläubiger und Schuldner stellt sich (in der Steuerbilanz) eine Art **umgekehrte Imparität** heraus,[3] die sich erst im Zeitverlauf ausgleicht.

187a Wir haben gegen die vorstehend dargestellte Bilanzierung unverzinslicher Darlehen nach Lehre und Rechtsprechung Bedenken. Diese rühren aus der Frage, was mit der Darlehensvergabe eigentlich **beabsichtigt** ist. Die Unverzinslichkeit stellt die große Ausnahme dar, ansonsten will der Darlehensgeber für seinen Verzicht auf Liquidität eine **Vergütung** erhalten, gemeinhin als Zins bezeichnet. Insofern schafft er einen Vermögensgegenstand/Wirtschaftsgut an oder stellt einen solchen/ein solches her (→ Rz. 10). Wenn der Darlehensgeber dagegen auf den Zins als konstitutives Merkmal einer Darlehenshingabe verzichtet, muss er notwendigerweise eine andere Intention in den Vertrag hineinlegen. Typische **Anwendungsfälle** für solche zinslose Darlehen sind Stützungsmaßnahmen im Rahmen von Unternehmenssanierung der Schuldnerin, die Aufrechterhaltung ihrer Geschäftstätigkeit und der Lieferbeziehung, die Finanzierungshilfe für Materialbeschaffung oder auch die Steuergestaltung (die Muttergesellschaft im Gewinnbereich verzichtet auf die Zinserhebung bei der im Verlustbereich agierenden Tochtergesellschaft).[4] In einem BFH-Urteil[5] hat die Mutter- ihrer Tochtergesellschaft 1,8 Mio. € auf 9 1/2 Jahre unverzinslich als Darlehen überlassen, was zu einem Barwert (= gemeinen Wert) der Forderung bei einem Diskontsatz von 5,5 % auf ca. 1,1 Mio. € führt. Der Barwert des Darlehens beläuft sich im Zugangsjahr auf 0,7 Mio. € weniger als der Nennwert. Ein gedachter Käufer des Unternehmens würde dann nur den Betrag von 1,1 Mio. € im Kaufpreis vergüten, wenn er nicht hinter der Unverzinslichkeit einen anderen geldwerten Vorteil als denjenigen der Verzinsung erkennen könnte. Und das muss der Fall (gewesen) sein, denn sonst hätte der Darlehensgeber nicht die Unverzinslichkeit vereinbart. Es gilt der allgemeine Grundsatz im Wirtschaftsleben: Nichts wird verschenkt. Damit ist aber auch die Frage zu beantworten, was mit dem **Unterschiedsbetrag** zwischen Nenn- und Barwert eigentlich **angeschafft** worden ist.

1 BFH, Urteil v. 23.4.1975 – I R 236/72, BStBl 1975 II S. 875.
2 BFH, Urteil v. 23.4.2009 – IV R 62/06, DB 2009 S. 1439, mit Anm. *Hoffmann;* BFH, Urteil v. 24.10.2012 – IV R 43/11, DStR 2013 S. 21.
3 So *Hoffmann*, DB 2009 S. 2758.
4 BFH, Beschluss v. 26.10.1987 – GrS 2/86, BStBl 1988 II S. 348.
5 Sachverhalt des BFH-Urteils v. 24.10.2012 – I R 43/11, DStR 2012 S. 21 mit Anm. *Hoffmann.*

Die Antwort sollte in den genannten Fällen nicht schwerfallen: Der Darlehensgeber erhofft im Sanierungsfall eine Wiedergewinnung der Überlebensfähigkeit des Vertragspartners, die Wiederaufnahme oder Sicherung der Liefer- oder Vertriebsbeziehung etc. Die örtliche Sparkasse, die ein größeres Bauobjekt des Bauträgers XY finanziert, will diesen in seinen Nöten unterstützen, weil der Verkauf der Wohnungen schleppend verläuft; die Sparkasse kann sich aus Renommeegründen aus dem Objekt nicht zurückziehen. Kurzum: Mit dem genannten Abzinsungsbetrag wird dem wirtschaftlichen Gehalt nach nicht ein Darlehen (da kein Zins vereinbart) angeschafft, sondern eine Ausgabe im Interesse künftiger Erträge getätigt.[1] Diese Ausgabe (der unverzinsliche Teil der Darlehensgewährung) wird **heute** gewährt, um **später** Erträge in Form von Einnahmen zu erzielen. Damit können ggf. die Aktivierungsvoraussetzungen für die Abgrenzung erfüllt sein (→ § 250 Rz. 30). Infrage kommt auch die Behandlung als Einlage (Sanierungsbeitrag) in die Tochtergesellschaft.[2]

Einen „klassischen" Fall der Unverzinslichkeit stellen **Arbeitnehmerdarlehen** dar. Nach BFH-Rechtsprechung[3] sind sie wegen gegenläufiger Effekte (Arbeitsklima, Bindung an den Betrieb) – Bonität unterstellt – nicht abschreibbar. 187b

Bei einer **Rückdeckungsversicherung** für eine Altersversorgungszusage ist zur Berechnung der Anschaffungskosten (dieser Versicherung) der Rechnungszinssatz zu verwenden, den der Versicherer zur Ermittlung des Deckungskapitals verwendet hat.[4] 188

6. Geschäfts- oder Firmenwert

Als Zugangsbewertung kommen nur Anschaffungskosten in Betracht (Verbot des Ansatzes eines originären Geschäftswerts). Seine Definition als Differenzbetrag zu den übrigen erworbenen Vermögensgegenständen (→ § 246 Rz. 382) macht vorgreiflich die Ermittlung und Bewertung dieser (sonstigen) erworbenen Vermögensgegenstände erforderlich. Im Rahmen der Konzernbesteuerung hat sich in diesem Zusammenhang der Begriff „Kaufpreisallokation" durchgesetzt, insbesondere auch nach Maßgabe von IFRS 3. Unseres Erachtens können einschlägige Probleme auf dieser Standardgrundlage auch beim Erwerb eines einzelkaufmännischen Unternehmens im Einzelabschluss beurteilt werden, soweit nicht spezifische handelsrechtliche Regeln dem entgegenstehen (→ § 301 Rz. 45 ff.). 189

7. Steuerlich motivierte Gestaltungen bei geschlossenen Fonds

Bei Immobilien-, Schiff- und Windparkfonds werden die Kunden (Zeichner) von den Initiatoren durch den Einbau von (vermutlich) vorab entstehenden Werbungskosten und Betriebsausgaben in das Gesamtkonzept gelockt. Als Lockvogel dienen Platzierungsgarantien, Kosten der Prospekterstellung und die Beschaffung des Eigenkapitals (sog. „weiche Kosten"). Der BFH hat in diesen Beträgen **insgesamt** Bestandteile der Anschaffungskosten für den Erwerb des Fondsanteils gesehen. Er stützt das auf das Fondskonzept, wonach der Interessent nur unter Akzeptanz des **gesamten** Modells seinen Beitritt erklären könne. Die Separierung von „Gebühren" von den Anschaffungskosten (z. B.) des Windparks erfolgt lediglich aus Gründen der **Steuerer-** 190

1 Vgl. hierzu *Hoffmann*, StuB 2013 S. 201.

2 Ähnliche Überlegungen stellt der BFH im Urteil v. 17.12.2014 – I R 23/13, DStR 2015 unter Tz. 26 in der „Segelanweisung" an das FG im 2. Rechtszug an.

3 BFH, Urteil v. 30.11.1988 – I R 114/84, BStBl 1990 II S. 117; BFH, Urteil v. 24.1.1990 – IR 145/86 und 157/85, BStBl 1990 II S. 639.

4 BFH, Urteil v. 10.6.2009 – I R 67/08, BStBl 2010 II S. 32, Kurzinfo StuB 2009 S. 740; so auch H 6a Abs. 23 EStH 2008.

sparnis. Soweit handelsrechtlich eine Aktivierung nicht in Betracht käme, müsse dies steuerlich gleichwohl nach § 42 AO zur Missbrauchsvermeidung erfolgen.[1]

8. Schulden

191 Zu der Einvernahme der Anschaffungskosten als Bewertungsmaßstab für Schulden wird auf → Rz. 51d sowie → § 253 Rz. 22 verwiesen.

V. Forschungs- und Entwicklungskosten (Abs. 2a)

1. Regelungsgehalt, IFRS-Bezug

192 Der durch das BilMoG neu eingeführte Abs. 2a verdankt seine Existenz der im Gesetzgebungsverfahren hoch umstrittenen Aktivierung selbst erstellter immaterieller Anlagegüter, die letztlich in ein Wahlrecht eingemündet ist (→ § 248 Rz. 7). Das gilt allerdings nicht für die steuerliche Bilanzierung nach § 5 Abs. 2 EStG, die unverändert eine Aktivierung nicht zulässt. Im 1. und im 4. Satz sind **Rechtsfolgeverweise** enthalten, die Sätze 2 und 3 dazwischen stellen **Definitionsnormen** dar. Ergänzend heranzuziehen ist aus der Bewertungsperspektive Abs. 2 Satz 4 mit dem Verbot der Einbeziehung von Forschungskosten in die Bewertung von Vermögensgegenständen generell.

193 Inhaltlich liefern die Sätze 1 und 2 des Abs. 2a die Grundlage für die **konkrete** Bilanzierbarkeit von Entwicklungskosten als immaterielle Vermögensgegenstände. Spezielle Bewertungsvorgaben werden in Abs. 2a nicht geliefert. Dieser stellt eine Art Annex zu § 246 HGB dar. Dort (→ § 246 Rz. 16 ff.) sind auch die konzeptionellen Grundlagen des Ansatzes der immateriellen Vermögensgegenstände behandelt.

194 Der Regelungsgehalt von Abs. 2a stellt eine besonders markante **Änderung** der tradierten handels- und steuerrechtlichen Bilanzierungsvorgabe durch das BilMoG dar. Hier manifestiert sich spürbar die Zielsetzung dieses Gesetzes, der zufolge das HGB die Qualität der IFRS-Rechnungslegung erreichen soll, ohne deren überbordende Kompliziertheit und entsprechende Kostenträchtigkeit in Kauf nehmen zu müssen.

195 Im Vorfeld der Gesetzesverabschiedung des BilMoG war im Schrifttum intensiv vor der uneingeschränkten Übernahme der Regelungsvorgaben des einschlägigen IAS 38 gewarnt worden: Es müsse eine Auslegung des **HGB aus sich heraus** möglich sein, da die IFRS keine Rechtsquelle, sondern allenfalls eine Auslegungshilfe darstellten. Der (erste) Referentenentwurf hatte sich noch ziemlich ungeniert bis in die Wortwahl IAS 38 angeglichen. In der Begründung und der Fassung des Regierungsentwurfs war davon kaum mehr etwas festzustellen. Als Ausnahme gilt die kasuistische Sonderregel in § 248 Abs. 2 Satz 2 HGB, die identisch mit dem Inhalt von IAS 38.63 (→ § 248 Rz. 10) ist. Eine weitere unmittelbare Bezugnahme zu den IFRS (hier IAS 38.53) enthält Satz 4 des Abs. 2a betreffend die Unmöglichkeit der verlässlichen Unterscheidung der Forschung von der Entwicklung. Die beiden Definitionsnormen in den Sätzen 2 und 3 zur Entwicklung und zur Forschung lesen sich wie frei übersetzte Kurzfassungen ihrer Pendants in IAS 38. Die Gesetzesinterpretation auf der Grundlage der Vorgaben von IAS 38 bietet sich deshalb an (→ Rz. 197 ff.). Dies entspricht auch einer Anregung des EuGH.[2]

---

1 So der BFH, Urteil v. 14.4.2011 – IV R 15/09, DStR 2011 S. 1020, zu Windkraftfonds mit Hinweisen zu früheren Urteilen betreffend Immobilien und Schiffe.

2 In der sog. BIAO-Entscheidung v. 7.1.2003 – Rs. C-306/99, DStRE 2003 S. 67.

2. Herstellungskosten als Bewertungsgrundlage (Satz 1)

Für immaterielle Anlagegüter gelten **keine besonderen** Bewertungsvorschriften. Maßgeblich ist der Herstellungskostenbegriff (→ Rz. 126 ff.). Die den Vermögensgegenstand darstellenden Entwicklungskosten (→ Rz. 198) sind der Kostenrechnung in der üblichen Form zu entnehmen. Entgegen mancher Auffassungen im Schrifttum und in der Regierungsbegründung bestehen keine ungewöhnlichen Schwierigkeiten für die Erfassung.[1] 196

Entscheidend für den Bilanzansatz ist die Abgrenzung von Anschaffung und Herstellung bei immateriellen Vermögensgegenständen. Generell gilt: Eine Herstellung liegt vor, wenn das Unternehmen auf eigenes Risiko den Vermögensgegenstand entwickelt bzw. herstellt oder entwickeln oder herstellen lässt und damit das Herstellungsrisiko trägt (DRS 24.27). Bei Erstellung auf der Basis eines Werkvertrags nach §§ 631 ff. BGB liegt ein Erwerb vor, anders bei einem Dienstvertrag nach §§ 611 ff. BGB (DRS 24.28). Insbesondere bei Software-Implantationen ist dieses Thema von hoher Relevanz (→ Rz. 38). Immaterielle Vermögensgegenstände, die aus **Diensterfindungen** resultieren, gelten als selbsterstellt (DRS 24.39); zu Zweifeln an dieser zu pauschalen Vorgabe vgl. → § 248 Rz. 9.

Das Thema der Unterscheidung von **Erhaltungs-** und nachträglichem Herstellungsaufwand bzw. **Erweiterungskosten** (→ Rz. 156 ff.) ergibt sich auch hier.[2] DRS 24.30 bis DRS 24.38 sieht die Szenerie demgegenüber etwas anders. Zu unterscheiden ist danach zwischen einer **Modifikation** und einer Wesensänderung. Für Einzelheiten wird auf → Rz. 125b verwiesen.

3. Definition von Forschung und Entwicklung

3.1 Forschung (Satz 3)

In der weiteren Gesetzesbegründung zum Inhalt von Forschungs- und Entwicklungsphase erscheinen wieder in gekürzter Fassung die IFRS-Vorgaben zur **Unterscheidung** der Forschungs- von der Entwicklungsphase (→ Rz. 209) und insbesondere nach dem Grenzpunkt des Übergangs (IAS 38.54 bis 59). So ist auch ungesagt die Vorgehensweise in DRS 24.46 und DRS 24.46 ff. Die Heranziehung der IFRS-Kriterien zur Rechtsauslegung nach HGB bietet sich an dieser Stelle besonders an, zumal die Gesetzesbegründung dieser Vorgabe folgt (→ Rz. 198). Danach kann auch für Zwecke des HGB die **Forschungsphase** anhand der Beispiele für **Forschungs**aktivitäten nach IAS 38.56 umschrieben werden:[3] 197

- Tätigkeiten zur Eroberung neuen Wissens;
- Untersuchungen, Bewertungen und Endauswahl von neuen Forschungsergebnissen und zugehörigem *Know-how;*
- Untersuchungen betreffend Alternativen für Produktionsmaterial, Produktionsverfahren, Systeme und Dienstleistungen;
- Anwendung verbesserter Materialien, Produkte etc.

1 Vgl. *Hoffmann/Lüdenbach,* DStR 2008, Beihefter zu Heft 30, Tz. 51.
2 *Küting/Ellmann* in Küting/Pfitzer/Weber (Hrsg.), Das neue deutsche Bilanzrecht, 2. Aufl. 2009, S. 277; *Kahle/Haas,* WPg 2010 S. 36.
3 Vgl. *Lüdenbach/Hoffmann/Freiberg,* Haufe IFRS-Kommentar, 20. Aufl. 2022, § 13.

3.2 Entwicklung (Satz 2)

3.2.1 Beispielhafte Aufzählung

198 Zur näheren Bestimmung des **Entwicklungs**begriffs werden in der Gesetzesbegründung des RegE die Vorgaben von IAS 38.59 aufgeführt:

- Entwurf, Fertigung und Test von Vorprodukten, Prototypen etc.;
- Entwurf von Schablonen, Formen, Werkzeugen u. Ä. für neue Technologien;
- Pilotprojekt für eine neue Produktionsanlage;
- Entwurf, Fertigung und Test neuer Materialien, Produktionsprozesse etc.

Viel mehr kann dem Rechtsanwender an Hinweisen im Rahmen einer Gesetzesbegründung oder eines Bilanzierungsstandards nicht geliefert werden. Der Rest muss durch sinnvolle Auslegung dieser Vorgaben im konkreten Bilanzierungsfall beschlossen und entschieden werden.

Diese kumulativ zu erfüllenden Ansatzkriterien teilen die **Entwicklungs**phase nach IAS 38 in zwei Teile:

1. In einen noch nicht aktivierbaren und
2. in einen der Aktivierbarkeit (als Pflicht nach IAS 38, als Wahlrecht nach HGB, → § 248 Rz. 7 ff.)

unterliegenden Prozess. Hierzu folgendes Schaubild:[1]

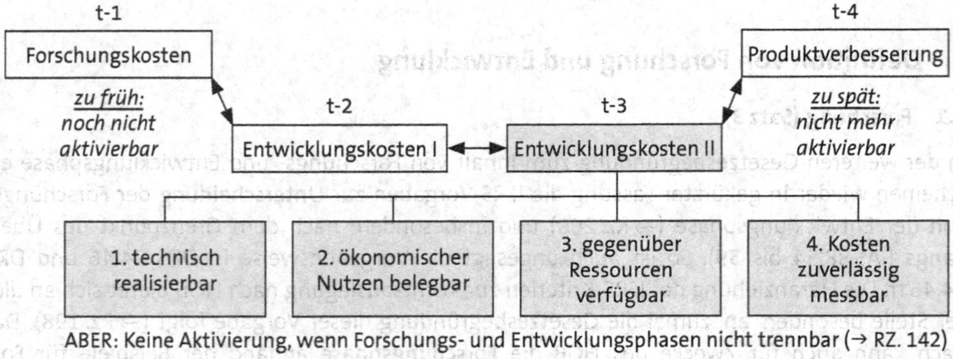

Bis zur Erreichung des betriebsbereiten Zustands sind die dafür notwendigen Aufwendungen Bestandteil der Anschaffungs- bzw. Herstellungskosten. Die Betriebsbereitschaft ist unternehmensindividuell festzumachen (DRS 24.87). Etwa erforderliche Testläufe sind den Anschaffungs- oder Herstellungskosten zuzuordnen.

199–200 *(einstweilen frei)*

3.2.2 Entstehung eines Immaterialgutes

201 In der (frühen) Entwicklungsphase I sind die Aktivierungskriterien noch nicht erfüllt, der Wahrscheinlichkeitsgrad der letztlich zu erreichenden kommerziellen Verwertbarkeit ist noch zu niedrig. Erst in Phase II der Entwicklung ist die Wahrscheinlichkeitsschwelle überschritten, die

1 Nach *Lüdenbach* in IFRS-Ratgeber, 6. Aufl. 2010, S. 90.

sich je nach Gesetzesauslegung zwischen 51 % und 90 % bewegen dürfte. Man muss sich dabei aber realistischerweise die Aussagelosigkeit solcher Scheinquantifizierungen (→ § 249 Rz. 46) vor Augen halten, die in Einzelfällen – Entwicklung eines pharmazeutischen Präparats oder einer neuen Generation von Baggern in Ermangelung des Gesetzes der großen Zahl – nie auf irgendeiner statistisch begründeten Größe beruhen können. Eine allgemein gültige Regel, aus welcher der **Aktivierungsbeginn** abgeleitet werden kann, ist nicht denkbar. Mehr als intern vorgegebene Regeln mit konsistenter Anwendung und entsprechender Dokumentation kann nicht verlangt werden.

Mit der Festlegung des Aktivierungsbeginns entsteht ein **Vermögensgegenstand,** für den das Aktivierungswahlrecht nach § 248 Abs. 2 HGB (→ § 248 Rz. 9) ausgeübt werden kann. Es handelt sich also nicht um einen Vermögensgegenstand **in spe**[1] – wie noch in der Regierungsbegründung zum BilMoG dargelegt. Einen solchen noch nicht vorhandenen und gleichwohl zu aktivierenden Vermögensgegenstand kennt das Gesetz nicht. Die Situation ist vergleichbar mit derjenigen bei den (sächlichen) Anlagen im Bau (→ § 268 Rz. 121), die mit Aktivierungsbeginn als Vermögensgegenstände gelten. Dabei ist dem Vorschlag beizupflichten, die aktivierten immateriellen Anlagegüter im Bilanzausweis zu trennen nach „in Entwicklung befindlichen" und „fertigen selbst erstellten" (→ § 246 Rz. 22).[2] Die Frage ist nur, wann der Aktivierungszeitpunkt festzulegen ist, die Vermögensgegenstandseigenschaft also vorliegt. Bei einigen verwirrenden Ausführungen im Gesetzesentstehungsprozess des BilMoG im Regierungsentwurf (BT-Drucks. 16/100067 S. 60) und durch den Rechtsausschuss (BT-Drucks. 12407 S. 85) sollte Folgendes gelten:[3] Der Aktivierungsbeginn ist dann festzusetzen, wenn mit hoher Wahrscheinlichkeit die **selbständige Bewertbarkeit** durch Eigennutzung oder Verkauf absehbar ist. Ab diesem Zeitpunkt ist dann auch von einem Vermögensgegenstand auszugehen. Diese Lösung vermeidet die genannten Differenzierungen im Entstehungsprozess, die eher einer akademischen Denksportbeschäftigung als praktisch verwertbaren Anweisungen gleichen.

DRS 24.49 bekennt sich zur Vermögensgegenstandseigenschaft schon in der Entwicklungsphase. Dabei wirkt die nachfolgende Argumentation teilweise widersprüchlich, wenn von „einer hohen Wahrscheinlichkeit der Entstehung" bzw. vom „angestrebten" immateriellen Vermögensgegenstand die Rede ist. Hier erscheint die Entwicklung wieder als Nasziturus; in Wirklichkeit liegt der Vermögensgegenstand vor, wenn neben der hohen Wahrscheinlichkeit die Ansatzkriterien in → § 248 Rz. 9 erfüllt sind. Einen „angestrebten" Vermögensgegenstand kann es nicht geben.

Der Zeitpunkt der Aktivierung ist u. E. unterjährig und nicht stichtagsbezogen festzulegen. Sonst könnte im Extremfall bei Festlegung zum 31.12.01 der **ganze** Jahresaufwand und zum 1.1.02 gar nichts aktiviert werden. Auch für Wertaufhellungsüberlegungen ist hier kein Raum. Anderer Auffassung ist hier DRS 24.86, wonach die Entwicklungskosten des gesamten Geschäftsjahres rückwirkend aktiviert werden **dürfen,** sofern sie noch nicht in einem Zwischenabschluss als Aufwand behandelt worden sind. Unseres Erachtens ist hier ein Wahlrecht fehl am Platz, gerade wenn die Standardzielsetzung eine einheitliche Rechtsauslegung erreichen will.

1 Von *Kahle/Haas*, WPg 2010 S. 35, als „Vermögensgegenstand in Entstehung" bezeichnet.
2 Vgl. *Küting/Ellmann*, DStR 2010 S. 1303; so auch dargestellt im Geschäftsbericht hier der VW AG für 2008 auf S. 223.
3 Vgl. hierzu *Haaker* vs. *Mindermann*, PiR 2012 S. 90; *Schmidt, C.*, DB 2014 S. 1275.

202 Dem damit verbundenen **Ermessenspotenzial** soll nach der Begründung des RegE durch „eine hinreichende Dokumentation" begegnet werden, um die Gründe eines positiven Ergebnisses der Prognose „für Zwecke der Abschlussprüfung" darzulegen. Gemeint ist damit ein Beleg für die eigene Bilanzierungsentscheidung des Kaufmanns, den er im eigenen Interesse auch ohne eine gesetzliche oder freiwillige Abschlussprüfung erstellen sollte. Die Ansatzkriterien sind für jeden in Entwicklung befindlichen immateriellen Vermögensgegenstand des Anlagevermögens **individuell** (DRS 24.52) und an jedem **Bilanzstichtag** (DRS 24.54) erneut zu prüfen. Bei nachträglichem Wegfall eines zu erfüllenden Ansatzkriteriums ist ein erfolgswirksamer Abgang zu verbuchen.

203 Diese Dokumentationspflicht ist offensichtlich der Einleitung von IAS 38.57 entsprungen, in der dem Bilanzierenden die Darlegung *(„demonstrate")* der Ansatzvoraussetzungen für die Entwicklungskosten (→ Rz. 199) auferlegt worden ist. Diese haben sich in der internationalen Rechnungslegungspraxis als ein **faktisches Wahlrecht** entpuppt. Das Interpretationserfordernis, das dem effektiven Wahlrecht (→ § 248 Rz. 9 ff.) vorangeht, ist immens. Das gilt umso mehr angesichts der prinzipienorientierten Zurückhaltung des Gesetzgebers.

3.2.3 Bilanzierungspraxis

204 Die Erfahrung einer **branchenspezifischen** Ausfüllung[1] der Interpretationsspielräume, die im IFRS-Bereich feststellbar ist, wird sich auch bei den HGB-Anwendern erhärten:

- ► In der **Pharma**-Industrie werden Entwicklungskosten nur für die EDV-Software aktiviert, nicht aber für die neuen pharmazeutischen Präparate mit der durchaus zutreffenden Begründung: Vor der aufsichtsrechtlichen Zulassung des Arzneimittels kann man die ökonomische Verwertbarkeit nicht ausreichend zuverlässig („mit hoher Wahrscheinlichkeit") prognostizieren. Wenn aber die Zulassung erfolgt ist, liegt keine Entwicklungstätigkeit mehr vor.
- ► Die **Software**-Industrie aktiviert deswegen keine Entwicklungsprojekte, weil sie die Forschungs- nicht von der Entwicklungsphase trennen kann (→ Rz. 207).
- ► Im **Flugzeug-, Auto- und Maschinenbau** verhält es sich anders: Hier wird die neue Entwicklung eines Flugzeugs oder einer Automobil-Modellreihe als kommerziell erfolgsträchtig prognostiziert – sonst würde man dieses Entwicklungsprojekt auch gar nicht erst betreiben. Tatsächlich ist in diesen Fällen die behördliche Zulassung sehr viel sicherer vorherzusagen als bei einem pharmazeutischen Präparat und deshalb die Aktivierbarkeit besser begründet.
- ► Generell darf der Begriff „Entwicklung" nicht zu eng (nach IAS 38.52 *„broader meaning"*) verstanden werden. So stellt auch die Erstellung einer Website eine Entwicklung dar (SIC 32), u. E. auch die Begründung eines Belieferungsrechts (→ Rz. 15).

205 ► Von dem durch das BilMoG eingeführten Bilanzierungswahlrecht wird nach bisherigen Erfahrungen[2] ganz überwiegend kein Gebrauch gemacht wegen
  - – Schwierigkeiten der Erfassung im Rechnungswesen,
  - – beabsichtigter Übereinstimmung mit der Steuerbilanz (→ Rz. 192),
  - – nicht erwünschter Informationen an Wettbewerber,

1 Vgl. dazu die statistische Erhebung von *Hitz*, IRZ 2007 S. 319, und *Küting*, PiR 2008 S. 315.
2 Vgl. *Herzig*, DB 2012 S. 1345; *Eierle/Wencki*, DB 2014 S. 1029.

- unerwünschter Folgewirkungen durch Ausschüttungs- (→ § 268 Rz. 163) bzw. Abführungssperren (→ § 268 Rz. 171),
- unklarer Folgewirkungen bzgl. der Anerkennung steuerlicher Organschaften (→ § 268 Rz. 175).

Demgegenüber konnte eine Wahlrechtsausübung bei großen Finanzinstituten beobachtet werden – vermutlich insbesondere bzgl. Softwareentwicklungen –, bei denen die Übereinstimmung mit der IFRS-Konzernbilanz (→ § 315e Rz. 2) die Entscheidung beeinflusst hat.

3.2.4 Unterscheidung von Forschung und Entwicklung (Satz 4)

Eine Aktivierung von Entwicklungskosten scheidet, vergleichbar mit der Vorgabe von IAS 38.53, 206
bei **nicht verlässlicher Unterscheidbarkeit** der Forschungs- von der Entwicklungsphase aus. Dazu ist erneut auf die **Branchenspezifika** zurückzukommen. Die **Pharma-Industrie** dient geradezu als Musterbeispiel für den **sequenziellen** Ablauf von Forschungs- und Entwicklungstätigkeit, wie sie auch den beiden Definitionssätzen (Satz 2 und 3) des Abs. 2a zugrunde liegt. Eine verlässliche Trennung von Forschung und Entwicklung ist hier gegeben. Spätestens nach Abschluss der Tierversuche, wenn also die klinischen Tests anlaufen, beginnt die Produktentwicklung – aber eben nicht mit dem erforderlichen Wahrscheinlichkeitsgrad des kommerziellen Erfolgs (→ Rz. 204). In allgemeiner Formulierung: Die Entwicklungsphase beginnt dann, wenn sich das Unternehmen zur Nutzung der in der Forschungsphase ermittelten Erkenntnisse in neue Produktionsverfahren entschließt.[1] Die Abgrenzung sollte dem **Stetigkeitsgebot** folgend (→ § 246 Rz. 402) nach festen Kriterien erfolgen. Das kann aber nur für gleichartige Entwicklungsprozesse gelten. Solche werden selten vorliegen, so dass sich das Stetigkeitsgebot einmal mehr als Papiertiger erweist (→ § 252 Rz. 226).

In der **Software-Industrie** scheitert umgekehrt häufig die Aktivierung von Entwicklungskosten 207
an der fehlenden Unterscheidbarkeit des Forschungs- vom Entwicklungsprozess.

BEISPIEL[2]

Trennung Forschung und Entwicklung

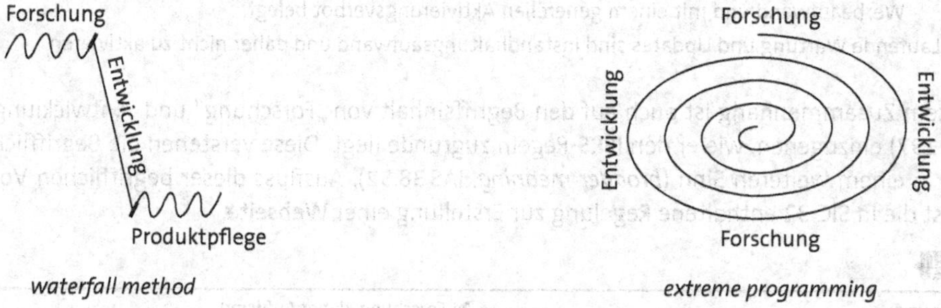

Nach früherem, inzwischen als überholt geltendem Modell lässt sich der Prozess der Herstellung und Pflege von Software in drei Phasen einteilen:

1 Vgl. *Küting/Ellmann*, DStR 2010 S. 1300.
2 Nach *Lüdenbach*, IFRS-Ratgeber, 7. Aufl. 2013, S. 83.

1. Eine eher ruhige, konzeptionelle Phase, in der die Kreativität, die Gewinnung grundlegender Ideen und Lösungsvorstellungen im Vordergrund stehen;
2. eine sich daran anschließende, stark strukturierte und temporeiche Phase der programmtechnischen Umsetzung dieser Grundlagen;
3. eine wiederum ruhigere Phase der Weiterentwicklung und Produktpflege.

Die Aufwendungen der mittleren Phase wären als Entwicklungskosten gut von den anderen Phasen trennbar und daher aktivierungspflichtig.

Die neuere Praxis verwirft dieses „Wasserfall-Modell" als überholt und betont inzwischen den Charakter der Prozesse. Ideen**gewinnung** (Forschung) und Ideen**umsetzung** (Entwicklung) sind im Modell des *extreme programming* nicht mehr **sequenziell** (IAS 38.52 unterstellt), sondern zyklisch bzw. iterativ angeordnet. Die Umsetzung der Idee in ein Produkt verläuft zyklisch. Die Trennbarkeit von Forschungs- und Entwicklungsphase ist nicht gegeben. Alle Aufwendungen sind als Aufwand zu verbuchen.

208 In **anderen Branchen** muss zur Trennung von Forschung und Entwicklung weiter differenziert werden. Als Beispiel mag die **Gebrauchsgüterindustrie** gelten.

BEISPIEL[1] Die „Less is more"-GmbH produziert und vertreibt über den Handel minimalistisch designte, dafür aber hochpreisige Haushaltsutensilien, wie Korkenzieher, Saftpressen etc. Angesichts des jungen und fortschrittlichen Kundenkreises hat man bereits früh auch eine Website erstellt, die einerseits Direktbestellungen ermöglicht, andererseits die *„Less is more"*-Philosophie verbreitet. Die Erstellung der Website verlief in folgenden Phasen:

1. Machbarkeitsstudie, Formulierung Hard- und Softwareanforderungen.
2. Applikation: Entwicklung und Test der Software.
3. Grafikdesign.
4. a) Content-Entwicklung für Direktbestellsystem.
   b) Dito für philosophischen Teil.
5. Im Übrigen wird die Seite laufend gewartet und mit Updates versehen.

BEURTEILUNG

1. Die Machbarkeitsstudie verursacht nicht aktivierungsfähige Forschungsaufwendungen.
2. Applikationen und Grafikdesign sind unter der Voraussetzung nachgewiesener Machbarkeit und nachgewiesenen Nutzens als Entwicklungsaufwendungen zu aktivieren.
3. a) Für die Content-Entwicklung gilt in Bezug auf die Direktbestellungen das Gleiche.
   b) Nicht aktivierungsfähig sind hingegen die Aufwendungen für den philosophischen Teil. Sie sind Werbeaufwand und mit einem generellen Aktivierungsverbot belegt.
4. Laufende Wartung und Updates sind Instandhaltungsaufwand und daher nicht zu aktivieren.

209 In diesem Zusammenhang ist auch auf den Begriffsinhalt von „Forschung" und „Entwicklung" (→ Rz. 197) einzugehen, wie er den **IFRS**-Regeln zugrunde liegt. Diese verstehen die Begrifflichkeiten in einem weiteren Sinn (*broader meaning*, IAS 38.52). Ausfluss dieser begrifflichen Vorgabe ist die in SIC 32 enthaltene Regelung zur Erstellung einer **Webseite.**

BEISPIEL

Planung	► Forschung, daher Aufwand
Machbarkeitsstudie, Definition Hard-/Softwareanforderungen	
Applikation, Infrastruktur-Entwicklung	
a) Hardwarekauf	a) Hardware = Sachanlage IAS 16

1 Nach *Lüdenbach*, IFRS-Ratgeber, 7. Aufl. 2013, S. 86.

b) Entwicklung und Test der Software	b) Software: ggf. als Entwicklung aktivieren
Grafikdesign	
Layout, Farben etc.	► Ggf. als Entwicklung aktivieren
Content-Entwicklung	
a) Werbung (Produkte, Fotos)	► Vertriebskosten, daher Aufwand
b) Informationen über das Unternehmen	► Kein identifizierbarer Nutzen, daher Aufwand
c) Direktbestellungen	► Ggf. als Entwicklung aktivieren
Operating/Updates etc.	Erhaltungsaufwand

Daraus folgt das Erfordernis einer Überprüfung der Aktivierbarkeit von Entwicklungskosten im gesamten Anwendungsbereich der immateriellen Anlagegüter außerhalb der kasuistisch untersagten Anwendungsbereiche in § 248 Abs. 2 Satz 2 HGB (→ § 248 Rz. 10).[1] Dazu gehört auch **Humankapital. Profisportler** werden ge- und verkauft, d. h., die Spielberechtigung an einem (z. B.) Fußballer wird erworben und möglicherweise an einen anderen Verein später wieder abgegeben. Die betreffenden Anschaffungskosten werden international und national nach HGB übereinstimmend aktiviert und über die Vertragslaufzeit abgeschrieben. Die Profisportler bzw. deren „Werte" gelten als immaterielle Vermögensgegenstände. Deshalb spricht dem Grunde nach nichts gegen eine Aktivierung entsprechender Entwicklungskosten.[2] 210

BEISPIEL[3] ► Der 18-jährige Fußballprofi P gilt als besonders talentiert. Der Profiverein K entschließt sich nach Abschluss eines sechsjährigen Dienstvertrags für eine besondere Förderkampagne: Abstellung eines Physiotherapeuten, Spezialtrainer für die muskuläre Entwicklung, Wintertraining in Florida etc. Dadurch soll die Bundesligatauglichkeit spätestens mit Vollendung des 21. Lebensjahres erreicht werden.

Die Ansatzkriterien für die Entwicklungskosten sind erfüllt.

Als frühester Beginn der Entwicklung und damit der Aktivierbarkeit von Entwicklungskosten sollte u. E. der Vertragsabschluss zwischen Verein und Nachwuchsspieler (im Bereich der B- und A-Junioren sind „Förderverträge" zulässig) gelten. Ab Ende der Entwicklung befürworten wir die Vollendung des 21. Lebensjahres.[4]

Aktivierbares Humankapital kann außer im Fall von Profisportlern auch bei **Künstlern** in Betracht kommen. 211

BEISPIEL[5] ► Der Musicalproduzent X entdeckt in der Chorbesetzung eine besonders begabte Nachwuchssängerin mit attraktivem Äußeren. Sie wird auf acht Jahre in die Exklusivdienste des Produzenten genommen und erhält auf dessen Kosten Gesangs- und Schauspielunterricht. Diese Kosten können bei Erfüllung der Ansatzkriterien aktiviert werden.

1 Vgl. *Homberg/Elter/Rothenburger*, KoR 2004 S. 249; *Hoffmann/Lüdenbach*, DB 2004 S. 1442.
2 So auch *Kirsch/Weber*, DStR 2012 S. 1716, die insbesondere auch die abstrakte Aktivierbarkeit untersuchen und bejahen.
3 Nach *Lüdenbach/Hoffmann/Freiberg*, Haufe IFRS-Kommentar, 20. Aufl. 2022, § 13.
4 Wir folgen hier den detailliert begründeten Vorschlägen von *Kirsch/Weber*, DStR 2012 S. 1719 f.
5 Nach *Lüdenbach/Hoffmann/Freiberg*, Haufe IFRS-Kommentar, 20. Aufl. 2022, § 13.

VI. Der beizulegende Zeitwert (Abs. 4)

1. Anwendungsbereiche in Bilanz und Anhang

212 Abs. 4 ist in Satz 1 und 2 eine **Definitionsvorschrift.** Es ergibt sich dabei folgende Arbeitsteilung mit anderen Regelungen:

- Abs. 4 bestimmt, wie der beizulegende Zeitwert zu ermitteln ist,
- dessen Anwendung in anderen Paragrafen für Bilanz- oder Anhangzwecke vorgeschrieben wird.

Betroffen von dieser Arbeitsteilung ist **bilanziell** die Bewertung folgender Posten:

- **Plan- bzw. Deckungsvermögen** bei Pensionen (§ 253 Abs. 1 Satz 4 HGB i.V. mit § 246 Abs. 2 Satz 2 HGB; → § 253 Rz. 107),
- **Rückstellungen** für **Altersversorgungsverpflichtungen,** deren Höhe sich aus ausschließlich nach dem beizulegenden Zeitwert von Wertpapieren bestimmt (§ 253 Abs. 1 Satz 4 HGB; → § 253 Rz. 105),
- Vermögen und Schulden von **Tochterunternehmen** bei der **Erstkonsolidierung** (§ 301 Abs. 1 Satz 2 HGB; → § 301 Rz. 45),
- Vermögen und Schulden assoziierter Unternehmen bei der Erstkonsolidierung nach der ***Equity*-Methode** (§ 312 Abs. 2 Satz 1 HGB; → § 312 Rz. 16),
- Bewertung von Finanzinstrumenten des Handelsbestandes bei **Banken** (§ 340e Abs. 3 Satz 1 HGB) sowie
- Bewertung von Rückdeckungsversicherungen bei **Pensionsfonds** (§ 341b Abs. 4 HGB),
- Bestimmung der Anschaffungskosten bei **Tausch** (→ Rz. 61 ff.) und bei **Einbringungsvorgängen** (→ Rz. 69).

Anhangangabepflichten betreffend den beizulegenden Zeitwert, seine Höhe und/oder Ermittlung bestehen für

- **Planvermögen** bei Pensionen (§ 285 Nr. 25 und 28 HGB, § 314 Abs. 1 Nr. 17 und 20 HGB; → § 285 Rz. 175),
- **Finanzanlagen,** die wegen voraussichtlich nur vorübergehender Wertminderung nicht abgeschrieben wurden (§ 285 Nr. 18 HGB, § 314 Abs. 1 Nr. 10 HGB; → § 285 Rz. 124),
- nicht zum beizulegenden Zeitwert bilanzierte **derivative Finanzinstrumente** (§ 285 Nr. 19 HGB, § 314 Abs. 1 Nr. 11 HGB; → § 285 Rz. 129),
- Finanzinstrumente des Handelsbestands bei **Banken** (§ 285 Nr. 20 HGB, § 314 Abs. 1 Nr. 12 HGB; → § 285 Rz. 143).

2. Ermittlung des beizulegenden Zeitwerts

213 Der beizulegende Zeitwert entspricht nach Abs. 4 Satz 1 und 2 dem **Marktpreis,** soweit ein **aktiver Markt** für den Vermögensgegenstand oder die Schuld besteht. Nach der Begründung des RegE ist diese Voraussetzung für Preise erfüllt, die an einer Börse, von einem Händler, einem Broker, einer Branchengruppe, einem Preisberechnungsservice oder einer Aufsichtsbehörde leicht und regelmäßig erhältlich sind und auf aktuellen und regelmäßig auftretenden Markttransaktionen zwischen unabhängigen Dritten beruhen. Sog. indikative Preisangaben erfüllen diese Voraussetzung nicht.

Vom Vorliegen eines aktiven Markts kann nach der Begründung RegE z. B. nicht ausgegangen werden, wenn wegen einer geringen Anzahl umlaufender Aktien im Verhältnis zum Gesamtvolumen der emittierten Aktien nur kleine Volumina gehandelt werden oder in einem engen Markt keine aktuellen Marktpreise verfügbar sind.

Die Begründung des RegE ist in ihrem Inhalt und Wortlaut erkennbar den Vorgaben der inter- 214
nationalen Rechnungslegung nachempfunden (IAS 39.AG71). Auf die etablierte Auslegung dieser Vorschriften kann deshalb zurückgegriffen werden. Hiernach ist das Vorliegen eines **aktiven Markts** aus quantitativer und qualitativer Sicht zu prüfen.

Aus **quantitativer Sicht** gilt: Ein im Verhältnis zum Marktvolumen und zu früheren Transaktionsmengen stark herabgesetztes Transaktionsvolumen impliziert ein geringeres Aktivitätsniveau als zuvor, aber noch nicht notwendigerweise die Inaktivität des Markts.

BEISPIEL ► Ein offener Fonds ist in *collaterized debt obligations* (CDO) investiert. Das Investitionsvolumen beträgt 10 Mrd. €. Vor der Hypothekenkrise wurden börsentäglich Fondsanteilsscheine im Wert von 300 Mio. € bis 500 Mio. € (= 3 % bis 5 % des Gesamtvolumens) gehandelt. Mit Eintritt der Krise verringert sich dieses Volumen auf 50 Mio. € bis 100 Mio. € (= 0,5 % bis 1 %).

Der Markt ist weiterhin als aktiv anzusehen, da auch ein absolut zwischen 50 Mio. € und 100 Mio. € und relativ zwischen 0,5 % und 1 % liegendes Volumen noch tatsächliche und sich regelmäßig ereignende Transaktionen repräsentiert.

Aus **qualitativer Sicht** ist für die Abgrenzung von aktiven und inaktiven Märkten zwischen Schwankungen der Angebots- und Nachfragekurve und Notverkäufen *(forced transactions)* zu unterscheiden:

- Der Notverkauf unterstellt durch singuläre Umstände erzwungene Transaktionen, die nicht repräsentativ für den Betrag sind, zu dem regulär ein Finanzinstrument gehandelt werden könnte. Repräsentieren die notierten Preise überwiegend Notverkäufe, kommt ihnen kein besonderer Aussagewert zu.
- Wenn im Falle einer Kredit- und Liquiditätskrise jedoch der gesamte Markt für einen Vermögensgegenstand betroffen ist und auch die Parteien, die ohne Not einen Käufer suchen, diesen nur zu niedrigen Preisen finden, stellen diese Preise kein singuläres Ereignis dar, sondern reflektieren eine für den Gesamtmarkt von unabhängigen Marktteilnehmern zugrunde gelegte Einschätzung. Derartige Preise repräsentieren den *fair value* und keine Notverkäufe.

Hinweise darauf, wann ausnahmsweise von **Notverkäufen** ausgegangen werden kann, liefert das im November 2008 als *Educational Guidance* vom IASB veröffentlichte Papier *„Expert Advisory Panel: Measuring and disclosing the fair value of financial instruments in markets that are no longer active"*. Nach Tz. 24 f. und 41 des Papiers kann ein Notverkauf im Allgemeinen dann nicht mehr angenommen werden, wenn Verkäufer genügend Zeit *(reasonable amount of time)* zur Veräußerung des Vermögenswerts hatten und/oder mehr als ein Subjekt als potenzieller Käufer infrage kam.

Letztlich kommt es bei der Prüfung der quantitativen und qualitativen Kriterien für das Vorliegen eines aktiven Markts auf die individuellen Verhältnisse im Einzelfall (Produkt, Markt etc.) an.

Liegt nach den vorgenannten Kriterien ein aktiver Marktpreis vor, ist die Wertentwicklung nach dem Bilanzstichtag irrelevant, da der beizulegende Zeitwert als **strenge Anwendungs-**

form des Stichtagsprinzips gerade der (fiktive) Preis ist, zu dem ein Vermögensgegenstand am Stichtag (und nicht einige Wochen danach) erworben oder veräußert werden könnte.

215 Nur wenn ein Marktpreis nach Abs. 4 Satz 1 nicht ermittelt werden kann, kommen nach Abs. 4 Satz 2 andere **„allgemein anerkannte" Bewertungsmethoden** zum Einsatz. Ihr Ziel muss in der Ermittlung eines hypothetischen Marktpreises liegen, der sich bei Vorliegen eines aktiven Markts ergäbe.

Anerkannte, z. B. bisher schon bei der Erstkonsolidierung etablierte Bewertungsmethoden sind:

- Der Vergleich mit aktuellen Transaktionspreisen von identischen oder im Wesentlichen identischen Finanzinstrumenten **(marktpreisorientierte Bewertung),**
- die Analyse von diskontierten *Cashflows* (*Discounted-Cashflow*-Bewertung; **einkommens- oder kapitalwertorientierte Bewertung**) sowie
- bei nichtmonetären Bewertungsobjekten auch die Bestimmung der Reproduktionskosten **(kostenorientierte Bewertung).**

Für Einzelheiten wird auf → § 301 Rz. 72 ff. verwiesen.

Stehen mehrere anerkannte Modelle zur Bewertung zur Verfügung, sollte deshalb das Modell genutzt werden, das maximalen Gebrauch von extern beobachtbaren Parametern macht.

Eine „freihändige", auf **Fundamentalwertüberlegungen** beruhende Bewertung ist jedenfalls unzulässig. Entsprechend dem zeitlichen Bezug der Zeitwertermittlung (strenges Stichtagsprinzip) und der sachlichen Zielsetzung (Bestimmung des Werts, zu dem am Markt gehandelt werden könnte) ist auch in Zeiten einer Finanzkrise gerade nicht von der „Irrationalität" aktueller Marktentwicklungen zu abstrahieren. Zur Plausibilisierung einer *Discounted-Cashflow*-Bewertung sind daher etwa zeitnahe Transaktionspreise in gleichen oder ähnlichen Instrumenten heranzuziehen, wenn diese nicht ganz ausnahmsweise als Notverkaufspreise (→ Rz. 214) qualifiziert werden könnten.

3. Nicht (mehr) ermittelbarer beizulegender Zeitwert

216 Lässt sich der beizulegende Zeitwert **nicht mehr verlässlich ermitteln,** sind gem. Abs. 4 Satz 3 und 4 die Anschaffungs- oder Herstellungskosten gem. § 253 Abs. 4 HGB fortzuführen **(strenges Niederstwertprinzip),** wobei der zuletzt nach Satz 1 oder 2 ermittelte beizulegende Zeitwert als Anschaffungs- oder Herstellungskosten gilt.

Von fehlender verlässlicher Ermittelbarkeit ist schon dann nicht auszugehen, wenn die angewandte Bewertungsmethode eine **Bandbreite** möglicher Werte zulässt. Bandbreiten stellen bei Fehlen aktiver Marktpreise den Normalfall einer Bewertung dar. Würden sie schon als schädlich für eine Zeitbewertung angesehen, verbliebe für Abs. 4 Satz 2 kein Anwendungsfeld mehr. In geltungserhaltender Interpretation sind Bandbreiten gem. der Begründung RegE daher nur dann schädlich, wenn

- die Abweichung der Werte voneinander sehr **signifikant** und
- eine **Gewichtung** der Werte nach Eintrittswahrscheinlichkeiten **nicht möglich**

ist.

217 Wenn in Anwendung dieser Kriterien der beizulegende Zeitwert ausnahmsweise nicht mehr verlässlich ermittelbar ist, mutiert der letzte zuverlässig ermittelte beizulegende Zeitwert zur

Grundlage für eine dann nach § 253 Abs. 4 HGB **(strenges Niederstwertprinzip)** vorzunehmende Bewertung, und zwar auch dann, wenn das Bewertungsobjekt in üblicher Wertung zum Anlagevermögen gehören würde. Betroffen hiervon kann etwa das Rückdeckungsvermögen bei Pensionsplänen sein.

Abs. 4 regelt nicht den Fall einer von vornherein nicht verlässlichen Ermittlung des beizulegenden Zeitwerts. Im Anwendungsbereich von § 340e Abs. 3 Satz 1 HGB (Bewertung von Finanzinstrumenten des Handelsbestands bei Banken) ist dann von Anfang an keine Zeitbewertung zulässig. 218

Ein derartiger Ausweg steht hingegen bei der Kaufpreisallokation im Rahmen der **Erstkonsolidierung** (→ § 301 Rz. 45) nicht zur Verfügung. Der Kaufpreis muss zwingend nach Maßgabe der beizulegenden Zeitwerte auf das erworbene Vermögen verteilt werden. An die Verlässlichkeit der Zeitwertermittlung sind deshalb hier keine kleinlichen Anforderungen zu stellen.

Entsprechendes gilt, wenn die Zeitbewertung nur für Anhangangabezwecke gefordert ist. Im **Anhang** ist eine einwertige Darstellung nicht zwingend. Bei einer hohen Bandbreite von Werten kann daher auch diese **Bandbreite** angegeben werden.

§ 256 Bewertungsvereinfachungsverfahren

[1]Soweit es den Grundsätzen ordnungsmäßiger Buchführung entspricht, kann für den Wertansatz gleichartiger Vermögensgegenstände des Vorratsvermögens unterstellt werden, dass die zuerst oder dass die zuletzt angeschafften oder hergestellten Vermögensgegenstände zuerst verbraucht oder veräußert worden sind. [2]§ 240 Abs. 3 und 4 ist auch auf den Jahresabschluss anwendbar.

Inhaltsübersicht Rz.

LITERATUR:

Drüen/Mundfortz, Zweck und Zulässigkeit der Lifo-Methode in der Steuerbilanz, DB 2014 S. 2245; *Herzig*, Lifo-Methode in der Steuerbilanz, DB 2014 S. 1756; *Herzig/Gasper*, Die Lifo-Methode in der Handels- und Steuerbilanz, DB 1991 S. 557; *Herzig/Gasper*, Eine Zwischenbilanz zur Lifo-Diskussion, DB 1992 S. 1301;

Hoffmann, Neujustierung des Lifo-Verfahrens?, StuB 2014 S. 749; *Hüttemann/Meinert*, Anwendungsfragen der Lifo-Methode in Handels- und Steuerbilanz, DB 2013 S. 1865; *Mayer-Wegelin*, Die praktische Anwendung des Lifo-Verfahrens nach § 256 HGB, BB 1991 S. 2256; *Wacker*, Anm. zum BFH-Urteil vom 20. 6. 2000 – VIII R 32/98, BB 2000 S. 2355.

I. Betriebswirtschaftliche Grundlagen

1. Bewertungsvereinfachung und Verbrauchsfolge

1 Die amtliche Überschrift des Paragrafen („Vereinfachung") passt nur bedingt zum eigentlichen Inhalt. Letzterer bezieht sich auf die Verbrauchsfolgeverfahren als fiktiven Bewertungsmaßstab im Bereich des Vorratsvermögens. Der Vereinfachungsgehalt erschließt sich aus Satz 2 mit der dortigen Bezugnahme auf die **Inventar**erstellung. Einmal mehr belegt dieser Verweis das praktisch notwendige Ineinandergreifen von Inventarerstellung und Bewertung (→ § 240 Rz. 3). Zu Satz 1 führt die Überschrift indirekt deswegen, weil ohne eine **Gruppenbildung** die Anwendung – zumindest des Lifo-Verfahrens – nicht sinnvoll durchgeführt werden kann.

2. Zielsetzung des Gesetzes

2 Der Vereinfachungsgedanke mag dem Gesetzgeber möglicherweise schon vor Augen geschwebt haben, als er die Verbrauchsfolgebewertung zugelassen hat. Ob in der praktischen Anwendung – insbesondere beim Lifo-Verfahren – damit tatsächlich ein Vereinfachungseffekt verbunden ist, darf eher bezweifelt werden. Die Ermittlung effektiver Anschaffungs- und Herstellungskosten, insbesondere im Bereich des Vorratsvermögens, bei homogenen Produkten und Massenfertigung mag tatsächlich schwierig oder gar unmöglich sein, wenn identische Vermögensgegenstände in umfangreicher Menge zu verschiedenen Preisen erworben oder gar wegen der physischen Beschaffenheit (Flüssigkeiten) mit schon vorhandenen Beständen vermischt werden. Die – auch vom Gesetzgeber in diesen Fällen unterstellte (→ § 240 Rz. 34) – Bewertung mit gleitenden Durchschnittspreisen muss dieses Problem ebenfalls bekämpfen und bedarf dazu keiner **komplizierteren** Technik als derjenigen des Lifo-Verfahrens.

3 Größere praktische Bedeutung in der deutschen Rechnungslegung gewann das Verbrauchsfolgeverfahren in Form des Lifo allerdings erst mit der **steuerlichen** Zulassung im Jahre 1990. Das damit verbundene Wahlrecht eröffnete steuerbilanzpolitische Gestaltungsspielräume oder sollte sie doch nach verbreiteter Vorstellung im Schrifttum öffnen.[1] Dabei ging es insbesondere auch um das altbekannte Thema der **Scheingewinnbesteuerung** bei steigenden Preisen für die Ersatzbeschaffung, die nach der überwiegenden Meinung im Schrifttum nach dem gesetzgeberischen Willen ebenfalls bekämpft werden sollte. Dem hat das bisher einzige grundlegende BFH-Urteil allerdings zehn Jahre nach der Gesetzeseinführung einen Riegel vorgeschoben (→ Rz. 7).[2] Insbesondere hat der BFH dem GoB-Gehalt der Vorsorge gegen eine Scheingewinnbesteuerung entschieden widersprochen. Stattdessen ist als Ausfluss des GoB-Vorbehalts (→ Rz. 6) der Vereinfachungsgedanke (→ Rz. 11) in den Vordergrund gerückt worden (*Cost-Benefit*-Aspekt, → § 252 Rz. 243), vgl. aber → Rz. 40a.

1 Zur damaligen intensiven Diskussion sei stellvertretend verwiesen auf *Herzig/Gasper*, DB 1991 S. 557, und die harsche Kritik daran – beide „Parteien" im wissenschaftlichen Bereich argumentierend – von *Bareis/Elschen/Siegel/Sigloch/Streim*, DB 1993 S. 1249, mit Replik von *Herzig*.

2 BFH, Urteil v. 20.6.2000 – VIII R 32/98, BStBl 2001 II S. 636, mit Anm. *Wacker*, BB 2000 S. 2355.

Schließlich wendet sich der BFH insbesondere auch gegen die These einer vom Gesetzgeber beabsichtigten Fortentwicklung der **GoB** hin zum generellen Bilanzierungsgebot der **Substanz-Erhaltung.**[1] Tatsächlich ist dem BFH insoweit zu folgen, als der gesamten HGB-Konzeption ein Kapitalerhaltungskonzept, wie es in den Zwischenkriegsjahren in der deutschen Betriebswirtschaftslehre intensiv diskutiert wurde, nicht zugrunde liegt. Im Ergebnis ist die Gesetzesauslegung des BFH zutreffend: Nur soweit es einer **Bewertungsvereinfachung** im praktischen Anwendungsbereich überhaupt bedarf, ist das GoB-Erfordernis des Satzes 1 tatbestandlich erfüllt.

(einstweilen frei) 4

3. Anwendungsbereiche (Satz 1 Halbsatz 1)

Die Zulässigkeit von Verbrauchsfolgeverfahren erstreckt sich auf gleichartige (→Rz. 12) Vermögensgegenstände des **Vorratsvermögens,** die nach der Gliederungssystematik des § 266 HGB zu bestimmen sind. Diskutiert wird deshalb, ob damit andere Bereiche des Umlaufvermögens von der Anwendung der Verbrauchsfolgeregelung ausgeschlossen sind. Die Frage zielt insbesondere auf **Wertpapiere des Umlaufvermögens.** Hierbei konkurrieren zwei Gesetzeslesarten:[2] 5

- Die Erwähnung des Vorratsvermögens schließt die Anwendung auf **andere** Posten des Umlaufvermögens aus.
- Die Vermögensgegenstände des Vorratsvermögens sind nur deswegen explizit erwähnt, weil die Anwendung nicht auf gleiche Gegenstände beschränkt, sondern auch für **gleichartige** erlaubt sein soll.

Die letztgenannte Lesart kann sich eher auf die Rechtsentwicklung stützen, die erste auf den Wortlaut.[3]

Tatsächliche oder fiktive Verbrauchsfolgen können auch für die Ermittlung von **Veräußerungsgewinnen bei Wertpapieren** relevant sein, so etwa wenn **Aktien** zu unterschiedlichen Zeitpunkten und mit unterschiedlichen Anschaffungskosten erworben werden und zu einem späteren Zeitpunkt nur ein Teil dieser Akten veräußert wird. Hier entscheidet bei gegebenem Veräußerungspreis die Höhe der Anschaffungskosten über den Veräußerungsgewinn. Nach unserer Auffassung ist hier zur Ermittlung der Anschaffungskosten die Durchschnittsmethode vorzuziehen, wenn die Verbrauchsfolgeannahme bloße Fiktion ist. Eine Einzelbewertung statt einer Durchschnittsbewertung ist nur bei Identifizierbarkeit der Anteile angezeigt (z. B. beurkundete Aktien, die nicht in Sammelverwahrung sind, oder Aktien, die in unterschiedlichen Depots gehalten werden). Denkbar ist auch die Identifizierung der abgehenden Aktien durch vertragliche Bezugnahmen auf den früheren Erwerbsakt. 5a

BEISPIEL: Die Stückaktien der X-AG sind weder verbrieft noch nummeriert; über ihre Verteilung wird lediglich ein Aktienregister in Form einer Excel-Tabelle geführt. A ist Inhaber von 2.500 Aktien, davon wurden 1.500 zu diversen Zeitpunkten erworben sowie 1.000 mit notariellem Kaufvertrag vom 15.6.01. 05 veräußert A 1.000 Aktien. Im notariellen Vertrag wird bestimmt, dass als veräußert die am 15.6.01 erworben Aktien gelten.

---

1 So vertreten durch *Herzig/Gasper*, DB 1991 S. 257; *Treptow/Weismüller*, WPg 1991 S. 571.

2 Vgl. *ADS*, 6. Aufl., § 256 HGB Tz. 24.

3 So insbesondere *Mayer-Wegelin* in Küting/Pfitzer/Weber (Hrsg.), Handbuch der Rechnungslegung – Einzelabschluss, 5. Aufl., § 256 Tz. 35; a. A. *ADS*, 6. Aufl., § 256 Tz. 25.

Nach Auffassung des BFH sind die veräußerten Aktien hier objektiv identifiziert. Der Ermittlung des Veräußerungsgewinns sind daher nicht die Durchschnittskosten, sondern die Anschaffungskosten der am 15.6.01 erworbenen Aktien zugrunde zu legen.[1]

II. Tatbestandsvoraussetzungen

1. GoB-Entsprechung (Satz 1 Halbsatz 1)

6 Bewertungsvereinfachungen sind nach Satz 1 Halbsatz 1 nur zulässig, soweit dies den GoB entspricht. Im Verhältnis zwischen Gesetz und geforderter GoB-Konformität ergeben sich theoretisch drei Möglichkeiten:

- Verbrauchsfolgeverfahren sind nie GoB-konform: → Das Gesetz hätte keinen Anwendungsbereich.
- Verbrauchsfolgeverfahren sind immer GoB-konform: → Die gesetzliche Einschränkung auf GoB-konforme Fälle wäre ohne Anwendungsbereich.
- Verbrauchsfolgeverfahren sind je nach Einzelfall GoB-konform oder nicht: → Das Gesetz und die in ihm getroffene Einschränkung haben einen Anwendungsbereich.

Nur die dritte Variante interpretiert das Gesetz **geltungserhaltend** und ist daher u. E. zutreffend.

Offen ist dann, wie sich die GoB-konformen Fälle von den nicht GoB-konformen unterscheiden. Am ehesten könnte eine fehlende Konformität im „Missbrauch" der Verbrauchsfolge**fiktion** gesehen werden. Diesen Gedanken greift die Hypothese auf, wonach die fingierte Verbrauchsfolge nicht mit der Realität gänzlich **unvereinbar** sein darf, bei leicht verderblicher Ware mit realer Fifo-Verbrauchsfolge eine Bewertung nach Lifo-Verfahren also unzulässig ist (→ Rz. 17). Damit konform geht die These, der zufolge die Anwendung eines Verbrauchsfolgeverfahrens nicht gegen den *true and fair view* (→ § 264 Rz. 15) verstoßen darf. Diese Gesetzesauslegung wirkt allerdings zirkulär, da der *true and fair view* gerade wiederum im Rahmen der GoB zu bestimmen ist.

7 Wie in der tradierten deutschen Rechnungsszenerie üblich ist an dieser Stelle einmal mehr der BFH zur Entscheidung aufgerufen worden.[2] Dessen Befund mag man die steuerliche Perspektive entgegenhalten, was der Sache nach allerdings unzutreffend ist, denn der einschlägige § 6 Abs. 1 Nr. 2a EStG ist in seinen hier entscheidenden Grundlagen inhaltlich identisch mit § 256 Satz 1 HGB. Der BFH hat im genannten Urteil demnach ausschließlich Handelsrecht ausgelegt und das **GoB**-Verständnis des Gesetzes wie folgt begründet:

8 Durch die Verbrauchsfolgefiktion unter Heranziehung „gleichartiger Vermögensgegenstände" wird möglicherweise gegen verschiedene sog. **obere** Grundsätze ordnungsmäßiger Buchführung verstoßen, und zwar

- **Einzelbewertungs**grundsatz gem. § 252 Abs. 1 Nr. 3 (→ § 252 Rz. 44),
- Vermischen mit Erwerbskosten **früher** angeschaffter oder hergestellter Wirtschaftsgüter,
- **periodengerechte** Zuordnung von Aufwendungen des Geschäftsjahres gem. § 252 Abs. 1 Nr. 5 HGB (→ § 252 Rz. 205),

1 BFH, Urteil v. 4.2.2020 – IX R 18/19 zu § 17 EStG.
2 BFH, Urteil v. 20.6.2000 – VIII R 32/98, BStBl 2001 II S. 636.

- die Bilanz**wahrheit** und **-richtigkeit**, wohl identisch mit dem *„True and fair view“*-Gebot gem. § 264 Abs. 2 Satz 2 HGB (→ § 264 Rz. 15).

Klammert man das letztgenannte Kriterium wegen seines fehlenden Aussagegehalts aus der weiteren Diskussion aus, verbleibt also insbesondere der Verstoß gegen den **Einzelbewertungsgrundsatz.** Dieser Verstoß bedarf einer Rechtfertigung, die der BFH im **Vereinfachungsgedanken** für die Bewertung findet. Er betont dabei die praktische Unmöglichkeit der Bewertung von vermischten Flüssigkeiten und von Massenartikeln mit dem individuellen Einstandspreis. 9

Umgekehrt verbietet sich dann in der logischen Konsequenz eine Anwendung der Lifo-Methode (und eines anderen im Verfahren nicht streitigen Verbrauchsfolgeverfahrens), wenn die Anschaffungs- oder Herstellungskosten für den einzelnen Vorratsgegenstand leicht und einwandfrei zu ermitteln sind. Im BFH-Verfahren ging es um die zum Vorratsvermögen eines Autohändlers gehörenden Pkws mit verschiedenen Ausstattungsmerkmalen. Hier sah der BFH zutreffenderweise keine Probleme mit der individuellen Zurechnung der Anschaffungskosten beim Autohändler und ließ demzufolge die Lifo-Methode nicht zu. 10

Der BFH[1] hat sich bei der Feststellung einer GoB-Widrigkeit etwa von folgenden Überlegungen leiten lassen. Wenn die Einzelbewertung nicht nennenswerte **Mehrkosten** verursacht, die Gestehungskosten des Vermögenswertes aber relativ **hoch** sind, dann kommt den Wirtschaftlichkeitsüberlegungen gegenüber der Verzerrung der Vermögenslage wenig Gewicht zu.[2] Die Frage ist allerdings, ob dieses Argument und dessen Widerlegung nicht durch die im Unternehmen angewandte **Bestandsführung** mit zugehöriger Lagererfassung überhaupt obsolet (geworden) ist. Eine solche wird vom Gesetz nicht verlangt, wohl aber von den Zwängen des Wirtschaftslebens. Schon ein nicht allzu großes Produktions-, Dienstleistungs- oder Handelsunternehmen kann sich nur in seltenen Ausnahmefällen ohne eine **Betriebsbuchhaltung,** die diesen Namen verdient, dem Wettbewerb stellen. Dazu muss der zu erfassende Vermögensgegenstand/das zu erfassende Wirtschaftsgut definiert werden. Schon aus den Zwängen des *Cost-Benefit*-Gedankens werden bei dieser Definition Zusammenfassungen (Gruppenbildungen) erforderlich sein. Der Lebensmittel-Einzelhändler wird nicht jeden Fruchtsaftbehälter einzeln in die Bestandsführung aufnehmen, sondern vielleicht alle Fruchtsäfte im Tetrapack zu 1 Liter gesamthaft erfassen. Der Automobilhändler wird umgekehrt in aller Regel jeden Pkw einzeln und nur die Erwerbsnebenkosten (Überführung) gesammelt erfassen. Diese Gruppenbildungen kann man der Rechtsgrundlage des § 240 Abs. 4 HGB unterwerfen (→ § 240 Rz. 34), was eine Erweiterung im Anwendungsbereich des Lifo-Verfahrens nicht ausschließt (→ Rz. 12). Die Wirtschaftlichkeitsüberlegung, die den BFH im Urteil VIII R 32/98 a. a. O. umtreibt, ist vom Unternehmen aus anderen Gründen als dem der Anwendung des Lifo-Verfahrens bereits entschieden worden. Diese Entwicklung, die überdies nicht von Steuergestaltungsansätzen motiviert ist, wird man kaum als GoB-widrig werten können, ganz im Gegenteil. Die GoB-Konformität kann als eines der zur Anwendung eines Verbrauchsfolgeverfahrens zu erfüllenden Tatbestandsmerkmale bei funktionsfähiger Betriebsbuchhaltung unterstellt werden (vgl. → Rz. 40c). 11

1 Im Urteil v. 20.6.2000 – VIII R 32/98, BStBl 2001 II S. 636.

2 So die Interpretation von *Hüttemann/Meinert*, DB 2013 S. 1867.

Zu der Möglichkeit der **Gruppenbildung** nach Maßgabe der Gleichartigkeit und der Übereinstimmung der fiktiven Verbrauchsfolge mit der **Wirklichkeit** (Musterfall für das Gegenteil ist die verderbliche Ware) brauchte der BFH nicht Stellung zu nehmen.

2. Gleichartige Vermögensgegenstände, Gruppenbildung (Satz 1 Halbsatz 2)

12 Die zweite Tatbestandsvoraussetzung zur Anwendung des Verbrauchsfolgeverfahrens ist eine **Gleichartigkeit** der Vermögensgegenstände, die in die Berechnung einfließen. Dieses Erfordernis schließt zunächst **gleiche** (also identische) Vermögensgegenstände ein. In der Anwendung auf gleich**artige** wird der Austausch von Vorratsgegenständen – Abgang des einen und Zugang des anderen – auch bei nicht identischen, sondern in gewissem Umfang gleichartigen Gegenständen für zulässig erachtet. Im Ergebnis werden die Anschaffungs- und Herstellungskosten von abgehenden Vermögensgegenständen, die nicht mit gleichem Inhalt ersetzt werden, bei ähnlichen weitergeführt. Das ist von großer praktischer Bedeutung im Hinblick auf die im Wirtschaftsleben ständig praktizierten Produkterneuerungen, technischen Weiterentwicklungen, modischen Anpassungen etc.[1] Regelmäßig wird das Lifo-Verfahren unter Heranziehung der **Gruppenbildung** nach Satz 2 (→ § 240 Rz. 34) durchgeführt. Diese Gruppierung bleibt wegen der tatbestandlichen Voraussetzung der Gleichartigkeit unberührt, wenn die Funktionsgleichheit des betreffenden Artikels auch mit technischer oder modischer Anpassung gewährleistet ist. Die Gruppenbildung mit gleichartigen Vermögensgegenständen nach § 256 kann die nach Maßgabe wirtschaftlicher Zwänge im Rahmen der Betriebsbuchhaltung erforderlichen (→ Rz. 11) übertreffen, wird dies auch regelmäßig tun, weil sonst im Grunde die Gesetzesvorgabe ohne Anwendungsbereich wäre. Gerade das Lifo-Verfahren „lebt" von der Zusammenfassung gleichartiger Gegenstände – unabhängig von ihrer Behandlung in der Betriebsbuchhaltung (Bestandsführung, Lagererfassung).

13 Über „Gleichartigkeit" ist inhaltlich damit noch nichts ausgesagt. Mitunter wird die Zugehörigkeit zur gleichen **Warengattung** oder die Erfüllung der gleichen **Funktion** gefordert.[2] Diese Vorgabe passt z. B. auf Baustahl, der seiner Funktion nach unabhängig von der Stärke, Biegung etc. der Armierung von Betonbauwerken dient. In anderen Sachverhalten versagen allerdings diese beiden Kriterien:

BEISPIEL ▸ Hosen, Jacken, Mäntel und Hemden gehören zur gleichen Waren**gattung** „Herrenoberbekleidung" und erfüllen die gleiche **Funktion**, nämlich die Vollausstattung von Männern mit angemessener Kleidung.

Die Frage ist, ob nach dieser Auslegung der Begriffe „Gattung" und „Funktion" der ganze Vorratsbestand eines Herrenausstatters als „gleichartig" angesehen werden kann. Unseres Erachtens lässt sich einem Oberhemd kaum eine andere Funktion zuordnen als einem Beinkleid oder einem Mantel. Deshalb muss die Gleichartigkeit beim Herrenvollausstatter nach den genannten (und noch weiteren) Artikeln zur Definition der Gleichartigkeit differenziert werden. Umgekehrt bedarf es keiner weiteren Unterscheidung etwa nach kurz- und langärmeligen Hemden oder gar nach den Farben.

14 Die Lösung im Einzelfall kann deshalb nicht treffergenau aufgrund allgemeiner Prinzipien abgeleitet werden, sondern bedarf **kasuistischer** Fallentscheidungen. Nach der Gesetzesbegründung (BT-Drucks. 11/2356 S. 47) soll nicht kleinlich verfahren werden. Diese Anweisung ist ge-

1 Vgl. hierzu *Mayer-Wegelin* in Küting/Pfitzer/Weber (Hrsg.), Handbuch der Rechnungslegung – Einzelabschluss, 5. Aufl., § 256 Tz. 27.

2 Vgl. *Mayer-Wegelin* in Küting/Pfitzer/Weber (Hrsg.), Handbuch der Rechnungslegung – Einzelabschluss, 5. Aufl., § 256 Tz. 28.

münzt auf die steuerliche Anerkennung; ihr kommt auch Bedeutung für die handelsrechtliche Bilanzierung zu.

Allerdings hat der Steuergesetzgeber in der zitierten Begründung auch auf den jeweiligen **Preis** als Anzeichen unterschiedlicher **Qualitätsmerkmale** hingewiesen. Dieser Vorgabe hat sich verständlicherweise die Finanzverwaltung in R 6.9 Abs. 3 EStR angenommen: Erhebliche Preisunterschiede deuten Qualitätsunterschiede an, und Wirtschaftsgüter mit erheblichen Qualitätsunterschieden sind nicht gleichartig. Diese Auslegung erfordert weiterhin eine Bestimmung von „erheblich“. 15

BEISPIEL[1] Das BMF schlägt sieben qualitäts- und preisindizierte Gruppen von Tafelwein über Spätlese bis zu hochwertigem Schaumwein vor.

Vergleichbar äußert sich das BMF in einem Schreiben an die Zigarettenindustrie (ebenfalls sieben Gruppen).

Noch instruktiver ist die vom BMF mit der Entsorgungswirtschaft ausgehandelte Gruppeneinteilung.[2] Danach werden folgende zwölf Gruppen vorgeschlagen:

- Eisen-Schrotte,
- legierte Stahl-Schrotte,
- Aluminium-Schrotte,
- Blei-Schrotte,
- Kupfer-Schrotte,
- Messing-Schrotte,
- Zink- und Zinn-Schrotte,
- Altglas,
- Altholz,
- Altkunststoff,
- Altpapier.

Die Gleichartigkeit wird in diesen Fällen also durch das Merkmal von „Alt“ bzw. „Schrott“ hergestellt. Der Preisunterschied – etwa bezogen auf eine Tonne – spielt keine Rolle.

Das Beispiel belegt aber auch negativ: Preis- und damit Qualitätsunterschiede können nicht ausgeblendet werden. Erhebliche **Preisunterschiede** indizieren eine nicht bestehende Gleichartigkeit.

BEISPIEL In der Maschinenfabrik liegen Abertausende von kleineren Schrauben mit unterschiedlichen Definitionsmerkmalen (Kreuzschlitz, Länge, Kaliber, Gewinde), deren Eingruppierung in eine „gleichartige“ Gruppe zunächst nichts im Wege steht. Dagegen spricht u.U. der Preisvorbehalt: Besteht das Material aus V4A-Stahl, ist die funktional vergleichbare Schraube aus V2A-Stahl wesentlich teurer und damit nicht gleichartig.

Ähnlich verhält es sich bei Personenautos. Der Opel Corsa mag mit den verschiedenen Motorisierungen im Angebot als „gleichartig“ gelten. Diese Qualifizierung endet indes bei hohen Preis- und damit Qualitätsunterschieden. Gleichartig sind ein Smart und Ferrari nicht deshalb, weil sie beide als Personenkraftfahrzeuge gelten.[3] Einer solchen Gruppenbildung steht auch die **GoB-Widrigkeit** aus Sicht des BFH entgegen, weil zumindest der Ferrari, wohl aber auch

1 Nach BMF, Schreiben v. 28.3.1990 – IV B 2 – S 2174 – 18/90, BStBl I S. 148.
2 OFD München, Vfg. v. 15.6.1992 – S 2174 – 26/2 – St 41, DB 1992 S. 1602.
3 Zur Vernachlässigung der Preis- und Qualitätsunterschiede tendieren allerdings *Herzig/Gasper*, DB 1991 S. 557.

der Smart, als höherwertig anzusehen und ihnen „einfach" die individuellen Anschaffungskosten zuzurechnen sind (→ Rz. 10).[1]

Hinter all diesen Überlegungen verbirgt sich ein Abwägungsproblem:[2]

- Einerseits: Der Gedanke der **Vereinfachung** und damit der Wirtschaftlichkeit verlangt nach einer großzügigen Interpretation von Gleichartigkeit (auch bei größeren Preisunterschieden) mit entsprechender Gruppenbildung (→ Rz. 1).
- Andererseits darf die Vermögenslage nicht zu sehr **verzerrt** werden.

Es ergibt sich wie so oft bei der Bilanzierung ein **Ermessensspielraum**, der nicht mit „festen Regeln" *(bright lines)* eingeschränkt werden sollte oder kann. Im Schrifttum geäußerte Höchstwerte für die Preisunterschiede von 5 %, 10 % oder 20 % sind deshalb mit Zurückhaltung zu beurteilen. Der **Verzerrung** der Vermögenslage baut bei Anhangerstellungspflicht auch die Angabe in § 284 Abs. 2 Nr. 4 HGB (→ § 284 Rz. 65) vor.

16 Regelmäßig befasst sich das Schrifttum mit fertigen Erzeugnissen bzw. Waren. Bei **unfertigen** Erzeugnissen wird die Bestimmung der Gleichwertigkeit noch wesentlich schwieriger, was in der Praxis die Anwendung nur in Ausnahmefällen erlauben dürfte. Zulässig ist aber (auch steuerrechtlich) die Anwendung auf Materialbestandteile der Erzeugnisse (EStR 6.9 Abs. 2). Bei individueller Auftragsfertigung scheidet ein Verbrauchsfolgeverfahren aus. Die Finanzverwaltung lässt in diesem Bereich eine Lifo-Bewertung für die Materialbestandteile zu, sofern diese im Rahmen der Buchführung (gemeint ist vermutlich Kostenrechnung) getrennt erfasst werden (R 6.9 Abs. 2 Satz 4 EStR).

3. Fiktion (Satz 1 Halbsatz 2)

17 Die Gesetzesfiktion besagt: Die **wirkliche** Verbrauchsfolge braucht mit der **unterstellten** nicht übereinzustimmen. Allerdings muss die Unterstellung einmal mehr (→ Rz. 6) den GoB entsprechen. Was diese dazu aussagen, bleibt der Interpretation des Schrifttums überlassen. „Klassisch" ist die Aussage: Die Verbrauchsfolgefiktion muss „im Großen und Ganzen" dem tatsächlichen Geschehensablauf entsprechen.[3] Daraus leitet die Finanzverwaltung eine Ablehnung des Lifo-Verfahrens bei völliger **Unvereinbarkeit** der fiktiven mit der tatsächlichen Verbrauchsfolge ab (R 6.9 Abs. 2 Satz 2 Halbsatz 2). Das soll bei leicht verderbbaren Waren der Fall sein.[4] Das Gleiche wird auch branchen- und produktunabhängig für den Fall der Einlagerung in rechnergesteuerte Hochregallager vertreten, weil diese systemimmanent dem (gegenteiligen) Fifo-Verfahren (→ Rz. 35) folgen sollen.[5] Eine Fiktion greift auch bei hoher **Umschlagshäufigkeit**, z. B. im Tabakwarenhandel, wenn am Jahresende garantiert keine Bestände vom Jahresanfang vorhanden sein können.[6]

---

1 Ähnlich FG Münster, Urteil v. 20.3.1998 – 11 K 5125/96 F, EW, G, EFG 1998 S. 999.

2 Vgl. *Hüttemann/Meinert*, DB 2013 S. 1867.

3 Vgl. *Döllerer*, BB 1965 S. 1412.

4 Ablehnend *Mayer/Wegelin* in Küting/Pfitzer/Weber (Hrsg.), Handbuch der Rechnungslegung – Einzelabschluss, 5. Aufl., § 256 Tz. 20.

5 Vgl. *Müller-Gatermann* in Herzig (Hrsg.), Vorratsbewertung nach der Lifo-Methode, 1990, S. 41; dagegen *Bäuerle*, BB 1990 S. 1732; a. A. *Herzig/Gasper*, DB 1992 S. 1302; *Weber/Standke*, BB 1993 S. 399.

6 So das BayLfSt, Erlass v. 23.10.2009, DStR 2009 S. 2318, gegen das Urteil des FG Baden-Württemberg v. 19.2.2004 – 6 K 19/01.

III. Verbrauchsfolge (Satz 1 Halbsatz 2)

1. Zulässige und unzulässige Verfahren

Satz 1 Halbsatz 2 lässt (bei Erfüllung der übrigen Voraussetzungen) zwei Verbrauchsfolgefiktionen zu. Das Unternehmen kann nach 18

- Lifo-Verfahren die zuletzt zugegangenen Vorräte,
- Fifo-Verfahren die zuerst zugegangenen

als zuerst verbraucht behandeln.

Das Lifo-Verfahren – einerlei in welcher technischen Ausprägung (→ Rz. 19 ff.) – führt bei steigenden Preisen im Vergleich zur Durchschnittsbewertung (→ § 240 Rz. 36) zu einem niedrigeren Periodenergebnis.

Nach HGB a. F. war darüber hinaus noch die Unterstellung einer „sonstigen bestimmten Verbrauchsfolge" zulässig, etwa HiFo *(highest in – first out)* oder KiFo (Konzern *in – first out*). Mit dem BilMoG ist der Hinweis auf sonstigen Verfahren entfallen. Zulässig sind nur noch Lifo und Fifo. Nicht zulässig sind auch die sog. Indexverfahren.

Der Wechsel von der Einzel- oder Durchschnittsbewertung zu Verbrauchsfolgemethoden ist u. U. bei – regelmäßig leicht begründbarer – sachlicher Rechtfertigung nach IDW RS HFA 38 Tz. 15 zulässig. Der Grundsatz der Bewertungsstetigkeit verhindert nur einen häufigen und willkürlichen Wechsel. Für die Steuerbilanz gelten restriktivere Vorgaben (→ Rz. 39).

2. Lifo-Verfahren

2.1 Konzeption

Die Lifo-Bewertung beginnt mit dem Anfangsbestand und dessen Wertansatz als Ausgangsbasis. Die Zugänge werden mit den tatsächlichen Anschaffungs- und Herstellungskosten erfasst, die Lagerabgänge dagegen zunächst nur mit der Menge, der nach der unterstellten Verbrauchsfolge die Werte zugeordnet werden. 19

Diese Berechnungsmethode kann im Rahmen einer IT-gesteuerten Bestandsführung kontinuierlich **(„permanent")** erfolgen oder aber nur **periodisch,** also z. B. zu einem Quartalsabschluss oder zu einem regulären Jahresabschluss (Perioden-Lifo). Auch die Finanzverwaltung akzeptiert diese beiden Methoden in R 6.9 Abs. 3 EStR 2008.

2.2 Permanentes Lifo

Diese technisch anspruchsvolle Vorgehensweise entspricht der gleitenden Durchschnittsbewertung (→ § 240 Rz. 36) und bedarf einer sauberen, datentechnischen Grundlage. Der Buchwert des Bestands wird ständig fortgeschrieben und kann deshalb täglich oder „zeitgleich" festgestellt werden. Die – für das Verfahren entscheidende – Bewertung der Abgänge erfolgt mit den Werten der letzten Zugänge. Sind im Einzelfall die Abgänge höher als die Zugänge, muss letztlich auf den Anfangsbestand zurückgegriffen werden. 20

BEISPIEL[1]

Anfangsbestand Zukauf 1	1.000 kg/Stück + 1.000 kg/Stück	à 10,00 = à 12,00 =	10.000 12.000
Neuer Bestand Abgang 1	2.000 kg/Stück ./. 500 kg/Stück	= à 12,00 =	22.000 6.000
Neuer Bestand Zukauf 2	1.500 kg/Stück + 500 kg/Stück	= à 13,00 =	16.000 6.500
Neuer Bestand Abgang 2 etc.	2.000 kg/Stück ./. 1.000 kg/Stück 500 kg/Stück 500 kg/Stück	= à 12,50 = à 13,00 à 12,00	22.500 12.500
Endbestand	1.000 kg/Stück	à 10,00 =	10.000

2.3 Perioden-Lifo

21 Technisch einfacher ist das nur zum Ende einer Rechnungsperiode realisierte Lifo-Verfahren. Innerhalb dieser Zeiteinheit besteht kein Unterschied zur Durchschnittsbewertung. Erst bei der Bewertung des Bestands am Ende der gewählten Periode werden die in das Verfahren einbezogenen Vermögensgegenstände mit den Wertansätzen der vorgängigen Bilanz bewertet. Eine Einzelerfassung und Bewertung der unterperiodischen Abgänge sind deshalb nicht erforderlich.

BEISPIEL

Anfangsbestand Zukäufe Abgänge	1.000 kg/Stück + 1.500 kg/Stück ./. 1.500 kg/Stück	à 10,00 =	10.000
Endbestand	1.000 kg/Stück	à 10,00 =	10.000

Der Anfangsbestand ist dabei als erster Zugang zu behandeln, bei einem Übergang von der bisherigen Durchschnitts- auf die Lifo-Bewertung mit dem zugehörigen Buchwert.

22 Im vorigen Beispiel ist unrealistisch ein unveränderter Anfangs- und Endbestand unterstellt. Bei einer **Bestandserhöhung** ist zwischen dem Bestand zu Beginn der Periode und dem Mehrbestand zu unterscheiden. Der erstgenannte Teil des Endbestands wird mit dem Wert aus der Eröffnungsbilanz bewertet; die Bewertung des Mehrbestands muss nach Maßgabe der Anschaffungs- bzw. Herstellungskosten der Zukäufe, die zum Mehrbestand geführt haben, erfolgen. Diese sind aber systematisch nicht zuordenbar, so dass verschiedene **Vereinfachungsmöglichkeiten** vorgeschlagen werden:[2]

- Ansatz mit dem Wert des ersten Zukaufs in der Periode bzw. mit den effektiven Kosten in der zeitlichen Abfolge der Anschaffung oder Herstellung.
- Ansatz mit dem Wert des letzten Zukaufs in der Periode.
- Ansatz mit den durchschnittlichen Anschaffungskosten in der Periode.

1 Nach *Mayer-Wegelin* in Küting/Pfitzer/Weber (Hrsg.), Handbuch der Rechnungslegung – Einzelabschluss, 5. Aufl., § 256 Tz. 44. Dieser Kommentierung sind auch die folgenden Fallbeispiele entnommen.

2 Vgl. *ADS*, 6. Aufl., § 256 Tz. 40.

Die erste Variante entspricht konzeptionell dem Lifo-Verfahren, die zweite dem Fifo- und die dritte dem Durchschnittsverfahren. Alle Verfahren sind in sich schlüssig, die konzeptionelle Übereinstimmung mit dem Lifo-Verfahren präferiert die erste.

Diese **Mehrmengen** werden als **gesonderte Rechengröße** fortgeführt. Sie werden gegenüber der „Grundgesamtheit" unterschiedlich bewertet. Man spricht hier umgangssprachlich von einem ***Layer*** (Ableger oder Schicht). Diese *Layer* werden unter Fortführung des Lifo-Prinzips bei **Bestandsminderungen** in den Folgeperioden abgebucht. 23

BEISPIEL

Anfangsbestand Zukäufe Abgänge	1.000 kg/Stück + 1.500 kg/Stück ./. 1.000 kg/Stück	 à 10,00 = à 15,00 =	10.000
Endbestand *Layer* I *Layer* II	1.500 kg/Stück 1.000 kg/Stück 500 kg/Stück	 à 10,00 = à 15,00 =	 10.000 7.500
			17.500

Bei fortgesetzter Mengensteigerung entstehen notgedrungen mehrere *Layer*, die das System zunehmend **unhandlich** machen. Deshalb kann/können dem jeweiligen Anfangsbestand einer Periode der/die *Layer* zugerechnet werden, um einen einheitlichen Anfangsbestand zu schaffen, der mit dem gewogenen Durchschnitt beider oder mehrerer Teilbereiche bewertet wird. Je nach Bestandsveränderung in dem der Gruppenbildung zugrunde liegenden *Layer* können sich unterschiedliche Werte entwickeln, je nachdem, ob von der Vereinfachungslösung der Zusammenfassung oder der Weiterführung der gebildeten *Layer* Gebrauch gemacht wird. 24

Bei **Rückgang** der Bestandsmengen müssen die Abgänge, die die Zugänge übersteigen, beim Anfangsbestand abgezogen werden. Liegt nur ein einheitlicher Anfangsbestand vor, ergibt sich in diesen Fällen folgende Rechnung:

BEISPIEL

Anfangsbestand Zugänge Abgänge	1.000 kg/Stück + 500 kg/Stück ./. 700 kg/Stück	à 10,00 =	10.000
Endbestand Bestandsminderung	750 kg/Stück 250 kg/Stück	à 10,00 = à 10,00 =	7.500 2.500

Liegen demgegenüber **mehrere** *Layer* beim Anfangsbestand vor, muss die Mengenverringerung am zuletzt gebildeten *Layer* abgesetzt werden. Reicht dieser zur Deckung der Mengenreduzierung nicht aus, wird beim vorletzten *Layer* weitergerechnet. 25

BEISPIEL

Anfangsbestand *Layer* I *Layer* II *Layer* III	1.750 kg/Stück 1.000 kg/Stück 500 kg/Stück 250 kg/Stück	 à 10,00 = à 15,00 = à 10,00 =	 10.000 7.500 5.000
			22.500
Endbestand *Layer* I *Layer* II	1.250 kg/Stück 1.000 kg/Stück 250 kg/Stück	 à 10,00 = à 15,00 =	 10.000 3.750
			13.750

26 Insgesamt erscheint die Methode des periodischen Lifo nicht unbedingt einfacher als diejenige des permanenten. Man kann es vielleicht so ausdrücken: Das periodische Lifo erfordert jeweils zur Bilanzerstellung eher umfangreiche und komplizierte Nacharbeiten; das permanente Lifo setzt eine einwandfreie, datentechnische Grundlage mit entsprechender Erfassung voraus, macht dann die bilanzielle Erfassung jedoch recht einfach.

2.4 Niederstwertprinzip

27 Bei all diesen rechentechnischen Ergebnissen darf das Niederstwertprinzip in → § 253 Rz. 230 nicht unbeachtet bleiben. Der sog. niedrigere beizulegende Wert muss dann mit den Lifo-Ansätzen verglichen werden. Bei unterstellter einheitlicher Bewertung des Gesamtbestands gilt Folgendes:

BEISPIEL

Anfangsbestand Endbestand	1.000 kg/Stück 1.000 kg/Stück	à 10,00 = à 8,00 =	10.000 8.000
Abschreibung			2.000

Bei Bewertung mit verschiedenen *Layern* ist der niedrigere beizulegende Wert mit dem jeweiligen Wertansatz des *Layers* zu vergleichen.

BEISPIEL

Anfangsbestand	1.000 kg/Stück		
Layer I	300 kg/Stück	à 5,00 =	1.500
Layer II	400 kg/Stück	à 10,00 =	4.000
Layer III	300 kg/Stück	à 15,00 =	4.000
			10.000
Endbestand	1.000 kg/Stück		
Layer I	300 kg/Stück	à 5,00 =	1.500
Layer II (+ III)	700 kg/Stück	à 8,00 =	5.600
			7.100
Abschreibung			2.900

28 Bei der regelmäßig der Lifo-Bewertung zugrunde liegenden Gruppenbewertung liegt konzeptionell eine **Bewertungseinheit** (→ § 252 Rz. 50) vor. Beim Niederstwerttest darf u. E. die Gruppe nicht in einzelne Vermögensgegenstände aufgelöst werden, da die Bewertungsfiktion als Lex specialis dem Einzelbewertungsgrundsatz vorgeht.[1] Das gilt unabhängig davon, ob die Abschreibung auf den Niederstwert aufgrund externer Preisentwicklungen, (interner) mangelnder Gängigkeit oder Produktmängel zurückzuführen ist.

2.5 Bilanzeffekte

29 Die Auswirkungen des Lifo-Verfahrens auf die Bilanz und den Ergebnisausweis sind am ehesten durch Referenz zur **Durchschnittsbewertung** (→ § 240 Rz. 36) darzustellen. Der aus steuerlicher Sicht gewünschte Effekt einer Gewinnminderung durch das Lifo-Verfahren gegenüber dem Durchschnittsverfahren kommt bei steigenden Preisen zum Ausdruck. Die dann zwangs-

1 So auch *Mayer-Wegelin* in Küting/Pfitzer/Weber (Hrsg.), Handbuch der Rechnungslegung – Einzelabschluss, 5. Aufl., § 256 Tz. 57.

weise niedrigere Bewertung nach dem Lifo-Verfahren führt zu **einem höheren Materialeinsatz** und zu einem **niederen Bilanzausweis.**

BEISPIEL[1]

Durchschnittsbewertung				Lifo-Bewertung			
Bilanz				Bilanz			
Vorräte	1.000 + 500	Gewinn Passiva	500 1.000	Vorräte	1.000 +0	Gewinn Passiva	0 1.000
	1.500		1.500		1.000		1.000
Gewinn- und Verlustrechnung				Gewinn- und Verlustrechnung			
Umsatzerlöse Bestandserhöhung ./. Materialaufwand (Rohstoffe)			5.000 + 200 ./. 4.200	Umsatzerlöse Bestandserhöhung ./. Materialaufwand (Rohstoffe)			5.000 0 ./. 4.500
Ergebnis			1.000	Ergebnis			500

In besonderen Datenkonstellationen kann das Lifo-Verfahren auch zu einem höheren Ergebnis- 30
ausweis als das Durchschnittsverfahren führen, was aber an der generellen steuerlichen Vorteilhaftigkeit bei (langfristig) steigenden Preisen durch Vermeidung der Scheingewinnbesteuerung (→ Rz. 11) nichts ändert. Ohnehin kann eine bilanzpolitische Entscheidung zugunsten des Lifo-Verfahrens nur aus langfristiger Perspektive getroffen werden, die eine nachhaltige Veränderung der Preise für die eingesetzten Rohstoffe und Materialien unterstellen muss.

Die Bildung der **stillen Reserven** bei angenommenen **Preissteigerungen** stellt folgendes Beispiel dar:

BEISPIEL

		Durchschnittsbewertung			Lifo-Bewertung		
Anfangsbestand		1.000 kg/Stück	à 10,00 =	10.000	1.000 kg/Stück	à 10,00 =	10.000
Endbestand	Jahr 1 Jahr 2	1.000 kg/Stück 1.000 kg/Stück	à 11,00 = à 12,00 =	11.000 12.000	1.000 kg/Stück 1.000 kg/Stück	à 10,00 = à 10,00 =	10.000 10.000
Auswirkung		Bildung einer stillen Reserve von 1.000 (Jahr 1) und 2.000 (Jahr 2); entsprechend höhere Aufwands-Verrechnung.					

Bei im Anschluss daran **stagnierenden** Preisen bleibt die in der Vorperiode gebildete stille Reserve unverändert.

BEISPIEL

		Durchschnittsbewertung			Lifo-Bewertung		
Anfangsbestand		1.000 kg/Stück	à 10,00 =	10.000	1.000 kg/Stück	à 10,00 =	10.000
Endbestand	Jahr 1 Jahr 2	1.000 kg/Stück 1.000 kg/Stück	à 11,00 = à 11,00 =	11.000 11.000	1.000 kg/Stück 1.000 kg/Stück	à 10,00 = à 10,00 =	10.000 10.000
Auswirkung		Bildung einer stillen Reserve von 1.000(Jahr 1), die unverändert bleibt (Jahr 2).					

Bei **fallenden** Preisen reduziert sich die stille Reserve aus dem Lifo-Verfahren (bezogen auf das 31
Durchschnittsverfahren), wie folgendes Beispiel zeigt:

1 Auch die folgenden Beispiele sind entnommen aus *Mayer-Wegelin* in Küting/Pfitzer/Weber (Hrsg.), Handbuch der Rechnungslegung – Einzelabschluss, 5. Aufl., § 256 Tz. 63 ff.

BEISPIEL

		Durchschnittsbewertung			Lifo-Bewertung		
Anfangsbestand		1.000 kg/Stück	à 10,00 =	10.000	1.000 kg/Stück	à 10,00 =	10.000
Endbestand	Jahr 1	1.000 kg/Stück	à 12,00 =	12.000	1.000 kg/Stück	à 10,00 =	10.000
	Jahr 2	1.000 kg/Stück	à 11,00 =	11.000	1.000 kg/Stück	à 10,00 =	10.000
Auswirkung		Nach Bildung einer stillen Reserve von 2.000 (Jahr 1) Reduzierung auf 1.000 (Jahr 2).					

32 Liegt der **niedrigere beizulegende Wert** i. S. des § 253 HGB noch unter dem letzten Einstandspreis, muss nach beiden Methoden eine Abschreibung erfolgen, die wegen des niedrigeren Ausgangswerts beim Lifo-Verfahren dort geringer ausfällt als beim Durchschnittsverfahren.

BEISPIEL

		Durchschnittsbewertung			Lifo-Bewertung		
Anfangsbestand		1.000 kg/Stück	à 10,00 =	10.000	1.000 kg/Stück	à 10,00 =	10.000
Endbestand	Jahr 1	1.000 kg/Stück	à 12,00 =	12.000	1.000 kg/Stück	à 10,00 =	10.000
	Jahr 2	1.000 kg/Stück	à 9,00 =	9.000	1.000 kg/Stück	à 9,00 =	9.000
Auswirkung		Nach Bildung einer stillen Reserve von 2.000 (Jahr 1) deren Wegfall (Jahr 2).					

33 Stille Reserven im Lifo-Verfahren werden auch durch Abbau der zugrunde liegenden Menge bewirkt. Umgekehrt ausgedrückt: Der **Bilanzenzusammenhang** (→ § 252 Rz. 9) bewirkt auch im Lifo-Verfahren im Zeitverlauf einen Ergebnisausgleich.

34 In den – bei steigenden Preisen – gebildeten stillen Reserven nach dem Lifo-Verfahren kann man eine Beeinträchtigung des Einblicks in die Vermögenslage nach § 264 Abs. 2 HGB sehen. Diese hat aber der Gesetzgeber bewusst gewollt und sie im Bereich von Kapital- und „Kap. & Co."-Gesellschaften durch eine **Anhangangabe** nach § 284 Abs. 2 Nr. 4 (→ § 284 Rz. 65) kompensiert.

3. Fifo-Verfahren

35 Das Fifo-Verfahren – *first in, first out* – unterstellt eine Verbrauchsfolge, nach der die zuerst angeschafften oder hergestellten Gegenstände auch zuerst wieder abgehen. Diese Unterstellung entspricht eher der **Realität** als die umgekehrte Fiktion des Lifo-Verfahrens. Der Bestand am Periodenende setzt sich fiktiv aus den zuletzt getätigten Zugängen zusammen. Mit deren Einstandswert erfolgt die Bewertung dieses Bestands. Ist dieser höher als der letzte Zukauf, wird der darüber hinausgehende Teil mit dem vorletzten Zukauf bewertet etc.

36 Wie bei der Lifo-Methode kann diese Rechentechnik **permanent** (→ Rz. 19) oder **periodisch** durchgeführt werden.

BEISPIEL

	Menge	Anschaffungskosten je kg	Betrag
Anfangsbestand 1.1.	100	6	600
Zugang 15.1.	50	8	400
Zugang 11.8.	50	9	450

Daraus ergibt sich:

- Endbestand 80 kg, bewertet mit (50 kg · 9 = 450) + (30 kg · 8 = 240), zusammen 690.
- Endbestand 30 kg, bewertet mit 9 = 270.

Ohne getätigte Einkäufe gilt der Preis des Anfangsbestands. Dann stellt sich allerdings die Frage einer Gängigkeitsabschreibung.

Bei steigenden Preisen dreht sich der Bilanzeffekt gegenüber der Lifo-Methode gerade um: Es werden auch im Verhältnis zur Durchschnittsbewertung Scheingewinne ausgewiesen. Umgekehrt verhält es sich bei fallenden Preisen, dann werden Scheinverluste gebildet. Auch diese Effekte hat der Gesetzgeber in Kauf genommen und dafür die Anhangangabe in § 284 Abs. 2 Nr. 4 HGB (→ § 284 Rz. 65) als „Ersatz" vorgesehen. 37

IV. Fest- und Gruppenbewertung (Satz 2)

Die für das **Inventar** erlaubte Fest- (→ § 240 Rz. 23) und Gruppenbewertung (→ § 240 Rz. 34) wird in Satz 2 auch auf die eigentliche **Bilanzbewertung** übertragen – eigentlich eine Selbstverständlichkeit. Nur bei sehr formalistischer Gesetzesauslegung käme man ohne diese gesetzliche Klarstellung zur einem erneuten Bewertungserfordernis oder gar einer zweifachen unterschiedlichen Bewertung. 38

V. Steuerbilanz (§ 6 Abs. 1 Nr. 2a EStG)

Steuerlich ist nach § 6 Abs. 1 Nr. 2a EStG als **fiktives** Verbrauchsfolgeverfahren **nur** die Lifo-Methode zulässig. Die tatbestandlichen Voraussetzungen sind im Wesentlichen dieselben wie nach § 256 Satz 1 HGB. Eine entsprechende Bewertung in der Handelsbilanz ist nach Aufhebung der Umkehrmaßgeblichkeit durch das BilMoG gem. R 6.9 Abs. 1 EStR nicht mehr erforderlich[1] (→ § 252 Rz. 274). Die vorstehenden Ausführungen zum Lifo-Verfahren sind also auch für die steuerliche Bilanzierung beachtlich, insofern man nicht den unter → Rz. 40 dargestellten neuen Überlegungen im Schrifttum folgen will. Satz 2 des § 6 Abs. 1 Nr. 2a EStG enthält eine klarstellende Vorgabe, der zufolge bei **Übergang** vom bisherigen Bewertungsverfahren auf die Lifo-Methode der Anfangsbestand in dem betreffenden Geschäftsjahr als erster Zugang gilt. Diese Vorgabe ist auch handelsrechtlich zu übernehmen. Der Übergang zum Lifo-Verfahren bedarf keiner Zustimmung des Finanzamts, wohl aber das Abgehen davon (Satz 3). Im Rahmen von Außenprüfungen wird dem Vernehmen nach die Zulässigkeit des Lifo-Verfahrens bei Lagerführung mit EDV-Technik bestritten, allerdings bislang ohne offizielle Bestätigung.[2] 39

Im Schrifttum sind Bestrebungen festzustellen, denen zufolge der ausschließliche Anwendungszweck des Lifo-Verfahrens – die Vereinfachung (→ Rz. 9) – durch die Vermeidung der **Scheingewinnbesteuerung** („Substanzerhaltung des Betriebs") ergänzt werden soll. Der BFH hat dies in seinem Lifo-Urteil[3] – gestützt auf die Gesetzesmaterialien – abgelehnt. Der neue Argumentationsansatz beruht dabei auf zwei Säulen:[4] 40

- Abschaffung der **Umkehrmaßgeblichkeit** durch das BilMoG (→ § 252 Rz. 274),
- **eigenständige** Auslegung der steuerbilanziellen Vorschriften.[5]

1 So auch das BMF, Schreiben v. 12.5.2015, BStBl 2015 I S. 462.

2 *Hildebrandt*, DB 2011 S. 1999.

3 BFH, Urteil v. 20.6.2000 – VIII R 32/98, BStBl 2001 II S. 636, anders *Hüttemann/Meinert*, IFSt-Schriften Nr. 486/487, 2013.

4 Vgl. *Herzig*, DB 2014 S. 1751.

5 Zitiert wird dabei BFH, Beschluss v. 31.1.2013 – GrS 1/10, BStBl 2013 II S. 317.

Der BFH hat in seinem Lifo-Urteil drei kumulativ zu erfüllende Tatbestandsmerkmale aufgelistet:

- Vorliegen **gleichartiger** Wirtschaftsgüter des Vorratsvermögens;
- **Entsprechung** des Lifo-Verfahrens mit den GoB;
- Ausübung des steuerlichen Wahlrechts in **Übereinstimmung** mit der Handelsbilanz (Umkehrmaßgeblichkeit).

Das letztgenannte Merkmal ist durch das BilMoG überholt – zumindest in der Gesetzesauslegung der h. M.

Die beiden verbleibenden Tatbestandsmerkmale werden in dem neuen Denkansatz argumentativ verknüpft, zunächst mit dem Zitat des Großen BFH-Senats a. a. O.:

*„Spezielle steuerliche Vorschriften sind dabei auch dann **eigenständig** auszulegen und anzuwenden, wenn sie im Handelsrecht eine Entsprechung finden …; und zwar unter Berücksichtigung des systematischen Zusammenhangs, in dem sie im Steuerrecht stehen."*

Daraus wird gefolgert:[1] Der spezielle GoB in § 6 Abs. 1 Nr. 21 EStG in Argumentationseinheit mit dem Wegfall der umgekehrten Maßgeblichkeit verdrängt den allgemeinen GoB-Vorbehalt in § 5 Abs. 1 Satz 1 Halbsatz 1 EStG. Richtig an diesem Denkansatz ist das unabhängig von der Vorgehensweise der Handelsbilanz ausübbare Wahlrecht zum Ansatz des Lifo-Verfahrens bei der steuerlichen Gewinnermittlung (→ Rz. 39; → § 252 Rz. 274). Das weitere vom BFH in seinem Lifo-Urteil VIII R 32/98 (a. a. O.) aufgestellte Tatbestandsmerkmal der GoB-Konformität ist unverändert in „Gesetzeskraft". Die Frage geht dann dahin, ob diese Argumentationsgrundlage des BFH durch das BilMoG und das Zitat des GrS (a. a. O.) entfällt.

40a Dagegen sprechen einige Fakten:

- Das Zitat aus dem Beschluss GrS 1/10 (a. a. O.) bezieht sich auf die Rechtslage **vor** Ergehen des BilMoG. Der zu entscheidende Sachverhalt spielt im Jahr 1996. Das Lifo-Verfahren vor dem BFH behandelte Vorgänge aus den Jahren 1991 bis 1993. Die BilMoG-Regeln verleihen dem BFH-Zitat schon aus dieser Perspektive kein besonderes (neues) Gewicht.
- Dieser Befund wird durch das Zitat eines Präjudizes durch den GrS bestätigt, in dem bereits 1998 – also lange vor dem BilMoG – die **eigenständige** Auslegungsbedürftigkeit der steuerlichen Vorschriften in aller Deutlichkeit gefordert worden ist.[2]
- Genau dieses Präjudiz zitiert auch der VIII. BFH-Senat im Urteil VIII R 32/98 (a. a. O.) am Schluss und betont auch an dieser Stelle die **Eigenständigkeit** der steuerlichen Bewertungsmaßstäbe.

Mag man auch über den Begriffsinhalt „Eigenständigkeit" rätseln, so ist jedenfalls durch den GrS des BFH und seine zitierte Aussage keine Änderung der Rechtslage festzustellen.

40b Es bleibt noch das Argument des **speziellen** GoB-Vorbehalts in § 6 Abs. 1 Satz 1 Halbsatz 1 EStG. Dem Verweis auf die speziellen GoB wird dabei ein anderer Inhalt zugeordnet als demjenigen der allgemeingültigen GoB. Diese kühne Gesetzeslesart ist vom Wortlaut nicht gedeckt. Beide Normen erwähnen gleichinhaltlich die GoB als Tatbestandsvoraussetzung zur Anwendung des Lifo-Verfahrens. Das BilMoG hat daran nichts geändert. Der BFH hatte in seinem Lifo-Urteil VIII R 32/98 keinen Anlass zur Zweiteilung der GoB-Voraussetzung in den beiden Nor-

1 Vgl. *Herzig*, DB 2014 S. 1751; *Hoffmann*, StuB 2014 S. 749.
2 BFH, Urteil v. 15.7.1998 – I R 24/96, BStBl 1998 II S. 728.

men. Dazu hat sich die Gesetzeslage durch das BilMoG nicht geändert. Die Finanzverwaltung lässt keine Befürwortung dieser künstlichen Trennung der GoB erkennen.[1] Sie sieht den GoB-Bezug in der **Bewertungsvereinfachung** nach dem Wirtschaftlichkeits- und Wesentlichkeitsgrundsatz (→ § 252 Rz. 233 ff.) unter Abkehr vom Einzelbewertungsgrundsatz (→ § 252 Rz. 44 ff.).

Als Argumentationsansatz gegen die BFH-Rechtsprechung und die dort unterstellte alleinige Zielsetzung des Lifo-Verfahrens – des Vereinfachungseffekts – lässt sich der Hinweis auf die schon vorgreifliche Vereinfachung durch eine zeitgerechte Bestandsführung des Vorratsvermögens aufbauen (→ Rz. 11). 40c

Zur **Anwendbarkeit** der Lifo-Methode äußert sich die Finanzverwaltung wie folgt:[2] 40d

- ► Das Lifo-Verfahren ist auf das **Vorratsvermögen** (→ § 266 Rz. 55 ff.) anzuwenden, auch auf den Materialanteil der Erzeugnisse sowie auf die Produktionskosten überhaupt.
- ► Gleichartige Wirtschaftsgüter können zu einer **Gruppe** zusammengefasst werden, sofern es sich um die gleichartige Warengattung oder Funktionsgleichheit handelt.
- ► Das Bewertungswahlrecht (zum Lifo) kann für **verschiedene** Bewertungsgruppen unterschiedlich ausgeübt werden.
- ► Innerhalb einer Bewertungsgruppe kann nur nach einheitlichen Verfahren bewertet werden.
- ► Die Lifo-Methode muss nicht mit der **tatsächlichen** Verbrauchs- oder Veräußerungsfolge übereinstimmen, besondere **ordnungsrechtliche** Vorschriften (nach dem Lebensmittelrecht) oder aufgrund von Zertifizierungsverfahren sind kein Hindernis für die Anwendung der Lifo-Methode. Das Lifo-Verfahren ist bei **objektiver Unmöglichkeit** der fingierten Verbrauchsfolge im Einzelfall unzulässig.
- ► Bei Handelswaren ist die Anwendung der Lifo-Methode dann unzulässig, wenn durch das EDV-System (Warenwirtschaftssystem) die individuellen Anschaffungskosten für die einzelnen Wirtschaftsgüter „ohne Weiteres zu ermitteln“ sind **(kein Vereinfachungseffekt)**. Zulässig ist das Lifo-Verfahren demgegenüber, wenn die mögliche Einzelbewertung mit nur **geringfügigem** Aufwand oder weiteren Rechen- oder Ermittlungsschritten möglich ist.
- ► Dagegen ist bei **Erzeugnissen** die Anwendung der Lifo-Methode auch dann zulässig, wenn ein elektronisches Warenwirtschaftssystem zum Einsatz kommt.
- ► Auf **dauerhaft** haltbare Vorräte ist die Lifo-Methode anwendbar; „dauerhaft“ bedeutet Haltbarkeit von mindestens einem Jahr.
- ► Bei **geringerer Haltbarkeit** ist die Lifo-Methode dagegen nicht anwendbar. Ein willkürliches „Hin- und Herspringen“ zwischen Lifo-Verfahren und Einzelbewertungsgrundsatz ist unzulässig (Bewertungsstetigkeit, → § 252 Rz. 209 ff.).

Mittelbare Bedeutung haben Verbrauchsfolgeverfahren für die **steuerliche** Bewertung von Kontokorrentkonten in Fremdwährung (→ § 256a Rz. 21). 41

1 BMF, Schreiben v. 12.5.2015 – BStBl 2015 I S. 462.

2 BMF, Schreiben v. 12.5.2015 – BStBl 2015 I S. 462; *Prinz, U.*, DB 2015 S. 1196; zum Entwurfschreiben *Adrian*, WPg 2015 S. 167.

VI. Abc der Anwendung von Verbrauchsfolgeverfahren[1]

42 **Aktien** (→ Rz. 5a)

Automobilhändler (→ Rz. 10)[2]

Chemische Industrie[3]

Hausgeräteindustrie[4]

Hochregallager (vgl. → Rz. 17)

***Layer*-Bildung** (→ Rz. 23)

Mehrbestände
können beim Perioden-Lifo mit dem Anfangsbestand zusammengefasst oder einem besonderen *Layer* (→ Rz. 24) ausgewiesen werden.

Minderbestände
müssen bei der *Layer*-Bildung gekürzt werden, und zwar beim letzten *Layer* beginnend (→ Rz. 25).

Mineralölwirtschaft[5]

Preisunterschiede
stellen, sofern erheblich, ein Anzeichen für Qualitätsunterschiede dar, die eine Zusammenfassung zu einer Lifo-Gruppe unmöglich machen (→ Rz. 15).

Qualitätsunterschiede
verhindern, sofern erheblich, die Gruppenbildung (→ Rz. 15).

Sekundärrohstoff- und Entsorgungswirtschaft[6]

Tabakvorräte
in der Zigarettenindustrie: Einteilung in sieben Gruppen (→ Rz. 15).

Textilindustrie[7]

Verderbliche Ware
soll zumindest nach Verwaltungsauffassung die Anwendung der Lifo-Bewertung nicht erlauben (→ Rz. 17).

Weinwirtschaft:
zur Gruppenbildung vgl. → Rz. 15.

Zuckerindustrie:
Rohmaterial wird in der Zuckerindustrie in jeder Saison vollständig geräumt. Deshalb scheidet hier das Lifo-Verfahren aus.[8]

1 Nach *Hoffmann* in Littmann/Bitz/Pust (Hrsg.), EStG § 6 Tz. 139.
2 Zur technischen Ausgestaltung vgl. *Weber/Standke*, BB 1993 S. 399, sowie *Hörtig/Uhlich*, DB 1994 S. 145.
3 Zur technischen Ausgestaltung und Gruppenbildung vgl. *Hörtig/Puderbach*, DB 1991 S. 977.
4 Zur technischen Ausgestaltung vgl. *Schultz/Fischer*, WPg 1989 S. 526.
5 Zur Gruppenbildung vgl. *Utermark* in Herzig (Hrsg.), Vorratsbewertung nach der Lifo-Methode, 1990, S. 43.
6 Zur Gruppeneinteilung vgl. OFD München, DB 1992 S. 1602.
7 Zur Gruppenbildung vgl. *Jungkunz/Köbrich*, DB 1989 S. 2285.
8 So *ADS*, 6. Aufl., § 256 Tz. 18.

§ 256a Währungsumrechnung

[1]Auf fremde Währung lautende Vermögensgegenstände und Verbindlichkeiten sind zum Devisenkassamittelkurs am Abschlussstichtag umzurechnen. [2]Bei einer Restlaufzeit von einem Jahr oder weniger sind § 253 Abs. 1 Satz 1 und § 252 Abs. 1 Nr. 4 Halbsatz 2 nicht anzuwenden.

Inhaltsübersicht **Rz.**

LITERATUR:

Dathe/Schilde, Bilanzierung von Währungskursdifferenzen im Anwendungsbereich des § 256a HGB vor dem Hintergrund des BMF-Schreibens vom 2.9.2016, BB 2016 S. 2859; *Hoffmann*, Anmerkung zum BFH-Urteil vom 23.4.2009 – IV R 62/06, DB 2009 S. 1441; *Hommel/Laas*, Währungsumrechnung im Einzelabschluss, BB 2008 S. 1666; *Hübner/Leyh*, Währungsumrechnung und Folgebewertung nach BilMoG in Handels- und Steuerbilanz, DStR 2010 S. 1951. Zugleich Erwiderung auf *Schüttler/Stolz/Jahr*, DStR 2010 S. 768; *Küting/Pfirmann/Mojadadr*, Einzelfragen der Umrechnung und Bewertung von Fremdwährungsgeschäften im Einzelabschluss nach § 256a HGB – Währungsumrechnung nach BilMoG, StuB 2010 S. 411; *Langebucher/Blaum*, Umrechnung von Fremdwährungsgeschäften in Küting/Pfitzer/Weber (Hrsg.), Handbuch der Rechnungslegung – Einzelabschluss, 5. Aufl., Kap. 6E; *Lüdenbach*, „Breach of Covenants" – Auswirkung auf Ausweis, Anhang und Bewertung, StuB 2009 S. 621; *Roß*, Zur Währungsumrechnung im Jahresabschluss gem. § 256a HGB, WPg 2012 S. 18; *Zwirner/Künkele*, Währungsumrechnung nach HGB: Erstmalige Kodifikation durch das BilMoG, StuB 2009 S. 517.

I. Grundlagen

1. Rechtliches Umfeld

1 Das Problem der bilanziellen Abbildung von Fremdwährungsgeschäften beruht auf folgenden rechtlichen Strukturmerkmalen:

- ► **„Geschäfte“** im weitest vorhandenen (ökonomischen) Sinn bedürfen zur Festlegung und Abwicklung eines **Wert**maßstabs.
- ► Die Rechtsordnungen verlangen zur Abwicklung dieser Geschäfte im Regelfall nicht die Verwendung einer bestimmten Währung, sondern überlassen dies der **Privatautonomie.**
- ► Wenn dann ein der deutschen Rechnungslegungshoheit unterliegendes Unternehmen ein solches Geschäft in (Fremd-)Währung abschließt, „stößt“ sich dies mit der Vorgabe in § 244 HGB: Erstellung des Jahresabschlusses in **Euro** (→ § 244 Rz. 2).
- ► Aber auch ohne eine solche nationale Vorgabe bedarf es zur Erstellung eines Jahresabschlusses einer **einzigen** Währung, da sonst die Posten nicht gleichnamig dargestellt werden können.

2. Anknüpfungspunkte im Rechenwerk

2 Das Umrechnungsproblem für Geschäftsvorfälle, die in anderen Währungen abgewickelt werden als in Euro, ergibt sich in folgenden Bereichen des Jahresabschlusses:[1]

- ► operationales Geschäft, z. B. bei Im- und Export,
- ► Finanzierungsbereich, z. B. Aufnahme oder Gewährung von Fremdwährungsdarlehen,
- ► Absicherung von Währungsrisiken, z. B. durch Termin- oder Optionsgeschäfte.

3. Anwendung im Zeitverlauf

3 Der Umrechnungsvorgang für einen Geschäftsvorfall ist bei bilanzrechtlicher Begründung nicht unbedingt **endgültig,** er bedarf u. U. in der Folgezeit einer Korrektur:

- ► Die ursprüngliche Umrechnung bei der **Zugangs**bewertung nach Maßgabe des damals aktuellen Kurses (→ Rz. 8)
- ► kann wegen der an folgenden Bilanzstichtagen **geänderten Kurssituation** eine erneute Umrechnung bedingen (→ Rz. 14 f.) oder
- ► wegen Umtausch in eine andere (Fremd-)Währung eine **neue Zugangs**bewertung erforderlich machen.
- ► Die bestehende Währungsposition wird durch Erfüllung **beendet** (→ Rz. 10).

4 Im **Zugangs**zeitpunkt einer Währungsposition stellt die Umrechnung in Euro einen **Teilbereich** der Bestimmung von Anschaffungs- und Herstellungskosten dar (→ Rz. 8), danach hat die Umrechnung Einfluss auf die **Folge**bewertung (→ Rz. 13).

4. Geld-, Brief- und Mittelkurs

5 Abgesehen von Kreditinstituten und Einzelhandelsgeschäften im Grenzbereich, etwa der Schweiz, bei denen **„Sorten“** (Bargeld) in ausländischer Währung eine gewisse Bedeutung zu-

1 Vgl. *Küting/Mojadadr* in Küting/Pfitzer/Weber (Hrsg.), Handbuch der Rechnungslegung, 5. Aufl., § 256a Tz. 6.

kommt, sind im Rahmen der Rechnungslegung lediglich **Devisen** (Buchgeld) angesprochen.[1] Dabei wird zwischen **Geld**- und **Brief**kurs sowie **Mittel**kurs unterschieden:

- Der Geldkurs ist der Kurs, zu dem Banken Fremdwährung verkaufen;
- der Briefkurs ist der Kurs, zu dem Banken Fremdwährung ankaufen;
- der Mittelkurs ist das arithmetische Mittel beider Kurse.

Die Kurse werden als sog. Referenzkurse regelmäßig von der Europäischen Zentralbank (EZB) veröffentlicht.

Nach der traditionellen Buchhaltungsschule war je nach Art des Bewertungsobjekts (Aktivum oder Passivum) mit Brief- oder Geldkurs umzurechnen. Mit § 256a HGB ist diese (Lehrbuch-)Praxis für die Stichtagsbewertung obsolet geworden. Umrechnungen auf den Bilanzstichtag erfolgen einheitlich zum **Mittelkurs.** Zwar ist damit von Gesetzes wegen formell nur die Folge-, nicht die Zugangsbewertung angesprochen (→ Rz. 8). Unter dem Gesichtspunkt der Bewertungskonsistenz kann für die Zugangsbewertung aber u. E. nichts anderes gelten, da sich sonst Scheinerträge oder -aufwendungen ergeben könnten. 6

BEISPIEL Am 30.12. und 31.12.01 beträgt der Kassamittelkurs der Fremdwährung (FW) 1 €/1 FW. Der Kurs zu dem Banken FW ankaufen, beträgt an beiden Tagen 0,97 €/FW.

Eine kurzfristige Forderung über 1 Mio.. FW wird am 30.12.01 eingebucht. Bei Einbuchung mit 970.000 € wäre am 31.12.01 trotz unveränderter Wechselkurse eine erfolgswirksame Zuschreibung auf 1.000.000 € vorzunehmen.

Auch E DRS 25.13 lässt – unter Wesentlichkeitsvorbehalt – die Einbuchung zum Mittelkurs zu.

In der Rechnungslegungs**praxis** wird für konventionelle Währungen insbesondere bei der **Zugangsbewertung** häufig ein monatlicher oder vierteljährlicher **Durchschnittskurs** verwendet. Dies entspricht auch der Vorgehensweise in einem grenzüberschreitend organisierten *Cashpool*-System. Der Gesetzgeber des BilMoG hat diese Handhabung förmlich nicht angesprochen. Bei nicht zu volatilen Währungen ist sie u. E. aber unbedenklich (DRS 25.14).

Bestehen je nach Transaktionsart unterschiedliche **(gespaltene)** Kurse (wie in jüngerer Vergangenheit in Venezuela) oder besteht bei nicht frei konvertierbarer Währung ein erheblicher Unterschied zwischen offiziellen und **Parallelmarktkursen,** ist der Kurs bzw. der Markt maßgeblich, zu dem das Fremdwährungsgeschäft voraussichtlich abgewickelt werden kann.[2] Diese Problematik kann sich in der Folge des Ukraine-Krieges u. a. auch für die russische und belarussische Währung stellen.[3] 7

II. Zugangsbewertung (Erstverbuchung)

§ 256a Satz 1 HGB bestimmt die Verwendung des Devisenkassamittelkurses nur für die Stichtags-(Folge-)Bewertung (→ Rz. 13). Die Verwendung eines anderen Kurses – also die Lehrbuchmaxime Geld- oder Briefkurs im Rahmen der Zugangsbewertung – ist schon aus Praktikabilitätsgründen nicht sinnvoll. Aber auch wegen der Bewertungskonsistenz bietet sich der Mittel- 8

1 Ähnlich die Regierungsbegründung zum BilMoG, S. 137.

2 Vgl. *Küting/Mojadadr* in Küting/Pfitzer/Weber (Hrsg.), Handbuch der Rechnungslegung, 5. Aufl., § 256a Tz. 18 f.

3 IDW, Fachlicher Hinweis zu den Auswirkungen des Ukraine-Krieges auf die Rechnungslegung und deren Prüfung (2. Update, April 2022).

kurs als Bewertungsgrundlage an.[1] Eine am 30.12. zugegangene Währungsforderung müsste sonst noch bei unverändertem Kurs auf den 31.12. erfolgswirksam umbewertet werden (→ Rz. 6). Das IDW lässt in RS BFA 4[2] offen, welcher Kurs bei der Einbuchung zu verwenden ist.

Gegen das Konsistenzargument wird im Schrifttum eingewandt: Die bei Einbuchung zum Geld- oder Briefkurs bestehenden Inkonsistenzen seien „dem Gesetzgeber anzulasten" und daher hinzunehmen.[3] Nach dieser Auffassung kommt nur unter Unwesentlichkeitsgesichtspunkten (→ § 252 Rz. 233 ff.), die allerdings bei den wichtigsten Währungen meist gegeben sind, eine Zugangsbewertung zum Mittelkurs infrage.

9 Das Gesetz schweigt sich auch zum **Zeitpunkt** der Umrechnung für die Zugangsbewertung aus.[4] Es verlässt sich auf die den GoB entsprechenden Usancen der Rechnungslegungspraxis. Danach muss die Zugangsbewertung mit dem Umrechnungskurs im Zeitpunkt bzw. Zeitraum der **Leistungserbringung** erfolgen, also

- bei **Lieferung** von Waren, Material, Anlagegegenständen, Häusern u. Ä. mit Übergang des wirtschaftlichen Eigentums (→ § 252 Rz. 102, gilt aktivisch und passivisch),
- bei **Einmaldienstleistungen** mit vollständiger Erfüllung des Auftrags (z. B. bei Erstellung eines Gutachtens dessen Auslieferung, bei Vermittlungstätigkeit der Vertragsabschluss ohne Rücktrittsklausel) sowie
- bei **Dauerleistungen** (z. B. Vermietung) ein bestimmter, sinnvoll zu definierender Zeitraum (ein Monat bis ein Jahr), dann unter Ansatz eines Durchschnittskurses.

10 Bei Einmalvorgängen (auch Lieferungen) scheiden **andere** Zeitpunkte zur Bestimmung des Umrechnungskurses als derjenige der **Leistungserbringung** i. d. R. aus, nämlich z. B. für eine erhaltene Lieferung

- Rechnungsstellung oder -erhalt,
- (Schluss-)Zahlung.

Strittig ist die Behandlung von **Anzahlungen** (Voraus-/Abschlagszahlungen):

BEISPIEL Ein chinesischer Fliesenhersteller bestellt zum Preis von 1.600 TUSD beim deutschen Fabrikanten P eine Fliesenpresse mit folgenden Vereinbarungen bzw. effektiv eingetretenen Daten:

Währung TUSD	Betrag	Termin
Anzahlung bei Auftragserteilung	400	1.3.01
Montagebeendigung	1.000	30.10.01
Restzahlung	600	15.12.01

Lieferant P bucht wie folgt, wenn er auf den Lieferzeitpunkt abstellt:

Vorgang	TUSD	Kurs USD/€	Konto Debitor T€	Tag
Anzahlung	400	1,26	H 317,46	1.3.01
Lieferung (Umsatz)	1.000	1,20	S 833,33	30.10.01
Schlusszahlung	600	1,28	H 468,75	15.12.01
		Saldo	S 47,12	
Währungsverlust			H 47,12	15.12.01
		Kontostand	0	

1 Gleicher Auffassung *Küting/Pfirmann/Mojadadr*, StuB 2010 S. 411 ff., sowie *Küting/Mojadadr* in Küting/Pfitzer/Weber (Hrsg.), Handbuch der Rechnungslegung, 5. Aufl., § 256a Tz. 42; restriktiver *Grottel/Koeplin* in Beck'scher Bilanz-Kommentar, 13. Aufl. 2022, § 256a Tz. 33.

2 IDW RS BFA 4, Tz. 12.

3 Vgl. *Roß*, WPg 2012 S. 18 ff.

4 Anders noch DRS 14 Tz. 11: Transaktionsbewertung zum Devisenkassakurs.

Nach h. M. (→ Rz. 11) wäre hingegen bei den Anzahlungen der Zahlungszeitpunkt maßgeblich:

Vorgang	TUSD	Kurs USD/€	Konto Debitor T€		Tag
Anzahlung	400	1,26		H 317,46	1.3.01
Lieferung (Umsatz)					
a) soweit aus Anzahlung gedeckt	400	1,26	S 317,46		1.3.01
b) darüber hinausgehender Teil	600	1,20	S 500,00	S 817,46	30.10.01
Schlusszahlung	600	1,28		H 468,75	15.12.01
		Saldo		S 31,25	
Währungsverlust				H 31,25	15.12.01
		Kontostand		0	

Die Umsatzerlöse sind u. E. mit dem Kurs bei Leistungserbringung am 30.10.01 zu verbuchen. Die Zahlungsvorgänge sind gem. § 252 Abs. 1 Nr. 5 HGB davon unabhängig zu behandeln (→ § 252 Rz. 205), sie berühren nur das Umrechnungsergebnis.

Gegenteilig ist die Auffassung,[1] die für (geleistete oder erhaltene) **Anzahlungen** den einmal umgerechneten Betrag **festgeschrieben** wissen will. Diese Auffassung kollidiert mit der allgemein vertretenen Maßgeblichkeit des Umrechnungskurses zum Zeitpunkt der **Leistungserbringung**[2] (→ Rz. 10). Gegen die Sonderbehandlung von Anzahlungen spricht zudem: Wenn der Umrechnungskurs im **Zahlungszeitpunkt** die Anschaffungskosten bestimmen soll, müsste dies nicht nur für Anzahlungen (Vorauszahlungen), sondern auch für „Nachzahlungen" oder für den (einzigen) Zahlungsvorgang gelten. Insgesamt ist die Frage zu beantworten: Gilt der Kurs des Zahlungsvorgangs oder derjenige am Tag der Anschaffung bzw. Leistungserbringung zur Bestimmung der Anschaffungskosten bzw. des Veräußerungserlöses? 11

Die h. M. beruft sich auf einen mit Anzahlungen einhergehenden natürlichen *Hedge*. Die daraus folgende Analogie zur Absicherung von Beschaffungs- oder Absatzgeschäften durch Sicherungskurse im Rahmen einer Bewertungseinheit nach § 254 HGB löst das Problem aber nicht, da auch für diesen Analogkontext strittig ist, ob die Buchung zum Sicherungskurs vorzunehmen ist (→ § 254 Rz. 7 und → § 254 Rz. 89). Für die Praxis folgt daraus ein faktisches Wahlrecht, beide Lösungen sind vertretbar.

Für Einzelheiten der Zugangsbewertung gegen Währungsrisiken gesicherter Geschäfte wird auf → § 254 Rz. 89 verwiesen. 12

III. Folgebewertung

1. Realisations- und Niederstwertprinzip in Abhängigkeit von der Restlaufzeit

§ 256a HGB verlangt eine Bewertung zum Devisenkassamittelkurs am **Bilanzstichtag** (→ Rz. 6). Diese Regelbewertung gilt aber nicht für 13

- Rückstellungen (keine Verbindlichkeit, → § 249 Rz. 2),
- latente Steuern (weder Vermögensgegenstand noch Verbindlichkeit, → § 274 Rz. 1).

1 Vgl. *ADS*, 6. Aufl., § 255 Tz. 63; *Grottel/Koeplin* in Beck'scher Bilanz-Kommentar, 13. Aufl. 2022, § 256a Tz. 66; *Küting/Mojadadr* in Küting/Pfitzer/Weber (Hrsg.), Handbuch der Rechnungslegung, 5. Aufl., § 256a Tz. 51.

2 So auch die in der vorhergehenden Fußnote zitierten Autoren (h. M.).

Nach der Begründung des BilMoG-RegE soll sich eine Stichtagsbewertung für Rückstellungen und latente Steuern durch die dortigen Bewertungsregeln (§ 253 Abs. 1 Satz 2 HGB und § 274 HGB) ergeben. Bei Fremdwährungsrückstellungen ist dabei Folgendes zu beachten: Rückstellungen sind gem. § 253 Abs. 1 Satz 2 HGB sowohl bei Zugangs- wie auch bei Folgebewertung mit dem nach vernünftiger kaufmännischer Betrachtung notwendigen Erfüllungsbetrag anzusetzen. Dies impliziert eine Neubetrachtung und Neubewertung zu jedem Stichtag. In diese Neubetrachtung sind alle Parameter einzubeziehen, also im Fremdwährungsfall auch Kursänderungen, unabhängig davon, ob sie rückstellungsmindernd oder wie bei der U rückstellungserhöhend wirken.[1]

14 Die Regelbewertung gilt nur **eingeschränkt** für Vermögensgegenstände und Verbindlichkeiten mit einer Restlaufzeit von **mehr** als einem Jahr (ab Bilanzstichtag gerechnet), und zwar in den Schranken des **Realisations-** (§ 252 Abs. 1 Nr. 4 HGB) und des **Niederstwert**prinzips (§ 253 Abs. 1 Satz 1 HGB), vgl. → § 252 Rz. 189 und → § 253 Rz. 178 ff. Das heißt, der Stichtagskurs (als Regelbewertung nach § 256a HGB) gilt nicht für **längerfristige Forderungen,** wenn die Zugangsbewertung überschritten würde, und für **längerfristige Verbindlichkeiten** im umgekehrten Fall. Für die Laufzeitbestimmung wird auf → § 285 Rz. 4 sowie auf → § 268 Rz. 143 verwiesen.

15 Der Anwendungsfall des Devisenkassakurses als Bewertungsmaßstab gilt deshalb **uneingeschränkt** für Vermögensgegenstände und Verbindlichkeiten mit einer Restlaufzeit von bis zu einem Jahr,[2] d. h. auch für Bankguthaben und Verbindlichkeiten.

Der von Gesetzes wegen beim erstgenannten Bereich tolerierte Verstoß des traditionell verstandenen **Realisations**prinzips ist u. E. insoweit **gut begründet,** als beispielsweise Bankguthaben in Fremdwährung jederzeit mit geringen Transaktionskosten in Euro umgetauscht werden können, insoweit also ein faktisches Realisationswahlrecht in eine -pflicht umgemünzt wird (→ § 252 Rz. 192).

16 Die in → Rz. 15 genannten Finanzinstrumente erfahren diesbezüglich zwar einen Vorbehalt in § 256a HGB, doch kommt es zur Berücksichtigung des Stichtagskurses nach dem Wertmaßstab des Zeitwerts. Zum Ganzen folgendes Beispiel:

BEISPIEL

	Betrag	Bei Entstehung		Stichtags-umrechnung		Anzu-setzen
	USD	€/USD	€	€/USD	€	€
Ausleihung > 1 Jahr	10 Mio.	1,0/1,0	10 Mio.	0,7/1,0	7 Mio.	7 Mio.
Ausleihverbindlichkeit > 1 Jahr	10 Mio.	1,0/1,0	10 Mio.	0,7/1,0	7 Mio.	10 Mio.
Bankguthaben ≤ 1 Jahr	10 Mio.	1,0/1,0	10 Mio.	0,7/1,0	7 Mio.	7 Mio.
Bankverbindlichkeit ≤ 1 Jahr	10 Mio.	1,0/1,0	10 Mio.	0,7/1,0	7 Mio.	7 Mio.

17 Nach einer im Schrifttum z. T. vertretenen Auffassung soll ein durch die Stichtagsumrechnung bedingter Ausweis unrealisierter Gewinne nur bei **Unwesentlichkeit** zulässig sein.[3] Unter Bezugnahme auf die **GoB** bzw. das Gebot der **tatsachengetreuen** Darstellung sei insoweit eine

1 Vgl. im Einzelnen *Lüdenbach,* StuB 2021 S. 545.
2 Was allerdings nur aus der Begründung zum RegE (S. 136) abzuleiten ist.
3 Vgl. *Hübner/Leyh,* DStR 2010 S. 1951 ff., m. w. N.

teleologische Reduktion des Anwendungsbereichs von § 256a Satz 2 HGB geboten. Unseres Erachtens ist dem nicht zu folgen.[1] Der Wortlaut des Gesetzes ist eindeutig. Auch die Gesetzesentstehung ergibt keinerlei Hinweis, dass der Gesetzgeber die Anwendung unter einen **Wesentlichkeitsvorbehalt** stellen wollte. Die gesetzlich normierte Ausnahme vom Imparitätsprinzip stellt überdies selbst einen (gesetzlichen) GoB dar und kann daher auch nicht als GoB-widrig qualifiziert werden.

Die „Aussetzung" des Niederstwertprinzips durch § 256a HGB erstreckt sich gem. DRS 25.23 17a
nur auf währungsbedingte und nicht auf sonstige Wertänderungen, bei einer Fremdwährungsforderung also etwa nicht auf bonitätsbedingten Abwertungsbedarf.

Besondere Regelungen gelten gem. § 340h HGB für die Währungsumrechnung bei **Banken.** Details hierzu sind in IDW RS BFA 4 niedergelegt. Danach gilt es beispielsweise als zulässig, auch Fremdwährungsforderungen mit einer Restlaufzeit von mehr als einem Jahr über den Anschaffungskosten anzusetzen, sofern für den übersteigenden Betrag ein passivischer Korrekturposten unter dem Bilanzposten „Sonstige Verbindlichkeiten" gebildet wird.[2] Im Übrigen ist bei Banken auch ohne Vorliegen einer Bewertungseinheit i. S. von § 254 HGB danach zu unterscheiden, ob Aktiva und Passiva sich in gleicher Fremdwährung gegenüberstehen (sog. besondere Deckung). 18

2. Die Bestimmung der Restlaufzeit in Sonderfällen

Ungeklärt ist, wie die Restlaufzeit bei planmäßiger Tilgung unterliegenden Forderungen und 19
Verbindlichkeiten (etwa **Annuitätendarlehen**) zu würdigen ist. Für Ausweis- und Anhangangabezwecke (§ 268 Abs. 4 und 5 HGB, § 285 Nr. 1a HGB) wird eine Aufteilung des Gesamtbetrags nach den Restlaufzeiten der einzelnen Raten verlangt (→ § 268 Rz. 143). Eine Übertragung auf § 256a HGB würde das Bilanzierungsobjekt „Verbindlichkeit" in unterschiedliche Bewertungskomponenten zerlegen. Die einheitliche Auslegung des Restlaufzeitenbegriffs spricht **für**, die Einheitlichkeit des Bilanzierungsobjekts **gegen** eine solche Lösung. Ein zwingender Vorrang eines dieser beiden Argumente ist nicht zu erkennen. Unseres Erachtens sind daher beide Vorgehensweisen zulässig.[3]

Häufig werden bei größeren Fremdkapitalzuführungen sog. *covenants* vereinbart, deren Ver- 20
letzung ***(breach of covenants)*** die Gläubiger zur **vorzeitigen Kündigung** eines im Übrigen langfristigen Vertrags berechtigt. Die Möglichkeit zur vorzeitigen Kündigung kann z. B. an die Nichteinhaltung einer Mindesteigenkapitalquote, eines Mindest-EBITDA etc. anknüpfen. Soweit die *covenants* verletzt werden, ist u. E. auch dann eine Umqualifizierung in kurzfristige Verbindlichkeiten notwendig, wenn die Gläubiger während des Bilanzaufstellungszeitraums verbindlich auf die Nutzung ihrer Kündigungsmöglichkeit verzichten, da die Nichtnutzung frist**ändernden** und nicht frist**erhellenden** Charakter hat (→ § 252 Rz. 70 ff.).

BEISPIEL[4] Die U-GmbH nimmt am 1.1.01 ein Darlehen über 10 Mio. USD auf. Das Darlehen ist am 31.12.10 fällig.

Bei Aufnahme des Darlehens beträgt der Devisenkurs 1 €/1 USD. Zum 31.12.01 beträgt der Kurs 0,8 €/1 USD.

1 Gleicher Auffassung *Roß*, WPg 2012 S. 18 ff.
2 IDW RS BFA 4, Tz. 21.
3 Gleicher Auffassung *Küting/Pfirmann/Mojadadr*, StuB 2010 S. 411 ff., sowie *Roß*, WPg 2012 S. 18 ff.
4 Nach *Lüdenbach*, StuB 2009 S. 621 ff.

Der Darlehensvertrag enthält sog. *financial covenants*, nach denen U die Einhaltung bestimmter Finanzkennzahlen, z. B. einer Mindesteigenkapitalquote, während der Vertragslaufzeit zusichert. Bei Verletzung der Bedingungen *(breach of covenants)* hat der Gläubiger ein Recht auf außerordentliche Kündigung.

Das Geschäftsjahr 01 bringt einen unerwartet starken Konjunktureinbruch. Bereits Ende Dezember ist das Unterschreiten der zugesicherten Eigenkapitalquote offensichtlich. Der proaktive Vorstand geht daher mit ausgereiften und plausiblen Plänen für eine Erholung im Folgejahr unverzüglich auf den Gläubiger zu. Dieser ist von dem Vortrag so überzeugt, dass der Gläubiger schon im Januar 02 und damit noch vor Aufstellung und Prüfung des Jahresabschlusses 01 einen Verzicht auf sein Kündigungsrecht erklärt.

Bei **Dauerschuldverhältnissen** bestehen (bedingte) Kündigungsmöglichkeiten selbst dann, wenn sie nicht explizit vereinbart sind. Wäre die Möglichkeit der außerordentlichen Kündigung also wie die ordentliche unabhängig von ihrer Wahrscheinlichkeit zu beurteilen, müssten entgegen der gesetzlich unterstellten Differenzierung von Restlaufzeiten sämtliche Verbindlichkeiten als kurzfristig qualifiziert werden. Die außerordentliche Kündigung verknüpft aber typischerweise die Möglichkeit einer wirksamen einseitigen Willenserklärung des Gläubigers (Kündigung) an ein von diesem nicht kontrolliertes ungewisses Ereignis (Bedingung). Nur wenn bestimmte Umstände und Entwicklungen eintreten, entsteht das Recht zur außerordentlichen Kündigung. Die **Eintrittswahrscheinlichkeit** der Bedingungen ist aus Sicht des Stichtags und die **Fälligkeit** (Restlaufzeit) der Verbindlichkeit ist nach Maßgabe der wahrscheinlichsten Entwicklung zu beurteilen. Das Wahrscheinlichkeitsurteil richtet sich dabei

- nur auf den **Eintritt** der Bedingung und das damit entstehende Kündigungsrecht,
- wie im Fall der ordentlichen Kündigung hingegen nicht auf die **Ausübung** dieses Rechts.

Angewandt auf das obige Beispiel gilt hier Folgendes:

- Die Vereinbarung von *covenants,* also die explizite vertragliche Regelung der Rechte zur außerordentlichen Kündigung, hat noch keinen Einfluss auf die Bestimmung der Restlaufzeit. Solange der Eintritt der zu einer **außerordentlichen Kündigung** berechtigenden Bedingungen nicht überwiegend wahrscheinlich ist, erfolgt die Beurteilung der Restlaufzeit auf Basis der Regeln zur **ordentlichen Kündigung.**
- Sobald der ***breach of covenants*** überwiegend wahrscheinlich wird oder sogar gewiss ist, entscheidet hingegen die Möglichkeit zur **außerordentlichen Kündigung** über die Restlaufzeit.
- Am 31.12.01 ist eine Verletzung der *covenants* gewiss und damit die **ordentliche Fälligkeit** für die Beurteilung der Restlaufzeit nicht mehr maßgeblich.
- Der vom Gläubiger **nach** dem Stichtag ausgesprochene **Verzicht** auf Ausübung der Kündigungsmöglichkeit ändert hieran nichts. Wie bei Prolongation eines kurzfristigen Kredits oder der mehr als zwölfmonatigen Verlängerung einer Kontokorrentlinie (→ § 268 Rz. 143) gilt: Nur wenn die entsprechenden Vereinbarungen vor dem Stichtag getroffen wurden, sind sie im Jahresabschluss bereits zu berücksichtigen. Eine Vereinbarung nach dem Stichtag ist auch dann nicht zu berücksichtigen, wenn sie noch in den Aufstellungszeitraum fällt. Die Ausübung eines einseitigen Rechts oder der Verzicht auf dessen Ausübung ist keine den Wert, Ansatz oder Ausweis **erhellende** Tatsache, sondern eine **ändernde** und damit im Jahresabschluss nicht zu berücksichtigen (→ § 252 Rz. 70).

Das Darlehen von der U-GmbH ist daher per 31.12.01 mit 8 Mio. € (statt 10 Mio. €) zu bewerten.

Außerordentliche Fälle ausgeklammert (→ Rz. 20), richtet sich die Restlaufzeit von Verbindlichkeiten u. E. nach **vertraglichen** Fälligkeiten unter Berücksichtigung der Rechte zur ordentlichen Kündigung des Gläubigers. Kündigungsrechte des Schuldners sind hingegen so lange unbeachtlich, wie ihre Ausübung nicht geplant bzw. überwiegend wahrscheinlich ist. 21

Bei sog. ***Roll-over*-Krediten** mit wechselnden Konditionen ergibt sich die anzunehmende Restlaufzeit aus der frühesten Beendigungsmöglichkeit des Gläubigers.[1] Entsprechendes gilt für **Kontokorrentverbindlichkeiten.** Kann die Bank trotz einer sog. eingeräumten Kontokorrentlinie den Kontokorrent spätestens zwölf Monate nach Bilanzstichtag „ordentlich" fälligstellen, ist die Kontokorrentverbindlichkeit als kurzfristig zu qualifizieren. Unerheblich ist insofern auch die empirische Erfahrung. Selbst dann, wenn die Bank in den letzten Jahren bestehende Kontokorrentlinien nie gekürzt hat, ändert dies nichts an der Kurzfristigkeit der Kontokorrentverbindlichkeit. Kann der Schuldner hingegen einseitig eine Verlängerung des Kontokorrents (oder sonstigen Kredits kurzer Restlaufzeit) bewirken und ist eine solche Verlängerung beabsichtigt oder überwiegend wahrscheinlich, ist die Verlängerungsmöglichkeit mit in die Laufzeit einzubeziehen.

Nach einer anderen Auffassung soll es nicht primär auf die vertraglichen Laufzeiten bzw. Kündigungsmöglichkeiten des Gläubigers ankommen. Zu bevorzugen sei vielmehr eine „realistische Bestimmung der Restlaufzeit", bei der etwa im Kontokorrentfall die Wahrscheinlichkeit einer Verlängerung der Kreditlinie durch die Bank zu berücksichtigen wäre.[2] Gegen diese Ansicht spricht u. a., dass auch der Laufzeitbegriff des § 285 HGB (→ § 285 Rz. 4) primär auf vertragliche Fälligkeiten abstellt. Es ist nicht ersichtlich, warum für Zwecke der Währungsumrechnung etwas anderes gelten soll.

Zur Restlaufzeit von Vorräten wird auf → Rz. 27 verwiesen. 22

IV. Stichtagsprinzip und Wertaufhellung

Die Bewertung hat **zum** Abschluss**stich**tag und nicht etwa zum Erstellungstag zu erfolgen (→ § 252 Rz. 73). Kursveränderungen zum Vor- **und** Nachteil des Unternehmens im dazwischenliegenden Zeitraum sind nicht zu berücksichtigen, auch nicht etwa unter Beachtung des Vorsichts- (→ § 252 Rz. 53) oder Imparitätsprinzips (→ § 252 Rz. 99). Solche Veränderungen der Vermögenslage **nach** dem Stichtag sind in der **Folge**periode zu erfassen. Sie sind nicht werterhellend, sondern -**begründend** (→ § 252 Rz. 70).[3] 23

Eine **antizipierende** Verlustberücksichtigung im Umlaufvermögen nach § 253 Abs. 3 Satz 3 HGB a. F. ist nach der BilMoG-Gesetzesfassung nicht mehr vorgesehen. Unseres Erachtens ist auch der Sonderfall eines BFH-Urteils[4] mit stark schwankenden Importpreisen hier nicht einschlägig, wenn nicht ohnehin überholt. Jedenfalls dient in diesem Urteil die Berücksichtigung von Preisfeststellungen für vier bis sechs Wochen **vor** und **nach** dem Bilanzstichtag der Ermittlung des „richtigen" Stichtagskurses, wenn man so will, eine Wertaufhellungsmethode **eigener** Art.

1 Vgl. *Oser/Holzwarth* in Küting/Pfitzer/Weber (Hrsg.), Handbuch der Rechnungslegung, 5. Aufl., §§ 284 bis 288 Tz. 152.

2 Vgl. *Roß*, WPg 2012 S. 18 ff.

3 Gleicher Auffassung *Küting/Pfirmann/Mojadadr*, StuB 2010 S. 411 ff., sowie *Küting/Mojadadr* in Küting/Pfitzer/Weber (Hrsg.), Handbuch der Rechnungslegung, 5. Aufl., § 256a Tz. 25.

4 BFH, Urteil v. 17.7.1956 – I 292/55 U, BStBl III S. 379.

Bei der Bewertung langfristiger Forderungen kann jedoch ggf. unter Berufung auf das gemilderte Niederstwertprinzip (→ § 253 Rz. 203) auf eine Abschreibung auf den Stichtagswert verzichtet werden, bei langfristigen Verbindlichkeiten wegen des gemilderten Höchstwertprinzips entsprechend auf eine Zuschreibung. Jedenfalls hat der BFH die Frage, ob eine währungsbedingte Wertänderung nur vorübergehend ist, großzügig beantwortet (→ Rz. 39).

V. Folgebewertung bei verschiedenen Abschlussposten

1. Anlagevermögen

24 Hier können der Umrechnungskurs und seine Entwicklung seit der Anschaffung oder Herstellung eines Anlageguts für die Überprüfung eines **außerplanmäßigen** Abschreibungserfordernisses eine Rolle spielen (→ § 253 Rz. 178). Dabei darf z. B. ein gesunkener Wert der ausländischen Währung **nicht isoliert** betrachtet werden, um etwa wegen eines gesunkenen Wiederbeschaffungspreises eine außerplanmäßige Abschreibung zu rechtfertigen. Der geänderte Umrechnungskurs kann durch Kostensteigerungen (Wiederbeschaffungswert in Fremdwährung) kompensiert werden. Unabhängig von der Kurs- und Preisentwicklung im Ausland außerhalb der Euro-Zone für dort bezogene Anlagegüter oder belegene Grundstücke ist das gesamte **wirtschaftliche Umfeld** zu würdigen, um eine außerplanmäßige Abschreibung zu begründen.

BEISPIEL

- Das Fabrikgebäude im Ausland wird gewinnbringend genutzt.
- Die nur im Nicht-Euro-Ausland beschaffbare Maschine arbeitet einwandfrei.
- Die nicht börsennotierte Tochtergesellschaft im Ausland liefert regelmäßig ansehnliche Dividenden.

25 Unseres Erachtens kommt in solchen Fällen eine außerplanmäßige Abschreibung wegen günstigerer Wiederbeschaffungsmöglichkeit gegenüber der Anschaffung infolge der Entwicklung des Umrechnungskurses nicht in Betracht.[1] Dieser Befund gilt auch dann, wenn die fragliche Entwicklung des Wechselkurses von Dauer ist.

Für Wertpapiere und Beteiligungen mit Zugangsbewertung in Fremdwährung stellt der Umrechnungskurs am Bilanzstichtag zur Folgebewertung nur **eine** Bewertungsgröße unter anderen dar (→ § 253 Rz. 203 ff.).

26 Bei planmäßig abschreibbaren Gegenständen des Anlagevermögens findet der Vergleich zwischen Anschaffungskosten und Stichtagswert unter Berücksichtigung der zwischenzeitlichen planmäßigen Abschreibungen statt.

2. Vorräte

27 Vermögensgegenstände mit einer Restlaufzeit von nicht mehr als einem Jahr sind nach Satz 2 stets mit dem Stichtagskurs umzurechnen. Fraglich erscheint, ob neben Forderungen auch Vorräte eine **(Rest-)Laufzeit** haben, es hier also zur Anwendung von § 256a Satz 2 HGB kommen kann. Unseres Erachtens ist dies zu bejahen.[2] Die Restlaufzeit ergibt sich dabei aus dem Verhältnis von Bestandsmenge und in der Zukunft erwartetem Verbrauch/Abgang.

---

1 Ähnlich BFH, Urteil v. 13.7.1967 – IV 138/63, BStBl 1968 II S. 11.

2 Anderer Auffassung *Grottel/Koeplin* in Beck'scher Bilanz-Kommentar, 13. Aufl. 2022, § 256a Tz. 36 ff.

BEISPIEL Zum Vorratsvermögen der U gehören u. a. in Fremdwährung angeschaffte

- Waren im Volumen von 2.000 Mengeneinheiten,
- Rohstoffe im Volumen von 1.000 Mengeneinheiten.

U nimmt bei Vorräten keine Einzel-, sondern eine Durchschnittsbewertung vor. U erwartet folgenden Verbrauch/Absatz in den nächsten zwölf Monaten:

- Waren 1.200 Mengeneinheiten,
- Rohstoffe 800 Mengeneinheiten.

BEURTEILUNG Die Waren haben eine voraussichtliche Restlaufzeit von nicht mehr als einem Jahr und sind deshalb ohne Rücksicht auf das Imparitätsprinzip zum Stichtagskurs zu bewerten (sofern nicht andere Umstände, etwa ein gesunkener Preis in Fremdwährung, eine abweichende Behandlung bedingen).

Bei den Rohstoffen sind zwei Lesarten vertretbar:

ALTERNATIVE 1 Da der gesamte (zum Durchschnittswert erfasste) Bestand (1.000) voraussichtlich nicht innerhalb eines Jahres verbraucht wird (Verbrauch 800), beträgt die Restlaufzeit mehr als ein Jahr. Eine Umrechnung zum Stichtagskurs ist daher nicht zulässig.

ALTERNATIVE 2 Der Bestand hat zu 80 % (800/1.000) eine Restlaufzeit von nicht mehr als einem Jahr und ist insoweit ohne Rücksicht auf das Imparitätsprinzip zum Stichtagskurs zu bewerten (sofern nicht andere Umstände eine abweichende Bewertung bedingen). Für 20 % (200/1.000) ist eine Umrechnung zum Stichtagskurs nicht zulässig.

Wie beim Anlagevermögen (→ Rz. 24) liefert der Umrechnungskurs auch bei Vorräten nur einen Bestandteil zur Bestimmung eines etwa vorliegenden niedrigeren beizulegenden Werts. Sofern eine Ceteris-paribus-Betrachtung im konkreten Sachverhalt zulässig sein sollte, ist damit nach Meinungen im Schrifttum bei gestiegenem Umrechnungskurs eine Abschreibung erforderlich. 28

BEISPIEL F kauft Rohmaterial in der Schweiz. Am Bilanzstichtag hat er noch Bestände (10.000 Stück), die zum Einstandskurs von 1,48 CHF je 1 € erworben worden sind. Der Stichtagskurs beträgt 1,53 CHF je 1 €.

Bewertung bei Anschaffung	6.756,70 €
Bewertung am Stichtag	6.535,90 €
Abwertung (?)	220,80 €

Unseres Erachtens ist eine Abschreibung des Bestands dann nicht zwingend, wenn das Produkt, für das die Bestände verwendet werden, weiterhin mit Gewinn verkauft werden kann (→ § 253 Rz. 231).

Die Ermittlung der Anschaffungskosten wird bei Vorräten im Übrigen vom sonst gültigen Bewertungsverfahren, also Einzel- oder Durchschnittsbewertung (→ § 240 Rz. 36) oder Verbrauchsfolgeverfahren (→ § 256) oder Festbewertung (→ § 240 Rz. 23 ff.), beeinflusst. 29

3. Forderungen und Verbindlichkeiten aus Lieferungen und Leistungen

Nach HGB a. F. führte im Lehrbuchfall ein gegenüber dem Einbuchungskurs gesunkener Kurs der ausländischen Währung zu einer Wertminderungsabschreibung auf Forderungen, nicht dagegen ein gestiegener Kurs zu einer Zuschreibung. Spiegelbildlich war bei Verbindlichkeiten der Anstieg des Kurses der ausländischen Währung durch eine Zuschreibung zu berücksichtigen, der Rückgang des Kurses hingegen irrelevant. Von dieser auf dem Realisations- und Nie- 30 derst-/Höchstwertprinzip beruhenden Vorgabe (→ Rz. 14) löst sich das Gesetz bei Forderungen und Verbindlichkeiten mit einer **Restlaufzeit von bis zu einem Jahr** (→ Rz. 15). Unseres Erachtens ist diese Vorgabe (auch) aus praktischer Sicht zu begrüßen, soweit es sich um eine konvertible Währung mit nicht allzu großen Schwankungen im Zeitverlauf handelt. Bei umfangreichem Liefer- und Leistungsverkehr werden häufig die Kontokorrente in der ausländischen Währung zu einem Durchschnittskurs (→ Rz. 6) geführt und nur periodisch, z. B. am Stichtag für einen Zwischen- oder Jahresabschluss, umgerechnet.

31 Für Forderungen und Verbindlichkeiten aus Lieferungen und Leistungen mit einer (ausnahmsweise) **Restlaufzeit** von **mehr** als einem Jahr gelten die Vorbehalte des Imparitäts- und Realisationsprinzips (→ Rz. 14), d. h. Abschreibung auf Forderungen bei gestiegenem Umrechnungskurs am Bilanzstichtag gegenüber dem Einbuchungskurs und umgekehrt für Verbindlichkeiten.

4. Bankguthaben und Verbindlichkeiten; langfristige Darlehensforderungen und -verbindlichkeiten

32 Hier gelten die vorstehenden Erläuterungen (→ Rz. 30) entsprechend. In Kontokorrentform geführte Bankkonten sind als kurzfristig zu werten, so dass der Devisenkassakurs am Bilanzstichtag der Umrechnung zugrunde zu legen ist. Wegen der Besonderheiten bei der steuerlichen Bewertung von Bankkonten wird auf → Rz. 40 verwiesen.

Umgekehrt gilt für Ausleihungen, Darlehensverbindlichkeiten u. Ä. mit einer Restlaufzeit von mehr als einem Jahr am Bilanzstichtag der Devisenkassamittelkurs nur unter den Einschränkungen des Realisations- und Niederstwertprinzips (→ Rz. 14).

Zur Bestimmung der Restlaufzeit wird auf → Rz. 19 verwiesen.

5. Rückstellungen, Steuerlatenzen, Abgrenzungsposten

32a Rückstellungen, Steuerlatenzen und Rechnungsabgrenzungsposten sind in § 256a HGB nicht erwähnt. Für ihre Umrechnung gilt das Nachfolgende:

32b **Rückstellungen** sind zu jedem Stichtag mit dem nach dessen Erkenntnisstand erwarteten Erfüllungsbetrag anzusetzen (→ § 253 Rz. 55), ggf. diskontiert (→ § 253 Rz. 109). Die Fortschreibung nach dem jeweiligen Erkenntnisstand impliziert bei ungewissen Verbindlichkeiten und drohenden Verlusten, die in Fremdwährung zu erfüllen sind, eine Umrechnung nach Stichtagskursen. Für die bei langfristigen Rückstellungen erforderliche Abzinsung ist es sachgerecht, hinsichtlich des Diskontierungszinssatzes auf die Verhältnisse in der Fremdwährung abzustellen (→ § 253 Rz. 122).

32c Die Verwendung unterschiedlicher Umrechnungskurse für Handels- und Steuerbilanz kann zunächst Ursache für temporäre Differenzen und für Steuerlatenzen sein. Umgekehrt stellt sich aber bei ausländischer Steuerhoheit auch die Aufgabe, bei einem ausländischen Unternehmensteil (Betriebsstätte oder im Konzern Tochterunternehmen) entstandene **Steuerlatenzen** in Euro umzurechnen. Da aktive Latenzen keine Vermögensgegenstände und passive keine Verbindlichkeiten darstellen, sind die imparitätischen Bewertungsvorgaben des § 253 HGB nicht einschlägig. Die Posten sind daher zum jeweiligen Stichtagskurs umzurechnen.

32d Wegen der systematischen Nähe zu geleisteten oder erhaltenen Anzahlungen sind Rechnungsabgrenzungsposten nach gleichen Grundsätzen umzurechnen, nach h. M. also zum Entstehungskurs ohne weitere Fortschreibung, nach von uns bevorzugter Auffassung zum jeweiligen Stichtagskurs (→ Rz. 10).

VI. GuV-Ausweis

Kapital- und „Kap. & Co."-Gesellschaften haben die Ergebniseffekte aus der Umrechnung von auf fremde Währung lautenden Vermögensgegenständen und Verbindlichkeiten in der GuV unter den **sonstigen** Aufwendungen bzw. Erträgen gesondert auszuweisen (→ § 277 Rz. 61 f.). Hierbei sind unterjährig realisierte Währungserfolge einzubeziehen (DRS 25.36). 33

Nicht betroffen von dieser Regelung sind insbesondere währungsbedingte außerplanmäßige Abschreibungen auf

- sachliche oder immaterielle Anlagen,
- Vorräte,
- Beteiligungen etc.

Im Gesamtkostenverfahren sind sie etwa unter

- Abschreibungen auf immaterielle Vermögensgegenstände und Sachanlagen (→ § 275 Rz. 52),
- Materialaufwendungen (→ § 275 Rz. 23) und
- Abschreibungen auf Finanzanlagen (→ § 275 Rz. 52 und → § 275 Rz. 106)

zu erfassen (DRS 25.35).

VII. Währungssicherung

Zur Bilanzierung von Fremdwährungsgeschäften bei effektiver Absicherung des Währungsrisikos wird auf die Kommentierung von → § 254 verwiesen. 34

VIII. Steuerbilanz

1. Systematischer Vergleich zur Handelsbilanz

Strittig ist, ob die handelsrechtlichen Vorschriften zur Währungsumrechnung unmittelbare Bedeutung für die Steuerbilanz haben oder ob sie aufgrund des **Bewertungsvorbehalts** von § 5 Abs. 6 EStG ohne Bedeutung sind. 35

Gegen die Geltung des **Bewertungsvorbehalts** wird u. a. eingewandt, die in § 6 Abs. 1 Nr. 1 Satz 1, Abs. 1 Nr. 2 Satz 1 und Abs. 1 Nr. 3EStG enthaltene Bestimmung der Anschaffungskosten als Bewertungsobergrenze sei nur Ausfluss des handelsrechtlichen Anschaffungskostenprinzips. Mangels eigener Definition der Anschaffungskosten im Steuerecht sei die steuerliche Bewertung insgesamt durch das handelsrechtliche Anschaffungskostenprinzip bestimmt. Der Bewertungsvorbehalt greife nicht.[1]

Zwingend erscheint diese Argumentation aber nicht. Es fehlt zwar an einem eigenständigen steuerlichen Anschaffungskostenbegriff, weshalb insoweit auf § 255 Abs. 1 HGB zurückzugreifen ist. § 255 Abs. 1 HGB stellt jedoch nur eine **Definitionsnorm** dar, die festlegt, was Anschaffungskosten sind, sich aber jeder Rechtsfolgenbestimmung – wann Anschaffungskosten anzu-

1 Vgl. *Hoffmann*, PiR 2011 S. 55; *Schüttler*, PiR 2011 S. 136.

setzen sind, wann sie unter- oder überschritten werden dürfen – enthält. Die **Rechtsfolgen** sind vielmehr in § 253 HGB und § 256a HGB geregelt. Hinsichtlich der Bedeutung dieser Rechtsfolgen für die Steuerbilanz besteht etwa im Falle einer Wertminderung von Umlaufvermögen Einigkeit: Das strenge Niederstwertprinzip des Handelsrechts gilt nicht für die Steuerbilanz, da nach dem eindeutigen Wortlaut von § 6 Abs. 1 Nr. 2 Satz 2 EStG eine Teilwertabschreibung nur bei dauernder Wertminderung zulässig ist. Es greift insoweit der Bewertungsvorbehalt des § 5 Abs. 6 EStG. Zweifelhaft erscheint dann, warum Entsprechendes nicht im umgekehrten Fall einer währungsbedingten Werterhöhung einer (kurzfristigen) Forderung des Umlaufvermögens gelten soll. Der hier einschlägige § 6 Abs. 1 Nr. 2 Satz 1 EStG ist in seinem Wortlaut ebenso eindeutig. Anzusetzen sind die Anschaffungskosten (und kein höherer Wert). Muss dann nicht auch hier der Bewertungsvorbehalt greifen?

Unseres Erachtens sprechen daher gewichtige Gründe für die Geltung des steuerlichen Bewertungsvorbehalts im Verhältnis zu § 256a HGB.[1] Folgt man dieser wohl herrschenden Auffassung, ergeben sich folgende Unterschiede und Gemeinsamkeiten zwischen Handels- und Steuerbilanz:

- Durchbrechung der Maßgeblichkeit: Dem handelsrechtlichen Ausweis **unrealisierter Gewinne** bei **kurzfristigen Posten** nach § 256a Satz 2 HGB steht steuerbilanziell das Anschaffungskostenprinzip entgegen (§ 6 Abs. 1 Nr. 1 Satz 1, Abs. 1 Nr. 2 Satz 1 und Abs. 1 Nr. 3). Soweit sich also eine Änderung der Umrechnungskurse zugunsten des Unternehmens auswirkt, die Umrechnung mit dem Stichtagskurs also zu einem Ansatz über den Anschaffungskosten (kurzfristige Vermögensgegenstände) bzw. unter dem Zugangswert (kurzfristige Verbindlichkeiten) führen würde, kann der Stichtagskurs nur handelsrechtlich verwendet werden. Steuerbilanziell ist in diesen Fällen der Ansatz zu Anschaffungskosten/Zugangswert geboten. Nach Auffassung des BMF[2] ist steuerlich der Kurs im Zeitpunkt der Entstehung der Verbindlichkeit maßgeblich. Nur bei einer voraussichtlichen Dauerhaftigkeit der Kurserholung kann eine Teilwertzuschreibung erfolgen. Die Betrachtung ist spiegelbildlich zu derjenigen für das Aktivvermögen (→ § 253 Rz. 214). Die an Devisenmärkten üblichen Wechselkursschwankungen rechtfertigen laut BMF keine Teilwertzuschreibung.
- Entsprechendes gilt im Falle **unrealisierter Verluste** auf **kurzfristige** Posten (Stichtagswert von Vermögensgegenständen liegt unter den Anschaffungskosten, Stichtagswert von Verbindlichkeiten über dem Zugangswert) dann, wenn lediglich eine **vorübergehende Wertänderung** vorliegt. Handelsbilanziell ist ohne Rücksicht auf die fehlende Dauerhaftigkeit auch in diesem Fall nach § 256a Satz 2 HGB eine Bewertung zum Stichtagskurs geboten, während es nach § 6 Abs. 1 Nr. 1 Satz 2, Abs. 1 Nr. 2 Satz 2 und Abs. 1 Nr. 3EStG infolge der fehlenden Dauerhaftigkeit bei der Bewertung zum Zugangswert bleibt.
- Fehlende Maßgeblichkeit: Bei **langfristigen** Posten gilt handelsrechtlich das **Imparitätsprinzip**, d. h., unrealisierte Gewinne aus wechselkursbedingten Werterhöhungen von Vermögensgegenständen und Wertminderungen von Verbindlichkeiten sind nach § 252 Abs. 1 Nr. 4 HGB nicht zu berücksichtigen (→ § 252 Rz. 91 ff.), während unrealisierte Verluste nach § 253 Abs. 3 Satz 3 HGB zwingend zu berücksichtigen sind, falls die Wertänderung dauerhaft ist (→ § 253 Rz. 189 ff.), ggf. bei bestimmten langfristigen Vermögensgegenständen (Finanzanlagen) gem. § 253 Abs. 3 Satz 4 HGB berücksichtigt werden dür-

1 Gleicher Auffassung *Hübner/Leyh*, DStR 2010 S. 1951 ff., m. w. N.
2 BMF, Schreiben v. 16.7.2014 – IV C 6 – S 2171-b/09/10002, StuB 2014 S. 581, Tz. 30.

fen, falls die Wertminderung nur vorübergehenden Charakter hat (→ § 253 Rz. 203 ff.). Auch steuerbilanziell dürfen unrealisierte Gewinne nicht ausgewiesen werden. Ein Ausweis unrealisierter Verluste setzt hingegen stets die **Dauerhaftigkeit der Wertänderung** voraus und ist nach § 6 Abs. 1 Nr. 1 Satz 2 EStG, § 6 Abs. 1 Nr. 2 Satz 2 EStG, § 6 Abs. 1 Nr. 3 Satz 1 EStG nur zulässig („kann angesetzt werden“), also ein **Wahlrecht** (→ § 252 Rz. 276). Wegen des Bewertungsvorbehalts besteht in der Ausübung dieses Wahlrechts keine Bindung an die Handelsbilanz.

Nachfolgend eine **Zusammenfassung** der infrage kommenden Konstellationen für einen Fremdwährungsposten 100 FW, der bei einem Kurs von 1 €/1 FW entstanden ist. 36

	€/FW	HB	StB	Kommentar
Einbuchung	1,00	100	100	
I. Kurzfristige Posten (RLZ <= 1 J)				
1. Forderung				
31.12.01 Werterhöhung	1,10	110	100	HB: Stichtagsumrechnung; StB: Anschaffungskostenprinzip
31.12.01 Wertminderung				
a) dauerhafte Wertminderung	0,90	90	90 oder 100	HB: Stichtagsumrechnung; StB: TW-AfA als Wahlrecht
b) vorübergehende Wertminderung	0,90	90	100	HB: Stichtagsumrechnung; StB: Anschaffungskostenprinzip
2. Verbindlichkeit				
31.12.01 Werterhöhung				
a) dauerhafte Werterhöhung	1,10	110	100 oder 110	HB: Stichtagsumrechnung; StB: TW-Zuschreibung als Wahlrecht
b) vorübergehende Werterhöhung	1,10	110	100	HB: Stichtagsumrechnung; StB: Anschaffungskostenprinzip
31.12.01 Wertminderung	0,90	90	100	HB: Stichtagsumrechnung; StB: Anschaffungskostenprinzip
II. Langfristige Posten (RLZ > 1 J)				
1. Forderung				
31.12.01 Werterhöhung	1,10	100	100	HB/StB: Anschaffungskostenprinzip
31.12.01 Wertminderung				
a) dauerhafte Wertminderung	0,90	90	90 oder 100	HB: Abschreibungspflicht, StB: TW-AfA als Wahlrecht
b) vorübergehende Wertminderung	0,90	90 oder 100	100	HB: Abschreibungswahlrecht, StB: Anschaffungskostenprinzip
2. Verbindlichkeit				
31.12.01 Werterhöhung				

	€/FW	HB	StB	Kommentar
Einbuchung	1,00	100	100	
a) dauerhafte Werterhöhung	1,10	110	100 oder 110	HB: Zuschreibungspflicht, StB: TW-Zuschreibung als Wahlrecht
b) vorübergehende Werterhöhung	1,10	110	100	HB: Zuschreibungspflicht, StB: Anschaffungskosten-prinzip
31.12.01 Wertminderung	0,90	100	100	HB/StB: Anschaffungs-kostenprinzip

2. Unsystematische Unterschiede bzgl. Dauerhaftigkeit der Wertminderung

37 Im vorstehenden systematischen Vergleich von Steuer- und Handelsbilanz (→ Rz. 35) noch unberücksichtigt ist die Gefahr der unterschiedlichen Auslegung des Dauerhaftigkeitskriteriums. Im Handels- wie im Steuerbilanzrecht gilt zwar gleichermaßen das Stichtagsprinzip, so dass es **konzeptionell** keinen Grund gibt, den Begriff der dauernden Wertminderung unterschiedlich auszulegen. **Praktisch** bestehen aber derartige Unterschiede.

38 Zur Frage, wann eine Dauerhaftigkeit anzunehmen ist, nimmt das BMF[1] für **Verbindlichkeiten,** die dem **laufenden Geschäftsverkehr** zuzuordnen sind, d. h. aus wiederkehrenden und nicht die Anschaffung oder Herstellung von Wirtschaftsgütern des Anlagevermögens betreffenden Geschäftsvorfällen stammen und innerhalb der üblichen Frist getilgt werden, wie folgt Stellung:

- Hält eine Wechselkurserhöhung im Zusammenhang mit einer Verbindlichkeit des laufenden Geschäftsverkehrs nicht bis zum Zeitpunkt der **Aufstellung** der **Handelsbilanz** an, ist sie insofern nicht als dauerhaft anzusehen.
- Wird die Verbindlichkeit bereits vor Aufstellung der Handelsbilanz getilgt, kommt es entsprechend darauf an, ob die Wechselkurserhöhung bis zum Zeitpunkt der **Tilgung** anhält.
- Entsprechendes müsste für Forderungen des laufenden Geschäftsverkehrs bei Wechselkursminderungen gelten.

BEISPIEL Eine Forderung von 1.000 in Fremdwährung (FW) entsteht am 1.12.01 zum Kurs von 1/1. Die Forderung ist am 30.6.02 fällig. Die Handelsbilanz wird am 31.3.02 aufgestellt. Die Kursentwicklung ist wie folgt:

Entstehung 1.12.01	1 €/FW
Bilanzstichtag 31.12.01	0,9 €/FW
Bilanzaufstellung 31.3.02	1 €/FW

Nach Auffassung des BMF ist die Wertminderung nicht dauerhaft, die Forderung zum Stichtag also nicht mit 900 €, sondern mit 1.000 € anzusetzen.

FALLVARIANTE Der Schuldner begleicht die Forderung am 1.2.02 bei einem Kurs von 0,95 €/FW.

Nach Auffassung des BMF ist die Wertminderung i. H. von 50 € dauerhaft, die Forderung zum Stichtag also weder mit 900 € (Stichtagskurs), noch mit 1.000 € (Kurs bei Bilanzaufstellung), sondern mit 950 € (Kurs bei Tilgung) anzusetzen.

1 BMF, Schreiben v. 12.8.2002 – IV A 6 – S. 2175 – 7/02, BStBl I S. 793.

Unseres Erachtens ist eine derartige Interpretation der Dauerhaftigkeit **unangemessen.** Bei an liquiden Märkten gehandelten Devisen entspricht der Umrechnungskurs des Bilanzstichtags der besten Annahme aller Marktteilnehmer über die Zukunft. Abweichende Umrechnungskurse nach dem Stichtag sind daher Folge neuer, wertändernder und nicht lediglich werterhellender Ereignisse (→ § 252 Rz. 26a).

Wie das BMF im Bereich der kurzfristigen Verbindlichkeiten (und Forderungen) kommt der **IV. Senat** des BFH (und **tendenziell** auch das BMF)[1] im Bereich der **langfristigen Verbindlichkeiten** zu Abweichungen vom Handelsrecht.[2] Nach seiner Ansicht ist ein massiver Verlust bei einem aufgenommenen langfristigen YEN-Darlehen durch Änderung des YEN-Umrechnungskurses als nicht dauerhaft festzustellen, wenn die Restlaufzeit noch zehn Jahre beträgt. In diesem Zeitraum könnten sich die „Kursschwankungen" regelmäßig ausgleichen. Dies kollidiert mit der einschlägigen BFH-Rechtsprechung zur vergleichbaren Situation bei Aktien (→ § 253 Rz. 208). Über den entschiedenen Fall – Höchstwertprinzip bei langlaufenden Fremdwährungsverbindlichkeiten – hinaus muss das Urteil i. S. von YEN-Verbindlichkeit daher u. E. nicht zwingend angewandt werden. Eine andere Beurteilung des Niederstwertprinzips bei langlaufenden Fremdwährungsforderungen kommt daher infrage. Für unbefristete Fremdwährungsdarlehen mit (ordentlicher) Kündigungsmöglichkeit zum Ende der (kurzen) Zinsbindungsfrist hat das FG Baden-Württemberg in einem Aussetzungsverfahren Folgendes festgehalten: Anders als bei einem befristeten Darlehen mit hoher Restlaufzeit kann nicht davon ausgegangen werden, dass sich Währungsschwankungen bis zum Ende der – unbestimmten – Laufzeit ausgleichen werden. Vielmehr kann von einer voraussichtlich dauernden Wertminderung ausgegangen werden, wenn die Kursschwankung eine Grenze von 20 % für den einzelnen Bilanzstichtag bzw. von 10 % für zwei aufeinanderfolgende Stichtage überschreitet.[3] 39

Im Übrigen hat der BFH zwischenzeitlich seine Auffassung relativiert bzw. modifiziert. Betroffen war die Bewertung eines in Schweizer Franken aufgenommenen langfristigen Darlehens. Der BFH hält fest:[4] „1. Eine Teilwertzuschreibung wegen voraussichtlich dauernder Werterhöhung von Verbindlichkeiten aus Fremdwährungsdarlehen ist zulässig, wenn der Euro-Wert gegenüber der Fremdwährung aufgrund einer fundamentalen Änderung der wirtschaftlichen oder währungspolitischen Daten der beteiligten Währungsräume gesunken ist. 2. Eine solche Änderung ist anzunehmen, wenn sich die Verhältnisse zwischen den betroffenen Währungsräumen aus Sicht des Bilanzstichtages so außerordentlich und nachhaltig geändert haben, dass nicht angenommen werden kann, der Wechselkurs zu dem Zeitpunkt der Eingehung der Verbindlichkeit werde sich ohne Weiteres wieder einstellen. 3. Dies gilt für alle Fremdwährungsdarlehen, d. h. unabhängig davon, ob es sich um ein Darlehen mit unbestimmter oder mit bestimmter Restlaufzeit handelt und ob die Restlaufzeit mindestens zehn Jahre oder weniger beträgt." Im Ergebnis wurde damit die Teilwertzuschreibung anerkannt.

3. Anschaffungskosten bei Bankkonten und ähnlichen Kontokorrentverhältnissen

Die Anwendung des **Anschaffungskostenprinzips** in der Steuerbilanz (→ Rz. 35) kann bei Vermögensgegenständen oder Verbindlichkeiten mit **ständig wechselndem Bestand** Probleme be- 40

1 BMF, Schreiben v. 2.9.2016 – IV C 6 – S 2171-b/09/10002: 002, DStR 2016 S. 2107, Tz. 36.
2 BFH, Urteil v. 23.4.2009 – IV R 62/06, DB 2009 S. 1439, mit Anm. *Hoffmann*.
3 FG Baden-Württemberg v. 8.3.2016 – 2 V 2763/15.
4 BFH, Urteil v. 10.6.2021 – IV R 18/18.

reiten. Angesprochen sind damit insbesondere laufende **Bankkonten** oder sonstige **Kontokorrentverhältnisse.**

Die Anschaffungskosten können hier nur in der Weise ermittelt (genauer: fingiert) werden, dass der Kontensaldo des Stichtags nach seiner Entstehung in unterschiedliche Tranchen aufgeteilt wird. Analog zum Vorgehen bei der Ermittlung der Anschaffungskosten von Vorräten mit wechselndem Bestand kann dabei eine Durchschnitts- (→ § 240 Rz. 34 ff.) oder Verbrauchsfolgebetrachtung (→ § 256 Rz. 18 ff.) angewandt werden.[1]

BEISPIEL Ein Bankkonto in Fremdwährung (FW) wird am 1.12.01 mit einer Einlage von 100.000 FW eröffnet. Der Kurs (€/FW) beträgt zu diesem Zeitpunkt 1/1.

Bis zum Bilanzstichtag kommt es zu den nachfolgenden Ein- und Auszahlungen und Kursänderungen.

				Stichtagsbetrachtung	(Perioden)-Lifo	Fifo-Betrachtung			Durchschnittsbetrachtung		
		Kurs	FW			FW	Kurs	€	FW	Kurs	€
Kontoeröffnung	1.12.01	1,00	100.000								
Einzahlung	5.12.01	0,95	10.000								
			110.000						110.000	0,9955	209.500
Auszahlung	10.12.01	0,90	-70.000						-70.000		
			40.000			30.000	1,00	30.000	40.000	0,9955	39.818
						10.000	0,95	9.500			
						40.000		39.500			
Einzahlung	20.12.01	1,10	60.000			60.000	1,10	66.000	60.000	1,10	66.000
Stand	31.12.01	1,06	100.000	106.000	100.000	100.000		105.500	100.000		105.818

Für die Bewertung kommen damit u. a. die folgenden vier Ansätze infrage:

- Reine Stichtagsbetrachtung unter Vernachlässigung der Anschaffungskosten (Bewertung mit 106.000 €).
- (Perioden-)Lifo-Betrachtung, bei der die zuerst angeschafften Fremdwährungsmittel als zuletzt verbraucht gelten (Bewertung mit unter dem Stichtagswert liegenden Anschaffungskosten von 100.000 €).
- Fifo-Betrachtung (Bewertung mit Anschaffungskosten von 105.500 €).
- Durchschnittsbetrachtung (Bewertung mit Anschaffungskosten von 105.818 €).

41 Verbrauchsfolge- und Durchschnittsbetrachtung erfordern eine **Nebenbuchhaltung,** die bei umfangreichem Kontokorrentverkehr schnell sehr aufwendig werden kann. Die Praxis tendiert deshalb zu einer reinen Stichtagsumrechnung und rechtfertigt sie i. d. R. mit **Wesentlichkeitsüberlegungen.**

Unseres Erachtens kann aber auch bei **wesentlichen Differenzen** zwischen reiner Stichtagsbewertung und einer Durchschnitts- oder Verbrauchsfolgebetrachtung der Stichtagswert regelmäßig angesetzt werden. Dies ergibt sich u. a. aus der Parallele zu Sachwertdarlehen. Der BFH[2] hat bei einem in Sachwerten (vertretbaren Gütern des Vorratsvermögens) gewährten

1 Vgl. *Küting/Mojadadr* in Küting/Pfitzer/Weber (Hrsg.), Handbuch der Rechnungslegung, 5. Aufl., § 256a Tz. 85.

2 BFH, Urteil v. 26.6.1975 – IV R 59/73, BStBl II S. 700.

Darlehen, bei dem sich der Bestand der Vorräte durch Verbrauch und Zugang ständig ändert, trotz Anschaffungskostenprinzip eine reine Stichtagsbetrachtung der Forderung auch im Falle gestiegener Marktpreise der Güter zugelassen. Zur Begründung hat er darauf verwiesen, dass sich mit jedem beim Darlehensnehmer erfolgenden Zu- oder Abgang an Vorräten das Substrat der Rückgabeforderung ändere, die Forderung also ständig neu entstehe **(Umschaffung)**. Übertragen auf den Fall des Bankkontos gilt entsprechend: Die Forderung (Verbindlichkeit) entsteht in Höhe des jeweiligen Saldos jeweils neu. Eine Bindung an frühere Anschaffungskosten ist damit nicht geboten. Eine solche Stichtagsbetrachtung entspricht im Übrigen auch der **Rechtsnatur** des **Kontokorrentverhältnisses** i. S. von § 355 HGB, bei dem die beiderseitigen Ansprüche und Leistungen in regelmäßigen Abständen „durch Verrechnung und Feststellung des für den einen oder anderen Teil sich ergebenden Überschusses ausgeglichen werden", mit der einvernehmlichen Feststellung wird also eine neue Forderung (oder Verbindlichkeit) anerkannt..

Dritter Unterabschnitt: Aufbewahrung und Vorlage

§ 257 Aufbewahrung von Unterlagen; Aufbewahrungsfristen

(1) Jeder Kaufmann ist verpflichtet, die folgenden Unterlagen geordnet aufzubewahren:

1. **Handelsbücher, Inventare, Eröffnungsbilanzen, Jahresabschlüsse, Einzelabschlüsse nach § 325 Abs. 2a, Lageberichte, Konzernabschlüsse, Konzernlageberichte sowie die zu ihrem Verständnis erforderlichen Arbeitsanweisungen und sonstigen Organisationsunterlagen,**
2. **die empfangenen Handelsbriefe,**
3. **Wiedergaben der abgesandten Handelsbriefe,**
4. **Belege für Buchungen in den von ihm nach § 238 Abs. 1 zu führenden Büchern (Buchungsbelege).**

(2) Handelsbriefe sind nur Schriftstücke, die ein Handelsgeschäft betreffen.

(3) [1]Mit Ausnahme der Eröffnungsbilanzen und Abschlüsse können die in Absatz 1 aufgeführten Unterlagen auch als Wiedergabe auf einem Bildträger oder auf anderen Datenträgern aufbewahrt werden, wenn dies den Grundsätzen ordnungsmäßiger Buchführung entspricht und sichergestellt ist, dass die Wiedergabe oder die Daten

1. **mit den empfangenen Handelsbriefen und den Buchungsbelegen bildlich und mit den anderen Unterlagen inhaltlich übereinstimmen, wenn sie lesbar gemacht werden,**
2. **während der Dauer der Aufbewahrungsfrist verfügbar sind und jederzeit innerhalb angemessener Frist lesbar gemacht werden können.**

[2]Sind Unterlagen aufgrund des § 239 Abs. 4 Satz 1 auf Datenträgern hergestellt worden, können statt des Datenträgers die Daten auch ausgedruckt aufbewahrt werden; die ausgedruckten Unterlagen können auch nach Satz 1 aufbewahrt werden.

(4) Die in Absatz 1 Nr. 1 und 4 aufgeführten Unterlagen sind zehn Jahre, die sonstigen in Absatz 1 aufgeführten Unterlagen sechs Jahre aufzubewahren.

(5) Die Aufbewahrungsfrist beginnt mit dem Schluss des Kalenderjahrs, in dem die letzte Eintragung in das Handelsbuch gemacht, das Inventar aufgestellt, die Eröffnungsbilanz oder der Jahresabschluss festgestellt, der Einzelabschluss nach § 325 Abs. 2a oder der Konzernabschluss aufgestellt, der Handelsbrief empfangen oder abgesandt worden oder der Buchungsbeleg entstanden ist.

Inhaltsübersicht Rz.

LITERATUR:

Isele in Küting/Pfitzer/Weber (Hrsg.), Handbuch der Rechnungslegung – Einzelabschluss, 5. Aufl., § 257.

I. Regelungszweck und -inhalt

1 § 257 HGB verlangt die Aufbewahrung von bestimmten für Buchhaltung und Abschluss relevanten Unterlagen für maximal zehn Jahre. Die geforderte Dokumentation soll spätere **Nachprüfungen** ermöglichen. Die Aufbewahrungsvorschriften ergänzen die öffentlich-rechtlichen Vorschriften zur Buchführung (→ § 238 Rz. 9) und Bilanzierung (→ § 242 Rz. 1 ff.). Sie dienen vor allem der **Beweissicherung** in Gerichtsverfahren verschiedener Ausrichtungen (Zivil-, Straf- und Steuerrecht). Besonders **Insolvenz**straftaten sind ein wichtiger Berührungspunkt der Aufbewahrungspflicht.

2 Die Vorgaben in § 257 HGB überschneiden sich einerseits und werden andererseits ergänzt durch die **steuerliche** Parallelvorschrift in § 147 AO. Die Rechtsprechung und Kommentierung zu diesem Steuerparagrafen kann durchaus auch auf § 257 HGB Anwendung finden.[1]

3 Aus dem Bereich des deutschen **Standardsettings** sind Stellungnahmen des IDW RS FAIT mit Bezug zu Aufbewahrungsvorschriften zu erwähnen:

Daneben existiert noch eine Fülle **steuerlicher** Aufbewahrungsvorschriften. Konkretisiert sind sie u. a. in dem BMF-Schreiben über die „Grundsätze zur ordnungsmäßigen Führung und Aufbewahrung von Büchern, Aufzeichnungen und Unterlagen in elektronischer Form sowie zum Datenzugriff (GoBD)"[2] und Verfügungen von OFD bzw. Landesämtern.[3] Auch der BFH hat sich wiederholt mit Aufzeichnungspflichten befasst.[4]

II. Subjekt der Aufbewahrungspflicht (Abs. 1 Satz 1)

4 Die Aufbewahrungspflicht trifft den **„Kaufmann"** i. S. des § 238 HGB (→ § 238 Rz. 1). Die Aufbewahrungspflicht beginnt mit dem Erwerb der Kaufmannseigenschaft und endet mit dieser.

5 Im Falle einer **Gesellschaft** ist zwischen der Abwicklungsphase und dem Zeitpunkt nach deren Beendigung zu differenzieren. In der Abwicklungsphase besteht die Gesellschaft mit geändertem Zweck weiter, die dann agierenden Liquidatoren (→ § 238 Rz. 8) sind in diesem Zeitraum der Aufbewahrungspflicht unterworfen, danach besteht eine Gesellschaft nicht mehr. Aller-

1 Vgl. *ADS*, 6. Aufl., § 257 Tz. 7.

2 BMF, Schreiben v. 14.11.2014 – IV A 4 – S 0316/13/10003, BStBl 2014 I S. 1450.

3 Unter anderem BayLfSt mit diversen Schreiben jeweils v. 20.1.2017.

4 Vgl. z. B. BFH, Urteile v. 16.12.2014 – X R 42/13, X R 29/13 und X R 47/13.

dings sind die bis zum Ende der Gesellschaftseigenschaft angefallenen Unterlagen aufzubewahren:

- Bei der **OHG** und **KG** trifft die Aufbewahrungspflicht die bisherigen Gesellschafter, ersatzweise die vom Gericht bestimmten oder dritten Verwahrungspflichtigen nach § 157 Abs. 2 HGB.
- Ähnliches gilt nach § 74 Abs. 2 GmbHG für die Dauer von zehn Jahren für eine erloschene **GmbH**.
- Für die **AG** gilt das Gleiche nach § 273 Abs. 2 AktG.
- Und schließlich finden die vorstehenden Aufbewahrungspflichten auch für eine **Genossenschaft** gem. § 93 GenG Anwendung.

Im **Fall des Erbes** eines Handelsgeschäfts gehen die bis dahin entstandenen Aufbewahrungspflichten auf die Erben über, auch wenn sie das Geschäft nicht fortführen. Nach dem Erbfall haben die Erben als nunmehr agierende Kaufleute die ab diesem Zeitpunkt anfallenden Unterlagen aufzubewahren. 6

In der **Insolvenz** geht die Aufbewahrungspflicht vor Eröffnung des Insolvenzverfahrens auf den vorläufigen Verwalter über, danach auf den endgültigen. 7

Bei der **Unternehmensveräußerung** ist zu unterscheiden zwischen 8

- einem einzelkaufmännischen Unternehmen ***(Asset-Deal)*** und
- der Veräußerung einer Gesellschaft ***(Share-Deal)***.

Im letztgenannten Fall bleibt die Rechtsperson erhalten und deshalb auch deren Aufbewahrungspflicht. Bei **Umwandlung** entsteht möglicherweise ein neues Rechtssubjekt, das dann die Aufbewahrungspflichten durch die (regelmäßig) bestehende Gesamtrechtsnachfolge übernimmt.

Für den Verkauf eines **einzelkaufmännischen** Unternehmens ist handelsrechtlich streitig, ob die Aufbewahrungspflicht den bisherigen Einzelkaufmann trifft oder den Rechtsnachfolger.[1] Wir präferieren die Beibehaltung der Aufbewahrungspflicht beim abgebenden (bisherigen) Kaufmann, weil dieser auch steuerlich verpflichtet bleibt.[2]

III. Objekte der Aufbewahrungspflicht (Abs. 1 Satz 2 und Abs. 2)

Die Aufbewahrungsobjekte sind mit unterschiedlichen **Techniken** (→ Rz. 14) und **Fristen** (→ Rz. 15) belegt. 9

Der **zehnjährigen** Aufbewahrungspflicht nach Abs. 4 (→ Rz. 15) unterliegen die Handelsbücher, Inventare, die Eröffnungsbilanz und die Einzel- und Konzernabschlüsse. Auf die zugehörigen Kommentierungen in → § 238 Rz. 9, → § 240 Rz. 2 und → § 297 Rz. 2 wird verwiesen. Die in Abs. 1 Nr. 1 erwähnten **Arbeitsanweisungen** und sonstigen Organisationsunterlagen beziehen sich insbesondere auf einschlägige ***„Manuals"***, also Konzernbuchungs- und -bilanzierungsrichtlinien oder die vergleichbaren Vorgaben von EDV-Rechenzentren. 10

1 Für die letztgenannte Lösung plädieren *ADS*, 6. Aufl., § 257 Tz. 14.

2 Vgl. *Drüen* in Tipke/Kruse, Abgabenordnung – Finanzgerichtsordnung, § 147 Tz. 32.

11 Der **zehnjährigen** Aufbewahrungspflicht unterliegen auch die **Buchungsbelege.** Buchungsbelege werden auch durch das EDV-Abrechnungssystem generiert (keineswegs notwendig ausgedruckt), z. B. die Lohnerfassung in der Finanzbuchführung als „Abfallprodukt" der entsprechenden Buchungsvorgänge aus der Personalabteilung. Ein anderes Beispiel für einen Buchungsbeleg stellt die Datenübermittlung aus dem Rechenzentrum für die dort gespeicherten Bankbewegungen dar.

12 Die Aufbewahrungspflicht reduziert sich auf **sechs** Jahre für Handelsbriefe (→ § 238 Rz. 16 ff.). Abs. 2 des § 238 HGB enthält bereits eine vorgängige Aufbewahrungspflicht, die hinsichtlich der Frist in § 257 Abs. 4 HGB auf sechs Jahre festgelegt wird.

13 **Steuerlich** wird die Aufbewahrungspflicht auf andere steuerlich relevante Unterlagen erweitert. Darunter kann man Prüfungsberichte, Handelsregister- und Grundbuchauszüge, Preislisten, Reisespesenabrechnungen u. Ä. subsumieren.

IV. Aufbewahrung auf Datenträgern (Abs. 3)

14 Die Eröffnungsbilanzen und die Abschlüsse müssen in **Papierform** aufbewahrt werden. Für die übrigen aufzubewahrenden Unterlagen ist die Papierform zulässig, kann aber durch eine **datentechnische** Archivierung ersetzt werden. Das Gesetz formuliert dieses Wahlrecht als „Wiedergabe auf einem Bildträger oder auf einem anderen Datenträger". Diese Vorlage ist anwendungsoffen, erlaubt also jegliche ordnungsmäßige Archivierung nach den aktuellen technischen Möglichkeiten der Datenverarbeitung. Sinnvollerweise enthält sich der Gesetzgeber hier einer Detailregelung und verweist auf die offene Rechtsnorm der GoB (Abs. 3 Satz 1). Dabei muss sichergestellt sein, dass die Daten

- mit den empfangenen Handelsbriefen und Buchungsbelegen und mit den anderen Unterlagen übereinstimmen, sobald sie lesbar gemacht werden;
- während der Dauer der Aufbewahrungsfrist verfügbar sind und jederzeit innerhalb angemessener Frist lesbar gemacht werden können.

V. Aufbewahrungsfristen (Abs. 4)

15 Das Gesetz differenziert bei den verschiedenen Aufbewahrungsobjekten nach einer **zehnjährigen** Frist einerseits und **sechs** Jahren andererseits (→ Rz. 10 ff.). Steuerlich mögliche kürzere Aufbewahrungsfristen und Erleichterungen gelten handelsrechtlich nicht.

VI. Fristenberechnung (Abs. 5)

16 Der Fristenlauf beginnt einheitlich mit dem **Schluss** eines Kalenderjahres – auch bei abweichendem Wirtschaftsjahr. Deshalb wird der 31.12. dieses Jahres nach § 187 Abs. 1 BGB nicht mitgerechnet. Der Fristenlauf beginnt dann jeweils am 1.1. um 0:00 Uhr.

Maßgebend ist das **Kalenderjahr,** in dem

- die letzte Eintragung in das Handelsbuch gemacht wurde: Ist das Geschäftsjahr das Kalenderjahr, werden die Abschlussarbeiten i. d. R. erst im darauf folgenden Kalenderjahr vorgenommen, so dass dessen Schluss maßgeblich ist;[1]
- das Inventar aufgestellt wird;

1 Vgl. *ADS*, 1995, § 257 Tz. 70.

- die Eröffnungsbilanz oder der Jahresabschluss festgestellt wird (vgl. §§ 172 f. AktG; § 42a Abs. 2 Satz 1 GmbHG): Wird ein festgestellter Jahresabschluss geändert, ist für die Aufbewahrung das Jahr der Feststellung der Änderung maßgeblich. Der abgeänderte Jahresabschluss braucht nicht mehr weiter aufbewahrt zu werden;
- der Einzelabschluss nach § 325 Abs. 2a HGB aufgestellt wird;
- der Konzernabschluss aufgestellt wird;
- der Lagebericht oder Konzernlagebericht aufgestellt wird: Auch für die wohl versehentlich in § 257 Abs. 5 HGB vergessenen (Konzern-)Lageberichte dürfte das Jahr der Aufstellung maßgeblich sein;[1]
- der Handelsbrief empfangen oder abgesandt worden ist;
- der Buchungsbeleg entstanden ist.

Für **Abschlussbuchungen** ist fraglich, wann der betreffende Buchungsbeleg i. S. der Aufbewahrungsfrist „entstanden" ist. Im Interesse der Vereinheitlichung der Aufbewahrungsfristen wird in solchen Fällen eine Art Rückdatierung für zulässig erachtet, der betreffende Buchungsbeleg – z. B. über die Erfassung der Jahresabschreibungen, der am 3.3.01 für das Geschäftsjahresende 31.12.00 erstellt wird – wird dann noch dem Jahr 00 zugeordnet.[2] 17

Nach § 188 Abs. 2 Alternative 1 i.V. mit § 187 Abs. 1 BGB **endet** der Fristenlauf am 31.12. um 24:00 Uhr. Dazu folgende Berechnungsbeispiele. 18

Aufbewahrungsfrist bis:	für Unterlagen aus	
	(Zehn-Jahres-Frist)	(Sechs-Jahres-Frist)
31.12.2025, 24:00 Uhr	2015	2019
31.12.2026, 24:00 Uhr	2016	2020
31.12.2027, 24:00 Uhr	2017	2021
etc.	etc.	etc.

Eine **Fristenhemmung** ist handelsrechtlich nicht vorgesehen, anders steuerrechtlich nach § 147 Abs. 3 Satz 3 AO. Danach endet die Aufbewahrungsfrist nicht, solange die Unterlagen für diejenige Steuer noch von Bedeutung sind, deren Festsetzungsfrist noch nicht abgelaufen ist.

Für steuerliche Zwecke gewährt § 147 Abs. 6 AO der Finanzverwaltung das Recht, bei einer Außenprüfung Einsicht in die mithilfe eines Datenverarbeitungssystems erstellten Steuerdaten sowie die Nutzung dieses Datenverarbeitungssystems zu verlangen. Die Finanzverwaltung kann zudem die maschinelle Auswertung dieser Daten fordern oder einen Datenträger mit den gespeicherten Steuerunterlagen verlangen. Diese drei alternativen Datenzugriffsrechte setzen voraus, dass die Unternehmen die Datenverarbeitungssysteme über die zehnjährige Aufbewahrungsfrist aufrechterhalten, dies auch nach einem Wechsel des Datenverarbeitungssystems oder nach einer Datenauslagerung. Nach dem Entwurf des Dritten Bürokratieentlastungsgesetzes (BEG III) soll es hier künftig ausreichen, wenn der Steuerpflichtige nach Ablauf *von fünf Jahre* nach einem Systemwechsel oder nach einer Datenauslagerung aus dem Produktivsystem auf ein anderes Datenverarbeitungssystem nur noch einen Datenträger mit den gespeicherten Steuerunterlagen vorhält. 18a

1 Vgl. auch *ADS*, 1995, § 257 Tz. 70.

2 Vgl. *ADS*, 6. Aufl., § 257 Tz. 70; *Isele* in Küting/Pfitzer/Weber (Hrsg.), Handbuch der Rechnungslegung – Einzelabschluss, 5. Aufl., § 257 Tz. 96.

VII. Rechtsfolgen einer Verletzung der Aufbewahrungspflicht

19 Vernichtung oder Beiseiteschaffen von aufbewahrungspflichtigen Unterlagen kann nach §§ 283 Abs. 1 Nr. 1 und 283b Abs. 1 Nr. 2 StGB strafbar sein. Steuerlich kann eine Hinterziehung oder Steuerverkürzung u.U. infrage kommen, außerdem für die Gewinnermittlung eine Schätzung nach § 162 AO.

§ 258 Vorlegung im Rechtsstreit

(1) Im Laufe eines Rechtsstreits kann das Gericht auf Antrag oder von Amts wegen die Vorlegung der Handelsbücher einer Partei anordnen.

(2) Die Vorschriften der Zivilprozessordnung über die Verpflichtung des Prozessgegners zur Vorlegung von Urkunden bleiben unberührt.

Inhaltsübersicht **Rz.**

I. Regelungsgehalt

1 § 258 HGB trifft Regelungen zur Vorlage von Handelsbüchern in einem **Rechtsstreit:**

- Nach Abs. 1 kann das Gericht auf Antrag oder von Amts wegen die Vorlage anordnen.
- Abs. 2 der Norm stellt den Regelungszusammenhang zur Zivilprozessordnung dar. Deren Vorlagevorschriften bleiben unberührt.

Die Möglichkeiten in Abs. 1 **ergänzen** also die Zivilprozessordnung. Diese bietet keine ausreichende Handhabe zur Verwendung von Handelsbüchern als Beweismittel.

II. Gerichtliche Anordnung (Abs. 1)

2 Der Anwendungsbereich von § 258 HGB betrifft Zivilrechtsstreitigkeiten ohne Beschränkung auf Handelssachen, ebenso Schiedsgerichtsverfahren und Spruchstellenverfahren gem. § 306 AktG a. F., jetzt Spruchverfahrensgesetz.[1] Die Anordnung des Gerichts zur Vorlage der Handelsbücher kann sich nur auf die Handelsbücher einer Partei des Verfahrens beziehen. Zum Inhalt und Umfang der Handelsbücher wird auf → § 257 Rz. 10 verwiesen.

3 Das Gericht ist bzgl. seiner Anordnung nicht an **Beweisanträge** gebunden. Es kann „von Amts wegen" tätig werden. Es genügt die Überzeugung über die Sachdienlichkeit der Vorlage.

4 Zur Form der Einsichtnahme vgl. → § 259.

1 Bayrisches OLG, Beschluss v. 1.4.1993 – BReg. 3 Z 17/90, DB 1993 S. 1027.

III. Verhältnis zur Zivilprozessordnung (Abs. 2)

Die Vorschriften der Zivilprozessordnung zur Vorlage von Urkunden bleiben unberührt. Abs. 1 ergänzt also lediglich diese Vorschriften. Einschlägige Vorschriften der Zivilprozessordnung sind u. a. 5

- § 422 ZPO mit der Pflicht des Gegners, solche Urkunden vorzulegen, deren Herausgabe oder Vorlage der Beweisführer nach den Vorschriften des bürgerlichen Rechts verlangen kann.
- § 423 ZPO mit der Pflicht des Gegners, solche in seinen Händen befindlichen Urkunden vorzulegen, auf die er selbst im Prozess oder in vorbereitenden Schriftsätzen Bezug genommen hat.

Für die Beweiskraft der Urkunden gilt § 286 ZPO (freie Beweiswürdigung durch das Gericht).

IV. Steuerliche Vorlagepflichten

Gegenüber den Finanzbehörden bestehen ähnliche Vorlagepflichten nach § 297 AO und § 60 EStDV. Entsprechendes gilt gegenüber dem Finanzgericht gem. § 76 Abs. 1 Satz 3 FGO. 6

§ 259 Auszug bei Vorlegung im Rechtsstreit

[1]Werden in einem Rechtsstreit Handelsbücher vorgelegt, so ist von ihrem Inhalt, soweit er den Streitpunkt betrifft, unter Zuziehung der Parteien Einsicht zu nehmen und geeignetenfalls ein Auszug zu fertigen. [2]Der übrige Inhalt der Bücher ist dem Gericht insoweit offen zu legen, als es zur Prüfung ihrer ordnungsmäßigen Führung notwendig ist.

Inhaltsübersicht

I. Regelungsinhalt

§ 259 HGB regelt Art und Umfang der Vorlage von Handelsbüchern in einem Rechtsstreit. Unerheblich ist dabei, ob die Vorlage freiwillig oder auf gerichtliche Anordnung (→ § 258 Rz. 2) erfolgt. 1

II. Sachlicher Regelungsumfang (Satz 1 Halbsatz 1)

Der Vorlagevorgang bezieht sich auf **alle** im Zivilrechtsstreit (→ § 258 Rz. 2) vorgelegten Handelsbücher (→ § 257 Rz. 10), nicht nur auf die nach § 258 HGB.[1] 2

1 *ADS*, 6. Aufl., § 259 Tz. 2.

III. Die Einsichtnahme durch Gericht und Parteien (Satz 1 Halbsatz 2)

3 Satz 1 Halbsatz 2 **beschränkt** die Einsichtnahme in vorgelegte Handelsbücher auf den jeweiligen Streitpunkt („soweit"). Die Beschränkung ist primär auf das **Geheimhaltungs**interesse des Kaufmanns ausgerichtet. Er soll nicht neben dem Streitstoff von der gegnerischen Partei „ausgeschnüffelt" werden.

4 Diese sachliche Begrenzung wird „technisch" ergänzt durch die Zuziehung **beider** Parteien anlässlich der Einsichtnahme und die Möglichkeit, einen Auszug aus dem prozessrelevanten Teilbereich der „Handelsbücher" zu fertigen.

IV. Erweiterte Einsichtnahme durch das Gericht (Satz 2)

5 Der **nicht streitrelevante** Inhalt der Handelsbücher ist dem Gericht insoweit „offenzulegen", als dies zur Prüfung ihrer ordnungsgemäßen Führung notwendig ist. Diese „Offenlegung" bezieht sich **nur** auf das Gericht oder einen von diesem bestellten Sachverständigen, nicht auf die Parteien oder gar die Öffentlichkeit.

§ 260 Vorlegung bei Auseinandersetzungen

Bei Vermögensauseinandersetzungen, insbesondere in Erbschafts-, Gütergemeinschafts- und Gesellschaftsteilungssachen, kann das Gericht die Vorlegung der Handelsbücher zur Kenntnisnahme von ihrem ganzen Inhalt anordnen.

Inhaltsübersicht Rz.

I. Regelungsinhalt

1 § 260 HGB enthält Ausnahmebestimmungen für die Vorlage von Handelsbüchern bei Vermögensauseinandersetzungen. Der Ausnahmecharakter ergibt sich wie folgt:

- ► Im Unterschied zu § 258 HGB ist nicht nur die Vorlage bei Rechtsstreitigkeiten, sondern auch die Vorlage im Rahmen der **freiwilligen Gerichtsbarkeit** geboten.
- ► Abweichend von § 259 HGB umfasst die Vorlagepflicht die Handelsbücher **insgesamt** und nicht nur deren streitrelevante Teile.

II. Der Anwendungsbereich (Halbsatz 1)

2 Der Regelungsbereich umfasst nicht nur Rechtsstreitigkeiten, sondern auch **Vermögensauseinandersetzungen** im Wege der freiwilligen Gerichtsbarkeit. Relevant sind hier etwa §§ 86 ff. FGG bei Nachlassauseinandersetzung oder § 99 FGG bei Auseinandersetzung einer Gütergemeinschaft. Die Kompetenz zur Anordnung der Vorlage steht dem jeweils zuständigen Gericht zu.

Im Gesetz genannt werden „Auseinandersetzungen" in Erbschafts-, Gütergemeinschafts- und Gesellschaftsteilungssachen. Diese Aufzählung ist jedoch nur beispielhaft („insbesondere"). Involviert in das Verfahren muss das Vermögen eines **Kaufmanns** sein, damit inbegriffen möglicherweise auch Beteiligungen an Personenhandelsgesellschaften, wenn die Auseinandersetzung alle Anteile umfasst.[1] Ansonsten kommen die Einblicksrechte nach §§ 118, 166, 233 HGB und nach § 51a GmbHG in Betracht.

III. Der Umfang der Vorlagepflicht (Halbsatz 2)

Die Vorlagepflicht bezieht sich nur auf die Handelsbücher (→ § 257 Rz. 10), ist aber entgegen den Vorgaben in § 259 HGB (→ § 259 Rz. 2) nicht auf Teilbereiche beschränkt, sondern umfasst den **ganzen** Bestand. Aus praktischer Sicht drängen sich allerdings bei einem umfangreichen Datenbestand sinnvolle **Einschränkungen** auf. 3

§ 261 Vorlegung von Unterlagen auf Bild- oder Datenträgern

Wer aufzubewahrende Unterlagen nur in der Form einer Wiedergabe auf einem Bildträger oder auf anderen Datenträgern vorlegen kann, ist verpflichtet, auf seine Kosten diejenigen Hilfsmittel zur Verfügung zu stellen, die erforderlich sind, um die Unterlagen lesbar zu machen; soweit erforderlich, hat er die Unterlagen auf seine Kosten auszudrucken oder ohne Hilfsmittel lesbare Reproduktionen beizubringen.

Inhaltsübersicht Rz.

I. Regulärer Vorlagemodus (Halbsatz 1)

Der Kaufmann kann seinen **Buchführungspflichten** nach § 239 Abs. 4 HGB (→ § 239 Rz. 10) mit einem elektronischen Verfahren („auf Datenträgern") nachkommen. Für die **Aufbewahrungspflichten** nach § 257 HGB (→ § 257 Rz. 10) gilt Entsprechendes. In der Folge kann der Kaufmann die **Vorlage**pflichten nur in dieser Form erfüllen. Deshalb muss er die Hilfsmittel zur Anwendung dieser Technik auf **eigene Kosten** zur Verfügung stellen, d. h. die auf Datenträgern gespeicherten Inhalte lesbar machen. 1

II. Papierform (Halbsatz 2)

Ausnahmsweise kommt auch – wieder auf eigene Kosten des Kaufmanns – ein Ausdruck auf Papier oder eine ähnliche Reproduktion in Betracht. Von dieser Verpflichtung ist sparsam Gebrauch zu machen („soweit erforderlich"). 2

1 So jedenfalls *ADS*, 6. Aufl., § 260 Tz. 2.

III. Steuerliche Parallelvorschriften

3 Eine inhaltlich vergleichbare Anordnung enthält § 147 Abs. 5 AO mit möglichen Erleichterungen nach § 148 AO.

§ 263 Vorbehalt landesrechtlicher Vorschriften

Unberührt bleiben bei Unternehmen ohne eigene Rechtspersönlichkeit einer Gemeinde, eines Gemeindeverbands oder eines Zweckverbands landesrechtliche Vorschriften, die von den Vorschriften dieses Abschnitts abweichen.

Inhaltsübersicht Rz.

I. Regelungsinhalt

1 § 263 HGB gewährt für „Unternehmen ohne eigene Rechtspersönlichkeit“, d. h. vor allem für die kommunalen Eigenbetriebe, etwaigen landesrechtlichen Vorschriften Vorrang vor den §§ 238 ff. HGB.

II. Anwendungsbereich (Teilsatz 1)

2 Angesprochen sind in erster Linie **Regie-** und Eigenbetriebe einer Gemeinde oder eines Gemeinde- oder Zweckverbands ohne eigene Rechtspersönlichkeit, die allerdings die Kaufmannseigenschaft nach §§ 1 und 2 HGB erfüllen. Das Eigenbetriebsrecht unterliegt nach Art. 30 GG der Gesetzgebungskompetenz der Länder.

Unternehmen des Bundes und der Länder sind von § 263 HGB ebenso wenig betroffen wie privatrechtlich organisierte Unternehmen, an denen Gemeinden (oder Bund oder Länder) beteiligt sind. Letztere haben eine eigene Rechtspersönlichkeit und müssen die nach Handels- und Gesellschaftsrecht einschlägigen Rechnungslegungsvorschriften beachten.

III. Abweichende Vorschriften (Teilsatz 2)

3 Zur Vermeidung, Ergänzung oder Modifikation der im Hinblick auf die Kaufmannseigenschaft bestehenden Rechnungslegungspflicht nach §§ 238 ff. HGB haben die Länder im Rahmen von Eigenbetriebsverordnungen auch Regelungen zur Rechnungslegung auf der Grundlage der kaufmännischen Buchführung erlassen. Diesen gewährt § 263 HGB den Vorrang.

Zweiter Abschnitt: Ergänzende Vorschriften für Kapitalgesellschaften (Aktiengesellschaften, Kommanditgesellschaften auf Aktien und Gesellschaften mit beschränkter Haftung) sowie bestimmte Personenhandelsgesellschaften

Erster Unterabschnitt: Jahresabschluss der Kapitalgesellschaft und Lagebericht

Erster Titel: Allgemeine Vorschriften

§ 264 Pflicht zur Aufstellung; Befreiung

(1) [1]Die gesetzlichen Vertreter einer Kapitalgesellschaft haben den Jahresabschluss (§ 242) um einen Anhang zu erweitern, der mit der Bilanz und der Gewinn- und Verlustrechnung eine Einheit bildet, sowie einen Lagebericht aufzustellen. [2]Die gesetzlichen Vertreter einer kapitalmarktorientierten Kapitalgesellschaft, die nicht zur Aufstellung eines Konzernabschlusses verpflichtet ist, haben den Jahresabschluss um eine Kapitalflussrechnung und einen Eigenkapitalspiegel zu erweitern, die mit der Bilanz, Gewinn- und Verlustrechnung und dem Anhang eine Einheit bilden; sie können den Jahresabschluss um eine Segmentberichterstattung erweitern. [3]Der Jahresabschluss und der Lagebericht sind von den gesetzlichen Vertretern in den ersten drei Monaten des Geschäftsjahrs für das vergangene Geschäftsjahr aufzustellen. [4]Kleine Kapitalgesellschaften (§ 267 Abs. 1) brauchen den Lagebericht nicht aufzustellen; sie dürfen den Jahresabschluss auch später aufstellen, wenn dies einem ordnungsgemäßen Geschäftsgang entspricht, jedoch innerhalb der ersten sechs Monate des Geschäftsjahres. [5]Kleinstkapitalgesellschaften (§ 267a) brauchen den Jahresabschluss nicht um einen Anhang zu erweitern, wenn sie

1. die in § 268 Absatz 7 genannten Angaben,
2. die in § 285 Nummer 9 Buchstabe c genannten Angaben und
3. im Falle einer Aktiengesellschaft die in § 160 Absatz 3 Satz 2 des Aktiengesetzes genannten Angaben

unter der Bilanz angeben.

(1a) [1]In dem Jahresabschluss sind die Firma, der Sitz, das Registergericht und die Nummer, unter der die Gesellschaft in das Handelsregister eingetragen ist, anzugeben. [2]Befindet sich die Gesellschaft in Liquidation oder Abwicklung, ist auch diese Tatsache anzugeben.

(2) [1]Der Jahresabschluss der Kapitalgesellschaft hat unter Beachtung der Grundsätze ordnungsmäßiger Buchführung ein den tatsächlichen Verhältnissen entsprechendes Bild der Vermögens-, Finanz- und Ertragslage der Kapitalgesellschaft zu vermitteln. [2]Führen besondere Umstände dazu, dass der Jahresabschluss ein den tatsächlichen Verhältnissen entsprechendes Bild im Sinne des Satzes 1 nicht vermittelt, so sind im Anhang zusätzliche Angaben zu machen. [3]Die Mitglieder des vertretungsberechtigten Organs einer Kapitalgesellschaft, die als Inlandsemittent (§ 2 Absatz 14 des Wertpapierhandelsgesetzes) Wertpapiere (§ 2 Absatz 1 des Wertpapierhandelsgesetzes) begibt und keine Kapitalgesellschaft im Sinne des § 327a ist, haben in einer dem Jahresabschluss beizufügenden schriftlichen Erklärung zu versichern, dass der Jahresabschluss nach bestem Wissen ein den tatsächlichen Verhältnissen entsprechendes Bild im Sinne des Satzes 1 vermittelt oder der Anhang Angaben nach Satz 2 enthält. [4]Macht eine Kleinstkapitalgesellschaft von der Erleichterung nach Absatz 1 Satz 5 Gebrauch, sind nach Satz 2 erforderliche zusätzliche Angaben unter der Bilanz zu machen. [5]Es wird vermutet, dass ein unter Berücksichtigung der Erleichterungen für Kleinstkapitalgesellschaften aufgestellter Jahresabschluss den Erfordernissen des Satzes 1 entspricht.

[vor FISG:] (3) [1]Eine Kapitalgesellschaft, die als Tochterunternehmen in den Konzernabschluss eines Mutterunternehmens mit Sitz in einem Mitgliedstaat der Europäischen Union oder einem anderen Vertragsstaat des Abkommens über den Europäischen Wirtschaftsraum einbezogen ist, braucht die Vorschriften dieses Unterabschnitts und des Dritten und Vierten Unterabschnitts dieses Abschnitts nicht anzuwenden, wenn alle folgenden Voraussetzungen erfüllt sind:

[nach FISG:] (3) [1]Eine Kapitalgesellschaft, die nicht im Sinne des § 264d kapitalmarktorientiert ist und als Tochterunternehmen in den Konzernabschluss eines Mutterunternehmens mit Sitz in einem Mitgliedstaat der Europäischen Union oder einem anderen Vertragsstaat des Abkommens über den Europäischen Wirtschaftsraum einbezogen ist, braucht die Vorschriften dieses Unterabschnitts und des Dritten und Vierten Unterabschnitts dieses Abschnitts nicht anzuwenden, wenn alle folgenden Voraussetzungen erfüllt sind:

1. alle Gesellschafter des Tochterunternehmens haben der Befreiung für das jeweilige Geschäftsjahr zugestimmt;
2. das Mutterunternehmen hat sich bereit erklärt, für die von dem Tochterunternehmen bis zum Abschlussstichtag eingegangenen Verpflichtungen im folgenden Geschäftsjahr einzustehen;
3. der Konzernabschluss und der Konzernlagebericht des Mutterunternehmens sind nach den Rechtsvorschriften des Staates, in dem das Mutterunternehmen seinen Sitz hat, und im Einklang mit folgenden Richtlinien aufgestellt und geprüft worden:
   a) Richtlinie 2013/34/EU des Europäischen Parlaments und des Rates vom 26. Juni 2013 über den Jahresabschluss, den konsolidierten Abschluss und damit verbundene Berichte von Unternehmen bestimmter Rechtsformen und zur Änderung der Richtlinie 2006/43/EG des Europäischen Parlaments und des Rates und zur Aufhebung der Richtlinien 78/660/EWG und 83/349/EWG des Rates (ABl L 182 vom 29.6.2013, S. 19), die zuletzt durch die Richtlinie 2014/102/EU (ABl L 334 vom 21.11.2014, S. 86) geändert worden ist,
   b) Richtlinie 2006/43/EG des Europäischen Parlaments und des Rates vom 17. Mai 2006 über Abschlussprüfungen von Jahresabschlüssen und konsolidierten Abschlüssen, zur Änderung der Richtlinien 78/660/EWG und 83/349/EWG des Rates und zur Aufhebung der Richtlinie 84/253/EWG des Rates (ABl L 157 vom 9.6.2006, S. 87), die durch die Richtlinie 2013/34/EU (ABl L 182 vom 29.6.2013, S. 19) geändert worden ist;
4. die Befreiung des Tochterunternehmens ist im Anhang des Konzernabschlusses des Mutterunternehmens angegeben und
5. für das Tochterunternehmen sind nach § 325 Absatz 1 bis 1b offengelegt worden:
   a) der Beschluss nach Nummer 1,
   b) die Erklärung nach Nummer 2,
   c) der Konzernabschluss,
   d) der Konzernlagebericht und
   e) der Bestätigungsvermerk zum Konzernabschluss und Konzernlagebericht des Mutterunternehmens nach Nummer 3.

[2]Hat bereits das Mutterunternehmen einzelne oder alle der in Satz 1 Nummer 5 bezeichneten Unterlagen offengelegt, braucht das Tochterunternehmen die betreffenden Unterlagen nicht erneut offenzulegen, wenn sie im Unternehmensregister unter dem Tochterunternehmen auffindbar sind; § 326 Absatz 2 ist auf diese Offenlegung nicht anzuwenden. [3]Satz 2 gilt nur dann, wenn das Mutterunternehmen die betreffende Unterlage in deutscher oder in englischer Sprache offengelegt hat oder das Tochterunternehmen zusätzlich eine beglaubigte Übersetzung dieser Unterlage in deutscher Sprache nach § 325 Absatz 1 bis 1b offenlegt.

(4) Absatz 3 ist nicht anzuwenden, wenn eine Kapitalgesellschaft das Tochterunternehmen eines Mutterunternehmens ist, das einen Konzernabschluss nach den Vorschriften des Publizitätsgesetzes aufgestellt

hat, und wenn in diesem Konzernabschluss von dem Wahlrecht des § 13 Absatz 3 Satz 1 des Publizitätsgesetzes Gebrauch gemacht worden ist; § 314 Absatz 3 bleibt unberührt.

Inhaltsübersicht **Rz.**

LITERATUR:

Clemm, Bilanzpolitik und Ehrlichkeits- („true and fair view-") Gebot, WPg 1989 S. 357; *Giese/Rabenhorst/Schindler*, Erleichterungen bei Rechnungslegung, Prüfung und Offenlegung von Konzerngesellschaften, BB 2001 S. 511; *Hahn*, Der Bilanzeid – Neue Rechtsfigur im deutschen Kapitalmarktrecht, IRZ 2007 S. 375; *Hargarten/Seidler*, Praxisprobleme der Anwendung des § 264 Abs. 3 HGB, BB 2016 S. 2795; *Hoffmann*, Jahresabschlusspolitik und die Generalnorm des § 264 Abs. 2 HGB, DB 1996 S. 1821; *Kolb/Weimert*, Mögliche Auswirkungen der Befreiungsvorschrift des § 264 Abs. 3 HGB auf den Bestätigungsvermerk, WPg 2013

S. 983; *Küting/Gattung*, Der Principle Override nach IFRS – vom Mythos einer fairen Rechnungslegung, PiR 2006 S. 33 und S. 49; *Lüdenbach*, Tatsachengetreue Darstellung des Rückstellungsbedarfs – Einschränkungen von Ermessensspielräumen durch die Generalnorm?, StuB 2009 S. 735; *Lüdenbach*, Befreiung nach § 264 Abs. 3 und § 264b HGB im mehrstufigen Konzern, StuB 2012 S. 275; *Lüdenbach*, Zeitliche Voraussetzungen der Befreiungen nach § 264 Abs. 3 HGB, StuB 2012 S. 873; *Lüdenbach/Freiberg*, BilRUG-RefE, BB 2014 S. 2219; *Lüdenbach/Freiberg*, BilRUG-RegE: Mehr als selektive Nachbesserungen?, BB 2015 S. 363; *Lüdenbach/Freiberg*, BilRUG: Letzte Änderungen auf der Zielgeraden, BB 2015 S. 1649; *Lüdenbach/Freiberg*, Die Regelungen des BilRUG im Jahresabschluss, StuB 2015 S. 563; *Lüdenbach/Freiberg*, Die Regelungen des BilRUG im Konzernabschluss, StuB 2015 S. 619; *Meyer*, Neuere europarechtliche Zweifelsfragen bei der Anwendung der §§ 264, 264b HGB, BB 2014 S. 113; *Oser*, Verlust der Befreiung nach § 264 Abs. 3 HGB bei verspäteter Erfüllung der Offenlegungsvoraussetzungen?, StuB 2018 S. 369; *Oser/Orth/Wirtz*, Das BilRUG, DB 2015 S. 1729; *Roß*, Die Befreiungslücke des § 264 Abs. 3 HGB bei Einlegung eines Rumpfgeschäftsjahres, BB 2013 S. 2795; *Theile*, Jahresabschluss der Klein- und Kleinstkapitalgesellschaften, Herne 2013; *Theile*, Wo Licht ist, ist auch Schatten – zur (verunglückten?) Erweiterung der Befreiungsmöglichkeiten für Tochterunternehmen durch MicroBilG, DB 2013 S. 469; *Theile*, Erweiterte Befreiungsmöglichkeiten von der Jahresabschluss-Offenlegung, BBK 2013 S. 925; *Schienstock/Veldkamp*, Verzicht auf die Aufstellung eines Anhangs nach MicroBilG-E als berichtspflichtiger Satzungsverstoß?, BB 2012 S. 2809; *Scholz*, Zusammenspiel der Befreiungsvorschriften der §§ 264 Abs. 3 und 264b HGB in mehrstufigen Konzernen, BB 2012 S. 107.

I. Bestandteile des Jahresabschlusses (Abs. 1 Satz 1 und 2)

1. Der Jahresabschluss als Einheit von Bilanz, GuV und Anhang

1 Während der Jahresabschluss der Personenunternehmen aus Bilanz und GuV besteht (§ 242 Abs. 3 HGB), ist er für Kapitalgesellschaften und unter § 264a HGB fallende „Kap. & Co."-Gesellschaften um einen Anhang zu erweitern. Die drei Bestandteile des Jahresabschlusses bilden nach Abs. 1 Satz 1 eine **Einheit.** Dies hat formale und inhaltliche Folgen.

2 Aus der Einheit folgt **formal:**

- Der Jahresabschluss ist erst **aufgestellt,** wenn alle drei Bestandteile vorliegen.
- Sie sind gemeinsames Prüfungsobjekt; der Abschlussprüfer kann sein **Testat** nur zum Jahresabschluss als Ganzes geben.
- Die Bestandteile sind gemeinsam **offenzulegen.**

3 **Inhaltlich** bedingt die Einheit von Bilanz, GuV und Anhang, dass die einzelnen Bestandteile nicht je für sich ein den **tatsächlichen Verhältnissen** entsprechendes Bild vermitteln müssen (Abs. 2 Satz 1), sondern dies nur **insgesamt** gefordert ist.

Dies bedeutet jedoch nicht, dass eine falsche Darstellung in Bilanz oder GuV durch den Anhang „geheilt" wird:

- Nur soweit Bilanz und GuV nach GoB und gesetzlichen Vorschriften erstellt sind **und**
- gleichwohl kein den tatsächlichen Verhältnissen entsprechendes Bild vermittelt wird,
- kann (und muss) diese Divergenz von tatsächlicher und dargestellter Lage durch den Anhang „geheilt" werden.

Die Praxis beachtet diese Einschränkung nicht immer und sieht eine im Anhang offengelegte Fehlbilanzierung zum Teil als eine lässliche Sünde an. Ein solches Vorgehen ist nicht gesetzeskonform.

Nach dem MicroBilG (→ § 267a Rz. 2) ist in § 264 Abs. 1 Satz 5 HGB eine Befreiung der Kleinst- 4
kapitalgesellschaften (und der entsprechenden „Kap. & Co."-Gesellschaften) von der Erstellung eines **Anhangs** vorgesehen, wenn sie unter der Bilanz angeben:

- die **Haftungsverhältnisse** etc. nach § 251 HGB (→ § 251 Rz. 1) und die in § 268 Abs. 7 HGB (→ § 268 Rz. 150) genannten Angaben,
- Vorschüsse, Kredite etc. an **Organmitglieder** nach § 285 Nr. 9 Buchst. c HGB (→ § 285 Rz. 70),
- im Fall einer AG den Bestand an **eigenen** Aktien nach § 160 Abs. 3 Satz 2 AktG (→ § 272 Rz. 52),
- u. U. Erfüllung des ***„True and fair view"***-Gebots (→ Rz. 20).

Diese Angaben stellen u. E. einen Bestandteil der Bilanz dar und sind mit dieser beim Unternehmensregister einzureichen (→ § 328 Rz. 10).

Der Verzicht einer Kleinstkapitalgesellschaft auf einen Anhang kann ggf. einen **Satzungsver-** 4a
stoß darstellen:[1]

BEISPIEL 1 Die Satzung der X GmbH enthält seit vielen Jahren folgende Bestimmung: „Die Geschäftsführung hat gem. § 264 HGB den Jahresabschluss, erweitert um einen Anhang, der mit der Bilanz und der Gewinn- und Verlustrechnung eine Einheit bildet, innerhalb der gesetzlichen Frist aufzustellen."

BEURTEILUNG Nimmt die Geschäftsführung nunmehr § 264 Abs. 1 Satz 5 HGB in Anspruch und stellt keinen Anhang auf, ergibt sich jedenfalls formal ein Verstoß gegen die Satzung. Es ist nicht ersichtlich, dass die Formulierung in der Satzung als bloße Wiedergabe der (früher) geltenden Fassung des HGB, somit als dynamischer Verweis zu deuten wäre. Zur Vermeidung eines Satzungsverstoßes kommt kurzfristig ein satzungsdurchbrechender Gesellschafterbeschluss, mittelfristig eine Satzungsänderung infrage.

BEISPIEL 2 Die Satzung der Y GmbH enthält seit vielen Jahren folgende Formulierung: „Die Geschäftsführung hat den Jahresabschluss gem. § 264 HGB innerhalb der gesetzlichen Frist aufzustellen."

BEURTEILUNG Hier liegt ein dynamischer Verweis auf das Gesetz vor. Mit Wirksamkeit des MicroBilG kann ohne Satzungsverstoß auf einen Anhang verzichtet werden.

2. Der Lagebericht

Der Lagebericht ist kein Bestandteil des Jahresabschlusses, sondern ein **eigenständiger** Teil des 5
Jahresberichts. Zu Einzelheiten wird auf → § 289 verwiesen.

Kleine Kapital- und **„Kap. & Co."-Gesellschaften** müssen keinen Lagebericht aufstellen (Abs. 1 Satz 4). Die Befreiung von der Lageberichterstattung für Kleinstgesellschaften nach der EU-Richtlinie vom 14.3.2012 (→ § 267 Rz. 2) läuft in Deutschland ins Leere, weil die (größeren) „kleinen" Kapital- und „Kap. & Co."-Gesellschaften (→ § 267 Rz. 14) von der Lageberichterstattung ohnehin befreit sind.

1 Nachfolgende Überlegungen in Anlehnung an *Schienstock/Veldkamp*, BB 2012 S. 2809 ff.

3. Kapitalflussrechnung und Eigenkapitalspiegel bei kapitalmarktorientierten Gesellschaften

6 Kapitalmarktorientierte Kapitalgesellschaften, die nicht zur Aufstellung eines Konzernabschlusses verpflichtet sind, haben den Jahresabschluss um eine Kapitalflussrechnung und einen Eigenkapitalspiegel zu erweitern (Abs. 1 Satz 2). Aus dem Begriff „Erweiterung" folgt: Kapitalflussrechnung und Eigenkapitalspiegel sind (anders als bei freiwilliger Aufstellung möglich) kein Teil des Anhangs, sondern als separater Abschlussbestandteil darzustellen.[1] Eine Angabe von Vorjahreswerten in Kapitalflussrechnung und Eigenkapitalspiegel ist nicht notwendig, da keine entsprechende Regelung in § 265 Abs. 2 Satz 1 HGB enthalten ist.[2]

Die Vorschrift des Abs. 1 Satz 2 ist von **geringerer praktischer Bedeutung,** da sie nur kapitalmarktorientierte Kapitalgesellschaften i. S. von § 264d HGB (→ Rz. 6) betrifft und auch diese nur dann, wenn kein Konzernabschluss aufgestellt wird.[3]

Für die inhaltlichen Vorgaben für eine **Kapitalflussrechnung** und einen **Eigenkapitalspiegel** wird auf → § 297 Rz. 6 und → § 297 Rz. 92 verwiesen.

4. Freiwillige Erweiterungen des Jahresabschlusses

7 Freiwillige Erweiterungen des Jahresabschlusses, etwa die Kapitalflussrechnung einer nicht kapitalmarktorientierten Gesellschaft, dürfen nach herrschender Auffassung in den **Anhang** integriert werden, soweit dadurch nicht ausnahmsweise die Klarheit und Übersichtlichkeit der Darstellung beeinträchtigt wird.

8 Die Aufnahme freiwilliger Angaben in den Anhang hat Rechtsfolgen. Die freiwilligen Angaben

- werden **prüfungspflichtig** und
- nehmen Teil an der Gesamtwürdigung, ob der Jahresabschluss ein den tatsächlichen **Verhältnissen** entsprechendes Bild vermittelt (Abs. 2 Satz 1).

Zur Vermeidung dieser Konsequenzen können die Angaben in einem Geschäftsbericht in besonderen Abschnitten **außerhalb** des Anhangs platziert werden. Der Prüfer hat sie dann nur noch einem *Review* auf Widersprüchlichkeit zu den Angaben im Jahresabschluss zu unterziehen (IDW PS 202).

5. Freiwilliger Anhang bei Personenunternehmen

9 Soweit Personenunternehmen ihrem Jahresabschluss freiwillig einen als **„Anhang"** bezeichneten Teil beifügen, hat dieser u. E. zur Vermeidung einer Irreführung den für Kapitalgesellschaften geltenden **gesetzlichen Vorschriften** an den Anhang zu genügen (→ § 247 Rz. 12).

Wenn dies nicht erwünscht ist, empfiehlt sich die Wahl einer **anderen** Bezeichnung, etwa „**Erläuterungen** zur Bilanz und GuV".

1 Vgl. *Zwirner/Petersen/König*, DB 2012 S. 61 ff.
2 Vgl. *Zwirner/Petersen/König*, DB 2012 S. 61 ff.
3 Nach *Zwirner/Petersen/König*, DB 2012 S. 61 ff., stellen von 680 identifizierten börsennotierten Unternehmen 58 keinen Konzernabschluss auf, 3 einen IFRS-Einzelabschluss nach § 325 Abs. 2a HGB, so dass 55 Anwender bleiben.

II. Aufstellung von Jahresabschluss und Lagebericht (Abs. 1 Satz 3 und 4)

1. Aufstellung durch die gesetzlichen Vertreter

Die **gesetzlichen Vertreter** der Kapitalgesellschaft haben den Jahresabschluss und den Lagebericht aufzustellen (Abs. 1 Satz 3). Sie sind zugleich (wichtigste) Normadressaten der Straf-, Bußgeld- und Ordnungsgeldvorschriften der §§ 331 ff. HGB (→ § 331 Rz. 5, → § 334 Rz. 4, → § 335 Rz. 8). Wer gesetzlicher Vertreter ist, ergibt sich aus dem Gesellschaftsrecht. Aufstellungspflichtig sind danach: 10

- bei der GmbH die Geschäftsführer (§§ 35, 41 GmbHG) einschließlich der stellvertretenden Geschäftsführer (§ 44 GmbHG), in der Liquidation die Liquidatoren (§ 70 GmbHG),
- bei der AG die Mitglieder des Vorstands, soweit sie Vorstandsgeschäfte wahrnehmen, auch deren Stellvertreter (§§ 78, 91, 94 AktG),
- bei der Kommanditgesellschaft auf Aktien die Komplementäre (§ 278 Abs. 2 AktG, §§ 114 ff., 161 Abs. 2 HGB),
- bei der SE die Mitglieder des Vorstands oder die Geschäftsführenden Direktoren (Art. 9 Abs. 1b SE-VO, §§ 41 Abs. 7 und 47 Abs. 1 SEAG).

Zu den Besonderheiten bei „Kap. & Co."-Gesellschaften wird verwiesen auf → § 238 Rz. 2.

Die **interne Geschäftsverteilung** im Vorstands- oder Geschäftsführungsgremium, etwa mit Verantwortlichkeit des Finanzvorstands für den Jahresabschluss und den Lagebericht, befreit die anderen Gremiumsmitglieder nicht von ihrer gesetzlichen Verantwortung (→ § 238 Rz. 3). Sie können 11

- durch nicht sachgerechte Auswahl des zuständigen Vorstandsmitglieds
- oder fehlende kontinuierliche Überwachung eine schuldhafte Pflichtverletzung begehen.[1]

2. Aufstellungsfristen

Große und **mittelgroße Kapitalgesellschaften** haben den Jahresabschluss und den Lagebericht innerhalb von **drei Monaten** nach dem Abschlussstichtag aufzustellen (Abs. 1 Satz 3). 12

Für **kleine Kapitalgesellschaften** wird die Frist auf **maximal sechs Monate** verlängert (Abs. 1 Satz 4), jedoch nur insofern, als die spätere Aufstellung einem ordnungsgemäßen Geschäftsgang entspricht (→ Rz. 13).

Gesellschaftsvertraglich können die genannten Fristen verkürzt, aber nicht verlängert werden. 13

In **Krisensituationen** kann sich wegen §§ 283 Abs. 1 Nr. 7b und 283b Abs. 1 Nr. 3b StGB eine Verpflichtung zur Abschlusserstellung vor Ablauf der gesetzlichen Fristen ergeben, wenn dies bei entsprechender Konzentration der Ressourcen ohne Schwierigkeiten möglich ist.

3. Rechtsfolgen einer nicht rechtzeitigen Aufstellung

Die nicht fristgemäße Aufstellung ist mit keinen speziellen Sanktionen belegt. Die Aufstellung ist jedoch Voraussetzung für die Offenlegung des Jahresabschlusses und des Lageberichts. Bei 14

---

1 BGH, Urteil v. 26.6.1995 – II ZR 109/94, ZIP 1995 S. 1334 ff.

nicht rechtzeitiger Offenlegung ist vom Bundesamt für Justiz ein **Ordnungsgeldverfahren** durchzuführen (→ § 335 Rz. 1 ff.). Nach § 335 Abs. 1 Satz 3 HGB steht diesem Verfahren „nicht entgegen, dass eine der Offenlegung vorausgehende Pflicht, insbesondere die Aufstellung des Jahres- oder Konzernabschlusses … noch nicht erfüllt ist".

Darüber hinaus kann die schuldhafte Fristüberschreitung **Schadenersatzpflichten** gegenüber der Gesellschaft auslösen (bei der GmbH etwa nach § 43 Abs. 2 GmbHG).

III. Angaben zu Firma, Sitz usw. (§ 264 Abs. 1a HGB)

14a Durch das BilRUG wurde in Umsetzung der Bilanzrichtlinie 2013/34/EU (kurz: EU-RL 2013) Abs. 1a in § 264 HGB eingefügt. Danach sind „im Jahresabschluss" anzugeben

- Firma,
- Sitz,
- Registergericht und die Registernummer,
- bei in Liquidation oder Abwicklung befindlichen Gesellschaften diese Tatsache.

In der Praxis wurden diese Angaben überwiegend schon nach altem Recht gemacht, um eine eindeutige Zuordnung des Jahresabschlusses zu ermöglichen. Neu war nach dem Referentenentwurf des BilRUG die Anforderung, dies im **„einleitenden Teil"** des Jahresabschlusses zu leisten; bei üblicher Präsentationsreihenfolge – etwa: Bilanz, GuV, Anhang – wäre dies auf eine Positionierung vor der Bilanz hinausgelaufen, angesichts des Fehlens einer gesetzlichen Definition von „einleitendem Teil" aber auch nichts dagegen einzuwenden gewesen, wenn die Angaben stattdessen als einleitender Teil des Anhangs geleistet worden wären. Die endgültige Gesetzesneufassung verzichtet auf eine Positionierungsvorgabe. Die Gesetzesbegründung zum RegE des BilRUG weist lediglich beispielhaft auf folgende Möglichkeiten hin: „Die Angaben können beispielsweise in der Überschrift des Jahresabschlusses, auf einem gesonderten Deckblatt oder an anderer herausgehobener Stelle gemacht werden, um auf die Kerndaten der Kapitalgesellschaft hinzuweisen."

IV. Das den tatsächlichen Verhältnissen entsprechende Bild (Abs. 2)

1. Der *true and fair view* im Verhältnis zu den Einzelvorschriften

15 Alle Kaufleute haben den Jahresabschluss nach den GoB aufzustellen (→ § 243 Rz. 1). Kapital- und „Kap. & Co."-Gesellschaften müssen unter Beachtung der GoB ein den tatsächlichen Verhältnissen entsprechendes Bild der Vermögens-, Finanz- und Ertragslage vermitteln (Abs. 2 Satz 1).

Nach Abs. 2 Satz 2 sind im **Anhang** zusätzliche Angaben zu machen, sofern **besondere Umstände** dazu führen, dass der Jahresabschluss (gemeint: Bilanz und GuV) dieses Bild nicht vermittelt (→ Rz. 3).

16 Strittig ist, ob die in Satz 1 enthaltene sog. **General**norm den **Einzel**normen vorgeht oder umgekehrt die Einzelnormen Vorrang vor der Generalnorm haben.

Eng mit dieser Problemstellung verbunden ist einerseits die Frage nach dem **Verhältnis** der Generalnorm zu Bilanz und GuV und andererseits zum Anhang.

17 Abs. 2 Satz 2 setzt voraus, dass Bilanz und GuV unter besonderen Umständen trotz Anwendung von Gesetz und GoB kein den tatsächlichen Verhältnissen entsprechendes Bild vermitteln, und verlangt für diesen Fall Anhangangaben, um im Jahresabschluss insgesamt eine tatsachengetreue Darstellung zu erreichen. Nach der sog. **Abkopplungsthese** soll daher Abs. 2 Satz 1 eine Generalnorm für den Anhang sein, während Bilanz und GuV ohne Rücksicht auf die Generalnorm erstellt werden können.[1]

Die Abkopplungsthese steht u. E. im **Widerspruch** zu den Vorgaben von Art. 4 Abs. 3 und 4 Richtlinie 2013/34/EU (bzw. zu Art. 2 Abs. 2 bis 5 der **4. EG-Richtlinie** als Vorgängerregelung). Hiernach hat der Jahresabschluss (insgesamt) ein den tatsächlichen Verhältnissen entsprechendes Bild zu vermitteln (Art. 4 Abs. 3) mit der Folge, dass in Ausnahmefällen von den Einzelvorschriften abzuweichen ist, um eine tatsachengetreue Darstellung sicherzustellen (Art. 4 Abs. 4).

18 Der Gesetzgeber hatte schon den in der 4. Richtlinie enthaltenen Vorrang der Generalnorm vor den Einzelregeln *(principle override)* nicht in das HGB transformiert und hieran bei der Transformation der Richtlinie 2013/34/EU nichts geändert. Die Abkopplungsthese wird hierdurch aber nicht gestützt. Der Gesetzgeber führte bei der Transformation der 4. Richtlinie zur Begründung vielmehr an, dass es sich beim Vorrang der Generalnorm um einen allgemeinen Grundsatz handele, Gesetze stets so anzuwenden, wie es ihrem **Sinn und Zweck** entspricht. „Nach diesem Grundsatz kann auch die Nichtanwendung der Vorschrift gerechtfertigt sein, wenn trotz sachgerechter Auslegung der gesetzliche Zweck der Vorschrift mit deren Anwendung nicht zu erreichen ist."[2]

Der Gesetzgeber geht somit gerade nicht von einem unbedingten Vorrang der GoB und der gesetzlichen Einzelvorschriften vor der Generalklausel aus, hält vielmehr im Ausnahmefall eine Abweichung von den Einzelnormen für geboten.

19 Ähnlich wie in den IFRS (IAS 1.15 ff.) würde damit gelten:

- Im **Normalfall** sind die **Einzelvorschriften** zu befolgen.
- Soweit die daraus resultierende Darstellung in **Ausnahmefällen** der tatsächlichen Lage widerspricht, ist von den **Einzelregeln abzuweichen, wenn** die **Divergenz** von tatsächlicher und dargestellter Lage **groß** ist.[3]
- Soweit **kein Ausnahmefall,** sondern eine vom Gesetz systematisch gewollte Divergenz vorliegt (→ Rz. 21) und/oder die Divergenz **weniger bedeutsam** ist, reicht die Erläuterung im Anhang als das mildere Mittel aus.

2. Die Anwendung auf Kleinstkapitalgesellschaften

20 **Kleinst**kapitalgesellschaften (und entsprechende „Kap. & Co."-Gesellschaften) können nach dem MicroBilG auf die Anhangerstellung **verzichten** (→ Rz. 4). Entsprechend werden in Abs. 2 diese Gesellschaften von der Debatte über den *true and fair view* i.V. mit Anhangangaben weitgehend verschont. Es gilt nämlich eine **Vermutungsregel** in § 264 Abs. 2 Satz 5 HGB, der zufolge ein gemäß den Erleichterungen des MicroBilG erstellter Jahresabschluss das *„True and fair view"*-Gebot i. d. R. erfüllt. Nur in Ausnahmefällen ist diese Vermutung widerlegt. Die Re-

1 Vgl. *ADS*, 6. Aufl., § 264 Tz. 59 und 88.
2 Begründung: RegE zum Bilanzrichtliniengesetz, BT-Drucks. 10/317 S. 77.
3 Ähnlich *Hüttemann* in Ulmer (Hrsg.), HGB-Bilanzrecht, 2002, § 264 Tz. 13 ff.

gierungsbegründung zum MicroBilG nennt als Beispiel für eine widerlegte Vermutung den Verzicht auf den Ausweis einer Altpensionszusage nach Art. 28 EGHGB (→ § 249 Rz. 127). Weitere Fälle sind in → § 266 Rz. 10 dargestellt sowie ein Fall zur Holdinggesellschaft (→ § 267a Rz. 2) in → § 275 Rz. 132.

Das Bilanzschema für Kleinstkapitalgesellschaften hat eine noch geringere Gliederungstiefe als das bereits verkürzte i. S. des § 266 Abs. 1 Satz 3 HGB, nach dem kleine Kapitalgesellschaften nur die in § 266 Abs. 2 und 3 HGB mit Buchstaben und römischen Zahlen bezeichneten Posten aufzunehmen haben (→ § 266 Rz. 8a). Nach der Begründung zum Regierungsentwurf des MicroBilG besteht die Vermutung, dass Kleinstkapitalgesellschaften mit der verkürzten Gliederung der Bilanz regelmäßig auch den Anforderungen des § 247 Abs. 1 HGB genügen, wonach in der Bilanz Anlage- und Umlaufvermögen, Eigenkapital, Schulden und Rechnungsabgrenzungsposten gesondert auszuweisen und hinreichend aufzugliedern sind. Auch besteht nach § 264 Abs. 2 Satz 5 HGB die widerlegbare Vermutung, dass ein unter Berücksichtigung der Erleichterungen für Kleinstkapitalgesellschaften aufgestellter Jahresabschluss den Erfordernissen der **Generalnorm** des Jahresabschlusses (§ 264 Abs. 2 Satz 1 HGB) entspricht. Im Schrifttum werden begründete Zweifel geäußert, ob das Konstrukt der widerlegbaren Vermutung europarechtskonform ist oder Kleinstkapitalgesellschaften nicht vielmehr ausnahmslos von sich aus der Generalnorm ergebenden Angabepflichten befreit seien.[1]

Der Gesetzgeber teilt diese Zweifel nicht. Nach seiner Auffassung gilt: Wird von dem Wahlrecht zur Nichtpassivierung von **Altpensionen** Gebrauch gemacht, muss der Betrag der nicht passivierten Verpflichtung angegeben werden (Art. 28 Abs. 2 EGHGB). Diese Angabepflicht ist nach Ansicht des Gesetzgebers auch von auf einen Anhang verzichtenden Kleinstkapitalgesellschaften zur Vermittlung des *true and fair view* zu erfüllen, und zwar bei Anhangverzicht gem. Abs. 2 Satz 4 unter der Bilanz. Diese Informationen sind, auch wenn zur Offenlegung i. S. des § 325 HGB sonst nur die Hinterlegung der Bilanz erfolgt, nach im Schrifttum vertretener Auffassung stets darzustellen.[2]

Ein weiterer Fall der möglichen Angabepflicht betrifft **außerordentliche Posten.** Deren gesonderter Ausweis ist für Kleinstkapitalgesellschaften abweichend von dem normalen GuV-Schema nicht vorgesehen (→ § 275 Rz. 117). Fällt das außerordentliche Ergebnis im Verhältnis zum operativen Ergebnis betragsmäßig hoch aus, kann aus dem Gebot der tatsachengetreuen Darstellung jedoch eine Angabepflicht (unter der Bilanz) folgen.[3]

3. Divergenz von tatsächlicher und dargestellter Lage – Anwendungsfälle

3.1 Imparitäts- und Realisationsprinzip, Währungsumrechnung

21 Soweit die GoB **systematisch** und vom Gesetzgeber **gewollt** zu einer Divergenz von tatsächlicher und dargestellter Lage führen, ist ein *principle override* (→ Rz. 18) nicht gerechtfertigt. Von besonderer Bedeutung sind hier das **Imparitäts-** und das **Realisationsprinzip** (→ § 252 Rz. 99 ff.). Hierzu folgende Beispiele:

- Mit dem Imparitäts- und Anschaffungskostenprinzip notwendig verbunden ist die Legung **stiller Reserven** bei langfristigen Wertsteigerungen, etwa im Grund und Boden.

1 Im Detail *Meyer*, BB 2014 S. 1131 ff.
2 *Fey/Deubert/Lewe*, BB 2013 S. 107 ff.; a. A. *Küting/Eichenlaub*, DStR 2012 S. 2615 ff.
3 Gleicher Auffassung *Fey/Deubert/Lewe*, BB 2013 S. 107 ff.

- Als Folge des Realisationsprinzips bzw. seiner herrschenden Auslegung sind **Teilgewinne** bei **langfristiger Fertigung** nicht ansatzfähig.

In derartigen Fällen ist ein *principle override* **nicht zulässig,** jedenfalls nicht geboten, und eine Anhangangabe nur dann erforderlich, wenn „besondere Umstände" vorliegen, etwa die stillen Reserven eine ganz ungewöhnliche Höhe haben oder das Unternehmen hauptsächlich in langfristiger Fertigung tätig ist, wobei das Auftrags- und Fertigungsvolumen stärkeren Schwankungen unterliegt (→ § 252 Rz. 123).

Ohne Bedeutung für die Bilanzierung ist das Prinzip der tatsachengetreuen Darstellung, u. E. auch bei der Währungsumrechnung kurzfristiger Posten gem. § 256a HGB. Die in Teilen des Schrifttums vertretene Auffassung, ein durch die Stichtagsumrechnung bedingter Ausweis unrealisierter Gewinne sei wegen des Gebots der tatsachengetreuen Darstellung nur bei Unwesentlichkeit zulässig, teilen wir nicht. Für Einzelheiten wird auf → § 256a Rz. 17 verwiesen. 22

3.2 Ausübung von Wahlrechten

Nach der Abkopplungsthese (→ Rz. 17) schränkt die Generalklausel die Ausübung von **Wahlrechten** nicht ein. Nach der Gegenauffassung gilt dies nur für ausdrücklich vom Gesetzgeber als gleichwertig zur Auswahl gestellte Wahlrechte (etwa Aktivierung oder Aufwandsverrechnung eines Disagios nach § 250 HGB) und Billigkeitswahlrechte (etwa die bis zum BilMoG zulässige Übernahme steuerrechtlicher Werte).[1] 23

Der Gegenauffassung ist mit folgender Konkretisierung zuzustimmen: Soweit die Generalklausel überhaupt einen Sinn behalten soll, dürfen insbesondere unechte Wahlrechte (Ausübung von Ermessen) nicht dazu benutzt werden, die Entwicklung der tatsächlichen Lage zu verschleiern. 24

BEISPIEL[2] U hat über ein Jahrzehnt von Jahr zu Jahr wachsende Gewinne erzielt. Im Jahr 11 bricht dieser Trend objektiv ab.

In den Jahren 1 bis 10 hat sich U bei der Bemessung von unterschiedlichen Rückstellungen stets am oberen Teil des Intervalls vertretbarer Werte orientiert, im Jahr 11 wird gerade umgekehrt verfahren und nur dadurch die tatsächliche Trendumkehr verschleiert.

BEURTEILUNG Die Wahlrechtsausübung verschleiert die tatsächliche Entwicklung, und zwar in der wesentlichen (digitalen) Frage, ob der Trend des Ergebniswachstums ungebrochen ist oder nicht.

Ein unzulässiger Verstoß gegen die Generalnorm liegt vor.

Im Falle der Verschleierung der tatsächlichen Lage durch **gezielte Ausübung** unechter Wahlrechte reicht eine Anhangerläuterung nach Abs. 2 Satz 2 nicht aus. Diese ist nur vorgesehen, wenn **„besondere Umstände"** dazu führen, dass der Jahresabschluss kein den tatsächlichen Verhältnissen entsprechendes Bild vermittelt. Ein „Umstand" ist jedoch eine Einzelheit, Tatsache oder Situation, mithin eine objektive Gegebenheit, und **keine willentliche Handlung.** Wenn daher willentlich die tatsächliche Lage der Gesellschaft verschleiert wird, führen nicht die Umstände zu einer Fehldarstellung, sondern die Verschleierungsabsichten. In diesem Fall ist Abs. 2 Satz 1 uneingeschränkt zu beachten und für die Anwendung des milderen Mittels des Abs. 2 Satz 2 bleibt kein Raum.

1 Vgl. *Hüttemann* in Ulmer (Hrsg.), HGB-Bilanzrecht, 2002, § 264 Tz. 42.

2 Ausführlich *Lüdenbach*, StuB 2009 S. 735 ff.

25 Zu den frei ausübbaren gesetzlichen Wahlrechten (→ Rz. 23) gehört etwa die Möglichkeit der Verwendung des 15-Jahres-Zinssatzes auch für solche pensionsähnlichen Verpflichtungen, deren Laufzeit tatsächlich deutlich unter 15 Jahren liegt (Altersteilzeit etc., → § 253 Rz. 118).

3.3 Sachverhaltsgestaltungen

26 Zu den bilanzpolitischen Maßnahmen im weiteren Sinne gehören auch die sog. Sachverhaltsgestaltungen. Von den eigentlichen Wahlrechten unterscheiden sie sich durch den Zeithorizont: Sie müssen vor und nicht **nach dem Stichtag** durchgeführt werden. Damit einher geht ein **sachlicher** Unterschied:

- Die stichtagsnachverlagerte Bilanzpolitik im engeren Sinne spielt sich allein auf der **Abbildungsebene** ab, also bei der Frage, wie zum Stichtag realisierte Sachverhalte in der Bilanz darzustellen sind.
- Die stichtagsvorverlagerte Sachverhaltsgestaltung hat zwar ein angestrebtes bilanzielles Bild als Zielgröße, ihr Aktionsparameter ist jedoch der **Sachverhalt selbst.** Dieser wird vor dem Bilanzstichtag im Hinblick auf das gewünschte bilanzielle Bild verändert.

27 Wichtige Sachverhaltsgestaltungen sind:

- **Forderungsverkäufe** zur Verbesserung der Liquiditätslage (→ § 246 Rz. 278),
- **Wertpapierpensionsgeschäfte** zur Transformation unrealisierter in ausweisfähige Gewinne (→ § 246 Rz. 307),
- **„Sale and lease back"**-Transaktionen zur Verkürzung der Bilanzsumme und Verbesserung der Eigenkapitalquote (→ § 246 Rz. 264),
- **Veräußerung von Forschungsergebnissen** an verbundene oder nahestehende Unternehmen zur Realisierung von Gewinnen etc.

28 Da das externe Rechnungswesen anders als Teile des internen Rechnungswesens **keinem** Soll-Prinzip folgt, also nicht kalkulatorische oder typisierte Größen verwendet, sind die gestalteten Vorgänge zunächst in der Bilanz so abzubilden, wie sie sich tatsächlich ereignet haben. Sofern daher etwa der *lease back* die Qualität eines *operating lease* hat, ist aus dem *sale* ggf. ein Gewinn zu realisieren und bei Verwendung des Veräußerungserlöses zur Tilgung von Verbindlichkeiten die Bilanzsumme zu kürzen, mithin die Eigenkapitalquote zu erhöhen.

- In **statischer** Sicht ist dann eine Verletzung der Generalnorm von vornherein auszuscheiden.
- In **dynamischer** Sicht, also in der Ableitung eines Trends aus dem Vergleich zur Vorperiode, vermittelt die sachverhaltsgestaltende Maßnahme jedoch einen falschen Eindruck. Die Entwicklung von Eigenkapitalquote, Gewinn etc. wird besser dargestellt, als es der tatsächlichen Veränderung gegenüber der Vorperiode entspricht. Soweit die Divergenz von größerem Gewicht ist, sind daher mindestens erläuternde Angaben im Anhang vorzunehmen.

29 Eine explizite **gesetzliche** Regelung zur – bzgl. des Adressatenkreises eingeschränkten – Offenlegung sachverhaltsgestaltender Maßnahmen findet sich nur in § 321 Abs. 1 Satz 3 HGB. Hiernach muss der Abschlussprüfer im Hauptteil des **Prüfungsberichts** darauf eingehen, ob der Abschluss ein den tatsächlichen Verhältnissen entsprechendes Bild vermittelt und dabei auch den Einfluss der Ausübung von Bilanzierungswahlrechten und sachverhaltsgestaltenden Maßnahmen auf die Darstellung erläutert. Nach IDW PS 450 Tz. 91 ist eine entsprechende Berichterstattung insbesondere dann erforderlich, wenn Wahlrechtsausübungen insgesamt zusam-

men mit sachverhaltsgestaltenden Maßnahmen tatsächliche Entwicklungen und Trends in der Vermögens-, Finanz- oder Ertragslage des Unternehmens verdecken oder überzeichnen oder üblicherweise betrachtete bilanzanalytische Kennzahlen wesentlich beeinflussen. Dabei kann es sinnvoll sein, von dem im Jahresabschluss ausgewiesenen Ergebnis auf ein um die Einflüsse sachverhaltsgestaltender Maßnahmen **bereinigtes Ergebnis** überzuleiten.

§ 321 Abs. 1 Satz 3 HGB ist im Rahmen des „Gesetzes zur weiteren Reform des Aktien- und Bilanzrechts, zu Transparenz und Publizität" (TransPuG) in das HGB eingefügt worden. Durch das Gesetz sollte u. a. die Prüfungs- und Überwachungsfunktion des Aufsichtsrats (der Publikums-AG) gestärkt werden, deshalb ist auch der **Aufsichtsrat** dieser Gesellschaft der (§ 321 Abs. 5 Satz 2 HGB) **Adressat** des Prüfungsberichts.

Der **Gesellschafter (Aktionär)** geht hingegen trotz seiner Eigenschaft als Erstadressat der Rechnungslegung leer aus. Als allgemeine Begründung für die fehlende Publizität des Prüfungsberichts führt die Bundesregierung Folgendes an:[1]

- „Der Bericht über die Prüfung des Jahresabschlusses ist, anders als der Bestätigungsvermerk, nicht zu veröffentlichen. Dadurch ist gewährleistet, dass zum einen der Prüfungsbericht hinreichend informativ und kritisch gestaltet wird ..."
- Dessen ungeachtet erkennen Regierung und Regierungskommission an, dass die tatsächliche Publizität des Prüfungsberichts über den gesetzlichen Adressatenkreis (Aufsichtsrat, Vorstand) hinausreicht. In einem von § 321 Abs. 2 Satz 4 HGB losgelösten Kontext führt die Regierungsbegründung zur faktischen Publizität Folgendes aus: „Nicht gefolgt werden soll im Übrigen dem Vorschlag der Regierungskommission, die Berichterstattung über nicht rechnungslegungsbezogene Gesetzes- und Satzungsverstöße künftig in eine vom Prüfungsbericht gesonderte Erklärung aufzunehmen. Die Regierungskommission hat dies damit begründet, dass Prüfungsberichte unter Umständen auch Aufsichtsbehörden, Finanzämtern oder Kreditinstituten vorgelegt werden und – wenn stattdessen künftig eine gesonderte Erklärung erforderlich sei – es dem Abschlussprüfer künftig erleichtert werde, positive Feststellungen zu machen. Jedoch dürfte nicht davon auszugehen sein, dass eine entsprechende gesonderte Erklärung mit einem höheren Vertraulichkeitsgrad behandelt werden kann. Vielmehr wird davon auszugehen sein, dass diejenigen Institutionen, die bisher die Vorlage des Prüfungsberichts verlangt haben, dann auch die Vorlage der entsprechenden gesonderten Erklärung des Abschlussprüfers verlangen werden. Zumindest bei privaten Institutionen, wie z. B. Banken, wird sich die Ausübung einer entsprechenden Nachfragemacht auch nicht ausschließen lassen."

In der Zusammenfassung beider Zitate ergibt sich folgende **Argumentationslinie:**

- Die Eigenkapitalgeber (Aktionäre) – also die Primäradressaten der Rechnungslegung – gehen über den Bestätigungsvermerk hinaus die Ergebnisse der Abschlussprüfung nichts an.
- Wenn umgekehrt der Abschlussprüfer auch die Unternehmenseigentümer (Aktionäre) informieren müsste, fiele der Bericht nicht mehr informativ und kritisch, sondern nichtssagend aus.
- Die faktische Publizität des Prüfungsberichts erstreckt sich aber auf bestimmte Fremdkapitalgeber (Banken).

1 BMJ – RegE TransPuG v. 6.2.2002.

- Die damit einhergehende informationelle Privilegierung gegenüber den Eigenkapitalgebern ist eine Folge wirtschaftlicher Machtverhältnisse.

30 Eine **neomarxistische** Kritik zum Verhältnis zwischen ideologischem Überbau – „Transparenz, Publizität, Stärkung der (Klein-)Aktionärsinteressen" – und tatsächlichen Machtverhältnissen hätte kaum prägnanter ausfallen können. Eine politische Deutung dieses Befunds sowie ein Vorschlag zur Reform des geltenden Rechts könnte ein reizvolles Sujet sein. Uns interessiert indes an dieser Stelle mehr, wie weit eine **Lösung** des **Problems** im gegebenen Rechtsrahmen möglich ist. Hier ist zunächst festzustellen:

- Die im Prüfungsbericht gebotene Darstellung der Ausnutzung von Ermessensspielräumen sowie sachverhaltsgestaltender Maßnahmen betrifft nach dem Verständnis des Gesetzgebers und der daraus resultierenden Formulierung nicht die (echten) Bilanzierungs- und Bewertungswahlrechte und ist daher nicht nach § 284 Abs. 2 Nr. 1 und 3 HGB berichtspflichtig.
- Infrage kommt somit nur eine Berichtspflicht nach § 264 Abs. 2 Satz 1 HGB. Der Jahresabschluss hat in seiner Gesamtheit die tatsächliche Lage darzustellen. Sofern Bilanz und GuV dies wegen des Ist-Prinzips bei sachverhaltsgestaltenden Maßnahmen in dynamischer Sicht nicht leisten, muss daher (unabhängig von Abs. 2 Satz 2) dem falschen Gesamteindruck durch eine Anhangangabe entgegengewirkt werden.

Hierzu folgendes Beispiel:

BEISPIEL In den Jahren 01 bis 05 hat U im Wesentlichen nur Umsätze mit fremden Dritten getätigt. Saisonschwerpunkt ist jeweils das erste Quartal. Der Umsatz ist hierbei von Jahr zu Jahr gestiegen. Im Jahr 06 sind die Umsätze mit Dritten erstmals rückläufig. Im Hinblick auf anstehende Verhandlungen über die Prolongation von Krediten soll dies jedoch nicht offenbart werden. Kurz vor dem 31.12.06 veräußert U daher in größerem Umfang Waren und Erzeugnisse an nahestehende Unternehmen. Rücknahme- oder Weiterveräußerungsgarantien leistet U nicht. Die nahestehenden Unternehmen erhalten jedoch die faktische Möglichkeit, die Güter im ersten Quartal 07 an Kunden von U weiterzuliefern.

- Nach dem Ist-Prinzip ist der Umsatz mit den nahestehenden Personen zu verbuchen.
- Die GuV zeigt daher erneut ein Umsatzwachstum gegenüber dem Vorjahr.
- Dies ist jedoch nur die Folge einer sachverhaltsgestaltenden, zudem auf Kosten der Umsatzerwartung 07 gehenden Maßnahme.
- In dynamischer Sicht vermittelt die GuV 06 daher kein den tatsächlichen Verhältnissen entsprechendes Bild.
- Um dieses insgesamt im Jahresabschluss zu gewährleisten, ist im Anhang die Entwicklung des Umsatzes mit externen Kunden offenzulegen und auf die Vorbelastung des Jahres 07 hinzuweisen.

4. Erläuterungen im Anhang

31 Unabhängig davon, ob sich hier eine Pflicht zur Anhangangabe nach Abs. 2 Satz 1 (→ Rz. 30) oder nach Abs. 2 Satz 2 (→ Rz. 15) ergibt, gilt für deren Inhalt:

- Der **abstrakte** Hinweis, dass Bilanz und GuV an den Punkten A und B kein den tatsächlichen Verhältnissen entsprechendes Bild vermitteln, reicht nicht.
- Vielmehr sind die **Informationen** zu geben, die zur Vermittlung eines tatsachengetreuen Bildes notwendig sind.

Hierzu gehört i. d. R. eine **„Schattenbilanzierung"**, die darstellt, wie sich die Vermögens-, Finanz- oder Ertragslage bzw. deren Entwicklung ohne den verzerrenden Umstand oder die verzerrende Wahlrechtsausübung ergeben bzw. entwickelt hätte.

Die Anhangangabe ist subsidiär. Insbesondere im Bereich der Ausübung unechter Wahlrechte ist zuvor zu prüfen, ob eine entsprechende Darstellung in Bilanz und GuV überhaupt zulässig ist (→ Rz. 24).

5. Rechtsfolgen eines Verstoßes gegen die Generalnorm

Führt die Verletzung der Generalnorm zu einer Überbewertung oder zu einer vorsätzlichen Unterbewertung, hat dies nach § 256 Abs. 5 AktG die **Nichtigkeit** des Jahresabschlusses einer AG zur Folge. Die Vorschrift gilt analog für die GmbH. 32

Die Nichtigkeitsfolge tritt nur dann ein, wenn der Verstoß **wesentlich** ist (→ § 252 Rz. 233). 33

In der Beurteilung der Wesentlichkeit ist dann auf **prozentuale Größen** abzustellen (10 % des Jahresergebnisses, 5 % der Bilanzsumme etc.), wenn dem Bilanzadressaten durch die falsche Darstellung „lediglich" ein Mehr an Vermögen, Erfolg etc. suggeriert wird, als es den tatsächlichen Verhältnissen entspricht.

Die Irreführung kann aber auch eine **„digitale" Fragestellung** betreffen, etwa ob der Umsatz gestiegen oder gefallen ist, ein für die Tantieme der Geschäftsführung maßgeblicher Schwellenwert erreicht oder nicht erreicht ist, ein Größenkriterium nach § 267 HGB überschritten worden ist oder nicht. Wird durch die Fehldarstellung gerade aus einem Nein ein Ja oder aus einem Ja ein Nein, so sind **prozentuale Betrachtungen nicht adäquat.** Die Fehldarstellung ist hier selbst dann wesentlich, wenn sie prozentual eine Nachkommastelle betrifft (→ § 252 Rz. 236 ff.).

6. Der Bilanzeid (Abs. 2 Satz 3)

6.1 Sachlicher Anwendungsbereich

Die gesetzlichen Vertreter bestimmter Kapitalgesellschaften (→ Rz. 36) haben gem. Abs. 2 Satz 3 schriftlich zu versichern, dass 34

- der **Jahresabschluss** nach bestem Wissen ein den tatsächlichen Verhältnissen entsprechendes Bild vermittelt (Abs. 2 Satz 1) oder der Anhang die Angaben nach Abs. 2 Satz 2 enthält und
- im **Lagebericht** nach bestem Wissen der Geschäftsverlauf einschließlich des Geschäftsergebnisses und die Lage der Kapitalgesellschaft so dargestellt sind, dass ein den tatsächlichen Verhältnissen entsprechendes Bild vermittelt wird und die wesentlichen Chancen und Risiken beschrieben sind (→ § 289 Rz. 53).

Für den **Konzernabschluss und -lagebericht** gilt Entsprechendes (§ 297 Abs. 2 Satz 4 und § 315 Abs. 1 Satz 6 HGB).

Jahresabschluss, Lagebericht und die gemeinhin als „Bilanzeid" bezeichnete Versicherung bilden zusammen den Mindestinhalt des **Jahresfinanzberichts** (§ 114 Abs. 2 WpHG). Bei einer Konzernrechnungslegungspflicht hat der Jahresfinanzbericht auch den Konzernabschluss und -lagebericht sowie den darauf gerichteten Bilanzeid zu enthalten (§ 117 WpHG). 35

6.2 Persönlicher Anwendungsbereich

Ein Bilanzeid ist zu leisten von den gesetzlichen Vertretern von 36

- **Kapital**- oder „Kap. & Co."-Gesellschaften,

- die einen **organisierten Markt** (→ § 264d Rz. 2)
- als **Inlandsemittent** i. S. des § 2 Abs. 14 WpHG (Deutschland als Herkunftsstaat oder europäischer Herkunftsstaat, aber Zulassung zum organisierten Markt nur im Inland)

in Anspruch nehmen.

Die Versicherung ist nicht zu leisten bei Kapitalanlagegesellschaften i. S. des § 327a HGB, die am organisierten Markt ausschließlich Schuldtitel mit einer Stückelung von mindestens 50.000 € begeben.

6.3 Form und Inhalt der Versicherung

37 Die als „Versicherung der gesetzlichen Vertreter" zu kennzeichnende Erklärung kann in Anlehnung an DRS 20.K309 wie folgt lauten:

„Wir versichern nach bestem Wissen, dass gemäß den anzuwendenden Rechnungslegungsgrundsätzen der Jahresabschluss/Konzernabschluss ein den tatsächlichen Verhältnissen entsprechendes Bild der Vermögens-, Finanz- und Ertragslage der Gesellschaft/des Konzerns vermittelt und im Lagebericht/Konzernlagebericht der Geschäftsverlauf einschließlich des Geschäftsergebnisses und die Lage der Gesellschaft/des Konzerns so dargestellt sind, dass ein den tatsächlichen Verhältnissen entsprechendes Bild vermittelt wird, sowie die wesentlichen Chancen und Risiken der voraussichtlichen Entwicklung der Gesellschaft/des Konzerns beschrieben sind."

37a Die Versicherung bezieht sich auf die Einheit von Jahresabschluss und Lagebericht und war daher zweckmäßigerweise nur einmal, nicht separat in zwei Teilen abzugeben. Sie ist jedenfalls schriftlich, daher nach § 126 Abs. 1 BGB durch eigenhändige Unterschrift abzugeben (siehe aber → Rz. 37e). Bei Platzierung im Jahresabschluss galt die Unterschrift unter den Jahresabschluss zugleich als Unterschrift unter den Bilanzeid. Das ESEF-Umsetzungsgesetz (→ § 328 Rz. 5a) bestimmt durch Änderung von Abs. 2 Satz 3 jedoch, dass der Bilanzeid kein Bestandteil des Jahresabschlusses mehr ist, sondern eine dem Jahresabschluss beizufügende Erklärung. Entsprechendes gilt für den Lageberichtseid (§ 289 Abs. 1 Satz 5 HGB). An einer Zusammenfassung mag unter diesen Umständen nicht mehr festzuhalten sein.

37b Der Bilanzeid ist von **allen Mitgliedern des Vorstands** oder sonstigen Geschäftsführungsorgans zu leisten, unabhängig von der internen Geschäftsverteilung.

6.4 Rechtsfolgen eines unterlassenen oder falschen Bilanzeids

37c Ein **Unterlassen** des Bilanzeids macht den Jahresfinanzbericht unvollständig und ist daher durch § 120 Abs. 2 Nr. 15 WpHG als **Ordnungswidrigkeit** sanktioniert.

Mit **Freiheitsstrafe** bis zu drei Jahren ist die falsche Abgabe eines Bilanzeids bedroht (→ § 331 Rz. 19). Die strafrechtliche Sanktionierung setzt **Vorsatz** oder bedingten Vorsatz voraus. Bedingter Vorsatz kann z. B. vorliegen, wenn sich der Vorstand nicht um vollständiges Wissen bemüht.[1]

Die aus einer Falschbilanzierung möglicherweise resultierende **zivilrechtliche Haftung** wird durch den Bilanzeid nicht verschärft oder erweitert, da er **kein selbständiges Garantieverspre-**

1 Beschlussempfehlung und Bericht des Finanzausschusses zum Transparenzrichtlinie-Umsetzungsgesetz, BT-Drucks. 16/3644 S. 80.

chen bildet und die Pflicht zur Abgabe des Bilanzeids **kein Schutzgesetz** i. S. von § 823 Abs. 2 BGB ist.[1]

6.5 Elektronisches Berichtsformat

Nach § 328 Abs. 1 Satz 1 und Satz 4 Nr. 1 HGB i. d. F. des ESEF-Umsetzungsgesetzes sind wie der Jahresabschluss und der Lagebericht auch die darauf bezogenen Eide im einheitlichen ESEF-Format, d. h. als XHTML, offenzulegen. Auf → § 328 Rz. 5a wird verwiesen. 37d

(einstweilen frei) 37e

V. Erleichterungen für bestimmte Tochterkapitalgesellschaften (Abs. 3 und 4)

1. Art der Erleichterungen

Tochterkapitalgesellschaften konzernrechnungslegender Mutterunternehmen können bei Vorliegen der unter → Rz. 40 ff. genannten Voraussetzungen folgende Erleichterungen in Anspruch nehmen: 38

- Verzicht auf Aufstellung eines Anhangs (→ Rz. 1), d. h. Beschränkung des Jahresabschlusses auf Bilanz und GuV,
- Verzicht auf Aufstellung eines Lageberichts,
- Verzicht auf die besonderen Ansatz-, Bewertungs-, Gliederungs- und Ausweisvorschriften für Kapitalgesellschaften, d. h. Aufstellung nach den für alle Kaufleute geltenden Regelungen der §§ 238 bis 257 HGB,
- Verzicht auf Prüfung (→ § 316 Rz. 2) und Offenlegung (→ § 325 Rz. 5) von Jahresabschluss und Lagebericht.

Die Erleichterungen können **fallweise** in Anspruch genommen werden.

BEISPIEL ► Die Abs. 3 unterliegende TU-GmbH beschließt am 15.8.02 eine Kapitalerhöhung aus Gesellschaftsmitteln (§§ 57c bis o GmbHG) auf Grundlage der Bilanz auf den 31.12.01.

Die dem Kapitalerhöhungsbeschluss zugrunde gelegte Bilanz muss nach § 57e Abs. 1 GmbHG geprüft und mit dem uneingeschränkten Bestätigungsvermerk des Abschlussprüfers versehen sein.

Der nach § 264 Abs. 3 HGB mögliche Verzicht auf eine Prüfung ist wegen der spezifischen Prüfungspflicht(en) nach § 57e Abs. 1 GmbHG im konkreten Fall nicht zulässig.

Die TU-GmbH kann aber die sonstigen Erleichterungen in Anspruch nehmen, also etwa auf Anhang und Lagebericht verzichten.

Eine trotz Befreiung beauftragte Abschlussprüfung – wie im Fall des vorstehenden Beispiels – stellt eine **Pflichtprüfung** (→ § 317 Rz. 2) dar,[2] vorausgesetzt eine entsprechende Wahl mit Auftragserteilung (→ § 318 Rz. 6 und → § 318 Rz. 22) liegt vor. Zu Besonderheiten für die Erteilung des Bestätigungsvermerks wird verwiesen auf → § 322 Rz. 83, zu Pflichten des Konzernabschlussprüfers auf → § 317 Rz. 8.

Branchenspezifische Vorschriften können die Inanspruchnahme von Erleichterungen ganz oder in Teilen einschränken, etwa: 39

1 Zu den straf- und zivilrechtlichen Konsequenzen detailliert: *Hahn*, IRZ 2007 S. 375 ff.

2 IDW PH 9.200.1 Tz. 4.

- bei Kreditinstituten und Versicherungsunternehmen, die nach § 340a Abs. 2 Satz 4 HGB *und § 341a Abs. 2 Satz 4 HGB lediglich auf die Offenlegung verzichten dürfen*, oder
- bei Energieversorgungsunternehmen, denen nach herrschender Auslegung[1] von § 10 Abs. 1 EnWG keine der Erleichterungen zusteht.

Außerdem kann es Einschränkungen durch **Satzung** bzw. **Gesellschaftsvertrag** geben. Schließlich wird bei kapitalmarktorientierten Gesellschaften (→ § 264d Rz. 1) die an sich nach HGB gegebene Befreiungsmöglichkeit weitgehend durch § 114 WpHG aufgehoben.[2]

2. Allgemeine Voraussetzungen für die Inanspruchnahme der Erleichterungen

2.1 Tochter-Verhältnis zu einem europäischen Mutterunternehmen

40 Erste der kumulativ zu erfüllenden Voraussetzungen für die Inanspruchnahme der in → Rz. 38 genannten Erleichterungen ist das Bestehen eines Mutter-Tochter-Verhältnisses, wobei die Mutter ihren Sitz in der EU/im EWR haben muss.

Der Inanspruchnahme der Erleichterung steht nicht entgegen, dass die Muttergesellschaft ihren Konzernabschluss freiwillig oder verpflichtend nach **internationalen Rechnungslegungsstandards** erstellt (§ 315e HGB), sofern der Konzernabschluss um einen Lagebericht erweitert wird.[3]

40a Mit Wirkung ab 2013 hat das MicroBilG die Befreiungsmöglichkeiten des Abs. 3 auf Mutterunternehmen in einem anderen Mitgliedstaat der EU/des EWR ausgedehnt. Das Mutterunternehmen muss nun weder seinen Sitz im Inland haben noch eine Kapitalgesellschaft sein. Daraus ergeben sich zwei Konsequenzen:[4]

- Eine Kapitalgesellschaft, die Tochterunternehmen eines nach § 11 PublG zur Aufstellung eines Konzernabschlusses verpflichteten Mutterunternehmens ist, kann zwischen der Befreiung nach Abs. 3 und der nach Abs. 4 wählen. Da Abs. 4 fordert, dass im befreienden Konzernabschluss von dem Wahlrecht des § 13 Abs. 3 Satz 1 PublG (Nichtangabe der Organbezüge) kein Gebrauch gemacht wird, kann sich die Berufung auf Abs. 3 empfehlen.
- Wegen des fehlenden Rechtsformbezugs in Abs. 3 kann auch ein Mutterunternehmen, das nicht der EU-Richtlinie unterliegt (etwa eine nicht haftungsbeschränkte Personengesellschaft oder ein Einzelkaufmann aus Zypern), einen befreienden Konzernabschluss aufstellen.

Das für Publizitätsfragen nach § 325 HGB bzw. Ordnungsgeldverfahren nach § 335 HGB zuständige Landgericht Bonn hielt Zweifel an der Europarechtskonformität der bis 2012 geltenden Benachteiligung ausländischer Mutterunternehmen für begründet und hatte einen Vorlagebeschluss an den EuGH gerichtet.[5] Wegen der Rechtsänderungen durch das MicroBilG ist dies nur noch für Altfälle von Bedeutung.

1 Vgl. IDW RS ÖFA 2 sowie die unter www.bundesnetzagentur.de abrufbaren „Gemeinsamen Auslegungsgrundsätze der Regulierungsbehörden des Bundes und der Länder". Mit überzeugenden Argumenten gegen die h. M.: *Reinke*, DStR 2011 S. 1286 ff.

2 Vgl. *Hargarten/Seidler*, BB 2016 S. 795 ff.

3 IDW RS HFA 7 n. F. Tz. 9.

4 Vgl. *Theile*, DB 2013 S. 469 ff.

5 LG Bonn, Beschluss v. 12.11.2012 – 12 T 169/11, GmbHR 2013 S. 369.

Als Folge des **Brexits** sind Mutterunternehmen mit Sitz im Vereinigten Königreich jedenfalls für Stichtage nach dem 31.12.2020 nicht mehr als EU-/EWR-Unternehmen anzusehen, so dass die Befreiungsmöglichkeiten für inländische Tochterunternehmen nach Abs. 3 nicht mehr greifen.[1]

Ausreichend für eine Befreiung in EU-/EWR-Fällen ist die Einbeziehung in einen wegen Nichtausnutzung der Befreiungsvorschriften der §§ 291 und 292 HGB aufgestellten freiwilligen (Teil-)Konzernabschluss:[2] 40b

BEISPIEL ▸ Im dreistufigen Konzern ist die nicht in der EU/im EWR ansässige ausländische Mutter Mehrheitsgesellschafterin einer inländischen Tochterkapitalgesellschaft, die wiederum Mehrheitsgesellschafterin einer inländischen Enkelkapitalgesellschaft ist.

Der Gesamtkonzernabschluss kann das Enkelunternehmen nicht nach Abs. 3 befreien, da er nicht von einer Kapitalgesellschaft im Inland oder einem anderen Mitgliedstaat der EU/des EWR aufgestellt wird. Verzichtet aber das inländische Tochterunternehmen auf die Befreiung des § 292 HGB und stellt freiwillig einen (Teil-)Konzernabschluss auf, dann ist Abs. 3 bei Erfüllung der übrigen Voraussetzungen (insbesondere Verlustübernahme) anwendbar.

Strittig ist, ob ein wegen Nichterreichen der Schwellenwerte des § 293 HGB (→ § 293 Rz. 5) nur **freiwillig** erstellter (und offengelegter) Konzernabschluss Befreiungswirkung hat. Unseres Erachtens ist dies der Fall, da § 293 HGB nur als Wahlrecht formuliert ist, es also nicht an der in § 290 HGB dem Grunde nach normierten Verpflichtung zur Erstellung eines Konzernabschlusses fehlt, sondern im Hinblick auf die geringe Größe lediglich die Möglichkeit, von der Erstellung abzusehen, eröffnet wird.[3]

Unseres Erachtens besteht auch in der Gesetzesfassung durch MicroBilG keine Möglichkeit zur Selbstbefreiung des Mutterunternehmens. Zwar setzt der Einleitungssatz von Abs. 3 anders als in der a. F. nicht mehr explizit einen Tochterstatus voraus, diesen Status verlangt aber nach wie vor Abs. 3 Nr. 1 bis 4 (→ § 264b Rz. 14).[4] 40c

2.2 Einbeziehung des Tochterunternehmens in den Konzernabschluss

Es reicht nicht aus, wenn die Kapitalgesellschaft Tochterunternehmen eines konzernrechnungslegungspflichtigen Mutterunternehmens ist. Sie muss nach Abs. 3 Nr. 3 auch **tatsächlich** in den Konzernabschluss **einbezogen** werden. Dieser Konzernabschluss muss entweder nach der EU-Richtlinie bzw. deren nationaler Transformation oder – wie das BilRUG klarstellt – nach den in der EU anwendbaren IFRS aufgestellt sein. Letzteres ergibt sich aus der Bezugnahme von § 264 Abs. 3 Satz 1 Nr. 3 HGB auf die Rechtsvorschriften des Sitzstaats und damit auch auf die unmittelbar geltende Verordnung (EG) Nr. 1606/2002 des Europäischen Parlaments und des Rates vom 19.7.2002 betreffend die Anwendung internationaler Rechnungslegungsstandards. 41

Bei Verzicht auf Einbeziehung wegen Unwesentlichkeit (→ § 296 Rz. 1 ff.) können die Erleichterungen von Abs. 3 oder 4 z. B. nicht in Anspruch genommen werden. Der Konzernabschluss kann auch dann befreiende Wirkung haben, wenn er freiwillig aufgestellt wird. Strittig war

1 IDW, Gemeinsame Berichterstattung des HFA und des FAB v. 9.11.2020.
2 Vgl. *Baetge/Commandeur/Hippel* in Küting/Pfitzer/Weber (Hrsg.), Handbuch der Rechnungslegung – Einzelabschluss, 5. Aufl., § 264 Tz. 71.
3 Gleicher Auffassung *Müller* in Haufe HGB Bilanz Kommentar, 12. Aufl. 2021, § 264 Tz. 107; a. A. *Reiner* in Münchener Kommentar zum Handelsgesetzbuch: HGB, 2. Aufl. 2009, § 264 Tz. 113.
4 Nunmehr bestätigt durch IDW in der 235. Sitzung des HFA, IDW-FN 214, S. 196.

aber, ob ein freiwilliger Konzernabschluss zur Erzielung der Befreiung durch einen Abschlussprüfer geprüft werden muss.[1] Das BilRUG schafft hier Klarheit, indem es in Übereinstimmung mit Art. 37 Abs. 5 und 7 der EU-RL 2013 (→ Rz. 14a) eine Prüfung des Konzernabschlusses des Mutterunternehmens und des Konzernlageberichts verlangt.

42 **Unerheblich** ist die **Dauer der Konzernzugehörigkeit.** Ein Erwerb durch das Mutterunternehmen kurz vor dem Bilanzstichtag genügt bei Vorliegen der übrigen Voraussetzungen für die Inanspruchnahme der Erleichterungen.

43 Zu den bei Abweichungen zwischen den **Bilanzstichtagen** des Konzerns und der Tochterkapitalgesellschaft notwendigen Unterscheidungen folgendes Beispiel:

BEISPIEL ► Die Tochterkapitalgesellschaft bilanziert auf den 30.9.02 und wird auf Grundlage dieses nicht mehr als drei Monate zurückliegenden Stichtags in den Konzernabschluss 31.12.02 einbezogen:

Die Erleichterungen gelten für den Einzelabschluss per 30.9.02.

- ► Die Tochtergesellschaft bilanziert auf den 30.6.02 und wird auf der Basis eines Zwischenabschlusses in den Konzernabschluss per 31.12.02 einbezogen.
- ► Die Befreiung für den Abschluss 30.6.02 tritt nur ein, wenn die Tochterkapitalgesellschaft bereits in den Konzernabschluss 31.12.01 einbezogen wurde.

43a Eine „Befreiungslücke" kann entstehen, wenn anlässlich des Wechsels des Mehrheitseigners ein Rumpfgeschäftsjahr eingelegt wird:

BEISPIEL[2] ► Neugesellschafter NG wirbt TU zum 1.8.02 (dinglicher Vollzug). Zur Abgrenzung des noch dem Altgesellschafter AG zustehenden Ergebnisses legt TU ein Rumpfgeschäftsjahr vom 1.1. bis 31.7.02 ein. AG und NG haben jeweils ein kalendergleiches Geschäftsjahr.

BEURTEILUNG ► **1. Keine Einbeziehung von TU durch AG**

Für Zwecke der Befreiung des Rumpfgeschäftsjahres i. S. von § 264 Abs. 3 Nr. 3 HGB wäre auf den Konzernabschluss des Altgesellschafters zum 31.12.02 abzustellen. In diesem Konzernabschluss ist TU aber nicht (mehr) enthalten.

2. Keine Einbeziehung von TU durch NG

In den Konzernabschluss des neuen Anteilseigners wird das Rumpfgeschäftsjahr des neu erworbenen Tochterunternehmens nicht, da vor Erstkonsolidierung endend, einbezogen.

3. Ergebnis

Die Einlegung eines Rumpfgeschäftsjahres mit Beginn des Kalenderjahres 02 bewirkt, dass die Voraussetzung des § 264 Abs. 3 Nr. 3 HGB nicht vorliegt.

2.3 Zustimmung der Gesellschafter des Tochterunternehmens

44 Nach Abs. 3 Nr. 1 müssen alle Gesellschafter der Kapitalgesellschaft der Befreiung für das jeweilige Geschäftsjahr zugestimmt haben. Diese erfordert einen **einstimmigen Beschluss** der vollständig anwesenden Gesellschafter, der aus Gründen der Eindeutigkeit förmlich gefasst werden sollte und jedenfalls im elektronischen Bundesanzeiger offengelegt werden muss (→ § 325 Rz. 6).

Aus dem Erfordernis der Zustimmung **„für das jeweilige Geschäftsjahr"** ergeben sich für einen befreiungstauglichen Beschluss folgende Anforderungen: **Ungeeignet** sind

1 Für eine Prüfungspflicht IDW in der 235. Sitzung des HFA, IDW-FN 214, S. 199, dagegen *Theile*, BBK 2013 S. 925 ff.

2 Vgl. *Roß*, BB 2013 S. 2795 ff., dort auch weitere Beispiele bzw. Konstellationen.

- **Vorratsbeschlüsse** für mehre Geschäftsjahre und
- Beschlüsse **vor Beginn** des Geschäftsjahres.

Geeignet sind hingegen Beschlüsse **während** des Geschäftsjahres.

Bei Beschlussfassung **nach** Ablauf des Geschäftsjahres ist zu differenzieren:

- Beschlüsse **nach Ablauf der Offenlegungsfrist** von regelmäßig zwölf Monaten (→ § 325 Rz. 17 f.) sind unzureichend.
- Beschlüsse **nach Feststellung** des Jahresabschlusses, aber vor Ablauf der Offenlegungsfrist reichen aus, wenn nur Offenlegungserleichterungen (§§ 326 und 327 HGB) in Anspruch genommen werden sollen.[1]
- Ein Beschluss **vor Feststellung** des Jahresabschlusses ist erforderlich, wenn auch Aufstellungserleichterungen (z. B. §§ 274, 276, 288 HGB) genutzt werden sollen.

Bei **Veränderungen** im Gesellschafterkreis (Wechsel oder Hinzutreten von Gesellschaftern) ist wie folgt zu unterscheiden: 45

- Bei Veränderungen **während** des Geschäftsjahres kommt es auf die Zustimmung aller Personen an, die zum Bilanzstichtag oder zum späteren Zeitpunkt der erstmaligen Beschlussfassung Gesellschafter sind.[2]
- Bei Veränderungen **nach Ende** des Geschäftsjahres ist der Anteilserwerber hingegen an eine geleistete Zustimmung des Veräußerers gebunden.[3]
- Hat der veräußernde Gesellschafter seine Zustimmung nicht erteilt, ist der erwerbende unabhängig vom Veräußerungszeitpunkt an dieses Votum nicht gebunden.[4]

2.4 Einstehen des Mutterunternehmens für Verbindlichkeiten

Nach Abs. 3 Nr. 2 muss das Mutterunternehmen sich bereit erklärt haben, für die von dem Tochterunternehmen eingegangenen **Verpflichtungen einzustehen** (→ Rz. 49a). 46

In **zeitlicher** Hinsicht gilt hierbei Folgendes: Dem Schutz potenzieller Gläubiger dient bei Nichtvorliegen der Erleichterungsvoraussetzungen die Offenlegung des vollständigen und geprüften Jahresabschlusses der Tochtergesellschaft bis zum Ablauf der Offenlegungsfrist. Hieraus war nach bisher h. M. zu folgern, dass die an die Stelle des Informationsinteresses der Gläubiger tretende Einstandsverpflichtung 47

- **nicht** das **Geschäftsjahr** der Inanspruchnahme der Erleichterung,
- **sondern** das **Folgejahr** betreffen muss[5]
- und spätestens bis zum Ablauf der **Offenlegungsfrist** (→ § 325 Rz. 16) **wirksam** ist.

BEISPIEL Die TU-AG möchte für das Geschäftsjahr 01 von den Erleichterungen des § 264 Abs. 3 HGB Gebrauch machen. Der Jahresabschluss soll der für den 30.5.02 einberufenen Gesellschafterversammlung vorgelegt werden. Er wäre nach diesem Datum unverzüglich offenzulegen (§ 325 Abs. 1 HGB).

1 Vgl. *Giese/Rabenhorst/Schindler*, BB 2001 S. 512 ff.

2 Gleicher Auffassung *Kraft* in Festschrift *Welf Müller*, 2001, S. 474; a. A. *Störk/Deubert* in Beck'scher Bilanz-Kommentar, 13. Aufl. 2022, § 264 Tz. 139.

3 Gleicher Auffassung *Störk/Deubert* in Beck'scher Bilanz-Kommentar, 13. Aufl. 2022, § 264 Tz. 139.

4 *Kraft* in Festschrift *Welf Müller*, 2001, S. 477; *Störk/Deubert* in Beck'scher Bilanz-Kommentar, 13. Aufl. 2022, § 264 Tz. 139.

5 Vgl. *Schlotter*, BB 2007 S. 4; *Deichmann*, BB 2006 S. 2350.

Im Februar 02 wird ein der Einstandspflicht genügender Ergebnisabführungsvertrag (→Rz. 49a) mit Rückwirkung auf den 1.1.02 abgeschlossen. Er bedarf zu seiner Wirksamkeit der Eintragung ins Handelsregister. Die Eintragung erfolgt am 15.5.

Bei Vorliegen der übrigen Voraussetzungen muss der Jahresabschluss 01 der TU-AG nicht offengelegt werden.

Ist die Eintragung bis zum 30.5.02 noch nicht erfolgt und soll an der Nichtoffenlegung festgehalten werden, kann das Mutterunternehmen bis zum 30.5.02 eine (einmalige) freiwillige Einstandspflicht erklären.

Das Landgericht Bonn hat 2017 zu § 264 Abs. 3 Nr. 2 HGB in der bis zum Inkrafttreten des BilRUG (HGB a. F.) geltenden Fassung entschieden, dass die Befreiungen der Tochterkapitalgesellschaften im Falle einer isolierten, d. h. außerhalb eines Beherrschungs- oder Gewinnabführungsvertrags vereinbarten Verlustausgleichspflicht nicht auf solche Verluste beschränkt werden dürfen, die das Jahr betreffen, das auf das zu befreiende Geschäftsjahr folgt (Folgegeschäftsjahr), sondern auch das Befreiungsgeschäftsjahr selbst umfassen müssen. Das Oberlandesgericht Köln hat sich als letzte Instanz dieser Auffassung angeschlossen.[1] Die Frage, ob dies entsprechend für das HGB i. d. F. BilRUG gilt, ist umstritten.[2] Da bei einer ununterbrochenen Kette von Verlustübernahmeerklärungen die Verlustübernahme sowohl für das Folge- als auch für das Befreiungsgeschäftsjahr ohnehin gegeben ist, liegt die praktische Bedeutung der Fragestellung in Fällen der erstmaligen Inanspruchnahme. Hier empfiehlt sich zur Schaffung von Rechtssicherheit nach Auffassung des IDW eine Einbeziehung des Befreiungsgeschäftsjahres.[3] Die beiden Beschlüsse der beiden Gerichte sind zu sog. isolierten („freiwilligen") Verlustübernahmeerklärungen nach § 264 Abs. 3 Nr. 2 Alt. 3 HGB a. F. ergangen. Werden die Anforderungen nach § 264 Abs. 3 (Satz 1) Nr. 2 HGB a. F./n. F. hingegen durch das Bestehen eines Beherrschungs- und/oder Gewinnabführungsvertrags i. S. des § 291 Abs. 1 Satz 1 AktG erfüllt, gilt neben § 302 AktG auch § 303 AktG. Demzufolge haben die Gläubiger des abhängigen Unternehmens bei Beendigung eines Beherrschungs- oder Gewinnabführungsvertrags einen Anspruch gegen das herrschende (Mutter-)Unternehmen, der sich auf alle Verbindlichkeiten der Tochter erstreckt, die entstanden sind, bevor die Eintragung der Beendigung des Unternehmensvertrags in das Handelsregister im Bundesanzeiger als bekannt gemacht gilt. Aus der Perspektive des ersten vertraglichen Geschäftsjahres sind damit notwendig schon die Schulden einbezogen, die zum Bilanzstichtag des Befreiungsgeschäftsjahres bestanden. Für die isolierte Verlustübernahmeerklärung können die Tatbestandsvoraussetzungen des § 264 Abs. 3 Satz 1 Nr. 2 HGB a. F. nach Ansicht des IDW auch im Nachhinein noch herbeigeführt werden, sollte das Bundesamt für Justiz die Verhängung von Ordnungsgeldern androhen. Es bestehe die Möglichkeit, nachträglich eine auf das Befreiungsgeschäftsjahr ausgeweitete Verlustübernahmeerklärung abzugeben und im Bundesanzeiger offenzulegen. Dann muss jeweils im letzten offenen (d. h. noch nicht festgestellten) Jahresabschluss das Tochterunternehmen in laufender Rechnung ertragswirksam einen Verlustausgleichsanspruch gegen den Verpflichteten und umgekehrt der Verpflichtete in laufender Rechnung ebenfalls aufwandswirksam eine Verlustausgleichsverpflichtung gegenüber dem zu befreienden Tochterunternehmen erfassen.

1 LG Bonn, Beschluss v. 13.12.2017 – 11 T 331/17; OLG Köln, Beschluss v. 13.7.2018 – 28 Wx 2/18.

2 Für möglich haltend: *Oser*, DB 2019 S. 322 ff. und *Roß*, BB 2019 S. 427 ff.; a. A. *Petersen*, WPg 2018 S. 1493 ff.

3 IDW, Berichterstattung über die 255. FAB-Sitzung, obwohl es die Rechtsprechung ausdrücklich nicht für überzeugend hält.

Hinsichtlich der für die Inanspruchnahme der Befreiungen zu wahrenden Fristen gilt: 47a

- **Formal:** Entsteht die Einstandspflicht aufgrund eines Unternehmensvertrags nach den Vorschriften des AktG (oder deren analoger Anwendung auf die GmbH), ist die Eintragung des Unternehmensvertrags im Handelsregister für die Fristwahrung maßgebend. Bei einer freiwilligen Einstandsverpflichtung kommt es auf die Offenlegung im Bundesanzeiger an.
- **Materiell:** Bei Inanspruchnahme inhaltlicher Erleichterungen muss die Eintragung/Offenlegung bereits bei der Feststellung des Jahresabschlusses erfolgt sein, bei Inanspruchnahme nur der Offenlegungserleichterungen kommt es auf den Ablauf der Offenlegungsfrist an.[1]

Zur Frage nach der **zeitlichen Reichweite** des Einstehens für Verbindlichkeiten hält Abs. 3 Nr. 2 47b
im Übrigen noch fest, dass es a) „nur" um die Verbindlichkeiten des Tochterunternehmens geht, die bis zum Abschlussstichtag (für den die Befreiung begehrt wird) entstanden sind, und b) die Einstandspflicht nur für die Dauer des folgenden Geschäftsjahres gelten muss. Dies würde bedeuten, dass Neugläubiger, die ihre Kreditvergabe ansonsten auf Grundlage eines geprüften und veröffentlichten Jahresabschlusses hätten beurteilen können, nicht geschützt sind; aus teleologischer Sicht – Einstehen für Verbindlichkeiten als „Gegenleistung" für Verzicht auf Prüfung, Offenlegung usw. – erscheint dies verfehlt. In **sachlicher Hinsicht** betreffen die Verpflichtungen, für die ggf. einzustehen ist, neben bilanzierten Schulden auch noch nicht bilanzierte, etwa aus Haftungsverhältnissen oder schwebenden Geschäften (Bestellobligo) des Tochterunternehmens.[2] Eine Beendigung der durch Ergebnisabführungsvertrag begründeten Einstandsverpflichtung vor Ablauf des folgenden Geschäftsjahrs gilt als unschädlich, wenn Grundlage eine rechtmäßige außerordentliche Kündigung ist.[3] In Fällen der Veräußerung der Anteile am Tochterunternehmen ist die Rechtmäßigkeit einer außerordentlichen Kündigung für den Zeitpunkt der Anteilsübertragung jedenfalls dann kaum gegeben, wenn der Gesellschafterwechsel nicht ausdrücklich im Ergebnisabführungsvertrag als außerordentlicher Grund vereinbart ist. Für Fälle der Anteilsübertragung empfiehlt sich daher aus Gründen der Rechtssicherheit die Bildung eines Rumpfgeschäftsjahres beim Tochterunternehmen, wobei sich hieraus neue Probleme ergeben können (→ Rz. 43a).

(einstweilen frei) 48–49

Das HGB a. F. verlangte eine **Verlustübernahmeverpflichtung** i. S. von § 302 AktG. Seit dem Bil- 49a
RUG fordert das Gesetz hingegen, dass das Mutterunternehmen sich bereit erklärt hat, „für die von dem Tochterunternehmen eingegangenen **Verpflichtungen einzustehen**". Diese Formulierung entspricht Art. 37 Abs. 2 und 3 der EU-RL 2013 (→ Rz. 14a), war allerdings ebenso schon in Art. 57 Abs. 4 der 4. EG-Richtlinie enthalten. Fraglich ist nun, ob mit § 264 Abs. 3 Nr. 2 HGB eine **Verschärfung** gegenüber dem HGB a. F. eintritt. Ein solche könnte sich z. B. in folgender Konstellation ergeben:

- Das Tochterunternehmen erzielt im betreffenden Jahr durch nicht zahlungswirksame Effekte (z. B. Auflösung von Rückstellungen) gerade noch ein **ausgeglichenes Jahresergebnis,**

1 Vgl. *Kolb/Weimert*, WPg 2013 S. 983 ff.
2 Vgl. *Oser/Orth/Wirtz*, DB 2015 S. 1729.
3 *Hargarten/Seidler*, BB 2016 S. 795 ff.

- hat aber einen stark **negativen** operativen **Cashflow** und wegen Investitionsmaßnahmen einen ebenso negativen investiven Cashflow und
- kann daher fällige Verbindlichkeiten nicht mehr bedienen.

Für den Verlustausgleich nach § 302 AktG sind Cashflow und Schuldendeckungsfähigkeit nicht unmittelbar relevant. Gefordert ist allein der Ausgleich eines sonst entstehenden Jahresfehlbetrags. Ein solcher ist im Beispiel nicht entstanden. Eine Ausgleichsverpflichtung fällt bei erster Betrachtung nicht an. Anders hingegen die Sachlage bei einer als gesamtschuldnerische Haftung oder in ähnlicher Weise formulierten Verpflichtung zum Einstehen für die Verbindlichkeiten. Eine Einstandspflicht des Mutterunternehmens wäre gegeben.

Der RefE zum BilRUG thematisierte dieses Problem nicht, führte lediglich aus: „Voraussetzung für die Inanspruchnahme der Befreiung ist, dass das Mutterunternehmen sich bereit erklärt hat, für die von dem Tochterunternehmen eingegangenen Verpflichtungen einzustehen (Art. 37 Abs. 2 und 3 der Richtlinie 2013/34/EU). Im Unterschied zur bisherigen Regelung kommt es nicht mehr darauf an, ob eine Pflicht zur Verlustübernahme besteht oder eingegangen wurde." Dies klang oberflächlich gesehen so, als ob das Einstehen für Verbindlichkeiten weniger als die Verlustübernahme sei. Tatsächlich ist sie eher mehr, wie schon im älteren (BiRiLiG betreffenden) Schrifttum, wenn auch mit anderer Zielrichtung, diskutiert wurde.[1] Fraglich schien seinerzeit, ob die freiwillige Übernahme einer gesamtschuldnerischen Haftung für die Inanspruchnahme der Befreiung ausreichend ist. Hier wurde argumentiert, dass zwar der Wortlaut des (bisherigen) Gesetzes – „eine solche Verpflichtung freiwillig übernehmen" – nur freiwillige Verlustübernahmepflichten entsprechend § 302 AktG anspreche, Art. 57 der 4. EG-Richtlinie aber nur allgemein die Übernahme der Haftung für die Verbindlichkeiten des Tochterunternehmens nenne, Letztere also ausreichend sei, zumal die Gläubiger hierdurch in größerem Maße geschützt seien als im Fall des § 302 AktG. Aufkommenden Zweifeln an der Richtlinienkonformität der bisherigen Gesetzesfassung begegnete der RegE zum BilRUG mit folgendem lapidaren Hinweis: „Die Neuregelung dient der Bereinigung von Redaktionsversehen und einer sprachlichen Optimierung." Die Beschlussempfehlung des Rechtsausschusses[2] löste schließlich die Frage nach dem Verhältnis von Verlustausgleich und Einstehen für Verbindlichkeiten „salomonisch" wie folgt: „Nach Artikel 37 der Richtlinie 2013/34/EU, den der Gesetzentwurf wörtlich umsetzt, muss das Mutterunternehmen sich bereit erklärt haben, für die Verpflichtungen des Tochterunternehmens einzustehen. Gemeint ist damit **nicht zwingend eine Außenhaftung** des Mutterunternehmens gegenüber Gläubigern des Tochterunternehmens. Es reicht eine Innenhaftung gegenüber dem Tochterunternehmen. Eine infolge eines Beherrschungs- oder Gewinnabführungsvertrages eintretende **gesetzliche Verlustübernahme nach § 302 AktG** und eine konzernrechtliche Verbundenheit der Unternehmen **reicht für diese Einstandspflicht im Regelfall** aus. Entscheidend ist eine Sicherstellung durch das Mutterunternehmen dahingehend, dass das Tochterunternehmen jederzeit zur Erfüllung seiner Verpflichtungen in der Lage ist und es bei Bedarf mit den notwendigen Mitteln ausstattet. Der Ausschuss geht daher davon aus, dass mit der Streichung des Hinweises auf § 302 AktG **keine Änderung der bisherigen Praxis** notwendig ist."

Trotz Ersatz der Verlustausgleichspflicht (HGB a. F.) durch die Einstandspflicht (BilRUG) gilt danach weiterhin, dass bei Erfüllung der Voraussetzungen für eine körperschaft- und gewer-

1 Vgl. *ADS*, 6. Aufl., § 264 Tz. 54.
2 BT-Drucks. 18/5256 S. 82.

besteuerliche Organschaft auch eine Befreiung nach § 264 Abs. 3 HGB regelmäßig gegeben ist. Der Rechtsausschuss unterscheidet allerdings zwischen einem Regelfall, bei dem die Einstandspflicht durch eine vereinbarte Verlustübernahme nach § 302 AktG ausreicht, und einem Ausnahmefall. Von einem Regelfall kann ohne Weiteres ausgegangen werden, soweit in objektiver/gewissenhafter Betrachtung prognostisch kein Grund zur Annahme besteht, ein evtl. Verlustausgleich werde zur Bedienung der Verbindlichkeiten nicht ausreichen. Bestünde prognostisch hingegen im Ausnahmefall ein signifikantes Risiko, dass trotz evtl. Verlustausgleichs die Schuldendeckungsfähigkeit nicht gegeben sein wird, müsste Letztere durch eine entsprechende Haftungsübernahme hergestellt werden. Ein solcher Ausnahmefall könnte sich z. B. in folgender Konstellation ergeben:

- Das Tochterunternehmen erzielt voraussichtlich im betreffenden Jahr durch nicht zahlungswirksame Effekte (z. B. Auflösung von Rückstellungen) gerade noch ein ausgeglichenes Jahresergebnis,
- hat aber voraussichtlich einen stark negativen operativen Cashflow und aufgrund von Investitionsmaßnahmen einen ebenso negativen investiven Cashflow und kann daher fällige Verbindlichkeiten voraussichtlich nicht mehr vollständig bedienen.

In entsprechenden Konstellationen – fehlende Liquidität ohne Verlust – wird sich allerdings häufig ein Wegfall der *Going-Concern*-Annahme (→ § 252 Rz. 21) ergeben und aufgrund der damit verbundenen Umbewertungen auch ein auszugleichender Jahresfehlbetrag, wobei der Ausgleich wiederum zur Beseitigung des Liquiditätsengpasses führen kann. Unter diesen Umständen ist der Schlussfolgerung des Rechtausschusses zuzustimmen: In den praxisrelevanten Fällen erfüllt ein Verlustausgleich nach § 302 AktG zugleich die Voraussetzungen des Abs. 3 Satz 1 Nr. 2.

Nicht durch einen Ergebnisabführungsvertrag geregelte Ausgleichsverpflichtungen müssen in ihrer gläubigerschützenden Wirkung § 302 AktG mindestens gleichwertig sein; eine Gleichwertigkeit mit § 303 AktG (Sicherheiten bei Vertragsbeendigung) ist nicht erforderlich. Infrage kommt die schuldrechtliche Begründung von Innen- oder Außenhaftung: 49b

- Ein wirksames Instrument sind etwa harte **Patronatserklärungen,** sofern sie eine ausreichende Laufzeit haben (zur Laufzeit → Rz. 47b) und vor deren Ablauf weder ausdrückliche noch implizite Kündigungsmöglichkeiten bestehen[1] und auch (Eventual-)Schulden und Verpflichtungen aus am Abschlussstichtag nicht bilanzierten schwebenden Geschäften einbezogen werden.[2]
- **Nicht** ausreichend sind hingegen **gesellschaftsvertragliche** Nachschusspflichten nach §§ 26 ff. GmbHG, da hier gem. § 26 Abs. 1 GmbHG eine Zahlungspflicht erst durch Gesellschafterbeschluss zustande kommt und selbst dann noch durch Aufgabe des Geschäftsanteils eine Zahlung vermieden werden kann (§ 27 Abs. 1 GmbHG). Ausreichend sind hingegen **schuldrechtliche** Nachschusspflichten.
- Die Einbeziehung des Tochterunternehmens in einen ***Cash-Pooling*-Vertrag** des Konzerns reicht regelmäßig schon deshalb nicht, weil solche Vereinbarungen meist Kündigungsmöglichkeiten oder Limits enthalten.

Die Verlustübernahmeverpflichtung nach § 302 AktG entsteht durch Abschluss eines **Beherrschungs- oder Gewinnabführungsvertrags** (§ 291 Abs. 1 Satz 1 AktG). Eine **freiwillige Ein-** 49c

1 Vgl. BGH, Urteil v. 20.9.2010 – II ZR 296/08 zur Kündbarkeit von Patronatserklärungen.
2 *Hargarten/Seidler*, BB 2016 S. 795 ff.

standsverpflichtung kann beispielhaft wie folgt begründet werden (wobei zu der Frage, ob zusätzlich das Geschäftsjahr 01 in die Einstandspflicht einzubeziehen ist, auf → Rz. 47 verwiesen wird):

Protokoll

der Gesellschafterversammlung

der XXX XXX,

abgehalten am 30.5.02 in den Geschäftsräumen der XXX in XXX.

Die Mutter-GmbH ist die alleinige Gesellschafterin der Tochter-GmbH. Unter Verzicht auf alle durch Gesetz oder Gesellschaftsvertrag vorgeschriebenen Formen und Fristen hält die Mutter-GmbH eine Gesellschafterversammlung der Tochter-GmbH ab und wird dabei vertreten durch die Herren

XXX, Geschäftsführer,

XXX, Geschäftsführer,

welche gemeinsam zur Vertretung befugt sind. Es werden folgende Beschlüsse gefasst:

1. Für das Geschäftsjahr 01 wird die Befreiungsvorschrift nach § 264 Abs. 3 Handelsgesetzbuch hinsichtlich der Aufstellung des Anhangs und des Lageberichts sowie der Offenlegung des Jahresabschlusses in Anspruch genommen.

2. Die Gesellschaft wird in den Konzernabschluss der Mutter-GmbH einbezogen, welcher im elektronischen Bundesanzeiger veröffentlicht wird.

3. Alternative a): Die Mutter-GmbH übernimmt für die Dauer des Geschäftsjahrs 02 die gesamtschuldnerische Haftung für alle Verbindlichkeiten der Tochter-GmbH, die bis zum 31.12.01 entstanden sind.
   Alternative b): Die Mutter-GmbH verpflichtet sich, entsprechend § 302 AktG jeden während des Geschäftsjahrs 02 sonst entstehenden Jahresfehlbetrag der Tochter-GmbH auszugleichen.
   Alternative c): Die Mutter-GmbH verpflichtet sich, entsprechend § 302 AktG jeden während der Geschäftsjahre 02 bis 0x (= Vertragsdauer) sonst entstehenden Jahresfehlbetrag der Tochter-GmbH auszugleichen, soweit dieser nicht dadurch ausgeglichen wird, dass den freien Gewinnrücklagen Beträge entnommen werden, die während der Vertragsdauer in sie eingestellt worden sind.

XXX, den 30. Mai 02

Wird eine Vereinbarung über eine freiwillige Einstandsverpflichtung vorzeitig aufgehoben und nicht durch eine gleichwertige Verpflichtung ersetzt, muss eine Abrechnung/Verlustübernahme bis zu diesem Zeitpunkt erfolgen und die Beendigung bekannt gemacht werden.

49d Im Falle der **Eingliederung** einer Aktiengesellschaft in eine andere Aktiengesellschaft haftet die Hauptgesellschaft den Gläubigern der eingegliederten Gesellschaft gesamtschuldnerisch, unabhängig davon, ob die Verbindlichkeiten vor oder nach dem Eingliederungszeitpunkt begründet wurden (§ 322 Abs. 1 AktG). Diese Haftung ist weiter gehend als die nach § 302 AktG, da sie als Außenhaftung ausgestaltet ist. Sie erfüllt daher die Voraussetzungen des Abs. 3 Nr. 2.[1]

50 Im **mehrstufigen Konzern** bestehen zwei gleichwertige Möglichkeiten zur Befreiung des Unternehmens der untersten Stufe durch Verlustübernahmepflicht.[2] Am Beispiel eines dreistufigen, ausschließlich aus Kapitalgesellschaften bestehenden Konzerns MU-TU-EU:

- ► unmittelbare Einstandsverpflichtung von MU gegenüber EU oder
- ► Kette von Einstandsverpflichtungen (MU gegenüber TU, TU gegenüber EU).

Zum mehrstufigen Konzern, in dem auch Personenunternehmen eingebunden sind, wird auf → Rz. 54 verwiesen.

1 Vgl. *ADS*, 6. Aufl., § 264 Tz. 51.
2 Vgl. *Scholz*, BB 2012 S. 107 ff.; *Baetge/Commandeur/Hippel* in Küting/Pfitzer/Weber (Hrsg.), Handbuch der Rechnungslegung – Einzelabschluss, 5. Aufl., § 264 Tz. 71 und Tz. 73 f.

2.5 Angaben im Konzernabschluss

Die Inanspruchnahme der Befreiungen muss im **Anhang des Konzernabschlusses** des Mutterunternehmens unter Nennung des befreiten Tochterunternehmens angegeben werden (Abs. 3 Nr. 4). Anzugeben ist nur die **Tatsache,** nicht der **Umfang** der Inanspruchnahme der Befreiung. Die Nennung des befreiten Tochterunternehmens darf auch dann nicht unterbleiben, wenn das Mutterunternehmen ansonsten nach der Schutzklausel des § 313 Abs. 3 HGB auf eine Angabe der Beteiligung verzichten dürfte.[1] 51

2.6 Bekanntmachung im Bundesanzeiger für das Tochterunternehmen

Die Befreiung des Tochterunternehmens muss außerdem nach Abs. 3 Nr. 5 im Bundesanzeiger für das Tochterunternehmen bekannt gemacht werden (→ § 325 Rz. 5). Hierbei ist 52

- auf § 264 Abs. 3 HGB Bezug zu nehmen und
- das Mutterunternehmen anzugeben.

Im Einzelnen ist Folgendes offenzulegen: 52a

- der Beschluss über die Zustimmung aller Gesellschafter des Tochterunternehmens zur Befreiung (→ Rz. 44),
- die Erklärung des Mutterunternehmens zur Verlustübernahme bzw. dem Einstehen für Verbindlichkeiten (→ Rz. 49a),
- der Konzernabschluss und Konzernlagebericht inkl. Bestätigungsvermerk.

Nicht erforderlich ist die vollumfängliche Offenlegung des Beschlusses über die Einstandspflicht. Eine Beschränkung auf wesentliche Beschluss- bzw. Erklärungsinhalte mittels Zusammenfassung ist vertretbar.[2] Erfolgt die Offenlegung erst verspätet, also mehr als zwölf Monate nach dem Abschlussstichtag, entfällt die Befreiungsmöglichkeit.[3] Die gegenteilige Auffassung verkennt, dass durch den Verweis in § 264 Abs. 3 Satz 1 Nr. 5 HGB auf § 325 Abs. 1 bis 1b HGB für die Erfüllung der Offenlegung der Unterlagen ein Fristende ausdrücklich angeordnet ist.

Nach Abs. 2 Nr. 5 Satz 2 und Satz 3 braucht das Tochterunternehmen die betreffenden Unterlagen nicht erneut offenzulegen, soweit sie

- bereits das Mutterunternehmen offengelegt hat,
- und zwar in deutscher oder in englischer Sprache oder – bei anderer Ursprungssprache – in beglaubigter Übersetzung in die deutsche Sprache, und
- die Unterlagen im Bundesanzeiger unter dem Tochterunternehmen auffindbar sind.

Zum letzten Punkt merkt die Begründung zum RegE des BilRUG Folgendes an: „Mit der Offenlegung des Konzernabschlusses und weiterer Unterlagen durch das Tochterunternehmen kann unnötiger Aufwand verbunden sein. Notwendig und ausreichend ist es, wenn Dritte im Bundesanzeiger unter dem Tochterunternehmen den offengelegten Konzernabschluss, den Konzernlagebericht und den Bestätigungsvermerk des Abschlussprüfers oder der Abschlussprüfungsgesellschaft auffinden können. Dazu genügt es, wenn bei der Suche nach dem Tochterunternehmen im Bundesanzeiger der Konzernabschluss und die anderen Unterlagen des Mutterunternehmens angezeigt werden und diese Unterlagen für den Einsicht nehmenden Dritten

1 LG Bonn, Beschluss v. 6.5.2010 – 36 T 837/09, NJW-RR 2011 S. 1406.
2 *Hargarten/Seidler,* BB 2016 S. 795 ff.
3 *Oser,* StuB 2018 S. 369; die gegenteilige Auffassung.

dort auf die gleiche Weise zugänglich sind wie ein ordnungsgemäß nach § 325 offengelegter Einzelabschluss." Unseres Erachtens folgt hieraus: Bei einem Mutterunternehmen mit Sitz in einem anderen EU-Staat und mehreren inländischen Tochterunternehmen, die von § 264 Abs. 3 HGB Gebrauch machen, reicht es aus, wenn eines der Tochterunternehmen den Konzernabschluss offenlegt und die anderen Töchter im Bundesanzeiger darauf verweisen.

Durch Ausschluss der Anwendung von § 326 Abs. 2 HGB in Abs. 2 Nr. 5 Satz 2 wird klargestellt, dass Kleinstkapitalgesellschaften, die Tochterunternehmen sind, entweder die Hinterlegungsoption des § 326 Abs. 2 HGB oder die Befreiung nach § 264 Abs. 3 HGB anwenden können, eine Kombination beider Regelungen aber ausscheidet.

2.7 Vergleich zu und Zusammenspiel mit § 264b HGB

53 Personengesellschaften i. S. des § 264a HGB **(KapCos)** wird in § 264b HGB eine mit § 264 Abs. 3 HGB vergleichbare Befreiung eingeräumt. Für eine Befreiung der Kapitalgesellschaften ist § 264 Abs. 3 HGB einschlägig. Die Befreiungsvoraussetzungen des § 264 Abs. 3 HGB unterscheiden sich jedoch an zwei Stellen:

- **Rechtsform** des **Tochterunternehmens:** Dieses muss eine inländische Kapitalgesellschaft sein (→ Rz. 40).
- **Gesellschafterzustimmung:** Alle Gesellschafter des Tochterunternehmens müssen der Befreiung zustimmen (→ Rz. 44).

54 Sind auf den verschiedenen Ebenen des Konzerns unterschiedliche Rechtsformen vertreten, kommt es zum Zusammenspiel von § 264 Abs. 3 HGB und § 264b HGB.

BEISPIEL[1] Der Konzern K ist wie folgt strukturiert:

- Stufe 1 (Konzernspitze): M AG.
- Stufe 2: T GmbH & Co. KG, wobei sämtliche Anteile an der Komplementär-GmbH und sämtliche Kommanditanteile von M gehalten werden.
- Stufe 3: E GmbH, wobei sämtliche Anteile von T gehalten werden.

T ist gegenüber E eine vertragliche Einstandsverpflichtung eingegangen. Die M AG stellt einen Konzernabschluss nach §§ 290 ff. HGB auf, der geprüft und offengelegt wird. In diesen Abschluss sind die beiden anderen Gesellschaften im Wege der Vollkonsolidierung einbezogen. Auf Prüfung und Veröffentlichung der Jahresabschlüsse von T und E soll unter Berufung auf § 264b HGB bzw. § 264 Abs. 3 HGB verzichtet werden.

BEURTEILUNG Die Befreiung der T GmbH & Co. KG ergibt sich aus § 264b HGB.

Für eine evtl. Befreiung der E GmbH ist § 264 Abs. 3 HGB einschlägig. Problematisch könnte hier die fehlende Einstandsverpflichtung des Mutterunternehmens gegenüber E sein.

Wäre auch T eine Kapitalgesellschaft, würde nur eine durchgängige Kette von Einstandsverpflichtungen (M gegenüber T, T gegenüber E) die Befreiungsvoraussetzung des § 264 Abs. 3 HGB erfüllen (→ Rz. 50).

Wäre umgekehrt auch E eine Personengesellschaft, käme es auf Einstands- oder Verlustausgleichsverpflichtungen nicht an, da § 264b HGB als gleichwertiges Substitut die persönliche Haftung mindestens eines Gesellschafters (nicht zwingend des den Konzernabschluss aufstellenden Mutterunternehmens) genügen lässt.

Die vorliegende Konstellation ist nun durch die nachfolgende Mischung geprägt: T als Unternehmen der zweiten Stufe ist aufgrund der persönlichen Haftung (§ 264b HGB) befreit. Wenn

1 Nach *Lüdenbach*, StuB 2012 S. 275.

auf diese Weise die persönliche Haftung der Verlustausgleichs- oder Einstandsverpflichtung gesetzlich gleichgestellt wird, könnte dies i.V. mit der expliziten Einstandsverpflichtung von T gegenüber E zu der notwendigen durchgängigen Kette von Einstandsverpflichtungen führen.[1] E müsste daher die Befreiungen des § 264 Abs. 3 HGB in Anspruch nehmen können.

Eine restriktivere Haltung ist jedoch im folgenden Fall erkennbar:

BEISPIEL[2] Der Konzern K ist wie folgt strukturiert:

- Stufe 1 (Konzernspitze): M GmbH & Co. KG AG.
- Stufe 2: T GmbH & Co. KG, wobei sämtliche Anteile an der Komplementär-GmbH und sämtliche Kommanditanteile von M gehalten werden.
- Stufe 3: E GmbH, wobei sämtliche Anteile von T gehalten werden.

Weder M noch T ist gegenüber E eine vertragliche Verlustausgleichs- bzw. Einstandsverpflichtung eingegangen.

BEURTEILUNG Nach Ansicht des LG Bonn kann der Konzernabschluss von K mangels Verlustausgleichsverpflichtung keine befreiende Wirkung für die E GmbH entfalten.

Mit dem BilRUG ist eine weitgehende Angleichung von § 264b HGB an § 264 Abs. 3 HGB für den Fall vorgenommen worden, dass das Mutterunternehmen nicht persönlich haftender Gesellschafter ist. Da § 264 Abs. 3 HGB nicht mehr auf die Verlustausgleichsverpflichtung nach § 302 AktG, sondern (wie früher inhaltlich schon § 264b HGB) auf das „Einstehen für Verbindlichkeiten" abstellt (→ Rz. 49a), kann § 264b HGB sich nunmehr darauf beschränken, die „entsprechende Anwendung" von § 264 Abs. 3 HGB vorzuschreiben. Weiterhin möglich soll bei „Kap. & Co."-Gesellschaften aber eine Selbstbefreiung des Mutterunternehmens bleiben (→ § 264b Rz. 14). Voraussetzung ist zwar – im Einklang mit Art. 38 Abs. 2(b) Nr. ii EU-RL 2013 (→ Rz. 14a) – die Aufstellung des Konzernabschlusses für eine größere Gesamtheit von Unternehmen, eine quantitative Konkretisierung der „größeren Gesamtheit" findet sich weder in der EU-RL 2013 noch in der 4. EG-Richtlinie. Die Beschlussempfehlung des Bundesrats hält aber fest: „Im Hinblick darauf, dass eine Personenhandelsgesellschaft im Sinn des § 264a HGB aber einen voll haftenden Gesellschafter in Form einer Kapitalgesellschaft haben muss, bilden alle von § 264a HGB erfassten Personenhandelsgesellschaften mit ihren Gesellschaftern mindestens zwei Unternehmen. Daher kann die‚größere Gesamtheit' erst ab drei Unternehmen angenommen werden." 54a

3. Auswirkungen der Erleichterungen auf den Bestätigungsvermerk

Soweit bei Inanspruchnahme der Befreiungen von Abs. 3 gleichwohl **freiwillig eine Abschlussprüfung** beauftragt wird, können sich je nach Art der in Anspruch genommenen Befreiungen und je nach Zeitpunkt der Erfüllung der Befreiungsvoraussetzungen Auswirkungen auf den Bestätigungsvermerk ergeben:[3] 54b

a) **Art der in Anspruch genommenen Befreiung:**

Verzichtet der Bilanzierende nur auf einen **Lagebericht,** müssen die diesen betreffenden Formulierungen im Bestätigungsvermerk entfallen (→ § 322 Rz. 34).

1 Gleicher Auffassung *Scholz*, BB 2012 S. 107 ff.
2 Nach LG Bonn, Beschluss v. 15.8.2013 – 38 T 229/12, DStR 2013 S. 2352; *Lüdenbach*, StuB 2012 S. 275.
3 Vgl. zum Ganzen IDW PH 9.200.1 sowie *Kolb/Weimert*, WPg 2013 S. 983 ff.

Wird auf die Aufstellung eines **Anhangs** verzichtet, kann der Abschlussprüfer i. d. R. nicht bestätigen, dass der Jahresabschluss ein den tatsächlichen Verhältnissen entsprechendes Bild der Vermögens-, Finanz- und Ertragslage vermittelt.

Sowohl beim Verzicht auf den Anhang als auch bei **Nichtanwendung von** Ausweis-, Bilanzierungs- und Bewertungsvorschriften der **§§ 264 ff.** HGB ist im einleitenden Abschnitt des Bestätigungsvermerks klarzustellen, dass der Jahresabschluss nur nach den Vorschriften des Ersten Abschnitts des Dritten Buchs des HGB aufgestellt wurde.

b) **Zeitpunkt der Erfüllung der Befreiungsvoraussetzungen:**

Solange die Befreiungsvoraussetzungen des **Abs. 3 Nr. 1 oder 2** (einstimmiger Gesellschafterbeschluss, Verlustübernahmeerklärung und deren Offenlegung im Bundesanzeiger) noch nicht erfüllt sind, muss entweder mit der Erteilung des Bestätigungsvermerks **gewartet** oder der Bestätigungsvermerk allenfalls unter **Vorbehalt** erteilt werden: „Unter der Bedingung, dass der Gesellschafterbeschluss nach § 264 Abs. 3 Nr. 1 HGB über die freiwillige Verlustübernahmeerklärung nach § 264 Abs. 3 Nr. 2 HGB im Bundesanzeiger offen-gelegt wird, erteilen wir den nachstehenden Bestätigungsvermerk: …"; vgl. → § 322 Rz. 83.

Die Erfüllung von **Abs. 3 Nr. 3 oder 4** (Einbeziehung in den Konzernabschluss, Angabe der Befreiung im Konzernanhang und Mitteilung im Bundesanzeiger) kann i. d. R. bei Erteilung des Bestätigungsvermerks des Tochterunternehmens noch nicht abschließend beurteilt werden. IDW PH 9.200.1 verlangt deshalb die Ergänzung des Bestätigungsvermerks in Form eines Hinweises nach dem Prüfungsurteil („Ohne diese Beurteilung einzuschränken, weisen wir darauf hin, dass im Zeitpunkt der Abschlussprüfung die Erfüllung der Voraussetzungen des § 264 Abs. 3 HGB insoweit nicht abschließend beurteilt werden konnte, als diese Voraussetzungen erst zu einem späteren Zeitpunkt erfüllbar sind. Die noch ausstehenden Voraussetzungen sind gemäß § 264 Abs. 1 Nr. 3 und 4 wie folgt …").

4. Besondere Voraussetzungen bei Mutterpersonenunternehmen (Abs. 4)

55 Die Erleichterungsvorschriften des Abs. 3 sind entsprechend anzuwenden, wenn das Mutterunternehmen statt einer Konzernrechnungslegungspflicht gem. § 290 HGB nach § 11 PublG zur Aufstellung eines Konzernabschlusses verpflichtet ist (Abs. 4).

56 Das Mutterunternehmen darf in diesem Fall von § 13 Abs. 3 Satz 1 PublG keinen Gebrauch machen, d. h., es muss je Personengruppe für Geschäftsführung, Aufsichtsrat und Beirat sowie unterschieden nach aktiven und ehemaligen Mitgliedern die Bezüge der Organmitglieder angeben (§ 314 Abs. 1 Nr. 6 HGB). Es besteht aber die Möglichkeit, sich stattdessen auf Abs. 3 zu berufen. Strittig war bisher, ob dann auf diesem Weg eine Nichtangabe der Organbezüge zulässig ist (→ Rz. 40a).[1] Das BilRUG stellt klar, dass die Befreiung in diesem Fall nicht gegeben ist.

5. Rechtsfolgen fehlender Erleichterungsvoraussetzungen

57 Bei Berufung auf eine tatsächlich nicht gegebene Befreiung ergeben sich die Rechtsfolgen für Kapitalgesellschaften aus den §§ 334 ff. HGB. Danach ist etwa

1 Unzulässig nach Auffassung des IDW in der 235. Sitzung des HFA, IDW-FN 2014, S. 197; zulässig nach Ansicht von *Theile*, BBK 2013 S. 925 ff.

- ein **Ordnungsgeld** festzulegen, weil die Pflicht zur Offenlegung des Jahresabschlusses und des Lageberichts nicht erfüllt wurde (→ § 335 Rz. 1 ff.), oder
- ein Bußgeld festzusetzen, weil der Jahresabschluss ohne Anhang und Lagebericht offengelegt wurde (→ § 334 Rz. 1 ff.).

6. Steuerliche Organschaft

Wird im praktisch häufigsten Fall die Befreiung nach § 264 Abs. 3 HGB durch Abschluss eines Ergebnisabführungsvertrags bewirkt, entsteht ertragsteuerlich regelmäßig eine **Organschaft.** Hierzu wird verwiesen hinsichtlich 58

- **Voraussetzungen und Rechtsfolgen** einer Organschaft auf → § 246 Rz. 454,
- **Abführungssperren** auf → § 253 Rz. 260 und → § 268 Rz. 171,
- **Steuerlatenzen** auf → § 274 Rz. 80,
- **Steuerausweis in der GuV** auf → § 275 Rz. 122.

§ 264a Anwendung auf bestimmte offene Handelsgesellschaften und Kommanditgesellschaften

(1) Die Vorschriften des Ersten bis Fünften Unterabschnitts des Zweiten Abschnitts sind auch anzuwenden auf offene Handelsgesellschaften und Kommanditgesellschaften, bei denen nicht wenigstens ein persönlich haftender Gesellschafter

1. eine natürliche Person oder

2. eine offene Handelsgesellschaft, Kommanditgesellschaft oder andere Personengesellschaft mit einer natürlichen Person als persönlich haftendem Gesellschafter

ist oder sich die Verbindung von Gesellschaften in dieser Art fortsetzt.

(2) In den Vorschriften dieses Abschnitts gelten als gesetzliche Vertreter einer offenen Handelsgesellschaft und Kommanditgesellschaft nach Absatz 1 die Mitglieder des vertretungsberechtigten Organs der vertretungsberechtigten Gesellschaften.

Inhaltsübersicht **Rz.**

LITERATUR:

Bundessteuerberaterkammer, Hinweise zum Ausweis des Eigenkapitals bei Personenhandelsgesellschaften im Handelsrecht, DStR 2006 S. 668; *Bitter/Grashoff,* Anwendungsprobleme des Kapitalgesellschaften- und Co.-Richtlinien-Gesetzes, DB 2000 S. 833; *Hermann,* Zur Rechnungslegung der GmbH & Co. KG im

Rahmen des KapCoRiLiG, WPg 2001 S. 271; *Hoffmann*, Eigenkapitalausweis und Ergebnisverteilung bei Personenhandelsgesellschaften nach Maßgabe des KapCoRiLiG, DStR 2000 S. 837; *von Kanitz*, Rechnungslegung bei Personenhandelsgesellschaften, WPg 2003 S. 324.

I. Gesetzeszweck

1 „Normale" Personenhandelsgesellschaften deutschen Rechts – OHG und KG – wurden durch das BiRiLiG von 1985 nur den Regelungen der §§ 238 bis 263 HGB unterworfen. Eine Ausnahme gilt seit 1969 nur für (sehr) große Gesellschaften und Einzelkaufleute nach dem PublG. Der konzeptionelle Hintergrund für diese Zweigleisigkeit lässt sich wie folgt darstellen:

- Die spezielle Rechnungslegungs- und Veröffentlichungspflicht nach dem PublG rechtfertigt sich aus der schieren Unternehmens**größe,** also der gesamtwirtschaftlichen Bedeutung.
- Die entsprechenden Vorgaben für Kapitalgesellschaften entspringen einer europarechtlichen Vorgabe der **Haftungs**beschränkung: Wer ohne persönliche Haftung ins Wirtschaftsleben eintritt, muss spezifiziert Rechnung legen und diese publizieren.

2 Die dem BiRiLiG von 1985 zugrunde liegende Vorgabe der 4. EG-Richtlinie hatte sich auf die **Kapitalgesellschaft** als haftungsbeschränkende Rechtsform bezogen. Die ebenso „funktionierende" Sonderform der **GmbH & Co. KG** nach deutschem Recht ist zunächst durch das Regelungsnetz gefallen, weil sie in anderen EU-Staaten nicht so verbreitet war. Die EU-Instanzen haben dies auf Dauer nicht akzeptieren wollen und bereits 1990 eine GmbH & Co. KG-Richtlinie verabschiedet, welche die Bundesrepublik Deutschland zögerlich im Jahr 2000 durch das KapCoRiLiG in nationales Recht transformiert hat.

3 Der Regelungsansatz entspricht der grundlegenden Philosophie der europäischen Richtlinien: Eine als Unternehmen auftretende **natürliche** Person oder Gemeinschaft natürlicher Personen wird von den spezifischen Rechnungslegungsregeln nicht erfasst und muss keine Abschlüsse publizieren, weil insoweit eine persönliche Haftung für die Schulden aus der unternehmerischen Tätigkeit vorliegt. Fehlt es bei einer Personengesellschaft aber an einer solchen natürlichen Person mit persönlicher Haftung, muss dieses „Unternehmen" wie eine Kapitalgesellschaft Rechnung legen und diese publizieren.

Diese Pflichten treffen die angesprochenen Personenhandelsgesellschaften „mbH" in allen Größenbereichen. Als spezielleres Recht geht § 264a HGB dem **PublG** (→ Rz. 1) vor. Dessen Anwendungsbereich beschränkt sich deshalb – abgesehen von anderen Rechtsformen – seit 2000 auf Personenhandelsgesellschaften mit persönlich haftenden natürlichen Personen und auf Einzelkaufleute.

Umgekehrt trifft die Rechtsfolge der GmbH & Co. KG-Richtlinie **alle** Personenhandelsgesellschaften, bei denen die persönliche Haftung nur von Kapitalgesellschaften, Stiftungen, Vereinen und ähnlichen Rechtsfiguren ausländischen Rechts („Limited") übernommen wird. Das gilt auch in mehrstufigen Konstellationen (→ Rz. 9). Die übliche Gestaltung verwendet die GmbH (GmbH & Co. KG).

II. Rechtsfolge (Abs. 1 Satz 1 Halbsatz 1)

4 Die wesentliche Rechtsfolge besteht in der **Pflicht zur lückenlosen Anwendung** der für Kapitalgesellschaften vorgegebenen Regelungen zur Rechnungslegung im Einzel- und Konzernabschluss nebst Lagebericht, Abschlussprüfung und Offenlegung. **Ergänzend** sind in § 264b

HGB (Befreiungstatbestand) und § 264c HGB (Gliederungsvorgaben) Sondervorschriften normiert. Auf die dortige Kommentierung (→ § 264b; → § 264c) wird verwiesen.

III. Tatbestandliche Voraussetzungen (Abs. 1)

1. Personenhandelsgesellschaften und persönliche Haftung (Abs. 1 Halbsatz 2)

Angesprochen sind die OHG (§ 105 HGB) und die KG (§ 161 HGB). Sie müssen möglicherweise ihren Verwaltungssitz nicht unbedingt in Deutschland haben.[1] 5

Dazu zählen auch Gesellschafter mit ausschließlich **vermögensverwaltender** Tätigkeit, die steuerlich keine Einkünfte aus Gewerbebetrieb erzielen. Umgekehrt werden bürgerlich-rechtliche Gesellschaften, die Bruchteilsgemeinschaft und die stille Gesellschaft nicht erfasst.

Die persönliche Haftung ergibt sich aus den Rechtsstrukturen der beiden Personenhandelsgesellschaften deutschen Rechts:

- **OHG:** Alle Gesellschafter haften persönlich, unbeschränkt, mit dem gesamten Vermögen auf das Ganze der Gesellschafterverbindlichkeiten.
- **KG:** Nur die **Komplementäre** haben eine Haftungsverpflichtung wie OHG-Gesellschafter; die Kommanditisten haften nur für die Erfüllung der vertraglichen **Einlage**verpflichtung oder der registerlich kundgemachten Ziffer.

Die in Abs. 1 tatbestandsseitig angesprochene persönliche Haftung ist eine Haftung nach zwingendem Recht; sie besteht deshalb auch dann, wenn sie im Innenverhältnis durch Gesellschaftsvertrag abbedungen wird, weil eine solche Abbedingung den Gesellschaftsgläubigern gegenüber nicht wirksam ist.

2. Der Haftungstatbestand (Abs. 1 Halbsatz 2)

Die Haftungsübernahme stellt technisch einen **deklaratorischen** Akt[2] dar. Sie **beginnt** mit dem Eintritt in die Gesellschaft und der 6

- Eintragung in das Handelsregister (§ 123 Abs. 1 HGB) oder der
- Aufnahme bzw. Weiterführung der Geschäftstätigkeit (§ 123 Abs. 2 und 3 HGB).

Die Haftungsübernahme durch Begründung der unbeschränkten Haftung in Form der Gesellschafterstellung muss bis zum jeweiligen **Bilanzstichtag** erfolgt sein, also an diesem Zeitpunkt vorliegen.[3] Ein Ausscheiden am Tag danach ist wegen der Nachhaftungsvorschriften über fünf Jahre nach §§ 130, 160 HGB unerheblich.

Eine schuldrechtliche Haftungsübernahme genügt nicht.[4]

---

1 Diese Bedenken nähren sich aus EuGH-Urteilen (Centros, Überseering); vgl. dazu *Baumbach/Hopt*, HGB-Kommentar, 33. Aufl., Einleitung vor § 105 Tz. 29.
2 IDW RS HFA 7 Tz. 5; *von Kanitz*, WPg 2003 S. 326.
3 IDW RS HFA 7 Tz. 5; so auch *von Kanitz*, WPg 2003 S. 326, m. w. N.
4 IDW RS HFA 7 Tz. 5.

3. Natürliche Person (Abs. 1 Nr. 1)

7 Die tatbestandliche Anknüpfung an eine natürliche Person (bzw. deren Fehlen) erklärt sich aus der in den 20er Jahren des vorigen Jahrhunderts entwickelten Rechtsdogmatik, der zufolge die unbeschränkte Haftung in der OHG und KG auch von ihrerseits **haftungsbeschränkenden** Gesellschaften – also Kapitalgesellschaften, aber auch „Kap. & Co."-Gesellschaften (vgl. → Rz. 9) – eingenommen werden kann. Dem Leitbild des Gesetzgebers des Handelsgesetzbuchs aus dem Jahr 1890 mag diese Konstellation nicht entsprochen haben; sie wird heute indes nicht mehr angezweifelt.

Haftet mindestens eine **natürliche Person** gesellschaftsrechtlich unbeschränkt, gelangen §§ 264a ff. HGB nicht zur Anwendung. Bezüglich der **Eigenschaften** der natürlichen Person macht § 264a HGB keine Vorgaben. Einschränkungen können sich allenfalls aus anderen Rechtsvorschriften ergeben, z. B. Geschäftsunfähigkeit. Diese bezieht sich u. E. nur auf die Geschäftsführungstätigkeit, die in § 264a Abs. 1 HGB nicht angesprochen ist (→ Rz. 11). Bei Minderjährigen setzt andererseits die Beteiligung an einer Personengesellschaft die Genehmigung des Gesellschaftsvertrags durch das Vormundschaftsgericht voraus.[1] Bei ausländischen Staatsbürgern gilt das in dieser Hinsicht anzuwendende Recht.

8 Ansonsten sind **keine Einschränkungen** bzgl. der Eigenschaften der natürlichen Person festgelegt, also z. B. betreffend

- Nationalität,
- Grundkenntnisse der deutschen Sprache,
- Bonität,
- wirtschaftliche Verhältnisse,
- Erwerbsfähigkeit sowie
- Gesundheitszustand.

Deshalb kommt auch ein Nepalese mit Wohnsitz in Kathmandu oder ein hochgradig seniler Bewohner eines Pflegeheims in Steglitz als – man möchte fast sagen – „Galionsfigur" zur Vermeidung von Rechnungslegungs- und Publizitätsverpflichtungen in Betracht. Ein genereller **Missbrauchs**vorbehalt ist im Schrifttum bislang nicht mit nachhaltigem Echo zu vernehmen gewesen.[2] Lediglich bei „offenkundig sittenwidrigen Umgehungstatbeständen"[3] soll etwas anderes gelten, wobei u. E. aber die Aufnahme „eines objektiv vermögenslosen und erwerbsunfähigen Vollhafters"[4] diesen Tatbestand nicht zwingend erfüllt. Die **Werthaltigkeit** der Haftung ist u. E. unerheblich. Die mangelnde **Geschäftsführungsbefähigung** stellt jedenfalls keinen Hinderungsgrund für das Innehaben der persönlichen Haftung dar.

Auch eher **seriös** wirkende Gestaltungen zur Vermeidung der besonderen Rechnungslegungs- und Publizitätspflichten sind nicht ausgeschlossen. Ein gängiges Modell besteht in der Übertragung sämtlicher Vermögenswerte auf einen verlässlichen Ehepartner oder der Vermögensübertragung auf die Kinder gegen Übernahme von Unterhaltsverpflichtungen.

1 Vgl. *Baumbach/Hopt*, HGB-Kommentar, 33. Aufl., § 105 Tz. 26.
2 Vgl. *von Kanitz*, WPg 2003 S. 326, Fälle der Vermögenslosigkeit und der mangelnden Geschäftsführungsbefugnis unter Hinweis auf BGH-Urteile erwähnt.
3 *Justenhoven/Usinger* in Beck'scher Bilanz-Kommentar, 13. Aufl. 2022, § 264a Tz. 27.
4 Anderer Auffassung *Justenhoven/Usinger* in Beck'scher Bilanz-Kommentar, 13. Aufl. 2022, § 264a Tz. 27.

4. Mittelbare Haftung bei mehrstöckigen Konstellationen (Abs. 1 Nr. 2)

Die besonderen Rechnungslegungs-, Prüfungs- und Publizitätspflichten für Kapitalgesellschaften kommen auch dann nicht zur Anwendung, wenn die persönliche Haftung einer natürlichen Person auf einer mittelbaren Beteiligung beruht, d. h. **indirekt** über die Beteiligung an einer oder mehreren zwischengeschalteten Gesellschaften gegeben ist. Dabei muss es sich sachnotwendig wiederum um eine Personenhandelsgesellschaft oder (nach dem Gesetzeswortlaut) um eine Personengesellschaft handeln. Eine solche Zwischengesellschaft muss 9

- entweder eine natürliche Person oder
- eine weitere Zwischengesellschaft

als persönlich haftende Gesellschafterin aufweisen, wobei im zweiten Fall die persönliche Haftung von einer natürlichen Person ausgeübt werden muss. Rechtstechnisch kann sich diese „Figur" unbeschränkt nach oben weiterentwickeln. Zur Darstellung der zweistufigen Konstellation folgendes Schaubild.

BEISPIEL

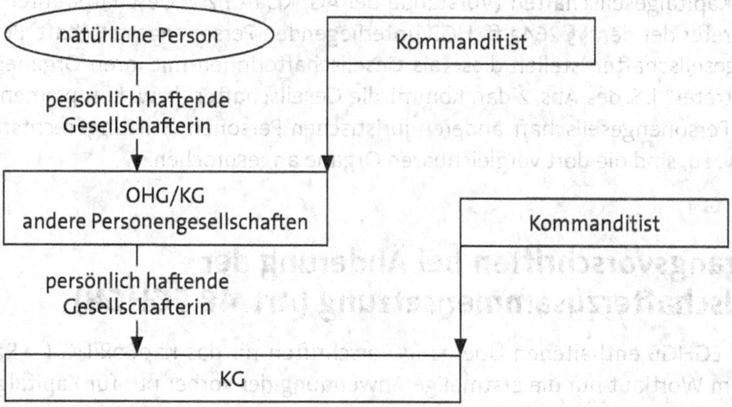

Als Zwischengesellschaft werden **Personengesellschaften** zugelassen, nach deutschem Recht also die BGB-Gesellschaft und die Partnergesellschaft. Auch ausländische Rechtsformen mit dem deutschen Recht vergleichbarem Statut kommen in Betracht. 10

Inwieweit diesen Personengesellschaften das Recht zur Übernahme der persönlichen Haftung zukommt, ist individuell zu klären. Nach Auffassung des BGH ist jedenfalls einer BGB-Gesellschaft die Einnahme der Kommanditistenstellung erlaubt.[1]

Kapitalgesellschaften taugen wegen der Verhinderung des haftungsrechtlichen Durchgriffs nicht als Zwischengesellschaft, wenn die Anwendung der für Kapitalgesellschaften geltenden Vorschriften auf die OHG oder KG vermieden werden soll.

1 BGH, Beschluss v. 16.7.2001 – II ZB 23/00, BB 2001 S. 2338; vgl. *Baumbach/Hopt*, HGB-Kommentar, 33. Aufl., § 105 Tz. 14 und § 162 Tz. 2.

IV. Gesetzliche Vertreter (Abs. 2)

11 Abs. 2 normiert, wer für Zwecke der Rechnungslegung, Veröffentlichung usw. als gesetzlicher Vertreter anzusehen, also hierfür verantwortlich ist und bei unzureichender Wahrnehmung dieser Verantwortung z. B. diesbezüglichen Ordnungs-, Bußgeld- oder Strafvorschriften unterliegt.

Die gesetzlichen Vertreter sind in zweistufiger Betrachtung die Mitglieder des vertretungsberechtigten Organs der (Kapital-)Gesellschaft, die ihrerseits nach dem Gesellschaftsvertrag zur Vertretung der OHG oder KG berechtigt sind. In umgekehrter Betrachtung der beiden Stufen gilt dann:

- ► Auf Ebene der Personengesellschaft bestimmt sich durch §§ 105 ff. HGB und den Gesellschaftsvertrag, wer vertretungsberechtigt ist. Ohne abweichende gesellschaftsvertragliche Bestimmung sind dies bei der OHG gem. § 125 HGB alle Gesellschafter, bei der KG gem. § 170 HGB nur die Komplementäre.
- ► Sind die Gesellschafter (OHG) bzw. die Komplementäre (KG) Kapitalgesellschaften und damit zur Vertretung der Personengesellschaft bestimmt, gelten nach Abs. 2 die Vertreter der Kapitalgesellschaften (Vorstände bei AG, KGaA bzw. Geschäftsführer bei GmbH) als Vertreter der den §§ 264a ff. HGB unterliegenden Personengesellschaft. Bei mehreren Kapitalgesellschaften stellen diese als Gesellschafterinnen mit ihren Organen „gesetzliche Vertreter" i. S. des Abs. 2 dar. Kommt die Gesellschafter- bzw. Komplementärstellung bei der Personengesellschaft anderen juristischen Personen (Stiftung, rechtsfähiger Verein) usw. zu, sind die dort vergleichbaren Organe angesprochen.

V. Übergangsvorschriften bei Änderung der Gesellschafterzusammensetzung (Art. 48 EGHGB)

12 Die in Art. 48 EGHGB enthaltenen Übergangsvorschriften für das KapCoRiLiG (→ Rz. 2) betreffen nach ihrem Wortlaut nur die erstmalige Anwendung der vorher nur für Kapitalgesellschaften geltenden Vorschriften auf KapCos im Jahr 2000. Nach im Schrifttum vertretener Auffassung[1] sollen die Übergangserleichterungen aber auch in Anspruch genommen werden, wenn zu einem späteren Zeitpunkt durch Änderung im Gesellschafterbestand aus einer „normalen" Personengesellschaft eine KapCo wird, etwa bisher einer von mehreren Komplementären eine natürliche Person war, diese nun aber verstirbt oder austritt. Folgt man der Schrifttumsauffassung, ergeben sich u. a. folgende Erleichterungen:

- ► Durchbrechung der Darstellungsstetigkeit gem. § 265 Abs. 1 HGB (→ § 265 Rz. 6) und Bewertungsstetigkeit gem. § 252 Abs. 1 Nr. 6 HGB (→ § 252 Rz. 209).
- ► Verzicht auf die Angabe von Vorjahreszahlen gem. § 265 Abs. 2 HGB (→ § 265 Rz. 19).
- ► Unter Umständen Erstellung des Anlagegitters nach § 268 Abs. 2 HGB (→ § 268 Rz. 56) unter Verwendung der Vorjahresbuchwerte als fiktive Anschaffungs- oder Herstellungskosten.

1 *Justenhoven/Usinger* in Beck'scher Bilanz-Kommentar, 13. Aufl. 2022, § 264a Tz. 3.

§ 264b Befreiung der offenen Handelsgesellschaften und Kommanditgesellschaften im Sinne des § 264a von der Anwendung der Vorschriften dieses Abschnitts

[vor FISG:] Eine Personenhandelsgesellschaft im Sinne des § 264a Absatz 1 ist von der Verpflichtung befreit, einen Jahresabschluss und einen Lagebericht nach den Vorschriften dieses Abschnitts aufzustellen, prüfen zu lassen und offenzulegen, wenn alle folgenden Voraussetzungen erfüllt sind:

[nach FISG:] Eine Personenhandelsgesellschaft im Sinne des § 264a Absatz 1, die nicht im Sinne des § 264d kapitalmarktorientiert ist, ist von der Verpflichtung befreit, einen Jahresabschluss und einen Lagebericht nach den Vorschriften dieses Abschnitts aufzustellen, prüfen zu lassen und offenzulegen, wenn alle folgenden Voraussetzungen erfüllt sind:

1. **die betreffende Gesellschaft ist einbezogen in den Konzernabschluss und in den Konzernlagebericht**
   a) **eines persönlich haftenden Gesellschafters der betreffenden Gesellschaft oder**
   b) **eines Mutterunternehmens mit Sitz in einem Mitgliedstaat der Europäischen Union oder einem anderen Vertragsstaat des Abkommens über den Europäischen Wirtschaftsraum, wenn in diesen Konzernabschluss eine größere Gesamtheit von Unternehmen einbezogen ist;**
2. **die in § 264 Absatz 3 Satz 1 Nummer 3 genannte Voraussetzung ist erfüllt;**
3. **die Befreiung der Personenhandelsgesellschaft ist im Anhang des Konzernabschlusses angegeben und**
4. **für die Personenhandelsgesellschaft sind der Konzernabschluss, der Konzernlagebericht und der Bestätigungsvermerk nach § 325 Absatz 1 bis 1b offengelegt worden; § 264 Absatz 3 Satz 2 und 3 ist entsprechend anzuwenden.**

Inhaltsübersicht **Rz.**

LITERATUR:

Bitter/Grashoff, Anwendungsprobleme des Kapitalgesellschaften- und Co.-Richtlinien-Gesetzes, DB 2000 S. 833; *Hermann*, Zur Rechnungslegung der GmbH & Co. KG im Rahmen des KapCoRiLiG, WPg 2001 S. 271; *von Kanitz*, Rechnungslegung bei Personenhandelsgesellschaften, WPg 2003 S. 324; *Lüdenbach*, Befreiung nach § 264 Abs. 3 und § 264b HGB im mehrstufigen Konzern, StuB 2012 S. 275; *Scholz*, Zusammenspiel der Befreiungsvorschriften der §§ 264 Abs. 3 und 264b HGB in mehrstufigen Konzernen, BB 2012 S. 107.

I. Regelungsgehalt

1 § 264b HGB stellt die **Parallelvorschrift** zu § 264 Abs. 3 HGB dar (→ § 264 Rz. 38).[1] „Kap. & Co."-Gesellschaften, die in den Konzernabschluss eines persönlich haftenden Gesellschafters einbezogen werden, sollen im gleichen Umfang (vgl. → Rz. 14) und unter ähnlichen Tatbestandsvoraussetzungen (→ Rz. 22) von den spezifischen Vorschriften der §§ 264 ff. HGB befreit werden wie Kapitalgesellschaften, die in den Konzernabschluss eines zur Verlustübernahme verpflichteten Mutterunternehmens einbezogen sind. Beide müssen dann **nur** die §§ 238 bis 263 HGB befolgen und erstellen ihren Jahresabschluss auf der Grundlage von §§ 242 bis 256 HGB.

1a Die Befreiungsvoraussetzungen entsprachen schon nach HGB a. F. im Wesentlichen denen des § 264 Abs. 3 HGB (→ Rz. 22). Durch das BilRUG ist eine noch stärkere inhaltliche Anpassung an § 264 Abs. 3 HGB erfolgt (→ Rz. 20a und → Rz. 21a).

2 Dabei kann die Befreiung auch für **Teilbereiche** in Anspruch genommen werden.

BEISPIEL ▸ Der Gesellschaftsvertrag einer mittelgroßen (§ 267 Abs. 2 HGB) GmbH & Co. KG sieht die Rechnungslegung nach Maßgabe der §§ 238 bis 288 HGB vor. Weitere Hinweise enthält der Gesellschaftsvertrag nicht.

Die GmbH & Co. KG muss bei Inanspruchnahme von § 264 HGB keinen Lagebericht erstellen und keine Abschlussprüfung (für den Einzelabschluss) durchführen lassen.

3 Steht der Inhalt des Gesellschaftsvertrags der Inanspruchnahme der Befreiungsmöglichkeit vollständig entgegen, bedarf es einer auf die Anwendung des § 264b HGB zielenden **Vertragsänderung.**

II. Anwendungsbereich (Halbsatz 1)

1. Betroffene Unternehmen

4 In Satz 1 Halbsatz 1 sind nicht nur die **Rechtsfolgen** dargelegt, sondern auch der persönliche Anwendungsbereich. Angesprochen von den Befreiungen sind die „Kap. & Co."-Gesellschaften i. S. des § 264a HGB. Auf die dortige Kommentierung zu den tatbestandlichen Voraussetzungen wird verwiesen (→ § 264a Rz. 5 ff.).

2. Umfang der Befreiung

5 Bei Erfüllung der Tatbestandsvoraussetzungen (→ Rz. 8 ff.) ist die „Kap. & Co."-Gesellschaft von bestimmten Vorschriften „befreit". Im Vergleich zum Wortlaut der Parallelvorschrift für Kapitalgesellschaften in § 264 Abs. 3 HGB („braucht nicht") stellt sich die Frage nach einem anderen Inhalt von „befreit" i. S. eines Befreiungs-„Zwangs", der die **freiwillige** Anwendung der kompletten Regeln nach § 264a Abs. 1 HGB ausschließt. Unseres Erachtens ist dies nicht der Fall.[2]

6 Der **Umfang** der Befreiung bezieht sich auf die

- Anwendung der §§ 264 bis 288 HGB betreffend den Jahresabschluss (mit Anhang),
- Erstellung eines Lageberichts (mittelgroße und große „Kap. & Co."-Gesellschaften),

1 Vgl. hierzu die systematische Gegenüberstellung bei *Scholz*, BB 2012 S. 107 f.
2 So auch *ADS*, 6. Aufl., Erg.-Bd., § 264b Tz. 17.

- Durchführung einer Abschlussprüfung (mittelgroße und große „Kap. & Co."-Gesellschaften) sowie
- Offenlegung des Jahresabschlusses.

Diese Erleichterungen werden **nicht „kostenlos"** gewährt. In einer sog. „HB II" (→ § 300 Rz. 10) müssen die Abschlussposten so **aufbereitet** werden, dass sie in den befreienden Konzernabschluss (→ Rz. 8) einbezogen werden können. Dieser wiederum muss das **Einklangerfordernis** nach Abs. 1 Nr. 2 erfüllen (→ Rz. 20), das seinerseits die Beachtung der §§ 264 bis 288 HGB im Wesentlichen erfordert. Weiterhin sind die unternehmensindividuellen Daten für den Konzernanhang und -lagebericht bereitzustellen. Statt der förmlichen **Jahresabschlussprüfung** erfolgt nach § 317 Abs. 3 HGB eine sog. „HB II"-Prüfung, allerdings ohne Erstellung eines Prüfungsberichts und Erteilung eines Bestätigungsvermerks. 7

III. Tatbestandsvoraussetzungen (Nr. 1 bis Nr. 4)

1. Einbeziehung in einen befreienden Konzernabschluss (Nr. 1)

1.1 Konzernabschluss eines Mutterunternehmens (Nr. 1 Buchst. b)

Vergleichbar der Parallelvorschrift des § 264 Abs. 3 HGB (→ § 264 Rz. 40) muss das Mutterunternehmen **keinen inländischen** Konzernabschluss erstellen. Es genügt die Einbeziehung in den Konzernabschluss eines Mutterunternehmens mit Sitz in einem **EU**- oder **EWR**-Staat. Der von einem Mutterunternehmen mit Sitz in **Drittstaaten** (→ § 292 Rz. 1 ff.) erstellte Konzernabschluss entfaltet keine Befreiungswirkung i. S. des § 264b HGB. Voraussetzung für die Befreiung nach Alt. 1 ist aber in jedem Fall das Vorliegen eines Mutter-Tochter-Verhältnisses i. S. des § 290 HGB (→ § 290 Rz. 3). Wegen der diesbezüglichen Problematik im Spezialfall der GmbH & Co. KG betreffend die Funktion der Komplementär-GmbH wird auf → § 290 Rz. 14 verwiesen. 8

Die Konzern**hierarchiestufe** ist dabei unerheblich; d. h., die Konzernrechnungslegung kann unmittelbar das Mutterunternehmen der zu befreienden „Kap. & Co."-Gesellschaft oder eine Gesellschaft auf höherer Konzernstufe sein. Das sog. Tannenbaumprinzip (→ § 290 Rz. 6) ist also beachtlich. 9

Der (befreiende) Konzernabschluss kann auf **freiwilliger** Basis erstellt werden.[1] 10

Erforderlich (zur Gewährung der Befreiung) ist die **effektive Einbeziehung** in den Konzernabschluss. Ein Verzicht nach § 296 HGB wegen Unwesentlichkeit etc. (→ § 296 Rz. 18) verhindert die Inanspruchnahme der Befreiung wie vergleichbar nach § 264 Abs. 3 HGB (→ § 264 Rz. 41). 11

Zur **Dauer** der Konzernzugehörigkeit sowie zur Behandlung **abweichender Bilanzstichtage** wird auf → § 264 Rz. 42 f. verwiesen. 12

Die Einbeziehung muss durch **Vollkonsolidierung** (→ § 300 Rz. 13) erfolgen. Die Quotenkonsolidierung (→ § 310) und die *Equity*-Methode (→ § 312) genügen nicht. 13

Bei gleicher Zielrichtung unterscheidet sich zumindest der Wortlaut der Parallelvorschrift für Kapitalgesellschaften in § 264 Abs. 3 Satz 1 HGB (→ § 264 Rz. 38) von dem Pendant in § 264b Nr. 1 HGB: Dort ist ein **Tochter**unternehmen als befreites Subjekt erwähnt – hier eine „Kap. & 14

1 So auch *Ischebeck* in Küting/Pfitzer/Weber (Hrsg.), Handbuch der Rechnungslegung – Einzelabschluss, § 264b Tz. 10; *Störk/Deubert* in Beck'scher Bilanz-Kommentar, 13. Aufl. 2022, § 264b Tz. 24.

Co."-Gesellschaft –, die in den Konzernabschluss „einbezogen ist". Die Frage geht dann dahin, ob die Befreiung auch für den **Jahresabschluss** einer Mutter-„Kap. & Co."-Gesellschaft gilt, die den befreienden Konzernabschluss erstellt (sog. Selbstbefreiung). Nach der Regierungsbegründung[1] zum HGB a. F. sollte dies nicht der Fall sein; die h. M. war gegenteiliger Auffassung. Die h. M. wurde durch Beschluss des LG Bonn[2] bestätigt. Das LG führt im Wesentlichen zwei Argumente an:

- Nach dem Wortlaut des § 264b HGB genügt für die Befreiung der Personenhandelsgesellschaft von der Offenlegungspflicht die Einbeziehung in den Konzernabschluss **„eines"** Mutterunternehmens und nicht **„ihres"** Mutterunternehmens, so dass keine Personenverschiedenheit zwischen Mutterunternehmen und zu befreiender Personenhandelsgesellschaft verlangt wird. Dies unterscheide § 264b Nr. 1 HGB vom Einleitungssatz des § 264 Abs. 3 HGB a. F., der ausdrücklich ein Mutter-Tochter-Verhältnis voraussetzte.
- Entsprechend der **abweichenden Haftungsstruktur** der Kapitalgesellschaften verlange § 264 Abs. 3 Nr. 2 HGB im Gegensatz zu § 264b HGB für die Befreiung eine Erklärung des Mutterunternehmens, für die Verbindlichkeiten des Tochterunternehmens einzustehen. Diese Verlustübernahme sei bei der Kapitalgesellschaft, die selbst Mutterunternehmen ist, nicht möglich, während für ein Mutterunternehmen in der Rechtsform etwa einer GmbH & Co. KG eine entsprechende Verlustübernahme durch die persönlich haftende Gesellschafterin strukturell vorgegeben ist.

Aus dem zweiten Argument folgt im Übrigen für Kapitalgesellschaften: Auch nach § 264 Abs. 3 HGB i. d. F. BilRUG kommt hier keine Selbstbefreiung infrage. Zwar ist der Einleitungssatz des § 264 Abs. 3 HGB, wonach für die Inanspruchnahme der Befreiung die Kapitalgesellschaft in den Konzernabschluss **eines** Mutterunternehmens einbezogen werden müsste, für sich alleine gesehen interpretationsoffen. Der Einleitungssatz wird jedoch durch zwingende Bedingungen ergänzt: Die Befreiung setzt nämlich die Erfüllung folgender Tatbestände voraus:

- (Nr. 1) die Zustimmung der Gesellschafter des Tochterunternehmens,
- (Nr. 2) die Verpflichtung zur Verlustübernahme durch das Mutterunternehmen,
- (Nr. 4) die Offenlegung der Befreiung des Tochterunternehmens beim Bundesanzeiger.

Sämtliche Bedingungen setzen eine Personenverschiedenheit von Mutterunternehmen und befreitem Unternehmen voraus.

15 Im Rahmen der redaktionellen Änderung des § 264b HGB durch das BilRUG ist richtlinienkonform die Voraussetzung hinzugefügt worden, dass in den befreienden Konzernabschluss „eine größere Gesamtheit von Unternehmen" einbezogen sein muss. Dieses Zusatzerfordernis hat Bedeutung für die Frage der Selbstbefreiung (→ Rz. 14). Der Begriff der „größeren Gesamtheit" wird allerdings in der EU-RL 2013 nicht definiert. Nach der Beschlussempfehlung des Rechtsausschusses zum BilRUG „kann die größere Gesamtheit erst ab drei Unternehmen angenommen werden", wobei aber bei der Kap. & Co. die Personenhandelsgesellschaft und ihr voll haftender Gesellschafter in Form einer Kapitalgesellschaft schon zwei Unternehmen bilden, so dass lediglich ein weiteres erforderlich ist.

1 BT-Drucks. 14/1806.19.
2 LG Bonn, Beschluss v. 30.9.2009 – 30 T 848/09.

1.2 Konzernabschluss eines persönlich haftenden Gesellschafters (Nr. 1 Buchst. a)

16 Mit Nr. 1 Buchst. a wird die Befreiungsmöglichkeit auf eine Einbeziehung in den Konzernabschluss eines persönlich haftenden Gesellschafters ausgedehnt. Zur persönlichen Haftung wird auf → § 264a Rz. 5 verwiesen.

Ein **Mutter-Tochter-Verhältnis** als sonst die Konzernrechnungslegung begründend wird nicht explizit verlangt, wohl aber implizit durch das Erfordernis der Einbeziehung in Form der **Vollkonsolidierung**; Quoten- und *Equity*-Konsolidierung reichen nicht aus (→ Rz. 13).[1]

17 Voraussetzung ist die **unmittelbare** Beteiligung eines persönlich haftenden Gesellschafters an der zu befreienden „Kap. & Co."-Gesellschaft, nicht notwendig begründet durch eine Kapitaleinlage. In der Befreiungsalternative (→ Rz. 8) nach Nr. 1 Buchst. b kommt hingegen auch die indirekte Beteiligungsstruktur zum Tragen.

18 Nicht erforderlich sind

- die **Pflicht** zur Aufstellung eines konsolidierten Abschlusses,
- das Vorliegen einer bestimmten **Rechtsform** des persönlich haftenden Gesellschafters sowie
- ein **Sitzstaat** innerhalb der EU bzw. des EWR.[2]

19 Ob und unter welchen Voraussetzungen im Rahmen der „typisch" oder abweichend gesellschaftsrechtlich strukturierten GmbH & Co. KG ein Mutter-Tochter-Verhältnis vorliegt (→ § 290 Rz. 14) und welche der beiden Gesellschaften als Mutterunternehmen den befreienden Konzernabschluss zu erstellen hat, kann im Hinblick auf Nr. 1 Buchst. a unentschieden bleiben.

2. Qualität des befreienden Konzernabschlusses (Nr. 2)

20 Vorausgesetzt werden technisch im Wege des Verweises auf § 264 Abs. 3 Satz 1 Nr. 3 HGB (→ § 264 Rz. 41) der **Einklang** des Konzernabschlusses und -lageberichts mit der EU-Richtlinie und eine Pflichtprüfung, die dort ebenfalls umschrieben ist. Auf die Kommentierung unter → § 291 Rz. 17 wird zusätzlich verwiesen. Der Konzernabschluss und -lagebericht müssen von einem zugelassenen Abschlussprüfer geprüft worden sein.

20a Ein nach EU-IFRS erstellter (und um einen Lagebericht erweiterter) Konzernabschluss reicht für die Befreiung aus (→ § 264 Rz. 41).

3. Anhangangabe und Offenlegung der Befreiung (Nr. 3 und Nr. 4)

21 Die Veröffentlichungsvorgaben entsprechen denjenigen des § 264 Abs. 3 HGB (→ § 264 Rz. 51 f.). Die Offenlegung muss beim Betreiber des Bundesanzeigers erfolgen (→ § 325 Rz. 1). Eine Offenlegung im Ausland durch die Muttergesellschaft mit dortigem Sitz genügt nicht.[3]

21a Für die Offenlegung gelten gem. Nr. 4 § 264 Abs. 3 Satz 2 und Satz 3 entsprechend. Auf → § 264 Rz. 52a wird deshalb verwiesen.

1 Vgl. *Ischebeck* in Küting/Pfitzer/Weber (Hrsg.), Handbuch der Rechnungslegung – Einzelabschluss, § 264b Tz. 15.
2 Vgl. *Theile*, GmbHR 2000 S. 200; *ADS*, 6. Aufl., Erg.-Bd., § 264b Tz. 18.
3 LG Bonn, Urteil v. 8.12.2010 – 31 T 652/10, Der Konzern 2011 S. 126.

4. Vergleich zu und Zusammenspiel mit § 264 Abs. 3 HGB

22 In der Parallelvorschrift für Kapitalgesellschaften werden **weitere** Tatbestandsvoraussetzungen für die Befreiung genannt (→ § 264 Rz. 44 ff.):

- Zustimmung sämtlicher **Gesellschafter** zur Inanspruchnahme der Befreiung;
- **Einstands- bzw. Verlustübernahme**verpflichtung des Mutterunternehmens.

Diese Voraussetzungen brauchen im Anwendungsbereich des § 264b HGB **nicht** erfüllt zu werden.

Auf die Zustimmung der **Gesellschafter** wurde wegen der umfangreichen Gesellschafterrechte einer Personengesellschaft in Bezug auf den Jahresabschluss verzichtet. Insbesondere wurde dabei auf die BGH-Rechtsprechung verwiesen, der zufolge die Feststellung des Jahresabschlusses (→ § 245 Rz. 12) als Grundlagengeschäft den Gesellschaftern in toto oblag.[1] Diese Rechtsprechung ist indes überholt:[2] Die Feststellung des Jahresabschlusses erfolgt mit der Stimmrechtsmehrheit (→ § 264c Rz. 33). Gleichwohl bleibt eine Zustimmung der Gesellschafter nicht erforderlich.

23 An die Stelle der Einstands- bzw. Verlustübernahmeverpflichtung in § 264 Abs. 3 HGB (→ § 264 Rz. 46) tritt in § 264b Nr. 1 HGB die **persönliche Haftung** des Gesellschafters. Sie muss sich gesellschaftsrechtlich ergeben, während nach § 264 Abs. 3 Nr. 2 HGB eine gesellschaftsrechtlich fundierte Verlustübernahmepflicht (§ 302 AktG) nicht zwingend ist, vielmehr auch eine äquivalente freiwillig begründete Pflicht ausreicht.

BEISPIEL In den Konzernabschluss von X ist die Y-GmbH einbezogen.

X verpflichtet sich schuldrechtlich gegenüber Y, in den Geschäftsjahren 01 bis 05 entstehende Verluste auszugleichen. Die besonderen Voraussetzungen für einen Unternehmensvertrag (Handelsregistereintragung etc.) werden nicht erfüllt. Gleichwohl ist die Befreiungsvoraussetzung des § 264 Abs. 3 Nr. 2 HGB erfüllt.

VARIANTE Y ist eine KG, X ihr Kommanditist. X verpflichtet sich schuldrechtlich gegenüber Y, in den Geschäftsjahren 01 bis 05 entstehende Verluste auszugleichen. Die Befreiungsvoraussetzung des § 264b Nr. 1 HGB ist nicht erfüllt.

24 Im **mehrstufigen** Konzern, in den neben Personenunternehmen auch Kapitalgesellschaften eingebunden sind, kann es zum Zusammenspiel von § 264b HGB und § 264 Abs. 3 HGB kommen. Hierzu wird auf → § 264 Rz. 54 verwiesen.[3] Die vorstehenden Hinweise gelten im Wesentlichen auch für Konzerne nach den Regeln des PublG.[4]

1 BGH, Urteil v. 29.3.1996 – II ZR 263/94, DB 1996 S. 926 ff.
2 Sog. „Otto"-Urteil des BGH v. 15.1.2007 – II ZR 245/05, DB 2007 S. 564.
3 Vgl. auch *Scholz*, BB 2012 S. 107; *Lüdenbach*, StuB 2012 S. 275.
4 *Jorde/Schröder/Tenhaak*, BB 2013 S. 2219.

§ 264c Besondere Bestimmungen für offene Handelsgesellschaften und Kommanditgesellschaften im Sinne des § 264a

(1) [1]Ausleihungen, Forderungen und Verbindlichkeiten gegenüber Gesellschaftern sind in der Regel als solche jeweils gesondert auszuweisen oder im Anhang anzugeben. [2]Werden sie unter anderen Posten ausgewiesen, so muss diese Eigenschaft vermerkt werden.

(2) [1]§ 266 Abs. 3 Buchstabe A ist mit der Maßgabe anzuwenden, dass als Eigenkapital die folgenden Posten gesondert auszuweisen sind:

I. Kapitalanteile

II. Rücklagen

III. Gewinnvortrag/Verlustvortrag

IV. Jahresüberschuss/Jahresfehlbetrag.

[2]Anstelle des Postens „Gezeichnetes Kapital" sind die Kapitalanteile der persönlich haftenden Gesellschafter auszuweisen; sie dürfen auch zusammengefasst ausgewiesen werden. [3]Der auf den Kapitalanteil eines persönlich haftenden Gesellschafters für das Geschäftsjahr entfallende Verlust ist von dem Kapitalanteil abzuschreiben. [4]Soweit der Verlust den Kapitalanteil übersteigt, ist er auf der Aktivseite unter der Bezeichnung „Einzahlungsverpflichtungen persönlich haftender Gesellschafter" unter den Forderungen gesondert auszuweisen, soweit eine Zahlungsverpflichtung besteht. [5]Besteht keine Zahlungsverpflichtung, so ist der Betrag als „Nicht durch Vermögenseinlagen gedeckter Verlustanteil persönlich haftender Gesellschafter" zu bezeichnen und gemäß § 268 Abs. 3 auszuweisen. [6]Die Sätze 2 bis 5 sind auf die Einlagen von Kommanditisten entsprechend anzuwenden, wobei diese insgesamt gesondert gegenüber den Kapitalanteilen der persönlich haftenden Gesellschafter auszuweisen sind. [7]Eine Forderung darf jedoch nur ausgewiesen werden, soweit eine Einzahlungsverpflichtung besteht; dasselbe gilt, wenn ein Kommanditist Gewinnanteile entnimmt, während sein Kapitalanteil durch Verlust unter den Betrag der geleisteten Einlage herabgemindert ist, oder soweit durch die Entnahme der Kapitalanteil unter den bezeichneten Betrag herabgemindert wird. [8]Als Rücklagen sind nur solche Beträge auszuweisen, die aufgrund einer gesellschaftsrechtlichen Vereinbarung gebildet worden sind. [9]Im Anhang ist der Betrag der im Handelsregister gemäß § 172 Abs. 1 eingetragenen Einlagen anzugeben, soweit diese nicht geleistet sind.

(3) [1]Das sonstige Vermögen der Gesellschafter (Privatvermögen) darf nicht in die Bilanz und die auf das Privatvermögen entfallenden Aufwendungen und Erträge dürfen nicht in die Gewinn- und Verlustrechnung aufgenommen werden. [2]In der Gewinn- und Verlustrechnung darf jedoch nach dem Posten „Jahresüberschuss/Jahresfehlbetrag" ein dem Steuersatz der Komplementärgesellschaft entsprechender Steueraufwand der Gesellschafter offen abgesetzt oder hinzugerechnet werden.

(4) [1]Anteile an Komplementärgesellschaften sind in der Bilanz auf der Aktivseite unter den Posten A.III.1 oder A.III.3 auszuweisen. [2]§ 272 Abs. 4 ist mit der Maßgabe anzuwenden, dass für diese Anteile in Höhe des aktivierten Betrags nach dem Posten „Eigenkapital" ein Sonderposten unter der Bezeichnung „Ausgleichsposten für aktivierte eigene Anteile" zu bilden ist.

(5) [1]Macht die Gesellschaft von einem Wahlrecht nach § 266 Absatz 1 Satz 3 oder Satz 4 Gebrauch, richtet sich die Gliederung der verkürzten Bilanz nach der Ausübung dieses Wahlrechts. [2]Die Ermittlung der Bilanzposten nach den vorstehenden Absätzen bleibt unberührt.

Inhaltsübersicht **Rz.**

LITERATUR:

Hoffmann, Gesellschafterkonten oder Eigenkapital bei der Personenhandelsgesellschaft nach § 264c HGB, StuB 2009 S. 407; *Kempermann*, Nicht eingezahlte Einlage, zurückgezahlte Aufgelder und falsch bezeichnete Kapitalkonten, DStR 2008 S. 1917; *Alterndorf*, Aktuelle Tendenzen zur steuerlichen Behandlung von Gesellschafterkonten bei Personengesellschaften, GmbH-StB 2009 S. 101; *Ley*, Gesellschafterkonten im Lichte der grundlegenden BFH-Entscheidung vom 16. 10. 2008 – IV R 98/06, DStR 2009 S. 613.

Vgl. hierzu auch die Hinweise zu → § 264a.

I. Regelungsgehalt, Anwendungsbereich

1 § 264c HGB bestimmt **spezielle** Rechtsfolgen für die in § 264a HGB definierten Gesellschaftsformen. **Generell** gelten die §§ 264 bis 330 HGB auch für diese Gesellschaften (→ § 264a Rz. 4). § 264c HGB enthält **besondere** Ansatz- und Ausweisvorschriften, die der im Verhältnis zu Kapitalgesellschaften abweichenden Rechtsstruktur der „Kap. & Co."-Gesellschaften Rechnung tragen sollen. Diesen Vorschriften kommt „Lex specialis"-Charakter zu; sie haben also Vorrang vor den Regeln in §§ 264 ff. HGB. Insbesondere wird in Abs. 2 in bestimmten Ausweisfragen nach Komplementär- und Kommanditistenstellung unterschieden.

2 Zu **verweisen** ist wegen der

- **Möglichkeit der Befreiung** von der Anwendung der §§ 264 ff. HGB allgemein und des § 264c HGB speziell auf → § 264b Rz. 4.
- **Verantwortlichkeit** zur Rechnungslegung auf → § 238 Rz. 2.
- **Pflicht zur Unterzeichnung** des Jahresabschlusses auf → § 245 Rz. 2.

3 Den „Kap. & Co.“-Gesellschaften stehen die gleichen Erleichterungsvorschriften zu, die den Kapitalgesellschaften gewährt werden, z. B.

- zusammengefasste **Bilanzgliederung** nach § 267 Abs. 1 Satz 3 HGB für kleine Gesellschaften,
- verkürzte **GuV**-Rechnung für mittelgroßes Format nach § 276 Satz 1 HGB,
- **Anhangangaben** nach § 288 HGB,
- **Lageberichterstattung** nach § 264 Abs. 1 Satz 3 HGB,
- **Publizität** nach § 326 HGB.

Auf die dortigen Kommentierungen wird verwiesen.

Kleinst-„Kap. & Co.“-Gesellschaften werden im MicroBilG die gleichen Erleichterungen wie Kleinstkapitalgesellschaften (→ § 266 Rz. 10b) gewährt. Vergleichbar den Angabepflichten nach § 42 Abs. 3 GmbHG kann u. E. bei Kleinst-„Kap. & Co.“-Gesellschaften die Angabe nach § 264c Abs. 1 HGB (Forderungen/Verbindlichkeiten gegenüber Gesellschaftern) entfallen.[1]

II. Forderungen und Verbindlichkeiten gegenüber Gesellschaftern (Abs. 1)

1. Inhalt

4 Inhaltlich identisch mit § 42 Abs. 3 GmbH verlangt Abs. 1 die Angabe von Gesellschafterbeziehungen, soweit diese sich in Forderungen (einschließlich Ausleihungen) oder Verbindlichkeiten niedergeschlagen haben (→ § 266 Rz. 15). Regelmäßig handelt es sich um Posten aus „Lieferungen und Leistungen“ oder um Darlehen. Zum Inhalt der Posten im Übrigen wird auf die Kommentierung von → § 266 Rz. 16 ff. verwiesen, zur Abgrenzung zum Eigenkapital auf → § 246 Rz. 100 und Rz. 123. Forderungen und Verbindlichkeiten gegenüber mittelbar Beteiligten (z. B. gegenüber den Gesellschaftern der Komplementär-GmbH) sind von Abs. 1 nicht betroffen, ggf. aber als Forderungen/Verbindlichkeiten gegenüber verbundenen Unternehmen bzw. solchen, mit denen ein Beteiligungsverhältnis besteht, auszuweisen.[2]

5 In anderen Bereichen der Bilanz – etwa bei Rückstellungen – angesiedelte Gesellschafterbeziehungen im Unternehmensverbund (→ § 266 Rz. 73 und → § 266 Rz. 87) sind gesetzesförmlich nicht anzugeben.

BEISPIEL Die X GmbH & Co. KG hat die X AG als Gesellschafter (Kommanditist). Ihr Geschäftsgegenstand ist die Herstellung von Klimaanlagen für Lastwagen, die X zusammen mit der Heizungsanlage als Auftragnehmer vom Lastwagenhersteller in die Lkw einbaut.

Die X GmbH & Co. KG trägt für die Herstellung eine Gewährleistungspflicht in handelsüblicher Form. Die dafür zu bildende Rückstellung (→ § 249 Rz. 80 ff.) „entfällt“ auf X, ein entsprechender Ausweis nach Abs. 1 kommt aber allenfalls freiwillig in Betracht, weil Rückstellungen zwar Schuldcharakter aufweisen, aber nach der Gliederungssystematik des § 266 HGB nicht als „Verbindlichkeiten“ gelten.

BEISPIEL An der Z GmbH & Co. KG ist die Z Bau AG zu 100 % als Kommanditistin und Komplementärin beteiligt. Der einzige Geschäftsinhalt der GmbH & Co. KG ist die Lieferung von Beton an die Z AG. Die Umsatzerlöse sind – abgesehen von der möglichen Erleichterung nach § 276 Satz 1 HGB (→ § 276 Rz. 2) – nach Abs. 1 nicht als solche gegenüber den Gesellschaftern auszuweisen. Unter Umständen ist ein solcher Sonderausweis nach § 243 Abs. 2 HGB geboten. Zu einem ähnlich gelagerten Fall wird verwiesen auf → § 243 Rz. 21.

1 So auch *Fey et al.*, BB 2013 S. 109.

2 Gleicher Auffassung *Justenhoven/Roland* in Beck'scher Bilanz-Kommentar, 13. Aufl. 2022, § 264c Tz. 6.

2. Ausweistechnik

6 Das Gesetz bietet drei Ausweismöglichkeiten für die Forderungen/Verbindlichkeiten gegenüber Gesellschaftern an:

- **Eigener** Gliederungsposten, z. B.: „Verbindlichkeiten gegenüber Gesellschaftern" (Gesellschafterin).
- **Anhangangabe,** z. B.: „Von den Forderungen aus Lieferungen und Leistungen entfallen XX T€ auf eine Gesellschafterin."
- **Mitzugehörigkeitsvermerk** (in der Bilanz), z. B.: Forderungen aus Lieferungen und Leistungen YY T€ – davon gegen eine Gesellschafterin XX T€.

Zu möglichen Darstellungs**techniken** wird auf → § 266 Rz. 73 verwiesen.

7 Der Informationsgehalt der drei Ausweisvarianten ist nicht identisch: In der ersten Version ist nicht ersichtlich, ob es sich um eine Liefer- oder Darlehensverbindlichkeit handelt. Bei der Variante „Davon-Vermerk" gilt Ähnliches für „sonstige Verbindlichkeiten".

Die Charakteristik einer Verbindlichkeit als Darlehen geht aus keiner Ausweisversion (zwingend) hervor, da Darlehensverbindlichkeiten (und -forderungen) keinen eigenständigen Gliederungsposten in § 266 darstellen (→ § 266 Rz. 94).

8 In Einzelfällen kann es sich um **dreifach** angabepflichtige Posten handeln.

BEISPIEL ► Im ersten Teil-Sachverhalt unter → Rz. 5 hat die X GmbH & Co. KG eine Lieferforderung gegen die X AG von ZZ T€. Im Anhang (z. B. → Rz. 6) ist dies etwa wie folgt darzustellen:

„Von (1) den Forderungen aus Lieferungen und Leistungen im Gesamtbetrag von XX T€ entfallen auf (2) eine Gesellschafterin, (3) zugleich Unternehmen, mit dem ein Beteiligungsverhältnis besteht (3) (→ § 271 Rz. 3 ff.), XY T€."

Besteht ein Mutter-Tochter-Verhältnis – die X AG ist alleinige Gesellschafterin (oder Mehrheitsgesellschafterin) der X GmbH & Co. KG – kann eine Zusammenfassung der Ausweise etwa in folgender Form präsentiert werden:

- „Gegen unsere Muttergesellschaft bestehen Verbindlichkeiten aus Lieferungen und Leistungen i. H. von ZZ T€."
- „Von den Verbindlichkeiten entfallen ZZ T€ auf unsere Muttergesellschaft" (bei Darlehensverbindlichkeiten → Rz. 7).

Der Charakter des verbundenen Unternehmens geht aus der Bezeichnung „Muttergesellschaft" bzw. umgekehrt „Tochtergesellschaft" hervor (→ § 271 Rz. 32 ff.).

III. Eigenkapitalausweis (Abs. 2)

1. Überblick über den Norminhalt

1.1 Kapital der Gesellschaft oder Beteiligung der Gesellschafter?

9 Das Eigenkapital ist definiert als Unterschiedsbetrag zwischen den jeweiligen Bilanzansätzen für Aktiva und Passiva. Es gleicht diesen Unterschied in der Summe beider Bilanzseiten aus. Auf die Darstellung in → § 246 Rz. 118 wird verwiesen. Das Eigenkapital weist die Höhe des nach den Grundsätzen ordnungsmäßiger Buchführung und den weiteren gesetzlichen Vorgaben am Bilanzstichtag ermittelten Nettovermögens des **Kaufmanns** aus. Als Kaufmann im

Sinne der Rechnungslegungsvorschriften des HGB (→ § 238 Rz. 1) gelten verschiedene Gesellschaftsformen. Das geschieht nach § 1 Abs. 1 HGB über den Betrieb eines Handelsgewerbes für die OHG gem. § 105 Abs. 1 HGB, für die KG gem. § 161 Abs. 1 HGB, für die AG gem. § 3 Abs. 1 AktG und für die GmbH gem. § 13 Abs. 3 GmbHG. Das Eigenkapital im Sinne der Rechnungslegungsvorschriften des HGB steht im Falle von Gesellschaften als handelsgewerbetreibende Instanz also **der Gesellschaft** zu. **Diese** ist rechnungslegungspflichtig, in **deren** Bilanz erscheint ein Eigenkapital. Deshalb können die Gesellschafter – Aktionäre oder Kommanditisten – **keine Kapitalanteile** an der jeweiligen Gesellschaft halten, sondern nur **Beteiligungen.** Bei Personengesellschaften lautet die einschlägige Sprachregelung durchweg anders und verleitet deshalb zu **Missverständnissen** (→ Rz. 16). Im Interesse der verständlichen Darstellung muss im Rahmen dieser Kommentierung häufig gleichwohl vom Kapitalanteil des Kommanditisten oder des persönlich haftenden Gesellschafters gesprochen werden; gemeint ist damit aber immer nur eine Beteiligung dieses jeweiligen Gesellschafters an der KG bzw. OHG.

An diesem Kapitalkonto, das die Vermögenslage des Kaufmanns und damit einer **Gesellschaft** 10
widerspiegelt (→ Rz. 9), können viele Gesellschafter einen Anteil haben – z. B. 500 Kommanditisten einer Publikums-KG oder 10.000 Aktionäre einer Publikums-AG. Umgekehrt kann an einer KG nur ein einziger Gesellschafter eine Beteiligung halten, ebenso wie alle Aktien von einer einzigen Person gehalten werden können. So oder so – das Eigenkapital einer Gesellschaft wird durch die Anzahl der Gesellschafter nicht „zerlegt" oder „atomisiert", es bleibt immer bei dem **einen** Eigenkapital der Gesellschaft. „Eigenkapitalien" bestehen nicht.

Diese Aussage ist für **Kapital**gesellschaften absolut unbestritten. Bei **Personen**handelsgesell- 11
schaften schleichen sich zumindest terminologisch laufend Verstöße gegen diese Ausgangsüberlegungen zur Bilanzierung und zum Eigenkapitalausweis ein. Das setzt sich bis in den Gesetzeswortlaut hinein fort (Abs. 2 Satz 3), wo von „Kapitalanteil" und „Kapitalanteilen" die Rede ist. Zu verstehen sind derlei Formulierungen, die auch ähnlich klingen mögen, immer als Anteile der Gesellschafter an dem der Gesellschaft zukommenden Eigenkapital, was gewöhnlich als **Beteiligung** bezeichnet wird.

Für die Rechnungslegung der Gesellschaft ist es unerheblich, **wer** und **wie viele Personen** an 12
ihrem Eigenkapital beteiligt sind. Die ganze Gewinnermittlung verläuft davon unabhängig. Das gilt systematisch notwendig sowohl für Kapital- als auch für Personenhandelsgesellschaften, denn diese sind in ihrer Kaufmannseigenschaft (→ Rz. 9) gleichermaßen **Subjekt** und Objekt der Rechnungslegung. Man kann auch so formulieren: Genauso wie die Kapital- ist die Personenhandelsgesellschaft für Zwecke der Rechnungslegung **rechtsfähig** (wie sie im Übrigen auch grundbuch- oder prozessfähig ist).

1.2 Vervielfachung der Kapitalkonten?

Trotz dieser eindeutigen und im Grunde unbestrittenen Ausgangsfakten werden in der Rech- 13
nungslegungs-, der Besteuerungs- und der kautelarjuristischen Vertragspraxis den Kommanditisten und persönlich haftenden **Gesellschaftern** Kapitalanteile oder -konten „zugeteilt". In dieser Perspektive wirkt der Jahresabschluss der Personenhandelsgesellschaft als eine Art **gebündelte** Bilanz der einzelnen Gesellschafter – vergleichbar der vor Jahrzehnten für die steuerliche Bilanzierung abgeschafften Bilanzbündeltheorie. Wäre diese Darstellung zutreffend, müsste bei der Publikums-KG für 500 Gesellschafter jeweils ein eigenes Kommanditistenkonto geführt werden, was indes ebenso wenig praktiziert wird wie eine individuelle Kapitalkontenführung für 50.000 Aktionäre.

Die Bündelung der Bilanzen war wohl auch die Grundüberlegung des HGB-Gesetzgebers Ende des vorletzten Jahrhunderts, die sich in den §§ 120 Abs. 2 und 167 HGB gehalten hat (→ § 246 Rz. 149 ff.). Im Hinblick auf die (unbestrittene) Kaufmanns- und damit Bilanzsubjekt-Eigenschaft der OHG bzw. KG bedarf es einer sinnvollen Interpretation dieser altüberlieferten Gesetzesvorgaben.

14 Das **Verhältnis** zwischen dem Gesellschafts-Eigenkapital einer Personenhandelsgesellschaft und den daran bestehenden Beteiligungen der Gesellschafter kann man auch wie folgt formulieren:

> „Alle Kapitalanteile (der Gesellschafter) zusammen bilden das Eigenkapital der Gesellschaft."[1]

Dieser Satz lässt sich für die vergleichbaren Begriffe einer GmbH umformulieren:

> „Alle Geschäftsanteile bilden das Eigenkapital der Gesellschaft."

Die Übereinstimmung in der Aussage zwischen den beiden Gesellschaftsformen beruht auf einer lapidaren Grundlage: Wenn mehr als eine Person an einem beliebigen Objekt Anteilsrechte hat, muss sich deren Gesamtbetrag immer auf 100 aufaddieren.

15 Zur „Zerlegung" des Eigenkapitals einer Personenhandelsgesellschaft in die Anteile der Gesellschafter gesellt sich eine weitere Aufgliederung von deren Anteilen nach der Vertragskautelarpraxis in **mehrere Konten,** deren Anzahl bei Kommanditgesellschaften regelmäßig vier beträgt (sog. **Vier-Konten-Modell**):[2]

- **Kapitalkonto I** als Festkapital mit der vertraglich vereinbarten Einlage.
- **Kapitalkonto II** als variables Konto mit der Verbuchung von Entnahmen, Verlusten und Gewinnen von persönlich haftenden Gesellschaftern.
- **Darlehenskonto** für Kommanditisten zur Trennung der in Vorjahren erzielten und noch nicht ausgeschütteten Gewinne von späteren Verlusten, um die gleichwohl bestehende Bezugsberechtigung für diese Gewinne zu dokumentieren.
- **Verlustverrechnungskonto** für Kommanditisten, auf dem spätere Gewinnanteile gem. § 169 Abs. 1 Halbsatz 2 HGB zu verrechnen sind.[3]

16 Diese Kontenführung hat ihre **gesellschaftsrechtliche** Berechtigung, insbesondere im Fall der Kommanditgesellschaft, darf aber – zur Wiederholung – nicht den obigen Befunden (→ Rz. 13) widersprechen:

- Es wird buchungstechnisch über das Eigenkapital der **Gesellschaft** verfügt,
- und dies in Aufgliederung für die **einzelnen** Gesellschafter, die ihrerseits kein Eigenkapital, sondern eine Beteiligung an diesem haben können.

Im Falle der „Kap. & Co."-Gesellschaften i. S. des § 264a HGB kommt nach der gesetzlichen Vorgabe noch eine weitere Untergliederung zum Tragen, die ihre Struktur der Gliederung in § 266 Abs. 3a HGB für Kapitalgesellschaften entnimmt (→ Rz. 19).

17 Für die Frage, wann Darlehens- oder Verrechnungskonten überhaupt Eigenkapital sind bzw. wann sie Fremdkapital darstellen, wird auf → § 246 Rz. 100 und Rz. 123 verwiesen.

1 So *Huber* (ZGR 1988 S. 1) in einem grundlegenden Beitrag zum Kapitalkonto einer Personenhandelsgesellschaft und den daran bestehenden Beteiligungen.

2 Einzelheiten hierzu bei *Ley*, DStR 2009 S. 660; BFH, Urteil v. 16.10.2008 – IV R 98/06, DStR 2009 S. 212.

3 Einzelheiten zu diesen Kontoführungsvorgaben bei *Huber*, ZGR 1988 S. 86; *Ley*, KöSDi 1994 S. 9976.

1.3 Unstreitige Fakten (Zusammenfassung)

Zu den weiteren Überlegungen können folgende unstreitige Fakten zusammenfassend festgehalten werden: 18

- Rechnungslegungspflichtig nach dem HGB ist der **Kaufmann** (§§ 238, 242 HGB).
- Kaufmann im Sinne dieser Vorschriften ist die **Gesellschaft**, sei es eine AG oder eine „Kap. & Co."-Gesellschaft, und nicht etwa die Gesellschafter.
- In der Bilanz dieses Kaufmanns wird **„sein"** Vermögen ausgewiesen (bei einer Gesellschaft im Femininum „ihr" Vermögen).
- Das Vermögen im Sinne einer Bilanz ist definiert als der Überschuss der Aktivposten über die Passivposten; man bezeichnet die Differenz als Kapital oder **Eigenkapital** (der Gesellschaft).
- An diesem Gesellschaftskapital sind die Gesellschafter **beteiligt.**
- Die Gesellschafter (Aktionäre, Kommanditisten etc.) haben also in der Folge dieser Definitionen kein Eigenkapital und keinen Kapitalanteil, sondern eine **Beteiligung.** Wenn man gewöhnlich von „Kapitalanteil" spricht, meint man also die Beteiligung des Gesellschafters.
- Bezogen auf die Gesellschafter „zerfällt" das Eigenkapital der Gesellschaft in die einzelnen Beteiligungen (**„Kapitalanteile"**); anders ausgedrückt: Die „Kapitalanteile" der Gesellschafter addieren sich zum Eigenkapital der Gesellschaft.
- Der Gesellschafter kann nur **eine** Beteiligung (Kapitalanteil) an der Gesellschaft haben; die Aufteilung in mehrere Kapitalkonten hat deshalb nur buchungstechnische Bedeutung (abgesehen von der Identifizierung als Darlehen).

2. Ausweis der Gesellschafterverhältnisse im Eigenkapital der Gesellschaft

2.1 Grundgliederung (Abs. 2 Satz 1)

Die Gliederungsvorgabe in Abs. 2 Satz 1 für die „Kap. & Co."-Gesellschaften stellt sich im Vergleich zu den Kapitalgesellschaften wie folgt dar: 19

„Kap. & Co."-Gesellschaften	Kapitalgesellschaften
Kapitalanteile	Gezeichnetes Kapital
Rücklagen	Kapitalrücklage/Gewinnrücklagen
Gewinnvortrag/Verlustvortrag	Gewinnvortrag/Verlustvortrag
Jahresüberschuss/Jahresfehlbetrag	Jahresüberschuss/Jahresfehlbetrag

Die **Anlehnung** der Gliederung für „Kap. & Co."-Gesellschaften an diejenige für Kapitalgesellschaften ist offensichtlich. Die **Abweichung** zwischen „gezeichnetem Kapital" und „Kapitalanteilen" ist offensichtlich rechtsformspezifisch motiviert, verursacht allerdings bereits insofern Missverständnisse, als selbstverständlich die anderen Posten im Gliederungsschema (Rücklagen etc.) ebenfalls zu den „Kapitalanteilen" der **Gesellschafter** gehören (→ Rz. 11). Das gilt insbesondere auch für die Rücklagen. Die regelmäßig so bezeichnete „gesamthänderisch gebundene Rücklage" schwebt nicht im freien Rechtsraum, sondern stellt einen Eigenkapitalbestandteil der Gesellschaft dar und ist den Gesellschaftern anteilig nach ihrer Beteiligungsquote zuzurechnen (→ § 246 Rz. 167). Das Gleiche gilt für den Gewinn- und Verlustvortrag sowie für den Jahresüberschuss bzw. -fehlbetrag. 20

Eine freiwillige weitere Aufgliederung nach Kapital- und Gewinnrücklage erscheint unbedenklich.[1]

2.2 Trennung der Gesellschaftergruppen (Abs. 2 Satz 2 und 6)

21 Tatsächlich will der Gesetzgeber das Eigenkapital der Gesellschaft zumindest nach den beiden Gesellschaftergruppen aufteilen. Die Sätze 2 und 6 verlangen getrennte Ausweise der „Kapitalanteile" für die persönlich haftenden Gesellschafter und die Kommanditisten. Insoweit besteht bei der KG ein Trennungszwang im Ausweis. Die Kapitalanteile der persönlich haftenden Gesellschafter dürfen einzeln unterteilt ausgewiesen werden, was aber nur bei einem beschränkten Gesellschafterkreis sinnvoll ist. Für die Kommanditisten besteht diese Erlaubnis nicht, wenn für das „insgesamt gesondert" in Abs. 2 Satz 6 eine Betonung auf **„insgesamt"** angenommen wird, die Formulierung also nicht i. S. von „alle **gesondert"** interpretiert wird.[2]

22 Die gesetzliche Vorgabe der Trennung der Gesellschaftergruppen bezieht sich indes nur auf den Gliederungsposten **„Kapitalanteile"** (→ Rz. 19). Für die übrigen Eigenkapital-Ausweisposten gilt diese Aufgliederungsvorgabe nicht, also z. B. für die Rücklagen. Das mag für die Gläubiger und andere außenstehende Interessenten am Jahresabschluss ohne Belang sein, umgekehrt verhält es sich für die Gesellschafter selbst. Denen ist zwingend – entsprechend ihrer Beteiligungsquote – auch das übrige, nicht unter „Kapitalanteile" ausgewiesene Eigenkapital vermögensmäßig zuzurechnen. Zur Erinnerung: Jeder Gesellschafter einer Personengesellschaft hat nur **eine** Kapitalbeteiligung, die dann notwendigerweise alle im Gliederungsschema genannten Eigenkapitalposten umfassen muss (→ Rz. 14).

Diese Trennung der Kapitalanteile nach Gesellschaftergruppen einer KG ist für weite Anwendungsbereiche der Vorschrift bedeutungslos, weil regelmäßig die Komplementär-GmbH am Kapital der Kommanditgesellschaft nicht beteiligt ist.

23 Insgesamt ist also der Eigenkapitalausweis teils getrennt nach Gesellschaftergruppen – für „Kapitalanteile" – und teils zusammengefasst – z. B. für Rücklagen – vorzunehmen. Diese **Unsystematik** muss notwendig in Einzelfällen zu Verwirrungen führen.

BEISPIEL[3]

Rücklagen Komplementäre	50
Rücklagen Kommanditisten	50
Rücklagen nach gesetzlicher Gliederungsvorgabe	100
(Übriges) Eigenkapital der Komplementäre	10
(Übriges) Eigenkapital der Kommanditisten	-20

1 Zu Ausweisfragen vgl. *Hennrichs/Pöschke*, Das Eigenkapital des Einzelkaufmanns, der OHG und der KG, in Handbuch des Jahresabschlusses, Abt. III/1, 2009, Tz. 73 ff.; *Künkele/Zwirner*, StuB 2013 S. 3.

2 *ADS*, 6. Aufl., § 264c Tz. 16, sehen keine Bedenken gegen eine weitere Aufgliederung bei beschränktem Umfang des Kommanditistenkreises.

3 Vgl. *Hoffmann*, DStR 2000 S. 839.

Wie sind die Eigenkapitalien auszuweisen?

LÖSUNG 1

Aktiva		Passiva	
Kapitalanteile Kommanditisten	20	Kapitalanteile Komplementäre	10
		Rücklagen	100

Gegen diese Darstellung spricht, dass der Aktivausweis des Kommanditistenkapitals nicht 24
durch eine gesetzliche Vorschrift abgedeckt erscheint. Die beiden Aktivausweise des Kapitals nach Abs. 2 Satz 4 und 5 enthalten eine andere Regelung, nämlich den Ausweis eines **insgesamt** negativen Kapitalanteils (→ Rz. 41). Dem lässt sich in der Bilanzdarstellung ohne Provokation von Missverständnissen nur folgen, wenn die Rücklagen auf die beiden Gesellschafter-Typen aufgeteilt werden, was de lege lata zwar nicht vorgesehen ist, aber zulässig erscheint.

LÖSUNG 2

Aktiva	Passiva		
	Kapitalanteile Komplementäre	10	
	Rücklagenanteil Komplementäre	50	60
	Kapitalanteile Kommanditisten	-20	
	Rücklagenanteil Kommanditisten	50	30
			90

Betrügen die Kapitalanteile der Kommanditisten abweichend von Beispiel 1 statt -20 Einheiten -70 Einheiten, müssten diese aktivisch ausgewiesen werden („nicht durch Vermögenseinlagen gedeckter Verlustanteil der Kommanditisten" 20 Einheiten). Ein Rücklagenanteil des Kommanditisten dürfte dann nicht unter den Passiva erscheinen.

Maßgeblich für den Eigenkapitalausweis eines Kommanditisten ist seine **Pflicht**einlage gem. 25
Gesellschaftsvertrag in die Gesellschaft, nicht etwa die im Handelsregister vermerkte **Haft**einlage. Allerdings stimmen beide Beträge in der Praxis regelmäßig überein (→ § 246 Rz. 156). Durch das **MoPeG** werden beide Fälle erstmalig wie folgt klar voneinander abgegrenzt:

- **Vereinbarte Einlage** (§§ 167, 161 Abs. 1, 171 Abs. 1 HGB) = im Innenverhältnis, zwischen den Gesellschaftern bedungene, zu erbringende Einlage.
- **Haftsumme** (§§ 161 Abs. 1, 162 Abs. 1, 171 Abs. 1, 172, 174) = im Handelsregister eingetragener Betrag, bis zu dem der Kommanditist den Gläubigern der Gesellschaft nach Maßgabe haftet.

2.3 Abschreibung von Verlusten (Abs. 2 Satz 3)

Der Satz ist terminologisch unglücklich formuliert. Es ist die Rede von **„Verlust"**, womit ver- 26
mutlich ein Anteil am **Jahresfehlbetrag** gemeint ist. Umgangssprachlich wird hier häufig von „Verlust" gesprochen, mit der sonstigen Gesetzesterminologie stimmt dieser Begriff nicht überein.

Auch der Aussagegehalt der **„Abschreibung"** ist interpretationsbedürftig. Ein im Sinne eines Fehlbetrags verstandener Verlust mindert nach den ehernen Regeln der Doppik immer das Eigenkapital der Gesellschaft und damit den Anteil des Gesellschafters daran. Das GuV-Konto ist systematisch ein Unterkonto des Kapitalkontos. Deshalb bewirkt ein solcher Verlust **eo ipso** eine „Abschreibung", also eine Minderung des Eigenkapitals.

27 Offen lässt der Gesetzeswortlaut demgegenüber die Frage, auf welchem der **Unter-**Kapitalkonten ein so als Jahresfehlbetrag verstandener „Verlust" zu verbuchen ist. Bei Ablehnung der Bilanzbündeltheorie (→ Rz. 11) kommt nach der gesetzlichen Gliederungsvorgabe nur der Posten **„Jahresfehlbetrag"** in Betracht. Das gilt auch, wenn der Gesellschaftsvertrag eine andere Verbuchung vorsieht, z. B. durch Belastung eines Kapitalkontos II, wonach auch eine Verrechnung mit der gesamthänderisch gebundenen Rücklage erfolgen kann und der „Kapitalanteil" nur mit dem darüber hinausgehenden Betrag zu belasten ist. Alle diese genannten Konten sind Bestandteile des **einen** Beteiligungsanteils (genannt: Kapitalanteil) eines Gesellschafters. Gegen die hier vorgeschlagene Lösung spricht **nicht** eine entgegenstehende gesellschaftsrechtliche Vorgabe. Zwingendes öffentliches Recht der Rechnungslegung kann nicht privatautonom durch einen Gesellschaftsvertrag abbedungen werden. Vielmehr bietet sich eine entsprechende **Interpretation** einer abweichenden gesellschaftsvertraglichen Vorgabe an.

BEISPIEL ▸ Der Gesellschaftsvertrag der KG sieht für den Komplementär die Belastung des Kapitalkontos und für die Kommanditisten die Belastung eines Verlustvortragskontos mit einem Fehlbetrag vor.

Sachverhalt

		%
Verlustanteile Komplementäre	50	21,7
Verlustanteile Komplementäre	180	78,3
Jahresfehlbetrag	230	100,0

Verbuchung nach Gesellschaftsvertrag

Einlage Komplementär, Stand 1.1.	500
Verlustabschreibung	50
Stand „Kapitalanteil" Komplementär 31.12.	450
Einlage Kommanditist, Stand 1.1.	1.800
Verlustkonto	180
Stand „Kapitalanteil" Kommanditisten 31.12.	1.620
Eigenkapital	2.070

Der eindeutige Gesetzeswortlaut verweist auf die Gliederungsvorgaben in § 266 zum Eigenkapital (→ § 266) und wiederholt ihn in Abs. 2 Satz 1 nochmals. Diesem Gesetzesgebot wird in der folgenden Darstellung nachgekommen:

Bilanzierung nach Gesetzeswortlaut

Kapitalanteil Komplementär	500
Kapitalanteil Kommanditisten	1.800
„Kapitalanteile"	2.300
Jahresfehlbetrag	-230
	2.070

Die vorstehende Abbildung des Jahresergebnisses entspricht systematisch der Bilanzierung **vor** Gewinnverwendung im Umkehrschluss zu § 268 Abs. 1 HGB (→ § 268 Rz. 3). Diese Vorschrift ist durch § 264c HGB nicht aufgehoben, sondern bleibt auch der Anwendung von „Kap. & Co."-Gesellschaften anvertraut. Nach Feststellung des Jahresabschlusses (→ Rz. 33) kann dann die entsprechende Belastung der beiden im Gesellschaftsvertrag vorgesehenen Unterkonten der jeweiligen „Kapitalanteile" erfolgen. 28

Eine andere Lösung kann in der Bilanzierung **nach** Gewinnverwendung gem. § 268 Abs. 1 HGB gefunden werden (→ § 268 Rz. 4). Diese besteht in der **Überleitung** vom Jahresergebnis (gem. GuV) auf die einzelnen Eigenkapitalkonten laut Bilanzausweis. 29

BEISPIEL

Jahresfehlbetrag	-230
Belastung Verlustkonto Kommanditisten	+180
Belastung Kapitalanteil Komplementär	+50
	0

In allen Beispielsfällen wird die „Abschreibung" auf den Kapitalanteil als Gesetzesvorgabe des Abs. 2 Satz 3 nachvollzogen, ohne die übrigen Gesetzesvorgaben (hier Abs. 2 Satz 1) zu verletzen (→ Rz. 20).

Nach wohl h. M. ist entgegen unseren vorstehenden Ausführungen gem. Abs. 2 Satz 3 der Jahresfehlbetrag nie gesondert auszuweisen, sondern anteilig vom Kapitalanteil, ggf. auch von den Rücklagen, abzuziehen, vorzugsweise offen.[1] 29a

2.4 Zuschreibung von Gewinnen

Die buchhalterische Selbstverständlichkeit der „Abschreibung" von Verlusten beim Kapitalkonto wird im Gesetzestext spiegelbildlich für den Umkehrfall des Jahresüberschusses („Gewinn") nicht wiederholt. So gesehen steht einer Bilanzierung **vor** Gewinnverwendung grundsätzlich nichts entgegen, d. h., der erzielte Jahresüberschuss ist nach dem Gliederungsschema der Bilanz (→ Rz. 19) auszuweisen, wie es der zwingenden Gesetzesvorgabe des Abs. 2 Satz 1 entspricht (→ Rz. 27). Damit wird nicht etwa gegen § 120 Abs. 2 HGB verstoßen, denn in dem ausgewiesenen Jahresüberschuss verbirgt sich anteilig der Betrag, der dem Kapitalanteil des Komplementärs bzw. Kommanditisten (§ 167 Abs. 1 HGB) von Gesetzes und Vertrags wegen zusteht. Anders ausgedrückt: Durch den Ausweis des Jahresüberschusses ist diese „Zuschreibung" bereits bewerkstelligt. Vergleichbar der Vorgehensweise bei einer Kapitalgesellschaft kann dann die persönlich haftende Gesellschafterin der Gesellschafterversammlung einen **Gewinnverwendungsvorschlag**[2] unterbreiten (→ § 255 Rz. 176 f.), z. B. in folgender Aufgliederung: 30

- Ausschüttung an die Gesellschafter,
- Einstellung in die Rücklage,
- Überlassung als Darlehen (Schütt-aus-hol-zurück-Verfahren),
- Kapitalerhöhung.

1 Vgl. z. B. *Justenhoven/Roland* in Beck'scher Bilanz-Kommentar, 13. Aufl. 2022, § 264c Tz. 42 und Tz. 50.
2 BGH, Urteil v. 20.4.2009 – II Z R 88/08, DStR 2009 S. 1489.

31 Die letztgenannte Verwendung soll auf Folgendes hinweisen: Regelmäßig ist in den Gesellschaftsverträgen ein **Festkapital** vorgesehen, dessen relative Höhe, bezogen auf die Gesellschafter, auch die Gewinnverteilungsquote bestimmt. Eine eigentliche Kapitalerhöhung kann dann sinnvollerweise nur erfolgen, wenn alle Gesellschafter mit ihrem Festkapital mitziehen. Ist dies nicht der Fall, erfolgt regelmäßig eine Gutschrift auf dem „Kapitalkonto II". Diese ist aber ökonomisch nur sinnvoll, wenn sie mit einer **Verzinsungs**regelung einhergeht. Diesem Kapitalkonto II kommt dann dem Gehalt nach Darlehenscharakter zu. Bei den dort ebenfalls regelmäßig verbuchten Entnahmen handelt es sich in dieser Perspektive um Darlehensrückzahlungen. Wenn man dieses Konto gleichwohl als Eigenkapitalbestandteil ansieht, wird dadurch zwingend die Vereinbarung von Festkapitalien (→ Rz. 15) konterkariert. Die Kapitalkonten der Gesellschafter variieren dann im Verhältnis untereinander (→ Rz. 15). Der BFH[1] wertet im Rahmen der Rechtsprechung zu § 15a EStG das Kapitalkonto II dann als Eigenkapitalbestandteil, wenn darauf nach dem Gesellschaftsvertrag auch Verluste zu verbuchen sind. In der Verzinsung sieht der BFH kein Unterscheidungsmerkmal zwischen Darlehen und Eigenkapital.

32 Unseres Erachtens ist eine solche Bilanzierung **vor** Gewinnverwendung – Ausweis des Jahresüberschusses innerhalb des Eigenkapitals – auch dann zumindest zulässig, wenn der Gesellschaftsvertrag gegenteilige Vorgaben macht.[2] Jedenfalls lässt sich aus dem Gebot der „Zuschreibung" des Gewinnanteils eine Bilanzierung **nach** Gewinnverwendung (hier nicht verstanden nach § 268 Abs. 1 HGB → Rz. 29) auch für persönlich haftende Gesellschafter nicht ableiten. Dieser Bilanzierungsvorschlag ist auch kompatibel mit der erforderlichen **Feststellung** des Jahresabschlusses. Diese kann z. B. zu einer Rücklagendotierung des gesamten Jahresüberschusses oder eines Teilbetrags davon führen. Dann müsste die als Gewinnverwendung zu bezeichnende Zuweisung des Jahresüberschusses zu einem Kapitalkonto II wieder korrigiert werden. Entsprechend wäre eine im Rahmen der Feststellung zu beschließende Gewinnausschüttung dann nicht wieder vom Kapitalkonto II als Entnahme abzubuchen, sondern wie bei der GmbH wäre das Jahresüberschusskonto damit zu belasten.

33 Der **Feststellung** des Jahresabschlusses kommt allgemeiner Auffassung zufolge **rechtsbegründende** Wirkung zu; ohne Feststellung liegt ein Jahresabschluss im Rechtssinne nicht vor (→ § 245 Rz. 12). Die Feststellung des Jahresabschlusses durch Mehrheitsbeschluss der Gesellschafter oder abweichende Kompetenzen nach dem Gesellschaftsvertrag ist auch bei Personenhandelsgesellschaften erforderlich (→ § 255 Rz. 176 f.).[3] Zuvor kann ein Gewinnbezugsrecht des Gesellschafters nicht bestehen, wenn die Feststellung überhaupt einen Sinngehalt haben soll (→ § 252 Rz. 92; → § 255 Rz. 177). Unseres Erachtens liegt (auch) insoweit keine gegenüber der Kapitalgesellschaft abweichende Rechtslage vor. Dem der Beteiligung immanenten Gewinnanspruch kommt keine bilanzrechtliche Bedeutung zu, solange er nicht durch Feststellung und folgenden Gewinnausschüttungsbeschluss in eine **Anspruchs**grundlage verwandelt worden ist.

Die Bilanzierung **nach** Gewinnverwendung entspricht demgegenüber der wohl h. M. Diese dringt darauf, dass der Kapitalanteil der Bilanz mit dem nach § 120 HGB übereinstimmen soll, und sieht den Ausweis eines Jahresüberschusses und eines Ergebnisvortrags (Bilanzierung vor Gewinnverwendung) daher nur dann als zulässig an, wenn der Gesellschaftsvertrag von den

---

1 Markant und ausführlich im BFH-Urteil v. 16.10.2008 – IV R 98/06, DStR 2009 S. 212.

2 Anderer Auffassung IDW RS HFA 7 Tz. 47 und *Hennrichs*, WPg 2009 S. 1070.

3 BGH, Urteil v. 15.1.2007 – II ZR 245/05, DB 2007 S. 564 („Otto"); bestätigt durch RIC 3 Tz. 22; vgl. hierzu auch *Hennrichs*, WPg 2009 S. 1070.

§§ 120 ff. HGB abweichende Regelungen enthält, denen zufolge die Gesellschafter über die Verwendung eines Jahresüberschusses beschließen.[1] Da allerdings derart individualisierte Verträge zumeist den Normalfall darstellen, ist der Dissens weitgehend akademischer Natur.

Zu Änderungen durch das MoPeG wird auf → § 255 Rz. 179a verwiesen.

Der Gesellschaftsvertrag kann – vergleichbar mit demjenigen einer GmbH – auch eine bestimmte **Rücklagendotierung** aus dem Jahresüberschuss (z. B. 50 %) zwingend vorsehen (→ Rz. 42). In diesem Fall muss die Bilanzerstellung **nach** Gewinnverwendung i. S. des § 268 Abs. 1 HGB (→ § 268 Rz. 4) erfolgen. In der Konsequenz ist dann der den Gesellschaftern im Rahmen der Feststellung zur Disposition gestellte restliche Jahresüberschuss als Bilanzgewinn auszuweisen.[2] 34

Für **Kommanditisten** ergeben sich Besonderheiten bei der Ergebnisverwendung. Dazu wird auf die Kommentierung in → § 246 Rz. 172 ff. verwiesen. 35

Die Feststellung des Jahresabschlusses bedeutet auch eine Verbindlichkeitserklärung zur Bilanz im Verhältnis der Gesellschafter zur Gesellschaft und untereinander.[3] Ob ein abstraktes Schuldanerkenntnis oder ein Feststellungsvertrag vorliegt, ließ der BGH offen. Dies gilt insbesondere für Forderungen und Verbindlichkeiten zwischen der Personenhandelsgesellschaft und den Gesellschaftern. 35a

2.5 Ausweis von Rücklagen

Der Ausweis von Rücklagen bietet sich nicht nur bei durch Gesellschafterbeschluss oder Gesellschaftsvertrag bestimmter Thesaurierung von Gewinnen oder bei von der vertraglich vereinbarten Einlage abweichenden Einzahlungen der Gesellschafter an. Er kann ebenso der Abbildung der Aufnahme eines Gesellschafters dienen. Tritt etwa ein neuer Gesellschafter unter Zahlung eines „Agios" für Firmenwert und stille Reserven bei, leistet er also eine höhere Einlage, als die Altgesellschafter erbracht haben, kann der übersteigende Betrag bei gesamthänderischer Bindung als Kapitalrücklage ausgewiesen werden. 35b

Im umgekehrten Fall des Austritts eines Gesellschafters gegen ein von der Gesellschaft geleistetes Entgelt, das seinen Kapitalanteil übersteigt, kann der Mehrbetrag (zunächst) mit den Rücklagen und (danach) mit den Kapitalanteilen verrechnet werden.[4] Nach IDW gilt auch eine Aufdeckung von stillen Reserven und Goodwill als zulässig[5] (→ § 255 Rz. 108).

2.6 Ausweis von Negativkapital des Komplementärs (Abs. 2 Satz 4 und 5)

Durch Entnahmen und Verluste kann der Kapitalanteil eines Komplementärs (oder des OHG-Gesellschafters) negativ werden, mit der Folge eines Ausweises unter den **Aktiva,** vergleichbar der Vorgabe für Kapitalgesellschaften in § 268 Abs. 3 HGB (→ § 268 Rz. 125). Dabei spricht das Gesetz den Verlust (gemeint Fehlbetrag, → Rz. 26) an. Dieser ist indes in Bezug zum Kapitalanteil zu setzen, der c. p. durch Entnahmen gemindert wird. Eine **Zusammenfassung** des Aus- 36

1 Vgl. z. B. *Justenhoven/Roland* in Beck'scher Bilanz-Kommentar, 13. Aufl. 2022, § 264c Tz. 40 f.
2 Ähnlich IDW RS HFA 7 Tz. 48.
3 BGH, Urteil v. 2.3.2009 – II ZR 264/07, DB 2009 S. 1117.
4 IDW RS HFA 7 Tz. 58b.
5 IDW RS HFA 7 Tz. 59.

weises für mehrere Komplementäre ist zulässig, nicht aber die Vermischung mit Kommanditisten.

37 Ein persönlich haftender Gesellschafter (Komplementär) muss während des Bestehens der Gesellschaft einen solchen Fehlbetrag nicht in das Gesellschaftsvermögen einbezahlen. Eine Forderung der Gesellschaft gegen den Gesellschafter wird dadurch nicht begründet. Er kann nur von den Gläubigern für deren von der Gesellschaft nicht erfüllte Forderungen in Anspruch genommen werden. Deshalb ist regelmäßig die Rechtsfolge des Satz 5 – keine Nachzahlungspflicht – gegeben und als Sonderposten mit der im Gesetz genannten Bezeichnung auszuweisen. Satz 4 spricht den gesellschaftsvertraglich bestimmten Sonderfall an, in dem der Komplementär für seinen negativen Kapitalanteil durch Einzahlung geradestehen muss, z. B. wenn seine (überhöhten) Entnahmen zu einem solchen Ausweis geführt haben.

IV. Besonderheiten für Kommanditisten (Abs. 2 Satz 6 und 7)

1. Forderungsausweis, Behandlung von Verlusten (Abs. 2 Satz 7 Halbsatz 1)

38 Der Ausweis einer durch Verluste der Gesellschaft begründeten Forderung gegenüber dem Kommanditisten kommt nur in Betracht, sofern eine Einzahlungsverpflichtung besteht. Auf gesellschaftsvertraglicher Basis kann man sich eine solche praktisch nicht vorstellen, denn durch sie würde die Haftungsbeschränkung des Kommanditisten, die nach Erbringung seiner Einlage besteht, gerade konterkariert. Es kann sich hier also nur um den Fall einer **unberechtigten** Gewinnausschüttung oder Entnahme handeln. Eine unberechtigte Gewinnausschüttung liegt dann vor, wenn durch frühere Verluste der Kapitalanteil gemindert worden ist.

BEISPIEL

Vereinbarte Einlage = Haftsumme (einbezahlt)	+100
Anteilige Verluste aus Vorjahren	-30
Gewinnanteile laufendes Jahr	+20
Kapitalanteil	+90

Der Gewinnanteil für das laufende Jahr darf gem. § 169 Abs. 1 Satz 2 HGB nicht ausbezahlt werden. Erst wenn in weiteren Folgejahren die Haftsumme wieder voll durch Gewinnanteile gedeckt ist, steht der überschießende Betrag zur Gewinnentnahme zur Verfügung. Eine gleichwohl getätigte Gewinnentnahme führt zu einem entsprechenden Wiederaufleben der persönlichen Haftung.

39 Zur buchhalterisch einwandfreien Nachhaltung dieser Gewinnausschüttungssperre wird in der Vertragspraxis ein Kapitalkonto IV eingerichtet, in dem der Verlustanteil vom Kapitalanteil getrennt erscheint. Das Beispiel unter → Rz. 38 ist dann wie folgt abzuwandeln:

BEISPIEL

Vereinbarte Einlage = Haftsumme (einbezahlt)		100
Verlustkonto		
- Vortrag	30	
- anteiliger Gewinn laufendes Jahr	-20	
- Stand am Ende der Periode	10	90

Die vorstehend dargestellte getrennte Kontenführung für die Verlustanteile von Kommanditisten verträgt sich gut mit der gesetzlichen Vorgabe mit dem vergleichbaren Ausweis für Komplementäre (→ Rz. 26), der über die Verbindungsschiene von Abs. 2 Satz 6 auch für Kommanditisten gilt. Der Sache nach handelt es sich um eine Bilanzierung **nach** Gewinnverwendung i. S. des § 268 Abs. 1 HGB (→ § 268 Rz. 4).

Unabhängig davon kann ein Kommanditist ihm in **früheren** Perioden gutgeschriebene Gewinnanteile – sinnvollerweise auszuweisen als Darlehensverbindlichkeiten (→ Rz. 15) – in Folgejahren auch dann entnehmen, wenn ihm in diesen Verluste zugerechnet worden sind. 40

2. Ausweis von Negativkapital (Abs. 2 Satz 6 i. V. mit Satz 5)

Das vergleichbar der Vorgabe von § 268 Abs. 3 HGB (→ § 268 Rz. 125) aktivisch auszuweisende Negativkapital des Kommanditisten lässt sich technisch gut in der getrennten Kontoführung für (anteilige) Verluste (→ Rz. 39) darstellen. In Weiterführung des Beispiels unter → Rz. 39 ist die bilanzielle Darstellung wie folgt vorzunehmen: 41

BEISPIEL

Vereinbarte Einlage = Haftsumme		100
Verlustkonto		
- Vortrag 1.1.	30	
- anteiliger Fehlbetrag	80	
Stand 31.12.	110	
Ausweis als „nicht durch Vermögenseinlagen gedeckter Verlustanteil Kommanditisten"	10	100
Ausweis des Kapitalanteils (Passiva)		0

Das Kapital eines Kommanditisten kann auch durch **Entnahmen** negativ werden. Sofern dieser nicht gesellschaftsvertraglich zur Rückzahlung verpflichtet ist (→ § 246 Rz. 155), wird der Ausweis auf einem (zusätzlich zum Verlustkonto vorhandenen) negativen Kapitalkonto vorgeschlagen mit der Bezeichnung „Entnahmevortragskonto".[1]

V. Rücklagen (Abs. 2 Satz 8)

Bei den Rücklagen kann es sich systematisch um Kapital- und Gewinnrücklagen i. S. von § 272 Abs. 2 und 3 HGB handeln. Ein beide Rücklagenformen unterscheidender Ausweis ist nicht erforderlich (→ Rz. 19), wohl aber freiwillig möglich. Für beide Kategorien bedarf es zur Bildung nach Abs. 2 Satz 8 eines **Gesellschafterbeschlusses** oder einer **Vertragsgrundlage.** Für die Gewinnrücklage kann ein Beschluss im Rahmen der **Feststellung** des Jahresabschlusses gefasst werden (vgl. → Rz. 34). 42

Auch im **Gesellschaftsvertrag** kann eine Rücklagendotierung vergleichbar einer Satzungsbestimmung bei der GmbH vorgesehen sein, dann ist sie bereits bei Bilanzerstellung vorzunehmen (→ § 268 Rz. 28). Einzahlungen der Gesellschafter in die Kapitalrücklage sind nach entsprechendem Gesellschafterbeschluss möglich und dann unter „Rücklagen" auszuweisen.[2] 43

1 *Ley*, KöSDi 2014 S. 18899.

2 Anderer Auffassung *ADS*, 6. Aufl., Erg.-Bd., § 264c Tz. 26, die eine Einzahlung nur auf die Kapitalkonten für möglich erachten.

Die Rücklageneinstellung führt zu einer Erhöhung der Gesellschafteranteile am Eigenkapital der Gesellschaft nach Maßgabe der regelmäßig vereinbarten Festkapitalbeteiligung (mit entsprechenden Anteilen am Jahresergebnis). Bei ausnahmsweise vereinbarten variablen Kapitalkonten, deren Höhe sich durch unterschiedliche Entnahmen der Gesellschafter im Verhältnis zueinander verändert, kann eine Rücklagenbildung nicht sinnvoll sein. Zumindest müsste der jeweilige Anteil des Gesellschafters im Zeitpunkt der Bildung fest- und nachgehalten werden.

VI. Anhangangabe für ausstehende Haftsummen (Abs. 2 Satz 9)

44 Die Angabepflicht (→ § 284 Rz. 37) geht, wie durch das MoPeG klargestellt, von der im Handelsregister eingetragenen Haftsumme (nicht vereinbarte Einlage, → Rz. 25) aus. Dieser Betrag wird verglichen mit der vom Kommanditisten **tatsächlich erbrachten** Einlage. Eine angabepflichtige Differenz kann dann entstehen, wenn

- (ausnahmsweise) die vereinbarte Einlage niedriger ist als die Haftsumme;
- die Haftsumme mit der vereinbarten Einlage identisch ist, aber die bedungene Einlageverpflichtung gem. Gesellschaftsvertrag noch nicht erfüllt ist;
- ein Kommanditist Entnahmen tätigt (→ Rz. 38), wodurch die geleistete Haftsumme gemindert wird und damit die persönliche Haftung wieder auflebt (§ 172 Abs. 4 HGB).

Bei voll eingezahlter Haftsumme ist eine Fehlanzeige nicht erforderlich. Zur Berechnung sind von der bestehenden Haftsumme die zur Begründung einer Ausschüttungssperre führenden Beträge abzuziehen (→ § 268 Rz. 158; → § 253 Rz. 261).[1]

Als Haftsumme gilt der Handelsregistereintrag, der am Bilanzstichtag vorliegt. Diesem kommt im Rahmen des § 15a Abs. 1 Satz 2 EStG rechtsbegründende Bedeutung zu (sog. „überschießende Außenhaftung").

VII. Gesellschaftervermögen (Abs. 3 Satz 1)

45 Das Verbot des Ausweises von „Privatvermögen" der Gesellschafter und der zugehörigen GuV-Posten ist in verschiedener Hinsicht **selbst**- oder **miss**verständlich:

- „Privates" Vermögen eines Kaufmanns hat in einer Bilanz nichts zu suchen, **die Privatsphäre des Kaufmanns ist von seiner unternehmerischen** auch rechnungslegungstechnisch zu trennen. Die einschlägigen steuerlichen Vorgaben zur Abgrenzung von notwendigem Betriebs- und Privatvermögen können hier beim Einzelkaufmann Anwendung finden (→ § 246 Rz. 195 ff.).
- Rechnungslegungssubjekt im Rahmen des § 264c HGB ist aber eine Personenhandels**gesellschaft,** also gerade nicht der oder die **Gesellschafter** (vergleichbar der Kapitalgesellschaft). Gesellschaftervermögen – sei es nun betrieblich oder privat – kann schon deswegen in der Bilanz der Personenhandelsgesellschaft nicht erscheinen.

BEISPIEL ► Der Bauunternehmer B betreibt Hoch-, Tief- und Straßenbau in der Rechtsform der Ein-Personen-GmbH & Co. KG. Daneben unterhält er das einzelkaufmännische Unternehmen E mit dem Geschäftsgegenstand „schlüsselfertiges Bauen". Und schließlich ist er mit 10 % am Nennkapital einer T Transportbeton GmbH beteiligt.

1 IDW RS HFA 7 Tz. 38.

Das einzelkaufmännisch betriebene Unternehmen und die Beteiligung an der GmbH stellen steuerliches Betriebsvermögen dar; gleichwohl kommt eine Einbeziehung dieser Vermögenswerte in die Bilanz der GmbH & Co. KG nicht in Betracht.

Der insoweit interpretationsbedürftige Wortlaut von Abs. 3 Satz 1 zielt auf die in der Praxis nicht selten anzutreffende Aufnahme von für den Geschäftsbetrieb der Gesellschaft unentbehrlichen Vermögensgegenständen – insbesondere Grundstücke –, die im rechtlichen und wirtschaftlichen Eigentum des Gesellschafters oder der Gesellschafter stehen, in die Bilanz der KG. 46

BEISPIEL Der Bauunternehmer im Beispiel unter → Rz. 45 ist alleiniger Kommanditist. Der Bauhof samt den dort befindlichen technischen Anlagen steht in seinem rechtlichen und wirtschaftlichen Eigentum. Eine Nutzungsüberlassungsvereinbarung in Form eines Mietvertrags liegt vor. Die Bank drängt auf eine angemessene Eigenkapitalausstattung zur Unterlegung der eingeräumten Kontokorrent- und Avalkredite zugunsten der Gesellschaft. Ohne das Grundstück weist die KG eine bilanzmäßige Überschuldung aus.

Steuerlich liegt bei dem Grundstück notwendiges **Sonderbetriebsvermögen** I vor. Gleichwohl darf das Grundstück nicht in die Bilanz der KG aufgenommen werden. Zur Beruhigung der Kreditabteilung der Bank bietet sich eine ergänzende „Vermögensübersicht" an, in die mit den entsprechenden Erläuterungen das Grundstück aufgenommen werden kann.

Zivilrechtlich ist von dem Gesamthandsvermögen (bilanzierungspflichtig) einerseits und dem lediglich zur Nutzung an die Gesellschaft überlassenen Vermögen des Gesellschafters andererseits (handelsrechtlich nicht zu bilanzieren) noch das „zur Nutzung **und** dem Werte nach" (quoad sortem) überlassene Vermögen zu unterscheiden. Letzteres begründet wirtschaftliches Eigentum der Personengesellschaft und ist daher von ihr zu aktivieren.[1]

Die Unterscheidung zwischen notwendigem **Betriebs**- und **Privat**vermögen in **steuerlicher** Hinsicht kommt nicht zum Tragen, wenn der betreffende Vermögensteil im Gesamthandsvermögen der Gesellschaft befindlich ist (→ § 246 Rz. 217). 47

BEISPIEL Der Bauunternehmer B im Beispiel unter → Rz. 46 hat sein privates Wohnhaus auf dem im Eigentum der KG stehenden Bauhof (umgekehrte Eigentumsverhältnisse als in diesem Beispiel) errichtet. Steuerlich liegt notwendiges Privatvermögen vor. Gleichwohl ist dieses Gebäude in die Bilanz der KG aufzunehmen. Zu diesbezüglichen Bedenken vgl. → § 246 Rz. 218.

Die vorstehend dargestellten Ansatzbeschränkungen und -verpflichtungen gelten entsprechend für die zugehörigen Aufwendungen und Erträge innerhalb der GuV-Rechnung. 48

BEISPIEL Im Beispiel unter → Rz. 47 belastet das private Wohnhaus des Bauunternehmers B im Eigentum der KG dessen Ergebnis mit Abschreibungen, Zinsen (bei Fremdfinanzierung durch die KG) und Unterhaltsaufwendungen. Diese sind zwar steuerlich nicht abzugsfähig, gleichwohl als Aufwand der KG zu verbuchen. Ein korrespondierender Mietertrag liegt wenigstens dann vor, wenn B eine entsprechende Miete an die KG bezahlt. Bei unentgeltlicher Nutzung sollte u. E. zur Darstellung der effektiven Ertragslage über eine Gesellschafterentnahme ein angemessener Mietertrag bei der Gesellschaft ausgewiesen werden.

Der Gesetzeswortlaut spricht nur von Vermögen. Vergleichbares gilt aber auch für die **Schulden.** 49

1 IDW RS HFA 7 Tz. 11.

BEISPIEL ▸ Der Bauunternehmer B im vorigen Beispiel unter → Rz. 46 hat die Ein-Personen-Beteiligungs-Struktur durch Erwerb von 50 % der Kommanditanteile von einem früheren Gesellschafter realisiert. Dazu hat er einen Bankkredit aufgenommen. Steuerlich handelt es sich um notwendiges passives Sonderbetriebsvermögen. In der Handelsbilanz ist dieser Kredit nicht bilanzierbar.

50 Als Schuld in Gestalt der Rückstellung sind in der Handelsbilanz auch Altersversorgungsverpflichtungen gegenüber Gesellschaftern für geleistete Arbeit u. Ä. auszuweisen.

51 Personengesellschaften i. S. des § 264a Abs. 1 HGB, die nicht klein i. S. von § 267 HGB sind, haben die Vorschriften des § 274 HGB über die Steuerlatenz zu beachten. Ob auch bei kleinen oder nicht § 264a Abs. 1 HGB unterliegenden Personenhandelsgesellschaften ein Überhang passiver latenter Steuern angesetzt werden muss, ist umstritten.

52 Die für GuV-Zwecke erforderliche sachliche **Zuordnung** von **Aufwendungen** oder **Erträgen** zur Gesellschaft oder zum Gesellschafter folgt im Wesentlichen der **bilanziellen** Zuordnungsentscheidung: Aufwendungen/Erträge, die auf Vermögensgegenstände oder Schulden der Gesamthand entfallen bzw. diese begründen, sind danach der Gesellschaft zuzurechnen. Für mögliche Ausnahmen bei vom Gesellschafter im Interesse der Gesellschaft getragenen Aufwendungen wird auf → § 246 verwiesen.

VIII. Fiktiver Steueraufwand (Abs. 3 Satz 2)

53 Eine „Kap. & Co."-Gesellschaft unterliegt im Inland nur der Gewerbesteuer, und zwar mit etwa 14 % des ausgewiesenen Ergebnisses, allerdings mit Variationen je nach Gewerbesteuerhebesatz und gewerbesteuerlichen Zu- und Abrechnungen. Bei der Kapitalgesellschaft erhöht sich der Steueraufwand um 15,825 % des Einkommens (nicht des Jahresüberschusses). Grosso modo beläuft sich also die ertragsteuerliche Belastung der Kapitalgesellschaft auf den **doppelten** Betrag einer „Kap. & Co."-Gesellschaft. Dieser Unterschied **kann** („darf") bei der Darstellung der GuV durch Angabe eines fiktiven Körperschaftsteueraufwands überbrückt werden. Der genannte Steuersatz ist auf das ausgewiesene Ergebnis ohne Berücksichtigung der Steuerlatenzrechnung anzuwenden. Dabei sind auch (fiktive) körperschaftsteuerlich nicht abzugsfähige Betriebsausgaben einerseits und steuerfreie Betriebseinnahmen andererseits (Letztere z. B. Dividenden von Kapitalgesellschaften) so zu berücksichtigen, als ob es um die Feststellung des zu versteuernden Einkommens einer Kapitalgesellschaft ginge.[1] Bei unwesentlichen Beträgen ist sinnvollerweise auf eine genauere Berechnung zu verzichten. Bei **ausländischen** Freistellungsbetriebsstätten (auf deren Ergebnis entfällt keine deutsche Ertragsbesteuerung) ist die dort erhobene Körperschaftsteuer zu berücksichtigen, d. h., es darf keine Doppelerfassung erfolgen.

IX. Sonderprobleme im Zusammenhang mit der Komplementär-Gesellschaft (Abs. 4)

1. Ausweis der Anteile an der Komplementär-Gesellschaft (Abs. 4 Satz 1)

54 Abs. 4 Satz 1 unterstellt das Vorliegen einer sog. **Einheitsgesellschaft**, bei der Anteile an der Komplementär-GmbH nicht von den Kommanditisten, sondern von der KG selbst gehalten werden.

1 IDW RS HFA 7 Tz. 33.

Die unterschiedliche Beteiligungsstruktur stellt sich wie folgt dar:

Übersicht 1: „Normale" GmbH & Co. KG

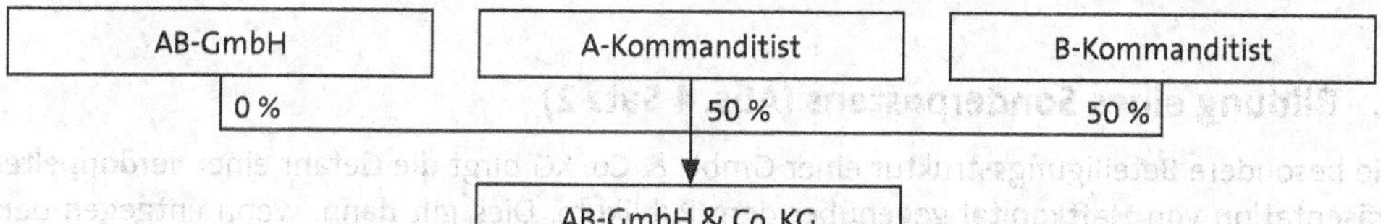

Übersicht 2: „Einheits-"GmbH & Co. KG

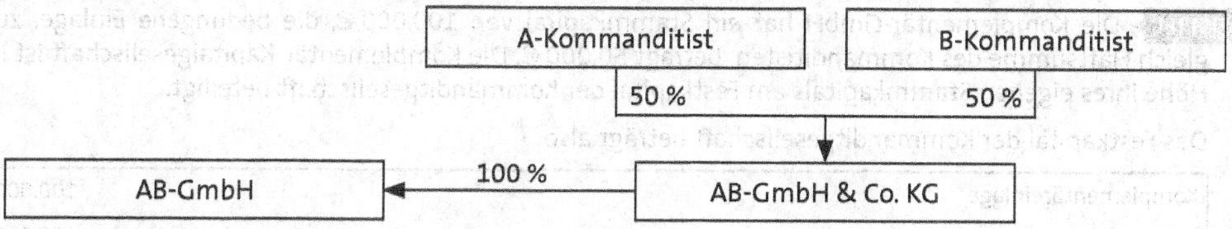

Diese Einheitsgesellschaft bietet eine ganze Reihe von gesellschaftsrechtlichen **Vorteilen:**[1] 55

- Nicht erforderliche gegenseitige Abstimmung der beiden Gesellschaftsverträge.
- Übertragung von Gesellschaftsanteilen ohne notarielle Beurkundung für die GmbH-Anteile.
- Einfach gestrickter GmbH-Gesellschaftsvertrag, weil Strukturänderungen durch Ausscheiden von Gesellschaftern ausschließlich im KG-Vertrag berücksichtigt werden müssen.
- Systematische Wahrung der Beteiligungsidentität im Erbgang.

Auch bei einer Einheitsgesellschaft sind die **Gläubigerschutzinteressen** bei der Kapitalaufbringung und -erhaltung zu beachten,[2] da für die KG die Haftsumme bzw. die vereinbarte Einlage (→ § 246 Rz. 156) und für die Komplementär-GmbH das Stammkapital jeweils aufzubringen und zu erhalten ist. Dazu gilt: 55a

- Nach § 172 Abs. 6 Satz 1 HGB können die Geschäftsanteile an der Komplementär-GmbH nicht als Einlage auf die Haftsumme gewertet werden.
- Aus der Haftsumme der KG kann der Erwerb der Geschäftsanteile an der Komplementär-GmbH nicht finanziert werden, da hierin eine unzulässige Rückzahlung der Haftsumme begründet würde.

Bei der „normalen" GmbH & Co. KG stellt sich das Ausweisproblem des Satz 1 nicht, da die Anteile der Komplementär-GmbH nicht im wirtschaftlichen Eigentum der KG stehen (→ Rz. 54). Bei der Einheitsgesellschaft ist demgegenüber der Ausweis vorzunehmen, und zwar unter **Trennung** von anderen Anteilen an verbundenen Unternehmen bzw. Beteiligungen.[3] 56

1 Vgl. z. B. *Zeyer*, BB 2008 S. 1442.

2 Vgl. *Normann*, GmbH-StB 2014 S. 239.

3 So die Regierungsbegründung; der Wortlaut des Gesetzes gibt dies nicht her (*ADS*, 6. Aufl., Erg.-Bd., § 264c Tz. 29).

57 Das Gesetz stellt **alternativ** den Ausweis unter „Anteile an verbundenen Unternehmen" und „Beteiligung" zur Auswahl. Die Wahl ist danach zu entscheiden, ob ein Mutter-Tochter-Verhältnis i. S. des § 290 HGB vorliegt (→ § 290 Rz. 47).

2. Bildung eines Sonderpostens (Abs. 4 Satz 2)

58 Die besondere Beteiligungsstruktur einer GmbH & Co. KG birgt die Gefahr einer **verdoppelten** Präsentation von **Haftkapital** gegenüber dem Publikum. Dies gilt dann, wenn entgegen dem unter → Rz. 54 dargestellten regelmäßigen Fall einer Nichtbeteiligung der GmbH am Kapital der KG die Komplementär-GmbH selbst eine Einlage in das Eigenkapital der KG, z. B. in Höhe ihres Stammkapitals, leistet.

BEISPIEL Die Komplementär-GmbH hat ein Stammkapital von 100.000 €, die bedungene Einlage, zugleich Haftsumme des Kommanditisten, beträgt 50.000 €. Die Komplementär-Kapitalgesellschaft ist in Höhe ihres eigenen Stammkapitals am Festkapital der Kommanditgesellschaft beteiligt.

Das Festkapital der Kommanditgesellschaft beträgt also:

Komplementäreinlage	100.000
Kommanditeinlage	50.000
= Festkapital	150.000

Würden dem Publikum sowohl das Nennkapital der Komplementär-Kapitalgesellschaft (100.000 €) als auch das Festkapital der Kommanditgesellschaft (150.000 €) – insgesamt also 250.000 € – als haftendes Kapital der Kommanditgesellschaft gezeigt, so erfolgte eine Täuschung. Denn in Wirklichkeit haftet den Gläubigern der Kommanditgesellschaft und damit auch der Komplementär-GmbH nur ein EK von 150.000 €. Nicht sinnvoll ist die Gesetzesanwendung, wenn die Komplementär-GmbH keine Einlage in das Gesellschaftsvermögen der KG geleistet hat.[1] Dann **beschränkt** sich der Eigenkapitalausweis bei der KG auf die Kommanditeinlage (im Beispiel auf 50.000).

59 Auf den vorstehend dargestellten Sachverhalt ist der Anwendungsbereich von Abs. 4 Satz 2 nicht ausgerichtet. Die dargestellte Doppelzählung von Haftkapital – allerdings unter Heranziehung der Bilanzen beider Gesellschaften – ist bilanzrechtlich nicht weiter beachtlich, solange keine **Konsolidierung** der beiden Rechenwerke vorgeschrieben ist.

Anders verhält es sich im Fall der **Einheitsgesellschaft** (→ Rz. 54).

BEISPIEL[2] A beteiligt sich an der KG als Kommanditist mit einer Haftsumme, zugleich vereinbarte Einlage, von 100.000 €. Komplementär wird die X GmbH mit einem Nennkapital von 50.000 €; nach Gründung von KG und GmbH erwirbt die KG von A dessen Anteil an der Komplementär-GmbH, Kaufpreis 50.000 €. Die Komplementär-GmbH ist am Festkapital der KG nicht oder mit XY € beteiligt. Das effektiv den Gläubigern haftende Kapital beträgt in diesem Fall 100.000 €.

Der Kommanditist erhält durch den Verkauf des GmbH-Anteils an die KG die in das Vermögen der Komplementär-GmbH geleistete Einlage wieder zurück. Darin sieht der Gesetzgeber eine „Aufblähung" des Haftkapitals gegenüber den Gläubigern.

1 Vgl. *Ischebeck/Nissen-Schmidt* in Küting/Pfitzer/Weber (Hrsg.), Handbuch der Rechnungslegung – Einzelabschluss, 5. Aufl., § 264c Tz. 37.

2 Vgl. zu diesem Fall und zum vorhergehenden Beispiel *Hoffmann* in Beck'sches Handbuch der Personengesellschaften, 4. Aufl. 2014, § 5 Tz. 232.

Diese „Aufblähung“ des Eigenkapitals soll nach der Gesetzesvorgabe durch einen Sonderposten **„nach** dem Eigenkapital“ auszuweisen sein. Bezugsgröße ist die Gliederungsvorgabe in Abs. 2 Satz 1 (→ Rz. 19), in der die ausweispflichtigen Eigenkapitalposten aufgeführt sind. 60

Der Bezug auf § 272 Abs. 4 HGB deutet die Zielrichtung des Gesetzgebers auf Installation einer **Ausschüttungssperre** an. Diese auf die Verhältnisse von Kapitalgesellschaften zugeschnittene Beschränkung passt nicht unbedingt auf die gesellschaftsrechtliche Struktur einer Personenhandelsgesellschaft, bei der systematisch die Ausschüttung durch eine Entnahme ersetzt wird. Eine solche Entnahme ist dem Grunde nach unbeschränkt möglich, hat aber für Kommanditisten u.U. die Folge des Wiederauflebens der persönlichen Haftung gem. § 171 Abs. 1 HGB (→ Rz. 38).

Der Sonderposten ist in Bezugnahme auf § 272 Abs. 4 Satz 3 HGB bereits bei Erstellung der Bilanz erfolgsneutral vorzunehmen, d. h., die Bilanzierung ist nach § 268 Abs. 1 HGB **nach** Gewinnverwendung durchzuführen (→ § 268 Rz. 4). In der Gewinnverwendungsrechnung kann über diesen Betrag nicht mehr verfügt werden. Für Kommanditisten besteht dann die Gefahr eines Wiederauflebens der persönlichen Haftung bei nicht angepassten Gewinnentnahmen. 61

Die gesetzlich vorgeschriebene Ausweistrennung der Anteile an einer GmbH & Co. KG von den einzelnen Gesellschaftern bzw. Gesellschaftergruppen (→ Rz. 21) wirft die Frage auf, welcher dieser Gruppen die Ausschüttungssperre **zuzuordnen** ist. Unseres Erachtens ist es konsequent, damit nur die persönlich haftenden Gesellschafter (regelmäßig also die Komplementär-GmbH mit Einlagen in das Eigenkapital der KG) zu belasten.[1] 62

Als **Gegenbuchung** im Soll stehen die Rücklagen und der Gewinnvortrag – bzw. bei deren zu geringem oder nicht vorhandenem Ausweis analog zu § 272 Abs. 4 HGB der Verlustvortrag (→ § 272 Rz. 89) – zur Verfügung. Soweit diese Posten nicht ausreichen, ist der fehlende Betrag von den Kapitalanteilen abzubuchen. Bei Differenzierung nach Gesellschafterstrukturen bietet sich eine Herabminderung der Kapitalanteile der persönlich haftenden Gesellschafter als Gegenbuchung an. 63

X. Wahlrechtsausübung bei der Gliederung (Abs. 5)

Im Sinne einer Klarstellung spricht Abs. 5 die optionalen Gliederungserleichterungen in der Bilanz für die kleinen (→ § 266 Rz. 8a) und die kleinsten (→ § 266 Rz. 10a) „Kap. & Co.“-Gesellschaften an und besagt das eher Selbstverständliche: Der Nichtausweis von Bilanzposten aufgrund der ausgeübten Option zur verdichteten Gliederung enthebt nicht von der Pflicht zur bilanziellen Erfassung (Ansatz) dieser Posten. 64

§ 264d Kapitalmarktorientierte Kapitalgesellschaft

Eine Kapitalgesellschaft ist kapitalmarktorientiert, wenn sie einen organisierten Markt im Sinn des § 2 Absatz 11 des Wertpapierhandelsgesetzes durch von ihr ausgegebene Wertpapiere im Sinn des § 2 Absatz 1 des Wertpapierhandelsgesetzes in Anspruch nimmt oder die Zulassung solcher Wertpapiere zum Handel an einem organisierten Markt beantragt hat.

---

1 So *Ischebeck/Nissen-Schmidt* in Küting/Pfitzer/Weber (Hrsg.), Handbuch der Rechnungslegung – Einzelabschluss, 5. Aufl., § 264c Tz. 35; *ADS*, 6. Aufl., Erg.-Bd., § 264c Tz. 30.

Inhaltsübersicht

LITERATUR:

Zwirner, Kapitalmarktorientierung versus Börsennotierung, PiR 2010 S. 93.

I. Der Tatbestand

1. Die kapitalmarktorientierte Kapitalgesellschaft

1 Eine Kapitalgesellschaft ist kapitalmarktorientiert, wenn von ihr emittierte **Eigenkapital**titel (Aktien sowie Zertifikate, die Aktien vertreten) oder **Schuldtitel** (Anleihen, Genussscheine sowie Zertifikate, die Schuldtitel vertreten) oder auf vorgenannte Titel lautende Derivate an einem **organisierten Markt** zugelassen sind oder die Zulassung beantragt wurde.

2 Für im Inland notierte Aktien umfasst der organisierte Markt den regulierten Markt mit den Segmenten

- *prime standard* (DAX, MDAX, SDAX und TecDAX) sowie
- *general standard*.

3 Nicht zum organisierten Markt gehören hingegen die Segmente

- *entry standard* und
- *open market* (Freiverkehr).

4 Ein von der Europäischen Kommission geführtes Verzeichnis erläutert, welche Märkte anderer Mitgliedstaaten als geregelt i. S. der EU-Wertpapierdienstleistungsrichtlinie und damit in der Terminologie von § 2 Abs. 5 WpHG als organisiert gelten.[1]

5 § 264d HGB definiert nur den Begriff der kapitalmarktorientierten Kapitalgesellschaft und betrifft somit nur die **Tatbestandsseite.** Die **Rechtsfolgen** werden in anderen Vorschriften geregelt (→ Rz. 8 ff.).

5a Die Kapitalmarktorientierung endet mit Delisting oder – bei Übergang zu Freiverkehr – mit Downlisting. Gleichwohl können einige Bestimmungen für die Prüfung noch weiter greifen (→ § 316a Rz. 2).

2. Das kapitalmarktorientierte Personenunternehmen

6 § 264d HGB **definiert** den Begriff der kapitalmarktorientierten Kapitalgesellschaft und spricht daher Personenunternehmen, die über Schuldtitel einen organisierten Markt in Anspruch nehmen, nicht unmittelbar an. Nach § 5 Abs. 2a PublG müssen allerdings „Unternehmen i. S. d. § 264d HGB unabhängig von ihrer Rechtsform" den Jahresabschluss um einen Anhang ergän-

1 Vgl. http://go.nwb.de/3ngu9.

zen. Dieser Gesetzesverweis ist logisch **misslungen,** da § 264d HGB eben nach Überschrift und Inhalt nur kapitalmarktorientierte Kapitalgesellschaften betrifft, mithin ein „Unternehmen i. S. d. § 264d HGB" nach dem Gesetzeswortlaut gar keine Personengesellschaft sein kann. Eine geltungserhaltende Interpretation muss unterstellen, dass abweichend vom Wortlaut § 5 Abs. 2a PublG nicht für kapitalmarktorientierte Kapitalgesellschaften (§ 264d HGB), sondern für kapitalmarktorientierte **Unternehmen** gilt (→ Rz. 7).

Im HGB selbst wird der Begriff der Kapitalmarktorientierung nur für Kapitalgesellschaften und „Kap. & Co."-Gesellschaften verwendet. Der RefE des BilMoG sah noch eine (praktisch kaum relevante) Ausnahme betreffend als Personenunternehmen geführte Kleinstbetriebe vor. Ihnen sollte ein Verzicht auf Bilanz und GuV bei Kapitalmarktorientierung nicht erlaubt sein. In der endgültigen Fassung des BilMoG ist diese Vorschrift nicht mehr enthalten. Gleichwohl kann sie noch zur Erläuterung der Definitionstechnik von § 264d HGB herangezogen werden: Definiert wird nicht das Begriffselement „Kapitalgesellschaft", sondern nur das Attribut „kapitalmarktorientiert". Dieses Attribut kann auch Personenunternehmen, beispielsweise solchen, die dem PublG unterliegen (→ Rz. 6), zukommen. Die Definition über die Inanspruchnahme eines organisierten Markts bzw. die beantragte Zulassung gilt dann unabhängig von der Rechtsform. 7

II. Rechtsfolgen der Kapitalmarktorientierung von Kapitalgesellschaften

1. Alle kapitalmarktorientierten Kapitalgesellschaften

Wenn derjenige, der sich nicht mehr an einen überschaubaren Kreis von (potenziellen) Eigen- oder Fremdkapitalgebern, sondern an jedermann wendet, **verschärften Publizitätsanforderungen** unterliegt, macht dies mehrfach Sinn: 8

- Wo im überschaubaren Kreis zusätzliche Informationsanliegen noch **individuell** verhandelt werden können, ist dies bei einer unüberschaubaren Zahl von Kapitalgebern nicht oder nur noch zu hohen Transaktionskosten möglich.
- Überdies steigt mit der Zahl und Vielfalt der Kapitalgeber die Gefahr einer informationellen **Diskriminierung** der Kleineren zugunsten der Größeren. Gesetzliche Regelungen liegen hier im Interesse des Schutzes kleiner Anleger.
- Sie stärken zugleich das **Vertrauen** in den öffentlichen Kapitalmarkt und schützen somit dessen Funktionsfähigkeit.

Diese Argumente gelten allerdings nicht nur für Unternehmen, die einen **organisierten** Markt in Anspruch nehmen. Freiverkehrsunternehmen oder Publikums-GmbHs und Publikums-Kommanditgesellschaften, deren Anteile quasiöffentlich vertrieben werden, sind ebenso betroffen. Hinsichtlich der Fremdkapitalgeber setzen das Transaktionskosten- und Diskriminierungsargument nicht einmal eine Publikumsstruktur der Anteile voraus.

Sonderregelungen für kapitalmarktorientierte Gesellschaften werfen damit immer zugleich die Frage auf, ob die für **andere** Gesellschaften geltenden Grundregeln **ausreichend** sind. Oft genug wird dies in dynamischer Sicht verneint, indem zunächst nur für kapitalmarktorientierte Gesellschaften geltende Sonderregelungen im Zeitablauf zu Allgemeinregeln werden. Ein Beispiel hierfür ist die Aufschlüsselung der Abschlussprüferhonorare gem. § 285 Nr. 17 HGB (→ § 285 Rz. 115) nach

- Abschlussprüfung,
- anderen Bestätigungsleistungen,
- Steuerberatungsleistungen,
- sonstigen Leistungen.

Eine derartige Anhangangabe

- war zunächst gar nicht vorgesehen,
- wurde mit dem BilReG nur kapitalmarktorientierten Gesellschaften auferlegt und
- mit dem BilMoG zu einer Pflicht für alle Kapitalgesellschaften.

9 Die erhöhten Anforderungen werden an **verschiedenen** Stellen des HGB, teils durch explizite Bezugnahme auf § 264d HGB, teils durch Verwendung des Begriffs „kapitalmarktorientiert", formuliert. Technisch geschieht dies auf zwei Arten:

- **negativ,** indem kapitalmarktorientierten Unternehmen **Erleichterungen verwehrt** werden, die ansonsten gleichartige nicht kapitalmarktorientierte Unternehmen unter bestimmten Umständen (z. B. wegen geringer Größe) in Anspruch nehmen können,
- **positiv,** indem die allen Kapitalgesellschaften obliegenden **Pflichten** für kapitalmarktorientierte an einzelnen Punkten **erweitert** werden.

10 Folgende **Negativregelungen** bestehen:

- **§ 267 Abs. 3 Satz 2 HGB** i.V. mit §§ 266 Abs. 1 Satz 3, 274a, 276 HGB etc.: Eine Kapitalgesellschaft i. S. des § 264d HGB gilt stets als große, muss daher auch bei geringer Höhe von Umsätzen, Bilanzsumme und Arbeitnehmerzahl etwa die Gliederungsvorschriften für große Kapitalgesellschaften beachten (→ § 267 Rz. 24).
- **§ 286 Abs. 3 Satz 3 HGB**: Angaben zum Beteiligungsbesitz (§ 285 Nr. 11 und 11a HGB) dürfen auch dann nicht unterbleiben, wenn sie geeignet sind, einen erheblichen Nachteil herbeizuführen. Dies gilt nicht nur bei einer Kapitalmarktorientierung der Berichtsgesellschaft, sondern ebenso bei der eines Tochterunternehmens (→ § 286 Rz. 7).
- **§ 313 Abs. 3 Satz 3 HGB**: Entsprechende Regelungen bestehen für den Konzernanhang (→ § 323 Rz. 33).
- **§ 291 Abs. 3 Nr. 1 HGB**: Der Gesamtkonzernabschluss befreit nicht von der Aufstellung eines Teilkonzernabschlusses, wenn das Mutterunternehmen des Teilkonzerns kapitalmarktorientiert ist (→ § 291 Rz. 27).
- **§ 293 Abs. 5 HGB**: Die größenabhängige Befreiung von der Konzernabschlusspflicht tritt nicht ein, wenn das Mutterunternehmen oder ein in deren Konzernabschluss einbezogenes Tochterunternehmen am Abschlussstichtag kapitalmarktorientiert i. S. des § 264d HGB ist. Nach Sinn und Zweck der Vorschrift kann es nicht darauf ankommen, ob das Tochterunternehmen eine Kapitalgesellschaft ist (→ § 293 Rz. 21).
- **§ 325 Abs. 4 HGB**: Bei einer Kapitalgesellschaft i. S. des § 264d HGB beträgt die Frist zur Offenlegung von Jahresabschluss und Lagebericht maximal vier statt wie sonst maximal zwölf Monate (→ § 325 Rz. 16). Die Verschärfung gilt nicht, wenn ausschließlich Schuldtitel mit einer Mindeststückelung von 50.000 € notiert sind (§ 327a).
- **§ 290 Abs. 1 Satz 2 HGB**: Der Konzernabschluss ist binnen vier statt fünf Monaten aufzustellen.
- **§ 324 Abs. 1 HGB**: Kapitalmarktorientierte Kapitalgesellschaften und andere Unternehmen öffentlichen Interesses (→ § 316a Rz. 1 ff.), die keinen Aufsichts- oder Verwaltungs-

rat haben, dem mindestens ein unabhängiges Mitglied mit Sachverstand in Rechnungslegung und Abschlussprüfung angehört, sind verpflichtet, einen Prüfungsausschuss *(audit committee)* einzurichten (→ § 324 Rz. 1). Rückausnahmen gelten für Kapitalgesellschaften, die einen organisierten Markt ausschließlich durch die Ausgabe von Wertpapieren in Anspruch nehmen, die durch Vermögensgegenstände besichert sind, sowie für Kreditinstitute, die einen organisierten Markt nur durch die Ausgabe von Schuldtiteln in Anspruch nehmen, deren Nominalwert 100 Mio. nicht übersteigt (→ § 324 Rz. 7).

Positivregelungen, die erweiterte Berichtspflichten schaffen, sind: 11

- **§ 264 Abs. 1 Satz 2 HGB**: Bilanz, GuV und Anhang nicht konzernierter kapitalmarktorientierter Gesellschaften sind um einen Eigenkapitalspiegel und eine Kapitalflussrechnung zu erweitern (→ § 264 Rz. 6).
- **§ 289 Abs. 4 HGB**: Kapitalmarktorientierte Kapitalgesellschaften haben im Lagebericht die wesentlichen Merkmale des internen Risikomanagementsystems im Hinblick auf den Rechnungslegungsprozess zu beschreiben (→ § 289 Rz. 103).
- **§ 315 Abs. 4 HGB**: Entsprechendes gilt für den Konzernlagebericht (→ § 315 Rz. 5).
- Nach dem **ESEF**-Umsetzungsgesetz und der **ESEF**-VO außerdem elektronische Offenlegungspflichten (→ § 328 Rz. 5a).

Neben Form und Inhalt von (Konzern-)Jahresabschluss und (Konzern-)Lagebericht ist auch deren **Prüfung** betroffen. Die allgemeinen Ausschlussgründe für eine Tätigkeit als Abschlussprüfer werden bei kapitalmarktorientierten Unternehmen sowie bei anderen Unternehmen öffentlichen Interesses durch die EU-APrVO erweitert (→ § 316a Rz. 1 ff.). Außerdem unterliegen die kapitalmarktorientierten Gesellschaften dem Enforcement nach WpHG (→ § 342b Rz. 1 ff.). 12

Schließlich ist auch die Publizität bzw. das bei Versäumnis einer rechtzeitigen Publizität festsetzbare Ordnungsgeld von der Kapitalmarktorientierung betroffen (→ § 335 Rz. 16a). 12a

2. Börsennotierte bzw. kapitalmarktorientierte Aktiengesellschaften

Besondere Vorschriften bestehen für bestimmte Aktiengesellschaften. Hierbei verlangt das Gesetz überwiegend keine Kapitalmarktorientierung, sondern eine „Börsennotierung". Der Begriff der Börsennotierung ist in § 3 Abs. 2 AktG definiert. Er umfasst die Zulassung der Aktien der Gesellschaft zu einem organisierten Markt (→ Rz. 2). Die Börsennotierung einer AG ist somit eine Unterform ihrer Kapitalmarktorientierung. 13

- Eine Aktiengesellschaft, die nur **Schuldtitel** an einem organisierten Markt notiert hat, ist zwar kapitalmarktorientiert, aber nicht börsennotiert.
- Eine Aktiengesellschaft, deren **Aktien** an einem organisierten Markt gehandelt werden, ist sowohl kapitalmarktorientiert als auch börsennotiert.
- Eine Aktiengesellschaft, die die Zulassung ihrer **Aktien** zum Handel an einem organisierten Markt beantragt hat, ist zwar kapitalmarktorientiert (→ Rz. 1), aber nicht börsennotiert.

Folgende **Sonderbestimmungen** bestehen für **börsennotierte** (und damit in spezifischer Weise kapitalmarktorientierte) Aktiengesellschaften (oder SEs): 14

- **§ 162 AktG**: Erstellung und Offenlegung eines Vergütungsberichts (→ § 285 Rz. 79a).
- **§ 285 Nr. 10 Satz 1 HGB**: Für die Mitglieder des Vorstands und des Aufsichtsrats ist auch die Mitgliedschaft in Aufsichtsräten anderer Gesellschaften anzugeben (→ § 285 Rz. 81).

- **§ 285 Nr. 11b HGB**: Alle Beteiligungen an großen Kapitalgesellschaften sind anzugeben, die fünf vom Hundert der Stimmrechte überschreiten (→ § 285 Rz. 88).
- **§ 313 Abs. 2 Nr. 5 HGB**: Auch hier sind alle Beteiligungen der börsennotierten Mutter oder ihrer börsennotierten Töchter an großen Kapitalgesellschaften anzugeben, die fünf vom Hundert der Stimmrechte überschreiten (→ § 313 Rz. 19).
- **§ 285 Nr. 16 HGB**: Angaben zur Erklärung zum Corporate Governance Kodex (→ § 285 Rz. 114).
- **§ 314 Abs. 1 Nr. 8 HGB**: Entsprechendes gilt für den Konzernabschluss (→ § 314 Rz. 11).
- **§ 289a Abs. 2 HGB**: Erläuterung der Grundzüge des Vergütungssystems (→ § 289 Rz. 89).
- **§ 315a Abs. 2 HGB**: Entsprechendes gilt für den Konzernabschluss.
- Beide Vorschriften werden durch das **ARUG II** und die in § 162 AktG enthaltene Schaffung eines eigenen Vergütungsberichts aufgehoben (→ § 285 Rz. 79a).
- **§ 289a Abs. 1 HGB**: Aktiengesellschaften und Kommanditgesellschaften auf Aktien, die einen organisierten Markt durch stimmberechtigte Aktien in Anspruch nehmen, haben im Lagebericht *„Change of control"*-Klauseln in wichtigen Verträgen offenzulegen sowie weitere, vor allem übernahmerechtlich relevante Angaben zu machen (→ § 289a Rz. 1 ff.).
- **§ 315a Abs. 1 HGB**: Entsprechendes gilt für den Konzernlagebericht.
- **§ 289f HGB**: Börsennotierte Aktiengesellschaften haben eine Erklärung zur Unternehmensführung entweder in ihren Lagebericht aufzunehmen oder unter Hinweis im Lagebericht auf der Internetseite der Gesellschaft öffentlich zugänglich zu machen. Soweit ein organisierter Markt nur über Schuldtitel in Anspruch genommen wird, ist zusätzliche Voraussetzung, dass die Aktien der Gesellschaft mit deren Wissen über ein multilaterales Handelssystem i. S. des § 2 Abs. 3 Satz 1 Nr. 8 HGB gehandelt werden (→ § 289f Rz. 2 ff.).
- **§ 315d HGB**: Entsprechendes gilt für den Konzernabschluss.
- **§ 317 Abs. 4 HGB**: Bei einer börsennotierten Aktiengesellschaft umfasst die Abschlussprüfung auch die Angemessenheit und Funktionsfähigkeit des nach § 91 Abs. 2 AktG einzurichtenden Risikofrühwarnsystems (→ § 317 Rz. 89).
- **§ 323 Abs. 2 HGB**: erweiterte Haftung des Abschlussprüfers (→ § 323 Rz. 45).

III. Kapitalmarktorientierung und der IFRS-Konzernabschluss

15 Nach § 315e Abs. 2 HGB (→ § 315e Rz. 16) zieht (in Ausübung eines Mitgliedstaatenwahlrechts) bereits der Antrag auf Zulassung von Eigenkapital- oder Schuldtiteln zu einem organisierten Markt die Verpflichtung zur Erstellung des Konzernabschlusses nach IFRS statt nach HGB nach sich. Bei erfolgter Zulassung ergibt sich die **IFRS**-Rechnungslegungspflicht unmittelbar aus EU-Recht, das in Art. 4 der IAS-VO aber ebenfalls auf den organisierten Markt abstellt. Somit gilt materiell: Der Kapitalmarktorientierung eines Mutterunternehmens folgt die Konzernrechnungslegungspflicht gem. IFRS.

16 Sofern verpflichtend oder freiwillig ein IFRS-Konzernabschluss erstellt wird, gelten gem. § 315e Abs. 1 HGB **ergänzend** die Regelungen über den Lagebericht und einige Anhangangaben (→ § 315e Rz. 11 f.).

§ 265 Allgemeine Grundsätze für die Gliederung

(1) [1]Die Form der Darstellung, insbesondere die Gliederung der aufeinander folgenden Bilanzen und Gewinn- und Verlustrechnungen, ist beizubehalten, soweit nicht in Ausnahmefällen wegen besonderer Umstände Abweichungen erforderlich sind. [2]Die Abweichungen sind im Anhang anzugeben und zu begründen.

(2) [1]In der Bilanz sowie in der Gewinn- und Verlustrechnung ist zu jedem Posten der entsprechende Betrag des vorhergehenden Geschäftsjahrs anzugeben. [2]Sind die Beträge nicht vergleichbar, so ist dies im Anhang anzugeben und zu erläutern. [3]Wird der Vorjahresbetrag angepasst, so ist auch dies im Anhang anzugeben und zu erläutern.

(3) Fällt ein Vermögensgegenstand oder eine Schuld unter mehrere Posten der Bilanz, so ist die Mitzugehörigkeit zu anderen Posten bei dem Posten, unter dem der Ausweis erfolgt ist, zu vermerken oder im Anhang anzugeben, wenn dies zur Aufstellung eines klaren und übersichtlichen Jahresabschlusses erforderlich ist.

(4) [1]Sind mehrere Geschäftszweige vorhanden und bedingt dies die Gliederung des Jahresabschlusses nach verschiedenen Gliederungsvorschriften, so ist der Jahresabschluss nach der für einen Geschäftszweig vorgeschriebenen Gliederung aufzustellen und nach der für die anderen Geschäftszweige vorgeschriebenen Gliederung zu ergänzen. [2]Die Ergänzung ist im Anhang anzugeben und zu begründen.

(5) [1]Eine weitere Untergliederung der Posten ist zulässig; dabei ist jedoch die vorgeschriebene Gliederung zu beachten. [2]Neue Posten und Zwischensummen dürfen hinzugefügt werden, wenn ihr Inhalt nicht von einem vorgeschriebenen Posten gedeckt wird.

(6) Gliederung und Bezeichnung der mit arabischen Zahlen versehenen Posten der Bilanz und der Gewinn- und Verlustrechnung sind zu ändern, wenn dies wegen Besonderheiten der Kapitalgesellschaft zur Aufstellung eines klaren und übersichtlichen Jahresabschlusses erforderlich ist.

(7) Die mit arabischen Zahlen versehenen Posten der Bilanz und der Gewinn- und Verlustrechnung können, wenn nicht besondere Formblätter vorgeschrieben sind, zusammengefasst ausgewiesen werden, wenn

1. **sie einen Betrag enthalten, der für die Vermittlung eines den tatsächlichen Verhältnissen entsprechenden Bildes im Sinne des § 264 Abs. 2 nicht erheblich ist, oder**
2. **dadurch die Klarheit der Darstellung vergrößert wird; in diesem Falle müssen die zusammengefassten Posten jedoch im Anhang gesondert ausgewiesen werden.**

(8) Ein Posten der Bilanz oder der Gewinn- und Verlustrechnung, der keinen Betrag ausweist, braucht nicht aufgeführt zu werden, es sei denn, dass im vorhergehenden Geschäftsjahr unter diesem Posten ein Betrag ausgewiesen wurde.

Inhaltsübersicht Rz.

LITERATUR:
Götz/Schütte/Zimmermann, Der Ausweis Sonstiger Rückstellungen im handelsrechtlichen Jahresabschluss, DB 6/2021 S. 237 ff.; *Küting/Tesche/Tesche,* Der Stetigkeitsgrundsatz nach dem Bilanzrechtsmodernisierungsgesetz im Einzel- und Konzernabschluss, StuB 2008 S. 655; *Löffler/Müller,* Vorjahreszahlen im handelsrechtlichen Jahres- und Konzernabschluss, Ein Überblick zu IDW RS HFA 39 und IDW RS HFA 44, WPg 2013 S. 291; *Meyer/Jahn,* Formale Gestaltung von Bilanz und GuV nach HGB, StuB 2003 S. 1005; *Küting/Busch,* Bilanz und Gewinn- und Verlustrechnung in deutschen Jahresabschlüssen, StuB 2002 S. 885; *Lüdenbach,* Vorjahresspalte der GuV beim Übergang zum BilRUG, StuB 2016 S. 514.

I. Überblick

1. Zweck und Inhalt der Regelungen

1 § 265 HGB verfolgt zwei hauptsächliche Regelungszwecke:

- Im Interesse der **interperiodischen Vergleichbarkeit** werden Regelungen zur Darstellungsstetigkeit (Abs. 1) sowie zur Angabe von Vorjahresbeträgen (Abs. 2 und 8) getroffen,
- zur Anpassung an die jeweiligen Unternehmensverhältnisse wird eine **Individualisierung** der gesetzlichen **Gliederungsschemata** für Bilanz (§ 266 HGB) und GuV (§ 275 HGB) zugelassen, gleichzeitig zur Wahrung der zwischenbetrieblichen Vergleichbarkeit aber an Bedingungen geknüpft (Abs. 5 bis 7).

Daneben trifft § 265 HGB noch Regelungen zu zwei Sonderfragen:

- **Mehrfachzugehörigkeit:** bilanzieller Ausweis gleichzeitig unter mehrere Posten fallender Vermögensgegenstände oder Schulden (Abs. 3).
- **Mehrere Geschäftszweige:** Reichweite branchenspezifischer Gliederungsvorschriften bei gleichzeitiger Tätigkeit in mehreren Geschäftszweigen (Abs. 4).

2. Sachlicher Anwendungsbereich

2 § 265 HGB spricht **explizit nur Bilanz und GuV** an.

Mittelbar sind auch die **Kapitalflussrechnung** und der **Eigenkapitalspiegel** des Konzerns (§ 297 Abs. 1 Satz 1 HGB) sowie bestimmter kapitalmarktorientierter Unternehmen (§ 264 Abs. 1 Satz 2 HGB) betroffen.[1] 3

- Im Interesse der interperiodischen Vergleichbarkeit (→ Rz. 1) sind auch hier die **Stetigkeit** der Darstellung und die Angabe von **Vorjahres**zahlen geboten,
- zur Anpassung an die jeweiligen Unternehmensverhältnisse kommt ebenfalls eine bedingte **Individualisierung** quasigesetzlicher Gliederungsschemata (DRS 21 zur Kapitalflussrechnung und DRS 22 zum Eigenkapital) in Betracht.

Für den **Anhang** hat § 265 HGB hingegen **keine unmittelbare Bedeutung.** Soweit Teile des Schrifttums aus der Formulierung „Form der Darstellung im Jahresabschluss" sowie „insbesondere" in Abs. 1 den Schluss ziehen, das Gebot der Darstellungsstetigkeit gelte auch für den Anhang,[2] ist dem u. E. nicht zuzustimmen: Ein aussagefähiger Anhang sollte vor allem die besonderen, sich nicht aus Bilanz und GuV ergebenden Verhältnisse des Geschäftsjahres darstellen (→ § 284 Rz. 23), ein eng begriffenes Gebot der Darstellungsstetigkeit verträgt sich hiermit nicht, ein weiches, inhaltsleeres Gebot bliebe aber andererseits ohne Konsequenz. 4

Der Anhang ist jedoch **mittelbar betroffen,** wenn in ihm Angaben geleistet werden, die wahlweise auch in Bilanz oder GuV gemacht werden könnten.

3. Persönlicher Anwendungsbereich

§ 265 HGB betrifft aufgrund seiner Stellung im Zweiten Abschnitt des Dritten Buchs Kapital- und „Kap. & Co."-Gesellschaften, jedoch keine sonstigen Personenunternehmen. 5

Für sonstige Personenunternehmen bzw. alle Kaufleute schreibt § 243 Abs. 2 HGB allerdings die Klarheit und Übersichtlichkeit des Jahresabschlusses vor. Zur notwendigen Konkretisierung dieser Anforderungen gehört der Grundsatz der **Darstellungsstetigkeit** (Abs. 1), der deshalb auch als nicht gesetzlich fixierter GoB für alle Kaufleute gilt. Ebenso folgt die **Angabe von Vorjahresbeträgen** (§ 265 Abs. 2 HGB) u. E. aus dem Gebot der Klarheit, da aus dem Jahresabschluss nur so Entwicklungstendenzen ablesbar sind. Nach anderer Auffassung müssen nicht § 264a Abs. 1 HGB unterliegende Personenunternehmen hingegen keine Vorjahresbeträge angeben.[3]

II. Die interperiodische Vergleichbarkeit (Abs. 1, 2 und 8)

1. Das Gebot der Darstellungsstetigkeit (Abs. 1)

1.1 Sachlicher Anwendungsbereich

Das Gebot der Darstellungsstetigkeit betrifft neben Bilanz und GuV auch Kapitalflussrechnung und Eigenkapitalspiegel (→ Rz. 3) sowie Angaben, die statt in den Rechenwerken wahlweise im Anhang gemacht werden (→ Rz. 4). 6

1 So auch DRS 13 Tz. 24.
2 Vgl. *ADS*, 6. Aufl., § 265 Tz. 7; *Hüttemann* in Ulmer (Hrsg.), HGB-Bilanzrecht, 2002, § 265 Tz. 6.
3 Vgl. *Löffler/Müller*, WPg 2013 S. 291 ff.

1.2 Betroffene Darstellungswahlrechte

7 Wo ohnehin nur eine Darstellung zulässig ist, bedarf es keines Stetigkeitsgebots. Insoweit setzt das Gebot Darstellungs**wahlrechte** voraus.

Wichtige **explizite** Darstellungswahlrechte bestehen hinsichtlich

- des Formats der GuV (Umsatz- oder Gesamtkostenverfahren, § 275 Abs. 1 HGB),
- des bilanziellen Ausweises erhaltener Anzahlungen auf Vorräte (§ 268 Abs. 5 Satz 2 HGB).

8 Eine Reihe von Angaben kann wahlweise in Bilanz/GuV oder im **Anhang** gemacht werden. Das Gebot der Darstellungsstetigkeit gilt auch bei Entscheidung für die Anhangalternative (→ Rz. 4).

Fraglich ist, ob Stetigkeit auch für den **Ort der Darstellung** geboten ist, also etwa von einer einmal getroffenen Entscheidung für den Ausweis im Anhang ohne besondere Gründe nicht mehr abgewichen werden darf. Teile des Schrifttums bejahen dies.[1] Dem Wortlaut von § 265 HGB lässt sich eine solche extensive Anwendung des Stetigkeitsgebots jedoch nicht entnehmen. Auch die Zwecksetzung der interperiodischen Vergleichbarkeit (→ Rz. 1) fordert u. E. keine derartige Stetigkeit. Der Zweck kann auf mildere Art erreicht werden, indem die Vorjahresbeträge an derselben Stelle wie im aktuellen Jahresabschluss aufgeführt werden.

9 **Implizite** Wahlrechte gründen sich auf Ermessensspielräume bei der Abgrenzung von Einzelposten, also

- in Bezug auf die Bilanz etwa von (Finanz-)Anlagen und (finanziellem) Umlaufvermögen,
- in Bezug auf die GuV z. B. von Umsatzerlösen und sonstigen betrieblichen Erträgen.

Auch die Ausübung der impliziten Wahlrechte unterliegt dem Stetigkeitsgebot, das hier aber praktisch schwerer zu fassen ist. Nur selten wird der im aktuellen Jahr zu beurteilende Sachverhalt in sämtlichen Aspekten mit dem des Vorjahres übereinstimmen. Soweit sich aber Unterschiede bereits auf der Sachverhaltsebene ergeben, ist regelmäßig auch keine völlig identische Ermessensentscheidung gefordert.

1.3 Durchbrechungen des Stetigkeitsgebots

1.3.1 Geändertes Bilanzrecht

10 Abweichungen von der vorjährigen Gliederung können aufgrund eines **geänderten Bilanzrechts** notwendig sein:

BEISPIEL ► U hat ohne Einziehungsabsicht erworbene Anteile bisher im Umlaufvermögen ausgewiesen (§ 266 Abs. 2 Position B.III.2 HGB a. F.).

Mit Inkrafttreten des BilMoG ist hingegen eine Verrechnung mit dem Eigenkapital geboten (§ 272 Abs. 1a HGB).

Derartige Abweichungen von der bisherigen Gliederung sind rechtlich geboten und damit erforderlich (Abs. 1 Satz 1). Gleichwohl ist die Abweichung im Anhang anzugeben und zu begründen (Abs. 1 Satz 2). Als Begründung reicht der Verweis auf die Gesetzesänderung.

---

1 Vgl. *ADS*, 6. Aufl., § 265 Tz. 10.

1.3.2 „Freiwillige" Änderungen der Darstellung

Nicht durch Gesetz gebotene Änderungen der Darstellung sind zulässig, wenn sie 11

- „wegen **besonderer Umstände**...
- **erforderlich** sind" (Abs. 1 Satz 1).

Als besondere Umstände kommen in Betracht: 12

- Veränderungen im **Leistungsprogramm** des Unternehmens,
- gestiegene Bedeutung einzelner Positionen mit der Folge der **Hinzufügung** neuer Posten,
- gesunkene Bedeutung einzelner Positionen mit der Folge der **Zusammenfassung** mit anderen Positionen.

Maßstab der Erforderlichkeit ist, wie in der internationalen Rechnungslegung (IAS 1.45 i.V. mit IAS 8.14), eine Verbesserung der Aussagekraft, insbesondere der Klarheit und Übersichtlichkeit der Darstellung. Ist diese ausnahmsweise ganz eindeutig gegeben, wird aus der freiwilligen Änderung der Gliederung ein **Gebot:** 13

BEISPIEL Die Stadtwerke AG hat ihren Bereich Personenbeförderung mit Beschluss vom 1.12.02 und Wirkung ab 30.12.02 abgespalten. In den Vorjahren wurde in der Bilanz bei den Sachanlagen zwischen Fahrzeugen, Gebäuden und sonstigen Sachanlagen unterschieden, in der GuV zwischen Erlösen aus Energieversorgung, Transporterlösen und sonstigen Erlösen.

Mit der Abspaltung des Personenbeförderungsbereichs sinkt das Volumen der Positionen Fahrzeuge bzw. Transporterlöse unter das anderer in den sonstigen Sachanlagen bzw. Erlösen subsumierter Gruppen. Ein separater Ausweis wäre daher irreführend. Die Posten Fahrzeuge bzw. Transporterlöse sind in die sonstigen Sachanlagen bzw. Erlöse einzubeziehen.

Bei Erwerb durch ein (neues) Mutterunternehmen kann eine Anpassung an dessen **konzerneinheitliche Ausweismethoden** bereits auf Ebene der HB I sinnvoll sein. Sie führt aus der maßgeblichen Sicht des Einzelabschlusses nicht oder nur zufällig zu einer Verbesserung des Ausweises. Sie ist daher i. e. S. nicht erforderlich und wäre damit unzulässig. Das Schrifttum vertritt z.T. eine großzügigere Auffassung.[1] Pragmatisch kommt es auf den Unterschied der Auffassungen aber kaum an. Angesichts der **Unbestimmtheit** der Begriffe „Aussagekraft", „Klarheit" und „Übersichtlichkeit" wird die Praxis in derartigen Fällen ohnehin Gründe finden und benennen können, die unabhängig von der Anpassung an den Konzern eine Erforderlichkeit der Änderungen indizieren. 14

Entsprechende praktische Überlegungen erlauben regelmäßig einen Wechsel zwischen Gesamtkosten- und Umsatzkostenverfahren (§ 275 Abs. 2 und 3 HGB). 15

BEISPIEL Die U hat bisher nach Gesamtkostenverfahren bilanziert und wechselt jetzt zum Umsatzkostenverfahren.

Als Begründung reicht z. B. der Hinweis auf die zunehmende Verbreitung des Umsatzkostenverfahrens in der Branche und die daher mit einem Wechsel verbundene bessere zwischenbetriebliche Vergleichbarkeit aus.

1.4 Erläuterungspflicht im Anhang

Bei Änderungen der Darstellung sind die Abweichungen im Anhang anzugeben und zu begründen (Abs. 1 Satz 2). Hiernach ist 16

1 Vgl. *ADS*, 6. Aufl., § 265 Tz. 21; *Hüttemann* in Ulmer (Hrsg.), HGB-Bilanzrecht, 2002, § 265 Tz. 8.

- die vorgenommene Änderung zu **benennen** (z. B. Hinzufügung des neuen Postens X) und
- die Erforderlichkeit der Änderungen zu **begründen.**

17 Im Falle einer **gesetzlich gebotenen Änderung** reicht zur Begründung der Hinweis auf die Rechtsänderung (→ Rz. 10).

18 Bei **freiwilligen Änderungen** (→ Rz. 11) muss in irgendeiner plausiblen Weise, z. B. durch Bezugnahme auf Branchenentwicklung (→ Rz. 15) oder eine geänderte Bedeutung der Position (→ Rz. 13), dargetan werden, dass die Änderung der Klarheit und Übersichtlichkeit dient. Da die Begriffe „Klarheit" und „Übersichtlichkeit" notorisch unbestimmt sind, eine auf sie bezogene positive Wirkung deshalb im strengen Sinne weder beweis- noch widerlegbar ist, muss diese Wirkung eher behauptet als tatsächlich begründet werden. Das Gebot der Darstellungsstetigkeit ist insofern kein scharfes Schwert. Es verhindert ein willkürliches Hin und Her (Periode 1 Gesamtkostenverfahren, Periode 2 und 3 Umsatzkostenverfahren, Periode 4 Gesamtkostenverfahren etc.). Mehr kann es aber kaum leisten.

1.5 Speziell erweiterte Umsatzdefinition nach BilRUG

18a Hatten sich die Umsätze des bilanzierenden Unternehmens durch die erweiterte Umsatzdefinition des BilRUG wesentlich verändert, so waren die Zahlen des Geschäftsjahres 2016 und des Vorjahres 2015 nicht mehr miteinander vergleichbar. Hierauf war dann nach Art. 75 Abs. 2 Satz 3 EGHGB im Anhang hinzuweisen, dabei außerdem der Betrag der Umsatzerlöse des Vorjahres anzugeben, der sich bei rückwirkender Anwendung des BilRUG ergeben hätte. Unseres Erachtens verdrängte Art. 75 Abs. 2 Satz 3 EGHGB die allgemeinen Vorschriften des § 265 Abs. 2 HGB zum Vorjahresausweis nicht. Konsequenz dieser Auffassung ist, dass ein Unternehmen zwischen zwei Darstellungen wählen konnte: 1) Anpassung der Vorjahreszahlen an Umsatzdefinition und Gliederung nach BilRUG oder 2) Beibehaltung der ursprünglichen Werte für das Vorjahr. Im Anhang waren dann jeweils Erläuterungen zur Anpassung (bei Alternative 1) bzw. zur Nichtvergleichbarkeit (bei Alternative 2) abzugeben.

2. Vorjahresbeträge (Abs. 2 und 8)

2.1 Sachlicher Anwendungsbereich

19 Für Bilanz und GuV wird in Abs. 2 explizit die Angabe von Vorjahresbeträgen gefordert. Für die Kapitalflussrechnung und den Eigenkapitalspiegel im Konzernabschluss enthalten DRS 21.22 und DRS 22.21 zwar eine entsprechende Empfehlung, aber kein Gebot. Soweit in den von Abs. 2 betroffenen Rechenwerken Davon-Vermerke enthalten sind, ist auch hierfür eine Angabe der Vorjahresbeträge zwingend.[1]

20 Für den Anhang gilt Abs. 2 nicht. Mittelbar ist eine Angabe von Vorjahreszahlen aber geboten, wenn bei sog. Wahlpflichtangaben (→ § 284 Rz. 39) von einem Ausweiswahlrecht zwischen Anhang und Bilanz oder GuV Gebrauch gemacht wird (→ Rz. 4).[2]

21 Die anzugebenden Vorjahresbeträge sind dem **festgestellten** Jahresabschluss des vorhergehenden Geschäftsjahres zu entnehmen. Ist der Jahresabschluss des Vorjahres noch nicht

---

1 IDW RS HFA 39 Tz. 1.

2 IDW RS HFA 39 Tz. 1.

festgestellt, so sind die Beträge maßgebend, die sich aus dem **aufgestellten** Jahresabschluss ergeben.[1]

Im ersten Geschäftsjahr **nach Gründung** wird eine Angabe der Zahlen der Eröffnungsbilanz „als Vorjahreszahlen" im Schrifttum für „sachgerecht" gehalten.[2] Unseres Erachtens ist dem nicht zu folgen, da es sich eben nicht um (Schluss-)Bilanzzahlen eines **Vorjahres,** sondern um Eröffnungsbilanzwerte des **aktuellen** Jahres handelt. 21a

2.2 Angabepflichten bei fehlender Vergleichbarkeit (Abs. 2 Satz 1 und 2)

Bei erheblicher Änderung rechtlicher oder tatsächlicher Verhältnisse besteht ein **Spannungsverhältnis** zwischen 22

- dem Ziel der interperiodischen Vergleichbarkeit (→ Rz. 1) und
- dem Gebot, Vorjahresbeträge so anzugeben, wie sie den tatsächlichen Vorjahresverhältnissen entsprechen (Abs. 2 Satz 1).

Hierbei gibt das Gesetz dem zweiten Aspekt den Vorrang. Vorjahresverhältnisse sind so darzustellen, wie sie tatsächlich vorlagen (Abs. 2 Satz 1). Eine mangelnde Vergleichbarkeit zieht jedoch Erläuterungspflichten im Anhang (→ § 285 Rz. 38) nach sich (Abs. 2 Satz 2).

BEISPIEL Anfang 02 erwirbt die bisher nur an der TU-1 beteiligte MU die TU-2. Durch den Erwerb verdoppeln sich Umsatz, Bilanzsumme etc. des Konzernabschlusses gegenüber dem Vorjahr.

Nach § 294 Abs. 2 Satz 2 HGB a. F. konnte im Interesse der Herstellung der Vergleichbarkeit

- wahlweise eine Erläuterung in den Anhang aufgenommen (Vorjahreszahlen in Bilanz und GuV nach Vorjahresverhältnissen) werden oder
- konnten die Vorjahreswerte angepasst werden (Vorjahreszahlen in Bilanz und GuV so, als ob der Erwerb schon Anfang 01 stattgefunden hätte).

In Anpassung an die internationale Rechnungslegung ist dieses Wahlrecht gestrichen worden. Zulässig ist nur noch die Erläuterung im Anhang oder als deren Äquivalent eine Erweiterung von Bilanz und GuV um eine dritte Spalte, in der die angepassten Vorjahreszahlen dargestellt werden.

Zu weiteren Besonderheiten hinsichtlich Vorjahresbeträgen im Konzernabschluss wird auf → § 294 Rz. 3 verwiesen.

In folgenden Fällen kommt somit u. E. **kein** Ersatz der **tatsächlichen** Vorjahreszahlen durch **angepasste** Vorjahreszahlen, sondern nur eine Erläuterung im **Anhang** oder ggf. ein **Drei-Spalten-Format** (neben den tatsächlichen Vorjahreszahlen werden die an die aktuellen Verhältnisse angepassten dargestellt, → Rz. 23) infrage:[3] 23

- Vermögenszugänge durch **Verschmelzung** oder **Spaltung** bei der aufnehmenden Gesellschaft,
- Vermögenszu- oder -abgänge von größeren Unternehmen oder Unternehmensteilen durch Sacheinlage oder **Unternehmenskauf/-verkauf,**
- Vermögenszu- oder -abgänge durch **Spaltung,**
- Vermögenszu- oder -abgänge durch Änderungen des **Konsolidierungskreises** (→ § 294 Rz. 3).

1 IDW RS HFA 39 Tz. 3.
2 *Störk/Büssow* in Beck'scher Bilanz-Kommentar, 13. Aufl. 2022, § 265 Tz. 10.
3 Nach IDW RS HFA 39 Tz. 12, jedenfalls vorzuziehen.

24 In diesen und ähnlichen Fällen liegen **strukturändernde Geschäftsvorfälle** des laufenden Jahres vor, die nicht, auch nicht durch Fiktion, zu einem Ersatz der tatsächlichen Vorjahreszahlen führen dürfen. Vielmehr sind **Erläuterungen im Anhang** oder ist äquivalent die Einfügung einer **dritten Spalte** geboten. Hierbei reichen für den Anhang häufig qualitative Angaben aus. Bei großen und leicht quantifizierbaren Änderungen (etwa im obigen Beispiel: Verdopplung des Umsatzes ganz oder ganz überwiegend eine Folge des Unternehmenserwerbs) ist im Interesse der Klarheit eine **quantitative** Angabe geboten. Bei Wahl des Drei-Spalten-Formats ist die dritte Spalte vollständig, d. h. hinsichtlich sämtlicher GuV- bzw. Bilanzposten, zu präsentieren[1] und damit eine vollständige Quantifizierung geboten.

25 Eine mit der Änderung des Geschäftsjahres einhergehende unterschiedliche Länge der Berichtsperioden **(Rumpfgeschäftsjahr)** löst ebenfalls Berichtspflichten aus. Regelmäßig reicht hier der Hinweis auf die mangelnde Vergleichbarkeit wegen unterschiedlicher Dauer der Geschäftsjahre. Zulässig ist aber auch die freiwillige Erweiterung der GuV um eine dritte Spalte,[2] in der adäquat (d. h. etwa unter Beachtung von saisonalen Effekten) auf zwölf Monate hochgerechnete Pro-forma-Zahlen präsentiert und deutlich als solche gekennzeichnet werden.

26 Auch mit der **Durchbrechung des Stetigkeitsgebots,** etwa bei einem Wechsel zwischen Umsatz- und Gesamtkostenverfahren (→ Rz. 7), geht eine Beeinträchtigung der Vergleichbarkeit einher. Sie beruht aber nicht auf einer Änderung objektiver Umstände, sondern ist Folge einer bewussten Entscheidung für eine neue Darstellung. Wer diese Entscheidung trifft, muss u. E. den daraus resultierenden Schaden für die Vergleichbarkeit begrenzen, indem er eine Anpassung des Vorjahres vornimmt (→ Rz. 29).[3]

27 Rechtsformänderungen (Formwechsel → § 272 Rz. 129) führen für sich gesehen nicht zu einer Beeinträchtigung der Vergleichbarkeit i. S. des Abs. 2 Satz 2 HGB. Allerdings sollte die Änderung des Kapitalausweises erläutert werden.[4] Darüber hinaus ist beim Formwechsel wie folgt zu differenzieren:

- Formwechsel einer nicht § 264a HGB unterliegenden Personengesellschaft in eine Kapitalgesellschaft: Die für den Wegfall größenabhängiger Erleichterungen geltenden Grundsätze (→ Rz. 28) sind entsprechend anzuwenden.
- Formwechsel einer Kapitalgesellschaft in eine nicht § 264a HGB unterliegende Personengesellschaft: Angabe der Vorjahreszahlen nach (verkürzter) Gliederung des aktuellen Jahres.

28 Unterschiedliche Ausweismöglichkeiten sind mit den Größenklassen i. S. von § 267 HGB verbunden (→ § 267 Rz. 1).

Bei Übergang in eine höhere Klasse stellt sich die Frage, ob die im Vorjahr in Anspruch genommenen, nun wegfallenden Erleichterungen (etwa Zusammenfassung diverser GuV-Posten, § 276 HGB) in der Vorjahresspalte des aktuellen Abschlusses beibehalten werden dürfen. Unseres Erachtens ist dies nicht der Fall. Die Privilegierung der kleineren Gesellschaft entfällt ohnehin erst, wenn in zwei aufeinander folgenden Jahren die Schwellenwerte der größeren Gesellschaften überschritten werden. Insoweit ist die Privilegierung im hier interessierenden Zwischenjahr schon nicht mehr durch die aktuelle Größe, sondern nur noch als Nachwirkung der

1 IDW RS HFA 39 Tz. 12.
2 IDW RS HFA 39 Tz. 11.
3 Ähnlich IDW RS HFA 39 Tz. 10.
4 IDW RS HFA 39 Tz. 6.

Vor-Vorjahre gerechtfertigt. Eine noch weiter gehende Nachwirkung mit der Folge der Beeinträchtigung der Vergleichbarkeit auch im aktuellen Jahr ist u. E. nicht gerechtfertigt.[1] Beim Wechsel in eine niedrigere Größenklasse ist es hingegen ausreichend, die Vorjahreszahlen nach dem aktuellen (verkürzten) Gliederungsformat anzugeben.

2.3 Anpassung von Vorjahresbeträgen zur Herstellung der Vergleichbarkeit (Abs. 2 Satz 3)

Wichtige Anwendungsfälle der Anpassung von Vorjahresbeträgen sind Umgliederungen (Ausweisänderungen), insbesondere: 29

- der Wechsel vom **Gesamtkosten- zum Umsatzkostenformat** u. U. (→ Rz. 7),
- die Änderung des Aggregationsniveaus von Bilanz- und GuV-Posten wegen **geänderter Größenklassen** (→ Rz. 28).

Im Anhang sind in derartigen Fällen keine quantitativen Erläuterungen gefordert. Es reichen allgemeine **qualitative** Hinweise: 30

BEISPIEL ▸ Wegen eines Übergangs zum Umsatzkostenverfahren sind auch die ursprünglich nach Gesamtkostenverfahren gegliederten GuV-Zahlen des Vorjahres neu, entsprechend dem Umsatzkostenformat, gegliedert worden. Damit entfallen bestimmte operative Posten (Bestandsänderung Erzeugnisse, aktivierte Eigenleistungen) bzw. gehen in anderen Posten auf (Abschreibungen, Materialaufwand, Personalaufwand). Überdies ist der Inhalt der sonstigen betrieblichen Erträge und Aufwendungen nach Umsatzkostenverfahren enger als nach Gesamtkostenverfahren.

Änderungen der Ansatz- und Bewertungsmethoden führen nicht zur Anpassung der Vorjahreszahlen, lösen aber Angabepflichten nach § 284 Abs. 2 Nr. 3 HGB aus (→ § 284 Rz. 44 ff.). 31

2.4 Leerposten

Posten der Bilanz und GuV sowie ggf. der Kapitalflussrechnung und des Eigenkapitalspiegels (→ Rz. 3), die weder im aktuellen noch im Vorjahr einen Betrag aufweisen (sog. Leerposten), brauchen nicht ausgewiesen zu werden (Abs. 8). 32

Formal handelt es sich um ein **Wahlrecht.** In Verbindung mit dem Grundsatz der Klarheit und Übersichtlichkeit (§ 243 HGB) ist aber ein **Verzicht** auf Leerposten geboten.

Weggelassen werden können bzw. müssen auch Davon-Vermerke, die weder für das aktuelle noch für das Vorjahr einen Betrag aufweisen. 33

III. Individualisierung der gesetzlichen Gliederungsschemata (Abs. 5 bis 7)

1. Sachlicher Anwendungsbereich

Die Abs. 5 bis 7 sehen Möglichkeiten der **Individualisierung** der gesetzlichen Gliederungsschemata für **Bilanz und GuV** vor, knüpfen sie aber im Interesse der Vergleichbarkeit an Bedingungen. 34

Die Regelungen in 35

- Abs. 5 **„Weitere** Untergliederung und Hinzufügung neuer Posten" (→ Rz. 36) sowie

1 Gleicher Auffassung *Löffler/Müller*, WPg 2013 S. 291 ff.; a. A. *ADS*, 6. Aufl., § 265 Tz. 35.

- Abs. 6 „**Änderung** der Postenbezeichnung" (→ Rz. 40)

können analog auf die **Kapitalflussrechnung** und den **Eigenkapitalspiegel** übertragen werden (→ Rz. 3).

Für die Regeln von Abs. 7 (**Zusammenfassung,** → Rz. 47) gilt dies ebenfalls. Zwar wird in Abs. 7 speziell auf die mit arabischen Zahlen versehenen Posten der GuV und Bilanz Bezug genommen, die dabei zum Ausdruck kommenden Zielsetzungen – Zusammenfassung bei Unwesentlichkeit und/oder Erhöhung der Übersichtlichkeit – gelten aber für andere Teile des Jahresabschlusses entsprechend.

2. Weitere Untergliederung und Hinzufügung neuer Posten (Abs. 5)

36 Zulässige Untergliederungen i. S. von Abs. 5 Satz 1 sind:

- **Auf**gliederung eines Postens in einzelne Komponenten und
- **Aus**gliederung einer Komponente aus einem Sammelposten.

In beiden Fällen ist der Inhalt des „neuen" Postens durch einen Posten des gesetzlichen Gliederungsschemas gedeckt. Der besondere Anteil einer unternehmens- oder branchenspezifischen Komponente wird aber im gesetzlichen Posten nicht erkennbar.

BEISPIELE Beim Speditionsunternehmen S stellt der Fuhrpark den wesentlichen Teil der Betriebs- und Geschäftsausstattung dar.

ALTERNATIVE 1 Aufgliederung des Postens

Fuhrpark	€……..
Andere Betriebsausstattung	€……..
Geschäftsausstattung	€……..
Betriebs- und Geschäftsausstattung	€……..

ALTERNATIVE 2 Ausgliederung aus einer Position

Fuhrpark	€……..
(Sonstige) Betriebs- und Geschäftsausstattung	€……..

37 Die Untergliederung kann auch in einer **Vorspalte** oder als **Davon-Vermerk** vorgenommen werden.

38 Neben branchenspezifischen Erweiterungen des gesetzlichen Gliederungsschemas beim Sachanlagevermögen (→ Rz. 36) kommen auch solche bei den **Rückstellungen** infrage, etwa „Rückstellungen für Bergschäden" bei Bergbauunternehmen.

Beim **Leasingnehmer** kann eine Differenzierung zwischen im rechtlichen Eigentum stehenden Sachanlagen und solchen, die Gegenstand eines *finance lease* sind, Sinn machen, korrespondierend dazu eine Ausgliederung der Leasingverbindlichkeiten aus den anderen Verbindlichkeiten.

In der GuV kommt eine Untergliederung der Posten Umsatzerlöse infrage, wenn die Gesellschaft in ganz unterschiedlichen Wertschöpfungsarten jeweils nennenswert tätig ist (z. B. Umsätze aus hergestellten Gütern vs. Umsätze aus Dienstleistungen) oder ganz unterschiedliche Geschäftszweige jeweils nennenswert zum Umsatz beitragen.

Zur Wahrung der Übersichtlichkeit ist die Untergliederung auf **wesentliche** Positionen zu beschränken.

Die **Hinzufügung neuer Posten** nach Abs. 5 Satz 2 setzt voraus, dass die fraglichen Vermögensgegenstände, Schulden, Aufwendungen und Erträge nicht durch einen Posten des gesetzlichen Gliederungsschemas gedeckt sind. Anwendungsfälle sind **Genossenschaftsanteile** und **stille Beteiligungen.** 39

BEISPIEL U ist Genosse bei G, hält eine typisch stille Beteiligung an B und hat selbst atypisch stille Beteiligungen ausgegeben, die als Eigenkapital (→ § 246 Rz. 127) zu qualifizieren sind.

Der Genossenschaftsanteil ist weder Beteiligung (→ § 271 Rz. 28) noch Wertpapier noch (sonstige) Ausleihung und passt daher unter keinen Posten des § 266 Abs. 2 A.III (Finanzanlagen). Die typisch stille Beteiligung stellt keine „sonstige Ausleihung" i. S. von § 266 Abs. 2 A.III.6 HGB dar und passt auch unter keinen anderen Posten des Finanzanlagevermögens. Unter Wesentlichkeitsvorbehalt können beide Fälle daher in einem jeweils neuen Posten dargestellt werden.

Die ausgegebene atypisch stille Beteiligung mit Eigenkapitalqualität ist weder gezeichnetes Kapital noch Rücklage und passt daher nicht in die Gliederungsvorgaben von § 266 Abs. 3 A HGB. Unter Wesentlichkeitsvorbehalt ist sie daher in einem neuen Posten darzustellen.

Als weitere Beispiele der Hinzufügung werden im Schrifttum branchenspezifische Hinzufügungen beim Sachanlagevermögen genannt (z. B. Schiffe, Flugzeuge, Tankstellenanlagen).[1] Der Sache nach handelt es sich tatsächlich um **Untergliederungen,** da der Inhalt der Position von den gesetzlichen Posten gedeckt wird (→ Rz. 36). Da das Gesetz aber keine spezifischen Rechtsfolgen an den Unterschied zwischen Untergliederung und Hinzufügung knüpft, kommt es darauf nicht an, zumal auch die Grenzen der Erweiterung des gesetzlichen Gliederungsschemas in beiden Fällen gleichermaßen durch den Grundsatz der Klarheit und Übersichtlichkeit gegeben sind.

Die Hinzufügung betrifft ausschließlich Fragen des **Ausweises** bzw. der **Gliederung.** Es können also unter Bezugnahme auf Abs. 5 keine Nicht-Vermögensgegenstände oder Nicht-Schulden **(Ansatzebene)** in die Bilanz aufgenommen werden.

BEISPIEL[2] Die K-GmbH erwirbt von der V-GmbH alle Geschäftsanteile der T-GmbH. K zahlt dafür keinen Kaufpreis, sondern erhält umgekehrt einen „Zuschuss" von X, den man auch als „negativen Kaufpreis" bezeichnen kann. Weitere vertragliche Spezifikationen für dieses Geschäft sind (im möglichen Unterschied zum BFH-Fall) nicht vorhanden.

Nach Auffassung des BFH kann bei negativem Kaufpreis wegen des Realisationsprinzips kein „Anschaffungsgewinn" realisiert werden. Ein negativer Ansatz für den Beteiligungswert komme ebenfalls nicht in Betracht. Deshalb sei ein „Ausgleichsposten" zu passivieren (→ § 246 Rz. 387). Der BFH stützt sich u. E. fälschlicherweise zur Rechtfertigung dieses Postens auf § 265 Abs. 5 Satz 2 HGB.[3]

Das Bilanzierungsproblem ist auch im Hinblick auf die **Folgebewertung** auf der Ansatzebene zu klären: Handelt es sich um eine Art Wertberichtigung auf die Beteiligung mit negativem Saldierungsergebnis oder um eine Art negativen Geschäftswert? Beide Lösungsmöglichkeiten sind jedenfalls auf der Grundlage der Gliederungsvorgabe des § 266 HGB nicht ausgeschlos-

1 Vgl. *Störk/Büssow* in Beck'scher Bilanz-Kommentar, 13. Aufl. 2022, § 265 Tz. 36.
2 In Anlehnung an das BFH-Urteil v. 26.4.2006 – I R 49-50/04, DStR 2006 S. 1313 = StuB 2006 S. 638.
3 Wie der BFH auch *Schulze-Osterloh*, BB 2006 S. 1955; anders *Hoffmann*, DStR 2006 S. 1315.

sen, da (zur Wiederholung) ausschließlich die Ansatzebene angesprochen ist. Unseres Erachtens sind beide Lösungsmöglichkeiten vertretbar. Zu Einzelheiten wird verwiesen auf → § 255 Rz. 93 ff.

39a Mit dem BilRUG ist der Begriff „Zwischensumme" in Abs. 5 Satz 2 aufgenommen und damit klargestellt worden, dass die Einfügung gesetzlich nicht vorgesehener Zwischensummen gleichen Anforderungen wie die Einfügung neuer Posten unterliegt.

3. Änderung von Gliederung und Postenbezeichnungen (Abs. 6)

40 Gliederung und Bezeichnungen von Bilanz- oder GuV-Posten sind zu ändern, wenn (kumulativ)

- es sich um **arabisch** bezifferte Posten handelt (→ Rz. 41),
- **Besonderheiten** der Kapitalgesellschaft bestehen (→ Rz. 42),
- die im Interesse der **Klarheit und Übersichtlichkeit** eine Änderung erforderlich machen (→ Rz. 43).

41 Nach der ersten Bedingung ist es etwa nicht zulässig, die Hauptposten „Anlagevermögen" oder „Umlaufvermögen" sowie die Posten zweiter Ebene, wie etwa „Finanzanlagen" oder „Vorräte", umzubenennen oder in mehrere Posten aufzulösen.

42 Nach der zweiten Bedingung müssen **Besonderheiten** vorliegen. Diese ergeben sich insbesondere aus der **Branche,** z. B. im Baubereich, bei Leasingunternehmen, in der Transportbranche oder bei einer Finanzholding.

43 Nach der dritten Bedingung muss die Umgliederung oder Umbenennung der **Klarheit und Übersichtlichkeit** dienen. Soweit nicht ganz willkürlich gehandelt wird, ist dies angesichts der Unbestimmtheit der Begriffe selten zu widerlegen (→ Rz. 18).

44 In der Praxis spielt die Anpassung von **Postenbezeichnungen** eine größere Rolle als Änderungen der Gliederung (→ Rz. 36). Neubezeichnungen treten in drei Varianten auf:

- **Kürzung** der Postenbezeichnung,
- **Erweiterung** der Postenbezeichnung,
- **Änderung** der Postenbezeichnung.

BEISPIELE

1. Kürzung: Die gesetzliche Postenbezeichnung „Grundstücke, grundstücksgleiche Rechte und Bauten einschließlich der Bauten auf fremden Grundstücken" wird auf „Grundstücke und Bauten" gekürzt, da weder grundstücksgleiche Rechte noch Bauten auf fremden Grundstücken vorliegen.
2. Erweiterung: Unter den „Roh-, Hilfs- und Betriebsstoffen" werden in ganz wesentlichem Umfang auch Ersatzteile für eigene Produktionsanlagen ausgewiesen. Die Bezeichnung wird deshalb geändert in „Roh-, Hilfs- und Betriebsstoffe einschließlich Ersatzteilen".
3. Änderung der Postenbezeichnung: Die „Ausleihungen an verbundene Unternehmen" betreffen ausschließlich Ausleihungen an Tochterunternehmen. Die Bezeichnung wird in „Ausleihungen an Tochterunternehmen" geändert.

45 Angesichts der Unschärfe der Begriffe „Klarheit" und „Übersichtlichkeit" (→ Rz. 18) liegt regelmäßig ein **faktisches Wahlrecht** zur Anpassung der Bezeichnungen vor. In **Ausnahmefällen** kann die gesetzliche Bezeichnung so irreführend sein, dass eine Anpassung tatsächlich zum Gebot wird.

BEISPIEL ▸ Handelsunternehmen H stellt seine GuV nach Umsatzkostenverfahren auf. In der Überleitung von den Umsatzerlösen zum Bruttoergebnis vom Umsatz sieht § 275 Abs. 3 HGB die Bezeichnung „Herstellungskosten der zur Erzielung der Umsatzerlöse erbrachten Leistungen" vor. Da H überhaupt nicht als Hersteller tätig wird, ist dies irreführend. Eine geänderte Bezeichnung könnte etwa lauten: „Kosten der verkauften Waren".

Von Kürzungen aufgrund im konkreten Fall nicht vorliegender Sachverhalte (→ Rz. 44) ist die rein sprachlich motivierte **Verwendung geraffter Bezeichnungen** zu unterscheiden, unter Finanzanlagen etwa die Kürzung der Postenbezeichnung „Wertpapiere des Anlagevermögens" zu „Wertpapiere". Hier ist jeweils abzuwägen, ob lediglich eine sprachliche Redundanz beseitigt wird (wie im vorstehenden Beispiel) oder die Gefahr der Irreführung besteht. 46

4. Zusammenfassung von Posten (Abs. 7)

Nach Abs. 7 können die mit **arabischen Ziffern** versehenen Posten von Bilanz und GuV unter den Voraussetzungen der 47

- **Unwesentlichkeit** und/oder
- der höheren **Klarheit** der Darstellung

zusammengefasst werden.

Eine Zusammenfassung wegen **Unwesentlichkeit** kommt nur infrage, wenn ein Posten sowohl im aktuellen als auch im **Vorjahr** unwesentlich ist. 48

Die Wesentlichkeit ist nicht immer quantitativ zu beurteilen. Die „Rücklage für Anteile an einem herrschenden oder mehrheitlich beteiligten Unternehmen" gem. → § 272 Rz. 85 ist etwa u. U. auch dann gesondert auszuweisen, wenn der Betrag gering ist.

Unter Berufung auf Wesentlichkeitsgründe kommt selten eine Zusammenfassung zu einem „übergeordneten Posten" in Betracht, eher die Zusammenfassung zu einem sonstigen neu geschaffenen Posten.

BEISPIEL ▸ Die unfertigen Erzeugnisse und die geleisteten Anzahlungen auf Vorräte haben bei U einen geringen, die Roh-, Hilfs- und Betriebsstoffe sowie die fertigen Erzeugnisse und Waren einen hohen Betrag.

Nur wenn der Posten Vorräte insgesamt gering ausfiele, wäre unter Berufung auf die Unwesentlichkeit eine Zusammenfassung aller Unterpositionen in diesem Posten möglich. Diese Voraussetzung ist hier nicht gegeben.

Infrage käme daher nur eine Zusammenfassung der unfertigen Erzeugnisse und geleisteten Anzahlungen in dem neuen Posten „sonstige Vorräte". Diese würde aber eher Irritationen und Rückfragen auslösen. Eine Zusammenfassung unter Berufung auf Unwesentlichkeit ist daher insgesamt unpraktikabel.

In der **GuV**, die ohnehin nur arabische Ziffern (Gliederungsebene 1) sowie Buchstaben (Gliederungsebene 2) vorsieht (→ Rz. 47), kommt in erster Linie ein Verzicht auf die Buchstabenuntergliederung infrage, etwa beim Materialaufwand, wenn Aufwendungen für bezogene Leistungen nicht in nennenswerter Größe vorliegen. 49

Wichtiger als die Zusammenfassung wegen Unwesentlichkeit ist in der Praxis die Zusammenfassung zur Vergrößerung der **Klarheit** der Darstellung. In diesem Fall sind die disaggregierten Informationen im **Anhang** zu liefern (→ § 284 Rz. 12). 50

Vor allem in der Praxis größerer Unternehmen wird unter Berufung auf die Klarheit die Aufgliederung der

- **Sachanlagen,**
- **Vorräte** oder
- **Rückstellungen**

in den Anhang verlagert.[1]

Gegen eine solche Praxis wird nicht zu Unrecht angeführt, dass dadurch zwar die Bilanz übersichtlicher, aber der Anhang unübersichtlicher wird. Abzuwägen wäre dann, ob Bilanz, GuV und Anhang als Einheit (§ 264 Abs. 1 Satz 1 HGB) insgesamt klarer würden. Eine unwiderlegbare Antwort lässt sich nicht geben. Zu viel hängt hier von den subjektiven Erwartungen der Bilanzleser ab, die sich wiederum im Zeitlauf, „geschult" etwa an einer entsprechenden Arbeitsteilung von Bilanz und Anhang in der internationalen Rechnungslegung, ändern können. Erneut (→ Rz. 14 ff.) zeigt sich, dass die hehren Grundsätze der Klarheit und Übersichtlichkeit zwar völlig willkürlichen Darstellungen einen Riegel vorschieben können, in weniger extremen Fällen aber kaum geeignet sind, bilanzpolitisch motivierten Darstellungsformen Grenzen zu setzen.

IV. Zugehörigkeit zu mehreren Bilanzposten (Abs. 3)

51 Fällt ein Vermögenswert oder eine Schuld unter mehr als einen Posten, so ist er bzw. sie unter einem Posten auszuweisen und die **Mitzugehörigkeit** zu anderen Posten anzugeben, alternativ durch

- einen **Davon-Vermerk** oder
- eine **Anhangangabe.**

52 Die Mitzugehörigkeit ist nur dann zwingend anzugeben, wenn Klarheit und Übersichtlichkeit des Jahresabschlusses dies erfordern. Hiernach kommt es auf das Irreführungspotenzial einer fehlenden Angabe an. Dies hängt u. a. von der Höhe des Betrags, aber auch von qualitativen Aspekten ab:

BEISPIEL ► In einer angespannten Liquiditätslage reduziert die Gesellschaft die Zahlungsziele für Außenstehende, gewährt verbundenen Unternehmen aber weiterhin großzügige Zahlungsziele. Im Vergleich zum Vorjahr hat daher der Anteil der gesamten Debitoren an der Bilanzsumme von 25 % auf 10 % abgenommen, während der der verbundenen Unternehmen mit 2 % (bezogen auf die Bilanzsumme) konstant geblieben ist.

Mindestens aus qualitativer Sicht ist ein die verbundenen Unternehmen betreffender Davon-Vermerk bei den Debitoren geboten.

53 Bei Mehrfachzugehörigkeit ist zu entscheiden, wo der **primäre Ausweis** erfolgt. Hierbei soll es u. a. auf die qualitative Vorrangigkeit ankommen.[2] Dieses Kriterium ist jedoch kaum operationalisierbar. In der Praxis unterliegt die Entscheidung daher – abgesehen von Stetigkeitsaspekten – regelmäßig einem faktischen **Wahlrecht.**

---

1 Nach empirischer Analyse von *Götz/Schütte/Zimmermann,* DB 2021 S. 237 ff., nahmen im Zeitraum 2017 bis 2019 50 % der DAX-Unternehmen in der Bilanz keine Aufgliederung nach sonstigen Rückstellungen, Steuerrückstellungen und Pensionsrückstellungen vor.

2 Vgl. *ADS*, 6. Aufl., § 265 Tz. 44.

Wichtigster Anwendungsfall der Mehrfachzugehörigkeit sind **Debitoren und Kreditoren** gegenüber **verbundenen Unternehmen** bzw. **Gesellschaftern.** Nach § 266 HGB sind Forderungen und Verbindlichkeiten gegenüber verbundenen Unternehmen gesondert auszuweisen, ebenso sind nach § 42 Abs. 3 GmbHG Forderungen und Verbindlichkeiten gegenüber Gesellschaftern gesondert auszuweisen oder im Anhang anzugeben. Bei Ausweis unter einem anderen Posten reicht ein Davon-Vermerk (→ § 266 Rz. 73). 54

BEISPIEL Die U-GmbH hat Debitoren mit Schulden von 100 Mio. €, die sich wie folgt zusammensetzen:

Gesellschafter, die zugleich verbundene Unternehmen sind	6
Sonstige Gesellschafter	5
Verbundene Unternehmen, die nicht Gesellschafter sind	3
Dritte	86

Infrage kommen u. a. folgende Ausweisalternativen:

1. Die Debitoren werden mit 100 ausgewiesen, dabei folgende Davon-Vermerke (oder Anhangangaben) gemacht:

Davon verbundene Unternehmen (ohne Gesellschafter)	3
Davon Gesellschafter	11

2. Die Debitoren werden mit 86 ausgewiesen. In jeweils einer separaten Position werden Forderungen gegen verbundene Unternehmen (ohne Gesellschafter) (3) und Forderungen gegen Gesellschafter (11) gezeigt. Bei den Forderungen gegen Gesellschafter werden zwei Davon-Vermerke aufgenommen:

Davon Debitoren	11
Davon verbundene Unternehmen	6

Vgl. hierzu auch das Beispiel unter → § 266 Rz. 73.

Kein Mitzugehörigkeitsproblem stellt sich bei **sonstigen** Vermögensgegenständen oder Verbindlichkeiten ein, da diese lediglich Auffangposten sind. 54a

BEISPIEL[1] Im Konzern K kommt es immer wieder vor, dass ein Unternehmen für das andere bestimmte **Auslagen** tätigt und diese dann kurzfristig in Rechnung stellt. Außerdem besteht ein reger Lieferverkehr zwischen den Konzerngesellschaften, der wegen nachträglicher, fremdüblicher Preisnachlässe, Gutschriften usw. gelegentlich beim Lieferanten zu **kreditorischen Debitoren** (Verbindlichkeiten gegenüber Kunden) führt.

BEURTEILUNG Die von U zu bilanzierenden Verbindlichkeiten bestehen gegenüber verbundenen Unternehmen. Zugleich scheinen sie **sonstige Verbindlichkeiten** i. S. von § 266 Abs. 3 C.8 HGB zu repräsentieren. Ein im berechtigten Interesse der Praxis weitgehend kasuistisch aufgebautes Kommentarschrifttum führt nämlich als **typische Beispiele** für sonstige Verbindlichkeiten u. a. **zu erstattende Auslagen und kreditorische Debitoren** an.[2] Insoweit scheint eine Mehrfachzugehörigkeit gegeben.

Dem **Begriff der sonstigen Verbindlichkeit** ist aber immanent, dass es sich um eine Verbindlichkeit handelt, die keiner anderen Verbindlichkeitskategorie zuzuordnen ist, nur deshalb eben als „sonstige" bezeichnet werden kann. Aus prinzipienorientierter Sicht ergibt sich daher Folgendes:

- Sonstige Verbindlichkeiten sind ein **Auffangposten.**
- Sie liegen deshalb nur dort vor, wo von vornherein **kein anderer Posten** angesprochen ist.

1 Nach *Lüdenbach*, StuB 2015 S. 469.
2 Vgl. stellvertretend *Schubert* in Beck'scher Bilanz-Kommentar, 13. Aufl. 2022, § 266 Tz. 246.

- Deshalb kann es eine Mitzugehörigkeit in anderen Posten auszuweisender Beträge zu den sonstigen Verbindlichkeiten **gar nicht geben.**

Dieser Logik folgend hat U die betroffenen Verbindlichkeiten allein als Verbindlichkeiten gegenüber verbundenen Unternehmen auszuweisen.

V. Vorliegen mehrerer Geschäftszweige (Abs. 4)

55 Ist eine Kapitalgesellschaft in mehr als einem Geschäftszweig tätig und bedingt dies die Berücksichtigung **unterschiedlicher Gliederungs**vorschriften, weil für mindestens einen der Geschäftszweige eine spezielle Gliederungsvorgabe (durch Formblattverordnung; siehe § 330 HGB) besteht, gilt:

- Als **Grundgliederung** ist die eines Geschäftszweigs zugrunde zu legen.
- Diese Grundgliederung ist wegen des anderen Geschäftszweigs zu **ergänzen.**
- Die Ergänzung ist im **Anhang** anzugeben und zu begründen.

56 Betroffen sind vor allem

- Krankenhäuser,
- Kreditinstitute und Versicherungen,
- Verkehrsunternehmen,
- Wohnungsunternehmen.

57 Für die Grundgliederung sollte unter Beachtung der Bedeutung der Geschäftszweige diejenige ausgewählt werden, die möglichst wenige bzw. möglichst wenige bedeutsame Ergänzungen erforderlich macht.

58 Im Anhang ist die Grundgliederung zu benennen und deren Auswahl zu begründen. Darüber hinaus sind die wesentlichen Ergänzungen qualitativ darzustellen.

VI. Rechtsfolgen von Verstößen gegen § 265 HGB

59 **Gravierende Verstöße** gegen § 265 HGB, die die Klarheit und Übersichtlichkeit des Jahresabschlusses beeinträchtigen,

- können die **Nichtigkeit** des Jahresabschlusses nach § 256 Abs. 4 AktG nach sich ziehen (analoge Anwendung für GmbH) sowie
- bei Vorsatz von Vorstand/Geschäftsführung oder Aufsichtsrat zu einer **Geldstrafe** führen (§ 331 Abs. 1 Nr. 1 HGB).

In weniger schweren Fällen kann ein Verstoß gegen Abs. 2 bis 4 und Abs. 6 als **Ordnungswidrigkeit** sanktioniert werden (§ 334 Abs. 1 Nr. 1c HGB und § 335b HGB).

Zweiter Titel: Bilanz

§ 266 Gliederung der Bilanz

(1) [1]Die Bilanz ist in Kontoform aufzustellen. [2]Dabei haben mittelgroße und große Kapitalgesellschaften (§ 267 Absatz 2 und 3) auf der Aktivseite die in Absatz 2 und auf der Passivseite die in Absatz 3 bezeichneten Posten gesondert und in der vorgeschriebenen Reihenfolge auszuweisen. [3]Kleine Kapitalgesellschaften (§ 267 Abs. 1) brauchen nur eine verkürzte Bilanz aufzustellen, in die nur die in den Absätzen 2 und 3 mit

Buchstaben und römischen Zahlen bezeichneten Posten gesondert und in der vorgeschriebenen Reihenfolge aufgenommen werden. [4]Kleinstkapitalgesellschaften (§ 267a) brauchen nur eine verkürzte Bilanz aufzustellen, in die nur die in den Absätzen 2 und 3 mit Buchstaben bezeichneten Posten gesondert und in der vorgeschriebenen Reihenfolge aufgenommen werden.

(2) Aktivseite

A. Anlagevermögen:

I. Immaterielle Vermögensgegenstände:

1. Selbst geschaffene gewerbliche Schutzrechte und ähnliche Rechte und Werte;

2. entgeltlich erworbene Konzessionen, gewerbliche Schutzrechte und ähnliche Rechte und Werte sowie Lizenzen an solchen Rechten und Werten;

3. Geschäfts- oder Firmenwert;

4. geleistete Anzahlungen;

II. Sachanlagen:

1. Grundstücke, grundstücksgleiche Rechte und Bauten einschließlich der Bauten auf fremden Grundstücken;

2. technische Anlagen und Maschinen;

3. andere Anlagen, Betriebs- und Geschäftsausstattung;

4. geleistete Anzahlungen und Anlagen im Bau;

III. Finanzanlagen:

1. Anteile an verbundenen Unternehmen;

2. Ausleihungen an verbundene Unternehmen;

3. Beteiligungen;

4. Ausleihungen an Unternehmen, mit denen ein Beteiligungsverhältnis besteht;

5. Wertpapiere des Anlagevermögens;

6. sonstige Ausleihungen.

B. Umlaufvermögen:

I. Vorräte:

1. Roh-, Hilfs- und Betriebsstoffe;

2. unfertige Erzeugnisse, unfertige Leistungen;

3. fertige Erzeugnisse und Waren;

4. geleistete Anzahlungen;

II. Forderungen und sonstige Vermögensgegenstände:

1. Forderungen aus Lieferungen und Leistungen;

2. Forderungen gegen verbundene Unternehmen;

3. Forderungen gegen Unternehmen, mit denen ein Beteiligungsverhältnis besteht;

4. sonstige Vermögensgegenstände;

III. Wertpapiere:

1. Anteile an verbundenen Unternehmen;

2. sonstige Wertpapiere;

IV. Kassenbestand, Bundesbankguthaben, Guthaben bei Kreditinstituten und Schecks.

C. Rechnungsabgrenzungsposten.

D. **Aktive latente Steuern.**

E. **Aktiver Unterschiedsbetrag aus der Vermögensverrechnung.**

(3) Passivseite

A. **Eigenkapital:**

I. **Gezeichnetes Kapital;**

II. **Kapitalrücklage;**

III. **Gewinnrücklagen:**

1. **gesetzliche Rücklage;**
2. **Rücklage für Anteile an einem herrschenden oder mehrheitlich beteiligten Unternehmen;**
3. **satzungsmäßige Rücklagen;**
4. **andere Gewinnrücklagen;**

IV. **Gewinnvortrag/Verlustvortrag;**

V. **Jahresüberschuss/Jahresfehlbetrag.**

B. **Rückstellungen:**

1. **Rückstellungen für Pensionen und ähnliche Verpflichtungen;**
2. **Steuerrückstellungen;**
3. **sonstige Rückstellungen.**

C. **Verbindlichkeiten:**

1. **Anleihen, davon konvertibel;**
2. **Verbindlichkeiten gegenüber Kreditinstituten;**
3. **erhaltene Anzahlungen auf Bestellungen;**
4. **Verbindlichkeiten aus Lieferungen und Leistungen;**
5. **Verbindlichkeiten aus der Annahme gezogener Wechsel und der Ausstellung eigener Wechsel;**
6. **Verbindlichkeiten gegenüber verbundenen Unternehmen;**
7. **Verbindlichkeiten gegenüber Unternehmen, mit denen ein Beteiligungsverhältnis besteht;**
8. **sonstige Verbindlichkeiten, davon aus Steuern, davon im Rahmen der sozialen Sicherheit.**

D. **Rechnungsabgrenzungsposten.**

E. **Passive latente Steuern.**

Inhaltsübersicht

LITERATUR:

Knapp, Mietereinbauten und -umbauten sowie Gebäude auf fremdem Grund und Boden in der Handelsbilanz, BB 1975 S. 1103; *Knop*, Die Gliederungskonzeption des BiRiLiG, DB 1984 S. 569; *Köhler*, Buchung und Bilanzierung von Anzahlungen, StBp 1998 S. 320 und StBp 1999 S. 8; *Kropf*, „Verbundene Unternehmen" im AktG und im BiRiLiG, DB 1986 S. 364; *Theile*, Jahresabschluss der Klein- und Kleinstkapitalgesellschaften, 2013.

I. Überblick, Grundlagen

1. Betriebswirtschaftliche Orientierung

Jedem menschlichen Instrument der Kommunikation muss ab einem gewissen Umfang eine **Strukturierung** zugrunde liegen. Ohne eine solche ist sie für den Adressaten nicht verständlich. Für die kaufmännische Rechnungslegung gilt nichts anderes (→ § 243 Rz. 18). Rudimentär sind Gliederungsvorgaben für **alle** Kaufleute in § 247 HGB (→ Rz. 3) niedergelegt. Für den **speziellen** Anwendungsbereich der Kapital- und „Kap. & Co."-Gesellschaften (→ Rz. 6) setzt § 266 HGB i.V. mit anderen Vorschriften (→ Rz. 15) diese allgemeinen Vorgaben für die Gliederung in detaillierter Form um. 1

2 Aus betriebswirtschaftlicher Sicht bieten sich verschiedene Varianten der Gliederung für die Bilanz an,[1] und zwar nach

- dem Produktionsablauf,
- der Liquiditätsnähe,
- den Fristigkeiten des Verbleibs im Unternehmen der einzelnen Posten,
- dem Unternehmensverbund sowie
- der Herkunft bzw. Rechtsgrundlage der Finanzierungsmittel.

3 Eine **durchgehende** Orientierung an den Gliederungsvorgaben für die Bilanz ist in § 266 HGB nicht ersichtlich, aber auch nicht sinnvoll. Auch in dieser Konstellation muss nicht unbedingt puristisch auf ein Pferd gesetzt werden. Die Entscheidung des Gesetzgebers orientiert sich auf der Aktivseite primär an dem **Produktions**ablauf, der eng mit der **Fristigkeit** und dem **Liquiditätsgrad** korreliert. Anlagevermögen ist das langfristige, mit Ausnahmen bei den Finanzanlagen zugleich von der „Geldnähe" am weitesten entfernte Vermögen; das Umlaufvermögen ist das kurzfristige, geldnähere, bei den liquiden Mitteln schließlich geldidentische Vermögen. Als Störenfriede der Gliederungssystematik erscheinen am Schluss noch Rechnungsabgrenzungsposten (→ § 250 Rz. 3), die latenten Steuern (→ § 274 Rz. 74 ff.) und der Unterschiedsbetrag aus der Vermögensverrechnung (→ § 246 Rz. 392 ff.) als eigenständige Bilanzposten (→ Rz. 80).

In diese Struktur schleichen sich markante Posten ein, die **Unternehmensverbindungen** aufzeigen sollen, sei es gegenüber Unternehmen, mit denen ein Beteiligungsverhältnis besteht, oder gegenüber verbundenen Unternehmen (→ § 271 Rz. 1 ff.).

4 Die insoweit dominierende Gliederungsgrundlage „Produktionsablauf" i.V. mit Fristigkeit und „Liquiditätsnähe" auf der Aktivseite entspricht strukturell mit den genannten Ausnahmen der nach den IFRS dominierenden **Fristigkeit** als Gliederungsgrundlage (IAS 1.60). *Noncurrent assets* sind z. B. regelmäßig mit dem Anlagevermögen identisch.

5 Auf der **Passivseite** wird im HGB zunächst nach den **Finanzierungsquellen** – Eigen- und Fremdkapital – differenziert. Innerhalb des Fremdkapitals ergibt sich die nächste Untergliederung nach dem Sicherheitsgrad der Verpflichtung (Rückstellungen vs. Verbindlichkeiten). Eine weitere Ebene tiefer gerät die **inhaltliche** Art der Schuld bzw. der Gläubigerbeziehung ins Blickfeld, indem etwa bei Verbindlichkeiten zwischen solchen gegenüber Banken, Lieferanten etc. unterschieden wird. Nur unter Einbeziehung der anhanggestützten Laufzeitvermerke (→ Rz. 73) sowie indirekt bei den Pensionsverpflichtungen lässt sich die Fristigkeit erkennen. Vergleichbar der Aktivseite wird in diesem Bereich der **Unternehmensverbund** als Ausweisposten besonders berücksichtigt. Die passiven Steuerlatenzen nehmen wie auf der Aktivseite am Schluss der Passiva ihre unstrukturierte Sonderstellung ein.

2. Subjektive Anwendungsbereiche (Abs. 1 Satz 2 und 3)

6 Die Gliederungsvorgaben des § 266 HGB gelten

- unmittelbar für Kapitalgesellschaften,
- durch Verweis für
- „Kap. & Co."-Gesellschaften (§§ 264a, 264c Abs. 1 HGB),
- dem PublG unterliegende Unternehmen (§ 5 Abs. 1 Satz 2 PublG) sowie

1 Vgl. *ADS*, 6. Aufl., § 266 Tz. 7.

- den Konzernabschluss (§ 298 Abs. 1 HGB).

Kreditinstitute und Versicherungsunternehmen unterliegen unabhängig von ihrer Rechtsform 7
speziellen Gliederungsvorschriften. Entsprechendes gilt für bestimmte **Branchen,** wie z. B. Krankenhäuser und Pflegeeinrichtungen. Faktisch orientieren sich auch andere, oben nicht aufgeführte Rechtsformen an den Gliederungsvorgaben des § 266 HGB (→ § 247 Rz. 9). Auch in Sonderfällen der Bilanzierung – Umwandlungsvorgänge, Liquidationen, Insolvenzen – bietet sich die Gliederung nach dem Raster des § 266 HGB an, muss im Einzelfall allerdings nicht sklavisch beachtet werden.

Abs. 1 Satz 2 stellt den spezifischen Anwendungsbereich der Gliederungsvorschriften dar: die 8
mittelgroßen und **großen** Kapital- und damit „Kap. & Co."-Gesellschaften (→ § 267 Rz. 3). Für mittelgroße gibt es bzgl. der Publizität nach § 327 HGB bestimmte Vereinfachungen bzw. Abkürzungen der Veröffentlichung, allerdings unter spürbarem redaktionellem Aufwand bzgl. der Identifizierung der nicht veröffentlichungspflichtigen Posten.

Kleine (→ § 267 Rz. 14) Gesellschaften haben nach Abs. 1 Satz 3 die Möglichkeit einer verkürz- 8a
ten Darstellung im Bereich der Erstellung, indem sie die dort definierten Zusammenfassungen (Buchstaben und römische Zahlen) vornehmen. Verpflichtet sind sie dazu nicht, d. h., sie können das gesamte Gliederungsraster des § 266 HGB bei der **Erstellung** verwenden. Unseres Erachtens sind sie bei der **Veröffentlichung** nicht daran gebunden und können dann die Verkürzung nach Abs. 1 Satz 3 anwenden (→ § 326 Rz. 6). Unberührt bleiben Auskunftsrechte von Aktionären, Gesellschaftern oder Arbeitnehmervertretern (→ § 274a Rz. 7).

Kleine Kapitalgesellschaften können danach ihre Bilanz wie folgt gliedern:

Aktivseite	**Passivseite**
Anlagevermögen	Eigenkapital
Immaterielle Vermögensgegenstände	Gezeichnetes Kapital
Sachanlagen	Kapitalrücklage
Finanzanlagen	Gewinnrücklagen
Umlaufvermögen	Gewinn- und Verlustvortrag
Vorräte	Jahresüberschuss/-fehlbetrag
Forderungen und sonstige Vermögensgegenstände	Rückstellungen
Wertpapiere	Verbindlichkeiten
Liquide Mittel	Rechnungsabgrenzungsposten
Rechnungsabgrenzungsposten	Latente Steuern
Latente Steuern	
Unterschiedsbetrag	

Durch die **finanzamtlichen** Vorgaben zur Einreichung einer **elektronischen** Bilanz entsteht fak- 8b
tisch ein Druck, die Gliederungsparameter sind für Bilanz und GuV-Rechnung nach §§ 266 und 275 HGB für große Kapitalgesellschaften auf alle Gewerbetreibenden – also auch auf kleine und mittelgroße Kapitalgesellschaften – anzuwenden (→ § 243 Rz. 26 ff.).

Andererseits sind bei Erstellung und Offenlegung kleiner Gesellschaften folgende **Sonderaus-** 9
weise zu beachten:

Rechtsformübergreifend

- § 268 Abs. 1 HGB: Vermerk von Gewinn- und Verlustvortrag (→ § 268 Rz. 33)
- § 268 Abs. 3 HGB: nicht durch Eigenkapital gedeckter Fehlbetrag (→ § 268 Rz. 129)
- § 268 Abs. 4 Satz 1 HGB: Restlaufzeitvermerk für Forderungen (→ § 268 Rz. 130)
- § 268 Abs. 5 Satz 1 HGB: Restlaufzeitvermerk für Verbindlichkeiten (→ § 268 Rz. 141)

- § 268 Abs. 7 HGB: Haftungsverhältnisse (→ § 268 Rz. 150)
- § 272 Abs. 1a Satz 1 HGB: eigene Anteile (→ § 272 Rz. 41)

Kleine AG und KGaA

- § 152 Abs. 1 AktG: Angaben zu Aktiengattungen
- § 152 Abs. 2 AktG: Einstellung und Entnahme der Kapitalrücklage (→ § 272 Rz. 59)
- § 152 Abs. 3 AktG: Bewegung der Gewinnrücklage (→ § 272 Rz. 89)

Kleine GmbH

- § 42 Abs. 2 Satz 2 und 3 GmbHG: eingeforderte Nachschüsse und zugehörige Rücklage
- § 42 Abs. 3 GmbHG: Ausleihungen, Forderungen und Verbindlichkeiten gegenüber Gesellschaftern, hilfsweise Anhangangabe (→ § 284 Rz. 40)

Kleine „Kap. & Co."-Gesellschaften

- § 264c Abs. 1 HGB: Ausleihungen, Forderungen und Verbindlichkeiten gegenüber Gesellschaftern (→ § 264c Rz. 4), hilfsweise Anhangangabe (→ § 284 Rz. 39)
- § 264c Abs. 2 HGB: Aufgliederung des Eigenkapitals (→ § 264c Rz. 9)
- § 264c Abs. 4 Satz 2 HGB: Ausgleichsposten für Anteile an der Komplementärin bei der sog. Einheitsgesellschaft (→ § 264c Rz. 58)

Kleine Unternehmensgesellschaft (haftungsbeschränkt)

- § 5a Abs. 3 GmbHG: gesetzliche Rücklage (→ § 270 Rz. 8)

10 Nach älterer Auffassung im Schrifttum waren die bei Anwendung des verkürzten Gliederungsschemas kleiner Gesellschaften „herausfallenden" Posten zu den **Beteiligungs**unternehmen und zu den **verbundenen Unternehmen** gleichwohl offenzulegen. Begründung: Wegen der Bedeutung eines Beteiligungsverhältnisses oder sogar einer Konzernverbundenheit für den externen Bilanzleser. Dies ist wenigstens bei Holdinggesellschaften eine sinnvolle Lösung, weil deren Bilanzen durch entsprechende Posteninhalte wesentlich gekennzeichnet sind.

10a **Kleinst**kapitalgesellschaften (→ § 267a) (und die entsprechenden „Kap. & Co."-Gesellschaften) können die Bilanz in **weiter** (gegenüber dem Kleinformat, → Rz. 8a) verkürzter Form erstellen, die wie folgt aussieht:

Aktivseite	**Passivseite**
Anlagevermögen	Eigenkapital
Umlaufvermögen	Rückstellungen
Rechnungsabgrenzungsposten	Verbindlichkeiten
Latente Steuern	Rechnungsabgrenzungsposten
Unterschiedsbetrag aus der Vermögensverrechnung	*Latente Steuern*

Die kursiv geschriebenen Posten sollten bei Kleinst**kapital**gesellschaften nur ganz selten in Betracht kommen. Der Bilanz-Torso einer Kleinstkapitalgesellschaft besteht dann regelmäßig aus drei Aktiv- und vier Passivposten. Bei Kleinst-„**Kap. & Co.**"-Gesellschaften (→ § 264c Rz. 3) stellt sich das Bilanzbild genauso dar. Einen typischen Anwendungsfall für die Kleinstkapitalgesellschaftsgliederung stellt die Komplementär-GmbH im Rahmen der **GmbH & Co. KG** (→ § 264c Rz. 56) dar. Hier wird sich in aller Regel die Bilanz auf fünf Posten – die jeweils obersten im vorstehenden Gliederungsbeispiel – beschränken, links zwei und rechts drei. Die **Unternehmergesellschaft** (haftungsbeschränkt; → § 267a Rz. 2) hat eine besondere Rücklage zu bilden. Unseres Erachtens ist der Ausweis dieser Sonderrücklage für die hier regelmäßig vorliegende

Kleinstkapitalgesellschaft im Eigenkapital vorzunehmen, und zwar ohne gesonderte Untergliederung.

Steuerlatenzposten können dem Grunde nach nur anfallen, wenn die Gesellschaft auf die Befreiung nach § 274a Nr. 5 HGB (→ § 274a Rz. 6) verzichtet.

Die **Sonderausweise** nach → Rz. 9 sind im MicroBilG (→ § 267a Rz. 1) nicht aufgegriffen worden. Daraus ergeben sich Verständnisschwierigkeiten: 10b

BEISPIEL Nach § 42 Abs. 3 GmbHG bzw. § 264c Abs. 1 HGB sind Forderungen, Ausleihungen und Verbindlichkeiten gegen(über) **Gesellschafter(n)** in der Bilanz zu vermerken oder im Anhang anzugeben. Für Kleinstgesellschaften müsste ein Bilanzausweis für eine Gesellschafterforderung wie folgt aussehen (→ Rz. 9):

Umlaufvermögen

– davon gegen Gesellschafter –

Eine solche Darstellung wäre sinnlos und sollte deshalb entfallen.[1] Die Angabe im Anhang (→ § 284 Rz. 39) kommt wegen des Verzichts auf Anhangerstellung (→ § 267a Rz. 1) nicht in Betracht. Hier kann sich im Einzelfall das Erfordernis einer Angabe „unter dem Strich" ergeben, um das *„True and fair view"*-Gebot zu erfüllen (→ § 264 Rz. 18). Ein solcher Fall kann u. U. vorliegen, wenn im Anlage- oder Umlaufvermögen einer GmbH oder GmbH & Co. KG (relativ) hohe Forderungen gegen Gesellschafter oder auf der Passivseite entsprechende Verbindlichkeiten enthalten sind – im Extremfall, wenn diese Posten nur auf Gesellschafter entfallen.[2]

Ähnlich stellt sich diese Frage auch bei **Laufzeitvermerken** für Forderungen (→ § 268 Rz. 130) oder Verbindlichkeiten (→ § 268 Rz. 141), ebenso bei der gesetzlichen Rücklage für die **Unternehmensgesellschaft** (haftungsbeschränkt) (→ § 270 Rz. 8). Unseres Erachtens sollte auf diese Sonderausweise bei Kleinstkapitalgesellschaften i. S. des MicroBilG (→ § 267a Rz. 1) verzichtet werden.[3] Dafür spricht auch die gesonderte Erwähnung der Angabepflicht nach § 268 Abs. 7 HGB (→ § 268 Rz. 150) „unter der Bilanz" (→ § 264 Rz. 4), während andere Vermerke nach § 268 HGB (→ Rz. 9) unerwähnt bleiben. Für AGs und KGaAs ist die Nichtberücksichtigung entsprechender Angaben förmlich geregelt (→ § 284 Rz. 36), was einen Umkehrschluss gegen unsere Auffassung als möglich erscheinen lässt. Sinnvoll wirkt die Angabepflicht der **Vorjahreszahlen** (→ § 265 Rz. 19). Der **Mitzugehörigkeitsvermerk** (→ § 265 Rz. 51) kann regelmäßig entfallen, weil nach dem MircoBilG die abgespeckte Gliederung der Bilanz als klar und übersichtlich unterstellt wird (→ § 264 Rz. 18).

Das BilRUG (→ § 264 Rz. 37d) befasst sich mit der Thematik nicht. Der RefE hatte noch den Verzicht auf die Angabe von Gesellschafter-Bilanzposten enthalten. Mithin ist die Rechtslage auf dieser Grundlage unverändert offen.[4] Wir verbleiben einstweilen bei unserer oben dargestellten Auffassung.

Das **Jahresergebnis** ist in der Bilanz nicht auszuweisen; es erscheint nur in der GuV-Rechnung (→ § 275 Rz. 132). Letztere ist aber nicht zu hinterlegen (→ § 326 Rz. 10). Das Ergebnis ist deshalb dem Außenstehenden **nicht ersichtlich.**

1 So auch *Theile*, GmbHR 2012 S. 1115; *Fey et al.*, BB 2013 S. 109.

2 Ähnlich *Küting/Eichenlaub*, DStR 2012 S. 2617.

3 In diesm Sinne auch *Theile*, Jahresabschluss der Klein- und Kleinstkapitalgesellschaften, 2013, S. 71; a. A. *Zwirner/Froschhammer*, WP Praxis 2013 S. 180, für Verbindlichkeiten (Laufzeitvermerk Pflicht).

4 Der Auffassung wie hier *Theile*, Jahresabschluss der Klein- und Kleinstkapitalgesellschaften, 2013, S. 74.

Ein **„nicht durch Eigenkapital gedeckter Fehlbetrag“** (→ § 268 Rz. 125) ist u. E. aktivisch als „Eigenkapital“ auszuweisen.[1] Für den **„Sonderposten mit Rücklageanteil“** nach Art. 67 Abs. 3 EGHGB bietet sich keine eindeutige Lösung für die Zuordnung zu einem der vier möglichen Gliederungsposten der Passivseite an. Infrage kommt ein gesplitteter Ausweis des Eigen- und Fremdkapitalanteils (Letzteres künftige Steuerbelastung). Nicht ausgeschlossen ist ein **Sonderausweis** unter den Passiva, der aber im Hinblick auf die angestrebte Vereinfachung (auch) der Bilanzgliederung nicht zwingend erscheint. Der **Ausgleichsposten** nach § 264c Abs. 4 Satz 2 HGB (→ § 264c Rz. 58) sollte u. E. in das Eigenkapital eingestellt werden. Unseres Erachtens sind auch die Angabepflichten nach § 42 Abs. 3 GmbHG im Interesse der Vereinfachung entbehrlich,[2] wenn nicht die o. g. Besonderheit wegen des *„True and fair view“*-Einblicks gegeben ist.

11 *(einstweilen frei)*

3. Formelle Anforderungen (Abs. 1 Satz 1)

12 Als darstellungstechnische Grundlage ist die **Konten**form vorgeschrieben, also gerade umgekehrt zur **GuV**-Rechnung, bei der die **Staffel**form anzuwenden ist. Die im angelsächsischen Rechnungslegungsbereich auch übliche Staffelform für die Bilanz ist nicht zulässig. Der Vorstellung „Kontenform“ liegt das (in der Buchhaltersprache ausgedrückt) „T-Konto“ zugrunde, auf der linken Seite Soll und auf der rechten Seite Haben. In dieser optischen **Gegenüberstellung** werden die HGB-Bilanzen regelmäßig erstellt. Zulässig ist es aber auch, die Aktiv- und die Passivseite **untereinander** zu gruppieren, z. B. zur Vermeidung eines A3-Papierformats. Man kann von einer „gebrochenen“ Kontenform sprechen.

13 „Allgemeine Grundsätze“ für die Gliederung der Bilanz (und der GuV-Rechnung) enthält § 265 HGB. Auf die dortige Kommentierung wird verwiesen. Insbesondere sind für die Bilanz angesprochen:

- Angabe von Vorjahreszahlen gem. § 265 Abs. 2 HGB (→ § 265 Rz. 19 ff.),
- Mitzugehörigkeitsvermerk nach § 265 Abs. 3 HGB (→ § 265 Rz. 51 ff.),
- weitere Untergliederung der Posten nach § 265 Abs. 5 HGB (→ § 265 Rz. 36 ff.),
- Änderung der Gliederung und der Postenbezeichnung nach § 265 Abs. 6 HGB (→ § 265 Rz. 40 ff.),
- Zusammenfassung von Posten nach § 265 Abs. 7 HGB (→ § 265 Rz. 47 ff.) sowie
- Obsoleszenz von Fehlanzeigen nach § 265 Abs. 8 HGB (→ § 265 Rz. 32 f.).

14 Die in Abs. 2 und 3 für die Aktiv- und Passivseite vorgesehenen **Gliederungsbuchstaben** und -zahlen müssen nicht in das konkrete Gliederungsschema übernommen werden. Vielmehr empfiehlt sich ein Verzicht darauf, da ansonsten logisch unschöne Darstellungsbrüche entstehen.

1 *Theile*, Jahresabschluss der Klein- und Kleinstkapitalgesellschaften, 2013, S. 70: Ausweis als „Nicht durch Eigenkapital gedeckter Fehlbetrag“. Unseres Erachtens inhaltlich gleichbedeutend.
2 Anderer Auffassung IDW-FN 2013 S. 361; *Zwirner/Froschhammer*, WP Praxis 2013 S. 181. Wie hier *Fey et al.*, BB 2013 S. 109.

BEISPIEL ▸ Der Ausweis des Vorratsvermögens eines Handelsunternehmens kann unter Anwendung der gesetzlichen Gliederungspunkte folgendermaßen aussehen:

B.	Umlaufvermögen	B.	Umlaufvermögen
I.	Vorräte	I.	Vorräte
3.	Waren	1.	Waren
II.	Forderungen und sonstige Vermögensgegenstände	II.	Forderungen und sonstige Vermögensgegenstände

Bei einem in gemieteten Räumen betriebenen Produktionsunternehmen ohne immaterielle Anlagegüter und Finanzanlagen kann das Anlagevermögen unter diesen Voraussetzungen wie folgt dargestellt sein:

A.	Anlagevermögen	A.	Anlagevermögen
II.	Sachanlagen	I.	Sachanlagen
2.	Technische Anlage und Maschine	1.	Technische Anlage und Maschine
3.	Andere Anlagen, Betriebs- und Geschäftsausstattung	2.	Andere Anlagen, Betriebs- und Geschäftsausstattung
B.	Umlaufvermögen	B.	Umlaufvermögen

Beide Darstellungsformen enthalten Bruchstellen:

- Die **rechte** in logischer Hinsicht, denn wenn beim Handelsunternehmen „1. Waren" als Position erscheint, erwartet man zwingend mindestens ein „2.". Vergleichbar verhält es sich bei Produktionsunternehmen für Sachanlagen unter „I.", wo kein „II." folgt.
- Dieser Befund gilt im Fall des Handelsunternehmens auch in der Variante auf der **linken** Seite; hinzu kommt die unerklärliche Ziffer „3.", die dem gesetzlichen Gliederungsschema entnommen ist. Entsprechend fehlt bei Produktionsunternehmen ohne Grundbesitz die Ziffer „1." unter den Sachanlagen.

Da bei den kleineren Unternehmen selten sämtliche Gliederungsposten des § 266 HGB belegt sind, muss zur Vermeidung dieser Darstellungsbrüche schon fast zwingend auf die Voranstellung der Gliederungsbuchstaben und -zahlen verzichtet werden. Das sollte umso leichter fallen, als eine Beeinträchtigung der Aussagekraft der Gliederung damit nicht verbunden ist.

4. Ergänzende Vorschriften

Verstreut über das HGB und die Nebengesetze sind (rechtsformspezifische) Gliederungs**ergänzungen** festzustellen: 15

- Bei Bilanzierung **nach Gewinnverwendung** gem. § 268 Abs. 1 HGB der **Bilanzgewinn** (→ § 268 Rz. 53).
- Nicht durch Eigenkapital gedeckter **Fehlbetrag** gem. § 268 Abs. 3 HGB (→ § 268 Rz. 125).
- **Disagio** (Damnum) bei Verbindlichkeiten nach § 268 Abs. 6 HGB (→ § 268 Rz. 149).
- Verschiedene Posten bei **ausstehenden Einlagen** gem. § 272 Abs. 1 Satz 3 HGB (→ § 272 Rz. 37 ff.).
- Eingeforderte **Nachschüsse** von GmbH-Gesellschaftern gem. § 42 Abs. 2 GmbHG (→ Rz. 72).
- Forderungen und Verbindlichkeiten betreffend **Gesellschafter** gem. § 42 Abs. 3 GmbHG (→ Rz. 73).
- **Wertaufholungsrücklagen** gem. § 58 Abs. 2a AktG und § 29 Abs. 4 GmbHG.

- **Gesetzliche Rücklage** nach § 150 Abs. 1 AktG (→ § 268 Rz. 28).
- **Restlaufzeitvermerke** nach § 268 Abs. 4 Satz 1 HGB (→ § 268 Rz. 132) und § 268 Abs. 5 Satz 1 HGB (→ § 268 Rz. 142).
- **Ausgleichsposten** für Anteile an Komplementär-Gesellschaften nach § 264c Abs. 4 Satz 4 HGB (→ § 264c Rz. 60).
- Forderungen und Verbindlichkeiten gegenüber **Gesellschaftern** einer „Kap. & Co."-Gesellschaft nach § 264c Abs. 1 HGB (→ § 264c Rz. 4 ff.).
- **Einzahlungsverpflichtungen** von Gesellschaftern bei „Kap. & Co."-Gesellschaften (→ Rz. 72).
- **Eigenkapitalanteile** bei „Kap. & Co."-Gesellschaften gem. § 264c Abs. 1 HGB (→ § 264c Rz. 9).
- **Kapitalanteile persönlich haftender Gesellschafter** einer KGaA nach § 286 Abs. 2 AktG.

Kleine (→ Rz. 9) und mittelgroße Gesellschaften sind von diesen Angabe- oder Ausweispflichten **nicht** befreit.

5. Bilanzvermerke, Zusammenspiel mit Anhangangaben

16 Die förmliche Einbeziehung des Anhangs in den Jahresabschluss der Kapital- und „Kap. & Co."-Gesellschaften als dritter Bestandteil nach § 264 Abs. 1 Satz 1 HGB (→ § 264 Rz. 1) legt die Verwendung des Anhangs als Vehikel zur gefälligeren und übersichtlicheren Darstellung der Bilanz (und der GuV) nahe. Musterbeispiel ist die durch § 265 Abs. 7 Nr. 2 HGB (→ § 265 Rz. 50) ermöglichte Zusammenfassung bestimmter Posten, von denen im Bereich größerer Unternehmen ausgiebig Gebrauch gemacht wird, auch wenn die tatbestandliche Voraussetzung der **vergrößerten Klarheit** nicht unbedingt gegeben sein mag.

17 Das Gesetz macht von der Einbeziehung des **Anhangs** in dreierlei Hinsicht Gebrauch, allerdings nicht unbedingt systematisiert:

1. Bestimmte Bilanzposten betreffende Angaben – Laufzeitvermerke, Besicherungen gem. § 285 Nr. 1 HGB – **sind** im Anhang zu machen (→ Rz. 73).
2. Andere Erläuterungen können **wahlweise** in der Bilanz oder im Anhang erfolgen (Beispiel: ein Gewinn- oder Verlustvortrag bei Ausweis eines Bilanzgewinns gem. § 268 Abs. 1 HGB; → § 268 Rz. 53).
3. Angaben, die **nur in der Bilanz** gemacht werden dürfen (Beispiel: Davon-Vermerk „konvertibel" für Anleihen; → Rz. 83).

18 Die Tendenz der Praxis geht in Richtung einer Verlagerung der **Angaben** in den Anhang, auch derjenigen, für die nach dem Gesetzeswortlaut nur ein Vermerk in der Bilanzgliederung nach § 266 HGB vorgesehen ist. Dagegen bestehen keine Bedenken, weil dadurch regelmäßig die Klarheit der Darstellung nicht vermindert wird, sondern eher im Gegenteil. Auch optisch können dadurch die unschönen sog. Davon-Vermerke unter einzelnen Bilanzposten vermieden werden. Letzteres ist allerdings auch durch eine **vorspaltige** Darstellung möglich.

BEISPIEL

Sonstige Verbindlichkeiten	
- Aus Steuern	20
- Im Rahmen der sozialen Sicherheit	33
- Andere	47
	100

Sinnvoll und die Klarstellung fördernd ist auch die Verwendung von sog. **„Spiegeln"**, d. h. zweidimensional in Tabellenform dargestellten Angaben. Zum Anlagespiegel – von Gesetz wegen als **Anlagegitter** bezeichnet – wird auf die Erläuterung in → § 268 Rz. 85 ff. verwiesen. 19

Zu dem weit verbreiteten **„Verbindlichkeitenspiegel"** (→ § 268 Rz. 145) folgendes Beispiel:

BEISPIEL

Verbindlichkeitenspiegel (Teilbereich)						
	Laufzeiten				Besichert	
	Bis 1 Jahr	1 bis 5 Jahre	Über 5 Jahre	Gesamt	Art	Betrag
Verbindlichkeiten gegenüber Kreditinstituten	100	70	230	400	Forderungs-abtretung	230
Verbindlichkeiten gegenüber verbundenen Unternehmen	500	90	–	590	Sicherungs-übereignung	90

Folgende Bilanzvermerke bzw. Anhangangabepflichten zu **einzelnen Gliederungsposten** sind gesetzlich vorgegeben:[1] 20

- § 266 Abs. 3 HGB: Anleihen, „davon konvertibel" (→ Rz. 89).
- § 266 Abs. 3 C HGB: sonstige Verbindlichkeiten (→ Rz. 18),
- davon aus Steuern,
- davon im Rahmen der sozialen Sicherheit.
- § 268 Abs. 2 Satz 2 HGB: Vermerk der Abschreibungen (→ § 268 Rz. 97).
- § 268 Abs. 4 Satz 1 HGB: Vermerk der Forderungen mit einer Restlaufzeit von mehr als einem Jahr (→ § 268 Rz. 130).
- § 268 Abs. 5 Satz 1 HGB: Vermerk der Verbindlichkeiten mit einer Restlaufzeit bis zu einem Jahr (→ § 268 Rz. 141).
- § 268 Abs. 7 HGB: Vermerk der Haftungsverhältnisse mit gesonderter Angabe der gewährten Sicherheiten und der Verpflichtungen gegenüber verbundenen Unternehmen (→ § 268 Rz. 150).
- § 152 Abs. 1 Satz 2 AktG: Vermerk der Gesamtnennbeträge der Aktien je Gattung.
- § 152 Abs. 1 Satz 3 AktG: Vermerk eines bedingten Kapitals mit dem Nennwert.
- § 152 Abs. 1 Satz 4 AktG: Vermerk der Gesamtstimmenzahl von Mehrstimmrechtsaktien.
- § 152 Abs. 2 AktG: Einstellung und Entnahme der Kapitalrücklage.
- § 152 Abs. 3 AktG: Vermerk zu den Gewinnrücklagen.
- § 240 AktG: Vermerkpflichten zu den Rücklagen bei Kapitalherabsetzung.
- § 286 Abs. 2 Satz 4 AktG: Angabe von Krediten an persönlich haftende Gesellschafter oder nahestehende Personen.

Vgl. hierzu auch die Auflistung in → § 284 Rz. 37 sowie in → Rz. 15.

1 In Anlehnung an *Dusemond/Heusinger-Lange/Knop* in Küting/Pfitzer/Weber (Hrsg.), Handbuch der Rechnungslegung – Einzelabschluss, 5. Aufl., § 266 Tz. 8.

II. Aktivseite (Abs. 2)

1. Anlagevermögen

1.1 Immaterielle Anlagegüter

21 Das Anlagevermögen (→ § 247 Rz. 19 ff.) wird eingeleitet durch die **immateriellen** Gegenstände. Diese wiederum werden angeführt von **selbst hergestellten** Wirtschaftsgütern. Diese „Führungsposition" ist mit der skeptischen Grundhaltung des Gesetzgebers gegenüber der Aktivierbarkeit von solchen Vermögensgegenständen begründet (→ § 246 Rz. 16 ff.).

Die angesprochenen immateriellen Vermögensgegenstände entsprechen inhaltlich denjenigen, die auch **entgeltlich** erworben werden können – zweiter Untergliederungspunkt –, abgesehen von solchen, die keiner Eigenherstellung zugänglich sind (Beispiel: Konzessionen).

Die Trennung zwischen Selbsterstellung und Anschaffung in der Gliederung hat kein Pendant bei den Sachanlagen (→ Rz. 46), sie entspringt den bereits erwähnten Vorbehalten gegen die Qualität des Vermögensgegenstands eines selbst erstellten immateriellen Anlageguts, aber auch den Möglichkeiten der Abstimmung mit der **Ausschüttungssperre** in § 268 Abs. 8 HGB (→ § 268 Rz. 156 ff.) i.V. mit der Anhangangabe in § 285 Nr. 28 HGB (→ § 285 Rz. 183 ff.). Für **entgeltlich** erworbene Vermögensgegenstände gilt diese Ausschüttungssperre nicht.

22 Als **gewerbliche Schutzrechte** können beispielhaft angeführt werden:

- Patente,
- Lizenzen,
- Marken-, Urheber- und Verlagsrechte,[1]
- Geschmacks- und Gebrauchsmuster oder
- Warenzeichen.

Als ähnliche **Rechte** sind zu nennen (→ § 246 Rz. 52):

- Belieferungsrechte (→ § 246 Rz. 25),
- Wettbewerbsverbote,[2]
- Nutzungsrechte (→ § 246 Rz. 28),
- Wege- und Durchleitungsrechte,
- Profisportler (die Berechtigung zum Einsatz),
- EDV-Programme (→ § 246 Rz. 23),
- Zeitschriftentitel,
- Alleinvertriebsrecht,[3]
- Arzneimittelzulassung,[4]
- Brennrecht,[5]
- Domain-Name[6] sowie

1 BFH, Urteil v. 14.3.1979 – I R 37/75, BStBl II S. 470.
2 BFH, Urteil v. 14.2.1973 – I R 89/71, BStBl II S. 580; BFH, Urteil v. 25.1.1979 – IV R 21/75, BStBl II S. 369.
3 BFH, Urteil v. 27.7.1988 – I R 130/84, BStBl 1989 II S. 101.
4 BMF, Schreiben v. 12.7.1999 – S 2172, BStBl I S. 686.
5 BFH, Urteil v. 9.12.1983 – III R 40/79, BStBl 1984 II S. 193, zum Bewertungsrecht.
6 BFH, Urteil v. 19.10.2006 – III R 6/05, BStBl 2007 II S. 301.

- Thermalwasserbezugsrecht.[1]

Als ähnliche **Werte** kommen in Betracht:

- ungeschützte Erfindungen,
- Prototyp,[2]
- Know-how,[3]
- Kundenlisten/Kundenkarteien/Kundenstamm,[4]
- Adressensammlung,[5]
- Geschmacksmuster,[6]
- Güterfernverkehrsgenehmigung,[7]
- Gewinnchance aus schwebenden Absatzgeschäften[8] sowie
- Werbefilm.[9]

Ein Abc der immateriellen Vermögensgegenstände (Wirtschaftsgüter) enthält → § 246 Rz. 52.

Der Ausweis des **Geschäfts- oder Firmenwerts** (Goodwill) kann nur auf entgeltlichem Erwerb beruhen. Das ergibt sich aus dem Umkehrschluss zu § 246 Abs. 1 Satz 4 HGB: Der entgeltlich erworbene gilt als (fiktiver) Vermögensgegenstand, deshalb stellt der selbst geschaffene einen Nicht-Vermögensgegenstand dar (→ § 246 Rz. 381). 23

Geleistete **Anzahlungen** gehen dem entgeltlichen Erwerb eines Immaterialguts des Anlagevermögens voraus. Bei Zugang des Vermögensgegenstands selbst sind sie mit dem Kaufpreis zu verrechnen und entfallen als eigener Gliederungspunkt. Auch im Bereich der selbst erstellten immateriellen Anlagegegenstände kann eine **Anzahlung** vorliegen (→ § 268 Rz. 94). 24

BEISPIEL Die H-AG ist auf dem Gebiet der Hochseefischerei tätig. Sie will strategisch im osteuropäischen Markt im Groß- und Einzelhandelsbereich in Form einer Systemgastronomie neue Kundenkreise entwickeln. Die Softwareabteilung hat ein Logistik-Programm für den bisher schon bedienten mittel- und westeuropäischen Bereich an die neuen geografischen Anforderungen angepasst, bedarf aber zusätzlicher Inputs bzgl. der örtlichen Kauf- und Essgewohnheiten, um die konsumentenspezifischen Teile des Programms anzupassen. Ein ukrainisches Softwarehaus kann ein spezielles Know-how anbieten, verlangt aber eine Vorauszahlung i. H. eines „Sockelbetrags" von 300.000 €.

Es handelt sich um eine aktivierbare Anzahlung auf einen hergestellten immateriellen Vermögensgegenstand. Dieser Betrag ist u. E. in die Bemessung der Ausschüttungsbegrenzung nach § 268 Abs. 8 HGB einzubeziehen (→ § 268 Rz. 156 ff.).

Anders als bei den Sachanlagen (→ Rz. 46) ist für immaterielle Anlagegüter kein Ausweis für **„Anlagen im Bau"** vorgesehen. Im Immaterialbereich wäre ein vergleichbarer Vorgang die Erstellung eines Softwareprogramms wie im vorhergehenden Beispiel. Darunter zu erfassen wä- 25

1 BFH, Urteil v. 24.8.1989 – IV R 38/88, BStBl II S. 1016.
2 BFH, Urteil v. 22.5.1979 – III R 129/74, BStBl II S. 634.
3 BFH, Urteil v. 22.5.1979 – III R 129/74, BStBl II S. 634; BFH, Urteil v. 15.7.1987 – II R 249/83, BStBl II S. 809; BFH, Urteil v. 29.9.1987 – X R 17/82, BStBl 1988 II S. 49.
4 BFH, Urteil v. 14.2.1973 – I R 89/71, BStBl II S. 580; BFH, Urteil v. 26.7.1989 – I R 49/85, BFH/NV 1990 S. 442.
5 BFH, Urteil v. 2.9.1988 – III R 38/84, BStBl 1989 II S. 160.
6 BFH, Urteil v. 1.8.1990 – II R 17/87, BStBl II S. 879.
7 BFH, Urteil v. 22.1.1992 – I R 43/91, BStBl II S. 529.
8 BFH, Urteil v. 15.12.1993 – X R 102/92, BFH/NV 1994 S. 543.
9 FG Hamburg, Urteil v. 4.12.1989 – II 207/87, EFG 1990 S. 463.

ren z. B. die Kosten für die eigene Softwareabteilung, sofern sie der betreffenden Programmerstellung als Einzelkosten zuzurechnen sind. Der Grund für den Verzicht auf den Ausweis eines vergleichbaren Postens zu „Anlagen im Bau" für immaterielle Vermögensgegenstände ist nicht ersichtlich. Unseres Erachtens ist gem. § 265 Abs. 5 Satz 2 HGB (→ § 265 Rz. 36) ein Sonderausweis für das Baustadium empfehlenswert (→ § 255 Rz. 201).

1.2 Sachanlagen

1.2.1 Grundstücke etc.

26 Dieser Gliederungsbereich ist typisch auf das **produzierende** Gewerbe ausgerichtet, das in eigenen Fabrikräumen Maschinen und technische Anlagen zur Produktion installiert und im Verwaltungsbereich eine Geschäftsausstattung benötigt.

27 Die gesetzliche Gliederungsvorgabe unterscheidet beim **Grund**vermögen zwischen

- Grundstücken (Grund und Boden),
- grundstücksgleichen Rechten,
- Bauten auf eigenen und Bauten auf fremden Grundstücken.

Eine **weitere** Aufgliederung dieser drei Posten ist nicht vorgesehen. Eine Kürzung der gesetzlichen Gliederungsbezeichnung auf die tatsächlich im Unternehmen vorkommenden Fälle ist sachgerecht (→ § 265 Rz. 44). Kommen etwa weder grundstücksgleiche Rechte noch Bauten auf fremden Grundstücken vor, ergibt sich die Postenbezeichnung „Grundstücke und Bauten".

Grundstücksgleiche Rechte sind die sachenrechtlich wie Grundstücke zu behandelnden Rechte, z. B. das

- Erbbaurecht (→ § 246 Rz. 11),
- Wohnungseigentum/Teileigentum und
- Dauerwohn- und Dauernutzungsrecht.

Grunddienstbarkeiten (§ 1018 BGB) und der **Nießbrauch** an einem Grundstück (§§ 1030 ff. BGB) fallen nicht unter die grundstücksgleichen Rechte. Bei entgeltlichem Erwerb sind sie unter den immateriellen Vermögensgegenständen auszuweisen.

Vom Grund und Boden zu trennen sind **Bodenschätze,** die nach Aufschließung und Erhalt der Abbaugenehmigung als sonstiges materielles Anlagegut gelten.[1] Bei bedeutendem Umfang sind sie gem. § 265 Abs. 5 Satz 2 HGB in einem gesonderten Posten zu erfassen (→ § 265 Rz. 36), bei geringerer Relevanz kann die Bezeichnung des Postens „II.1." erweitert werden durch den Zusatz „und Bodenschätze".

28 Für Bauten (Gebäude) ist nicht danach zu differenzieren, ob diese – wie regelmäßig – auf **eigenem** Grund und Boden des Kaufmanns oder auf **fremdem** Grund und Boden belegen sind. Die sachenrechtliche Besonderheit des rechtlichen Eigentums an einem Bauwerk nach § 90 BGB wird gliederungstechnisch nicht nachvollzogen. Regelmäßig entsteht in diesen Fällen – Bauten auf fremdem Grund und Boden – für den Gebäudehersteller ein Anspruch auf Besitzüberlassung oder Aufwandsersatz, d. h. eine Forderung. Gleichwohl ist u. E. in diesen Fällen keine Forderung, sondern ein Gebäude auszuweisen.[2]

---

1 BFH, Beschluss v. 14.12.2006 – GrS 1/05, BStBl 2007 II S. 508.

2 Anderer Auffassung *Dusemond/Heusinger-Lange/Knop* in Küting/Pfitzer/Weber (Hrsg.), Handbuch der Rechnungslegung – Einzelabschluss, 5. Aufl., § 266 Tz. 27: Ausweis als Forderung.

Das Thema der Bauten auf fremdem Grund und Boden hat die BFH-Rechtsprechung umfassend „behelligt" in der Konstellation von Eheleuten ohne wirtschaftlichen Interessengegensatz. Es geht um Baumaßnahmen eines Ehegatten – z. B. eines Versicherungsvertreters zur Einrichtung eines Büros – innerhalb des privaten Wohnhauses, das entweder im Eigentum beider Ehegatten steht oder im alleinigen des anderen. Wirtschaftliches Eigentum des Ehegatten, der die Baukosten getragen hat, kann der BFH nicht feststellen,[1] wäre damit auch in Konflikt zu einem Urteil des BGH geraten.[2]

Andererseits konnte der BFH mangels Wirtschaftsguteigenschaft diese Baumaßnahme – soweit sie in das Eigentum des Unternehmer-Ehegattens entfiel – nicht einfach zum sofortigen Betriebsausgabenabzug zulassen. Aus Notwehr erfand er eine Art **Quasiwirtschaftsgut,** das „wie ein materielles **Wirtschaftsgut"** zu behandeln sein soll, daher zu aktivieren und über die Nutzungsdauer abzuschreiben ist (→ § 246 Rz. 387).

Ob dieser steuerlichen Konstruktion **handelsrechtlich** gefolgt werden kann, erscheint eher zweifelhaft. Eine sofortige Aufwandsverrechnung von einschlägigen Baukosten scheidet jedenfalls aus. Unter Umständen kommt die Qualifikation als immaterieller Vermögensgegenstand „Nutzungsrecht" in Betracht mit entsprechendem Ausweis an der dortigen Stelle. Eher favorisieren wir die Begründung **wirtschaftlichen Eigentums,** vergleichbar dem Gebäude des **Erbbauberechtigten.** Wenn schuldrechtlich eine vergleichbare Situation wie beim Erbbaurecht geschaffen wird, sollten dagegen keine Bedenken bestehen. Ob die Berechtigung zur Gebäudeerstellung schuld- oder sachenrechtlich begründet wird, kann bilanzrechtlich dahinstehen (→ § 246 Rz. 10). Vgl. hierzu auch die Analogie zu den Mietereinbauten (→ § 246 Rz. 319 ff.).

Diese Auffassung hat der BFH im Falle einer Betriebsaufspaltung (→ § 246 Rz. 416) so vertreten.[3]

Bei Bauten, die nur zu **vorübergehendem Zweck** mit dem Grundstück verbunden sind, ist ebenfalls ein Fall der „Bauten auf fremden Grundstücken" gegeben. Ein weiterer Anwendungsfall des Gliederungspostens „Bauten auf fremdem Grundstück" ist das Gebäude auf einem **Erbbaurechts**grundstück. Beim Erbbauverpflichteten liegt umgekehrt der Fall des „Grundstücks" als Bilanzposten vor. Ein auf einer Aluminiumkonstruktion erstellter Verkaufspavillon stellt mangels fester Verbindung mit dem Boden kein Gebäude dar.[4] 29

1.2.2 Gebäude: Abgrenzung zu ähnlichen Vermögensgegenständen

Im Bilanzausweis – nicht aber buchungstechnisch – werden Grund und Boden sowie Gebäude (es handelt sich um selbständige Vermögensgegenstände) zusammengefasst. Dabei ist das Gebäude von einer ganzen Reihe von Sonderposten abzugrenzen. Dahinter verbirgt sich auch in der HGB-Bilanzierungspraxis der markante Einfluss jahrzehntelanger BFH-Rechtsprechung und entsprechender Verwaltungsauffassung (→ § 246 Rz. 63 ff.). Das typische Beispiel stellt die Abgrenzung der **Betriebsvorrichtungen** vom eigentlichen Gebäude dar, die aus Steuergestaltungssicht vom Kaufmann als Steuerpflichtigem wegen der vom Finanzamt akzeptierten kürzeren Nutzungsdauer gegenüber dem Gebäude präferiert wird. Trotz dieses steuergestalterischen Hintergrunds ist die Übernahme der reichhaltigen Kasuistik auch in die Handelsbilanz 30

1 BFH, Beschluss v. 23.8.1999 – GrS 5/97, BStBl II S. 774; BFH, Urteil v. 19.12.2012 – IV R 29/09, BStBl 2013 II S. 387.
2 BGH, Urteil v. 6.11.1995 – II ZR 164/94, DB 1996 S. 268, mit Kommentierung von *Groh*, BB 1996 S. 1487.
3 BFH, Urteil v. 7.10.1997 – VIII R 63/95, BFH/NV 1998 S. 1202.
4 FG Rheinland-Pfalz, Urteil v. 18.3.2011, EFG 2012 S. 1118, rkr.

u. E. nicht nur vertretbar, sondern im Interesse einer einheitlichen Bilanzierung auch sinnvoll – zumindest so lange, wie sich handelsrechtlich keine Alternative und eindeutige Lösung etabliert hat. Unsere Kommentierung folgt dieser Vorgabe.

31 Teilweise kann auch der steuerlichen **„Vierteilung"** des Gebäudes und dem folgend des zugehörigen Grund und Bodens in einen

- ► eigengewerblich genutzten Gebäudeteil,
- ► zu fremden gewerblichen Zwecken überlassenen Gebäudeteil,
- ► zu fremden Wohnzwecken vermieteten Nutzungsteil und
- ► eine eigengenutzte Wohnung

handelsrechtlich gefolgt werden (→ § 246 Rz. 201). Es liegen dann buchungstechnisch jeweils gesonderte Vermögensgegenstände vor, die allerdings im Ausweis zusammengefasst werden.

Der den eigengenutzten Wohnzwecken dienende Gebäude- und Grundstücksteil eines Einzelkaufmanns darf handelsrechtlich nicht aktiviert werden. Umgekehrt muss dies für den eigenbetrieblichen Nutzungsanteil erfolgen. Die zwei dazwischenliegenden Teile unterliegen steuerlich einer Willkürung zur Aufnahme in das Betriebsvermögen, die u. E. in die Handelsbilanz übernommen werden kann.

32 Aus Sicht der Gebäudebestandteile und des Gebäudebegriffs kann mangels eigenständiger Definition im Handels- und Einkommensteuerrecht auf die **bewertungsrechtlichen** Vorgaben zurückgekommen werden. Danach gilt folgende Definition:[1]

> „Ein Bauwerk ist ... als Gebäude anzusehen, wenn es nicht nur fest mit dem Grund und Boden verbunden, von einiger Beständigkeit und ausreichend standfest ist, sondern auch Menschen oder Sachen durch räumliche Umschließung Schutz gegen Witterungseinflüsse gewährt und den Aufenthalt von Menschen gestattet."

Dazu folgende Beispiele:

BEISPIELE

- ► Ein Transformatorenhaus ist zwar von einiger Beständigkeit und ausreichend standfest, gestattet dem Menschen aber keinen dauernden Aufenthalt, ist daher kein Gebäude i. S. des Bilanzsteuerrechts und somit u. E. auch nicht des Handelsbilanzrechts, sondern eine sog. Betriebsvorrichtung (→ Rz. 36).
- ► Ein vollautomatisches Hochregallager ist zum dauernden Aufenthalt von Menschen nicht geeignet, stellt deshalb kein Gebäude, sondern eine Betriebsvorrichtung i. S. des (steuerlichen) Bilanzrechts dar, was auch für die handelsrechtliche Bilanzierung akzeptabel erscheint (→ Rz. 30).[2]

33 Eine reichhaltige Kasuistik hat sich bzgl. der Abgrenzung des Gebäudes von anderen Wirtschaftsgütern im Zeitverlauf herausgestellt (→ Rz. 38). Eher aus ertragsteuerlicher Sicht argumentierend verneint der BFH[3] einen **sachenrechtlichen** Ansatz zur Differenzierung zwischen dem eigentlichen Gebäude und den damit verbundenen „Installationen". Abstraktes Kriterium ist der **Nutzungs-** und **Funktions**zusammenhang. Besteht dieser **einheitlich** mit dem Gebäude, handelt es sich um einen Gebäudebestandteil, umgekehrt, wenn die betreffende „Installation"

1 BFH, Beschluss v. 26.11.1973 – GrS 5/71, BStBl 1974 II S. 132; zuletzt bestätigt durch BFH, Urteil v. 23.9.2008 – I R 47/07, BFH/NV 2009 S. 443.

2 BFH, Urteil v. 18.3.1987 – II R 222/84, BStBl II S. 551, zum Bewertungsrecht.

3 BFH, Beschluss v. 26.11.1973 – GrS 5/71, BStBl 1974 II S. 132.

den **spezifischen** Anforderungen des darin betriebenen Gewerbes oder der dort unterhaltenen Produktionstätigkeit einschließlich Lagerung dient.

Bei einem Gebäude i. S. der Definition unter → Rz. 32 gehören zu dessen „ordnungsgemäßer" Nutzung und Funktion: 34

- Heizungsanlage einer Fabrikhalle,[1]
- Blockheizkraftwerk in einem Wohngebäude,[2]
- Be- und Entlüftungsanlagen in einem Kaufhaus im Interesse des Luftaustauschs,[3]
- Wasserzufuhr und Entwässerung,
- Elektroinstallation,
- Sprinkleranlage in einem Warenhaus[4] (vgl. Beispiel unter → Rz. 36),
- Verfliesung eines milchverarbeitenden Betriebs, auch wenn diese gesetzlich vorgeschrieben ist,[5]
- Rolltreppen in Kaufhäusern,[6]
- Tiefkühllager[7] sowie
- Sauna-[8] und Schwimmbadanlage[9] in einem Hotel (vgl. Beispiel unter → Rz. 36).

Andere Gebäudebestandteile werden in der BFH-Rechtsprechung wegen des nicht oder nur untergeordneten Nutzungs- und Funktionszusammenhangs mit dem Gebäude als **selbständige** Wirtschaftsgüter (Vermögensgegenstände) angesehen: 35

- Betriebsvorrichtungen (→ Rz. 36 ff.),
- Bauten zu vorübergehendem Zweck (→ Rz. 29),
- Ladeneinbauten (→ Rz. 40),
- Mietereinbauten (→ Rz. 41),
- gemischt genutzte Gebäude (→ Rz. 31) sowie
- Außenanlagen (Beispiel → Rz. 36).

Der vom BFH betonte **Nutzungs-** und **Funktions**zusammenhang lässt sich etwa wie folgt präzisieren: 36

Eine mit dem Gebäude oder mit dem Grund und Boden verbundene „Installation" (genannt **„Betriebsvorrichtung"**, → Rz. 38) stellt dann einen gegenüber dem Gebäude selbständigen Vermögensgegenstand und damit keinen Gliederungsbestandteil des Postens „Grundstücke" dar, wenn diese Installation für das Produktionsgeschehen des Unternehmens eine **spezifische Bedeutung** hat (→ § 246 Rz. 68), also nicht nur dem Aufenthalt von Menschen und der gewöhnli-

1 BFH, Urteil v. 20.3.1975 – IV R 16/72, BStBl II S. 689; BFH, Urteil v. 6.6.1974 – IV R 170/72, BStBl II S. 710.

2 FG Niedersachsen, Urteil v. 10.7.2008 – 15 K 370/07, BB 2009 S. 155; a. A. möglicherweise FG Münster (EFG 2015 S. 891): Blockheizkraftwerk ist eigenständig von einer verbundenen Biogasanlage: regelmäßig Gebäudebestandteil (FG Rheinland-Pfalz, EFG 2015 S. 19, rkr.).

3 FG Baden-Württemberg, Urteil v. 16.9.1988 – IX K 23/84, BB 1989 S. 184.

4 BFH, Urteil v. 7.10.1983 – III R 138/80, BStBl 1984 II S. 262.

5 FG Düsseldorf, Urteil v. 17.5.1983 – XI 684/78 BG, EFG 1984 S. 166.

6 BFH, Urteil v. 12.1.1983 – I R 70/79, BStBl II S. 223.

7 BFH, Urteil v. 7.4.2011 – III R 8/09, BStBl II S. 2162; FG Münster, Urteil v. 12.1.2012, EFG 2012 S. 1117, rkr.

8 BFH, Urteil v. 27.11.1962 – VI 240/61 S, BStBl 1963 III S. 115.

9 BFH, Urteil v. 2.10.1991 – II R 1/89, BStBl 1992 II S. 228.

chen Nutzung des Grund und Bodens dient. Der Bilanzausweis sollte dann unter „technische Anlagen und Maschinen" erfolgen (→ Rz. 43).

BEISPIELE

- Eine Sprinkleranlage normaler Kapazität stellt einen üblichen Ausstattungsbestandteil eines gewerblich genutzten Gebäudes dar.[1] Anders verhält es sich in einer Lagerhalle zur Aufbewahrung von Feuerwerkskörpern und anderen explosiven Stoffen. Nach behördlicher Auflage muss eine solche Anlage eine vielleicht zehnfache Kapazität gegenüber einer normalen Sprinkleranlage ausmachen. Es liegt eine Betriebsvorrichtung vor.[2]
- Im mitteleuropäischen Raum gehört zur Ausstattung eines Hotelgebäudes eine Klimaanlage wenigstens ab dem Vier-Sterne-Bereich und ein Schwimmbad ab der Kategorie fünf Sterne. Es handelt sich insoweit um übliche Ausstattungsmerkmale für die Gebäudenutzung in diesem gewerblichen Bereich. Anders verhält es sich bei Bäderanlagen in Kur- und Krankenhäusern sowie in Badeanstalten.[3]
- Ein Tresor gehört zur üblichen Ausstattung eines Bürogebäudes und stellt einen Gebäudebestandteil dar. Anders verhält es sich bei der Tresoranlage einer Bank mit damit verbundener Einbruchmeldeanlage: Betriebsvorrichtung.[4]
- Eine Elektroanlage wird in jedem Gebäude zur zeitgemäßen Nutzung benötigt und ist Gebäudebestandteil, anders die Kraftstromanlage, die für den Produktionsprozess benötigt wird.[5]
- Außenanlagen in Form von Umzäunungen oder Wegebefestigungen sind entweder Bestandteile des Grund und Bodens oder des Gebäudes.[6]
- Anders verhält es sich bei der Rollbahn eines Flughafens, der ohne diese nicht betrieben werden kann und einer besonderen Befestigung bedarf (Betriebsvorrichtung).[7]

37 Wie immer in solchen Fällen gibt es **zweifelhafte** Entscheidungen:

BEISPIEL

- Die **Rolltreppe** im Kaufhaus stellt einen Gebäudebestandteil dar,[8] umgekehrt ist der Lastenaufzug in einem Fabrikgebäude eine Betriebsvorrichtung, abgesehen vom Aufzugsschacht, wenn dieser konstruktive Erfordernisse erfüllt.[9]
- Dachintegrierte **Fotovoltaikanlagen,** welche die Dachhaut ersetzen, stellen gleichwohl selbständige bewegliche Wirtschaftsgüter dar. Gleiches gilt für Blockheizkraftwerke.[10]
- Eine **Rauchgasentstaubungsanlage** soll unselbständiger Gebäudebestandteil sein,[11] u. E. dann unzutreffend, wenn diese Anlage auf den Produktionsbetrieb ausgerichtet ist.

Mag hier auch losgelöst von der steuerlichen Kasuistik eine andere Auffassung vertretbar sein, sollte im Interesse einer **einheitlichen** Bilanzierung auch handelsrechtlich diesen Vorgaben der BFH-Rechtsprechung und den Verlautbarungen der Finanzverwaltung gefolgt werden.

---

1 BFH, Urteil v. 15.2.1980 – III R 105/78, BStBl II S. 409.
2 BFH, Urteil v. 11.12.1987 – III R 191/85, BStBl 1988 II S. 300.
3 Gleichlautende Ländererlasse v. 31.3.1992 – S 3190, BStBl I S. 342.
4 BFH, Urteil v. 21.7.1998 – III B 32/98, BFH/NV 1999 S. 366.
5 Gleichlautende Ländererlasse v. 31.3.1992 – S 3190, BStBl I S. 342.
6 BFH, Urteil v. 1.7.1983 – III R 161/81, BStBl II S. 686; BFH, Urteil v. 15.12.1977 – VIII R 121/73, BStBl 1978 II S. 210.
7 Vgl. *Aschendorf*, StBp 1996 S. 188; FG Düsseldorf v. 19.9.2013, EFG 2014 S. 116.
8 BFH, Urteil v. 12.1.1983 – I R 70/79, BStBl II S. 223.
9 BFH, Urteil v. 7.10.1977 – III R 48/76, BStBl 1978 II S. 186.
10 Bayerisches Landesamt für Steuern, Erlass v. 6.8.2010 – S 2211.1.1-4/2 St 32, DB 2010 S. 1729.
11 FG Münster, Urteil v. 14.12.2011, BB 2012 S. 312 mit Kommentar von *A. Schmid.*

Unter anderem sind folgende Sachverhalte als **Betriebsvorrichtungen** gewertet worden:[1] 38

- Abladevorrichtungen,
- Aufzugsanlage in Bäckerei-Produktionsgebäude,[2]
- Bäder in Badeanstalten und für Heilzwecke,
- Abwasseranlage einer Brauerei,[3]
- Bedienungsvorrichtungen,
- Befeuchtungsanlagen,[4]
- Einbauküche,[5]
- Flachsilo,[6]
- Förderbänder,
- Hochregallager, vollautomatisch,[7]
- Hofbefestigung, ausgelegt auf die Belastungsanforderungen des Betreibers,[8]
- Klimaanlagen in Chemiefaserbetrieben und Tabakfabriken,
- Entrauchungsanlagen für industrielle Großfeuerungsanlagen,[9]
- Lastenaufzüge,[10]
- Datenkabel zur EDV-Vernetzung,[11]
- Lüftungsanlage,[12]
- Schaukästen,[13]
- Schutz- und Sicherungseinrichtungen,
- Windkraftanlage.[14]

Wenn die Entscheidung nach Maßgabe der steuerlichen Vorgaben zugunsten von „Betriebsvorrichtungen“ gefallen ist, sollte der **Ausweis** nicht unter „Grundstücke“ etc., sondern unter „technische Anlagen und Maschinen“ erfolgen (→ Rz. 43). 39

Eine andere wirtschaftlich sinnvolle Differenzierung ist der BFH-Rechtsprechung bzgl. der **Ladeneinbauten** zuzuerkennen. Es geht um Schaufensteranlagen, Gaststätteneinbauten, Schalterhallen bei Kreditinstituten und ähnliche Vorrichtungen, die in besonderem Umfang dem modischen Geschmackswandel unterworfen sind und denen gegenüber einem Gebäude eine wesentlich kürzere Nutzungsdauer zukommt. Auch hier wird ein unterschiedlicher Nutzungs- und Funktionszusammenhang gesehen und damit ein **eigenständiger** Vermögensgegenstand. 40

1 Vgl. die Zusammenstellung bei *Hoffmann* in Littmann/Bitz/Pust (Hrsg.), EStG §§ 4, 5 Tz. 162.
2 BFH, Urteil v. 28.2.2013 – III R 35/12, BFH/NV 2013 S. 1193.
3 FG Niedersachsen, Urteil v. 31.5.1994 – I 82/89, EFG 1995 S. 3.
4 BFH, Urteil v. 7.3.1974 – VIII R 30/71, BStBl II S. 429, betreffend Möbellagerung.
5 BFH, Urteil v. 3.8.2016 – IX R 14/15, DStR 2016 S. 2846.
6 BFH, Urteil v. 25.8.1989 – III R 17/84, BStBl 1990 II S. 79.
7 FG Düsseldorf, Urteil v. 19.9.2013 – 11 K 211/12 BG.
8 BFH, Urteil v. 19.2.1974 – VIII R 20/73, BStBl 1975 II S. 20; BFH, Urteil v. 30.4.1976 – III R 132/74, BStBl II S. 527.
9 BFH, Urteil v. 28.8.2014 – V R 7/14, DStR 2014 S. 2290.
10 BFH, Urteil v. 7.10.1977 – III R 48/76, BStBl 1978 II S. 186.
11 BFH, Urteil v. 25.11.1999 – III R 77/97, BFH/NV 2000 S. 656.
12 BFH, Urteil v. 7.3.1974 – VIII R 30/71, BStBl II S. 429, betreffend Möbellagerung.
13 BFH, Urteil v. 17.3.1955 – V 181/53 U, BStBl III S. 141.
14 BFH, Urteil v. 25.1.2012 – II R 25/10, BStBl II S. 403.

Als Ausweisposten kommen gleichwohl die „Grundstücke“ etc. im jetzt besprochenen Gliederungsteil in Betracht.

41 Ähnliches gilt für **Mietereinbauten,** die auf Kosten des Mieters in einem in fremdem Eigentum stehenden Gebäude installiert worden sind. Unseres Erachtens sollte hier ein Ausweis innerhalb des Postens „Grundstücke“ erfolgen.

42 Nicht durch steuerliche Vorentscheidungen „inspiriert“ ist die gliederungsrechtliche Eingruppierung von besonderen **Baumaßnahmen:**

- Brücken,
- Dämme,
- Schachtanlagen,
- Kanalbauten sowie
- Wasserbauten.

Es handelt sich nicht um Gebäude nach Maßgabe der einschlägigen Definition (→ Rz. 32), wohl aber um „Bauten“ nach der gesetzlichen Terminologie. Deshalb sollte der Ausweis unter dem Posten „Grundstücke“ erfolgen;[1] bei besonderer Bedeutung für das betreffende Unternehmen kommt auch ein Sonderausweis gem. § 265 Abs. 5 HGB (→ § 265 Rz. 36) in Betracht, z. B. bei einem Unternehmen, das eine Hafenanlage betreibt.

1.2.3 Technische Anlagen und Maschinen

43 Dieser Ausweis ist speziell gemünzt auf den **industriellen Produktionsprozess** und erfasst alle darin „arbeitenden“ Maschinen und ähnlichen Anlagen, z. B. Roboter in der Automobilindustrie, Pressen in der Fliesenfabrik, CNC-gesteuerte Werkzeugmaschinen etc.

Der Ausweis ist allerdings nicht auf die industrielle Produktion beschränkt. Beim Kraftwerk können z. B. die Umspannstation und das Rohrleitungsnetz unter diesem Posten ausgewiesen werden, beim Bauunternehmen die Bagger und die Krane, bei der Raffinerie die Tanks und die Gasbehälter etc.

Dazu gehören auch die unter → Rz. 38 dargestellten Betriebsvorrichtungen, z. B. die Klimatisierungsanlage in der Tabakindustrie.

Zu Spezialreserveteilen, Ersatzteilen etc. → § 247 Rz. 23.[2]

Gegenüber dem folgenden Posten „andere Anlagen ...“ gibt es verschiedene Abgrenzungsprobleme. Dabei kann u. E. großzügig verfahren werden, wenn die Eingruppierung im Zeitverlauf nach dem Gebot der Darstellungsstetigkeit gem. § 265 Abs. 1 HGB (→ § 265 Rz. 6) erfolgt.

1.2.4 Andere Anlagen, Betriebs- und Geschäftsausstattung

44 „Andere“ bedeutet eine Art Sammelposten für diejenigen sächlichen Anlagegegenstände außerhalb des Grundstücksbereichs, die nicht in die vorstehenden Posten einzugruppieren sind. Dazu zählen Computeranlagen, Büro- und Werkstatteinrichtungen, z. B. Möbel, Telefone, Fahrzeuge aller Art und Gabelstapler.

1 So auch *ADS*, 6. Aufl., § 266 Tz. 43.

2 So auch *Dusemond/Heusinger-Lange/Knop* in Küting/Pfitzer/Weber (Hrsg.), Handbuch der Rechnungslegung – Einzelabschluss, 5. Aufl., § 266 Tz. 30 f.; ähnlich mit ausführlicher Darstellung *Roos*, DB 2015 S. 813.

Speziell bei Fahrzeugen kann eine Umbenennung oder weitere Untergliederung in Betracht kommen, weil sonst der Abschlussadressat den wirklichen Gehalt des Ausweises nicht erkennen kann. Das ist z. B. bei Speditionsunternehmen bzgl. der Lastwagen oder beim Autovermieter für Personenkraftfahrzeuge der Fall, bei der Reederei bzgl. der Schiffe.

1.2.5 Geleistete Anzahlungen und Anlagen im Bau

Bei den geleisteten Anzahlungen handelt es sich um **Vorleistungen** auf bestellte Anlagegüter. 45
Bilanzrechtlich liegt der Zahlung ein nicht bilanzierbares schwebendes Geschäft zugrunde (→ § 249 Rz. 4). Bei Nichterbringung der Leistung kann die Anzahlung vom Auftraggeber zurückgefordert werden.[1]

Aktiviert wird in diesem Fall also der Zahlungsvorgang, nicht dagegen der dahinterstehende Sachwert. Es kommt erst zu einer Umbuchung, wenn der der Anzahlung zugrunde liegende Vermögensgegenstand in den Bilanzbereich des Unternehmens eintritt, z. B. als „Anlage im Bau" (→ Rz. 46) oder aber als „fertiger" Vermögensgegenstand.

Soweit die mit einer Anzahlung bedachte Leistung spätestens bei Bezug zum Vorsteuerabzug berechtigt, ist die Anzahlung netto auszuweisen. Ein Übergang zur Bruttobilanzierung bei gleichzeitiger Umgliederung in die sonstigen Vermögensgegenstände ist jedoch geboten, wenn wegen Leistungsstörungen oder einvernehmlicher Vertragsaufhebung mit der Leistung nicht mehr zu rechnen ist (→ Rz. 90).

Der Unterposten **„Anlagen im Bau"** umfasst alle für das sächliche Anlagevermögen anstehenden Anschaffungs- oder insbesondere Herstellungs**prozesse**. Diese können sich häufig über Jahre hinweg erstrecken (Beispiel: Bau eines Kraftwerks). Der Ausweis verbessert den Einblick in die wirtschaftlichen Verhältnisse durch Offenlegung der **Investitionstätigkeit.** Er hat auch einen indirekten Einblickseffekt, insoweit als auf diesen Posten planmäßige Abschreibungen (noch) nicht vorgenommen werden können (→ § 253 Rz. 162). Erst nach Fertigstellung und Betriebsbereitschaft der entsprechenden Anlage erfolgt eine Umbuchung in einen der drei anderen Posten des Sachanlagevermögens. Eine Umbuchung kann allerdings auch in umgekehrter Richtung von geleisteten Anzahlungen auf die Anlagen im Bau – also **innerhalb** dieses Ausweispostens – erfolgen, wenn z. B. bei einem Gebäudeneubau die Fenster von einem Handwerker eingebaut wurden und dieser seine Leistung abgerechnet hat, das Gebäude aber noch lange nicht fertig gestellt ist. 46

1.3 Finanzanlagen

1.3.1 Gliederungskonzept

Der Ausweis als Finanzanlagen setzt die Zugehörigkeit zum **Anlagevermögen** voraus. Hierzu wird auf → § 247 Rz. 16 ff. verwiesen. 47

Die **Untergliederung** der Finanzanlagen erfolgt nach zwei Gesichtspunkten:

1. Unternehmensanteile (in der Terminologie der IFRS „Eigenkapitalinstrumente") werden von **Gläubiger**rechten („Fremdkapitalinstrumenten") unterschieden.
2. In beiden Fallgruppen werden weiter Beziehungen im Unternehmens**verbund** gegenüber Beziehungen zu dritten Unternehmen abgegrenzt.

1 BFH, Urteil v. 1.6.1989 – IV R 64/88, BStBl II S. 830; BFH, Urteil v. 16.5.1973 – I R 186/71, BStBl 1974 II S. 25.

Es wird verwiesen auf die Kommentierung der Begriffsinhalte von

- „Anlagevermögen" unter → § 247 Rz. 16 ff.,
- „verbundenen Unternehmen" und „Beteiligungsunternehmen" (die hier verwendete Kurzfassung) unter → § 271 Rz. 5 ff. sowie
- auf die dortige Kommentierung zur Abgrenzung zu den „einfachen" Wertpapieren (→ § 271 Rz. 3).

48 Die Gliederungsstruktur der Finanzanlagen differenziert bzgl. der Eigenkapitalinstrumente nach der **Intensität** der Mitgliedschaftsrechte:

- Anteile an verbundenen Unternehmen, d. h. im Mehrheitsbesitz befindliche und damit kontrollierte Tochtergesellschaft.
- Anteile an „Beteiligungsunternehmen", d. h. bei wesentlicher Einflussnahme.
- Sonstige, verbriefte Anteile nach der Definition des Wertpapiergesetzes.

Im letzten Gliederungsposten „Wertpapiere" wird die „Gliederungslogik" teilweise durchbrochen, weil nicht nur beteiligungsvermittelnde Wertpapiere, sondern auch übrige (z. B. Anleihen, Fondsanteile) unter dem Posten auszuweisen sind.

Bei den **Ausleihungen** wird dagegen die abgestufte Beteiligungsintensität durchgehend von verbundenen Unternehmen über Beteiligungen bis hin zu den sonstigen Ausleihungen an Unternehmen, die nicht unter die beiden vorgenannten Kriterien fallen, eingehalten. Ausleihungen an GmbH-Gesellschafter nach § 42 Abs. 3 GmbHG (→ § 284 Rz. 40) und Gesellschafter von „Kap. & Co."-Gesellschaften nach § 264c Abs. 1 HGB (→ § 264 Rz. 4) sind getrennt auszuweisen oder im Anhang anzugeben.

49 Dominierend bei der Gliederungsvorgabe für die einzelnen Ausweisposten ist die **Verbundposition** (Mehrheitsbeteiligung oder wesentlicher Einfluss). Bzgl. der Mitgliedschaftsrechte und der daraus folgenden Beteiligungen kommt es nicht darauf an, ob diese in **verbriefter** Form vorliegen (dann Aktien) oder nicht (dann GmbH-Anteile oder Personengesellschaftsbeteiligungen). Nicht nur die **Rechtsform** ist bzgl. der Subsumtion unter die einzelnen Gliederungsposten unerheblich, sondern auch der **Sitz** des Unternehmens im In- und Ausland. Bei den Anteilen an verbundenen Unternehmen handelt es sich begrifflich ebenfalls um Beteiligungen, die in der besonderen Form des Unternehmensverbunds angesiedelt sind (→ § 271 Rz. 32).

1.3.2 Einzelfälle

50 **GmbH-Anteile** und **Beteiligungen** an **Personenhandelsgesellschaften** werden regelmäßig in der Absicht erworben, sie dauerhaft zu halten, und gelten deshalb unabhängig von der Vermutungsregel in § 271 Abs. 1 Satz 2 HGB als Beteiligung (→ § 271 Rz. 24).

Sollte diese Hypothese ausnahmsweise nicht zutreffen, wird im Schrifttum[1] mangels Wertpapiercharakter („Verbriefung") die Einbeziehung in die „sonstigen Ausleihungen" oder in einen Sonderposten nach § 265 Abs. 5 Satz 2 HGB (→ § 265 Rz. 36) vorgeschlagen. Die letztgenannte Version ergibt sich aus einem fehlenden **Auffangposten** unter den Finanzanlagen, vergleichbar den sonstigen Vermögensgegenständen im Umlaufvermögen (→ Rz. 71).

1 Zum Beispiel *Schubert/ Kreher* in Beck'scher Bilanz-Kommentar, 13. Aufl. 2022, § 266 Tz. 71; *ADS*, 6. Aufl., § 266 Tz. 84.

Ausleihungen an GmbHs als Tochter- oder Beteiligungsgesellschaften sind zusätzlich nach § 42 Abs. 3 GmbHG entsprechend zu kennzeichnen. Gleiches gilt nach § 264c Abs. 1 Satz 1 HGB (→ § 264c Rz. 4) bei „Kap. & Co."-Gesellschaften. 51

Zweifelhaft ist die Eingruppierung von Anteilen an einer **stillen** Gesellschaft oder am **Genussscheinkapital.** Meistens liegt hier ein Dauerzustand vor (→ § 247 Rz. 19), der den Ausweis unter dem Anlagevermögen rechtfertigt (→ § 247 Rz. 31). Sofern diese Anteile an einem verbundenen Unternehmen bestehen, das nach § 290 HGB durch Vollkonsolidierung in einen Konzernabschluss einzubeziehen ist, müssen sie als solche an verbundenen Unternehmen ausgewiesen werden. In anderen Fällen – z. B. stille Beteiligung an einem nicht zum Konzernverbund gehörenden Unternehmen – ist u. E. zu differenzieren nach 52

- reiner Finanzbeteiligung und
- strategischer Beteiligung mit maßgeblichem Einfluss auf die Geschäftspolitik des Beteiligungsunternehmens.

Im Fall von **Genussrechtskapital** liegt regelmäßig der erstgenannte Fall vor. Bei Verbriefung ist der Ausweis unter „Wertpapiere" vorzunehmen, sonst u. E. unter „Ausleihungen" oder – insbesondere bei Wesentlichkeit – in einem Sonderposten gem. § 265 Abs. 5 Satz 2 HGB (→ § 265 Rz. 36). Das Gleiche gilt für die **stille** Beteiligung als Finanzanlage:[1] Bei entsprechender vertraglicher Ausgestaltung kann sie dem wirtschaftlichen Gehalt nach jedoch einer Sperrminorität gleichkommen. In diesem Fall sollte u. E. der Ausweis unter „Beteiligung" erfolgen (→ § 271 Rz. 9). Die stille Beteiligung kann andererseits auch „einfach" strukturiert sein, d. h. keine über die gesetzliche Ausprägung hinausreichenden Beteiligungsrechte gewähren. Solche stillen Beteiligungen sind entweder in einem Sonderposten unter den Finanzanlagen oder als „Ausleihung" auszuweisen.[2]

Anteile an **nicht kaufmännischen** Gesamthands- oder Bruchteilsgemeinschaften (BGB-Gesellschaft oder -Gemeinschaft) werden sich regelmäßig im unwesentlichen Bereich bewegen, weshalb ein Ausweis unter „sonstige Ausleihungen" am ehesten in Betracht kommt. Anders kann es sich bei einer **Arge** des Baugewerbes und anderen *Joint-Venture*-Gestaltungen verhalten, denen je nach Dauer der Verbindung eher ein Beteiligungscharakter zuzuordnen ist (→ § 271 Rz. 20). 53

Zu den **Ausleihungen** gehören (langfristige) nicht verbriefte Forderungen, üblicherweise Darlehen sowie u. E. auch Rückdeckungsversicherungen für Einzelzusagen der betrieblichen Altersversorgung. 54

Verbriefte Titel, z. B. Aktien, Obligationen, Pfandbriefe, Investmentanteile, sind unter den Wertpapieren auszuweisen (Kapitalmarktpapiere nach § 2 Abs. 1 WpHG). Sofern ein solches Wertpapier von einem verbundenen Unternehmen emittiert worden ist, wird der Ausweis als „Verbundposten" damit unterdrückt, obwohl der ökonomische Gehalt gegenüber der Ausleihung, die als solche gegenüber verbundenen Unternehmen auszuweisen ist, sich recht ähnlich darstellt.

Zum Inhalt der Anteile an Investmentfonds und Spezialfonds wird auf → § 271 Rz. 19 verwiesen.

1 So der BFH im Urteil v. 27.3.2012 – I R 62/08, DStR 2012 S. 1024; ebenso *Blümich/Buciek*, § 5 EStG Tz. 740 „Stille Beteiligung".

2 So auch BFH, Urteil v. 27.3.2012 – I R 62/08, DStR 2012 S. 1024 Tz. 13.

2. Umlaufvermögen

2.1 Vorräte

2.1.1 Gliederungsstruktur

55 Die Gliederungsstruktur ist primär auf die Liquiditätsnähe ausgerichtet (→ Rz. 4), allerdings „gestört" durch die vierte Position „geleistete Anzahlungen". Diese wiederum kann sich auf alle drei vorstehenden Vorrätegruppen beziehen und wird – vergleichbar dem Vorgehen beim Sachanlagevermögen (→ Rz. 45) – bei Eingang des der Vorauszahlung zugrunde liegenden Vermögensgegenstands mit der dann entstehenden Lieferantenverbindlichkeit verrechnet.

56 Als weiterem Gliederungsgesichtspunkt orientieren sich die ersten drei Posten inhaltlich primär am **industriellen Fertigungsprozess,** beziehen allerdings durch „Leistung" auch Dienstleistungsunternehmen in diesen Ausweisbereich ein. Handelsunternehmen werden durch den Posten „Waren" ebenfalls berücksichtigt.

2.1.2 Rohmaterialien etc.

57 Die „Rohstoffe" sind nicht entsprechend dem üblichen gesamtwirtschaftlich orientierten Sprachgebrauch als Substrate der **Urproduktion** zu verstehen. Der Ausweisposten umfasst daher nicht nur Kohle, Eisenerz und Rohkakao, sondern alle im Unternehmen eintreffenden physischen Teile, die zur Weiterverwendung im Produktionsprozess bestimmt sind.

BEISPIEL ▸ Im Automobilzulieferbereich agiert die Z-GmbH als Hersteller von Zylinderköpfen, die an einen Motorenhersteller verkauft werden. Selbst bezieht die Z-GmbH die Kolbenringe von einem Unterlieferanten. Für Z stellen diese Kolbenringe Rohstoffe dar, für den Motorenhersteller wiederum die Zylinderköpfe.

Die daneben aufgeführten **Hilfs- und Betriebsstoffe** brauchen definitorisch nicht akribisch von den Rohstoffen unterschieden zu werden, da sie ohnehin zusammengefasst auszuweisen sind. Die Abgrenzung innerhalb dieser Posten entspricht den betrieblichen Usancen und den Anforderungen der Kostenrechnung. Wegen des mangelnden Unterscheidungserfordernisses kommt u. E. auch eine Postenbezeichnung „Rohmaterialien" u. Ä. in Betracht.

2.1.3 Unfertige Produkte

58 Die nächste Position **„unfertige Erzeugnisse, unfertige Leistungen"** ist in ihrer Teilung ausgerichtet einerseits auf Produktions- und Handwerksbetriebe, andererseits auf Dienstleistungsunternehmen. Die Übergänge können **fließend** sein, weil man in einer Dienstleistung der ökonomischen Funktion nach auch eine Produktionstätigkeit erkennen kann. Als Beispiel seien der Generalunternehmer in der Bauwirtschaft oder die Autoreparaturwerkstatt aufgeführt. Auf die Unterscheidung nach „Erzeugnis" und „Leistung" kommt es im Hinblick auf den zusammengefassten Ausweis nicht an. Die Postenbezeichnung sollte bei eindeutiger Produktions- bzw. Dienstleistungstätigkeit (Letzteres z. B. Steuer- und Rechtsberatung, Werbeagentur, Versicherungsmakler) am Inhalt ausgerichtet werden.

59 Im **industriellen Produktionsprozess** „entsteht" der Bilanzposten „unfertige Leistung" mit Aufnahme der Produktionstätigkeit. Dieser Termin kann sich im Allgemeinen an der Organisation der Kostenrechnung orientieren. Maßgebend ist dann der Zeitpunkt, in dem erstmals Löhne und Rohstoffe (z. B. das vom Automobilzulieferer montagefertig bereitgestellte Getriebe in der

Automobilfabrik) dem Kostenträger zugerechnet und Gemeinkosten geschlüsselt werden. Auf die Erläuterungen unter → § 255 Rz. 129 wird verwiesen. Mit Beginn der Produktionstätigkeit geht daher das bislang als „Rohstoff" ausgewiesene Material in den Posten „unfertige Erzeugnisse" ein.

Bei **Dienstleistungen** entsteht rechtlich keine Sache, sondern eine Forderung. Diese ist aus bilanzieller Sicht bis zur kompletten Leistungserbringung „unfertig" und entsprechend unter diesem Posten als Leistung auszuweisen. Es darf dann nicht die gesetzliche Postenbezeichnung insgesamt verwendet werden, sondern nur unter Beschränkung auf den Teilbereich der Leistung, d. h. „unfertige Leistung". Damit sie als Vermögensgegenstand/Wirtschaftsgut gelten kann, müssen der unfertigen (Dienst-)Leistung ins Gewicht fallende Ausgaben zugeordnet werden können, die sich von laufenden Ausgaben des Geschäfts erkennbar unterscheiden. Die Erfüllung dieser Voraussetzung ist etwa für den Handelsvertreter, der eine noch nicht vollständig erbrachte Leistung, also bei einem noch nicht aktivierbaren Provisionsanspruch, Mieten, Personalkosten usw., als unfertige Leistung aktivieren wollte, verneint worden,[1] für einen Steuerberater hinsichtlich angefangener Arbeiten an Jahresabschluss und Steuererklärungen des Mandanten hingegen bejaht worden.[2] 60

Bei **Bauleistungen** auf dem Grundstück des Auftraggebers wächst dem Bauunternehmer mit Leistungsfortschritt im rechtlichen Sinne eine **Forderung** zu. Diese ist ebenfalls als „unfertige Leistung" bis zur Vollendung des Werks auszuweisen. Unseres Erachtens ist eine solche **Leistung** auch beim Bauträger gegeben, der auf eigenem Grundstück Bauleistungen erbringt. Nach anderer Auffassung[3] liegt in diesem Fall ein „unfertiges Erzeugnis" vor. Diese Bezeichnung wird aus der unterschiedlichen Rechtsstruktur gegenüber der Bauleistung auf fremdem Grund und Boden abgeleitet, weil beim Bauträger eine „Sache" im bürgerlich-rechtlichen Sinne entsteht. Unseres Erachtens ist diese Unterscheidung aus bilanzrechtlicher Sicht nicht zwingend. Dem wirtschaftlichen Gehalt nach kann in beiden Rechtsstrukturen der Bautätigkeit auch eine „Produktion" gesehen werden. Insgesamt halten wir beide Bezeichnungen für die Bautätigkeit für vertretbar. 61

Eine diesbezügliche Aufgliederung im **Anhang** (bei Anhangerstellungspflicht → § 264 Rz. 1) mit entsprechender Erläuterung ist zulässig, aber im Normalfall nicht notwendig. Anders kann es sich verhalten, wenn das Geschäftsmodell des Bauunternehmers sich grundlegend ändert, beispielsweise vom Bauträgerobjekt Abstand genommen wird und nur noch Bauten im Kundenauftrag vorgenommen werden. 62

Bei **Lohnveredelung** geht regelmäßig das wirtschaftliche Eigentum nicht auf den Auftragnehmer über. Beim Auftraggeber ist während des Bearbeitungsprozesses unverändert der Ausweis unter „unfertige Erzeugnisse" vorzunehmen.

BEISPIEL ▸ Der Fensterbauer F „liefert" dem Lackierungsunternehmen L für zwei Wochen fertige Fensterrahmen aus Aluminium zur Beschichtung mit dem Farbton 4711. Bei L ist die eigentliche Veredelungstätigkeit als unfertige bzw. fertige Leistung zu erfassen, als Rohstoff geht in den Fertigungsprozess das Beschichtungsmaterial in Form von Pulver, Farbpigmenten und sonstigen Chemikalien ein.

1 BFH, Urteil v. 26.4.2018 – III R 5/16.

2 FG Thüringen, Urteil v. 13.11.2019 – 3 K 106/19.

3 Vgl. *Dusemond/Heusinger-Lange/Knop* in Küting/Pfitzer/Weber (Hrsg.), Handbuch der Rechnungslegung – Einzelabschluss, 5. Aufl., § 266 Tz. 72; *ADS*, 6. Aufl., § 266 Tz. 109. FG Thüringen, Urteil v. 13.11.2019 – 3 K 106/19.

2.1.4 Fertige Produkte, Abgrenzung zu unfertigen

63 Die Abgrenzung von „unfertig" zu „fertig" ist letztlich aus Sicht des unternehmensspezifischen **Geschäftsmodells** zu bestimmen. Ein fertiges Erzeugnis i. S. des Ausweispostens ist somit nicht als konsumbereites Produkt auf dem Endverbrauchermarkt zu verstehen. Je nach Geschäftsmodell kann ein Produktionsprozess für ein bestimmtes Produkt im Unternehmen in verschiedenen Entwicklungsstadien enden.

BEISPIELE

- Das forschende Pharmaunternehmen R produziert den Wirkstoff für das Breitbandantibiotikum B. Dieser Wirkstoff wird in verschiedene Länder zur Weiterverarbeitung in Form von Tabletten, Ampullen etc. ausgeliefert. Für den Inlandsvertrieb wird diese Produktionsstufe im eigenen Hause erledigt.
- Der Winzer W lagert seinen Wein zwei Jahre im Barrique. Für bestimmte Kunden wird im Anschluss daran das komplette Fass zur Abfüllung ausgeliefert, in anderen Fällen erfolgt der Flaschenabzug im Hause.

In beiden Beispielen liegen in ein und derselben Verarbeitungsstufe (fertiger Wirkstoff, trinkbarer Wein) einerseits fertige, andererseits unfertige Erzeugnisse vor. Eine Unterscheidung lässt sich im Rahmen der körperlichen Bestandsaufnahme am 18.6. bei Bilanzstichtag 31.12. (→ § 241 Rz. 16 „permanente Inventur") nicht feststellen. Dann kommt nur ein zusammengefasster Ausweis unter „Erzeugnisse" in Betracht. Eine Einschränkung der Aussagekraft des Jahresabschlusses ist damit nicht verbunden.

64 Begriffliche Abgrenzungsprobleme bestehen auch bei fertigen Erzeugnissen und **Waren:**

BEISPIEL Der Weinimporteur W bezieht den Wein sowohl verkaufsfertig abgefüllt in Flaschen als auch in Tankwagen, aus denen dann selbst die Flaschenabfüllung erfolgt.

Der Abfüllprozess kann als Produktionstätigkeit angesehen werden mit der Folge einer „fertigen Leistung" im bilanzrechtlichen Sinn. Andererseits passt der Begriff „(Handels-)Waren" in diesem Fall besser, weil unter Produktion beim Wein eher die Tätigkeit des Winzers zu verstehen ist. Der Ausweis sollte deshalb als „Waren" erfolgen.

65 Umgekehrt muss ein Industrieunternehmen, das **keinerlei Handelstätigkeit** ausübt, auf die Einbeziehung von Waren in den Ausweisposten verzichten.

66 Fraglich ist, wie im Rahmen von **Auftragsfertigungen,** z. B. in der Baubranche, „fertig" von „unfertig" zu unterscheiden ist.

BEISPIEL I betreibt ein Ingenieurbüro. Er hat eine Brücke erstellt. Sie ist am Bilanzstichtag fertig und nutzbar, die Abnahme durch die Ingenieurabteilung des Auftraggebers ist allerdings noch nicht erfolgt, weil der zuständige Bearbeiter nach längerem Krankenstand in Kur befindlich ist.

Wenn man die Abnahme durch den Auftraggeber als letzten Akt der Herstellung der Brücke ansieht, ist diese als unfertig zu bezeichnen.

Eindeutig ist die Entscheidung zwischen „unfertig" und „fertig" dann, wenn seitens des Auftraggebers keine Rechtshandlung mehr vorzunehmen ist.

BEISPIEL Die Wirtschaftsprüfungsgesellschaft W-GmbH hat am 17.2. die Prüfung vor Ort abgeschlossen und am 28.2. den Prüfungsbericht ausgeliefert. Die sog. Testatsbilanzen werden nach Übermittlung der Druckstücke für den Jahresabschluss am 17.3. versandt.

Die bedungene Leistung ist mit Auslieferung des Prüfungsberichts erbracht. Die spätere Übermittlung der Testatsbilanzen ist eine sehr nebensächliche Tätigkeit, die nicht mehr dem Fertigstellungsprozess zuzuordnen ist.

Der vorstehende Sachverhalt ist allerdings nicht mehr ein Problem der Unterscheidung des Fertigstellungsgrads, sondern der **Umsatzrealisation.** Mit Auslieferung des Prüfungsberichts ist der Realisationstatbestand gegeben (→ § 252 Rz. 102 ff.). Die bis dahin unfertige Leistung „Abschlussprüfung" verwandelt sich **unmittelbar** in eine Forderung. Ein „fertiges" Erzeugnis kann in diesem Fall bilanzrechtlich nicht entstehen.

2.1.5 Geleistete und erhaltene Anzahlungen

Der wirtschaftliche Gehalt der **„geleisteten** Anzahlungen" im **Vorrats**vermögen entspricht 67
demjenigen für die Sachanlagen (→ Rz. 46). Es muss ein Zahlungsvorgang oder ein Surrogat (Verrechnung, Tausch) vorliegen, nicht nur – wie bei Kundenforderungen – eine Rechnungsstellung. Die **Anforderung** einer Anzahlung („Abschlag", Akontozahlung) durch ein entsprechendes (elektronisches) Schriftstück stellt keinen Buchungsbeleg dar, erst der Geldeingang ist einzubuchen.

Die Anzahlung muss sich auf die Beschaffung von **Vorratsvermögen** beziehen, nicht auf nicht aktivierbare Dienstleistungen.

BEISPIEL ▸ Die Wirtschaftsprüfungsgesellschaft erteilt dem Mandanten nach Abschluss der Vorprüfung am 5.12. eine „Abschlagsrechnung", die am 20.12. bezahlt wird.

Der Mandant beschafft sich mit der Prüfungsleistung kein Vorratsvermögen. Der Ausweis muss unter „sonstige Vermögensgegenstände" (vgl. → Rz. 74) erfolgen.

Auch laufende Abschlagszahlungen, z. B. auf Mietnebenkosten, sind unter „sonstige Vermögensgegenstände" auszuweisen.

Den Gegenpart zu den geleisteten Anzahlungen stellen die **erhaltenen** Anzahlungen auf der 68
Passivseite dar (→ Rz. 90), die nach § 268 Abs. 5 Satz 2 HGB (→ § 268 Rz. 140) auch im Vorrätebereich mit negativem Vorzeichen ausgewiesen werden können. Im Beispiel unter → Rz. 67 betrifft dies die Wirtschaftsprüfungsgesellschaft (am 20.12.). In der Bilanz zum 31.12. erscheint dann im Vorratsvermögen einerseits die unfertige Leistung „Prüfungsauftrag Nr. 4711", bewertet mit den aufgelaufenen Stunden und dem entsprechenden Verrechnungssatz, und andererseits die für diesen Auftrag erhaltene Abschlagszahlung.

Soweit die mit einer Anzahlung bedachte Leistung spätestens bei Bezug zum Vorsteuerabzug 69
berechtigt, ist die Anzahlung **netto** auszuweisen. Ein Übergang zur **Brutto**bilanzierung bei gleichzeitiger Umgliederung in die sonstigen Vermögensgegenstände ist jedoch geboten, wenn wegen Leistungsstörungen oder einvernehmlicher Vertragsaufhebung mit der Leistung nicht mehr zu rechnen ist (→ Rz. 90).

Zur möglichen Ausweiskonkurrenz mit den Rechnungsabgrenzungsposten vgl. → § 250 Rz. 5. 70

2.2 Forderungen und sonstige Vermögensgegenstände

2.2.1 Gliederungssystematik

71 Die Gliederungsfolge orientiert sich an dieser Stelle wiederum an der **Liquiditätsnähe** (→ Rz. 4). Aus dem Fertigungs- oder Dienstleistungsprozess erwachsen dem Unternehmen Forderungen, die bei normalem Geschäftsgang in kurzer Zeit zu einem Liquiditätszufluss führen.

Die Untergliederung dieses Ausweisbereichs ist an zwei unterschiedlichen Kriterien ausgerichtet:

- **sach**bezogen,
- **personen**bezogen.

Der **Sach**bezug schlägt sich im ersten Posten „Forderungen aus Lieferungen und Leistungen" (buchhalterisch: „Debitoren") und in dem Posten „sonstige Vermögensgegenstände" nieder, der auch als **Auffangposition** für verschiedene nicht eindeutig zuordenbare Posten dient (→ Rz. 74).

Der **Personenbezug** zeigt sich in den Posten „2." und „3." der Gliederungsvorgabe, wo einmal mehr die Verbundbeziehungen mit anderen Unternehmen (→ Rz. 49) dargestellt werden sollen.

72 Dieses zweidimensionale Gliederungssystem führt zwangsläufig zu **Überschneidungen** („Ausweisüberlagerungen"). Eine Forderung aus Lieferungen und Leistungen kann gegen ein Beteiligungsunternehmen gerichtet sein, und unter den sonstigen Vermögensgegenständen kann sich eine Darlehensforderung gegen ein Tochterunternehmen verbergen. Dies stellt einen typischen Anwendungsbereich des § 265 Abs. 3 HGB dar (→ § 265 Rz. 51 ff.).

Als **weitere** nicht im Gliederungsschema des § 266 HGB aufgeführte Ausweisposten in diesem Bereich kommen in Betracht (→ Rz. 15):

- Eingeforderte Nachschüsse einer GmbH gem. § 42 Abs. 2 Satz 2 GmbHG.
- Einzahlungsverpflichtungen persönlich haftender Gesellschafter gem. § 264c Abs. 2 Satz 4 HGB (→ § 264c Rz. 37) oder eines Kommanditisten gem. § 264c Abs. 2 Satz 6 HGB (→ § 264c Rz. 41).

Diese Posten sind **gesondert** auszuweisen. Bei den nachstehenden Sondertatbeständen kommt auch ein **Davon**-Vermerk oder eine **Anhang**angabe in Betracht (→ Rz. 15):

- Forderungen und Ausleihungen gegenüber Gesellschaftern gem. § 42 Abs. 3 GmbHG bzw. § 264c Abs. 1 HGB (→ § 264c Rz. 4).
- Forderungen gegenüber Komplementären oder Kommanditisten gem. § 264c Abs. 1 HGB (→ § 264c Rz. 4).
- Forderungen gegen einen persönlich haftenden Gesellschafter oder eine ihm nahestehende Person gem. § 286 Abs. 2 Satz 4 AktG.

2.2.2 Darstellung der Mitzugehörigkeit

73 Im Einzelfall kann sich daraus ein **dreidimensionales** Aufgliederungserfordernis ergeben.

BEISPIEL ► *Die Tochtergesellschaft T-GmbH liefert an ihre Muttergesellschaft M-AG Tonerde zur Weiterverarbeitung als Dachziegel.* Am Bilanzstichtag resultiert daraus eine noch nicht beglichene Forderung gegen die Muttergesellschaft von 1.000 €.

Der Tatbestand erfüllt drei Ausweisverpflichtungen:

1. Forderungen aus Lieferungen und Leistungen,
2. Forderungen gegen verbundene Unternehmen,
3. Forderungen gegenüber der Gesellschafterin (§ 42 Abs. 3 GmbHG).

Die Mitzugehörigkeit kann in der Bilanz durch einen sog. **Davon-Vermerk** erfolgen. Dieser wirkt regelmäßig optisch wenig ansprechend (→ § 265 Rz. 54); das gilt erst recht bei einem Doppelvermerk, wie er im vorstehenden Beispiel erforderlich wäre. Eine optisch elegantere Darstellung kann im Anhang (→ § 268 Rz. 136) gestützt auf § 265 Abs. 7 Nr. 2 HGB (→ § 265 Rz. 50) in Form einer zweidimensionalen Darstellung („Spiegel") unter Einbeziehung der Forderungen mit einer Restlaufzeit von mehr als einem Jahr nach § 268 Abs. 4 Satz 1 HGB (→ § 268 Rz. 130) erfolgen. Diese kann allerdings eine etwaige dritte und vierte Dimension auch nur in Form von Davon-Vermerken bewältigen.

Zu weiteren Darstellungsformen vgl. → § 268 Rz. 133 ff. Kleinstkapitalgesellschaften (→ § 267a) müssen diese Angaben nicht machen (→ Rz. 10b).

Ein ähnliches Abgrenzungsproblem – Anlage- oder Umlaufvermögen – besteht bei den Krediten an Organmitglieder gem. §§ 89 bzw. 115 AktG. Unabhängig davon besteht die Anhangangabepflicht gem. § 285 Nr. 9c HGB (→ § 285 Rz. 64 ff.).

2.2.3 Sachbezogene Gliederungssystematik

Forderungen aus Lieferungen und Leistungen müssen aus dem **Umsatzgeschäft** (Leistungs- 74
erbringung) abgeleitet werden. Sie entstehen durch den Realisationsakt (→ § 252 Rz. 102). In diesem Augenblick verwandelt sich ein fertiges Erzeugnis oder eine fertige Leistung in eine Forderung im bilanzrechtlichen Sinn (mitunter als „Gewinnsprung" bezeichnet).

Typische – weil „Auffangposition" (→ Rz. 71) – unter **„sonstige Vermögensgegenstände"** auszuweisende Sachverhalte sind:

- Gehaltsvorschüsse,
- Steuererstattungsansprüche,
- Schadenersatzansprüche sowie
- Anzahlungen außerhalb des Vorrätebereichs (→ Rz. 67).

2.3 Wertpapiere (des Umlaufvermögens)

Im Ausweis ist zwischen Anteilen an **verbundenen** Unternehmen und **sonstigen** Wertpapieren 75
zu unterscheiden. Der Posten „Wertpapiere" setzt begrifflich eine **Verbriefung** voraus, weshalb GmbH-Geschäftsanteile und Beteiligungen an Personenhandelsgesellschaften hierunter nicht ausgewiesen werden dürfen (→ Rz. 50). Diesem Negativbefund kommt insoweit keine übermäßige praktische Bedeutung zu, als diese Gesellschaftsbeteiligungen ohnehin meist als Daueranlage bestimmt und deshalb dem **Anlage**vermögen zuzuordnen sind (→ § 247 Rz. 16 ff.).

Dieses Gliederungskriterium gilt dem Grunde nach auch für (verbriefte) Beteiligungsrechte (Aktien) an verbundenen Unternehmen. Im Umlaufvermögen kann ein Ausweis von Aktienbesitz an verbundenen Unternehmen eigentlich nur bei bestehender **Weiterveräußerungsabsicht** (→ § 296 Rz. 12) vorliegen, weil in anderen Fällen ebenfalls auf „Anlagevermögen" zu entscheiden ist. Eine solche Weiterveräußerungsabsicht kann auch beim Erwerb von GmbH-Anteilen und Anteilen an Personenhandelsgesellschaften am Bilanzstichtag vorliegen, dann käme wegen der fehlenden Wertpapiereigenschaft ein Ausweis unter dem Posten „Wertpapiere“ nicht in Betracht. In diesem Ausnahmefall wird von der h. M. ausnahmsweise eine Einbeziehung in diesen Posten für zulässig erachtet.[1] Unseres Erachtens ist diese Auffassung zutreffend, muss allerdings auch in Sonderfällen für Nicht-Wertpapiere im Anlagevermögen gelten (→ Rz. 50).

3. Liquide Mittel

76 Unter dieser Bezeichnung oder unter „flüssige Mittel“ erfolgt häufig eine **zusammengefasste Bezeichnung** für die einzelnen Sachverhalte unter dem Posten „IV.“ des Umlaufvermögens. Dadurch wird elegant das Problem einer überschießenden Bezeichnung vermieden, wenn – wie fast immer – „Schecks“ nicht im Bestand enthalten sind und deshalb auch nicht als Postenbezeichnung erwähnt werden dürfen. Vergleichbares gilt für das „Bundesbankguthaben“.

77 Liquide oder flüssige Mittel enthalten begrifflich das Element der jederzeitigen oder wenigstens sehr kurzfristigen **Verfügbarkeit.** Deshalb ergeben sich Abgrenzungsprobleme für Termingeldeinlagen bei Kreditinstituten oder bei durch Verpfändung begründeten Verfügungsbeschränkungen. Zu Letzteren folgendes Beispiel:

BEISPIEL ▶ Der Fußballproficlub B hat seine Großarena an einen geschlossenen Immobilienfonds vermietet und zurückgeleast. Zusätzlich zu den Leasingraten hat er eine Einmalzahlung auf ein Depotkonto geleistet und muss in dieses Depot innerhalb der 17-jährigen Laufzeit monatlich weitere Beträge einbezahlen. Mit dem anwachsenden Wert – einschließlich der Zinsgutschrift – soll das Stadion nach Ablauf des Leasingvertrags wieder zurückgekauft werden.

Ein Ausweis des Depots unter „liquide Mittel“ kommt nicht in Betracht. Es handelt sich u. E. um einen typischen Fall von „Anlagevermögen“ mit einem Ausweis unter Ausleihungen, ggf. mit Anhangerläuterung oder Sonderausweis im Anlagevermögen.

78 Bei **Termingeldeinlagen** mit einer bestimmten Restlaufzeit nach dem Bilanzstichtag kommt ein Ausweis unter diesem Posten nur in Betracht, wenn die Inanspruchnahme (unter Zinsverzicht) auch vorzeitig möglich ist. Sonst muss ein Ausweis unter „sonstige Vermögensgegenstände“ (wenn Umlaufvermögen) oder unter „Ausleihungen“ (wenn Anlagevermögen) erfolgen.[2]

Auf solche Termingeldanlagen „aufgelaufene“, aber am Bilanzstichtag noch nicht fällige **Zinsen** sind unter „sonstige Vermögensgegenstände“ auszuweisen, ggf. mit einem Anhangvermerk gem. § 268 Abs. 4 Satz 2 HGB (→ § 268 Rz. 137).

78a Auch wenn – etwa in Folge des Ukraine-Krieges – gesetzlich-politische Verfügungsbeschränkungen in der Form bestehen, dass ein in Russland geführtes (Bank-)Konto eingefroren oder gesperrt wurde, ist das jeweils betroffene Guthaben unter den sonstigen Vermögensgegenständen auszuweisen.[3]

1 Vgl. *ADS*, 6. Aufl., § 266 Tz. 138.

2 So auch *Schubert/Waubke* in Beck'scher Bilanz-Kommentar, 13. Aufl. 2022, § 266 Tz. 142; *Dusemond/Heusinger-Lange/Knop* in Küting/Pfitzer/Weber (Hrsg.), Handbuch der Rechnungslegung – Einzelabschluss, 5. Aufl., § 266 Tz. 100.

3 IDW, Fachlicher Hinweis zu den Auswirkungen des Ukraine-Krieges auf die Rechnungslegung und deren Prüfung (2. Update, April 2022).

Stellt ein Kreditinstitut aus Sicht des bilanzierenden Unternehmens ein **verbundenes** Unternehmen dar, muss ein Mitzugehörigkeitsvermerk gem. § 265 Abs. 3 Satz 1 HGB (→ § 265 Rz. 51) erfolgen.[1] 79

4. Sonderposten

Am Schluss der Aktivseite sind vergleichbar der Passivseite (→ Rz. 96) **Nicht**-Vermögensgegenstände auszuweisen: 80

- Rechnungsabgrenzungsposten (→ § 250 Rz. 3 ff.),
- aktive latente Steuern (→ § 274 Rz. 74 ff.) und
- aktiver Unterschiedsbetrag aus der Vermögensverrechnung (→ § 246 Rz. 401).

Diesen Sonderposten folgt als weiterer, von diesen abzuhebender Posten der „nicht durch Eigenkapital gedeckte Fehlbetrag" (→ § 268 Rz. 129).

III. Passivseite (Abs. 3)

1. Eigenkapital

Es wird auf folgende Kommentierungen verwiesen: 81

- Funktion des Eigenkapitals im Rahmen des doppischen Systems → § 247 Rz. 13 ff.
- Inhaltliche Abgrenzung gegenüber dem Fremdkapital → § 246 Rz. 118 ff. (Beispiele: Genussrechtskapital, stille Gesellschaft).
- Inhalt der einzelnen Untergliederungsposten in § 266 Abs. 3 A HGB → § 272 Rz. 1 ff.
- Änderung der Ausweisposten nach (teilweiser) Gewinnverwendung gem. § 268 Abs. 1 HGB → § 268 Rz. 53 f.
- Eigenkapitalausweis bei „Kap. & Co."-Gesellschaften → § 264c Rz. 9 ff.
- Erweiterte Angabepflichten in § 152 AktG → § 268 Rz. 29.
- Stille Beteiligungen (→ § 246 Rz. 127).

2. Rückstellungen

Es wird verwiesen auf folgende Kommentierungen: 82

- Rückstellungen für Pensionen und ähnliche Verpflichtungen → § 249 Rz. 120 ff. (Ansatz) und → § 253 Rz. 82 ff. (Bewertung).
- Sonstige Rückstellungen → § 249 Rz. 1 ff. (zum Ansatz) und → § 253 Rz. 55 ff. (zur Bewertung).

Zu den sonstigen Rückstellungen gehören bzgl. des Ausweises auch Vorsorgen für Altersteilzeit, Lebensarbeitszeitkonten, Jubiläumszahlungen und ähnlich langfristige Verpflichtungen (→ § 249 Rz. 125). Bzgl. der **Bewertung** (→ § 253 Rz. 80), insbesondere der Diskontierung, sind diese Posten den Pensionsverpflichtungen weitgehend gleichgestellt.

Unter den **Steuerrück**stellungen sind solche (ungewissen) Verpflichtungen auszuweisen, für die das Unternehmen Steuerschuldner ist, daher regelmäßig die Gewerbesteuer und bei Kapi- 83

1 Vgl. *Dusemond/Heusinger-Lange/Knop* in Küting/Pfitzer/Weber (Hrsg.), Handbuch der Rechnungslegung – Einzelabschluss, 5. Aufl., § 266 Tz. 102.

talgesellschaften zusätzlich die Körperschaftsteuer. Es handelt sich um einen **saldierten** Betrag, d. h., die mutmaßliche Steuerschuld ist um geleistete Vorauszahlungen gekürzt. Zur Umsatzsteuer vgl. → Rz. 95.

Droht dem Unternehmen eine steuerliche Inanspruchnahme als **Haftender** für Steuerschulden, kommt u. E. ein Ausweis unter diesem Posten, aber auch unter den sonstigen Rückstellungen in Betracht.[1] Dazu gehören Inanspruchnahmen durch Haftungsbescheid, z. B. für Lohnsteuern und für Kapitalertragsteuer. Auch **aperiodisch** erhobene Steuern, wie z. B. die Grunderwerbsteuer, sind unter „Steuerrückstellungen“ auszuweisen.

84 Bei den Rückstellungen handelt es sich um **„unsichere“** Schulden, bei den Verbindlichkeiten um **„sichere“** (→ § 249 Rz. 2). Auf die Besonderheiten der Steuerschulden übertragen stellt sich die Frage, wann diese vom Unsicherheitsmoment in die „Sicherheitssphäre“ wechseln. Eindeutig ist das Unsicherheitsmoment dann nicht beseitigt, wenn die Steuerschulden – wie regelmäßig beim aktuellen Abschluss – auf Selbsterrechnung beruhen. Die Abgrenzungsfrage taucht deshalb erst dann auf, wenn ein Steuerbescheid vorliegt, dessen Leistungsgebot (nach Abzug der Vorauszahlungen) am Bilanzstichtag noch nicht erfüllt ist. Dazu wird auf die weitere Kommentierung unter → § 249 Rz. 146 f. verwiesen.

85 Zur **Bewertung** von Steuerschulden (inkl. latenter) bei Unsicherheit wird auf → § 274 Rz. 63 ff. verwiesen.

86 Für die Passivposten aus der **Steuerlatenzrechnung** (→ § 274) ist ein Sonderausweis am Schluss der Passivseite vorgesehen (→ Rz. 96).

3. Verbindlichkeiten

3.1 Gliederungsstruktur mit Anhangangaben

87 Vergleichbar den Finanzanlagen (→ Rz. 47) und den Forderungen im Umlaufvermögen (→ Rz. 71) orientiert sich die Gliederungsstruktur an zwei Gesichtspunkten:

1. **sach**bezogen,
2. **personen**bezogen.

Im letztgenannten Gliederungsbereich wird einmal mehr (→ Rz. 49) der **Unternehmens**verbund zum Ausdruck gebracht. Zu den Begriffsinhalten vgl. die Kommentierung in → § 271. Diese zweidimensionale Darstellung führt notwendig zu **Überschneidungen** im Ausweis (→ Rz. 72), die nach § 265 Abs. 3 HGB durch einen Bilanzvermerk oder eine Anhangangabe berücksichtigt werden müssen (→ § 265 Rz. 51 ff.). Bei GmbHs und GmbH & Co. KGs (→ § 264 Rz. 5) kann der Personenbezug seinerseits zweidimensional gegeben sein, wenn das verbundene Unternehmen gleichzeitig **Gesellschafter** ist (→ Rz. 73).

88 Nicht bei der Gliederungssystematik berücksichtigt sind die jeweilige **Restlaufzeit** der Verbindlichkeit und die **Besicherung.** Diese Angaben haben im **Anhang** nach § 285 Nr. 1 HGB zu erfolgen (→ § 285 Rz. 2 ff.), werden sinnvollerweise aber in einen **Verbindlichkeitenspiegel** integriert, der in der zweidimensionalen Darstellung die beiden Gliederungsebenen enthält und die beiden weiteren Anhangangaben als Davon-Vermerke zuordnet. Dazu folgendes Beispiel, das allerdings nur einen Ausschnitt aus dem Gesamtbereich der Verbindlichkeiten enthält:

1 Für Ausweis unter Steuerrückstellungen *Schubert* in Beck'scher Bilanz-Kommentar, 13. Aufl. 2022, § 266 Tz. 201; für Ausweis unter „sonstige“ Rückstellungen *ADS*, 6. Aufl., § 266 Tz. 206.

BEISPIEL

Verbindlichkeitenspiegel									
	Verbindlichkeiten gegenüber			Restlaufzeit				Sicherungen	
	verbundenen Unternehmen	Beteiligungsunternehmen	sonstigen Unternehmen	Bis 1 Jahr	1 bis 5 Jahre	Über 5 Jahre	Gesamt	Betrag	Art
Verbindlichkeiten gegenüber Kreditinstituten			900	650	80	170	900	900	Grundpfandrecht
Verbindlichkeiten aus Lieferung und Leistung		420	530	530	200	220	950	350	Forderungsabtretung
Sonstige Verbindlichkeiten	500		140	140	100	400	640*		
* Davon aus Steuern 43.									
* Davon im Rahmen der sozialen Sicherheit 65.									

Dem Beispiel lässt sich ein erheblicher Verbindlichkeitenblock gegenüber einem Beteiligungsunternehmen entnehmen, der längerfristig ausgerichtet ist und offensichtlich weitgehend durch eine Forderungsabtretung gesichert ist. Außerdem ist die ohne Sicherheitsgestellung und langfristig ausgerichtete Konzernfinanzierung aus den Verbindlichkeiten gegenüber verbundenen Unternehmen ersichtlich.

3.2 Anleihen

Am Kapitalmarkt aufgenommene Anleihen lassen sich wie folgt **aufgliedern:** 89

- Schuldverschreibungen (= Obligationen),
- Wandelschuldverschreibungen (mit Recht auf Umtausch in Aktien der Schuldnerin) (→ § 272 Rz. 61 ff.),
- Optionsschuldverschreibungen – mit Bezugsrecht für Aktien ohne Wandlung (→ § 272 Rz. 61 ff.) –,
- Gewinnschuldverschreibungen – mit Gewinnbeteiligung zzgl. zum fest vereinbarten Zins – sowie
- Genussscheine – ebenfalls mit Gewinnbeteiligung, allerdings nur soweit Fremdkapital darstellend (→ § 246 Rz. 121).

Von der Schuldnerin **zurückgekaufte** Anleihestücke sind als Kürzung des Schuldpostens zu behandeln. Nach anderer Auffassung ist so lange keine Kürzung der Schuld zu buchen, bis sie endgültig vernichtet oder ihre Wiederbegebung ausgeschlossen ist. Vor Erfüllung dieser Voraussetzungen sollen die zurückerworbenen Anleihen unter den entsprechenden Posten im Anlage- bzw. Umlaufvermögen auszuweisen sein.[1] Diese Differenzierung konnte sich nach dem Rechtsstand vor BilMoG noch auf die **Analogie** zur Behandlung **eigener Anteile** berufen, die bei Erwerb mit Einziehungsabsicht vom Eigenkapital abzusetzen, ohne eine solche Absicht

1 Vgl. *ADS*, 6. Aufl., § 266 Tz. 219.

als Vermögensgegenstand auszuweisen waren (→ § 272 Rz. 43). Diese Analogiemöglichkeit ist entfallen, da mit dem BilMoG eigene Anteile ausnahmslos vom Eigenkapital abzusetzen sind. Für einen Abzug erworbener Anleihen vom passivierten Betrag sprechen auch systematische Gründe. Die Anleihe begründet ein (verbrieftes) Gläubigerrecht. Mit Erwerb durch den Emittenten vereinigen sich Gläubigerrecht und Schuldnerpflicht in einer Person **(Konfusion)**. Eine Verbindlichkeit besteht insoweit nicht mehr. Die eventuelle Wiederausgabe der Anleihe ist als Aufnahme einer neuen Verbindlichkeit zu würdigen.

Anleihen bedürfen der **Verbriefung,** ohne die eine Börsengängigkeit nicht gegeben ist. Anleihen müssen allerdings nicht zwingend an einer Börse gehandelt werden.

Normale Schuldscheindarlehen (ohne Verbriefung) sind nicht unter diesem Posten, sondern unter sonstigen Verbindlichkeiten oder Verbindlichkeiten gegenüber Kreditinstituten auszuweisen.

3.3 Erhaltene Anzahlungen auf Bestellungen

90 Zur bilanzrechtlichen Grundlage wird auf → Rz. 67 verwiesen. Erhaltene Anzahlungen auf Bestellungen können als Vorstufe später auszuweisender Umsatzerlöse angesehen werden. Die Zahlung kann schon vor Vertragswirksamkeit erfolgen, wenn etwa die Ausführung der Lieferung oder der sonstigen Leistung von einer Vorauskasse abhängig gemacht wird. In der Regel werden diese Anzahlungen nach § 268 Abs. 5 Satz 2 HGB (→ § 268 Rz. 146) von dem Posten „Vorräte" zur Verbesserung der Bilanzstruktur (Kürzung der Bilanzsumme, Erhöhung der Eigenkapitalquote) **abgesetzt.** Dabei müssen im Posten „Vorräte" nicht zwingend dem jeweiligen Auftrag zurechenbare Bestände enthalten sein. Die offene Absetzung darf jedoch nicht zu einem negativen Gesamtbetrag der Vorräte führen.[1]

91 Die Verbuchung erfolgt unter Berücksichtigung der mit dem Erhalt der Anzahlung verbundenen **Umsatzsteuerschuld** regelmäßig nach der sog. **Netto**methode.[2]

BEISPIEL

Verbuchung Nettomethode der Anzahlung				
Vorgang	Soll	Betrag	Haben	Betrag
Erhaltene Anzahlung	Bank Bank	100 19	Anzahlung Umsatzsteuer	100 19
Rechnungsstellung	Debitor Debitor	300 57	Umsatz Umsatzsteuer	300 57
Verrechnung der Anzahlung	Anzahlung Umsatzsteuer	100 19	Debitor Debitor	100 19
Zahlung des Kunden	Bank	238	Debitor	238

Die „Umsatzsteuer" in der obigen Tabelle ist, soweit im „Haben" dargestellt, unter „sonstige Verbindlichkeiten, davon aus Steuern" (→ Rz. 95) auszuweisen.

Wenn eine Erfüllung der der Anzahlung zugrunde liegenden Liefer- und Leistungsverpflichtung nicht mehr zu erwarten ist, muss die Anzahlung in „sonstige Verbindlichkeiten" (→ Rz. 94) umgebucht werden. Die Rückzahlungsverpflichtung umfasst dabei auch die in der Anzahlung ent-

1 So *ADS*, 6. Aufl., § 266 Tz. 99.
2 IDW RH HFA 1.017 Tz. 9.

haltene und an das Finanzamt abgeführte Umsatzsteuer mit entsprechendem Bruttoausweis der Rückzahlungsschuld. Der Rückforderungsanspruch für die bezahlte Umsatzsteuer ist unter den sonstigen Vermögensgegenständen (→ Rz. 74) auszuweisen oder mit Umsatzsteuerzahllasten zu verrechnen.[1]

3.4 Verbindlichkeiten aus Lieferungen und Leistungen

Verbindlichkeiten aus Lieferungen und Leistungen stellen das Pendant zu den entsprechend bezeichneten Forderungen im Umlaufvermögen dar. Dem Ausweis liegt ein vom „Kreditor" erfülltes **Leistungsversprechen** zugrunde. 92

Ebenfalls korrespondierend zu den entsprechenden Forderungen sind auch **längerfristig** gestundete Verbindlichkeiten unter diesem Posten auszuweisen. Erfolgt dagegen eine **Novation** in ein Darlehensverhältnis, muss eine Umgliederung in die sonstigen Verbindlichkeiten (→ Rz. 94) erfolgen. Beim *Reverse Factoring*[2] bleibt die Übernahme der Forderung des Lieferanten durch den Factor ohne Wirkung auf den Bilanzausweis beim Schuldner.

3.5 Wechselverbindlichkeiten

Als Wechselverbindlichkeiten sind die auf das Unternehmen als Schuldner **gezogenen** Wechsel (Tratten) nach Erteilung des Akzepts und **eigene** Wechsel (Solawechsel) auszuweisen. Sobald das Unternehmen den Wechsel akzeptiert hat, ist eine Umbuchung von (regelmäßigen) Verbindlichkeiten aus Lieferungen und Leistungen unter die Position „Schuldwechsel" vorzunehmen. 93

Bei sog. **Finanzwechseln** („Gefälligkeitswechseln") verschafft der Akzeptant der Gegenpartei eine Finanzierungsmöglichkeit. Nach h. M.[3] muss der förmliche Wechselschuldner das Akzept passivieren und eine Forderung in gleicher Höhe, ggf. wertberichtigt, aktivieren. Dieser Forderung steht dann korrespondierend eine Verbindlichkeit des Ausstellers gegenüber. Unseres Erachtens muss der effektive Schuldner – der Empfänger der Valuta – diese Verbindlichkeit („direkt") passivieren, der Akzeptant sein Obligo nach § 251 HGB vermerken (→ § 251 Rz. 22). Die Aktivierung einer Eventualforderung aus einer (vergleichbaren) Bürgschaftsübernahme ist noch nie als zulässig oder erforderlich angesehen worden.

Unseres Erachtens kommt i. S. einer praktischen Vereinfachung entsprechend dem wirtschaftlichen Gehalt auch die Erfassung im **Bilanzvermerk** nach § 251 HGB als Obligo in Betracht (→ § 251 Rz. 22).

3.6 Sonstige Verbindlichkeiten

Bei den sonstigen Verbindlichkeiten handelt es sich – vergleichbar den sonstigen Vermögensgegenständen (→ Rz. 74) – um einen **Auffangposten** für Tatbestände, die nicht unter die übrigen Posten der Verbindlichkeiten subsumiert werden können: 94

- Darlehen,
- stille Beteiligungen (→ § 246 Rz. 127), soweit nicht Eigenkapital,

1 IDW RH HFA 1.017 Tz. 10.

2 Einzelheiten bei *Stumpf*, BB 2012 S. 1051.

3 Vgl. *Schubert* in Beck'scher Bilanz-Kommentar, 13. Aufl. 2022, § 266 Tz. 241; *ADS*, 6. Aufl., § 266 Tz. 229; *Dusemond/Heusinger-Lange/Knop* in Küting/Pfitzer/Weber (Hrsg.), Handbuch der Rechnungslegung – Einzelabschluss, 5. Aufl., § 266 Tz. 158.

- laufende Personalkosten, abzugrenzende Zinsen,
- laufende Steuerschulden,
- Sozialversicherungsabgaben u. Ä.

95 Die beiden letztgenannten Positionen sind als Bilanzvermerk gesondert („davon") auszuweisen, etwa nach folgendem Schema (→ Rz. 18):

Sonstige Verbindlichkeiten	
- Aus Steuern	20
- Im Rahmen der sozialen Sicherheit	35
- Übrige	289
Bilanzausweise	344

Unter Steuern sind dabei nicht nur **eigene** Steuerschulden (vor allem Umsatzsteuer), sondern auch die für **fremde** Schuldner einzubehaltende und zu entrichtende Steuer auszuweisen, insbesondere die Lohnsteuer. Bei umsatzsteuerlicher Organschaft ist eine vom Organträger an die Organgesellschaft weiterbelastete Umsatzsteuerschuld bei Ersterem als Forderung gegen verbundene Unternehmen, bei der Organgesellschaft als entsprechende Verbindlichkeit auszuweisen.[1] Bei den sozialen Abgaben umfasst der Zusatzausweis die Arbeitgeber- und Arbeitnehmeranteile an der Sozialversicherung, Berufsgenossenschaftsbeiträge, Schwerbehindertenausgleichsabgabe u. Ä.

4. Sonderposten

96 Vergleichbar der Aktivseite (→ Rz. 74) sind auf der Passivseite für **Nicht-Schulden** Sonderausweise vorgesehen für

- Rechnungsabgrenzungsposten (→ § 250 Rz. 1) und
- Steuerlatenzposten (→ § 274 Rz. 1).

97 Zu den Ausweisposten **„unter dem Strich"** für Haftungsverhältnisse wird auf die Kommentierung zu → § 251 Rz. 1 ff. verwiesen.

§ 267 Umschreibung der Größenklassen

(1) Kleine Kapitalgesellschaften sind solche, die mindestens zwei der drei nachstehenden Merkmale nicht überschreiten:

1. 6 000 000 Euro Bilanzsumme.

2. 12 000 000 Euro Umsatzerlöse in den zwölf Monaten vor dem Abschlussstichtag.

3. Im Jahresdurchschnitt fünfzig Arbeitnehmer.

(2) Mittelgroße Kapitalgesellschaften sind solche, die mindestens zwei der drei in Absatz 1 bezeichneten Merkmale überschreiten und jeweils mindestens zwei der drei nachstehenden Merkmale nicht überschreiten:

1. 20 000 000 Euro Bilanzsumme.

2. 40 000 000 Euro Umsatzerlöse in den zwölf Monaten vor dem Abschlussstichtag.

3. Im Jahresdurchschnitt zweihundertfünfzig Arbeitnehmer.

1 IDW RH HFA 1.017 Tz. 6.

(3) [1]Große Kapitalgesellschaften sind solche, die mindestens zwei der drei in Absatz 2 bezeichneten Merkmale überschreiten. [2]Eine Kapitalgesellschaft im Sinn des § 264d gilt stets als große.

(4) [1]Die Rechtsfolgen der Merkmale nach den Absätzen 1 bis 3 Satz 1 treten nur ein, wenn sie an den Abschlussstichtagen von zwei aufeinander folgenden Geschäftsjahren über- oder unterschritten werden. [2]Im Falle der Umwandlung oder Neugründung treten die Rechtsfolgen schon ein, wenn die Voraussetzungen des Absatzes 1, 2 oder 3 am ersten Abschlussstichtag nach der Umwandlung oder Neugründung vorliegen. [3]Satz 2 findet im Falle des Formwechsels keine Anwendung, sofern der formwechselnde Rechtsträger eine Kapitalgesellschaft oder eine Personenhandelsgesellschaft im Sinne des § 264a Absatz 1 ist.

(4a) [1]Die Bilanzsumme setzt sich aus den Posten zusammen, die in den Buchstaben A bis E des § 266 Absatz 2 aufgeführt sind. [2]Ein auf der Aktivseite ausgewiesener Fehlbetrag (§ 268 Absatz 3) wird nicht in die Bilanzsumme einbezogen.

(5) Als durchschnittliche Zahl der Arbeitnehmer gilt der vierte Teil der Summe aus den Zahlen der jeweils am 31. März, 30. Juni, 30. September und 31. Dezember beschäftigten Arbeitnehmer einschließlich der im Ausland beschäftigten Arbeitnehmer, jedoch ohne die zu ihrer Berufsausbildung Beschäftigten.

(6) Informations- und Auskunftsrechte der Arbeitnehmervertretungen nach anderen Gesetzen bleiben unberührt.

Inhaltsübersicht **Rz.**

LITERATUR:

Bonnecke, Plädoyer für mehr „substance over form" bei der Behandlung von Leiharbeitskräften in der handelsrechtlichen Rechnungslegung, StuB 2022 S. 137; *Hargarten/Claßen*, Praxisfragen zur handelsrechtlichen Größenklassifizierung, BB 2020 S. 299; *Lehwald*, Die Zahl der Beschäftigten als Abgrenzungsmerkmal, BB 1981 S. 2107; *Nemet/Zilch*, Zweifelsfragen bei der Größenklassenklassifizierung gemäß § 267 HGB, WPg 2016 S. 843; *Petersen/Zwirner*, Die Unternehmensberichterstattung im Lichte des BilMoG – Veränderte Publizitätsregelungen, StuB 2007 S. 889; *Veit*, Zur Bedeutung formeller Bilanzpolitik, DB 1994 S. 2509; *Roß*, Zu den Auswirkungen des Einsatzes von Leiharbeitnehmern auf die durchschnittliche Zahl der Arbeitnehmer sowie den Ausweis in der GuV beim Entleiher, DB 2016 S. 2853.

I. Überblick

Abhängig von der Größe einer Kapitalgesellschaft kann diese 1

- Bilanz, GuV und Anhang in **verkürzter Form** aufstellen (§§ 266 Abs. 1 Satz 3, 276 und 288 HGB),
- auf einen **Lagebericht** verzichten (§ 264 Abs. 1 Satz 4 HGB),

► **latente Steuern** nicht ansetzen (§ 274a Nr. 5 HGB) sowie

► weitere Erleichterungen bei der **Prüfung und Offenlegung** in Anspruch nehmen.

§ 267 HGB definiert die Größenklassen und damit die **tatbestandlichen Voraussetzungen** für eine Erleichterung, während der Inhalt der Erleichterung (die **Rechtsfolge**) in den o.g. und weiteren Einzelparagraphen geregelt ist.

II. Erleichterungen für Kleinstkapital- und „Kap & Co."-Gesellschaften

2 Wegen der durch das MicroBilG eingefügten Erleichterungen wird verwiesen auf § 267a HGB.

III. Größenmerkmale

1. Bilanzsumme vor Eigenkapitalfehlbetrag

3 Die Größe einer Kapitalgesellschaft wird festgemacht an den Kriterien:

► Bilanzsumme (→ Rz. 4),

► Umsatzerlöse (→ Rz. 5),

► Arbeitnehmerzahl (→ Rz. 6).

4 Die **Bilanzsumme** ist nach Abs. 4a Satz 2 um einen auf der Aktivseite ausgewiesenen Fehlbetrag (§ 268 Abs. 3 HGB) zu kürzen. Bei der KGaA ist entsprechend mit einem auf der Aktivseite ausgewiesenen „nicht durch Vermögenseinlagen gedeckten Verlustanteil der persönlich haftenden Gesellschafter" zu verfahren.

Bei der **„Kap & Co."-Gesellschaft** ist der auf den Kapitalanteil eines persönlich haftenden Gesellschafters entfallende Verlustanteil gem. § 268 Abs. 3 HGB auszuweisen, soweit keine Zahlungsverpflichtung besteht (§ 264c Abs. 2 Satz 5 HGB; → § 264c Rz. 36), und bei der Ermittlung der Bilanzsumme ebenfalls kürzend zu berücksichtigen.

4a Die Bilanzsumme setzt sich nach Abs. 4a Satz 1 aus den „Posten zusammen, die in den Buchstaben A bis E des § 266 Absatz 2 aufgeführt sind". Sie umfasst damit auch die aktiven latenten Steuern.

2. Umsatzerlöse

5 Die Umsatzerlöse ergeben sich aus § 277 Abs. 1 HGB (→ § 277 Rz. 4a). Alle Abgrenzungsfragen, die sich bzgl. § 277 HGB und § 275 HGB stellen, also etwa zur Zuordnung von Beteiligungs- und Verwaltungserträgen bei einer Holding, gelten in gleicher Weise für § 267 HGB.

Maßgeblich sind stets die tatsächlichen Umsatzerlöse der in die Bestimmung der Größenklasse einfließenden Geschäftsjahre. Wegen insoweit bestehender Besonderheiten bei Rumpfgeschäftsjahren, Umwandlungs- und Neugründungsfällen wird auf → Rz. 12 verwiesen.

3. Durchschnittliche Arbeitnehmerzahl (Abs. 5)

6 Als durchschnittliche Zahl der Arbeitnehmer gilt gem. Abs. 5 der vierte Teil der Summe aus den Zahlen der jeweils am 31.3., 30.6., 30.9. und 31.12. **beschäftigten** Arbeitnehmer. Bei abweichendem Geschäftsjahr kann auf dessen Quartale statt auf diejenigen des Kalenderjahres abgestellt werden. Zum **Rumpf**geschäftsjahr wird auf → Rz. 12 verwiesen.

Ein auf den Ablauf des Quartals **gekündigtes** Beschäftigungsverhältnis ist noch zu berücksichtigen.

Auf die wöchentliche Arbeitszeit kommt es nicht an. **Teilzeitbeschäftigte** sind in voller Höhe anzusetzen. 7

Auch wer etwa im Rahmen einer **Altersteilzeit**regelung nur noch zu 50 % tätig ist, wird voll berücksichtigt. Hingegen ist bei einer Altersteilzeitregelung im **Block**modell (100 % Tätigkeit in der ersten Hälfte, 0 % in der zweiten) der Arbeitnehmer mit Eintritt in die zweite Phase nicht mehr im Unternehmen **beschäftigt** und daher nicht mehr zu berücksichtigen. 8

Für die zu berücksichtigenden Personen gilt im Übrigen Folgendes: 9

- Keine Arbeitnehmer sind **Vorstandsmitglieder** oder beherrschende **Gesellschafter-Geschäftsführer.** Es gelten die Grundsätze des Arbeits- und Sozialrechts.
- Nicht zu berücksichtigen sind Arbeitnehmer, deren Arbeitsverhältnis wegen **Wehrdienst, Ersatzdienst** oder **Erziehungsurlaub** ruht.
- Zwar Arbeitnehmer, aber kraft ausdrücklicher Bestimmung in Abs. 5 nicht zu berücksichtigen sind zu ihrer **Berufsausbildung** Beschäftigte, d. h. Auszubildende, (echte) Praktikanten etc.
- Zwar Arbeitnehmer, aber nicht bei der Gesellschaft beschäftigt sind nach h. M. **Leiharbeitnehmer,** wenn sie arbeitsrechtlich als Arbeitnehmer des Verleihers gelten. Werden im Konzern Arbeitnehmer unter Weiterbelastung aller Kosten von der Konzerngesellschaft A an die Konzerngesellschaft B überlassen, sind diese Arbeitnehmer gleichwohl dem überlassenden Unternehmen zuzurechnen.[1]

Im Unterschied zur h. M. halten wir bei **Leiharbeitskräften** eine differenzierende wirtschaftliche Betrachtungsweise für geboten. **Sofern** Leiharbeitnehmer nicht nur der Abdeckung eines vorübergehenden Personalbedarfs dienen, sie in das bilanzierende Unternehmen **organisatorisch eingegliedert** sind und hinsichtlich Arbeitszeit, Arbeitsinhalt etc. dessen Weisungen unterliegen, ist u. E. eine Gleichstellung mit den angestellten Arbeitskräften geboten. Diese Auffassung steht auch in Übereinstimmung mit zwei Entscheidungen des Bundesarbeitsgerichts. Dieses hat im Jahr 2013 zunächst für Zwecke der von der Arbeitnehmerzahl abhängigen Anwendbarkeit des Kündigungsschutzgesetzes, sodann für Zwecke der durch die Arbeitnehmerzahl vorgegebenen Größe des Betriebsrats wie folgt entschieden: Leiharbeitnehmer, die aufgrund eines regelmäßigen Geschäftsanfalls im Betrieb arbeiten, sind mit den im Betrieb angestellten Arbeitnehmern bei der Ermittlung der Arbeitnehmerzahl gleichzustellen.[2]

Unseres Erachtens sollte diesem arbeitsrechtlichen Gleichstellungskriterium sowohl für die Größenklassenbestimmung als auch für die Anhangangabe nach § 285 Nr. 7 HGB und den GuV-Ausweis der Leiharbeitnehmer gefolgt werden (→ § 275 Rz. 34).[3]

4. Besonderheiten bei Rumpfgeschäftsjahren

Hinsichtlich des Größenmerkmals Umsatzerlöse ist nach Abs. 1 Nr. 2 und Abs. 2 Nr. 2 auf die Umsätze der **letzten zwölf Monate** abzustellen. 10

1 Vgl. *Geitzhaus/Depl*, BB 1987 S. 367 ff.
2 BAG, Urteil v. 24.1.2013 – 2 AZR 140/12 sowie BAG, Beschluss v. 13.3.2013 – 7 ABR 69/11.
3 Mit teilweise anderer Begründung gl. A. *Roß*, DB 2016 S. 2853 ff., sowie *Bonnecke*, StuB 2022 S. 137 ff.

Bei einem durch **Umstellung des Geschäftsjahres** entstehenden Rumpfgeschäftsjahr führt dies zu folgendem Vorgehen:

BEISPIEL ▸ Das bisher kalendergleiche Geschäftsjahr wird im Jahr 11 auf ein vom 1.4. bis 31.3. laufendes Geschäftsjahr umgestellt. Für den Zeitraum vom 1.1. bis 31.3.11 wird ein Rumpfgeschäftsjahr gebildet. Für die Größenbeurteilung sind zu berücksichtigen:

- Am 31.12.10 die Umsätze Januar bis Dezember 10.
- Am 31.3.11 die Umsätze April bis Dezember 10 sowie Januar bis März 11.

11 Ist im Fall der Neugründung das **erste Geschäftsjahr ein Rumpfgeschäftsjahr,** so zählen für die Umsatzerlöse u. E. nur die tatsächlichen Monate. Eine Hochrechnung auf zwölf Monate kann unterbleiben.[1]

BEISPIEL ▸ Die Gesellschaft wird am 1.10.01 gegründet. Für das am 31.12.01 endende erste Geschäftsjahr zählen nur diese drei Monate.

12 Die durchschnittliche **Arbeitnehmerzahl** wird gem. Abs. 5 aus den Quartalsultimos errechnet (→ Rz. 6), wobei u. E. auf die Quartale des Geschäftsjahres abgestellt werden kann. Bei einem **Rumpfgeschäftsjahr** ist zu differenzieren:

- Bei Entstehung durch **Änderung des Geschäftsjahres** sind in Analogie zu den Umsatzerlösen zur Auffüllung auf vier Quartale die Werte des vorangegangenen Geschäftsjahres mit heranzuziehen.
- Im Falle der **Neugründung** ist bei einem unter drei Monaten liegenden Geschäftsjahr der Wert des Bilanzstichtags anzusetzen.

12a Wie formelle Neugründungen sind sog. **wirtschaftliche Neugründungen** zu behandeln, bei denen etwa ein Geschäftsbetrieb auf eine ruhende Gesellschaft (Vorratsgesellschaft oder Mantelgesellschaft) übertragen wird.[2]

13 Zu Besonderheiten bei **Umwandlungen** wird auf → Rz. 18 verwiesen.

IV. Größenklassen

1. Schwellenwerte (Abs. 1 bis 3)

14 Als **kleine** Kapitalgesellschaft gilt, wer **höchstens eines** der drei nachstehenden Merkmale überschreitet (Abs. 1):

- 6 Mio. € Bilanzsumme,
- 12 Mio. € Umsatzerlöse,
- 50 Arbeitnehmer.

Eine **große** Kapitalgesellschaft liegt vor, wenn **mindestens zwei** der nachfolgenden Merkmale überschritten werden (Abs. 3):

- 20 Mio. € Bilanzsumme,
- 40 Mio. € Umsatzerlöse,

1 Gleicher Auffassung *Störk/Lawall* in Beck'scher Bilanz-Kommentar, 13. Aufl. 2022, § 267 Tz. 8; a. A. *Hargarten/Claßen*, BB 2020 S. 299 ff.

2 Dazu: *Hargarten/Claßen*, BB 2020 S. 299 ff.

► 250 Arbeitnehmer.

Mittelgroß ist die Kapitalgesellschaft, die mindestens zwei der Schwellenwerte für kleine Kapitalgesellschaften überschreitet, jedoch höchstens einen der Schwellenwerte für große.

Hiernach ergeben sich folgende Konstellationen: 15

Übersicht 1: Größenklassen

	Bilanzsumme	Umsatzerlöse	Arbeitnehmer
Kleine	≤ 6 Mio. €	≤ 12 Mio. €	≤ 50
	> 6 Mio. €	≤ 12 Mio. €	≤ 50
	≤ 6 Mio. €	≤ 12 Mio. €	> 50
	≤ 6 Mio. €	> 12 Mio. €	≤ 50
Mittelgroße	> 6 Mio., aber ≤ 20 Mio. €	> 12 Mio., aber ≤ 40 Mio. €	> 50, aber ≤ 250
	≤ 6 Mio. €	> 12 Mio., aber ≤ 40 Mio. €	> 50, aber ≤ 250
	> 6 Mio., aber ≤ 20 Mio. €	> 12 Mio., aber ≤ 40 Mio. €	≤ 50
	> 6 Mio., aber ≤ 20 Mio. €	≤ 12 Mio. €	> 50, aber ≤ 250
Große	> 20 Mio. €	> 40 Mio. €	> 250
	≤ 20 Mio. €	> 40 Mio. €	> 250
	> 20 Mio. €	> 40 Mio. €	≤ 250
	> 20 Mio. €	≤ 40 Mio. €	> 250

Zu den Schwellenwerten für **Kleinst**gesellschaften nach dem MicroBilG wird auf → § 267a Rz. 2 verwiesen.

Hinsichtlich der vor BilRUG geltenden geringeren Schwellenwerte für Umsatz- und Bilanzsummen sowie Einzelheiten des Übergangs auf die höheren Schwellenwerte wird auf die Vorauflagen verwiesen. 15a

2. Zeitliche Anforderungen an die Über-/Unterschreitung der Schwellenwerte (Abs. 4 Satz 1)

Ein dauernder Wechsel der Größenordnung soll vermieden werden. Eine kleine Kapitalgesellschaft wird deshalb gem. Abs. 4 Satz 1 erst dann zur mittelgroßen, wenn sie in **zwei aufeinander folgenden Geschäftsjahren** die Schwellenwerte für kleine Kapitalgesellschaften überschreitet, eine mittelgroße erst dann zur kleinen, wenn eine Unterschreitung in zwei aufeinander folgenden Geschäftsjahren vorliegt (Abs. 4 Satz 1). Entsprechend ist auch bei den anderen Übergängen ein einmaliges Über- oder Unterschreiten unerheblich. 16

Folgende besondere Konstellationen können sich in der Größenentwicklung noch ergeben: 17

- **Alternierende Größe** (z. B. klein im Jahr 01, mittelgroß oder groß im Jahr 02, klein im Jahr 03, mittelgroß oder groß im Jahr 04, klein im Jahr 05 etc.): Die ursprüngliche, z. B. im Gründungsjahr vorgenommene Qualifizierung (hier als klein) bleibt so lange erhalten, bis die Schwellenwerte in mindestens zwei aufeinander folgenden Zwischenjahren über- oder unterschritten werden.
- **Stufenwachstum oder -verkleinerung** (z. B. klein im Jahr 01, mittelgroß im Jahr 02, groß im Jahr 03 oder umgekehrt: groß im Jahr 01, mittelgroß im Jahr 02, klein im Jahr 03): Die Gesellschaft ist im Jahr 03 als mittelgroß zu qualifizieren.

- **Sprungwachstum/-verkleinerung** der zunächst mittelgroßen Gesellschaft (z. B. mittelgroß im Jahr 01, klein im Jahr 02, groß im Jahr 03 oder mittelgroß im Jahr 01, groß im Jahr 02, klein im Jahr 03): Die Gesellschaft ist im Jahr 03 als mittelgroß zu qualifizieren.

Diese und weitere wichtige Konstellationen sind in Übersicht 2 dargestellt.

Übersicht 2: Größenentwicklung im Zeitablauf

Bilanzierung aktuelles Jahr	Größenkriterien im jeweiligen Jahr		
	Aktuelles Jahr	Vorjahr	Vor-Vorjahr
Klein	Klein	Klein	Klein
Klein	Klein	Klein	Mittel
Klein	Klein	Klein	Groß
Klein	Klein	Mittel	Klein
Mittel	Klein	Mittel	Mittel
Mittel	Klein	Mittel	Groß
Klein	Klein	Groß	Klein
Mittel	Klein	Groß	Mittel
Groß	Klein	Groß	Groß
Klein	Mittel	Klein	Klein
Mittel	Mittel	Klein	Mittel
Mittel	Mittel	Klein	Groß
Mittel	Mittel	Mittel	Klein
Mittel	Mittel	Mittel	Mittel
Mittel	Mittel	Mittel	Groß
Mittel	Mittel	Groß	Klein
Mittel	Mittel	Groß	Mittel
Groß	Mittel	Groß	Groß
Klein	Groß	Klein	Klein
Mittel	Groß	Klein	Mittel
Groß	Groß	Klein	Groß
Mittel	Groß	Mittel	Klein
Mittel	Groß	Mittel	Mittel
Groß	Groß	Mittel	Groß
Groß	Groß	Groß	Klein
Groß	Groß	Groß	Mittel
Groß	Groß	Groß	Groß

3. Neugründung und Umwandlung von Unternehmen (Abs. 4 Satz 2)

18 Bei Neugründung und in Umwandlungsfällen ergeben sich zwei Fragen:

- Wie sind die nicht stichtags-, sondern periodenbezogenen Größenmerkmale **Umsatz** und **Arbeitnehmerzahl** zu berechnen, wenn das Gründungsjahr bzw. das erste Jahr nach Umwandlung ein Rumpfgeschäftsjahr darstellt (→ Rz. 10)?

► Soll – unabhängig davon, ob ein Rumpf- oder ein volles Geschäftsjahr vorliegt – den allgemeinen Regeln folgend eine **einmalige** Überschreitung der Schwellenwerte noch nicht zur Einstufung in die entsprechende Größenklasse führen (→ Rz. 19 f.)?

19 Zur zweiten Frage gibt das Gesetz für **Neugründungen** eine eindeutige Antwort: Danach entfällt zum ersten Abschlussstichtag die Möglichkeit, der allgemeinen Regelung von Abs. 4 Satz 1 folgend zwei Jahre für die Größeneinordnung in Betracht zu ziehen. Nach der Sonderbestimmung des Abs. 4 Satz 2 ist dann allein auf die Verhältnisse am **ersten Abschlussstichtag** nach Neugründung abzustellen. Eine solche Regelung macht Sinn, da der Regelungszweck von Abs. 4 Satz 1 darin besteht, einen dauernden Wechsel der Größenordnung zu verhindern. Bei einer neu gegründeten Kapitalgesellschaft, die sogleich die Schwellenwerte für eine große Kapitalgesellschaft überschreitet, ist dieser Zweck nicht tangiert. Sie soll sich daher auch nicht ein Jahr als kleine Kapitalgesellschaft darstellen dürfen. Der rechtlichen Neugründung ist die wirtschaftliche Neugründung gleichzustellen, bei der eine inaktive Vorratsgesellschaft erworben und im erworbenen Rechtsmantel erstmals eine Geschäftstätigkeit aufgenommen wird.

20 Wie bei der Neugründung ist nach Abs. 4 Satz 2 auch bei **Umwandlung einer Personengesellschaft,** die nicht § 267 HGB unterlag, in eine Kapitalgesellschaft für die Größeneinstufung allein darauf abzustellen, ob die Schwellenwerte einmalig am **ersten Abschlussstichtag** überschritten werden.

Strittig war für das HGB a. F., ob die in Abs. 4 Satz 2 vorgesehene Gleichbehandlung von Neugründungen und Umwandlungen und damit die Beschränkung der Betrachtung auf ein statt zwei Jahre auch für die **formwechselnde Umwandlung** gilt. Unseres Erachtens war dies nicht der Fall, da sich weder die rechtliche Identität der Gesellschaft ändert, noch durch den Formwechsel der Regelungszweck von Abs. 4 Satz 1 verfehlt würde.

Das BilRUG (→ § 264 Rz. 37d) stellt in Abs. 4 Satz 2 HGB klar, dass der erste Abschlussstichtag nach einer Umwandlung dann nicht allein maßgeblich ist (sondern die Betrachtung über zwei Geschäftsjahre), wenn es sich um einen Formwechsel handelt, bei dem auch der formwechselnde Rechtsträger eine Kapitalgesellschaft oder Kap. & Co. war. Bei der Umwandlung einer **nicht** haftungsbeschränkten Personengesellschaft in eine Kapitalgesellschaft oder Kap. & Co. greift Abs. 4 Satz 3 hingegen nicht.

21 Nach h. M. gelten die Sonderregelungen für Umwandlungen auch beim **übertragenden Rechtsträger.**

22 Dem Gesetzestext ist nicht zu entnehmen, wie die periodenbezogenen Größen **Umsatz und Arbeitnehmerzahl** zu berechnen sind, wenn das erste Geschäftsjahr nach Gründung oder Umwandlung ein **Rumpfgeschäftsjahr** darstellt.

Für **Neugründungsfälle außerhalb des Umwandlungsrechts** ist hier u. E. keine Hochrechnung auf zwölf Monate bzw. vier Quartale vorzunehmen (→ Rz. 11).

Bei einer **Umwandlung zur Neugründung** kommt hingegen entsprechend der Konzeption der Umwandlung als **(Teil-)Gesamtrechtsnachfolge** eine Einbeziehung der **Zahlen des Rechtsvorgängers** zur Auffüllung auf zwölf Monate (Umsatzerlöse) bzw. vier Quartale (Arbeitnehmerzahl) infrage.[1] Für zwingend halten wir ein solches Vorgehen aber nicht. Das Gesetz sieht jedenfalls explizit keine Einbeziehung von Rechtsvorgängerzahlen vor. Auch Abs. 4 Satz 2 spricht gegen ein solches Vorgehen. Die Sonderregelung, nach der bereits ein einmaliges Überschrei-

1 Vgl. *Störk/Lawall* in Beck'scher Bilanz-Kommentar, 13. Aufl. 2022, § 267 Tz. 28.

ten der Schwellenwerte die entsprechende Größeneinstufung nach sich zieht, wäre nämlich entbehrlich, wenn **Rechtsvorgängerzahlen** stets mit zu berücksichtigen wären.

23 Wenn man gleichwohl die Rechtsvorgängerzahlen zur Auffüllung in Rumpfgeschäftsjahren heranziehen wollte, wäre u. E. ein analoges Vorgehen bei **Umwandlung zur Aufnahme** konsequent: Neben den Umsatzerlösen bzw. Arbeitnehmerzahlen des aufnehmenden Rechtsträgers wären dann im Rahmen des Zwölf-Monats- bzw. Vier-Quartale-Betrachtungszeitraums die entsprechenden Größen des übertragenden Unternehmens(teils) mit zu berücksichtigen.

BEISPIEL ▶ Die A-GmbH wird mit wirtschaftlicher Wirkung zum 1.7.01 auf die B-GmbH verschmolzen. Die Umsatzerlöse ergeben sich wie folgt:

Erstes Halbjahr: A-GmbH 2 Mio. €, B-GmbH 4 Mio. €.

Zweites Halbjahr: A-GmbH (inkl. des durch Verschmelzung der B-GmbH erworbenen Geschäfts) 6,5 Mio. €.

BEURTEILUNG ▶ Hält man unter dem Gesichtspunkt der Gesamtrechtsnachfolge die Einbeziehung von Zahlen des Rechtsvorgängers für notwendig, ergibt sich folgende Lösung: Der für die Größeneinordnung maßgebliche Umsatz für das Geschäftsjahr 01 beträgt nicht 4 + 6,5 = 10,5 Mio. €, sondern 12,5 Mio. €. Bezogen auf das Größenmerkmal Umsatz ist daher der Schwellenwert für kleine Kapitalgesellschaften (12 Mio. €) überschritten.

Unseres Erachtens ist eine Einbeziehung des Rechtsvorgängers aber aus den unter → Rz. 22 genannten Gründen nicht zwingend.

4. Kapitalmarktorientierte Unternehmen (Abs. 3 Satz 2)

24 Unabhängig von den Größen Umsatz, Bilanzsumme und Arbeitnehmerzahl gelten **kapitalmarktorientierte** Gesellschaften stets als große. Wegen des Merkmals „kapitalmarktorientiert" wird auf § 264d HGB (→ Rz. 1) verwiesen. Kommt es in der Periode x1 zum Delisting, d. h. zum Wegfall der Kapitalmarktorientierung, sind die besonderen Rechnungslegungsvorschriften für derartige Unternehmen (→ § 264 Rz. 6) schon in x1 nicht mehr anzuwenden. Strittig ist dann aber, ob eine nach allgemeinen Kriterien in den Vorjahren als klein einzustufende Gesellschaft schon in x1 oder wegen Abs. 4 Satz 1 (→ Rz. 16) erst in x2 als klein gilt.[1] Analoge Probleme stellen sich bei der Rückgabe einer Bank- oder Versicherungslizenz.

25 *(einstweilen frei)*

V. Informationsrechte der Arbeitnehmer (Abs. 6)

26 Die **Privilegierung** der kleinen und mittelgroßen Gesellschaft bzgl. Offenlegungen (§§ 325 ff. HGB) soll die Rechte der Arbeitnehmervertretungen nach Betriebsverfassungsrecht nicht berühren. Unter Berufung auf das allgemeine Recht, die GuV

- nicht offenzulegen (kleine Kapitalgesellschaft nach § 326 HGB) bzw.
- verkürzt offenzulegen (mittelgroße Kapitalgesellschaft nach § 327 HGB),

darf daher etwa den Arbeitnehmervertretern die Einsicht in die (unverkürzte) GuV nicht verweigert werden.

1 Vgl. im Detail *Nemet/Zilch*, WPg 2016 S. 843.

§ 267a Kleinstkapitalgesellschaften

(1) [1]Kleinstkapitalgesellschaften sind kleine Kapitalgesellschaften, die mindestens zwei der drei nachstehenden Merkmale nicht überschreiten:

1. 350 000 Euro Bilanzsumme;

2. 700 000 Euro Umsatzerlöse in den zwölf Monaten vor dem Abschlussstichtag;

3. im Jahresdurchschnitt zehn Arbeitnehmer.

[2]§ 267 Absatz 4 bis 6 gilt entsprechend.

(2) Die in diesem Gesetz für kleine Kapitalgesellschaften (§ 267 Absatz 1) vorgesehenen besonderen Regelungen gelten für Kleinstkapitalgesellschaften entsprechend, soweit nichts anderes geregelt ist.

(3) Keine Kleinstkapitalgesellschaften sind:

1. Investmentgesellschaften im Sinne des § 1 Absatz 11 des Kapitalanlagegesetzbuchs,

2. Unternehmensbeteiligungsgesellschaften im Sinne des § 1a Absatz 1 des Gesetzes über Unternehmensbeteiligungsgesellschaften oder

3. Unternehmen, deren einziger Zweck darin besteht, Beteiligungen an anderen Unternehmen zu erwerben sowie die Verwaltung und Verwertung dieser Beteiligungen wahrzunehmen, ohne dass sie unmittelbar oder mittelbar in die Verwaltung dieser Unternehmen eingreifen, wobei die Ausübung der ihnen als Aktionär oder Gesellschafter zustehenden Rechte außer Betracht bleibt.

Inhaltsübersicht Rz.

AUSGEWÄHLTE:

Hoffmann, Der deregulierte Jahresabschluss der Kleinstkapitalgesellschaft, StuB 2012 S. 729; *Küting/Eichenlaub/Strauß*, MicroBilG-E: Geplante Erleichterungen der Rechnungslegung und Offenlegung von Kleinstkapitalgesellschaften, DStR 2012 S. 670; *Müller/Kreipl*, Rechnungslegungserleichterungen für Kleinstkapitalgesellschaften und Tochterunternehmen ausländischer Konzernmütter durch das MicroBilG, DB 2013 S. 73; *Theile*, Jahresabschluss der Klein- und Kleinstkapitalgesellschaften, 2013; *Zwirner/Froschhammer*, „Reform" der Rechnungslegung für Kleinstkapitalgesellschaften ohne deregulierende Auswirkungen für die Praxis?, StuB 2013 S. 83.

I. Überblick

In Transformation der Richtlinie 2012/6/EU ist 2012 das Gesetz über den Jahresabschluss von 1 **Kleinstkapitalgesellschaften** und entsprechenden „Kap. & Co."-Gesellschaften (→ § 264a Rz. 5) (Kleinstkapitalgesellschaften-Bilanzrechtsänderungsgesetz – MicroBilG) in Kraft getreten. Dieser Gesellschaftstyp stellt systematisch eine Unterform des kleinen Formats (→ § 267 Rz. 14) dar. Er wird durch die in → Rz. 2 dargestellten Größenmerkmale bestimmt. Die Kleinstkapitalgesellschaft kann deshalb alle den kleinen Gesellschaften eingeräumten Erleichterungen (Auswahl in → § 267 Rz. 1) in Anspruch nehmen und **zusätzlich** die **spezifischen** (§ 267a Abs. 2 HGB). Zu Letzteren gehören insbesondere

- verkürzte Erstellung der Bilanz (→ § 266 Rz. 10),
- verkürzte Erstellung der GuV-Rechnung (→ § 275 Rz. 132),
- Verzicht auf die Erstellung eines Anhangs (→ § 264 Rz. 4a und → § 284 Rz. 37),
- Beschränkung der Publizität durch Hinterlegung, wobei im Rahmen der Hinterlegung mitgeteilt werden muss, dass die Voraussetzungen nach Abs. 1 erfüllt sind (→ § 326 Rz. 10).

Die Anwendung dieser Befreiungsvorschriften steht unter dem Vorbehalt eines **Verzichts** auf die *„Fair value"*-Bewertung für Deckungsvermögen von Altersversorgungsverpflichtungen u. a. (→ § 253 Rz. 105). Eine Pflicht zur Anwendung der Erleichterungen **insgesamt** ist nicht vorgesehen, ein *cherry picking* also erlaubt.

Die für Kleinstkapitalgesellschaften greifenden Erleichterungen gelten wegen des Verweises von § 264b HGB auch für haftungsbeschränkte **Kleinstpersonenhandelsgesellschaften**, die demnach u. a. auf den gesonderten Ausweis der Posten nach § 264c Abs. 1 bis 4 HGB verzichten können, sowie im Wesentlichen auch für Genossenschaften (→ Rz. 3a).

1a Bei Inanspruchnahme der vorgenannten Erleichterungen können sich zusätzliche, unter der Bilanz aufzuführende Angabepflichten zur Erfüllung der Generalnorm des Jahresabschlusses (§ 264 Abs. 2 Satz 1 HGB) ergeben (→ § 264 Rz. 20). Diese sind auch bei Hinterlegung statt Veröffentlichung mit zu hinterlegen.[1]

II. Definition, Anwenderkreis

1. Schwellenwerte

2 Für Kleinstkapitalgesellschaften gelten folgende **Schwellenwerte:**

- 350.000 € Bilanzsumme (→ § 267 Rz. 3),
- 700.000 € Umsatzerlöse (→ § 267 Rz. 5),
- 10 Arbeitnehmer im Jahresdurchschnitt (→ § 267 Rz. 6).

Die nach HGB a. F. bzgl. der Bilanzsumme in Abs. 1 Satz 2 normierte Nichtberücksichtigung aktiver **latenter Steuern** und eines auf der Aktivseite ausgewiesenen Eigenkapitalfehlbetrags ist durch das BilRUG aufgehoben worden. Nur für die aktiven latenten Steuern ergibt sich hieraus eine materielle Rechtsänderung, beim Eigenkapitalfehlbetrag nur eine redaktionelle Umstrukturierung. Die Nichtberücksichtigung des Eigenkapitalfehlbetrags folgt nun wegen der im letzten Satz bestimmten „entsprechenden Anwendung" von § 267 Abs. 4 bis 6 HGB aus der Verbindung mit § 267 Abs. 4a HGB.

Aus der entsprechenden Anwendung von § 267 Abs. 4 bis 6 HGB folgte weiterhin ein Gleichklang bei der Ermittlung der durchschnittlichen Arbeitnehmerzahl (→ § 267 Rz. 6) und bei den Rechtswirkungen bzgl. der **Zeitfolge** bei Über- bzw. Unterschreitung der Schwellenwerte (→ § 267 Rz. 16 ff.).

2. Typische Anwendungsfälle

2a Einen typischen Anwendungsfall für Kleinstkapitalgesellschaften stellt die **Komplementär-GmbH** bei der GmbH & Co. KG dar (→ § 264a Rz. 2). Das Gleiche gilt für die **Unternehmergesell-**

1 Gleicher Auffassung *Störk* in Beck'scher Bilanz-Kommentar, 13. Aufl. 2022, § 267a Tz. 10.

schaft (haftungsbeschränkt) nach § 5a GmbHG (→ § 270 Rz. 8), die in aller Regel in die Kategorie der Kleinstkapitalgesellschaft fallen dürfte.

Nach der Gesetzesbegründung im Regierungsentwurf (→ Rz. 1) soll es in Deutschland ca. 500.000 Kleinstgesellschaften geben, auf die das MicroBilG anwendbar ist. Eine Kostenersparnis von 35 Mio. € für diesen Gesamtbereich wird dort genannt, rechnerisch entspräche dies 70 € pro Kleinstkapitalgesellschaft, wenn 100 % der Betroffenen die Erleichterungen in Anspruch nähmen, entsprechend mehr bei geringerer Quote. 3

3. Rechtsform-, branchen- und kapitalmarktbedingte Nichtanwendung

Eine Anwendung der Erleichterungen (→ Rz. 1) auf **Genossenschaften** kam früher wegen § 336 Abs. 2 HGB a. F. nicht in Betracht. Ebenso waren und sind nach wie vor **Banken und Versicherungen** von den Erleichterungen ausgeschlossen, da sie stets einen Jahresabschluss nach den Vorschriften für große Kapitalgesellschaften zu erstellen haben. Entsprechendes galt und gilt schließlich gem. § 267 Abs. 3 HGB für **kapitalmarktorientierte Kapitalgesellschaften** (→ § 267 Rz. 24). 3a

§ 336 Abs. 2 Satz 3 HGB i. d. F. des BilRUG sieht hingegen vor, dass die Erleichterungen nun im Wesentlichen auch für Kleinstgenossenschaften gelten, wobei einzelne Anpassungen erforderlich sind (§§ 337 und 338 HGB).

§ 267 Abs. 3 HGB normiert folgende **Ausnahmen** vom Anwendungsbereich von Kleinstkapitalgesellschaften (→ Rz. 3b):

- Investmentgesellschaften i. S. des § 1 des Kapitalanlagegesetzbuchs.
- Unternehmensbeteiligungsgesellschaften i. S. des § 1a Abs. 1 des Gesetzes über Unternehmensbeteiligungsgesellschaften.
- Andere Unternehmen, deren **einziger** Zweck im Erwerb, der Verwaltung und Vertretung von Beteiligungen besteht, sofern sie nicht in die **Verwaltung** dieser Unternehmen eingreifen (sog. Finanzholding). Der Sachverhalt im ersten Fall des Beispiels unter → Rz. 2 ist dann nicht mehr mit der dortigen Lösung zu beurteilen (also keine Kleinstkapitalgesellschaft mehr).

4. Keine Anwendung auf bestimmte Beteiligungsgesellschaften

Eine Kapitalgesellschaft gilt als Kleinstkapitalgesellschaft, wenn sie **höchstens eines** der unter → Rz. 2 aufgeführten Merkmale übersteigt. Hieraus ergibt sich bei Beteiligungsgesellschaften (Holdings) eine u. U. kaum zu rechtfertigende Erleichterung: 3b

BEISPIEL ▶ Eine **Holding**-AG mit einer Bilanzsumme von 5 Mrd. € und einem Beteiligungsportfolio an 250 Gesellschaften im In- und Ausland tätigt keine Umsatzerlöse (nur Beteiligungserträge) und beschäftigt im Jahresdurchschnitt acht Arbeitnehmer. Es würde sich um eine Kleinstkapitalgesellschaft handeln.

Um in derartigen Fällen die Erleichterung auszuschließen, enthält Abs. 3 spezielle Bestimmungen. Danach finden die Erleichterungen für Kleinstkapitalgesellschaften keine Anwendung auf

- **Investmentgesellschaften** i. S. des § 1 Abs. 11 des KAG,
- **Unternehmensbeteiligungsgesellschaften** i. S. des § 1a Abs. 1 UBGG und
- Unternehmen, deren einziger Zweck darin besteht, Beteiligungen an anderen Unternehmen zu erwerben sowie die Verwaltung und Verwertung dieser Beteiligungen wahr-

zunehmen **(Holdings)**, ohne dass sie unmittelbar oder mittelbar in die Verwaltung dieser Unternehmen eingreifen, wobei die Ausübung der ihnen als Aktionär oder Gesellschafter zustehenden Rechte außer Betracht bleibt.

Die beiden ersten Einschränkungen sind nicht neu. Sie ergaben sich früher aus InvG und UBG und sind jetzt in § 267a HGB aufgenommen. Mit der dritten Einschränkung wurde hingegen in Umsetzung von Art. 2 Nr. 15 und Art. 36 Abs. 7 der Richtlinie 2013/34/EU der Kreis der Beteiligungsgesellschaften, die Erleichterungen für Kleinstkapitalgesellschaften nicht anwenden dürfen, erweitert. Betroffen davon ist vor allem die reine **Finanzholding**, deren Zweck sich auf das Halten und Verwalten gesellschaftsrechtlicher Beteiligungen beschränkt. Demgegenüber greifen für eine Holding, die i. S. einer einheitlichen Leitung aktiv in das laufende Tagesgeschäft ihrer Untergesellschaften eingreift (sog. **Führungs- oder Funktionsholding**), die Erleichterungen. Die konkrete Abgrenzung zwischen beiden Holdingvarianten kann zwar im Einzelfall schwierig sein, aus praktischer Sicht gilt aber: Jedenfalls bei einem umfangreichen Beteiligungsportfolio setzt der Eingriff in die Verwaltung der Untergesellschaften entsprechende personelle Ressourcen bei der Holding voraus. Neben dem Schwellenwert für die Bilanzsumme wird dann auch der für die Arbeitnehmerzahl i. d. R. überschritten, so dass sich die Frage, wie intensiv der Eingriff in die Verwaltung konkret sein muss, gar nicht mehr stellt. Ein Abgrenzungskriterium kann auch die Personenidentität sein, jedenfalls bei 100%iger Identität der Organe der Holding und der Untergesellschaften liegt die Annahme, dass die Holding aktiv in die Beteiligungsgesellschaften eingreift, nahe.[1]

Kleinstkapitalgesellschaften sind – bei entsprechender Größenordnung – i. d. R.

- die **Komplementär-GmbH** einer GmbH & Co. KG, da die Übernahme von Haftung und Geschäftsführung über Halten und Verwalten hinausgeht,
- eine Holding, die die Untergesellschaft durch **Beherrschungsvertrag** kontrolliert, da ein solcher Vertrag seinem Wesen nach gerade auf das unmittelbare Eingreifen in die Geschäftsführung der Untergesellschaft angelegt ist (§ 308 AktG),
- eine Holding, die bei einer **Mehrzahl von Tochtergesellschaften** in die Geschäftsführung bei nur **einer** dieser Gesellschaften aktiv eingreift.

III. Beurteilung

4 Bei der Frage, ob und in welchem Umfang sie die Erleichterungen in Anspruch nehmen sollen, werden die Organe einer Kleinstgesellschaft sich die Adressaten des Jahresabschlusses vor Augen führen und auf folgende Instanzen stoßen:

- die Geschäftsführung selbst,
- Gesellschafter, z. B. auch der Ehepartner,
- Banken mit entsprechenden Auskunftsrechten nach dem Kreditvertrag,
- das Finanzamt.

Diese Adressaten können und müssen i. d. R. mit einer besseren Information „gefüttert" werden, als es die Erleichterungsvorschriften des MicroBilG erlauben. Den **Gesellschaftern** einer GmbH stehen die Auskunfts- und Einsichtsrechte nach § 51a GmbH zur Verfügung. Dem **Finanzamt** sind alle gewünschten Informationen offenzulegen, diesem kommt zusätzlich indi-

1 Hierzu und zu weiteren Abgrenzungskriterien: *Henckel*, StuB 2019 S. 791.

rekt ein Einsichts- und Auskunftsrecht durch die Regeln der **E-Bilanz** (→ § 243 Rz. 25) zu. Deren Taxonomie liegt das Format einer **großen** Gesellschaft (→ § 267 Rz. 14) zur Datenübermittlung zugrunde. Dadurch entsteht eine Art umgekehrte Maßgeblichkeit der Steuerbilanz für die handelsrechtliche Rechnungslegung. Da durch die Buchhaltungssoftware ohnehin auch bei kleineren Gesellschaften meistens nach dem Schema „groß" gegliedert wird, erfolgt die Abschlusserstellung regelmäßig ebenfalls nach diesem Schema.

Der Geschäftsführer der Kleinstkapitalgesellschaft kann seine **Rechnungslegungspflicht** auch durch Erstellung der Bilanz und der GuV nach den für **große** Gesellschaften gültigen Gliederungsschemata erfüllen. Dann wird es ihm sinnvoll erscheinen, die ohnehin bestehenden Auskunftspflichten mit diesem ihm schon vorliegenden und datentechnisch erstellten Jahresabschluss (nach der Gliederungstiefe der großen Gesellschaften) zu erfüllen. Ergänzend müssen dann nur die „Anhang-Ersatzangaben" (→ § 264 Rz. 4) buchtechnisch nachgehalten werden. Auf eine Anhangerstellung auch unter Heranziehung der Vereinfachungsregeln des § 288 HGB (→ § 288 Rz. 1) kann er i. d. R. aber auch verzichten, wenn er z. B. die Gliederungstiefen der großen Kapitalgesellschaften für die Bilanz und die GuV wählt.

Dann verbleibt dem Geschäftsführer der Kleinstgesellschaft nur noch die bescheidene zusätzliche Aufgabe, die Bilanzposten des großen Formats zur Hinterlegung auf diejenigen nach → § 266 Rz. 10 zu **verdichten** und dem Finanzamt eine **E-Bilanz** einzureichen. Die Erstellung des Abschlusses nach dem Schema „groß" präjudiziert nicht die Hinterlegung oder gar Veröffentlichung nach der Form des erstellten Abschlusses (→ § 326 Rz. 6). Im Ergebnis ist ein relevanter Deregulierungs- und Kostenersparnisgehalt des MicroBilG daher kaum gegeben.[1] Die „Micros" werden buchen und bilanzieren nach Maßgabe der E-Bilanz-Taxonomie, die Bilanz dann bei der Einreichung komprimieren und sich „nur" über den Verzicht auf die kostenpflichtige Veröffentlichung freuen.

§ 268 Vorschriften zu einzelnen Posten der Bilanz; Bilanzvermerke

(1) [1]Die Bilanz darf auch unter Berücksichtigung der vollständigen oder teilweisen Verwendung des Jahresergebnisses aufgestellt werden. [2]Wird die Bilanz unter Berücksichtigung der teilweisen Verwendung des Jahresergebnisses aufgestellt, so tritt an die Stelle der Posten „Jahresüberschuss/Jahresfehlbetrag" und „Gewinnvortrag/Verlustvortrag" der Posten „Bilanzgewinn/Bilanzverlust"; ein vorhandener Gewinn- oder Verlustvortrag ist in den Posten „Bilanzgewinn/Bilanzverlust" einzubeziehen und in der Bilanz gesondert anzugeben. [3]Die Angabe kann auch im Anhang gemacht werden.

(2) (weggefallen)

(3) Ist das Eigenkapital durch Verluste aufgebraucht und ergibt sich ein Überschuss der Passivposten über die Aktivposten, so ist dieser Betrag am Schluss der Bilanz auf der Aktivseite gesondert unter der Bezeichnung „Nicht durch Eigenkapital gedeckter Fehlbetrag" auszuweisen.

(4) [1]Der Betrag der Forderungen mit einer Restlaufzeit von mehr als einem Jahr ist bei jedem gesondert ausgewiesenen Posten zu vermerken. [2]Werden unter dem Posten „sonstige Vermögensgegenstände" Beträge für Vermögensgegenstände ausgewiesen, die erst nach dem Abschlussstichtag rechtlich entstehen, so müssen Beträge, die einen größeren Umfang haben, im Anhang erläutert werden.

1 So im Ergebnis auch *Zwirner*, BB 2012 S. 2231.

(5) [1]Der Betrag der Verbindlichkeiten mit einer Restlaufzeit bis zu einem Jahr und der Betrag der Verbindlichkeiten mit einer Restlaufzeit von mehr als einem Jahr sind bei jedem gesondert ausgewiesenen Posten zu vermerken. [2]Erhaltene Anzahlungen auf Bestellungen sind, soweit Anzahlungen auf Vorräte nicht von dem Posten „Vorräte" offen abgesetzt werden, unter den Verbindlichkeiten gesondert auszuweisen. [3]Sind unter dem Posten „Verbindlichkeiten" Beträge für Verbindlichkeiten ausgewiesen, die erst nach dem Abschlussstichtag rechtlich entstehen, so müssen Beträge, die einen größeren Umfang haben, im Anhang erläutert werden.

(6) Ein nach § 250 Abs. 3 in den Rechnungsabgrenzungsposten auf der Aktivseite aufgenommener Unterschiedsbetrag ist in der Bilanz gesondert auszuweisen oder im Anhang anzugeben.

(7) Für die in § 251 bezeichneten Haftungsverhältnisse sind

1. **die Angaben zu nicht auf der Passivseite auszuweisenden Verbindlichkeiten und Haftungsverhältnissen im Anhang zu machen,**
2. **dabei die Haftungsverhältnisse jeweils gesondert unter Angabe der gewährten Pfandrechte und sonstigen Sicherheiten anzugeben und**
3. **dabei Verpflichtungen betreffend die Altersversorgung und Verpflichtungen gegenüber verbundenen oder assoziierten Unternehmen jeweils gesondert zu vermerken.**

(8) [1]Werden selbst geschaffene immaterielle Vermögensgegenstände des Anlagevermögens in der Bilanz ausgewiesen, so dürfen Gewinne nur ausgeschüttet werden, wenn die nach der Ausschüttung verbleibenden frei verfügbaren Rücklagen zuzüglich eines Gewinnvortrags und abzüglich eines Verlustvortrags mindestens den insgesamt angesetzten Beträgen abzüglich der hierfür gebildeten passiven latenten Steuern entsprechen. [2]Werden aktive latente Steuern in der Bilanz ausgewiesen, ist Satz 1 auf den Betrag anzuwenden, um den die aktiven latenten Steuern die passiven latenten Steuern übersteigen. [3]Bei Vermögensgegenständen im Sinn des § 246 Abs. 2 Satz 2 ist Satz 1 auf den Betrag abzüglich der hierfür gebildeten passiven latenten Steuern anzuwenden, der die Anschaffungskosten übersteigt.

Inhaltsübersicht — Rz.

LITERATUR:

Fünnemann/Kerssenbrock, Ausschüttungssperren im BilMoG-RegE, BB 2008 S. 2674; *Gelhausen/Althoff*, Die Bilanzierung ausschüttungs- und abführungsgesperrter Beträge im handelsrechtlichen Jahresabschluss nach dem BilMoG, WPg 2009 S. 584 und 629; *Hoffmann*, Praxisorientierte Einführung in die Rechnungslegungsvorschriften des Regierungsentwurfs zum Bilanzrichtlinien-Gesetz, BB 1983, Beilage 1; *Kessler/Egelhof*, Außerbilanzielle Ausschüttungssperren in der Organschaft, DStR 2017 S. 998; *Knop*, Die Bilanzaufstellung nach teilweiser oder vollständiger Ergebnisverwendung, DB 1986 S. 549; *Küting/Haeger/Zündorf*, Die Erstellung des Anlagegitters nach künftigem Bilanzrecht, BB 1985 S. 1948; *Küting/Weber*, Die Darstellung des Eigenkapitals bei der GmbH nach dem BiRiLiG, GmbHR 1984 S. 165; *Lanfermann/Röhricht*, § 268 Abs. 8 HGB als neue Generalnorm für außerbilanzielle Ausschüttungssperren, DStR 2009 S. 1216; *Moser/Siegel*, Praxisfragen zur Aufstellung der Bilanz einer GmbH unter Berücksichtigung der Ergebnisverwendung, WPg 2017 S. 503; *Oser/Scholz*, Ergebnisabführungsvertrag: Kein Verlustausgleich mit abführungsgesperrten Rücklagen, StuB 2020 S. 560.

I. Überblick

1 § 268 HGB **ergänzt** die **Gliederungs**vorschriften für die Bilanz nach § 266 HGB um

- ► eine konzeptionelle Erstellungsvariante, die die Gewinnverwendung berücksichtigt (Abs. 1),
- ► eine Einfügung eines weiteren Gliederungspostens bei negativem Eigenkapital (Abs. 3),
- ► eine Darstellungsvariante für „erhaltene Anzahlungen" (Abs. 5 Satz 2),
- ► Restlaufzeitangaben, die Anhangerläuterungen gleichkommen (Abs. 4 Satz 1, Abs. 5 Satz 1),
- ► eine gesonderte Darstellung des aktiven Unterschiedsbetrags für aufgenommene Darlehen sowie Anhangangabewahlrecht (Abs. 6).

Außerdem werden behandelt:

- ► Erweiterung der Angabepflichten für Haftungsverhältnisse (Abs. 7),
- ► Ausschüttungssperren bei Aktivierung bestimmter Bilanzposten (Abs. 8).

2 Der vollständige Anwendungsbereich erstreckt sich auf die mittelgroßen und großen Kapital- und „Kap. & Co."-Gesellschaften. Die kleinformatigen Gesellschaften werden in § 274a HGB von einigen Anwendungsbereichen befreit. Auf die dortige Kommentierung wird verwiesen.

II. Bilanzerstellung unter Ergebnisverwendung (Abs. 1)

1. Begriffsinhalte (Abs. 1 Satz 1)

1.1 Jahresergebnis

3 Das Jahresergebnis – oder allgemein das Ergebnis der Rechnungslegungsperiode – manifestiert den vielleicht wichtigsten Sinngehalt der kaufmännischen Rechnungslegung. Das „Ergebnis" ist gleichbedeutend mit den Begriffen „Jahresüberschuss" bzw. „Jahresfehlbetrag" in § 275 HGB (für die GuV) und § 266 HGB (für die Bilanz).

Hinter dieser inhaltlichen Identität der Begriffe verbirgt sich ein Grundelement der Doppik. Das erzielte **Ergebnis** verändert „von innen", durch die Tätigkeit des Unternehmens selbst, das **Eigenkapital** oder buchhalterisch formuliert: Das GuV-Konto ist ein Unterkonto des Eigenkapitals. Deshalb muss in der Bilanz und der GuV das gleiche „Ergebnis" ausgewiesen werden. Dieser Vorgabe folgen die Gliederungsschemata in §§ 266, 275 HGB.

1.2 Verwendung des Ergebnisses (allgemein)

1.2.1 Bei der Abschlusserstellung

4 Diese Übereinstimmung des Ergebnisses in beiden Abschlussbestandteilen ist nicht mehr möglich, wenn das Ergebnis „verwendet" bzw. seines ursprünglichen Erscheinungsbilds beraubt ist. Entsprechend erschließt sich der gesetzlich nicht definierte Begriff „Verwendung" (des Ergebnisses) als **Gegenstück** zur „Ermittlung". Die Verwendung **folgt** logisch der Ermittlung nach und ist notwendig **ergebnisneutral**, verändert somit das Ergebnis nicht.

5 Dies gilt auch, wenn die entsprechenden Buchungsschritte in der GuV (→ § 275 Rz. 129) dargestellt werden. Diese schließen sich an das ausgewiesene Ergebnis an: **„nach"** dem Jahresüberschuss/-fehlbetrag (→ Rz. 35). Im einfachen, aber praxishäufigen Fall eines Jahresfehlbetrags und fehlender Rücklagen in der Bilanz gibt es nichts zu „verwenden". Entsprechend entfällt eine Anhangangabe (→ § 285 Rz. 195). Diese sog. **Ergebnisverwendungsrechnung** oder **„Verlängerungsrechnung"**[1] (weil die GuV nach dem Jahresergebnis insoweit verlängert wird) bewegt sich **innerhalb** der verschiedenen Eigenkapitalkategorien des Bilanzgliederungsschemas und kann auch Ergebnisse **früherer** Geschäftsjahre umfassen, z. B. durch Auflösung einer Gewinnrücklage zugunsten eines Bilanzgewinns (→ Rz. 27).

6 **Transaktionen** zwischen Gesellschaft und Gesellschafter stellen keine Bestandteile der Ergebnisverwendungsrechnung dar, weil diese nur die **Aufstellung** des Jahresabschlusses umfasst.[2] Im Einzelfall sind diese Transaktionen – Dividenden und Gesellschaftereinlagen in die Kapitalrücklage – allerdings aus Gründen der rechnerischen Abstimmung sinnvollerweise als Ergänzung in die Ergebnisverwendungsrechnung aufzunehmen (→ Rz. 24). So auch die Vorgabe in § 152 Abs. 2 und 3 AktG.

7 Insbesondere umfasst diese Rechnung **außerhalb** der **Ergebnisermittlung** folgende Posten:

- Einstellung in Gewinnrücklagen,
- Einstellung in Wertaufholungsrücklage (→ § 253 Rz. 256),
- Entnahmen aus Kapital- und Gewinnrücklagen,
- Vortrag von (Teil-)Jahresüberschüssen auf neue Rechnung sowie
- Verrechnung von Jahresüberschüssen mit Verlustvorträgen.

Speziell für **Aktiengesellschaften** sieht § 158 Abs. 1 AktG (→ § 275 Rz. 129) eine detaillierte Ergebnisverwendungsrechnung vor, die für **GmbHs** unter Beachtung der rechtsformspezifischen Besonderheiten nach § 275 Abs. 4 HGB – allerdings ohne Rechtsverbindlichkeit (→ Rz. 31) – Beachtung finden kann (→ § 275 Rz. 128). Die Bilanzerstellung **vor** und **nach** (teilweiser) Ergebnisverwendung ist optional, allerdings eingeschränkt durch gesetzliche und/oder satzungsmäßige Vorgaben (→ § 270 Rz. 7). Zum Sonderfall der ordentlichen Kapitalherabsetzung vgl.

1 Begriff nach *Gelhausen/Althoff*, WPg 2009 S. 587.
2 So auch *ADS*, 6. Aufl., § 268 Tz. 15.

→ § 272 Rz. 29, zum weiteren Sonderfall des Erwerbs eigener Anteile vgl. → § 272 Rz. 53. Für die Besonderheit bei Kleinst-AGs vgl. → § 275 Rz. 134.[1]

Einem besonderen Regelungsgehalt unterliegen die einzelnen Posten der **Kapitalrücklage** (→ § 272 Rz. 57). Sie sind bei der Einstellung und Auflösung im Rahmen der Bilanz**erstellung** zu erfassen (→ Rz. 28). Dabei ist die Einstellung nicht in der Ergebnisverwendung zu zeigen (Buchungssatz: „per Geld an Kapitalrücklage"), wohl aber erscheinen sie dort bei der Auflösung zur Gewinnausschüttung; möglich ist auch eine „direkte" Entnahme (→ Rz. 8a). Die Kategorien Nr. 1 bis 3 des § 272 Abs. 2 HGB sind für Aktiengesellschaften in der Verwendung gem. § 150 Abs. 3 und 5 AktG beschränkt (→ § 270 Rz. 4), nicht dagegen die Kategorie Nr. 4, die insoweit den Gewinnrücklagen (bei Aktiengesellschaften) gleichgestellt ist. Für **GmbHs** gelten diese Beschränkungen bei der Verwendung von Kapitalrücklagen nicht.

8 Alle vorstehend genannten Ergebnisverwendungstatbestände sind **innerhalb** der **Abschlusserstellung** zu berücksichtigen (zu verbuchen). Die Vorgabe des § 268 Abs. 1 HGB ist deshalb als **Teilmenge** der gesamten so definierten Ergebnisverwendungsrechnung zu verstehen, wie sie am ausführlichsten rechtsformspezifisch in § 158 AktG (→ Rz. 29) dargestellt ist. Da die Ergebnisverwendung bereits bei **Erstellung** des Abschlusses erfolgen muss, fällt sie in den **Kompetenzbereich** des zuständigen Gesellschaftsorgans, d. h. des Vorstands der AG bzw. der Geschäftsführung der GmbH oder Komplementär-GmbH einer „Kap. & Co."-Gesellschaft i. S. des § 264a HGB (→ § 245 Rz. 2). Zur Anhangangabepflicht vgl. → § 285 Rz. 195.

In der Anwendbarkeit des Wahlrechts, die Bilanz vor oder nach Ergebnisverwendung aufzustellen, ist wie folgt zu unterscheiden:[2]

- Eine Bilanzierung vor Ergebnisverwendung scheidet aus, wenn gesetzliche Vorschriften (z. B. Bildung einer Rücklage für Anteile an einem beherrschenden Unternehmen) oder statutarische Vorschriften (z. B. Einstellung von 25 % des Ergebnisses in die Rücklagen) die Geschäftsführung dazu verpflichten, Maßnahmen der Ergebnisverwendung in der Bilanz zu berücksichtigen.
- Umgekehrt ist eine Bilanzierung nach Ergebnisverwendung geboten, wenn eine gesetzliche oder gesellschaftsvertragliche Pflicht zur Einstellung von Beträgen in oder zur Auflösung von Rücklagen besteht.
- Das Wahlrecht besteht dann nur noch für nach dem Abschlussstichtag (aber vor Beendigung der Aufstellung) begründete Maßnahmen der Ergebnisverwendung, z. B. die in diesem Zeitraum gefassten Gesellschafterbeschlüsse zur Verwendung des Jahresergebnisses oder Maßnahmen zur Einstellung in oder Auflösung von Rücklagen, welche die Geschäftsführung auf Basis von Ermächtigungen fakultativ ausübt.
- In der Differenzierung der vorgenannten Fälle ist jedoch § 270 Abs. 2 HGB zu beachten. Danach gilt das Wahlrecht zur Aufstellung der Bilanz nach Ergebnisverwendung als ausgeübt, wenn mindestens eine Maßnahme der Ergebnisverwendung bereits bei der Aufstellung der Bilanz berücksichtigt worden ist. Alle „anderen", bis zur Aufstellung der Bilanz rechtswirksam gewordenen Verwendungsmaßnahmen sind dann ebenfalls auf Basis der Verwendung zu bilanzieren.

1 *Zwirner/Köhler*, DB 2016 S. 2005.
2 Vgl. *Moser/Siegel*, WPg 2017 S. 503.

Bei GmbHs werden **Entnahmen** von Vermögensgegenständen (z. B. Bargeld) aus der Kapitalrücklage (→ § 272 Rz. 57) außerhalb der Gewinnverwendungsrechnung als zulässig erachtet;[1] Buchung: „per Kapitalrücklage an Geld." Bei der AG geht dies nach § 57 Abs. 3 AktG nur durch Auflösung der Kapitalrücklage zugunsten des Bilanzgewinns. Eine GmbH hat also die Möglichkeit, an die Gesellschafter Vermögenswerte nicht nur durch Ausschüttung auszukehren. Die Finanzierung der Entnahme erfolgt aus dem Vermögen der GmbH, das die Gesellschafter beim Erwerb ihrer Anteile der Gesellschaft vergütet haben. Das eigentliche Bilanzierungsproblem solcher Entnahmen oder Gewinnausschüttungen aus der Kapitalrücklage besteht in der Behandlung beim Gesellschafter; dazu wird verwiesen auf → § 255 Rz. 51a ff. 8a

1.2.2 Durch Gewinnausschüttung

Rein begrifflich kann ein positives „Ergebnis" ebenfalls zur Gewinnausschüttung an die Gesellschafter „verwendet" werden. Dabei handelt es sich allerdings um einen inhaltlich von der vorstehend dargestellten Ergebnisverwendung strikt zu **trennenden** Vorgang. Der Ausschüttungsbeschluss und die diesem vorausgehende Feststellung fallen in die ausschließliche Kompetenz der **Gesellschafter**, denen wiederum regelmäßig keine unmittelbare Erstellungskompetenz (für den Jahresabschluss) zukommt (Ausnahme etwa nach § 173 Abs. 1 AktG; → Rz. 69). 9

Die einschlägigen Gesetzesformulierungen nehmen teilweise auf diesen fundamentalen inhaltlichen **Unterschied** von „Ergebnisverwendung" Rücksicht, z. T. aber auch wieder nicht und fördern dadurch missverständliche und fehlerhafte Gesetzesinterpretationen (→ Rz. 36): 10

- § 29 GmbHG spricht in der Überschrift sowie in Abs. 1 Satz 1 von „Gewinn**verteilung**" und stellt dem folgerichtig den (nicht von den Gesellschaftern) unter Berücksichtigung der Gewinnverwendung erstellten Jahresabschluss gegenüber.
- In § 29 Abs. 2 GmbHG wird die **Verteilung** des Ergebnisses unzutreffend als **„Verwendung"** bezeichnet.
- In § 29 Abs. 3 und 4 GmbHG ist dann wieder zutreffend von **„Verteilung"** die Rede.
- § 174 Abs. 1 AktG (→ Rz. 72) spricht von **„Verwendung** des Bilanzgewinns", der durchaus nach Dotierung von Gewinnrücklagen gem. § 58 Abs. 2 AktG i. V. mit § 270 HGB ermittelt worden sein kann und deshalb Ausfluss einer Bilanzierung nach Gewinnverwendung i. S. des § 268 Abs. 1 HGB (durch den Vorstand) ist. Die **Verwendung** nach § 174 Abs. 1 AktG entspricht deshalb der **„Verteilung"** nach § 29 Abs. 1 GmbHG. Dabei muss die Hauptversammlung keineswegs den Bilanzgewinn (insgesamt) ausschütten; genauso gut ist eine vollständige oder teilweise Rücklagendotierung möglich, aber eben jetzt in der Kompetenz der Hauptversammlung und nicht mehr des Vorstands. Auch die Gesellschafterversammlung der GmbH hat nach § 29 Abs. 1 GmbHG (nur) einen Anspruch auf den Jahresüberschuss bzw. Bilanzgewinn, kann aber ebenfalls eine zusätzliche Rücklagendotierung beschließen.
- § 42a Abs. 2 GmbH (→ Rz. 76) spricht von Ergebnisverwendung, **meint** aber inhaltlich die Vorgabe des § 174 Abs. 1 AktG (→ Rz. 72).
- § 58 Abs. 4 HGB spricht von Gewinn**verwendungs**beschluss, der in den Kompetenzbereich der Hauptversammlung fällt.

1 Vgl. zum Folgenden *Oser*, WPg 2014 S. 555.

- Nach § 170 Abs. 2 AktG kann die Hauptversammlung die ihr zukommende Kompetenz zur Verwendung des aus der Bilanzierung nach Gewinnverwendung durch den Vorstand mit Billigung durch den Aufsichtsrat resultierenden Bilanzgewinns zur „**Verteilung** an die Aktionäre" ausüben.
- § 325 Abs. 1 HGB spricht bzgl. der **Offenlegungspflichten** wiederum von „Ergebnisverwendung" (→ § 325 Rz. 11).

11 Insgesamt ist bzgl. der „Gewinnverwendung" bilanzrechtlich streng nach dem Begriffsinhalt zu differenzieren, was auf der Grundlage der **Organkompetenzen** (→ Rz. 8) erfolgen muss.

1.3 Abgrenzung zwischen Ergebnisermittlung und -verwendung

12 Bestimmte Aufwands- und Ertragsposten sind **ergebnisabhängig,** d. h., durch sie wird das Ergebnis selbst negativ oder positiv verändert; im Falle von bestimmten **Aufwendungen** kann man **begrifflich** eine Verwendung des Ergebnisses erkennen. Beispiele für solche Aufwendungen sind (gewinnabhängige) Tantiemen, Vergütungen an stille Gesellschafter sowie Ertragsteuern. Das Gleiche gilt für Aufwendungen aus Gewinnabführungsverträgen (→ § 277 Rz. 53).

13 Diese ergebnisabhängigen Posten beruhen auf **schuldrechtlichen** Verträgen, die häufig auch mit Gesellschaftern abgeschlossen werden (können). Sie sind nach einhelliger Meinung[1] der Ergebnisermittlung und nicht der -verwendung zuzuordnen, d. h., sie werden buchungstechnisch als Aufwand und Ertrag (im Jahresergebnis) erfasst und stellen am Bilanzstichtag bei Nichterfüllung bis dahin eine Verbindlichkeit dar.[2]

13a Eine (teilweise oder vollständige) Ergebnisverwendung i. S. des Abs. 2 liegt hingegen in folgenden Fällen vor:

- Einstellung in und Auflösung von Gewinnrücklagen,
- Auflösungen von (jedoch nicht Einstellungen in) Kapitalrücklagen,
- Vortrag des Jahresüberschusses (oder von Teilen des Überschusses) auf neue Rechnung,
- Gewinnausschüttung an Gesellschafter.

Eine Aufstellung der Bilanz unter Berücksichtigung der Verwendung des Jahresergebnisses setzt daher voraus, dass entweder

- nach Gesetz oder Gesellschaftsvertrag eine Pflicht zur Auflösung von Rücklagen oder Dotierung der Gewinnrücklagen besteht,
- die Geschäftsführung aufgrund gesetzlicher oder satzungsmäßiger Ermächtigung entsprechend verfährt oder
- vor Beendigung der Aufstellung der Bilanz die Gesellschafter eine Ergebnisverwendung beschlossen haben.

1.4 Die Gewinnverwendung nach Aktienrecht (§ 58 AktG)

14 § 58 AktG spricht von „Verwendung des Jahresüberschusses", regelt also **Aufstellungs**vorgänge des Jahresabschlusses, nach deren Durchführung dieser „unter Berücksichtigung" („nach") der Verwendung des Jahresergebnisses erstellt ist (→ Rz. 4).

---

1 Zum Beispiel *ADS*, 6. Aufl., § 268 Tz. 16.
2 Vgl. BFH, Urteil v. 21.7.1972 – III R 147/71, BStBl II S. 872 sowie BFH, Urteil v. 26.6.1970 – III R 98/69, BStBl II S. 735.

Abs. 1 befasst sich mit der Rücklagendotierung aus dem Jahresüberschuss, wenn – ausnahmsweise – die **Hauptversammlung** den Jahresabschluss feststellt (→ Rz. 69). Die pflichtmäßige Einstellung in die andere Gewinnrücklage ist dabei durch Satzungsermächtigung auf die Hälfte des Jahresüberschusses, korrigiert um Verlustvortrag und Einstellungspflicht in die gesetzliche Rücklage nach § 150 AktG, beschränkt. 15

Im Normalfall der Jahresabschlussfeststellung (Abs. 2) durch Vorstand und Aufsichtsrat (→ Rz. 67) kann bei Erstellung des Abschlusses höchstens die Hälfte des Jahresüberschusses in die andere Gewinnrücklage eingestellt werden, bei entsprechender Satzungsermächtigung auch mehr oder weniger. Allerdings darf die andere Gewinnrücklage nicht mehr als die Hälfte des Grundkapitals ausmachen. 16

Zur zusätzlich möglichen Dotierung einer Wertaufholungsrücklage nach Abs. 2a vgl. → § 253 Rz. 256. 17

Über diese dem Vorstand und Aufsichtsrat mögliche Rücklagendotierung bei der Abschlusserstellung kann nach Abs. 3 die Hauptversammlung nach Abs. 3 i.V. mit § 174 AktG weitere Einstellungen in die Gewinnrücklage oder den Gewinnvortrag beschließen (→ Rz. 72). Im Übrigen verbleibt es nach Abs. 4 beim Anspruch der Aktionäre auf Ausschüttung des Bilanzgewinns, soweit dem nicht durch Gesetz oder Satzung oder durch Hauptversammlungsbeschluss Grenzen gesetzt sind. 18

Bei entsprechender Satzungsermächtigung kann die Ausschüttung in **Sachwerten** erfolgen (→ § 252 Rz. 197 ff.). 19

2. Vollständige und teilweise Ergebnisverwendung (Abs. 1 Satz 2)

2.1 Mögliche Übereinstimmung in den Folgeeffekten

Abs. 1 Satz 1 unterscheidet zwischen vollständiger und teilweiser Ergebnisverwendung, ohne den **Unterschied** näher zu spezifizieren. Stattdessen stellt er die **Folgeeffekte** bzgl. der Postenbezeichnung innerhalb des Eigenkapitals im Falle der **teilweisen** Ergebnisverwendung dar, schweigt sich indes diesbezüglich zur **vollständigen** Verwendung aus. So ist die Frage zu beantworten, ob die gesetzliche Vorgabe bzgl. der Postenbezeichnung bei **teilweiser** Ergebnisverwendung auch für die **vollständige** Gültigkeit finden muss. 20

Dafür sprechen folgende Argumente: 21

- Das „Erst-recht-Argument": Was für den kleineren Teil der Veranstaltung gilt, muss umso mehr für den größeren – hier den ganzen – gelten (→ Rz. 25 und → Rz. 32).
- Eine Rückkehr zu den Eigenkapitalposten des regulären Gliederungsschemas in § 266 HGB ist rein technisch nicht möglich, da die Inhalte sonst vermischt würden.
- Hätte der Gesetzgeber andere Postenbezeichnungen für richtig erachtet, wäre deren explizite Darlegung erforderlich gewesen.
- § 270 Abs. 2 HGB unterscheidet bei der Rücklagenbildung/-auflösung nicht zwischen vollständiger und teilweiser Gewinnverwendung (→ § 270 Rz. 6).
- Die umfassende Eigenkapitalveränderungsrechnung nach § 297 Abs. 1 Satz 1 HGB umfasst die gesamte Ergebnisverwendung (→ Rz. 29).

22 Dazu folgendes Beispiel:

BEISPIEL ► Eigenkapitalausweis einer GmbH nach § 266 Abs. 3 HGB:

Gezeichnetes Kapital	1.000
Verlustvortrag	-200
Jahresüberschuss	500
Eigenkapital	1.300

Die Geschäftsführung will das Jahresergebnis von 500 wie folgt verwenden:

1. **teilweise** zur Beseitigung des Verlustvortrags oder
2. **insgesamt** zur Beseitigung des Verlustvortrags oder
3. **insgesamt** zur Beseitigung des Verlustvortrags und zur Dotierung der Gewinnrücklagen.

Bei der 1. und 2. Alternative kommt es jeweils zum Ausweis eines Bilanzgewinns von 300. Die 1. Alternative kann nicht bei einer Gewinnverwendung von 200 zur Beseitigung des Verlustvortrags stehen bleiben und (in der Bilanz) einen restlichen Jahresüberschuss von 300 ausweisen. Der Jahresüberschuss von 500 laut GuV muss mit dem in einer Bilanz ausgewiesenen übereinstimmen (→ Rz. 3). Teilweise und vollständige Ergebnisverwendung stimmen inhaltlich und im Ausweis der Eigenkapitalposten – hier Bilanzgewinn von 300 – überein.

Buchungssatz:

Per Jahresüberschuss	500	an	Verlustvortrag	200
(1. und 2. Alternative)		an	Bilanzgewinn	300

Bei der 3. Alternative kommt es bei vollständiger Ergebnisverwendung zum Ausweis einer Gewinnrücklage von 300 – wie vom Gesetz für die teilweise Gewinnverwendung vorgesehen – mit folgendem Buchungssatz:

Per Jahresüberschuss	500	an	Verlustvortrag	200
		an	Gewinnrücklage	300

Auch bei der 3. Alternative ergibt sich eine übereinstimmende Folge der teilweisen und vollständigen Gewinnverwendung.

23 Ein weiteres Beispiel zur einfachen Rücklagendotierung beweist die mögliche **Übereinstimmung** in der Ausweisfolge der teilweisen und vollständigen Ergebnisverwendung:

BEISPIEL ► Eigenkapitalausweis einer GmbH nach§ 266 Abs. 3 HGB:

Gezeichnetes Kapital	1.000
Jahresüberschuss	400
Eigenkapital	1.400

Die Geschäftsführung will das Jahresergebnis von 400 folgendermaßen verwenden:

1. **teilweise** – hier hälftig – durch die Einstellung in die Gewinnrücklage oder
2. **insgesamt** durch hälftige Einstellung in die Gewinnrücklage und Vortrag des Restbetrags „auf neue Rechnung".

Bei beiden Alternativen kommt es zum Ausweis einer Gewinnrücklage und eines Bilanzgewinns (nicht eines Gewinnvortrags, → Rz. 33) von je 200. Durch die Ausweisvorgaben des § 268 Abs. 1 Satz 2 HGB mutiert die teilweise Ergebnisverwendung zu einer vollständigen. Der Buchungssatz lautet in beiden Fällen

Per Jahresüberschuss	400	an	Gewinnrücklage	200
		an	Bilanzgewinn	200

Auf zwei weitere Beispiele gleichen Aussagegehalts unter → Rz. 32 wird verwiesen.

2.2 Teilbereich der erfolgsneutralen Eigenkapitalveränderungsrechnung

2.2.1 Die rechtsformübergreifende Regelung im HGB

In einem **Teilbereich** der möglichen Gewinnverwendungsfälle ist die förmliche Bezugnahme des Gesetzgebers auf die teilweise Gewinnverwendung zur Überleitung auf die gegenüber § 266 HGB geänderte Postenbezeichnung sinnvoll. 24

BEISPIEL Eigenkapitalausweis einer GmbH nach§ 266 HGB:

Gezeichnetes Kapital	1.000
Jahresüberschuss	400
Eigenkapital	1.400

Die Geschäftsführung will den gesamten Jahresüberschuss in die Gewinnrücklage einstellen. Anders als im Beispiel unter → Rz. 23 kommt es nicht zum Ausweis eines Bilanzgewinns. Der Buchungssatz lautet:

Per Jahresüberschuss	400	an	Gewinnrücklage	400

(Nur) diesen Sachverhalt – als Alternative zum Sachverhalt unter → Rz. 23 – hat der Gesetzgeber vermutlich bedacht, als er zwischen teilweiser und vollständiger Gewinnverwendung in der Folgewirkung nach Abs. 1 Satz 2 differenzieren wollte (→ Rz. 32).

Die Beispiele unter → Rz. 22 f. belegen den **beschränkten** Regelungsbereich des § 268 Abs. 1 HGB als **Teilmenge** der gesamten Ergebnisverwendungsrechnung innerhalb der Abschlusserstellung in der Kompetenz des Vorstands bzw. der Geschäftsführung (→ Rz. 9). Die **weiteren** Teile sind den rechtsformspezifischen Sonderregeln zu entnehmen: § 29 Abs. 1 Satz 2 GmbHG ergänzt die teilweise Ergebnisverwendung i. S. des § 268 Abs. 1 HGB um die Rücklagenauflösung. Diese führt – ebenfalls – zu einem Bilanzgewinn (→ Rz. 27). 25

2.2.2 Die Sonderregeln für die GmbH

BEISPIEL Eigenkapitalausweis nach § 266 Abs. 3 HGB einer GmbH: 26

Gezeichnetes Kapital	1.000
Gewinnrücklage	1.300
Verlustvortrag	-100
Jahresfehlbetrag	-200
Eigenkapital	2.000

Die Geschäftsführung schlägt eine Dividende von 400 vor. Ein Anspruch darauf kann den Gesellschaftern nach § 29 Abs. 1 Satz 1 GmbHG in dieser Datenkonstellation bei Bilanzerstellung **vor** Gewinnverwendung (nach § 266 HGB) nicht vermittelt werden, da kein Jahresüberschuss ausgewiesen wird. Deshalb muss im Rahmen einer den Regelungsbereich des Abs. 1 übersteigenden Ergebnisverwendungsrechnung die Gewinn- oder Kapitalrücklage mindestens um 700 aufgelöst werden, um einen Bilanzgewinn von 400 darzustellen.
Buchungssatz:

Per Gewinnrücklage	700	an	Verlustvortrag	100
		an	Jahresfehlbetrag	200
		an	Bilanzgewinn	400

Daraus ergibt sich folgende **Überleitungsrechnung** vom Jahresfehlbetrag zum Bilanzgewinn:

Jahresfehlbetrag	-200
Verlustvortrag	-100
Auflösung Gewinnrücklage	700
Bilanzgewinn	400

Die Geschäftsführung könnte auch (als Alternative) die gesamte Gewinnrücklage auflösen und dann einen Bilanzgewinn von 1.000 ausweisen. Der Gewinnverwendungsvorschlag würde in beiden Fällen auf 400 lauten. Bei der Alternative (Bilanzgewinn 1.000) käme es zu einem Gewinnvortrag von 600, der als solcher in der Folgebilanz (nicht in der aktuellen Bilanz) auszuweisen wäre.

Die **Gesellschafterversammlung** ist an den Gewinnverwendungsvorschlag der Geschäftsführung **nicht gebunden** (→ Rz. 10). Sie kann im vorstehenden Beispiel auf die vorgesehene Ausschüttung von 400 verzichten und eine Rückübertragung des Bilanzgewinns in die Gewinnrücklage nach § 29 Abs. 2 GmbHG beschließen.

Dazu stehen drei Rechtstechniken zur Verfügung:

1. Die Gesellschafterversammlung **verweigert** die Feststellung des Jahresabschlusses in der von der Geschäftsführung vorgeschlagenen Form und weist diese zur Änderung der Bilanzierung an (→ § 270 Rz. 11), um Letztere schließlich in der gewünschten Form festzustellen.
2. Die Gesellschafterversammlung **stellt** (unmittelbar) den Abschluss in der geänderten Form **fest,** umgeht also die Rückverweisung an die Geschäftsführung mit gleichem Ergebnis (sog. Änderungsfeststellung, analog § 173 Abs. 3 AktG).[1]
3. Die Gesellschafterversammlung stellt den Jahresabschluss in der von der Geschäftsführung präsentierten Form fest, weicht aber in der **Ergebnisverwendung** vom Geschäftsführungsvorschlag ab (§ 29 Abs. 2 GmbHG); beschließt z. B. eine über 400 hinausgehende Dividende bis maximal 1.000. Im Unterschied zu den beiden vorstehenden Varianten sind korrigierende Buchungen erst in neuer Rechnung vorzunehmen. Entsprechendes gilt, wenn die Hauptversammlung der AG nach § 170 Abs. 2 AktG einen Teil des oder den gesamten Bilanzgewinn in die Gewinnrücklage einstellt.

27 § 29 Abs. 1 Satz 2 GmbHG unterscheidet („oder") zwischen **Ergebnisverwendung** und **Rücklagenauflösung.** Für die Gewinnrücklage könnte man gleichwohl noch eine Ergebnisverwendung erkennen, wenn man die Einstellung aus dem Ergebnis **früherer** Geschäftsjahre als Spiegelbild ansieht. Die gesetzliche Begriffswahl der Ergebnisverwendung beschränkt sich allerdings auf das jeweilige Geschäftsjahr und steht insoweit in Übereinstimmung mit § 268 Abs. 1 HGB.

§ 29 Abs. 1 Satz 2 GmbHG nennt „Rücklagen" **allgemein,** umfasst daher auch Kapitalrücklagen i. S. des § 272 Abs. 2 HGB (→ § 272 Rz. 57 ff.). Diese erfahren im AktG eine detaillierte Behandlung, die unter Beachtung der Rechtsformspezifika auch für GmbHs Geltung beanspruchen kann.

1 Vgl. hierzu BFH, Urteil v. 22.8.2006 – I R 40/05, BStBl 2007 II S. 728, mit Kommentierung von *Hoffmann*, GmbHR 2007 S. 206.

2.2.3 „Zwangsrücklagen" bei AGs (und GmbHs)

An den Regelungsgehalt des § 272 Abs. 2 HGB zur **Kapitalrücklage** (→ § 272 Rz. 57 ff.) knüpfen die spezifischen Vorgaben zur Verwendung dieses Rücklagentyps bei Aktiengesellschaften in § 150 Abs. 2 und 3 AktG an (→ Rz. 7). Dies erfolgt im Zusammenspiel mit der **gesetzlichen** Rücklage gem. § 150 Abs. 1 AktG. Eine solche Rücklage kennt das GmbHG für die „reguläre" GmbH nicht, erlaubt aber eine vergleichbare durch **Satzungs**bestimmung. Entsprechendes gilt für bestimmte Personenhandelsgesellschaften (→ § 264c Rz. 43). Insbesondere geht es hier um – erfolgsneutrale – Buchungsschritte zum Ausgleich von Jahresfehlbeträgen und Verlustvorträgen. 28

Als weitere von **Gesetzes** wegen im Rahmen der **Bilanzerstellung** zu bildende Rücklagen sind zu nennen die Rücklage

- für Anteile an **herrschenden** oder mit **Mehrheit beteiligten** Unternehmen gem. § 272 Abs. 4 HGB (→ § 272 Rz. 85) sowie
- die für die **Unternehmergesellschaft** (haftungsbeschränkt) gem. § 5a GmbHG (→ § 270 Rz. 8).

Diesen Zwangsrücklagen kommt die Funktion einer **Ausschüttungssperre** zu; vgl. insoweit die förmliche Ausschüttungssperre nach Abs. 8 (→ Rz. 156 ff.).

In Ergänzung hierzu wird in §§ 152 und 158 AktG die **Gewinn**rücklage in diesen Rechnungslegungsbereich integriert. Dadurch kommt es in der Gesamtschau dieser drei Paragraphen des Aktiengesetzes zu einer umfassenden **Rücklagenveränderungsrechnung** („Rücklagenbewegung"), die zu einer **Eigenkapitalveränderungsrechnung** in tabellarischer Form („Eigenkapitalspiegel") als Anhangangabe ausgebaut werden kann. Ein solcher „Spiegel" ist für den Konzernabschluss vorgeschrieben (→ § 297 Rz. 94). Die Rücklagenveränderungsrechnung mündet wie diejenige in Abs. 1 Satz 2 in den **Bilanzgewinn** bzw. **-verlust.** Ein weiteres Mal zeigt sich die Ergebnisverwendungsrechnung des § 268 Abs. 1 Satz 2 HGB als Teilmenge der (bei der AG) vom Vorstand zu liefernden Ergebnisverwendungsrechnung (→ Rz. 22 f. und → Rz. 33). 29

Die umfassende Darstellung für Aktiengesellschaften ist den auf **Publikumsgesellschaften** ausgerichteten Gewinnverwendungsregeln in § 58 AktG zu verdanken (→ Rz. 54). Die Verwaltung – Vorstand und Aufsichtsrat – kann den Dividendenbezug der Aktionäre auf die Hälfte des Jahresüberschusses beschneiden. Diese sollen über die entsprechenden Gestaltungsschritte der Verwaltung im rechnerischen Detail aufgeklärt werden. 30

Das bei der **GmbH** weit höher ausgeprägte Machtpotenzial der Gesellschafterversammlung macht eine detaillierte Ergebnisverwendungsrechnung dort überflüssig. Gleichwohl empfiehlt sich auch für die GmbH im Falle der Bilanzierung **nach** Gewinnverwendung oder Rücklagenauflösung (→ Rz. 26) eine Überleitungsrechnung vom Jahresüberschuss zum Bilanzgewinn, um auch nach außen hin die **Übereinstimmung** der Ergebnisse von Bilanz und GuV zu dokumentieren (vgl. auch das Beispiel unter → Rz. 52). 31

BEISPIEL Weiterführung des Beispiels unter → Rz. 23.

Eigenkapitalausweis nach § 266 Abs. 3 HGB:

Gezeichnetes Kapital	1.000
Jahresüberschuss	400
Eigenkapital	1.400

Im Rahmen der Bilanzerstellung sollen vom Jahresüberschuss 200 in die Gewinnrücklage eingestellt werden.

Eigenkapitalausweis nach teilweiser Gewinnverwendung:

Gezeichnetes Kapital	1.000
Gewinnrücklage	200
Bilanzgewinn	200
Eigenkapital	1.400

GuV:

Jahresüberschuss	400
Einstellung in Gewinnrücklage	200
Bilanzgewinn	200

ABWANDLUNG DES BEISPIELS Der gesamte Jahresüberschuss soll in die Gewinnrücklage eingestellt werden.

Eigenkapitalausweis nach vollständiger Gewinnverwendung:

Gezeichnetes Kapital	1.000
Gewinnrücklage	400
Eigenkapital	1.400

GuV:

Jahresüberschuss	400
Einstellung in Gewinnrücklage	-400
Bilanzgewinn	0

32 Die Abwandlung belegt einmal mehr die – zu kurz gedachten – Gründe für die Ausklammerung der vollständigen Gewinnverwendung aus der Überleitungsrechnung auf den Bilanzgewinn nach Abs. 1 Satz 2 (→ Rz. 24). Der Inhalt der Rechnung ist in beiden Fällen der gleiche. Das belegt auch folgendes Beispiel in der weiteren Abwandlung des vorherigen Falls.

BEISPIEL Eigenkapitalausweis einer GmbH nach § 266 HGB:

Gezeichnetes Kapital	1.000
Gewinnvortrag	100
Jahresüberschuss	400
Eigenkapital	1.500

Der Jahresüberschuss soll vollständig in die Gewinnrücklage eingestellt werden.

Eigenkapitalausweis nach vollständiger Gewinnverwendung:

Gezeichnetes Kapital	1.000
Gewinnrücklage	400
Bilanzgewinn	100
Eigenkapital	1.500

GuV-Ausweis (nach § 158 AktG):

Jahresüberschuss	400
Gewinnvortrag	100
Einstellung in Gewinnrücklage	-400
Bilanzgewinn	100

Es kommt also nicht zu einer Weiterführung des Gewinnvortrags aus dem Vorjahr (vgl. hierzu auch das Rechenschema des § 158 AktG). Vielmehr ist der Gewinnvortrag in den Bilanzgewinn nach Abs. 1 Satz 2 Halbsatz 2 **„einzubeziehen"** und gesondert anzugeben (→ § 284 Rz. 40) – allerdings nicht bei Kleinstkapitalgesellschaften (→ § 267a) wegen des vereinfachten Gliederungsschemas (→ § 266 Rz. 10a).[1] Allerdings wird auch unter Bezugnahme auf das *„True-and-fair-view"*-Gebot (→ § 264 Rz. 15 ff.) eine Erstellung der Überleitungsrechnung gefordert.[2] Unseres Erachtens ist dem nur in großen Ausnahmefällen zu folgen, wenn sonst dem Abschlussadressaten ein X für ein U vorgemacht wird. Ansonsten sollte es bei den Vorbehalten in → § 267a Rz. 4 verbleiben. Im Übrigen wird auf die Diskussion unter → § 264 Rz. 20 verwiesen. 33

Im vorstehenden Beispiel – welches das Entstehen eines **Bilanzgewinns** auch bei **vollständiger** Gewinnverwendung belegen soll – ist die Einbeziehung in eine Nullgröße erfolgt, was logisch zwingend den Gewinnvortrag in einen Bilanzgewinn verwandelt.[3] Die identische Strukturierung der Überleitungsrechnung des § 158 AktG und der teilweisen oder vollständigen Gewinnverwendungsrechnung des Abs. 1 wird dadurch eindrucksvoll belegt (→ Rz. 29).

Zur Vervollständigung folgende Abwandlung zum vorherigen Beispiel unter → Rz. 32: 34

BEISPIEL Die Rücklagendotierung soll nur mit 200 erfolgen, also eine teilweise Gewinnverwendung erfolgen.

Eigenkapitalausweis nach teilweiser Gewinnverwendung:

Gezeichnetes Kapital	1.000
Gewinnrücklage	200
Bilanzgewinn (davon Gewinnvortrag 100)	300
Eigenkapital	1.500

GuV-Ausweis (nach § 158 AktG):

Jahresüberschuss	400
Gewinnvortrag	100
Einstellung in Gewinnrücklage	200
Bilanzgewinn	300

Im einfachen, aber praxishäufigen Fall eines Jahresfehlbetrags und fehlender Rücklagen in der Bilanz gibt es nichts zu „verwenden". Entsprechend entfällt eine Anhangangabe (→ § 285 Rz. 195).

Die Überleitung vom Jahresüberschuss zum Bilanzgewinn nach § 158 AktG oder dem daraus abgeleiteten Pendant für die GmbH wird mitunter als **„ergebniswirksam"** bezeichnet.[4] Diese Bezeichnung ist wohl der Überschrift des § 158 AktG „Vorschriften zur Gewinn- und Verlustrechnung" zu verdanken, ist allerdings hochgradig missverständlich. Wenn unter „Ergebnis" der ausgewiesene Jahresüberschuss bzw. -fehlbetrag definiert ist, sind die Rechenschritte des § 158 AktG ergebnis**un**wirksam (wie in dieser Kommentierung mehrfach dargestellt). Es handelt sich (vgl. → Rz. 4) ausschließlich um Buchungen innerhalb des Eigenkapitals **nach** Ermittlung des Jahresergebnisses. Entsprechend kann die Rücklagenbewegungsrechnung nach § 158 35

1 Vgl. *Fey et al.*, BB 2013 S. 109.
2 *Zwirner/Köhler*, DB 2016 S. 2005.
3 Vgl. *ADS*, 6. Aufl., § 268 Tz. 33.
4 Zum Beispiel bei *Störk/Taetzner* in Beck'scher Bilanz-Kommentar, 13. Aufl. 2022, § 270 Tz. 3.

AktG auch im **Anhang** erfolgen, wie dies in der Praxis regelmäßig geschieht. Eher passt hierzu der Begriff „Verlängerungsrechnung“ (→ Rz. 5).

3. Verbindlichkeitsausweis bei vollständiger Gewinnverwendung?

36 Die teilweise Ergebnisverwendung stellt sich in der bilanziellen Darstellung als **Teilmenge** der gesamten Ergebnisverwendung dar (→ Rz. 25), damit diese wiederum als Bestandteil der Rücklagenveränderungsrechnung ohne Berücksichtigung des GuV-Ergebnisses (→ Rz. 8) erfasst werden kann. Das gilt aber auch inhaltlich: In beiden Fällen kann es nicht um die Ergebnisermittlung gehen; die vollständige Ergebnisverwendung ist nicht als Anwendungsfall einer Ergebnisermittlung in Sondertatbeständen zu verstehen. Ebenso wenig stellt (bei der GmbH) ein während des Geschäftsjahres gefasster **Gesellschafterbeschluss** gem. § 29 Abs. 2 GmbHG über die Ausschüttung des gesamten Jahresüberschusses eine Ergebnisverwendung i. S. des Abs. 1 Satz 1 dar, weil diese die Aufstellung des Jahresabschlusses umfasst und somit in den Kompetenzbereich der **Geschäftsführung** nach § 42a Abs. 1 Satz 1 GmbHG fällt (→ Rz. 8), während die Gewinnausschüttung nur von den Gesellschaftern nach § 46 Nr. 1 GmbHG bzw. § 174 AktG beschlossen werden kann. Die dortige „Verwendung des Ergebnisses“ ist eine **inhaltlich andere** als diejenige des Abs. 1 Satz 1 (→ Rz. 10).[1]

37 Schon deswegen kommt die Begründung einer Verbindlichkeit gegenüber Gesellschaftern nach § 42 Abs. 3 GmbHG im Rahmen der Ergebnisverwendungsrechnung u. E. **nicht** in Betracht. Die Ausweisvorgaben in § 268 Abs. 1 Satz 2 HGB sehen einen solchen Posten nicht vor. Außerdem ist die Ergebnisverwendungsrechnung des § 268 Abs. 1 HGB innerhalb des **Eigenkapitals** – nicht der Verbindlichkeiten – vorzunehmen (→ Rz. 5). Das ergibt sich eindeutig aus der gesetzlichen Bezugnahme auf die wegfallenden Eigenkapitalposten des § 266 HGB nach Abs. 1 und indirekt aus der Gliederungsvorgabe des § 158 AktG (→ Rz. 7).

38 **BEISPIEL** Eigenkapitalausweis einer GmbH nach § 266 Abs. 3 HGB:

Gezeichnetes Kapital	1.000
Jahresüberschuss	400
Eigenkapital	1.400

Die Geschäftsführung schlägt die vollständige Ausschüttung des „Ergebnisses“ vor. Dazu stehen ihr folgende Bilanzierungsalternativen zur Verfügung:

- Bilanzierung vor Gewinnverwendung (wie oben) und
- Bilanzierung nach Gewinnverwendung (wie folgt):

Gezeichnetes Kapital	1.000
Bilanzgewinn	400
Eigenkapital	1.400

BEISPIEL GuV-Ausweis nach § 158 AktG:

Jahresüberschuss	400
Einstellung in den Bilanzgewinn	400
Verbleiben	0

1 Anderer Auffassung *ADS*, 6. Aufl., § 268 Tz. 32: Die Aufstellung der Bilanz unter vollständiger Ergebnisverwendung setzt „stets“ einen Gesellschafterbeschluss voraus.

Eigenkapitalausweis einer AG nach § 266 HGB:

Gezeichnetes Kapital	1.000
Gesetzliche Rücklage	100
Jahresüberschuss	400
Eigenkapital	1.500

Der Vorstand schlägt die vollständige Ausschüttung des „Ergebnisses" vor, was der Aufsichtsrat gem. § 172 AktG „billigt". Allerdings muss zuvor in der GuV oder im Anhang vom Jahresüberschuss auf den Bilanzgewinn übergeleitet werden (Bilanzierung nach Gewinnverwendung i. S. des § 268 Abs. 1 HGB), da die Hauptversammlung nur über diesen nach § 174 Abs. 1 AktG beschließen kann.

Die Überleitung beschränkt sich nach dem Rechenschema des § 158 Abs. 1 AktG auf die Feststellung einer Identität von Jahresüberschuss und Bilanzgewinn. Es genügt der klarstellende Ausweis in der Bilanz „Jahresüberschuss/Bilanzgewinn".

In beiden Beispielsfällen umfasst die vorgeschlagene und von den Gesellschaftern (unterstellt) akzeptierte Gewinnausschüttung das **vollständige** Ergebnis i. S. des Abs. 1, unabhängig davon, ob die Bilanzierung vor oder nach Gewinnverwendung erfolgt. 39

Im Falle der GmbH wäre – würde man den **Verbindlichkeits**ausweis bei vollständiger Gewinnverwendung als geboten erachten – ohne inhaltliche Veränderung bei Bilanzierung **vor** Gewinnverwendung ein Jahresüberschuss, **nach** Gewinnverwendung eine Verbindlichkeit auszuweisen (!), obwohl sich die Ergebnisverwendungsrechnung allgemein innerhalb des Eigenkapitals bewegt (→ Rz. 37). Der Buchungssatz „per Eigenkapital an Verbindlichkeit" – eine erfolgsneutrale Eigenkapitalveränderung – ist vom Gesetz für den Einzelabschluss (→ Rz. 43) nicht vorgesehen; außerdem hätten die GmbH-Gesellschafter nach § 29 Abs. 1 GmbHG keinen Anspruch auf eine „Verbindlichkeit".

Im Falle der AG wäre bei Richtigkeit des Verbindlichkeitsausweises vom Jahresüberschuss auf die gesetzlich in § 158 AktG nicht vorhandene Anspruchsgrundlage „Verbindlichkeit" der Aktionäre überzuleiten. Nach § 174 AktG gingen die Aktionäre ebenfalls leer aus. 40

Gegen einen Verbindlichkeitsausweis der vorgeschriebenen Dividende spricht außerdem die **gesellschaftsrechtliche** Grundlage für das (mögliche) Bestehen eines Dividendenanspruchs am Bilanz**stichtag** (→ § 252 Rz. 66). Dieser entsteht frühestens **nach Feststellung** des Jahresabschlusses und eines darauf beruhenden Gewinnausschüttungsbeschlusses, d. h. **nach** dem Bilanzstichtag.[1] Ein nach dem Abschlussstichtag gefasster Beschluss der Gesellschafter, den gesamten Jahresüberschuss auszuschütten, begründet daher am Abschlussstichtag noch keinen schuldrechtlichen Auszahlungsanspruch gegenüber der Gesellschaft und führt zum Ausweis eines Bilanzgewinns.[2] Auch der vor dem Bilanzstichtag gefasste Ausschüttungsbeschluss kann immer nur aufschiebend bedingt unter dem Vorbehalt einer entsprechenden Feststellung des Jahresabschlusses erfolgen und ist am Bilanzstichtag daher rechtlich noch nicht vorhanden. Die Feststellung ist damit auch ansatz**begründend** und nicht **-aufhellend** (→ § 252 Rz. 70). 41

Den gesetzlichen Rechnungslegungsregeln ist an keiner Stelle eine Ausweisvorgabe für die **Dividende** als **Verbindlichkeit** der Gesellschaft oder **Forderung** der Gesellschafter zu entnehmen. 42

1 Ausführlich mit gesellschaftsrechtlicher Begründung dargestellt im BFH-Urteil v. 23.4.1992 – II R 40/88, BStBl II S. 790.

2 Gleicher Auffassung *Moser/Siegel*, WPg 2017, S. 503 ff.

Im Gegenteil, die Aktionäre haben nach § 58 Abs. 4 bzw. § 174 AktG und die Gesellschafter nach § 29 Abs. 1 GmbHG lediglich einen Anspruch auf den Bilanzgewinn bzw. Jahresüberschuss, wie er in der Gesellschaftsbilanz ausgewiesen (und bezeichnet) ist. Eine Verbindlichkeit der Gesellschaft stellt entsprechend keine ausschüttbare Größe dar.

43 Die Verbindlichkeiten gegenüber GmbH-Gesellschaftern sind gem. § 42 Abs. 3 GmbHG als auf **schuldrechtlichen** Vorgängen beruhend anzusehen (→ Rz. 13), was aus der gemeinsamen Erwähnung mit Forderungen und Ausleihungen (gegen die Gesellschafter) abzuleiten ist (→ Rz. 37). Diese können nur aus erfolgsneutralen oder -wirksamen Buchungen außerhalb des Eigenkapitals entstehen, nicht dagegen aus erfolgsneutralen Eigenkapitalveränderungen (→ Rz. 39).

Schließlich ist nochmals an die unter → Rz. 32 dargestellten **übereinstimmenden Folgen** der vollständigen und teilweisen Gewinnverwendung zu erinnern, die zum Ausweis eines Bilanzgewinns und nicht einer Gesellschafterverbindlichkeit führen.[1]

44 Die Beschränkung des Dividendenanspruchs der GmbH-Gesellschafter auf den Bilanzgewinn bei teilweiser Gewinnverwendung gem. § 29 Abs. 1 Satz 2 GmbHG erklärt sich aus der beschränkten Perspektive des Gesetzgebers auf den ihm vorschwebenden Normalfall der – teilweisen – Rücklagendotierung (→ Rz. 24), die andere vorstehend mehrfach dargestellte Fälle der vollständigen Gewinnverwendung mit zwingendem Ausweis eines Bilanzgewinns ausblendet.

4. Vorabdividende

45 Nach einhelliger Auffassung im Schrifttum und in der Rechtsprechung[2] kann die **Gesellschafterversammlung** bereits vor Ablauf des Geschäftsjahres auf einen zu **erwartenden** – nicht auf **„den"** (→ Rz. 43) – Gewinn eine Ausschüttung beschließen und diese durchführen. Sollte der endgültige und festgestellte Jahresabschluss kein entsprechend ausreichendes Ausschüttungspotenzial ergeben, entstünde ein Rückforderungsanspruch der Gesellschaft gegenüber den Gesellschaftern. Der Bezug der **Vorabdividende** steht unter diesem Vorbehalt (→ Rz. 48).

46 Bei der Vorabdividende handelt es sich **nicht** um einen Ergebnisverwendungstatbestand i. S. des § 268 Abs. 1 HGB, weil Letzterer in die Kompetenz der **Geschäftsführung** fällt (→ Rz. 8), die Vorabausschüttung dagegen wie jeder Gewinnverwendungsbeschluss in diejenige der **Gesellschafterversammlung.** Daraus wird von der h. M. auf eine **Aufhebung des Wahlrechts** nach § 268 Abs. 1 HGB geschlossen, da die Ergebnisverwendung bereits vollzogen sei.[3] Diese Auffassung ist insofern nicht zwingend, als die Erstellungs- und Ausschüttungs**kompetenzen** der GmbH-Organe u. E. vermischt werden. Sie erscheint umgekehrt insoweit zutreffend, als im Ausschüttungsbeschluss konkludent eine (rechtlich mögliche) Anweisung der Gesellschafter-

1 Für einen Ausweis als Verbindlichkeit plädieren *Grottel/Waubke* in Beck'scher Bilanz-Kommentar, 13. Aufl. 2022, § 268 Tz. 8 f.; *ADS* in der 6. Aufl. unentschieden (§ 268 Tz. 31). Begründung: Vor Bilanzerstellung kann die Gesellschafterversammlung bereits über die Gewinnverwendung beschließen. Unseres Erachtens kann sinnvoll über nicht Vorhandenes nichts beschlossen werden. Nach § 29 Abs. 1 GmbHG haben die Gesellschafter Anspruch auf „den" Jahresüberschuss bzw. „den" Bilanzgewinn und nicht auf irgendeinen noch in den Sternen stehenden. Zum gleichen Ergebnis gelangt *Schießl*, StuB 2010 S. 585, für steuerliche Zwecke im Rahmen des § 7g Abs. 1 Nr. 1 EStG zur dortigen Begrenzung auf die Höhe des Betriebsvermögens.

2 Für viele *Baumbach-Hueck*, GmbHG, 18. Aufl., Tz. 60.

3 So z. B. *ADS*, 6. Aufl., § 268 Tz. 25; *Knop/Zander* in Küting/Pfitzer/Weber (Hrsg.), Handbuch der Rechnungslegung – Einzelabschluss, 5. Aufl., § 268 Tz. 12; *Grottel/Waubke* in Beck'scher Bilanz-Kommentar, 13. Aufl. 2022, § 268 Tz. 8.

versammlung an die Geschäftsführung zur entsprechenden Bilanzierung gesehen werden kann. Die bilanzielle Darstellung ist dann nach dieser Auffassung wie folgt vorzunehmen:

BEISPIEL Eigenkapitalausweis nach § 266 HGB (ohne Vorabdividende):

Gezeichnetes Kapital	1.000
Jahresüberschuss	400
Eigenkapital	1.400

Noch während des Geschäftsjahres ist eine Vorabdividende von 250 beschlossen und ausbezahlt worden. Danach stellt sich der Eigenkapitalausweis wie folgt dar:

Gezeichnetes Kapital	1.000
Bilanzgewinn	150
Eigenkapital	1.150

Der Eigenkapitalausweis **reduziert** sich i. H. der Vorabausschüttung, was aus buchhalterischer Sicht selbstverständlich ist. 47

Daraus nähren sich aber **Zweifel** an der unbesehenen Anwendung der Rechnungslegungsregeln für die teilweise Ergebnisverwendung nach Abs. 1 Satz 2 auf die Vorabausschüttung: Diese Regeln gehen von einem quantitativ unveränderten Eigenkapitalbestand – bestimmt durch die Ergebnisermittlung (→ Rz. 3) – aus. Nur die einzelnen Eigenkapitalkategorien dürfen nach Abs. 1 (durch das Bilanzerstellungsorgan) ohne Veränderung des Gesamtbetrags angebucht werden. In diese Systematik greift die Einbuchung der Vorabdividende u. E. unzulässig ein. Im Beispiel verändert sich der Eigenkapitalausweis von 1.400 auf 1.150.

Dem **gesellschaftsrechtlichen** Charakter nach stellt die im laufenden Geschäftsjahr ausgeschüttete Vorabdividende lediglich eine **Vorauszahlung** auf den nach Feststellung des Jahresabschlusses durch die Gesellschafter oder den Aufsichtsrat möglichen Gewinnverwendungsbeschluss dar. Zuvor besteht keine (unbedingte) Verpflichtung der Gesellschaft zur Auszahlung einer Dividende. Die tatsächlich erfolgte Auszahlung steht unter dem Vorbehalt des nach dem Stichtag zu ermittelnden Jahresergebnisses und der Erfüllung gesellschaftsrechtlich erforderlicher Akte (→ Rz. 45).[1] Eine Verbindlichkeit im bilanzrechtlichen Sinn liegt am Stichtag nicht vor (→ Rz. 41). Der Auszahlung der Vorabdividende kommt bilanzrechtlich der Charakter einer Anzahlung mit entsprechender Bezeichnung gem. § 265 Abs. 5 Satz 2 HGB zu (→ § 265 Rz. 39). Der Ausweis ist innerhalb des Umlaufvermögens vorzunehmen. 48

Die absolut h. M. gibt demgegenüber der Verbuchung innerhalb des **Eigenkapitals** den Vorrang. Auf das Beispiel unter → Rz. 46 wird verwiesen. Durch den Folgeausweis in der Bilanz erscheint dort **kein Jahresüberschuss** und nur ein um den Auszahlungsbetrag gekürzter Bilanzgewinn. Daraus wird ein publizitätspolitisches **Gestaltungsinstrument** für **kleinformatige GmbHs** abgeleitet:[2] Kleine Kapitalgesellschaften müssen keine GuV (mit Jahresüberschuss) und keinen Gewinnverwendungsvorschlag sowie -beschluss veröffentlichen (§ 326 HGB). Mit der durch die Vorabausschüttung umgestalteten Bilanz kann der Adressat der Publizität den Jahresüberschuss nicht mehr erkennen. Es verbleiben ihm als Einsichtsobjekt eine verkürzte Bilanz (ohne Jahresüberschuss) und ein reduzierter Anhang. Die Frage sei erlaubt, was dann die hunderttausendfache Veröffentlichung von verstümmelten Abschlussdaten kleiner GmbHs 49

1 OLG Hamm, Urteil v. 5.2.1992 – 8 U 159/91, GmbHR 1992 S. 456.

2 Vgl. *Sattler/Meeh*, DStR 2007 S. 1595, 1643; *Werner/Müller*, NWB F. 18 S. 925.

überhaupt noch an sinnvollem wirtschaftlichen Gehalt bieten kann. Dem Gläubigerschutz dient sie jedenfalls nicht.

50 Die vorstehenden Ausführungen zur im alten Jahr ausbezahlten Vorabdividende gelten „erst recht" für den Fall einer vor dem Bilanzstichtag beschlossenen und erst im neuen Jahr – vor Feststellung des Abschlusses – ausbezahlten Dividende.

5. Ausweistechnik, Vorjahresvergleich

51 Die beiden Möglichkeiten für die Erstellung der Bilanz nach Abs. 1 („vor" und „nach") provozieren die Frage nach der Beachtung des **Stetigkeits**gebots – § 246 Abs. 3 HGB für den Ansatz (→ § 246 Rz. 402), § 252 Abs. 2 HGB für die Bewertung (→ § 252 Rz. 209). Die Ausweisalternative bewegt sich u. E. **innerhalb** des Eigenkapitals (→ Rz. 47). Das Eigenkapital stellt keinen Vermögensgegenstand/keine Schuld dar, sondern ist lediglich eine **Residualgröße,** die sich nach Gegenüberstellung aller Vermögensgegenstände und Schulden und anderer Bilanzposten ergibt. Deshalb ist das Stetigkeitsgebot des § 246 Abs. 3 HGB nicht einschlägig. Erst recht gilt dies für die Bewertung (§ 252 Abs. 2 HGB), Eigenkapital kann nicht bewertet werden. Das Stetigkeitsgebot für den Ansatz kann sich allerdings dann stellen, wenn man mit der h. M. die Dividende unter bestimmten Voraussetzungen als Verbindlichkeit ausweisen will (→ Rz. 36 ff.).

52 Beachtlich ist dagegen das **Beibehaltungsgebot** nach § 265 Abs. 1 HGB für die Darstellung (→ § 265 Rz. 6). Dort ist indes eine Ausnahme „wegen besonderer Umstände" vorgesehen. Unseres Erachtens ist beim Wahlrecht auf oder bei der Pflicht (→ § 270 Rz. 2) zur Bilanzierung vor oder nach (teilweiser) Gewinnverwendung ein solcher „besonderer" Umstand gegeben. Die Frage ist dann, wie die **Vorjahresausweise** nach § 265 Abs. 2 HGB (→ § 265 Rz. 19) darzustellen sind.

BEISPIEL ▸ Bilanzen einer GmbH nach §266 Abs. 3 HGB:

	31.12.01	31.12.02
Gezeichnetes Kapital	1.000	1.000
Verlustvortrag		200
Jahresfehlbetrag	200	
Jahresüberschuss		400
Eigenkapital	800	1.200

Verbleibt es bei der Bilanzierung vor Gewinnverwendung, bedarf es keiner Änderung der Postenbezeichnung. Das Ergebnis wird zum 31.12.02 in der Zeile „Jahresüberschuss" (im Vorjahr mit -fehlbetrag) ausgewiesen.

Will die Geschäftsführung für 02 eine Dividende von 100 und Einstellung des „Rests" in die Gewinnrücklage vorschlagen, ist der Gewinnverwendungsvorschlag wie folgt zu formulieren:

Wir schlagen folgende Verwendung des Jahresüberschusses vor:

Tilgung des Verlustvortrags	200
Einstellung in Gewinnrücklage	100
Dividende	100
Jahresüberschuss	400

Der Bilanzausweis kann für 02 nach Gewinnverwendung mit Vorjahresvergleich wie folgt dargestellt werden:

	31.12.01	31.12.02
Gezeichnetes Kapital	1.000	1.000
Gewinnrücklage		100
Jahresfehlbetrag	200	
Bilanzgewinn (darin enthaltener Verlustvortrag 200)		100
Eigenkapital	800	1.200

Sinnvollerweise – für GmbHs aber nicht zwingend (→ Rz. 31) – wird in der GuV für 02 vom Jahresüberschuss auf den Bilanzgewinn übergeleitet:

	01	02
Jahresfehlbetrag/-überschuss	200	400
Tilgung des Verlustvortrags		200
Einstellung in Gewinnrücklage		100
Bilanzgewinn		100

Regelmäßig, nicht zwingend, werden die Werte für den aktuellen Abschluss in der linken Spalte dargestellt.

Auf ein weiteres Beispiel unter → § 270 Rz. 10 wird verwiesen.

Die Darstellung der Ergebnisverwendungsrechnung kann **wahlweise** in der Bilanz oder im Anhang erfolgen.

6. Rechtsfolge (Abs. 1 Satz 2)

All die vorstehend dargestellten Arten der Ergebnisverwendungsrechnung führen zu einem **Überleitungserfordernis** vom Jahresüberschuss zum Bilanzgewinn. Die vorstehenden Kommentierungen liefern verschiedene Beispiele. Der Buchungssatz muss immer im Soll den gesamten **Jahresüberschuss** erfassen, um dann im Haben zumindest den Bilanzgewinn oder zusätzlich noch z. B. die Gewinnrücklagen anzubuchen. 53

Sofern ein Jahresfehlbetrag „verwendet" wird (genauer: als unschön in der Bilanz wirkend beseitigt werden soll), ist beispielsweise zu buchen: „per Gewinnrücklage an Jahresfehlbetrag" (bei „Verwendung" des Jahresfehlbetrags gesamthaft) oder „per Gewinnrücklage an Teil-Jahresfehlbetrag", worauf sich der verbleibende Jahresfehlbetrag in einen Bilanzgewinn oder -verlust verwandelt. Ein Gewinn- oder Verlustvortrag ist dann nach Abs. 1 Satz 2 Halbsatz 2 in den Bilanzgewinn einzubeziehen.

BEISPIEL

Gewinnvortrag	100
Jahresüberschuss	800
Einstellung in Gewinnrücklage	300
Bilanzgewinn (davon Gewinnvortrag 100)	600
Gewinnvortrag	100
Jahresfehlbetrag	-800
Entnahme aus Gewinnrücklage	300
Bilanzverlust (davon Gewinnvortrag 100)	-400

Auf die weiteren Beispiele unter → Rz. 21 ff. wird verwiesen.

54 Bei Aktiengesellschaften wird in der Praxis fast ausschließlich vom Jahresüberschuss auf den Bilanzgewinn übergeleitet. Dies ist vor allem der Vorgabe des § 58 Abs. 4 AktG i.V. mit Abs. 2 AktG zu verdanken, der wiederum dem **Interessenausgleich** zwischen Gesellschaft und Gesellschafter einer Publikumsgesellschaft dient. Die Verwaltungsorgane dürfen höchstens die Hälfte des Jahresüberschusses den Aktionären vorenthalten (→ Rz. 30). Bei Familien- oder gar Ein-Personen-Aktiengesellschaften kommt diesem Gedanken kaum oder keine Bedeutung zu. **Ausschüttbar** ist bei schon erfolgter Dotierung der gesetzlichen Rücklagen auch der **Jahresüberschuss** einer AG. Für die GmbH gilt dies ebenso. Der Überleitung auf den Bilanzgewinn bedarf es nicht, andererseits ist sie zulässig bei gleicher Anspruchsfolge für die Aktionäre (Gesellschafter).

54a Das BilRUG (→ § 264 Rz. 37d) hat den § 268 Abs. 1 HGB redaktionell angepasst. Die Darstellung der Gewinnverwendung kann (durch BilRUG) unverändert in der Bilanz **oder** im Anhang erfolgen. Auf → § 285 Rz. 195 wird verwiesen.

7. Sonderfälle

7.1 Steuerlatenz aus Zugangsbuchungen

55 In bestimmten Fällen können Zugangsbuchungen mit Unterschiedsbeträgen zwischen Handels- und Steuerbilanz zu Steuerlatenzen führen, die **nicht ergebniswirksam** ausfallen (sollen). Dann bleibt u.U. nur eine Gegenbuchung im Eigenkapital, die nicht in das Schema der Gewinnverwendungsrechnung „passt".

Beispiele für solche Zugangsbuchungen sind

- Tauschgeschäfte (→ § 255 Rz. 61),
- gesellschaftsrechtliche Einbringungsvorgänge (→ § 255 Rz. 69) sowie
- Einlagen (→ § 246 Rz. 195).

Die Kommentierung ist unter → § 274 Rz. 25 erfolgt.

7.2 Wertaufholungszuschreibungen

56 Nach § 58 Abs. 2a Satz 2 AktG und § 29 Abs. 4 GmbHG können als Sonderausweis oder unter Anhangangabe (→ § 284 Rz. 39) Wertaufholungen mit ihrem Eigenkapitalanteil – nach Kürzung um latente Steuern – direkt (ohne Berührung der GuV) in die Gewinnrücklage eingestellt werden (→ § 253 Rz. 256).

7.3 Inkongruente Gewinnausschüttungen im Steuerrecht

56a Der BFH erkennt in ständiger Rechtsprechung die Zulässigkeit einer sog. inkongruenten Gewinnausschüttung zusammen mit einer inkongruenten Wiedereinlage steuerlich an.[1] Darin sei auch dann kein Gestaltungsmissbrauch i. S. des § 42 AO zu erkennen, wenn andere als steuerliche Gründe für solche Maßnahmen nicht vorliegen. Die Gestaltung zielt in aller Regel auf die Verrechnung der Dividende mit Verlustvorträgen eines der Gesellschafter. **Inkongruent** heißt: Die Gewinnausschüttungsquote weicht von der Beteiligungsquote am Nennkapital ab.

1 Beginnend mit dem BFH-Urteil v. 19.8.1999 – I R 77/96, BStBl 2001 II S. 43.

Die Finanzverwaltung hat sich nach längerem Zögern mit dieser Rechtsfindung des BFH einverstanden erklärt und dazu Detailvorgaben unterbreitet:[1] Die vom Nennkapital quotal abweichende Gewinnverteilung muss **zivilrechtlich wirksam** bestimmt sein. Das bedeutet für die

- Gesellschaft mit beschränkter Haftung:
- Im Gesellschaftsvertrag wurde gem. § 29 Abs. 3 Satz 2 GmbHG ein anderer Maßstab der Gewinnverteilung als das Verhältnis der Geschäftsanteile festgesetzt. Bei nachträglicher Satzungsänderung ist diese Regelung nach § 53 Abs. 3 GmbHG mit Zustimmung aller beteiligten Gesellschafter möglich.
- Der Gesellschaftsvertrag enthält anstelle eines konkreten Verteilungsmaßstabs eine Öffnungsklausel; der zufolge kann alljährlich entweder mit Zustimmung der beeinträchtigten Gesellschafter oder einstimmig über eine von der satzungsmäßigen Regelung abweichende Gewinnverteilung beschlossen werden, wenn dieser Beschluss mit der in der Satzung bestimmten Mehrheit erfolgt.
- Aktiengesellschaft:
- In der Satzung ist gem. § 60 Abs. 3 AktG eine vom Verhältnis der Anteile am Grundkapital abweichende Gewinnverteilung festgelegt. Eine nachträgliche Satzungsänderung zu diesem Zweck bedarf gem. § 179 Abs. 3 AktG der Zustimmung der benachteiligten Aktionäre. Eine Öffnungsklausel allein in der Satzung für eine von der gesetzlichen Gewinnverteilung abweichende Gewinnausschüttungsquote soll der Finanzverwaltung zufolge für die Wirksamkeit der inkongruenten Gewinnausschüttung nicht ausreichen.

Die rein zivilrechtliche Untermauerung der Inkongruenz in einem Gewinnverteilungsbeschluss genügt der Finanzverwaltung allerdings nicht. Zu beachten bleibt die Vorgabe des § 42 Abs. 2 AO, d. h., es ist doch wieder die **Missbräuchlichkeit** in der Vorgehensweise zu prüfen, wenn diese zu einem gesetzlich nicht vorgesehenen Steuervorteil führt. Ein Missbrauch soll dann nicht anzunehmen sein, wenn für die vom gesetzlichen Verteilungsschlüssel abweichende Gewinnverteilung beachtliche wirtschaftlich vernünftige außersteuerliche Gründe nachgewiesen werden. Eine entsprechende Prüfung muss das Finanzamt unter Beachtung der Umstände des Einzelfalls vornehmen. Das Indiz für einen Missbrauch sieht die Finanzverwaltung in einer nur kurzfristigen Geltung der Gewinnverteilungsabrede oder in einer wiederholten Änderung. Demgegenüber hat der BFH die Inkongruenz der Gewinnausschüttung generell als „missbrauchsfrei" gewertet.

(einstweilen frei) 57–58

8. Gesellschaftsrechtliche Anknüpfungspunkte zur Abschlussfeststellung, -billigung und Gewinnverwendung

8.1 AG, KGaA, SE

8.1.1 Prüfung des Aufsichtsrats

8.1.1.1 Vorlage an den Aufsichtsrat (§ 170 AktG)

Der Vorstand hat nach § 170 Abs. 1 AktG den Jahresabschluss und Lagebericht, ggf. den Einzel- 59
abschluss nach § 325 Abs. 2a HGB (→ § 325 Rz. 25) sowie als Mutterunternehmen den Kon-

1 BMF, Schreiben v. 17.12.2013, DB 2014 S. 23.

zernabschluss dem **Aufsichtsrat** vorzulegen. Entsprechendes gilt nach § 170 Abs. 2 AktG für einen Gewinnverwendungsvorschlag des Vorstands zu Händen der Hauptversammlung in folgender Gliederung:

- Verteilung an die Aktionäre nach § 58 Abs. 4 AktG (+)
- Einstellung in Gewinnrücklage (+)
- Gewinnvortrag (+)
- Bilanzgewinn =

Seitens des Abschlussprüfers sind dem Aufsichtsrat als Organ der Erteilung des Prüfungsauftrags (→ § 318 Rz. 22) die Prüfungsberichte vorzulegen (→ § 321 Rz. 86). Jedes Aufsichtsratsmitglied kann von diesen Unterlagen **Kenntnis nehmen** (§ 170 Abs. 3 Satz 1 AktG). Diese Kenntnisnahme ist von minderer Intensität geprägt als eine solche nach **Übermittlung** dieser Unterlagen an jedes Aufsichtsratsmitglied oder nach entsprechendem Aufsichtsratsbeschluss an die Mitglieder eines Prüfungsausschusses i. S. des § 107 Abs. 3 Satz 2 AktG (→ Rz. 62).

8.1.1.2 Inhalt der Prüfungspflicht (§ 171 Abs. 1 AktG)

60 Der Sinn dieser Vorlagen an den Aufsichtsrat besteht in der Verschaffung der **Prüfungs**möglichkeit des Jahres- und Konzernabschlusses entsprechend der Verpflichtung nach § 171 Abs. 1 Satz 1 AktG. Dies Prüfung ergänzt bei sog. Pflichtprüfungen (→ § 316 Rz. 1) diejenige des Abschlussprüfers bzw. Konzernabschlussprüfers. Beide Prüfungsorgane sollen nach den Vorstellungen des Gesetzgebers in der Prüfungstätigkeit **zusammenarbeiten.** Deshalb muss nach § 171 Abs. 1 Satz 2 AktG der Abschlussprüfer an der sog. Bilanzsitzung des Aufsichtsrats oder des Prüfungsausschusses i. S. des § 107 Abs. 3 Satz 2 AktG (→ Rz. 62) teilnehmen und über den Prüfungsbericht hinaus über die wesentlichen Prüfungsergebnisse berichten. **Zusätzlich** hat der Abschlussprüfer nach § 171 Abs. 1 Satz 3 AktG über mögliche Befangenheitsumstände und über Leistungen jenseits der Abschlussprüfung zu informieren (→ § 275 Rz. 111 ff.).

61 Die Abschlussprüfung durch den Aufsichtsrat muss notwendig von anderer Art und Intensität gegenüber derjenigen des gesetzlichen **Abschlussprüfers** (→ § 318 Rz. 6 ff.) sein. In einer „Sitzung" kann nicht durch vielfach wenig fachkundige Aufsichtsratsmitglieder das Prüfungsvolumen einer WP-Gesellschaft mit 1.000 und mehr Arbeitsstunden des Prüfungsteams i. S. einer Doppelprüfung abgearbeitet werden. Zu den handelnden Personen der Gesellschaft jenseits des Vorstands hat der Aufsichtsrat praktisch keinen Zugang.

Der Inhalt der Prüfung des Aufsichtsrats muss sich an seiner Zielsetzung orientieren. Diese besteht in der Feststellung (→ Rz. 67) bzw. Billigung (→ Rz. 64) des Abschlusses. Gefragt ist also zuvörderst die Kompetenz des Abschlussprüfers,[1] derer sich der Aufsichtsrat in der nötigen Intensität – d. h. außerhalb von Sitzungen mit halbstündiger Behandlung des Abschlusses – widmen sollte. Sinnvoll kann dies nur durch einen **Prüfungsausschuss** des Aufsichtsrats (→ Rz. 62) erfolgen. Dazu muss sich der Aufsichtsrat mit den **bilanzpolitischen** Einflussnahmen des Vorstands auf den Jahresabschluss befassen und – anders als der Abschlussprüfer (→ § 321 Rz. 62) – die **Zweckmäßigkeit** der Bilanzierung prüfen.[2] Dazu bedarf es auch entsprechender Informationen durch den Abschlussprüfer, die sich u. E. insbesondere auf die Ausübung von Ermessensentscheidungen konzentrieren sollten.

1 Vgl. *Strenger*, WPg 4/2010 S. I.
2 Vgl. *Velte*, StuB 2010 S. 451.

Außerdem ist der Aufsichtsrat zur Prüfung des **Gewinnverwendungsvorschlags** des Vorstands prädestiniert, da dieser nicht der Abschlussprüfung unterliegt.

Der Inhalt der Prüfung des Aufsichtsrats zum Jahres- und Konzernabschluss mit Lagebericht wird auch von der **Fachkenntnis** der Mitglieder bestimmt. Eine gesetzliche Konkretisierung der erforderlichen Fachkenntnis gibt es nicht. Der Gesetzgeber begnügt sich – muss sich begnügen (?) – mit dem Hinweis auf die Sorgfalt eines ordentlichen und gewissenhaften Aufsichtsrats in § 116 i.V. mit § 93 AktG. Inwieweit die Fachkunde auf dem Gebiet der Rechnungslegung ausgeprägt sein muss, um diesem Sorgfaltsgebot Genüge zu tun, entzieht sich einer näheren Konkretisierung. 62

Allzu hoch dürften u. E. die Maßstäbe nicht angesetzt werden. Das lässt sich aus der möglichen Einrichtung eines **Prüfungsausschusses** nach § 107 Abs. 3 Satz 1 AktG ableiten, für den nur **ein** Mitglied nach § 107 Abs. 4 AktG über „Sachverstand auf den Gebieten der Rechnungslegung und Abschlussprüfung" verfügen muss, an den nicht zu hohe Anforderungen gestellt werden dürfen.[1] Wenn dies bei den übrigen Mitgliedern des Prüfungsausschusses nicht verlangt wird, darf bei den restlichen Aufsichtsratsmitgliedern keine höhere Messlatte angesetzt werden. An diese sieht das Gesetz in § 170 Abs. 3 AktG keine pflichtmäßige Übermittlung der zur Prüfung des Abschlusses erforderlichen Unterlagen vor, sofern der Aufsichtsrat die Übergabe an die Ausschussmitglieder beschlossen hat (→ Rz. 59). Insofern bleibt es bei der Ironie: Die Prüfung des Jahresabschlusses durch den Aufsichtsrat besteht in der Kunst, „die Ordnungs- und Zweckmäßigkeit des Jahres- und Konzernabschlusses innerhalb von 30 Minuten zu beurteilen".[2]

Im Übrigen haben sich die Aufsichtsratsmitglieder bei ihrer Überwachungstätigkeit mit einer Vielzahl anderer und wichtigerer Unternehmensbereiche als der Rechnungslegung zu befassen. Die **Hauptaufgabe** der Unternehmung und dessen Führung besteht nicht in der Rechnungslegung.[3]

Sofern die AG keiner Pflichtprüfung unterliegt (→ § 316 Rz. 2) – typische Beispiele sind die Holding-AG mit wenigen Mitarbeitern und keinen Umsatzerlösen (→ § 318 Rz. 32) sowie die Tochtergesellschaft im Regelungsbereich des § 264 Abs. 3 HGB (→ § 264 Rz. 38 ff.) –, muss der Aufsichtsrat gleichwohl in die Prüfung des Abschlusses etc. eintreten, ohne die Lücke des gesetzlichen Abschlussprüfers auszufüllen. Deshalb ist vom Aufsichtsrat in diesen Fällen keine intensivere Prüfung zu erwarten als bei bestehender Pflichtprüfung. 63

8.1.1.3 Berichterstattung (§ 171 Abs. 2 AktG)

Über das **Ergebnis** seiner Prüfung muss der Aufsichtsrat an die Hauptversammlung **schriftlich** berichten. Dazu bedarf es eines förmlichen **Beschlusses** des Aufsichtsrats mit eigenhändiger **Unterzeichnung** durch den **amtierenden** Aufsichtsratsvorsitzenden.[4] Die äußere Gestaltung des Berichts schreibt das Gesetz nicht vor, wohl aber die Inhalte: 64

- **Ergebnis** der Prüfung des Abschlusses, des Lageberichts und des Gewinnverwendungsvorschlags (Abs. 2 Satz 1);

1 OLG München, Beschluss v. 28.4.2010 – 23 U 5517/09, DB 2010 S. 1281; kritisch hierzu *Freidank/Velte* (DB 32/2010, Gastkommentar), die höhere Anforderungen an den „Sachverstand" des unabhängigen Mitglieds stellen.

2 Hakelmachers ABC der Finanzen und Bilanzen, 4. Aufl. 2005, S. 170.

3 Zu höheren Anforderungen an die Prüfungstätigkeit der Aufsichtsratsmitglieder tendierend *Buhlein/Krowas*, DB 2010 S. 1165.

4 BGH, Urteil v. 21.6.2010 – II Z R 24/09, DB 2010 S. 1697.

- Mitteilung über **Art** und **Umfang** der Geschäftsführungsprüfung während des Geschäftsjahres (Abs. 2 Satz 2 Halbsatz 1);
- bei börsennotierten Gesellschaften (→ § 264d Rz. 1) eine Information über die gebildeten **Ausschüsse,** die Anzahl von deren **Sitzungen** und die Anzahl der **Sitzungen** des Aufsichtsrats selbst (Abs. 2 Satz 2 Halbsatz 2);
- Stellungnahme zum (ggf.) vorliegenden Prüfungsergebnis des **Abschlussprüfers** (Abs. 2 Satz 3);
- am Schluss des Berichts sind etwaige **Einwendungen** zum Prüfungsgegenstand zu erklären und ist ggf. die **Billigung** des vom Vorstand vorgelegten Jahresabschlusses auszusprechen (Abs. 2 Satz 4).

Für den **Konzernabschluss** eines Mutterunternehmens (→ § 290 Rz. 3) ist der vorstehend dargestellte Berichtsinhalt entsprechend zu gestalten (Abs. 2 Satz 5).

Die Berichterstattung des Aufsichtsrats sollte nicht durch Ausführlichkeit zu Selbstverständlichkeiten glänzen.[1]

[2] Wenn allerdings Einwendungen erhoben werden und die Billigung des Jahresabschlusses nicht erfolgt, ist **Gründlichkeit** in der Berichterstattung angezeigt.

8.1.1.4 Fristenvorgaben mit Rechtsfolgen (Abs. 3)

65 Der Prüfungsbericht ist innerhalb eines **Monats** nach Zugang der Unterlagen (→ Rz. 59) dem Vorstand zuzuleiten (Abs. 3 Satz 1). Wird diese Frist nicht eingehalten, hat der Vorstand dem Aufsichtsrat unverzüglich eine **weitere** Monatsfrist zu setzen (Abs. 3 Satz 2). Ohne Zuleitung des Berichts innerhalb dieser Nachfrist gilt der Jahres- und Konzernabschluss als **nicht** gebilligt (Abs. 3 Satz 3).

8.1.1.5 Einzelabschluss nach § 325 Abs. 2a HGB (Abs. 4)

66 Für den IFRS-Einzelabschluss (→ § 325 Rz. 25) gelten die Vorgaben des § 171 Abs. 1 bis 3 AktG entsprechend (Abs. 4 Satz 1). Eine Offenlegung i. S. des § 325 HGB (→ § 325 Rz. 5 ff.) des Einzelabschlusses ist erst nach Billigung durch den Aufsichtsrat zulässig (Abs. 4 Satz 2).

Die Vorschriften zum IFRS-Einzelabschluss sind ohne praktischen Anwendungsbereich, da diesen niemand erstellt (→ § 324a Rz. 3).

8.1.2 Feststellung des Jahresabschlusses, Gewinnermittlung

8.1.2.1 Feststellung durch den Aufsichtsrat (§ 172 AktG)

67 Kaum jemals wird durch Vorstand **und** Aufsichtsrat die Feststellung des Jahresabschlusses der Hauptversammlung überantwortet. In aller Regel genügt zur Feststellung die Billigung durch den **Aufsichtsrat** (→ Rz. 64). Dabei ist der Aufsichtsrat an den erstellten Abschluss **gebunden.** Er kann billigen oder nicht, aber – anders als die Hauptversammlung (→ Rz. 63) – nicht anders erstellen.

1 Tendenziell a. A. die Rechtsprechung LG München I, Urteil v. 10.3.2005 – 5 HK O 18110/04, DB 2005 S. 878.
2 OLG München v. 25.7.2005, AG 2006 S. 592; OLG Stuttgart v. 15.3.2006, WM 2006 S. 863.

Durch die Feststellung entsteht ein Jahresabschluss im **Rechtssinne** (→ § 245 Rz. 13), zuvor handelt es sich nur um eine Art Entwurf. Die Feststellung des Jahresabschlusses ermöglicht der Hauptversammlung eine Verwendung des Bilanzgewinns nach § 174 Abs. 1 AktG (→ Rz. 72).

Die Billigung des **Konzern**abschlusses bzw. des **Einzel**abschlusses nach § 325 Abs. 2a HGB führt **nicht** zu einer **Feststellung,** da eine solche gesellschaftsrechtlich nicht benötigt wird, insbesondere nicht zur Ermöglichung einer Gewinnausschüttung. 68

8.1.2.2 Feststellung durch die Hauptversammlung (§ 173 AktG)

Die seltenen Fälle der Abschlussfeststellung bei der AG durch die Hauptversammlung werden verursacht (Abs. 1) durch 69

- gemeinsamen Beschluss von Vorstand und Aufsichtsrat;
- Nichtbilligung des Jahresabschlusses durch den Aufsichtsrat, auch bei nicht rechtzeitiger Vorlage (→ Rz. 65), oder
- Nichtbilligung des Konzernabschlusses durch den Aufsichtsrat des Mutterunternehmens.

Die Hauptversammlung kann den Jahresabschluss neu erstellen, muss dabei (selbstverständlich) die Rechnungslegungsregeln beachten (Abs. 2 Satz 2) und kann die Gewinnrücklagen nur nach den Vorgaben des Gesetzes (→ § 272 Rz. 79 ff.) oder der Satzung nach § 158 Abs. 1 Satz 1 Nr. 4c AktG dotieren, eine höhere Rücklagenzuführung allerdings im Gewinnverwendungsbeschluss nachholen. 70

Bei Änderung des Jahresabschlusses durch die Hauptversammlung muss durch den gewählten (nicht neu zu bestimmenden) Abschlussprüfer eine Nachtragsprüfung (→ § 316 Rz. 12 ff.) erfolgen (Abs. 3). Diese erfolgt unter **Zeitdruck**, weil die entsprechenden Hauptversammlungsbeschlüsse nur bei Erteilung des uneingeschränkten Bestätigungsvermerks bzgl. der Änderung binnen zwei Wochen seit Beschlussfassung ihre Rechtsgültigkeit erfahren. Wird diese Frist versäumt, liegt kein festgestellter Jahresabschluss vor; entsprechend kann keine Gewinnausschüttung rechtswirksam erfolgen. 71

Bei der **KGaA** stellt stets die Hauptversammlung im Einvernehmen mit dem persönlich haftenden Gesellschafter den Jahresabschluss fest (§ 286 Abs. 1 AktG).

8.1.3 Gewinnverwendung (§ 174 AktG)

(Nur) auf der Grundlage des festgestellten Jahresabschlusses und des dort ausgewiesenen Bilanzgewinns kann die Hauptversammlung – und nur sie – den Gewinnverwendungsbeschluss fassen (Abs. 1). 72

Zur Verwendung des Bilanzgewinns (→ Rz. 10) eröffnet das Gesetz in § 174 Abs. 2 AktG folgende Posten, die regelmäßig wie folgt darzustellen sind:

► Ausschüttung an die Aktionäre	600
► Einstellung in die Gewinnrücklage	400
► Vortrag auf neue Rechnung	10
► Bilanzgewinn	1.010

73 Zwei **Besonderheiten** sind beachtlich:

- der „auszuschüttende ... **Sachwert**" (gemeint ist die Sachdividende) (→ § 252 Rz. 196 ff.) sowie
- „der **zusätzliche Aufwand** aufgrund des Beschlusses".

Angesprochen ist mit dem letzten Punkt der mögliche zusätzliche Steueraufwand (oder -ertrag) aufgrund des Beschlusses, wie er nach dem **früheren** Anrechnungsverfahren anfallen konnte. Aktuell kann es allenfalls bei dividendenabhängigen Vergütungen zu zusätzlichem Aufwand oder Ertrag kommen.

Der Jahresabschluss wird mit dem Gewinnverwendungsbeschluss nicht geändert.

8.2 GmbH

8.2.1 Kompetenz des Aufsichtsrats

74 Bei pflichtmäßiger Aufsichtsratsbestellung – z. B. nach § 77 BetrVG 1952, § 25 MitbestG 1976 – gelten die Rechte und Pflichten nach §§ 170 bis 172 AktG sinngemäß (→ Rz. 59 ff.). Insbesondere durch die Abschlusserstellung kann der Aufsichtsrat in die Gewinnverteilungskompetenz der Gesellschafter (→ Rz. 79) eingreifen. Entsprechendes schreibt § 52 Abs. 1 GmbHG für den **fakultativen** Aufsichtsrat vor, sofern nicht im Gesellschaftsvertrag anderes bestimmt ist.

8.2.2 Kompetenz der Gesellschafterversammlung

8.2.2.1 Feststellung des Abschlusses (§ 42a GmbHG)

75 Das Gesetz orientiert sich als Regelfall an der **aufsichtsratsfreien** GmbH. Die Geschäftsführer haben den Jahresabschluss mit Lagebericht den Gesellschaftern zur Feststellung des Jahresabschlusses vorzulegen (Abs. 1 Satz 1). Bei Prüfungspflicht („ist") betrifft die Vorlagepflicht auch den **Prüfungsbericht**, der nach Eingang zusammen mit Jahresabschluss und Lagebericht unverzüglich vorzulegen ist (Abs. 1 Satz 2). Gesetzlich nicht geregelt ist die Vorlagepflicht eines Berichts über die **freiwillige** Abschlussprüfung, u. E. ist sie zu bejahen. Bei Bestellung des Aufsichtsrats ist auch dessen Prüfungsbericht (→ Rz. 64) den Gesellschaftern auszuhändigen (Abs. 1 Satz 3).

8.2.2.2 Fristenregelung, auch für die Ergebnisverwendung

76 In Abs. 2 setzt das Gesetz eine nicht abdingbare Frist zur **Feststellung**

- für kleine Gesellschaften (→ § 267 Rz. 14): elf Monate,
- für die übrigen Gesellschaften: acht Monate.

Diese Fristenvorgabe gilt auch für die **Ergebnisverwendung** (→ Rz. 10). Diese umfasst den Inhalt von § 174 AktG (→ Rz. 72), kann also auch eine Rücklagendotierung vorsehen. Explizit sieht dies § 29 Abs. 2 GmbHG vor (→ Rz. 80).

8.2.2.3 Teilnahme des Abschlussprüfers (Abs. 3)

77 Die Feststellung durch die Gesellschafter soll wie nach § 171 Abs. 1 AktG (→ Rz. 60) von der Teilnahme des **Abschlussprüfers** begleitet werden. Eine eigenständige Prüfungspflicht trifft die Gesellschafter allerdings nicht. Diese Teilnahme ergibt nur Sinn, wenn den Abschlussprüfer auch eine **Auskunftspflicht** trifft. Diese beschränkt sich auf den Inhalt der Prüfungstätigkeit.

8.2.2.4 Anwendung auf Konzern- und Einzelabschluss (Abs. 4)

Die Vorlage und andere Pflichten nach Abs. 1 bis 3 gelten auch für Zwecke der Billigung eines **Konzernabschlusses** durch eine Mutter-GmbH (→ § 290 Rz. 1) sowie für den Einzelabschluss nach § 325 Abs. 2a HGB (→ § 325 Rz. 25). 78

8.2.3 Ergebnisverwendung (§ 29 GmbHG)

8.2.3.1 Anspruch der Gesellschafter (Abs. 1)

Wegen der inkonsistenten Begrifflichkeiten wird auf → Rz. 10 verwiesen, wegen der ggf. vorliegenden Aufsichtsratskompetenz auf → Rz. 74. Ohne Aufsichtsrat differenziert Abs. 1 zwischen Aufstellung des Jahresabschlusses 79

- **vor** Gewinnverwendung (Satz 1),
- **nach** teilweiser Gewinnverwendung oder Auflösung von Rücklagen (Satz 2).

Dabei nimmt das Gesetz Bezug auf die beiden Abschlusserstellungsformate in § 268 Abs. 1 HGB (→ Rz. 4 ff.):

- **Vor** Gewinnverwendung steht der **Jahresüberschuss,**
- **nach** teilweiser Gewinnverwendung der Bilanzgewinn

mit Korrekturen zur Disposition der Gesellschafter.

Für die Rechte der **Gesellschafterversammlung** wird auf → Rz. 26 verwiesen. Bei Aufsichtsratsbestellung sind diese Rechte eingeschränkt wie bei einer Aktiengesellschaft (→ Rz. 74). Für den „zusätzlichen Aufwand" wird verwiesen auf → Rz. 73.

8.2.3.2 Rücklagendotierung (Abs. 2)

Den Gesellschaftern steht wie dem Geschäftsführer – vor Gewinnverwendung – die Kompetenz zur Rücklagendotierung oder zum Gewinnvortrag – nach Gewinnverwendung – zu. **Vor** und **nach** bezieht sich auf § 268 Abs. 1 HGB (→ Rz. 4 ff.). Im Gewinnausschüttungsbeschluss können sich die Gesellschafter also von der Erstellungsvorgabe bzgl. der Rücklagendotierung lösen, d. h. zusätzliche Rücklagen bilden oder Rücklagen zur zusätzlichen Gewinnausschüttung auflösen. Letzteres gilt allerdings nicht bei Abschlussfeststellung durch einen Aufsichtsrat (→ Rz. 72) wegen der dann gültigen Regelungen des Aktiengesetzes (→ Rz. 74). 80

Zu **gesetzlichen** Rücklagen für die GmbH vgl. → Rz. 28. Eine ggf. vorliegende Rücklagendotierungspflicht nach dem **Gesellschaftsvertrag** ist zusätzlich zu beachten.

Zur **Vorabdividende** vgl. → Rz. 45.

8.2.3.3 Gewinnverteilungsmaßstab (Abs. 3)

Die Gewinnverteilung unter den Gesellschaftern erfolgt nach dem Verhältnis der Gesellschaftsanteile, wenn der Gesellschaftsvertrag nichts anderes vorsieht. 81

8.2.3.4 Wertaufholungsrücklage (Abs. 4)

Auf → § 253 Rz. 256 wird verwiesen. 82

8.3 Unternehmen des Publizitätsgesetzes

83 Für Unternehmen des PublG ist zu differenzieren nach solchen mit und ohne Aufsichtsrat. Sofern ein Aufsichtsrat bestellt ist, gelten nach §§ 7 und 14 PublG für die Vorlage des Prüfungsberichts und die Prüfung (durch den Aufsichtsrat) in wesentlichen Zügen die Vorschriften der §§ 170 f. AktG (→ Rz. 58 ff.).

Das **Feststellungs**verfahren nach § 8 PublG differenziert ebenfalls nach der gesetzlichen oder gesellschaftsvertraglichen Kompetenz und leitet daraus die erforderlichen Rechtsschritte ab.

8.4 Personenhandelsgesellschaften

84 Auf die Kommentierungen unter → § 246 Rz. 118 ff., → § 264c Rz. 30 ff. sowie → § 325 Rz. 25 wird verwiesen.

85–124 *(einstweilen frei)*

III. Nicht durch Eigenkapital gedeckter Fehlbetrag (Abs. 3)

1. Der bilanzielle Gehalt

125 Das Eigenkapital **gleicht** in der Bilanz die Aktiva und Passiva **aus** (→ § 247 Rz. 13). Dieser Ausgleich kann auf der Passivseite – regelmäßig – oder auf der Aktivseite erfolgen (so ausnahmsweise und in Abs. 3 behandelt). Dies gilt **rechtsformübergreifend.** Optisch am deutlichsten wird das negative Eigenkapital – der Ausweis auf der Aktivseite – beim Einzelkaufmann dargestellt, weil dort das Eigenkapital ungegliedert als Gesamtposten erscheint. Bei Personengesellschaften (→ § 246 Rz. 147 ff.) und bei „Kap. & Co."-Gesellschaften (→ § 264c Rz. 9) gelten besondere Gliederungsvorgaben. Die Gliederungsvorgaben für „Kap. & Co."-Gesellschaften sind weitgehend identisch mit denen für die KGaA und für die Personengesellschaften des PublG.

126 Der in Abs. 3 genannte Bilanzposten stellt also einen reinen **Folgeeffekt** der Wertveränderungen von Vermögensgegenständen und Schulden dar und ist deshalb **kein Vermögensgegenstand,** so wenig wie das positive Eigenkapital eine Schuld darstellt. Solche (negativen) Wertänderungen in der Bilanz schlagen sich im Ergebnis als **„Verlust"** nieder (so der Gesetzeswortlaut unter missverständlicher Heranziehung umgangssprachlicher Terminologie). Übersteigen diese „Verluste" im Zeitverlauf das eingesetzte Kapital abzüglich zuvor vorgenommener Entnahmen oder Gewinnausschüttungen, kommt es zum Ausweis der fraglichen Posten, da das GuV-Konto nach den Gesetzmäßigkeiten der Doppik ein Unterkonto des Kapitalkontos ist.

127 Der Inhalt des Bilanzausweises nach Abs. 3 ist **keineswegs identisch** mit demjenigen des Jahresfehlbetrags, des Verlustvortrags und des Bilanzverlusts. Diese stellen **Unter**gliederungen des Eigenkapitals dar, der Aktivausweis ist dagegen als reine **Saldogröße** des **gesamten** Eigenkapitals zu verstehen.

128 Der Ausweis eines negativen Eigenkapitals ist lediglich Ausdruck einer buchmäßigen Überschuldung, provoziert aber Nachforschungen darüber, ob auch insolvenzrechtlich eine Überschuldung gegeben ist.

128a Zum aktivischen Ausweis eines Fehlbetrags kommt es auch bei haftungsbeschränkten Personengesellschaften i. S. von § 264a HGB und bei KGaAs:

- Für haftungsbeschränkte Personengesellschaften bestimmt § 264c Abs. 2 Satz 5 und 6 HGB, dass ein den Kapitalanteil übersteigender Verlust, der keine Zahlungsverpflichtung des Gesellschafters bzw. korrespondierend keine Forderung der Gesellschaft begründet, als „nicht durch Vermögenseinlagen gedeckter Verlustanteil persönlich haftender Gesellschafter bzw. Kommanditisten" zu bezeichnen und gem. § 268 Abs. 3 HGB auszuweisen ist (→ § 264c Rz. 36).
- Nach § 286 Abs. 2 Satz 3 AktG ist bei der KGaA entsprechend zu verfahren.

2. Ausweistechnik

Das eigentliche Ausweisproblem betrifft nicht den Fehlbetrag selbst, der in einer Summe auf der Aktivseite auszuweisen ist, sondern das „übrige" Eigenkapital. Nach h. M. verdrängt § 276 Abs. 3 HGB nicht die das Eigenkapital betreffenden Gliederungsvorgaben in § 266 HGB und § 272 HGB, d. h., trotz eines in Summe negativen, auf der Aktivseite auszuweisenden Eigenkapitals und demzufolge eines Eigenkapitals von null auf der Passivseite sollen gezeichnetes Kapital, Rücklagen, Ergebnisvortrag und Jahresergebnis weiterhin auf der Passivseite erkennbar sein. Hierfür bieten sich drei Lösungen an: 129

Nach einer ersten Lösung erfolgt der Ausweis der Unterposten des Eigenkapitals wie sonst, jedoch wird eine Kürzung des Jahresfehlbetrags und des nicht gedeckten Betrags in einer Vorspalte vorgenommen:[1]

BEISPIEL Eine GmbH hat ein Stammkapital von 1.000, Gewinnrücklagen von 200 und einen Verlustvortrag von 100. Der Jahresfehlbetrag beträgt 1.450, das gesamte Eigenkapital also –250. Auf der Passivseite kommt es zu folgendem Ausweis:

A. Eigenkapital		Vorspalte	Hauptspalte
I.	Gezeichnetes Kapital		1.000
II.	Gewinnrücklagen		200
III.	Verlustvortrag		-100
IV.	Jahresfehlbetrag	1.450	
	Davon nicht gedeckt	-350	-1.100
			0

Unübersichtlich an dieser Lösung ist, dass die Vorspaltengröße „Davon nicht gedeckt" u. U. auf mehrere Posten aufzuteilen ist. Würde etwa im Beispiel bei gleichem Gesamtwert der Jahresfehlbetrag nur 200 betragen, dafür aber der Verlustvortrag 1.350, so könnten von den 250 Eigenkapitalfehlbetrag nur 200 beim Jahresfehlbetrag gegengerechnet werden, die verbleibenden 50 z. B. beim Verlustvortrag.

Nach einer zweiten Lösung wird das „übrige" Eigenkapital ungekürzt in der Vorspalte ausgewiesen und dort zum Negativwert aufaddiert, in der Hauptspalte der Wert null gezeigt.[2] Arithmetisch löst dies ein gewisses Unbehagen aus, da die Erwartung verletzt wird, dass der Hauptspaltenwert der Vorspaltensumme entspricht. Dieses Problem lässt sich lösen, indem bei der Vorspaltensumme der Hinweis auf dessen aktivischen Ausweis erfolgt. Dies führt zum von uns präferierten Vorgehen gem. folgendem Beispiel:

1 So *Grottel/Waubke* in Beck'scher Bilanz-Kommentar, 13. Aufl. 2022, § 268 Tz. 19.

2 *Knop/Zander* in Küting/Pfitzer/Weber (Hrsg.), Handbuch der Rechnungslegung – Einzelabschluss, § 268 Tz. 196.

BEISPIEL ▶ Bei gleichen Werten wie zuvor ergibt sich:

A. Eigenkapital			
I.	Gezeichnetes Kapital	1.000	
II.	Gewinnrücklagen	200	
III.	Verlustvortrag	-100	
IV.	Jahresfehlbetrag	-1.450	
	Aktivisch ausgewiesener Eigenkapitalfehlbetrag	-350	
			0

Bestünden in dem vorstehenden Beispiel nicht eingeforderte Einlagen auf das gezeichnete Kapital, so wären diese vom gezeichneten Kapital abzuziehen (→ § 272 Rz. 38); in entsprechender Höhe würde der Eigenkapitalfehlbetrag steigen.

IV. Bilanzvermerke für Forderungen und Vermögensgegenstände (Abs. 4)

1. Laufzeitvermerk für Forderungen (Abs. 4 Satz 1)

1.1 Anwendungsbereich

130 Abs. 4 Satz 1 verlangt bei Forderungen die Angabe des Betrags mit einer Restlaufzeit von mehr als einem Jahr. Für Forderungen des Anlagevermögens (z. B. Ausleihungen) gilt dies nach h. M. nicht. Dem ist zuzustimmen, da mit der Zugehörigkeit zum Anlagevermögen dem an Liquiditätsrisiken interessierten Bilanzadressaten bereits verdeutlicht wird, dass die Gelder längerfristig gebunden sind. Bei Umlaufvermögen erwartet der Abschlussadressat hingegen ein baldiges Eingehen des Forderungsbetrags. Da dies in Ausnahmefällen nicht gewährleistet ist, kann durch die Angabe die tatsächliche Liquiditätslage der Gesellschaft besser dargestellt werden.

131 Im Gliederungsschema des § 266 HGB (→ § 266 Rz. 71) sind angesprochen die Forderungen

- aus Lieferungen und Leistungen,
- gegen verbundene Unternehmen,
- gegen Unternehmen, mit denen ein Beteiligungsverhältnis besteht, sowie
- die Forderungen, die in den „sonstigen Vermögensgegenständen" enthalten sind.

Zum spiegelbildlichen Ausweisproblem für **Verbindlichkeiten** vgl. → Rz. 141. Dazu gesellen sich Sonderausweise (→ § 266 Rz. 71 ff.).

132 **Kleine** Kapitalgesellschaften können gem. § 266 Abs. 1 Satz 3 HGB (→ § 266 Rz. 8) die in → Rz. 131 genannten Posten zusammengefasst ausweisen. Der Restlaufzeitvermerk ist dann entsprechend zu komprimieren.

Mittelgroße Kapitalgesellschaften können bei der **Veröffentlichung** (→ § 327 Rz. 8) diese Posten ebenfalls zusammengefasst ausweisen, müssen allerdings die Forderungen gegen verbundene und Beteiligungsunternehmen gesondert zeigen. Der Bilanzvermerk ist entsprechend anzupassen.

1.2 Restlaufzeit

Die Restlaufzeit **beginnt** mit dem **jeweiligen** Bilanzstichtag und **endet** mit dem (mutmaßlichen) Eingang der Forderung. 133

BEISPIEL Die Forderung wird am 15.12.01 begründet und ist am 15.12.03 zu erfüllen.
In der Bilanz zum 31.12.01 beträgt die Restlaufzeit mehr als ein Jahr (mit Vermerk), am 31.12.02 weniger als ein Jahr (ohne Vermerk).

Das mutmaßliche Laufzeitende ergibt sich bei **vertraglicher** Laufzeitfixierung und normaler Bonität des Schuldners aus den Vertragsbedingungen. Sehen diese eine Zahlung in gleichmäßigen Tilgungsraten vor, ist zwischen den Raten der nächsten zwölf Monate und den danach zu leistenden zu unterscheiden. Im Falle gleichmäßiger Raten auf verzinsliche Forderungen ist zuvor der Tilgungsanteil in den Raten zu bestimmen. 134

Eine **Schätzung** der Restlaufzeit ist in Fällen der **Zahlungsschwierigkeit** des Schuldners erforderlich. Dabei darf der Restlaufzeitvermerk nicht die notwendige Abschreibung (Wertberichtigung) ersetzen. Vielmehr muss in diesen Fällen die Schätzung der Werthaltigkeit mit derjenigen der Restlaufzeit Hand in Hand gehen.

Bei Anpassung der Fälligkeit wegen Zahlungsschwierigkeiten des Kunden in Form von Stundungsabreden oder Umwandlung in einen Abzahlungskredit kann der Gehalt der Änderungsvereinbarung regelmäßig erst in der der Vereinbarung folgenden Bilanz berücksichtigt werden. Die Vereinbarung ist vermerkbegründend, nicht -aufhellend (→ Rz. 143).[1] Ist die im Bilanzaufstellungszeitraum getroffene Änderungsvereinbarung jedoch Reaktion auf bereits am Bilanzstichtag bestehende Zahlungsschwierigkeiten, ergibt sich u. E. ein Gleichklang zwischen dem geschätzten Laufzeitende am vorhergehenden Bilanzstichtag und dem vertraglichen am nachfolgenden Bilanzstichtag.

BEISPIEL

Warenlieferung	18.11.01	
Ursprüngliche Fälligkeit am	18.2.02	
Bilanzstichtag	31.12.01	
Bilanzerstellung	10.2.02	
Umwandlung der Lieferungsforderung in einen am 10.1.04 fälligen Kredit am 1.2.02		
Bilanzvermerk am	31.12.01	Abhängig davon, ob Zahlungsschwierigkeiten des Kunden schon am 31.12.01 gegeben sind und daher mit Erfüllung im Jahr 02 nicht mehr zu rechnen ist (Schätzung der Laufzeit)
Bilanzvermerk am	31.12.02	Ja (vertragliche Laufzeit)

Der Laufzeitvermerk kann höchstens mit dem Bilanzausweis der jeweiligen Forderung erfolgen. 135

BEISPIEL

Zinslose Forderung am	1.000
Laufzeit	3 Jahre
Bilanzausweis abgezinst	850
Laufzeitvermerk	850

1 Es handelt sich um eine Anwendung des Werterhellungstheorems, vgl. → § 252 Rz. 70, eindrucksvoll bestätigt durch FG Köln, Urteil v. 12.2.2009 – 13 K 1572/06, rkr., EFG 2009 S. 973. Zur konzeptionell übereinstimmenden Regelung nach IFRS vgl. *Freiberg*, PiR 2010 S. 142. Zur steuerbilanziellen Sicht vgl. *Buciek*, FR 2010 S. 523.

1.3 Ausweistechnik

136 Nach dem Gesetzeswortlaut ist ein Ausweis in der **Bilanz** vorgesehen. Dafür stehen zwei Techniken zur Verfügung:

► Sog. **Davon-Vermerk**:

Forderungen gegen verbundene Unternehmen	1.000
- Davon mit einer Restlaufzeit von mehr als einem Jahr	650

► **Vorspaltige** Darstellung:

Forderungen gegen verbundene Unternehmen		
- Mit einer Restlaufzeit von mehr als einem Jahr	650	
- Andere	350	1.000

Beide Darstellungsformen bereiten u. U. optisch gewisse Unzulänglichkeiten. Nach h. M.[1] kann der Angabepflicht auch im **Anhang** nachgekommen werden. Das ergibt sich implizit aus der Aufgliederungstechnik im Anhang gem. § 265 Abs. 7 Nr. 2 HGB (→ § 265 Rz. 50). Dabei kann in einfachen Fällen ein kurzer Satz genügen.

BEISPIEL Beim Sachverhalt im vorhergehenden Beispiel kann die Anhangangabe lauten: „Von den Forderungen gegen verbundene Unternehmen haben eine Restlaufzeit von mehr als einem Jahr 650."

In umfangreicheren Fällen kann ein **„Forderungsspiegel"** (→ § 266 Rz. 73) sinnvoll sein.

BEISPIEL

	Restlaufzeit	
	Bis 1 Jahr	Mehr als 1 Jahr
Forderungen aus Lieferungen und Leistungen		
Forderungen gegenüber Muttergesellschaft (verbundenes Unternehmen)*		
Forderungen gegenüber Unternehmen, mit denen ein Beteiligungsverhältnis besteht		
	Bilanzausweis	

* Kombinierter Ausweis nach § 266 Abs. 2 B.II.2 HGB i.V. mit § 42 Abs. 3 GmbHG.

Vorjahreszahlen sind nicht zwingend, nur freiwillig anzugeben. **Ebenso wenig** ist – wie sonst auch bei Angabepflichten (→ § 284 Rz. 12) – eine **Fehlanzeige** zu erstatten. Als **Beispiel** für eine überflüssige Angabe: „Unsere Forderungen des Umlaufvermögens sind sämtlich innerhalb eines Jahres fällig."

1 Zum Beispiel *ADS*, 6. Aufl., § 268 Tz. 103.

2. Rechtlich noch nicht entstandene sonstige Vermögensgegenstände (Abs. 4 Satz 2)

137 Für diese als Anhangangabe vorgesehene Erläuterung größerer antizipativer Posten werden im Schrifttum[1] neben rechtlich noch nicht entstandenen (1) Zinserträgen, (2) Pachterträgen, (3) Umsatzboni und (4) Ertragsteuererstattungsansprüchen (bei abweichendem Geschäftsjahr) auch (5) noch nicht abziehbare Vorsteuern als **Anwendungsbeispiele** angeführt.

Nicht problematisiert wird dabei der Wesensunterschied zwischen den Beispielen 1 bis 4, die abgegrenzte Erträge betreffen, und Beispiel 5, das sich auf nicht ertragswirksame Vorsteuern bezieht. Eine solche Differenzierung scheint aber notwendig, da die genannten Kommentarstimmen in Bezug auf den Anwendungsbereich der Anhangvorschrift ausdrücklich von **antizipativen Posten** sprechen. Nach dem allgemeinen fachlichen Sprachgebrauch handelt es sich bei antizipativen Aktiva aber nur um **abgegrenzte Erträge,** womit noch nicht abziehbare Vorsteuern gar nicht dem Anwendungsbereich der Angabevorschrift unterlägen. Eine derartige Beschränkung der Anwendung wird durch *Knop/Zander* gestützt. Sie führen im Kern Folgendes an:

- § 268 Abs. 4 Satz 2 HGB dient der Erläuterung noch nicht realisierter Erträge.
- Dies ergibt sich in historischer Auslegung auch aus Art. 18 der 4. EG-Richtlinie, aus dem § 268 Abs. 2 Satz 4 HGB im Rahmen des BiRiLiG transformiert wurde. Art. 18 hielt nämlich fest: „Die Mitgliedstaaten können vorsehen, dass diese (d. h. abzugrenzende) Erträge unter den Forderungen ausgewiesen werden; erreichen sie einen größeren Umfang, so müssen sie im Anhang näher erläutert werden."
- Zusammenfassend: „Bei den antizipativen Posten der Aktivseite handelt es sich demnach um Erträge, die wirtschaftlich dem bereits abgeschlossenen GJ zuzuordnen sind."[2]

Diese Sichtweise ist überzeugend. Eine Pflicht zur Erläuterung der noch nicht abziehbaren Vorsteuern besteht daher **nicht.**

138 Mitunter wird auch die **fehlende** Fälligkeit am Bilanzstichtag als Tatbestandsmerkmal für diese „antizipativen" Posten genannt. Die Fälligkeit einer Forderung kann indes deren Bilanzansatz nicht begründen (§ 252 Abs. 1 Nr. 5 HGB), im Gegenteil (→ § 252 Rz. 205). Die vier unter → Rz. 137 aufgelisteten Fälle deuten allerdings auf diese Bilanzierungsvorgabe hin, nämlich das **Periodisierungsprinzip.**

BEISPIEL[3] ► Die A-GmbH betreibt die Autovermietung an Selbstfahrer. Diese schulden eine Tagespauschale zzgl. einer Vergütung für die Fahrleistung. Abgerechnet wird nach Rückgabe des Fahrzeugs.

Der Vergütungsanspruch insgesamt entsteht möglicherweise rechtlich erst bei Rückgabe des Fahrzeugs und Erstellung der Abrechnung. Gleichwohl ist am Bilanzstichtag die Forderung auf die Tagespauschale und die geschätzte Vergütung für die Fahrleistung zu aktivieren – allerdings gliederungstechnisch nicht unter „sonstige Vermögensgegenstände" (→ Rz. 137).

BEISPIEL ► Unternehmen U bilanziert zum 28.2. Es hat eine Festgeldanlage bei der Bank B, über die vierteljährlich abgerechnet wird.

1 Vgl. u. a. *Schubert/Waubke* in Beck'scher Bilanz-Kommentar, 13. Aufl. 2022, § 268 Rz. 30 ff.; *Wulf* in Haufe, HGB Bilanz Kommentar, 12. Aufl. 2021, § 268 Rz. 25.
2 *Knop/Zander* in Küting/Pfitzer/Weber (Hrsg.), Handbuch der Rechnungslegung – Einzelabschluss, § 268 Rz. 204 f.
3 Nach BFH, Urteil v. 20. 5. 1992 – X R 49/89, BStBl II S. 904.

Die Zinsforderung von U entsteht rechtlich am 31.3. U grenzt im Abschluss zum 28.2. die bis dahin „aufgelaufene Zinsforderung" als „sonstigen Vermögensgegenstand" ab. Dadurch wird das Periodisierungsprinzip sinnvoll erfüllt.

139 Bei den vorgenannten Musterbeispielen für rechtlich noch nicht entstandene Forderungen handelt es sich im Kern nicht um dem Grunde nach unsichere Forderungen, sondern um sog. **befristete Forderungen**, deren Entstehung im Wesentlichen nur noch des Zeitablaufs bedarf, bei Zinserträgen etwa der Zinsperiode, bei Ertragsteuern des Kalenderjahres.

Jenseits der Musterbeispiele können aber auch unsichere Forderungen zu aktivieren sein, wenn sie wirtschaftlich bis zum Bilanzstichtag entstanden sind und mit der nachfolgenden rechtlichen Entstehung fest zu rechnen ist; hierbei kann es sich um **aufschiebend bedingte Forderungen** (→ § 246 Rz. 58) oder um **entscheidungsabhängige Forderungen** (→ § 246 Rz. 61a) handeln. Auch sie unterliegen bei Aktivierung den Anhangvorgaben von Abs. 4 Satz 2.

140 Der Praxis kommt häufig die *Materiality*-Vorgabe zu Hilfe. In der Regel haben diese Sachverhalte keinen „größeren Umfang" i. S. der Gesetzesvorgabe, so dass schon deswegen über Angabepflichten nicht weiter nachgedacht werden muss.

V. Bilanzvermerke für Verbindlichkeiten (Abs. 5)

1. Laufzeitvermerk (Abs. 5 Satz 1)

1.1 Anwendungsbereich

141 Vergleichbar mit den Forderungen des Umlaufvermögens (→ Rz. 130 f.) ist im Interesse der **Liquiditäts**darlegung der Gesellschaft auch für Verbindlichkeiten ein Laufzeitvermerk vorgesehen, allerdings umgekehrt: **„bis** zu einem Jahr".

142 Im Bilanzgliederungsschema sind angesprochen die unter § 266 Abs. 3 C HGB (→ § 266 Rz. 87) aufgeführten Posten, ergänzt mit dem Sonderausweis nach § 42 Abs. 3 GmbHG bzw. § 264c Abs. 1 HGB. Die erhaltenen **Anzahlungen** stellen regelmäßig keine Zahlungsverpflichtung dar und scheiden für den Restlaufzeitvermerk deshalb aus.

Kleine Kapitalgesellschaften und „Kap. & Co."-Gesellschaften können die genannten Gliederungsposten (abgesehen von demjenigen nach § 42 Abs. 3 GmbHG) nach § 266 Abs. 1 Satz 3 HGB zusammengefasst ausweisen mit entsprechender Folge für den Laufzeitvermerk (→ § 266 Rz. 8). Dies sieht § 327 HGB auch für **mittel**große Gesellschaften bzgl. der **veröffentlichten** Bilanz vor; allerdings sind dann ergänzende Posten anzugeben, die im Wesentlichen der Gliederungsvorgabe des § 266 Abs. 3 C HGB entsprechen, so dass die Inanspruchnahme dieser Erleichterung (bei der Veröffentlichung) regelmäßig keinen Sinn ergibt.

1.2 Die Restlaufzeit

143 Die Restlaufzeit beginnt wie bei den Forderungen (→ Rz. 131) mit dem Bilanzstichtag. Der Zwölf-Monats-Zeitraum endet ein Jahr später, also am nächsten Bilanzstichtag. Das gilt auch für Verbindlichkeiten mit vorgesehener Teil-Tilgung, z. B. für **Annuitäten**darlehen.

Bei Annuitätendarlehen ist die Restlaufzeit auf Basis des Tilgungsanteils der gleichbleibenden Raten zu bestimmen.

BEISPIEL Am 31.12.01 nimmt U ein Darlehen über 346,5 auf, das bei einem Zinssatz von 6 % in vier gleichbleibenden Jahresraten (Annuitäten) von 100, fällig jeweils am 31.12., zu bedienen ist.
Aus Übersicht 1 ergibt sich die Entwicklung des Darlehens, aus Übersicht 2 der Tilgungsanteil des jeweiligen Jahres und daraus abgeleitet die Restlaufzeit.

Jahr	1.1.	+ Zins	- Zahlung	= 31.12.
01				346,50
02	346,50	20,79	-100,00	267,29
03	267,29	16,04	-100,00	183,33
04	183,33	11,00	-100,00	94,33
05	94,33	5,67	-100,00	0,00

Jahr	Zahlung	- Zins	= Tilgung	Restlaufzeit ≤ 1 Jahr	Restlaufzeit > 1 Jahr
01				79,21	267,29
02	100,00	-20,79	79,21	83,96	267,29
03	100,00	-16,04	83,96	89,00	183,33
04	100,00	-11,00	89,00	94,33	0,00
05	100,00	-5,67	94,33		
			346,50		

Maßgeblich für die Laufzeit ist der **vertraglich fixierte** Termin und nicht etwa eine beabsichtigte frühere Rückzahlung oder umgekehrt eine vorgesehene Stundung.[1] Revolvierende (kurzfristige) Bankkredite sind nach der vertraglichen Fälligkeitsabrede in den Vermerk aufzunehmen, auch wenn beide Vertragspartner von einer regelmäßigen Verlängerung der Kreditbeziehung ausgehen. Eine Ausnahme kommt dann in Betracht, wenn bis zum Bilanzstichtag eine **Prolongations**abrede rechtsverbindlich vorliegt.[2] Eine Prolongation bis zur Bilanzerstellung (→ § 252 Rz. 70) ist u. E. erst im Folgejahr zu berücksichtigen, da der Abschluss von Verträgen bzw. die vertragliche Änderung von Rechten und Pflichten ansatz-/wertbegründenden und nicht -erhellenden Charakter hat (→ Rz. 134).

Entsprechendes gilt, wenn das Unternehmen im abgelaufenen Jahr Vertragsbedingungen (*covenants*) nicht eingehalten hat, weshalb der Gläubiger zur kurzfristigen vorzeitigen Kündigung berechtigt ist, nach dem Bilanzstichtag und vor der Bilanzaufstellung aber diese Kündigungsmöglichkeit durch Erklärung oder Zeitablauf hinfällig wird: Zum Bilanzstichtag ist die Verbindlichkeit als kurzfristig zu qualifizieren. Für Einzelheiten hierzu wird auf → § 285 Rz. 4 sowie → § 256a Rz. 19 ff. verwiesen.

Kontokorrentkredite sind regelmäßig als kurzfristige Verbindlichkeiten mit einer Restlaufzeit bis zu einem Jahr anzusehen.[3]

1 Herrschende Meinung beispielsweise *ADS*, 6. Aufl., § 268 Tz. 111; *Knop/Zander* in Küting/Pfitzer/Weber (Hrsg.), Handbuch der Rechnungslegung – Einzelabschluss, 5. Aufl., § 268 Tz. 209.
2 Zu vergleichbaren steuerlichen Situationen *Buciek*, FR 2010 S. 523.
3 IDW Life 2016 S. 334.

1.3 Ausweistechnik

144 Der Gesetzeswortlaut sieht einen Vermerk **in** der Bilanz vor. Die zwei in Betracht kommenden Techniken (Davon-Vermerk und vorspaltige Darstellung) sind in → Rz. 136 mit Hinweis auf die optisch weniger ansprechende Form wiedergegeben. Regelmäßig wird deshalb die allgemein als zulässig erachtete Verlagerung der Darstellung in den **Anhang** gewählt. In einfachen Fällen genügt der Satz: „Sämtliche Verbindlichkeiten haben eine Restlaufzeit von einem Jahr."

145 In umfangreicheren Datenkonstellationen bietet sich die Erstellung eines **Verbindlichkeitenspiegels** unter Einbeziehung der auf die Verbindlichkeiten entfallenden Anhangangaben gem. § 285 Nr. 1a und b und Nr. 2 HGB (→ § 285 Rz. 4) an – mit **Erleichterungen** für kleine Kapital- und „Kap. & Co."-Gesellschaften gem. § 288 Satz 1 HGB (→ § 288 Rz. 1) bei der **Erstellung** und für mittelgroße Gesellschaften bei der **Veröffentlichung** gem. § 227 Nr. 2 HGB.

Ein solcher Verbindlichkeitenspiegel könnte wie folgt tabellarisch dargestellt werden (→ § 266 Rz. 19 und → § 266 Rz. 88):

	Restlaufzeit			Summe	Sicherheiten	
Art der Verbindlichkeit	Bis 1 Jahr	1 - 5 Jahre	Über 5 Jahre		Art	Betrag

Für die jeweilige Fassung des BilRUG (→ § 264 Rz. 37d) ist für die jeweilige Verbindlichkeit auch eine Restlaufzeit von **mehr** als einem Jahr anzugeben. Diese Vorgabe ist in der vorstehenden Tabelle („1 – 5 Jahre") berücksichtigt.

2. Ausweiswahlrecht für erhaltene Anzahlungen (Abs. 5 Satz 2)

146 Zum Inhalt dieses Postens wird auf → § 266 Rz. 90 verwiesen. Statt des Ausweises unter den Verbindlichkeiten stellt Abs. 5 Satz 2 optional einen **Saldierungs**ausweis bei den „Vorräten" zur Verfügung, in offener Form auch für kleine Kapital- und „Kap. & Co."-Gesellschaften.[1] Die Verrechnungsmöglichkeit bezieht sich auf alle Arten von Vorräten (→ § 266 Rz. 55). Der **bilanzanalytische** Effekt liegt in der Verkürzung der Bilanzsumme mit entsprechender Veränderung einschlägiger Kennziffern.

147 Bzgl. der bei Erhalt der Anzahlungen geschuldeten **Umsatzsteuer** sollte die Nettodarstellung (Ausweis der Umsatzsteuer als Schuldposten gegenüber dem Finanzamt) gewählt werden (Beispiel unter → § 266 Rz. 91), weil dadurch eine systematische Übereinstimmung mit dem Ausweis der Vorräte, die regelmäßig keine Umsatzsteuerbeträge enthalten, hergestellt wird.

3. Erläuterung antizipativer Posten (Abs. 5 Satz 3)

148 Diese Erläuterungspflicht gilt allgemein als legislatorisch misslungen.[2] Nur mit Mühe und dann kaum stringent begründbar können Sachverhalte, die unter die Vorgabe zu subsumieren wären, gefunden werden; etwa „faktische Verbindlichkeiten", die regelmäßig aber keine Verbindlichkeiten, sondern Rückstellungen begründen. Ob ein Bilanzansatz für rechtlich noch nicht bestehende („unsichere") Verbindlichkeiten erfolgen muss, richtet sich nach den Ansatzkriterien des § 249 Abs. 1 Satz 1 HGB (→ § 249 Rz. 10).

1 So auch *ADS*, 6. Aufl., § 268 Tz. 115.
2 Vgl. *Schubert/Grottel/Waubke* in Beck'scher Bilanz-Kommentar, 11. Aufl. 2018, § 268 Tz. 41.

Kleine Kapital- und „Kap. & Co."-Gesellschaften sind von der Angabepflicht nach § 274a Nr. 3 HGB förmlich befreit.

VI. Ausweis des Disagios (Abs. 6)

Abs. 6 regelt den **Ausweis** eines in Ausübung des Wahlrechts nach § 250 Abs. 3 HGB vorgenommenen Bilanzansatzes. Der Posteninhalt (→ § 250 Rz. 59) ist hier nicht angesprochen. Die Ausweistechnik kann **bilanziell** vorspaltig oder als Davon-Vermerk erfolgen (→ Rz. 136). Bei Anhangerläuterung genügt regelmäßig ein Satz: „Unter den Rechnungsabgrenzungsposten sind Disagien oder Damna in Höhe von ... ausgewiesen." 149

Kleine Kapital- und „Kap. & Co."-Gesellschaften sind nach § 274a Nr. 4 HGB von dieser Angabepflicht befreit.

VII. Aufgliederung der Haftungsverhältnisse (Abs. 7)

1. Inhalt der Angabepflicht

Die nach § 251 HGB zu unterscheidenden Haftungsverhältnisse, also 150

- Begebung und Übertragung von Wechseln,
- Bürgschaften, Wechsel- und Scheckbürgschaften,
- Gewährleistungsverträge sowie
- Haftungsverhältnisse aus der Bestellung von Sicherheiten für fremde Verbindlichkeiten,

sind nach Abs. 7 jeweils gesondert und unter Angabe der gewährten Pfandrechte und sonstigen Sicherheiten anzugeben. Dabei sind Verpflichtungen betreffend die Altersversorgung und Verpflichtungen gegenüber verbundenen oder assoziierten Unternehmen jeweils gesondert zu vermerken.

Die **Aufgliederungspflicht** nach Abs. 7 trifft nicht alle Kaufleute (→ § 251 Rz. 3), sondern nur Kapital- und „Kap. & Co."-Gesellschaften sowie die dem PublG unterliegenden Unternehmen (§ 5 Abs. 1 PublG). **Kleinformatige** Kapital- und „Kap. & Co."-Gesellschaften sind förmlich nicht von der Aufgliederungspflicht befreit. Nach möglicherweise h. M.[1] ist darin ein redaktionelles Versehen des Gesetzgebers zu orten, da diese die Verbindlichkeiten nach § 266 Abs. 1 Satz 3 HGB in der Bilanz zusammengefasst ausweisen können, u. a. also auch Verbindlichkeiten gegenüber verbundenen Unternehmen nicht getrennt darstellen müssen, eine solche Sonderangabe für Haftungsschulden nach Abs. 7 erscheint dann als widersprüchlich. Nach a. A. bestehen für kleine Gesellschaften die gleichen Anforderungen wie für größere.[2]

Vorjahresbeträge sind im Umkehrschluss zu § 265 Abs. 2 HGB (→ § 265 Rz. 19) nicht angabepflichtig.[3] 151

Die angabepflichtigen **Haftungs**verhältnisse sind unter → § 251 Rz. 20 ff. dargestellt und kommentiert, ebenso die anzugebenden **Pfandrechte** und sonstige **Sicherheiten** (→ § 251 Rz. 36). Zusätzlich sind die gegenüber **verbundenen** Unternehmen (→ § 271 Rz. 32) eingegangenen 152

1 Vgl. *ADS*, 6. Aufl., § 268 Tz. 125; *Dyck/Prokein* in Küting/Pfitzer/Weber (Hrsg.), Handbuch der Rechnungslegung – Einzelabschluss, 5. Aufl., § 268 Tz. 250.

2 *Grottel/Berberich* in Beck'scher Bilanz-Kommentar, 13. Aufl. 2022, § 268 Tz. 51.

3 So auch *ADS*, 6. Aufl., § 268 Tz. 128; *Dyck/Prokein* in Küting/Pfitzer/Weber (Hrsg.), Handbuch der Rechnungslegung – Einzelabschluss, 5. Aufl., § 268 Tz. 229.

Verpflichtungen jeweils gesondert mit aufzuführen. Aus § 42 Abs. 3 GmbHG und § 264c Abs. 1 HGB kann u. E. nicht abgeleitet werden, dass bei der GmbH bzw. KG zusätzlich auch Verpflichtungen gegenüber Gesellschaftern kenntlich zu machen sind.[1]

153 Die letztgenannte Verpflichtung kommt insbesondere in den Einzelabschlüssen von **Konzern**unternehmen zum Tragen. Dabei ist aus der Perspektive des „Gebens" und „Nehmens" zu unterscheiden (z. B.) bei Bürgschaften oder Patronatserklärungen der Muttergesellschaft **zugunsten** der Tochtergesellschaft:

- Bei der Muttergesellschaft („Geberin") Anhangangabe nach Abs. 7.
- Bei der Tochtergesellschaft („Nehmerin") keine Angabe (wohl aber eine Darstellung im Prüfungsbericht über den Abschluss der Tochter).

154 Zum **Inhalt** der Angabepflichten wird auf die Kommentierung unter → § 251 verwiesen. Vgl. auch das Beispiel unter → § 285 Rz. 7.

Die Angabepflicht für **Altersversorgung** nach der Neufassung durch das BilRUG kann sich auf folgende Sachverhalte beziehen:

- Nicht passivierte Altpensionen nach Art. 28 Abs. 1 EGHGB (→ § 249 Rz. 127).
- Nicht passivierte mittelbare Altersversorgungsverpflichtungen, z. B. Unterstützungskassen, wobei der mittelbare Träger eine Deckungslücke aufweist (→ § 249 Rz. 128).
- Subsidiärhaftung aus mittelbaren Pensionsverpflichtungen, wobei der mittelbare Träger keine Deckungslücke aufweist (→ § 249 Rz. 128).
- Auslagerung von Pensionsverpflichtungen im Innenverhältnis auf Dritte, wobei die primäre Schuldnerschaft im Außenverhältnis erhalten bleibt (→ § 246 Rz. 111).

In den beiden ersten Fällen bestand schon „vor BilRUG" eine Angabepflicht nach Art. 28 Abs. 2 EGHGB (→ § 249 Rz. 127), nicht dagegen nach § 268 Abs. 7 bzw. § 251 HGB, da hier keine Haftungsschuld vorliegt. In der Gesetzesneufassung durch das BilRUG werden in § 268 Abs. 7 Nr. 1 HGB u. E. auch die nicht als Passiva auszuweisenden Verbindlichkeiten erfasst. Vertretbar erscheint es daher, die (separate) Angabepflicht für die beiden erstgenannten Posten in die Gesamtangabepflicht nach § 268 Abs. 7 HGB für nicht passivierte Altersversorgungsverpflichtungen einzubeziehen. Nach a. A. werden die Verpflichtungen i. S. von Art. 28 Abs. 2 HGB jedoch nicht von § 268 Abs. 6 HGB erfasst. Die lediglich subsidiäre Haftung (dritter Fall) ist nicht gesondert auszuweisen. Für die Angabe zum vierten Tatbestand vgl. → § 246 Rz. 111.

2. Darstellungsform

155 Eine Darstellung in **tabellarischer** Form („Spiegel") – in der Praxis häufig ohne Vorjahreszahlen (→ § 265 Rz. 20) – erscheint optisch am ansprechendsten (statt Davon-Vermerken), z. B. wie folgt:

Haftungsverhältnis		Gewährte Sicherheiten		Gegenüber		Aus Altersversorgungsverpflichtungen	Begründung
Art	Betrag	Art	Betrag	verbundenen Unternehmen	assoziierten Unternehmen		

Fehlanzeigen sind nicht notwendig, bei Wahl der tabellarischen Darstellung aber erforderlich und zulässig. In einfacheren Fällen kann eine **verbale** Darstellung etwa wie folgt gegeben wer-

1 Anderer Auffassung *Grottel/ Huber* in Beck'scher Bilanz-Kommentar, 13. Aufl. 2022, § 268 Tz. 58.

den (hier durch die Konzern-Muttergesellschaft): „Wir haben gegenüber Tochtergesellschaften (verbundenen Unternehmen) Bürgschaften von insgesamt X Mio. € übernommen und dafür Grundpfandrechte über Y Mio. € gewährt."

Die Spalte „Begründung" dient der Erfüllung der Angabepflicht nach § 285 Nr. 27 HGB (→ § 285 Rz. 182).

VIII. Ausschüttungssperre (Abs. 8)

1. Gläubigerschutzaspekt

„Kerngedanke einer Ausschüttungssperre ist, dass Unternehmen Vermögen, das einer Ausschüttungssperre unterliegt, nicht an die Anteilseigner ausschütten dürfen." Diese Aussage in der Begründung des BilMoG-RegE (S. 109) soll einen „hinreichenden Gläubigerschutz" bewirken. Die generelle Frage geht in diesem Zusammenhang dahin, ob Gläubiger durch **Nichtausschüttung** in relevantem Maße geschützt werden können.[1] Uneingeschränkt bejahen wird man diese Frage dann, wenn **jede** Gewinnausschüttung als Gläubigergefährdung anzusehen ist. Löst man sich von diesem Denkansatz und sieht sich ein wenig in der Praxis notleidender und konkursiter Unternehmen um – bei denen das Thema „Gläubigerschutz" überhaupt erst virulent wird –, stellt sich dieser Schutz in einer etwas anderen Perspektive dar. Große Insolvenzfälle der jüngeren BRD-Wirtschaftsgeschichte mit Millionenverlusten der Gläubiger sind nicht durch **Ausschüttungen** ausgelöst worden. 156

Angesprochen sind hier z. B. Holzmann und Walter-Bau – beide nach HGB bilanzierend. Diese hatten jahrelang vor der Insolvenz keine Ausschüttung mehr vorgenommen. Wenn die Gläubiger durch die Rechnungslegung überhaupt geschädigt worden sein sollten, dann durch – erlaubte oder als erlaubt erachtete – extreme **Sachverhaltsgestaltungen**, z. B. *sale and lease back* (→ § 246 Rz. 264) oder ständige Umstellungen des Geschäftsjahres, zur Verschleierung der nachhaltig prekären Ertragslage und des schleichenden Verzehrs des Eigenkapitals. Dem Gläubigerschutz hätte in diesen Fällen das Verbot von sattsam bekannten bilanzpolitischen Verschleierungsgestaltungen gedient, nicht aber eine Ausschüttungssperre. Im mittelständischen Bereich bieten sich andere („stille") Möglichkeiten als Dividenden an, wenn tatsächlich Unternehmensvermögen zulasten der Gläubiger geplündert werden soll. 157

2. Betroffene Bilanzposten

Drei Bilanzposten sind im – vermeintlichen (→ Rz. 156) oder wirklichen – Gläubigerschutzinteresse durch Abs. 8 mit einer Ausschüttungssperre belegt: 158

1. Überhang der Zeitwerte über die Anschaffungskosten des Deckungs- oder Planvermögens eines insolvenzfest gestalteten Pensionsplans (→ § 246 Rz. 401).
2. Selbst erstellte Immaterialgüter des Anlagevermögens (→ § 248 Rz. 9).
3. Ein optional bilanzierter Aktivüberhang aus der Steuerlatenzrechnung (→ § 274 Rz. 57).

Zur daneben bestehenden Ausschüttungssperre aus der Bewertung von Pensionsrückstellungen wird auf → § 253 Rz. 259 verwiesen, zu „außerbilanziellen" Ausschüttungssperren auf Rz. 177.

1 Vgl. *Hoffmann/Lüdenbach*, Beihefter zu DStR 30/2008 S. 61.

159 Aus den vorstehend aufgeführten drei Bilanzposten wird die Ausschüttungssperre **positiv** gespeist. Dabei ist eine **Gesamt**betrachtung anzustellen, d. h. negativ: Nicht jeder der drei Posten **für sich** ist als Bemessungsgrundlage heranzuziehen, sondern der Gesamtbetrag[1] (wie im Beispiel unter → Rz. 160). **Abzuziehen** sind bei den beiden ersten Posten die „gebildeten passiven latenten Steuern". Der so errechnete Betrag ist zu vergleichen mit dem gesellschaftsrechtlich definierten **Ausschüttungspotenzial** (→ Rz. 167). Zum zu vermeidenden **„Verdoppelungseffekt"** der passiven Steuerlatenz vgl. Rz. 164.

3. Berechnungsschema – Grundstruktur

160 Hiernach ergibt sich folgende Berechnung, die auch als interne Ergänzung zur Anhangangabe nach § 285 Nr. 28 HGB Verwendung finden kann (→ § 285 Rz. 183):

Originäre immaterielle Anlagegüter (1)	+
Aktive latente Steuern (2)	+
Überhang der Zeitwerte beim Planvermögen (3)	+
Zwischensumme	+
Passive latente Steuern auf (1) und (3)	-
Summe A	+/-
Wenn Summe ≤ 0, keine Ausschüttungssperre, Rechnung beenden.	
Freie Rücklagen	+
Verlustvortrag	-
Gewinnvortrag	+
Jahresüberschuss	+
Summe B	-/+
Wenn Summe B ≤ 0, keine Ausschüttung möglich. Wenn Summe A und B > 0, Vergleichsrechnung erforderlich: Wenn A > B, keine Gewinnausschüttung möglich. Wenn B > A, maximale Ausschüttung i. H. von B - A.	
Bei Bilanzierung **nach** Gewinnverwendung gem. Abs. 1 (→ Rz. 3 ff.) ist die Summe B mit folgenden Bilanzposten zu errechnen:	
Freie Rücklagen	-
Bilanzgewinn	-
Summe B	-/+

Die Ausschüttung wird im Ergebnis auf den Betrag beschränkt, der ohne die Aktivierung der drei Bilanzposten (→ Rz. 158) ausgeschüttet werden könnte. In der vorstehenden Berechnung sind zwangsweise zu bildende Rücklagen (z. B. die gesetzliche Rücklage bei der AG) nicht berücksichtigt (→ Rz. 167). Diese sind ggf. als **weitere Minusposten** in die Berechnung einzuführen. Die vorstehende Tabelle berücksichtigt noch **nicht** die verschiedenen **Interdependenzen** zwischen den Berechnungsparametern. Darauf wird unter → Rz. 163 eingegangen.

1 Vgl. hierzu die mit Berechnungsbeispielen unterlegte Darstellung bei *Zülch/Hoffmann*, DB 2010 S. 910.

4. Befreiung von der Steuerlatenzierung

Die Einbeziehung der passiven Latenz in die Errechnung des Sperrbetrags wirft die Frage auf, ob bei förmlicher Befreiung der kleinen Kapitalgesellschaft von einer Steuerlatenzierung gem. § 274a Nr. 4 HGB (→ § 274a Rz. 6) zur Ermittlung des Ausschüttungssperrbetrags gleichwohl eine Art **„Latenzschattenrechnung"** durchgeführt werden muss. Die gleiche Frage stellt sich für die Abführungssperre und für die Haftungserweiterung der Kommanditisten (→ Rz. 170): 161

- **Für** eine solche fiktive Einbeziehung von Latenzen bei nicht vorhandener Steuerlatenzrechnung spricht die **Gleichstellung** mit den Fällen der optionalen oder pflichtmäßigen Steuerlatenzierung. Ohne eine solche unterläge der Nichtlatenzierer bei stichtagsbezogener Betrachtung einer höheren Ausschüttungssperre etc. als der Gegenpart (→ Rz. 162).[1]
- **Gegen** eine fiktive Steuerlatenzierung spricht der **Gesetzeswortlaut** („hierfür gebildet"): Wo keine Steuerlatenzrechnung erfolgt, kann sie auch nicht hilfsweise in einen speziellen Bilanzposten (hier: Ausschüttungssperre) einfließen.

Eine Entscheidung zwischen diesen beiden scheinbar widersprüchlichen Lösungen muss sich auch am **Regelungszweck** der Ausschüttungssperre etc. orientieren, d. h. dem Gläubigerschutz durch Kapitalerhaltung (→ Rz. 156). Dazu werden die beiden denkbaren Lösungen aus → Rz. 161 tabellarisch gegenübergestellt. 162

BEISPIEL

	„Für"	„Gegen"
Aktivierung Entwicklungskosten	100	100
- Passive Steuerlatenz	-30	–
Ausschüttungssperre	<u>70</u>	<u>100</u>

Die Stichtagsbetrachtung weist unter Gläubigerschutzaspekten eine Präferenz zugunsten „Gegen" aus. Allerdings relativiert sich diese Sicht im Zeitverlauf:

	Entwicklungskosten	Steuerlatenz	Sperre	Entwicklungskosten/Sperre	Differenz
Zugang 31.12.01	100	30	70	100	30
Abschreibung/Auflösung	20	6		20	
Stand 31.12.02	80	24	56	80	24
Abschreibung/Auflösung	20	6		20	
Stand 31.12.03	<u>60</u>	<u>18</u>	42	<u>60</u>	<u>18</u>

Die Variante „Gegen" nähert sich im Zeitverlauf der Alternative „Für" an.

Insgesamt befürworten wir vor diesem Hintergrund einer nur zeitlichen Verschiebung des Sperrbetrags zwischen den beiden Varianten die Auslegung nach dem **Gesetzeswortlaut** („gegen" eine fiktive Steuerlatenzierung).

5. Ermittlung der Ausschüttungssperre

Die drei für die Bestimmung des Sperrbetrags maßgeblichen Bilanzposten führen nicht durch einfache Addition zu einer **sinnvollen** Größe, weil 163

1 So die Begründung des BilMoG-RegE, BT-Drucks. 16/12407 S. 113.

- zwischen ihnen **Interdependenzen** bestehen,
- der Posten „Aktivüberhang aus der Steuerlatenzrechnung" durch ein **Ansatzwahlrecht** gekennzeichnet ist (→ § 274 Rz. 57).

Dazu folgendes Beispiel:[1]

BEISPIEL ▸ Der Steuersatz der U GmbH beträgt 30 %. Hieraus ergeben sich bei temporären Differenzen in immateriellen Anlagen, Sachanlagen und Rückstellungen folgende Latenzen:

	Buchwert HB	Buchwert StB	Aktive Latenz	Passive Latenz
Hergestellte immaterielle Anlagen	50	0		15
Sachanlagen nach 6b-Abschreibung	90	70		6
Drohverlustrückstellung (→ § 249 Rz. 161)	-100	0	30	
			30	**21**
Saldierung			-21	
Aktivüberhang			9	

Das bilanzielle Ausschüttungspotenzial wird vor Berücksichtigung der Ausschüttungssperre mit 60 angenommen. Daraus würde sich nach dem Gesetzeswortlaut und dem daraus entwickelten Berechnungsschema (→ Rz. 160) der ausschüttbare Betrag wie folgt entwickeln:

	HB Aktiva	Passive Latenz	Σ
Hergestellte immaterielle Anlagen	50	15	35
Aktivüberhang der Latenzierung	9		9
Ausschüttungssperre	**59**	**15**	44
Rücklagen etc.			60
Ausschüttbarer Betrag (→ Rz. 167)			**16**

164 Die latenten Steuern üben bei der Errechnung der Ausschüttungssperre eine **zweifache** Funktion aus:

- Der wahlweise (→ § 274 Rz. 57) bilanzierte Aktivüberhang der Latenz **erhöht** den Sperrbetrag, einerlei ob der saldierte oder der Bruttoausweis (→ § 274 Rz. 74) gewählt wird.
- Die passiven Latenzen auf hergestellte immaterielle Anlagen etc. **mindern** den Sperrbetrag.

Die passiven Steuerlatenzen auf hergestellte Immaterialgüter des Anlagevermögens etc. führen danach zu einem **Doppelungs**-Effekt:

- Sie **mindern** von den immateriellen Anlagen oder dem Zeitwertüberschuss bei Deckungsvermögen den Sperrbetrag.
- Sie **kürzen** einen eventuellen Aktivüberhang der Steuerlatenzen und **mindern** dadurch ein weiteres Mal den Sperrbetrag.

Anders ausgedrückt: Der ausschüttbare Betrag wird doppelt **erhöht**, was nicht im Sinne des Gesetzgebers gelegen hat (→ Rz. 157). Deshalb müssen die passiven Latenzen aus den beiden in Abs. 8 angesprochenen Bilanzposten – im Beispiel selbst erstellte Immaterialgüter, äquiva-

1 Nach *Lüdenbach*, StuB 2010 S. 588; vgl. hierzu auch *Küting/Seel*, DB 2009 S. 925; *Zülch/Hoffmann*, DB 2010 S. 909; *Petersen/Zwirner/Froschhammer*, KoR 2010 S. 334; *Karrenbrock*, BB 2011 S. 686.

lent der Zeitwertüberhang beim Deckungsvermögen – im Rechenschema im Beispiel unter → Rz. 163 eliminiert werden.

BEISPIEL

	HB	StB	Passive Latenz	Passive Latenz
Hergestellte immaterielle Anlagen etc.	0	0	0	0
Sachanlagen	90	70		6
Drohverlustrückstellung	-100	0	30	
			30	6
Saldierung			-6	
Modifizierter Aktivüberhang (statt 9, da 15 aus Immaterialgütern nicht berücksichtigt)			**24**	

Die Latenzen aus den nicht in Abs. 8 genannten beiden Bilanzposten – im Beispiel Sachanlagen, Drohverlustrückstellung – gehen demgegenüber unverändert in die Berechnung des Sperrbetrags ein und berühren deshalb nicht den Aktivüberhang aus der Steuerlatenzierung.

	HB Aktiva	HB Passiva	∑
Hergestellte immaterielle Anlagen	50	15	35
Aktivüberhang der Latenzierung (modifiziert)	24		24
Ausschüttungssperre	**74**	**15**	59
Rücklage etc.			60
Ausschüttbarer Betrag			1

Die so durchzuführende „Schattenrechnung" kann dazu führen, dass sich eine Ausschüttungssperre für aktive latente Steuern auch dann ergibt, wenn ein Aktivüberhang gar nicht besteht oder zwar besteht, aber (wahlweise) nicht angesetzt wird.[1] 165

6. Das Ausschüttungspotenzial

Die Vergleichsrechnung zur Bestimmung der Ausschüttungssperre bzw. der möglichen Ausschüttung (→ Rz. 160) ist wie folgt legal definiert: 166

- Frei verfügbare Rücklagen (+)
- Gewinnvortrag (+)
- Verlustvortrag (-)

Der Jahresüberschuss wird dabei als bereits verwendet unterstellt und muss deshalb zur Ermittlung des maximalen Ausschüttungsbetrags hinzugerechnet werden (→ Rz. 160).[2]

Zu bestimmen ist das Volumen der **freien** Rücklagen. Dazu zählen **nicht**:

- Bei **GmbHs** und **GmbH & Co. KGs** (→ § 264c Rz. 9): satzungsmäßige Rücklage vergleichbar der gesetzlichen Rücklage der AG; bei vereinfachter Kapitalherabsetzung eingestellte Beträge gem. § 58b Abs. 3 GmbHG.

1 Vgl. *Althoff*, DStR 2019 S. 888 und WP Handbuch, 15. Aufl. 2017, Kap. F Tz. 523.

2 So auch *Gelhausen/Althoff*, WPg 2009 S. 586.

- Bei **AGs:** die gesetzliche Rücklage gem. § 150 Abs. 2 AktG sowie die Kapitalrücklagen gem. § 272 Abs. 2 Nr. 1 bis 3 HGB, die nach § 150 Abs. 3 und 4 AktG nur in Sonderfällen aufgelöst werden dürfen (→ § 270 Rz. 4).
- In allen **zwei** Rechtsformen nach § 272 Abs. 4 HGB die Rücklage für Anteile an herrschenden oder mit Mehrheit beteiligten Unternehmen (→ § 272 Rz. 85) sowie die im Übergangsverfahren weiterzuführende Rücklage für aktivierte Ingangsetzungskosten nach § 269 HGB a. F.
- Bei der **GmbH & Co. KG** i. S. des § 264a HGB in Form der sog. **Einheitsgesellschaft:** der „Ausgleichsposten für aktivierte eigene Anteile" nach § 264c Abs. 4 Satz 2 HGB (→ § 264c Rz. 60).
- Bei der **Unternehmergesellschaft** (haftungsbeschränkt): die Zwangsdotierung der Gewinnrücklage nach § 5a GmbHG (→ Rz. 28).

167 Zur Bestimmung des Ausschüttungspotenzials ist es unerheblich, **aus welchem Geschäftsjahr** dieses stammt. Auch bei Ausweis eines Fehlbetrags im aktuellen Jahresabschluss kann nach Rücklagenauflösung zugunsten des Bilanzgewinns (→ Rz. 26) ein Ausschüttungspotenzial (nach Abzug der Sperre) vorhanden sein (→ Rz. 160). Wenn umgekehrt kein „normales" Ausschüttungspotenzial verfügbar ist, geht die Ausschüttungssperre ins Leere. In Folgejahren – nach Erzielung von Jahresüberschüssen – lebt sie wieder auf. Es genügt deshalb in jedem Jahr der Bilanzvergleich nach dem Rechenschema in → Rz. 160.

168 Im Verhältnis zur (anderen) Technik der Ausschüttungssperre durch Dotierungspflicht von Rücklagen – Aufzählung unter → Rz. 167 – führt die Sperrlösung nach Abs. 8 eine Art bilanzielles **„Schattendasein"**. Sie muss immer in einer Nebenrechnung ermittelt werden und erscheint förmlich nicht als Bilanzposten. Daraus entsteht für **Aktien**gesellschaften im Hinblick auf die Thesaurierungskompetenz der Verwaltung nach § 58 Abs. 1 und 2 AktG das Problem der Anrechnung auf die (höchstmögliche) Thesaurierungsquote von 50 % des Jahresüberschusses (→ § 270 Rz. 7). Eine Berücksichtigung bereits im Rahmen der Auf- oder Feststellung des Jahresabschlusses wird von § 172 AktG verhindert.

BEISPIEL[1]

	Fall 1	Fall 2/1	Fall 2/2
Verwendbarer Jahresüberschuss	100	100	100
Sperrbetrag	30	70	70
Andere verwendbare Eigenkapitalien	0	0	0
Einstellungskompetenz der Verwaltung in die Gewinnrücklagen	50	50	70
Bilanzgewinn	50	50	30
Ausschüttungspotenzial der Hauptversammlung	50	30	30

Im Fall 1 belegt die Rücklagendotierung die Ausschüttungssperre vollumfänglich, so dass die Hauptversammlung uneingeschränkt über den Bilanzgewinn verfügen kann.

Die Fälle 2/1 und 2/2 erreichen dasselbe Ergebnis in anderer Auslegung von § 58 Abs. 1 und 2 AktG: Im Fall 2/1 wird der Hauptversammlung zwar der hälftige Bilanzgewinn „vorgeführt", der aber mit dem Makel der Ausschüttungssperre von 20 behaftet ist. Im Fall 2/2 nimmt die Verwaltung entgegen dem Wortlaut von § 58 Abs. 1 und 2 AktG die Ausschüttungssperre schon vorweg und lässt § 172 AktG unberücksichtigt.[2] Im aktuellen Jahr ist das Ergebnis das gleiche.

1 Nach *Gelhausen/Althoff*, WPg 2009 S. 589.

2 Nach dem Gesetzeswortlaut unzulässig, so auch *Gelhausen/Fey/Kämpfer*, Rechnungslegung und Prüfung nach dem BilMoG, 2009, N, Tz. 56 ff.

Für die Folgejahre ändert sich das Bild, wenn sich die Ausschüttungssperre mindert oder ganz wegfällt. Im Fall 2/2 ist das Ausschüttungspotenzial von 30 der Kompetenz der Hauptversammlung entzogen. Diese kann keine Auflösung der Rücklagen beschließen, jedenfalls in dem praktisch relevanten Fall der Bilanzfeststellung durch den Aufsichtsrat nach § 58 Abs. 2 AktG. Im Falle 2/1 wird diese Schmälerung der Hauptversammlungskompetenz vermieden und der Regelungsgehalt des § 58 Abs. 2 AktG vollumfänglich erfüllt. Diese Lösung ist u. E. vorzugswürdig.

Bei GmbHs und GmbH & Co. KGs gelten diese Überlegungen nicht. Die Gesellschaften sind bei der Feststellung des Jahresabschlusses zur Auflösung von Rücklagen zugunsten des Bilanzgewinns (→ § 270 Rz. 5) berechtigt und können so eine Ausschüttungssperre aus früheren Jahren rückgängig machen.

Sofern in Folgejahren ausschüttungsbeschränkte Gewinnrücklagen oder -vorträge aus dem Sperrgebot ausscheiden, unterliegen diese Beträge wiederum der Auf- und Feststellungskompetenz von Vorstand und Aufsichtsrat. Ausschüttungsgesperrte Beträge können von der Hauptversammlung auf neue Rechnung vorgetragen und als Gewinnvortrag des Folgejahres ausgewiesen werden. Freigewordene Beträge stehen dann im Folgejahr als Teil des Bilanzgewinns den Aktionären bei ihrem Gewinnverwendungsbeschluss zur Verfügung.

7. Folgeanwendungen

7.1 Überentnahme der Kommanditisten

Die in Abs. 8 förmlich auf Kapital- und „Kap. & Co."-Gesellschaften ausgerichtete Gewinnausschüttungssperre wird speziell für **Kommanditisten** in § 172 Abs. 4 HGB ergänzt. Danach lebt die persönliche Haftung eines Kommanditisten auch insoweit auf, als sein Kapitalanteil durch die Ausschüttung von „Beträgen" i. S. des Abs. 8 unter den Betrag der geleisteten Einlage sinkt (→ § 264c Rz. 44). Hierbei ergibt sich eine Ungleichbehandlung zu Kapitalgesellschaften: Eine Steuerlatenzrechnung nach § 274 HGB ist für „normale" KGs – anders als für die „Kap. & Co."-Gesellschaften (→ § 264c Rz. 1) – nicht vorgesehen. Eine freiwillige Anwendung soll indes infrage kommen (→ § 274 Rz. 10). Die Folge für die Ermittlung der Einlageminderung entspricht derjenigen für die Ausschüttungssperre (→ Rz. 161). 169

Durch das **MoPeG** wird § 172 Abs. 4 dahingehend ergänzt, dass auch die Kapitalgesellschaften betreffende Ausschüttungssperre nach § 253 Abs. 6 HGB aus dem Unterschiedsbetrag von Pensionsrückstellungen zwischen Verwendung eines Zehn- und eines Sieben-Jahres-Durchschnittszinses bei Kommanditisten zum Wiederaufleben der Haftung führen kann.

7.2 Abführungssperre, Organschaft

In § 301 Abs. 1 AktG ist eine **Gewinnabführungs**sperre im Falle eines entsprechenden Unternehmensvertrags (regelmäßig steuerliche Organschaft → § 246 Rz. 454 ff.) vorgesehen. Hier stellt sich einmal mehr (→ Rz. 161) die Frage nach der Einbeziehung einer fiktiven (passiven) Steuerlatenz für aktivierte Entwicklungskosten und des Aktivsaldos aus der Vermögensverrechnung (→ Rz. 158) in die Berechnung (hier) der Abführungssperre, da bei der Organgesellschaft während des Organschaftzeitraums abgesehen von Ausgleichszahlungen an außenstehende Gesellschafter keine Steuerschuld entsteht. Regelmäßig werden bei den deutschen IFRS-Anwendern die Buchwertunterschiede (→ § 274 Rz. 20) der Organgesellschaft in die Steuerlatenzrechnung des (obersten) Organträgers eingebaut. So lautet auch der handelsrechtliche Vorschlag in DRS 18 (→ § 274 Rz. 84). Andererseits erlaubt DRS 18 im Falle einer Weiterbelastung von (tatsächlichen) Steuern durch Steuerumlage, die Buchwertunterschiede am Ort des 170

Entstehens, d. h. auch bei der Organgesellschaft, zu latenzieren (→ § 274 Rz. 85). Allerdings spricht der Gesetzeswortlaut – wie bei der Ausschüttungssperre (→ Rz. 162) – für den Verzicht auf eine Latenzierung bei der Organgesellschaft mit entsprechender Kürzung der Abführungssperre. Zu vermeiden ist jedenfalls ein doppelter Abzug:[1] bei der Organgesellschaft durch Fiktion einer Steuerlatenz und beim Organträger (bzgl. der Ausschüttungssperre) im Falle der Kapitalgesellschaft.

171 Dieses Konzept – Latenzierung beim Organträger – führt indes zu Ungereimtheiten: Bei der Organgesellschaft erhöht sich die Abführungssperre ohne die beim Organträger zu erfassenden Passivlatenzen (sog. **Brutto**betrachtung). Eine **Netto**betrachtung würde die beim Organträger angesetzte Latenz mit einbeziehen und entsprechend den Abführungsbetrag erhöhen. Für ein Beispiel zu alternativen Berechnungen der Abführungssperre unter Berücksichtigung passiver Latenzen wird auf → § 274 Rz. 87 verwiesen.

172 Der Sperrbetrag für die Gewinnabführung errechnet sich bei Aktiengesellschaften in Analogie zu demjenigen für die Ausschüttung (→ Rz. 160) wie folgt:

Jahresüberschuss vor Gewinnabführung	+
Verlustvortrag	-
Gewinnvortrag/Rücklagen, die während des Vertragszeitraums gebildet werden (§ 301 Satz 2 AktG)	+
Einstellung in die gesetzliche Rücklage (§ 300 AktG)	-
Gewinnabführung	=

173 Soweit ausreichend frei verfügbare Eigenkapitalbestandteile vorhanden sind (→ Rz. 167), wird die Abführungssperre nicht „aktiviert". Es ergibt sich ein sinnvoller Gleichlauf mit der Ausschüttungssperre (→ Rz. 160). Der Gesetzgeber unterscheidet dabei in § 301 AktG nicht zwischen **vorvertraglicher** (i. S. des Unternehmensvertrags) Rücklage etc. und Gewinnvorträgen sowie solchen aus der **vertraglichen** Zeit im Falle von Minderheitsaktionären. Die freien vorvertraglichen Rücklagen stehen den Aktionären zu und können deshalb an diese während der Vertragslaufzeit ausgeschüttet werden. Das reimt sich nicht mit der Bestimmung des Deckungskapitals für die Abführung an den Vertragspartner. Die (Minderheits-)Aktionäre erlauben mit den ihnen zustehenden Eigenkapitalanteilen eine höhere Gewinnabführung, als sie ohne ihren „Beitrag" möglich wäre. Aus Sicht des **Gläubigerschutzes** ist diese Regelung passend, nicht dagegen aus der Perspektive des gesellschaftsrechtlichen **Minderheitenschutzes.** Gleichwohl ist u. E. die Entscheidung des Gesetzgebers zu akzeptieren.[2]

174 Die Abführungssperre ist gleichbedeutend mit einer **Minderung** der **Abführungsschuld** der Organgesellschaft und mindert damit auch den Aufwand in der GuV-Rechnung nach § 277 Abs. 3 HGB (→ § 277 Rz. 57). Es verbleibt dann ein auszuweisender Jahresüberschuss. Dieser kann vorgetragen oder schon bei Bilanzerstellung in die Gewinnrücklage überführt werden (→ Rz. 4). In Folgejahren ist dann u. U. genügend „Deckungskapital" (→ Rz. 160) vorhanden, so dass der gesamte dann entstehende Jahresüberschuss abgeführt werden kann.[3]

In den Folgejahren können sich auch die gesperrten Beträge (→ Rz. 154) mindern, so dass zuvor gebildete Rücklagen nach § 301 Satz 2 AktG zur Abführung verfügbar sind.

1 Vgl. *Dahlke*, BB 2009 S. 880.
2 So auch *Gelhausen/Althoff*, WPg 2009 S. 631; a. A. WP Handbuch, 15. Aufl. 2017, Kap. F Tz. 526.
3 So auch *Neumayer/Imschweiler*, GmbHR 2011 S. 59, wenn auch auf Zweifel hinweisend.

BEISPIEL[1] Organträger OT hat mit den zwei Organgesellschaften OG 1 und OG 2 Ergebnisabführungsverträge. Beide OGs machen im Jahr 01 von dem Wahlrecht der Aktivierung selbst erstellter immaterieller Anlagen nach § 248 Abs. 2 Satz 1 HGB Gebrauch. Ihre Ergebnisse entwickeln sich in den Jahren 01 und 02 wie folgt:

	OG 1	OG 2
Periode 1		
Ergebnis vor § 248 Abs. 2 Satz 1	-100	50
Aktivierung nach § 248 Abs. 2 Satz 1	20	20
Ergebnis vor EAV	-80	70
Periode 2		
Ergebnis vor EAV	0	-150

Latente Steuern sind aus Vereinfachungsgründen zu vernachlässigen.

Nach § 302 Abs. 1 AktG hat die Obergesellschaft (Organträger) im Falle eines Ergebnisabführungsvertrags jeden während der Vertragsdauer sonst entstehenden **Verlust auszugleichen,** soweit dieser nicht durch Entnahme während der Vertragsdauer entstandener Gewinnrücklagen gedeckt wird. Eine Bezugnahme auf § 268 Abs. 8 HGB findet sich anders als in § 301 AktG dabei nicht, ergibt sich u. E. aber aus dem **Gesetzeszweck:**

- Durch § 301 Satz 1 AktG soll dem Organträger aus der Aktivierung bestimmter, als „suspekt" geltender Beträge im Interesse des **Gläubigerschutzes** kein Vorteil (durch Erhöhung der Abführung) entstehen.
- Konsequenterweise darf dann auch im **Verlustfall** kein Vorteil für den Organträger entstehen, durch den der Verlustausgleich verringert würde.[2]

Angewandt auf den Sachverhalt folgt hieraus:

- OG 1 hat im Jahr 01 einen Verlustausgleichsanspruch von 100 und erzielt damit einen Jahresüberschuss von 20.
- Bei OG 2 darf entsprechend im Jahr 02 die Verlustausgleichsverpflichtung nicht um den Gewinnvortrag von 20 vermindert werden, sondern besteht in voller Höhe von 150.
- Beide OGs weisen demnach im Jahr 02 einen Gewinnvortrag von 20 aus.

In tabellarischer Darstellung (nach vorstehendem Beispiel):

	OG 1	OG 2
Periode 1		
Ergebnis vor § 248 II Satz 1	-100	50
Aktivierung nach § 248 II Satz 1	20	20
Ergebnis vor EAV	-80	70
Verlustübern./Gewinnabführung	100	-50
Jahresüberschuss	20	20

1 Nach *Lüdenbach*, StuB 2015 S. 348.

2 Gleicher Auffassung *Oser/Scholz*, StuB 2020 S. 560; *Kessler/Egelhof*, DStR 2017 S. 998.

Periode 2		
Ergebnis vor EAV	0	-150
Verlustübern./Gewinnabführung	0	150
Jahresüberschuss	0	0
Gewinnvortrag	20	20

175 Die **steuerliche Anerkennung** einer Organschaft ist traditionell mit einer Pflicht zur Beachtung verschiedener gesellschaftsrechtlicher und bilanzieller Vorgaben verbunden. Das BilMoG hat hier einiges unklares Terrain hinterlassen, das zwar eine handelsrechtlich zulässige oder vertretbare Lösung nicht ausschließt, aber andererseits der Anerkennung durch die Finanzverwaltung i. S. einer vernünftigen Steuerplanung bedarf. Zum Beispiel besteht Unsicherheit wegen der

- in → Rz. 171 angesprochenen Ungereimtheiten, also wegen der Frage, ob beide Methoden die steuerlich bedeutsame tatsächliche Durchführung des Ergebnisabführungsvertrags nicht gefährden.[1]

Die komplizierten Verästelungen des Organschaftsrechts (→ § 246 Rz. 401 ff.) mit den Beispielen Ausgleichsposten bzw. Mehr- oder Minderabführungen können bei Befolgung im Einzelnen für die Steuerlatenzierung zu komplexen Berechnungen zwingen,[2] deren Ergebnis in keinem sinnvollen Verhältnis zum errechneten Output unter Berücksichtigung des Arbeitseinsatzes führt.

8. Ausschüttungs- und Abführungssperren außerhalb des HGB

176 Der Gläubigerschutz wird bei Kapitalgesellschaften allgemein dadurch verwirklicht, dass zur Erhaltung des Stammkapitals notwendiges Vermögen (GmbH) bzw. sämtliches Vermögen mit Ausnahme des Bilanzgewinns (AG) der Ausschüttung entzogen ist. Der Schutz wird speziell dadurch verstärkt, dass bestimmte Gewinne gegen eine Ausschüttung gesperrt werden, und zwar nicht nur auf der Basis des HGB (§ 268 Abs. 8 HGB und § 253 Abs. 6 HGB), sondern auch auf der Basis des Gesellschaftsrechts, so etwa durch die bedingte Ausschüttungssperre der § 233 Abs. 1 AktG und § 58d Abs. 1 GmbHG infolge einer **vereinfachten Kapitalherabsetzung.**

177 Durch einen Ergebnisabführungsvertrag werden die allgemeinen Schutzvorschriften gelockert (§ 57 Abs. 1 Satz 3 AktG, § 30 Abs. 1 Satz 2 GmbHG), da die Konzernobergesellschaft im Gegenzug zum Verlustausgleich verpflichtet ist (§ 302 AktG). In diesem Zusammenhang wird im Schrifttum kontrovers diskutiert, ob Ausschüttungssperren auch dann eine **Abführungssperre** nach sich ziehen, wenn dies (anders als bei § 268 Abs. 8 HGB) in § 301 AktG nicht ausdrücklich erwähnt ist. Betroffen ist neben der Ausschüttungssperre nach § 253 Abs. 6 HGB (→ § 253 Rz. 259) die vereinfachte Kapitalherabsetzung (§ 233 Abs. 1 AktG und § 58d Abs. 1 GmbHG).[3]

1 Vgl. IDW-FN 2011, S. 351.
2 Vgl. hierzu *Dreixler/Ernst*, StuB 2011 S. 123.
3 Zum Stand des Schrifttums *Kessler/Egelhof*, DStR 2017 S. 998 ff.

§ 270 Bildung bestimmter Posten

(1) Einstellungen in die Kapitalrücklage und deren Auflösung sind bereits bei der Aufstellung der Bilanz vorzunehmen.

(2) Wird die Bilanz unter Berücksichtigung der vollständigen oder teilweisen Verwendung des Jahresergebnisses aufgestellt, so sind Entnahmen aus Gewinnrücklagen sowie Einstellungen in Gewinnrücklagen, die nach Gesetz, Gesellschaftsvertrag oder Satzung vorzunehmen sind oder aufgrund solcher Vorschriften beschlossen worden sind, bereits bei der Aufstellung der Bilanz zu berücksichtigen.

Inhaltsübersicht

I. Überblick

§ 270 HGB ergänzt die Regelungen zur Bildung und Auflösung von Rücklagen (sog. „Rücklagenbewegung") rechtsformübergreifend. Es handelt sich notwendig um **erfolgsneutrale** Buchungsvorgänge (→ § 268 Rz. 3) im **Kompetenzbereich** des Vorstands der AG und der Geschäftsführung der GmbH bzw. der Komplementär-GmbH einer „Kap. & Co."-Gesellschaft (→ § 268 Rz. 8). Diese Buchungen sind bei Kapitalrücklagen zwingend (Abs. 1), bei Gewinnrücklagen in Abhängigkeit von der Berücksichtigung der Ergebnisverwendung bei Bilanzaufstellung (Abs. 2) noch **in alter Rechnung** („bereits bei der Aufstellung der Bilanz") vorzunehmen. 1

II. Kapitalrücklage (Abs. 1)

1. Einstellung

Einstellung in und Auflösung von Kapitalrücklagen sind nach Abs. 1 bereits bei der Aufstellung der Bilanz zu berücksichtigen. **Rechtsformübergreifend** sind vier Tatbestände in § 272 Abs. 2 HGB (→ § 272 Rz. 57) genannt, die zur Einstellung in eine Kapitalrücklage führen. Der dort unter 4. aufgelistete Sachverhalt der „anderen Zuzahlungen" umfasst häufig Vorgänge, die entweder bei der **steuerlichen** Gewinnermittlung als **verdeckte Einlagen** bezeichnet werden oder **Sanierungszuschüsse** an notleidende Tochtergesellschaften enthalten. Der Begriff „verdeckt" ist dabei insofern missverständlich, als dass diese Gesellschaftereinlage **„offen"** in der Kapitalrücklage gezeigt wird (→ § 246 Rz. 98) – anders als regelmäßig das steuerliche Pendant der verdeckten Gewinnausschüttung. Häufig werden solche Zuschüsse der Gesellschafter aber auch förmlich zur „Verlustdeckung" geleistet und sind dann nach h. M. erfolgswirksam zu erfassen (→ § 272 Rz. 74). Auf die steuerliche Gewinnermittlung haben die beiden (handelsrechtlichen) Ausweisalternativen keinen Einfluss, da diese förmlich nicht durch eine GuV, sondern nach § 4 Abs. 1 Satz 1 EStG durch Vermögensvergleich mit Zu- und Abrechnungen – Letztere für Ein- 2 lagen – erfolgt (→ § 246 Rz. 96). Zur handelsrechtlichen Bewertung verdeckter Einlagen wird auf → § 272 Rz. 74 verwiesen, zur Behandlung verdeckter Einlagen/anderer Zuzahlungen in die Gesellschaft beim Gesellschafter vgl. → § 255 Rz. 138 ff.

3 Daneben kann die Einstellung in die Kapitalrücklage auch **rechtsformspezifisch** vorgegeben sein:

- Einstellung aus der vereinfachten (§§ 231 f. AktG) und der qualifizierten (§ 237 Abs. 5 AktG) **Kapitalherabsetzung** einer Aktiengesellschaft (→ § 272 Rz. 34).
- Einstellung aus der vereinfachten **Kapitalherabsetzung** gem. § 58b GmbHG einer GmbH (→ § 272 Rz. 34).
- Eingeforderter **Nachschuss** gem. § 42 Abs. 2 Satz 3 GmbHG einer GmbH, sofern mit der Zahlung gerechnet werden kann (→ § 272 Rz. 78).

2. Auflösung

4 Die ebenfalls gem. Abs. 1 schon in alter Rechnung zu berücksichtigende Auflösung (bzw. Entnahme aus) der Kapitalrücklage ist teils rechtsform**spezifisch**, teils **-übergreifend** geregelt. Sie ist vorzunehmen bzw. zulässig bei

- Aktiengesellschaften gem. § 150 Abs. 4 Nr. 3 AktG und GmbHs gem. § 57d Abs. 1 GmbHG zur Kapitalerhöhung aus **Gesellschaftsmitteln** nach § 207 AktG bzw. § 57c GmbHG (→ § 272 Rz. 25).
- Auflösung der nach § 272 Abs. 2 Nr. 1 bis 3 HGB gebildeten Mindestkapitalrücklage einer Aktiengesellschaft zum **Ausgleich** eines Fehlbetrags oder Verlustvortrags nach § 150 Abs. 3 AktG, soweit keine Gewinnrücklagen hierzu verfügbar sind.
- **Auflösung** der den Mindestbetrag übersteigenden, nach § 272 Abs. 2 Nr. 1 bis 3 HGB gebildeten Kapitalrücklage einer Aktiengesellschaft, soweit keine Gewinnrücklagen hierzu verfügbar sind.
- **Auflösung** der nach § 272 Abs. 2 Nr. 4 HGB geleisteten Einlage bei AG und GmbH.

5 Für die „reguläre" **GmbH** gibt es keine **gesetzliche** Einschränkung bzgl. der Auflösung einer Kapitalrücklage. Satzungsgemäß kann dies der Fall sein, etwa bei einer Klausel: „Es ist nach Maßgabe des AktG eine Kapitalrücklage zu bilden." In der Folge könnten die aktienrechtlichen Auflösungsgründe (→ Rz. 4) analog angewandt werden.

III. Gewinnrücklagen (Abs. 2)

1. Voraussetzung

6 Die Gesetzesvorgabe bindet die Berücksichtigung der Gewinnrücklagenbewegung bereits bei der Bilanzaufstellung („in alter Rechnung") daran, dass die Bilanz unter Berücksichtigung der vollständigen oder teilweisen Verwendung des Jahresergebnisses aufgestellt wird (§ 268 Abs. 1 HGB). Dies ist missverständlich formuliert[1] und tendiert dahin, Tatbestand und Rechtsfolge zu verdrehen:

- Voraussetzung für die **Pflichtdotierung** (→ Rz. 7) bzw. -auflösung der Gewinnrücklage ist nicht die Bilanzierung **vor** Gewinnverwendung gem. § 268 Abs. 1 HGB.

1 So *Knop* in Küting/Pfitzer/Weber (Hrsg.), Handbuch der Rechnungslegung – Einzelabschluss, 5. Aufl., § 270 Tz. 12.

► Es gilt umgekehrt: Wenn die pflichtmäßige Dotierung erfolgen muss oder eine Auflösung erfolgen soll, ist die Bilanzaufstellung (notwendig) **nach** Gewinnverwendung (→ § 268 Rz. 4) vorzunehmen.

2. Gesetzliche Pflichten ...

2.1 ... zur Einstellung in Gewinnrücklagen

Gesetzliche Pflichten zur Einstellung von Beträgen in die Rücklagen bestehen in folgenden Fällen: 7

- Nach § 272 Abs. 4 HGB sind Gewinn- (oder Kapital-)Rücklagen bei Anteilen an beherrschenden Unternehmen (→ § 272 Rz. 85 ff.) in Höhe des entsprechenden Aktivwerts „bereits bei Aufstellung der Bilanz" zu bilden. Diese Vorgabe hat der Vorstand bzw. die Geschäftsführung aufgrund ihrer Aufstellungskompetenz (→ § 268 Rz. 9) zu beachten. Ein getrennter Ausweis innerhalb des Eigenkapitals ist im Gliederungsschema des § 266 HGB vorgesehen (→ § 272 Rz. 85).
- Bei der GmbH & Co. KG i. S. des § 264a HGB in Form der sog. Einheitsgesellschaft ist ein „Ausgleichsposten für aktivierte eigene Anteile" nach § 264c Abs. 4 Satz 2 HGB zu bilden (→ § 264c Rz. 60).
- Bildung der gesetzlichen Rücklage nach § 150 Abs. 1 und 2 AktG.

BEISPIEL ► Die neu gegründete AG, deren Satzung keine besonderen Regeln zur Rechnungslegung enthält, weist im ersten Geschäftsjahr nach der Gründung folgende Eigenkapitalposten gem. § 266 HGB aus:

Gezeichnetes Kapital	1.000
Jahresüberschuss	100
	1.100

Die Bilanz muss gem. § 150 Abs. 2 AktG nach teilweiser Ergebnisverwendung (→ § 268 Rz. 4) wie folgt erstellt werden:

Gezeichnetes Kapital	1.000
Gesetzliche Rücklage	5
Bilanzgewinn (§ 268 Abs. 1 Satz 2 HGB)	95
	1.100

Daneben hat der Vorstand nachfolgende Bilanzierungsalternativen:

- Volle Dotierung der gesetzlichen Rücklage mit 5 auf 10 (§ 150 Abs. 2 AktG).
- Weitere Dotierung der Gewinnrücklage mit 45 auf 50 (§ 58 Abs. 2 AktG).

Im letztgenannten Fall ist nach § 268 Abs. 1 Satz 2 HGB ein Bilanzgewinn von 50 auszuweisen, über den die Hauptversammlung gem. § 174 Abs. 2 AktG zu befinden hat (→ § 268 Rz. 8).

Eine **Unternehmergesellschaft** (haftungsbeschränkt) nach § 5a GmbHG hat eine gesetzliche Rücklage i. H. von 25 % des um einen Verlustvortrag aus dem Vorjahr gekürzten Jahresüberschusses zu bilden. Auch hier liegt eine pflichtmäßige Bilanzierung **nach** teilweiser Gewinnverwendung i. S. des § 268 Abs. 1 Satz 1 HGB vor (→ § 268 Rz. 28). Ein „Deckel" vergleichbar der gesetzlichen Rücklage bei der Aktiengesellschaft nach § 150 Abs. 2 AktG besteht nicht. Nur indirekt ergibt sich eine „Deckelungsmöglichkeit": Wenn die Summe aus angesammelter Rücklage und Stammkapital den Betrag von 25.000 € (Mindestkapital gem. § 5 Abs. 1 GmbHG) übersteigt, können die Gesellschafter gem. § 57c GmbHG einen Kapitalerhöhungsbeschluss 8 fassen. Dies ermöglicht den künftigen Verzicht auf die Einstellung von 25 % des Jahresüberschusses in die Rücklagen. Ohne entsprechenden Kapitalerhöhungsbeschluss bleibt es bei der Rücklagendotierung.

Offensichtlich soll diese Rücklage nach der Vorstellung des Gesetzgebers letztlich zur Erbringung der „regulären" Stammeinlage von 25.000 € verwendet werden. Jedenfalls wird durch den Rücklagenzwang eine Ausschüttungssperre bewirkt.

2.2 ... zur Auflösung in Gewinnrücklagen

9 Es gibt rechtsformübergreifend und -spezifisch keine Pflichtvorgaben zur Auflösung von Gewinnrücklagen. Als Teil-Ausnahme ist die Verwendung im Rahmen einer Kapitalerhöhung aus **Gesellschaftsmitteln** zu nennen (§ 57d Abs. 1 GmbHG bzw. § 208 AktG; → Rz. 4), soweit dafür nicht Kapitalrücklagen verwendet werden.

Die gesetzliche Rücklage für die **Unternehmergesellschaft** (haftungsbeschränkt) → Rz. 8 darf nur verwendet werden

- zur Kapitalerhöhung aus Gesellschaftsmitteln,
- zum Ausgleich eines Jahresfehlbetrags abzüglich eines Gewinnvortrags aus dem Vorjahr,
- zum Ausgleich eines Verlustvortrags aus dem Vorjahr abzüglich eines Jahresüberschusses.

Die letztgenannte Variante ist interpretationsbedürftig.

BEISPIEL

Jahresüberschuss	1.000
Verlustvortrag	-150
Auflösung Rücklage	150
Einstellung in Rücklagen	-250
Bilanzgewinn (ausschüttbar) gem. § 268 Abs. 1 Satz 1 HGB	750

3. Vertragliche Pflichten

10 Der Gesellschaftsvertrag bzw. die Satzung kann auf die Rücklagenbildung und -auflösung in zweierlei Hinsicht einwirken:

- Als **Muss**-Vorschrift für das Bilanzaufstellungsorgan (Vorstand oder Geschäftsführung) (→ § 268 Rz. 8).

BEISPIEL Der Gesellschaftsvertrag einer GmbH verlangt die Bildung einer aus Gewinnen zu dotierenden Rücklage i. H. von 20 % des Jahresüberschusses, bis 100 % des Nennkapitals erreicht sind. Dieser Vorgabe ist von der Geschäftsführung ohne weiteres Zutun der Gesellschafterversammlung im Zuge der Bilanzerstellung (nach teilweiser Ergebnisverwendung nach § 268 Abs. 1 HGB) nachzukommen.

11 - Als **Ermächtigung** zur entsprechenden Beschlussfassung durch die Gesellschafter; die Ermächtigung kann auf gesetzlicher oder satzungsmäßiger Grundlage erfolgen.

BEISPIEL Das Eigenkapital einer GmbH zeigt zum 31.12.01 folgendes Bild (vgl. → § 268 Rz. 26):

Gezeichnetes Kapital	1.000
Gewinnrücklage	1.300
Verlustvortrag	-100
Jahresfehlbetrag	-200
Eigenkapital	2.000

Der Quartalsabschluss zum 30.9.02 lässt einen Jahresüberschuss von 300 erwarten. Die **Geschäftsführung** will diesen zur Beseitigung des Verlustvortrags zum 31.12.02 verwenden. Die **Gesellschafter** wollen eine Dividende von 400 (für 02) ausschütten. Deshalb weisen sie die Geschäftsführung am 11.11.02 zu einer entsprechenden Bilanzierung für den Abschluss 02 an.

Anders als bei der AG kann die Gesellschafterversammlung der Geschäftsführung Einzelanweisungen erteilen, d. h. auch zur Bilanzerstellung (→ § 268 Rz. 25). Die Rechtsfolge für die Bilanzierung ergibt sich aus § 270 Abs. 2 HGB. Deshalb muss die Geschäftsführung in der Bilanz zum 31.12.02 das Eigenkapital wie folgt darstellen:

	31.12.02	31.12.01
Gezeichnetes Kapital	1.000	1.000
Gewinnrücklage	900	1.300
Verlustvortrag	–	-100
Jahresfehlbetrag	–	-200
Bilanzgewinn (darin enthalten Verlustvortrag 300)	400	–
	2.300	2.000

Unterstellt ist das tatsächliche Eintreffen eines Jahresüberschusses für 02 in der prognostizierten Höhe von 300.

Die sinnvolle Überleitung vom Jahresüberschuss auf den Bilanzgewinn in der GuV (→ § 268 Rz. 31) stellt sich wie folgt dar (vgl. § 158 Abs. 1 AktG):

	02	01
Jahresüberschuss (i. V. mit -fehlbetrag)	300	200
Verlustvortrag	-300	
Entnahme aus der Gewinnrücklage	400	
Bilanzgewinn	400	

Zur Buchungstechnik im Rahmen der Gewinnverwendungsrechnung wird auf → § 268 Rz. 20 ff. verwiesen. 12

§ 271 Beteiligungen, Verbundene Unternehmen

(1) [1]Beteiligungen sind Anteile an anderen Unternehmen, die bestimmt sind, dem eigenen Geschäftsbetrieb durch Herstellung einer dauernden Verbindung zu jenen Unternehmen zu dienen. [2]Dabei ist es unerheblich, ob die Anteile in Wertpapieren verbrieft sind oder nicht. [3]Eine Beteiligung wird vermutet, wenn die Anteile an einem Unternehmen insgesamt den fünften Teil des Nennkapitals dieses Unternehmens oder, falls ein Nennkapital nicht vorhanden ist, den fünften Teil der Summe aller Kapitalanteile an diesem Unternehmen überschreiten. [4]Auf die Berechnung ist § 16 Abs. 2 und 4 des Aktiengesetzes entsprechend anzuwenden. [5]Die Mitgliedschaft in einer eingetragenen Genossenschaft gilt nicht als Beteiligung im Sinne dieses Buches.

(2) Verbundene Unternehmen im Sinne dieses Buches sind solche Unternehmen, die als Mutter- oder Tochterunternehmen (§ 290) in den Konzernabschluss eines Mutterunternehmens nach den Vorschriften über die Vollkonsolidierung einzubeziehen sind, das als oberstes Mutterunternehmen den am weitestgehenden Konzernabschluss nach dem Zweiten Unterabschnitt aufzustellen hat, auch wenn die Aufstellung unterbleibt, oder das einen befreienden Konzernabschluss nach den §§ 291 oder 292 aufstellt oder aufstellen könnte; Tochterunternehmen, die nach § 296 nicht einbezogen werden, sind ebenfalls verbundene Unternehmen.

Inhaltsübersicht Rz.

LITERATUR:

Kropff, „Verbundene Unternehmen" im Aktiengesetz und im Bilanzrichtlinien-Gesetz, DB 1986 S. 364; *Küting*, Verbundene Unternehmen nach HGB und AktG – zugleich eine kritische Analyse des § 271 Abs. 2 HGB, DStR 1987 S. 347; *Lüders/Meyer-Kessel*, Der Begriff der Beteiligung nach § 271 Abs. 1 HGB, DB 1991 S. 1585; *Oser*, Droht eine Konzernrechnungslegungspflicht von Stiftungen?, StuB 2012 S. 16; *Petersen/Zwirner*, Unternehmensbegriff, Unternehmenseigenschaft und Unternehmensformen, DB 2008 S. 481; *Schulze-Osterloh*, Ausweis und Bewertung von Beteiligungen an Kapitalgesellschaften im Jahresabschluss des Gesellschafters, FS Kropff 1997 S. 695.

I. Überblick

1 § 271 HGB definiert die Begriffe „Beteiligung" und „verbundenes Unternehmen" und unterscheidet damit

- **einfache Beziehungen** zu anderen Unternehmen
- von **Beteiligungs- und Verbundverhältnissen.**

2 Die Bedeutung dieser Unterscheidung ist vielfältig:

- Im **Bilanzgliederungs**schema nach § 266 sind Beteiligungen sowie Anteile an verbundenen Unternehmen, aber auch Ausleihungen an Beteiligungs- und verbundene Unternehmen jeweils gesondert auszuweisen. Entsprechendes gilt im Umlaufvermögen für Forderungen und auf der Passivseite für Verbindlichkeiten. Der Sonderausweis von Ausleihungen, Forderungen und Verbindlichkeiten gegenüber verbundenen Unternehmen bzw. Unternehmen, mit denen ein Beteiligungsverhältnis besteht, betrifft sowohl das beteiligte Unternehmen als auch das Beteiligungsunternehmen.
- In der **GuV-Gliederung** nach § 275 ist für Erträge aus Beteiligungen ein besonderer Posten sowie bei diesem und anderen Posten des Finanzergebnisses jeweils ein Davon-Vermerk für verbundene Unternehmen vorgesehen.
- § 311 definiert den **Anteil an einem assoziierten Unternehmen** als eine Beteiligung i. S. von § 271 Abs. 1 HGB, die maßgeblichen Einfluss vermittelt.
- Nach § 313 Abs. 2 Nr. 4 und 5 sowie § 285 Abs. 1 Nr. 11 und Nr. 11b HGB sind im **Anhang** bestimmte Angaben zu Beteiligungen zu machen.

► Nach § 319 Abs. 3 Nr. 1 HGB führt eine Beteiligung des Wirtschaftsprüfers an einem Unternehmen, das mit der zu prüfenden Kapitalgesellschaft verbunden ist, zum Ausschluss von der Abschlussprüfung.

II. Beteiligungen (Abs. 1)

1. Relevanz der Abgrenzung von einfachen Anteilen für Ausweis und Anhang

Die Beteiligung ist eine qualifizierte Form der Anteilsinhaberschaft. Die Frage, ob einfache Anteile oder eine Beteiligung vorliegt, hat Bedeutung für **Ausweis** in Bilanz und GuV sowie für bestimmte **Anhang**angaben (→ Rz. 2). 3

Liegt neben einem Beteiligungsverhältnis **zugleich ein Verbundverhältnis** (→ Rz. 30) vor, stellt sich beim **Bilanzausweis** von Ausleihungen (§ 266 Abs. 2 A.III.2 und A.III.4 HGB), Forderungen (§ 266 Abs. 2 B.II.2 und B.III.2 HGB) und Verbindlichkeiten (§ 266 Abs. 3 C.6 und C.7 HGB) jeweils die Frage, ob eine **Mehrfachzugehörigkeit** gem. § 265 Abs. 3 HGB (→ § 265 Rz. 48 ff.) zu vermerken ist. 4

Nach dem **HGB a. F.** war die Antwort einfach: Da Verbundenheit ein Beteiligungsverhältnis voraussetzte, stellte sie eine spezielle Form der Beteiligung dar. Dem Vorrang des Speziellen vor dem Allgemeinen folgend war daher der Ausweis entsprechender Forderungen oder Verbindlichkeiten als solcher gegenüber verbundenen Unternehmen erforderlich und implizierte notwendig, ohne einen besonderen Hinweis oder Davon-Vermerk, die gleichzeitige Qualifikation als Forderungen oder Verbindlichkeiten gegenüber Unternehmen, mit denen ein Beteiligungsverhältnis besteht.

Mit dem **BilMoG** bestehen entsprechende Beziehungen zwischen den beiden Begriffen nicht mehr in allen Fällen. Nach Wegfall des Beteiligungserfordernisses in § 290 HGB kann etwa zwischen den Berichtsunternehmen und einer Zweckgesellschaft (SPE) ein Mutter-Tochter-Verhältnis und damit eine Verbundenheit auch dann bestehen, wenn keine Anteile an der SPE gehalten werden und somit auch keine Beteiligung besteht. Da der Qualifizierung als Ausleihung/Forderung/Verbindlichkeit gegenüber verbundenen Unternehmen nun nicht mehr zwingend die Qualifizierung als Ausleihung/Forderung/Verbindlichkeit gegenüber Unternehmen, mit denen ein Beteiligungsverhältnis besteht, zu entnehmen ist, bedarf es u. E. Angaben oder Vermerken zur Mitzugehörigkeit:

BEISPIEL ► Tochterunternehmen der MU-AG sind TU-1 bis TU-5, an denen die MU jeweils zu 100 % beteiligt ist, sowie die Zweckgesellschaft SPE, an der sie nicht beteiligt ist. Gegenüber den Tochterunternehmen bestehen Ausleihungen i. H. von insgesamt 10 Mio. €, davon 1 Mio. € gegenüber der SPE. Diskussionswürdig sind u. a. folgende Ausweismöglichkeiten:

1. Ausleihungen an verbundene Unternehmen 10 Mio. €,
2. Ausleihungen an verbundene Unternehmen 10 Mio. €, davon an Unternehmen, mit denen ein Beteiligungsverhältnis besteht, 9 Mio. €,
3. a) Ausleihungen an Unternehmen, mit denen ein Beteiligungsverhältnis besteht, 9 Mio. €, davon an verbundene Unternehmen 9 Mio. €,

   b) Ausleihungen an verbundene Unternehmen 1 Mio. €.

Die erste Möglichkeit ist u. E. unzulässig: Sie lässt nicht erkennen, welcher Anteil auf Ausleihungen an Unternehmen, mit denen ein Beteiligungsverhältnis besteht, entfällt.

Den Forderungen von § 265 Abs. 3 HGB betreffend Mitzugehörigkeit entsprechen hingegen die zweite und die dritte Möglichkeit. Bei ihnen ist es auch zulässig, anstelle des Davon-Vermerks eine entsprechende Erläuterung im Anhang zu leisten.

Wenn im praktisch dominierenden Fall **alle verbundenen** Unternehmen **zugleich** solche sind, mit denen ein **Beteiligungsverhältnis** besteht, ist u. E. folgendes Vorgehen zweckmäßig:

- Der Ausweis der Ausleihungen/Forderungen/Verbindlichkeiten erfolgt nur unter den die Verbundbeziehung angebenden Posten.
- Im Anhang wird lediglich offengelegt, dass alle verbundenen Unternehmen zugleich solche sind, mit denen ein Beteiligungsverhältnis besteht.

2. Beteiligungsbegriff (Abs. 1 Satz 1 und 2)

2.1 Anteile an einem anderen Unternehmen

5 Anteile sind **Mitgliedschaftsrechte.** Im einfachsten Fall umfassen sie sowohl Vermögens- als auch Verwaltungsrechte.

6 In der klassischen **GmbH & Co. KG** ist die Komplementär-GmbH nicht am Vermögen der KG beteiligt. Neben den Verwaltungsrechten bestehen aber auf das Vermögen bezogene Pflichten (Haftung). Bei Vorliegen der übrigen Voraussetzungen (insbesondere dauernde Verbindung, → Rz. 20 ff.) ist diese mitgliedschaftsrechtliche Stellung daher als Beteiligungsverhältnis zu werten.[1]

Für die nicht am Vermögen der KG beteiligte Komplementär-GmbH entfällt mangels Anschaffungskosten zwar ein Beteiligungsansatz. Gleichwohl bleibt die Qualifizierung der Beziehung zur KG als Beteiligungsverhältnis wichtig für den Ausweis von Ausleihungen, Forderungen und Verbindlichkeiten (→ Rz. 2).

7 Eine vergleichbare Situation besteht bei insgesamt noch **nicht eingeforderten ausstehenden Einlagen.** Auch hier fehlt es an Anschaffungskosten. Eine Beteiligung ist nicht zu aktivieren, ein Beteiligungsverhältnis besteht aber schon. Forderungen und Verbindlichkeiten zwischen Gesellschafter und Gesellschaft sind daher als solche gegenüber Unternehmen, mit denen ein Beteiligungsverhältnis besteht, auszuweisen (→ Rz. 2). Ausstehende Einlagen, die bereits eingefordert sind, führen hingegen zum Ansatz einer Beteiligung unter gleichzeitiger Passivierung des eingeforderten Betrags.

8 Die **Rechtsform** des Unternehmens, an dem Anteile bestehen, ist unerheblich. Neben inländischen Kapital- und Personengesellschaften kommen daher ausländische Rechtsformen in Betracht. An **Stiftungen** können jedoch keine Anteile gehalten werden, da diese nicht mitgliedschaftsrechtlich organisiert sind.[2]

Irrelevant ist auch, ob die Mitgliedschaftsrechte als Wertpapier **verbrieft** sind (Abs. 1 Satz 2).

9 **Stille Beteiligungen** und **Genussrechte** und ähnliche mezzanine Finanzierungen sind ausnahmsweise dann als Anteile zu werten, wenn sie Verwaltungsrechte (Kontrolle und Mitsprache) gewähren, die denen eines Kommanditisten näherungsweise entsprechen (→ § 311 Rz. 7a). Die Qualifikation der empfangenen Mittel beim Empfänger als Eigen- oder Fremdkapi-

---

1 Gleicher Auffassung *Grottel/Kreher* in Beck'scher Bilanz-Kommentar, 13. Aufl. 2022, § 271 Tz. 14.

2 Gleicher Auffassung *Hüttemann* in Ulmer (Hrsg.), HGB-Bilanzrecht, 2002, § 271 Tz. 6.

tal stellt nicht vorrangig auf die Verwaltungsrechte, sondern auf die Haftungsfunktion des überlassenen Kapitals (Verlustteilhabe, Nachrangigkeit etc.) ab (→ § 246 Rz. 88 f.). Unseres Erachtens ist daher die Eigenkapitalqualifikation beim Empfänger weder notwendige noch hinreichende Voraussetzung für eine Beteiligungsqualifikation beim Kapitalgeber.[1]

Die Einheit, an der Mitgliedschaftsrechte bestehen, muss ein **Unternehmen** sein. Nach herrschender Auffassung ist die zu beurteilende Einheit unabhängig von der konkreten Tätigkeit stets ein Unternehmen, wenn die Eintragung ins Handelsregister erfolgt ist.[2] Betroffen hiervon sind vor allem Personenhandels- und Kapitalgesellschaften. In anderen Fällen, also bei Vereinen, Stiftungen, Genossenschaften etc., soll es darauf ankommen, ob eine Kaufmannseigenschaft i. S. von §§ 1 und 2 HGB vorliegt, also ein Handelsgewerbe mit einem in kaufmännischer Weise eingerichteten Geschäftsbetrieb. Die darin implizit oder explizit vorgenommene Anknüpfung an die Buchführungspflicht nach § 238 BGB[3] versagt als Kriterium u. a. dann, wenn es um Anteile an einer ausländischen Gesellschaft geht. Ersatzweise wäre dann zu fragen, ob nach dem statt § 238 ff. HGB anwendbaren (ausländischen) Recht „vergleichbare" Rechnungslegungsvorschriften bestehen. Gemäß DRS 19 Tz. 6 sind unter einem Unternehmen Wirtschaftseinheiten zu verstehen, die Interessen kaufmännischer oder wirtschaftlicher Art mittels einer nach außen in Erscheinung tretenden Organisation verfolgen. Unklar ist, ob hiermit eine Verengung des Unternehmensbegriffs beabsichtigt, eine Verpflichtung zur Buchführung nicht mehr ausreichend ist. 10

Im Vergleich zu einem formalen, auf Handelsregistereintragung, gesetzliche Rechnungslegungspflicht etc. abstellenden Ansatz erscheint die sog. **funktionale** Betrachtung, die nach der **Substanz** der zu beurteilenden Einheit, ihrer Zielsetzung, Autonomie, Organisation und ihrem Außenauftritt fragt, angemessener. Sie hat den Vorteil, in- und ausländische Sachverhalte, gewerbliche und landwirtschaftliche Betätigungen, Vereine und Kapitalgesellschaften, juristische Personen des Privatrechts und solche des öffentlichen Rechts etc. nach einheitlichen Maßstäben zu würdigen.

Der funktionalen Definition folgt das IDW zwar nicht in RS HFA 17[4], dafür aber in IDW HFA 1/1993. Danach ist (bei Beteiligung an einem *Joint Venture*) die untergeordnete Einheit dann Unternehmen, wenn 11

1. das **Vermögen** ganz oder teilweise gesamthänderisch gebunden ist (→ Rz. 12),
2. **erwerbswirtschaftliche Interessen** verfolgt werden (→ Rz. 13),
3. eine **nach außen in Erscheinung tretende Organisation** vorliegt (→ Rz. 14) und
4. **Rechtsbeziehungen** zu beteiligten Unternehmen oder Dritten unterhalten werden (→ Rz. 15).

Nach dem ersten der in → Rz. 11 genannten Kriterien sind **Bruchteilsgemeinschaften** nicht als Unternehmen anzusehen.[5] 12

1 Gleicher Auffassung *Bieg* in Küting/Pfitzer/Weber (Hrsg.), Handbuch der Rechnungslegung – Einzelabschluss, § 271 Tz. 10 ff. Anderer Auffassung *Stute* in Haufe HGB Bilanz Kommentar, 12. Aufl. 2021, § 271 Tz. 9.

2 Vgl. u. a. *Petersen/Zwirner*, DB 2008 S. 481 ff.

3 Vgl. *ADS*, 6. Aufl., § 271 Tz. 11.

4 Nach IDW RS HFA 17 Tz. 2 sollen (bei Zugehörigkeit zum Anlagevermögen) Anteile an Personenhandelsgesellschaften stets Beteiligungen darstellen.

5 Vgl. *Petersen/Zwirner*, DB 2008 S. 481 ff.

13 Nach dem zweiten Kriterium müssen über eine Vermögensverwaltung hinausgehende Interessen verfolgt werden.[1] Dieses Kriterium ist nicht eng zu fassen. Die erwerbswirtschaftliche Betätigung muss nicht auf die Verfolgung eigener Gewinnziele gerichtet sein. Es reicht aus, wenn die **erwerbswirtschaftlichen Interessen** der Tätigkeit der Untergesellschaft **mittelbar** bei den Gesellschaftern zum Tragen kommen.

BEISPIEL ▸ Die Energieversorger A, B und C gründen eine gemeinsame Abrechnungsgesellschaft, in der das Debitorenmanagement der drei Gründer gebündelt werden soll. Nach Zwecksetzung und Gesellschaftsvertrag soll die Abrechnungsgesellschaft keine Gewinne erzielen, sondern Ersatz der ihr entstehenden Kosten erhalten.

Die Abrechnungsgesellschaft ist mittelbar für die Gründer erwerbswirtschaftlich tätig. Sie ist als Unternehmen zu qualifizieren.

Dieser großzügigen Wertung entsprechend ist bei als Kapitalgesellschaft oder Personengesellschaft betriebenen *Joint Ventures* nach Auffassung des Schrifttums stets eine Unternehmenseigenschaft gegeben.[2] Unseres Erachtens ist nach der funktionalen Perspektive (→ Rz. 10) auch hier auf den Inhalt der Tätigkeit abzustellen.

14 Auch an das dritte in → Rz. 11 genannte Kriterium, die nach außen in Erscheinung tretende Organisation, sind keine hohen Anforderungen zu stellen. Eine **konzernleitende GbR** (mit Gesamthandsvermögen) gilt daher als Unternehmen.[3]

15 Mit dem vierten Kriterium wird das Unternehmen als Außengesellschaft von dem Nichtunternehmen als reine **Innengesellschaft** abgegrenzt.

16 Eine **natürliche Person,** welche die Mehrheitsbeteiligungen an mindestens zwei als Personenhandels- und/oder Kapitalgesellschaften betriebenen Unternehmen hält, ist nur dann selbst Unternehmer und ggf. nach Maßgabe des § 11 PublG **konzernrechnungslegungspflichtig,** wenn sie eigenständige, über das Beteiligtsein hinausgehende erwerbswirtschaftliche Interessen verfolgt.[4] Hiervon ist u. E. dann **typisierend** auszugehen, wenn

- die natürliche Person zugleich Geschäftsführer der Gesellschaften ist **(Personalunion)** oder
- die Gesellschaften eine ganz wesentlich durch ihren Verbund (Synergien) geprägte Tätigkeit in **abgestimmter** Form ausüben.

Im ersten Fall ist u. E. unerheblich, dass die durch Personalunion indizierte Koordination der Geschäfte der beiden Gesellschaften formal durch die Geschäftsführerstellung und nicht durch die Gesellschafterstellung erfolgt. Im zweiten Fall kann im Hinblick auf die Einheitlichkeit des wirtschaftlichen Geschehens (Synergien) realistisch nicht angenommen werden, der Mehrheitsgesellschafter betrachte als passiver Investor jede Beteiligung nur für sich und unabhängig von der anderen. Für den zweiten Fall folgende Beispiele:

BEISPIEL ▸ Die nicht (als „e. K.") im Handelsregister eingetragene natürliche Person N hält Mehrheitsbeteiligungen an dem Produktionsunternehmen P GmbH und der Vertriebsgesellschaft V KG. Die Erzeugnisse von P werden ganz überwiegend über V vertrieben, und umgekehrt vertreibt V ganz überwiegend Produkte von P und nur in geringem Maße Produkte Dritter.

1 Vgl. *Petersen/Zwirner*, DB 2008 S. 481 ff.
2 Vgl. *Grottel/Kreher* in Beck'scher Bilanz-Kommentar, 13. Aufl. 2022, § 271 Tz. 12; *Petersen/Zwirner*, DB 2008 S. 481 ff.
3 Vgl. *Grottel/Kreher* in Beck'scher Bilanz-Kommentar, 13. Aufl. 2022, § 271 Tz. 12.
4 Vgl. *Petersen/Zwirner*, DB 2008 S. 481 ff. sowie *Oser*, StuB 2012 S. 16 ff.

BEISPIEL ▸ Die nicht (als „e. K.") im Handelsregister eingetragene natürliche Person N ist Mehrheitsgesellschafter der Gesellschaften A bis Z. Diese betreiben an unterschiedlichen Standorten Einzelhandelsgeschäfte. Die Geschäfte treten unter einheitlicher Marke auf, werben gemeinschaftlich und handeln zur Realisierung von Größenvorteilen mit Lieferanten einheitliche Konditionen aus.

17 Liegen die Mehrheitsbeteiligungen statt bei einer natürlichen Personen bei einem **Idealverein** oder einer **Stiftung**, müssten die vorstehenden Überlegungen (→ Rz. 16) entsprechend gelten. Die Rechtsprechung ist jedoch z. T. großzügiger. Das LG München I[1] hat unter Berufung auf Rechtsprechung des BGH[2] die Unternehmenseigenschaft des ADAC e. V. (i. S. des § 11 PublG) abgelehnt, da es an der eigenen erwerbswirtschaftlichen Betätigung fehle und der ADAC e. V. als Idealverein auch nicht dadurch zum Unternehmen werde, weil er Gesellschafter mehrerer Kaufleute sei. Beide Urteile sind z. T. stark kritisiert worden.[3]

18 Im Steuerrecht ist die Unternehmensqualität u. a. unter dem Gesichtspunkt der Vorsteuerabzugsfähigkeit von Interesse. Basierend auf der Rechtsprechung des EuGH gilt hier für die Umsatzsteuer: Trotz Verfassung als Personenhandels- oder Kapitalgesellschaft (und damit Unternehmensqualität i. S. des HGB und des PublG) ist eine Holdinggesellschaft dann nicht Unternehmen, wenn sie sich auf das Halten der Beteiligung beschränkt (Abschn. 2.3 Abs. 3 UStAE).

19 Fraglich ist, ob Anteile an einem **Spezialfonds** (so die unter Marktteilnehmern noch dominierende Terminologie des InvG) bzw. an einem Spezial-AIF (so die Begrifflichkeit des KAGB) als Beteiligungen qualifiziert werden können.

Entscheidend ist, ob das in Investmentfonds gehaltene Sondervermögen ein Unternehmen darstellt. Hier ist zu bedenken, dass das Sondervermögen zivilrechtlich kein Rechtssubjekt ist. Das Sondervermögen ist keine eigene Rechtspersönlichkeit, die Rechte und Pflichten trägt, sondern ein rechtlich unselbständiger Inbegriff von Vermögensgegenständen i. S. von § 260 Abs. 1 BGB. Ein solcher Inbegriff von Vermögensgegenständen stellt u. E. kein Unternehmen dar. Das Sondervermögen ist daher regelmäßig kein Konsolidierungsobjekt.[4]

Typischerweise stellt sich die Konsolidierungsfrage aber ohnehin nur bei Spezialfonds, d. h. solchen Fonds, die professionellen Anlegern vorbehalten sind und daher typischerweise nur eine geringe Zahl von Anlegern, häufig nur einen einzigen (Ein-Mann-Spezialfonds) haben (vgl. → § 290 Rz. 60). Eine Konsolidierung käme dann theoretisch nach § 290 Abs. 2 Nr. 4 HGB (Zweckgesellschaften) infrage, der abweichend von den sonstigen Regelungen keine Unternehmenseigenschaft verlangt. Von der ausnahmsweisen Konsolidierung nicht unternehmerischer Gesellschaften nimmt § 290 Abs. 4 Satz 2 HGB aber Spezial-Sondervermögen i. S. der Rückausnahme ausdrücklich aus (→ § 290 Rz. 60). Es bleibt also bei der Nichtkonsolidierung.

Unter dem Gesichtspunkt der wirtschaftlichen Betrachtungsweise kann jedoch die unmittelbare volle (Ein-Mann-Spezialfonds) oder quotale Zurechnung der vom Fonds gehaltenen Vermögensgegenstände beim Anleger infrage kommen. Die gegenteilige Ansicht beruft sich darauf, dass Investment-Anteilsscheine nach § 1 Abs. 11 Nr. 2 KWG und § 2 WpHG Wertpapiere sind. Die daraus gezogene Rechtsfolge, die Anteile seien als Wertpapiere zu bilanzieren, ver-

1 LG München I, Beschluss v. 30.8.2001, DB 2003 S. 1316.
2 BGH, Urteil v. 29.9.1982, DB 1983 S. 491.
3 Vgl. *Segna*, DB 2003 S. 1311; *Niehus*, DB 2003 S. 1125.
4 Gleicher Auffassung *Petersen/Zwirner*, DB 2008 S. 481 ff.

trägt sich bei von einem oder wenigen Zeichnern beherrschten Spezialfonds aber nicht mit der wirtschaftlichen Betrachtungsweise:

- Die Spezialfonds-Anleger tragen die mit dem Sondervermögen verbundenen Chancen und Risiken.
- Sie nehmen auf die Zusammensetzung des Sondervermögens und damit auf die Chancen und Risiken i. d. R. aktiv Einfluss. Basis hierfür ist einerseits die vertragliche Abstimmung zwischen Kapitalanlagegesellschaft und Anlegern darüber, wie das Sondervermögen gemanagt werden muss, in welchen sachlichen und quantitativen Grenzen angelegt werden darf, andererseits der von den Anlegern dominierte Anlageausschuss, der die Anlagepolitik gestaltet.
- Die Anleger tragen daher bei typischer Gestaltung nicht nur die Risiken und Chancen des Spezial-Sondervermögens, sondern entscheiden auch über dessen Management. Sie sind daher in wirtschaftlicher Betrachtung (quotaler) Eigentümer der einzelnen, das Sondervermögen bildenden Anlagen.[1]

2.2 Herstellung einer dauernden Verbindung

20 Anteile an anderen Unternehmen sind nur dann als Beteiligung zu qualifizieren, wenn sie „bestimmt sind, dem eigenen Geschäftsbetrieb durch **Herstellung einer dauernden Verbindung** zu jenen Unternehmen zu dienen" (Abs. 1 Satz 1).

21 Beteiligungen sind Teil des **Anlage**vermögens. Die in Abs. 1 Satz 1 genannte Voraussetzung der **Dauerhaftigkeit** entspricht der allgemeinen Anforderung des § 247 Abs. 2 HGB für eine Qualifizierung als Anlagevermögen (→ § 247 Rz. 22).

In der **Abgrenzung** zwischen Anlage- und **Umlaufvermögen** sind zunächst folgende Fälle beachtlich:

- Die Anteile wurden mit **kurzfristiger Veräußerungsabsicht** erworben, und diese Absicht besteht am Bilanzstichtag fort: Die Anteile sind **Umlaufvermögen** und damit keine Beteiligung.
- Die Anteile wurden zwar **mit Veräußerungsabsicht erworben,** diese Absicht besteht **am Bilanzstichtag aber nicht mehr:** Die Anteile sind vom Umlauf- in das Anlagevermögen umzugliedern und stellen bei Erfüllung der übrigen Voraussetzungen nunmehr eine **Beteiligung** dar.
- Die Anteile wurden mit **bedingter Veräußerungsabsicht** erworben, je nach Kurs- und Dividendenentwicklung sollen sie gehalten oder weiterveräußert werden: Hier ist zunächst ein Ausweis im Umlaufvermögen vorzuziehen, je länger die Anteile aber tatsächlich gehalten werden, umso eher ist eine Umgliederung in das Anlagevermögen geboten.

22 Unklar ist, wie **mit Halteabsicht erworbene** und am vorangegangenen Bilanzstichtag als Anlagevermögen qualifizierte Anteile zu werten sind, wenn zum aktuellen **Bilanzstichtag** eine **Veräußerungsabsicht** besteht:

- Die beabsichtigte Veräußerung kann einerseits als eine **Änderung der Zweckbestimmung** interpretiert werden und würde dann zu Umlaufvermögen führen.

1 Gleicher Auffassung wohl *Kuhn/Schaber,* DB 2001 S. 2661 ff.; a. A. *Weber/Böttcher/Griesemann,* WPg 2002 S. 907 ff.

- Die Veräußerung kann andererseits als **letzter Akt im Lebenszyklus** der Beteiligung aufgefasst werden. An der Qualifikation als Beteiligung würde dann bis zum Vollzug der Veräußerung festgehalten.

Für den Fall, dass die Veräußerung (z. B. aus kartellrechtlichen Gründen) **erzwungen** ist, folgt das Schrifttum der zweiten Auffassung und lehnt die Umqualifizierung einer Beteiligung in das Umlaufvermögen ab.[1]

In anderen, **nicht erzwungenen** Fällen soll aber zur Beurteilung der Daueranlageabsicht nicht auf die bisherigen Verhältnisse, sondern auf die **zukunftsbezogene** Besitzabsicht abzustellen sein,[2] so dass bei erstmals am Bilanzstichtag gegebener Veräußerungsabsicht Umlaufvermögen vorläge. Unseres Erachtens ist dem aus den folgenden Gründen nicht zu folgen:

- Anders als etwa die IFRS kennt das **HGB** neben dem Anlage- und Umlaufvermögen keine dritte Kategorie des nicht mehr zur Weiternutzung, sondern jetzt zur Veräußerung bestimmten ursprünglichen Anlagevermögens (IFRS 5). Das HGB verfolgt vielmehr ein **dichotomes System,** in dem ein Vermögensgegenstand nur Anlage- oder Umlaufvermögen, aber nicht Drittes sein kann.
- Jeder nicht durch „Verschrottung" abgehende Anlagegegenstand wird aber früher oder später veräußert werden. In der Dichotomie des HGB führen unterjährige Veräußerungsabsicht und Vollzug nicht dazu, dass Erträge aus dem Abgang von Anlagevermögen zu Erträgen aus dem Abgang von Umlaufvermögen umqualifiziert würden. Die Veräußerung gilt vielmehr als **letzter Akt der Verwertung des Anlagevermögens.** Es sei denn, durch besondere Maßnahmen (etwa die Erschließung eines Anlagegrundstücks vor parzellierter Veräußerung) werde ein Gut ganz anderer Marktgängigkeit geschaffen.
- Es wäre daher nicht sachgerecht, Fälle, in denen zwischen Veräußerungsabsicht und Vollzug zufällig der Bilanzstichtag liegt, anders zu behandeln.
- Unseres Erachtens bleiben die langjährig als Beteiligung geführten Anteile daher auch mit Übergang zur Veräußerungsabsicht **Beteiligung.**

Neben der Daueranlageabsicht fordert Abs. 1 Satz 1, dass die Anteile dem eigenen **Geschäftsbetrieb durch Herstellung einer Verbindung dienen.** Im Schrifttum ist **umstritten,** ob 23

- hierdurch **zusätzliche** Anforderungen erhoben werden oder
- der auf Herstellung einer Verbindung gerichtete Zweck **in der Daueranlageabsicht bereits enthalten** ist, Letztere somit als Kriterium für eine Qualifizierung von Anteilen als Beteiligung ausreicht.[3]

Praktische Bedeutung hat dieser Dissens u. E. nur bei marktgängigen Anteilen (börsennotierten 24
Aktien), hingegen nicht bei anderen Anteilen. Die Gründe sind wie folgt:

- Die in Abs. 1 Satz 1 geforderte Verwendungsabsicht ist eine **innere Tatsache,** die der **Objektivierung** durch äußere Umstände bedarf.

1 Vgl. *ADS*, 6. Aufl., § 247 Tz. 118.

2 Vgl. *ADS*, 6. Aufl., § 271 Tz. 15 sowie *Bieg* in Küting/Pfitzer/Weber (Hrsg.), Handbuch der Rechnungslegung – Einzelabschluss, § 271 Tz. 32 ff.

3 Zum Meinungsstand vor allem *Bieg* in Küting/Pfitzer/Weber (Hrsg.), Handbuch der Rechnungslegung – Einzelabschluss, § 271 Tz. 14 ff., daneben *ADS*, 6. Aufl., § 271 Tz. 17.

- Bei **nicht marktgängigen Anteilen** (insbesondere solchen an GmbHs und Personenhandelsgesellschaften) ist eine kurzfristige Veräußerungsabsicht im Allgemeinen aber nicht oder nur unter Inkaufnahme besonderer **Verwertungsrisiken** zu verwirklichen.
- Aus objektivierter Sicht begründet der Erwerb nicht marktgängiger Anteile daher die **Vermutung,** dass die Anteile dazu bestimmt sind, dem eigenen Geschäftsbetrieb durch Herstellung einer dauernden Verbindung zu dienen.
- Diese Vermutung kann **ausnahmsweise** widerlegt werden:

BEISPIEL ► Die Bank B hat vom säumigen Darlehensnehmer X dessen zuvor als Sicherheit verpfändete Y-GmbH erworben. Der erzwungene Erwerb dient nicht zur Herstellung einer dauernden Verbindung zwischen der Bank und Y, sondern der Begrenzung des Schadens aus der Darlehensbeziehung. Die Anteile sind nicht als Beteiligung zu qualifizieren.

25 Bei **börsengängigen Anteilen** kann die objektivierte Betrachtung darauf abstellen, ob zwischen Beteiligtem und Beteiligungsunternehmen **sonstige Leistungsbeziehungen** operativer oder auch finanzieller Art (z. B. Darlehen oder Patronatserklärungen) bestehen. Derartige Umstände indizieren ebenso wie besondere Rechte (Sperrminoritäten, Vertretung im Aufsichtsrat etc.) ein Beteiligungsverhältnis. Im Übrigen dient bei börsennotierten Anteilen aber vor allem die Beteiligungsvermutung des Abs. 1 Satz 3 der Objektivierung.

3. Beteiligungsvermutung (Abs. 1 Satz 3 und 4)

26 Im Zweifel gelten Anteile an Unternehmen als Beteiligung, wenn sie **20 %** des **Nennkapitals** bzw. der Kapitalanteile dieses Unternehmens **überschreiten** (Abs. 1 Satz 3). Da nicht börsengängige Anteile in objektivierter Betrachtung ohnehin regelmäßig als Beteiligung anzusehen sind (→ Rz. 24), liegt die praktische Bedeutung der widerlegbaren Vermutung auf dem Gebiet der börsennotierten Anteile. Insoweit ist auch die Änderung von Abs. 1 Satz 3 durch das BilRUG in praktischer Sicht von eher geringer Bedeutung: Nach der früheren Gesetzesfassung galt die 20 %-Vermutung für „Anteile an **Kapitalgesellschaften**", nunmehr gilt sie generell für „Anteile an **Unternehmen**". Falls ein Nennkapital nicht vorhanden ist, kommt es auf die **Summe aller Kapitalanteile**" an. Bei einer Personenhandelsgesellschaft mit mehreren Kapitalkonten ist danach das für die Verteilung der Gesellschafterrechte maßgebliche **„Festkapital"** (→ § 246 Rz. 163) relevant. Dies entspricht auch Art. 2 Nr. 2 der EU-RL 2013, wo vom „Gesellschaftskapital" die Rede ist.

Zur (insbesondere bei börsennotierten Anteilen relevanten) Widerlegung der Beteiligungsvermutung muss dargetan werden, dass

- eine kurzfristige Veräußerungsabsicht besteht und realisierbar ist und/oder
- die Anteile ein reines Finanzinvestment darstellen, relevante sachliche Leistungsbeziehungen zwischen den beiden Unternehmen also nicht bestehen.

27 Zur **Berechnung der 20 %-Schwelle** verweist Abs. 1 Satz 4 auf § 16 Abs. 2 und 4 AktG. Hiernach gilt:

- Eigene Anteile des untergeordneten Unternehmens sind von dessen Nennkapital bzw. bei Gesellschaften mit Stückaktien von dessen Zahl der Aktien abzusetzen (§ 16 Abs. 2 Satz 2 AktG).
- Als Anteile des übergeordneten Unternehmens gelten auch die Anteile eines von ihm abhängigen Unternehmens (§ 16 Abs. 4 Satz 1 AktG).

► In Verbindung mit § 17 Abs. 2 AktG hat daher der Anteilsinhaber dem eigenen Anteil i. d. R. solche hinzuzurechnen, die ein in seinem Mehrbesitz stehendes Unternehmen hält.

BEISPIEL ► Die A-AG hat 1 Mio. Stückaktien ausgegeben. 10 % hiervon hält sie als eigene Anteile. B hält 120.000 Aktien an der A-AG, 65.000 werden von C gehalten, an der B mit Mehrheit beteiligt ist. Die Berechnung ist wie folgt:

► B sind die Anteile von C hinzuzurechnen. Der für die Schwellenprüfung nach Abs. 1 Satz 3 maßgebliche Anteil der A-AG beträgt daher 185.000 Aktien (Zähler der Verhältnisrechnung).

► Im Nenner der Verhältnisrechnung sind wegen des Abzugs der eigenen Anteile nicht 1 Mio., sondern 900.000 Aktien zu berücksichtigen.

► Resultat ist ein Anteilsverhältnis von 185.000/900.000 = 20,6 %.

► Es besteht die (widerlegbare) Vermutung eines Beteiligungsverhältnisses.

Treuhänderisch, d. h. von einem anderen für Rechnung des Unternehmens oder von diesem abhängigen Unternehmen gehaltene Anteile sind nach § 16 Abs. 4 AktG ebenfalls in die Verhältnisrechnung einzubeziehen. Die aktienrechtlichen Vorschriften sind entsprechend für die GmbH heranzuziehen.

Stimmrechtslose Vorzugsaktien sollen bei der Ermittlung der eigenen Beteiligung (Zähler) i. d. R. nicht berücksichtigt werden.[1] Konsequenterweise müssten sie dann auch im Nenner des Quotienten unberücksichtigt bleiben.

4. Ausnahme für Genossenschaftsanteile (Abs. 1 Satz 5)

Die Mitgliedschaft in einer eingetragenen Genossenschaft gilt nach Abs. 1 Satz 5 nicht als Beteiligung. Da Genossenschaftsanteile nicht marktgängig sind, würden sie ohne diese Ausnahmevorschriften im Allgemeinen ein Beteiligungsverhältnis begründen (→ Rz. 24). Damit wären etwa bei genossenschaftlichen Banken Forderungen und Verbindlichkeiten gegenüber Genossen nicht mehr unter den allgemeinen Positionen, sondern als solche gegenüber verbundenen Unternehmen bzw. Unternehmen, mit denen ein Beteiligungsverhältnis besteht, zu kennzeichnen. Entsprechend müsste ein Unternehmen, das bei einem genossenschaftlichen Kreditinstitut Mitglied ist und ein Bankkonto unterhält, dieses in besonderer Weise ausweisen. Zweck der Ausnahmevorschrift ist die Verhinderung eines solchen Sonderausweises.[2] 28

Für den Ausweis von Anteilen an Genossenschaften sind u. E. folgende Varianten zulässig: 29

► Erweiterung der Postenbezeichnung gem. § 266 Abs. 2 A.III.6 HGB in **„Sonstige Ausleihungen und Genossenschaftsanteile"**.

► Änderung der Postenbezeichnung gem. § 266 Abs. 2 A.III.5 HGB in **„Wertpapiere des Anlagevermögens und Genossenschaftsanteile"**.

► Einfügung des zusätzlichen Postens **„Genossenschaftsanteile"** unter den Finanzanlagen.

Die dritte Variante wird von Teilen des Schrifttums abgelehnt. Da der Gesetzgeber einen besonderen Posten in § 266 HGB hätte vorsehen können, dies aber nicht getan hat, seien die Voraussetzungen zur Bildung eines zusätzlichen Postens nach § 265 Abs. 4 Satz 1 HGB nicht ge-

1 *Grottel/Kreher* in Beck'scher Bilanz-Kommentar, 13. Aufl. 2022, § 271 Tz. 28.
2 Vgl. *Hüttemann* in Ulmer (Hrsg.), HGB-Bilanzrecht, 2002, § 271 Tz. 12, m. w. N.

geben.[1] Unseres Erachtens ist eine so restriktive Auslegung der Vorschriften zur Bildung neuer Posten nicht geboten.

III. Verbundene Unternehmen (Abs. 2)

1. Relevanz der Abgrenzung von nicht verbundenen Unternehmen

30 Von besonderen Ausnahmen abgesehen (→ Rz. 37) ist die Verbundenheit eine spezielle Form der Beteiligung. Wie die Qualifizierung als Beteiligung selbst hat auch die Qualifizierung als verbundenes Unternehmen Bedeutung für den Ausweis in Bilanz und GuV sowie für Anhangangaben (→ Rz. 2). Darüber hinaus hat der Begriff des verbundenen Unternehmens Bedeutung für die Abschlussprüfung (§ 319 Abs. 3 Nr. 1 und 2 sowie Abs. 4 HGB und § 323 Abs. 1 HGB).

31 Zu den Schnittmengen zwischen Beteiligungs- und Verbundenheitsverhältnis und den sich daraus ergebenden Folgen für den Bilanzausweis von Ausleihungen, Forderungen und Verbindlichkeiten unter dem Gesichtspunkt der **Mehrfachzugehörigkeit** wird auf → Rz. 4 verwiesen.

2. Begriff des verbundenen Unternehmens

2.1 Enge, am Wortlaut orientierte Auslegung

32 Nach dem Wortlaut von Abs. 2 sind verbundene Unternehmen nur solche Unternehmen, die als

- **Mutter**- oder **Tochter**unternehmen
- in den vom obersten Mutterunternehmen nach dem Zweiten Unterabschnitt oder als ausländisches Mutterunternehmen befreiend nach §§ 291 f. HGB aufzustellenden **Konzernabschluss**
- über die **Vollkonsolidierung** einzubeziehen sind.

33 Gefordert ist damit vor allem eine **Konzernrechnungslegungspflicht** nach **HGB**, unabhängig davon, ob diese durch Anwendung des Handelsrechts oder nach § 315e HGB durch Anwendung der IFRS erfüllt wird (→ § 315e Rz. 6). Dem Wortlaut folgend läge daher in folgenden Fällen keine Verbundenheit vor:

- Die Konzernspitze ist keine Kapital- und keine „Kap. & Co."-Gesellschaft (→ § 264a). Das Mutterunternehmen ist **„nur" nach Publizitätsgesetz** zur Aufstellung eines Konzernabschlusses verpflichtet. Lediglich für Zwecke des Jahresabschlusses des Mutterunternehmens selbst wären dann nach § 5 Abs. 1 Satz 2 PublG die Tochterunternehmen als verbundene Unternehmen zu qualifizieren.[2]
- Das Mutterunternehmen ist zwar eine Kapitalgesellschaft, hat aber wegen eines **Unterschreitens der Größenmerkmale** nach § 293 HGB oder wegen Unwesentlichkeit sämtlicher Töchter nach § 290 Abs. 5 HGB keinen Konzernabschluss aufzustellen.
- Für den Konzern, an dessen Spitze eine **ausländische Mutter** steht, besteht Konzernrechnungslegungspflicht nach ausländischem Recht. Die an der Spitze des inländischen Teilkonzerns stehende Kapitalgesellschaft unterläge, weil **im Inland die Größenkriterien**

1 Vgl. *Bieg* in Küting/Pfitzer/Weber (Hrsg.), Handbuch der Rechnungslegung – Einzelabschluss, § 271 Tz. 64.

2 Vgl. dazu auch: *Küting* in Küting/Pfitzer/Weber (Hrsg.), Handbuch der Rechnungslegung – Einzelabschluss, § 271 Tz. 139 f.

nicht überschritten werden, hingegen auch dann nicht der Konzernrechnungslegungspflicht, wenn ein Gesamtkonzernabschluss nach ausländischem Recht nicht gefordert wäre.

- Die **ausländische Mutter** hält ihre Beteiligung am inländischen Teilkonzern über zwei **gleich geordnete inländische Holdinggesellschaften,** die den inländischen Konzernteil zu einem bloßen Gleichordnungskonzern machen.

Ggf. begründet ein **befreiender Konzernabschluss,** auch ein solcher nach ausländischem Recht (§§ 291 f. HGB), Verbundbeziehungen, wobei es dabei dem Wortlaut nach darauf ankäme, ob nach § 291 Abs. 3 Nr. 2 HGB eine **Minderheit** (→ § 291 Rz. 27) die Abschlusspflicht für den Teilkonzern durchsetzt oder nicht.[1] 34

BEISPIEL An der Spitze eines dreistöckigen Konzerns steht entweder die M-OHG oder die französische M-SA. Auf der nächsten Stufe stehen die beiden inländischen AGs T1 und T2. T1 ist wiederum mehrheitlich an diversen inländischen GmbHs beteiligt.

ALTERNATIVE 1 Die Minderheitsgesellschafter der T1-AG setzten nach § 291 Abs. 3 HGB einen Teilkonzernabschluss durch.

Die M-OHG (oder M-SA) kann keinen befreienden Konzernabschluss aufstellen. Nur die Beziehungen zwischen der T1-AG und den GmbHs sind in deren Jahresabschlüssen als Verbundbeziehungen zu qualifizieren.

ALTERNATIVE 2 Die Minderheitsgesellschafter verzichten auf ihr Vetorecht.

Die M-OHG (oder M-SA) kann einen befreienden Konzernabschluss aufstellen. Verbundbeziehungen bestehen zwischen allen o. g. Unternehmen. Für Zwecke des Jahresabschlusses von T2 sind beispielsweise die Beziehungen zu T1 zu sämtlichen GmbHs und zu M als Verbundbeziehungen zu qualifizieren.

Nach der wörtlichen Auslegung wären etwa im Falle eines Gesamtkonzernabschlusses nach **Publizitätsgesetz** folgende Differenzierungen notwendig: 35

- Das Personenunternehmen ist als Spitze eines **zweistöckigen** Konzerns an diversen Kapitalgesellschaften mehrheitlich und direkt beteiligt – keine Verbundenheit aus der Perspektive der Jahresabschlüsse der Kapitalgesellschaften. Im Jahresabschluss des Personenunternehmens gälte nach § 5 Abs. 1 Satz 2 PublG wiederum Qualifizierung der Tochterunternehmen als verbundene Unternehmen.
- Das Personenunternehmen ist als Spitze eines **dreistöckigen** Konzerns mehrheitlich an einem weiteren Personenunternehmen beteiligt, das wiederum Mehrheitsgesellschafter diverser Kapitalgesellschaften ist – keine Verbundenheit aus der Perspektive der Jahresabschlüsse der Kapitalgesellschaften.
- Das Personenunternehmen ist als Spitze eines **dreistöckigen** Konzerns mehrheitlich an einer Kapitalgesellschaft beteiligt, die wiederum Mehrheitsgesellschafter diverser Kapitalgesellschaften ist. Der von der Kapitalgesellschaft beherrschte **Teilkonzern** erreicht die Größenkriterien von § 293 HGB nicht – keine Verbundenheit aus der Perspektive der Jahresabschlüsse der Kapitalgesellschaften.
- Das Personenunternehmen ist als Spitze eines **dreistöckigen** Konzerns mehrheitlich an einer Kapitalgesellschaft beteiligt, die wiederum Mehrheitsgesellschafter diverser Kapi-

1 Vgl. ausführlich *Küting* in Küting/Pfitzer/Weber (Hrsg.), Handbuch der Rechnungslegung – Einzelabschluss, § 271 Tz. 143 ff.

talgesellschaften ist. Der von der Kapitalgesellschaft beherrschte **Teilkonzern** erfüllt die Größenkriterien von § 293 HGB – Verbundenheit.

2.2 Weite Auslegung der Praxis

36 Gestützt auf weite Teile des Schrifttums, das mit unterschiedlichen Begründungen, u. a. unter Rückgriff auf die Begriffsbestimmungen in Art. 2 der Richtlinie 2013/34/EU (bzw. bzgl. der Vorgängerreglung in Art. 41 der 7. EG-Richtlinie), eine weite Auslegung von Abs. 2 für geboten[1] **oder** zulässig[2] hält, folgt auch die Praxis ganz überwiegend nicht einer eng am Wortlaut orientierten Auslegung des Begriffs der Verbundenheit.

In dieser **weiten** Auslegung kommt es nicht auf Rechtsform und Sitz des über- und des untergeordneten Unternehmens an. Es ist also nicht danach zu unterscheiden, ob die Konzernspitze nach Publizitätsgesetz oder nach HGB, nach ausländischem oder inländischem Recht konzernrechnungslegungspflichtig ist. In einer zweistufigen Konzernstruktur gelten dann etwa zwei Unternehmen als verbunden, wenn

- zwischen ihnen ein Beherrschungsverhältnis (nach oder analog § 290 HGB) besteht oder
- sie (als Schwesterunternehmen) mit demselben übergeordneten Unternehmen verbunden sind.[3]

Die Verbundbeziehung besteht danach zwischen allen Mitgliedern des (potenziellen) Vollkonsolidierungskreises, wobei nach Abs. 2 i.V. mit § 296 HGB unerheblich ist, ob ein Tochterunternehmen aufgrund eines Einbeziehungswahlrechts im konkreten Fall nicht vollkonsolidiert wird.

Keine Verbundbeziehung besteht hingegen zwischen den Mitgliedern des (potenziellen) Vollkonsolidierungskreises und den (lediglich quotal oder *at equity* einbezogenen) Gemeinschafts- oder assoziierten Unternehmen.

37 Regelmäßig setzt die Verbundenheit zugleich das Bestehen eines **Beteiligungsverhältnisses** voraus. Im Bereich der Anwendung oder analogen Anwendung von § 290 Abs. 2 Nr. 4 HGB, also bei einem Mutter-Tochter-Verhältnis qua Zweckgesellschaft, ist dies aber z. B. nicht zwingend der Fall. Zu den Folgerungen, die sich daraus für den Bilanzausweis ergeben, wird auf → Rz. 4 verwiesen.

38 Die vorstehend erläuterte weite Auslegung entspricht dem Normzweck von Abs. 2, wirtschaftliche Verflechtungen zwischen Unternehmen im Jahresabschluss transparent zu machen.[4] Wo dieser Normzweck nicht berührt ist, insbesondere bei der Verbundenheit als Bedingung von oder Haftung aus der Abschlussprüfung (§ 319 Abs. 3 Nr. 1 und 2 sowie Abs. 4 HGB und § 323 Abs. 1 HGB), ist eine weite Auslegung demzufolge nicht geboten.[5]

3. Verbundbeziehungen im Steuerecht (Organschaft)

39 Hierzu wird auf → § 246 Rz. 454 ff. verwiesen.

1 Vgl. z. B. WP Handbuch, Bd. I, Düsseldorf 2012, Tz. T 468.

2 Vgl. z. B. *Küting* in Küting/Pfitzer/Weber (Hrsg.), Handbuch der Rechnungslegung – Einzelabschluss, § 271 Tz. 155.

3 Vgl. *Kropff* in Münchener Kommentar Aktiengesetz, 2. Aufl., § 271 Anm. 55.

4 Vgl. *Hüttemann* in Ulmer (Hrsg.), HGB-Bilanzrecht, 2002, § 271 Tz. 22, zum Normzweck, wobei *Hüttemann* allerdings keine Anknüpfungspunkte in der 7. EG-Richtlinie für eine dem Normzweck entsprechende weite Auslegung sieht.

5 Gleicher Auffassung *Grottel/Kreher* in Beck'scher Bilanz-Kommentar, 13. Aufl. 2022, § 271 Tz. 40.

§ 272 Eigenkapital

(1) [1]Gezeichnetes Kapital ist mit dem Nennbetrag anzusetzen. [2]Die nicht eingeforderten ausstehenden Einlagen auf das gezeichnete Kapital sind von dem Posten „Gezeichnetes Kapital" offen abzusetzen; der verbleibende Betrag ist als Posten „Eingefordertes Kapital" in der Hauptspalte der Passivseite auszuweisen; der eingeforderte, aber noch nicht eingezahlte Betrag ist unter den Forderungen gesondert auszuweisen und entsprechend zu bezeichnen.

(1a) [1]Der Nennbetrag oder, falls ein solcher nicht vorhanden ist, der rechnerische Wert von erworbenen eigenen Anteilen ist in der Vorspalte offen von dem Posten „Gezeichnetes Kapital" abzusetzen. [2]Der Unterschiedsbetrag zwischen dem Nennbetrag oder dem rechnerischen Wert und den Anschaffungskosten der eigenen Anteile ist mit den frei verfügbaren Rücklagen zu verrechnen. [3]Aufwendungen, die Anschaffungsnebenkosten sind, sind Aufwand des Geschäftsjahres.

(1b) [1]Nach der Veräußerung der eigenen Anteile entfällt der Ausweis nach Absatz 1a Satz 1. [2]Ein den Nennbetrag oder den rechnerischen Wert übersteigender Differenzbetrag aus dem Veräußerungserlös ist bis zur Höhe des mit den frei verfügbaren Rücklagen verrechneten Betrages in die jeweiligen Rücklagen einzustellen. [3]Ein darüber hinausgehender Differenzbetrag ist in die Kapitalrücklage gemäß Absatz 2 Nr. 1 einzustellen. [4]Die Nebenkosten der Veräußerung sind Aufwand des Geschäftsjahres.

(2) Als Kapitalrücklage sind auszuweisen

1. **der Betrag, der bei der Ausgabe von Anteilen einschließlich von Bezugsanteilen über den Nennbetrag oder, falls ein Nennbetrag nicht vorhanden ist, über den rechnerischen Wert hinaus erzielt wird;**
2. **der Betrag, der bei der Ausgabe von Schuldverschreibungen für Wandlungsrechte und Optionsrechte zum Erwerb von Anteilen erzielt wird;**
3. **der Betrag von Zuzahlungen, die Gesellschafter gegen Gewährung eines Vorzugs für ihre Anteile leisten;**
4. **der Betrag von anderen Zuzahlungen, die Gesellschafter in das Eigenkapital leisten.**

(3) [1]Als Gewinnrücklagen dürfen nur Beträge ausgewiesen werden, die im Geschäftsjahr oder in einem früheren Geschäftsjahr aus dem Ergebnis gebildet worden sind. [2]Dazu gehören aus dem Ergebnis zu bildende gesetzliche oder auf Gesellschaftsvertrag oder Satzung beruhende Rücklagen und andere Gewinnrücklagen.

(4) [1]Für Anteile an einem herrschenden oder mit Mehrheit beteiligten Unternehmen ist eine Rücklage zu bilden. [2]In die Rücklage ist ein Betrag einzustellen, der dem auf der Aktivseite der Bilanz für die Anteile an dem herrschenden oder mit Mehrheit beteiligten Unternehmen angesetzten Betrag entspricht. [3]Die Rücklage, die bereits bei der Aufstellung der Bilanz zu bilden ist, darf aus vorhandenen frei verfügbaren Rücklagen gebildet werden. [4]Die Rücklage ist aufzulösen, soweit die Anteile an dem herrschenden oder mit Mehrheit beteiligten Unternehmen veräußert, ausgegeben oder eingezogen werden oder auf der Aktivseite ein niedrigerer Betrag angesetzt wird.

(5) [1]Übersteigt der auf eine Beteiligung entfallende Teil des Jahresüberschusses in der Gewinn- und Verlustrechnung die Beträge, die als Dividende oder Gewinnanteil eingegangen sind oder auf deren Zahlung die Kapitalgesellschaft einen Anspruch hat, ist der Unterschiedsbetrag in eine Rücklage einzustellen, die nicht ausgeschüttet werden darf. [2]Die Rücklage ist aufzulösen, soweit die Kapitalgesellschaft die Beträge vereinnahmt oder einen Anspruch auf ihre Zahlung erwirbt.

Inhaltsübersicht **Rz.**

LITERATUR:

Bachmann/Heckner, Ansatzverbot für eigene Anteile nach BilMoG auch in der Steuerbilanz?, WPg 2016 S. 832; *Bilitewski/Roß/Weiser*, Bilanzierung bei Verschmelzungen im handelsrechtlichen Jahresabschluss nach IDW RS HFA 42, WPg 2014 S. 13 (Teil 1) und S. 73 (Teil 2); *Blumenberg/Lechner*, Steuerrechtliche Behandlung des Erwerbs und der Veräußerung eigener Anteile nach dem BMF-Schreiben vom 27.11.2013, DB 2014 S. 14; *Bünning*, Steuerbilanzrechtliche Regelungen im Umwandlungssteuererlass 2011, BB 2012 S. 243; *Büning*, Bilanzielle Behandlung von Ertragszuschüssen und anderen Erfolgsbeiträgen durch Gesellschafter und nahestehende Personen, BB 2020 S. 2155; *Busse von Colbe*, Handelsrechtliche Bilanzierung von Optionsanleihe und Optionsentgelten aus betriebswirtschaftlicher Sicht in Busse von Colbe/Großfeld/Kley/Martens/Schlede, Bilanzierung von Optionsanleihen im Handelsrecht, Heidelberg 1987, S. 47; *Döllerer*, Die Kapitalrücklage der Aktiengesellschaft bei Ausgabe von Optionsanleihen nach Handelsrecht und Steuerrecht, AG 1986 S. 237; *Häuselmann*, Wandelanleihen in der Handels- und Steuerbilanz des Emittenten, BB 2000 S. 139; *Heeb*, Bilanzierung bei Spaltungen im handelsrechtlichen Jahresabschluss, WPg 2014 S. 189; *Hoffmann*, Aktienoptionen an Mitarbeiter, PiR 2011 S. 30; *Karollus*, Voreinzahlungen auf künftige Kapitalerhöhungen, DStR 1995 S. 1065; *Kerssenbrock*, Zur zivil- und steuerrechtlichen Behandlung der Kapitalherabsetzung bei einer GmbH, GmbHR 1984 S. 306; *Kolb/Weimert*, Handelsrechtliche Bilanzierung von Spaltungsvorgängen gem. IDW RS HFA 43, StuB 2013 S. 771; *Küting/Kessler*, Die Problematik der anderen Zuzahlungen gem. § 272 Abs. 2 Nr. 4 HGB, BB 1989 S. 25; *Künkele/Zwirner*, Formwechsel im handelsrechtlichen Jahresabschluss, StuB 2013 S. 163; *Loos*, Steuerliche und handelsrechtliche Einstufung von Aufgeld und Unterverzinslichkeit bei Optionsanleihen, BB 1988 S. 369; *Lüdenbach*, Ausschüttungsfähige Rücklagen nach Erwerb eigener Anteile, StuB 2010 S. 232; *Lüdenbach*, Anteile an herrschenden Unternehmen, StuB 2009 S. 29; *Lüdenbach*, Geleistete, im Handelsregister noch nicht als Kapitalerhöhung eingetragene Einlage, StuB 2009 S. 153; *Lüdenbach*, Forderungsverzicht durch Gesellschafter in der Handelsbilanz, StuB 2013 S. 864; *Lüdenbach*, Verschmelzung der überschuldeten Mutter auf die Tochter, StuB 2014 S. 70; *Lüdenbach*, Zweifelhafte Rücklagenhöhe beim Erwerb eigener Aktien, StuB 2022 S. 509; *Meyer*, Einzelfragen zur Bilanzierung latenter Steuern im Rahmen von Verschmelzungen nach IDW RS HFA 42, BB 2013 S. 683; *Nowotny*, Zur aktienrechtlichen Bilanzierung noch nicht geleisteten Aufgeldes sowie noch nicht registrierter Kapitalerhöhung, DB 1979 S. 557; *Roos*, Potenziale bei der Abbildung einer Verschmelzung durch Neugründung nach Handelsrecht, StuB 2013 S. 652; *Roos*, Ausweis der Kapitalrücklage in handelsrechtlichen Abschlüssen deutscher börsennotierter Kapitalgesellschaften, DStR 2015 S. 842; *Roß/Zilch*, Handelsrechtliche Bilanzierung von Großmutterzuschüssen, BB 2014 S. 1579; *Seidler/Thiere*, Erwerb und Einziehung eigener Aktien – bilanzielle Abbildung nach HGB und IFRS, BB 2019 S. 2091.

I. Überblick

1 § 272 HGB enthält Vorschriften zur **Untergliederung** des Eigenkapitals bei Kapitalgesellschaften. Nicht in § 272 HGB behandelt werden

- die **Abgrenzung** zwischen Eigenkapital und Schulden, etwa bei mezzaninen Finanzierungen (→ § 246 Rz. 120),
- die Eigenkapitalgliederung bei **„Kap. & Co."-Gesellschaften** (§ 264c HGB),
- die Gliederung des **Eigenkapitalspiegels**, der Bestandteil des Konzernabschlusses bzw. bei nicht konzernrechnungslegungspflichtigen kapitalmarktorientierten Unternehmen des Einzelabschlusses ist (→ § 297 Rz. 92, → § 264 Rz. 6),
- der Ausweis eines Eigenkapital**fehlbetrags** (→ § 268 Rz. 119),
- die Erstellung der Bilanz vor oder nach **Ergebnisverwendung** (→ § 268 Rz. 5).

2 § 272 HGB ist vornehmlich Gliederungsvorschrift, hat jedoch in enger wechselseitiger Verbindung zum **Gesellschaftsrecht** eine über die „bloße" Ausweisfrage hinausgehende Bedeutung:

- Die handelsbilanzielle Gliederung entfaltet gesellschaftsrechtliche Wirkung, indem etwa § 150 Abs. 3 AktG die „Kapitalrücklagen nach § 272 Abs. 2 Nr. 1 bis 3 des Handelsgesetzbuchs" bestimmten Verwendungsbeschränkungen unterwirft.
- Umgekehrt entscheidet das Gesellschaftsrecht, welche erwirtschafteten Beträge von welchen Organen in welche Unterposition des Eigenkapitals eingestellt werden dürfen (§ 58 AktG).
- Schließlich ergänzt das Gesellschaftsrecht die handelsrechtlichen Gliederungsvorschriften, indem etwa § 152 Abs. 1 AktG eine bilanzielle Aufgliederung des gezeichneten Kapitals nach Aktiengattungen verlangt oder § 152 Abs. 2 und 3 AktG ergänzende Bilanz- oder Anhangangaben zur Kapitalrücklage (→ Rz. 57) und zu den Gewinnrücklagen vorsieht (→ Rz. 79).

II. Gezeichnetes Kapital (Abs. 1 Satz 1 und 2)

1. Begriff und Betrag

3 Das **Grundkapital** der **AG** (§ 152 Abs. 1 Satz 1 AktG) oder das gezeichnete Kapital der SE (Art. 4 Abs. 2 der EU SE-VO) bzw. das **Stammkapital** der **GmbH** (§ 42 Abs. 1 GmbHG) ist bilanziell als **gezeichnetes** Kapital auszuweisen. Im Falle der **SE** mit Sitzstaat Deutschland gelten gem. Art. 61 SE-VO die Vorschriften für die AG entsprechend.

Anzusetzen ist der Nennbetrag des Kapitals (Abs. 1 Satz 2), sofern nicht Besonderheiten wegen

- **ausstehender** Einlagen (→ Rz. 37) oder
- **eigener** Anteile (→ Rz. 41)

bestehen.

4 Die Vorschrift des § 272 Abs. 1 HGB wird für Aktiengesellschaften durch § 152 AktG ergänzt. Hiernach gilt:

- Hat eine AG **mehrere Aktiengattungen,** etwa neben Stammaktien stimmrechtslose Vorzugsaktien, so ist der auf jede Aktiengattung entfallene Nennbetrag gesondert anzugeben (§ 152 Abs. 1 Satz 2 AktG).
- Soweit nach Übergangsrecht (§ 5 EGAktG) noch **Mehrstimmrechtsaktien** bestehen, ist die Gesamtstimmenzahl der Mehrstimmrechtsaktien und der übrigen Aktien zu vermerken (§ 152 Abs. 1 Satz 4 AktG).
- **Bedingtes** Kapital (→ Rz. 7) ist mit dem Nennbetrag zu vermerken (§ 152 Abs. 1 Satz 3 AktG).

Unter Vernachlässigung der Mehrstimmrechte ergibt sich folgendes Anwendungsbeispiel für den von HGB und AktG geforderten Ausweis:

Übersicht 1: A. Eigenkapital			
		31.12.02 €	31.12.01 €
A. Eigenkapital			
I. Gezeichnetes Kapital			
1.	Stammaktien	1.100	1.000
2.	Stimmrechtslose Vorzugsaktien	500	500
		1.600	1.500
Bedingtes Kapital: 300.000 (Vorjahr: 200.000)			

Im Anhang ist über das **genehmigte Kapital** zu berichten (§ 160 Abs. 1 Nr. 4 AktG). 5

2. Maßnahmen der Kapitalaufbringung und -herabsetzung

2.1 Überblick

Kapitalaufbringungen bei Gründung oder Kapitalerhöhung sind ebenso wie Kapitalherabsetzungen ins **Handelsregister** einzutragen. Die Eintragung ist **i. d. R. konstitutiv.** Der am Stichtag gegebene Handelsregistereintrag entscheidet dann über die Höhe des bilanziell auszuweisenden gezeichneten Kapitals. 6

Wichtige **Ausnahmen** sind: 7

- bedingte Kapitalerhöhung bei der AG (→ Rz. 24),
- vereinfachte Kapitalherabsetzung bei AG und GmbH (→ Rz. 33) und
- die Kapitalherabsetzung durch Einziehung bei der AG.

Bei der **bedingten Kapitalerhöhung** zur Gewährung von Wandlungs- und Bezugsrechten führt der eingetragene Beschluss zunächst nur zu einer Angabepflicht (→ Rz. 4). **Gezeichnetes** Kapital entsteht dabei bilanziell erst mit tatsächlicher **Wandlung** (Wandelanleihen) oder Bezug (Aktienoptionen). Die der Wandlung oder dem Bezug nachfolgende Eintragung der tatsächlichen Kapitalerhöhung hat insoweit **nur klarstellenden Charakter** (→ Rz. 24).

Die vereinfachte Kapitalherabsetzung kann wahlweise auf den vorangegangenen Bilanzstichtag **zurückbezogen** werden (→ Rz. 36).

Die Kapitalherabsetzung durch **Einziehung** wird bilanziell erst wirksam, wenn Handelsregistereintragung und Einziehung erfolgt sind.

Die nachfolgende Übersicht gibt einen Überblick über 8

- die kapitaländernden Maßnahmen,
- deren Bilanzierungszeitpunkt und
- die dem zugrunde liegenden Gesetzesbestimmungen.

Unter den angeführten Randziffern finden sich detailliertere Hinweise.

Maßnahmen	AG	GmbH	Zeitpunkt der bilanziellen Berücksichtigung
Bar- oder Sacheinlage bei Gründung	Unter anderem § 39 AktG	Unter anderem § 10 GmbHG	1. Eintragung der Gründung ins Handelsregister
			2. Bei (Eröffnungs-)Bilanzierung vor Eintragung Ausweis bereits erbrachter Einlage im Eigenkapital strittig (→ Rz. 10)
Kapitalerhöhung durch Bar- oder Sacheinlage	§ 189 AktG	§ 54 Abs. 3 GmbHG	1. Eintragung der Durchführung der Kapitalerhöhung ins Handelsregister
			2. Bei Empfang der Leistung vor und Eintragung nach Bilanzstichtag bilanzielle Erfassung im Eigenkapital strittig (→ Rz. 10)

Bedingte Kapitalerhöhung (Umtausch-/Bezugsrecht auf neue Aktien)	§ 200 AktG	Entfällt	Ausgabe der Bezugsaktien (die Ausgabe darf erst erfolgen, nachdem der Beschluss ins Handelsregister eingetragen ist) (→ Rz. 24)
Kapitalerhöhung aus Gesellschaftsmitteln (Umwandlung Kapital- oder Gewinnrücklagen in Grund-/Stammkapital)	§ 211 Abs. 1 AktG	§ 57i Abs. 4 GmbHG	Eintragung Beschluss ins Handelsregister (zu den Voraussetzungen einer Kapitalerhöhung aus Gesellschaftsmitteln → Rz. 26)
Ordentliche Kapitalherabsetzung	§ 224 AktG	§ 54 Abs. 3 GmbHG und § 58 Abs. 1 GmbHG	Eintragung Beschluss ins Handelsregister (zur Durchführung → Rz. 32)
Vereinfachte Kapitalherabsetzung zur Deckung von Verlusten oder Dotierung der Kapitalrücklage	§ 229 Abs. 3 AktG i.V. mit § 224 AktG	§ 58a Abs. 3 GmbHG i.V. mit § 54 Abs. 3 GmbHG	1. Eintragung Beschluss ins Handelsregister 2. Wahlweise Rückwirkung auf Bilanzstichtag vor Beschluss (→ Rz. 36)
Einziehung von Anteilen	§ 238 AktG	§ 34 GmbHG	AG: Eintragung Beschluss und erfolgte Einziehung GmbH: Einziehung ändert Stammkapital nicht. Ordentliche oder vereinfachte Kapitalherabsetzung erfordert gesonderten Beschluss.

2.2 Kapitalaufbringung durch Bar- oder Sacheinlage

9 Die bar oder durch Geld (oder andere einlagetaugliche Vermögensgegenstände; → Rz. 12) bewirkte Kapitalaufbringung wird erst mit Eintragung der **Durchführung** ins Handelsregister rechtswirksam (§ 39 AktG, § 189 AktG, § 10 GmbHG, § 54 Abs. 3 GmbHG).

10 Für eine **vor** dem Bilanzstichtag durchgeführte, aber erst **danach** ins Handelsregister eingetragene Kapitalerhöhung bedeutet dies:

- Sie ist wegen der konstitutiven Wirkung der Eintragung zum Bilanzstichtag noch **nicht** im gezeichneten Kapital zu erfassen.
- Nach h. M. scheidet aber auch ein sonstiger Ausweis im Eigenkapital aus, und zwar selbst dann, wenn die Eintragung noch im Aufstellungszeitraum der Bilanz erfolgt.[1] Zum Stichtag soll vielmehr unmittelbar nach dem Eigenkapital eine **Schuld** auszuweisen sein, die unter der Bezeichnung „Zur Durchführung der beschlossenen Kapitalerhöhung geleistete Einlagen" direkt nach dem Eigenkapital zu zeigen sei.
- Nach einer Mindermeinung ist hingegen bei Eintragung im Aufstellungszeitraum ein Ausweis im **Eigenkapital**, etwa zwischen gezeichnetem Kapital und Rücklagen, zulässig.[2]

Die h. M. kann nicht auf die konstitutive Wirkung der Handelsregistereintragung gestützt werden. Diese Wirkung bezieht sich nur auf das Stamm- bzw. Grundkapital und damit auf den

1 Unter anderem *Störk/Kliem/Meyer* in Beck'scher Bilanz-Kommentar, 13. Aufl. 2022, § 272 Tz. 54; *Seidler* in Haufe HGB Bilanz Kommentar, 8. Aufl. 2017, § 272 Rz. 35.

2 Vgl. *ADS*, 6. Aufl., § 272 Tz. 19; *Lüdenbach*, StuB 2009 S. 153.

Ausweis als gezeichnetes Kapital. Die am Bilanzstichtag fehlende Handelsregistereintragung sagt hingegen noch nichts darüber aus, ob bilanzrechtlich eine sonstige Form von Eigenkapital oder aber eine **Schuld** vorliegt. Der bilanzrechtliche **Schuldbegriff** (→ § 246 Rz. 76) umfasst:

a) nach Art und Höhe sichere rechtlich bestehende Verpflichtungen (Verbindlichkeiten),

b) ungewisse, wahrscheinlich aber zur Inanspruchnahme führende Verpflichtungen (Rückstellungen) sowie

c) erhaltene Anzahlungen.

Ad a) Die geleistete, aber noch **nicht eingetragene Einlage** begründet keine sichere Verbindlichkeit, da die Gesellschaft nur unter der ungewissen Voraussetzung der endgültigen Nichteintragung der Kapitalerhöhung zur Rückzahlung verpflichtet ist.

Ad b) Die Bedingung der **endgültigen Nichteintragung** ist aus Sicht des Stichtags zumeist nicht überwiegend wahrscheinlich. Der Ansatz einer Rückstellung scheidet daher regelmäßig ebenfalls aus (→ § 249 Rz. 46).

Ad c) Erhaltene Anzahlungen sind **Vorleistungen** des Bestellers im Rahmen eines schwebenden Geschäfts (→ § 250 Rz. 5). Ein solches schwebendes Geschäft ist ein zweiseitig verpflichtender und auf Leistungsaustausch gerichteter Vertrag. Ein derartiger Vertrag wird durch den Kapitalerhöhungsbeschluss nicht begründet. Die Gesellschaft schuldet keine Leistungen. Die Passivierung der erhaltenen Anzahlung dient der Vermeidung eines vorzeitigen Umsatz- und Ertragsausweises und hat daher den Charakter einer Erfolgsabgrenzung.[1] Ein Ertrag kann der Gesellschaft aus der Kapitalerhöhung aber ohnehin nicht entstehen. Einer Erfolgsabgrenzung fehlt daher die Grundlage. Die von der h. M. angeführte Analogie der geleisteten noch nicht eingetragenen Einlage zur erhaltenen Anzahlung[2] trägt daher nicht.

Eine Schuld (Oberbegriff) liegt demnach nicht vor. Die geleistete Einlage ist vielmehr, sofern eine Nichteintragung nicht ausnahmsweise wahrscheinlich ist, als besonderer Posten **innerhalb** des Eigenkapitals auszuweisen. Der von der h. M. für einen solchen Ausweis geforderten **Erklärung** der Anteilszeichner, auch im Fall der endgültigen Nichteintragung auf eine Rückzahlung der geleisteten Zahlung zu verzichten, bedarf es nicht.

Der im Eigenkapital auszuweisende Posten „Zur Durchführung der beschlossenen Kapitalerhöhung geleistete Einlagen" umfasst die **gesamten** Einlageleistungen, also auch ein bezahltes Agio.

Die vorstehenden Überlegungen gelten entsprechend in **Gründungsfällen,** wenn die Eröffnungsbilanz wegen größerer zeitlicher Differenz von Gründung, Einlageerbringung und Geschäftsaufnahme einerseits zur Handelsregistereintragung, andererseits bereits auf den ersten dieser beiden Zeitpunkte erstellt wird.

Wird eine als Kapitalerhöhung intendierte Leistung **vor Beschluss** über die Kapitalerhöhung bewirkt, kommt ihr nur ausnahmsweise (bei erkennbarer Sanierungsabsicht und engem zeitlichem Zusammenhang von Leistung und Beschluss) Erfüllungswirkung zu.[3] 11

1 BFH, Urteil v. 14.10.1999 – IV R 12/99, BStBl 2000 II S. 25 = Kurzinfo StuB 2000 S. 256.
2 Vgl. *Störk/Kliem/Meyer* in Beck'scher Bilanz-Kommentar, 13. Aufl. 2022, § 272 Tz. 54.
3 Vgl. BGH, Urteil v. 6.4.1995 – II ZR 135/94, DStR 1995 S. 894 ff.

2.3 Sacheinlagen

2.3.1 Einlage- und Bilanzierungsfähigkeit

12 Statt in Geld kann das Kapital auch in anderen einlagetauglichen Vermögensgegenständen aufgebracht werden (§ 27 Abs. 1 und 2 AktG, § 183 Abs. 1 AktG bzw. § 9 GmbHG, § 56 GmbHG). Hierbei gilt:

- Gesellschaftsrechtliche **Einlagefähigkeit** und
- handelsrechtliche **Bilanzierungsfähigkeit**

stimmen nicht zwingend überein. Die Bilanzierungsfähigkeit ist nur Indiz und keine notwendige Bedingung der Anerkennung als Sacheinlage.[1]

13 Eine praktisch bedeutsame Divergenz von Bilanz- und Gesellschaftsrecht ergibt sich hieraus bei Einlage **obligatorischer Nutzungsrechte** der Gesellschaft **gegen den Gesellschafter.** Handelsrechtlich (und steuerlich) ist keine Aktivierungsfähigkeit gegeben,[2] gesellschaftsrechtlich wird die Einlagefähigkeit (unter bestimmten Bedingungen) bejaht.[3]

In den meisten anderen Fällen impliziert die Einlagefähigkeit aber zugleich die handelsrechtliche Bilanzierungsfähigkeit. Eine separate Würdigung erübrigt sich. Dies gilt nicht nur für die Einlage von Sachen i. e. S., sondern ebenso für die von **Nutzungsrechten** oder sonstigen Rechten **gegenüber Dritten.**

BEISPIEL X, Gesellschafter der A-AG, hat vor einigen Jahren einen jetzt noch 20 Jahre laufenden langfristigen Pachtvertrag mit Verpächter V über ein innerstädtisches Geschäftsgebäude abgeschlossen und betrieb hierin bisher ein eigenes Geschäft. Er erwägt nun die Aufgabe des Geschäfts. Die AG betreibt ein Bekleidungsgeschäft im Nachbargebäude. Mit geringem Aufwand ließen sich beide Gebäude verbinden. A plant die Ausweitung des eigenen Geschäfts und hat daher ein hohes Interesse an dem Pachtgebäude. Die Konditionen des Pachtvertrags zwischen X und V sind gemessen an Marktverhältnissen (Vergleichsmiete) günstig. Der Barwert der über die 20 Jahre erwarteten Einsparung gegenüber der Vergleichsmiete beträgt 1 Mio. €. X möchte den Pachtvertrag in die A-AC einlegen.

1. **Gesellschaftsrechtliche Würdigung:**

   Nach der Rechtsprechung des BGH[4] und dem Schrifttum[5] liegt i. H. des Barwerts der Ersparnis gegenüber der Vergleichsmiete ein einlagefähiger Vorteil vor.

2. **Bilanzrechtliche Würdigung:**

   Auch steuerrechtlich[6] und handelsbilanziell sind Nutzungsrechte gegenüber Dritten jedenfalls insoweit einlagefähig, als das zu übernehmende Nutzungsentgelt, gemessen am Markt, günstig ist.

---

1 Unter anderem *Hüffer*, Aktiengesetz: AktG, 7. Aufl., § 27 Tz. 22; *Röhricht* in Hopt/Wiedemann (Hrsg.), AktG Großkommentar, 4. Aufl., § 27 Rz. 21 ff.; *Meilicke*, BB 1991 S. 580 ff.; *Winter/Westermann* in Scholz (Hrsg.), GmbHG, 10. Aufl., § 5 Rz. 43; a. A. *Knobbe-Keuck*, ZGR 1980 S. 214 ff.

2 Vgl. BFH, Urteil v. 26.10.1987 – GrS 2/86, BStBl 1988 II S. 348 ff.

3 Vgl. *Hüffer*, Aktiengesetz: AktG, 7. Aufl., § 27 Tz. 26.

4 BGH, Urteil v. 14.6.2004 – II ZR 121/01, BB 2004 S. 1926 ff.

5 Vgl. *Hüffer*, Aktiengesetz: AktG, 7. Aufl., § 27 Rz. 23; *Steinbeck*, ZGR 1996 S. 116 ff.; *Meilicke*, BB 1991 S. 580 ff.; *Bork*, ZHR 154/1990 S. 205 ff.; *Röhricht* in Hopt/Wiedemann (Hrsg.), AktG Großkommentar, 4. Aufl., § 27 Rz. 5; *Pentz* in Kropf/Semler (Hrsg.), Münchener Kommentar zum AktG, 3. Aufl., § 27 Rz. 31; speziell zu Lizenzen: *Götting*, AG 1999 S. 1 ff., m. w. N.

6 Vgl. BFH, Urteil v. 16.11.1977 – I R 83/75, BStBl 1978 II S. 386.

Neben **Nutzungsrechten** an Grundstücken oder beweglichen Sachen sind auch solche an **Immaterialgütern** (Lizenzen) einlagefähig, etwa Rechte aus Sponsorenverträgen zur Verwertung von Namen oder Logos eines Sportvereins,[1] Namen von Internetdomains etc. 14

Die speziellen Fälle des immateriellen Anlagevermögens betreffend **Aktivierungsverbote** des § 248 Abs. 2 Satz 2 HGB bzw. das allgemeine steuerliche Aktivierungsverbot des § 5 Abs. 2 EStG gelten nicht, da die Einlage als ein tausch- bzw. anschaffungsähnlicher Vorgang gewertet wird und damit jedenfalls für Zwecke des Bilanzansatzes dem entgeltlichen Erwerb gleichgestellt wird[2] (→ Rz. 20 und → § 255 Rz. 61).

2.3.2 Bewertung

Bei der Bewertung von Sacheinlagen besteht ein deutlich geringeres Maß der Übereinstimmung zwischen Gesellschafts-, Handels- und Steuerrecht als in der Frage der Einlage-/Bilanzierungsfähigkeit (→ Rz. 13). 15

Gesellschaftsrechtlich unterliegt die Sacheinlage in die **Aktiengesellschaft** nach §§ 33 Abs. 3 bis 5, 34 Abs. 2 und 3 AktG (bei der Kapitalerhöhung i.V. mit § 183 Abs. 3 AktG) einer externen Prüfung. Diese Prüfung ist jedoch „nur" darauf gerichtet zu klären, ob der Wert der Sacheinlage den **geringsten Ausgabebetrag** (bei fehlender Festsetzung eines Agios zugleich der tatsächliche Ausgabebetrag) der gewährten Aktien i. S. von § 9 Abs. 1 AktG erreicht. 16

Bei der **GmbH** erfolgt auf Grundlage des Sachgründungsberichts der Gesellschafter nur eine Prüfung durch das Registergericht (§ 9c Satz 2 GmbHG, bei der Kapitalerhöhung § 57a GmbHG); diese richtet sich darauf zu klären, ob der Wert des Einlagegegenstandes den Wert der übernommenen **Stammeinlagen** erreicht. Ein Agio ist nicht Gegenstand der Prüfung.

Für eine Zugangsbewertung der Sacheinlage mit einem über den geringsten Ausgabebetrag der Aktien bzw. den Wert der Stammeinlagen hinausgehenden Betrag sind daher vorrangig die bilanziellen Vorschriften maßgeblich. Am deutlichsten stellt sich der **Vorrang des Bilanzrechts vor dem Gesellschaftsrecht** dann dar, wenn die Einlage gegen eine – gemessen am Wert des Einlagegegenstands – nur unbedeutende Ausgabe von Anteilen erbracht wird. 17

BEISPIEL ▸ Zur Ausweitung der Produktion, Optimierung der innerbetrieblichen Transportwege etc. möchte die A-AG ihr Betriebsareal arrondieren. Das Arrondierungsgrundstück gehört dem Alleingesellschafter G. Es hat einen objektivierten Wert (beizulegender Zeitwert, Verkehrswert, Marktwert, gemeiner Wert) von 10 Mio. €, für die Gesellschaft wegen der mit der Arrondierung verbundenen Wachstums- und Effizienzpotenziale einen subjektiven (unternehmensspezifischen) Wert von 15 Mio. €. Grundlage für die Bestimmung des unternehmensspezifischen Werts ist ein Vergleich des Ertragswerts des Unternehmens vor und nach Einbringung (85 Mio. € vs. 100 Mio. €).

Die A-AG hatte bisher ein Grundkapital von 8 Mio. €. Das Grundkapital soll um 2 Mio. € erhöht werden.

Bringt G das Grundstück im Wege der Sachkapitalerhöhung ohne (förmliche) Festsetzung eines Agios gegen Ausgabe von Aktien i. H. von 2 Mio. € ein, unterliegt nur der geringste Ausgabebetrag von 2 Mio. € der gesellschaftsrechtlichen Sachgründungsprüfung, während ein darüber hinausgehender Bilanzwert allein handelsrechtlich zu beurteilen ist.

1 Vgl. BGH, Urteil v. 15.5.2000 – II ZR 359/98, DStR 2000 S. 1615 ff.
2 BFH, Urteil v. 5.6.2002 – I R 6/01, BFH/NV 2003 S. 88 ff.

18 Verallgemeinert stellt sich in diesem Zusammenhang die Frage, wie der **(maximale) bilanzielle Zugangswert** eines Sacheinlagegegenstands bestimmt werden kann, dessen objektivierter und/oder subjektiver Wert weit über dem Ausgabebetrag der Anteile liegt.

Die Antwort hängt von der Interpretation des Einlagevorgangs ab. Dieser kann bilanzrechtlich als

- **Anschaffungs**vorgang oder
- lediglich als anschaffungs- bzw. tausch**ähnlicher** Vorgang

aufgefasst werden.

- Bei Interpretation als **Anschaffung** gilt: Der Wert der hingegebenen Leistung, also der Wert der **gewährten Anteile,** bestimmt als Anschaffungskosten den (maximalen) Zugangswert des Erwerbsgegenstands (Sacheinlage).
- Bei Interpretation als lediglich anschaffungs**ähnlich** folgt hingegen: Der Wert der zugehenden **Sacheinlage** bestimmt dessen (maximalen) Zugangsbewertungsbetrag und damit auch die eintretende Eigenkapitalerhöhung (insbesondere die Dotierung der Kapitalrücklage).[1]

19 Nach in **DRS 4.13** für Unternehmenserwerbe im Konzernabschluss noch explizit enthaltener Auffassung (keine Aussage im Nachfolgestandard DRS 23) war der Erwerb bzw. die **Einlage** eines **Unternehmens** gegen Gewährung von Gesellschaftsrechten ein **Anschaffungsvorgang,** bei dem der beizulegende **Zeitwert der gewährten Anteile** die Höhe der Anschaffungskosten des im Wege der Einlage erworbenen Unternehmens (Einlagegegenstands) bestimmt. Wie bei anderen Anschaffungsvorgängen, ob in bar oder durch Hingabe von Sachen, ist die Zugangsbewertung danach durch die **tatsächliche Höhe** der Anschaffungskosten, nicht durch deren objektivierte Rechtfertigung determiniert. Eine Prüfung, ob die Anschaffungskosten durch den (objektivierten oder subjektiven) Wert des Erwerbsobjekts gedeckt sind, ist mithin entbehrlich.[2] Strittig bleibt allenfalls, ob bei durch das Gesellschaftsverhältnis veranlassten überhöhten „Kaufpreisen" eine Zugangsbewertung nur i. H. des angemessenen Anschaffungspreises zulässig ist.[3]

BEISPIEL ► (Fortsetzung von Rz. 17)

Nach Maßgabe des Unternehmensgesamtwerts haben die gewährten Anteile (2 Mio. € von 10 Mio. €) einen Wert von 20 % von 100 Mio. € = 20 Mio. €.

Bei Interpretation als Anschaffungsvorgang wäre in erster Betrachtung dieser Wert für den Zugang des Grundstücks anzusetzen.

Gegen einen Ansatz des Grundstücks in dieser Höhe bestehen allerdings Bedenken, wenn sich der Unternehmenswert durch die Einlage nur um 15 Mio. € erhöht hat. In Höhe von 5 Mio. € tritt dann eine Wertminderung der bereits vor Kapitalerhöhung bestehenden Anteile ein, denn diese ergeben vor Kapitalerhöhung 100 % von 85 Mio. € = 85 Mio. €, nach Kapitalerhöhung nur noch 80 % von 100 Mio. € =

---

1 In einer dogmatisch zwar der ersten Variante, im Ergebnis aber der zweiten Variante entsprechenden Sichtweise begründet die Sacheinlagevereinbarung eine Forderung i. H. des Zeitwerts des versprochenen Einlagegegenstands. Die Anschaffung des Gegenstands und damit die Zugangsbewertung vollzieht sich dann zum Wert der Forderung und damit zum (nicht näher definierten) Zeitwert des Einlagegegenstands; vgl. hierzu *Budde/Förschle/Winkeljohann,* Sonderbilanzen, 4. Aufl. 2008, Rz. 193 ff.

2 So bereits im RFH-Urteil v. 14.3.1928 – IV A 54/28, StuW 1928 S. 430; ähnlich BFH, Urteil v. 7.2.2002 – IV R 87/99, BStBl II S. 294; gl. A. *Kleindiek* in Ulmer (Hrsg.), HGB Bilanzrecht Großkommentar, 2002, § 255 Rz. 14; *Ballwieser* in Münchener Kommentar zum HGB, 2008, § 255 Rz. 29.

3 Dafür *Kleindiek* in Ulmer (Hrsg.), HGB Bilanzrecht Großkommentar, 2002, § 255 Rz. 14 und *Ballwieser* in Münchener Kommentar zum HGB, 2008, § 255 Rz. 29.

80 Mio. €. Jedenfalls bei einem Alleingesellschafter ist hier eine Nettobetrachtung geboten, bei der vom Wert der neu gewährten Anteile die Wertminderung in den Altanteilen abgesetzt und nur der Saldo als Leistung der Gesellschaft (Anschaffungskosten) gewertet wird. Die Anschaffungskosten des Grundstücks betragen demnach 15 Mio. €.

DRS 4 betraf jedoch ausdrücklich nur **Unternehmenserwerbe.** Beim Unternehmenserwerb sind die erworbenen Einzelvermögensgegenstände mit ihren objektivierten Werten („beizulegenden Zeitwerten") anzusetzen (DRS 4.23) (→ § 301 Rz. 45), während Synergien, unabhängig davon, ob sie bereits im Erwerbsobjekt vorhanden sind oder erwerberspezifischen Charakter haben, in der Residualgröße *Goodwill* Berücksichtigung finden. Bei Anschaffung nicht unternehmerischer Einzelgegenstände oder Sachgesamtheiten besteht eine solche der Abbildung von Synergieerwartungen dienende Residualgröße hingegen nicht, umgekehrt aber auch keine Bindung der Zugangswerte der einzelnen Vermögensgegenstände an deren objektivierten Wert. Angesichts dieser konzeptionellen Unterschiede, die das bilanzrechtliche Schrifttum zutreffend als „divergierende Bilanzierung" und „andersartige Normierung" des Unternehmenserwerbs einerseits und des Erwerbs nicht unternehmerischer Sachen oder Sachgesamtheiten andererseits charakterisiert,[1] spricht bzw. sprach nichts dafür, die Regelungen von DRS 4 auf die **Sacheinlage von kein Unternehmen bildenden Gegenständen** oder Sachgesamtheiten zu übertragen.

Handelsrechtlich ist nicht unumstritten, ob Einlagen überhaupt einen entgeltlichen **Erwerbsvorgang** darstellen.[2] Die ganz herrschende Auffassung bejaht dies zwar, sieht aber andererseits Unterschiede zur Anschaffung gegen Geld oder Tausch von Sachen und spricht daher lediglich von einem „tauschähnlichen Vorgang"[3], einem „dem Tausch vergleichbaren Vorgang"[4] oder „Parallelen zur Anschaffung"[5]. Die Interpretation der Sacheinlage als ein der Anschaffung lediglich **ähnlicher** Vorgang (→ § 255 Rz. 69) erlaubt und erfordert **Analogwertungen.** In deren Wesen liegt es, dass sie je nach Regelungskontext und -zweck unterschiedlich ausfallen können. Im Kontext der Aktivierungsverbote des § 248 Abs. 2 Satz 2 HGB bzw. § 5 Abs. 2 EStG, also für Zwecke des Bilanzansatzes, wird dann etwa eine Qualifizierung der Sacheinlage als entgeltlicher Erwerb für vertretbar gehalten,[6] für Zwecke der Zugangsbewertung hingegen in den gleichen Kommentierungen[7] nicht auf die Anschaffungskosten i. e. S., also den Wert der gewährten Anteile, sondern auf den Zeitwert des Zugangsobjekts abgestellt. Für diese differenzierte Behandlung von Ansatz und Bewertung eines Einlagevorgangs sprechen teleologische und gesetzeshistorische Gründe. 20

Ratio legis des § 248 Abs. 2 Satz 2 HGB bzw. § 5 Abs. 2 EStG ist, die Aktivierung von Vermögen zu verhindern, dessen Wert in keiner Weise objektiviert ist. Bei der Sacheinlage immaterieller Vermögensgegenstände besteht diese Gefahr aber insofern nicht, als die Einlage einer verpflichtenden Gründungsprüfung und/oder Handelsregisterkontrolle unterliegt:

1 Vgl. *Franke*, Synergien in Rechtsprechung und Rechnungslegung, 2009, S. 86 ff.

2 Für Unentgeltlichkeit z. B. *Kamlah*, BB 2001 S. 2106 ff.; *Schulze zur Wiesche*, GmbHR 1988 S. 33 ff.

3 Zum Beispiel *Groh*, DB 1997 S. 1684 ff.; *Röhricht* in Hopt/Wiedemann (Hrsg.), AktG Großkommentar, 4. Aufl., § 27 Tz. 24.

4 Vgl. *Kupsch* in von Wysocki et al. (Hrsg.), Handbuch des Jahresabschlusses (HdJ), Abt. II/3 (Januar 1987), Tz. 119.

5 Vgl. *Reiner* in Münchener Kommentar zum HGB, 2008, § 272 Rz. 40.

6 Vgl. *ADS*, § 248 Tz. 21; *Kleindiek* in Ulmer (Hrsg.), HGB Bilanzrecht Großkommentar, 2002, § 248 Rz. 15.

7 Vgl. *ADS*, § 272 Tz. 95; *Störk/Kliem/Meyer* in Beck'scher Bilanz-Kommentar, 13. Aufl. 2022, § 272 Tz. 174 ff.; *Hüttemann* in Ulmer (Hrsg.), HGB Bilanzrecht Großkommentar, 2002, § 272 Rz. 30.

- Für Zwecke des **Bilanzansatzes** und der **Mindestbewertung** (geringster Ausgabebetrag der Aktien, übernommene Stammeinlage) ist daher eine Gleichstellung der Sacheinlage mit einem entgeltlichen Erwerb vertretbar.[1]
- Angesprochen ist damit allerdings nur der dem geringsten Ausgabebetrag bzw. der übernommenen Stammeinlage entsprechende Mindestwert, nicht ein evtl. gegen Kapitalrücklage zu buchender höherer Wert und damit die **Bewertung im Ganzen.** Für sie gilt nicht „der vernünftige Vorrang gesellschaftsrechtlicher Regeln",[2] sondern umgekehrt der Vorrang bilanzrechtlicher Regelungen. Eine unterschiedliche Behandlung der Sacheinlage in Ansatz- und Bewertungsfragen ist daher konsequent.

Dieses Ergebnis wird aus Sicht der **historischen Auslegung** bestätigt. Bei der Verabschiedung des **Bilanzrichtliniengesetzes** wurde, entgegen mancher Vorschläge im Schrifttum,[3] kein eigenständiger Bewertungsmaßstab für Einlagen ins Gesetz aufgenommen. Der Bericht des Rechtsausschusses führt aber aus: „Aus Sicht des Unternehmens entspricht den Anschaffungskosten der Wert, der den Gegenständen im Zeitpunkt der Einlage zukommt."[4] Anders als bei Annahme eines Tauschs, bei dem der Wert des hingegebenen Eigenkapitals den Zugangswert des erworbenen Sacheinlagegegenstands bestimmen würde, gilt damit auch nach dem Willen des Gesetzgebers: Der **Wert des Einlagegegenstands determiniert die Zugangsbewertung** und damit die Höhe des Eigenkapitals.

21 Als konkrete **Bewertungsobergrenze** gilt nach ganz einheitlicher Auffassung der **Zeitwert.**[5] Eine Legaldefinition des Zeitwerts fehlt im HGB. Allerdings ist in § 255 Abs. 4 HGB i. d. F. BilMoG der **beizulegende Zeitwert** definiert. Er entspricht dem Marktwert bzw. bei Verwendung anderer nicht marktpreisorientierter Verfahren einem dem Marktpreis angenäherten Wert. Dies ist mithin der Wert, der sich ohne Berücksichtigung erwerber- oder veräußererspezifischer Umstände (z. B. Erwerbs- oder Veräußerungszwänge) ergibt, in anderer Terminologie also der Verkehrswert, der *fair value*, der objektivierte Wert.

Soweit das bilanzrechtliche Schrifttum zu Sacheinlagen überhaupt eine Konkretisierung des Zeitwertbegriffs vornimmt, stellt es ebenfalls auf den „Verkehrswert" ab[6] und stimmt insoweit mit **gesellschaftsrechtlichem** Schrifttum und Rechtsprechung zu Nutzungseinlagen überein. Abzustellen ist hier auf den „für die Dauer des Nutzungsrechts kapitalisierten Nutzungswert", also den Betrag, „den die Gesellschaft für eine solche Nutzung auf dem freien Markt zu zahlen hätte",[7] also die „abgezinste Vergleichsmiete oder -pacht für den Nutzungszeitraum".[8] Dieser ganz herrschenden Schrifttumsmeinung entspricht eine BGH-Entscheidung.[9] Im Urteilsfall wurde ein Pachtverhältnis gegenüber einem Dritten eingelegt, dabei die Zahlungsverpflichtung des ursprünglichen Pächters von der Gesellschaft übernommen. Der BGH hält fest:

1 Vgl. *Bork*, ZHR 154/1990 S. 205 ff.; *Röhricht* in Hopt/Wiedemann (Hrsg.), AktG Großkommentar, 4. Aufl., § 27 Rz. 25; *Penné*, WPg 1988 S. 35 ff.

2 Vgl. *Röhricht* in Hopt/Wiedemann (Hrsg.), AktG Großkommentar, 4. Aufl., § 27 Rz. 25.

3 Vgl. *Döllerer*, BB 1986 S. 1857 ff.

4 Vgl. Bericht des Rechtsausschusses des Bundestags, BT-Drucks. 10/4268 S. 101.

5 Vgl. *ADS*, § 272 Tz. 95; *Hüttemann* in Ulmer (Hrsg.), HGB Bilanzrecht Großkommentar, 2002, § 272 Rz. 61; *Reiner* in Münchener Kommentar zum Handelsgesetzbuch: HGB, 2008, § 272 Rz. 40; *Budde/Förschle/Winkeljohann*, Sonderbilanzen, 4. Aufl. 2008, Rz. 197.

6 Vgl. *Budde/Förschle/Winkeljohann*, Sonderbilanzen, 4. Aufl. 2008, Rz. 196 ff.

7 Vgl. *Bork*, ZHR 154/1990 S. 205 ff.

8 Vgl. *Hüffer*, Aktiengesetz: AktG, 7. Aufl., § 27 Rz. 27. Ähnlich *Pentz* in Kropff/Semler (Hrsg.), Münchener Kommentar zum AktG, 3. Aufl., § 27 Rz. 37; *Steinbeck*, ZGR 1996 S. 116 ff.; *Meilicke*, BB 1991 S. 580 ff.

9 BGH, Urteil v. 14.6.2004 – II ZR 121/01, BB 2004 S. 1926 ff.

„Gleichwohl verblieb für die Gesellschaft ein wirtschaftlicher Vorteil in dem Umfang, in dem der kapitalisierte marktübliche Nutzungswert den auf Basis des vereinbarten Pachtzinses ermittelten konkreten Pachtwert überstieg. Dieser [...] wirtschaftliche Mehrwert war sacheinlagefähig."

Auch für den **maximalen bilanzrechtlichen Ansatz** ist u. E. der objektivierte Wert entscheidend. Er entspricht den konzeptionellen Bewertungsvorgaben des § 252 HGB bzw. den gesetzlich kodifizierten GoB:

- Von Relevanz ist hier zum einen das **Einzelbewertungsprinzip** (→ § 252 Rz. 44 ff.). Da echte Synergien einem einzelnen Vermögensgegenstand nicht willkürfrei zurechenbar sind, können sie nach Maßgabe des Einzelbewertungsprinzips bei der bilanziellen Zugangsbewertung nur dann Berücksichtigung finden, wenn sie durch Anschaffungskosten objektiviert sind, dem einzelnen zu bewertenden Vermögensgegenstand somit unmittelbar zuzurechnen sind.[1] Außerhalb eines Anschaffungsvorgangs verhindert das Einzelbewertungsprinzip hingegen – mangels willkürfreier Zurechenbarkeit – die Berücksichtigung echter Synergien bei der Zugangsbewertung.[2]
- Von Bedeutung ist zum anderen das **Vorsichtsprinzip** (→ § 252 Rz. 53 ff.). Diesem entspricht am ehesten eine Beschränkung der maximalen Zugangsbewertung einer Sacheinlage auf den objektivierten Zeitwert; damit werden erwerbsspezifische Synergien unberücksichtigt gelassen.

BEISPIEL (Fortsetzung von → Rz. 17 und → Rz. 19)

Handelsrechtlich ist u. E. nur ein Ansatz von maximal 10 Mio. € (entsprechend einer Dotierung der Kapitalrücklage i. H. von 8 Mio. €) angemessen, nicht hingegen ein Ansatz von 15 Mio. € unter Berücksichtigung des höheren erwerberspezifischen Nutzens.

Fraglich bleibt, ob der **beizulegende Zeitwert** nur eine Obergrenze für die Zugangsbewertung darstellt, mithin bei geringerem Ausgabebetrag der Aktien bzw. geringerer übernommener Stammeinlage auch eine entsprechend **niedrigere Bewertung zulässig** ist. Die h. M. bejaht ein solches **Wahlrecht.** Eine niedrigere Bewertung von Sacheinlagen soll im Rahmen vernünftiger kaufmännischer Beurteilung zulässig sein, zumal es im Handelsrecht an Vorschriften zur Bewertung von Einlagen fehle.[3] 22

Unseres Erachtens ist eine solche Unterbewertung nicht nur deshalb abzulehnen, weil sie dem Willen des **Gesetzgebers** widerspricht (→ Rz. 20). Hinzu kommt die mit einer zu niedrigen Zugangsbewertung verbundene **Verfälschung** der **Ertragslage,** indem etwa bei Anlagevermögensgegenständen begrenzter Nutzungsdauer die Abschreibung zu niedrig ausgewiesen, bei allen Vermögensgegenständen ein evtl. Abgangserfolg zu günstig dargestellt wird.

BEISPIEL (Fortsetzung von → Rz. 21)

Das gegen eine Kapitalerhöhung von 2 Mio. € eingelegte Grundstück mit dem Verkehrswert von 10 Mio. € wird in der nächsten Periode im *sale and lease back* (→ § 246 Rz. 264) an einen Dritten zum Verkehrswert veräußert.

---

1 Dies anerkennend IDW RS HFA 10 Tz. 6. Echte Synergien dürfen „nur insoweit erfasst werden, als sie durch die bilanzierende Gesellschaft, die zu bewertende Beteiligungsgesellschaft oder Tochterunternehmen dieser beiden Gesellschaften realisierbar sind".

2 Vgl. *Franke*, Synergien in Rechtsprechung und Rechnungslegung, 2009, S. 61 ff.

3 Vgl. *Justenhoven/Roland* in Beck'scher Bilanz-Kommentar, 13. Aufl. 2022, § 247 Tz. 155.

Durch Erfassung bei der Gesellschaft im Zugangszeitpunkt mit 2 Mio. € entstünde bei der Weiterveräußerung ein Gewinn von 8 Mio. €. Dieser „Scheingewinn" wäre tatsächlich aber nur die Folge einer willkürlichen Unterbewertung im Zugangszeitpunkt, hingegen kein vom Unternehmen erwirtschafteter Ertrag.

Zu weiteren Einwendungen gegen die Annahme eines Wahlrechts wird auf → Rz. 73 ff. verwiesen. Die dort für die verdeckte Einlage dargestellten Bedenken gegen eine gewillkürte Bewertung gelten für die offene Einlage entsprechend.

23 **Steuerrechtlich** ist die Bewertung der Einlage in § 6 Abs. 1 Nr. 6 EStG geregelt. Maßgeblich ist danach i. d. R. der **Teilwert.**

In **Sonderfällen,** nämlich bei

- Anschaffung/Herstellung oder Entnahme des eingelegten Wirtschaftsguts aus anderem Betriebsvermögen innerhalb der letzten **drei Jahre** bzw.
- Einlage **wesentlicher Beteiligungen,**

ist auf die fortgeführten Anschaffungs-/Herstellungskosten bzw. den gemeinen Wert abzustellen.

Im Regelfall der Erfassung zum **Teilwert** stellt sich wie im Handelsrecht die Frage, wie weit unternehmensspezifische **Synergieerwartungen** in die Bewertung einfließen, im Beispiel unter → Rz. 17 also der Teilwert 10 Mio. € oder 15 Mio. € beträgt. Die Definition des Teilwerts als Betrag, den der Erwerber eines ganzen Betriebs im Rahmen des Gesamtkaufpreises für das einzelne Wirtschaftsgut ansetzen würde (§ 6 Abs. 1 Nr. 1 Satz 3 EStG), spricht nur vordergründig für die Berücksichtigung von Synergien. Nach der Legaldefinition ist lediglich von der Fortführung des Betriebs auszugehen und die Sicht des Betriebsinhabers zu objektivieren. Hingegen gilt eine Aufteilung des Unternehmensertragswerts auf die einzelnen Wirtschaftsgüter als unzulässig, maßgeblich ist vielmehr der „Substanzwert" der einzelnen Wirtschaftsgüter, also ein synergiefreier Wert.[1] Auch steuerrechtlich ist daher im Beispiel unter → Rz. 17 der Ansatz auf 10 Mio. € begrenzt.

2.4 Bedingte Kapitalerhöhung einer AG

24 Die Hauptversammlung einer AG, KGaA oder SE kann einen Beschluss zur Erhöhung des Grundkapitals insoweit fassen, wie von einem **Umtausch-** oder **Bezugsrecht** Gebrauch gemacht wird (§ 192 Abs. 1 AktG). In den bilanziellen Folgen eines solchen Beschlusses ist zwischen vier Schritten zu unterscheiden:

- **Schritt 1: Beschlussfassung –** ab diesem Zeitpunkt (→ Rz. 4) ist der Betrag des bedingten Kapitals beim gezeichneten Kapital zu **vermerken** (§ 152 Abs. 1 Satz 3 AktG).
- **Schritt 2: Handelsregistereintragung des Beschlusses** – die Eintragung hat **keine bilanziellen Wirkungen,** ist aber Voraussetzung für die Begebung von neuen Aktien (Bezugsaktien).
- **Schritt 3: Wandlungs-** oder **Optionsrechte** werden **ausgeübt** und Bezugsaktien ausgegeben – mit der Ausgabe der Bezugsaktien tritt die **Erhöhung** des gezeichneten Kapitals ein. Das vermerkte bedingte Kapital **sinkt** in gleichem Maße.

1 Vgl. *Glannegger* in Schmidt, EStG, § 6 Tz. 215.

- **Schritt 4: Handelsregistereintragung** – der Vorstand hat innerhalb eines Monats nach Ablauf des Geschäftsjahres anzumelden, in welchem Umfang im Geschäftsjahr Bezugsaktien ausgegeben wurden (§ 201 Abs. 1 AktG). Die Eintragung ist **nur deklaratorisch.**

2.5 Kapitalerhöhung aus Gesellschaftsmitteln

Bei einer Kapitalerhöhung aus Gesellschaftsmitteln fließen der Gesellschaft **keine neuen Mittel** zu. Es werden vielmehr Rücklagen in Grund- bzw. Stammkapital umgewandelt (§ 207 Abs. 1 AktG für AG, KGaA und SE, § 57c Abs. 1 GmbHG für die GmbH). 25

Dem Kapitalerhöhungsbeschluss ist eine festgestellte und geprüfte Bilanz – sog. **Kapitalerhöhungsbilanz** –zugrunde zu legen, deren Stichtag **höchstens acht Monate** vor der Anmeldung des Beschlusses zur Eintragung ins Handelsregister liegen darf (§§ 207 Abs. 3, 209 Abs. 1 und 2 AktG, §§ 57d bis 57f GmbHG). Bei kalendergleichem Geschäftsjahr bedeutet dies: 26

- Beschlüssen **bis zum 31.8.** kann die **letzte Jahresbilanz** zugrunde gelegt werden.
- **Später** gefasste Beschlüsse erfordern die Feststellung und Prüfung einer **Zwischenbilanz.**

Auch bei kleinen, sonst nicht prüfungspflichtigen Kapitalgesellschaften muss die Kapitalerhöhungsbilanz geprüft und mit einem uneingeschränkten Bestätigungsvermerk versehen sein; ein Lagebericht ist aber nicht erforderlich. Eine unterjährige Zwischenbilanz bedarf – unabhängig von der Größe der Gesellschaft – nicht der Erweiterung um GuV, Anhang und Lagebericht.

Umwandlungsfähig sind: 27

- Kapital- und Gewinn**rücklagen,** die in der Bilanz selbst ausgewiesen werden,
- im Gewinnverwendungsbeschluss als **Zuführungen** zu diesen Rücklagen ausgewiesene Beträge (§ 208 Abs. 1 Satz 1 AktG, § 57d Abs. 1 GmbHG),
- bei der **AG** Kapitalrücklagen gem. § 272 Abs. 2 Nr. 1 bis 3 HGB und die gesetzliche Rücklage jedoch nur insoweit, als sie zusammen den zehnten oder den in der Satzung bestimmten höheren Teil des bisherigen Grundkapitals übersteigen (§ 150 Abs. 4 Nr. 3 AktG),
- bei AG und GmbH alle Rücklagen nur insoweit, als sie einen **Verlust** bzw. **Verlustvortrag** übersteigen (§ 208 Abs. 2 Satz 1 AktG, § 57d Abs. 2 GmbHG).

Mit der **Handelsregistereintragung** des Beschlusses wird die Kapitalerhöhung rechtswirksam. Die Änderungen am gezeichneten Kapital und an den Rücklagen treten zu diesem Zeitpunkt ein. 28

Die zur Umwandlung in gezeichnetes Kapital erfolgte Entnahme aus den Rücklagen ist nicht im Rahmen der Gewinnverwendungsrechnung darzustellen (→ § 268 Rz. 7).[1] Erforderlich ist jedoch eine **Angabe** im Anhang oder in der Bilanz (§ 152 Abs. 2 Nr. 2 AktG). 29

2.6 Ordentliche Kapitalherabsetzung

Durch Beschluss der Gesellschafter kann das Grundkapital der AG, KGaA oder SE bzw. das Stammkapital der GmbH herabgesetzt werden (§ 222 AktG, § 58 GmbHG). Der Beschluss muss die **Zwecke** der Kapitalherabsetzung benennen. Mehrere Zwecke können miteinander **verknüpft** werden. In der Praxis besonders wichtig sind: 30

- Rückzahlungen an die Gesellschafter und
- Beseitigung einer Unterbilanz bzw. eines Bilanzverlustes.

1 Gleicher Auffassung *Seidler* in Haufe HGB Bilanz Kommentar, 8. Aufl. 2017, § 272 Tz. 50; *Hüffer*, Aktiengesetz: AktG, 7. Aufl., § 158 Rz. 4.

31 Mit der **Handelsregistereintragung** des Beschlusses ist das Grundkapital der AG herabgesetzt (§ 224 AktG) und i. H. des verminderten Betrags bilanziell auszuweisen. Zu diesem Zeitpunkt ist bei

- **Rückzahlungszweck** eine **Verbindlichkeit** zu passivieren (per gezeichnetes Kapital an Verbindlichkeit),
- einer auf die Beseitigung eines **Bilanzverlustes** zielenden Kapitalherabsetzung ein „Ertrag aus der Kapitalherabsetzung" im **Gewinnverwendungsteil** der GuV (ergebnisneutral) gesondert auszuweisen (§ 240 Satz 1 AktG). Buchung: per gezeichnetes Kapital an „Ertrag" aus der Kapitalherabsetzung (→ Rz. 34).

32 Der insbesondere bei einer Kapitalherabsetzung zu Rückzahlung notwendige **Gläubigerschutz** ist bei AG und GmbH unterschiedlich geregelt:

- Bei der **AG** erfolgt erst die Anmeldung und Eintragung des Beschlusses. In einer mit Bekanntmachung der Eintragung beginnenden Sechs-Monats-Frist können die Gläubiger Sicherheitsleistung verlangen (§ 225 Abs. 1 AktG).
- Bei der **GmbH** muss zunächst ein dreimaliger Aufruf der Gläubiger in den Gesellschaftsblättern erfolgen. Nach Ablauf eines Jahres seit der dritten Aufforderung der Gläubiger ist die Kapitalherabsetzung zur Handelsregistereintragung anzumelden (§ 58 Abs. 1 Nr. 3 GmbHG). Erst mit der mehr als ein Jahr nach dem Beschluss liegenden Eintragung ins Handelsregister ist in der Bilanz das gezeichnete Kapital anzupassen, also eine Verbindlichkeit oder ein evtl. Ertrag (→ Rz. 31) auszuweisen. Führt die Kapitalherabsetzung und -rückzahlung bei der Gesellschaft zu einem Buchgewinn, ist auch dieser erst mit Eintragung nach Ablauf des Sperrjahres realisiert.

2.7 Vereinfachte Kapitalherabsetzung

33 Eine Kapitalherabsetzung zum Ausgleich von **Verlusten** (§ 229 Abs. 1 AktG, § 58a GmbHG) oder zur (begrenzten) Einstellung in die **Kapitalrücklage** (§ 231 AktG, § 58b Abs. 2 GmbHG) kann unter bestimmten Voraussetzungen in vereinfachter Form, insbesondere mit nur **abgeschwächtem Gläubigerschutz,** erfolgen. Zahlungen an die Gesellschafter dürfen dabei nicht bzw. nicht vor Ablauf von fünf Jahren vorgenommen werden (§ 230 AktG, § 58b GmbHG).

34 In der **Gewinnverwendungsrechnung,** d. h. in der Fortentwicklung der GuV vom Jahresüberschuss zum Bilanzgewinn gem. § 158 Abs. 1 AktG, ist nach dem Posten „Entnahmen aus Gewinnrücklagen" ein **„Ertrag aus Kapitalherabsetzung"** auszuweisen (§ 240 Satz 1 AktG). Mit ihm korrespondierend, aber mit umgekehrtem Vorzeichen, ist der Posten „Einstellung in die Kapitalrücklage nach § 229 Abs. 1 AktG" (oder § 232 AktG bzw. § 237 Abs. 5 AktG) in der Gewinnverwendungsrechnung zu berücksichtigen (§ 240 Abs. 1 Satz 2 AktG).

BEISPIEL ► Die AG hat aus dem Vorjahr einen Verlustvortrag von 50 sowie im laufenden Jahr einen Jahresfehlbetrag von 10. Der Verlust soll durch eine vereinfachte Kapitalherabsetzung ausgeglichen werden. Die Bilanz vor vereinfachter Kapitalherabsetzung ist wie folgt:

Aktiva			Passiva
Div. Vermögen	100	Gez. Kapital	160
		Verlustvortrag aus Vorjahr	-50
		Jahresfehlbetrag	-10
	100		100

Das Grundkapital wird zum Ausgleich der Verluste um 60 herabgesetzt. Die Bilanz nach Kapitalherabsetzung stellt sich wie folgt dar:

Aktiva			Passiva
Div. Vermögen	100	Gez. Kapital	100
		Bilanzgewinn	0
	100		100

Der Bilanzgewinn ist aus dem Jahresfehlbetrag wie folgt zu entwickeln:

Jahresfehlbetrag	-10
Verlustvortrag aus dem Vorjahr	-50
Ertrag aus Kapitalherabsetzung	60
Bilanzgewinn	0

Die vereinfachte Kapitalherabsetzung wird mit der **Handelsregistereintragung** des Beschlusses wirksam (§ 224 AktG, § 54 Abs. 3 GmbHG). Entsprechendes gilt für den Ertrag aus der Kapitalherabsetzung. 35

Nach §§ 234 ff. AktG, § 58e Abs. 1 GmbHG ist jedoch **wahlweise** eine **bilanzielle Rückbeziehung** der vereinfachten Kapitalherabsetzung möglich, wenn 36

- die Gesellschafter den Jahresabschluss feststellen,
- der Feststellungsbeschluss zeitgleich mit dem Herabsetzungsbeschluss gefasst wird,
- der Herabsetzungsbeschluss binnen drei Monaten ins Handelsregister eingetragen wird.

III. Ausstehende Einlagen (Abs. 1 Satz 3)

Sacheinlagen müssen nach § 36a Abs. 2 Satz 1 AktG und § 7 Abs. 2 GmbHG sofort **vollständig,** Bareinlagen dagegen (unter bestimmten Voraussetzungen) nur zum **Teil** sofort erbracht werden (§ 36a Abs. 1 AktG, § 7 Abs. 2 Satz 1 GmbHG). 37

Der noch nicht erbrachte Teil der Bareinlage bildet die **ausstehende Einlage.** Sie kann bei der AG kein Agio umfassen, da dieses stets voll einzuzahlen ist. Die ausstehende Einlage wird bilanzrechtlich zur Forderung, sobald sie vom Vorstand (§ 63 Abs. 1 AktG) bzw. von den Gesellschaftern (§ 46 Nr. 2 GmbHG) eingefordert wird.

In der Behandlung ausstehender Einlagen differenziert Abs. 1 Satz 3 wie folgt: 38

- Der **nicht eingeforderte** Betrag ist vom „gezeichneten Kapital" **offen abzusetzen,** der nach Absetzung verbleibende Betrag als Posten **„eingefordertes Kapital"** in der Hauptspalte der Passivseite auszuweisen.
- Der **eingeforderte,** aber noch nicht eingezahlte Betrag ist unter den **Forderungen** gesondert auszuweisen und entsprechend zu bezeichnen.

BEISPIEL Die X-GmbH hat ein Stammkapital von 100. Hiervon sind zum 31.12.01 70 eingezahlt, 30 ausstehend und noch nicht eingefordert. Zum 31.12.02 ist der ausstehende Betrag eingefordert, zum 31.12.03 erbracht.

	31.12.03	31.12.02	31.12.01	
Passiva				
Gez. Kapital	100	100	100	
Ausstehende, nicht eingeforderte Einlagen			-30	
Eingefordertes Kapital				70
Aktiva				
Eingeforderte ausstehende Einlagen	0	30		0

Der Begriff „Hauptspalte" ist im Gesetz nicht definiert. Fraglich könnte sein, ob folgendes Format mit Summenziehung in einer eigenen Spalte dem Erfordernis des Hauptspaltenausweises des eingeforderten Kapitals entspricht.

		31.12.01	
Passiva			
A. Eigenkapital			
I. Eingefordertes Kapital			
Gez. Kapital	100		
Ausstehende, nicht eingeforderte Einlagen	-30	70	
II. Gewinnrücklagen		40	
III. Jahresüberschuss		90	200

Unseres Erachtens ist eine solche Darstellung gleichwertig gegenüber anderen Darstellungen, die die Summe des Eigenkapitals nicht in einer gesonderten Summenspalte, sondern nach Summenstrich durch typographische Hervorhebung erfassen. Angesichts der Unbestimmtheit des Begriffs „Hauptspalte" ist daher auch die vorstehende Darstellung ordnungsgemäß.

39 **Eingeforderte** Einlagen sind im **Umlauf**vermögen als **Forderungen** auszuweisen, zweckmäßigerweise vor oder nach den „sonstigen Vermögensgegenständen". Soweit die Forderung ein verbundenes Unternehmen oder ein solches, mit dem ein Beteiligungsverhältnis besteht, betrifft, ist ein Davon-Vermerk oder eine Anhangangabe geboten (→ § 265 Rz. 51).

Die eingeforderten Einlagen unterliegen den allgemeinen Bewertungsregeln für Umlaufvermögen. Erforderlichenfalls sind **Wertberichtigungen** zu bilden.

40 Fraglich ist, ob auch **nicht eingeforderte Einlagen** bei Bedarf einer **Wertberichtigung** unterliegen:

- Zur **Rechtslage** vor dem **BilMoG,** die statt der Saldierung mit dem gezeichneten Kapital wahlweise auch einen Bruttoausweis (Aktivierung der nicht eingeforderten ausstehenden Einlage, Verzicht auf Kürzung des gezeichneten Kapitals) zuließ, waren die Auffassungen **uneinheitlich.**[1] Als Argument für eine Wertberichtigung wurde u. a. angeführt, die Nichtberücksichtigung eines bereits vor Einforderung gegebenen Zweifels an der Werthaltigkeit erwecke den unrichtigen Eindruck, dass das gezeichnete Kapital voll gedeckt sei.[2]
- Unseres Erachtens ist jedenfalls **nach BilMoG** eine **Wertberichtigung** der nicht eingeforderten Einlagen **unzulässig.** Eine solche Wertberichtigung widerspräche dem Charakter der eingeforderten Einlagen als Korrekturposten zum Eigenkapital. Zudem würde bei einer „Wertberichtigung" des Korrekturpostens das bilanziell „eingeforderte Kapital" in der Summe nicht mehr zutreffend dargestellt.

BEISPIEL (Fortsetzung aus → Rz. 38)

Bereits zum 31.12.01 bestehen Zweifel an der Zahlungsfähigkeit einiger Gesellschafter.

Die Gesellschaft erwägt daher, eine Wertberichtigung der ausstehenden, noch nicht eingeforderten Einlagen von 30 auf 15.

1 Gegen eine Wertberichtigung z. B. *Hüttemann* in Ulmer (Hrsg.), HGB-Bilanzrecht, 2002, § 272 Anm. 18; dafür Beck'scher Bilanz-Kommentar, 6. Aufl. 2006, § 272 Tz. 15.

2 Vgl. *Kropff*, Münchener Kommentar AktG, § 272 Tz. 22.

Da das gezeichnete Kapital unverändert ist, würde das eingeforderte Kapital mit 85 ausgewiesen werden, obwohl tatsächlich nur 70 eingefordert wurden.

Ein derartiger Ausweis wäre irreführend.

Zweifel an der Werthaltigkeit sollten im Anhang offengelegt werden.

IV. Eigene Anteile (Abs. 1a und Abs. 1b)

1. Fehlende Vermögensgegenstandseigenschaft

Insbesondere an den angelsächsischen Kapitalmärkten haben Aktienrückkaufprogramme eine lange Tradition. Eine solche Maßnahme ist eine flexible Alternative zur Kapitalherabsetzung, weil sie nicht nur weniger Formalien bedarf, sondern auch die Entscheidung offenhält, ob die Herabsetzung von Dauer sein oder über eine nachfolgende Wiederausgabe der erworbenen Aktien das Kapital wieder erhöht werden soll. 41

Der **Parallelität zur formalen Kapitalherabsetzung und -erhöhung** folgend behandelt die angelsächsische Rechnungslegung seit langem

- den **Erwerb** eigener Aktien nicht als die Anschaffung eines Vermögenswerts, sondern als die **Rückzahlung von Eigenkapital** (IAS 32.33, ARB 43), bei der das Eigenkapital i. H. der Anschaffungskosten der eigenen Anteile gekürzt wird,
- die **Wiederausgabe** eigener Aktien wie eine **Kapitalerhöhung,** bei der der erlöste Betrag erfolgsneutral gegen das Eigenkapital zu buchen ist.

Diesem Gedanken zunächst folgend führte schon die Gesetzesbegründung zum Referentenentwurf des BilMoG zu Abs. 1a an: **Wirtschaftlich** betrachtet sei 42

- jeder **Rückkauf** eigener Anteile eine **Kapitalherabsetzung,**
- jede **Wiederausgabe** eine **Kapitalerhöhung.**[1]
- Im Unterschied zur angelsächsischen Rechtslage sei aber „ein den früheren Rückkaufsbetrag übersteigender **Wiederveräußerungserlös erfolgswirksam** als sonstiger betrieblicher Ertrag" bzw. ein ihn unterschreitender Erlös als Aufwand zu erfassen.[2]

Im dritten Punkt führte die Begründung des Referentenentwurfs in die Irre. Ein Veräußerungserfolg kann nur aus dem Abgang von Vermögensgegenständen entstehen, würde also die **Vermögensgegenstandseigenschaft** der eigenen Anteile voraussetzen. Im Schrifttum wird diese Eigenschaft (für die Rechtslage **vor** BilMoG) bejaht. Im Hinblick auf die Möglichkeit der Veräußerung eigener Anteile müsse „ihnen die Eigenschaft **echter Vermögenswerte** zuerkannt werden".[3] Auf die Wortwahl, die impliziert, es gäbe auch „unechtes" Vermögen, außerdem vom Vermögenswert spricht, wo ansonsten das Schrifttum den Unterschied zwischen handelsrechtlichem Vermögensgegenstand und *Asset* (Vermögenswert) so hoch hält, soll es hier nicht ankommen. Wichtiger ist die **inhaltliche** Auseinandersetzung: 43

- Hier ist zunächst auf den **Unterschied** zwischen **eigenen** Anteilen und Anteilen an **anderen** Kapitalgesellschaften hinzuweisen. Eigene Anteile sind weder stimm- noch dividen-

1 Referentenentwurf zum BilMoG, S. 136.
2 Referentenentwurf zum BilMoG, S. 137.
3 *ADS*, 6. Aufl., § 266 Tz. 133.

den- oder liquidationserlösberechtigt (§ 71b AktG mit analoger Geltung für die GmbH[1]). Dies bedeutet: Der **Ertragswert** gehaltener **eigener Anteile ist null.**

- Einen Zufluss an Mitteln kann die Gesellschaft nur in einem Wiederausgabeszenario realisieren. Diese **Wiederausgabe** ist zwar zivilrechtlich eine Veräußerung, stellt aber, wie der Referentenentwurf zu Recht betont, der wirtschaftlichen Substanz nach nichts anderes als eine Kapitalerhöhung dar. Auch aus der Ausgabe **neuer** Aktien werden Mittelzuflüsse erzielt. Der Unterschied besteht nur darin, dass diese zivilrechtlich Emissions- und nicht Veräußerungserlös sind. Auf derartige semantische und formalrechtliche Unterscheidungen kann es in einer bilanzrechtlichen Betrachtung aber nicht ankommen. Es zählt der **wirtschaftliche Gehalt,** hinsichtlich dessen der Veräußerungserlös einem **Emissionserlös** entspricht.

BEISPIEL ► **Emissionserlös:** Die X-AG erwirbt 100 Aktien zu einem Preis von 1.000 € zur Einziehung und begibt zeitnah zum Einziehungszeitpunkt 1.000 neue Aktien zu einem Preis von 1.100 €.

Veräußerungserlös: Die Y-AG erwirbt hingegen 100 Aktien zu einem Preis von 1.000 € und veräußert sie zeitnah zu einem Preis von 1.100 €.

- In beiden Fällen ist das Vermögen um 100 € gemehrt.
- In beiden Fällen ist die gleiche Zahl der Aktien nach der Transaktion im Umlauf.
- In beiden Fällen wird also wirtschaftlich das Gleiche bewirkt. Es wäre daher nicht sachgerecht, die beiden Fälle erfolgsmäßig unterschiedlich zu behandeln.

44 Gegen die Vermögensgegenstandseigenschaft spricht schließlich noch die **Bewertungsfrage.** Als Vermögensgegenstand unterlägen eigene Anteile den Niederstwertvorschriften. Wertminderungen wären als Aufwand zu berücksichtigen, ein bilanzieller Vermögensgegenstand stünde als Gegenkonto aber nicht zur Verfügung.

BEISPIEL ► Die börsennotierte AG erwirbt 100 Anteile mit einem Nennwert von je 1 € zu „Anschaffungskosten" von 500 €. Am Bilanzstichtag notieren die Anteile nur noch mit 300 €.

Der Erwerb ist wie folgt zu buchen:

Per Nennkapital	100	an Geld	500
Per Gewinnrücklagen (→ Rz. 47)	400		

Die Abschreibung müsste mangels eines als Gegenkonto zur Verfügung stehenden Vermögensgegenstands wie folgt gebucht werden:

Per Wertminderungsaufwand	200	an Gewinnrücklagen	200

Die – eine Vermögensgegenstandseigenschaft unterstellt – eingetretene Minderung des Vermögens lässt sich auf diese Weise bilanziell nicht abbilden, da das Aufwandskonto ein Unterkonto der GuV und somit des bilanziellen Eigenkapitals ist. Die Buchung aggregiert somit nur „per Eigenkapital an Eigenkapital", also wird das bilanzielle Eigenkapital gerade nicht vermindert.

45 Aus den genannten Gründen stellen eigene Anteile u. E. daher **keinen Vermögensgegenstand** dar[2] mit der Folge, dass ihre

- Wertminderung und

1 VGH, NJW 95 S. 1027.

2 Gleicher Auffassung *Seidler* in Haufe HGB Bilanz Kommentar, 8. Aufl. 2017, § 272 Rz. 78.

- Wiederausgabe

die GuV nicht berühren.

Die endgültige Fassung des BilMoG folgt dem durch Einfügung eines Abs. 1b. Dieser beseitigt die Widersprüchlichkeit des Referentenentwurfs (→ Rz. 43) und hält fest, dass die Veräußerung (Wiederausgabe) eigener Anteile bis auf eventuelle Nebenkosten der Veräußerung erfolgsneutral zu behandeln ist. Im Einzelnen gilt:

- Die beim Erwerb vorgenommene Minderung des gezeichneten Kapitals ist mit der Wiederausgabe rückgängig zu machen.
- Der Unterschiedsbetrag zwischen dem Nennbetrag (oder bei nennwertlosen Aktien dem rechnerischen Wert) und den ursprünglichen Anschaffungskosten der eigenen Anteile ist mit den frei verfügbaren Rücklagen zu verrechnen.
- Ein die ursprünglichen Anschaffungskosten übersteigender Differenzbetrag aus dem „Verkaufserlös" ist in die Kapitalrücklage gem. Abs. 2 Nr. 1 einzustellen.
- Die Nebenkosten der Veräußerung sind Aufwand des Geschäftsjahres.

2. Voraussetzungen eines wirksamen Erwerbs eigener Anteile

Die gesellschaftsrechtlichen Voraussetzungen für den Erwerb eigener Anteile sind in § 71 AktG und § 33 GmbHG geregelt. Insbesondere ist danach ein Erwerb nur zulässig, wenn die Gesellschaft zum Zeitpunkt des Erwerbs eine Rücklage i. H. der Aufwendungen für den Erwerb bilden könnte, ohne das Grundkapital/Stammkapital oder eine gesetzliche oder satzungsmäßige Rücklage zu mindern, die nicht zur Auszahlung an die Gesellschafter verwendet werden darf: 46

- Diese Voraussetzungen müssen im **Erwerbszeitpunkt,** also dem Zeitpunkt des Vertrags, vorliegen.
- Sind zwar zum Erwerbszeitpunkt entsprechende freie Mittel nicht vorhanden, kann aber spätestens bis zum folgenden Jahresabschlussstichtag mit der Entstehung **gerechnet** werden, so galt der Erwerb nach der h. M. zur alten Rechtslage (vor dem BilMoG) als zulässig. Aufgrund des geänderten Wortlauts des § 71 Abs. 2 Satz 2 AktG ist dem für die neue Rechtslage nicht zu folgen.[1] Auch bei der GmbH ist auf den Erwerbszeitpunkt abzustellen.
- Im umgekehrten Fall, bei Vorhandensein der erforderlichen Mittel am Erwerbsstichtag, aber nicht mehr am nachfolgenden Bilanzstichtag, konnte die nach der Rechtslage vor BilMoG notwendig zu bildende Rücklage für eigene Anteile zum Ausweis oder zur Erhöhung eines **Bilanzverlustes** führen. Ein solcher Ausweis ist auch nach BilMoG gem. § 71 Abs. 2 Satz 2 AktG und § 33 Abs. 2 Satz 1 GmbHG sachgerecht.[2]

Für die Beurteilung, ob es zum Erwerbszeitpunkt ausreichende freie Rücklagen gibt bzw. gab, bedarf es eines „gedanklichen" (aber nicht zwingend eines formellen) Zwischenabschlusses auf den Erwerbszeitpunkt. Bestehen Zweifel an der Zulässigkeit des Erwerbs, etwa weil die Rücklagen zum letzten Stichtag gerade ausreichten, die Ertragslage nach dem Stichtag aber ungünstig verlaufen ist, besteht eine Verpflichtung zur Aufstellung eines Zwischenabschlusses. Wenn das schuldrechtliche Verpflichtungsgeschäft mangels ausreichender Rücklagen nichtig ist, das dingliche Verfügungsgeschäft aber rechtswirksam bleibt, ist eine Rückabwick- 46a

1 Gleicher Auffassung *Seidler* in Haufe HGB Bilanz Kommentar, 8. Aufl. 2017, § 272 Rz. 83 ff.

2 Gleicher Auffassung *Seidler* in Haufe HGB Bilanz Kommentar, 8. Aufl. 2017, § 272 Rz. 83 ff.

lung nach Bereicherungsrecht geboten. Daraus folgt der Ansatz einer Forderung auf Rückzahlung des Kaufpreises sowie einer Verpflichtung zur Rückgabe der Aktien.[1]

3. Verbuchung von Erwerb und Wiederausgabe eigener Anteile

47 Der Erwerb eigener Anteile ist nach Abs. 1a wie folgt zu verbuchen:

- Der **Nennbetrag** der erworbenen Anteile, bei Stückaktien der rechnerische Wert, ist gegen einen offen von diesem abzusetzenden **Korrekturposten** zum gezeichneten Kapital zu buchen.
- Der darüber hinausgehende Teil des Kaufpreises ist mit den **frei verfügbaren Rücklagen** (also insbesondere den anderen Gewinnrücklagen) zu verrechnen.

Weitergehende Aufwendungen, „Anschaffungsnebenkosten“ bzw. **Transaktionskosten** sind abweichend von der internationalen Rechnungslegung nicht gegen das Eigenkapital, sondern erfolgswirksam zu buchen.

BEISPIEL 1 Mio. Aktien mit einem Nennbetrag von 1 Mio. € werden für 10 Mio. € gekauft. Transaktionskosten fallen i. H. von 0,1 Mio. € an. Frei verwendbare Gewinnrücklagen stehen in ausreichendem Maße zur Verfügung.

Buchung:

Per Nennkapital	1,0 Mio.	an	Geld	10,1 Mio.
Per Gewinnrücklagen	9,0 Mio.			
Per Aufwand	0,1 Mio.			

Frei verfügbare Rücklagen i. S. von Abs. 1a und Abs. 1b sind in jedem Fall:

- andere Gewinnrücklagen nach § 266 Abs. 3 A.III.4 HGB sowie
- der auf Abs. 2 Nr. 4 (→ Rz. 70) entfallende Teil der Kapitalrücklage,
- bei einer GmbH auch eine Kapitalrücklage nach § 272 Abs. 2 Nr. 1 bis 3 HGB.

Als für den Erwerb eigener Anteile verwendungsfähig gelten nach DRS 22.31 weiterhin

- **satzungsmäßige Rücklagen,** soweit der Zweck dieser Rücklagen den Erwerb eigener Anteile zulässt,
- der Teil des **Jahresergebnisses,** der nach § 58 Abs. 2 AktG durch Vorstand und Aufsichtsrat oder nach § 58 Abs. 1 AktG durch die Hauptversammlung aufgrund einer Satzungsregelung in andere Gewinnrücklagen eingestellt werden kann oder muss, wobei zuvor eine Kürzung um einen Verlustvortrag oder einen in die gesetzliche Rücklage einzustellenden Betrag vorzunehmen ist (→ Rz. 74).

Im Konzernabschluss ist die Verrechnung des Unterschiedsbetrags zwischen dem Nennbetrag (oder dem rechnerischen Wert) und den Anschaffungskosten eigener Anteile nicht auf die frei verfügbaren Rücklagen beschränkt (DRS 22.30).

Zwei **Besonderheiten** sind im Gesetz förmlich nicht geregelt:[2]

- Die Verrechnung mit den frei verfügbaren Rücklagen endet mit deren Höhe: Im Falle eines **überschießenden** Betrags ist der (Konzern-)Bilanzgewinn oder -verlust damit zu belasten (DRS 22.35). Bei Aktiengesellschaften kann sich dadurch im Falle einer hälftigen

1 Vgl. zum Ganzen *Lüdenbach,* StuB 2022 S. 509.
2 Vgl. *Bruckmeier/Zwirner/Künkele,* DStR 2010 S. 1641.

Inanspruchnahme des Jahresüberschusses der für die Aktionäre nach § 58 Abs. 4 AktG zur Disposition stehende Bilanzgewinn bis auf null reduzieren.[1]

- Die Anschaffungskosten für die eigenen Anteile sind **niedriger** als der Nennbetrag: Verlangt wird die Absetzung des Nennbetrags vom gezeichneten Kapital (Abs. 1a Satz 1). Der (negative) Unterschiedsbetrag – das Mehr der Absetzung gegenüber den Anschaffungskosten – ist nach DRS 22.37 mit der Kapitalrücklage zu verrechnen (Abs. 1a Satz 2). Auch eine Verrechnung mit den anderen Gewinnrücklagen ist u. E. vertretbar.

  Buchungen bei Erwerb von eigenen Anteilen mit einem Nominalwert von 50 T€ für 35 T€:

Per gezeichnetes Kapital	50
An Bank	35
An Kapitalrücklagen	15

Bei der **Wiederausgabe eigener Anteile** ist **korrespondierend** zum Erwerb zu verfahren, wobei gem. DRS 22.39 ein den Nennbetrag übersteigender Veräußerungserlös bis zur Höhe des bei Anschaffung mit den frei verfügbaren **Rücklagen** verrechneten Betrags dort **wieder einzustellen,** ein über die ursprünglichen Anschaffungskosten hinausgehender Betrag der **Kapitalrücklage** nach § 272 Abs. 2 Nr. 1 HGB zuzuführen ist (→ Rz. 43). 48

BEISPIEL (Fortsetzung von Rz. 47)

Die Aktien werden zu 12 Mio. € wieder in Umlauf gebracht:

Per Geld	12 Mio.	an	Nennkapital	1 Mio.
		an	Gewinnrücklagen	9 Mio.
		an	Kapitalrücklage	2 Mio.

Drei **Sonderfälle** sind zu beachten: 49

- Der Veräußerungserlös liegt **unter** dem **Nennbetrag:** Nach DRS 22.41 ist die offene Absetzung vom gezeichneten Kapital rückgängig zu machen und die Differenz von Veräußerungserlös und Nennbetrag mit den frei verfügbaren Rücklagen zu verrechnen.
- Der **Veräußerungserlös** liegt über dem Nennbetrag, aber **unter** den ursprünglichen **„Anschaffungskosten“:** Der Differenzbetrag ist nach den Verhältnissen der beim Erwerb in Anspruch genommenen Rücklagen bei diesen zu berücksichtigen (DRS 22.40).
- Die eigenen Anteile wurden in **mehreren Tranchen** zu unterschiedlichen Zeitpunkten und mit unterschiedlichen Anschaffungskosten erworben und daher in unterschiedlicher Höhe mit frei verfügbaren Rücklagen verrechnet. Werden nun nur Teile des Bestands eigener Anteile veräußert, so gilt nach einer Auffassung: Die Anschaffungskosten des veräußerten Bestands sind mit Durchschnittswerten zu ermitteln und für jeden einzelnen Verkaufsvorgang ist das Verfahren gem. Abs. 1b Satz 1 bis 3 entsprechend anzuwenden. Dem folgt nun auch DRS 22.42 mit der Maßgabe, dass die Anschaffungskosten des veräußerten Bestands mit den durchschnittlichen Anschaffungskosten des Bestands ermittelt werden **dürfen.** Nach der u. E. besser begründeten Gegenansicht[2] kommt es auf die Anschaffungskosten aber zunächst gar nicht an, da Abs. 1b Satz 2 lediglich auf den Differenzbetrag zwischen dem Veräußerungserlös und dem Nennbetrag abstellt; dieser Diffe-

1 Vgl. *Seidler/Thiere,* BB 2019 S. 2091 ff.
2 Vgl. *Oser/Kropp,* Der Konzern 2012 S. 190.

renzbetrag ist so lange in die bei den Erwerben verrechneten frei verfügbaren Rücklagen einzustellen, bis diese vollständig wieder aufgefüllt wurden.

49a **Kleinstkapitalgesellschaften** (→ § 267a Rz. 1) können eine gegenüber der Bilanz von kleinen Kapitalgesellschaften nochmals verkürzte Bilanz aufstellen, in der etwa das Eigenkapital nur insgesamt als ein einheitlicher Posten ausgewiesen wird. Der in § 272 Abs. 1a HGB geforderte offene Absatz der eigenen Anteile vom gezeichneten Kapital in der Vorspalte läuft damit formell ins Leere. Hieraus ist u. E. nicht der Schluss zu ziehen, dass Kleinstkapitalgesellschaften bei Existenz eigener Anteile auf die zusammengefasste Darstellung des Eigenkapitals verzichten müssten. Vielmehr kann die Absetzung der eigenen Anteile vom gesamten Eigenkapital vorgenommen und im Anhang oder unter der Bilanz erläutert werden.

4. Ausschüttungssperrwirkung

50 Soweit die Anschaffungskosten der eigenen Anteile den Nennbetrag übersteigen, ergibt sich ein „Verbrauch" der frei verfügbaren Rücklagen und damit eine Minderung des ausschüttungsfähigen Betrags.

51 Offen ist die Behandlung des **Nennbetrags** der erworbenen Anteile, also des vom gezeichneten Kapital abgesetzten Teilbetrags der Anschaffungskosten. Stehen diesem Abzugsbetrag noch andere Gewinnrücklagen mindestens gleicher Höhe gegenüber, ist fraglich, ob die Gewinnrücklagen insoweit noch zur Ausschüttung zur Verfügung stehen oder als Ausgleich des Abzugsbetrags vom gezeichneten Kapital für Ausschüttungen gesperrt sind:

BEISPIEL[1] Die A-AG hat bei ihrer Gründung vor einigen Jahren 1 Mio. Stückaktien zu je 1 € begeben. Per 31.12.01 stellt sich ihr Eigenkapital wie folgt dar:

- Gezeichnetes Kapital: 1.000 T€
- Gesetzliche Rücklage: 100 T€
- Andere Gewinnrücklagen: 180 T€

Am 30.12.02 erwirbt die A-AG eigene Aktien im Nominalwert von 100 T€ für einen Kaufpreis von 180 T€. Anschaffungsnebenkosten fallen i. H. von 10 T€ an. A erzielt vor Berücksichtigung dieses Vorgangs im Jahr 02 einen Jahresüberschuss von 10 T€.

A plant eine Ausschüttung von 100 T€ für das Jahr 02, die erforderlichenfalls aus der Entnahme von Gewinnrücklagen dotiert werden soll.

Die Buchungen sind zunächst wie folgt:

Per Nennbetrag eigene Anteile	100 T€	an	Geld	190 T€
Per andere GRL	80 T€			
Per Aufwand	10 T€			

Der Jahresüberschuss beträgt nach Berücksichtigung der Transaktionskosten nur noch 0 T€. Die anderen Gewinnrücklagen reduzieren sich von 180 T€ auf 100 T€. Fraglich ist, ob diese 100 T€ zur Ausschüttung zur Verfügung stehen oder wegen des entsprechend hohen Abzugsbetrags vom gezeichneten Kapitel gesperrt sind.

Für eine Ausschüttungssperre könnte die Regelung des § 71 Abs. 2 Satz 2 AktG sprechen. Danach ist der Erwerb eigener Aktien nur zulässig, wenn er voll aus frei verfügbaren Rücklagen dotiert werden kann. Sieht man als **Zweck** dieser Regelung den Kapitalschutz durch Sperrung eines entsprechenden Betrags gegen Ausschüttungen an, erscheint es wenig sachgerecht, so-

1 Beispiel und nachfolgende Ausführungen entnommen aus *Lüdenbach*, StuB 2010 S. 232 ff.

gleich nach Erwerb diesen Schutz nur noch für den den Nominalbetrag der erworbenen Anteile übersteigenden Teil der Anschaffungskosten gelten zu lassen. Ein Teil des Schrifttums hält daher i. H. des Nominalbetrags der erworbenen eigenen Anteile eine **Sperrung** der anderen Gewinnrücklagen für Ausschüttungen für geboten.[1] Dieser Ansicht folgend könnte die A-AG im vorstehenden Beispiel für 02 keine Ausschüttung vornehmen.

Nach **anderer Auffassung**[2] ist die Aufweichung des Kapitalschutzes gegenüber der Rechtslage vor BilMoG hinzunehmen, da der Gesetzgeber hinsichtlich des Nominalbetrags eigener Anteile auf ausschüttungsbegrenzende Regelungen verzichtet hat. Dieser Auffassung folgend könnte die A-AG im vorstehenden Beispiel durch Entnahmen aus Gewinnrücklagen einen Gewinn von maximal 100 T€ für 02 ausschütten.

Für eine **GmbH** stellt sich ein entsprechendes Problem von vornherein nicht, da nach § 30 Abs. 1 Satz 1 GmbHG das ungekürzte Stammkapital (im vorstehenden Beispiel also der Betrag von 1.000 T€ und nicht nur 900 T€) gegenüber Auszahlungen an die Gesellschafter geschützt ist.

5. Darstellung in Anhang und Ergebnisverwendungsrechnung

Über den Bestand an eigenen Aktien sowie im Geschäftsjahr vorgenommene Erwerbe und Veräußerungen eigener Aktien ist bei der AG, SE und KGaA gem. § 160 Abs. 1 Nr. 2 AktG im **Anhang** zu berichten (→ § 284 Rz. 37). Dabei sind u. a. die Zahl der Aktien, der auf sie entfallende Betrag des Grundkapitals, der prozentuale Anteil am Grundkapital sowie die Erwerbs- und Veräußerungspreise anzugeben. 52

Eine mittelbare Angabepflicht besteht insoweit, als der Erwerb oder die Veräußerung eigener Anteile die Kapitalrücklagen verändert bzw. die Gewinnrücklagen vermindert und darüber nach § 152 Abs. 2 und 3 AktG im Anhang (oder wahlweise in der Bilanz) zu berichten ist (→ § 284 Rz. 37).

Im Anhang oder in Fortführung des Jahresüberschusses um eine **Gewinnverwendungsrechnung** sind nach § 158 Abs. 1 AktG u. a. die Entnahmen aus der Kapitalrücklage sowie die Entnahmen und Einstellungen in Gewinnrücklagen darzustellen (→ § 284 Rz. 37). 53

Anders als die „üblichen" Entnahmen führen die durch Erwerb eigener Anteile bedingten jedoch nicht zur Erhöhung des Bilanzgewinns. Unseres Erachtens liegt daher **keine Gewinnverwendung** i. S. von § 158 Abs. 1 AktG vor. Wie bei der Kapitalerhöhung aus Gesellschaftsmitteln (→ Rz. 25) ist daher die Rücklagenbewegung nicht in der Verwendungsrechnung zu zeigen (→ § 268 Rz. 7).

Vertretbar erscheint jedoch auch eine andere Lösung, die den positiven Effekt von Rücklageentnahmen auf den Bilanzgewinn durch einen (nicht ergebniswirksamen) Aufwandsposten ausgleicht:[3]

BEISPIEL 1 Mio. Aktien mit einem Nennbetrag von 1 Mio. € werden im Jahr 01 für 10 Mio. € gekauft und im Jahr 02 für 12 Mio. € verkauft. Das Jahresergebnis beträgt in beiden Perioden 5 Mio. €. Bei Kauf ste-

1 Zum Beispiel *Störk/Kliem/Meyer* in Beck'scher Bilanz-Kommentar, 13. Aufl. 2022, § 272 Tz. 124 ff.

2 Zum Beispiel *Knopff*, ZIP 2009 S. 1141 ff.

3 Bestätigt durch das BMF-Schreiben v. 10.8.2010 – IV C 2 – S 2742/07/10009 [2010/0573786] (DB 2010 S. 1794), wodurch das BMF-Schreiben v. 2.12.1998 – IV C 6 – S 2741 – 12/98 zum alten Handelsrecht aufgehoben wurde.

hen genügend frei verfügbare andere Gewinnrücklagen zu Verfügung. Ergebnisvorträge bestehen nicht. Rücklagenzuführungen sind nicht vorgesehen.

Jahresüberschuss		5,0
Entnahmen aus anderen GRL	+9,0	
„Aufwand" aus Erwerb eigener Anteile	-9,0*	0,0
„Erlös" aus Veräußerung eigener Anteile	11,0*	
Einstellungen in andere GRL	-9,0	
Einstellungen in KapRL	-2,0	0,0
Bilanzgewinn		5,0
* Soweit nicht gegen gezeichnetes Kapital zu verrechnen.		

6. Steuerliche Behandlung eigener Anteile

54 Die fehlende Vermögensgegenstandseigenschaft eigener Anteile (→ Rz. 41) gilt u. E. entsprechend für das Steuerrecht. Eigene Anteile stellen **kein Wirtschaftsgut** dar. Sie können daher weder über Teilwertabschreibungen noch (Nebenkosten vernachlässigt) über Veräußerungsvorgänge zu Aufwand bzw. Ertrag führen.[1]

Das z. T. entgegenstehende Regelungen enthaltene BMF-Schreiben von 1998[2] ist im August 2010 aufgehoben worden,[3] ohne dass zunächst explizite neue Vorschriften erlassen wurden. Ein Teil des Schrifttums bejahte daher abweichend von unserer Auffassung (→ Rz. 54) die Wirtschaftsguteigenschaft eigener Anteile, stellte dann aber die Frage nach der Reichweite des Maßgeblichkeitsgrundsatzes. Überwiegend wurde dessen Anwendbarkeit auf eigene Anteile zunächst bejaht,[4] inzwischen wird sie aber zunehmend angezweifelt.[5] Trotz der (u. E. unzutreffenden → Rz. 41) Annahme, eigene Anteile hätten die Eigenschaft von Wirtschaftsgütern bzw. Vermögensgegenständen, war danach der handelsrechtlichen Bilanzierung auch steuerlich zu folgen.

55 Im November 2013 ist dann ein neues BMF-Schreiben ergangen,[6] das Folgendes festhält: „Auf der Ebene der Gesellschaft folgt die steuerrechtliche Behandlung des Erwerbs eigener Anteile künftig der wirtschaftlichen Betrachtungsweise des Handelsrechts. Danach sind auch in der Steuerbilanz der Erwerb und die Veräußerung eigener Anteile nicht als Anschaffungs- oder Veräußerungsvorgang, sondern wie eine Kapitalherabsetzung oder Kapitalerhöhung zu behandeln."[7] Ebenfalls dem Handelsrecht folgend gilt bzgl. der Nebenkosten: „Die Aufwendungen im Zusammenhang mit dem Erwerb oder der Veräußerung der eigenen Anteile sind als Betriebsausgaben abziehbar, soweit sie angemessen sind."[8] Das Schreiben behandelt außerdem die Auswirkungen von Erwerb und Veräußerung auf das steuerliche Einlagenkonto nach §§ 27 f. KStG sowie die aus unangemessener Preisgestaltung drohende Gefahr der verdeckten

1 Vgl. *Ortmann-Babel/Bolik/Gageur*, DStR 2009 S. 937 ff. sowie *Dörfler/Adrian*, DB 2009, Beilage 5, S. 63 ff.
2 BMF, Schreiben v. 2.12.1998 – IV C 6 – S 2741 –12/98, BStBl I S. 1509 ff.
3 BMF, Schreiben v. 10.8.2010 – IV C 2 – S 2742/07/10009, StuB 2010 S. 636.
4 Vgl. *Köhler*, DB 2011 S. 15 ff., m. w. N.
5 Vgl. etwa *Bachmann/Heckner*, WPg 2016 S. 832 ff.
6 Dazu im Detail: *Blumenberg/Lechner*, DB 2014, S. 141 ff.
7 BMF, Schreiben v. 27.11.2013 – IV C 2 – S 2742/07/10009, Tz. 8.
8 Ebenda, Tz. 18.

Gewinnausschüttung. Schließlich stellt es klar, dass der Erwerb eigener Anteile durch die Gesellschaft für den Gesellschafter ein Veräußerungsgeschäft darstellt.

7. Einziehung von Anteilen gegen Abfindung

Sofern Anteile von Gesellschaftern **gegen Abfindung** eingezogen werden und dabei auf eine förmliche Anpassung des gezeichneten Kapitals durch Kapitalherabsetzung oder Aufstockung des Nominalbetrags der verbleibenden Anteile **verzichtet** wird, ergeben sich die Rechtsfolgen für das Eigenkapital u. E. aus Abs. 1a. Die Begründung hierfür ist: 56

Der eingezogene Anteil bleibt ohne förmliche Kapitalherabsetzung oder Aufstockung des Nominalbetrags der verbleibenden Anteile zunächst bestehen.
Die Einziehung stellt damit einen Erwerb eigener Anteile dar.[1]

Werden Aktien bis zum Stichtag erworben, aber noch nicht eingezogen, erfolgt zunächst (wie in allen Fällen des Erwerbs eigener Aktien) eine Vorspaltenkürzung des gezeichneten Kapitals um den Nominalbetrag der Anteile. Mit Bewirkung der Einziehung in der Folgeperiode entfällt der Vorspaltenausweis.

Zur Einziehung gegen Abfindung wird im Übrigen auf → § 255 Rz. 105 ff. verwiesen.

V. Kapitalrücklage (Abs. 2)

1. Inhalt, Ausweis der Veränderungen

Nicht im gezeichneten Kapital zu erfassende Zahlungen oder Sachleistungen von Gesellschaftern sind in eine Kapitalrücklage einzustellen. Der **informatorische Zweck** der Differenzierung von Kapital- und Gewinnrücklage liegt in der Unterscheidung zwischen Eigenkapitalmehrungen, 57

- die **von außen**, von den **Gesellschaftern**, bewirkt wurden, gegenüber solchen,
- die **innen**, in der **Gesellschaft** selbst, erwirtschaftet wurden.

Für „Kap. & Co."-Gesellschaften ist nach § 264c Abs. 2 Satz 1 HGB (→ § 264c Rz. 18) keine Unterscheidung zwischen Kapital- und Gewinnrücklagen vorgeschrieben. Eingezahlte Beträge werden regelmäßig den Kapitalkonten gutgeschrieben und auf den Rücklagenkonten nur erwirtschaftete Gewinne erfasst. Aber auch eine Trennung des Rücklagenausweises ist bei entsprechender Vertragsgrundlage möglich.

Bei der Kapitalgesellschaft sind als **Kapitalrücklage** nach Abs. 2 Beträge auszuweisen,

1. die bei der Ausgabe von Anteilen einschließlich Bezugsanteilen über den Nennbetrag oder – bei Stückaktien – über den rechnerischen Wert hinaus erzielt werden **(Agien)**,
2. die bei der Ausgabe von Schuldverschreibungen für **Wandlungs-** und **Optionsrechte** zum Erwerb von Anteilen erzielt werden,
3. die Gesellschafter gegen **Gewährung eines Vorzugs** für ihre Anteile leisten, und
4. Beträge **anderer Zuzahlungen**, die Gesellschafter in das Eigenkapital leisten.

Das Gesetz benutzt den Singular, erlaubt also bilanziell einen **zusammenfassenden Ausweis** der einzelnen Komponenten. 58

1 Vgl. *Baumbach/Hueck*, GmbHG, 19. Aufl. 2010, § 33 Tz. 17a/b und § 34 Tz. 20.

Gesellschaftsrechtlich unterliegen die Komponenten aber bei der AG, KGaA und SE unterschiedlichen Verwendungsbeschränkungen bzw. -möglichkeiten, etwa bei einer Kapitalerhöhung aus Gesellschaftsmitteln (→ Rz. 27). Wahlweise im **Anhang** oder in der **Bilanz** ist daher u. E. über die Zusammensetzung der Kapitalrücklage zu informieren. Die h. M. hält eine solche Information zwar für sinnvoll, aber nicht für geboten.[1]

59 **Einstellungen** in die Kapitalrücklage und deren **Auflösung** sind bereits bei der Aufstellung der Bilanz vorzunehmen (§ 270 Abs. 1 Satz 1 HGB) und bei der AG in der Bilanz oder im Anhang anzugeben (§ 152 Abs. 2 AktG).

Die Angabe der **Entnahmen** wird ein zweites Mal in § 158 Abs. 1 AktG, dort mit dem Wahlrecht zwischen Ergebnisverwendungsteil der **GuV** und Anhang, verlangt. Erfolgen diese Angaben in der GuV, die nach § 152 Abs. 2 AktG geforderten Angaben hingegen im Anhang, sind in diesem redundant auch die Entnahmen darzustellen.

Die **GmbH** kann die vorgenannten Regeln **analog** anwenden.

2. Agio aus der Ausgabe von Anteilen (Abs. 2 Nr. 1)

60 Ein bei der Ausgabe von Anteilen vereinbartes **Agio** ist nach Abs. 2 Nr. 1 der Kapitalrücklage zuzuführen. Verpflichten sich die Aktionäre bei der Übernahme von neuen Aktien im Wege einer **schuldrechtlichen** Vereinbarung zur Leistung von Zuzahlungen, sind die dadurch erlangten Beträge ebenso zu behandeln, soweit sie zur Herstellung eines angemessenen Ausgabeverhältnisses erforderlich sind.[2]

Ausgabekosten dürfen nicht von dem Agio abgesetzt werden; sie sind als Aufwand zu behandeln.

3. Zinsvorteil bei Wandel- und Optionsanleihen (Abs. 2 Nr. 2)

61 Eine Wandel- oder Optionsanleihe ist regelmäßig im Vergleich zu einer einfachen Anleihe gleicher Laufzeit mit einem niedrigeren Effektivzins ausgestattet. Der sich so aus Sicht der Gesellschaft ergebende **Zinsvorteil** ist nach Abs. 2 Nr. 2 HGB in die Kapitalrücklage einzustellen. Mangels eigener steuerbilanzieller Regelungen ist dem auch für das Steuerrecht zu folgen.[3] Wird das Wandlungs- bzw. Bezugsrecht ausgeübt und entsteht dabei ein Aufgeld – entweder aus Zuzahlung oder rechnerisch i. H. der Differenz von auszubuchender Verbindlichkeit und Nennwert der zu gewährenden Anteile –, ist auch dieser Betrag in die Kapitalrücklage, jedoch nach Abs. 2 Nr. 1 einzustellen.

62 Die **Berechnung des Zinsvorteils** kann auf zwei Arten erfolgen:

Nach der Restwert- oder **Residualmethode:**

- Ist in einem ersten Schritt der aus der Nichtausübung des Options- oder Wandlungsrechts resultierende Zahlungsstrom mit dem fristen- und risikokongruenten Zins einer einfachen Anleihe zu diskontieren. Der Barwert entspricht der wirtschaftlichen Fremdkapitalkomponente der Anleihe.
- In einem zweiten Schritt wird der Barwert vom Ausgabebetrag abgezogen.
- Die Differenz (der Restwert) ergibt die Eigenkapitalkomponente, d. h. den in die Kapitalrücklage einzustellenden Betrag.

1 Vgl. *Roos*, DStR 2015 S. 842 ff., m. w. N.
2 BayObLG, Beschluss v. 27.2.2002 – 3Z BR 35/02, ZIP 2002 S. 1484.
3 Vgl. dazu BFH, Urteil v. 11.11.2014 – I R 53/13 und BFH, Urteil v. 30.11.2005 – I R 3/04, BStBl 2008 II S. 809.

Nach der Methode der relativen *fair values* **(Verhältnismethode)** wird der Ausgabebetrag im Verhältnis des Zeitwerts einer einfachen Anleihenverbindlichkeit einerseits zu einem Wandlungs- oder Optionsrecht andererseits auf die beiden Komponenten aufgeteilt.

Ausgabekosten dürfen auch nach Abs. 2 Nr. 2 nicht von der Kapitalrücklage abgesetzt werden.

Die **wirtschaftliche Fremdkapitalkomponente** entspricht nicht der zu passivierenden **Verbindlichkeit.** Die Verbindlichkeit ist nach § 253 Abs. 1 HGB mit dem Erfüllungsbetrag anzusetzen. 63

► Die Differenz zwischen wirtschaftlicher Fremdkapitalkomponente und
► der zu passivierenden Verbindlichkeit
► hat Zinscharakter und kann daher nach § 250 Abs. 3 Satz 1 HGB wahlweise als Abgrenzungsposten (Disagio) aktiviert oder sofort als Aufwand behandelt werden.
► Das aktivierte Disagio ist planmäßig über die Laufzeit aufzulösen, bei vorzeitiger Wandlung zum Wandlungszeitpunkt.

Zur Aufteilung des Emissionserlöses auf Eigenkapital, Verbindlichkeit und Disagio sowie zur Fortführung dieser Posten bei 64

► Nichtwandlung (→ Rz. 65),
► Wandlung am Laufzeitende (→ Rz. 65),
► vorzeitiger Wandlung (→ Rz. 66a),
► Rückkauf der Anleihe vom Markt (→ Rz. 66)

die nachfolgenden Beispiele.

BEISPIEL ► Am 1.1.01 begibt A eine Wandelschuldverschreibung zum Ausgabe- und Nominalbetrag von 1.000 €. Die Laufzeit beträgt fünf Jahre, der Zins 3,625 %. Der laufzeit- und risikoäquivalente Zins beläuft sich auf 6 %. Die Anleihe kann zum Laufzeitende (31.12.05) in 100 Aktien mit einem Nominalbetrag von je zwei umgewandelt werden. 65

Zunächst die Aufteilung in Fremd- und Eigenkapital nach der Restwertmethode (→ Rz. 62), verbunden damit die Berechnung des Disagios und die Darstellung seiner planmäßigen Entwicklung:

Zins/Tilgung	Diskontierungsfaktor	Barwert
36,25	0,9434	-34
36,25	0,8900	-32
36,25	0,8396	-30
36,25	0,7921	-29
1.036,25	0,7473	-774
	Fremdkapital	900
	Verbindlichkeit	1.000
	Disagio 1.1.01	100,0
	Auflösung 01	17,8
	Disagio 31.12.01	82,2
	Auflösung 02	18,8
	Disagio 31.12.02	63,4
	Auflösung 03	19,9
	Disagio 31.12.03	43,5
	Auflösung 04	21,1
	Disagio 31.12.04	22,4
	Auflösung 05	22,4
	Disagio 31.12.05	0,0

Die Zugangsbuchung am 1.1.01 ist wie folgt:

Per Geld	1.000	an	Verbindlichkeit	1.000
Per aRAP	100	an	Kapitalrücklage	100

VARIANTE 1 **Kein Zeichner übt sein Wandlungsrecht aus:**
Buchung am 31.12.05 wie folgt:

Per Verbindlichkeit	1.000	an	Geld	1.000

VARIANTE 2 **Alle Zeichner üben ihr Wandlungsrecht am Laufzeitende aus:**
Buchung am 31.12.05 wie folgt:

Per Verbindlichkeit	1.000	an	gez. Kapital	200
		an	Kapitalrücklage	800

66 Wird die Anleihe **vorzeitig zurückgekauft,** entsteht i. H. der Differenz zwischen Fremdkapitalkomponente (Verbindlichkeit abzüglich des fortgeführten Abgrenzungspostens) und Rückkaufspreis ein Erfolg.

BEISPIEL (Fortsetzung)

VARIANTE 3 **Die Anleihe wird per 1.1.04 vom Markt zurückgekauft:**
Der Börsenkurs zum Rückkaufzeitpunkt beträgt 900 €.

Per Verbindlichkeit	1.000	an	Geld	900
		an	aRAP	43,5
		an	Ertrag	56,5

66a Besteht das Wandlungsrecht nicht erst am Ende der Laufzeit, sondern kann der Gläubiger auch auf einen früheren Zeitpunkt wandeln, hat dies Auswirkungen auf die Zuführung zur Kapitalrücklage (und den aktiven Abgrenzungsposten).

BEISPIEL (Fortsetzung aus → Rz. 65)

In Ergänzung des Sachverhalts aus → Rz. 65 sei unterstellt, dass die Gläubiger sofort nach Zeichnung wandeln sowie jederzeit während der Laufzeit wandeln könnten und alle Gläubiger tatsächlich per 31.12.03 wandeln.

Zwei Varianten der bilanziellen Abbildung sind diskussionswürdig:

Alt. 1: Dotierung der Kapitalrücklage und Bildung des aRAP wie im Grundfall. Tatsächliche frühere Wandlung ohne Einfluss auf die Kapitalrücklage, daher aufwandswirksame Auflösung des verbleibenden aRAP im Wandlungszeitpunkt.[1] Die Buchungen wären wie folgt:

Zugangsbuchung am 1.1.01 (wie im Grundfall)

Per Geld	1.000	an	Verbindlichkeit	1.000
Per aRAP	100	an	Kapitalrücklage	100

Buchung per 31.12.03

Per Verbindlichkeit	1.000	an	gez. Kapital	200
		an	Kapitalrücklage	800
Per Aufwand	43,5	an	aRAP	43,5

1 So u. a. *Störk/Kliem/Meyer* in Beck'scher Bilanz-Kommentar, 13. Aufl. 2022, § 272 Tz. 183.

Alt. 2: Dotierung der Kapitalrücklage nur i. H. des Zinsvorteils, der dem Unternehmen sicher ist, d. h. bei sofortiger Wandlungsmöglichkeit gar keine Dotierung:[1]
Zugangsbuchung am 1.1.01

Per Geld	1.000	an	Verbindlichkeit	1.000

Buchung per 31.12.03

Per Verbindlichkeit	1.000	an	gez. Kapital	200
		an	Kapitalrücklage	800

Handelsrechtlich ist eine h. M. nicht erkennbar. Steuerrechtlich spricht sich der BFH für Alt. 2 (Dotierung der Kapitalrücklage nur i. H. des sicheren Zinsvorteils) aus.[2]

Durch **Verbesserung des Umtauschverhältnisses** kann eine (liquiditätsschwache) Gesellschaft versuchen, die Zeichner zur vorzeitigen Umwandlung zu bewegen. Das Handelsrecht enthält keine spezifischen Regeln für diesen Fall. Nach der internationalen Rechnungslegung (IAS 32.AG35 und IAS 32.IE47 ff.) ist wie folgt zu verfahren: 67

- Der **Vorteil** des **Anleiheninhabers** aufgrund der Änderung des Wandlungsverhältnisses stellt einen **Aufwand der Gesellschaft** dar.
- Der Vorteil **berechnet** sich als Produkt von
- Zeitwert (Börsenkurs) der Aktien bei Umwandlung und
- Zahl der Mehraktien, die aufgrund der Verbesserung des Umtauschverhältnisses bei der Wandlung gewährt werden.

Unseres Erachtens ist eine entsprechende Anwendung dieser Regeln in der Handelsbilanz sachgerecht.

BEISPIEL (Fortsetzung)

VARIANTE 5 **Verbesserung des Umtauschverhältnisses:**

Um die Zeichner zu einer vorzeitigen Wandlung zu bewegen, verbessert A das Umtauschverhältnis von 100 auf 120 Aktien. Alle Zeichner üben ihr Wandlungsrecht per 1.1.04 aus. Der Börsenkurs der Aktien zum Umwandlungszeitpunkt beträgt 9 €.

Der Aufwand der Gesellschaft beträgt (120 - 100 Aktien) · 9 € = 20 Aktien · 9 € = 180 €. Zu buchen ist wie folgt:

Per Verbindlichkeit	1.000	an	gez. Kapital	240
		an	Kapitalrücklage	760
Per Aufwand	43,5	an	aRAP	43,5
Per Aufwand	180	an	Kapitalrücklage	180

Nur auf den ersten Blick fällt das Eigenkapital um 180 € höher aus als bei Wandlung auf den gleichen Zeitpunkt zu den ursprünglichen Bedingungen. Dieser Betrag ist zugleich Aufwand in der GuV. Da die GuV ein Unterkonto des Eigenkapitals darstellt, wird die im ersten Buchungssatz gegebene Verbesserung des Eigenkapitals neutralisiert.

Wenn bei der Ausübung des Bezugsrechts aus einer Optionsanleihe ein weiteres **Aufgeld** anfällt, ist dieses in die Kapitalrücklage gem. Abs. 2 Nr. 1 einzustellen. 68

1 So u. a. *Küting/Reuter* in Küting/Pfitzer/Weber (Hrsg.), Handbuch der Rechnungslegung – Einzelabschluss, § 272 Tz. 90.
2 BFH, Urteil v. 11.11.2014 – I R 53/13.

4. Zuzahlung zur Begründung von Vorzugsrechten (Abs. 2 Nr. 3)

69 Abs. 2 Nr. 3 erfasst Zuzahlungen, die zur Begründung von Vorzugsrechten geleistet werden, bei einer GmbH etwa die Zuzahlung eines Gesellschafters, der eine gegenüber seinem Kapitalanteil erhöhte Beteiligung an den Gewinnen erhält (§ 29 Abs. 3 GmbHG).

5. Andere Zuzahlungen, verdeckte Einlagen, Verzicht auf wertgeminderte Gesellschafterforderungen (Abs. 2 Nr. 4)

70 Andere Zuzahlungen nach Abs. 2 Nr. 4 liegen vor, wenn der zuzahlende Gesellschafter keine **Gegenleistung** erhält. Drei Formen sind zu unterscheiden:

- Bare Zuzahlungen, die auch als sog. **Zuschüsse** bezeichnet werden.
- **„Verdeckte" Einlagen von Sachen,** also die (ganz oder teilweise) unentgeltliche Übertragung von Vermögensgegenständen auf die Gesellschaft; hierbei kann es sich um bewegliche und unbewegliche Sachen (Grundstücke, Maschinen, Waren etc.) oder um Rechte (Patente, Lizenzrechte, günstige Dauerschuldverträge) einschließlich der Forderungen gegenüber der Gesellschaft handeln.
- **Verdeckte Einlagen von Aufwendungen** (dazu → § 246 Rz. 6).

71 Der **Begriff der verdeckten Einlage** wird gesellschafts- und bilanzrechtlich in unterschiedlicher Weise angewandt.

Gesellschaftsrechtlich ist die verdeckte Sacheinlage nach der Legaldefinition des § 19 Abs. 4 Satz 1 GmbHG eine Geldeinlage, die „bei wirtschaftlicher Betrachtung und aufgrund einer im Zusammenhang mit der Übernahme der Geldeinlage getroffenen Abrede vollständig oder teilweise als Sacheinlage zu bewerten ist". Angesprochen sind damit Fälle, in denen der Gesellschafter eine Geldeinlage nur scheinbar zur freien Verfügung der Gesellschaft leistet, tatsächlich aber die Gesellschaft die Mittel alsbald verwendet, um dem Gesellschafter etwa Sachanlagen abzukaufen oder ihm gegenüber bestehende Verbindlichkeiten zu tilgen. Fraglich ist in solchen Fällen der untauglichen Umgehung der Sondervorschriften für Sachgründung oder Sachkapitalerhöhung dann, ob die Einlage gänzlich unwirksam ist (so Rechtsstand vor MoMiG) oder der Wert des Vermögensgegenstands im Zeitpunkt der Handelsregisteranmeldung auf die fortbestehende Geldeinlagepflicht angerechnet werden kann (so § 19 Abs. 4 GmbHG i. d. F. MoMiG). Mit dem Gesetz zur Umsetzung der Aktionärsrichtlinie (ARUG) wurde § 27 AktG an § 19 Abs. 4 und 5 GmbHG angepasst.

Steuer- und bilanzrechtlich ist mit der verdeckten Einlage etwas anderes gemeint. Es geht um die durch das Gesellschaftsverhältnis veranlasste Einräumung von Vorteilen durch einen Gesellschafter (ggf. auch einer ihm nahestehenden Person) zugunsten der Gesellschaft. Einschlägig sind etwa folgende Fälle:

- Der Gesellschafter überträgt Vermögensgegenstände (i. d. R. Sachen oder Rechte, daneben z. B. auch Know-how) unentgeltlich oder unter fremdüblichem Preis an die Gesellschaft.
- Der Gesellschafter erwirbt Vermögensgegenstände über fremdüblichem Preis von der Gesellschaft.

Als bilanziell weder offen (→ Rz. 70) noch verdeckt einlagefähig gelten[1] obligatorische Nutzungsrechte gegenüber dem Gesellschafter.

1 BFH, Beschluss v. 26.10.1987 – GrS 2/86, BStBl 1988 II S. 348 ff.

Die Erfassung von Zuzahlungen und verdeckt eingelegten Vermögensgegenständen **(Bilanzierung dem Grunde nach)** ergibt sich aus dem **Vollständigkeitsgebot** des § 246 Abs. 1 HGB. 72

Hinsichtlich der **Gegenbuchung** sowie der **Bewertung** wird im Schrifttum zwischen anderen Zuzahlungen (Zuschüssen) und verdeckten Einlagen unterschieden: Bei **anderen Zuzahlungen** ist nach der h. M.[1] auf den **Willen** des **Gesellschafters** abzustellen:

- **Einstellung in die Kapitalrücklage** nach Abs. 2 Nr. 4 HGB, wenn ein entsprechender Wille des leistenden Gesellschafters erkennbar ist,
- ansonsten **ertragswirksame Vereinnahmung.**

Die h. M. könnte insoweit durch den Wortlaut von Abs. 2 Nr. 4 gedeckt sein, als dort von Leistungen in das Eigenkapital die Rede ist, Leistungen, die nicht willentlich in das Eigenkapital erfolgen, also in einem anderen Topf erfolgen müssen. Eine derartige Interpretation würde den Wortlaut des Gesetzes angesichts des Systemgehalts der Doppik allerdings **überstrapazieren.** Man müsste ihr entgegenhalten, dass der Gesellschafter eine Zuzahlung zwar in die Kasse oder auf ein Bankkonto der Gesellschaft, keinesfalls aber in das Eigenkapital leisten kann. Der Begriff „Leistung in das Eigenkapital" ist somit weit i. S. einer Erhöhung des Eigenkapitals zu interpretieren. Eine solche Erhöhung tritt aber unabhängig davon ein, ob die Einlage über das Eigenkapitalunterkonto „Kapitalrücklage" oder das Eigenkapitalunterkonto „GuV" gebucht wird. Der Wortlaut ist somit unergiebig.

Wichtiger für die Frage, ob eine Alternative zwischen erfolgs**neutraler** und erfolgs**wirksamer** Behandlung besteht, sind systematische Überlegungen: 73

- Hierhin gehört zunächst der Hinweis auf den bilanzrechtlichen **Zweck** der Unterscheidung der Kapitalrücklage gegenüber Gewinnrücklagen, Gewinnvorträgen etc. Dieser liegt darin, die von den **Eigenkapitalgebern** zufließenden Eigenkapitalmehrungen von denen zu unterscheiden, die die **Gesellschaft selbst erwirtschaftet** hat (→ Rz. 57). Diesem Zweck entspricht aus Sicht der Erfolgsrechnung die Differenzierung zwischen Vermögensmehrungen, die Teil des Jahresüberschusses sind, und solchen, die es nicht sind. Das Gesellschaftsrecht folgt dieser Differenzierung, indem es etwa verlangt, „Erträge" aus einer Kapitalherabsetzung in der Gewinnverwendungsrechnung, also **nach** dem Jahresüberschuss, zu berücksichtigen (→ Rz. 34). Es ist kein Grund ersichtlich, warum dies für die unentgeltliche Einziehung von Anteilen, aber nicht für (ganz oder teilweise) unentgeltliche andere Leistungen des Gesellschafters gelten soll.
- Die Annahme eines Gestaltungswahlrechts des Gesellschafters, eine Vermögensmehrung je nach seinen erklärten Absichten über die Erfolgsrechnung der Gesellschaft oder gegen Kapitalrücklagen verbuchen zu lassen, schüfe eine Kategorie **gewillkürter Erträge.** Je nach Absichtserklärung entstünde aus dem gleichen Vorgang ein Erfolg oder kein Erfolg der Gesellschaft. Eine solche Kategorie gewillkürter Erträge ist ansonsten im Bilanzrecht der Kapitalgesellschaften nirgends vorgegeben, würde mithin einen **Fremdkörper** im System darstellen.
- Die **Willkürung** würde überdies **nicht** der **Gesellschaft als Bilanzierungssubjekt,** sondern dem leistenden Gesellschafter (nicht etwa der für die Gesellschaft handelnden Mehrheit der Gesellschaft) überlassen. Bewährte Prinzipien der **Trennung von Gesellschafts- und Gesellschaftersphäre** würden damit aufgegeben.

1 IDW HFA 2/1996 i. d. F. 2013, Abschn. 22; *ADS*, § 272 Tz. 137; *Störk/Kliem/Meyer* in Beck'scher Bilanz-Kommentar, 13. Aufl. 2022, § 272 Tz. 195 f.

74 In allen drei Aspekten erweist sich die Annahme eines Wahlrechts als eine **extreme Form** der von Schrifttum und Standardsettern geschaffenen **Kasuistik,** die sich mit einer prinzipienbasierten Auslegung des HGB nicht verträgt. Die h. M. halten wir daher für nicht sachgerecht. Nach unserer Auffassung hat die GuV i.V. mit der Generalnorm (→ § 264 Rz. 16) den Zweck, über die Ertragsentwicklung des Unternehmens zu informieren. Zu diesem Ertrag gehören zwar auch unregelmäßig anfallende, außerordentliche Erträge (etwa auch aus der Schenkung eines Nichtgesellschafters), jedoch nur insoweit, als es sich um notwendige und nicht um gewillkürte, überdies nicht einmal vom Bilanzierungssubjekt selbst gewillkürte Vermögensmehrungen handelt. Unseres Erachtens besteht daher kein Wahlrecht. Andere Zuzahlungen bzw. verdeckte Einlagen des Gesellschafters sind vielmehr **zwingend gegen die Kapitalrücklage** zu buchen.

75 Soweit die Zuwendung in Form einer **verdeckten Einlage** erfolgt, indem der Gesellschafter einen Vermögensgegenstand unentgeltlich oder jedenfalls (deutlich) unter dem beizulegenden Zeitwert der Gesellschaft überlässt, nimmt das Schrifttum anders als bei erhaltenen Zuzahlungen keine Option zur erfolgswirksamen Vereinnahmung vor. Stattdessen soll aber folgendes **Bewertungswahlrecht** für die un- oder teilentgeltlich überlassene Sache bestehen:

- Erfassung zu „effektiven Anschaffungskosten“, bei Unentgeltlichkeit also zu null, bei Teilentgeltlichkeit zum vereinbarten Preis.
- Erfassung zum beizulegenden **Zeitwert** (Verkehrswert) und Dotierung der Kapitalrücklage i. H. der Differenz zum niedrigeren vereinbarten Preis.[1]

Ein derartiges Wahlrecht halten wir wiederum für nicht sachgerecht:

- Es würde eine **Willkür**bewertung einführen,
- wobei die Bewertungsentscheidung **nicht** einmal autonom vom **Bilanzierungssubjekt** zu treffen wäre, sondern vorgelagert der Gesellschafter durch die Festsetzung eines Betrags die Bewertungsgrenze festlegen würde.

Der EuGH[2] vertritt unter zweifelhaftem Verweis auf Vorsichtsprinzip und Bilanzwahrheit die Auffassung, dass die „effektiven“ Anschaffungskosten maßgeblich sind.[3]

76 Die **steuerrechtliche Behandlung** verdeckter Einlagen ist hier konsequenter: erfolgsneutrale Erfassung der verdeckten Einlage bei der Gesellschaft, Bewertung der (offenen oder verdeckten) Einlage mit dem Teilwert (§ 6 Abs. 5 Abs. 1 Nr. 5 EStG i.V. mit § 8 Abs. 1 KStG).

76a Gewährt in einer **dreistufigen Konstruktion** (Mutter-, Tochter-, Enkelunternehmen) das Mutterunternehmen einen Zuschuss unmittelbar an das Enkelunternehmen, so gilt handelsrechtlich Folgendes:[4]

- Das **Enkelunternehmen** als Zuschussempfänger setzt den Zuschuss aktivisch zum Zeitwert an und dotiert in entsprechender Höhe die Kapitalrücklage. Wahlweise soll bei Sachzuwendungen auch ein Verzicht auf die Aktivierung des „Einlageobjekts“ und damit auch auf die Dotierung der Kapitalrücklage zulässig sein (u. E. aus den unter → Rz. 75 genannten Gründen abzulehnen).

1 Unter anderem *ADS*, § 272 Tz. 132 ff.

2 EuGH, Urteil v. 3.10.2013 – C-322/12 „GIMLE SA“, DStR 2013 S. 6; vgl. *Eggert*, IWB 2014 S. 112.

3 Dazu kritisch: *Hoffmann*, StuB 2014 S. 27 ff.

4 Vgl. im Einzelnen *Roß/Zilch*, BB 2014 S. 1579 ff.

- Die Handelsbilanz des **Tochterunternehmens** ist von dem Vorgang nicht betroffen. In der Steuerbilanz kann unter dem Aspekt der mittelbaren verdeckten Einlage eine Aktivierung als nachträgliche Anschaffungskosten am Enkelunternehmen unter gleichzeitiger Erhöhung des Eigenkapitals beim Tochterunternehmen selbst infrage kommen.[1]
- Das **Mutterunternehmen** aktiviert bei Erhöhung des Werts der Beteiligung am Tochterunternehmen hierauf nachträgliche Anschaffungskosten. Bei fehlender Werterhöhung wird der Zuschuss als Aufwand verbucht.

Besondere Fragen wirft der ohne eine nominelle Kapitalerhöhung einhergehende **Verzicht** eines Gesellschafters auf eine nicht (voll) werthaltige **Forderung** gegen die Gesellschaft auf: 76b

BEISPIEL[2] Die A-AG befindet sich in Schwierigkeiten. Gesellschafter G verzichtet auf eine Forderung gegen die AG i. H. von nominal 1 Mio. €. Der Zeitwert (zugleich Teilwert) der Forderung beträgt noch 0,2 Mio. €. Gemäß der Erlassabrede sollen 1 Mio. € als „andere Zuzahlung" i. S. von § 272 Abs. 2 Nr. 4 HGB in die Kapitalrücklage eingestellt werden.

Steuerbilanziell kann der in der Erlassabrede vorgesehenen Behandlung jedenfalls nicht gefolgt werden. Hier gilt bei Forderungsverzicht:

- In Höhe des werthaltigen Teils (im Beispiel 0,2 Mio. €) liegt eine Einlage vor,
- i. H. des nicht werthaltigen Teils (im Beispiel 0,8 Mio. €) entsteht ein Ertrag.[3]

Zur Begründung führt der BFH § 6 Abs. 1 Nr. 5 EStG an, wonach **Einlagen** (hier durch Schulderlass) mit dem **Teilwert** anzusetzen sind. Ob handels- bzw. gesellschaftsrechtlich Entsprechendes gilt, lässt der BFH ausdrücklich offen.

Gesellschaftsrechtlich kann nach der Rechtsprechung des BGH bei **offenen** Einlagen eine Kapitalaufbringung durch Forderungsverzicht nur i. H. des werthaltigen Teils der Forderung erfolgen.[4] Darüber hinaus gilt allgemein für offene Sacheinlagen: Der Wert der Einlage muss nicht nur den geringsten Ausgabebetrag (§ 9 Abs. 1 AktG), sondern auch das handelsbilanziell in die Kapitalrücklage nach § 272 Abs. 2 Nr. 1 HGB einzustellende **Aufgeld** (§ 9 Abs. 2 AktG) decken. Hätte also im Beispiel G die Forderung im Rahmen einer nominellen Kapitalerhöhung von z. B. 1 T€ eingebracht, so hätte nur durch Begrenzung des Agios auf 199 T€ (und nicht auf 999 T€) eine zu Nachleistungen verpflichtende Differenzhaftung vermieden werden können. Zur Begründung führt der BGH an: Da die Verpflichtung zur Kapitalaufbringung bei der Bareinlage unstrittig auch das Aufgeld umfasse, könne bei der Sacheinlage nichts anderes gelten.

Handelsbilanziell hält das Schrifttum zu verdeckten Sacheinlagen (→ Rz. 72) mehrheitlich fest: Diese dotieren – sofern nicht ein Ertragszuschuss bestimmt ist – als andere Zuzahlung die Kapitalrücklage nach § 272 Abs. 2 Nr. 4 HGB. Soweit das **Einlageobjekt ein Vermögensgegenstand** ist, darf dieser schon wegen des Anschaffungskostenprinzips,[5] ggf. aber auch wegen des gesellschaftsrechtlichen Grundsatzes der realen Kapitalaufbringung,[6] höchstens mit dem Zeitwert angesetzt, somit auch die Kapitalrücklage maximal in dieser Höhe dotiert werden.

1 BFH, Urteil v. 12.12.2000 – VIII R 62/93, BStBl 2001 II S. 234.
2 Beispiel und nachfolgende Ausführungen nach *Lüdenbach*, StuB 2013 S. 864.
3 Vgl. BFH, Beschluss v. 9.6.1997 – GrS 1/94, BStBl 1998 II S. 307.
4 Vgl. BGH, Urteil v. 26.3.1984 – II ZR 14/84, BGHZ 90 S. 370; BGH, Urteil v. 15.1.1990 – II ZR 164/88, BGHZ 110 S. 47 und BGH, Urteil v. 21.2.1994 – II ZR 60/93, BGHZ 125 S. 141.
5 Vgl. u. a. *Küting/Reuter* in Küting/Pfitzer/Weber (Hrsg.), Handbuch der Rechnungslegung – Einzelabschluss, § 272 Tz. 118.
6 Vgl. *ADS*, Rechnungslegung und Prüfung der Unternehmen, 6. Aufl. 1997, § 272 Tz. 135.

Zur (maximalen) Dotierung der Kapitalrücklage bei einer **Einlage durch Forderungsverzicht** finden sich hingegen im Schrifttum kaum Ausführungen. Lediglich das WP Handbuch hält – allerdings unter Verzicht auf jegliche Begründung – fest, bei Verzicht auf eine nicht mehr werthaltige Forderung sei deren Nominalbetrag in die Kapitalrücklage einzustellen.[1] Unseres Erachtens ist dem nicht zu folgen: § 272 Abs. 2 Nr. 4 HGB spricht von „Zuzahlungen", die „in das Eigenkapital geleistet" werden. Eine „Leistung in das Eigenkapital" stellt nichts anderes als eine Einlage dar. Diese setzt zunächst ein werthaltiges Einlageobjekt voraus. Nonvaleurs sind nicht einlagefähig. Überträgt der Gesellschafter ein wertloses Einlageobjekt, so tätigt er keine „Leistung" und keine „Zuzahlung". Überträgt er ein wertgemindertes Einlageobjekt, so liegt nur i. H. des werthaltigen Teils eine Leistung in das Eigenkapital (= Einlage) vor. Nur eine solche Sichtweise führt auch zur einheitlichen Behandlung der Kapitalrücklage: Wenn der BGH (bei einer AG) eine Leistung auf den als Agio festgesetzten „Betrag" (so der Begriff in § 272 Abs. 2 Nr. 1 HGB) nur i. H. des werthaltigen Teils des Einlageobjekts anerkennt, muss u. E. Entsprechendes für den als andere Zuzahlung geleisteten „Betrag" i. S. von § 272 Abs. 2 Nr. 4 HGB gelten.

77 Zur Behandlung anderer Zuzahlungen und verdeckter Einlagen beim Gesellschafter, insbesondere zu der Frage, ob und auf welcher Basis der Beteiligungsansatz zu erhöhen ist, wird auf → § 255 Rz. 167 ff. verwiesen.

6. Gesellschaftsrechtliche Fälle der Zuführung zur Kapitalrücklage

78 Nicht in § 272 HGB, sondern im Gesellschaftsrecht sind besondere Fälle der Zuführungen zur Kapitalrücklage geregelt:

- Beträge aus einer **Kapitalherabsetzung** (§ 231 Satz 1 AktG und § 232 AktG, § 58b Abs. 2 Satz 1 GmbHG und § 58c GmbHG),
- Beträge aus **Einziehung von Aktien** (§ 237 Abs. 5 AktG),
- **Nachschüsse** von Gesellschaftern einer GmbH (§ 42 Abs. 2 Satz 3 GmbHG).

VI. Gewinnrücklagen (Abs. 3 und 4)

1. Inhalt und Ausweis

79 Gewinnrücklagen i. S. von § 266 Abs. 3 A.III HGB enthalten

- neben Beträgen, die im Geschäftsjahr oder in einem früheren Jahr **aus Ergebnisüberschüssen** gebildet worden sind (gesetzliche, satzungsmäßige und andere Gewinnrücklagen nach Abs. 3),
- die unabhängig vom Vorliegen eines Gewinns zu bildende Rücklage für **Anteile an übergeordneten Unternehmen** (Abs. 4).

80 Soweit die Bilanz unter Berücksichtigung der vollständigen oder teilweisen Verwendung des Jahresergebnisses aufgestellt wird (§ 268 Abs. 1 Satz 1 HGB), sind Entnahmen aus und Einstellungen in Gewinnrücklagen bereits **bei Aufstellung der Bilanz** zu berücksichtigen (§ 270 Abs. 2 HGB; → § 268 Rz. 20).

1 Vgl. *IDW* (Hrsg.), WP Handbuch, 15. Aufl. 2017, F. 464.

Bei der Aktiengesellschaft gelten ergänzende Bestimmungen für den Ausweis: 81

- Nach § 152 Abs. 3 AktG sind in **Bilanz oder Anhang** die Beträge zu den einzelnen Posten der Gewinnrücklagen jeweils gesondert anzugeben, die:
- die Hauptversammlung aus dem Bilanzgewinn des Vorjahres eingestellt hat,
- aus dem Jahresüberschuss des Geschäftsjahres eingestellt werden,
- für das Geschäftsjahr entnommen werden.
- Daneben ist nach § 158 Abs. 1 AktG **in GuV oder Anhang** eine Überleitung vom Jahresüberschuss zum Bilanzgewinn vorzunehmen, in der die Entnahmen und Einstellungen in die Gewinnrücklagen gesondert aufzuführen sind (→ § 275 Rz. 128).

2. Gesetzliche Rücklage bei Aktiengesellschaften

Aktiengesellschaften haben so lange **5 %** des um einen Verlustvortrag aus dem Vorjahr gemin- 82
derten Jahresüberschusses in eine gesetzliche Rücklage einzustellen, bis diese und die Kapitalrücklagen nach Abs. 2 Nr. 1 bis 3 zusammen 10 % (oder den in der Satzung bestimmten höheren Teil) des Grundkapitals erreichen (§ 150 Abs. 2 AktG).

Bei der Berechnung der **Bemessungsgrundlage der Zuführung** ist Folgendes zu beachten: 83

- Maßgeblich ist der um einen Verlustvortrag geminderte Jahresüberschuss,
- unbeachtlich demzufolge ein Gewinnvortrag.
- Gewinnabhängige Aufwendungen, etwa für Besserungsscheine oder Aufsichtsratstantiemen, sind dem Jahresüberschuss nicht hinzuzurechnen.
- § 300 AktG enthält jedoch Sonderregelungen für (Teil-)Gewinnabführungsverträge und Beherrschungsverträge.

Entnahmen aus der gesetzlichen Rücklage unterliegen nach § 150 Abs. 3 und 4 AktG hinsicht- 84
lich Höhe und Verwendung Beschränkungen. Die gesetzliche Rücklage und die Kapitalrücklagen nach § 272 Abs. 2 Nr. 1 bis 3 HGB bilden hinsichtlich dieser Beschränkungen eine Einheit. Übersteigt die zuvor 10 % betragende gesetzliche Rücklage nach einer ordentlichen Herabsetzung des Grundkapitals nunmehr diese Grenze, so darf der übersteigende Teilbetrag nicht aus der gesetzlichen Rücklage in die Kapitalrücklagen nach § 272 Abs. 2 Nr. 1 bis 4 HGB umgegliedert werden.[1]

3. Rücklage für Anteile an herrschenden oder mehrheitlich beteiligten Unternehmen

Werden Anteile an einem herrschenden oder mehrheitlich beteiligten Unternehmen aktiviert, 85
ist nach Abs. 4 in gleicher Höhe eine **Rücklage** zu bilden und nach § 266 Abs. 3 A.III HGB als zweiter Posten unter den Gewinnrücklagen auszuweisen. Was herrschende oder mit Mehrheit beteiligte Unternehmen sind, bestimmt sich nach §§ 16, 17 AktG.

Die Anteile an übergeordneten Unternehmen stellen Vermögensgegenstände dar. Fraglich ist, 86
ob die untergeordnete Gesellschaft das **wirtschaftliche Eigentum** (→ § 246 Rz. 221) an ihnen hat. Bezüglich des zivilrechtlichen Eigentums können drei Konstellationen unterschieden werden:[2]

1 Vgl. *Henckel*, StuB 2019 S. 403 ff.
2 Vgl. *Lüdenbach*, StuB 2009 S. 29.

► Erwerb der Anteile **vor Begründung** des Beherrschungs- oder Mehrheitsverhältnisses: Hier ist nicht nur der **dingliche** Erwerb, sondern auch das **obligatorische** Geschäft wirksam. Das übergeordnete Unternehmen kann aber nach § 71d Satz 5 AktG jederzeit die Verschaffung des zivilrechtlichen Eigentums an den Anteilen **verlangen.**

► Erwerb, der nach § 71 Abs. 1 Nr. 1 bis 5, 7 und 8 AktG dem übergeordneten Unternehmen **selbst** gestattet wäre (§ 71d Satz 2 AktG): Auch hier sind **dingliches** und **obligatorisches** Geschäft wirksam, wobei das übergeordnete Unternehmen die Eigentumsverschaffung auch hier **verlangen** kann.

► Nach § 71d AktG **unzulässiger** Erwerb: Dieser bleibt gleichwohl **dinglich wirksam** (§ 71d AktG i.V. mit § 71 Abs. 4 AktG). Nach Bereicherungsrecht wird dem Veräußerer aber die Herausgabe gegen Erstattung des Kaufpreises geschuldet.

87 In allen drei Fällen gilt:

► Das rechtliche Eigentum des bilanzierenden untergeordneten Unternehmens ist durch die **Herausgabepflicht** an das übergeordnete Unternehmen eingeschränkt.

► Überdies dürfen nach § 71d Satz 4 AktG i.V. mit § 71b AktG die **Mitgliedschaftsrechte** aus den Aktien **nicht ausgeübt,** also insbesondere Dividenden nicht bezogen werden.

► Mit dem Eigentum an den Anteilen ist daher

► weder die dauernde Herrschaft

► noch ein Recht auf laufende Nutzungen verbunden.

88 Lediglich **Risiko und Chance der Wertentwicklung** kann bei zulässigem Erwerb bis zur Verschaffung des Eigentums an die Obergesellschaft noch bei der Untergesellschaft bleiben. Ob dies der Fall ist, hängt davon ab, welchen Wert die Obergesellschaft bei Übertragungsverlangen zu ersetzen hat. Nach h. M. ist dies der Verkehrswert im Übertragungszeitpunkt[1], nach Mindermeinung sind es die Anschaffungskosten.[2]

► Bei **unzulässigem** Erwerb liegt das Wertänderungsrisiko beim Veräußerer der Anteile, nicht beim bilanzierenden Unternehmen. Da dieses auch keine Herrschaft über die Anteile und kein Nutzungsrecht an ihnen hat, liegt **kein wirtschaftliches Eigentum** vor. Die Bestimmung des Abs. 4 sowie die Bilanzposten nach § 266 Abs. 2 B.II.3 HGB und Abs. 3 A.III.2 HGB laufen dann ins Leere.

► Bei **zulässigem** Erwerb gilt:

► Soweit man der aktienrechtlichen **Mindermeinung** folgt, fehlt neben Kontrolle und Nutzungsrecht auch das Wertänderungsrisiko. Es liegt **kein wirtschaftliches Eigentum** an den Anteilen vor.

► Bei Zugrundelegung der aktienrechtlich **herrschenden Meinung** wäre abzuwägen, ob der Verbleib von Wertänderungsrisiko- und -chance trotz des Fehlens von Kontrolle und Nutzungsrecht zur Begründung wirtschaftlichen Eigentums ausreicht. Es scheint **vertretbar,** dies zu verneinen, so dass auch dann kein Ansatz der Anteile und keine Bildung einer Gewinnrücklage erfolgen würde.

---

1 So u. a. *Hüffer*, AktG, 7. Aufl., § 71d Tz. 22.

2 So *Zilias/Lanfermann*, WPg 1980 S. 61 ff.

Bejaht man hingegen wirtschaftliches Eigentum bei **zulässigem** Erwerb, sind folgende Regelungen zur **Bildung der Rücklage** zu beachten: 89

Die Bildung erfolgt bereits bei der Aufstellung der Bilanz, und zwar zulasten

- des Ergebnisses oder
- eines vorhandenen Gewinnvortrags oder
- frei verfügbarer Gewinnrücklagen sowie
- des nach Abs. 2 Nr. 4 HGB dotierten Teils der Kapitalrücklage.
- Reichen die so verfügbaren Beträge nicht aus, so ist der fehlende Betrag gleichwohl unter Ausweis eines **Bilanzverlusts** zu dotieren.

Die – nur bei Annahme wirtschaftlichen Eigentums zu bildende – Rücklage ist **aufzulösen,**

- soweit die Anteile veräußert oder eingezogen werden oder
- auf der Aktivseite infolge einer Abschreibung auf den beizulegenden Wert ein niedrigerer Betrag angesetzt wird.
- Wertaufholungen führen zur erneuten Dotierung der Rücklage.
- Die Auflösung der Rücklage sollte spiegelbildlich zu ihrer Bildung vorgenommen werden, d. h. im Normalfall zugunsten jener Rücklagen, aus denen sie dotiert wurden, also bei Bildung über die Ergebnisverwendungsrechnung (Ausweis eines Bilanzverlusts) durch Auflösung ebenfalls über die Ergebnisverwendungsrechnung (Erhöhung eines Bilanzgewinns, Minderung eines Bilanzverlusts).

4. Satzungsmäßige Rücklagen

Sehen Gesellschaftsvertrag oder Satzung die zwingende Bildung von – in ihrer Verwendung ggf. beschränkten – Rücklagen vor, sind die so thesaurierten Beträge als satzungsmäßige Rücklagen auszuweisen. Die Auflösung richtet sich ebenfalls nach Gesellschaftsvertrag oder Satzung. Sind hier keine Beschränkungen vorgesehen, liegt die Auflösung im Ermessen des den Jahresabschluss feststellenden Organs. 90

Nicht in den satzungsmäßigen Rücklagen, sondern als „andere Gewinnrücklagen" sind bei der AG Einstellungen nach § 58 Abs. 2 Satz 2 AktG zu berücksichtigen, zu denen die Satzung Vorstand und Aufsichtsrat ermächtigt, aber nicht verpflichtet.

5. Andere Gewinnrücklagen

Die anderen Gewinnrücklagen sind eine **Restkategorie,** die alle bei Aufstellung der Bilanz oder der Gewinnverteilung gebildeten Gewinnrücklagen berücksichtigt, die zu keiner anderen Gewinnrücklage gehören. In die anderen Gewinnrücklagen ist auch der (nach Abzug evtl. Ertragsteuerbelastungen verbleibende) Eigenkapitalanteil von Wertaufholungen bei Anlage- und Umlaufvermögen nach § 58 Abs. 2a AktG oder § 29 Abs. 4 GmbHG einzustellen. 91

Die **Einstellungen** in andere Gewinnrücklagen sind bereits bei Aufstellung der Bilanz vorzunehmen (→ § 268 Rz. 8). **Rechtsform**abhängig bestehen folgende Besonderheiten: 92

- Bei einer **GmbH** entscheiden die Gesellschafter durch den Gewinnverwendungsbeschluss (§ 29 Abs. 2 GmbHG) darüber, ob Beträge aus dem Jahresüberschuss in die Gewinnrücklage eingestellt werden (→ § 268 Rz. 79).

- Bei der **AG**, deren Jahresabschluss nicht ausnahmsweise von der Hauptversammlung festgestellt wird, können Vorstand und Aufsichtsrat bei Feststellung der Bilanz einen Teil des um die Zuführungen zur gesetzlichen Rücklage und einen Verlustvortrag gekürzten Jahresüberschusses, ohne satzungsmäßige Ermächtigung jedoch höchstens die Hälfte nach § 58 Abs. 2 AktG, in andere Gewinnrücklagen einstellen (→ § 268 Rz. 54). Im Beschluss über die Verwendung des Bilanzgewinns gem. § 58 Abs. 3 AktG kann die Hauptversammlung weitere Beträge einstellen (→ § 268 Rz. 70). Dieser Beschluss führt nicht zur Änderung des festgestellten Jahresabschlusses (§ 174 Abs. 3 AktG), ist aber in der Bilanz des folgenden Jahres anzugeben (§ 152 Abs. 3 Nr. 1 AktG).

Über die **Auflösung** anderer Gewinnrücklagen entscheidet das für die Bilanzfeststellung zuständige Organ.

93 Bei **Unternehmensverträgen** ist die Abführung andere Gewinnrücklagen nur insoweit zulässig, als diese während der Dauer des Vertrags gebildet wurden (§ 301 Satz 2 AktG).

VII. Ausschüttungssperre bei phasengleicher Gewinnvereinnahmung (Abs. 5)

93a Mit dem BilRUG wurde eine zusätzliche **Ausschüttungssperre** in Ergänzung des bereits in § 268 Abs. 8 HGB (→ § 268 Rz. 156) bestehenden Katalogs eingeführt. In eine nicht ausschüttbare Rücklage einzustellen sind danach **phasengleich realisierte Beteiligungserträge**, denen aber weder schon eine vereinnahmte Dividendenzahlung noch ein entstandener Dividendenanspruch gegenübersteht (→ § 252 Rz. 91). Unklar ist, warum die Positionierung in § 272 Abs. 5 HGB erfolgte und keine Zusammenfassung mit den bereits nach § 268 Abs. 8 HGB vorgesehenen Ausschüttungssperren vorgenommen wurde. Umstritten war aber vor allem, ob eine solche Sperre durch Art. 9 Abs. 7 EU-RL 2013 überhaupt zwingend verlangt wird.[1] Das BilRUG löst dieses Problem „salomonisch". Nach Beschlussempfehlung des Rechtsausschusses bedarf es für die Begründung des Zahlungsanspruchs keines **rechtlich** durchsetzbaren Anspruchs. Ausreichend soll sein, wenn eine Vereinnahmung „so gut wie sicher" ist.[2] Mit der Aktivierung einer Forderung auf einen Beteiligungsertrag soll daher auch der Anspruch auf Zahlung – unabhängig von einem noch ausstehenden Gewinnverwendungsbeschluss des Tochterunternehmens – bestehen. Folgt man dieser Auffassung, verbleibt kein relevanter Anwendungsbereich für die (Pflicht-)Rücklage. Die Änderung des Gesetzes bzw. die Umsetzung der Richtlinienvorgabe aus Art. 9 Abs. 7c EU-RL 2013 (→ § 264 Rz. 14a) läuft im Ergebnis daher leer.[3]

VIII. Anteilsbasierte Vergütungen von Arbeitnehmern (Aktienoptionsprogramme)

1. Vergütungsformen und ökonomische Grundlagen

94 Eine Gesellschaft kann ihren Arbeitnehmern (selten auch anderen Dienstleistenden), insbesondere der oberen Managementebene, neben konventionellen Vergütungselementen (Gehalt,

1 Geboten nach AK Bilanzrecht Hochschullehrer Rechtswissenschaft, BB 2014 S. 2733 ff.; a. A. *Haaker*, DB 2015 S. 510 ff.
2 BT-Drucks. 18/5256 v. 17.6.2015 – BilRUG-BE (Fn. 2), 83.
3 Gleicher Auffassung *Oser/Orth/Wirtz*, DB 2015 S. 1729 ff.

Pension, Tantieme) auch **anteilsbasierte** Vergütungen gewähren. Diese treten in drei Grundtypen auf:

- als **reale Aktienoptionen** (*stock* oder *share options*), die den Begünstigten das Recht gewähren, zu einem bestimmten Zeitpunkt oder innerhalb eines bestimmten Zeitraums zu einem vorab bestimmten oder bestimmbaren Preis (Basis- oder Ausübungspreis bzw. Bezugskurs) Anteile am arbeitgebenden Unternehmen zu zeichnen bzw. zu erwerben (→ Rz. 95),
- als anteilsbezogene Wertsteigerungsrechte (**virtuelle Optionen** bzw. *stock appreciation rights*), die den begünstigten Arbeitnehmern einen Barvergütungsanspruch i. H. der positiven Differenz aus dem Kurs der unterliegenden Aktie zum vereinbarten Ausübungszeitpunkt einerseits und vorab vereinbartem Basispreis der Aktien andererseits gewähren (→ Rz. 96),
- als **Mischform,** bei der der Arbeitgeber oder der Arbeitnehmer die Wahl der Erfüllung in Anteilen oder Geld hat.

Im Fall von **realen Aktienoptionen** hat die Gesellschaft die Beschaffung der Aktien zu besorgen, um diese später an die Optionsberechtigten weiterleiten zu können. Dies kann durch 95

- die **Ausgabe neuer Aktien** (Kapitalerhöhung, → Rz. 6) oder
- den **Rückkauf eigener Aktien** am Kapitalmarkt erfolgen (→ Rz. 41).

Im ersten Fall erfahren die Altaktionäre infolge ihres Bezugsrechtsverzichts eine **Verwässerung** ihres Aktienwerts, im zweiten Fall wird bei der Gesellschaft i. H. der Differenz zwischen Bezugskurs und dem zum Bezugszeitpunkt am Markt erzielbaren Preis eine **Vermögensmehrung verhindert.**

Bei anteilsbasierter Vergütung in Form einer virtuellen Aktienoption hat die Gesellschaft eine bare **Zahlungsverpflichtung** gegenüber dem Optionsinhaber. Die Wertentwicklung der Aktien der Gesellschaft ist nur Bewertungsmaßstab der Barvergütung. Zur Ausgabe von Aktien kommt es nicht. 96

Die Gewährung von Aktienoptionen und anteilsorientierten Wertsteigerungsrechten an Mitarbeiter wird – nach hier nicht zu würdigender Auffassung – als probates Mittel zur Abschwächung des *„Principal agent"*-Konflikts angesehen, weil durch die Einbeziehung des Anteilswerts bzw. etwaiger Wertsteigerungen in die Bemessungsgrundlage der Entlohnung des Managements (Agenten) deren Motivationslage und Risikopräferenzen zumindest teilweise an diejenigen der Aktionäre (Prinzipale) angeglichen werden können. Deshalb richten sich entsprechende Vergütungsformen fast ausschließlich an das Management, differenziert nach Hierarchiestufen *(executive stock options)*. 97

2. Behandlung nach IFRS 2

Unabhängig von ihrer Form führt die anteilsbasierte Vergütung an Arbeitnehmer in einem IFRS-Abschluss zu **Personalaufwand** der Gesellschaft.[1] Unterschiede bestehen jedoch im bilanziellen Gegenkonto und in der Bemessung des Aufwands: 98

Bei **realen Aktienoptionen** (→ Rz. 94)

- erfolgt über die Jahre der bis zur Ausübung der Option vereinbarten Wartezeit jeweils eine Buchung **„per Personalaufwand an Eigenkapital"**.

1 Vgl. im Einzelnen *Lüdenbach/Hoffmann/Freiberg*, Haufe IFRS-Kommentar, 16. Aufl. 2018, § 23.

- Die Höhe des insgesamt erfassten Aufwands bemisst sich im Wesentlichen nach dem **Wert** der Option im **Zusagezeitpunkt** *(grant date measurement approach)*.
- Die tatsächliche spätere Wertentwicklung der Aktie (und damit der Option) ist irrelevant, da als zugewendeter **„geldwerter Vorteil" die Option** und nicht der aus Ausübung/Nichtausübung dieser Option tatsächlich dem Arbeitnehmer zufließende Erfolg gilt.

Bei **virtuellen Optionen** (→ Rz. 94)

- erfolgt über die Jahre der bis zur Ausübung der Option vereinbarten Wartezeit jeweils eine Buchung **„per Personalaufwand an Rückstellung"**.
- Die Höhe des insgesamt erfassten Aufwands und der Rückstellung bemisst sich nach der **tatsächlichen Wertentwicklung** der Aktie.
- An sie ist die Rückstellung während der Wartezeit jeweils anzupassen. Zuwendungsobjekt ist der tatsächlich dem Arbeitnehmer zufließende **Geldbetrag.**

99 Anteilsbasierte Vergütungen an Mitarbeiter können zwar auch für **bereits erbrachte** Leistungen erfolgen, in der Praxis werden sie indes zumeist für **künftige** Leistungen gewährt. Demzufolge sind sie an Bedingungen geknüpft: Regelmäßig muss das Dienstverhältnis mindestens während einer Sperr- oder Behaltefrist, des sog. Erdienungszeitraums, aufrechterhalten werden. Der Personalaufwand wird dann mithilfe von Fluktuationsannahmen über den **Erdienungszeitraum** verteilt.

3. Übertragbarkeit der IFRS-Regeln auf das Handelsrecht

3.1 Virtuelle Optionen

100 Seit längerem wird die Übertragbarkeit der internationalen Regeln zur Abbildung von Optionsprogrammen auf die Handelsbilanz diskutiert. Bei den virtuellen Optionsprogrammen (→ Rz. 94) besteht weitgehend Einigkeit über die Adäquanz der IFRS-Regeln (→ Rz. 98) auch für die Handelsbilanz.

101 Die virtuellen Optionen stellen eine besondere, nicht an das Jahresergebnis, sondern an die Kursentwicklung geknüpfte Form der erfolgsabhängigen Vergütung (Tantieme) dar. Wie bei allen Tantiemen ist daher die letztendlich bewirkte Zahlung an die Mitarbeiter als Aufwand zu berücksichtigen, dies selbstverständlich nicht erst im Zahlungszeitpunkt, sondern verteilt über den Erdienungszeitraum, indem in diesem Zeitraum eine Rückstellung aufwandswirksam **angesammelt** wird.

BEISPIEL[1] Ein Unternehmen gewährt seinen Mitarbeitern zum 1.1.01 „virtuelle" Aktienoptionen. Nach einem Zeitraum von drei Jahren wird den Mitarbeitern die Differenz zwischen dem Aktienkurs vom 31.12.03 und dem bei Gewährung gegebenen Aktienkurs von 100 € auf Abruf ausbezahlt. Es werden insgesamt 550.000 virtuelle Aktienoptionen gewährt, wobei angenommen wird, dass unter Berücksichtigung von Fluktuations- und Sterbewahrscheinlichkeiten 500.000 zur Ausübungsberechtigung gelangen. Aufgrund der Aktienkursentwicklung entwickelt sich der Stichtagswert der Optionen wie folgt:

Zeitpunkt	31.12.01	31.12.02	31.12.03
Wert pro virtueller Option	30	33	40
Gesamtwert	15 Mio.	16,5 Mio.	20 Mio.

1 Aus E-DRS 11.

Der Geschäftsvorfall ist wie folgt zu buchen:

31.12.01: Ein Drittel der Sperrfrist ist verstrichen. Dementsprechend ist ein Drittel des aktuellen Gesamtwerts, also 5 Mio. €, zurückzustellen:

Per Aufwand	5 Mio. €	an	Rückstellung	5 Mio. €

31.12.02: Nach dem zweiten Jahr ist die Rückstellung auf zwei Drittel von 16,5 Mio. €, also auf 11 Mio. €, zu erhöhen. Die Zuführung von 6 Mio. € umfasst eine anteilige Zuführung für das aktuelle Jahr von 5,5 Mio. € und eine durch die Wertentwicklung der virtuellen Optionen bedingte „Korrektur" des Vorjahresaufwands von 0,5 Mio.

Per Aufwand	6 Mio. €	an	Rückstellung	6 Mio. €

Entsprechende Korrekturen können auch unter Fluktuationsgesichtspunkten erforderlich sein. Wenn etwa per 31.12.02 die Fluktuationsannahmen reduziert werden, daher nicht mehr mit einer Ausübung von 500.000, sondern 520.000 Optionen gerechnet wird, sind zusätzlich zwei Drittel · 20.000 · 33 € als Aufwand zu buchen.

31.12.03: Im dritten Jahr ist entsprechend zu verfahren. Die Rückstellung entspricht nun (bei unveränderten Fluktuationsannahmen) dem vollen Gesamtwert von 20 Mio. €

Per Aufwand	9 Mio. €	an	Rückstellung	9 Mio. €

In den Folgejahren ist die Rückstellung entsprechend der Inanspruchnahme aufzulösen.

Per Rückstellung		an	Geld	

3.2 Reale Optionen

Die früher eindeutig dominierende Auffassung, reale Optionen dürften nicht als Personalaufwand erfasst werden, mit der Folge, dass bis zum tatsächlichen Vollzug der Aktiengewährung gar nichts zu buchen war, gilt immer noch als vertretbar, aber nicht mehr als zwingend.[1] Eine Änderung ist u. a. dadurch bewirkt worden, dass der DRSC im Jahr 2001 mit dem – später nicht mehr weiterverfolgten – Entwurf E-DRS 11 eine Übertragung der internationalen Regelungen (→ Rz. 98) auch auf reale Optionsprogramme z.T. für zulässig erachtet hat, Einschränkungen aber bei aus eigenen Aktien bedienten realen Optionsprogrammen vorgenommen hat. Der Entwurf diskutiert ausführlich die bilanz- und gesellschaftsrechtlichen Bedenken gegen eine solche Übernahme. In Verbindung mit den vor Verabschiedung von IFRS 2 geäußerten ähnlichen Einwendungen sind die nachstehend behandelten Punkte von besonderer Bedeutung. 102

Zentraler **bilanzrechtlicher** Diskussionspunkt ist die gewöhnungsbedürftige Buchung von nicht zu Ausgaben führenden **(nichtpagatorischen) Aufwendungen** mit der Gegenbuchung im Eigenkapital (per Personalaufwand an Eigenkapital), also eine das Eigenkapital nicht verändernde Buchung. Darauf basierenden Bedenken ist entgegenzuhalten: 103

- Auch wenn die Gesellschaft keine Ausgaben hat, erhält sie über die Arbeitsleistung gleichwohl wirtschaftliche Ressourcen und **verbraucht** diese im Produktionszyklus.
- Vorräte, Sachanlagen und ähnliche Vermögenswerte, die das Unternehmen im Wege der **Sacheinlage** erwirbt, veranlassen ebenfalls zu keinem Zeitpunkt Ausgaben. Gleichwohl führt ihre Inanspruchnahme als Materialaufwand oder Abschreibung zu Aufwand. Über die Totalperiode betrachtet führt auch die Sacheinlage zur nichtpagatorisch fundierten Buchung „per Aufwand an Eigenkapital".

1 Vgl. z. B. WPH, 16. Aufl., Kap. F, Tz. 1295.

Aus bilanzrechtlicher Sicht bestehen daher keine Gründe, die Mitarbeitervergütung durch reale Optionen anders zu behandeln als sonstige Vergütungsformen.

104 **Gesellschaftsrechtliche** Bedenken sind weniger leicht auszuräumen. Vor ihrer Würdigung ist zunächst auf die unterschiedlichen Modi der Bedienung realer Aktienoptionsprogramme einzugehen. Der Gesellschaft stehen nach deutschem Aktienrecht insbesondere zwei Wege zur Verfügung (→ Rz. 95):

► Die **bedingte Kapitalerhöhung,** also die Schaffung junger Aktien. Hierzu ist ein Hauptversammlungsbeschluss nach §§ 192 Abs. 2 Nr. 3 AktG, 193 Abs. 2 Nr. 4 AktG herbeizuführen.

► Der **Aktienrückkauf,** also die Verwendung bereits umlaufender Stücke, der nach § 71 Abs. 1 Nr. 8 AktG ebenfalls eines Hauptversammlungsbeschlusses bedarf.

Beide Beschlüsse erfordern die Definition von **Erfolgszielen.**

105 Bei der Bedienung durch eine **bedingte Kapitalerhöhung** stellt sich die Frage, ob im Vorgriff auf die Gewährung der Aktien eine Einlage der Arbeitsleistung angenommen werden kann. Kritisch wird hier auf die **mangelnde Einlagefähigkeit von Dienstleistungen** gem. § 27 Abs. 2 AktG hingewiesen. Diese Kritik lässt E-DRS 11 nicht gelten. Die Ausgabe von Aktienoptionen sei in **Analogie** zur Bilanzierung von **Optionsanleihen** zu beurteilen (→ Rz. 61). Wie dort nach § 272 Abs. 2 Nr. 2 HGB der Verzicht der Zeichner auf einen bei einfachen Anleihen erzielbaren höheren Zins das Vermögen der Gesellschaft vermehre und daher gegen die Kapitalrücklage zu buchen sei, so vermehrten auch die Arbeitsleistungen, die als Gegenleistung für die Gewährung der Optionen erbracht werden, das Vermögen und seien daher entsprechend zu behandeln.

Dieser Argumentation mag man gesellschaftsrechtlich folgen oder nicht, unzweifelhaft besteht aber **bilanzrechtlich** die vom DRSC angeführte **Analogie.** Wenn der Verzicht des Zeichners einer Optionsanleihe auf die hypothetische Möglichkeit, höhere Zinsen durch eine einfache Anleihe zu erzielen, über die Laufzeit der Optionsanleihe als Aufwand zu buchen ist, sollte der Verzicht des optionsberechtigten Arbeitnehmers, über den Erdienungszeitraum des Optionsplans in entsprechender Höhe bare Mehrvergütungen zu erzielen, ebenfalls als Aufwand berücksichtigungsfähig sein. Fraglich bleibt nur, ob dieser Aufwand gegen die Kapitalrücklage zu buchen ist.

Die **Kapitalrücklage** hat gesellschaftsrechtliche Bedeutung, unterliegt bestimmten Verwendungsbeschränkungen, limitiert die Zuführung zur gesetzlichen Rücklage etc. Weil der bilanzielle Begriff der Kapitalrücklage also zugleich ein gesellschaftsrechtlicher ist, haben die **gesellschaftsrechtlichen Bedenken** auch für die **Bilanzierung** Relevanz. Es stellt sich dann aber die Frage nach dem Vorrang. Die Buchung „per Personalaufwand an Kapitalrücklage" dient der zutreffenden Darstellung der Ertragslage. Soll auf die zutreffende Darstellung verzichtet werden, um gesellschaftsrechtlichen Bedenken Genüge zu tun, oder müssen umgekehrt die gesellschaftsrechtlichen Bedenken hinter dem Gebot der zutreffenden Darstellung der Ertragslage zurücktreten? Eine zwingende Antwort hierauf gibt es u. E. nicht. Gegen einen absoluten Vorrang des Gesellschaftsrechts spricht auch: Das Bilanzrecht definiert in erster Linie, was als (Personal-)Aufwand und damit als Gewinn gilt und damit gesellschaftsrechtlich verwendungsfähig ist. Die Auffassung von E-DRS 11 ist damit jedenfalls vertretbar.

106 Im Übrigen erscheint aber auch die in der Diskussion um reale Aktienoptionen zu beobachtende Fokussierung auf die Kapitalrücklage als Habenkonto des Buchungssatzes nicht zwingend.

In anderen Kontexten, so insbesondere bei der Bilanzierung von Genussrechten mit Eigenkapitalqualität, wird ohne Weiteres die Erweiterung der gesetzlichen Eigenkapitalposten um sonstiges Eigenkapital befürwortet (→ § 246 Rz. 128). Es ist kein Grund ersichtlich, warum dem dann nicht auch bei Aktienoptionen gefolgt werden könnte. Wenn Personalaufwand bilanzrechtlich dem Grunde nach zu bejahen ist (→ § 246 Rz. 4), kann seine Verbuchung nicht an § 272 HGB oder § 266 HGB scheitern. Es wäre dann eben zu buchen: per Personalaufwand an sonstiges Eigenkapital.

Folgt man der in → Rz. 105 begründeten und mit E-DRS 11 abgestimmten Auffassung für aus Kapitalerhöhungen bediente Optionen, bliebe noch die Frage, ob aus eigenen Aktien bediente Optionen entsprechend behandelt werden können. E-DRS 11 verneint dies (für die Rechtslage vor BilMoG). Zur Begründung wird in E-DRS 11 B.19 angeführt: Die Bilanzierung von Aktienoptionen, die durch einen Rückkauf eigener Aktien nach § 71 Abs. 1 Nr. 2 oder 8 AktG bedient werden sollen, hängt entscheidend davon ab, wie der Rückkauf der eigenen Anteile bilanziell erfasst wird. Zwar sei der Rückkauf eigener Anteile wirtschaftlich **gleichbedeutend** mit einer Kapitalrückzahlung an die Aktionäre, die spätere Wiederausgabe mit einer Kapitalerhöhung (→ Rz. 47), das (vor BilMoG) geltende Recht lasse seine Gleichbehandlung jedoch nicht zu, da eigene Aktien als **Vermögensgegenstände** zu werten seien und deshalb zwingend die Differenz zwischen Anschaffungskosten und Ausgabepreis (Bezugskurs bei Mitarbeiteroptionen) **erfolgswirksam** zu behandeln sei. De lege ferenda schlägt der DRS jedoch vor, den Rückkauf von eigenen Anteilen zum Zweck der Mitarbeiterbeteiligung als Kapitalherabsetzung zu buchen, um so die bilanziellen Konsequenzen der Gewährung von Aktienoptionen unabhängig davon zu machen, ob sie durch junge oder zurückerworbene Aktien des Unternehmens bedient werden sollen. 107

Durch das BilMoG ist diese Rechtslage u. E. eingetreten (→ Rz. 45). Die eigenen Anteile stellen keine Vermögensgegenstände mehr dar, sondern ihr Erwerb ist als Kapitalherabsetzung, ihre Ausgabe als Kapitalerhöhung zu buchen.

Über die Behandlung der Optionsgewährung als Personalaufwand ist dann unabhängig vom Modus der Erfüllung des Optionsprogramms zu entscheiden. Unseres Erachtens ist dann folgendes Vorgehen sachgerecht: 108

- Die Gewährung der Optionen führt zu Aufwand, und zwar i. H. des Werts der Optionen im **Zusagezeitpunkt** *(grant date measurement)*.
- Der Aufwand ist über den Erdienungszeitraum zu **verteilen.**
- Der Modus der Erfüllung beeinflusst zwar die Vermögenslage des Unternehmens, in dem sich nur bei der Bedienung durch eigene Aktien i. H. der Differenz zwischen „Anschaffungskosten" und Bezugskursen das Geldvermögen ändert. Der Modus bleibt jedoch ohne Einfluss auf die Ertragslage, also den zu buchenden Aufwand.

BEISPIEL Die A-AG gewährt am 1.1.01 550.000 Optionen zu einem Aktienbezugskurs von 100, ausübbar nach drei Jahren. Der Wert je Option beträgt 30 €. Die Gesellschaft rechnet damit, dass 500.000 Arbeitnehmer das Ausübungsrecht erlangen werden.

Soweit die Fluktuationsannahmen eintreffen, bucht die Gesellschaft in analoger Anwendung von IFRS 2 je Periode per Personalaufwand 5 Mio. € an Eigenkapital. Die tatsächliche Wertentwicklung der Aktie ist unerheblich *(grant date measurement approach)*.

Soweit sich die Fluktuationsannahmen ändern, ist der in den Vorperioden zu hoch oder zu niedrig angesetzte Aufwand „nachzuholen". Nach E-DRS 11 wäre das Ausscheiden eines Arbeitnehmers hingegen immer erst ab Ausscheiden erheblich. Ein bis dahin zeitanteilig gebuchter Aufwand bliebe unkorrigiert.

ALTERNATIVE 1 ▸ **Bedingte Kapitalerhöhung:**

Die Gesellschaft erfüllt am 1.1.04 500.000 Optionen aus einer bedingten Kapitalerhöhung. Der Nennwert je Aktie beträgt 1 €:

Buchung 1.1.04:

Per Geld	50 Mio. €	an	gez. Kapital	0,5 Mio. €
		an	Kapitalrücklage	49,5 Mio. €

ALTERNATIVE 2 ▸ **Eigene Aktien:**

Die Gesellschaft erfüllt aus eigenen Aktien, die sie am 31.12.03 bei einem Kurs von 120 für 60 Mio. € beschafft hat:

Buchung 31.12.03:

Per gez. Kapital	0,5 Mio. €	an	Geld	60 Mio. €
		an	Gewinnrücklagen	59,5 Mio. €

Buchung 1.1.04:

Per Geld	50 Mio. €	an	gez. Kapital	0,5 Mio. €
		an	Gewinnrücklagen	49,5 Mio. €

VERGLEICH DER ALTERNATIVEN ▸ In Alternative 1 ist das Geldvermögen um 10 Mio. € niedriger. Dies entspricht dem niedrigeren Wert der Gewinnrücklage. Dafür ist in Alternative 2 ein Verwässerungseffekt für die Altaktien eingetreten. Bei (theoretisch) gleichbleibender Börsenkapitalisierung vermindert sich der Wert der Altaktien.

4. Steuerbilanzielle Behandlung von Aktienoptionsprogrammen

109 2010 hat das Thema der aktienbasierten Vergütung auch den BFH erreicht.[1] Der Streitfall betraf eine börsennotierte Aktiengesellschaft, die in der wohl üblichen Rechtsgestaltung der bedingten Kapitalerhöhung gem. § 192 Abs. 2 Nr. 3 AktG mit einer Sperrfrist von zwei Jahren *(vesting period)* und einem daran anschließenden zweijährigen Ausübungszeitraum *(exercise period)* leitenden Angestellten Aktienoptionen gewährte. Die AG hat den Wert der Bezugsrechte insgesamt mit 162 T€ ermittelt und den Betrag gleichmäßig auf die Wartezeit von zwei Jahren verteilt. Im ersten Geschäftsjahr wurden 4/24 = 27 T€ als Personalaufwand gegen die Kapitalrücklage gebucht.

110 Der BFH lehnt eine Buchung „per Aufwand an Eigenkapital“ und damit die erfolgswirksame Erfassung ab. Die **Argumente des BFH** sind wie folgt:

- **Keine Analogie zu der Optionsanleihe:** Nach § 272 Abs. 2 Nr. 2 HGB ist in der Kapitalrücklage der von der Gesellschaft bei der Ausgabe von Schuldverschreibungen für Wandlungs- und Optionsrechte zum Aktienerwerb erzielte „Betrag“ auszuweisen (→ Rz. 60 ff.). Der BFH sieht diese Rechtsnorm als nicht anwendbar auf den hier vorliegenden Fall der *stock options* an und stützt sich dabei auf den **Gesetzeswortlaut.** Tatsächlich sind die reinen „Optionen“ durch den Gesetzeswortlaut nicht gedeckt. Mit einem möglichen **Analogieschluss** setzt sich der BFH aber nicht auseinander, obwohl ein solcher nicht aus der Welt wäre (→ Rz. 105). Eine solche Folgerung könnte sich auf den wirtschaftlichen Gehalt einer Wandel- oder Optionsanleihe beziehen. Diese ist wegen der durch die Option zu-

1 BFH, Urteil v. 25.8.2010 – I R 103/09, BStBl 2011 II S. 215.

gunsten des Anleihezeichners eingegangenen **Stillhalterverpflichtung** der Gesellschaft mit einem gegenüber der normalen Anleihe niedrigeren Zins verbunden, der sich finanzmathematisch quantifizieren lässt. Die Gesellschaft erspart sich also Zinsaufwendungen, die im Ergebnis als wirtschaftlicher Vorteil, obwohl keinen Vermögensgegenstand darstellend, möglicherweise als **Einlagepotenzial** qualifiziert werden können. Entsprechend bestätigt der BFH die erfolgsneutrale Einstellung in die Kapitalrücklage in einem anderen Streitfall.[1] Deshalb könnte, jedenfalls aus bilanzrechtlicher Sicht, auch der unterstellte **Gehaltsverzicht** des von dem Aktienoptionsplan umfassten Mitarbeiterstabs aufwandswirksam verbucht werden. Verzicht deshalb, weil die Arbeitnehmer sonst von der Gesellschaft eine entsprechende Vergütung, z. B. durch virtuelle Aktienoptionen (also in bar), erhalten hätten. Einen solchen Gehaltsverzicht kann allerdings der BFH nicht erkennen.

► **Keine Einlage von Dienstleistungen:** Ein gängiges Argument gegen die Erfassung eines Dienstleistungsaufwands aus Mitarbeiteroptionen wird in § 27 Abs. 2 Halbsatz 2 AktG gesehen. Danach sind Verpflichtungen zu **Dienstleistungen** nicht einlagefähig. Der BFH schließt sich diesem gesellschaftsrechtlich orientierten Argument an. Das Gleiche gelte – so der BFH – für steuerliche Zwecke auf der Grundlage des BFH-Beschlusses GrS 2/86[2]. Allerdings zielte die Entscheidung des Großen Senats in die Gegenrichtung: Es sollte durch das Einlageverbot die Entziehung der Besteuerung von Nutzungsleistungen verhindert werden.[3] Der Umkehrschluss müsste lauten: Sofern (wie hier) die Nutzung der Arbeitskraft beim Arbeitnehmer besteuert wird, muss bei der Gesellschaft ein steuerlicher Aufwand entstehen.[4] Wenn man den Hinweis des BFH auf die **Nichteinlagefähigkeit** der Verpflichtung zu Dienstleistungen nach § 27 Abs. 2 Satz 2 AktG als maßgeblich für die Beurteilung der **bilanziellen** Abbildung von Aktienoptionen ansehen will, bleibt immer noch die Frage nach der möglicherweise fehlenden Aufwandserfassung zu beantworten. Pointiert gefragt: Dominiert das Gesellschaftsrecht das Bilanzrecht oder gebührt bei der bilanziellen Abbildung von bestimmten wirtschaftlichen Sachverhalten dem Bilanzrecht der Vorrang? Unseres Erachtens definiert das Bilanzrecht primär, was als Aufwand und damit als Ergebnis auszuweisen ist (→ Rz. 105 sowie → § 246 Rz. 4 und → § 246 Rz. 6).

Für eine steuerlich wirksame Aufwandsverbuchung der Optionsgewährung spricht auch der **Korrespondenzgedanke:** Die gewährten Aktienoptionen sind nach der ständigen BFH-Rechtsprechung als Einkünfte aus nicht selbständiger Arbeit zu besteuern.[5] Diesem Steuersubstrat steht kein entsprechender Gegenposten bei der Gesellschaft gegenüber. Auch die Aktionäre können ihren Verwässerungseffekt nicht als negative Kapitaleinkünfte oder als Werbungskosten bei dieser geltend machen. Im überperiodisch verstandenen Ergebnis erfolgt eine **Doppelbesteuerung** der Arbeitsleistung einerseits und der durch diese beim Unternehmen entstehenden Wertschöpfung andererseits. 111

Hinter der Ablehnung des Buchungssatzes „per Aufwand an Eigenkapital" verbirgt sich die Aussage: **Aufwand** ist nicht **einlegbar.** Dem ist mit drei Argumenten entgegenzutreten: 112

► Unstreitig einlegbar ist als aktiver Rechnungsabgrenzungsposten etwa der Zinsvorteil der Gesellschaft bei einer Optionsanleihe (→ § 250 Rz. 59). Zunächst erwächst der Gesell-

1 BFH, Urteil v. 30.11.2005 – I R 26/04, BFH/NV 2006 S. 616.
2 Beschluss v. 26.10.1987 – GrS 2/86, BStBl 1988 II S. 348.
3 Vgl. *Lochmann*, DB 2010 S. 2763.
4 Vgl. *Herzig/Lochmann*, WPg 2002 S. 330.
5 Unter anderem BFH, Urteil v. 20.11.2008 – VI R 25/05, BStBl 2009 II S. 382.

schaft kein Aufwand. Dieser folgt aber unmittelbar danach durch den **Verbrauch** des aktiven Ausgleichspostens.

- Ebenso unstreitig können Sachwerte eingelegt werden, z. B. Vorratsvermögen oder abnutzbares Anlagevermögen. Im Zeitpunkt der Einlage selbst entsteht der Gesellschaft durch die Buchung „per Anlagevermögen/Vorräte an Kapitalrücklage" (§ 272 Abs. 2 Nr. 4 HGB) kein Aufwand. Unmittelbar oder kurze Zeit später erfolgt daraus ein Aufwand für die Gesellschaft durch Verrechnung von nutzungsbedingten **Abschreibungen** oder **Verbrauch** im Produktionsprozess (→ Rz. 103).
- Mit dem Rechtskonstrukt der **Nutzungs-** bzw. **Aufwands**einlage wird in anderen Fällen die Entstehung von Aufwand durch Einlage anerkannt.[1]

113 Nach der Entscheidung des BFH wird in der Perspektive der **Steuergestaltung** auf alternative Techniken der aktienkursorientierten Vergütung auszuweichen sein, z. B. auf die anteilsbasierte Barvergütung durch die Gesellschaft **(virtuelle Optionen)**. Hier ist eine unbedingte Barzahlungsverpflichtung der Gesellschaft gegeben und damit die Buchung per Personalaufwand an Rückstellung grundsätzlich geboten.

Nach einer Fülle von Schrifttumsbeiträgen[2] gilt: Die virtuellen Optionen sind als eine erfolgsabhängige Vergütung anzusehen, die durch die Kursentwicklung definiert ist. Wie für alle anderen erfolgsabhängigen Vergütungen an Mitarbeiter sind bis zur Erfüllung der Leistungsverpflichtung durch das Unternehmen **Verbindlichkeitsrückstellungen** (→ § 249 Rz. 114) zu bilden. Die Vergütungszusage ist dabei in aller Regel auf künftige Arbeitsleistungen gerichtet, so dass im Zusagezeitpunkt ein nicht bilanzierbares schwebendes Geschäft besteht. Danach ist die Rückstellung entsprechend der dann schon erbrachten Arbeitsleistung (zeitanteilig) aufzubauen.

Der **BFH** hat allerdings auch einer Passivierung von Rückstellungen für **virtuelle Optionen** enge Grenzen gesetzt.[3] Im Urteilsfall war ursprünglich eine reale Option mit Barausgleichsrecht des Unternehmens vereinbart. Noch während des Erdienenszeitraums erklärte das Unternehmen verbindlich, dass es Optionen nicht in Aktien, sondern in bar bedienen würde. Ab diesem Zeitpunkt waren die Optionen als virtuell anzusehen. Der BFH verneint auch für die Stichtage nach diesem Zeitpunkt eine Rückstellung, weil nach den Optionsbedingungen das Recht des Arbeitnehmers nur dann endgültig entstand, wenn einerseits ein **Exit-Ereignis** (Börsengang etc.) und andererseits eine **Kurssteigerung** eintreten würde. Nach Auffassung des BFH gilt: Vor Realisierung dieser Bedingungen ist die Verbindlichkeit des Unternehmens **rechtlich** nicht entstanden. Infrage käme dann nur eine Rückstellung für dem Grunde nach ungewisse Verpflichtungen, die aber nach ständiger Rechtsprechung eine **wirtschaftliche Verursachung** in der Vergangenheit voraussetzt. Hieran soll es fehlen, weil Kursentwicklung und Exit-Eintritt zukünftige Umstände sind. Auch eine hohe Wahrscheinlichkeit für Kurssteigerung und Exit-Eintritt solle daher keine Rückstellung rechtfertigen. Das IDW hat diese restriktive Auslegung der wirtschaftlichen Verursachung und damit die Übernahme dieser Rechtsprechung für die Handelsbilanz zu Recht abgelehnt.[4]

1 Vgl. z. B. BFH, Urteil v. 20.9.1989 – X R 140/87, BStBl 1990 II S. 368: Einlage von AfA.
2 Zum Beispiel *Herzig/Lochmann*, WPg 2002 S. 325; *Bauer/Strand*, BB 2003 S. 895.
3 BFH, Urteil v. 15.3.2017 – I R 11/15.
4 IDW Life 2017 S. 1229 f.

Eine ähnliche Konstellation wie bei virtuellen Optionen ergibt sich bei einer von der **Konzern-Muttergesellschaft** auch für Arbeitnehmer der Tochtergesellschaften ausgegebenen realen Option der aktienbasierten Vergütung. In diesen Fällen belastet die Muttergesellschaft regelmäßig die damit bei ihr entstehenden Aufwendungen der Tochtergesellschaft weiter, d. h., von dieser wird eine Barvergütung erbracht. Sofern diese erst nach der erbrachten Arbeitsleistung erfüllt wird, ist bei dieser ebenfalls ein Erfüllungsrückstand als Verbindlichkeitsrückstellung (→ Rz. 113) zu erfassen. 114

IX. Eigenkapital und sonstige Bilanzierungsfragen bei Umwandlungen

1. Zivilrecht der Umwandlung (UmwG)

Höhe und Zusammensetzung des handelsrechtlichen Eigenkapitals, aber auch die Ansätze des bilanzierten Vermögens können sich durch **Umwandlungen** nach dem UmwG ändern. Zu unterscheiden sind 115

- identitätswahrende **Formwechsel** (§§ 190 ff. UmwG),
- **Verschmelzungen** zur Aufnahme oder Neugründung (§§ 2 ff. UmwG),
- **Spaltungen** zur Aufnahme oder Neugründung (§§ 123 ff. UmwG) mit der Unterscheidung zwischen **Aufspaltungen** (Auflösung des übertragenden Unternehmens), **Abspaltungen** (Übertragung eines Teils des Vermögens gegen Gewährung von Anteilen am übernehmenden Unternehmen an die Gesellschafter des übertragenden Unternehmens) und **Ausgliederungen** (Übertragung eines Teils des Vermögens gegen Gewährung von Anteilen am übernehmenden Unternehmen an das übertragende Unternehmen) sowie
- als **Spezialfälle Vermögensübertragungen** von Kapitalgesellschaften auf die öffentliche Hand oder unter Versicherungsunternehmen (§§ 174 ff. UmwG).

Einzelheiten der Bilanzierung der **allgemeinen Fälle** behandelt für 116

- den Formwechsel: IDW RS HFA 41,
- die Verschmelzung: IDW RS HFA 42,[1]
- die Spaltung: IDW RS HFA 43,
- die Prüfung: IDW PH 9.490.01.

Hierbei geht es u. a. um folgende Fragen:

1. Bilanzierung dem Grunde nach und **Rechnungslegungs-** sowie **Prüfungs**pflicht, wenn der Abschluss der einschlägigen Umwandlungsverträge **vor,** die zur Rechtswirksamkeit erforderliche **Handelsregistereintragung** jedoch erst **nach dem Bilanzstichtag** erfolgt (→ Rz. 116).
2. **Bewertung** der übergegangenen Vermögensgegenstände und Schulden beim übernehmenden Unternehmen (→ Rz. 129).
3. Auswirkungen der Umwandlung auf Höhe und Zusammensetzung des **Eigenkapitals** des übernehmenden (bzw. formgewechselten) Rechtsträgers (→ Rz. 129 und → Rz. 134).
4. Auswirkungen auf die **Bilanzierung der Anteile** am übertragenden und übernehmenden Rechtsträger bei Spaltung und Verschmelzung (→ § 255 Rz. 101 ff.).

1 Dazu ausführlich: *Bilitewski/Roß/Weiser*, WPg 2014 S. 13 (Teil 1) und S. 73 (Teil 2).

2. Steuerrecht der Umwandlung (UmwStG)

117 Die steuerrechtlichen Möglichkeiten und Rechtsfolgen einer Umwandlung sind im Umwandlungssteuergesetz **(UmwStG)** sowie hinsichtlich dessen Anwendung im Umwandlungssteuererlass **(UmwStE)**[1] geregelt. Im Vergleich zum Zivilrecht ergeben sich folgende relevante **Unterschiede:**

- **Umwandlungsmöglichkeiten:** Über die zivilrechtlichen Möglichkeiten von Verschmelzung, Formwechsel und Spaltung (→ Rz. 107) hinaus behandelt das UmwStG **auch** die als **Einzelrechtsnachfolge** vollzogene Einbringung von Betrieben, Teilbetrieben oder Mitunternehmeranteilen (§ 20 UmwStG) bzw. von (mehrheitsvermittelnden) Kapitalgesellschaftsanteilen (§ 21 UmwStG) in Kapitalgesellschaften bzw. Personengesellschaften (§ 24 UmwStG).
- **Bewertungswahlrechte:** Während die Übernehmerin bei zivilrechtlichen Umwandlungen das übertragene Vermögen wahlweise zum Zeitwert oder zum Buchwert der übertragenden Einheit ansetzen kann (§ 24 UmwG), erlaubt das Steuerrecht zusätzlich den Ansatz eines **Zwischenwerts** (§§ 3 Abs. 2, 11 Abs. 3, 20 Abs. 2, 21 Abs. 1 und 24 Abs. 2 UmwStG).
- In der steuerbilanziellen Ausübung des Wahlrechts gibt es keine Bindung an das handelsrechtliche Vorgehen. Es besteht insofern **kein Maßgeblichkeitsgrundsatz.**
- Die **Voraussetzungen** für die Ausübung des steuerlichen Wahlrechts sind jedoch in einigen Fällen **restriktiver** als nach Handelsrecht. So ist bei Aufspaltungen eine Buchwertfortführung nur dann zulässig, wenn sowohl das übergehende als auch das bei der Überträgerin verbleibende Vermögen einen **Teilbetrieb,** Mitunternehmeranteil oder eine 100%ige Beteiligung an einer Kapitalgesellschaft, darstellt (§ 11 Abs. 2 UmwStG).
- **Formwechsel:** Abweichend vom Zivilrecht, das den Formwechsel einer Kapitalgesellschaft in eine Personengesellschaft oder umgekehrt als einen identitätswahrenden Vorgang behandelt (§§ 190 ff. UmwG), liegt nach Steuerrecht wegen des unterschiedlichen Steuerstatuts von Personenunternehmen (Besteuerung der Gesellschafter) und Kapitalgesellschaften (Besteuerung der Körperschaft) auch beim Formwechsel eine **Vermögensübertragung** vor (§§ 9 und 25 UmwStG).

3. Zeitliche Aspekte der Umwandlung, erforderliche Bilanzen

3.1 Erforderliche Bilanzen

3.1.1 Zivilrecht

118 Bei **übertragenden Umwandlungen – also nicht beim Formwechsel,** bei dem zivilrechtlich keine Vermögensübertragung stattfindet (§§ 190 ff. UmwG) – hat der **übertragende Rechtsträger** auf den dem Übertragungsstichtag vorausgehenden Tag eine **Übertragungsbilanz** aufzustellen (§ 17 Abs. 2 UmwG für die Verschmelzung, § 125 UmwG für die Spaltung). Bei Abspaltungen und Ausgliederungen besteht hinsichtlich des Umfangs der Übertragungsbilanz ein Wahlrecht[2] zwischen

- einer **Gesamt**bilanz des übertragenden Rechtsträgers oder

---

1 Vgl. BMF, Schreiben v. 11.11.2011 – IV C 2 – S 1978-b-/08/10001, BStBl S. 1314 (nachfolgend zitiert als UmwStE); vgl. *Ott*, StuB 2012 S. 318.

2 IDW RS HFA 43 Tz. 8 f.

- einer **Teil**bilanz für das übertragene Vermögen und (nur bei Abspaltungen) zusätzlich einer Teilbilanz für das verbleibende Vermögen.

Der Anmeldung der Umwandlung ist nur eine **Bilanz** beizufügen, **keine GuV und kein Anhang.** 118a
Lediglich Wahlpflichtangaben, etwa die Haftungsverhältnisse nach §§ 251 und 268 Abs. 7 HGB, müssen bei Nichteinreichung eines Anhangs in anderer Form (z. B. als Anlage zur Schlussbilanz) beigefügt werden. Die Schlussbilanz unterliegt der Prüfungspflicht nach §§ 316 ff. HGB nur dann, wenn auch der „normale" Jahresabschluss gesetzlich prüfungspflichtig wäre. Die Schlussbilanz bedarf jedoch keiner Prüfung durch den Aufsichtsrat, **keiner Feststellung** und keiner Offenlegung nach § 335 HGB.

Auch wenn der übertragende Rechtsträger durch die Umwandlung erlischt, ist bei der Schlussbilanz i. d. R. die Fortführung der Unternehmenstätigkeit **(Going Concern)** zu unterstellen.[1] Anteile am übernehmenden Rechtsträger sowie **Forderungen und Verbindlichkeiten** gegenüber diesem sind in der Schlussbilanz noch als solche auszuweisen; sie erledigen sich erst mit Eintragung der Umwandlung. Bei der Aufstellung der Schlussbilanz kann jedenfalls im Falle einer geplanten Buchwertfortführung durch den Übernehmenden unter Berufung auf §§ 246 Abs. 3 Satz 2 und 252 Abs. 2 HGB die Ansatz- bzw. Bewertungs**stetigkeit durchbrochen** werden.

Für den schon vor der Umwandlung **existierenden übernehmenden Rechtsträger** stellt die 119
Übernahme einen laufenden Geschäftsvorfall dar; eine Übernahmebilanz hat er nicht aufzustellen.[2] Der Bestand der in der Buchführung des übernehmenden Rechtsträgers als Zugang zu berücksichtigenden Vermögensgegenstände und Schulden wird im Regelfall nach der Schlussbilanz des übertragenden Rechtsträgers bestimmt, auch wenn die Voraussetzungen der Vermögenszuordnung zum übernehmenden Rechtsträger etwa wegen der Nutzung des Rückwirkungswahlrechts (→ Rz. 123) erst später eingetreten sind. Spätestens im ersten Jahresabschluss des übernehmenden Rechtsträgers nach der Eintragung der Verschmelzung in das Handelsregister sind daher die ab Übertragungsstichtag für Rechnung des übernehmenden Rechtsträgers geführten Geschäfte zu erfassen, entweder durch die einzelnen Aufwendungen und Erträge oder als Saldo: „vom übertragenden Rechtsträger für fremde Rechnung erwirtschaftetes Ergebnis" (→ Rz. 126).[3]

Bei Umwandlungen zur **Neugründung**[4] ergibt sich jedoch die Notwendigkeit der Erstellung einer Eröffnungsbilanz, und zwar nach allgemeinen Vorschriften auf den Beginn des Handelsgewerbes (→ § 242 Rz. 5), wobei diese u. E. i. d. R. nicht vor Abschluss des Verschmelzungsvertrags liegen könnte, nach Auffassung des IDW aber gleichwohl im Mengengerüst eine Bindung an die Schlussbilanz des Übertragenden besteht.[5] Großzügiger ist das kommentierende Schrifttum. Es hält eine Erstellung der Eröffnungsbilanz auf den (vertraglich unter Berücksichtigung von Rückwirkungsmöglichkeiten festgelegten → Rz. 123) Umwandlungsstichtag für zulässig.[6]

1 IDW RS HFA 42 Tz. 15.
2 IDW RS HFA 42 Tz. 32.
3 IDW RS HFA 42 Tz. 33.
4 Dazu im Detail *Roos*, StuB 2013 S. 652 ff.
5 IDW RS HFA 42 Tz. 40.
6 So z. B. *Lutter*, UmwG, 4. Aufl., § 24 Tz. 2; *Sagasser/Bula/Brünger*, Umwandlungen, 2002, Tz. K 27; *Widmann/Mayer*, Umwandlungsrecht, § 24 Tz. 225.

3.1.2 Steuerrecht

120 In den Fällen der Umwandlung nach dem Zweiten bis Vierten Teil des UmwStG (**Umwandlung einer Kapitalgesellschaft** auf eine Personengesellschaft oder in eine andere Kapitalgesellschaft) schreibt das Gesetz die Erstellung einer steuerlichen **Übertragungsbilanz** für den übertragenden Rechtsträger vor (§§ 3 Abs. 1, 11 Abs. 1, 15 Abs. 1, 16 UmwStG). Diese dient der **Schlussbesteuerung** des übertragenden Rechtsträgers; in ihr wird außerdem das **Bewertungswahlrecht** (Buchwert, gemeiner Wert oder Zwischenwert → Rz. 131) ausgeübt. Abweichend vom Zivilrecht (→ Rz. 118) ist eine Übertragungsbilanz auch im Falle des **Formwechsels** erforderlich.

Die Übertragungsbilanz ist eine **eigenständige Bilanz** und von der Gewinnermittlung i. S. des § 4 Abs. 1, § 5 Abs. 1 EStG zu unterscheiden. Als Abgabe der steuerlichen Übertragungsbilanz gilt auch die ausdrückliche Erklärung, dass die Steuerbilanz i. S. des § 4 Abs. 1, § 5 Abs. 1 EStG gleichzeitig die steuerliche Übertragungsbilanz (Schlussbilanz) sein soll. In der Erklärung ist zugleich ein konkludent gestellter Antrag auf Buchwertfortführung (→ Rz. 131) zu sehen.[1]

121 Bei **Umwandlung** einer **Personen**- auf eine **Kapital**gesellschaft bzw. **Einlagevorgängen** (Sechster bis Achter Teil des UmwG) wird das **Bewertungswahlrecht** durch die **Übernehmerin** ausgeübt. Eine steuerliche Übertragungsbilanz des übertragenden Rechtsträgers ist daher nicht erforderlich.

122 Für einen schon bestehenden **übernehmenden Rechtsträger** stellt die Übertragung einen **laufenden Geschäftsvorfall** dar; eine Übernahmebilanz ist nicht zu erstellen.[2] Bei Umwandlung zu **Neugründung** entspricht die Schlussbilanz des übertragenden Rechtsträgers der Eröffnungsbilanz des neu gegründeten Unternehmens.

3.2 Rückwirkungsmöglichkeiten

123 **Zivilrechtlich** ist die **Übertragungsbilanz** (→ Rz. 118) auf einen Stichtag aufzustellen, der nicht mehr als **acht Monate** vor der Handelsregisteranmeldung der Umwandlung liegt (§ 17 Abs. 2 Satz 4 UmwG). Dies ermöglicht etwa im Falle kalendergleicher Geschäftsjahre bei Anmeldungen bis zum 31.8. die Verwendung des letzten Jahresabschlusses (bzw. des Bilanzteils dieses Abschlusses) als Übertragungsbilanz. Im „Gesetz zur Abmilderung der Folgen der COVID-19-Pandemie im Zivil-, Insolvenz- und Strafverfahrensrecht" ist diese Frist zivilrechtlich, im Corona-Steuerhilfegesetz steuerrechtlich zunächst für Umwandlungen, die 2020 angemeldet werden, auf zwölf Monate ausgedehnt worden.[3] Nach im September 2020 vorgelegten Referentenentwürfen sollte dies auf Umwandlungen, die in 2021 angemeldet werden, ausgedehnt werden. Wird nicht auf einen Stichtag des Jahresabschlusses abgestellt, ist eine **besondere Übertragungsbilanz** zu erstellen, die jedoch nicht um GuV, Anhang oder Lagebericht erweitert werden muss. Diese besondere Bilanz ist weder festzustellen noch offenzulegen. Prüfungspflichtig ist sie nur, wenn die Kapitalgesellschaft (oder KapCo) nicht klein i. S. von § 267 HGB ist (→ § 267 Rz. 14).[4]

---

1 UmwStE Rn. 03.01.
2 Vgl. *Forst/Schaaf* in Prinz/Kanzler (Hrsg.), NWB Praxishandbuch Bilanzsteuerrecht, 2012, Tz. 1833 ff.
3 Vgl. *Prinz*, StuB 2020 S. 445.
4 IDW PH 9.950.4.

Das **Steuerrecht** eröffnet (nur für Zwecke der Besteuerung von Ertrag und Vermögen, also z. B. nicht für die Umsatzsteuer) entsprechende Rückwirkungsmöglichkeiten bzw. knüpft z.T. an das Handelsrecht an: 124

- Im Falle der übertragenden Umwandlung nach dem Zweiten bis Vierten Teil des UmwStG (Umwandlung von **Kapital-** auf **Personen**gesellschaft oder **andere** Kapitalgesellschaft) bestimmt der Stichtag der handelsrechtlichen Übertragungsbilanz zugleich den steuerlichen Übertragungsstichtag (§ 2 Abs. 1 UmwStG).
- Mangels eines handelsrechtlichen Übertragungsvorgangs enthält § 9 Abs. 3 UmwStG für den **Formwechsel** eine eigenständige steuerliche Rückwirkungsoption (von ebenfalls acht Monaten).
- Das handelsrechtliche Vorgehen ist auch bei **Sacheinlage** im Wege der **Gesamtrechtsnachfolge** maßgeblich (§ 20 Abs. 5 und 6 und § 24 Abs. 4 UmwStG).
- Im Fall der **Sacheinlage** durch **Einzelrechtsnachfolge** besteht ein eigenständiges steuerrechtliches Rückbeziehungsrecht von acht Monaten nur für Einlagen in eine Kapitalgesellschaft (§ 20 Abs. 6 UmwStG).
- Die vorgenannten acht Monate sind coronabedingt durch das Steuerhilfegesetz auf zwölf Monate ausgedehnt worden (→ Rz. 123)

Zum Ganzen folgendes Beispiel: 125

BEISPIEL Eine AG wird auf eine KG im Wege der Neugründung verschmolzen.

Zivilrechtlicher Verschmelzungsstichtag ist der 1.1.02. Die Handelsregisteranmeldung erfolgt im August 03. Die Eintragung in das Register im September 03.

BEURTEILUNG 1. Zivilrecht:

Übertragungsbilanz der AG auf den 31.12.01
Eröffnungsbilanz der KG auf den 1.1.01

2. Steuerrecht:

Übertragungsbilanz der AG auf den 31.12.01
Eröffnungsbilanz der KG auf den 31.12.01

3.3 Vermögens- und Erfolgszuordnung zwischen Umwandlungsstichtag und Eintragung der Umwandlung

Erfolgt die **Handelsregistereintragung** der Umwandlung **nach** dem Bilanzstichtag, liegen Umwandlungsbeschluss und Umwandlungsstichtag aber **davor,** ist in **Verschmelzungs-** und **Spaltungsfällen** die Vermögens- und Erfolgszuordnung zum Bilanzstichtag von Interesse. Hierbei ist auf das **wirtschaftliche Eigentum** (→ § 246 Rz. 179) abzustellen. Es geht unter den folgenden, kumulativ zu erfüllenden Voraussetzungen bereits **vor** der Handelsregistereintragung auf den übernehmenden Rechtsträger über: 126

- Bis zum Bilanzstichtag muss ein Umwandlungsvertrag **formwirksam** abgeschlossen sein und es müssen die notwendigen Gesellschafterbeschlüsse vorliegen.
- Der in den Verträgen vereinbarte **Umwandlungs**stichtag (d. h. der Tag, ab dem die Handlungen des übertragenden Rechtsträgers als für Rechnung des übernehmenden Rechtsträgers vorgenommen gelten; § 5 Abs. 1 Nr. 6 UmwG, § 126 Abs. 1 Nr. 6 UmwG) liegt **vor** dem Bilanzstichtag oder fällt mit diesem zusammen.

- Die Umwandlung muss im **Aufstellungszeitraum** des Jahresabschlusses *in das Handelsregister eingetragen* sein oder es muss mit an Sicherheit grenzender Wahrscheinlichkeit von der Eintragung ausgegangen werden können.
- Es muss faktisch oder durch eine entsprechende Regelung im Umwandlungsvertrag sichergestellt sein, dass der übertragende Rechtsträger nur im Rahmen eines ordnungsmäßigen Geschäftsgangs oder mit Einwilligung des übernehmenden Rechtsträgers über die Vermögensgegenstände **verfügen** kann.

Ähnlich hat der BFH im Falle einer **Ausgliederung** entschieden.[1] Hier ist das wirtschaftliche Eigentum am ausgegliederten Vermögen zum vereinbarten Übernahmestichtag auf die neu gegründete Übernehmerin übergegangen. Die Eintragung der Übernehmerin (GmbH) im Handelsregister war zu diesem Zeitpunkt noch nicht erfolgt. Der Status der **Vorgesellschaft** (→ § 242 Rz. 7) hat die Zurechnung des wirtschaftlichen Eigentums nicht verhindert, obwohl „theoretisch" noch ein Widerruf des Spaltungsbeschlusses hätte erfolgen können. Dies sei jedoch – so der BFH – unwahrscheinlich gewesen; vielmehr sei auf den „regulären Verkauf der Dinge abzustellen".

Bei Erfüllung aller Voraussetzungen hat das **übernehmende** Unternehmen übernommene Vermögensgegenstände und (in Änderung zu IDW HFA 2/97) auch Schulden zum Bilanzstichtag bereits auszuweisen und die darauf zwischen Umwandlungsstichtag (nicht erst dem Zeitpunkt des Vertragsschlusses und Übergangs des wirtschaftlichen Eigentums) und Bilanzstichtag angefallenen Aufwendungen und Erträge zu erfassen. Beim übertragenden Rechtsträger entstehen insoweit keine Aufwendungen und Erträge mehr. Der übernehmende Rechtsträger kann die ihm wirtschaftlich zuzurechnenden Erträge und Aufwendungen als Saldo ausweisen (→ Rz. 119). Zulässig ist aber auch folgende Differenzierung: Zwischen Umwandlungsstichtag und Übergang des wirtschaftlichen Eigentums (i. d. R. Vertragsschluss) entstehende Erfolge werden als Saldo für fremde Rechnung, danach bis zur Eintragung entstehende unsaldiert als eigene Aufwendungen und Erträge ausgewiesen.[2]

127 **Steuerrechtlich** sind das Einkommen und das Vermögen der übertragenden Körperschaft sowie des übernehmenden Rechtsträgers in jedem Fall so zu ermitteln, als ob das Vermögen der übertragenden Körperschaft mit Ablauf des steuerlichen Übertragungsstichtags ganz oder teilweise auf den übernehmenden Rechtsträger übergegangen wäre (§ 2 Abs. 1 UmwStG). Hieraus folgt u. a.:

- Bei **Verschmelzung** werden Liefer- und Leistungsbeziehungen zwischen dem übertragenden und dem übernehmenden Rechtsträger im Rückwirkungszeitraum für ertragsteuerliche Zwecke nicht berücksichtigt.[3]
- In den Fällen der **Spaltung** hat die Zuordnung von Aufwendungen und Erträgen im Rückwirkungszeitraum zum übertragenden Rechtsträger und zum übernehmenden Rechtsträger oder zu den übernehmenden Rechtsträgern nach wirtschaftlichen Zusammenhängen zu erfolgen. Die Rückwirkungsfiktion führt hierbei jedoch nicht dazu, dass im Verhältnis zwischen dem übertragenden und dem übernehmenden Rechtsträger oder zwischen den übernehmenden Rechtsträgern Liefer- und Leistungsbeziehungen fingiert werden.[4]

1 BFH, Urteil v. 12.12.2012 – I R 28/11, DStR 2013 S. 575, mit Anm. *Hoffmann*.
2 Vgl. *Bilitewski/Roß/Weiser*, WPg 2014 S. 13 ff.
3 UmwStE Rn. 02.13.
4 UmwStE Rn. 02.17.

- Im Rückwirkungszeitraum gezahlte Vergütungen für die Tätigkeit im Dienst der Gesellschaft, für die Hingabe von Darlehen oder für die Überlassung von Wirtschaftsgütern an Anteilseigner, die **Mitunternehmer** der übernehmenden Personengesellschaft werden, sind dem Gewinnanteil der jeweiligen Mitunternehmer der übernehmenden Personengesellschaft in voller Höhe hinzuzurechnen (§ 15 Abs. 1 Satz 1 Nr. 2 Halbsatz 2 EStG).[1]

Die Rückwirkungsfiktion des § 2 Abs. 1 UmwStG betrifft nur den übertragenden sowie den übernehmenden Rechtsträger, nicht den **Anteilseigner** der übertragenden Körperschaft, sofern er nicht auch der übernehmende Rechtsträger ist. Bei einer Personengesellschaft als übernehmender Rechtsträger gilt darüber hinaus nach § 2 Abs. 2 UmwStG die Rückwirkungsfiktion auch für die Gesellschafter der übernehmenden Personengesellschaft.[2]

- **Besondere Regelungen** bestehen für **Gesellschafterwechsel** im Rückwirkungszeitraum (ausscheidende oder neu eintretende Anteilseigner),[3]
- **Gewinnausschüttungen** im Rückwirkungszeitraum.[4]

Bei der **Verschmelzung** und **Aufspaltung** bleibt die handelsrechtliche **Rechnungslegungspflicht** 128
des übertragenden Rechtsträgers bis zum Wirksamwerden der Umwandlung durch Eintragung in das Handelsregister zwar bestehen. Im Regelfall wird es zur Aufstellung von Jahresabschlüssen für den übertragenden Rechtsträger auf nach dem Umwandlungsstichtag liegende Abschlussstichtage aber nicht mehr kommen, weil die Verpflichtung zur Aufstellung eines Jahresabschlusses mit der Eintragung und dem Erlöschen des übertragenden Unternehmens entfällt.

Der Formwechsel wird mit der Eintragung ins Handelsregister wirksam (§ 202 UmwG). Ab die- 128a
sem Zeitpunkt sind die neuen rechtsformspezifischen Rechnungslegungsvorschriften zu beachten. Betroffen ist insbesondere der Ausweis. Bei latenten Steuern kann es auch zu einem Unterschied im Ansatz kommen (→ § 274 Rz. 70). So entfallen etwa körperschaftliche Latenzen bei Umwandlung einer Kapital- in eine Personengesellschaft.

Erfolgt die Eintragung des Formwechsels erst nach dem Abschlussstichtag, bleiben ggf. die Vorschriften zur Rechnungslegung, Prüfung und Offenlegung für die alte Rechtsform, so wie sie zum Abschlussstichtag gegolten haben, maßgebend. Wird allerdings ein Formwechsel zum Abschlussstichtag vollzogen, aber erst nach dem Abschlussstichtag wirksam, so müssen die Rechnungslegungs-, Prüfungs- bzw. Offenlegungspflichten nicht mehr erfüllt werden, wenn die neue Rechtsform dies nicht erfordert. Dies gilt bei kalendergleichem Geschäftsjahr nur, wenn Stichtag des Formwechsels der 31.12. und nicht erst der 1.1. des Folgejahres ist:

BEISPIEL[5] Stichtag des Formwechsels einer Kapitalgesellschaft in eine nicht § 264a unterliegende Personengesellschaft ist der 31.12.01. Die Registereintragung erfolgt im März 02. Hinsichtlich der Rechnungslegungs-, Prüfungs- und Offenlegungspflichten für den Jahresabschluss 01 gelten bereits die für Personengesellschaften maßgeblichen Regelungen.

1 UmwStE Rn. 02.36.
2 UmwStE Rn. 02.36.
3 UmwStE Rn. 02.20 ff.
4 UmwStE Rn. 02.25 ff.
5 Nach *Künkele/Zwirner*, StuB 2013 S. 163 ff.

4. Ansatz und Bewertung, Eigenkapitalausweis

4.1 Zivilrecht (UmwG)

129 Für Ansatz und **Bewertung** des Vermögens gilt nach UmwG Folgendes:

- Beim **Formwechsel** ist eine **Fortführung** der Buchwerte zwingend, da gar keine Vermögensübertragung stattfindet (§§ 195 ff. UmwG).
- Bei der **Spaltung** oder **Verschmelzung** kann die Bewertung des übertragenen Vermögens durch das übernehmende Unternehmen nach § 24 UmwG **wahlweise** zum Zeitwert oder zum beim übertragenden Unternehmen bilanzierten Buchwert erfolgen, wobei das Wahlrecht abgesehen von Fällen der Neugründung mangels einer besonderen Übernahmebilanz im ersten Jahresabschluss nach Umwandlung ausgeübt wird. Wird von dem Wahlrecht zur Buchwertfortführung kein Gebrauch gemacht, stellt sich die Frage nach der Höhe der Anschaffungskosten. Hierbei differenziert das IDW u. a. wie folgt:
- Bei **Verschmelzung/Spaltung** mit **Kapitalerhöhung** oder zur **Neugründung** liegt eine **Sacheinlage** vor. Nach IDW ist das übernommene Reinvermögen dann i. d. R. mit der Summe aus festgesetzter Nominalkapitalerhöhung und Agio anzusetzen,[1] nach der hier vertretenen Auffassung (→ Rz. 22) mit dem Zeitwert.
- Bei **Verschmelzungen ohne Kapitalerhöhung** kommen i. d. R. **Tauschgrundsätze** zur Anwendung (so z. B. beim *upstream merger* des Tochterunternehmens auf das Mutterunternehmen), womit sich nach IDW und h. M. die Anschaffungskosten des übernommenen Vermögens wahlweise aus Buch- oder Zeitwert der untergehenden/hingegebenen Anteile oder einem Zwischenwert ergeben,[2] nach unserer Auffassung (→ Rz. 22) zum Zeitwert. Der *downstream merger* ähnelt einer verdeckten Einlage; das übergehende Vermögen ist mit dem Zeitwert anzusetzen.[3] Entsprechend ist bei Auf- und Abspaltung vorzugehen, wenn auf die Gewährung von Anteilen verzichtet wird.[4]

130 Die **Anschaffung gem. § 24 UmwG** ist nicht zwingend erfolgsneutral. Für den Fall der **Buchwertfortführung gilt:**

- **Verschmelzung ohne Kapitalerhöhung:** Beim ***upstream merger*** kann ein Verschmelzungsgewinn oder -verlust (Differenz zwischen Buchwert des übergehenden Reinvermögens und Buchwert der fortfallenden Beteiligung) entstehen, der in der GuV gesondert auszuweisen ist.[5] Der ***downstream merger*** (Verschmelzung Mutter auf Tochter) ist hingegen aus Sicht des übernehmenden Rechtsträgers erfolgsneutral. Hier ist entscheidend, ob der übergehende Vermögenssaldo positiv (dann Dotierung Kapitalrücklage) oder negativ ist (dann Verrechnung mit frei verfügbaren Eigenkapitalteilen).[6] Hat beim *downstream merger* die Tochter-GmbH keine (oder keine hinreichend hohen) frei verfügbaren Eigenkapitalanteile zur Verrechnung des negativen Vermögenssaldos, liegt bei der Tochter eine verbotene Auszahlung von Stammkapital (§ 30 Abs. 1 GmbHG) vor. Regelmäßige Rechtsfolge einer solchen Entnahme ist nach § 31 Abs. 1 GmbHG eine Erstattungspflicht des Gesellschafters bzw. eine bei der Gesellschaft zu aktivierende Aus-

1 IDW RS HFA 42 Tz. 42 f. und IDW RS HFA 43 Tz. 24.
2 IDW RS HFA 42 Tz. 46.
3 IDW RS HFA 42 Tz. 47 ff.
4 IDW RS HFA 43 Tz. 25.
5 IDW RS HFA 42 Tz. 72.
6 IDW RS HFA 42 Tz. 74.

gleichsforderung. Nur im Ausnahmefall des § 31 Abs. 2 GmbHG, nämlich bei gutem Glauben des Empfängers, kann die Erstattung u.U. nicht verlangt werden.[1]

- **Verschmelzung mit Kapitalerhöhung:** Ist das übernommene Reinvermögen zu Buchwerten niedriger als der Ausgabebetrag der dafür zu gewährenden Anteile, so entsteht ein sofort aufwandswirksam zu behandelnder Verschmelzungsverlust. Dieser darf weder durch Ansatz eines Aktivpostens (Geschäfts- oder Firmenwert) ausgeglichen noch mit den Rücklagen verrechnet werden.[2] Ist das übernommene Reinvermögen zu Buchwerten höher als der Ausgabebetrag der Anteile, so ist die Kapitalrücklage zu dotieren.[3]

Im Fall des **Zeitwertansatzes** ist wie folgt zu unterscheiden:

- **Verschmelzung ohne Kapitalerhöhung:** Beim ***upstream merger*** kann ein Verschmelzungsgewinn oder -verlust i. H. der Differenz zwischen Zeitwert und Buchwert der fortfallenden Beteiligung entstehen, der in der GuV gesondert auszuweisen ist.[4] Der ***downstream merger*** (Verschmelzung Mutter auf Tochter) ist hingegen aus Sicht des übernehmenden Rechtsträgers erfolgsneutral. Hier ist entscheidend, ob der übergehende Vermögenssaldo positiv (dann Dotierung Kapitalrücklage) oder negativ ist (dann Verrechnung mit frei verfügbaren Eigenkapitalteilen).[5]
- **Verschmelzung mit Kapitalerhöhung:** Ist das übernommene Reinvermögen zu Zeitwerten höher als der (explizite) Ausgabebetrag der dafür zu gewährenden Anteile, so ist die Kapitalrücklage zu dotieren.[6]

Abhängig davon, ob nach dem Vorstehenden ein eventueller Differenzbetrag erfolgsneutral oder erfolgswirksam behandelt wird, sind auch sonstige aus der Verschmelzung entstehende Effekte entsprechend zu behandeln. Betroffen sind etwa Effekte aus der Konfusion von Forderungen und Schulden (in steuerlicher Terminologie: Übernahmefolgegewinn) oder Effekte aus dem erstmaligen Ansatz latenter Steuern.[7]

Das **Wahlrecht auf Buchwertfortführung** oder Zeitwertansatz wird beim **übernehmenden Unternehmen** ausgeübt. Träger des Wahlrechts sind daher die für die Feststellung des Jahresabschlusses zuständigen Organe des übernehmenden Unternehmens. Festlegungen im Verschmelzungsvertrag binden diese Organe. 131

Anschaffungsnebenkosten (z. B. GrESt) dürfen bei Buchwertfortführung nicht aktiviert werden.[8] 132

Nicht übernommen werden bei Verschmelzungen 132a

- ein aktivierter *Goodwill* des übertragenden Rechtsträgers sowie
- latente Steuern des übertragenden Rechtsträgers.[9]

---

1 Vgl. für Einzelheiten *Lüdenbach*, StuB 2014 S. 70 ff.
2 IDW RS HFA 42 Tz. 70.
3 IDW RS HFA 42 Tz. 68.
4 IDW RS HFA 42 Tz. 46.
5 IDW RS HFA 42 Tz. 48 ff.
6 IDW RS HFA 42 Tz. 43.
7 Vgl. *Bilitewski/Roß/Weiser*, WPg 2014 S. 73 ff.
8 IDW RS HFA 42 Tz. 62.
9 IDW RS HFA 42 Tz. 39 und 59.

Im Falle einer buchwertfortführenden Verschmelzung gem. § 24 UmwG sind gem. IDW die den übertragenden Rechtsträger betreffenden Steuerlatenzen nach den Verhältnissen des übernehmenden Rechtsträgers zu bilanzieren.[1]

BEISPIEL ► Die T-GmbH wird auf die M-KG verschmolzen:
Bisher bilanzierte Latenzen für Körperschaftsteuern entfallen.

Die Frage, ob die „Verhältnisse des Übernehmenden" auch den Umgang mit dem Aktivierungswahlrecht nach § 274 Abs. 1 HGB betreffen (→ § 274 Rz. 57), wird im Schrifttum verneint, da dies dem Konzept der Buchwertfortführung widerspräche.[2]

Im Übrigen besteht hinsichtlich Steuerlatenzen noch folgende Besonderheit bei Aufwärtsverschmelzungen, wenn der Zeitwert der untergehenden Anteile als Anschaffungskosten gewählt wird. In Höhe der Differenz von Buchwert und Zeitwert der Beteiligung entsteht ein erfolgswirksamer Verschmelzungsgewinn. Dem folgend sind daher auch aus diesem Vorgang resultierende latente Steuern erfolgswirksam zu bilden.

133 Bei **Spaltungen** gelten folgende **Besonderheiten** für den **übertragenden Rechtsträger:**[3]

- Im Falle einer **Aufspaltung** erlischt der übertragende Rechtsträger (§ 131 Abs. 1 Nr. 2 Satz 1 UmwG); daher kommt es zu keiner bilanziellen Abbildung des Spaltungsvorgangs bei ihm.
- Bei einer Abspaltung erhält (Abspaltung positiven Vermögens) bzw. gewährt (negatives Vermögen) nicht der übertragende Rechtsträger, sondern die Anteilseigner eine Leistung. Aus Sicht der übertragenden Rechtsträger kommt es zu einer durch das Gesellschafterverhältnis veranlassten und daher nicht in der GuV zu berücksichtigenden Vermögensauskehrung bzw. Vermögensmehrung. Bei einer Vermögensminderung, die nicht durch Auflösung ungebundener Eigenkapitalteile der Überträgerin ausgeglichen werden kann, ist eine Kapitalherabsetzung erforderlich (§§ 139 Satz 1, 145 Satz 1 UmwG), bei einer Vermögensmehrung kommt es zu einer Dotierung der Kapitalrücklage.
- Im Falle einer **Ausgliederung** erhält der übertragende Rechtsträger als Gegenleistung für das ausgegliederte Vermögen Anteile am übernehmenden Rechtsträger, womit aus seiner Sicht ein Tauschvorgang vorliegt. Dies ist als laufender Geschäftsvorfall abzubilden, wobei nach hier vertretener Auffassung der Tausch zum Zeitwert abzubilden ist (→ Rz. 22), nach h. M. aber wahlweise auch der Buchwert des hingegebenen Vermögens oder ein Zwischenwert angesetzt werden kann.

Für den **übernehmenden** Rechtsträger gilt Folgendes:

- Bei ihm stellt die Spaltung einen **Anschaffungsvorgang** dar, für den wie bei einer Verschmelzung das Wahlrecht besteht, das übernommene Vermögen entweder mit den Anschaffungskosten oder mit den Buchwerten aus der Schlussbilanz des übertragenden Rechtsträgers anzusetzen.
- Bei der **Ausgabe neuer Anteile** bestimmen sich die Anschaffungskosten nach dem Wert der ausgegebenen Anteile. Hier ergibt sich für die Vertragspartner bei der Ausgestaltung

1 IDW RS HFA 42 Tz. 61

2 Vgl. IDW RS HFA 42 Tz. 19 und *Meyer*, BB 2013 S. 683 ff.; bei *Meyer* auch weitere Verschmelzungskonstellationen in ihrer Wirkung auf die Steuerlatenz.

3 IDW RS HFA 43 Tz. 12 und Tz. 19 sowie *Kolb/Weimert*, StuB 2013 S. 771 ff. und *Heeb*, WPg 2014 S. 189 ff.

des Kapitalerhöhungsbeschlusses und der Festsetzung des Werts der neuen Anteile bilanzieller Spielraum.

- Bei einer Auf- oder Abspaltung kann nach § 125 i.V. mit §§ 54 und 68 UmwG von der **Gewährung neuer Anteile** abgesehen werden. Mangels Gegenleistung für das übertragene Vermögen liegt dann ein durch das Gesellschaftsverhältnis veranlasster Vorgang vor, der unmittelbar mit dem Eigenkapital zu verrechnen ist. Ist der übernehmende Rechtsträger gleichzeitig Anteilsinhaber (*Upstream*-Spaltung), besteht ein Verbot der Kapitalerhöhung, soweit der Anteilsinhaber schon Anteile am übertragenden Rechtsträger hält.

- Setzt bei einer **Spaltung zur Neugründung** die übernehmende Kapitalgesellschaft das übertragene Vermögen zum Buchwert an, liegt (im Hinblick auf den höheren Zeitwert) aber der Nennbetrag der ausgegebenen Anteile darüber, ist die Differenz erfolgswirksam (Spaltungsverlust) zu behandeln.

Die gesamtschuldnerische Haftung der beteiligten Rechtsträger nach § 133 Abs. 1 Satz 1 UmwG führt gem. IDW nicht zu einer Eventualverbindlichkeit nach § 251 HGB. Ggf. kann aber eine Angabepflicht nach § 285 Nr. 3a HGB bestehen (→ § 251 Rz. 9).

Die Höhe des **Eigenkapitals** ist Reflex der **Bewertung.** Auswirkungen auf Höhe und Zusammensetzung des Eigenkapitals sind daher zusammen mit den Bewertungsgrundsätzen in der nachfolgenden Tabelle im Überblick dargestellt. Zu Einzelheiten wird auf die IDW-Stellungnahmen verwiesen (→ Rz. 116), für den Formwechsel auch auf → § 246 Rz. 365. Beim Formwechsel ändert sich lediglich die Struktur, nicht aber die Höhe des bilanziellen Eigenkapitals. 134

	Grundsatz	Besonderheiten
1. Formwechsel	Zwingend Fortführung der Buchwerte (§ 202 UmwG), Eigenkapital verändert sich in Summe nicht, ggf. aber in seiner Zusammensetzung	
GmbH in AG	Fortführung von gezeichnetem Kapital und Rücklagen (§ 247 UmwG)	Erreicht das Stammkapital der GmbH nicht den nach § 7 AktG geforderten Mindestnennbetrag des Grundkapitals der AG, so kann die GmbH wegen § 247 Abs. 1 UmwG nur dann in eine AG umgewandelt werden, wenn das Stammkapital vor Wirksamwerden des Formwechsels entsprechend erhöht wird (aus Gesellschaftsmitteln nach § 57c GmbHG oder ordentlich nach §§ 55, 56 GmbHG); gesetzliche Rücklage kann aus anderen Gewinnrücklagen dotiert werden
AG in GmbH	Fortführung von gezeichnetem Kapital und Rücklagen (§ 247 UmwG)	Gesetzliche Rücklage wird zur anderen Gewinnrücklage
PersG in KapG	Festsetzung Grund-/Stammkapital unter Beachtung der Mindestkapitalvorschriften und maximal i. H. des Zeitwerts des Nettovermögens (§§ 219 f. UmwG)	1. Soweit Nettovermögen zu Buchwerten > gezeichnetes Kapital, Zuordnung des Überschusses nach Herkunft: a) Kapitalrücklage nach § 272 Abs. 2 HGB, soweit aus Einlagen oder bereits Gesellschafter-Eigenkapitalkonten gutgeschriebenen Gewinnen, b) Gewinnrücklage, soweit aus in gesamthänderischen Rücklagen thesauriertem Gewinn, c) Gewinnvortrag, soweit aus Gewinnvortrag/noch umverteilten Ergebnissen

	Grundsatz	Besonderheiten
		2. Falls gezeichnetes Kapital nur zu Zeitwerten erreicht wird, i. H. der Differenz von gezeichnetem Kapital und Nettovermögen verlustähnlicher Fehlbetrag, der durch zukünftige Gewinne zu tilgen ist
KapG in PersG	Je nach Gesellschaftsvertrag der PersG Kapital- und Gewinnrücklagen fortführen oder in die Kapitalkonten einbeziehen	
2. Verschmelzung ohne Kapitalerhöhung	Keine Auswirkungen auf gezeichnetes Kapital, ggf. aber auf Rücklagen und Gewinn	
	Wahlweise ... Buchwertfortführung nach § 24 UmwG	Weicht der Buchwert des übernommenen Reinvermögens vom Buchwert der untergehenden Anteile ab *(upstream merger)*, entsteht Verschmelzungsgewinn- oder -verlust, weicht er vom Wert der hingegebenen Anteile ab *(downstream merger)*, ist das EK erfolgsneutral anzupassen
	... Ansatz des übernommenen Reinvermögens nach Tauschgrundsätzen, damit u. E. zum Zeitwert der untergehenden/hingegebenen Anteile (→ Rz. 129), nach IDW wahlweise auch zu Buch- oder Zwischenwert	Bei *upstream merger* Gewinn oder Verlust, falls Bewertung nach Zeitwert der untergehenden Anteile, bei *downstream merger* Kapitalrücklage nach § 272 Abs. 2 Nr. 4 HGB, falls Reinvermögen mit positivem Saldo angesetzt, hingegen erfolgsneutrale EK-Minderung, falls mit negativem Saldo
3. Verschmelzung mit Kapitalerhöhung sowie Verschmelzung zur Neugründung	Vermögensübergang ist Sacheinlage, gezeichnetes Kapital, evtl. auch Rücklagen ändern sich daher	
	Wahlweise ... ... Buchwertfortführung nach § 24 UmwG	Ist der Buchwert des übernommenen Reinvermögens a) > Ausgabebetrag der Anteile, ist die Differenz als Kapitalrücklage nach § 272 Abs. 2 Nr. 1 HGB auszuweisen, b) < Ausgabebetrag der Anteile, entsteht Verschmelzungsverlust
	... Ansatz des übernommenen Reinvermögens nach Einlagegrundsätzen, d. h. u. E. zum Zeitwert (→ Rz. 22), nach IDW auch zur Summe aus Nominalkapitalerhöhung und festgesetztem Agio	Agio als Kapitalrücklage gem. § 272 Abs. 2 Nr. 1 HGB
4. Spaltungen bei übernehmender bzw. neuer KapG	Wie Verschmelzung (siehe Nr. 2 und 3)	
5. Aufspaltung bei übertragender KapG	Auflösung ohne Abwicklung (§ 123 Abs. 1 UmwG)	
6. Abspaltung bei übertragender KapG	Abhängig vom zu Buchwerten bemessenen Saldo des abgespaltenen Vermögens	
	Entweder Verminderung des Eigenkapitals	„Vermögensminderung durch Abspaltung" in der Überleitung von Jahresergebnis zu Bilanzgewinn, Deckung durch Gewinnvortrag, Kapitalherabsetzung oder Auflösung Rücklagen

	Grundsatz	Besonderheiten
	oder Erhöhung des Eigenkapitals	Vermögensmehrung als Kapitalrücklage nach § 272 Abs. 2 Nr. 4 HGB
7. Ausgliederung bei übertragender KapG	In der Regel keine Auswirkung auf Eigenkapital	Jedoch Ertrag, wenn erhaltene Anteile nicht zum Buch- sondern zum Zeitwert des hingegebenen Vermögens angesetzt werden

4.2 Steuerrecht (UmwStG)

Auch steuerrechtlich kann zwischen Buchwertfortführung und Ansatz des gemeinen Wertes (als Pendant zum Zeitwert des Zivilrechts) gewählt werden (→ Rz. 129). Folgende **allgemeine Abweichungen** bestehen aber gegenüber dem Zivilrecht: 135

- Statt der beiden genannten Werte kann auch ein **Zwischenwert** gewählt werden (→ Rz. 137).
- In den Fällen der Umwandlung nach dem Zweiten bis Vierten Teil des UmwStG (Umwandlung einer Kapital- auf eine Personengesellschaft oder auf eine andere Kapitalgesellschaft) schreibt das Gesetz die Erstellung einer steuerlichen Übertragungsbilanz für den **übertragenden Rechtsträger** vor (§§ 3 Abs. 1, 11 Abs. 1, 15 Abs. 1, 16 UmwStG). Darin (nicht wie handelsrechtlich in der Rechnungslegung des übernehmenden Rechtsträgers) wird das Ansatz- und Bewertungswahlrecht ausgeübt.
- Abweichend vom Zivilrecht ist eine Übertragungsbilanz auch im Falle des **Formwechsels** erforderlich und damit auch in diesem Fall eine Ausübung des Bewertungswahlrechts notwendig und möglich.

Spezielle Abweichungen vom Zivilrecht ergeben sich in folgenden Punkten: 136

- Nach Auffassung der Finanzverwaltung[1] ist ein Ansatz des Buchwerts ausgeschlossen, wenn der **gemeine Wert unterhalb des Buchwerts** der Wirtschaftsgüter liegt. In diesen Fällen würde der übertragende Rechtsträger demnach einen Verlust erleiden, der steuerlich dem Grunde nach nutzbar ist und mit positiven Einkünften des laufenden Jahres verrechnet werden kann. Soweit eine Verrechnung nicht möglich ist, gehen die verbleibenden Verluste unter (§ 4 Abs. 2 Satz 2 UmwStG).
- Für **Pensionsrückstellungen** gilt der allgemeine Bewertungsvorbehalt des § 6a EStG (§ 3 Abs. 1 Satz 2 UmwStG). Die unter Anwendung des § 6a EStG regelmäßig erheblich unterdotierten Pensionsrückstellungen sind daher auch bei Umwandlungsvorgängen nicht mit steuerlicher Wirkung zu passivieren.
- Nach UmwStE[2] gelten die steuerlichen **Ansatzverbote des § 5 EStG** nicht für die steuerliche Schlussbilanz, es sei denn, die Buchwerte werden fortgeführt. Ohne Antrag auf Buchwertfortführung sind dann stille Lasten (z. B. **Drohverlustrückstellungen**) in der Schlussbilanz mit den gemeinen Werten anzusetzen, was zur Realisierung eines Verlusts in der steuerlichen Schlussbilanz führen kann. Nach dem Erlass gelten beim übernehmenden Rechtsträger „zu den folgenden Bilanzstichtagen aber die allgemeinen Grundsätze". Danach ist also eine in der Schlussbilanz des übertragenden Rechtsträgers entgegen § 5 EStG angesetzte Schuld in der Steuerbilanz des übernehmenden Rechtsträgers zunächst

1 UmwStE Rn. 03.12.
2 UmwStE Rn. 03.06.

auszuweisen und in der Folgebilanz unter Anwendung des § 5 EStG ertragswirksam aufzulösen.[1] Diese Regelungen des UmwStE sind ergangen, bevor allgemein (ohne spezielle Bezugnahme auf Umwandlungen) durch das AIFMG die Bilanzierung bei Übertragung von mit steuerlichen Ansatz- oder Bewertungsvorbehalten versehenen Verpflichtungen durch § 4f EStG (Verpflichtungsübernehmer) und § 5 Abs. 7 EStG (Verpflichtungsübertragender) neu geregelt wurde (→ § 249 Rz. 204a und → § 246 Rz. 117a). Fraglich ist nun insbesondere, ob § 4f EStG auch auf Umwandlungs- und Einbringungsfälle anzuwenden ist. Die Gesetzesbegründung spricht dafür,[2] systematische Gründe sprechen dagegen. Sonst wären etwa bei einer Verschmelzung zum Zeitwert beim übernehmenden Rechtsträger gleichzeitig § 4f EStG (als Rechtsnachfolger des Übertragenden) und § 5 Abs. 7 EStG (als übernehmender Rechtsträger) anzuwenden. Die gesamte Materie ist deshalb derzeit mit Rechtsunsicherheit behaftet.[3]

- ► Die auf den übernehmenden Rechtsträger entfallenden **objektbezogenen Kosten** der Vermögensübertragung (insbesondere die Grunderwerbsteuer, die gem. § 1 Abs. 1 Nr. 3 GrEStG ausgelöst wird) sind als **Nebenkosten der Anschaffung** zu aktivieren. Dabei ist jedoch die Grunderwerbsteuer, die gem. § 1 Abs. 3 GrEStG aufgrund von Anteilsvereinigungen entsteht, nach der Rechtsprechung des BFH als abziehbarer Aufwand und nicht als Anschaffungskosten zu behandeln (→ § 255 Rz. 27).[4] Die **nicht objektbezogenen Kosten** der Umwandlung (z. B. **Beratung**) sind nach UmwStE[5] als Kosten des Vermögensübergangs i. S. des § 4 Abs. 4 Satz 1 UmwStG, die nicht objektbezogenen Kosten des übernehmenden Rechtsträgers sowie die nicht objektbezogenen Kosten, die auf den übertragenden Rechtsträger entfallen und die nach dem steuerlichen Übertragungsstichtag entstanden sind, in das Übernahmeergebnis einzubeziehen, so dass sie sich steuerlich nur teilweise auswirken.

- ► Die Umwandlung kann steuerlich zu einer **verdeckten Gewinnausschüttung** führen, etwa wenn eine vermögenslose Kapitalgesellschaft, deren Gesellschafter ihr gegenüber auf Darlehensforderungen mit Besserungsschein verzichtet hatten, auf eine finanziell gut ausgestattete Schwesterkapitalgesellschaft verschmolzen wird und dadurch die Forderungen wiederaufleben.[6]

137 Beim nur steuerlich zulässigen **Zwischenwertansatz** (→ Rz. 117) stellt sich die Frage, wie der Aufstockungsbetrag auf die einzelnen Wirtschaftsgüter zu verteilen ist. Zum UmwStG 1995 war die Finanzverwaltung der Auffassung, dass ein selbst geschaffener Firmenwert erst dann zu berücksichtigen war, wenn die übrigen Wirtschaftsgüter und Schulden bereits zu Teilwerten angesetzt waren, aber gegenüber dem Wert, mit dem das übergehende Betriebsvermögen von dem übernehmenden Rechtsträger angesetzt werden sollte, noch eine Differenz verblieb (sog. modifizierte Stufentheorie). Aufgrund der Formulierung in § 3 Abs. 2 Satz 1 UmwStG, die einen „einheitlichen" Ansatz der Wirtschaftsgüter mit dem Buchwert oder einem höheren Wert vorsieht, verlangt die Finanzverwaltung nunmehr eine anteilige Aufstockung aller Wirtschafts-

1 UmwStE Rn. 04.16. Gegen eine solche Auflösung: *Bünning*, BB 2012 S. 243 ff. und *Forst/Schaaf* in Prinz/Kanzler (Hrsg.), NWB Praxishandbuch Bilanzsteuerrecht, 2012, Tz. 1895.
2 BT-Drucks. 18/68 S. 74.
3 Vgl. zum Ganzen: *Adrian*, StuB 2018 S. 84 ff., m. w. N.
4 BFH, Urteil v. 20.4.2011 – I R 20/10, DStR 2011 S. 1169.
5 UmwStE Rn. 04.34.
6 BFH, Urteil v. 21.2.2018 – I R 46/16.

güter einschließlich des Firmenwerts.[1] Teile des Schrifttums kritisieren dies: Systematisch sei die Bilanzierung eines Firmenwerts nicht angemessen, solange nicht alle stillen Reserven in den sonstigen Wirtschaftsgütern aufgedeckt sind, weil der Firmenwert definitionsgemäß dem Mehrwert entspreche, der einem gewerblichen Unternehmen über den Substanzwert der einzelnen materiellen und immateriellen Wirtschaftsgüter abzüglich der Schulden hinaus innewohne.[2]

§ 274 Latente Steuern

(1) [1]Bestehen zwischen den handelsrechtlichen Wertansätzen von Vermögensgegenständen, Schulden und Rechnungsabgrenzungsposten und ihren steuerlichen Wertansätzen Differenzen, die sich in späteren Geschäftsjahren voraussichtlich abbauen, so ist eine sich daraus insgesamt ergebende Steuerbelastung als passive latente Steuern (§ 266 Abs. 3 E.) in der Bilanz anzusetzen. [2]Eine sich daraus insgesamt ergebende Steuerentlastung kann als aktive latente Steuern (§ 266 Abs. 2 D.) in der Bilanz angesetzt werden. [3]Die sich ergebende Steuerbe- und die sich ergebende Steuerentlastung können auch unverrechnet angesetzt werden. [4]Steuerliche Verlustvorträge sind bei der Berechnung aktiver latenter Steuern i. H. der innerhalb der nächsten fünf Jahre zu erwartenden Verlustverrechnung zu berücksichtigen.

(2) [1]Die Beträge der sich ergebenden Steuerbe- und -entlastung sind mit den unternehmensindividuellen Steuersätzen im Zeitpunkt des Abbaus der Differenzen zu bewerten und nicht abzuzinsen. [2]Die ausgewiesenen Posten sind aufzulösen, sobald die Steuerbe- oder -entlastung eintritt oder mit ihr nicht mehr zu rechnen ist. [3]Der Aufwand oder Ertrag aus der Veränderung bilanzierter latenter Steuern ist in der Gewinn- und Verlustrechnung gesondert unter dem Posten „Steuern vom Einkommen und vom Ertrag" auszuweisen.

Inhaltsübersicht Rz.

1 UmwStE Rn. 0.26 und 03.23.

2 Vgl. *Bünning*, BB 2012 S. 243 ff.

LITERATUR:

Bense, Über die vermeintliche Zulässigkeit der grenzüberschreitenden Aktivierung latenter Steuern auf steuerliche Verlustvorträge, StuB 2020 S. 422; *Bense*, Die Schuldenkonsolidierung nach § 303 HGB und die damit verbundene Abgrenzung latenter Steuern, StuB 2020 S. 794; *BStBK*, Verlautbarung der Bundessteuerberaterkammer zum Ausweis passiver latenter Steuern als Rückstellungen in der Handelsbilanz, DStR 2012 S. 2296 f.; *Dahlke*, Bilanzierung latenter Steuern bei Organschaften nach dem BilMoG, BB 2009 S. 878; *Dreixler/Ernst*, Behandlung von Steuerlatenzen bei Organschaftsbeziehungen im Einzelabschluss, StuB 2011 S. 123; *Gröne/Meyering*, Passive latente Steuern als Verbindlichkeitsrückstellungen – kein Eckpfeiler des Handelsrechts, DB 2014 S. 669; *Herzig/Liekenbrock/Vossel*, Grundkonzept zur Bilanzierung von latenten Steuern im Organkreis nach dem BilMoG, Ubg 2010 S. 85; *Herzig/Liekenbrock/Vossel*, Gestaltungsoptionen bei der Bilanzierung von latenten Steuern im Organkreis, Ubg 2012 S. 141; *Hoffmann*, Der Kriechgang der einzelbilanziellen Steuerlatenzierung, StuB 2011 S. 241; *Hoffmann*, Weichgespülte Steuerlatenz, StuB 2009 S. 555; *Hoffmann*, Systembruch bei der Steuerlatenz von Personenhandelsgesellschaften, StuB 2012 S. 249; *Hoffmann*, Die Rechnungslegungspraxis zur Steuerlatenzierung von Personenhandelsgesellschaften, StuB 2012 S. 289; *Hoffmann/Lüdenbach*, Irrungen und Wirrungen in der Steuerlatenzrechnung, NWB 2009 S. 1476; *von Kanitz*, Die Bedeutung der Rückstellungspflicht nach § 249 Abs. 1 Satz 1 HGB für den Ausweis passiver latenter Steuern, WPg 2011 S. 895; *Karrenbrock*, Passive latente Steuern als Verbindlichkeitsrückstellungen – Diskussion der BStBK-Verlautbarung zum Ausweis passiver latenter Steuern in der Handelsbilanz, BB 2013 S. 235 ff.; *Kastrup/Middendorf*, Latente Steuern bei Personengesellschaften im handelsrechtlichen Jahresabschluss nach BilMoG, BB 2010 S. 815; *Kessler/Leinen*, Latente Steuern: Abbau temporärer Auffassungsdifferenzen, StuB 2010 S. 275; *Kirsch/Hoffmann/Siegel*, Bilanzierung latenter Steuern nach § 249 Abs. 1 Satz 1 HGB, DStR 2012 S. 1290; *Küting/Seel*, Die Ungereimtheiten der Regelungen zu latenten Steuern im neuen Bilanzrecht, DB 2009 S. 922; *Liekenbrock/Vossel*, Latente Steuern im Organkreis, DB 2012 S. 753; *Loitz*, DRS 18, Bilanzierung latenter Steuern nach dem BilMoG, DB 2010 S. 2177; *Lüdenbach*, Keine latenten Steuern bei Personenunternehmen, StuB 2011 S. 68; *Lüdenbach*, Steuerlatenzrechnung für Personengesellschaften und kleine Kapitalgesellschaften?, BC 2011 S. 159; *Lü-*

denbach, Werthaltigkeit aktiver latenter Steuern bei Steuergestaltungsoptionen, StuB 2011 S. 583; *Lüdenbach,* Steuerlatenzen bei Begründung und Beendigung einer Organschaft, StuB 2014 S. 422; *Lüdenbach,* Aktive und passive Latenzen bei Anwendung von § 15a EStG, StuB 2015 S. 108; *Lüdenbach,* Latente Steuern bei Antrag einer Personengesellschaft zur Körperschaftsbesteuerung, StuB 2021 S. 904; *Lüdenbach/Freiberg,* Steuerlatenzrechnung auch für Personengesellschaften?, Diskussion des IDW ERS HFA 7 n. F., BB 2011 S. 1579; *Lüdenbach,* Angabe zu latenten Steuern nach § 285 Nr. 30 HGB, StuB 2016 S. 233; *Lüdenbach/Freiberg,* Beitrag von DRS 18 zur Klärung strittiger Fragen der Steuerlatenzierung, BB 2010 S. 1971; *Melcher/Murer,* Bilanzierung von latenten Steuern bei Organschaften nach dem BilMoG im Fall von Steuerumlageverträgen, DB 2011 S. 2329; *Müller,* Rückstellungen für passive Steuerlatenzen gem. § 249 Abs. 1 Satz 1 HGB, DStR 2011 S. 1046; *Petersen,* Anwendungsfragen der Steuerabgrenzung im Jahresabschluss, WPg 2011 S. 255; *Pilhofer/Suermann/Müller,* Erfassung von Steuerlatenzen im Organkreis nach HGB, StuB 2013 S. 799; *Prystawik/Schauf,* Steuerliche Anhangangaben nach HGB, DB 2011 S. 313; *Ruberg,* Zum Werthaltigkeitsnachweis durch Passivlatenzen bei Mindestbesteuerung und Abbau in steuerlichen Verlustphasen, DStR 2014 S. 606; *Scholz,* Auswirkungen des MoPeG und des KöMoG auf die Bilanzierung von Personenhandelsgesellschaften, StuB 2021, S. 677; *Skoluda/Janitschke,* Die Bilanzierung latenter Steuern auf Beteiligungen an Personenhandelsgesellschaften, StuB 2011 S. 487; *Völkner/Feldgen,* Latente Steuerabgrenzung bei Personengesellschaften, BB 2012 S. 1333; *Weidmann,* Nur steuerlich zulässige Rücklagen und außerbilanzielle Korrekturen im Konzept der latenten Steuern des § 274 Abs. 1 HGB, DStR 2011 S. 2108; *Zwirner/Busch/Krauß,* Auswirkungen des KöMoG für latente Steuern, StuB 2022 S. 441 ff.; *Zwirner/Künkele,* Latente Steuern im Zusammenhang mit § 15a EStG, DStR 2012 S. 814.

I. Regelungsinhalt

1 § 274 HGB ist Ansatz-, Bewertungs- und Ausweisvorschrift für einen Nicht-Vermögensgegenstand (→ § 266 Rz. 80) und eine Nicht-Schuld (→ § 266 Rz. 96).

Regelungen zum **Bilanzansatz** sind in Abs. 1 enthalten:

- Abs. 1 Satz 1 fordert einen Ansatz der insgesamt (→ Rz. 57) in der Zukunft entstehenden Steuer**belastungen** aus Buchwertunterschieden (→ Rz. 20).
- Abs. 1 Satz 2 eröffnet ein Wahlrecht (→ Rz. 57) zur Aktivierung der insgesamt (d. h. saldiert) erwarteten Steuer**entlastungen.**
- Abs. 1 Satz 4 befasst sich mit der Aktivierung des Sondertatbestands von Steuerentlastungen in der Zukunft aufgrund von **Verlustvorträgen** (→ Rz. 44).

In Abs. 2 Satz 1 ist die **Bewertung** geregelt (→ Rz. 63), in Abs. 2 Satz 2 als Schnittstelle zwischen Ansatz- (Ausbuchung) und Folgebewertungsfragen die **Auflösung** der Steuerlatenzposten (→ Rz. 71).

Regelungen zum **Ausweis** sind in Abs. 1 **und** Abs. 2 enthalten:

- Abs. 1 Satz 3 eröffnet für die **Bilanz** ein Wahlrecht zwischen saldiertem und unsaldiertem Ausweis von aktiven und passiven Latenzen (→ Rz. 74).
- Im **Gliederungs**schema des § 266 HGB ist jeweils am Ende der Aktiv- (→ § 266 Rz. 80) und der Passivseite (→ § 266 Rz. 96) ein Sonderausweis vorgesehen.
- Den gesonderten Ausweis des Ertrags oder Aufwands aus Steuerlatenzen in der GuV innerhalb des Steueraufwands verlangt Abs. 2 Satz 3 (→ Rz. 75).
- Spezielle **Anhangangaben** sehen § 285 Nr. 29 und Nr. 30 HGB vor (→ Rz. 103).

2 § 274 HGB gilt pflichtweise nur für Kapital- und „Kap. & Co."-Gesellschaften, wobei kleine Gesellschaften von der Steuerlatenzrechnung und den darauf bezogenen Angaben gem. § 274a Nr. 5 HGB **befreit sind,** diese aber optional anwenden können. Ein solches **Wahlrecht** besteht auch für Personenunternehmen. Strittig ist, ob latente Steuerbelastungen (Überhang passiver

Latenzen) bei **kleinen Kapitalgesellschaften und Personenunternehmen** über den Umweg von § 249 HGB passivierungspflichtig sind (→ Rz. 61).

3 Wirtschaftliche **Sondertatbestände** können eine Steuerlatenzrechnung überflüssig machen. Typische Fälle sind Versorgungsunternehmen im öffentlichen Besitz, die immer nur Verluste erzielen, welche durch die Gesellschafter oder Träger laufend ausgeglichen werden.[1]

II. Persönlicher Anwendungsbereich[2]

1. Steuerlatenzrechnung auch für Personenunternehmen und kleine Kapitalgesellschaften?

4 § 274 HGB ist wegen der Platzierung im Dritten Buch, Zweiter Abschnitt des HGB nur für **Kapitalgesellschaften, Kap. & Co.** i. S.von § 264a Abs. 1 HGB und die dem PublG unterliegenden Unternehmen (§ 5 Abs. 1 PublG) einschlägig, wobei kleine Kapitalgesellschaften und Kap. & Co. durch § 274a Nr. 5 HGB von der Latenzrechnung befreit sind.

Für **Einzelunternehmen,** nicht den vorgenannten Ausnahmen unterliegende **Personengesellschaften** und **kleine Kapitalgesellschaften** wäre daher die Latenzrechnung mit all ihren Komplexitäten entbehrlich.

Nach zunächst im (später zurückgezogenen) IDW RS HFA 27 niedergelegter,[3] dann in IDW RS HFA 7 vertretener Auffassung des IDW und der Ansicht von Teilen des Schrifttums[4] läuft die „Befreiung" von der Latenzrechnung aber weitgehend ins Leere, da – über die Hintertür des § 249 HGB – bei Bestehen eines Passivüberhangs latenter Steuern i. d. R. die Erfassung einer **Verbindlichkeitsrückstellung** geboten sei. Im Vergleich zu § 274 HGB soll lediglich eine Passivierung von Latenzen auf sog. quasipermanente Differenzen (etwa im betriebsnotwendigen Grund und Boden, → Rz. 19) entfallen. Im Übrigen sollen passive Latenzen aber ansatzpflichtig sein, „soweit die Tatbestandsvoraussetzungen für den Ansatz einer Rückstellung gem. § 249 Abs. 1 Satz 1 HGB erfüllt sind".[5]

In IDW RS HFA 7 wird auf eine Illustration etwaiger Anwendungsfälle verzichtet. In IDW RS HFA 27 waren als Beispielsfälle, die den Ansatz einer Rückstellung nach § 249 HGB begründen können, noch angeführt:

- zeitlich begrenzte Differenzen aufgrund der Aktivierung selbst geschaffener immaterieller Vermögensgegenstände des Anlagevermögens,
- Zeitbewertung bestimmter Vermögensgegenstände (Deckungsvermögen i. S. des § 246 Abs. 2 Satz 2 HGB) sowie
- Wegfall der umgekehrten Maßgeblichkeit (Sonderabschreibungen, steuerfreie Rücklagen).

Unseres Erachtens ist eine Latenzierung über die Hintertür des § 249 HGB aber aus den nachfolgend dargelegten Gründen **konzeptionell verfehlt.**

1 So der inzwischen aufgehobene IDW RS HFA 27 in Tz. 8.
2 Nachfolgendes überwiegend z. T. entnommen aus: *Lüdenbach/Freiberg*, BB 2011 S. 1579 sowie BB 2010 S. 1971 ff.
3 Aufgehoben am 9. 9. 2010, FN-IDW 2009 S. 337 ff.
4 Vgl. u. a. *Grottel* in Beck'scher Bilanz-Kommentar, 13. Aufl. 2022, § 274a Tz. 41; *Zwirner/Busch*, BC 2011 S. 81; *Wolz*, DB 2010 S. 2626.
5 IDW RS HFA 7 Tz. 26.

2. Latenzen als Posten eigener Art: GoB und historische Auslegung des BilMoG

Für das **HGB a. F.** (vor BilMoG) und die entsprechenden GoB wurde nach der h. M. lediglich von einem **Wahlrecht** hinsichtlich der Steuerlatenzrechnung von Personenunternehmen ausgegangen.[1] Deutlich kommt dies etwa in folgender Formulierung aus SABI 3/1988 zum Ausdruck: „Durch seine rechtssystematische Einordnung gilt § 274 HGB grundsätzlich nur für Kapitalgesellschaften. Für publizitätspflichtige Unternehmen gilt die Vorschrift zum Ausweis latenter Steuern sinngemäß (§ 5 Abs. 1 Satz 2 PublG). Es kann im Hinblick auf diese Regelungen im Publizitätsgesetz davon ausgegangen werden, dass auch für andere Unternehmen die Grundsätze des § 274 HGB sinngemäß angewandt werden *dürfen*."[2] 5

Fraglich ist dann, ob zwischenzeitlich eine **Änderung der GoB** eingetreten ist. Wir konnten **keinen Beleg** für eine solche Änderung feststellen. Die von Schulungs- und Beratungsinteressen nicht völlig unberührte Entwicklung im Schrifttum[3] begründet ebenso wenig bereits einen GoB wie die Ausführungen des Regierungsentwurfs.[4] Somit ergibt sich folgender erster Befund: Aus GoB-Sicht ist eine Ausdehnung der Steuerlatenzrechnung auf Personengesellschaften nicht indiziert.

Die **historische Auslegung** des Gesetzes könnte jedoch zu einem anderen Ergebnis führen. Während die Begründung des Referentenentwurfs zum BilMoG noch lapidar festhielt: „Mit dem neuen § 274a Nr. 5 HGB wird der sachliche Anwendungsbereich des § 274 HGB auf mittelgroße und große Kapitalgesellschaften beschränkt",[5] führt die Begründung des **Regierungsentwurfs** Folgendes aus: „Mit dem neuen § 274a Nr. 5 HGB werden kleine Kapitalgesellschaften von der Verpflichtung zur Ermittlung und zum Ausweis der latenten Steuern befreit. De facto haben kleine Kapitalgesellschaften danach nur passive latente Steuern zu ermitteln und dies nur dann, wenn gleichzeitig die Tatbestandsvoraussetzungen für den Ansatz einer **Rückstellung** gemäß § 249 Abs. 1 Satz 1 HGB vorliegen. Wegen der künftig nicht mehr vorzunehmenden Verrechnung der aktiven und der passiven latenten Steuern sind die aktiven latenten Steuern nicht mehr zu berechnen."[6] 6

Aus diesen Ausführungen ergibt sich u. E. jedoch keine zwingende Latenzrechnung bei kleinen Kapitalgesellschaften (und Personenunternehmen). Der **Gesetzgeber** sagt nicht, ob und unter welchen Tatbestandsvoraussetzungen latente Steuern zum Ansatz einer Verbindlichkeitsrückstellung nach § 249 HGB führen. Er **schließt lediglich nicht aus,** dass die Tatbestandsvoraussetzungen einer solchen Rückstellung erfüllt sein könnten („wenn"). Selbst in der Ausformulierung der potenziellen Konsequenz dieser Möglichkeit überzeugt der Gesetzgeber nicht. Wenn Steuerlatenzen zu einer Rückstellung führen sollten, dann nach der insoweit zutreffenden Ansicht von Schrifttum und IDW nicht i. H. der passiven latenten Steuern, sondern i. H. des Überhangs passiver über aktive latente Steuern.[7] Anders als vom Gesetzgeber angenommen wären

1 Vgl. IDW, SABI 3/1988 Tz. 2; *Hoyos/Fischer* in Beck'scher Bilanz-Kommentar, 6. Aufl. 2006, § 274 Tz. 78.

2 IDW, SABI 3/1988 Tz. 2.

3 Vgl. *Zwirner*, StuB 2011 S. 333, mit folgender Aussage zu § 274 HGB: „Wenn das BilMoG letztlich tatsächlich nur zu wenigen Auswirkungen im Mittelstand führen würde, müssten sich Verlage, Verbände und Autoren in den letzten Jahren sehr getäuscht haben. Alle Praxistipps und Checklisten wären dann ebenso unnötig gewesen wie zahlreiche neue Kommentare ...".

4 So bereits *Lüdenbach*, BC 2011 S. 160.

5 BilMoG-RefE S. 139.

6 BilMoG-RegE S. 148.

7 Vgl. *Pöller*, BC 2011 S. 14.

also für Zwecke einer Rückstellung sehr wohl die aktiven latenten Steuern zu berechnen. Zusammenfassend bleibt damit die Gesetzesbegründung einerseits **abstrakt,** indem sie die Passivierung einer Rückstellung zwar nicht für unmöglich hält, aber nichts zu den Voraussetzungen einer solchen Rückstellung sagt, andererseits **widersprüchlich,** indem sie die Konsequenzen einer solchen Möglichkeit für das Verhältnis von aktiven und passiven Latenzen verkennt. Als i. S. einer historischen Auslegung verstandener Beleg einer Steuerlatenzrechnung nach § 249 HGB taugt die Gesetzesbegründung damit nicht.

Bestärkt wird dieses Urteil noch durch eine Gegenüberstellung der einschlägigen Vorgaben in der alten Fassung des HGB, des Entwurfs der Neufassung und des nunmehr geltenden Rechts: Anders als nach § 274 HGB a. F., der noch explizit eine Rückstellung für passive latente Steuern gefordert hatte, wertet § 274 HGB nach nunmehr geltendem Recht (aktive und) passive latente Steuern als **Posten eigener Art.** In der Fassung des Regierungsentwurfs war daher nach § 246 Abs. 1 Satz 1 HGB-E noch eine Erfassung sämtlicher Vermögensgegenstände, Schulden, Rechnungsabgrenzungsposten und latenter Steuern gefordert.[1] Nach der Begründung des Rechtsausschusses wurde die Bezugnahme auf latente Steuern in § 246 Abs. 1 HGB in der endgültigen Fassung mit der Intention gestrichen, haftungsunbeschränkte Personengesellschaften explizit aus der Anwendungspflicht des § 274 HGB herauszunehmen. Nicht vorgesehen war hingegen eine Änderung der Qualifikation latenter Steuern als Sonderposten. Dementsprechend ist in der nunmehr geltenden Fassung von § 274 HGB abweichend von dem Gesetzesstand vor BilMoG auch kein Hinweis auf Rückstellungen, Schulden etc. mehr enthalten. Steuerlatenzen sind demnach ein Posten eigener Art[2] und begründen weder einen Vermögensgegenstand (Aktivüberhang) noch eine Schuld (Passivüberhang).

Zusammenfassend gibt damit die historische Auslegung für eine Anwendung von § 249 HGB auf Steuerlatenzen nichts Zwingendes her. Ohnehin kommt es aber „nicht darauf an, welche mehr oder weniger (un)klaren Vorstellungen die am Gesetzgebungsverfahren beteiligten Personen gehabt haben mögen".[3] Entscheidend ist, ob die sachlichen Voraussetzungen für den Ansatz einer Verbindlichkeitsrückstellung gegeben sind. Dazu die nachfolgenden Ausführungen.

3. Voraussetzungen einer Verbindlichkeitsrückstellung nicht gegeben

3.1 Keine rechtliche Entstehung

7 Soweit man abweichend von unserer vorstehenden Auffassung (→ Rz. 6) die Anwendbarkeit von § 249 HGB auf passive Latenzen nicht schon wegen des Charakters als Posten eigener Art ohnehin verneint, sondern sie wie im Regierungsentwurf für nicht von vornherein unmöglich hält, bliebe noch zu prüfen, ob die allgemeinen Voraussetzungen für den Ansatz einer Verbindlichkeitsrückstellung tatsächlich – wie im Regierungsentwurf für möglich und in IDW RS HFA 7 für geboten gehalten – bei passiven Steuerlatenzen gegeben sind.

Notwendige Bedingung für den Ansatz einer Rückstellung ist entweder die **rechtliche** Entstehung oder die **wirtschaftliche** Verursachung einer Schuld, wobei das Verhältnis – insbesondere

1 BilMoG-RegE S. 6.

2 Gleicher Auffassung *Wolz,* DB 2010 S. 2625 ff., der aktive und passive latente Steuern als „Bilanzposten sui generis" qualifiziert.

3 *Karrenbrock,* BB 2013 S. 235 ff.

bei zeitlichem Auseinanderfallen[1] – der beiden Gründe unklar ist. Wird die wirtschaftliche Verursachung zunächst ausgeklammert, kann die rechtliche Entstehung einer latenten Steuerschuld wegen des Bestehens von Buchwertunterschieden zum Bilanzstichtag ausgeschlossen werden. Die künftige Gewerbesteuerbelastung entsteht rechtlich erst mit **Ablauf des jeweiligen Erhebungszeitraums** (§ 18 GewStG i.V. mit § 38 AO), also erst mit Beendigung des jeweiligen zukünftigen Kalenderjahres und damit nicht schon in dem Jahr, in dem eine Buchwertdifferenz zwischen Handels- und Steuerbilanz auftritt, die nach § 274 HGB wegen einer damit verbundenen Belastung (oder Entlastung) in zukünftigen Geschäftsjahren zu einer Latenzierung führen würde. Entsprechendes gilt im Übrigen – mit Relevanz für die kleinen Kapitalgesellschaften – auch für die Körperschaftsteuer: Die Steuerschuld entsteht jährlich mit Ablauf des Erhebungszeitraums (Geschäfts- bzw. Wirtschaftsjahres).

Eine Passivierung von Steuerlatenzen wegen rechtlicher Entstehung scheidet also aus.

3.2 Keine wirtschaftliche Verursachung

Mangels rechtlicher Entstehung bleibt als möglicher Grund einer Rückstellung für passive Latenzen lediglich die **wirtschaftliche Verursachung** übrig. Der Begriff der wirtschaftlichen Verursachung ist allerdings schillernd. Weithin fehlt ihm ein konkreter Gehalt, was ursächlich für eine Vielzahl von Zweifelsfragen ist (→ § 249 Rz. 23 ff.).[2] 8

Insgesamt fehlt es an einem durchgängigen Konzept zur Beurteilung des Tatbestandsmerkmals wirtschaftlicher Verursachung. Die bisherige Rechtsauslegung von § 249 HGB – vornehmlich durch den BFH – ist kasuistisch geprägt und – i. S. eines „Divergenzslaloms"[3] – lediglich für **einzelne Fallgruppen** von Verpflichtungen festgelegt.[4]

Die für Steuerschulden relevante Fallgruppe ist die der **öffentlich-rechtlich begründeten Verpflichtungen.** Für diese Fallgruppe hat der BFH in **Auslegung von § 249 HGB** eine Klärung herbeigeführt, die einer weitgehenden Interpretation der wirtschaftlichen Verursachung entgegensteht. Danach gilt bei gesetzlichen oder öffentlich-rechtlichen Schulden Folgendes: Eine wirtschaftliche Verursachung ist erst dann gegeben, wenn das Entstehen der Verbindlichkeit nur noch von wirtschaftlich **unwesentlichen Tatbestandsmerkmalen** abhängt und damit der Tatbestand, an den das **Gesetz** das Entstehen der Verpflichtung knüpft, **im Wesentlichen bereits verwirklicht ist.**[5] Das kommentierende Schrifttum folgert hieraus zutreffend für Jahressteuern: Auch wirtschaftlich entstehen Schulden aus Jahressteuern i. d. R. erst mit dem **Ablauf des jeweiligen Erhebungszeitraums.** Vorher ist der steuerauslösende Tatbestand noch nicht im Wesentlichen verwirklicht.[6] Die wirtschaftliche Verursachung passiver Latenzen liegt daher erst mit Ablauf des jeweiligen Erhebungszeitraums vor, in dem die latente Steuer zur manifesten Verpflichtung wird. Die Versuche, diese Argumentation zu umgehen, indem an die Stelle des für die Rückstellungsbilanzierung fundamentalen Begriffs der wirtschaftlichen **Verursachung** der der wirtschaftlichen **Belastung** gesetzt wird[7] oder der Rechtsprechung angebliche

1 Vgl. *ADS*, 6. Aufl. 1996, § 249 Tz. 68 ff.

2 Vgl. etwa *Schön*, Beilage 9 zu BB 1994 S. 4.

3 *Buciek*, FR 2010 S. 610.

4 Vgl. für eine Übersicht *Hoffmann* in Littmann/Bitz/Pust (Hrsg.), EStG, §§ 4, 5 Tz. 877.

5 BFH, Urteil v. 25.8.1989 – III R 95/87, BStBl II S. 893 und BFH, Urteil v. 1.8.1984 – I R 88/80, BStBl 1985 II S. 44, jeweils m. w. N.

6 Vgl. *Weber-Grellet* in Schmidt, EStG, 34. Aufl. 2015, § 5 Tz. 387.

7 So IDW RS HFA 7 Tz. 26; zur Kritik vgl. *Hoffmann*, StuB 2012 S. 608.

Unterschiede zwischen handels- und steuerrechtlichem Konzept der wirtschaftlichen Verursachung entgegengehalten werden,[1] überzeugen schon deshalb nicht, weil die zitierte BFH-Rechtsprechung explizit auf die Auslegung von § 249 HGB, also des Handelsrechts, zielt.[2] Wenig erhellend wirkt auch ein Fußnotenhinweis, wonach wirtschaftliche Verursachung nicht identisch sei mit dem Begriffsinhalt der wirtschaftlichen Belastung, solange dieser Unterschied nicht dargestellt wird.[3] Bestätigt wird unser Befund einer fehlenden wirtschaftlichen Verursachung durch das den Ertragsteuern zugrunde liegende Prinzip der **Abschnittsbesteuerung.**[4] Im Hinblick auf dieses Prinzip leisten passive latente Steuern aus Buchwertdifferenzen nur einen **wertbildenden** Beitrag zu in künftigen Perioden möglicherweise entstehenden Steuerschulden.

BEISPIEL ► Aufgrund steuerlicher Subventionsvorschriften darf U auf eine am 31.12.00 für 1.000 GE angeschaffte Anlage mit einer Nutzungsdauer von 20 Jahren eine Sofortabschreibung von 50 % vornehmen. Der Restbuchwert ist auf die Jahre 1 bis 20 gleichmäßig mit je 25 GE zu verteilen. Handelsbilanziell wird die Anlage, beginnend am 1.1.01, mit 50 GE p. a. abgeschrieben. Weitere Differenzen zwischen Handels- und Steuerbilanz bestehen nicht. Der Steuersatz beträgt 30 %.

Spiegelbild der nur steuerlich vorgenommenen Sofortabschreibung von 500 GE im Jahr 00 ist eine im Vergleich zur Handelsbilanz um 25 GE geringere Abschreibung in den Steuerbilanzen 01 bis 20. Nach ERS HFA 7 wäre (Abzinsungseffekte ignoriert, dazu → Rz. 9) eine Verbindlichkeitsrückstellung von 150 GE (= 30 % · 500 GE) zum 31.12.00 geboten. Diese Steuerrückstellung würde, wenn man der Auffassung des IDW folgt, die wirtschaftlich bereits zum 31.12.00 entstandenen Steuerschulden der Jahre 01 bis 20 (jeweils 30 % · 25 GE = 7,5 GE) abbilden.

Tatsächlich ist aber völlig ungewiss, wie hoch die Steuerschuld in 01, 02, 03 etc. ausfallen wird. Besteuert werden nicht einzelne (Bilanzierungs-)Sachverhalte (etwa Abschreibungen), sondern nach dem Prinzip der Abschnittsbesteuerung **Jahresergebnisse** aus 01, 02, 03 etc. Völlig ungewiss und durch kein begründetes Wahrscheinlichkeitskalkül zu fassen ist dann etwa, ob in den Jahren 15 ff. positive Ergebnisse erzielt werden, die Minderabschreibung in der Steuerbilanz also überhaupt eine steuerliche Wirkung zeigt. Kontrafaktisch unterstellt, es gäbe eine solche Wahrscheinlichkeit, bliebe es gleichwohl dabei, dass aus der latenten Steuerschuld in 00 nie eine tatsächliche Schuld wird, sondern bestenfalls Beiträge zur Höhe der zukünftigen Steuerschulden der nächsten 20 Jahre. Somit liegt nicht einmal ein wertbildender Faktor einer Schuld vor, sondern wertbildende Faktoren von 20 verschiedenen Schulden. Diese Wertbeiträge stehen überdies – neben der Erzielung eines positiven Ergebnisses – unter zahlreichen weiteren Nebenbedingungen, etwa dass in 20 Jahren überhaupt noch Gewerbesteuer erhoben wird, der Steuersatz konstant bleibt etc. Die Bilanzierung der Wertbeiträge erscheint unter diesen Umständen hoch artifiziell. Dies hindert nicht ihren Ansatz nach § 274 HGB, da dort ein entsprechendes Vorgehen vorgeschrieben ist, spricht aber gegen eine Übertragung auf die solche speziellen Vorschriften nicht enthaltenden §§ 249 und 253 HGB. Die Lex specialis (§ 274 HGB) ist nicht analogiefähig.

Ein zum Bilanzstichtag bestehender Buchwertunterschied stellt für die möglicherweise entstehenden zukünftigen Steuerschulden daher lediglich eine **Summe wertbildender Faktoren** dar. Er kann zwar Jahressteuerschulden erhöhen, ist **selbst aber keine Schuld** dem Grunde nach.

Zusammenfassend gilt damit u. E. Folgendes: Mangels rechtlicher Entstehung und wirtschaftlicher Verursachung begründet eine passive Latenz keine nach § 249 HGB zu bilanzierende Schuld.[5]

1 Vgl. *Kanitz*, WPg 2011 S. 895 ff.
2 Vgl. zur Detailkritik dieser Positionen *Hoffman*, StuB 2012 S. 249 ff. und S. 289 ff.
3 Vgl. *Kirsch/Hoffmann/Siegel*, DStR 2012 S. 1291.
4 Vgl. BFH, Beschluss v. 17.2.2005 – XI B 138/03, BFH/NV 2005 S. 1264.
5 Gleicher Auffassung u. a. *Müller*, DStR 2011 S. 1046 ff., *Völkner/Feldgen*, BB 2012 S. 1333 ff. und *Gröne/Meyering*, DB 2014 S. 669 ff.

Einer anderen Philosophie bzgl. der wirtschaftlichen Verursachung von Steuerlatenzen folgt die Bundessteuerberaterkammer in einer Verlautbarung.[1] Die wirtschaftliche Verursachung (→ § 249 Rz. 23 ff.) wird weder generell bejaht noch verneint, sondern für solche Fälle angenommen, „in denen die Ansatz- oder Bewertungsdifferenz auf steuerlichen Tatbeständen beruht, mit denen der Steuergesetzgeber eine Steuerstundung bezweckt". Dies sei etwa gegeben bei 8a

- steuerfreien Rücklagen nach § 6b Abs. 3 EStG und R 6.6 Abs. 4 EStR,
- der Inanspruchnahme des Investitionsabzugsbetrags nach § 7g Abs. 1 EStG.

Gegen diese „vermittelnde" Position wird zu Recht eingewandt, dass „für die wirtschaftliche Verursachung einer ungewissen Verbindlichkeit die Intention des Gläubigers völlig unerheblich" ist.[2]

4. Widersprüche bei Bewertung und Ausweis

Würde bei nicht von § 274 HGB betroffenen Unternehmen gleichwohl an der Qualifikation von Passivlatenzen als Rückstellung festgehalten, ergäbe sich folgende Konsequenz: Anders als (mittel-)große Kapital- und „Kap. & Co."-Gesellschaften, für die ein explizites Abzinsungsverbot von Steuerlatenzposten besteht (so auch DRS 18.49), hätten von der pflichtweisen Anwendung des § 274 HGB befreite Unternehmen bei der Bewertung eine **Diskontierung** der als Rückstellung zu erfassenden passiven Steuerlatenzen mit einer Restlaufzeit von mehr als einem Jahr vorzunehmen (§ 253 Abs. 2 Satz 1 HGB). 9

Das IDW bezieht hier wie folgt Stellung:[3] Die Bewertung von Steuerlatenzposten richte sich nach den „Grundsätzen ordnungsmäßiger Buchführung und den allgemein für Rückstellungen geltenden Vorschriften". Es sei aber „nicht zu beanstanden, wenn i. S. d. Rechtsgedankens des § 274 Abs. 2 Satz 1 HGB eine Abzinsung der Rückstellungen unterbleibt". Der bilanzielle Ausweis soll andererseits unter der Rubrik Steuerrückstellungen erfolgen, ein gesonderter Ausweis als „passive latente Steuer" nach § 266 Abs. 3 E HGB soll ausscheiden.[4]

Konzeptionell sind diese Ausführungen – Ansatz und Ausweis als Rückstellung, aber (wahlweise) Bewertung als (Steuerlatenz-)Posten eigener Art – widersprüchlich. Sie stellen im Ergebnis reine Kasuistik dar. Eine Rechtfertigung für diese Kasuistik lässt sich nicht erkennen. Sie wird aber entbehrlich, wenn nach der hier begründeten Auffassung Rückstellungen für Latenzen unterbleiben.

Abweichend von der Auffassung des IDW verlangt die BStBK[5] eine Abzinsung für die sich evtl. aus den Latenzen ergebende Rückstellung.

5. Freiwillige Anwendung von § 274 HGB

Eine freiwillige Anwendung der Vorgaben zur Steuerlatenzrechnung durch Personenunternehmen (und kleine Kapitalgesellschaften) ist nach ganz einheitlicher Meinung **zulässig**.[6] Die ent- 10

1 *BStBK*, Verlautbarung der Bundessteuerberaterkammer zum Ausweis passiver latenter Steuern als Rückstellungen in der Handelsbilanz, DStR 2012 S. 2296 f.
2 *Karrenbrock*, BB 2013 S. 235 ff.
3 IDW RS HFA 7 Tz. 27.
4 IDW RS HFA 7 Tz. 28.
5 *BStBK*, Verlautbarung, DStR 2012 S. 2296 f.
6 Bestätigt durch IDW RS HFA 7 Tz. 18.

sprechende Wahlrechtsausübung zieht nach zutreffender Auffassung des IDW zwar keine verpflichtende Berücksichtigung „aller sonstigen für Kapitalgesellschaften und haftungsbeschränkte Personenhandelsgesellschaften geltenden Vorschriften" nach sich,[1] u. E. ist bei freiwilliger Latenzrechnung aber jedenfalls der gesamte Regelungsbereich des § 274 HGB zu beachten. Ein ***„cherry picking"***, das die Steuerlatenzrechnung etwa auf die Aktivierung einer steuerlichen Verlustverrechnungsmöglichkeit beschränken (Abs. 1 Satz 4 HGB), Buchwertdifferenzen aber außer Acht lassen würde, **scheidet aus.**. Wenn eine (freiwillige) Latenzrechnung erfolgt, muss der gesamte Inhalt des § 274 HGB abgearbeitet werden.

Ob die freiwillige Anwendung von § 274 HGB auf die **Angabepflichten** nach § 285 Nr. 29 HGB ausstrahlt, hängt u. E. vom allgemeinen Umgang mit dem „Anhang" ab. Ergänzt ein Personenunternehmen seinen Jahresabschluss um anhangähnliche „Erläuterungen", ist es nicht an die Vorgaben von §§ 284 ff. HGB gebunden. Bezeichnet es den Ergänzungsteil jedoch explizit und ohne Einschränkung als Anhang, ist u. E. zur Vermeidung von Irreführungen eine vollständige Beachtung der (größenabhängigen) Angabevorschriften geboten (→ § 264 Rz. 9). Bei Anwendung von § 274 HGB darf dann u. E. nur noch das kleine und mittelgroße Personenunternehmen wegen § 286 HGB die Angaben nach § 285 Nr. 29 HGB unterlassen.

III. Konzeptionelle Grundlagen

1. Der ökonomische Gehalt der Steuerlatenzierung

11 Die Steuerlatenzrechnung stellt (abgesehen von Verlustvorträgen) bilanziell die zukünftigen Steuerbe- oder -entlastungen aus **Buchwertunterschieden** zwischen Aktiv- und Passivposten der Handels- und Steuerbilanz dar. Diese können auf unterschiedlichen Ansätzen oder Bewertungen beruhen. Aus der Veränderung der bilanzierten Latenzen zwischen zwei Stichtagen ergibt sich korrespondierend ein Steuerertrag und -aufwand in der GuV-Rechnung (→ Rz. 75). Dem Zukunftsbezug der bilanziellen Latenzrechnung entsprechend spricht man im angelsächsischen Sprachbereich passenderweise von *deferred tax assets* oder *deferred tax liabilities*, also wörtlich aufgeschobenen bzw. noch nicht geschuldeten Steuern. Die Steuerlatenzrechnung führt dadurch die **zeitlichen Unterschiede** beider Rechenwerke – Handels- und Steuerbilanz – zusammen. Die Steuerfolgen aus bestehenden Bilanzansätzen werden **antizipiert.** Die möglichen Buchwertunterschiede zwischen Handels- und Steuerbilanz sind umfassend und systematisiert dargestellt in → § 252 Rz. 280.

Der Entstehungs**grund** für die Steuerlatenz beruht außer auf den genannten

- **Buchwertunterschieden** zwischen Handels- und Steuerbilanz
- auch auf Steuerfolgen aus **Verlust**- und **Zinsschranken**-Vorträgen (→ Rz. 44).

12 Die Steuerlatenzrechnung **ergänzt** die Regeln zur Erfassung des sog. **laufenden** Steueraufwands im handelsrechtlichen Abschluss, d. h. zur Erfassung der bis zum Bilanzstichtag entstandenen Steuern vom Einkommen und Ertrag (in deutscher Terminologie). Dazu gehören aus deutscher Sicht die Körperschaft- und die Gewerbesteuer, vergleichbare ausländische Steuern (im Einzelabschluss aufgrund von ausländischen Betriebsstätten) sowie ausländische Quellensteuern, egal ob diese auf die deutsche Steuerschuld angerechnet werden können oder nicht. Zu den in diesem Sinne bis zum Bilanzstichtag entstandenen Steuern gehören auch Erstat-

1 IDW RS HFA 7 Tz. 18.

tungsansprüche aus **Verlustrückträgen,** die allerdings nicht als latente Steuern, sondern als Steuerforderungen auszuweisen sind. Durch eine vorgesehene Änderung im Rahmen des Vierten Corona-Steuerhilfegesetzes wird die Verlustrücktragsmöglichkeit von einem auf zwei Jahre erhöht.

Ein weiterer (indirekter) Anwendungsbereich der Steuerlatenzrechnung liegt in der Darstellung eines zum ausgewiesenen Ergebnis **vor** Steuern **„passenden“** Steueraufwands. Damit eng verbunden ist die Entwicklung des ausgewiesenen Steueraufwands (einschließlich solchen aus der Steuerlatenzrechnung) vom **vermuteten Steueraufwand** aus Anwendung der bestehenden Steuersätze auf das Ergebnis vor Steuern zum **effektiv** ausgewiesenen Betrag. Durch Einbeziehung des Aufwands bzw. Ertrags aus der Steuerlatenzrechnung „passt“ der ausgewiesene Steueraufwand tendenziell zum Ergebnis vor Steuern, d. h. die tatsächliche **Steuerquote** zur nach den nominellen Steuersätzen zu erwartenden, allerdings in der Praxis und auch im Schrifttum regelmäßig bezogen auf den Konzernabschluss („Konzernsteuerquote“). In der bilanzanalytischen Auseinandersetzung mit dem Einzelabschluss nach HGB hat diese Größe kaum Bedeutung. Allerdings liefert die Steuerlatenzrechnung bei einigen Sachverhalten keine ausreichende Grundlage zur Erklärung der Steuerquote (das prozentuale Verhältnis von Steueraufwand zum Ergebnis vor Steuern), weshalb nach der Gesetzesbegründung im Regierungsentwurf des BilMoG eine **Überleitungsrechnung** gefordert wurde. DRS 18.67 a. F. schreibt sie für den Konzernabschluss vor (→ Rz. 105). 13

Zu Beispielen für das Vorliegen von Buchwertunterschieden (zwischen Handels- und Steuerbilanz) sowie zur Buchungstechnik wird auf → Rz. 24 verwiesen.

2. Bilanzorientierte Methode der Steuerabgrenzung

Konzeptionell kann die Steuerlatenzrechnung an die beiden Bestandteile des Jahresabschlusses anknüpfen: 14

- An die **GuV**-Rechnung, indem die jeweiligen Unterschiede zur steuerlichen Erfolgsermittlung aufgelistet und saldiert werden, um mit dem anzuwendenden Steuersatz einen aktiven oder passiven Überhang zu ermitteln. Beim aktiven Überhang entsteht in Form der Gegenbuchung ein Ertrag und umgekehrt beim passiven Überhang ein Aufwand. Dieses Verfahren ist „GuV-orientiert“, wird international als *Timing*-Konzept bezeichnet und gilt deshalb als **„dynamisch“.**
- Die andere Methode knüpft ebenfalls an die Buchwertunterschiede zwischen Handels- und Steuerbilanz an (→ Rz. 11) und errechnet daraus aufgrund des anzuwendenden Steuersatzes ein latentes Steuerguthaben oder umgekehrt eine entsprechende Schuld. Dieses Verfahren gilt als **bilanzorientiert** und wird deshalb als **„statisch“** dargestellt. International spricht man hier vom *Temporary*-Konzept.

Dieser konzeptionelle Unterschied im Ansatz verwischt sich allerdings letztlich durch die Gesetze der Doppik. Unterschiedliche Bilanzansätze müssen sich notwendig im Ergebnis niederschlagen oder umgekehrt: Die Ergebnisunterschiede führen zu entsprechenden Bilanzposten. Deshalb unterscheiden sich die beiden Konzepte der Steuerabgrenzungsrechnung i. d. R. nur in der Ermittlungstechnik (→ Rz. 24). Materiell gibt es allerdings dann einen Unterschied, wenn (handelsrechtlich) Ansatz- oder Bewertungsunterschiede am Stichtag gegenüber dem Vorjahresausweis erfolgsneutral zu behandeln sind, d. h. in der Buchhaltersprache nicht über die GuV gezogen, sondern direkt im Eigenkapital gebucht werden. Dies ist im Einzelabschluss nach 15

HGB nur ausnahmsweise bei Zugangsbuchungen (→ Rz. 25) und im Übergang zu einem neuen Recht (z. B. Art. 67 EGHGB) möglich.

16 Fraglich ist, ob das in § 274 HGB verfolgte *Temporary*-Konzept die Latenzierung auf **Buchwertunterschiede** beschränkt oder auch zur steuerlichen Gewinnermittlung vorzunehmende außerbilanzielle **Hinzurechnungen** oder **Abzüge** einen Einfluss auf die Höhe der latenten Steuern haben. Für die Berücksichtigung solcher Korrekturen sprechen sich Standardsetter[1] und Teile des Schrifttums aus.[2] Als (allerdings in der Praxis wenig relevantes, weil nur kleine, von den Latenzierungsvorschriften befreite Gesellschaften betreffendes) Beispiel wird der Investitionsabzugsbetrag nach § 7g EStG angeführt. Hiernach kann der steuerliche Gewinn um 40 % der Anschaffungs-/Herstellungskosten bestimmter, voraussichtlich in den folgenden drei Jahren zugehender Anlagegüter gemindert werden, wobei im Jahr des tatsächlichen Zugangs umgekehrt eine Hinzurechnung zum Gewinn in gleicher Höhe stattfindet. Der Investitionsabzugsbetrag bewirkt also zweierlei:

- Er **senkt** die laufende Steuer im Jahr der Vornahme des Abzugs,
- er **erhöht** die voraussichtliche Steuerbelastung im Jahr der Anschaffung/Herstellung.

Als Vorsorge für die voraussichtliche zukünftige Steuermehrbelastung und damit auch zur Herstellung einer zutreffenden Steuerquote soll

- im Jahr der Vornahme des Investitionsabzugs eine passive latente Steuer aufwandswirksam gebildet und
- diese im Jahr des Zugangs des Anlageguts ertragswirksam aufgelöst werden.

Zur Begründung eines solchen Vorgehens wird im Wesentlichen auf das **Ziel** des *Temporary*-Konzepts verwiesen, wonach zukünftige Steuerbe- und -entlastungen vollständig darzustellen sind. Unseres Erachtens findet diese Zielsetzung im Wortlaut des Gesetzes aber gerade keinen Niederschlag.[3] Abs. 1 Satz 1 hält vielmehr fest:

- „Bestehen zwischen den handelsrechtlichen **Wertansätzen** von Vermögensgegenständen, Schulden und Rechnungsabgrenzungsposten und ihren steuerlichen Wertansätzen Differenzen, die sich in späteren Geschäftsjahren voraussichtlich abbauen,
- so ist eine sich **daraus** insgesamt ergebende Steuerbelastung als passive latente Steuern ... in der Bilanz anzusetzen."

Das Gesetz verlangt demnach nicht die Passivierung **sämtlicher** zukünftiger Steuerbelastungen, sondern ausdrücklich nur solcher, die sich **aus** Differenzen in Ansatz und Bewertung von Bilanzposten ergeben. Eine solche Differenz in Bilanzposten liegt bei außerbilanziellen Hinzurechnungen oder Abzügen aber definitionsgemäß nicht vor.[4] Die von Standardsettern und Teilen des Schrifttums vertretene Auffassung ist daher u. E. durch den Gesetzeswortlaut nicht gedeckt.[5]

---

1 DRS 18.37, ähnlich IDW RS HFA 7 Tz. 20.

2 Zum Beispiel *Kühne/Melcher/Wesemann*, WPg 2009 S. 1057 ff.; *Zimmert*, DStR 2010 S. 826, dagegen: *Lüdenbach/Freiberg*, BB 2010 S. 1971 ff.

3 Vgl. *Weidmann*, StR 2011 S. 2108 ff.

4 Gleicher Auffassung *Weidmann*, DStR 2011 S. 2108 ff., da das Gesetz nicht von steuerlichen Werten/Bewertungen, sondern Wertansätzen spreche und dieser Begriff nicht anders als in § 253 Abs. 1 Satz 1 HGB verstanden werden könne. Eine Ausweitung der Latenzierung auf außerbilanzielle Hinzurechnungen sei daher allenfalls durch rechtsfortbildende Analogie möglich.

5 Anderer Auffassung *Wolz*, DB 2010 S. 2625 ff., der im Begriff „steuerlicher Wertansatz" auch außerbilanzielle Steuereffekte inkludiert sieht.

Im Übrigen wird das von den Standardsettern zur Begründung der Latenzierung außerbilanzieller Korrekturen vorgebrachte Argument, zukünftige Steuerbe- und -entlastungen müssten vollständig dargestellt werden, auch nicht konsistent verfolgt:[1] Entsprechende Be- und Entlastungen ergeben sich auch aus Sonderbetriebsvermögen. Gleichwohl lehnen die Standardsetter hier eine Latenzierung ab, da den Be- und Entlastungen keine Buchwertunterschiede im (handelsrechtlich bilanzierten) Vermögen zugrunde liegen (→ Rz. 97).

(einstweilen frei) 17–19

IV. Bilanzansatz

1. Latenzen auf Buchwertunterschiede (Abs. 1 Satz 1 und 2)

1.1 Zeitlich begrenzte vs. dauerhafte Unterschiede

Die Steuerlatenzrechnung nach § 274 HGB orientiert sich am international üblichen *Temporary*-Konzept (→ Rz. 14 und → Rz. 16). 20

Bzgl. der **Buchwertunterschiede** ist dabei zu differenzieren zwischen

- **zeitlich begrenzten** Unterschieden *(temporary differences)*, d. h. solchen Unterschieden zwischen Handels- und Steuerbilanz mit entsprechender Ergebnisfolge, die sich im Zeitverlauf umkehren,
- **dauerhaften** Unterschieden *(permanent differences)*, die in späteren Zeiten keine Umkehr erfahren, sowie
- **quasipermanenten** Unterschieden, womit Fälle angesprochen sind, die zwar dem Grunde nach später einmal aufgelöst werden könnten, deren Auflösung aber nicht geplant und höchst unwahrscheinlich ist (z. B. beim Fabrikgrundstück, ohne das der Betrieb nicht existieren kann).

Die letztgenannte Kategorie galt nach § 274 HGB a. F. als nicht latenzierungspflichtig, in der Neufassung des HGB durch das BilMoG ist das „Quasi"-Tatbestandsmerkmal nicht mehr gegeben, d. h., auch wenn sich ein Buchwertunterschied nach jetzigem Kenntnisstand „nie" auflösen kann – weil das Fabrikgrundstück zur Produktion einfach benötigt wird –, muss gleichwohl eine Latenzierung erfolgen. 21

Permanente Differenzen sind im Gesetzeswortlaut förmlich nicht angesprochen, ergeben sich jedoch indirekt aus dem Konzept der Latenzrechnung auf der Grundlage von Buchwertunterschieden. Solche permanenten Differenzen betreffen i. e. S.Unterschiede in den **Buchwerten** von Handels- und Steuerbilanz, die aufgrund steuerlicher **Besonderheiten nicht steuerwirksam werden.** 22

BEISPIEL ▸ Eine Beteiligung ist im HGB-Abschluss mit 100, in der Steuerbilanz mit 80 erfasst. Sind Erträge und Aufwendungen aus Beteiligungen (Veräußerungsgewinne, Teilwertabschreibungen etc.) bei der Ermittlung des steuerlichen Einkommens nicht zu berücksichtigen, ist die Höhe des Steuerbilanzbuchwerts für die zukünftige Steuerbelastung unerheblich. Damit kann aus der Differenz zum HGB-Buchwert auch keine zukünftige Steuerbe- oder -entlastung resultieren. Latente Steuern sind nicht zu bilden.

1 So die zutreffende Kritik von *Völkner/Feldgen*, BB 2012 S. 1333 ff.

Die tatsächliche Rechtslage in Deutschland unterscheidet sich vom vorstehenden Beispiel wie folgt: Erträge aus Beteiligungen an Kapitalgesellschaften sind steuerlich nicht völlig, sondern infolge des 5%igen Zuschlags zur Gewinnermittlung nach § 8b Abs. 5 KStG nur zu 95 % freigestellt. Buchwertunterschiede im Beteiligungsansatz haben daher eine Steuerwirkung von etwa 1,5 % des Gewinns. Auf die Latenzierung dieses Betrags kann aus Wesentlichkeitsgründen häufig verzichtet werden.

Im weiteren Sinne werden als permanente Differenzen auch solche bezeichnet, die bilanziell (von bestimmten Ausnahmen abgesehen) gar keinen Niederschlag finden und damit schon nach der Grundkonzeption des bilanzorientierten *Temporary*-Konzepts (→ Rz. 14) für eine Latenzrechnung ausscheiden. Betroffen sind:

- **Nicht abzugsfähige Betriebsausgaben,** beispielsweise i. S. des § 4 Abs. 5 EStG mit den Anwendungsbeispielen von Geschenken und Bewirtungskosten, Abschreibungen auf Beteiligungen an Kapitalgesellschaften oder die Zurechnungen bei der Gewerbesteuer (§ 8 GewStG).
- **Steuerfreie Betriebseinnahmen,** z. B. Dividenden von Tochterkapitalgesellschaften, Investitionszulagen und Kürzungen bei der Gewerbesteuer (§ 9 GewStG).

23 Die **zeitlich begrenzten** Unterschiede ergeben sich aus Abweichungen zwischen dem HGB-Bilanzausweis eines Bilanzpostens und dem entsprechenden steuerlichen Wert (→ Rz. 11). Dabei gilt folgende Gleichung:

Buchwert nach HGB abzüglich Steuerbilanzwert = zeitlicher Unterschiedsbetrag *(temporary difference).*

Dieser Buchwertunterschied kann beim späteren Ausgleich (Umkehr der Differenz) zu einer Steuerbelastung (passive latente Steuer) oder einer Steuerentlastung (aktive latente Steuer) führen.

Folgendes Schema strukturiert die einschlägigen Begriffe:

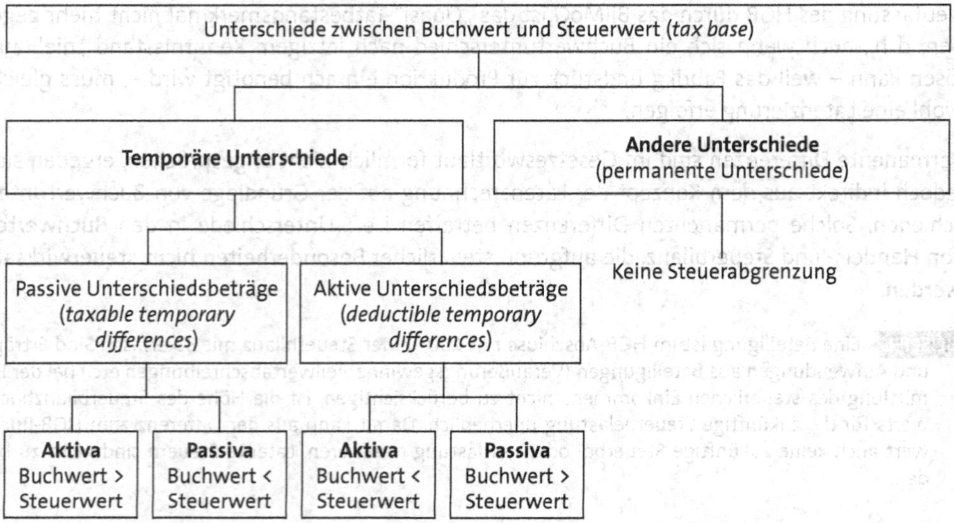

Zu den Vorgängen, die zu einer Realisierung (Auflösung) der Buchwertdifferenzen führen, wird auf → § 306 Rz. 7 verwiesen.

1.2 Anwendungsfälle temporärer Differenzen mit Buchungstechnik

Die vorstehenden abstrakten Begriffsdefinitionen mit ihren Auswirkungen lassen sich auf folgende „Faustformel" zurückführen: 24

- **Minder**vermögen in der HGB-Bilanz gegenüber Steuerbilanz: **aktive** Latenz.
- **Mehr**vermögen in der HGB-Bilanz gegenüber Steuerbilanz: **passive** Latenz.

Dazu folgende Beispielsfälle mit einem unterstellten Steuersatz von jeweils 30 % (→ Rz. 65):

BEISPIEL Die G-GmbH verkauft unter dem Regelungsbereich des § 6b EStG ein unbebautes Grundstück und stellt den Veräußerungsgewinn von 60 in der Steuerbilanz in eine Rücklage nach § 6b EStG ein. In der Handelsbilanz beträgt der Buchwert dieser Rücklage null. Es besteht ein Mehrvermögen in der Handelsbilanz von 60, der Steueraufwand ist zu niedrig ausgewiesen, d. h., es ist ein latenter Steueraufwand von 18 passiv abzugrenzen.

Im nächsten Jahr erwirbt G ein Ersatzgrundstück mit Anschaffungskosten von 100 und überträgt auf dieses in der Steuerbilanz die Rücklage nach § 6b EStG. Der steuerliche Buchwert beträgt dann 40, der handelsrechtliche 100. Es verbleibt bei der passiven Latenz von 18.

BEISPIEL Die G-GmbH hat zum 1.1.00 von einem Konkurrenten eine Zweigniederlassung mit Anschaffungskosten von 1.000 erworben. Darin ist ein Firmenwert von 1.000 enthalten. Über die Höhe des Firmenwerts besteht Einvernehmen mit dem Finanzamt. G schreibt handelsrechtlich den Firmenwert über zehn Jahre ab, der Buchwert liegt somit zum 31.12.01 bei 900. Steuerlich gilt die Nutzungsfiktion von 15 Jahren, die Abschreibung beträgt daher 67. Im Buchwertunterschied von 33 ist eine aktive Steuerlatenz von zehn enthalten. Im Verhältnis zum ausgewiesenen handelsrechtlichen Ergebnis ist insoweit der laufende Steueraufwand zu hoch. Im Zeitverlauf wird sich dieser Unterschied umdrehen, und zwar mit Beginn nach dem zehnten Nutzungsjahr, weil dann handelsrechtlich nichts mehr, steuerlich aber noch fünf Jahre etwas abzuschreiben ist.

Firmenwert				
Jahr	HB	StB	Buchwert-unterschied	Aktive Latenz HB
Zugang 1.1.01	1.000	1.000		
Abschreibung Jahr 01	100	67		
Buchwert 31.12.01	900	933	33	10
Abschreibung Jahr 02 bis 10	900	603		
Buchwert 31.12.10	0	330	330	100
Abschreibung Jahr 11	0	67		
Buchwert 31.12.11	0	263	263	79
Abschreibung Jahr 12 bis 15	0	263	263	79
Buchwert 31.12.15	0	0		

Das Berechnungsbeispiel zeigt: In den ersten zehn Jahren erhöht sich gleichbleibend die aktive Latenz um zehn bis zum Erreichen des handelsrechtlichen Buchwerts von null mit der Folge einer Latenz von 100, die dann bis zum Ende des steuerlichen Abschreibungszeitraums ihrerseits auf null reduziert wird.

Aus einem anderen Blickwinkel zeigt die Auswertung: Zum 31.12.01 bzw. im Geschäftsjahr 01 „passt" der Steueraufwand nicht zum handelsrechtlichen Ergebnis vor Steuern (→ Rz. 13). Dieses ist c. p. um 33 niedriger als das Steuerergebnis, woraus sich folgende Berechnung ableiten lässt:

HB-Ergebnis 01	900	
StB-Ergebnis	933	
Erwartete Steuer		270
StB-Ergebnis 01	933	
Tatsächliche Steuer		280
Aktive Latenz (Ertrag) 30 % von 33 %		10
Steuerausweis in der HB-GuV (= 30 % von 900)		270

BEISPIEL Die G-GmbH zahlt für eine Restlaufzeit von vier Jahren 250 p. a. an Miete für eine nicht mehr genutzte Verkaufsfiliale und muss deshalb eine steuerlich nicht anzuerkennende (§ 5 Abs. 4a EStG) Drohverlustrückstellung (→ § 249 Rz. 160) bilden. Das handelsbilanzielle Vermögen ist im Zugangsjahr 01 um 1.000 niedriger als in der Steuerbilanz ausgewiesen mit der Folge einer aktiven Latenz. Diese mindert sich in den vier Jahren bis zum Ablauf des Mietvertrags entsprechend. Dazu folgende Übersicht:

Jahr	Buchwertentwicklung Drohverlustrückstellung		Steuern aus aktiver Latenz	
	HB	StB	Absolut	Differenz
Zugang 31.12.01	1.000	0	300	+300
Verbrauch Jahr 01	250	0		
Stand 31.12.02	750	0	225	-75
Verbrauch Jahr 03 bis 05	750	0	225	-225
Stand 31.12.05	0		0	0

HB-Ergebnis 01	0	
StB-Ergebnis 01	1.000	
Erwartete Steuer HB		0
Laufende Steuer		300
Steuerertrag aus aktiver Latenz		-300
Steuerausweis in der HB-GuV 01		0

BEISPIEL Wegen abweichenden Rechnungszinsfußes für Pensionsrückstellungen einer neu installierten betrieblichen Altersversorgung ergeben sich folgende Abweichungen zwischen Handels- und Steuerbilanz:

	Buchwertentwicklung Pensionsrückstellung			Latenz	
	HB	StB	Buchwert-unterschied	Aktiv	Passiv
31.12.01	1.000	900	100	30	
31.12.02	1.200	1.260	-60		18
31.12.03	1.300	1.340	-40		12
31.12.04	1.400	1.380	+20	6	
				36	30
Latente Steuer/Aufwand - /Ertrag +					
01		+30			
02		-48			
03		+6			
04		+18			
Ergebnisauswirkung im Zeitverlauf		+6			

BEISPIEL Nach HGB wird eine Maschine linear mit 10 %, nach EStG mit 20 % degressiv abgeschrieben. Die Steuerlatenz zeigt sich wie folgt:

- Zunächst herrscht eine passive Latenz, da das HGB-Vermögen höher und daher der Steueraufwand zu niedrig war,
- nach dem „Umschlag" des jährlichen Abschreibungsbetrags wird die passive Latenz sukzessive aufgelöst.

Fälle einer passiven Steuerlatenz sind zunehmend im Gefolge überraschender BFH-Urteile (nach Rechtslage vor dem BilMoG) festzustellen.

Die Abschreibungen in der Handels- und Steuerbilanz sind jeweils autonom zu bestimmen (→ § 253 Rz. 221).

BEISPIEL[1]

	Stückpreis
Erwerb Infineon-Aktien am 23.5.01 zu	44,50
Kurs am 31.12.01	22,70
Kurs bei Erstellung des Abschlusses 01 (u. E. maßgeblich)	26,00

Streitig war die Dauerhaftigkeit der Wertminderung am 31.12.01 bzw. am Erstellungstag (→ § 253 Rz. 189).

Der BFH entschied: Die Dauerhaftigkeit der Wertminderung schlägt sich im Stichtagskurs nieder. Diese ist für die Steuerbilanz maßgeblich, nicht aber für die Handelsbilanz, für die ein anderes Nachhaltigkeitskriterium gelten soll (u. E. unzutreffend). Folge für den Sachverhalt:

	HB	StB	Passive Steuerlatenz
Kurse	44,50	22,70	6,54

BEISPIEL Für Investitions**zuschüsse** (nicht -zulagen), z. B. zur Errichtung eines Lagergebäudes, gewährt R 6.5 EStR 2012 ein Wahlrecht zur sofortigen ergebniswirksamen Vereinnahmung, das handelsrechtlich nach IDW HFA 1/84 nicht gilt. Daraus ergibt sich folgende Datenkonstellation:

	Aktiva		Passiva	
	HB	StB	HB	StB
Zugang Grundstück	1.000	1.000		
Investitionszuschuss			400	0
Aktive Latenz	120			

Die sofortige Vereinnahmung des Zuschusses führt zu einer effektiven Steuerschuld von 120, die durch die Aktivierung der Steuerlatenz an das HB-Ergebnis angepasst wird. Im Zeitverlauf wird die Aktivlatenz im Gefolge der ratierlichen Auflösung des Passivpostens nach Maßgabe der Gebäudenutzungsdauer abgebaut.

Die Ermittlung der aktiven und passiven Steuerlatenzen sollte **tabellarisch** – auch wegen des Aktivierungswahlrechts (→ Rz. 54) – erfolgen. Dazu folgendes Muster, das verschiedene in den vorherigen Beispielen angeführte Fälle aufgreift:

1 Nach BFH, Urteil v. 26.9.2007 – I R 58/06, BStBl 2009 II S. 294 = StuB 2008 S. 109 („Infineon-Aktien"), mit Anm. *Hoffmann*, DB 2008 S. 260. Dazu BMF, Schreiben v. 26.3.2009 – IV C 6 – S 2171 b/0, BStBl I S. 514, mit Anm. *Hoffmann*, StuB 2009 S. 327.

Bilanzposten	HB	StB	Positive Differenz Passive Latenz*	Negative Differenz Aktive Latenz*
Investitionszuschuss	400	0		400
Aktien	45	23	22	
Pensionsrückstellungen	1.000	900		100
Drohverlustrückstellungen	1.000	0		1.000
Firmenwert	900	933		33
			22	1.533
	Tarif 30 %			
	Bilanzausweis		7	460
	Bilanzausweis Vorjahr**		170	220
	Steuerertrag		163	
	Steueraufwand			240

* Positiv: Mehrvermögen → passive Latenz.
Negativ: Mindervermögen → aktive Latenz.
** Unterstellt.

1.3 Latente Steuern aus Zugangsbuchungen

25 In bestimmten Fällen können Zugangsbuchungen mit unterschiedlichen Beträgen in der Handels- und Steuerbilanz erfolgen, und zwar bei

- **Tausch**geschäften (→ Rz. 28),
- **Einlagen** einzelner Vermögensgegenstände in Gesellschaften gegen oder ohne Gewährung von Gesellschaftsrechten,
- **gesellschaftsrechtlichen** Einbringungsvorgängen für Sachgesamtheiten (→ Rz. 33),
- **Unternehmenserwerben** im *Asset-Deal* (→ § 246 Rz. 381).

26 Der letztgenannte Fall kann eher selten eintreten, tut es aber, wenn die Kaufpreisallokation handelsrechtlich anders vonstattengeht als steuerlich.

BEISPIEL ▸ Handelsrechtlich wird der Vermögensgegenstand **„Kundenstamm"** identifiziert (→ § 301 Rz. 53), der steuerlich im Geschäfts- und Firmenwert aufgeht. Der Geschäfts- oder Firmenwert ist deshalb in der Steuerbilanz höher als in der Handelsbilanz mit der Folge einer aktiven Steuerlatenz. Die Berechnung ist in einem Beispiel unter → § 306 Rz. 11 wiedergegeben.

27 Nach der Begründung des Rechtsausschusses zum BilMoG und der mehrheitlichen Auffassung des Schrifttums[1] **müssen** passive Steuerlatenzen und **dürfen** aktive aus Zugangsvorgängen angesetzt werden, denn anders als IAS 12 enthält das HGB für bereits im Zugangszeitpunkt entstehende temporäre Differenzen keine Ausnahme von den allgemeinen Latenzierungsregeln. Betroffen ist auch der bereits einzelbilanziell entstehende Firmenwert. Einen **Vorbehalt** bzgl. des Geschäfts- und Firmenwerts wie für den Konzernabschluss gem. § 306 Satz 3 HGB enthält § 274 HGB für den Einzelabschluss nicht (→ § 306 Rz. 11). Gleichwohl hatte der HFA des IDW in

1 Vgl. z. B. IDW ERS HFA 27 Tz. 18; *Kühne/Melcher/Wesemann*, WPg 2009 S. 1005 ff.

der Sitzung vom 10./11.2.2011 einen Verzicht auf die Latenzierung des Firmenwerts aus einem *Asset-Deal* für zulässig erachtet. Dem folgte später der Entwurf zur Änderung von DRS 18 durch E-DRÄS 11. In der im November 2020 verabschiedeten endgültigen Fassung von DRÄS 11 ist die analoge Anwendung von § 306 HGB wiederum nicht mehr vorgesehen, gleichwohl aber in Tz. B6c der Begründung zum Standard angeführt, dass eine analoge Anwendung „vertretbar erscheint". Das Ganze wirkt – zurückhaltend ausgedrückt – merkwürdig inkonsistent. Wenn die analoge Anwendung „vertretbar erscheint", warum ist sie dann nicht in die geänderten Standards aufgenommen worden? So verständlich der Versuch ist, die kasuistische Differenzierung zwischen Latenzen nach § 274 HGB und solchen nach § 306 HGB zu heilen, so halbherzig muss am Ende ein solcher Versuch bleiben, weil die Kasuistik eben im Gesetz selbst angelegt ist und nur durch eine Revision des Gesetzes beseitigt werden könnte (dazu ausführlich: → § 306 Rz. 9 ff.). Für den prüfenden oder bilanzierenden Praktiker mag aber eine Berufung auf die Begründung zu DRS 18 ausreichend sein, um eine Nichtlatenzierung des einzelbilanziellen Firmenwertes zu rechtfertigen. Hält er sich hingegen an das Gesetz, so sind nach DRS 18.27b zwar nicht die beim Erstansatz entstehenden Differenzen, aber die aus unterschiedlicher Abschreibung danach entstehenden Differenzen zu latenzieren.

Eine gesetzliche Regel für die Gegenbuchung einer Steuerlatenz aus der Zugangsbuchung (einerlei ob bei Zugang des Firmenwertes oder in anderen Fällen) besteht nicht. Das Schrifttum schlägt unterschiedliche Lösungen vor:

BEISPIEL ▸ Die U-GmbH erhält eine steuerfreie Investitionszulage von 100, die sie handelsbilanziell von den Anschaffungskosten des Anlageguts abzieht, während sie steuerbilanziell die unverminderten Anschaffungskosten zeigt. Die so bereits im Zugangszeitpunkt der Anlage entstehende temporäre Differenz führt zu einer aktiven latenten Steuer.

Nach einer Auffassung ist die im Falle der Investitionszulage anzusetzende latente Steuer erfolgswirksam zu bilden (per aktive latente Steuer an Steuerertrag),[1] nach anderer Auffassung zur Wahrung der Erfolgsneutralität des Anschaffungsvorgangs erfolgsneutral (per aktive latente Steuer an Rücklagen).[2]

Unseres Erachtens ist eine erfolgs**neutrale** Erfassung aus zwei Gründen vorzuziehen:[3]

- Die erfolgsmäßige Behandlung der latenten Steuern sollte der Behandlung des **Grundsachverhalts** (Vorsteuersachverhalts) folgen. Da Letzterer bei Anschaffungen (Tausch) und anschaffungsähnlichen Tatbeständen (Einlagen) erfolgsneutral ist, sind auch die durch den Vorgang verursachten Latenzen erfolgsneutral zu behandeln.
- Ein entsprechendes Vorgehen kann sich überdies auf die Analogie zur **Erstkonsolidierung** nach § 301 HGB berufen. Der dort im Rahmen der Einzelerwerbsfiktion unterstellte erfolgsneutrale Anschaffungsvorgang führt ebenfalls regelmäßig zu temporären Differenzen, die als Nebeneffekt des Anschaffungsvorgangs wie dieser erfolgsneutral eingebucht werden.

Als Eigenkapitalkategorie kommen für die erfolgsneutrale Buchung die anderen Gewinnrücklage oder die **Kapitalrücklage** i. S. des § 272 Abs. 2 Nr. 4 HGB (→ § 272 Rz. 70) infrage.

1 Vgl. *Kühne/Melcher/Wesemann,* WPg 2009 S. 1005 ff.; *Kessler/Leinen/Paulus,* KoR 2009 S. 716 ff.; *Loitz,* DB 2009 S. 913 ff.

2 Vgl. *Küting/Seel,* DB 2009 S. 922 ff.

3 Vgl. *Lüdenbach/Freiberg,* BB 2010 S. 1971 ff.

28 Bei Einbringung durch **Tauschgeschäfte** für einzelne Vermögensgegenstände besteht handelsrechtlich nach h. M. ein dreifaches Bewertungswahlrecht: Buchwert, Zwischenwert, Verkehrswert (→ § 255 Rz. 62). Steuerlich ist der gemeine oder der Teilwert anzusetzen. Tendenziell kommt es dadurch zu einer Aktivlatenz.

BEISPIELE

- K bringt aus seinem einzelkaufmännischen Betriebsvermögen ein Wirtschaftsgut in die GmbH & Co. KG gegen Gewährung von Gesellschaftsrechten oder in die Kapitalrücklage steuerlich zu Buchwerten (§ 6 Abs. 5 EStG), handelsrechtlich zu Verkehrswerten ein. In Höhe des Buchwertunterschieds kommt es zu einer Passivlatenz.
- L bringt aus seinem einzelkaufmännischen Unternehmen ein Wirtschaftsgut in das Nennkapital (§ 6 Abs. 6 Satz 1 EStG) oder in die Kapitalrücklage (§ 6 Abs. 6 Satz 2 EStG) der Y-GmbH ein, steuerlich zum gemeinen Wert, handelsrechtlich zum bisherigen Buchwert. In der Folge entsteht eine aktive Steuerlatenz.

29 Der Buchungssatz „per aktive Latenz an Kapitalrücklage" erscheint dabei unproblematisch, solange nicht gesellschaftsrechtliche Probleme oder Interessen von Mitgesellschaftern ins Spiel kommen.

BEISPIEL

- A bringt aus seinem Betriebsvermögen ein Gebäude in die ihm allein gehörende C-GmbH ein, steuerlich zum Teilwert von 1.000, handelsbilanziell zum bisherigen Buchwert von 500. A erhält dafür Gesellschaftsrechte (neue GmbH-Anteile) von 500.

  Der ökonomische Wert der Einbringung ist um die künftigen Erträge aus der Steuerlatenz infolge der höheren Gebäude-AfA höher, die Zuführung zur Kapitalrücklage somit gerechtfertigt.
- In der Abwandlung des Beispiels sind B und A zu je 50 % an der C-GmbH beteiligt. Der gleiche Einbringungsvorgang wie vorstehend muss die Beteiligungsquote nicht nur entsprechend dem Verkehrswert des Gebäudes, sondern zusätzlich um den Vorteil aus der aktiven Steuerlatenz erhöhen. Diese ist als Einlagesubstrat gesellschaftsrechtlich sehr zweifelhaft. Sinnvollerweise wird das Problem durch Einlage des Gebäudes auch handelsrechtlich zum Verkehrswert gelöst, was eine Steuerlatenzierung des Einbringungsvorgangs erübrigt.
- A und B gründen eine GmbH & Co. KG mit je hälftiger Beteiligung am Kapital und Gewinn. B bringt 1.000 an Wert in bar ein, A ein Gebäude aus seinem Betriebsvermögen zum Verkehrswert von ebenfalls 1.000, allerdings steuerlich durch Bildung einer negativen Ergänzungsbilanz zum bisherigen Buchwert von 500. Bei erfolgsneutraler Behandlung wäre die Kapitalrücklage mit der passiven Steuerlatenz von ca. 70 (14 % von 500) zu belasten. Hier stellt sich zunächst bilanziell ein schwer lösbares Problem ein, wenn es dadurch zu einem Aktivausweis der Kapitalrücklage käme. Gesellschaftsrechtlich ist (Diskontierungen vernachlässigt) die Ungleichwertigkeit der Einlagen beider Gesellschafter zu bedenken. Für die von A erbrachte Bareinlage von 1.000 könnte die KG ein auch steuerlich mit einer Bemessungsgrundlage von 1.000 abschreibbares Gebäude erwerben. Das von B eingelegte Gebäude erlaubt über die Nutzungsdauer hingegen nur eine steuerwirksame Abschreibung von 500. Der sich hieraus (undiskontiert) ergebende Nachteil von 70 müsste kompensiert werden, entweder indem B zusätzlich eine Bareinlage von 70 erbringt oder die Steuerlasten der Zukunft nicht hälftig, sondern unter Berücksichtigung der negativen Ergänzungsbilanz aufgeteilt werden.

1.4 Änderungen temporärer Differenzen durch Umstrukturierungen etc.

1.4.1 Gesellschafterwechsel bei Personenhandelsgesellschaften

30 Nach dem bilanzorientierten Konzept der temporären Differenzen entstehen Latenzen aus der Differenz von Handels- und Steuerbilanzwert (→ Rz. 11). Zu temporären Differenzen kommt es

nicht nur dann, wenn handelsbilanziell Ansätze oder Werte gebucht werden, die steuerbilanziell nicht anzuerkennen sind (etwa bei der Bildung einer Drohverlustrückstellung, → § 249 Rz. 160). Umgekehrt können Differenzen auch durch Veränderung der Steuerbuchwerte ohne Berührung des HGB-Rechenwerks entstehen.

31 Ein typischer Fall betrifft den Ein- oder Austritt von Gesellschaftern einer **Personenhandelsgesellschaft,** die entweder als Kap. & Co. zwingend § 274 HGB anwendet oder freiwillig so verfährt (→ Rz. 10). Im Fall des Ein-/Austritts oder bei der Übertragung sämtlicher Anteile an neue Gesellschafter sind regelmäßig steuerliche Ergänzungsbilanzen zu bilden, die eine Wertkorrektur gegenüber den Bilanzausweisen in der steuerlichen Gesamthandsbilanz mit sich bringen. Durch solche Transaktionen wird die **Gesellschaft** in ihrem Rechenwerk nicht berührt und damit auch nicht der HGB-Abschluss. Regelmäßig erhöhen sich aber die **steuerlichen Buchwerte** der durch den Erwerb der Beteiligung (indirekt) angeschafften Wirtschaftsgüter entsprechend der Quote des erworbenen Kapitalanteils. Dadurch werden stille Reserven und möglicherweise auch ein Firmenwert aufgedeckt. Die dann entstehende höhere Abschreibungsbasis wirkt auf den Gewerbesteueraufwand der Gesellschaft und damit indirekt auch auf die dortige Steuerlatenzrechnung. Es handelt sich dabei nicht um einen Fall der (Nicht-)Latenzrechnung auf Zugangswerte (→ Rz. 25), sondern umgekehrt: Der Gesellschaft gehen keine Vermögenswerte zu, lediglich die steuerlichen Buchwerte ändern sich. Hierzu folgendes Beispiel:

BEISPIEL[1]

Beteiligt an der XYZ-OHG sind

	Kapital	Teilwert
X mit	500	700
Y mit	250	350
Z mit	250	350
	1.000	1.400

- X erwirbt den Anteil von Y zu 500.
- Die Buchwerte der HGB-Gesamthandsbilanz werden durch den Beteiligungserwerb nicht berührt.
- Der von X bezahlte Mehrwert von 250 gegenüber dem erworbenen Kapitalanteil von 250 entfällt auf

stille Reserven (25 % von 400)	= 100
Firmenwert	= 150
	250

- Die Erhöhung der Steuerbuchwerte in der Ergänzungsbilanz gegenüber den unveränderten HB-Werten in der Gesamthandsbilanz führt bei einem Steuersatz von 14 % zu einer Aktivlatenz von 35.
- Betroffen von der Latenzrechnung ist u. E. auch der Firmenwert (→ Rz. 27)
- Der Steuersatz berücksichtigt nur die Gewerbesteuer, für die die OHG Steuerschuldner ist.
- Die Aktivlatenz ist erfolgswirksam in die OHG-Handelsbilanz einzustellen.[2]

32 Besonderheiten ergeben sich bei Ausscheiden eines unmittelbar beteiligten Gesellschafters in Gestalt einer natürlichen Person, wenn dieser bis zum Bilanzstichtag eine Kündigung des Ge-

1 In Anlehnung an *Freiberg*, PiR 2006 S. 205.
2 Für eine erfolgswirksame Einbuchung auch IDW RS HFA 7 Tz. 21.

sellschaftsvertrags ausspricht oder eine Anteilsveräußerung erfolgt. Dann beschränkt sich in Bezug auf den ausscheidenden Gesellschafter der Ansatz latenter Steuern wegen § 7 Satz 2 GewStG auf solche temporären Differenzen, die sich bis zum Zeitpunkt des Ausscheidens dieses Gesellschafters abbauen.[1]

1.4.2 Verschmelzung, Spaltung, Formwechsel

33 In der steuerlichen Schlussbilanz gem. § 11 Abs. 1 UmwStG gilt für Fusionen und Spaltungen im Körperschaftsteuerbereich der gemeine Wert als Regelbewertungsgrundlage; allerdings kann antragsabhängig unter bestimmten Bedingungen nach § 11 Abs. 2 UmwStG die bisherige steuerliche Buchwertbasis weitergeführt werden. Es besteht **keine Bindung** an die Handelsbilanz nach Maßgeblichkeitsgrundsätzen (→ § 272 Rz. 135). Diese Handelsbilanz hat die **übertragende** Gesellschaft als oder wie eine „übliche" Jahresbilanz unter Buchwertfortführung zu erstellen. Für die **übernehmende** Gesellschaft (z. B. im Falle der Verschmelzung durch Aufnahme) besteht nach § 24 UmwG ein Wahlrecht zur Fortsetzung des Rechenwerks mit den Buchwerten der übertragenden Gesellschaft (→ § 272 Rz. 129). Bei Ausübung dieses Wahlrechts durch die übertragende Gesellschaft ergeben sich zwingend abweichende Rechenwerke (zwischen Handels- und Steuerbilanz), wenn die übertragende Gesellschaft in die steuerliche Schlussbilanz den gemeinen Wert einstellt und dann die übernehmende Gesellschaft nach § 12 Abs. 1 UmwStG an diese Buchwerte i. S. einer strengen Wertverknüpfung gebunden ist. Regelmäßig sind dann bestimmte steuerliche Buchwerte höher als die handelsrechtlichen mit der Folge einer passiven Steuerlatenz.

34 Die gleiche Rechtsfolge kann sich bei dem **Formwechsel** von einer Kapital- in eine Personenhandelsgesellschaft nach § 9 UmwStG ergeben. Der Formwechsel berührt die handelsrechtliche Rechnungslegung nicht (→ § 272 Rz. 129), wohl aber muss die (zuvor bestehende) Kapitalgesellschaft eine Steuerbilanz mit der Bewertungsvorgabe des gemeinen Werts nach § 3 UmwStG erstellen, wenn nicht der Ansatz des Buchwerts beantragt wird. Auch hier kommt es regelmäßig zu einer passiven Latenzierung.

Bei Umwandlungs- und **Einbringungsvorgängen** können Steuerlatenzen aktivisch und passivisch entstehen.[2]

BEISPIEL

- Die A-OHG wird formwechselnd gem. § 190 UmwG in eine GmbH umgewandelt. In der Steuerbilanz werden die stillen Reserven aufgedeckt, in der Handelsbilanz ist dies nicht möglich. Die Buchwertunterschiede führen zu einer aktiven Steuerlatenz.
- Die A-OHG wird gem. § 20 UmwStG zum Buchwert in die Neu-GmbH eingebracht. Handelsrechtlich wird gem. § 24 UmwG die Einbringung zum (höheren) Verkehrswert gewählt. Es kommt zu einer Passivlatenz.
- Die A-GmbH wird auf die B-AG verschmolzen. Steuerlich erfolgt die Einbringung des Gesellschaftsvermögens der A-GmbH zu Buchwerten gem. § 11 Abs. 2 UmwStG, in der Handelsbilanz zu Verkehrswerten gem. § 24 UmwG. In Höhe der Buchwertunterschiede kommt es zu einer passiven Steuerlatenz.
- Die C-GmbH spaltet einen Teilbetrieb auf die D-AG zur Aufnahme ab (§ 123 Abs. 2 UmwG). Steuerlich erfolgt die Einbringung bei der D-AG zum gemeinen Wert gem. § 15 Abs. 1 UmwStG i. V. mit § 11 Abs. 2 UmwStG, handelsrechtlich zu den Schlussbilanzwerten der C-GmbH gem. § 24 UmwG. In Höhe der Buchwertunterschiede entsteht eine aktive Steuerlatenz.

1 IDW RS HFA 7 Tz. 19.
2 Vgl. *Simlacher*, DStR 2011 S. 1868.

In der Folge stellt sich die Frage nach der **Gegenbuchung** der Steuerlatenz aus diesen Umstrukturierungsvorgängen, d. h. im Aufwand oder direkt im Eigenkapital. Fraglich ist dabei, ob die einschlägigen Regeln in IAS 12.15 bzw. IAS 12.24 oder IAS 12.65 analog anwendbar sind. Konzeptionell kann in diesem Zusammenhang nicht auf die genannten Paragraphen in IAS 12 zurückgegriffen werden, da zumindest im handelsrechtlichen Einzelabschluss eine eigenkapitalveränderte Buchung außerhalb von Gesellschafterbeziehungen – abgesehen von Übergangsvorschriften (z. B. Art. 67 Abs. 6 EGHGB) – nicht möglich ist, also die Buchung „per Eigenkapital an Steuerlatenz" ausscheidet. So gesehen kommt nur eine ergebniswirksame Aufwandsbuchung in Betracht. Andererseits kann in den Fällen, in denen aufgrund des Umwandlungsvorgangs – Verschmelzung oder Spaltung – ein tauschähnliches Geschäft angenommen wird, die u. U. daraus entstehende Kapitalrücklage um die passive Latenz gekürzt ausgewiesen werden, mit dem Buchungssatz „per Kapitalrücklage an latente Steuer". Unseres Erachtens sind beide Auffassungen vertretbar.[1] 35

Die genannten rechtlichen Unternehmensumstrukturierungen können auch zur Änderung des Steuertarifs und damit der **Bewertung** führen (→ Rz. 70).

1.5 Steuerbuchwert

1.5.1 Ergänzungs- und Sonderbilanzen

Ergänzungsbilanzen bei (freiwillig oder als Kap. & Co. zwingend § 274 HGB anwendenden) Personenhandelsgesellschaften sind gem. DRS 18.39 in die Betrachtung der temporären Differenzen einzubeziehen und damit zu latenzieren (→ Rz. 31). Nicht zu latenzieren sind dagegen die **Sonderbilanzen,** da diese sich außerhalb des handelsbilanziellen Rechenwerks der Gesellschaft bewegen (→ Rz. 97).[2] 36

1.5.2 Unsichere Steuerbuchwerte (Betriebsprüfungsrisiko)

Die konzeptionelle Anknüpfung der Steuerlatenzrechnung an den Buchwertunterschied (abgesehen von der Latenzierung von Verlustvorträgen, → Rz. 44) provoziert die Frage nach der „Richtigkeit" des der Differenzrechnung zugrunde gelegten Steuerbilanzbuchwerts *(tax base)*. Die Frage stellt sich aus folgendem Grund: Die Steuerlatenzrechnung ist nach § 274 HGB i.V. mit § 274a Nr. 5 HGB verpflichtend auf Kapitalgesellschaften und „Kap. & Co."-Gesellschaften ab dem mittleren Größenraster anzuwenden. In diesem Unternehmensbereich erfolgt die Steuerveranlagung regelmäßig unter dem **Vorbehalt der Nachprüfung** nach § 164 AO, weil hier turnusgemäß eine steuerliche Außenprüfung (umgangssprachlich Betriebsprüfung) stattfindet, also der Fall einer sog. Anschlussprüfung vorliegt. Der Steuerbilanzbuchwert des Jahres 01 wird deshalb materiell beispielsweise erst im Jahr 04 geprüft mit einem abschließenden Ergebnis im Jahr 05. Bis dahin ist die Steuerbilanz insgesamt und damit auch im Grunde genommen jeder einzelne Posten **„unsicher".** In manchen Fällen kann die Unsicherheit bzgl. einzelner Posten sich auf 15 Jahre erstrecken, bis nämlich eine endgültige finanzgerichtliche Klärung vorliegt. Die Unsicherheit bzgl. des „richtigen" Steuerbuchwerts kann sich noch weiter ausbreiten, wenn sich eine Außenprüfung über Jahre hinweg hinzieht, vielleicht ein Zwischenergebnis über den größeren **Teil** des Prüfungsstoffs erzielt worden ist, aber der eine oder 37

1 Nach IDW ERS HFA 27.33 galt die erfolgsneutrale Einbuchung als „sachgerecht". Eine Begründung wurde nicht geliefert.

2 So auch DRS 18.39; IDW RS HFA 7 Tz. 20.

andere Posten noch im Streit steht. Die Frage ist dann, ob die formlos in der Einigung mit der Betriebsprüfung stehenden Posten schon als Steuerbuchwert statt der erklärten Werte einzufügen ist.

38 Die Unsicherheit bzgl. der zu verwendenden Steuer**bilanz**werte wird ergänzt durch **andere unsichere Posten** der steuerlichen Ergebnisrechnung:[1]

- steuerfreie Erträge,
- steuerliche Zurechnungen „außerhalb der Bilanz", speziell auch für die Gewerbesteuer,
- verdeckte Gewinnausschüttungen, Zurechnungen nach § 1 AStG sowie
- Wertbestimmung bei Transfers von Wirtschaftsgütern in eine ausländische Betriebsstätte oder umgekehrt.

Diese unsicheren Besteuerungsmerkmale bis zum Abschluss einer Betriebsprüfung außerhalb des Buchwertunterschieds berühren als mögliche **permanente** Differenzen (→ Rz. 17) die Steuerlatenzrechnung nicht. Vielmehr handelt es sich um ein Ansatz- und Bewertungsproblem für Rückstellungen (unsichere Verbindlichkeiten) i. S. des § 249 HGB (→ § 249 Rz. 10).

39 Anders verhält es sich bei der möglichen Nichtanerkennung eines Postens bzw. einer Bewertung in der Steuerbilanz durch die **Betriebsprüfung,** z. B. für einen Rückstellungsansatz oder eine Abschreibung auf eine Forderung. Muss sich das Unternehmen einige Jahre nach dem fraglichen Bilanzstichtag den Argumenten der Betriebsprüfung beugen, erhöht sich in der Folge die Steuerschuld oder mindert sich die Steuererstattung für das betreffende Geschäftsjahr. Diese ändert das Bilanzbild der Gesellschaft außerhalb der Steuerlatenzrechnung und beeinflusst die Steuerrückstellungen bzw. Verbindlichkeiten (vgl. → § 249 Rz. 145 ff.). Korrespondierend zu der zusätzlichen Steuerschuld (bzw. niedrigeren Steuerforderung) entsteht dadurch eine aktive Steuerlatenz bzw. mindert sich die Höhe der passiven Latenz. Diese Veränderung ist spätestens im Jahr der Einigung mit der Betriebsprüfung zusammen mit der geänderten Rückstellung aus laufender Besteuerung einzubuchen. Anders ausgedrückt: Die **effektiven** Mehrsteuern aus den Betriebsprüfungsfeststellungen werden durch gegenläufige **Steuerlatenzeffekte kompensiert,** soweit gleiche Steuersätze anzunehmen sind.

BEISPIEL ► Durch eine Betriebsprüfung im Jahr 02 wird für das letzte geprüfte Wirtschaftsjahr 01 eine Abschreibung auf ein an einen notleidenden Kunden vergebenes Darlehen aufgegriffen (Darlehensbetrag 100, Abschreibung/Wertberichtigung 50). Die Betriebsprüfung erkennt die Abschreibung nicht an. Die Steuerabteilung akzeptiert die Prüfungsfeststellung. Zwei Fallvarianten sind zu unterscheiden:

VARIANTE 1 ► Die Forderung ist auch per 31.12.02 noch offen und wird in der Handelsbilanz weiter mit 50 geführt.

VARIANTE 2 ► Die Forderung ist bereits erledigt. Sie ist im Jahr 02 zu 100 in voller Höhe eingegangen.

LÖSUNG ► In beiden Fällen gilt: Für das Jahr der „Aufdeckung" des – aus Sicht der steuerlichen Bilanzierung – Fehlers entsteht ein tatsächlicher zusätzlicher Steueraufwand mit folgender Buchung in der Handelsbilanz (die zeitliche Abfolge vernachlässigt):

Per laufenden Steueraufwand	an Steuerschuld	15 (30 % von 50)

1 Vgl. *Dahlke,* KoR 2006 S. 582.

VARIANTE 1 Am Bilanzstichtag des Aufdeckungsjahres beträgt die *tax base* 100 und der HB-Buchwert 50. Folge ist eine aktive Steuerlatenz. Buchung:

Per aktive Steuerlatenz	an	Steueraufwand/-ertrag	15

Tatsächlicher Steueraufwand und latenter Steuerertrag saldieren sich zu null.

VARIANTE 2 Die Forderung ist erledigt. Es besteht keine temporäre Differenz, damit auch kein latenter Steuerertrag, der den tatsächlichen Steueraufwand ausgleichen würde. Die Erledigung der Forderung ist in der Steuerbilanz 02 erfolgsneutral (per Geld 100 an Forderung 100), da in der Prüferbilanz zum 31.12.01 bereits gebucht wurde „per Forderung an Ertrag". In der Handelsbilanz 02 führt sie zu einem Ertrag (per Geld 100 an Forderung 50 und Ertrag 50). Diesem Ertrag entspricht der tatsächliche Steueraufwand quantitativ, lediglich die zeitliche Zuordnung ist im Anhang zu erläutern (Steueraufwand aus Nachforderung für das Jahr 01, korrespondierender Steuerertrag in Handelsbilanz im Jahr 02).

Zur Wechselwirkung von latenten und tatsächlichen Steuern noch folgendes Beispiel:

BEISPIEL Am 1.1.01 erwirbt U von einem Start-up-Unternehmen Know-how, das in eigene Entwicklungen einfließen soll, für 10 Mio. €. U wertet den Vorgang als Betrag zur Herstellung eines eigenen immateriellen Vermögensgegenstandes, der im Jahr 03 fertig gestellt sein soll, und aktiviert die 10 Mio. € in Ausübung des Wahlrechts nach § 248 Abs. 2 Satz 1 HGB in der Handelsbilanz. In der Steuererklärung wird der Betrag im Hinblick auf das Aktivierungsverbot des § 5 Abs. 2 EStG für immaterielle Wirtschaftsgüter als sofort abzugsfähige Betriebsausgabe behandelt. Die Anerkennung dieser Behandlung durch die Verwaltung ist allerdings nicht wahrscheinlich; vielmehr rechnet man eher mit einer Qualifikation des Vorgangs als entgeltlicher Erwerb, deshalb mit einer „Nachaktivierung" durch die Außenprüfung und dann mit einer steuerlichen Nutzungsdauer (ab Anschaffung) von zehn Jahren. Der Steuersatz beträgt 40 %.

LÖSUNG Wegen nicht ausreichender Wahrscheinlichkeit der Anerkennung des sofortigen Betriebsausgabenabzugs (10 Mio. €) muss eine laufende Steuerschuld ausgewiesen werden. Gegenzurechnen ist die Abschreibung von 1 Mio. €. Die wahrscheinliche Steuerschuld aus dem Vorgang beträgt: 40 % × (10 Mio. - 1 Mio.) = 3,6 Mio. €.

Außerdem ist der wahrscheinliche Buchwertunterschied zu latenzieren: Handelsbilanz 10 Mio. € - wahrscheinlicher Steuerbuchwert von 9 Mio. € = 1 Mio. €. Darauf 40 % = 0,4 Mio. €.

In Summe entsteht also ein Steueraufwand von 4,0 Mio. €.

Auf Basis der Steuererklärung, d. h. unter Ausklammerung des Nichtanerkennungsrisikos, wäre ebenfalls ein Betrag von 4 Mio. € anzusetzen. Der Betrag würde aber ausschließlich eine passive Steuerlatenz darstellen: 40 % × (10 Mio. IFRS-Buchwert - deklarierter Steuerbuchwert von 0) = 4 Mio. €. Dieser Ausweis ist unzulässig, weil eine Nichtanerkennung des sofortigen Betriebsausgabenabzugs, also des deklarierten Steuerbuchwerts von 0, wahrscheinlich ist.

Wie im vorstehenden Beispiel ist bei Wechselwirkungen zwischen tatsächlichen und latenten Steuern im Hinblick auf Betriebsprüfungsrisiken ein **konsistenter** Umgang mit dem Unsicherheitsproblem geboten, also eine Bilanzierung von tatsächlicher und latenter Steuer aus dem gleichen Sachverhalt nach identischen Wahrscheinlichkeitsprämissen.

1.6 *Besonderheiten bei aktiven Latenzen aus Buchwertunterschieden*

Für einen Überhang aktiver Latenzen gewährt Abs. 1 Satz 2 ein Aktivierungswahlrecht. Dieses ist mit einer Ausschüttungs- und Abführungssperre verbunden (→ § 268 Rz. 158 ff.). 39a

Die Steuerlatenzrechnung reflektiert auf künftig entstehende Besteuerungseffekte aufgrund aktuell erfolgter und in der Handelsbilanz berücksichtigter Transaktionen. Bei zukunftsorientierten Bilanzposten stellt sich immer die Frage nach der **Wahrscheinlichkeit** des Eintretens 40 und den dann zu berücksichtigenden Werten. Das gilt entsprechend für die anzusetzenden Bilanzposten aus der Steuerlatenzrechnung.

41 Die Unsicherheit der Zukunft wird nach HGB häufig **imparitätisch** berücksichtigt, d. h. allgemein formuliert: Auf der Passivseite ist die für einen Bilanzansatz geforderte Wahrscheinlichkeitsschwelle niedriger als auf der Aktivseite. Dem Gesetzeswortlaut in Abs. 1 Satz 1 ist eine solche Differenzierung nicht zu entnehmen. Gleichwohl stellt sich die Frage nach der Wahrscheinlichkeits**gewichtung.** Hierzu enthält DRS 18.23 Regelungen, die im Wesentlichen mit den IFRS-Vorgaben in IAS 12.27 bis 12.30 übereinstimmen.[1]

42 Die **Ansatz**kriterien für die aktive Latenz lassen sich danach wie folgt zusammenfassen:

- Im Zeitpunkt der Umkehrung des Buchwertunterschieds müssen mit überwiegender Wahrscheinlichkeit **Gewinne** zum Wirksamwerden des Abzugsbetrags vorliegen.
- Solche Gewinne sind zu unterstellen, soweit im aktuellen Abschluss **passive** Latenzen vorliegen, die sich auf den gleichen Steuergläubiger beziehen und zeitkongruent mit den Beträgen aus den aktiven Latenzen anfallen.
- Für den nicht durch passive Latenzen gedeckten Teil der aktiven Latenzen (Aktivüberhang) müssen realistische **Steuerplanungsüberlegungen** vorliegen, um zu diesem Zeitpunkt entsprechende steuerliche Gewinne darzustellen.[2] In die Planung können gem. DRS 18.23b auch substanziiert dokumentierte Steuergestaltungsoptionen einbezogen werden, z. B. Hebung stiller Reserven durch Einbringung von Grundbesitz in eine gewerblich geprägte GmbH & Co. KG zum Teilwert mit der daraus resultierenden höheren Gebäudeabschreibung (→ Rz. 43).

43 Für den nicht durch passive Latenzen gedeckten Teil der aktiven Latenzen müssen demnach realistische Steuerplanungsüberlegungen vorliegen, um entsprechende steuerliche Gewinne darzustellen, mit denen Mehrerträge (Minderaufwendungen) aus der Auflösung der temporären Differenzen oder Verlustvorträge verrechnet werden können.

Der Ansatz aktiver latenter Steuern beruht insoweit „auf einer aus der Unternehmensplanung abgeleiteten und unter Einbezug **beabsichtigter** und **realisierbarer Steuerstrategien** nachvollziehbaren steuerlichen Planungsrechnung“ (DRS 18.17). Die geplanten Gewinne können also auch „durch **eingeleitete** oder **wahrscheinliche** künftige steuerliche Sachverhaltsgestaltungen entstehen“. Hierbei gilt jedoch: „Die voraussichtliche Realisierung von Gewinnen aus steuerlichen Sachverhaltsgestaltungen muss durch eine substantiierte Dokumentation **belegt** sein“ (DRS 18.23b). Diese Dokumentation ist Teil der Einschätzung der Werthaltigkeit der aktiven latenten Steuern und wie alle anderen Einschätzungen **„spätestens bei Aufstellung** der Bilanz zu treffen“ (DRS 18.24). Nicht ausreichend ist ein allgemeiner Verweis auf die Fülle der steuerlichen Gestaltungsmöglichkeiten.

BEISPIEL[3] Bei der U-GmbH besteht aus Sicht der temporären Differenzen (Buchwertunterschiede zur Steuerbilanz) ein deutlicher **Überhang aktiver** Latenzen über passive. Außerdem hat die GmbH nach drei aufeinander folgenden Verlustjahren erhebliche **Verlustvorträge.** Den Überhang aktiver Latenzen aus temporären Differenzen hat sie ebenso wie die erwarteten Steuervorteile aus den Verlustvorträgen

1 Vgl. *Lüdenbach/Hoffmann/Freiberg*, Haufe IFRS-Kommentar, 16. Aufl. 2018, § 26.
2 Das IDW sprach in RS HFA 27 Tz. 6 sprach von „hohen Anforderungen“ für die Realisierung aktiver Latenzen, nachdem es unmittelbar zuvor noch eher paritätisch argumentiert hatte.
3 Aus *Lüdenbach*, StuB 2011 S. 583 f.

per 31.12.01 aktiviert. Es liegen **keine Ergebnisplanungen** vor, die mit hoher Wahrscheinlichkeit eine positive Ergebnisentwicklung in den nächsten fünf Jahren und damit ein entsprechendes Volumen zur Nutzung von Aktivüberhang und Verlustvorträgen erwarten lassen.

Begründend für die Aktivierung waren allein **Steuergestaltungsgesichtspunkte.** Die Geschäftsführung der GmbH war bei Bilanzaufstellung der Auffassung, dass das Steuerrecht eine Fülle von Gestaltungsmöglichkeiten bereithalte und eine dieser Möglichkeiten erforderlichenfalls wohl umgesetzt werden könnte.

Ein globaler Verweis auf Steuergestaltungspotenziale ist aus folgenden Gründen nicht ausreichend:

- Die Berücksichtigung von Steuergestaltungsmöglichkeiten setzt nicht nur **objektiv** deren **Verfügbarkeit** für das jeweils betroffene Steuersubjekt (Unternehmen) voraus.
- Erforderlich ist **subjektiv** auch der **Wille,** diese Gestaltungsmöglichkeiten zu nutzen. Ist dieser Wille nicht schon durch die **Einleitung** entsprechender Maßnahmen belegt, gilt: Jedenfalls in den Regelfällen, in denen eine objektiv bestehende Steuergestaltungsmöglichkeit nicht ohne Kosten und Risiken umzusetzen ist, kommt die Berücksichtigung des Gestaltungspotenzials bei der Steuerlatenzierung nur infrage, wenn spätestens bis zur **Bilanzaufstellung** eine konkrete **Analyse** der **Verfügbarkeit** und der **Vorteilhaftigkeit** vorgenommen wurde und unter Berücksichtigung dieser Analyse die Absicht zur Realisierung dieser Gestaltungsmöglichkeit besteht. Umgekehrt gilt dann: Ohne eine entsprechende Analyse kann ein rational handelnder Bilanzaufsteller **keine wirkliche Absicht** zur Realisierung entsprechender Maßnahmen haben, weil er über deren Vor- und Nachteile, Kosten, Risiken und Chancen noch gar nichts weiß.

Ohne eine spätestens bei Bilanzaufstellung vorliegende konkrete Analyse von Gestaltungsoptionen, Risiken und Kosten **fehlt** es nicht lediglich an der Dokumentation des Gestaltungswillens, sondern am **Willen selbst.** Wer nicht weiß, welche Gestaltungsmöglichkeiten er konkret unter Berücksichtigung konkreter Nebenbedingungen hat, kann auch nicht die konkrete Absicht haben, eine bestimmte (objektiv infrage kommende) Gestaltung durchzuführen. Die Annahme, es werde sich erforderlichenfalls schon irgendetwas finden und unter Berücksichtigung von Kosten und Risiken durchführen lassen, ist keine Planung und keine Gestaltungsabsicht, sondern bloß fromme **Hoffnung** und für eine das Vorsichts- und Stichtagsprinzip wahrende Bilanzierung nicht ausreichend.

2. Aktive Latenzen auf Verlust- und Zinsvorträge (Abs. 1 Satz 4)

Die Einbeziehung des Verlustvortrags (nach der Regierungsbegründung auch des Zinsvortrags) 44
in die Bemessungsgrundlage der aktiven Steuerlatenz atmet eindeutig den Hauch der internationalen Rechnungslegung. Der DSR befürwortet diese schon für das HGB a. F. ohne förmliche Gesetzesgrundlage als Grundsatz ordnungsmäßiger **Konzern**rechnungslegung.[1] Im Schrifttum mehrten sich auch vor dem BilMoG-Entwurf Stimmen zur Ansatzberechtigung auch im Einzelabschluss.[2]

1 DRS 10 Tz. 11.

2 Umfassend nachgewiesen durch *Marten/Weiser/Köhler*, BB 2003 S. 2335.

45 Der Gesetzeswortlaut nennt zwei Tatbestandsvoraussetzungen für die Einbeziehung des Verlustvortrags in die Steuerlatenzrechnung:

- zu **erwartende** Verlustverrechnung,
- innerhalb der nächsten **fünf Jahre.**

Entscheidend ist die Interpretation des „zu Erwartenden", wozu das Gesetz selbst keine näheren Hinweise gibt. Die Regierungsbegründung des Gesetzentwurfs macht nur kurze und vage weitere Erläuterungen zu den **„hohen Anforderungen"**, die zur Aktivierung der latenten Steuern aus Verlustvorträgen erfüllt sein müssen. Das soll insbesondere dann der Fall sein, wenn in der Vergangenheit schon keine ausreichenden nachhaltigen Gewinne erzielt worden sind. Damit spricht die Gesetzesbegründung die **„Verlusthistorie"** an, die ein entscheidendes Tatbestandsmerkmal zur Beurteilung der Ansatzfähigkeit einer solchen Steuerlatenz aufgrund von Verlustvorträgen nach IAS 12.35 darstellt. Eine **Anlehnung** an den Standardinhalt der IFRS (hier insbesondere IAS 12.34 f.) bei der HGB-Auslegung halten wir daher für empfehlenswert.

In diese Auslegung fügt sich der in den IFRS-Regeln nicht förmlich enthaltene fünfjährige Zeithorizont des HGB nahtlos ein (→ Rz. 41). Danach gilt bzgl. der Ansatzberechtigung einer aktiven Steuerlatenz aus Verlustvorträgen Folgendes:

- Es müssen künftig (im Fünfjahreszeitraum) ausreichende steuerliche positive Bemessungsgrundlagen (Einkommen oder Ertrag) vorliegen, um die bestehenden Verlustvorträge steuermindernd ausnutzen zu können.
- Das Vorliegen von Verlustvorträgen („Verlusthistorie") schlechthin belegt mit großer **Deutlichkeit** *(strong evidence)* die Nichtverfügbarkeit dieser künftigen Gewinne.
- Wenn eine solche Verlusthistorie der aktuellen Unternehmensentwicklung *(„history of recent losses")* vorliegt, muss das Unternehmen das Entstehen der erforderlichen künftigen Gewinne mit **überzeugenden Gegenargumenten** widerlegen *(„convincing other evidence")*.

46 Diese **Gegenbeweise** können unter Berücksichtigung von DRS 18.18 ff. u. a. geführt werden durch:

- ausreichend vorhandene passive Latenzen innerhalb des Fünfjahreszeitraums (→ Rz. 50);
- Nachweis, dass bisherige Verlustträger eliminiert sind, z. B. eine verlustträchtige Sparte aufgegeben wurde;
- **substanziiert** dokumentierte Steuergestaltungsplanungen innerhalb des Fünfjahreszeitraums zur Verlustnutzung, wobei diese Planungen spätestens bei Bilanzaufstellung vorliegen müssen (→ Rz. 34b).

47 Die **Auswertung** dieser Kriterien besagt:

- Es bedarf einer ausreichend fundierten **Unternehmensplanung,** aus der die erforderlichen steuerpflichtigen Gewinne in den nächsten fünf Jahren hervorgehen.
- Eine solche Planung ist der Natur nach ein unsicheres **Schätzverfahren.** Auch bei höchstmöglichem Einsatz guten Wissens ist das Eintreffen der geplanten steuerlichen Gewinne **unsicher.**

Sicher ist dagegen die Verlusthistorie in den letzten Jahren. Zu deren Widerlegung bedarf es unter Beachtung des Vorsichtsprinzips (DRS 18.24) eines wesentlich **höheren Wahrscheinlichkeitsgrads** als des Überwiegens (wenn man sich in diese Wahrscheinlichkeitsrechnung hineinbegeben will oder muss). IAS 12.35 spricht von *„convincing evidence"*. Auch für das HGB gilt

u. E.: Bei einer Verlusthistorie können Aktivüberhänge nur angesetzt werden, wenn **überzeugende** Belege für die Nutzung der Verluste bzw. der steuerentlastenden temporären Differenzen bestehen. Häufig kann dies nach einer Verlusthistorie nur ein gänzlich **geändertes Unternehmenskonzept** sein, das die bisherigen Verlustträger eliminiert, wenn sie nicht schon durch Stilllegungen etc. beseitigt wurden. Oder anders ausgedrückt: Die verlustbringenden Ereignisse der Vergangenheit dürfen sich so gut wie sicher nicht mehr wiederholen, z. B. ein einmaliger Verlustausweis infolge der Fehlkalkulation bei einem Brückenbau, der unerwartete Ausfall einer großen Kundenforderung, die Beendigung von Restrukturierungsmaßnahmen oder die Aufgabe eines defizitären Geschäftsbereichs.[1]

Dagegen berechtigen bei unverändertem Geschäftsmodell (mit seiner **Verlusthistorie**) angestellte **Planungen** über branchenspezifische Entwicklungen aufgrund von gesamtwirtschaftlichen Statistiken oder Prognosen u. E. nicht zur Aktivierung der Verlustvorträge: 48

- **Budgets** über die nächsten fünf Jahre müssen notgedrungen Gewinne enthalten, weil sonst die Unternehmensleitung das Unternehmen dem Grunde nach aufgibt. Auch dieses Faktum spricht tendenziell für das Nichterreichen der „überzeugenden Klarheit" bzgl. des Eintretens der künftigen Gewinne.
- Die **Fünfjahresgrenze** der Planung nach der Gesetzesvorgabe, die förmlich in IAS 12 nicht enthalten ist, korreliert mit diesen Anforderungen zur eindeutigen Gegenbeweisführung im Falle der bestehenden Verlusthistorie (→ Rz. 45). Denn mit zunehmendem Zeithorizont nimmt der Sicherheitsgrad einer Unternehmensplanungsrechnung ab. In Zeitregionen von fünf Jahren post festum bewegt sich dann das Kalkül strategischer Visionen und neuer unternehmerischer Horizonte, die als Beweismittel zur Widerlegung von aktuellen Verlustserien keineswegs ausreichen. Eine aktuelle Verlustsituation erfordert Umstrukturierungen, insbesondere die Zuführung von *fresh money*. Dazu werden häufig neue Gesellschafter und deren Beiträge in Form von Einlagen in das Unternehmensvermögen benötigt; dann stellt sich bald einmal die Frage einer Anwendung des § 8c KStG und § 10a GewStG mit deren Verlustvernichtungspotenzial.
- In diesen Fällen **genügt nicht** die ohnehin erforderliche **Budgetierung,** die immer in absehbarer Zeit – längstens drei Jahre – guten Gewissens einen positiven Ergebnisbeitrag abliefert. Vielmehr bedarf es einer Planungsrechnung mit **überzeugender Evidenz** der zur Verlustverrechnung erforderlichen künftigen Gewinnsituation, um die negative Beweiskraft der bestehenden Verlustvorträge zu überspielen. Der Wahrscheinlichkeitsgrad des Eintretens dieser Gewinne muss in diesen Fällen also erheblich höher sein als derjenige für die reguläre Budgetierung.[2] Das Kriterium der überwiegenden Gründe (51 %-Regel) genügt zum Nachweis der Aktivierbarkeit nicht.

Insgesamt kommen wir, gestützt auf DRS 18 (und die analogiefähigen Vorgaben in der IFRS-Rechnungslegung), zu folgendem Ergebnis: Bei einer am Bilanzstichtag vorliegenden nachhaltigen Verlustsituation kommt eine Aktivierung von Verlustvorträgen **allein** aufgrund der budgetierten Gewinne in den nächsten fünf Jahren nicht in Betracht. Dieser Befund bezieht sich auch auf *Start-up*-Unternehmen. Ohne diese einschränkende Gesetzesauslegung mutiert die Aktivierbarkeit von Steuerlatenzen aus Verlustvorträgen zum faktischen Wahlrecht mit entsprechendem bilanzpolitischen Gestaltungspotenzial und entsprechender Deobjektivierung 49

1 Ähnlich IDW ERS HFA 27.7.
2 Ähnlich *Berger*, DB 2006 S. 2474.

der Rechnungslegung. Diese Feststellung gilt erst recht für den **Zinsvortrag** (→ Rz. 68), dessen Realisierung ohne strukturelle Änderungen in der Gesellschafterfinanzierung mit geringeren Wahrscheinlichkeitsquoten zu belegen ist.

50 Bei den erforderlichen Wahrscheinlichkeitskalkülen ist der Begründung des Bundestags-Rechtsausschusses zum BilMoG zufolge das **Vorsichts**prinzip zu beachten. Dies betonen auch das IDW[1] und der DRS 18.24, um sich dann in der Folge bei der Aktivlatenzierung aus Verlustvorträgen aber z. T. gegenteilig zu äußern. So soll bei nicht vorhandenen „Detailplanungen" für fünf Jahre „eine sachgerechte und plausible (wie sonst?) Schätzung", z. B. durch Extrapolation eines dreijährigen Planungszeitraums, ausreichen.[2]

Die Fünf-Jahres-Begrenzung des Gesetzes wird vom IDW und DSR[3] und Teilen des Schrifttums[4] großzügig ausgelegt. Folgendes Vorgehen wird empfohlen:

- Stufe 1: **Verrechnung** passiver Latenzen zunächst mit aktiven aus temporären Differenzen.
- Stufe 2: soweit nach Stufe 1 noch ein **Passivüberhang** besteht, Verrechnung des Passivüberhangs mit Verlustvorträgen unabhängig davon, ob die temporären Differenzen sich erst nach **mehr** als fünf Jahren **auflösen.**
- Stufe 3: soweit nach der Verrechnung gem. Stufe 2 noch aktive Latenzen aus Verlustvorträgen übrig bleiben, Ansatz dieser Latenzen nur, wenn Realisierung **binnen** fünf Jahren wahrscheinlich ist.

BEISPIEL[5] Die U-GmbH hat passive Latenzen aus der Bewertung von betriebsnotwendigem, auf unabsehbare Zeit nicht zur Veräußerung bestimmtem Grund und Boden i. H. von 100, außerdem aktive Latenzen aus Drohverlustrückstellungen i. H. von 70. Der Verlustvortrag beträgt 120, der Steuersatz 30 %.

- Stufe 1: Verrechnung passiver Latenz von 100 mit aktiver von 70 aus temporären Differenzen. Verbleibender Passivüberhang aus temporären Differenzen: 30.
- Stufe 2: Verrechnung des Passivüberhangs von 30 mit dem Verlustvortrag i. H. von 30 % von 100, unabhängig vom Fünf-Jahres-Horizont.
- Stufe 3: Die verbleibende aktive Latenz aus Verlustvortrag (30 % von 20 = 6) kann nur angesetzt werden, wenn eine Realisierung binnen fünf Jahren wahrscheinlich ist. Erst in diesem Zusammenhang spielt z. B. eine Rolle, dass die passiven Latenzen sich mit hoher Wahrscheinlichkeit nicht binnen fünf Jahren auflösen werden.

Die Verrechnung eines verbleibenden Passivüberhangs (aus Buchwertunterschieden) in Stufe 2 durch Verlustvorträge, die eventuell erst **nach** dem Ende des Fünfjahreszeitraums zur Verrechnung anstehen, widerspricht der Beschlussempfehlung des Bundestags-Rechtsausschusses, soll dem IDW zufolge aber aus dem „eindeutigen Gesetzeswortlaut" und dem „Sinn und Zweck der Vorschrift" ableitbar sein.[6]

51 Unseres Erachtens ist diese Interpretation auch aus folgenden Gründen nicht unproblematisch: Über fünf Jahre hinaus sind regelmäßig einschlägige **Planungen** zu **unsicher,** um die Vorgabe einer **vorsichtigen** Schätzung (→ Rz. 50) erfüllen zu können (→ Rz. 45). An das Erfordernis

1 IDW ERS HFA 27 Tz. 6.
2 IDW ERS HFA 27 Tz. 13, DRS 18.19.
3 IDW ERS HFA 27 Tz. 14, DRS 18.18 und 21.
4 Vgl. z. B. *Kessler/Leinen/Paulus*, KoR 2009 S. 716 ff. sowie *Kühne/Melcher/Wesemann*, WPg 2009 S. 1005 ff.
5 In Anlehnung an *Lüdenbach/Freiberg*, BB 2010 S. 1971 ff.
6 IDW ERS HFA 27 Tz. 14; bestätigend *Kessler/Leinen/Paulus*, KoR 2009 S. 723; ablehnend hingegen *Wolz*, DB 2010 S. 2625 ff. und *Bense*, StuB 2020 S. 422 ff.

entsprechender Planungsüberlegungen – bei **Verlusthistorie** mit hohem Wahrscheinlichkeitsgrad (→ Rz. 45) – darf in diesem Zusammenhang nochmals erinnert werden.

Für das **Wahlrecht** zum Ansatz eines Aktivüberhangs aus der Steuerlatenzrechnung insgesamt wird auf → Rz. 57 verwiesen. Vgl. hierzu die weiteren Erläuterungen in → § 285 Rz. 184 ff. 52

3. Ansatzpflicht für Passivüberhänge (Abs. 1 Satz 1)

Ergibt die vorstehend dargestellte Steuerlatenzrechnung unter Beachtung der Bewertungsvorgabe (→ Rz. 63) „insgesamt" einen **Passivüberhang** („Steuerbelastung"), muss dieser angesetzt werden (Abs. 1 Satz 1). Wegen des Ausweises vgl. → Rz. 74. 53

4. Ansatzwahlrecht für Aktivüberhänge – praktische Überlegungen

(einstweilen frei) 54–56

Der Gesetzgeber des BilMoG ist der interessengetriebenen Abwehrhaltung gegen die Steuerlatenzierung durch ein förmliches Wahlrecht weiter entgegengekommen. Wenn sich aufgrund einer **Gesamtbetrachtung** der Latenzposten ein Aktivüberhang ergibt, so muss dieser nach Abs. 1 Satz 2 **nicht angesetzt** werden: 57

- Besteht die bilanzpolitische Vorgabe in der Ausübung des Aktivierungswahlrechts, darf dieses formell nur insgesamt ausgeübt werden (DRS 18.15). Die Aktivierung eines Teils des Aktivüberhangs ist unzulässig. Faktisch kann sie aber häufig damit begründet werden, dass nur für den (gewünschten) Teil die ausreichende Nutzungswahrscheinlichkeit (→ Rz. 41) vorliegt.
- Besteht die bilanzpolitische Vorgabe im Verzicht auf die Steuerlatenzrechnung, bedarf es einer Feststellung, in welche **Richtung** es geht: Zeichnet sich ein Passivüberhang mit der Pflicht zur Steuerlatenzierung ab, oder besteht die realistische Chance zum Verzicht darauf aufgrund eines Aktivüberhangs?

Diese Ausgangsüberlegung hat sich dem Grunde nach auch schon nach der Rechtslage vor dem BilMoG gestellt, das auf anderer systematischer Grundlage (*Timing*-Konzept statt des jetzt gültigen *Temporary*-Konzepts, → Rz. 14) den Ansatzverzicht für den Aktivüberhang im Einzelabschluss erlaubte. Die Praxis ging in diesem Bereich ohne weitere Überlegungen von einem Aktivüberhang aus, denn schließlich sorgten der Steuergesetzgeber und das Finanzamt schon für einen tendenziell höheren Eigenkapitalausweis in der Steuerbilanz gegenüber der Handelsbilanz. 58

Seit dem BilMoG ist diesbezüglich mehr Aufmerksamkeit gefordert. Verlangt ist eine **überschlägige Bestandsaufnahme** über das Vorliegen von Aktiv- bzw. Passivüberhängen bei den einzelnen Bilanzposten, sofern nicht ohnehin die Einheitsbilanz (→ Rz. 56) ihre steuerlatenzvernichtende Wirkung ausübt. Dazu sollten die im konkreten Fall einschlägigen Bilanzposten einem **überschlägigen** Check unterzogen werden, der im Ergebnis etwa wie folgt aussehen könnte: 59

Bilanzposten	Mehrvermögen		Steuerlatenz		Anmerkung
	HB	StB	Aktiv	Passiv	
Originäre immaterielle Anlagen	X			X	Wahlrecht

Bilanzposten	Mehrvermögen		Steuerlatenz		Anmerkung
Finanzanlage (dauernde Wertminderung)	X			x	BFH-Rechtsprechung[1]
Sachanlagen-Regel	Neutral				
Sachanlagen-Abschreibung außerplanmäßig	X			x	BFH-Rechtsprechung,[2] handelsrechtliche Zuschreibung ohne Steuereffekt
Umlaufvermögen	Neutral				
Pensionsrückstellungen		x	x		
Sonstige Rückstellungen		x	x		Zum Beispiel Drohverlust
Verbindlichkeiten	Neutral				Ausnahme u. U. Währungsumrechnung[3]
Steuerliche Sonderposten und -abschreibungen nach den Übergangsvorschriften	Neutral				
Steuerliche Sonderabschreibungen etc. nach § 6b EStG, Ersatzbeschaffung, FördG	X			x	Aufhebung der Umkehrmaßgeblichkeit

60 Die vorstehende Übersicht belegt: Es **dominiert** – immer noch – die **aktive** Latenz.[4] Einzelne **Sonderfälle** stechen allerdings heraus, z. B. umfangreiche 6b-Abschreibungen oder Ersatzbeschaffungsrücklagen. Aber insgesamt gilt: Wie schon vor dem BilMoG kann guten Gewissens die Rechnungslegungspraxis – sofern erwünscht – in weiten Bereichen das Thema der Steuerlatenzrechnung im Einzelabschluss nach HGB **ad acta** legen, sofern sie nicht im konkreten Fall nennenswertes Bilanzgestaltungspotenzial erkennt. Auf den Vorbehalt wegen der **Anhangangabe** nach § 285 Nr. 29 HGB wird verwiesen (→ Rz. 103), der zufolge für große Kapital- und „Kap. & Co."-Gesellschaften die Steuerlatenzrechnungs**pflicht** von der Bilanz in den **Anhang verlagert** wird. Dieser Befund könnte auch dämpfend auf die Verlockung der Aktivierung von Steuerlatenzen aus **Verlustvorträgen** wirken. Diesem – gesondert auszuweisenden (→ Rz. 74) – Posten für die optional angesetzte Aktivlatenz haftet für jedermann ersichtlich das unschöne Odeur eines bilanzpolitisch notwendigen Manövers an. Bei Ausübung des Wahlrechts **zum** Ansatz des Aktivüberhangs muss der **gesamte Inhalt** der in → Rz. 20 ff. dargestellten Materie abgearbeitet werden. Eine Beschränkung auf Teilbereiche kommt nicht in Betracht, also z. B. nur die Aktivierung der Latenz aus Verlustvorträgen. Auch dieser Vorgabe kommt eine abschreckende Wirkung zu.

Das **Stetigkeitsgebot** des § 246 Abs. 3 HGB (→ § 246 Rz. 402) kann auch bzgl. dieses Wahlrechts in begründeten Ausnahmefällen unbeachtet bleiben. Solche werden sich bei (bilanzpolitischem) Bedarf immer finden lassen (→ § 252 Rz. 226).

---

1 BFH, Urteil v. 26.9.2007 – I R 58/06, StuB 2008 S. 109 = DB 2008 S. 214, mit Kommentierung von *Hoffmann*, DB 2008 S. 260, bzgl. Aktien.

2 BFH, Urteil v. 4.6.2008 – I R 84/07, BStBl 2009 II S. 187 = StuB 2008 S. 721; BMF, Schreiben v. 11.2.2009 – IV C 6 – S 2170/0, BStBl I S. 397 = StuB 2009 S. 199. Nach Aufhebung der Umkehrmaßgeblichkeit generell gültig.

3 FG Hamburg, Urteil v. 27.6.2006 – 7 K 296/04, EFG 2007 S. 111; FG Rheinland-Pfalz, Urteil v. 12.12.2005 – 5 K 1460/03, EFG 2006 S. 562; anhängiges BFH-Verfahren v. 23.4.2009 – IV R 62/06, DStR 2009 S. 1256 = Kurzinfo StuB 2009 S. 471.

4 So auch *Zülch/Hoffmann*, DB 2009 S. 745 f.; differenzierter *Herzig/Briesemeister*, DB 2009 S. 926 und S. 976.

Kleine Kapital- und „Kap. & Co."-Gesellschaften (→ § 267 Rz. 14) sind u. E. nach der hier vertretenen Auffassung (auch ohne Aktivüberhang) nach § 274a Nr. 5 HGB (→ § 274a Rz. 6) von der Steuerlatenzrechnung nach § 274 HGB befreit, ebenso, unabhängig von der Größe, Einzelunternehmen und haftungsunbeschränkte Personengesellschaften. Andererseits bleibt ihnen das Tor zur **freiwilligen** Anwendung geöffnet[1] (→ Rz. 10). Für von der Latenzierung befreite **kleine** Kapitalgesellschaften und Personenunternehmen soll laut Auffassung des IDW und von Teilen des Schrifttums gleichwohl eine passive Latenzierung geboten sein, „soweit die Tatbestandsvoraussetzungen für den Ansatz einer **Rückstellung** gem. § 249 Abs. 1 Satz 1 HGB vorliegen". Hierzu wird auf → Rz. 4 ff. verwiesen. 61

(einstweilen frei) 62

V. Bewertung (Abs. 2 Satz 1)

1. Allgemeine Bewertungsregeln

Steuerlatenzen betreffen erst in der Zukunft zur Zahlung gelangende Steuern und wären nach allgemeinen Regeln daher abzuzinsen. Eine solche Abzinsung sieht § 274 HGB aber nicht vor. Der **Ausschluss** der **Abzinsung** von Steuerlatenzposten wird in der Regierungsbegründung mit dem eigenständigen Bilanzcharakter der Steuerlatenzposten begründet („Sonderposten eigener Art"). Diese Begründung ist eher fadenscheinig, denn Bilanzposten ohne Bewertung kann man sich eigentlich nicht vorstellen, mögen sie auch eigener Art sein. Vor allen Dingen aber werden die Steuerlatenzposten doch bewertet, nämlich mit dem jeweils anzuwendenden Steuersatz (→ Rz. 65). Das Abzinsungsverbot ist offensichtlich der vergleichbaren Vorgabe in IAS 12.53 entnommen, die der IASB anders, allerdings auch nicht überzeugend, mit der unmöglichen detaillierten Berechnung des Zeitpunkts für die Umkehrung begründet. Der mit dem Abzinsungsverbot einhergehende **Vereinfachungseffekt** darf allerdings auch nicht unterschätzt werden. Diese Wirkung wird auch auf den Konzernabschluss nach § 301 Abs. 1 Satz 3 HGB übertragen (→ § 301 Rz. 128). Hingegen soll für eine nach Ansicht des IDW bei Personenunternehmen und kleinen Kapitalgesellschaften notwendige Latenzierung nach § 249 HGB eine Abzinsung zulässig, jedoch nicht geboten sein (→ Rz. 4). 63

Ein einmal angesetzter Steuerlatenzposten ist in der **Folgebilanzierung** jeweils auf seine **Werthaltigkeit** zu überprüfen, auf der Aktivseite insbesondere im Hinblick auf die neuen Erkenntnisse über die Wahrscheinlichkeit einer Verlustnutzungsmöglichkeit in der Zukunft (→ Rz. 48) oder des Wegfalls der überzeugenden Darlegung für die effektive Verlustnutzung (→ Rz. 45). Durch mögliche Umstrukturierungen kann die verlässlich budgetierte Verlustnutzungsmöglichkeit nach § 8c KStG und § 10a GewStG mit dem Erfordernis einer entsprechenden Abwertung oder gar Ausbuchung der bislang gebildeten Steuerlatenz entfallen. Umgekehrt kann die Werthaltigkeit aufgrund der Verlustnutzung dann wieder aufleben, wenn unter der verlusttragenden Kapitalgesellschaft gewinnträchtige Tochterkapitalgesellschaften angesiedelt werden und die Mutterkapital- oder Personenhandelsgesellschaft als Organträgerin fungiert (→ Rz. 81). 64

1 Vgl. u. a. *Petersen*, WPg 2011 S. 259.

2. Anzuwendende Steuersätze

65 Der Gesetzeswortlaut und die zugehörige Begründung der Bundesregierung berufen sich implizit bei der **Bewertung** auf die Vorgaben der IFRS:

- **individuelle Steuersätze** im Zeitpunkt der Umkehrung der Differenzen,
- **keine Abzinsung** (→ Rz. 63).

Die erstgenannte Bewertungsregel ist zwar konzeptionell zutreffend, da der effektive Steuereffekt aus der Latenzrechnung erst im Zeitpunkt der Umkehrung – wenn sich die latente in die effektive Steuerschuld bzw. das Gegenteil verwandelt – zum Tragen kommt. Allerdings ist in vielen Fällen der Umkehrungszeitpunkt nicht zu definieren, insbesondere bei den quasipermanenten Differenzen (→ Rz. 20). Außerdem sind die künftig gesetzlich geltenden Steuersätze (z. B. in fünf Jahren) nicht sicher zu prognostizieren, abgesehen von unternehmensindividuellen Veränderungen mit Auswirkung auf den effektiven Steuersatz, z. B. Wegfall oder Begründung der Zinsschranke und gewerbesteuerlichen Zurechnungen. Praktisch kommt es deshalb notgedrungen zur Anwendung des **am Bilanzstichtag gültigen Steuersatzes** bzw. eines für das kommende Jahr bis dahin schon legislatorisch beschlossenen Tarifs. Von der Gesetzgebungstechnik her ist eine solche gesetzliche Steuersatzänderung dann als maßgebend anzusehen, wenn bis zum Bilanzstichtag der Bundesrat oder der Vermittlungsausschuss seine Zustimmung erteilt hat und ein „Einspruch" des Bundespräsidenten nicht zu erwarten ist. Der Abdruck im Bundesgesetzblatt und damit das effektive Wirksamwerden des Gesetzes erst nach dem Bilanzstichtag sind unerheblich. Diese von der Gesetzesbegründung des BilMoG-RegE und von DRS 18.46 ff. bestätigte Lösung entspricht den Vorgaben in IAS 12.48.

Nach derzeit gültiger Rechtslage kann deshalb der kombinierte Ertragsteuersatz von rund 30 % häufig unbedenklich angewandt werden, in besonderen Fällen – etwa bei besonders hohen Gewerbesteuerhebesätzen oder umgekehrt – kann eine Anpassung von bis zu zwei Prozentpunkten nach oben oder unten sinnvoll sein. Erst recht gilt dies, wenn etwa in besonderem Umfang gewerbesteuerliche Zurechnungen oder Kürzungen zu berücksichtigen sind.

Für die nur gewerbesteuerpflichtigen **Personenhandelsgesellschaften** ist regelmäßig ein Steuersatz von ca. 14 % anzuwenden. Einen Sonderfall bildet die rein Immobilien verwaltende Personengesellschaft. Wegen der erweiterten Grundbesitzkürzung nach § 9 Nr. 1 Satz 2 GewStG fällt hier i. d. R. gar keine Steuerbelastung (Steuersatz somit 0 %) an.[1]

Votiert die Personengesellschaft gem. dem durch das **KöMoG** eingefügten Wahlrecht (§ 1a KStG) dafür, anstelle der transparenten Mitunternehmerbesteuerung das System der Körperschaftbesteuerung anzuwenden, ist die Körperschaftsteuer (plus Solidaritätszuschlag) in die Ermittlung des Steuersatzes einzubeziehen. Um das Wahlrecht auszuüben, muss die Gesellschaft spätestens einen Monat vor Beginn des Wirtschaftsjahrs einen entsprechenden Antrag gestellt haben, wobei die Neuregelungen erstmals für Wirtschaftsjahre in Anspruch genommen werden können, welche nach dem 31.12.2021 beginnen (§ 34 Abs. 1a KStG). Zu den Steuerlatenzwirkungen der Option ist in **zeitlicher Hinsicht** Folgendes anzumerken:

- Die Änderungen der Steuerlatenz aufgrund der Optionsausübungen sind bereits **zum ersten Stichtag nach Antragstellung** zu berücksichtigen, und zwar mangels abweichender handelsrechtlicher Regelungen **erfolgswirksam**.

---

1 Vgl. *Lüdenbach*; StuB 2016 S. 867

- Durch rechtzeitigen Antrag auf **Rückoption** kann die Gesellschaft bereits im Folgejahr (oder jedem Nachfolgejahr) wieder zur transparenten Besteuerung zurückkehren. Da nach § 274 Abs. 2 HGB für die Latenzrechnung die Steuersätze zum **Zeitpunkt der Umkehr der Differenz** maßgeblich sind, bedeutet dies u. E.: Bei ernsthaft geplanter und ganz überwiegend wahrscheinlicher Rückoption sind Differenzen, die sich während des voraussichtlichen Zeitraums der Körperschaftbesteuerung nicht umkehren werden (z. B. Differenzen im betriebsnotwendigen Grund und Boden), nicht mit Körperschaftsteuer zu latenzieren.
- Gibt es bei der Personengesellschaft Ergänzungsbilanzen (Latenzierung nach DRS 18.39) für nach der Gründung beigetretene Gesellschafter, entfällt mit dem Übergang zur Körperschaftbesteuerung die Grundlage für die Ergänzungsbilanzen. Nach Auffassung des BMF[1] sind Mehrwerte der Ergänzungsbilanzen in die Steuerbilanz der optierenden Gesellschaft durch Aufstockung der Vermögensgegenstände zu überführen. Dadurch setzen sich vorher gegebene und latenzierte Differenzen aus der Ergänzungsbilanz nun auf Gesamtebene fort. Die Höhe bleibt insoweit unverändert.

Zu beachten kann auch **ausländisches** Steuerrecht sein, wenn beispielsweise das Unternehmen eine oder mehrere Betriebsstätten im Ausland unterhält. Dann ist systematisch wie folgt zu differenzieren: 66

- **Freistellungs**betriebsstätte: Berücksichtigung des ausländischen Steuersatzes.
- **Anrechnungs**betriebsstätte: deutscher Körperschaftsteuersatz, wenn der ausländische niedriger ist; umgekehrt der ausländische, wenn dieser höher ist.

Systematisch gesehen müsste die Latenzrechnung die Unterschiedsbeträge zwischen HGB- und Steuerbilanzwert nach nationalen Steuerhoheiten aufschlüsseln. Unseres Erachtens kann auf diese sehr anspruchsvolle und aufwendige Rechnung zumindest dann verzichtet werden, wenn sich die anzuwendenden Steuertarife nicht allzu sehr unterscheiden. Ein nach dem jeweiligen Ergebnisbeitrag der Betriebsstätten gewichteter **Mischsteuersatz** kommt dann zur Anwendung.[2]

Eine **Neubewertung** wegen geänderter Steuertarife ist auf die am Bilanzstichtag gültigen Unterschiedsbeträge in den Bilanzwerten anzusetzen und **erfolgswirksam** zu erfassen (DRS 18.54). Deshalb können z. B. unveränderte Buchwertunterschiede aus der vorhergehenden Bilanz entsprechend umzubewerten sein. Dabei genügt allerdings eine Insgesamt-Erfassung der am Bilanzstichtag vorhandenen Posten. 67

BEISPIEL

Aktive Latenz		Steuersatz	Bilanzansatz
31.12.01	1.000	40 %	400
31.12.02	1.200	30 %	360

Die Unterschiedsbeträge haben sich zwar erhöht, jedoch ist der Bilanzansatz für die aktive Steuerlatenz wegen der Steuersatzänderung gesunken.

1 BMF, Schreiben v. 11.11.2021 – IV C 3 – S 2020/20/10029 :007; Anwendungsbeispiel bei *Lüdenbach*, StuB 2021 S. 904.

2 Nach Auffassung des IDW ERS HFA 27.16 soll die Unterlassung einer Steuerlatenzierung in diesen Fällen „zumindest zulässig und auch sachgerecht" sein. Unseres Erachtens ist eine Nichtlatenzierung ausländischer Betriebsstätten nur bei Unwesentlichkeit zulässig. Die Bezugnahme des IDW auf die Ausnahmeregel von § 306 Satz 4 HGB (→ § 306 Rz. 17) erscheint uns unzulässig, da kasuistische Ausnahmeregelungen nicht analogiefähig sind.

3. Verlustvorträge, Zinsvorträge

68 Die vorstehenden Hinweise zur Bewertung der Steuerlatenzposten gelten auch für die aktive Steuerabgrenzung aufgrund eines Verlust- oder Zinsvortrags (→ Rz. 44). Dabei ist allerdings nach der Höhe der **jeweiligen** Vorträge zu differenzieren:

- **Körperschaft**steuerlicher und **gewerbe**steuerlicher Verlustvortrag stimmen regelmäßig in der Höhe nicht überein. In der Steuerplanungsrechnung (→ Rz. 42 und → Rz. 45) als Rechtfertigung für den Ansatz einer Latenz aus den Verlustvorträgen muss dies berücksichtigt werden. Unter Umständen kommt dann nur eine separate Beurteilung der Ansatzfähigkeit für die Körperschaft- oder die Gewerbesteuer in Betracht. Entsprechendes gilt für Verlustvorträge **ausländischer** Betriebsstätten (→ Rz. 66).
- Ist noch ein **Zinsvortrag** (→ Rz. 44) mit in die Latenzrechnung einzubeziehen, ist die Wechselwirkung zum Verlustvortrag beachtlich.[1] Die Regel ist dabei: Der Zinsvortrag führt zu einer vorrangigen Inanspruchnahme eines Verlustvortrags. Die Wahrscheinlichkeit eines Abbaus des Zinsvortrags ist gegenüber dem Verlustvortrag regelmäßig geringer. Bei unveränderter Finanzierungsstruktur kann der Zinsvortrag regelmäßig nicht genutzt werden.[2]
- Die nach nationalem Recht gültige **Mindest**besteuerung ändert an den Berechnungsgrundlagen nichts. Allerdings ist die zeitliche Streckung der Verrechnungsmöglichkeit mit einem weiterreichenden Planungshorizont verbunden, der die zum Ansatz erforderliche Wahrscheinlichkeitsschwelle i. d. R. nicht erreicht und erst recht nicht die „überzeugende Evidenz" (→ Rz. 45).[3]

4. Änderungen im Steuerstatut (Rechtsformwechsel)

69 Nach dem deutschen Umwandlungsgesetz können Unternehmen in einem weitgefächerten gesetzlichen Angebot die gesellschaftsrechtlichen Strukturen ändern, d. h. fusionieren, spalten oder formwechseln. Dabei ist gesellschaftsrechtlich der Übergang von einer Kapital- in eine Personengesellschaft und umgekehrt unproblematisch möglich. Steuerlich steht zwischen diesen Übertritten im Rechtskleid das **getrennte Steuererhebungssystem:** Körperschaft- und Gewerbesteuer für Kapitalgesellschaften, für Personengesellschaften mit natürlichen Personen als Gesellschafter i. d. R. nur die Gewerbesteuer. Die Gewerbesteuer ist in allen Rechtsformen gleich vertreten. Bei der Personengesellschaft ist die Gewerbesteuer die einzige Bezugsgröße für die Steuerlatenzrechnung, da die Gesellschafter selbst nach ihrem jeweiligen Steuerstatut – Körperschaft- oder Einkommensteuer – besteuert werden. Die Körperschaftsteuerbelastung aus der Latenzierung erfolgt bei der Gesellschafterin, z. B. der Muttergesellschaft, aber auch bei einer nur mit geringer Quote am Kapital der Personengesellschaft beteiligten Kapitalgesellschaft.

70 Der Rechtsformwechsel mit Übergang des Steuerstatuts stellt sich am klarsten im Falle der **formwechselnden** Umwandlung dar, z. B. von der OHG, KG einerseits auf eine AG, GmbH andererseits oder umgekehrt. Diese formwechselnde Umwandlung gem. § 190 UmwG ist für die handelsrechtliche Bilanzierung ohne Bedeutung, doch kann sich der Steuerbuchwert ändern mit der Folge einer **geänderten Buchwertdifferenz,** die sich später umkehren soll (→ Rz. 34),

1 Vgl. *Hoffmann*, Zinsschranke, 2008, Tz. 685.
2 Vgl. *Hoffmann/Rüsch*, DStR 2007 S. 2079.
3 Im Detail zur Werthaltigkeit aktiver Latenzen bei Mindestbesteuerung: *Ruberg*, DStR 2014 S. 606 ff.

aber auch der **Steuertarif.** Dies führt zu der folgenden Bewertungsänderung in der Ceteris-paribus-Betrachtung:

Der Wechsel von

- ► einer Personenhandels- in eine Kapitalgesellschaft **erhöht,**
- ► einer Kapital- in eine Personenhandelsgesellschaft **vermindert**

die Steuerlatenzposten. Dazu folgendes Beispiel:

BEISPIEL[1] ► Die A-GmbH & Co. KG wird zum 31.12.01 formwechselnd in eine AG umgewandelt. Bisher betrug der Steuersatz für die gewerbesteuerliche Latenzierung 14 %, nunmehr erhöht er sich um 16 Prozentpunkte für Körperschaftsteuer auf insgesamt 30 %. A hat zum 31.12. Buchwertdifferenzen, die sich später umkehren werden, i. H. von 1.000. Die Umwandlung beeinflusst die Bewertung dieser Bemessungsgrundlage von 140 auf 300. Buchung: per aktive Latenz an Steuerertrag oder per Steueraufwand an passive Latenzen.

VI. Auflösung von Steuerlatenzposten (Abs. 2 Satz 2)

Das Gesetz nennt zwei Auflösungs**gründe:** 71

1. **Eintreten** der Steuerbe- und -entlastung (→ Rz. 11) aus der Umkehrung der Buchwertdifferenzen (→ Rz. 72).
2. **Wegfall** der Latenzposten, weil mit einer Be- und Entlastung „nicht mehr zu rechnen ist" (→ Rz. 73).

Der erstgenannte Auflösungsgrund ist der Steuerlatenzrechnung **systemimmanent.** Die Kommentierung unter → Rz. 24 und die dortigen Beispiele stellen den Auflösungseffekt (im Zeitverlauf) dar. Spätestens bei Abgang eines Vermögensgegenstands oder einer Schuld mit Buchwertunterschieden ist der betreffende Latenzposten aufzulösen. Bei unterschiedlichen Abschreibungsverläufen im Anlagevermögen erfolgt die Auflösung kontinuierlich. 72

„Nicht mehr zu rechnen" ist insbesondere mit einer Steuer**entlastung** dann, wenn der Verlust- oder Zinsvortrag nicht mehr die **Ansatzkriterien** erfüllt (→ Rz. 45). 73

VII. Ausweis

1. Ausweiswahlrecht in der Bilanz (Abs. 1 Satz 3)

Wegen der Trennung der Ergebnisse aus der Steuerlatenzrechnung in einen Aktivüberhang mit Ansatz**wahlrecht** (→ Rz. 54) und einen Passivüberhang mit Ansatz**pflicht** (→ Rz. 53) verlangt das Gesetz eine **Gesamtbetrachtung** („insgesamt") der Steuerlatenzposten. In der Folge kommt es zu einem **saldierten** Ausweis des Aktiv- oder Passivüberhangs am Schluss der Aktiv- oder Passivseite der Bilanz nach der Gliederungsvorgabe des § 266 HGB (→ § 266 Rz. 80 bzw. → § 266 Rz. 96). Nach Abs. 1 Satz 3 kann aber auch ein **unsaldierter** Ausweis mit entsprechender Verlängerung der Bilanzsumme gewählt werden. 74

Im Konzernabschluss vervielfacht sich das Ausweiswahlrecht auf sechs verschiedene Varianten (→ § 306 Rz. 43).

1 In Anlehnung an *Freiberg*, PiR 2006 S. 178.

DRS 18.56 und.62 schränkt (anders als der Vorgängerstandard DRS 10) die gesetzlichen Wahlrechte nicht ein. Die in DRS 18.40 enthaltenen ergänzenden Bestimmungen zur **„Aufrechnung"** latenter Steuern bei Identität von Steuersubjekt, Steuerart und Steuergläubiger laufen u. E. **ins Leere.**[1] Die Vorschrift ist aus DRS 10 übernommen, der (in Anlehnung an IAS 12) vom Gebot des unsaldierten Ausweises ausging (DRS 10.36 Satz 1) und hiervon bei Identität von Steuersubjekt, Steuerart und Steuergläubiger eine Ausnahme zuließ und vorschrieb (DRS 10.36 Satz 2). Mit der Bestätigung der freien Ausübung des gesetzlichen Wahlrechts zwischen saldiertem und unsaldiertem Ausweis (DRS 18.56 ff.) sind besondere Regeln für fiktive Aufrechnungslagen ohne Anwendungsbereich. Wenn ohnehin unabhängig von Steuerart und (im Konzern) Steuersubjekt eine Saldierung vorgenommen oder von ihr abgesehen werden darf, kommt es auf die Identität dieser Größen nicht mehr an.

2. Separater GuV-Ausweis (Abs. 2 Satz 3)

75 Die laufende Weiterentwicklung der Bilanzpostenunterschiede – vergleichbar der Mehr-Weniger-Rechnung in der steuerlichen Außenprüfung – ist nach dem doppischen System mit einem **Ergebnis**effekt verbunden (→ Rz. 24 mit den dortigen Beispielen). Der Aufwand oder Ertrag aus der Latenzierung ist im Steueraufwand nach § 275 HGB als Saldogröße im Posten „Steuern vom Einkommen und Ertrag" gesondert auszuweisen (→ § 275 Rz. 119). Der gesonderte Ausweis kann nach DRS 18.60 entweder durch einen Unterposten, eine Vorspalte oder durch einen Davon-Vermerk erfolgen.

VIII. Unternehmensverbund im Einzelabschluss

1. Anwendungsbereich

1.1 Steuerrechtliche Grundlagen

76 Regelmäßig knüpft die Unternehmensbesteuerung an das jeweilige handelsrechtliche Rechnungslegungssubjekt an, z. B. beim Einzelunternehmen oder bei der Kapitalgesellschaft. Besonderheiten liegen vor, wenn das **Subjekt** der Besteuerung nicht mit demjenigen der Rechnungslegung übereinstimmt, nämlich bei der

- ertragsteuerlichen **Organschaft** (→ Rz. 80) und
- Beteiligung an einer mitunternehmerischen **Personenhandelsgesellschaft** als untergeordnete Einheit (z. B. Tochtergesellschaft, → Rz. 90).

Konzeptionell liegt diesbezüglich für die Steuerlatenzrechnung die gleiche Konstellation vor wie im **Konzern**abschluss. Dieser umfasst auch die vorstehend dargestellten Beteiligungskonstellationen, berücksichtigt zusätzlich aber aufgrund der unterstellten wirtschaftlichen Einheit auch Mutter-Tochter-Beziehungen ohne förmliche **steuerliche Verbundkonstellation** (mangels einer förmlichen Konzernbesteuerung in Deutschland).

1.2 Anteilsbesteuerung: *inside and outside basis differences*

77 Sich später umkehrende **Differenzen** zwischen Handelsbilanz- und Steuerbilanz-Buchwerten einzelner Vermögenswerte oder Schulden, sog. *inside basis differences*, stellen die Grundlage der Steuerlatenzrechnung dar (→ Rz. 20). In der vorstehend (→ Rz. 76) dargestellten Verbunds-

1 Vgl. *Lüdenbach/Freiberg*, BB 2010 S. 1971 ff.

ituation können z. B. diese Unterschiede (teilweise) steuersystematisch nicht bei der Einheit, in der sie entstanden sind, sondern regelmäßig nur bei der **übergeordneten** Einheit (häufig Muttergesellschaft) steuerwirksam werden.

Zusätzlich können (vor allem im Konzernabschluss) Steuerlatenzeffekte aufgrund temporärer Differenzen aus dem Buchwert der **Beteiligung** bei der übergeordneten Einheit und dem anteiligen **Eigenkapital** der untergeordneten Gesellschaft (häufig Tochterunternehmen) entstehen *(outside basis differences)*. Die deutsche Übersetzung liefert § 306 Satz 4 HGB (→ § 306 Rz. 38). 78

Dabei sind **permanente** Differenzen (→ Rz. 20) unberücksichtigt zu lassen, z. B.:

- Körperschaft- und gewerbesteuerlich können regelmäßig (Ausnahme bei der Gewerbesteuer bei Beteiligungsquote bis zu 15 % an einer Kapitalgesellschaft) Steuereffekte bei der übergeordneten Einheit durch Verkäufe oder Gewinnausschüttungen von Tochterkapitalgesellschaften nicht eintreten; die entstehenden Differenzen zwischen Buchwert der Beteiligung und (anteiligem) Eigenkapital der untergeordneten Einheit sind nicht steuerwirksam (abgesehen von der 5%igen Bemessungsgrundlage mit 1,5 % effektivem Steuersatz gem. § 8b Abs. 3 Satz 1 KStG, soweit Buchwert > [anteiliges] Eigenkapital).
- Gewerbesteuereffekte aus einer untergeordneten **Personen**handelsgesellschaft können bei der Obergesellschaft gleich welcher Rechtsform wegen § 9 Nr. 2 GewStG in aller Regel nicht entstehen, wohl aber Körperschaftsteuereffekte (→ Rz. 93).

Die *outside basis differences* sind unter → Rz. 91 ff. kommentiert. 79

2. Speziell deutsche Organschaft[1]

Die Steuerlatenzrechnung im Falle einer ertragsteuerlichen Organschaft nach §§ 14 ff. KStG und § 2 Abs. 2 Satz 2 GewStG wirft bzgl. der Steuerlatenzrechnung insbesondere folgende Fragen auf: 80

- Sind die Steuerlatenzen beim Organ**träger** oder der Organ**gesellschaft** anzusetzen (→ Rz. 84 und → Rz. 86)?
- Wie hat die **Bewertung** der Latenzen zu erfolgen (→ Rz. 84)?
- Wie ist beim **Eintritt** in und **Austritt** aus und bei **Beginn** und **Beendigung** der Organschaft zu verfahren (→ Rz. 84a)?
- Wie sind Konzernsteuer**umlagen** zu behandeln (→ Rz. 85)?

Die wesentlichen **Strukturmerkmale** einer ertragsteuerlichen Organschaft sind: 81

- Der Organ**träger** muss keine Kapitalgesellschaft bzw. Körperschaft sein, auch eine Personenhandelsgesellschaft kommt als Organträgerin infrage.
- Umgekehrt muss das **Organ** eine Kapitalgesellschaft mit unbeschränkter Steuerpflicht im Inland sein.
- Die Organschaft kann **mehrstufig** ausgerichtet sein, d. h., ein Organträger ist dann gleichzeitig Organgesellschaft.

---

1 Vgl. hierzu auch *Dahlke*, BB 2009 S. 878; *Loitz*, DB 2009 S. 913; *Herzig/Liekenbrock/Vossel*, Ubg 2010 S. 85 ff. (umfassende Darstellung).

- Gesellschaftsrechtlich ist die **finanzielle** Eingliederung mit der Stimmrechtsmehrheit der Tochter- in die Muttergesellschaft erforderlich, zusätzlich der Abschluss eines **Gewinnabführungs**vertrags mit einer Mindestlaufzeit von fünf Jahren.

82 Die steuerlichen Folgen für die laufende Besteuerung sind:

- Gewerbeertrag und Einkommen der Organgesellschaft werden dem (obersten) Organträger unbeschadet der dem Grunde nach weiterbestehenden Steuerpflicht der Organgesellschaft zur Versteuerung **zugerechnet.**
- Effektiver **Steuerschuldner** ist im Wesentlichen (Ausnahme Garantiedividende) der Organträger.
- Beim Organträger erfolgt eine Ergebnis**verrechnung** von positiven und negativen Ergebnissen der Organgesellschaften.
- **Vororganschaftliche** Verluste der **Organ**gesellschaft werden während des Bestehens der Organschaft „eingefroren".
- Umgekehrt ist es beim Organ**träger:** Hier bleiben die **vororganschaftlichen** Verluste in der üblichen Form fungibel.

83 In der **Zeitschiene** sind folgende Stadien zu unterscheiden:

- vororganschaftlicher Zeitraum,
- Organschaftszeitraum sowie
- Nachorganschaftszeitraum.

84 Auf die Steuerlatenzrechnung hat diese Rechtskonstruktion folgende Auswirkungen:

- Mangels effektiver Steuerschuldnerschaft der Organgesellschaft sind in sog. rechtlicher oder **formeller Betrachtungsweise** aktive und passive Bilanzansätze auf temporäre **Differenzen** nicht bei der Organgesellschaft, sondern beim Organ**träger** anzusetzen.[1] Bei Steuerumlageverträgen darf (Wahlrecht) unter Berufung auf die wirtschaftliche Betrachtungsweise hiervon ggf. abgewichen werden (→ Rz. 85). Nach dem Wortlaut von § 274 HGB wäre auch vertretbar, auf eine Latenzrechnung ganz zu verzichten, da die in Abs. 1 vorausgesetzte Identität des Unternehmens, bei dem die temporären Differenzen bestehen, mit dem, bei dem die daraus folgende Be- oder Entlastung in zukünftigen Perioden erwartet wird, nicht gegeben ist. Die ganz h. M. lehnt eine solche Auslegung aber ab.[2]
- **Verluste** in organschaftlicher Zeit wirken sich bei der Organgesellschaft nicht aus, sie werden im Ergebnis des Organträgers **verrechnet** und können bei einem Gesamtverlust aus dem Organbereich beim Organträger unter den weiteren Voraussetzungen latenziert werden. Auch bei wirtschaftlicher Betrachtungsweise kann der durch ein negatives Ergebnis der Organgesellschaft entstandene Verlustvortrag nur beim Organträger zum Ansatz aktiver latenter Steuern führen.[3]
- Die **Bewertung** der Latenzposten muss mit dem Steuersatz des Organträgers erfolgen, im Falle von Personenhandelsgesellschaften also mit dem Gewerbesteuersatz.

1 Vertreten durch IDW ERS HFA 27.21 und DRS 18.32.
2 Vgl. *Herzig/Liekenbrock/Vossel*, Ubg 2010 S. 85 ff.
3 Vgl. *Liekenbrock/Vossel*, DB 2012 S. 753 ff.

Im Übergang vom Vororganschafts- zum Organschafts**zeitraum** ergeben sich folgende Auswirkungen: 84a

- Die Organgesellschaft verliert ihren effektiven Status als Steuerschuldnerin mit der Folge einer **Auflösung** der Bilanzansätze für temporäre Differenzen und deren **Übertragung** auf den Organträger.
- Dabei ist eine **Neubewertung** erforderlich, z. B. wegen nicht mehr bestehender oder neu eintretender Wahrscheinlichkeit des Ausgleichs aktiver Latenzen in der Zukunft.
- (Fast) zwingende Auflösung einer aktivierten Steuerlatenz aus **Verlustvorträgen** bei der Organgesellschaft wegen des mindestens fünfjährigen Zeitraums der fehlenden steuerlichen Nutzungsmöglichkeit; beim Organträger ist dieser Verlustvortrag nicht verwendbar, deshalb keine Übertragung von der Organgesellschaft auf den Organträger.

Die voraussichtliche **Beendigung** der Organschaft führt zu folgenden Effekten:

- Ist ein Ende der Organschaft abzusehen, sind Latenzen wieder bei der **Organ**gesellschaft als „eigene" zu bilden, sofern die Umkehr der temporären Differenzen im nachorganschaftlichen Zeitraum zu erwarten ist.
- Deren **Bewertung** richtet sich nach dem künftigen Steuersatz der Organgesellschaft.
- Wird eine **Verlustverrechnungsmöglichkeit** der Organgesellschaft im nachorganschaftlichen Zeitraum (wieder) wahrscheinlich, ist eine entsprechende Latenzierung vorzunehmen.
- Mit (absehbarem) Ende der Organschaft werden beim **Organträger** Unterschiede zwischen dem handels- und steuerbilanziellen **Beteiligungsbuchwert** (Letzterer inkl. sog. Ausgleichsposten für die Differenz zwischen Ergebnisabführung und Steuerbilanzgewinn der Organgesellschaft) latenzierungspflichtig. Im Falle einer Kapitalgesellschaft als Organträger allerdings wegen § 8b KStG nur mit einem Steuersatz von 5 % des Unterschieds.

Wegen des antizipativen, gesetzlich explizit auf **zukünftige** Steuerbe- und -entlastungen abstellenden Charakters der Steuerlatenz ergeben sich die Konsequenzen

- des Beginns der Organschaft i. d. R. schon im letzten vororganschaftlichen Abschluss,
- der Beendigung i. d. R. schon im letzten organschaftlichen Abschluss.

BEISPIEL[1] Zwischen der OG GmbH (Organgesellschaft) und der OT AG (Organträgerin) wird noch vor dem 31.12.01 ein Ergebnisabführungsvertrag (EAV) geschlossen, von den Gremien genehmigt und zum Handelsregister angemeldet. Der Vertrag wird am 15.1.02 durch Registereintragung rechtswirksam. Die Organschaft tritt am 1.1.02 in Kraft. Eine Vereinbarung zur Umlage der während der Organschaft aus den Aktivitäten von OT entstehenden Steuern wird nicht geschlossen.

Die Organschaft wird entgegen ursprünglicher und bis Mitte 06 fortbestehender Absicht mit Wirkung zum Ablauf des 31.12.06 beendet. Ohne Berücksichtigung der Organschaft würden sich die passiven latenten Steuern der OG wie folgt ergeben:

1.1.01 und 31.12.01:	150 T€
31.12.02:	130 T€
1.1.06 und 31.12.06:	200 T€

Hierbei lösen sich die per 31.12.01 vorliegenden temporären Differenzen während des Organschaftszeitraums auf und OT selbst hat zu keinem Zeitpunkt temporäre Differenzen.

1 Nach *Lüdenbach*, StuB 2014 S. 422.

BEURTEILUNG ▸ **Beendigung** der Organschaft: Ende 06 steht fest, dass die Organschaft nicht über den 31.12.06 hinaus fortgeführt wird. Die (Wieder-)Einbuchung der Latenzen bei OG und die Ausbuchung bei OT ist nach h. M. schon zum 31.12.06 vorzunehmen.[1] Da die zukünftigen Belastungen im Nachorganschaftszeitraum und damit nicht mehr mit Wirkung für OT eintreten, gilt per 31.12.06: OT weist keine Latenzen mehr aus. Aus der Ausbuchung erzielt OG einen Steuerertrag von 200 T€. OG passiviert in entsprechender Höhe steueraufwandswirksam eine Latenz und mindert durch die Aufwandsbuchung den abzuführenden Gewinn.

Begründung der Organschaft: Für den Beginn der Organschaft wird z. T. die restriktive Auffassung vertreten, dass zwar OG die neue Situation schon berücksichtigen dürfe oder müsse, wenn durch Abschluss des EAV und Gremienbeschlüsse das Zustandekommen der Organschaft hinreichend konkretisiert sei, bei OT die formale Betrachtungsweise hingegen ein rechtlich bereits in Kraft getretenes Organschaftsverhältnis voraussetze; folglich dürften die fremden Steuerlatenzen erst im ersten Abschluss der organschaftlichen Zeit bilanziert werden.[2] Unseres Erachtens ist diese Auffassung deshalb abzulehnen, weil für die Begründung der Organschaft (ebenso wie für die Beendigung) der antizipative, auf zukünftige Be- und Entlastungen abstellende Charakter der Latenzen zu beachten ist. Allenfalls wenn Vertragsabschluss oder Gremienbeschlüsse erst im Jahr 02 zustande gekommen wären, bliebe wegen des wertbegründenden Charakters dieser Ereignisse[3] die steuerliche Rückwirkung auf den 1.1.02 für die Handelsbilanz 31.12.01 unbeachtlich. Im vorliegenden Fall gilt hingegen: OG hat die Latenzen von 150 schon per 31.12.01 ertragswirksam aufzulösen, OT sie schon zu diesem Stichtag aufwandswirksam einzubuchen.

85 Die aus betriebswirtschaftlichen Erwägungen bzgl. des Einblicks in die Ertragslage der Organgesellschaften für sinnvoll erachteten und häufig praktizierten **Steuerumlagen** (für Körperschaft- und Gewerbesteuer) mindern den ausgewiesenen Abführungsbetrag. Bei Erhebung von Umlagen ist daher wie folgt vorzugehen:

- Bei der Organgesellschaft erscheint der Aufwand aus der Umlage in der **GuV**-Rechnung entweder als „Steuern vom Einkommen und Ertrag" oder als Bestandteil (Kürzung) des Postens „aufgrund von Gewinnabführungsverträgen abgeführte Gewinne"[4] (→ § 275 Rz. 122).
- Latente Steuern auf temporäre Differenzen der **Organ**gesellschaft können nach DRS 18.35 bei voller Umlage der steuerlichen Be- oder Entlastung auf die Organgesellschaft bei dieser bilanziert werden.[5] Diese Möglichkeit zur sog. wirtschaftlichen Betrachtungsweise ist als Wahlrecht formuliert. Da jedes Bilanzierungssubjekt das Wahlrecht eigenständig ausüben darf, kann dies zur doppelten Bilanzierung latenter Steuern führen, beim Organträger, weil dieser wahlweise der formalen Betrachtungsweise folgt, bei der Organgesellschaft, weil diese wahlweise die wirtschaftliche Betrachtungsweise anwendet.[6] Bei formaler Betrachtungsweise sind die durch die Organgesellschaft verursachten Steuerlatenzen in Bilanz und GuV des Organträgers als latente Steuern auszuweisen, dabei aber durch einen Davon-Vermerk von solchen Latenzen zu unterscheiden, die originär dem Organträger zuzurechnen sind (DRS 18.61).

1 Vgl. u. a. *Herzig/Liekenbrock/Vossel*, Ubg 2012 S. 141 ff.
2 Ebenda; großzügiger z. B. *Pilhofer*, StuB 2013 S. 799 ff.
3 Die Registereintragung gilt hingegen (mit Ausnahmen bei Anfechtungsklagen von Minderheiten) i. d. R. als deklaratorischer Akt; vgl. *Pilhofer*, StuB 2013 S. 799 ff., m. w. N.
4 *Dahlke*, BB 2009 S. 878 ff., m. w. N.
5 Restriktiver IDW ERS HFA 27 Tz. 24.
6 Vgl. *Lüdenbach/Freiberg*, BB 2010 S. 1971 ff.; i. A. *Liekenbrock/Vossel*, DB 2012 S. 753 ff., die nur eine einheitliche Ausübung des Wahlrechts für zulässig halten.

- In den Bilanzen sind die aus den Umlagen entstandenen **Schulden** oder **Forderungen** gegen(über) verbundene(n) Unternehmen (→ § 266 Rz. 71) auszuweisen.
- Beim Organträger erscheint die Steuerumlage in Interpretation als **„Vorweg-Gewinnabführung"** als Teil des Postens „Ertrag aufgrund von Gewinnabführungsverträgen" bzw. „Aufwendungen aus Verlustübernahmen"[1] (→ § 275 Rz. 122).

Wenn Steuern durch entsprechende Verträge umgelegt werden, besteht das unter → Rz. 85 dargestellte Wahlrecht zwischen **wirtschaftlicher** Betrachtungsweise (Erfassung der Steuerlatenzen bei der Organgesellschaft, falls sie durch dort bestehende temporäre Differenzen verursacht werden) und **formaler** Betrachtungsweise (Erfassung der Steuerlatenzen beim Organträger). In der **formalen** Betrachtungsweise ist jedoch weiter zwischen **zwei Varianten** zu unterscheiden: Nach der sog. **Bruttomethode**[2] wirken sich die beim Organträger für temporäre Differenzen der Organgesellschaft gebildeten passiven latenten Steuern nicht auf den gem. § 301 Satz 1 AktG i.V. mit § 268 Abs. 8 HGB abführungsgesperrten Betrag aus. Nach der sog. **Nettomethode**[3] mindern sie den abführungsgesperrten Betrag bzw. erhöhen sie den Abführungsbetrag. Somit ergeben sich insgesamt drei Darstellungsmöglichkeiten: 86

- formale Betrachtungsweise in Bruttomethode,
- formale Betrachtungsweise in Nettomethode,
- wirtschaftliche Betrachtungsweise.

Die Bruttomethode gilt hinsichtlich der Anerkennung durch die Finanzverwaltung (tatsächliche Durchführung des Ergebnisabführungsvertrags als Voraussetzung des § 14 Abs. 1 Nr. 3 KStG) als weniger riskant.[4]

Fraglich ist, ob der wirtschaftlichen Betrachtungsweise auch dann gefolgt werden darf, wenn **kein Umlagevertrag** für latente Steuern besteht. Im Schrifttum wird hier wie folgt unterschieden: 87

- Es existiert ein Umlagevertrag für **laufende und latente** Steuern: In Anwendung der wirtschaftlichen Betrachtungsweise dürfen die latenten Steuern bei der Organgesellschaft erfasst werden. Die Umlageregelung betreffend latente Steuern läuft dann ins Leere.[5]
- Es existiert ein Umlagevertrag, aber **nur** für **laufende,** nicht für **latente** Steuern: Das Wahlrecht zur wirtschaftlichen Betrachtungsweise nach DRS 18.35 ist gegeben.[6]
- Es existiert überhaupt **kein Umlagevertrag:** Gegen DRS 18.35 wird die Anwendung der wirtschaftlichen Betrachtungsweise für zulässig gehalten.[7]

Unter Zugrundelegung der letzten Auffassung bestehen somit auch bei Fehlen eines Umlagevertrags drei Darstellungsmöglichkeiten, insgesamt somit sechs. Hierzu folgendes zusammenfassendes Beispiel:

---

1 *Dahlke*, BB 2009 S. 878 ff., m. w. N.
2 Bevorzugt z. B. von *Melcher/Murer*, DB 2011 S. 2329 ff.
3 Bevorzugt z. B. von *Ellerbusch/Schlüter/Hofherr*, DStR 2009 S. 2446 ff.
4 Vgl. *Liekenbrock/Vossel*, DB 2012 S. 753 ff. Das BMF-Schreiben v. 14.1.2010 – IV C 2 - S 2770/09/10002, BStBl 2010 I S. 65 ff., stellt allerdings nur klar, dass die Abführungssperrregelungen des § 301 AktG zwingend zu beachten sind, wenn die Organschaft anerkannt werden soll. Wie die Beachtung auszusehen hat, bleibt offen.
5 Vgl. *Liekenbrock/Vossel*, DB 2012 S. 753 ff.
6 So auch *Grottel/Larenz* in Beck'scher Bilanz-Kommentar, 13. Aufl. 2022, § 274 Tz. 72.
7 Vgl. *Liekenbrock/Vossel*, DB 2012 S. 753 ff.

BEISPIEL ▸ Die Organgesellschaft (OG) erwirtschaftet einen „normalen" Gewinn von 50 und einen Gewinn von 100 aus nur handelsrechtlich zulässiger Aktivierung von Entwicklungskosten (→ § 248 Rz. 9). Mit Aktivierung der Entwicklungskosten geht bei einem Steuersatz von 30 % eine passive Latenz von 30 einher.

	Formale Betrachtungsweise				Wirtschaftliche Betrachtungsweise	
	Ohne Umlage		Mit Umlage		Ohne Umlage	Mit Umlage
	Brutto-methode	Nettomethode	Brutto-methode	Nettomethode		
<u>OG</u>						
Operatives Ergebnis	50	50	50	50	50	50
Ertrag aus Aktivierung Entwicklungskosten	100	100	100	100	100	100
Aufwand Umlage für tats. Steuern	0	0	-15	-15	0	-15
Aufwand Umlage für lat. Steuern	0	0	-30	-30	-30	-30
Gewinn vor EAV	150	150	105	105	120	105
Ergebnisabführung	-50	-80	-5	-35	-50	-35
Jahresüberschuss	100	70	100	70	70	70
Erklärung des Abführungsbetrags und der Ausschüttungssperre						
Ergebnis aus Aktivierung Entwicklungskosten	100	100	100	100	100	100
Passive Latenz OT/OG darauf (nur bei Nettomethode oder wirtschaft. Betr.)		-30		-30	-30	-30
Abführungsgesperrt	-100	-70	-100	-70	-70	-70
Ergebnis vor EAV	150	150	105	105	120	105
Ergebnisabführung	50	80	5	35	50	35
<u>OT</u>						
Operatives Ergebnis	0	0	0	0	0	0
Ertrag Umlage für tats. Steuern	0	0	15	15	0	15
Ertrag Umlage für lat. Steuern	0	0	30	30	0	0
Aufwand tats. Steuern	-15	-15	-15	-15	-15	-15
Aufwand lat. Steuern	-30	-30	-30	-30	0	0
Ertrag aus EAV	50	80	5	35	50	35
Jahresüberschuss	5	35	5	35	35	35

Im Fall der formalen Betrachtungsweise führt die Nettomethode zu wirtschaftlich zutreffenderen Ergebnissen beim Organträger. Von dem bei der Organgesellschaft erzielten Vorsteuerergebnis von 150 sind (vor Steuern) 100 abführungsgesperrt. Es bleiben somit 50 zur Abführung an bzw. Vereinnahmung durch den Organträger. Nach Abzug von 30 % Steuern entspricht dies einem Ergebnis von 35 beim Organträger. Bei der Bruttomethode fällt der Jahresüberschuss des Organträgers hingegen um 30 niedriger aus, weil einerseits der latente Steueraufwand aus den Entwicklungskosten beim Organträger erfasst, andererseits die Ergebnisabführung der Organgesellschaft aber um den vollen Vorsteuerbetrag aus den Entwicklungskosten gemindert wird.

Der Aufwand aus der Steuerumlage kann (wie in obiger Lösung) in der GuV der Organgesellschaft als Steueraufwand dargestellt,[1] alternativ aber auch als Vorweg-Gewinnabführung betrachtet werden. In der alternativen Sichtweise wird das insgesamt abzuführende Ergebnis teils in Form der Steuerumlage, teils in anderer Form abgeführt.

Aus **Praktikabilitätsgründen** werden im Einzelabschluss der Organgesellschaft häufig auch ohne das Vorliegen von Steuerumlageverträgen latente Steuern auf temporäre Differenzen gezeigt, auch wenn eine Umkehr im nachorganschaftlichen Zeitraum nicht zu erwarten ist (sog. **wirtschaftliche** Betrachtungsweise, → Rz. 84). Die Bewertung erfolgt dabei mit dem Steuersatz des Organträgers. Diese Handhabung ist zunächst arbeitsökonomisch bedingt, weil bei der Organgesellschaft die erforderlichen Daten vorliegen und nicht eigens in das Rechenwerk des Organträgers transferiert werden müssen. Ob sie auch rechtlich vertretbar ist, erscheint zweifelhaft.[2] 88

Bei der (gegenteiligen) Methode der Latenzierung nur beim Organträger (→ Rz. 84) könnte in den Einzelabschlüssen des Organkreises die Steuerlatenzrechnung **insgesamt** unterbleiben, wenn die als Holding konstruierte (oberste) Organträgerin als kleine Gesellschaft (→ § 267 Rz. 4) gilt oder eine Personenhandelsgesellschaft außerhalb des § 264a HGB ist. Bei einem Passivüberhang der Steuerlatenz bei der Organgesellschaft, der nicht dort erfasst wurde, fiele die Gewinnabführungssperre höher aus als bei Erfassung am Entstehungsort (→ § 268 Rz. 171).

Latente Steuern aus dem Beteiligungsverhältnis können auch originär beim Organträger entstehen, soweit sie auf *„Outside basis"*-Differenzen (→ Rz. 78), also Differenzen zwischen handelsrechtlichem Beteiligungsbuchwert und entsprechendem steuerlichen Wertansatz, beruhen. Bei Kapitalgesellschaften als Organträger sind jedoch wegen § 8b KStG lediglich 5 % des durch eine Veräußerung realisierbaren betreffenden Gewinns zu besteuern. Unter Wesentlichkeitsgesichtspunkten kann dann ggf. eine Latenzierung unterbleiben. 89

3. Personenhandelsgesellschaft als untergeordnete Einheit

3.1 Auswirkung bei der Personenhandelsgesellschaft

Steuerlatenzen – sämtliche sog. *inside basis differences* (→ Rz. 78) – bei der untergeordneten Personengesellschaft können, soweit diese überhaupt § 274 HGB unterliegt (→ Rz. 4), entstehen aus 90

- „normalen" Buchwertunterschieden (→ Rz. 17), z. B. Drohverlustrückstellung,
- Gesellschafterwechsel (Anteilserwerb) und
- Folgebewertung.

Dazu folgender Sachverhalt:

BEISPIEL Die K-AG erwirbt am 1.1.01 100 % der Anteile der V-GmbH & Co. KG. Der Erwerbspreis beträgt 1.000, das Eigenkapital der KG 600. Der Differenzbetrag wird als *Goodwill* identifiziert und bei der KG in einer steuerlichen Ergänzungsbilanz für die K-AG aktiviert sowie über 15 Jahre mit 27 abgeschrieben. Die KG bildet per 31.12.01 eine Drohverlustrückstellung von 200. Die nachstehend genannten Sachverhalte führen als Ceteris-paribus-Betrachtung ebenfalls zu einer Veränderung des steuerlichen Eigenkapitals der KG. Unterstellt bleibt der Bilanzansatz der KG in der HB der K-AG unverändert zu Anschaffungskosten. Betrachtet wird (zunächst) nur die **Besteuerungsebene der KG:**

1 Vgl. *Liekenbrock/Vossel*, DB 2012 S. 753 ff.

2 Abgelehnt durch *Herzig/Liekenbrock/Vossel*, Ubg 2010 S. 85 ff.

- Zum Anschaffungszeitpunkt besteht durch Erhöhung des Steuerbuchwerts in der Ergänzungsbilanz eine Differenz von 400 zwischen handelsrechtlicher Gesamthandelsbilanz und Steuerbilanz. Folge ist die Aktivierung einer Steuerlatenz von 56 (14 % von 400); zur Gegenbuchung vgl. → Rz. 35.
- Abschreibungen auf *Goodwill* oder andere aufgedeckte stille Reserven erfolgen nur in der StB, nicht in der HB und führen per 31.12.01 zu folgendem Effekt: Abbau der Aktivlatenz um 14 % von 27 = 4.
- Ein vorläufig thesaurierter Gewinn der KG hat keine Auswirkung auf die Steuerlatenz (bei der KG). Entsprechendes gilt für einen laufenden Verlust der KG.
- Die Drohverlustrückstellung von 200 (→ § 249 Rz. 161) bedingt eine Zuführung zur Aktivlatenz um 14 % = 28; Gegenbuchung erfolgswirksam.

Zum Sachverhalt unter → Rz. 90 folgendes Buchungsbeispiel (aufgrund der vorhergehend dargestellten Daten bei 100%iger Beteiligung an der Personengesellschaft):

BEISPIEL

Drohverlustrückstellung	200
Darauf 14 % Gewerbesteuer	28
Eigenkapital der Personengesellschaft in der StB (nach Gewerbesteuer)	3.000

Daraus errechnet sich folgende HB:

Latente Steuern	28	EK	3.028
Sonstiges Vermögen	3.000		

Zum Vergleich die StB:

Sonstiges Vermögen	3.200	EK HB	3.000
		Drohverlustrückstellung	200
		EK StB	3.200

Hinweis: Die im Beispiel bereits berücksichtigte laufende Gewerbesteuer wegen der Drohverlustrückstellung wird in der HB exakt kompensiert durch die aktive Latenz. Bei der Tochter-Personenhandelsgesellschaft kann es nur zu *inside basis differences* (→ Rz. 77) kommen.

3.2 Auswirkung bei der Mutterkapitalgesellschaft

91 Aus der Besteuerungs**perspektive** der Mutterkapitalgesellschaft können sich aus der Beteiligungssituation an der Tochterpersonengesellschaft weitere Steuerlatenzierungen ergeben, die als *outside basis differences* (→ Rz. 78) zu titulieren sind. Letztere werden im internationalen Rechnungslegungsbereich vor allem als Differenzen im **Konzernabschluss** zwischen dem Nettovermögen einer einbezogenen Tochtergesellschaft und dem Beteiligungsansatz für diese Tochter bei der Muttergesellschaft verstanden. Im Verhältnis zwischen Mutterkapital- und Tochterpersonengesellschaft kann es im Einzelabschluss der Mutter zu einer **vergleichbaren** Situation kommen, z. B. in folgenden Fällen:

- Gewinnthesaurierung bei der Tochter,[1]
- Jahresfehlbetrag bei der Tochter sowie
- außerplanmäßige Abschreibung der Beteiligung an der Tochter bei der Mutter.

Vgl. hierzu die Beispiele unter → Rz. 93.

1 IDW RS HFA 18 Tz. 46.

92 Während § 306 Satz 4 HGB auf Konsolidierungsvorgängen im Konzernabschluss beruhende *outside basis differences* explizit von der Latenzierungsrechnung ausnimmt (→ § 306 Rz. 38), enthält § 274 HGB keine entsprechende Ausnahme. Gleichwohl wird in Sonderfällen, so etwa bei ausländischen Betriebsstätten, ein Verzicht auf die Latenzierung z. T. für zulässig erachtet.[1]

93 In den unter → Rz. 91 genannten Konstellationen fallen das steuerliche Eigenkapital der Tochter-Personenhandelsgesellschaft und der Beteiligungsansatz bei der Mutterkapitalgesellschaft auseinander, d. h., die steuerliche **Spiegelbildbetrachtung** zwischen Beteiligungsansatz und Eigenkapital gilt hier handelsrechtlich nicht.

BEISPIEL ▸ Die Tochter thesauriert den erzielten Jahresüberschuss von 100 im Jahr 01. Da sich dadurch der Beteiligungsansatz bei der Mutter nicht erhöht (→ § 264c Rz. 33), ist per Ende des Jahres das steuerliche Eigenkapital um 100 höher als der Beteiligungsansatz in der HB. Im Jahr 02 wird dieser Gewinn ausgeschüttet.

▸ Zu buchen ist im Jahr 01 bei der Mutter:

Per aktive Latenz an Steuerertrag	-16
laufender Steueraufwand	16
Ausweis Steueraufwand insgesamt (allerdings unsaldiert, → Rz. 75)	0

▸ Buchungen im Jahr 02:

Per Kasse an Beteiligungsertrag	100
Per Steueraufwand an aktive Latenz	16
Ertrag	84

Laufender Steueraufwand entsteht im Jahr 02 aus der Ausschüttung nicht.

In beiden Jahren führt die Steuerlatenzrechnung zum richtigen Ausweis der Steuerquote (→ Rz. 13).

BEISPIEL ▸ Die Tochter erzielt im Jahr 01 einen Jahresfehlbetrag von 100, im Jahr 02 einen Jahresüberschuss von 100. Hier verläuft die Entwicklung des Unterschiedsbetrags zwischen Beteiligungsansatz und steuerlichem Eigenkapital gerade umgekehrt als bei der Gewinnthesaurierung im vorhergehenden Beispiel.

▸ Zu buchen ist im Jahr 01:

Per Steueraufwand an passive Latenz	-16
Laufende Steuer (Minderung)	16
Ausweis Steueraufwand/-ertrag (allerdings unsaldiert, → Rz. 75)	0

▸ Buchungen im Jahr 02:

Per passive Latenz an Steuerertrag	16
Laufende Steuer (Erhöhung)	-16
Ausweis Steueraufwand/-ertrag (allerdings unsaldiert, → Rz. 75)	0

In beiden Jahren führt die Steuerlatenzrechnung zum richtigen Ausweis der Steuerquote (→ Rz. 13). Das Ergebnis der Tochter berührt nicht das HB-Ergebnis der Mutter.

BEISPIEL ▸ Die Mutter nimmt eine außerplanmäßige Abschreibung auf die Beteiligung an der Tochter von 100 vor. Steuersystematisch kann eine (vergleichbare) Teilwertabschreibung nicht erfolgen. Deshalb ist das steuerliche Eigenkapital per Ende des Jahres um 100 höher als der Beteiligungsansatz in der HB (vergleichbar dem obigen Beispielsfall mit der Gewinnthesaurierung).

Folge: aktive Latenzierung.

1 IDW ERS HFA 27 Tz. 16; Beschränkung der Ausnahme auf konsolidierungsbedingte *outside basis differences* hingegen in DRS 18.28.

94 In den drei Beispielsfällen unter → Rz. 93 beschränkt sich die Steuerlatenzierung gem. § 9 Nr. 2 GewStG auf die Besteuerungsebene der **Mutterkapitalgesellschaft** und damit auf die **Körperschaftsteuer.** Die Veränderung zwischen Beteiligungsbuchwert und steuerlichem Eigenkapital beruht in diesen Fällen nicht auf dem Inhalt der steuerlichen Gewinnermittlung bei der Tochter-Personenhandelsgesellschaft. Anders verhält es sich bei Buchwertdifferenzen **innerhalb** der **beiden** Rechenwerke der Tochtergesellschaft. In diesen Fällen werden diese Differenzen auf die Besteuerungsebene der Muttergesellschaft durchgereicht.

BEISPIEL Im Jahr 01 bildet die Tochter-Personenhandelsgesellschaft (eine Kap. & Co.) eine steuerlich nicht ansetzbare Drohverlustrückstellung (→ § 249 Rz. 161) von 100. Das steuerliche Eigenkapital der Tochter ist dadurch um 100 höher als das HB-Kapital, also ist eine aktive Latenz von 14 (für Gewerbesteuer) im Einzelabschluss der Tochter auszuweisen.

Aus der Perspektive der Mutterkapitalgesellschaft bleibt der Beteiligungsansatz in der HB unverändert, das steuerliche Eigenkapital der Tochter ist aber um 100 höher. Entsprechend sind für die Körperschaftsteuer 16 aktiv zu latenzieren.

95 **BEISPIEL** Die K-AG erwirbt am 1.1.01 100 % der Kommanditanteile an der V-GmbH & Co. KG (die GmbH ist am Vermögen der KG nicht beteiligt). Einziger Vermögensgegenstand der schuldenfreien KG ist ein Gebäude (auf fremdem Grundstück) mit einem Buchwert von 600. Der Erwerbspreis beträgt 1.000 wegen stiller Reserven im Gebäude. Der Differenzbetrag wird bei der KG in einer steuerlichen Ergänzungsbilanz für die K-AG aktiviert und über zehn Jahre mit 40 abgeschrieben. Das Ergebnis 01 vor Abschreibung in der Gesamthandsbilanz (60) und Ergänzungsbilanz (40) beträgt 100. Zum 2.1.02 wird das Gebäude für 900 veräußert. Anschließend liquidiert die V die KG und überführt den aus der Gebäudeveräußerung entstandenen Erlös in ihr Vermögen:

1. EBENE DER KG **Bilanz 1.1.01**

Aktive Latenz von 14 % von 400	=	56 (erfolgsneutral, → Rz. 27)
EK	=	600 + 56 = 656

Bilanz 31.12.01

Aktive Latenz von 14 % von 360	=	50,4 (Aufwand = 5,6)
EK	=	656 (Vortrag) + 34,4 Jahresüberschuss (siehe unten) = 690,4

GuV 01

Gesamthandsergebnis vor Abschreibung	100
Abschreibung Gesamthand	60
Ergebnis vor Steuern	40 (100 %)
Latenter Steueraufwand (56 - 50,4)	5,6 (14 %)
Ergebnis nach Steuern	34,4 (86 %)

Tatsächliche Steuer entsteht nicht, da das Gesamthandsergebnis von 40 noch um die Abschreibung von 40 aus der Ergänzungsbilanz gemindert wird.

Die Auflösung der aktiven Latenz sorgt für die zutreffende Steuerquote (Prozentangaben in Klammern).

Bilanz 2.1.02

Aktive Latenz	=	0 (Aufwand aus Auflösung 50,4)
EK	=	690,4 (Vortrag) + 309,6 Jahresüberschuss (siehe unten) = 900 (entsprechend dem Kassenbestand von 900)

GuV 1.1. bis 2.1.02

Erlös Grundstück	900
Buchwertabgang Gesamthandsbilanz	540
Ergebnis vor Steuern	360 (100 %)
Latenter Steueraufwand (50,4)	50,4 (14 %)
Ergebnis nach Steuern	309,6 (86 %)

Tatsächliche Steuer entsteht nicht, da das Gesamthandsergebnis von 360 noch um den Buchwertabgang von 360 aus der Ergänzungsbilanz gemindert wird.

Die Auflösung der aktiven Latenz sorgt für die zutreffende Steuerquote.

2. EBENE DER MUTTER-AG 31.12.01

Keine laufende Steuer, das KG-Ergebnis nach Ergänzungsbilanz	=	0
Passive Latenz: 16 % von 1.000 (Beteiligungsbuchwert IFRS) - 900 (Tochter Spiegelbildmethode)	=	16 (erfolgsneutral, → Rz. 27)

2.1.02

Auflösung der passiven Latenz (Ertrag 16)

GuV

Liquidationserlös	900
Abgang Beteiligung	-1.000
Verlust	100 (100 %)
Ertrag aus Auflösung passiver Latenz	16 (16 %)
Ergebnis nach Steuern	84 (84 %)

Die Auflösung der passiven Latenz sorgt für die zutreffende Steuerquote.

Das Beispiel unter → Rz. 95 ist in gewisser Weise als **janusköpfig** zu charakterisieren: Es berührt die Besteuerungsebene beider Gesellschaften „gleichzeitig", aber nach Steuerarten getrennt. Kommt es zu einer späteren Veräußerung oder Liquidation der Tochter-Personenhandelsgesellschaft – sozusagen der Lackmustest der Latenzierung von zwei Besteuerungsebenen –, wirkt der Restbuchwert in der Ergänzungsbilanz auf den Ergebnisausweis beider Steuersubjekte: 96

- Bei der Personengesellschaft: Auflösung der Aktivlatenz zulasten des Ergebnisses.
- Bei der Kapitalgesellschaft: Auflösung der Passivlatenz zugunsten des Ergebnisses.

Damit wird auch in beiden Fällen die zutreffende Steuerquote ausgewiesen.

Anders verhält es sich bei den Beispielsfällen unter → Rz. 93, die mit unterschiedlichen Beträgen nachstehend zusammengefasst dargestellt werden:

BEISPIEL

	HB	StB	Latenz 30 %	
Stand 31.1.01	1.000	1.000		
Gewinnthesaurierung für 01	-	50	15	Aktiv
Stand 31.12.01	1.000	1.050		
Außerplanmäßige Abschreibung 02	300	-	90	Aktiv
Stand 31.12.02		1.050	105	
Laufender Verlust 03		100	-30	Passiv
Stand 31.12.03	700	950	75	Saldo aktiv

Der hier gewählte Steuersatz von 30 % beruht auf § 7 Satz 2 GewStG, also einem der Gewerbesteuer unterliegenden Verkauf einer Beteiligung an einer Tochter-Personenhandels- durch eine Kapitalgesellschaft. Vergleichbar einer (ausländischen) *capital gains tax* ist der Auflösungsgrund für die Steuerlatenzposten bestimmend für den Steuersatz. Eine Gegenrechnung von steuerlichen Buchwerten, wie im Beispiel unter →Rz. 95 dargestellt, ist hier nicht möglich.

97 Die Besteuerungseffekte des **Sonderbetriebsvermögens** sind mit IDW[1] und DSR[2] u. E. nicht in die Latenzierung einzubeziehen. Sonderbetriebsvermögen führt nur in der Steuerbilanz zu Buchwerten, nicht dagegen in der Gesellschaftsbilanz. Deshalb kann für das Gesamthandsvermögen kein Unterschiedsbetrag ermittelt werden; entsprechend fehlt die systematische Grundlage für die Steuerlatenzrechnung (→ Rz. 36).

98 Besonderheiten der Latenzierung bestehen bei **Verlustausgleichsbeschränkungen nach § 15a EStG**. In diesen Fällen gilt für den Abschluss der beschränkt (z. B. als Kommanditist) haftenden Mutterkapitalgesellschaft Folgendes:

- Wird die Beteiligung an der Personengesellschaft wegen des nur vorübergehenden Charakters der Wertminderung handelsrechtlich nicht abgeschrieben (→ § 253 Rz. 154),
- während steuerrechtlich nach Maßgabe der Spiegelbildmethode i. H. des negativen Kapitalkontos bei der Untergesellschaft ein negativer „Beteiligungsansatz" bei der Muttergesellschaft entsteht,
- wäre die resultierende Differenz nach **allgemeinen** Grundsätzen zu latenzieren.
- Dies gilt jedoch insoweit **nicht,** als der Verlust bei der Untergesellschaft nach § 15a EStG nicht ausgleichsfähig ist.[3]

Hierzu folgendes Beispiel:

BEISPIEL[4] Die A-AG beteiligt sich im Herbst 01 als Kommanditist an der Gründung der K-KG und leistet eine Einlage von 100 T€. Die K-KG wird nach planmäßigen Anlaufverlusten schon im Jahr 02 mit hoher Wahrscheinlichkeit Gewinne erzielen, die die Anlaufverluste vollständig kompensieren. Der Verlustanteil der AG aus der KG beträgt für 01 150 T€. Davon kann die AG wegen **§ 15a Abs. 1 EStG** nur 100 T€ mit anderen Einkünften verrechnen oder als eigenen Verlustvortrag ansetzen. Der die Einlage übersteigende Teil von 50 T€ ist als verrechenbarer Verlust gem. **§ 15a Abs. 2 EStG** nur mit zukünftigen Gewinnen aus der Kommanditbeteiligung bzw. deren Veräußerung oder Aufgabe zu verrechnen. Vereinfacht sei angenommen, dass das übrige, nicht aus der KG stammende Einkommen der AG in den Jahren 01 und in 02 null beträgt, die AG handelsrechtlich keine Abschreibung auf die Beteiligung vornimmt und ihr Steuersatz 15 % beträgt.

BEURTEILUNG **1. Passive Latenz**

Die Beteiligung an der KG ist angesichts mit hoher Wahrscheinlichkeit erwarteter zukünftiger Gewinne nicht dauerhaft wertgemindert, darf daher handelsrechtlich mit den Anschaffungskosten von 100 T€ ausgewiesen werden. Steuerrechtlich sind die Anteile hingegen nach der Spiegelbildmethode mit -50 T€ anzusetzen. Die **temporäre Differenz** beträgt **150 T€.** Gegen volle Latenzierung dieser Differenz spricht, dass i. H. des verrechenbaren Verlustes (50 T€) keine Steuerlast entsteht. Würde etwa die KG die Beteiligung Anfang 02 für 100 T€ veräußern, so ergäbe sich zwar steuerbilanziell ein Veräußerungsgewinn von 150 T€, dem aber der verrechenbare Verlust von 50 T€ entgegengesetzt würde, so dass **zur Steuer nur 100 T€ herangezogen** würden. Diesem Gedanken folgend hält IDW RS HFA 17

1 IDW RS HFA 7 Tz. 20.
2 DRS 18.39.
3 IDW RS HFA 18 Tz. 47.
4 Nach *Lüdenbach,* StuB 2015 S. 108.

Tz. 47 fest, dass temporäre Differenzen bei der Latenzierung insoweit nicht zu berücksichtigen sind, als sie auf verrechenbare Verluste i. S. des **§ 15a EStG** zurückgehen. Der steuerpflichtige Teil der temporären Differenz beträgt somit 100 T€. Hieraus ergibt sich eine passive latente Steuer von 15 T€.

2. Aktive Latenz

2.1 Verlustvortrag der Kommanditistin selbst

Aus der Kommanditbeteiligung erhält die AG für 01 steuerlich einen Verlust von 100 T€. Da die AG annahmegemäß im Übrigen nur Einkünfte von null erzielt, führt dieser Betrag bei der AG zu einem **Verlustvortrag.** Auf diesen Verlustvortrag kann die AG gem. **§ 274 Abs. 1 HGB** aktive Latenzen bilden, wenn die Nutzung des Vortrags binnen fünf Jahren zu erwarten ist. Die Erwartung ist durch ausreichende passive Latenzen (hier aus der gleichen Beteiligung) belegt. Der Verlustvortrag führt daher zu einer aktiven latenten Steuer von 15 T€, wobei wegen **§ 274 Abs. 1 Satz 2 HGB** eine Saldierung mit der passiven Latenz zulässig ist.

2.2 Verrechenbarer Verlust

Verrechenbare Verluste führen zwar bei der Obergesellschaft formell nicht zu einem Verlustvortrag, aber bis auf die sachliche Beschränkung des Verrechnungsobjekts zu einer diesem vergleichbaren **Verlustverrechnungsmöglichkeit.** Eine Bildung aktiver latenter Steuern i. S. des **§ 15a EStG** könnte daher infrage kommen. Im Entwurf des IDW ERS HFA 18 Tz. 48 war eine solche Möglichkeit auch vorgesehen. In der endgültigen Fassung ist sie entfallen. Dies ist unter Konsistenzgesichtspunkten folgerichtig: Wenn die passive Latenz nur auf die um verrechenbare Verluste geminderte temporäre Differenz gebildet wird, kann der Vorteil der Verlustverrechnung nicht ein zweites Mal, nämlich aktivisch, berücksichtigt werden. Unabhängig davon gilt: Das Handelsrecht sieht aktive latente Steuern **nicht als Vermögensgegenstand** an. Die Bildung aktiver latenter Steuern kommt daher nur als Folge spezialrechtlicher Vorschriften infrage. **§ 274 HGB** erlaubt aber die Bildung aktiver Latenzen nur für temporäre Differenzen und Verlustvorträge. Beides liegt im Falle des verrechenbaren Verlustes nicht vor.

3. Ergebnis

Die passive Latenz ist nur auf den steuerpflichtigen Teil der temporären Differenz (100 T€) zu bilden. Sie wird durch die aktive Latenzierung des Verlustvortrags (ebenfalls 100 T€) kompensiert.[1]

3.3 Auswirkungen bei der Mutterpersonengesellschaft

Ist der Gesellschafter der Personenhandelsgesellschaft selbst eine Personenhandelsgesellschaft, die § 274 HGB freiwillig oder wegen § 264a Abs. 1 HGB pflichtweise anwendet **(doppelstöckige Personenhandelsgesellschaft)**, kommt bei diesem ein Ansatz latenter Steuern wegen der Hinzurechnungs- bzw. Kürzungsvorschriften des § 8 Nr. 8 bzw. § 9 Nr. 2 GewStG für Verlust- bzw. Gewinnanteile aus Beteiligungen an Personenhandelsgesellschaften nicht in Betracht.[2] 99

3.4 Änderungen durch das KöMoG

Die vorstehenden Erläuterungen zur Personenhandelsgesellschaft als untergeordneter Einheit gelten nicht, wenn die Personengesellschaft nach § 1a KStG i. d. F. **KöMoG** zur Körperschaftsteuer optiert. Hier greifen z. B. bei einer Kapitalgesellschaft als Obergesellschaft die Steuerbefreiungsvorschriften des § 8b KStG (→ Rz. 23 und → Rz. 78). 99a

1 Zu weiteren Einzelheiten und Beispielen der Latenzierung in Fällen des § 15a EStG *Zwirner/Künkele,* DStR 2012 S. 814 ff.; *Völkner/Feldgen,* BB 2012 S. 1333 ff.

2 IDW RS HFA 18 Tz. 48.

IX. Anteile an Investmentfonds

100 Anteile an Investmentfonds sind **handelsbilanziell** als Wertpapiere, und zwar i. d. R. im Anlagevermögen, zu bilanzieren (→ § 271 Rz. 16). Dies gilt nicht nur für die Bilanzierung im Einzelabschluss, sondern gleichermaßen für die Erfassung im Konzernabschluss, da § 290 Abs. 2 Nr. 4 Satz 2 Halbsatz 2 HGB selbst Ein-Mann-Spezialfonds, bei denen der Investor sämtliche Risiken und Chancen trägt, von der Konsolidierung ausnimmt (→ § 290 Rz. 55). Unabhängig von der Konsolidierung ist in solchen Sonderfällen allerdings zu prüfen, ob die Zurechnung des Vermögens von Fonds zum Anteilszeichner aufgrund wirtschaftlichen Eigentums erfolgt. Für Einzelheiten hierzu wird auf → § 271 Rz. 16 verwiesen.

101 **Steuerbilanziell** besteht bis 31.12.2017 folgende Besonderheit: Inländische Investmentfonds sind nach § 11 Abs. 1 Satz 1 InvStG selbständige Steuersubjekte, jedoch durch § 11 Abs. 1 Satz 2 InvStG von der Gewerbesteuer und Körperschaftsteuer befreit. Vielmehr gilt das **Transparenzprinzip:** Der Anleger soll so gestellt werden, als ob er direkt in die vom Sondervermögen gehaltenen Wirtschaftsgüter investiert hätte. Das Prinzip konkretisierte sich insbesondere in zwei Vorschriften:

- § 8 InvStG: Soweit der bei Veräußerung der Investmentanteile entstehende Gewinn auf während der Besitzdauer des Investors entstandene Kursgewinne in Anteilen an Kapitalgesellschaften entfällt (sog. **besitzanteiliger Aktiengewinn**), gilt für den Investor § 3 Nr. 40 EStG (Teileinkünfteverfahren) bzw. § 8b KStG (Steuerfreiheit von 95 %).
- § 2 Abs. 1 Satz 2 InvStG: Bestimmte Erträge (insbesondere Zinsen und Dividenden) gelten bei Thesaurierung durch das Sondervermögen spätestens zum Ende des Geschäftsjahres des Fonds als dem Anleger zugeflossen (**Zuflussfiktion** für sog. **ausschüttungsgleiche Erträge**). In der Steuerbilanz des Investors ist insoweit ein **Ausgleichsposten** zu bilden, der bei Rückgabe/Veräußerung des Investmentzertifikats bzw. tatsächlicher Ausschüttung an den Investor aufzulösen ist, um so eine erneute Besteuerung schon per Fiktion zugeflossener Erträge zu verhindern.

In der ab 2018 geltenden Fassung des InvStG können das Transparenzprinzip und die besondere Behandlung ausschüttungsgleicher Erträge nur noch bei Spezial-Investmentfonds angewendet werden.[1]

101a Für **Publikumsfonds** gilt ab 2018 eine zweistufige Besteuerung nach dem **modifizierten Trennungsprinzip:**

- Auf der Besteuerungsebene des Fonds (Stufe 1) fällt bei Fehlen aktiver unternehmerischer Bewirtschaftung (§ 15 Abs. 2 InvG) keine Gewerbesteuer an, jedoch unterliegt der Fonds mit bestimmten inländischen Einkünften in beschränktem Umfang der Körperschaftsteuer. Für alle kapitalertragsteuerpflichtigen Einkünfte ist die Steuer durch den Einbehalt abgegolten (15 %).
- Auf Ebene des Anlegers (Stufe 2) sind neben Ausschüttungen (§ 2 Abs. 11 InvStG) und Gewinnen aus der Veräußerung von Fondsanteilen (§ 19 InvStG) auch sog. Vorabpauschalen zu besteuern. Zur Ermittlung der Vorabpauschale ist der Rücknahmepreis/Marktwert der Fondsanteile zu Beginn des Kalenderjahres mit 70 % des Basiszinses nach § 203 Abs. 2 BewG zu multiplizieren. Dieser „Basisertrag" ist zu versteuern, soweit er die innerhalb eines Kalenderjahres erhaltenen Ausschüttungen unterschreitet und den tatsächlichen

1 Zu Unterschieden zwischen altem und neuem Recht: *Hillebrand/Mattheis*, StuB 2016 S. 895.

Wertzuwachs (Veränderung des Marktwerts zzgl. erhaltener Ausschüttungen) nicht überschreitet. Versteuerte Vorabpauschalen führen zu einem aktiven Ausgleichsposten, dessen Auflösung bei Veräußerung der Fondsanteile den Veräußerungsgewinn mindert. Je nach Fondstyp sind zwischen 40 % (Mischfonds) und 80 % (Aktienfonds) des Anlegerertrags von der Körperschaftsteuer sowie zwischen 20 % und 40 % von der Gewerbesteuer befreit.

► Der Unterschiedsbetrag zwischen Handelsbilanz-Buchwert und Steuerbilanzwert (Letzterer unter Einbeziehung des aktiven Ausgleichspostens) ergibt im Grundfall die zu latenzierende temporäre Differenz. Auf diese Differenz ist der (nach Fondsart unterschiedliche) effektive Steuersatz (Ergebnis aus Steuersatz und fondsartabhängigem Teilfreistellungssatz) anzuwenden.

Für Spezialfonds kann seit 2018 nach § 30 Abs. 1 InvStG die sog. Transparenzoption ausgeübt werden, was zur direkten Zurechnung inländischer Dividenden zu den Anlegern führt und damit zu einer Besteuerung nach deren Steuersatz statt zur partiellen Körperschaftbesteuerung auf Ebene des Spezial-Investmentfonds. Dies führt im Wesentlichen zu einer Besteuerung und damit auch Latenzierung nach bisherigen Grundsätzen. Bei Ausübung der Option können sich insbesondere aus der Zuflussfiktion für sog. ausschüttungsgleiche Erträge temporäre Differenzen ergeben, die zu latenten Steuern führen (wobei ausschüttungsgleiche Erträge allerdings auch ohne Transparenzoption bei Thesaurierung entstehen können). 102

BEISPIEL ► U ist seit Gründung am 2.1.01 als einziger Zeichner am in inländische Aktien kleinerer Unternehmen investierten Spezial-Investmentfonds beteiligt. Die Option zur transparenten Besteuerung wird ausgeübt. Die Anschaffungskosten der Fondsanteile betragen 1.000. Der Fonds thesauriert alle Erträge. Im Jahr 01 erzielt der Fonds einen Gewinn aus Dividenden i. H. von 100 und einen Gewinn aus Kurssteigerungen i. H. von 200.

Die 100 aus thesaurierten Dividenden gelten U am 31.12.01 als steuerlich zugeflossen. Nach § 8b KStG ist der Gewinn nur i. H. von 5 steuerpflichtig, wenn alle Investments des Fonds Schachtelbeteiligungen sind (ansonsten wären lediglich Teilfreistellungen nach § 20 InvStG zu berücksichtigen). Es entsteht bei einem Steuersatz von 30 % eine tatsächliche Steuer von 1,5 (per Steueraufwand an Steuerrückstellung). Für den fiktiv zugeflossenen Dividendengewinn ist ein Ausgleichsposten in der Steuerbilanz zu bilden. Die latente Steuer ermittelt sich danach wie folgt:

Buchwert Handelsbilanz			1.000		
Buchwert Steuerbilanz:					
a) Anteile		1.000			
b) Ausgleichsposten		100	1.100		
Differenz				-100	-100
Davon steuerfrei (95 %)					95
Verbleibende Differenz					5
Darauf 30 %					x 0,3
= aktive latente Steuer					1,5

Die Kurssteigerung (im Beispiel von 200) **beeinflusst die Latenzierung nicht,** da sie steuerrechtlich anders als die thesaurierten Dividenden keiner Zuflussfiktion unterliegt und im Übrigen handels- wie steuerbilanziell gleichermaßen das Anschaffungskostenprinzip gilt, die Kurssteigerung also weder aus einem Ausgleichsposten noch aus den Anteilen selbst zu einer Buchwertdifferenz führt. Abweichend davon wird im Schrifttum z.T. eine aktive Latenzierung der Kurssteigerung für geboten gehalten, um den durch eine Veräußerung realisierbaren Vorteil aus § 8b KStG (im Vergleich zur Besteuerung eines etwa in festverzinsliche Wertpapiere investierten Fonds) abzubilden (im Beispiel ergäbe dies eine zusätzliche aktive Latenz von 200 · 0,95 · 30 % = 57).[1] Dieser Vorteil der Steuerentlastung durch § 8b KStG ist aber keine Folge von Buchwertdifferenzen, sondern der steuerlichen Privilegierung von Investitionen in andere Kapitalgesellschaften gegenüber Investitionen in sonstige Wirtschaftsgüter. Zweck der Latenzierungsvorschriften ist in diesem Zusammenhang nicht die Abbildung sämtlicher (komparativ) erwarteter steuerlicher Be- oder Entlastungen, sondern nur solcher, die ihre Grundlage in Buchwertdifferenzen haben. Eine solche Differenz liegt hinsichtlich der Kursgewinne nicht vor.

X. Anhangerläuterungen

103 Der Regierungsentwurf des BilMoG enthielt in der Begründung noch die Anweisung einer Anhangerläuterung für die ausgewiesenen Latenzposten. Insbesondere wurde die Erstellung einer **Überleitungsrechnung** entsprechend IAS 12.81(c) angesprochen (→ Rz. 105). Nachdem die endgültige Gesetzesfassung einer gegenüber dem BilMoG-RegE geänderten Konzeption der Steuerlatenzrechnung folgt, sind u. E. die Hinweise des BilMoG-RegE obsolet. Stattdessen ist nach § 285 Nr. 29 HGB eine Angabe zu den Buchwertdifferenzen und zu den Verlustvorträgen, die der Steuerlatenzrechnung zugrunde liegen, erforderlich (→ Rz. 105b).

104 **Weitergehende** (freiwillige) Angaben außerhalb derjenigen nach § 285 Nr. 29 HGB (→ § 285 Rz. 189) sind zwar zulässig, aber nicht zwingend und u. E. i. S. der Vermeidung einer unnötigen Opulenz der Anhangberichterstattung (→ § 284 Rz. 16 ff.) nicht wünschenswert.

105 Eine **Überleitungsrechnung** von den nach den gesetzlichen Steuersätzen zu erwartenden Steuern auf den tatsächlichen Steueraufwand schrieb DRS 18.67 a. F. für den Konzernabschluss vor. Für ein Beispiel einer solchen Rechnung wird auf → § 285 Rz. 192 verwiesen. Durch DRÄS 11 ist DRS 18.67 a. F. jedoch entfallen und damit keine verbindliche Überleitungsrechnung mehr vorgesehen.

105a Nach der **Größenordnung** der Kapitalgesellschaft ist wie folgt zu differenzieren:

- **Kleine Kapitalgesellschaften** haben keine Angaben zu leisten, und zwar auch dann nicht, wenn sie auf die Befreiung von der Steuerlatenzrechnung überhaupt nach § 274a Nr. 5 HGB verzichten, etwa weil sie einen Aktivüberhang bilanzieren möchten. Auch in diesem Fall entbindet § 288 Abs. 1 HGB von der Angabepflicht.
- Bei **mittelgroßen Gesellschaften** ist zwar eine Steuerlatenzrechnung nach § 274 HGB geboten, diese aber wegen § 288 Abs. 2 Satz 2 HGB nicht mit der Angabepflicht des § 285 Nr. 29 HGB, sondern nur mit der nach § 285 Nr. 30 HGB (→ Rz. 105c) verbunden.
- Für **große Kapitalgesellschaften** ist auf → Rz. 105b zu verweisen.

105b **Große Gesellschaften** haben nach § 285 Nr. 29 HGB (→ § 285 Rz. 184) anzugeben, „auf welchen Differenzen oder steuerlichen Verlustvorträgen die latenten Steuern beruhen und mit welchen Steuersätzen die Bewertung erfolgt ist“. Nach der Gesetzesbegründung des Rechtsausschusses des Bundestags[2] gilt dabei: „Die Angabe ist unabhängig davon vorzunehmen, ob in der Bilanz latente Steuern ausgewiesen werden. Gerade wenn dies – aufgrund der Gesamtdifferenzbetrachtung – nicht der Fall ist (weil wegen des Aktivüberhangs auf die Latenzrechnung verzichtet worden ist), ist anzugeben, aufgrund welcher Differenzen oder steuerlicher Verlustvor-

1 Vgl. *Zinowsky*, KoR 2012 S. 187 ff.
2 BT-Drucks. 16/12407 S. 13.

träge per Saldo ein Ausweis unterbleibt." Diese Gesetzesvorgabe beruht u. a. auf Art. 43 Nr. 11 der 4. EG-Richtlinie, die in Deutschland fälschlicherweise nicht umgesetzt worden war. Anders verhält es sich in Österreich, wo ebenfalls das Ansatzwahlrecht der Aktivlatenz in saldierter Betrachtung nach § 198 Abs. 10 öUGB besteht, seit jeher aber unter Berufung auf die 4. EG-Richtlinie mit einer Anhangangabeverpflichtung nach § 237 Nr. 6c öUGB versehen ist. Das österreichische Schrifttum hat daher rechtsvergleichend die mangelnde Richtlinienkonformität des bisherigen deutschen Rechts festgestellt.[1]

Die durch das BilMoG in Deutschland umgesetzte Angabepflicht bezieht sich auf die Differenzen und die Verlustvorträge, die zu latenten Steuern führen (ob ausgewiesen oder nicht), und auf die zur Bewertung herangezogenen Steuersätze. Mit den **„Differenzen"** sind die Buchwertunterschiede zwischen Handels- und Steuerbilanz gemeint; auch die Begriffsinhalte der „steuerlichen **Verlustvorträge"** und der **„Steuersätze"** bedürfen keiner weiteren Erläuterung. Anders verhält es sich mit der Auslegung des Interrogativpronomens **„welchen"**.

Bei **„welchen Steuersätzen"** ist dies noch einigermaßen einfach zu bewerkstelligen? Bei Kapitalgesellschaften ist der kombinierte Steuersatz von regemäßig 30 % zugrunde zu legen, bei hohen gewerbesteuerlichen Zurechnungen sind es vielleicht auch 32 % und bei niedrigen Gewerbesteuerhebesätzen nur 28 %. Kommen **ausländische Steuersätze** hinzu, z. B. bei ausländischen Betriebsstätten mit Freistellungsmethode, ist der ausländische Tarif zu berücksichtigen und die Steuerlatenz muss dann getrennt für in- und ausländische Betriebsstätten ermittelt werden. Im Anhang ist also etwa anzugeben, mit welchem kombinierten Steuersatz oder mit welchen unterschiedlichen Steuersätzen gerechnet wurde. Eine Musterformulierung könnte wie folgt aussehen:

BEISPIEL ▸ Die Bewertung der latenten Steuern erfolgt im Inland mit einem Steuersatz von 31 %, der sich aus KSt und SolZ (15,825 %) und dem aus unterschiedlichen Hebesätzen resultierenden Intervall von 14 % bis 16 % für die GewSt ergibt. Latente Steuern für ausländische Betriebsstätten werden mit den dort jeweils geltenden Steuersätzen (Bandbreite 15 % bis 35 %) ermittelt.

Verlustvorträge sind jedenfalls dann anzugeben, wenn diese bzw. ein aus ihnen resultierender Aktivüberhang angesetzt werden. Dabei ist zu beachten: Körperschaftsteuerliche und gewerbesteuerliche Verlustvorträge sind regelmäßig nicht identisch. Möglicherweise besteht aufgrund einer früheren nur gewerbesteuerlichen Organschaft überhaupt kein gewerbesteuerlicher Verlustvortrag einer (damaligen) Organgesellschaft. Bei ausländischen Betriebsstätten kann ein mit der deutschen Steuerrechtslage unverknüpfter Verlustvortrag vorliegen oder umgekehrt. Im Anhang ist dementsprechend eine Aufschlüsselung der Verlustvorträge nach Steuerart und In- und Ausland vorzunehmen.

Scheidet eine Aktivierung von Verlustvorträgen wegen fehlender Nutzungswahrscheinlichkeit aus, fehlt es also an dem ansatzfähigen Bilanzposten, müssen hingegen keine Angaben zu Verlustvorträgen gemacht werden.[2] Dem schließt sich nun auch DRS 18 an, nachdem die entgegenstehende Empfehlung in DRS 18.766 a. F. durch DRÄS 11 ersatzlos gestrichen wurde.

Problematisch ist ein dritter Fall: Ansatzfähige Verlustvorträge werden in Ausübung des Ansatzwahlrechts nicht oder ausschließlich bis zur Kompensation passiver Latenzen berücksich-

1 Vgl. zur fehlenden bisherigen Umsetzung im deutschen Recht auch einen entsprechenden Hinweis im österreichischen Schrifttum (Zeitschrift für Recht und Rechnungswesen) von *Barborka*, RWZ 1999 S. 42.

2 Gleicher Auffassung *Prystawik/Schauf*, DB 2011 S. 313 ff.

tigt. Nach DRS 18.64 ist auch in diesem Fall eine Angabe zu Verlustvorträgen im Anhang geboten (wenn auch nicht zwingend in quantifizierter Form).

Vor allem aber ist das Interrogativpronomen **„welchen"** bei den Differenzen bzw. bei den Buchwertunterschieden auslegungsbedürftig. Bei wörtlichem Verständnis (vgl. aber → § 285 Rz. 187) sind (unter Wesentlichkeitsvorbehalt) die Buchwertunterschiede u. E. mindestens auf Ebene der Bilanzposten aufzulisten, sinnvollerweise wie im nachfolgenden Beispiel in tabellarischer Form („Steuerlatenzspiegel"), während nach anderer Auffassung (→ § 285 Rz. 189) „qualitative Angaben" reichen.

BEISPIEL **1. Inländische Betriebsstätten**

	Buchwerte HB	StB	Differenz (€)	Steuersatz (%)
Aktivlatenzen				
Pensionsrückstellungen (wegen Abzinsung und Trendannahmen)	-1.200	-930	-270	30
Sonstige Rückstellungen (wegen Abzinsung)	-820	-790	-30	30
Vorräte (wegen Abschreibung)	+300	+400	-100	30
Forderungen (wegen Wertberichtigung)	+120	+140	-20	30
	-1.600	-1.180	-420	
Passivlatenzen				
Selbst erstellte Immaterialgüter	+100	0	+100	30
Sachanlagen	+150	0	+150	30
	+250	0	+250	
Aktivüberhang aus Differenzen			170	

2. Ausländische Betriebsstätte

	Betrag (€)	Jahr	Steuersatz (%)
Verlustvortrag	1.570	01	20
Verlustvortrag	320	02	20
Verlustvortrag	80	03	20
	1.970		

Die Differenzrechnung im Anhang kann sich i. d. R. mit Hauptposten (wie im Beispiel) begnügen. Sie muss nicht jeden noch so kleinen Unterschiedsbetrag ausweisen. Kleinere Differenzen können unter dem Sammelposten „Sonstige" erscheinen.[1] Das erforderliche interne Arbeitspapier muss andererseits alle Einzelposten erfassen.

105c Durch das **BilRUG** ist neben die Angabepflicht nach § 285 Nr. 29 HGB eine weitere nach § 285 Nr. 30 HGB (→ § 285 Rz. 193a) getreten: Anzugeben sind danach für den Fall, dass Steuerschulden in der Bilanz angesetzt werden, die latenten Steuersalden am Ende des Geschäftsjahres und die im Laufe des Geschäftsjahres erfolgten Änderungen dieser Salden. Der Sinn dieser –

1 Unklar war die Auffassung des IDW ERS HFA 27.36, wonach qualitative Angaben genügen sollen. Unseres Erachtens kann die mathematisch definierte „Differenz" nicht „qualitativ" dargestellt werden.

auch für mittelgroße Kapitalgesellschaften geltenden – Angabepflicht erschließt sich nicht. Zwar entspricht das BilRUG insofern Art. 17 Abs. 1(f) der EU-RL 2013 (→ § 264 Rz. 14a), zu bedenken ist aber, dass die EU-RL keinen gesonderten Ausweis der latenten Steuern in der Bilanz selbst verlangt. Bei Mitgliedstaaten, die entsprechend verfahren, ergibt eine Erläuterung im Anhang daher Sinn. Für das deutsche Bilanzrecht ergibt sich die notwendige Information hingegen schon aus der Bilanz selbst, eine nochmalige Angabe im Anhang wäre daher **in systematischer Sicht überflüssig.**

Wenn gleichwohl dem Gesetzeswortlaut entsprechend die Angabe erfolgen soll, ist Folgendes zu beachten: 105d

- **Tatbestandsseitig** greift die Angabepflicht nur dann, wenn überhaupt latente Steuerschulden in der Bilanz angesetzt sind (so nun auch DRS 18.63(c) nach Änderung durch DRÄS 11).
- Wo dies der Fall ist, erstreckt sich die **Rechtsfolge** aber auf alle in der Bilanz angesetzten Steuersalden, also auch auf die aktiven.

Dabei ergeben sich Rückwirkungen des bilanziellen Saldierungswahlrechts (→ Rz. 74) auf den Anhang.

BEISPIEL[1] Bei der U-GmbH betragen die aktiven latenten Steuern 200, die passiven 150. Das Wahlrecht zum Ansatz eines Aktivüberhangs (→ Rz. 54) soll nicht ausgeübt werden. Die Ausübung des Saldierungswahlrechts (→ Rz. 74) wirkt wie folgt auf den Anhang:

- Bei Saldierung aktiver und latenter Steuern werden in der Bilanz gar keine latenten Steuern, also auch keine latenten Steuerschulden ausgewiesen. Der Tatbestand des § 285 Nr. 30 HGB ist nicht erfüllt. Eine Anhangangabe entfällt.
- Bei unverrechnetem Bilanzausweis enthält die Bilanz latente Steuerschulden. Der Tatbestand des § 285 Nr. 30 HGB ist erfüllt. Rechtsfolge ist, dass sowohl die Entwicklung der passiven als auch die der aktiven latenten Steuern anzugeben ist.

§ 274a Größenabhängige Erleichterungen

Kleine Kapitalgesellschaften sind von der Anwendung der folgenden Vorschriften befreit:

1. **§ 268 Abs. 4 Satz 2 über die Pflicht zur Erläuterung bestimmter Forderungen im Anhang,**
2. **§ 268 Abs. 5 Satz 3 über die Erläuterung bestimmter Verbindlichkeiten im Anhang,**
3. **§ 268 Abs. 6 über den Rechnungsabgrenzungsposten nach § 250 Abs. 3,**
4. **§ 274 über die Abgrenzung latenter Steuern.**

Inhaltsübersicht **Rz.**

1 Nach *Lüdenbach*, StuB 2016 S. 233.

I. Anwendungsbereich

1 Die Erleichterungen betreffen **kleine** Kapital- und „Kap. & Co."-Gesellschaften nach Maßgabe des Größenrasters in § 267 HGB (→ § 267 Rz. 14). Dieses Wahlrecht ist **stetig** (→ § 265 Rz. 6) auszuüben.

II. Die Einzelvorschriften

2–3 **Nr. 1** befreit von der Erläuterungspflicht bzgl. unter den sonstigen Vermögensgegenständen ausgewiesener **Forderungen,** die **rechtlich noch nicht entstanden** sind. Betroffen sind u. a. abgegrenzte Zinserträge, Steuererstattungsansprüche bei abweichendem Wirtschaftsjahr und noch nicht abziehbare Vorsteuern (→ § 268 Rz. 137).

4 **Nr. 2** befreit entsprechend von der Pflicht zur Erläuterung von **rechtlich noch nicht entstandenen Verbindlichkeiten,** also z. B. abgegrenzten Zinsaufwendungen (→ § 268 Rz. 148).

5 Nach § 268 Abs. 6 HGB ist ein in aktiven Rechnungsabgrenzungsposten enthaltenes **Damnum** (Disagio) aus aufgenommenen Darlehen gesondert auszuweisen oder im Anhang anzugeben (→ § 268 Rz. 149). **Nr. 3** befreit von dieser Pflicht.

6 Gemäß Nr. 4 kann eine Steuerlatenzrechnung nach § 274 HGB unterbleiben, muss es aber nicht, wenn bilanzpolitische Überlegungen zu einem anderen Ergebnis als das Unterlassen führen (→ § 274 Rz. 1 ff.). Allerdings soll nach h. M. bei Verzicht auf die Anwendung von § 274 HGB die passive Latenz durch die **Verbindlichkeits**rückstellung ersetzt werden – eine Auffassung, die wir nicht teilen (→ § 274 Rz. 61).

III. Spezialrechtliche Einblicksrechte

7 Unberührt von den in § 274a gewährten Befreiungen bleiben **spezialgesetzliche** Einblicks- und Auskunftsrechte, etwa nach

- § 131 AktG die Informationsrechte des Aktionärs,
- § 51a GmbHG das Recht der Gesellschafter auf Einsicht in die Bücher (→ § 238 Rz. 9) der Gesellschaft sowie das Recht auf Auskunft über die Angelegenheiten der Gesellschaft,
- § 166 Abs. 1 HGB die Berechtigung des Kommanditisten zur Einsicht in die „Bücher" (→ § 238 Rz. 9) und „Papiere",
- Betriebsverfassungsrecht bestehende Einsichtsrechte der Arbeitnehmervertreter (→ § 267 Rz. 26).

Dritter Titel: Gewinn- und Verlustrechnung

§ 275 Gliederung

(1) [1]Die Gewinn- und Verlustrechnung ist in Staffelform nach dem Gesamtkostenverfahren oder dem Umsatzkostenverfahren aufzustellen. [2]Dabei sind die in Absatz 2 oder 3 bezeichneten Posten in der angegebenen Reihenfolge gesondert auszuweisen.

(2) Bei Anwendung des Gesamtkostenverfahrens sind auszuweisen:

1. Umsatzerlöse

2. Erhöhung oder Verminderung des Bestands an fertigen und unfertigen Erzeugnissen

3. andere aktivierte Eigenleistungen
4. sonstige betriebliche Erträge
5. Materialaufwand:
   a) Aufwendungen für Roh-, Hilfs- und Betriebsstoffe und für bezogene Waren
   b) Aufwendungen für bezogene Leistungen
6. Personalaufwand:
   a) Löhne und Gehälter
   b) soziale Abgaben und Aufwendungen für Altersversorgung und für Unterstützung, davon für Altersversorgung
7. Abschreibungen:
   a) auf immaterielle Vermögensgegenstände des Anlagevermögens und Sachanlagen
   b) auf Vermögensgegenstände des Umlaufvermögens, soweit diese die in der Kapitalgesellschaft üblichen Abschreibungen überschreiten
8. sonstige betriebliche Aufwendungen
9. Erträge aus Beteiligungen, davon aus verbundenen Unternehmen
10. Erträge aus anderen Wertpapieren und Ausleihungen des Finanzanlagevermögens, davon aus verbundenen Unternehmen
11. sonstige Zinsen und ähnliche Erträge, davon aus verbundenen Unternehmen
12. Abschreibungen auf Finanzanlagen und auf Wertpapiere des Umlaufvermögens
13. Zinsen und ähnliche Aufwendungen, davon an verbundene Unternehmen
14. Steuern vom Einkommen und vom Ertrag
15. Ergebnis nach Steuern
16. sonstige Steuern
17. Jahresüberschuss/Jahresfehlbetrag.

(3) Bei Anwendung des Umsatzkostenverfahrens sind auszuweisen:

1. Umsatzerlöse
2. Herstellungskosten der zur Erzielung der Umsatzerlöse erbrachten Leistungen
3. Bruttoergebnis vom Umsatz
4. Vertriebskosten
5. allgemeine Verwaltungskosten
6. sonstige betriebliche Erträge
7. sonstige betriebliche Aufwendungen
8. Erträge aus Beteiligungen, davon aus verbundenen Unternehmen
9. Erträge aus anderen Wertpapieren und Ausleihungen des Finanzanlagevermögens, davon aus verbundenen Unternehmen
10. sonstige Zinsen und ähnliche Erträge, davon aus verbundenen Unternehmen
11. Abschreibungen auf Finanzanlagen und auf Wertpapiere des Umlaufvermögens
12. Zinsen und ähnliche Aufwendungen, davon an verbundene Unternehmen
13. Steuern vom Einkommen und vom Ertrag
14. Ergebnis nach Steuern

15. sonstige Steuern

16. Jahresüberschuss/Jahresfehlbetrag.

(4) Veränderungen der Kapital- und Gewinnrücklagen dürfen in der Gewinn- und Verlustrechnung erst nach dem Posten „Jahresüberschuss/Jahresfehlbetrag" ausgewiesen werden.

(5) Kleinstkapitalgesellschaften (§ 267a) können anstelle der Staffelungen nach den Absätzen 2 und 3 die Gewinn- und Verlustrechnung wie folgt darstellen:

1. Umsatzerlöse,

2. sonstige Erträge,

3. Materialaufwand,

4. Personalaufwand,

5. Abschreibungen,

6. sonstige Aufwendungen,

7. Steuern,

8. Jahresüberschuss/Jahresfehlbetrag.

Inhaltsübersicht

LITERATUR:

Bömelburg/Rägle/Gahm, Aufwendungen für Zeitarbeitskräfte in der GuV, DB 2013 S. 765; *Bonnecke*, Plädoyer für mehr „substance over form" bei der Behandlung von Leiharbeitskräften in der handelsrechtlichen Rechnungslegung, StuB 2022 S. 137; *Doberenz*, Der Inhalt des GuV-Postens Aufwendungen für bezogene Leistungen, BB 1987 S. 2190; *Dörner*, Wann und für wen empfiehlt sich das Umsatzkostenverfahren?, WPg 1987 S. 154; *Ehl*, Behandlung der Umsatzsteuer im Jahresabschluß, BB 1987 S. 1146; *Groh*, Verluste in der stillen Gesellschaft, DB 2004 S. 668; *Hoffmann*, Ergebnisausweis in der Bilanz der GmbH & Co. KG, StuB 2009 S. 595; *Horn*, Der Ausweis der nicht ertragsabhängigen Steuern im Gliederungsschema des § 275 Abs. 2 und 3 HGB, BB 1988 S. 2346; *Kirsch*, Inhalt ausgewählter GuV-Positionen nach HGB und IFRS, StuB 2006 S. 857; *Kirsch*, Konzeption der Gewinn- und Verlustrechnung nach HGB und IFRS, StuB 2006 S. 651; *Küting/Reuter*, Der Bilanzausweis des Eigenkapitals nach dem BilMoG-RegE, StuB 2008 S. 535; *Küting/Reuter*, Aufbau und Bestandteile des Jahres- und Konzernabschlusses nach dem BilMoG-RegE, StuB 2008 S. 735; *Leffson*, Der Ausweis des Außerordentlichen nach dem HGB, WPg 1986 S. 433; *Lüdenbach*, Aktivierte Eigenleistungen in der GuV, StuB 2010 S. 435; *Lüdenbach*, Avalzinsen in der GuV – Zinsaufwand oder sonstiger betrieblicher Aufwand?, StuB 2009 S. 69; *Lüdenbach*, Gewerbesteuerausweis bei AG & atypisch Still, StuB 2013 S. 66; *Lüdenbach*, Verbrauchssteuern, StuB 2015 S. 549; *Lüdenbach/Freiberg*, BilRUG-RefE, BB 2014 S. 2219; *Lüdenbach/Freiberg*, Die Regelungen des BilRUG im Jahresabschluss, StuB 2015 S. 563; *Oser/Orth/Wirtz*, Das BilRUG, DB 2015 S. 1729; *Petersen/Zwirner*, Erfolgsdarstellung in deutschen Konzernabschlüssen: Die „Erfolgsgeschichte" der UKV, StuB 2007 S. 719; *Rogler*, Herstellungskosten beim Umsatzkostenverfahren, BB 1992 S. 1459; *Wimmer*, Theoretische Konzeption und praktische Umsetzungsprobleme des Umsatzkostenverfahrens nach HGB, WPg 1993 S. 161.

I. Persönlicher Anwendungsbereich

1 § 275 HGB enthält Gliederungsvorgaben für die GuV von Kapital- und „Kap. & Co."-Gesellschaften (→ § 264a Rz. 1). Durch Verweis in § 5 Abs. 1 PublG gelten diese Vorschriften auch für dem PublG unterliegende Personenunternehmen.

Durch (Formblatt-)Verordnung erlassene branchenspezifische Vorschriften gehen § 275 HGB vor. Betroffen hiervon sind u. a. Kreditinstitute, Versicherungen, Krankenhäuser und Pflegeeinrichtungen.

Personenunternehmen, die weder dem PublG noch branchenspezifischen Verordnungen unterliegen, können § 275 HGB freiwillig anwenden. Tun sie dies nicht, so sind für die nach § 242 Abs. 2 HGB verlangte Gegenüberstellung von Aufwendungen und Erträgen nur allgemeine Grundsätze zu beachten, etwa das Gebot der Klarheit und Übersichtlichkeit gem. § 243 Abs. 2 HGB und das Verrechnungsverbot gem. § 246 Abs. 2 HGB. Steuerbilanziell ergeben sich aus den Regeln zur E-Bilanz, aber auch bei Personenunternehmen spezifische Anforderungen an die Gliederung der GuV (→ § 243 Rz. 25 ff.).

Erleichterungen hinsichtlich der GuV-Gliederung bestehen nach § 276 HGB für **kleine und mittelgroße Gesellschaften** (→ § 276 Rz. 1) sowie nach § 275 Abs. 5 HGB für **Kleinstkapitalgesellschaften** (→ Rz. 132).

Zu **größenabhängigen** Erleichterungen wird verwiesen auf → § 276, zur GuV-Gliederung für Kleinstkapitalgesellschaften (→ § 267a Rz. 1) auf → Rz. 132.

II. Allgemeine Vorschriften für die Gliederung der GuV

1. Das Saldierungsverbot (§ 246 Abs. 2 HGB)

2 Aufwendungen dürfen gem. § 246 Abs. 2 HGB (→ § 246 Rz. 388) nicht mit Erträgen verrechnet werden.

Die Reichweite dieses Saldierungsverbots ist insbesondere bei (sonstigen betrieblichen) Erträgen/Aufwendungen aus der Auflösung/Dotierung von Wertberichtigungen und Rückstellungen nicht völlig klar. Zu Einzelheiten wird auf → Rz. 21 verwiesen.

Durch Gesetz und GoB ist das Saldierungsverbot an verschiedenen Stellen eingeschränkt: 3

- **Kleine und mittelgroße Kapitalgesellschaften** dürfen die Posten Abs. 2 Nr. 1 bis 5 oder Abs. 3 Nr. 1 bis 3 und Nr. 6 unter der Bezeichnung **„Rohergebnis"** zusammenfassen (§ 276 Satz 1 HGB).
- Während der Ertrag bei den **Kernleistungen** eines Unternehmens, also den **Brutto**-Umsatzerlösen, d. h. **vor** notwendig aus dem gleichen Bereich resultierenden Aufwendungen, definiert ist und mit dem Umsatz verbundene Wareneinsätze oder Bestandsminderungen von Erzeugnissen daher separat zu zeigen sind, dominiert bei den **sonstigen Leistungen** des Unternehmens die **Nettobetrachtung.** Als Ertrag oder Aufwand aus dem Abgang von Anlagevermögen gilt daher etwa der Saldo aus Verkaufserlös und Buchwertabgang (→ Rz. 20).
- Nach § 277 Abs. 1 HGB sind **Erlösschmälerungen** (gewährte Rabatte, Skonti etc.) und die **USt** von den Umsatzerlösen abzuziehen. Die Vorschrift hat deklaratorischen Charakter. Entsprechend ist daher bei sonstigen betrieblichen Erträgen zu verfahren. Vertretbar ist auch die Interpretation mengen- oder preisabhängiger Verbrauch- und Verkehrs**steuern** auf Umsätze als Erlösschmälerung (→ Rz. 126b; → § 277 Rz. 42).
- Geboten ist ebenfalls der Abzug **erhaltener Preisnachlässe** (Rabatte, Skonti etc.) sowie abzugsfähiger Vorsteuern beim Material- oder sonstigen Aufwand.
- **Bestandsminderungen/-erhöhungen** sind der Saldo aus der Veränderung der Erzeugnisse. Bestandserhöhungen unfertiger Erzeugnisse sind daher etwa mit Bestandsminderungen fertiger Erzeugnisse zu saldieren und umgekehrt. Der anzusetzende Saldo umfasst auch Abschreibungen auf die Erzeugnisse, die die in der Kapitalgesellschaft sonst üblichen nicht überschreiten (§ 277 Abs. 2 HGB; → § 277 Rz. 43).
- Von dem Ertrag aus einem (Teil-)Gewinnabführungsvertrag ist der Ausgleich für **außenstehende Gesellschafter** abzusetzen (§ 158 Abs. 2 AktG; → § 277 Rz. 59).
- Aufwendungen und Erträge aus tatsächlichen Steuern können saldiert werden, ebenso Aufwendungen und Erträge aus **latenten Steuern.** Nur bedingt zulässig ist hingegen die Saldierung von Aufwendungen (Erträgen) aus tatsächlichen Steuern mit Erträgen (Aufwendungen) aus latenten Steuern (→ Rz. 119).

2. Möglichkeiten und Grenzen der Individualisierung der GuV-Gliederung (§ 265 HGB)

§ 265 HGB enthält allgemeine Grundsätze für die Gliederung (von Bilanz und GuV) und deren Individualisierung. Von besonderem Interesse für die Individualisierung der GuV sind die Vorschriften zu 4

- **Untergliederung** und **Neueinfügung** von Posten (→ § 265 Rz. 36),
- **Anpassung** von Gliederung und Postenbezeichnungen (→ § 265 Rz. 40),
- **Zusammenfassung** von Posten (→ § 265 Rz. 47).

Individualisierungen des durch § 275 Abs. 2 und 3 HGB vorgegebenen Formats können sich vor allem aus Branchennotwendigkeiten ergeben. Die gesetzliche Gliederung ist vorrangig auf Industrieunternehmen zugeschnitten. Schon bei **Handelsunternehmen** ergibt etwa die Posten- 5 bezeichnung nach Abs. 3 Nr. 2 („Herstellungskosten der zur Erzielung der Umsatzerlöse erbrachten Leistungen") keinen Sinn und sollte z. B. in „Kosten der verkauften Waren" geändert werden (→ Rz. 63).

Noch weniger passen die Bezeichnungen und Gliederungsvorgaben von § 275 HGB zu **Dienstleistungsunternehmen:**

- Statt „Bestandsänderung fertige u. unfertige Erzeugnisse" (Abs. 2 Nr. 2) ist hier regelmäßig die Bezeichnung „Bestandsänderung fertige und unfertige Leistungen" aussagekräftiger,
- statt der gemeinsamen Erfassung unbedeutender Aufwendungen für Roh-, Hilfs- und Betriebsstoffe mit bedeutenden bezogenen Leistungen unter der Hauptposition „Materialaufwand" (Abs. 2 Nr. 5) kann eine Änderung der Hauptpostenbezeichnung in „bezogene Leistungen" sinnvoll sein, ggf. verbunden mit einer Auslagerung der unbedeutenden Aufwendungen für Roh-, Hilfs- und Betriebsstoffe (Abs. 2 Nr. 5a) in die sonstigen betrieblichen Aufwendungen.

Die vorgenannten Überlegungen lassen sich wie folgt verallgemeinern:

- Die gesetzlichen Gliederungsvorgaben sind im operativen Bereich der GuV (Abs. 2 Nr. 1 bis 8 und Abs. 3 Nr. 1 bis 7) in erster Linie auf **Industrie-** und in wesentlichen Teilen auch auf **Handelsunternehmen** zugeschnitten. Unternehmen dieser Bereiche unterliegen einer **verstärkten Begründungspflicht,** wenn sie im operativen Bereich vom gesetzlichen Gliederungsschema abweichen wollen.[1]
- Bei Unternehmen **anderer Branchen** fällt es hingegen im Allgemeinen nicht schwer, unter Berufung auf Klarheit und Übersichtlichkeit im operativen Bereich **Bezeichnungen zu ändern** und **neue Posten einzuführen.**

Die gesetzliche Reihenfolge der GuV-Posten (erst operative Posten, dann Posten des Finanzergebnisses) unterstellt als Normalfall, dass der operative Bereich kennzeichnender für das Unternehmen als der Finanzbereich ist. Bei **Holdinggesellschaften** verhält es sich aber gerade umgekehrt. Eine Änderung der Reihenfolge entspricht dann der Forderung nach Klarheit.

BEISPIEL

GuV der Holding-AG (Gesamtkostenverfahren)	
Erträge aus Gewinnabführungen	3.000
Sonstige Beteiligungserträge	5.000
Aufwendungen aus Verlustübernahmen	-1.500
Abschreibungen auf Beteiligungen	- 500
Beteiligungsergebnis	6.000
Erträge aus anderen Finanzanlagen	150
Sonstige Zinsen und ähnliche Erträge	400
Abschreibungen auf Wertpapiere des Umlaufvermögens	-50
Finanzergebnis	6.500

1 Ähnlich *Justenhoven/Kliem/Müller* in Beck'scher Bilanz-Kommentar, 13. Aufl. 2022, § 275 Tz. 16.

Umsatzerlöse (aus Konzernumlagen)	250
Sonstige betriebliche Erträge	125
Personalaufwendungen	-350
Sonstige betriebliche Aufwendungen	-25
Ergebnis der gewöhnlichen Geschäftstätigkeit	6.500

Unabhängig von der Branche kann eine **Zusammenfassung von Posten,** also eine stärker aggregierende Darstellung, der Klarheit und Übersichtlichkeit dienen. Infrage kommt etwa, in folgenden Fällen eine Aufgliederung nur im Anhang, hingegen nicht in der GuV vorzunehmen: 6

- **Materialaufwand** (Abs. 2 Nr. 5) nach Roh-, Hilfs- und Betriebsstoffen (Abs. 2 Nr. 5a) und bezogenen Leistungen (Abs. 2 Nr. 5b) (→ Rz. 23 ff.),
- **Personalaufwand** (Abs. 2 Nr. 6) nach Löhnen und Gehältern (Abs. 2 Nr. 6a) und sozialen Abgaben und Altersversorgung (Abs. 2 Nr. 6b) (→ Rz. 32 ff.),
- **Finanzergebnis** (Abs. 2 Nr. 9 bis 13, Abs. 3 Nr. 8 bis 12) nach den gesetzlich vorgesehenen Einzelpositionen (→ Rz. 87 ff.).

Bei unwesentlicher Höhe von **aktivierten Eigenleistungen** oder **Bestandsveränderungen** ist auch eine Zusammenfassung dieser Posten mit den sonstigen betrieblichen Erträgen zulässig (§ 265 Abs. 7 Nr. 1 HGB).

Gesetzlich vorgesehene Teil- bzw. **Zwischensummen** sind nur: 7

- Bruttoergebnis vom Umsatz (Abs. 3 Nr. 3) und
- Ergebnis nach Steuern (Abs. 2 Nr. 15, Abs. 3 Nr. 14).

Mit dem BilRUG ist die Differenzierung zwischen ordentlichen und außerordentlichen Posten und damit auch die Bildung der Summen „Ergebnis der gewöhnlichen Geschäftstätigkeit" und „außerordentliches Ergebnis" entfallen; neu eingeführt wurde hingegen die Zwischensumme „Ergebnis nach (Ertrag-)Steuern" (→ Rz. 126a).

Keine Bedenken bestehen dagegen, **freiwillig** weitere Teil- bzw. **Zwischensummen** einzufügen für:

- **operatives Ergebnis/EBIT** (Summe der Positionen Abs. 2 Nr. 1 bis 8 bzw. Abs. 3 Nr. 1 bis 7) und
- **Finanzergebnis** (Summe der Positionen Abs. 2 Nr. 9 bis 13 bzw. Abs. 3 Nr. 8 bis 12).

Fraglich ist, ob internationaler Übung folgend ein Ergebnis vor Zinsen, Steuern und Abschreibungen – **EBITDA** – in der GuV gebildet werden darf. Ein solches Vorgehen muss der Klarheit und Übersichtlichkeit dienen. Angesichts der Unbestimmtheit dieser Vorgabe lässt sich dies nur dann nicht begründen, wenn die Gliederungslogik von § 275 HGB durch ein EBITDA missachtet würde:

- Zur Gliederungslogik des **Umsatzkostenverfahrens** gehört die **Allozierung der Abschreibungen** auf die **Funktionsbereiche** Herstellung, Vertrieb, Verwaltung. Es wäre **nicht systemkonform,** als EBITDA die Summe der Ergebnisse von Herstellung, Vertrieb und Verwaltung vor Abschreibung auszuweisen, um sodann die Abschreibungen (nach Funktionen oder in Summe) zu zeigen.
- Im **Gesamtkostenformat** bestehen die vorgenannten Bedenken nicht, da die Abschreibungen als eigener Posten und nicht als unselbständiger Teil der Funktionsaufwendungen zu zeigen sind. Der Vorgabe von Abs. 1 Satz 2, die einzelnen Posten in der im **Gesetz**

angegebenen Reihenfolge auszuweisen, ist aber Folge zu leisten. Hiernach sind im Gesamtkostenformat die sonstigen betrieblichen Aufwendungen (Abs. 2 Nr. 8) nach den Abschreibungen (Abs. 2 Nr. 7) und vor Finanzergebnis und Steuern zu zeigen. Die Positionierung der EBITDA-Zwischensumme vor den Abschreibungen scheidet danach aus, da dieses Ergebnis zugleich ein Ergebnis vor sonstigen betrieblichen Aufwendungen wäre. Eine EBITDA-Zwischensumme kann daher nur gebildet werden, wenn die **Reihenfolge** der **Abschreibungen** und der **sonstigen betrieblichen Aufwendungen getauscht** wird. Nach § 265 Abs. 6 HGB ist dies zulässig, wenn es wegen Besonderheiten der Kapitalgesellschaft zur Aufstellung eines klaren und übersichtlichen Jahresabschlusses erforderlich ist. In der Interpretation dieser Voraussetzung ist das Schrifttum überwiegend großzügig (→ § 265 Rz. 43) und hält daher auch die Bildung einer EBITDA-Zwischensumme für zulässig.[1]

III. Grundgliederung der GuV

1. Operatives und Finanzergebnis sowie Steuern

8 Primäres Gliederungsprinzip von § 275 HGB ist die Unterscheidung zwischen

- operativem Ergebnis,
- Finanzergebnis und
- Steuern.

In dieser Reihenfolge sind die Posten der GuV i. d. R. zu präsentieren (→ Rz. 5).

Die Zuordnung von Aufwendungen und Erträgen zu einem der vorgenannten Bereiche ist häufig **ermessensbehaftet.** Dies betrifft u. a. folgende Fälle:

- Erfolge aus Änderungen des **Diskontierungszinssatzes von Verbindlichkeitsrückstellungen** zwischen zwei Abschlussstichtagen oder Zinseffekte einer geänderten Schätzung der Restlaufzeit der Rückstellung (→ § 277 Rz. 61 und → § 253 Rz. 109) dürfen (einheitlich) im operativen oder im Finanzergebnis ausgewiesen werden.[2] Entsprechendes gilt für Erfolge aus der Änderung des Zinssatzes für **Pensionsrückstellungen** (→ Rz. 46).
- **Avalprovisionen** sollten u. E. im operativen Ergebnis (sonstige betriebliche Erträge [Aufwendungen]) ausgewiesen werden. Nach anderer Auffassung kommt auch eine Einbeziehung in das Finanzergebnis (Zinserträge bzw. -aufwendungen) infrage.
- Da Erträge aus dem **Abgang** von oder der **Zuschreibung** zu **Finanzanlagen** sachlich dem Finanzbereich zuzurechnen sind, kommt anstelle eines Ausweises im operativen Bereich (sonstige betriebliche Erträge) auch ein Ausweis im Finanzergebnis (als eigener Posten oder in Anpassung der Postenbezeichnung für Beteiligungserträge) infrage (→ Rz. 19).
- **Sonstige Steuern** können nach h. M. im Umsatzkostenverfahren teilweise den Funktionsbereichen zugeordnet und somit als Teil des operativen Ergebnisses erfasst werden. Unseres Erachtens muss Entsprechendes dann auch für das Gesamtkostenverfahren gelten (→ Rz. 13).

1 So etwa *Justenhoven/Kliem/Müller* in Beck'scher Bilanz-Kommentar, 13. Aufl. 2022, § 275 Tz. 42.

2 IDW RS HFA 34 Tz. 49 f.

2. Umsatz- und Gesamtkostenverfahren

9 Der EU-Richtlinie folgend gewährt das Gesetz in der Gliederung des operativen **Bereichs** ein **Wahlrecht** zwischen Gesamtkostenverfahren und Umsatzkostenverfahren:

- Das **Gesamtkostenverfahren** („*Nature of expense*"-Methode) präsentiert die operativen **Aufwendungen nach Aufwandsarten** (Material, Personal, Abschreibungen, sonstige). Die betreffenden Aufwendungen werden auch dann in voller Höhe gezeigt, wenn sie ganz oder in Teilen noch nicht zu Verbrauch i. S. der Kostenrechnung geführt haben, sondern als Herstellungskosten von Erzeugnissen oder Anlagen aktiviert wurden. Ein Ausgleich wird durch die Positionen **Bestandsänderungen** und **andere aktivierte Eigenleistungen** erreicht.
- Beim **Umsatzkostenverfahren** („*Cost of sales*"-Methode) werden die operativen Aufwendungen nach den **Funktionsbereichen Herstellung, Vertrieb und allgemeine Verwaltung** gegliedert (→ Rz. 64). Im Bereich Herstellung werden nur die Herstellungskosten der im Geschäftsjahr verkauften Produkte berücksichtigt. Die auf die Bestandserhöhung von Erzeugnissen oder aktivierte Eigenleistungen entfallenden Teile der Aufwendungen (Material, Personal etc.) werden ohne Berührung der GuV unmittelbar aktiviert (→ Rz. 13).

BEISPIEL A eröffnet sein Unternehmen am 1.10.01. Bis zum 31.12.01 werden noch keine Umsätze getätigt.

Die Aufwendungen sind wie folgt:

	Produktion	Vertrieb	Verwaltung	Summe nach Aufwandsarten
Material	120			120
Personal	100	25	25	150
Abschreibung	40	10	10	60
Summe nach Funktionen	260	35	35	330

Hieraus ergibt sich die GuV 01 wie folgt:

	GKV	UKV	
Umsatz	0	0	Umsatz
Bestandserhöhung Erzeugnisse	260	0	HK der zur Erzielung der Umsatzerlöse erbrachten Leistungen
Materialaufwand	-120	0	Bruttoergebnis vom Umsatz
Personalaufwand	-150	-35	Vertrieb
Abschreibungen	-60	-35	Verwaltung
Ergebnis	-70	-70	

Bei Anwendung des Umsatzkostenverfahrens sind im Anhang der Material- und der Personalaufwand anzugeben (§ 285 Nr. 8 HGB).

Die GuV-Gliederung unterliegt dem **Stetigkeitsgebot.** Von der einmal gewählten Form der Darstellung kann nur in Ausnahmefällen wegen besonderer Umstände zum anderen Verfahren gewechselt werden (§ 265 Abs. 1 Satz 1 HGB). Als Umstände, die einen Wechsel **rechtfertigen,** kommen in Betracht: 10

- die Anpassung an die in der **Branche** dominierende Darstellungsform,
- eine abweichende Gliederung des **Konzerns,**
- ein geändertes Verfahren der **internen Kostenrechnung** etc.

Mit einem Wechsel vom Umsatz- zum Gesamtkostenverfahren – oder umgekehrt – geht eine Beeinträchtigung der Vergleichbarkeit einher. Diese beruht nicht auf einer Änderung objektiver Umstände, sondern ist Folge einer bewussten Entscheidung für eine neue Darstellung. Wer diese Entscheidung trifft, muss u. E. den daraus resultierenden „Schaden" für die Vergleichbarkeit begrenzen, indem er nach § 265 Abs. 2 Satz 3 HGB eine Anpassung des Vorjahres vornimmt (→ § 265 Rz. 26).[1]

IV. Der Inhalt der operativen Posten nach Gesamtkostenverfahren

1. Umsatzerlöse

11 Auf → § 277 Rz. 1 ff. wird verwiesen.

2. Erhöhung oder Verminderung des Bestands an fertigen und unfertigen Erzeugnissen

12 Zum Inhalt wird auf → § 277 Rz. 43 verwiesen, zur Anpassung der Bezeichnung bei Dienstleistungsunternehmen auf → Rz. 5.

3. Andere aktivierte Eigenleistungen

3.1 Gegenposten zu Aufwendungen der Periode

13 Im Gesamtkostenverfahren werden die **Aufwendungen** des Geschäftsjahres nach ihrer Art **vollständig** erfasst, unabhängig davon, ob sie bereits zu Umsätzen oder nur zur Herstellung von Erzeugnissen und Anlagen geführt haben (→ Rz. 8). Im Falle aktivierter Aufwendungen muss daher als **Gegenposten** ein Ertrag angesetzt werden:

- Bei hergestellten Vorräten ist dies der Posten „Bestandsänderung Erzeugnisse" (→ Rz. 12),
- bei hergestellten Anlagen der Posten „andere aktivierte Eigenleistungen" (→ Rz. 14).

3.2 Zeitliche Abgrenzung

14 Die technische Funktion der aktivierten Eigenleistungen als Gegenposten zu Aufwand der **Periode** bedingt: Nicht als aktivierte Eigenleistungen, sondern als **Ertrag aus Zuschreibungen** sind zu erfassen:

- **Reparaturaufwendungen,** die in der ursprünglichen Periode nicht aktiviert wurden, wegen Ausweitung zu einer Generalüberholung in der Folgeperiode aber nachträglich zu aktivieren sind;[2]

---

1 Im Wesentlichen gl. A. *Wobbe* in Haufe HGB Bilanz Kommentar, 12. Aufl. 2021, § 275 Rz. 11, großzügiger *ADS*, 6. Aufl., § 275 Tz. 37.

2 So auch *ADS*, 6. Aufl., § 275 Tz. 60 ff.

- Aktivierungen, die zulasten von in Vorjahren gebildeten **Rückstellungen** gebucht werden, etwa eine zunächst passivierte unterlassene Instandhaltung, die sich in der Folgeperiode zu einer aktivierungspflichtigen Generalüberholung ausweitet.

3.3 Sachliche Abgrenzung

Zu aktivieren sind nur „Eigenleistungen". Bei der Erstellung von Anlagen kann neben der eigenen Arbeitsleistung aber zusätzlich **Fremdleistung** in Anspruch genommen werden, sei es als Werk- oder Dienstleistung oder als speziell für den Auftrag bezogenes Material. In diesen Fällen ist zu differenzieren: 15

- Sofern die Eigenleistung den Fremdanteil (deutlich) überwiegt, bestehen keine Bedenken, den gesamten aktivierten Betrag als aktivierte Eigenleistung und den Fremdanteil als Aufwand für Roh-, Hilfs- und Betriebsstoffe (Posten Nr. 5a) bzw. für bezogene Leistungen (Posten Nr. 5b) zu erfassen (sog. **Brutto**methode).
- Sofern die Fremdleistung den Eigenanteil überwiegt, liegt eine aktivierte Eigenleistung im Umfang der Fremdleistung nicht mehr vor. Der Fremdanteil ist daher ohne Berücksichtigung des Aufwands in der GuV unmittelbar zu aktivieren (sog. **Netto**methode).

BEISPIEL Tiefbauunternehmen T errichtet ein neues Verwaltungsgebäude. Planung, Bodenaushub, Fundamentbau und wesentliche Teile des Rohbaus werden mit eigenen Arbeitskräften erledigt. Der Innenausbau wird überwiegend an Fremdunternehmen vergeben.

Die Kalkulation ist wie folgt:

Kalkulation	
Eigenes Personal	250
Abschreibung eigene Maschinen	50
Für Rohbau bezogenes Material	200
Material Innenausbau	150
Werklohn Innenausbau	100
Summe	750

Die Fremdleistungen überwiegen. Angemessen ist daher die Anwendung der Nettomethode, die im Vergleich zur Bruttomethode bezogen auf das Projekt zu folgender GuV führt:

GuV	Nettomethode (sachgerecht)	Bruttomethode (unangemessen)
Aktivierte Eigenleistungen	300	750
Aufwand RHB	0	-350
Aufwand bezogene Leistungen	0	-100
Personalaufwand	-250	-250
Abschreibungen	-50	-50
Summe	0	0

3.4 Aktivierte Zinsen

Nach § 255 Abs. 3 HGB dürfen Zinsen auf Herstellungskosten aktiviert werden. Für die buchungstechnische Behandlung im Gesamtkostenformat kommen zwei Methoden infrage: 16

- Nach der **Nettomethode** werden die aktivierten Zinsen nicht in der GuV erfasst. In Höhe des zu aktivierenden Teils der entstandenen Zinsen ist kein Zinsaufwand zu buchen (per

Anlagevermögen an Geld) oder ein insoweit bereits gebuchter Zinsaufwand (per Zinsaufwand an Geld) ist zu „stornieren" (per Anlagevermögen an Zinsaufwand).

- Nach der **Bruttomethode** wird der Zinsaufwand ungekürzt im Finanzergebnis ausgewiesen. In Höhe des aktivierten Teils steht ihm jedoch ein Ertrag aus aktivierten Eigenleistungen gegenüber (per Anlagevermögen an aktivierte Eigenleistungen).

Die Nettomethode ist dann allgemein und damit auch bzgl. der Zinsen anzuwenden, wenn die **Fremdleistungen** in der Gesamtbetrachtung überwiegen (→ Rz. 15). Beschränkt auf die Zinsen ist aber auch bei in Gesamtbetrachtung überwiegenden Eigenleistungen die **Nettomethode vorzuziehen.** Zu ihren Gunsten kann der **Vergleich** zwischen Gesamt- und Umsatzkostenverfahren angeführt werden:

- Beide Methoden gliedern den **operativen** Teil der GuV unterschiedlich, während im **Finanzergebnis** nicht nur gleiche Postenbezeichnungen gewählt werden, sondern im Interesse einer vergleichenden Erfolgsanalyse auch der gleiche Inhalt präsentiert werden sollte.
- Dem **Umsatzkostenverfahren** ist aber die **Nettomethode immanent.** Als Umsatzkosten oder sonstige operative Kosten werden nur die Aufwendungen in der GuV erfasst, die in der Periode zu Verbrauch geführt haben. Die Neutralisierung der aktivierten Zinsaufwendungen durch einen Gegenposten für aktivierte Eigenleistungen scheidet im Umsatzkostenverfahren daher aus. Hilfsweise könnte zwar ein entsprechender technischer Ertrag unter den sonstigen betrieblichen Erträgen ausgewiesen werden, ein solcher technischer Posten wäre aber dem Umsatzkostenverfahren systemfremd (→ Rz. 68). Somit bleibt im Umsatzkostenverfahren nur der Nettoausweis.
- Um nun im Gesamtkostenverfahren zu keinem anderen Inhalt des Postens Zinsaufwand zu gelangen, wäre auch hier die Nettomethode anzuwenden.

Das Schrifttum kann in dieser Frage zu keiner einheitlichen Vorgabe finden.[1] Unseres Erachtens ist dem analytischen Interesse des Bilanzadressaten an einer Erfolgsspaltung am meisten gedient, wenn in beiden GuV-Varianten aktivierte Zinsen nach der Nettomethode behandelt werden.

Das Problem stellt sich in ähnlicher Weise bei aktivierten Zinsen auf Erzeugnisse. Auf → § 277 Rz. 48 ff. wird deshalb verwiesen.

4. Sonstige betriebliche Erträge

4.1 Restkategorie

17 Die sonstigen betrieblichen Erträge sind eine **Restkategorie.** Der Posten umfasst alle operativen (d. h. nicht dem Finanzergebnis zuzurechnenden) Erträge, die nicht unter einem anderen im Gliederungsschema aufgeführten operativen Ertragsposten auszuweisen sind.

Verwiesen wird für die Abgrenzung zu den **Umsatzerlösen** auf → § 277 Rz. 1 ff.

1 Vgl. u. a. *Justenhoven/Kliem/Müller* in Beck'scher Bilanz-Kommentar, 13. Aufl. 2022, § 275 Tz. 274 und 308; *ADS*, 6. Aufl., § 275 Tz. 231 f.

4.2 Anwendungsbeispiele (Abc)

Für den Ausweis als sonstige betriebliche Erträge kommen infrage: 18

- Erträge aus (Versicherungs-)**Entschädigungen,**
- Erträge aus dem Abgang von oder der Zuschreibung zu **Finanzanlagen,** Wertpapieren des Umlaufvermögens und Bezugsrechten darauf, sofern nicht im Finanzergebnis erfasst (→ Rz. 19),
- Erträge aus **Finanzderivaten,**
- Erträge aus der Auflösung von **Rückstellungen** (→ Rz. 21),
- Wertaufholungen auf **Sach- und immaterielle Anlagen,** hingegen weder die Wertaufholungen auf Roh-, Hilfs- und Betriebsstoffe und Waren, die als Minderung des Materialaufwands zu erfassen sind (→ Rz. 26), noch die als Bestandserhöhung geltende Zuschreibung auf Erzeugnisse (→ § 277 Rz. 44),
- Erträge aus dem Abgang von **Sachanlagevermögen** (→ Rz. 20), soweit sie nicht, wie etwa bei Autovermietern, den Umsatzerlösen zuzurechnen sind (→ § 277 Rz. 3),
- Erträge aus **Schuldnachlässen,**
- Erträge aus der **Währungsumrechnung** (→ § 277 Rz. 66),
- Zahlungseingänge auf ausgebuchte oder wertberichtigte Forderungen, Erträge aus der Auflösung von **Wertberichtigungen,**
- Erträge aus öffentlichen **Zuwendungen.**

Erträge aus der Währungsumrechnung sind bei Wesentlichkeit gesondert, z. B. durch einen Davon-Vermerk, auszuweisen (→ § 277 Rz. 66).

19 Da Erträge aus dem Abgang von oder der Zuschreibung zu Finanzanlagen sachlich dem Finanzbereich zuzurechnen sind, kommt auch ein Ausweis im Finanzergebnis, als eigener Posten oder in Anpassung der Postenbezeichnung für Beteiligungserträge infrage.[1]

4.3 Erträge aus dem Abgang von abnutzbaren Vermögensgegenständen

20 Ertrag (Aufwand) aus dem Abgang von Anlagegegenständen entsteht i. H. des **Saldos** aus

- Verkaufserlös oder der an seine Stelle tretenden Entschädigung und
- Buchwert der abgehenden Anlage zum Abgangszeitpunkt.

Abschreibungen bis zum Abgangszeitpunkt sind daher (unter Wesentlichkeitsvorbehalt) vorab zu verrechnen, um erst den so resultierenden Buchwert dem Veräußerungserlös gegenüberzustellen.

4.4 Erträge aus der Auflösung von Rückstellungen

21 Bei Rückstellungen ist zu unterscheiden zwischen

- Inanspruchnahme/Verbrauch bei Eintritt des Risikos und
- Auflösung bei Nichteintritt des Risikos.

Rückstellungen sind aufzulösen, soweit sie nicht mehr benötigt werden (§ 249 Abs. 2 Satz 2 HGB). Die Auflösung führt zu einem sonstigen betrieblichen Ertrag.

1 Vgl. *Justenhoven/Kliem/Müller* in Beck'scher Bilanz-Kommentar, 13. Aufl. 2022, § 275 Tz. 200 ff.

BEISPIEL ► Im Jahr 01 ist U in zwei Fällen verklagt worden. Für jeden der beiden Fälle bildet er eine Rückstellung von 50.

Im Jahr 02 wird U in Verfahren A zur Zahlung von 50 verurteilt, während Verfahren B zugunsten von U entschieden wird.

Buchungen im Jahr 02:

Für Verfahren A (Inanspruchnahme):

Per Rückstellung	50	an	Verbindlichkeit oder Geld	50

Für Verfahren B (Auflösung):

Per Rückstellung	50	an	sonstigen betrieblichen Ertrag	50

Bei Auflösung der nicht mehr benötigten Rückstellung ist eine Verrechnung mit den Aufwandsposten, zu deren Lasten die Rückstellung gebildet wurde, nicht zulässig.

BEISPIEL ► Im Jahr 01 wird für einen gerichtsanhängigen Einzelfall eine Garantierückstellung von 100 gebildet. Die erwartete Erfüllung der Garantieleistung wird beinahe ausschließlich Personalkosten verursachen. Materialeinsatz wesentlichen Umfangs wird nicht erwartet.

Im Jahr 02 wird die wegen der Garantie geltend gemachte Klage zurückgewiesen.

Buchung im Jahr 01:

Per Personalaufwand	100	an	Rückstellung	100

Buchung im Jahr 02:

Per Rückstellung	100	an	sonstige betriebliche Erträge	100

Eine Verrechnung mit dem Personalaufwand des Jahres 02 (per Rückstellung an Personalaufwand) verstieße gegen das Saldierungsverbot (→ Rz. 2).

22 Bei Garantien im Rahmen von **Großserienproduktionen** und in ähnlichen Fällen werden Rückstellungen überwiegend nicht einzelfallorientiert, sondern statistisch auf **Portfoliobasis,** z. B. als Prozentsatz der Umsätze, gebildet. Die Dotierung der Rückstellung erfolgt i. d. R. gegen sonstige betriebliche Aufwendungen, da die Verteilung der entstehenden Kosten (Personal, Material, sonstige) nicht von vornherein feststeht.

In diesen Fällen kommt es zu einer Abweichung von der theoretisch (bei vollkommenem Wissen) richtigen Fortentwicklung der **Garantierückstellung:**

- **Theoretisch** wären folgende unsaldierte Größen maßgeblich:
- Inanspruchnahme aus bereits erledigten Garantiefällen (Buchung gegen Kürzung der primären Aufwandsarten „Material" und „Personal"),
- Auflösung wegen ausgelaufener Garantiefristen (sonstiger betrieblicher Ertrag),
- Zuführung wegen neuer Umsätze (Buchung gegen die primären Aufwandsarten).
- **Praktisch** liegt das Augenmerk auf der Gesamtveränderung der Rückstellung zum Vorjahressaldo.

In dieser praktischen Handhabung wird die Inanspruchnahme mangels entsprechender Einzeldaten überhaupt nicht gebucht. Betrachtet wird nur die Rückstellungs**veränderung.** Diese kann saldiert oder unsaldiert gebucht werden:

- Bei ***unsaldierter Betrachtung*** wird ein sonstiger betrieblicher Ertrag für die in Vorjahren gebildeten, durch Zeitablauf erledigten Garantierückstellungen gebucht, ein sonstiger betrieblicher Aufwand für die Garantiezusagen aus Neuumsätzen.

- Bei **saldierter Betrachtung** wird die Gesamtänderung der Garantierückstellung als sonstiger betrieblicher Ertrag (bei Verminderung) oder Aufwand (bei Erhöhung) gebucht.

Beide Methoden sind im Vergleich zur theoretisch zutreffenden Lösung **unvollkommen:**

- Sie führen nicht zu einem zutreffenden Ausweis der primären Aufwandsarten.
- Sie unterscheiden nicht, wie theoretisch geboten, zwischen **Inanspruchnahme** und **Auflösung** von Rückstellungen.
- Sie stellen den sonstigen betrieblichen Ertrag oder Aufwand in einer Größe dar, die vom theoretisch angemessenen Wert **abweicht,** der sich in der Unterscheidung von Inanspruchnahme und Auflösung bei Verbuchung von Dotierung und Inanspruchnahme gegen die primären Aufwandsarten ergäbe.

Der **Fehler** ist aber **bei saldierter Betrachtung i. d. R. kleiner,** da sich die Effekte aus der theoretisch unzutreffenden Dotierung und der theoretisch unzutreffenden Auflösung kompensieren. Somit ist u. E. die **saldierte** Betrachtung und nicht – wie im Schrifttum z. T. vertreten – die unsaldierte Betrachtung **vorzuziehen.**

BEISPIEL U tätigt (vereinfacht jeweils zum Periodenende) Umsätze von 11.000 im Jahr 01 und 10.000 im Jahr 02. Die Garantierückstellung beträgt 1 % der Umsätze.

1. Theoretische Variante

Bekannt ist, dass die Hälfte der Garantieleistungen auf Material, die Hälfte auf Personal entfällt.

Die Abweichung der erwarteten Gesamtaufwendungen, bezogen auf die Umsätze 01, (110) von den tatsächlichen (108) ist minimal.

Behandlung im Jahr 02:

- Inanspruchnahme der Rückstellung 108 gegen Kürzung der zunächst gebuchten Personal- und Materialaufwendungen (jeweils 54),
- sonstiger betrieblicher Ertrag aus Auflösung der Rückstellung 2,
- Neudotierung der Rückstellung 100 gegen Personal- und Materialaufwand (jeweils 50).

2. Praktische Varianten

Die genaue Aufteilung auf Personal- und Materialkosten und die exakte Höhe der Garantieaufwendungen sind nicht bekannt.

a) Unsaldierte Darstellung

Hier ergeben sich im Jahr 02 folgende Werte:

- sonstiger betrieblicher Ertrag 110,
- sonstiger betrieblicher Aufwand 100.

b) Saldierte Darstellung

In saldierter Darstellung entsteht nur ein sonstiger betrieblicher Ertrag von 10.

c) Vergleich mit der theoretisch zutreffenden Lösung:

Die saldierte Darstellung ist näher an der theoretisch richtigen.

Beim sonstigen betrieblichen Ertrag weist sie einen „Fehler" von 10 - 2 = 8 aus (Fehler der unsaldierten Darstellung demgegenüber 110 - 2 = 108), bei dem sonstigen betrieblichen Aufwand einen Fehler von 0 (Fehler der unsaldierten Darstellung hingegen 100).

5. Materialaufwand

5.1 Aufwendungen für Roh-, Hilfs- und Betriebsstoffe und für bezogene Waren

23 Unter Posten Nr. 5a sind im Gesamtkostenverfahren die Materialaufwendungen zu erfassen, die auf bezogene Waren sowie Roh-, Hilfs- und Betriebsstoffe entfallen. Damit stellt sich zunächst die Frage, welche Güter zu den beiden genannten Gruppen gehören:

- Als **Waren** gelten Sachen, die zur **Weiterveräußerung ohne Be- oder Verarbeitung** bestimmt sind. Auf → § 266 Rz. 63 wird verwiesen.
- **Roh-, Hilfs- und Betriebsstoffe** sind in **enger Definition** die zum Verbrauch im Fertigungsbereich bestimmten Sachen, also neben dem in die Produkte eingehenden Material die beim Betrieb der Produktionsmaschinen verbrauchten Stoffe (etwa Schmierstoffe), die im Fertigungsbereich verbrauchten Reinigungsmaterialien, Heiz- und Brennstoffe (Heizöl, Gas, Fernwärme) etc. Die **Praxis** interpretiert den Begriff weiter und differenziert bei Produktionsunternehmen z. B. nicht danach, ob **Brenn- und Heizstoffe** im Fertigungsbereich oder in der Verwaltung verbraucht werden. Aus Wesentlichkeitsgründen ist überdies gegen die Einbeziehung von **Büromaterial** etc. in Position Nr. 5a im Allgemeinen nichts einzuwenden.

Belässt man es bei der engen Auslegung von Waren und Roh-, Hilfs- und Betriebsstoffen, verlangt man also i. d. R. einen Bezug zu zum Umsatz bestimmten Leistungen, so ergibt sich durch das BilRUG eine Erweiterung des Materialaufwands. Da mit dem BilRUG eine größere Zahl von bisher als sonstige betriebliche Erträge qualifizierten Einnahmen zu Umsatzerlösen wird (→ § 277 Rz. 5), sind folgerichtig die mit diesen Erträgen korrespondierenden Kosten von sonstigen betrieblichen Aufwendungen in Materialaufwand umzuqualifizieren. Für ein Beispiel wird auf → Rz. 61a verwiesen.

24 Aufwendungen für **Strom** werden tradiert (vgl. bereits FG/IDW 12/1933), nicht unter dem Posten Nr. 5a, sondern unter Posten Nr. 5b, d. h. als bezogene Leistungen, ausgewiesen. Die Ungleichbehandlung gegenüber Heizöl, Benzin und Kohle ist auch mit Verweis auf die mangelnde Lagerbarkeit des Stroms sachlich nicht gerechtfertigt. Die Frage der Lagerbarkeit betrifft die Bilanzierungsfähigkeit, aber nicht den in der GuV darzustellenden Verbrauch. Hier sollten unterschiedliche Energien bzw. Energieträger u. E. gleichbehandelt werden. Überdies würde das Argument der mangelnden Lagerbarkeit auch für Fernwärme und in öffentlicher Leitung bezogenes Erdgas gelten, deren Verbrauch aber unstrittig als Aufwand aus Roh-, Hilfs- und Betriebsstoffen auszuweisen ist. Was bleibt, sind Unterschiede in den physikalischen Eigenschaften, die für eine ökonomische Veranstaltung wie die GuV unerheblich sind.

25 **Aufwendungen** entstehen

- für bezogene **Waren** in erster Linie durch die **Veräußerung,**
- für **Roh-, Hilfs- und Betriebsstoffe** in erster Linie durch **Verbrauch,** im Bereich der Fertigungsmaterialien also z. B. bei Übergang zum unfertigen Erzeugnis.
- In beiden Fällen sind **Abschreibungen** – z. B. wegen Ungängigkeit, Schwund, Preisverfall – in den Materialaufwand einzubeziehen, soweit sie die in der Kapitalgesellschaft üblichen Abschreibungen nicht überschreiten. Für dieses Kriterium wird auf → § 277 Rz. 44 verwiesen.

Bei Zugängen an Sachanlagen in Form von **Festwerten** (→ § 268 Rz. 120) kann alternativ zum Ausweis eines sonstigen betrieblichen Aufwands auch die Erfassung als Materialaufwand in Betracht kommen.

Wertaufholungen mindern den Materialaufwand der Periode. 26

5.2 Aufwendungen für bezogene Leistungen

Bezogene Leistungen sind in **enger Definition** die in die Fertigung eingehenden Fremdleistungen, wobei evtl. Materialkomponenten im Wesentlichen nicht von dem Fremden, sondern vom bilanzierenden Unternehmen gestellt werden. Klassischer Anwendungsfall ist die **Lohnbearbeitung** bzw. -verarbeitung. 27

BEISPIEL ▸ A fertigt kundenspezifische Metallteile, teils mit galvanisierten Oberflächen, teils ohne eine solche Behandlung. Die Galvanisation erledigt Subunternehmer X.

B fertigt Silvesterfeuerwerkskörper. Das lohnintensive Verleimen der Knallkörper mit den Trägerhölzern wird von Y erledigt.

Galvanisieren und Verleimen stellen aus Sicht von A und B bezogene Leistungen dar.

Ob auch **Fremdreparaturen** an **Produktionsanlagen** als bezogene Leistungen qualifiziert werden können, ist umstritten. Zum Teil wird darauf abgestellt, ob der Material- den Lohnanteil überwiegt.[1] Unseres Erachtens ist unabhängig davon ein Ausweis unter den sonstigen betrieblichen Aufwendungen geboten. Wie die Anschaffung einer Maschine der Herstellung der Produktionsbereitschaft dient, dient die Reparatur nur der Wiedererlangung dieser Produktionsbereitschaft. In beiden Fällen ist der Bezug zur Fertigung nur mittelbar, eine Erfassung unter dem Hauptposten „Materialaufwand" daher nicht sachgerecht. 28

Aufwendungen für **Strom,** Gas oder Fernwärme werden tradiert als Fremdleistungen erfasst. Unseres Erachtens ist dies nicht (mehr) sachgerecht (→ Rz. 24). 29

Aufwendungen für von **Zeitarbeitsfirmen** entliehene Arbeitnehmer (Leiharbeitnehmer bzw. Zeitarbeitnehmer) sind u. E. unter Personalaufwand, ggf. unter sonstigen betrieblichen Aufwendungen, auszuweisen (→ Rz. 34). Sie gehören i. d. R. nicht zu den Fremdleistungen. 30

Gehört die **Weitervermietung** von Gegenständen zu den Umsatzerlösen (so der Regelfall seit BilRUG), sind die korrespondierenden Mietaufwendungen nicht als sonstiger betrieblicher Aufwand, sondern als bezogene Leistung auszuweisen. 31

6. Personalaufwand

6.1 Ausweisalternativen

Das gesetzliche Gliederungsschema sieht im Gesamtkostenverfahren eine **Unterteilung** der Personalaufwendungen in 32

- Löhne und Gehälter (Posten Nr. 6a) und
- soziale Abgaben und Aufwendungen für Altersversorgung und Unterstützung (Posten Nr. 6b)

vor.

1 Vgl. *ADS*, 6. Aufl., § 275 Tz. 96.

Zusätzlich ist der **Anteil der Altersversorgung** am zweiten Unterposten durch einen Davon-Vermerk gesondert darzustellen. Statt des Davon-Vermerks ist es auch zulässig, den Posten Nr. 6b zu untergliedern in soziale Abgaben und Aufwendungen für Unterstützung einerseits und Aufwendungen für Altersversorgung andererseits.

Unter Berufung auf die Klarheit der Darstellung (→ § 265 Rz. 50) wird in der Praxis großer Unternehmen aber zunehmend überhaupt auf eine Aufgliederung der Personalaufwendungen in der GuV verzichtet. Der Aufwand wird in einer Summe ausgewiesen, seine Zusammensetzung nur im Anhang erläutert.

6.2 Löhne und Gehälter

33 Als Löhne und Gehälter (Posten Nr. 6a) sind die dem Geschäftsjahr zugeordneten Bruttobezüge der Arbeitnehmer auszuweisen. Der **Arbeitnehmerbegriff** entspricht im Wesentlichen dem des **Steuerrechts** (§ 1 LStDV). Abweichend vom Sozialversicherungsrecht gelten daher etwa **auch Vorstände von AGs** oder auf dienstvertraglicher Grundlage tätige beherrschende Gesellschafter-Geschäftsführer von GmbHs als Arbeitnehmer.

34 Aufwendungen für **Leiharbeitskräfte** werden üblicherweise unter sonstigen betrieblichen Aufwendungen, in einzelnen Branchen aber auch als Löhne und Gehälter erfasst.[1] Unseres Erachtens gilt der Grundsatz der wirtschaftlichen Betrachtungsweise nicht nur für Bilanzansatz und Bewertung, sondern auch für Ausweisfragen. **Sofern** von Zeitarbeitsfirmen gestellte Arbeitskräfte nicht nur der Abdeckung eines vorübergehenden Personalbedarfs dienen, sie in das bilanzierende Unternehmen **organisatorisch eingegliedert** sind und hinsichtlich Arbeitszeit, Arbeitsinhalt etc. dessen Weisungen unterliegen, ist daher ein Ausweis unter **Personalaufwendungen** geboten. Die so schon in den Vorauflagen vertretene Auffassung stimmt auch mit zwei Entscheidungen des Bundesarbeitsgerichts überein. Dieses hat 2013 zunächst für Zwecke der von der Arbeitnehmerzahl abhängigen Anwendbarkeit des Kündigungsschutzgesetzes, sodann für Zwecke der durch die Arbeitnehmerzahl vorgegebenen Größe des Betriebsrats wie folgt entschieden: Leiharbeitnehmer, die aufgrund eines regelmäßigen Geschäftsanfalls im Betrieb beschäftigt sind, sind vom Betrieb angestellten Arbeitnehmern bei der Ermittlung der Arbeitnehmerzahl gleichzustellen.[2]

Unseres Erachtens sind unter den genannten Voraussetzungen auch für die Bestimmung der Schwellenwerte nach § 267 HGB (→ § 267 Rz. 9) und die im Umsatzkostenverfahren notwendige Aufgliederung der Personalaufwendungen nach § 285 Nr. 7 HGB (→ § 285 Rz. 38) Leiharbeitnehmer mit angestellten Arbeitnehmern gleichzustellen.[3]

35 Bei **Handelsvertretern** ist darauf abzustellen, ob sie eine unselbständige Tätigkeit ausüben. Vereinbaren die Parteien zwar formell eine selbständige Tätigkeit, liegt aber im steuerrechtlichen (und sozialversicherungsrechtlichen) Sinne tatsächlich eine Arbeitnehmerstellung vor **(Scheinselbständigkeit)**, führt dies zu Personalaufwendungen.

36 Anzusetzen ist bei allen Löhnen und Gehältern der **Bruttobezug.** Die Arbeitgeberanteile zur Sozialversicherung fallen hingegen unter Nr. 6b.

1 Vgl. *ADS*, 6. Aufl., § 275 Tz. 100.
2 Mit anderer Begründung, im Ergebnis gl. A. *Roß*, DB 2016 S. 2853 ff.
3 Gleicher Auffassung *Bonnecke*, StuB 2022 S. 137 ff.

Bei der **Pauschalierung der Lohnsteuer** nach § 40 EStG ist das Unternehmen nicht lediglich Haftungsschuldner, sondern originärer Steuerschuldner. Gleichwohl ist die Lohnsteuer wegen der Verursachung durch die Tätigkeit des Arbeitnehmers nach der h. M. in der GuV nicht als (sonstige) Steuer des Unternehmens, sondern als Personalaufwand aufzuführen. 36a

Zu den als Personalaufwand zu berücksichtigenden Bezügen gehören auch die **Sachleistungen,** etwa der geldwerte Vorteil aus der privaten Nutzung eines Dienstwagens (→ § 277 Rz. 20). Für die Bewertung von Sachleistungen kann aus Vereinfachungsgründen i. d. R. auf die steuerrechtlichen Ansätze zurückgegriffen werden. 37

Nicht unter Löhnen und Gehältern, sondern als sonstige betriebliche Aufwendungen sind hingegen erstattete **Barauslagen, Reisespesen** etc. auszuweisen.

Uneinheitlich und in Teilen **kasuistisch** ist die Behandlung **sozialen Zwecken** dienender Bezüge, etwa der Lohnfortzahlung im Krankheitsfall oder der Zahlung an persönliche Verhältnisse (Familienstand, Kinderzahl) anknüpfender Beihilfen. Trennungsentschädigungen bei Verheirateten und vom Unternehmen getragenes Kindergeld sollen **Löhne und Gehälter** (Posten Nr. 6a), **Heirats- und Geburtsbeihilfen** hingegen Unterstützungsleistungen (Posten Nr. 6b) sein. 38

Zur Unterscheidung wird darauf verwiesen, ob der Empfänger einen **Rechtsanspruch** hat (dann Lohn und Gehalt) oder nicht (dann Unterstützung).[1] Im Falle der Heirat wäre danach wie folgt zu unterscheiden:

- Bezüge für den durch Tarifvertrag oder betriebliche Übung begründeten zweitägigen Sonderurlaub: Lohn und Gehalt,
- Heiratsbeihilfe: Unterstützung, wenn auch durch betriebliche Übung kein Rechtsanspruch begründet wurde, ansonsten Lohn und Gehalt.

Sachgerechter als die alleinige Anknüpfung an die Frage des Rechtsanspruchs ist es u. E., **auch** auf **Anlass und Motiv** der Leistung abzustellen. Soweit eine weder gesetzlich noch tarifvertraglich vorgeschriebene Leistung dazu bestimmt ist, besondere, nur bei **einzelnen** Arbeitnehmern auftretende Belastungen zu mildern, hat sie den Charakter einer Unterstützung, ansonsten ist sie Lohn und Gehalt:

BEISPIEL In der Feuerwerks AG kommt es nach Jahren ohne größere Unfälle zu einer Explosion, bei der Arbeitnehmer X schwere Brandverletzungen erleidet.

Lohnfortzahlung, Krankenbehandlung etc. sind auf berufsgenossenschaftlicher Basis gesichert. X hatte aber einige Monate vor dem Betriebsunfall mit dem Bau eines Hauses begonnen, zu dem er erhebliche Eigenleistungen beisteuerte und weiter beisteuern wollte. Diese Eigenleistungsmöglichkeit entfällt unfallbedingt. Die Feuerwerks AG gleicht die erforderliche Mehrinanspruchnahme von Fremdleistungen durch einen Zuschuss aus.

- Die Leistung ist weder gesetzlich noch tarifvertraglich vorgeschrieben.
- Sie dient dem Ausgleich einer besonderen, durch den Arbeitsunfall bedingten Mehrbelastung.
- Sie ist daher als Unterstützung zu qualifizieren.

Wegen erwarteter Belastungen gebildete **Rückstellungen** sind dann zulasten des Personalaufwands zu dotieren, wenn die Erfüllung der Rückstellung (fast) ausschließlich zu Personalausgaben führen wird. Die spätere Inanspruchnahme der Rückstellung führt dann entsprechend zu einer Kürzung des Personalaufwands. Bei Garantierückstellungen sind die vorgenannten Voraussetzungen regelmäßig nicht erfüllt, Dotierung und Inanspruchnahme der Rückstellung 39

1 Vgl. *Justenhoven/Kliem/Müller* in Beck'scher Bilanz-Kommentar, 13. Aufl. 2022, § 275 Tz. 138.

werden dann gegen die sonstigen betrieblichen Erträge und Aufwendungen gebucht (→ Rz. 22).

40 **Abfindungen** und **Sozialplanleistungen** sind im Dienstverhältnis begründet und damit im Allgemeinen den Löhnen und Gehältern zuzurechnen.

Werden erhebliche Beträge für die **Abfindung eines lästigen Arbeitnehmers** gezahlt, soll auch ein Ausweis unter den sonstigen betrieblichen Aufwendungen zulässig sein.[1]

BEISPIEL ► Der FC Schmiere gewinnt in der Saison 01/02 den DFB-Pokal. Der auslaufende Vertrag des Trainers wird daraufhin um drei Jahre verlängert.

Nach einem Drittel der Saison 02/03 liegt der FC Schmiere in der Liga auf einem Abstiegsplatz. Verein und Trainer trennen sich „in beiderseitigem Einvernehmen". Bei der Vertragsaufhebung wird eine „Abfindung" von einigen Millionen Euro vereinbart.

41 **Öffentliche Zuschüsse** von Arbeitsagenturen oder anderen Stellen für die Eingliederung von Arbeitskräften oder die Schaffung neuer Arbeitsplätze sind wegen des **Saldierungsverbots** (→ Rz. 2) nicht von den Löhnen und Gehältern abzusetzen.[2]

6.3 Soziale Abgaben

42
- Unter **sozialen Abgaben** sind nur die Arbeitgeberanteile für die **Sozialversicherung** (einschließlich der Beiträge zur **Berufsgenossenschaft**) zu erfassen.
- Als **Löhne und Gehälter** sind hingegen Leistungen aufgrund eines **Tarifvertrags** oder einer **Betriebsvereinbarung** auszuweisen.[3]

43 **Kein Personalaufwand,** sondern sonstige betriebliche Aufwendungen sind:

- Abgaben für die Nichtbeschäftigung von Arbeitnehmern (etwa an die **Ausgleichskasse** für eine zu geringe Zahl beschäftigter Schwerbeschädigter),
- Aufwendungen für **Betriebsfeiern** u. Ä.

6.4 Aufwendungen für Altersversorgung

6.4.1 Komponenten des Versorgungsaufwands

44 Aufwendungen für Altersversorgung umfassen:

- Zuführungen zu **Pensionsrückstellungen** (ggf. ohne den Zinsanteil; → Rz. 46),
- Zahlungen an **Direktversicherungen,** wenn der Arbeitnehmer einen unmittelbaren Anspruch gegenüber der Versicherung hat,
- Zuweisungen zu und Beiträge an Unterstützungs-, Pensions- und Zusatzversorgungs**kassen,**
- Beiträge an den **Pensionssicherungsverein,**
- nicht zulasten der Pensionsrückstellung geleistete **Pensionszahlungen.**

45 Bei Aufwendungen aufgrund von Altersteilzeitregelung im sog. Blockmodell (volle Arbeitsleistung in Phase 1, keine Arbeitsleistung in Phase 2, gleichbleibende Bezüge über beide Phasen

1 Vgl. *Justenhoven/Kliem/Müller* in Beck'scher Bilanz-Kommentar, 13. Aufl. 2022, § 275 Tz. 134.

2 Vgl. *ADS*, 6. Aufl., § 275 Tz. 112a.

3 Vgl. *ADS*, 6. Aufl., § 275 Tz. 115.

hinweg) ist sowohl die in Phase 1 wegen Erfüllungsrückstand anzusammelnde Rückstellung über Löhne und Gehälter zu erfassen als auch der evtl. rückgestellte Betrag der Aufstockungszahlungen des Arbeitgebers (→ § 249 Rz. 91).

6.4.2 Erfassung des Zinsanteils wahlweise im Finanzergebnis?

Nach § 277 Abs. 5 Satz 1 HGB sind Erträge und Aufwendungen aus der **Abzinsung** von Rückstellungen im Finanzergebnis als Zinsertrag bzw. **Zinsaufwand** zu erfassen. Die Vorschrift betrifft ihrem Wortlaut nach nur die Abzinsung, nicht die Aufzinsung und kommt daher bei Pensionsrückstellungen nur zum Tragen, wenn nach der bei Erlass des BilMoG im Schrifttum z. T. vertretenen Bruttomethode der undiskontierte Zuführungsbetrag als Personalaufwand gebucht und durch eine korrespondierende Zinsertragsbuchung in Summe der tatsächliche Zuführungsbetrag dargestellt würde. Nach der Nettomethode wird hingegen von vornherein nur der diskontierte Betrag gebucht und als Personalaufwand qualifiziert. Aus den unter → § 277 Rz. 62 dargelegten Gründen halten wird die Bruttomethode nicht für sachgerecht. Ein Ertrag aus Abzinsung entsteht daher u. E. nur bei Erhöhung des Rechnungszinses. Dieser Ertrag kann (wie die Änderung aller anderen versicherungsmathematischen Parameter) u. E. aber bei entsprechender Erläuterung im Anhang wahlweise auch als Personal- bzw. Altersversorgungsaufwand erfasst werden.[1] 46

Zinsaufwand entsteht bei (Pensions-)Rückstellungen aus der **Aufzinsung**. Die Aufzinsung fällt u. E. nicht in den Anwendungsbereich von § 277 Abs. 5 Satz 1 HGB. Mangels expliziter Regelungen halten wir daher entsprechend der internationalen Rechnungslegung (IAS 19.119) einen Ausweis des Aufwands aus der Aufzinsung unter Zinsaufwand ebenso für vertretbar wie eine Behandlung als unselbständigen Teil des Altersversorgungsaufwands. Nach anderer Auffassung ist über den Wortlaut von § 277 Abs. 5 Satz 1 HGB hinausgehend auch der Aufwand aus Aufzinsung zwingend im Finanzergebnis zu zeigen.[2]

Bei (freiwilliger oder pflichtweiser) Behandlung als Zinsaufwand ergibt sich für nicht durch Planvermögen gedeckte Altersversorgungsverpflichtungen Folgendes:

- Aus dem insgesamt entstehenden Aufwand
- wird die **Zinskomponente** separiert und gesondert im Finanzergebnis ausgewiesen,
- nur der verbleibende Teil stellt Personalaufwand dar.

BEISPIEL Die Pensionsrückstellung für Aktive (Anwartschaften) beträgt:

- 120 zum Jahresende,
- 100 zum Jahresanfang.

Der Diskontierungszins zu beiden Stichtagen ist 4,5 %.

BEURTEILUNG Insgesamt sind 20 als Aufwand zu erfassen. Hiervon sind

- 4,5 % · 100 = 4,5 Zinsaufwand und
- 15,5 Personalaufwand.

Die Buchungen lauten wie folgt:

Per Personalaufwand	15,5	an	Pensionsrückstellung	20,0
Per Zinsaufwand	4,5			

1 Für ein Wahlrecht beim Ausweis des Ergebnisses aus Zinssatzänderungen auch IDW RS HFA 30 Tz. 87.

2 *Gelhausen/Fey/Kämpfer*, Rechnungslegung und Prüfung nach dem Bilanzrechtsmodernisierungsgesetz, 2009, Abschn. I, Tz. 90 f.

47 In die Personalaufwandskomponente fließt nicht nur der Aufwand aus der Erdienung zusätzlicher Ansprüche (Dienstzeitaufwand) ein. Auch **Änderungen versicherungsmathematischer Annahmen** sind hier zu erfassen. Dies betrifft

- Annahmen zur Lohn- und Gehaltsentwicklung und
- zur Lebenserwartung sowie
- evtl. Änderungen des Diskontierungszinses.

Hinsichtlich des Zinses ist somit zu unterscheiden zwischen:

- durch **Änderung des Zinssatzes** bedingten Zuführungen zur Rückstellung und
- der **Aufzinsung des Anfangsbestands** *(unwinding of discount)*.

In beiden Fällen besteht u. E. ein faktisches Wahlrecht zum Ausweis als Personalaufwand oder Zinsaufwand.

6.4.3 Personal- und Zinsaufwand bei Deckungsvermögen

48 Nach § 246 Abs. 2 Satz 2 HGB ist bei der insolvenzfesten Deckung von Altersversorgungsverpflichtungen durch Plan- bzw. Deckungsvermögen nicht nur bilanziell eine **Saldierung** geboten, sondern auch hinsichtlich der „zugehörigen Aufwendungen und Erträge". Unseres Erachtens ist auch in diesem Fall eine Separierung der Zinskomponente (→ Rz. 46) zulässig. Die vorgenannte Saldierungsvorschrift ist dann nicht auf den insgesamt aus der Altersversorgung entstehenden Aufwand zu beziehen, sondern wie folgt zu interpretieren:

- Die **Erträge** aus dem **Deckungsvermögen** sind mit dem **Zinsaufwand** aus der **Pensionsverpflichtung** zu verrechnen, um den Saldo je nach Vorzeichen als Zinsertrag oder Zinsaufwand auszuweisen.
- Der nicht Zinsaufwand darstellende **übrige Aufwand** aus der **Pensionsverpflichtung** fließt nicht in die Saldierung ein.[1]

49 Hinsichtlich des Deckungsvermögens, das nach § 253 Abs. 1 Satz 4 HGB mit dem Zeitwert angesetzt wird, ist u. E. eine Trennung zwischen **Zeitwertänderungen und Zinserträgen** nicht erforderlich. Aus Sicht des Unternehmens interessiert nur die Rendite auf das Planvermögen, unabhängig davon, ob diese Kurs- oder Dividenden- bzw. Zinsrendite ist.[2]

50 Zum Ganzen nachfolgendes Beispiel, das im oberen, konzeptionellen Teil aus GuV-relevanten Größen die Bilanzansätze fortschreibt, im unteren, dem Vorgehen der Praxis entsprechenden Teil aus den Bilanzansätzen die Aufwandskomponenten ableitet (wobei die Saldierung in der GuV sich nur auf die zinsbedingten Aufwendungen und Erträge erstreckt, → § 246 Rz. 395):

BEISPIEL

System: Komponenten der Fortschreibung der Bilanzansätze

		Personal-aufwand	Zins-aufwand	Zins-ertrag	Saldo
Pensionsverpflichtung Jahresanfang	200				
Aufzinsung 4,5 %	9		9		

1 Gleicher Auffassung *Wobbe* in Haufe HGB Bilanz Kommentar, 12. Aufl. 2021, § 275 Rz. 112.
2 Gleicher Auffassung wohl IDW RS HFA 30 Tz. 87.

Lfd. Dienstzeitaufwand aus neu erdienten Ansprüchen	18	18			
Rentenzahlungen	-16				
Änderung versicherungsmathematischer Annahmen	4	4			
Pensionsverpflichtung Jahresende	215				
Planvermögen Jahresanfang	100				
Rendite darauf 8 %	8			8	
Rentenzahlungen	-16				
Zuführungen zum Planvermögen	17				
Planvermögen Jahresende	109				
		-22	-9	8	-23
Praxis: Ermittlung der Aufwandskomponenten auf Basis der Bilanzansätze					
Pensionsverpflichtung Jahresende	215				
- Pensionsverpflichtung Jahresanfang	-200				
= Erhöhung der Pensionsverpflichtung	15				
+ Rentenzahlungen	16				
- Zinsaufwand	-9		9		
Personalaufwand	22	22			
Planvermögen Jahresende	109				
- Planvermögen Jahresanfang	-100				
= Erhöhung des Planvermögens	9				
+ Rentenzahlungen	16				
- Zuführung ins Planvermögen	-17				
= Zinsertrag aus Planvermögen	8			8	
		-22	-9	8	-23

Sowohl auf der Ebene der Pensionsverpflichtungen als auch auf der des Deckungsvermögens ist zwischen Zahlungs- und Ertrags-/Aufwandsgrößen zu unterscheiden. Bei Ermittlung der Bilanz- und GuV-Größen auf Basis einer Fortschreibung (oberer Teil der Übersicht) bedeutet dies:

- ► Die Rentenzahlungen sind Inanspruchnahme/Verbrauch der Rückstellung, kein Personalaufwand.
- ► Die Erhöhung des Deckungsvermögens aus Zuführungen (Dotierungen) des Trägerunternehmens ist zahlungs- und bilanzwirksam, aber kein Ertrag.

Wird umgekehrt aus der Veränderung der Bilanzsalden Aufwand und Ertrag abgeleitet, gilt:

- Die Erhöhung der Pensionsrückstellung wäre stärker, der Aufwand höher ausgefallen, wenn Teile der Pensionsverpflichtung nicht durch Rentenzahlungen getilgt worden wären. Bei der Ableitung des Pensionsaufwands aus der Rückstellungsveränderung sind daher die Rentenzahlungen hinzuzurechnen.
- Entsprechend sind bei der Ableitung des Planvermögensertrags aus der Veränderung des Planvermögens die Zuführungen zum Planvermögen abzusetzen.

Entsteht in Jahren einer Baisse aus dem Deckungsvermögen Aufwand statt Ertrag, ist dieser in den Personalaufwand einzubeziehen.

6.5 Aufwendungen für Unterstützung

51 Aufwendungen für Unterstützung umfassen nach der hier vertretenen Auffassung Leistungen an den Arbeitnehmer, die weder gesetzlich noch tarifvertraglich vorgeschrieben sind und deren Zweck es ist, **besondere,** nur bei einzelnen Arbeitnehmern auftretende Belastungen zu mildern (→ Rz. 38).

Daneben kommen entsprechende Aufwendungen an **Hinterbliebene** infrage sowie entsprechende Zuweisungen an Unterstützungseinrichtungen.

BEISPIEL ▸ Die X-AG hat eine Stiftung mit dem Zweck gegründet, besonders befähigte Kinder von Arbeitnehmern bei kostenintensiven Ausbildungsmaßnahmen (Studium etc.) zu unterstützen, soweit sie bedürftig sind. Die Mittelvergabe erfolgt autonom durch die Stiftung. Die X-AG spendet jährlich einen Betrag von 100 T€ an die Stiftung.

Die Stiftung dient ausschließlich der Förderung der Kinder von Arbeitnehmern der X-AG. Ein Bezug zum Personalaufwand ist damit gegeben, anders als bei sonstigen Spenden daher nicht der Ausweis als sonstige betriebliche Aufwendungen, sondern der als Unterstützungsleistung innerhalb des Personalaufwands sachgerecht.

7. Abschreibungen

7.1 Abschreibungen auf immaterielle Vermögensgegenstände des Anlagevermögens und Sachanlagen

52 Posten Nr. 7a umfasst neben den **planmäßigen** i. d. R. auch alle **außerplanmäßigen** Abschreibungen. Der ausgewiesene Betrag ist nach § 268 Abs. 2 Satz 3 HGB zugleich im Anlagegitter (= Anlagenspiegel) anzugeben.

53 Unabhängig von der Ursache sind die außerplanmäßigen Abschreibungen gem. § 277 Abs. 3 Satz 1 HGB im Anhang gesondert anzugeben (→ § 277 Rz. 50).

7.2 Unüblich hohe Abschreibungen auf Vermögensgegenstände des Umlaufvermögens

54 Abschreibungen auf das Umlaufvermögen werden i. d. R. nicht unter Posten Nr. 7b ausgewiesen, sondern je nach **betroffenem Gegenstand** unter:

- Bestandsveränderungen (Erzeugnisse; → § 277 Rz. 44),
- Materialaufwand (Waren sowie Roh-, Hilfs- und Betriebsstoffe; → Rz. 25),
- sonstigen betrieblichen Aufwendungen (Forderungen, sonstige Vermögensgegenstände und liquide Mittel; → Rz. 61) oder

- im Finanzergebnis (Wertpapiere des Umlaufvermögens; → Rz. 106).

Die über die in der Kapitalgesellschaft **„sonst übliche"** hinausgehende Abschreibung (Mehrbetrag) ist jedoch bei den drei erstgenannten Fällen unter Posten Nr. 7b zu erfassen. Ob dies auch für Wertpapiere des Umlaufvermögens gilt, ist strittig (→ Rz. 106). 55

Seit dem Fortfall der Willkürabschreibung sowie steuerrechtlicher Abschreibungen durch das BilMoG kommt als Abschreibung auf das Umlaufvermögen nur noch die Niederstwertabschreibung nach § 253 Abs. 4 HGB in Betracht. Die Unüblichkeit kann sich daher nicht mehr auf die Art der Abschreibungen, sondern nur noch auf Anlass und Höhe beziehen. Unseres Erachtens ist dabei der quantitative Aspekt entscheidend, da das Gesetz den gesonderten Ausweis nicht konditional („wenn unüblich"), sondern **quantitativ** („soweit unüblich") formuliert. Ob Abschreibungen durch außergewöhnliche Maßnahmen (z. B. Stilllegung von Betrieben) oder Umstände (z. B. Zerstörung durch Brand) verursacht wurden, ist danach nicht entscheidend. Es kommt allein darauf an, ob die Höhe der Abschreibungen im betriebsinternen Zeitvergleich unüblich ist, wobei aber in der Praxis eine besondere Höhe der Abschreibungen regelmäßig auch mit besonderen Umständen einhergeht (→ § 277 Rz. 45).[1] 56

Die sich aus dem **unternehmensinternen Zeitvergleich** (über i. d. R. drei bis fünf Jahre)[2] ergebenden **Durchschnittswerte** müssen **deutlich überschritten** werden. Als deutlich kann jedenfalls eine Überschreitung von 25 % und mehr gelten, bei geringen Schwankungen in der Vergangenheit ggf. auch ein niedrigerer Wert. 57

In der quantitativen Beurteilung ist vorrangig nicht auf den absoluten Betrag der Abschreibungen abzustellen, sondern auf die **relative Höhe**, die sich aus dem Verhältnis zum Buchwert vor Niederstwertabschreibung ergibt. 58

Nur der sich dabei im internen Zeitvergleich ergebende **Spitzenbetrag** ist unüblich. Auf ein Beispiel unter → § 277 Rz. 46 wird verwiesen.

Da der Ausweis unter Posten Nr. 7b in Abhängigkeit von der Art des Vermögensgegenstands unterschiedliche GuV-Posten substituiert, ist auch die Üblichkeitsprüfung für jede **Gruppe** artgleicher Vermögensgegenstände gesondert vorzunehmen: 59

BEISPIEL ► Zu beurteilen ist das Jahr 04. Zur Ermittlung der Üblichkeit sind die Vorjahreswerte angegeben. In der Summe aller Posten ergibt sich danach im Jahr 04 überhaupt keine unüblich hohe Abschreibung. Maßgeblich sind aber die einzelnen Gruppen. Hiernach ist bei den Erzeugnissen eine unüblich hohe Abschreibung gegeben.

	Jahr 1	Jahr 2	Jahr 3	Gewichteter Durchschnitt	· 1,25 = Schwellenwert (gerundet)	Jahr 4
Erzeugnisse						
Buchwert vor Abschr.	50.000	55.000	60.000			65.000
Abschreibung	2.200	2.250	3.500			6.000
In % Buchwert	4,4 %	4,1 %	5,8 %	4,8 %	6,0 %	
Davon üblich						-3.900
Somit unüblich						2.100

1 Stärker auf die Ursachen und Umstände der Abschreibung abstellend hingegen *ADS*, 6. Aufl., § 277 Tz. 44.

2 Vgl. *Justenhoven/Kliem/Müller* in Beck'scher Bilanz-Kommentar, 13. Aufl. 2022, § 275 Tz. 151.

	Jahr 1	Jahr 2	Jahr 3	Gewichteter Durchschnitt	· 1,25 = Schwellenwert (gerundet)	Jahr 4
Waren/RHB						
Buchwert vor Abschr.	60.000	66.000	72.000			75.000
Abschreibung	5.000	4.500	5.700			4.000
In % Buchwert	8,3 %	6,8 %	7,9 %	7,7 %	9,0 %	
Davon üblich						-4.000
Somit unüblich						0
Forderung u. sonst. VG						
Buchwert vor Abschr.	40.000	45.000	50.000			60.000
Abschreibung	1.300	1.100	1.250			1.200
In % Buchwert	3,3 %	2,4 %	2,5 %	2,7 %	3,5 %	
Davon üblich						-1.200
Somit unüblich						0
Summenbetrachtung (u. E. unzulässig)						
Buchwert vor Abschr.	*150.000*	*166.000*	*182.000*			*200.000*
Abschreibung	*8.500*	*7.850*	*10.450*			*11.200*
In % Buchwert				*5,4 %*	*7,0 %*	
Davon üblich						*-11.200*
Somit unüblich						*0*

8. Sonstige betriebliche Aufwendungen

8.1 Restkategorie

60 Die sonstigen betrieblichen Aufwendungen sind eine **Restkategorie.** Der Posten umfasst alle **operativen** Aufwendungen, die nicht unter einem anderen im Gliederungsschema aufgeführten operativen Aufwandsposten auszuweisen sind.

8.2 Anwendungsbeispiele (Abc)

61 Für den Ausweis als sonstige betriebliche Aufwendungen kommen infrage:

- **Abgangsverluste** bei Sachanlagen und immateriellen Anlagen (→ Rz. 20),
- Abgangsverluste bei **Finanzanlagen,**
- **Abschreibungen auf Forderungen** des Umlaufvermögens, soweit sie nicht die üblichen Abschreibungen überschreiten (→ Rz. 55),
- **Aufsichtsratsvergütungen,**
- **Übergangsvorschriften des BilMoG i. V. mit BilRUG** (Art. 75 Abs. 5 EHGB) (→ § 277 Rz. 50a),
- **Ausgangsfrachten,**
- **Avalprovisionen** (→ Rz. 101),

- **Bankgebühren,** soweit sie nicht Teil des Zinsaufwands sind (→ Rz. 109),
- **Beiträge** an Berufsverbände, Kammern etc.,
- **Honorare für die Beratung** in rechtlichen, steuerlichen und wirtschaftlichen Angelegenheiten,
- **Betriebliche Steuern,** die nicht vom Ertrag abhängen (Kfz-Steuer etc.; → Rz. 124),
- **Bewirtungskosten,**
- **Erbbauzinsen,**
- Aufwendungen aus **Finanzderivaten,**
- **Gerichtskosten,** soweit nicht Anschaffungsnebenkosten,
- **Gründungskosten** (→ § 248 Rz. 2),
- **Hauptversammlungskosten,**
- **Kommunikationskosten** (Telefon etc.),
- **Kraftfahrzeugkosten** (ohne Abschreibung),
- **Leasingaufwendungen,**
- **Mieten,** Pachten,
- **Notarkosten,** soweit nicht Anschaffungsnebenkosten,
- Verluste aus **Schadensfällen,**
- **Provisionen,** soweit nicht an Arbeitnehmer (→ Rz. 35) und nicht Anschaffungsnebenkosten,
- **Reparaturkosten** (→ Rz. 28),
- Zuführungen zu **Rückstellungen,**
- **Schwerbeschädigtenausgleichs**abgaben (→ Rz. 43),
- **Spenden,**
- **Versicherungsprämien,**
- **Währungsverluste** (→ § 277 Rz. 66),
- **Werbeaufwendungen.**

Aufwendungen aus der Währungsumrechnung sind bei Wesentlichkeit gesondert, z. B. durch einen Davon-Vermerk, auszuweisen (→ § 277 Rz. 66).

Soweit durch den **erweiterten Umsatzbegriff des BilRUG** früher im Posten sonstige betriebliche Erträge erfasste Erträge zu Umsatzerlösen werden, ist es konsequent, damit zusammenhängende sonstige Aufwendungen in Materialaufwendungen umzuqualifizieren: 61a

BEISPIEL Die Stahl AG ist neben ihrem Hauptgeschäft in signifikantem Maße auch als Vermieter von Immobilien tätig und hat die Mieteinnahmen früher als sonstige betriebliche Erträge ausgewiesen. Laufende Reparaturen und andere mit den Immobilien zusammenhängende operative Aufwendungen (soweit nicht Abschreibung) wurden dabei als sonstige betriebliche Aufwendungen qualifiziert.

Durch das BilRUG wurden die Mieteinnahmen zu Umsatzerlösen (→ § 277 Rz. 5). Unseres Erachtens ist es dann nur konsequent, die laufenden Reparaturaufwendungen im Materialaufwand zu berücksichtigen.

V. Der Inhalt der operativen Posten nach Umsatzkostenverfahren (UKV)

1. Umsatzerlöse

62 Auf → § 277 Rz. 1 ff. wird verwiesen.

2. Herstellungskosten der zur Erzielung der Umsatzerlöse erbrachten Leistungen

2.1 Anpassung der Bezeichnung

63 Die Begrifflichkeit des Umsatzkostenverfahrens ist primär auf das **produzierende Gewerbe** zugeschnitten. Das gesetzliche Gliederungsschema spricht daher von Herstellungskosten der zur Erzielung der Umsatzerlöse erbrachten Leistungen.

Werden hingegen nur oder im wesentlichen Umfang **Waren** veräußert, so treten an die Stelle der Herstellungskosten die Anschaffungskosten. Die Postenbezeichnung ist anzupassen, z. B.

- in „Anschaffungskosten (oder Einstandskosten) der verkauften Waren" bei reinen Handelsunternehmen,
- in „Herstellungs- und Einstandskosten der zur Erzielung der Umsatzerlöse erbrachten Leistungen" bei gemischter Tätigkeit.

Auch gegen eine **Kurzbezeichnung** als Umsatzkosten (in Anlehnung an den international üblichen Begriff der *„costs of goods sold"*) ist nichts einzuwenden.

2.2 Sachliche und zeitliche Abgrenzung der Herstellungskosten

2.2.1 Konzeption

64 Das Umsatzkostenverfahren gliedert die operativen Aufwendungen nicht nach Aufwandsarten, sondern nach **Funktionsbereichen** (→ Rz. 8) in:

- **Herstellungskosten** der zur Erzielung der Umsatzerlöse erbrachten Leistungen,
- **Vertriebskosten** (→ Rz. 72),
- allgemeine **Verwaltungskosten** (→ Rz. 75).

Hierbei müssen die Herstellungskosten **umsatzbezogen** sein. Die Herstellungskosten für in der Periode nicht abgesetzte Erzeugnisse, Waren und Leistungen werden daher ohne Berührung der GuV aktiviert.

Aus dieser Konzeption ergeben sich für die Praxis zwei Aufgaben:

- **Sachliche** Bestimmung der Herstellungskosten unter Beachtung der Abgrenzung der Funktionsbereiche sowie evtl. Unterschiede zum bilanziellen Herstellungskostenbegriff aus § 255 HGB (→ Rz. 65).
- **Zeitliche** Bestimmung der umsatzbezogenen Herstellungskosten (→ Rz. 70).

2.2.2 Herstellungskostenbegriff der GuV im Vergleich zu dem der Bilanz

65 Der **bilanzielle** Herstellungskostenbegriff nach → § 255 Rz. 126 umfasst:

- **Fertigungs- und Materialeinzelkosten,**

- den angemessenen Teil der **Fertigungs- und Materialgemeinkosten** einschließlich des durch die Fertigung veranlassten Werteverzehrs der Anlagen,
- **wahlweise** angemessene Teile der Kosten für allgemeine **Verwaltung,**
- **wahlweise** angemessene Teile der Aufwendungen für **soziale Einrichtungen** des Betriebs, freiwillige soziale Leistungen und betriebliche Altersversorgung,
- **wahlweise** die durch die Herstellung veranlassten **Zinsen.**

Einigkeit besteht im Schrifttum darüber, dass der Herstellungskostenbegriff der GuV mindestens die bilanziellen Pflichtbestandteile der Herstellungskosten umfasst.

Uneinheitlich wird beurteilt, wie 66

- mit **nicht aktivierungsfähigen Kosten des Herstellungsbereichs** sowie
- mit **wahlweise** zu aktivierenden Herstellungskosten umzugehen ist.

Betroffen sind:

- unangemessene Material- und Fertigungsgemeinkosten,
- nicht durch die Fertigung veranlasste (außer-)planmäßige Abschreibungen,
- aktivierbare Kosten der allgemeinen Verwaltung, sozialer Einrichtungen etc.,
- aktivierbare Zinsen.

Zwei Meinungen konkurrieren:

- **Erste Auffassung:** Der **Herstellungskostenbegriff** der GuV ist **weiter** als der der Bilanz. Er umfasst alles, was im Fertigungsbereich anfällt, daher auch unangemessene Material- und Fertigungsgemeinkosten sowie **außerplanmäßige Abschreibungen** auf Anlagen und die aktivierbaren **Kosten der allgemeinen Verwaltung.** Im Interesse eines zutreffenden Ausweises des Finanzergebnisses sind hingegen Zinsen nicht in die Umsatzkosten einzubeziehen. Soweit sie bilanziell aber aktiviert werden, ist die Einbeziehung vertretbar.[1]
- **Zweite Auffassung:** Der Umfang der Herstellungskosten in GuV und Bilanz sollte **übereinstimmen.** Außerplanmäßige Abschreibungen auf Anlagen sind daher unter „sonstige betriebliche Aufwendungen" zu zeigen, Kosten der allgemeinen **Verwaltung und Zinsen** sind dann Umsatzkosten, wenn sie **aktiviert** wurden, dann hingegen Verwaltungs- bzw. Zinsaufwendungen, wenn sie **nicht** aktiviert wurden.[2]

Übersicht 1 zeigt die Konsequenzen der Auffassungsunterschiede für die wichtigsten Kostenpositionen:

Übersicht 1: Herstellungskostenbegriff Bilanz und GuV

	Bilanz	GuV		Anmerkung
		Alt. 1	Alt. 2	
Außerplanmäßige Abschreibungen Fertigungsanlagen	Keine Aktivierung	Umsatzkosten im Jahr der Entstehung	Gesonderter Posten nach Bruttoumsatzergebnis oder Teil der sonstigen betrieblichen Aufwendungen im Jahr der Entstehung	Gesonderter Posten bzw. Aufnahme in „sonstige betriebliche Erträge" ist in Gliederung nach Funktionsbereichen systemfremd, in (IFRS-)Praxis aber vorzufinden

1 IDW, SABI 1/1987; *Hüttemann* in Ulmer (Hrsg.), Bilanzrecht, 2002, § 275 Tz. 50.

2 Als enge Auslegung bezeichnet, aber nicht zwingend bevorzugt von *Justenhoven/Kliem/Müller* in Beck'scher Bilanz-Kommentar, 13. Aufl. 2022, § 275 Tz. 264.

	Bilanz	GuV		Anmerkung
		Alt. 1	Alt. 2	
Aktivierbare Verwaltungskosten	Aktivierung (Wahlrecht)	Umsatzkosten im Jahr des Verkaufs	Umsatzkosten im Jahr des Verkaufs	Dritte Alt.: Neutralisierung der Verwaltungskosten im Jahr der Entstehung durch technischen Gegenposten im sonstigen betrieblichen Ertrag, systemfremd
	Keine Aktivierung (Wahlrecht)	Umsatzkosten im Jahr der Entstehung	Verwaltungskosten im Jahr der Entstehung	
Aktivierbare Zinsen	Aktivierung (Wahlrecht)	Kein Aufwand im Jahr der Entstehung, Zinsaufwand im Jahr des Verkaufs	Kein Aufwand im Jahr der Entstehung, Umsatzkosten im Jahr des Verkaufs	Aus Wesentlichkeits- und Vereinfachungsgründen neigt Praxis zu Alt. 2. Dritte Alt.: Neutralisierung Zinsaufwand im Jahr der Entstehung durch technischen Gegenposten in „sonstige betriebliche Erträge", systemfremd
	Keine Aktivierung (Wahlrecht)	Zinsaufwand im Jahr der Entstehung		Sorgt für Gleichklang Finanzergebnis mit Gesamtkostenverfahren

67 Die **Praxis** verfährt angesichts so unterschiedlicher Ansichten **uneinheitlich,** wobei aus den vorgenannten Auffassungen z.T. auch eine fallweise Auswahl getroffen wird. Dieser Befund gilt entsprechend für die Praxis des Umsatzkostenverfahrens nach IFRS bzw. US-GAAP.

68 Zu Recht keine große Rolle spielt in der Praxis die Neutralisierung von aktivierten Verwaltungskosten oder Zinsen im Jahr der Entstehung durch einen technischen Gegenposten innerhalb der sonstigen betrieblichen Erträge. Ein solcher Posten entspräche inhaltlich einem Bestandserhöhungsposten, also einer zwar mit dem Gesamtkostenverfahren, aber nicht mit dem Umsatzkostenverfahren kompatiblen Größe (→ Rz. 16). Hierzu wird auf → § 277 Rz. 49 verwiesen.

69 Als unstrittige **Anforderung an die Praxis** kann lediglich festgehalten werden:

- ► Die gewählte Ausweismethode sollte **stetig** angewandt und im Anhang erläutert werden.
- ► Die **Umsatzkosten** im Geschäftsjahr der Herstellung **sofort veräußerter Produkte** sollten nach den **gleichen Grundsätzen** bestimmt werden wie die der bereits in **Vorperioden** gefertigten.

Für die Zuordnung von Forschungs- und Entwicklungskosten wird auf → Rz. 83 verwiesen.

2.2.3 Zeitliche Zuordnung der Herstellungskosten in der GuV

70 Die bereits im **Vorjahr** fertig gestellten Erzeugnisse werden mit Absatz im laufenden Jahr zu Umsatzkosten. Unseres Erachtens können die Herstellungskosten der veräußerten Produkte mit den in der Vorjahresbilanz aktivierten Beträgen bewertet werden. Ein anderes Vorgehen ist aber zulässig (→ Rz. 67).

Waren die Erzeugnisse im Vorjahr noch **unfertig,** so fließen in die Herstellungskosten des Absatzjahres neben den bilanzierten Werten des Vorjahres noch die Fertigstellungskosten des aktuellen Jahres ein.

2.3 Auswirkungen der erweiterten Umsatzdefinition nach BilRUG

Die **erweiterte Umsatzdefinition des BilRUG** (→ § 277 Rz. 5) kann dazu führen, dass früher in anderen Posten, insbesondere als sonstige betriebliche Aufwendungen erfasste Kosten zu „Herstellungskosten des Umsatzes" werden. Auf → Rz. 82a wird insoweit verwiesen. 70a

3. Bruttoergebnis vom Umsatz

Der Posten Nr. 3 stellt eine Zwischensumme dar. Er ergibt sich als Saldo aus Umsatzerlösen (Posten Nr. 1) und Umsatzkosten (Posten Nr. 2). 71

4. Vertriebskosten

Unter dem Posten Nr. 4 sind alle während des Geschäftsjahres **entstandenen** Vertriebskosten auszuweisen, auch dann, wenn sie als vorlaufende Einzelkosten des Vertriebs (Auftragserlangung, Vertragsabschluss) erst in zukünftigen Perioden zu Umsatz führen. 72

Neben den **Einzelkosten** (Vertreterprovisionen, Verpackungskosten, Transportkosten, umsatz- oder absatzabhängige Lizenzgebühren) sind auch die **Gemeinkosten** des Vertriebsbereichs, also die in den Abteilungen Verkauf, Werbung, Marketing, Ausgangslager anfallenden Gehälter, Abschreibungen, Versicherungen, Energiekosten etc., hier auszuweisen, ebenso Aufwendungen für Messen, Ausstellungen, Reklame.

Außerplanmäßige Abschreibungen auf Vertriebszwecken dienende sachliche oder immaterielle Anlagen (z. B. Marken) zählen zu den Vertriebskosten. Wie bei den außerplanmäßigen Abschreibungen auf Produktionsanlagen (→ Rz. 66) ist auch hier ein Ausweis unter den sonstigen betrieblichen Aufwendungen oder in einem besonderen Posten in der Praxis allerdings nicht unüblich. 73

Für **Abschreibungen auf Kundenforderungen** sowie Zuführungen zu Pauschalwertberichtigungen gilt ein Ausweis unter den Vertriebskosten als Alternative zu einem solchen unter den sonstigen betrieblichen Aufwendungen ebenfalls als zulässig.[1] 74

5. Allgemeine Verwaltungskosten

Unter dem Posten Nr. 5 sind die Kosten der allgemeinen Verwaltung auszuweisen. Hierzu zählen die **internen und externen** Kosten der (kaufmännischen) Geschäftsführung, des Aufsichtsrats, der Abschlussprüfung, der Stabsabteilungen etc. Neben den **Einzelkosten** sind auch **Gemeinkosten** zu berücksichtigen. 75

Kosten der **Sozialeinrichtungen** des Unternehmens (Kantinen etc.) können hier einbezogen werden. Vertretbar ist auch eine Aufschlüsselung nach Inanspruchnahme durch die Mitarbeiter der Funktionsbereiche. 76

In der Praxis bestehen zahlreiche **Ermessensspielräume** zur Abgrenzung gegenüber den sonstigen Funktionsbereichen, die bilanzpolitisch genutzt werden können: 77

BEISPIEL ▸ Das mittelständische Softwareunternehmen X plant einen Börsengang und wegen der jedenfalls in Bezug auf diese Branche gegebenen Präferenz des Kapitalmarkts für das Umsatzkostenverfahren eine Umstellung vom bisherigen Gesamtkostenformat.

1 Vgl. *Justenhoven/Kliem/Müller* in Beck'scher Bilanz-Kommentar, 13. Aufl. 2022, § 275 Tz. 279.

Eine vorläufige Analyse ergibt im Vergleich zu den bereits börsennotierten Wettbewerbern im Verhältnis zum Umsatz, d. h. als Prozentzahl, die Werte in den ersten beiden Zahlenspalten, siehe die folgende Übersicht:

	Peergroup	X ursprünglich	Umklassifizierung	X revidiert
Umsatz	100 %	100 %		100 %
Umsatzkosten	-35 %	-30 %	-5 %	-35 %
Bruttoergebnis vom Umsatz	65 %	70 %		65 %
Vertriebskosten	-20 %	-15 %	-5 %	-20 %
Verwaltungskosten	-10 %	-20 %	10 %	-10 %
Sonstiges Ergebnis	-5 %	-5 %		-5 %
Ergebnis vor Steuern	30 %	30 %		30 %

Erste Gespräche mit für den Börsengang infrage kommenden Banken zeigen:

- Zufriedenheit mit dem Gesamtergebnis,
- Unzufriedenheit mit zu hohen *Overheads* (Verwaltungskosten) und zu wenig Vertriebsbemühungen.

Eine nähere Analyse ergibt folgende Erklärungen für die Abweichung zur *Peergroup:*

Das Unternehmen bietet eine Vielzahl individualisierter Leistungen in einer Vielzahl individualisierter Vertragsformate an. Zur Gestaltung und Überwachung der Verträge wird eine im Verhältnis zur Gesamtgröße des Unternehmens bedeutsame Rechtsabteilung unterhalten. Sie beschäftigt sich nur sporadisch mit anderen Aufgaben. Die Kosten der Rechtsabteilung wurden bisher als Verwaltungskosten erfasst. Eine Zuordnung zum Vertriebsbereich ist sachgerechter.

Das Unternehmen unterhält diverse Vorstandsressorts. Am größten ist das Ressort für Produktentwicklung. Die Kosten dieses Ressorts wurden bisher als Verwaltungskosten erfasst. Eine Zuordnung zum Herstellungsbereich ist vertretbar. Mit den Kosten verschiedener Sozialeinrichtungen und -leistungen (Fitnessclub, Massage etc.) wurde bisher der Verwaltungsbereich belastet. Die Inanspruchnahme erfolgt bei entsprechend ungewöhnlichen Arbeitszeiten hauptsächlich durch die Entwickler, während die kaufmännischen Kräfte bei geregelter Arbeitszeit entsprechende Leistungen nicht in Anspruch nehmen. Eine Umklassifizierung in Herstellungskosten ist vertretbar.

Als Ergebnis entsprechender Überlegungen ergibt sich revidiert eine der *Peergroup* entsprechende GuV.

78 **Außerplanmäßige Abschreibungen** auf Verwaltungszwecken dienende Anlagen (z. B. Verwaltungsgebäude) zählen zu den Verwaltungskosten. Wie bei den außerplanmäßigen Abschreibungen auf Produktionsanlagen ist auch hier ein Ausweis unter den sonstigen betrieblichen Aufwendungen oder in einem besonderen Posten in der Praxis nicht unüblich.

6. Sonstige betriebliche Erträge

79 Die unter Posten Nr. 6 auszuweisenden Erträge entsprechen weitgehend denen des namensgleichen Postens des **Gesamtkostenverfahrens.** Auf → Rz. 17 ff. wird deshalb verwiesen.

Die Aufnahme eines technischen **Ausgleichspostens für aktivierte Eigenleistungen** in die sonstigen betrieblichen Erträge halten wir aus den unter → Rz. 68 sowie → § 277 Rz. 49 dargelegten Gründen nicht für sachgerecht.

7. Sonstige betriebliche Aufwendungen

80 *Posten Nr. 8* stellt eine **Restkategorie** dar. Hier sind alle Kosten zu erfassen, die keinem der Funktionsbereiche zuzuordnen sind. Da etwa Mieten oder Kommunikationskosten des Vertriebs- und Verwaltungsbereichs nicht hier, sondern unter den entsprechenden Funktionspos-

ten zu erfassen sind, ist der Inhalt des Postens deutlich **enger als** der des gleichnamigen Postens **im Gesamtkostenverfahren.**

In der 4. Richtlinie war der Posten nicht berücksichtigt. Bei Verabschiedung des BiRiLiG ist er mit der **gesetzgeberischen Absicht** eingefügt worden, in Ausübung von Wahlrechten bilanziell nicht erfasste Herstellungskosten in der GuV zu berücksichtigen, während weitere Aufwendungen unter den Funktionskosten erfasst werden sollten.[1] Die **Praxis** wird eher **umgekehrt** verfahren: Sie erfasst: 81

- nicht aktivierte Herstellungskosten als Umsatzkosten (nach HGB a. F. beispielsweise nicht aktivierte Material- und Fertigungsgemeinkosten) oder als Verwaltungskosten (→ Rz. 66),
- in den sonstigen betrieblichen Aufwendungen hingegen nur die nicht eindeutig einem Funktionsbereich zurechenbaren besonderen Aufwendungen.

Zu den nicht eindeutig einem Funktionsbereich zurechenbaren besonderen Aufwendungen zählen: 82

- i. d. R. Abschreibungen auf den Geschäfts- oder Firmenwert (→ § 285 Rz. 105) (Ausnahme z. B., wenn ein Produktionsunternehmen zur Stärkung des Absatzes ein reines Vertriebsunternehmen erwirbt),
- nicht aktivierte **Forschungs- und Entwicklungskosten** (vgl. aber → Rz. 83),
- Aufwendungen für **soziale Einrichtungen** (Werkswohnungen, Kantinen etc.), die unter Wesentlichkeitsgesichtspunkten nicht nach der Inanspruchnahme den einzelnen Funktionsbereichen zugeordnet werden,
- Aufwendungen für **Re- und Umstrukturierungen,**
- **Spenden,**
- **Verluste aus Anlagenabgängen,**
- **Zuführungen zu Rückstellungen,** soweit das bilanzierte Risiko keinem Funktionsbereich eindeutig zuzuordnen ist (etwa Kosten betreffend die Klage eines nicht eingestellten Bewerbers wegen Diskriminierung),
- **Währungsverluste** (→ Rz. 61 sowie → § 277 Rz. 62),
- **Wertberichtigungen** auf Forderungen (vgl. aber → Rz. 74).

Infolge des **erweiterten Umsatzbegriffs des BilRUG** (→ § 277 Rz. 5) kann es zur Umqualifizierung von sonstigen betrieblichen Aufwendungen in Herstellungskosten des Umsatzes kommen. 82a

BEISPIEL ► Die U-AG erzielt umfangreiche Einnahmen aus Werkswohnungen, Kantinen usw., die nach HGB a. F. als sonstige betriebliche Erträge, die damit zusammenhängenden Kosten als sonstige betriebliche Aufwendungen qualifiziert wurden. Mit dem BilRUG werden die Erträge zu Umsatzerlösen (→ § 277 Rz. 4 f.). Konsequenterweise müssen dann die Aufwendungen zu Herstellungskosten der zur Erzielung der Umsatzerlöse erbrachten Leistungen werden.

Für ein weiteres, analog anwendbares Beispiel wird auf → Rz. 61a verwiesen.

---

1 Ber. Rechtsausschuss, BT-Drucks. 10/4268 S. 108 ff.

8. Zuordnung von Forschungs- und Entwicklungskosten

83 Nach § 265 Abs. 5 HGB dürfen neue Posten hinzugefügt werden, wenn ihr Inhalt nicht von einem vorgeschriebenen Posten gedeckt wird, Untergliederungen vorgenommen werden, wenn die vorgeschriebene Gliederung beachtet wird.

Forschungs- und entwicklungskostenintensive Unternehmen nehmen unter Berufung auf diese Vorschriften z. T. einen **Sonderausweis** der Forschungs- und Entwicklungskosten in der GuV vor. In der Beurteilung der Zulässigkeit eines solchen Vorgehens ist zu unterscheiden, ob die Forschungs- und Entwicklungskosten

a) ganz überwiegend aktiviert werden (→ Rz. 84),

b) ganz überwiegend sofort aufwandswirksam werden (→ Rz. 85),

c) teils zu aktivieren sind, teils sofort aufwandswirksam werden (→ Rz. 86).

84 **Ad a) Forschungs- und Entwicklungskosten ganz überwiegend aktiviert**

Vorrangige Aufwandsposition des Umsatzkostenverfahrens sind die Umsatzkosten (Posten Nr. 2). Sie enthalten die Herstellungskosten aller in der jeweiligen Periode erbrachten Leistungen. Da zu den Herstellungskosten auch die **Gemeinkosten** rechnen, fließen die planmäßigen Abschreibungen auf in der Produktion eingesetzte Anlagegüter in die Umsatzkosten ein. Betroffen sind hiervon nicht nur Maschinen, Produktionsgebäude etc., sondern ebenso die Produktionszwecken dienenden immateriellen Anlagen. Die planmäßigen Abschreibungen auf die in den Vorjahren aktivierten Entwicklungsaufwendungen stellen demnach einen Teil der Umsatzkosten dar. Die Auslagerung der Forschungs- und Entwicklungskosten in einen neuen Posten würde den Inhalt des Postens Umsatzkosten **verfälschen.** Er würde nicht mehr sämtliche Herstellungskosten der zur Erzielung der Umsatzerlöse erbrachten Leistungen enthalten, sondern nur noch einen Teil. Infrage kommt daher bestenfalls – bei ungewöhnlicher Höhe der Forschungs- und Entwicklungsaufwendungen – eine Untergliederung der Umsatzkosten einerseits in Forschung und Entwicklung sowie andererseits in sonstige Herstellungskosten.

85 **Ad b) Forschungs- und Entwicklungskosten ganz überwiegend nicht aktiviert**

Nicht aktivierte Forschungs- und Entwicklungskosten können wegen des Herstellungsbezugs als Teil der **Umsatzkosten, wahlweise** aber auch als Teil der **sonstigen betrieblichen Aufwendungen** (→ Rz. 80) interpretiert werden. Im zweiten Fall ist gegen eine Untergliederung der sonstigen betrieblichen Aufwendungen in Forschungs- und Entwicklungskosten sowie übrige Kosten, ggf. auch gegen die Bildung eines neuen Postens, nichts einzuwenden.

86 **Ad c) Forschungs- und Entwicklungskosten teilweise aktiviert, teilweise nicht aktiviert**

Im gesetzlichen Gliederungsschema sind die Abschreibungen auf die aktivierten Forschungs- und Entwicklungskosten als Umsatzkosten (Posten Nr. 2) zu erfassen. Werden die nicht aktivierten Aufwendungen ebenfalls hier zugeordnet, spricht nichts gegen eine Untergliederung der **Umsatzkosten** in Forschung und Entwicklung sowie sonstige. Die Bildung eines neuen Hauptpostens ist hingegen aus den unter a) (→ Rz. 84) genannten Gründen nicht sachgerecht.

VI. Die Posten des Finanzergebnisses

1. Erträge aus Beteiligungen (Nr. 9 GKV/Nr. 8 UKV)

87 Die Zuordnung von Erträgen zu Posten Nr. 9 (GKV) bzw. Posten Nr. 8 (UKV) setzt voraus:

► In **positiver** Bestimmung: Die Erträge stammen aus **Beteiligungen.**

- In **negativer** Abgrenzung: Sie sind **nicht** aufgrund eines **Gewinngemeinschafts- oder (Teil-)Gewinnabführungsvertrags** entstanden.

Für den **Beteiligungsbegriff** wird auf → § 271 Rz. 3, zum Sonderausweis von Erträgen aus Gewinngemeinschaften und Gewinnabführungen auf → § 277 Rz. 53 ff. verwiesen. Maßgeblich für die Beurteilung der Verbundenheit ist der Beteiligungsstatus zum Zeitpunkt der Ertragsrealisierung.

Besteht die Beteiligung an einem **verbundenen** Unternehmen, ist für diesen Teil der Erträge ein Davon-Vermerk geboten. Für den Begriff der verbundenen Unternehmen wird auf → § 271 Rz. 29 verwiesen.

Auszuweisen sind die **Bruttoerträge.** Einbehaltene **Abzugsteuern** (Kapitalertragsteuer etc.) sind: 88

- bei Anrechnung auf die Steuerschuld erfolgsneutral,
- bei Nichtanrechnung als Steueraufwand unter Posten Nr. 18 bzw. Nr. 17 auszuweisen.

Als **Beteiligungserträge** kommen infrage: 89

- **Gewinnausschüttungen,**
- Zahlungen aufgrund von **Dividendengarantien,**
- **Abschlagszahlungen** auf den Bilanzgewinn (§ 59 AktG; § 30 GmbHG).

Nicht als Beteiligungs-, sondern als **sonstige betriebliche Erträge** sind hingegen auszuweisen:

- Gewinne aus der **Veräußerung** von Beteiligungen,
- Erträge aus **Wertaufholungen.**

Wegen der sachlichen Zugehörigkeit zum Finanzergebnis kommt in diesen beiden Fällen aber auch ein Ausweis in diesem Bereich infrage (→ Rz. 19).

Gewinnanteile aus **stillen Beteiligungen** sind i. d. R. als Erträge aus einem Teilgewinnabführungsvertrag zu qualifizieren und daher unter einem gesonderten Posten auszuweisen (→ § 277 Rz. 56). 90

Genossenschaftsanteile stellen keine Beteiligung dar (→ § 271 Rz. 28). Die Erträge können als sonstiger betrieblicher Ertrag oder als Zinsertrag ausgewiesen werden. 91

2. Erträge aus anderen Wertpapieren und Ausleihungen des Finanzanlagevermögens (Nr. 10 GKV/Nr. 9 UKV)

2.1 Inhalt des Postens

Die unter dem Posten Nr. 10 (GKV) bzw. Nr. 9 (UKV) zu erfassenden Erträge sind wie folgt abzugrenzen: 92

- **Positive** Bestimmung: Sie stammen aus **Finanzanlagen.**
- **Negative** Abgrenzung: Sie stellen weder Erträge aus Beteiligungen (→ Rz. 87) noch solche aus Gewinngemeinschaften oder (Teil-)Gewinnabführungsverträgen dar (→ § 277 Rz. 53 ff.).

Hat der Anteil an einer GmbH oder Personengesellschaft ausnahmsweise **keinen** Beteiligungscharakter (→ § 271 Rz. 26), sind auch damit verbundene Erträge in den Posten Nr. 10 bzw.

Nr. 9 einzubeziehen. Die Postenbezeichnung ist in diesem Fall unter Wesentlichkeitsvorbehalt anzupassen.[1]

Für Erträge von einem verbundenen Unternehmen ist ein Davon-Vermerk vorgeschrieben. Für den Begriff der verbundenen Unternehmen wird auf → § 271 Rz. 32 verwiesen.

93 Auszuweisen sind die **Bruttoerträge.** Einbehaltene **Abzugsteuern** (Kapitalertragsteuer etc.) sind

- bei Anrechnung auf die Steuerschuld erfolgsneutral,
- bei Nichtanrechnung als Steueraufwand unter Posten Nr. 18 bzw. Nr. 17 auszuweisen.

94 Für den Posten Nr. 10 (GKV) bzw. Nr. 9 (UKV) kommen in Betracht:

- **Gewinnausschüttungen,**
- **Zinsen** auf langfristige Darlehen (Ausleihungen),
- Erträge aus **Vorfälligkeitsentschädigungen,**
- Zahlungen aufgrund von **Dividendengarantien,**
- **Abschlagszahlungen** auf den Bilanzgewinn (§ 59 AktG; § 30 GmbHG),
- **Aufzinsungen** von Zerobonds oder ähnlichen Produkten,
- Erträge aus **Genussrechten.**

Als **sonstige betriebliche Erträge** sind hingegen auszuweisen:

- Gewinne aus der **Veräußerung** von Beteiligungen,
- Erträge aus **Wertaufholungen.**

2.2 Abgrenzung Kapitalüberlassung gegenüber Dienstleistung

95 Unter Posten Nr. 10 (GKV) bzw. Nr. 11 (UKV) sind nur die Erträge zu erfassen, die für eine **Kapitalüberlassung** entstehen. Dienstleistungen im Umfeld der Kapitalüberlassung sind hingegen sonstige betriebliche Erträge oder, je nach Geschäftstätigkeit des Unternehmens, Umsatzerlöse. Die **Abgrenzung** beider Fälle ist nur dann einfach, wenn Kapitalüberlassung und Dienstleistungen von unterschiedlichen Personen erbracht werden.

BEISPIEL

GRUNDFALL Auf Vermittlung des Maklers M gewährt Darlehensgeber D an Unternehmen U ein durch Grundschuld auf ein Betriebsgrundstück besichertes Darlehen. Auszahlungsvoraussetzung ist ein Bewertungsgutachten des Sachverständigen S zum Wert des Betriebsgrundstücks:

- M erzielt aus der Maklerprovision Umsatzerlöse. Entsprechendes gilt für das Honorar des Gutachters.
- D erzielt hingegen Finanzerträge.

FALLVARIANTE Das Bewertungsgutachten wird vom eigenen Personal von D mit oder ohne gesonderte Berechnung durchgeführt.

Nach den Regeln des Mehrkomponentengeschäfts (→ § 252 Rz. 147) kann es nicht darauf ankommen, ob die Begutachtung separat abgerechnet wurde oder in der Zinskalkulation enthalten ist.

Entweder ist in beiden Fällen insgesamt der Zinsertrag auszuweisen oder in beiden Fällen eine Separierung in Zins- und sonstigen betrieblichen Ertrag geboten.

1 Vgl. *ADS*, 6. Aufl., § 275 Rz. 154.

Mit der Vergabe oder laufenden Führung von Krediten verbundene, **vom Kreditgeber erbrachte Serviceleistungen** sind u. E. wie folgt zu unterscheiden: 96

- Gebühren für die **Kreditbearbeitung, Bonitätsprüfung** etc. können als Bestandteil des (effektiven) Zinsertrags angesehen werden und sind dann ebenso wie Disagien über die Laufzeit zu realisieren. Bei Leistungen, die auch von Externen erbracht werden können (Bewertungsgutachten), ist auch eine Separierung vertretbar.
- Gebühren, die bereits mit **Kreditbereitstellung** bzw. -zusage anfallen *(commitment fees)*, stellen dann sonstigen Ertrag dar, wenn der potenzielle Kreditnehmer den Kredit (wahrscheinlich) nicht in Anspruch nimmt. Bei wahrscheinlicher Inanspruchnahme entsteht hingegen ein Zinsertrag.
- Entgelte für Leistungen, die über den Zeitraum der Kapitalüberlassung periodisch erbracht werden (z. B. **Kontoführung**), sind sonstiger Ertrag.
- Entgelte für das Ausführen einer bestimmten übergeordneten Tätigkeit, etwa für die **Konsortialführerschaft** bei syndizierten Krediten, stellen dann keinen Zinsertrag dar, wenn der Konsortialführer im Übrigen die gleiche Verzinsung erhält wie die übrigen Konsortialmitglieder.

3. Sonstige Zinsen und ähnliche Erträge (Nr. 11 GKV/Nr. 10 UKV)

3.1 Komponenten des Zinsertrags

Der Posten Nr. 11 (GKV) bzw. Nr. 10 (UKV) ist wie folgt abzugrenzen: 97

- In **positiver** Bestimmung: Erträge aus Umlaufvermögen.
- In **negativer** Abgrenzung: kein Ertrag aus Gewinngemeinschaften oder (Teil-)Gewinnabführungsverträgen (→ § 277 Rz. 53 ff.).

Für Erträge von einem verbundenen Unternehmen ist ein Davon-Vermerk vorgeschrieben. Für den Begriff der verbundenen Unternehmen wird auf → § 271 Rz. 32 verwiesen.

Anzusetzen sind bei Abzug anrechenbarer Steuern die Bruttoerträge (→ Rz. 88). 98

Für den Posten Nr. 11 bzw. Nr. 10 kommen in Betracht: 99

- **Zinsen aus Forderungen des Umlaufvermögens,**
- einschließlich der **Aufzinsungsbeträge** für unterverzinsliche Forderungen,
- **Zinsen und Dividenden** aus **Wertpapieren des Umlaufvermögens,**
- Erträge aus der **Stundung** von kurzfristigen Forderungen,
- **Verzugszinsen.**

Zur Abgrenzung zwischen Kapitalerträgen und Erträgen aus Finanzdienstleistungen wird auf → Rz. 96 verwiesen. 100

Avalprovisionen sind u. E. als sonstige betriebliche Erträge auszuweisen. Der in der Praxis auch verwendete Begriff des Avalzinses bringt zwar zum Ausdruck, dass die Entgelte wie Zinserträge üblicherweise periodisch als Prozentsatz der verbürgten Summe berechnet werden, die Avalprovision ist jedoch kein Entgelt für eine Kapitalüberlassung. Eine solche findet nicht statt. Das Entgelt wird vielmehr für die Abgabe eines versicherungsähnlichen Versprechens vereinnahmt. 101

102 Erträge aus der Abzinsung von Rückstellungen entstehen nur nach der hier abgelehnten Bruttomethode oder aus der Änderung des Rechnungszinssatzes. Auf → Rz. 46 wird verwiesen.

3.2 Negative Zinsen

102a Nachdem 2014 zunächst die EZB für Einlagen von Banken negative Zinsen eingeführt hat, dann einzelne Banken ein entsprechendes Vorgehen für die bei ihnen getätigten Einlagen von Großanlegern angekündigt haben, ist die Frage des Ausweises **negativer Einlagenzinsen** praxisrelevant geworden. Drei Alternativen erscheinen diskussionswürdig:

- Behandlung als **negativer Teil des Zinsertrags,**
- Ausweis als **Zinsaufwand,**
- Erfassung als **sonstiger betrieblicher Aufwand.**

Gegen die letzte Alternative könnte die implizit in § 275 Abs. 2 und 3 enthaltene Unterscheidung im Betriebsergebnis (Posten 1–8 im Gesamtkosten- bzw. Posten 1–7 im Umsatzkostenverfahren) und Finanzergebnis (Posten 9–13 bzw. 8–12) sprechen, da auch negative Zinsen am ehesten als Teil des Finanzergebnisses zu interpretieren sind. Das IDW lässt aber – alternativ zur Erfassung im Finanzergebnis – auch eine Erfassung als sonstiger betrieblicher Aufwand zu, weil der negative Zins auch als Verwahrerentgelt gedeutet werden könnte.[1]

In der Abwägung der beiden anderen Alternativen spricht das negative Vorzeichen für eine Erfassung als Zinsaufwand, da Aufwand als periodisierte Ausgabe verstanden werden kann und negative Zinsen eben zu **Ausgaben** führen. Andererseits sind die negativen Zinsen aber Folge einer vom Unternehmen gewährten Kapitalüberlassung, also eines **monetären Aktivpostens.** Wird als Zinsertrag allgemein das laufzeitabhängige Entgelt für die Überlassung von Kapital an einen Dritten verstanden, so muss die GuV-Behandlung der Bilanzbehandlung folgen, d. h., der Kapital**geber** (Aktivposition) erzielt unabhängig vom Vorzeichen (Ausgabe oder Einnahme) Zins**erträge,** der Kapital**nehmer** (Passivposition) Zinsauf**wand.** Unseres Erachtens ist aus Gesetz und GoB kein zwingender Vorrang dieser beiden Alternativen ableitbar. Wir halten mithin beim Kapitalgeber sowohl die Behandlung als negativer Zinsertrag als auch die als Zinsaufwand für vertretbar, beim Kapitalnehmer die als negativer Zinsaufwand oder als Zinsertrag.[2] Zulässig ist auch die Bildung eines gesonderten Postens im Finanzergebnis oder ein Vorspaltenausweis bei der Position, in der die negativen Zinsen berücksichtigt werden.[3]

3.3 Zinserträge aus Deckungsvermögen

103 Nach § 246 Abs. 2 HGB ist bei der insolvenzfesten Deckung von Altersversorgungsverpflichtungen durch Plan- bzw. Deckungsvermögen nicht nur bilanziell eine Saldierung geboten, sondern auch hinsichtlich der „zugehörigen Aufwendungen und Erträge“. Zu den Einzelheiten der sich so ergebenden Verrechnung mit den Zinsaufwendungen aus der Pensionsverpflichtung wird auf → Rz. 48 verwiesen.

1 IDW, Berichterstattung über die 259. FAB-Sitzung am 25.3.2020.
2 Vgl. weiterführend *Löw*, WPg 2015 S. 66 ff., der jedenfalls für Banken nur die erste Alternative für sachgerecht hält.
3 IDW, Berichterstattung über die 259. FAB-Sitzung am 25.3.2020.

3.4 Sonstige Saldierungsmöglichkeiten mit Zinsaufwendungen

Bei als **Kontokorrent** geführten (Bank-)Konten können **während des Geschäftsjahres** sowohl Soll- als auch Habenzinsen entstehen. Die mit der Rechtsnatur der Kontokorrentabrede einhergehende Verselbständigung der Salden zu den unterjährigen Stichtagen ist ein Argument gegen die Saldierung von Zinsaufwendungen und -erträgen. Unter Berücksichtigung der wirtschaftlichen Identität der gesamten Vertragsbeziehungen halten wir eine **Saldierung** aber für **vertretbar.** 104

Soll- und Habenzinsen auf **verschiedenen,** mit dem gleichen Vertragspartner geführten **Kontokorrentkonten** sind dann saldierungsfähig, wenn **Zinskompensationsvereinbarungen** eine Zusammenfassung für Zwecke der Zinsabrechnung vorsehen. In den Kreis derartiger Vereinbarungen können neben dem bilanzierenden Unternehmen auch weitere, zum gleichen Konzern gehörende Unternehmen einbezogen sein. Zinsaufwand und Zinsertrag entstehen hier beim jeweiligen Unternehmen durch Weiterbelastung/Gutschrift des Mutterunternehmens. Verzichtet das Mutterunternehmen auf eine Weiterbelastung von Zinsen, entstehen bei ihm i. H. des Verzichts keine Erträge, beim Tochterunternehmen keine Aufwendungen. 105

Werden im Konzern Kredite vom Mutterunternehmen aufgenommen und an ein Tochterunternehmen durchgereicht, kann das Mutterunternehmen Ertrag und Aufwand saldieren.[1]

4. Abschreibungen auf Finanzanlagen und auf Wertpapiere des Umlaufvermögens (Nr. 12 GKV/Nr. 11 UKV)

Unter Posten Nr. 12 (GKV) bzw. Nr. 11 (UKV) sind zusammenzufassen: 106

- **Abschreibungen auf Finanzanlagen,** d. h. auf
- Anteile an verbundenen Unternehmen,
- Beteiligungen,
- Ausleihungen und
- Wertpapiere des Anlagevermögens,
- **(übliche) Abschreibungen auf Wertpapiere des Umlaufvermögens.**

Uneinheitlich beurteilt das Schrifttum die Frage, ob das Übliche überschreitende Abschreibungen auf Wertpapiere des Umlaufvermögens im Gesamtkostenverfahren unter dem Posten Nr. 7b oder dem Posten Nr. 12 auszuweisen sind. Für den Ausweis unter Posten Nr. 12 spricht bei einer entsprechenden Behandlung im Umsatzkostenverfahren, dass die Trennlinie zwischen operativem und Finanzergebnis unabhängig von der Entscheidung für Gesamt- oder Umsatzkostenverfahren bestimmt werden sollte.[2]

5. Zinsen und ähnliche Aufwendungen (Nr. 13 GKV/Nr. 12 UKV)

5.1 Komponenten des Zinsaufwands

Anders als bei den Zinserträgen, die je nach Zugehörigkeit des Stammrechts zum Anlage- oder Umlaufvermögen unterschiedlich auszuweisen sind, umfasst der Posten Nr. 13 (GKV) bzw. Nr. 12 (UKV) **sämtliche** Zinsaufwendungen. 107

1 Vgl. *Wobbe* in Haufe HGB Bilanz Kommentar, 12. Aufl. 2021, § 275 Rz. 162.
2 Vgl. *ADS*, 6. Aufl., § 275 Tz. 169, mit ausführlichen Schrifttumsnachweisen.

Für Aufwendungen gegenüber verbundenen Unternehmen ist ein Davon-Vermerk vorgeschrieben. Für den Begriff der verbundenen Unternehmen wird auf → § 271 Rz. 32 verwiesen.

108 Als Zinsaufwendungen kommen in Betracht:

- **Kreditzinsen,**
- **Stundungszinsen,**
- **Verzugszinsen,**
- **Kreditbereitstellungsgebühren,**
- **Zinsen auf Steuerschulden,**
- **Zinsanteil aus Leasingverträgen,** bei denen das Unternehmen wirtschaftlicher Eigentümer ist.

Ein **Disagio** wird bei Aktivierung über die Laufzeit zu Zinsaufwand, bei Nichtaktivierung in der Periode der Auszahlung des Darlehens.

109 An die Verwaltung eines Kredits geknüpfte Entgelte (Kontoführungsgebühren, Mahngebühren etc.) stellen sonstige betriebliche Aufwendungen dar.

110 **Bürgschafts- und Avalprovisionen** sollten aus den unter → Rz. 101 genannten Gründen nicht als Zinsaufwand, sondern als sonstiger betrieblicher Aufwand erfasst werden.[1] Vertretbar ist aber auch eine Einbeziehung in den Zinsaufwand, da sie aus Sicht des Kreditnehmers einen Bestandteil der insgesamt durch die Finanzierung veranlassten Kosten darstellen.

Entsprechend können auch **Vermittlungsprovisionen** für die Beschaffung von Krediten in die Zinsaufwendungen einbezogen werden.

111 **Öffentliche Zinszuschüsse** können gem. IDW HFA 1/1984 mit den betroffenen Zinsaufwendungen saldiert werden.

112 Gemäß § 255 Abs. 3 Satz 2 HGB aktivierte Zinsen sind nach der hier vertretenen Auffassung sowohl beim Gesamt- als auch beim Umsatzkostenverfahren als Minderung des Zinsaufwands zu buchen (→ Rz. 16, → § 277 Rz. 48).

113 Zu Aufwendungen aus der Aufzinsung von Rückstellungen wird auf → Rz. 46 verwiesen.

5.2 Zinsderivate

114 **Nicht in spekulativer Absicht** eingegangene derivative Zinskontrakte (*Swaps*, Zinsbegrenzungsvereinbarungen etc.) können als **Modifikation der Finanzierungskosten** mit den primären Zinsaufwendungen **saldiert** werden, wenn sie der Absicherung eines bestimmten Darlehens oder Darlehensportfolios dienen. Dies ist bei Übereinstimmung von Laufzeit und Nominalbetrag mit denen des zugrunde liegenden Darlehens i. d. R. ohne größere Nachweise anzunehmen (→ § 254 Rz. 54).

115 Bei **spekulativer Absicht** entsteht sonstiger betrieblicher Aufwand oder Ertrag. Der Saldo ergibt sich wie folgt:

-/+ in der Periode geleistete/empfangene Ausgleichszahlungen,
-/+ Zuführung/Auflösung Drohverlustrückstellung,
-/+ Abschreibung/Zuschreibung Aktivposten.

---

1 Anderer Auffassung *ADS*, 6. Aufl., § 275 Tz. 174: Zinsaufwand.

(einstweilen frei) 116–117

VII. Steuern und Ergebnis vor Steuern

1. Steuern vom Einkommen und vom Ertrag (Nr. 14 GKV/Nr. 13 UKV)

Unter dem Posten Nr. 14 (GKV)/13 (UKV) sind auszuweisen: 118

- **Gewerbeertragsteuer,**
- bei Kapitalgesellschaften außerdem die **Körperschaftsteuer** (einschließlich Solidaritätszuschlag),
- **ausländische Steuern,** die einer der beiden vorgenannten Steuern entsprechen (vgl. u. a. EStH 34c [1–2] Anhang 12).

Neben den tatsächlichen sind gem. § 274 Abs. 2 Satz 3 HGB auch die **latenten Steuern** unter der gleichen (Haupt-)Position zu berücksichtigen. Sie sind jedoch gesondert auszuweisen. Infrage kommt: 119

- ein **Davon-Vermerk** für die latenten Steuern oder
- eine **Untergliederung** des Steueraufwands in
- tatsächlichen Steueraufwand und
- Aufwand/Ertrag aus latenten Steuern.

An der den Rechtszustand vor BilMoG betreffenden Ansicht, die aus der Auflösung latenter Steuern resultierenden Beträge seien unter bestimmten Umständen in den sonstigen betrieblichen Aufwendungen oder Erträgen auszuweisen (IDW, SABI 3/1988), kann angesichts des Wortlauts von § 274 Abs. 2 Satz 3 HGB für das BilMoG nicht festgehalten werden.

Die gesetzliche Vorgabe, **tatsächliche und latente** Steuern **unabhängig vom Vorzeichen** in einem Hauptposten zusammenzufassen, zeigt: Der zutreffende Ausweis des Steueraufwands geht dem **Saldierungsverbot** des § 246 Abs. 2 HGB vor (→ Rz. 3). 120

Nicht als Forderung berücksichtigte **Erstattungen für Vorjahre** sind daher ebenfalls nicht als sonstiger Ertrag, sondern in Saldierung gegen den tatsächlichen Steueraufwand zu berücksichtigen.

Ergibt sich z. B. infolge des **Verlustrücktrags** insgesamt ein Steuerertrag, ist die Bezeichnung des Postens bzw. Unterpostens anzupassen. 121

Bei **Organschaftsverhältnissen** ist der Organträger Schuldner der Ertragsteuern. Bei verursachungsgerechter **Umlage** der Ertragsteuern an die Organgesellschaften ist folgender Ausweis geboten: 122

- **Organträger:** Eine Kürzung des geschuldeten Steueraufwands um den Ertrag aus der Umlage würde zu einer unzutreffenden Steuerquote führen, da der ursächliche Ertrag aus der Gewinnabführung im Finanzergebnis und damit im Ergebnis **vor** Steuern berücksichtigt ist. Sachgerecht ist daher ein Ausweis **des Umlageertrags im Finanzergebnis,** entweder als eigener Posten („Erträge aus Steuerumlagen im Organkreis") oder als Unterposten (Davon-Vermerk des Grundpostens „Ertrag aufgrund Gewinnabführungen").
- **Organgesellschaft:** Der Aufwand aus der Umlage kann unter Anpassung der Postenbezeichnung als Steueraufwand ausgewiesen werden. Wie beim Organträger kommt aber

auch eine Einbeziehung in den Grundposten, hier den Posten „aufgrund von Gewinnabführungsverträgen abgeführte Gewinne", infrage.

Eine **verursachungsgerechte** Umlage führt **zu äquivalenten** Ergebnissen wie der **Verzicht** auf die Umlage. Bei Fehlen vororganschaftlicher Rücklagen ist dies besonders evident: Die Organgesellschaft kann nicht mehr abführen als sie erwirtschaftet. Wird sie mit der Steuerumlage belastet, mindert dies ihr abführungsfähiges und -pflichtiges Ergebnis. Der **Nettoeffekt** ist bei Organgesellschaft und Organträger der gleiche wie bei Verzicht auf die Umlage. Eine Steuerumlage ändert den abführungspflichtigen Gesamtbetrag bei verursachungsgerechter Aufteilung also nicht, sie teilt ihn nur auf Vorsteuereffekte und Steuereffekte auf.

BEISPIEL Vor Ergebnisabführung erzielt die Organgesellschaft OG ein Ergebnis von 100, der Organträger OT ein Ergebnis von null. Vororganschaftliche Rücklagen bestehen nicht. Der Steuersatz beträgt 30 %.

Behandlung bei der Organgesellschaft

a) Ohne Umlage:

Per Aufwand aus EAV	100	an	Verbindlichkeiten gegen OT	100

b) Mit Umlage:

Per Aufwand aus EAV	70	an	Verbindlichkeiten gegen OT	70
Per Steueraufwand (oder Aufwand aus EAV)	30	an	Verbindlichkeiten gegen OT	30

Der abführungsfähige Gesamtbetrag ist auf 100 begrenzt. Mehr steht an Abführungspotenzial nicht zur Verfügung. Der umlagebedingte Aufwand von 30 entsteht daher nicht zusätzlich zu dem Abführungsaufwand von 100, sondern ist dessen Bestandteil.

c) Vergleich der GuV in beiden Varianten:

	Ohne Umlage	Mit Umlage
Ergebnis vor EAV und Umlage	100	100
Steueraufwand aus Umlage		-30
Ergebnis vor EAV	100	70
Aufwand aus EAV	-100	-70
Jahresüberschuss	0	0

Behandlung beim Organträger

a) Ohne Umlage:

Per Forderung gegen OG	100	an	Ertrag aus EAV	100

b) Mit Umlage:

Per Forderung gegen OG	70	an	Ertrag aus EAV	70
Per Forderung gegen OG	30	an	Ertrag aus EAV	30

c) Vergleich der GuV in beiden Varianten:

		Ohne Umlage			Mit Umlage
Operatives Ergebnis			0		
Ertrag aus EAV					
	Vor Steuern	100		70	
	Steuerumlage	0	100	30	100
Ergebnis vor Steuern			100		100
Steuern			-30		-30
Jahresüberschuss			70		70

Die Behandlung des bei der Organgesellschaft entstehenden Aufwands aus der Steuerumlage als Aufwand aus der Ergebnisabführung entspricht der Sichtweise des BGH.[1] Danach ist die umlagebedingte Zahlung eine Vorweg-Gewinnabführung. In dieser Sichtweise wird das insgesamt abzuführende Ergebnis teils in Form der Steuerumlage, teils in anderer Form abgeführt. Aber auch der Ausweis der Umlage als Steueraufwand gilt als zulässig.[2]

Hinsichtlich der konkreten Gestaltung des Umlagesystems bestehen zwei Möglichkeiten:

- Nach der ***Stand-alone*-Methode** wird jede Organgesellschaft mit der Steuer belastet, die sie zahlen müsste, wenn sie selbständig steuerpflichtig wäre. Bei vollständig durch Verluste des Organträgers kompensierten Gewinnen der Organgesellschaft wird diese danach mit einer Steuer belastet, die tatsächlich nicht entsteht.
- Nach der **Verteilungsmethode** wird nur die tatsächlich gezahlte Steuer umgelegt. Als Schlüssel wird etwa für Zwecke der Gewerbesteuer das Lohnsummenverhältnis oder der Zerlegungsanteil gewählt.

Steuerlich sind beide Methoden anerkannt.[3] Gesellschaftsrechtlich kann die *Stand-alone*-Methode unzulässig sein.[4]

Hinsichtlich der Behandlung **latenter Steuern** bei der Organschaft wird auf → § 274 Rz. 80 ff. verwiesen.

Ähnliche Konsequenzen wie bei einer Organschaft können sich bei einer KapGes & atypisch Still ergeben. 122a

BEISPIEL[5] Die Immo AG ist vor einigen Jahren zur Vermarktung eines Immobilienportfolios gegenüber Kleinanlegern gegründet worden. Aus steuerlichen Gründen haben die Kleinanleger keine Anteile gezeichnet, sondern atypisch stille Beteiligungen. Das Ergebnis der AG steht zu 99 % den atypischen Gesellschaftern zu.

BEURTEILUNG Bei der Gewerbebesteuerung der AG & atypisch Still bestehen folgende Besonderheiten:

- Sachlich ist die AG & atypisch Still gewerbesteuerpflichtig.
- Persönlich steuerpflichtig ist jedoch die AG, da nur sie einen Gewerbebetrieb unterhält, im Übrigen einer Steuerschuldnerschaft der AG & atypisch Still auch die fehlende Qualität als Außengesellschaft/Rechtssubjekt entgegensteht.
- Obwohl die AG formell Steuerschuldner ist, muss in sachlicher Hinsicht festgestellt werden, mit welchem Anteil der Gewerbesteuermessbetrag auf die AG und die einzelnen atypisch stillen Gesellschafter entfällt, um auf diese Weise den stillen Gesellschaftern etwa die Steueranrechnung nach § 35 EStG zu ermöglichen.

Somit gilt: Die Immo AG ist zwar formal Schuldner der Gewerbesteuer (personelle Steuerpflicht), trägt diese aber (bis auf einen geringen Anteil von 1 %) wirtschaftlich gar nicht (sachliche Steuerpflicht). Die Gewerbesteuer wirkt wirtschaftlich vielmehr ähnlich wie eine Abgeltung- oder Abzugsteuer. Sie wird zulasten der fremdkapitalgebenden atypisch stillen Gesellschafter „einbehalten“. Durch die um die Gewerbesteuer verminderte Auszahlung tragen somit die atypisch stillen Gesellschafter die Gewerbesteuerlast.

1 BGH, Urteil v. 1.12.2003 – II ZR 202/01, DB 2004 S. 241 ff.
2 Vgl. *Liekenbrock/Vossel*, DB 2012 S. 753 ff.
3 BMF, Schreiben v. 12.9.2002 – IV A 2 – S 2742 – 58/02, DB 2002 S. 2571 ff.
4 BGH, Urteil v. 1.12.2003 – II ZR 202/01, DB 2004 S. 241 ff.
5 Nach *Lüdenbach*, StuB 2013 S. 66

Für die Frage, ob diesen **sachlichen bzw. wirtschaftlichen** Aspekten auch im GuV-Ausweis gefolgt werden kann oder dort die formelle Steuerschuldnerschaft zählt, können zwei **Analogfälle** herangezogen werden:

- Bei der steuerlichen **Organschaft** ist die Organgesellschaft (OG) nicht Steuerschuldner. Gleichwohl hält die h. M. einen Ausweis der aus dem Ergebnis der OG resultierenden Steuerbelastung bei dieser statt beim Organträger für zulässig, wenn die Steuer über Umlagen der OG weiterbelastet wird (→ Rz. 122).
- Bei der **Pauschalierung der Lohnsteuer** nach § 40 EStG ist das Unternehmen nicht lediglich Haftungsschuldner, sondern originärer Steuerschuldner. Gleichwohl ist die Lohnsteuer wegen der Verursachung durch die Tätigkeit des Arbeitnehmers nach der h. M. in der GuV nicht als (sonstige) Steuer des Unternehmens, sondern als Personalaufwand aufzuführen (→ Rz. 36a).

Eine Übertragung der Analogwertungen auf den hier zu beurteilenden Fall ist u. E. zulässig. Der wirtschaftlich auf die atypisch Stillen entfallende Gewerbesteueraufwand ist als Teil des zinsähnlichen Aufwands zu behandeln.

2. Sonstige Steuern (Nr. 16 GKV/Nr. 15 UKV)

123 Unter diesen Posten fallen vom Unternehmen geschuldete

- **Verbrauchsteuern** (Mineralöl-, Strom-, Bier-, Branntweinsteuer etc.; → Rz. 126 und → Rz. 126b),
- **Ausfuhrzölle,**
- **sonstige Steuern** (Kraftfahrzeugsteuer, Vergnügungsteuer) sowie
- entsprechende **ausländische** Steuern.

124 Im **Umsatzkostenverfahren** werden die vorgenannten Steuern teilweise den **Funktionsbereichen** zugeordnet und somit unter den operativen Aufwendungen berücksichtigt: Dieses Vorgehen wird allgemein für zulässig gehalten und entspricht dem international üblichen Vorgehen, als Ergebnis vor Steuern (*earnings before taxes* = EBT) das Ergebnis vor Ertragsteuern auszuweisen.

Da der Posten „Steuern" nicht abhängig von der Gliederung des operativen Ergebnisses sein sollte, impliziert die Einbeziehungsmöglichkeit der sonstigen Steuern in den operativen Bereich des Umsatzkostenverfahrens, dass Entsprechendes auch für das **Gesamtkostenverfahren** zulässig ist, dort etwa ein Ausweis unter den **sonstigen betrieblichen Aufwendungen** erfolgen kann.

125 Soweit das Unternehmen eine vom **Wert** oder von der **Menge der bezogenen Leistungen** abhängige Steuer an den Leistungsempfänger (z. B. Versicherungsteuer) oder den Fiskus zu zahlen hat, ist eine Erfassung als Steueraufwand ohnehin nicht sachgerecht. Entsprechende Steuern sind Bestandteil der **Bezugsaufwendungen.** Wie **nicht abzugsfähige Vorsteuern** auf nicht aktivierte Aufwendungen sollten solche Steuern daher in die primäre Aufwandsart einbezogen werden.

126 Belastet bei **umsatzsteuerlicher Organschaft** der Organträger die von der Organgesellschaft verursachten Umsatzsteuern nicht weiter, ist bzgl. dieses Umsatzsteuerteils wie folgt zu verfahren:

- Beim **Organträger:** Ausweis als sonstige Steuer.
- Bei der **Organgesellschaft:** Ausweis als sonstiger betrieblicher Ertrag.[1]

---

1 IDW RH HFA 1.017 Tz. 4 ff.

3. Direkt mit dem Umsatz verbundene Steuern (§ 277 Abs. 1 HGB)

Beim **Leistungserbringer** war vor BilRUG Art. 28 der 4. EG-Richtlinie zu beachten. Danach waren die Erlöse nach der Mehrwertsteuer und anderen unmittelbar auf den Umsatz bezogenen Steuern auszuweisen. Der internationalen Übung folgend wurde dieser Zusatz überwiegend weit interpretiert. Als erlösmindernd wurden daher neben **absatzpreis- auch absatzmengenabhängige Verbrauchsteuern** (einschließlich Monopolabgaben) berücksichtigt (Tabaksteuer, Biersteuer, Mineralölsteuer, Stromsteuer etc.). Anzufinden waren in der Praxis aber auch Fälle, in denen in Anlehnung an § 1 Abs. 2 in der GuV „Brutto-Umsatzerlöse" ausgewiesen wurden, von denen dann die enthaltene Verbrauchsteuer offen angesetzt wurde.[1] 126a

Die schon nach Art. 28 der 4. EG-Richtlinie und nun nach Art. 2 Nr. 15 der EU-RL 2013 geforderte Kürzung der Erlöse, nicht nur um die Umsatzsteuer, sondern auch um sonstige direkt mit dem Umsatz verbundene Steuern, wurde durch das BilRUG erstmals ins Gesetz, nämlich in die Definition der Umsatzerlöse in § 277 Abs. 1 HGB, aufgenommen. Betroffen sind in erster Linie **Verbrauchsteuern** (einschließlich Monopolabgaben), unabhängig davon, ob sie **absatzpreis- oder „nur" absatzmengenabhängig sind** (Tabak-, Bier-, Branntwein-, Mineralöl-, Stromsteuer etc.). Ein pauschales Urteil, dass **Verbrauchsteuern** stets umsatzmindernd wirken, wäre aber falsch. Gefordert ist eine Einzelbetrachtung der jeweiligen Steuer unter Beachtung der **Erhebungstechnik** sowie u. a. auch der Frage, ob die Steuer eher der **Beschaffungs- oder der Absatzseite** zuzuordnen ist.

BEISPIEL 1 ▶ Ein Spirituosenhersteller erwirbt Branntwein von der BMonV und verarbeitet diesen zu Fertigprodukten.

BEURTEILUNG ▶ Die auf dem erworbenen Branntwein lastende Branntweinsteuer (Beschaffungsseite) gehört zu den Anschaffungskosten des als Rohstoff dienenden Branntweins und damit später zu den Herstellungskosten der Spirituose.[2] Die Frage der Abziehbarkeit von den Erlösen stellt sich von vornherein nicht.

BEISPIEL 2 ▶ Eine Brauerei stellt Bier her, füllt es ab und verbringt dieses aus der Brauerei in diverse Außenlager. Mit der Verbringung in die Auslieferungslager entsteht die Biersteuer.

Obwohl die Abfüllung des Bieres, die ihrerseits Voraussetzung seiner Entfernung aus der Brauerei ist, noch zum Herstellungsbereich gehört, ist die Biersteuer nicht als ein zeitlich letzter unmittelbar bei der Herstellung des Bieres entstehender Aufwand anzusehen, denn sie entsteht nicht mit der „Fertigstellung" des Bieres, sondern mit der Entfernung des Bieres aus der Brauerei (oder mit Verzehr innerhalb der Brauerei), und zwar im Zeitpunkt der Entfernung.[3] Die Biersteuer gehört daher nicht zu den Herstellungskosten. Eine Aktivierung als Rechnungsabgrenzungsposten kommt nach Streichung von § 250 Abs. 1 Satz 2 HGB durch das BilMoG ebenfalls nicht mehr infrage.

Es bleibt daher nur die Möglichkeit, die Biersteuer als Aufwand (Alt. 1) oder als Erlösminderung (Alt. 2) zu behandeln.

Für die zweite Alternative könnte sprechen, dass die Besteuerung zwar „erhebungstechnisch" an die Entfernung aus der Brauerei anknüpft, gewollt aber eine Besteuerung des Verbrauchs (Sicht der Kunden) bzw. des Umsatzes (Sicht des Unternehmens) ist. Andererseits können aber zeitliche Verwerfungen entstehen, wenn etwa für größere Mengen die Biersteuer im Dezember 01 entsteht, der Umsatz aber erst im Januar 02 erfolgt. Da der Zeitversatz durch einen Abgrenzungsposten nicht aufgefangen werden kann, stellt sich hier die Frage, ob eine Erlösmin-

1 IDW RH HFA 1.017 Tz. 2.
2 Vgl. BFH v. 5. 5. 1983 – IV R 18/80, BStBl 1983 II S. 559 sowie *Lüdenbach*, StuB 2015 S. 549.
3 Vgl. BFH v. 26.2.1975 – I R 72/73 sowie *Lüdenbach*, StuB 2015 S. 549.

derung im Jahr 01 bei Erlös im Jahr 02 Sinn ergeben kann. Bei relativ gleichbleibender Produktions- und Absatzmenge und relativ gleichbleibendem Zeitversatz mag die Erfassung als Erlösminderung vorzugswürdig sein, bei schwankenden Mengen und schwankendem Zeitversatz ist sie u. E. abzulehnen. Bedenken, ob die Steuer „direkt mit dem Umsatz verbunden ist", ergeben sich auch in anderen Fällen, etwa dann, wenn die Biersteuer beim Import und damit wieder zeitversetzt zu Umsätzen entsteht. Dies bekräftigt unsere Eingangsüberlegung, dass mindestens eine pauschale Behandlung von Verbrauchsteuern als Umsatzkürzung abzulehnen ist. Vertretbar erscheint aber auch folgende Interpretation: Verbrauchsteuern, die durch Produktion, Import usw., also zeitlich unabhängig vom Umsatzakt, entstehen, sind nicht **„direkt"** mit dem Umsatz verbunden und daher nicht erlösmindernd zu buchen.

Bei allen Abgrenzungsschwierigkeiten ist in jedem Fall auf **Konsistenz** zu den Aufwandspositionen zu achten:

- Der **Rohertrag** (im Gesamtkostenformat) bzw. das **Bruttoergebnis** vom Umsatz (im Umsatzkostenformat) würden unzutreffend ausgewiesen, wenn die Verbrauchsteuern in die Umsatzerlöse einbezogen (also nicht abgezogen) würden, andererseits aber diese Steuern nicht im Material- bzw. Herstellungsaufwand, sondern in den sonstigen Steuern berücksichtigt würden.
- Umgekehrt dürfen bei Kürzung der Umsatzerlöse um die Verbrauchsteuern Letztere nicht mehr im Material- bzw. Herstellungsaufwand erfasst werden.

4. Ergebnis vor (Ertrag-)Steuern (Nr. 15 GKV/Nr. 14 UKV)

126b Das BilRUG hat in § 275 HGB eine Zwischensumme gem. folgendem Schema eingefügt:

14./13. Steuern vom Einkommen und vom Ertrag

15./14. Ergebnis nach Steuern

16./15. sonstige Steuern

17./16. Jahresüberschuss/Jahresfehlbetrag

Irreführend ist jedenfalls die Bezeichnung der Zwischensumme, da es sich gerade nicht um ein Ergebnis nach allen Steuern handelt. Die Änderung geht auf Anhang V und VI der EU-RL 2013 zurück. Dort wird allerdings der Posten 16./15. nicht einfach als „sonstige Steuern" bezeichnet, sondern als „sonstige Steuern, soweit nicht unter den Posten 1–14/13 enthalten". Hierin kommt zum Ausdruck, dass nach internationaler Übung „sonstige Steuern" ohnehin meist in den operativen Aufwendungen erfasst werden, also etwa die Kfz-Steuer dort, wo auch die Kfz-Kosten erfasst werden. Bei einem solchen Vorgehen bleibt der Posten „sonstige Steuern" unbesetzt und wird die Bezeichnung der Zwischensumme zutreffend.

VIII. Jahresüberschuss/Jahresfehlbetrag (Nr. 17 GKV/Nr. 16 UKV)

127 Der Posten ergibt sich als Saldo aller Aufwendungen und Erträge.

IX. Überleitung vom Jahresergebnis zum Bilanzgewinn/-verlust (Abs. 4)

Wird die **Verwendung des Jahresergebnisses** gem. § 268 Abs. 1 HGB in der **Bilanz** ganz oder teilweise berücksichtigt (→ § 268 Rz. 4), kann vom Jahresergebnis innerhalb der **GuV** zum **Bilanzgewinn/-verlust** übergeleitet werden. 128

- Für **Aktiengesellschaften** besteht insoweit eine **bedingte Pflicht:** Entsprechende Angaben sind wahlweise in der GuV oder im Anhang zu leisten (§ 158 Abs. 1 Satz 1 und 2 AktG).
- Für **GmbHs** ist eine derartige Darstellung nicht vorgeschrieben. Freiwillig können die GuV- oder Anhangangaben nach § 152 AktG übernommen werden. Auch andere Darstellungsformate sind zulässig, bei diesen ist aber nach Abs. 4 zu beachten, dass Veränderungen der Kapital- und Gewinnrücklagen in der GuV erst nach dem Posten Jahresüberschuss/Jahresfehlbetrag ausgewiesen werden dürfen.

Das Schema aus **§ 158 Abs. 1 AktG** sieht folgende Posten vor: 129

- 17./16. + **Jahresüberschuss**/- Jahresfehlbetrag
- 18./17. + **Gewinnvortrag**/- Verlustvortrag aus dem Vorjahr
- 19./18. **+ Entnahmen aus der Kapitalrücklage**
- 20./19. **+ Entnahmen aus Gewinnrücklagen**
  - a) aus der gesetzlichen Rücklage
  - b) aus der Rücklage für Anteile an einem herrschenden oder mehrheitlich beteiligten Unternehmen
  - c) aus satzungsmäßigen Rücklagen
  - d) aus anderen Gewinnrücklagen
- 21./20. **- Einstellungen in Gewinnrücklagen**
  - a) in die gesetzliche Rücklage
  - b) in die Rücklage für Anteile an einem herrschenden oder mehrheitlich beteiligten Unternehmen
  - c) in satzungsmäßige Rücklagen
  - d) in andere Gewinnrücklagen
- 22./22. = **Bilanzgewinn/**Bilanzverlust.

Zu den Posten folgende Erläuterungen:

- **Gewinnvortrag** aus dem Vorjahr ist der Bilanzgewinn der Vorjahresbilanz, vermindert um die Ausschüttungen sowie einen evtl. im Gewinnverwendungsbeschluss zusätzlich in die Gewinnrücklagen eingestellten Betrag.
- **Verlustvortrag** aus dem Vorjahr ist der vorjährige Bilanzverlust.
- Für die Begriffe „Kapitalrücklage" und „Gewinnrücklagen" sowie deren Dotierung und Verwendung wird auf → § 272 verwiesen.

Eine **Ergänzung** des vorstehenden aktienrechtlichen Gliederungsschemas kommt infrage bei 130

- Ertrag aus der Kapitalherabsetzung gem. § 240 Satz 1 AktG (→ § 272 Rz. 31) oder
- Einstellungen in die Kapitalrücklage nach den Vorschriften über die vereinfachte Kapitalherabsetzung gem. § 229 Abs. 1, § 232 AktG (→ § 272 Rz. 33),

- nicht hingegen bei den ohne Berührung der GuV zu erfassenden Einstellungen in die Kapitalrücklage gem. § 272 Abs. 2 HGB (→ § 272 Rz. 59).

131 Werden **mezzanine Finanzierungen** im **Eigenkapital** ausgewiesen, etwa bestimmte Genussrechte, sind Inanspruchnahmen zur Verlustdeckung als Entnahmen und Wiederauffüllungen aus dem Ergebnis als Einstellung gesondert aufzuführen (IDW HFA 1/1994).

X. Kleinstkapitalgesellschaften (Abs. 5)

132 Nach dem MicroBilG (→ § 267a Rz. 1) dürfen Kleinstkapitalgesellschaften und haftungsbeschränkte Kleinstpersonengesellschaften (→ § 267a Rz. 1) ihre GuV wie folgt gliedern:

- Umsatzerlöse
- Sonstige Erträge
- Materialaufwand
- Personalaufwand
- Abschreibungen
- Sonstige Aufwendungen
- Steuern
- Ergebnis

Bei Inanspruchnahme dieses Wahlrechts **entfallen** konsequenterweise die Erleichterungen des § 276 Satz 1 HGB (→ § 276 Rz. 1), also vor allem die Möglichkeit, Umsatzerlöse, Bestandsänderungen, aktivierte Eigenleistungen, sonstige betriebliche Erträge und Materialaufwand in dem Posten „Rohergebnis" zusammenzufassen. Die Kleinstkapitalgesellschaft stellt aber nach § 267a Abs. 2 HGB eine Unterform des **Klein**formats nach § 267 Abs. 1 HGB (→ § 267a Rz. 2) dar. Die dortigen Regeln bleiben unberührt, sofern nicht **Sonder**vorschriften für Kleinstkapitalgesellschaften dem entgegenstehen. Hieraus folgt: Sofern ein Verzicht auf den Ausweis von **Umsatzerlösen,** Materialaufwendungen usw. erwünscht ist, kann deshalb von der Kleinstgesellschaft auf § 276 Satz 2 HGB zurückgegriffen werden (→ § 267a Rz. 1).

Der in Abs. 5 vorgeschlagenen Gliederung liegt das Gesamtkostenverfahren (→ Rz. 9) zugrunde. In Fällen, in denen das Umsatzkostenverfahren bevorzugt wird – in der Praxis in diesem Unternehmensbereich selten vorkommend –, müssen die Gliederungsvorschriften des § 275 HGB, ggf. unter Inanspruchnahme der Befreiungen nach § 276 (→ § 267 Rz. 1), beachtet werden. Die übrigen Erleichterungen nach dem MicroBilG bleiben u. E. davon unberührt (→ § 267a Rz. 1).

Unter dem in Abs. 5 enthaltenen Posten **„sonstige Erträge"** sind Bestandserhöhungen von Erzeugnissen, aktivierte Eigenleistungen, sonstige betriebliche Erträge und Finanzerträge zusammenzufassen, unter „sonstige Aufwendungen" Bestandsminderungen von Erzeugnissen, sonstige betriebliche Aufwendungen und Finanzaufwendungen einzugruppieren.

Die GuV-Rechnung einer **Holding**-Kleinstkapitalgesellschaft (→ § 267a Rz. 2) kann danach wie folgt aussehen:

- Sonstige Erträge
- Personalaufwand
- Abschreibungen
- Sonstige Aufwendungen

► Steuern
► Ergebnis

Holdingspezifische Posten – Dividenden, Zinsen – erscheinen nicht, was die Frage nach der Herstellung des *true and fair view* (→ § 264 Rz. 19) auslösen kann.

Einen weiteren typischen Anwendungsfall der Kleinstkapitalgesellschaft stellt die **Komplementär-GmbH** (→ § 266 Rz. 10a) dar. Sofern die Geschäftsführerbezüge unmittelbar bei der KG als Aufwand verrechnet werden, ergibt sich nach Abs. 5 folgende GuV: 133

► Sonstige Erträge (Haftungsvergütung, Zinserträge)
► Sonstige Aufwendungen (Beratungskosten)
► Steuern
► Ergebnis

Das GuV-Schema für Kleinstkapitalgesellschaften verzichtet (wie seit BilRUG das HGB generell) auf den gesonderten Ausweis außerordentlicher Erträge und Aufwendungen. Bei Kleinstgesellschaften sind die außerordentlichen Posten i. d. R. auch nicht im Anhang bzw. unter der Bilanz (→ § 267a Rz. 4) zu erläutern. Im Einzelfall kann sich aus dem Gebot der tatsachengetreuen Darstellung etwas anderes ergeben (→ § 264 Rz. 20). 134

§ 276 Größenabhängige Erleichterungen

[1]Kleine und mittelgroße Kapitalgesellschaften (§ 267 Abs. 1, 2) dürfen die Posten § 275 Abs. 2 Nr. 1 bis 5 oder Abs. 3 Nr. 1 bis 3 und 6 zu einem Posten unter der Bezeichnung „Rohergebnis“ zusammenfassen. [2]Die Erleichterungen nach Satz 1 gelten nicht für Kleinstkapitalgesellschaften (§ 267a), die von der Regelung des § 275 Absatz 5 Gebrauch machen.

Inhaltsübersicht **Rz.**

I. Zusammenfassung zum „Rohergebnis“ (Satz 1)

Satz 1 betrifft persönlich kleine und mittelgroße Kapital- und „Kap. & Co.“-Gesellschaften (→ § 267 Rz. 14) und sachlich die einleitenden Posten der GuV-Rechnung in den beiden Darstellungsformaten: 1

Gesamtkostenverfahren (→ § 275 Rz. 11)	Umsatzkostenverfahren (→ § 275 Rz. 62)
+ Umsatzerlöse	+ Umsatzerlöse
+/- Bestandsveränderung Erzeugnisse	- Umsatzkosten
+ andere aktivierte Eigenleistungen	= Bruttoergebnis vom Umsatz
+ sonstige betriebliche Erträge	+ sonstige betriebliche Erträge
- Materialaufwand	
= **Rohergebnis**	= **Rohergebnis**

Das Wahlrecht zielt primär auf die **Nichtoffenlegung** der **Umsatzerlöse,** wird indes bereits für den **Erstellungsprozess** erlaubt. Dieses „Verheimlichungspotenzial“ steht allerdings u. E. unter 2 dem Vorbehalt spezialgesetzlicher weiterer Informations- und Auskunftsrechte von Gesellschaftern (→ § 274a Rz. 7). Streitig ist, ob sich der **Betriebsrat** mit der Vorlage einer verkürzten GuV zufriedengeben muss (→ § 267 Rz. 26).[1] Unseres Erachtens muss dies der Betriebsrat nicht, da er Auskunftsrechte über die wirtschaftlichen Angelegenheiten des Unternehmens hat; dazu gehört insbesondere auch eine Information über die Umsatzerlöse des abgelaufenen Geschäftsjahres, weil die Hilfsgröße „Rohergebnis" praktisch ohne Aussagegehalt ist (→ Rz. 5).

3 Für **steuerliche** Zwecke müssen künftig alle Kaufleute ihre GuV in ungekürzter Form einreichen (→ § 243 Rz. 26 ff.).

4 Die **Aufstellung** der GuV in ungekürzter Form, also unter Verzicht auf die Erleichterung des Satzes 1, präjudiziert **nicht** die **Veröffentlichung** für mittelgroße Kapital- und „Kap. & Co."-Gesellschaften unter Inanspruchnahme des Wahlrechts; d. h., die ungekürzt erstellte GuV kann im Veröffentlichungsverfahren nach § 327 HGB „gestaucht" werden (→ § 327 Rz. 2).[2]

5 Das „Rohergebnis" ist so gut wie **ohne** betriebswirtschaftlichen Aussagegehalt und **differenziert** inhaltlich zwischen den beiden GuV-Formaten. Im Umsatzkostenverfahren sind die auf den Herstellungsprozess entfallenden Personalkosten und Abschreibungen im „Rohergebnis" enthalten, nicht dagegen im Gesamtkostenverfahren. Die in beide Formaten einbezogenen „sonstigen betrieblichen Erträge" enthalten ein Sammelsurium an Ergebnisgrößen aus dem operativen und dem übrigen Unternehmensbereich. Deshalb ist das „Rohergebnis" auch nicht identisch mit dem **Rohertrag** als betriebswirtschaftlicher Kennzahl von Handelsbetrieben. Die offene Ausklammerung der „sonstigen betrieblichen Erträge" aus der Saldogröße „Rohergebnis" begegnet deshalb keinen Bedenken.[3]

Für die GuV-Gliederung für Kleinstkapitalgesellschaften (→ § 267a Rz. 2) wird auf → § 275 Rz. 132 verwiesen.

II. Kleinstkapitalgesellschaften (Satz 2)

6 Für **Kleinst**kapital- und „Kap. & Co."-Gesellschaften sieht bereits § 277 Abs. 5 HGB Erleichterungen vor, u. a. die Zusammenfassung von Bestandserhöhungen an Erzeugnissen, aktivierten Eigenleistungen, sonstigen betrieblichen Erträgen und Finanzerträgen zu „sonstigen Erträgen" sowie von Bestandsminderungen an Erzeugnissen, sonstigen betrieblichen Aufwendungen und Finanzaufwendungen zu „sonstigen Aufwendungen" (→ § 275 Rz. 132 ff.). Satz 2 bestimmt, dass diese Erleichterungen nicht mit denen von Satz 1 kombiniert werden dürfen. Die Kleinstkapitalgesellschaften sind eine Teilmenge der kleinen Kapitalgesellschaften und diese eine der Kapitalgesellschaften. Die Kleinstkapitalgesellschaften haben daher drei Möglichkeiten:

- Verzicht auf alle Erleichterungen für die GuV oder
- Inanspruchnahme der Befreiung nach Satz 1, d. h. u. a. keine Angabe der Umsatzerlöse, oder
- Inanspruchnahme der Befreiung nach § 275 Abs. 5, d. h. u. a. Verzicht auf Aufteilung in operatives und Finanzergebnis.

---

1 Dafür *ADS*, 6. Aufl., § 276 Tz. 6; a. A. *Castan* in Beck'sches Handbuch der Rechnungslegung, B 300 Tz. 59.
2 So auch *ADS*, 6. Aufl., § 276 Tz. 7.
3 So auch *ADS*, 6. Aufl., § 276 Tz. 10.

§ 277 Vorschriften zu einzelnen Posten der Gewinn- und Verlustrechnung

(1) Als Umsatzerlöse sind die Erlöse aus dem Verkauf und der Vermietung oder Verpachtung von Produkten sowie aus der Erbringung von Dienstleistungen der Kapitalgesellschaft nach Abzug von Erlösschmälerungen und der Umsatzsteuer sowie sonstiger direkt mit dem Umsatz verbundener Steuern auszuweisen.

(2) Als Bestandsveränderungen sind sowohl Änderungen der Menge als auch solche des Wertes zu berücksichtigen; Abschreibungen jedoch nur, soweit diese die in der Kapitalgesellschaft sonst üblichen Abschreibungen nicht überschreiten.

(3) [1]Außerplanmäßige Abschreibungen nach § 253 Absatz 3 Satz 5 und 6 sind jeweils gesondert auszuweisen oder im Anhang anzugeben. [2]Erträge und Aufwendungen aus Verlustübernahme und aufgrund einer Gewinngemeinschaft, eines Gewinnabführungs- oder eines Teilgewinnabführungsvertrags erhaltene oder abgeführte Gewinne sind jeweils gesondert unter entsprechender Bezeichnung auszuweisen.

(4) (weggefallen)

(5) [1]Erträge aus der Abzinsung sind in der Gewinn- und Verlustrechnung gesondert unter dem Posten „Sonstige Zinsen und ähnliche Erträge" und Aufwendungen gesondert unter dem Posten „Zinsen und ähnliche Aufwendungen" auszuweisen. [2]Erträge aus der Währungsumrechnung sind in der Gewinn- und Verlustrechnung gesondert unter dem Posten „Sonstige betriebliche Erträge" und Aufwendungen aus der Währungsumrechnung gesondert unter dem Posten „Sonstige betriebliche Aufwendungen" auszuweisen.

Inhaltsübersicht — **Rz.**

LITERATUR:

Farwick, Währungsumrechnungen im handelsrechtlichen Jahresabschluss. Eine kritische Betrachtung des Ausweises nach neuer Auffassung, StuB 2/2021 S. 58; *Herzig/Liekenbrock*, Bilanzierung von Steuerrückstellungen nach BilMoG und IDW RS HFA 34, DB 2013 S. 409 ff.; *Kirsch*, Inhalt ausgewählter GuV-Positionen nach HGB und IFRS, StuB 2006 S. 857; *Kirsch*, Konzeption der Gewinn- und Verlustrechnung nach HGB und IFRS, StuB 2006 S. 651; *Kirsch*, Voraussichtliche Auswirkungen des BilRUG auf die GuV-Rechnung und die GuV-Rechnung betreffende Angaben, DStR 2015 S. 664; *Lüdenbach*, Bewertung und GuV-Ausweis stiller Beteiligungen beim Kapitalgeber, StuB 2010 S. 151; *Lüdenbach*, Auf- und Abzinsung von Schulden in der GuV, StuB 2010 S. 108; *Lüdenbach/Freiberg*, Die Regelungen des BilRUG im Jahresabschluss, StuB 2015 S. 563; *Lüdenbach/Freiberg/Hoffmann*, Der GuV-Ausweis von Sachbezügen als Lehrstück innovativer Weiterentwicklung der GoB, DB 2016 S. 1085; *Richter*, Anpassung der Umsatzerlösdefinition durch das BilRUG, DB 2015 S. 385; *Roß*, Zur Währungsumrechnung im Jahresabschluss gem. § 256a HGB, WPg 2012 S. 18; *Roß*, Ausweis unentgeltlicher Sachleistungen an Arbeitnehmer in der GuV im Lichte des Bilanzrichtlinie-Umsetzungsgesetzes, BB 2016 S. 495; *Zwirner/Künkele*, Währungsumrechnung nach HGB: Erstmalige Kodifikation durch das BilMoG, StuB 2009 S. 517; *Zwirner/Künkele/Froschhammer*, Angaben zur Fremdwährungsumrechnung nach BilMoG, BB 2011 S. 1323.

Auf → § 275 wird verwiesen.

I. Umsatzerlöse (Abs. 1)

1–4 *(einstweilen frei)*

1. Konzept und Kasuistik der Umsatzerlöse

1.1 Konzeptionelle Überlegungen: Geschäftsmodell irrelevant?

5 Durch das BilRUG hat sich die Definition von Umsatzerlösen in § 277 Abs. 1 HGB verändert. Umsatzerlöse sind demnach Erlöse

- aus dem **Verkauf von Produkten,**
- aus der **Vermietung oder Verpachtung von Produkten** sowie
- aus der Erbringung von **Dienstleistungen.**

Die im früheren Recht enthaltene Bezugnahme auf „für die gewöhnliche Geschäftstätigkeit der Kapitalgesellschaft **typische**“ Verkäufe, Verpachtungen und Dienstleistungen ist entfallen. Angesichts der notorischen Unbestimmtheit des Begriffs des „typischen“ ist dies auf den ersten Blick zu begrüßen. Die Begründung des BilRUG-RefE führte insofern an: „Die bisher vorzunehmende und im Einzelfall nicht immer einfach vorzunehmende Bewertung, ob Erzeugnisse, Waren und Dienstleistungen typisch für die gewöhnliche Geschäftstätigkeit sind, entfällt damit.“[1] Die Gesetzesänderung wirft aber neue konzeptionelle (→ Rz. 6) und kasuistische (→ Rz. 7 ff.) Fragen auf.

Das BilRUG soll die **Richtlinie** 2013/34/EU (nachfolgend EU-RL 2013) umsetzen, § 277 Abs. 1 HGB speziell Art. 2 Nr. 5 der Richtlinie transformieren. Nach diesem Artikel sind (Netto-)Umsatzerlöse die Beträge, die sich 6

- aus dem Verkauf von Produkten *(sale of products)* und
- der Erbringung von Dienstleistungen *(provision of services)*

ergeben. Im Vergleich zur Umsetzung im HGB fällt auf, dass Vermietung und Verpachtung in der Richtlinie nicht genannt werden. Es entspricht aber angelsächsischer Praxis, **Vermietung und Verpachtung** als *„provision of services“* anzusehen, dabei allerdings den **Servicebegriff geschäftsmodellabhängig** auszulegen, d. h., Umsatzerlöse z. B. nur aus für das Geschäft typischer Vermietung und Lizenzierung anzunehmen.[2] Die im Vergleich zum Text der 4. RL (78/660/EWG) entfallene explizite Bezugnahme auf die typischen Tätigkeiten wäre in dieser Sichtweise hinsichtlich Vermietung, Verpachtung und Dienstleitung implizit in der EU-RL 2013 weiter enthalten, weil der Servicebegriff geschäftsmodellabhängig auszulegen wäre.

Der Rechtsausschuss des Deutschen Bundestags hat eine sich hier abzeichnende Diskrepanz zwischen herrschendem deutschen und herrschendem angelsächsischen Verständnis der EU-RL 2013 gesehen und hält diesbezüglich fest: „Als besonders kritisch sieht der Ausschuss dabei die mit der Richtlinie 2013/34/EU notwendigen Änderungen im Hinblick auf die Definition der Umsatzerlöse (§ 277 HGB) an [...]. Auch wenn diese Regelung jetzt national umzusetzen ist, sollte sich die Bundesregierung auf europäischer Ebene noch einmal dafür einsetzen, dass europaweit dieselbe Auslegung dieser Bestimmung erfolgt, um Vergleichbarkeit zu gewährleisten [...]. Für den Fall, dass sich herausstellen sollte, dass andere Mitgliedstaaten beim bisherigen Begriff der Umsatzerlöse bleiben, fordert der Ausschuss die Bundesregierung auf, in einem zweiten Schritt auf europäischer Ebene ein Verfahren zur Änderung der Richtlinie 2013/34/EU anzuregen, damit auf europäischer Ebene die jetzt zur Umsetzung anstehende Änderung rückgängig gemacht wird.“[3]

Eine implizite Bezugnahme auf das Geschäftsmodell und damit die typischen Tätigkeiten eines Unternehmens könnte auch für den (nach Inklusion der Vermietung in die Dienstleistung) noch verbleibenden Verkaufsfall gegeben sein. Nur die **Verkäufe** von **„Produkten“** sollen nach dem Gesetzestext und der Richtlinie zu Umsätzen führen. Zum Produktbegriff hält die Gesetzesbegründung zum BilRUG fest: „Produkte sind dabei als Zusammenfassung von Waren und Erzeugnissen zu verstehen.“[4] Dies führt beispielhaft zu folgender Differenzierung:

1 BilRUG-RefE S. 68.

2 Vgl. *Lüdenbach/Freiberg*, BB 2014 S. 2221.

3 Vgl. Beschlussempfehlung zum BilRUG, BT-Drucks. 18/5256 S. 80 f. in der Vorabfassung, abrufbar unter: http://go.nwb.de/7vgr8. In der lektorierten Fassung fehlt die Ausführung.

4 Vgl. BilRUG-RegE, BT-Drucks. 18/4050 S. 63.

BEISPIEL Ein Rohstoffhändler verkauft Kupfer. Kupfer ist für ihn Ware und damit auch ein Produkt. Die Veräußerung führt zu Umsatzerlösen.

Ein Kabelhersteller verkauft gelegentlich Überbestände an Kupfer. Kupfer ist bei ihm Roh-, Hilfs- und Betriebsstoff und damit kein Produkt. Die Veräußerung führt nicht zu Umsatzerlösen.

Auf Basis der vorstehenden Überlegungen sind wir daher der Auffassung, dass die früher im Begriff des „Typischen" unmittelbar angelegte Abhängigkeit vom Geschäftsmodell bei richtlinienkonformer bzw. einheitlicher Auslegung und unter Beachtung der Begründung des Rechtsausschusses auch weiterhin für die Abgrenzung von Umsatzerlösen und sonstigen betrieblichen Erträgen von Bedeutung bleibt. Die Geschäftsmodellabhängigkeit ist in der Neufassung der Richtlinie und des HGB nicht gestrichen, sondern lediglich von einem expliziten in ein **implizites Merkmal** verändert worden. Dies führt etwa zu folgenden Differenzierungen:

- Die Frage, was typisch ist, muss vorrangig **qualitativ** auf der Basis des verfolgten Geschäftsmodells beurteilt werden. So sind etwa nach dem Geschäftsmodell systematisch anfallende Erlöse aus Schrott, Abfall etc. auch dann Umsatz, wenn sie quantitativ unbedeutend sind.

BEISPIEL Zeitschriftengrossist X garantiert den Händlern die Rücknahme nicht verkaufter Zeitschriften. Aus diesen werden sodann Altpapiererlöse erzielt. Die Altpapiererlöse sind im Verhältnis zu den Erlösen aus Zeitschriftenverkäufen nicht bedeutsam, fallen aber nach dem Geschäftsmodell regelmäßig und notwendig an. Sie sind daher als Umsatz auszuweisen.

- Regelmäßig geht mit der quantitativen Bedeutung **revolvierender** Erträge auch eine qualitative Bedeutung einher, die zum Ausweis als Umsatzerlös führt.

BEISPIEL 1 Wohnungsunternehmen X optimiert sein Portfolio laufend. Neben den Vermietungserlösen spielen daher auch Erlöse aus der Veräußerung von Immobilien eine bedeutende Rolle, und zwar nicht nur in einzelnen Jahren, sondern auf Dauer.

Auch die Immobilienveräußerungen führen zu Umsatzerlösen.

Wohnungsunternehmen Y trennt sich nur **gelegentlich** von Bestandsimmobilien, durchweg eher in Reaktion auf besondere Umstände als proaktiv im Interesse einer laufenden Portfoliooptimierung. Die Erlöse aus der Veräußerung der Immobilien sind keine Umsatzerlöse, auch wenn sie in einzelnen Jahren quantitativ bedeutsam sind.

BEISPIEL 2 Autovermieter X erzielt **regelmäßige** Erlöse, zum einen aus der Autovermietung, zum anderen aus der Veräußerung der Mietfahrzeuge nach jeweils einem Jahr Gebrauch. Die Verwertung der Fahrzeuge nach einem Jahr ist in quantitativer Hinsicht zentraler Bestandteil des Geschäftsmodells: Das Jahresergebnis ist in hohem Maße durch den Erfolg aus der Veräußerung der Fahrzeuge geprägt. Auch qualitativ wird die Verwertung damit zu einer eigenen „Geschäftssparte", deren Erfolg vom Vorstand kontinuierlich überwacht wird. Neben den Mieterlösen führen daher auch die Veräußerungserlöse zu Umsatz.

Für eine Fortführung der bis zum BilRUG explizit im Gesetz enthaltenen Differenzierung zwischen Umsatzerlös und sonstigem betrieblichem Ertrag in Abhängigkeit vom Geschäftsmodell spricht im Übrigen auch die Begründung zur EU-RL 2013. Die Notwendigkeit einer einheitlichen Definition der Nettoumsatzerlöse (Art. 2 Nr. 5 EU-RL 2013) wird lediglich im Kontext der Abgrenzung von kleinen, mittleren und großen Unternehmen angeführt.[1] Es findet sich kein Hinweis auf das Problem einer unterschiedlichen Definition von Umsatzerlösen für den Aus-

1 Vgl. Begründung zur EU-RL 2013 Tz. 12.

weis. Wenn eigentlich nur die Anwendung der quantitativen Merkmale vereinheitlicht werden sollte, da diese „objektiven Aufschluss über die Größe eines Unternehmens geben"[1], führt die Übernahme der Neufassung in die Vorgaben zum Ausweis zu einem Kollateralschaden.

Konsequenz unserer Auffassung ist, dass die bewährten Abgrenzungen zu den sonstigen betrieblichen Erträgen auch nach BilRUG gelten. Unsere Auffassung stellt aber eine **Minderheitsposition** dar. Die **herrschende Meinung**[2] geht davon aus, dass es für die (Umsatz-)Erlösdefinition nach BilRUG nicht mehr auf das Geschäftsmodell ankommt. Darzustellen ist (nachfolgend → Rz. 7 ff.), wo bei Zugrundelegung der von uns nicht geteilten, aber h. M. die Grenze zu den sonstigen betrieblichen Erträgen verläuft.

1.2 Die gesetzlich normierten Leistungsarten

1.2.1 Verkäufe

§ 277 Abs. 1 HGB setzt voraus, dass die Erlöse aus Verkauf und Vermietung oder Verpachtung sowie aus der Erbringung von Dienstleistungen stammen. Als Verkauf gelten auch **Tausch- oder tauschähnliche Vorgänge,** u. a. auch im Wege der Sacheinlage. Kernmerkmal eines Verkaufs ist jeweils die Verschaffung von Verfügungsmacht gegen Entgelt. 7

Kein Verkauf, sondern die **Rückgängigmachung eines Verkaufs** liegt vor, wenn der Käufer den Gegenstand in einer ihm gewährten Prüfungs- oder Probefrist oder aufgrund von Mängeln der Sache zurückgibt und der Entgeltanspruch dadurch entfällt bzw. ein bereits entrichtetes Entgelt in vollem Umfang erstattet wird. Demgegenüber liegt entweder ein selbständig zu beurteilender Verkauf oder aber in der zusammengefassten Würdigung mehrerer (mindestens zweier) Verkäufe ein Nutzungsüberlassungsverhältnis vor, wenn der ursprünglich gelieferte Gegenstand erst nach einer gewissen Dauer und in einem nicht mehr neuwertigen Zustand gegen ein unter dem ursprünglichen Preis liegendes Entgelt zurückgeliefert wird.

Fraglich ist, ob sich aus § 277 Abs. 1 HGB Beschränkungen hinsichtlich des **Veräußerungsgegenstands** ergeben. Sofern man mit der h. M. der in der Begründung des Regierungsentwurfs[3] noch enthaltenen Beschränkung des Veräußerungsgegenstands auf Waren und Erzeugnisse (→ Rz. 6) nicht folgt, wäre es konsequent, auch die Veräußerung von Anlagevermögen, Betrieben oder Betriebsteilen oder sonstigen Sachgesamtheiten sowie auch die Veräußerung von Rechten und Anteilen als Erlös zu erfassen. Die h. M. zieht diesen Schluss nicht und belässt es in den vorgenannten Fällen bei einem sonstigen betrieblichen Ertrag (oder Aufwand) i. H. der Differenz von Entgelt und abgehendem Buchwert. 8

Eine Ausnahme wäre u. E. aber jedenfalls für Fälle geboten, in denen ein Gegenstand zunächst über eine im Verhältnis zur Gesamtnutzungsdauer relativ kurze Zeit als Anlagegegenstand genutzt und planmäßig nach dieser kurzen Dauer der Veräußerung zugeführt wird. Betroffen von der Ausnahme ist z. B. die Veräußerung von **Mietwagen** bei Mietwagenunternehmen, von **Vorführwagen** bei Kfz-Händlern, **Musterhäusern** bei Fertighausherstellern und **Musterküchen** bei Möbelhändlern.

---

1 Vgl. Begründung zur EU-RL 2013 Tz. 12.

2 Vgl. etwa *Oser/Orth/Wirtz*, DB 2015 S. 1731; *Richter*, DB 2015 S. 386; *Kirsch*, DStR 2015 S. 664 f.; *Kolb/Roß*, WPg 2015 S. 871.

3 Vgl. BilRUG-RegE, BT-Drucks. 18/4050 S. 63.

1.2.2 Nutzungsüberlassung, inkl. Lizenzierung

9 Als zweite Erlösform nennt Abs. 1 i. d. F. die Vermietung und Verpachtung. Leistungsgegenstände können mobile oder immobile Sachgüter sein, aber auch Rechte (etwa bei der Verpachtung eines Mandantenstammes ohne Übertragung des gesamten Betriebs). Sofern Vermietung und Verpachtung nicht ohnehin nur als Sonderform der Services angesehen werden (→ Rz. 6), stehen sie u. E. stellvertretend für **alle Arten der Nutzungsüberlassung,** damit auch für die **Lizenzierung** von Software, von Marken und Know-how. Hierbei kommt es in Anwendung der h. M. nicht darauf an, ob die Lizenzierung Regelgeschäft ist (Software beim Softwareunternehmen) oder nicht (Lizenzierung einer nicht mehr genutzten Marke durch ein Produktionsunternehmen).

1.2.3 Dienstleistungen

1.2.3.1 Weiter Dienstleistungsbegriff

10 Dritte Leistungsart nach § 277 Abs. 1 HGB sind Dienstleistungen (Services). Sie umfassen in Bezug auf die Vertragstypen des Zivilrechts alle selbständig angebotenen **Werkleistungen** (§§ 631–651 BGB), **dienstvertraglichen** Leistungen (§§ 611–630 BGB), **Aufträge, Geschäftsbesorgungen** (§§ 675–675b BGB) und **Reiseverträge** (§§ 651a–651m BGB).

1.2.3.2 Abgrenzung zu sonstigen Leistungen (Unterlassung und Rechtsverzicht)

11 Das HGB hat neben die Verkäufe und Nutzungsüberlassungen nicht jede Art einer „sonstigen Leistung" gesetzt, sondern spezifischer auf Dienstleistungen abgestellt. Hieraus folgt abstrakt: Dienstleistungen sind **keine Rest- oder Auffangkategorie** für jede Art von nicht als Verkauf oder Nutzungsüberlassung qualifizierter Leistung. Hierin unterscheidet sich der bilanzrechtliche Dienstleistungsbegriff vom **umsatzsteuerlichen Auffangbegriff der sonstigen Leistung.** Verdeutlichen lässt sich der engere Gehalt des Dienstleistungsbegriffs an Fällen der **Unterlassung** oder des **Rechtsverzichts.**

BEISPIELE Gegen eine laufende Vergütung von 100 T€ p. a. verpflichtet sich U gegenüber X zur Unterlassung von Wettbewerb in der Region Z.

U hat einen Fünfjahresvertrag mit einer großen Ärztesozietät abgeschlossen, dem zufolge die komplette Rechtsberatung in Angelegenheiten des Vertrags-, Schadensersatz-, Berufs-, Arbeitsrechts usw. für ein Pauschalhonorar von 200 T€ p. a. erbracht wird. Am Ende des zweiten Jahres setzt eine Mehrheit der Ärzte die Auflösung der Sozietät durch und begehrt als Folge eine Beendigung von Verträgen der Sozietät mit Dritten. U verzichtet auf die Durchsetzung der noch dreijährigen Laufzeit gegen eine „Einmalentschädigung" von 300 T€.

U ist Mieter von etwa 1/3 eines sonst leer stehenden Gebäudekomplexes. Der Mietvertag läuft noch fünf Jahre. Der Vermieter hat überraschend die Gelegenheit, den Gesamtkomplex an einen Dritten zu vermieten. U willigt gegen eine „Entschädigung" von 500 T€ in die vorzeitige Beendigung des Mietvertrags ein.

Der umsatzsteuerliche Begriff der sonstigen Leistung umfasst auch Fälle der Unterlassung (Wettbewerbsverbot) oder des entgeltlichen Verzichts auf eine Rechtsposition (Rechtsberatungsfall und Vermietung). In allen vorgenannten Fällen tätigt U daher eine sonstige Leistung und damit bei Inlandsbezug einen steuerbaren Umsatz i. S. des UStG (Abschn. 3.1 Abs. 4 *UStAE). Unseres Erachtens* kann ein vergleichbar weiter Umsatzbegriff für den Zweck des HGB bzw. der EU-RL 2013 nicht zugrunde gelegt werden. Für einen Umsatzerlös kommt nicht jede Leistung infrage, sondern neben Verkauf und Nutzungsüberlassung nur die Dienstleistung

(Service). Nach den einschlägigen Bedeutungswörterbüchern setzt eine **Dienstleistung** (Service) allgemeinsprachlich eine Tätigkeit und nicht lediglich ein Unterlassen voraus.[1] Dies entspricht der Auffassung von wirtschaftswissenschaftlichen Lexika, die als typisches Merkmal von Dienstleistungen die Gleichzeitigkeit von Produktion und Verbrauch ansehen, also einen produzierenden Akt voraussetzen.[2] In den vorstehenden Beispielsfällen ist daher u. E. mangels **aktiver Tätigkeit** bilanzrechtlich ein sonstiger betrieblicher Ertrag und kein Umsatz auszuweisen.

1.2.3.3 Abgrenzung zu Finanzerträgen

Auch nach dem BilRUG bleibt ein wesentliches Merkmal der GuV-Gliederung des § 275 HGB die Unterscheidung zwischen den betrieblichen oder **operativen Posten** und den **Posten des Finanzergebnisses.** Ein Unterschied zum früheren Recht ergibt sich aber daraus, dass die gerade nicht mehr als Finanzertrag zu qualifizierenden Geschäftsvorfälle früher regelmäßig zu sonstigem betrieblichen Ertrag führten, jetzt hingegen die Einbeziehung in die Umsatzerlöse geboten sein kann. 12

Die Grenzlinie zwischen operativen Erträgen und Finanzerträgen wird zunächst durch den Begriff der **zinsähnlichen Erträge** i. S. von § 275 Abs. 2 Nr. 11 bzw. Abs. 3 Nr. 10 HGB markiert. Hier vertrat schon die h. M. zum alten Bilanzrecht die Auffassung, dass zu den zinsähnlichen Erträgen auch Erträge aus Zinsswaps oder Zinsbegrenzungsvereinbarungen, Verzugszinsen, Vorfälligkeitsentschädigungen usw. gehören, hingegen nicht Einnahmen aus **Mahnkosten, Bearbeitungsgebühren** und Ähnlichem. Letztere wurden vielmehr z. T. als „Einnahmen aus Dienstleistungen"[3] angesehen und daher unter den sonstigen betrieblichen Erträgen erfasst. Wenn tatsächlich ein Entgelt für eine Dienstleistung vorläge, wären nach BilRUG aber nicht mehr die sonstigen betrieblichen Erträge, sondern nunmehr die Umsatzerlöse angesprochen. Unseres Erachtens gilt jedoch Folgendes: Mahngebühren oder Mahnkosten, die ein Unternehmer von säumigen Zahlern erhebt, sind gar kein Entgelt für eine Leistung, sondern haben den Charakter von **Schadenersatz.** Das Gleiche gilt für Nutzungszinsen, die z. B. nach § 641 Abs. 4 BGB von der Abnahme des Werks an erhoben werden, sowie für die nach WG sowie ScheckG im Falle des Rückgriffs zu zahlenden Kosten eines Protests.[4] In diesen Fällen liegt gar kein Leistungsaustausch, daher auch keine Dienstleistung, somit auch kein Umsatzerlös, sondern (mit vom alten Recht abweichender Begründung) weiterhin ein sonstiger betrieblicher Ertrag vor.

Unklar ist, ob auch Entgelte für die Abgabe von finanziellen Garantien, etwa **Avalprovisionen** für Bürgschaften, zu zinsähnlichen Erträgen führen. Dagegen ließe sich einwenden, dass entsprechende Entgelte zwar üblicherweise wie Zins periodisch als Prozentsatz der verbürgten Summe berechnet werden, die Avalprovision aber kein Entgelt für eine Kapitalüberlassung ist, eine solche vielmehr gar nicht stattfindet (→ § 275 Rz. 101). Konsequenz wäre die Qualifizierung als Dienstleistung und damit als Umsatz. Die wohl dominierende Meinung qualifiziert Avalprovisionen und ähnliche Entgelte aber trotz der vorgenannten Bedenken als zinsähnliche Erträge. 13

1 Vgl. u. a. http://go.nwb.de/h3txl, wo Service als *work performed by one that serves* oder als *useful labor that does not produce a tangible commodity* definiert wird; vgl. Duden unter http://go.nwb.de/c1bln, der Tätigkeit als Synonym für Dienste anführt, Dienstleistung definiert als Arbeit in der Wirtschaft, die nicht unmittelbar der Produktion von Gütern dient.

2 Vgl. http://go.nwb.de/2dmv7.

3 Ebenda, § 275 Rz. 194.

4 Vgl. i. d. S. auch Abschnitt 1.3 Abs. 6 UStAE.

Die Frage der Abgrenzung zwischen **operativen** und **finanziellen** Erträgen stellt sich weiterhin für die Veräußerung von **Finanzanlagen**, insbesondere Beteiligungen. Hier differenziert das Schrifttum wie folgt:[1] Bei Nähe der Beteiligung zum operativen Geschäft ist ein Abgangsgewinn (wie aus der Veräußerung von Sach- oder immateriellen Anlagen) als sonstiger betrieblicher Ertrag auszuweisen. Hat die Beteiligung hingegen den Charakter einer (passiven) Finanzinvestition, kann der Abgangsgewinn (als Saldogröße) unter Anpassung der Postenbezeichnung in die „Erträge aus Beteiligungen“ einbezogen werden.

1.3 Schadenersatz

14 Alle drei Tatbestände des § 277 Abs. 1 HGB setzen einen **Leistungsaustausch** voraus. Hieran fehlt es u. a., wenn eine Geldzahlung deshalb beansprucht werden kann, weil die Gegenpartei eine mangelhafte Leistung erbracht hat, oder wenn der Zahlungspflichtige – als Verursacher oder als Versicherer – nach Gesetz oder Vertrag für einen Schaden und seine Folgen einzustehen hat. Ein **echter Schadenersatz** liegt deshalb u. a. vor bei **Versicherungsleistungen** inkl. solcher aufgrund einer Warenkreditversicherung und Mahnkosten (→ Rz. 12).

Schadenersatzcharakter haben auch die bei Beherbergungs- oder Reiseleistungen anfallenden **Stornogebühren.** Der Kunde zahlt nicht für die Inanspruchnahme einer Leistung, sondern für den aus der Nichtinanspruchnahme entstehenden Schaden, regelmäßig deshalb auch nur im geminderten Maße, wenn sich für die nicht in Anspruch genommene Leistung (nachweisbar) ein Drittabnehmer findet.

Die Vergütung, die der leistende Unternehmer **nach Kündigung** oder vertraglicher Auflösung eines **Werklieferungs- oder Kaufvertrags** vereinnahmt, ohne an den Besteller das (teilweise vollendete) Werk oder den Kaufgegenstand geliefert zu haben, ist ebenfalls kein Entgelt für eine Leistung, sondern Entschädigung wegen Nichtzustandekommen des Leistungstauschs. Es fehlt an der Verschaffung der Verfügungsmacht und damit am in § 277 Abs. 1 HGB geforderten Verkaufsakt. Wird hingegen ein **Dienst- oder Werkvertrag,** etwa über die Erstellung eines Gutachtens oder einer Steuererklärung, vom Auftraggeber gekündigt und erhält der Auftragnehmer nach Maßgabe der bereits erbrachten Leistungen und gegen Aushändigung des Zwischenergebnisses ein anteiliges Entgelt, so hat dieses keinen Schadenersatzcharakter.

Das Entgelt für einen **Rechtsverzicht** oder eine **Unterlassung** ist zwar kein Schadenersatz, führt aber gleichwohl nicht zu Dienstleistungen und damit nicht zu Umsatzerlösen (→ Rz. 11). Bei Ausgleichszahlungen an den **Vermieter/Leasinggeber** im Zusammenhang mit der Beendigung von Nutzungsüberlassungsverträgen (Miete, Pacht und Leasing) ist entscheidend, ob einer Zahlung ein „Schadensfall“ gegenübersteht. Verpflichtet sich der Mieter oder Leasingnehmer auf eine Zahlung für Wertminderungen des Nutzungsobjekts, die durch eine nicht vertragsgemäße Nutzung eingetreten sind, liegt ein Schadenersatz vor. Ausgleichszahlungen, die an den Umfang der (vertragsgemäßen) Nutzung anknüpfen (etwa Mehrkilometervereinbarungen bei Fahrzeugleasingverhältnissen), stellen hingegen ein Entgelt für die erbrachte Leistung dar und sind somit Teil der Umsatzerlöse.

1 Vgl. *Justenhoven/Kliem/Müller* in Beck'scher Bilanz-Kommentar, 13. Aufl. 2022, § 275 Tz. 180.

1.4 Öffentliche und private Zuwendungen

15 Ein Unternehmen kann **von öffentlichen oder privaten Stellen** Zuwendungen (Zuschüsse, Zulagen usw.) mit der Maßgabe bestimmter Verhaltenspflichten erhalten. Zu prüfen ist dann im Einzelfall, ob eine Verhaltenspflicht auch eine Leistung (meist Dienstleistung) i. S. von § 277 Abs. 1 HGB begründet.

BEISPIELE Eine gemeinnützige GmbH veranstaltet ein Musikfest und erhält hierfür Zuwendungen von diversen Sponsoren. Die GmbH muss auf Plakaten, in Veranstaltungshinweisen und auf ihrer Internetseite auf die Unterstützung durch die Sponsoren hinweisen (Verhaltenspflicht). Den Sponsoren wird jedoch nicht das Recht eingeräumt, die Sponsoringmaßnahme im Rahmen eigener Werbung zu vermarkten.

Ein Produktionsunternehmen stellt Mitarbeiter unter Lohn- und Gehaltsfortzahlungen für Wehrübungen und Feuerwehreinsätze frei und erhält hierfür eine „Entschädigung" aus öffentlichen Kassen.

Ein Betrieb des öffentlichen Nahverkehrs erhält öffentliche Zuschüsse wegen verbilligter oder unentgeltlicher Beförderungen von Schülern oder Schwerbehinderten.

Ein Schwimmbadbetreiber erhält Zuschüsse von der Gemeinde zur Deckung sonst anfallender Verluste.

In den vorstehenden Beispielen liegt u. E. nur im dritten und vierten Fall ein Entgelt im Rahmen eines Leistungstauschs vor. Unerheblich ist dabei, dass das Entgelt nicht vom Leistungsempfänger (Schüler, Schwerbehinderte, Schwimmbadbesucher), sondern von Dritten (öffentliche Hand) erbracht wird. Abgegolten wird jedenfalls eine Dienstleistung in Form einer Beförderung bzw. der Schwimmbadnutzung.[1] In den beiden anderen Fällen fehlt es hingegen am Leistungstausch. Die gemeinnützige GmbH bringt keine signifikante, nach kaufmännischen Kriterien bepreiste Werbeleistung für die Sponsoren. Im Vordergrund steht die freigebige Zuwendung der Sponsoren. Das Produktionsunternehmen erbringt keine Personalgestellung an eine öffentliche Stelle. Es ist lediglich zur Freistellung der Mitarbeiter verpflichtet und erhält hierfür eine entschädigungsartige Zahlung. Ein Leistungstausch und damit ein Umsatzakt liegen hingegen regelmäßig vor bei von Zulieferern vereinnahmten Zuschüssen für **kundengebundene Werkzeuge** und von Kunden zu leistenden **Baukostenzuschüssen in der Versorgungswirtschaft** (zu Baukostenzuschüssen → § 250 Rz. 58a).

1.5 Unentgeltliche Leistungen im Rahmen von Kundenbindungsprogrammen

16 Gewährt ein Unternehmen im Rahmen von Kundenbindungsprogrammen für erworbene Rabatt- oder Treuepunkte **Sachprämien,** so ist danach zu differenzieren, wer die Sachprämie gewährt:

BEISPIEL Ein Getränkehändler gewährt Kunden für jeden Euro, mit dem sie bei ihm einkaufen, einen Treuepunkt. 100 Treuepunkte kann der Kunde gegen eine Kühltasche mit einem Wert von 10 € einlösen.

Kunden eines Getränkehändlers, die die Biersorte X kaufen, erhalten für jeden dafür ausgegebenen Euro einen Treuepunkt. 100 Treuepunkte kann der Kunde beim Bierhersteller X gegen eine Kühltasche einlösen. Der Bierhersteller X berechnet dem Getränkehändler kein Entgelt für die Gewährung einer Kühltasche.

Im zweiten Fall sind Vertragspartner des Getränkekaufs (Händler) und der die Prämie Leistende (Produzent) nicht identisch. Der Hersteller erhält kein Entgelt vom Kunden. Die Sachprä-

1 Gleicher Auffassung für den Fall des Schwimmbads nun: IDW ÖFA, 121. Sitzung, IDW Life 2018 S. 442.

mienlieferung durch X ist daher als unentgeltliche Abgabe anzusehen und führt demzufolge zu keinem Umsatz. Im ersten Fall hat der Getränkehändler u. E. (unter vereinfachter Vernachlässigung der Nichteinlösungsquote und der 10-€-Rundung) jede Getränkelieferung nur mit 9/10 als Umsatz auszuweisen, 1/10 sind abzugrenzen und der Abgrenzungsposten ist mit Tätigung der Sachprämienlieferung umsatzwirksam aufzulösen.[1] Bei einem auch in der Praxis vorfindbaren Verzicht auf die Bildung eines Abgrenzungspostens würden sofort 10/10 des Umsatzes erfasst und würde die spätere Sachprämienlieferung als unentgeltlich und somit nicht als Umsatz gewertet. Aus Sachprämien, die Zeitungs- und Zeitschriftenverlage zur **Gewinnung von Kunden** entweder Kunden (Abonnenten) selbst oder Dritten gewähren, können sich unmittelbar keine Umsatzerlöse ergeben. Je nach Behandlung der Prämiengewährung (Abgrenzung oder nicht) kann lediglich die Verteilung der Umsatzerlöse aus dem eigentlichen Vertrag (Abonnement) beeinflusst werden.

1.6 Gesellschafterleistungen, Sacheinlagen, Gesellschafterbeiträge

17 Ein Gesellschafter kann Sach- und Dienstleistungen an „seine" Gesellschaft auf unterschiedlicher Rechtsgrundlage erbringen:

- ► **gesellschaftsrechtlich** als Einlage oder Beitrag,
- ► **schuldrechtlich** auf Basis von Kaufverträgen, Dienstverträgen usw.

Im zweiten Fall liegt regelmäßig ein Leistungstausch und damit je nach dem Gegenstand des Leistungstauschs beim Gesellschafter ein sonstiger betrieblicher Ertrag (etwa bei Veräußerung von Anlagevermögen an die Gesellschaft) oder ein Umsatz (in den meisten sonstigen Fällen) vor. Im gesellschaftsrechtlichen Fall ist zu differenzieren:

- ► **Offene Sacheinlagen** führen zu einem Leistungstausch, bei dem der einlegende Gesellschafter gegen Hingabe der Sache ein Entgelt in Form der Gewährung von Gesellschaftsrechten erhält. Je nach Einlagegegenstand tätigt der Einlegende einen Umsatz (z. B. bei Einlage von Vorräten) oder einen sonstigen betrieblichen Ertrag (Einlage von Anlagegegenständen).
- ► Wird die Sacheinlage hingegen **ohne Gewährung von Gesellschaftsrechten** erbracht, aus Sicht der empfangenden Gesellschaft also vollständig in der Kapitalrücklage (oder über die GuV) erfasst, fehlt es am Entgelt und damit am Umsatz. Bei einer gleichwohl vorzunehmenden Erfassung des Werts der hingegebenen Sache als nachträgliche Anschaffungskosten der Beteiligung ist eine positive Differenz zwischen Buchwert der hingegebenen Sache und Höhe der nachträglichen Anschaffungskosten u. E. auch dann allein unter sonstigen betrieblichen Erträgen zu erfassen, wenn der Einlagegegenstand in Vorräten besteht.

18 Ein Gesellschaftsvertrag kann die Gesellschafter zu **Beiträgen** in der Form von Geschäftsführungsleistungen, Nutzungsüberlassungen usw. verpflichten. Hier gilt zunächst: Wird der Gesellschafterbeitrag durch eine **Beteiligung am Gewinn** der Gesellschaft und nicht durch ein Sonderentgelt abgegolten, liegt kein Leistungstausch vor.

BEISPIELE ► Die Führung der Geschäfte und die Vertretung der aus den Gesellschaftern A, B und C bestehenden Gesellschaft obliegt nach den gesellschaftsrechtlichen Vereinbarungen ausschließlich C. A, B und C sind jeweils mit 1/3 an der Gesellschaft beteiligt. Abweichend davon ist C im Hinblick auf seine Geschäftsführungsfunktion mit 50 % am Ergebnis beteiligt, während A und B jeweils nur 25 % erhalten.

1 Vgl. zum Ganzen auch: FG Rheinland-Pfalz, Urteil v. 15.9.2015 – 6 K 1844/13.

Der ergebnisabhängige Gewinnanteil von C ist kein Sonderentgelt; C führt seine Geschäftsführungs- und Vertretungsleistungen nicht im Rahmen eines Leistungsaustauschs aus, sondern erbringt jeweils Gesellschafterbeiträge, die bei C nicht zu Umsätzen führen.

Ein Bauunternehmer ist Mitglied einer Arbeitsgemeinschaft (Bau-ARGE) und stellt dieser gegen eine Beteiligung am Gewinn oder Verlust der Gesellschaft Personal und Baumaschinen zur Verfügung. Die Überlassung der Baumaschinen führt zu keinem Umsatz aus Nutzungsüberlassung, die Überlassung des Personals zu keinem Umsatz aus Personalleihe. Der Gesellschafter erfüllt vielmehr nur seine Beitragspflicht gegen eine Beteiligung am Gewinn oder Verlust der Arbeitsgemeinschaft.

Auch ohne gewinnabhängige Ausgestaltung der Vergütung kann es an einem Leistungstausch fehlen, etwa dann, wenn der Gesellschafter für eine „Leistung" vergütet wird, zu der er **ohnehin gesetzlich verpflichtet** ist.

BEISPIEL ▸ Die X GmbH ist alleinige Komplementärin der X **GmbH & Co KG.** Nach § 161 Abs. 1 HGB haftet X als Komplementärin unbeschränkt. Zur Vermeidung einer steuerlichen verdeckten Gewinnausschüttung ist vereinbart, dass X für die Haftungsübernahme jährlich ein Entgelt erhält.

Die Übernahme der Haftung durch eine Komplementär-GmbH ist weder Folge einer schuldrechtlichen Vereinbarung noch Konsequenz einer konstitutiven gesellschaftsvertraglichen Vereinbarung, vielmehr gesetzlich notwendig mit der Komplementärstellung verbunden. Es fehlt daher am Leistungstausch. Die Haftungsvergütung führt bei der Komplementärin nicht zum Umsatz, sondern lediglich zu einem sonstigen betrieblichen Ertrag.[1] Anders ist die Sachlage bei einem Entgelt für eine Geschäftsführungsleistung. Zwar ist die Komplementärin auch gesetzlich zur Geschäftsführung verpflichtet, bei der Ausgestaltung dieser Pflicht (etwa der Frage, wie viel Fremdpersonal sie einschalten darf oder soll) besteht aber ein sehr weiter Spielraum. Die Ausgestaltung dieses Spielraums ergibt sich im Einzelfall daher nicht mehr aus nichtdispositiven Normen, sondern aus den Vereinbarungen, die die Gesellschafter getroffen haben: Damit dominiert das Moment der individuellen Abrede und somit der Leistungstauschvereinbarung. Das Entgelt für die Geschäftsführung führt bei der Komplementärin zu Umsatz.

1.7 Beistellung von Material und Personal

Insbesondere bei Werkleistungen und Werklieferungen kann vereinbart sein, dass der Kunde 19
einen Teil des vom Produzenten benötigten **Materials selber stellt.** Fraglich ist dann, ob das Kundenunternehmen mit der Stellung des Materials einen Umsatz tätigt. Im Umsatzsteuerrecht gelten hier folgende Grundsätze (Abschn. 3.8 Abs. 3 UStAE):

- Mit der Materialbeistellung erbringt der Besteller der Hauptsache keine Leistung, u. a. deshalb nicht, weil das beigestellte Material nicht in die Verfügungsmacht des Werkherstellers übergeht.
- Voraussetzung einer Materialbeistellung ist, dass das beigestellte Material entweder ausschließlich zur Herstellung des bestellten Werks verwendet wird (sog. Stoffidentität) oder gegen gleichartiges und gleichwertiges Material ausgetauscht wird.

Diesen Vorgaben kann u. E. auch bilanzrechtlich gefolgt werden. Mit der **Beistellung** von Material unter der vorgenannten Voraussetzung tätigt das Kundenunternehmen weder eine Veräußerung (keine Übertragung der Verfügungsmacht) noch eine Nutzungsüberlassung oder Dienstleistung und damit auch keinen Umsatz. Im jeweiligen Einzelfall ist aber zu prüfen, ob

1 Gleicher Auffassung *Richter*, DB 2015 S. 387; a. A. *Wirtz/Gersbacher*, StuB 2014 S. 713.

das „gelieferte" Material oder ein gleichartiges tatsächlich in den hergestellten Gegenstand eingegangen ist.

BEISPIEL[1] Ein Obstbauunternehmen liefert Äpfel an eine Kelterei, erhält hierfür aber kein Geld, sondern kann von der Kelterei Obstsäfte billiger beziehen als jene Kunden, die kein Obst anliefern. Soweit das Obstbauunternehmen Äpfel anliefert und ausschließlich Apfelsaft bezieht, liegt eine Materialbeistellung vor. Das Obstbauunternehmen tätigt keine Leistung. In Fällen, in denen das Obstbauunternehmen auch Drittsäfte ohne Apfelanteil (z. B. reinen Orangensaft) verbilligt bezieht, tätigt es hingegen einen Tausch mit Baraufgabe, d. h., es veräußert Äpfel und hat hierfür einen Umsatz auszuweisen. Soweit Mischgetränke mit Apfelanteil (z. B. Apfel-Orangen-Saft) bezogen werden, führt der Wert der angelieferten Äpfel anteilig insoweit zu Umsatz, als die Äpfel entsprechend dem Mischverhältnis nicht für die Herstellung des eingetauschten Getränks verwendet wurden.

Die Beistellung kann sich auch auf **Nebenstoffe** oder sonstige Dinge, z. B. **Arbeitskräfte, Maschinen, Hilfsstoffe,** beziehen. Im Falle der Personalgestellung ist fraglich, ob das beigestellte Personal ausschließlich für den Auftraggeber verwendet werden muss.

BEISPIEL[2] Drei lokale Stromversorger gründen eine GmbH, deren Zweck ausschließlich die Erbringung von Kundenabrechnungen, Debitorenmanagement usw. für Stromkunden der Gesellschafter ist. Nach den abgeschlossenen Rahmenverträgen wird die GmbH gegen Kostenerstattung tätig und sind die Gesellschafter verpflichtet, der GmbH geeignetes Personal zu überlassen. Den Einsatz des überlassenen Personals disponiert allein die GmbH, insbesondere gibt es keine Bindung derart, dass das von Gesellschafter X überlassene Personal nur in Abrechnung, Debitorenmanagement usw. für Kunden von X tätigt wird.

Es liegt keine echte Personalbeistellung vor, da das von den jeweiligen Auftragnehmern (Gesellschafter) überlassene Personal nicht nur im Rahmen von Leistungen der GmbH an den Gesellschafter eingesetzt wird. Bei der Personalüberlassung handelt es sich vielmehr nur um eine besondere Modalität der von den Gesellschaftern und Auftraggebern geschuldeten Kostentragung. Der jeweilige Gesellschafter tätigt daher mit der Personalüberlassung eine Dienstleistung i. S. von § 277 Abs. 1 HGB, also einen Umsatz.

1.8 Sachleistungen an Arbeitnehmer

20 Erbringt ein Unternehmen Sachleistungen an seine Arbeitnehmer und erhält es hierfür kein oder ein zu niedriges Entgelt, stellt sich die Frage,

- ob hier ein **Tauschgeschäft** (ggf. mit Baraufgabe) anzunehmen ist,
- bei dem das Entgelt für die vom Unternehmen erbrachte Leistung in der **Arbeitsleistung** des Arbeitnehmers (zuzüglich der ggf. zu leistenden Baraufgabe) besteht und
- **insoweit** das Unternehmen einen Umsatz tätigt.

Die Frage war (und ist) vor allem Gegenstand lohn- und umsatzsteuerrechtlicher Betrachtungen. Soweit ein umsatz- und lohnsteuerpflichtiger Vorgang angenommen wurde, war bilanzrechtlich regelmäßig ein entsprechender Personalaufwand anzusetzen und die Gegenbuchung wurde unter den sonstigen betrieblichen Erträgen erfasst. Mit der im Zuge des BilRUG entfallenden Bezugnahme der Umsatzdefinition auf typische Tätigkeiten würde die Gegenbuchung regelmäßig unter den Umsatzerlösen erfolgen müssen. Zu fragen ist aber, ob die bisher aus Praktikabilitätsgründen (etwa erleichterte Abstimmung zwischen GuV und Umsatzsteuerer-

1 In Anlehnung an FG Sachsen, Urteil v. 21.12.2011 – 4 K 1114/07.
2 In Anlehnung an BFH v. 15. 4. 2010 – V R 10/08, BStBl 2010 II S. 879.

klärung) vorgenommene Qualifizierung der Sachzuwendungen als Ertrag überhaupt in allen Fällen konzeptionell zutreffend war.

Hier ist zunächst auf einen fundamentalen Unterschied zwischen Bilanzrecht und Steuerrecht hinzuweisen. Während das Einkommen- bzw. Umsatzsteuerrecht einerseits im Interesse der Gleichmäßigkeit der Besteuerung und andererseits im Interesse der Praktikabilität einer Massenbesteuerung in vielen Fällen mit **quasikalkulatorischen Sachbezugswerten** arbeitet, ist im pagatorisch fundierten Bilanzrecht kalkulatorischen Größen mit Vorsicht zu begegnen. Hieraus folgt auch, dass umsatzsteuerliche Regelungen zur **Mindestbemessungsgrundlage** bei unentgeltlichen Leistungen an das Personal (§ 3 Abs. 1b und Abs. 9a UStG) im Bilanzrecht gar nichts zu suchen haben. Zunächst abstrakt gilt also: Die steuerrechtlichen Qualifikationen können nicht unreflektiert in die Bilanzierung übernommen werden. Vielmehr ist im Einzelfall zu prüfen, ob die steuerrechtlichen Wertungen auch bilanzrechtlich vertretbar sind. Konkreter sind wir der Auffassung, dass ein tauschähnlicher Vorgang bilanzrechtlich nur angenommen werden sollte, wo Vorteile nicht der Belegschaft als Ganzes, sondern nur **einzelnen ausgewählten Arbeitnehmern** (individualvertraglich oder auf Basis betrieblicher Übung bzw. Vereinbarung) gewährt werden bzw. wenn die Gewährung nicht überwiegend im betrieblichen Interesse des Arbeitgebers erfolgt. Hieraus ergibt sich etwa Folgendes:

- Die Stellung uniformierter Dienstkleidung ist kein Entgelt.
- Die unentgeltliche Abgabe von **Getränken und Genussmitteln** an alle Arbeitnehmer zum Verzehr im Betrieb ist kein tauschähnlicher Vorgang und führt daher nicht zu einem Umsatz.
- Gleiches gilt auch für bestimmte **Deputate,** z. B. den Haustrunk im Brauereigewerbe, und
- für **Aufmerksamkeiten** (Geschenke), die alle Arbeitnehmer gleichmäßig (etwa zu Geburtstagen oder Dienstjubiläen) erhalten.
- Kein Tausch und damit keine Leistung i. S. von § 277 Abs. 1 HGB liegt ferner bei kostenlosen **Betriebskindergärten, Sammelbeförderungen,** Parkplätzen oder Betriebssportanlagen vor. Abweichend von Abschn. 4.12.11 UStAE spielt es dabei keine Rolle, ob die betriebliche Sportstätte ein Fußball- oder ein Tennisplatz ist. Zahlt der Arbeitnehmer ein Entgelt für die Nutzung des betrieblichen Angebots, so entsteht Umsatz nur in dieser Höhe, nicht hingegen mit dem Betrag eines evtl. höheren Sachbezugswerts.
- Bei der unentgeltlichen Abgabe von **Mahlzeiten** in Kantinen fällt kein Entgelt und damit kein Umsatz, bei der verbilligten nur einer i. H. des vereinnahmten Betrags an.

In den vorgenannten Fällen können Vereinfachungsgründe (Abstimmung mit den Steuererklärungen) allerdings dafür sprechen, die steuerlichen Sachbezugswerte auch bilanzrechtlich anzusetzen. Gegen ein solches Vorgehen ist unter Wesentlichkeitsgesichtspunkten i. d. R. nichts einzuwenden.

Die Gewährung von **Personalrabatt** durch den Unternehmer beim Einkauf von Waren durch seine Mitarbeiter ist keine Leistung gegen Entgelt, sondern Preisnachlass. Ein Umsatz durch Tausch entsteht hingegen regelmäßig bei der an einzelne Arbeitnehmer oder eine abgrenzbare Arbeitnehmergruppe erfolgenden **Überlassung eines Firmenfahrzeugs.** Der Umsatz betrifft nur die private Nutzung des Fahrzeugs. Aus Vereinfachungsgründen ist es auch hier nicht zu beanstanden, wenn die Umsatzhöhe nach den steuerlichen Vorgaben (1 %-Regel usw.) bemessen wird.

Der vorstehenden Argumentation haben *Roß* und ihm folgend das IDW[1] ein Hilfs- und ein Hauptargument entgegengesetzt. Das **Hilfsargument** lautet wie folgt: „Erfasst der Arbeitgeber den vom Arbeitnehmer zu versteuernden Sachbezug ... als Arbeitsentgelt (Personalaufwand), dann kommt es allerdings zwangsläufig zu einer doppelten Aufwandserfassung (beispielsweise durch bereits aufwandswirksam erfasste Materialaufwendungen oder Abschreibungen)."[2] Ein derartiger „synthetischer" Umsatzerlös dürfe im Interesse der Informationsfunktion des Jahresabschlusses aber nicht ausgewiesen werden. Unseres Erachtens empfiehlt sich gegenüber derart abstrakten Prinzipien allerdings eine gewisse Grundskepsis. Niemand tritt in Debatten mit der Forderung nach einem ungerechten Steuerbilanzrecht, einem intransparenten Handelsbilanzrecht usw. ein. Alle sind für Steuergerechtigkeit, für transparente Jahresabschlüsse usw. Wenn es aber zum Schwur kommt, was darunter zu verstehen ist, löst sich der abstrakte Gleichklang allzu häufig in konkrete Dissonanz auf und lässt sich fast alles und damit fast gar nichts begründen. So könnte es auch um die Informationsfunktion im Kontext der doppelten Aufwandserfassung bestellt sein.

BEISPIEL ▸ Unternehmen A und B vermieten jeweils in bester Lage Seniorenwohnungen i.V. mit einem ambulanten Betreuungsangebot an betuchte Pensionäre. Das notwendige Personal erhält im Falle von A in Summe ein Jahresgehalt von 1,2 Mio. € und wohnt ausschließlich außerhalb der Wohnanlage. Im Fall von B wohnt ein Teil der Angestellten mietfrei in der Wohnanlage selbst. Der Wert der Sachleistung beträgt 0,2 Mio. €. Daneben zahlt B ein Bargehalt von in Summe 1,0 Mio. €. Die Umsatzerlöse gegenüber den Senioren betragen bei A 5 Mio. €, für B trotz gleich großer Wohnanalage nur 4,8 Mio. €, weil ein Teil der als Dienstwohnung genutzten Flächen sich auch für die Vermietung an die Senioren geeignet hätte. Die Gebäudeabschreibung beträgt in beiden Fällen 2 Mio. €.

Die verkürzte GuV (im Gesamtkostenverfahren) stellt sich je nach Positionierung gegenüber dem Argument des Doppelaufwands wie folgt dar:

	Unternehmen A	Unternehmen B	
		Mit „dopp." Aufwand	Ohne „dopp." Aufwand
Umsatz	5,0	5,0	4,8
Personalaufwand	1,2	1,2	1,0
Abschreibung	2,0	2,0	2,0
Ergebnis	1,8	1,8	1,8

Ob die von uns präferierte Lösung mit (sog.) doppeltem Aufwand besser ist als die ohne, kann dahingestellt bleiben. Das Beispiel lässt jedenfalls nicht erkennen, dass umgekehrt die Lösung ohne „doppelte" Aufwandserfassung dem etwa am Vergleich von Unternehmen der gleichen Branche interessierten Bilanzleser einen höheren Informationsnutzen bescheren würde. Dabei sollte im Übrigen auch nicht übersehen werden, dass die sog. doppelte Aufwandserfassung weder ein Spezifikum des Gesamtkostenverfahrens noch der Sachleistungen an Arbeitnehmer ist, wie folgender Fall zeigt:

BEISPIEL ▸ Ein Autohersteller „unterstützt" eine Quizshow im Privatfernsehen dadurch, dass er als Hauptgewinn der Sendung ein Fahrzeug der Oberklasse ohne besondere Vergütung gestellt, dafür in der Sendung auf die Vorzüge des Fahrzeugs gebührend hingewiesen wird. Das Fahrzeug hat bei Herstellungs-

1 *Roß*, BB 2016 S. 495 ff. und *IDW*, IDW Life 2016 S. 303. Dem widersprechend: *Lüdenbach/Freiberg/Hoffmann*, DB 2016 S. 1085 ff.

2 *Roß*, a. a. O.

kosten von 50.000 € einen Marktwert von 80.000 €. 80.000 € hätte der Hersteller für die Schaltung eines gleich langen Werbespots zahlen müssen.

Unsere Lösung für das Umsatzkostenverfahren ist schlicht: Der Hersteller hat Umsatzerlöse von 80.000 €, Umsatzkosten von 50.000 € und Werbeaufwendungen von 80.000 €. Scheut man hingegen im Arbeitnehmerfall eine „doppelte" Aufwandserfassung und eine damit verbundene „Ertragsbuchung als reine Korrektur- oder Rechengröße", ist kein Grund ersichtlich, warum für den Fernsehfall nicht das Gleiche gelten soll: also kein Umsatzerlös, keine Werbeaufwendungen, aber naturgemäß Aufwendungen aus dem Abgang des Fahrzeugs, entweder als Herstellungskosten des Umsatzes (ohne korrespondierenden Umsatz!) oder als eine andere, bisher unerforschte Form des Aufwands. Anders gewendet: Wenn die durch die gesetzlich erweiterte Umsatzdefinition befürchtete Informationsverwässerung nicht an der Wurzel bekämpft werden soll (→ Rz. 6 ff.), darf dies nicht in Kasuistik münden. Entweder gilt das Argument der sog. doppelten Aufwandserfassung auch für gleichartige Sachverhalte oder gar nicht. Ein Sonderrecht für Arbeitnehmervergütungen ist in Gesetz und GoB nicht angelegt.

Kernargument der Position von IDW und *Roß* ist die angebliche **Unentgeltlichkeit der Sachleistungen,** da es ohne Entgelt auch keinen Umsatz geben könnte. „Dem begünstigten Arbeitnehmer wird neben dem Arbeitsentgelt (beispielsweise) zusätzlich die Möglichkeit einer kostenlosen (d. h. unentgeltlichen) Verpflegung eingeräumt oder ein Fahrzeug kostenlos zur Verfügung gestellt (Dienstwagen). Da der Mitarbeiter keine liquiden Mittel aufwendet, um eine Mahlzeit zu erhalten oder einen Dienstwagen privat zu nutzen, ist zivilrechtlich weiterhin von einer Unentgeltlichkeit auszugehen. Erlöse entstehen insoweit von vornherein nicht." „Die Sachleistung ist im Kontext des Arbeitsverhältnisses zu sehen; der Arbeitnehmer erhält für seine Arbeitsleistung nicht nur den Lohn oder das Gehalt laut Arbeitsvertrag, sondern zusätzlich weitere (Sach-)Bezüge. Mithin ist kein Raum für die Fiktion eines Entgelts für ein Produkt oder eine Dienstleistung, welches der Arbeitnehmer an den Arbeitgeber entrichtet. Vielmehr erhält der Arbeitnehmer für seine ohnehin gegen Entgelt (Vergütung) zu erbringende Arbeitsleistung beispielsweise zusätzlich unentgeltlich Naturalien."[1]

Diese Begründung ist am eklatantesten in der Bezugnahme auf das Zivilrecht unzutreffend. Dieses hält vielmehr fest: Ein Sachbezug ist eine „Gegenleistung des Arbeitgebers für die vom Arbeitnehmer erbrachte Arbeitsleistung", die nicht in Geld besteht.[2] Ist die Sachleistung mangelhaft, gelten die §§ 437 ff., 536 ff. BGB entsprechend, „weil die Interessenlage bei einer mangelhaften Sachleistung nicht anders zu bewerten ist, als wenn der Arbeitnehmer denselben Gegenstand bei seinem Arbeitgeber gekauft oder gemietet hätte. In beiden Fällen erbringt der Arbeitnehmer um der Leistung des Arbeitgebers willen eine Gegenleistung."[3] Die Überlassung eines Dienstwagens mit dem Recht der auch privaten Nutzung ist etwa „Teil des nach § 611 Abs. 1 letzter Halbsatz BGB geschuldeten Arbeitsentgeltes und damit eine Hauptleistungspflicht des Arbeitgebers".[4] Dem Arbeitnehmer ist der Wagen daher „auch dann zur Verfügung zu stellen, wenn er ihn, etwa krankheitsbedingt oder aus sonst in seiner Person liegenden Gründen, gar nicht nutzen kann ... Insofern kommt der **Entgeltcharakter** der Naturalvergütung zum Tragen, denn auch die Entgeltzahlung wird ja nicht etwa durch eine Arbeitsunfä-

1 Ebenda.

2 *Krause* in Münchener Handbuch zum Arbeitsrecht, 3. Aufl. 2009, § 60 Rz. 1.

3 Ebenda, Rz. 3.

4 BAG, Urteil v. 19.12.2006, 9 AZR 294/06, openJur 2011, 97251.

higkeit beeinträchtigt. Daher gilt dies jedenfalls so lange, wie auch ein Anspruch auf Entgeltfortzahlung besteht."[1] Die Dienstwagenüberlassung stellt somit gerade keine „einseitige Sachleistung" des Arbeitgebers dar. Umgekehrt erbringt auch der Arbeitnehmer seine Arbeitsleistung nicht schon „ohnehin". Was sich aus dem Arbeitsrecht allein entnehmen lässt, ist eine Sonderbehandlung überwiegend dem betrieblichen Interesse des Arbeitgebers dienender Sachleistungen (z. B. Überlassung uniformierter Dienstkleidung) sowie sozialer Einrichtungen.[2] An diese Unterscheidung, die im Wesentlichen auch dem Steuerecht zugrunde liegt, kann auch bilanzrechtlich angeknüpft werden. Im Verhältnis zur oben getroffenen Unterscheidung zwischen Sachleistungen, die allen Arbeitnehmern zugutekommen, und solchen, die nur einzelne oder abgrenzbare Gruppen erhalten, ist die Trennlinie zwar in vielen, aber nicht in allen Fällen deckungsgleich, die Orientierung am Arbeitsrecht dabei vorzuziehen.

1.9 Durchlaufende Posten

21 Auch wo in isolierter Betrachtung ein Leistungstausch und damit i. d. R. ein Umsatzerlös vorzuliegen scheint, kann eine zusammengefasste Betrachtung zu einem anderen Ergebnis führen, weil den Einnahmen in gleicher Höhe Ausgaben entgegenstehen und deshalb ein **durchlaufender Posten** vorliegt. Die Frage, ob dies der Fall ist, stellt sich etwa in folgender Konstellation im Konzern:

BEISPIEL Die U-AG ist Obergesellschaft eines Konzerns. Geschäftszweck ist das Halten und Verwalten von Beteiligungen. Daneben nimmt die auch folgende Tätigkeiten vor: Sie hält einige Immobilien und verpachtet diese an Tochtergesellschaften, denen sie neben der Grundpacht bestimmte Nebenkosten (für Versicherung und Grundbesitzabgaben) weiterbelastet. Aus Rabattierungsgründen beschafft U einige Verbrauchsmaterialien, aber auch Büroausstattungen (z. B. EDV) zentral und liefert diese gegen Kostenerstattung an die Untergesellschaften weiter.

Eine Nichteinbeziehung der **Nebenkosten der Vermietung** sowie der an die Untergesellschaften weiterbelasteten Materialien und der Büroausstattung kommt nur infrage, wenn insoweit durchlaufende Posten vorliegen.[3] Im HGB selbst findet sich der Begriff des durchlaufenden Postens nicht, dafür aber zunächst in § 10 Abs. 1 Satz 6 UStG: Als durchlaufende Posten gelten „Beträge, die der Unternehmer im Namen und für Rechnung eines anderen vereinnahmt und verausgabt". Da das UStG technisch an den Rechtsverkehr anknüpft, ist es aber restriktiv. Nach Abschn. 10.4 Abs. 1 UStAE gilt: „Ob der Unternehmer Beträge im Namen und für Rechnung eines anderen vereinnahmt und verauslagt, kann **nicht nach der wirtschaftlichen Betrachtungsweise** entschieden werden. Es ist vielmehr erforderlich, dass zwischen dem Zahlungsverpflichteten und dem, der Anspruch auf die Zahlung hat (Zahlungsempfänger), unmittelbare Rechtsbeziehungen bestehen." Diese Voraussetzungen wären im (Beispiels-)Fall der U-AG nicht erfüllt. Weniger eng ist der einkommensteuerliche Begriff, der in § 4 Abs. 3 EStG zwar nur für die Einnahmenüberschussrechnung angeführt ist, nach Rechtsprechung und Richtlinien aber gleichermaßen für die Bilanzierung greift. Hier hält EStH H 4.2 (1) bzgl. der Gewinnneutralität durch Aktivierung bzw. Passivierung gleicher Beträge fest: „Bei Gewinnermittlung durch Betriebsvermögensvergleich setzt die Gewinnneutralität nicht voraus, dass das

1 *Joussen* in Beck'scher Online-Kommentar Arbeitsrecht, Rolfs/Giesen/Kreikebohm/Udsching, 38. Edition, Stand: 1.12.2015, § 611 BGB Rn. 152, u. a. unter Verweis auf BAG v. 14.12.2010, NZA 2011 S. 56.

2 Vgl. *Joussen* (FN 27), § 611 BGB Rn. 147 sowie *Preis* in Erfurter Kommentar zum Arbeitsrecht, 16. Aufl. 2016, § 107 GewO Rn. 4, jeweils m. w. N.

3 Vgl. auch *Oser/Orth/Wirtz*, DB 2015 S. 1731 f.

Geschäft erkennbar in fremdem Namen und für fremde Rechnung getätigt wird." Angewandt auf U folgt hieraus steuerbilanziell: Erwirbt sie **Materialien** und Büroausstattung für Töchter und belastet sie die Kosten „eins zu eins" weiter, so kann sie diesen Vorgang als durchlaufenden Posten behandeln, d. h. bei Entstehung der Ausgabe oder Verbindlichkeit diese ohne Berührung der GuV gegen Forderung buchen. Für die Behandlung von **Nebenkosten der Vermietung** hat der BFH zwar für Zwecke der Einkünfte aus Vermietung und Verpachtung eine restriktivere Auffassung vertreten, dies aber ausdrücklich vor dem Hintergrund, eine ungerechtfertigte Begünstigung zu vermeiden, die entstünde, wenn die Nebenkosten einerseits nicht auf der Einnahmeseite berücksichtigt würden, andererseits aber für die Ausgabenseite im Wege des Werbungskostenpauschbetrags.[1] Für steuerbilanzielle Zwecke ist u. E. demgegenüber unter Berufung auf die EStH eine Qualifizierung als durchlaufender Posten vertretbar. Mangels eigenständiger handelsrechtlicher Regelungen kann dem dann auch per Analogie für die Handelsbilanz gefolgt werden. Dies gilt nur bei Vermietung gegen Nettokaltmiete und Nebenkostenvorauszahlungen, anders verhält es sich bei einer garantierten Warmmiete, da hier das Nebenkostenrisiko beim Vermieter liegt, ein durchlaufender Posten also ausscheidet. Das Ergebnis des vorstehenden Beispiels lässt sich u. E. wie folgt zusammenfassen:

- In Fällen, in denen schon nach der formalrechtlichen Sichtweise des UStG sowie der hierzu ergangenen Rechtsprechung oder Verwaltungsvorschrift ein durchlaufender Posten vorliegt, ist erst recht für bilanzielle Zwecke ein durchlaufender Posten zu bejahen.
- In anderen Fällen ist zu würdigen, wie weit die wirtschaftliche Betrachtungsweise des durchlaufenden Postens trägt. Unseres Erachtens trägt sie z. B. dann nicht mehr, wenn Kosten/Aufwendungen nicht „eins zu eins", sondern in einem pauschalierten Verfahren weiterbelastet werden:

BEISPIEL Im K-Konzern unterhalten die einzelnen Gesellschaften keine eigenen Finanzbuchhaltungsabteilungen. Die entsprechenden Arbeiten werden vielmehr zentral von der Obergesellschaft M erledigt. In der Zentralabteilung von M werden genaue Zeitaufzeichnungen geführt, die die zeitliche Inanspruchnahme durch die einzelnen Konzerngesellschaften dokumentieren. Nach dem sich so ergebenden Schlüssel der Personalinanspruchnahme werden nicht nur die Personalkosten selbst, sondern auch Sachkosten anteilig an die Untergesellschaften weiterbelastet. Es liegt u. a. deshalb kein durchlaufender Posten vor, weil ein nicht unerheblicher Teil der Eingangskosten (nämlich insbesondere die Sachkosten) nicht „eins zu eins", sondern auf Basis von Schlüsselungen weiterbelastet wird; u. E. hat M deshalb Umsatzerlöse auszuweisen. Nach anderer Auffassung[2] kommt eine Erfassung als sonstige betriebliche Erträge auch ohne wertgleiche Weiterbelastung infrage; ausreichen soll, dass die vereinbarten Aufschläge unter dem Marktüblichen liegen.

Weitere Beispiele dafür, dass Nebenleistungen von Dritten in Anspruch genommen und dem Kunden ohne Aufschlag weiterberechnet werden, bilanzrechtlich somit möglicherweise ein durchlaufender Posten vorliegt, sind **Speditionskosten** aus Ausgangsfrachten bei Handelsunternehmen. An der reinen Durchleitung fehlt es, wenn eine Gewinnmarge beim Unternehmen verbleibt.

BEISPIEL Ein Haushaltsgerätemarkt bietet Waschmaschinen usw. zum Abholpreis an. Gegen ein zusätzliches Entgelt kann der Kunde die Ware aber auch anliefern lassen. Der Haushaltsgerätemarkt schaltet für die Anlieferung örtliche Spediteure ein. Nur wenn das vom Kunden zu zahlende Zusatzentgelt dem vom Unternehmen an den Spediteur zu entrichtenden Entgelt entspricht, liegt ein durchlaufender Posten vor.

1 Vgl. BFH, Urteil v. 14.12.1999 – IX R 48/99.
2 *Oser/Philippsen/Sultana*, DB 2017 S. 1097 ff.

Vorausgesetzt wird im Einkommensteuerrecht (wie im Umsatzsteuerrecht), dass überhaupt ein Geschäft mit einem Dritten vorliegt, denn nur bei einem solchen Geschäft kann man sich die Frage stellen, ob das Unternehmen (erkennbar oder nicht) in eigenem Namen bzw. für eigene Rechnung handelt oder für seinen Kunden. Bei den nach Pauschalsätzen weiterbelasteten Kosten der firmeneigenen Pkw eines Beratungsunternehmens fehlt etwa das Geschäft mit einem Dritten. Die Qualifizierung solcher **Reisekosten** als durchlaufend scheidet daher von vornherein aus. Einer eingehenderen Betrachtung bedürfen Reisekosten, die in Beziehung zu Dritten etwa als Hotel- oder Mietwagenkosten entstehen, aber dem eigenen Kunden „eins zu eins" weiterbelastet werden. Unseres Erachtens setzt eine Qualifizierung solcher Kosten als durchlaufender Posten aber dreierlei voraus:[1]

1. Das Unternehmen beauftragt und bezahlt einen Dritten (z. B. Hotel oder Autovermieter) mit einer Leistung und
2. belastet deren Kosten an seinen eigenen Kunden weiter,
3. weil der Kunde die Leistung des Dritten letztendlich auch erhält bzw. nutzt.

Bei einem Beratungsunternehmen, das neben dem Honorar Ersatz der Reisekosten verlangen kann, sind nur die beiden ersten Voraussetzungen erfüllt. Damit liegt zwar eine Weiterbelastung von Kosten, aber keine Weiterleitung von Leistungen vor. Das Beratungsunternehmen kauft die Hotelübernachtungen usw. dann nicht für den Kunden, sondern nutzt sie selbst wie Arbeitsmittel oder den Firmen-Pkw, mit dem die Dienstreise durchgeführt wird, um seiner eigenen Arbeit nachzugehen. Unabhängig davon, ob die Reisekosten extern entstehen (Autovermieter) oder intern (Nutzung Firmen-Pkw), sind sie daher kein durchlaufender Posten, sondern Umsatzerlöse. Der gesonderte Ausweis der Reisekosten im Rahmen der Abrechnung dient dann – ähnlich wie Stundennachweise bei einem vereinbarten Stundenhonorar – lediglich dem Nachweis, dass die Abrechnung auch insoweit berechtigt ist.

Zu den u. E. unbedenklich für Bilanzierungszwecke anwendbaren Wertungen des Umsatzsteuerrechts als durchlaufender Posten folgende Beispiele, in denen jeweils ein durchlaufender Posten vorliegt:

- **Verauslagung von Gerichtskosten,** Grundbuchgebühren, Handelsregistergebühren usw. durch Freiberufler für deren Mandanten.
- **Weiterbelastung der Autobahnmaut** durch einen Lkw-Vermieter an den Nutzer, hingegen nicht Weiterbelastung der Mautkosten durch eine Spedition an den Empfänger der Transportleistung.
- **Porto bei Versendungsdienstleistungen von Werbeagenturen,** Lettershops usw. Erhalten Agenturen von der Post Rabatte, so liegt ein durchlaufender Posten nur vor, wenn die tatsächlich entrichteten Portokosten dem Kunden weiterberechnet werden. Werden dem Kunden dagegen die üblicherweise zu zahlenden Portokosten in Rechnung gestellt, liegt kein durchlaufender Posten vor, da betraglich nicht mehr „eins zu eins" weiterberechnet wird.
- **Kfz-Zulassungsgebühren,** wenn Kfz-Händler die Kfz-Zulassung als Bevollmächtigte im Namen und für Rechnung des Antragstellers (Fahrzeughalters) durchführen.
- An die Kommune abzuführende **Kurtaxe** oder Tourismussteuer bei Hotels und sonstigen Beherbergungsunternehmen.

1 Vgl. *Lüdenbach*, StuB 2017 S. 155.

- Von der Kfz-Werkstatt verauslagte **„TÜV-Gebühren“** bei Durchführung der Fahrzeughauptuntersuchung in der Werkstatt („Werkstatt-TÜV“).

Anlässlich der Corona-Krise hat das IDW für das **Kurzarbeitergeld** zutreffend wie folgt unterschieden: 21a

- Für die Nettoentgeltkomponente ist der Arbeitgeber nur Zahlstelle. Er hat das vereinnahmte und an den Arbeitnehmer weiterzuleitende Kurzarbeitergeld als durchlaufenden Posten zu erfassen.
- Für die in § 2 Abs. 1 KugV geregelte Erstattung der Arbeitgeberbeiträge zur Sozialversicherung gilt hingegen: Die Erstattung ist eine nicht rückzahlbare Zuwendung, die erfolgswirksam in der GuV unter den sonstigen betrieblichen Erträgen oder als Kürzung der Personalaufwendungen zu erfassen ist.
- Freiwillig oder nach Tarifvertrag bzw. Betriebsvereinbarung übernommene Verpflichtungen gegenüber den Arbeitnehmern zum Ausgleich des Verdienstausfalls durch Aufstockungsbeträge sind als Bestandteil der Leistungs- und Entgeltpflichten aus dem Arbeitsverhältnis (arbeitsrechtliches Synallagma) anzusehen. Demzufolge werden die Aufstockungsbeträge zum Kurzarbeitergeld als laufender Personalaufwand erfasst. Die Bildung einer Rückstellung scheidet aus.[1]

1.10 Abc der Umsatzerlöse

Das nachfolgende Abc fasst die vorstehenden Überlegungen fallbezogen zusammen. Ein „+“ steht dabei für die Behandlung als Umsatzerlös, ein „-“ für die als sonstiger betrieblicher Ertrag oder durchlaufender Posten, ein „+/-“ für eine einzelfallabhängige Entscheidung. Zur **Anwendung des Abc** noch drei Anmerkungen: 22

- Die Anwendung steht unter der Prämisse, dass es nach dem BilRUG nicht mehr darauf ankommt, ob Erträge aus dem Kerngeschäft oder aus Hilfs- und Nebentätigkeiten entstehen. Aus den unter → Rz. 5 ff. dargelegten Gründen teilen wir wegen konzeptioneller Bedenken diese Prämisse nicht. Die h. M. sieht dies aber anders.
- Eine Anwendung einzelner Vorgaben des Abc kann nach Maßgabe des Wesentlichkeitsgrundsatzes entbehrlich sein. Danach kann etwa auf den Ausweis von Hilfserlösen (Kantine, Firmen-Pkw usw.) als Umsatzerlöse verzichtet werden, wenn diese im Verhältnis zu den „eigentlichen“ Umsatzerlösen eine vernachlässigbare Größenordnung (etwa weniger als 1 % der eigentlichen Umsätze) haben. Auf diese Weise erspart sich das Unternehmen auch Folgewirkungen der erweiterten Umsatzdefinition. Wenn nämlich etwa die Kantinenerlöse als Umsatzerlöse behandelt werden, müssen folgerichtig auch die Kantinenvorräte (Kaffeepulver, Speiseöl usw.) als Vorratsvermögen und der Verbrauch dieser Stoffe als Materialaufwand behandelt werden.
- Ebenfalls unter Wesentlichkeits- und Praktikabilitätsgesichtspunkten, aber mit anderer Zielrichtung, nämlich der leichteren Abstimmung mit Umsatzsteuervoranmeldungen und -erklärungen, kann es auch infrage kommen, an sich als sonstiger betrieblicher Ertrag oder als durchlaufender Posten zu qualifizierende Vorgänge entsprechend der Umsatzsteuerbehandlung als Umsätze zu deklarieren.

1 IDW, Fachlicher Hinweis zu Zweifelsfragen zu den Auswirkungen der Ausbreitung des Coronavirus auf die Rechnungslegung und deren Prüfung (Teil 3) v. 8.4.2020, Update 2.7.2020.

Sachverhalt	Umsatzerlöse?	Rz.
Anlagenverkäufe, allgemein Siehe aber Vorführwagen, Musterhäuser, Musterküchen, Mietwagen	-	→ Rz. 8
Anteile, Verkauf von	-	→ Rz. 8
Anwälte, verauslagte Gebühren	-	→ Rz. 21
Autobahnmaut, Weiterbelastung bei Speditionsunternehmen	+	→ Rz. 21
Autobahnmaut, Weiterbelastung bei Mietwagenunternehmen	-	→ Rz. 21
Avalprovisionen	-	→ Rz. 13
Bau-ARGE, Zurverfügungstellung von Personal/Maschinen gegen Gewinnbeteiligung	-	→ Rz. 18
Baukostenzuschüsse durch Kunden (in der Versorgungswirtschaft)	+	→ Rz. 15
Bearbeitungsgebühren bei Krediten	-	→ Rz. 12
Beherbergungsbetrieb, Kurtaxe bzw. Tourismussteuer	-	→ Rz. 21
Beherbergungsbetrieb, Stornogebühren	-	→ Rz. 14
Beistellung von Material oder Personal	+/-	→ Rz. 19
Beratungsunternehmen, verauslagte Reisespesen	-	→ Rz. 21
Betriebe oder Betriebsteile, Verkauf von	-	→ Rz. 8
Betriebskindergarten	-	→ Rz. 20
Betriebssportanlagen	-	→ Rz. 20
Deputate	-	→ Rz. 20
Durchlaufende Posten	-	→ Rz. 21
Einlagen, in Abhängigkeit vom Einlagegegenstand	+/-	→ Rz. 17
Feuerwehreinsätze, Entschädigung für Freistellung von Arbeitnehmern	-	→ Rz. 15
Finanzanlagen, Verkauf von	-	→ Rz. 13
Finanzielle Garantien, Entgelt für Abgabe der Garantie	-	→ Rz. 13
Firmenfahrzeuge, Überlassung an einzelne Arbeitnehmer(gruppen)	+	→ Rz. 20
Gerichtskosten, Verauslagung durch Notare, Anwälte usw.	-	→ Rz. 21
Geschäftsführungsleistungen, insbesondere der Komplementär-GmbH	+/-	→ Rz. 18
Geschenke, gleichmäßige Verteilung an Arbeitnehmer	-	→ Rz. 20
Gesellschafterbeitrag	+/-	→ Rz. 14
GmbH & Co. KG (siehe Komplementär-GmbH)		
Grundbuchgebühren, Verauslagung durch Notare, Anwälte usw.	-	→ Rz. 21
Haftungsübernahme, gesetzliche, insbesondere bei Komplementär-GmbH	-	→ Rz. 18
Handelsregistergebühren, Verauslagung durch Notare, Anwälte usw.	-	→ Rz. 21
Handelsunternehmen, Speditionskosten für Ausgangsfrachten	-	→ Rz. 21
Hotel, Kurtaxe bzw. Tourismussteuer	-	→ Rz. 21
Hotel, Stornogebühren	-	→ Rz. 14
Kantinenerlöse	+	→ Rz. 20
Kfz-Händler, verauslagte Zulassungsgebühren	-	→ Rz. 21

Sachverhalt	Umsatzerlöse?	Rz.
Kfz-Werkstatt, verauslagte TÜV-Gebühren	-	→ Rz. 21
Know-how, Lizenzierung	+	→ Rz. 9
Komplementär-GmbH, Vergütung für Geschäftsführung	+	→ Rz. 18
Komplementär-GmbH, Vergütung für Haftungsübernahme	-	→ Rz. 18
Konzernumlagen	+/-	→ Rz. 21
Kundenbindungsprogramme, Sachprämien	+/-	→ Rz. 16
Kundengebundene Werkzeuge, Zuwendungen für	+	→ Rz. 15
Kurtaxe, Hotel und Beherbergungsbetriebe	-	→ Rz. 21
Lettershops, verauslagtes Porto	+/-	→ Rz. 21
Lizenzierung	+	→ Rz. 9
Mahnkosten/-gebühren	-	→ Rz. 14
Marken, Lizenzierung von	+	→ Rz. 9
Material, Beistellung	+/-	→ Rz. 19
Mietvertrag, vorzeitige Beendigung gegen Entgelt	-	→ Rz. 11
Mietwagenunternehmen, weiterbelastete Autobahnmaut	-	→ Rz. 10
Mietwagenunternehmen, Verkauf der Mietwagen	+	→ Rz. 8
Notare, verauslagte Gebühren	-	→ Rz. 21
Musterhäuser, Verkauf von	+	→ Rz. 8
Musterküchen, Verkauf von	+	→ Rz. 8
Nebenkosten der Vermietung, Weiterbelastung der	-	→ Rz. 21
Nutzungsüberlassungsverträge, Ausgleichszahlungen wegen Beendigung	+/-	→ Rz. 14
ÖPNV, Zuschüsse wg. Beförderungen von Schülern oder Schwerbehinderten	+	→ Rz. 15
Personal, Beistellung	+/-	→ Rz. 19
Personalrabatt, Gewährung bei Einkauf von Waren	-	→ Rz. 20
Porto (verauslagt), Werbeagenturen und Lettershops	-	→ Rz. 21
Protest, Kosten eines	-	→ Rz. 12
Rabattpunkte, Kundenbindungsprogramme	+/	→ Rz. 16
Rechtsverzicht, Entgelt für	-	→ Rz. 11
Reisespesen (verauslagte), Beratungsunternehmen	-	→ Rz. 21
Reiseunternehmen, Stornogebühren	-	→ Rz. 14
Rückgabe von Waren	-	→ Rz. 7
Rücklieferung von Waren	-	→ Rz. 7
Sacheinlagen, ohne Gewährung von Gesellschaftsrechten	-	→ Rz. 17
Sacheinlagen, offene	+/-	→ Rz. 17
Sachgesamtheiten, Verkauf von	-	→ Rz. 7
Sachleistungen an Arbeitnehmer	+/-	→ Rz. 20
Sachprämien, Kundenbindungs- oder -gewinnungsprogramme	+/-	→ Rz. 16
Sammelbeförderungen (für Arbeitnehmer)	-	→ Rz. 20

Sachverhalt	Umsatzerlöse?	Rz.
Software, Lizenzierung von	+	→ Rz. 9
Speditionskosten aus Ausgangsfrachten, Handelsunternehmen	-	→ Rz. 21
Speditionsunternehmen, weiterbelastete Autobahnmaut	+	→ Rz. 21
Sponsoring, Entgelt aus	+	→ Rz. 15
Stornogebühren, Hotel- und Reiseunternehmen	-	→ Rz. 14
Tourismussteuer, Hotel- und Beherbergungsbetriebe	-	→ Rz. 21
Treuepunkte Sachprämien	+/-	→ Rz. 14
TÜV-Gebühren (verauslagt), Kfz-Werkstatt	-	→ Rz. 21
Unterlassung, Entgelt für	-	→ Rz. 11
Verauslagung von Kosten und Gebühren	-	→ Rz. 21
Verkehrsunternehmen, Zuschüsse wg. Schüler- und Schwerbehindertenbeförderung	+/-	→ Rz. 15
Vermietung, Nebenkosten	-	→ Rz. 21
Vermietung, Entgelt für vorzeitige Beendigung Mietvertrag	-	→ Rz. 11
Versicherungsleistungen	-	→ Rz. 14
Versorgungswirtschaft, Baukostenzuschüsse durch Kunden	+	→ Rz. 15
Verträge, entgeltliche vorzeitige Beendigung von	-	→ Rz. 11
Verzugszinsen	-	→ Rz. 12
Vorfälligkeitsentschädigungen	-	→ Rz. 12
Vorführwagen, Verkauf von	+	→ Rz. 8
Wehrübungen, Zuwendungen für Freistellung Personal	-	→ Rz. 15
Weiterbelastung von Kosten (eins zu eins)	-	→ Rz. 21
Werbeagenturen, verauslagtes Porto	+/-	→ Rz. 21
Werk-/Dienstvertrag, Entgelt wg. Kündigung	+/-	→ Rz. 14
Wettbewerbsverbot, Entgelt für Eingehung	-	→ Rz. 11
Zeitungs- und Zeitschriftenverlage, Gewährung von Sachprämien für Kundengewinnung	-	→ Rz. 16
Zinsähnliche Erträge	-	→ Rz. 12
Zinsswaps, Erträge aus	-	→ Rz. 12
Zinsabgrenzungsvereinbarungen, Erträge aus	-	→ Rz. 12
Zulassungsgebühren (verauslagt), Kfz-Händler	-	→ Rz. 21
Zuwendungen, Zuschüsse, Zulagen	+/-	→ Rz. 15

1.11 Folgewirkungen der erweiterten Umsatzdefinition

23 Die mit dem BilRUG erweiterte Definition der Umsatzerlöse hat nicht nur Konsequenzen für die Abgrenzung zu den sonstigen betrieblichen Erträgen, sondern betrifft im **Umsatzkostenverfahren** (→ § 275 Rz. 5) auch die Abgrenzung zwischen Umsatzkosten und sonstigen betrieblichen Aufwendungen: Wurden etwa Erlöse gegenüber Arbeitnehmern (Transport, Kantine, Werkswohnung) bisher als sonstiger betrieblicher Ertrag erfasst, waren die damit zusammenhängenden Kosten sonstiger betrieblicher Aufwand? Nach BilRUG wandern die Erträge in die Umsatzerlöse, wodurch die Kosten in den Bereich „Herstellungskosten der zur Erzielung der

Umsatzerlöse erbrachten Leistungen" wechseln. Für das Gesamtkostenverfahren kann sich entsprechend eine Umqualifizierung von sonstigen betrieblichen Aufwendungen in Materialaufwand ergeben (→ § 275 Rz. 61a).

Eine weitere Folgewirkung ergibt sich im Bilanzausweis. Werden, bisheriger Praxis folgend, noch nicht zahlungsmäßig eingegangene Umsatzerlöse als **Forderungen aus Lieferung und Leistung** ausgewiesen, so betrifft dies in Zukunft z. B. auch Mietforderungen gegenüber Arbeitnehmern aus Werkswohnungen.

(einstweilen frei) 24

2. Bemessung der Erlöse

2.1 Tauschgeschäfte

Werden „typische Leistungen" (→ Rz. 2) nicht gegen Geld, sondern im Tausch gegen andere Leistungen erbracht, ergibt sich die Höhe des Erlöses aus dem beizulegenden **Zeitwert** *(fair value)* der erhaltenen Leistung, korrigiert um evtl. Barelemente der Transaktion. Mangelt es dem Tausch an ökonomischer Substanz, muss ggf. auf den Ausweis eines Umsatzes verzichtet werden (→ § 252 Rz. 183). 25

BEISPIEL ► Der private Hörfunksender H hat freie Werbeminuten, die er zu unternehmens- und branchenüblichen Preisen nicht veräußern kann. Die Zeitschrift Z schaltet Werbespots, die sie bei lahmendem eigenen Anzeigengeschäft durch Schaltung von Anzeigen für H vergütet.

Bei beiden Unternehmen ist kein Umsatz auszuweisen.

2.2 Kommissions- und kommissionsähnliche Geschäfte

Der Verkaufskommissionär hat nicht den seinen Kunden in Rechnung gestellten Bruttoumsatz, sondern nur seine eigene **Spanne** bzw. **Provision** als Erlös auszuweisen. Kommissionsgeschäfte liegen nach § 383 Abs. 1 HGB vor, wenn ein Kaufmann im Betrieb seines Handelsgewerbes im **eigenen** Namen, aber für Rechnung eines **Dritten** ein Geschäft tätigt. 26

Ein Ausweis des Umsatzes nur i. H. der Marge ist darüber hinaus aber auch dann geboten, wenn zwar rechtlich keine Verkaufskommission vorliegt, aber der Verkäufer wie ein Verkaufskommissionär agiert. Folgende Gesichtspunkte sprechen für ein **kommissionsähnliches** Handeln: Der Unternehmer

- trägt keine Risiken aus Vorratsvermögen,
- modifiziert das Produkt bzw. die Leistung nicht,
- tätigt keinen (oder einen nur durchlaufenden) Eigentumserwerb,
- hat (im Innenverhältnis) keine Gewährleistungspflichten,
- trägt kein relevantes Delkredererisiko.

Im Rahmen einer **Gesamtwürdigung** müssen nicht alle Faktoren gleich stark ausgeprägt sein.

BEISPIEL ► U betreibt einen Internethandel. Die Kunden zahlen direkt per Kreditkarte. Die Bestellung wird nach Kreditkartenprüfung automatisch an den Produzenten P weitergeleitet, der die Ware unmittelbar an den Kunden ausliefert und im Innenverhältnis zu U für alle Mängel geradesteht. U kalkuliert seine Verkaufspreise so, dass sie je nach Ware 125 % bis 150 % des zwischen ihm und P vereinbarten Preises betragen:

- U hat keine Risiken aus Vorratsvermögen, deren physischer oder preislicher Wertminderung.

- U modifiziert die Standardprodukte nicht.
- U erwirbt – evtl. juristische Sekunden ausgeklammert – kein Eigentum.
- U trägt die Gewährleistungspflichten im Innenverhältnis, d. h. wirtschaftlich, nicht.
- Angesichts der Kreditkartenzahlung besteht kein relevantes Delkredererisiko.

U handelt deshalb kommissionsähnlich und weist nur die Differenz von Verkaufs- und Einkaufspreis als Erlös aus.

Ein weiteres Beispiel für eine wirtschaftliche Verkaufskommission liefert der Flug- oder Bahnkartenverkauf durch ein **Reisebüro.** Ein kommissionsähnliches Geschäft wäre auch dann zu bejahen, wenn das Reisebüro in bestimmtem Umfang das Delkredererisiko trüge.

27 Ob analog auch bei einem der **Einkaufskommission** ähnlichen Geschäft der Umsatz nur in Margenhöhe auszuweisen ist, scheint **fraglich.** Gegen eine solche Ausweitung per Analogie spricht, dass z. B. im Großhandel ein Einkauf (beim Zulieferer) nach Bestelleingang (vom Handelskunden) längst keinen Ausnahmefall mehr darstellt. Eine extensive Anwendung des Begriffs des kommissionsähnlichen Geschäfts würde daher in jedem Einzelfall eine Feststellung bedingen, ob die Ware schon vor oder erst nach Bestelleingang vom Kunden beim Zulieferer bestellt wurde. Derartige Differenzierungen wären nicht praktikabel. Sie würden außerdem nicht dem Zweck der Rechnungslegung dienen, interperiodische und zwischenbetriebliche Vergleiche zu ermöglichen, da je nach zeitlichen Abläufen der einen oder der anderen Periode bzw. des einen oder des anderen Betriebs Umsätze trotz gleicher rechtlicher und tatsächlicher Verhältnisse unterschiedlich ausgewiesen würden.

2.3 Zinseffekte bei starker zeitlicher Abweichung von Leistungs- und Zahlungszeitpunkt

28 Bei zinsloser Stundung des Leistungsentgelts (Ratenzahlungen, unüblich lange Zahlungsziele) ist die Einnahme **abzuzinsen.** Nach den Regeln für **Mehrkomponenten**geschäfte (→ § 252 Rz. 147) ist neben dem Grundgeschäft ein **Kredit**geschäft zu bilanzieren. In Höhe des abgezinsten Betrags (Barwert) liegt ein Erlös aus der Veräußerung von Gütern oder Erbringung von Dienstleistungen (Grundgeschäft) vor. Die Differenz von Nominal- und Barwert führt über die Dauer der Stundung zu **Zinsertrag.**

29 Umgekehrt kann der Kunde in Vorleistung treten und eine Anzahlung mit unüblich langem Vorlauf leisten. Die erhaltene Anzahlung ist ebenfalls mit dem Barwert anzusetzen. Über die Dauer der Vorleistung ist die Anzahlung aufwandswirksam aufzuzinsen. Im Zeitpunkt der Erbringung der Grundleistung ist die aufgezinste Anzahlung aufzulösen. Der Umsatz aus dem Grundgeschäft entspricht mithin dem aufgezinsten Betrag.

BEISPIEL ► Wegen eines Nachfrageüberhangs an Silizium schließt der Hersteller von Solar**wafern** S bereits Mitte 01 mit dem Siliziumproduzenten P einen Vertrag über die Lieferung Mitte 03 ab. Auf Basis eines erwarteten Spotpreises von 121 T€ vereinbaren die Parteien eine sofort fällige Kaufpreiszahlung von 100 T€. Der relevante Fremdkapitalzins beträgt 10 %.

P passiviert den vereinnahmten Betrag mit 121/1,21 = 100.

Bis Mitte 03 bucht er insgesamt einen Zinsaufwand von 21 gegen die Verbindlichkeit (erhaltene Anzahlung).

Im Jahr 03 realisiert er einen Umsatz von 121.

Aus **Wesentlichkeits**gründen kann sowohl im Stundungs- wie im Vorleistungsfall bei geringen Beträgen eine Abzinsung entbehrlich sein. In noch stärkerem Maße gilt dies bei zwar zinshaltiger, aber unter dem Marktzins liegender Stundungsvereinbarung.

2.4 Erlösschmälerungen (Skonti, Rabatte, Boni)

Nach Abs. 1 sind Erlöse mit **Erlösschmälerungen** (Preisnachlässen, Rabatten, Boni) zu **saldieren.** 30
Für Sachboni wird auf → Rz. 31 verwiesen.

Bei kurz vor dem Stichtag erfolgten Verkäufen und einer erst nach dem Stichtag endenden **Skontofrist** ist die Umsatzkürzung noch in **alter Rechnung** und der Höhe nach auf Basis des wahrscheinlichen Zahlungsverhaltens vorzunehmen. Im Bilanzaufstellungszeitraum erlangte Erkenntnisse sind als werterhellender Tatbestand zu berücksichtigen. Bei Unwesentlichkeit kann – auch im Interesse einer Vereinfachung der Umsatzsteuerabstimmung – eine Korrektur in Form der Wertberichtigung erfolgen.

Dem Kunden **zu gewährende Boni,** deren Höhe bei Bilanzaufstellung noch ungewiss ist, sind als Rückstellung zu passivieren. Die Rückstellung ist nicht aufwandswirksam, sondern erlösmindernd zu dotieren. Die Auflösung zu hoch gebildeter Rückstellungen in Folgejahren ist u. E. umsatzwirksam vorzunehmen. Entsprechend ist die nachträgliche Belastung wegen zu niedrigerer Rückstellungen umsatzmindernd zu buchen.

Rückstellungen sind auch nach BFH-Rechtsprechung[1] für vom Verkäufer eingeräumte **Rabatte** für Einkäufe im alten Jahr mit Einlösung im neuen Jahr aufgrund neuer Einkäufe anzusetzen. Unseres Erachtens muss dies auch für **Friseurgutscheine** gelten, wenn diese bei Dienstleistungen im alten Jahr (bis zum Stichtag) ausgegeben und bei Besuchen des Salons auch im neuen Jahr auf den dann zu erhebenden Kaufpreis angerechnet werden. Demgegenüber lehnt der IV. BFH-Senat[2] einen Rückstellungsansatz für den (wahrscheinlichkeitsgewichteten) Gegenwert der noch nicht eingelösten Gutscheine ab. Für die von uns favorisierte Lösung wird auf → § 249 Rz. 53 verwiesen.

In diesen Fällen liegen ggf. periodenfremde Belastungen vor, die bei Wesentlichkeit nach Abs. 4 Satz 3 im Anhang zu erläutern wären (→ Rz. 52).

2.5 Sachboni, insbesondere Kundenbindungsprogramme

Dem Kunden kann ein sofortiger Sachbonus etwa folgender Art gewährt werden: *„Buy two – get third for free."* Bei entsprechenden Verkaufsaktionen im Einzelhandel ergeben sich keine besonderen Ausweisprobleme, da Grundlieferung und Bonuslieferung zeitgleich erfolgen, sich die Frage der Umsatzabgrenzung oder der Rückstellung also nicht stellt. Überdies liegt bei substanzieller Betrachtung nicht wirklich ein Sachbonus vor. Der Kunde hat drei Produkte für einen dem doppelten Listenpreis entsprechenden Paketpreis erworben, mithin (bei drei identischen Produkten) einen baren Preisnachlass von 1/3 erhalten. 31

In anderen Fällen, nämlich bei Kundenbindungs- bzw. **Treueprämienprogrammen** (*Miles and More, Payback* etc.), liegt zwischen den bonusbegründenden Verkäufen/Leistungen und der Inanspruchnahme des Bonus ein längerer Zeitraum. Zu unterscheiden ist dabei nach

- der **personellen Reichweite** des Programms: zwischen unternehmensindividuellen Programmen und solchen, bei denen sich mehrere Unternehmen zu einem Treueprämienprogramm zusammenschließen,
- der **Waren-/Produktart:** zwischen Eigen- und Fremdwaren/-produkten,

1 BFH, Urteil v. 7.2.1968 – I 267/64, BStBl II S. 445; BFH, Urteil v. 4.12.1959 – III 317/59 S, BStBl 1960 III S. 80.
2 BFH, Urteil v. 19.9.2012 – IV R 45/09, DStR 2012 S. 2171, mit Anm. *Hoffmann.*

- dem **Freiheitsgrad:** zwischen festgelegten und von Kunden aus einem Katalog wählbaren Produkten.

Das Problem der **zeitlichen Verzögerung** ist in allen Varianten gegeben. Fraglich ist daher, ob

- über **Rückstellungen** oder **Abgrenzungs**posten (erhaltene Anzahlungen) bilanziell Vorsorge für die zukünftigen Bonusinanspruchnahmen getroffen werden soll und
- der Passivposten **umsatzkürzend** oder **aufwandswirksam** zu bilden ist.

32 Im Bereich der internationalen Rechnungslegung ist diese Frage durch IFRS 15.B39 ff. geregelt. Konzeptionell basieren die Regelungen auf folgenden Überlegungen:

1. Der Verkauf unter Gewährung von Treuepunkten ist ein **Mehrkomponentengeschäft** (→ § 252 Rz. 136). Der Gesamtpreis entfällt mit einem (dem größten) Teil auf die jetzige Leistung/Lieferung, mit einem zweiten (dem geringeren) Teil auf die zukünftige Leistung/Lieferung. Der Umsatz für die zukünftige Leistung darf bei Gewährung von Sachboni auf eigene Leistungen erst mit Inanspruchnahme der Boni ausgewiesen werden, bei Gewährung von Boni auf Fremdleistungen ausnahmsweise sofort, sofern Anspruch des Kunden und Zahlungsverpflichtung des Unternehmens gegenüber dem Dritten dem Grunde nach sofort entstehen.
2. Die Abgrenzung des zukünftigen Leistungsteils vom sofortigen hat per **Schätzung** zu erfolgen. Bevorzugte Schätzungsmethode ist die Verhältnismethode (Verhältnis der Einzelveräußerungspreise beider Leistungskomponenten).
3. Die Wahrscheinlichkeit von **Verfall/Nichtausübung** des Bonusrechts ist sowohl bei der Zugangs- als auch bei der Folgebewertung des Passivpostens zu berücksichtigen. Der Auflösungsbetrag der jeweiligen Periode entspricht dem Verhältnis von eingelösten Bonusansprüchen zu insgesamt erwarteten Einlösungen. Wenn die diesbezüglichen Annahmen sich zu einem späteren Zeitpunkt als korrekturbedürftig erweisen, ist der Passivposten anzupassen.

Diese Überlegungen sind **mit dem Handelsrecht kompatibel** (→ § 252 Rz. 147):

- Ad 1: Die Trennung in sofortige und zukünftige Leistung entspricht der Substanz des Geschäfts (wirtschaftliche Betrachtungsweise), die verzögerte Erfassung des auf eigene Leistungen lautenden Sachbonusanteils dem Realisationsprinzip.
- Ad 2: Die Schätzungsnotwendigkeit ist objektiv gegeben, eine verhältnismäßige Schätzung angemessen (hilfsweise eine residuale nicht zu beanstanden).
- Ad 3: Für die passive Abgrenzung verlangt § 250 HGB „eine bestimmte Zeit". Je nachdem, wie eng dieses Merkmal interpretiert wird (→ § 250 Rz. 52), kommt eine passive Abgrenzung handelsrechtlich nicht infrage. Wie bei anderen Boni (→ Rz. 30) wäre dann ein Ausweis als Rückstellung geboten. Materielle Auswirkungen auf die zeitliche Verteilung des Umsatzes ergeben sich hieraus nicht.

33 Zur Anwendung der vorstehenden Überlegungen folgendes Beispiel:

BEISPIEL ► Bei einer Einzelhandelskette erhält der Kunde aufgrund eines am 2.1.01 neu aufgelegten Bonusprogramms pro Euro, den er beim Einkauf ausgibt, einen Treuepunkt. Der Zeitwert eines Treuepunkts wird auf 0,0111 € geschätzt. Die Punkte sind unbefristet, aber nur bei einem Einkauf in den Läden der Kette einlösbar. Im Jahr 01 wurden 1 Mrd. Punkte ausgegeben und 450 Mio. Punkte eingelöst. Das Management geht von einer Einlösung von insgesamt 90 % der Punkte aus, davon in den Jahren 02 und 03 jeweils i. H. von 225 Mio.

Im Jahr 02 wird die Gesamterwartung bei tatsächlich 150.000 eingelösten Punkten auf 75 % revidiert. Nach weiteren 150 Mio. im Jahr 03 eingelösten Punkten wird nicht mehr mit weiteren wesentlichen Einlösungen gerechnet.

Die passive Abgrenzung/Rückstellung entwickelt sich wie folgt:

Im Jahr 01 ausgegebene Punkte		1.000.000.000 €
x €/Punkt x 0,9		0,01 €
= passive Abgrenzung/Rückstellung vor Auflösung		10.000.000 €
Insgesamt erwartete Einlösung von Punkten	900.000.000	
Schon im Jahr 01 eingelöste Punkte	450.000.000	
In % Gesamterwartung	50,00 %	
Auflösung im Jahr 01		-5.000.000 €
= passive Abgrenzung/Rückstellung 31.12.01		5.000.000 €
Revidierte Gesamterwartung 31.12.02	750.000.000	
Im Jahr 02 eingelöste Punkte	150.000.000	
In % revidierte Gesamterwartung	20,00 %	
Planmäßige Auflösung im Jahr 02		-2.000.000 €
„Nachholung" für 01 50 % · (900/750 - 1)	10,00 %	-1.000.000 €
= passive Abgrenzung/Rückstellung 31.12.02		2.000.000 €
Unveränderte Gesamterwartung 31.12.03	750.000.000	
Im Jahr 03 eingelöste Punkte	150.000.000	
In % revidierte Gesamterwartung	20,00 %	
Auflösung im Jahr 03		-2.000.000 €
= passive Abgrenzung/Rückstellung 31.12.03		0 €

Nach der Produkt-/Warenart ergeben sich folgende Unterschiede: 34

- Kann der Kunde den Sachbonus nur beim Unternehmen **selbst** gegen Erzeugnisse bzw. Waren des Unternehmens einlösen, führt dies i. H. der Auflösung des Passivpostens zu Umsatz.
- Lautet der Bonus hingegen auf vom Unternehmen selbst nicht angebotene **Leistungen Dritter**, reduziert sich die Rolle des Unternehmens regelmäßig auf ein kommissionsähnliches Handeln (→ Rz. 28). Umsatz aus den Boni entsteht dann nur i. H. der Differenz zwischen dem Zeitwert des Bonus und dem für den Bonus an den Dritten zu zahlenden Betrag. Sofern Anspruch des Kunden und Zahlungsverpflichtung des Unternehmens gegenüber dem Dritten dem Grunde nach sofort entstehen, ist auch der kommissionsähnliche Umsatz sofort zu vereinnahmen.

BEISPIEL ► Bei einer Hotelkette erhält der Kunde aufgrund eines am 2.1.01 neu aufgelegten Bonusprogramms pro 1 € Übernachtungspreis einen Treuepunkt, der bei einer Fluglinie eingelöst werden kann. Der Zeitwert eines Treuepunkts wird auf 0,01 € geschätzt. An die Fluggesellschaft zahlt die Hotelkette 0,0060 €/Punkt. Die Differenz von 0,004 €/Punkt erklärt sich z. T. aus der unterstellten Gewinnmarge der Fluggesellschaft, z. T. aus der einvernehmlichen Schätzung von Hotel und Fluggesellschaft, dass nur 75 % der Punkte eingelöst werden. Die Zahlung an die Fluggesellschaft ist vier Wochen nach Ablauf des Geschäftsjahres fällig. Die Kunden können die Punkte sofort einlösen.

Der Umsatz aus dem Sachbonus ergibt sich wie folgt:

Im Jahr 01 ausgegebene Punkte	1.000.000.000
€/Punkt (Zeitwert)	0,01
= Bruttoumsatz aus Sachbonus	10.000.000
- Zahlung an den Dritten aus Sachbonus	-7.500.000
= Nettoumsatz aus Sachbonus	2.500.000

35 Die **steuerliche Rechtsprechung** ist hinsichtlich der Ergebnisminderung durch Sachboni (sei es als Umsatzkürzung oder Rückstellung) z.T. restriktiver, und zwar sowohl bei Einzelgutscheinen als auch bei Kundenbindungsprogrammen:

- **Einzelgutscheine** (Friseur-Fall): 2012 entschied der **BFH**[1] über folgenden Fall: Während der Weihnachtszeit erhalten Kunden der Friseur-GmbH bei Inanspruchnahme von Leistungen Gutscheine über 10 €. Die Gutscheine sind im Januar und Februar des Folgejahres bei erneuter Inanspruchnahme einer Dienstleistung einlösbar. Der BFH lehnt eine Rückstellung für ungewisse Verbindlichkeiten ab, weil die Verbindlichkeit im Jahr der Gutscheinausgabe **weder rechtlich noch wirtschaftlich** verursacht sei: Da der Anspruch auf Preisermäßigung die Inanspruchnahme einer Dienstleistung und die Entstehung eines Zahlungsanspruchs im Folgejahr voraussetzt, sei er **rechtlich unselbständig.** Der Tatbestand, an den die Leistungspflicht der GmbH geknüpft ist, sei damit „in dem für die Bilanzierung maßgeblichen Sinne" im alten Jahr rechtlich noch nicht entstanden. Die Verpflichtung auf Preisermäßigung könne aber auch **wirtschaftlich** nicht früher verursacht sein als das Geschäft, auf das sie sich bezieht. Da sich die Verpflichtung aus den Gutscheinen nur auf die **Ermäßigung** des Entgelts für **Dienstleistungen des Folgejahres** bezieht, entstehe diese Verpflichtung wirtschaftlich auch erst im Folgejahr.
- **Kundenbindungsprogramm** (Textilhändler-Fall): Das Niedersächsische FG[2] entschied 2013 über folgenden Sachverhalt: Eine GmbH betreibt einen Textilhandel. Sie gibt im Rahmen eines **Kundenbindungsprogramms** halbjährlich Bonusgutscheine aus. Der jeweilige Gutscheinbetrag basiert auf dem Halbjahresumsatz des Kunden. Die Gutscheine können gegen Folgeeinkäufe eingelöst werden. Das FG kommt zu folgendem Schluss: „Die Klägerin durfte wegen der Gutscheine keine Rückstellung für ungewisse Verbindlichkeiten bilden, weil die darauf beruhenden Verbindlichkeiten im Ausgabejahr weder rechtlich entstanden noch wirtschaftlich verursacht waren. Denn sie enthielten einen Preisnachlass nicht für bereits bezogene, sondern für **künftige Leistungen."** Anders hat dies das FG Nürnberg für ein Bonussystem entschieden, bei dem der Kunde für Käufe Gutscheine oder Bonuspunkte bekommt, die er zukünftig beim Kauf von Waren einlösen kann. Entscheidend war, dass kein Mindestumsatz für die Einlösung von Gutscheinen bzw. Bonuspunkten verlangt wurde. Auch eine isolierte Einlösung (kein über den Wert der Bonuspunkte hinausgehender Kauf), bei dem das Unternehmen keine weiteren Einnahmen erzielte, war möglich. Wirtschaftlich gesehen bestand daher i. H. der ausstehenden Bonuspunkte eine Sachleistungsverpflichtung mit der Folge des Ansatzes einer Verbindlichkeitsrückstellung[3] (→ § 249 Rz. 53).

1 Vgl. BFH, Urteil v. 19.9.2012 – IV R 45/09, BStBl 2013 II S. 123 = Kurzinfo StuB 2012 S. 841; vgl. auch *Kolbe*, StuB 2013 S. 140.

2 Vgl. Urteil des Niedersächsischen FG v. 3.6.2013 – 6 K 357/12, rkr.

3 FG Nürnberg, Urteil v. 25.4.2019 – 4 K 1050/17.

Eine großzügige Beurteilung ist auch steuerbilanziell jedenfalls dann geboten, wenn Bonuspunkte nach Wahl des Kunden in eigene Leistung des Unternehmens oder Fremdleistungen eingelöst werden können:

BEISPIEL[1] Kunden, die eine Kreditkarte des Kreditinstituts KI nutzen, erhalten für Kreditkartenumsätze Punkte gutgeschrieben. Diese können nach Wahl des Kunden in zwei grundlegend unterschiedlichen Arten eingelöst werden:

- gegen bestimmte Waren, wie „erlesene Weine", „hochwertige Reisekoffer" usw. (Warenoption);
- zur Reduktion der Kontoführungsgebühren für ein oder mehrere Quartale (Gebührenoption).

Nicht eingelöste Punkte verfallen nach zwei Jahren. Von den Punkten, die nicht verfallen, werden 80 % für den Warenbezug verwandt. Unter Berücksichtigung des erwarteten Einlösungsverhaltens ermittelt KI per 31.12.01 für die bis dahin noch nicht eingelösten oder verfallenen Punkte eine wahrscheinliche Verpflichtung von 10 Mio. € und bildet hierfür eine Rückstellung in der Steuerbilanz.

BEURTEILUNG Anders als im Friseur- und Textilhändler-Fall besteht gerade **keine Bindung an Folgeleistungen.** Zwar kann der Kunde eine Verrechnung mit Folgeleistungen wählen (Gebührenoption), ist hierzu aber nicht gezwungen und verfährt in der Mehrzahl der Fälle auch nicht so. Rechtlich und wirtschaftlich entsteht die Verpflichtung der KI damit jedenfalls hinsichtlich der **Warenoption** schon im Jahr 01. Fraglich bleibt nur noch, ob i. H. der wahrscheinlichen Gebührenverrechnung (20 %) eine Rückstellung unzulässig ist. Meines Erachtens ist dies nicht der Fall, da bei Schulden, deren Erfüllung nach Wahl des Gläubigers in Geld oder Sachleistung zu erfolgen hat, nach ganz h. M. der höhere Betrag beider Erfüllungsvarianten zu passivieren ist (→ § 253 Rz. 43). Dies führt zur Passivierung auch des nach den Erfahrungen der Vergangenheit voraussichtlich durch Gebührengutschrift zu verrechnenden Verpflichtungsteils.

2.6 Leistungen des Produzenten an den Händler: *placement fees* und andere *sales incentives*

36 Der Verkauf kurzfristiger Konsumgüter (Lebensmittel, Kosmetika etc.) konzentriert sich immer stärker auf wenige Handelsketten. Die dadurch entstehende **Einkaufsmacht** wird u. a. für die Erhebung von **„Einstandsgebühren"** genutzt. Der Produzent zahlt eine Platzierungsgebühr (*slotting* oder *placement fee*), um gelistet, d. h. überhaupt oder speziell in die günstiger gelegenen Verkaufsregale aufgenommen zu werden.

37 Drei Varianten der buchmäßigen Behandlung dieser Gebühren sind diskussionswürdig:

- Aktivierung als immaterieller Vermögensgegenstand (Belieferungsrecht),
- Verbuchung als Aufwand (Vertriebskosten),
- Verbuchung als Erlösminderung.

Die erste Lösung scheitert regelmäßig schon am **fehlenden Exklusivrecht:** Die Machtverhältnisse sind hier anders als bei der Einstandszahlung einer Brauerei für den exklusiven Bierbezug einer Gaststätte. Die Handelsketten lassen sich auf Exklusivvereinbarungen kaum ein. Selbst wo dies ausnahmsweise der Fall ist, werden keine Mengenabnahmen und keine längerfristigen Platzierungen garantiert. Der potenzielle Nutzen der Platzierung – Voraussetzung für die Annahme eines Vermögensgegenstands – ist unter diesen Umständen nicht hinreichend verlässlich belegbar.

Eher ist eine Nähe zu den in § 255 Abs. 4 HGB mit einem Aktivierungsverbot belegten **Vertriebskosten** erkennbar. Im Vergleich zu anderen vertriebsfördernden Kosten (z. B. Handelsver-

1 Nach *Lüdenbach*, StuB 2014 S. 106.

treterprovisionen oder Werbeaufwendungen) besteht aber eine **Besonderheit: Zahlungsempfänger** ist

- nicht ein Dritter,
- sondern der Abnehmer der Produkte.

Wenn der Handel die Produkte nur kauft, sofern ihm der Produzent eine Sonderzahlung leistet, hat die Zahlung den Charakter eines besonderen **Rabatts** oder Bonus. Der Unterschied zu normalen Rabattierungen besteht dann hauptsächlich im **Zeitelement:** Die Platzierungsgebühr entsteht vor dem Verkauf, der normale Rabattanspruch danach.

Die amerikanischen Regeln in EITF 01-09[1] sehen diesen Unterschied als nicht wesentlich an und verlangen daher auch die Behandlung von an den Käufer geleisteten Vorabzahlungen (Platzierungsgebühren etc.) als Erlösminderung mit folgender Ausnahme:

- Ausnahmsweise kann der *fair value* der erhaltenen Gegenleistung verlässlich bestimmt werden und
- die Leistung hätte auch von einem Nichtkunden erbracht werden können.

BEISPIEL Produzent P will mit einem neuen Produkt bei Handelskette H gelistet werden. Zwei Vergütungsmodelle werden diskutiert:

a) P zahlt für die günstige Platzierung in den Läden eine Platzierungsgebühr an H.

b) H wird das neue Produkt intensiv durch Sonderprospekte bewerben. Den dafür intern und extern bei H entstehenden Aufwand erstattet P.

Nur im zweiten Fall kommt der Verzicht auf eine Saldierung mit den Erlösen infrage, da hier eine Leistung gewährt wird, die auch ein Nichtkunde hätte erbringen können.

38 Die **analoge Anwendung dieser Regeln** halten wir für sachgerecht. Die Erfindung immer neuer „Gebühren" (z. B. Delkredereprovision an die Konzernmutter des Abnehmers oder Werbekostenzuschüsse) hat weniger mit substanziell neuen Leistungsspektren zu tun als mit dem Karrierewettbewerb der Einkäufer und der internen Konkurrenz zwischen den Profitcentern der Handelskonzerne. Aus wirtschaftlicher Sicht geht es immer darum, den Einkaufspreis zu mindern – und damit aus Sicht der Hersteller um **Erlösschmälerung** –, einerlei, wie die jeweilige Gebühr oder Erlösminderung nun benannt wird.

Zu einem Problem wird die erlösmindernde Buchung von Platzierungsgebühren (und sonstigen *sales incentives*) dann, wenn der Bruttoerlös der ersten Periode die Gebühr nicht deckt, die Erlösminderung also zu einem negativen Erlös führen würde. Unseres Erachtens sind die Saldierung bis zur Höhe des Bruttoerlöses (Nettoerlös somit null) und die Behandlung des Kostenüberschusses als Aufwand sachgerecht.

2.7 Entgelte von dritter Seite, durchlaufende Posten, fakturierte Nebenkosten

39 Die Bestimmung der Erlöshöhe bereitet dann Probleme, wenn neben leistendem Unternehmen und leistungsempfangenden Kunden **Dritte** auf der Entgelt- oder Leistungsseite beteiligt sind. Zwei Grundfälle sind zu unterscheiden:

1 *EITF Issue 01-09 Accounting for Consideration Given by a Vendor to a Customer (Including a Reseller of the Vendor's Products)* sowie *EITF Issue 03-10 Application of Issue No. 02-16 by Resellers to Sales Incentives Offered to Consumers by Manufacturers.*

- Das **Entgelt** wird ganz oder in Teilen von **Dritten** erbracht. Ein Beispiel sind die öffentlichen Zuschüsse an Unternehmen des öffentlichen Nahverkehrs wegen verbilligter oder unentgeltlicher Beförderungen von Schülern oder Schwerbehinderten.
- Das leistende Unternehmen nimmt **Nebenleistungen von Dritten** in Anspruch. Sie werden dem Kunden ohne Aufschlag **weiterberechnet.** Beispiele hierfür sind Reisespesen bei Beratungsunternehmen oder Speditionskosten bei Handelsunternehmen.

In beiden Fällen ist eine Einbeziehung in die Umsatzerlöse ebenso erwägenswert wie eine Saldierung der entsprechenden Entgeltanteile gegen die korrespondierenden Kosten. Die Bevorzugung einer der beiden Alternativen ist eine Frage der **Definition des Erlösbegriffs:**

- Wird darauf abgestellt, ob das rechnungsstellende Unternehmen die **Leistung selbst erbringt** oder sie nur durchleitet, sind die Nebenleistungen nicht anzusetzen,
- wird der **rechtlich geschuldete Leistungsumfang** in den Mittelpunkt gestellt, ist der Umsatz hingegen weiter zu fassen.

Zurückbezogen auf die beiden o.g. Beispiele hätten die Definitionsansätze folgende Wirkungen:

- Die Schüler- und **Behindertenbeförderung gegen öffentlichen Zuschuss** wird rechtlich geschuldet. Die Leistung wird auch vom Unternehmen selbst erbracht. Das Entgelt von dritter Seite ist nach beiden Ansätzen Erlös.
- **Erstattete Reise- und Speditionskosten** betreffen hingegen Leistungen, die zunächst von anderen Unternehmen erbracht werden. Nach der engeren Interpretation spricht ihr Durchlaufcharakter gegen die Einbeziehung in die Erlöse (→ Rz. 21). Aus Sicht des rechtlich Geschuldeten kommt es bei den Reise- und Speditionskosten darauf an, ob sie integral mit der Erfüllung der Hauptleistung verbunden sind. Für die Reisekosten wird man dies ohne Weiteres, für die Speditionskosten je nach den Umständen bejahen. (Zum Beispiel: Bedarf der Transport besonderer Vorkehrungen? Ist er üblicher Leistungsbestandteil?)

Erbringt das **Unternehmen selbst Transport- oder sonstige Nebenleistungen,** ist eine Einbeziehung in die Erlöse regelmäßig geboten, unabhängig davon, ob die Nebenleistung gesondert berechnet wird oder im Kaufpreis enthalten ist. 40

BEISPIEL ▸ Ein konventionelles Möbelhaus präsentiert preiswerte Möbel in der Mitnahmeabteilung in den zwei Varianten Mitnahme- und Anlieferungspreis.

Ein Wettbewerber bietet sämtliche Möbel zur Mitnahme an (Regelverkaufsform). Der Kunde kann jedoch bei sperrigen Möbeln gegen einen gesonderten, nach Entfernung berechneten Preis die Anlieferung wählen.

Unabhängig von der Art der Abrechnung ist die Gesamtvergütung inkl. der offenen oder verdeckten Transportanteile u. E. als Erlös auszuweisen.

Anders verhält es sich, wenn das Unternehmen lediglich arrangiert, wirtschaftlich als Vermittler zwischen Kunden und Spedition auftritt und der Transportpreis (bis auf eine evtl. kleine Gewinnmarge des Möbelhauses) im Wesentlichen vom Spediteur festgesetzt wird (→ Rz. 21).

Bei **Vermietung** eines Hauses gegen Nettokaltmiete und **Nebenkostenvorauszahlungen** stellt nur die Nettokaltmiete Umsatz dar; anders ist es bei einer garantierten Warmmiete, da hier das Nebenkostenrisiko beim Vermieter liegt, ein durchlaufender Posten also ausscheidet (→ Rz. 21). 41

2.8 Umsatzsteuer und Verbrauchsteuern

42 Gemäß § 277 Abs. 1 HGB sind die Umsatzerlöse nach Abzug der Umsatzsteuer auszuweisen. In der Gesetzesfassung vor BilRUG noch nicht explizit erwähnt waren andere umsatzbezogene Steuern. Nach **Art. 28 der 4. EG-Richtlinie** waren hingegen die Erlöse nach der Mehrwertsteuer und **anderen unmittelbar auf den Umsatz bezogenen Steuern** auszuweisen. Nach internationaler Übung ist dieser Zusatz weit zu interpretieren. Danach sind

- neben **absatzpreisabhängigen Steuern** (z. B. Versicherungsteuer)
- auch **absatzmengenabhängige Verbrauchsteuern** einschließlich Monopolabgaben (z. B. Tabaksteuer, Biersteuer, Mineralölsteuer, Stromsteuer)

in vielen Fällen vom Umsatz abzuziehen.

Welche der beiden Varianten zum Tragen kommt, hängt von den Umständen ab (→ § 275 Rz. 126 ff.), wobei in jedem Fall auf **Konsistenz zu den Aufwandspositionen** zu achten ist:

- Der Rohertrag (im Gesamtkostenformat) bzw. das Bruttoergebnis vom Umsatz (im Umsatzkostenformat) würde unzutreffend ausgewiesen werden, wenn die Verbrauchsteuer in die Umsatzerlöse einbezogen, andererseits aber nicht im Material- bzw. Herstellungsaufwand, sondern in den sonstigen Steuern berücksichtigt würde.
- Umgekehrt wäre die Nichtberücksichtigung in den Umsatzerlösen mit einer Erfassung im Material- bzw. Herstellungsaufwand nicht verträglich.

II. Bestandsveränderungen bei Erzeugnissen (Abs. 2)

1. Mengen- und Wertgerüst

43 Der bilanzielle Ansatz der unfertigen und fertigen Erzeugnisse ist das Produkt aus Menge und Wert, die Entwicklung zwischen zwei Bilanzstichtagen mithin – abgesehen von Fällen wie Verschmelzung, Unternehmenserwerb etc. – das **kombinierte Ergebnis aus Mengen- und Wertänderungen:**

- Für die **Bilanz** ist unerheblich, in welchem Umfang Menge oder Wert zur Entwicklung beigetragen haben.
- Für die in einer GuV nach dem **Gesamtkostenverfahren** auszuweisenden Bestandsänderungen gilt dies nur i. d. R.
- Zwar sind nach Abs. 2 als Bestandsveränderungen i. d. R. „sowohl Änderungen der Menge als auch solche des Werts zu berücksichtigen“,
- diese Regel erfährt jedoch eine explizite Ausnahme: Abschreibungen fließen in die Bestandsveränderungen nur ein, „soweit diese die in der Kapitalgesellschaft sonst üblichen Abschreibungen nicht überschreiten“.

44 Die GuV-Position „Erhöhung oder Verminderung des Bestands an fertigen und unfertigen Erzeugnissen“ (§ 275 Abs. 2 Nr. 2 HGB) ist somit zunächst der **Saldo** aus folgenden Effekten:

- zu Herstellungskosten bewertete Änderung des Bestands an Erzeugnissen,
- Zuschreibungen,
- **übliche** Abschreibungen.

Über das Übliche **hinausgehende** Abschreibungen sind hingegen im Gesamtkostenformat unter dem Posten § 275 Abs. 2 Nr. 7b HGB zu erfassen, zusammen mit unüblich hohen Abschreibungen auf andere Posten des Umlaufvermögens (→ Rz. 45 sowie → § 275 Rz. 54).

Zur Einbeziehung von Zinsen in die Herstellungskosten wird auf → Rz. 48 verweisen.

2. Die über das Übliche hinausgehenden Abschreibungen

Seit dem Fortfall der Willkürabschreibung sowie steuerrechtlicher Abschreibungen durch das BilMoG kommt als Abschreibung auf Erzeugnisse nur noch die Niederstwertabschreibung nach § 253 Abs. 3 Satz 3 HGB in Betracht. Die **Unüblichkeit** kann sich daher nicht mehr auf die Art der Abschreibungen, sondern nur noch auf Anlass und **Höhe** beziehen. Unseres Erachtens ist dabei der quantitative Aspekt entscheidend, da das Gesetz den gesonderten Ausweis nicht konditional („wenn unüblich"), sondern quantitativ („soweit unüblich") formuliert. Ob eine Abschreibung durch außergewöhnliche Maßnahmen (z. B. Stilllegung von Betrieben) oder Umstände (z. B. Zerstörung durch Brand) verursacht ist, ist danach nicht entscheidend. Es kommt allein darauf an, ob die Höhe der Abschreibungen im betriebsinternen Zeitvergleich unüblich ist.[1] Hierbei müssen die Durchschnittswerte deutlich überschritten werden (→ § 275 Rz. 56). 45

In der Praxis geht eine besondere Höhe der Abschreibungen regelmäßig auch mit besonderen Umständen einher.

BEISPIEL Die Solar-AG stellt über verschiedene Fertigungsstufen Solarmodule her. Entscheidend für den Absatzpreis ist der Wirkungsgrad der Module, ausgedrückt als Prozentsatz der erzeugbaren elektrischen Energie zur einstrahlenden Sonnenenergie.

Wegen Änderungen in der Produktionstechnologie sinkt der Wirkungsgrad von 15 % in den Vorjahren im Jahr 01 vorübergehend auf 10 %. Auf die Ende 01 noch im Bestand befindlichen Erzeugnisse wird daher eine Niederstwertabschreibung vorgenommen, die im Verhältnis zu den Herstellungskosten eine bisher in der Gesellschaft nicht erreichte Größenordnung hat. Mit der Unüblichkeit der Höhe nach geht eine Unüblichkeit den Umständen nach einher.

Bei der Beurteilung der Unüblichkeit ist vorrangig nicht auf den absoluten Betrag der Abschreibungen abzustellen, sondern auf die **relative Höhe,** die sich aus dem Verhältnis zum Buchwert vor Niederstwertabschreibung ergibt. Nur der sich dabei im internen Zeitvergleich ergebende **Spitzenbetrag** ist unüblich: 46

BEISPIEL Die X-AG fertigt Saisonware mit hohen Spannen, aber besonderen Absatzrisiken. In den letzten Jahren hat sie für nur noch über Zweitverwerter absetzbare Erzeugnisse folgende Abschreibungen getätigt.

Jahr	Bestand vor Abschreibung	Abschreibung in €	Dito in %
1	100	30	30 %
2	110	35	32 %
3	105	40	38 %
4	115	35	30 %
5	130	50	38 %
Durchschnitt	112	38	34 %

Im zu beurteilenden Jahr 06 beträgt die Abschreibung 50, bei einem Bestand vor Abschreibung von 100 somit 50 %.

BEURTEILUNG In den Vorjahren wurden im Durchschnitt 34 % abgeschrieben. Unüblich ist im laufenden Jahr daher bestenfalls der darüber hinausgehende Betrag von 16. In qualitativer Sicht wird man aber nicht jede Abweichung nach oben als unüblich ansehen können, sondern nur eine deutliche Abweichung. Als deutlich kann etwa eine Abschreibung gelten, die den Durchschnittswert der Vorjahre sig-

1 Vgl. *Justenhoven/Kliem/Müller* in Beck'scher Bilanz-Kommentar, 13. Aufl. 2022, § 275 Tz. 151; stärker auf die Ursachen und Umstände der Abschreibung abstellend hingegen *ADS,* 6. Aufl., § 277 Tz. 44.

nifikant, z. B. um mehr als 25 %, übersteigt. Hiernach wären Abschreibungen bis zu 34 % · 1,25 = 41 % noch als üblich anzusehen. Als unüblich hohe Abschreibung blieben dann nur noch 9.

47 Für den Fall, dass sich unübliche Abschreibungen des Vorjahres durch Wertaufholung oder durch Veräußerung der Erzeugnisse über den Selbstkosten auflösen, zugleich aber im laufenden Jahr in unüblicher Höhe Abschreibungen auf neu zugegangene Vermögensgegenstände anfallen, wird die Frage diskutiert, ob eine getrennte Betrachtung erforderlich ist[1] oder nur der nach Abzug der Auflösung verbleibende Saldo der neuen Abschreibungen.[2] Bei quantitativer Interpretation der Unüblichkeit ist dieser Dissens zumeist gegenstandslos. Soweit größere Abschreibungen bereits im Vorjahr in ähnlicher Höhe vorgenommen werden, kann im laufenden Jahr von einer Unüblichkeit ohnehin nicht mehr ausgegangen werden.

3. Aktivierte Zinsen – Brutto- vs. Nettomethode

48 Nach § 255 Abs. 3 HGB dürfen Zinsen auf Herstellungskosten aktiviert werden. Für die buchungstechnische Behandlung im **Gesamtkostenformat** kommen zwei Methoden infrage (→ § 275 Rz. 16):

- Nach der **Nettomethode** wird der zu aktivierende Teil der entstandenen Zinsen gegen die Erzeugnisse gekürzt (per Erzeugnisse an Zinsaufwand).
- Nach der **Bruttomethode** wird der Zinsaufwand ungekürzt im Finanzergebnis ausgewiesen. In Höhe des aktivierten Teils steht ihm jedoch ein **Ertrag aus der Bestandsänderung** gegenüber (per Erzeugnisse an Bestandsänderung Erzeugnisse).

BEISPIEL U gründet sein Unternehmen am 1.10.01. Bis zum Bilanzstichtag werden noch keine Umsätze getätigt, aber Erzeugnisse hergestellt. Sie werden mit 105, davon je 50 Material- und Personalaufwand und 5 Zinsaufwand (bei Gesamtzinsen von 15) aktiviert.

1. Laufende Buchungen:

Per Materialaufwand	50	an	Geld	115
Per Personalaufwand	50	an		
Per Zinsaufwand	15	an		

2. Stichtagsbuchung nach Nettomethode:

Per Erzeugnisse	105	an	Bestandsänderung Erzeugnisse	100
		an	Zinsaufwand	5

3. Stichtagsbuchung nach Bruttomethode:

Per Erzeugnisse	105	an	Bestandsänderung Erzeugnisse	105

49 Für die Bruttomethode spricht vordergründig die Vorgabe von Abs. 2, als Bestandsänderung sowohl Änderungen der Menge als auch des Werts zu berücksichtigen. Zugunsten der Nettomethode kann jedoch der Vergleich zwischen **Gesamt- und Umsatzkostenverfahren** angeführt werden:

- Beide Methoden gliedern den operativen Teil der GuV unterschiedlich, während im **Finanzergebnis** nicht nur gleiche Postenbezeichnungen gewählt werden, sondern im Interesse einer vergleichenden Erfolgsanalyse auch der **gleiche Inhalt** präsentiert werden sollte.

1 So *Glade*, BiRiLiG 2, § 275 HGB Tz. 177.
2 So *ADS*, 6. Aufl., § 277 Tz. 46.

- Dem Umsatzkostenverfahren ist aber die Nettomethode **immanent.** Als Umsatzkosten oder sonstige operative Kosten werden nur die Aufwendungen in der GuV erfasst, die in der Periode zu Verbrauch geführt haben. Die Neutralisierung der aktivierten Zinsaufwendungen durch einen Gegenposten für Bestandsänderungen scheidet im Umsatzkostenverfahren daher aus. Hilfsweise könnte zwar ein entsprechender technischer Ertrag unter den sonstigen betrieblichen Erträgen ausgewiesen werden, ein solcher technischer Posten wäre aber dem Umsatzkostenverfahren systemfremd. Somit bleibt im **Umsatzkostenverfahren** systemkonform nur der Nettoausweis, d. h. die Buchung **„per Erzeugnisse an Zinsaufwand".**
- Um nun im **Gesamtkostenverfahren** den **gleichen Inhalt** des Postens Zinsaufwand zu erhalten, wäre auch hier die **Nettomethode** anzuwenden.

Das Schrifttum kann in dieser Frage zu keiner einheitlichen Vorgabe finden.[1] Unseres Erachtens ist dem analytischen Interesse des Bilanzadressaten an einer Erfolgsspaltung in ein operatives Ergebnis, Finanzergebnis etc. am meisten gedient, wenn in beiden GuV-Varianten aktivierte Zinsen auf Erzeugnisse nach der **Nettomethode** behandelt werden. Für das **Gesamtkostenverfahren** ist im Hinblick auf den Wortlaut von Abs. 2 aber die Anwendung der **Bruttomethode ebenfalls vertretbar.**

III. Gesonderter Ausweis oder Anhangangabe zu außerplanmäßigen Abschreibungen (Abs. 3 Satz 1)

Außerplanmäßige Abschreibungen auf 50

- **immaterielle und Sachanlagen** nach § 253 Abs. 3 Satz 3 HGB und auf
- **Finanzanlagen** nach § 253 Abs. 3 Satz 4 HGB

sind jeweils gesondert in **GuV oder Anhang** anzugeben.

Bei der Angabe im **Anhang** ist für beide Abschreibungsfälle jeweils ein Gesamtbetrag anzugeben. 51

BEISPIEL Außerplanmäßige Abschreibungen wurden in folgender Höhe vorgenommen:

- auf immaterielle Anlagen und Sachanlagen (§ 253 Abs. 3 Satz 3 HGB) 1.100 T€,
- auf Finanzanlagen (§ 253 Abs. 3 Satz 4 HGB) 800 T€.

Die Anhangangabe kann auch im Anlagengitter dargestellt werden.

Für den Sonderausweis in der **GuV** kommt im **Gesamtkostenverfahren** die Bildung entsprechender Posten infrage, z. B. 52

- nach oder vor Position Nr. 7a für die Sach- und immateriellen Anlagen,
- nach oder vor Position Nr. 12 für die Finanzanlagen.

An die Stelle der besonderen Posten können auch **Davon-Vermerke** treten.

Im **Umsatzkostenformat** bereitet ein Sonderausweis der außerplanmäßigen Abschreibungen auf immaterielle und Sachanlagen durch eigene GuV-Positionen Probleme, weil der Ausweis

1 Vgl. u. a. *Justenhoven/Kliem/Müller* in Beck'scher Bilanz-Kommentar, 13. Aufl. 2022, § 275 Tz. 308; *ADS*, 6. Aufl., § 275 Tz. 231 f.

einer Kostenart (hier außerplanmäßige Abschreibung) in einer funktional gegliederten GuV systemfremd ist. Stattdessen kommen **Davon-Vermerke** infrage, die sich auf die Positionen

- Nr. 2 Umsatzkosten,
- Nr. 4 Vertriebskosten,
- Nr. 5 allgemeine Verwaltungskosten,
- Nr. 7 sonstige betriebliche Aufwendungen,
- Nr. 11 Abschreibungen auf Finanzanlagen

beziehen können. Der Übersichtlichkeit ist mit einem solchen Vorgehen jedoch weniger gedient als durch einen Ausweis im Anhang.

IV. Verlustübernahmen, Gewinngemeinschaften, Gewinnabführungsverträge (Abs. 3 Satz 2)

1. Überblick

53 Gesondert unter entsprechender Bezeichnung sind nach Abs. 3 Satz 2 in der GuV auszuweisen:

- aus **Verlustübernahme** resultierende
  - Erträge (der ausgleichsberechtigten Gesellschaft) und
  - Aufwendungen (der ausgleichsverpflichteten Gesellschaft),
- **Gewinne**, die aufgrund einer Gewinngemeinschaft eines Gewinnabführungs- oder eines Teilgewinnabführungsvertrags
  - (vom Anspruchsberechtigten) empfangen oder
  - (vom Abführungsverpflichteten) abgeführt werden.

54 Für den Sonderausweis kommen infrage:

- eine Erweiterung des Gliederungsschemas (herrschende Praxis) oder
- Davon-Vermerke.

55 In beiden Fälle ist das **Saldierungsverbot** des § 246 Abs. 2 HGB zu beachten. Von einer Untergesellschaft erhaltene Gewinne sind daher weder mit gegenüber anderen Untergesellschaften übernommenen Verlusten noch mit einer eigenen Gewinnabführungsverpflichtung zu saldieren. Lediglich Ausgleichszahlungen an Minderheiten sind von einem erhaltenen Gewinn abzusetzen.

2. Vertragsformen

56 Für die Aktiengesellschaft sind die Gewinngemeinschaft und die (Teil-)Gewinnabführung in §§ 291 ff. AktG definiert. Für die GmbH sind diese Regelungen analog anzuwenden:

- Bei einem **Gewinnabführungsvertrag** ist eine Kapitalgesellschaft verpflichtet, den gesamten Gewinn an ein anderes Unternehmen abzuführen (§ 291 Abs. 1 AktG). Korrespondierend dazu ist die übergeordnete Gesellschaft verpflichtet, die Verluste auszugleichen (§ 302 Abs. 1 AktG).
- Bei einem **Teilgewinnabführungsvertrag** lautet die Abführungsverpflichtung auf einen Teil des Gesamtgewinns oder auf den Gewinn einzelner Betriebe (§ 292 Abs. 1 Nr. 2 AktG), ggf. werden auch Verlustübernahmen vereinbart.

- Bei der **Gewinngemeinschaft** teilen die beteiligten Unternehmen einen gemeinschaftlich erzielten Gesamtgewinn und ggf. auch Verluste nach einem vertraglichen Schlüssel auf (§ 292 Abs. 1 Nr. 1 AktG). Arbeitsgemeinschaften im Baugewerbe, Kreditsyndikate in der Finanzwirtschaft und ähnliche Verträge führen i. d. R. nicht zu einer Gewinngemeinschaft.

Als Teilgewinnabführungsverträge gelten auch Verträge über **stille Beteiligungen** (typischer oder atypischer Art),[1] es sei denn, die Verträge wurden mit Mitgliedern des Vorstands, Aufsichtsrats oder mit Arbeitnehmern getroffen (§ 292 Abs. 2 AktG).

3. Anordnung im Gliederungsschema der GuV

Die herrschende Praxis erfüllt den Sonderausweis durch eine Erweiterung des Gliederungsschemas. Hierbei ist wie folgt zu unterscheiden: 57

- Aus Sicht des **übergeordneten Unternehmens** (bzw. bei der Gewinngemeinschaft des Gesellschafters) sind die Erträge und Aufwendungen **Teil des Finanzergebnisses.**
- Aus Sicht des **untergeordneten Unternehmens** (bzw. der als BGB-Gesellschaft organisierten Gewinngemeinschaft) haben die Gewinnabführungsverpflichtung und der Verlustausgleichsanspruch den **Charakter einer Ergebnisverwendung.** Der gesetzlichen Vorgabe, sie gleichwohl als Aufwand und Ertrag, also bei der Entwicklung des Jahresergebnisses und nicht erst danach, zu berücksichtigen, wird am besten durch eine Platzierung unmittelbar vor dem Jahresüberschuss/-fehlbetrag entsprochen.

Somit ergeben sich die in Übersicht 1 dargestellten Möglichkeiten der Einordnung ins Gliederungsschema.

Übersicht 1:	Gewinngemeinschaft und (Teil-)Gewinnabführung im Gliederungsschema
GuV der Gesellschaft*/des übergeordneten Unternehmens**	
Erträge aus Gewinngemeinschaften* und (Teil-)Gewinnabführungsverträgen	Vor oder hinter Posten Erträgen aus Beteiligungen
Aufwendungen aus Verlustübernahme	Vor oder hinter Posten Zinsen und ähnliche Aufwendungen
GuV der Gesellschaft*/des untergeordneten Unternehmens**	
Erträge aus Verlustübernahme	Vor Posten Jahresüberschuss/-fehlbetrag
Aufgrund von Gewinngemeinschaften* oder (Teil-)Gewinnabführungsverträgen abgeführte Gewinne	Vor Posten Jahresüberschuss/-fehlbetrag
* Bei Gewinngemeinschaften wird i. d. R. kein Über-/Unterordnungsverhältnis begründet.	
** Bei Gewinn- und Teilgewinnabführungsverträgen.	

Hinsichtlich des Ausweises von Steuerumlagen bei der Organschaft wird auf → § 275 Rz. 77 verwiesen. 58

4. Ausgleichszahlungen an Minderheitsgesellschafter

Nach § 304 AktG ist bei Abschluss von Gewinnabführungsverträgen ein angemessener Ausgleich für die Minderheitsaktionäre durch eine wiederkehrende Ausgleichszahlung vorgesehen (Dividendengarantie). Der Aufwand der übergeordneten Gesellschaft hieraus ist mit dem be- 59

1 Vgl. *Hüffer*, Aktiengesetz, § 292 Rz. 15, mit Rechtsprechungsnachweisen.

zogenen Gewinn zu saldieren. Übersteigen die Ausgleichszahlungen ausnahmsweise den bezogenen Gewinn, ist der Saldo als Aufwand aus Verlustübernahme auszuweisen (§ 158 Abs. 2 AktG).

Es handelt sich hier aber (wie bei § 158 AktG insgesamt) um eine Ausweisvorschrift für die GuV. Sie zielt vor allem auf die Befreiung vom Saldierungsgebot des § 246 Abs. 2 Satz 1 HGB. Systematisch ist jeder Ausweisfrage zunächst die Ansatz- und Bewertungsfrage vorgeschaltet. Nur für das, was überhaupt anzusetzen ist, kann ein bestimmter Ausweis vorgeschrieben werden.

Aus der Perspektive des Bilanzansatzes ist Folgendes diskussionswürdig: Die Obergesellschaft passiviert zum Zeitpunkt der Rechtswirksamkeit des Gewinnabführungsvertrags als gewisse Verbindlichkeit die Ausgleichsverpflichtung in (evtl. diskontierter) Höhe der (evtl. diskontierten) Höhe der gesamten Zahlungsverpflichtungen über die Vertragslaufzeit. Als Gegenkonto käme nicht nur die Beteiligung am untergeordneten Unternehmen infrage. Fragwürdig erscheint es, die (erwartete) Stärkung der Beteiligung durch den Abführungsvertrag – 100 % statt bisher nur anteiliger Gewinnanspruch – als Abgrenzungsposten oder Vermögensgegenstand zu aktivieren, denn der erhöhte Gewinnanspruch ist z. T. rechtlich – Verankerung außerhalb des Statuts im Gewinnabführungsvertrag –, vor allem aber wirtschaftlich vom Stammrecht losgelöst. Am deutlichsten kommt dies dann zum Ausdruck, wenn er – anders als das Stammrecht – befristet ist. Aufwand würde in dieser Lösung durch die jährliche Auflösung des Aktivpostens entstehen, während die Garantiedividendenzahlung selbst als erfolgsneutrale Tilgung der Verbindlichkeit verbucht würde.

Die herrschende Praxis passiviert bei Vertragsbeginn aber keine Verbindlichkeit und keinen aktiven Gegenposten und erfasst die Garantiedividenden als Aufwand des jeweiligen Jahres, für das sie gezahlt werden. Diese Lösung verträgt sich nur dann mit dem Vollständigkeitsgebot des § 246 Abs. 1 HGB, wenn die wirtschaftliche Verursachung als Passivierungsvoraussetzung weit ausgelegt wird, etwa mit dem BFH derart, dass eine Verpflichtung nicht nur entstanden sein, sondern auch Vergangenes abgelten muss. Dies entspräche dem Alimentationsgedanken, wonach Aufwendungen erst in der Periode zu erfassen sind, in der die (erwarteten) korrespondierenden Erträge anfallen.

Steuerliche Besonderheiten ergeben sich bei (teilweise) variablen Ausgleichszahlungen aus § 14 Abs. 2 KStG.[1]

5. Aufwands- und Ertragsrealisation

60 Sind die **Geschäftsjahre** der unter- und übergeordneten Gesellschaft **zeitgleich** mit dem der übergeordneten Gesellschaft, hat die übergeordnete Gesellschaft ihre Verlustausgleichsverpflichtung als Aufwand und ihren Gewinnanspruch als Ertrag **phasenkongruent** auszuweisen.

Endet das Geschäftsjahr der **untergeordneten** Gesellschaft erst **später**,

- kann wegen des Realisationsprinzips ein **Ertrag noch nicht** erfasst werden.
- Ein **Aufwand** ist wegen des Imparitätsprinzips hingegen (in geschätzter Höhe) **schon** im Abschluss der übergeordneten Gesellschaft zu erfassen, wobei z. T. ein Ausweis unter

1 Vgl. BMF, Schreiben v. 4.3.2020 – IV C 2 – S 2770/19/10003 :002, BStBl 2020 I S. 256; hierzu sowie zur BFH-Rechtsprechung: *Adrian*, StuB 2020 S. 316 ff.

sonstigen betrieblichen Aufwendungen befürwortet wird, da die tatsächlichen Verluste noch nicht feststehen.[1]

V. Erträge und Aufwendungen aus Diskontierung und Währungsumrechnung (Abs. 5)

1. Abzinsung von Schulden oder Vermögensgegenständen

Erträge bzw. Aufwendungen aus der Abzinsung sind nach Abs. 5 Satz 1 in der GuV gesondert 61
unter den Posten „Sonstige Zinsen und ähnliche Erträge" sowie „Zinsen und ähnliche Aufwendungen" auszuweisen. Der Sonderausweis kann am besten durch einen **Davon-Vermerk** oder durch vorspaltige Darstellung geleistet werden. Auch eine Verlagerung des Sonderausweises in den Anhang gilt als zulässig.[2]

Unter Berufung auf die Gesetzesentwicklung und insbesondere die Begründung des Rechtsausschusses wird z. T. eine Begrenzung des Anwendungsbereichs von Abs. 5 Satz 1 auf **Rückstellungen** für zulässig[3] oder geboten[4] gehalten. Dem Gesetzeswortlaut sind keine derartigen Beschränkungen zu entnehmen. Unseres Erachtens unterliegen daher auch Abzinsungen auf andere Schulden sowie auf Vermögensgegenstände der Vorgabe von Abs. 5.[5]

Betroffen vom Sonderausweis sind nach dem Gesetzeswortlaut nur **Abzinsungen,** hingegen 62
keine Aufzinsungen. Eine Einbeziehung der Aufzinsung halten wir entgegen der wohl h. M. angesichts des fehlenden Hinweises im Gesetz nicht für verpflichtend. Soweit zur Begründung der h. M.[6] auf das analytische Interesse an einer Erfolgsspaltung in u. a. operatives und Finanzergebnis verwiesen wird, halten wir dies nicht für zwingend. Auch in anderen Kontexten bedient das Gesetz solche Interessen nicht, indem etwa Abschreibungen auf Finanzanlagen im Finanzergebnis, Verluste aus deren Abgängen hingegen im operativen Ergebnis ausgewiesen werden (→ § 275 Rz. 61). Folgt man gleichwohl der h. M., so sollte u. E. im Interesse der Klarheit die Bezeichnung des Davon-Postens angepasst werden, also z. B. „Erträge aus **Ab- und Aufzinsungen"** lauten.

Positive Ergebnisbeiträge („Erträge") aus der Abzinsung können finanzmathematisch bei der Diskontierung von Schulden, negative („Aufwendungen") aus der Abzinsung bei der Diskontierung von Vermögensgegenständen entstehen. Vorauszusetzen ist dabei aber, dass

- ► im ersten Schritt ein **undiskontierter** Betrag eingebucht und
- ► im zweiten Schritt durch Zinsertrag oder Zinsaufwand auf den diskontierten korrigiert wird (sog. Bruttomethode).[7]

BEISPIEL ► Dem zu diesem Zeitpunkt gerade 37 Jahre alt gewordenen Arbeitnehmer wird am 1.1.01 eine Pensionszusage auf das 67. Lebensjahr (31.12.31) ohne Hinterbliebenenschutz erteilt, die er wahlweise am 31.12.31 auch als Einmalbetrag abrufen kann. Der Barwert auf den 31.12.31 bzw. der kalkulierte Einmalbetrag beträgt 3.000 T€. Nach Einmalprämienverfahren (und unter Vernachlässigung der Mög-

1 Vgl. *ADS*, § 277 Tz. 72.
2 IDW RS HFA 34 Tz. 50.
3 *Wobbe* in Haufe HGB Bilanz Kommentar, 12. Aufl. 2021, § 277 Tz. 16.
4 IDW RS HFA 34 Tz. 50.
5 Gleicher Auffassung *Theile/Stahnke/Nagafi*, StuB 2011 S. 323 ff.
6 IDW RS HFA 30 Tz. 86 ff.; IDW RS HFA 34 Tz. 50; *Gelhausen/Fey/Kämpfer*, Rechnungslegung und Prüfung nach dem Bilanzrechtsmodernisierungsgesetz, Düsseldorf 2009, Abschn. I Tz. 90 f.
7 Vgl. *Weigl/Weber/Costa*, BB 2009 S. 1062 ff.

lichkeit des Vorversterbens) ist am 31.12.01 undiskontiert eine Zuführung von 100 T€ geboten, diskontiert mit 6 % eine Zuführung von 17 T€. Nach der sog. Bruttomethode wären 100 T€ als Personalaufwand zu buchen, zum Ausgleich aber 83 T€ als Zinsertrag.

Unseres Erachtens ist die im vorstehenden Beispiel dargestellte Bruttomethode aber unangemessen.[1] Der Rückstellung ist vielmehr von vornherein nur der diskontierte Betrag zuzuführen (Personalaufwand im Beispiel 17 T€). Die Bruttomethode entspricht nicht der allgemeinen Definition des **Zinses als laufzeitabhängiges Entgelt** für eine Kapitalüberlassung. Eine Kapitalüberlassung (qua Stundung) erbringt bei Pensions-, Rückbauverpflichtungen etc. bestenfalls der Vertragspartner als Gläubiger der Schuld, hingegen nicht das Unternehmen als Schuldner. Daher ist zwar die Qualifizierung der Aufzinsung als Zinsaufwand beim Unternehmen gerechtfertigt, hingegen nicht die Qualifizierung des Abzinsungseffekts als Zinsertrag.

63 Als Zinsaufwand oder Zinsertrag können hingegen Aufwendungen und Erträge aus der **Änderung des Diskontierungssatzes** gem. § 253 Abs. 2 HGB zu werten sein, unabhängig davon, ob sie auf eine Änderung der Marktverhältnisse für gegebene Laufzeiten oder auf eine geänderte Einschätzung der Restlaufzeit zurückzuführen sind. Unseres Erachtens ist allerdings eine Erfassung unter der primären Aufwandskategorie, also etwa im Fall von Pensionen unter Personalaufwand, zu bevorzugen.[2] Das IDW hält einen Ausweis im operativen oder im Finanzergebnis gleichermaßen für gerechtfertigt.[3]

64 Aufzinsungen sind in Abs. 5 Satz 1 nicht förmlich angesprochen. Diese führen zu **Aufwand bei Schulden**, etwa

- ► Pensionsrückstellungen oder sonstigen Rückstellungen nach § 253 Abs. 2 HGB,
- ► mit dem Ausgabebetrag eingebuchter Verbindlichkeiten aus Nullcoupon-Anleihen (Zerobonds) sowie
- ► mit langfristigen Zahlungszielen versehenen, nominell nicht verzinsten Kaufpreisverbindlichkeiten

und zu **Ertrag bei Vermögensgegenständen,** etwa bei

- ► Nullcoupon-Anleihen beim Inhaber oder
- ► mit langfristigen Zahlungszielen versehenen, nominell nicht verzinsten Kaufpreisforderungen.

Eine Separierung vom primären Aufwand ist zulässig, aber u. E. nicht geboten. Bei Zuführungen zu Pensionsrückstellungen kann daher u. E. zwischen voller Erfassung des Zuführungsbetrags im Personalaufwand einerseits und Aufteilung auf Personal- und Zinsaufwand andererseits gewählt werden (→ § 275 Rz. 46).

Im Fall von Nullcoupon-Anleihen oder Kaufpreisverbindlichkeiten/-forderungen fehlt der Zusammenhang mit einer primären Aufwandsart. Die Aufzinsung ist als Zinsertrag oder -aufwand zu erfassen. Entsprechendes soll für sonstige Rückstellungen gelten.[4]

---

1 Gleicher Auffassung IDW RS HFA 34 Tz. 11. Großzügiger *Wobbe* in Haufe HGB Bilanz Kommentar, 12. Aufl. 2022, § 277 Tz. 20.

2 Für ein Wahlrecht IDW RS HFA 30 Tz. 88.

3 IDW RS HFA 34 Tz. 49.

4 IDW RS HFA 34 Tz. 47.

Zinseffekte können sich auch aus der **Bewertung von Steuerrückstellungen** ergeben, wenn diese bei der Zugangsbewertung gem. IDW[1] nicht mit dem Nominalbetrag der erwarteten Steuerzahlung, sondern mit dem diskontierten Betrag erfasst werden (→ § 253 Rz. 135). Im Rahmen der Folgebewertung ist dann wie folgt zu differenzieren: 65

- Erträge oder Aufwendungen aus der Änderung des Abzinsungssatzes oder der Neueinschätzung der Laufzeit sind nach Abs. 5 Satz 1 gesondert im Finanzergebnis zu zeigen. Ein Wahlrecht zum Ausweis im Steuer- statt im Finanzergebnis besteht nach zutreffender Auffassung des IDW nicht.[2]
- Aufwendungen aus der Aufzinsung unterliegen nach der hier vertretenen, aber nicht herrschenden Auffassung (→ Rz. 62) nicht Abs. 5 Satz 1 und sind damit zwar im Finanzergebnis, aber ohne Sonderausweis zu erfassen. Nach der h. M. ist ein Sonderausweis geboten.

Die handelsrechtliche Erfassung der Steuern im Finanzergebnis „schützt" steuerrechtlich nicht vor den Abzugsverboten für die GewSt und KSt bzw. für die darauf entfallenden Nebenleistungen. Demzufolge ist in der Überleitung des handelsrechtlichen Ergebnisses auf das Steuerbilanzergebnis eine Bereinigung des Zinsergebnisses um Zinsen auf KSt und GewSt vorzunehmen.[3]

2. Währungserfolge

Erträge bzw. Aufwendungen aus der Währungsumrechnung sind nach Abs. 5 Satz 2 in der GuV gesondert unter dem Posten „Sonstige betriebliche Erträge" bzw. „Sonstige betriebliche Aufwendungen" auszuweisen. Der Sonderausweis kann am besten durch einen **Davon-Vermerk** geleistet werden. Auch eine Aufgliederung der sonstigen betrieblichen Erträge/Aufwendungen kommt infrage. Bei **Unwesentlichkeit** der Währungserfolge ist ein Sonderausweis entbehrlich. 66

Bei **Wesentlichkeit** kann sich eine Abweichung zur **internen Kostenrechnung** ergeben: 67

BEISPIEL ► U handelt mit Öl, das er in USD einkauft und in Euro verkauft. Materialaufwand und Rohertrag sind wesentlich durch die Preisentwicklung beim Öl gekennzeichnet, wobei es für U unerheblich ist, ob Preisänderungen auf Änderungen des USD-Preises oder auf Änderungen des Wechselkurses zurückzuführen sind. Beide Effekte werden kostenrechnerisch im Materialaufwand erfasst. Fraglich ist hingegen, ob nach Abs. 5 Satz 2 der Währungseffekt in der GuV zwingend unter sonstigen betrieblichen Aufwendungen oder Erträgen zu erfassen ist.

Nach Auffassung eines Teils des Schrifttums unterliegen währungsbedingte Niederstwertabschreibungen (auf immaterielle und Sachanlagen sowie Vorräte) nicht den Vorgaben von Abs. 5 Satz 2.[4] Für eine solche Ansicht – inzwischen durch DRS 25.35 bestätigt – spricht die Konzeption des Gesetzes: Sie setzt voraus, dass dem Grunde nach „sonstige betriebliche Erträge/Aufwendungen" vorliegen, die sich lediglich von anderen Unterarten sonstiger betrieblicher Erträge/Aufwendungen unterscheiden. Liegen hingegen in anderen Fällen dem Grunde nach gar keine sonstigen betrieblichen Erträge/Aufwendungen vor, sondern Materialaufwendungen, Abschreibungen etc., ist auch der gesetzlich vorausgesetzte Unterausweis obsolet. Unseres Erachtens besteht insofern ein Wahlrecht zwischen Erfassung bei der primären Ertrags-/

1 IDW RS HFA 34 Tz. 34.
2 IDW RS HFA 34 Tz. 49 f.
3 Vgl. zum Ganzen *Herzig/Liekenbrock*, DB 2013 S. 409 ff.
4 Vgl. *Roß*, WPg 2012 S. 18 ff. sowie *Zwirner/Künkele/Froschhammer*, BB 2011 S. 1323 ff., m. w. N.

Aufwandsart (ohne Sonderausweis) und Erfassung als sonstiger betrieblicher Ertrag/Aufwand (mit Sonderausweis).

68 Nach **enger** Lesart betrifft ein Ertrag oder Aufwand „aus der Währungsumrechnung“ nur die **unrealisierten** Währungserfolge, die sich aus der Umrechnung zum Bilanzstichtag noch nicht erledigter Posten ergeben.[1] Zu differenzieren wäre danach wie folgt:

BEISPIEL ► Zwei USD-Darlehen werden Anfang 01 aufgenommen. Darlehen I wird zum 31.12.01 zurückgezahlt, Darlehen II zum 2.1.02. Die Wechselkurse am 31.12.01 und 2.1.02 sind identisch.

Aus Darlehen I entsteht im Jahr 01 ein realisierter Erfolg, der nach enger Lesart nicht gesondert in der GuV anzugeben ist.

Aus Darlehen II entsteht per 31.12.01 ein unrealisierter Erfolg, der gesondert anzugeben ist.

Unseres Erachtens ist die enge Lesart **nicht angemessen,** da Abs. 5 Satz 2 allgemein von Erfolgen „aus der Währungsumrechnung“ und nicht spezifiziert von Erfolgen „aus der Währungsumrechnung zum Bilanzstichtag“ spricht.[2] Auch DRS 25.36 fasst beide Erfolge zusammen.

Folgt man gleichwohl der **engen Lesart** und hält man die im vorstehenden Beispiel dargelegte Differenzierung für notwendig, ergeben sich – immer unter dem Vorbehalt, dass die Beträge überhaupt wesentlich sind und sie sonstige betriebliche Erträge oder Aufwendungen darstellen – folgende **Ausweisalternativen:**[3]

- Gesonderter Ausweis der unrealisierten Beträge in der GuV und Angabe der realisierten Beträge im Rahmen der Aufspaltung der sonstigen betrieblichen Aufwendungen und Erträge im Anhang.
- Verzicht auf einen Sonderausweis in der GuV unter Berufung auf § 265 Abs. 7 Nr. 2 HGB; Angabe der unrealisierten Beträge und realisierten Beträge im Rahmen der Aufgliederung der sonstigen betrieblichen Aufwendungen und Erträge im Anhang.
- Gesonderter Ausweis der gesamten Beträge aus der Währungsumrechnung in der GuV und Angabe der unrealisierten Beträge sowie der realisierten Beträge im Rahmen der Aufgliederung der sonstigen betrieblichen Aufwendungen und Erträge im Anhang.

Da in DRS 25.36 die enge Lesart – Ausweis nur der unrealisierten Währungserfolge – abgelehnt wird, stellt sich die Frage, ob gleichwohl im Einzel- bzw. Jahresabschluss (für den die DRS nicht bindend sind) weiter so verfahren werden darf. Der Ausschuss für Rechnungslegung und Prüfung der WPK lehnt dies mit zweifelhafter Begründung ab.[4] Eine eingehende Analyse von *Farwick* gelangt zu dem zutreffenden Schluss, dass beide Lesarten, die enge und die weite, gesetzeskonform sind.[5]

69 Zum Ausweis konzernspezifischer Währungserfolge wird auf → § 308a Rz. 46 verwiesen.

70 Spezifische Ausführungen zum Ausweis von Währungserfolgen in Abschlüssen von Kreditinstituten enthält IDW RS BFA 4. Danach müssen die Erfolge aus der Währungsumrechnung nicht im sonstigen betrieblichen Ertrag/Aufwand ausgewiesen werden. Alternativ können Sie bei

1 Vgl. *Zwirner/Künkele/Froschhammer,* BB 2011 S. 1323 ff.
2 Gleicher Auffassung *Roß,* WPg 2012 S. 18 ff.
3 Vgl. *Zwirner/Künkele/Froschhammer,* BB 2011 S. 1323 ff.
4 WPK Magazin 3/2020 S. 40.
5 *Farwick,* StuB 2021 S. 58 ff.

dem Posten berücksichtigt werden, bei dem die sonstigen Bewertungsergebnisse des umgerechneten Bilanzpostens oder Geschäfts ausgewiesen werden.

§ 278

[vor BilRUG:] [1]Die Steuern vom Einkommen und vom Ertrag sind auf der Grundlage des Beschlusses über die Verwendung des Ergebnisses zu berechnen; liegt ein solcher Beschluss im Zeitpunkt der Feststellung des Jahresabschlusses nicht vor, so ist vom Vorschlag über die Verwendung des Ergebnisses auszugehen. [2]Weicht der Beschluss über die Verwendung des Ergebnisses vom Vorschlag ab, so braucht der Jahresabschluss nicht geändert zu werden.

§ 278 HGB war ein Relikt körperschaftsteuerlicher **Anrechnungsverfahren.** 1

Seit Einführung des Halbeinkünfte- bzw. Teileinkünfteverfahrens 2001 bzw. 2008 hat die Ausschüttungspolitik keinen Einfluss mehr auf die Höhe des Körperschaftsteueraufwands. 2

Durch das BilRUG wurde § 278 deshalb aufgehoben.

Fünfter Titel: Anhang

§ 284 Erläuterung der Bilanz und der Gewinn- und Verlustrechnung

(1) [1]In den Anhang sind diejenigen Angaben aufzunehmen, die zu den einzelnen Posten der Bilanz oder der Gewinn- und Verlustrechnung vorgeschrieben sind; sie sind in der Reihenfolge der einzelnen Posten der Bilanz und der Gewinn- und Verlustrechnung darzustellen. [2]Im Anhang sind auch die Angaben zu machen, die in Ausübung eines Wahlrechts nicht in die Bilanz oder in die Gewinn- und Verlustrechnung aufgenommen wurden.

(2) Im Anhang müssen

1. **die auf die Posten der Bilanz und der Gewinn- und Verlustrechnung angewandten Bilanzierungs- und Bewertungsmethoden angegeben werden;**
2. **Abweichungen von Bilanzierungs- und Bewertungsmethoden angegeben und begründet werden; deren Einfluss auf die Vermögens-, Finanz- und Ertragslage ist gesondert darzustellen;**
3. **bei Anwendung einer Bewertungsmethode nach § 240 Abs. 4, § 256 Satz 1 die Unterschiedsbeträge pauschal für die jeweilige Gruppe ausgewiesen werden, wenn die Bewertung im Vergleich zu einer Bewertung auf der Grundlage des letzten vor dem Abschlussstichtag bekannten Börsenkurses oder Marktpreises einen erheblichen Unterschied aufweist;**
4. **Angaben über die Einbeziehung von Zinsen für Fremdkapital in die Herstellungskosten gemacht werden.**

(3) [1]Im Anhang ist die Entwicklung der einzelnen Posten des Anlagevermögens in einer gesonderten Aufgliederung darzustellen. [2]Dabei sind, ausgehend von den gesamten Anschaffungs- und Herstellungskosten, die Zugänge, Abgänge, Umbuchungen und Zuschreibungen des Geschäftsjahrs sowie die Abschreibungen gesondert aufzuführen. [3]Zu den Abschreibungen sind gesondert folgende Angaben zu machen:

1. **die Abschreibungen in ihrer gesamten Höhe zu Beginn und Ende des Geschäftsjahrs,**
2. **die im Laufe des Geschäftsjahrs vorgenommenen Abschreibungen und**
3. **Änderungen in den Abschreibungen in ihrer gesamten Höhe im Zusammenhang mit Zu- und Abgängen sowie Umbuchungen im Laufe des Geschäftsjahrs.**

[4]Sind in die Herstellungskosten Zinsen für Fremdkapital einbezogen worden, ist für jeden Posten des Anlagevermögens anzugeben, welcher Betrag an Zinsen im Geschäftsjahr aktiviert worden ist.

Inhaltsübersicht — Rz.

LITERATUR:

Budde/Förschle, Ausgewählte Fragen zum Inhalt des Anhangs, DB 1988 S. 1457; *Grässle,* Wesentlichkeitsgrenzen in der Abschlussprüfung (IDW PS 250 n. F.), WP Praxis 2013 S. 75; *Hoffmann,* Anmerkungen zum Grundsatz der Wesentlichkeit im Anhang, BB 1986 S. 1050; *Hoffmann,* Der Anhang vor und nach dem BilMoG, BRZ 2009 S. 259; *Lüdenbach/Hoffmann,* Die wichtigsten Änderungen der HGB-Rechnungslegung durch das BilMoG, StuB 2009 S. 309; *Lüdenbach,* Verzicht auf einen Anlagespiegel aus Wesentlichkeitsgründen, StuB 2012 S. 33; *Niehus,* Nahestehende Personen nach dem BilMoG, DStR 2008 S. 2280; *Ossadnik,* Wesentlichkeit als Bestimmungsfaktor für Angabepflichten im Jahresabschluss und Lagebericht, BB 1993 S. 1763; *Petersen/Zwirner,* Angabepflicht der Honoraraufwendungen für den Abschlussprüfer, WPg 2008 S. 279; *Siegle,* Die Behandlung geringwertiger Wirtschaftsgüter ab 2010, DStR 2010 S. 1068; *Zwirner/Künkele/Froschhammer,* Angaben zur Fremdwährungsumrechnung nach BilMoG, BB 2011 S. 1323 ff.

I. Grundlagen

1. Anwendungsbereich

1 Die Anhangerstellungspflicht betrifft gem. § 264 Abs. 1 Satz 1 HGB alle **Kapital**gesellschaften und über § 264a Abs. 1 HGB alle **„Kap. & Co.“**-Gesellschaften. Eine generelle Befreiung sehen § 264 Abs. 3 HGB und § 264b HGB vor. Auf die dortigen Kommentierungen (→ § 264 Rz. 1; → § 264b Rz. 1) wird verwiesen. Ähnliche Regelungen gelten für die dem **PublG** unterliegenden Unternehmen.

2 Für **kleine** und **mittelgroße** Kapital- und „Kap. & Co.“-Gesellschaften i. S. des § 267 Abs. 1 und 2 HGB (→ § 267 Rz. 14) sind in § 274a, § 276 Satz 2 und § 288 HGB spezifische **Befreiungen** von Angabepflichten vorgesehen. Die Kommentierung erfolgt unter diesen Paragraphen.

2a **Kleinst**-Kapital- und -„Kap. & Co.“-Gesellschaften sind von der Anhangerstellungspflicht befreit (→ § 267a Rz. 1), wenn sie unterhalb der Bilanz folgende Angaben machen:

- Haftungsverhältnisse nach § 251 HGB (→ § 251 Rz. 8 ff.) und § 268 Abs. 7 HGB (→ § 268 Rz. 150 ff.),
- Vorschüsse und Kredite an Organmitglieder nach § 285 Nr. 9c HGB (→ § 285 Rz. 70),
- bei Aktien- und KGaA-Gesellschaften Angaben zu eigenen Aktien nach § 160 Abs. 1 Nr. 2 AktG (→ Rz. 38).

3 Bei **freiwilliger** Erstellung eines Anhangs sollten die für die entsprechende Größenklasse vorgeschriebenen Angaben vollständig geleistet werden. Ansonsten darf der Begriff „Anhang“ u. E. nicht verwendet werden. Die Überschrift muss dann z. B. „Abschlusserläuterungen“ lauten.

4 Bei **kapitalmarktorientierten** Aktiengesellschaften hat sich der aus dem AktG 1965 überkommene **„Geschäftsbericht“** als Überschrift zur Berichterstattung des Vorstands über das abgelaufene Geschäftsjahr erhalten. Der Anhang ist darin als Bestandteil des Jahresabschlusses vom Lagebericht (→ § 289 Rz. 8) und von anderen Berichtsteilen **abzuheben.**

5 Der Anhang findet sein Pendant mit weitgehend gleichem Inhalt im **Konzern**anhang gem. §§ 313 und 314 HGB. § 298 Abs. 3 HGB erlaubt deshalb eine Zusammenfassung von Konzernanhang und Anhang der Muttergesellschaft (→ § 298 Rz. 38). Entsprechendes gilt für den Lagebericht (→ § 315 Rz. 3).

6 Der Konzernabschluss kennt als weitere Pflichtbestandteile gem. § 297 Abs. 1 HGB die **Kapitalflussrechnung** (→ § 297 Rz. 6) und den **Eigenkapitalspiegel** (→ § 297 Rz. 92) sowie als freiwilliges Element die **Segment**berichterstattung (→ § 297 Rz. 1). Wer den Einzelabschluss mit ent-

sprechenden Rechenwerken anreichern möchte, sollte diese als Nichtbestandteile des Jahresabschlusses kennzeichnen.

2. Funktion des Anhangs

7 Ein Jahresabschluss (auch Konzern- oder Zwischenabschluss) jedweder Provenienz stellt ein Rechenwerk dar und basiert somit nach Maßgabe der genialen Erfindung von *Luca Pacioli* auf Zahlen, die in irgendeiner Währung, d. h. in Geldeinheiten, ausgedrückt werden. Dadurch lassen sich Eigenkapital, Ergebnis und andere rechnerische Größen ermitteln. Dann aber sind die Grenzen der Doppik erreicht. Sie kann z. B. nicht darstellen,

- wie die in das Rechenwerk eingeführten Zahlen **ermittelt** worden sind (Ermittlungsweise),
- wie die Einzelbeträge zu Ausweisposten **aggregiert** worden sind (Gliederung),
- ob die aggregierten Größen zur besseren Darstellung **disaggregiert** werden müssen (Entlastung),
- was die ausgewiesenen Posten **enthalten** (Erläuterung) und
- welcher **Ergänzung** die ausgewiesenen Posten bedürfen (Vermerke).

8 Dagegen kommt dem Anhang **keine Kompensationsfunktion** zur Korrektur eines falschen Rechenwerks (Bilanz und GuV) zu. Eine nicht regelgerechte Bilanzierung kann nicht durch Offenlegung im Anhang berichtigt werden.

BEISPIEL Die in Schieflage geratene vorläufige Bilanz der S-GmbH zum 31.12.01 soll zur Beruhigung des Kreditsachbearbeiters der Hausbank aufgefrischt werden. Deshalb bringt die GmbH am 20.1.02 mit notariellem Vertrag ihr Verwaltungsgebäude unter Aufdeckung stiller Reserven als Sacheinlage in eine neugegründete Tochter-GmbH & Co. KG mit Wirkung ab 31.12.01 24 Uhr ein.

Im Anhang für 01 wird berichtet: „Durch formwirksamen Vertrag vom 20.1.02 haben wir mit wirtschaftlicher Rückwirkung zum 31.12.01 das Grundstück XY in das Vermögen einer neugegründeten Tochtergesellschaft eingebracht und dabei stille Reserven i. H. von 77 aufgedeckt."

Diese Bilanzierung verstößt gegen das Realisations- (→ § 252 Rz. 166 und → § 246 Rz. 233) und Stichtagsprinzip (→ § 252 Rz. 39 und → § 252 Rz. 66) und wird nicht durch die Anhangoffenlegung richtig.[1]

9 Andererseits befindet sich der Anhang in trauter Eintracht mit Bilanz und GuV bzgl. der Vermittlung des *true and fair view* i. S. des § 264 Abs. 2 Satz 1 HGB: Alle drei Abschlussbestandteile **gemeinsam** sollen diesen Einblick vermitteln, notfalls durch eine **ergänzende** Angabe nach § 264 Abs. 2 Satz 2 HGB, wenn ausnahmsweise der gesetzesgemäß aufgestellte Abschluss diesen Einblick nicht vermitteln sollte (→ § 264 Rz. 15). „Gesetzesgemäß" heißt: im Rahmen der GoB (→ § 243 Rz. 1); möglicherweise verhindern diese dabei gerade die Vermittlung des *true and fair view*.

BEISPIEL Zwei Anlagebauer gründen ein *Joint Venture* zur Errichtung einer Meerwasserentsalzungsanlage im Mittleren Osten. Der Auftrag ist wegen des besonderen Know-how der beiden *Venturer* hoch gewinnträchtig. Der Montagezeitraum beträgt drei Jahre. Bei Anwendung der *Completed-Contract*-Methode (→ § 252 Rz. 123) darf der Gewinn erst im Jahr 3 nach Fertigstellung der Anlage ausgewiesen werden, obwohl er auch schon in den beiden Vorjahren erwirtschaftet wird.

---

1 Vgl. *Lüdenbach/Hoffmann*, DB 2009 S. 861.

Die *Joint-Venture*-Gesellschaft kann

- von der Ausnahmeregel in § 252 Abs. 2 HGB (→ § 252 Rz. 126) Gebrauch machen und die *Percentage-of-Completion*-Methode der Bilanzierung unter Anhangoffenlegung gem. Abs. 2 Nr. 1 anwenden oder
- nach der *Completed-Contract*-Methode bilanzieren und die in den ersten beiden Jahren wegen der Nichtaktivierbarkeit von bestimmten Kostenelementen entstehenden Verluste durch eine – auch quantifizierende – Anhangerläuterung zurechtrücken.

3. Grundlage der Berichterstattung

10 Als Bestandteil des Jahresabschlusses muss der Anhang die **allgemeinen Kriterien** der Rechnungslegung erfüllen und z. B. nach § 243 Abs. 2 HGB klar und übersichtlich sein (→ § 243 Rz. 18). Daneben gelten wie bei der Lageberichterstattung die selbstverständlichen Anforderungen der Wahrheit und Vollständigkeit (→ § 289 Rz. 12).

Der Anhang muss gem. § 244 HGB in **deutscher** Sprache erstellt und ggf. in **Euro** quantifiziert werden (→ Rz. 63, → § 244 Rz. 2). Angaben in **Fremdwährung** sind unter Nennung des Umrechnungskurses in Euro am Bilanzstichtag zulässig.

11 **Fehlanzeigen** sind nicht erforderlich. Wenn keine Grundpfandrechte bestehen, muss folglich die Angabepflicht in § 285 Nr. 1b HGB (→ § 285 Rz. 5) nicht umgedreht werden: „Unser Grundbesitz ist pfandfrei." Als zulässig gilt allerdings eine solche **freiwillige** Angabe (→ Rz. 20), u. E. nur mit Vorbehalten.

12 **Vorjahreszahlen** unterliegen nicht der Angabepflicht, es sei denn, sie enthalten Bilanz- und GuV-Posten, die z. B. bei Zusammenfassung von Posten nach § 265 Abs. 7 Nr. 2 HGB (→ § 265 Rz. 50) oder als Davon-Angaben (etwa nach § 268 Abs. 4 Satz 1) in den Anhang verlagert worden sind.[1]

12a Die Strukturierung der Anhangangabepflichten ist *„top down"*-orientiert, d. h., nach der Aufzählung **aller** überhaupt infrage kommender Angabepflichten in den §§ 284, 185 HGB folgen in den §§ 286 bis 288 HGB **Ausnahmen** für das mittlere und kleine Gesellschaftsformat. Die EU-Rechnungslegungsrichtlinie geht den umgekehrten Weg *(bottom up)*: Erst werden die auch von kleinen Gesellschaften zu machenden Angaben genannt, um dann die weiteren Erfüllungspflichten für die größeren Einheiten aufzulisten (→ Rz. 34).

4. Inhalt

4.1 Gliederung

13 Zur Darstellungs**form** macht das Gesetz keine Vorgaben. Nach Verabschiedung des Bilanzrichtliniengesetzes hat sich im Bereich des „Big Business" eine an dem Geschäftsbericht des AktG 1965 ausgerichtete Verfahrensweise etabliert, die dann als Muster auch im kleinen und mittelständischen Bereich diente und weiterhin dient. Die **Gliederungsstruktur** stellt sich nach dieser Vorgabe gewöhnlich etwa wie folgt dar:

- Allgemeines bzw. Vorbemerkung,
- Bilanzierungs- und Bewertungsmethoden oder -grundsätze,
- Erläuterungen zur Bilanzierung (in der Reihenfolge der Posten),

1 IDW RS HFA 39 Tz. 1.

- Erläuterungen zur GuV (in der Reihenfolge der Posten) sowie
- sonstige Angaben.

Je nach Unternehmensgröße werden die sonstigen Angaben weiter untergliedert, insbesondere in

- Haftungsverhältnisse, finanzielle Verpflichtungen,
- Organbezüge und -kredite sowie
- Nennung der Organe.

4.2 Vollständigkeitskontrolle, Informationsgehalt, Verschleierung

14 Das Schrifttum bietet reichlich Mustergliederungen und -formulierungen sowie Checklisten zur Vollständigkeitskontrolle. Datenbanken stellen Textbausteine und ebenfalls „Musteranhänge" zur Verfügung. Bei erwünschtem Marketing werden im größeren Unternehmensbereich Werbeagenturen und Sprachexperten zurate gezogen. Alle diese Erscheinungen bergen die Tendenz zunächst zur **formellen Vollständigkeit,** dann aber zur Loslösung vom Gesetzesziel, nämlich einer **spezifischen Information** über den Inhalt der Bilanz und der GuV, welche die reine zahlenmäßige Darstellung nicht liefern kann (→ Rz. 7). Der Inhalt der gesetzlich vorgegebenen Angaben wird mitunter durch einen Wust freiwilliger Angaben vernebelt.

15 Dazu folgender im **Bundesanzeiger** ohne systematisches Suchen aufgefundener (Teil-)Anhang einer großen GmbH i. S. des § 267 Abs. 3 HGB mit mittelständischer Unternehmensstruktur:

BEISPIEL ► **Vorbemerkungen**

Der Jahresabschluss für das Geschäftsjahr 2006 wurde nach den Vorschriften in §§ 242 ff. HGB unter Beachtung der ergänzenden Bestimmungen für Kapitalgesellschaften in §§ 264 ff. HGB erstellt.

Die Gewinn- und Verlustrechnung ist nach dem Gesamtkostenverfahren aufgestellt.

Von der Möglichkeit, Berichtspflichten im Anhang anstatt in der Bilanz/Gewinn- und Verlustrechnung zu erfüllen, wurde Gebrauch gemacht.

Die Bewertung wurde unter Berücksichtigung der Fortführung des Unternehmens durchgeführt (*Going-Concern*-Prinzip).

Bilanzierungs- und Bewertungsgrundsätze

Immaterielle Vermögensgegenstände sind mit den Anschaffungskosten ausgewiesen und werden ihrer voraussichtlichen Nutzungsdauer entsprechend **linear abgeschrieben.**

Sachanlagen sind zu Anschaffungs- oder Herstellungskosten, teilweise vermindert um in Vorjahren gewährte **Investitionszuschüsse,** angesetzt sowie um planmäßige Abschreibungen nach der betriebsgewöhnlichen Nutzungsdauer vermindert. Bei den planmäßigen Abschreibungen wurde sowohl die lineare als auch die steuerlich zulässige **degressive Methode** angewandt. Geringwertige Anlagegüter sind im Zugangsjahr in voller Höhe abgeschrieben worden.

Die Finanzanlagen werden zu den Anschaffungskosten oder dem niedrigeren beizulegenden Wert bilanziert.

Die Bewertung der Vorräte erfolgte bei den Roh-, Hilfs- und Betriebsstoffen auf der Basis der Einstandspreise. Die unfertigen und fertigen Erzeugnisse und Leistungen wurden – von Ausnahmen abgesehen – zu Herstellungskosten bewertet. Der Grad der Verwertbarkeit wurde ebenso berücksichtigt wie der Umstand, dass in Einzelfällen niedrigere erzielbare Verkaufserlöse als Basis für die Bewertung anzusetzen waren.

Bei der Bewertung von Lagerbeständen, die der EDV-mäßigen Verwaltung unterliegen, wird die gem. § 6 Abs. 1 Nr. 2a EStG auch steuerlich zulässige **Verbrauchsfolgefiktion** des *„last in – first out"* angewandt. Das Niederstwertprinzip (verlustfreie Bewertung) wurde beachtet.

Die geleisteten Anzahlungen sind mit dem Nennwert unter Kürzung von Einzelwertberichtigungen angesetzt.

Die Forderungen und sonstigen Vermögensgegenstände sowie die liquiden Mittel sind mit dem Nominalwert, die Wertpapiere des Umlaufvermögens sind zu Anschaffungskosten oder den niedrigeren Kurswerten aktiviert. Die Wertberichtigungen zu Lieferungsforderungen werden aktivisch abgesetzt.

Die Steuerrückstellungen und sonstigen Rückstellungen werden i. H. der voraussichtlichen Inanspruchnahme ausgewiesen. Sämtlichen erkennbaren Risiken wurde Rechnung getragen.

Die Verbindlichkeiten sind mit dem Rückzahlungsbetrag passiviert.

16 Der Fettdruck im vorstehenden Beispiel außerhalb der Überschriften soll andeuten: An dieser Stelle wird eine gesetzliche Vorgabe erfüllt, nämlich eine Bilanzierungs- oder Bewertungsmethode i. S. des Abs. 2 Nr. 1 (→ Rz. 36 ff.) dargelegt. Alle übrigen Angaben lassen sich zu der Aussage verdichten: „Wir haben nach HGB bilanziert." Diese Aussage ist gesetzlich nicht vorgeschrieben, gilt indes als zulässig (→ Rz. 11), obwohl sie im Grunde unsinnig ist. Unseres Erachtens ist diese Zulässigkeit **zweifelhaft** (→ Rz. 20), weil sie den Abschlussadressaten keine Information vermittelt und eine textliche Ausbreitung von **Selbstverständlichkeiten** tendenziell vom eigentlich Wichtigen ablenkt. Die in der Rechtsentwicklung – auch nach dem BilMoG – feststellbare ständige Weiterentwicklung der Angabepflichten im Anhang und in trauter Eintracht der Vorgaben für den Lagebericht (→ § 289 Rz. 14) liefert eine Flut von Texten, die der – auch professionell engagierte – Leser nicht mehr verarbeiten kann (→ § 289 Rz. 61). Dem Rechnungsleger eröffnet sich ein elegantes Vehikel zum „Verstecken" wichtiger oder sogar entscheidender Informationen gegenüber der Öffentlichkeit.[1] Denn in der Fülle des gelieferten Datenmaterials werden gerade die wichtigen Nachrichten nicht mehr wahrgenommen.

17 Auch die **Informationsverarbeitung** unterliegt den Gesetzen der Ökonomie.[2] Ihre Ressourcen sind beschränkt, auch in den *Backoffices* der Kapitalmarktbeobachter oder der Nutzer des Bundesanzeigers. Die modellierte **Scheinwelt** der Wissenschaft und der Regulierungsinstanzen prägt demgegenüber die einschlägige Rechnungslegungspraxis. Schlaglichtartig hat die große Wirtschafts- und Bilanzkrise diese Fehlentwicklung der Rechnungslegung beleuchtet:

BEISPIEL ▸ Die Industriekreditbank AG (IKB) hat im Anhang des ersten Geschäftsberichts per 31. 3. 2007 (dem später ein zweiter folgte) am 28. 6. 2007 auf S. 198 f. kurz und schmerzlos über die nicht bilanziell erfassten Risikokonzentrationen über 17 Mrd. € berichtet, die sich einen Monat später als Ursache der Quasipleite herausgestellt haben. Wortlaut: „Die Zahlen sind nicht repräsentativ für das tatsächliche künftige Kreditengagement oder aus diesen Verpflichtungen erwachsende Liquiditätserfordernisse."

Zum Risikobericht der IKB vgl. → § 289 Rz. 15.

18 Die dargestellte Berichterstattungstechnik dient nicht der Information des Abschlussadressaten, sondern der vorbeugenden **Verteidigung** des Vorstands in einem späteren Zivil- oder Strafverfahren, in dem dann der Verteidiger auf S. 327 links unten verweisen kann, „wo ja alles geschrieben steht".

19 Nahtlos verquickt mit einer effektiven Nichtinformation durch unsinnige Häufung von Unwichtigem und Selbstverständlichem ist die Risikoberichterstattung im **Lagebericht** (→ § 289 Rz. 42). Hier wird im Bereich des *„Big Business"* seitenlang nach akademischer Vorgabe über alle möglichen Risiken berichtet, die selbstverständlich gemanagt und damit beherrscht werden und somit ihres unangenehmen Charakters entledigt sind. Der Informationsgehalt tendiert stark zur Null-Linie.

1 Vgl. *Hoffmann*, BB 1986 S. 1052.

2 Höchst instruktiv zum *Information-Overload* oder gar *-Overkill W. Müller* in FS Hommelhoff, 2012, S. 777.

20 Unseres Erachtens sollte die regulatorische Tendenz zu immer umfangreicheren Berichterstattungen und Erläuterungen nicht durch **inhaltslose Aussagen** noch weiter gefördert werden. Der gewonnene Raum steht dann für unternehmensspezifische Aussagen offen (→ Rz. 14) und umgekehrt: Gerade auch bei den Bilanzierungs- und Bewertungsmethoden als besonders wichtigen Anhangangaben (→ Rz. 44) sind Aussagen über die Behandlung der (steuerlichen) geringwertigen Anlagegüter oder die Anwendung der Poolabschreibung i. d. R. ohne Aussagegehalt (→ § 252 Rz. 240). Sie **müssen** unterbleiben, um Platz für wirklich wichtige Informationen zu schaffen. So gesehen sind überflüssige und aussagelose Anhangangaben als **unzulässig** zu qualifizieren. Vgl. hierzu auch weitere Beispiele unter → Rz. 44 ff.

4.3 Typologie der Berichterstattung, insbesondere die Erläuterung

21 Die Berichterstattungspflichten tragen nach dem Gesetzeswortlaut verschiedene Überschriften mit z. T. fließenden Übergängen:

- **Angaben** als Mitteilung einer Tatsache: „Von den sonstigen Verbindlichkeiten haben eine Restlaufzeit von mehr als einem Jahr X €."
- **Darstellung** – umfangreichere Form einer Angabe: „In die Herstellungskosten der Erzeugnisse sind Verwaltungsgemeinkosten und Zinsen, soweit sie dem Herstellungsprozess zugeordnet werden können, einbezogen worden." Ob eine Quantifizierung erforderlich ist, hängt vom konkreten Sachverhalt ab (→ Rz. 63 ff.).
- **Begründung** – die Causa für eine Bilanzierungslösung muss genannt werden: „Wir hatten in den Vorjahren in die Herstellungskosten der Erzeugnisse Verwaltungsgemeinkosten und anteilige Fremdkapitalzinsen aktiviert, um vom Verlust bedrohte steuerliche Verlustvorträge zu retten. Inzwischen konnten die Verlustvorträge verrechnet werden, sodass der bisherigen Bewertung ihre Grundlage entzogen worden ist. Deshalb haben wir auf die Einbeziehungsmöglichkeit der genannten Kosten im vorliegenden Jahresabschluss erstmals verzichtet."
- **Aufgliederung** – ein Posten ist zu zerlegen, z. B. die sonstigen Verbindlichkeiten nach dem Vorschlag in → § 266 Rz. 95.
- **Ausweis** – eine quantifizierende Angabe zum (beispielsweise) Unterschiedsbetrag des Bilanzausweises zu einer anderen Wertgröße in Form des Zeitwerts (→ § 285 Rz. 129 ff.).

22 **Nicht** verlangt sind nach § 284 HGB generelle **Aufgliederungen** der Abschlussposten und deren **Kurzkommentierung.**

BEISPIEL „Wir sind mit einem Produkthaftpflichtfall konfrontiert und müssen mit einer Inanspruchnahme rechnen. Nach jetzigem Kenntnisstand wird sich diese in einer Größenordnung zwischen X T€ und Y T€ bewegen. Wir haben nach Durchspielen verschiedener Szenarien einen Erwartungswert von 700 T€ bilanziert. Ob dieser Ansatz realistisch ist, muss die Zukunft erweisen."

Diese Angabe mag als **erwünscht** gelten, vom Gesetz **verlangt** ist sie **nicht.** Zur Angabepflicht bei Rückstellungen vgl. → Rz. 25.

23 **Erläuterungen** i. d. S. waren im Geschäftsbericht nach dem Aktiengesetz 1965 (§ 160 AktG 1965) vorgesehen,[1] sind aber förmlich **nicht** in das HGB nach BiRiLiG und BilMoG übernommen worden. Vielmehr enthalten die Einzelvorschriften der §§ 284, 285 HGB und die eine oder an-

1 Vgl. *ADS* zum AktG 1965, § 160; *Hoffmann*, BB 1986 S. 1054.

dere der im HGB und den Einzelgesetzen (AktG, GmbHG) verstreuten Normen (→ Rz. 32) spezielle Aufgliederungs- und Erläuterungspflichten. Die Gesetzeslogik ist wie folgt gestrickt: Die Erläuterung – Überschrift des § 284 HGB – erfolgt durch die **explizit geforderten** Angaben etc. und durch nichts anderes. Im Gegensatz dazu verlangt das Gesetz im § 321 Abs. 2 Satz 5 HGB im Prüfungsbericht **allgemein** eine Aufgliederung und Erläuterung der Abschlussposten, soweit solche nicht aufgrund **spezifischer** Vorschriften im Anhang erfolgen müssen.

BEISPIEL[1] „Die Zugänge bei Anteilen an verbundenen Unternehmen und Beteiligungen betreffen ... im Wesentlichen Kapitalzuführungen bei der VW Group Services S. A., der VW Financial Services AG, der Audi AG ...“ etc.

Die gesetzlich zu diesen Vorgängen vorgeschriebenen „Erläuterungen“ gehen aus dem Anlagespiegel hervor, wo die Zugänge auf die Anteile an verbundenen Unternehmen wertmäßig zu zeigen sind. Weitere „Erläuterungen“ – wie hier die Angabe des sich hinter dem Postenausweis verbergenden Inhalts – stellen eine **freiwillige** Anhangangabe dar.

Als weiteres Beispiel für freiwillige, also **überflüssige** Anhangangaben in Form von Erläuterungen und Aufgliederungen sei aus dem Anhang der N-GmbH nach dem Bundesanzeiger zitiert. 24

BEISPIEL „Sämtliche Forderungen und Vermögensgegenstände haben eine Restlaufzeit bis zu einem Jahr. Die Forderungen gegen verbundene Unternehmen bestehen hauptsächlich aus einem Darlehen an die N i. H. von 7.924 T€ (Vorjahr: 4.090 T€). Das Darlehen ist auf unbestimmte Zeit gewährt.“

Dazu folgende Hinweise:

- Angabepflicht – wenn man so will: Erläuterung – besteht nach § 268 Abs. 4 Satz 1 HGB nur für Fälle mit einer Laufzeit von **mehr** als einem Jahr (→ § 268 Rz. 124).
- Die Angabe eines **Schuldners** für einen Forderungsposten ist nirgends verlangt.
- In der Bilanz sind die Forderungen gegen verbundene Unternehmen **als solche** ausgewiesen. Die zitierten „Erläuterungen“ stellen freiwillige Angaben dar.
- **Vorjahreszahlen** brauchen nicht angegeben zu werden (→ Rz. 12).

Die gesamte zitierte Angabe wird vom Gesetz nicht verlangt.

Eine **spezielle** Erläuterungspflicht ergibt sich demgegenüber aus § 285 Nr. 12 HGB für die sonstigen Rückstellungen (→ § 285 Rz. 103). 25

BEISPIEL[2]

Sonstige Rückstellungen	Mio. € 31.12.2007	Mio. € 31.12.2006
- Kurzfristig (bis 1 Jahr)	5.902	4.914
- Mittelfristig	6.593	5.628
- Langfristig (über 5 Jahre)	8.841	8.307
	21.336	18.849

Die sonstigen Rückstellungen bestehen u. a. für Gewährleistungen (2,9 Mrd. €), Personalkosten (2,6 Mrd. €, im Wesentlichen für Dienstjubiläen, Altersteilzeit, Verpflichtungen aus Zeitwerten ...) sowie sonstige Vertriebsaufwendungen (1,4 Mrd. €).

BEURTEILUNG Die verbale (Teil-)Aufgliederung der sonstigen Rückstellungen nach Inhalten entspricht formal den Vorgaben des § 285 Nr. 12 HGB. Allerdings wird nur rund 1/3 der Rückstellungen näher be-

1 Zitiert aus dem Anhang der Volkswagen AG für 2007.
2 Aus dem Anhang der Volkswagen AG für 2007.

nannt. Die Aufgliederung nach Fristigkeit geschieht in Analogie zu den Verbindlichkeiten und ist gesetzlich nicht gefordert.

26 Auch für die **GuV**-Rechnung verlangt das Gesetz „Erläuterungen" nur für bestimmte Posten, z. B. für außergewöhnliche Erträge und Aufwendungen gem. § 285 Nr. 31 HGB (→ § 285 Rz. 193b) und aperiodische gem. § 285 Nr. 32 HGB (→ § 285 Rz. 193f). Andere vergleichbare „Erläuterungen" sind freiwilliger Natur.

BEISPIEL[1]

(1) „Die Umsatzerlöse nach Abzug von Skonto i. H. von T€ (Vorjahr: T€) wurden zu 50 % (Vorjahr: 58 %) im Inland und zu 50 % (Vorjahr: 42 %) im Ausland erzielt.

(2) Die sonstigen betrieblichen Erträge umfassen im Wesentlichen Erträge aus der Auflösung von Rückstellungen sowie Kursgewinnen und Kostenerstattungen von Tochtergesellschaften.

(3) Innerhalb der Personalaufwendungen sind Aufwendungen für Altersversorgung i. H. von T€ (Vorjahr: T€) enthalten.

(4) Die sonstigen betrieblichen Aufwendungen enthalten auch Verluste aus Anlageabgängen sowie Wertverluste von Gegenständen des Umlaufvermögens (im Wesentlichen aus Erhöhung von Wertberichtigungen zu Forderungen und Kursverlusten).

(5) Innerhalb der Zinsen und ähnlicher Erträge sind T€ (Vorjahr: T€) aus verbundenen Unternehmen erfasst."

Die Berichtspflicht ist wie folgt zu **beurteilen:**

(1) Die Angabe ist nach § 285 Nr. 4 HGB (→ § 285 Rz. 29 ff.) geboten mit Exkulpationsmöglichkeit nach § 286 Abs. 2 HGB (→ § 286 Rz. 4); „nach Abzug von Skonto" überflüssig, da selbstverständlich;

(2) freiwillige Angabe;

(3) Angabe gem. § 275 Abs. 2 Nr. 6 HGB i.V. mit § 265 Abs. 7 Nr. 2 HGB (→ § 265 Rz. 50);

(4) freiwillige Angabe;

(5) Ersatz des Davon-Vermerks in der GuV gem. § 275 Abs. 2 Nr. 10 HGB (→ § 275 Rz. 97).

27 Die „Freiwilligkeit" der erwähnten Angabe wird auch nicht durch § 264 Abs. 2 Satz 2 HGB (→ § 264 Rz. 19) in eine Pflicht verwandelt. Der Jahresabschluss vermittelt ohne diese Angabe den *true and fair view* nach den gesetzlichen Vorgaben ohne diese Zusatzangaben.

4.4 Wesentlichkeit

28 Mit der vorstehend dargestellten Berichterstattungstechnik – speziell im Anhang – ist das Thema der **Wesentlichkeit** angesprochen (vgl. → § 252 Rz. 233 ff.). Die internationalen Standardsetter suchen ihr Heil zur Rechtfertigung der zunehmend als unzulänglich erachteten Rechnungslegung in der Erweiterung der Angabepflichten. Der *Information-Overload* wird mitunter in Sonntagsreden angeprangert, bei anstehenden Entscheidungen indes systematisch ausgeblendet. Deren Volumen übersteigt diejenigen nach HGB bedeutend, doch folgt die nationale Rechtsentwicklung dem – u. E. negativen – Vorbild der IFRS. Deshalb stellt sich auch für die HGB-Rechnungslegung die Frage nach der **Trennung** von Wesentlichem und Unwesentlichem.

29 **Definitionsversuche** des „Wesentlichen" bei der Rechnungslegung gibt es zuhauf (→ § 252 Rz. 236). Sie sind meistens nichtssagend zirkulär (→ Rz. 30a). Negativ wird zur **Quantifizierung** der Wesentlichkeit deren Unmöglichkeit festgestellt (→ § 317 Rz. 17 ff.). Deshalb hat es der Rechtsanwender schwer, gegen die Checklistenvorgabe (→ Rz. 36) erfolgreich anzugehen. Der

1 Aus dem Anhang 2006 einer GmbH im Bundesanzeiger.

Anhangersteller muss seinen Abschlussprüfer und ggf. die DPR von der Unwesentlichkeit überzeugen. Der Abschlussprüfer ist vergleichbar dem Feuer der internen Berichtskritik, des *Peer-Review*, der APAK und der DPR ausgeliefert. Da lässt man es lieber nicht auf solche unangenehmen Diskussionen ankommen und erfüllt die formelle Angabepflicht.

Auch seitens des **Schrifttums** (zur Standardisierung vgl. → Rz. 30a) müssen sich ein aufmüpfiger Anhangersteller und dessen Abschlussprüfer alleingelassen fühlen. Dort wird dem „Grundsatz der Wesentlichkeit" auch für die Anhangerstellung Bedeutung beigemessen, ohne allgemeine Regeln liefern zu können.[1] Auch soll die Wesentlichkeit keine Bedeutung entfalten, wenn eine Angabe gesetzlich „unbedingt" vorgegeben ist.[2] Mit dieser Aussage wird der Wesentlichkeitsgrundsatz in seiner Bedeutung entscheidend zurückgestutzt, geht es doch beim Wesentlichkeitskriterium darum, eine gesetzliche Regel – hier Anhangangabe – gerade nicht anzuwenden, weil sie dem Gesetzeszweck der Informationsvermittlung widerspricht. Unseres Erachtens verbietet das Wesentlichkeitsgebot z. B. die Angabe zur **Festbewertung** nach § 240 Abs. 3 HGB, weil hier kraft Gesetzesvorgabe nur unwesentliche Posten und die **Gruppen**bewertung erfasst werden können (vgl. → § 240 Rz. 23), die niemanden interessieren. Uninteressant für den Abschlussadressaten (und damit unwesentlich) kann auch das Anlagegitter eines Dienstleistungsunternehmens sein (→ Rz. 30b),[3] erst recht einer nur Finanzanlagen ausweisenden Holdinggesellschaft mit gegenüber dem Vorjahr unveränderten Buchwerten. Oder es genügt ein einfacher Satz: „Die Verminderungen des Buchwertes von Ausleihungen beruhen auf planmäßigen Tilgungen" (→ § 268 Rz. 86). In einem berufsgerichtlichen Verfahren hat das LG Berlin[4] demgegenüber ein Fehlverhalten eines Abschlussprüfers festgestellt, der einen Jahresabschluss ohne Anlagegitter uneingeschränkt testiert und auch nicht im Prüfungsbericht darauf hingewiesen hatte. 30

Das IDW hat sich im Prüfungsstandard IDW PS 250 mit dem Einfluss des Wesentlichkeitsaspekts (→ § 252 Rz. 233) auf das **Prüfungs**geschehen befasst (→ § 317 Rz. 17 ff.). Dabei wird auch in Tz. 27 ff. die Wesentlichkeit im Kontext des **Anhangs** und **Lageberichts** beleuchtet – eher als Rechnungslegungsbestandteil und weniger als Prüfungsobjekt. Es geht um **unterlassene** und **fehlerhafte** Angaben, zuvörderst der ersten Kategorie. Die Hinweise sind z. T. gewunden formuliert und häufig mit dem sprachlichen Allheilmittel **„grundsätzlich"** garniert, was dem Verständnis des Aussagegehalts wenig förderlich ist. 30a

Im Ausgangspunkt der Argumentationslinie (Tz. 27) wird auf die **Entscheidungsrelevanz** (= wesentlich → § 317 Rz. 18) der **normierten** Angabepflichten abgehoben, d. h., unterlassene Angaben sind „zunächst **grundsätzlich** wesentlich". Allerdings kann der Abschlussprüfer zum **gegenteiligen** Schluss kommen, will heißen: Unterlassene Angaben können unwesentlich sein. Was nun gilt, muss sachlich differenziert nach folgenden Angaben beurteilt werden (Tz. 28):

- ► (1) Angaben zum besseren Verständnis – der Vermittlung des *true and fair view* (→ § 264 Rz. 15 ff.) – eines **Bilanz-** oder **GuV**-Postens, der seinerseits nicht unwesentlich ist (z. B. Laufzeitvermerke, → § 285 Rz. 2);
- ► (2) Angaben, die „originär" nur im Anhang wegen **„anderer Einblickziele"** zu machen sind (z. B. Abschlussprüferhonorierung, → § 285 Rz. 115 ff.).

1 Vgl. z. B. *ADS*, 6. Aufl., § 284 Tz. 23.

2 Vgl. *Oser/Holzwarth* in Küting/Pfitzer/Weber (Hrsg.), Handbuch der Rechnungslegung – Einzelabschluss, §§ 284 bis 288 Tz. 8.

3 Vgl. *Lüdenbach*, StuB 2012 S. 33.

4 LG Berlin, Urteil v. 11.11.2005 – WiL 5/05, WPK Magazin 2006 S. 53.

Bei den genannten Kategorien (1) und (2) ist zu unterscheiden nach

- (1a und 2a) **unterlassenen** und
- (1b und 2b) **fehlerhaften** und/oder unvollständigen,

sodann nach

- (1c und 2c) **quantitativen** und
- (2d) qualitativen

Angaben.

Zu dieser mehrdimensionalen Gliederung liefert Tz. 28 des Standards eine nicht leicht lesbare tabellarische Darstellung, die nachstehend in abgewandelter Form wiedergegeben ist.

Variante	Kurzbeschrieb	Beanstandung	Beurteilung im Standard	Beispiele
1ac	Einblick in wesentliche Abschlussposten	Unterlassen	„Grundsätzlich" (vermutlich ausnahmslos) wesentlich	Laufzeitvermerke (→ § 285 Rz. 4), Sicherungen (→ § 285 Rz. 5 ff.)
1bc	Einblick in wesentliche Abschlussposten	Unvollständig/ fehlerhaft	Keine Aussage[1]	Wie vorstehend
1ab	Einblick in unwesentliche Abschlussposten	Unterlassen/fehlerhaft	„Grundsätzlich" (vermutlich ausnahmslos) unwesentlich	Unter Umständen Anlagespiegel[2] (→ Rz. 30 sowie → Rz. 30b)
2ac	Einblick in Vermögens-, Finanz- und Ertragslage	Unterlassen	Keine Aussage	Gesamtbetrag der sonstigen finanziellen Verpflichtungen (→ § 285 Rz. 16 ff.)
2bc	Einblick in Vermögens-, Finanz- und Ertragslage	Fehlerhaft	Nicht behandelt	Wie vorstehend
2ac/d	Andere Einblicksziele	Unterlassen	„Grundsätzlich" (vermutlich ausnahmslos) wesentlich	Zusammensetzung des gezeichneten Kapitals (→ § 289 Rz. 94), Name der Organglieder (→ § 285 Rz. 80)
2bc	Andere Einblicksziele	Fehlerhaft/unvollständig	Keine Aussage	Beteiligungsbesitz (→ § 285 Rz. 85)
2ad	Einblick in die Vermögens-, Finanz- und Ertragslage	Unterlassen	Keine Aussage	Haftungsverhältnisse (→ § 285 Rz. 182)

30b In dieser Strukturierung stellt sich der Inhalt des IDW PS 250 Tz. 28 erst textlich und dann tabellarisch dar. An die Aufnahmefähigkeit des Anwenders werden dabei keine geringen Anforderungen gestellt. Dazu muss das beigefügte „grundsätzlich" immer erst nach dem gerade gemeinten Inhalt abgefragt werden. Zirkuläre Aussagen – „Würdigung unter Berücksichtigung der Entscheidungsrelevanz für die Adressaten", also „Wesentlich ist, was wesentlich ist", Tz. 5 des Standards (→ § 317 Rz. 18) – erhöhen den Aussagegehalt nicht. Es ist auch nicht recht verständlich, warum z. B. die Nichtangabe des Abschlussprüferhonorars (→ § 317 Rz. 88) „grund-

1 Beurteilungskriterium soll die Entscheidungsrelevanz für den Adressaten sein; diese ist gleichzeitig Definitionsinhalt der Wesentlichkeit. Aussage also: „Wesentlich ist, was wesentlich ist." In der Tabelle als „keine Aussage" gekennzeichnet.

2 So bereits *Lüdenbach*, StuB 2012 S. 33.

sätzlich" als wesentlich gelten soll, während die Beurteilung einer fehlerhaften oder unvollständigen Angabe ergebnisoffen bleibt.

Anhand einiger Beispiele soll das in IDW PS 250 Tz. 28 (vermutlich) Gemeinte verdeutlicht werden.[1]

BEISPIEL Die J-GmbH betreibt ein Inkassobüro mit spezieller Ausrichtung auf den Ankauf notleidender Großkredite (→ § 246 Rz. 278 ff.). Die komplette IT-Infrastruktur sowie das Dienstfahrzeug des Geschäftsführers sind im operativen Leasingverfahren finanziert. Als Anlagevermögen sind Büromöbel Marke „IKEA" mit einem Buchwert von 145 T€ bei einer Bilanzsumme von 25,3 Mio. € ausgewiesen. Der Bilanzposten „Sachanlagen" ist eindeutig unwesentlich, deshalb ist auch der zugehörige Anlagespiegel unwesentlich, d. h. kann entfallen (nach Kategorie 1ab in der Tabelle unter → Rz. 30a).

WEITERES BEISPIEL Im Rahmen einer Betriebsaufspaltung nutzt die Betriebs-GmbH das gesamte Sachanlagevermögen des Verpachtungsunternehmens gegen fremdüblichen Pachtzins. Sie ist auch zum laufenden Unterhalt der Gebäude und Maschinen verpflichtet. Nennenswerte eigene Sachanlagen hat die Betriebs-GmbH nicht. Die Pachtzinsverpflichtung ist wesentlich (Kategorie 2ac in der Tabelle unter → Rz. 30a). Der gesetzliche „Gesamtbetrag" reicht zur Erfüllung der Angabepflicht nicht aus; es wird eine zeitliche Strukturierung benötigt (→ § 285 Rz. 26). Keine Angabepflicht besteht zu den regelmäßig anfallenden Zahlungsverpflichtungen für den Unterhalt der Anlagen. Mit einer solchen Angabe kann der Adressat nichts anfangen, er wird diese Verpflichtung als selbstverständlich ansehen, denn Sachanlagen bedürfen einer laufenden Wartung.

WEITERES BEISPIEL An der Joint Venture Biotec AG sind vier pharmazeutische Gesellschaften mit gleicher Quote beteiligt. Unternehmensgegenstand sind die Entwicklung und der Vertrieb mehrfach anwendbarer Krebsmedikamente. Nach der Satzung der AG muss jährlich mindestens ein Betrag von 17 % der Umsatzerlöse und sonstigen Erträge (insbesondere Zuschüsse der vier Aktionäre) für Forschung und Entwicklung verwendet werden (→ § 285 Rz. 169 f.). Im aktuellen Geschäftsjahr werden nur 16,5 % erreicht. Die Anhangangabe, die bisher mit einer Nachkommastelle (Vorjahr: 18,2 %) ausgewiesen wurde, erfährt eine geringfügige Aufrundung auf 17 %.

Unseres Erachtens liegt ein qualitativ wesentlicher Fehler vor, da die Aktionäre bewusst falsch informiert werden (Kategorie 2bc in der Tabelle unter → Rz. 30a). Vgl. hierzu auch den Praxisfall unter → § 252 Rz. 238.

WEITERES BEISPIEL Die G-GmbH hat hohe Pensionsverpflichtungen aus Direktzusagen. Bei der Rückstellungsberechnung wird für die laufenden Renten ein Trend von 1 % p. a. unterstellt, die ökonomischen Forschungsinstitute rechnen eher mit 2 % p. a.

Hier stellt sich zunächst die Frage, ob die Annahme der 1 %-Steigerung überhaupt fehlerhaft ist; möglicherweise sind die prognostizierten 2 % ebenfalls – in der Ex-post-Perspektive – fehlerhaft. Wenn eine Fehlerhaftigkeit tatsächlich vorliegt, lässt sich die Wesentlichkeit nur im Zusammenhang mit dem einschlägigen Datenmaterial beurteilen, und das vielleicht nicht eindeutig (Kategorie 1bc in der Tabelle unter → Rz. 30a).

Bei Unterlassen dieser Angabe soll „grundsätzlich" eine Wesentlichkeit gegeben sein (Kategorie 1ac in der Tabelle unter → Rz. 30a).

In einigen Fällen werden nach dem **Gesetzeswortlaut** nur Angaben zu wesentlichen Geschäften verlangt, z. B. zu zu marktunüblichen Konditionen abgewickelten Transaktionen mit Nahestehenden nach § 285 Nr. 21 HGB (→ § 285 Rz. 156). Daraus ist nicht zu schließen, dass für alle anderen gesetzlich vorgesehenen Angaben die Wesentlichkeit keine Rolle spielt, ggf. kann in den anderen Fällen aber ein erhöhter Begründungsbedarf bestehen. 30c

1 Vgl. hierzu auch *Grässle*, WP Praxis 2013 S. 75 sowie *Hoffmann*, StuB 2013 S. 715.

31 Zu einem Durchbruch des Wesentlichkeitsgedankens bei der Rechnungslegung (mit Lagebericht) kann es in der Praxis nur kommen, wenn politisch und wissenschaftlich dem *Information-Overload* die gebührende Aufmerksamkeit gewidmet wird. Damit ist auf absehbare Zeit nicht zu rechnen.

32 *(einstweilen frei)*

33 Für speziell zu den Bilanzierungs- und Bewertungs**methoden** u. E. sinnvoll erscheinende **Darstellungen** verweisen wir auf → Rz. 46 und → Rz. 49.

34 In der EU-Rechnungslegungsrichtlinie 2013 werden in einem abschließenden Katalog (Art. 17a) die von allen Gesellschaften, also auch von kleinen (→ § 267 Rz. 14), zu machenden Angaben bestimmt; für die größeren Einheiten folgen danach zusätzlich Angabepflichten nach dem Motto *„bottom up"* bzw. *„think small first"* (→ Rz. 12a).[1]

II. Vorgeschriebene Angaben (Abs. 1)

1. Überblick

35 Nach Abs. 1 sind in den Anhang diejenigen Angaben aufzunehmen, die (zu den Posten der Bilanz oder GuV) vorgeschrieben sind. Seit dem BilRUG ist in Abs. 1 ergänzend die Aufnahme der Anhangangaben zu den einzelnen Posten der Bilanz und der GuV-Rechnung in der **Reihenfolge** dieser Posten vorgesehen.

Nach der **logischen Struktur** ist zwischen **bedingten** und **unbedingten** Vorschriften zu unterscheiden: Im ersten Fall ist eine Angabe nur vorgeschrieben, wenn (Bedingung) diese in Ausübung eines Wahlrechts nicht bereits in Bilanz oder GuV erfolgt.

Nach der gesetzlichen Verankerung **(Rechtsquelle)** ist zwischen folgenden Vorschriften zu unterscheiden:

- den in §§ 284, 285 HGB **enumerativ** genannten Angaben;
- Angaben, die Vorschriften zu einzelnen Posten der Bilanz oder GuV **begleiten** (Beispiele: § 268 Abs. 4 Satz 1 HGB → § 268 Rz. 131; § 277 Abs. 4 Satz 2 HGB → § 277 Rz. 51), sowie
- außerhalb des HGB in **rechtsformspezifischen** Regeln enthaltenen Vorschriften (Beispiel: § 42 Abs. 3 GmbHG → § 266 Rz. 15; § 158 Abs. 1 Satz 2 AktG → § 268 Rz. 33).

Neben den in Abs. 2 angesprochenen Angaben zur (Erläuterung von) Bilanz und GuV bestehen noch Angaben, die

- den **Lagebericht** ergänzen (Beispiel: § 289a Abs. 2 Satz 2 HGB) und
- entgegen dem Gesetzeswortlaut einen **Bilanzvermerk ersetzen** (Beispiel: § 268 Abs. 4 Satz 1 HGB → § 268 Rz. 136 und § 268 Abs. 5 Satz 1 HGB → § 268 Rz. 144).

36 Insoweit unterscheidet sich die HGB-Lösung zu den Anhangangaben von der Vorgehensweise der **IFRS**, die jeden Standard zu einem Bilanzierungsproblem mit (einer Fülle von) Anhangerläuterungen und -offenlegungen anreichern. Beide Strukturen fördern bei der Erstellung und Prüfung die **Checklisten**technik (→ Rz. 29), die einerseits sehr hilfreich sein kann, andererseits die Gefahr birgt, im Interesse der formellen Vollständigkeit den Sinn der Abschlusserläuterungen aus dem Auge zu verlieren (→ Rz. 20). Auch die nachstehende Kommentierung kann sich dem Checklistensystem nicht (gänzlich) entziehen und muss Aufzählungen bereitstellen.

1 Vgl. *Zwirner/Froschhammer*, StuB 2012 S. 421.

2. Angaben im Anhang …

2.1 … nach HGB und EGHGB

In den Anhang **„sind"** – kein Wahlrecht zur Aufnahme in die Bilanz oder GuV – folgende Angaben aufzunehmen: 37

- die Aufzählungsbestandteile in Abs. 2 (→ Rz. 35),
- der Anlagespiegel gem. Abs. 3 (→ Rz. 68a),
- die Aufzählungsbestandteile in § 285 (vgl. die dortige Kommentierung),
- die nachfolgend aufgelisteten Posten aus dem HGB und EGHGB (außerhalb von §§ 284 und 285 HGB.

Kleinstkapitalgesellschaften in der Rechtsform der **AG** bzw. **KGaA** sind durch das MicroBilG (→ § 267a Rz. 1) von den in → Rz. 38 bis → Rz. 42 aufgeführten Angabepflichten befreit. Es geht um die §§ 152, 158 und 160 AktG. Lediglich über den Bestand, den Erwerb und die Veräußerung eigener Aktien ist „unterhalb der Bilanz" zu berichten.

Fundstelle	Kurzbezeichnung	Kommentiert in
§ 253 Abs. 5, 6	Differenzbetrag aus Diskontierung Pensionsverpflichtungen mit über 10 statt 7 Jahre geglättetem Zins	(→ § 253 Rz. 259)
§ 264 Abs. 2 Satz 2 HGB	Zusätzliche Angaben, falls der Jahresabschluss wegen besonderer Umstände trotz Anwendung der GoB **kein den tatsächlichen Verhältnissen entsprechendes Bild** vermittelt	(→ § 264 Rz. 15)
§ 264c Abs. 2 Satz 9 HGB	Bei „Kap. & Co."-Gesellschaften Angabe des Betrags der im HR eingetragenen **Haftungseinlagen**, soweit sie nicht geleistet sind	(→ § 264c Rz. 44)
§ 265 Abs. 1 Satz 2 HGB	Angabe und Begründung von **Abweichungen** in der Form der **Darstellung und Gliederung** in Bilanz oder GuV im **Vergleich zum Vorjahr**	(→ § 265 Rz. 16)
§ 265 Abs. 2 Satz 2 HGB	Angabe und Erläuterung von **nicht vergleichbaren Vorjahreszahlen** in Bilanz und GuV.	(→ § 265 Rz. 24)
§ 265 Abs. 2 Satz 3 HGB	Angabe und Erläuterung von zu Vergleichszwecken vorgenommenen **Anpassungen von Vorjahreszahlen** in Bilanz oder GuV	(→ § 265 Rz. 30)
§ 265 Abs. 4 Satz 2 HGB	Angabe und Begründung der **Ergänzung des Jahresabschlusses** nach der für die anderen Geschäftszweige vorgeschriebenen Gliederung	(→ § 265 Rz. 55)
§ 265 Abs. 7 Nr. 2 HGB	Gesonderter Ausweis der Einzelposten, falls zur Vergrößerung der Klarheit der Darstellung in Bilanz oder GuV **Posten zulässigerweise zusammengefasst** ausgewiesen werden	(→ § 265 Rz. 50)
§ 268 Abs. 4 Satz 2 HGB	Erläuterung von größeren Posten in den **sonstigen Vermögensgegenständen, die erst nach dem Abschlussstichtag rechtlich entstehen**	(→ § 268 Rz. 137)
§ 268 Abs. 5 Satz 3 HGB	Erläuterung von größeren Posten in den **Verbindlichkeiten, die erst nach dem Abschlussstichtag rechtlich entstehen**	(→ § 268 Rz. 148)
§ 286 Abs. 2 HGB n. F.	Verzicht auf die **Aufgliederung** der **Umsatzerlöse**	(→ § 286 Rz. 3)

Fundstelle	Kurzbezeichnung	Kommentiert in
§ 286 Abs. 2	Befreiung von der Umsatzaufgliederung	(→ § 286 Rz. 3)
§ 286 Abs. 3 Satz 4 HGB	Angabe von nicht börsennotierten Unternehmen über die Inanspruchnahme der **Ausnahmeregelung bei Weglassen von Angaben über den Anteilsbesitz** (§ 285 Satz 1 Nr. 11 und Nr. 11a HGB bzw. Nr. 11b HGB), die nach vernünftiger kaufmännischer Beurteilung einen erheblichen Nachteil zufügen können	(→ § 286 Rz. 8)
§ 291 Abs. 2 Nr. 3 HGB	Angabe von Name und Sitz des Mutterunternehmens, das den **befreienden Konzernabschluss** und Konzern-Lagebericht aufstellt. Hinweis auf die Befreiung von der Verpflichtung, einen Konzernabschluss und Konzern-Lagebericht aufzustellen, und Erläuterung der im befreienden Konzernabschluss vom deutschen Recht abweichend angewandten Bilanzierungs-, Bewertungs- und Konsolidierungsmethoden.	(→ § 291 Rz. 25)
Art. 28 Abs. 2 EGHGB und Art. 48 Abs. 6 EGHGB	Angabe des **Fehlbetrags bei den Rückstellungen für laufende Pensionen, Anwartschaften auf Pensionen und ähnliche Verpflichtungen** i. S. des Art. 28 Abs. 1 EGHGB	(→ § 249 Rz. 127)

2.2 ... nach AktG

38

Fundstelle	Kurzbezeichnung
§ 58 Abs. 2a Satz 2 AktG	Angabe zur **Wertaufholungsrücklage**
§ 160 Abs. 1 Nr. 1 AktG	Angaben über den Bestand an und den Zugang zu **Vorrats**aktien einschließlich deren Verwertung
§ 160 Abs. 1 Nr. 2 AktG	Angaben über den Bestand, über Erwerb oder Veräußerung **eigener** Aktien unter Angabe der Zahl und des Nennbetrags der Aktien (→ § 272 Rz. 52)
§ 160 Abs. 1 Nr. 3 AktG	**Gattungsspezifische** Angabe zum Umfang der Aktien
§ 160 Abs. 1 Nr. 4 AktG	Angaben über das **genehmigte Kapital**
§ 160 Abs. 1 Nr. 5 AktG	Angaben zur Zahl der **Wandelschuldverschreibungen** und vergleichbarer Wertpapiere
§ 160 Abs. 1 Nr. 7 AktG	Angaben zum Bestehen einer **wechselseitigen** Beteiligung unter Angabe des Unternehmens
§ 160 Abs. 1 Nr. 8 AktG	Angaben über das Bestehen von nach § 20 Abs. 1 oder 4 AktG **mitgeteilten Beteiligungen**
Fundstelle	**Kurzbezeichnung**
§ 240 Satz 3 AktG	Erläuterungen über die Verwendung der aus einer **Kapitalherabsetzung** oder aus der **Auflösung** von Gewinnrücklagen gewonnenen Beträge
§ 261 Abs. 1 Satz 3 und 4 AktG	Angaben betreffend höhere Bewertung nach Sonderprüfung

3. Angaben im Anhang oder wahlweise in Bilanz und GuV ...

3.1 ... in der praktischen Handhabung

39 Das Gesetz räumt in den nachstehend aufgelisteten Fällen dem Abschlussersteller ein **Wahlrecht** zur Einfügung von Anhangangaben bei den angesprochenen Posten der Bilanz oder GuV

oder zur Aufnahme in den eigentlichen Anhangkatalog ein (→ § 266 Rz. 17). In der **Praxis** wird weitaus überwiegend von der Anhangoption Gebrauch gemacht, wodurch auch die unschöne Bilanz-Optik der Davon-Vermerke (→ § 266 Rz. 18) vermieden wird. Sofern die Darstellungsform der Bilanz mit GuV in der **hochaggregierten** Form nach § 265 Abs. 7 HGB (→ § 265 Rz. 47) gewählt wird, ist die Aufnahme dieser Angaben in den Anhang zwingend.

3.2 ... nach HGB 40

Fundstelle	Kurzbezeichnung	Kommentiert in
§ 264c Abs. 1 HGB	Bei **„Kap. & Co."-Gesellschaften** gesonderter Ausweis der **Ausleihungen, Forderungen und Verbindlichkeiten gegenüber Gesellschaftern** oder Vermerk der Mitzugehörigkeit dieser Posten zu einem anderen	(→ § 264c Rz. 4)
§ 265 Abs. 3 Satz 1 HGB	Angabe der **Mitzugehörigkeit** von einem Bilanzposten zu einem anderen, wenn dies für die Aufstellung eines klaren und übersichtlichen Jahresabschlusses erforderlich ist	(→ § 265 Rz. 51)
§ 268 Abs. 1 Satz 2 Halbsatz 2 HGB	Gesonderte Angabe des **Gewinn- oder Verlustvortrags**, wenn die Bilanz unter Berücksichtigung der teilweisen Verwendung des Jahresergebnisses aufgestellt wird und der Gewinnvortrag/Verlustvortrag in den Bilanzgewinn/Bilanzverlust einbezogen ist	(→ § 268 Rz. 33)
§ 268 Abs. 4 Nr. 1 HGB	Forderungen mit einer Restlaufzeit von mehr als einem Jahr	(→ § 268 Rz. 136)
§ 268 Abs. 5 Satz 1 HGB	Verbindlichkeiten mit einer Laufzeit bis zu einem Jahr	(→ § 268 Rz. 144)
§ 268 Abs. 6 HGB	Gesonderter Ausweis eines **aktivierten Disagios**	(→ § 268 Rz. 149)
§ 268 Abs. 7 Halbsatz 1 HGB	Gesonderter Ausweis der in § 251 HGB bezeichneten **Haftungsverhältnisse** unter Angabe der gewährten **Pfandrechte** und sonstigen **Sicherheiten**	(→ § 268 Rz. 150)
§ 268 Abs. 7 Halbsatz 2 HGB	Gesonderter Ausweis der **Haftungsverhältnisse gegenüber verbundenen Unternehmen**	(→ § 268 Rz. 152 f.)
§ 277 Abs. 3 Satz 1 HGB	Angabe von **außerplanmäßigen Abschreibungen im Anlagevermögen** nach § 253 Abs. 2 Satz 3 und 4 HGB	(→ § 277 Rz. 51)
§ 327 Nr. 1 Satz 2 HGB	Gesonderte Angabe von **bestimmten Bilanzposten**, wenn **mittelgroße Kapital-/„Kap. & Co."-Gesellschaften** die Bilanz nur in der für kleine Kapital-/„Kap. & Co."-Gesellschaften vorgeschriebenen Form zum HR einreichen	

3.3 ... nach AktG und GmbHG 41

Fundstelle	Kurzbezeichnung	Kommentiert in
§ 58 Abs. 2a Satz 2 AktG	Angabe des Betrags des Eigenkapitalanteils von Wertaufholungen	(→ § 268 Rz. 56)
§ 152 Abs. 2 AktG	Angabe der während des Geschäftsjahres eingestellten und der für das Geschäftsjahr entnommenen Beträge der Kapitalrücklage	(→ § 268 Rz. 6) (→ § 272 Rz. 52)

Fundstelle	Kurzbezeichnung	Kommentiert in
§ 152 Abs. 3 AktG	Angabe der Beträge, die durch die Hauptversammlung aus dem Bilanzierungsgewinn des Vorjahres oder aus dem Jahresüberschuss des Geschäftsjahres in die Gewinnrücklagen eingestellt oder für das Geschäftsjahr entnommen wurden, zu den einzelnen Posten der Gewinnrücklagen	(→ § 268 Rz. 6)
§ 158 Abs. 1 Satz 2 AktG	Darstellung der Entwicklung des Jahresüberschusses/Jahresfehlbetrags zum Bilanzgewinn/Bilanzverlust	(→ § 268 Rz. 7) (→ § 272 Rz. 53)
§ 29 Abs. 4 Satz 2 GmbHG	Angabe des Betrags des Eigenkapitalanteils von Wertaufholungen	(→ § 268 Rz. 56)
§ 42 Abs. 3 GmbHG	Angabe von Ausleihungen, Forderungen und Verbindlichkeiten gegenüber Gesellschaftern	(→ § 266 Rz. 72)

4. Angaben mit Ergänzungen im Lagebericht

42 Zur Vermeidung von **Doppelangaben** müssen bestimmte Aktiengesellschaften und Kommanditgesellschaften auf Aktien bestimmte Angabeverpflichtungen im Lagebericht nicht erfüllen, sondern gem. § 289a Satz 2 HGB nur auf die vorgreiflich zu erfüllende Anhangangabe verweisen. Dabei geht es um Angaben zu

- den Aktiengattungen (→ Rz. 37) gem. § 160 Abs. 1 Nr. 3 AktG,
- 10 % übersteigende Stimmrechte (→ § 289 Rz. 98),
- Vereinbarungen über Entschädigungen an Vorstand und Arbeitnehmer bei Kontrollwechsel (→ § 289 Rz. 102).

5. Gesetzliche Erleichterungen und ein Verbot bei der Anhangberichterstattung

43 Das Gesetz sieht Erleichterungen und ein Verbot bei der Anhangberichterstattung für Kapital- und „Kap. & Co.“-Gesellschaften vor, und zwar für

- **alle** in § 286 HGB sowie
- **kleine** und **mittelgroße** in § 288 HGB.

Auf die dortigen Kommentierungen (→ § 286; → § 288) wird verwiesen.

III. Einzelne Angaben (Abs. 2)

1. Bilanzierungs- und Bewertungsmethode (Abs. 2 Nr. 1)

1.1 Was sind Methoden?

44 Zu den begrifflichen Grundlagen von „Methoden“ wird auf die Kommentierung in → § 252 Rz. 210 ff. verwiesen.

Zur Vermeidung der unter → Rz. 15 dargestellten weitgehend nichtssagenden Inhalte zu den Bilanzierungs- und Bewertungsmethoden bietet sich ein systematisches Vorgehen an. Dazu können wenigstens drei **Ebenen** unterschieden werden (→ § 252 Rz. 218 ff.):

- Ebene 1: eindeutige (zwingende) gesetzliche Bilanzierungs- und Bewertungsvorgaben.
- Ebene 2: förmliche Wahlrechte (→ Rz. 51 und → Rz. 53).

► Ebene 3: unechte Wahlrechte, Subsumtionen, Ermessensentscheidungen, Schätzungen.

Zu Ebene 1: Eine Erläuterung ist hier sinnlos und sollte (→ Rz. 16) deshalb unterbleiben.

BEISPIEL ► „Abnutzbares Sachanlagevermögen wird ausgehend von den Anschaffungs- oder Herstellungskosten verteilt auf die Nutzungsdauer abgeschrieben. Bei voraussichtlich dauernder Wertminderung erfolgt eine Abschreibung auf den niedrigeren beizulegenden Wert."

„Selbst geschaffene Marken werden nicht aktiviert" (→ § 248 Rz. 10).

Zu Ebene 2: Hierzu muss eine Angabe erfolgen.

BEISPIEL ► „Selbst erstellte immaterielle Vermögensgegenstände bilanzieren wir nicht" (→ § 248 Rz. 9).

Zu Ebene 3: Auch hier muss eine Angabe erfolgen, die Frage ist allerdings, in welcher Spezifizierung.

BEISPIEL ► „Das abnutzbare **Sach**anlagevermögen wird nach Maßgabe der einschlägigen steuerlichen Vorgaben für die Nutzungsdauer planmäßig und – soweit zulässig – degressiv abgeschrieben."

„Für erworbene **immaterielle** Anlagegüter sehen unsere Bilanzierungsrichtlinien lineare Abschreibungen auf der Grundlage der voraussichtlichen Nutzungsdauer vor."

Die vorstehende Erläuterung von **Sachanlage**vermögen (zu Ebene 3 in → Rz. 44) ist im Regelfall ausreichend. Jedem interessierten Leser steht das bilanzsteuerliche Regelwerk zur Verfügung. Er kann diesem die Nutzungsdauer von Gebäuden über 50 Jahre, die bestimmte Form der degressiven Abschreibung, die Pro-rata-Abschreibung im Zugangsjahr etc. entnehmen. 45

Anders kann es sich verhalten, wenn z. B. die Abschreibung auf einen **Restwert** kalibriert ist, wie z. B. bei Schiffen oder Flugzeugen (→ § 253 Rz. 156). Dann ist der angenommene Restwert anzugeben.

Weniger aussagekräftig ist die Erläuterung im vorstehenden Beispiel (zu Ebene 3 in → Rz. 44) zu den immateriellen Anlagegütern. Es fehlt an einer Darlegung der unterstellten Nutzungsdauern. Die in der Praxis häufig festzustellende Aussage „Nutzungsdauern zwischen drei und 15 Jahren" wäre fast genauso gehaltlos. Deutlicher wäre: „Die Nutzungsdauer beträgt regelmäßig 15 Jahre, in wenigen Ausnahmefällen nur acht Jahre."

Unter Ebene 3 in → Rz. 36 fallen sodann die Fälle der Subsumtion eines Tatbestands unter eine abstrakte Rechtsnorm. 46

BEISPIEL ►

- ► Maschinenbauer M erwirbt systematisch Unternehmensbereiche von Konkurrenten im *Asset -Deal*. Er könnte zur Bewertungsmethode (→ § 255 Rz. 189) wie folgt berichten:

  „Die Gesamtkaufpreise für erworbene Unternehmen oder Unternehmensteile werden nach dem Verhältnis der den erworbenen Vermögensgegenständen zuzuordnenden Verkehrswerte aufgeteilt. Soweit der Gesamtkaufpreis diese Werte übersteigt, wird ein Geschäfts- oder Firmenwert angesetzt, im umgekehrten Fall erfolgt ein prozentualer Abschlag auf die für die einzelnen Vermögensgegenstände ermittelten Verkehrswerte."
- ► Ein Industrieunternehmen könnte zur Bewertung der Erzeugnisse (→ § 255 Rz. 130) ausführen:

  „Die den einzelnen Produkten zuzuordnenden Fertiggemeinkosten werden auf der Grundlage einer 90%igen Auslastung der Produktionsanlagen ermittelt."

Bei den unechten Wahlrechten – Ebene 3 in → Rz. 44 – geht es aber insbesondere um die vielen **Schätzungs**probleme bei zukunftsorientierten Bilanzposten und die damit verbundenen Er- 47 messensentscheidungen. Hier könnte in abgestufter Spezifizierung etwa wie folgt berichtet werden:

BEISPIEL Die Holding-AG erläutert die Bewertung des Beteiligungsbesitzes wie folgt:

- (1) „Die Beteiligungen werden grundsätzlich zu Anschaffungskosten bewertet. Bei voraussichtlich dauernder Wertminderung erfolgt eine Abschreibung auf den niedrigeren beizulegenden Wert."
- (2) „Wir testen zu jedem Bilanzstichtag die Werthaltigkeit unseres Beteiligungsportfolios auf der Grundlage eines *Discounted-Cashflow*-Verfahrens."
- (3) „Die dabei angewandte Modellierung ist wie folgt konstruiert ..."
- (4) „Bei einem Zinsfuß von 9 % statt des angesetzten von 12 % hätte sich ein Abschreibungsbedarf auf den ausgewiesenen Betrag von X T€ ergeben."
- Die Aussagekraft unter (1) und (2) tendiert gegen null und Aussagen dieser Art sollten unterbleiben (→ Rz. 20). Dabei ist nicht ganz eindeutig erkennbar, ob „methodisch" vorübergehende Wertminderungen (als Wahlrecht) zur Abschreibung führen.
- Bei der Aussage (3) wendet sich das Blatt ins Gegenteil; mit der Intensität der Darlegung des Modellaufbaus wächst der Informationsgehalt.
- Die Aussage (4) enthält im Ansatz eine Sensitivitätsanalyse.

48 In der Rechnungslegungspraxis sind **Sensitivitätsanalysen** in Gestalt der Anhangangabe allenfalls bei Finanzinstituten zu finden. Unseres Erachtens ist eine solche nur in besonderen Ausnahmefällen sinnvoll. Die Sensitivität müsste zur Erreichung einer wirklichen Aussagekraft multiparametrisch aufgezogen werden, was dann umfangreicher Erläuterungen bedürfte, die den Abschlussadressaten sehr schnell überfordern würden. Dies gilt insbesondere auch deshalb, weil bei fast allen Bilanzposten zukunftsbedingte Schätzungen in die Bewertung einfließen (müssen), deren Abhandlung im Einzelnen schon wegen der Informationsflut (→ Rz. 17) dem Informationsziel des Anhangs zuwiderliefen. Der Aussagegehalt einer solchen Vorgehensweise würde sich auf die Aussage reduzieren: „Der vorgestellte Jahresabschluss ist ein Ausfluss von vielseitigen ermessensabhängigen Schätzungen. Diese hätten bei anderer vertretbarer Ermessensausübung auch ganz anders ausfallen können. Deshalb hätte das Ergebnis statt mit der ausgewiesenen schwarzen Null auch durchaus rotgefärbt ermittelt werden können."

Demgegenüber kann die Änderung eines Bewertungsverfahrens – etwa von der *Discounted-Cashflow*-Bewertung von Beteiligungen zu einer Multiplikatorbewertung – einen Methodenwechsel darstellen.

49 Im Konzernanhang kann es etwa heißen:

> „In bestimmten Fällen ist es notwendig, schätz- und prämissensensitive Bilanzierungsgrundsätze anzuwenden. Diese beinhalten komplexe und subjektive Bewertungen sowie Schätzungen, die auf Sachverhalten beruhen, die von Natur aus ungewiss sind und Veränderungen unterliegen können. Schätz- und prämissensensitive Bilanzierungsgrundsätze können sich im Zeitablauf verändern und die Darstellung der Vermögens-, Finanz- und Ertragslage der Gesellschaft erheblich beeinflussen. Außerdem können sie Annahmen enthalten, die die Unternehmensleitung in derselben Berichtsperiode aus gleichermaßen vernünftigen Gründen auch anders hätte treffen können. Die Unternehmensleitung weist darauf hin, dass zukünftige Ereignisse häufig von Prognosen abweichen und Schätzungen routinemäßige Anpassungen erfordern."

Eine solche Aussage ist im Anhang aber eher selten zu finden. Dem steht die Erwartungshaltung des Abschluss- bzw. Berichtsadressaten gegenüber: Dieser will wissen, „was Sache ist". Mit Aussagen wie „Unter der Annahme, dass ... hätte auch ... Wenn umgekehrt ... dann wäre ..." wollen sie nicht konfrontiert werden. Die unverändert gültige Erkenntnis über die „Dichtung" als Wesentlichkeitsmerkmal jeder kaufmännischen Rechnungslegung ist inopportun.

Als eher ernüchterndes Fazit der Berichterstattung über die „Methode" bleibt: 50

- Wer dem Mainstream der Berichterstattung folgen und nicht als schwarzes Schaf gebrandmarkt werden will, sollte dem **üblichen Gliederungsaufbau** folgen (→ Rz. 13) und die Methoden in einem eigenen ersten Berichtsteil aufführen, dabei allerdings Selbstverständlichkeiten (freiwillige Angaben) vermeiden (→ Rz. 20).
- Zulässig und im kleineren und mittleren Unternehmensbereich sehr sinnvoll ist u. E. die Angabe der Methode bei den **Bilanzerläuterungen** (→ Rz. 13). Dabei würden Wiederholungen vermieden und der vermutliche Druck zur Wiedergabe von Gesetzesbefehlen („Anschaffungskostenprinzip beachten!") würde vermindert werden.

1.2 Bilanzansatz

Nach der unter → Rz. 44 vorgeschlagenen **Berichtsebene 1** wäre eine Angabe – „Entgeltlich erworbene Geschäftswerte werden (zu Anschaffungskosten) aktiviert" – überflüssig, wenn nicht sogar unzulässig (→ Rz. 20). 51

Stattdessen kommen für die **Berichtsebene 2** (→ Rz. 44) u. a. folgende Angaben zu förmlichen Wahlrechten in Betracht (vgl. auch → § 246 Rz. 402):

- Aktivierung Disagio gem. § 250 HGB (→ § 250 Rz. 51),
- Aktivierung selbst erstellter immaterieller Anlagegegenstände gem. § 248 Abs. 2 HGB (→ § 248 Rz. 9),
- Passivierung Altzusagen und indirekter Verpflichtungen aus der betrieblichen Altersversorgung gem. Art. 28 EGHGB (→ § 249 Rz. 127).

Auf **Berichtsebene 3** (→ Rz. 44) können je nach Unternehmensstruktur und Geschäftsmodell die vielfältigsten **Subsumtions**wahlrechte zum Bilanzansatz als Angaben in Betracht kommen. 52

BEISPIEL

- **Versandhandelsunternehmen:** „Der Bilanzansatz der Forderungen erfolgt mit der Auslieferung der Ware an die Spedition. Die nach Vergangenheitserfahrung anzunehmende Rückgabequote wird als Forderungskürzung gegen die Umsatzerlöse verrechnet."
- **Versandhandelsunternehmen:** „Der Bilanzansatz der Forderungen erfolgt nach Ablauf der Rückgabefrist."
- **Handelsvertreter:** „Der Anspruch auf die Verkaufsprovision wird nach Ausführung des Geschäfts aktiviert (→ § 249 Rz. 116). Die mögliche Rückbelastung bei Nichtzahlung der Endprämie durch den Kunden wird durch Wertberichtigungen zulasten des Aufwands berücksichtigt."
- **Straßenbauunternehmen:** „Die gewinnrealisierende Fakturierung erfolgt je nach Auftragsinhalt, sobald eine endgültige Teilabnahme eines Straßenstücks oder die Abnahme des gesamten Auftrags erfolgt ist."
- **Wirtschaftsprüfungsgesellschaft:** „Bei – auch sich wiederholenden – Einmalaufträgen im Prüfungs- und Beratungsbereich erfolgt die Fakturierung mit Gewinnrealisation im Zeitpunkt der Auslieferung des Gutachtens oder Berichts. Bei Dauerbeauftragung im Beratungsbereich erfolgt die Fakturierung vierteljährlich auf der Grundlage der aufgelaufenen Arbeitsstunden oder bei Pauschalabrechnung im monatlichen Turnus."
- **Einzelhandelsfilialist:** „Die Rückbauverpflichtung für Ladenumbauten wird erstmals nach Eröffnung der Filiale als Rückstellung angesetzt und nach Länge des Mietvertrags zeitanteilig erhöht."

- **Branchenübergreifend:** „Verpflichtungen aus Sozialplänen werden zurückgestellt, sobald das Vorhaben öffentlich gemacht ist (→ § 249 Rz. 16)."
- **Großhändler:** „Rückstellungen für Ausgleichsansprüche der Handelsvertreter werden bei Beendigung des Vertrags angesetzt (→ § 249 Rz. 115), soweit nicht eine Überwälzung des Betrags auf einen Nachfolger möglich ist."

1.3 Bewertung

53 Als weiteres Beispiel für unsinnige und u. E. unzulässige (→ Rz. 20) Angaben der **Ebene 1** (→ Rz. 44) möge folgender Satz dienen: „Ausfallrisiken bei Kundenforderungen werden durch Wertberichtigungen berücksichtigt."

Auf **Ebene 2** (→ Rz. 44) kommen folgende förmliche Wahlrechte als Angabesubstrat in Betracht (vgl. auch → § 252 Rz. 32):

- **Festbewertungen** gem. § 240 Abs. 3 HGB (→ § 240 Rz. 23), allerdings in aller Regel unwesentlich und deshalb nicht anzugeben (→ Rz. 30).
- Abschreibungen auf **Finanzanlagen** bei vorübergehender Wertminderung gem. § 253 Abs. 3 Satz 4 HGB (→ § 253 Rz. 203).
- **Gruppenbewertungen** gem. § 240 Abs. 4 HGB (→ § 240 Rz. 34), aber nur bei wesentlichen Posten (→ Rz. 30).
- Einbeziehung von allgemeinen **Verwaltungskosten** etc. in die Herstellungskosten gem. § 255 Abs. 3 Satz 3 HGB (→ § 255 Rz. 131).
- Einbeziehung von **Fremdkapitalzinsen** in die Herstellungskosten gem. § 255 Abs. 3 HGB (→ § 255 Rz. 136).
- Bewertung des Vorratsvermögens nach einem **Verbrauchsfolgeverfahren** gem. § 256 HGB (→ § 256 Rz. 6).
- **Nichtauflösung** von Rückstellungen bei niedrigerer Bewertung nach BilMoG gem. Art. 67 Abs. 1 Satz 4 EGHGB.
- **Nichtanwendung von § 254 HGB** bei ökonomisch bestehender Sicherungsbeziehung (→ § 254 Rz. 8 ff.).

54 Auf **Ebene 3** in → Rz. 44 stellt sich insbesondere die Frage nach dem **Grad** der Spezifizierung. Beispiele sind bereits unter → Rz. 47 dargelegt. Hier sind einzelfallabhängige Entscheidungen erforderlich, für die ein allgemeingültiger Maßstab nicht verfügbar ist. Auch der Hinweis auf das Gebot des Einblicks in die „Lage" gem. § 264 Abs. 2 Satz 2 HGB ist im konkreten Fall wenig hilfreich. Das kaufmännische **Ermessen** ist hier besonders gefragt (→ § 252 Rz. 222), insbesondere wenn dieses über die **Berichterstattung** zu Ermessensentscheidungen entscheiden muss. Die folgenden Formulierungen belegen ein sinnvolles „Mittelmaß" der Detaillierung (→ Rz. 52):

BEISPIEL

- „Die Aktivierung selbst geschaffener immaterieller Anlagegegenstände unterbleibt, da Forschung und Entwicklung nicht verlässlich unterschieden werden können." (→ § 255 Rz. 206)
- „Wertpapiere des Anlagevermögens werden außerplanmäßig abgeschrieben, wenn die dauernde Wertminderung durch einen zwölfmonatigen Börsenkurs unter dem Buchwert belegt ist." (→ § 253 Rz. 204)
- „Abschreibungen auf Wertpapiere mit beschränkter Laufzeit werden nur bei wesentlicher Bonitätsverschlechterung des Schuldners vorgenommen." (→ § 253 Rz. 203)

- „Außerplanmäßige Abschreibungen auf Produktionsanlagen mit Gebäude erfolgen bei Stilllegung." (→ § 253 Rz. 191)
- „Die Nutzungsdauer der Flugzeugtriebwerke wird mit 20 Jahren angenommen." (→ § 253 Rz. 145)
- „Der Erfüllungsbetrag langfristiger Rückstellungen außerhalb des Bereichs der betrieblichen Altersversorgung wird auf der Grundlage einer Inflationsrate von 2 % ermittelt." (→ § 253 Rz. 56)
- „Beim Niederstwerttest für Produkte und Handelswaren werden noch anfallende Verkaufskosten einschließlich der Gemeinkosten (→ § 253 Rz. 232) berücksichtigt."
- „Bei der Bewertung von Einzelfallrückstellungen berücksichtigen wir weitestmöglich die Begutachtung durch externe Sachverständige." (→ § 253 Rz. 60)
- „Den Erwartungswert für die Rückbauverpflichtung von Funkmasten ermitteln wir unter Annahme einer Preissteigerung von 2 % p. a. und eines Zinssatzes von 4,5 %." (→ § 253 Rz. 130)
- „Die Pensionsrückstellung ist nach dem modifizierten Teilwertverfahren mit dem vorgegebenen Zinsfuß von X % bewertet." (→ § 253 Rz. 93 ff.)
- „Bei den Ersatzteilen wird das Lagerrisiko durch Reichweitenabschläge (→ § 253 Rz. 236) berücksichtigt."
- „Drohverlustrückstellungen sind unter Einbeziehung der zuzurechnenden Gemeinkosten bewertet." (→ § 253 Rz. 64)

2. Währungsumrechnung

(einstweilen frei) 55

56 Durch das BilRUG wird die frühere Angabepflicht für die Währungsumrechnung (§ 284 Abs. 2 Nr. 2 HGB a. F.) förmlich aufgehoben. Dies ist in der „Logik" begründet, wonach **generell** die Bewertungsmethoden (→ Rz. 53) anzugeben sind, also auch für die Währungsumrechnung. Dabei ist die Wiedergabe der gesetzlichen Vorgabe (→ § 256a Rz. 14) zu vermeiden. Sonst hieße dies (→ Rz. 16): Wir haben bei der Währungsumrechnung die gesetzlichen Vorschriften beachtet. Konkrete Zahlen müssen jedenfalls nicht angegeben werden. Erläuterungsbedürftig kann z. B. die Verwendung von monatlichen oder vierteljährlichen **Durchschnittskursen** sein(→ § 256a Rz. 6) oder die Vornahme von Geschäften in stark schwankenden und/oder hyperinflationären Währungen.

3. Abweichungen von den Bilanzierungs- und Bewertungsmethoden (Abs. 2 Nr. 2)

3.1 Angabepflichtige Vorgänge

57 Die Angabepflicht nach Abs. 2 Nr. 2 entsteht – Wesentlichkeit vorausgesetzt (→ Rz. 28) –, wenn

- in Durchbrechung der **Stetigkeit** von den bisherigen Ansatz- oder Bewertungsmethoden abgewichen wird oder
- in nicht explizit zugelassenen Fällen von **gesetzlichen Vorgaben** zu Ansatz oder Bewertung abgewichen wird (etwa eine Sammelbewertung von – unbedeutenden – Finanzanlagen an die Stelle der Einzelbewertung tritt).

Am bedeutsamsten ist der erste Anwendungsfall. Von den bisherigen Methoden (→ Rz. 44 und → § 252 Rz. 210 ff.) der Bilanzierung (→ Rz. 51) und Bewertung (→ Rz. 53) darf nur in begründeten Ausnahmefällen abgewichen werden. Das Schrifttum stellt reichlich Ausnahmefälle zur Diskussion, weshalb das Gebot zur Beibehaltung der Bilanzierungs- (→ § 246 Rz. 402) und Bewertungsmethoden (→ § 252 Rz. 226) eher einem legalen Papiertiger gleicht als eine ernsthafte Einschränkung bilanzpolitischen Gestaltungspotenzials gewährleistet. Hier kommt der Angabepflicht nach Abs. 2 Nr. 3 eine Art Auffangfunktion zu: Bilanzpolitisches Gestaltungspotenzial soll – wenigstens in der Perspektive von Standardsettern und Kommentierungen – kaum eingeschränkt werden, wenn nur darüber **berichtet** wird (→ Rz. 8).

58 Die gesetzlichen Erläuterungsvorgaben sind dabei:

- **Angabe** und **Begründung** (→ Rz. 59) der Methodenabweichung und
- **Darstellung** (→ Rz. 21) des Einflusses der Änderung auf die wirtschaftliche „Lage" gem. § 264 Abs. 2 Satz 1 HGB und
- die Erläuterungen müssen erkennen lassen, welche Einzelposten betroffen sind.[1]

59 Die **Angabe** betrifft im Fall der Durchbrechung der Stetigkeit die Erläuterung, welche Methode im aktuellen und welche im Vorjahr angewandt wurde. Bei dichotom gestalteten Bilanzierungsmöglichkeiten reicht dabei der Hinweis, dass „erstmals" nach der Methode X bilanziert wurde, womit implizit ausgesagt wird, dass im Vorjahr nach der gegenteiligen Methode vorgegangen wurde.

Die **Begründung** korrespondiert mit der Voraussetzung für die Methodenabweichung überhaupt in § 252 Abs. 2 HGB und § 246 Abs. 3 HGB. Auf die Kommentierung in → § 252 Rz. 226 und in → § 246 Rz. 403 wird hierzu nochmals verwiesen, ebenso auf die dortigen Beispiele zur Bewertung und diejenigen zum Bilanzansatz.[2]

Zur Illustration folgende Beispielsfälle mit Ergänzungen unter → Rz. 63:

BEISPIELE

- „Wir haben im vorliegenden Abschluss erstmals im Interesse einer verbesserten Einsicht in die Vermögenslage die untergedeckten Verpflichtungen aus Zusagen vor 1987 für Altersversorgung passiviert (→ § 249 Rz. 115)."
- „Die Dividenden aus unseren Tochtergesellschaften haben wir nach Erfüllung der einschlägigen Ansatzvorschriften (→ § 252 Rz. 91) erstmals periodengleich vereinnahmt, weil dies die effektiven Verhältnisse unseres Geschäftsmodells als Holdinggesellschaft besser wiedergibt (→ Rz. 64)."
- „Fremdkapitalzinsen auf die Herstellungsvorgänge des Sachanlagevermögens sind in diesem Jahresabschluss wegen der besonders langen Fertigungsdauer erstmals aktiviert (→ § 255 Rz. 136)."
- „Bei der Bewertung des Ersatzteillagers haben wir die Abschreibungen auf den niedrigeren beizulegenden Wert statt nach dem Altersaufbau erstmals nach der Lagerreichweite errechnet (→ § 253 Rz. 236)."
- „Materialbezüge mit hohem Preissteigerungstrend sind im Interesse der steuerlichen Optimierung erstmals nach dem Lifo-Verfahren (→ § 256 Rz. 19) und nicht nach der (bisher angewandten) Durchschnittsmethode bewertet (spezielle Angabepflicht nach Abs. 2 Nr. 4, → Rz. 65)."

60 Methodenänderungen sind nicht zu verwechseln mit Anpassungen von (insbesondere) Bewertungsmethoden an geänderte **ökonomische Umweltfaktoren** des Unternehmens (→ § 252 Rz. 225). Ebenso wenig fallen u. E. **Ermessensentscheidungen** bei der Bilanzierung singulärer Ereignisse unter das Stetigkeitsgebot[3] (→ § 252 Rz. 225).

1 IDW RS HFA 38 Tz. 19.

2 Vgl. außerdem IDW RS HFA 38 Tz. 15.

3 Anderer Auffassung *Löffler/Roß*, WPg 2012 S. 364, „ … sofern der Ausübung ein bestimmtes Verfahren bzw. eine Systematik zugrunde liegt". Im folgenden Beispiel lässt sich dies anhand des Sachverhalts nicht ausmachen. Mit *Löffler/Roß* steht der Aussagegehalt in → Rz. 59 eher im Einklang.

BEISPIEL Der Komponentenhersteller K ist indirekt von einem Produkthaftpflichtfall eines Automobilherstellers betroffen, für den er möglicherweise fehlerhafte Teile hergestellt hat. Die Rechtslage ist am Bilanzstichtag 01 verworren. Die Anwälte können sich „unverbindlich" Inanspruchnahmen zwischen 10 Mio. € und 70 Mio. € vorstellen. K setzt im Abschluss für 01 einen Betrag von 40 Mio. € als „Mittelwert" an. Bis zum Stichtag 02 entspannt sich die Situation, da keine US-amerikanischen Sammelklagen mehr zu befürchten sind. Die Anwälte reduzieren ihre Schätzung auf 10 Mio. € bis 30 Mio. €. Deshalb bewertet K im Abschluss 02 die Verpflichtung wieder mit dem „Mittelwert" i. H. von 20 Mio. €. Eine Methodenänderung ist damit nicht verbunden.

Bei **Ermessensentscheidungen** und **Schätzungen** im Rahmen der Bilanzierung kann man in formaler Betrachtung durchaus einer Methode folgen, z. B. im Rahmen von Szenariotechniken oder unter Anwendung des Delphi-Verfahrens (→ § 252 Rz. 214). Unseres Erachtens kommt eine Subsumierung unter den Inhalten von „Methode" bei der Schätzung **singulärer** Sachverhalte schon deshalb nicht in Betracht, weil dann sinnvollerweise über Sensitivitäten zu berichten wäre, die schon in einfachen Strukturierungen die Aufnahmefähigkeit der Bilanzadressaten überfordern würden (→ Rz. 48). 61

Auch **sachverhaltsgestaltende** Maßnahmen der Bilanzpolitik sieht der Gesetzgeber als „Methode" an (§ 321 Abs. 2 Satz 4 HGB). In solchen Fällen wird **bewusst** auf die Darstellung der „Lage" i. S. des § 264 Abs. 2 Satz 2 HGB **eingewirkt.** Bei Wesentlichkeit können deshalb u. U. auch Sachverhaltsgestaltungen eine Angabepflicht entweder nach § 284 Abs. 2 Nr. 1 oder 2 HGB oder gem. § 264 Abs. 2 Satz 2 HGB (→ § 264 Rz. 15) erforderlich machen. 62

BEISPIEL

- Die G-Großhandels-GmbH stellt die Forderungsfinanzierung von der stillen Zession auf Factoring mit Übergang der wirtschaftlichen Inhaberschaft der Forderungen auf den Faktor um.
- Die Einzelhandelsfilialkette A verkauft und mietet ihren gesamten Grundstücksbesitz in bester Innenstadtlage („*Sale and lease back*"-Gestaltung) zurück. Das wirtschaftliche Eigentum geht auf den Leasinggeber über (→ § 246 Rz. 264).

3.2 Einfluss auf die „Lage"

Die Sachverhalte im Beispiel unter → Rz. 62 führen unmittelbar zur Frage nach der Interpretation der **„Darstellung"** der Einflüsse auf die „Lage" i. S. des § 264 Abs. 1 Satz 1 HGB (→ § 264 Rz. 15 ff.). Unseres Erachtens bedarf eine solche „Darstellung" einer **Quantifizierung,** weil die „Lage" ebenfalls durch Quantitäten zum Ausdruck gebracht wird. Nach zutreffender Auffassung des IDW ist „zumindest die Größenordnung" zu verdeutlichen.[1] 63

Unseres Erachtens sind die Angaben im Beispiel unter → Rz. 62 wie folgt zu ergänzen:

BEISPIEL

- Die Umstellung der Forderungsfinanzierung hat einen Rückgang des Forderungsausweises und der bislang benötigten Bankkredite um ca. X Mio. € bewirkt.
- Das „*Sale and lease back*"-Geschäft hat zu einem erhöhten Eigenkapitalausweis infolge der Realisierung eines steuerneutralen Buchgewinns von X Mio. € geführt. Gleichzeitig sind unsere Bankverbindlichkeiten um X Mio. € zurückgegangen. Der zusätzliche jährliche Mietaufwand beläuft sich auf 7 Mio. € p. a. in den nächsten 15 Jahren ohne Berücksichtigung einer vertraglichen Gleitklausel.

1 IDW RS HFA 38 Tz. 25.

64 Auch andere Sachverhalte sind mit **quantifizierenden** Angaben[1] darzustellen. Auf die Beispiele unter → Rz. 59 wird verwiesen. Als Musterfall mag die phasengleiche Vereinnahmung der Dividenden von Tochtergesellschaften der Holding gelten. Die dort zitierte Anhangangabe wäre wie folgt weiterzuführen:

BEISPIEL ▶ „Durch diese Umstellung der zeitlichen Vereinnahmung von Dividenden hat sich das Ergebnis vor Steuern um X Mio. € verbessert."

4. Ausweis der Bewertungs-Unterschiedsbeträge (Abs. 2 Nr. 3)

65 Angesprochen sind das

- Durchschnittsbewertungsverfahren gem. § 240 Abs. 4 HGB und das
- Verbrauchsfolgeverfahren gem. § 256 HGB.

Die **Durchschnittsbewertung** i. S. des § 240 Abs. 4 HGB ist wenigstens bei ordnungsmäßiger Bestandsführung des Vorratsvermögens gängige Praxis, da systematisch und praktisch nicht zwischen „gleich" und „gleichartig" getrennt werden kann (→ § 240 Rz. 34).

Mit dem **Verbrauchsfolgeverfahren** sind unterstellte Verfahrensweisen in der zeitlichen Abfolge des Verbrauchs von Vorratsvermögen angesprochen (→ § 256 Rz. 19).

66 Die Angabe**pflicht** setzt voraus:

- Anwendung einer der beiden unter → Rz. 65 genannten Verfahrensweisen zur Ermittlung der Anschaffungs- oder Herstellungskosten,
- Vorliegen eines Börsen- oder Marktpreises sowie
- Erheblichkeit des Unterschieds zwischen diesem Preis und dem Bilanzansatz.

Die **Rechtsfolge** besteht in der Angabe der Unterschiedsbeträge „je Gruppe" – u. E. entweder die Durchschnitts- oder die Verbrauchsfolgebewertung. Die praktische Bedeutung der Angabepflicht ist eingeschränkt, weil

- häufig ein Börsenkurs oder Marktpreis am Bilanzstichtag **nicht bekannt ist** und, wenn doch,
- der Unterschied u. U. nicht **„erheblich"** ist (→ § 252 Rz. 234).

Kleine Kapital- und „Kap. & Co."-Gesellschaften (→ § 267 Rz. 14) sind nach § 288 HGB von dieser Angabepflicht befreit (→ § 288 Rz. 1).

5. Einbeziehung von Fremdkapitalzinsen in die Herstellungskosten (Abs. 2 Nr. 4)

67 Zum Tatbestand und Anwendungsbereich der Einbeziehung von Fremdkapitalzinsen in die Herstellungskosten gem. § 255 Abs. 9 HGB wird auf → § 255 Rz. 136 ff. verwiesen. Die Angabepflicht bezieht sich auf eine Bewertungsmethode und wird deshalb bereits von Abs. 2 Nr. 1 (→ Rz. 53) erfasst. Der sachliche Anwendungsbereich bezieht sich auf **Anlage**gegenstände – auch immaterielle – und **Vorrats**vermögen.

1 „Zumindest die Größenordnung" – so IDW RS HFA 38 Tz. 29.

Quantifizierungen sind nicht erforderlich,[1] anders beim **Wechsel** der Bewertungsmethode (→ Rz. 63).

Das Wahlrecht muss nicht generell für **alle** infrage kommenden Vermögensgegenstände ausgeübt werden. Zulässig ist z. B. eine Beschränkung auf Sachanlagen und hier wiederum auf Gebäude. Die Anhangangabe kann dann lauten: „Die Wertermittlung der im Bau befindlichen oder im Geschäftsjahr fertig gestellten Gebäude umfasst auch die im Herstellungszeitraum auf deren Finanzierung angefallenen Fremdkapitalzinsen."

Darstellungstechnisch kommt auch eine explizite Einbeziehung der Zinsen in den Anlagespiegel (→ Rz. 80) unter Erweiterung um drei Spalten (für den Zugang, für die Abschreibung und für den Abgang) in Betracht. 68

IV. Entwicklung des Anlagevermögens („Anlagegitter") (Abs. 3)

1. Überblick (Abs. 3 Satz 1)

Als **Besonderheit** gegenüber den übrigen Bilanzposten wird für das gesamte Anlagevermögen eine Darstellung der (wertmäßigen) Entwicklung der einzelnen Gliederungsposten im Geschäftsjahr verlangt, und zwar in Bezug auf 68a

- die gesamten Anschaffungs- oder Herstellungskosten (also auch für Zugänge aus Vorjahren);
- die Zugänge im Geschäftsjahr;
- die Abgänge im Geschäftsjahr;
- die Umbuchungen im Geschäftsjahr;
- die auf die gesamten Anschaffungs- und Herstellungskosten verrechneten Abschreibungen insgesamt;
- die Abschreibungen im Geschäftsjahr.

Die Darstellungs**form** lässt die Gesetzesvorgabe offen (→ Rz. 82). Die Praxis verwendet ausschließlich und sinnvoll die **tabellarische** Darstellung, woraus sich die gesetzliche Begriffswahl **„Anlagegitter"** oder die umgangssprachliche Bezeichnung **„Anlagespiegel"** entwickelt hat. In dieser Tabelle werden üblicherweise in den **Zeilen** die Bilanzposten der Gliederungsvorgabe in § 266 HGB und in den **Spalten** die Ausweisvorgaben des Abs. 3 dargestellt (**horizontale** Entwicklung, → Rz. 80). Zulässig und in einfacheren Fällen – bei wenigen Anlageposten – sinnvoll ist auch eine **vertikale** Entwicklung mit Austausch der Inhalte von Zeilen und Spalten (→ Rz. 81). Leerzeilen brauchen nach § 265 Abs. 8 HGB (→ § 265 Rz. 32) nicht aufgeführt zu werden. Zulässig und sinnvoll kann unter Wesentlichkeitsgesichtspunkten bei einem betragsmäßig und funktionell unbedeutsamen Anlagevermögen (z. B. Dienstleistungsunternehmen) auch der Verzicht auf einen eigentlichen Anlagespiegel bzw. der Ersatz durch eine rein verbale Darstellung sein (→ Rz. 30).

Das Gesetz schreibt einen **Ausweis** im Anhang vor. Dies erlaubt einen Verzicht auf die Angabe der Vorjahreswerte, da § 265 Abs. 2 HGB lediglich diese Angaben für die Bilanz und GuV-Rechnung vorschreibt. Gleichwohl erscheint die Einbeziehung der Vorjahresangaben in das Anlage-

1 Anderer Auffassung *ADS*, 6. Aufl., § 284 Tz. 156, „wenn der aktivierte Betrag von außergewöhnlicher Bedeutung ist".

gitter aus Abstimmungsgründen sinnvoll. Kleine Kapitalgesellschaften (→ § 267 Rz. 1) werden durch § 288 Abs. 1 Nr. 1 HGB (→ § 288 Rz. 1) von der Erstellung eines Anlagegitters befreit.

69 Das vorgeschriebene Verfahren wird als **direkte Brutto**methode bezeichnet, weil

- die Anschaffungs- und Herstellungskosten ohne Kürzung um die Abschreibungen („brutto")
- in einem Rechengang („direkt") im Anhang

entwickelt werden. Vgl. zu Einzelheiten → Rz. 71 ff.

70 *(einstweilen frei)*

2. Die Rechengrößen im Einzelnen (Abs. 3 Satz 2 und 3)

2.1 Die Inhalte mit Überleitung auf die tabellarische Darstellung

71 In Abs. 3 Satz 2 und 3 HGB sind die darzustellenden (bewerteten) Rechengrößen aufgeführt, die in die Spalten oder üblicherweise darstellungstechnisch verwendeten Tabellen („Gitter") einfließen. Zu Abgrenzungsproblemen innerhalb der Ausweisposten vgl. → Rz. 83 ff.

72 (Spalte 1) Die Darstellung hat **„ausgehend von den gesamten Anschaffungs- und Herstellungskosten"** zu erfolgen: **„Ausgehend"** meint dabei den Vortrag, also den Wert in der Eröffnungsbilanz. Dieser umfasst die **„gesamten** Anschaffungs- und Herstellungskosten", d. h. diejenigen, die zuvor („historisch") für die jeweiligen Vermögensgegenstände angefallen sind – ungekürzt um die bis dahin verrechneten Abschreibungen planmäßiger und außerplanmäßiger Art. Wie üblich werden dabei die Endzahlen aus der Vorjahresdarstellung nach der allgemein gültigen Bilanzidentität (→ § 252 Rz. 9) übernommen.

73 (Spalte 2) „Die **Zugänge"** sind gesondert anzuführen: Es handelt sich um die im aktuellen Geschäftsjahr aktivierten Anschaffungs- und Herstellungskosten, auch wenn das zugehörige „Mengengerüst" keine Ausweitung erfahren hat. Als Beispiel für die letztgenannten Zugangsfälle gelten nachträgliche Kaufpreiserhöhungen für in Vorjahren bereits als Zugang erfasste Vermögensgegenstände. Zu einschlägigen Abgrenzungsproblemen wird auf → Rz. 83 ff. verwiesen.

74 (Spalte 3) Die ebenfalls gesondert anzuführenden **„Abgänge"** umfassen die („gesamten", → Rz. 72) Anschaffungs- oder Herstellungskosten von Vermögensgegenständen, die im aktuellen Geschäftsjahr den Bilanzierungsbereich des Unternehmens verlassen haben, z. B. durch Verkauf oder Verschrottung (bei körperlichen Gegenständen) oder durch Ende der Nutzungsmöglichkeit (z. B. bei Auslaufen eines Patentrechts, → Rz. 101). Dazu gehören auch (wertmäßige) Kürzungen früherer Anlagezugänge, z. B. durch Kaufpreisminderungen im Spiegelbild zu diesem Fall unter → Rz. 73.[1]

75 (Spalte 4) Die auszuweisenden **Umbuchungen** innerhalb des Anlagevermögens (→ Rz. 100) erfolgen fast immer vor dem Gliederungsausweis „geleistete Anzahlungen und Anlagen im Bau" im Zeitpunkt der Fertigstellung und Nutzungsbereitschaft eines Sachanlageguts, manchmal auch bei Vorauszahlungen zum Erwerb eines immateriellen Anlageguts, z. B. zur Installation eines umfangreichen Softwarepakets (→ § 266 Rz. 24). Hier ist der „Brutto"-Bezug („gesamte"

1 *ADS*, 6. Aufl., § 268 Tz. 86.

Kosten) unmittelbar gewahrt, da auf Anzahlungen für unfertige Anlagen nur in seltenen Ausnahmefällen (außerplanmäßige) Abschreibungen anfallen können.

(Spalte 9) Die anzugebenden **Zuschreibungen** betreffen Wertaufholungen nach außerplanmäßigen Abschreibungen (→ § 253 Rz. 178 und → § 253 Rz. 247) in früheren Jahren. Sie können jedenfalls bei nicht wesentlichen Beträgen auch in die Jahresabschreibungen (Spalte 9, → Rz. 78) (und damit mittelbar auch in die kumulierten Abschreibungen zum Ende des Geschäftsjahres) als Negativposten einbezogen werden. Zuschreibungen in **früheren** Geschäftsjahren auf noch vorhandene Anlagegüter sind im Vortrag der kumulierten Abschreibungen enthalten. Zu einem Buchungsbeispiel wird auf → § 253 Rz. 249 verwiesen. 76

(Spalte 10) Die **„Abschreibungen in ihrer gesamten Höhe"** (kumulierte Abschreibungen) umfassen periodenübergreifend die bis zum Ende des Geschäftsjahres verrechneten Beträge für die bis dahin noch vorhandenen Anlagegüter abzüglich der bis dahin verrechneten Zuschreibungen (→ Rz. 76). In Abs. 3 Satz 3 Nr. 3 sind die Folgen für die Abschreibungen aufgrund von Zugängen, Abgängen und Umbuchungen normiert. Diese Folgen sind eigentlich nur buchtechnische Notwendigkeit. Eine gesonderte Angabe erscheint deshalb nicht erforderlich.[1] Die Anwendung dieser Norm kann geltungserhellend dann infrage kommen, wenn bei einer Buchwertverknüpfung nach Maßgabe des § 24 UmwG die Anschaffungs- und Herstellungskosten und die Abschreibungen des bisherigen Rechtsträgers übernommen werden. Unseres Erachtens ist eine solche Übernahme der Werte jedenfalls nicht geboten. 77

(Spalte 7) Von den gesamten Abschreibungen (→ Rz. 77) sind nach Abs. 3 Satz 3 Nr. 2 die auf das betreffende **Geschäftsjahr entfallenden Abschreibungen** separat aufzuführen. Sie müssen mit den in der GuV ausgewiesenen Abschreibungen übereinstimmen. 78

Einer rechnerischen **Abstimmung** innerhalb des Anlagegitters dienen die Summenspalten 5 und 10, einer Abstimmung mit den in der Bilanz ausgewiesenen Buchwerten die Spalten 11 und 12. 79

Die einzelnen Rechengrößen des Anlagegitters in → Rz. 71 bis → Rz. 79 stellen sich als Bestandteil des Anhangs (→ Rz. 69) wie folgt dar: 80

1 IDW Life 2016 S. 51.

Muster GmbH
Entwicklung des Anlagevermögens (erweiterte Bruttodarstellung)

	Herstellungskosten					**Abschreibungen**					**Buchwert**	
	Vortrag zum 1.1.01	Zugänge	Abgänge	Umbuchungen[1]	Stand am 31.12. 01[2]	Vortrag zum 1.1.01	Abschreibungen des Geschäftsjahres	Abgänge	Zuschreibungen des Geschäftsjahres	Stand am 31.12. 01[2]	Stand am 31.12. 01[2]	Stand am 31.12. 00[2]
Immaterielle Vermögensgegenstände	T€	T€	T€	T€	T€	T€	T€	T€	T€	T€	T€	T€
Software	2	1	1	0	2	1	1	1	0	1	1	1
Sachanlagen												
Bauten auf fremden Grundstücken	8	0	0	0	8	1	1	0	0	2	6	7
Betriebs- und Geschäftsausstattung	201	63	73	0	191	140	35	55	7	113	78	61
	209	63	73	0	199	141	36	55	7	115	84	68
	211	64	74	0	201	142	37	56	7	116	85	69
Spalten	(1)	(2)	(3)	(4)	(5)	(6)	(7)	(8)	(9)	(10)	(11)	(12)
Rechnerische Vorzeichen	+	+	-	-/+	=	-	-	+	+	=	=	=

Abstimmungsmöglichkeiten (=)
∑ 1 - 4 = 5
∑ 6 - 9 = 10
1 - 6 = 12
5 - 10 = 11

[1] *Der Vollständigkeit halber aufgenommen, Nullspalten brauchen nicht angegeben zu werden.*
[2] Diese Angaben sind von Gesetzes wegen nicht gefordert, dienen aber der Abstimmung der Spalten untereinander: Bei „minimaler" Darstellung des Anlagegitters können diese Angaben unterbleiben (nach *Lüdenbach*, StuB 2016 S. 192).

81 Zur Vermeidung einer querformatigen Darstellung bzw. Verwendung eines DIN-A3-Blatts kann bei nicht allzu umfangreichen Anlageposten auch eine **vertikale** Entwicklung nach folgendem Muster (mit anderen Zahleninhalten als unter → Rz. 80) gewählt werden.

Muster GmbH
Entwicklung des Anlagevermögens (erweiterte Bruttodarstellung)
Immaterielle Vermögensgegenstände und Sachanlagen

	Immaterielle Vermögensgegenstände	Bauten auf fremden Grundstücken	Technische Anlagen und Maschinen	Andere Anlagen, Betriebs- und Geschäftsausstattung	Summen
	T€	T€	T€	T€	T€
Anschaffungs- und Herstellungskosten					
Vortrag zum 1. 1. 01	51	277	1.918	245	2.342
Zugänge	0	0	52	7	59
Abgänge	0	0	0	0	0
Stand am 31. 12. 01	51	277	1.970	252	2.401

Abschreibungen					
Vortrag zum 1. 1. 01	43	207	1.878	204	2.188
Abschreibungen des Geschäftsjahres	8	6	15	14	43
Abgänge	0	0	0	0	0
Stand am 31. 12. 01	51	213	1.893	218	2.231
Buchwert					
Stand am 31. 12. 01	0	64	77	34	175
Stand am 31. 12. 00	8	70	40	41	159

Die tabellarische Darstellung als „Gitter" ist von Gesetzes wegen nicht zwingend (→ Rz. 68). In einfachen Fällen genügt eine verbale Erläuterung im Anhang. 82

BEISPIEL ► Eine Holding-AG residiert in gemieteten Räumen und hat ihre Büroausstattung geleast. Das Anlagevermögen ist in der Bilanz wie folgt ausgewiesen:

	31.12.02	31.12.01
Anteile an verbundenen Unternehmen	800	650
Ausleihungen an verbundene Unternehmen	2.600	2.350
Wertpapiere	400	300
	3.800	3.300

Mögliche den Anlagespiegel ersetzende Anhangerläuterung: „Auf das Anlagevermögen sind keine außerplanmäßigen Abschreibungen erfolgt." Oder noch einfacher: „Das Anlagevermögen ist zu Anschaffungskosten ausgewiesen."

2.2 Einzelprobleme (Abs. 3 Satz 2)

2.2.1 Die gesamten Anschaffungs- und Herstellungskosten, Abgrenzung zu den Zugängen

In Spalte 1 (→ Rz. 80) sind die bis zum Ende der Vorperiode angefallenen Anschaffungs- oder Herstellungskosten für die zu diesem Zeitpunkt vorhandenen Anlagegüter enthalten. In der Folge – also im aktuellen Geschäftsjahr – können diese Vermögensgegenstände – aktivierungspflichtig – verbessert oder erweitert werden (→ § 255 Rz. 162). Möglich ist – als Aktivierungsvorgang – eine wertmäßige Veränderung an bereits vorhandenen Anlagegütern. In **beiden** Fällen (wegen nachträglicher Anschaffungs- oder Herstellungskosten) liegen aus bilanzieller Sicht erfolgsneutrale Vermögensumschichtungen vor. Buchungssatz: per Anlagevermögen in Spalte 2 (→ Rz. 80) an Kreditor/Geld. 83

Als Beispiele seien genannt:

- ► Erhöhung eines Kaufpreises infolge des Eintritts einer Bedingung (z. B. *Earn-out*-Klausel bei Unternehmenserwerb mit Folgeänderung beim Geschäfts- oder Firmenwert).
- ► Erhöhung der Grunderwerbsteuer aus einer Grundstücksanschaffung nach rechtlicher Auseinandersetzung mit dem Finanzamt.

Zweifelhaft kann die Behandlung von bislang **nicht aktivierten** Zugängen in **früheren** Geschäftsjahren – regelmäßig aufgrund steuerlicher Betriebsprüfung – sein. Vgl. hierzu → Rz. 92 ff.

84 Sofern auf die vorgeschriebene Bruttodarstellung des Anlagevermögens **umgestellt** werden muss, bedarf es der Ermittlung der in der Vergangenheit angefallenen Anschaffungs- und Herstellungskosten. Der Gesetzgeber erlaubt bei entsprechenden Schwierigkeiten nach Art. 24 Abs. 6 EGHGB eine **Erleichterung** durch Übernahme der in der Eröffnungsbilanz des Geschäftsjahres mit erstmaliger Anwendungspflicht des Abs. 3 vorliegenden **Buchwerte** als **fiktive** Anschaffungs- oder Herstellungskosten. Diese Erleichterung hatte ihre Berechtigung bei Einführung des BiRiLiG zum 1. 1. 1986. Inzwischen wird in Deutschland flächendeckend der Bruttoanlagespiegel auch auf freiwilliger Basis erstellt, so dass in Fällen einer neu eintretenden Erstellungspflicht – kleine Kapitalgesellschaft wird zu mittelgroßer, eine OHG wird formwechselnd in eine Kapitalgesellschaft umgewandelt – eine solche Erleichterung entbehrlich erscheint.

85 Bei Anlagezugängen in Form von **Sachgesamtheiten,** insbesondere bei Unternehmenserwerben als *Asset-Deals* oder bei Fusionen und Spaltungen, sind für das aufnehmende oder neu gegründete Unternehmen die bisherigen Anschaffungs- und Herstellungskosten des **Rechtsvorgängers** sowie die darauf verrechneten Abschreibungen ohne Interesse, und zwar auch dann, wenn bei diesen Anlässen eine Buchwertfortführung zwingend oder gewünscht ist. Buchtechnisch werden deshalb vom aufnehmenden Rechtsträger (auch bei Buchwertfortführung) die Saldogrößen aus den Spalten 5 und 10 im Anlagegitter (→ Rz. 80) nicht übernommen und weitergeführt, sondern als Neuzugang in Spalte 2 erfasst. Für die Bestimmung der Anschaffungskosten in diesen Fällen wird auf → § 255 Rz. 61 verwiesen, zum Zugangs**zeitpunkt** auf → § 252 Rz. 102 (regelmäßig Realisationszeitpunkt beim abgebenden Unternehmen). Zur möglichen Vereinfachung wird auf → Rz. 77 verwiesen.

86 Zugänge (in das Anlagevermögen) liegen auch bei **Umgliederungen** aus dem **Umlauf**- in das **Anlage**vermögen vor.

BEISPIEL ▸ Das Bauträgerunternehmen B erstellt in begehrter Geschäftslage einen „Einkaufserlebnispark" zum Verkauf in vielen Teileinheiten an vorgemerkte Interessenten. Kurz vor Fertigstellung meldet sich eine finanzkräftige „Facility Management SA" und bietet einen 25-jährigen Mietvertrag zu günstigen Konditionen an. B nimmt dieses Angebot an. Entsprechend ist eine Umgliederung als „Umwidmung" aus dem Umlauf- in das Anlagevermögen vorzunehmen.

Ausweistechnisch stellt sich die Frage, ob diese Umgliederung in der Umbuchungsspalte 4 (→ Rz. 80) oder in der Zugangsspalte 2 zu zeigen ist. Unseres Erachtens ist die zweite Variante **vorzugswürdig:**

- Das Anlagegitter ist **beschränkt** auf das Anlagevermögen und weist nur dortige Zugänge und Umbuchungen innerhalb dieses Bilanzbereichs aus.
- Aus diesem Grund wird vom Bilanzadressaten ein **Nullsaldo** in der Umbuchungsspalte 4 in → Rz. 80 erwartet. Liegt ein solcher nicht vor, entsteht Erläuterungsbedarf.

87 Die **Bewertung** des umgegliederten Betrags ist dann unproblematisch, wenn – wie im Beispiel unter → Rz. 80 unterstellt – im Umlaufvermögen keine Abschreibung erfolgt ist. Im umgekehrten Fall stellt sich die Frage nach der Fortführung der Abschreibungen im Anlagegitter.

BEISPIEL ▸ In Abwandlung des Sachverhalts im Beispiel unter → Rz. 86 hat B Probleme mit der Vermarktung des Projekts. Die Marktlage macht eine Niederstwertabschreibung nach § 253 Abs. 4 Satz 2 HGB

(→ § 253 Rz. 230) erforderlich. Im Anschluss daran erfolgt die Vermietung en bloc an die SA zu einem Mietzins, welcher der Abschreibungsberechnung zugrunde lag.

Unseres Erachtens ist der Zugang im Anlagevermögen unter Spalte 2 (→ Rz. 80) in der Konsequenz der unter → Rz. 86 aufgeführten Gründe mit dem (abgeschriebenen) Buchwert aus dem Umlaufvermögen vorzunehmen. Will man demgegenüber die außerplanmäßige Abschreibung vom Umlauf- in das Anlagevermögen transferieren, müsste diese in Spalte 7 eingebucht und der Zugangswert in Spalte 2 entsprechend erhöht werden.

2.2.2 Abgänge

Sofern für im Geschäftsjahr abgegangene Anlagegüter (planmäßige oder außerplanmäßige) **Abschreibungen** verrechnet worden sind, sind im Anlagegitter die entsprechenden Inhalte der Spalten 3 und 8 (→ Rz. 80) auszubuchen. Deren Saldo weist den Buchwert des abgehenden Vermögensgegenstands aus, der mit dem erhaltenen Gegenwert den „Ertrag oder Aufwand aus dem Abgang von Gegenständen des Anlagevermögens" ergibt oder als solcher innerhalb der GuV auszuweisen ist. Ohne vorgängige Abschreibungen – bei Beteiligungen, Wertpapieren oder Grund und Boden denkbar – ist nur die Spalte 3 (→ Rz. 80) anzubuchen. 88

Es gilt folgendes Rechenschema:

Erlös für Abgang aus Finanzbuchführung		+
Beträge aus Spalte 2	} Saldo = Buchwert	–
Beträge aus Spalte 8		+
Abgangsgewinn oder -verlust		+/-

Bei **Umgliederung** aus dem Anlage- in das Umlaufvermögen gelten die unter → Rz. 86 dargestellten Buchungsschritte spiegelbildlich. Es sind entsprechend die Werte aus den Spalten 3 und 8 in das Umlaufvermögen umzugliedern. 89

Die unter → Rz. 88 dargestellten Buchungen im Anlagegitter für **Abgänge** sind auch vorzunehmen, wenn ausnahmsweise dem Zugang **im gleichen Geschäftsjahr** ein Abgang folgt. Dadurch gelingt unmittelbar der in Abs. 2 Satz 3 gebotene Ausweis der im Geschäftsjahr vorgenommenen Abschreibungen. Eine Nichtabschreibung in solchen Fällen kann nur aus Vereinfachungsgründen gerechtfertigt werden, die hier allerdings selten vorliegen dürften. Zu- und Abgänge innerhalb eines Geschäftsjahres sind u. E. nicht fiktiv auf dessen Ende zu verlegen. 90

Spiegelbildlich zu den in → Rz. 83 dargestellten nur wertmäßigen Erhöhungen bereits **vorhandener** Anlagegüter kann es auch zu Wertminderungen (in späteren Geschäftsjahren) kommen. Als Beispiele (mit umgekehrtem Vorzeichen) seien genannt: 91

- Verminderung der Herstellungskosten eines Gebäudes nach stattgegebener Klage auf Herabsetzung des Werklohns.
- Verminderung der Grunderwerbsteuer durch erfolgreichen Finanzgerichtsprozess.

Es handelt sich wie in → Rz. 83 um **erfolgsneutrale** Vorgänge; **Buchungssatz:** per Geld an Anlagevermögen, Spalte 3 (→ Rz. 80).

2.2.3 Nachaktivierungen aufgrund steuerlicher Außenprüfung

92 Regelmäßig erfolgen – abgesehen von Krisenunternehmen – im Rahmen von steuerlichen Außenprüfungen sog. „Nachaktivierungen". Bilanzsystematisch verbergen sich dahinter drei mögliche Tatbestände (→ § 253 Rz. 253):

1. Ein bislang als **Aufwand** verbuchter Betrag wird (zunächst steuerlich) als Anlagegut identifiziert (Beispiel: der Umbau der Büroetage vom Großraum in Einzelzimmer).
2. Die bislang vorgenommene planmäßige **Abschreibung** auf einen abnutzbaren Anlagegegenstand wird von der Betriebsprüfung als zu hoch angesehen (Beispiel: Das erworbene Warenzeichen wird statt auf zehn durch die Betriebsprüfung auf 15 Jahre abgeschrieben).
3. Die **außerplanmäßige Abschreibung** (= Teilwertabschreibung; → § 253 Rz. 180) auf ein Gebäude wird steuerlich nicht anerkannt.

Regelmäßig besteht zur buchhalterischen Vereinfachung ein Interesse des betroffenen Unternehmens an der (erneuten) **Zusammenführung** der Werte in beiden Rechenwerken. Implizit ist damit seitens der Geschäftsleitung ein Eingeständnis einer bislang unzutreffenden Behandlung der von der Betriebsprüfung aufgegriffenen Sachverhalte verbunden. Die Frage geht dann nach der Abbildung der sog. „Betriebsprüfungsanpassung" im Anlagegitter.

93 Unseres Erachtens ist nach den drei Fallvarianten unter → Rz. 92 zu **differenzieren** (→ § 253 Rz. 253), d. h., die „Betriebsprüfungs-Nachaktivierung" darf nicht über einen Kamm geschoren werden:

- Beim ersten Sachverhalt (→ Rz. 92) wird – verspätet – ein bislang unterbliebener Zugang erfasst. Diese Verbuchung kann nicht mehr erfolgsneutral erfolgen, weil die Gegenleistung in Vorjahren schon als Aufwand „verbraucht" worden ist. Anders formuliert: Die als unzutreffend erkannte Aufwandsverbuchung (des Büroumbaus im Beispiel) wird spiegelbildlich als Ertrag verbucht. **Buchungssatz:** per Zugang in Spalte 2 (→ Rz. 80) an sonstigen betrieblichen Ertrag (oder an sonstigen betrieblichen Aufwand als periodenübergreifende Stornierung der früheren Aufwandsverbuchung).

  Wenn auf den (früheren) Zugang durch die Betriebsprüfung bereits Abschreibungen verrechnet worden sind (immer noch Sachverhalt unter → Rz. 92), ist die vorstehend dargestellte Buchung zu ergänzen. **Buchungssatz:** per Zugang Spalte 2 (→ Rz. 80) an Zugang Abschreibungen Spalte 7 (Saldo aus Spalten 2 und 7) an Ertrag/Aufwand (wie zuvor).

94
- Beim zweiten Sachverhalt (→ Rz. 92) sind in Vorjahren (aus jetziger Sicht) **überhöhte Abschreibungen** zu korrigieren. **Buchungssatz:** per Spalte 9 (→ Rz. 80) an Erträge aus Zuschreibungen.

  Anders als beim ersten Sachverhalt (→ Rz. 92) ist hier die Zuschreibung möglich und geboten, weil sie sich unterhalb des „Deckels" der Anschaffungs- und Herstellungskosten für die Wertaufholung (→ § 253 Rz. 247) bewegt. Diese Vorgabe würde im Fall 1 (→ Rz. 93) bei Erfassung in der Zuschreibungsspalte durchbrochen.

95
- Im dritten Sachverhalt (→ Rz. 92) ist die Lösung die gleiche wie in → Rz. 94 dargestellt.

2.2.4 Geringfügige Zugangswerte

96 Selbständig nutzbare Anlagegüter mit Zugangswerten **bis 800 €** sind nach § 6 Abs. 2 EStG wahlweise (→ § 253 Rz. 173 ff.) in voller Höhe als Betriebsausgaben abzugsfähig.[1] Dem kann – und sollte aus Vereinfachungsgründen – auch handelsrechtlich durch sofortige Aufwandsverrechnung gefolgt werden (→ § 252 Rz. 239). Der Anlagespiegel wird dann nicht angesprochen. Denkbar ist auch – z. B. im Interesse einer Inventarisierung – eine Erfassung im Anlagegitter durch Verbuchung in folgenden Spalten der Tabelle (→ Rz. 80): Spalte 2 als Zugang, Spalte 7 als Abschreibung.

97 Selbständig nutzbare Anlagegüter mit Zugangswerten über 250 € bis 1.000 € sind nach § 6 Abs. 2a EStG nach einem weiteren Wahlrecht (→ § 253 Rz. 173 ff.) als **Sammelposten** – keine Einzelbewertung – pro Zugangsjahr zu erfassen und in diesem Jahr und den folgenden vier Jahren mit jeweils 20 % abzuschreiben (sog. Poolabschreibung). Unseres Erachtens kann dieser Vorgabe in aller Regel im Hinblick auf *Materiality*- und *Cost-Benefit*-Gesichtspunkte auch handelsrechtlich gefolgt werden (→ § 252 Rz. 240). Damit ist nicht zwingend auf eine Inventarisierung der Einzelzugänge – z. B. Arbeitsplatzcomputer – aus Kontrollgründen zu verzichten. Durch Vergabe einer Inventarnummer kann das physische Vorhandensein nachgehalten werden. Ein vorzeitiger Abgang ist bei Anwendung der Poolabschreibung allerdings in den Abgangsspalten 3 und 8 in der Tabelle (→ Rz. 80) nicht zu erfassen. Vielmehr sind die Spalten in → Rz. 80 wie folgt anzubuchen bzw. in die Finanzbuchführung zu transferieren:

Buchungssätze:

Im Zugangsjahr

Per Spalte 2 (Zugänge)	an Kreditor/Bank
Per Abschreibung	an Spalte 7 (Abschreibungen)

In den vier Folgejahren

Per Abschreibung	an Spalte 7

Im vierten Folgejahr zusätzlich

Per Spalte 8 (Abgänge Abschreibungen)	an Spalte 3 (Abgänge AK/HK i. H. des Zugangs im Erstjahr)

Die letztgenannte Buchung fingiert einen Abgang am Ende der steuerlich vorgegebenen Abschreibungsperiode. Die Lösung erscheint dann sinnvoll, wenn auf eine Inventarisierung verzichtet wird. Bei Einzelerfassung auch der *„Pool"*-Anlagegüter kann die Abgangsverbuchung in den Spalten 3 und 8 (→ Rz. 80) auch in das effektive Abgangsjahr nach Ende der Fünfjahresfrist des § 6 Abs. 2a EStG verlagert werden. Umgekehrt muss im Fall des vorzeitigen Abgangs die Verbuchung bis zum Ende des steuerlich vorgegebenen Zeitraums der Abschreibungsverrechnung aufgeschoben werden.

2.2.5 Festwerte

98 Für das Sachanlagevermögen können bei nachrangiger Bedeutung Festwerte nach § 240 Abs. 3 HGB gebildet werden (→ § 240 Rz. 23). Dabei werden von Gesetzes wegen eine etwa **gleichbleibende Menge** und entsprechende **Werte** unterstellt, was allerdings regelmäßig alle drei

1 Im Einzelnen *Siegle*, DStR 2010 S. 1068.

Jahre zu überprüfen ist. Zu- und Abgänge sollen sich nach der Vereinfachungsidee der Festbewertung im Zeitverlauf in etwa ausgleichen.

99 Daraus wird allgemein zutreffend auf eine buchmäßige Erfassung der Zugangswerte außerhalb des Anlagegitters als sonstige betriebliche Aufwendungen geschlossen.

Erhöhungen oder Minderungen des Festwerts aufgrund einer **Bestandsaufnahme** sind als Zugang oder Abgang zu zeigen; d.h. erfolgswirksam in den Spalten 2 und 3 in der Tabelle (→ Rz. 80). Die Vornahme von Abschreibungen erscheint der Festbewertung wesensfremd. Deshalb ist der Bereich der Spalten 7 bis 9 (→ Rz. 80) hier nicht einschlägig.

Die **erstmalige Einführung** eines Festwerts in das Anlagegitter ist in der Spalte 2 (→ Rz. 80) zugunsten eines Ertragskontos (→ § 275 Rz. 25) zu verbuchen. Letzteres ist ggf. mit dem Wegfall eines an anderer Stelle bilanzierten Werts zu belasten.

2.2.6 Geleistete Anzahlungen und Anlagen im Bau

100 Der Ausweis betrifft nicht abgeschlossene Investitionen in immaterielle und sächliche Anlageobjekte. Die darauf gebuchten Werte harren der **endgültigen Zuordnung** zu den betreffenden Posten innerhalb des Anlagevermögens, z.B. Patenten oder Gebäuden. Sobald diese der Nutzung durch das Unternehmen zur **Verfügung** stehen, muss die Umbuchung in Spalte 4 (→ Rz. 80) erfolgen. Unseres Erachtens ist diese Umbuchung zu **diesem** Zeitpunkt vorzunehmen, d.h., als Zugang erscheinen unter „geleistete Anzahlungen und Anlagen im Bau" auch die bis zur Verfügungsbereitschaft anfallenden Ausgaben etc. Nach anderer Auffassung[1] sollen im Jahr der Inbetriebnahme hier nur noch Zugänge für die am **Abschluss**stichtag noch unfertigen Anlagen gezeigt werden. Aus Sicht des externen Abschlussadressaten kommt den beiden Ausweisvarianten keine nennenswerte unterschiedliche Bedeutung zu.

2.2.7 Immaterielle Anlagewerte

101 Bei immateriellen Anlagewerten kann insbesondere der **Abgangszeitpunkt** problematisch sein. Bei sächlichem Anlagevermögen kommt es am Ende der Nutzungsperiode zum Abbruch, zur Verschrottung oder zur Entsorgung. Immaterielle Werte entbehren ex definitione solcher „Endlösungen":

- Das Ende einer wirtschaftlich sinnvollen Nutzungsmöglichkeit liegt im Zeitpunkt des Ablaufs eines pharmazeutischen **Patents**, da dann die Generika-Industrie den Markt erobert.
- **Marken** werden zwar u.U. aktuell nicht genutzt bzw. nicht beworben, können indes bei Bedarf reaktiviert werden (z.B. „Maybach").
- Das (ungeschützte) ***Know-how*** erschöpft sich im Zeitverlauf, weil die Konkurrenz das Verfahren im Zeitverlauf zunehmend durchschaut.
- Der **Geschäfts-** oder **Firmenwert** verflüchtigt sich gänzlich, weil die erworbene Supermarktkette ihre Geschäfte einstellen muss.

102 In diesen Fällen unklarer **Abgangs**situationen entsprechen sich regelmäßig die zugehörigen Werte in den Spalten 5 und 10 in der Tabelle (→ Rz. 80), der Buchwert ist also jeweils null. So gesehen kommt dem unter → Rz. 101 dargelegten Problemkreis keine überragende materielle

1 Vgl. *ADS*, 6. Aufl., § 268 Tz. 79. Unentschieden *Grottel* in Beck'scher Bilanz-Kommentar, 13. Aufl. 2022, § 284 Tz. 275.

Bedeutung zu. Andererseits können diese Beträge nicht sinnvoll auf Dauer weitergeführt werden, wenn ihnen keine wirtschaftliche Substanz mehr zuzuordnen ist. Unseres Erachtens müssen hier unternehmensindividuelle **typisierende** Lösungen herangezogen werden:

- Ablauf des Patentschutzes,
- Beendigung der planmäßigen oder außerplanmäßigen Abschreibung (Buchwert null) von ungeschützten immateriellen Gütern, Geschäfts- oder Firmenwert[1] sowie
- Beendigung der Bewerbung einer Marke.

Buchungssatz dann in → Rz. 80: per Spalte 8 an Spalte 3.

Der in diesen Fällen, aber auch bei Sachanlagen häufig anzutreffende Ausweis eines **Erinnerungswerts** von 1 € ist zumindest bei Vorliegen einer ordnungsmäßigen Anlagebuchführung ohne Sinngehalt. Denn die Aufnahme in das Rechenwerk durch entsprechende Inventarisierung **„erinnert"** den Buchungsverantwortlichen institutionell und permanent an das Vorhandensein des betreffenden Vermögensgegenstands und provoziert die laufende diesbezügliche Überprüfung. Einer zusätzlichen „Erinnerung" in der Finanzbuchführung bedarf es nicht. 103

2.2.8 Darstellung der Fremdkapitalzinsen (Abs. 3 Satz 4)

Sofern die Fremdkapitalzinsen in die Herstellungskosten einbezogen werden (→ § 255 Rz. 136), bedarf es für jeden betroffenen Posten des Anlagevermögens einer Angabe der im Geschäftsjahr aktivierten Beträge. Darstellungstechnisch kann die Angabe unter Einbeziehung dieser Zinsen in den Anlagespiegel durch Erweiterung um drei Spalten (für den Zugang, für die Abschreibungen und für den Abgang) erfolgen. Einfacher erscheint ein Davon-Vermerk bei jedem Anlageposten für die im Geschäftsjahr aktivierten Zinsen. 104

§ 285 Sonstige Pflichtangaben

Ferner sind im Anhang anzugeben:

1. zu den in der Bilanz ausgewiesenen Verbindlichkeiten

a) der Gesamtbetrag der Verbindlichkeiten mit einer Restlaufzeit von mehr als fünf Jahren,

b) der Gesamtbetrag der Verbindlichkeiten, die durch Pfandrechte oder ähnliche Rechte gesichert sind, unter Angabe von Art und Form der Sicherheiten;

2. die Aufgliederung der in Nummer 1 verlangten Angaben für jeden Posten der Verbindlichkeiten nach dem vorgeschriebenen Gliederungsschema;

3. Art und Zweck sowie Risiken, Vorteile und finanzielle Auswirkungen von nicht in der Bilanz enthaltenen Geschäften, soweit die Risiken und Vorteile wesentlich sind und die Offenlegung für die Beurteilung der Finanzlage des Unternehmens erforderlich ist;

3a. der Gesamtbetrag der sonstigen finanziellen Verpflichtungen, die nicht in der Bilanz enthalten sind und die nicht nach § 268 Absatz 7 oder Nummer 3 anzugeben sind, sofern diese Angabe für die Beurteilung der Finanzlage von Bedeutung ist; davon sind Verpflichtungen betreffend die Altersversorgung und Verpflichtungen gegenüber verbundenen oder assoziierten Unternehmen jeweils gesondert anzugeben;

4. die Aufgliederung der Umsatzerlöse nach Tätigkeitsbereichen sowie nach geografisch bestimmten Märkten, soweit sich unter Berücksichtigung der Organisation des Verkaufs, der Vermietung oder

1 Ähnlich *ADS*, 6. Aufl., § 268 Tz. 75.

Verpachtung von Produkten und der Erbringung von Dienstleistungen der Kapitalgesellschaft die Tätigkeitsbereiche und geografisch bestimmten Märkte untereinander erheblich unterscheiden;

5. und 6. (weggefallen)

7. die durchschnittliche Zahl der während des Geschäftsjahrs beschäftigten Arbeitnehmer getrennt nach Gruppen;

8. bei Anwendung des Umsatzkostenverfahrens (§ 275 Abs. 3)

   a) der Materialaufwand des Geschäftsjahrs, gegliedert nach § 275 Abs. 2 Nr. 5,

   b) der Personalaufwand des Geschäftsjahrs, gegliedert nach § 275 Abs. 2 Nr. 6;

9. für die Mitglieder des Geschäftsführungsorgans, eines Aufsichtsrats, eines Beirats oder einer ähnlichen Einrichtung jeweils für jede Personengruppe

   a) die für die Tätigkeit im Geschäftsjahr gewährten Gesamtbezüge (Gehälter, Gewinnbeteiligungen, Bezugsrechte und sonstige aktienbasierte Vergütungen, Aufwandsentschädigungen, Versicherungsentgelte, Provisionen und Nebenleistungen jeder Art). [2]In die Gesamtbezüge sind auch Bezüge einzurechnen, die nicht ausgezahlt, sondern in Ansprüche anderer Art umgewandelt oder zur Erhöhung anderer Ansprüche verwendet werden. [3]Außer den Bezügen für das Geschäftsjahr sind die weiteren Bezüge anzugeben, die im Geschäftsjahr gewährt, bisher aber in keinem Jahresabschluss angegeben worden sind. [4]Bezugsrechte und sonstige aktienbasierte Vergütungen sind mit ihrer Anzahl und dem beizulegenden Zeitwert zum Zeitpunkt ihrer Gewährung anzugeben; spätere Wertveränderungen, die auf einer Änderung der Ausübungsbedingungen beruhen, sind zu berücksichtigen;

   b) die Gesamtbezüge (Abfindungen, Ruhegehälter, Hinterbliebenenbezüge und Leistungen verwandter Art) der früheren Mitglieder der bezeichneten Organe und ihrer Hinterbliebenen. [2]Buchstabe a Satz 2 und 3 ist entsprechend anzuwenden. [3]Ferner ist der Betrag der für diese Personengruppe gebildeten Rückstellungen für laufende Pensionen und Anwartschaften auf Pensionen und der Betrag der für diese Verpflichtungen nicht gebildeten Rückstellungen anzugeben;

   c) die gewährten Vorschüsse und Kredite unter Angabe der Zinssätze, der wesentlichen Bedingungen und der gegebenenfalls im Geschäftsjahr zurückgezahlten oder erlassenen Beträge sowie die zugunsten dieser Personen eingegangenen Haftungsverhältnisse;

10. alle Mitglieder des Geschäftsführungsorgans und eines Aufsichtsrats, auch wenn sie im Geschäftsjahr oder später ausgeschieden sind, mit dem Familiennamen und mindestens einem ausgeschriebenen Vornamen, einschließlich des ausgeübten Berufs und bei börsennotierten Gesellschaften auch der Mitgliedschaft in Aufsichtsräten und anderen Kontrollgremien im Sinne des § 125 Abs. 1 Satz 5 des Aktiengesetzes. [2]Der Vorsitzende eines Aufsichtsrats, seine Stellvertreter und ein etwaiger Vorsitzender des Geschäftsführungsorgans sind als solche zu bezeichnen;

11. Name und Sitz anderer Unternehmen, die Höhe des Anteils am Kapital, das Eigenkapital und das Ergebnis des letzten Geschäftsjahrs dieser Unternehmen, für das ein Jahresabschluss vorliegt, soweit es sich um Beteiligungen im Sinne des § 271 Absatz 1 handelt oder ein solcher Anteil von einer Person für Rechnung der Kapitalgesellschaft gehalten wird;

11a. Name, Sitz und Rechtsform der Unternehmen, deren unbeschränkt haftender Gesellschafter die Kapitalgesellschaft ist;

11b. von börsennotierten Kapitalgesellschaften sind alle Beteiligungen an großen Kapitalgesellschaften anzugeben, die 5 Prozent der Stimmrechte überschreiten;

12. Rückstellungen, die in der Bilanz unter dem Posten „sonstige Rückstellungen" nicht gesondert ausgewiesen werden, sind zu erläutern, wenn sie einen nicht unerheblichen Umfang haben;

13. jeweils eine Erläuterung des Zeitraums, über den ein entgeltlich erworbener Geschäfts- oder Firmenwert abgeschrieben wird;

14. **Name und Sitz des Mutterunternehmens der Kapitalgesellschaft, das den Konzernabschluss für den größten Kreis von Unternehmen aufstellt, sowie der Ort, wo der von diesem Mutterunternehmen aufgestellte Konzernabschluss erhältlich ist;**

14a. **Name und Sitz des Mutterunternehmens der Kapitalgesellschaft, das den Konzernabschluss für den kleinsten Kreis von Unternehmen aufstellt, sowie der Ort, wo der von diesem Mutterunternehmen aufgestellte Konzernabschluss erhältlich ist;**

15. **soweit es sich um den Anhang des Jahresabschlusses einer Personenhandelsgesellschaft im Sinne des § 264a Abs. 1 handelt, Name und Sitz der Gesellschaften, die persönlich haftende Gesellschafter sind, sowie deren gezeichnetes Kapital;**

15a. **das Bestehen von Genussscheinen, Genussrechten, Wandelschuldverschreibungen, Optionsscheinen, Optionen, Besserungsscheinen oder vergleichbaren Wertpapieren oder Rechten, unter Angabe der Anzahl und der Rechte, die sie verbriefen;**

16. **dass die nach § 161 des Aktiengesetzes vorgeschriebene Erklärung abgegeben und wo sie öffentlich zugänglich gemacht worden ist;**

17. **das von dem Abschlussprüfer für das Geschäftsjahr berechnete Gesamthonorar, aufgeschlüsselt in das Honorar für**
    a) **die Abschlussprüfungsleistungen,**
    b) **andere Bestätigungsleistungen,**
    c) **Steuerberatungsleistungen,**
    d) **sonstige Leistungen,**

    soweit die Angaben nicht in einem das Unternehmen einbeziehenden Konzernabschluss enthalten sind;

18. **für zu den Finanzanlagen (§ 266 Abs. 2 A. III.) gehörende Finanzinstrumente, die über ihrem beizulegenden Zeitwert ausgewiesen werden, da eine außerplanmäßige Abschreibung nach § 253 Absatz 3 Satz 6 unterblieben ist,**
    a) **der Buchwert und der beizulegende Zeitwert der einzelnen Vermögensgegenstände oder angemessener Gruppierungen sowie**
    b) **die Gründe für das Unterlassen der Abschreibung einschließlich der Anhaltspunkte, die darauf hindeuten, dass die Wertminderung voraussichtlich nicht von Dauer ist;**

19. **für jede Kategorie nicht zum beizulegenden Zeitwert bilanzierter derivativer Finanzinstrumente**
    a) **deren Art und Umfang,**
    b) **deren beizulegender Zeitwert, soweit er sich nach § 255 Abs. 4 verlässlich ermitteln lässt, unter Angabe der angewandten Bewertungsmethode,**
    c) **deren Buchwert und der Bilanzposten, in welchem der Buchwert, soweit vorhanden, erfasst ist, sowie**
    d) **die Gründe dafür, warum der beizulegende Zeitwert nicht bestimmt werden kann;**

20. **für mit dem beizulegenden Zeitwert bewertete Finanzinstrumente**
    a) **die grundlegenden Annahmen, die der Bestimmung des beizulegenden Zeitwertes mit Hilfe allgemein anerkannter Bewertungsmethoden zugrunde gelegt wurden, sowie**
    b) **Umfang und Art jeder Kategorie derivativer Finanzinstrumente einschließlich der wesentlichen Bedingungen, welche die Höhe, den Zeitpunkt und die Sicherheit künftiger Zahlungsströme beeinflussen können;**

21. **zumindest die nicht zu marktüblichen Bedingungen zustande gekommenen Geschäfte, soweit sie wesentlich sind, mit nahe stehenden Unternehmen und Personen, einschließlich Angaben zur Art der Beziehung, zum Wert der Geschäfte sowie weiterer Angaben, die für die Beurteilung der Finanz-**

lage notwendig sind; ausgenommen sind Geschäfte mit und zwischen mittel- oder unmittelbar in 100%igem Anteilsbesitz stehenden in einen Konzernabschluss einbezogenen Unternehmen; Angaben über Geschäfte können nach Geschäftsarten zusammengefasst werden, sofern die getrennte Angabe für die Beurteilung der Auswirkungen auf die Finanzlage nicht notwendig ist;

22. im Fall der Aktivierung nach § 248 Abs. 2 der Gesamtbetrag der Forschungs- und Entwicklungskosten des Geschäftsjahres sowie der davon auf die selbst geschaffenen immateriellen Vermögensgegenstände des Anlagevermögens entfallende Betrag;

23. bei Anwendung des § 254,

    a) mit welchem Betrag jeweils Vermögensgegenstände, Schulden, schwebende Geschäfte und mit hoher Wahrscheinlichkeit erwartete Transaktionen zur Absicherung welcher Risiken in welche Arten von Bewertungseinheiten einbezogen sind sowie die Höhe der mit Bewertungseinheiten abgesicherten Risiken,

    b) für die jeweils abgesicherten Risiken, warum, in welchem Umfang und für welchen Zeitraum sich die gegenläufigen Wertänderungen oder Zahlungsströme künftig voraussichtlich ausgleichen einschließlich der Methode der Ermittlung,

    c) eine Erläuterung der mit hoher Wahrscheinlichkeit erwarteten Transaktionen, die in Bewertungseinheiten einbezogen wurden,

    soweit die Angaben nicht im Lagebericht gemacht werden;

24. zu den Rückstellungen für Pensionen und ähnliche Verpflichtungen das angewandte versicherungsmathematische Berechnungsverfahren sowie die grundlegenden Annahmen der Berechnung, wie Zinssatz, erwartete Lohn- und Gehaltssteigerungen und zugrunde gelegte Sterbetafeln;

25. im Fall der Verrechnung von Vermögensgegenständen und Schulden nach § 246 Abs. 2 Satz 2 die Anschaffungskosten und der beizulegende Zeitwert der verrechneten Vermögensgegenstände, der Erfüllungsbetrag der verrechneten Schulden sowie die verrechneten Aufwendungen und Erträge; Nummer 20 Buchstabe a ist entsprechend anzuwenden;

26. zu Anteilen an Sondervermögen im Sinn des § 1 Absatz 10 des Kapitalanlagegesetzbuchs oder Anlageaktien an Investmentaktiengesellschaften mit veränderlichem Kapital im Sinn der §§ 108 bis 123 des Kapitalanlagegesetzbuchs oder vergleichbaren EU-Investmentvermögen oder vergleichbaren ausländischen Investmentvermögen von mehr als dem zehnten Teil, aufgegliedert nach Anlagezielen, deren Wert im Sinne der §§ 168, 278 oder 286 Absatz 1 des Kapitalanlagegesetzbuchs geltenden Fassung oder vergleichbarer ausländischer Vorschriften über die Ermittlung des Marktwertes, die Differenz zum Buchwert und die für das Geschäftsjahr erfolgte Ausschüttung sowie Beschränkungen in der Möglichkeit der täglichen Rückgabe; darüber hinaus die Gründe dafür, dass eine Abschreibung gemäß § 253 Absatz 3 Satz 6 unterblieben ist, einschließlich der Anhaltspunkte, die darauf hindeuten, dass die Wertminderung voraussichtlich nicht von Dauer ist; Nummer 18 ist insoweit nicht anzuwenden;

27. für nach § 268 Abs. 7 im Anhang ausgewiesene Verbindlichkeiten und Haftungsverhältnisse die Gründe der Einschätzung des Risikos der Inanspruchnahme;

28. der Gesamtbetrag der Beträge im Sinn des § 268 Abs. 8, aufgegliedert in Beträge aus der Aktivierung selbst geschaffener immaterieller Vermögensgegenstände des Anlagevermögens, Beträge aus der Aktivierung latenter Steuern und aus der Aktivierung von Vermögensgegenständen zum beizulegenden Zeitwert;

29. auf welchen Differenzen oder steuerlichen Verlustvorträgen die latenten Steuern beruhen und mit welchen Steuersätzen die Bewertung erfolgt ist;

30. wenn latente Steuerschulden in der Bilanz angesetzt werden, die latenten Steuersalden am Ende des Geschäftsjahrs und die im Laufe des Geschäftsjahrs erfolgten Änderungen dieser Salden;

31. **jeweils der Betrag und die Art der einzelnen Erträge und Aufwendungen von außergewöhnlicher Größenordnung oder außergewöhnlicher Bedeutung, soweit die Beträge nicht von untergeordneter Bedeutung sind;**

32. **eine Erläuterung der einzelnen Erträge und Aufwendungen hinsichtlich ihres Betrags und ihrer Art, die einem anderen Geschäftsjahr zuzurechnen sind, soweit die Beträge nicht von untergeordneter Bedeutung sind;**

33. **Vorgänge von besonderer Bedeutung, die nach dem Schluss des Geschäftsjahrs eingetreten und weder in der Gewinn- und Verlustrechnung noch in der Bilanz berücksichtigt sind, unter Angabe ihrer Art und ihrer finanziellen Auswirkungen;**

34. **der Vorschlag für die Verwendung des Ergebnisses oder der Beschluss über seine Verwendung.**

Inhaltsübersicht

LITERATUR:

Dimmer, Abschlussprüferhonorare bei deutschen kapitalmarktorientierten Unternehmen – Eine Analyse der Entwicklung von Abschlussprüferhonoraren unter Berücksichtigung des IDW RS HFA 36 n. F. und der EU-Verordnung 537/2014, WP Praxis 2020 S. 141; *Götz/Schütte/Zimmermann*, Der Ausweis Sonstiger Rückstellungen im handelsrechtlichen Jahresabschluss, DB 6/2021 S. 237 ff.; *Hanke*, Berichterstattung bei zulässiger Nichtangabe des Abschlussprüferhonorars, WP Praxis 2019 S. 358; *Hartung*, Anhang und Lagebericht im Spannungsfeld zwischen Bilanztheorie und Bilanzpolitik, 2002; *von Keitz/Gloth*, Praxis ausgewählter HGB-Anhangangaben, DB 2013 S. 129; *Kling*, Anhangangaben zur Honorierung des Abschlussprüfers nach dem BilMoG, WPg 2011 S. 209; *Lüdenbach*, Anhangangabe bei marktunüblichen Darlehen an zum Vorstand beförderten Arbeitnehmer, StuB 2010 S. 67; *Lüdenbach/Freiberg*, Organvergütung im IFRS-Konzernabschluss im Spannungsfeld zwischen Berichtspflichten nach § 315a HGB und originären IFRS-Angaben, BB 2013 S. 2539; *Philipps*, Konkretisierung der Anhangangaben zu außerbilanziellen Geschäften, DB 2011 S. 125; *Philipps*, Der Anhang im Jahresabschluss der GmbH und der GmbH & Co. KG, 5. Aufl. 2018; *Rimmelspacher/Fey*, Anhangangaben zu nahestehenden Unternehmen und Personen nach dem BilMoG, WPg 2010 S. 180; *Velte*, Say on Pay, Fee Caps und Vergütungsbericht nach dem ARUG II, StuB 2020 S. 52; *Wollmert/Oser/Graupe*, Anhangangaben zu den Abschlussprüferhonoraren und zu marktunüblichen Geschäften nach BilMoG, StuB 2010 S. 123.

Auf die Nachweise zu → § 284 wird verwiesen.

I. Überblick

Die Anhangangabepflichten sind im HGB und in einzelnen Nebengesetzen geregelt. Zu den Grundlagen der Anhangerläuterungen wird auf die Kommentierung in → § 284 verwiesen. § 285 HGB zählt als eine Art **Zentralvorschrift** rechtsformübergreifend Einzelfälle auf, die durch weitere Angaben an verschiedenen Stellen im Dritten Buch, Zweiter Abschnitt des HGB (ab § 264 HGB) ergänzt werden (→ § 284 Rz. 37). Diese „Zerstreuung" erschwert bei der praktischen Arbeit die Erfüllung der Angabevorschriften. Dem wird durch die Checklistentechnik abgeholfen (→ § 284 Rz. 36). 1

II. Angaben zu Verbindlichkeiten (Nr. 1 und 2)

1. Äußere Darstellung

Zu den in der Bilanz ausgewiesenen Verbindlichkeiten (→ § 266 Rz. 87) ist nach Nr. 1 anzugeben: 2

► der Gesamtbetrag der Verbindlichkeiten mit einer **Restlaufzeit** von mehr als fünf Jahren,

- der Gesamtbetrag der Verbindlichkeiten, die durch **Pfandrechte** oder Ähnliches gesichert sind,
- unter Angabe von **Art** und **Form** der Sicherheiten.

Die übliche Darstellungstechnik im „Verbindlichkeitenspiegel" ist in → § 266 Rz. 88 enthalten. Dieser „Spiegel" erfasst auch den nach § 268 Abs. 5 Satz 1 HGB geforderten Ausweis der Verbindlichkeiten mit einer Restlaufzeit von bis zu einem Jahr und von mehr als einem Jahr (→ § 268 Rz. 141).

Die Angabe der Restlaufzeit zwischen einem und fünf Jahren ist gesetzlich nicht vorgeschrieben, die Aufnahme in den „Spiegel" empfiehlt sich aus Abstimmungsgründen.

In **einfach** gelagerten Fällen genügt u. U. der Satz: „Alle Verbindlichkeiten haben eine Restlaufzeit bis zu einem Jahr." Dies ist die **Mindestangabe** nach § 285 Nr. 1 und 2 HGB, es sei denn, alle Verbindlichkeiten haben unwahrscheinlicherweise eine Restlaufzeit zwischen einem und fünf Jahren. Dann kann jeder Laufzeitvermerk unterbleiben. **Fehlanzeigen** sind wie sonst auch nicht erforderlich (→ § 284 Rz. 11).

Aufgliederungen verlangt Nr. 2 nach Posten der Bilanz. Weitere Aufgliederungen, z. B. Angabe bestimmter Gläubiger mit den jeweiligen Schuldständen (→ § 284 Rz. 23), sind nicht gefordert.

3 Erhaltene **Anzahlungen** sind wegen der Ausweisoption in § 268 Abs. 5 Satz 2 HGB (→ § 268 Rz. 146) u. U. nicht als Verbindlichkeiten i. S. der Angabepflicht zu verstehen und deshalb abstimmungstechnisch nicht in den Verbindlichkeitenspiegel zu integrieren. Ob gleichwohl die Angabepflichten für Anzahlungen zu erfüllen sind, ist u. E. zweifelhaft. Ihr Charakter als Verbindlichkeit im eigentlichen (bilanzrechtlichen) Sinne ist nicht eindeutig gegeben.

Häufig ist die **Laufzeit** von Anzahlungen bis zu deren Verrechnung auch sehr beschränkt. Von daher kann u. E. ohne Einblicksverlust für den Abschlussadressaten auf Angaben verzichtet werden. Anderes gilt, wenn die Anzahlungen einen wesentlichen Teil der Bilanzsumme ausmachen und dazu durch eigenes Vermögen (z. B. Grundpfandrecht) gesichert sind. Dann sollte eine entsprechende Anhangangabe – je nach Ausübung der Ausweisoption nach § 268 Abs. 5 Satz 2 HGB – in einem kurzen Satz erfolgen: „Von den erhaltenen Anzahlungen sind X T€ durch Grundpfandrechte gesichert."

2. Restlaufzeit

4 Die Bemessung der Restlaufzeit ist **stichtags**bezogen, beginnt somit am Bilanzstichtag. Der Laufzeitbeginn ist unerheblich. Am anderen Ende der Berechnung steht das vereinbarte **Fälligkeits**datum. Längerfristigkeit (> fünf Jahre) kann auch bei **vorzeitiger Kündigungsmöglichkeit** des **Emittenten** (Gesellschaft als Schuldnerin) vorliegen, wenn eine solche objektiviert nicht beabsichtigt ist. Das Gleiche gilt u. E. bei einer bestehenden **Verlängerungsoption** des Emittenten, wenn deren Ausübung nach den Umständen zu erwarten ist (→ § 268 Rz. 143). Bei Tilgungsdarlehen mit **ratierlicher** Rückzahlung sind die Teilbeträge mit Fälligkeitsdatum nach fünf Jahren anzugeben. Speziell für **Annuitäten**darlehen ist ein Rechenschema zur Ermittlung der Restlaufzeiten in → § 268 Rz. 143 wiedergegeben. Die den Verbindlichkeiten u. U. anhaftenden künftigen Zinsschulden sind – da als „schwebend" nicht bilanzierbar (→ § 246 Rz. 8) – nicht in den Vermerk aufzunehmen. Dieser umfasst nur die „in der Bilanz ausgewiesenen Verbindlichkeiten". Bei sog. ***Roll-over***-Krediten mit wechselnden Konditionen richtet sich die an-

zunehmende Restlaufzeit nach der frühesten Beendigungsmöglichkeit des Gläubigers.[1] Bei **nicht festgelegten Laufzeiten** besteht eine kurzfristige Kündigungsmöglichkeit, weshalb eine Laufzeit von „bis zu einem Jahr“ anzunehmen ist.

Häufig werden bei größeren Fremdkapitalzuführungen sog. *covenants* vereinbart, deren Verletzung ***(breach of covenants)*** die Gläubiger zur **vorzeitigen Kündigung** eines im Übrigen langfristigen Vertrags berechtigt. Die vorzeitige Kündigungsmöglichkeit kann z. B. an die Nichteinhaltung einer Mindesteigenkapitalquote, eines Mindest-EBITDA etc. anknüpfen. Soweit die *covenants* verletzt werden, ist u. E. auch dann eine Umqualifizierung in kurzfristige Verbindlichkeiten notwendig, wenn die Gläubiger während des Bilanzaufstellungszeitraums verbindlich auf die Nutzung ihrer Kündigungsmöglichkeit verzichten, da der Verzicht friständernden und nicht fristerhellenden Charakter hat (→ § 252 Rz. 70 ff. sowie → § 256a Rz. 19 ff.).

BEISPIEL ► Im Jahr 01 wird eine am 31.12.10 fällige Anleihe begeben. Die Eigenkapitalquote beträgt zum Emissionszeitpunkt 25 %. Die Anleihebedingungen sehen ein Kündigungsrecht bei Unterschreiten von 20 % vor. Die Kündigung ist in diesem Fall einen Monat nach Veröffentlichung der Bilanz mit einer Frist von drei Monaten möglich.

Im Abschluss 04 wird die Eigenkapitalquote von 20 % erstmals unterschritten:

SZENARIO 1 ► Die Gläubiger erklären noch vor dem 31.12.04 auf Basis vorläufiger Zahlen ihren Verzicht auf das Kündigungsrecht.

Die Restlaufzeit der Anleihe beträgt per 31.12.04 mehr als fünf Jahre.

SZENARIO 2 ► Die Gläubiger erklären ihren Verzicht im Februar 05, vor Unterzeichnung und damit formeller Aufstellung der Bilanz 04.

Die Restlaufzeit der Anleihe beträgt per 31.12.04 weniger als ein Jahr.

3. Sicherheiten

Das Gesetz spricht von Pfandrechten und **„ähnlichen“** Rechten. „Ähnlich“ ist vom Gesetzeszweck her zu definieren, d. h. von der Beziehung des Gläubigers und den dafür zur Verfügung stehenden **Rechtstechniken** dinglicher Natur: 5

- **Pfandrechte** eignen sich für Grundbesitz, Schiffe, Luftfahrzeuge und Wertpapiere, nicht für bewegliche Sachen wegen des damit verbundenen Faustpfandprinzips;
- **Sicherungsübereignungen** sind für Vorrats- und bewegliches Anlagevermögen geeignet;
- **Eigentumsvorbehalte** für die nämlichen Vermögensgegenstände (wobei diese aber in der üblichen Ausprägung im laufenden Geschäftsverkehr nicht angabepflichtig sind);
- **Sicherungsabtretungen** kommen bei Forderungen vor.

Handels- und branchenübliche Sicherheiten – insbesondere der Eigentumsvorbehalt in seinen verschiedenen rechtstechnischen Ausgestaltungen – sind nicht angabepflichtig. Auch der häufig anzutreffende Satz im Anhang „Für die Verbindlichkeiten aus Warenlieferungen bestehen die üblichen Eigentumsvorbehalte“ kann dann unterbleiben,[2] da dem Abschlussadressaten mit Informationen über Selbstverständlichkeiten nicht gedient ist (→ § 284 Rz. 20). 6

Anzugeben sind nach Nr. 1 nur Sicherheiten für **eigene** Verbindlichkeiten, diejenigen für **fremde** fallen unter § 251 HGB i.V. mit § 268 Abs. 7 HGB (→ § 251 Rz. 36). Nicht anzugeben sind die 7

1 Gleicher Auffassung *Grottel* in Beck'scher Bilanz-Kommentar, 13. Aufl. 2022, § 285 Tz. 17.
2 Vgl. auch *Grottel* in Beck'scher Bilanz-Kommentar, 13. Aufl. 2022, § 285 Tz. 24.

von **Dritten** – auch nahestehenden Personen – für Verbindlichkeiten der berichtenden Gesellschaft gewährten Sicherheiten. Die Erläuterungspflicht im Prüfungsbericht des Abschlussprüfers bleibt davon unberührt.

BEISPIEL ► Die Holding-AG hat der X-Bank für die Besicherung eines Kredits i. H. von 100 T€ an die Enkel-GmbH ein Grundpfandrecht auf ihren (der Holding gehörenden) Grundbesitz bestellt. Anzugeben hat

- die Holding-AG: Bestellung eines Grundpfandrechts zugunsten eines verbundenen Unternehmens i. H. von 100 T€ (→ § 268 Rz. 153);
- die Enkel-GmbH: nichts.

4. Aufgliederung

8 Der Regelungsgehalt von Nr. 1 umfasst die Verbindlichkeiten als **Gesamtpaket.** Die nachfolgende Nr. 2 verlangt die Aufgliederung der Laufzeit und des Besicherungsvermerks auf die **einzelnen** Posten der Verbindlichkeiten nach dem Schema des § 266 Abs. 3 C HGB (→ § 266 Rz. 87). Diese Regelungstechnik wird durch den Verweis auf § 288 Abs. 1 HGB (→ § 288 Rz. 1) verständlich. Danach müssen **kleine** Kapital- und „Kap. & Co."-Gesellschaften die beiden Vermerke nur für den **Gesamtbetrag** der Verbindlichkeiten anbringen. Dies wiederum ist Ausfluss des Erleichterungs**wahlrechts** in § 266 Abs. 1 Satz 3 HGB (→ § 266 Rz. 8), der den kleinen Gesellschaften einen zusammengefassten Ausweis als „Verbindlichkeiten" erlaubt.

9 Wenn von der Option der Zusammenfassung des Bilanzausweises kein Gebrauch gemacht wird, folgt daraus **nicht** die Pflicht zur Aufgliederung des Laufzeit- und Sicherungsvermerks. Es genügt dann z. B. die Aussage:

BEISPIEL ► „Vom Gesamtbetrag der Verbindlichkeiten sind X T€ durch Grundpfandrechte besichert und haben Verbindlichkeiten i. H. von Y T€ eine Restlaufzeit bis zu einem Jahr und Verbindlichkeiten i. H. von Z T€ eine Restlaufzeit von mehr als fünf Jahren."

III. Außerbilanzielle Geschäfte (Nr. 3)

1. „*Off balance*"-Gestaltungen

10 Diese durch das BilMoG eingeführte Angabepflicht zielt in deutscher Übersetzung auf die *„off balance sheet transactions"*, die zunächst bei Enron und anderen Bilanzskandalen, sodann in der Finanzkrise seit 2007 für Furore gesorgt haben. Außerbilanziell ist das Geschäft nur insoweit, als es am Bilanzstichtag noch keinen Niederschlag als Vermögensgegenstand, Schuld oder Abgrenzungsposten in der Bilanz gefunden hat.[1] Dabei **kann** es sich um eigentliche **schwebende Geschäfte** im bilanzrechtlichen Sinn (→ § 246 Rz. 8) handeln, muss es aber nicht. Nach der Begründung des Regierungsentwurfs zum BilMoG sind jedenfalls **„kurzfristig** in der Schwebe befindliche Lieferungen und Leistungen des gewöhnlichen Geschäftsbetriebs" nicht nach Nr. 3 anzugeben, wobei die Begründung nicht deutlich macht, ob derartige Geschäfte nicht als außerbilanziell i. S. von Nr. 3 gelten oder ihre Angabe nicht wie in Nr. 3 gefordert für die Beurteilung der Finanzlage notwendig ist.[2]

1 IDW RS HFA 32 Tz. 5.
2 Regierungsbegründung des BilMoG S. 151.

Schwebende oder bereits vollzogene Geschäfte auf der **Absatzseite** (z. B. Veräußerung von Waren oder Anlagen) sind nur dann angabepflichtig, wenn dem Bilanzierenden nach dem Abschlussstichtag weiterhin relevante, wenngleich eine Ausbuchung nicht hindernde Vorteile oder Risiken aus dem abgegangenen Bilanzposten zuzurechnen sind.[1]

Als Beispiele für ggf. angabepflichtige Geschäfte werden im Regierungsentwurf hingegen genannt:

- **Factoring**, insbesondere als Forderungsverbriefung über gesonderte Gesellschaften oder nicht rechtsfähige Einrichtungen,
- sonstige Geschäfte, die mit der Errichtung oder Nutzung von **Zweckgesellschaften** einhergehen,
- **(Wertpapier-)Pensionsgeschäfte,**
- Verträge mit unbedingter Zahlungsverpflichtung (**„*Take or pay*"-Verträge**),
- **Outsourcing-Verträge** über die Auslagerung von Tätigkeiten sowie
- **Leasingverträge.**

2. Verhältnis zur Angabepflicht für sonstige finanzielle Verpflichtungen

2.1 Bedeutung der Abgrenzung (Rechtsfolgen)

Eines der im Regierungsentwurf des BilMoG genannten Beispiele (→ Rz. 10) bezieht sich auf 11
Leasingverträge. Diese galten vor Einführung der Vorschrift zu außerbilanziellen Geschäften als angabepflichtige sonstige finanzielle Verpflichtungen (Nr. 3a HGB).

Die Abgrenzung beider Fälle ist rechtsfolgenseitig deshalb von Bedeutung, weil die Angabepflichten nach Nr. 3 **weiter**gehen und weil etwa im Unterschied zu Nr. 3a eine Erläuterung von Risiken, Chancen, Art des Geschäfts etc. gefordert ist (→ Rz. 1).

2.2 Gemeinsamkeiten und Unterschiede der Angabepflichten (Tatbestand)

Das tatbestandsseitige Verhältnis der beiden Angabevorschriften wird in Gesetz- und Geset- 12
zesbegründung nicht völlig geklärt. Eindeutig aus dem Gesetzeswortlaut der Nr. 3a ergibt sich nur der **Vorrang von Nr. 3:** Sonstige finanzielle Verpflichtungen sind nach Nr. 3a nur anzugeben, soweit sie nicht „nach § 251 oder Nummer 3 anzugeben sind". Zum Verhältnis im Übrigen lässt sich Folgendes festhalten:

- Beide Vorschriften sollen eine Beurteilung der Finanzlage **über die Stichtagsverhältnisse hinaus** ermöglichen, indem sie u. a. die Liquiditätsbelastungen aus am Bilanzstichtag noch nicht bilanzwirksamen Geschäften offenlegen.
- Hierbei sind sonstige finanzielle Verpflichtungen (Nr. 3a) schon angabepflichtig, wenn die Informationen für die Beurteilung der Finanzlage **von Bedeutung** sind. Eine Angabepflicht für außerbilanzielle Geschäfte besteht hingegen erst, wenn die Informationen für die Beurteilung **notwendig** sind, wobei der Begriff der Notwendigkeit nach der Regierungsbegründung enger zu interpretieren ist als der der Bedeutsamkeit (→ Rz. 16).
- Unter (impliziter) Bezugnahme auf die mangelnde Bedeutsamkeit hat das Schrifttum schon vor dem BilMoG für sonstige finanzielle Verpflichtungen eine Angabepflicht ver-

1 IDW RS HFA 32 Tz. 7.

neint, wenn es um **Selbstverständlichkeiten** geht, z. B. Verpflichtungen aus Arbeitsverträgen, üblichen Mietverträgen und Rohstoff- oder Warenbestellungen in normaler Höhe. Erst recht fehlt außerbilanziellen Verpflichtungen dieser Art daher die in der Angabepflicht der Nr. 3 geforderte Notwendigkeit zur Beurteilung der Finanzlage. Verallgemeinert und unter Bezugnahme auf den ersten Aufzählungspunkt gilt hier: Dass das Unternehmen bei Fortführung seiner Tätigkeiten die am Stichtag vorhandene Liquidität unter Berücksichtigung der nach dem Stichtag erwarteten Liquiditätszuflüsse für Löhne, übliche Mieten, Warenbestellung etc. verwenden wird, ist eine Selbstverständlichkeit und bedarf daher weder der Offenlegung nach Nr. 3 noch nach Nr. 3a. Eine Offenlegung kann hingegen sinnvoll sein, wenn der zukünftige Liquiditätsbedarf durch in ihrer Art, Höhe oder Langfristigkeit ungewöhnliche vertragliche Bindungen stark geprägt ist. Das BilRUG (→ § 264 Rz. 37d) sieht eine textliche Ergänzung nach den „Geschäften" vor: „unter Angabe der Auswirkungen auf die Finanzlage". Eine gebotene Quantifizierung ist dieser Formulierung nicht zu entnehmen.

In Bezug darauf, wo ein „ungewöhnlicher" Fall vorliegt, unterscheidet sich u. E. Nr. 3 von Nr. 3a nicht nur durch die stärkere Anforderung der Beurteilungsnotwendigkeit. Hinzu kommen **zwei weitere Unterscheidungsmerkmale:**

► **Nr. 3** spricht nicht die **„noch nicht"**, sondern lediglich die **„nicht"** in der Bilanz enthaltenen Geschäfte an, damit nach Gesetzesbegründung und Auffassung des IDW (→ Rz. 10) nur die **dauerhaft** oder **langfristig** bilanzunwirksamen Geschäfte, nicht hingegen solche, die alsbald nach dem Stichtag bilanzwirksam werden. Im Begriff der sonstigen finanziellen Verpflichtungen nach **Nr. 3a** ist **kein solches Zeitmoment** enthalten. Ein ungewöhnlich hohes Bestellobligo für alsbald nach dem Bilanzstichtag zugehende Investitionsgüter wäre daher nur nach Nr. 3a angabepflichtig. Ein *„Sale and lease back"*-Vertrag, der nach Gewinn und Liquiditätsgewinn aus dem Abgang einer Anlage mehrjährige Liquiditätsbelastungen mit sich bringt, hingegen nach der vorrangigen Nr. 3.

► Der Begriff des „nicht" in der Bilanz enthaltenen Geschäfts hat vor dem Hintergrund der die Einführung dieser Vorschrift motivierenden Entwicklung **wertende Komponenten.** Vor allem geht es um Geschäfte, die in einem erheblichen Umfang **bilanzpolitisch** (mit) veranlasst sind, bei denen also gerade eines der wesentlichen Motive die Herstellung bestimmter Bilanzrelationen ist.[1] Beispiele sind die in der Regierungsbegründung genannten *„Sale and lease back"*-Gestaltungen und ABS-Transaktionen. Je weniger die bilanzpolitischen Motive hingegen im Einzelfall eine Rolle spielen und je deutlicher sich demgegenüber die Motive in geschäftspolitischen Erwägungen erschöpfen, umso weniger liegt ein Anwendungsfall der Nr. 3 vor.

Den vorstehenden konzeptionellen Überlegungen kann man entgegenhalten, dass sich auch aus ihnen keine trennscharfe, sondern nur eine stark **ermessensbehaftete Abgrenzung** der Angabepflichten nach Nr. 3 und Nr. 3a ergibt. Dies ist in der Tat der Fall, u. E. aber auch unvermeidlich. Die sich ständig verändernde Vielfalt von Gestaltungen, Umgehungen etc., auf deren Offenlegung Nr. 3 im Kern zielt, kann eben nicht durch einen abschließenden (meist zudem begründungsfreien) Katalog von Fällen abgebildet werden. Der Gesetzgeber hat deshalb zu Recht auf Enumeration bzw. Kasuistik verzichtet. Die Würdigung des Einzelfalls ist stattdessen

1 Gleicher Auffassung *Philipps*, DB 2011 S. 125 ff.

notwendig. Sie ist notwendig ermessensbehaftet, muss sich aber, gerade wenn sie nicht willkürlich sein will, an Konzepten orientieren, die zwar einiges, aber nicht alles gestatten.

Angewandt auf ein Beispiel[1] führen unsere vorstehenden Überlegungen zu folgenden Beurteilungen:

BEISPIEL Die U-GmbH ist per 31.12.01 aus folgenden (noch) nicht bilanzwirksam gewordenen Kontrakten verpflichtet (und berechtigt):

- **Übliche Bestellungen** von Sachanlagen und Vorräten, die im ersten Quartal 02 geliefert werden.
- Veräußerung von noch nicht fälligen Forderungen an einen **Factor.**
- Leasingvertrag über ehemals im Eigentum der U-GmbH stehende, dann im ***sale and lease back*** an eine Leasinggesellschaft übertragene Betriebsgebäude.
- Ein noch drei Jahre laufender, Mindestabnahmen vorschreibender ***Outsourcing*-Vertrag** über IT mit einer von den ehemaligen Leitern der IT-Abteilung gegründeten Gesellschaft, der ganz überwiegend geschäftspolitisch (Konzentration auf Kernkompetenzen) motiviert ist.

BEURTEILUNG Das Obligo aus **üblichen Bestellungen** von Sachanlagen und Vorräten, die im ersten Quartal 02 geliefert werden, ist weder nach Nr. 3a noch nach Nr. 3 anzugeben.

Beim **Factoring** und ***sale and lease back*** wäre es lebensfremd anzunehmen, bei diesen Verträgen hätten bilanzpolitische Überlegungen nicht auch eine Rolle gespielt. Angaben sind daher nach der vorrangigen Nr. 3 erforderlich.

Fraglich ist die Einstufung des ***Outsourcing*-Vertrags.** Die Regierungsbegründung zum BilMoG nennt *Outsourcing*-Verträge und Mindestabnahmeverträge („*Take or pay*"-Verträge) als Beispiele, für die eine Angabepflicht nach Nr. 3a in Betracht kommt. Unseres Erachtens ist aber im Hinblick auf den **wertenden Charakter** des Begriffs der außerbilanziellen Geschäfte darauf abzustellen, ob die Transaktion stark bilanzpolitisch getrieben oder fast vollständig geschäftspolitisch (Konzentration auf Kernkompetenzen etc.) motiviert ist. Im hier liegenden zweiten Fall besteht u. E. nur eine Angabepflicht nach Nr. 3a, d. h., die zur Mindestabnahme korrespondierenden Zahlungsverpflichtungen über die Restlaufzeit des Vertrags sind in den Gesamtbetrag der sonstigen finanziellen Verpflichtungen einzubeziehen.

3. Umfang der Angabepflicht

Anzugeben sind für die Nr. 3 unterliegenden Geschäfte deren 13

- **Art,** z. B. Factoring- und Leasingfinanzierung, Forderungsverbriefung im Rahmen von Zweckgesellschaften, Wertpapierpensionsgeschäfte, Outsourcing-Kontrakte;
- **Zweck,** z. B. Beschaffung von Liquidität und Verbesserung der Eigenkapitalquote bei *sale and lease back;*
- **Risiken,** z. B. potenzieller Liquiditätsabfluss wegen Bereitstellung von Liquidität (Kreditzusagen) für **Verbriefungs**gesellschaften, an die Forderungsportfolios ausgelagert wurden, z. B. zukünftige Liquiditätsabflüsse aufgrund eines *sale and lease back,* z. B. zukünftige potenzielle Beeinträchtigungen der Vermögens-, Finanz- und Ertragslage durch *asset default swaps;*
- **(erwartete) Vorteile,** die bei zweckgerichtetem Handeln naturgemäß meist identisch mit dem Zweck sind, z. B. Gewinnung von Liquidität und Aufdeckung stiller Reserven.

Die Angabepflichten bzgl. Risiken und Chancen (Letztere hier Vorteile genannt) überlagern sich mit entsprechenden Vorgaben für den **Lagebericht** (→ § 289 Rz. 42). Nach den Erfahrun-

1 Vgl. *Lüdenbach,* StuB 2010 S. 549 f.

gen mit der dortigen Berichterstattung werden in der Rechnungslegungspraxis die entsprechenden Angaben häufig ohne nennenswerte Aussagekraft formuliert.

Anzugeben sind die für die Finanzlage bedeutsamen Risiken und Vorteile, vorrangig daher die betragsmäßig bezifferten (erwarteten) positiven und negativen Auswirkungen auf die Liquidität.[1] Eine aussagekräftige Darstellung würde im Falle eines *sale and lease back* daher etwa wie folgt lauten:

> „Diese Gestaltung verschafft uns den Vorteil eines Liquiditätszuflusses von 10 Mio. €, der zum Unternehmenswachstum eingesetzt werden kann.
>
> Damit verbunden ist als Liquiditätsnachteil über die 15-jährige Laufzeit des Leasingvertrags eine jährliche Leasingzahlung von 1 Mio. €."

Da es sich um ein Dauerschuldverhältnis handelt, wären die Liquiditätsbelastungen für die Restlaufzeit auch im Folgejahr noch zu benennen.[2] Bei zugunsten einer Zweckgesellschaft abgegebenen Liquiditätsgarantien, Kreditfazilitäten etc. ist u. E. als Risiko auch der *Worst Case* darzustellen. Eine entsprechende Angabe könnte etwa wie folgt lauten:

> „Zugunsten einer Verbriefungsgesellschaft in Irland haben wir Kreditzusagen i. H. von 10 Mrd. € erteilt. Wir rechnen nicht mit der Inanspruchnahme dieser Zusagen und bei (teilweiser) Inanspruchnahme nicht mit einem Ausfall der Kredite. Im unwahrscheinlichen Fall einer Inanspruchnahme wäre die Fortführung unseres Unternehmens stark gefährdet."

Durch das BilRUG wurde die Nr. 3 des § 285 HGB ergänzt durch eine spezielle Angabepflicht über finanzielle Auswirkungen der *„Off balance"*-Posten, soweit die zugehörigen Risiken und Chancen wesentlich und zur Beurteilung der Unternehmenslage erforderlich sind.

14 **Nicht** zu berichten ist über die **Konditionen** dieser Geschäfte.[3] Die Angabepflicht ist beschränkt auf die **Notwendigkeit** zur Beurteilung der **Finanzlage.** „Notwendig" heißt nicht nur: Über unwesentliche Vorgänge **„muss"** nicht berichtet werden, u. E. **„soll"** darüber auch nicht im Hinblick auf die generelle Informationsüberflut der Berichterstattungen im Anhang und Lagebericht (→ § 284 Rz. 20) berichtet werden.

Neben der unter → Rz. 10 behandelten Überschneidung mit Nr. 3a ergeben sich mögliche Überlappungen noch bei folgenden Angabepflichten:

- Nr. 21, wenn das außerbilanzielle Geschäft mit einer **nahestehenden Person** getätigt wird;
- § 251 HGB oder § 268 Abs. 7 HGB, wenn es um **Haftungsverhältnisse** geht;
- Nr. 19 im Falle von nicht zum beizulegenden Zeitwert erfassten **Finanzderivaten.**

Für nicht zum beizulegenden Zeitwert bilanzierte derivative Finanzinstrumente ist Nr. 3 u. E. aber nicht einschlägig, da Nr. 19 eine umfangreiche und abschließende Spezialregelung darstellt.[4] Für die beiden anderen Fälle lässt sich Folgendes festhalten:

- Soweit die erforderlichen Angaben identisch sind, muss keine doppelte Angabe (an unterschiedlichen Stellen des Anhangs) gemacht werden.

---

1 IDW RS HFA 32 Tz. 18.
2 IDW RS HFA 32 Tz. 14.
3 Gleicher Auffassung *Oser*, WPg 2008 S. 60 ff. sowie *Philipps*, DB 2011 S. 125 ff.
4 IDW RS HFA 32 Tz. 25.

- Werden zu den von § 285 Nr. 3 HGB betroffenen Geschäften nach anderen Vorschriften bereits Angaben gemacht, sind dabei der Zweck bzw. die Risiken und Vorteile aber nicht anzugeben, kann insoweit die Angabepflicht nach § 285 Nr. 3 HGB nicht entfallen.

4. Größenabhängige Erleichterungen

15 Die Angabepflicht der Nr. 3 unterliegt größenabhängigen (→ § 267 Rz. 14) **Erleichterungen** gem. § 288 HGB:

- **Kleine** Kapital- und „Kap & Co."-Gesellschaften (§ 267 Abs. 1 HGB) brauchen die Angabe gem. § 288 Abs. 1 HGB gar nicht zu machen (→ § 288 Rz. 1).

5. Finanzielle Verpflichtungen (Nr. 3a)

5.1 Wesentlichkeitsaspekt

16 Diese Angabepflicht ist seit Verabschiedung des BiRiLiG 1985 unverändert geblieben. Durch das BilMoG hat lediglich die Nummerierung eine Abänderung von Nr. 3 auf Nr. 3a erfahren. Beide Aufzählungspunkte des § 285 HGB befassen sich mit nicht bilanzierten Verpflichtungen – so sinnvoll auch terminologisch von den (bilanziellen) Verbindlichkeiten abgehoben –, soweit sie **„von Bedeutung"** (Nr. 3a) bzw. „für die Beurteilung der Finanzlage **notwendig"** (Nr. 3) sind. Terminologisch ist die Anforderung an Nr. 3a also schwächer, da auch eine nicht (unbedingt) notwendige Information ggf. schon bedeutsam sein kann (→ Rz. 12).

Nach dem Wortlaut beider Vorschriften besteht ein weiterer Unterschied in der **Bezugsgröße.** Nach Nr. 3a reicht es aus, wenn der Gesamtbetrag aller sonstigen finanziellen Verpflichtungen **bedeutsam** ist, nach Nr. 3 muss hingegen der Betrag der einzelnen oder zu gleichartigen Gruppen zusammengefassten Geschäfte für die **Beurteilung notwendig** sein (→ Rz. 12). Die herrschende Auslegung von Nr. 3a folgt dem aber nicht. Im Gesamtbetrag sollen nur solche Verpflichtungen Berücksichtigung finden, die schon für sich gesehen wesentlich sind (→ § 284 Rz. 30b). Selbstverständlichkeiten werden danach von der Angabepflicht ausgenommen, z. B. Lohn- und Gehaltszahlungen, (normale) Mieten (→ Rz. 20) sowie Bezug von Energie, Wasser und Wärme.[1]

Unter dem Gesichtspunkt des *Information-Overload* halten wir diese Einschränkung zwar für sinnvoll, sie führt aber zu Problemen bei der Abgrenzung zu der Angabepflicht der Nr. 3 (→ Rz. 10).

5.2 Abgrenzung zu den Haftungsverpflichtungen

17 Eine weitere Beschränkung des Angabevolumens ergibt sich indirekt aus § 251 HGB i. V. mit § 268 Abs. 7 HGB (→ § 251 Rz. 8). **Haftungsverhältnisse** mit Angabepflicht im Anhang sind dort abschließend aufgeführt. Sie sollen nach den Vorstellungen des Gesetzgebers, da nicht bilanziert, wenigstens offengelegt werden. Die Regelungstechnik ist enumerativer Natur und abschließend; eine Ausweitung auf **„ähnliche Obligos"** enthält das Gesetz nicht. Deshalb kommt eine ersatzweise Subsumtion unter Nr. 3a u. E. nicht in Betracht.[2] Das gilt für die stattliche Zahl möglicher Haftungs- und ähnlicher Fälle:

1 Ähnlich *Grottel* in Beck'scher Bilanz-Kommentar, 13. Aufl. 2022, § 285 Tz. 100.

2 Anderer Auffassung *ADS*, 6. Aufl., § 285 Tz. 32; *Grottel* in Beck'scher Bilanz-Kommentar, 13. Aufl. 2022, § 285 Tz. 150 ff.

- als persönlich haftender Gesellschafter,
- Haftung des Mitgesellschafters einer GmbH auf Einzahlung der Stammeinlage eines anderen Gesellschafters,
- Verlustübernahmeverpflichtung aufgrund eines Unternehmensvertrags,
- Nachschusspflicht des GmbH-Gesellschafters,
- Umsatz- oder Eigenkapitalgarantien bei Unternehmensverkäufen
- etc.

18 Das damit verbundene Obligo kann **irgendwann einmal** in der Zukunft zu einer **finanziellen** Verpflichtung, d. h. zum Abfluss von Liquidität, führen. Dann aber ist der Zeitpunkt zur Aufnahme in die Bilanz als Rückstellung gekommen, die einer Anhangangabe vorgeordnet ist. Durch eine Anhangangabe darf auch nicht der erforderliche Bilanzansatz umgangen werden (→ § 284 Rz. 8). Die Angabepflicht kann nicht sinnvoll jedes mögliche unternehmerische Risiko oder jede denkbare Zahlungsverpflichtung umfassen, denn sonst wäre der Risikoteil des Lageberichts (→ § 289 Rz. 33) gegenstandslos. Deshalb ist gerade in diesem Bereich die unreflektierte Checklistentechnik der Anhangerstellung (→ § 284 Rz. 36) mit Vorsicht zu genießen. Ein **Teil**bereich der finanziellen Verpflichtungen ist auch durch die „Geschäfte" i. S. der Nr. 3 (→ Rz. 10) erfasst.

5.3 Beschränkung auf finanzielle Verpflichtungen

19 Eine weitere Einschränkung des potenziellen Angabevolumens ergibt sich aus den **finanziellen** Verpflichtungen. Es kann sich daher sinnvoll nur um aktuelle (stichtagsbezogene) Posten handeln. Verpflichtungen allgemeiner Art – wie unter → Rz. 17 ausschnittweise dargestellt – können nicht gemeint sein, denn schließlich ist die Führung eines Unternehmens notgedrungen – abgesehen von Tauschgeschäften – potenziell mit einem Liquiditätsabfluss verbunden. Oder anders formuliert: „Verpflichtungen" berühren mindestens ebenso wie die Liquiditäts- auch die **Vermögenslage,** für die indes keine Angabepflicht besteht.

20 Daraus lässt sich noch ein anderer Gesichtspunkt zur Gesetzesauslegung ableiten: Die Angabe ist auf **nicht bilanzierte** Verpflichtungen gerichtet, d. h. auf Vorgänge, die „an sich" in der Bilanz als Vermögensübersicht mit korrespondierenden Posten in der GuV erscheinen müssten. Jede unternehmerische Betätigung bedarf der **Finanzierung.** Dies erfolgt gewöhnlich durch Eigen- oder Fremdkapital, das in Anlagen, Vorräte, Forderungen etc. „gesteckt" wird. Diese Finanzierungsmittel werden passiviert – anders als irgendwelche latenten Zahlungsverpflichtungen aus Haftung etc. (→ Rz. 17). Erfolgt dagegen die Finanzierung „atypisch" – durch Leasing eines Fabrikgebäudes, durch Miete einer Ladenpassage –, dann ist die Angabepflicht nach Nr. 3a gefragt.

BEISPIEL Zwei Spediteure S betreiben ihr Geschäft mit 1.000 Lastwagen mit Gestehungskosten von 250 Mio. €. S 1 finanziert die Anschaffung durch einen Abzahlungskredit mit einer Laufzeit von 60 Monaten. S 2 schließt einen *„Operating lease"*-Vertrag auf 60 Monate ab.

Die Bilanzen der beiden Spediteure zeigen insoweit bei Beginn der Beschaffung bzw. Finanzierung folgendes Bild:

	Aktiva		Passiva	
S 1	Lastwagen	250 Mio. €	Bankschuld	250 Mio. €
S 2	Lastwagen	Null	Bankschuld	Null

S 2 hat Angabepflichten nach Nr. 3a oder Nr. 3 (→ Rz. 12).

Eine weitere Angabepflicht für am **Stichtag** bestehende Zahlungsverpflichtungen kann sich aus einem (nicht bilanzierbaren) **Bestellobligo** für Anlage- oder Vorratsvermögen ergeben, soweit dieses das normale Niveau von Ersatzbeschaffungen erheblich (hier Wesentlichkeitsgedanken, → § 284 Rz. 28) übersteigt (→ Rz. 10). Ein Satz der Art „Das Obligo für Investitionsvorhaben hält sich im üblichen Rahmen" ist überflüssig. Dagegen sind u. U. auch **noch nicht bestehende** Verpflichtungen im Rechtssinne anzugeben. 21

BEISPIEL Das Telekommunikationsunternehmen T hat bis zum Stichtag eine Mobilfunklizenz ersteigert. Mit dem Zuschlag ist die Verpflichtung zur 90%igen Abdeckung der BRD-Gesamtfläche mit Netzversorgung verbunden. Die entsprechenden Bestellungen bei Netzwerkausrüstern liegen zwar am Stichtag noch nicht vor, gleichwohl ist eine Angabe nach Nr. 3a wegen der aus den Zuschlagsbedingungen der Lizenz faktisch folgenden Bestellverpflichtung gefordert.

Die Zahlungsverpflichtung muss am **Bilanzstichtag** (→ § 252 Rz. 39) bestehen[1] und nicht in der Zukunft möglicherweise **ent**stehen. Die Stichtagsbetrachtung mag irgendwie willkürlich wirken, weil sie Einblick in das Unternehmensgeschehen insgesamt verhindert (→ § 252 Rz. 69). Aber diese Beschränkung muss hingenommen werden, solange man an einem Vermögensvergleich (Bilanzierung) institutionell festhalten will. 22

Ein Bestellobligo liegt dem wirtschaftlichen Gehalt nach auch bei einer verbindlichen **Kreditzusage** vor. Dem Liquiditätsabfluss steht statt Sachanlage- oder Vorratsvermögen eine Finanzanlage gegenüber. 23

BEISPIEL

- Die Investmentbank R erteilt der akquisitionslustigen S-KG die Zusage, den Erwerb der börsennotierten C-AG „mit einer Fazilität bis zu 5 Mrd. € zu begleiten".
- Die Geschäftsbank I lagert Forderungen aus Auto-Leasingverträgen in eine Spezialgesellschaft aus, wo diese Forderungen verbrieft und zum Verkauf gestellt werden. Für die Refinanzierungsverbindlichkeiten erteilt I eine „Kreditzusage" (*„valuation agreement")*, der zufolge sie die Spezialgesellschaft bei Bedarf mit der „nötigen Liquidität" versorgen wird.

Im ersten Fall handelt es sich um eine Art **Bestellobligo;** der „schwebenden" Zusage mit späterem Liquiditätsabfluss steht die ebenfalls „schwebende" Forderung gegen die S-KG gegenüber – vergleichbar der Bestellung einer Maschinenanlage durch einen Produktionsbetrieb.

Im zweiten Fall liegt eine Art **Patronatserklärung** vor, d. h. eine nach § 251, § 268 Abs. 7 HGB angabepflichtige Haftungsschuld (→ § 251 Rz. 27). Der bilanzrechtlichen Beurteilung kann deshalb nicht allein die Vertragsüberschrift zugrunde gelegt werden.

Dem ungewöhnlich hohen Bestellobligo vergleichbar sind anstehende **Großreparaturen** an Sachanlagen, ohne die der Geschäftsbetrieb bald einmal eingestellt werden müsste (Beispiel: Hochofenauskleidung, Verlegung des Kreuzfahrtschiffs auf das Trockendock). 24

Das BilRUG sieht eine spezielle Angabepflicht für nicht bilanzierte **Altersversorgungsverpflichtungen,** die auch nicht nach § 268 Abs. 7 (→ § 268 Rz. 156a) zu erfassen sind, vor. Einen solchen Fall kann man sich nicht recht vorstellen. 24a

1 Ähnlich *ADS*, 6. Aufl., § 285 Tz. 40.

5.4 Der Angabeinhalt

25 Der Gesetzeswortlaut verlangt lediglich die Angabe des **Gesamtbetrags** der finanziellen Verpflichtungen.

BEISPIEL

- Die Leasingraten für die Fabrikgebäude, das Hochregallager, den Verwaltungspalast und die Produktionsanlage belaufen sich in den nächsten 18 Jahren auf X Mio. € in unregelmäßiger Degression in den Folgejahren nach dem Bilanzstichtag.
- Wegen Ausweitung der Produktion und zusätzlicher Bevorratung im Hinblick auf befürchtete Belieferungsengpässe ist ein Materialbezug für die Produktion in den nächsten 28 Monaten mit Y Mio. € fest kontrahiert.
- Eine Generalüberholung des Hochregallagers steht gegen Ende des nächsten Geschäftsjahres mit Z Mio. € an.
- Der Gesamtbetrag dieser Verpflichtungen beläuft sich auf XYZ Mio. €.

26 Der Angabe des Gesamtbetrags nach dem Gesetzeswortlaut ginge jede Aussagekraft ab. Deshalb müsste sie entfallen, denn **sinnlose** (Nicht-)Informationen können vom Gesetzgeber nicht gewollt sein. In **geltungserhaltender** Gesetzesinterpretation bedarf es zur Verleihung eines Aussagegehalts einer **Mindeststrukturierung** der Angabe. Eine solche sollte sich an den Laufzeitvermerken für die Verbindlichkeiten in Gestalt des Verbindlichkeitenspiegels orientieren (→ § 266 Rz. 87), wie z. B.

- Verpflichtungen im nächsten Jahr,
- Verpflichtungen in den Jahren 2 bis 5 sowie
- Verpflichtungen danach.

Möglich wäre auch eine Aufgliederung nach Jahrgängen mit Beendigung im Jahr 10.

Eine **zusätzliche** Untergliederung könnte nach der **Art** der Verpflichtung erfolgen, woraus dann ein **„Verpflichtungsspiegel"** entstünde (→ § 266 Rz. 88).

BEISPIEL

Überblick über die finanziellen Verpflichtungen			
	Laufzeit		
	1 Jahr	1 bis 5 Jahre	Über 5 Jahre
Leasingraten			
Bestellobligo Vorratsvermögen			
Generalüberholung Anlage			

5.5 Sonderausweis bei Unternehmensverbund

27 Die Verpflichtungen gegenüber **verbundenen** Unternehmen sind gesondert anzugeben. Die Parallele zu § 268 Abs. 7 HGB ist offensichtlich (→ § 268 Rz. 152). Die Angabe kann im „Spiegel" (→ Rz. 26) als Davon-Vermerk oder in einem Gesamtbetrag erfolgen. Der Laufzeitperspektive kommt hier nur nachrangige Bedeutung zu. Die gesonderte Angabepflicht für Verpflichtungen gegenüber verbundenen Unternehmen wird im BilRUG (→ § 264 Rz. 37d) auf assoziierte Unternehmen (→ § 311 Rz. 3) ausgedehnt.

Zum Begriff „verbundene Unternehmen" wird auf → § 271 Rz. 30 verwiesen.

5.6 Befreiung

Anders als bei Nr. 3 sind kleine Kapital- und „Kap. & Co."-Gesellschaften i. S. des § 267 Abs. 1 HGB (→ § 288 Rz. 1) in § 288 HGB nicht explizit von Nr. 3a befreit. Angesichts der stark ermessensbehafteten Abgrenzung zwischen Nr. 3 und Nr. 3a (→ Rz. 12) besteht aber in den meisten Fällen eine faktische Befreiung der kleinen Kapitalgesellschaft. 28

IV. Aufgliederung der Umsatzerlöse (Nr. 4)

Die geforderte Aufgliederung entspricht rudimentär der **Segment**berichterstattung, die optional im HGB-Konzernabschluss vorgesehen (→ § 290 Rz. 1) und nach den IFRS-Regeln bei Börsennotiz geboten ist (IFRS 8.2 bis 8.3). Die Aufgliederung ist vorzunehmen nach 29

- Tätigkeitsbereichen und
- Absatzregionen.

Die Vorgabe zur Aufgliederung ist recht großzügig ausgestaltet: Eine Aufgliederung hat nur zu erfolgen, **„soweit** sich Tätigkeitsbereiche bzw. geografisch bestimmte Märkte untereinander **erheblich** unterscheiden". Diese Unterscheidung wird in vielen Fällen mittelständischer Provenienz nicht möglich sein. Die Berichterstattung muss dann unterbleiben. 30

BEISPIEL

- Die M-GmbH stellt Schwimmbadchemikalien her. Die Abnehmer sind einerseits Kommunen und bestimmte Kliniken, andererseits eher öffentlich-rechtlich organisierte Einheiten und Privatpersonen. Das Verkaufsgebiet erstreckt sich auf West- und Süddeutschland. Die Verkaufsabteilung umfasst fünf Personen, die ohne eindeutige Aufgabenverteilung unter der Direktion des Alleingeschäftsführers fungieren. Für die Erzeugnisse gibt es keine „typische" Spezifizierung („Schwimmbadbedarf"). Die „erhebliche Unterscheidung" ist weder bei den Erzeugnissen noch bei den Absatzregionen gegeben. Eine Anhangangabe scheidet aus.
- Eine mittelgroße Wirtschaftsprüfungs-AG ist deutschlandweit mit Niederlassungen vertreten. Sie bietet das übliche Spektrum an Leistungen an, das nach der Typisierung des Gesetzgebers in Nr. 17 (→ Rz. 117) vier Bereiche umfasst. Für diese vier Bereiche ist eine Aufgliederung der Umsatzerlöse vorzunehmen, da hier – wenigstens nach der Vorstellung des Gesetzgebers – ein erhebliches Unterscheidungsmerkmal gegeben ist. Nach der geografischen Verteilung der Aktivitäten ist hingegen mangels erheblicher Unterschiede der „Märkte" nicht aufzugliedern.

Die Berichtspflicht ist dem Grunde und der Gliederungstiefe nach daran gebunden, dass sich Tätigkeitsbereiche und Regionen „unter Berücksichtigung der Organisation" erheblich unterscheiden. Diese Vorgabe ist nicht identisch mit dem sog. *Management-Approach* der Segmentberichterstattung nach IFRS 8, d. h., die interne Organisation unter Einbezug der Verkaufsorganisation gibt nur einen Anhaltspunkt für die erforderliche Aufgliederung.[1] Die „Teilung" einer Verkaufsorganisation ist allerdings bei unterschiedlichen Produkten und welt- oder europaweitem Absatz fast unausweichlich. 31

BEISPIEL Die L-AG stellt Baumaschinen und Kühlschränke her und verkauft sie in allen Kontinenten außer in Australien und Neuseeland.

Hier ist eine Segmentierung des Umsatzerlöses nach Produkten zwingend. Auch geografisch kann die Verkaufsorganisation kaum einheitlich organisiert sein, jedenfalls lassen sich die erforderlichen Daten aus den Verkaufsstatistiken ohne Probleme beschaffen.

1 Ähnlich *Schulze-Osterloh* in Baumbach/Hueck (Hrsg.), GmbHG, 18. Aufl., § 42 Tz. 412.

32 Für das geografische Kriterium können allgemeine Vorgaben zur Umsatzsegmentierung nicht gemacht werden. Ein global aufgestelltes Unternehmen kann nach Europa, Nordamerika, Südamerika, Asien und Pazifik gliedern, ein in Europa agierendes dagegen nur nach Inland/EU-Bereich/Osteuropa. Ohne weitere Exporttätigkeit kann diese Angabe die Aufgliederungsanforderung erfüllen. Eine zusätzliche Detaillierung nach Nord- und Süddeutschland etc. ist i. d. R. nicht erforderlich,[1] da keine marktspezifischen Unterschiede bestehen und die Angabe deshalb ohne Informationsgehalt wäre.

33 Die Aufgliederung bezieht sich auf „Umsatzerlöse" bzw. Quantitäten, deshalb genügen verbale Beschreibungen nicht, wohl aber relative Größen. Abgesehen von der großzügigen Ausgestaltung des Gesetzeswortlauts (→ Rz. 30) sind noch folgende **Erleichterungen** zu verzeichnen:

- Kleine (§ 267 Abs. 1 HGB) und mittelgroße (§ 267 Abs. 2 HGB) Kapital- und „Kap. & Co."-Gesellschaften brauchen Nr. 4 nicht zu beachten (§ 288 Abs. 1 und Abs. 2 Satz 1 HGB; → § 288 Rz. 1).
- Große Kapitalgesellschaften können sich u. U. nach § 286 Abs. 2 HGB exkulpieren (→ § 286 Rz. 3).

V. Ertragsteuerspaltung (Nr. 6 a. F.)

34 Mit der Streichung der außerordentlichen Posten durch das BilRUG ist auch die zuvor in Nr. 6 geforderte Spaltung der Ertragsteuern nach dem außerordentlichen und dem übrigen Ergebnis entfallen.

35–37 *(einstweilen frei)*

VI. Anzahl der Arbeitnehmer (Nr. 7)

38 Zur **Arbeitnehmer**eigenschaft und zur Ermittlung des **Durchschnittswerts** wird auf → § 267 Rz. 6 ff. verwiesen. Gefordert ist die Aufgliederung der Arbeitnehmerzahl nach Gruppen. Bzgl. der **Gruppen**bildung macht das Gesetz aber keine Vorgaben. Primär bietet sich eine Orientierung an **arbeitsrechtlichen** Vorgaben an, z. B. eine Untergliederung in

- gewerbliche Arbeitnehmer und
- Angestellte.

Eine weitere Untergliederung ist denkbar

- für gewerbliche Arbeitnehmer nach Leistungslohn und Zeitlohn sowie
- für Angestellte in leitende Angestellte und sonstige Angestellte.

Zusätzlich können eine Aufgliederung nach Geschlecht und die Nennung der Auszubildendenzahl in Betracht kommen. Leiharbeitnehmer sind bei Dauerbeschäftigung im berichtenden Unternehmen den Arbeitnehmern des berichtenden Unternehmens gleichzustellen (→ § 275 Rz. 34).

Die Angabe ist von kleinen Kapital- und „Kap. & Co."-Gesellschaften gem. § 288 Abs. 1 HGB **nicht zu machen** (→ § 288 Rz. 1).

---

1 Ähnlich *ADS*, 6. Aufl., § 285 Tz. 92.

VII. Zusatzangaben im Umsatzkostenverfahren (Nr. 8)

Im Umsatzkostenverfahren werden die Aufwendungen nach **Funktions**bereichen gegliedert (→ § 275 Rz. 64). Die beiden nach Nr. 8 anzugebenden Posten des Gesamtkostenverfahrens (zitiert im Gesetzeswortlaut mit § 275 Abs. 2 Nr. 5 und 6 HGB) werden für gesamtwirtschaftliche Statistiken benötigt und dienen der zwischenbetrieblichen Vergleichbarkeit. Sie sind unmittelbar der Finanzbuchführung zu entnehmen. Bei der Angabe ist auch die Untergliederung nach den Posten des Gesamtkostenverfahrens zu beachten (vgl. zum Materialaufwand → § 275 Rz. 23, zum Personalaufwand → § 275 Rz. 33). 39

Kleine Kapital- und „Kap. & Co."-Gesellschaften sind nach § 288 Abs. 1 HGB von der Angabe des Material- (Nr. 8a), **nicht** des Personalaufwands (Nr. 8b) **befreit** (→ § 288 Rz. 1).

VIII. Organbezüge (Nr. 9)

1. Überblick

Die Angabepflicht betrifft 40

- **institutionell** die Organe einer Gesellschaft (→ Rz. 41),
- **persönlich** deren Mitglieder und frühere Mitglieder mit Hinterbliebenen als Kollektiv (→ Rz. 45),
- **sachlich** deren gesamte Bezüge (→ Rz. 55) und Kredite (→ Rz. 70),
- **zeitlich** die im Geschäftsjahr gewährten Bezüge (→ Rz. 65),
- **sonderrechtlich** für börsennotierte Aktiengesellschaften die persönliche und sachliche Aufgliederung der Bezüge (→ Rz. 75).

Dazu bestehen **Befreiungsvorschriften** (→ Rz. 80).

2. Die Gesellschaftsorgane

2.1 Geschäftsführung

Dem im deutschen Gesellschaftsrecht gültigen **Prinzip der Trennung** zwischen Exekutive (Geschäftsführung) und Aufsicht folgt die Pflicht zur Angabe über die Organbezüge. Das Exekutivorgan lautet nach der Rechtsform 41

- Vorstand bei der AG und bei der Genossenschaft,
- persönlich haftende Gesellschafter bei KGaA,
- Geschäftsführung bei der GmbH,
- Leitungsorgan des Komplementärs einer „Kap. & Co."-Gesellschaft (→ § 264a Rz. 11), regelmäßig die Geschäftsführer der (Komplementär-)GmbH,
- Vorstand oder geschäftsführende Direktoren bei der SE.

Fraglich ist, ob der **faktische Geschäftsführer** als Geschäftsführungsorgan anzusehen ist. Die fast einhellige Meinung im Schrifttum[1] verneint dies im Hinblick auf die vom Gesetz verlangte (förmliche) Organstellung. Unseres Erachtens ist die Folgerung nicht zwingend. Der Jahresabschluss soll die wirkliche wirtschaftliche Situation wiedergeben. Das tut er nicht, wenn – im 42

1 Vgl. *ADS*, 6. Aufl., § 285 Tz. 162; *Lange* in Münchener Kommentar, HGB, § 285 Tz. 139.

Extremfall – eine natürliche Person mit Wohnsitz in Usbekistan als Geschäftsführer ins Handelsregister eingetragen ist, die wohldotierte Geschäftsführerfunktion indes von Adalbert Schulze in O-Stadt als Generalbevollmächtigter ausgeübt wird. Umgekehrt verhält es sich unter dem Aspekt des Rechtsscheins, wenn ein ins Handelsregister eingetragener Geschäftsführer eine solche Funktion z. B. altershalber nicht mehr ausübt. Dann sind Vergütungen irgendwelcher Art angabepflichtig (→ Rz. 56).

2.2 Aufsichtsrat

43 Bei der **AG** und KGaA stellt der Aufsichtsrat ein **zwingend** zu bestellendes Organ dar. Bei der **GmbH** kann er nach § 52 GmbHG **fakultativ** bestellt werden, bei Eingreifen von bestimmten Tatbeständen des Mitbestimmungsrechts ist die Einrichtung **zwingend.**

Bei der **SE** gilt der Verwaltungsrat mit Ausnahme der zu geschäftsführenden Direktoren benannten Direktoren als Aufsichtsrat.[1]

2.3 Beiräte und ähnliche Einrichtungen

44 Neben den gesetzlich vorgesehenen Organen Geschäftsführung und Aufsichtsrat unterwirft Nr. 9 auch **„Beiräte und ähnliche Einrichtungen"** den Angabepflichten über die Bezüge. Die Einrichtung kann durch Satzung oder Gesellschaftsvertrag oder durch Beschluss eines Organs installiert (und aufgelöst) werden. Der Sinn der Einbeziehung liegt u. a. in der **Vermeidung** eines Unterlaufens der Angabepflicht durch einfache Umbenennung der Institution bei einer GmbH.

Dieser Zweck ist nicht tangiert, wenn von Gesetzes wegen oder aus einem anderen Rechtsgrund bereits ein in der üblichen Form fungierender Aufsichtsrat bestellt ist. In diesen Fällen **entfällt** eine Angabepflicht für den zusätzlichen Beirat. Unabhängig davon, ob ein Aufsichtsrat installiert ist, entfallen Angabepflichten bei Beiräten, die nur beratende Tätigkeiten in Einzelfeldern ausüben, deren Kompetenzen also in keiner Weise denen eines Aufsichtsrats angenähert sind.

3. Die Personen im Zeitverlauf

45 Im Zeitverlauf ist für die Angabepflicht die Organmitgliedschaft während des (Rumpf-)**Geschäftsjahres** (→ § 240 Rz. 22) maßgeblich. Die Mitgliedschaft wird regelmäßig durch Beschluss eines (anderen) Organs – Aufsichtsrat oder Hauptversammlung bei der AG, Gesellschafterversammlung bei der GmbH – mit entsprechender Zeitbestimmung begründet und beendet. Der deklaratorisch wirkende **Handelsregister**ein- oder -austrag ist nicht maßgeblich. In Sonderfällen kommt es zur Bestellung durch Gerichtsbeschluss oder umgekehrt zur Beendigung durch Amtsniederlegung.

46 In den Exekutivorganen werden häufig **„Stellvertreter"** – Vorstand und Geschäftsführer – bestellt. Sie haben die gleiche Funktion wie die „ordentlichen" Mitglieder und werden deshalb von der Angabepflicht umfasst. Anders verhält es sich bei den **Ersatzmitgliedern** des (aktienrechtlichen) Aufsichtsrats, die ihre organschaftliche Funktion erst dann ausüben, wenn die bestellte Person z. B. durch Rücktritt oder Tod wegfällt.

47 Ein Ehrenmitglied oder gar -vorsitzender des **Aufsichtsrats** ist dann unter die Angabepflicht zu subsumieren, wenn er oder sie formal als Organmitglied bestellt ist. Meistens wird der Titel

1 DRS 17.9 zum Konzernanhang.

nur ehrenhalber verliehen und ist mit keiner Organverantwortung verbunden. Gleichwohl bezahlte Vergütungen fallen aber häufig unter die Angabepflicht nach Nr. 9b für ehemalige Aufsichtsratsmitglieder.

Beim **innerperiodischen Wechsel** einer Person zwischen den Organen – der Vorstand wird Aufsichtsrat – sind die Vergütungen in der Angabe entsprechend zuzuordnen. Abgangsentschädigungen, die nach Beendigung der Vorstandstätigkeit ausgezahlt werden, unterliegen der Angabepflicht nach Nr. 9b. Auch **nach Beendigung** der Organstellung bzw. Beiratstätigkeit bleibt bei Weitergewährung der Bezüge die Angabepflicht erhalten (Nr. 9b), soweit diese auf die (damalige) Funktion entfällt. Unter welcher Bezeichnung die Bezüge ausbezahlt werden, ist unerheblich (Übergangsgelder, Abfindung). Auch Bezüge aufgrund von Beraterverträgen im Zusammenhang mit dem Ausscheiden aus der Organfunktion sind angabepflichtig. 48

Zusätzlich sind die Bezüge von **Hinterbliebenen** – Witwen und Waisen – angabepflichtig, überdies die Höhe der für diese Verpflichtungen (nicht) gebildeten Rückstellungen (→ Rz. 50). 49

Durch **Umwandlungs**vorgänge in Form von Verschmelzungen und Spaltungen gehen Rechte und Pflichten durch (partielle) Gesamtrechtsnachfolge vom bisherigen Rechtsträger auf den Übernehmer über. Daraus wird die Einbeziehung von Organmitgliedern der untergegangenen Gesellschaft in die Angabepflicht für „frühere" Organmitglieder der betreffenden Gesellschaft gefolgert.[1] Das soll nur gelten, wenn bei der übernommenen Gesellschaft Angabezwang für Organbezüge bestand. Unseres Erachtens ist letztere Einschränkung nicht allgemein zutreffend. Sie ist richtig bei einem früheren persönlich haftenden Gesellschafter einer Personenhandelsgesellschaft, nicht aber bei (früherer) Befreiung wegen der Größenklasse (→ Rz. 80) einer Kapital- oder „Kap. & Co."-Gesellschaft oder bei Befreiung nach § 286 Abs. 4 HGB (→ § 286 Rz. 9). Vertreten wird aber auch die Ansicht, dass bei einer Verschmelzung nur die Bezüge angabepflichtig sind, die ein Organmitglied des übernehmenden Rechtsträgers für eine Tätigkeit bei diesem erhalten hat.[2] Dagegen sollen die Bezüge eines Organmitglieds des – am Abschlussstichtag nicht mehr existenten – übertragenden Rechtsträgers beim übernehmenden Rechtsträger nicht angabepflichtig sein, wenn er nicht auch Organmitglied des übernehmenden Rechtsträgers wird. Begründet wird dies damit, dass das Rechtsinstitut der Gesamtrechtsnachfolge nur das (Rein-)Vermögen und (z. B. Anstellungs-)Verträge, nicht aber die Organstellung eines Organmitglieds des übertragenden Rechtsträgers erfasst. 50

Bei **Spaltungen** geht die Angabepflicht nach der Aufteilung in Spaltungs- und Übernahmevertrag auf den oder die übernehmenden Rechtsträger über. Für die „Ehemaligen" besteht anders als für die „Aktiven" (→ Rz. 48) eine Verpflichtung zur Angabe der (nicht gebildeten) Rückstellungen für laufende Pensionen und Anwartschaften.

4. Die Bezüge

4.1 Aufteilung der Angabe auf die Personengruppen

Die Angabe der Bezüge ist nach den „Personengruppen" **aufzuteilen**, d. h. nach Geschäftsleitungsorgan, Aufsichtsrat und ggf. Beirat (→ Rz. 41 ff.). Diese Aufteilungspflicht entfällt demgegenüber bei den **Hinterbliebenen** nach Nr. 9b. 51

1 Vgl. *ADS*, 6. Aufl., § 285 Tz. 187; *Oser/Holzwarth* in Küting/Pfitzer/Weber (Hrsg.), Handbuch der Rechnungslegung, §§ 284 bis 288 Tz. 426.

2 Vgl. *Oser*, StuB 2018 S. 514.

Eine weitere Aufgliederung ist vorzunehmen nach

- tätigkeitsbezogenen Vergütungen für **aktive** Organmitglieder nach Nr. 9a (→ Rz. 41 ff.) sowie
- Abfindungen, Ruhegehältern etc. für **ehemalige** Organmitglieder und deren Hinterbliebene, Witwer, Witwen, Waisen nach Nr. 9b,
- Rückstellungen für laufende Pensionen und Anwartschaften für den letztgenannten Personenkreis und dem Betrag der für diese Verpflichtungen (noch) nicht gebildeten Rückstellungen. Dazu gehören auch Rückstellungen für frühere Organmitglieder, die noch keine laufende Rente beziehen, aber unverfallbare Anwartschaften haben.

4.2 Herkunft der Bezüge

52 Die Angabepflicht bezieht sich auf Bezüge als Gegenleistung für die der Gesellschaft als Ausfluss der Organschaftsfunktion erbrachten Tätigkeiten. Die **Herkunft** der Bezüge – die Zahlstelle – ist dabei unerheblich.

BEISPIEL ► Der international aufgestellte Konzern I wickelt aus Gründen der Vertraulichkeit die Organvergütungen der deutschen Konzerngesellschaften über ein Steuerberatungsbüro ab. Diesem werden die Bruttobezüge zzgl. Abgaben etc. von der NL-Holding in Holland bei Fälligkeit auf einem Treuhandkonto zur Weiterleitung zur Verfügung gestellt. Im *Cashpool*-System des Konzerns werden die jeweiligen Konzerngesellschaften mit diesen verauslagten Beträgen belastet.

Die Geschäftsführungsvergütungen sind so anzugeben, als ob sie die jeweilige Tochtergesellschaft selbst erbracht hätte.[1]

53 Dies gilt u. E. auch, wenn die Bezüge von einem **verbundenen** Unternehmen ohne förmliche Weiterbelastung getragen werden.

BEISPIEL ► A ist neben zwei anderen Personen Geschäftsführer und alleiniger Gesellschafter der M-GmbH. Diese hat eine 100%ige Tochter, die T-GmbH, die durch Gewinnabführungsvertrag mit der M-GmbH verbunden ist. Die T-GmbH ist eine kleine Gesellschaft i. S. des § 267 Abs. 1 HGB und hat einen Fremdgeschäftsführer. A ist für die T-GmbH nicht tätig, erhält aber von ihr ein standesgemäßes Gehalt im Vergleich zu den beiden Geschäftsführern der M-GmbH. Eine Weiterbelastung der Bezüge der A erfolgt indirekt durch die Durchführung des Gewinnabführungsvertrags.

Unseres Erachtens sind die Bezüge, die A von der T-GmbH erhält, bei der M-GmbH angabepflichtig.

54 Bei Vergütung eines Geschäftsführers der **Tochtergesellschaft** durch Dienstvertrag mit der **Muttergesellschaft** sind die von Letzterer der Tochter weiterbelasteten Verdienstbestandteile von der Tochter anzugeben.[2] Für die Komplementär-GmbH gelten deren Organmitglieder als Vertreter der Personenhandelsgesellschaft. Die Angabepflicht betrifft dann Letztere.

Soweit nicht konzernverbundene Dritte Leistungen gewähren, sind diese nur im Fall börsennotierter Aktiengesellschaften angabepflichtig (→ Rz. 76).

1 Wie hier *ADS*, 6. Aufl., § 285 Tz. 172; *Oser/Holzwarth* in Küting/Pfitzer/Weber (Hrsg.), Handbuch der Rechnungslegung, §§ 284 bis 288 Tz. 426.

2 So auch *Oser/Holzwarth* in Küting/Pfitzer/Weber (Hrsg.), Handbuch der Rechnungslegung, §§ 284 bis 288 Tz. 413.

4.3 Umfang der Bezüge

4.3.1 Überblick

In Nr. 9a Satz 1 bis 4 werden Angabeinhalte für **alle** der Berichterstattung unterliegenden Organe (→ Rz. 41) dargelegt. Folgende Differenzierungen sind dabei geboten: 55

- **Personell** beziehen sich die Angaben in der Praxis weitaus überwiegend auf den **Geschäftsleitungsbereich.** Besonderheiten für Aufsichtsgremien, Beiräte etc. sind unter → Rz. 62 kommentiert.
- **Sachlich** umfassen die Gesamtbezüge alle Arten von Vorteilen, die an die Organe für ihre Organtätigkeit gewährt werden, ausdrücklich auch Aufwandsentschädigungen und „Nebenleistungen jeder Art" (→ Rz. 56 ff.).
- **Zeitlich** sind die im Geschäftsjahr gewährten Bezüge anzugeben, und zwar auch dann, wenn sie für Leistungen früherer Geschäftsjahre gewährt werden. Der Zeitpunkt der Gewährleistung ist dabei weder mit dem der Aufwandserfassung in der GuV noch mit dem der Zahlung identisch (→ Rz. 66). Vorteile aus Optionen und ähnlichen **aktienbasierten** Vergütungen gelten nicht im Zeitpunkt der Ausübung des jeweiligen Rechts, sondern in dem seiner Gewährung als bezogen (→ Rz. 69).

4.3.2 Der sachliche Umfang der Bezüge

Das Gesetz verlangt in Nr. 9a Satz 1 die Angabe der **Gesamt**bezüge und erläutert diese Vorgabe durch einen Klammerzusatz, der beispielhaft neben Gehältern und Gewinnbeteiligungen (Tantiemen) auch „Bezugsrechte und sonstige aktienbasierte Vergütungen, Aufwandsentschädigungen, Versicherungsentgelte, Provisionen und Nebenleistungen **jeder** Art" erwähnt. Das Gesetzesziel ist eindeutig: Durch phantasievolle Bezeichnungen (z. B. „Aufwandsentschädigungen") sollen effektive Vergütungen nicht von der Angabepflicht befreit werden. Dies gilt insbesondere auch für sog. **Sachbezüge.** Die **lohnsteuerlichen** Regelungen können als Vorreiter bei der Auslegung herangezogen werden. 56

Als in die Gesamtvergütungen einzubeziehende Sachbezüge gelten daher etwa Vorteile aus **zinsverbilligten Darlehen,** hingegen nicht der **Auslagenersatz für Reisespesen** etc. im Rahmen der steuerlichen Höchstgrenzen.

BEISPIEL Der Vorstand der X-AG erhält nach seinem Dienstvertrag Reisespesen i. H. des Doppelten der steuerlichen Pauschalsätze. Außerdem erhält er „Vertrauensspesen" i. H. von 3.000 € pro Monat zur häuslichen Bewirtung wichtiger Kunden.

Unseres Erachtens sind die „Vertrauensspesen" zur Vermeidung einer Umgehung der Angabepflicht in die „Gesamtbezüge" einzubeziehen. Zweifelhaft ist die Behandlung der die steuerlichen Höchstgrenzen übersteigenden Reisespesen. Die Nichtangabe erscheint vertretbar, weil die Steuersätze den effektiven Aufwand häufig nicht abdecken. Andererseits kann die Angabe diesen Spesenanteil schon aus Praktikabilitätsgründen umfassen, indem die Bruttobezüge laut Lohnausweis als Beleg für die Angabe dienen.

Keine Angabepflicht besteht für 57

- **Arbeitgeberanteile für Sozialversicherungsbeiträge** im In- und Ausland sowie vergleichbare Leistungen an berufsständische oder private Versorgungsträger;
- Zuführungen zur **Pensionsrückstellung;**
- **Rückdeckungsversicherungen** für eine Altersversorgungszusage, da Versicherungsnehmer die Gesellschaft ist.

Bei den **Pensionsrückstellungen** ist jedoch Folgendes zu beachten:

- Mit **Eintritt des Versorgungsfalls** entstehen Bezüge früherer Organmitglieder oder ihrer Hinterbliebenen, die nach Nr. 9b Satz 1 angabepflichtig sind.
- Bei **börsennotierten Aktiengesellschaften** sind die für den Fall der regulären Beendigung des Dienstverhältnisses zugesagten Leistungen (darunter auch Pensionen) mit ihrem Barwert sowie dem im Geschäftsjahr aufgewandten oder zurückgestellten Betrag nach Nr. 9a Satz 6 Buchst. bb anzugeben (→ Rz. 77).

58 Bei **beitragsorientierten** Altersversorgungssystemen mit Kapitaldeckung (→ § 249 Rz. 51) unterliegen die Einzahlungen auf das Versorgungskonto in Parallele zur Zuführung der Pensionsrückstellung keiner Angabepflicht; es besteht allerdings eine Sollvorschrift zur Angabe nach dem DCGK Tz. 4.2.5 Abs. 2 (→ Rz. 114).

Umgekehrt unterliegt die Übernahme von Versicherungsprämien für Policen, die auf das Organmitglied lauten, der Angabepflicht, z. B. **Lebensversicherungen.**

„D & O" ***(Directors & Officers)*****-Versicherungen** sind mit ihren Prämien nicht als angabepflichtige Bezüge anzusehen, weil sie dem Interesse der Gesellschaft dienen.

Unfallversicherungsprämien sind nicht angabepflichtig, soweit Geschäftstätigkeiten mit ihrer Unfallgefahr (Reisetätigkeit) versichert sind. Regelmäßig kann u. E. für derlei Versicherungen wegen Geringfügigkeit der Privatanteil der Prämie von der Angabepflicht ausgeschlossen werden.

59 **Bezugsrechte** auf Aktien (auch Optionen) und andere auf der Entwicklung des **Aktienkurses** beruhende Vergütungsbestandteile sind nach Menge und beizulegendem Zeitwert als besonderer Vergütungsbestandteil anzugeben (Nr. 9a Satz 4; → Rz. 69).

60 Die Bezüge müssen **für die Organtätigkeit** gewährt werden. Vergütungen für die Mitglieder des Exekutivorgans sind dabei nicht nach ausgeübten **Funktionen** aufzuteilen.

BEISPIEL ▸ Der Alleingeschäftsführer der M-GmbH ist in besonderem Umfang „vertriebsorientiert". Die Hälfte der Arbeitszeit teilt er sich im Vertriebsbereich mit dessen Leiter. In der anderen Hälfte ist er mit eigentlichen Geschäftsführungsaufgaben beschäftigt. Eine Nichtangabe der auf die Vertriebstätigkeit entfallenden Vergütung als nicht „geschäftsleitungsspezifisch" ist unzulässig.

Der Mehrheitsgesellschafter der Anwalts-GmbH ist nicht mehr aktiv tätig, fungiert entsprechend dem Handelsregistereintrag (→ Rz. 45) noch als Geschäftsführer. Für die Aufrechterhaltung von persönlichen Beziehungen zu langjährigen Mandanten erhält er eine „Anerkennungspauschale" von monatlich 1.000 €.

Unseres Erachtens fällt dieser Bezug wegen des Rechtsscheins der Handelsregistereintragung unter die Angabepflicht.

Erhält ein Mitglied des (mitbestimmten) Aufsichtsrats zusätzliche Bezüge als **Arbeitnehmer,** sind diese Arbeitnehmerbezüge nicht anzugeben. Gleiches gilt für die Vergütungen von Aufsichtsratsmitgliedern, die für die Erbringung von **Beratertätigkeiten** außerhalb der Aufsichtsratstätigkeit anfallen, also etwa das Honorar eines als Aufsichtsrat fungierenden Rechtsanwalts für die Vertretung der Gesellschaft in einem Rechtsstreit.[1]

1 DRS 17.17 zum Konzernanhang.

Von Gesetzes wegen unterliegen die Aufsichtsrats- und Beiratsbezüge dem gleichen Angabeprofil wie diejenigen der Geschäftsleitung. Deshalb kann auf die vorherigen Kommentierungen verwiesen werden (→ Rz. 56 ff.). Besonderheiten ergeben sich in 61

- rechtlicher (→ Rz. 62) und
- tatsächlicher (→ Rz. 63) Hinsicht.

Rechtlich bestehen Beschränkungen bei den aktienwertbasierten Vergütungen. Sind entsprechende Bezugsrechte mit zurückgekauften eigenen Aktien der Gesellschaft gem. § 71 Abs. 1 Nr. 8 AktG oder mit bedingtem Kapital gem. § 192 Abs. 2 Nr. 3 AktG (→ § 272 Rz. 105) unterlegt, scheiden Aufsichtsräte als Begünstigte aus.[1] Aktienbasierte Vergütungsformen können diesem Personenkreis nur durch **virtuelle** Optionen zukommen. Eine mögliche ergebnisabhängige Vergütung kann sich am Ergebnis je Aktie *(earning per share)* orientieren. 62

In **tatsächlicher** Hinsicht sind Vergütungen für Aufsichts- und Beiräte anders als bei Geschäftsleitungsmitgliedern (→ Rz. 41) **differenziert** zu würdigen. Diese können nicht nur für die eigentliche **Überwachungsfunktion** anfallen, sondern auch für **sonstige** Tätigkeiten, insbesondere Beratungen aller Art. Ein entsprechender Dienst- oder Werkvertrag bedarf nach § 114 Abs. 1 AktG der Zustimmung des Aufsichtsrats. Auch **steuerlich** besteht ein Interesse an der klaren Abgrenzung einer solchen Sondertätigkeit des Aufsichtsrats, um die hälftige Zurechnung der Vergütung bei der Einkommensermittlung der Gesellschaft gem. § 10 Nr. 4 KStG zu vermeiden. 63

Die Angabepflicht für die Bezüge aus der (eigentlichen) Überwachungstätigkeit entfällt nicht, wenn das Aufsichtsratsmitglied beamtenrechtlich oder institutionell (Gewerkschaftsmitglieder) zur Ablieferung der Bezüge verpflichtet ist. 64

4.3.3 Die zeitliche Zuordnung der Bezüge

Anzugeben sind die **im** Geschäftsjahr gewährten Bezüge (Nr. 9a Satz 1), und zwar auch dann, wenn sie **für** Leistungen früherer Geschäftsjahre gewährt werden (Nr. 9a Satz 3). 65

Hierbei sind auch Bezüge, die **nicht ausgezahlt**, sondern in Ansprüche anderer Art umgewandelt werden, in die Gesamtbezüge einzubeziehen (Nr. 9a Satz 2). Hieraus ergibt sich verallgemeinert: Der **Zeitpunkt des Gewährens** ist nicht mit dem der Zahlung und nicht mit dem der Aufwandserfassung identisch. Entscheidend ist der Zeitpunkt, in dem der Vergütungs**anspruch** des Organmitglieds entsteht.

In diesem Zusammenhang gilt nach DRS 17[2] – mit besonderen Ausnahmen für aktienbasierte Vergütungen (→ Rz. 69) – Folgendes: 66

- Bezüge sind gewährt, wenn dem Begünstigten eine rechtsverbindliche **Zusage erteilt** und die der Zusage zugrunde liegende **Tätigkeit erbracht** wurde (sog. **„Konzept der definitiven Vermögensvermehrung“** beim Organmitglied).
- Etwaige aufschiebende **Bedingungen** müssen erfüllt bzw. auflösende Bedingungen weggefallen sein.

Für die Angabe der Gesamtbezüge ist somit **keine aufwandsbezogene Betrachtung** zugrunde zu legen. Begründet wird dies u. a. mit einer Abkopplung der Angabepflichten von den dem Abschluss zugrunde liegenden Rechnungslegungsvorschriften. Dadurch sollen etwa im HGB-

1 BGH, Urteil v. 16.2.2004 – II ZR 316/02, BB 2004 S. 621.
2 DRS 17.20 ff. zum Konzernanhang; *Lüdenbach/Freiberg*, BB 2013 S. 2542.

Konzernabschluss die gleichen Angaben zu finden sein wie im IFRS-Konzernabschluss nach § 315e HGB. Völlig überzeugen kann diese Argumentation nicht, da DRS 17 in Übereinstimmung mit dem Gesetz bei anderen Angaben zur Organvergütung gerade die Differenzierung nach zugrunde liegendem Rechnungslegungssystem verlangt (→ Rz. 75).

Beispielhaft ergeben sich aus der nicht aufwandsbezogenen Betrachtung folgende Unterschiede gegenüber der Behandlung des Personalaufwands in der GuV:

BEISPIEL ▸ Aufschiebende Bedingung

X erhält wegen Erreichung der maßgeblichen Leistungsziele für das Geschäftsjahr 01 eine Tantieme, jedoch nur dann (aufschiebende Bedingung), wenn er bis zum 31.12.03 im Unternehmen verbleibt.

Beurteilung

Der Aufwand wird im Geschäftsjahr 01 erfasst. Die Anhangangabe erfolgt erst mit Erfüllung der aufschiebenden Bedingung, also im Geschäftsjahr 03.

Auflösende Bedingung

X erhält am 1.1.01 für die Verlängerung des Vorstandvertrags um fünf Jahre eine *signing fee*, die er jedoch zurückzuzahlen hat, wenn er nicht bis mindestens Ende 03 im Unternehmen verbleibt.

Beurteilung

Der Aufwand wird im Jahr 01 gebucht, die Angabe erfolgt im Jahr 03.

67 In den Ausführungen des DRS 17 (→ Rz. 66) wird allerdings nicht immer deutlich, ob sich **auflösende** oder **aufschiebende** Bedingungen auf die Frage beziehen, **für** welches Geschäftsjahr oder **in** welchem Geschäftsjahr Bezüge gewährt werden. Bei einer nach zehn Dienstjahren entstehenden Jubiläumsgratifikation soll etwa nach DRS 17.22 zum Konzernanhang die gratifikationsbegründende Tätigkeit erst mit dem Geschäftsjahr des Jubiläums (also in der Periode 10) erbracht sein. Bei Gewährung in diesem Geschäftsjahr läge also ein Bezug nach **Nr. 9a Satz 1** vor (Gewährung **im und für** das Geschäftsjahr). Unseres Erachtens wird die maßgebliche Tätigkeit im Jubiläumsfall hingegen verteilt auf den Erdienenszeitraum (im Beispiel über zehn Jahre) erbracht. Die Jubiläumsgratifikation wird zwar erst bei Vollendung dieses Zeitraums (im Beispiel **in** Periode 10) gewährt, aber **für** die Jahre dieses Zeitraums (im Beispiel **für** die Jahre 1 bis 10). Insoweit läge u. E. eine Angabepflicht nach **Nr. 9a Satz 3 näher.** Da aber beide Bezugsarten in die Gesamtbezüge einzubeziehen und dort – vorbehaltlich sonstiger Spezialvorschriften – nicht aufzugliedern sind, ist die Zuordnung von Bedingungen zum Leistungsakt (für welches Geschäftsjahr) oder zum Gewährungszeitpunkt (in welchem Geschäftsjahr) ohne größere Relevanz.

Zusagen unter **auflösender** Bedingung – *signing fee* mit der Voraussetzung eines Verbleibs im Unternehmen für X Jahre – sollen erst bei Wegfall der Bedingung erbracht sein, unterliegen also erst dann der Angabepflicht.[1]

Mit der Erbringung einer Teilleistung – tantiemebelegte Tätigkeit für ein Jahr bei vereinbartem Verbleib von drei Jahren im Unternehmen – ist ein nicht mehr entziehbarer Teilanspruch auf die Tantieme entstanden mit der Folge einer Angabepflicht.[2]

68 Eine weitere Einschränkung des Anwendungsbereichs von Nr. 9a Satz 3 zugunsten von Nr. 9a Satz 1 sieht DRS 17.25 zum **Konzern**anhang vor. Danach gilt für Ansprüche, deren Entstehung noch einen Organbeschluss voraussetzt: Ist bei Abschlussaufstellung für 01 mit der Erteilung

1 DRS 17.23 zum Konzernanhang.

2 DRS 17.24 zum Konzernanhang.

der erforderlichen Organbeschlüsse aufgrund der bisherigen Erfahrungen mit hoher Wahrscheinlichkeit zu rechnen und die Höhe der Bezüge verlässlich abschätzbar, sind diese bereits im Jahr 01 als für 01 gewährte Bezüge (also nach Nr. 9a Satz 1) zu berücksichtigen. Lediglich ein Spitzenbetrag (positive Differenz zwischen den im Jahr 02 tatsächlich beschlossenen und den im Jahr 01 angegebenen Bezügen) unterliegt dann noch der Angabepflicht nach Nr. 9a Satz 3.

BEISPIEL Für das besonders erfolgreiche Geschäftsjahr 01 sagt Mehrheitsgesellschafter G dem Vorstand V eine Sonderzahlung von 1 Mio. € zu, über die allerdings formell noch der Aufsichtsrat entscheiden muss. Der Aufsichtsrat entscheidet erst nach Bilanzaufstellung.

BEURTEILUNG Sprechen die bisherigen Erfahrungen für eine „Durchsetzung" der Zusage im Aufsichtsrat, sind diese bereits im Jahr 01 als für 01 gewährte Bezüge (also nach Nr. 9a Satz 1) zu berücksichtigen.

Bei gewinnabhängigen Vergütungen mit bestehendem Rechtsanspruch (Tantiemen), die sich auf das abgelaufene Geschäftsjahr beziehen und an keine weiteren Bedingungen (insbesondere keinen Erdienenszeitraum) geknüpft sind (→ Rz. 65), entstehen angabepflichtige Bezüge im Umfang der gebildeten Rückstellung. Eine Abweichung des effektiven Vergütungsbetrags vom Rückstellungswert ist dann im Anhang des Folgejahres entsprechend zu korrigieren (Satz 3, bei niedrigerem Auszahlungsbetrag analog).

Optionen und ähnliche **aktienbasierte Vergütungen** sind gem. Nr. 9a Satz 4 gesondert angabe- 69
pflichtig und gelten gem. DRS 17 nicht erst im Zeitpunkt der Ausübung des jeweiligen Rechts, sondern im **Zeitpunkt der Gewährung des Rechts** als bezogen (→ Rz. 59).[1] Folgerichtig ist – neben der Anzahl der gewährten Optionen etc. – der **beizulegende Zeitwert zum Zeitpunkt der Gewährung** anzugeben *(grant date measurement)*. Spätere Wertänderungen infolge geänderter Ausübungsbedingungen sind aber zu berücksichtigen.[2]

BEISPIEL[3] Durch Aufsichtsratsbeschluss erhält der Vorstand einen Aktienbezug im Gegenwert von

Vorsitzender	2,5 Mio. €	Anzahl 66.402
Mitglied	1,5 Mio. €	Anzahl 26.561

Dieser Betrag wird auf den Kurswert der Aktie am Zusagetag abzüglich des Gegenwartswerts der in der Halteperiode erwarteten Dividende heruntergebrochen.

Zur **rechtlichen** Ausgestaltung und zur **bilanziellen** Abbildung solcher Vergütungsformen wird auf die Kommentierung in → § 272 Rz. 94 ff. verwiesen. Der Angabeinhalt entspricht nicht den Vorschlägen zur Bilanzierung, insbesondere bei (Konzern-)Bilanzierung nach IFRS nicht derjenigen nach IFRS 2. Nach dem Gesetzeswortlaut ist der modelltheoretisch (selten auch unmittelbar durch Marktpreise bestimmte) ermittelte Optionswert im Zusagezeitpunkt anzugeben. Die effektive Wertentwicklung bis zur Einlösung der Bezugsrechte und die damit bei virtuellen Optionen einhergehende Aufwandsbelastung der Gesellschaft bleiben ohne Berücksichtigung in der Angabe. Dies widerspricht dem Sinngehalt von Nr. 9a Satz 3 (→ Rz. 56), muss indes hingenommen werden, wenn Nr. 9a Satz 4 als Lex specialis anzusehen ist.[4] Jedenfalls hat der Gesetzgeber die viel weiter gehenden Vorschläge zu Angabepflichten im Schrifttum ersichtlich

1 DRS 17.28 zum Konzernanhang.
2 DRS 17.28 zum Konzernanhang.
3 Entnommen dem Vergütungsbericht der Siemens AG für 2008.
4 DRS 17.38.

nicht aufgegriffen.[1] Nicht anzugeben sind die im Berichtsjahr ausgeübten oder anfallenden Bezugsrechte, ebenso wenig der jeweilige Bestand am Anfang und Ende der Periode.

Anders als die extern – durch den Börsenkurs – verursachte spätere Wertentwicklung sollen **vertraglich** veranlasste Wertveränderungen, z. B. durch Veränderung der Sperrfrist oder der Ausübungshürden, **wertmäßig** angegeben werden.

Wegen der sonderrechtlichen Angabepflichten für Vorstände börsennotierter Aktiengesellschaften wird auf → Rz. 75 verwiesen.

5. Kredite und Vorschüsse

70 **Sachlich** betrifft die Angabepflicht nach Nr. 9c:

- Vorschüsse: Vergütungen vor Fälligkeit bzw. Entstehen des Anspruchs,
- Kredite jeder Art, insbesondere Darlehen,
- Verzinsung (der Vorschüsse und Darlehen),
- wesentliche Bedingungen (der Vorschüsse und Darlehen), d. h. Besicherung und Laufzeit, nicht die Verwendung,
- erlassene Forderungen (Ergänzung durch das BilRUG),
- Tilgungen (der Vorschüsse und Darlehen) im Berichtsjahr sowie
- eingegangene Haftungsverhältnisse, auch wenn die Berichterstattung bereits nach § 268 Abs. 7 HGB (→ § 268 Rz. 150) erfolgt ist.[2]

Sinnvollerweise erfolgt die Angabe **tabellarisch** („Spiegel") mit Forderungsbestand am Beginn des Geschäftsjahres und Entwicklung zum Endstand. Zur Darstellung als „Spiegel" vgl. → § 268 Rz. 136.

Die Angabe der Verzinsung sowie der wesentlichen Bedingungen der Vorschüsse und Kredite ist nur im Anhang des Jahresabschlusses geboten. Die analoge Vorschrift für den Konzernanhang (§ 314 Nr. 6c) fordert diese Angaben nicht.

71 Dem Gesetzeswortlaut ist nicht zu entnehmen, ob nur die am **Bilanzstichtag** bestehenden oder auch die **unterjährig** gewährten und wieder zurückgezahlten Kredite etc. anzugeben sind.[3] Jedenfalls bei Geringfügigkeit ist auf eine Angabe zu verzichten. Umgekehrt muss die Angabe erfolgen, wenn nur zur **Verschleierung** der Kreditbesicherung in Absprache mit einer Bank am 30.12.01 die Rückzahlung des Kredits an die Gesellschaft und am 2.1.02 die Neuausreichung in gleicher oder ähnlicher Höhe erfolgt (typischer Fall einer förmlichen Gesetzesumgehung ohne wirtschaftliche Substanz; Analogie zu § 89 Abs. 3 AktG). Eine solche Umgehung liegt auch vor, wenn der Kredit förmlich nicht dem Organmitglied selbst, sondern einer diesem nahestehenden Person (Ehefrau) oder einem nahestehenden Unternehmen gewährt wird. Hier kann es zu einer „Überlagerung" der Angabepflicht mit der Vorgabe nach Nr. 21 (→ Rz. 145) kommen.

72 Beim Ausweis muss nach **Art** des Organs (Vorstand oder Aufsichtsrat) differenziert werden (Eingangssatz zu Nr. 9a: „jeweils für jede Personengruppe"). **Ehemalige** Organmitglieder sind

1 Vgl. *Roß/Pommerening*, WPg 2002 S. 371, mit detaillierter Darstellung der Diskussionen im Vorfeld des TransPuG.
2 Für doppelte Berichterstattung auch *Grottel* in Beck'scher Bilanz-Kommentar, 13. Aufl. 2022, § 285 Tz. 337.
3 Dafür *Grottel* in Beck'scher Bilanz-Kommentar, 13. Aufl. 2022, § 285 Tz. 340.

nicht von der Angabepflicht betroffen. Maßgeblich ist die Organmitgliedschaft am **Bilanzstichtag.** Hierin besteht ein Unterschied zu den **zeitraum**bezogenen Angabepflichten nach Nr. 9a.

BEISPIEL[1] Anfang 01 erhält V von der U-AG ein langfristiges, gemessen am Markt zinsgünstiges Darlehen für einen Hausbau. V ist zu diesem Zeitpunkt leitender Mitarbeiter. Am 1.7.02 wird V zum Vorstand der U-AG berufen.

Angabepflichten im Abschluss 31.12.02:

Nach Nr. 9a sind Angaben zu den im Geschäftsjahr gewährten Gesamtbezügen (§ 285 Nr. 9a HGB) zu machen. Diese umfassen auch „Nebenleistungen jeder Art", also hier den Vorteil aus der Niedrigverzinslichkeit des Darlehens. Anzugeben ist jedoch nur die auf den **Zeitraum** der Organtätigkeit entfallende Vergütung (→ Rz. 161), hier also der Zinsvorteil, der zwischen dem 1.7. und 31.12.02 entsteht.

Nach Nr. 9c sind Angaben zu den Krediten zu machen. Anders als bei den Gesamtbezügen, die nach § 285 Nr. 9b HGB auch für ehemalige Organmitglieder anzugeben sind, beschränkt sich die Angabepflicht zu Krediten aber auf aktive Organmitglieder. Maßgeblich ist deshalb die Organstellung am Bilanzstichtag, unerheblich, ob das Darlehen zu einem Zeitpunkt gewährt wurde, als V noch nicht Vorstand war.

Zu der Frage, ob neben Nr. 9a und Nr. 9c auch Nr. 21 (Geschäfte mit nahestehenden Personen) im Beispiel einschlägig ist, wird auf → Rz. 168 verwiesen.

Die Angabepflicht für **Arbeitnehmervertreter im Aufsichtsrat** hängt davon ab, ob die Darlehensgewährung etc. in der Eigenschaft als Arbeitnehmer (Regelfall) oder als Aufsichtsrat (Ausnahme) erfolgt ist. Im Regelfall entfällt die Angabepflicht.

Die Kreditvergabe an Organmitglieder bedarf der **Zustimmung** etc. des Aufsichtsrats (§ 89 Abs. 1, § 115 Abs. 1 AktG). Die ohne eine solche erfolgte Kreditgewährung befreit nicht von der Angabepflicht. Kredite an Komplementäre einer KGaA sind nach § 286 Abs. 2 Satz 4 AktG in der Bilanz als solche zu vermerken. 73

Kleine Kapital- und „Kap. & Co."-Gesellschaften sind von der in Nr. 9c angesprochenen Angabepflicht nach § 288 Satz 1 HGB **nicht** befreit (→ § 288 Rz. 1). 74

6. Sonderangaben bei börsennotierten Aktiengesellschaften (§ 285 Abs. 9a Satz 5 bis 8 HGB a. F. sowie § 162 AktG i. d. F. ARUG II)

In der vor ARUG II geltenden Gesetzesfassung sah Nr. 9a Satz 5 bis 8 für **börsennotierte** Aktiengesellschaften eine **Individualisierung** der Angaben über die Bezüge von **Vorstands**mitgliedern (nicht Aufsichtsräte) vor. Diese wurden durch **Angabepflichten im Lagebericht** (→ § 289a Rz. 10) und durch (freiwillig zu befolgende) weitere Angaben nach dem Deutschen Corporate Governance Kodex (DCGK, → Rz. 114) ergänzt. Aus dieser Gemengelage hatte sich in der Praxis dieser Gesellschaften die Erstellung eines **„Vergütungsberichts"** als Teil des Lageberichts nach § 289a Abs. 2 Satz 1 HGB herauskristallisiert, der, wie in § 289a Abs. 2 Satz 2 HGB a. F. zugelassen, förmlich auch Bestandteile des Anhangs enthielt. Zu den vergleichbaren Vorschriften im Konzern empfahl DRS 17.12 die sich aus den Anhangvorschriften und den Lageberichtsvorschriften ergebenden besonderen Angabepflichten für börsennotierte Gesellschaften (sowie ggf. weitergehende Angaben zur Vergütung aufgrund des Deutschen Corporate Governance Kodex) in einem **Vergütungsbericht** zusammenzufassen, der **Teil des Konzernlageberichts** war. Die Angaben nach § 314 Abs. 1 Nr. 6a Satz 1 bis 4, 6b und 6c HGB (entspricht § 285 Nr. 9a Satz 1 bis 4, 9b und 9c HGB) konnten zusätzlich zu der **verpflichtenden Darstellung im Kon-** 75

1 Nach *Lüdenbach*, StuB 2010 S. 67 ff.

zernanhang auch in den Vergütungsbericht aufgenommen werden. Alternativ konnte im Vergütungsbericht auf diese Angaben im Konzernanhang verwiesen werden.

Die aufgliederungspflichtigen Gesamtbezüge umfassten zunächst die Bezüge nach Nr. 9a Satz 1 bis 4 (→ Rz. 55). Darüber hinaus waren nach Nr. 9a Satz 6 Leistungen bzw. Leistungszusagen für den Fall der vorzeitigen oder regulären **Beendigung** der Vorstandstätigkeit zu berücksichtigen, wobei es keine Rolle spielte, ob diese Leistungen im Dienstvertrag geregelt oder anlässlich der Beendigung in Aufhebungs- oder Altersversorgungsverträgen separat vereinbart wurden.

Die Angabepflicht bestand für **jedes einzelne** (auch stellvertretende) Vorstandsmitglied. Geboten war nach Nr. 9a Satz 5 eine Aufteilung der Vergütung nach

- erfolgsunabhängigen Komponenten,
- erfolgsbezogenen Komponenten,
- Komponenten mit langfristiger Anreizwirkung.

Diese Angaben waren zu ergänzen mit einer (verbalen) Darstellung der wesentlichen Inhalte der Zusage einschließlich einer **Abgangsentschädigung** *(termination benefit)*. Diese Vergütung selbst fällt unter die Angabepflicht nach Nr. 9b (→ Rz. 48).

Die Vergütungskomponenten waren wie folgt abzugrenzen:

- Die erfolgsunabhängigen Bezüge umfassen das laufende Monatsgehalt (zwölf- bis 14-fach bezahlt, auch Urlaubsgeld) sowie Sachbezüge (→ Rz. 56), aber auch sog. Garantie- oder Mindesttantiemen.
- Erfolgsabhängige (kurzfristige) Vergütungen betreffen Boni, Tantiemen, Provisionen, Erfindervergütungen u. Ä., einerlei unter welcher Bezeichnung.
- Erfolgsbezogene Vergütungen mit langfristiger Anreizwirkung sprechen insbesondere die aktienkursorientierten Vergütungen an.

Die von Dritten bezahlten Vergütungen wurden zur Vermeidung von Umgehungen in Nr. 9a Satz 7 eigens erwähnt, also z. B. Bezüge von Tochterunternehmen.

76 **Leistungen von Dritten** (z. B. Gesellschaftern oder nahestehenden Unternehmen) waren nur anzugeben, wenn sie im Hinblick auf die Tätigkeit als Vorstandsmitglied zugesagt oder im Geschäftsjahr gewährt wurden.[1]

BEISPIEL Hauptgesellschafter A räumt Vorstand X (zugleich Schwiegersohn von A) eine kostenlose Unterbeteiligung ein, Vorstand Y (nicht verwandt) hingegen nicht.

BEURTEILUNG Da die Einräumung der Unterbeteiligung familiär begründet ist, liegt keine Vergütung von dritter Seite vor.

BEISPIEL Mit je 16 % sind A und B an der X-AG beteiligt, die restlichen Anteile sind breit gestreut. Die X-AG ist in hohem Maße sanierungsbedürftig, Als neuer Vorstand soll daher Sanierungsspezialist S gewonnen werden, der auf beträchtliche Erfolge in entsprechenden Fällen verweisen kann. S ist zur Übernahme des Vorstandspostens nur bereit, wenn er neben einer auskömmlichen Fixvergütung eine ganz erhebliche Beteiligung an einer evtl. Steigerung des Börsenwerts der X-AG erhält. Im (mitbestimmten) Aufsichtsrat wären entsprechende Konditionen nicht durchsetzbar. A und B entschließen sich daher, S an der positiven Wertentwicklung ihrer Anteile in den nächsten zwei Jahren partizipieren zu lassen,

1 DRS 17.63.

wobei sie wahlweise in Aktien oder Geld erfüllen können. Die Zusage wird S Mitte 01 zeitnah zur Vorstandsbestellung erteilt. Zwischen A und B sowie S ist Stillschweigen über die Zusage vereinbart.

BEURTEILUNG ► Es liegt eine aktienkursorientierte Vergütung der Vorstandstätigkeit vor. Dass diese nicht von der Gesellschaft, sondern von den beiden Hauptgesellschaftern (als Dritten) erbracht wird, ist unerheblich, da der Bezug zur Vorstandstätigkeit offensichtlich ist.

Aktienkursorientierte Vergütungen gelten im Jahr der Erteilung der Zusage als gewährt (→ Rz. 69). Eine Angabepflicht besteht daher für 01. Die Gesellschaft weiß auch über S als für die Bilanzaufstellung verantwortliches Organmitglied von der Existenz der Zusage. Praktische Hindernisse stehen der Erfüllung der Angabepflicht also nicht entgegen. Ein rechtliches Hindernis könnte die Vereinbarung über das Stillschweigen sein. Durch entsprechende privatrechtliche Abreden kann der Umfang der öffentlichen Rechnungslegungs- bzw. Rechenschaftspflicht aber nicht eingeschränkt werden. Unterbleibt die Angabe, so liegt mindestens eine Ordnungswidrigkeit (§ 334 Abs. 1 Nr. 1d HGB), ggf. auch eine Straftat (§ 331 HGB) vor.

Die Leistungen von Dritten waren unter Namensnennung jedes einzelnen Vorstandsmitglieds, aufgeteilt nach erfolgsunabhängigen und erfolgsbezogenen Komponenten sowie Komponenten mit langfristiger Anreizwirkung, gesondert darzustellen.

Besonders erwähnt wurden in Nr. 9a Satz 6 Leistungen, die aktiven Vorständen für den Fall der **vorzeitigen oder regulären Beendigung der Vorstandstätigkeit** zugesagt wurden, sowie Leistungen, die einem im Geschäftsjahr ausgeschiedenen Vorstandsmitglied im Zusammenhang des **Ausscheidens** zugesagt und im Laufe des Geschäftsjahres gewährt wurden. Hierbei ist wie folgt zu unterscheiden: 77

- Zusagen an **aktive Vorstände** für den Fall eines **vorzeitigen Ausscheidens:** Angabe evtl. vereinbarter Festbeträge, ansonsten Angabe von Basisdaten (Bemessungsgrundlage, Prozentsatz hiervon, Dynamisierung etc.).[1]
- Zusagen an **aktive Vorstände** für den Fall der **regulären Beendigung** der Tätigkeit (Pensionszusagen, Abfindungszusagen, Zusagen für Übergangsgelder etc.): zusätzlich zu den Angaben, die auch bei vorzeitiger Beendigung gefordert sind, Angabe des Barwerts der Zusage sowie wahlweise entweder des Aufwands des Geschäftsjahres oder des Rückstellungsbetrags.[2]
- Angaben zu **Änderungen von Zusagen für aktive Vorstände:** Beschreibung der Änderung.
- **Im Geschäftsjahr ausgeschiedene Vorstände:** Angaben der Leistungen, die im Zusammenhang mit dem Ausscheiden zugesagt und im Geschäftsjahr gewährt wurden.

Die Angaben zur regulären Beendigung rekurrierten mit der Verwendung der Begriffe „Aufwand" und „Rückstellung" auf GuV- und Bilanzposten. Für die Nr. 9a Satz 6 entsprechende Vorschrift des § 314 Abs. 1 Nr. 6a Satz HGB bedeutete dies: Wird der Konzernabschluss nicht nach HGB, sondern gem. § 315e HGB nach IFRS erstellt, sind der Aufwand und die Rückstellung des IFRS-Konzernabschlusses maßgeblich. Bei der Rückstellung können sich erhebliche Abweichungen zu einem HGB-Konzernabschluss aus der Verwendung anderer Diskontierungszinssätze ergeben. Beim Aufwand sind die häufig sehr erheblichen versicherungsmathematischen Gewinne und Verluste gem. IAS 19 außerhalb der GuV zu erfassen. Nicht von vornherein unvertretbar war, diese Effekte nicht als „Aufwand" zu qualifizieren und sie daher auch nicht gem. § 315e HGB i.V. mit § 314 Abs. 1 Nr. 6a Satz HGB als angabepflichtig anzusehen.

1 DRS 25.53.
2 DRS 25.53.

78 Bei börsennotierten Aktiengesellschaften war nach dem bis ARUG II geltenden Recht eine Individualisierung der Angabe nach Nr. 9a Satz 5 bis 8 grundsätzlich notwendig, konnte aber unter den Voraussetzungen des § 286 Abs. 5 HGB (→ § 286 Rz. 11) unterbleiben. Mit ARUG II sind die Individualisierungsvorgaben nach § 162 AktG verlagert worden und eine Befreiungsmöglichkeit für die börsennotierten Gesellschaften ist nicht mehr gegeben (→ Rz. 79a).

79 Ist das (Mutter-)Unternehmen eine börsennotierte Aktiengesellschaft, sollte der **Lagebericht** gem. § 289a Abs. 2 Satz 1 HGB a. F. auf die **Grundzüge des Vergütungssystems** eingehen. Nach § 289a Abs. 2 Satz 2 HGB a. F. konnte dieser mit den Angaben nach § 285 Nr. 9a Satz 5 HGB zu einem **Vergütungsbericht** (→ Rz. 75) zusammengefasst werden. Dieser war dann Teil des Lageberichts.

Die Darstellung der Grundzüge des Vergütungssystems umfasste:[1]

- Erläuterungen zum **Verhältnis** der erfolgsunabhängigen und erfolgsbezogenen Komponenten sowie der Komponenten mit langfristiger Anreizwirkung.
- Dabei Erläuterungen zu den **einzelnen** Erfolgsparametern (z. B. Ergebnis- oder Renditekennziffern oder Aktienkursentwicklung), jedoch ohne quantifizierte Angabe.
- Bei **Aktienoptionen** und vergleichbaren Vergütungen Erläuterung der Ausübungsbedingungen (z. B. Mindestaktienkursentwicklung, Erdienenszeitraum).

Unter Bezugnahme auf die Begründung im Gesetzgebungsverfahren wurde eine Berichterstattungspflicht insoweit verneint, als die anzugebenden Sachverhalte bei vernünftiger kaufmännischer Beurteilung geeignet waren, der Gesellschaft einen erheblichen **Nachteil** zuzufügen.[2]

BEISPIEL Vertriebsvorstand V erhält von der A-AG eine Vergütungszusage, die in hohem Maße an die Marktanteilsgewinnung in der Region X geknüpft ist. In dieser Region hatte Wettbewerber W bisher eine beinahe monopolähnliche Stellung. Die A-AG hat in der Region bisher nur Zufallsgeschäfte getätigt und kein systematisches Marketing betrieben. Je früher W von dieser Änderung erfährt, umso nachteiliger ist dies für die Pläne der A-AG.

Die Rücksichtnahme auf Interessen des Unternehmens überraschte insofern, als kapitalmarkt- oder börsennotierten Gesellschaften in anderen Kontexten (z. B. § 286 Abs. 3 Satz 4 HGB) verwehrt wurde, sich unter Berufung auf Nachteile von Berichtspflichten zu befreien. Warum dem dort verfolgten Ansatz – wer sich auf den öffentlichen Kapitalmarkt einlässt, unterliegt auch der umfassenden öffentlichen Rechenschaftslegung – nicht auch beim Vergütungssystem gefolgt werden sollte, blieb unklar.

79a Das Gesetz zur Umsetzung der zweiten Aktionärsrichtlinie **(ARUG II)** hat neben weiteren Änderungen die Streichung von § 285 Nr. 9a Satz 5 bis 8 HGB sowie der entsprechenden konzernbilanziellen Vorschriften in § 314 Nr. 6a Satz 5 bis 8 vorgenommen. In erster Linie ist es zu einer Überführung der Vorschriften in das AktG und einer Änderung des Berichtsorts gekommen. Daneben sind aber Erweiterungen der Berichtspflichten vorgenommen worden. Insgesamt regelt das ARUG II Folgendes:

- **Identifizierung von Aktionären,** Erleichterung der Ausübung von Aktionärsrechten (§§ 67a bis 67f AktG);

1 DRS 17.72 ff.
2 DRS 17.75.

- **Transparenz institutioneller Investoren,** Vermögensverwalter und Stimmrechtsberater (§§ 134a bis 134d AktG);
- **Vergütungsrecht** für Vorstand und Aufsichtsrat (§§ 87a, 113a Abs. 3, 119 Abs. 1 Nr. 3, 120a AktG);
- **Vergütungsbericht** hierzu (§ 162 AktG);
- interne Verfahren zur Erfassung und Bewertung von Geschäften mit **nahestehenden Personen** sowie Bindung kumulativ wesentlicher Geschäfte (1,5 % der Summe aus Anlage- und Umlaufvermögen) an die vorherige Zustimmung des Aufsichtsrats (§§ 107 Abs. 3, 111a und 111b AktG); unverzügliche öffentliche Bekanntmachung der zustimmungsbedürftigen Geschäfte mit Nahestehenden (§ 111c AktG).

Nur Punkt 4 betrifft externe Berichtspflichten, die zu Änderungen gegenüber den vorherigen Vorschriften für den Jahres- bzw. Konzernabschluss einschließlich Lage- bzw. Konzernlagebericht führten. Unsere Darstellung beschränkt sich hierauf. Folgende bisherige **HGB-Vorschriften zur Organvergütung** sind durch **Fortfall oder Änderung** vom ARUG II betroffen:

Die börsennotierte AGs und KGaAs bisher betreffenden Vergütungsberichtspflichten in

- § 285 Nr. 9 Satz 5 bis 8 und § 314 Abs. 1 Nr. 6a Satz 5 bis 8 HGB zur **Individualisierung** der Vorstandsbezüge und
- §§ 289a Abs. 2 und 315a Abs. 2 HGB zur Beschreibung des **Vergütungssystems**

wurden aufgehoben und materiell nach § 162 AktG **verlagert** (dort um weitere Angabepflichten erweitert).

- Die zuvor bestehende Möglichkeit, auf der Grundlage eines Hauptversammlungsbeschlusses auf die **Individualisierung** der Vorstandsbezüge zu **verzichten, ist entfallen.** Die §§ 286 Abs. 2 und 314 Abs. 3 Satz 1 HGB wurden daher ersatzlos aufgehoben.
- Nach § 289f Abs. 2 Nr. 1a HGB n. F. ist in die **Erklärung zur Unternehmensführung** eine Bezugnahme auf die Internetseite der Gesellschaft aufzunehmen, auf der der Vergütungsbericht über das letzte Geschäftsjahr und der korrespondierende Vermerk des Abschlussprüfers öffentlich zugänglich sind.

Zum Vergütungsbericht börsennotierter Gesellschaften trifft § 162 AktG folgende **Grundregelungen:**

- **Berichtssubjekt: Vorstand und Aufsichtsrat** erstellen den Bericht gemeinsam (§ 162 Abs. 1 Satz 1 AktG). Die Hauptversammlung beschließt über die Billigung des (geprüften) Vergütungsberichts (§ 120a Abs. 4 AktG). Der Hauptversammlungsbeschluss hat keine Auswirkungen auf die Wirksamkeit des Berichts. Bei börsennotierten kleinen und mittelgroßen Gesellschaften bedarf es keiner Beschlussfassung, wenn der Vergütungsbericht als eigener Tagesordnungspunkt in der Hauptversammlung zur Erörterung vorgelegt wird (§ 120a Abs. 5 AktG).
- **Berichtsobjekt** in personeller Hinsicht: Zu berichten ist über die im Geschäftsjahr gewährte bzw. geschuldete Vergütung für jedes einzelne aktuelle oder frühere **Vorstands- und Aufsichtsratsmitglied** (§ 162 Abs. 1 Satz 1 AktG). Gleichermaßen für Vorstand und Aufsichtsratsvergütung geltende Berichtsinhalte sind in § 162 Abs. 1 AktG geregelt. Ergänzende Berichtspflichten, die nur die Vorstandsvergütung betreffen, enthält § 162 Abs. 2 AktG.

- **Prüfungspflicht:** Der Abschlussprüfer prüft den Vergütungsbericht auf **formelle Vollständigkeit,** also darauf, ob die Angaben nach den Abs. 1 und 2 gemacht wurden (§ 162 Abs. 3 AktG). Dies entspricht dem nach § 317 Abs. 2 Satz 6 HGB bereits zuvor für Teile der handelsrechtlichen Publizitätsvorschriften (nicht-finanzielle Erklärung) reduzierten Prüfungsumfang. Eine inhaltliche Prüfung des Vergütungsberichts findet also – anders als zuvor in Bezug auf die aufgehobenen §§ 285 Nr. 9 Satz 5 bis 8 und 314 Abs. 1 Nr. 6a Satz 5 bis 8 HGB – nicht statt. Über seine Prüfung erteilt der Abschlussprüfer einen Vermerk (→ § 317 Rz. 80c).
- **Veröffentlichung:** Der Vergütungsbericht und der dazugehörige Vermerk des Abschlussprüfers sind auf der **Internetseite** der Gesellschaft zu veröffentlichen und dort **zehn Jahre** kostenfrei zugänglich zu machen (§ 162 Abs. 4 AktG). Gemäß § 289f Abs. 2 Nr. 1a HGB n. F. ist in der Erklärung zur Unternehmensführung auf den Veröffentlichungsort hinzuweisen. Nach Ablauf von zehn Jahren sind personenbezogene Daten aus Datenschutzgründen zu entfernen (§ 162 Abs. 5 AktG). Dies betrifft nicht die ehemaligen Organmitglieder, die z. B. im Jahr 12 Ruhestandsbezüge erhalten, da es sich hier um Vergütungen des Jahres 12 und nicht um solche handelt, die zehn Jahre zurückliegen.

Bzgl. des **Inhalts des Vergütungsberichts** ist zwischen alle Organmitglieder und nur die Vorstandsmitglieder betreffenden Vorschriften zu unterscheiden:

Alle Organmitglieder: Für jedes einzelne Vorstands- und Aufsichtsratsmitglied müssen bzgl. der Vergütungen, die vom Mutterunternehmen und/oder Tochterunternehmen stammen, unter **Namensnennung** folgende Angaben gemacht werden, soweit die Sachverhalte im konkreten Berichtszeitraum vorlagen (Negativerklärungen sind daher nicht notwendig):

- alle **festen und variablen Vergütungsbestandteile,** absoluter und relativer Anteil sowie eine Erläuterung, wie die Bestandteile dem maßgeblichen Vergütungssystem entsprechen, wie die Vergütung die langfristige Entwicklung der Gesellschaft fördert und wie im Vergütungssystem vorgesehene Leistungskriterien angewendet wurden (§ 162 Abs. 1 Satz 2 Nr. 1 AktG);
- gewährte oder zugesagte **Aktien oder Aktienoptionen** und deren Bedingungen (§ 162 Abs. 1 Satz 2 Nr. 3 AktG);
- **Rückforderung** variabler Vergütungsbestandteile, etwa auf der Grundlage von Clawback-Klauseln (§ 162 Abs. 1 Satz 2 Nr. 4 AktG);
- Erläuterung, wie der Beschluss der **Hauptversammlung** über die Billigung des Vergütungsberichts bzw. seine Erörterung berücksichtigt wurde (§ 162 Abs. 1 Satz 2 Nr. 6 AktG);
- Erläuterung, wie die festgelegte Maximalvergütung der Vorstandsmitglieder eingehalten wurde (§ 162 Abs. 1 Satz 2 Nr. 7 AktG);
- **vergleichende** (erstmals in 2025 fünf Jahre umfassende) **Darstellung der jährlichen Veränderung** von a) der Vergütung des Organmitglieds, b) der Ertragsentwicklung der Gesellschaft sowie c) der durchschnittlichen Vergütung von Arbeitnehmern (§ 162 Abs. 1 Satz 2 Nr. 2 AktG). Hierbei kann der Kreis der Arbeitnehmer auf die börsennotierte Gesellschaft beschränkt werden, es sind aber auch andere Abgrenzungen (z. B. zzgl. aller inländischen Tochtergesellschaften) möglich. Der Kreis der einbezogenen Arbeitnehmer ist deshalb zu erläutern. Die vergleichende Darstellung kann beispielhaft wie folgt aussehen:

	Veränderung zum Vorjahr in Prozent				
	2021	2022	2023	2024	2025
Vergütung Vorstand Müller	6	3	10	12	10
Vergütung Vorstand Schmidt	4	3	5	8	5
……..					
Vergütung Aufsichtsrat Maier	5	0	5	5	5
Vergütung Aufsichtsrat Schulz	4	0	4	4	4
……..					
Ertrag des Unternehmens	5	3	8	15	8
Vergütung Arbeitnehmer	2	3	2	2	2

Nur Vorstandsmitglieder: Für Vorstandsmitglieder sind im Vergütungsbericht **zusätzlich** folgende Angaben zu machen:

- Leistungen **Dritter** im Hinblick auf die Vorstandstätigkeit (§ 162 Abs. 2 Nr. 1 AktG; → Rz. 76);
- Leistungszusagen für den Fall der **vorzeitigen Beendigung** der Tätigkeit (§ 162 Abs. 2 Nr. 2 AktG);
- Leistungszusagen für den Fall der **regulären Beendigung** der Tätigkeit (Angabe des Barwerts und des von der Gesellschaft während des letzten Geschäftsjahres hierfür aufgewandten oder zurückgestellten Betrags; § 162 Abs. 2 Nr. 3 AktG; → Rz. 77);
- an im letzten Geschäftsjahr **ausgeschiedene Vorstandsmitglieder** im Zusammenhang mit dem Ausscheiden zugesagte und gewährte Leistungen (§ 162 Abs. 2 Nr. 4 AktG); → Rz. 77);
- Angaben zu etwaigen **Abweichungen** vom Vergütungssystem (§ 162 Abs. 1 Satz 2 Nr. 6 AktG).

In den Vergütungsbericht brauchen keine Angaben aufgenommen zu werden, die nach vernünftiger kaufmännischer Beurteilung geeignet sind, der Gesellschaft einen nicht unerheblichen **Nachteil** zuzufügen (§ 162 Abs. 6 AktG).

Das IDW hat im Dezember 2021 einen Frage- und Antwortenkatalog (FAQ) zu Zweifelsfragen des Vergütungsberichts herausgegeben.[1] Behandelt werden u. a. folgende Themen: 79b

- **Zeitliche Zuordnung** der Vergütungen zum Geschäftsjahr: Zu berichten ist nach dem Gesetzestext über im Geschäftsjahr gewährte und geschuldete Vergütungen. **Gewährt** wird eine Vergütung, wenn sie dem Organmitglied zufließt. Den Zuflusszeitpunkt lassen die Gesetzesmaterialien aber bewusst offen. Hieraus folgen nach Auffassung des IDW am Beispiel einer Erfolgstantieme für das Geschäftsjahr 01 zwei vertretbare Auslegungen: (1) Berücksichtigung im Vergütungsbericht für 02, da dann Zufluss in Geld. (2) Berücksichtigung im Vergütungsbericht für 01, weil in diesem Jahr der Anspruch erdient wird. Im Vergütungsbericht ist zu erläutern, nach welcher Methode verfahren wird. **Geschuldet**

1 IDW, Fragen und Antworten: Erstellung eines Vergütungsberichts gem. § 162 AktG.

ist die Vergütung nach der englischen Fassung der EU-Richtlinie, wenn sie fällig (due) ist. Dies wäre im vorstehenden Beispiel im Jahr 02.

- Bei **Auseinanderfallen von Zufluss- und Fälligkeitsjahr** ist die Vergütung nach Auffassung des IDW im früheren der beiden Jahre anzugeben. Eine nochmalige Erfassung im späteren der beiden Jahre scheidet aus.
- **Besonderheiten bei Aktienoptionen:** Bei in Geld zu erfüllenden aktienbasierten Vergütungen (virtuelle Aktienoptionen) gelten die beiden oben am Beispiel der Erfolgstantieme dargestellten Auslegungsmöglichkeiten, wiederum mit Erläuterung, welche gewählt wurde. Reale Aktienoptionen werden hingegen i. d. R. im Zeitpunkt der verbindlichen Zusage gewährt und sind für dieses Jahr berichtspflichtig.
- **Besonderheiten bei Pensionsverpflichtungen** (Direktzusagen): Diese werden erst mit Zahlung der Pensionsbezüge und damit nur ehemaligen Organmitgliedern gewährt und geschuldet. Bzgl. der aktiven Organmitglieder bleibt aber die Pflicht zur separaten Angabe des Barwerts der Verpflichtung und des während des letzten Geschäftsjahres hierfür aufgewandten oder zurückgestellten Betrags bestehen (§ 162 Abs. 2 Nr. 3 AktG).
- Überdies enthalten die FAQ Hinweise zur **Erstanwendung** der neuen Vorschriften.

7. Befreiungsvorschriften

80 Kleine Kapital- und „Kap. & Co."-Gesellschaften sind von den Angabepflichten nach Nr. 9a und b gem. § 288 Abs. 1 HGB befreit (→ § 288 Rz. 1). Für die Angabepflichten nach Nr. 9c besteht keine Befreiung (→ Rz. 74).

Von **allen** Angabepflichten nach Nr. 9a und b besteht eine **weitere** Befreiungsmöglichkeit unter den Voraussetzungen des § 286 Abs. 4 HGB (→ § 286 Rz. 9). Diese Befreiung gilt nicht für börsennotierte Aktiengesellschaften (→ Rz. 75).

IX. Namentliche Aufführung der Organmitglieder (Nr. 10)

81 Der Inhalt der Angabe ist weitgehend **selbsterklärend.** Die Berufsbezeichnung muss die hauptberufliche Tätigkeit nennen. Die Angabe „Kaufmann" oder „Handwerker" genügt dabei nicht, wohl aber „Hausfrau" oder „Rentner". Zu sehr sollte allerdings die Spezifizierung nicht getrieben werden, wenn ein besonderer Informationswert damit nicht verbunden ist. Beachtlich ist bei börsennotierten Aktiengesellschaften die Angabepflicht für die Mitgliedschaft in anderen Kontrollgremien i. S. des § 125 Abs. 1 Satz 5 AktG.

Die Angabepflicht umfasst auch die Mitglieder eines freiwillig gebildeten Aufsichtsrats oder Beirats (→ Rz. 44).

Nach Satz 2 sind für den Aufsichtsrat der Vorsitzende und seine Stellvertreter als solche zu bezeichnen, beim Geschäftsführungsorgan nur der Vorsitzende, nicht dagegen der Sprecher.

82 Fraglich ist die Angabepflicht bei Ausscheiden aus der Organstellung **nach** Ende des Berichtsjahres (bis zur Feststellung). Differenzierend wird im Schrifttum eine Angabepflicht auch für Veränderungen nach dem Bilanzstichtag bis zur Feststellung des Jahresabschlusses (→ § 252 Rz. 94 ff.) verlangt. Aus dem Gesetzeswortlaut folgt lediglich die Pflicht zur Angabe der Organmitglieder, die **im** Geschäftsjahr (teilweise) bestellt waren, einerlei wann sie ausgeschieden sind. Deshalb besteht u. E. keine Verpflichtung, das Ausscheiden nach dem Stichtag im Anhang

nachzuhalten, z. B. im Anhang für das Jahr 01 das Ausscheiden als Vorstand am 15.3.02. Es genügt die Angabe: „Vorstand im Geschäftsjahr 01 war Frau XY, Hausfrau."

Allerdings kann ein entsprechendes Nachhalten der Organfunktion bzw. der Beendigung im neuen Jahr im Hinblick auf die **Unterzeichnung** des Jahresabschlusses durch Vorstand bzw. Geschäftsführer einer Irreführung des Abschlussadressaten vorbeugen. Zur Unterzeichnung des Jahresabschlusses ist das an **diesem** Datum fungierende Organ in seiner personellen Zusammensetzung verpflichtet, nicht etwa (auch noch) der bis zum 31.12. (Abschlussstichtag) bestellte (z. B.) Vorstandsvorsitzende, auch wenn dieser das Ergebnis des Berichtsjahres noch zu verantworten hat. Mit dieser Begründung – Vermeidung von Missverständnissen – kann oder sollte auch ein zwischen Stichtag und Erstellungstag neu bestelltes Geschäftsleitungsmitglied aufgeführt werden, weil es den Jahresabschluss (mit) erstellen und unterzeichnen muss. Auch den sog. Bilanzeid (→ § 289 Rz. 53) muss diese Person in dieser zeitlichen Konstellation leisten. 83

(Auch) aus Praktikabilitätsgründen – zur Vermeidung der Veränderung von schon vorliegenden Druckstücken – sollten Neubestellungen und Abberufungen von Geschäftsführungsmitgliedern **nach** Unterzeichnung des Jahresabschlusses nicht mehr nachgehalten werden. Ein nennenswerter Informationsverlust für den Adressaten ist damit nicht verbunden.

Aufsichtsratsmitglieder können mit Ausscheiden und Neueintritt zwischen Stichtag und Erstellungstag genannt werden. Eine Pflicht dazu besteht u. E. nicht. 84

X. Beteiligungsbesitz (Nr. 11 und Nr. 11b)

1. Tatbestandsvoraussetzungen

Konzeptionell handelt es sich um eine spezielle Form der Aufgliederung von Abschlussposten (→ § 284 Rz. 21). Die Angabepflicht ergänzt weitere Offenlegungen, die im Einzelabschluss den **Verbund**tatbestand mit anderen Unternehmen im weiteren Sinn (→ § 271 Rz. 5 ff.) wenigstens ansatzweise darstellen sollen. 85

Die Angabepflicht setzt das Innehaben einer Beteiligung i. S. von § 271 Abs. 1 HGB voraus (→ § 271 Rz. 3 ff.). Rechtsförmlich ist nicht nur der eigene Anteil an Beteiligungsunternehmen angesprochen, sondern auch die treuhänderisch („für Rechnung") für die berichterstattungspflichtige Kapital- und „Kap. & Co."-Gesellschaft Anteile haltende Drittperson. Dieser Ausweitung kommt klarstellende Bedeutung zu, da bilanzrechtlich den Treugeber die (Bilanz-)Ansatzpflicht generell trifft (→ § 246 Rz. 274 f.). 86

Die Angabepflichten zu Beteiligungsunternehmen wurden durch das BilRUG (→ § 264 Rz. 37d) auch auf solche Unternehmen ausgedehnt, bei denen die Beteiligung weniger als 20 % beträgt. Als Voraussetzung muss dabei trotz eines unter 20 % liegenden Anteils überhaupt eine Beteiligung i. S. von § 271 Abs. 1 HGB bestehen. 86a

Der durch das BilRUG neu eingefügte § 275 Nr. 11b fordert von börsennotierten Gesellschaften, „zusätzlich alle Beteiligungen an großen Kapitalgesellschaften anzugeben, die 5 % der Stimmrechte überschreiten". Berichtssubjekt sind nur börsennotierte Konzerne, Berichtsobjekt nur Anteile an großen Kapitalgesellschaften, nicht hingegen an Personengesellschaften oder kleinen bis mittelgroßen Kapitalgesellschaften i. S. des § 267 HGB. Fraglich ist, ob der Begriff „Beteiligung" nur solche i. S. von § 271 Abs. 1 HGB meint[1] oder umfassender jede Art von Antei-

1 So etwa *Grottel* in Beck'scher Bilanz-Kommentar, 13. Aufl. 2022, § 285 Tz. 424.

len. Diese Frage stellte sich in anderer Weise bereits für das alte Recht, das in § 285 Nr. 11 Halbsatz 2 HGB entsprechende Angaben für börsennotierte Gesellschaften vorsah. Zum alten Recht wurde im Schrifttum die Auffassung vertreten, dass es nur Beteiligungen i. S. von § 271 HGB umfasse und sich daher die Angabepflicht mit der nach dem Halbsatz 1 überlappe.

Für das BilRUG kann von einer solchen Überlappung nicht ohne Weiteres ausgegangen werden. Unseres Erachtens sind – mit Wegfall der 20 %-Schwelle – alle Beteiligungen i. S. von § 271 Abs. 1 HGB schon nach der neuen Nr. 11 anzugeben. Wenn für Nr. 11b der gleiche Beteiligungsbegriff gelten würde, wäre diese Vorschrift ohne jeglichen eigenen Anwendungsbereich. In geltungserhaltender Interpretation müsste es sich bei den besonderen Angaben von börsennotierten Gesellschaften für Beteiligungen über 5 % um Beteiligungen handeln, die (z. B. als „Beteiligung" im Umlaufvermögen) gerade nicht dem Beteiligungsbegriff des § 271 HGB (→ § 271 Rz. 5 ff.) entsprechen, da sonst schon nach Nr. 11 eine Angabe geboten wäre. Der Beteiligungsbegriff der Nr. 11b ist in dieser Sichtweise daher nicht fachsprachlich i. S. von § 271 HGB, sondern allgemeinsprachlich i. S. von Anteilsbesitz zu verstehen. Auf die Beteiligungsabsicht, Beteiligungsvermutung oder die beabsichtigte Dauer der Anlage kommt es nicht an. Nach der oben zitierten Gegenauffassung, der zufolge auch die Angabe nach Nr. 11b eine Beteiligung i. S. von § 271 Abs. 1 HGB voraussetzt, soll die Angabe nach Nr. 11 regelmäßig zugleich die Angabepflicht nach Nr. 11b erfüllen.

87 Der Anteil am Kapital (Nr. 11) oder an den Stimmrechten (Nr. 11b) ist in entsprechender Anwendung von § 16 Abs. 4 AktG auszuweiten, indem abhängige Unternehmen als mögliche **Treuhänder** einzubeziehen sind. Die hier zu verstehende Treuhandschaft bedeutet: Der Treuhänder darf die Beteiligungsrechte nur im Interesse des Treugebers (der angabepflichtigen Kapitalgesellschaft) ausüben. Letztere braucht in **eigenem** Namen **keine** Anteile an dem anderen Unternehmen zu halten, um die Berichtspflicht auszuüben. Die Angabepflicht beginnt auch bei 20%iger Innehabung der Anteile durch den Treuhänder („oder").

BEISPIEL ▸ Es gilt folgende Beteiligungsstruktur:

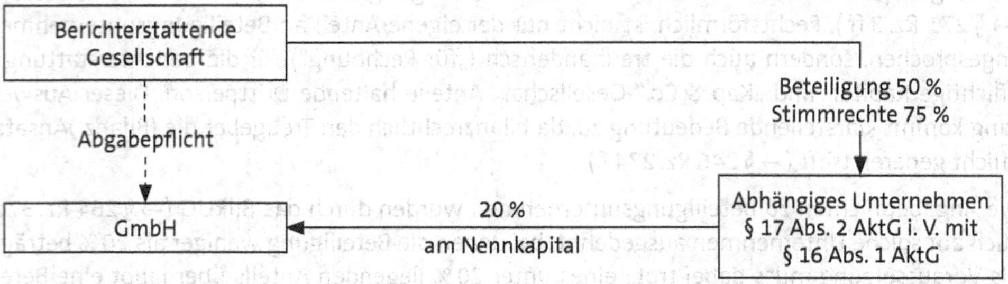

Die berichterstattende Gesellschaft muss über die GmbH nach Nr. 11 berichten.

88 *(einstweilen frei)*

89 Zur **Berechnung** der anzugebenden Höhe der Anteile verweist Nr. 11 pauschal auf das Kapital. Unseres Erachtens ist wegen der Konsistenz zur Beteiligungsdefinition in § 271 Abs. 1 HGB auf den Anteil am Nennkapital (gezeichneten Kapital) abzustellen. Eigene Anteile der Gesellschaft sind bei der Quotenberechnung in Abzug zu bringen (→ § 271 Rz. 27).

Der Regelfall des Nennkapitals ist unmittelbar auf die Rechtsverhältnisse einer Kapitalgesellschaft abgestimmt. Da das Gesetz nicht auf die Rechtsform des „Beteiligungsunternehmens" abhebt, sind auch „Anteile" an **Personenhandelsgesellschaften** zu berücksichtigen. Die Anteilsquote ist nach dem (in Deutschland) vertraglich regelmäßig vereinbarten Festkapital (→ § 246 Rz. 163) zu bestimmen. **Stille** Beteiligungen und Genussrechte sind u. E. dann in die Quotenberechnung einzubeziehen, wenn sie Mitgliedschaftsrechte vermitteln, die denjenigen eines Kommanditisten vergleichbar sind (→ § 271 Rz. 9). 90

„Gegenläufige" Anteile des Unternehmens, an denen die berichtsauslösende Beteiligung besteht (**wechselseitige** Beteiligung), dürfen bei der Quotenberechnung nicht aufgerechnet werden.

Die **Stimmrechtsquote** hat anders als bei der Bestimmung der Abhängigkeit i. S. des § 17 Abs. 1 AktG keine Bedeutung. Das Innehaben von nur stimmrechtslosen Vorzugsaktien löst bei Erreichen der Quote die Berichterstattungspflicht aus. Selbst ohne rechtsförmliche Beteiligung kann eine Angabepflicht bestehen. 91

Bei **unterjähriger** Kapitalerhöhung bestimmt sich die Anteilsquote nach dem am Bilanzstichtag bestehenden Nennkapital gem. Handelsregistereintrag.[1] „Stichtag" für die Angabepflicht ist der Bilanzstichtag der angabepflichtigen Gesellschaft. Die Entwicklung des Beteiligungsbesitzes vom Beginn bis zum Ende des Geschäftsjahres – etwa vergleichbar der Darstellung im Anlagegitter (→ § 268 Rz. 85 ff.) – ist nicht verlangt. 92

Die Angabepflicht bezieht sich auch auf ein *Joint Venture*, wenn dieses in der Rechtsform einer Kapital- oder Personenhandelsgesellschaft organisiert ist. Beteiligungen an Arbeitsgemeinschaften des Baugewerbes (Arge) in Form einer BGB-Gesellschaft sind nicht anzugeben, wenn nennenswertes Gesamthandsvermögen nicht gegeben ist und ein Auftritt im Wirtschaftsverkehr als „ein" Unternehmen nicht erfolgt. Entsprechendes gilt für vergleichbare Anteile an bürgerlich-rechtlichen Gesellschaften. Indirekte Beteiligungen („Enkelgesellschaften") sind nicht anzugeben. 93

Unter die Angabepflicht nach Nr. 11 fällt auch nicht die **Komplementär**stellung in einer KG (regelmäßig GmbH & Co. KG), wenn die Beteiligungsquote am Kapital der KG (→ Rz. 88) 20 % nicht erreicht (fast immer 0 %). In diesen Fällen ist nach Nr. 11a zu berichten (→ Rz. 102).

2. Umfang der Angabepflicht

Anzugeben sind bzgl. des **Beteiligungsunternehmens** 94

- Name (Firma) und Sitz (→ Rz. 95),
- Kapitalanteil (→ Rz. 96),
- Eigenkapital (→ Rz. 97) und
- Ergebnis (→ Rz. 98).

Die **Namens**nennung muss der handelsregisterlichen Eintragung einschließlich der damit verbundenen Rechtsformbezeichnung folgen. Sollte ausnahmsweise (noch) keine Registereintragung bestehen, ist die Bezeichnung im Gesellschaftsvertrag zu verwenden. 95

Auch für die Bezeichnung des **Sitzes** ist die Handelsregistereintragung maßgeblich, bei Doppelsitz sind beide zu bezeichnen. Ein abweichender Verwaltungssitz ist unmaßgeblich.

1 Vgl. *ADS*, 6. Aufl., § 285 Tz. 224.

96 Der **Kapitalanteil** (→ Rz. 90) ist sinnvollerweise in Prozent anzugeben. Nachkommastellen müssen dann verwendet werden, wenn sie besondere gesellschaftsrechtliche Qualifikationen andeuten, wie z. B. 50,1 % oder 24,9 %.

97 Das **Eigenkapital** ist nach Maßgabe der zugrunde liegenden Bilanzierungsregeln der zu nennenden Gesellschaft zu bestimmen, bei HGB-Abschluss also gestützt auf das Gliederungsschema nach § 266 Abs. 3 HGB und ggf. nach § 264c Abs. 2 HGB. Bei Personenhandelsgesellschaften außerhalb des Anwendungsbereichs von § 264a HGB sollte das im dortigen Abschluss so bezeichnete Eigenkapital übernommen werden, auch wenn Zweifel am Eigenkapitalcharakter bestehen sollten (→ § 246 Rz. 140 ff.). Eigenkapitalgrößen in Nicht-Euro-Währung sind primär in Landeswährung mit freiwilliger Umrechnung in Euro anzugeben. Die **Qualität** des zugrunde liegenden Jahresabschlusses ist für die Anhangangabe nicht zu hinterfragen, erst recht nicht das Vorliegen einer Prüfung. Auch ein für Konsolidierungszwecke erstellter Abschluss („HB II") kann der Berichterstattung zugrunde gelegt werden, allerdings unter Beachtung des Stetigkeitsgebots.

Auf der Zeitschiene gibt sich das Gesetz sinnvollerweise pragmatisch und **verzichtet** auf eine **stichtagsbezogene** Angabe. Es genügt die Verwendung des letzten **vorliegenden** Jahresabschlusses des anzugebenden Unternehmens.

Die Angabepflicht nach § 286 Abs. 3 HGB (→ § 286 Rz. 8) ist bei Minderheitsbeteiligungen an nicht publizitätspflichtigen Personenhandelsgesellschaften **eingeschränkt.** Die Nennung des Ergebnisses und des Eigenkapitals kann nach § 286 Abs. 3 Nr. 2 Satz 2 HGB unter Anhangangabe unterlassen werden.

98 Unter **Ergebnis** ist der ausgewiesene Jahresüberschuss bzw. -fehlbetrag des Angabeobjekts zu verstehen, also nicht der Bilanzgewinn oder Verlustvortrag. Auch hier (→ Rz. 97) genügt in der Zeitschiene der letzte vorliegende Jahresabschluss als Informationsmedium. Bei Vorliegen eines **Gewinnabführungsvertrags** ist die Berichtsgröße regelmäßig null; hier sollte ein Hinweis auf den Gewinnabführungsvertrag zur Vermeidung von Missverständnissen erfolgen. Auch eine deutlich als solche bezeichnete Angabe des Ergebnisses vor Gewinnabführung bzw. Verlustübernahme erscheint vertretbar.

3. Zusatzangaben bei Börsennotierung

99 Börsennotierte Aktiengesellschaften (→ § 264d Rz. 13) haben nach Nr. 11 letzter Halbsatz zusätzlich bestimmte Angaben zu **Beteiligungen** zu leisten. Diese Zusatzangabe ist anders strukturiert als die „normal" gültige:

- Nur Anteile an **großen** Kapitalgesellschaften gem. § 267 Abs. 3 HGB (→ § 267 Rz. 14) unterliegen der Angabepflicht.
- Es wird auf die Stimmrechtsquote (nicht den Kapitalanteil) abgestellt.
- Es genügt eine **Quote** von 5 % (statt 20 %).

4. Darstellungsform und -ort

100 Bei mehreren angabepflichtigen Unternehmen bietet sich eine tabellarische Auflistung, etwa in folgender Form, an:

Name	Sitz	Kapitalanteil %	Eigenkapital T-Währung	Ergebnis T-Währung	Anmerkung
O. Müller GmbH	O-Stadt	50,1	100	20	
G. Meyer AG	O-Stadt	100,0	500		Ergebnis-abführung
F. Schulze OHG	O-Stadt	40	-	-	
C. H. Lederli AG	O-Stadt/CH	50	1.000 CHF	80 CHF	

Die Sonderangabepflicht bei Börsennotiz (→ Rz. 99) kann in einer solchen Tabelle enthalten sein oder gesondert dargestellt werden.

5. Erleichterungen und Befreiungen

Die Angabepflicht kann nach § 286 Abs. 3 Satz 1 HGB **generell entfallen** wegen 101

- Geringfügigkeit (Wesentlichkeitsaspekt) oder
- möglicher Schadenszuführung.

Außerdem kommt nach § 286 Abs. 3 Satz 2 HGB eine teilweise Befreiung von Angabepflichten unter bestimmten Voraussetzungen in Betracht. Eine Rückausnahme besteht bei Kapitalmarktorientierung. Auf die Kommentierung in → § 286 Rz. 6 wird verwiesen.

XI. Angaben bei Komplementärfunktion (Nr. 11a)

Diese Angabe erklärt sich aus dem Zusammenhang mit der Rechnungslegungs- und Veröffentlichungspflicht der „Kap. & Co."-Gesellschaften i. S. des § 264a HGB. Die Übernahme der **persönlichen unbeschränkten Haftung** für die Schulden einer anderen (Personen-)Gesellschaft soll offengelegt werden. Eine Mindestbeteiligungsquote wird dabei nicht verlangt. Aus Sicht der Praxis ist in allererster Linie die Komplementärstellung in der typischen GmbH & Co. KG angesprochen, daneben noch die gleiche Funktion bei einer KGaA. 102

Nicht zwingend muss es sich um eine Gesellschaft nach § 264a HGB handeln. Die Angabepflicht besteht auch dann, wenn neben der berichtspflichtigen Kapitalgesellschaft direkt oder indirekt über eine zwischengeschaltete Personenhandelsgesellschaft eine natürliche Person als weitere Komplementärin an der OHG oder KG beteiligt ist.

Eine Angabepflicht besteht auch, wenn noch eine Kapital- oder „Kap. & Co."-Gesellschaft als weitere Komplementärin beteiligt ist, z. B. im Falle einer *Joint-Venture*-OHG. Auch eine vergleichbare Funktion bei einer ausländischen Personengesellschaft unterliegt der Angabepflicht. Zum Angabe**inhalt** wird auf → Rz. 94 verwiesen. Allerdings beschränkt sich die Angabe auf Name, Sitz und Rechtsform.

Die berichterstattende Gesellschaft kann die Komplementärfunktion bei **mehreren** Personengesellschaften ausüben; dann sind diese alle anzugeben. Umgekehrt entfällt eine Angabepflicht zu weitergeschalteten (Tochter-)Gesellschaften.

Beteiligungen an reinen **Innen**gesellschaften sind nicht angabepflichtig, da sie keine Komplementärfunktion begründen. Entsprechendes gilt für die Beteiligung als stiller Gesellschafter oder Kommanditist.

Zur **spiegelbildlichen** Beteiligungsstruktur besteht die Angabepflicht nach Nr. 15 (→ Rz. 113).

XII. Besondere Angabepflicht von börsennotierten Kapitalgesellschaften (Nr. 11b)

102a Auf Rz. 86a wird verwiesen.

XIII. Erläuterung von sonstigen Rückstellungen (Nr. 12)

103 Sonstige Rückstellungen von nicht unerheblichem Umfang sind nach Nr. 12 zu erläutern. Angesprochen ist der im Gliederungsschema des § 266 HGB so bezeichnete Bilanzposten. Dieser ist **nicht aufzugliedern** (→ § 284 Rz. 25), dafür aber zu **erläutern.** Dazu ist der Posteninhalt **inhaltlich** darzulegen. Der Verzicht auf die Aufgliederung ist nicht zwingend identisch mit einem Verzicht auf Quantifizierungen. Bei wesentlichen Posten ist wenigstens die Größenordnung absolut oder relativ zum Gesamtbetrag anzugeben. In der Praxis selbst großer DAX-Unternehmen wird dem nicht immer gefolgt.[1]

BEISPIEL Folgendermaßen wäre beispielsweise zu verfahren:

„Unter den sonstigen Rückstellungen von 10 Mio. € entfallen rd. 50 % auf den Personalbereich, 40 % auf Vorsorge für Umweltschutzmaßnahmen und 10 % auf Gewährleistungen."

Je nach Sachverhalt könnte auch folgende Erläuterung genügen:

„Die sonstigen Rückstellungen betreffen überwiegend den Personalbereich."

Aus dieser Formulierung lässt sich auf eine „Normalverteilung" des verbleibenden Inhalts auf die üblichen Verpflichtungen, die hierunter ausgewiesen werden – z. B. Abschlussprüfung, Bilanzerstellung –, schließen.

Auch eine tabellarische Darstellung – ergänzt durch Vorjahreszahlen – kann sinnvoll sein:

BEISPIEL Die sonstigen Rückstellungen entfallen auf

	Mio. €
Schadenersatzfälle	6,2
Altersteilzeit	9,5
Sonstiger Personalaufwand	3,7
Gewährleistungen und Kulanz	1,9
Übrige Posten unter 1 Mio. €	2,1
Bilanzausweis	23,4

104 In dieser Darstellung ist die nahe **„Verwandtschaft"** von Aufgliederung und Erläuterung ersichtlich. Eine tabellarische Darstellung, z. B. nach Fristigkeiten (→ § 284 Rz. 25), ist allerdings nicht verlangt.

Die **Angabetiefe** ist also nach dem Sachverhalt zu bestimmen. Die *Materiality*-Klausel im Gesetzestext („wenn … nicht unerheblich") erlaubt eine nicht zu kleinliche Auslegung der Erläuterungspflicht. Insbesondere ist die Offenlegung eines **„Rückstellungsspiegels"** nicht verlangt, wenn auch möglicherweise aus Abstimmungsgründen und zur Ermittlung von GuV-Posten (→ § 253 Rz. 130) **sinnvoll.**

1 Empirisch: *Götz/Schütte/Zimmermann*, DB 2021 S. 237 ff.

Das IDW[1] schlägt unter Bezugnahme auf § 284 Abs. 2 Nr. 1 HGB folgende Angaben für die **wesentlichen** Rückstellungen vor:

- Schätzverfahren (→ § 253 Rz. 55);
- Ausübung des Abzinsungswahlrechts bei Restlaufzeiten bis zu einem Jahr (§ 253 Rz. 114);
- Annahmen zur Ermittlung des Aufzinsungsaufwands (→ § 253 Rz. 130);
- bei Gruppenbewertung die angewandten Parameter (→ § 253 Rz. 65);
- Ort des Ausweises der Effekte der Änderung des Abzinsungssatzes oder der Restlaufzeitschätzung (operatives oder Finanzergebnis; → § 253 Rz. 122 f.).

Diese Angaben können ggfs. in den Rückstellungsspiegel integriert werden.

Nach § 288 Abs. 1 HGB sind kleine Kapital- und „Kap. & Co."-Gesellschaften von der Erläuterungspflicht der Nr. 12 (→ Rz. 103, → § 288 Rz. 1) befreit. Mittelgroße Gesellschaften können den Anhang ohne diese Angabe veröffentlichen (§ 327 Satz 2 Nr. 2 HGB).

XIV. Nutzungsdauer des Geschäfts- oder Firmenwerts (Nr. 13)

Der Erläuterung der Nutzungsdauer des Goodwill kommt auch pädagogischer Charakter zu. Auf die in § 253 Abs. 3 Satz 4 HGB vorgesehene Abschreibung auf über zehn Jahre bei fehlender verlässlicher Schätzung der Nutzungsdauer soll nicht unreflektiert zurückgegriffen werden. Der Bilanzersteller soll bei der Bestimmung der Nutzungsdauer vielmehr fundierte Überlegungen anstellen. 105

Zu den nach DRS 23.121 in der **Schätzung** der Nutzungsdauer zu berücksichtigenden und im Fall der Relevanz im Anhang zu erläuternden Faktoren wird auf → § 309 Rz. 7 verwiesen: 106

- Art und die voraussichtliche Bestandsdauer des erworbenen Unternehmens unter Berücksichtigung gesetzlicher oder vertraglicher Rahmenbedingungen,
- Stabilität der Branche des erworbenen Unternehmens,
- Lebenszyklus der Produkte,
- Umfang von Erhaltungsaufwendungen, die erforderlich sind, um den erwarteten ökonomischen Nutzen des erworbenen Unternehmens zu realisieren, sowie
- Lauf- bzw. Verfallszeit wichtiger Werttreiber (Technologie, Mitarbeiter etc.).

An diesen Kriterien kann sich die Begründung der Nutzungsdauer orientieren.

Die Abschreibungsdauer ist für jeden erworbenen Geschäfts- oder Firmenwert **individuell** zu bestimmen. Insoweit kann es kein Stetigkeitsgebot geben (→ § 252 Rz. 209 ff.).

(einstweilen frei) 107

XV. Hinweis auf Konzernabschlüsse von Mutterunternehmen (Nr. 14 und Nr. 14a)

Die Angaben nach Nr. 14 und Nr. 14a dienen wie andere auch der Offenlegung von **Verbund**beziehungen, also Konzernverhältnissen. 108

1 IDW RS HFA 34 Tz. 51.

109 Die Muttergesellschaft ist das **Berichtsobjekt.** Zum Begriffsinhalt wird verwiesen auf → § 290 Rz. 3. Die „Verdoppelung“ des Mutterunternehmens in der Angabepflicht – Angaben für das oberste Mutterunternehmen (Nr. 14) und Angaben über das direkte oder ein auf einer Zwischenstufe angesiedeltes Mutterunternehmen (Nr. 14a) – entspricht dem sog. **Tannenbaumprinzip,** das der Konzernrechnungslegungspflicht konzeptionell zugrunde liegt (→ § 290 Rz. 6). Danach ist an sich auf jeder übergeordneten Stufe in der Konzernhierarchie ein Konzernabschluss zu erstellen. Von dieser unsinnigen Pflicht befreit ein solcher Abschluss auf der obersten Hierarchiestufe die unteren Einheiten. Wenn gleichwohl freiwillig oder im Hinblick auf Minderheitenrechte (→ § 291 Rz. 27) mehr als ein Konzernabschluss aufgestellt wird, sichern Nr. 14 und 14a die Auffindung dieser Abschlüsse.

Diese Verdoppelung der Angabepflicht **entfällt** bei

- einem nur zweistufigen Konzern (direktes Mutterunternehmen ist zugleich „oberstes“ Mutterunternehmen), außerdem
- wenn ausschließlich von der obersten Muttergesellschaft ein Konzernabschluss aufgestellt wird.

110 Die Angabepflicht beschränkt sich nicht auf **inländische** Muttergesellschaften. Bei pflichtwidriger Nichterstellung eines Konzernabschlusses entfällt nach dem Gesetzeswortlaut die Angabepflicht. Unseres Erachtens ist sie auch nach Sinn und Zweck nicht zweifelsfrei gegeben, weil das berichtende Tochterunternehmen („die Kapitalgesellschaft“) den Pflichtverstoß nicht ohne Weiteres erkennen muss. Umgekehrt befreit das Gesetz nicht von der Angabepflicht, wenn die (berichtspflichtige) Kapitalgesellschaft gesetzeskonform, z. B. wegen Geringfügigkeit nach § 296 Abs. 2 HGB, nicht in den Konzernabschluss einbezogen wird (→ § 296 Rz. 18).[1]

111 Die Angabepflicht nach Nr. 14 steht in einer gewissen **Wechselwirkung** zu derjenigen nach Nr. 11 (→ Rz. 102). Von Letzterer kann nach § 286 Abs. 3 Nr. 2 HGB (→ § 286 Rz. 7) befreit werden. Diese Befreiung wird möglicherweise durch Angabe nach Nr. 14 unterlaufen. Nach u. E. sachgerechter Auffassung schlägt deshalb der **Schutz**gedanke des § 286 Abs. 3 Nr. 2 HGB auf die Angabe nach Nr. 14 und Nr. 14a durch und rechtfertigt auch hier eine Angabebefreiung.[2]

112 *(einstweilen frei)*

112a Das BilRUG (→ § 264 Rz. 37d) hat eine im Wesentlichen redaktionelle Anpassung des Norminhalts durch die Neugliederung in § 285 Nr. 14 HGB und § 285 Nr. 14a HGB vorgenommen.

XVI. Angabe der persönlich haftenden Gesellschafter (Nr. 15)

113 Hier ist die **umgekehrte Konstellation** zu der Angabepflicht nach Nr. 11a (→ Rz. 102) angesprochen. Berichterstattendes Unternehmen ist in Nr. 15 die „Kap. & Co.“-Gesellschaft i. S. des § 264a HGB (→ § 264a Rz. 3). Sie muss über die an ihr (nicht notwendig kapitalmäßig) beteiligten unbeschränkt haftenden Gesellschafter (i. d. R. die Komplementär-Gesellschaften) berichten. Bei solchen kann es sich um Kapitalgesellschaften (einstufige Beteiligungshierarchie) oder wiederum um eine „Kap. & Co.“-Gesellschaft handeln (mehrstufige Organisation); vgl. § 264a Abs. 1 Nr. 2 HGB („oder ... fortsetzt“; → § 264a Rz. 9).

1 Gleicher Auffassung *Grottel* in Beck'scher Bilanz-Kommentar, 13. Aufl. 2022, § 285 Tz. 459.
2 So *Oser/Holzwarth* in Küting/Pfitzer/Weber (Hrsg.), Handbuch der Rechnungslegung, §§ 284–288, Tz. 552 und 554.

Anzugeben ist nach dem Gesetzeswortlaut nur die **unmittelbar beteiligte** Gesellschaft (auch in der Mehrzahl); störend ist allerdings die Angabepflicht des gezeichneten Kapitals, wenn in der mehrstufigen Beteiligungsstruktur eine „Kap. & Co."-Gesellschaft die Komplementärstellung bei der (berichtenden) „Kap. & Co."-Gesellschaft einnimmt. Dieser Fall ist vom Gesetzgeber nicht bedacht worden. Unseres Erachtens ist in diesem Fall das Eigenkapital der unmittelbar an der berichterstattenden Gesellschaft beteiligten „Kap. & Co."-Gesellschaft anzugeben, nach anderer Auffassung das gezeichnete Kapital der auf der obersten Stufe unbeschränkt haftenden Kapitalgesellschaft.[1]

Bei der sog. **Einheitsgesellschaft** – die KG hält alle Anteile an der Komplementär-GmbH (→ § 264c Rz. 54) – kumulieren sich die Angaben nach Nr. 11 (→ Rz. 102) und Nr. 15 und können zusammengefasst werden.

XVII. Angaben zu ausgegebenen Genussrechten, Wandelschuldverschreibungen etc.

Die Angabepflicht umfasst Verbindlichkeiten aus 113a

- Genussrechten,
- Wandelschuldverschreibungen,
- Optionsscheinen,
- Besserungsscheinen.

Anzugeben sind die Anzahl der emittierten Papiere und die verbrieften Rechte. Unseres Erachtens sind auch nicht verbriefte Besserungsbedingungen angabepflichtig.

XVIII. Erklärung zum Corporate Governance Kodex (Nr. 16)

Die Angabepflicht trifft nur börsennotierte Gesellschaften i. S. von § 3 Abs. 2 AktG. Anzugeben ist, **dass** eine Entsprechenserklärung nach § 161 AktG abgegeben wurde und der **Ort**, wo sie zugänglich ist, wobei dieser Ort nach § 161 Abs. 2 AktG die **Internetseite** der Gesellschaft ist. 114

Der Inhalt der Erklärung durch Vorstand und Aufsichtsrat ist nicht im Anhang darzustellen, kann jedoch nach § 289f Abs. 2 Nr. 1 HGB in den Lagebericht aufgenommen werden. Es ist anzugeben, ob den Empfehlungen des Kodex nachgekommen wurde oder welche Empfehlungen nicht angewendet worden sind; im letztgenannten Fall sind Begründungen erforderlich. Der **Inhalt** der Entsprechenserklärung nach § 317 Abs. 2 Satz 3 HGB ist vom Abschlussprüfer nicht zu prüfen (→ § 317 Rz. 80). Die Prüfung beschränkt sich auf das Vorhandensein der Erklärung im Anhang, die öffentliche Verfügbarkeit, die Vollständigkeit und Richtigkeit. Das gilt auch bei Aufnahme in die Erklärung zur Unternehmensführung nach § 289a HGB (→ § 289a Rz. 4).

Strittig sind die Folgen einer **Unterlassung der Entsprechenserklärung** für den Bestätigungsvermerk. Die Angabepflicht der Nr. 16 ist in diesem Fall mangels Erklärung und damit mangels Ort der Veröffentlichung nicht erfüllbar. Die Unmöglichkeit hat die Gesellschaft aber selbst herbeigeführt, indem sie die Entsprechenserklärung unterlassen hat. Nach IDW ist deshalb der Bestätigungsvermerk einzuschränken.[2] Nach anderer Auffassung rechtfertigt der wahrheitsgemäße Anhanghinweis auf das Unterlassen hingegen keine Einschränkung (→ § 321 Rz. 45).

1 *Grottel* in Beck'scher Bilanz-Kommentar, 13. Aufl. 2022, § 285 Tz. 471 f.

2 IDW PS 345 Tz. 31.

XIX. Aufschlüsselung der Honorare für den Abschlussprüfer (Nr. 17)

1. Zweckgehalt

115 Die Angabepflicht verdankt ihre Entstehung der Reaktion der EU-Behörden im Gefolge der US-Gesetzgebung („Sarbanes-Oxley") als Gegenmaßnahme zum Enron-Skandal. Die Anhangangabe will zur Kontrolle der **Unabhängigkeit** und **Objektivität** des Abschlussprüfers einen Beitrag leisten und ist als Ergänzung zu den speziellen Vorschriften über die Auswahl des Abschlussprüfers in §§ 319, 319a und 319b HGB zu verstehen. Die Aufgliederung nach den vier möglichen Tätigkeitsbereichen soll die Relation der Vergütung für die eigentliche Prüfungstätigkeit zu prüfungsnahen und insbesondere **Steuerberatungs**tätigkeiten aufdecken.

2. Begriffsinhalte

116 **„Abschlussprüfer"** ist die nach § 318 HGB bestellte Praxis (→ § 318 Rz. 1). Sog. „Netzwerke" i. S. des § 319 sollen nicht dazuzählen. Zur Problematik für den Konzernanhang vgl. → § 314 Rz. 13. Werden netzwerkbezogene Honorare dennoch – freiwillig – angegeben, ist durch einen Davon-Vermerk deutlich zu machen, welcher Anteil auf die zum Abschlussprüfer bestellte Einheit entfällt.[1] Sind im Rahmen einer Gemeinschaftsprüfung *(joint audit)* mehrere zum Abschlussprüfer bestellt, ist eine Angabe der Gesamthonorare und deren sachlicher Aufschlüsselung für jeden Abschlussprüfer sachgerecht.[2]

Unter **„Honorar"** ist die **Gesamtvergütung** zu verstehen, mit der i. d. R. der Aufwand der zu prüfenden Gesellschafter belastet wird. Unter die Angabepflicht fallen aber auch solche Honorare, die als Anschaffungsnebenkosten i. S. des § 255 Abs. 1 Satz 2 HGB aktiviert wurden (z. B. in die Anschaffungsnebenkosten einer Beteiligung einbezogene Beratungshonorare).[3] Die Gesamtvergütung umfasst alle Nebenkosten, z. B. auch in Rechnung gestellte Reisespesen, nicht dagegen die gesetzliche Umsatzsteuer.

3. Vier Honorarkategorien

117 Das Gesamthonorar des Abschlussprüfers ist **aufzugliedern** in

- Abschlussprüfungsleistungen,
- andere Bestätigungsleistungen,
- Steuerberatungsleistungen und
- sonstige Leistungen.

Bei der Aufgliederung bestehen **Abgrenzungsprobleme,** vor allem bzgl. der **beiden ersten** Kategorien. Eindeutig ist nur die Zuordnung bzgl. der Jahres- und Konzernabschlussprüfung einschließlich Lagebericht. Ob **Pflicht-** oder **freiwillige** Abschlussprüfung (→ § 317 Rz. 2), ist dabei unerheblich. Dem folgend kann u. E. auch die (freiwillige) Prüfung von Zwischenabschlüssen kapitalmarktorientierter Gesellschaften unter die Abschlussprüfungsleistung subsumiert werden, vertretbar erscheint aber auch ein Ausweis unter der zweiten Kategorie, d. h. als „sonstige

1 IDW RS HFA 36 Tz. 6.
2 IDW RS HFA 36 Tz. 16.
3 IDW RS HFA 36 Tz. 8.

Bestätigungsleistung".[1] Erfolgt zu den Zwischenabschlüssen nur eine prüferische Durchsicht *(„Review")*, ist u. E. die zweite Angabekategorie einschlägig, da insoweit gerade keine „Prüfung" vorliegt. Nach Auffassung des IDW soll aber die Durchsicht eine Abschlussprüfungsleistung darstellen.[2]Nicht als sonstige Leistung, sondern als Abschlussprüfungsleistung soll die Vertretung oder Beratung des Unternehmens durch den ursprünglichen Abschlussprüfer im nachgelagerten *Enforcement*-Verfahren (→ § 342b Rz. 1 ff.) gelten, da ein enger sachlicher Zusammenhang mit der Abschlussprüfung bestehe.[3] Unseres Erachtens ist dem jedenfalls dann nicht unbedingt zu folgen, wenn die Tätigkeit im *Enforcement*-Verfahren primär nicht in der Erläuterung von Prüfungsvorgängen (Ergebnisse der Arbeitspapiere etc.) besteht, sondern gutachterlichen oder rechtsberatenden Charakter hat. Zutreffender wäre dann ein Ausweis unter der Kategorie „sonstige Leistungen". Zur Kategorie Abschlussprüfungsleistungen zählen andererseits Prüfungen von internen Kontrollsystemen, Prüfungen IT-gestützter rechnungslegungsbezogener Systeme und bestimmte forensische Untersuchungen[4]. Die Begleitung bei der Einführung neuer Rechnungslegungsvorschriften (z. B. IFRS 16: Leasing) kann je nach den Umständen eine (vorgelagerte) Abschlussprüfungsleistung sein.

Bei Bestellung des Jahresabschlussprüfers eines Mutterunternehmens auch zum Prüfer des Konzernabschlusses (→ § 318 Rz. 31) ist im Anhang zum Jahresabschluss auch das für die Konzernabschlussprüfung zu entrichtende Honorar unter den Abschlussprüfungsleistungen anzugeben. In den Konzernanhang selbst (→ § 314 Rz. 12) sind die Honorare, die für gesetzliche oder freiwillige Prüfungen der Jahresabschlüsse der vollkonsolidierten Tochterunternehmen und quotal konsolidierten Gemeinschaftsunternehmen anfallen, einzubeziehen (IDW RS HFA 36 Tz. 19). Wird vom Abschlussprüfer eines untergeordneten Unternehmens auch ein sog. „Konzernpackage" geprüft und bestätigt, so sind hierfür gewährte Honorare im Jahresabschluss des untergeordneten Unternehmens ebenfalls als Prüfungshonorar auszuweisen. Auch die von der Abschlussprüferaufsichtsstelle (APAS) herausgegebene Verlautbarung Nr. 4 „Informationspflicht nach Art. 14 der Verordnung (EU) Nr. 537/2014" wertet Prüfungen oder prüferische Durchsichten von *reporting packages* sowie freiwillige Abschlussprüfungen von einbezogenen Tochterunternehmen als untrennbar mit der Abschlussprüfung verbundene Leistungen.

Gemäß § 285 Nr. 17 letzter Satzteil HGB entfällt eine Anhangangabe im Jahresabschluss, soweit diese in einem das Unternehmen einbeziehenden Konzernabschluss enthalten ist.

Sonstige Prüfungen, die gesetzlich dem Abschlussprüfer vorbehalten sind, z. B. die Prüfung des Abhängigkeitsberichts nach § 313 AktG, die Prüfung nach § 53 HGrG sowie die Prüfung nach § 29 Abs. 2 KWG, zählen zur Abschlussprüfung.[5]

IDW RS HFA 36 enthält eine umfassende Auflistung der unter „Abschlussprüfung" zu subsumierenden Tätigkeiten:

- Prüfungen nach § 53 HGrG, § 29 Abs. 2 KWG, § 53 Abs. 1 GenG, § 44 Abs. 5 und 6 InvG,
- Prüfungen von Schlussbilanzen nach § 17 Abs. 2 Satz 2 UmwG,
- Prüfungen nach § 317 Abs. 4 HGB (Risikofrüherkennungssystem),

1 Nur die zweite Alternative für zulässig haltend: *Kling*, WPg 2011 S. 211 ff.
2 IDW RS HFA 36 Tz. 12a Anlage.
3 IDW RS HFA 36 Tz. 12a
4 IDW RS HFA 36 Tz. 12a.
5 IDW RS HFA 36 Tz. 12a.

- Prüfungen nach § 313 AktG (Abhängigkeitsbericht),
- mit dem Aufsichtsrat/Prüfungsausschuss vereinbarte Prüfungsschwerpunkte,
- in Verbindung mit dem *Enforcement*-Verfahren für den Prüfungsmandanten erbrachte Leistungen,
- prüferische Durchsicht von Zwischenabschlüssen,
- Prüfung von internen Kontrollen bei Auslagerung von Dienstleistungen,
- projektbegleitende Prüfungen IT-gestützter rechnungslegungsbezogener Systeme.

Die spürbare **Ausweitung** der Kategorie „prüfungsbezogen" ist auch vor dem Hintergrund der Relation zu den Beratungshonoraren nach → § 319a Rz. 20a zu verstehen.

118 Unter die Kategorie „andere Bestätigungsleistungen" fallen insbesondere alle Leistungen, die nach § 48 Abs. 1 WPO i. V. mit § 2 Abs. 1 WPO die Führung des Berufssiegels erfordern oder erlauben: Due-Diligence-Prüfungen, Gründungsprüfungen, Prüfungen von besonderen Bilanzen, z. B. bei Umwandlungen, Prüfungen nach Spezialgesetzen wie z. B. § 36 WpHG, § 16 MaBV oder § 34f GewO, Sonderprüfungen nach AktG, Prüfungen von Zwischenbilanzen bei Kapitalerhöhungen aus Gesellschaftsmitteln, freiwillige Prüfungen von Risikomanagement- bzw. Compliance-Systemen, Prüfungen nach ElektroG, Web-Trust-Prüfungen usw. Honorare für vom Abschlussprüfer zulässigerweise erbrachte Bewertungsleistungen sollen nach Auffassung des IDW als sonstige Leistungen ausgewiesen werden.[1] Je nach den Umständen ist ein Ausweis unter Bestätigungsleistungen besser begründbar; beispielsweise dann, wenn für Zwecke der Sachgründung einer GmbH der Wert der Sacheinlage vom Wirtschaftsprüfer ermittelt und bestätigt wird.

119 Bei **Steuerberatungsleistungen** bestehen kaum Zuordnungsprobleme: Sie umfassen auch die Vertretung im gerichtlichen oder außergerichtlichen Rechtsbehelfsverfahren. Zu beachten ist die Wechselwirkung mit § 319a Abs. 1 Satz 1 Nr. 2 und Satz 3 HGB, wonach die Erbringung von Steuerberatungsleistungen durch den Abschlussprüfer eines Unternehmens von öffentlichem Interesse (PIE) unter der Einschränkung steht, dass diese Leistungen allein oder kumuliert keine direkten und nicht nur unwesentlichen Auswirkungen auf den geprüften Jahresabschluss haben dürfen und dass der Abschlussprüfer deren Auswirkungen auf den zu prüfenden Jahresabschluss im Prüfungsbericht darzustellen und zu erläutern hat.

120 **Sonstige Leistungen** als Auffangtatbestand umfassen andere Beratungstätigkeiten, z. B. in Personalfragen, Treuhandtätigkeiten und Fortbildungsmaßnahmen. Nicht aufgeführt in der gesetzlichen Liste der Tätigkeiten ist der Bereich *„mergers and acquisitions"*. Meist ist die Auffangkategorie „Sonstiges" einschlägig, ähnlich bei nicht als Bestätigungsleistung zu qualifizierenden Bewertungsleistungen. Auch treuhänderische Tätigkeiten und Beratungsleistungen im Zusammenhang mit Corporate-Governance-Angelegenheiten fallen in diese Kategorie. Bei Unternehmen öffentlichen Interesses (PIEs) gelten die unter → Rz. 119 erläuterten Einschränkungen auch für sonstige Leistungen.

121 Die Beratungstätigkeit in Fragen der **Rechnungslegung** – ein wichtiges Geschäftsfeld der Wirtschaftsprüfungsgesellschaften – erscheint nicht, weil eine solche bei bestehendem Abschlussprüfungsmandat nicht ausgeübt werden darf (Verbot der Selbstprüfung).

1 IDW RS HFA 36 Tz. 15.

4. Die zeitliche Zuordnung

Für die zeitliche Zuordnung der anzugebenden Beträge sollte nach dem BilMoG-RegE das Gebot der **Leistungszeitgleichheit** erfüllt werden. Damit ist folgendes Problem angesprochen: Während das (erwartete) Honorar für die Abschlussprüfung bereits für das Prüfungsjahr als Rückstellung und Aufwand verbucht wird, auch dann, wenn wesentliche Prüfungsleistungen erst nach dem Bilanzstichtag erbracht werden, ist bei den übrigen Tätigkeiten Aufwand regelmäßig im Zeitpunkt der Leistungserbringung zu buchen. Unter dem Gesichtspunkt der Leistungszeitgleichheit sah der BilMoG-RegE daher vor, die vom Abschlussprüfer im Geschäftsjahr erbrachten Leistungen anzugeben, unabhängig von der Aufwandserfassung beim Unternehmen. Bei den Nichtprüfungsleistungen hätten die erbrachten Leistungen dem vom Unternehmen erfassten Aufwand entsprochen, bei der Prüfungsleistung wäre hingegen der für ein Geschäftsjahr durch Rückstellungsbildung erfasste Aufwand nur in dem Maße zu berücksichtigen gewesen, wie er einer Leistungserbringung durch den Abschlussprüfer im Geschäftsjahr entsprochen hätte, u. U. also nur i. H. des (vermutlichen) Anteils der Vorprüfung an der Gesamtprüfung. Im Widerspruch zu diesem konzeptionellen Ansatz und dem Wortlaut des Gesetzentwurfs in der Fassung des BilMoG-RegE reflektierte die Begründung des BilMoG-RegE aber wiederum auf die im Jahresabschluss angesetzte Schuld und damit eben doch auf die Aufwandserfassung beim Unternehmen. 122

Nach diesbezüglichen Irrungen und Wirrungen ist die endgültige Gesetzesfassung mit anderem Wortlaut im Wesentlichen wieder auf den zuvor schon **gültigen** Inhalt zurückgekommen. Zwar ist abweichend vom HGB a. F. nicht mehr das für das Geschäftsjahr „erfasste", sondern das dafür „berechnete" Honorar gemeint, aber nicht allein das bereits berechnete, sondern das voraussichtlich zur Berechnung gelangende. Entscheidend ist dann die Periodisierung des Aufwands beim Unternehmen, unabhängig von der (dem Unternehmen ohnehin unbekannten) Kostenkalkulation des Abschlussprüfers; unerheblich ist auch der Zeitpunkt der Rechnungsstellung oder Zahlung. Deshalb ist der in der Rückstellung für die Abschlussprüfungsleistung des Berichtsjahres enthaltene Honoraranteil in die Angabepflicht einzubeziehen. Mehr- oder Minderaufwendungen gegenüber dem Rückstellungsansatz sind im Anhang des Folgejahres entsprechend der buchmäßigen Abwicklung mit zu erfassen.

5. Anwendungsbereich und Befreiungen

Keine Anwendungspflicht besteht, wenn die entsprechenden (aggregierten) Angaben in einem die Gesellschaft im Wege der Voll- oder Quotenkonsolidierung einbeziehenden **Konzernabschluss** enthalten sind.[1] Dies betrifft sowohl Tochter- als auch Mutterunternehmen. Nach Auffassung des Bundestags-Rechtsausschusses müssen **sämtliche** Honorare für die in den Konzernabschluss einbezogenen Unternehmen im Anhang zum Konzernabschluss enthalten sein, ansonsten ist der Bestätigungsvermerk zum Konzernabschluss einzuschränken.[2] 123

Der Konzernabschluss befreit das konsolidierte Mutter-, Tochter- oder Gemeinschaftsunternehmen nur dann von Angabepflichten in seinem Jahresabschluss, wenn der Konzernabschluss zutreffende, geprüfte und den Wertungen von § 285 Nr. 17 HGB entsprechende An-

1 Vgl. hierzu ausführlich *Wollmert/Oser/Graupe*, StuB 2010 S. 124.
2 IDW PH 9.200.2.

gaben enthält. Strittig ist, ob diese auch in deutscher Sprache zugänglich zu machen sind oder eine Darstellung in Englisch ausreicht.[1]

Bei Inanspruchnahme der Befreiung empfiehlt sich ein Hinweis im Anhang.

Weitere Befreiungen ergeben sich für **kleine** Kapitalgesellschaften nach § 288 Abs. 1 HGB (→ § 288 Rz. 1) und für **mittelgroße** bedingt nach § 288 Abs. 2 Satz 3 HGB (→ § 288 Rz. 3).

Für den **Konzernabschluss** gilt das Pendant in § 314 Nr. 9 HGB (→ § 314 Rz. 12).

Zum **Prüfungserfordernis** des Abschlussprüfers eines Tochter- oder Gemeinschaftsunternehmens über den Vollzug der Einbeziehungspflicht in den Konzernabschluss wird verwiesen auf → § 317 Rz. 88.

XX. Unterlassene Abschreibung von Finanzanlagen bei vorübergehender Wertminderung (Nr. 18)

1. Das gemilderte Niederstwertprinzip

124 Im Unterschied zu Finanzinstrumenten des Umlaufvermögens gilt für Finanzanlagen (§ 266 Abs. 2.A.III HGB) das gemilderte Niederstwertprinzip. Bei als **vorübergehend** eingeschätzter Wertminderung besteht gem. § 253 Abs. 3 Satz 4 HGB lediglich ein **Wahlrecht**, keine Pflicht zur außerplanmäßigen Abschreibung (→ § 253 Rz. 203).

Wird wegen des angenommenen temporären Charakters der Wertminderung eine außerplanmäßige Abschreibung nicht oder nur zum Teil vorgenommen, sind im Anhang Angaben zum Buchwert und beizulegenden Zeitwert (→ Rz. 126) sowie zu den Gründen für das Unterlassen der Abschreibung (→ Rz. 128) zu machen.

2. Sachlicher Anwendungsbereich

125 Die Angabepflicht betrifft „zu den Finanzanlagen (§ 266 Abs. 2.A.III HGB) gehörende **Finanzinstrumente**". Der Begriff der Finanzinstrumente wird im HGB nicht definiert:

- Wird er weit i. S. von IFRS 9 interpretiert, ist jede Finanzanlage zugleich ein Finanzinstrument und die Formulierung von Nr. 18 „lediglich" sprachlich missglückt. Redundanzärmer und weniger missverständlich hätte sie sich dann einfach auf Finanzanlagen beziehen können und den Begriff der Finanzinstrumente nicht verwenden sollen.
- Wird der Begriff der Finanzinstrumente hingegen eng i. S. von § 1 Abs. 11 KWG und § 2 Abs. 2b WpHG ausgelegt, umfasst er von den sechs Unterposten aus § 266 Abs. 2.A.III HGB im Wesentlichen nur die Position 5 (Wertpapiere des Anlagevermögens), während unverbriefte Anteile und Ausleihungen an verbundene Unternehmen ebenso wie unverbriefte Beteiligungen und Ausleihungen an Beteiligungsunternehmen sowie unverbriefte sonstige Ausleihungen von der Angabepflicht nicht betroffen wären.

Eine systematische Rechtfertigung für eine Begrenzung der Angabepflicht auf Wertpapiere ist aber nicht erkennbar. Mit IDW RH HFA 1.005 ist der Begriff der Finanzinstrumente daher weit als **sämtliche Finanzanlagen** umfassend zu interpretieren.

Für Investmentanteile von mehr als 10 % geht die Spezialregelung der Nr. 26 der Nr. 18 vor.

---

1 Für eine Offenlegung in deutscher Sprache: *Kling*, WPg 2011 S. 209 ff., englische Sprache für ausreichend haltend: *Wollmert/Oser/Graupe*, StuB 2010 S. 123 ff.

3. Buchwert und beizulegender Zeitwert

126 Bei wegen (vermuteter) nur temporärer Wertminderung unterlassener außerplanmäßiger Abschreibung sind **Buchwert** und **beizulegender Zeitwert** der betroffenen Finanzanlagen anzugeben. Die Angabe kann erfolgen

- nach **einzelnen** Vermögensgegenständen oder
- in angemessenen **Gruppierungen.**

Als Mindestgliederung kommt die Vorgabe des § 266 Abs. 2.A.III HGB infrage. Weitergehende **Untergliederungen** sind erforderlich, wenn sich die Gründe für die Annahme der Wertminderung – seien sie nur vorübergehend – wesentlich unterscheiden.

BEISPIEL Im Posten Wertpapiere des Anlagevermögens sind sowohl Aktien als auch Anleihen enthalten. Der Wert der Anleihen ist bei unveränderten Cashflow-Erwartungen sowie unveränderter Bonität und Risikoeinschätzung nur deshalb gesunken, weil die Marktzinsen allgemein stark angestiegen sind. Der Wert der Aktien ist hingegen im Hinblick auf verschlechterte Konjunkturaussichten gesunken.

Eine Unterscheidung beider Fälle ist angemessen.

127 Der anzugebende beizulegende Zeitwert entspricht nur bei Notierung an **aktiven Märkten** dem für die mögliche außerplanmäßige Abschreibung maßgeblichen beizulegenden Wert. In anderen Fällen entspricht der beizulegende Zeitwert dem mithilfe anerkannter Bewertungsmethoden ermittelten hypothetischen Marktwert (= *exit value*), während der beizulegende Wert auch ein fundamentalorientierter, z. B. Synergien einbeziehender Wert sein kann.

4. Gründe für das Unterlassen der Abschreibung

128 Anzugeben sind „die **Gründe** für das Unterlassen der Abschreibung, einschließlich der Anhaltspunkte, die darauf hindeuten, dass die Wertminderung voraussichtlich nicht von Dauer ist“. Eine bloße Wiederholung der gesetzlichen Voraussetzung für eine Nichtabschreibung („Die Wertminderung wird als lediglich vorübergehend eingeschätzt“, → § 253 Rz. 204) reicht nicht.

Nach IDW RH HFA 1.005 kommen u. a. folgende Begründungen infrage:

- Werterhöhungen zwischen Abschlussstichtag und Aufstellung des Jahresabschlusses (insbesondere bei börsennotierten Wertpapieren),
- fundamentalwertorientierte *Discounted-Cashflow*-Bewertungen (insbesondere bei börsennotierten Wertpapieren),
- eingeleitete oder geplante Maßnahmen, die die wirtschaftliche Lage des Schuldners/Emittenten voraussichtlich verbessern, sowie
- Erhöhung des Marktzinssatzes bei unveränderter Bonität des Gläubigers im Falle von Anleihen.

XXI. Nicht zum Zeitwert bilanzierte derivative Finanzinstrumente (Nr. 19)

1. Überblick

129 Für nicht zum beizulegenden Zeitwert bilanzierte (→ Rz. 132) derivative Finanzinstrumente (→ Rz. 130) sind Angaben zu

- Art und Umfang (→ Rz. 136),

- beizulegendem Zeitwert (→ Rz. 138) sowie
- Buchwert und Bilanzposten, in dem der Buchwert erfasst ist (→ Rz. 141),

zu machen. Die Angaben sind nach Kategorien derivativer Finanzinstrumente zu leisten (→ Rz. 134).

Kleine Kapitalgesellschaften brauchen die Angabe nicht zu machen (→ § 288 Rz. 1).

2. Tatbestandsvoraussetzungen

2.1 Derivative Finanzinstrumente

130 Die Angabepflichten der Nr. 19 betreffen nur **derivative Finanzinstrumente.** Nach IDW RH HFA 1.1005 sowie § 1 Abs. 11 Satz 4 KWG und § 2 Abs. 2 WpHG sind hierunter zu verstehen

- Termingeschäfte, unabhängig davon, ob sie bedingt **(Optionen)** oder unbedingt ***(Forwards, Futures,* Swaps)** sind,
- über **finanzielle** Vermögensgegenstände,
- wobei der Wert des Geschäfts von der Entwicklung eines **Basiswerts** (Börsenkurs, Zinssatz, Index etc.) abhängt.

131 Nach § 285 Satz 2 HGB a. F. galten als derivative Finanzinstrumente auch auf Erwerb oder Veräußerung nichtfinanzieller Vermögensgegenstände gerichtete Termingeschäfte **(Warentermingeschäfte)**, sofern beide Parteien das Recht zum Barausgleich *(cash settlement)* hatten und der Vertrag nicht für den eigenen Bedarf *(own use)* abgeschlossen wurde. Diese IAS 32.8 ff. nachempfundene Erweiterung ist im BilMoG nicht mehr enthalten. Nach der Begründung des BilMoG-RegE soll die Aufhebung des Satzes 2 indessen keine sachliche Änderung begründen. Auch weiterhin sollen Warentermingeschäfte als Finanzderivate gelten, wenn der Vertrag nicht auf den tatsächlichen Erwerb oder die Veräußerung von Waren gerichtet ist. Wie auch schon bisher seien alle vertraglichen Gestaltungen daraufhin zu überprüfen, ob bei wirtschaftlicher Betrachtung die Klassifizierung als Derivat geboten ist.

Das in der Begründung des BilMoG-RegE zum Ausdruck kommende erweiterte Verständnis der Finanzderivate ist u. E. angemessen. Aus Sicht der Risiken und Chancen für die Vermögens-, Finanz- und Ertragslage macht es keinen Unterschied, ob das Unternehmen in Gestalt eines Aktienterminkaufs eine Wette auf den Anstieg der Aktienkurse oder in Gestalt eines Warenterminkaufs eine Wette auf den Anstieg des Preises von Schweinebäuchen abschließt, sofern es im Geschäftsfeld „Schweinebäuche" operativ gar nicht tätig ist, jedenfalls aber die Abnahme der Schweinebäuche überhaupt nicht beabsichtigt.

2.2 Keine Bilanzierung zum Zeitwert

132 Kernelement der Angabepflichten nach Nr. 19 ist die Gegenüberstellung von Buch- und beizulegendem Zeitwert. Folgerichtig sind von der Angabepflicht insgesamt solche derivativen Finanzinstrumente **ausgenommen,** die bereits zum beizulegenden Zeitwert bilanziert werden.

Die Ausnahme betrifft zunächst den **Handelsbestand von Kreditinstituten,** der zum beizulegenden Zeitwert zu bilanzieren ist (§ 340e Abs. 3 HGB). Für **andere Branchen** ist hinsichtlich des Umfangs der Ausnahme danach zu unterscheiden, ob

- aus dem Termingeschäft nach Stichtagsverhältnissen ein **Gewinn oder Verlust** erwartet wird oder

- das Geschäft als Teil einer **Bewertungseinheit** zu werten ist oder nicht (→ § 254 Rz. 6).

Derivate stellen im bilanzrechtlichen Sinne schwebende Geschäfte dar. Infolge des Imparitätsprinzips kommt für nicht in einer Bewertungseinheit stehende Derivate bei Nichtbanken daher keine Bilanzierung unrealisierter Gewinne, sondern nur eine solche drohender Verluste infrage. Bei **unrealisiertem Gewinn** ist demzufolge eine **Anhangangabe** zu machen. 133

Bei **unrealisierten Verlusten** ist zu prüfen, ob der zurückgestellte Betrag dem beizulegenden Zeitwert entspricht. Unseres Erachtens ist dies etwa bei **Devisentermingeschäften** nicht notwendig der Fall (→ § 254 Rz. 81). Zur Bestimmung des drohenden Verlusts kommen hier im Falle eines Devisenterminkaufs bei sinkendem Kurs der Fremdwährung u. a. folgende Ansätze infrage:

- Der Terminkurs des Bilanzstichtags wird mit dem Kontraktkurs (ursprünglicher Terminkurs) verglichen. Bei zwischen Fremden anzunehmender anfänglicher Ausgeglichenheit des Geschäfts entspricht dies dem negativen Marktwert am Stichtag. Dieser kann wie folgt interpretiert werden: Wenn das Unternehmen das alte Termingeschäft am Stichtag ablösen würde, müsste es hierfür den negativen Marktwert an den Kontraktpartner zahlen.
- Der Kassakurs des Bilanzstichtags wird mit dem Kassakurs bei Abschluss des Kontrakts verglichen. Hiernach ergäbe sich ein Verlust i. H. der Änderung des Kassakurses. Er kann wie folgt interpretiert werden: Die Zinskomponente des Devisentermingeschäfts ist ein Ausgleich für die bei den Vertragsparteien entstehenden Vor- und Nachteile, die sich unter Beachtung der Zinsdifferenz zwischen beiden Währungsgebieten im Vergleich zwischen sofortiger und späterer Devisenübertragung ergeben. Diese ist daher kein Drohverlust der einen oder unrealisierter Gewinn der anderen Seite, sondern Zinsertrag oder Zinsaufwand, der über die Laufzeit zu verteilen ist. Nach Bereinigung um die Zinsdifferenz bleibt nur noch die Kassakomponente des Termingeschäfts (= Kassakurs bei Abschluss) als Vergleichsbasis mit dem Kassakurs des Stichtags.

Nur in der ersten Variante wird die Drohverlustrückstellung mit dem beizulegenden Zeitwert ausgewiesen und es entfällt eine Anhangangabe. Nach der von uns präferierten zweiten Variante (und nach weiteren Methoden, → § 254 Rz. 81) bleibt es hingegen bei einer Angabepflicht.

Ist das Derivat Teil eines **Sicherungszusammenhangs** i. S. von § 254 HGB, kann nach Maßgabe der **Bruttomethode** (→ § 254 Rz. 63) ein Ansatz des beizulegenden Zeitwerts auch bei unrealisiertem Gewinn infrage kommen und die Angabepflicht der Nr. 19 entfallen. Bei Wahl der Nettomethode bleibt es hingegen bei der Nichtbilanzierung des erwarteten Gewinns und es käme damit zu einer Angabepflicht. Im Schrifttum wird aber auch die Auffassung vertreten, dass bei Vorliegen einer Bewertungseinheit nur die spezielleren Vorschriften der Nr. 23 greifen.[1]

3. Kategorisierung der Derivate

Die Angabepflichten der Nr. 19 sind nach Kategorien zu leisten. Maßgeblich für die Kategorisierung ist die Art des **Basiswerts.** Nach IDW RS HFA 1.005 Tz. 26 sind demzufolge zu unterscheiden: 134

- Zinsderivate,

1 Vgl. *Grottel* in Beck'scher Bilanz-Kommentar, 13. Aufl. 2022, § 285 Tz. 550.

- Währungsderivate,
- Aktienderivate (sofern nicht Zins- oder Währungsindex) sowie
- sonstige Derivate.

Ist ein Vertrag mehreren Kategorien zuzuordnen, etwa ein *Cross-Currency*-Zinsswap sowohl dem Zins- als auch dem Währungsbereich, ist er je nach Bedeutung unter sonstigen Derivaten oder als eigenständige Kategorie zu erfassen.

Eine weitere Unterteilung der jeweiligen Hauptkategorie nach börsengehandelten und OTC-Produkten ist bei umfangreichem Derivatebestand sinnvoll, aber nicht verpflichtend.

135 Unter eine der vier Kategorien fallende Geschäfte können u. E. dann **nicht** zusammengefasst werden, wenn

- der beizulegende Zeitwert in einigen Fällen positiv, in anderen negativ ist,
- die Art der Geschäfts sich unterscheidet (z. B. Termingeschäft vs. Option) oder
- die Buchwerte in unterschiedlichen Bilanzposten erfasst werden.

4. Art und Umfang

136 Nach **Art** der Derivate sind hauptsächlich zu unterscheiden (→ § 246 Rz. 285 ff.)

- *Forwards* (unbedingte Termingeschäfte),
- *Futures* (standardisierte unbedingte Termingeschäfte),
- Optionen und
- Swaps.

137 Der anzugebende Umfang ergibt sich aus dem **Nominalvolumen** des Geschäfts.

5. Beizulegender Zeitwert und seine (Nicht-)Ermittlung

138 Soweit sich der beizulegende Zeitwert nach § 255 Abs. 4 HGB (→ § 255 Rz. 212 ff.) verlässlich ermitteln lässt, ist er unter Nennung der **Bewertungsmethode** anzugeben.

Besteht **ausnahmsweise** keine Möglichkeit der verlässlichen Bestimmung des Werts, sind die Gründe hierfür anzugeben. Nachfolgend ein Beispiel für eine derartige Begründung:

BEISPIEL „Die jetzigen Eigentümer der X-GmbH haben uns lang laufende Optionen auf den Erwerb ihrer Anteile eingeräumt. Wir haben zwar Informationen über die erwarteten zukünftigen Cashflows der X-GmbH und damit über den Wert der optionsgegenständlichen Anteile sowie über den inneren Wert unserer Optionen. Angesichts der langen Laufzeit der Optionen hängt deren beizulegender Zeitwert aber wesentlich auch von der Annahme über die Volatilität der Wertentwicklung der Anteile ab. Verlässliche Annahmen hierzu (etwa in der Form von *accounting betas*) liegen uns nicht vor. Der beizulegende Zeitwert der Optionen kann daher nicht verlässlich bestimmt werden."

139 Bei verlässlicher Bestimmbarkeit des beizulegenden Zeitwerts ist neben dem **Wert selbst** auch die **Methode** seiner Bestimmung zu nennen. Infrage kommen u. a. folgende Methoden:

- Marktpreis (bei an aktiven Märkten notierten Derivaten),
- marktpreisorientierte Bewertung durch Ableitung aus dem Marktwert eines vergleichbaren Derivats oder aus den Transaktionswerten eines gleichen oder vergleichbaren Derivats,
- Optionspreismodelle (*Black-Scholes*-Modell, Binominalmodell) sowie
- *Discounted-Cashflow*-Modelle.

§ 285 Satz 5 HGB a. F. sah für Fälle, in denen kein Preis an aktiven Märkten feststellbar war und demzufolge eine der anderen Methoden (Bewertungsmethoden i. e. S.) zum Tragen kam, die Angabe der tragenden **Prämissen** des jeweils angewandten Bewertungsmodells vor. Satz 5 ist durch das BilMoG ersatzlos gestrichen worden. Der BilMoG-RegE begründet die Aufhebung der Sätze 3 bis 5 mit der Ergänzung des § 255 Abs. 4 HGB um die Vorschriften zur Ermittlung des beizulegenden Zeitwerts. § 255 Abs. 4 HGB sieht jedoch ebenso wenig eine Angabepflicht zu den Prämissen der Bewertung vor. Eine solche folgt auch nicht aus § 284 Abs. 2 Nr. 1 HGB, da die Angabepflicht der Nr. 19 gerade nicht die bilanzielle Bewertung zum beizulegenden Zeitwert betrifft. Unseres Erachtens sind daher die Prämissen der Bewertung **nicht** angabepflichtig.[1] Dies ergibt sich auch durch einen Vergleich mit Nr. 20. Die dort betroffene Zeitbewertung von Finanzinstrumenten bei Kreditinstituten übernimmt ausdrücklich eine § 285 Satz 5 HGB a. F. entsprechende Formulierung und sieht daher Angaben zu grundlegenden Prämissen vor. Im Umkehrschluss sind solche Angaben nach Nr. 19 nicht notwendig. 140

6. Buchwert und Bilanzposten

Für jedes nicht zum beizulegenden Zeitwert bilanzierte Finanzderivat sind der **Buchwert** und der **Bilanzposten,** innerhalb dessen dieser erfasst wurde, anzugeben. Strittig ist, ob im Zusammenhang mit *Futures* geleistete Sicherheitszahlungen (*initial* oder *variation margins*) zum Buchwert zählen oder als eigene, vom Derivat zu unterscheidende Vermögensgegenstände bei der Buchwertangabe außer Betracht bleiben.[2] 141

Bei Nichtbilanzierung eines Derivats wegen unrealisierten Gewinns existiert weder ein Buchwert noch ein Bilanzposten; sinnvoll ist dann eine **Fehlanzeige.**

7. Derivatespiegel

Die unter → Rz. 129 erläuterten Angabepflichten können bei umfangreichem Derivatebestand sinnvoll in Form einer tabellarischen Aufstellung („Derivatenspiegel“) **zusammengefasst** werden. Hierzu nachfolgendes Beispiel. 142

BEISPIEL

Kategorie	Art	Volumen	Beizulegender Zeitwert	Bewertungsmethode	Buchwert	Bilanzposten
1. Zinsderivate	Div. Swaps (zahle fix, erhalte variabel)	1,5 Mio. €	100 T€	*Discounted-Cashflow-Modell*	Fehlanzeige	Fehlanzeige
	Div. Swaps (zahle variabel, erhalte fix)	1,0 Mio. €	-50 T€	Marktpreisorientiert	40 T€	Sonstige Rückstellungen
2. Währungsderivate	Div. USD-Terminkäufe	1 Mio. USD	-200 T€	Marktpreisorientiert	150 T€	Sonstige Rückstellungen

1 Gleicher Auffassung *Oser/Holzwarth* in Küting/Pfitzer/Weber (Hrsg.), Handbuch der Rechnungslegung, 5. Aufl., §§ 284 bis 288 Tz. 403.

2 Vgl. *Grottel* in Beck’scher Bilanz-Kommentar, 13. Aufl. 2022, § 285 Tz. 580.

Kategorie	Art	Volumen	Beizulegender Zeitwert	Bewertungsmethode	Buchwert	Bilanzposten
3. Aktienderivate	Verkaufsoption	500 T€	200 T€	*Black-Scholes*-Modell	50 T€	Sonstige Vermögensgegenstände
4. Sonstige Derivate	*Cross-Currency*-Zinsswap (USD)	1 Mio. USD	80 T€	Marktpreisorientiert	Fehlanzeige	Fehlanzeige

XXII. Zum Zeitwert erfasste Finanzinstrumente bei Banken (Nr. 20)

143 Nach § 340e Abs. 2 HGB haben Kreditinstitute Finanzinstrumente des Handelsbestands zum beizulegenden Zeitwert (abzüglich eines Risikoabschlags) zu bewerten. Wenn sich dieser nicht unmittelbar als Preis an einem aktiven Markt ergibt, sondern ein Bewertungsmodell angewandt wird, sind nach Nr. 20 die wesentlichen dabei zugrunde gelegten Prämissen anzugeben. Handelt es sich bei den Finanzinstrumenten um Derivate, sind deren Umfang und Art sowie die wesentlichen, risikorelevanten Bedingungen zu nennen.

144 Für **Nichtbanken** hat Nr. 20 keine unmittelbare Bedeutung. Eine mittelbare ergibt sich im Falle von Angabepflichten nach Nr. 25 (→ Rz. 175) zur Saldierung von Pensionsverpflichtungen mit Planvermögen. Für die Ermittlung danach anzugebender beizulegender Zeitwerte des Planvermögens verlangt Nr. 25 unter Verweis auf Nr. 20 Buchst. a die Angabe der wesentlichen, bei der Zeitwertermittlung zugrunde gelegten Prämissen (→ Rz. 177).

XXIII. Geschäfte mit nahestehenden Personen (Nr. 21)

1. Regelungshintergrund

145 Die Angabepflicht durch das BilMoG ist den Vorgaben des IAS 24 zu verdanken. Zuvor waren Angaben zu Verbundbeziehungen nach HGB und AktG (Abhängigkeitsbericht nach § 312 AktG) nur punktuell und ausnahmsweise für **(natürliche)** Personen gefordert. Nr. 21 weitet die Angabepflicht generell auf den „Verbund“, d. h. auch auf **(natürliche)** Personen neben **Unternehmen,** aus. Der Gesetzgeber reagiert – vergleichbar IAS 24 – auf den latenten Verdacht der einseitigen Benachteiligung, der in Verbundbeziehungen wegen des fehlenden Interessengegensatzes stets im Hintergrund mitschwingt (insoweit vergleichbar mit der Thematik der verdeckten Gewinnausschüttung oder Einlage).

Vorgespurt ist die Angabepflicht durch Art. 17 Abs. 1 Buchst. r der Richtlinie 2013/34/EU. Die Richtlinie sieht die Angabe sämtlicher Geschäfte mit nahestehenden Personen vor, gestattet den Mitgliedstaaten aber die Beschränkung auf Geschäfte, die unter marktunüblichen Bedingungen zustande gekommen sind. Die Bundesrepublik hat von diesem Mitgliedstaatenwahlrecht Gebrauch gemacht.

Das **ARUG II** sieht für Geschäfte mit Nahestehenden bei **börsennotierten Gesellschaften** besondere Genehmigungsregeln und ggf. Veröffentlichungspflichten außerhalb des Jahresabschlusses bzw. daneben vor. Im Kern geht es um Folgendes:

- interne Verfahren zur Erfassung und Bewertung von Geschäften mit nahestehenden Personen,
- Bindung kumulativ wesentlicher Geschäfte (1,5 % der Summe aus Anlage- und Umlaufvermögen) an die vorherige Zustimmung des Aufsichtsrats (§§ 107 Abs. 3 AktG, 111a und 111b AktG);
- unverzügliche öffentliche Bekanntmachung der zustimmungsbedürftigen Geschäfte mit Nahestehenden (§ 111c AktG).

2. Begriffsinhalt von „Geschäften"

„Geschäfte" sind inhaltlich **weit** auszulegen.[1] Gemeint sind Rechtsgeschäfte und andere getroffene – nicht unterlassene[2] – Maßnahmen. Diese betreffen die Übertragung oder Nutzung oder Nutzungsüberlassung von Vermögensgegenständen, die Einräumung von Krediten, z. B. im *Cash-Pooling*,[3] und die Erbringung von Dienstleistungen. Alle diese Geschäfte müssen sich auf die gegenwärtige und künftige **Finanzlage** eines Unternehmens auswirken können. 146

3. Begriff des Nahestehens

Nach EU-Richtlinie sowie der Begründung des Regierungsentwurfs zum BilMoG ist der Begriffsinhalt von **„nahestehenden"** Personen und Unternehmen den **IFRS** zu entnehmen.[4] Die Bezugnahme auf die IFRS erfolgt als sog. **dynamische Verweisung.** Maßgeblich sind die jeweils geltenden, von der EU im sog. *Endorsement*-Verfahren anerkannten Regeln. Das „Nahestehen" einer „Partei" *(party)* kann nach IAS 24.9 in **„gerader Linie"** (→ Rz. 148) oder in der **„Seitenlinie"** (→ Rz. 149) gegeben sein. Dementsprechend nennt die Ausnahmevorschrift in § 288 Abs. 2 Satz 4 HGB (→ § 288 Rz. 4) „direkte und indirekte Geschäfte", was – da eine Erleichterung begründend – als Klarstellung für Nr. 21 gewertet werden muss.[5] Zum maßgeblichen **Beurteilungszeitpunkt** wird auf → Rz. 161 verwiesen. 147

Die Beziehungen in **gerader Linie** (→ Rz. 147) umfassen nach IAS 24.9(a):[6] 148

- **Beherrschung** (→ § 290 Rz. 1 ff.): Herr Müller oder die Müller-AG halten 100 % oder 70 % der Aktien an der Tochter-AG; diese wiederum 80 % der Anteile an der Enkel-GmbH. Nach IAS 24.9b(i) sind alle Konzernunternehmen untereinander nahestehend. Steht an der Spitze nicht die Müller-AG, sondern Herr Müller, ist dieser gem. IAS 24.9(a)(i) aus Sicht der Tochter-AG nahestehend und gem. IAS 24.9(b)(vi) i.V. mit IAS 24.9(a) auch aus Sicht der Enkel-GmbH.
- **Gemeinsame Beherrschung** (→ § 310 Rz. 1 ff.): Herr Müller oder die Müller-AG halten jeweils 50 % der Kapitalanteile an der Venture-OHG, ein Dritter die anderen 50 %. Nach IAS 24.9(b)(ii) sind die Müller-AG (sowie ihre Tochtergesellschaften) und die Venture-OHG untereinander nahestehend. Tritt an die Stelle der Müller-AG Herr Müller, ist dieser nach IAS 24.9(a)(i) nahestehend aus Sicht der Venture-OHG.

1 IDW RS HFA 33 Tz. 4. Vgl. hierzu auch § 312 AktG.
2 IDW RS HFA 33 Tz. 6.
3 Vgl. *Rimmelspacher/Fey*, WPg 2010 S. 184.
4 Begründung des RegE zum BilMoG.
5 IDW RS HFA 33 Tz. 31.
6 Nachfolgende Ausführungen überwiegend entnommen aus *Lüdenbach/Hoffmann/Freiberg*, Haufe IFRS-Kommentar, 20. Aufl. 2022, § 30.

- **Signifikanter Einfluss** (→ § 311 Rz. 1 ff.): Herr Müller oder die Müller-AG sind zu 25 % an der assoziierten aU-GmbH beteiligt. Nach IAS 24.9(b)(ii) sind die Müller-AG und die aU-GmbH einander nahestehend. Tritt an die Stelle der Müller-AG Herr Müller, ist dieser nach IAS 24.9(a)(ii) nahestehend zur aU-GmbH.
- Die Stellung als **Mitglied des Geschäftsführungs- oder Aufsichtsorgans** *(key management personnel)* der Berichtseinheit oder ihrer Muttergesellschaft (IAS 24.9(a)(iii)).

149 Die Beziehungen in der **Seitenlinie** (→ Rz. 147) setzen zunächst einen Bezug in gerader Linie voraus, der durch eine Seitwärtsbeziehung ergänzt wird. Dazu folgende Beispiele nach den Definitionen in IAS 24.9(b):

- Die Müller-AG hält 70 % der Anteile an der T-GmbH. Gleichzeitig hält die Müller-AG 50 % der Anteile an der Venture-OHG und 25 % der Anteile an der assoziierten aU-GmbH. Auch die Venture-OHG und die aU-GmbH sind untereinander nahestehend (IAS 24.9(b)(ii)). Tritt an die Stelle der Müller-AG Herr Müller, ergibt sich das Nahestehen zwischen der Venture-OHG und der aU-GmbH aus IAS 24.9 (vi) oder (vii) i.V. mit IAS 24.9(a). Nach IAS 24.12 sind in beiden Konstellationen auch Tochtergesellschaften der Venture-OHG bzw. der aU-GmbH in den Definitionsbereich von „nahestehend" einbezogen.
- Herr Müller oder die Müller-AG sind zu je 50 % an der Venture-GmbH und der Venture-SA beteiligt: In gerader Linie sind Herr Müller oder die Müller-AG im Verhältnis zur GmbH und der SA als „nahestehend" definiert (→ Rz. 10). In der Seitenlinie sind die beiden Venture-Gesellschaften untereinander nahestehend, entweder nach IAS 24.9(b)(iii), wenn an der Spitze die Müller-AG steht, oder nach IAS 14.9(b)(vi) i.V. mit IAS 24.9(a), wenn an der Spitze Herr Müller steht.
- Herr Müller oder die Müller-AG sind zu je 50 % an der Venture-GmbH und zu 25 % an der assoziierten aU-GmbH beteiligt. Nach derselben Struktur wie im vorhergehenden Aufzählungspunkt sind die Venture-GmbH und die aU-GmbH als untereinander nahestehend definiert, und zwar gem. IAS 24.9(b)(iv), wenn an der Spitze die Müller-AG steht, nach IAS 24.9(b)(vii) i.V. mit IAS 24.9(a), wenn an der Spitze Herr Müller steht.
- Herr Müller oder die Müller-AG üben signifikanten Einfluss auf die aU1 und die aU2 aus. Die beiden assoziierten Unternehmen stehen Herrn Müller oder der Müller-AG nahe, nicht dagegen die beiden aUs untereinander (IAS 24.BC19(d)).
- Herr Müller oder die Müller-AG beherrschen allein oder gemeinsam mit einer dritten Einheit oder hat signifikanten Einfluss auf die M-GmbH oder ein Mitglied von deren Geschäftsführungs- oder Aufsichtsorgan. Daneben kontrollieren Herr Müller oder die Müller-AG allein (100 %) oder gemeinsam mit einem Partner (50 %) die Müller Rechtsanwalts-GmbH (IAS 24.9(b)(vi)): Die Müller AG steht der Müller Rechtsanwalts-GmbH nahe und umgekehrt (IAS 24.BC19(c)).
- Herr Müller kontrolliert allein oder gemeinsam mit einer dritten Partei die Müller-AG. Herr Müller ist signifikant (mit 25 %) an der Müller Rechtsanwalts-GmbH beteiligt. Die Müller-AG steht gem. IAS 24.9(b)(vii) i.V. mit IAS 24.9(a)(i) der Müller-GmbH nahe.
- Herr Müller ist Aufsichtsratsmitglied der Müller-AG und/oder mit 30 % an der Müller-AG beteiligt und ist außerdem signifikant (mit 25 %) an der Müller Rechtsanwalts-GmbH beteiligt oder ist deren Geschäftsführer. Die Müller-AG steht gem. IAS 24.9(b)(vii) der Müller Rechtsanwalts-GmbH nicht nahe, da der Verweis in IAS 24.9(b)(vii) nicht auf IAS 24.9(a)(iii) gerichtet ist (anders als im vorstehenden Aufzählungspunkt).

- Herr Müller oder die Müller-AG sind zu 25 % an der aU1-GmbH und zu 35 % an der aU2-SA beteiligt. In der geraden Linie sind Herr Müller oder die Müller-AG den beiden aUs nahestehend, nicht die beiden aUs untereinander (IAS 24.BC25).

Die vorstehende Aufzählung ist zum besseren Verständnis in ihrer Systematik näher zu erläutern: 150

- Im Ausgangspunkt werden natürliche Personen *(person)* bzw. deren nahe Familienmitglieder (→ Rz. 18) und Unternehmen bzw. (Teil-)Konzerne *(entities)* unterschieden.
- Bei Nahestehen in gerader Linie (→ Rz. 148) ist die Unterscheidung nach natürlicher Person (IAS 24.9(a)) und Unternehmen etc. (IAS 24.9(b)) unerheblich.
- Bei Nahestehen in der Seitenlinie gilt der vorstehende Befund mit den Ausnahmen in den beiden letzten Aufzählungspunkten unter → Rz. 149.
- Das Nahestehen zweier Parteien besteht immer wechselseitig (IAS 24.BC19(e); → Rz. 9).

Förmlich nicht geregelt in IAS 24.9 ist die **Geschäftsführungsfunktion eines Unternehmens,** in Deutschland die typische Situation der GmbH & Co. KG, bei der die **Komplementär-GmbH** regelmäßig zur Geschäftsführung bestellt ist. Unter Anwendung der Beherrschungs- und Beeinflussungskriterien sind u. a. folgende Sachverhaltskonstellationen – jeweils Geschäftsführungsbefugnis der GmbH für die KG unterstellt – zu beachten und nach dem Standardwortlaut wie folgt zu würdigen: 151

- Vier natürliche Personen sind zu gleichen Teilen sowohl an der GmbH und der KG beteiligt. Geschäftsführer der GmbH ist Herr Schulze, mit den Gesellschaftern nicht verwandt und nicht verschwägert: Die beiden Gesellschaften sind einander nicht nahestehend (IAS 24.9(b)(vii)), wohl aber die vier Gesellschafter zu beiden Gesellschaften (IAS 24.9(a)(ii)).
- Wie im vorstehenden Aufzählungspunkt, allerdings sind die vier Personen auch Geschäftsführer der GmbH: Die vier Personen sind der KG und der GmbH nahestehend (IAS 24.9(a)(ii)), nicht aber die Gesellschaften untereinander (IAS 24.9(b)(vii)). Die Geschäftsführungsfunktion ändert daran nichts, denn der letztzitierte Standardparagraph verweist nicht auf IAS 24(a)(iii).
- Die Meyer-AG ist zu 100 % an der Meyer Komplementär-GmbH und der Meyer-KG beteiligt: Die Meyer-AG (IAS 24.9(b)(i)) ist der Meyer Komplementär-GmbH und der Meyer-KG nahestehend, die beiden letztgenannten Gesellschaften untereinander ebenfalls (IAS 24.9(b)(i)).
- Frau Meyer ist zu 100 % an der Meyer Komplementär-GmbH und der Meyer-KG beteiligt. Frau Meyer ist der Meyer-GmbH und der Meyer-KG nahestehend (IAS 24.9(a)(i)), die beiden Gesellschaften untereinander ebenfalls (IAS 24.9(b)(vi)).
- Die Meyer-KG ist alleinige Gesellschafterin der Meyer Komplementär-GmbH (sog. Einheitsgesellschaft). An der Meyer-KG sind vier natürliche Personen gleich beteiligt: Die vier Personen sind der KG nahestehend (IAS 24.9(a)(i)), ebenso der GmbH (IAS 24.9(b)(i)). Wer die Geschäftsführungsfunktion bei der GmbH ausübt, ist unerheblich.
- Die Bank-AG ist an der Komplementär-GmbH, die Investor-AG an der Immobilien-KG mit jeweils 100 % beteiligt. Die Bank-AG und die Komplementär-GmbH sowie die Investor-AG und die Immobilien-KG sind einander nahestehend (IAS 24.9(b)(i)). Die Komplementär-GmbH und die Immobilien-KG sind einander nicht nahestehend, da IAS 24.9(a)(iii) nur auf natürliche Personen anzuwenden ist.

- Auch der Geschäftsführer einer Tochtergesellschaft kann für Zwecke des Konzernabschlusses u.U. nahestehende Person sein, nämlich dann, wenn die Tochtergesellschaft signifikant ist und (kumulativ) der Geschäftsführer relativ autonom handeln kann.

152 Mit der primären natürlichen Person *(person)* in IAS 24.9(a) werden tatbestandlich **nahe Familienmitglieder** *(close members of family)* gleichgestellt. In den vorherigen Aufzählungen der Definitionsnormen des IAS 24.9 kann deshalb immer Herr Müller durch den Herrn Schwiegersohn Schmitz oder die Mutter Herta Müller „ersetzt" werden. Diesen Familienmitgliedern wird die wirtschaftlich gleichgewichtete Interessenlage unterstellt und damit auch ein potenzieller Einfluss des Gesellschafters oder Organmitglieds auf die Geschäfte *(dealings)* mit dem berichtenden Unternehmen/Konzern. Als *related party* gelten nach der Aufzählung in IAS 24.9 neben den signifikant oder mehrheitlich beteiligten Gesellschaftern oder Organmitgliedern

- deren eigene Kinder,
- deren Ehe- oder sonstige Lebenspartner,
- sonstige abhängige Personen,
- die Kinder des „Lebenspartners" (also zusätzlich zu den eigenen Kindern) sowie
- sonstige abhängige Personen – auch des Lebenspartners.

Nach früherer Version von IAS 24 sollten insbesondere die Kinder nur dann als nahe Familienangehörige anzusehen sein, wenn vernünftigerweise eine Beeinflussung (aktiv oder passiv) angenommen werden konnte. In der aktuellen Version ist dieser Vorbehalt nicht mehr enthalten. Bei kleinlicher Interpretation wäre dann auch der 50-jährige, wirtschaftlich selbständige Sohn des 75-jährigen Mehrheitsgesellschafters eine nahestehende Person. Einen Ausweg bietet hier aber die Interpretation des Begriffs „Kind". Der Begriff kann abstammungsrechtlich verstanden werden – dann ist auch der 50-jährige Sohn noch Kind – oder altersbezogen i. S. von noch nicht volljährig. Unseres Erachtens ist die altersbezogene Interpretation vorzuziehen, der 50-jährige Sohn des Mehrheitsgesellschafters ist somit kein Kind und daher ohne Hinzutreten weiterer Umstände (etwa wirtschaftliche Abhängigkeit) keine nahestehende Person.

Der für die IFRS allgemein geltende Grundsatz *substance over form* wird in IAS 24.10 besonders betont. Eine kleinliche Standardinterpretation erscheint auch deshalb unangebracht. Andererseits kommt auch eine inhaltliche Ausweitung von *„close"* in Betracht, wenn z. B. Geschwister und deren Abkömmlinge gemeinsam als Interessengruppe agieren („Familienclan").

153 Explizit ausgeschlossen aus dem Definitionsgehalt von *„related"* sind nach IAS 24.11:

- Zwei Unternehmen mit Personalunion einer Direktorenstellung oder einer anderen Schlüsselposition bei zwei Unternehmen.
- Zwei Unternehmen *(two venturers)*, die ein Joint Venture betreiben, im Verhältnis zueinander nur aufgrund des Vorliegens eines solchen *Joint Venture* (also nicht aus anderen Gründen) stehen.
- Hausbanken, Großlieferanten und Hauptabnehmer.

154 Die Grundregel der *substance over form* (→ Rz. 152) gewinnt im Fall der *„Related party"*-Beziehungen besonderes Gewicht. Dies wird durch die Hervorhebung in IAS 24.10 untermauert. Ein berichtspflichtiger Vorgang kann auch durch die Einschaltung einer *scheinbar unrelated party* nicht vermieden werden.

BEISPIEL ► Unternehmen A, in finanziellen Schwierigkeiten, verkauft ein wertvolles Patent weit unter Wert zu 50 an Unternehmen B. B verkauft zu 50 weiter an Unternehmen C. Bei A und C ist Herr X alleiniger

Gesellschafter und Geschäftsführer. Bei B übt Herr Y die gleichen Funktionen aus. X und Y sind nicht verwandt und nicht verschwägert und auch sonst nicht nahestehend.

A und C müssten in ihren Abschlüssen über dieses Geschäft berichten, u. a. durch Hinweis auf die beidseits vorliegende Beherrschung durch Herrn X. Die Berichtspflicht stützt sich auf IAS 24.18: *„necessary for users to understand"*.

Der Begriffsinhalt des „Nahestehens" bei **öffentlich beherrschten** Unternehmen ist weitgehend ungeklärt.[1] 155

4. Beschränkte Angabepflicht – wesentliche marktunübliche Geschäfte

Konzeptionell weicht die HGB-Vorschrift in einem entscheidenden Punkt von der Vorgabe des 156
IAS 24 ab: Anzugeben sind **nur** („zumindest", → Rz. 164) die Geschäfte mit **marktunüblichen** Bedingungen, die einem Fremdvergleich nicht standhalten, einerlei ob zugunsten oder zuungunsten des berichtenden Unternehmens – und dann auch nur bei **Wesentlichkeit,** und zwar dem Gesetzeswortlaut nach nur bei Wesentlichkeit für die Finanzlage. Die Einschränkung auf Wesentliches ist vor dem Hintergrund der IFRS-Rechnungslegungspraxis bedeutsam: Dort gibt es keine Beschränkung der Angabepflicht auf die marktunüblichen Geschäfte und nur den **generellen** Wesentlichkeitsvorbehalt. Deshalb erscheinen in IFRS-Anhängen mitunter Kleinstgeschäfte, die durch die Checklistentechnik aus dem Rechenwerk herausgefiltert worden sind, dafür aber keinerlei Informationsgehalt (→ § 284 Rz. 36) aufweisen. Andererseits ist die Wesentlichkeit nicht immer quantitativ (prozentual) zu bestimmen. Wenn etwa der ohnehin üppig entlohnte Vorstandsvorsitzende sich die privaten Steckenpferde seiner Familie noch vom Unternehmen finanzieren lässt, kann die Information darüber Aufschluss über die Vermengung von Dienst- und Privatsphäre geben und insofern auch schon bei vergleichsweise geringen Beträgen wesentlich sein.[2]

Insofern verhindert der HGB-Gesetzestext tendenziell eine unnötige Aufblähung der ohnehin 157
regelmäßig viel zu üppigen Anhangberichterstattung (→ § 284 Rz. 14 ff.). Da ein Vorstand oder Geschäftsführer marktunübliche Geschäfte **zugunsten** nahestehender Personen nach Maßgabe des Fremdvergleichs schon aus steuerlichem Grund i. d. R. nicht öffentlich verkünden wird – genauso wenig wie eine verdeckte Gewinnausschüttung (ex ante) in der Steuererklärung erscheint –, handelt es sich bei der Angabepflicht eher um einen **Papiertiger.**[3] So berichtet ein DAX-Unternehmen etwa im Anhang neben einer Genussrechtsbegebung an die Pensionskasse nur noch wie folgt: „Es bestehen keine weiteren wesentlichen, marktunüblichen Geschäfte mit nahestehenden Unternehmen und Personen." Im Anhang eines großen Familienunternehmens ist etwa zum Senior der Familie zu lesen: „Das ehemalige langjährige Aufsichtsrats- und Vorstandsmitglied Herr XY stellt seine große Erfahrung auch weiterhin der Gesellschaft im Rahmen eines Beratungsvertrags zur Verfügung. Die Beratungsleistungen werden mit einem symbolischen Betrag in Höhe von einem Euro pro Monat vergütet."

Eine (befolgte) Angabepflicht ist in der Praxis hauptsächlich bei **„steuerunschädlichen"** (nur inländischen wegen § 1 AStG) Sachverhalten festzustellen.

BEISPIEL

► Die Muttergesellschaft verbürgt sich unentgeltlich für Bankkredite der Tochtergesellschaft.

---

1 Diskussionspapier IDW/Gemeindeprüfungsanstalt NRW in IDW/FN 2012 S. 259.

2 Ausführliches Beispiel: *Hoffmann*, PiR 2017 S. 62.

3 Vgl. zum Folgenden *Lüdenbach/Hoffmann*, StuB 2009 S. 311.

- Der Alleingesellschafter der GmbH gewährt dieser ein zinsloses langfristiges Darlehen (alternativ ein marktüblich verzinsliches, aber ungesichertes Darlehen).
- Die Ehefrau des Alleingesellschafters der GmbH verzichtet zur bilanziellen Sanierung auf ihre Darlehensforderung gegen die GmbH (anders, wenn andere Großgläubiger in vergleichbarem Umfang auf Forderungen in Sanierungsabsicht verzichten, dann „marktüblich").
- Der Gesellschafter-Geschäftsführer erhält für die Geschäftsführungstätigkeit kein Gehalt (→ Rz. 160).
- Bei Unternehmen der öffentlichen Hand, soweit rechnungslegungspflichtig nach HGB in der großen Ausprägung: die Fülle von Förderungsmaßnahmen, Querverbundunterstützung u. Ä.[1]

Zur Bestimmung der Marktüblichkeit (steuerlich: *„Arm's length"*-Prinzip) können die Beurteilungskriterien zur verdeckten Gewinnausschüttung zu § 1 AStG und den OECD-Verrechnungspreis-Grundsätzen herangezogen werden. Zu klären ist aber stets, welches der für die Beurteilung relevante Markt ist (→ Rz. 159).

Aus dem **„zumindest"** (→ Rz. 164) wird folgendes generelles **Wahlrecht** für die Berichtsstruktur abgeleitet:[2]

- Beschränkung auf die wesentlichen markt**un**üblichen Geschäfte.
- Einbeziehung **aller** Geschäfte, unabhängig von der Marktüblichkeit.

158 Die Angabepflicht der marktunüblichen Geschäfte steht unter **Wesentlichkeits**vorbehalt. Deshalb gilt in Bezug auf das Beispiel unter → Rz. 157: Im erstgenannten Sachverhalt scheidet die Angabepflicht häufig aus. Im zweiten Sachverhalt ist zu differenzieren: Wenn die GmbH finanziell auf der Kippe steht oder das Darlehen die überwiegende Finanzierungsquelle darstellt, muss die Wesentlichkeit einer zinslosen oder unbesicherten Darlehensgewährung in nennenswerter Höhe bejaht werden. Im dritten Fall – dem alleinigen Forderungsverzicht – ist die Angabepflicht zweifelsfrei. Im vierten Fall kommt es auf das Verhältnis von angemessenem Geschäftsführergehalt und in der GuV erfassten Personalaufwendungen an.

Wegen möglicher Befreiungen im **Konzern**ierungsfall vgl. → Rz. 165.

Bei marktüblichen Geschäften kann auf eine Angabe zu den Verbundbeziehungen überhaupt verzichtet werden (Fehlanzeigen sind generell nicht erforderlich, → § 284 Rz. 11), gleichwohl werden sich unerwünschte Rückfragen durch den Satz „Mit nahestehenden Personen und Unternehmen sind Geschäfte nur zu marktüblichen Konditionen zustande gekommen" vermeiden lassen.

Aber auch die (seltenen) marktunüblichen Geschäfte sind nur bei Wesentlichkeit angabepflichtig (→ Rz. 15). Daher sollte der vorstehende Satz die übliche Floskel „unwesentlich" enthalten, weil sonst Überlegungen über zwar unwesentliche, aber unübliche Geschäfte provoziert werden.

159 Zur Beurteilung der Marktüblichkeit kommt es entscheidend darauf an,

- auf welcher **Aggregationsebene** *(unit of disclosure)* das Geschäft beurteilt wird (Paket- vs. Einzelbetrachtungen) und
- welches der **relevante** Markt ist.

1 Vgl. *Poullie,* WPg 2010 S. 1058.
2 Nach BR-Drucks. 344/08 S. 157; IDW ERS HFA 33 Tz. 22.

BEISPIEL ▸ Den Vorständen der X-AG und nur ihnen werden bestimmte Aktienoptionen eingeräumt. An der Börse werden mit gleichlautenden Fristen und Ausübungspreisen versehene Kaufoptionen mit einem hohen Wert gehandelt.

EINZELBEURTEILUNG ▸ Wird die Gewährung der Optionen als Einzelgeschäft betrachtet, ist die Börse der relevante Markt. Die Optionen sind marktunüblich. Sie sind nicht nur im Vergütungsbericht (→ Rz. 75), sondern mit Hinweis auf die Marktunüblichkeit auch im Bericht über Nahestehende anzugeben.

PAKETBEURTEILUNG ▸ Die Optionsgewährung wird als unselbständiger Teil der mit dem Vorstand für seine Dienste getroffenen Gesamtvereinbarung betrachtet. Relevant für die Beurteilung der Marktüblichkeit ist dann der Markt für (besonders qualifizierte) Vorstände und Geschäftsführer. Eine Marktunüblichkeit ergibt sich i. d. R. nicht.

Im Falle der Vorstandsoptionen mag eine Paketbetrachtung als zulässig, wenn nicht überlegen angesehen werden. Unter der Paketbeurteilung werden in der Praxis marktunübliche Fälle kaum noch festzustellen sein. Bei der Gewährung einer unentgeltlichen Bürgschaft an ein Tochterunternehmen kann dann unter Bezugnahme auf die Vorteile des Mutterunternehmens aus dem Unternehmensverbund die Marktunüblichkeit u. U. ebenso verneint werden wie bei der Gewährung eines unbesicherten Darlehens an einen Aufsichtsrat unter Hinweis auf die vielfältigen Geschäftskontakte, die der Aufsichtsrat dem Unternehmen vermittelt.

Unseres Erachtens erfordert eine geltungserhaltende Auslegung von Nr. 21 daher eine **Einzelbetrachtung.** Im Falle der Optionsgewährung an Vorstände kann diese nach den Wertungen des Aktienrechts noch als unselbständiger Teil der Gesamtvergütung angesehen werden, in den meisten anderen Fällen wird eine Aggregation von Geschäften i. S. eines Vorteils-Nachteils-Ausgleichs hingegen nicht infrage kommen.

Die Frage des relevanten Marktes stellt sich auch, wenn **Gesellschafter-Geschäftsführer** ohne 160
oder gegen geringes Gehalt für die Gesellschaft tätig sind. Bezieht man den Gehaltsvergleich auf Fremdgeschäftsführer, ist Marktunüblichkeit gegeben. Vertretbar erscheint aber auch, auf den „Markt" für Gesellschafter-Geschäftsführer abzustellen und danach die Unüblichkeit ggf. zu verneinen.

5. Zeitliche Aspekte, insbesondere bei Dauerschuldverhältnissen

Sowohl die Frage des Nahestehens (→ Rz. 147) als auch die der Fremdüblichkeit (→ Rz. 157) 161
kann sich im Zeitablauf ändern. Zu klären ist bei Dauerschuldverhältnissen dann, ob auf die Verhältnisse zum Zeitpunkt der **Vornahme** des Geschäfts oder die Verhältnisse im Geschäftsjahr bzw. zum **Bilanzstichtag** abzustellen ist.

BEISPIELE ▸

VARIANTE 1 ▸ Der mit 25 % beteiligte Hauptgesellschafter A gewährt dem Berichtsunternehmen B im Jahr 01 zu einem zum Zeitpunkt des Vertragsschlusses im Fremdvergleich unüblich niedrigen Zinssatz ein langfristiges Festzinsdarlehen. Am 30.6.02 scheidet A als Gesellschafter aus. In welchem Umfang bestehen Angabepflichten in den Jahren 02 und 03?

VARIANTE 2 ▸ Zum Zeitpunkt der Darlehensgewährung im Jahr 01 ist A nur mit 15 % an B beteiligt und hat noch keinen maßgeblichen Einfluss. Weiteren Finanzbedarf kann B im Jahr 02 nur durch eine Kapitalerhöhung decken, die allein von A gezeichnet wird, A erlangt dadurch ab 1.7.02 maßgeblichen Einfluss auf B. In welchem Umfang bestehen Angabepflichten in den Jahren 02 und 03?

VARIANTE 3 ► A war und bleibt maßgeblicher Gesellschafter. Die allgemeinen Marktzinsen sinken aber Anfang 02 so stark, dass der Vertragszins aus Sicht des Geschäftsjahres 02 nicht mehr unüblich niedrig ist.

Unseres Erachtens gilt in derartig gelagerten Fällen Folgendes:

Nach dem Gesetzeswortlaut sollen zu nicht marktüblichen Bedingungen mit nahestehenden Personen **„zustande gekommene** Geschäfte" angegeben werden. Hieraus folgt: Entsteht die Verbundbeziehung erst deutlich **nach** Zustandekommen des Geschäfts, entfällt eine Angabepflicht.[1] In Variante 2 des vorstehenden Beispiels ist daher auch in Periode 2 keine Angabe vorzunehmen. In die gleiche Richtung weist auch der **Zweck** der Angabepflicht: In Verbundbeziehungen fehlt es am natürlichen **Interessengegensatz** der Geschäftspartner. Latent besteht daher die Möglichkeit der Benachteiligung (oder Bevorteilung) der Gesellschaft. Wo es als Folge der Verbundbeziehung tatsächlich zu einer solchen Benachteiligung gekommen ist, soll dies der Bilanzleser erfahren. Die Bevorteilung von B durch die Konditionen des Darlehensvertrags mit V ist aber **keine Folge** des **Nahestehens,** da dieses erst mehr als ein Jahr später zustande gekommen ist. Dem Zweck von Nr. 21 entspräche eine Angabe daher nicht. Eine andere Beurteilung kann ausnahmsweise z. B. dann geboten sein, wenn ein enger zeitlicher Zusammenhang zwischen Vornahme des Geschäfts und Erlangung der Beherrschung über das Berichtsunternehmen besteht.

Umgekehrt gilt damit: Ist das marktunübliche Geschäft zu einem Zeitpunkt zustande gekommen, an dem die Parteien **noch** nahestehend waren, bleibt es auch nach Beendigung dieser Beziehung für die unkündbare Dauer des Vertrags angabepflichtig. In Variante 1 des Beispiels bestehen daher Angabepflichten auch für die Perioden 02 und 03. Notwendig ist dann ein Hinweis darauf, dass die Person im Berichtsjahr nicht mehr nahestehend ist.

Für die Beurteilung der Marktüblichkeit ist allein auf die Verhältnisse zum Zeitpunkt des **Vertragsschlusses** abzustellen.[2] Dies entspricht der Regelung für den Abhängigkeitsbericht nach § 312 AktG. In Variante 3 bleibt das Geschäft daher auch für die Perioden 02 ff. angabepflichtig. Die Wesentlichkeit ist in jedem Geschäftsjahr neu zu beurteilen. Die Angabepflicht für Dauerschuldverhältnisse besteht bei Erfüllung der übrigen Tatbestandsmerkmale sowohl für das Geschäftsjahr des **Abschlusses** als auch für die gesamte **Laufzeit.**

162 Außerhalb des Bereichs der Dauerschuldverhältnisse, also bei Veräußerung, Kauf oder sonstigen **Einmalgeschäften,** gelten die vorstehenden Überlegungen sinngemäß. Erfolgt der Vertragsschluss (Verpflichtungsgeschäft) im Jahr 01, die Erfüllung (Verfügungsgeschäft) im Jahr 02, bedeutet dies:

- Üblichkeit und Nahestehen sind nach den Verhältnissen im Jahr 01 zu beurteilen. Je nach Ergebnis dieser Beurteilung bestehen Angabepflichten für 01.
- Für 02 bestehen keine Angabepflichten.

Wird das Nahestehen unterjährig begründet oder beendet, sind nur die im Zeitraum des Nahestehens vereinbarten fremdunüblichen Geschäfte anzugeben.

1 Gleicher Auffassung IDW RS HFA 33 Tz. 11 ff.
2 IDW RS HFA 33 Tz. 11 ff.

6. Berichterstattungstechnik

Wer pflichtweise Angaben leisten muss, weil er wesentliche fremdunübliche Geschäfte mit Nahestehenden getätigt hat, oder wer ohne Vorliegen dieser Voraussetzung freiwillig über Beziehungen zu Nahestehenden berichten möchte (→ Rz. 164), erfährt vom Gesetz („prinzipienorientiert") einige Hinweise, die für die Subsumtion von Sachverhalten unter die Gesetzesregel meistens nicht ausreichend sein dürften. Das beginnt bei der **Definition** der nahestehenden Person (→ Rz. 147): 163

BEISPIEL

- Fällt die Lebensabschnittsgefährtin des Alleingeschäftsführers einer zu 80 % des Nennkapitals beherrschten Tochtergesellschaft unter die Definition?
- Fällt die Beziehung zwischen der Gesellschaft und einem assoziierten Unternehmen i. S. des § 311 HGB unter das „Nahestehen"?

Dabei kann man erstaunliche Feststellungen treffen, hier zur Frage des Nahestehens von **assoziierten** Unternehmen i. S. des § 311 HGB:

BEISPIEL

- Die Begriffsdefinition von „nahestehenden Unternehmen und Personen" ist in Übereinstimmung mit IAS 24 zu verstehen, d. h., ein assoziiertes Unternehmen gilt als nahestehend (→ Rz. 147).[1]
- Dagegen wird in Art. 33 Abs. 1 der Konzernbilanzrichtlinien ein assoziiertes Unternehmen als nicht in die Konsolidierung einzubeziehen betrachtet, weshalb es als nicht nahestehend gelten soll.[2]

Diesen Widerspruch belegt das unglückliche Konzept einer „halben" Bezugnahme auf die IFRS. Die richtige Entscheidung wäre gewesen: ganz oder gar nicht.

Sobald die Tatsache des Nahestehens bestätigt ist und freiwillig (auch über marktübliche Geschäfte) oder pflichtweise (nur über marktunübliche) berichtet wird (→ Rz. 157), muss über 164

- die Art der **Beziehung,**
- die Art der **Geschäfte,**
- den **Wert** der Geschäfte sowie
- die zur **Beurteilung** der **Finanzlage** notwendigen Angaben

befunden werden.

- Zunächst über den Inhalt von **„Geschäft"** (→ Rz. 146): Es soll nach der Regierungsbegründung zum BilMoG[3] im weiten Sinne verstanden werden. Nur **unterlassene** Geschäfte und Maßnahmen sind nicht anzugeben.
- Zur **Art** der Beziehung ist anzugeben, ob es sich z. B. um Tochterunternehmen, Mutterunternehmen, assoziierte Unternehmen, Personen in Schlüsselpositionen des Unternehmens, nahe Familienangehörige etc. handelt. Es ist nicht erforderlich, einzelne nahestehende Unternehmen oder natürliche Personen namentlich zu bezeichnen oder so konkret zu kennzeichnen, dass der Geschäftspartner von einem außenstehenden Dritten identifiziert werden kann.

1 Regierungsbegründung BilMoG S. 159.
2 Regierungsbegründung BilMoG S. 189.
3 BilMoG-RegE S. 158.

- Nach der Art der Beziehung können die Geschäfte zu sachgerechten Kategorien **zusammengefasst** werden, z. B. Verkäufe, Käufe, Erbringen von Dienstleistungen, Bezug von Dienstleistungen etc. In Betracht kommt auch eine Aufteilung in die Kategorien Beschaffungs-, Absatz-, Finanzierungs- und sonstige Geschäfte.[1]
- Der **Wert** der Geschäfte meint zunächst die vereinbarten, nicht die marktüblichen Entgelte, ggf. also auch einen Wert von null (etwa bei einer unentgeltlichen Bürgschaft). Bei Dauerschuldverhältnissen ist nicht nur das im Geschäftsjahr erbrachte oder erhaltene Entgelt anzugeben. Darüber hinaus sind auch die auf die Restlaufzeit voraussichtlich entfallenden Entgelte zu nennen, sofern zum Abschlussstichtag ein Näheverhältnis noch besteht:[2]
- Zur **Beurteilung** der **Finanzlage** notwendige Angaben enthalten bei Darlehen oder Bürgschaftsleistungen etwa das Nominalvolumen des Vertrags.

Bei der freiwilligen Anwendung von Nr. 21 (es liegen gar keine marktunüblichen Geschäfte vor) oder freiwilliger Ausdehnung der Berichterstattung (neben angabepflichtigen marktunüblichen Geschäften sollen auch marktübliche angegeben werden) stellt sich die Frage, **wieweit** dann zu berichten ist. Das „zumindest" lässt sich auch (→ Rz. 158) als Untergrenze eines frei **zu wählenden** Berichtsvolumens interpretieren. Unseres Erachtens würde diese Gesetzesinterpretation tendenziell zu einer bewussten **Desinformation** einladen: Nur die erwünschten Angaben wären zu machen, die gegenteiligen entfielen. Deshalb müssen u. E. bei freiwilliger Anwendung von Nr. 21 die dortigen Angabepflichten **vollständig** erfüllt werden. Lediglich bei freiwilliger Erweiterung einer wegen marktunüblicher Geschäfte schon bestehenden Angabepflicht um marktübliche Geschäfte lässt das IDW eine Ausnahme zu: Es müssen in diesem Fall nicht alle marktüblichen Geschäfte aufgeführt werden, sofern die Teilmenge der berichtspflichtigen unüblichen Geschäfte deutlich von der der freiwillig berichteten üblichen Geschäfte unterschieden wird.[3]

Die Fülle der möglicherweise in Betracht kommenden Angaben wird der freiwilligen Berichterstattung keinen Vorschub leisten (→ Rz. 158).

Sinnvoll ist bei umfassender Berichterstattung eine Darstellung der aggregierten Werte in tabellarischer Form („Verbundspiegel"):[4]

Personengruppe/ Geschäftsbeziehung	Tochtergesellschaften	Assoziierte Gesellschaften	*Joint Ventures*	Organmitglieder	Andere nahestehende Personen
Waren- und Dienstleistungsverkehr (T€)*	5.370	3.280	370		7.100
Ausstehende Forderungen (T€)	332	180	-	835	3.205
- Zinssatz p. a.	-	-	-	3	0–4
- Erhaltene Garantien (T€)	-	35	-	-	500
- Laufzeiten	Kurzfristig	Kurzfristig	-	1–8 Jahre	1–10 Jahre

1 IDW RS HFA 33 Tz. 15.
2 IDW RS HFA 33 Tz. 16.
3 IDW RS HFA 33 Tz. 20.
4 *Küting/Seel*, KoR 2008 S. 233; ähnlich IDW RS HFA 33 Tz. 17.

Personengruppe/ Geschäftsbeziehung	Tochtergesellschaften	Assoziierte Gesellschaften	*Joint Ventures*	Organmitglieder	Andere nahestehende Personen
Gegebene Garantien (T€)	2.000	30	80	2.500	-
Erhaltene Garantien für Kreditlinien	-	10	-	-	1. 825
Forderungsabschreibung	-	10	-	-	760
* Eine Trennung nach gegebenen und erhaltenen Leistungen wird nicht verlangt. Der Angabepflicht wird dann mit einer kumulierten Zahl Genüge getan.					

Wenn **beide** miteinander „Geschäfte" treibenden Unternehmen der Angabepflicht unterliegen oder sich dieser freiwillig unterziehen, wird die Berichterstattung verdoppelt.

7. Befreiung bei 100%igem Beteiligungsbesitz

Für wesentliche marktübliche Geschäfte im Unternehmensverbund gewährt Halbsatz 2 in Nr. 21 einen Befreiungstatbestand für solche, die **getätigt** worden sind. Voraussetzung ist allerdings eine (direkte oder indirekte) 100%ige Beteiligungsstruktur zwischen Mutter einerseits und Tochter bzw. Enkelin andererseits. Regelmäßig liegt hier ein Konzerntatbestand vor, der allerdings nach der Regierungsbegründung[1] nicht notwendig ist, da es auf die Höhe des Kapital-, nicht des Stimmrechtsanteils ankommt. Umgekehrt besteht bei **Minderheiten**anteilen diese Befreiung nicht. 165

Konzeptionell ist ohnehin die Befreiung **wenig geglückt.** Die Angabepflicht soll ihrem Gehalt nach Gläubiger, Minderheitsgesellschafter, Arbeitnehmer etc. über mögliche Ergebnisverlagerungen zugunsten oder zuungunsten nahestehender Unternehmen (und Personen) unterrichten. Im Hinblick auf Gläubiger, Arbeitnehmer etc. ändert der Konzerntatbestand an dieser Informationsfunktion nichts. Entsprechend sieht § 312 AktG die Berichterstattungspflicht auch bei 100%iger Beteiligung vor (→ § 289 Rz. 108).

Das Ergebnis dieser (Teil-)Befreiung ist kurios: Wenn z. B. der Forderungsverzicht (→ Rz. 15)

- ► einer 100%igen Tochter gewährt wird, entfällt die Angabepflicht,
- ► wenn er einer 95%igen Tochtergesellschaft gewährt wird, besteht die Angabepflicht.

8. Größenabhängige Befreiungen

(einstweilen frei) 166

Befreit von der Angabepflicht sind kleine Kapital- und „Kap. & Co."-Gesellschaften und mittelgroße, die keine Aktiengesellschaften sind, diese wiederum nur beschränkt gem. § 288 Abs. 2 Satz 4 HGB (→ § 288 Rz. 4). 167

9. Verhältnis zu anderen Angabepflichten

Von der Angabepflicht nach Nr. 21 bleiben weitere Angaben im Anhang (etwa Nr. 3 **bei außerbilanziellen Geschäften,** → Rz. 10) ebenso unberührt wie auch die Pflicht zur Aufstellung eines **Abhängigkeitsberichts** nach § 312 AktG. 168

1 BilMoG-RegE S. 159.

Im Hinblick auf die an Mitglieder des **Geschäftsführungs- oder Aufsichtsorgans** gewährten Bezüge soll nach Auffassung des IDW mit Nr. 9 eine umfangreiche und abschließende spezielle Regelung bestehen, die selbst bei Inanspruchnahme der Schutzklausel des § 286 Abs. 4 HGB die Organbezüge aus dem Anwendungsbereich der Nr. 21 **ausschließe.**[1] Wir teilen diese Auffassung nicht, da sich § 285 Nr. 21 und § 285 Nr. 9 HGB sowohl in den zeitlichen Voraussetzungen als auch den inhaltlichen Angaben **unterscheiden:**

- Aus zeitlicher Sicht kommt es bei der Angabe zu Geschäften mit nahestehenden Personen i. d. R. auf die Qualifizierung als nahestehend im **Vertragsabschlusszeitpunkt** an (→ Rz. 161), während bei den Organbezügen in bestimmten Fällen auch **frühere** Bezüge anzugeben sind, in anderen Fällen allein auf die Organstellung am Stichtag abzustellen ist.
- Aus inhaltlicher Sicht verlangt die Angabe zu nahestehenden Personen eine normative Wertung (als **marktunüblich**), während es bei den Organbezügen bei der **wertfreien** Beschreibung der Höhe und ggf. der Konditionen bleibt.

Angesichts dieser Unterschiede ist u. E. Nr. 9 (→ Rz. 40 ff.) keine abschließende Regelung, die als Lex specialis Angaben zu unangemessenen Organbezügen von der Angabepflicht der Nr. 21 befreit. Im Einzelfall können vielmehr beide Angabepflichten nebeneinanderstehen. Überhaupt ist der Charakter der Lex specialis von Nr. 9 gegenüber Nr. 21 dem Gesetz nicht zu entnehmen.

In der Praxis wird allerdings eine unangemessene Organvergütung i. d. R. unter Verweis auf die Gesamtbezüge (Paketbetrachtung) negiert werden (→ Rz. 159).

XXIV. Forschungs- und Entwicklungskosten (Nr. 22)

169 Die Angabepflicht ist in Ergänzung zum Aktivierungswahlrecht für selbst erstellte immaterielle Vermögensgegenstände (→ § 248 Rz. 9) zu verstehen. Sie besteht nur bei **Ausübung** dieses Wahlrechts. Die Angabe ergänzt zugleich die Lageberichterstattung nach § 289 Abs. 2 Nr. 2 HGB.

Anzugeben ist der Gesamtbetrag der Forschungs- und Entwicklungskosten, unabhängig davon, in welchem Funktionsbereich (Umsatzkostenverfahren) oder unter welcher Kostenart (Gesamtkostenverfahren) sie anfallen. Eine **Trennung** von Forschungs- und Entwicklungskosten ist nicht vorgesehen. Die Abschreibung des Geschäftsjahres auf in Vorjahren aktivierte Entwicklungskosten gehört nicht zu den Entwicklungskosten des laufenden Geschäftsjahres. Forschung und Entwicklung im Auftrag Dritter ist nicht anzugeben.

Anzugeben ist auch neben dem Gesamtbetrag der Forschungs- und Entwicklungskosten der davon im Geschäftsjahr aktivierte (und demzufolge im Anlagespiegel als Zugang erfasste) Teil, entweder als Davon-Vermerk oder in einer dreispaltigen Darstellung (aktiviert, nicht aktiviert, Gesamtbetrag). Denkbar ist hinsichtlich des aktivierten Betrags auch ein expliziter Verweis auf den Anlagespiegel. Der aktivierte Betrag umfasst auch die im Entstehen befindlichen immateriellen Vermögensgegenstände als „Anlagen im Bau" (→ § 246 Rz. 22).

Aus dem Gesamtbetrag (im Nenner) und dem freiwillig aktivierten Zugang des Jahres im Zähler kann die **Aktivierungsquote** errechnet werden.

170 Kleine Gesellschaften sind von der Angabepflicht befreit (→ § 288 Rz. 1).

1 IDW RS HFA 33 Tz. 24.

XXV. Bewertungseinheiten (Nr. 23)

§ 254 HGB erlaubt unter bestimmten **Voraussetzungen** – insbesondere Anforderungen an die Effektivität – die Bildung von Bewertungseinheiten zwischen Grund- und Sicherungsgeschäften, um im Umfang des Sicherungszusammenhangs imparitätische Ansatz- und Bewertungsvorschriften auszusetzen (→ § 254 Rz. 4). Nach Auffassung des IDW (→ § 254 Rz. 10) besteht hierbei ein Wahlrecht. Ökonomische Sicherungszusammenhänge können, aber müssen nicht bilanziell als Bewertungseinheiten abgebildet werden. 171

- Sofern danach auf die Anwendung von § 254 HGB verzichtet wird, ist dies als angewandte Bewertungsmethode nach § 284 Abs. 2 Nr. 1 HGB anzugeben.[1]
- Sofern § 254 HGB zur Anwendung gelangt, greifen die Angabepflichten aus Nr. 23.

Nach Nr. 23 sind für entsprechende Bewertungseinheiten **im Anhang oder wahlweise im Lagebericht** (→ § 289 Rz. 77 ff.) folgende Angaben zu machen: 172

- **Art der Risiken,** d. h. der Risikovariablen (Zins, Währung etc.) und der Risikofolge (Wert- oder Zahlungsstromschwankung).
- **Art der Bewertungseinheit** (Mikro-, Makro- oder Portfolio-*Hedge,* → § 254 Rz. 42).
- **Betrag** des Grundgeschäfts (bei Vermögensgegenständen und Schulden Buchwert, bei Zahlungsstromsicherung erwarteter Zahlungsstrom).
- **Höhe** der abgesicherten Risiken.
- Beurteilung der **prospektiven Effektivität** der Sicherungsbeziehung (→ § 254 Rz. 44) in qualitativer („warum") und, sofern erforderlich, auch quantitativer („Umfang") Beurteilung unter zusätzlicher Nennung von Beurteilungsmethode und voraussichtlichem Zeitraum der Risikokompensation. Bestehen wesentliche Unterschiede in der Laufzeit von Sicherungs- und Grundgeschäft, ist darzustellen, wie die Sicherungslücke ggf. überbrückt werden soll.
- Bei Absicherung erwarteter Transaktion (*cashflow hedge,* → § 254 Rz. 40) ist zusätzlich das Tatbestandsmerkmal **„hohe Wahrscheinlichkeit** der erwarteten Transaktion" nachvollziehbar zu begründen.

Der Begriff der **Höhe** der abgesicherten Risiken ist nicht eindeutig. Nach einer Auffassung ist hier der Betrag der am Bilanzstichtag der vorliegenden Bewertungseinheit zufolge unterlassenen Abwertung von Vermögensgegenständen, Aufwertung von Schulden sowie Drohverlustrückstellung zu nennen.[2] Unseres Erachtens ist der Risikobegriff aber **nicht stichtags-,** sondern **zukunfts**bezogen. In dieser Perspektive ist offenzulegen, ob ein Grundgeschäft in vollem Umfang oder nur zu einem Teil abgesichert ist, also etwa eine Fremdwährungsforderung oder erwartete Fremdwährungseinnahmen von 10 Mio. USD nur zu 75 % oder zu 100 %. Anzugeben ist somit insbesondere der gesicherte Teil des Nominalvolumens.[3]

Die Integration der o. g. Angaben in einen *Hedge*-Spiegel ist bei einer Vielzahl von Geschäften sinnvoll: 173

1 IDW ERS HFA 35 Tz. 87.

2 Vgl. *Grottel* in Beck'scher Bilanz-Kommentar, 13. Aufl. 2022, § 285 Tz. 708.

3 Gleicher Auffassung *Oser/Holzwarth* in Küting/Pfitzer/Weber (Hrsg.), Handbuch der Rechnungslegung, §§ 284 bis 288 Tz. 721.

BEISPIEL

Risiko		Grundgeschäft		Sicherungsinstrument		Art Bewertungseinheit	Prospektive Effektivität
Variable	Art	Art	Betrag	Art	Betrag		
Währung	Kontrahierter Zahlungsstrom	Bestellte Ware, Fakturierung USD	5 Mio. USD	Dollarterminkauf	1 Mio. USD	Mikro-*Hedge*	Laufzeit- und Volumenkongruenz
Währung	Erwarteter Zahlungsstrom*	Für 02 erwartete US-Exporte	Gesichert 7,5 Mio. USD (von 10 Mio. USD)	Dollarterminverkauf	7,5 Mio. USD	Mikro-*Hedge*	Laufzeit- und Volumenkongruenz
Zins	Kontrahierter Zahlungsstrom	Variabel verzinsliches Darlehen	2 Mio. €	Swap	2 Mio. €	Mikro-*Hedge*	Laufzeit- und Volumenkongruenz
Aktienkurs	Wertänderung	Aktien	Gesichert 0,5 Mio. € (von 1 Mio. €)	Aktienverkaufsoption	0,5 Mio. €	Mikro-*Hedge*	Volumenkongruenz

*) Der erwartete Zahlungsstrom von 10 Mio. USD ergibt sich aus der Finanzplanung.

Die hohe Wahrscheinlichkeit resultiert insbesondere daraus, dass nur 75 % des erwarteten Zahlungsstroms abgesichert sind.

XXVI. Bewertungsparameter für Pensionsrückstellungen (Nr. 24)

174 Zu Rückstellungen für Pensionen und ähnlichen Verpflichtungen sind anzugeben:

- das angewandte versicherungsmathematische Verfahren (Teilwert-, Anwartschaftsbarwert usw.),
- der Zinssatz,
- die erwarteten Lohn- und Gehaltssteigerungen,
- die zugrunde gelegten Sterbetafeln (z. B. „Heubeck 20xx").

Die anzugebenden Bewertungsgrößen werden besprochen unter → § 253 Rz. 87 ff. Eine tabellarische Darstellung ist hier besonders empfehlenswert.

174a Die Angaben sind auch für solche Pensionsverpflichtungen zu machen, die wegen Verrechnung nach § 246 Abs. 2 Satz 2 HGB oder Inanspruchnahme des Wahlrechts nach Art. 28 EGHGB nicht in der Bilanz erscheinen.[1]

XXVII. Deckungsvermögen bei Pensionsverpflichtungen (Nr. 25)

175 § 246 Abs. 2 Satz 2 HGB sieht die Verrechnung insolvenzfest zur Deckung von Altersversorgungsverpflichtungen separierten Vermögens (Deckungs- bzw. Planvermögen) mit den Schulden aus der Altersversorgung (oder ähnlichen Verpflichtungen) sowie die Verrechnung der korrespondierenden Erträge und Aufwendungen vor (→ § 246 Rz. 392 ff.). Nr. 25 verlangt korrespondierend eine Darstellung der **unsaldierten** Beträge im Anhang.

1 IDW RS HFA 30 Tz. 92.

Da die zu verrechnenden Vermögensgegenstände abweichend von den allgemeinen Bewertungsregeln gem. § 253 Abs. 1 Satz 4 HGB auch dann mit dem beizulegenden **Zeitwert** anzusetzen sind, wenn dieser die Anschaffungskosten übersteigt, entspricht der für die Vermögensgegenstände anzugebende unsaldierte Betrag dem **beizulegenden Zeitwert.** Zusätzlich sind nach Nr. 25 aber auch die **Anschaffungskosten** anzugeben, um über den Umfang aufgedeckter stiller Reserven zu informieren. 176

Die entsprechende Anwendung von Nr. 20 Buchst. a (→ Rz. 138) ist vorgeschrieben. Dies bedeutet: Soweit der beizulegende Zeitwert der Vermögensgegenstände sich nicht unmittelbar als Preis an einem aktiven Markt ergibt, sondern ein **Bewertungsmodell** angewandt wird, sind die **grundlegenden Prämissen** der Bewertung zu benennen. Eine Nennung des Bewertungsmodells reicht nicht aus. Vielmehr ist über die wesentlichen Parameter zu berichten. Hierzu können bei *Discounted-Cashflow*-Bewertung etwa Angaben zum risikoadäquaten Zinssatz, zur Länge des Detailplanungszeitraums, zur sich anschließenden Rente und zu den Wachstumsannahmen für beide Zeiträume gehören. Sensitivitätsanalysen sind nicht gefordert. 177

Vorrangiges Berichtsobjekt ist jedoch u. E. das Deckungsvermögen **insgesamt.** Besteht das der Zeitbewertung zu unterwerfende Portfolio hauptsächlich aus börsennotierten Wertpapieren und entfällt der verbleibende Teil auf eine Vielzahl unterschiedlicher Gegenstände, fehlt es an wesentlichen Bewertungsparametern für das Gesamtportfolio. In diesem Fall halten wir eine Erläuterung der **Zusammensetzung** des Portfolios und **abstrakte** Hinweise auf die Bewertung für ausreichend.

Zur Anwendung der Vorschriften folgendes Beispiel: 178

BEISPIEL Planvermögen und Pensionsverpflichtung der U entwickeln sich wie folgt:

	Planvermögen	GuV		Pensionsverpflichtung	GuV
1.1.	100		1.1.	150	
Zinsertrag	6	6	Dienstzeitaufwand	10	10
Wertminderung	-4	-4	Änderung Bewertungsparameter	6	6
Zuführung (Dotierung)	18		Zinsaufwand	9	9
31.12.	120	2	31.12.	175	25

Sofern die U den Zinsanteil aus dem Pensionsaufwand nicht unter Personalaufwand, sondern als Zinsaufwand erfasst (→ § 253 Rz. 130), sind im Anhang mindestens folgende Angaben zu leisten:

Pensionsverpflichtung	175	
Deckungsvermögen beizulegender Zeitwert (bzw. AK)	120	AK: 112
Pensionsrückstellung Bilanz	55	
Aufwand aus Pensionsverpflichtung	25	
Ertrag aus Deckungsvermögen	2	
Pensionsaufwand GuV	23	

Der beizulegende Zeitwert des Deckungsvermögens ergibt sich mit einem Anteil von 80 für börsennotierte Wertpapiere unmittelbar aus dem Marktpreis.

Der verbleibende Betrag von 40 verteilt sich auf nicht börsennotierte Anleihen, Genussrechte und Anteile. Die Bewertung erfolgte überwiegend im *Discounted-Cashflow*-Verfahren.

Bei der Bestimmung der Diskontierungszinsen und Cashflow-Erwartungen wurden im weitestgehenden Umfang extern beobachtbare Daten verwendet.

XXVIII. Anteile an Investmentvermögen (Nr. 26)

1. Anhangangabe als Ersatz für Bilanzierung und Konsolidierung

179 Investmentanteile erfahren nach dem Gesetz für **Konsolidierungs**zwecke und h. M. für **Bilanzierungs**zwecke zum Teil eine **Sonderbehandlung:**

- § 290 Abs. 2 Nr. 4 HGB privilegiert Anteile an einem Ein-Personen-Spezialfonds insofern **konzernbilanziell,** als abweichend von den sonst für Zweckgesellschaften geltenden Regeln wegen der mangelnden Unternehmenseigenschaft des Fonds eine Konsolidierung auch dann nicht erfolgt, wenn das Unternehmen allein (oder mehrheitlich) die Risiken und Chancen aus dem Fonds trägt (→ § 290 Rz. 60).
- Nach §§ 246 ff. HGB findet unter Berufung auf die Wertpapierqualität der Anteilsscheine an Investmentfonds (§ 1 Abs. 11 Nr. 2 KWG und § 2 WpHG) im **Einzelabschluss** eine Bilanzierung der Anteilsscheine anstelle der dahinterliegenden Vermögensgegenstände auch dann statt, wenn ein Spezialfonds von einem oder wenigen Anlegern beherrscht wird.

Unseres Erachtens verträgt sich die einzelbilanzielle Qualifizierung als Wertpapier bei von einem oder wenigen Zeichner(n) beherrschten Spezialfonds aber nicht mit dem wirtschaftlichen Gehalt (→ § 271 Rz. 19):

- Die Spezialfonds-Anleger tragen die mit dem Sondervermögen verbundenen Chancen und Risiken.
- Sie nehmen auf die Zusammensetzung des Sondervermögens und damit die Chancen und Risiken i. d. R. aktiv Einfluss. Basis hierfür ist einerseits die vertragliche Abstimmung zwischen Kapitalanlagegesellschaft und Anlegern darüber, wie das Sondervermögen gemanagt werden muss und in welchen sachlichen und quantitativen Grenzen angelegt werden darf, andererseits der von den Anlegern dominierte Anlageausschuss, der die Anlagepolitik gestaltet.
- Die Anleger tragen daher bei typischer Gestaltung nicht nur die Risiken und Chancen des Spezial-Sondervermögens, sondern entscheiden auch über dessen Management. Sie sind daher in wirtschaftlicher Betrachtung (quotaler) Eigentümer der einzelnen das Sondervermögen bildenden Anlagen.

Die herrschende einzelbilanzielle Auffassung ist anders. Konzernbilanziell ist die Nichtkonsolidierung von Anteilen an Investmentfonds ohnehin durch die Kasuistik des § 290 Abs. 2 Nr. 4 HGB eindeutig zugelassen. Ein gewisses Unbehagen an dieser allgemeinen Wertungen entgegenstehenden Behandlung hat zu den Angabepflichten nach Nr. 26 bzw. § 314 Abs. 1 Nr. 18 HGB geführt. Diese sind daher in erster Linie **Ersatztatbestand** für eine ohne Kasuistik vorzunehmende Bilanzierung oder Konsolidierung.

2. Tatbestand

180 Die Angabepflicht nach Nr. 26 greift, wenn das Unternehmen

- mehr als **10 %**

- der Anteile oder Anlageaktien an **inländischen Investmentvermögen** i. S. der §§ 1 Abs. 10 und 108 bis 123 KAGB oder an vergleichbarem EU-Investmentvermögen (§ 1 Abs. 8 KAGB) oder vergleichbarem sonstigen **ausländischen Sondervermögen** hält und
- diese **als Wertpapiere** statt der Vermögensgegenstände des Fonds oder der Anteile an diesen **bilanziert.**

Nach der zweiten Voraussetzung sind nicht nur Anteile an Investmentfonds, sondern auch Anlageaktien an Investmentaktiengesellschaften mit veränderlichem Kapital angabepflichtig.

Die dritte Voraussetzung ergibt sich aus der verlangten Gegenüberstellung von Buchwerten und Zeitwerten für den Investmentanteil (→ Rz. 181). Werden stattdessen die Vermögensgegenstände (bzw. die Anteile an ihnen) unmittelbar beim Investor erfasst, sind andere Angabepflichten, insbesondere Nr. 18 (→ Rz. 124) und ggf. Nr. 19 (→ Rz. 129), bei Banken auch Nr. 20, relevant.

Neben Beteiligungen an inländischen Sondervermögen sind auch vergleichbare Beteiligungen an **ausländischem Investmentvermögen,** etwa in Form einer **luxemburgischen SCP oder SICAV,** angabepflichtig, sofern die 10 %-Schwelle überschritten wird.

3. Angabepflichten

Anzugeben sind 181

- die bestehenden **Investmentanteile** oder **Anlageaktien,**
- aufgegliedert nach **Anlagezielen,** d. h. ggf. nach jeweiligen Anlageschwerpunkten (z. B. „Aktien europäischer Technologieunternehmen" oder „Euro- und USD-Staatsanleihen"), ansonsten unter Beschreibung der Anlagepolitik (z. B. „ausgeglichenes Verhältnis von Zinspapieren und Aktien, Letztere mit Schwerpunkt europäische *blue chips*"),
- mit dem **Buchwert** und dem (von der Kapitalanlagegesellschaft zur Verfügung gestellten) regelmäßig über dem Rücknahmepreis liegenden **Anteilswert** i. S. der §§ 168 und 278 KAGB oder dem entsprechenden Wert vergleichbarer ausländischer Vorschriften,
- die für das Geschäftsjahr erfolgten oder aus Praktikabilitätsgründen stattdessen die zugeflossenen **Ausschüttungen**[1] sowie
- Beschränkungen in der Möglichkeit der täglichen **Rückgabe** nach speziellen Vertragsbedingungen oder für Sonderfälle, wie Schließung der Börse etc.

Soweit der Wert des Investmentanteils **gemindert** ist, im Hinblick auf den vermuteten temporären Charakter der Wertminderung aber eine außerplanmäßige Abschreibung **unterbleibt** (→ § 253 Rz. 189 ff.), ist Nr. 18 entsprechend anzuwenden (→ Rz. 124 ff.).

XXIX. Risiko der Inanspruchnahme aus Haftungsübernahmen (Nr. 27)

Angesprochen sind die in § 268 Abs. 7 HGB i. V. mit § 251 HGB (→ § 268 Rz. 155) geregelten Haftungsverhältnisse. Auf die dortige Kommentierung wird verwiesen. 182

1 *Oser/Holzwarth* in Küting/Pfitzer/Weber (Hrsg.), Handbuch der Rechnungslegung – Einzelabschluss, §§ 284 bis 288 Tz. 767.

Anzugeben sind die Gründe für die Einschätzung des Risikos der Inanspruchnahme, also insbesondere die Gründe für die Nichtpassivierung. Darstellungstechnisch ist diese Angabe mit derjenigen nach § 268 Abs. 7 zu verbinden.

Nichtssagende Formulierungen wie „Die Nichtpassivierung der Haftungsschulden beruht auf Wahrscheinlichkeitskalkülen" erfüllen die Angabepflicht nicht. **Mindestens** ist darzustellen, wieweit sich die Wahrscheinlichkeitsbeurteilung auf Vergangenheitserfahrungen, aktuelle Bonitätsdaten (etwa Rating) oder Rückgriffsrechte, dingliche Sicherheiten etc. stützt.

Wird bei einer großen Zahl von Haftungsverhältnissen bilanzielle Risikovorsorge durch **portfolioorientierte** Rückstellungen (analog Pauschalwertberichtigungen) getroffen, ist dies zu erläutern.

Zur Darlegung dieser Gründe wird im Übrigen auf → § 251 Rz. 39 verwiesen.

XXX. Angaben zur Ausschüttungssperre nach § 268 Abs. 8 HGB (Nr. 28)

183 Mit den angabepflichtigen „Beträgen" sind die Bilanzausweise der drei in § 268 Abs. 8 HGB genannten Posten (→ § 268 Rz. 158) abzüglich der zugehörigen passiven Steuerlatenzen gemeint. Nicht betroffen sind Beträge, die nach § 253 Abs. 6 HGB ausschüttungsgesperrt sind. Die Angabepflicht beschränkt sich auf die quantifizierende Nennung des oder der Posten, die insgesamt den Sperrbetrag ergeben.

Bei mehr als einem Posten sollte die Angabe tabellarisch (**„Ausschüttungssperrspiegel"**) erfolgen:

	Betrag (€)	Passive latente Steuern	Ausschüttungssperre
Aktiver Unterschiedsbetrag zwischen Zeitwert und Anschaffungskosten von Deckungsvermögen	+X	-XX	= XXX
Aktivierte selbst erstellte immaterielle Anlagen	+Y	-YY	= YYY
Überhang aktive latente Steuern	+Z		= ZZZ
	$\sum$	$-\sum$	$=\sum$

Die Spalte „Betrag" stimmt nur bei den selbst erstellten immateriellen Anlagen mit dem nach § 266 HGB gesondert auszuweisenden Posten überein. Beim **Deckungsvermögen** ist hingegen nicht auf deren Höhe, sondern auf die positive Differenz von beizulegendem Zeitwert und Anschaffungskosten abzustellen (§ 268 Abs. 8 Satz 3 HGB). In beiden Fällen sind noch gebildete passive latente Steuern abzusetzen (→ § 268 Rz. 158). Vertretbar ist statt der von uns bevorzugten Bruttodarstellung auch eine Nettodarstellung, bei der der aktivierte Unterschiedsbetrag und die selbst erstellten immateriellen Anlagen mit dem um die latenten Steuern geminderten Betrag ausgewiesen werden, oder eine zusammengefasste, nicht nach Ursachen differenzierende Angabe der latenten Steuern mit Bruttodarstellung der beiden übrigen Posten.

Zu einer Ausschüttungssperre führt auch ein bilanzierter **Aktivüberhang** latenter Steuern. Von dem nach § 274 Abs. 1 Satz 3 HGB netto oder brutto ausgewiesenen Aktivüberhang (→ § 274 Rz. 74) ergibt sich eine Abweichung wegen der passiven latenten Steuern auf Deckungsvermögen und immaterielle Anlagen. Diese haben bereits in den beiden ersten Zeilen der o.g. Darstellung den ausschüttungsgesperrten Betrag vermindert. Eine nochmalige Berücksichtigung bei der Bemessung des Aktivüberhangs führt daher zu einer nicht sachgerechten Doppelminderung. Ob deshalb der Aktivüberhang so zu bestimmen ist, als ob auf die beiden vorgenannten Posten keine passiven latenten Steuern angesetzt worden wären, wird unter → § 268 Rz. 163 ff. diskutiert.

Wenn nur **ein** Posten nach § 268 HGB angesprochen ist, kann die Anhangangabe in einem Satz erledigt werden: „Die selbst geschaffenen Immaterialgüter des Anlagevermögens führen abzüglich darauf entfallender passiver Steuerlatenzen von X € zu einer Ausschüttungssperre von Y €."

Kleine Gesellschaften sind von der Angabepflicht befreit.

XXXI. Angaben zur Steuerlatenzrechnung (Nr. 29)

184 Die Angabepflicht bezieht sich auf die **Buchwertunterschiede** zwischen Handels- und Steuerbilanz – „Differenzen" i. S. des § 274 Abs. 1 Satz 1 HGB (→ § 274 Rz. 20) – sowie die latenzierten Verlustvorträge. Diese beiden Größen stellen das Grundgerüst der Steuerlatenzrechnung dar. Zusätzlich sind die Steuersätze als entscheidende Bewertungsgröße (→ § 274 Rz. 65) anzugeben, wobei eine Prozentangabe des kombinierten Ertragsteuersatzes ausreicht, die rechnerische Herleitung dieses Steuersatzes (z. B. aus Körperschaftsteuer, Solidaritätszuschlag und Gewerbesteuer) hingegen nicht angabepflichtig ist.

185 Diese Angabepflicht kann sinnvoll nur in tabellarischer Form (**„Steuerlatenzspiegel"**) erfolgen:

BEISPIEL **1. Inländische Betriebsstätten**

	Buchwerte (€)		Differenz	Steuersatz
	HB	StB	(€)	(%)
Aktivlatenzen				
Pensionsrückstellungen	1.200	930	270	30
Sonstige Rückstellungen	820	790	30	30
	2.020	1.720	300	
Passivlatenzen				
Selbst erstellte Immaterialgüter	100	0	100	30
Steuerliche Sonderabschreibungen	150	0	150	30
	250	0	250	
Aktivüberhang aus Differenzen			50	30

2. Ausländische Betriebsstätten I

	Betrag	Jahr	Steuersatz
Verlustvortrag	1.570	01	20
Verlustvortrag	320	02	20
Verlustvortrag	80	03	20
	1.970		

186 Von dieser Angabepflicht sind **kleine** Kapital- und „Kap. & Co."-Gesellschaften nach § 288 Abs. 1 HGB (→ § 288 Rz. 1) und **mittelgroße** nach § 288 Abs. 2 HGB (→ § 288 Rz. 2) befreit. Großen Gesell-

schaften (→ § 267 Rz. 14) kommt regelmäßig das Ansatz**wahlrecht** nach § 274 Abs. 1 Satz 2 HGB wegen eines Aktivüberhangs der Latenzen zugute (→ § 274 Rz. 57), sie können dann auf die Bilanzierung der Steuerlatenz **verzichten.** In diesem Fall müsste folgerichtig die Angabepflicht im Anhang ebenfalls entfallen. Der Gesetzeswortlaut und die Gesetzesbegründung (→ Rz. 187) sehen dies jedoch – anders als für die kleinen und mittelgroßen Gesellschaften – nicht vor.[1]

187 Nach der Gesetzesbegründung des Bundestags-Rechtsausschusses[2] ist die Angabe aber auch dann vorzunehmen, wenn latente Steuern wegen des Aktivüberhangs **nicht** ausgewiesen werden, m. a. W., wenn das Wahlrecht nach § 274 Abs. 1 Satz 2 HGB (→ § 274 Rz. 57) ausgeübt wird. „Gerade dann" soll dem Abschlussadressaten die sich dahinter verbergende „Gesamtdifferenzbetrachtung" aufgeschlüsselt werden. Das ist nur in der im Beispiel unter → Rz. 185 dargestellten Form möglich. Im Ergebnis wird die Steuerlatenzrechnung bei Ausübung des Wahlrechts nach § 274 Abs. 1 Satz 2 HGB von der Bilanz und GuV in den **Anhang** verlagert. Dort mag man bei Einzelfragen großzügig vorgehen, wie im Beispiel unter → Rz. 185 etwa einen Durchschnittssteuersatz für die in- und ausländischen Betriebsstätten anwenden. Eine interne Überschlagsrechnung nach dem Vorschlag unter → § 274 Rz. 59 genügt allerdings nicht. Der größere Mittelstand ist jedenfalls wenigstens zu einer **internen** Steuerlatenzrechnung verpflichtet.

188 *(einstweilen frei)*

189 Der Gesetzeswortlaut verlangt in Übereinstimmung mit der Begründung des Bundestags-Rechtsausschusses die Berichterstattung über die „Differenzen", also die Buchwertunterschiede. Differenzen sind als mathematische Größe nur **quantitativ** darzustellen. Das Gleiche gilt für die Verlustvorträge. Dennoch sollen nach IDW[3] und dem sich anschließenden DRS 18.65[4] sowie der wohl h. M.[5] **„qualitative** Angaben" genügen.[6] Fraglich ist dabei, was unter „qualitativen Angaben" zu verstehen ist.

BEISPIEL ▸ Die U hat aktive Latenzen von 80 aus Pensionsrückstellungen und 70 aus Drohverlustrückstellungen, passive Latenzen von 140 aus aktivierten Entwicklungskosten. Der Saldo beträgt +10 und wird nicht aktiviert.

Wie kann eine qualitative Angabe aussehen? Hierzu folgende Varianten:

1. „Der nicht angesetzte Überhang aktiver Latenzen ergibt sich aus Pensionsrückstellungen."
2. „Der nicht angesetzte Überhang aktiver Latenzen ergibt sich aus Pensionsrückstellungen und Drohverlustrückstellungen."
3. „Der nicht angesetzte Überhang aktiver Latenzen ergibt sich aus Pensionsrückstellungen und Drohverlustrückstellungen. Die daraus resultierenden abzugsfähigen temporären Differenzen übersteigen die steuerpflichtigen temporären Differenzen aus aktivierten Entwicklungskosten."
4. „Der nicht angesetzte Überhang aktiver Latenzen i. H. von 10 ergibt sich aus Pensionsrückstellungen und Drohverlustrückstellungen. Die daraus resultierenden abzugsfähigen temporären Differenzen übersteigen die steuerpflichtigen temporären Differenzen aus aktivierten Entwicklungskosten."

Gesetzeskonform ist u. E. bestenfalls die vierte Variante.

---

1 Für eine Angabepflicht trotz Nichtbilanzierung latenter Steuern *Grottel* in Beck'scher Bilanz-Kommentar, 13. Aufl. 2022, § 285 Tz. 831.

2 BT-Drucks. 16/12407 S. 13.

3 Im nach Verabschiedung von DRS 18 nicht zurückgezogenen IDW ERS HFA 27 Tz. 36.

4 Anders noch der Entwurf, der eine Aufschlüsselung temporärer Differenzen nach Bilanzposten vorsah.

5 Vgl. z. B. *Grottel* in Beck'scher Bilanz-Kommentar, 13. Aufl. 2022, § 285 Tz. 831 ff.

6 IDW ERS HFA 27.36, offensichtlich bezugnehmend auf ein Interview mit Ministralrat *Ernst*, S:R 2009 S. 131, der als Vertreter der Exekutive maßgeblich am Gesetzgebungsverfahren zum BilMoG beteiligt war.

Nach der Begründung des Bundestags-Rechtsausschusses sollen wegen der **„Gesamtdifferenzbetrachtung“** (für den Bilanzansatz) die Differenzen und ggf. **Verlustvorträge** gerade deshalb dargestellt werden, um die sich „dahinter“ verbergenden Rechengrößen offenzulegen, für die „per Saldo ein Ausweis unterbleibt“. Auch „per saldo“ ist eine nur quantitativ zu bestimmende Größe. 190

BEISPIEL In Fortsetzung des Beispiels unter → Rz. 189 hat die U noch Steuerlatenzen aus Verlustvorträgen aus einer ausländischen Betriebsstätte und im Inland nur bei der Gewerbesteuer. Eine Quantifizierungen vermeidende („qualitative“) Angabe könnte dann lauten:

„Wir haben aus Buchwertunterschieden per saldo einen Überhang aktiver Latenzen, der sich noch um Verlustvorträge nennenswert erhöht.“

Diesen (rein) qualitativen Angaben geht jeder **Aussagegehalt** ab. Im Beispiel unter → Rz. 189 wären – wenn auch meistens ohne Sinngehalt – noch quantitative Elemente enthalten. Die Angabe im Beispiel unter → Rz. 190 zeigt das Erfordernis der geltungserhaltenden Interpretation des Gesetzeswortlauts. Denn eine Nichtaussage im Rahmen einer Anhangangabe kann vom Gesetzgeber nicht gewollt sein. Die Beschränkung auf „qualitative Angaben“ kann daher sinnvoll nur meinen: „Eine tabellarische Auflistung ... unter Nennung **jedes** Einzelbetrags“ ist nicht erforderlich. Daraus würde im **Umkehrschluss** folgen: Die Bilanzposten mit den wesentlichen Unterschiedsbeträgen sind aufzulisten – wie im Beispiel unter → Rz. 185.[1] 191

Die in ihrer Interpretation strittige gesetzliche Pflicht zur Erläuterung temporärer Differenzen und Verlustvorträge wurde bisher in DRS 18.67 (mit unmittelbarer Wirkung nur für den Konzernabschluss) noch um die Pflicht zur Erstellung einer Überleitungsrechnung *(tax reconciliation)* zwischen erwartetem und ausgewiesenem Steueraufwand erweitert. Im Gesetzgebungsverfahren wurde diese nur im Stadium des Referentenentwurfs gefordert.[2] DRÄS 11 nimmt die Streichung von DRS 18.67 und damit den Fortfall einer Überleitungspflicht vor. 192

Nachfolgend ein Beispiel einer Überleitungsrechnung:

BEISPIEL

	02	01
Erwarteter Steueraufwand	891	1.989
Erhöhung/Minderung der Ertragsteuerbelastung durch:		
Nicht abzugsfähige Betriebsausgaben inkl. ausländischer Quellensteuer	533	545
Geschäfts- und Firmenwerte	1	-34
Steuerfreie Erträge	-259	-552
Steuern für Vorjahre	-31	-572
Veränderung in der Realisierbarkeit latenter Steueransprüche	34	-147
Effekt Steuersatzänderung	6	323
Steuersatzunterschiede ausländischer Töchter	-86	-310
Steuereffekt von nach der *Equity*-Methode bilanzierten Beteiligungen	-79	-40
Sonstiges, netto	5	-10
Ausgewiesener Ertragsteueraufwand	**1.015**	**1.192**

1 Ähnlicher Auffassung *Theile*, Bilanzrechtsmodernisierungsgesetz, 2. Aufl. 2009, S. 197; *Hoffmann/Lüdenbach*, NWB 2009 S. 1480 ff.; *Petersen/Zwirner*, StuB 2009 S. 418 ff.; *Küting/Seel*, DB 2009 S. 924 ff.

2 RefE BilMoG S. 139.

XXXII. Steuersalden bei latenten Steuerschulden (Nr. 30)

193 *(einstweilen frei)*

193a Diese von der EU-RL förmlich gebotene Angabe macht dann Sinn, wenn nach dem Recht anderer EU-Staaten latente Steuern in der Bilanz selbst nicht als separate Posten erscheinen. Im Hinblick auf die Gliederungsvorschriften nach deutschem Recht ist der Steuersaldo schon aus der Bilanz selbst erkennbar, die Angabe deshalb obsolet.[1] Wenn gleichwohl zur Erfüllung des Gesetzeswortlauts eine Angabe gemacht werden soll, dann nur in den Fällen, in denen in der Bilanz tatsächlich latente Steuerschulden angesetzt sind. Dabei ergibt sich eine Rückwirkung des Saldierungswahlrechts für latente Steuern auf den Anhang. Für Einzelheiten wird auf → § 274 Rz. 105c verwiesen.

XXXIII. Außergewöhnliche Aufwands- und Ertragsposten (Nr. 31)

193b Das BilRUG hat in Umsetzung von Art. 13 Abs. 1 der EU-RL 2013 eine **Streichung der außerordentlichen Posten** (a. o. Ertrag, a. o. Aufwand, a. o. Ergebnis) in der GuV vorgenommen. § 277 Abs. 4 Satz 1 HGB a. F., der die Definition der außerordentlichen Posten enthielt, ist entfallen. Flankiert werden sollte die Streichung der außerordentlichen Posten in der GuV gem. RefE durch eine neue Anhangangabe zur Umsetzung des Art. 16 Nr. 1 Buchst. f der EU-RL 2013. Gemäß § 285 Nr. 30 HGB-E i. d. F. des Referentenentwurfs sollte im **Anhang** „jeweils der Betrag und die Art außerordentlicher Erträge und außerordentlicher Aufwendungen" anzugeben sein. Die Begründung des Referentenentwurfs führte zum Ganzen bei § 275 HGB-E aus, dass ein Ausweis außerordentlicher Erträge oder Aufwendungen „nach Artikel 16 Absatz 1 Buchstabe f der EU-Richtlinie 2013 fortan zwingend im Anhang zu erfolgen hat".

Fraglich erschien, ob mit dieser Begründung und der neuen Gesetzesformulierung die **Intention der neuen Richtlinie** zutreffend umgesetzt wird.

Hier lohnt zunächst ein Blick auf den amtlichen englischen Richtlinientext. Die in der 4. EG-Richtlinie noch enthaltenen Posten *„**extraordinary** income, extraordinary charges, extraordinary profit or loss"* fallen mit der neuen Richtlinie fort. Zugleich sieht die neue Richtlinie in Art. 16 Abs. 1 Buchst. f vor, dass *„individual items of income or expenditure which are of **exceptional** size or incidence"* im Anhang erläutert werden.[2] Die in der GuV wegfallenden außerordentlichen Posten *(extraordinary items)* wandern danach nicht einfach in den Anhang, vielmehr ist im Anhang allgemein (für jeden Posten) auf Erträge ungewöhnlicher *(exceptional)* Größe oder ungewöhnlichen Anfalls einzugehen.

Vor dem Hintergrund der **IFRS-Rechnungslegung** macht die englische Fassung der Richtlinie wie folgt Sinn: Aus der hoch ermessensbehafteten Abgrenzung ordentlicher von außerordentlichen Ergebnissen und der damit einhergehenden **Missbrauchsgefahr** (ungewöhnliche Erträge werden im Zweifel als ordentlich, ungewöhnliche Belastungen im Zweifel als außerordentlich ausgewiesen) hat die internationale Rechnungslegung 2003 den Schluss gezogen, die Spaltung des Unternehmensergebnisses in ein ordentliches und außerordentliches Ergebnis nicht mehr zuzulassen, weder in der GuV noch an sonstiger Stelle des Jahresabschlusses (IAS 1.BC18

1 Gleicher Auffassung *Theile*, GmbHR 2015 S. 283.

2 Ähnlich in anderen Sprachen, z. B. im Niederländischen mit dem Wegfall von bisher in der GuV auszuweisenden *„buitengewonen"* Posten und einer neuen Anhangangabe zu *„uitzonderlijken"* Vorfällen.

rev. 2003 sowie IAS 1.87 der aktuellen Fassung). Gleichwohl verlangt der einschlägige IAS 1 weiterhin die Offenlegung bestimmter ungewöhnlicher Erträge und Aufwendungen, etwa aus Restrukturierung oder Beilegung bedeutender Rechtsstreitigkeiten (IAS 1.98). Unseres Erachtens ist die Richtlinie in gleicher Weise zu lesen. Sie fordert nicht dazu auf, eine als willkürlich angesehene Teilung in ordentliches und außerordentliches Ergebnis statt in der GuV zukünftig ebenso willkürlich im Anhang darzustellen. Sie verlangt vielmehr dort Erläuterungen (Disaggregationen) von GuV-Posten, wo diese nach Art oder Höhe ungewöhnliche Beträge enthalten. Dies kann etwa im Einzelfall bei den sonstigen betrieblichen Erträgen die Auflösung einer nicht mehr benötigten Rückstellung sein, bei den sonstigen betrieblichen Aufwendungen der Verlust aus dem Abgang von Sachanlagen, bei den Beteiligungserträgen eine ungewöhnlich hohe Dividende. Die Erläuterung hat gem. § 284 Abs. 1 HGB (Angaben in der Reihenfolge der einzelnen Posten der Bilanz und GuV) zu den jeweiligen Posten zu erfolgen, also im Beispiel für die Auflösung der Rückstellung bei den sonstigen betrieblichen Erträgen, für den Abgangsverlust bei den Sachanlagen bei den sonstigen betrieblichen Aufwendungen, für die Dividende bei den Beteiligungserträgen usw. Eine Zusammenfassung dieser und weiterer Erläuterungen zu einem außerordentlichen Ergebnis ist u. E. nicht zulässig.

Die so im Schrifttum zuerst von uns geäußerte Kritik[1] am Referentenentwurf hat in der Folge der Regierungsentwurf und sodann die endgültige Gesetzesfassung aufgegriffen. Letztere verlangt nun richtlinienkonform in § 285 Nr. 31 HGB nur noch im Anhang „jeweils de[n] Betrag und die Art der **einzelnen** Erträge oder Aufwendungen von **außergewöhnlicher** Größenordnung oder **außergewöhnlicher** Bedeutung“ zu erläutern, „soweit die Beträge nicht von untergeordneter Bedeutung sind“. Der letztgenannte Zusatz erscheint überflüssig, da kaum vorstellbar ist, wie ein Betrag von außergewöhnlicher Größenordnung oder Bedeutung gleichzeitig von untergeordneter Bedeutung sein soll.

Mit dem Fortfall der a. o. Posten wird auch § 285 Nr. 6 HGB a. F. aufgehoben, der im Anhang eine Spaltung der Ertragsteuern nach auf ordentliches und außerordentliches Ergebnis entfallenden Teilen vorsah.

Zur Minimierung von Willkür ist u. E. eine möglichst restriktive Auslegung des Begriffs des Außergewöhnlichen zu befürworten. Sich wiederholende Vorgänge sind eher nicht als außergewöhnlich zu werten. Zur Erläuterung dieser Anforderung eine klassische Prüfungsaufgabe aus dem amerikanischen CPA-Examen: 193c

BEISPIEL ► *Properties of Company X are damaged by an earthquake. Earthquakes are extremely rare in this area.*

Hiernach reicht der Verweis auf ein Erdbeben zur Begründung der außergewöhnlichen Bedeutung nicht aus.

Hinzukommen muss ein seltenes Auftreten von Erdbeben in der betreffenden Region. Hiernach wäre in erster Betrachtung ein mit Gebäudeschädigungen verbundenes Erdbeben

- in München außerordentlich,
- in Los Angeles gewöhnlich.

Die Bedingung der außergewöhnlichen Bedeutung setzt im Allgemeinen nicht nur voraus, dass es **bisher** im Unternehmen noch nicht eingetreten ist. Hinzukommen muss, dass auch

1 *Lüdenbach/Freiberg*, BB 2014 S. 2219 ff.

mit einem **erneuten Eintreten** auf mittlere Sicht nicht zu rechnen ist. Hierzu wiederum aus der amerikanischen Kasuistik folgendes Beispiel:

BEISPIEL Am 20.9.2001 entschied die *Emergent Issue Task Force* (EITF) des amerikanischen Standardsetters, dass als Folge der Terrorattacke vom 11.9. eingetretene Verluste bei Fluglinien, im World Trade Center residierenden Finanzdienstleistern und anderen als außerordentlich zu qualifizieren seien. Am 28.9. wurde diese Entscheidung revidiert:[1]

Konsens bestand bei Ergehen der revidierten Entscheidung darin, dass die direkten Effekte des 11.9. von anderen Effekten, etwa einem durch Verunsicherung ausgelösten Konjunkturrückgang, nicht zu trennen seien, ein Ausweis von Teilen der Aufwendungen und Verluste als gewöhnlich, von anderen als außerordentlich aber willkürlich sei. Überdies wiesen einige Mitglieder des EITF darauf hin, dass sich Terrorattacken nicht zum ersten Mal in den USA ereigneten und auch in der Zukunft mit ihnen zu rechnen sei. Zwar sei die Größenordnung der Attacke vom 11.9. ungewöhnlich, nach APB 30 könne die Größenordnung aber kein Faktor sein, der eine Qualifizierung als außerordentlich rechtfertige. Für die Angabepflicht nach § 285 Nr. 32 HGB würde die außergewöhnliche Größenordnung der vom Unternehmen erlittenen Schäden hingegen ausreichen.

Der separate Ausweis außergewöhnlicher Posten dient der Ertrags**analyse** und **-prognose.** Er soll es ermöglichen, Ergebnis und Ergebnisentwicklung um mehr oder weniger einmalige und damit prognostisch irrelevante Effekte zu bereinigen. Der Nutzen einer solchen Bereinigung tendiert gegen null, wenn es um im Verhältnis zur Ergebnisentwicklung geringe Beträge geht. Unter Berufung auf das **Wesentlichkeits**prinzip ist daher jedenfalls ein Ausweis solcher Fälle als außergewöhnlich nicht mehr geboten.

Unseres Erachtens ist die Wesentlichkeitsfrage aber nicht erst bei der Anwendung der Ausweis- und Anhangvorschriften auf einen gegebenen Sachverhalt, sondern schon vorgeschaltet bei dessen **Qualifikation** zu beachten. Die im Begriff der „außergewöhnlichen Bedeutung" vorausgesetzte Seltenheit betrifft nicht nur die Art des gewinn- oder verlustauslösenden Ereignisses, sondern kumulativ das Maß seiner Wirkung. Bei geringer Wirkung liegt kein außergewöhnliches Ereignis vor.

BEISPIEL Die U verfügt über einen umfangreichen Bestand an Betriebsgebäuden. Ihr nachhaltiges Jahresergebnis von 10 Mio. € ist regelmäßig mit Gebäudeinstandhaltungsaufwendungen von etwa 1 Mio. € belastet.

Ein für den Standort der U untypisches Erdbeben der Stärke 5,5 (der Art nach ein seltenes Ereignis) führt im Jahr 01 zu Schäden an einigen Betriebsgebäuden. Die Beseitigung der Erdbebenschäden verursacht Kosten von

- Alternative 1: 0,1 Mio. €,
- Alternative 2: 1,0 Mio. €.

BEURTEILUNG Im Verhältnis zum Jahresergebnis und zu den üblichen Gebäudeinstandhaltungsaufwendungen ist der erdbebenbedingte Aufwand höchstens in Variante 2 bedeutsam. In Variante 1 liegt zwar der Art bzw. Schadensursache nach ein seltenes Ereignis vor, nicht jedoch dem Betrag bzw. der Wirkung nach. Ein außergewöhnlicher Aufwand liegt daher jedenfalls in Variante 1 nicht vor.

193d Die vorstehenden Beispiele zeigen die **Schwierigkeit einer willkürfreien Trennung** zwischen außergewöhnlichem und gewöhnlichem Ergebnis. An diesem Befund ändert sich auch dann nichts, wenn das Schrifttum der Praxis Hilfestellung durch Kasuistik zu geben versucht. Am ehesten kann die Kasuistik daher Fälle festhalten, die **so gut wie nie von außergewöhnlicher Bedeutung** sind. Hierzu gehören:

1 *EITF Issue 01-10, Accounting for the Impact of the Terrorist Attacks of September 11, 2001.*

- Verluste aus der **außerplanmäßigen Abschreibung** und Ergebnisse aus dem **Abgang von Sachanlagen,** die nicht durch erzwungene Stilllegung von Betriebsteilen bedingt sind,
- **Währungsgewinne** und -verluste,
- **Inventurdifferenzen,**
- **Einzelwertberichtigungen** und Erträge aus dem Eingang wertberichtigter Forderungen,
- Erträge aus der **Auflösung von Rückstellungen oder Wertberichtigungen.**

Infrage kommen als **außergewöhnlich** hingegen, **sofern nur äußerst selten vorkommend und von erheblicher Größenordnung:**

- Verluste und Gewinne aus dem **Verkauf wesentlicher Betriebsteile** (nicht bei einem Großkonzern, bei dem derartige Transaktionen mit einer gewissen Regelmäßigkeit vorkommen),
- Verluste aus der **erzwungenen Stilllegung** von Betriebsteilen,
- Sanierungsgewinne aus einem allgemeinen **Forderungsverzicht** der Gläubiger,
- Schäden aus nicht versicherten **Naturkatastrophen,**
- Gewinne oder Verluste aus einer **Umwandlung** der Kapitalgesellschaft,
- Ergebnisse aufgrund eines Wegfalls der Fortbestehenshypothese (→ § 252 Rz. 35).

Fraglich ist noch, ob die Erläuterungspflicht für ungewöhnliche Erträge und Aufwendungen sich auf alle infrage kommenden GuV-Posten (also etwa auch Umsatzerlöse oder Beteiligungserträge) bezieht oder von vornherein auf die sonstigen (betrieblichen) Erträge und Aufwendungen begrenzt ist. Dem Gesetzeswortlaut lässt sich keine Begrenzung entnehmen. Auch der verfolgte Zweck – Erfolgsspaltung – spricht u. E. gegen eine Begrenzung. Gestützt auf die Begründung zur Beschlussempfehlung des Rechtsausschusses zum BilRUG[1] erscheint eine restriktive Auslegung andererseits aber nicht völlig unvertretbar. Der Ausschuss hielt nämlich fest: „Aus der Perspektive der Nutzer der Rechnungslegung ist daher zu beurteilen, ob der einzelne Ertrag oder die einzelne Aufwendung aus den sonstigen Erträgen oder Aufwendungen aufgrund seiner Größenordnung oder aufgrund seiner Bedeutung so deutlich hervortritt, dass eine gesonderte Erläuterung notwendig erscheint."

Art. 67 Abs. 7 EGHGB a. F. sah den Ausweis bestimmter Erträge und Aufwendungen aus dem Übergang vom HGB a. F. auf das BilMoG als außerordentlich vor. Von besonderer Bedeutung waren Pensionsverpflichtungen, bei denen der Differenzbetrag zwischen Bewertung vor BilMoG und Bewertung geg. BilMoG auf bis zu 15 Jahre (bis zum 31. 12. 2024) verteilt werden darf (Art. 67 Abs. 1 EGHGB). Diese Verteilungsbeträge sind nach Art. 75 Abs. 5 nunmehr unter sonstigen betrieblichen Aufwendungen bzw. Erträgen zu erfassen und als „Aufwendungen (bzw. Erträge) nach Art. 67 Abs. 1 und 2 EGHGB" gesondert anzugeben. Am besten wird dem durch einen Davon-Vermerk entsprochen. 193e

BEISPIEL ► Im Zeitpunkt des Übergangs zum BilMoG betrug die Pensionsrückstellung 1.000 GE nach altem und 1.150 GE nach neuem Recht. Das Unternehmen löst die Differenz über 15 Jahre auf und erfasste daraus bisher pro Jahr einen a. o. Aufwand von 10 GE.

2018 berichtet das Unternehmen wie folgt:

Sonstige betriebliche Aufwendungen: 73 GE

Davon Aufwendungen nach Art. 67 Abs. 1 EGHGB: 10 GE

---

1 BT-Drucks. 18/5256 v. 17.6.2015.

XXXIV. Periodenfremde Aufwendungen und Erträge (Nr. 32)

1. Überblick

193f Periodenfremde Erträge und Aufwendungen werden in der GuV nicht in gesonderten Posten, sondern in dem inhaltlich jeweils angesprochenen Posten ausgewiesen. Im Interesse zutreffender Analysemöglichkeiten der Ertragslage des Geschäftsjahres sind jedoch Erträge und Aufwendungen, die einem anderen Geschäftsjahr zuzurechnen sind, nach § 285 Nr. 32 HGB im Anhang zu erläutern. Kleine Kapitalgesellschaften sind von dieser Verpflichtung befreit (§ 285 Abs. 1 Nr. 1 HGB).

2. Korrektur von Fehlern in laufender Rechnung

193g „Einem **anderen** Geschäftsjahr zuzurechnen" sind unstrittig Aufwendungen und Erträge, die eine Korrektur von **Fehlern** der Vorjahre darstellen. Abweichend von den Regeln der internationalen Rechnungslegung (IAS 8) werden derartige Fehler der Vorjahre handelsrechtlich – mit Ausnahme noch nicht durch Zeitablauf geheilter Nichtigkeit des Jahresabschlusses – nicht durch Anpassung von Eröffnungsbilanzwerten, sondern als **Korrektur in laufender Rechnung** vorgenommen (IDW RS HFA 6, → § 252 Rz. 245). Die im Ergebnis des laufenden Jahres enthaltene, **sachlich** aber einem **anderen Geschäftsjahr** zuzurechnende Fehlerkorrektur ist daher im Anhang nach Art und Betrag zu erläutern.

BEISPIEL ► Bei der Inventur 01 wurde eine im gleichen Jahr geschehene Unterschlagung von Roh-, Hilfs- und Betriebsstoffen nicht entdeckt, der Materialaufwand demzufolge um 100 zu niedrig ausgewiesen.

Der Fehler wird im Jahr 02 in laufender Rechnung korrigiert. Dies erhöht den Materialaufwand 02 und verzerrt die Rohertrags- bzw. Materialaufwandsquote.

Im Anhang ist diese Verzerrung zu erläutern.

3. Revision von Schätzungen

193h Fraglich ist, ob neben der Korrektur von Fehlern auch die Revision von Schätzungen zu periodenfremden Ergebnissen führen kann.

Teile des Schrifttums setzen sich mit dieser Frage systematisch kaum auseinander. Eine Diskussion, was als periodenfremd gelten kann, wird häufig als überflüssig angesehen. Stattdessen wird sofort zur Kasuistik geschritten, mit dem Ergebnis etwa, dass der Ertrag aus der Auflösung von Rückstellungen als periodenfremd qualifiziert wird.[1]

Andere Beiträge bemühen sich um eine systematische Differenzierung. Hiernach soll etwa bei der **Auflösung einer Rückstellung** zu unterscheiden sein, ob sie:

- ► auf (den ursprünglichen Wert) **erhellende** Ereignisse (→ § 252 Rz. 70) zurückgeht (dann **periodenfremd**) oder
- ► auf **wertbegründende Ereignisse** (dann **periodengerecht**).

Entsprechende Differenzierungen müssten dann bei der Nachdotierung zu niedrigeren Rückstellungen vorgenommen werden.

1 So etwa *ADS*, 6. Aufl., § 277 Tz. 87.

BEISPIEL ▸ Ende 01 wird U wegen einer angeblich im gleichen Jahr verursachten Schädigung in einem Produkthaftungsverfahren auf 100 Mio. € verklagt. Gemäß einer bis zur Bilanzaufstellung eingeholten rechtsanwaltlichen Auskunft ist der Anspruch des Klagegegners möglicherweise dem Grunde nach berechtigt, der Höhe nach aber weit überzogen. Per 31.12.01 dotiert U die Rückstellung daher zutreffend (d. h. nach bester bei Bilanzaufstellung verfügbarer Erkenntnis) mit 10 Mio. €.

Nach prozessualer Vernehmung von Sachverständigen im Jahr 02 wird die Schadensschätzung revidiert, die Rückstellung per 31.12.02 zutreffend (d. h. nach bester bei Bilanzaufstellung verfügbarer Erkenntnis) um 15 Mio. € auf 25 Mio. € erhöht. Die bessere Erkenntnis ist werterhellend, die Nachdotierung in Anwendung der o. g. Schrifttumsmeinung also periodenfremd.

Kurz vor Bilanzaufstellung für 03 weist das Gericht die Klage überraschend in vollem Umfang ab. Die Rückstellung wird per 31.12.03 ertragswirksam aufgelöst. Ein Urteil im Passivprozess gilt als wertbegründend (→ § 252 Rz. 88), der im Jahr 04 zu berücksichtigende Ertrag wird in Anwendung der o. g. Schrifttumsmeinung also periodengerecht.

Hiernach wäre der Fall wie folgt zu beurteilen:

Jahr	- Gesamtaufwand/ + Gesamtertrag	Davon periodengerecht	Davon periodenfremd
1	-10	-10	
2	-15		-15
3	0	+25	0
4	+25	25	
Totalbetrachtung	0	+15	-15

In der Totalbetrachtung entsteht saldiert kein Aufwand oder Ertrag.

Gleichwohl würde in der Totalbetrachtung saldiert ein periodenfremdes Ergebnis von -15 Mio. € ausgewiesen (entsprechend der Differenz aus Auflösungsbetrag und Erstdotierung).

Die h. M. sieht über die im Beispiel behandelte Auflösung nicht mehr benötigter Rückstellungen hinaus auch folgende Fälle als periodenfremd an:[1] 193i

- **Zuschreibungen** auf Sachanlagen oder Vorräte,
- Gewinne und Verluste aus der **Veräußerung von Sachanlagen** (→ Rz. 56),
- nicht durch Rückstellungen oder Forderungen berücksichtigte **Steuernachzahlungen** bzw. -erstattungen,
- **Eingänge auf abgeschriebene Forderungen,**
- Steuernachzahlungen oder -erstattung aufgrund einer **Betriebsprüfung**
- etc.

Zum Erfolg aus dem **Abgang von Sachanlagen** folgendes Beispiel: 193j

BEISPIEL ▸ Im Jahr 01 werden drei Maschinen für je 100 angeschafft und über zehn Jahre linear abgeschrieben. Ende 08 werden die Maschinen bei einem Buchwert von 20 zu jeweils 5 veräußert.

Der Verlust von jeweils 15 erklärt sich auf unterschiedliche Weise:

Maschine 1 wurde z. T. mehrschichtig genutzt und ist deshalb übermäßig abgenutzt. Diese Abnutzung war Anlass für die Veräußerung und erklärt z. T. den unter dem Buchwert liegenden Veräußerungspreis. Der Verlust mag in Anwendung der h. M. daher insoweit als periodenfremd begriffen werden, als er die im Abschreibungsaufwand der Vorperioden nicht reflektierte übermäßige Nutzung widerspiegelt. Allerdings besteht keine direkte Beziehung zwischen Nutzung und Abgangsverlust. Zum Abgangsverlust kann auch ein allgemeiner Rückgang der Gebrauchtmaschinenpreise beigetragen haben. Sachgerecht

1 Vgl. *ADS*, 6. Aufl., § 277 Tz. 87.

(aber praktisch nicht durchführbar) könnte daher eine Aufteilung des Abgangsverlusts nach Ursachen sein.

Maschine 2 soll aufgrund ab 07 stark gestiegener Energiepreise durch ein energiesparenderes Nachfolgemodell ersetzt werden. Zu überlegen ist dann, ob auf die objektive, schon im Jahr 07 einsetzende Energiepreisentwicklung abzustellen ist (dann in Anwendung der h. M. möglicherweise periodenfremder Abgangsverlust) oder auf den aus der Preisentwicklung folgenden, erst im Jahr 08 gefassten Beschluss für eine Ersatzinvestition (dann eher periodengerecht).

Maschine 3 wird wegen einer im Jahr 08 beschlossenen Änderung des Produktionsprogramms nicht mehr benötigt. Auch hier ist zu fragen, ob es auf den Beschluss zur Änderung des Produktionsprogramms im Jahr 08 ankommt (dann periodengerecht) oder auf die sich möglicherweise schon in Vorjahren angebahnt habenden objektiven Ursachen dieser Entscheidung (dann mit h. M. eher periodenfremd).

In allen drei Fällen noch unberücksichtigt ist die Frage, ob der Erlös von 5 den besten erzielbaren Preis darstellt oder bei besserem Bemühen auch ein Preis von 12,5 hätte erzielt werden können. Soweit Letzteres der Fall ist, wäre der Verlust unter Anwendung der h. M. ggf. zu splitten, in einen jedenfalls periodengerechten Teil von 7,5 und einen fallweise periodengerechten oder periodenfremden von weiteren 7,5.

193k Das vorstehende Beispiel zeigt: Aufwand und Ertrag aus Anlagenverkäufen können nur im Wege sehr willkürlicher und **artifizieller Überlegungen ex post** in einen periodenfremden und periodengerechten Teil separiert werden. Dem Bilanzadressaten ist mit derart künstlichen Zerlegungen aber wenig gedient. Unseres Erachtens ist daher eine **restriktive Interpretation** der periodenfremden Erträge und Aufwendungen angezeigt, die sich im Wesentlichen auf die **Korrektur vorjähriger Fehler** in laufender Rechnung beschränkt.

Eine **weitergehende Interpretation,** die auch die Anpassung von Bilanzposten an im Zeitablauf verbesserte Erkenntnisse als periodenfremde Erträge und Aufwendungen darstellen würde, dient dem Bilanzadressaten jedenfalls nicht, wenn wie im Rückstellungsbeispiel (→ Rz. 54) für einen in Summe der Perioden die GuV saldiert gar nicht berührenden Vorgang in Summe der Perioden gleichwohl saldiert ein periodenfremdes Ergebnis im Anhang ausgewiesen wird.

Vor jeder zu solchen nicht sachgerechten Ergebnissen führenden Kasuistik ist daher nach dem **Wesen der Bilanzierung** zu fragen. Dazu gehört ganz entscheidend auch die Vornahme von Schätzungen (→ § 252 Rz. 59). Dort, wo in der Stichtags- und Periodenrechnung zukünftige Entwicklungen zu antizipieren sind, also etwa bei der Einschätzung der Nutzungsdauer von Anlagen, bei der Dotierung von Einzel- und Pauschalwertberichtigungen sowie Rückstellungen, bei der Frage, ob die Ertragsteuern wie erklärt veranlagt werden, bei der Einschätzung des absatzorientiert ermittelten Niederstwerts von Vorräten und bei der Beurteilung der Dauerhaftigkeit von Wertminderungen, ist jeweils der **beste bei Bilanzaufstellung verfügbare Erkenntnisstand** zu berücksichtigen. Es liegt in der Natur zukunftsgerichteter **Schätzungen,** dass diese **nur ausnahmsweise punktgenau** der späteren tatsächlichen Entwicklung entsprechen. Dem Bilanzadressaten wird dann nicht gedient, wenn alle schätzungsbehafteten Positionen und damit – plakativ gesprochen – bis auf den Kassenbestand und die Bankverbindlichkeiten die gesamte Bilanz zu einem Exerzitium der Trennung in periodenfremde und periodenzugehörige Aufwendungen und Erträge werden soll. Ein solches Vorgehen führt im Rückstellungsbeispiel (→ Rz. 54) zu **zufälligen Ergebnissen,** je nachdem, wie sich Erstdotierung und Auflösung der Rückstellung betragsmäßig zueinander verhalten und ob die Auflösungsursache werterhellend oder wertbegründend ist; im Sachanlagebeispiel (→ Rz. 56) kommt es zu ebenso zufälligen Resultaten, je nachdem, was die subjektive Analyse der Ursachen des Abgangsverlusts ergibt und wo der Beginn der Ursachenkette gesehen wird.

Nach unserer Auffassung lassen sich solche Zufälligkeiten und Inkonsistenzen am besten vermeiden, indem als **periodenfremd nicht die Revision von Schätzungen**, sei diese nun werterhellend oder wertbegründend veranlasst, angesehen wird. § 252 Abs. 1 Nr. 4 und 5 HGB gebietet, mit der Buchung von Erträgen und Aufwendungen nicht zu warten, bis sie durch die tatsächliche Entwicklung, etwa die tatsächliche Zahlungsbelastung aus einem Risiko oder den tatsächlichen Zahlungseingang aus einer dubiosen Forderung, bestätigt werden, sondern alle vorhersehbaren Risiken zu berücksichtigen. Aufwand und Ertrag der Periode werden insofern gerade dadurch bestimmt, was unter Beachtung der Realisations- und der Bewertungsprinzipien nach **bester Schätzung** am Stichtag zu erwarten war. Was **bester Stichtagserkenntnis** entspricht, ist **Ertrag bzw. Aufwand der Periode** und damit nicht periodenfremd. Wenn es dann tatsächlich anders kommt, reflektiert dies nicht mehr den Erkenntnisstand der ursprünglichen, sondern den der späteren Perioden und damit deren (periodengerechten) Ertrag oder Aufwand.

XXXV. Besondere Vorgänge nach Ende des Geschäftsjahres (Nr. 33)

Besondere Vorgänge nach Ende des Geschäftsjahres sind unter Angabe der Art und der finanziellen Auswirkungen anzugeben (sog. **Nachtragsbericht**). Die früher enthaltene Angabepflicht wurde durch das BilRUG im Lagebericht aufgehoben. Die nach Nr. 33 zu berücksichtigende Zeitschiene beläuft sich i. d. R. auf höchstens drei Monate nach Ende des Geschäftsjahres (§ 264 Abs. 1 Satz 2 HGB) und reduziert sich bei früherer Berichterstattung[1] entsprechend. Das Stichtagsprinzip (→ § 252 Rz. 39) gilt hier nicht, ebenso wenig eine Art Imparität (→ § 252 Rz. 99). Es ist also über positive Vorgänge – kartellrechtliche Genehmigung des Unternehmenserwerbs – und negative – Absatzeinbruch wegen Coronavirus – zu berichten. Die erwarteten finanziellen Auswirkungen auf die „Lage" sind anzugeben und zu erläutern (→ Rz. 25).[2] Eine Quantifizierung i. S. von Punkt- oder Intervallprognosen ist nicht geboten, wohl aber – um die Angabe nicht inhaltsleer zu lassen – eine Tendenzaussage oder eine komparative Aussage. Eine Fehlanzeige ist in analoger Anwendung von § 265 Abs. 8 HGB nicht erforderlich, zur Vermeidung von Missverständnissen aber empfehlenswert. Entsprechendes gilt für Stichtage vor dem 24.2.2022 für die Auswirkungen des Angriffskrieges Russlands gegen die Ukraine. Für spätere Stichtage stellt der Krieg ohnehin ein wert- und ansatzerhellendes Ereignis dar, das je nach individueller Betroffenheit des Unternehmens u. a. bei außerplanmäßigen Abschreibungen und Rückstellungen zu berücksichtigen ist.[3] Personengesellschaften sowie kleine oder Kleinstkapitalgesellschaften, die keinen Anhang bzw. keinen Nachtragsbericht zu erstellen haben, müssen nur dann Angaben machen, wenn ein bestandsgefährdendes Risiko vorliegt.[4] 194

Die Berichterstattung ist nur bei **besonderer** Bedeutung geboten,[5] es gilt also eine hochgradige Wesentlichkeitsschwelle (→ Rz. 12). Ein Vorgang ist dann von besonderer Bedeutung, wenn die

---

1 Im Schrifttum z. T. a. A. IDW PS 203 Tz. 9: Erteilung des Bestätigungsvermerks; bei börsennotierten Gesellschaften und anderen Großunternehmen ersetzt u. E. eine Pressemitteilung das Berichtserfordernis nach Erstellung des Lageberichts.

2 DRS 20.114.

3 IDW, Fachlicher Hinweis zu den Auswirkungen des Ukraine-Krieges auf die Rechnungslegung und deren Prüfung (2. Update, April 2022).

4 IDW, Fachlicher Hinweis zu den Auswirkungen des Ukraine-Krieges auf die Rechnungslegung und deren Prüfung (2. Update, April 2022).

5 DRS 20.114.

Information über die von ihm zu erwartenden Auswirkungen zu einer signifikant anderen Beurteilung der erwarteten Entwicklung des Unternehmens führt als das vorliegende Rechenwerk (Bilanz und GuV). Ein Beispiel ist die Corona-Krise.

Zu den „Vorgängen" gehören auch Entwicklungen und Tendenzen im neuen Jahr, wenn sie sich wesentlich von denen des Geschäftsjahres unterscheiden. Keine Vorgänge stellen „freiwillige", also nicht durch schon vorliegende äußere Umstände erzwungene Planungen oder sonstige Absichten des Unternehmens dar, deren Implementierung kurzfristig nicht zu erwarten ist.

In **zeitlicher Hinsicht** sind mindestens die Vorgänge bis zur Aufstellung des Abschlusses angabepflichtig. In besonders bedeutsamen Fällen ist der Zeitraum bis zu Feststellung maßgeblich (→ § 245 Rz. 8 ff.)

XXXVI. Ergebnisverwendungsvorschlag und -beschluss (Nr. 34)

195 Die Angabe des Vorschlags oder des Beschlusses über die Gewinnverwendung wird für alle mittelgroßen und großen Kapital- und „Kap. & Co."-Gesellschaften vorgeschrieben. Bzgl. des Gewinnverwendungsbeschlusses führt dies zu technischen Problemen, weil bei Ende der Erstellung des Jahresabschlusses noch kein Gewinnverwendungsbeschluss vorliegen kann. Da regelmäßig der Gewinnverwendungsbeschluss im Anhang fehlen dürfte, muss nachträglich eine Offenlegung nach § 325 Abs. 1b HGB (→ § 325 Rz. 23b) erfolgen. Die Ergebnisverwendung durch die Verwaltung (AG oder SE) sowie die zwingende Ergebnisverwendung aufgrund gesetzlicher oder satzungsmäßiger Regeln ist kein Bestandteil des Ergebnisverwendungsvorschlags. Die Empfänger einer vorgesehenen Ausschüttung sind nicht namentlich zu benennen.

Einzelheiten zur Gewinnverwendung sind in → § 268 Rz. 3 ff. kommentiert. An dieser Stelle ergehen deshalb nur folgende Hinweise bzgl. des Entfallens eines Gewinnverwendungsvorschlags und entsprechend eines -beschlusses:

- Bei Vorliegen eines Gewinnabführungsvertrags (→ § 246 Rz. 458) stellt der abgeführte Gewinn oder der ausgeglichene Verlust keine Gewinn- bzw. Ergebnisverwendung dar. Gewöhnlich verbleibt ein Jahresergebnis von null.
- Bei Vorliegen eines Bilanzverlusts bzw. eines negativen Gesamtergebnisses (Jahresüberschuss/-fehlbetrag zzgl. Gewinnvortrag abzgl. Verlustvortrag) gibt es nichts zu „verwenden", da Ausschüttungen und Rücklagendotierung entfallen (→ § 268 Rz. 34).
- Bei Personengesellschaften mit gesetzlichem Normalstatut wird häufig der Jahresabschluss der Gesellschaften bereits bei der Bilanzerstellung zugewiesen (zur Kritik vgl. → § 246 Rz. 178).
- Bei nicht vom Gesetz verlangten, lediglich freiwillig oder nach Gesellschaftsvertrag erfolgten Ergebnisverwendungsvorschlägen ist nach Auffassung des IDW[1] ebenfalls keine Anhangangabe notwendig.

1 IDW Life 2016 S. 52.

§ 286 Unterlassen von Angaben

(1) Die Berichterstattung hat insoweit zu unterbleiben, als es für das Wohl der Bundesrepublik Deutschland oder eines ihrer Länder erforderlich ist.

(2) Die Aufgliederung der Umsatzerlöse nach § 285 Nr. 4 kann unterbleiben, soweit die Aufgliederung nach vernünftiger kaufmännischer Beurteilung geeignet ist, der Kapitalgesellschaft einen erheblichen Nachteil zuzufügen; die Anwendung der Ausnahmeregelung ist im Anhang anzugeben.

(3) [1]Die Angaben nach § 285 Nr. 11 und 11b können unterbleiben, soweit sie

1. **für die Darstellung der Vermögens-, Finanz- und Ertragslage der Kapitalgesellschaft nach § 264 Abs. 2 von untergeordneter Bedeutung sind oder**
2. **nach vernünftiger kaufmännischer Beurteilung geeignet sind, der Kapitalgesellschaft oder dem anderen Unternehmen einen erheblichen Nachteil zuzufügen.**

[2]Die Angabe des Eigenkapitals und des Jahresergebnisses kann unterbleiben, wenn das Unternehmen, über das zu berichten ist, seinen Jahresabschluss nicht offen zu legen hat und die berichtende Kapitalgesellschaft keinen beherrschenden Einfluss auf das betreffende Unternehmen ausüben kann. [3]Satz 1 Nr. 2 ist nicht anzuwenden, wenn die Kapitalgesellschaft oder eines ihrer Tochterunternehmen (§ 290 Abs. 1 und 2) am Abschlussstichtag kapitalmarktorientiert im Sinn des § 264d ist. [4]Im Übrigen ist die Anwendung der Ausnahmeregelung nach Satz 1 Nr. 2 im Anhang anzugeben.

(4) Bei Gesellschaften, die keine börsennotierten Aktiengesellschaften sind, können die in § 285 Nr. 9 Buchstabe a und b verlangten Angaben über die Gesamtbezüge der dort bezeichneten Personen unterbleiben, wenn sich anhand dieser Angaben die Bezüge eines Mitglieds dieser Organe feststellen lassen.

(5) (weggefallen)

Inhaltsübersicht **Rz.**

LITERATUR:

Bischof/Oser, Enforcement der Angabe der Vorstandsbezüge bei einem Alleinvorstand, BB 2012 S. 2615.

Auf die unter → § 285 angegebene Literatur wird verwiesen.

I. Allgemeine Schutzklausel (Abs. 1)

1 Nach Abs. 1 sind Angaben im Anhang zu unterlassen, wenn dies für das Wohl des Staats erforderlich ist. Die Unterlassung der Berichterstattung ist ein **Muss.** Die Unterlassungspflicht bezieht sich nur auf Bund und Länder; andere Gebietskörperschaften sind insoweit „ungeschützt", insbesondere die Gemeinden.

2 Das Berichtsverbot bezieht sich auf **sämtliche** Anhangangaben, die das Tatbestandsmerkmal – Beeinträchtigung des Wohlergehens der Bundesrepublik Deutschland oder eines ihrer Länder – erfüllen. Auch die Einhaltung vertraglicher Verschwiegenheitspflichten gegenüber der öffentlichen Hand kann im Einzelfall aus Staatswohlzwecken erforderlich sein. Allgemein ist

aber eine sehr **enge** Auslegung der Gesetzesanweisung geboten. Militärische Produktion und Forschung oder strategische Bevorratungsmaßnahen können etwa dem Unterlassungsgebot unterliegen. Über die Anwendung der Schutzklausel ist **nicht** zu berichten (Umkehrschluss zu Abs. 2 Satz 1 Halbsatz 2 und Abs. 3 Satz 4, → Rz. 7).

Eine weitere rechtsformspezifische Schutzklausel betreffend „das Wohl der Bundesrepublik Deutschland oder eines ihrer Länder" enthält § 160 Abs. 2 AktG bzgl. der Angabepflichten nach § 160 Abs. 1 AktG (→ § 284 Rz. 37).

II. Aufgliederung der Umsatzerlöse (Abs. 2)

3 Die Aufgliederung der Umsatzerlöse (→ § 285 Rz. 33) ist für **kleine** Kapital- und „Kap. & Co."-Gesellschaften nach § 288 Abs. 1 HGB **nicht geboten** (→ § 288 Rz. 1). Sie kann für den **übrigen** von der Anhangberichterstattung betroffenen Unternehmerkreis unter den Voraussetzungen des Abs. 2 unterbleiben.

4 Im Unterschied zu Abs. 1 wird in Abs. 2 nicht das „Gemeinwohl" in Form des Wohls von Bund und Ländern, sondern das Wohl des Berichtsunternehmens geschützt. Wäre eine Angabe geeignet, diesem einen erheblichen Nachteil zuzufügen, **kann** sie unterbleiben. Die **Eignung** der Nachteilszuführung ist plausibel nach vernünftigem kaufmännischen Ermessen vom Vorstand bzw. v6n der Geschäftsführung zu beurteilen.

5 Die Beurteilung der möglichen Schadenszuführung ist **selektiv** (→ § 285 Rz. 29) vorzunehmen. So kann eine geografische Aufgliederung schädlich sein, eine nach Tätigkeitsbereichen dagegen nicht und umgekehrt.

III. Anteilsbesitz (Abs. 3)

1. Untergeordnete Bedeutung (Abs. 3 Satz 1 Nr. 1)

6 Angaben zum Beteiligungsbesitz nach § 285 Nr. 11 und 11b HGB (→ § 285 Rz. 85 ff.) können nach Abs. 3 Nr. 1 unterbleiben, wenn sie für die Darstellung der Vermögens-, Finanz- und Ertragslage von untergeordneter Bedeutung sind. Die Vorschrift ist eine Ausformulierung der für die Rechnungslegung allgemein (→ § 252 Rz. 233) und die Anhangberichterstattung speziell (→ § 284 Rz. 28) gültigen **Wesentlichkeitsklausel.** Eine **Definition** der Wesentlichkeit, z. B. anhand von prozentualen oder absoluten Größenmerkalen, gibt es nicht (→ § 252 Rz. 236). Klar lassen sich Gesellschaften ohne Geschäftsbetrieb *(„Dormant Companies")* unter „unbedeutend" subsumieren; doch meistens ist das pflichtgemäße Ermessen der Bilanzersteller gefragt. Dabei ist nicht nur über die einzelne Gesellschaft zu reflektieren, sondern über den **gesamten** Anteilsbesitz.

2. Erhebliche Nachteile (Abs. 3 Satz 1 Nr. 2)

7 Die Angaben zum Beteiligungsbesitz nach § 285 Nr. 11 und 11b HGB können trotz Wesentlichkeit (→ Rz. 6) unterbleiben, wenn sie geeignet sind, einen Nachteil zuzufügen, und zwar **beidseitig:**

- für die berichterstattungspflichtige Gesellschaft **oder**
- für das Berichtsobjekt.

Der Anwendung dieser Schutzklausel sind enge Grenzen gesetzt, d. h., sie ist einer hohen Plausibilitätshürde unterworfen. Die Inanspruchnahme ist im **Anhang** anzugeben (Abs. 3 Satz 4).

Die Möglichkeit der Befreiung wegen Nachteilseignung gilt gem. Abs. 3 Satz 3 nicht, wenn die Kapitalgesellschaft oder eines ihrer Tochterunternehmen kapitalmarktorientiert ist (→ § 264d Rz. 1 f.).

3. Erleichterungen (Abs. 3 Satz 2)

Ausgenommen von einem Teilbereich der Angabepflichten nach § 285 Nr. 11 HGB, nämlich von der Angabe des Eigenkapitals und des Jahresergebnisses, sind Beteiligungen an **nicht publizitätspflichtigen** Gesellschaften („reine“ Personengesellschaften) bei einer Minderheitsbeteiligung („kein beherrschender Einfluss“) der berichtspflichtigen Gesellschaft (→ § 285 Rz. 96). Die Anwendung der Ausnahmeregelung ist im Anhang offenzulegen (→ § 284 Rz. 37). Die Schutzklausel darf bei **Kapitalmarktorientierung** (→ § 264d Rz. 1) der berichtenden Gesellschaft oder einer ihrer Tochtergesellschaften (mehrstufiger Konzern) nach Abs. 3 Satz 3 nicht in Anspruch genommen werden. 8

IV. Organvergütungen (Abs. 4)

Die Angabe des Gesamtbetrags der Organbezüge gem. § 285 Satz 1 Nr. 9a und b HGB (→ § 285 Rz. 55 ff.) kann gem. Abs. 4 unterbleiben, wenn sich aus dem Gesamtbetrag die Bezüge eines einzelnen Organmitglieds ableiten lassen. Die Inanspruchnahme dieser Erleichterungen setzt die Möglichkeit einer **individuellen Quantifizierung** durch die Berichtsadressaten voraus. Das ist immer dann der Fall, wenn das Organ nur durch eine Person repräsentiert wird, es sei denn, unterjährig wechselt die Organmitgliedschaft (jeweils mit einer Person). Für den **Aufsichtsrat**, der mindestens drei Personen umfassen muss, kommt die Befreiung unter dieser Voraussetzung eher nicht in Betracht. 9

Eine differenzierte Betrachtung ist bei **mehrköpfiger** Struktur des Leitungsorgans geboten. Folgende Aspekte müssen in die Beurteilung einfließen: 10

- Nach dem Wortlaut und auch der Entstehungsgeschichte kann diese Gesetzespassage auch auf Organe mit mehreren Mitgliedern Anwendung finden.[1]
- Ein Freibrief für den Angabeverzicht generell ist andererseits mit dieser Gesetzespassage nicht verbunden.
- Der Schutzzweck des Gesetzes richtet sich nicht auf die Offenlegung der Verhältnisse gegenüber anderen Organmitgliedern, sondern nur gegenüber den Abschlussadressaten.[2]
- Dabei sind Erwägungen des Datenschutzes relevant.

Daraus folgt aus Sicht des IDW:[3]

Der Angabeverzicht erfordert mindestens die schätzweise Feststellbarkeit der Bezüge wenigstens in der Größenordnung.[4] Bei Besetzung mit nur zwei oder drei Organmitgliedern soll die Zulässigkeit dieses Verzichts „außer Frage stehen“. Umgekehrtes gilt bei Besetzung mit mehr Personen, wenn nicht besondere Umstände die Höhe der individuellen Bezüge erlauben.

1 *Schellein*, WPg 1990 S. 533; BMJ, Schreiben v. 6.3.1995, DB 1995 S. 639.
2 So auch *Grottel* in Beck'scher Bilanz-Kommentar, 13. Aufl. 2022, § 286 Tz. 54.
3 Nach Auffassung des IDW HFA in IDW/FN 2011 S. 339.
4 OLG Düsseldorf, Urteil v. 26.6.1997, BB 1997 S. 1609.

Die Erleichterung gilt nicht für börsennotierte Aktiengesellschaften (→ Rz. 11).

V. Vorstandsbezüge börsennotierter Kapitalgesellschaften (Abs. 5)

11 Nach früherem Recht konnte bei börsennotierten Aktiengesellschaften die Individualisierung der Vorstandsbezüge unter Spaltung in erfolgsabhängige und fixe Bestandteile aufgrund eines mit qualifizierter Mehrheit gefassten Hauptversammlungsbeschlusses unterbleiben (sog. *Opt-out*-Beschluss).

Nach ARUG II ist ein Verzicht auf die Individualisierung der Bezüge (im Vergütungsbericht) nicht mehr zulässig. Die Folge ist eine ersatzlose Streichung von Abs. 5 (→ § 285 Rz. 79a).

12 *(einstweilen frei)*

§ 288 Größenabhängige Erleichterungen

(1) Kleine Kapitalgesellschaften (§ 267 Absatz 1) brauchen nicht

1. die Angaben nach § 264c Absatz 2 Satz 9, § 265 Absatz 4 Satz 2, § 284 Absatz 2 Nummer 3, Absatz 3, § 285 Nummer 2, 3, 4, 8, 9 Buchstabe a und b, Nummer 10 bis 12, 14, 15, 15a, 17 bis 19, 21, 22, 24, 26 bis 30, 32 bis 34 zu machen;

2. eine Trennung nach Gruppen bei der Angabe nach § 285 Nummer 7 vorzunehmen;

3. bei der Angabe nach § 285 Nummer 14a den Ort anzugeben, wo der vom Mutterunternehmen aufgestellte Konzernabschluss erhältlich ist.

(2) [1]Mittelgroße Kapitalgesellschaften (§ 267 Absatz 2) brauchen die Angabe nach § 285 Nummer 4, 29 und 32 nicht zu machen. [2]Wenn sie die Angabe nach § 285 Nummer 17 nicht machen, sind sie verpflichtet, diese der Wirtschaftsprüferkammer auf deren schriftliche Anforderung zu übermitteln. [3]Sie brauchen die Angaben nach § 285 Nummer 21 nur zu machen, sofern die Geschäfte direkt oder indirekt mit einem Gesellschafter, Unternehmen, an denen die Gesellschaft selbst eine Beteiligung hält, oder Mitgliedern des Geschäftsführungs-, Aufsichts- oder Verwaltungsorgans abgeschlossen wurden.

Inhaltsübersicht Rz.

LITERATUR:

Auf die unter § 284 angegebene Literatur wird verwiesen.

I. Erleichterungen für kleine Kapitalgesellschaften (Abs. 1)

1 Abs. 1 befreit kleine Kapital- und „Kap. & Co."-Gesellschaften von folgenden Angaben:

→ § 264c Rz. 44	Angabe der ausstehenden Hafteinlage (§ 264c Abs. 2 Satz 9 HGB)
→ § 265 Rz. 55	Vorliegen mehrerer Geschäftszweige (§ 265 Abs. 4 HGB)
→ § 284 Rz. 68a	Anlagespiegel (§ 284 Abs. 3 HGB)

→ § 284 Rz. 66	Angabe des Unterschiedsbetrags bei Anwendung eines Verbrauchsfolgeverfahrens bei der Vorrätebewertung (§ 284 Abs. 2 Nr. 3 HGB)
→ § 285 Rz. 8	Aufgliederung von Angaben zu Verbindlichkeiten (§ 285 Nr. 2 HGB)
→ § 285 Rz. 15	Angabe zu nicht bilanzierten Geschäften (§ 285 Nr. 3 HGB)
→ § 285 Rz. 29	Aufgliederung der Umsatzerlöse (§ 285 Nr. 4 HGB)
→ § 285 Rz. 39	Zusatzangaben beim Umsatzkostenverfahren (§ 285 Nr. 8 HGB)
→ § 285 Rz. 80	Angabe der Organbezüge (§ 285 Nr. 9a und b HGB), nicht dagegen die Kreditgewährung an Organmitglieder nach § 285 Nr. 9c HGB
→ § 285 Rz. 81	Namens- und Berufsangabe von Organmitgliedern (§ 285 Nr. 10 HGB)
→ § 285 Rz. 85	Angaben zu Beteiligungsbesitz und zur Stellung als unbeschränkt haftender Gesellschafter (§ 285 Nr. 11 und 11a HGB)
→ § 285 Rz. 104	Erläuterung der Rückstellungen (§ 285 Nr. 12 HGB)
→ § 285 Rz. 108	Angaben zu den Mutterunternehmen beim Konzernabschluss (§ 285 Nr. 14 HGB)
→ § 285 Rz. 113	Bei „Kap. & Co."-Gesellschaften die Angabe zum persönlich haftenden Gesellschafter (§ 285 Nr. 15 HGB)
→ § 285 Rz. 113a	Angaben zu bestehenden Genussscheinen (§ 285 Nr. 15a HGB)
→ § 285 Rz. 115	Angaben zum Abschlussprüferhonorar (§ 285 Nr. 17 HGB)
→ § 285 Rz. 124	Angaben zu unterlassenen Abschreibungen bei Finanzinstrumenten (§ 285 Nr. 18 HGB)
→ § 285 Rz. 129	Angaben zu derivativen Finanzinstrumenten (§ 285 Nr. 19)
→ § 285 Rz. 167	Angaben zu Geschäften mit Nahestehenden (§ 285 Nr. 21 HGB)
→ § 285 Rz. 170	Angaben zu Forschungs- und Entwicklungskosten (§ 285 Nr. 22 HGB)
→ § 285 Rz. 174	Angaben zu Bewertungsparametern bei Pensionsverpflichtungen (§ 285 Nr. 24 HGB)
→ § 285 Rz. 179	Angaben zu Anteilen an Sondervermögen (§ 285 Nr. 26 HGB)
→ § 285 Rz. 182	Angaben zum Haftungsobligo (§ 285 Nr. 27 HGB)
→ § 285 Rz. 183	Angaben zu Vermögensgegenständen mit Ausschüttungssperre (→ § 268 Rz. 156 ff., § 285 Nr. 28 HGB)
→ § 285 Rz. 186	Angaben zu Steuerlatenzen (§ 285 Nr. 29 HGB)
→ § 285 Rz. 193	Steuersalden (§ 285 Nr. 30 HGB)
→ § 285 Rz. 193c	Erläuterung von aperiodischen Posten (§ 285 Nr. 32 HGB)
→ § 285 Rz. 194	Angaben zu besonderen Vorgängen nach Abschluss des Geschäftsjahres (§ 285 Nr. 33 HGB)
→ § 285 Rz. 195	Ergebnisverwendungsvorschlag (§ 285 Nr. 34 HGB)

Zu den **Mindest**angabepflichten nach Inanspruchnahme **aller** Erleichterungen bei Erstellung und Offenlegung vgl. die Auflistung unter § 326 Rz. 9.

II. Erleichterungen für mittelgroße Kapitalgesellschaften (Abs. 2)

1. Verweise

Abs. 2 befreit mittelgroße Kapitalgesellschaften von bestimmten Angaben. Die betroffenen Angaben aus §§ 284 und 285 HGB sind dort kommentiert. Zu verweisen ist auf folgende Befreiungen: 2

→ § 285 Rz. 33	Die Aufgliederung der Umsatzerlöse kann entfallen (§ 285 Nr. 4 HGB)
→ § 285 Rz. 123	Die Honorierung des Abschlussprüfers ist nicht offenzulegen, auf Verlangen aber der Wirtschaftsprüferkammer mitzuteilen (§ 285 Nr. 17 HGB, → Rz. 3)
→ § 285 Rz. 167	Angaben zu marktunüblichen Geschäften mit nahestehenden Personen und Unternehmen sind beschränkt auf Geschäfte mit Organmitgliedern oder Gesellschaftern oder Beteiligungsunternehmen (§ 285 Nr. 21 HGB, → Rz. 4 f.)
→ § 285 Rz. 186	Angaben zur Steuerlatenzierung (§ 285 Nr. 29 HGB)
→ § 285 Rz. 193c	Erläuterung von aperiodischen Posten (§ 285 Nr. 32 HGB)

2. Sonderfälle

3 Eine Besonderheit betrifft die Angabe nach § 285 Nr. 17 HGB (→ § 285 Rz. 115). Wenn mittelgroße Kapital- und „Kap. & Co."-Gesellschaften die Angabe über die **Honorare** an den Abschlussprüfer nicht machen, besteht eine Mitteilungspflicht an die Wirtschaftsprüferkammer auf deren schriftliche Anforderung hin.

4 Die Angaben zu den Geschäften mit **nahestehenden Personen** gem. § 285 Nr. 21 HGB (→ § 285 Rz. 145) brauchen mittelgroße Gesellschaften nur bzgl. direkter und indirekter Geschäfte mit Gesellschaftern oder Organmitgliedern (Vorstände und Aufsichtsräte) zu machen. Diese Vorgabe wirkt **kurios** vor dem Hintergrund der zwingenden Vorgabe nach § 285 Nr. 21 HGB (→ § 285 Rz. 157): Nur markt**un**übliche – bestimmt durch Fremdvergleich – Geschäfte unterliegen der Angabepflicht. Die Gesellschaft – vertreten durch den Vorstand – muss bzw. müsste also über solche dem Fremdvergleich nicht standhaltenden Geschäfte (auch mit sich selbst) die Öffentlichkeit und damit den Fiskus informieren.

BEISPIEL

- An das Vorstandsmitglied N wurde ein betrieblich nicht mehr benötigtes Grundstück als Bauland verkauft. Der vereinbarte Kaufpreis entsprach dem hälftigen Verkehrswert.
- Unserem Mehrheitsaktionär (Muttergesellschaft) wurde das Aluminium**halbzeug** aus unserer Produktion durchschnittlich im Jahresverlauf zu einem Preis in Rechnung gestellt, der etwa 3/4 des vergleichbaren Preises entspricht, den wir anderen Großabnehmern in Rechnung stellen.
- Die Gesamtvergütung des Vorstandsvorsitzenden beläuft sich auf etwa 2/3 des angemessenen Betrags im Fremdvergleich.

Die Beispiele belegen ohne weitere Kommentierung: Über dem Fremdvergleich nicht standhaltende Geschäfte wird nur berichtet werden, wenn diese (unüblich) **günstig** für die Gesellschaft sind.

5 Bzgl. der Angabepflichten zu unüblichen Geschäften mit dem Gesellschafter oder Beteiligungsunternehmen ist noch Folgendes beachtlich: Nur wenn der Gesellschafter oder das Beteiligungsunternehmen nahestehende Personen sind, kann es zu einer Angabepflicht kommen. Wenn also z. B. ein Geschäft zu unüblichen Bedingungen mit einem 5 %-Gesellschafter getätigt wird, dieser Gesellschafter aber keinen signifikanten Einfluss auf das Unternehmen hat und deshalb nach IAS 24.9 keine nahestehende Person ist, besteht keine Berichtspflicht. Zu Einzelheiten wird auf § 285 Rz. 147 verwiesen.

Sechster Titel: Lagebericht

§ 289 Inhalt des Lageberichts

(1) [1]Im Lagebericht sind der Geschäftsverlauf einschließlich des Geschäftsergebnisses und die Lage der Kapitalgesellschaft so darzustellen, dass ein den tatsächlichen Verhältnissen entsprechendes Bild vermittelt wird. [2]Er hat eine ausgewogene und umfassende, dem Umfang und der Komplexität der Geschäftstätigkeit entsprechende Analyse des Geschäftsverlaufs und der Lage der Gesellschaft zu enthalten. [3]In die Analyse sind die für die Geschäftstätigkeit bedeutsamsten finanziellen Leistungsindikatoren einzubeziehen und unter Bezugnahme auf die im Jahresabschluss ausgewiesenen Beträge und Angaben zu erläutern. [4]Ferner ist im Lagebericht die voraussichtliche Entwicklung mit ihren wesentlichen Chancen und Risiken zu beurteilen und zu erläutern; zugrunde liegende Annahmen sind anzugeben. [5]Die Mitglieder des vertretungsberechtigten Organs einer Kapitalgesellschaft, die als Inlandsemittent (§ 2 Absatz 14 des Wertpapierhandelsgesetzes) Wertpapiere (§ 2 Absatz 1 des Wertpapierhandelsgesetzes) begibt und keine Kapitalgesellschaft im Sinne des § 327a ist, haben in einer dem Lagebericht beizufügenden schriftlichen Erklärung zu versichern, dass im Lagebericht nach bestem Wissen der Geschäftsverlauf einschließlich des Geschäftsergebnisses und die Lage der Kapitalgesellschaft so dargestellt sind, dass ein den tatsächlichen Verhältnissen entsprechendes Bild vermittelt wird und dass die wesentlichen Chancen und Risiken im Sinne des Satzes 4 beschrieben sind.

(2) [1]Im Lagebericht ist auch einzugehen auf:

1. a) die Risikomanagementziele und -methoden der Gesellschaft einschließlich ihrer Methoden zur Absicherung aller wichtigen Arten von Transaktionen, die im Rahmen der Bilanzierung von Sicherungsgeschäften erfasst werden, sowie

b) die Preisänderungs-, Ausfall- und Liquiditätsrisiken sowie die Risiken aus Zahlungsstromschwankungen, denen die Gesellschaft ausgesetzt ist,

jeweils in Bezug auf die Verwendung von Finanzinstrumenten durch die Gesellschaft und sofern dies für die Beurteilung der Lage oder der voraussichtlichen Entwicklung von Belang ist;

2. den Bereich Forschung und Entwicklung sowie

3. bestehende Zweigniederlassungen der Gesellschaft.

[2]Sind im Anhang Angaben nach § 160 Absatz 1 Nummer 2 des Aktiengesetzes zu machen, ist im Lagebericht darauf zu verweisen.

(3) Bei einer großen Kapitalgesellschaft (§ 267 Abs. 3) gilt Absatz 1 Satz 3 entsprechend für nichtfinanzielle Leistungsindikatoren, wie Informationen über Umwelt- und Arbeitnehmerbelange, soweit sie für das Verständnis des Geschäftsverlaufs oder der Lage von Bedeutung sind.

(4) Kapitalgesellschaften im Sinn des § 264d haben im Lagebericht die wesentlichen Merkmale des internen Kontroll- und des Risikomanagementsystems im Hinblick auf den Rechnungslegungsprozess zu beschreiben.

Inhaltsübersicht Rz.

LITERATUR:

Dobler, Safe Harbor Rules, DBW 2008 S. 749; *Eidel/Strickmann*, Der Lagebericht im Mittelstand zwischen Anspruch und Realität, DB 2013 S. 1982 und S. 2037; *Eisenschmidt/Scherner*, Chancenberichterstattung nach DRS 20: Diskrepanz zwischen Anspruch und Wirklichkeit, DB 2015 S. 1068; *Eisenschmidt/Wennekamp*, Zur praktischen Umsetzung der Prognoseberichterstattung nach DRS 20, KoR 2014 S. 363; *Ergün/Juchler/Müller*, Prognoseberichterstattung im Umbruch, BB 2012 S. 435; *Gödel*, Unverzichtbarkeit der Prognoseberichterstattung im (Konzern-)Lagebericht, DB 2010 S. 431; *Grottke/Höschele*, E-DRS 27 – Entwurf zum Konzernlagebericht, StuB 2012 S. 387; *Haller/Zellner*, Das Integrated Reporting Framework – kurz vor der Zielgeraden, DB 2013 S. 1125; *Henckel/Rimmelspacher/Schäfer*, Erfahrungen aus der erstmaligen Anwendung des DRS 20 – Anregungen zur Lösung ausgewählter Zweifelsfragen, DK 2014 S. 386; *Kajüter/Bachert/Blaesing/Kleinmanns*, Die DRS zur Lageberichterstattung auf dem Prüfstand, DB 2010 S. 457; *Kajüter/Blaesing/Hannen*, Consultation Draft des IIRC zum Integrated Reporting, DStR 2013 S. 1680; *Kaya*, Verminderung der Aussagekraft des Lageberichts mittelständischer Unternehmen, StuB 2010 S. 483; *Kajüter/Hannen/Huth*, Prognoseberichterstattung nach DRS 20, DB 2014 S. 2841; *Müller/Juchler/Ergün*, Risikoberichterstattung im Konzernlagebericht, PiR 2012 S. 215; *Quick/Reus*, Zur Qualität der Prognoseberichterstattung der DAX-30-Gesellschaften, KoR 2009 S. 18; *Philipps*, Berichtspraxis zur voraussichtlichen Konzernentwicklung (Prognosebericht) nach DRS 20, DB 2015 S. 445; *Ruhwedel/Sellhorn/Lerchenmüller*, Prognoseberichterstattung in Aufschwung und Krise – Eine empirische Untersuchung der DAX-Unternehmen, DB 2009 S. 1305; *Senger/Brune*, DRS 20: neue und geänderte Anforderungen an den

Konzernlagebericht, WPg 2012 S. 1285; *Withus*, Standardisierungsrat überarbeitet Rechnungslegungsstandards zum Konzernlagebericht, DB 2010 S. 68; *Withus*, Lageberichterstattung über Chancen und Risiken im Fokus des Enforcementverfahrens, KoR 2010 S. 237; *Zülch/Höltken*, Die „neue" (Konzern-)Lageberichterstattung nach DRS 20 – ein Anwendungsleitfaden, DB 2013 S. 2457.

I. Grundlagen

1. Anwendungsbereich, freiwillige Erstellung

Die **Verpflichtung** zur Aufstellung eines Lageberichts erfasst insbesondere 1

- mittelgroße und große Kapitalgesellschaften (§ 264 Abs. 1 Satz 1 HGB),
- mittelgroße und große „Kap. & Co."-Gesellschaften (§ 264a Abs. 1 HGB),
- mittelgroße und große Genossenschaften (§ 336 Abs. 1 und 2 HGB) sowie
- bestimmte dem PublG unterliegende Unternehmen.

Zur **Konzernrechnungslegung** verpflichtete Mutterunternehmen haben gem. § 290 Abs. 1 Satz 2 HGB (→ § 290 Rz. 1) zusätzlich einen **Konzern**lagebericht aufzustellen, der inhaltlich nach § 315 HGB weitgehend den Vorgaben des § 289 HGB entspricht und deshalb gem. § 315 Abs. 5 HGB in **zusammengefasster** Form verfasst werden kann (→ § 315 Rz. 3). Die Verpflichtung zur Lageberichterstattung betrifft auch Mutterunternehmen, die ihren Konzernabschluss gem. der IAS-VO nach den IFRS-Regeln erstellen müssen. Da die IFRS einen Lagebericht nicht als Pflichtbestandteil behandeln, bleibt gem. § 315e Abs. 1 HGB die Lageberichterstattung für den Konzern nach HGB unberührt (→ § 315e Rz. 12).

Bei **freiwilliger** Aufstellung eines Lageberichts muss u. E. in der Einleitung dargelegt werden, 2
inwieweit die einzelnen Teilbereiche der gesetzlichen Berichtsvorgaben nicht erfüllt worden sind (z. B. Ausschluss der nichtfinanziellen Leistungsindikatoren gem. § 289 Abs. 3 HGB). Ansonsten sollte zur Vermeidung eines Missverständnisses der betreffende Bericht nicht als „Lage"-Bericht bezeichnet werden. Wird eine größere Zahl gesetzlich vorgesehener Berichtsvorgaben weggelassen, kommt eine Bezeichnung des „Restberichts" als Lagebericht u. E. jedenfalls nicht mehr infrage.

Strukturell war die Lageberichterstattung durch das Bilanzrichtliniengesetz von 1985 denkbar 3
einfach aufgezogen (→ Rz. 9). Es enthielt die Verpflichtung zur Berichterstattung über die „Lage" des Unternehmens in Abs. 1 und eine Soll-Vorgabe in Abs. 2 zur Darlegung (insbesondere) der künftigen Entwicklung.

Danach haben sich verschiedene **Novellierungen** der HGB-Rechnungslegung auch der Lagebe- 4
richterstattung gewidmet, insbesondere durch das KonTraG, Bilanzrechtsreformgesetz und ergänzend das Vorstandsvergütungsoffenlegungsgesetz.

Dazu gesellten sich weitere Anforderungen bei Inanspruchnahme des Kapitalmarkts.

In der Folge war der Gesetzesaufbau nicht (mehr) durchgehend logisch konsistent. Durch die 5
Auslagerung der die kapitalmarktorientierten Unternehmen betreffenden Berichtspflichten nach §§ 289a ff. HGB im Rahmen des CSR-Richtlinie-Umsetzungsgesetzes ist der Aufbau wieder übersichtlicher geworden.

2. Aufgaben des Lageberichts

6 Der Lagebericht ergänzt die Rechnungslegung durch den (dreigeteilten) Jahresabschluss gem. § 264 Abs. 1 Satz 1 HGB. Wie Letzterem kommt dem Lagebericht **Informations-** und **Rechnungslegungs**funktion zu. Der Jahresabschluss kann nach den Vorstellungen des Gesetzgebers die der Öffentlichkeit zustehenden Informationen über das Unternehmen, das zumindest die Haftungsbeschränkung, möglicherweise aber auch den Kapitalmarkt in Anspruch nimmt, allein nicht liefern. Die Gesamtbeurteilung der wirtschaftlichen Situation der Gesellschaft bedarf einer **Ergänzung** des Jahresabschlusses durch zusätzliche Darlegungen, die sich insbesondere auf die **künftige** Entwicklung beziehen. Deshalb rückt nach dem gesetzlichen Vorgehen die **Prognose** in den Mittelpunkt der Berichterstattung (→ Rz. 33). Eher plakativ werden dabei die **Chancen** und **Risiken** der Unternehmenstätigkeit (→ Rz. 42) angesprochen, d. h. die Grundtatbestände des Wirtschaftslebens überhaupt. Der Jahresabschluss sei demgegenüber **vergangenheits**orientiert. Das trifft allerdings so nicht zu, denn in wichtigen Posten des Jahresabschlusses beruhen Ansatz und Bewertung auf Erwartungen zur **künftigen** Entwicklung (→ Rz. 7).[1]

7 Der Gesetzgeber nimmt mit seiner Prognosevorgabe die Gefahr einer **Überforderung** der Adressaten des Lageberichts in Kauf. Diese könnten den Prognoseinhalt mit der künftigen Realität identifizieren. Dabei ist jede Voraussage über die Zukunft **unsicher.** Das Risiko – verstanden als negative Abweichung der späteren Realität von der früheren Erwartung – lässt sich nie ausschließen. Deshalb müssen seriöse Aussagen über die Chancen und Risiken immer so formuliert sein: „Wenn ... dann" oder „Unter der Annahme, dass ..." oder „Bei unterstelltem gleichem Kaufverhalten ...".

Nach DRS 20.12 steht die Vermittlung von **Informationen** im Mittelpunkt des Lageberichts, die dem Adressaten eine Beurteilung der Verwendung der anvertrauten Ressourcen, des Geschäftsverlaufs des Konzerns/der Gesellschaft im abgelaufenen Jahr sowie der voraussichtlichen Entwicklung mit Chancen und Risiken erlaubt.

Auch der ausgefeilteste Lagebericht kann – in der Ex-post-Betrachtung – nie „richtig" gewesen sein. Insofern ist die Lageberichterstattung dem **gleichen Schicksal** unterworfen wie die Bilanzierung, die in ihren entscheidenden Bereichen ebenfalls durch die Unsicherheit der zukünftigen Entwicklung gekennzeichnet ist (→ § 252 Rz. 77 f.). Der oft vorgetragene Gegensatz von Jahresabschluss mit seiner Vergangenheitsorientierung und Lagebericht mit der Zukunftsperspektive trifft so nicht zu (→ Rz. 6).

8 Die **Ergänzungs**funktion des Lageberichts zur Rechenschaftslegung in Form des Jahresabschlusses kommt im Gesetzeswortlaut am deutlichsten in Abs. 1 Satz 3 zum Ausdruck: „... unter Bezugnahme auf die im Jahresabschluss ausgewiesenen Beträge und Angaben..." (→ Rz. 32). Nach der Regierungsbegründung des Bilanzrechtsreformgesetzes soll der Lagebericht die Darstellung der wirtschaftlichen Situation der Gesellschaft analysieren und kommentieren.[2] Diese **Verbindungsschiene** zwischen Lagebericht und Jahresabschluss wird durch die geforderte Vermittlung eines „den tatsächlichen Verhältnissen entsprechenden Bildes" (Abs. 1 Satz 5) zum Ausdruck gebracht, also des *true and fair view* nach § 264 Abs. 2 Satz 2 HGB in abgekürzter Formulierung. Diese innere Verbindung zwischen Jahresabschluss und Lagebericht schlägt sich in der rechtsuntechnischen Überschrift **„Geschäftsbericht"** nieder, die im Bereich

1 Ähnlich *Ruhwedel/Sellhorn/Lerchenmüller,* DB 2009 S. 1313.

2 BR-Drucks. 326/04 S. 63.

der börsennotierten Aktiengesellschaften durchweg für das gesamte Druckstück verwendet wird (→ § 284 Rz. 4). Dabei ist der Lagebericht von den übrigen Teilen des Geschäftsberichts deutlich zu trennen, er stellt ein „eigenständiges Berichtsinstrument" dar (DRS 20.4) und muss „aus sich heraus" verständlich sein (DRS 20.13).

3. Allgemeine Regeln und Begriffsinhalte

3.1 Von der Prinzipien- zur Regelbasierung

Die gesetzliche Vorgabe über den Inhalt des Lageberichts war ursprünglich (in der Fassung durch das Bilanzrichtliniengesetz vom 19.12.1985) extrem **prinzipienorientiert** (*„principle based")* ausgestaltet. Sie beschränkte sich im Wesentlichen auf den erhalten gebliebenen Abs. 1 Satz 1 (→ Rz. 3). In der weiteren Entwicklung der Gesetzesfassung (→ Rz. 4) haben sich immer mehr Einzelvorgaben eingenistet (*„rule based")*. Die verbleibenden „Prinzipien" sind in der Folge durch die Standardsetter mit einer Vielzahl von „Regeln" angereichert worden, so dass von der Prinzipienbasierung mit den erforderlichen individuellen Ausformulierungen des Lageberichts entsprechend der spezifischen Situation der Gesellschaft nicht mehr viel geblieben ist. 9

3.2 Die Verlautbarungen der Standardsetter, Rechtsentwicklung

Aus den einschlägigen Aktivitäten der Standardsetter sind insbesondere zu nennen: 10

- DRS 15: Lageberichterstattung (gültig bis Geschäftsjahr 2012 bzw. 2012/2013)
- DRS 5: Risikoberichterstattung (gültig bis Geschäftsjahr 2012 bzw. 2012/2013)
- DRS 17: Vergütung der Organmitglieder
- DRS 16: Zwischenlageberichterstattung
- IDW RH HFA 1.007 vom 18.10.2005 (aufgehoben am 19.6.2013)
- DRS 20: Konzernlageberichterstattung

Der Deutsche Standardisierungsrat (DSR) befasst sich ex officio nach § 342 Abs. 2 HGB (→ § 342 Rz. 7) mit dem **Konzern**lagebericht. Die dortigen „Auslegungen der allgemeinen gesetzlichen Grundsätze zur Lageberichterstattung" haben aber „auch Bedeutung für den Lagebericht nach § 289 HGB" (→ Rz. 65).

Trotz seines formal beschränkten Aufgabenbereichs (→ § 342 Rz. 7) **empfiehlt** DRS 20.2 eine Anwendung auch auf den Lagebericht nach § 289 HGB, wovon wir bei unserer Kommentierung ausgehen.

Solange keine Standardisierung für den Lagebericht nach § 289 HGB besteht, muss der Berichterstatter zwingend allerdings nur die gesetzlichen Vorgaben beachten – und nicht mehr. Er kann sich bei der Auslegung an DRS 20 als „gewichtige[r] Literaturmeinung"[1] orientieren, davon aber auch mit fundierter Begründung abweichen. Anforderungen an DRS 20, die über das Gesetz hinausgehen, müssen auf keinen Fall (nach § 289 HGB) beachtet werden.

In der Rechtsentwicklung deutete sich schon länger ein Abgehen von der „traditionellen" Finanzberichterstattung hin zur Integration mit einem sog. **Nachhaltigkeitsbericht** an. Hinter diesem Allerweltsbegriff verbergen sich Informationsanforderungen in Bezug auf **ökologische** und **soziale** Aspekte; es geht um Umwelt, Arbeitnehmerbelange, Geschlechtergleichheit, Erhal- 10a

1 So *Barth/Rahe/Rabenhorst*, KoR 2014 S. 50.

tung der Menschenrechte, Bekämpfung von Korruption und Geldwäsche – alles, was i. S. von Weltverbesserung und *Political Correctness* wünschenswert erscheinen mag.

10b Auf der Grundlage dieser politischen Vorgabe hat die EU-Gesetzgebung mit der Richtlinie 2014/95/EU zur Änderung der Richtlinie 2013/34/EU, mit Veröffentlichung am 15. 11. 2014 im Amtsblatt der EU, die Angabepflicht nichtfinanzieller und die Diversität betreffender Informationen durch bestimmte große Unternehmen und Gruppen verfügt. Bei einer großen Kapitalgesellschaft (§ 267 Abs. 3 HGB) sind gem. Abs. 3 die bedeutsamsten nichtfinanziellen Leistungsindikatoren (z. B. Indikatoren zu Umwelt- und Arbeitnehmerbelangen) anzugeben, soweit sie für das Verständnis des Geschäftsverlaufs oder der Lage von Bedeutung sind. Im Falle großer kapitalmarktorientierter Unternehmen mit mehr als 500 Arbeitnehmern ist eine erweiterte nichtfinanzielle Erklärung im Lagebericht gem. § 289b verpflichtend. Diese ist, unabhängig von der Relevanz für die Analyse des Geschäftsverlaufs, für Unternehmen von öffentlichem Interesse, deren durchschnittliche Arbeitnehmerzahl während des Geschäftsjahres 500 übersteigt, verpflichtend. Sie muss Informationen bzgl. der Umwelt-, Sozial- und Arbeitnehmerbelange enthalten, ebenso zur Beachtung der Menschenrechte und zur Bekämpfung von Korruption und Bestechung. Wenn ein Unternehmen keine Strategie in Bezug auf einen oder mehrere dieser Belange verfolgt, hat es zu erläutern, warum es dies nicht tut. Weiterhin müssen große kapitalmarktorientierte Unternehmen in der Erklärung zur Unternehmensführung (§ 289f) ihre Diversitätspolitik für die Leitungs- und Kontrollorgane beschreiben. Die Beschreibung soll z. B. solche Aspekte enthalten wie Alter, Geschlecht, Bildungs- und Berufshintergrund. Wenn das Unternehmen keine derartige Strategie verfolgt, ist zu erläutern, warum es dies nicht tut. Werden die Angaben nach § 289b HGB außerhalb des Konzernlageberichts in einen gesonderten nichtfinanziellen Konzernbericht aufgenommen, darf in dem gesonderten nichtfinanziellen Konzernbericht auf die im Konzernlagebericht enthaltenen nichtfinanziellen Angaben verwiesen werden (DRS 20.256).

3.3 Die allgemeinen gesetzlichen Anforderungen …

11 Das Gesetz verlangt im allgemeinen Teil der Regelungsvorgaben (Abs. 1)

- Darstellungen (Abs. 1 Satz 1): Nennung von Fakten, Beschreibung von Sachverhalten,
- Analysen (Abs. 1 Satz 2 und 3): Aufzeichnungen von Ursachen und Wirkungszusammenhängen,
- Erläuterungen (Abs. 1 Satz 3 und 4): Erklärung, Kommentierung, Interpretation eines Sachverhalts,
- Beurteilungen (Abs. 1 Satz 4): Wertung und Kommentierung eines Sachverhalts,
- Versicherungen (Abs. 1 Satz 5),
- Vermittlungen (Abs. 1 Satz 5) sowie
- Beschreibungen (Abs. 1 Satz 5).

Diese „Umschreibungen" beziehen sich auf (z. B.) Leistungsindikatoren sowie Chancen und Risiken der zukünftigen Entwicklung. Diese Begriffe werden in DRS 20 nicht vollständig übernommen, u. E. ohne inhaltliche Auswirkung.

3.4 … in der Ergänzung durch die Standardsetter und das Schrifttum

12 Mit den allgemeinen gesetzlichen Vorgaben werden die Ersteller (und Prüfer) von Lageberichten nicht alleingelassen. Sie erhalten vielfältige Vorgaben (→ Rz. 9), die zusammengefasst und

anspruchsvoll formuliert als „Grundsätze einer gewissenhaften und getreuen Rechenschaft" bzw. „Grundsätze ordnungsgemäßer Lageberichterstattung" (GoL) tituliert werden.[1] Als solche werden z. B. in DRS 20 genannt:

- **Wahrheit** bzw. **Richtigkeit** bzw. **„Verlässlichkeit":** Will man der Selbstverständlichkeit dieser Aussage – „Du darfst nicht lügen" – einen Mindestinhalt verleihen, geht es entscheidend um die Aussage über die Situation einer **krisengeschüttelten** Gesellschaft. Muss dann der Vorstand dem Publikum reinen Wein einschenken? Sicherlich ist als unwahr die Aussage „Uns geht es blendend" zu qualifizieren, wenn der Gesellschaft das Wasser schon bis zum Halse steht. Aber so wird kein Vorstand formulieren. Er wird auf die bedrohliche Situation des Wegbrechens eines wichtigen Marktsegments oder den vergeblichen Versuch einer Einigung mit dem Betriebsrat über Rationalisierungen hinweisen. Aber letztlich muss er im Interesse des Überlebens seiner Gesellschaft eine positive Aussage über den Umgang mit der Krise zu Papier bringen: „Wir sehen der Bewältigung dieser Herausforderung mit Zuversicht entgegen." Nach DRS 20.18 dürfen „positive oder negative Aspekte nicht **einseitig** dargestellt werden": Ist dies in der vorstehenden Formulierung beachtet worden?
- **Vollständigkeit vs. Wesentlichkeit:** Der Berichtsleser soll nach DRS 20.12 sämtliche Informationen erhalten, die er für die Beurteilung des Geschäftsverlaufs und der künftigen Entwicklung der Gesellschaft benötigt. Das klingt überzeugend, doch fehlt der Maßstab dafür, was benötigt wird und was nicht. Anders ausgedrückt: Nur **Wesentliches** darf dem Adressaten gem. DRS 20.32 geliefert werden. Dabei fördert DRS 20 indirekt die Ausbreitung von Unwesentlichkeiten, wenn er in vielen Detailregeln die Berichterstattung nur bei Wesentlichkeit vorschreibt (z. B. DRS 20.51). Der (falsche) Umkehrschluss hieße: Wenn die Standardvorgabe einen Wesentlichkeitsvorbehalt nicht enthält, braucht über Wesentlichkeit nicht mehr nachgedacht zu werden. Diesem Aspekt beugt DRS 20.32 vor, allerdings in der Diktion in u. E. noch etwas zu zurückhaltender Form: Unseres Erachtens sollte die Rechnungslegung und auch die Lageberichterstattung **generell** dem Wesentlichkeitsvorbehalt unterworfen und deshalb eine Beschränkung auf das Wesentliche **geboten** sein (→ § 252 Rz. 233). In diesem Sinne stellt DRS 20.33 die **Konzentration** auf „wesentliche, für das Verständnis erforderliche Informationen" heraus.

  Wie immer bei der Rechnungslegung (nicht nur bei ihr) kann niemand allgemein sagen, wie Wesentliches von Unwesentlichem zu trennen ist (→ § 252 Rz. 233). Sicher gibt es Sachverhalte, bei denen man über Wesentlichkeit nicht diskutieren muss: beim Automobilzulieferer die Kündigung des Beschaffungsvertrags durch „den" Großabnehmer oder der Verlust der Großmandanten bei einer Wirtschaftsprüfungsgesellschaft oder die Auftragserlangung zum Bau eines Atomkraftwerks. Dabei ist ein möglicherweise berichtspflichtiger Sachverhalt immer in Bezug zum wirtschaftlichen Umfeld der Gesellschaft zu setzen: In Zeiten der Überbeschäftigung ist die Stornierung eines Flugzeugbau-Auftrags möglicherweise von Vorteil und bedarf keiner Darstellung im Lagebericht, umgekehrt bei nachhaltig klammer Auftragslage. Oder: Bei eigener hoher Wertschöpfung kann ein Hinweis auf massiv gestiegene Beschaffungskosten für Rohmaterial obsolet sein, umgekehrt beim Stahlbieger bei dessen dominierender Abhängigkeit von den Beschaffungskosten. In jedem Fall bleibt eine „wesentliche" Grauzone, innerhalb der das Management sein Ermessen über die Wesentlichkeitsgrenze ausüben muss. Eine Grenz-

1 Zum Beispiel *Baetge/Hippel/Sommerhoff*, DB 2011 S. 366.

marke gegenüber der Vollständigkeit besteht im berechtigten Geheimhaltungsinteresse der Gesellschaft generell, auch wenn ein Vorbehalt vergleichbar § 286 Abs. 2 und 3 HGB (→ § 286 Rz. 4) nicht gilt. Wenn der Vorstand durch eine Angabe im Lagebericht gegen seine Sorgfaltspflichten nach AktG oder GmbHG verstoßen würde, wenn er bei der HV ein Auskunftsverweigerungsrecht geltend machen könnte (§ 131 AktG), darf eine Angabe u. E. auch im Lagebericht unterbleiben.

An verschiedenen Stellen von DRS 20 (so in DRS 20.33, 59 und 124, 20.B11, B25 und B36) wird der Vorrang unternehmensspezifischer Angaben vor allgemeinen betont. Nach DRS 20.33 sind daher z. B. Hinweise auf das Unternehmens- bzw. Konzernumfeld (z. B. gesamtwirtschaftliche Entwicklungen) nur statthaft, wenn sie zum Verständnis des Geschäftsverlaufs, der Lage und der voraussichtlichen Entwicklung des Unternehmens erforderlich sind. Der Betreiber eines Laufwasserkraftwerks darf deshalb z. B. nicht über den Konjunktureinbruch in Südostasien oder die Schuldenkrise in Griechenland schwadronieren (→ § 315e Rz. 14 sowie → Rz. 13). Speziell zur Prognose (→ Rz. 33 ff.) verbietet DRS 20.124 Ausführungen zu den Verhältnissen der Gesamtwirtschaft und der Branche, die keinen Bezug zur voraussichtlichen Entwicklung des Konzerns/Unternehmens haben. Damit soll das „Verstecken" wichtiger Informationen in unspezifischen Erzählungen verhindert werden (→ Rz. 15).

- **Klarheit bzw. Verständlichkeit:** Die Berichterstattung soll gem. DRS 20.13 und DRS 20.25 verständlich, genau und übersichtlich, dazu durch Überschriften deutlich gegliedert sein. Diese Vorgabe entspricht der Anleitung zur Abfassung eines Schulaufsatzes, fordert somit zur Einhaltung von Grundlagen zwischenmenschlicher Kommunikation auf. **Unverständliches** „Fachchinesisch" nach Art eines arbeitsrechtlichen Dienstzeugnisses ist ebenso unzulässig wie eine **inkonsistente Gliederung,** die bei der Diplomarbeit den Abzug einer Bewertungsstufe auslöst. Dem Vollständigkeitsgebot kann auch durch **Verweis**technik Genüge getan werden (DRS 20.14), unzulässig ist aber ein Verweis auf Dokumente außerhalb des Lageberichts, es sei denn, das Gesetz erlaubt dies ausdrücklich.
- **Stetigkeit:** Die Informationen sollen gem. DRS 20.26 nach Form und Inhalt im Zeitverlauf **vergleichbar** sein (→ § 252 Rz. 225). Diese Vorgabe zielt zunächst auf die Darstellung **betriebswirtschaftlicher Kennzahlen** und deren Ableitung. Wenn bisher das EBITDA (Ergebnis vor Steuern und Abschreibungen) im Mittelpunkt der Erläuterungen des Geschäftsverlaufs stand, darf nicht unvermittelt bzw. unbegründet das EBIT (Ergebnis vor Steuern) erscheinen. Wenn dies aus beachtlichen Gründen (Erhöhung der Klarheit und Übersichtlichkeit) doch der Fall ist, muss der Vorjahreswert angepasst werden. Vor allem ist das Stetigkeitsgebot auf die Darstellung von **Quantitäten** gerichtet. Abweichungen – etwa bei den Umsatzerlösen infolge von Unternehmenszukäufen – sind auf dieser Grundlage zu präsentieren.
- **Bezugnahme auf den Jahresabschluss** (Abs. 1 Satz 3): Die Ausführungen müssen die im Jahresabschluss ausgewiesenen Beträge erläutern, dürfen sich daher nicht vom eigentlichen **Rechenwerk** lösen (DRS 20.4). Zum Beispiel sind Angaben über die Änderung des Altersversorgungswerks im Berichtsjahr auf die in der GuV und in der Bilanz einschlägigen Posten zu beziehen. Nicht selbsterklärende Kennzahlenberechnungen sind aus Bilanz- oder GuV-Posten abzuleiten (DRS 20.30).
- Bei (meist freiwilliger, bei IFRS-Konzernabschlüssen börsennotierter Unternehmen pflichtweiser) **Segmentberichterstattung** im Konzernabschluss ist den segmentbezoge-

nen Informationen die gleiche Segmentabgrenzung zugrunde zu legen wie dem Konzernabschluss (→ Rz. 13).

- **Plausibilität und Widerspruchsfreiheit:** Auch hier wird eine Selbstverständlichkeit des intersubjektiven Informationsaustauschs bemüht. Wenn in der Vorbemerkung zum Lagebericht eine hervorragende Ausgangslage für die zukünftige Entwicklung der Gesellschaft beschworen wird, darf nicht im hinteren Teil des Berichts auf S. 45, wo niemand mehr hinschaut, ein großes Krisenszenario aufgebaut werden. „Plausibel" ist überdies ein Ausdruck des Umgangs mit der Unsicherheit der künftigen Entwicklung und der Unrichtigkeit in der Ex-post-Betrachtung. **Plausibel** = einleuchtend = zustimmbar ist etwa die Aussage: „Wegen des ungesättigten Baumarkts in China gehen wir von einem Stahlimport wenigstens in Vorjahreshöhe aus. Unser dorthin orientierter Umsatz wird sich im laufenden Geschäftsjahr nicht wesentlich verändern." **Unplausibel** wäre demgegenüber die Aussage: „Die im kommenden Geschäftsjahr anstehenden Restrukturierungen werden unser Ergebnis spürbar positiv beeinflussen." Plausibel wiederum, aber im Nachhinein falsch wäre die Aussage: „Die Nachfrage nach Metallschrott wird weltweit weiter steigen. Wir rechnen mit entsprechenden Preiserhöhungen, die uns wegen der stark ausgeweiteten Vorratshaltung nennenswerte Ertragszuwächse verschaffen sollten." In Wirklichkeit ist hier zeitlich nach der Berichterstattung die Nachfrage nach Schrott total eingebrochen, die Vorräte unterlagen einer erheblichen Wertminderung; die Aussage im Lagebericht ex ante war einleuchtend, nachträglich gesehen aber falsch. Die Widerspruchsfreiheit bezieht sich auch auf das Verhältnis von Jahresabschluss und Lagebericht (DRS 20.19).
- **Ausgewogenheit:** Damit ist das Gegenteil von „Einseitigkeit" angesprochen. Der Bericht soll Stärken und Schwächen, Chancen und Risiken gleichgewichtig präsentieren (DRS 20.18 und DRS 20.166), und das in der **„Sicht der Unternehmensleitung"** (DRS 20.31, → Rz. 13). Die Ausgewogenheit ist im Zusammenspiel mit der Vollständigkeit zu sehen. Ein Verstoß gegen die beiden Grundsätze ist gegeben, wenn (a) eine positive Entwicklung hervorgehoben wird, ohne (b) zugleich Umstände anzuführen, die den Positivgehalt dieser Entwicklung ganz erheblich relativieren. Ein Beispiel dafür wäre die Behauptung, in der positiven Cashflow-Entwicklung der Gesellschaft zeige sich die finanzielle Stärke und liquiditätswirksame Verbesserung des operativen Geschäfts, wenn nicht relativierend dazu bemerkt wird, dass die Erhöhung des Cashflows überwiegend aus der Erhöhung des Factoring-Volumens resultiert.
- **Informationsabstufung** (→ Rz. 14): Die Ausführlichkeit und der Detaillierungsgrad im (Konzern-)Lagebericht müssen sich an die spezifischen Gegebenheiten anpassen (Geschäftstätigkeit, Größe, Kapitalmarktorientierung; DRS 20.34). Unseres Erachtens verbirgt sich hinter dieser Vorgabe eine Anwendung des **Wesentlichkeits**erfordernisses.
- **Schätzungsprämissen:** Bei zukunftsbezogenen Aussagen sind die Prämissen darzulegen, wobei die Prämissen im Einklang mit dem Abschluss stehen sollten (DRS 20.120). Die damit verbundenen Schätzungen – Rechnungen mit unbekannten Größen – sind zu beschreiben.
- **Fehlanzeigen** sind nicht geboten, in manchen Fällen aber zur Vermeidung von Fehlinterpretationen sinnvoll, z. B. der übliche Satz: „Bestandsgefährdende Risiken (→ Rz. 49) sind uns nicht ersichtlich."

13 Die in DRS 20.31 vorgesehene Darstellung aus „Sicht der **Unternehmensleitung**" ist einerseits selbstverständlich (soll das Management etwa die Perspektive des Betriebsrats einnehmen?) und überdies vom Gesetz in § 264 Abs. 1 Satz 1 HGB (→ § 264 Rz. 10) eindeutig geregelt. Indirekt angesprochen wird dabei ein anderer Aspekt der Berichterstattung: Der Leiter eines Unternehmens ist, wie u. a. auch der Leiter einer Regierung, faktisch zu einem **positiven Grundton** in seinen Aussagen über die Lage der Gesellschaft oder der Nation *(„state of the union")* verpflichtet. Übertrieben ängstliche und pessimistische Aussagen über den Stand und die Zukunft müssen zur Vermeidung der Selbsterfüllung tunlichst vermieden werden. In dieser Hinsicht ist dem Berichtersteller ein gewisses Maß an „Unausgewogenheit" zuzugestehen. Jedenfalls ist die Kommentierung oder Interpretation der Geschäftsleitung („Meinung") von einfachen Tatsachen sprachlich und ggf. darstellungstechnisch zu **trennen** (DRS 20.17).

Die Bindung an die Perspektive des Managements ist nicht im Sinne eines ***Management-Approachs*** zu verstehen, wie er etwa der **Segment**berichterstattung nach IFRS 8 zugrunde liegt. Vielmehr gilt folgende **„Arbeitsteilung"**:

- Die objektiven Faktoren (Geschäftsverlauf/Lage, Umfang und Komplexität der Geschäftstätigkeit) bestimmen über die **„Berichtspunkte"** (DRS 20.12).
- Bei der Auswahl und Darstellung dieser Berichtsgegenstände sind Ermessenspielräume **(„Einschätzungen und Beurteilungen")** unvermeidbar. In der Ausübung dieser Ermessensspielräume soll die Sicht der Unternehmensleitung im Vordergrund stehen (DRS 20.31).

Für die zu liefernden Informationen nach DRS 20.12 ist nicht darauf abzustellen, welche Informationen die Unternehmensleitung subjektiv für wichtig hält **(„Senderhorizont")**. Es kommt vielmehr darauf an, welche Informationen ein verständiger Adressat als objektivierter Dritter **(„Empfängerhorizont")** benötigt, um die voraussichtliche Entwicklung unter Einfluss der tatsächlich (objektiv) gegebenen Risiken und Chancen beurteilen zu können. Anders als bei dem Segmentbericht nach IFRS 8 ist der *Management-Approach* daher **nicht** der **dominierende** Grundsatz für die Lageberichterstattung. Dies bedeutet: Auch Informationen, die für die **interne** Berichterstattung und Steuerung keine zentrale Rolle spielen, sind im Lagebericht anzugeben, wenn diese Informationen aus der objektivierten Sicht des verständigen **Adressaten** und der diesen interessierenden Risiken und Chancen von Bedeutung sind.

BEISPIEL ► Der kapitalmarktorientierte Markenartikelhersteller X war bisher in Südeuropa kaum vertreten, seine Marken dort kaum bekannt. Anfang 01 erwirbt X deshalb den Konkurrenten Y, der gerade umgekehrt in Südeuropa sehr bekannt ist. Es handelt sich um die größte Unternehmensakquise von X seit vielen Jahren. X steuert seine Segmente i. S.von IFRS 8 nicht nach Marken, sondern nach Vertriebswegen (Einzel- vs. Großhandel usw.).

Der Erwerb von Y ist (jedenfalls zunächst) keine Erfolgsstory. Das Südeuropageschäft bringt in den Jahren 01 und 02 hohe Verluste. X möchte dies unter Berufung auf die Sichtweise der Unternehmensleitung *(Management-Approach)* wie im Segmentbericht auch im Lagebericht nicht darstellen.

BEURTEILUNG ► Ein „verständiger Adressat" (DRS 20.12) wird an der Entwicklung des erworbenen Unternehmens bzw. des Südeuropageschäfts ein hohes Interesse haben. Die Entwicklung ist daher darzustellen. Bei dieser Darstellung kann und muss die Unternehmensleitung ihre subjektive Sicht einbringen, etwa den kurz- und mittelfristigen Verlusten (begründete) beste Aussichten für die Zukunft gegenüberstellen.

4. Die Übernahme in die Praxis

Auf den Berichterstatter prasselt nach den vorstehenden Übersichten und den nachfolgenden Kommentierungen eine **Unzahl** von zu beachtenden **Vorgaben** nieder. Diese sind teilweise ungemein **detailliert** – die verschiedensten Risiken sind darzulegen (→ Rz. 45) –, andererseits sehr **allgemein,** um nicht zu sagen **„banal",** wenn (z. B.) die Angaben auch verlässlich sein sollen. Wer sich auf der sicheren Seite gegenüber dem Abschlussprüfer, dem Enforcement (→ § 342b) oder der empirischen Analyse der Wissenschaft bewegen will, wird über alles Mögliche berichten, was ihm die zur Vollständigkeitskontrolle verwendeten Checklisten auferlegen. Am Schluss umfasst der Lagebericht (allein) eines global aufgestellten DAX-Konzerns 100 oder mehr DIN-A4-Seiten, die sich mit dem Jahresabschluss und anderen freiwilligen Berichtsteilen dann auf 300 Seiten und mehr aufaddieren. Von der ursprünglichen gesetzlich ins Auge gefassten **Prinzipienorientierung** (→ Rz. 9) ist in der Rechnungslegungspraxis dann **nichts mehr übrig geblieben.** Der von DRS 20.34 verlangten **Informationsabstufung** (→ Rz. 12) wird nicht Rechnung getragen. Allerdings wird das Gebot der Informations**reduktion** auch in DRS 20.35 selbst relativiert, wenn der gänzliche Verzicht auf einzelne Berichtspunkte als unzulässig gilt. Unseres Erachtens **müssen** sie bei Unwesentlichkeit – bei Fehlen eines Informationsgehalts für den Empfänger – unterlassen werden. Dagegen spricht aber auch der schiere Umfang von DRS 20. Unverändert liegt dem Standard konzeptionell die Situation eines DAX-30-Konzerns zugrunde. Von einem *Bottom-up*-Ansatz (→ § 342 Rz. 6) ist nichts festzustellen.[1] Die Konzeption des DRS 20 ist (unverändert) zu stark *rule based.* Dadurch hat sich die Distanz zum *Management Commentary* i. S. der IFRS-Rechnungslegung eher vergrößert (→ § 315e Rz. 14). Eine Annäherung ließe sich nur erreichen, wenn in der Praxis die Muss-Anweisung in DRS 20.32 (→ Rz. 12) strikt beachtet wird. Dann dürfen nicht (mehr) 20 und mehr Teilrisiken (→ Rz. 45) in epischer Breite nach Vorgabe der Checkliste und der formvollendeten Gliederung abgearbeitet werden, sondern etwa drei Risiken an der Zahl, auf die es wirklich ankommt. 14

Der **Leidtragende** dieser Entwicklung ist auch der **Adressat** der Berichterstattung (→ Rz. 54). 15 Dessen Aufnahmefähigkeit und -bereitschaft bleibt seitens des Gesetzes und der Standardsetter unberücksichtigt. Auch der professionelle Analytiker ist irgendwann einmal durch die Wortflut überfordert. Der schon bei den **Anhang**erläuterungen drohende *Information-Overload* (→ § 284 Rz. 16) wird durch die Praxis der Lageberichterstattung zur echten Gefahr; Gefahr auch und insbesondere deswegen, weil dem Berichterstatter dadurch die Technik zur unbeachteten Angabe **unerwünschter** Fakten in die Hand gegeben wird (→ § 284 Rz. 17).

BEISPIEL Im Lagebericht der Industriekreditbank AG (IKB) zum Geschäftsjahr 2006/07 (per 31.3.) vom 28.6.2007 ist auf annähernd 20 DIN-A4-Seiten der **Risikobericht** (→ Rz. 70) enthalten. Dort ist über alles und jedes zum Risikobereich einer Bank und deren Umgang mit den Risiken nachzulesen. Nur eines fehlt an dieser Stelle: die „klare und übersichtliche" Darstellung des Klumpenrisikos aufgrund von Garantien zugunsten nicht konsolidierter Zweckgesellschaften, die einen Monat nach Druckfreigabe des Lageberichts die Fast-Pleite der Bank verursachten. Stattdessen heißt es: „Die Risikotragfähigkeitsüberwachung zeigt, dass selbst extrem unerwartete Risiken unter *worst case*-Annahmen (!) von der Risikodeckungsmasse abgedeckt sind." Wenige Tage danach musste letztlich der Steuerzahler zur Abdeckung dieser Risiken in die Bresche springen (→ Rz. 82).

Der wiedergegebene Sachverhalt zeigt: Der (damals) einschlägige Standard DRS 5 wurde vollständig und gründlich abgearbeitet. Die Checklisten wurden beachtet. 20 Seiten Risikobericht 16

1 Vgl. hierzu die IDW-Stellungnahme „Standpunkte" in IDW-FN 5/2012 S. 297.

werden verständlich, gut gegliedert und widerspruchsfrei mit plausiblen Annahmen präsentiert. Es fehlt nur an der gebührenden Herausstellung **„des"** Risikos, auf das es entscheidend ankommt. Eine halbe Seite hätte zur adressatengerechten Information genügt. Die effektiv 20 Seiten dienen allen möglichen Anforderungen, nur nicht derjenigen der Berichtsadressaten (→ Rz. 67).[1]

II. Allgemeine Pflichtangaben (Abs. 1)

1. Geschäftsmodell und Strategien

17 Nicht vom Gesetz förmlich gefordert, sollen nach DRS 20.36 die Geschäftstätigkeit und deren Rahmenbedingungen als **Grundlage** der Darstellung des Geschäftsverlaufs (→ Rz. 18), der Lage (→ Rz. 24) und der Analyse des Geschäftsverlaufs (→ Rz. 26) unter Darstellung der wesentlichen Veränderungen gegenüber dem Vorjahr präsentiert werden. Insbesondere soll – „sofern für das Verständnis der Ausführungen im Konzernlagebericht erforderlich" – das **Geschäftsmodell** kurz dargestellt werden (DRS 20.37). In diesem Zusammenhang ist einzugehen auf

- den Geschäftszweck,
- die organisatorische Struktur (z. B. Segmente, Standorte),
- die notwendigen Einsatzfaktoren der Geschäftstätigkeit (z. B. Personal, Material, Fremdleistungen, immaterielle Werte),
- Geschäftsprozesse (z. B. Beschaffung, Produktion, Vertrieb),
- Produkte und Dienstleistungen,
- Beschaffungs- und Absatzmärkte,
- die externen Einflussfaktoren für das Geschäft (z. B. rechtliche, politische, wirtschaftliche, ökologische und soziale Rahmenbedingungen).

Gesetzlich ist die Angabe des Geschäftsmodells nur bei **Kapitalmarktorientierung** vorgesehen (§ 289c Abs. 1 HGB bzw. § 315c Abs. 1 HGB). Die Angabe des Geschäftsmodells bei anderen Unternehmen wird daher in DRS 20.37 durch den Zusatz „soweit für das Verständnis erforderlich" formal relativiert. Substanziell wird man diese Erforderlichkeit aber selten negieren können. Ein Ermessensspielraum bleibt aber hinsichtlich der vorgenannten Auflistung. Selbstverständlichkeiten müssen nicht dargestellt werden; dass etwa ein Tiefbauunternehmen Maschinen und Personal als Einsatzfaktoren hat, bedarf deshalb keiner Erwähnung im Lagebericht.

Bei freiwilliger Berichterstattung über die **Strategie**orientierung des Konzerns/Unternehmens unterbreiten DRS 20.39 bis DRS 20.44 sowie DRS 20.56 u. a. folgende Leitlinien und Orientierungshilfen:

- Darstellung strategischer Zielgrößen wie Marktführerschaft, Marktanteile, Kundenzufriedenheit, Unternehmenswert.
- Aussagen über die Führung und Weiterentwicklung des Konzerns/Unternehmens unter Hinweis auf Diversifikation, Fokussierung, Internationalisierung, organisches oder akquisitionsbasiertes Wachstum.

---

1 Ähnlich *Schilder*, Editorial zu WPg 17/2009, der einen Bericht des Finanzausschusses im britischen Unterhaus zitiert: „Wir sind darüber beunruhigt, dass der Rechnungslegungs- und Prüfungsprozess zu einem Tunnelblick führen kann, in dem das große Bild, das den Shareholder eigentlich interessiert, untergeht in einem Meer von Einzelheiten und regulatorischen Angaben."

- Darstellung des Ausmaßes und Zeitbezugs der Ziele.
- Wesentliche Veränderungen der Ziele und Strategien gegenüber dem Vorjahr **„sollen"** dargestellt werden.
- Aussagen zum Stand der Erreichung der strategischen Ziele **„sollen"** gemacht werden.

Bei Kapitalmarktorientierung (→ § 264d Rz. 1) fordert **DRS 20.K45** über die gesetzliche Vorgabe hinaus eine Angabe des im Konzern/Unternehmen angewandten **Steuerungssystems** auf der Grundlage der dazu verwendeten **Kennzahlen.** Entsprechende **Änderungen** gegenüber dem Vorjahr sind zu erläutern.

2. Geschäftsverlauf (Abs. 1 Satz 1)

Dieser Berichtsteil orientiert sich primär am abgelaufenen Geschäftsjahr. Dessen Verlauf und sein „Geschäftsergebnis" (gemäß GuV) sollen zum Abschlussstichtag dargestellt werden, um dadurch die **„tatsächlichen Verhältnisse"** zu vermitteln. Letzteres ist auch wesentliche Aufgabe des Jahresabschlusses, weshalb die Lageberichterstattung eine **zusätzliche** Komponente der Information beisteuern muss, die der Jahresabschluss auch unter Heranziehung des Anhangs nicht liefern kann. 18

Zum **Geschäftsverlauf** bietet sich eine Bezugnahme auf die die Gesellschaft/den Konzern konkret betreffende gesamtwirtschaftliche und branchenspezifische – nicht aber konzern-/unternehmens**fremde** (→ Rz. 13) – Situation an (DRS 20.59). Diese ist mit dem individuellen Geschäftsverlauf zu konfrontieren, so etwa die Veränderung des Marktanteils darzustellen (DRS 20.61(f)). Beispielhaft kann es um folgende Fragen gehen: 19

- Konnten wir den Marktanteil halten?
- Ist die Exportquote gesunken?
- Wie hat sich die Belegungsquote der Hotelmarke XY entwickelt?
- Wie steht es um das Verhältnis der abrechenbaren Stunden zum Gesamtbetrag der angefallenen Arbeitsstunden im produktiven Bereich einer Wirtschaftsprüfungsgesellschaft?
- Wie verhält es sich mit der Rücklaufquote für Leasingfahrzeuge des Automobilhändlers?
- Liegen genügend Beschaffungskontrakte für knappe Rohstoffe vor?
- Warum entsprach die tatsächliche Entwicklung des Geschäfts nicht den früheren Erwartungen?

Bei größeren Gesellschaften bietet sich eine weitere Untergliederung nach der Entwicklung der einzelnen **Unternehmensbereiche** an: 20

- Beschaffung,
- Produktion bzw. Leistung,
- Absatz,
- Investition und Finanzierung.

E-DRS 27.K37–K42 und K55 (Entwurf zu DRS 20) hatten als „Muss" für kapitalmarktorientierte (→ § 264 Rz. 1) Konzerne (hier Unternehmen) Angaben zu **strategischen** Zielen und über die zu deren Erreichung verfolgten Maßnahmen vorgesehen und gingen dabei bewusst über die gesetzlichen, explizit geäußerten Vorgaben hinaus. In der endgültigen Fassung hat der DSR in

DRS 20 davon Abstand genommen (DRS 20.B22). Unseres Erachtens darf der Standardsetter nicht den **Gesetzgeber ersetzen** und allenfalls hierzu **Empfehlungen** aussprechen.[1]

21 In der Darstellung des Geschäftsverlaufs ist auch das Geschäfts**ergebnis** darzustellen. Gemeint ist damit der erzielte Jahresüberschuss oder -fehlbetrag (→ Rz. 18). Eine Wiederholung des Ausweises im Jahresabschluss genügt nicht. Andererseits sind Wiederholungen von **Anhangangaben** zu vermeiden. Sinnvoll ist eine Verquickung mit der Darstellung zur **Ertragslage** (→ Rz. 25).

22 Bei großen Kapitalgesellschaften kann der **Personal-** und **Umwelt**bericht i. S. des Abs. 3 (→ Rz. 90) hier eingefügt werden. Auch der Bereich **„Forschung und Entwicklung"** i. S. des Abs. 2 Nr. 2 (→ Rz. 84) lässt sich gliederungstechnisch an dieser Stelle ansiedeln. Wenn allerdings die Personalwirtschaft mit sozialer Fürsorge und die innovative Forschungstätigkeit besonders hervorgehoben werden sollen, bietet sich ein eigener Berichtsteil an.

23 Maßgebend sollten die **individuellen** Verhältnisse der Gesellschaft – durchaus unter Einbeziehung der gewünschten **Öffentlichkeitspräsentation** – sein. Bei der Darstellung des Geschäftsverlaufs ist die gesetzliche Vorgabe noch am ehesten **prinzipienorientiert** (→ Rz. 9), d. h., die Erfüllung der Gesetzesvorgabe ist dem pflichtgemäßen Ermessen der Geschäftsleitung anvertraut. Sie muss „ein den tatsächlichen Verhältnissen entsprechendes Bild" vermitteln; auf welchem Weg, in welcher Gliederung und mit welchen Inhalten, lässt das Gesetz offen (→ Rz. 64). Gerade das mittelständische Unternehmen darf nicht in den Sog der Detaillierung geraten. Insbesondere dem **Wesentlichkeits**gebot (→ Rz. 12) ist gebührend Beachtung zu schenken. Deshalb kann u. E. die Lageberichterstattung einer mittelgroßen Gesellschaft (→ § 267 Rz. 15) u. U. durchaus auf **einer** oder ganz wenigen Seiten in gesetzmäßiger Form erfolgen (→ Rz. 28). Die inhaltlichen Vorgaben des Standards sind auf wesentliche Aspekte zu beschränken, d. h., nicht alle gesetzlichen Vorgaben müssen im Einzelfall erfüllt werden (→ Rz. 12 sowie → Rz. 14). Vielmehr gilt: „Eine Überfrachtung des Lageberichts mit für Verständnis der wirtschaftlichen Lage unwesentlichen Informationen muss vermieden werden."[2]

3. Die „Lage" (Abs. 1 Satz 2)

24 Vom **Geschäftsverlauf** lässt sich die **„Lage"** der Gesellschaft inhaltlich kaum trennen. DRS 20.55 erlaubt deshalb auch eine gemeinsame Darstellung. Ist der Geschäftsverlauf mies, kann die „Lage" kaum glorreich sein. Hinzu kommt bei der „Lage" noch der **Zukunftsaspekt** – die voraussichtliche Entwicklung i. S. von Abs. 1 Satz 4 (→ Rz. 33) –, der für die Beurteilung der wirtschaftlichen Situation einer Gesellschaft – der „Lage" – entscheidend ist. Gleichwohl sollte mit der sensiblen Berichtsgröße „Zukunft" und damit der „Prognose" an dieser Stelle zurückhaltend umgegangen werden. Der Berichtsteil „Prognose" ist eher als eigenständiger Gliederungspunkt geeignet (→ Rz. 33). Jedenfalls sind vergangenheits- und zukunftsbezogene Aussagen klar zu trennen. DRS 20.57 verlangt einen Vergleich der im vorigen Lagebericht dargestellten Prognosen mit der tatsächlichen Geschäftsentwicklung.

25 Zur Beschreibung der „Lage" bietet sich eine Bezugnahme auf die **Dreiteilung** in § 264 Abs. 2 Satz 2 HGB (→ § 264 Rz. 15) an:

1 So auch IDW v. 17.4.2012, IDW-FN 5/2012 S. 299.

2 So das IDW in FN 2013 S. 301 zur Fortentwicklung der Lageberichterstattung als EU-Richtlinie (→ Rz. 10b), gilt u. E. allgemein.

Die **Vermögenslage** kann durch Bilanzstrukturkennzahlen, ausgehend vom Jahresabschluss, dargestellt werden, z. B. Eigenkapitalquote, Verhältnis von Anlagevermögen zum Eigenkapital und zu den langfristigen Schulden. Dazu gehören u. U. regelgerecht nicht angesetzte Verbindlichkeiten bedingter Art (→ § 246 Rz. 82), z. B. aus Besserungsvereinbarungen (→ § 246 Rz. 92), außerbilanzielle Finanzierungsinstrumente sowie geleastes Anlagevermögen, u. E. auch stille Reserven und stille Lasten.

Die **Ertragslage** kann nach DRS 20.65 auf Grundlage der Ergebnisquellen dargestellt werden. Das kann durch die Umsatzentwicklung, Umsatzrendite, Auftragslage, Wertschöpfung, Entwicklung der Vertriebskosten etc. erfolgen. Insbesondere sind Veränderungen gegenüber dem Vorjahr, Einmaleffekte und aperiodisch angefallene Ergebnisbeiträge aus dem GuV-Rechenwerk qualifizierend herauszufiltern.[1] Eine tabellarische Darstellung der wichtigsten GuV-Größen in mehrjähriger Entwicklung kann einen besonderen Einblick in die Ertragsentwicklung im konjunkturellen Zyklus vermitteln. Bei (meist freiwilliger, bei IFRS-Konzernabschlüssen börsennotierter Unternehmen aber pflichtweiser) Segmentberichterstattung im Konzernabschluss (→ § 297 Rz. 1) ist die Ertragslage auch segmentbezogen darzustellen.

Nach DRS 20.65 ff. sind folgende Angaben und Erläuterungen zu machen (u. E. generell unter Wesentlichkeitsvorbehalt, → Rz. 12), also beschränkt auf wesentliche Aufwands- und Ertragsposten:

- Gründe für Veränderungen einzelner GuV-Posten, z. B. Rohstoffmangel, Entwicklung von Lizenzverträgen, Abhängigkeit von Kunden und Lieferanten, Umweltschutzaufwendungen,
- Inflations- und Wechselkurseinflüsse auf bedeutende Posten der GuV-Rechnung.

Besonders wichtig kann die Darstellung des **Umsatzes**[2] und der **Auftrags**lage in ihrer **Entwicklung** sein:

- bei langfristiger Auftragsfertigung Angaben zum Auftragsbestand, Auftragseingang und zur Auftragsreichweite,
- Preis- und Mengeneinflüsse, Sortimentmix bei Neueinführung von Produkten und Dienstleistungen (DRS 20.70).

Außerdem können strukturbedingte **Änderungen** der **GuV**-Posten zu erläutern sein:

- Kapazitätsauslastung und Rationalisierung,
- Personalkosten,
- Inbetriebnahme und Stilllegung von Produktionsanlagen und Standorten,
- Inflations- und Wechselkurseinflüsse.

Die **Finanzlage** ist anhand der Kapitalstruktur, der Investitionen und der Liquidität darzustellen (DRS 20.78).

Finanzwirtschaftliche Kennzahlen leisten dabei häufig gute Dienste (→ Rz. 30). Angabepflichtig können nach DRS 20.81 ff. unter Wesentlichkeitsvorbehalt sein:

- Grundsätze und Ziele des Finanzmanagements,
- Kapitalstruktur mit internen und externen Finanzierungsquellen,

---

1 DRS 20.66.

2 Gilt nicht für mittelgroße Gesellschaften, die den Umsatz nicht offenlegen. So auch *Wittman/Boecker* in Petersen/Zwirner/Brösel (Hrsg.), Systematischer Praxiskommentar Bilanzrecht, 2010, § 289 Tz. 34.

- wesentliche Konditionen der Verbindlichkeiten,
- Finanzierungsmaßnahmen des laufenden Jahres,
- Zinsniveau und Einfluss von Änderungen der Kreditkonditionen,
- Veränderungen außerbilanzieller Verpflichtungen im Vorjahresvergleich,
- getätigte, fortgeführte und beendigte Investitionen,
- Investitionsobligo mit geplanter Finanzierung,
- Liquiditätsanalyse[1] anhand einer Kapitalflussrechnung,
- drohende vorzeitige Rückzahlungsverpflichtungen,
- zugesagte, aber nicht ausgenutzte Kreditlinien.

Bei Segmentberichterstattung im Konzernabschluss sind segmentbezogene Angaben zu den Investitionen geboten.

In den Mittelpunkt der finanzwirtschaftlichen Analyse zu stellen ist die Fähigkeit des Unternehmens zur Erfüllung der Zahlungsverpflichtungen. Liquiditätsengpässe und Maßnahmen zu deren Behebung sind darzustellen (→ Rz. 12 unter „Vollständigkeit"). Dabei darf sich der Berichterstatter nicht von der Fülle der vorstehend in Kurzform aufgelisteten – scheinbaren – Pflichtangaben nach DRS 20 irreführen lassen. Nur das, was den **Abschlussadressaten** interessiert, muss – u. E. darf – berichtet werden, um eine **Desinformation** zu vermeiden (→ Rz. 15). Vergleichbar mit den **Anhang**angaben ist hier die Wesentlichkeit (→ Rz. 12) – d. h. das Informationsbedürfnis des Abschlussadressaten – nur **qualitativ** zu beurteilen. Subjektives Ermessen beherrscht die Szene. Deshalb sollten Prüfungsinstanzen zurückhaltend mit Fehlerfeststellungen umgehen (→ § 342b Rz. 18).

4. Analyse des Geschäftsverlaufs (Abs. 1 Satz 2)

26 Abs. 1 Satz 1 verlangt eine **Darstellung**, Abs. 1 Satz 2 eine **Analyse** des Geschäftsverlaufs. Dies provoziert die Frage nach dem Unterschied von Darstellung und Analyse. Nach den Definitionen in DRS 20.11 bedeutet (→ Rz. 11)

- **Darstellung:** Aufbereitung eines Sachverhalts durch Aufgliederung und/oder Beschreibung in der Weise, dass er aus sich heraus verständlich ist, unter Nennung von Fakten.
- **Analyse:** Zerlegung des Berichtsgegenstands in seine Bestandteile, die anschließend gesondert und systematisch ausgewertet werden, um Ursachen und Wirkungszusammenhänge aufzuzeigen.

Wenn man in diesen Definitionen „Sachverhalt" und „Berichtsgegenstand" identifiziert, verbleiben folgende Unterschiede:

BEISPIEL ► Das forschende Pharmaunternehmen verliert einen Patentschutzprozess.

Der Umsatz dieses Präparats wird auf 15 % des bisherigen Betrags sinken und das Ergebnis c. p. um X % beeinflussen.

Der erste Satz ist eine Darstellung, der zweite eine Analyse.

Das Beispiel zeigt das Erfordernis einer Zusammenfassung von Darstellung und Analyse zu **einer** Gedankenführung.

1 DRS 20.92.

Diese Analyse muss nach der gesetzlichen Vorgabe „ausgewogen und umfassend" sein. **„Ausgewogen"** im vorigen Beispiel ist – unterstellt – der angenommene Umsatzrückgang analysiert. **„Umfassend"** ist die Analyse dann, wenn **Begleitumstände** mit berichtet werden. 27

BEISPIEL

VARIANTE 1 In Fortsetzung des Sachverhalts unter →Rz. 26 muss die Gesellschaft 20 % der Vertriebsmannschaft einsparen, was zu zusätzlichem Einmalaufwand i. H. von Y € führt.

VARIANTE 2 Ein Ersatzpräparat steht in der dritten klinischen Testphase. Die Aussichten auf eine Zulassung zum Arzneimittelhandel stehen gut. In zwei Jahren wird mit einem Umsatz von Z € bei dieser Neueinführung gerechnet.

VARIANTE 3 Dem Umsatzschwund durch den verlorenen Patentschutz muss durch Akquisition von Forschungsergebnissen anderer Unternehmen gegengesteuert werden.

In diese Faktenergänzung im Beispiel durch Analyse schwingt der zwingend **optimistische** Hintergrund einer Lageberichterstattung mit (→ Rz. 12). Gleichwohl bleibt die **Ausgewogenheit** gewahrt: Die Geschäftsleitung verschweigt in den Varianten 2 und 3 die Unsicherheitsmomente nicht, die mit den erhofften Kompensationen verbunden sind, zeigt andererseits den Willen und die Möglichkeit der Gegensteuerung.

Die Analyse der Geschäftstätigkeit muss **„umfassend"** sein. Daraus ließe sich folgern: je umfangreicher, desto besser. Dem beugt das Gesetz selbst im gleichen Atemzug vor: Die Analyse muss „dem Umfang und der Komplexität der Geschäftstätigkeit" entsprechen. Die Vorlage eines Großkonzerns stellt keinen Maßstab für den Mittelständler dar. Wenn Ersterer 30 Seiten für diesen Berichtsteil benötigt, genügen für den Letzteren zwei bis vier Seiten (→ Rz. 23). Dem latenten Zwang der **Checklisten** zur Ausweitung der Berichterstattung ist – gerade auch im Interesse der Berichtsadressaten (→ Rz. 15) – zu widerstehen (→ Rz. 64). 28

BEISPIEL Der auf den EU-Markt mit Osteuropa ausgerichtete Hersteller von Saatgut braucht nicht über den Konjunktureinbruch in Ostasien zu berichten, auch nicht von der Baukrise in Spanien, da diese Ereignisse den Saatgutabsatz nicht wesentlich beeinflussen. Anders der Automobilsitzhersteller, der sich auf die Ausstattung von Kleinwagen spezialisiert hat.

Der ohne Bankschulden u. Ä. arbeitende Mittelständler braucht nicht lang und breit Finanzierungskennzahlen zum Besten zu geben. Umgekehrt muss eine AG mit dem Geschäftsmodell des Vertriebs von Finanzprodukten die Umstellung der Provisionierung des Verkaufsapparats detailliert analysieren.

Die Analyse muss regelmäßig mit einem **Vorjahresvergleich** – je nach Gewichtigkeit des Sachverhalts mit einem Mehrjahresvergleich – einhergehen. Dabei sind insbesondere **Sonder**einflüsse und **Einmal**effekte herauszustellen (DRS 20.66). 29

BEISPIELE

- Die Drogeriemarktkette D dringt in den iberischen Markt ein, schließt andererseits die Filialen in Skandinavien.
- Der Hersteller von Elektronikteilen schließt die ausländischen Vertriebsbetriebsstätten und verkauft nunmehr über selbständige Händler.
- Ein lang anhaltender Streik hat die Produktionsmenge um ein Drittel reduziert.
- Die Rabattaktion der Möbelhandelskette hat den Absatz nachhaltig gefördert, allerdings wegen des Margenverlusts den Umsatz nicht erhöht.
- Eine Holdinggesellschaft hat fünf Tochtergesellschaften (zwei im Ausland) neu erworben und drei (eine im Ausland) verkauft.

5. Einbezug der finanziellen Leistungsindikatoren (Abs. 1 Satz 3)

30 Die Analyse nach Abs. 1 Satz 2 muss die wesentlichen finanziellen Leistungsindikatoren einbeziehen. Darunter sind typische betriebswirtschaftliche **Kennzahlen** – häufig Verhältnisgrößen – zu verstehen. Beispielhaft

zur Vermögenslage:

- Eigenkapital- und/oder Fremdkapitalquote,
- vertikale Vermögensstrukturkennzahlen wie Anlagenintensität,
- Nettoinvestition in das Sachanlagenvermögen;

zur Finanzlage:

- verschiedene Liquiditätsgrade,
- verschiedene Cashflows, die in Bezug zu anderen Größen (z. B. Finanzverbindlichkeiten) gesetzt werden (dynamischer Verschuldungsgrad);

zur Ertragslage:

- Eigenkapital- und Gesamtkapitalrentabilität,
- Return on Investment,
- Cashflow/Return on Investment,
- EBIT-Zahlen.

Weitere finanzielle Leistungsindikatoren können das **Finanz**ergebnis oder die **Wert**schöpfung und deren Verteilung auf die Stakeholder sein.

Dazu folgendes weiteres Beispiel:

BEISPIEL

Entstehung	Wertschöpfung (mit Vorjahr)
Umsatzerlöse	+
Sonstige Erträge	+
Materialaufwand	-
Abschreibungen	-
Sonstige Vorleistungen	-
Wertschöpfung	=

VERTEILUNG

- An Aktionäre (Dividende),
- an Mitarbeiter (Lohn und Gehalt, Soziales),
- an den Staat (Steuern und Abgaben),
- an Kreditgeber (Zinsaufwand),
- an das Unternehmen (Rücklagen)

= Wertschöpfung.

Anzugeben sind die **„bedeutsamsten"** Kennziffern, also gerade keine betriebswirtschaftliche Formelsammlung. Die Fähigkeit von Bilanzierungssoftware, eine Unmenge von Kennziffern berichtsmäßig „auszuwerfen", sollte nicht dazu verleiten, auf eine Selektion zu verzichten. Mehr als zehn[1] dargestellte Leistungsindikatoren sollten auch bei Großkonzernen nicht im Lagebericht auftauchen. Bei der Berichterstattung ist auf die im Abschluss ausgewiesenen Beträge Bezug zu nehmen (DRS 20.101); außerdem sind die Berechnungsgrundlagen für die Leistungsindikatoren darzustellen (DRS 20.104).

Wesentliche Veränderungen der Leistungsindikatoren gegenüber dem Istwert des Vorjahres und gegenüber dem Vorjahres-Prognosewert sind im Rahmen einer sog. *Follow-up*-Berichterstattung wiederzugeben. Auch **nichtfinanzielle** Leistungsindikatoren (z. B. Kundenzufriedenheit, Mitarbeiterfluktuation, Umweltbelange) können berichtspflichtig sein – so wenigstens DRS 20.106 zu denjenigen Indikatoren, die zur **internen Steuerung** des Konzerns/Unternehmens herangezogen und die zum Verständnis des Geschäftsverkaufs und der „Lage" benötigt werden. Unter Umständen sind hier sensible Daten angesprochen, die das Management nicht unbedingt kundmachen will.[2] Finanzielle und nichtfinanzielle Leistungsindikatoren sollen auch der **Nachhaltigkeits**berichterstattung dienen (DRS 20.110) – alles Vorgaben bzw. Anregungen in DRS 20, die über die **gesetzlichen** Anforderungen hinausgehen. Zu den Zusatzanforderungen an bestimmte Kapitalgesellschaften vgl. → Rz. 90 ff.

Dabei geht es im **mittelständischen** Bereich nicht um die Abarbeitung betriebswirtschaftlicher Lehrbücher über Kennzahlensysteme. Die Auswahl der Kennzahlen muss sich auf unternehmensindividuell zugeschnittene Größen beschränken – so die Vorgabe in Abs. 1 Satz 2 (→ Rz. 28). Eine ohne Bankkredite arbeitende Gesellschaft befasst sich nicht sinnvoll mit Liquiditäts- und Verschuldungsquoten oder Gesamtkapitalrenditen. 31

Das Gesetz verlangt bei dieser Kennziffernanalyse einen Bezug auf den **Jahresabschluss:** „Beträge" nach Bilanz und GuV, Angaben nach dem Anhang. Die Analyse im Lagebericht soll nicht frei in sich selbst schweben, sondern den Abschluss **ergänzend** erläutern (→ Rz. 8). Ist der Bezugspunkt einer Kennzahlenanalyse nicht unmittelbar aus dem Jahresabschluss ersichtlich, muss eine **Überleitungsrechnung** erfolgen. Bei Kapitalmarktorientierung ist das vom Unternehmen/Konzern eingesetzte Steuerungssystem darzustellen (DRS 20.K45). 32

Weiter sind darzustellen und zu erläutern: 32a

- wesentliche Veränderungen der Leistungsindikatoren gegenüber dem Vorjahr (DRS 20.113) sowie wesentliche Abweichungen von der im Vorjahr vorgenommenen Prognose (DRS 20.57),
- die prognostizierten Veränderungen der Leistungsindikatoren gegenüber dem Istwert des Berichtsjahres (DRS 20.126 und DRS 20.128; → Rz. 36).

6. Prognosebericht über Chancen und Risiken (Abs. 1 Satz 4)

6.1 Die Prognosetechnik – der Umgang mit der Zukunft

In Abs. 1 Satz 4 verlässt die Gesetzesvorgabe endgültig die Vergangenheit und wendet sich der für wirtschaftliche Entscheidungen maßgeblichen **Zukunfts**perspektive zu. Diese war bereits in Abs. 1 Satz 1 mit der „Lage" angesprochen (→ Rz. 24), denn diese ist notwendig zukunftsabhängig. Der schönste Geschäftsverlauf im vergangenen Jahr ist für die „Lage" uninteressant, wenn am Bilanzstichtag der Auftragsbestand gegen null tendiert. 33

1 *Kolb/Neubeck* nennen „mehr als 20", StuB 2016 S. 7.
2 *Senger/Brune*, WPg 2012 S. 1287.

34 Der gegensätzlich wirkende wissenschaftliche Umgang mit der Prognose – manchmal pleonastisch als „Zukunftsprognose“ bezeichnet – bedient sich in quantitativer Ausprägung anspruchsvoll wirkender mathematisch-statistischer **Methoden** in Form der Zeitreihen- oder Regressionsanalyse. Andere Prognose**verfahren** bestehen z. B. in der Szenariotechnik, der Delphi-Methode, der Monte-Carlo-Simulation oder einfach dem Brainstorming.

Gerade die große Wirtschaftskrise 2007 ff. hat aus Sicht ex post die unmittelbare Nachbarschaft der Prognoseergebnisse auf der Grundlage der Glaskugel einerseits und der wissenschaftlichen Vorgehensweise andererseits belegt. Der Grund für das Versagen des wissenschaftlichen Prognoseverfahrens liegt ironischerweise in dessen **Vergangenheits**orientierung. Das Berechnungsmodell wird mit bekannten Daten und deren Beziehungen untereinander – z. B. Variation der Inflationsrate in Bezug auf die Importquote – gefüttert. Die Vergangenheit wird durch dieses Modell gut erklärend abgebildet und in die Zukunft projiziert. Anders formuliert:[1] Das Auto wird in der Vorwärtsfahrt durch den Blick in den Rückspiegel gelenkt. Dabei kann das Modell – da mit Vergangenheitsdaten gefüttert – nicht **unerwartete** Entwicklungen (Ölpreisverfall, Austrocknen von Wertpapiermärkten) berücksichtigen. Der DSR zeigte angesichts der großen Krise ein Einsehen:[2] Ein Verzicht auf die Prognoseberichterstattung sei zwar unzulässig, aber die trotzdem erforderlichen qualitativen Trendaussagen dürfen weniger konkret ausfallen als vorher. Wenn außergewöhnlich hohe Unsicherheit besteht und daher die Prognosefähigkeit der Unternehmen wesentlich beeinträchtigt ist, sind komparative Prognosen oder die Darstellung der voraussichtlichen Entwicklung der zur internen Steuerung verwendeten finanziellen und nichtfinanziellen Leistungsindikatoren in verschiedenen Zukunftsszenarien unter Angabe ihrer jeweiligen Annahmen ausreichend (DRS 20.133).

35 Gesetzgeber und Standardsetter machen keine spezifischen Vorgaben zur **Prognosemethode.** Die DAX-30-Unternehmen enthalten sich hierzu einer Aussage.[3] Ihre Prognose beruht i. d. R. auf **einwertigen** Betrachtungen mit einer Wahrscheinlichkeitsverteilung auf der Grundlage eines *Management-Approachs.* Mehrwertige Planungen mit Sensitivitätsanalysen und Szenariovariationen gelten als aussagekräftiger. Solche sind indes weder vom Gesetz noch von DRS 20 gefordert. DRS 20.128 verlangt Aussagen zur erwarteten Veränderung der prognostizierten Kennzahlen gegenüber den Istwerten des Berichtsjahres.

36 Prognosen sind nur so gut wie ihre **Prämissen.** Die wesentlichen Prämissen sind deshalb anzugeben (DRS 20.120 ff.). Dabei müssen die Prämissen mit denjenigen, die dem (Konzern-)Abschluss zugrunde liegen, übereinstimmen. In der Praxis erfolgt regelmäßig eine Bezugnahme auf gesamtwirtschaftliches – z. B. Sinken der Arbeitslosenzahl – oder branchenspezifisches – Zuwendung zu mehr Körperpflege – Datenmaterial. Als Quelle dienen insbesondere die Schätzungen von Wirtschaftsforschungsinstituten.[4] Bzgl. der unternehmensspezifischen Annahmen sind Leerformeln üblich: „Aussagen … beruhen auf heutigen Erwartungen und bestimmten Annahmen.“

In der Praxis der Lageberichterstattung bis 2012 halten sich die **externen** Prognosen (über Gesamtwirtschaft, Brache usw.) und die **unternehmensbezogenen** Prognosen (über Umsatz, Er-

1 Vgl. hierzu *Beck*, FAZ v. 6.1.2009 S. 13.
2 Verlautbarung v. 27.3.2009: „Hinweis zur Prognoseberichterstattung gemäß DRS 15“; jetzt in DRS 20.133.
3 Vgl. *Quick/Reus*, KoR 2009 S. 23.
4 Vgl. *Ruhwedel/Sellhorn/Lerchenmüller*, DB 2009 S. 1307; empirisch auch bestätigt durch *Ergün/Juchler/Müller*, BB 2012 S. 437; so auch DRS 20.123.

gebnis, Investition, Liquidität usw.) zwar in etwa die Waage (46 % vs. 54 % der Aussagen); dabei bestand jedoch folgender inhaltlicher Unterschied:

- Bei unternehmensbezogenen Prognosen dominieren qualitative Aussagen („Mit weiterem Umsatzwachstum wird gerechnet"),
- während umgekehrt bei externen Prognosen quantitative Aussagen („Das erwartete Wachstum des BIP beträgt 2,3 %") überwogen.

Das mag wie folgt erklärt werden:[1] Die Aussagen über die gesamtwirtschaftlichen oder branchenspezifischen Entwicklungen sind den Mitteilungen der wirtschaftlichen Forschungsinstitute zu entnehmen und unterliegen deshalb keinem Rechtfertigungszwang des Managements bei späterer Fehlerhaftigkeit. Dem tritt DRS 20.124 für die Anwendung ab 2013 **entgegen** durch

- Angabepflicht der **Quelle** solcher externen Prognosen;
- **Beschränkung** von deren Verwendung auf die voraussichtliche Entwicklung des Konzerns (hier Unternehmen);
- **Verbot** der Verhinderung des Einblicks in die unternehmensspezifischen Verhältnisse.

In den Lageberichten für 2013 (Anwendungsbereich des DRS 20) der Konzerne hat sich die (meist überflüssige) Berichterstattung über gesamtwirtschaftliche Entwicklungen reduziert.[2] Generell müssen Angaben zur voraussichtlichen Entwicklung des Unternehmens/Konzerns unter Darstellung und Erläuterung der wesentlichen Einflussfaktoren erfolgen.

Zur **Angabegenauigkeit** enthält DRS 20 keine Vorgaben.

Jedenfalls muss der **Prognosecharakter** der Aussage deutlich gemacht werden (DRS 20.125). Außerdem müssen nach DRS 20.128 die prognostizierten Veränderungen von Kennzahlen gegenüber den Istwerten der Berichtsperiode (→ Rz. 35) die **Richtung** und **Intensität** der Veränderung erkennen lassen. Der Vergleichswert (z. B. EBITDA) muss dabei genannt werden (DRS 20.131). Die Aussage „... erwarten wir ein Umsatzwachstum" genügt dann nicht mehr. Dabei könnte die geforderte **Intensität** quantitativ (10 % Umsatzsteigerung) oder qualitativ („... über dem Branchendurchschnitt") dargestellt werden. Nach DRS 20.130 sind jedenfalls (rein) qualitative und (einfach) komparative Prognosen nicht ausreichend.

Zum **zeitlichen** Horizont der Prognose enthält sich der Gesetzgeber einer Aussage. Empirisch 37
wird von den DAX-30-Unternehmen fast nur für das folgende Geschäftsjahr oder ohne Zeitvorgabe prognostiziert.[3] Der DRS 20.127 setzt den Prognosezeitraum auf „mindestens" **ein** Jahr, berechnet auf den letzten Bilanzstichtag. Bei Ausnutzung der Offenlegungsfrist für nicht kapitalmarktorientierte Gesellschaften (→ § 325 Rz. 16) von zwölf Monaten ist der Prognosezeitraum praktisch abgelaufen. Sofern ein längerer Prognosezeitraum gewählt wird, ist dieser zu kennzeichnen. Absehbare **Sondereinflüsse nach** dem Prognosezeitraum sind darzustellen und zu analysieren (→ Rz. 11).

Letztlich soll das Prognoseverfahren über den Gesetzeswortlaut hinausgehend nach 38
DRS 20.118 in einer **Gesamtaussage** münden. Dazu bedarf es zunächst eines **Gegenstands.** Dieser ist in unternehmensspezifisch aufbereiteten Leistungsindikatoren zu sehen, z. B. Pro-

1 Vgl. *Ergün/Julicher/Müller*, BB 2012 S. 437. Diese Feststellung bezog sich auf das Geschäftsjahr 2012, für das der DRS 20 noch nicht verpflichtend anzuwenden war.
2 Vgl. *Eisenschmidt/Wennekamp*, KoR 2014 S. 368; Einzelheiten bei *Kajüter/Hannen/Huth*, DB 2014 S. 2846.
3 *Philipps*, DB 2015 S. 449: 26 DAX-30-Konzerne.

duktivität, Absatz, Finanzierungsbedarf und -quellen (DRS 20.126). Diese und andere „Einflussfaktoren" sind der Angabe über „positive und negative Entwicklungstrends" zugrunde zu legen. Die übliche Zielgröße ist das **„Ergebnis"**, sei es undefiniert oder in den verschiedensten Ausprägungen genannt:[1]

- Jahresüberschuss,
- EBT,
- EBIT,
- operatives Ergebnis,
- EBITA,
- EBITDA oder
- adjustiertes Pro-forma-Ergebnis.

Die unterschiedliche Entwicklung von **Teilbereichen** des Konzerns/Unternehmens ist gesondert darzustellen (DRS 20.132).

DRS 20.133 nimmt sich der Thematik der **„besonderen Umstände** mit außergewöhnlich hoher Unsicherheit mit wesentlicher Beeinträchtigung der Prognosefähigkeit" intensiv an. Dann seien „komparative Prognosen" oder „die Darstellung der voraussichtlichen Entwicklung der zur internen Steuerung verwendeten ... Leistungsindikatoren (→ Rz. 30) in verschiedenen Zukunftsszenarien unter Angabe ihrer jeweiligen Annahmen hinreichend". Die rein qualitative und damit nichtssagende Prognose in dieser Konstellation soll damit durch eine quantitative Aussage in **Szenarioform** ersetzt werden. Unter Umständen wird damit den Adressaten aber eine ebenso nichtssagende Information geliefert (→ Rz. 56), etwa wie folgt: „Bei einem Rückgang der Umsatzerlöse um 10 % gegenüber dem Vorjahr wird sich das EBIT um 5 % vermindern." Das kann man bequem mit sieben weiteren Umsatzveränderungen anreichern, sinnvollerweise in graphischer Form, und zudem das Szenario auf andere Kennzahlen ausweiten. Damit kann sich der Adressat der Berichterstattung seinen eigenen Prognosebericht erstellen. Die Szenarien müssen deshalb jedenfalls die Richtung der erwarteten Veränderung gegenüber dem Istwert des Vorjahres erkenntlich machen (DRS 20.131). Auf jeden Fall muss ein Prognosebericht erstellt werden (→ Rz. 57), auch wenn er für den Adressaten wenig oder gar nichts Verwertbares enthält (→ Rz. 59). Ein besonderer Umstand kann bzgl. des Lageberichts 2019 – je nach Geschäftsfeld – etwa die Corona-Epidemie sein[2] oder für den Stichtag 31.12.2022 der Ukraine-Krieg.[3]

Weiter wird eine Aussage**technik** benötigt:

- **Qualitativ:** zufriedenstellend, bedrohlich, nachhaltig, gut oder schlecht.
- **Komparativ:** steigender Bestelleingang, Rückgang der Mitarbeiterzahl.
- **Punktgenauigkeit** oder **Intervall.**

Zulässig sind – abgesehen von den vorstehend dargestellten „besonderen Umständen" – nach DRS 20.130 folgende Aussagetechniken.

1 Vgl. *Ruhwedel/Sellhorn/Lerchenmüller*, DB 2009 S. 1307; empirisch zwischen zwei und 15 Leistungsindikatoren nach *Philipps*, DB 2015 S. 446.

2 Fachlicher Hinweis des IDW v. 4.3.2020 zu den Auswirkungen der Ausbreitung des Coronavirus auf die Rechnungslegung zum Stichtag 31.12.2019 und deren Prüfung.

3 IDW, Fachlicher Hinweis zu den Auswirkungen des Ukraine-Krieges auf die Rechnungslegung und deren Prüfung (2. Update, April 2022).

- Punktprognosen;
- Intervallprognosen;
- qualifiziert-komparative Prognosen (Mindestvorgabe nach DRS 20.128).

Dabei muss nach DRS 20.131 der Vergleichswert für die prognostizierten Veränderungen dargestellt werden. Dabei überwiegen in der Praxis die Intervall- die Punktprognosen.[1] In beiden Fällen werden die Mindestvorgaben des DRS 20.128 übertroffen.

Diese Techniken haben ihre jeweilige Gesetzmäßigkeit aus Sicht des Aussagenden und des 39
Aussageempfängers.[2] Insbesondere geht es um den Ex-post-Vergleich, also um die **Richtigkeitskontrolle.** Nach DRS 20.57 sind die in der Vorperiode berichteten Prognosen mit der tatsächlichen Entwicklung zu vergleichen. Je allgemeiner eine **qualitative** Aussage formuliert ist („Der Unternehmensbereich ‚*healthcare*' ist abhängig von den Gesundheitsmärkten ..."), desto eher trifft sie ein. Entsprechende Prognosen stellen sich im Nachhinein immer als richtig heraus, sind allerdings eher als **Banalitäten** zu qualifizieren.

Umgekehrt verhält es sich mit **Punkt**prognosen: „Wir gehen von einem Umsatzwachstum von 3,2 % im folgenden und weiteren 2,7 % im übernächsten Geschäftsjahr aus." Eine solche Voraussage ist – vergleichbar derjenigen der Wirtschaftsforschungsinstitute bzgl. der Wachstumsrate der Gesamtwirtschaft – nachträglich gesehen fast immer **falsch.**

Intervallprognosen – „Unsere Forschungsaufwendungen werden in den nächsten Jahren auf 9 % bis 11 % des Umsatzes ansteigen" – haben eine größere Chance, sich als richtig zu erweisen. Ihr eigentlicher Vorteil liegt in der Vermittlung der Unsicherheit jeder Prognose an den Adressaten: Wenn dann der Leser den mittleren Wert der Bandbreite als wahrscheinlichsten Wert annimmt, ist er selbst schuld. Ein zu großes Intervall – z. B. „auf 5 % bis 25 % des Umsatzes" – ist ohne wesentlichen Aussagehalt und erfüllt die Anforderungen von DRS 20 deshalb u. E. nicht.

(einstweilen frei) 40

Über die (speziell auch) **Qualität** der Prognoseberichterstattung werden Rankings publiziert: 41
„Der beste Geschäftsbericht." Dort wird folgendes Beispiel für eine „überzeugende" Darstellung der voraussichtlichen Dividendenentwicklung dargestellt:[3]

BEISPIEL „Dem starken Rückgang des bereinigten Ergebnisses der XY Gruppe und unserer langfristigen Dividendenpolitik folgend schlägt der Vorstand der Hauptversammlung vor, eine Dividende von 0,20 € je Aktie auszuschütten (Vorjahr: 2,40 € je Aktie). Unter der Annahme, dass wir am Tag der Hauptversammlung keine eigenen Aktien halten, ergibt sich eine auszuschüttende Dividendensumme von 38,3 Mio. €; diese liegt mit einer Ausschüttungsquote von 41 % innerhalb unseres grundsätzlich angestrebten Ausschüttungskorridors von 40 bis 50 % des bereinigten Konzernergebnisses der XY Gruppe. Wir verfolgen eine grundsätzlich ertragsorientierte Dividendenpolitik. Mit dieser Maßgabe bildet eine Ausschüttungsquote von 40 bis 50 % des bereinigten Konzernergebnisses die Grundlage für die von Vorstand und Aufsichtsrat zu bestimmende Höhe der künftigen Dividendenvorschläge. Der für das Jahr 2010 erwartete deutliche Anstieg des bereinigten Konzernergebnisses nach Steuern sollte sich auch entsprechend auf die künftige Dividendenzahlung auswirken. Für das Jahr 2011 ist aufgrund der erwarteten Verbesserung des Ergebnisniveaus eine entsprechende Anhebung der Dividende möglich."

1 Vgl. *Eisenschmidt/Wennekamp*, KoR 2014 S. 369; so auch *Philipps*, DB 2015 S. 447.

2 Zur Beurteilung der verschiedenen Prognosetechniken vgl. *Baetge/Hippel/Sommerhoff*, DB 2011 S. 367; vgl. auch *Küting/Lam*, DB 2013 S. 1738.

3 Vgl. *Baetge/Hippel/Sommerhoff*, DB 2011 S. 370.

In der **Übersetzung** heißt dies: Der Dividendeneinbruch gegenüber dem Vorjahr von 2,40 € je Aktie auf 0,20 € je Aktie muss nicht von Dauer sein. Der Grund liegt in der „grundsätzlich" ertragsorientierten Dividendenpolitik bei einem „grundsätzlich" angestrebten Dividendenkorridor von 40 bis 50 %. Ab 2010 erwarten wir eine verbesserte Ertragslage, die dann ab 2011 eine erhöhte Dividende je Aktie ermöglichen könnte.

Kurz gesagt: Wenn es uns wieder besser geht, dürfen unsere geschätzten Aktionäre u. U. auch wieder mit einer höheren Dividendenquote rechnen – eine Aussage, die niemanden, erst recht nicht die betroffenen Aktionäre vom Stuhl reißen dürfte. Auch typisch ist die Wenn-dann-Prognosetechnik (→ Rz. 59), die sich eher als Nicht-Prognose darstellt.

6.2 Zusammenfassung der Chancen und Risiken

42 In die Prognoseberichterstattung sind die Chancen und Risiken („mit") **einzubeziehen.** Als **Risiko** gilt die Möglichkeit einer **negativen,** als **Chance** diejenige einer **positiven** Entwicklung der wirtschaftlichen Lage. Mit diesen Definitionen ist wenig gewonnen. Es fehlt zum einen an einer Bezugsgröße für negativ und positiv. Gemeint sein könnte die „Lage" am Bilanzstichtag des Berichtsjahres. Die sich zeitlich anschließende „Entwicklung" ist zum anderen notwendig immer positiv oder negativ, d. h. allenfalls zufällig unverändert. Die gesamten Definitionen von Chance und Risiko machen sich selbst überflüssig, weil sie in der Darstellung (Prognose) der voraussichtlichen Entwicklung zwingend enthalten sind. Die Chancen-Risiken-Berichterstattung kann nach Chancen und Risiken getrennt oder zusammengefasst erfolgen. Außerdem besteht gem. DRS 20.117 die (weitere) Option zur Integrierung der Prognoseberichterstattung (→ Rz. 33).

43 Für die **Zusammenfassung** plädiert weitaus überwiegend das Schrifttum.[1] Sinnvoll kann eine Trennung im Lagebericht (Nicht-Konzern) beim Erfordernis einer umfangreichen Risikoberichterstattung nach Abs. 2 Nr. 2 (→ Rz. 70 ff.) oder nach Abs. 4 (→ Rz. 103 ff.) sein. Im mittelständischen Bereich, in dem es keine „Management-Systeme" in ausgeprägter Form gibt, ist diese Trennung der Berichterstattung nicht angebracht und wird auch praktisch nicht durchgeführt. Dort heißt es z. B. schlicht: „Risiken, die den Fortbestand des Unternehmens gefährden, sind uns nicht bekannt." (→ Rz. 66).

44 Nach der DRS-Vorgabe ist in die Prognose die **positive Abweichung** (→ Rz. 42) von der mutmaßlichen Entwicklung (die **„Chance"**) einzubeziehen. Diese müsste nach dieser Definition etwa wie folgt formuliert werden: „Die Entwicklung der Gesellschaft kann auch positiver verlaufen, als wir prognostizieren." Diese Aussage wäre weniger als banal, eher schon verbaler Unfug. Erst recht gälte dies mit einer quantitativen Anreicherung: „Das mutmaßliche Ergebnis des Geschäftsjahres 02, das wir im mittleren zweistelligen Millionenbereich prognostizieren, kann sich auch 10 % bis 30 % höher einstellen." Bei getrenntem Risikobericht (→ Rz. 43) müsste dieser Satz dann mit negativem Vorzeichen wiederholt werden. Es ist wenig verwunderlich, dass die HDAX- und SDAX-Gesellschaften die Darstellung der Chancen erheblich gegenüber den Risiken reduzieren.[2] Jedenfalls dürfen in der Darstellung Chancen und Risiken nicht verrechnet werden – was immer das heißen mag. Lediglich eine Saldierung mit risikobegrenzenden Maßnahmen ist zulässig (DRS 20.157). Es ist nach DRS 20.166 auch **„ausgewogen"** über

1 Vgl. *Pfitzer/Oser/Orth*, DB 2004 S. 2597; *Wolf*, DStR 2005 S. 439; *Kaiser*, WPg 2005 S. 410.

2 Empirisch *Eisenschmidt/Scherner*, DStR 2015 S. 1068; ähnlich in der Vermutung *Grottke/Höschele*, StuB 2012 S. 390; *Senger/Brune*, WPg 2012 S. 1289.

Chancen und Risiken zu berichten. Nach DRS 20.117 darf der **Prognosebericht** (→ Rz. 38) in den Chancen- und Risikobericht integriert werden.

Beim **Risiko** wird im DAX-30-Bereich häufig in epischer Breite berichtet.[1] Unter Einsatz von ökonomischem Sachverstand und etwas Kreativität gelingt es, mehrere Dutzend „Risiken" zu umschreiben, die sämtlich als beherrschbar dargestellt werden. Das Risikointervall reicht gewöhnlich von der gesamtwirtschaftlichen Entwicklung bis hin zum IT-Bereich. Irgendwo dazwischen bewegt sich – als Beispiel – das **Personalrisiko,** etwa mit folgender Beschreibung in einem DAX-Bericht: 45

> „Den Risiken, die mit Fluktuation und Know-how-Verlust aufgrund altersbedingter Abgänge verbunden sind, begegnen wir durch intensive und fachbereichsspezifische Qualifikation. Darüber hinaus haben wir den konzerninternen Senior-Experten-Einsatz aufgebaut und stellen damit den Transfer des wertvollen Erfahrungswissens unserer altersbedingt ausscheidenden Mitarbeiter sicher."

Oder man begegnet dem Branchenrisiko des plötzlichen **Nachfragerückgangs** und Preisverfalls „mit einer klaren, kundenorientierten Produkt- oder Preispolitik".

Das Gesetz fordert demgegenüber wie DRS 20.146 die Befassung mit **wesentlichen** Risiken (und Chancen), und zwar in Einzeldarstellung. Da auch hier (→ § 252 Rz. 236) niemand „wesentlich" definieren kann, liegt der Berichterstatter mit der Aufzählung aller möglichen Risiken auf der sicheren Seite (→ Rz. 14). Bei (meist freiwilliger, in IFRS-Konzernabschlüssen börsennotierter Unternehmen aber pflichtweiser) **Segment**berichterstattung im Abschluss sind die Risiken auch im Lagebericht segmentbezogen darzustellen (DRS 20.151).

Die Risiko- und Chancenberichterstattung in DRS 20 ist konzeptionell spiegelbildlich aufgezogen, d. h., über die wesentlichen Chancen ist sinngemäß wie über die Risiken zu berichten (DRS 20.165). So sind Risiken und Chancen entweder in einer Rangfolge zu ordnen oder zu Kategorien zusammenzufassen (DRS 20.162). Dabei sind nur wesentliche Posten einzeln anzugeben (DRS 20.149). 46

Die vom DRS 20.165 verlangte Spiegelung der Risiken in der Berichterstattung über **Chancen** hat systematische Grenzen. So ist es nicht sinnvoll, 47

- auf eine „Chancentragfähigkeit" einzugehen (DRS 20.161),
- eine „Chancenbegrenzungsmaßnahme" zu nennen (DRS 20.158),
- das „Chancenmanagementsystem" darzustellen.

Der **zuversichtliche** Umgang mit der Risikoberichtspflicht ist für die Geschäftsleitung fast schon zwingend. Ein krisengeschütteltes Unternehmen, das zum Überleben dringend einer zusätzlichen Kreditlinie bedarf, wird kaum schreiben dürfen: „Wir sehen der Einräumung eines benötigten Kredits zur Weiterführung unseres Geschäfts mit Skepsis entgegen." Stattdessen wird es heißen: „Die Verhandlungen mit unseren Hausbanken zur unveränderten Bereitstellung der für das laufende Geschäft benötigten Kreditlinien sind auf gutem Wege." Um hier auf bestehende Unsicherheiten und Risiken „unmissverständlich" hinzuweisen, wäre der folgende Satz zu ergänzen: „Ob diese Verhandlungen von Erfolg gekrönt sind, müssen wir derzeit offenlassen." 48

---

1 Es wurden auch schon 62 Seiten geortet (*Withus*, KoR 2010 S. 238b).

49 Damit ist **„das“** (eigentliche) Risiko der Lageberichtsadressaten – Gläubiger, Gesellschafter, Arbeitnehmer, Lieferanten, Fiskus – angesprochen: die Möglichkeit einer **Pleite** der Gesellschaft. Auf diese Möglichkeit deutlich hinzuweisen überfordert die Geschäftsleitung, wenn die Insolvenzgefahr nicht schon jedermann bekannt ist. Dem Phänomen der *Selffulfilling Prophecy* (→ § 252 Rz. 21) kann und darf sie sich nicht ausliefern.[1]

50 Der **Fortführungsprognose** ist im Rahmen des Jahresabschlusses ein Zeitraum von zwölf Monaten ab dem Bilanzstichtag zugrunde zu legen (→ § 252 Rz. 26). Dies gilt nach DRS 20.156 i. d. R. auch für den Prognosebericht (→ Rz. 37) sowie für den Risikobericht (→ Rz. 46), insbesondere für bestandsgefährdende Risiken.

51 *(einstweilen frei)*

6.3 Spezielle Anforderungen an die Risiko- und Chancenberichterstattung

52 DRS 20 macht hierzu folgende Vorgaben, auch umfassend mit Einschränkungen für die Chancen (→ Rz. 47):

- Zusammenfassende Darstellung der Risikolage nach DRS 20.160.
- (Bedingte) Quantifizierung, ggf. unter Erläuterung der Berechnungsmodelle und Parameter-Inputs (DRS 20.152). Der Verzicht auf eine Quantifizierung wegen angeblich fehlender Möglichkeit ist insbesondere dann schwer zu begründen, wenn in der internen Berichterstattung mit Quantifizierungen gearbeitet wird.
- **Bestandsgefährdende** Risiken sind als solche zu bezeichnen (DRS 20.148).
- Die **wesentlichen** Risiken sind einzeln darzustellen, zu analysieren und zu beurteilen (DRS 20.149; → Rz. 11), und zwar bezogen auf das Unternehmen/den Konzern bzw. ein Konzernunternehmen (DRS 20.150).
- **Beschränkung** auf das **Restrisiko** bei Kompensation (z. B. durch Rückgriffsrechte oder Rückstellungsbildung (DRS 20.157).
- Anwendung eines adäquaten **Prognosezeitraums** (DRS 20.156), mindestens dem Prognosezeitraum entsprechend (→ Rz. 37), bzgl. der Bestandsgefährdung ein Jahr (DRS 20.156; → Rz. 50).
- Als **Stichtag** gilt der Abschlussstichtag, vorbehaltlich späterer geänderter Einschätzungen (DRS 20.155).
- **Geänderte** Risikolage gegenüber dem Vorjahr (DRS 20.159).
- Darstellung der Risiken entweder in einer **Rangfolge** oder in **Kategorien** gleichartiger Risiken (DRS 20.162).

7. Versicherung der gesetzlichen Vertreter („Bilanzeid“/„Lageberichtseid“)

53 Die gesetzlichen Vertreter einer kapitalmarktorientierten Kapitalgesellschaft müssen den sog. Bilanzeid betreffend den Jahresabschluss (→ § 264 Rz. 34) auch für den Lagebericht leisten. Dieser wenig sinnvolle **Verdoppelungseffekt** verdankt seine Existenz der formalen Trennung von Jahresabschluss und Lagebericht gem. § 264 Abs. 1 Satz 1 HGB (→ § 264 Rz. 5). Genügen sollte daher ein „Sammeleid“, der den Jahresabschluss und den Lagebericht gemeinsam behandelt (→ § 264 Rz. 36). Einen entsprechenden Formulierungsvorschlag enthält DRS 20.K309:

---

1 Vgl. hierzu *Kajüter*, BB 2004 S. 430; *Kaiser*, WPg 2005 S. 417.

„Wir versichern nach bestem Wissen, dass gemäß den anzuwendenden Rechnungslegungsgrundsätzen der Jahresabschluss/Konzernabschluss ein den tatsächlichen Verhältnissen entsprechendes Bild der Vermögens-, Finanz- und Ertragslage der Gesellschaft/des Konzerns vermittelt und im Lagebericht/Konzernlagebericht der Geschäftsverlauf einschließlich des Geschäftsergebnisses und die Lage der Gesellschaft/des Konzerns so dargestellt sind, dass ein den tatsächlichen Verhältnissen entsprechendes Bild vermittelt wird, sowie die wesentlichen Chancen und Risiken der voraussichtlichen Entwicklung der Gesellschaft/des Konzerns beschrieben sind."

Die Änderung von Abs. 1 Satz 5 durch das ESEF-Umsetzungsgesetz betont aber die Eigenständigkeit des Bilanzeids gegenüber dem Jahresabschluss und die des Lageberichtseids gegenüber dem Lagebericht. Aus dem Lageberichtseid wird eine „dem Lagebericht **beizufügende** schriftliche Erklärung". An einer Zusammenfassung von Bilanz- und Lagerichtseid mag unter diesen Umständen nicht mehr festzuhalten sein.

Nach § 328 Abs. 1 Satz 1 und Satz 4 Nr. 1 HGB i. d. F. des ESEF-Umsetzungsgesetzes sind wie der Jahresabschluss und der Lagebericht auch die darauf bezogenen Eide im einheitlichen ESEF-Format, d. h. als XHTML, offenzulegen. Auf → § 328 Rz. 5a wird verwiesen.

8. Gesamtbeurteilung der Berichterstattung nach Abs. 1

8.1 *Information-Overload* im Big Business

Der Haupteindruck zur Berichterstattungspflicht nach Abs. 1 Satz 1 bis 4 HGB ist die Umgestaltung eines recht überschaubaren Gesetzesinhalts durch Standardsetter, Wissenschaft und Schrifttum in eine pflichtmäßige Erstellung eines Informationskonvoluts, das den eigentlichen **Adressaten** des Jahresabschlusses mit Lagebericht überflutet (vgl. zum Anhang → § 284 Rz. 14). Auch den professionellen **Abschlussanalysten** lässt das schiere Volumen der Berichterstattung nach Luft schnappen. 54

Bei der Informationsverarbeitung gilt das Gossen'sche Gesetz der abnehmenden Ertragszuwächse des Mehr-Inputs, wobei ein Mehr an angebotenen Informationen auch zu einer Minderung des Informationsertrags führen kann.[1] Demgegenüber zeigt sich die **ökonomische** Veranstaltung der Unternehmensrechnungslegung als über die Gesetze der **Ökonomie** – den *Cost-Benefit*-Aspekt (→ § 252 Rz. 243) – erhaben (→ Rz. 83).

Die Strafe folgt aber auf dem Fuß: Nicht nur **abnehmende** Ertragszuwächse sind zu verzeichnen, sondern eine mit dem Umfang der Berichterstattung **zunehmende** Verschlüsselungsmöglichkeit von wirklich wichtigen Informationen (→ § 284 Rz. 26).

Auf das schlagende Beispiel des IKB-Geschäftsberichts im Risikoteil per 31. 3. 2007 (→ § 284 Rz. 17 sowie → Rz. 15) sei verwiesen. Die Risikokonzentration von 17 Mrd. €, die sieben Wochen nach der Berichterstattung ohne die Hilfe der Steuerzahler zur Pleite geführt hätte, ist bei den Adressaten in der Flut von Informationen über eine Fülle von Nebensächlichkeiten, Unverständlichkeiten und Selbstverständlichkeiten untergegangen.

1 Nachweise bei *Hoffmann/Lüdenbach*, DB 2007 S. 2213.

8.2 Der Risikobericht

55 Gerade der Risikoteil des Lageberichts (→ Rz. 45) ist **empirisch** zur voluminösen Aufbereitung und tendenziellen Desinformation prädestiniert. Durch den erfolgreichen Support der **Wissenschaft** ist das Risiko als notwendiger Bestandteil jeder wirtschaftlichen Betätigung in seine Bestandteile zerlegt worden. Entsprechend gestaltet sich die Berichterstattung der Großwirtschaft nach dem Prinzip der *Best (?) Practice* in der lückenlosen und umfangreichen[1] Abhandlung des strukturierten Unternehmensrisikos über Personal, Umwelt, Recht, Politik, Konjunktur, Material, Absatz etc., wo überall jede Menge Risiken lauern. Auch der abgebrühteste Analystenprofi wird sich einer zunehmenden Ermüdung nicht erwehren können, wenn er den gleichen Inhalt zum x-ten Mal verdauen muss. Im Schrifttum wird demgegenüber Qualität mit Quantität gleichgesetzt.[2]

Dazu gesellt sich die notwendig **positive** Darstellung des Managements über den Umgang mit Risiken, wenn diese nicht mehr in der Wolke der Zukunftsvision verborgen sind, sondern akut vor der Tür stehen (→ Rz. 48). Kein Vorstand wird wahrheitsgemäß berichten: „Wie wir aus diesem Schlamassel herauskommen, wissen wir noch nicht." Stattdessen heißt es: „Die Auslistung unserer Molkereiprodukte aus dem Angebot eines Großdiscounters erfordert umfängliche Anpassungsprozesse, über deren Inhalt wir noch Entscheidungen treffen müssen." Und ganz generell vermittelt das Erfordernis eines erfolgreichen **Risikomanagements** (→ Rz. 42 ff.) beim Leser den Eindruck: Im Grunde ist das ganze Dutzend dargestellter Risiken beherrscht, d. h., diese sind als solche nicht mehr vorhanden (→ Rz. 80). Dagegen steht die entwaffnende Aussage des Vorstandsvorsitzenden eines deutschen Großkonzerns: „Auch wenn man alles gut und richtig macht, holen einen Großrisiken ein."[3] Oder man kann die Karikatur[4] heranziehen, in welcher der Vortragende eines „Risikomanagement-Workshops" die hereineilenden Zuhörer mit einem großen Schraubenschlüssel empfängt und warnt: „Bevor Sie sich setzen, ziehen Sie die Schrauben Ihres Stuhles noch einmal fest an."

Die Folgerung des „durchschnittlichen" Adressaten und Profis liegt nahe: Er überblättert diese (und andere) Seiten des Lageberichts, was dann die Frage auslöst: wozu das Ganze? Die Antwort muss lauten: damit wir (der Vorstand) bei **künftigen Rechtsverfolgungen** auf die Aussage im Geschäftsbericht auf S. 325 links unten verweisen können oder damit wir nicht von der DPR eines Fehlers geziehen werden (→ Rz. 57) oder in der Qualitätsbeurteilung durch eine akademische Untersuchung die Note „mangelhaft" ergattern.

8.3 Die Prognose

56 Die „Lage" des Unternehmens ist entscheidend durch die **zukünftige** Entwicklung gekennzeichnet (→ Rz. 33). Alle mit der Rechnungslegung befassten Instanzen erwarten vom Management eine Prognose über die Geschäftsentwicklung. Das dadurch entstehende Dilemma beruht auf dem **Wesensgehalt** der Prognose: Sie ist in der Sicht ex post immer falsch, wenn sie sich auf bestimmte Quantitäten einlässt. Das markanteste Beispiel sind die Prognosen des Wirtschaftswachstums im kommenden Jahr durch den Sachverständigenrat, die wissenschaft-

1 Bis zu 61 DIN-A4-Seiten, vgl. *Withus*, KoR 2010 S. 238.

2 Vgl. *Eisenschmidt/Wennekamp*, KoR 2014 S. 366, in der empirischen Untersuchung zu den Konzernlageberichten der Unternehmen aus dem sog. HDAX für 2013. Das Volumen des Prognoseberichts bewegte sich zwischen einer halben Seite und 13,25 Seiten.

3 FAZ v. 23.8.2010 S. 13.

4 FAZ v. 8.10.2013 S. 12.

lichen Forschungsinstitute und die Bundesregierung, die in dieser Perspektive noch immer falsch waren.

Die „Richtigkeit" der Prognose **steigt** mit dem Verzicht auf feste Quantitäten über Bandbreiten, Wenn-dann-Szenarien bis hin zu rein qualitativen Aussagen: „Wir rechnen mit einem moderaten Wachstum im operationalen Bereich." Allerdings nähern sich diese Aussagen schnell einmal der **Inhaltslosigkeit.**

Prognosen sind bzgl. des **Eintreffensgehalts** auch ein Spiegelbild der gesamtwirtschaftlichen Situation. Zu der extremen Krisensituation des Jahres 2008 hatte der DSR ein Einsehen und erlaubte eine Abkehr von „konkreten" (quantitativen?) Aussagen hin zu reinen Qualitäten (→ Rz. 38). 57

Das war der Merck KGaA für die Lageberichterstattung zum 31. 12. 2008 noch zu wenig. Sie sah sich angesichts des wirtschaftlichen Umfelds zur Erstattung eines seriösen Prognoseberichts außerstande.[1] Das führte zu einer **Fehlerfeststellung** durch die DPR (→ § 342b), welcher die BaFin folgte.

(einstweilen frei) 58

Die **entscheidende** Frage bleibt unbeantwortet: **Wie** muss die Prognoseberichterstattung bei „außergewöhnlich hoher Unsicherheit" ausfallen? Und weiter: Wann liegt eine **außergewöhnlich** hohe Unsicherheit vor? Wo liegt die **Schwelle** zwischen außergewöhnlich und gewöhnlich? 59

Die bequeme Antwort mag lauten: Prognosen sind bzgl. des Eintretens immer ungenau, deshalb kommt eine Wenn-dann-Aussage in Betracht, etwa:

- „Wenn sich der internationale Pharmamarkt 2019 weiter so entwickelt wie bis zum Ende 2018, dann ..."
- „Wenn demgegenüber eine Erholung abzusehen ist, dann ..."

Oder man behilft sich mit einer Szenarioanalyse, z. B. in verdichteter Form: „Unsere Alternativplanungen weisen ein operatives Ergebnis zwischen +277 Mio. € und -398 Mio. € aus." In diesem Fall sind die besonderen Umstände und deren Auswirkungen auf den Geschäftsverlauf und die Prognosefähigkeit darzulegen.

Die anschließende Frage lautet dann schlicht: **Wem** ist mit solchen konditionalen Gedankenspielen und nichtssagenden Intervallprognosen gedient? Die ehrliche Antwort dürfte lauten: niemandem. Wenn die Berichterstattung **keinen Sinn** erfüllen kann, muss sie unterbleiben. Mit dem Urteil „Ein Prognosebericht ist in jedem Fall unentbehrlich, auch wenn er niemandem dient" ist der Rechnungslegungspraxis jedenfalls nicht geholfen (→ Rz. 38).[2]

Ganz generell stellt sich die Frage, ob dem Prognosebericht speziell und überhaupt dem Lagebericht nach Abs. 1 Satz 1 bis 4 **nicht zu viel Gewicht** beigemessen wird. Hinter dem ganzen Apparat verbirgt sich das Bestreben von Gesetzgeber, Standardisierern und den Vertretern der Wissenschaft, der **Unsicherheit** über die **zukünftige** Entwicklung ein Schnippchen zu schlagen, also die Funktion der Glaskugel durch die Lehre von der Futurologie zu ersetzen. Im gleichen Atemzug wird die Ungewissheit über das Eintreffen oder Nichteintreffen der gemachten Prognose umschrieben. Wem die argumentative Konfrontation wissenschaftlicher Durchdringung 60

1 Vgl. hierzu *Withus,* KoR 2010 S. 237; *Gödel,* DB 2010 S. 431.
2 Ähnlich *Withus,* KoR 2010 S. 239.

der Zukunft mit der Glaskugel missfällt, sei auf ein Zitat des berühmten Harvard-Ökonomen *John Kenneth Galbraith* verwiesen:[1]

> Es gibt zwei Arten von Leuten, die die Zukunft vorhersagen: jene, „die nichts wissen, und jene, die nicht wissen, dass sie nichts wissen".

Entsprechend stellt sich die **empirische** Studie über das Eintreffen von Prognosen durch den Berkeley-Professor *Philip Tetlock* dar. Er untersuchte über zehn Jahre 82.361 Vorhersagen von 284 Experten mit dem Ergebnis: Das Eintreffen der Prognose war kaum besser als die hypothetische Befragung durch einen Zufallsgenerator.

61 Diese Bedenken gegen Prognoseberichte in zunehmend opulenter Form ficht die Forschungstätigkeit an den Lehrstühlen nicht an, vielmehr im Gegenteil. Der Stoff erscheint zu ergiebig, um ihn zu vernachlässigen. Dazu werden z. B. statistische Modelle kompliziertester Art mit Daten aus den Geschäftsberichten irgendwelcher DAX-Unternehmen gefüttert, um daraus **Qualitätsnoten** abzuleiten.[2] Beurteilt wird dabei nicht etwa die Konzentration auf das Eigentliche. Ein Solarzellenhersteller berichtet pflichtgemäß über Personalrisiken und wird für die Benotung des Risikogehalts mit „gering" positiv beurteilt. Und so geht das über 50 weitere Risiken mit ebenfalls geringer Eintrittswahrscheinlichkeit weiter. Wenn das Risiko **gering** ist, gibt es dazu nichts zu berichten – sollte man meinen.

Richtigerweise hätte eine Darstellung „der" Risiken eines Solarzellenherstellers – Verfügbarkeit von Silizium-Wafern, Förderung auf politischer Ebene, Preisdruck asiatischer Hersteller – der Beurteilung unterzogen werden müssen. Hier gilt wiederum: Die Darstellung im Chancen- und Risikobericht sollte sich auf eine Handvoll A4-Seiten beschränken (→ Rz. 16), die aber mit „Gehalt" auszufüllen wären. Beurteilt wird im Rahmen solcher **„Ratings"** eher die äußerliche Aufbereitung der Darstellung, nicht diejenige des Inhalts.

Die Interessen der **Adressaten** des Lageberichts werden in dem gesamten Drumherum um die Qualität der Lageberichterstattung aus dem Auge der Ersteller, Prüfer und „Rater" verloren. Bezeichnend ist folgendes Zitat aus der Wirtschaftspresse[3] zum Geschäftsbericht von Porsche für 2010 über das gewaltige Hin und Her mit Volkswagen im abgelaufenen Geschäftsjahr:

> „Zwar vermittelt der 275 Seiten starke Geschäftsbericht den Eindruck von Transparenz, doch was dort über Kaufpreisallokation, Hybridkapitalgeber und überkreuzten Bezugsrechtsausschluss zu lesen ist, verstehen allenfalls (!) einige wenige Experten, und wo schon die Gegenwart schwer verständlich ist, kann die Zukunft erst recht schlecht eingeschätzt werden."

8.4 Die Rechtsverfolgung

62 Hinter der Erwartung des Gesetzgebers an die Prognose und den Risikobericht steht die Hoffnung auf eine **Insolvenzprophylaxe,** wofür insbesondere auch der Abschlussprüfer ins Boot genommen werden soll (→ § 317 Rz. 72; → § 321 Rz. 35). In der Rechtswirklichkeit nehmen denn auch zivil- und strafrechtliche Verfolgungen von **Insolvenz**vergehen einen breiten Raum ein. Das kann man bei unzutreffender **Lageberichterstattung** (→ Rz. 15) oder **Bilanzierung** (→ § 331 Rz. 12) nicht feststellen. Der Vorstandsvorsitzende der IKB ist wegen fehlerhafter *Ad-hoc*-Mitteilung und wegen Untreue bei Nutzung seiner Dienstvilla belangt worden, nicht aber wegen

---

1 Nach FAZ v. 14.6.2011 S. 34, auch der folgende Hinweis zur Empirie.
2 Zum Beispiel *Eisenschmidt*, KoR 2011 S. 203.
3 FAZ v. 20.10.2010 S. 16; vgl. hierzu auch bzgl. des Anhangs.

mangelhafter Darstellung der Risikokonzentration (→ § 284 Rz. 17). Beim Komplex der Berliner Bank konnte das Kammergericht trotz einer äußerst „mutigen" Bilanzierung[1] keinen Straftatbestand feststellen. Es entsteht der Eindruck einer **straffreien** Zone „Rechnungslegung".[2]

Zivilrechtsstreitigkeiten werden auf diesem Gebiet kaum publik, sei es, weil es sie nicht gibt, oder, weil sie, der Öffentlichkeit verborgen, im Vergleichsweg erledigt werden.

In den USA, dem Land der **Schadenersatzklage,** wird die Materie der Prognose anders behandelt.[3] Der Gesetzgeber befürchtet dort das Unterlassen von Prognosen im Berichtsteil *„management's discussion and analysis"* wegen privaten Schadenersatzklagen bei Nichteintreffen der Prognose. Dem hat der Gesetzgeber 1995 mit sog. *safe harbor rules* gegengesteuert. Diese gewähren eine **Haftungsbefreiung** unter Erfüllung eines von drei Kriterien: 63

- Die Prognose ist unerheblich *(immateriality).*
- Sie ist nicht wissentlich falsch oder irreführend *(actional knowledge of falsity).*
- Sie ist als Prognose gekennzeichnet, vorsichtig formuliert und um aussagekräftige Angaben zu wichtigen Einflussfaktoren ergänzt *(meaningful cautionary statement).*

Die drei Kriterien sind **alternativ** verknüpft, so dass ein **Kläger** etwa bei der Beweisführung bei Nr. 2 einen schweren Stand hat. Bei Nr. 3 ist dagegen auch die Sorgfalt in der Datenaufbereitung und Formulierung durch den **Beklagten** gefragt. Tendenziell wird durch die *safe harbor rules* eine wie in Deutschland rechtsfreie Zone aufgebaut, plakativ formuliert eine „Lizenz zum Lügen" erteilt. Gleichwohl geht der US-amerikanischen Unternehmerschaft die Sicherheit des Hafens nicht weit genug. Insgesamt kann empirisch eine Förderung der Prognosepublizität durch diese Gesetzesregel nicht bestätigt werden.

8.5 Der mittelständische Bereich

Die gesetzlichen und Standardregeln zur Lageberichterstattung sind notorisch auf die Verhältnisse der **Großwirtschaft** ausgerichtet. Im mittelständischen Berichtswesen sollte demnach auf die **Auswahl** der Berichtselemente besonders geachtet werden (→ Rz. 28): 64

- Der **Windparkbetreiber** kann sich nicht sinnvoll über die gesamtwirtschaftliche Konjunktur auslassen, wenn bei gesetzlich feststehenden Stückerlösen seine einzige Variable im Geschäftsverlauf die Gestaltung der Winde ist.
- Genauso wenig stellt die Gesamtwirtschaft eine interessante wirtschaftliche Größe für den Betreiber von **Krankenhäusern** dar. Seine Risikogröße Nr. 1 ist die Entwicklung der Gesundheitspolitik.
- Die Kosten- und Umsatzentwicklung eines **Laufwasserkraftwerks** ist nur von der Wasserführung abhängig.

Hinzu kommt die Gefahr von **Wettbewerbsnachteilen,** wenn der Konkurrenz, Lieferanten und Kunden ein zu tiefer Einblick in das Innere des Unternehmens gewährt wird. Die gesetzlichen Vorgaben zur Lageberichterstattung in Abs. 1 Satz 1 bis 4, insbesondere auch zum Prognosebericht (→ Rz. 33 ff.), sind sehr allgemein gehalten und erfordern weitgehende Ermessensentscheidungen der Geschäftsführung. Die weitere Frage geht dann nach der Verbindlichkeit von DRS 20, der nur den **Konzern**lagebericht behandelt, für den Lagebericht. DRS 20.2 empfiehlt 65

1 *Hoffmann*, StuB 2010 S. 521.
2 So auch FAZ v. 9.8.2013.
3 Vgl. *Dobler*, DBW 2008 S. 749.

eine Anwendung des DRS 20 auf den Lagebericht. Unsere Auffassung dazu ist in → Rz. 10 niedergelegt. Dieser muss man nach der Gesetzes- und Standardlage nicht folgen.

So ist es wenig verwunderlich, dass im Schrifttum auch eine Berichterstattungsvorgabe zur „Verminderung der **Aussagekraft** des Lageberichts"[1] aufgezeigt werden kann. Prognoseberichte „sollten" danach Folgendes beachten:

- Sie sollen eine **qualitative** Aussage enthalten: „... wird im kommenden Jahr etwa demjenigen in ... entsprechen."
- Sie sollen die **Gesamtwirtschaft** und die **Branchen**entwicklung favorisieren, **unternehmens**bezogene Aussagen demgegenüber nur „vage und übervorsichtig" darstellen.
- Prognosegegenstände mit hohem **Aussagegehalt** zum Unternehmen sind zu übergehen; stattdessen ist über **Belangloses** zu berichten mit dem Beispiel der Betrachtung von Energiepreisen, z. B. bei einer Werbeagentur oder Wirtschaftsprüfungsgesellschaft.
- Die Berichterstattung über Chancen und Risiken ist so zu gestalten, dass sie **„keine Entscheidungsrelevanz** für die Rechnungslegungsadressaten besitzen".
- Die Grenze zwischen dem **gewöhnlichen** und **außergewöhnlichen** Geschäftsverlauf darf den Lesern des Lageberichts nicht ersichtlich sein.

66 Einer „Verweigerungsphilosophie" folgen wir aber **nicht,** sondern empfehlen einen Prognosebericht über Chancen und Risiken etwa folgenden Inhalts bei einer Bauschlosserei mit 50 Beschäftigten:

> „Unsere geschäftlichen Chancen und Risiken liegen ganz überwiegend im künftigen Auftragseingang. Den können wir indirekt und zum Teil durch die Qualität und Pünktlichkeit unserer Auftragsabwicklung aufgrund langfristiger Geschäftsbeziehungen beeinflussen. Ansonsten sind auch wir dem Auf und Ab des Marktes ausgeliefert. Derzeit gehen wir mit den Branchenverbänden von einer weiterhin positiven Entwicklung des Marktes in den nächsten zwölf Monaten aus."

Mit diesem Prognoseteil ist ein Lagebericht **vorhanden** und kann dem Betreiber des Bundesanzeigers zur Veröffentlichung eingereicht werden (→ § 325 Rz. 6).

Für Besonderheiten bei mittelgroßen Gesellschaften i. S. von § 267 HGB wird auf → Rz. 89 verwiesen.

8.6 Fazit

67 Die gültige Rechtslage zur Lageberichterstattung wird durch die vorstehenden Hinweise zum **mittelständischen** Bereich erhärtet:

- Es existiert in Abs. 1 eine offene, noch weitgehend **prinzipienorientierte** Gesetzesvorgabe zum Inhalt des Lageberichts.
- Die umfangreichen **Detaillierungen** in DRS 20 beziehen sich rechtsförmlich nur auf den Konzernlagebericht (→ Rz. 10) und richten sich inhaltlich an die Großwirtschaft.
- Die h. M. sieht eine Verpflichtung zur Übernahme des DRS 20 auf den Lagebericht, es fehlt aber an einer **rechtsverbindlichen** Aussage hierzu.
- Deshalb kann der Lagebericht im **mittelständischen** Bereich zur **Desinformation** verunstaltet werden (u. E. unzulässig).

1 So *Kaya*, StuB 2010 S. 485, dessen „Empfehlungen" nachstehend wiedergegeben werden.

Gesetzgeber, Standardisierer, Wissenschaft etc. sollten sich der beschränkten Möglichkeit (oder gar Unmöglichkeit) eines unangreifbaren Umgangs mit der Zukunft und dort lauernden Chancen und Risiken bewusst werden. Unsere Folgerung daraus lautet pragmatisch: **Zehn Seiten** mit einigermaßen aussagekräftigen Inhalten bei einem kapitalmarktorientierten Großkonzern sollten genügen.[1]

III. Spezielle Angaben (Abs. 2)

(einstweilen frei) 68–69

1. Risikoberichterstattung über Finanzinstrumente (Abs. 2 Nr. 1)

1.1 Eigenständiger Risikobericht?

Nach DRS 20.117 kann dem Wortlaut des Abs. 1 Satz 4 folgend der **Risiko**bericht (im Konzernfall → Rz. 10) separat vom **Prognose**bericht erstellt werden (→ Rz. 43). Das mag in größeren Unternehmensbereichen mit umfangreichem Bestand an Finanzinstrumenten und bestehendem Risikomanagement sinnvoll sein. Im mittelständischen Bereich, bei dem sich der Bestand an Finanzinstrumenten abgesehen von Debitoren und Kreditoren (→ Rz. 74) auf einige Währungssicherungen beschränkt, ist die Risikoberichterstattung in den Prognosebericht zu integrieren (→ Rz. 43). Das gilt jedenfalls für den (einzelunternehmerischen) Lagebericht. Auch der Bericht nach Abs. 4 kann gliederungstechnisch hier untergebracht werden (→ Rz. 104). 70

Zur **Definition** des „Risikos" wird auf → Rz. 42 verwiesen.

Die erbrachte Zusammenfassung des Risikoberichts mit dem Prognosebericht führt bei Großunternehmen zu einer latenten Einvernahme der gesetzlichen Vorgaben in Abs. 2 Nr. 1, die sich auf Finanzinstrumente beziehen, auf das **gesamte** Risikoumfeld. Das ist von der Sache her betrachtet verständlich, denn schließlich lauern unternehmerische Risiken an allen Ecken und Enden und nicht nur bei Finanzinstrumenten. Im Ergebnis wird die lapidare Vorgabe der Berichterstattung über Risiken generell in Abs. 1 Satz 4 (→ Rz. 42) durch die spezifischen Regeln des Abs. 2 Nr. 1 angereichert. Die Darstellung beginnt dann folgerichtig mit den Methoden und dem Ziel des **Risikomanagements,** um dann neben den **besonderen** Risiken der Finanzinstrumente alle möglichen **anderen** (→ Rz. 45) abzuarbeiten. 71

Diese den Regeln des DSR zu verdankende Darstellungstechnik mit inhaltlichen Folgewirkungen ist für **kleinere** Unternehmensbereiche nicht geboten – DRS 20 kommt für den Lagebericht (zum Einzelabschluss) nur Empfehlungscharakter zu (→ Rz. 10).

Die durch das BilMoG eingeführte weitere Berichterstattungspflicht über das Risikomanagement für den **Rechnungslegungsprozess** kapitalmarktorientierter Gesellschaften nach Abs. 4 (→ Rz. 104) ist sinnvollerweise in den Risikobericht zu integrieren (→ Rz. 43).[2] 72

(einstweilen frei) 73

1 *Hoffmann/Lüdenbach*, DB 2007 S. 2214.
2 So auch die Regierungsbegründung zum BilMoG, S. 169.

1.2 Definition der Finanzinstrumente

74 Risikoangaben sind „in Bezug auf die Verwendung von Finanzinstrumenten" gefordert. Hierzu ist vorab auf die identische **Definition** der in § 285 Nr. 18 HGB genannten Finanzinstrumente zu verweisen (→ § 285 Rz. 125). Die an die IFRS-Regeln angelehnte Begriffsumschreibung erfasst auch „normale" Kundenforderungen und Lieferantenverbindlichkeiten. Berichtspflicht besteht hierfür auch nur bei (relativ) hohen Fremdwährungsposten oder Forderungsrisiken in „Klumpenform" (→ Rz. 78). Unter den Begriff der Finanzinstrumente sind auch Eigenkapitalinstrumente (Anteile an anderen Gesellschaften) zu subsumieren.

1.3 Die Angabepflichten

1.3.1 Das Risikomanagement

75 Zu beschreiben sind die Ziele und Methoden des Risikomanagements in Bezug auf Finanzinstrumente.

76 Unter anderem geht es darum, dem Risikogehalt des unternehmerischen Handelns in der Aufbau- und Ablauforganisation des Unternehmens den nötigen Stellenwert zu verschaffen. Deshalb kann das Risikomanagementsystem auch die Anforderungen des § 91 Abs. 2 AktG erfüllen. In den einschlägigen Handbüchern muss das „Risiko" im Fettdruck nicht zu selten erscheinen, um die Verantwortlichen an ihre Aufgabe zu erinnern. Diese wiederum werden z. B. an die anstehende Entscheidung zum Neubau einer Krananlage im Binnenhafen D denken, die eines *cash inflows* von zusätzlichen X Mio. € bedarf, um die geforderte Kapitalrendite von Y % zu erreichen. Ob dies gelingt, stellt sich in frühestens sieben Jahren heraus, bis dahin – sagt sich der Produktmanager – stehe ich im Risiko, das ich nicht mehr managen kann. Ähnliche Gedanken mag sich der Finanzmanager machen, der vor der Entscheidung steht, eine größere Position japanischer Yen als Darlehen mit niedrigem Zinssatz aufzunehmen.

Dieser Befund gilt gleichermaßen für den Bereichsleiter des Großkonzerns und seines Controllers wie für den mittelständischen Unternehmenspatriarchen. Nur sollte Letzterer nicht in die Versuchung verfallen, über Risikomanagement zu berichten, da er mehr noch als das Großunternehmen kaum über **Banalitäten** hinauskäme (→ Rz. 45).

BEISPIEL Im Lagebericht einer nicht sehr großen GmbH heißt es:
„Risiken, die bei N. N. derzeit noch nicht bekannt sind ... könnten sich ... nachteilig auf N. N. auswirken."

1.3.2 Einzelheiten der Berichterstattungspflicht

77 Die Berichterstattung über die Ziele und Methoden des Risiko**managements** nach Abs. 2 Nr. 1 Buchst. a erfordert:

- grundsätzliche Aussagen zur Risikobereitschaft des Unternehmens,
- die Darstellung der Sicherungsziele,
- die Beschreibung der gesicherten Grundgeschäfte,
- die Darstellung sonstiger wesentlicher Elemente,
- bei antizipativem *Hedging* die Nennung der Tatsache als solcher.

Die ersten beiden vorgesehenen Angaben sind eher **unternehmensweit** angelegt, die restlichen spezifischer auf die **Finanzinstrumente** ausgerichtet. Dabei sollte gerade auch zur Vermeidung unnötiger Plattitüden die Berichterstattung auf die einschlägigen Techniken in der Finanzwirtschaft des Unternehmens beschränkt werden; dies sind z. B. der Umgang mit Fremdwährungsposten oder die Beschaffung von Rohmaterial durch Einkaufskontrakte. Insbesondere die „grundsätzliche" Berichterstattungspflicht über die Risikobereitschaft sollte **nicht überstrapaziert** werden, denn sonst muss man als Leser (weitere) Zumutungen über sich ergehen lassen, etwa: „Ohne Risiko keine Chancen, aber wir haben die Risiken im Griff."

Nach Abs. 2 Nr. 1 Halbsatz 2 sind (in Anlehnung an IFRS 7) folgende **Risikokategorien** zu unterscheiden:

- **Preisänderungs**risiken bzgl. Wechselkurs, Zinssätzen, Rohstoffpreisen;
- **Ausfall**risiken bei Nichterfüllung von Vertragspflichten durch den Kontrahenten;
- **Liquiditäts**risiken wegen Nichtbeschaffbarkeit der notwendigen liquiden Mittel;
- **Zahlungsstrom**schwankungen.

- DRS 20 macht folgende Vorgaben für die Darstellung der die Finanzinstrumente betreffenden Risiken und ihres Managements: Die Berichterstattung über Risiken aus der Verwendung von Finanzinstrumenten kann in den allgemeinen Chancen-/Risikobericht integriert werden (DRS 20.180). 77a
- Einzugehen ist gem. DRS 20.181 auf:
  - a) die Risikoarten, denen das Unternehmen bzw. der Konzern ausgesetzt ist (Marktpreisrisiken, Ausfallrisiken, Liquiditätsrisiken), und deren jeweiliges Ausmaß (z. B. Sensitivitätsanalysen),
  - b) die Risikomanagementziele für die einzelnen Arten von Risiken,
  - c) die Risikomanagementmethoden (z. B. Abschluss von Warenkreditversicherungen bei Debitoren sowie von Terminkontrakten bei Fremdwährungsposten).
- Hinsichtlich der Risikomanagementmethoden sind gem. DRS 20.185 Maßnahmen der Risikoreduktion und Risikoüberwälzung zu erläutern. Diese Berichterstattung umfasst auch die Systematik sowie die Art und die Kategorien der eingegangenen Sicherungsgeschäfte.
- Unabhängig davon, ob die Finanzinstrumente Teil einer Sicherungsbeziehung sind oder isoliert behandelt werden, ist einzugehen auf:
  - a) die Art der Risiken, die gesichert werden,
  - b) die Art der Sicherungsbeziehung (Mikro-, Portfolio- oder Makro-Hedge),
  - c) Maßnahmen zur Sicherstellung der beabsichtigten Effektivität der Risikoabsicherungen (z. B. Anpassungen des Sicherungsumfangs),
  - d) antizipative Sicherungsbeziehungen.
- Umfang und Detaillierungsgrad der Ausführungen richten sich gem. DRS 20.187 nach dem Ausmaß der mit den Finanzinstrumenten verbundenen Risiken. Die Berichtspflicht besteht unabhängig davon, ob die Finanzinstrumente im Abschluss bilanziert werden oder nicht.

(einstweilen frei) 78–79

1.4 Gesamtbeurteilung

Der Darstellung der unternehmerischen Risiken kommt nach der Vorstellung des Gesetzgebers 80
und der wissenschaftlichen Begleitmusik **hoher Stellenwert** zu. Dem erweist das „Big Busi-

ness" seine Referenz, indem es mit ausufernder Gründlichkeit alle möglichen Arten von Risiken, die der Gesellschaft auflauern, anführt und als **beherrschbar** beurteilt. Den Satz „Einem plötzlichen Nachfragerückgang für unsere Produkte von mehr als 40 % sind wir nicht gewachsen, wir müssen dann schließen" wird man nie lesen. Allenfalls würde wie folgt formuliert: „... würde erhebliche Anpassungsprozesse erforderlich machen." Da alle Risiken „gemanagt" werden können und müssen, sind sie eigentlich gar nicht vorhanden. Der Berichtsadressat kann sich in Sicherheit wiegen, die Gesellschaft ist risikolos gestellt. Er braucht sich der Lektüre der einschlägigen Textbausteine gar nicht erst zu unterziehen (→ Rz. 55).

81 Das Lesen wird dem Adressaten auch wegen des **Umfangs** der Risikoberichterstattung – abgesehen von dem des Geschäftsberichts insgesamt – sehr schnell verleidet (→ Rz. 14). Das gilt insbesondere in der risikoträchtigen Branche der **Kreditinstitute.** Hier sind zusätzlich die **aufsichtsrechtlichen** Angabepflichten abzuarbeiten. Letztlich wird über Dutzende von Begriffen rund um das „Risiko" und die jeweilige Bekämpfungsmethode berichtet, wie etwa: Risikotragfähigkeitskonzept, Risikodeckungsmasse, Risiko-Rendite-Relation, Marktrisikoäquivalent, Spread- und Migrationsrisiko. Wenigen Eingeweihten werden sich daraus Erkenntnisse erschließen, die große Masse der Berichtsadressaten ist überfordert und legt die Lektüre beiseite, nachdem man (z. B.) am Schluss des Risikoberichts der IKB vom 28. 6. 2007 (Stichtag 31.3.) noch beruhigt zur Kenntnis nehmen durfte (→ Rz. 15):

> „Die Risikotragfähigkeitsüberwachung zeigt, dass selbst extrem unerwartete Risiken unter *worst case*-Annahmen von der Risikodeckungsmasse abgedeckt sind. Die Entwicklung beeinträchtigende oder das Rating gefährdende Risiken aus den einzelnen Risikoarten waren und sind nicht erkennbar."

82 Über **bestandsgefährdende** Risiken las man nichts. Sie sind einen Monat später der Öffentlichkeit bekannt gemacht worden. Die Bank war praktisch pleite und musste letztlich vom Steuerzahler gerettet werden. Statt zwölf Seiten Text über alle möglichen Risiken und deren Beherrschungsmethoden durch das Management hätte der eine Satz aus dem unter → Rz. 76 zitierten Lagebericht eines Mittelständlers genügt: „Bestandsgefährdende Risiken sind nicht bekannt", um den falschen Eindruck über die wirklich bestehende Situation beim Leser zu hinterlassen.

In einem mehr als ein halbes Jahr später – als die Misere allgemein bekannt war – verfassten **geänderten** Lagebericht der IKB liest man weitestgehend den gleichen Inhalt wie zuvor. Allerdings heißt es am Schluss:

> „Im Nachgang zum Bilanzstichtag zeigt sich, dass die bisherigen **Bewertungs**methoden derjenigen Portfolioinvestments, für die seit Ende Juli keine aktiven Märkte mehr existieren, nicht mehr angemessen sind."

Die **Bewertung** stimmt also nicht, das **Risikomanagement** dagegen ist und war in Ordnung, denn zuvor heißt es:

> „Die Risikotragfähigkeitsüberwachung ... zeigte, dass aus Sicht eines nicht nachrangigen Fremdkapitalgebers (d. h. nunmehr Gläubiger, der durch die staatliche Rettung schadlos gehalten wurde, Anm. d. Verf.) auch unerwartete Risiken unter Stressszenario-Annahmen von der Risikodeckungsmasse abgedeckt sind. Die dabei im Rahmen der Risikoüberwachung und -steuerung eingesetzten Messsysteme und Prozesse sind **grundsätzlich** geeignet, Risiken frühzeitig zu identifizieren und adäquat abzubilden."

„Grundsätzlich" bedeutet: Wenn es ernst wird, versagen unsere Systeme. Dem Aktionär und dem Nachranggläubiger mag das bitter aufstoßen, mit der Risikoberichterstattung ist er denkbar schlecht bedient (worden). Den übrigen Gläubigern droht ohnehin kein Risiko, denn im *Worst Case* tritt der Staat auf die Bühne. Im Grunde genommen besteht für sie kein Risiko, folglich kann auch zu Händen dieses Adressatenkreises ein Risikobericht entfallen. Als Adressat verbleibt dann nur noch der **Steuerzahler.**

83 Insgesamt stellt sich der Risikobericht als **aufwendige Pflichtübung** mit **beschränktem Anwendernutzen** dar. Vor dem Hintergrund des *Cost-Benefit*-Gedankens und des *Information-Overloads* (→ Rz. 15) befürworten wir eine starke Reduzierung des Volumens der Lage-, insbesondere der Risikoberichterstattung.[1] Vor allem darf in **mittelständischen** Unternehmen das „Vorbild" des Big Business nicht nachgeahmt werden (→ Rz. 67).

2. Forschung und Entwicklung (Abs. 2 Nr. 2)

84 Dieser Berichtsteil eröffnet dem Unternehmen ein besonders willkommenes Portal zur positiven Selbstdarstellung. Hier kann es sich als **innovativ** präsentieren, indem es z. B. den Forschungs- und Entwicklungsaufwand in Prozent des Umsatzes oder der Lohnsumme veröffentlicht. Dabei sind Qualifizierungen nicht geboten, aber oft gewünscht oder branchenüblich, wie z. B. in der forschenden Pharmaindustrie. Die Berichterstattungspflicht besteht unabhängig von der Aktivierung von Entwicklungskosten (→ § 248 Rz. 9). Sofern Entwicklungskosten in wesentlichem Umfang aktiviert wurden, sind nach DRS 20.52 der Anteil der aktivierten Entwicklungskosten an den gesamten Forschungs- und Entwicklungskosten der Periode (Aktivierungsquote) sowie die im Berichtszeitraum vorgenommenen Abschreibungen auf aktivierte Entwicklungskosten anzugeben. Zur **Definition** von Forschung und Entwicklung vgl. → § 255 Rz. 197 ff. Eine Abstimmung mit den Anhangangaben (→ § 285 Rz. 169) zur Forschung und Entwicklung ist geboten.

85 Umgekehrt darf eine Berichterstattung – ohne Fehlanzeige – **unterbleiben,** wenn Forschung und Entwicklung nach Art des Unternehmens nicht betrieben werden, z. B. beim Kaffeeimporteur, es sei denn, dessen Geschäftsmodell beruht auch auf der ständigen Suche nach neuen Techniken der Kaffeeröstung. Wenn eine Forschungs- und Entwicklungstätigkeit entgegen dem Branchenverhalten nicht gegeben ist, soll dieses Faktum berichtspflichtig sein.[2] Die Berichtspflicht besteht auch, wenn das Unternehmen Dritte mit Auftragsforschung beauftragt hat (DRS 20.48). Selbst geleistete Auftragsforschung für Dritte ist an dieser Stelle des Lageberichts nicht darzulegen, wohl aber in der Darstellung des Geschäftsverlaufs nach Abs. 1 Satz 1 (→ Rz. 18). Die Berichterstattungspflicht bezieht sich auf die allgemeine **Ausrichtung** der Forschungs- und Entwicklungsaktivitäten unter Darstellung des Faktoreinsatzes in quantitativer Form (DRS 20.49). Üblich ist eine Angabe des Prozentsatzes, bezogen auf den Umsatz. Außerdem sind wesentliche **Veränderungen** der entsprechenden Aktivitäten gegenüber dem Vorjahr angabepflichtig.

86 Die Berichterstattungspflicht endet bei eigentlichen **Geschäftsgeheimnissen.**

1 Vgl. *Hoffmann/Lüdenbach,* DB 2007 S. 2214.
2 So *ADS,* 6. Aufl., § 289 Tz. 112; *Grottel* in Beck'scher Bilanz-Kommentar, 13. Aufl. 2022, § 315 Tz. 350.

3. Zweigniederlassungen (Abs. 2 Nr. 3)

87 Inhaltlich bezieht sich dieser Teil der Berichtspflicht auf § 13 HGB, umfasst damit die **Handelsregistereintragung.** Das gilt u. E. auch für ausländische Betriebsstätten (steuerliche Begrifflichkeit) bei Eintragung in ein dortiges dem Handelsregister vergleichbares Organisationsmittel. Dabei genügt die Eintragungspflicht, nicht die effektive Eintragung wegen deren deklaratorischen Charakters.[1]

DRS 20.11 definiert die Zweigniederlassung als einen auf Dauer angelegten, räumlich und organisatorisch von der Hauptniederlassung getrennten Unternehmensteil ohne eigene Rechtspersönlichkeit, der im Außenverhältnis selbständig handelt und im Innenverhältnis weisungsgebunden ist.

88 DRS 20 verlangt,

- die Bedeutung der Zweigniederlassungen für den Konzern darzustellen, z. B. indem auf die geografische Verbreitung und den Geschäftszweck der Zweigniederlassungen eingegangen wird (DRS 20.38a und 38b),
- soweit für das Verständnis der Lage des Konzerns erforderlich, zu wesentlichen Zweigniederlassungen den Sitz, eine evtl. von der Hauptniederlassung abweichende Firmierung und wesentliche Veränderungen gegenüber dem Vorjahr (z. B. Errichtung, Aufhebung, Sitzverlegung) anzugeben (DRS 20.38c).

88a Die Berichterstattung ist unter **Wesentlichkeitspunkten** sinnvoll, d. h. leserfreundlich, zu erfüllen. Bei einer Vielzahl von Zweigniederlassungen muss u. E. keine detaillierte Auflistung erfolgen, es genügt die Angabe der Anzahl und der geographischen Verbreitung.[2] Die wichtigsten Zweigniederlassungen können dabei hervorgehoben werden. Wenn nur wenige Niederlassungen von größerem Gewicht (Fertigungsbetriebsstätte in Polen, Forschungslabor in Kalifornien) bestehen, ist deren Nennung geboten und u. E. ohne betriebswirtschaftliche Daten – Umsätze, Mitarbeiterzahl u. Ä. – aufzubereiten.[3]

IV. Erleichterungen für mittelgroße Gesellschaften?

89 Mittelgroße Gesellschaften i. S. von § 267 Abs. 2 HGB ist es nach § 276 HGB erlaubt, bei **Aufstellung und Offenlegung des Jahresabschlusses** die Umsatzerlöse, die Bestandsveränderungen, die aktivierten Eigenleistungen und die sonstigen betrieblichen Erträge sowie den Materialaufwand nicht gesondert auszuweisen, sondern im Rohergebnis zusammenzufassen. § 327 HGB sieht bei der Offenlegung der Bilanz und des Anhangs weitere Erleichterungen vor, z. B. keine Aufgliederung der Vorräte und der Rückstellungen, keine Erläuterung der sonstigen Rückstellungen im Anhang. Klärungsbedürftig ist, wieweit diese **Erleichterungen** mittelbar auch für den Lagebericht gelten, also beispielsweise bei der Darstellung des Geschäftsverlaufs im Lagebericht keine Pflicht besteht, über die Einzelkomponenten des Rohergebnisses, also etwa über Umsatzerlöse, zu berichten.

Die Annahme einer **mittelbaren Geltung** der Jahresabschluss-Erleichterungen für den Lagebericht ist bis zu einem gewissen Grad plausibel. Man wird dem Gesetzgeber keine Wertungswidersprüche unterstellen dürfen und deshalb annehmen können, dass für GuV, Bilanz und

1 Vgl. *ADS*, 6. Aufl., § 289 Tz. 123.
2 So auch *ADS*, 6. Aufl., § 289 Tz. 12c.
3 Eher für spezifische Angaben *Grottel* in Beck'scher Bilanz-Kommentar, 13. Aufl. 2022, § 289 Tz. 101.

Anhang gewährte Erleichterungen nicht über den Lagebericht vollständig konterkariert werden. Daraus kann u. E. aber nur abgeleitet werden, dass mittelgroße Gesellschaften i. d. R. auch im Lagebericht nicht über die genaue Höhe von Umsatz, Materialaufwand usw. berichten müssen. Sie haben aber nach Abs. 1 Satz 1 und Satz 2 – wie große Gesellschaften – den „Geschäftsverlauf, einschließlich des Geschäftsergebnisses" darzustellen und zu analysieren.

- Zu dieser Analyse gehört etwa bei rückläufigem Ergebnis eine Erklärung, wieweit dies Folge signifikanter Umsatzrückgänge und/oder verschlechterter Margen usw. ist. Ist der Umsatz beispielsweise um 27 % eingebrochen, so besteht u. E. bzgl. des ungefähren Prozentsatzes („ca. ein Viertel") eine entsprechende Berichtspflicht, auch wenn der absolute Betrag der Umsätze nicht zwingend berichtspflichtig erscheint.
- Ähnliches gilt etwa, wenn das Geschäftsergebnis trotz rückläufiger Umsätze nur deshalb konstant geblieben ist, weil durch Veräußerung eines Betriebsgrundstücks kompensierende sonstige betriebliche Erträge angefallen sind. Die Verdichtung in der GuV berechtigt weder zur Vernachlässigung der evtl. nach § 285 Nr. 31 HGB bestehenden Anhangangabepflicht noch zum Schweigen im Lagebericht. Letzterer muss bei der Darstellung und Analyse des Geschäftsergebnisses wenigstens in der Tendenz darlegen, dass Umsätze deutlich rückläufig waren und das Rohergebnis nur wegen Gewinnen aus Anlagenabgängen stabilisiert werden konnte.

Folge unserer in den beiden Beispielen dargelegten Auffassung ist, dass die Inanspruchnahme mittelbarer Erleichterungen für den Lagebericht im Wesentlichen auf ohnehin schon unproblematische Unternehmenslagen (stabile Umsatzentwicklung usw.) begrenzt ist.
Unabhängig von den mittelbaren Erleichterungen bleibt aber mit Abs. 1 Satz 2 die Skalierung des Lageberichts nach Umfang und Komplexität der Geschäftstätigkeit (→ Rz. 28 ff.)

V. Zusatzbericht großer Kapitalgesellschaften über nichtfinanzielle Leistungsindikatoren (Abs. 3)

Große Kapitalgesellschaften (→ § 267 Rz. 14) unterliegen einer zusätzlichen Berichterstattungspflicht für **nichtfinanzielle Leistungsindikatoren,** die nicht definiert, aber mit den Beispielen **Umwelt-** und **Arbeitnehmer**belange umschrieben werden. Die Berichterstattungspflicht ist **beschränkt** („soweit"). Sie ist nach dem Gesetzeswortlaut als **Ergänzung** der Darstellung des Geschäftsverlaufs und der „Lage" des Unternehmens (Abs. 1 Satz 1) konzipiert (→ Rz. 18). Einzubeziehen sind gem. DRS 20.106 demzufolge jene nichtfinanziellen Leistungsindikatoren, die auch zur internen Steuerung des Konzerns herangezogen werden. 90

Als Beispiele für nichtfinanzielle Leistungsindikatoren führt DRS 20.107 an: 91

a) für Kundenbelange: Kundenzufriedenheit etc.,
b) für Umweltbelange: Emissionswerte, Energieverbrauch etc.,
c) für Arbeitnehmerbelange: Mitarbeiterzufriedenheit, Fortbildungsmaßnahmen etc.,
d) für die gesellschaftliche Reputation des Konzerns: Indikatoren zum sozialen und kulturellen Engagement.

Die quantitativen Angaben zu nichtfinanziellen Leistungsindikatoren können nach DRS 20.109 im Lagebericht stärker aggregiert sein, als sie zur internen Steuerung verwendet werden. Wesentliche Veränderungen der finanziellen und nichtfinanziellen Leistungsindikatoren gegenüber dem Vorjahr sind darzustellen (DRS 20.111).

92 Abs. 3 hat Berührungspunkte zum Inhalt der nur von kapitalmarktorientierten Unternehmen zu erstellenden nichtfinanziellen Berichterstattung nach § 289c Abs. 2 HGB. Die Berichtspflichten nach § 289c HGB sind aber deutlich weiter, umfassen u. a. auch die für die einschlägigen Belange verfolgten Konzepte und deren Zielerreichungsgrad. Die Berichterstattung kann zudem auch außerhalb des Lageberichts erfüllt werden (§ 289b Abs. 3 HGB). Wird hiervon Gebrauch gemacht, kann in dem gesonderten nichtfinanziellen Bericht auf die im Lagebericht enthaltenen nichtfinanziellen Angaben verwiesen werden (DRS 20.256).

93–102 *(einstweilen frei)*

VI. IKS-Angaben bei kapitalmarktorientierten Kapitalgesellschaften (Abs. 4)

103 Zur **Definition** der angesprochenen Gesellschaften wird auf die Kommentierung in → § 264d Rz. 1 verwiesen.

104 Verlangt ist eine Beschreibung der wesentlichen Merkmale des internen Kontroll- und des Risikomanagementsystems im Hinblick auf den Rechnungslegungsprozess. Inhaltlich angesprochen ist also der „Rechnungslegungs**prozess**", **nicht** der **Inhalt** der Rechnungslegung. Diesem Vorgang wird ein **Risiko**gehalt zugeordnet, der eines **Managements** (→ Rz. 75) bedarf und zusätzlich einer internen **Kontrolle.** Da schon als Bestandteil des unternehmerischen Umfelds charakterisiert, bietet sich die gliederungstechnische **Einbeziehung** in den Risikobericht (→ Rz. 70) an.[1]

105 Als „Rechnungslegungsprozess" ist die **Organisation** der kaufmännischen Rechnungslegung und der in sie eingebauten Kontrollsysteme zu verstehen. Der „Prozess" beginnt mit der Kontierung der Belege und endet mit der Veröffentlichung des Geschäftsberichts.[2] Nach der Regierungsbegründung soll es sich um eine **Beschreibung** der Strukturen und Prozesse handeln, eine Beurteilung (in eigener Sache) wird nicht verlangt. Hierzu ist der Abschlussprüfer nach § 317 Abs. 4 HGB gefordert (→ § 317 Rz. 29).[3] Die „Beschreibung" darf u. E. nicht in ein Kurzlehrbuch über die Organisation der Finanzbuchführung und der sie umgebenden Rechenwerke und Kontrollsysteme ausarten. Banalitäten sind zu vermeiden: „Ein Warenausgang ist körperlich nur möglich, wenn zuvor eine Faktur im System hinterlegt ist." Umgekehrt ist eine Beschreibung der Vorgehensweise im *„Fast close"*-Verfahren (→ § 252 Rz. 96) angebracht. **Fehlt** es an einem internen Kontrollsystem oder einem Risikomanagement, soll dies indes offenbart werden.[4] Eine solche Angabe wird in der Praxis wohl kaum vorkommen, würde sie doch erhebliche Zweifel an der Ordnungsmäßigkeit der Rechnungslegung aufkommen lassen. Außerdem sind sachlich notwendig immer irgendwelche internen Kontrollen in den Rechnungslegungsprozess eingebaut, mit deren Hilfe dessen Risikogehalt auch irgendwie „gemanagt" wird. Die Darlegung der eigentlichen Schwachstelle in der Rechnungslegungsorganisation bleibt unverändert Aufgabe der internen Revision und des *Management-Letters* der externen Abschlussprüfer.

1 Begründung des BilMoG-RegE auf S. 169.
2 So *Strieder*, BB 2009 S. 1003.
3 Begründung des BilMoG-RegE auf S. 168.
4 Begründung des BilMoG-RegE auf S. 168.

BEISPIEL

- Der Industriebetrieb hat zwar eine Kostenstellenrechnung, diese ist aber nicht zu einer Bestandsführung der Produkte weiterentwickelt worden.
- Das Bauunternehmen hat die Baustellenabrechnung nicht in eine auftragsbegleitende Nachkalkulation überführt.
- Die Großbäckerei hat keine Filialabrechnung.

Zur Umschreibung des **internen Kontrollsystems** für den Rechnungslegungsprozess kann auf das reichhaltige Schrifttum und die Kommentierung unter → § 317 Rz. 29 Bezug genommen werden. Daraus abzuleiten sind Berichtsinhalte wie z. B.[1] 106

- Anwendung unternehmensinterner Handbücher („Manuals"),
- Funktionstrennung mit Zugriffsregeln im IT-System,
- Heranziehung von Dienstleistungen und Expertenwissen sowie
- Aufgaben der internen Revision.
- Aus DRS 20 ergeben sich u. a. folgende Berichtsinhalte:
- Angabe der Ziele und Strategien, der Strukturen und Prozesse, Hinweis auf Einbeziehung der Chancen (DRS 20.K137).
- Angabe eines Rahmenkonzepts mit Hinweis auf Veränderungen gegenüber dem Vorjahr (DRS 20.K139).
- Darstellung der nicht erfassten bzw. vermiedenen Risiken (DRS 20.K140).
- Erläuterung der Identifikation, Bewertung, Steuerung und Kontrolle der Risiken sowie die Überwachung der internen Abläufe (DRS 20.K144).

Bzgl. der **Sinnhaftigkeit** solcher Darlegungen – der Erfüllung von Informationsbedürfnissen der Berichtsadressaten – ist u. E. eine **zurückhaltende** Beurteilung geboten. Deshalb erachten wir es als überzogen, z. B. darüber zu berichten, **wie** der Rechnungseingang sichergestellt ist (Beschreibung des internen Postlaufs), auf welche Weise gewährleistet wird, dass die Inhalte der Nebenbuchhaltung auch Bestandteil der Hauptbuchhaltung sind (Datenverknüpfung im IT-System?). Die Berichtspraxis wird über mehr oder weniger selbstverständliche Tatsachen und damit Allgemeinplätze kaum hinauskommen: „Die Funktionstrennung ist durch das Vier-Augen-Prinzip gewährleistet." 107

Insgesamt werten wir diesen Berichtsteil als (weiteres) Element der **Verlängerung** des Geschäftsberichts börsennotierter Gesellschaften ohne nennenswerten Informationsgehalt, wodurch einmal mehr die eigentlich wichtigen Informationen aus dem Blickfeld des interessierten Berichtslesers verschwinden (→ Rz. 15).

VII. Schlusserklärung aus dem Abhängigkeitsbericht

Ohne Vorliegen eines Beherrschungsvertrags muss nach § 312 AktG der Vorstand einer abhängigen Aktiengesellschaft einen sog. Abhängigkeitsbericht erstellen. An dessen Schluss ist eine Erklärung über die Angemessenheit des Leistungsaustauschs etc. mit dem beherrschenden Unternehmen bzw. den Erhalt eines Nachteilsausgleichs abzugeben. Diese **„Schlusserklärung"** muss auch in den Lagebericht aufgenommen werden. 108

1 In Anlehnung an *Kessler/Leinen/Strickmann* (Hrsg.), Bilanzrechtsmodernisierungsgesetz, 2008, S. 285.

VIII. Elektronische Berichterstattung (ESEF) nach § 289 Abs. 5 HGB-E

109 Der Referentenentwurf zum ESEF (→ § 264 Rz. 37d) sieht in Abs. 5 Satz 1 ab 2020 bei kapitalmarktorientierten Unternehmen ein elektronisches Berichtsformat (XHTML) auch für den Lagebricht und den Lageberichtseid vor. Satz 2 bestimmt per Verweis auf § 264 Abs. 2a Satz 3 HGB-E, dass auch der Lageberichtseid der elektronischen Form entsprechend § 126a Abs. 1 BGB bedarf.

§ 289a Ergänzende Vorgaben für bestimmte Aktiengesellschaften und Kommanditgesellschaften auf Aktien

(1) [1]Aktiengesellschaften und Kommanditgesellschaften auf Aktien, die einen organisierten Markt im Sinne des § 2 Absatz 7 des Wertpapiererwerbs- und Übernahmegesetzes durch von ihnen ausgegebene stimmberechtigte Aktien in Anspruch nehmen, haben im Lagebericht außerdem anzugeben:

1. **die Zusammensetzung des gezeichneten Kapitals unter gesondertem Ausweis der mit jeder Gattung verbundenen Rechte und Pflichten und des Anteils am Gesellschaftskapital;**
2. **Beschränkungen, die Stimmrechte oder die Übertragung von Aktien betreffen, auch wenn sie sich aus Vereinbarungen zwischen Gesellschaftern ergeben können, soweit sie dem Vorstand der Gesellschaft bekannt sind;**
3. **direkte oder indirekte Beteiligungen am Kapital, die 10 Prozent der Stimmrechte überschreiten;**
4. **die Inhaber von Aktien mit Sonderrechten, die Kontrollbefugnisse verleihen, und eine Beschreibung dieser Sonderrechte;**
5. **die Art der Stimmrechtskontrolle, wenn Arbeitnehmer am Kapital beteiligt sind und ihre Kontrollrechte nicht unmittelbar ausüben;**
6. **die gesetzlichen Vorschriften und Bestimmungen der Satzung über die Ernennung und Abberufung der Mitglieder des Vorstands und über die Änderung der Satzung;**
7. **die Befugnisse des Vorstands insbesondere hinsichtlich der Möglichkeit, Aktien auszugeben oder zurückzukaufen;**
8. **wesentliche Vereinbarungen der Gesellschaft, die unter der Bedingung eines Kontrollwechsels infolge eines Übernahmeangebots stehen, und die hieraus folgenden Wirkungen;**
9. **Entschädigungsvereinbarungen der Gesellschaft, die für den Fall eines Übernahmeangebots mit den Mitgliedern des Vorstands oder mit Arbeitnehmern getroffen sind.**

[2]Die Angaben nach Satz 1 Nummer 1, 3 und 9 können unterbleiben, soweit sie im Anhang zu machen sind. [3]Sind Angaben nach Satz 1 im Anhang zu machen, ist im Lagebericht darauf zu verweisen. [4]Die Angaben nach Satz 1 Nummer 8 können unterbleiben, soweit sie geeignet sind, der Gesellschaft einen erheblichen Nachteil zuzufügen; die Angabepflicht nach anderen gesetzlichen Vorschriften bleibt unberührt.

(2) (weggefallen)

Inhaltsübersicht **Rz.**

I. Überblick

Durch das CSR-Richtlinie-Umsetzungsgesetz (→ § 289f Rz. 1 f.) sind diese Vorgaben aus § 289 Abs. 4 HGB a. F. nach § 289a Abs. 1 HGB n. F. verlagert worden. 1

Aktiengesellschaften und Kommanditgesellschaften auf Aktien, die einen organisierten Kapitalmarkt durch **stimmberechtigte Aktien** in Anspruch nehmen (→ § 264d Rz. 13), haben besondere Angabevorschriften nach Abs. 1 zu erfüllen. Das Ziel der Angabepflichten besteht insbesondere in der Bekanntmachung von etwaigen **Übernahmehindernissen** durch gesellschaftsrechtliche Konstruktionen auf dem Gebiet des Aktienrechts. **Andere** Rechtsformen sind deshalb von dieser Berichterstattungspflicht nicht betroffen. Das Vergütungssystem betreffende weitere Angabepflichten nach Abs. 2 gelten dagegen lediglich für börsennotierte Aktiengesellschaften, insbesondere also nicht für KGaA. 2

II. Angabepflichten

1. Zusammensetzung des gezeichneten Kapitals (Nr. 1)

Das gezeichnete Kapital kann bei Aktiengesellschaften verschiedene Gattungen umfassen (→ § 272 Rz. 4): 3

- Stammaktien,
- stimmrechtslose Vorzugsaktien,
- stimmberechtigte Vorzugsaktien,
- Mehrstimmrechtsaktien nach Übergangsrecht (§ 5 EGAktG).

Für jede dieser Gattungen sind die dort festgelegten Rechte und Pflichten – z. B. höhere Dividende bei Vorzugsaktie – darzustellen und ist der Anteil am gezeichneten Kapital anzugeben. Optionen auf Aktienerwerb sind u. E. nicht anzugeben, auch wenn dies im Hinblick auf Übernahmesituationen wünschenswert wäre.

Außerdem sind gem. DRS 20.K191 anzugeben:

- Anzahl der ausgegebenen Aktien (je Gattung);
- Nennbetrag der Aktien (wenn vorhanden) sowie die Zahl der Aktien jeden Nennbetrags;
- Art der ausgegebenen Aktien (Nennbetrags- oder Stückaktien sowie Inhaber-, Namens- oder vinkulierte Namensaktien).

Bzgl. der Stammaktien kann auf die Gesetzeslage bzgl. der Rechte und Pflichten verwiesen werden.

4 Die Angabepflicht für den Lagebericht überlappt sich z. T. mit der für den Anhang nach § 160 Abs. 1 Nr. 3 AktG. § 289a Abs. 2 Satz 2 und 3 HGB geben insoweit dem Anhang Vorrang, verlangen aber bei Verzicht auf redundante Angaben im Lagebericht dort einen Verweis auf den Anhang.

2. Beschränkung von Stimm- und Übertragungsrechten (Nr. 2)

5 Solche Beschränkungen können bestehen nach

- Gesetz aufgrund wechselseitiger Beteiligungen nach § 328 AktG,
- Satzungsbestimmungen,
- Stimmrechtsbindungsverträgen,
- Vinkulierung von Aktien nach § 68 Abs. 2 AktG.

Der Vorstand ist zur Angabe nur bei entsprechendem Wissensstand verpflichtet und braucht keine Nachforschungen anzustellen.

3. Beteiligungen am Kapital von über 10 % der Stimmrechte (Nr. 3)

6 Anzugeben sind direkte und indirekte Beteiligungen. Die Information über diese direkte Beteiligungsquote ist dem Vorstand (und der Bundesanstalt) nach § 33 Abs. 1 WpHG zu erteilen. Für indirekte Beteiligungen ist auf die Vorschriften in §§ 34 f. WpHG zu rekurrieren.

Die Angabe zu den Beteiligten muss Name und Stadt bzw. Firma, Sitz und Staat enthalten (DRS 20.K200).

Bei mehrstufigen Beteiligungsketten (Mutter und Tochter halten Anteile an der Enkelgesellschaft) kann eine doppelte Angabepflicht entstehen; eine Durchrechnung oder Zusammenfassung der Anteilsquoten ist unzulässig.

7 Die Angabepflicht für den Lagebericht überlappt sich z. T. mit der für den Anhang nach § 160 Abs. 1 Nr. 8 AktG. § 289a Abs. 2 Satz 2 und 3 HGB geben insoweit dem Anhang Vorrang, verlangen aber bei Verzicht auf erneute Angabe im Lagebericht dort einen Verweis auf den Anhang.

4. Aktien mit Kontrollbefugnissen (Nr. 4)

8 Die Inhaber von Aktien mit Kontrollbefugnissen sind namentlich aufzuführen, deren Sonderrechte – i. d. R. Entsenderechte in den Aufsichtsrat – darzustellen.

5. Stimmrechtskontrolle bei Arbeitnehmerbeteiligung (Nr. 5)

9 Arbeitnehmer können Aktionärsrechte durch einen Vertreter- oder einen Mitarbeiteraktionärsverein gemeinschaftlich ausüben. Dann ist die Art der **Stimmrechtskontrolle** anzugeben. Der Vorstand braucht dazu keine Nachforschungen anzustellen; die Arbeitnehmer trifft keine Anzeigepflicht.

6. Bestimmungen über die Ernennung und Abberufung von Vorstandsmitgliedern und über Satzungsänderungen (Nr. 6)

10 Das Gesetz enthält Vorschriften zur

- Ernennung und Abberufung von Vorständen in §§ 84 f. AktG;
- Satzungsänderung in §§ 133 und 179 AktG.

Auf diese ist zu verweisen. Ggf. ergänzende Satzungsregeln sind zu beschreiben (DRS 20.K208).

7. Vorstandsbefugnis zu Ausgabe und Rückkauf von Aktien (Nr. 7)

Angabepflichtig sind nicht die gesetzlichen Befugnisse, sondern diejenigen nach Satzung oder Hauptversammlungsermächtigung. Es kann sich handeln um 11

- Erwerb eigener Aktien nach § 71 Abs. 1 Nr. 6 bis 8 AktG,
- Ausgabe aus dem genehmigten Kapital gem. §§ 202 ff. AktG,
- Ausgabe von Schuldverschreibungen und Genussrechten mit einem Umtausch- bzw. Aktienbezugsrecht gem. § 221 AktG.
- Auf die Angaben im Anhang betreffend den Erwerb eigener Aktien gem. § 160 Abs. 1 Nr. 2 AktG ist zu verweisen (DRS 20.K233a).

8. Vom Kontrollwechsel abhängige Vereinbarungen (Nr. 8)

Es handelt sich um wesentliche Vereinbarungen (Verträge), bei denen Bedingungen im Falle eines Übernahmeangebots wirksam werden. Wesentlich sind solche Vereinbarungen, die in ihrer Gesamtheit von Bedeutung sein können. Als „Kontrolle" ist hier das Halten von mindestens 30 % der Stimmrechte nach § 29 Abs. 2 WpÜG anzusehen. Anzugebende Vereinbarungen sind gem. DRS 20.K214 insbesondere 12

- Finanzierungsverträge,
- *Joint-Venture*-Verträge,
- Lizenzverträge,
- Einkaufsverträge,
- Lieferverträge.

Der **Inhalt** der Verträge und die **wirtschaftliche** Folge des Eintretens der Bedingung sind darzustellen, also z. B. Kündigungsmöglichkeiten der Kreditgeber oder der Kunden von Sukzessivlieferungsverträgen.

Die vorstehend aufgeführten Angaben können nach Abs. 1 Satz 4 entfallen *(Escape)*, sofern sie der Gesellschaft einen erheblichen **Schaden** zufügen können. Die **Anwendung** der *Escape*- bzw. Schutzklausel ist anzugeben. Wann ein *Escape* zulässig ist, bleibt dem kaufmännischen Ermessen zur Beurteilung anvertraut. Dabei soll ein nicht messbarer immaterieller Schaden ausreichend sein.

9. Entschädigungsvereinbarungen bei Übernahmeangeboten (Nr. 9)

Es sind sämtliche Entschädigungsvereinbarungen der Gesellschaft für den Fall eines Übernahmeangebots mit Vorstandsmitgliedern oder Arbeitnehmern darzustellen. Solche Vereinbarungen können sich gem. DRS 20.K220 beziehen auf 13

- Kündigungen der genannten Personen,
- Entlassungen ohne weiteren Kündigungsgrund,
- Beendigung des Dienst- bzw. Arbeitsverhältnisses,
- Entschädigungen ohne Kündigung des Dienst- bzw. Arbeitsverhältnisses.

Für Vorstandsmitglieder kann sich eine Überschneidung mit Angabepflichten nach § 285 Nr. 9a HGB ergeben. § 289a Abs. 1 Satz 2 und 3 HGB geben insoweit dem Anhang Vorrang, verlangen aber bei Verzicht auf redundante Angaben im Lagebericht dort einen Verweis auf den Anhang (→ § 285 Rz. 55).

Ausreichend ist nach DRS 20.K223 eine zusammenfassende Darstellung der wesentlichen Inhalte. Ergibt sich aus dem Inhalt der Vereinbarungen die Höhe der Entschädigung unmittelbar, ist dieser Betrag, anderenfalls die vereinbarte Berechnungsformel anzugeben.

III. Grundzüge des Vergütungssystems (Abs. 2 a. F.)

14 Die Berichterstattungspflicht über das Vergütungssystem nach dem früheren Abs. 2 diente der Ergänzung der Anhangangaben in § 285 Nr. 9a HGB. ARUG II hat § 289a Abs. 2 HGB (und § 315a Abs. 2 HGB) zur Beschreibung des Vergütungssystems aufgehoben und materiell nach § 162 AktG verlagert und dort um weitere Angabepflichten erweitert. Der resultierende Vergütungsbericht ist kein Bestandteil des Jahresabschlusses, sondern auf der Internetseite der Gesellschaft zugänglich zu machen (→ § 285 Rz. 79a).

§ 289b Pflicht zur nichtfinanziellen Erklärung; Befreiungen

(1) [1]Eine Kapitalgesellschaft hat ihren Lagebericht um eine nichtfinanzielle Erklärung zu erweitern, wenn sie die folgenden Merkmale erfüllt:

1. die Kapitalgesellschaft erfüllt die Voraussetzungen des § 267 Absatz 3 Satz 1,

2. die Kapitalgesellschaft ist kapitalmarktorientiert im Sinne des § 264d und

3. die Kapitalgesellschaft hat im Jahresdurchschnitt mehr als 500 Arbeitnehmer beschäftigt.

[2]§ 267 Absatz 4 bis 5 ist entsprechend anzuwenden. [3]Wenn die nichtfinanzielle Erklärung einen besonderen Abschnitt des Lageberichts bildet, darf die Kapitalgesellschaft auf die an anderer Stelle im Lagebericht enthaltenen nichtfinanziellen Angaben verweisen.

(2) [1]Eine Kapitalgesellschaft im Sinne des Absatzes 1 ist unbeschadet anderer Befreiungsvorschriften von der Pflicht zur Erweiterung des Lageberichts um eine nichtfinanzielle Erklärung befreit, wenn

1. die Kapitalgesellschaft in den Konzernlagebericht eines Mutterunternehmens einbezogen ist und

2. der Konzernlagebericht nach Nummer 1 nach Maßgabe des nationalen Rechts eines Mitgliedstaats der Europäischen Union oder eines anderen Vertragsstaats des Abkommens über den Europäischen Wirtschaftsraum im Einklang mit der Richtlinie 2013/34/EU aufgestellt wird und eine nichtfinanzielle Konzernerklärung enthält.

[2]Satz 1 gilt entsprechend, wenn das Mutterunternehmen im Sinne von Satz 1 einen gesonderten nichtfinanziellen Konzernbericht nach § 315b Absatz 3 oder nach Maßgabe des nationalen Rechts eines Mitgliedstaats der Europäischen Union oder eines anderen Vertragsstaats des Abkommens über den Europäischen Wirtschaftsraum im Einklang mit der Richtlinie 2013/34/EU erstellt und öffentlich zugänglich macht. [3]Ist eine Kapitalgesellschaft nach Satz 1 oder 2 von der Pflicht zur Erstellung einer nichtfinanziellen Erklärung befreit, hat sie dies in ihrem Lagebericht mit einer Erläuterung anzugeben, welches Mutterunternehmen den Konzernlagebericht oder den gesonderten nichtfinanziellen Konzernbericht öffentlich zugänglich macht und wo der Bericht in deutscher oder englischer Sprache offengelegt oder veröffentlicht ist.

(3) [1]Eine Kapitalgesellschaft im Sinne des Absatzes 1 ist auch dann von der Pflicht zur Erweiterung des Lageberichts um eine nichtfinanzielle Erklärung befreit, wenn die Kapitalgesellschaft für dasselbe Ge-

schäftsjahr einen gesonderten nichtfinanziellen Bericht außerhalb des Lageberichts erstellt und folgende Voraussetzungen erfüllt sind:

1. der gesonderte nichtfinanzielle Bericht erfüllt zumindest die inhaltlichen Vorgaben nach § 289c und

2. die Kapitalgesellschaft macht den gesonderten nichtfinanziellen Bericht öffentlich zugänglich durch

a) Offenlegung zusammen mit dem Lagebericht nach § 325 oder

b) Veröffentlichung auf der Internetseite der Kapitalgesellschaft spätestens vier Monate nach dem Abschlussstichtag und mindestens für zehn Jahre, sofern der Lagebericht auf diese Veröffentlichung unter Angabe der Internetseite Bezug nimmt.

[2]Absatz 1 Satz 3 und die §§ 289d und 289e sind auf den gesonderten nichtfinanziellen Bericht entsprechend anzuwenden.

(4) Ist die nichtfinanzielle Erklärung oder der gesonderte nichtfinanzielle Bericht inhaltlich überprüft worden, ist auch die Beurteilung des Prüfungsergebnisses in gleicher Weise wie die nichtfinanzielle Erklärung oder der gesonderte nichtfinanzielle Bericht öffentlich zugänglich zu machen.

Inhaltsübersicht **Rz.**

I. Überblick

1 Zu dieser durch das CSR-Richtlinie-Umsetzungsgesetz eingefügten Vorschrift wird auf → § 289f Rz. 3 ff. verwiesen.

§ 289c Inhalt der nichtfinanziellen Erklärung

(1) In der nichtfinanziellen Erklärung im Sinne des § 289b ist das Geschäftsmodell der Kapitalgesellschaft kurz zu beschreiben.

(2) Die nichtfinanzielle Erklärung bezieht sich darüber hinaus zumindest auf folgende Aspekte:

1. Umweltbelange, wobei sich die Angaben beispielsweise auf Treibhausgasemissionen, den Wasserverbrauch, die Luftverschmutzung, die Nutzung von erneuerbaren und nicht erneuerbaren Energien oder den Schutz der biologischen Vielfalt beziehen können,

2. Arbeitnehmerbelange, wobei sich die Angaben beispielsweise auf die Maßnahmen, die zur Gewährleistung der Geschlechtergleichstellung ergriffen wurden, die Arbeitsbedingungen, die Umsetzung der grundlegenden Übereinkommen der Internationalen Arbeitsorganisation, die Achtung der Rechte der Arbeitnehmerinnen und Arbeitnehmer, informiert und konsultiert zu werden, den sozialen Dialog, die Achtung der Rechte der Gewerkschaften, den Gesundheitsschutz oder die Sicherheit am Arbeitsplatz beziehen können,

3. Sozialbelange, wobei sich die Angaben beispielsweise auf den Dialog auf kommunaler oder regionaler Ebene oder auf die zur Sicherstellung des Schutzes und der Entwicklung lokaler Gemeinschaften ergriffenen Maßnahmen beziehen können,

4. die Achtung der Menschenrechte, wobei sich die Angaben beispielsweise auf die Vermeidung von Menschenrechtsverletzungen beziehen können, und

5. die Bekämpfung von Korruption und Bestechung, wobei sich die Angaben beispielsweise auf die bestehenden Instrumente zur Bekämpfung von Korruption und Bestechung beziehen können.

(3) Zu den in Absatz 2 genannten Aspekten sind in der nichtfinanziellen Erklärung jeweils diejenigen Angaben zu machen, die für das Verständnis des Geschäftsverlaufs, des Geschäftsergebnisses, der Lage der

Kapitalgesellschaft sowie der Auswirkungen ihrer Tätigkeit auf die in Absatz 2 genannten Aspekte erforderlich sind, einschließlich

1. **einer Beschreibung der von der Kapitalgesellschaft verfolgten Konzepte, einschließlich der von der Kapitalgesellschaft angewandten Due-Diligence-Prozesse,**
2. **der Ergebnisse der Konzepte nach Nummer 1,**
3. **der wesentlichen Risiken, die mit der eigenen Geschäftstätigkeit der Kapitalgesellschaft verknüpft sind und die sehr wahrscheinlich schwerwiegende negative Auswirkungen auf die in Absatz 2 genannten Aspekte haben oder haben werden, sowie die Handhabung dieser Risiken durch die Kapitalgesellschaft,**
4. **der wesentlichen Risiken, die mit den Geschäftsbeziehungen der Kapitalgesellschaft, ihren Produkten und Dienstleistungen verknüpft sind und die sehr wahrscheinlich schwerwiegende negative Auswirkungen auf die in Absatz 2 genannten Aspekte haben oder haben werden, soweit die Angaben von Bedeutung sind und die Berichterstattung über diese Risiken verhältnismäßig ist, sowie die Handhabung dieser Risiken durch die Kapitalgesellschaft,**
5. **der bedeutsamsten nichtfinanziellen Leistungsindikatoren, die für die Geschäftstätigkeit der Kapitalgesellschaft von Bedeutung sind,**
6. **soweit es für das Verständnis erforderlich ist, Hinweisen auf im Jahresabschluss ausgewiesene Beträge und zusätzliche Erläuterungen dazu.**

(4) Wenn die Kapitalgesellschaft in Bezug auf einen oder mehrere der in Absatz 2 genannten Aspekte kein Konzept verfolgt, hat sie dies anstelle der auf den jeweiligen Aspekt bezogenen Angaben nach Absatz 3 Nummer 1 und 2 in der nichtfinanziellen Erklärung klar und begründet zu erläutern.

Inhaltsübersicht Rz.

I. Überblick

1 Zu dieser durch das CSR-Richtlinie-Umsetzungsgesetz eingefügten Vorschrift wird auf → § 289f Rz. 4 ff. verwiesen.

§ 289d Nutzung von Rahmenwerken

[1]Die Kapitalgesellschaft kann für die Erstellung der nichtfinanziellen Erklärung nationale, europäische oder internationale Rahmenwerke nutzen. [2]In der Erklärung ist anzugeben, ob die Kapitalgesellschaft für die Erstellung der nichtfinanziellen Erklärung ein Rahmenwerk genutzt hat und, wenn dies der Fall ist, welches Rahmenwerk genutzt wurde, sowie andernfalls, warum kein Rahmenwerk genutzt wurde.

Inhaltsübersicht Rz.

I. Überblick

1 Zu dieser durch das CSR-Richtlinie-Umsetzungsgesetz eingefügten Vorschrift wird auf → § 289f Rz. 5 verwiesen.

§ 289e Weglassen nachteiliger Angaben

(1) Die Kapitalgesellschaft muss in die nichtfinanzielle Erklärung ausnahmsweise keine Angaben zu künftigen Entwicklungen oder Belangen, über die Verhandlungen geführt werden, aufnehmen, wenn

1. die Angaben nach vernünftiger kaufmännischer Beurteilung der Mitglieder des vertretungsberechtigten Organs der Kapitalgesellschaft geeignet sind, der Kapitalgesellschaft einen erheblichen Nachteil zuzufügen, und

2. das Weglassen der Angaben ein den tatsächlichen Verhältnissen entsprechendes und ausgewogenes Verständnis des Geschäftsverlaufs, des Geschäftsergebnisses, der Lage der Kapitalgesellschaft und der Auswirkungen ihrer Tätigkeit nicht verhindert.

(2) Macht eine Kapitalgesellschaft von Absatz 1 Gebrauch und entfallen die Gründe für die Nichtaufnahme der Angaben nach der Veröffentlichung der nichtfinanziellen Erklärung, sind die Angaben in die darauf folgende nichtfinanzielle Erklärung aufzunehmen.

Inhaltsübersicht Rz.

I. Überblick

Zu dieser durch das CSR-Richtlinie-Umsetzungsgesetz eingefügten Vorschrift wird auf → § 289f Rz. 4 verwiesen. 1

§ 289f Erklärung zur Unternehmensführung

(1) [1]Börsennotierte Aktiengesellschaften sowie Aktiengesellschaften, die ausschließlich andere Wertpapiere als Aktien zum Handel an einem organisierten Markt im Sinn des § 2 Absatz 11 des Wertpapierhandelsgesetzes ausgegeben haben und deren ausgegebene Aktien auf eigene Veranlassung über ein multilaterales Handelssystem im Sinn des § 2 Absatz 8 Satz 1 Nummer 8 des Wertpapierhandelsgesetzes gehandelt werden, haben eine Erklärung zur Unternehmensführung in ihren Lagebericht aufzunehmen, die dort einen gesonderten Abschnitt bildet. [2]Sie kann auch auf der Internetseite der Gesellschaft öffentlich zugänglich gemacht werden. [3]In diesem Fall ist in den Lagebericht eine Bezugnahme aufzunehmen, welche die Angabe der Internetseite enthält.

(2) In die Erklärung zur Unternehmensführung sind aufzunehmen

1. die Erklärung gemäß § 161 des Aktiengesetzes;

1a. eine Bezugnahme auf die Internetseite der Gesellschaft, auf der der Vergütungsbericht über das letzte Geschäftsjahr und der Vermerk des Abschlussprüfers gemäß § 162 des Aktiengesetzes, das geltende Vergütungssystem gemäß § 87a Absatz 1 und 2 Satz 1 des Aktiengesetzes und der letzte Vergütungsbeschluss gemäß § 113 Absatz 3 des Aktiengesetzes öffentlich zugänglich gemacht werden;

2. relevante Angaben zu Unternehmensführungspraktiken, die über die gesetzlichen Anforderungen hinaus angewandt werden, nebst Hinweis, wo sie öffentlich zugänglich sind;

3. eine Beschreibung der Arbeitsweise von Vorstand und Aufsichtsrat sowie der Zusammensetzung und Arbeitsweise von deren Ausschüssen; sind die Informationen auf der Internetseite der Gesellschaft öffentlich zugänglich, kann darauf verwiesen werden;

4. bei Aktiengesellschaften im Sinne des Absatzes 1, die nach § 76 Absatz 4 und § 111 Absatz 5 des Aktiengesetzes verpflichtet sind, Zielgrößen für den Frauenanteil und Fristen für deren Erreichung fest-

zulegen und die Festlegung der Zielgröße Null zu begründen, die vorgeschriebenen Festlegungen und Begründungen und die Angabe, ob die festgelegten Zielgrößen während des Bezugszeitraums erreicht worden sind, und, wenn nicht, Angaben zu den Gründen;

5. **bei börsennotierten Aktiengesellschaften, die nach § 96 Absatz 2 und 3 des Aktiengesetzes bei der Besetzung des Aufsichtsrats jeweils einen Mindestanteil an Frauen und Männern einzuhalten haben, die Angabe, ob die Gesellschaft im Bezugszeitraum den Mindestanteil eingehalten hat, und, wenn nicht, Angaben zu den Gründen; bei börsennotierten Europäischen Gesellschaften (SE) tritt an die Stelle des § 96 Absatz 2 und 3 des Aktiengesetzes § 17 Absatz 2 oder § 24 Absatz 3 des SE-Ausführungsgesetzes;**

5a. **bei börsennotierten Aktiengesellschaften, die nach § 76 Absatz 3a des Aktiengesetzes mindestens eine Frau und mindestens einen Mann als Vorstandsmitglied bestellen müssen, die Angabe, ob die Gesellschaft im Bezugszeitraum diese Vorgabe eingehalten hat, und, wenn nicht, Angaben zu den Gründen; bei börsennotierten Europäischen Gesellschaften (SE) tritt an die Stelle des § 76 Absatz 3a des Aktiengesetzes § 16 Absatz 2 oder § 40 Absatz 1a des SE-Ausführungsgesetzes;**

6. **bei Aktiengesellschaften im Sinne des Absatzes 1, die nach § 267 Absatz 3 Satz 1 und Absatz 4 bis 5 große Kapitalgesellschaften sind, eine Beschreibung des Diversitätskonzepts, das im Hinblick auf die Zusammensetzung des vertretungsberechtigten Organs und des Aufsichtsrats in Bezug auf Aspekte wie beispielsweise Alter, Geschlecht, Bildungs- oder Berufshintergrund verfolgt wird, sowie der Ziele dieses Diversitätskonzepts, der Art und Weise seiner Umsetzung und der im Geschäftsjahr erreichten Ergebnisse.**

(3) Auf börsennotierte Kommanditgesellschaften auf Aktien sind die Absätze 1 und 2 entsprechend anzuwenden.

(4) [1]Andere Kapitalgesellschaften haben in ihren Lagebericht als gesonderten Abschnitt eine Erklärung zur Unternehmensführung mit den Festlegungen, Begründungen und Angaben nach Absatz 2 Nummer 4 aufzunehmen, wenn sie nach § 76 Absatz 4 oder § 111 Absatz 5 des Aktiengesetzes oder nach § 36 oder § 52 Absatz 2 des Gesetzes betreffend die Gesellschaften mit beschränkter Haftung verpflichtet sind, Zielgrößen für den Frauenanteil und Fristen für deren Erreichung festzulegen und die Festlegung der Zielgröße Null zu begründen. [2]Absatz 1 Satz 2 und 3 gilt entsprechend. [3]Kapitalgesellschaften, die nicht zur Aufstellung eines Lageberichts verpflichtet sind, haben eine Erklärung mit den Festlegungen, Begründungen und Angaben des Satzes 1 zu erstellen und auf der Internetseite der Gesellschaft zu veröffentlichen. [4]Sie können diese Pflicht auch durch Offenlegung eines unter Berücksichtigung von Satz 1 aufgestellten Lageberichts erfüllen.

(5) Wenn eine Gesellschaft nach Absatz 2 Nummer 6, auch in Verbindung mit Absatz 3, kein Diversitätskonzept verfolgt, hat sie dies in der Erklärung zur Unternehmensführung zu erläutern.

Inhaltsübersicht **Rz.**

LITERATUR:

Baumüller/Nguyen, Zur Operationalisierung des Wesentlichkeitsgrundsatzes im Rahmen der nichtfinanziellen Berichterstattung, PiR 7/2018 S. 197; *Kolb/Meyer,* Gesetz für einen gleichberechtigten Zugang von Frauen zu Führungspositionen, StuB 2016 S. 492; *Lanfermann,* Auswirkungen der EU-Taxonomie-Verordnung auf die Unternehmensberichterstattung, BB 2020 S. 1643; *Meyer,* Auswirkungen des CSR-Richtlinie-Umsetzungsgesetzes auf die Tätigkeit des Wirtschaftsprüfers, WP Praxis 2017 S. 133; *Richter/Johne/König,* Umsetzung der CSR-Richtlinie in nationales Recht, WPg 2017 S. 566; *Rimmelspacher/Kliem,* FüPoG II: Geänderte Angaben zur Frauenförderung in der Erklärung zur Unternehmensführung, WPg 2021 S. 1460; *Rimmelspacher/Schäfer/Schönberger,* Das CSR-Richtlinie-Umsetzungsgesetz: Neue Anforderungen an die nichtfinanzielle Berichterstattung und darüber hinaus, KoR 2017 S. 225; *Röhm-Kottmann/Gundel,* Frauenquote und Zielgrößen für den Frauenanteil, WPg 2015 S. 1110; *Scheid/Baumüller,* Die Berichtspflichten zu Art. 8 der Taxonomie-Verordnung, StuB 2021 S. 686; *Scheid/Kotlenga/Müller,* Die verwirrende Vielfalt an Standardsettern im Rahmen der CSR-Berichterstattung, Analyse und Praxisempfehlungen, PiR 2019 S. 202 ff.; *Schüppen/Walz,* „Mitbestimmungslücke" und mangelhafte Berichterstattung über die „Frauenquote", WPg 2015 S. 1155; *Weller/Meyer,* Zur Berichterstattung zu nichtfinanziellen Informationen nach dem CSR-Richtlinie-Umsetzungsgesetz, PiR 2017 S. 125.

I. Das CSR-Richtlinie-Umsetzungsgesetz

Im März 2017 ist in Transformation der sog. CSR-Richtlinie (2014/95/EU) das CSR-Richtlinie-Umsetzungsgesetz verabschiedet worden.[1] In diesem Zusammenhang sind bzgl. des den handelsrechtlichen Jahresabschluss ergänzenden Lageberichts die §§ 289 und 289a HGB geändert worden sowie die §§ 289b bis 289f HGB neu eingefügt worden. Analoge Änderungen wurden im Bereich der Konzernrechnungslegung vorgenommen (§§ 315 bis 315d HGB). Folgeänderungen gab es u. a. bei den Regelungen zu Gegenstand und Umfang der Prüfung (§ 317 Abs. 2 Satz 4 ff. HGB), den Offenlegungsvorschriften (§ 325 Abs. 2a HGB) und den Straf-, Bußgeld- und Ordnungsgeldvorschriften (§§ 331 ff. HGB). 1

Das CSR-Richtlinie-Umsetzungsgesetz brachte im Kern drei Neuerungen:[2] 2

- **Redaktionelle Anpassungen,** insbesondere in der Weise, dass zuvor teils in § 289 HGB mit enthaltene besondere Berichtspflichten für börsennotierte Aktiengesellschaften und KGaA nach § 289a HGB verlagert wurden. § 289 Abs. 4 HGB a. F. betreffend Angaben zur Zusammensetzung des Kapitals sowie zu Change-of-Control-Vereinbarungen wurde dabei zu § 289a Abs. 1 HGB. § 289 Abs. 2 Satz 1 Nr. 4 HGB a. F. betreffend das Vergütungssystem wurde in § 289a Abs. 2 HGB n. F. übernommen. Auf → § 289a Rz. 1 ff. wird verwiesen.
- Berichterstattung über **nichtfinanzielle Belange** (Umwelt, Menschenrechte usw.) in Form einer sog. **nichtfinanziellen Erklärung** (→ Rz. 4 ff.).
- In Erweiterung der bisherigen Berichterstattung zur Frauenquote eine allgemeine Berichterstattung zur **Diversität** in der (angestrebten) Zusammensetzung der Unternehmensorgane in der **Erklärung zur Unternehmensführung** (→ Rz. 9 ff.).

1 BGBl I 2017 S. 802 ff.

2 Zur nichtfinanziellen Erklärung sowie zu Diversitätsangaben in der Erklärung zur Unternehmensführung siehe vertiefend *Meyer,* WP Praxis 2017 S. 133; *Weller/Meyer,* PiR 2017 S. 125; *Richter/Johne/König,* WPg 2017 S. 566; *Rimmelspacher/Schäfer/Schönberger,* KoR 2017 S. 225.

II. Persönlicher Anwendungsbereich (§§ 289b und 289f)

3 Die nichtfinanzielle Erklärung ist gem. § 289b Abs. 1 HGB von Kapitalgesellschaften und haftungsbeschränkten Personenhandelsgesellschaften zu erbringen, die drei Merkmale kumulativ erfüllen:

- ► Einstufung als große Gesellschaft nach § 267 Abs. 3 Satz 1 HGB,
- ► Kapitalmarktorientierung nach § 264d HGB,
- ► mehr als 500 Arbeitnehmer im Jahresdurchschnitt (§ 340 Abs. 1a und § 341a Abs. 1a HGB).

Nicht ausreichend ist die Fiktion der Größe über eine Kapitalmarktorientierung im Sinne des § 267 Abs. 3 Satz 2 HGB. Unabhängig von einer Kapitalmarktorientierung sind auch große Kreditinstitute und Versicherungsunternehmen mit mehr als 500 Arbeitnehmern verpflichtet, ihren Lagebericht um eine nichtfinanzielle Erklärung zu erweitern (§§ 340a Abs. 1a und 341a Abs. 1a HGB).

3a Gegenüber diesem allgemeinen persönlichen Anwendungsbereich gibt es zwei spezifische **Ausweitungen betreffend die Diversitätsberichterstattung:**

- ► Zur Frauenquote haben (mit Rückausnahme zur gesetzlichen Frauenquote für den Aufsichtsrat) auch nicht kapitalmarktorientierte Unternehmen zu berichten, wenn sie der Mitbestimmung unterliegen (§ 289f Abs. 4 HGB).
- ► Für die andere Merkmale als das Geschlecht betreffende erweiterte Diversity-Berichterstattung nach § 289f Abs. 2 Nr. 6 HGB (→ Rz. 10) kommt es auf die Arbeitnehmerzahl nicht an.

3b Ein an sich nach → Rz. 3 zur nichtfinanziellen Erklärung verpflichtetes Unternehmen ist von der Berichterstattung gem. § 289b Abs. 2 HGB befreit, wenn es in einen übergeordneten Konzernabschluss einbezogen wird und im dazugehörenden Konzernlagebericht oder im gesonderten Bericht die nichtfinanziellen Angaben gemacht werden. Bei Inanspruchnahme der **Befreiung** hat das untergeordnete Unternehmen dies in seinem Lagebericht anzugeben und dabei zu erläutern, wo der befreiende Bericht in deutscher oder englischer Sprache offengelegt ist. Das Mutterunternehmen muss nicht zwingend in einem EU-/EWR-Staat ansässig sein, aber die nichtfinanzielle Erklärung nach Maßgabe der CRS-Richtlinie erstellen.

III. Nichtfinanzielle Berichterstattung

1. Inhalt (§§ 289c und 289e)

4 Die nichtfinanzielle Erklärung nach § 289c HGB umfasst mindestens

- ► eine „kurze" Beschreibung des **Geschäftsmodells** (§ 289c Abs. 1 HGB),
- ► Angaben zu **nichtfinanziellen Belangen** (Arbeitnehmerrechte, Menschenrechte, Umweltbelange, Sozialbelange, Korruptionsbekämpfung usw.; § 289c Abs. 2 Nr. 1–5 HGB) sowie
- ► eine Erläuterung, falls zu bestimmten Belangen kein Konzept verfolgt wird (*Comply or Explain*; § 289c Abs. 4 HGB).

Angaben zu künftigen Entwicklungen oder Belangen, über die Verhandlungen geführt werden, können ausnahmsweise weggelassen werden, wenn sie der Gesellschaft einen erheblichen Nachteil zufügen würden und das Weglassen der Angaben dem „True and fair view"-Prinzip nicht entgegensteht (§ 289e Abs. 1 HGB). Wird von dieser Schutzvorschrift Gebrauch gemacht, müssen die Angaben in derjenigen nichtfinanziellen Erklärung nachgeholt werden, die dem Wegfall der Gründe für die Nichtaufnahme der nämlichen Angaben folgt (§ 289e Abs. 2 HGB).

Bzgl. der Erläuterung des **Geschäftsmodells** sieht DRS 20.257 i.V. mit DRS 20.37 folgende Angaben vor: 4a

a) Geschäftszweck,
b) organisatorische Struktur des Konzerns (z. B. Segmente, Standorte),
c) notwendige Einsatzfaktoren (z. B. Personal, Material, Fremdleistungen, immaterielle Werte),
d) Geschäftsprozesse (z. B. Beschaffung, Produktion, Vertrieb),
e) Produkte und Dienstleistungen,
f) Beschaffungs- und Absatzmärkte,
g) externe Einflussfaktoren für das Geschäft (z. B. rechtliche, politische, wirtschaftliche, ökologische und soziale Rahmenbedingungen).

Der Beachtung des Wesentlichkeitsgrundsatzes (DRS 20.32) und dem Vorrang unternehmensspezifischer Angaben vor Allgemeinplätzen kommt hier besondere Bedeutung zu. Dem Adressaten ist nicht gedient, wenn der Pharmaproduzent zu Punkt c) angibt, dass er Gebäude, Personal, Patente usw. als Einsatzfaktoren benötigt. Hingegen kann von Interesse sein, ob die Produktion überwiegend patenbasiert erfolgt oder mit frei zugänglichem Know-how (Generika).

Die nichtfinanziellen Belange können sich nach DRS 29.259 etwa wie folgt konkretisieren:

- Umweltbelange: Treibhausgasemissionen, Wasserverbrauch, Luftverschmutzung, Nutzung von erneuerbaren Energien, Schutz der Biodiversität.
- Arbeitnehmerbelange: Geschlechtergleichstellung, Arbeitsbedingungen, sozialer Dialog, Achtung der Rechte der Gewerkschaften, Gesundheitsschutz, Sicherheit am Arbeitsplatz.
- Sozialbelange: Dialog auf kommunaler oder regionaler Ebene.
- Menschenrechte: Maßnahmen zur Vermeidung von Menschenrechtsverletzungen.
- Korruption: Instrumente zur Bekämpfung von Korruption und Bestechung.

In der empirischen Praxis wird am ausführlichsten über Umwelt-, Arbeitnehmer- und Sozialbelange berichtet. Zu Menschenrechtsbelangen wird wegen (angeblich) fehlender Wesentlichkeit z. T. gar nichts gesagt.[1]

Bei den **nichtfinanziellen Belangen** sind – unter Wesentlichkeitsvorbehalt – gem. § 289f Abs. 3 HGB folgende Informationen darzustellen: 4b

- vom Unternehmen verfolgte Konzepte (Ziele, geplante Maßnahmen),
- Kontrolle dieser Konzepte (z. B. Due-Diligence-Prozesse bzgl. Arbeitszuständen bei Zulieferern),
- Ergebnisse der verfolgten Konzepte (Ausmaß der Zielerreichung, Stand der Maßnahmenrealisierung),
- Risiken für die Belange, die mit der eigenen Geschäftstätigkeit und den Geschäftsbeziehungen, Produkten oder Dienstleistungen der Gesellschaft verknüpft sind (soweit der Risikoeintritt sehr wahrscheinlich ist und die daraus resultierenden negativen Auswirkungen schwerwiegend sind, DRS 20.278),

1 Vgl. *Fink/Bäuscher*, PiR 4/2020 S. 105.

- Handhabung dieser Risiken,
- bedeutsamste Leistungsindikatoren, die für die Geschäftstätigkeit von Bedeutung sind,
- Hinweise auf im Abschluss ausgewiesene Beträge, unter Erläuterung, soweit für das Verständnis erforderlich.

Bei der Darstellung der Due-Diligence-Prozesse sind nach DRS 20.269 Angaben zu den angewandten Verfahren zur Erkennung, Verhinderung und Abschwächung von negativen Auswirkungen in Bezug auf einen berichtspflichtigen Aspekt zu machen. Auch auf die Due-Diligence-Prozesse bzgl. der Lieferkette und der Kette der Subunternehmer ist nach DRS 20.270 unter Wesentlichkeitsvorbehalt einzugehen.

4c Entscheidend für die nichtfinanziellen Berichtspflichten ist die Verknüpfung von VFE-Lage und Auswirkungen. Nichtfinanzielle Informationen fallen u. E. nur dann unter die Berichtspflicht, wenn sie

- wesentliche Auswirkungen des berichtenden Unternehmens (auf die Stakeholder) betreffen,
- die zugleich mit (potenziell) wesentlichen Konsequenzen für die VFE-Lage des berichtenden Unternehmens einhergehen.

Für die diesbezügliche, ermessensbehaftete Beurteilung eignet sich konzeptionell etwa eine **Wesentlichkeitsmatrix,** bei der eine Achse die Bedeutung für die VFE-Lage, eine andere die Stärke der Auswirkungen darstellt. Eine Berichtspflicht besteht dann für jene Themen, die im oberen rechten Quadranten liegen (hohe Bedeutung für die VFE-Lage und gleichzeitig starke Auswirkungen auf die Stakeholder).[1]

2. Verwendung von Rahmenwerken (§ 289d), EU-Leitlinien, EU-Taxonomie-Verordnung

5 Das Unternehmen darf gem. § 289d HGB für die Erstellung der nichtfinanziellen Erklärung nationale, europäische oder internationale Rahmenwerke nutzen. Das verwendete Rahmenwerk ist anzugeben, der Verzicht auf die Nutzung eines Rahmenwerks zu begründen. In Betracht kommen

- Eco-Management and Audit Scheme (EMAS) der EU,
- Leitlinien nach dem Rahmenprogramm „Protect, Respect and Remedy" der UN,
- Leitlinien der OECD (ISO 26000),
- Guidelines der Global Reporting Initiative (GRI) oder
- Deutscher Nachhaltigkeitskodex (DNK).[2]

Während größere Unternehmen eher nach den Standards der GRI berichten, nutzen Unternehmen mit weniger als 1.000 Mitarbeitern eher den stärker auf das Wesentliche konzentrierten DNK.[3]

Sofern ein Rahmenwerk nur in Teilen genutzt wird, ist dies anzugeben, ebenso wenn mehrere Rahmenwerke (für unterschiedliche Berichtsbestandteile) genutzt werden (DRS 20.296 ff.).

1 Zu Einzelheiten und Beispielen: *Baumüller/Nguyen*, PiR 7/2018 S. 197.
2 Zu (praxisrelevanten) Unterschieden der Rahmenwerke: *Scheid/Kotlenga/Müller*, PiR 2019 S. 202 ff.
3 Vgl.: https://go.nwb.de/mszp9 (Abruf: 30.6.2019).

Von den Rahmenwerken zu unterscheiden sind die EU-Leitlinien für die Berichterstattung über nichtfinanzielle Informationen (C(2017) 4234 final) und bzgl. kindbezogener Informationen (2019/C 209/01), die gem. Art. 2 der Richtlinie 2014/95/EU verfasst werden. Die Leitlinien sollen den betroffenen Unternehmen Hilfestellung bei nichtfinanziellen Informationen geben. Sie sind unverbindlich, schaffen also keine neuen rechtlichen Verpflichtungen. Unternehmen, die die Leitlinien verwenden, können sich zusätzlich auf die Rahmenwerke stützen.

Durch Verordnung (EU) 2020/852 des Europäischen Parlaments und des Rates vom 18.6.2020 über die Einrichtung eines Rahmens zur Erleichterung nachhaltiger Investitionen sind Unternehmen, die eine nichtfinanzielle Erklärung abgeben müssen, verpflichtet, in dieser zu berichten, inwieweit ihre Aktivitäten nachhaltig i. S. der EU-Taxonomie sind. Diese Berichtspflicht gilt erstmals für das Geschäftsjahr 2021. Nach Art. 8 Abs. 2 EU-Tax-VO sind insbesondere bestimmte Kennzahlen zu berichten, wie etwa die Anteile von nachhaltigen Wirtschaftsaktivitäten an Umsatz, Investitionsausgaben und Betriebsausgaben. Der Final Report der ESMA vom 1.3.2021 enthält Konkretisierungen zur Ermittlung dieser Angaben. Die Angabepflichten gelten unabhängig davon, ob die nichtfinanzielle Erklärung als Teil des (Konzern-)Lageberichts oder als separater Bericht veröffentlicht wird.[1] DRÄS 20.289a i. d. F. DRÄS 12 verweist explizit auf die vorgenannten europarechtlichen Bestimmungen. 5a

Das IDW hatte im Oktober 2021 einen ersten Teil von Fragen und Antworten zur Anwendung von Art. 8 der Taxonomie-Verordnung veröffentlicht. Im Januar 2022 folgte die Veröffentlichung eines zweiten Teils. Diese Fassung wurde im März 2022 um weitere Fragen und Antworten zu Finanzunternehmen ergänzt. Dabei wurden auch die neuen FAQ der Europäischen Kommission vom 2.2.2022 berücksichtigt. 5b

3. Lageberichtsintegration vs. gesonderter Bericht (§ 289b)

Die nichtfinanzielle Erklärung braucht nicht in den Lagebericht integriert zu werden. Ein gesonderter nichtfinanzieller Bericht ist zulässig (§ 289b Abs. 3 HGB), wenn er entweder zusammen mit dem Lagebericht nach § 325 HGB offengelegt wird oder spätestens vier Monate nach dem Abschlussstichtag auf der Internetseite des Unternehmens zugänglich ist. Zu Überlappungen der Berichtspflicht nach § 289b HGB mit der die nichtfinanziellen Leistungsindikatoren betreffenden Berichtspflicht aus § 289 Abs. 3 HGB wird auf → § 289 Rz. 10b verwiesen. 6

Entscheidet sich das Unternehmen für die **Lageberichtsintegration** (§ 289b Abs. 1 HGB), kann es gem. § 289b Abs. 1 Satz 3 HGB wählen, ob die nichtfinanzielle Erklärung

- einen **eigenen Abschnitt** des Lageberichts bildet oder
- die Angaben an **verschiedenen Stellen** in den Lagebericht aufgenommen werden.

Bei Entscheidung für einen **gesonderten Bericht** (§ 289b Abs. 3 HGB) bestehen wiederum zwei hauptsächliche Wahlmöglichkeiten gem. § 289b Abs. 1 Satz 1 Nr. 2 HGB.

- Offenlegung zusammen mit dem Lagebericht im **elektronischen Bundesanzeiger** oder
- Veröffentlichung auf der **Internetseite** des Unternehmens für mindestens zehn Jahre, unter Hinweis im Lagebericht auf die Internetseite im Konzernlagebericht. Darüber hinaus eröffnet DRS 20.252 die Möglichkeit, den nichtfinanziellen Konzernbericht in einen anderen Konzernbericht (z. B. einen Nachhaltigkeitsbericht) aufzunehmen, und zwar entweder

1 Vgl. zum Ganzen: *Scheid/Baumüller*, StuB 2021 S. 686 ff.

durch Vollintegration an verschiedenen Stellen dieses Berichts oder als gesonderten Abschnitt.

Eine eindeutige Best Practice hinsichtlich dieser Alternativen lässt sich empirisch noch nicht feststellen.[1]

4. Prüfung des Berichts über die nichtfinanziellen Belange

7 Der Bericht über die nichtfinanziellen Belange unterliegt lediglich einer formellen Prüfungspflicht durch den Abschlussprüfer, der feststellen muss, ob die nichtfinanzielle Erklärung im Lagebericht enthalten ist oder ein gesonderter nichtfinanzieller Bericht vorgelegt wurde. (§ 317 Abs. 2 Satz 4 HGB). Liegt trotz Wesentlichkeit keine nichtfinanzielle Erklärung vor, ist der Bestätigungsvermerk einzuschränken. Liegt die Erklärung vor, enthält sie aber wesentliche Fehler, kann eine Berichtspflicht nach § 321 Abs. 1 Satz 3 HGB bestehen. Eine inhaltliche Prüfung durch den Abschlussprüfer ist dagegen nicht vorgeschrieben.

8 Dem Aufsichtsrat obliegt jedoch eine Prüfungspflicht nach § 171 Abs. 1 Satz 4 AktG. Zu diesem Zweck kann er nach § 111 Abs. 2 Satz 4 AktG „eine externe inhaltliche Überprüfung", z. B. durch den Abschlussprüfer, veranlassen. Wird eine solche freiwillige inhaltliche Überprüfung durchgeführt, ist das Prüfungsurteil gem. § 289b Abs. 4 HGB gemeinsam mit der nichtfinanziellen Berichterstattung öffentlich zugänglich zu machen. Die Berichterstattung zum Prüfungsurteil hat z. B. Angaben zu Prüfungsmethodik, Prüfungsumfang, Prüfungsmaßnahmen oder zugrunde liegenden Prüfungsstandards zu enthalten. Der Umfang der Überprüfung ist nicht reglementiert. Bei DAX-Unternehmen stellt eine inhaltliche Prüfung den empirischen Normalfall dar, und zwar als Überprüfung mit begrenzter Sicherheit *(limited assurance)* und nicht mit stärkerer hinreichender Sicherheit *(reasonable assurance)*.[2]

IV. Diversity-Berichterstattung (Abs. 2 Nr. 4 bis 6, Abs. 4 und Abs. 5)

9 Im sog. „Frauenförderungsgesetz" aus dem Jahre 2015 war erstmals ein sog. Gender-Diversity-Reporting für bestimmte Unternehmen (→ Rz. 3a) umgesetzt worden.[3] Notwendig sind Angaben zur Realisierung der Frauenquote in der Privatwirtschaft, d. h.

a) der gesetzlichen Mindestquote von 30 % für den Aufsichtsrat bei AGs und KGaAs, die sowohl börsennotiert sind als auch der Mitbestimmung unterliegen, bzw.

b) der Zielgrößen und Fristen zur Erreichung einer Frauenquote für Vorstand, Aufsichtsrat und die beiden darunterliegenden Führungsebenen bei börsennotierten AGs (Abs. 2 Nr. 4 bis 6) und KGaAs (Abs. 3) und bei der Mitbestimmung unterliegenden anderen Kapitalgesellschaften (Abs. 4).[4]

Bei Festlegung einer Zielgröße von null, u. E. ebenso bei Verzicht auf die Festlegung einer Zielgröße, ist dies zu begründen (Abs. 2 Nr. 4 und Abs. 4 Satz 1). Die Begründung muss erkennen lassen, welche Umstände gewürdigt und wie sie gewichtet wurden, und sie muss dem Aus-

1 Vgl. *Fink/Bäuscher*, PiR 4/2020 S. 105.

2 Vgl. *Fink/Bäuscher*, PiR 4/2020 S. 105.

3 Zu den gesellschaftsrechtlichen Pflichten gem. FührposGleichberG, deren Beachtung inhaltlicher Bestandteil der Erklärung zur Unternehmensführung ist, siehe WP Handbuch, 15. Aufl., Abschn. G 922.

4 Siehe vertiefend *Kolb/Meyer*, StuB 2016 S. 492.

nahmecharakter gerecht werden. Nach der Gesetzesbegründung[1] geht der Gesetzgeber dabei von ca. 100 bis 150 Wörtern aus. Ein lapidarer Satz wie „Eine Zielgröße festzulegen halten wir nicht für sinnvoll" genügt dem nicht.

Mitbestimmungspflichtige Kapitalgesellschaften haben Angaben zur Frauenquote auch dann zu leisten, wenn sie (insbesondere im praktisch eher seltenen Fall der Einstufung als kleine Gesellschaft) keinen Lagebericht erstellen müssen (Abs. 4 Satz 3). Entfällt die Pflicht zur Aufstellung eines Lageberichts hingegen nach § 264 Abs. 3 (Ergebnisabführungsvertrag usw.), entfallen u. E. auch die Angabepflichten zur Frauenquote, da dann gem. § 264 Abs. 3 Satz 1 HGB sämtliche Vorschriften des Kapitalgesellschaften betreffenden Unterabschnitts, also auch § 289f HGB, nicht angewandt werden müssen.

Nach dem CSR-Richtlinie-Umsetzungsgesetz wurden die geschlechtsbezogenen Angaben zur Besetzung der Leitungs- und Aufsichtsorgane sowie zu den Zielen, der Art und Weise der Umsetzung und den im Geschäftsjahr erreichten Ergebnissen für börsennotierte Gesellschaften (→ Rz. 3) um weitere Diversitätsattribute, z. B. Alter, Bildungs- und Berufshintergrund, Internationalität, erweitert (§ 289f Abs. 2 Nr. 6 HGB). 9a

Auch hier gilt gem. § 289f Abs. 5 HGB das Comply-or-Explain-Prinzip (→ Rz. 4). 10

Wörtlich genommen könnten die gesetzlichen Vorgaben seltsame Blüten treiben: 11

BEISPIEL ▸ Im Interesse der Educational Diversity bemühen wir uns, auch Personen ohne Schulabschluss und mit geringer Kenntnis der Schriftsprache in den Führungsgremien zu berücksichtigen, sind dabei aber bisher nicht erfolgreich gewesen.

Die Praxis geht mit solchen Problemen aber eher in bewährter, d. h. nichtssagender Art um.

BEISPIEL ▸ Im Interesse der Educational Diversity werden Personen unterschiedlichen Bildungshintergrunds bei der Besetzung von Führungspositionen berücksichtigt.

Eine inhaltsreichere Angabe bei tatsächlich ernsthaft verfolgter Diversitätspolitik sollte gem. § 289f Abs. 2 Nr. 6 HGB mindestens umfassen: 11a

- Ziele des Diversitätskonzepts (unter Angabe des Zeitrahmens),
- (geplante) Umsetzung des Konzepts und
- in der Berichtsperiode erreichte Ergebnisse.

Verfolgt die börsennotierte Gesellschaft kein Diversitätskonzept, hat sie dies nach Abs. 5 in der Erklärung zur Unternehmensführung zu erläutern.

Der durch das Zweite Führungspositionen-Gesetz (FüPoG II) im Jahr 2021 eingefügte § 289f Abs. 2 Nr. 5a HGB bestimmt für börsennotierte Aktiengesellschaften und SEs, die nach § 76 Abs. 3a AktG mindestens eine Frau und mindestens einen Mann als Vorstandsmitglied bestellen müssen, (1) die Angabe, ob die Gesellschaft im Bezugszeitraum diese Vorgabe eingehalten hat, und (2), wenn nicht, Angaben zu den Gründen. DRS 20.K227 und K231, jeweils i. d. F. DRÄS 12, flankieren diese Regelung.

Nach § 317 Abs. 2 Satz 4 HGB unterliegen auch die Diversity-Angaben nur einer formellen Prüfung darauf, ob sie überhaupt gemacht wurden. Ihre inhaltliche Richtigkeit ist kein gesetzlicher Prüfungsgegenstand (→ Rz. 7). Bei nicht erfolgter Erklärung soll dem IDW zufolge der Be- 12

1 RegE FüPog II, BT-Drucks. 19/26689 S. 85.

stätigungsvermerk eingeschränkt werden. Zu festgestellten unrichtigen Angaben vgl. → § 317 Rz. 80. Sofern keine Lageberichterstattungspflicht besteht – z. B. nach § 264 Abs. 3 HGB –, kann u. E. auch keine „Sonder"-Berichtspflicht für die Frauenquote gefordert werden.[1]

V. Sonstige Erklärungen zur Unternehmensführung (Abs. 2 Nr. 1 bis 3)

13 In die entweder im Lagebericht oder unter Hinweis im Lagebericht auf der Internetseite abzugebenden Erklärung haben die betroffenen Unternehmen aufzunehmen:

- Entsprechungserklärung zum **Corporate Governance Kodex** gem. § 161 AktG (→ § 285 Rz. 114).
- Nennung der wesentlichen über gesetzliche Mindeststandards hinausgehenden Unternehmensführungspraktiken (**Ethik- und Sozialstandards** u. Ä.) mit einem Hinweis zum Veröffentlichungsort (DRS 20.K229).
- Beschreibung der Arbeitsweise von Vorstand und Aufsichtsrat (z. B. Umgang mit Interessenkonflikten) sowie der Zusammensetzung und Arbeitsweise von deren Ausschüssen (z. B. Ziele, Aufgaben, Kompetenzen, Anzahl der Sitzungen des jeweiligen Ausschusses, DRS 20.K231a).

Die Angabe zur Arbeitsweise von Vorstand und Aufsichtsrat kann sich im Teilbereich mit derjenigen nach § 285 Nr. 10 HGB (→ § 285 Rz. 83) überschneiden. Eine doppelte Berichterstattung ist sinnvollerweise durch Bezugnahme zu vermeiden.

Die Angabepflichten sind auf wesentliche Aspekte zu beschränken. Einzelheiten der Organisationsstrukturen unterliegen deshalb nicht der Berichtspflicht.

Abs. 2 Nr. 1a HGB i. d. F. durch das **ARUG II** schreibt vor, in die Erklärung zur Unternehmensführung eine Bezugnahme auf die Internetseite der Gesellschaft aufzunehmen, auf der der Vergütungsbericht börsennotierter Gesellschaften nach § 162 AktG über das letzte Geschäftsjahr und der korrespondierende Vermerk des Abschlussprüfers öffentlich zugänglich sind (→ § 285 Rz. 79a).

14 Besondere Anwendungsfragen ergeben sich aus dem Berichtsgegenstand **„Konzern"** (§ 315d HGB), der anders als eine Gesellschaft eine wirtschaftliche und keine rechtliche Einheit ist.

- Hier gilt zunächst: Wenn Angaben zur Arbeitsweise von Vorstand und Aufsichtsrat (praktische Tätigkeit des Vorstands und des Aufsichtsrats) sowie zur Zusammensetzung von deren Ausschüssen geboten sind, können damit nur die Organe des Mutterunternehmens gemeint sein. Insoweit besteht Einklang zwischen Konzernlagebericht und Lagebericht des Mutterunternehmens.
- Relevante Angaben zu Unternehmenspraktiken (interne Verhaltensanweisungen wie ethische Standards oder Arbeits- und Sozialstandards usw.) können sich hingegen im Konzernlagebericht nicht auf das Mutterunternehmen beschränken. Wenn also – an einem pointierten Beispiel dargestellt – der Konzern zwar im inländischen Teil alle Arbeits- und Sozialstandards einhält, in den Produktionsstätten seiner asiatischen Tochterunter-

1 Zu dieser Diskussion siehe auch *Richter/Johne/König*, Umsetzung der CSR-Richtlinie in nationales Recht, WPg 2017 S. 566; *Schüppen/Walz*, „Mitbestimmungslücke" und mangelhafte Berichterstattung über die „Frauenquote", WPg 2015 S. 1155.

nehmen aber finsterste Ausbeutung betreibt, macht eine reine Übernahme der einzelbilanziellen Erklärung in den Konzernlagebericht Letzteren fehlerhaft.

► Ähnliches gilt für die Entsprechenserklärung zum Corporate Governance Kodex gem. § 161 AktG nur in höchst abgeschwächter Form. Auch hier wäre es zwar auf den ersten Blick wünschenswert, neben dem Mutterunternehmen alle den Konzern prägenden Tochterunternehmen zu berücksichtigen. Problematisch ist dann aber bei zweiter Betrachtung, dass für die Tochterunternehmen ein Corporate Governance Kodex entweder gar nicht gilt oder nur ein solcher nach ausländischem Recht. Die Beschlussempfehlung des Rechtsausschusses konzediert daher, dass eine auf den Konzern bezogene Aussage „zwingend generalisierend" sei – da sie insbesondere nicht die einzelnen unterschiedlichen Rechtsvorschriften berücksichtigen könne, die für die jeweiligen Tochterunternehmen gelten.

Zweiter Unterabschnitt: Konzernabschluss und Konzernlagebericht

Erster Titel: Anwendungsbereich

§ 290 Pflicht zur Aufstellung

(1) [1]Die gesetzlichen Vertreter einer Kapitalgesellschaft (Mutterunternehmen) mit Sitz im Inland haben in den ersten fünf Monaten des Konzerngeschäftsjahres für das vergangene Konzerngeschäftsjahr einen Konzernabschluss und einen Konzernlagebericht aufzustellen, wenn diese auf ein anderes Unternehmen (Tochterunternehmen) unmittel- oder mittelbar einen beherrschenden Einfluss ausüben kann. [2]Ist das Mutterunternehmen eine Kapitalgesellschaft im Sinn des § 325 Abs. 4 Satz 1, sind der Konzernabschluss sowie der Konzernlagebericht in den ersten vier Monaten des Konzerngeschäftsjahrs für das vergangene Konzerngeschäftsjahr aufzustellen.

(2) Beherrschender Einfluss eines Mutterunternehmens besteht stets, wenn

1. ihm bei einem anderen Unternehmen die Mehrheit der Stimmrechte der Gesellschafter zusteht;

2. ihm bei einem anderen Unternehmen das Recht zusteht, die Mehrheit der Mitglieder des die Finanz- und Geschäftspolitik bestimmenden Verwaltungs-, Leitungs- oder Aufsichtsorgans zu bestellen oder abzuberufen, und es gleichzeitig Gesellschafter ist;

3. ihm das Recht zusteht, die Finanz- und Geschäftspolitik auf Grund eines mit einem anderen Unternehmen geschlossenen Beherrschungsvertrages oder auf Grund einer Bestimmung in der Satzung des anderen Unternehmens zu bestimmen, oder

4. es bei wirtschaftlicher Betrachtung die Mehrheit der Risiken und Chancen eines Unternehmens trägt, das zur Erreichung eines eng begrenzten und genau definierten Ziels des Mutterunternehmens dient (Zweckgesellschaft). [2]Neben Unternehmen können Zweckgesellschaften auch sonstige juristische Personen des Privatrechts oder unselbständige Sondervermögen des Privatrechts sein, ausgenommen vergleichbare ausländische Investmentvermögen oder als Sondervermögen aufgelegte offene inländische Spezial-AIF mit festen Anlagebedingungen im Sinn des § 284 des Kapitalanlagegesetzbuchs oder vergleichbare EU-Investmentvermögen oder ausländische Investmentvermögen, die den als Sondervermögen aufgelegten offenen inländischen Spezial-AIF mit festen Anlagebedingungen im Sinn des § 284 des Kapitalanlagegesetzbuchs vergleichbar sind, oder als Sondervermögen aufgelegte geschlossene inländische Spezial-AIF oder vergleichbare EU-Investmentvermögen oder ausländische Investmentvermögen, die den als Sondervermögen aufgelegten geschlossenen inländischen Spezial-AIF vergleichbar sind.

(3) [1]Als Rechte, die einem Mutterunternehmen nach Absatz 2 zustehen, gelten auch die einem anderen Tochterunternehmen zustehenden Rechte und die den für Rechnung des Mutterunternehmens oder von Tochterunternehmen handelnden Personen zustehenden Rechte. [2]Den einem Mutterunternehmen an einem anderen Unternehmen zustehenden Rechten werden die Rechte hinzugerechnet, über die es selbst oder eines seiner Tochterunternehmen aufgrund einer Vereinbarung mit anderen Gesellschaftern dieses Unternehmens verfügen kann. [3]Abzuziehen sind Rechte, die

1. **mit Anteilen verbunden sind, die von dem Mutterunternehmen oder von dessen Tochterunternehmen für Rechnung einer anderen Person gehalten werden, oder**
2. **mit Anteilen verbunden sind, die als Sicherheit gehalten werden, sofern diese Rechte nach Weisung des Sicherungsgebers oder, wenn ein Kreditinstitut die Anteile als Sicherheit für ein Darlehen hält, im Interesse des Sicherungsgebers ausgeübt werden.**

(4) [1]Welcher Teil der Stimmrechte einem Unternehmen zusteht, bestimmt sich für die Berechnung der Mehrheit nach Absatz 2 Nr. 1 nach dem Verhältnis der Zahl der Stimmrechte, die es aus den ihm gehörenden Anteilen ausüben kann, zur Gesamtzahl aller Stimmrechte. [2]Von der Gesamtzahl aller Stimmrechte sind die Stimmrechte aus eigenen Anteilen abzuziehen, die dem Tochterunternehmen selbst, einem seiner Tochterunternehmen oder einer anderen Person für Rechnung dieser Unternehmen gehören.

(5) Ein Mutterunternehmen ist von der Pflicht, einen Konzernabschluss und einen Konzernlagebericht aufzustellen, befreit, wenn es nur Tochterunternehmen hat, die gemäß § 296 nicht in den Konzernabschluss einbezogen werden brauchen.

Inhaltsübersicht Rz.

LITERATUR:

Bischof/Ross, Qualitative Mindestanforderungen an das Organ nach HGB und IFRS bei einem Mutter-Tochter-Verhältnis durch Organbestellungsrecht, BB 2005 S. 203; *Busse von Colbe/Schurbohm-Ebneth*, Neue Vorschriften für den Konzernabschluss nach dem Entwurf für ein BilMoG, BB 2008 S. 98; *Ehsen-Rühl/Althoff*, Konsolidierungspflicht ohne Stimmrechtsmehrheit?, WPg 2016 S. 497; *Findeisen/Sabel/Klube*, Reduktion des Konsolidierungskreises durch das BilMoG, DB 2010 S. 965 ff.; *Krietenstein*, Rechtsstellung der Komplementär-GmbH als auslösendes Moment der Konzernrechnungslegungspflicht nach HGB und IFRS, KoR 2006 S. 267; *Küting/Brakensiek*, Die Einbeziehung von Leasingobjektgesellschaften in den Konsolidierungskreis nach HGB und US-GAAP, DStR 2001 S. 1359; *Küting/Mojadadr*, Pflicht zur Konzernrechnungslegung und Abgrenzung des Konsolidierungskreises nach dem neuen DRS 19, GmbHR 2011 S. 897; *Küting/Seel*, Neukonzeption des Mutter-Tochter-Verhältnisses nach HGB, BB 2010 S. 1459; *Lietz/Watrin/Neubeck/Lammert*, Konzeption des Beherrschungsverhältnisses nach BilMoG, StuB 2010 S. 898; *Lüdenbach*, Risikomehrheit an einer gemeinsamen Zweckgesellschaft – Tochter- oder Gemeinschaftsunternehmen?, StuB 2012 S. 517; *Lüdenbach*, Konsolidierungspflicht wegen Präsenzmehrheit, StuB 2009 S. 581; *Lüdenbach*, Kein Mutter-Tochter-Verhältnis bei inhaltsleerer Stimmrechtsmehrheit, StuB 2009 S. 467; *Lüdenbach/Freiberg*, Konsolidierungskreis, Mehr-Mütter-Beziehungen und formale Stimmrechtsmehrheiten nach E-DRS

26 (= DRS 19), BB 2010 S. 2877; *Lüdenbach/Freiberg*, Mutter-Tochter-Verhältnisse durch beherrschenden Einfluss nach BilMoG, BB 2009 S. 1230; *Marbler/Oser*, Zur Konzernrechnungslegungspflicht der GmbH & Co. KG, DStR 2014 S. 2474; *Mujkanovic*, Zweckgesellschaften nach BilMoG, StuB 2009 S. 374; *Oser*, Der Konzernabschluss nach BilMoG mit internationalem Antlitz, PiR 2009 S. 121; *Oser*, Droht eine Konzernrechnungslegungspflicht von Stiftungen?, StuB 2012 S. 16 ff.; *Oser/Weidle*, Konsolidierung von Unterstützungskassen nach HGB und IFRS, IRZ 2012 S. 63 ff.; *Petersen/Zwirner*, Die Konzernrechnungslegung im Lichte des BilMoG – Auswirkungen der verabschiedeten Änderungen, StuB 2009 S. 335; *Petersen/Zwirner*, Die Konzernrechnungslegung im Lichte des BilMoG – Annäherung an internationale Standards, StuB 2007 S. 921; *Schruff*, Die Behandlung von Zweckgesellschaften nach dem Bilanzrechtsmodernisierungsgesetz, Der Konzern 2009 S. 511; *Schüttler*, Leasing und Zweckgesellschaften, WPg 2018 S. 215 ff.; *Schurbohm-Ebneth/Zoeger*, Internationalisierung des handelsrechtlichen Konzernabschlusses, Beilage 1 zu DB 7/2008 S. 40; *Zoeger/Möller*, Konsolidierungspflicht für Zweckgesellschaften nach dem BilMoG, KoR 2009 S. 309.

I. Überblick – Konzernabschlusspflicht

1. Persönlicher Anwendungsbereich

1.1 Inländische Kapitalgesellschaften und „Kap. & Co."-Gesellschaften

1 § 290 HGB verpflichtet die gesetzlichen Vertreter eines **inländischen** Mutterunternehmens in der Rechtsform einer **Kapitalgesellschaft** zur Aufstellung eines (mindestens) die Tochterunternehmen einbeziehenden Konzernabschlusses und eines Konzernlageberichts. Unmittelbar angesprochen sind damit nur Mutterunternehmen, die als Kapitalgesellschaft betrieben werden. § 264a HGB bestimmt aber für **„Kap. & Co."-Gesellschaften** ohne eine natürliche Person als persönlich haftenden Gesellschafter die entsprechende Anwendung der Vorschriften für Kapitalgesellschaften. Durch diesen Verweis gelten die §§ 290 ff. HGB auch für „Kap. & Co."-Gesellschaften.

Als Personenunternehmen geführte Mutterunternehmen, die nicht unter § 264a HGB fallen, können wegen der

- **Größe** nach § 11 PublG oder
- **Branchenzugehörigkeit** nach § 340i HGB (Kreditinstitute) und § 341i HGB (Versicherungen) konzernrechnungslegungspflichtig sein.

1.2 Freiwillig oder pflichtweise nach IFRS bilanzierende Konzerne

2 § 290 HGB ist mittelbar auch für freiwillig und befreiend oder wegen der Kapitalmarktorientierung pflichtweise nach **IFRS** bilanzierende Konzerne (§ 315e HGB) von Bedeutung. Zwar enthalten die IFRS eigene Vorschriften für die Konzernabschlusspflicht. Für den Anwenderkreis von § 315e HGB laufen diese Regeln jedoch ins Leere.

Zu Einzelheiten wird auf → Rz. 84 sowie → § 315e Rz. 5 verwiesen.

2. Grundstruktur der Konzernrechnungslegung

2.1 Mutter-Tochter-Verhältnis

3 Die Konzernabschlusspflicht setzt das Bestehen von mindestens einem **Mutter-Tochter-Verhältnis** voraus. Dieses Verhältnis wird in Abs. 1 abstrakt definiert, in Abs. 2 für typische Fälle konkretisiert:

- **Abstrakte Definition:** Nach Abs. 1 ist ein Unternehmen Mutterunternehmen, wenn es auf mindestens ein anderes Unternehmen (Tochterunternehmen) unmittelbar oder mittelbar **beherrschenden Einfluss** ausüben kann (→ Rz. 8).

- **Konkretisierung:** Nach Abs. 2 liegt beherrschender Einfluss stets vor, wenn einem Unternehmen (Mutterunternehmen) bei einem anderen Unternehmen (Tochterunternehmen) die **Mehrheit** der Stimmrechte (oder ein analoges Recht) zusteht (Abs. 2 Nr. 1 bis 3; → Rz. 20) oder die andere Gesellschaft eine **Zweckgesellschaft** ist, deren Risiken und Chancen das Berichtsunternehmen mehrheitlich trägt (Abs. 2 Nr. 4; → Rz. 43).

Die nach § 290 HGB a. F. gegebene „Alternativität der Konsolidierungskonzepte", mit der Unterscheidung zwischen **tatsächlicher** einheitlicher Leitung (§ 290 Abs. 1 HGB a. F.) und der Möglichkeit, über Organmehrheiten, Beherrschungsverträge etc. Kontrolle auszuüben (*Control*-Konzept nach § 290 Abs. 2 HGB a. F.), ist entfallen. Nach geltendem Recht ist stets auf die **Möglichkeit** der beherrschenden Einflussnahme abzustellen. Ob von ihr Gebrauch gemacht – also tatsächlich aktiv auf die Geschäftspolitik Einfluss genommen wird –, ist unerheblich.

Wie die bei Anwendung von Abs. 2 Nr. 1 bis 3 notwendige **Berechnung von Mehrheiten** in speziellen Fällen durchzuführen ist, etwa bei 4

- Treuhandverhältnissen oder
- eigenen Anteilen,

ist in Abs. 3 (→ Rz. 70) und Abs. 4 (→ Rz. 82) geregelt.

Für den IFRS-Abschluss gem. § 315e HGB ist Abs. 5 von Bedeutung (→ Rz. 84).

2.2 Weltabschlussprinzip

Für den Konzernabschluss gilt das Weltabschlussprinzip. Sofern nicht besondere sachliche Befreiungen greifen, sind in den Konzernabschluss sämtliche Tochterunternehmen einzubeziehen. Anders als bei der Mutter (→ Rz. 1) ist bei den Tochterunternehmen unerheblich, ob sie ihren Sitz im In- oder Ausland haben. 5

2.3 Tannenbaumprinzip

In einer mehrstufigen Struktur kann ein Unternehmen der **Zwischenebene** (→ § 291 Rz. 1) beides zugleich sein, 6

- **Tochter**unternehmen im Verhältnis zu übergeordneten Unternehmen und
- **Mutter**unternehmen im Verhältnis zu untergeordneten Unternehmen.

BEISPIEL ► Im Falle einer fünfstufigen Struktur A-B-C-D-E (mit A als Gesamtkonzernspitze) ergeben sich hieraus folgend (Teil-)Konzernabschlüsse:

Teilkonzernabschluss der Mutter D	D, E
Teilkonzernabschluss der Mutter C	C, D, E
Teilkonzernabschluss der Mutter B	B, C, D, E
Konzernabschluss der Mutter A	A, B, C, D, E

Wie bei einem „Tannenbaum" werden im Beispiel die Zweige nach unten immer ausladender und umfassen in ihrer Spannweite auch die der Vorstufe. Nach § 290 HGB hätte jedes Unternehmen der Zwischenebenen dann einen Teilkonzernabschluss aufzustellen, der alle von ihm beherrschten Unternehmen umfasst. Diese Pflicht wird jedoch durch die in §§ 291, 292 HGB gegebenen Befreiungsmöglichkeiten eingeschränkt.

3. Aufstellungsfristen

7 Nach Abs. 1 Satz 1 ist der Konzernabschluss binnen **fünf Monaten** nach Ende des Konzerngeschäftsjahres aufzustellen.

Für Mutterunternehmen i. S. des § 325 Abs. 4 Satz 1 HGB, d. h. solche, die einen organisierten Markt durch von ihnen ausgegebene Wertpapiere in Anspruch nehmen (**kapitalmarktorientierte** Unternehmen, → § 264d Rz. 1), ist die Frist durch Abs. 1 Satz 2 auf **vier Monate** verkürzt (Ausnahme). Trotz Kapitalmarkorientierung bleibt es bei der Frist von fünf Monaten, wenn zum Handel an einem organisierten Markt ausschließlich bestimmte Schuldtitel i. S. von § 327a HGB zugelassen sind.

II. Beherrschender Einfluss (Abs. 1)

1. Fehlende gesetzliche Definition

8 Der durch das BilMoG in § 290 HGB neu eingeführte Begriff des beherrschenden Einflusses wird im HGB nicht definiert. **Aktienrechtlich** findet sich der Begriff jedoch in § 17 AktG. Die dazu bestehende Rechtsprechung und damit verbundene Schrifttumsauffassungen sind unter dem Gesichtspunkt der Einheitlichkeit der Rechtsordnung von Relevanz. Auch die Auslegung des früheren Konsolidierungskonzepts der einheitlichen Leitung ging jedenfalls davon aus, dass aktienrechtliche und handelsbilanzielle Begrifflichkeit im Wesentlichen den gleichen Gehalt haben (müssen).[1]

Andererseits beruft sich die Begründung des Rechtsausschusses zur Einführung des einheitlichen Beherrschungskonzepts im Rahmen des BilMoG auf die Angleichung an das **„international übliche Konsolidierungskonzept"**. Somit können auch die zum Zeitpunkt der Verabschiedung geltenden IFRS bei der Auslegung hilfreich sein.

2. Aktienrechtlicher Begriff des beherrschenden Einflusses

9 Der Begriff des beherrschenden Einflusses wird in **§ 17 AktG** ebenso wenig definiert wie in § 290 HGB. Lediglich für den Spezialfall des Mehrheitsbesitzes formuliert § 17 Abs. 2 AktG eine Beherrschungsvermutung. Für die Konzernrechnungslegungspflicht ist diese Konkretisierung aber ohne Relevanz, da bei Stimmrechtsmehrheit bereits gem. Abs. 2 Nr. 1 ein beherrschender Einfluss besteht. Umgekehrt gilt: Wo es bei Fehlen von Stimmrechtsmehrheit etc. auf den Begriff des beherrschenden Einflusses praktisch ankommt, gibt auch das Aktiengesetz keine Hinweise auf seine Konkretisierung.

10 Zu § 17 AktG gibt es jedoch eine relevante **Gerichtspraxis** und in vielen Punkten eine einheitliche Auslegung im **Schrifttum**. Die Grundzüge dieser Praxis und Auslegung sind wie folgt:

- Beherrschend ist ein Einfluss dann, wenn er dem **üblichen Einflusspotenzial einer Mehrheitsbeteiligung** entspricht.[2] Der Einfluss muss inhaltlich eine Breite haben und darf nicht nur punktuell sein.[3]

---

1 Vgl. etwa *ADS*, 6. Aufl., § 290 Tz. 12.
2 Vgl. *Ulmer*, ZGR 1978 S. 457 ff.; *Hüffer/Koch*, AktG, 13. Aufl. 2018, § 17 Tz. 5; *Geßler*, AktG, § 17 Tz. 25.
3 Vgl. *Ulmer*, ZGR 1978 S. 457 ff.; *Hüffer/Koch*, AktG, 13. Aufl. 2018, § 17 Tz. 6.

- Ein tatsächlicher Einfluss ist nicht erforderlich, nur die Möglichkeit der Einflussnahme. Diese Möglichkeit erfordert aber **Beständigkeit** im Gegensatz zur Zufälligkeit.[1] Auch wiederholte Zufallskoalitionen mit Dritten reichen daher nicht aus. Nicht ausreichend ist auch, wenn Drittgesellschafter lediglich aus familiärer Verbundenheit mit dem Hauptgesellschafter stimmen und so für Mehrheiten in seinem Sinne sorgen.[2]
- Die Einflussmöglichkeit muss **gesellschaftsrechtlich vermittelt** sein. Abhängigkeiten als Folge von Kreditbeziehungen (Hausbank) oder Lieferbeziehungen reichen nicht aus.[3]

Hinsichtlich der sich daraus **handelsbilanziell** ergebenden Fragen ist wie folgt zu differenzieren: 11

- Der erste Punkt entspricht tendenziell den Wertungen von Abs. 2 Nr. 1 bis 3. Demnach führt eine Organmehrheit oder eine vertragliche oder satzungsmäßige Einflussmöglichkeit nur dann zu beherrschendem Einfluss, wenn mit ihr die Möglichkeit verbunden ist, die **Finanz- und Geschäftspolitik** zu bestimmen. Die Mehrheit in einem weitgehend machtlosen, die Finanz- und Geschäftspolitik gerade nicht kontrollierenden Organ ist demnach bedeutungslos (→ Rz. 18).
- Der zweite Punkt führt zur Frage, ob beherrschender Einfluss auch durch eine **beständige Präsenzmehrheit** gegeben sein kann. Die Begründung des Rechtsausschusses zum BilMoG bejaht dies für den Fall, dass die Präsenzmehrheit von „einer gewissen Dauer und nicht nur vorübergehend" ist (→ Rz. 15).
- Der dritte Punkt stimmt mit den Wertungen in Abs. 2 Nr. 1 bis 3 überein. Die dort typisiert behandelten Fälle der Beherrschung (Stimmrechtsmehrheit, Organmehrheit, Beherrschungsvertrag) sind gerade durch die **gesellschaftsrechtliche Grundlage** gekennzeichnet.
- Anders fallen hingegen die Wertungen in Abs. 2 Nr. 4 aus. Demnach ist für die Beherrschung von **Zweckgesellschaften** gerade keine gesellschaftsrechtliche Fundierung notwendig. Fraglich ist dann, ob die Regelung zu Zweckgesellschaften eine Ausformung des Beherrschungsbegriffs ist und somit auf seine allgemeine Auslegung zurückwirkt oder für den Zweckgesellschaftsfall lediglich eine Beherrschung fingiert wird, tatsächlich aber die Konsolidierung nicht auf Basis des Beherrschungs-, sondern des Risiko-Chancen-Ansatzes erfolgt (→ Rz. 49).

3. Beherrschungsbegriff der internationalen Rechnungslegung

Der Rechtsausschuss hat sich hinsichtlich der Neufassung von § 290 HGB durch das BilMoG u. a. auf das (zu diesem Zeitpunkt geltende) **„international übliche Konsolidierungskonzept"** berufen (→ Rz. 8). Dieses definierte in IAS 27.4 (inzwischen abgelöst durch IFRS 10) „Beherrschung" als die Möglichkeit, die **Finanz- und Geschäftspolitik** eines Unternehmens zu bestimmen, um aus dessen Tätigkeit Nutzen zu ziehen. 12

Nach IAS 27.13(c) war deshalb bei Beherrschungsverträgen oder Organmehrheiten eine Beherrschung nur dann gegeben, wenn nach dem Vertrag oder den Rechten des Organs die Fi-

1 OLG Frankfurt, Beschluss v. 22.12.2003 – 19 U 78/03, AG 2004 S. 567 ff.

2 BGHZ 80 S. 69, 73; NJW 1981 S. 1512 ff.

3 BGHZ 90 S. 381, 395 f.; NJW 1984 S. 1893 ff.; *Ulmer*, ZGR 1978 S. 457 ff.; *Hüffer/Koch*, AktG, 13. Aufl. 2018, § 17 Tz. 7; *Koppensteiner*, Kölner Kommentar zum AktG, 2. Aufl., § 17 Tz. 50; *Bayer*, Münchener Kommentar zum AktG, 2. Aufl. 2000, § 17 Tz. 21; a. A. *Geßler*, AktG, § 17 Tz. 56, nach der sich ein beherrschender Einfluss aus wirtschaftlichen Abhängigkeiten ergeben kann, wenn diese vom anderen Vertragsteil zur Einflussnahme ausgenutzt werden.

nanz- und Geschäftspolitik bestimmt werden kann. Diese Vorgabe entspricht den Wertungen in Abs. 2 Nr. 2 und 3 und führt praktisch etwa zur Frage, welches Organ bei **divergierenden Organmehrheiten** entscheidend ist (→ Rz. 18).

Die aktienrechtlich geforderte Beständigkeit der Ausübung des beherrschenden Einflusses fand (findet) sich in IAS 27 (IFRS 10) nicht unmittelbar. Vorrangig ist auf die Stichtagsverhältnisse abzustellen;[1] bei Beherrschung über *Call*-Optionsrechte zielte deshalb IAS 27 etwa darauf, ob diese am Stichtag *(currently exercisable)* ausübbar sind. Mittelbar kann die **Beständigkeit** aber von Bedeutung sein, wenn es um die Beurteilung sog. faktischer Beherrschungsverhältnisse *(de facto control)* geht. Wichtigster Anwendungsfall ist die **Präsenzmehrheit.** Sie muss stabil, d. h. von gewisser Dauer, sein, um zu einem Beherrschungsverhältnis zu führen (→ Rz. 15).

Die **gesellschaftsrechtliche Vermittlung** des Beherrschungsverhältnisses wurde bei den widerlegbaren Kontrollvermutungen von IAS 27.13 vorausgesetzt. Die Regelung entspricht im Wesentlichen Abs. 2 Nr. 1 bis 3.

Eine Ausnahme bilden wiederum die **Zweckgesellschaften** (strukturierte Einheiten), bei denen es nach SIC 12.3 und SIC 12.9 (IFRS 10) gerade nicht darauf ankommt, ob die Risiken und Chancen gesellschafts- oder schuldrechtlich fundiert sind (→ Rz. 49 ff.).

4. Zwischenfazit

13 Bei Anlehnung an die aktienrechtliche Begrifflichkeit, die der internationalen Rechnungslegung sowie auch bei Betrachtung der den typisierten Fällen des Abs. 2 zugrunde liegenden Wertungen ergeben sich folgende Merkmale für den Begriff des beherrschenden Einflusses. Der Einfluss muss

- mehr als punktuell sein und die wesentlichen Elemente der **Geschäfts- und Finanzpolitik** umfassen,
- von einer gewissen Dauer und **Beständigkeit** sein sowie
- **gesellschaftsrechtlich** durch Stimmrechte, Satzungsbestimmungen, Unternehmensverträge vermittelt sein; eine **Ausnahme** besteht hier für **Zweckgesellschaften.**

Die so schon in den Vorauflagen vertretene Auffassung wurde – mit einer nachfolgend behandelten Ausnahme – zwischenzeitlich auch durch **DRS 19** bestätigt:

- Ein beherrschender Einfluss setzt danach voraus, sich bei allen wesentlichen **finanz- und geschäftspolitischen Entscheidungen** durchsetzen zu können. Konkretisierend werden u. a. Entscheidungen zu Budgetierung, Kapitalstruktur und Unternehmensstrategie genannt. In Anlehnung an die IFRS wird darüber hinaus verlangt, wirtschaftliche Vorteile aus der Tätigkeit des Tochterunternehmens erlangen zu können (DRS 19.11).
- Die Möglichkeit zur Ausübung eines beherrschenden Einflusses darf **nicht zu kurzfristig** sein. Zufällige Einflussmöglichkeiten sind unbeachtlich (DRS 19.12).

Die für den aktienrechtlichen Beherrschungsbegriff geltende, u. E. auch handelsrechtlich (mit Ausnahme von Zweckgesellschaften) sinnvolle Beschränkung auf gesellschaftsrechtlich vermittelte Einflussmöglichkeiten sieht DRS 19 hingegen nicht vor. Abhängigkeiten als Folge von **Kredit- oder Lieferbeziehungen** könnten danach zur Konsolidierung führen:

1 Vgl. aber zu den sich dabei ergebenden Widersprüchen *Lüdenbach/Freiberg*, BB 2013 S. 1515 ff.

BEISPIEL In einer strukturschwachen Region mit geringer Nachfrage nach Gewerbeflächen hat die Hausbank B Kapazitätserweiterungen der T-GmbH (die keine Zweckgesellschaft ist) mit grundpfandrechtlich besicherten Darlehen finanziert. Der Sachwert (Rekonstruktionswert) der beliehenen Immobilien ist hoch. Nach der Erweiterung auftretende neue Wettbewerber verringern die Margen nachhaltig. T ist nicht mehr zur planmäßigen Bedienung der Verbindlichkeiten in der Lage. Angesichts des sehr zweifelhaften realisierbaren Werts der dinglichen Sicherheiten prolongiert B die Kreditengagements. Im Gegenzug wird vereinbart, dass für die Dauer von drei Jahren alle (vertraglich näher konkretisierten) wesentlichen geschäfts- und finanzpolitischen Maßnahmen von T der Zustimmung durch B bedürfen.

BEURTEILUNG Der Einfluss der Bank ist mehr als punktuell und zielt auf Vorteile (bzw. die Begrenzung von Nachteilen). Der Einfluss ist nicht zufällig, sondern von gewisser Dauer. Ihm fehlt „nur" die gesellschaftsrechtliche Verankerung. Nach DRS 19 käme es darauf aber nicht an.

Unseres Erachtens ist es hingegen – auch in analoger Wertung zu § 296 Abs. 2 Nr. 2 HGB – nicht sinnvoll, in solchen Fällen eine Konsolidierungspflicht der Bank anzunehmen.

5. Einzelfälle

5.1 Komplementär der „Kap. & Co."-Gesellschaft

14 Bei der typischen GmbH & Co. KG erschöpft sich die Aufgabe der GmbH wirtschaftlich in der Übernahme der **Haftungsfunktion.** Formal fällt ihr als Komplementär auch die Geschäftsführung bei der KG zu. Strittig war für das frühere Recht, ob sie damit auch die einheitliche Leitung über die KG ausübt.[1] Seit BilMoG ist zu fragen, wer die Finanz- und Geschäftspolitik bestimmt. Bei üblicher Gestaltung der GmbH & Co. KG sind dies die Kommanditisten. Die Komplementär-GmbH ist dann nicht Mutterunternehmen nach Abs. 1.

Zur Konzernrechnungslegungspflicht der „Kap. & Co."-Gesellschaft, insbesondere GmbH & Co. KG, in Abhängigkeit von der jeweiligen rechtlichen Gestaltung wird im Einzelnen auf → Rz. 41 verwiesen.

5.2 Präsenzmehrheiten

15 Keine Stimmrechtsmehrheit i. S. des unverändert geblieben Abs. 2 Nr. 1 stellte nach ganz einheitlicher Auslegung des HGB a. F.[2] die **Präsenzmehrheit** in der Hauptversammlung dar, da sie keine Folge einer Rechtsposition ist, sondern tatsächlichen Umständen – dem Präsenzverhalten der anderen Aktionäre – zuzuschreiben ist. Soweit man dieser Interpretation von Abs. 2 Nr. 1 auch für das BilMoG weiterhin folgt, stellt sich nun die Frage, ob eine Präsenzmehrheit nicht eine andere Form des beherrschenden Einflusses gem. Abs. 1 darstellen kann.

Die Begründung des Rechtsausschusses bejaht dies unter der Prämisse einer **Dauerhaftigkeit.** Diese Auffassung entspricht im Wesentlichen dem zum Zeitpunkt der Verabschiedung des BilMoG geltenden Diskussionsstand zur internationalen Rechnungslegung (→ Rz. 12) sowie der aktienrechtlichen Konkretisierung des Beherrschungsbegriffs (→ Rz. 11).

16 Dauerhaftigkeit ist bei **Publikumsgesellschaften** mit breit gestreutem Anteilsbesitz z. B. dann gegeben, wenn neben einem beteiligten Großaktionär viele Kleinaktionäre beteiligt sind, die zu einem hohen Anteil nicht – auch nicht im Wege der Stimmrechtsvollmacht – an der Hauptversammlung teilnehmen. Die Beurteilung der Dauerhaftigkeit ist umso weniger ermessens-

1 Bejahend: *ADS*, 6. Aufl., § 290 Tz. 122, ablehnend: *Kozikowski/Ritter* in Beck'scher Bilanz-Kommentar, 6. Aufl. 2006, § 290 Tz. 57.

2 Vgl. z. B. *Hoyos/Ritter-Thiele* in Beck'scher Bilanz-Kommentar, 6. Aufl. 2006, § 290 Tz. 41; *ADS*, 6. Aufl., § 290 Tz. 34.

behaftet, je näher der Anteil des Großaktionärs an die 50 % heranreicht und je geringer auf der Basis von Vergangenheitserfahrungen (DRS 19.72) die Präsenzquote der anderen Aktionäre ist.[1]

BEISPIEL ▸ A hat einen 49,5%igen Anteil an T1, B einen 33%igen an T2. Die Präsenzquote in den Hauptversammlungen der letzten fünf Jahre lag bei T1 und T2 nie über 60 %. Die dauerhafte Präsenzmehrheit beträgt daher in erster Betrachtung:

- für A in Bezug auf T1 49,5/60 = 82,5 %,
- für B in Bezug auf T2 33/60 = 55,0 %.

Allerdings ist in den Hauptversammlungen der letzten fünf Jahre nie über „außerordentliche" Themen, wie etwa eine Kapitalherabsetzung, eine Änderung des Geschäftszwecks oder eine bedingte Kapitalerhöhung mit Bezugsrechtsausschluss, verhandelt worden. Ein Ansteigen der Präsenzquote um 10 bis 20 Prozentpunkte bei einer entsprechenden Agenda ist eher wahrscheinlich. Unter dieser Annahme wäre die Stimmrechtsquote wie folgt:

- für A 49,5/80 bis 49,5/70 = 62 % bis 71 %,
- für B 33/80 bis 33/70 = 41 % bis 47 %.

Die Präsenzmehrheit von A ist robust gegenüber geänderten Präsenzquoten, die von B hingegen nicht. Unter diesen Umständen ist bei A ein beherrschender Einfluss anzunehmen, bei B hingegen nicht oder nur als faktisches Wahlrecht.

17 Die internationale Rechnungslegung hat erstmals in IFRS 10 explizite Regelungen zur Präsenzmehrheit eingeführt. Wie im Handelsrecht geht es um die Größe des eigenen Anteils (wie nah liegt dieser an den 50 %?) und die Streuung der übrigen Anteile (IFRS 10.B42). Beispielhaft werden folgende Fälle angeführt (IFRS 10.B43 ff.):

- Eigener Anteil 48 %, Rest Kleinaktionäre (jeder unter 1 %) → Beherrschung.
- Eigener Anteil 45 %, Rest 2 x 26 %, 3 x 1 % → keine Beherrschung durch Stimmrechtsmehrheit.
- Eigener Anteil 45 %, Rest 11 x 5 % → unklar, ob Beherrschung durch Stimmrechtsmehrheit.

Im unklaren Fall sind nach IFRS 10.B45 zunächst Untersuchungen zu Präsenz- und Stimmrechtsverhalten der übrigen Aktionäre in der Vergangenheit angezeigt. Zusätzlich sind Faktoren wie eine teilweise Personalunion in den Organen des Berichtsunternehmens und des börsennotierten Unternehmens, eine Abhängigkeit des Letzteren von der Technologie des Ersteren usw. zu berücksichtigen. Unseres Erachtens ist ein analoges Vorgehen im Handelsrecht sinnvoll.

5.3 Divergierende Organmehrheiten

18 Nach Abs. 2 Nr. 1 führt die Mehrheit in der Gesellschafterversammlung (Stimmrechtsmehrheit), nach Abs. 2 Nr. 2 das Recht, die Mehrheit der Mitglieder des die Finanz- und Geschäftspolitik bestimmenden Verwaltungs-, Leitungs- oder Aufsichtsorgans zu bestellen oder abzuberufen, „stets" zu einem beherrschenden Einfluss. Die wörtliche Anwendung der Vorschriften kann zu einem **doppelten Mutter-Tochter-Verhältnis** führen. Die Frage, ob dann eine Einbeziehung der Tochter in mehrere Konzernabschlüsse geboten ist, war für das HGB a. F. in Teilen ungeklärt.[2]

1 Weitere Einzelheiten in *Lüdenbach*, StuB 2009 S. 581 ff.

2 Vgl. *ADS*, 6. Aufl., § 290 Tz. 82 ff.

Eine mögliche Lösung für das BilMoG ergibt sich im Verhältnis zu Abs. 1 bzw. dem dort als konstitutiv für ein Mutter-Tochter-Verhältnis vorgegebenen beherrschenden Einfluss (→ Rz. 9 ff.).

BEISPIEL ► Die V-Holding, bisher Alleingesellschafter der Z, veräußert 90 % der Anteile an K, der dadurch die Stimmrechtsmehrheit erlangt. Anlässlich der Übertragung der Anteile werden im Hinblick auf eine hohe erfolgsabhängige Kaufpreiskomponente *(earn out)* folgende Regelungen getroffen:

- ► **Geschäftsführung:** Die Geschäftsführung wird von der V-Holding (auf drei Jahre) und einer von K bestimmten Person gestellt. Es wird eine Gesamtgeschäftsführung vereinbart, jedoch mit der Maßgabe, dass die Entscheidung von V bei Kontroversen den Ausschlag gibt.
- ► **Geschäftsführungsordnung:** Die Zustimmung der Gesellschafterversammlung zu Geschäftsführungsmaßnahmen ist nur in wenigen außerordentlichen Fällen erforderlich.
- ► **Ausschüttung:** Gewinne werden in den nächsten drei Jahren nicht ausgeschüttet.

BEURTEILUNG ► Da die Stimme von V bei Kontroversen der Geschäftsführung doppelt zählt, hat V das Recht, die Mehrheit der Mitglieder der Geschäftsführung zu stellen, und wäre danach gem. Abs. 2 Nr. 2 Mutterunternehmen.

Nach Abs. 2 Nr. 1 bestünde hingegen ein Mutter-Tochter-Verhältnis zwischen K und Z.

Die Stimmrechtsmehrheit von K ist auf drei Jahre jedoch inhaltsleer. Weder kann K über die Stimmrechtsmehrheit die wesentlichen operativen, investiven und finanziellen Entscheidungen noch die Ausschüttung beeinflussen. Ein beherrschender Einfluss i. S. von Abs. 1 ist mit der Stimmrechtsmehrheit daher auf drei Jahre nicht verbunden.

Den konzeptionellen Vorgaben von Abs. 1 folgend besteht daher u. E. für die Z nur eine Konzernzugehörigkeit zu V, hingegen nicht (bzw. erst nach Ablauf der drei Jahre) zu K. Es kommt allein auf die Mehrheitsverhältnisse in der Geschäftsführung an.

Die Beibehaltung der bisherigen Vorschriften des Abs. 2 Nr. 1 bis 3 im BilMoG verfolgt nach 19
der Begründung des Rechtausschusses den **Zweck,**

- ► durch **„typisierende Tatbestände“**
- ► „die **Rechtsanwendung** zu **erleichtern**“.

Dem Erleichterungszweck würde gerade nicht entsprochen, wenn bei divergierenden Organmehrheiten eine mehrfache Konzernzugehörigkeit dem Grunde nach stets anzunehmen und die mehrfache Konsolidierung bestenfalls über § 296 HGB vermieden werden könnte. Im Wege der **teleologischen Reduktion** ist daher u. E. bei mehrfacher Erfüllung der „typisierenden Tatbestände“ durch unterschiedliche „Mütter“ zu fragen, welches „Mutter-Tochter-Verhältnis“ dem in Abs. 1 konstitutiv vorgegebenen Konzept des beherrschenden Einflusses entspricht. Eine mehrfache Konzernzugehörigkeit ist u. E. dann nicht gegeben, wenn der beherrschende Einfluss auf die Finanz- und Geschäftspolitik nur bei einem der Organe liegt.

III. Typisierte Fälle des Beherrschungskonzepts (Abs. 2 Nr. 1 bis 3)

1. Überblick

Eine inländische Kapitalgesellschaft oder „Kap. & Co.“-Gesellschaft (→ Rz. 1) ist nach Abs. 2 zur 20
Konzernrechnungslegung verpflichtet, wenn ihr im Verhältnis zu einem anderen Unternehmen einer beliebigen Rechtsform eine der folgenden Rechtspositionen zusteht:

- ► Mehrheit der **Stimmrechte der Gesellschafter** (Nr. 1);

- als Gesellschafter das Recht, die Mehrheit der Mitglieder des **Verwaltungs-, Leitungs- oder Aufsichtsorgans** zu bestellen oder abzuberufen (Nr. 2);
- das Recht, einen beherrschenden Einfluss aufgrund eines **Beherrschungsvertrags** oder aufgrund einer **Satzungsbestimmung** auszuüben (Nr. 3).

Für die Berechnung der Mehrheit sind besondere Regelungen in Abs. 3 (→ Rz. 70) und Abs. 4 (→ Rz. 82) enthalten.

21 Die aus HGB a. F. übernommenen Regelungen von Abs. 2 Nr. 1 bis 3 stellen – wie die von Abs. 1 – auf die Möglichkeit der Beherrschung ab. **Einigkeit** besteht bzw. bestand hinsichtlich des HGB a. F. bereits in Folgendem: Ein **passiver Investor**, der über die Mehrheit der Stimmrechte verfügt, hat beherrschenden Einfluss, da er über die Gesellschafterversammlung wesentliche Entscheidungen der Gesellschaft beeinflussen **könnte**, auch wenn er diese Möglichkeit (im Berichtsjahr) tatsächlich nicht wahrnimmt.

22 **Strittig** war und ist hingegen, ob auch eine durch Satzung, Vertrag oder in sonstiger Weise inhaltlich (weitgehend) **entleerte Rechtsposition** eine Kontrolle begründet. Insbesondere geht es hierbei um Fälle, in denen ein Gesellschafter über die rechnerische Mehrheit der Stimmrechte (z. B. 60 %) verfügt, jedoch alle wesentlichen Entscheidungen eines höheren Quorums (z. B. 75 %) bedürfen (→ Rz. 28).

2. Stimmrechtsmehrheit (Abs. 2 Nr. 1)

2.1 Stimmrechte

23 Hält eine inländische Kapitalgesellschaft oder „Kap. & Co."-Gesellschaft (→ Rz. 1) die Mehrheit der Stimmrechte an einem anderen Unternehmen, so liegt nach Abs. 2 Nr. 1 ein Mutter-Tochter-Verhältnis vor.

24 Abzustellen ist **allein** auf die **Stimmrechte.** Fallen Stimmrechts- und **Kapitalanteil** aufgrund einer Satzung oder eines Gesellschaftsvertrags auseinander (z. B. im Falle der AG bei stimmrechtslosen Vorzugsaktien oder im Falle der GmbH oder Personengesellschaft durch Gesellschaftsvertrag), kommt es ausschließlich auf die Mehrheit der Stimmrechte an. Zur Berechnung der Stimmrechtsquote wird auf → Rz. 70 ff. verwiesen.

25 Lebt bei **stimmrechtslosen Aktien** wegen **rückständigen Dividendenvorzugs** das Stimmrecht auf (§ 130 Abs. 2 AktG), begründet dies keine gesicherte Rechtsposition der Vorzugsaktionäre, da das Stimmrecht jederzeit durch Nachzahlung der Dividende wieder zum Erlöschen gebracht werden kann. Bei der Berechnung der Stimmrechtsmehrheit sind daher die aufgelebten Stimmrechte aus Vorzugsaktien nicht zu berücksichtigen.

26 Keine Mehrheit i. S. von Abs. 2 Nr. 1 stellt nach ganz einheitlicher Auffassung zum früheren Recht[1] die **Präsenzmehrheit** in der Hauptversammlung dar, da sie keine Folge einer Rechtsposition ist, sondern tatsächlichen Umständen – dem Präsenzverhalten der anderen Aktionäre – zuzuschreiben ist. Seit BilMoG kann die Präsenzmehrheit aber i. S. von Abs. 1 zu einem beherrschenden Einfluss führen (→ Rz. 15).

27 Unerheblich ist u. E., ob Rechte wegen **Verstoß gegen** aktienrechtliche oder wertpapierrechtliche **Meldepflichten** nicht ausgeübt werden können (§ 20 Abs. 7 AktG, § 21 Abs. 4 AktG; § 44

1 Vgl. z. B. *Hoyos/Ritter-Thiele* in Beck'scher Bilanz-Kommentar, 6. Aufl. 2006, § 290 Tz. 41; *ADS*, 6. Aufl., § 290 Tz. 34.

WpHG). Der Rechtsverlust ist vorübergehend. Das übergeordnete Unternehmen kann jederzeit die Meldung nachholen und sein Stimmrecht wiederherstellen.[1]

2.2 Beschränkung durch qualifizierte Mehrheitserfordernisse oder schuldrechtliche Verträge, Mehr-Mütter-Beziehungen

2.2.1 Allgemeine Problemstellung

Strittig war bzw. ist im Schrifttum, ob auch durch Satzung, Vertrag oder in sonstige Weise inhaltlich (weitgehend) **entleerte Rechtspositionen** Kontrolle (HGB a. F.) bzw. beherrschenden Einfluss (BilMoG) begründen. Unseres Erachtens geht es dabei um folgende Konstellation: 28

BEISPIEL A und B gründen die X-GmbH, indem A 6 Mio. € und B 4 Mio. € als Einlage leistet.

Entsprechend den Finanzierungsbeiträgen sollen A 60 % von Gewinn und Liquidationserlös zustehen, B hingegen 40 %. In der Gesellschafterversammlung soll jedoch keiner der beiden Gesellschafter den anderen dominieren können. Zwei Gestaltungen werden diskutiert:

VARIANTE 1 Abweichend von den Kapitalanteilen (60 : 40) werden die Stimmrechte gleichgewichtig (50 : 50) aufgeteilt.

VARIANTE 2 Kapitalanteile und Stimmrechte werden im Verhältnis 60 : 40 aufgeteilt. Der Gesellschaftsvertrag sieht jedoch für sämtliche Entscheidungen der Gesellschafterversammlung ein Quorum von 75 % vor, damit bei den gegebenen Stimmverhältnissen Einstimmigkeit herrscht.

BEURTEILUNG In der Variante 1 ist nach h. M. kein Mutter-Tochter-Verhältnis gegeben. X ist Gemeinschaftsunternehmen von A und B.

In der nicht nur wirtschaftlich, sondern auch rechtlich völlig gleichwertigen Variante 2 wäre nach der wohl herrschenden Auslegung des bisherigen Kontrollkonzepts sowie nach DRS 19 auch für das BilMoG ein Mutter-Tochter-Verhältnis zwischen A und X wegen formaler Stimmrechtsmehrheit anzunehmen (→ Rz. 34).

2.2.2 Speziell: Mehr-Mütter-Beziehungen

Das Abstellen der h. M. auf formale Stimmrechtsmehrheiten kann im Übrigen auch zu mehrfachen Mutter-Tochter-Beziehungen führen, etwa wenn X qua inhaltsleerer Stimmrechtsmehrheit als Mutter einer Zweckgesellschaft Z und B qua Risiko-Chancen-Mehrheit (→ Rz. 49) ebenfalls als deren Mutter einzustufen ist. 29

Die praktischen Folgerungen dieses Ergebnisses sollen dadurch begrenzt werden können, dass die nur formal beherrschende „Mutter" nach § 296 Abs. 1 Nr. 1 HGB auf die Einbeziehung verzichten kann. Diese Vorschrift dient nach DRS 19 als „Korrektiv" in den Fällen, in denen Stimmrechts- oder Organmehrheiten ein Mutter-Tochter-Verhältnis (also ein Beherrschungsverhältnis?) begründen, „tatsächlich aber … nicht die Möglichkeit zur Ausübung eines beherrschenden Einflusses eröffnen" (DRS 19.81).

Das Bestehen einer solchen „Korrekturmöglichkeit" ändert aber nichts daran, dass die h. M. in anderer Hinsicht zu unbilligen Ergebnissen führen kann:

1 Anderer Auffassung *ADS*, 6. Aufl., § 290 Tz. 153; offenlassend *Grottel/Kreher* in Beck'scher Bilanz-Kommentar, 13. Aufl. 2022, § 290 Tz. 48.

BEISPIEL Produzent P und Vertriebsunternehmen V gründen GU. P hält 51 % an GU, V 49 %. Sämtliche Entscheidungen bedürfen der Einstimmigkeit. Nach DRS 19 liegt kein Gemeinschafts-, sondern ein Tochterunternehmen von P vor. V ist daher eine quotale Konsolidierung versagt.

Konsequenzen nicht bilanzieller Art können sich in grober Anlehnung an einen britischen *Supreme-Court*-Fall[1] wie folgt ergeben:

BEISPIEL Schiffseigner S hat einen Rahmenvertrag mit MU, der Muttergesellschaft eines in allen wichtigen Häfen durch Landesgesellschaften tätigen Servicekonzerns, geschlossen, der Haftungsbeschränkungen für alle Serviceverträge vorsieht, die mit MU oder einem seiner „Tochterunternehmen i. S. d. Companies Act" zustande kommen. Zu einem späteren Zeitpunkt beteiligt sich MU im Zuge eines Joint Venture J mit 50 % am Kapital diverser Landesgesellschaften. Zur (missbräuchlichen) Wahrung der Vorteile der Konzernzugehörigkeit behält MU jeweils 50,1 % der Stimmrechte, verankert aber gleichzeitig i. S. des Joint Venture ein Einstimmigkeitserfordernis in den Satzungen. Bei der Reinigung eines S gehörenden Schiffes durch Landesgesellschaft X brennt dieses infolge leichter Fahrlässigkeit aus. X beruft sich auf die Haftungsbeschränkung, S bestreitet, dass diese für X gelte, da MU nur formal die Mehrheit der Stimmrechte an X besitze.

Entsprechende Probleme stellen sich bei allen möglichen zivilrechtlichen Vereinbarungen, etwa Dauerschuldverträgen mit Kündigungsrecht bei *Change of Control* oder personalen Sicherheiten mit Konzernklausel, die eine Einbeziehung von „Tochterunternehmen im Sinne des *Companies Act*" (als Pendant zu § 290 HGB) vorsehen.

2.2.3 Formale Betrachtungsweise nicht in Gesetz und EU-RL angelegt

30 Die **herrschende Meinung** lehnte und lehnt eine inhaltliche Würdigung der Mehrheit ab. Ihre tragenden Argumente sind bzw. waren wie folgt:

- Das Kontrollkonzept stelle auf **„formale** Rechtspositionen"[2] bzw. **„formale** Rechtsverhältnisse"[3] ab.
- Entscheidend sei daher die **„formalrechtliche** Inhaberschaft" und nicht die rechtliche Ausübungsmöglichkeit.[4]
- Die Begründung der Konzernrechnungslegungspflicht aufgrund der Mehrheit der Stimmrechte gehe zwar von der Möglichkeit der Vermittlung der Beherrschung auch dieser Stimmrechtsmehrheit aus. Dies sei jedoch keine notwendige Bedingung. Die Voraussetzungen des Abs. 2 Nr. 1 seien vielmehr bereits dann erfüllt, wenn die „Stimmrechtsmehrheit **formal** gegeben" ist.[5]
- Dies entspreche auch dem Wortlaut des Abs. 2 Nr. 1, der „explizit nur auf das Vorhandensein einer strikt **formalen** Mehrheit" der Stimmrechte abstelle,[6] bzw. ergebe sich aus der **„formalrechtlichen** Betrachtungsweise" des Abs. 2 Nr. 1 bis 3.[7]

Die Unlogik einer Mehr-Mütter-Beziehung könnte daher im Gesetz angelegt und deshalb unvermeidlich sein. Dieser Auffassung folgt auch **DRS 19** mit der Berufung auf „die Gesetzessys-

1 Vgl. www.supremecourt.gov.uk/decided-cases/docs/UKSC_2009_0118_PressSummary.pdf (Abruf am 1.11.2010).
2 Vgl. *ADS*, 6. Aufl., § 290 Tz. 29; ähnlich *Baetge*, Konzernbilanzen, 3. Aufl. 1997, S. 93; *Kindler* in Ulmer (Hrsg.), HGB-Bilanzrecht, 2002, § 290 Tz. 39.
3 Vgl. *Hoyos/Ritter-Thiele* in Beck'scher Bilanz-Kommentar, 6. Aufl. 2006, § 290 Tz. 6.
4 Vgl. *ADS*, 6. Aufl., § 290 Tz. 30; ähnlich *Grottel/Kreher* in Beck'scher Bilanz-Kommentar, 13. Aufl. 2022, § 290 Tz. 46 f.
5 Vgl. *ADS*, 6. Aufl., § 290 Tz. 35.
6 Vgl. *ADS*, 6. Aufl., § 290 Tz. 38.
7 Vgl. *Grottel/Kreher* in Beck'scher Bilanz-Kommentar, 13. Aufl. 2022, § 290 Tz. 31; ähnlich *ADS*, 6. Aufl., § 290 Tz. 133.

tematik". „Aufgrund der Unwiderlegbarkeit des Mutter-Tochter-Verhältnisses besteht ein solches auch dann, wenn die in Tz. 19 a) - c) [entsprechend § 290 Abs. 2 Nr. 1 bis 3 HGB] aufgeführten Rechtspositionen aufgrund der konkreten Gegebenheiten tatsächlich keine Möglichkeit zur Ausübung eines beherrschenden Einflusses begründen (z. B. bei der satzungsmäßigen Notwendigkeit qualifizierter Stimmrechtsmehrheiten ...)" (DRS 19.7). Klarer ausgedrückt: Das Gesetz verlangt nach h. M. und DRS 19 die Annahme eines beherrschenden Einflusses auch dort, wo keiner besteht.

Gegen die **herrschende Meinung** lässt sich aber Folgendes anführen: 31

- Das Attribut **„formal"** wird zwar in der Begründung der h. M. ausgiebig benutzt, anders als behauptet findet sich aber **im Gesetz keine explizite Bezugnahme** auf eine strikt formale Mehrheit. Das Gesetz verwendet nur den Begriff „Mehrheit", ohne ihn mit einem **Attribut** zu versehen.
- Erforderlich bleibt daher eine **Auslegung** nach den allgemeinen Regeln. Deren Ergebnis lässt sich nicht aus einem **„Prinzip der formalen Auslegung"**, dem „Gebot der formalrechtlichen Betrachtungsweise" o. Ä. ableiten. Die Berufung hierauf wäre **zirkulär.** Das vorweggenommene Ergebnis wird als Prinzip etabliert: Die Anwendung dieses Prinzips führt dann wiederum zum bereits feststehenden Ergebnis.
- Eine allgemeinen Kriterien verpflichtete Auslegung muss u. a. auf den **Regelungszweck** abstellen und dabei auch die **Widerspruchsfreiheit** der Auslegungsergebnisse gewährleisten. In dieser Hinsicht fällt an der h. M. zum HGB aber Folgendes auf: Die tragenden Argumente beziehen sich auf das Kontrollkonzept als Ganzes, mithin nicht nur auf seine Umsetzung in Abs. 2 Nr. 1, sondern ebenso in Abs. 2 Nr. 2 und 3. Bei der Interpretation von Nr. 2 und Nr. 3 wird die „rein formale Betrachtung" aber **verlassen:**
- So wird etwa der Fall der typischen GmbH & Co. KG unter Abs. 2 Nr. 2 subsumiert, obwohl die Komplementär-GmbH kein Bestellungs- bzw. Abberufungsrecht hat. Da sie jedoch selbst Leitungsorgan und diese Position stärker als das bloße Bestellungsrecht sei, liege ein Anwendungsfall von Abs. 2 Nr. 2 vor (→ Rz. 41).
- Mit entsprechender Argumentation wird der Fall der Eingliederung unter Abs. 2 Nr. 3 subsumiert, obwohl dort nur vom Beherrschungsvertrag die Rede ist (→ Rz. 42).
- Dem Auslegungsergebnis ist in beiden Fällen zuzustimmen. In beiden Fällen wird aber eine „strikt formale", ausschließlich am Wortlaut orientierte Auslegung des Kontrollkonzepts durch eine **zweckgerichtete** überlagert. Warum dies für den gleicherweise dem Kontrollkonzept verpflichteten Abs. 2 Nr. 1 nicht gelten soll, ist nicht erkennbar.

Derartige Widersprüche in der herrschenden Argumentation sind das Ergebnis einer grundlegenden, im Begriff der „formalen Rechtsposition" angelegten Ungereimtheit. Als „formal" wird im Zivilrecht eine Rechtsposition bezeichnet, deren Ausübung (etwa nach Treu und Glauben) unzulässig ist. Es gilt daher die Gleichung:

formale Rechtsposition = nicht durchsetzbare Rechtsposition.

Mit der h. M. war die im HGB a. F. vorgenommene Unterscheidung zwischen Leitungskonzept und Kontrollkonzept darin zu sehen, dass Ersteres die tatsächliche Durchsetzung eines Willens erfordert, Letzteres hingegen nur die Durchsetzungsmöglichkeit. Bei einer „rein formalen

Rechtsposition" fehlt es aber nicht erst an der tatsächlichen Durchsetzung, sondern bereits an der Durchsetzungsmöglichkeit. Kontrolle liegt damit gerade nicht vor.[1]

32 Eine Prüfung der herrschenden Auslegung kann auch an der Quelle, nämlich in der **7. EG-Richtlinie,** erfolgen, die in Art. 1 Abs. 1(a) die Stimmrechtsmehrheit als zwingenden Konsolidierungsgrund nennt. Die Richtlinie ist entsprechend § 290 Abs. 2 Nr. 1 HGB auch im britischen Companies Act, Sec. 1159 Abs. 1(a) umgesetzt: *"A company is a 'subsidiary' of another company, its 'holding company', if that other company holds a majority of the voting rights in it."* In der Auslegung dieser Vorschrift hält der britische Standardsetter (ASB) aber in FRS 6.62 fest: *"Where more than one undertaking is thereby identified as a parent of one subsidiary undertaking, not more than one of those parents can have control."*

Dem folgend hat das FRRP (als Enforcement-Stelle) den Konzernabschluss 2004 der Royal Bank of Scotland (RBS) deshalb als falsch befunden, weil die RBS eine Gesellschaft, bei der sie *„the majority of the voting shares"* innehatte, voll konsolidierte. Nach Ansicht des FRRP lag wegen qualifizierter Mehrheitsabreden tatsächlich ein Gemeinschaftsunternehmen vor.[2]

Zwischenfazit: Ein Zwang zur vom **DRS 19 und von der h. M.** befürworteten Auslegung von § 290 Abs. 2 Nr. 1 HGB besteht ebenso wenig wie ein (das Ergebnis zirkulär vorwegnehmendes) angebliches „Prinzip der formalen Auslegung". Auf der Grundlage der 7. EG-Richtlinie und ihrer mit dem HGB beinahe wortgleichen Umsetzung im *Companies Act* ist eine andere Auslegung jedenfalls möglich. Somit gilt, „dass den Konzernbilanzierenden die Wahl zusteht, ob sie eine DRS-19-konforme Auslegung vertreten und umsetzen möchten" oder nicht.[3]

33 Die h. M. führte im Ergebnis zu einem Einbeziehungs**wahlrecht** im Konzernabschluss nach § 296 Abs. 1 Nr. 1 HGB,[4] unsere Mindermeinung dagegen zu einem Einbeziehungs**verbot.** Auch das **Ergebnis** einer Gesetzesauslegung bestimmt deren Qualität. Sieht man Bilanzierungswahlrechte aus Objektivierungsgründen als „minderwertig" an, stützt dies unsere Auffassung. Umgekehrtes gilt, wenn man gesetzliche Wahlrechte im Interesse der Bilanzgestaltung als förderungswürdig erachtet. Die hier vertretene Auffassung belässt auch § 296 Abs. 1 Nr. 1 HGB einen „eigenständigen Regelungsgehalt".[5] Dieser richtet sich nach allgemeiner Auffassung auf Fälle der politischen Einwirkungen, Insolvenzen mit einem „starken" Verwalter, Unterstützungskassen u. Ä. (→ § 296 Rz. 6).

2.2.4 *Form without substance?*

34 Bei unseren vorstehenden Überlegungen geht es **nicht** um eine als *substance over form* ausgedrückte **wirtschaftliche** Betrachtungsweise. Für diesen Grundsatz wäre im Kontrollkonzept (HGB a. F.) bzw. im Konzept des beherrschenden Einflusses (BilMoG) in der Tat kein Raum. Umgekehrt kann die so wichtige Frage der Konzernabschlusspflicht (und des Konsolidierungskreises) aber auch nicht nach der Maßgabe ***„form without substance"*** entschieden werden. Die nach dem Kontrollkonzept maßgebliche Rechtsposition muss in Kriterien der Durchsetzungsmöglichkeiten noch einen relevanten Inhalt haben. Fehlt die Durchsetzungsmöglichkeit, liegt **nur** noch **Form** und **keine Substanz** mehr vor, ist ein Kontrollverhältnis zu verneinen. Unseres

1 Im Ergebnis gl. A. *Müller* in Haufe HGB Bilanz Kommentar, 12. Aufl. 2021, § 290 Tz. 32.
2 Vgl. www.frc.org.uk/frrp/press/pub0816.html (Abruf am 1.11.2010).
3 *Küting/Mojadadr,* GmbHR 2011 S. 897 ff.
4 Vgl. u. a. *Schruff,* Der Konzern 2009 S. 511 ff., der von der Korrektivfunktion des § 296 Abs. 1 Nr. 1 HGB spricht.
5 Diesbezüglich a. A. *Kindler* in Ulmer (Hrsg.), HGB-Bilanzrecht 2002, § 290 Tz. 39.

Erachtens gilt daher Folgendes: Stehen dem übergeordneten Unternehmen mehr als 50 % der Stimmrechte zu, ist aber für alle **wesentlichen** Entscheidungen laut Satzung/Gesellschaftsvertrag eine qualifizierte Mehrheit erforderlich, die das übergeordnete Unternehmen verfehlt, liegt gar keine Stimmrechtsmehrheit i. S. des Abs. 2 Nr. 1 vor.[1]

Die von uns befürwortete Auslegung wahrt im Übrigen auch die im Schrifttum anerkannte Ansicht, dass die Konsolidierung keine Frage der Rechtsform des untergeordneten Unternehmens ist.[2] Die herrschende Auslegung von § 290 Abs. 1 Nr. 1 HGB würde dies konterkarieren. Bei einer Beteiligung an einer nach dispositivem Recht auf Einstimmigkeit angelegten Personengesellschaft müsste sie das Stimmrechtskriterium mangels Anwendbarkeit[3] außen vor lassen,[4] bei Beteiligung an einer Kapitalgesellschaft mit Ersatz der dispositiven Mehrheits- durch eine satzungsmäßige Einstimmigkeitsregel hingegen nicht.

2.2.5 Einzelfallbeurteilung der Wesentlichkeit der Entscheidungskompetenzen

Die Beurteilung, welche Entscheidungskompetenzen **wesentlich** sind, kann aber im Einzelfall schwierig sein. 35

BEISPIEL ► Vom Stammkapital der X-GmbH hat M 55 % übernommen. Die Stimmrechte entsprechen den Kapitalanteilen. Der Gesellschaftsvertrag sieht im Übrigen Folgendes vor:

Beschlüsse der Gesellschafterversammlung werden nur in zwei Fällen mit einfacher Mehrheit gefasst:

- Feststellung des Jahresabschlusses und
- Ergebnisverwendung.

Hingegen ist eine Dreiviertelmehrheit in folgenden Angelegenheiten erforderlich:

- Zustimmung zur Aufstellung und Änderung des Wirtschaftsplans,
- Bestellung, Anstellung, Entlastung und Kündigung von Geschäftsführern sowie
- Zustimmung zu genehmigungspflichtigen Geschäftsführungsakten.

Als Geschäftsführer ist ein Fremder bestellt. Seine Kompetenzen sind beschränkt. Die vorherige Zustimmung der Gesellschafterversammlung ist erforderlich

- für den Abschluss von Geschäften, die im Wirtschaftsplan nicht enthalten sind und die im Einzelfall einen Geschäftswert von 100.000 € übersteigen,
- unabhängig vom Geschäftswert für alle nicht im Wirtschaftsplan enthaltenen Grundstücksgeschäfte und Kreditaufnahmen.

BEURTEILUNG ► Da die Geschäftsführung im Innenverhältnis alle wesentlichen operativen, investiven und finanziellen Entscheidungen nur im Rahmen des von der Gesellschafterversammlung genehmigten Wirtschaftsplans oder nach vorheriger Zustimmung treffen kann, liegen die relevanten Machtbefugnisse allein bei der Gesellschafterversammlung. Hier gilt:

- M kann alleine – in den Grenzen des durch Richterrecht geschaffenen Minderheitenschutzes – über die Feststellung des Jahresabschlusses und die Gewinnverwendung beschließen.
- Feststellungs- und Gewinnverwendungsbeschluss haben jedoch insoweit subsidiären Charakter, als mit ihnen nur über das verfügt werden kann, was die Gesellschaft tatsächlich erwirtschaftet hat. Zwar kann das bilanziell ausgewiesene Ergebnis kurz- bis mittelfristig von dem tatsächlich erwirtschafteten abweichen, etwa wenn Abschreibungen über den wirtschaftlichen Werteverzehr hi-

1 Vgl. *Lüdenbach*, StuB 2009 S. 467 ff.; *Sieburg* in Küting/Weber (Hrsg.), Handbuch der Konzernrechnungslegung, 2. Aufl. 1998, § 290 Tz. 70; *von Wysocki*, WPg 1987 S. 278; a. A. *ADS*, 6. Aufl., § 290 Tz. 36; *Grottel/Kreher* in Beck'scher Bilanz-Kommentar, 13. Aufl. 2022, § 290 Tz. 40 ff.

2 Stellvertretend *Sieburg* in Küting/Weber (Hrsg.), Handbuch der Konzernrechnungslegung, 2. Aufl. 1998, § 290 Tz. 14.

3 *Hüffer/Koch*, AktG, 13. Aufl. 2018, § 16 Tz. 5, mit Bezug auf § 119 HGB und § 709 BGB.

4 So *Sieburg* in Küting/Weber (Hrsg.), Handbuch der Konzernrechnungslegung, 2. Aufl. 1998, § 290 Tz. 15.

naus vorgenommen werden. In langer Sicht determiniert hingegen der kumulierte wirtschaftliche Erfolg den kumulierten bilanziellen Gewinn.

- Das erwirtschaftete wirtschaftliche Ergebnis ist wiederum Resultat der Geschäfte, die operativ, investiv und finanziell eingegangen worden sind. Insoweit kommt es also vor allem darauf an, wer die Geschäfts- und Finanzpolitik der Gesellschaft beeinflussen kann.
- Nach dem Gesellschaftsvertrag kann dies M nicht allein, da über Wirtschaftsplan und zustimmungsbedürftige Einzelgeschäfte mit Dreiviertelmehrheit zu entscheiden ist. Er muss jeweils andere Gesellschafter für seine Pläne gewinnen und beherrscht daher die GmbH nicht.

2.2.6 Satzungsmäßige, schuldrechtliche und dingliche Einschränkungen der Stimmrechtsmehrheit

36 Fraglich ist, ob trotz „formaler Stimmrechtsmehrheit" auch dann keine Beherrschung vorliegt, wenn die Rechtsposition des Mehrheitsgesellschafters nicht satzungsmäßig durch höhere qualifizierte Mehrheitserfordernisse, sondern durch schuldrechtliche Vereinbarungen (**Stimmbindungsverträge,** Entherrschungsverträge etc.) beschränkt wird. Gegen eine derartige Ausdehnung könnte sprechen, dass die schuldrechtliche Vereinbarung nur die Vertragsparteien (Gesellschafter) bindet, jedoch im Verhältnis zur Gesellschaft keine Wirkung entfaltet. Es besteht die Möglichkeit einer vertragswidrigen, im Verhältnis zur Gesellschaft aber gültigen Stimmabgabe. Aus dieser Möglichkeit leitet das Schrifttum und mit ihm DRS 19.23 ab, dass sich ein Unternehmen der Mehrheit der Stimmrechte i. S. des Abs. 2 Nr. 1 nicht durch Stimmbindungs- oder Entherrschungsverträge begeben kann.[1]

Unseres Erachtens ist dem aus zwei Gründen nicht zu folgen:

- Zum einen begründen zulässige Stimmbindungsverträge einen klagbaren Erfüllungsanspruch, der ggf. per einstweiliger Verfügung durchgesetzt werden kann, und außerdem Schadenersatz- und Kündigungsansprüche.[2] Die theoretische Möglichkeit des abredewidrigen Stimmverhaltens bleibt damit bestenfalls im Einzelfall, jedoch nicht auf Dauer bestehen.
- Zum anderen besteht die Möglichkeit einer abredewidrigen Stimmabgabe aber auch bei anderen Rechtsverhältnissen, etwa durch den schuldrechtlich gebundenen Treuhänder oder Pensionsnehmer. Wenn diese Möglichkeit aber in diesen Fällen nach einheitlicher Auffassung unbeachtet bleibt (→ Rz. 73), sollte dies auch für Stimmbindungsverträge gelten.[3]

Dinglich wirkende Ausübungsbeschränkungen von Stimmrechten (z. B. aus §§ 134 Abs. 1 Satz 2, 20 Abs. 7, 21 Abs. 4 AktG oder § 33 Abs. 1 WpHG) sind hingegen auch nach DRS 19.24 zu berücksichtigen.

3. Bestellung und Abberufung von Organen (Abs. 2 Nr. 2)

3.1 Überblick

37 Eine inländische Kapitalgesellschaft oder „Kap. & Co."-Gesellschaft ist nach Abs. 2 Nr. 2 auch konzernrechnungslegungspflichtig, wenn

1 Vgl. *ADS*, 6. Aufl., § 290 Tz. 39; *Grottel/Kreher* in Beck'scher Bilanz-Kommentar, 13. Aufl. 2022, § 290 Tz. 46; OLG Frankfurt am Main, Urteil v. 14.11.2006 – 5 U 158/05.

2 Vgl. *Hüffer/Koch*, AktG, 13. Aufl. 2018, § 133 Rz. 29 ff., m. w. N.

3 Im Ergebnis gl. A. *Sieburg* in Küting/Weber (Hrsg.), Handbuch der Konzernrechnungslegung, 2. Aufl. 1998, § 290 Tz. 73.

- ihr bei einem anderen Unternehmen das Recht zusteht, die Mehrheit der Mitglieder des die Finanz- und Geschäftspolitik bestimmenden **Verwaltungs-, Leitungs- oder Aufsichtsorgans** zu bestellen oder abzuberufen, und
- sie **Gesellschafter** ist.

Ein Mehrheitsrecht führt jedoch nur dann zu einem Mutter-Tochter-Verhältnis, wenn das betroffene Organ relevante **Macht**befugnisse hat (→ Rz. 39).

Die Gesellschafterstellung ist auch bei Treugeberstellung und ähnlichen Rechtsverhältnissen nach Abs. 3 Satz 1 gegeben (→ Rz. 73). Eine kapitalmäßige Beteiligung ist nicht erforderlich; auch die nicht an der KG beteiligte Komplementär-GmbH ist Gesellschafter.

Liegt ausnahmsweise ein **Organbestellungsrecht ohne Gesellschafterstellung** vor, kann sich ein Beherrschungsverhältnis nur nach den Generalvorgaben von Abs. 1 ergeben (→ Rz. 8 ff.).[1]

3.2 Mehrheit der Mitglieder

Das Bestellungs- oder Abberufungsrecht muss sich auf die Mehrheit der Mitglieder des jeweils 38
betroffenen Organs richten. Ist ein Unternehmen Alleingesellschafter eines Unternehmens mit nach **Mitbestimmungsgesetz** paritätisch besetztem Aufsichtsrat, steht ihm gleichwohl die Mehrheit der Stimmrechte zu, da bei Stimmengleichheit der von Unternehmerseite gestellte **Aufsichtsratsvorsitzende** entscheidet.

3.3 Machtbefugnisse des betroffenen Organs

Unerheblich ist, ob das Verwaltungs-, Leitungs- oder Aufsichtsorgan fakultativ oder gesetzlich 39
verpflichtend nach inländischem oder ausländischem Gesellschaftsrecht gebildet ist.

Fraglich war nach HGB a. F., ob **Mindest**machtbefugnisse erforderlich sind. Nach IFRS war dies 40
stets der Fall. Eine Organmehrheit war nach IAS 27.13(c) und (d) nur dann relevant, „wenn die Kontrolle über das Unternehmen bei dem betreffenden Organ liegt" *(„if control is with that body")*. Die Neufassung von Abs. 2 Nr. 2 durch das BilMoG schließt sich dem an: Eine Organmehrheit führt nur dann zu einer Beherrschung, wenn das Organ die Finanz- und Geschäftspolitik bestimmt.

Diese Vorgabe ist schlüssig. Das Kontrollkonzept stellt auf die Möglichkeit der Beherrschung **des Unternehmens** ab. Die Organmehrheit ist nur Mittel hierzu. Wo das betreffende Organ nur noch geringe Kompetenzen hat – die Mehrheit im Organ also keine relevante Einflussnahme auf das Unternehmen vermittelt –, liegt keine Kontrolle vor.[2] Praktische Bedeutung hat dies vor allem bei GmbHs, aber auch bei Personengesellschaften:

- Beim **fakultativen Aufsichtsrat** einer GmbH ist etwa zu prüfen, ob seine Kompetenzen dem Leitbild des gesetzlichen Aufsichtsrats in wesentlichen Punkten noch entsprechen. Nur dann ist die Mehrheit im fakultativen Organ relevant.
- Entsprechende Überlegungen können auch bei der **Geschäftsführung einer GmbH** notwendig sein, wenn deren Kompetenz im Innenverhältnis durch einen umfangreichen Katalog zustimmungsbedürftiger Geschäfte in hohem Maße eingeschränkt ist.

1 Gleicher Auffassung *Küting/Seel*, BB 2010 S. 1459 ff.
2 Vgl. *Bischof/Ross*, BB 2005 S. 203 ff.

BEISPIEL X, hochbetagter Alleingeschäftsführer und Alleingesellschafter der X-GmbH, veräußert 90 % der GmbH-Anteile an U. Anlässlich der Übertragung der Anteile werden folgende Regelungen getroffen:

- **Geschäftsführung:** Die Geschäftsführung wird von X (auf Lebenszeit) und einer von U bestimmten Person gestellt. Es wird Gesamtgeschäftsführung vereinbart, jedoch mit der Maßgabe, dass die Entscheidung von U bei Kontroversen den Ausschlag gibt.
- **Geschäftsführungsordnung:** Die vorherige Zustimmung der Gesellschafterversammlung ist erforderlich für den Abschluss von Geschäften, die im von der Gesellschafterversammlung mit einfacher Mehrheit zu verabschiedenden Wirtschaftsplan nicht enthalten sind und die im Einzelfall einen Geschäftswert von 50.000 € übersteigen.

BEURTEILUNG Da die Stimme von U bei Kontroversen der Geschäftsführung doppelt zählt, hat U das Recht, die Mehrheit der Mitglieder der Geschäftsführung zu stellen (→ Rz. 44).

Die Geschäftsführung kann jedoch im Innenverhältnis alle wesentlichen operativen, investiven und finanziellen Entscheidungen nur im Rahmen des von der Gesellschafterversammlung genehmigten Wirtschaftsplans oder nach vorheriger Zustimmung treffen. Die Mehrheitsverhältnisse im Geschäftsführungsorgan sind daher für die Beherrschung des Unternehmens unerheblich. Es kommt allein auf die Mehrheitsverhältnisse in der Gesellschafterversammlung an.

Zum Begriff der Geschäfts- und Finanzpolitik allgemein wird auf → § 311 Rz. 8 verwiesen.

3.4 Komplementär-Kapitalgesellschaft (GmbH & Co. KG)

41 Bei der Kap. & Co. – insbesondere GmbH & Co. KG – ist nach der gewählten rechtlichen Gestaltung zwischen folgenden Fällen zu unterscheiden:

- **Gesetzliche Verfassung:** Die Kapitalgesellschaft ist als Komplementärin allein zur Geschäftsführung der KG berechtigt.
- **„Kommanditisten-KG“:** Die Geschäftsführungsrechte der Komplementärin sind gesellschaftsvertraglich weitgehend durch Zustimmungsvorbehalte oder Weisungsrechte der Kommanditisten eingeschränkt.
- **Einheitsgesellschaft:** Die KG ist Inhaber aller Anteile an der Komplementärin.

Bei **gesetzlicher Verfassung** hat die Komplementär-Kapitalgesellschaft zwar nicht das im Gesetzestext angesprochene Recht, die Mitglieder des Leitungsorgans der KG zu bestellen. Sie ist jedoch **selbst** Leitungsorgan. Nach Sinn und Zweck von Abs. 2 Nr. 2 ist daher ein Mutter-Tochter-Verhältnis gegeben (DRS 19.30). Nach anderer Auffassung soll bei personeller Identität zwischen Kommanditisten und GmbH-Gesellschaftern (sog. beteiligungsidentische GmbH & Co. KG) keine Beherrschung durch die GmbH vorliegen, u. a. weil die Kommanditisten/GmbH-Gesellschafter der GmbH die Geschäftsführungsbefugnis jederzeit einschränken könnten.[1] Unseres Erachtens ist diese Möglichkeit aber bestenfalls dann erheblich, wenn ein einzelner Kommanditist (als Mehrheitsgesellschafter oder bei der Ein-Mann-GmbH & Co. KG als Alleingesellschafter) die gesetzliche und satzungsmäßige Möglichkeit der Beschränkung der Geschäftsführungsbefugnis hat. Nach noch restriktiverer Auffassung ist die Beteiligungsidentität völlig unerheblich.[2]

Eher unstrittig ist demgegenüber die Behandlung der in der Vertragspraxis dominierenden **„Kommanditisten-KG“.** Sind die Leitungsrechte der Komplementärin weitgehend zugunsten der Kommanditisten eingeschränkt, etwa durch einen umfangreichen gesellschaftsvertragli-

1 Vgl. *Krietenstein*, KoR 2006 S. 267 ff. sowie *Binz/Sorg*, Die GmbH & Co. KG, 11. Aufl. 2010, § 15 Tz. 42.
2 Vgl. *Marbler/Oser*, DStR 2014 S. 2474 ff.

chen Katalog zustimmungsbedürftiger Geschäfte, ist die GmbH nach Abs. 2 Nr. 2 nicht als Mutterunternehmen anzusehen, da mit ihrer Geschäftsführungsstellung keine relevanten Machtbefugnisse verbunden sind (→ Rz. 39).[1]

Allgemein anerkannt ist auch, dass die GmbH im Fall einer **Einheitsgesellschaft** nicht Mutterunternehmen ist. Begründung ist hier, dass die GmbH die Leitungsrechte nur im Interesse der KG selbst ausübt, der alle Anteile an der GmbH gehören.

4. Beherrschungsvertrag oder Satzungsbestimmung (Abs. 2 Nr. 3)

Ein Mutter-Tochter-Verhältnis liegt nach Abs. 2 Nr. 3 auch vor, wenn dem Mutterunternehmen 42
das Recht zusteht, aufgrund eines mit dem Tochterunternehmen geschlossenen Beherrschungsvertrags oder aufgrund einer Satzungsbestimmung des Tochterunternehmens beherrschenden Einfluss auszuüben.

Dem Beherrschungsvertrag nach § 291 Abs. 1 Satz 1 AktG (analog bei der GmbH) ist der Eingliederungsvertrag nach § 319 AktG gleichzustellen, da dieser sogar stärkere Rechte gewährt. Nicht ausreichend ist hingegen ein einfacher, ohne Beherrschungsvertrag abgeschlossener Gewinnabführungsvertrag.

Beherrschung ermöglichende Satzungsbestimmungen (Weisungsrechte, Zustimmungserfordernisse) sind bei Aktiengesellschaften wegen § 23 Abs. 5 AktG kaum relevant, aber auch in der Praxis anderer Rechtsformen eher selten.

IV. Konsolidierung von Zweckgesellschaften (Abs. 2 Nr. 4)

1. Rechtsentwicklung und konzeptionelle Grundlagen

1.1 HGB a. F. – Grenzen des Leitungs- und Kontrollkonzepts

Im Umgang mit Zweckgesellschaften tat sich das HGB a. F. schwer. Eine Zweckgesellschaft 43
zeichnet sich durch eine **eng definierte Zwecksetzung** aus. Diese macht **fortlaufende unternehmerische Entscheidungen**, wie sie für ein am Markt tätiges Unternehmen typisch sind, **überflüssig.** Die Zweckgesellschaft wird daher i. d. R. durch einen von den Entscheidungen der Geschäftsführung unabhängigen sog. **Autopiloten** (im Fall der Leasingobjektgesellschaft etwa durch den langfristigen Leasingvertrag) gesteuert. Eine laufende Einflussnahme auf das Geschäft der Zweckgesellschaft ist nicht mehr erforderlich.

Eine Autopilot-Struktur konnte nach altem Recht u. E. als **einheitliche Leitung** (§ 290 Abs. 1 44
HGB a. F.) gewürdigt werden.

BEISPIEL ▸ Der ausschließliche Zweck der Leasingobjektgesellschaft LO, an der S nicht (oder nur mit Minderheit) beteiligt ist, besteht in der Nutzungsüberlassung von Immobilien an die S auf Basis langfristiger Leasingverträge.

Nach diesen Verträgen sind sämtliche Instandhaltungen von S durchzuführen. Einziger Gesellschafter der LO ist die Bank B. Diese hat zeitlich und inhaltlich auf die Leasingverträge abgestimmte Kredite an

1 Vgl. IDW RS HFA 7 Tz. 63 f.

die LO gewährt. Auf Basis der Verträge wird die LO auf lange Sicht kein relevantes ausschüttungsfähiges Ergebnis erwirtschaften. S bürgt für die Kredite.

BEURTEILUNG Mit Abschluss der Leasing- und Kreditverträge ist die Tätigkeit der LO auf viele Jahre vorherbestimmt (Autopilot). Die Funktion von Geschäftsführung und Gesellschaftern reduziert sich auf „Formalien", wie Aufstellung und Feststellung des Jahresabschlusses. Aus wirtschaftlicher Sicht spielt daher keine Rolle, wer die Mehrheit in den Organen stellt.

Eine einheitliche Leitung erfordert aber die Einbindung in die Finanzpolitik. Die Objektgesellschaft finanziert sich hingegen über eigene Darlehen. Lediglich in der Bürgschaft könnte eine mittelbare Einbindung gesehen werden. Eine solche Wertung erscheint aber nicht zwingend.

45 Diskussionsbedürftig war nach altem Recht außerdem das **Verhältnis** der einheitlichen Leitung qua Autopilot **zum Kontrollkonzept.** Im o. g. Beispiel wäre die Zweckgesellschaft nach dem Konzept der einheitlichen Leitung möglicherweise Tochterunternehmen des Leasingnehmers, nach dem Kontrollkonzept möglicherweise aber Tochterunternehmen der Bank. Infrage kommen drei Lösungen für dieses Problem:

- Eines der beiden Kriterien hat Vorrang. Dieses definiert das Mutter-Tochter-Verhältnis.
- Bei gleichzeitiger Verwirklichung beider Kriterien im Verhältnis zu unterschiedlichen Oberunternehmen stellt das untergeordnete Unternehmen ein Gemeinschaftsunternehmen dar.
- Kein Kriterium hat Vorrang. Das Tochterunternehmen hat zwei Mutterunternehmen.

Gegen die erste Lösung spricht, dass in § 290 HGB a. F. kein Vorrangverhältnis zwischen Abs. 1 und Abs. 2 erkennbar ist. Die zweite Lösung scheidet aus, da ein Gemeinschaftsunternehmen gemeinsame Zielsetzungen, eine Koordination der Willensbildung etc. voraussetzt. Infrage kam daher nur die dritte Lösung, deren Nachteil die ungeklärten Probleme der mehrfachen Konzernzugehörigkeit sind.

46 Unter dem Aspekt der Kontrolle wurde im Schrifttum auch die Zurechnung der Stimmrechte bei Zweckgesellschaften gem. Abs. 3 Satz 1 2. Alternative diskutiert (→ Rz. 73). Entscheidend war hier, wie das Handeln für Rechnung des Berichtsunternehmens zu definieren ist. Das Handeln des Dritten konnte als für Rechnung des Berichtsunternehmens gedeutet werden, wenn er **kein** relevantes **eigenes** wirtschaftliches **Gesellschafterinteresse** an der Zweckgesellschaft hatte:[1]

BEISPIEL Ausschließlicher Zweck der LO ist die Vermietung (Leasing) von Immobilien an MU. Einziger Gesellschafter von MU ist die Bank X. Sie hat eine geringe Einlage geleistet. Zum ganz überwiegenden Teil wird das Geschäft der LO durch Darlehen der Bank finanziert, wobei MU für diese Darlehen bürgt. Laufzeiten und Beträge der Darlehens- und Leasingverträge sind so aufeinander abgestimmt, dass die LO keine wesentlichen Gewinne erzielen wird. Nach Ablauf der langfristigen Leasingverträge kann MU die Immobilien zum kalkulierten Restwert erwerben. Bei Nichtausübung der Option, d. h. Veräußerung an einen Dritten, garantiert sie diesen Restwert. Der Restwert ist so kalkuliert, dass er dem Restbetrag des Darlehens und nach heutigen Werterwartungen im Wesentlichen auch dem Verkehrswert der Immobilien zum Zeitpunkt der Vertragsbeendigung entspricht.

BEURTEILUNG Die Bank X hat nur auf Darlehensebene, nicht auf Gesellschafterebene relevante eigene wirtschaftliche Interessen. Risiken und Chancen liegen beinahe ausschließlich bei MU. Die mit den Anteilen der Bank verbundenen Stimmrechte sind daher MU zuzurechnen. LO ist somit Tochterunternehmen von MU.

---

1 Vgl. *Hoyos/Ritter-Thiele* in Beck'scher Bilanz-Kommentar, 6. Aufl. 2006, § 290 Tz. 77; *ADS*, 6. Aufl., § 290 Tz. 139; *Küting/Brakensiek*, DStR 2001 S. 1360 ff.; *Schruff/Rothenburger*, WPg 2002 S. 764 ff.

Keine einheitliche Meinung bestand aber nach altem Recht für den Fall, dass – anders als im vorstehenden Beispiel – das wirtschaftliche Gesellschafterinteresse des Dritten nicht nur marginal ist. Nach einer Auffassung schied dann die Zurechnung der Stimmrechte zum Sponsor aus.[1] Nach anderer Auffassung reichte es für die Zurechnung aus, wenn der Sponsor die Mehrheit der Chancen und Risiken trug.[2] 47

Folgendes **Fazit** zum **alten Recht** lässt sich daher festhalten: Die dogmatische Begründung der Einbeziehung von Zweckgesellschaften (einheitliche Leitung oder Kontrolle über von Dritten für Rechnung des Berichtsunternehmens gehaltene Anteile) war ebenso strittig wie viele Details in der Anwendung des jeweiligen Konzepts. Für die Praxis resultierte hieraus ein **faktisches Wahlrecht:** Zweckgesellschaften wurden i. d. R. nicht einbezogen. 48

1.2 HGB n. F. – Fiktion der Beherrschung bei Risiko-Chancen-Mehrheit

Nach dem durch das BilMoG eingefügten Abs. 2 Nr. 4 ist ein beherrschender Einfluss stets gegeben, wenn eine Risiko-Chancen-Mehrheit an einer Zweckgesellschaft besteht. Die Regelung gilt unabhängig davon, ob die Zweckgesellschaft schon vor Erstanwendungszeitpunkt des BilMoG existierte. 49

Fraglich ist, ob der Risiko-Chancen-Ansatz

- eine **Konkretisierung** des Beherrschungskonzepts ist oder
- in Alternativität zu ihm steht und nur im Wege der gesetzlichen **Fiktion** eine Risiko-Chancen-Mehrheit als Beherrschung gilt (→ Rz. 11).

Die praktische Bedeutung dieser Frage liegt in Folgendem: Bei Interpretation als „Konkretisierung" würde das Verhältnis von Abs. 2 Nr. 4 zu Abs. 1 dem von Abs. 2 Nr. 1 entsprechen:

- Dass nach Abs. 2 Nr. 1 eine Stimmrechtsmehrheit stets als Beherrschung gilt, impliziert nicht die Notwendigkeit einer solchen Mehrheit. Nach Abs. 1 können auch Präsenzmehrheiten als Beherrschung gelten (→ Rz. 15).
- Entsprechend würde dann die Vorgabe von Abs. 2. Nr. 4, wonach bei Zweckgesellschaften eine Risiko-Chancen-Mehrheit stets als Beherrschung gilt, nicht die Notwendigkeit einer Zweckgesellschaft implizieren. Auch bei anderen Gesellschaften wäre zu prüfen, ob eine Risiko-Chancen-Mehrheit auch ohne Beteiligung, Stimmrechtsmehrheit etc. für die Konsolidierungspflicht ausreicht.

Ist hingegen die Regelung von Abs. 2 Nr. 4 nur eine gut zu rechtfertigende kasuistische Ausnahme im sonst auf Beherrschung fokussierten § 290 HGB, sind Risiko-Chancen-Überlegungen für Gesellschaften ohne enge Zwecksetzung entbehrlich.

Mit entsprechenden dogmatischen, aber – wie dargestellt – praxisrelevanten Fragen hat sich der **IASB** bei seinen Bemühungen zur Reform von IAS 27 und SIC 12 befasst. In einer frühen Phase hat er dabei folgende Ansicht vertreten: 50

- Eine **Autopilot-Struktur** impliziert zunächst nur, dass das **Kontrollkriterium** aus IAS 27 ins **Leere** läuft. Wo alle Geschäfte vorherbestimmt sind, spielen Organentscheidungen und Organmehrheiten keine Rolle mehr.
- Es ist dann auf **Chancen und Risiken** abzustellen.

---

1 Vgl. *ADS*, 6. Aufl., § 290 Tz. 139.

2 Vgl. *Schruff/Rothenburger*, WPg 2002 S. 764 ff.

In diesem Sinne hielt der IASB anlässlich einer Diskussion zur Reform der Konsolidierungsvorschriften fest: *"The Board discussed a proposed staff approach to developing disclosure principles with regard to the judgement exercised in determining whether one entity controls another entity. [...] A Board member noted that the critical issue was not management's assessment of the power criterion in the developing control model, but the benefit criterion. This issue was acute in a range of special purpose entities that run on 'autopilot' (**that is, the power criterion is non-operative**) but which expose the sponsor to risks and benefits."*[1]

51 Im weiteren Verlauf der Entwicklung von IFRS 10 (als Ersatz für IAS 27 und SIC 12) ist der IASB allerdings zunehmend von dieser Position abgerückt und hat die Risiko-Chancen-Würdigung als Teil eines einheitlichen Konsolidierungskonzepts interpretiert. Der Verzicht auf Kasuistik ist theoretisch eleganter, in der Sache bleibt es aber bei folgendem Problem: Wo fortlaufende wesentliche Entscheidungen nicht erforderlich sind, vermitteln die verbleibenden Entscheidungskompetenzen gerade keinen beherrschenden Einfluss. Stimmrechts- und Organmehrheiten spielen keine wesentliche Rolle mehr. An die Stelle des Beherrschungskonzepts tritt das Risiko-Chancen-Konzept.

Auch Abs. 2 Nr. 4 ist in diesem Sinne u. E. als **begründete (!) kasuistische Ausnahme** vom allgemeinen Beherrschungskonzept zu sehen. Der Ausnahmecharakter zeigt sich auch daran, dass die Risiko-Chancen-Mehrheit regelmäßig gerade nicht – wie sonst – gesellschaftsrechtlich, sondern schuldrechtlich (über Bürgschaften etc.) fundiert ist.

Rückwirkungen auf die allgemeine Interpretation des Beherrschungsbegriffs ergeben sich aus Abs. 2 Nr. 4 daher u. E. nicht. Unsere Auffassung begründen wir zusammenfassend wie folgt:

- Abs. 2 Nr. 4 hat insoweit einen Ausnahmecharakter, als er im Unterschied zu den anderen typisierten Fällen von Abs. 2 und im Unterschied zur für die Auslegung von Abs. 1 auch zu berücksichtigenden aktienrechtlichen Auffassung (→ Rz. 10) keine gesellschaftsrechtliche Fundierung des beherrschenden Einflusses voraussetzt.
- Auf eine solche Fundierung kommt es auch nicht an, wenn die Gesellschaft wegen enger Zwecksetzung per Autopilot gesteuert wird.
- Im Umkehrschluss folgt daraus aber: Bei Gesellschaften ohne enge Zwecksetzung bedarf Beherrschung einer gesellschaftsrechtlichen Fundierung.
- Das Risiko-Chancen-orientierte Konsolidierungskonzept von Abs. 2 Nr. 4 ist daher keine Konkretisierung, sondern eine Alternative zum „normalen" Beherrschungskonzept von Abs. 1.

Zur praktischen Konsequenz unserer Auffassung folgende Beispiele:

BEISPIEL ► Im Jahr 01 wird TU als Gesellschaft zur Herstellung von glasbasierten Solarzellen von MU (60 %) und diversen anderen Gesellschaftern (zusammen 40 %) gegründet. Die Geschäfte entwickeln sich zunächst außerordentlich gut. Ein überdurchschnittliches Wachstum wird teils aus dem Eigenkapital, teils durch die Hausbank finanziert. In den Jahren 08 und 09 brechen die Geschäfte zusammen, da Wettbewerber mit einer neuen, preiswerteren und vielfältiger anzuwendenden Technologie (Dünnschichtzellen) die Führung auf dem relevanten Markt übernehmen. Ende 09 ist das Eigenkapital von TU aufgezehrt. In zukunftsgerichteter Perspektive (→ Rz. 62) trägt ab diesem Zeitpunkt die Bank die Mehrheit der Risiken. Diese nimmt zur Sicherung ihres Engagements ab 09 massiv auf geschäftspolitische Entscheidungen Einfluss, allerdings ohne die Entscheidungen allein treffen zu können.

---

1 Notes from the IASB Meeting 16.11.2005.

BEURTEILUNG

1. TU ist keine Zweckgesellschaft, eine unmittelbare Anwendung von Abs. 2 Nr. 4 scheidet daher aus.
2. Mangels Ausstrahlung von Abs. 2 Nr. 4 auf Abs. 1 impliziert die Risikomehrheit der Bank (i.V. mit der Einflussnahme auf geschäftspolitische Entscheidungen) aber auch keinen beherrschenden Einfluss i. S. von Abs. 1.
3. TU ist als Nichtzweckgesellschaft mithin weiterhin durch X und nicht durch die Hausbank zu konsolidieren.

BEISPIEL Geschäftszweck der I ist die Erbringung von immobilienbezogenen Dienstleistungen (Wartung, Instandhaltung, Pflege, Verwaltung etc.). Der bislang wichtigste Abnehmer der angebotenen Leistungen (und Gründer sowie vormals Alleingesellschafter der I) A ist nach einer Veräußerung der Anteilsmehrheit an M Minderheitsgesellschafter und hat sich über langfristige Dienstleistungsverträge an die I gebunden. Der neue Mehrheitsgesellschafter M ist auf die Erbringung von immobilienbezogenen Dienstleistungen spezialisiert und erwartet aus der Übernahme der I die Erzielung von Synergien, die A wegen eines anderen Kerngeschäfts nicht realisieren konnte.

Zur Realisierung der Synergien werden die Leistungen der I in das Leistungsspektrum von M integriert sowie gezielt weitere Kunden (neben A) angesprochen und gewonnen. Für einige Jahre bleibt die I aber der wichtigste Kunde.

BEURTEILUNG

1. Es fehlt ab dem Zeitpunkt der gezielten Vermarktung gegenüber weiteren Kunden an einer engen Zwecksetzung der I. Sie ist keine Zweckgesellschaft mehr.
2. Eine Konsolidierungspflicht ergibt sich dann nur noch aus Abs. 1 oder Abs. 2 Nr. 1 bis 3, d. h. nach Maßgabe eines gesellschaftsrechtlich fundierten Einflusses und unabhängig von der Chancen-Risiko-Beurteilung. Ob die aus dem Vertrag mit A resultierende „Auslastungsgarantie" dazu führt, dass A noch auf einige Jahre die Mehrheit der Risiken trägt, ist daher irrelevant.
3. Einen beherrschenden Einfluss hat M, der die I als Tochterunternehmen zu konsolidieren hat.

2. Anwendungsbereich

2.1 „Gesellschaften" mit enger Zwecksetzung

Der Begriff der Zweckgesellschaft (*special purpose entity*, SPE) ist durch die internationale Rechnungslegung in der bei Verabschiedung des BilMoG geltenden Fassung – insbesondere SIC 12, auf den sich auch die Gesetzesbegründung beruft – geprägt. Kennzeichnend ist danach (SIC 12.1): 52

- Ein **eng definiertes Ziel** wird
- **zugunsten eines anderen** Unternehmens (= Sponsor) verfolgt.

Eine **enge Zwecksetzung** impliziert auch nach DRS 19.39: Die Geschäftstätigkeit des Unternehmens bedarf **kaum** fortlaufender unternehmerischer **Entscheidungen,** wie sie für ein am Markt tätiges Unternehmen typisch sind. Wo solche Entscheidungen hingegen notwendig sind, erfordert die Beurteilung eines Beherrschungsverhältnisses i. d. R. keinen Rückgriff auf Abs. 2 Nr. 4, sondern kann ausschließlich nach Abs. 1 und Abs. 2 Nr. 1 bis 3 erfolgen. Folgende Indikatoren sprechen gegen eine enge Zwecksetzung:[1] 53

- Die Geschäftstätigkeit umfasst die Herstellung von Produkten oder die Erbringung von Dienstleistungen (keine Leasing-, ABS- oder Kapitalanlagegesellschaft).

1 IDW RS HFA 2 i. d. F. 2012 Tz. 55.

- Sie erfordert daher fortlaufende Entscheidungen über die Kombination der Produktionsfaktoren und
- eine aktive Vermarktung der Leistungen
- gegenüber einem im Zeitablauf veränderlichen Abnehmerkreis (keine Beschränkung auf den Sponsor).

Die Frage fortlaufender Produktions- und Absatzentscheidungen ist vor dem Hintergrund von SIC 12.2 deshalb von so großer Bedeutung, weil bei einem stetigen Wandel ein Geschäft nicht automatisch durch einen sog. Autopiloten gesteuert werden kann (→ Rz. 44), sondern immer wieder von Neuem strategische Entscheidungen zu treffen sind, die letztlich nur über entsprechende Organmehrheiten kontrolliert werden können.

54 In **Outsourcing**-Fällen kommt es nach dem Vorstehenden darauf an, ob der Sponsor der einzig wesentliche Abnehmer der Leistung ist oder voraussichtlich bleiben wird. Da Zwecksetzungen per Definition zukunftsgerichtet sind, ist u. E. auch die Frage des Abnehmerkreises zukunftsgerichtet und nicht nur nach den Istwerten zu beurteilen.

BEISPIEL MU hat seine Abteilung IT zum 1.1.01 rechtlich outgesourct. Die Mehrheit der Anteile an der IT halten das Management und Externe. Die IT wird auf Basis eines Fünf-Jahres-Vertrags weiterhin für MU tätig sein, soll sich aber auch um externe Kunden bemühen, ihre Leistungen also aktiv vermarkten. Realistische Planungen gehen davon aus, dass der Anteil von MU am Gesamtumsatz der IT pro Jahr um etwa zehn Prozentpunkte sinken wird. Der Planung entsprechend betragen die Drittumsätze im Dezember 01 erstmals 10 % des Gesamtumsatzes mit steigender Tendenz.

BEURTEILUNG In zukunftsgerichteter Beurteilung hat die IT einen veränderlichen Abnehmerkreis, bedarf daher nicht nur fortlaufender Produktions-, sondern auch Absatzentscheidungen und ist deshalb keine SPE.

55 Ein beliebtes Anwendungsfeld von SPEs sind **ABS-Transaktionen** *(asset backed securities)* als eine besondere Form des Factoring. Die Forderungen werden vom Sponsor an die Zweckgesellschaft verkauft. Die Zweckgesellschaft finanziert sich durch die Ausgabe von Wertpapieren an externe, vor allem institutionelle Investoren oder durch Kreditaufnahme. Die Zahlungsverpflichtungen aus den Wertpapieren werden aus dem Zahlungsstrom (Zins- und Tilgungszahlungen) der Forderungen bedient. Üblicherweise verbleibt ein Teil des Forderungsausfallrisikos beim Veräußerer, sei es durch die direkte Abgabe von Garantien oder durch eine Finanzierung der Zweckgesellschaft durch zwei Klassen von Wertpapieren. Im letztgenannten Fall halten die Externen die Senior-Papiere, die vorrangig bedient werden, und der Forderungsverkäufer hält die Junior-Papiere, die nur nachrangig bedient werden.

Ob die Forderungen – einen Abgang aus der Einzelbilanz unterstellt – im Konzernabschluss verbleiben, hängt davon ab, ob die ABS-Gesellschaft Tochterunternehmen des Sponsors ist.

56 Ein weiteres Anwendungsgebiet sind **Leasinggeschäfte.** Im typischen Fall wird für die Leasinggegenstände eine GmbH & Co. KG gegründet **(Leasingobjektgesellschaft).** Komplementär der Leasingobjektgesellschaft ist z. B. ein eigens dafür gegründetes Tochterunternehmen des externen Leasinggebers (Bank). Die Kommanditistenstellung übernimmt der Sponsor, der durch Garantien, Bürgschaften, eine hohe Haftsumme etc. auch die wesentlichen Risiken behält. Überlässt die externe Leasinggesellschaft die Leasinggegenstände im *finance lease* der SPE, diese aber im *operating lease* dem Sponsor, so sind die Leasingobjekte und Leasingverbindlichkeiten im Einzelabschluss des Sponsors nicht und im Konzernabschluss nur unter den Voraussetzungen der Risiko-Chancen-Mehrheit zu zeigen.

Unterstützungskassen und ähnliche Versorgungseinrichtungen können nach DRS 19 **Zweckgesellschaften** sein. Durch die Konsolidierung einer solchen Einrichtung wird der externe Durchführungsweg der Altersversorgung allerdings nicht geändert. Mittelbare Versorgungszusagen des Trägerunternehmens sind daher auch im Konzernabschluss weiter als solche anzusehen. Insoweit stellt sich die Frage nach der Reichweite des Passivierungswahlrechts aus Art. 28 Abs. 1 Satz 2 EGHGB (→ § 249 Rz. 127). Im Einzelnen gilt hier: 57

- Die **Unterstützungskasse** selbst hat **keine Pensionszusage** erteilt und keine Rechtspflicht gegenüber den Arbeitnehmern. Sie kann daher in ihrem Abschluss keine Pensionsrückstellung bilden.
- Das **Trägerunternehmen** hat zwar nach Rechtsprechung des BAG trotz des formal fehlenden Rechtsanspruchs der Arbeitnehmer eine Verpflichtung,[1] darf aber von Passivierung gem. Art. 28 EGHGB absehen **(mittelbare Verpflichtung)**.
- Vorbehaltlich der Unwesentlichkeit (→ § 296 Rz. 18) hat das Trägerunternehmen im Konzernabschluss die Unterstützungskasse als Zweckgesellschaft zu **konsolidieren.**

Folge dieser drei Feststellungen wäre: Im Konzernabschluss würde nur das Vermögen der Unterstützungskasse, hingegen nicht die Pensionsverpflichtung bilanziert. Nach allerdings strittiger Auffassung[2] von DRS 19.47 ist demgegenüber eine Passivierung der mittelbaren Pensionsverpflichtung i. H. des einbezogenen Vermögens der Unterstützungskasse geboten. Lediglich der regelmäßig darüber hinausgehende Teil der Verpflichtung kann unbilanziert bleiben. Aus Konzernsicht kommt es auf diese Weise häufig zum Ansatz eines Nettovermögens von null, insbesondere dann, wenn das Vermögen der Unterstützungskasse als Deckungsvermögen zu qualifizieren ist (→ § 246 Rz. 117a), also so etwa bei einer Unterstützungskasse, die Zuwendungen des Trägerunternehmens für Rückdeckungsversicherungen verwendet.[3]

Die **praktische Relevanz** der vorstehenden Überlegungen ist eher gering. Empirisch belegt werden bei der Mehrzahl der (nicht kapitalmarktorientierten) Konzerne Unterstützungskassen wegen **Unwesentlichkeit** (§ 296 Abs. 2 HGB) nicht konsolidiert.[4]

2.2 Unternehmensqualität unerheblich

Gesellschaften mit engen Zwecksetzungen fehlt häufig die Unternehmensqualität. Sie verfolgen gerade keine eigenständigen Interessen kaufmännischer Art mittels einer nach außen in Erscheinung tretenden Organisation. Nach den allgemeinen Vorgaben von Abs. 1, die voraussetzen, dass die Tochter ein Unternehmen ist, käme daher eine Konsolidierung nicht infrage. Nach Abs. 2 Nr. 4 Satz 2 sind Zweckgesellschaften bei Erfüllung der übrigen Voraussetzungen jedoch auch dann zu konsolidieren, wenn sie **kein Unternehmen** sind (DRS 19.43). Eine Rückausnahme besteht lediglich für Spezialfonds (→ Rz. 60). Hingegen kommt eine Konsolidierung von Stiftungen als Zweck-„Gesellschaft" infrage, insbesondere dann, wenn im Zuge des Stiftungsgeschäfts die Geschäftstätigkeit der Stiftung auf die besonderen Bedürfnisse des Mutterunternehmens ausgerichtet ist. Insoweit besteht eine Asymmetrie: Die nicht unternehmeri- 58

1 Ständige Rechtsprechung, vgl. BAG, Urteil v. 28.11.1989 – 3 AZR 818/87, DB 1990 S. 938, m. w. N.
2 Ablehnend *Oser/Weidle*, IRZ 2012 S. 63 ff.
3 Einzelheiten zur Bewertung bei *Neubeck*, StuB 2011 S. 529 ff.
4 Vgl. *Oser/Weidle*, IRZ 2012 S. 63 ff.

sche Stiftung kann zwar Tochter-„Unternehmen“, also konsolidierungspflichtig, hingegen nicht Mutterunternehmen, also konzernrechnungslegungspflichtig i. S. des § 11 PublG, sein.[1]

59 Wegen der Irrelevanz der Unternehmensqualität kommen als Konsolidierungsobjekt auch sog. **zellulare Strukturen** unter dem „Dach“ einer Gesellschaft infrage. Eine Zweckgesellschaft weist eine zellulare Struktur auf, wenn unter der einheitlichen rechtlichen Hülle verschiedene haftungsmäßig gegeneinander isolierte Geschäfte betrieben werden. Durch eine solche Strukturierung kann die Anwendung von Abs. 2 Nr. 4 u. E. nicht umgangen werden (DRS 19.44).[2]

BEISPIEL ▶ Sachverhalt

Die Leasinggesellschaft LG überlässt verschiedene Leasinggegenstände im *finance lease* an die Leasingobjektgesellschaft LOG, deren Komplementär sie zugleich ist. Kommanditisten mit einer geringen Einlage sind zu gleichen Teilen A, B, C, D und E, die Maschinen von LG im *operating lease* anmieten.

Nach den Verträgen mit LOG bürgt jeder Kommanditist für diejenigen Schulden von LOG, welche die von ihm angemieteten Leasinggegenstände betreffen, also sachlich ihm „zuzurechnen“ sind. Andere Schulden relevanter Größenordnung hat LOG nicht.

BEURTEILUNG ▶ Auch wenn keiner der Kommanditisten die Mehrheit der Risiken und Chancen an LOG hat, können konsolidierungspflichtige SPEs vorliegen. Aus Sicht der relevanten Schulden, Eingangs- und Ausgangsgeschäfte ist die SPE nur eine formale Hülle über fünf wirtschaftlich selbständige Einheiten. Jede dieser Einheiten stellt eine Zweckgesellschaft dar und ist auf die Konsolidierungspflicht beim jeweiligen Kommanditisten zu prüfen. Diese Prüfung wird regelmäßig zur Konsolidierung führen.

Auch Verbriefungsgeschäfte (ABS-Transaktionen) können so gestaltet werden, dass z. B.

- drei Unternehmen A, B, C ihre Forderungen an eine einzige Zweckgesellschaft verkaufen,
- die Zweckgesellschaft zur Finanzierung der Käufe Schuldpapiere A, B und C emittiert,
- wobei zur dinglichen Sicherung der Papiere A nur die von A gekauften Forderungen dienen etc.

Eine derartige ***Multiseller*-SPE** repräsentiert nicht ein Nichtkonsolidierungsobjekt, sondern drei (potenzielle) Konsolidierungsobjekte.

2.3 Gesetzlicher Ausschluss von Spezialfonds

60 Nicht als SPE sind nach Abs. 2 Nr. 4 Satz 2 Halbsatz 2 **Spezialfonds** anzusehen. In solchen Fonds legen vor allem großen Unternehmen liquide Mittel an, wobei sie im Falle von Ein-Mann-Fonds die Anlageentscheidungen über Anlagerichtlinien (als Autopilot, → Rz. 44) weitgehend vorherbestimmen und die Risiken/Chancen tragen. Zwar fehlt den Fonds die Unternehmensqualität. Hierauf kommt es bei Zweckgesellschaften aber auch nicht an. Der Ausschluss der Fonds stellt daher eine **Sonderausnahme im Ausnahmetatbestand** dar. Die Sonderausnahme galt früher für Spezial-Sondervermögen i. S. des § 2 Abs. 3 des Investmentgesetzes. Durch das AIFM-Umsetzungsgesetz vom 4.7.2013 wurde das InvG aufgehoben und durch das KAGB ersetzt. Im Rahmen der Folgeanpassung des HGB wurde die Ausnahmevorschrift dahingehend geändert, dass sie nun gilt für „als Sondervermögen aufgelegte offene inländische Spezial-AIF mit festen Anlagebedingungen i. S. d. § 284 des Kapitalanlagegesetzbuchs oder vergleichbare EU-Investmentvermögen oder ausländische Investmentvermögen, die den als Sondervermögen aufgelegten offenen inländischen Spezial-AIF mit festen Anlagebedingungen i. S. d. § 284 des Ka-

1 Vgl. *Oser*, StuB 2012 S. 16 ff.

2 Gleicher Auffassung *Schruff*, Der Konzern 2010 S. 511 ff.

pitalanlagegesetzbuchs vergleichbar sind". Der Verweis auf § 2 Abs. 3 InvG wurde aus redaktionellen Gründen noch nicht gestrichen, da betroffene Fonds bis zum 21.7.2014 Zeit hatten, einen Erlaubnisantrag nach KAGB zu stellen.

Unabhängig von der Konsolidierung ist aber stets zu prüfen, ob die Zurechnung des Vermögens des Fonds zum Anteilszeichner aufgrund wirtschaftlichen Eigentums erfolgt. Zu Einzelheiten wird auf → § 271 Rz. 19 verwiesen.

Die Gleichbehandlung bestimmter Beteiligungen an ausländischem Investmentvermögen (etwa in Form einer luxemburgischen SCP oder SICAV) mit inländischen Spezialfonds ist erst im Rahmen des MicroBilG (→ § 267a) explizit in das HGB aufgenommen worden. Schon vorher wurde im Schrifttum aber eine identische Behandlung unter Hinweis auf die Gleichstellung in § 285 Nr. 26 HGB und § 314 Nr. 18 HGB befürwortet.[1] 61

3. Risiko-Chancen-Mehrheit

3.1 Vorrang des Risikos

Abs. 2 Nr. 4 spricht die absolute Mehrheit der Risiken **und** Chancen an (DRS 19.60), die relative reicht nicht. Hierbei ist unter der Prämisse des rationalen Handelns zunächst von einer symmetrischen Verteilung von Chancen und Risiken auszugehen: Derjenige, der die Mehrheit der Chancen hält, trägt auch die Mehrheit der Risiken. 62

Eine quantitative Feststellung kann jedoch im Einzelfall bereits zum **Zeitpunkt der Gründung** der SPE zu abweichenden Ergebnissen führen, etwa weil jeder der Beteiligten bei der Begründung von Rechten und Pflichten die Risiko-Chancen-Entwicklung unterschiedlich prognostiziert oder weil direkten und leicht quantifizierbaren Risiken z. T. nur indirekte und schwer oder nicht quantifizierbare Chancen gegenüberstehen.

Überdies kann sich die Verteilung der Chancen und Risiken **im Zeitablauf** ändern. Beide Begriffe sind zukunftsbezogen und daher bei wesentlicher Veränderung der Verhältnisse (DRS 19.60) für jeden Bilanzstichtag neu aus Sicht der noch verbleibenden „Restzukunft" zu beurteilen (DRS 19.59). Wichtig ist hier die Unterscheidung zwischen **Beurteilungszeitpunkt und Beurteilungszeitraum:**

BEISPIEL: Die U AG errichtet Solarkraftanlagen und veräußert einen Teil an die S GmbH & Co. KG, die die Anlagen auf der Basis langfristiger Verträge von Dritten betreiben lässt. Die KG ist im Jahr 01 von fremden Dritten mit dem Ziel gegründet worden, in einem Niedrigzinsumfeld Anleihen an institutionelle Investoren zu begeben. Die Finanzierung der KG zu den Bilanzstichtagen 01 bis 05 stellt sich wie folgt dar:

- 01: keine wesentliche Finanzierung, da erste Solaranlage noch nicht geliefert.
- 02: Verbindlichkeiten gegenüber U AG 3 Mio. € (aus vereinbarter Ratenzahlung des Kaufpreises von 5 Mio. €), Verbindlichkeiten gegenüber Anleihengläubigern 2 Mio. €.
- 03: Verbindlichkeit gegenüber U AG 0, Verbindlichkeit gegenüber Anleihengläubigern 5 Mio. €.
- 04: Verbindlichkeit gegenüber U AG 6 Mio. € (aus Ratenzahlung für zwei weitere Anlagen), Verbindlichkeiten gegenüber Anleihengläubigern 4 Mio. €.
- 05: Verbindlichkeit gegenüber U AG 0, Verbindlichkeit gegenüber Anleihengläubigern 10 Mio. €.

Sieht man hier den Forderungsausfall als das relevante Risiko der Investoren an, trifft dies U im Verhältnis zu allen Gläubigern an den Stichtagen wie folgt: 01 zu 0 %, 02 zu 60 %, 03 zu 0 %, 04 zu 60 %

1 So in den Vorauflagen vertreten; gl. A. DRS 19.49, a. A. *Zoger/Möller*, KoR 2009 S. 309 ff.

und 05 zu 0 %. Nach der Stichtagsverteilung ergäbe sich für U: keine Konsolidierung zum 31.12.01, Erstkonsolidierung im Jahr 02, Entkonsolidierung im Jahr 03, erneute Erstkonsolidierung im Jahr 04, erneute Entkonsolidierung im Jahr 05. Dieses sinnwidrige Ergebnis wird mit folgender Überlegung vermieden: Die U AG stellt nach plausiblen Planungen, die später auch tatsächlich realisiert werden, zu Beginn bzw. vor Aufnahme der eigentlichen Geschäftstätigkeit den größten Teil des Fremdkapitals zur Verfügung und ist damit stichtagsbezogen dem größten (Ausfall-)Risiko ausgesetzt. Im Zeitablauf werden jedoch planmäßig Mittel dritter Investoren durch die Emission von Anleihen KG angeworben. Diese Mittel substituieren planmäßig die anfänglich von der U AG gewährten bzw. gestundeten Mittel. Es ist sachgerecht, die zukunftsgerichtete Betrachtung der Risikoverteilung für einen solchen mehrjährigen Beurteilungszeitraum vorzunehmen, der sich aus dem Geschäftsmodell der KG ergibt. Unter Berücksichtigung dieser konkreten Verhältnisse trägt die U AG dann auch zu den Beurteilungszeitpunkten 31.12.02 und 31.12.04 nicht die Mehrheit der Risiken.

Aus der Perspektive nach dem Gründungszeitpunkt liegender Bilanzstichtage ist aber selbst bei vollständiger Transparenz und Quantifizierbarkeit der Verhältnisse, uneingeschränkter Rationalität des Handelns und einheitlicher Einschätzung der Zukunftsaussichten eine Symmetrie von Chance und Risiko nicht mehr systematisch begründbar. Ist etwa eine Partei bei Gründung der Gesellschaft für ein einmaliges, vorab anfallendes fremdübliches Entgelt stillhalterähnliche Verpflichtungen (Bürgschaften, geschriebene *Put*- oder *Call*-Optionen, Restwertgarantien etc.) gegenüber der anderen Partei oder der SPE eingegangen, so besteht im Gründungszeitpunkt die Vermutung der Ausgeglichenheit von Entgelt einerseits und den aus der Stillhalterverpflichtung resultierenden Risiken andererseits. Mit vollzogener Vereinnahmung des Entgelts bleibt dieses aber für die zum nächsten Bilanzstichtag vorzunehmende Prognose des Restzeitraums außer Betracht. Das vereinnahmte Entgelt stellt nun Vergangenheit dar. Die Zukunftschancen und -risiken beziehen sich nur auf noch nicht realisierte Ereignisse, somit in Bezug auf die Stillhalterverpflichtung nur noch auf das Recht des „Optionsinhabers" und die Pflicht des Stillhalters. Der jedem Optionsvertrag nach Zahlung der Optionsprämie innewohnenden Asymmetrie der Rechte und Pflichten entspricht dann die Asymmetrie von Chance und Risiko.

63 Soweit danach die deutliche Mehrheit der Risiken bei einer Partei und die ebenso deutliche Mehrheit der Chancen bei der anderen Partei liegt, führt die Risiko- und Chancenbetrachtung nur dann zu einer eindeutigen Lösung, wenn einem der beiden Indikatoren der Vorrang gegeben wird.

Das US-GAAP-Pendant zu SIC 12 gab bei ungleicher Verteilung von Chance und Risiko dem Risikoaspekt den Vorrang (FIN 46r.14). Ob Entsprechendes auch für die (zum Zeitpunkt der Verabschiedung des BilMoG geltenden) IFRS bzw. SIC 12 galt, war umstritten.[1] Für das BilMoG schließt sich die Begründung des Rechtsausschusses dem amerikanischen Ansatz an: „Bei ungleicher Chancen- und Risikoverteilung ist **vorrangig** auf die **Risiken** abzustellen."

BEISPIEL ▶ Die SPE hält ein Containerschiff, Nutzungsdauer 40 Jahre, und überlässt es im *operating lease* Dritten. Kapitalgeber der SPE sind zu je 50 % diverse Kleinanleger (Eigenkapital) und eine Bank (über zehn Jahre zu tilgendes Fremdkapital), der das Schiff als Sicherheit gestellt wird.

Das entgeltliche Management des Schiffs liegt bei U. Dieser garantiert der SPE über zehn Jahre die Frachterlöse. Die Kleininvestoren können U nach Ablauf der zehn Jahre ihren Anteil zum Nominalwert zzgl. einer bankähnlichen Verzinsung andienen.

---

1 Gegen einen Vorrang IDW HFA 2 i. d. F. 2012, dafür *Lüdenbach/Hoffmann/Freiberg*, Haufe IFRS-Kommentar, 20. Aufl. 2022, § 32.

Beurteilungszeitraum für die Verteilung der Risiken und Chancen zwischen U und den Kleinanlegern ist der Zeitraum bis zum Ablauf des Andienungsrechts und nicht die längere Nutzungsdauer des Schiffs. Mit Ende der zehn Jahre und Ausübung/Nichtausübung eines Andienungsrechts ist die Risikoverteilung zwischen U und den Kleinanlegern endgültig abgeschlossen.

Am Ablaufzeitpunkt haben die Kleinanleger das Recht auf Andienung ihrer Anteile. Durch das Andienungsrecht liegt das Wertentwicklungsrisiko des Schiffs bis zum Ablauf der zehn Jahre bei U; außerdem trägt U auch das Risiko aus der Garantie für die Frachterlöse. Ob die Kleinanleger, eine Nichtausübung der Option unterstellt, in den Jahren 11 bis 40 noch an den Anteilen festhalten werden, ob sie also das laufende und das Wertentwicklungsrisiko dieser Jahre übernehmen werden oder nach Anlauf der zehn Jahre ihren Anteil alsbald veräußern werden, ist Sache ihrer autonomen Entscheidung und berührt nicht mehr die vertragliche Risikoverteilung zwischen ihnen und U.

Jedenfalls die Risikomehrheit liegt damit bei U, der die Zweckgesellschaft deshalb zu konsolidieren hat.

Eine Risiko- (oder Chancen-)Mehrheit liegt nicht bereits dann beim Berichtsunternehmen, wenn es mehr Risiken und Chancen als jeder andere trägt (relative Mehrheit); erforderlich ist die absolute Mehrheit.[1]

3.2 Vorrang der qualitativen Betrachtung

64 Die amerikanischen Vorschriften zu Zweckgesellschaften *(variable interest entities)* formulierten explizit den Vorrang der qualitativen Analyse im weitesten Sinne (FIN 46r.9) und führten als Begründung Folgendes an:

"Although quantitative analysis may seem to provide a more precise and less subjective means of making a determination, that appearance is deceptive in some cases. The lack of objective evidence on which to base the estimates and assumptions used to make the computations results in imprecision and subjectivity. Consequently, a reasoned professional judgment ... often is as good as, or even better than, mathematical computations ..." (FIN 46r.D.32).

Diesem Argument folgend ist u. E. auch in der Anwendung des HGB der qualitativen Analyse der Vorrang zu geben.[2]

65 In folgenden beispielhaften Fällen kann regelmäßig bereits qualitativ eine **eindeutige Risikomehrheit** des Sponsors belegt werden:

- Die SPE finanziert sich beinahe ausschließlich aus Fremdmitteln, die sie ohne Bürgschaften, **harte** Patronatserklärungen, Liquiditätsgarantien (Fazilitäten) etc. des Sponsors aber nicht hätte beschaffen können.[3]
- Die Fremdmittel stammen vom Sponsor, der hierfür **keine Sicherheiten** erhält, mit denen ein Dritter sich zufriedengegeben hätte.
- Die SPE verfügt zwar über wesentliches, von Dritten aufgebrachtes Eigenkapital, der Sponsor nimmt den Dritten aber das eigenkapitaltypische Verlustrisiko ab, indem er ihnen etwa über einen langen Zeitraum ein **Recht auf Andienung der Anteile** zum Nominalwert zzgl. einer Verzinsung einräumt oder ihnen auf Dauer **Mindestdividenden** garantiert.

1 Gleicher Auffassung *Schruff,* Der Konzern 2010 S. 511 ff. sowie *Findeisen/Sabel/Klube,* BB 2010 S. 965 ff.
2 Ähnlich *Mujkanovic,* StuB 2009 S. 374 ff.
3 Ähnlich *Schüttler,* WPg 2018, S. 215 ff.

► Die SPE hat von vornherein eine **begrenzte Zeitdauer.** Für den Wert des am Ende dieses Zeitraums bestehenden Vermögens garantiert der Sponsor durch Einräumung von *First-Loss*-Garantien, Andienungsrechten etc.

3.3 Technik einer evtl. Quantifizierung

66 Zur Technik einer evtl. notwendigen Quantifizierung der Risiko-Chancen-Verteilung enthalten weder die internationale Rechnungslegung noch das HGB Vorgaben.

Die **amerikanische Rechnungslegung** arbeitet mit **wahrscheinlichkeitsgewichteten Szenarien** und definiert Risiko/Chance bzw. den Anteil daran über die wahrscheinlichkeitsgewichtete Variabilität der positiven und negativen Ergebnisse. Mangels Vorgaben im Gesetz spricht nichts gegen die Übernahme dieses Ansatzes.[1]

Eine Übernahme ist aber andererseits nicht zwingend. Chance und Risiko müssen u. E. nicht als wahrscheinlichkeitsgewichtete Ergebnisvariabilität, sondern können auch jeweils **zweiwertig** als *Best/Worst Case* interpretiert werden.[2]

67 In beiden Fällen ergibt sich der Anteil an den Chancen und Risiken nicht auf Basis des gesellschaftsrechtlichen Ergebnisses, sondern nach Maßgabe des Ergebnisses vor risikotragenden schuldrechtlichen Abreden. Vergleichbar den Regelungen von § 15 EStG ist etwa bei Finanzierung durch ein Darlehen des Sponsors das Ergebnis vor Zinsaufwand aus dem Darlehen und dem außerordentlichen Ertrag der Gesellschaft aus Darlehensverzicht die „zu verteilende" Größe, der Anteil des Sponsors mithin der Zins (Chance) bzw. der Darlehensausfall (Risiko).

BEISPIEL ► Die SPE finanziert sich zu 1.000 durch ein im Erfolgsfall mit 25 % verzinsliches partiarisches Darlehen des Sponsors, zu 100 durch Eigenkapital von Dritten. Im *Best Case* entsteht ein handelsrechtliches Ergebnis (zugleich operativer *Cashflow*) von 1.500, im *Worst Case* von -1.100.

	Best Case		***Worst Case***	
Operatives Ergebnis	1.500			-1.100
Zinsaufwand	-250			0
Handelsrechtliches Ergebnis	1.250			-1.100
Hinzurechnung Zinsaufwand	250			
Zu verteilendes Ergebnis	1.500			-1.100
Verteilung				
Anteil Sponsor (Zins und Tilgung bzw. Ausfall)	1.250	83,3 %	-1.000	90,9 %
Anteil EK-Geber	250	16,7 %	-100	9,1 %

4. Mehr-Mütter-Beziehungen bei Divergenz von Stimmrechts- und Risikomehrheit?

68 Fraglich ist die Behandlung einer Zweckgesellschaft, bei der eine Partei die Mehrheit der **Stimmrechte** (Abs. 2 Nr. 1), die andere die Mehrheit der **Risiken** (Abs. 2 Nr. 4) hat. Infrage kommen zwei Lösungen:

1 Zur Erläuterung des Ansatzes *Lüdenbach/Hoffmann/Freiberg*, Haufe IFRS-Kommentar, 20. Aufl. 2022, § 32.

2 Anderer Auffassung DRS 19 Tz. 59, wonach ein vorrangiges Abstellen auf Extremszenarien unzulässig sein soll.

- **Gleichrang** der Vorschriften: Die Zweckgesellschaft ist Tochter im Verhältnis zu beiden Parteien (Mehr-Mütter-Beziehung).
- Abs. 2 Nr. 4 hat **Vorrang:** Ein Mutter-Tochter-Verhältnis besteht nur zu demjenigen, der die Mehrheit der Risiken trägt.

Das Schrifttum neigt dann der ersten Lösung zu, wenn es Abs. 2 Nr. 1 rein formal auslegt und der Frage, ob die Stimmrechtsmehrheit irgendeine Substanz hat, keine Bedeutung beimisst.[1]

Nach der hier vertretenen Auffassung begründen u. E. inhaltsleere Stimmrechtsmehrheiten hingegen kein Beherrschungsverhältnis (→ Rz. 28). Bei einer unter Autopilot agierenden Zweckgesellschaft (→ Rz. 44 und → Rz. 50) ist die Inhaltsleere regelmäßig gegeben, Abs. 2 Nr. 1 somit irrelevant und ein Mutter-Tochter-Verhältnis nur zu demjenigen gegeben, der die Mehrheit der Risiken trägt.[2]

5. Gemeinschaftlich geführte Zweckgesellschaften

Ein **Qualifikationskonflikt** zwischen § 290 Abs. 2 Nr. 4 HGB und § 310 Abs. 1 HGB kann sich ergeben, wenn eine Zweckgesellschaft von zwei oder mehr Sponsoren gemeinschaftlich geführt wird. 69

BEISPIEL[3] Die jeweils regional tätigen Energieversorger X und Y gründen durch Outsourcing von Personal und Geschäftsausstattung eine gemeinsame Abrechnungsgesellschaft AR GmbH, um das Debitorenmanagement der beiden Gründer zu bündeln und daraus entsprechende Kostensynergien zu ziehen. Jeder Gesellschafter übernimmt 50 % der Anteile. Gemessen an Umsatz, Kundenzahl usw. beträgt das Größenverhältnis von X und Y jedoch etwa 70 : 30. Demzufolge stellt X auch etwa 70 % der übergegangenen Arbeitnehmer. Beide Gesellschafter haben ihren übergegangenen Arbeitnehmern das Recht gewährt, bei einem evtl. Scheitern der Abrechnungsgesellschaft zur Stammgesellschaft zurückzukehren.

Nach ihrer gesellschaftsvertraglichen Zwecksetzung soll die AR ausschließlich für die Gesellschafter tätig sein und keine Gewinne erzielen, sondern lediglich Ersatz der ihr entstehenden Kosten erhalten. Die gleichlautenden Dienstleistungsverträge der AR mit den beiden Gesellschaftern sehen daher Folgendes vor: Die Abrechnungsgesellschaft erhält auf Basis ihrer Budgetplanung bzw. der daraus abgeleiteten Plankosten (sowie in Ausgleichung der über/unter den Planwerten liegenden Istwerte der Vorperiode) jeweils einen bestimmten, am Jahresanfang festgelegten Betrag pro Abrechnung, Mahnung usw.

Im Außenverhältnis, d. h. gegenüber den Kunden, tritt die Abrechnungsgesellschaft nicht in Erscheinung. Sie erstellt Abrechnungen, Mahnungen usw. im Namen und für Rechnung des jeweiligen Gesellschafters. Der Gesellschaftsvertrag der AR bindet den Abschluss von Verträgen mit den Gesellschaftern an die Zustimmung der Gesellschafterversammlung. Abgesehen von Satzungsänderungen bedürfen sämtliche Entscheidungen der Gesellschafterversammlung nur einer einfachen Mehrheit. Das zweiköpfige Geschäftsführungsorgan wird paritätisch von den Gesellschaftern besetzt. Jeder Gesellschafter entscheidet autonom über die Berufung/Abberufung „seines" Geschäftsführers.

In derartigen Fällen liegt in jeweils **isolierter Betrachtung**

- einerseits ein **gemeinschaftlich geführtes Unternehmen** i. S. von § 310 Abs. 1 HGB mit der Folge der Quoten- oder *Equity*-Konsolidierung und
- andererseits eine Zweckgesellschaft vor, welche der die Mehrheit der Chancen und Risiken tragende Investor nach § 290 Abs. 1 Nr. 4 HGB als **Tochterunternehmen** mit der Folge der Vollkonsolidierung zu qualifizieren hätte.

1 Vgl. z. B. *Schruff*, Der Konzern 2010 S. 511 ff.; *Küting/Seel*, BB 2010 S. 1459 ff.
2 Im Ergebnis gl. A. *Findeisen/Sabel/Klube*, BB 2010 S. 965 ff.
3 Aus *Lüdenbach*, StuB 2012 S. 517 ff.

Damit stellt sich die Frage nach der Auflösung des Qualifikationskonflikts. Kann sich der betroffene Sponsor frei für eine der Varianten entscheiden (faktisches Wahlrecht) oder ergibt sich aus dem Zweck und Aufbau des Gesetzes ein Vorrang der einen oder der anderen Beurteilung? Von Bedeutung ist in diesem Zusammenhang das Verhältnis von **Prinzip** und **Kasuistik** im Aufbau von § 290 HGB:

- § 290 Abs. 1 HGB hält abstrakt (prinzipienorientiert) fest, dass ein beherrschender Einfluss ein Mutter-Tochter-Verhältnis begründet.
- § 290 Abs. 1 Nr. 1 bis 3 HGB konkretisiert den Beherrschungsbegriff für typisierte Fälle. Die Regelungen von § 290 Abs. 1 Nr. 4 HGB zu Zweckgesellschaften stellen demgegenüber nur eine (gut begründete) kasuistische Ergänzung bzw. Ausnahme dar, indem sie nicht auf die Einflussnahme auf Entscheidungen und Organe der Untergesellschaft abstellen, sondern auf einen Risiko-Chancen-Ansatz. Die Vorschrift fingiert eine Beherrschung, wo in prinzipienorientierter Betrachtung keine vorliegt (→ Rz. 51).

Aus prinzipienorientierter Sicht des **allgemeinen Beherrschungsbegriffs,** also im Verhältnis von § 290 Abs. 1 HGB zu § 310 HGB, besteht also gar **kein Regelungskonflikt.** Entweder liegt ein Fall der alleinigen Beherrschung/Führung vor oder ein Fall der gemeinschaftlichen Führung/Beherrschung. Beides zugleich kann hingegen nicht gegeben sein. Der Qualifikationskonflikt entsteht nur deshalb, weil § 290 Abs. 2 Nr. 4 HGB in Ausnahme von den prinzipienorientierten Anforderungen an eine Beherrschung einen Sondertatbestand einführt. Auf die Einführung eines gleichartigen Sondertatbestands in § 310 HGB hat der Gesetzgeber aber verzichtet. Eine solche Einführung implizit vorzunehmen, indem § 290 Abs. 2 Nr. 4 HGB Vorrang vor § 310 HGB eingeräumt würde, wäre u. E. nicht gerechtfertigt. Qualifikationskonflikte zwischen Tochter-, Gemeinschafts- oder assoziierten Unternehmen sollten vielmehr nach dem allgemeinen für diese Abstufungen geltenden Grad der Einflussnahme und nicht nach insoweit systemfremden Risiko-Chancen-Gesichtspunkten vorgenommen werden. Für das obige Beispiel impliziert dies: Die Untergesellschaft ist als **Gemeinschaftsunternehmen** *at equity* oder quotal zu konsolidieren.

V. Zurechnung und Abzug von Rechten (Abs. 3)

1. Überblick

70 Die **Rechte,** die dem Mutterunternehmen nach Abs. 2 unmittelbar zustehen, sind um Hinzurechnungen und Abzüge zu **korrigieren.**

Die **Hinzurechnungen** betreffen Rechte,

- die einem (anderen) Tochterunternehmen (→ Rz. 71) oder
- Personen, die für Rechnung des Mutterunternehmens oder Tochterunternehmens handeln (→ Rz. 73),

zustehen.

Abzüge sind umgekehrt erforderlich, wenn Rechte

- vom Mutter- oder Tochterunternehmen für Rechnung einer anderen Person gehalten werden (→ Rz. 79) oder
- mit Anteilen verbunden sind, die als Sicherheit gehalten werden (→ Rz. 81).

Das BilRUG hat zu kleineren Änderungen an Abs. 3 geführt. Diese haben aber lediglich klarstellenden, eher sogar stilistischen Charakter. So werden etwa aus den Rechten des Mutterunternehmens bzgl. einer Tochter, „über die es oder ein Tochterunternehmen" verfügt (HGB a. F.), die Rechte, „über die es selbst oder eines seiner Tochterunternehmen" verfügt (BilRUG). 70a

2. Indirekte Beteiligungen (Abs. 3 Satz 1 1. Alternative)

In Abs. 3 Satz 1 1. Alternative ist die Zurechnung mittelbarer Rechte bei mehrstufigen Konzernbeziehungen geregelt. Als Tochterunternehmen eines Mutterunternehmens gelten auch alle **mittelbaren** Tochterunternehmen: 71

BEISPIEL ▸ MU ist an X mit 60 %, X an Y mit 51 % beteiligt.

Im Verhältnis zu MU gilt:

X ist (unmittelbares) Tochterunternehmen nach Abs. 2 Nr. 1.

Y ist (mittelbares) Tochterunternehmen nach Abs. 3 i.V. mit Abs. 2 Nr. 1.

Besteht die indirekte Beteiligung neben der direkten Beteiligung, sind beide Beteiligungen zusammenzurechnen. Hierbei sind die vom (anderen) Tochterunternehmen gehaltenen Anteile voll und nicht lediglich quotal dem Mutterunternehmen zuzurechnen.

BEISPIEL ▸ MU ist

- zu 30 % direkt an T2 und
- zu 60 % direkt an T1 beteiligt.

T1 hält wiederum 30 % der Anteile an T2.

BEURTEILUNG ▸ Rechnerisch beträgt der Anteil der M AG an T2

30 % (direkt)
+ 60 % · 30 % = 18 % (indirekt über T1)
= 48 % (gesamt).

Für die Beurteilung der Konsolidierungspflicht sind hingegen die T1 zuzurechnenden Anteile voll anzusetzen, weil T1 bei jeder über 50 % hinausgehenden Beteiligung von M beherrscht wird, somit hält MU an T2

30 % (direkt)
+ 30 % (indirekt über T1)
= 60 % (gesamt).

T2 ist Tochterunternehmen von MU.

VARIANTE ▸ Werden die anderen 40 % an T1 jedoch vom konzernfremden E gehalten und ist durch den Gesellschaftsvertrag von T1 oder in sonstiger Weise gesichert, dass abweichend von den sonstigen geschäftspolitischen Maßnahmen von T1 alle Entscheidungen von T1 in Bezug auf die Beteiligung an T2 ein Einvernehmen von M und E voraussetzen, so greift die Kontrolle von M auf T1 nicht auf T2 durch. T1 ist zwar Tochterunternehmen von M, da für alle sonstigen geschäftspolitischen Maßnahmen von T1 normale Mehrheitsregeln gelten. M kann jedoch nur im Einvernehmen mit E die Stimmrechte von T1 in der Gesellschafterversammlung T2 ausüben.

M beherrscht somit nur die eigenen Anteile an T2, während es die von T1 an T2 gehaltenen Anteile nicht beherrscht. T2 ist nicht Tochterunternehmen von M.

72 Keinen Eingang in die Gesamtbetrachtung der direkt und indirekt gehaltenen Anteile finden solche Anteile, die das Mutterunternehmen über assoziierte Unternehmen oder Gemeinschaftsunternehmen hält. Sie sind nicht zu berücksichtigen.

3. Von Dritten für Rechnung des Konzerns gehaltene Anteile (Abs. 3 Satz 1 2. Alternative)

3.1 Grundfälle

73 Nach Abs. 3 Satz 1 2. Alternative sind dem Mutterunternehmen Anteile Dritter zuzurechnen, die diese für Rechnung des Mutterunternehmens oder eines anderen Tochterunternehmens halten. Wichtige Anwendungsfälle sind

- **Treuhandverhältnisse** (Sicherungs- sowie uneigennützige Verwaltungstreuhand) und
- echte **Pensionsgeschäfte.**[1]

3.2 Abweichungen zwischen rechtlichem und wirtschaftlichem Zeitpunkt des Eigentumsübergangs beim Anteilserwerb

73a Kaufverträge über Anteile (insbesondere über mehrheitsvermittelnde) können derart gestaltet werden, dass der **dingliche Anteilserwerb/**rechtliche Eigentumsübergang an **aufschiebende Bedingungen** (Kartellvorbehalte, Gremienvorbehalte, Kaufpreiszahlung usw.) geknüpft ist (im Einzelnen → § 312 Rz. 16 ff.). Hat der Erwerber mit dem Kaufvertrag aber bereits eine rechtlich geschützte Erwerbsposition erlangt, Chancen und Risiken übernommen und bestimmt er (im Innenverhältnis zum Veräußerer) bereits die Ausübung des Stimmrechts, liegt auch das wirtschaftliche Eigentum an den Anteilen bereits beim Erwerber. Die Stimmrechte sind für Zwecke des Abs. 2 Nr. 2 (→ Rz. 23) dann ebenfalls schon dem Erwerber zuzurechnen, sei es in wirtschaftlicher Auslegung von Abs. 3 Satz 1 1. Alternative oder wegen der Annahme eines **treuhandähnlichen Verhältnisses**[2] über die Zurechnungsvorschrift des Abs. 3 Satz 1 2. Alternative. Eine Zurechnung über Abs. 3 Satz 2 aufgrund einer Stimmrechtsvereinbarung allein scheitert regelmäßig daran, dass entweder der Veräußerer (wirtschaftlich) nicht mehr oder der Erwerber (rechtlich) noch nicht Gesellschafter ist (→ Rz. 78).

3.3 Potenzielle Stimmrechte aus Kaufoptionen und Bezugsrechten

74 Bei der Beurteilung, ob Kontrolle (Tochterunternehmen) vorliegt, sind nach **IFRS** neben den bestehenden auch **potenzielle,** mit Bezugsrechten oder erworbenen Kaufoptionen *(call options)* verbundene Stimmrechte einzubeziehen (IAS 27.14 ff. bzw. IFRS 10.B47).

BEISPIEL ► M verfügt über 40 % der Anteile und Stimmrechte an X, B über 20 %. B hat M eine jederzeit ausübbare Kaufoption über den Erwerb der 20 % eingeräumt. Die Option ist zum Stichtag (im Übrigen auch bis zur Bilanzaufstellung) noch nicht ausgeübt worden.

Sofern der Ausübungspreis nicht sehr ungünstig ist, gilt X als Tochterunternehmen von M, da eine zusammengefasste Betrachtung von bereits bestehenden Stimmrechten (40 %) und potenziellen Stimmrechten (20 %) geboten ist.

1 Vgl. *ADS*, 6. Aufl., § 290 Tz. 139.
2 So *Deubert/Lewe*, BB 2014 S. 1835 ff.

Wenn die Kaufoption bis zum Bilanzstichtag nicht ausgeübt wurde, könnte sie aus Sicht des Stichtagsprinzips vordergründig für irrelevant gehalten werden. Einer solchen Perspektive hielt indes IAS 27.IG2 Folgendes entgegen: Kontrolle setzt lediglich die **Möglichkeit** der Beherrschung bzw. Einflussnahme voraus. Auf die tatsächliche Einwirkung zum Stichtag kommt es nicht an. Optionsrechte, bei deren Ausübung die Kontroll- bzw. Einflussschwelle von 50 % bzw. 20 % überschritten würde, sind (unter bestimmten Bedingungen) daher schon dann zu berücksichtigen, wenn sie am Stichtag hätten ausgeübt werden können.

Zu prüfen ist, ob diese Überlegungen auf das **Handelsrecht** übertragen werden können. Dafür spricht zunächst, dass auch das handelsrechtliche Konsolidierungskonzept allein auf die Beherrschungsmöglichkeit abstellt. Eine solche kann sich nicht nur aus den vorhandenen Anteilen, sondern auch aus der Hinzurechnung potenzieller Anteile ergeben, sofern diese am Stichtag und nicht erst zu einem zukünftigen Zeitpunkt (Frist) oder bei Eintritt eines zukünftigen Ereignisses (Bedingung) ausübbar sind. Allerdings geht mit dem Optionsvertrag eine Chancen-Risiken-Asymmetrie einher. Die Chancen aus dem optionsgegenständlichen Anteil liegen beim Optionsinhaber, die Risiken beim Stillhalter. Nach der herrschenden Auslegung des HGB sind aber nur solche Anteile zuzurechnen, deren Chancen und Risiken dem Berichtsunternehmen zustehen (→ Rz. 49 f.). Dieser Konzeption folgend scheidet eine Hinzurechnung von Optionsrechten u. E. handelsrechtlich i. d. R. **aus.** Auch nach DRS 19.**76** sind potenzielle Stimmrechte lediglich dann zu berücksichtigen, wenn die Wandlungs-/Optionsrechte am Abschlussstichtag rechtlich und wirtschaftlich ausgeübt werden könnten und die Ausübung so gut wie sicher ist. Im Unterschied zu IFRS 10 reicht es danach nicht aus, wenn die Option bis zum nächsten Zeitpunkt einer signifikanten Entscheidung – z. B. Hauptversammlung – ausgeübt werden kann.[1] 75

4. Hinzurechnungen aufgrund einer Vereinbarung (Abs. 3 Satz 2)

Nach Abs. 3 Satz 2 werden einem Mutterunternehmen über die Zurechnungen nach Satz 1 hinaus auch die Rechte hinzugerechnet, über die es selbst oder ein Tochterunternehmen aufgrund einer Vereinbarung mit anderen **Gesellschaftern** dieses Unternehmens verfügen kann. 76

In Betracht kommen insbesondere sog. satzungsergänzende Nebenabreden, mit denen die Aktionäre (Gesellschafter) schuldrechtliche Regelungen der Rechtsverhältnisse untereinander oder zur Gesellschaft treffen, also etwa 77

- **Stimmbindungsverträge,** in denen sich die Vertragsparteien zur Ausübung der Stimmrechte in bestimmter Weise verpflichten,
- **Konsortialverträge oder Poolverträge,** bei denen die Verpflichtung regelmäßig darin besteht, das Stimmrecht nach Mehrheitsentscheid der Konsortial- bzw. Poolmitglieder auszuüben.

Die aus solchen Verträgen resultierenden Rechte stehen nur dann denen aus eigenen Anteilen gleich, wenn **allein** über die betroffenen Stimmrechte verfügt werden kann. Eine lediglich paritätische Mitwirkung, wie sie bei Konsortial- oder Poolverträgen nicht unüblich ist, reicht nicht aus.

Beide Parteien der Vereinbarung müssen **Gesellschafter** sein. 78

1 Ausführlich zum Vergleich HGB und IFRS: *Ehsen-Rühl/Althoff*, WPg 2016 S. 497.

5. Abzug von Rechten (Abs. 3 Satz 3)

79 Von den Rechten, die dem Mutterunternehmen nach Abs. 2 unmittelbar oder über das Tochterunternehmen nach Abs. 3 mittelbar zustehen, sind folgende Rechte abzuziehen:

- Rechte, die mit Anteilen verbunden sind, die von dem Mutterunternehmen oder Tochterunternehmen für Rechnung einer **anderen** Person gehalten werden (Abs. 3 Satz 3 Nr. 1).
- Rechte, die mit Anteilen verbunden sind, die als **Sicherheit** gehalten werden, sofern diese Rechte nach Weisung des Sicherungsgebers oder, wenn ein Kreditinstitut die Anteile als Sicherheit für ein Darlehen hält, im Interesse des Sicherungsgebers ausgeübt werden (Abs. 3 Satz 3 Nr. 2).

Der Zweck der Regelung besteht u. a. darin, die Rechte dem wirtschaftlichen Inhaber der Anteile zuzurechnen.[1]

80 Der Abzug bei für Rechnung anderer Personen gehaltenen Anteilen entspricht mit umgekehrtem Vorzeichen den Regelungen in Abs. 3 Satz 1. Auf → Rz. 71 ff. wird deshalb verwiesen.

81 Die Regelung nach Abs. 3 Satz 3 Nr. 2 stellt im Kern einen Unterfall von Abs. 3 Satz 3 Nr. 1 dar. Entscheidend ist das wirtschaftliche, nicht das rechtliche Eigentum. Durch Sicherungsübereignung erhaltene Anteile sind daher dann abzuziehen, wenn die Stimm-, Bestellungs- und Abberufungsrechte aus den Anteilen nur **nach Weisung** des Sicherungsgebers ausgeübt werden können.

Eine Erleichterung besteht für Kreditinstitute: Die aus den Sicherungsanteilen resultierenden Rechte sind bereits dann abzuziehen, wenn sie nur **„im Interesse“** des Sicherungsgebers ausgeübt werden.

VI. Berechnung der Mehrheit der Stimmrechte (Abs. 4)

82 Nach Abs. 2 Nr. 1 begründet eine Stimmrechtsmehrheit ein Mutter-Tochter-Verhältnis (→ Rz. 23). Abs. 4 regelt den Mechanismus der Berechnung des Stimmrechtsanteils:

- Abs. 4 Satz 1 hält hierbei eine arithmetische Selbstverständlichkeit fest: Der Stimmrechtsanteil ergibt sich (unbereinigt) aus dem Verhältnis der Zahl der Stimmrechte, die das Unternehmen aus den ihm gehörenden Anteilen **ausüben** kann, zur Gesamtzahl aller Stimmrechte.
- Nach Abs. 4 Satz 2 sind im Nenner jedoch **Bereinigungen** erforderlich: Von der Gesamtzahl der Stimmrechte sind die aus **eigenen Anteilen,** die dem Tochterunternehmen selbst oder einem seiner Tochterunternehmen oder einem Dritten für Rechnung der vorgenannten gehören, abzuziehen. Erklärend für den Abzug ist die Rechtsausübungssperre des § 71b AktG (analog für GmbH). Aus den genannten Anteilen steht der Gesellschaft kein Stimmrecht zu.

83 Im Zähler des Quotienten, d. h. bei den Anteilen des Berichtsunternehmens, sind nur die **ausübbaren** Stimmrechte zu berücksichtigen. Nach einer Auffassung sind deshalb wegen Verstoßes gegen aktien- oder wertpapierrechtliche Meldepflichten vorübergehend nicht ausübbare Rechte nicht zu berücksichtigen.[2] Unseres Erachtens widerspricht diese Ansicht dem Kontrollkonzept, das auf die Beherrschungs**möglichkeit,** nicht die tatsächliche Beherrschung abstellt.

---

1 Vgl. *ADS*, 6. Aufl., § 290 Tz. 146.
2 Vgl. *ADS*, 6. Aufl., § 290 Tz. 153.

Da der durch den Verstoß gegen die Meldepflichten eingetretene Rechtsverlust nur vorübergehend ist, das übergeordnete Unternehmen jederzeit die Meldung nachholen und sein Stimmrecht wiederherstellen kann, ist ein Abzug nicht vorzunehmen (→ Rz. 27).

Umgekehrt halten wir einen Abzug für geboten, wenn durch Entherrschungs- oder Stimmrechtsausschlussverträge etc. der Anteilsinhaber das Stimmrecht nicht mehr ausüben kann. Zwar berühren derartige schuldrechtliche Vereinbarungen nicht das Verhältnis zur Gesellschaft, eine vertragswidrige Stimmrechtsabgabe bleibt also zumeist möglich. Unseres Erachtens ist jedoch entscheidend, dass wegen der Zulässigkeit solcher Vereinbarungen das vertragskonforme Verhalten jedenfalls auf Dauer durchgesetzt oder alternativ der Vertrag beendet werden kann (→ Rz. 36).

VII. Befreiung vom Konzernabschluss bei ausschließlich nicht einzubeziehenden Tochterunternehmen (Abs. 5)

Ein Mutterunternehmen ist gem. Abs. 5 von der Pflicht, einen Konzernabschluss und einen Konzernlagebericht aufzustellen, befreit, wenn es nur Tochterunternehmen hat, die gem. § 296 HGB **nicht** in den Konzernabschluss einbezogen zu werden brauchen. 84

Nach der Gesetzesbegründung soll damit eine Unsicherheit hinsichtlich des **IFRS**-Konzernabschlusses gem. § 315e HGB beseitigt werden. Für diesen ist § 290 HGB insoweit von Bedeutung, als sich die Konzernrechnungslegungspflicht auch bei kapitalmarktorientierten Unternehmen stets nach Handelsrecht beurteilt, während die IFRS „nur" für den Inhalt eines danach aufzustellenden Konzernabschlusses gelten (→ § 315e Rz. 4).

In diesem arbeitsteiligen Kontext war die Frage aufgekommen,[1] ob ein nur dem Grunde nach konzernrechnungslegungspflichtiges Mutterunternehmen, dessen Tochterunternehmen wegen § 296 HGB (Weiterveräußerungsabsicht, Verfügungsbeschränkungen, Unwesentlichkeit etc.) sämtlich nicht einzubeziehen sind, so dass ein HGB-Konzernabschluss entfiele, bei Kapitalmarktorientierung nach IFRS konzernrechnungslegungspflichtig ist, insoweit die IFRS die Nichteinbeziehung verbieten. Hier sorgt Abs. 5 für eine **Klarstellung:** Eine Konzernabschlusspflicht entfällt nach HGB und damit auch für § 315e HGB.

BEISPIEL Die börsennotierte Venture Capital AG hält eine Vielzahl von Beteiligungen. Alle Beteiligungserwerbe erfolgen mit einer Exitstrategie (Börsengang, außerbörsliche Veräußerung).

Die Beteiligungen werden daher gem. § 296 Abs. 1 Nr. 3 HGB nicht konsolidiert.

Nach § 290 Abs. 5 HGB entfällt damit die Konsolidierungspflicht, mit Folgewirkung für den IFRS-Abschluss nach EU-VO bzw. § 315e Abs. 1 HGB.

VIII. Rechtsfolgen einer Verletzung von § 290 HGB

Wird ein Konzernabschluss nicht aufgestellt oder aus sonstigen Gründen nicht (rechtzeitig) offengelegt, ist gegen die Mitglieder des vertretungsberechtigten Organs ein Ordnungsgeldverfahren nach § 335 HGB durchzuführen. 85

Ist dem Mutterunternehmen ein Schaden daraus entstanden, dass der Verpflichtung zur Konzernrechnungslegung nicht bzw. nicht rechtzeitig nachgekommen wurde, haften die gesetzli-

1 Vgl. *Engelmann/Zülch*, DB 2006 S. 293 ff.; *Knorr/Buchheim/Schmidt*, BB 2005 S. 2399 ff.

chen Vertreter der Gesellschaft gesamtschuldnerisch (§ 93 Abs. 2 Satz 1 AktG, § 43 Abs. 2 GmbHG).

§ 291 Befreiende Wirkung von EU/EWR-Konzernabschlüssen

(1) [1]Ein Mutterunternehmen, das zugleich Tochterunternehmen eines Mutterunternehmens mit Sitz in einem Mitgliedstaat der Europäischen Union oder in einem anderen Vertragsstaat des Abkommens über den Europäischen Wirtschaftsraum ist, braucht einen Konzernabschluss und einen Konzernlagebericht nicht aufzustellen, wenn ein den Anforderungen des Absatzes 2 entsprechender Konzernabschluss und Konzernlagebericht seines Mutterunternehmens einschließlich des Bestätigungsvermerks oder des Vermerks über dessen Versagung nach den für den entfallenden Konzernabschluss und Konzernlagebericht maßgeblichen Vorschriften in deutscher oder englischer Sprache offen gelegt wird. [2]Ein befreiender Konzernabschluss und ein befreiender Konzernlagebericht können von jedem Unternehmen unabhängig von seiner Rechtsform und Größe aufgestellt werden, wenn das Unternehmen als Kapitalgesellschaft mit Sitz in einem Mitgliedstaat der Europäischen Union oder in einem anderen Vertragsstaat des Abkommens über den Europäischen Wirtschaftsraum zur Aufstellung eines Konzernabschlusses unter Einbeziehung des zu befreienden Mutterunternehmens und seiner Tochterunternehmen verpflichtet wäre.

(2) [1]Der Konzernabschluss und Konzernlagebericht eines Mutterunternehmens mit Sitz in einem Mitgliedstaat der Europäischen Union oder in einem anderen Vertragsstaat des Abkommens über den Europäischen Wirtschaftsraum haben befreiende Wirkung, wenn

1. **das zu befreiende Mutterunternehmen und seine Tochterunternehmen in den befreienden Konzernabschluss unbeschadet des § 296 einbezogen worden sind,**
2. **der befreiende Konzernabschluss nach dem auf das Mutterunternehmen anwendbaren Recht im Einklang mit der Richtlinie 2013/34/EU oder im Einklang mit den in § 315e Absatz 1 bezeichneten internationalen Rechnungslegungsstandards aufgestellt und im Einklang mit der Richtlinie 2006/43/EG geprüft worden ist,**
3. **der befreiende Konzernlagebericht nach dem auf das Mutterunternehmen anwendbaren Recht im Einklang mit der Richtlinie 2013/34/EU aufgestellt und im Einklang mit der Richtlinie 2006/43/EG geprüft worden ist,**
4. **der Anhang des Jahresabschlusses des zu befreienden Unternehmens folgende Angaben enthält:**
   a) **Name und Sitz des Mutterunternehmens, das den befreienden Konzernabschluss und Konzernlagebericht aufstellt,**
   b) **einen Hinweis auf die Befreiung von der Verpflichtung, einen Konzernabschluss und einen Konzernlagebericht aufzustellen, und**
   c) **eine Erläuterung der im befreienden Konzernabschluss vom deutschen Recht abweichend angewandten Bilanzierungs-, Bewertungs- und Konsolidierungsmethoden.**

[2]Satz 1 gilt für Kreditinstitute und Versicherungsunternehmen entsprechend; unbeschadet der übrigen Voraussetzungen in Satz 1 hat die Aufstellung des befreienden Konzernabschlusses und des befreienden Konzernlageberichts bei Kreditinstituten im Einklang mit der Richtlinie 86/635/EWG des Rates vom 8. Dezember 1986 über den Jahresabschluss und den konsolidierten Abschluss von Banken und anderen Finanzinstituten (ABl EG Nr. L 372 S. 1) und bei Versicherungsunternehmen im Einklang mit der Richtlinie 91/674/EWG des Rates vom 19. Dezember 1991 über den Jahresabschluss und den konsolidierten Jahresabschluss von Versicherungsunternehmen (ABl EG Nr. L 374 S. 7) in ihren jeweils geltenden Fassungen zu erfolgen.

(3) Die Befreiung nach Absatz 1 kann trotz Vorliegens der Voraussetzungen nach Absatz 2 von einem Mutterunternehmen nicht in Anspruch genommen werden, wenn

1. **das zu befreiende Mutterunternehmen einen organisierten Markt im Sinn des § 2 Absatz 11 des Wertpapierhandelsgesetzes durch von ihm ausgegebene Wertpapiere im Sinn des § 2 Absatz 1 des Wertpapierhandelsgesetzes in Anspruch nimmt,**
2. **Gesellschafter, denen bei Aktiengesellschaften und Kommanditgesellschaften auf Aktien mindestens 10 vom Hundert und bei Gesellschaften mit beschränkter Haftung mindestens 20 vom Hundert der Anteile an dem zu befreienden Mutterunternehmen gehören, spätestens sechs Monate vor dem Ablauf des Konzerngeschäftsjahrs die Aufstellung eines Konzernabschlusses und eines Konzernlageberichts beantragt haben.**

Inhaltsübersicht **Rz.**

LITERATUR:

Gross, Teilkonzernabschlüsse als Mittel des Minderheitenschutzes?, WPg 1976 S. 214; *Maas/Schruff*, Befreiende Konzernrechnungslegung von Mutterunternehmen mit Sitz außerhalb der EG, WPg 1991 S. 765; *von Wysocki*, Konzernabschluss: Aufstellungs- und Einbeziehungspflichten nach neuem Recht, WPg 1987 S. 277.

I. Überblick

Im mehrstufigen Konzern ist das **Unternehmen mittlerer Ebene** 1

- nicht nur **Tochterunternehmen** im Verhältnis zu den ihm **über**geordneten Unternehmen,
- sondern **zugleich Mutterunternehmen** im Verhältnis zu den ihm **unter**geordneten Unternehmen.

Das Unternehmen **mittlerer** Ebene wird einerseits in den Konzernabschluss der höheren Stufe(n) einbezogen, müsste nach § 290 HGB andererseits aber selbst einen (Teil-)Konzernabschluss erstellen, in den seine Tochterunternehmen einzubeziehen wären.

Dieses sog. **Tannenbaumprinzip** (→ § 290 Rz. 6) würde in einem mehrstufigen Konzern zu einer Vervielfachung der Zahl der aufzustellenden Konzernabschlüsse führen. Den damit verbundenen Mehrkosten steht dann kein entsprechender Nutzen gegenüber, wenn das Informationsinteresse der Kapitalgeber bereits durch den (Gesamt-)Konzernabschluss höherer Stufe und die ohnehin zu erstellenden Einzelabschlüsse befriedigt wird (→ Rz. 5).

2 §§ 291, 292 HGB sehen daher für Mutterunternehmen, die gleichzeitig Tochterunternehmen eines Mutterunternehmens höherer Stufe sind, eine Möglichkeit zur **Befreiung** von der Pflicht zur Aufstellung eines (Teil-)Konzernabschlusses vor, sofern ein **übergeordneter** Konzernabschluss (nicht notwendig ein Gesamtkonzernabschluss) erstellt wird. Einschlägig ist bei oberen Mutterunternehmen

- mit Sitz in einem EU-/EWR-Staat § 291 HGB,
- aus anderen Staaten § 292 HGB (→ § 292 Rz. 4 ff.).

Infolge des Brexits kann jedenfalls für Stichtage nach dem 31.12.2020 bei Sitz des Mutterunternehmens im Vereinigten Königreich § 291 HGB nicht mehr zur Anwendung gelangen.

Der Europäische Wirtschaftsraum (EWR) umfasst neben den EU-Staaten auch Island, Liechtenstein und Norwegen. Die Schweiz ist kein Mitglied des EWR.

3 § 291 HGB enthält folgende **Voraussetzungen** für die Befreiung vom Teilkonzernabschluss:

- Nach Abs. 1 tritt die Befreiung nur ein, wenn auf der Grundlage eines Mutter-Tochter-Verhältnisses (→ Rz. 9) zwischen dem Mutterunternehmen oberer und unterer Stufe ein Konzernabschluss höherer Stufe einschließlich des Bestätigungs- oder Versagungsvermerks in deutscher Sprache **offengelegt** wird (→ Rz. 13).
- Abs. 2 Nr. 1 und 2 formulieren inhaltliche Anforderungen an den **befreienden** Konzernabschluss höherer Stufe. Das zu befreiende Mutterunternehmen muss einbezogen werden (→ Rz. 22), der befreiende Konzernabschluss im Einklang mit den EU-Richtlinien aufgestellt (→ Rz. 17) und geprüft (→ Rz. 23) werden.
- Abs. 2 Nr. 3 enthält Anforderungen an den **Anhang** des Jahresabschlusses des **befreiten** Unternehmens. Unter anderem sind Name und Sitz des Mutterunternehmens, das den befreienden Konzernabschluss aufstellt, anzugeben (→ Rz. 25).
- Nach Abs. 3 ist trotz Erfüllung der übrigen Voraussetzungen **keine Befreiungsmöglichkeit** gegeben, wenn die an der Spitze des Teilkonzerns stehende Gesellschaft kapitalmarktorientiert ist (→ Rz. 27) oder eine qualifizierte Minderheit ihrer Gesellschafter die Aufstellung eines Teilkonzernabschlusses verlangt (→ Rz. 29).

4 Der Verzicht auf einen Teilkonzernabschluss kann mit den durch § 264 Abs. 3 HGB gegebenen Erleichterungen für die Aufstellung der Prüfung und Veröffentlichung des Jahresabschlusses (→ § 264 Rz. 38) kollidieren. Je nach Interessenlage ist dann ein Teilkonzernabschluss zu erstellen oder auf die Erleichterungen für den Jahresabschluss zu verzichten.

BEISPIEL Der dreistufige Konzern K ist wie folgt strukturiert:

Mutterunternehmen MU Ltd. (USA)

Tochterunternehmen TU AG (D)

Enkelunternehmen EU AG (D).

Im Verhältnis MU zu TU sowie TU und EU bestehen Verlustausgleichsverpflichtungen.

BEURTEILUNG Besteht ein Interesse daran, den Jahresabschluss (Einzelabschluss) von EU nicht prüfen zu lassen und zu veröffentlichen, müssen die Anwendungsvoraussetzungen von § 264 Abs. 3 HGB eingehalten werden. Dies erfordert insbesondere die Einbeziehung von EU in den Konzernabschluss einer Mutterkapitalgesellschaft (→ § 264 Rz. 40 ff.), die im Inland oder in der EU/im EWR ansässig ist, also hier in den Teilkonzernabschluss von TU.

Ohne Aufstellung, Prüfung und Veröffentlichung eines solchen Teilkonzernabschlusses entfallen die Erleichterungsmöglichkeiten für den Jahresabschluss.

II. Befreiung von der Teilkonzernabschlusspflicht durch Konzernabschluss höherer Stufe (Abs. 1)

1. Normzweck

In **mehrstufigen Konzernen** wäre für jeden Teilkonzern, an dessen Spitze eine Kapitalgesellschaft oder „Kap. & Co."-Gesellschaft (→ § 290 Rz. 1) steht, ein **Teilkonzernabschluss** zu erstellen. Da den damit verbundenen Kosten i. d. R. **kein adäquater Informationsnutzen** gegenübersteht, ermöglicht § 291 HGB die Befreiung von der Teilkonzernabschlusspflicht durch einen Konzernabschluss höherer Stufe (→ Rz. 1). 5

Die Befreiung ist nach Abs. 1 an folgende **Bedingungen** geknüpft: 6

- Zwischen dem zu befreienden Mutterunternehmen und einem übergeordneten Mutterunternehmen besteht nach dem maßgeblichen Recht ein **Mutter-Tochter-Verhältnis** (→ Rz. 9).
- Das obere Mutterunternehmen hat seinen Sitz in einem **EU-/EWR-Staat** (→ Rz. 7).
- Es stellt einen **Konzernabschluss** auf, um ihn einschließlich des Bestätigungs- oder Versagungsvermerks in deutscher Sprache **offenzulegen** (→ Rz. 13).

2. Sitz und Rechtsform des Mutterunternehmens höherer Stufe

Das Mutterunternehmen höherer Stufe muss seinen Sitz in einem EU-/EWR-Staat haben (→ Rz. 2). Bei anderen Sitzstaaten kann die Befreiungsmöglichkeit nach § 292 HGB greifen (→ § 292 Rz. 2). 7

Der befreiende Konzernabschluss kann nach Abs. 1 Satz 2 von Unternehmen **beliebiger Rechtsform und Größe** aufgestellt werden. Es kommt daher auch nicht darauf an, ob der befreiende Konzernabschluss freiwillig oder in Erfüllung einer gesetzlichen Pflicht aufgestellt wird. Auch Einzelkaufleute, BGB-Gesellschaften und juristische Personen des öffentlichen Rechts können einen befreienden Konzernabschluss aufstellen. Voraussetzung ist aber die Unternehmenseigenschaft (→ § 271 Rz. 11). Fehlt es hieran, hat der Abschluss eines **Gleichordnungskonzerns** keine Befreiungswirkung: 8

BEISPIEL Die sonst nicht geschäftlich tätige natürliche Person P hält Mehrheitsbeteiligungen an A und B, wobei A und B jeweils diverse Tochterunternehmen haben. Für den Gleichordnungskonzern A-B stellt P freiwillig einen Konzernabschluss auf.

BEURTEILUNG Sofern das Halten und Verwalten der Beteiligungen durch P nicht als Unternehmenstätigkeit zu qualifizieren ist, befreit der Abschluss des Gleichordnungskonzerns die Konzerne A und B nicht.

FALLVARIANTE P ist nicht im Inland, sondern in einem anderen EU-/EWR-Ausland ansässig.

Nach dem maßgeblichen (→ Rz. 9) dortigen Recht darf (und muss) er einen Abschluss für den Gleichordnungskonzern aufstellen. Dieser hat Befreiungswirkung.

Das Unternehmen beliebiger Rechtsform kann nach Abs. 1 Satz 2 Halbsatz 2 nur dann einen befreienden Konzernabschluss aufstellen, wenn es „als Kapitalgesellschaft mit Sitz in einem Mitgliedstaat der Europäischen Union oder in einem anderen Vertragsstaat des Abkommens über den Europäischen Wirtschaftsraum zur Aufstellung eines Konzernabschlusses unter Einbeziehung des zu befreienden Mutterunternehmens und seiner Tochterunternehmen verpflichtet wäre“. Bei widerspruchsfreier Interpretation hat dieser Zusatz keine besondere Bedeutung. Er bringt sprachlich missglückt nur die rechtsformunabhängige Befreiungsmöglichkeit zum Ausdruck.[1]

3. Mutter-Tochter-Verhältnis

9 Die Befreiung des Teilkonzerns durch den Konzernabschluss höherer Stufe tritt nach Abs. 1 Satz 1 nur dann ein, wenn ein Mutter-Tochter-Verhältnis zwischen der Spitze des oberen Konzerns und der Spitze des unteren Konzerns besteht.

10 Hierbei kann es sich **auch** um ein **indirektes** Mutter-Tochter-Verhältnis handeln (→ § 290 Rz. 71). Zwischen dem oberen und dem unteren Unternehmen können also mehrere Konzernstufen liegen. Die Aufstellung eines Gesamtkonzernabschlusses durch die oberste Stufe des Konzerns (Konzernspitze) befreit bei Vorliegen der übrigen Voraussetzungen alle Teilkonzerne unterer Stufen.

11 Ob das geforderte Mutter-Tochter-Verhältnis vorliegt (→ Rz. 9), entscheidet sich nach dem für das übergeordnete Mutterunternehmen **maßgeblichen Recht.**

Soweit nur nationales Recht zur Anwendung gelangt, gilt daher:

- Bei Sitz des übergeordneten Mutterunternehmens im **Inland** ist **§ 290 HGB**,
- bei Sitz in einem **anderen EU-/EWR-Staat** das **Recht des jeweiligen Staats** maßgeblich.

12 Sofern das übergeordnete Mutterunternehmen nicht das jeweilige nationale Recht anwendet, sondern auf der Basis der IAS-Verordnung der EU **einen IFRS-Konzernabschluss** (→ Rz. 21) aufstellt, sind die IFRS das maßgebliche, über ein Mutter-Tochter-Verhältnis entscheidende Recht.

BEISPIEL Die österreichische Ö hält 40 % an der belgischen B, außerdem hat sie eine jederzeit ausübbare *Call*-Option auf Erwerb weiterer 15 %. Die belgische B ist wiederum mit 100 % an der deutschen D beteiligt. D hat seinerseits nach § 290 HGB diverse inländische Tochterunternehmen: E-1 ff.

Ö stellt einen Gesamtkonzernabschluss nach IFRS auf. In diesen Gesamtkonzernabschluss wird wegen der Berücksichtigung potenzieller Stimmrechte aus der *Call*-Option auch B samt ihren mittelbaren und unmittelbaren Töchtern (D und E-1 ff.) einbezogen.

BEURTEILUNG Nach inländischem Recht besteht zwischen Ö und D kein (mittelbares) Mutter-Tochter-Verhältnis, da Optionsrechte i. d. R. keine Kontrolle begründen (→ § 290 Rz. 75).

Nach dem maßgeblichen Recht (hier den IFRS) besteht zwischen Ö und B aber ein unmittelbares und daher zwischen Ö und D ein mittelbares Mutter-Tochter-Verhältnis. Die Voraussetzungen der Befreiung sind gegeben.

1 Vgl. *ADS*, 6. Aufl., § 291 Tz. 8; *Busse von Colbe* in Schmidt (Hrsg.), Münchener Kommentar zum Handelsgesetzbuch: HGB, Bd. 4, 2. Aufl. 2008, § 291 Tz. 12.

4. Offenlegung

Konzernabschluss und Konzernlagebericht des Mutterunternehmens höherer Stufe haben nach Abs. 1 Satz 1 nur dann befreiende Wirkung, wenn sie 13

- einschließlich des **Bestätigungs- oder Versagungsvermerks**
- in **deutscher** oder **englischer** Sprache
- nach den für den entfallenden Konzernabschluss maßgeblichen Vorschriften **offengelegt** werden.

Nicht erforderlich ist eine Umrechnung in Euro. Die Übersetzung in die deutsche oder englische Sprache bedarf keiner Beglaubigung.[1] Zur Frage, ob die Befreiungswirkung auch bei einem eingeschränkten oder versagten Bestätigungsvermerk eintritt, wird auf → Rz. 23 verwiesen. Erst durch das ARUG II ist die Offenlegung in englischer Sprache zugelassen worden.

Die Offenlegung muss nach den für den befreiten (inländischen) Konzernabschluss geltenden Vorschriften erfolgen. Nach § 325 Abs. 3 i.V. mit Abs. 1 Satz 2 HGB (→ § 325 Rz. 16) ist der befreiende Konzernabschluss somit **spätestens zwölf Monate** nach Ablauf des Geschäftsjahres offenzulegen. Sofern der Abschlussstichtag des zu befreienden Mutterunternehmens von dem des befreienden Konzernabschlusses abweicht, ist der Stichtag des zu befreienden Mutterunternehmens maßgeblich. 14

BEISPIEL ▸ Das Geschäftsjahr des befreiten Mutterunternehmens unterer Stufe läuft vom 1.10.00 bis zum 30.9.01. Das Mutterunternehmen oberer Stufe stellt den Konzernabschluss für ein kalendergleiches Geschäftsjahr auf.

Der befreiende Konzernabschluss per 31.12.02 ist nicht bis zum 31.12.03 (zwölf Monate nach Konzernbilanzstichtag), sondern bis zum 30.9.02 (zwölf Monate nach Bilanzstichtag des unteren Unternehmens) offenzulegen.

III. Anforderungen an den befreienden Konzernabschluss (Abs. 2 Nr. 1 und 2)

1. Maßgeblichkeit des nationalen Rechts oder der IFRS

Befreiender Konzernabschluss und Konzernlagebericht müssen dem nationalen Recht entsprechen, das für den Konzernabschluss des übergeordneten Mutterunternehmens gilt (Abs. 2 Nr. 2). Aufgrund der Mitgliedstaatenwahlrechte in der EG-Richtlinie kann daher der befreiende Abschluss in Form und Inhalt von dem entfallenden Konzernabschluss abweichen. 15

Soweit nach nationalem Recht pflichtweise bei Kapitalmarktorientierung oder wahlweise in anderen Fällen ein befreiender IFRS-Konzernabschluss erstellt wird, muss dieser den in der EU angenommenen **IFRS** entsprechen (→ Rz. 21 und → Rz. 21a). 16

2. Einklang mit der EU-Richtlinie

2.1 Einklangerfordernis

Befreiender Konzernabschluss und Konzernlagebericht müssen im Einklang mit den Anforderungen der EU-Richtlinie oder mit den in § 315e HGB genannten, von der EU endorsten IFRS 17

1 Vgl. Begr. RegE, BT-Drucks. 10/3440 S. 44 zu § 297 HGB-E.

stehen (Abs. 2 Nr. 2). Der Einklang mit der EU-Richtlinie ist anzunehmen, wenn das Mutterunternehmen oberer Stufe eine **Kapitalgesellschaft** oder **„Kap. & Co."-Gesellschaft** mit Sitz im Inland oder in einem anderen EU-/EWR-Staat ist und der Konzernabschluss nach dem **jeweiligen nationalen Recht** erstellt ist.

Kritisch kann das Einklangerfordernis in folgenden Fällen zu würdigen sein:

- Konzernabschluss einer inländischen Personengesellschaft nach **PublG** (→ Rz. 18);
- Konzernabschluss nach Full bzw. Drittstaaten-**IFRS** (→ Rz. 21).

2.2 Befreiungswirkung eines Konzernabschlusses nach PublG

18 Ist das Mutterunternehmen oberer Stufe eine inländische Personengesellschaft, die ihren Konzernabschluss nach PublG erstellt, kommt diesem Abschluss nur dann Befreiungswirkung zu, wenn zwei Voraussetzungen erfüllt sind:

- Bestimmte nach PublG gegenüber dem HGB bestehende **Erleichterungen** werden nicht in Anspruch genommen (§ 13 Abs. 3 Satz 3 PublG; → Rz. 19).
- Die Konsolidierung nach PublG bewirkt nicht, dass Tochterunternehmen des zu befreienden Mutterunternehmens aus dem **Konsolidierungskreis** fallen (→ Rz. 20).

19 Zur ersten Voraussetzung folgendes Beispiel:

BEISPIEL In einer dreistufigen Struktur ist die A-OHG Konzernspitze, die B-AG deren Tochterunternehmen, zugleich aber Mutterunternehmen im Hinblick auf die GmbHs C-1 ff.

Die A-OHG stellt einen Konzernabschluss nach PublG auf. Sie könnte dabei folgende Erleichterungen in Anspruch nehmen:

- keine Angabe der Organbezüge (§ 13 Abs. 3 Satz 1 PublG);
- verkürzte GuV (§ 13 Abs. 3 Satz 2 i.V. mit § 5 Abs. 5 PublG);
- keine Aufstellung von Kapitalflussrechnung und Eigenkapitalspiegel (§ 13 Abs. 3 Satz 2 PublG).

BEURTEILUNG Nur die Inanspruchnahme der an dritter Stelle genannten Erleichterungen ist nach § 13 Abs. 3 Satz 3 PublG unschädlich. Wird dagegen mindestens eine der beiden anderen Erleichterungen in Anspruch genommen, hat der Gesamtkonzernabschluss der A-OHG keine Befreiungswirkung für den Teilkonzernabschluss der B-GmbH.

20 Die zweite Voraussetzung spielte vor dem BilMoG eine Rolle, da § 290 HGB a. F. die Konsolidierungspflicht alternativ an einheitliche Leitung oder Kontrolle band, § 11 PublG a. F. hingegen nur auf die einheitliche Leitung abstellte. Durch das BilMoG wird als Konsolidierungskonzept von HGB und PublG einheitlich der beherrschende Einfluss verwendet. § 11 Abs. 1 PublG stimmt insoweit nun mit § 290 Abs. 1 HGB überein, § 11 Abs. 6 Satz 1 Nr. 1 PublG schreibt die entsprechende Anwendung von § 290 Abs. 2 bis 5 HGB vor.

BEISPIEL In einer dreistufigen Struktur ist die A-OHG Konzernspitze, die B-AG deren unter einheitlicher Leitung stehendes Tochterunternehmen. Die B-AG ist zugleich Mutterunternehmen im Hinblick auf die GmbHs E-1 ff., teilweise aber nur nach dem Kontrollkonzept des § 290 Abs. 2 a. F. HGB, nicht hingegen qua einheitlicher Leitung i. S. des § 290 Abs. 1 a. F. HGB bzw. § 11 PublG a. F. In den Gesamtkonzernabschluss nach PublG wurden diese Fälle ohne einheitliche Leitung nicht einbezogen.

BEURTEILUNG nach altem Recht:

In den Gesamtkonzernabschluss wurden einige Tochterunternehmen i. S. des § 290 Abs. 2 HGB a. F. nicht einbezogen, da sie zwar unter Kontrolle, aber nicht unter einheitlicher Leitung standen. Dies stand im Widerspruch zur 7. EG-Richtlinie. Der Gesamtkonzernabschluss hatte daher keine befreiende Wirkung für den Teilkonzernabschluss der B-AG.[1]

BEURTEILUNG nach BilMoG:
Das Problem divergierender Konsolidierungskreise kann nicht mehr auftreten.

2.3 Befreiungswirkung eines Konzernabschlusses nach IFRS

21 Stellt das Mutterunternehmen oberer Stufe seinen Konzernabschluss nach Maßgabe der EU-IAS-VO bzw. deren Umsetzung in nationales Recht (in Deutschland § 315e HGB) nach IFRS auf, hat dieser Abschluss gem. Abs. 2 Satz 1 Nr. 2 Befreiungswirkung, wenn ihm – wie in § 315e Abs. 1 HGB – vorgesehen, ein Lagebericht beigefügt ist (→ § 315e Rz. 12).

21a Auch nach BilRUG gilt wie schon zuvor: Ein IASB- oder Drittstaaten-IFRS-Konzernabschluss reicht im Unterschied zu einem EU-IFRS-Abschluss nicht aus.

BEISPIEL Die oberste französische Mutter stellt einen IFRS-Konzernabschluss auf und wendet dabei neue IFRS-Standards an, deren vorzeitige Anwendung *(early application)* in den Standards erlaubt ist. Die Standards sind von der EU jedoch noch nicht endorst.
Der IASB-IFRS-Abschluss hat keine Befreiungswirkung.

3. Konsolidierungskreis

22 Das zu befreiende Mutterunternehmen und seine Tochterunternehmen müssen unbeschadet der Optionen des § 296 HGB in den befreienden Konzernabschluss einbezogen werden (Abs. 2 Nr. 1).

Angesprochen ist damit das Problem der unterschiedlichen Ausübung von Konsolidierungswahlrechten auf verschiedenen Konzernstufen. Von praktischer Bedeutung ist vor allem die **Nichtkonsolidierung** wegen **Unwesentlichkeit** (→ § 296 Rz. 18).

BEISPIEL Das Mutterunternehmen unterer Stufe hält Anteile an diversen Tochterunternehmen, die aus Sicht des Teilkonzernabschlusses sämtlich wesentlich sind, aus Sicht des Gesamtkonzernabschlusses jedoch zum Teil nur von untergeordneter Bedeutung. Einige dieser Tochterunternehmen werden gem. § 296 Abs. 2 HGB daher im Gesamtkonzernabschluss nicht konsolidiert.

BEURTEILUNG Die Befreiungswirkung des Gesamtkonzernabschlusses wird durch die Nichteinbeziehung von nur aus Gesamtkonzernperspektive unwesentlichen Tochterunternehmen nicht tangiert.

Verallgemeinert gilt: Die expliziten oder faktischen **Einbeziehungswahlrechte** sind aus Sicht des **Mutterunternehmens oberer Stufe** zu beurteilen. Werden sie dort regelkonform ausgeübt, bleibt die Befreiungswirkung erhalten. Ob das Wahlrecht auf der unteren Stufe ebenfalls bestanden hätte, ist unerheblich.[2]

Das Abstellen auf die obere Stufe findet dort seine Grenze, wo das zu befreiende Mutterunternehmen selbst nicht in den Konzernabschluss des übergeordneten Mutterunternehmens einbezogen wird.[3]

1 Gleicher Auffassung *Siebourg* in Küting/Weber (Hrsg.), Handbuch der Konzernrechnungslegung, Bd. II, 2. Aufl. 2002, § 291 Tz. 43; *ADS*, 6. Aufl., § 290 Tz. 29.
2 Vgl. *Maas/Schruff*, WPg 1991 S. 765 ff.
3 Vgl. *ADS*, 6. Aufl., § 290 Tz. 35.

4. Prüfung

23 Konzernabschluss und Konzernlagebericht oberer Stufe wirken nur dann befreiend für den Teilkonzern, wenn sie nach dem jeweiligen nationalen Recht – in Deutschland u. a. § 319 Abs. 1 Satz 1 HGB (→ § 319 Rz. 4) – von einem in Übereinstimmung mit den EU-Richtlinien zugelassenen Abschlussprüfer geprüft worden sind (Abs. 2 Nr. 2 Halbsatz 2).

Führt die Prüfung des befreienden Konzernabschlusses zu einer **Versagung des Bestätigungsvermerks** (→ § 322 Rz. 57 ff.), so gilt Folgendes:

- Abs. 1 Satz 1 sieht die Veröffentlichung von Konzernabschluss und Konzernlagebericht „einschließlich des Bestätigungsvermerks oder des Vermerks über dessen Versagung" vor und bindet damit die Befreiungswirkung gerade nicht an die Erteilung eines (uneingeschränkten) Bestätigungsvermerks. Auch ein mit Versagungsvermerk versehener Konzernabschluss kann daher im Einzelfall Befreiungswirkungen haben.
- Nach Abs. 2 Nr. 2 kann aber eine andere Beurteilung geboten sein. Liegt der Grund der Versagung nicht in einem Prüfungshemmnis, sondern darin, dass der Konzernabschluss nach dem Gesamtbild der Umstände nicht nach dem maßgeblichen Recht aufgestellt wurde, erfüllt der Abschluss auch nicht das Erfordernis des Einklangs mit der EU-Richtlinie. Die Befreiungswirkung tritt dann nicht ein.[1]

23a Das BilRUG hat – anders als bei Drittstaatenabschlüssen (→ § 292 Rz. 6) – versäumt in Abs. 1 Satz 1 die Nennung des Versagungsvermerks zu streichen, obwohl nach Art. 23 Abs. 4 Buchst. c (ii) der Richtlinie 2013/34/EU nur ein mit einem Bestätigungsvermerk versehener übergeordneter Konzernabschluss aus einem anderen Mitgliedstaat Befreiungswirkung hat. Eine solche richtlinienkonforme Auslegung wird im Schrifttum aber nicht gefordert. Der Versagungsvermerk soll nur dann einer Befreiung entgegenstehen, wenn der Konzernabschluss die Anforderungen des Abs. 2 Nr. 2 nicht erfüllt.[2]

5. Besonderheiten bei Finanzinstituten und Versicherungen

24 Abs. 2 Satz 2 stellt klar, dass an der Spitze des Teilkonzerns stehende Kreditinstitute oder Versicherungen nur dann von der Teilkonzernabschlusspflicht befreit werden, wenn der Konzernabschluss und Lagebericht oberer Stufe im Einklang mit der Bank- bzw. Versicherungsbilanzrichtlinie stehen. Die übrigen Befreiungsvoraussetzungen bleiben unberührt.

IV. Anhangangaben im Einzelabschluss des befreiten Mutterunternehmens (Abs. 2 Nr. 3)

25 Der Anhang des Jahresabschlusses des zu befreienden Mutterunternehmens muss die folgenden Angaben enthalten (→ § 284 Rz. 37):

- **Name und Sitz des Mutterunternehmens,** das den befreienden Konzernabschluss und Konzernlagebericht aufstellt,
- **Hinweis auf die Befreiung** von der Verpflichtung, einen Konzernabschluss und einen Konzernlagebericht aufzustellen, sowie

1 Vgl. *Siebourg* in Küting/Weber (Hrsg.), Handbuch der Konzernrechnungslegung, 2. Aufl. 2002, § 291 Tz. 32.
2 Vgl. *Grottel/Kreher* in Beck'scher Bilanz-Kommentar, 13. Aufl. 2022, § 291 Tz. 23.

- Erläuterung der im befreienden Konzernabschluss vom deutschen Recht **abweichend angewandten Methoden** der Bilanzierung, Bewertung und Konsolidierung.

Die Pflicht zur Erläuterung der **Bilanzierungs-, Bewertungs- und Konsolidierungsmethoden** bedarf näherer Würdigung: 26

- Bei **extensiver** Interpretation wären sämtliche Abweichungen zu erläutern. Bei einem befreienden IFRS-Abschluss wäre also etwa aus Sicht der Bilanzierungs- und Bewertungsmethoden u. a. auf
  - die unterschiedliche Behandlung von Finanzinstrumenten,
  - die unterschiedliche Qualifizierung von Leasingverhältnissen,
  - die unterschiedliche Gewinnrealisierung bei langfristigen Fertigungsaufträgen und
  - die unterschiedliche Diskontierung von Pensionsrückstellungen

  einzugehen.

  Aus Sicht der Konsolidierungsmethoden wären negative Unterschiedsbeträge bei der Erstkonsolidierung zu erläutern, die nur außerplanmäßige Abschreibung positiver Unterschiedsbeträge, die Konsolidierung wegen potenzieller Stimmrechte etc. *Busse von Colbe* hält hierzu kritisch fest: „Wörtlich genommen erfordert das ganze Bücher, zumindest Ausführungen im Umfang eines längeren Aufsatzes."[1] Ein solches Lehrstück über Abweichungen zwischen HGB und IFRS oder dem Recht anderer EWR-Staaten kann nicht Sinn des Anhangs des handelsrechtlichen Einzelabschlusses sein. Es würde diesen völlig aus dem Gleichgewicht bringen.
- Eine **restriktive** Interpretation würde sich daher im vorstehenden Beispiel mit folgendem Hinweis begnügen: Der befreiende Konzernabschluss wird nach IFRS erstellt und somit nach abweichenden Bilanzierungs-, Bewertungs- und Konsolidierungsmethoden. Der Informationswert einer derartigen Aussage tendiert allerdings gegen null.
- Eine **vermittelnde** Position ist daher sachgerecht. Qualitativ zu erläutern sind die beim jeweiligen Unternehmen besonders **wichtigen** Abweichungen.

BEISPIEL ► Der Teilkonzern gehört zu einem Baukonzern. Der befreiende Gesamtkonzernabschluss wird nach IFRS aufgestellt. Im Anhang des Einzelabschlusses des Mutterunternehmens des Teilkonzerns wird Folgendes vermerkt:

„Die beiden wichtigsten vom HGB abweichenden Bilanzierungs-, Bewertungs- und Konsolidierungsmethoden sind:

1. Gewinn- und Umsatzrealisierung nach Fertigungsfortschritt (*Percentage-of-Completion*-Methode).
2. Keine planmäßige Abschreibung des *Goodwill* (*Impairment-only*-Ansatz)."

V. Ausschluss der Befreiung (Abs. 3)

1. Kapitalmarktorientierung (Abs. 3 Nr. 1)

Ein übergeordneter Konzernabschluss befreit das **Mutterunternehmen** unterer Stufe dann nicht von der Aufstellung eines Teilkonzernabschlusses, wenn dieses selbst einen **organisierten Markt** i. S. des § 2 Abs. 11 WpHG durch von ihm ausgegebene Wertpapiere i. S. des § 2 Abs. 1 Satz 1 WpHG in Anspruch nimmt (Abs. 3 Nr. 1). 27

1 Vgl. *Busse von Colbe* in Schmidt (Hrsg.), Münchener Kommentar zum Handelsgesetzbuch: HGB, Bd. 4, 2. Aufl. 2008, § 291 Tz. 28.

Angesprochen sind damit kapitalmarktorientierte Mutterunternehmen i. S. von § 264d HGB. Ein Unterschied zu § 264d HGB ergibt sich nur in folgender Hinsicht:

- § 264d HGB bezieht auch solche Unternehmen ein, die die Zulassung ihrer Wertpapiere zum Handel an einem organisierten Markt beantragt haben (→ § 264d Rz. 1).
- Nach § 291 Abs. 3 Nr. 1 HGB zerstört der Zulassungsantrag die Befreiungsmöglichkeit hingegen noch nicht. Der organisierte Markt muss bereits in Anspruch genommen werden.

2. Minderheitenschutz (Abs. 3 Nr. 2)

28 Der **Gesamtkonzernabschluss** (oder Konzernabschluss oberer Stufe) hat hinsichtlich der **Lage des Teilkonzerns** nur eine **begrenzte Aussagekraft.** Diese sinkt umso mehr, je kleiner der Teilkonzern im Verhältnis zum höherstufigen Konzern ist.

Um dem Rechnung zu tragen, wird qualifizierten Minderheiten in Abs. 3 Nr. 2 die Möglichkeit gegeben, die Aufstellung eines (Teil-)Konzernabschlusses zu verlangen. Der Minderheitenschutz kann nur dort einschlägig werden, wo dem Mutterunternehmen oberer Stufe nicht sämtliche Anteile an dem Mutterunternehmen unterer Stufe gehören.

29 **Rechtsformabhängig** wird wie folgt unterschieden:

- Bei **Aktiengesellschaften** und Kommanditgesellschaften auf Aktien muss die Aufstellung des Teilkonzernabschlusses von mindestens **10 %** der Gesellschafter,
- bei **Gesellschaften mit beschränkter Haftung** von mindestens **20 %**

beantragt werden.

Die rechtsformabhängige Unterscheidung wurde aus Art. 23 Abs. 5 der Richtlinie 2013/34/EU übernommen. Der scheinbar höhere Minderheitenschutz bei Aktiengesellschaften soll der Tatsache Rechnung tragen, dass deren Gesellschafterkreis häufig breiter gestreut, die Organisation eines Minderheitsvotums entsprechend schwieriger ist.

30 Die Minderheitsgesellschafter müssen selbst aktiv werden, nämlich einen **Antrag** stellen, und zwar spätestens sechs Monate vor Ablauf des Konzerngeschäftsjahres. Der Antrag gilt nur für das betreffende Jahr.

In **zeitlicher** Hinsicht sind bei einer Anteilsübertragung von Minderheitsgesellschafter A auf Minderheitsgesellschafter B während des Geschäftsjahres folgende Fälle zu unterscheiden:

- A veräußert innerhalb der ersten sechs Monate des Geschäftsjahres an B: Das Antragsrecht liegt bei B.
- A veräußert nach dem sechsten Monat des Geschäftsjahres an B und hat bis zum Ende des sechsten Monats Antrag gestellt: B kann diesen Antrag nicht nachholen.
- A veräußert nach dem sechsten Monat des Geschäftsjahres an B und hat bis zum Ende des sechsten Monats einen Antrag gestellt: B kann diesen Antrag zurücknehmen.

31 Bis zum Inkrafttreten des BilMoG sah Abs. 2 Nr. 2 noch einen **besonderen Minderheitenschutz** in den Fällen vor, in denen das Mutterunternehmen höherer Stufe mindestens 90 % der Anteile an dem zu befreienden Mutterunternehmen hielt. In diesem Fall war eine Befreiungswirkung nur möglich, wenn sämtliche Minderheitsgesellschafter ihr zustimmten. Während also größere Minderheiten (Anteil mehr als 10 %) einen Teilkonzernabschluss nur durch aktives Handeln (Antragstellung) und bei Erreichung einer qualifizierten Quote erreichen konnten, war es bei

insgesamt kleinerem Minderheitenanteil bereits einem einzelnen Gesellschafter möglich, durch Nichthandeln (Schweigen) die Aufstellung eines Teilkonzernabschlusses zu verhindern. Hiermit einher ging in der Praxis von Publikumsgesellschaften die Schwierigkeit, jeden Aktionär zu erreichen und um seine Zustimmung zur Nichtaufstellung eines Teilkonzernabschlusses zu bitten. Die vom Schrifttum hierfür gefundenen Ersatzlösungen (z. B. öffentlicher Aufruf) wurden nicht allgemein anerkannt. Um all diesen Schwierigkeiten und Widersprüchen ein Ende zu bereiten, ist der besondere Schutz kleiner Minderheiten durch das BilMoG **entfallen.**

§ 292 Befreiende Wirkung von Konzernabschlüssen aus Drittstaaten

(1) Ein Mutterunternehmen, das zugleich Tochterunternehmen eines Mutterunternehmens mit Sitz in einem Staat, der nicht Mitglied der Europäischen Union und auch nicht Vertragsstaat des Abkommens über den Europäischen Wirtschaftsraum ist, braucht einen Konzernabschluss und einen Konzernlagebericht nicht aufzustellen, wenn dieses andere Mutterunternehmen einen dem § 291 Absatz 2 Nummer 1 entsprechenden Konzernabschluss (befreiender Konzernabschluss) und Konzernlagebericht (befreiender Konzernlagebericht) aufstellt sowie außerdem alle folgenden Voraussetzungen erfüllt sind:

1. der befreiende Konzernabschluss wird wie folgt aufgestellt:

a) nach Maßgabe des Rechts eines Mitgliedstaats der Europäischen Union oder eines anderen Vertragsstaats des Abkommens über den Europäischen Wirtschaftsraum im Einklang mit der Richtlinie 2013/34/EU,

b) im Einklang mit den in § 315e Absatz 1 bezeichneten internationalen Rechnungslegungsstandards,

c) derart, dass er einem nach den in Buchstabe a bezeichneten Vorgaben erstellten Konzernabschluss gleichwertig ist, oder

d) derart, dass er internationalen Rechnungslegungsstandards entspricht, die gemäß der Verordnung (EG) Nr. 1569/2007 der Kommission vom 21. Dezember 2007 über die Einrichtung eines Mechanismus zur Festlegung der Gleichwertigkeit der von Drittstaatemittenten angewandten Rechnungslegungsgrundsätze gemäß den Richtlinien 2003/71/EG und 2004/109/EG des Europäischen Parlaments und des Rates (ABl L 340 vom 22.12.2007, S. 66), die durch die Delegierte Verordnung (EU) Nr. 310/2012 (ABl L 103 vom 13.4.2012, S. 11) geändert worden ist, in ihrer jeweils geltenden Fassung festgelegt wurden;

2. der befreiende Konzernlagebericht wird nach Maßgabe der in Nummer 1 Buchstabe a genannten Vorgaben aufgestellt oder ist einem nach diesen Vorgaben aufgestellten Konzernlagebericht gleichwertig;

3. der befreiende Konzernabschluss ist von einem oder mehreren Abschlussprüfern oder einer oder mehreren Prüfungsgesellschaften geprüft worden, die auf Grund der einzelstaatlichen Rechtsvorschriften, denen das Unternehmen unterliegt, das diesen Abschluss aufgestellt hat, zur Prüfung von Jahresabschlüssen zugelassen sind;

4. der befreiende Konzernabschluss, der befreiende Konzernlagebericht und der Bestätigungsvermerk sind nach den für den entfallenden Konzernabschluss und Konzernlagebericht maßgeblichen Vorschriften in deutscher oder englischer Sprache offengelegt worden.

(2) [1]Die befreiende Wirkung tritt nur ein, wenn im Anhang des Jahresabschlusses des zu befreienden Unternehmens die in § 291 Absatz 2 Satz 1 Nummer 4 genannten Angaben gemacht werden und zusätzlich angegeben wird, nach welchen der in Absatz 1 Nummer 1 genannten Vorgaben sowie gegebenenfalls nach dem Recht welchen Staates der befreiende Konzernabschluss und der befreiende Konzernlagebericht aufgestellt worden sind. [2]Im Übrigen ist § 291 Absatz 2 Satz 2 und Absatz 3 entsprechend anzuwenden.

(3) [1]Ist ein nach Absatz 1 zugelassener Konzernabschluss nicht von einem in Übereinstimmung mit den Vorschriften der Richtlinie 2006/43/EG zugelassenen Abschlussprüfer geprüft worden, so kommt ihm befreiende Wirkung nur zu, wenn der Abschlussprüfer eine den Anforderungen dieser Richtlinie gleichwertige Befähigung hat und der Konzernabschluss in einer den Anforderungen des Dritten Unterabschnitts entsprechenden Weise geprüft worden ist. [2]Nicht in Übereinstimmung mit den Vorschriften der Richtlinie 2006/43/EG zugelassene Abschlussprüfer von Unternehmen mit Sitz in einem Drittstaat im Sinn des § 3 Abs. 1 Satz 1 der Wirtschaftsprüferordnung, deren Wertpapiere im Sinn des § 2 Absatz 1 des Wertpapierhandelsgesetzes an einer inländischen Börse zum Handel am regulierten Markt zugelassen sind, haben nur dann eine den Anforderungen der Richtlinie gleichwertige Befähigung, wenn sie bei der Wirtschaftsprüferkammer gemäß § 134 Abs. 1 der Wirtschaftsprüferordnung eingetragen sind oder die Gleichwertigkeit gemäß § 134 Abs. 4 der Wirtschaftsprüferordnung anerkannt ist. [3]Satz 2 ist nicht anzuwenden, soweit ausschließlich Schuldtitel im Sinne des § 2 Absatz 1 Nummer 3 des Wertpapierhandelsgesetzes

1. **mit einer Mindeststückelung zu je 100 000 Euro oder einem entsprechenden Betrag anderer Währung an einer inländischen Börse zum Handel am regulierten Markt zugelassen sind oder**
2. **mit einer Mindeststückelung zu je 50 000 Euro oder einem entsprechenden Betrag anderer Währung an einer inländischen Börse zum Handel am regulierten Markt zugelassen sind und diese Schuldtitel vor dem 31. Dezember 2010 begeben worden sind.**

[4]Im Falle des Satzes 2 ist mit dem Bestätigungsvermerk nach Absatz 1 Nummer 4 auch eine Bescheinigung der Wirtschaftsprüferkammer gemäß § 134 Absatz 2a der Wirtschaftsprüferordnung über die Eintragung des Abschlussprüfers oder eine Bestätigung der Wirtschaftsprüferkammer gemäß § 134 Absatz 4 Satz 8 der Wirtschaftsprüferordnung über die Befreiung von der Eintragungsverpflichtung offenzulegen.

Inhaltsübersicht Rz.

LITERATUR:

Maas/Schruff, Befreiende Konzernrechnungslegung von Mutterunternehmen mit Sitz außerhalb der EG, WPg 1991 S. 765; *Lotz*, Der „befreiende" Konzernlagebericht – Eine problematische Voraussetzung für den befreienden Konzernabschluss einer SEC-berichtspflichtigen US-Muttergesellschaft?, DB 2004 S. 254; *Schneider/Kortebusch*, Die Zusammenarbeit von Abschlussprüfern im Rahmen der EU und mit Drittländern, PiR 2009 S. 134; *Deubert/Lewe*, Beurteilung der Gleichwertigkeit von Drittstaaten-Konzernabschlüssen nach § 292 HGB am Beispiel der Swiss GAAP FER, BB 2016 S. 1260.

I. Überblick

1 Nach dem sog. **Tannenbaumprinzip** (→ § 290 Rz. 6) sind in einem mehrstufigen Konzern neben dem Gesamtkonzernabschluss auf den unteren Stufen **Teil**konzernabschlüsse zu erstellen. Den damit verbundenen Kosten steht dann kein entsprechender Nutzen gegenüber, wenn das Informationsinteresse der Kapitalgeber bereits durch den (Gesamt-)Konzernabschluss höherer Stufe und die ohnehin zu erstellenden Einzelabschlüsse befriedigt wird.

2 §§ 292, 291 HGB sehen daher Möglichkeiten zur **Befreiung** von der Pflicht zur Aufstellung eines (Teil-)Konzernabschlusses vor, sofern ein **übergeordneter** Konzernabschluss (nicht notwendig ein Gesamtkonzernabschluss) erstellt wird. Einschlägig ist bei oberen Mutterunternehmen

- aus einem EU-/EWR-Staat § 291 HGB (→ § 291 Rz. 2),
- aus Drittstaaten § 292 HGB.

Die in § 292 HGB formulierten Anforderungen an 3

- einen befreienden Konzernabschluss und
- dessen Prüfung sowie
- den Einzelabschluss des befreiten Unternehmens

stimmen im Wesentlichen mit denen von § 291 HGB überein (→ Rz. 5). Abweichungen können sich in den ersten beiden Punkten unter dem Gesichtspunkt der **Gleichwertigkeit** von **Drittstaatenabschluss** (→ Rz. 12) und **Drittstaatenabschlussprüfung** (→ Rz. 18) mit den EU-Richtlinien ergeben.

Eine Befreiung durch Einbezug in den ohne geprüften Lagebericht (oder gleichwertige MD&A →Rz. 17) erstellten Konzernabschluss eines Drittstaates (insbesondere USA und Kanada) ist möglich. 4

II. Übereinstimmungen mit § 291 HGB

Die in § 292 HGB enthaltenen Voraussetzungen für die Befreiung von der Teilkonzernabschlusspflicht entsprechen im Wesentlichen denen nach § 291 HGB. Zur Vermeidung von Wiederholungen wird insofern bei den nachfolgenden Aufzählungspunkten auf die Kommentierung zu → § 291 verwiesen. 5

Nach Abs. 1 tritt die Befreiung nur ein, wenn 6

- auf der Grundlage eines **Mutter-Tochter-Verhältnisses** zwischen dem Mutterunternehmen oberer und unterer Stufe (→ § 291 Rz. 9)
- ein Konzernabschluss erstellt wird, in den das zu befreiende Unternehmen (und seine Tochterunternehmen) einbezogen wird (Abs. 1 i.V. mit § 291 Abs. 2 Nr. 1 HGB),
- der Konzernabschluss höherer Stufe einschließlich des **Bestätigungsvermerks** (→ § 291 Rz. 23) in deutscher Sprache **offengelegt** wird (→ § 291 Rz. 13). Nach Abs. 1 Nr. 4 (→ Rz. 4a) ist der Konzernabschluss mit einem Bestätigungsvermerk offenzulegen; ein mit einem Versagungsvermerk versehener Abschluss reicht anders als bei EU-/EWR-Konzernabschlüssen nach § 291 Abs. 1 Satz 1 HGB – nicht aus. Eine praxisrelevante Diskriminierung von Drittstaaten geht damit nicht einher, da in jedem Fall der Einklang bzw. die Gleichwertigkeit des Konzernabschlusses mit der EU-Richtlinie Befreiungsvoraussetzung ist (→ Rz. 12 ff.) und es daran im Falle eines Versagungsvermerks i. d. R. fehlt.

Abs. 1 Nr. 1 und 2 formuliert **inhaltliche Anforderungen** an den befreienden Konzernabschluss höherer Stufe: 7

- Der befreiende **Konzernabschluss** muss entweder im Einklang mit den EG-Richtlinien (→ § 291 Rz. 17) nach dem Recht eines EU-/EWR-Staats aufgestellt werden oder einem solchen Abschluss **gleichwertig** sein (→ Rz. 12) oder
- nach den von der EU anerkannten IFRS oder von der EU als gleichwertig anerkannten Drittstaaten-IFRS aufgestellt werden.

Für die erste Variante ist unklar, ob der Abschluss nach dem Recht eines beliebigen EU-/EWR-Staates oder (so vor BilRUG § 3 KonBefrV) nur nach dem des Offenlegungslandes aufgestellt werden kann.[1]

8 Abs. 1 Nr. 3 und Abs. 3 betreffen die **Prüfung** des befreienden Konzernabschlusses:

- Der **Abschlussprüfer** muss in Übereinstimmung mit den Vorschriften der Richtlinie 2006/43/EG des Europäischen Parlaments und des Rats vom 17. 5. 2006 über Abschlussprüfungen von Jahresabschlüssen und konsolidierten Abschlüssen[2] in der jeweils geltenden Fassung zugelassen sein oder zumindest eine den Anforderungen dieser Richtlinie **gleichwertige Befähigung** haben (→ Rz. 18).
- Der Konzernabschluss muss in einer den Anforderungen des Handelsgesetzbuchs entsprechenden Weise, d. h. **gleichwertig, geprüft** werden (→ Rz. 21).

9 Abs. 2 enthält i.V. mit § 291 Abs. 2 Nr. 4 HGB Anforderungen an den **Anhang** des Jahresabschlusses des **befreiten Unternehmens:**

- **Name und Sitz des Mutterunternehmens,** das den befreienden Konzernabschluss aufstellt, sind anzugeben (→ § 291 Rz. 25).
- Auf die **Befreiung** von der Verpflichtung, einen Konzernabschluss und einen Konzernlagebericht aufzustellen, ist hinzuweisen (→ § 291 Rz. 25).
- Daneben ist eine Erläuterung der im befreienden Konzernabschluss vom deutschen Recht **abweichend angewandten Methoden** der Bilanzierung, Bewertung und Konsolidierung geboten (→ § 291 Rz. 26).

10 Nach Abs. 2 Satz 2 i.V. mit § 291 Abs. 3 HGB ist trotz Erfüllung der übrigen **Voraussetzungen keine Befreiungsmöglichkeit** gegeben, wenn

- die an der Spitze des **Teilkonzerns** stehende Gesellschaft **kapitalmarktorientiert** ist (→ § 291 Rz. 27) oder
- eine **qualifizierte Minderheit** ihrer Gesellschafter die Aufstellung eines Teilkonzernabschlusses verlangt (→ § 291 Rz. 29).

11 Abs. 2 Satz 2 enthält i.V. mit § 291 Abs. 2 Satz 2 HGB eine Sonderregelung für **Kreditinstitute und Versicherungen.** An der Spitze des Teilkonzerns stehende Unternehmen dieser Branchen werden nur dann von der Teilkonzernabschlusspflicht befreit, wenn der Konzernabschluss und Lagebericht oberer Stufe im Einklang mit der Bank- bzw. Versicherungsbilanzrichtlinie stehen. Die übrigen Befreiungsvoraussetzungen bleiben unberührt (→ § 291 Rz. 24).

III. Abweichungen von § 291 HGB in Bezug auf Abschluss und Abschlussprüfer

1. Gleichwertigkeit des Konzernabschlusses

12 Soweit der obere Konzernabschluss nicht in zulässiger Weise nach dem Recht eines anderen EU-/EWR-Staats aufgestellt wird, ergibt sich eine Befreiungswirkung nur bei **Gleichwertigkeit** des Abschlusses.

1 Für ein Wahlrecht wohl *Grottel/Kreher* in Beck'scher Bilanz-Kommentar, 13. Aufl. 2022, § 292 Tz. 22, für Beschränkung auf das Offenlegungsland *Dreixler* in Haufe HGB Bilanz Kommentar, 8. Aufl. 2017, § 92 Rz. 9.

2 ABl EU Nr. L 157 S. 87.

Den Lagebericht zunächst ausgeklammert (dazu → Rz. 15), ist diese Gleichwertigkeit bei **IFRS-Abschlüssen,** die den in der EU endorsten IFRS folgen, u. E. ebenso aber bei den Full IFRS[1] nach Abs. 1 Nr. 1b gegeben. 13

Soweit – ähnlich wie in der EU – die IFRS im jeweiligen Drittstaat einem *Endorsement*-Prozess unterliegen und das Ergebnis des *Endorsement* nicht nur zeitlich, sondern dauerhaft von dem der EU abweicht, die angewandten IFRS also nicht in voller Übereinstimmung mit den „*IFRS as accepted in the EU*" stehen, kann im Einzelfall eine andere Betrachtung geboten sein. In der Beurteilung der Gleichwertigkeit solcher nach **„Drittstaaten-IFRS"** erstellten Abschlüsse ist der **Normzweck** von § 292 HGB bzw. der KonBefrV zu bedenken: „Vorrangig ist das Bestreben, inländische Tochtergesellschaften von Drittstaatenunternehmen nicht zu diskriminieren."[2] Diesem Zweck würde nicht entsprochen, wenn der ausländische Konzernabschluss in allen Punkten mit den EU-IFRS übereinstimmen müsste. Gefordert ist **Gleichwertigkeit, nicht Gleichheit.** Ein Gleichwertigkeitsurteil bezieht sich auf den Abschluss als Ganzes, nicht auf einzelne Aspekte. Abweichungen in einzelnen Punkten führen somit dann nicht zum Verlust der Befreiungswirkung, wenn die Darstellung der Vermögens-, Finanz- und Ertragslage unter Berücksichtigung von Anhangangaben insgesamt in Übereinstimmung mit den tatsächlichen Verhältnissen bleibt. Nach diesem Maßstab sind neben Abschlüssen nach Drittstaaten-IFRS wegen der in vielen Punkten bereits erzielten Konvergenz zu den IFRS auch **US-GAAP-Abschlüsse** als gleichwertig anzuerkennen; die EU selbst erkennt daneben die GAAP Japans, Chinas, Kanadas und Südkoreas als gleichwertig an.[3] 14

Abweichend von § 291 HGB (→ § 291 Rz. 21a) ist nach § 292 HGB ein nach noch nicht endorsten IFRS erstellter IFRS-Konzernabschluss zwar nicht ausdrücklich ausreichend für eine Befreiung, u. E. aber gleichwohl als gleichwertig anzusehen.

In anderen Drittstaatenfällen lässt sich die Gleichwertigkeit u. a. in folgenden Konstellationen bejahen: Die vom Handelsrecht abweichenden Regelungen entsprechen 14a

- expliziten Bilanzierungswahlrechten in der EU-Bilanzrichtlinie oder der Auslegung der EU-Richtlinien in anderen Mitgliedstaaten oder
- Regelungen der als gleichwertig anerkannten IFRS.

Als indirekter Gleichwertigkeitsmaßstab dient im ersten Fall die EU-Richtlinienanwendung in anderen Mitgliedstaaten, im zweiten Fall die IFRS.

2. Gleichwertigkeit im Hinblick auf den Konzernlagebericht

Abs. 1 Nr. 2 erweitert das Gleichwertigkeitserfordernis auf den Konzernlagebericht. 15

Weder die IFRS noch die US-GAAP kennen einen verpflichtenden Konzernlagebericht. Wichtige Elemente des deutschen Konzernlageberichts sind aber entweder in den Anhangangaben *(notes)* enthalten (nach IFRS 7 etwa die Risikoberichterstattung zu Finanzinstrumenten, nach IAS 38 Angaben zu Forschung und Entwicklung) oder in sonstigen Berichtsbestandteilen (bei börsennotierten amerikanischen Unternehmen etwa in der *Management Discussion and Analysis – MD&A*). Fraglich ist, ob dies für eine Befreiungswirkung **ausreicht.** 16

1 Gleicher Auffassung *Deubert/Lewe*, BB 2016 S. 1260 ff.

2 *Siebourg* in Küting/Weber (Hrsg.), Handbuch der Konzernrechnungslegung, Bd. II, 2. Aufl. 1998, § 292 Rz. 2; *Kindler* in Ulmer (Hrsg.), HGB-Bilanzrecht, Großkommentar, 2002, § 292 Tz. 2.

3 Entscheidung der Kommission v. 12.12.2008, ABl EU v. 19.12.2008, L 340, 112, 113 Art. 1 sowie Durchführungsbeschluss der Kommission v. 11.4.2012, ABl EU v. 13.4.2012, L 103, 49, 50 Art. 1.

17 In der Beantwortung dieser Frage ist auf den **Normzweck** von § 292 HGB sowie die sich daraus ergebende Interpretation des Begriffs der Gleichwertigkeit abzustellen: Gleichwertig ist der Drittstaatenabschluss, wenn das vermittelte Gesamtbild der Vermögens-, Finanz- und Ertragslage qualitativ nicht wesentlich hinter dem eines deutschen Konzernabschlusses mit Konzernlagebericht zurückbleibt. Der Drittstaatenabschluss muss ein vergleichbares Informationsniveau erreichen. Das Fehlen einzelner Detailinformationen oder ihre andersartige Platzierung (z. B. im Anhang statt im Lagebericht) sind dagegen unschädlich.[1]

Nach diesem Maßstab erfüllt ein um MD&A-Angaben o. Ä. erweiterter US-GAAP- oder IFRS-Abschluss u. E. regelmäßig die Voraussetzungen des § 292 HGB, und zwar auch ohne Prüfung dieses Berichtsbestandteils (→ Rz. 4a).

Bleiben die verbalen Teile eines Drittstaatenabschlusses sehr weit hinter denjenigen eines Lageberichts nach der EU-Bilanzrichtlinie zurück, sind Ergänzungen im bzw. zum Jahresabschluss des Drittstaatenmutterunternehmens erforderlich, um die Gleichwertigkeit herzustellen.

3. Gleichwertigkeit von Prüfer und Prüfung

18 Sofern der befreiende Konzernabschluss nicht ohnehin von einem in Übereinstimmung mit den Vorschriften der Richtlinie 2006/43/EG des Europäischen Parlaments und des Rats vom 17. 5. 2006 über Abschlussprüfungen von Jahresabschlüssen und konsolidierten Abschlüssen[2] zugelassenen Abschlussprüfer geprüft wird (EU-Prüfer), muss der Abschlussprüfer **(Drittstaatenprüfer)** nach Abs. 4 zumindest eine den Anforderungen dieser Richtlinie **gleichwertige Befähigung** haben (→ Rz. 20). Prüfer, die einer Mitgliedsorganisation der IFAC angehören, erfüllen i. d. R. die Gleichwertigkeitsvoraussetzung.

19 Bei der Prüfung von **kapitalmarktorientierten Mutterunternehmen,** deren Wertpapiere an einem inländischen regulierten Markt zugelassen sind, gelten nach Abs. 3 Satz 2 verschärfte Anforderungen. Drittstaatenprüfer müssen gem. § 134 Abs. 1 WPO bei der Wirtschaftsprüferkammer eingetragen sein oder die Gleichwertigkeit ihrer Befähigung muss gem. § 134 Abs. 4 WPO anerkannt sein:

- § 134 Abs. 1 WPO setzt Art. 45 Abs. 1 der Abschlussprüferrichtlinie in deutsches Recht um. Die Richtlinie verpflichtet die zuständigen Stellen der Mitgliedstaaten, Prüfer und Prüfungsunternehmen aus Drittstaaten, die einen Bestätigungsvermerk für den Jahres- bzw. konsolidierten Abschluss eines außerhalb der Gemeinschaft eingetragenen Unternehmens erteilen, dessen Wertpapiere zum Handel auf einem geregelten Markt dieses Mitgliedstaats zugelassen sind, einzutragen.
- Nach Art. 46 der Abschlussprüferrichtlinie, der mit § 134 Abs. 4 WPO umgesetzt wurde, kann von der Eintragung abgesehen werden, wenn die Gleichwertigkeit der für Abschlussprüfer bestehenden Aufsichts-, Qualitätssicherungs-, Untersuchungs- und Sanktionssysteme des jeweiligen Drittstaats mit den EU-Vorgaben durch die Europäische Kommission anerkannt worden ist oder die Europäische Kommission eine Übergangsfrist nach Art. 46 Abs. 2 Satz 3 der Abschlussprüferrichtlinie vorsieht. Mit § 134 Abs. 4 Satz 8 WPO wird den Abschlussprüfern oder Abschlussprüfungsgesellschaften aus einem Drittstaat die Möglichkeit eingeräumt, sich von der Wirtschaftsprüferkammer auf Antrag

1 Vgl. *Lotz*, DB 2004 S. 2541 ff.
2 ABl EU Nr. L 157 S. 87.

schriftlich bestätigen zu lassen, dass eine **Eintragung** nach § 134 Abs. 1 WPO wegen **festgestellter Gleichwertigkeit** oder der Einräumung einer **Übergangsfrist** seitens der Kommission der Europäischen Gemeinschaften **nicht erforderlich** ist.

Die Gleichwertigkeit der ausländischen Systeme ist mit den Kommissionsentscheidungen vom 13. 6. 2013[1] und 25. 7. 2016[2] für folgende Länder bzw. Gebiete festgestellt:

- Abu Dhabi,
- Brasilien,
- Dubai International Financial Centre,
- Guernsey,
- Indonesien,
- Insel Man,
- Jersey,
- Malaysia,
- Mauritius,
- Neuseeland,
- Taiwan,
- Thailand,
- Türkei.

In der letztgenannten Entscheidung sind Übergangsfristen für bis zum 31. 7. 2018 beginnende Geschäftsjahre für folgende Gebiete verlängert worden:

- Ägypten,
- Bermudas,
- Kaimaninseln,
- Russland.

Die Gleichwertigkeitsentscheidungen und Übergangsregelungen lassen Rückschlüsse auf die (vorläufige) Beurteilung der Gleichwertigkeit auch bei der Prüfung **nicht kapitalmarktorientierter** Unternehmen (→ Rz. 18) zu. Bei Prüfern aus den genannten Staaten kann von einer Gleichwertigkeit ausgegangen werden. 20

Der Drittstaatenprüfer muss nicht nur über die notwendige Befähigung verfügen, er muss den Konzernabschluss auch in einer den Anforderungen des Handelsgesetzbuchs „entsprechenden Weise“ geprüft haben. „Entsprechend“ bedeutet nicht gleichartig, sondern wiederum gleichwertig. Die Prüfung muss den tragenden Grundsätzen einer Konzernabschlussprüfung nach deutschem Recht entsprechen. Eine Prüfung nach den **International Standards on Auditing (ISA)** mit oder ohne ergänzende Berücksichtigung des nationalen Rechts erfüllt das Gleichwertigkeitserfordernis. 21

1 http://eur-lex.europa.eu/legal-content/DE/ALL/?uri=CELEX:32013D0288.
2 https://eur-lex.europa.eu/legal-content/DE/TXT/PDF/?uri=CELEX:32016D1223.

§ 293 Größenabhängige Befreiungen

(1) [1]Ein Mutterunternehmen ist von der Pflicht, einen Konzernabschluss und einen Konzernlagebericht aufzustellen, befreit, wenn

1. am Abschlussstichtag seines Jahresabschlusses und am vorhergehenden Abschlussstichtag mindestens zwei der drei nachstehenden Merkmale zutreffen:

a) Die Bilanzsummen in den Bilanzen des Mutterunternehmens und der Tochterunternehmen, die in den Konzernabschluss einzubeziehen wären, übersteigen insgesamt nicht 24 000 000 Euro.

b) Die Umsatzerlöse des Mutterunternehmens und der Tochterunternehmen, die in den Konzernabschluss einzubeziehen wären, übersteigen in den zwölf Monaten vor dem Abschlussstichtag insgesamt nicht 48 000 000 Euro.

c) Das Mutterunternehmen und die Tochterunternehmen, die in den Konzernabschluss einzubeziehen wären, haben in den zwölf Monaten vor dem Abschlussstichtag im Jahresdurchschnitt nicht mehr als 250 Arbeitnehmer beschäftigt;

oder

2. am Abschlussstichtag eines von ihm aufzustellenden Konzernabschlusses und am vorhergehenden Abschlussstichtag mindestens zwei der drei nachstehenden Merkmale zutreffen:

a) Die Bilanzsumme übersteigt nicht 20 000 000 Euro.

b) Die Umsatzerlöse in den zwölf Monaten vor dem Abschlussstichtag übersteigen nicht 40 000 000 Euro.

c) Das Mutterunternehmen und die in den Konzernabschluss einbezogenen Tochterunternehmen haben in den zwölf Monaten vor dem Abschlussstichtag im Jahresdurchschnitt nicht mehr als 250 Arbeitnehmer beschäftigt.

[2]Auf die Ermittlung der durchschnittlichen Zahl der Arbeitnehmer ist § 267 Abs. 5 anzuwenden.

(2) Auf die Ermittlung der Bilanzsumme ist § 267 Absatz 4a entsprechend anzuwenden.

(3) (weggefallen)

(4) [1]Außer in den Fällen des Absatzes 1 ist ein Mutterunternehmen von der Pflicht zur Aufstellung des Konzernabschlusses und des Konzernlageberichts befreit, wenn die Voraussetzungen des Absatzes 1 nur am Abschlussstichtag oder nur am vorhergehenden Abschlussstichtag erfüllt sind und das Mutterunternehmen am vorhergehenden Abschlussstichtag von der Pflicht zur Aufstellung des Konzernabschlusses und des Konzernlageberichts befreit war. [2]§ 267 Abs. 4 Satz 2 und 3 ist entsprechend anzuwenden.

(5) Die Absätze 1 und 4 sind nicht anzuwenden, wenn das Mutterunternehmen oder ein in dessen Konzernabschluss einbezogenes Tochterunternehmen am Abschlussstichtag kapitalmarktorientiert im Sinn des § 264d ist oder es den Vorschriften des Ersten oder Zweiten Unterabschnitts des Vierten Abschnitts unterworfen ist.

Inhaltsübersicht **Rz.**

LITERATUR:

Lehwald, Die Zahl der Beschäftigten als Abgrenzungsmerkmal, BB 1981 S. 2107; *Veit*, Zur Bedeutung formeller Bilanzpolitik, DB 1994 S. 2509.

I. Überblick

Kapitalgesellschaften oder „Kap. & Co."-Gesellschaften, die als Mutterunternehmen an der Spitze eines (Teil-)Konzerns stehen, unterliegen nach § 290 HGB der Konzernrechnungslegungspflicht, sofern nicht Befreiungstatbestände greifen. Das HGB kennt zwei Arten von Befreiungsvorschriften: 1

- Nach §§ 291, 292 HGB sind an der Spitze eines Teilkonzerns stehende Mutterunternehmen von der Pflicht, einen Teilkonzernabschluss zu erstellen, befreit, wenn ein **übergeordneter Konzernabschluss** erstellt wird und weitere Bedingungen erfüllt sind (→ § 291 Rz. 1 ff., → § 292 Rz. 1 ff.). Diese Befreiungen sind **größenunabhängig.**
- § 293 HGB formuliert daneben eine **größenabhängige** Befreiung. Die Pflicht zur Aufstellung eines Konzern- oder Teilkonzernabschlusses besteht nicht, wenn zwei von drei Größenmerkmalen (Bilanzsumme, Umsatz, Arbeitnehmerzahl) bestimmte **Schwellenwerte** nicht überschreiten.

Beide Befreiungstatbestände können unabhängig voneinander in Anspruch genommen werden. Wenn also etwa der Teilkonzern unter den Voraussetzungen von §§ 291, 292 HGB in einen übergeordneten Konzernabschluss einbezogen ist, kommt es auf die Größe des Teilkonzerns nicht mehr an. Umgekehrt ist bei einem Teilkonzern, der die Größenmerkmale des § 293 HGB nicht übersteigt, unerheblich, ob er in einen übergeordneten Konzernabschluss einbezogen wird.

Die **Definition der Größenmerkmale** in § 293 HGB stimmt mit den einzelbilanziellen Definitionen des § 267 HGB **qualitativ** überein (→ Rz. 10 ff.). 2

Quantitativ besteht beim Konzernabschluss jedoch folgendes Problem: 3

Konsolidierte Bilanzsumme und konsolidierter Umsatz sind erst bekannt, wenn die entsprechenden Konsolidierungsmaßnahmen vorgenommen, also etwa konzerninterne Forderungen gegen entsprechende Verbindlichkeiten oder konzerninterne Umsätze gegen konzerninternen Materialaufwand verrechnet wurden. Von derartigen Konsolidierungsmaßnahmen will die Befreiungsvorschrift die Unternehmen aber gerade entlasten:

- Bilanzsumme und Umsatzerlöse können daher nach der **Bruttomethode** auf Basis der Summenbilanz und Summen-GuV, also unkonsolidiert, ermittelt werden.
- Die Anwendung der Bruttomethode kann jedoch andererseits zu unbilligen Ergebnissen führen, wenn die Bilanzsumme und die Umsatzerlöse in ganz erheblichem Maße durch konzerninterne Posten geprägt sind. Wahlweise kann daher die Größenprüfung auch nach der **Nettomethode** auf konsolidierter Basis erfolgen (→ Rz. 5), wobei in diesem Fall niedrigere Schwellenwerte gelten (→ Rz. 10).

4 Keine Konzernabschlusspflicht besteht, wenn bei **zwei von drei Größenmerkmalen** die Schwellenwerte nicht überschritten werden, und zwar nach Abs. 1 an **zwei aufeinander** folgenden Stichtagen. Das einmalige Unterschreiten von zwei Schwellenwerten reicht nach Abs. 1 für den Fortfall der Konzernabschlusspflicht nicht aus. In derartigen Fällen kann jedoch ggf. die sog. **Härteklausel** des Abs. 4 für eine Befreiung sorgen (→ Rz. 17).

II. Größenmerkmale und Schwellenwerte (Abs. 1)

1. Größenbestimmung nach Brutto- oder Nettomethode

5 Die größenabhängige Befreiung von der Konzernrechnungslegungspflicht wird – vergleichbar mit § 267 HGB – festgemacht an den Merkmalen:

- Bilanzsumme (→ Rz. 12),
- Umsatzerlöse (→ Rz. 13),
- Arbeitnehmerzahl (→ Rz. 15).

Für die beiden ersten Kriterien besteht ein **Methodenwahlrecht:**

- Nach der **Bruttomethode** werden die **addierten** Bilanzsummen und Umsatzerlöse von Mutter- und Tochterunternehmen zugrunde gelegt (Abs. 1 Nr. 1).
- Nach der **Nettomethode** sind **konsolidierte** Bilanzsumme und Umsatzerlöse maßgeblich (Abs. 1 Nr. 2). Bei deren Ermittlung sind
- konzerninterne Forderungen gegen entsprechende Schulden,
- konzerninterne Umsätze gegen entsprechende Aufwendungen sowie
- Beteiligungsbuchwerte gegen das Eigenkapital der Tochterunternehmen zu konsolidieren.

Die Feststellung, ob überhaupt eine Konzernabschlusspflicht besteht, erfordert nach der Nettomethode, dass in Teilen bereits ein Konzernabschluss erstellt ist. Die durch die Befreiungsvorschrift beabsichtigte Entlastung der Unternehmen würde weitgehend verfehlt. In der **Praxis** empfiehlt sich daher folgende Vorgehensweise:

- Im **ersten Schritt** wird nach der **Bruttomethode** auf unkonsolidierter Basis geprüft, ob eine Befreiung von der Konzernabschlusspflicht gegeben ist;
- falls die Bruttomethode keine Befreiung gewährt, wird in einem **zweiten Schritt** die **Nettomethode** angewandt.

6 Unabhängig von der angewandten Methode bleibt die Feststellung, ob die Schwellenwerte überschritten wurden, ein der Aufstellung des Konzernabschlusses **vorgelagerter** Akt. Brutto- und Nettomethode sind demzufolge **keine Konsolidierungsmethoden** und unterliegen deshalb nicht dem Stetigkeitsgebot des § 297 Abs. 3 Satz 2 HGB.

Die Größenbeurteilung nach Abs. 1 Nr. 1 und Nr. 2 betrifft jedoch neben dem aktuellen auch den vorhergehenden Abschlussstichtag. Beide im aktuellen Jahr durchzuführenden Prüfungen sind nach der gleichen Methode vorzunehmen.[1]

BEISPIEL ▸ In den Vorjahren hat das Unternehmen jeweils nach der Bruttomethode die Schwellenwerte unterschritten, für das Jahr 05 erstmals nur nach der Nettomethode.

1 Vgl. *Siebourg* in Küting/Weber (Hrsg.), Handbuch der Konzernrechnungslegung, Bd. II, 2. Aufl. 1998, § 293 Tz. 8.

BEURTEILUNG Vorbehaltlich einer Befreiung nach Abs. 4 (→ Rz. 18) besteht eine Konzernabschlusspflicht bereits dann, wenn an einem der beiden zu beurteilenden Jahre (aktuelles und Vorjahr) die Schwellenwerte überschritten wurden.

Die für 05 vorzunehmende Prüfung nach der Nettomethode muss daher auch auf die bisher nur brutto beurteilten Zahlen für 04 angewandt werden.

Das Unternehmen hat im jeweiligen Jahr entweder **insgesamt** die Brutto- oder Nettomethode anzuwenden. Es ist daher etwa unzulässig, die Bilanzsumme nach der Nettomethode, die Umsätze nach der Bruttomethode zu ermitteln. 7

BEISPIEL Der Konzern hat an allen Stichtagen mehr als 250 Arbeitnehmer.

Für 01 werden die beiden anderen Größenmerkmale sowohl nach der Brutto- als auch nach der Nettomethode überprüft und hierbei die Schwellenwerte nicht überschritten.

In den Jahren 02 und 03 hat der Umfang der konzerninternen Finanzierungsbeziehungen signifikant zugenommen. Es gilt daher für 02 und 03 jeweils:

- Die Bilanzsumme unterschreitet zwar den Schwellenwert der Nettomethode, liegt jedoch über dem der Bruttomethode.
- Der Umsatz unterschreitet zwar den (höheren) Wert der Bruttomethode, liegt jedoch über dem (niedrigeren) der Nettomethode.

BEURTEILUNG Eine Mischung der Methoden (Bruttomethode für den Umsatz, Nettomethode für die Bilanzsumme) ist nicht zulässig. Unabhängig davon, welche Methode angewandt wird, überschreitet der Konzern für 02 und 03 neben dem Schwellenwert für die Arbeitnehmerzahl noch einen weiteren Schwellenwert. Nach Abs. 4 ist der Konzern wegen nur einmaligen Überschreitens zwar noch für 02 befreit (→ Rz. 18), nach Abs. 1 aber für 03 konzernrechnungslegungspflichtig.

2. Potenzieller Konsolidierungskreis

Sowohl nach der Brutto- als auch nach der Nettomethode beziehen sich die Größenfeststellungen auf den **potenziellen** Konsolidierungskreis. Zu jedem Stichtag ist daher zu beurteilen, welche Tochterunternehmen im Falle einer Konzernabschlusspflicht einzubeziehen wären. Die **Einbeziehungswahlrechte** des § 296 HGB sind dabei **fiktiv** auszuüben. Wenn im Vorjahr ein Konzernabschluss aufgestellt werden musste, bedingt der Stetigkeitsgrundsatz jedoch eine Bindung an die dabei vorgenommene Ausübung der Wahlrechte.[1] 8

Bei **Änderungen des Konsolidierungskreises** im Geschäftsjahr gilt Folgendes: 9

- Für die **Bestandsgröße Bilanzsumme** sind die **Verhältnisse des Abschlussstichtags** maßgeblich. Ein im Geschäftsjahr hinzuerworbenes Tochterunternehmen ist daher bei der aktuellen Bilanzsumme, nicht hingegen bei der ebenfalls festzustellenden Bilanzsumme des Vorjahres zu berücksichtigen. Für ein im Geschäftsjahr veräußertes Tochterunternehmen gilt umgekehrt: keine Berücksichtigung bei der aktuellen Bilanzsumme, Berücksichtigung hingegen bei der vorjährigen.
- Bei der **Stromgröße Umsatz** und der **Durchschnittsgröße Arbeitnehmerzahl** gilt:
- Im Fall des **Zuerwerbs** ist das neue Tochterunternehmen erst **ab (fiktivem) Erstkonsolidierungszeitpunkt** (Umsätze) bzw. dem folgenden Quartalsultimo (Arbeitnehmerzahl) zu berücksichtigen.[2]

---

1 Vgl. *Busse von Colbe* in Schmidt (Hrsg.), Münchener Kommentar zum HGB, 2. Aufl. 2008, Bd. 4, § 293 Tz. 7.

2 Vgl. *Siebourg* in Küting/Weber (Hrsg.), Handbuch der Konzernrechnungslegung, Bd. II, 2. Aufl. 1998, § 293 Tz. 44; *ADS*, 6. Aufl., § 293 Tz. 21; *Grottel/Kreher* in Beck'scher Bilanz-Kommentar, 13. Aufl. 2022, § 293 Tz. 26.

- Bei **Veräußerung** eines Tochterunternehmens sollen hingegen dessen Umsätze und Arbeitnehmer nicht mehr zeitanteilig bis zur Entkonsolidierung zu berücksichtigen sein, sondern für das gesamte Geschäftsjahr außer Betracht bleiben.[1] Stichhaltige Begründungen hierfür werden entweder nicht gegeben oder die Begründung erschöpft sich in der Annahme, dass die fraglichen Größen auch bei der erstmaligen Aufstellung eines Konzernabschlusses nach Ausscheiden dieser Unternehmen keine Berücksichtigung finden würden.[2] Zwingend erscheint diese Begründung nicht. Angesichts der weitgehend einheitlichen Auffassung des Schrifttums zum Entkonsolidierungsfall kann die Praxis aber entsprechend verfahren.

3. Schwellenwerte

10 Die für die Befreiung von der Konzernabschlusspflicht maßgeblichen **Schwellenwerte** differenzieren mit Ausnahme der Arbeitnehmerzahl zwischen der Brutto- und der Nettomethode. Es gelten folgende Werte:

	Bruttomethode	Nettomethode
	§ 293 Abs. 1 Nr. 1 HGB	§ 293 Abs. 1 Nr. 2 HGB
Bilanzsumme	24 Mio. €	20 Mio. €
Umsatzerlöse	48 Mio. €	40 Mio. €
Arbeitnehmerzahl	250	250

Keine Konzernabschlusspflicht besteht, wenn mindestens **zwei der drei Schwellenwerte** nicht überschritten werden.

Die Schwellenwerte lauten auf Euro. Fremdwährungsabschlüsse ausländischer Töchter sind nach den Vorgaben von § 308a HGB umzurechnen.

Maßgeblicher **Stichtag** für die Berechnung der Schwellenwerte ist bei Anwendung der Bruttomethode der Abschlussstichtag des Mutterunternehmens (Abs. 1 Nr. 1), bei Anwendung der Nettomethode der wegen § 299 Abs. 1 HGB damit identische fiktive Abschlussstichtag des Konzerns (Abs. 1 Nr. 2). Wird die Bruttomethode herangezogen, sind Konzernunternehmen mit abweichendem Stichtag nach den geschätzten Bilanz- und Umsatzverhältnissen von Stichtag und Geschäftsjahr des Mutterunternehmens in die Summenbildung einzubeziehen.

Zu den zeitlichen Voraussetzungen für Eintritt und Fortfall der Konzernabschlusspflicht wird auf → Rz. 17 verwiesen, zu der Definition der Größenmerkmale auf → Rz. 12.

11 Durch die Richtlinie 2013/34/EU wurde außerdem die frühere Zweiteilung in kleine (nicht konzernrechnungslegungspflichtige) Gruppen und große (konzernrechnungslegungspflichtige) durch eine **Dreiteilung** ersetzt, die allerdings mit einem Mitgliedstaatenwahlrecht versehen ist. Dabei gilt gem. Art. 23 der Richtlinie:

- **Kleine Gruppen** sind von der Verpflichtung zur Erstellung eines konsolidierten Abschlusses und eines konsolidierten Lageberichts ausgenommen, es sei denn, eines der verbundenen Unternehmen ist ein Unternehmen von öffentlichem Interesse.

1 Vgl. *Siebourg* in Küting/Weber (Hrsg.), Handbuch der Konzernrechnungslegung, Bd. II, 2. Aufl. 1998, § 293 Tz. 43; *ADS*, 6. Aufl. § 293 Tz. 20; *Grottel/Kreher* in Beck'scher Bilanz-Kommentar, 13. Aufl. 2022, § 293 Tz. 26.

2 Vgl. *ADS*, 6. Aufl., § 293 Tz. 20.

- Die **Mitgliedstaaten** können **mittlere Gruppen** von der Verpflichtung zur Erstellung eines konsolidierten Abschlusses und eines konsolidierten Lageberichts befreien, es sei denn, eines der verbundenen Unternehmen ist ein Unternehmen von öffentlichem Interesse.
- **Große Gruppen** sind immer und in allen Mitgliedstaaten zur Erstellung eines konsolidierten Abschlusses verpflichtet.

Als groß gelten gem. Art. 3 Abs. 7 sowie Abs. 8 der genannten Richtlinie Gruppen, die mindestens zwei der unter → Rz. 10 genannten Schwellenwerte überschreiten.

Das BilRUG hat von dem Wahlrecht zur Befreiung mittlerer Gruppen keinen Gebrauch gemacht. Zur Unterscheidung zwischen Brutto- und Nettomethode vgl. → Rz. 5.

4. Definition der Größenmerkmale

4.1 Bilanzsumme vor Eigenkapitalfehlbetrag

Die **Bilanzsumme** ist nach § 293 Abs. 2 HGB i.V. mit § 267 Abs. 4a HGB um einen auf der Aktivseite ausgewiesenen Fehlbetrag (§ 268 Abs. 3 HGB) zu kürzen. 12

Bei der an der Spitze des (Teil-)Konzerns stehenden **„Kap. & Co."-Gesellschaft** ist der auf den Kapitalanteil eines persönlich haftenden Gesellschafters entfallende Verlustanteil gem. § 268 Abs. 3 HGB auszuweisen, soweit keine Zahlungsverpflichtung besteht (§ 264c Abs. 2 Satz 5 HGB), und bei der Ermittlung der Bilanzsumme ebenfalls kürzend zu berücksichtigen.

4.2 Umsatzerlöse

Entscheidend für die Qualifizierung von Erträgen als Umsatzerlöse sind die Vorgaben des § 277 Abs. 1 HGB (→ § 277 Rz. 1 ff.). Alle Abgrenzungsfragen, die sich danach stellen, also etwa die Zuordnung von Beteiligungs- und Verwaltungserträgen bei einer Holding, gelten in gleicher Weise für § 293 HGB. 13

Maßgeblich sind nach Abs. 1 Nr. 1b und Nr. 2b die Umsätze der **letzten zwölf Monate.** 14

Bei einem durch **Umstellung des Geschäftsjahres** entstehenden **Rumpfgeschäftsjahr** ist wie folgt vorzugehen:

BEISPIEL ► Das bisher kalendergleiche Geschäftsjahr wird mit Wirkung ab Jahr 11 auf ein vom 1.4. bis 31.3. laufendes Geschäftsjahr umgestellt. Für den Zeitraum vom 1.1. bis 31.3.11 ergibt sich daraus ein Rumpfgeschäftsjahr. Für die Größenbeurteilung sind zu berücksichtigen

- am 31.12.10 die Umsätze Januar bis Dezember 10,
- am 31.3.11 die Umsätze April bis Dezember 10 sowie Januar bis März 11.

Ist das **erste Geschäftsjahr ein Rumpfgeschäftsjahr,** so zählen für die Umsatzerlöse nur die *tatsächlichen* Monate. Eine Hochrechnung auf zwölf Monate unterbleibt.

BEISPIEL ► Die Gesellschaft wird am 1.10.01 gegründet. Für das am 31.12.01 endende erste Geschäftsjahr zählen nur diese drei Monate.

Zur Ermittlung der Umsatzerlöse bei Änderung des Konsolidierungskreises wird auf → Rz. 9 verwiesen.

4.3 Durchschnittliche Arbeitnehmerzahl

15 Als durchschnittliche Zahl der Arbeitnehmer gilt gem. Abs. 1 Satz 2 i.V. mit § 267 Abs. 5 HGB der vierte Teil der Summe aus den Zahlen der jeweils am 31.3., 30.6., 30.9. und 31.12. beschäftigten Arbeitnehmer.

Zu den Fragen, wer Arbeitnehmer ist, wie Vorstände, Teilzeitbeschäftigte, Auszubildende usw. zu berücksichtigen sind, wird auf → § 267 Rz. 7 ff. verwiesen.

Die durchschnittliche Arbeitnehmerzahl wird aus den Quartalsultimos errechnet, wobei u. E. bei **abweichendem Geschäftsjahr** auf dessen Quartale statt auf diejenigen des Kalenderjahres abgestellt werden kann.

16 Bei einem **Rumpfgeschäftsjahr** ist zu differenzieren:

- Entsteht das Rumpfgeschäftsjahr durch **Änderung des Geschäftsjahres,** sind in Analogie zu den Umsatzerlösen (→ Rz. 14) zur Auffüllung auf vier Quartale die Werte des vorangegangenen Geschäftsjahres mit heranzuziehen.
- Im Falle der **Neugründung** ist bei einem unter drei Monaten liegenden Geschäftsjahr der Wert des Bilanzstichtags anzusetzen.

Für die Ermittlung der Arbeitnehmerzahl bei Änderung des Konsolidierungskreises wird auf → Rz. 9 verwiesen.

III. Zeitliche Anforderungen an die Über-/Unterschreitung der Schwellenwerte (Abs. 1 und 4)

1. Einmaliges Unter-/Überschreiten der Schwellenwerte

17 Ein dauernder Wechsel zwischen Konzernabschlusspflicht und Befreiung davon soll vermieden werden. Der Fortfall einer bestehenden Konzernabschlusspflicht setzt daher das Nichtüberschreiten der Schwellenwerte in zwei aufeinander folgenden Jahren voraus, die Entstehung der Konzernabschlusspflicht entsprechend das Überschreiten in zwei aufeinander folgenden Jahren. Im Einzelnen gilt:

- Nach Abs. 1 **entfällt** eine zuvor bestehende Konzernabschlusspflicht erst dann, wenn nicht nur am aktuellen Abschlussstichtag, sondern **zugleich am Vorjahresstichtag** mindestens zwei der drei Schwellenwerte nicht überschritten werden.
- Nach Abs. 4 führt ein **einmaliges Überschreiten** der Schwellenwerte noch nicht zur Konzernrechnungslegungspflicht (sog. Härteklausel).

Zum Fortfall der Konzernabschlusspflicht nach Abs. 1 folgendes Beispiel:

BEISPIEL In den Jahren 01 und 02 werden jeweils mindestens zwei Schwellenwerte überschritten. In den Jahren 03 und 04 werden jeweils mindestens zwei Schwellenwerte nicht überschritten.

BEURTEILUNG Für 02 besteht eine Konzernabschlusspflicht.

Diese entfällt noch nicht für 03, da die Größenprüfung neben dem jeweils aktuellen Jahr auch das Vorjahr umfasst, die Schwellenwerte aber nur in 03 und nicht zugleich im Vorjahr 02 überschritten werden.

Für 04 entfällt die Konzernabschlusspflicht, da jetzt sowohl für den aktuellen Stichtag (04) als auch für den Vorjahresstichtag (03) mindestens zwei Schwellenwerte nicht überschritten werden.

Die Befreiung nach der sog. **Härteklausel** des Abs. 4 setzt kumulativ Folgendes voraus: 18

- An nur einem der beiden zu beurteilenden Jahre (aktuelles und Vorjahr) werden bei mindestens zwei Merkmalen die Schwellenwerte von Abs. 1 überschritten; es läge also nach Abs. 1 eine Konzernabschlusspflicht vor.
- Im Vorjahr bestand jedoch nach Abs. 1 oder 4 keine Konzernabschlusspflicht.

BEISPIEL ▸ In den Jahren 01 und 02 werden jeweils mindestens zwei Schwellenwerte nicht überschritten. Im Jahr 03 werden jeweils mindestens zwei Schwellenwerte überschritten.

BEURTEILUNG ▸ Für 01 und 02 entfällt eine Konzernabschlusspflicht bereits nach Abs. 1.

Für 03 bestünde nach Abs. 1 eine Konzernabschlusspflicht, da mindestens zwei Schwellenwerte zwar im Vorjahr, aber nicht zugleich im aktuellen Jahr gewahrt werden. Nach Abs. 4 beginnt die Konzernabschlusspflicht jedoch dann nicht, wenn nur in einem der beiden zu beurteilenden Jahre (aktuelles und Vorjahr) die Schwellenwerte überschritten wurden und am vorhergehenden Abschlussstichtag (02) keine Konzernabschlusspflicht bestand. Diese beiden kumulativ geforderten Voraussetzungen sind hier erfüllt. Nach Abs. 4 besteht daher keine Konzernabschlusspflicht für 03.

Für 04 besteht nur dann keine Konzernabschlusspflicht, wenn im Jahr 04 mindestens zwei Schwellenwerte nicht überschritten werden. In diesem Fall würde zwar Abs. 1 wegen Überschreitung im Vorjahr nicht greifen, erneut käme aber Abs. 4 zur Anwendung: Das Unternehmen hätte die Schwellenwerte von Abs. 1 nur an einem der beiden zu beurteilenden Stichtage verwirklicht und war am vorhergehenden Abschlussstichtag von der Konzernabschlusspflicht befreit.

Werden für 04 hingegen mindestens zwei Schwellenwerte überschritten, greift die erweiterte Befreiungsmöglichkeit des Abs. 4 nicht mehr, da zwar die Befreiung im Vorjahr gegeben ist, nicht aber die Einhaltung der Schwellenwerte in einem der beiden zu beurteilenden Jahre.

2. Neugründung des Mutterunternehmens oder erstmalige Konzernbildung

Bei **Neugründung** des Mutterunternehmens oder erstmaliger Begründung eines Konzerns entfällt zum ersten Abschlussstichtag die Möglichkeit, zwei Jahre für die Größeneinordnung in Betracht zu ziehen. Nach Abs. 4 Satz 2 i. V. mit § 267 Abs. 4 Satz 2 HGB ist dann **allein** auf die Verhältnisse am **ersten Abschlussstichtag** abzustellen. Eine solche Regelung macht Sinn, da nach dem Regelungszweck von Abs. 4 Satz 1 ein dauernder Wechsel der Größenordnung verhindert werden soll. Bei Neugründungen oder erstmaliger Konzernierung ist dieser Zweck nicht tangiert. Der neu gebildete Konzern soll daher auch nicht ein Jahr die größenabhängige Befreiung in Anspruch nehmen dürfen. 19

Entsprechend ist bei **Umwandlung einer Personengesellschaft,** die nicht § 293 HGB unterliegt, in eine Kapitalgesellschaft zu verfahren. 20

Die in § 267 Abs. 4 Satz 2 HGB vorgesehene Gleichbehandlung von Neugründungen und Umwandlungen gilt nicht für die **formwechselnde Umwandlung** einer Mutter-AG in eine GmbH oder umgekehrt bzw. einer Mutter-„Kap. & Co.“-Gesellschaft in eine AG bzw. GmbH und umgekehrt, da sich die rechtliche Identität des Mutterunternehmens durch den Formwechsel nicht ändert (→ § 267 Rz. 20). Dies wurde durch das BilRUG mit der Einfügung von § 267 Abs. 4 Satz 3 HGB und den darauf aufgenommenen Verweis in § 293 Abs. 4 Satz 2 HGB klargestellt.

IV. Kapitalmarktorientierte Unternehmen (Abs. 5)

Die Abs. 1 und 4 sind nicht anzuwenden. Die größenabhängige Befreiung greift also nicht, wenn das Mutterunternehmen oder ein in deren Konzernabschluss einbezogenes Tochterunternehmen am Abschlussstichtag kapitalmarktorientiert i. S. des § 264d HGB ist. 21

Auf → § 264d Rz. 1 ff. wird verwiesen.

Zweiter Titel: Konsolidierungskreis

§ 294 Einzubeziehende Unternehmen, Vorlage- und Auskunftspflichten

(1) In den Konzernabschluss sind das Mutterunternehmen und alle Tochterunternehmen ohne Rücksicht auf den Sitz und die Rechtsform der Tochterunternehmen einzubeziehen, sofern die Einbeziehung nicht nach § 296 unterbleibt.

(2) Hat sich die Zusammensetzung der in den Konzernabschluss einbezogenen Unternehmen im Laufe des Geschäftsjahrs wesentlich geändert, so sind in den Konzernabschluss Angaben aufzunehmen, die es ermöglichen, die aufeinander folgenden Konzernabschlüsse sinnvoll zu vergleichen.

(3) [1]Die Tochterunternehmen haben dem Mutterunternehmen ihre Jahresabschlüsse, Einzelabschlüsse nach § 325 Abs. 2a, Lageberichte, gesonderten nichtfinanziellen Berichte, Konzernabschlüsse, Konzernlageberichte, gesonderten nichtfinanziellen Konzernberichte und, wenn eine Abschlussprüfung stattgefunden hat, die Prüfungsberichte sowie, wenn ein Zwischenabschluss aufzustellen ist, einen auf den Stichtag des Konzernabschlusses aufgestellten Abschluss unverzüglich einzureichen. [2]Das Mutterunternehmen kann von jedem Tochterunternehmen alle Aufklärungen und Nachweise verlangen, welche die Aufstellung des Konzernabschlusses, des Konzernlageberichts und des gesonderten nichtfinanziellen Konzernberichts erfordert.

Inhaltsübersicht — Rz.

LITERATUR:

Heydemann/Koenen, Die Abgrenzung des Konsolidierungskreises bei Kapitalgesellschaften in Theorie und Praxis, DB 1992 S. 2253; *Karl/Reinke*, Der Spartenkonzern, Abgrenzung des Konsolidierungskreises, WPg 1991 S. 693; *Lüdenbach/Freiberg*, Konzernabschluss bei unterjähriger Entstehung des Konzerns gemäß dem neuen IDW RS HFA 44 – eine kritische Würdigung, BB 2018 S. 939; *Mujkanovic*, Zweckgesellschaften nach BilMoG, StuB 2009 S. 369; *Weimar*, Regelungsbefugnis des Bilanzrichtlinien-Gesetzgebers für Auslandssachverhalte?, DB 1987 S. 521.

I. Regelungsinhalt

§ 294 HGB trifft Regelungen auf drei Feldern: 1

- Abs. 1 grenzt den Kreis der im Wege der Vollkonsolidierung in den Konzernabschluss einzubeziehenden Unternehmen ab **(Konsolidierungskreis)** (→ Rz. 2).
- Abs. 2 enthält im Interesse der interperiodischen Vergleichbarkeit **Angabepflichten** bei wesentlichen Änderungen des Konsolidierungskreises (→ Rz. 3).
- Abs. 3 verpflichtet das Tochterunternehmen, dem Mutterunternehmen für die Erstellung des Konzernabschlusses bestimmte **Unterlagen** vorzulegen und sonst erforderliche **Auskünfte** zu erteilen (→ Rz. 17).

II. Abgrenzung des Konsolidierungskreises (Abs. 1)

§ 294 HGB grenzt i.V. mit §§ 290, 296 HGB den Konsolidierungskreis ab. Die Arbeitsteilung ist wie folgt: 2

- § 290 HGB definiert das **Mutter-Tochter-Verhältnis** (→ § 290 Rz. 8 ff.).
- § 294 Abs. 1 HGB sieht als **Regel** die Einbeziehung **sämtlicher Tochterunternehmen,** unabhängig von ihrem Sitz und ihrer Rechtsform, in den Konzernabschluss vor (Weltabschlussprinzip).
- § 296 HGB gewährt als Wahlrecht bestimmte **Ausnahmemöglichkeiten** von dieser Regel (→ § 296 Rz. 1 ff.).

Die Einbeziehungspflicht des Abs. 1 betrifft sowohl **unmittelbare** als auch **mittelbare** Tochterunternehmen (→ § 290 Rz. 71).

Eine nach wirtschaftlichen Kriterien, Führungsverantwortung etc. vorgenommene **Ausweitung** des Kreises der vollkonsolidierten Unternehmen über den Bereich der Tochterunternehmen hinaus widerspricht den Regelungen von §§ 290 ff. HGB. Derartige **freiwillige** Gruppenabschlüsse haben deshalb z. B. keine befreiende Wirkung nach § 291 HGB.

III. Angaben bei wesentlichen Veränderungen des Konsolidierungskreises (Abs. 2)

1. Regelungszweck

Bei Veränderungen des Konsolidierungskreises ist u. U. ein sinnvoller Vergleich zum Vorjahreskonzernabschluss nicht mehr möglich. 3

BEISPIEL Der von MU geführte Konzern K erzielt im Jahr 01 einen Umsatz von 100. Am 1.10.02 erwirbt MU die branchenfremde TU-X. Der gleichmäßig über das Jahr verteilte Umsatz von TU-X beträgt 60. Wegen im Jahr 02 manifest gewordener Qualitätsprobleme ist der Umsatz des Konzerns (vor Einbeziehung von TU-X) um 10 zurückgegangen.

Der Konzernabschluss 02 zeigt einen Umsatz von (100 · 0,9) + 60 · 90/360 = 105.

Im Vergleich zum Vorjahr entspricht dies einem Anstieg um 5 %.

Ohne weitere Erläuterungen wird nicht erkennbar, dass K in seinem bisherigen Geschäftsfeld einen Umsatzrückgang von 10 % erlitten hat, der durch den „zugekauften" Umsatz von TU-X überkompensiert wird.

Zur Herstellung der interperiodischen Vergleichbarkeit sieht Abs. 2 bei wesentlichen Änderungen des Konsolidierungskreises daher Erläuterungen im Anhang vor. Nach § 294 Abs. 2 Satz 2 HGB a. F. war alternativ eine Anpassung der Vorjahreszahlen möglich. Seit dem BilMoG ist diese alternative Möglichkeit entfallen (→ Rz. 12).

2. Tatbestandselement 1: Änderung des Konsolidierungskreises

4 Tatbestandsseitig setzt Abs. 2 im Vorjahresvergleich voraus:

- eine **Änderung** der Zusammensetzung der in den Konzernabschluss einbezogenen Unternehmen (→ Rz. 5),
- die so **wesentlich** ist, dass ohne erläuternde Angaben ein sinnvoller Vorjahresvergleich nicht mehr möglich ist (→ Rz. 8).

5 **Änderungen** des Konsolidierungskreises können sich u. a. durch folgende Umstände ergeben:

- Erwerb von Tochterunternehmen (Erstkonsolidierung),
- Veräußerung von Tochterunternehmen (Entkonsolidierung; → § 301 Rz. 115),
- Kontrollerlangung durch Erwerb zusätzlicher Anteile an Unternehmen (Aufwärtskonsolidierung; → § 301 Rz. 110),
- Kontrollverlust durch Veräußerung eines Teils der Anteile (Abwärtskonsolidierung; → § 301 Rz. 110),
- Wachstum von Tochterunternehmen und damit einhergehend Wegfall der Nichteinbeziehungsmöglichkeit wegen Unwesentlichkeit nach § 296 Abs. 2 HGB (→ § 301 Rz. 26),
- Veränderung sonstiger für die Einbeziehungswahlrechte nach § 296 HGB maßgeblicher Umstände.

6 Die vorgenannten Fälle betreffen die Zusammensetzung des Kreises vollkonsolidierter Tochterunternehmen. Fraglich ist, ob daneben auch wesentliche Veränderungen des Kreises der **quotal** in den Konzernabschluss einbezogenen Unternehmen den Regelungen von Abs. 2 unterliegen. Die h. M. bejaht dies,[1] eine noch weiter gehende Interpretation sieht selbst Zu-/Abgänge von *Equity*-konsolidierten Gemeinschaftsunternehmen als Änderung des Konsolidierungskreises an.[2] Zur Begründung führt die h. M. an, dass Abs. 2 von der Zusammensetzung der in den Konzernabschluss „einbezogenen Unternehmen" spricht, als „einbezogene Unternehmen" in § 310 Abs. 1 HGB aber auch quotal konsolidierte Gemeinschaftsunternehmen angesprochen werden. Diese auf den isolierten Wortlaut abhebende Begründung halten wir in systematischer Sicht aus folgenden Gründen nicht für überzeugend:

- Der dem Konzernabschluss und Konzernlagebericht gewidmete Zweite Unterabschnitt im Zweiten Abschnitt des Dritten Buchs des HGB ist in verschiedene Titel unterteilt. Der hier interessierende Zweite Titel trägt die Überschrift **„Konsolidierungskreis"**. Dieser Titel besteht aus nur zwei Paragraphen, nämlich §§ 294, 296 HGB.
- § 296 HGB befasst sich unter der Überschrift „Verzicht auf die Einbeziehung" in allen drei Absätzen ausschließlich mit den Wahlmöglichkeiten betreffend die Einbeziehung von **Tochterunternehmen** in den Konzernabschluss.

1 Vgl. *ADS*, 6. Aufl., § 294 Tz. 17; *Störk/Deubert* in Beck'scher Bilanz-Kommentar, 13. Aufl. 2022, § 294 Tz. 9; *Müller/Kreipl* in Haufe HGB Bilanz Kommentar, 12. Aufl. 2021, § 294 Tz. 23.

2 So noch IDW ERS HFA 44 Tz. 10, jedoch nicht mehr IDW RS HFA 44 Tz. 10.

- § 294 HGB trägt die Überschrift „Einzubeziehende Unternehmen, Vorlage- und Auskunftspflichten". Unter dem ersten Überschriftsteil regelt Abs. 1 die Einbeziehung von **Tochterunternehmen** nach dem Weltabschlussprinzip, unter dem zweiten Überschriftsteil Abs. 3 die Vorlage- und Auskunftsrechte gegenüber Tochterunternehmen.
- Nach Maßgabe der drei Absätze von § 296 HGB sowie der Absätze 1 und 3 von § 294 HGB bezieht sich damit die Titelüberschrift „Konsolidierungskreis" und ebenso der in den Paragraphenüberschriften verwandte Einbeziehungsbegriff ausschließlich auf den Kreis der **Tochterunternehmen.**
- Wenn für die Auslegung von Abs. 2 etwas anderes gelten sollte, würde dies eine **unsystematische Ausnahme** im Zweiten Titel darstellen. Eine derartige Ausnahme hätte etwa in § 310 Abs. 2 HGB geregelt werden können, der die entsprechende Anwendung bestimmter für die Vollkonsolidierung geltender Vorschriften für die quotale Konsolidierung vorsieht. Tatsächlich ist eine solche Ausnahmeregelung aber weder in § 310 Abs. 2 HGB noch an anderer Stelle enthalten.

An der systematischen und einheitlichen Auslegung von § 294 Abs. 2 HGB ist daher u. E. festzuhalten. Ihr entspricht eine Beschränkung auf Tochterunternehmen.

Erläuterungspflichten ergeben sich nur, wenn sich die Zusammensetzung der in den Konzern- 7
abschluss einbezogenen Unternehmen **„im Laufe des Geschäftsjahres"** geändert hat. Zu den sich hieraus i.V. mit der Wesentlichkeitsfrage ergebenden Problemen wird auf → Rz. 14 verwiesen.

3. Tatbestandselement 2: Wesentlichkeit der Änderung

Erläuterungspflichten nach Abs. 2 entstehen nur bei **„wesentlichen"** Änderungen des Konsoli- 8
dierungskreises. Der **Maßstab** der Wesentlichkeit wird abstrakt von der Folgeseite her definiert:

- Bei wesentlichen Änderungen sind Angaben in den Konzernabschluss aufzunehmen, die einen sinnvollen Vergleich zum Vorjahreskonzernabschluss ermöglichen.
- Wesentlich ist daher eine Änderung des Konsolidierungskreises, die ohne ergänzende Angaben keinen **sinnvollen Vorjahresvergleich** mehr erlaubt.

Die **tatsächliche Entwicklung** des Konzerns im Vorjahresvergleich ist das Resultat von zwei Faktoren:

- Entwicklung der **fortgeführten Tätigkeiten** (alter Konsolidierungskreis) und
- Folgen der **Änderungen des Konsolidierungskreises.**

Das höchste Maß der Beeinträchtigung des Vorjahresvergleichs und damit der größte Erläuterungsbedarf ergibt sich, wenn beide Faktoren **unterschiedliche Vorzeichen** haben und die Entwicklung auf Basis des alten Konsolidierungskreises durch die Änderung des Konsolidierungskreises überkompensiert wird. Auf das Beispiel unter → Rz. 3 wird verwiesen.

Eine wesentliche Beeinträchtigung liegt aber auch dann vor, wenn bei **gleichem Vorzeichen** die Änderung des Konsolidierungskreises die Geschäftsentwicklung deutlich überzeichnet:

BEISPIEL Der von MU geführte Konzern K erzielt im Jahr 01 einem Umsatz von 100. Am 1.7.02 erwirbt MU TU-X. Der gleichmäßig über das Jahr verteilte Umsatz von TU-X beträgt 40.

Der Konzernumsatz 02 beträgt 130, der Anstieg gegenüber dem Vorjahr damit 30 %. Die gesamte Branche hat im gleichen Zeitraum nur ein Wachstum von 10 % erzielt.

Der GuV-Vorjahresvergleich zeigt zutreffend ein Umsatzwachstum. Ein Irreführungspotenzial besteht im Branchenvergleich. Die GuV zeigt ein dreimal so hohes Wachstum wie der Branchendurchschnitt. Das Übertreffen der Branche und der damit einhergehende Anstieg des Marktanteils sind jedoch allein Folge der Änderung des Konsolidierungskreises. Dies wird aus der GuV nicht ersichtlich und muss daher erläutert werden.

9 Die Wesentlichkeit der Änderungen ist **insgesamt,** d. h. beispielsweise nicht für das einzelne neue Tochterunternehmen, sondern für alle neu zugehenden, zu beurteilen.[1] Unseres Erachtens folgt hieraus auch die Möglichkeit einer **saldierten** Betrachtung, soweit es um ein quantitativ begründetes Wesentlichkeitsurteil geht:

BEISPIEL ▸ Der von MU geführte Konzern K erzielt im Jahr 01 einen Umsatz von 100. Am 2.1.02 veräußert MU diverse Tochterunternehmen, die zusammengefasst bisher mit etwa 20 % zum Konzernumsatz und Konzernergebnis beigetragen haben. Ebenfalls am 2.1.02 erwirbt MU diverse Tochterunternehmen. Sie tragen im Jahr 02 mit etwa 20 % zum Konzernumsatz und Konzernergebnis bei.

BEURTEILUNG ▸ In saldierter Betrachtung ist die Änderung nicht wesentlich. Besondere Angaben nach Abs. 2 sind damit aus quantitativer Sicht nicht erforderlich. Ggf. kann aber eine qualitative Erläuterung geboten sein, wenn veräußerte und zuerworbene Töchter auf unterschiedlichen Geschäftsfeldern tätig sind.

10 Als **Bezugsgrößen** des Wesentlichkeitsurteils werden im Schrifttum

- Umsatz und Jahresergebnis,
- daneben noch die Bilanzsumme, aber auch einzelnen Posten oder Postengruppen des Konzernabschlusses genannt.[2]

Unseres Erachtens kommt den an zweiter Stelle genannten Größen aber keine so hohe Bedeutung wie dem Umsatz und Jahresergebnis zu. Zweck von Abs. 2 ist, bei der Analyse von Entwicklungstrends zwischen Effekten aus der fortgeführten Tätigkeit und solchen aus Kauf/Verkauf von Tochterunternehmen unterscheiden zu können. In der Beurteilung von Entwicklungstrends sind die Stromgrößen „Umsatz" und „Jahresergebnis" aber im Allgemeinen analytisch von größerer Bedeutung als die anderen Merkmale.

4. Rechtsfolge: ergänzende Angaben oder Drei-Spalten-Format

11 Zur Herstellung der Vergleichbarkeit zum Vorjahresabschluss sind bei Änderung des Konsolidierungskreises ergänzende Angaben, insbesondere im Konzernanhang, vorzunehmen. Nach einhelliger Meinung im Schrifttum reichen rein verbale Beschreibungen („Ohne den Zukauf wäre der Umsatz nicht so stark gestiegen") nicht aus (IDW RS HFA 44 Tz. 14). Mindestens der durch die Änderung des Konsolidierungskreises bewirkte Umsatz- und Ergebniseffekt sind absolut oder als Prozentzahl zu **quantifizieren.**

12 Nach z. T. vertretener Ansicht sollen darüber hinaus die Auswirklungen auf die Hauptposten der GuV und der Bilanz[3] bzw. die „wichtigsten Posten" (IDW RS HFA 44 Tz. 13) dieser Rechenwerke angegeben werden. In einer GuV nach Gesamtkostenverfahren wären danach etwa Absolut- oder Prozentangaben zu Umsatz, Materialaufwand, Personalaufwand etc. geboten. Nach anderer Auffassung ist auf die **Verhältnisse des Einzelfalls** abzustellen, der konkrete Um-

1 Vgl. *ADS*, 6. Aufl., § 294 Tz. 19.

2 Vgl. *ADS*, 6. Aufl., § 284 Tz. 18; *Störk/Deubert* in Beck'scher Bilanz-Kommentar, 13. Aufl. 2022, § 294 Tz. 11.

3 Vgl. *ADS*, 6. Aufl., § 294 Tz. 20; *Störk/Deubert* in Beck'scher Bilanz-Kommentar, 13. Aufl. 2022, § 294 Tz. 14.

fang der Angaben daher nicht allgemein zu bestimmen.[1] Der zweiten Auffassung ist u. E. zuzustimmen: Abs. 2 schreibt nicht vor, eine aggregierte Pro-forma-Bilanz oder GuV aufzustellen, die entweder GuV und Bilanz des aktuellen Jahres in allen Hauptposten so zeigt, wie sie ohne Änderung des Konsolidierungskreises ausgesehen hätten, oder GuV und Bilanz des Vorjahres so präsentiert, als ob die Änderung des Konsolidierungskreises schon im Vorjahr stattgefunden hätte (→ Rz. 13). Derartige Pro-forma-Angaben können im Einzelfall zwar sinnvoll sein, in der ohnehin schwer zu verarbeitenden Fülle der Anhanginformationen wird dem durchschnittlichen Bilanzadressaten aber nicht damit gedient, wenn durch Pro-forma-Zahlen etwa die Entwicklung der insgesamt unbedeutenden sonstigen betrieblichen Erträge bzw. Aufwendungen dargestellt wird. Weniger ist hier in aller Regel mehr. Neben Angaben zu Umsatz und Ergebnis – ggf. noch Bilanzsumme – ist daher sorgfältig zu prüfen, ob weitere untergliedernde Angaben für die Bilanzadressaten überhaupt von Interesse sind.

Diesem Aspekt folgend führt der Regierungsentwurf zum BilMoG zur Begründung von Änderungen in Abs. 2 (→ Rz. 3) die Annäherung an die internationalen Rechnungslegungsstandards an.[2] Diese sehen in IFRS 3.B64(q) bei Änderungen des Konsolidierungskreises zwar Angaben zur Höhe der Erlöse *(revenues)* und des Ergebnisses *(profit or loss)*, jedoch keine Angabepflichten für Bilanz, Kapitalflussrechnung etc. vor.

Statt durch Anhangangaben (→ Rz. 12) kann die Vergleichbarkeit von Bilanz- und GuV-Werten auch durch eine Darstellung bewirkt werden, die die beiden Grundspalten (aktuelles Jahr und Vorjahr) um eine dritte Spalte erweitert. Das IDW unterscheidet zwei Varianten dieser sog. **Drei-Spalten-Form** (IDW RS HFA 44 Tz. 15 ff.): 13

- **Bevorzugte Variante:** Die dritte Spalte zeigt **angepasste Vorjahresbeträge,** also die Bilanz- und GuV-Werte, die sich ergeben hätten, wenn die Änderung des Konsolidierungskreises bereits im Vorjahr erfolgt wäre.
- **Modifizierte Drei-Spalten-Form:** Insbesondere bei einer Erweiterung des Konsolidierungskreises kann es an Informationen fehlen, um die Konsolidierungsmaßnahmen für das Vorjahr nachzuholen. Statt einer Anpassung der Vorjahreszahlen (so als ob im Vorjahr schon der jetzige Konsolidierungskreis bestanden hätte) wird in der modifizierten Form das **aktuelle Jahr** so **angepasst,** als ob noch der Konsolidierungskreis des Vorjahres bestanden hätte.

In beiden Varianten ist in der Überschrift der zusätzlichen Spalte deutlich zum Ausdruck zu bringen, dass es sich nicht um die tatsächlichen Zahlen, sondern um angepasste (Pro-forma-Werte) handelt.

In zeitlicher Hinsicht sind Voraussetzungen und Inhalt der Angabepflichten nach Abs. 2 undeutlicher und unsystematischer als vergleichsweise die nach IFRS 3.B64(q) (→ Rz. 12). Anzugeben sind nach **IFRS 3** 14

- tatsächlicher Erlös- und Ergebnisbeitrag des erworbenen Unternehmens zum laufenden Geschäftsjahr,
- fiktive Erlöse und Ergebnisse des Konzerns, wenn alle Erwerbe zum Periodenanfang getätigt worden wären.

1 Vgl. *Sahner/Sauermann* in Küting/Weber (Hrsg.), Handbuch der Konzernrechnungslegung, Bd. II, 2. Aufl. 1998, § 294 Tz. 16.
2 Begründung RegE S. 175.

Handelsrechtliche Erläuterungspflichten nach Abs. 2 ergeben sich demgegenüber nur, wenn sich die Zusammensetzung der in den Konzernabschluss einbezogenen Unternehmen **„im Laufe des Geschäftsjahres"** geändert hat. In Verbindung mit der Wesentlichkeitsfrage ergibt sich hieraus folgendes Problem:

- Vom **Erwerb** eines großen Tochterunternehmens **am 31.12.02** sind nur Umsatz und Jahresergebnis 03 und damit der **Vergleich von 03 mit 02** betroffen.
- Im Jahr **03** besteht **jedoch keine Angabepflicht** nach Abs. 2, weil die Änderung des Konsolidierungskreises nicht „im Laufe des Geschäftsjahres" 03, sondern im Vorjahr eingetreten ist.
- Im Jahr **02** besteht zwar dem Grunde nach eine Erläuterungspflicht, die aber wegen des **Wesentlichkeitsvorbehalts** entfällt, wenn der Regelungszweck „Herstellung der Vergleichbarkeit" nur vergangenheitsorientiert (Vergleich von 02 und Vorjahr) und nicht auch zukunftsorientiert (02 als Vergleichsbasis für 03 etc.) interpretiert wird.

Die Erläuterungspflichten nach IFRS 3 sehen für 02 hingegen eine Angabe der fiktiven Erlöse und Ergebnisse des Konzerns vor, wenn der Erwerb zum 1.1.02 und nicht zum 31.12.02 getätigt worden wäre. Damit wird eine Vergleichsbasis für 03 geschaffen. Entsprechendes kann u. E. nach HGB nicht verlangt werden. Zwar sind die Erläuterungsvorschriften des IFRS 3 systematisch gerechtfertigt. Sie dienen dem sinnvollen Vergleich „aufeinanderfolgender Konzernabschlüsse", im Gesetz findet sich aber kein Hinweis, dass auch für das HGB entsprechende Vorratserläuterungen gefordert sind, die zukunftsgerichtet für Folgeabschlüsse eine Vergleichsbasis legen.

15 Die Angabepflichten des Abs. 2 stoßen an eine weitere Grenze, wenn Unternehmenswachstum durch **Zukäufe** wesentlicher Teil des **Geschäftsmodells** ist. Von analytischem Interesse werden dann u. a. Umsatzwachstumsraten sein. Wenn nun die Wachstumsrate der Vorjahre ebenso wie die des aktuellen Jahres wesentlich durch Zukäufe geprägt ist, ergibt sich der sinnvolle Vergleich mit den Vorjahren gerade ohne Bereinigung der Wachstumsrate des aktuellen Jahres um die Zukäufe. Erneut zeigt sich: Das Ob und Wie der Erläuterung nach Abs. 2 ist einzelfallabhängig zu beurteilen (→ Rz. 12).

5. Vorjahreszahlen bei erstmaligem Konzernabschluss, Jahreszahlen bei erstmaliger unterjähriger Konzernierung

16 Nicht unmittelbar von Abs. 2 angesprochen sind Fälle der **erstmaligen Pflicht** zur Konzernrechnungslegung. Eine solche kann sich ergeben, weil erstmals im Geschäftsjahr

- ein Tochterunternehmen erworben oder gegründet wurde **(erstmalige Konzernierung)** oder
- sämtliche bisher unwesentlichen Tochterunternehmen (§ 290 Abs. 5 HGB) z.T. **wesentlich** werden,
- die **größenabhängige Befreiung** nach § 293 HGB entfällt.

Im **ersten Fall** besteht keine Pflicht zur Angabe von Vorjahreszahlen im Konzernabschluss, weil der Konzern im Vorjahr noch nicht bestand. **Wahlweise** können Vorjahreszahlen aus dem **Jahresabschluss des Mutterunternehmens** angegeben werden, sofern dies deutlich kenntlich gemacht wird (IDW RS HFA 44 Tz. 5 f.).

Im **zweiten und dritten Fall** soll laut IDW RS HFA 44 Tz. 5. G. die Möglichkeit bestehen, die Vorjahreszahlen freiwillig auf Basis einer um ein Jahr **vorverlagerten Erstkonsolidierung** zu ermitteln und anzugeben. Unseres Erachtens ist eine solche Vorverlagerung der Erstkonsolidierung wegen § 301 Abs. 2 Satz 3 und 4 HGB nicht bzw. nur für Zwecke von Pro-forma-Darstellungen zulässig.

Ein verwandtes Problem ergibt sich im ersten der drei o. g. Fälle bei erstmaliger unterjähriger Konzernierung für die Behandlung des **unterjährigen Vorkonzernierungszeitraums.**[1] IDW RS HFA 44 Tz. 8 sieht hier folgende Lösung vor: „Sofern erstmalig ein Konzernabschluss aufgestellt wird, sind entsprechend der Einheitstheorie die Erträge und Aufwendungen (ebenso wie die Ein- und Auszahlungen sowie die Veränderungen des Eigenkapitals) des Mutterunternehmens für das gesamte (erste) (Konzern-)Geschäftsjahr im Konzernabschluss zu erfassen, da der Jahresabschluss des Tochterunternehmens in den Jahresabschluss des Mutterunternehmens einbezogen wird." Beim beispielhaften Erwerb eines ersten Tochterunternehmens zum 1.10.02 wären danach für die Stromgrößen (GuV und Kapitalflussrechnung) und Bewegungsgrößen (Eigenkapitalspiegel) die einzelbilanziellen Zahlen der ersten drei Quartale für das Mutterunternehmen mit den konsolidierten Zahlen von Mutter- und Tochterunternehmen für das vierte Quartal zusammenzuführen und insgesamt als Konzernzahlen des Geschäftsjahres 02 anzugeben. Zur Begründung führt das IDW an, dies entspreche (1) der Einheitstheorie und folge (2) daraus, dass „der Jahresabschluss des Tochterunternehmens in den Jahresabschluss des Mutterunternehmens einbezogen" werde. Angesichts des hohen Abstraktionsgrades des **Einheitsgrundsatzes** stellt die Berufung darauf keine eigentliche Begründung dar. Zur Frage, ob auch konkrete Gründe für die Annahme des IDW sprechen, folgendes Beispiel: 16a

BEISPIEL MU ist seit längerem mit 20 % an TU beteiligt. Weitere Beteiligungen hält MU nicht. Am 1.10.02 wirbt MU die restlichen 80 % der Anteile an TU und nimmt demzufolge für Zwecke des Konzernabschlusses eine Erstkonsolidierung auf diesen Zeitpunkt vor (§ 301 Abs. 2 Satz 1 HGB). Ab dem Erstkonsolidierungszeitpunkt werden in Übereinstimmung mit dem Einheitsgrundsatz und dessen Umsetzung in den §§ 303 ff. HGB Aufwendungen/Erträge und Forderungen/Verbindlichkeiten zwischen MU und TU konsolidiert und Zwischenergebnisse eliminiert. In den vergangenen Jahresabschlüssen von MU werden aktive latente Steuern, selbst erstellte immaterielle Anlagevermögensgegenstände und Zinsen auf Herstellungsvorgänge gem. den entsprechenden Ansatz- und Bewertungswahlrechten aktiviert. Dies soll aus Gründen der Stetigkeit auch im Jahr 02 so bleiben. Im Konzernabschluss sollen hingegen entsprechend der neu erstellten Konzernbilanzrichtlinie die Ansatz- und Bewertungswahlrechte anders ausgeübt werden (§§ 300 Abs. 2 Satz 2 und 308 Abs. 1 Satz 2 HGB).

- Anfang 02 hat TU eine selbst erstellte und demzufolge nicht aktivierte Marke an MU veräußert, die MU über zehn Jahre linear abschreibt.
- MU hat TU Ende 01 ein Darlehen gewährt und vereinnahmt daraus in den ersten drei Quartalen des Jahres 02 Zinsen.
- Im April 02 schüttet TU eine Dividende aus, die MU als Beteiligungsertrag erfasst.

Das IDW ist in zeitlicher Hinsicht der Auffassung, es entspreche dem Einheitsgrundsatz, wenn die Aufwendungen, Erträge usw. des Mutterunternehmens für das gesamte Jahr, also auch schon für den einzelbilanziellen Zeitraum vor Konzernierung (im Beispiel 1.1.02 bis 30.9.02), in den Konzernabschluss 02 einbezogen werden. Dieser **zeitlichen Interpretation** ist notwendig die **sachliche** zur Seite zu stellen. Sachlich ergibt sich aus § 297 Abs. 3 Satz 1 HGB, dass u. a. die Ertragslage so darzustellen ist, als ob Mutter und Tochter ein einziges Unternehmen wären.

BEISPIEL (FORTSETZUNG) Bei dem einzigen Unternehmen wäre aber nach den Konzernbilanzierungsrichtlinien auf die Aktivierung von latenten Steuern bei selbst geschaffenen immateriellen Vermögens-

1 Detailliert dazu: *Lüdenbach/Freiberg*, BB 2018 S. 939 ff.

gegenständen und Zinsen verzichtet worden. Mit diesen Aktivierungen verbundene Aufwendungen (Abschreibungen, Materialaufwand, Auflösung aktiver latenter Steuern) wären anders als auf einzelbilanzieller Ebene des Mutterunternehmens nicht angefallen. Entsprechendes gilt für die Abschreibung auf die vom Tochterunternehmen erstellte Marke, deren Aktivierung bei einem einheitlichen Unternehmen unzulässig gewesen wäre. Schließlich wären bei einem schon vor dem 1.10. als einheitlich anzunehmenden Unternehmen auch die Zinserträge und Beteiligungserträge nicht angefallen.

Würde man der zeitlichen Dimensionierung des IDW folgen, müsste dies gerade bei Berufung auf den Einheitsgrundsatz aus Gründen der **Konsistenz** auch für die sachliche Dimensionierung gelten. Die den Einheitsgrundsatz konkretisierenden §§ 303 ff. HGB müssten dann ebenfalls schon ab Jahresanfang anwendbar sein, dies dann nicht nur für das Mutterunternehmen, sondern nach den Gesetzen der Doppik auch für das Tochterunternehmen. Es würde die Einheit von zwei Unternehmen fingiert, allerdings für einen Zeitraum, für den noch gar keine Mutter-Tochter-Beziehung bestand. Auch bei großzügigster Interpretation wäre dies u. E. nicht mehr mit § 290 HGB und § 297 Abs. 3 HGB verträglich.

Nach der **zweiten Begründung des IDW** ist die Einbeziehung der Vorkonzernierungszahlen des Mutterunternehmens in den Konzernabschluss geboten, „da der Jahresabschluss des Tochterunternehmens in den Jahresabschluss des Mutterunternehmens einbezogen wird". Dieser Aussage fehlt die gesetzliche Grundlage, denn nirgendwo ist in den §§ 290 ff. HGB von einer Einbeziehung des Jahresabschlusses eines Tochterunternehmens in den Jahresabschluss des Mutterunternehmens die Rede. Die vom IDW angeführten Begründungen sind damit insgesamt unzutreffend. Auch **andere Begründungsversuche** im Schrifttum überzeugen nicht. Sie versuchen etwa aus der Identität von Konzernbilanzstichtag und Einzelbilanzstichtag des Mutterunternehmens (§ 299 Abs. 1 HGB) abzuleiten, dass „Erträge und Aufwendungen des Mutterunternehmens immer vollständig, d. h. für das ganze Jahr in die Konzern-GuV übernommen werden müssten.[1] Übersehen wird dabei, dass § 299 Abs. 1 HGB zwar eine Aussage zum Stichtag der Konzernbilanz, aber keine zur Dauer des Geschäftsjahres trifft. Bei fortlaufender Bilanzierung ist dies kein Problem. Aus der vorjährigen Stichtagsidentität und der aktuellen resultiert in mathematisch einfacher Differenzrechnung zwangsläufig eine Identität der Dauer des Geschäftsjahres von Konzern- und Einzelabschluss. Bei erstmaliger Konzernierung fehlt es aber an dieser mathematischen Zwangsläufigkeit. Klar ist nur, dass (auch) das erste Konzerngeschäftsjahr zum Bilanzstichtag des Mutterunternehmens endet, in § 299 Abs. 1 HGB hingegen nicht geregelt ist, wann es beginnt.

16b Unseres Erachtens gilt: Vor Begründung der ersten Mutter-Tochter-Beziehung ist auch das spätere Mutterunternehmen in keinen Konzern- bzw. Konsolidierungskreis einbezogen. Es ist ein **„einfaches" Unternehmen,** (noch) **kein Teil eines Konzerns.** Das Gebot, Aufwendungen und Erträge nur ab Konzernzugehörigkeit zu berücksichtigen, gilt damit nicht nur für das Tochterunternehmen, sondern auch für das (erst später dazu werdende) Mutterunternehmen. Zudem brächte eine Berücksichtigung von Mutter- und Tochterunternehmen ab unterschiedlichen Zeitpunkten, wie in → Rz. 16a dargestellt, noch eine Reihe von Folgeproblemen: Um ein Gemisch aus „Äpfeln und Birnen" zu vermeiden, wären zunächst folgende Fragen zu beantworten: Wie soll mit den Erträgen/Aufwendungen verfahren werden, die das Mutterunternehmen zwischen dem 1.1. und dem Erwerb des ersten Tochterunternehmens gegenüber diesem schon erzielt hat? Wie ist mit Zwischenergebnissen aus in diesem Zeitraum getätigten Geschäften umzugehen? Wie verfährt man mit Unterschieden in der Ausübung von Ansatz- und Bewer-

1 *Störk/Deubert* in Beck'scher Bilanz-Kommentar, 13. Aufl. 2022, § 299 Tz. 3.

tungswahlrechten in Einzelbilanz des Mutterunternehmens und Konzernbilanz? All diese Probleme entstehen nicht, wenn **konzeptionell zutreffend** bei erstmaliger unterjähriger Konzernierung die Konzerneröffnungsbilanz auf diesen Konzernierungszeitpunkt aufgestellt wird, weil

- vorher kein Konzern besteht,
- weiter als bis zum Zeitpunkt der Erstkonsolidierung (hier zugleich Erstkonzernierung) die Zahlen im Konzernabschluss nicht zurückreichen können und
- ein Mixtum aus Einzel- und konsolidierten Zahlen im Gesetz nicht zugelassen ist.

Unter dem Gesichtspunkt der **Praktikabilität** wird eine solche Lösung aber nicht immer willkommen sein, da sie neben der ohnehin zu erstellenden Handelsbilanz II des Tochterunternehmens auf den Erstkonsolidierungszeitpunkt zusätzlich eine Handelsbilanz II des Mutterunternehmens auf diesen Zeitpunkt verlangt. In Fällen, in denen abweichend vom Beispiel in → Rz. 16a keine wesentlichen Transaktionen beider Unternehmen vor dem Zeitpunkt der erstmaligen Konzernierung stattgefunden haben, mag es deshalb aus Vereinfachungsgründen nicht zu beanstanden sein, wenn unter Berufung auf die (unzutreffende) Auffassung des IDW anders verfahren wird.

IV. Vorlagepflichten und Auskunftsrechte (Abs. 3)

1. Überblick

Zur Aufstellung des Konzernabschlusses und des Konzernlageberichts benötigt das Mutterunternehmen die **Mitwirkung** der Tochterunternehmen: 17

- **Abs. 3 Satz 1** verpflichtet daher die Tochterunternehmen zur **Vorlage** bestimmter **Standarddokumente:** Dies sind Jahresabschlüsse, Lageberichte, evtl. Teilkonzernabschlüsse, Konzernlageberichte und im Fall einer Prüfung Prüfungsberichte – unabhängig davon, ob diese gesetzlich, satzungsmäßig oder freiwillig durchgeführt wurden.[1] Bei abweichendem Geschäftsjahr des Tochterunternehmens und einem daher aufzustellenden Zwischenabschluss ist auch dieser vorzulegen.
- **Abs. 3 Satz 2** berechtigt das Mutterunternehmen, von jedem Tochterunternehmen alle **(weiteren) Aufklärungen** und **Nachweise** zu verlangen, „welche die Aufstellung des Konzernabschlusses und Konzernlageberichts erfordert".

Die **Vorlagepflicht** besteht unabhängig davon, ob das jeweilige Tochterunternehmen tatsächlich in den Konzernabschluss **einbezogen** wird bzw. werden soll. Das weitere Informationen betreffende **Auskunftsrecht** kann hingegen bei Nichteinbeziehung eingeschränkt sein (→ Rz. 20). 18

Vorlage- und Auskunftspflichten bestehen nicht nur im Verhältnis zum Mutterunternehmen, sondern nach § 320 Abs. 3 HGB auch **im Verhältnis zum Konzernabschlussprüfer** (→ § 320 Rz. 16 ff.). Auf die dortige Kommentierung wird verwiesen.

2. Zum Verhältnis von Vorlagepflicht und Auskunftsrecht

Die **Vorlagepflicht** des Abs. 3 Satz 1 normiert die **„Grundversorgung"** des Mutterunternehmens mit Informationen über das Tochterunternehmen. Die hiernach verpflichtend vorzulegenden 19

1 Vgl. *ADS*, 6. Aufl., § 294 Tz. 31.

Unterlagen werden in Abs. 3 Satz 1 genau benannt und sind in jedem Fall zur Verfügung zu stellen. Es bedarf **keiner** Prüfung, ob sie zur Erstellung von Konzernabschluss und Konzernlagebericht erforderlich sind.

20 Das **Auskunftsrecht** des Abs. 3 Satz 2 ist im Vergleich dazu **umfassender,** aber auch **inhaltlich unbestimmter:**

- Es erstreckt sich auf alle Aufklärungen und Nachweise, „welche die Aufstellung des Konzernabschlusses und des Konzernlageberichts erfordert", und umfasst damit über die nach Abs. 3 Satz 1 vorzulegenden Unterlagen hinaus auch **ergänzende Informationen** zu den vorgelegten Jahresabschlüssen. Dazu gehören etwa die Höhe konzernintern bezogener Bestände für Zwecke der Zwischenergebniseliminierung, die für die Anpassung der Bilanzierung und Bewertung an konzerneinheitliche Methoden (HB II) oder die Aufwands- und Schuldenkonsolidierung notwendigen Angaben.
- Das Auskunftsrecht setzt aber andererseits stets voraus, dass die Informationen objektiv **erforderlich** sind.

BEISPIEL Seit vielen Jahren wird das Tochterunternehmen TU wegen Unwesentlichkeit nicht in den Konzernabschluss von M einbezogen. An den Verhältnissen des Konzerns, insbesondere der Höhe von Umsatz, Ergebnis, Bilanzsumme etc., hat sich im aktuellen Geschäftsjahr wenig geändert. Entsprechendes gilt für die Verhältnisse des Tochterunternehmens. TU soll daher weiterhin nicht in den Konzernabschluss einbezogen werden. Gleichwohl verlangt M über die nach Abs. 3 Satz 1 vorzulegenden Unterlagen hinaus erneut eine Reihe von Angaben. Die Motive hierfür liegen nicht im bilanziellen Bereich, sondern im Steuerungs- und Kontrollinteresse.

TU kann diese Angaben unter Verweis auf die fehlende Erforderlichkeit verweigern.

Besondere Bedeutung erlangt das Auskunftsrecht, wenn das Tochterunternehmen als **Personenhandelsgesellschaft, ausländische** Tochtergesellschaft oder **kleine** und **mittelgroße** Kapitalgesellschaft in seinem Abschluss bestimmte Informationen nicht geben muss, etwa keinen Anhang oder Lagebericht zu erstellen hat (z. B. Personengesellschaft) oder bestimmte Anhangangaben weglassen kann (etwa kleine und mittlere Kapitalgesellschaft). Die Vorlagepflicht nach Abs. 3 Satz 1 umfasst nur die tatsächlich erstellten Unterlagen, bei der Personengesellschaft also weder einen Anhang (es sei denn, dieser wäre freiwillig erstellt worden) noch einen Lagebericht.

Nach Maßgabe des Auskunftsrechts aus Abs. 3 Satz 2 kann das Mutterunternehmen jedoch die für den Einzelabschluss nicht zu erstellenden und tatsächlich auch nicht erstellten Angaben verlangen. Voraussetzung ist „nur", dass diese für die Aufstellung des Konzernabschlusses und des Konzernlageberichts erforderlich sind.

21 Die Vorlagepflicht ist nach Abs. 3 Satz 1 durch **unverzügliche Einreichung** der Unterlagen, also „ohne schuldhaftes Zögern", zu erfüllen. Wenn der Konzern einen *fast close* praktiziert und/ oder das Tochterunternehmen als Personengesellschaft (vgl. § 243 Abs. 3 HGB) bzw. kleine Kapitalgesellschaft (§ 264 Abs. 1 Satz 4 Halbsatz 2 HGB) gesetzlich einen längeren Zeitraum für die Erstellung seines Abschlusses hat und diesen nutzt, kann kein schuldhaftes Zögern angenommen werden. Auch in diesem Fall kann sich aus dem Auskunftsrecht aber eine frühere Informationspflicht ergeben.

3. Durchsetzbarkeit der Ansprüche des Mutterunternehmens

3.1 Anwendungsfälle

Die Durchsetzbarkeit der Vorlage- bzw. Auskunftspflichten des Tochterunternehmens durch das Mutterunternehmen ist vor allem in folgenden Fällen problematisch: 22

- Das Mutterunternehmen ist in den **Organen** des Tochterunternehmens **nicht** oder nicht mit hinreichender Stärke **vertreten.** Ein Beispiel wäre eine Leasingobjektgesellschaft, an der das Mutterunternehmen nicht beteiligt ist, die aber wegen Risiko-Chancen-Mehrheit zu konsolidieren ist (→ § 290 Rz. 49).
- Das Mutterunternehmen ist **nach Veräußerung** des Tochterunternehmens bzw. des beherrschenden Anteils an diesem in den Organen des Tochterunternehmens nicht **mehr** oder nicht mehr mit hinreichender Stärke vertreten.
- Das Tochterunternehmen hat seinen Sitz **im Ausland** und wird von Fremdgeschäftsführern geleitet. Nach ausländischem Gesellschaftsrecht hat das Mutterunternehmen trotz Mehrheit in der Gesellschafterversammlung nur begrenzte Auskunfts- und Vorlagerechte (→ Rz. 23).

3.2 Zivilrechtliche Geltendmachung

Eine Verletzung der Vorlage- bzw. Auskunftspflichten durch das Tochterunternehmen ist im HGB nicht durch Ordnungsgelder, Zwangsgelder oder Strafen bewehrt. Das Mutterunternehmen kann seine Rechte gegen das Tochterunternehmen jedoch **zivilrechtlich** geltend machen.[1] Abgesehen von den damit schon bei inländischen Sachverhalten einhergehenden Zeitverzögerungen ergibt sich bei ausländischen Tochterunternehmen (insbesondere außerhalb der EU) noch folgendes Problem: Die Verurteilung des in einem fremden Staat niedergelassenen Tochterunternehmens kann wegen Widerspruch der Auskunfts- bzw. Vorlagepflicht zu den im Sitzland der Tochtergesellschaft geltenden Grundlagen des Gesellschaftsrechts nicht vollstreckbar sein.[2] 23

3.3 Konsolidierungswahlrecht als Ultima Ratio

Die Schwierigkeiten der Durchsetzung der Auskunfts- und Vorlagepflichten werden durch die **Konsolidierungswahlrechte** des § 296 Abs. 1 Nr. 1 und 2 HGB indirekt anerkannt: 24

- Nach § 296 Abs. 1 Nr. 1 HGB braucht ein Tochterunternehmen dann nicht in den Konzernabschluss einbezogen zu werden, wenn erhebliche und andauernde **Beschränkungen** die **Ausübung** der **Rechte** des Mutterunternehmens in Bezug auf das Vermögen oder die Geschäftsführung der Tochterunternehmen nachhaltig beeinträchtigen (→ § 296 Rz. 3). Ein hier interessierender Anwendungsfall dieser Vorschrift ist das im Geschäftsjahr oder zu Beginn des Folgejahres (während der Aufstellungsarbeiten) **veräußerte Tochterunternehmen.**
- Nach § 296 Abs. 1 Nr. 2 HGB besteht ein Einbeziehungswahlrecht auch dann, wenn die für die Aufstellung des Konzernabschlusses erforderlichen Angaben nicht ohne unverhältnismäßig hohe **Kosten** oder **Verzögerungen** zu erhalten sind (→ § 296 Rz. 8). Zu un-

1 Vgl. *ADS*, 6. Aufl., § 294 Tz. 44.
2 Vgl. *Weimar*, DB 1987 S. 521.

verhältnismäßig hohen Kosten oder Verzögerungen kann es kommen, wenn die Auskunfts- und Vorlagepflichten nur auf dem **Klageweg** durchsetzbar sind.

25 Diese **Schwierigkeiten** in der Beschaffung von Informationen sind **zum Teil selbst gestaltbar.** Bei Abschluss des für die Gründung bzw. wirtschaftliche Existenz einer Leasingobjektgesellschaft entscheidenden Leasingvertrags könnte etwa als Nebenpflicht des Leasinggebers im Leasingvertrag die Vorlage der nach Abs. 3 vorgesehenen Unterlagen und Informationen vereinbart und die Nichterfüllung der Pflichten ggf. mit vertraglichen Sanktionen bewehrt werden. Entsprechende Vorsorge könnte bei der Veräußerung von Tochterunternehmen oder bei ausländischen Sachverhalten getroffen werden. Die Konsolidierungswahlrechte aus § 296 Abs. 1 Nr. 1 und 2 HGB unterliegen insoweit der Gefahr, dass die tatbestandsmäßigen Voraussetzungen künstlich herbeigeführt werden, indem die vertraglich mögliche Vorsorge bewusst nicht getroffen wird.

Ein solcher Missbrauch kann nur durch eine **restriktive Auslegung** vermieden werden,[1] die die **Nichtkonsolidierung** und den damit einhergehenden Verstoß gegen das Vollständigkeitsgebot als **Ultima Ratio** zulässt.

In der praktischen Anwendung bedeutet dies:

- ► Zu klären ist zunächst, ob das Mutterunternehmen **das Erforderliche getan** hat, um die für die Konsolidierung erforderlichen Informationen zu erlangen. Ohne den Nachweis der besten Bemühungen ergäbe sich für die Konsolidierung ein faktisches Wahlrecht: Wer sich um die erforderlichen Informationen kümmert, müsste konsolidieren, wer sich nicht anstrengt, könnte dem entgehen. Zu den besten Bemühungen gehören u. a. auch Kostenübernahmezusagen, wenn die angeforderten Informationen nicht ohnehin vom Tochterunternehmen zu erstellen sind.
- ► Die besten Bemühungen sind u. E. nicht erst im Rahmen der Konsolidierungsarbeiten zu erbringen, sondern, soweit zumutbar, schon **vorsorglich**, etwa als Nebenabrede bei Abschluss des Leasingvertrags mit einer Leasingobjektgesellschaft oder als vertragliche Regelung mit dem Veräußerer bei Abschluss eines Verkaufsvertrags.
- ► Ist die notwendige Vorsorge bewusst oder grob fahrlässig nicht getroffen worden, führt die Nichtkonsolidierung zu einem **Bilanzierungsfehler.**

§ 296 Verzicht auf die Einbeziehung

(1) Ein Tochterunternehmen braucht in den Konzernabschluss nicht einbezogen zu werden, wenn

1. erhebliche und andauernde Beschränkungen die Ausübung der Rechte des Mutterunternehmens in Bezug auf das Vermögen oder die Geschäftsführung dieses Unternehmens nachhaltig beeinträchtigen,

2. die für die Aufstellung des Konzernabschlusses erforderlichen Angaben nicht ohne unverhältnismäßig hohe Kosten oder unangemessene Verzögerungen zu erhalten sind oder

3. die Anteile des Tochterunternehmens ausschließlich zum Zwecke ihrer Weiterveräußerung gehalten werden.

(2) [1]Ein Tochterunternehmen braucht in den Konzernabschluss nicht einbezogen zu werden, wenn es für die Verpflichtung, ein den tatsächlichen Verhältnissen entsprechendes Bild der Vermögens-, Finanz- und Ertragslage des Konzerns zu vermitteln, von untergeordneter Bedeutung ist. [2]Entsprechen mehrere Toch-

1 So auch *ADS*, 6. Aufl., § 296 Rz. 19.

terunternehmen der Voraussetzung des Satzes 1, so sind diese Unternehmen in den Konzernabschluss einzubeziehen, wenn sie zusammen nicht von untergeordneter Bedeutung sind.

(3) Die Anwendung der Absätze 1 und 2 ist im Konzernanhang zu begründen.

Inhaltsübersicht Rz.

LITERATUR:

Krawitz, Die Abgrenzung des Konsolidierungskreises, WPg 1996 S. 242; *Mantke*, Krise und Insolvenz von Tochterunternehmen – Abbildung im HGB-Konzernabschluss, WPg 2020 S. 621 ff.; *Selchert/Baukmann*, Die untergeordnete Bedeutung von Tochterunternehmen im Konsolidierungskreis, BB 1993 S. 1325; *Zwingmann*, Zur Einbeziehung von Tochterunternehmen in den Konzernabschluss – Kritik der Vorschriften der §§ 295 und 296 HGB, DStR 1994 S. 1547.

I. Regelungsinhalt

§ 296 HGB sieht bestimmte, als **Wahlrecht** gestaltete Ausnahmen vom Vollständigkeitsgebot für den Konsolidierungskreis (→ § 294 Rz. 2) vor. Ein Tochterunternehmen braucht nicht in den Konzernabschluss einbezogen zu werden, wenn 1

- die **Rechte** des Mutterunternehmens nachhaltig **beeinträchtigt** sind (Abs. 1 Nr. 1; → Rz. 3),
- die für den Konzernabschluss erforderlichen Angaben nur mit unverhältnismäßig hohen **Kosten** oder unangemessenen **Verzögerungen** zu erhalten sind (Abs. 1 Nr. 2; → Rz. 8),
- die Anteile ausschließlich in **Weiterveräußerungsabsicht** gehalten werden (Abs. 1 Nr. 3; → Rz. 12) oder
- das Tochterunternehmen von **untergeordneter Bedeutung** ist (Abs. 2; → Rz. 18).

Dem Katalog der Einbeziehungswahlrechte liegen unterschiedliche Erwägungen zugrunde:

- Die Nichteinbeziehungsmöglichkeiten wegen nachhaltiger Beeinträchtigung der Rechte des Mutterunternehmens (Abs. 1 Nr. 1) bzw. wegen Weiterveräußerungsabsicht (Abs. 1 Nr. 3) sind **konzeptionell** begründet. Sie stellen darauf ab, dass das Tochterunternehmen auf längere Sicht nicht zur wirtschaftlichen Einheit des Konzerns gehört bzw. gehören wird.
- Die Nichteinbeziehungsmöglichkeit wegen Kosten oder Verzögerungen (Abs. 1 Nr. 2) trägt demgegenüber **praktischen** Problemen bei der Abschlusserstellung Rechnung.

- Die Nichteinbeziehungsmöglichkeit wegen untergeordneter Bedeutung (Abs. 2) reflektiert den allgemeinen, über den Konzernabschluss hinausgehenden Grundsatz der **Wesentlichkeit** und hat im Unterschied zu den anderen Wahlrechten nur **deklaratorischen** Charakter.

Nach Abs. 3 ist die Anwendung der Abs. 1 und 2 im **Anhang** zu **begründen** (→ Rz. 22).

2 Strittig ist, ob die Ausübung der Einbeziehungswahlrechte als Konsolidierungsmethode i. e. S. gilt und daher dem expliziten Stetigkeitsgebot des § 297 Abs. 3 Satz 2 HGB unterliegt. Unter Beachtung der Generalklausel des § 297 Abs. 2 HGB ist aber jedenfalls eine **willkürlich wechselnde Ausübung** der Wahlrechte **unzulässig.**[1]

BEISPIEL Am Bilanzstichtag 01 konsolidiert MU in Weiterveräußerungsabsicht erworbene Tochterunternehmen u. a. deshalb nicht, weil deren kumulierter Ergebnisbeitrag negativ wäre.

Im Jahr 02 werden diese Unternehmen veräußert. Neu hinzugekommene, in Weiterveräußerungsabsicht erworbene Tochterunternehmen erzielen ein positives Ergebnis. MU bezieht diese Tochterunternehmen deshalb in den Konzernabschluss 02 ein.

Im Jahr 03 sind die Verhältnisse wie im Jahr 01, auf eine Einbeziehung wird erneut verzichtet.

BEURTEILUNG Das Wahlrecht wird willkürlich und mit verzerrender Wirkung auf die Darstellung der Vermögens-, Finanz- und Ertragslage ausgeübt. Ein solches Vorgehen ist im Hinblick auf die Generalnorm unzulässig.

II. Einbeziehungswahlrechte (Abs. 1 und 2)

1. Beschränkungen in den Vermögens- oder Geschäftsführungsrechten (Abs. 1 Nr. 1)

3 Nach Abs. 1 Nr. 1 besteht ein Einbeziehungswahlrecht, wenn

- Rechte des Mutterunternehmens in Bezug auf das **Vermögen** und/oder die **Geschäftsführung** des Tochterunternehmens
- **erheblich** und **nachhaltig**

beeinträchtigt sind.

Bei einer erheblichen und nachhaltigen Beeinträchtigung der Geschäftsführungsbefugnisse kann allerdings u. U. bereits das Vorliegen einer **Beherrschungsmöglichkeit** und damit eines Mutter-Tochter-Verhältnisses i. S. von § 290 HGB zu negieren sein: Das Nichteinbeziehungswahlrecht wird nicht einschlägig, da ein konsolidierungspflichtiges Tochterunternehmen gar nicht vorliegt.

4 **Nachhaltigkeit** erfordert nach der h. M. eine **Prognose.** Nachhaltigkeit ist demnach nicht bereits dann gegeben, wenn die Beschränkung während des gesamten Geschäftsjahres bestand und bis zur Aufstellung des Konzernabschlusses fortdauert. Entscheidend ist vielmehr, dass mit der Aufhebung der Beschränkung in absehbarer Zeit nicht zu rechnen ist.[2] Entfallen Beschränkungen aufgrund am Abschlussstichtag noch nicht vorhersehbarer Ereignisse im Aufstellungszeitraum, so bleibt es für den Abschlussstichtag beim Einbeziehungswahlrecht

1 Gleicher Auffassung *ADS*, 6. Aufl., § 296 Tz. 5.
2 Vgl. *ADS*, 6. Aufl., § 296 Tz. 13; *Sahner/Sauermann* in Küting/Weber (Hrsg.), Handbuch der Konzernrechnungslegung, Bd. II, 2. Aufl. 1998, § 21.

(DRS 19.84). Bei der **Liquidation** einer Tochterkapitalgesellschaft werden die Verfügungsrechte des Mutterunternehmens durch § 272 AktG und § 73 GmbHG (Sperrjahr) eingeschränkt. Diese Einschränkung hat jedoch nur vorübergehenden Charakter. Eine Nichteinbeziehung kommt daher nur in Betracht, wenn aus der Liquidation keine wesentliche Auskehrung zu erwarten ist (DRS 19.85).

Erheblichkeit ist im Fall **vermögensrechtlicher Beschränkungen** nicht gegeben, wenn nur einzelne Vermögensgegenstände, z. B. durch Sicherungsübereignungen oder eingeleitete Vollstreckungsmaßnahmen, der Disposition des Tochterunternehmens und damit des dieses beherrschenden Mutterunternehmens entzogen sind. Es muss ein wesentlicher Teil des Aktivvermögens betroffen sein. Auch dann liegt nicht notwendig eine Beeinträchtigung der Rechte des Mutterunternehmens vor. Die umfassenden Beschränkungen können auch ein normaler Teil der Geschäfts- und Finanzpolitik sein. Sie mindern dann zwar die Dispositionsbefugnis des Tochterunternehmens und mittelbar die des Mutterunternehmens. Dieser Vorgang ist jedoch keine Beeinträchtigung der z. B. qua Mehrheitsstellung einem Mutterunternehmen zustehenden Rechte, sondern ein integraler Bestandteil der betriebenen und konsolidierungspflichtigen Geschäfte. 5

BEISPIEL ► Das Aktivvermögen von TU besteht überwiegend aus fremdfinanzierten Immobilien. Sämtliche Immobilien sind mit Grundpfandrechten belastet. Der überwiegende Teil des Aktivvermögens unterliegt damit Verfügungsbeschränkungen. Diese sind jedoch nicht als Beeinträchtigung von Leitungs- oder Kontrollrechten des Mutterunternehmens, sondern als normale „Nebenwirkung" der Geschäfts- und Finanzpolitik anzusehen und daher für Zwecke des Abs. 1 Nr. 1 unerheblich.

Bei Auslandssachverhalten begründet die bereits eingeleitete oder unmittelbar und ernsthaft drohende **Enteignung** einen Anwendungsfall von Abs. 1 Nr. 1.[1]

Beschränkungen in der **Geschäftsführung** liegen vor, wenn das Mutterunternehmen trotz Stimmrechts- bzw. Organmehrheit die Geschäfts- und Finanzpolitik nicht kontrollieren kann. Zu unterscheiden sind folgende Fälle: 6

- **Gesellschaftsrechtliche Beschränkungen:** Aufgrund satzungsmäßig geforderter Einstimmigkeit (oder über die „einfache" Mehrheit hinausgehender Stimmrechtsquoten) oder eines Entherrschungsvertrags kann das übergeordnete Unternehmen trotz Stimmrechtsmehrheit die Geschäfts- und Finanzpolitik nicht allein, sondern nur nach Zustimmung anderer bestimmen. Nach der h. M. liegt hier gleichwohl ein Mutter-Tochter-Verhältnis vor, für das aber wegen Abs. 1 Nr. 1 ein (Nicht-)Einbeziehungswahlrecht besteht. Nach der von uns vertretenen Auffassung fehlt es hier hingegen bereits an einem Mutter-Tochter-Verhältnis. Das untergeordnete Unternehmen ist von vornherein kein Teil des Konsolidierungskreises. Für die Begründung der h. M. einerseits und der von uns vertretenen Auffassung andererseits wird auf → § 290 Rz. 28 ff. verwiesen.
- **Gesetzliche** bzw. **staatliche Beschränkungen:** Beschränkungen in der Geschäftsführung, die nicht generell für die gesamte Branche, Region usw. gelten, können unter Abs. 1 Nr. 1 fallen. Bei Inlandssachverhalten führt die Eröffnung des **Insolvenzverfahrens** über das Tochterunternehmen i. d. R. zu derartigen Beschränkungen, bei Auslandssachverhalten daneben etwa ein Verbot der Ausübung von Vorstandstätigkeiten durch Vertreter des Mutterunternehmens (DRS 19.85). Die Wirkung der Insolvenz soll gem. IDW RH HFA

1 Vgl. *Pfaff* in Münchener Kommentar zum Handelsgesetzbuch: HGB, Bd. 4, 2. Aufl. 2008, § 296 Tz. 18; *ADS*, 6. Aufl., § 296 Tz. 12.

1.012 Tz. 51 selbst dann eintreten, wenn das Gericht die Eigenverwaltung angeordnet hat, weil die Interessen der Gläubiger den Interessen des Mutterunternehmens vorgehen und eine Beherrschung der Geschäfts- und Finanzpolitik nicht oder nur eingeschränkt möglich ist. Entsprechendes soll gem. IDW RS HFA 17 Tz. 44 und IDW RH HFA 1.012 Tz. 31 bereits im Antragsverfahren gelten. Nach anderer Auffassung ist beim Regelverfahren (Fremdverwaltung) mit Liquidationsabsicht regelmäßig eine Entkonsolidierung aufgrund von Beherrschungsverlust geboten, bei Eigenverwaltung mit beabsichtigter Sanierung hingegen ist eine weitere Einbeziehung in den Konzernabschluss vorzunehmen. In beiden Fällen ist also das Wahlrecht des § 296 HGB gar nicht einschlägig.[1] Gemäß DRS 19.85 ist stets zu prüfen, ob die Zielsetzungen des Konzerns nicht auch trotz der Beeinträchtigungen erreicht werden können.

- Beschränkungen der **Transferierbarkeit** und/oder der **Konvertierbarkeit** der **Gewinne** ausländischer Tochtergesellschaften betreffen sowohl die Geschäftsführungs- als auch die Vermögensbefugnis. Zu prüfen ist aber in jedem Fall, ob diese Beschränkungen erheblich und von Dauer sind. An der Erheblichkeit kann es etwa dann fehlen, wenn ein Transfer von Gewinnen nicht beabsichtigt ist, sondern die Mittel planmäßig im betroffenen Unternehmen bzw. Land reinvestiert werden sollen.[2] Der Ukraine-Krieg ist bezogen auf den Stichtag 31.12.2021 ein Nachstichtagsereignis, so dass von dem Krieg ausgehende Einschränkungen hinsichtlich russischer Tochterunternehmen nicht zu einem Konsolidierungswahlrecht nach Abs. 1 Nr. 1 führen. Dafür kann aber je nach den Umständen des Abs. 1 Nr. 2 einschlägig sein.[3]

Bei einer nach dem Risiko-Chancen-Ansatz und somit unabhängig von einer eigentlichen Beherrschung zu beurteilenden **Zweckgesellschaft,** die durch Autopilot gesteuert wird (→ § 290 Rz. 43), sind Beschränkungen der Geschäftsführung irrelevant (DRS 19.86).

7 **Kein** Anwendungsfall von Abs. 1 Nr. 1 liegt i. d. R. vor, wenn ein Tochterunternehmen (bzw. der Anteil an ihm) **veräußert** wurde und eine Beschaffung der für die Aufstellung des Konzernabschlusses notwendigen Daten nicht mehr möglich ist (vgl. → § 294 Rz. 25; a. A. DRS 19.85g).

2. Unverhältnismäßige Kosten oder unangemessene Verzögerungen (Abs. 1 Nr. 2)

8 Ein Einbeziehungswahlrecht gewährt Abs. 1 Nr. 2, wenn die für die Aufstellung des Konzernabschlusses erforderlichen Angaben nicht ohne **unverhältnismäßig** hohe Kosten oder unangemessene Verzögerungen zu erhalten sind.

9 Die **Kosten** und **Zeitabläufe** sind regelmäßig in weitem Maße keine objektive, unveränderbare Größe. Die Effizienz der Aufbereitung der für den Konzernabschluss nötigen Informationen des Tochterunternehmens ist vielmehr das Ergebnis **organisatorischer Entscheidungen.** Sie betreffen einerseits das Mutterunternehmen selbst, etwa die Effektivität seiner Abfrageprozeduren, die Qualität seiner (unterjährigen) Unterstützung des Tochterunternehmens bei schwierigen Bilanzierungsfragen usw., andererseits geht es um die personellen und sachlichen Ressourcen, die dem Tochterunternehmen für den Bilanzerstellungsprozess zur Verfügung gestellt werden,

1 *Mantke,* WPg 2020 S. 621 ff.
2 Vgl. *ADS,* 6. Aufl., § 296 Tz. 8; *Pfaff* in Münchener Kommentar zum Handelsgesetzbuch: HGB, Bd. 4, 2. Aufl. 2008, Tz. 22.
3 IDW, Fachlicher Hinweis zu den Auswirkungen des Ukraine-Krieges auf die Rechnungslegung und deren Prüfung (2. Update, April 2022).

und den Einsatz dieser Ressourcen. Auch auf diesen Aspekt kann das Mutterunternehmen regelmäßig Einfluss ausüben. Insgesamt sind damit die Kosten und Zeitabläufe in wesentlichem Umfang durch das Konsolidierungssubjekt selbst beeinflussbar.

Ein Einbeziehungswahlrecht, dessen Tatbestandsseite in wesentlichem Umfang selbst gestaltbar ist (hierzu auch → § 294 Rz. 25), vertrüge sich aber nicht mit den Objektivierungsanforderungen an die Rechnungslegung. Aus diesem Grund ist mit der h. M. eine **restriktive Auslegung** des Einbeziehungswahlrechts geboten.[1]

Im Rahmen dieser restriktiven Auslegung ergeben sich **kaum Anwendungsbereiche** für die Nichteinbeziehung wegen **unverhältnismäßiger Kosten.** Unverhältnismäßig wären die Kosten nur dann, wenn sie zugleich 10

- notwendig deutlich über die Kosten für die Konsolidierung vergleichbarer einbezogener Unternehmen hinausgehen und
- in einem deutlich erkennbaren Missverhältnis zu der sich aus der Einbeziehung dieses Unternehmens in den Konzernabschluss ergebenden Verbesserung der Aussagekraft des Konzernabschlusses stehen.

Der zweite Aspekt ist zwar in Fällen der untergeordneten Bedeutung des Tochterunternehmens regelmäßig gegeben. Hier greift aber bereits das Konsolidierungswahlrecht des Abs. 2, so dass es einer Anwendung von Abs. 1 Nr. 2 regelmäßig nicht mehr bedarf. Umgekehrt gilt: Sofern nach Abs. 2 keine Nichteinbeziehung gerechtfertigt ist, wird auch ein deutliches Missverhältnis zwischen Kosten und Verbesserung der Aussagekraft regelmäßig nicht zu belegen sein. Hierbei ist auch im Hinblick auf den ersten Aspekt nicht auf die Ist-Kosten, sondern auf die bei gestaltbarer effektiver Organisation **notwendigen** Kosten abzustellen, da alles andere darauf hinausliefe, Schlendrian zu belohnen.

Auch der alternative Tatbestand der **unangemessenen Verzögerung** ist entsprechend restriktiv 11
auszulegen. Denkbare Anwendungsfälle sind gem. DRS 19.92 etwa

- der **Erwerb** eines Tochterunternehmens **kurz vor dem Konzernbilanzstichtag** und die deshalb fehlende Zeit für die Umstellung auf konzerneinheitliche Bilanzierungsmethoden oder
- plötzliche Ereignisse, wie die Vernichtung von EDV und Unterlagen durch **Brand** oder **Naturkatastrophen.**

Im Sinne des zweiten Punktes kann etwa die starke Betroffenheit des Personals eines Tochterunternehmens von der Corona-Krise ausnahmsweise eine Nichteinbeziehung rechtfertigen. Dies aber nur als Ultima Ratio, d. h., vorrangig ist z. B. zu prüfen, ob nicht z. B. aus dem Monatsabschluss Dezember 2019 eine hinreichend verlässliche Grundlage für die Konsolidierung entwickelt werden kann.[2]

Kein hinreichender Grund ist hingegen der des ***fast close*** des Konzerns.

BEISPIEL MU hat für die Aufstellung des Konzernabschlusses gesetzlich nach § 290 Abs. 1 HGB eine Frist von fünf Monaten, die bisher auch ausgenutzt wurde. Der ehrgeizige, im Dezember 03 neu berufene Vorstand beschließt aber bereits für 03 den Übergang auf einen *fast close.* Der Abschluss soll bis Mitte

1 Vgl. *ADS*, 6. Aufl., § 296 Tz. 19; *Sahner/Sauermann* in Küting/Weber (Hrsg.), Handbuch der Konzernrechnungslegung, Bd. II, 2. Aufl. 1998, § 296 Tz. 14; *Störk/Deubert* in Beck'scher Bilanz-Kommentar, 13. Aufl. 2022, § 296 Tz. 16.

2 Fachlicher Hinweis des IDW v. 4.3.2020 zu den Auswirkungen der Ausbreitung des Coronavirus auf die Rechnungslegung zum Stichtag 31.12.2019 und deren Prüfung.

Februar aufgestellt sein. Hinsichtlich Mutterunternehmen und der größten Tochterunternehmen klappt dies. Die kleineren, insgesamt aber wesentlichen Tochterunternehmen können bei dem neuen Tempo nicht mithalten, würden wie bisher ihre für die Konsolidierung benötigten Zahlen aber gegen Ende März bereitstellen können. Der Vorstand beschließt die Nichtkonsolidierung wegen unverhältnismäßiger Verzögerung.

BEURTEILUNG Die vorzeitige Aufstellung des Konzernabschlusses ist eine freiwillige Entscheidung. Wenn beinahe alle wesentlichen Tochterunternehmen das dadurch gegebene engere Zeitfenster einhalten können und nur ein einzelnes Tochterunternehmen aus besonderen Gründen hierzu nicht in der Lage ist, kann für dieses das Nichteinbeziehungswahlrecht in Anspruch genommen werden.

Im Fall von MU ist jedoch eine *„Fast close"*-Entscheidung getroffen worden, ohne die hierfür notwendigen organisatorischen Vorkehrungen flächendeckend umzusetzen. Eine Nichteinbeziehung der kleineren Tochterunternehmen ergibt sich danach nicht aus dem objektiven Umstand unangemessener Verzögerungen, sondern aus der subjektiven, überstürzten Neugestaltung des Aufstellungstermins für den Konzernabschluss. Ein solches Vorgehen ist nicht zulässig. Der Konzernabschluss für 03 ist unter Ausnutzung der gesetzlichen Frist und unter Einbeziehung der kleineren Tochterunternehmen zu erstellen.

Eine unangemessene Verzögerung liegt hingegen vor, wenn die für eine Konsolidierung erforderlichen Informationen trotz zumutbarer Anstrengung erst so spät beschafft werden können, dass die Aufstellung des Konzernabschlusses innerhalb der **gesetzlichen Frist** von fünf Monaten (→ § 290 Rz. 7) nicht mehr möglich wäre (DRS 19.90).

11a In der vor dem BilRUG geltenden Gesetzesfassung war nicht von „unangemessenen", sondern von „unverhältnismäßigen" Verzögerungen die Rede. Die Begründung zum Regierungsentwurf des BilRUG betont, dass die Änderung „rein redaktionell zu verstehen" sei und nur der Anpassung an den Wortlaut der EU-RL diene.

3. Weiterveräußerungsabsicht (Abs. 1 Nr. 3)

12 Nach Abs. 1 Nr. 3 besteht ein Einbeziehungswahlrecht, wenn die Anteile des Tochterunternehmens ausschließlich zum Zwecke ihrer Weiterveräußerung (Verkauf oder Tausch der Anteile) gehalten werden. Ausschließliche Weiterveräußerungsabsicht liegt vor, wenn **kumulativ** folgende Kriterien erfüllt sind:

- Der Vollzug der beabsichtigten Veräußerung wird das **Mutter-Tochter-Verhältnis beenden** (→ Rz. 13).
- Die Veräußerungsabsicht hat bereits **zeitnah** zum **Erwerb** des Tochterunternehmens bestanden (→ Rz. 14).
- Die **Absicht** besteht auch noch zum **Bilanzstichtag** (→ Rz. 15).

13 Das Wahlrecht des Abs. 1 Nr. 3 ermöglicht unter Kostengesichtspunkten, aber auch zur Steigerung der Aussagekraft des Konzernabschlusses (Kontinuität des Konsolidierungskreises), auf die Aufnahme von Tochterunternehmen in den Vollkonsolidierungskreis zu verzichten, die kurzfristig aus diesem wieder ausscheiden würden. Aus diesem Regelungszweck ergibt sich als Anwendungsvoraussetzung: Das **Mutter-Tochter-Verhältnis** muss durch Vollzug der beabsichtigten Veräußerung **beendet** werden. Nicht ausreichend ist daher eine Veräußerung an andere Unternehmen des Konsolidierungskreises.

Nicht notwendig ist bei Transaktionen mit Externen die Veräußerung sämtlicher Anteile; es reicht vielmehr aus, wenn die beabsichtigte Veräußerung zur Beendigung des Mutter-Tochter-

Verhältnisses führt, also etwa durch die Veräußerung die **Anteilsquote auf 50 % oder weniger sinkt** (DRS 19.97).

BEISPIEL ► MU ist an TU mit 80 % beteiligt. TU ist Tochterunternehmen nach Maßgabe von § 290 Abs. 2 Nr. 1 HGB.

ALTERNATIVE 1 ► MU beabsichtigt die Veräußerung von 35 % der Anteile (Absenken der Anteilsquote auf 45 %).
Bei Erfüllung der übrigen Voraussetzungen liegt ein Anwendungsfall von Abs. 1 Nr. 3 vor.

ALTERNATIVE 2 ► MU beabsichtigt die Veräußerung von 25 % der Anteile (Absenken der Anteilsquote auf 55 %).
Ein Anwendungsfall von Abs. 1 Nr. 3 liegt nicht vor.

Die (mehrheitsbegründenden) Anteile am Tochterunternehmen müssen **ausschließlich** in Weiterveräußerungsabsicht gehalten werden. Diese Voraussetzung ist dann nicht gegeben, wenn nach einer ursprünglichen Einbindung in die Konzernaktivitäten die Weiterveräußerungsabsicht erst später entsteht.[1] Die Weiterveräußerungsabsicht muss mithin bereits **zeitnah zum Erwerb** bestanden haben. Diese Zeitnähe ist u. E. dann zu bejahen, wenn spätestens drei Monate nach dinglichem Erwerb eine Veräußerungsabsicht dokumentiert und objektiviert ist (→ Rz. 16). 14

Legt das Mutterunternehmen einen **Publikumsfonds** auf, an dem es zunächst die Mehrheit der Anteile hält, um diese aber in angemessener Zeit bei Dritten zu platzieren, kommt eine Nichteinbeziehung wegen Veräußerungsabsicht infrage. Eine Einbeziehung ist jedoch geboten, wenn der Fonds durch Verkauf oder Sacheinlage von Vermögensgegenständen des Mutterunternehmens gegründet wird.[2]

Die Weiterveräußerungsabsicht muss auch **zum Bilanzstichtag** noch dokumentiert und objektiviert (→ Rz. 16) bestehen. Entsprechende ursprüngliche Pläne dürfen nicht obsolet geworden sein. 15

Die ursprünglich und zum Bilanzstichtag verlangte Weiterveräußerungsabsicht ist eine **subjektive Tatsache**, die sich jedoch an **äußeren Umständen objektivieren** muss. Folgendes ist hier von Bedeutung: 16

- Sofern die Aufnahme von Veräußerungsaktivitäten der **Zustimmung von Gremien** (Aufsichtsrat etc.) bedarf, muss die Zustimmung zeitnah zum Erwerb (→ Rz. 14) vorliegen und am Bilanzstichtag fortbestehen.
- In der mittelfristigen **Business- bzw. Finanzplanung** darf das zur Veräußerung vorgesehene Tochterunternehmen nicht mit fortgesetzten Umsatzerlösen etc. berücksichtigt sein. Aus der Planung muss sich vielmehr ein Abgang des Tochterunternehmens ergeben.
- Zeitnah zum Erwerb (→ Rz. 14) muss mit der **Vermarktung** der Anteile begonnen werden, etwa durch Vorgespräche mit potenziellen Käufern oder Beauftragung eines Maklers.

Mit **zunehmender Zeitdauer** wachsen die Zweifel an der Ernsthaftigkeit der Veräußerungsbemühungen. Dies bedeutet umgekehrt: Mit zunehmender Zeitdauer steigen die Anforderungen an den Nachweis der Veräußerungsabsicht. In Anlehnung an IFRS 5.8 ff. kann man danach u. E. bei einer wesentlich über zwölf Monate hinausgehenden Zeitspanne zwischen Erwerb

1 Vgl. *ADS*, 6. Aufl., § 296 Tz. 23.
2 Vgl. *Störk/Deubert* in Beck'scher Bilanz-Kommentar, 13. Aufl. 2022, § 296 Tz. 35.

und Bilanzstichtag nur noch ausnahmsweise eine Weiterveräußerungsabsicht unterstellen.[1] Taugliche Ausnahmen wären etwa zum Bilanzstichtag noch ausstehende, voraussichtlich aber erzielbare kartellrechtliche Genehmigungen. Ein Ausnahmefall kann sich außerdem aus dem Geschäftsmodell ergeben, wenn dieses etwa bei *Venture-Capital*-Gesellschaften auf mittelfristige Veräußerungen zielt (→ § 290 Rz. 84). Weder zwölf Monate noch nach großzügigerer anderer Auffassung 36 Monate[2] stellen u. E. eine begründbare feste Grenze dar. Jede solche Grenzziehung wäre willkürlich. Erforderlich ist eine Gesamtwürdigung der Einzelumstände, die plausible Planungen, Geschäftsmodelle etc. ebenso berücksichtigt wie die Frage, wie lange es objektiv dauert, das Tochterunternehmen verkaufsfähig zu machen.

16a Fraglich ist, ob Abs. 1 Nr. 3 auch auf **Zweckgesellschaften** anwendbar ist, die nach § 290 Abs. 2 Nr. 4 Tochterunternehmen sind, ohne dass das Mutterunternehmen kapitalmäßig beteiligt ist. Der Gesetzeswortlaut des Abs. 1 Nr. 3 HGB deckt lediglich den Fall ab, in dem **„Anteile** des Tochterunternehmens ausschließlich zum Zwecke ihrer Weiterveräußerung gehalten werden". Damit würde dieses Korrektiv bei wortlautgetreuer Auslegung lediglich bei solchen Beherrschungstatbeständen des § 290 Abs. 1 und 2 HGB greifen, denen eine kapitalmäßige Beteiligung zugrunde liegt. Vor dem Hintergrund des Zwecks von Abs. 1 Nr. 4, nämlich der Steigerung der Aussagekraft des Konzernabschlusses (Kontinuität des Konsolidierungskreises) unter Beachtung des Grundsatzes der Wirtschaftlichkeit, halten wir eine erweiterte Auslegung aber für sinnvoll. § 290 Abs. 2 Nr. 4 HGB wurde durch das BilMoG in das HGB eingeführt. Das bis dahin geltende Recht setzte für die Annahme eines konsolidierungspflichtigen Mutter-Tochter-Verhältnisses eine Beteiligung voraus; dieses Beteiligungserfordernis ist in § 290 Abs. 1 HGB und § 290 Abs. 2 Nr. 4 HGB entfallen. Unseres Erachtens hat der Gesetzgeber nicht bedacht, dass im Hinblick auf die Gleichbehandlung aller Konsolidierungsfälle auch § 296 Abs. 1 Nr. 3 HGB hätte angepasst werden müssen. Wenn bereits bei „regulären" Gestaltungen von einer Konsolidierung abgesehen werden darf, dann ist dies mit Blick auf weitaus weniger klare und durch das BilMoG erweiterte Beherrschungstatbestände des § 290 Abs. 2 Nr. 4 HGB erst recht sachgerecht. Diese möglicherweise im Widerspruch zu DRS 19.100 stehende Auffassung findet Unterstützung in Teilen der Literatur, wo etwa bei entsprechender Veräußerungsabsicht die Anwendung von Abs. 1 Nr. 3 für zulässig gehalten wird, „auch wenn formal kein Anteilserwerb stattgefunden hat".[3] Ein praktischer Anwendungsfall von Abs. 1 Nr. 3 liegt u. E. dann vor, wenn das Mutterunternehmen als Hauptfinanzierer (Kreditgeber) anfänglich die Mehrheit der Risiken an der Zweckgesellschaft trägt, entsprechend der von vornherein bestehenden Planung diese Finanzierung aber zeitnah durch Drittfinanzierungen ersetzt wird. Die Rückführung des Kredits der Muttergesellschaft stellt dann das funktionale Pendant zur Beteiligungsveräußerung dar.

17 Rechtsfolge der Nichteinbeziehung wegen Weiterveräußerungsabsicht ist der Ausweis der Anteile im Umlaufvermögen.

17a DRS 23.18 enthält eine **Sonderregelung für Kredit- und Finanzdienstleistungsinstitute.** Danach sind von diesen als Teil des Handelsbestands (§ 340e Abs. 3 HGB) gehaltene Anteile an Tochterunternehmen „über die Regelungen in DRS 19.96 hinaus" nicht in die Erst- und Folgekonsolidierung einzubeziehen. Während DRS 19.96 voraussetzt, dass nach beabsichtigter Veräuße-

1 Gleicher Auffassung *Störk/Deubert* in Beck'scher Bilanz-Kommentar, 13. Aufl. 2022, § 296 Tz. 31; großzügiger *ADS*, 6. Aufl., § 296 Tz. 29.

2 *Staub*, Großkommentar HGB, 5. Aufl., § 296 Tz. 16.

3 *Störk/Deubert* in Beck'scher Bilanz-Kommentar, 13. Aufl. 2022, § 296 Tz. 34.

rung der Anteile das Tochterunternehmen diesen Status nicht mehr haben darf, soll dies für Kredit- und Finanzdienstleistungsinstitute nicht erforderlich sein.

4. Untergeordnete Bedeutung des Tochterunternehmens

Nach Abs. 2 braucht ein Tochterunternehmen nicht in den Konzernabschluss einbezogen zu werden, wenn es für die Vermittlung eines den tatsächlichen Verhältnissen entsprechenden Bilds der Vermögens-, Finanz- und Ertragslage von **untergeordneter Bedeutung** ist. Der Vorschrift kommt deklaratorische Bedeutung zu. Sie konkretisiert für Zwecke der Bestimmung des Konsolidierungskreises den Wesentlichkeitsgrundsatz. 18

Die Wesentlichkeit darf nicht für jedes Tochterunternehmen gesondert beurteilt werden. Sind mehrere Tochterunternehmen für sich gesehen von untergeordneter Bedeutung, **insgesamt** aber wesentlich, müssen sie nach Abs. 2 Satz 2 in den Konzernabschluss einbezogen werden.

Wesentlichkeit wird in der Praxis vorrangig anhand von **Verhältniszahlen** beurteilt, die z. B. Umsatz, Bilanzsumme und (absolutes) Ergebnis der Tochterunternehmen in Relation zu den entsprechenden konsolidierten Größen setzen. Da nach Abs. 2 Satz 1 die Nichteinbeziehung weder die Darstellung der **Vermögenslage** noch die der **Finanz- oder Ertragslage** des Konzerns beeinträchtigen darf, ist Unwesentlichkeit in **allen drei Punkten** zu fordern: 19

BEISPIEL Tochterunternehmen T ist eine Leasingobjektgesellschaft, in der die von anderen Konzernunternehmen im *operating lease* genutzten Immobilien des Konzerns zusammengefasst sind. T erzielt ausschließlich Konzerninnenumsätze und ein nahe bei null liegendes Ergebnis. Hinsichtlich Umsatz und Ergebnis ist T als unwesentlich einzustufen.

Die Bilanzsumme (aktivisch fast ausschließlich Immobilien, passivisch fast ausschließlich Schulden) ist – bezogen auf den Konzern – jedoch nicht von untergeordneter Bedeutung. T ist daher in den Konzernabschluss einzubeziehen.

Im Rahmen der gebotenen Einzelfallwürdigung können neben Verhältniszahlen auch **andere Aspekte** eine Rolle spielen, z. B.: 20

- Bei einem Verzicht auf die Einbeziehung würden bedeutende **Zwischengewinne** nicht aus der einzelbilanziellen Realisierung von stillen Reserven bei der Übertragung von gebrauchten Anlagen eliminiert.
- Das Tochterunternehmen erfüllt wesentliche **Funktionen** für den Gesamtkonzern, etwa als Finanzierungsgesellschaft.

Strittig ist im Schrifttum, welche **Konsistenzanforderungen** an die Entscheidung zur Nichtkonsolidierung unwesentlicher Tochterunternehmen zu stellen sind. 21

BEISPIEL 95 % des Umsatzes, Ergebnisses etc. des Konzerns werden von MU und den fünf größten Tochterunternehmen bewirkt. Daneben ist MU an zehn kleinen Tochterunternehmen TU-1 bis TU-10 beteiligt.

- TU-1 bis TU-5 tragen jeweils mit 0,8 % bis 1,0 %, zusammen mit 4,5 %, zu den einschlägigen Konzerngrößen bei,
- TU-6 bis TU-10 jeweils mit 0,05 % bis 0,15 %, zusammen mit 1,0 %.

MU beabsichtigt, TU-4 und TU-5 sowie TU-9 und TU-10 nicht zu konsolidieren. Besondere sachliche Gründe, etwa unterschiedliche Schwierigkeiten in der Datenbeschaffung, liegen nicht vor. Die Entscheidung ist vielmehr bilanzpolitisch motiviert.

Unseres Erachtens ergeben sich aus der Generalnorm des § 297 Abs. 2 Satz 2 HGB Anforderungen an eine **willkürfeie Ausübung von Wahlrechten.** Ohne Vorliegen besonderer Umstände (etwa unterschiedliche Schwierigkeiten in der Datenbeschaffung) sind daher gleichartige Sachverhalte gleichartig zu bilanzieren. Dem würde nicht entsprochen, wenn wie im vorliegenden Beispiel eine bilanzpolitisch und nicht durch **Abstufungen in der (Un)wesentlichkeit** motivierte Auswahl aus den für eine Nichteinbeziehung infrage kommenden Unternehmen getroffen würde.[1]

III. Rechtsfolgen der Nichteinbeziehung

1. Anhangangaben (Abs. 3)

22 Die Nichteinbeziehung von Tochterunternehmen ist nach Abs. 3 im **Konzernanhang** zu begründen. In den praktisch wichtigsten Fällen der Nichteinbeziehung wegen Weiterveräußerungsabsicht und untergeordneter Bedeutung kann eine solche Begründung wie folgt aussehen:

BEISPIEL ▸ 25, in Übersicht X aufgeführte Tochterunternehmen, die zusammen mit weniger als 5 % zu Umsatz, Ergebnis und Bilanzsumme beitragen, wurden wegen untergeordneter Bedeutung nicht konsolidiert.

Drei, in Übersicht Y aufgeführte Tochterunternehmen wurden wegen Weiterveräußerungsabsicht nicht in den Vollkonsolidierungskreis einbezogen.

2. Eventuelle Einbeziehung nach der *Equity*-Methode

23 Die *„At equity"*-Konsolidierung von Tochterunternehmen, die unter die Einbeziehungswahlrechte des § 296 HGB fallen, ist im Gesetz nicht vorgesehen. Sie ergibt sich aber dem Grunde nach aus § 311 HGB, wenn ein maßgeblicher Einfluss tatsächlich ausgeübt wird.

In den wichtigsten praktischen Anwendungsfällen von § 296 HGB – bei untergeordneter Bedeutung und Weiterveräußerungsabsicht – ist die *Equity*-Methode aber auch auf Anteile an assoziierten Unternehmen nicht pflichtweise anzuwenden (→ § 311 Rz. 5 und → § 311 Rz. 22) und somit auch keine *„At equity"*-Bewertung für die nicht konsolidierten Tochterunternehmen geboten.

Dritter Titel: Inhalt und Form des Konzernabschlusses

§ 297 Inhalt

(1) [1]Der Konzernabschluss besteht aus der Konzernbilanz, der Konzern-Gewinn- und Verlustrechnung, dem Konzernanhang, der Kapitalflussrechnung und dem Eigenkapitalspiegel. [2]Er kann um eine Segmentberichterstattung erweitert werden.

(1a) [1]Im Konzernabschluss sind die Firma, der Sitz, das Registergericht und die Nummer, unter der das Mutterunternehmen in das Handelsregister eingetragen ist, anzugeben. [2]Befindet sich das Mutterunternehmen in Liquidation oder Abwicklung, ist auch diese Tatsache anzugeben.

(2) [1]Der Konzernabschluss ist klar und übersichtlich aufzustellen. [2]Er hat unter Beachtung der Grundsätze ordnungsmäßiger Buchführung ein den tatsächlichen Verhältnissen entsprechendes Bild der Vermögens-,

1 Gleicher Auffassung *Sahner/Sauermann* in Küting/Weber (Hrsg.), Handbuch der Konzernrechnungslegung, Bd. II, 2. Aufl. 1998, § 296 Tz. 30; a. A. *Störk/Deubert* in Beck'scher Bilanz-Kommentar, 13. Aufl. 2022, § 296 Tz. 44.

Finanz- und Ertragslage des Konzerns zu vermitteln. [3]Führen besondere Umstände dazu, dass der Konzernabschluss ein den tatsächlichen Verhältnissen entsprechendes Bild im Sinne des Satzes 2 nicht vermittelt, so sind im Konzernanhang zusätzliche Angaben zu machen. [4]Die Mitglieder des vertretungsberechtigten Organs eines Mutterunternehmens, das als Inlandsemittent (§ 2 Absatz 14 des Wertpapierhandelsgesetzes) Wertpapiere (§ 2 Absatz 1 des Wertpapierhandelsgesetzes) begibt und keine Kapitalgesellschaft im Sinne des § 327a ist, haben in einer dem Konzernabschluss beizufügenden schriftlichen Erklärung zu versichern, dass der Konzernabschluss nach bestem Wissen ein den tatsächlichen Verhältnissen entsprechendes Bild im Sinne des Satzes 2 vermittelt oder der Konzernanhang Angaben nach Satz 3 enthält.

(3) [1]Im Konzernabschluss ist die Vermögens-, Finanz- und Ertragslage der einbezogenen Unternehmen so darzustellen, als ob diese Unternehmen insgesamt ein einziges Unternehmen wären. [2]Die auf den vorhergehenden Konzernabschluss angewandten Konsolidierungsmethoden sind beizubehalten. [3]Abweichungen von Satz 2 sind in Ausnahmefällen zulässig. [4]Sie sind im Konzernanhang anzugeben und zu begründen. [5]Ihr Einfluss auf die Vermögens-, Finanz- und Ertragslage des Konzerns ist anzugeben.

Inhaltsübersicht

LITERATUR:

Baumann/Weiser, Zur Abgrenzung der nach DRS 21 in den Finanzmittelfonds einzubeziehenden kurzfristigen Schulden, DB 2016 S. 121; *Bieg*, Die Kapitalflussrechnung nach dem neuen Deutschen Rechnungslegungsstandard Nr. 2 (DRS 2), StuB 2000 S. 137; *Coenenberg*, Kapitalflussrechnung als Instrument der Bilanzanalyse, Der Schweizer Treuhänder 2001 S. 311; *Eiselt/Müller*, DRS 21 „Kapitalflussrechnung": kein ganz großer Wurf, BB 2014 S. 1067; *Freiberg*, Wechselkursbedingter Ausgleichsposten in der Kapitalflussrechnung, PiR 2006 S. 59; *Kirsch*, Überarbeiteter Standard zur Kapitalflussrechnung, StuB 2013 S. 719; *Krumbholz*, Konzerneigenkapital und Konzerngesamtergebnis nach dem DRS 7, StuB 2001 S. 1160; *Küting/Tesche/Tesche*, Der Stetigkeitsgrundsatz nach dem Bilanzrechtsmodernisierungsgesetz im Einzel- und Konzernabschluss, StuB 2008 S. 655; *Lüdenbach*, Abstockung einer Mehrheitsbeteiligung im Konzernabschluss, StuB 2010 S. 279; *Lüdenbach*, Kurzfristige Forderungen und Verbindlichkeiten in der Kapitalflussrechnung, StuB 2016 S. 705; *Lüdenbach*, Barzuschüsse des Gesellschafters in der GuV und Kapitalflussrechnung der Gesellschaft, StuB 2020 S. 26; *Lühn*, Kapitalflussrechnung nach DRS 21, StuB 2014 S. 395; *Oser/Orth/Wirtz*, Das BilRUG, DB 2015 S. 1729; *Padberg*, Kapitalflussrechnung für Kreditinstitute – Der Deutsche Rechnungslegungsstandard Nr. 2–10, Beilage 1 zu Finanzbetrieb 2000 S. 43; *Scholz*, Kurzarbeitergeld – Ausweis in der Kapitalflussrechnung, StuB 2021 S. 29; *Theile*, Erstellung einer Kapitalflussrechnung, BBK 2006 S. 159.

I. Regelungsinhalt

1 § 297 HGB regelt drei Bereiche:

- Abs. 1 bestimmt die **Bestandteile** des Konzernabschlusses. Über die Pflichtelemente des Einzelabschlusses hinaus (Bilanz, GuV, Anhang) werden dabei für den Konzernabschluss auch eine **Kapitalflussrechnung** (→ Rz. 6) und ein **Eigenkapitalspiegel** (→ Rz. 92) verlangt. Freiwillig kann der Abschluss um eine **Segmentberichterstattung** ergänzt werden, für deren Struktur dann ab 2021 der Standard DRS 28 (Nachfolgestandard zu DRS 3) zu beachten wäre, der – wie IFRS 8 – im Wesentlichen auf dem *Management-Approach* aufbaut, also für die Identifizierung der Segmente und für die zu den Segmenten zu berichtenden Erfolgs- und Vermögensgrößen auf die interne Berichts- und Kontrollstruktur abhebt.

- Abs. 2 enthält die **allgemeinen Grundsätze** der Klarheit und Übersichtlichkeit sowie des *true and fair view* (sog. Generalnorm). Entsprechende Anforderungen werden in § 243 Abs. 2 HGB und § 264 Abs. 2 HGB auch für den Einzelabschluss formuliert. Gesetzestechnisch wäre daher auch ein Verweis auf diese Vorschriften infrage gekommen. In der Wertung des Verhältnisses von Grundsätzen zu GoB bringt Abs. 2 gegenüber den Parallelvorschriften jedenfalls wenig Neues (→ Rz. 110).
- Abs. 3 enthält zwei **spezielle Grundsätze** für den Konzernabschluss. Zum einen ist die Vermögens-, Finanz- und Ertragslage des Konzerns so darzustellen, als ob die einbezogenen, rechtlich unterscheidbaren Unternehmen wirtschaftlich ein einziges Unternehmen darstellen würden (**Fiktion der wirtschaftlichen Einheit**; → Rz. 116). Zum anderen wird **Stetigkeit** in der Anwendung der Konsolidierungsmethoden verlangt (→ Rz. 120). Dieses Gebot ergänzt das über § 298 Abs. 1 HGB auch für den Konzernabschluss geltende Gebot der Stetigkeit der Ansatzmethoden (§ 246 Abs. 3 HGB) und der Bewertungsmethoden (§ 252 Abs. 1 Nr. 6 HGB).

Für Inhalt und Aufbau von Konzern**bilanz und -GuV** schreibt § 298 Abs. 1 HGB die entsprechende Anwendung der für den Einzelabschluss geltenden Regelungen vor (→ § 298 Rz. 5). Für den **Konzernanhang** enthält § 314 HGB eigene, im Wesentlichen aber mit den einzelbilanziellen Vorschriften übereinstimmende Regelungen (→ § 314 Rz. 1). 2

Zu Inhalt und Aufbau von Kapitalflussrechnung und Eigenkapitalspiegel als weiteren Pflichtbestandteilen des Konzernabschlusses enthält das Gesetz hingegen keine Regelungen. Maßgeblich sind hier **DRS 21 „Kapitalflussrechnung"** (→ Rz. 6) und **DRS 22 „Konzerneigenkapital"** (→ Rz. 92). Gemäß § 342 Abs. 2 HGB gilt bei Anwendung dieser vom BMJ bekannt gemachten Standards gesetzlich die Vermutung, dass die die Konzernrechnungslegung betreffenden GoB beachtet werden (→ § 342 Rz. 14). Umgekehrt besteht bei Abweichung von den Standards die Vermutung fehlender GoB-Konformität. Die gesetzliche Vermutung der GoB-Konformität der DRS kann sich dem Wortlaut nach nur auf **Grundsätze** ordnungsmäßiger Buchführung und Bilanzierung, nicht auf Details beziehen. Unseres Erachtens führt daher eine Abweichung von Einzelvorschriften der DRS, etwa eine Änderung von dort vorgeschlagenen Postenbezeichnungen oder Posteninhalten, nicht zwingend zur Annahme fehlender GoB-Konformität des Abschlusses, soweit die Grundsätze des jeweiligen Standards gewahrt werden und die Abweichungen von Detailregeln begründbar sind. Eine Abweichung von den Grundsätzen kommt hingegen nur in begründeten Ausnahmefällen, etwa unter Berufung auf den *true and fair view*, infrage.

Dem damit schon angesprochenen, in Abs. 2 niedergelegten Grundsatz der tatsachengetreuen Darstellung (sog. **Generalnorm**) wird im Konzernabschluss z. T. eine **höhere Bedeutung** als im **Einzelabschluss** beigemessen. Da für konzernspezifische Ausweis- und Darstellungsfragen im Gegensatz zum Jahresabschluss nur wenige Einzelvorschriften bestünden, sei für Zwecke der Interpretation und Lückenfüllung verstärkt auf die Generalnorm zurückzugreifen (→ Rz. 113). 3

Die in Abs. 3 Satz 1 niedergelegte **Fiktion der wirtschaftlichen Einheit** wird z. T. als eine Festlegung auf die Einheitstheorie verstanden, die wiederum Leitlinie für die Lösung der im Gesetz nicht niedergelegten Konsolidierungsfragen sein soll. Die Fiktion der wirtschaftlichen Einheit ist allerdings selbst notorisch unbestimmt, so dass in Streitfragen typischerweise jede der entgegengesetzten Positionen von ihren Vertretern mit der Einheitstheorie begründet wird (→ Rz. 118). 4

5 Konkreter ist hier der Beitrag des **Stetigkeitsgebots** aus Abs. 3 Satz 2. Sowohl explizite Wahlrechte, etwa Quoten- vs. *Equity*-Konsolidierung von Gemeinschaftsunternehmen (→ § 310 Rz. 1), als auch implizite Wahlrechte, etwa Währungsumrechnung im mehrstufigen Konzern (→ § 308a Rz. 43), sind zeitlich und sachlich stetig auszuüben (→ Rz. 120).

II. Kapitalflussrechnung (Abs. 1 Satz 1)

1. Grundlagen

1.1 Zweck der Kapitalflussrechnung

6 Die Kapitalflussrechnung als Pflichtbestandteil des Konzernabschlusses (Abs. 1 Satz 1) soll

- die Veränderung der **Finanzmittel (Wirkung)**
- nach **Aktivitätsbereichen (Ursachen)** erklären.

Die Veränderung der Finanzmittel ist daher ursächlich als Ergebnis der Cashflow-wirksamen **Aktivitäten** aus

- laufendem **Geschäft,**
- **Investition** und
- **Finanzierung**

darzustellen.

7 Der Konzernabschluss soll die Vermögens-, Finanz- und Ertragslage tatsachengetreu darstellen (→ Rz. 113). Die Kapitalflussrechnung gilt als Hauptinstrument zur Bereitstellung von Informationen zur **Finanzlage.**

Die konkreten Anforderungen an die Kapitalflussrechnung ergeben sich für nach dem 31.12.2014 beginnende Geschäftsjahre aus DRS 21 (→ Rz. 2). Wesentliche Unterschiede zum Vorgängerstandard DRS 2 ergeben sich

- bei der Zuordnung von Kontokorrentverbindlichkeiten zum Finanzmittelfonds (→ Rz. 24a),
- der Definition des Periodenergebnisses bei indirekter Ermittlung des operativen Cashflows (→ Rz. 41a),
- der Zuordnung von Zinsen (→ Rz. 45) und
- Dividenden (→ Rz. 48) zu den Tätigkeitsbereichen.

In DRS 21.1 werden die **Ziele** der Kapitalflussrechnung genannt. Diese soll

- den Einblick in die Fähigkeit des Unternehmens verbessern,
- künftig finanzielle Überschüsse zu erwirtschaften,
- seine Zahlungsverpflichtungen zu erfüllen und
- Ausschüttungen an die Anteilseigner zu leisten.

8 Die Kapitalflussrechnung ist **weniger subjektiv** als die GuV, weil nur Zahlungsströme (Einzahlungen und Ausgaben) betrachtet werden. Die unterschiedliche Ausübung expliziter und impliziter Wahlrechte bei Bilanzansatz, Bewertung, Periodenabgrenzung etc. hat nur Einfluss auf

Bilanz und GuV, hingegen nicht auf die Zahlungsströme. Kurz gesagt: *"Profits are someone's opinion ... whereas cash is a fact."*[1]

1.2 Abgrenzung von anderen Cashflow-Definitionen

Der Begriff der Kapitalflussrechnung ist eher irreführend, da es nicht um den Fluss von Kapital, sondern von Zahlungsmitteln *(Cash)* im weitesten Sinne geht. Der englische Begriff ***„cashflow statement"*** ist hier aussagekräftiger. 9

DRS 21 verwendet den Begriff Cashflow nur für die Summe der jeweiligen Aktivitätsbereiche (→ Rz. 6), insoweit also für Netto-Zahlungsströme (DRS 21.9). Von anderen in der Praxis zur Anwendung kommenden Größen kann dies wie folgt abgegrenzt werden: 10

- **Jahres-Cashflow nach DVFA/SG:** Diese Größe entspricht in der Terminologie von DRS 21 dem Cashflow aus laufender Geschäftstätigkeit, also nur einem Teilbereich der gesamten Cashflows.
- **Cashflow nach DVFA/SG:** Diese Größe ist aus dem Jahres-Cashflow nach DVFA/SG abgeleitet, allerdings um ungewöhnliche zahlungswirksame Aufwendungen und Erträge bereinigt („normalisierter Cashflow" aus laufender Geschäftstätigkeit).
- **Netto-Cashflow:** Dieser wird in der Praxis häufig mit Cashflows aus der laufenden Geschäftstätigkeit (→ Rz. 40a) gleichgesetzt.
- **Free Cashflow:** Dieser umfasst nach einer in der Unternehmensbewertung gängigen Grundkonzeption (*Entity*-Konzept) denjenigen Teil der gesamten Cashflows, über den frei verfügt werden kann, ohne die zukünftige Entwicklung des Unternehmens zu beeinträchtigen. Die Free Cashflows stellen insoweit finanzielle Überschüsse nach Investitionen und Unternehmensteuern, jedoch vor Zinsen dar.

1.3 Grundstruktur der Gliederung der Kapitalflussrechnung

In der Kapitalflussrechnung ist zunächst zwischen Positionen des Finanzmittelfonds einerseits und Nichtfondspositionen andererseits zu unterscheiden: 11

- In einer **Ursachenrechnung** werden die Ein- und Auszahlungen, die mit den operativen, finanziellen und investiven Aktivitäten verbunden sind, dargestellt. Hierbei ist durch angemessene Untergliederung die **Herkunft und Verwendung der Fondsmittel** offenzulegen.
- In einer **Fondsänderungsrechnung** werden die Veränderungen des Finanzmittelfonds zwischen Beginn und Ende einer Periode dargestellt. Dabei sind neben den aus der Ursachenrechnung stammenden Cashflows auch Effekte aus der Währungsumrechnung von Fondsbestandsteilen (→ Rz. 65), Bewertungsmaßnahmen im Bereich des Finanzmittelfonds (→ Rz. 25) und Veränderungen des Konsolidierungskreises zu berücksichtigen (→ Rz. 84).

Internationaler Praxis folgend ist für die **Ursachenrechnung** nach DRS 21 das **Aktivitätsformat** zu wählen. Dabei erfolgt eine Aufgliederung in die drei Bereiche: 12

- laufende Geschäftstätigkeit,
- Investitionstätigkeit und
- Finanzierungstätigkeit.

1 *Smith*, Accounting for growth. Stripping the camouflage from company accounts, 1992, S. 200.

13 Die Kapitalflussrechnung wird in **Staffelform** erstellt (DRS 21.21). Die Angabe von **Vorjahresvergleichszahlen** ist zu empfehlen, aber nicht verpflichtend (DRS 21.22).

14 Die **Grundstruktur** der Kapitalflussrechnung ist demnach wie folgt:

Übersicht 1:	Grundstruktur der Kapitalflussrechnung		
		Jahr 02	Jahr 01
+/-	Cashflows aus der laufenden Geschäftstätigkeit	...	...
+/-	Cashflows aus der Investitionstätigkeit	...	...
+/-	Cashflows aus der Finanzierungstätigkeit	...	...
=	Zahlungswirksame Veränderungen des Finanzmittelfonds	...	...
+/-	Wechselkurs-, konsolidierungskreis- und bewertungsbedingte Veränderungen des Finanzmittelfonds	...	...
+	Finanzmittelfonds zum Anfang der Periode	...	...
=	Finanzmittelfonds zum Ende der Periode	...	...

1.4 Saldierungsverbot und Stetigkeitsgebot

15 Die Kapitalflussrechnung ist gem. DRS 21.26 nach dem **Bruttoprinzip** aufzustellen (Saldierungsverbot). Vom Verbot der Saldierung von Einzahlungen mit Auszahlungen bestehen jedoch gem. DRS 21.26a bis c folgende **Ausnahmen:**

- Ein- und Auszahlungen **im Namen von Dritten**, wenn die Zahlungsströme überwiegend auf Aktivitäten der Dritten zurückzuführen sind, etwa bei für Dritte eingezogenen und an sie weitergeleiteten Zahlungen.
- Einzahlungen und Auszahlungen für Posten mit **großer Umschlaghäufigkeit,** großen Beträgen und kurzen Laufzeiten.
- Ertragsteuerzahlungen.

16 Als Beispiel für Zahlungsströme **„im Namen von Dritten"** nennt DRS 21.26b für Dritte eingezogene und an sie **weitergeleitete Mieten.** Ein derartiger Fall liegt etwa vor, wenn ein Eigentümer einer vermieteten Immobilie ein Hausverwaltungsunternehmen auch mit dem Inkasso der Mieten beauftragt. Das Unternehmen darf (Wahlrecht) die durchlaufenden Zahlungsströme dann saldiert, im einfachsten Fall also mit null, ausweisen.

Entsprechendes gilt in anderen Inkassofällen, etwa bei einem Verkaufskommissionär, der das **Inkasso** für den Kommittenten übernimmt, sowie bei Treuhandverhältnissen.

17 Als wenig aussagekräftiges Beispiel für die Posten mit **großer Umschlaghäufigkeit,** großen Beträgen und kurzen Laufzeiten nennt DRS 21.26a den „Kauf und Verkauf von Wertpapieren". Die zu DRS 21 korrespondierenden, u. E. analog anwendbaren IFRS-Regelungen führen in IAS 7.23 folgende Fälle zulässiger Saldierung an:

- bei **Kreditkartenunternehmen** die an Händler etc. geleisteten Auszahlungen mit den Einzahlungen der Kreditkartenkunden,
- Auszahlungen für **kurzfristige Ausleihungen** von nicht mehr als drei Monaten mit den Rückzahlungen (Tilgungen),
- den **Kontokorrentverkehr** mit laufenden, rechtlich periodisch zu einem Saldo zusammengefassten Einzahlungen und Auszahlungen.

Im **Finanzierungsbereich** stellt sich die Frage der Saldierung von vornherein nicht, wenn Darlehen prolongiert oder umgeschuldet oder revolvierende Finanzierungsformen gewählt werden. Wo tatsächlich kein Geld fließt, ist der Vorgang nicht künstlich in eine Rückzahlung des alten und eine Aufnahme des neuen Darlehens zu splitten. Vielmehr fehlt es von vornherein an einer Zahlung. 18

Trotz des Saldierungsverbots wird bei Anwendung der indirekten Methode im Bereich der **laufenden Geschäftstätigkeit** (→ Rz. 40) eine stille Saldierung von Ein- und Auszahlungen vorgenommen. Dies ist durch die bei der indirekten Methode anzuwendende Ermittlungstechnik begründet, bei der lediglich eine Betrachtung der Nettoveränderung der betroffenen Bilanzpositionen stattfindet. 19

Für die Darstellung der Kapitalflussrechnung gilt das **Stetigkeitsgebot** (DRS 21.23). Es umfasst die Ausübung echter und unechter Wahlrechte, etwa 20

- Saldierung von Ein- und Auszahlungen im Namen Dritter (→ Rz. 15),
- Darstellung der Cashflows aus der laufenden Geschäftstätigkeit nach der **direkten oder indirekten Methode** (→ Rz. 31).

1.5 Finanzderivate, Sicherungsgeschäfte

Bei Erwerb und Veräußerung von derivativen Finanzinstrumenten sind folgende Konstellationen zu unterscheiden: 21

- **Handelszwecke:** Werden derivative Finanzinstrumente nicht zur Sicherung von Grundgeschäften abgeschlossen, sondern ist der Handel mit ihnen Teil der unternehmerischen Tätigkeit (vor allem bei Kreditinstituten), so sind die mit den derivativen Finanzinstrumenten verbundenen Zahlungen im Bereich der **laufenden Geschäftstätigkeit** auszuweisen.
- **Sicherung von Grundgeschäften:** Wird ein Vertrag über ein derivatives Finanzinstrument als Sicherungsgeschäft für ein bestimmbares Grundgeschäft abgeschlossen (§ 254 HGB), sind die Zahlungen aufgrund des Derivats in dem gleichen Bereich auszuweisen wie das gesicherte Grundgeschäft (DRS 21.20).

Die zuletzt genannte Bestimmung gilt gleichermaßen, wenn als Sicherungsgeschäft kein derivatives, sondern ein originäres Finanzinstrument designiert wird. Hier ergeben sich aber besondere Aufteilungsprobleme:

BEISPIEL ► Ein in Euro bilanzierendes Unternehmen designiert ein noch über zwei Jahre laufendes, in gleichbleibenden vierteljährlichen Raten zurückzuzahlendes USD-Darlehen (originäres Finanzinstrument) als Währungssicherung für die erwartete Umsatzeinzahlung der nächsten acht Quartale.

Liegen die Voraussetzungen für die Bildung eines Sicherungszusammenhangs vor, so sind die bei Tilgung des Darlehens anfallenden Auszahlungen wie folgt aufzuteilen:

- Der Rückzahlungsbetrag, umgerechnet zu Einstandskursen oder höheren Stichtagskursen unmittelbar vor Begründung der Sicherungsbeziehung, wird der Finanzierungstätigkeit zugeordnet,
- während der Währungsgewinn oder -verlust gemeinsam mit den Einzahlungen aus den Umsatzerlösen im Bereich der laufenden Geschäftstätigkeit auszuweisen ist.

2. Finanzmittelfonds

2.1 Zahlungsmittel und Zahlungsmitteläquivalente, kurzfristige Verbindlichkeiten

22 Die Kapitalflussrechnung ist eine **Stromgrößenrechnung,** bei der Veränderungen eines Vermögensteils (des „Finanzmittelfonds") durch die Veränderung aller Nichtfondspositionen erklärt werden. Der Wahl und Abgrenzung der zu dem Finanzmittelfonds gehörenden Bestandteile kommt somit zentrale Bedeutung zu.

In DRS 21 wird der positive Teil des Finanzmittelfonds mit der Beschränkung auf **verfügbare liquide Mittel** eng abgegrenzt. Diese Abgrenzung hat den Vorteil einer Vermeidung von Bewertungseinflüssen (→ Rz. 8) und führt im Ergebnis zu einer hohen Vergleichbarkeit hinsichtlich der Finanzlage verschiedener Unternehmen.

23 Für die Kapitalflussrechnung ist ein Fonds zu verwenden, der nur aus Zahlungsmitteln und Zahlungsmitteläquivalenten besteht. Diese beiden Bestandteile sind wie folgt definiert (DRS 21.9):

- Zu den **Zahlungsmitteln** gehören Barmittel und täglich fällige Sichteinlagen;
- als **Zahlungsmitteläquivalente** gelten „kurzfristige, äußerst liquide Finanzmittel, die jederzeit in Zahlungsmittel umgewandelt werden können und nur unwesentlichen Wertschwankungen unterliegen", dabei „eine Restlaufzeit im Erwerbszeitpunkt von maximal drei Monaten haben".

24 *(einstweilen frei)*

24a Mit **DRS 21.34** (→ Rz. 7) ist die im Vorgängerstandard noch als Wahlrecht formulierte Einbeziehung jederzeit fälliger Bankverbindlichkeiten in den Finanzmittelfonds zum Gebot geworden. Es gilt: „Jederzeit fällige Verbindlichkeiten gegenüber Kreditinstituten sowie andere kurzfristige Kreditaufnahmen, die zur Disposition der liquiden Mittel gehören, sind in den Finanzmittelfonds einzubeziehen und offen abzusetzen." In der Praxis sind neben Bankkontokorrenten sonstige Verbindlichkeiten betroffen, die mit einer Frist von nicht mehr als drei Monaten kündbar sind. Dabei ist die in Analogie zu DRS 21.9 angenommene Drei-Monats-Frist allerdings nur eine Obergrenze. Auch mit einer Frist von einem oder zwei Monaten kündbare Verbindlichkeiten können im Einzelfall noch als nicht kurzfristig zu qualifizieren sein.[1] Bei Bankkontokorrenten stellt sich noch die Frage, ob ein Bodensatz, der nahezu während der gesamten Berichtsperiode in Anspruch genommen wurde, nicht faktisch als mittelfristig zu qualifizieren ist und daher außer Betracht bleiben kann.[2]

25 Primäre Ursache der **Veränderungen des Finanzmittelfonds** sind die laufende Geschäfts-, Investitions- und Finanzierungstätigkeit. Daneben kann sich der Bestand an Zahlungsmitteln und Zahlungsmitteläquivalenten auch aus **Gründen** verändern, **die ihn selbst betreffen.** Hierzu gehören:

- **Währungsdifferenzen** auf den Finanzmittelfonds (→ Rz. 65),
- **sonstige bewertungsbedingte Änderungen** des Finanzmittelfonds sowie
- bestimmte **konsolidierungsbedingte Veränderungen** des Finanzmittelfonds (→ Rz. 84).

1 Vgl. *Baumann/Weiser*, DB 2016 S. 121 ff.
2 Ebenda.

Sonstige bewertungsbedingte Änderungen ergaben sich 2008 etwa bei Unternehmen, die infolge der Insolvenz von *Lehman Brothers* Abschreibungen auf dort geführte Bankguthaben vornehmen mussten.

2.2 Kurzfristige Finanzanlagen

Zahlungsmitteläquivalente zeichnen sich gem. DRS 21.9 durch zwei Eigenschaften aus: 26

- Sie sind ohne Weiteres in längstens **drei Monaten** – gerechnet ab Erwerbszeitpunkt – in Zahlungsmittel umwandelbar (Kriterium der Liquidität ersten Grades) und
- unterliegen – in ihrer jeweiligen Währung – nur **geringen Bewertungsschwankungen.**

Unabhängig von der Laufzeit gilt: **Bonitätsabhängige monetäre Vermögenswerte,** z. B. Forderungen aus Lieferungen, kurz laufende Wechsel, sowie **nicht monetäre Vermögenswerte**, z. B. Vorräte an vertretbaren, leicht liquidierbaren Sachen, scheiden als Zahlungsmitteläquivalente aus. Entsprechendes gilt wegen der Kursschwankungen für Aktien. Ausgenommen sind rückzahlbare Aktien *(redeemable shares)* mit festgelegtem, kurzfristigem Einlösungszeitpunkt; in der deutschen Rechts- und Bilanzpraxis spielen sie kaum eine Rolle.

Definition und damit Zusammensetzung des Finanzmittelfonds sind im **Anhang** anzugeben 27
(DRS 21.52a). Soweit der Finanzmittelfonds nicht dem Bilanzposten „Kassenbestand, Bundesbankguthaben, Guthaben bei Kreditinstituten und Schecks" entspricht, ist eine **Überleitungsrechnung** zwischen Bilanz und Finanzmittelfonds notwendig (DRS 21.52c). Für die verbale Definition der Zusammensetzung des Finanzmittelfonds bietet sich im Anhang der Bereich der Bilanzierungs- und Bewertungsmethoden an, während die Überleitungsrechnung entweder bei den Erläuterungen zu den liquiden Mitteln der Bilanz oder in einer eigenen Angabe zur Kapitalflussrechnung vorgenommen werden kann.

2.3 *Cash-Pooling*

In der Praxis werden in **Teilkonzernabschlüssen** (oder Einzelabschlüssen) z. T. auch die im Rah- 28
men eines sog. ***Cash-Poolings*** bei der Konzernobergesellschaft „geparkten" Gelder als Bestandteil des Finanzmittelfonds berücksichtigt. Obwohl solche Geldanlagen durchaus einen mit Sichteinlagen vergleichbaren Charakter haben können, ist ihre Einbeziehung in den Finanzmittelfonds aus den nachfolgenden Gründen i. d. R. nicht gerechtfertigt.

DRS 21.9 lässt als Zahlungsmitteläquivalent nur solche Mittel gelten, die

- hochliquide, d. h. jederzeit in Geld umtauschbar sind, und
- nur unwesentlichen Wertänderungsrisiken unterliegen (→ Rz. 26).

Eine jederzeitige Austauschbarkeit in Geld setzt u. E. voraus, dass eine Forderung ohne Risikoabschlag an einen Dritten gegen Geld verkauft werden könnte. Im Allgemeinen ist dies nur bei an aktiven Märkten notierten Forderungen (etwa Geldmarktfondsanteilen) gegeben.

Wertänderungsrisiken lassen sich nur dort negieren, wo Schuldner eine Mindestbonität haben, die jede Wertberichtigungsüberlegung von vornherein überflüssig macht. Dies gilt regelmäßig nur für Forderungen gegen eine (gesunde) Bank. Derartige Forderungen (Bankkonten) werden auch bilanziell nicht auf Wertberichtigung geprüft und auch in die Pauschalwertberichtigungen nicht einbezogen. Bei Forderungen gegen Nichtbanken ist dies i. d. R. anders.

Hat das Berichtsunternehmen keine Forderung, sondern eine Verbindlichkeit gegenüber dem 28a
Cash-Pool, ergibt sich folgendes Problem: Nach DRS 21.34 sind kurzfristige, einen Teil der Liquidi-

tätsposition bildende Verbindlichkeiten als negative Komponente des Finanzmittelfonds offen von diesem abzusetzen (→ Rz. 24a). Die Merkmale Kurzfristigkeit und Liquiditätsdisposition sind bei Verbindlichkeiten gegenüber einem Cash-Pool aber regelmäßig gegeben. Ein Unternehmen dürfte daher Forderungen gegenüber einem Cash-Pool nicht als positive Komponente des Finanzmittelfonds berücksichtigen, müsste aber andererseits Verbindlichkeiten als negative Komponente ansetzen. Diese Ungleichbehandlung ist systematisch nicht zu begründen. In Teilen des Schrifttums wird daher bzgl. der Verbindlichkeiten gegenüber einem Cash-Pool eine Abweichung von DRS 21 für zulässig erachtet.[1] Gegen eine solche Abweichung spricht das Ziel von DRS 21, den Finanzmittelfonds möglichst ermessens- bzw. willkürfrei zu definieren.[2]

2.4 Verfügungsbeschränkungen

29 Sofern Bestandteile des Finanzmittelfonds Verfügungsbeschränkungen unterliegen, ist ihre Liquidität zweifelhaft. Zwei **alternative Darstellungen** lassen sich unterscheiden: Die Bestandteile werden

- unter Hinweis auf die Beschränkung **weiterhin** dem Finanzmittelfonds zugerechnet oder
- von dem Finanzmittelfonds **ausgeschlossen.**

Die in DRS 21.52e verlangte Anhangangabe für Verfügungsbeschränkungen ist nicht als Freibrief für die erste Alternative anzusehen. Je nach Art der Verfügungsbeschränkung kann unter Beachtung der Zwecke der Kapitalflussrechnung ein Verzicht auf die Einbeziehung in den Finanzmittelfonds geboten sein.

BEISPIEL Die Fußball-AG veräußert Anfang 01 im Rahmen eines *sale and lease back* ihr Stadion an eine Bank, um es zukünftig auf Basis eines 20-jährigen Mietvertrags *(operating lease)* zu nutzen. Bei der Veräußerung konnten nicht zuletzt deshalb stille Reserven im Umfang von 20 Mio. € aufgedeckt werden, weil die Bestimmung des fairen Veräußerungspreises bei einer so speziellen Anlage in hohem Maß ermessensbehaftet ist. Die Bank akzeptiert den hohen Veräußerungspreis nur gegen ein entsprechend hohes, langfristiges Nutzungsentgelt und besteht außerdem auf Verpfändung eines hohen Teils der durch die Veräußerung „realisierten" Gelder. Die Verfügungsbeschränkung mindert sich jährlich um 1/20.

Im Hinblick auf einen erwarteten Anstieg der langfristigen Zinsen hat die Fußball-AG die Gelder revolvierend in kurzfristigen Anlagen (Laufzeit < 3 Monate) investiert. Am Bilanzstichtag unterliegen 19 Mio. € noch der Verfügungsbeschränkung.

BEURTEILUNG Die Fußball-AG hat eine nicht liquide Sache (Stadion) in wegen der Verfügungsbeschränkung nicht liquide Finanzwerte umgewandelt. Ein positiver Gesamt-Cashflow ergibt sich aus der Operation gerade nicht. Die sich bei erster Betrachtung ergebende Bindungsdauer der Geldanlagen von nicht mehr als drei Monaten ist unter Beachtung der langfristigen Verfügungsbeschränkung tatsächlich deutlich höher (in der Spitze beträgt sie bis zu 20 Jahre). Ein Ausweis im Finanzmittelfonds ist daher nicht angemessen.

Wird durch politisch-rechtliche Umstände – etwa infolge des Ukraine-Krieges – die Disposition über Bankkonten eingeschränkt und sind deshalb die Anforderungen an äußerst liquide Finanzmittel nicht mehr erfüllt, ist analog DRS 21.35 ff. ein gesonderter Ausweis der nicht zahlungswirksamen Veränderungen des Finanzmittelfonds erforderlich, um dessen Höhe zu Beginn der Berichtsperiode auf die Höhe am Ende der Berichtsperiode überzuleiten.[3]

1 Vgl. *Baumann/Weiser*, DB 2016 S. 121 ff.
2 Vgl. zum Ganzen auch: *Lüdenbach*, StuB 2016 S. 705.
3 IDW, Fachlicher Hinweis zu den Auswirkungen des Ukraine-Krieges auf die Rechnungslegung und deren Prüfung (2. Update, April 2022).

3. Cashflows aus der laufenden Geschäftstätigkeit

3.1 Definition und Abgrenzung

30 Im Bereich der laufenden Geschäftstätigkeit sind gem. DRS 21.9 solche Cashflows auszuweisen, die

- **positiv** definiert aus wesentlichen auf **Erlöserzielung** gerichteten Tätigkeiten stammen und
- **negativ** abgegrenzt **nicht** dem **Investitions- oder Finanzierungsbereich** zuzuordnen sind.

Das positive Definitionselement konkretisiert sich vor allem durch die Gliederungsvorgaben für die direkte Methode (→ Rz. 32a). In der Negativabgrenzung stellen sich Fragen u. a. bei Zinsen und Dividenden (→ Rz. 45 ff.) sowie bei Ertragsteuern (→ Rz. 36). Diskutiert wurde im Anwendungsbereich von DRS 2 auch über die Qualifizierung von Beiträgen zum Deckungsvermögen;[1] nach DRS 21.45 erfolgt die Zurechnung solcher Beiträge zur Investitionstätigkeit.

3.2 Direkte Methode

31 Für die Darstellung der Cashflows aus der laufenden Geschäftstätigkeit ist ein **Wahlrecht** vorgesehen. Die Cashflows können entweder

- **direkt** als unsaldierte Einzahlungen/Auszahlungen dargestellt werden (→ Rz. 32a) oder
- **indirekt**, indem das Periodenergebnis um Abschreibungen und andere nicht zahlungswirksame Vorgänge bereinigt wird (→ Rz. 40).

32 *(einstweilen frei)*

32a Bei Anwendung der direkten Methode zur Darstellung des Cashflows aus laufender Geschäftstätigkeit ist gem. DRS 21.39 folgende **Mindestgliederung** zu beachten:

Übersicht 2:		Gliederung des Cashflows aus laufender Geschäftstätigkeit nach der direkten Methode
1.		Einzahlungen von Kunden für den Verkauf von Erzeugnissen, Waren und Dienstleistungen
2.	-	Auszahlungen an Lieferanten und Beschäftigte
3.	+	Sonstige Einzahlungen, die nicht der Investitions- oder Finanzierungstätigkeit zuzuordnen sind
4.	-	Sonstige Auszahlungen, die nicht der Investitions- oder Finanzierungstätigkeit zuzuordnen sind
5.	+	Einzahlungen im Zusammenhang mit Erträgen von außergewöhnlicher Größenordnung oder außergewöhnlicher Bedeutung
6.	-	Auszahlungen im Zusammenhang mit Aufwendungen von außergewöhnlicher Größenordnung oder außergewöhnlicher Bedeutung
7.	+/-	Ertragsteuerzahlungen
8.	=	Cashflow aus laufender Geschäftstätigkeit

Gegenüber der **Vorgängerregelung DRS 2.26** erweitert DRS 21.39 die Mindestgliederung um zwei Elemente:

- nach Ein- und Auszahlung getrennter Ausweis von **außerordentlichen** Cashflows (Nr. 5 und 6; → Rz. 35),
- separater Ausweis der **Ertragsteuerzahlungen** (Nr. 7; → Rz. 36).

1 Vgl. *Zimmermann et al.*, DB 2012 S. 1577.

33 Wie in der neuen Definition der Umsatzerlöse in § 275 Abs. 1 HGB durch das BilRUG stellt der Posten 1 nicht darauf ab, ob die Erzeugnisse, Waren und Dienstleistungen für den Konzern typisch sind.

34 Spielräume ergeben sich in der Abgrenzung zwischen **Posten 2 und Posten 4.** Ein Beispiel wären Auszahlungen für Leiharbeitsverhältnisse. Die Leiharbeitnehmer sind (nicht nur in wirtschaftlicher Hinsicht) beim Unternehmen beschäftigt, anders als das eigene Personal aber keine Arbeitnehmer des Unternehmens. Bei enger, an den Personalaufwand der GuV angelehnter Definition sind Auszahlungen für Leiharbeitnehmer daher im Posten 4, sonst im Posten 2 zu erfassen.

35 Generell waren nach der bis 2015 geltenden Fassung von DRS 21.18 wesentliche Zahlungsströme aus außerordentlichen Posten dem Tätigkeitsbereich der Zahlungen zuzuordnen und gesondert auszuweisen. Im Anwendungsbereich des BilRUG, das wegen der Subjektivität der Abgrenzung zwischen Ordentlichem und Außerordentlichem den Ausweis außerordentlicher Posten in der GuV nicht mehr erlaubt, macht ein ebenso subjektiver gesonderter Ausweis des Außerordentlichen in der Kapitalflussrechnung keinen Sinn mehr. Auf diese Kritik hat der DRSC nicht, wie nahegelegen hätte, mit der Streichung der entsprechenden Posten reagiert, sondern mit der Neufassung von DRS 21 durch DRÄS 6 die Posten im Kern nur umetikettiert. DRS 21.28 verlangt nun,

- Zahlungsströme
- im Zusammenhang mit Erträgen und Aufwendungen von außergewöhnlicher Größenordnung oder außergewöhnlicher Bedeutung i. S. von § 314 Abs. 1 Nr. 23 HGB
- in der Kapitalflussrechnung in dem Tätigkeitsbereich **gesondert** auszuweisen, dem die Zahlungen zuzuordnen sind.

Eine Begründung für dieses Verlangen ist dem Gesetz, das sich mit guten Gründen in Anbetracht der Schwierigkeit der Abgrenzung vom Gewöhnlichen auf Erträge und Aufwendungen beschränkt, nicht zu entnehmen, bestenfalls kommt eine analoge Anwendung von § 314 Abs. 1 Nr. 23 HGB infrage, die sich dann aber auf Erträge und Aufwendungen beschränken muss, da völlig unklar ist, wie die gesetzlich nicht vorgesehene Außergewöhnlichkeit von Investitionen oder Finanzierungen zu definieren wäre. DRS 21 bleibt folgerichtig bei „Erträgen" und „Aufwendungen", weitet aber indirekt seinen Anspruch aus, indem etwa für den investiven Cashflow und finanziellen Cashflow die Zeilen „Einzahlungen im Zusammenhang mit Erträgen von außergewöhnlicher Größenordnung oder außergewöhnlicher Bedeutung" und „Auszahlungen im Zusammenhang mit Aufwendungen von außergewöhnlicher Größenordnung oder außergewöhnlicher Bedeutung" vorgesehen werden. Der ohnehin bestehenden Unklarheit, was außergewöhnlich ist, wird dadurch eine weitere hinzugefügt. Der Anwender soll nun prüfen, ob zwischen dem außergewöhnlichen Ertrag und/oder Aufwand und den investiven bzw. finanziellen Ein-/Auszahlungen ein „Zusammenhang" besteht. Welche Art von Zusammenhang das sein soll, bleibt offen. Soweit es um den operativen Cashflow geht, bleibt undeutlich, warum nach der direkten Methode nur Einzahlungen und dann gesondert auszuweisen sind, wenn sie im Zusammenhang mit außergewöhnlichen Erträgen stehen. Die hier implizit angenommene Korrespondenz von Einzahlung und Ertrag ist nicht gegeben, wie sich etwa am Beispiel eines Anlagenabgangs zeigt, der zu einem außergewöhnlichen Gewinn oder außergewöhnlichen Verlust führt, in beiden Fällen aber zu Einzahlungen. Welchen Sinn soll es hier haben, im Gewinn- bzw. Ertragsfall eine außergewöhnliche Einzahlung in der Kapitalflussrechnung auszuweisen, aber nicht im Verlust- bzw. Aufwandsfall? DRS 21 bleibt auch hier die

Antwort schuldig. Das Schrifttum kritisiert weitere Punkte.[1] Es weist etwa darauf hin, dass der separate Ausweis von Ein- und Auszahlungen von außergewöhnlicher Größenordnung oder außergewöhnlicher Bedeutung in der Kapitalflussrechnung dem Bestreben des Gesetzgebers zur Harmonisierung der Rechnungslegung in der EU widerspricht. Es sei deshalb nicht nachvollziehbar, dass in der handelsrechtlichen Gewinn- und Verlustrechnung ein separater Ausweis eines außerordentlichen Ergebnisses gesetzlich verboten, in der Kapitalflussrechnung jedoch vom deutschen Standardsetzer eingefordert werde. Weiterhin wird darauf hingewiesen, dass eine Zuordnung von einzelnen Positionen der Kapitalflussrechnung nach DRS 21 zu einzelnen Positionen der handelsrechtlichen Gewinn- und Verlustrechnung nicht möglich ist, da die entsprechenden Aufwendungen und Erträge von außergewöhnlicher Größenordnung oder außergewöhnlicher Bedeutung in unterschiedlichen Positionen der Gewinn- und Verlustrechnung angesetzt werden.

Der gesamten Regulierung des der Kapitalflussrechnung eigentlich systemfremden Problems der außergewöhnlichen Erträge und Aufwendungen in DRS 21 fehlt damit Stringenz und Widerspruchsfreiheit. Hieraus ist u. E. praktisch (aber auch im Interesse der Rechtssicherheit) mindestens der Schluss zu ziehen, dass der Begriff des Außergewöhnlichen für Zwecke der Kapitalflussrechnung sehr restriktiv auszulegen ist, so dass es nur in ganz seltenen Ausnahmefällen noch zur Belegung der Posten kommen kann.

Zahlungsströme aus **Ertragsteuern** sind nach DRS 21.18 **gesondert** und i. d. R. im Rahmen der **laufenden Geschäftstätigkeit** anzugeben. 36

Eine als Pflicht gestaltete **Ausnahme** von der Zuordnung zur laufenden Geschäftstätigkeit verlangt DRS 21.19 dann, wenn Ertragsteuern eindeutig aus einem Geschäftsvorfall des **Investitions- oder Finanzierungsbereichs** resultieren. Der Anwendungsbereich der Ausnahmeregelung ist i. d. R. tendenziell gering.

BEISPIEL Die U-AG führt im Jahr 01 eine Kapitalerhöhung durch. Hierbei entstehen Emissionskosten von 20. Die Zuflüsse aus der Kapitalerhöhung sind im Finanzierungsbereich darzustellen. Mit der Kapitalerhöhung geht aber auch eine Minderung der Steuerlast einher, da die Emissionskosten steuerlich abzugsfähig sind.

VARIANTE 1 U hat im Jahr 01 und für 01 Ertragsteuervorauszahlungen von 30 geleistet. In den Vorauszahlungsbescheiden ist auf Basis der Vorjahre ein Einkommen von 100 angenommen worden. Nur wegen der Emissionskosten reduziert sich das tatsächliche Jahreseinkommen auf 80. Die im Jahr 02 zur Erstattung gelangende Ertragsteuer von 30 % · 20 = 6 kann im Jahr 02 dem Finanzierungsbereich zugeordnet werden.

VARIANTE 2 Auch nach Abzug der Emissionskosten beträgt das Einkommen noch 110. Es kommt im Jahr 02 zu einer Abschlusszahlung für 01 i. H. von 3.

Die Emissionskosten bewirken keine Einzahlung, sondern reduzieren lediglich das Maß der Auszahlung. Unseres Erachtens ist es nicht sachgerecht, den einheitlichen, auf eine einheitliche Steuerfestsetzung zurückgehenden Auszahlungsvorgang von 3 künstlich zu zerlegen in eine fiktive Einzahlung von 6 (30 % der Emissionskosten von 20) und eine fiktive Auszahlung von 9 (30 % der Differenz zwischen dem Ergebnis vor Emissionskosten und dem im Vorauszahlungsbescheid angenommenen Ergebnis). Die Steuer ist insgesamt in der laufenden Geschäftstätigkeit zu berücksichtigen.

1 Stellvertretend *Lühn*, StuB 2016 S. 447 ff.

36a Eine gewisse praktische Bedeutung hat die zwingende Zuordnung eindeutig dort zurechenbarer Ertragsteuerzahlungen zum Finanzierungsbereich bei der gewerbesteuerlichen Hinzurechnung von Zinsen.[1]

36b Nicht unter die Auszahlungen für Ertragsteuern fallen für Rechnung Dritter einbehaltene Steuern (Kapitalertrag- und Quellensteuern auf Ausschüttungen, Zinsen, Lizenzgebühren, Lohnsteuer etc.). Diese Steuern sind dem Bereich zuzuordnen, in dem auch die korrespondierenden Nettozahlungen ausgewiesen werden.

37 In der Frage des separaten Ausweises von **Umsatzsteuer**einzahlungen (von Kunden) bzw. Umsatzsteuerauszahlungen (an das Finanzamt) ergibt sich u. E. ein faktisches Wahlrecht. Zahlungsmittelzu- bzw. -abflüsse aus Umsatzsteueransprüchen/-verpflichtungen können saldiert dargestellt oder separat ausgewiesen werden.

BEISPIEL Die Feuerwerk AG erzielt ihren Netto-Jahresumsatz i. H. von 100 Mio. € ausschließlich im Dezember. Die Kunden zahlen auf die erworbenen Produkte Umsatzsteuer i. H. von 19 Mio €. Bei gleichem Umsatz im Vorjahr betrug der Steuersatz 16 %. Der Zahlungseingang aus dem direkten Verkauf von Endverbraucherprodukten erfolgt in der laufenden Periode, eine Weiterleitung der eingenommenen Umsatzsteuer an das Finanzamt erst in der nächsten Periode nach dem Bilanzstichtag. Für die Erfassung des Geschäftsvorfalls sind folgende Alternativen (in Mio. €) zu unterscheiden:

Direkte Methode (Variante 1)		Direkte Methode (Variante 2)	
Umsatz vor USt 02	100	Umsatz inkl. USt	119
Erhaltene USt 02	19		
Abführung der im Dez. 01 vereinnahmten USt im Jahr 02 an das Finanzamt	-16	Abführung der im Dez. 01 vereinnahmten USt im Jahr 02 an das Finanzamt	-16
Zahlungsmittelveränderung	103	Zahlungsmittelveränderung	103

38 Zur Behandlung von Zinsen und Dividenden in der Kapitalflussrechnung wird auf → Rz. 45 ff. verwiesen.

39 Da das Rechnungswesen üblicherweise auf die Erfassung von Aufwendungen und Erträgen, nicht aber von Ein- und Auszahlungen ausgerichtet ist, stellt sich bei Anwendung der direkten Methode die Frage nach der **Ermittlung** der Ein- und Auszahlungsgrößen. Verbreitet und zulässig ist eine derivative Ermittlung, bei der einzelne Ertrags- oder Aufwandspositionen unter Verwendung zusätzlicher Informationen in Cashflows überführt werden.

Die Technik der **derivativen Ermittlung** lässt sich am Beispiel der Einzahlungen von Kunden wie folgt darstellen:

Übersicht 3: Derivative Ermittlung der Ein-/Auszahlungen	
Umsatzerlöse	…
-/+ Erhöhung/Verminderung der Kundenforderungen	…
-/+ Erhöhung/Verminderung der Wertberichtigungen auf Kundenforderungen	…
+/- Erfolgsneutrale Veränderungen der Kundenforderungen	…
(Aufgliederungen/Währungsdifferenzen etc.)	…
= Einzahlungen von Kunden	…

1 Vgl. ausführlich: *Lüdenbach*, StuB 2014 S. 496.

3.3 Indirekte Methode

(einstweilen frei) 40

Bei Anwendung der indirekten Methode zur Darstellung des Cashflows aus laufender Geschäftstätigkeit ist gem. DRS 21.40 folgende Mindestgliederung zu beachten: 40a

Übersicht 4:		Gliederung des Cashflows aus laufender Geschäftstätigkeit nach der indirekten Methode
1.		Periodenergebnis (Konzernjahresüberschuss/-fehlbetrag einschließlich Ergebnisanteilen anderer Gesellschafter)
2.	+/-	Abschreibungen/Zuschreibungen auf Gegenstände des Anlagevermögens
3.	+/-	Zunahme/Abnahme der Rückstellungen
4.	+/-	Sonstige zahlungsunwirksame Aufwendungen/Erträge
5.	-/+	Zunahme/Abnahme der Vorräte, der Forderungen aus Lieferungen und Leistungen sowie anderer Aktiva, die nicht der Investitions- oder der Finanzierungstätigkeit zuzuordnen sind
6.	+/-	Zunahme/Abnahme der Verbindlichkeiten aus Lieferungen und Leistungen sowie anderer Passiva, die nicht der Investitions- oder der Finanzierungstätigkeit zuzuordnen sind
7.	-/+	Gewinn/Verlust aus dem Abgang von Gegenständen des Anlagevermögens
8.	+/-	Zinsaufwendungen/Zinserträge
9.	-	Sonstige Beteiligungserträge
10.	+/-	Aufwendungen/Erträge von außergewöhnlicher Größenordnung oder außergewöhnlicher Bedeutung
11.	+/-	Ertragsteueraufwand/-ertrag
12.	+	Einzahlungen im Zusammenhang mit Erträgen von außergewöhnlicher Größenordnung oder außergewöhnlicher Bedeutung
13.	-	Auszahlungen im Zusammenhang mit Aufwendungen von außergewöhnlicher Größenordnung oder außergewöhnlicher Bedeutung
14.	-/+	Ertragsteuerzahlungen
15.	=	Cashflow aus der laufenden Geschäftstätigkeit

Mehrangaben im Vergleich zu DRS 2.27 ergeben sich vor allem aus

- der unsaldierten Darstellung von Ertragsteueraufwand/-zahlung,
- dem nach Ein- und Auszahlungen unterscheidenden Ausweis außergewöhnlicher Cashflows sowie
- der (nach DRS 21 zwingenden) Bereinigung um Zins- und Beteiligungsergebnisse (→ Rz. 48).

Regelmäßige Ausgangsgröße der Gliederung nach DRS 21.40 (→ Rz. 7) ist der Konzernjahresüberschuss/-fehlbetrag. Bei Wahl einer anderen Startgröße gem. DRS 21.41 muss diese auf den Konzernjahresüberschuss/-fehlbetrag übergeleitet werden. Sofern die andere Größe schon in der GuV selbst (als Zwischensumme) enthalten ist, reicht ein Verweis auf die GuV aus. 41

Das Periodenergebnis wird **bereinigt** um

- **zahlungsunwirksame** Aufwendungen/Erträge,
- **ergebnisneutrale,** jedoch zahlungswirksame Veränderungen des Nettoumlaufvermögens sowie
- zahlungswirksame Erträge/Aufwendungen, die **nicht** der laufenden Geschäftstätigkeit zuzuordnen sind.

Die nachfolgende Übersicht zeigt, wie Bereinigungs- bzw. Gliederungsposten in dieser Hinsicht motiviert sind.

Übersicht 5:	Funktion/Inhalt von Überleitungsposten nach der indirekten Methode	
Posten	**Beispiele**	**Motivation**
2.	+ Abschreibungen auf Anlagevermögen	Aufwand, aber **keine Auszahlung**
3a.	- Auflösung einer Rückstellung	Ertrag, aber **keine Einzahlung**
3b.	- Inanspruchnahme einer Rückstellung	Kein Aufwand, aber **Auszahlung**
4.	- Sonstige zahlungsunwirksame Erträge (Auflösung pRAP für erhaltene Mietvorauszahlung)	Ertrag, aber **keine Einzahlung**
5a.	- Zunahme der Warenvorräte	Kein Aufwand, aber **Auszahlung**
5b.	- Zunahme der Forderungen aus L+L	Ertrag, **aber keine Einzahlung**
6.	+ Zunahme der Verbindlichkeiten aus L+L	Aufwand, aber **keine Auszahlung**
7.	- Ertrag aus dem Abgang von Gegenständen des Anlagevermögens	Ertrag und (i. H. des Betrags vor Abzug des Buchwertabgangs) Einzahlung, aber im investiven Bereich

42 Die ergebnisneutrale, jedoch zahlungswirksame Veränderung des **Nettoumlaufvermögens** *(net working capital)* wird im Wege der **Differenzenbildung** durch die Gegenüberstellung von Anfangs- und Endbestand der einzelnen Posten vorgenommen. Hierbei ist jedoch u.U. die Entwicklung der Bereinigungsposten selbst zu bereinigen:

- Die Höhe von Vermögenswerten und Schulden des *net working capital* kann sich durch ergebniswirksame Bewertungsmaßnahmen verändert haben, die nicht zahlungswirksam geworden sind (z. B. Abwertung von Vorräten oder Bildung/Auflösung von Wertberichtigungen auf Kundenforderungen). Die hierfür anfallenden Beträge sind nicht als Veränderung des Nettoumlaufvermögens, sondern bei den zahlungsunwirksamen Aufwendungen und Erträgen zu berücksichtigen (Posten 4).
- Veränderungen des *net working capital* aufgrund von Veränderungen des Konsolidierungskreises sind nicht im Bereich der betrieblichen Tätigkeit, sondern bei der Investitionstätigkeit zu erfassen (→ Rz. 80).
- Einflüsse aus der wechselkursbedingten Veränderung von Positionen des Nettoumlaufvermögens sind zu eliminieren. Solche Währungsdifferenzen entstehen zum einen durch das Halten monetärer Vermögenswerte und Schulden in Fremdwährung (z. B. Kundenforderungen, Wertpapiere oder Lieferantenverbindlichkeiten), zum anderen durch die Umrechnung von Abschlüssen einbezogener Tochter- und Gemeinschaftsunternehmen (→ Rz. 64 ff.).

43 Nur ausnahmsweise betrifft die Ertragsteuer den Investitions- und Finanzierungsbereich (→ Rz. 36).

44 Zur Abgrenzung der Ertragsteuer von sonstigen Steuern und zur Behandlung sonstiger Steuern wird auf → Rz. 36 f. verwiesen, zur Behandlung von Zinsen und Dividenden auf → Rz. 45 ff.

44a Zu den Bedenken gegen den Ausweis außergewöhnlicher Posten sowie der u. E. gebotenen äußerst restriktiven Auslegung des Begriffs des Außergewöhnlichen wird auf → Rz. 35 verwiesen.

3.4 Abgrenzung zum Investitions- und Finanzierungsbereich

3.4.1 Empfangene und gezahlte Zinsen

Bei Zinsen (ebenso wie bei Dividenden, →Rz. 47) stellt sich die Frage der **Abgrenzung** der Cashflows aus laufender Geschäftstätigkeit gegenüber denen aus Investition oder Finanzierung. Hierzu traf der Vorgängerstandard DRS 2 folgende Bestimmungen: 45

- Erhaltene und gezahlte Zinsen zählten **i. d. R.** zur **laufenden Geschäftstätigkeit** (DRS 2.36).
- In begründeten **Ausnahmefällen** war eine Zurechnung erhaltener Zinsen zur **Investitionstätigkeit** und gezahlter Zinsen zur **Finanzierungstätigkeit** möglich (DRS 2.39).

BEISPIEL ▸ Die U finanziert sich zu einem erheblichen Teil über mezzanine Finanzierungsformen. Unter anderem hat sie Genussrechte emittiert, die am Verlust teilhaben und nur ergebnisabhängig bedient werden, wegen fehlenden Nachrangs in der Insolvenz aber nicht als Eigenkapital auszuweisen sind (→ § 246 Rz. 121).

Die Zahlungen an die Genussrechtsinhaber haben wirtschaftlich eine große Ähnlichkeit mit Dividendenzahlungen an Eigenkapitalgeber. Ein Ausweis im Finanzierungsbereich war daher zulässig.

DRS 21.44 und DRS 21.48 (→ Rz. 7) sehen ausschließlich die Behandlung der

- **gezahlten** Zinsen bei der **Finanzierungstätigkeit** und der
- **empfangenen** Zinsen bei der **Investitionstätigkeit**

vor. Eine Erfassung bei der laufenden Geschäftstätigkeit ist nicht mehr zulässig. Im Schrifttum wird dies z. T. kritisiert. Im Interesse der Konsistenz zur GuV sei eine Zuordnung zur laufenden Geschäftstätigkeit vorzuziehen, zumal auch die zugehörigen Ertragsteuereffekte nicht aufgeteilt würden.[1]

Bei Abweichungen zwischen Ausgabe- und Rückzahlungsbetrag von Fremdkapital **(Agien, Disagien)** entstehen die Auszahlungen/Einzahlungen für Zinsen zeitlich versetzt zu den Aufwendungen/Erträgen. Ein Beispiel sind **Zerobonds.** 46

BEISPIEL ▸ Die A-AG legt einen zehnjährigen Zerobond mit einem Rückzahlungsbetrag von 200.000 GE auf und erhält bei Ausgabe 101.670 GE. Der effektive Zinssatz der Verbindlichkeit ist 7 % p. a. entsprechend dem Abschlag von 98.330 GE beim Ausgabebetrag.

1. Behandlung beim Emittenten

Im Ausgabezeitpunkt ist der Zahlungsmittelzufluss von 101.670 GE als Cashflow aus Finanzierungstätigkeit zu erfassen. Bis zur Rückzahlung fallen keine weiteren Zahlungsströme an, der Buchwert der Verbindlichkeit wird allerdings erfolgswirksam auf den Rückzahlungsbetrag aufgezinst.

Bei Fälligkeit erfolgt ein Zahlungsmittelabfluss von 200.000 GE, der sowohl eine Rückzahlung der erhaltenen Barmittel (i. H. von 101.670 GE) als auch deren Verzinsung (i. H. von 98.330 GE) darstellt.

Die Differenz zwischen Zahlungsmittelzu- und -abfluss ist aus Sicht des Emittenten als (endfällige) Zinszahlung anzusehen und wie die Rückzahlung des erhaltenen Betrags im Finanzierungsbereich zu erfassen.

2. Behandlung beim Investor

Aus der Perspektive des Investors ist die endfällige Zinszahlung ebenfalls Teil der laufenden Geschäftstätigkeit, die Rückzahlung des investierten Betrags dagegen als Desinvestition im Cashflow der Investitionstätigkeit zu erfassen.

1 Vgl. *Eiselt/Müller*, BB 2013 S. 2155 ff.

3.4.2 Dividenden und Ergebnisabführungen

47 *(einstweilen frei)*

48 DRS 21.48 und DRS 21.44 (→ Rz. 7) sehen eine einheitliche Behandlung der

- **gezahlten Dividenden** bei der Finanzierungstätigkeit und
- der **empfangenen Dividenden** bei der Investitionstätigkeit vor. Eine in DRS 2 noch vorgesehene Erfassung der erhaltenen Dividenden bei der laufenden Geschäftstätigkeit ist nicht zulässig.

49 Hinsichtlich Zahlungen aus **Ergebnisabführungsverträgen** (relevant vor allem für Einzel- und Teilkonzernabschlüsse) ist u. E. im **Gewinnfall** in Analogie zu Dividenden wie folgt zu verfahren:

- Das **untergeordnete** Unternehmen hat die Zahlung im **Finanzierungsbereich** zu erfassen,
- das **übergeordnete** in der **laufenden Geschäftstätigkeit.**

Für die Behandlung von Zahlungen in umgekehrter Richtung bei **negativem Ergebnis** des untergeordneten Unternehmens ist u. E. folgende Zuordnung sachgerecht. Unseres Erachtens liegt eine Eigenkapitalzuführung vor, die folgerichtig

- beim **untergeordneten** Unternehmen zur **Finanzierungstätigkeit** (Eigenkapitalzuführung),
- beim **übergeordneten** zur **Investitionstätigkeit** gehört.

4. Cashflows aus der Investitionstätigkeit

50 Investitionstätigkeiten umfassen gem. DRS 21.9 den Erwerb und die Veräußerung von

- Gegenständen des **Anlagevermögens** (Sach- und immaterielle Anlagen sowie Finanzanlagen),
- **kurzfristigen finanziellen Vermögensgegenständen,** die weder Teil des Handelsbestands noch Teil des Finanzmittelfonds sind.

In diesem Bereich werden somit aufgeführt:

- Auszahlungen für Vermögensgegenstände, die zur Erzielung künftiger Erträge und Cashflows getätigt wurden **(Investitionen).**
- Einzahlungen aus dem späteren Abgang dieser Ressourcen (Veräußerungserlöse, **Desinvestitionen**).

51 *(einstweilen frei)*

51a Die Darstellung der Cashflows aus Investitionstätigkeit erfolgt zwingend nach der direkten Methode. DRS 21.46 sieht folgende einerseits nach Ein- und Auszahlungen, andererseits nach der Art des Vermögensgegenstands differenzierende Mindestgliederung vor:

Übersicht 6:		Gliederung des Cashflows aus Investitionstätigkeit
1.		Einzahlungen aus Abgängen von Gegenständen des immateriellen Anlagevermögens
2.	-	Auszahlungen für Investitionen in das immaterielle Anlagevermögen
3.	+	Einzahlungen aus Abgängen von Gegenständen des Sachanlagevermögens
4.	-	Auszahlungen für Investitionen in das Sachanlagevermögen
5.	+	Einzahlungen aus Abgängen von Gegenständen des Finanzanlagevermögens
6.	-	Auszahlungen für Investitionen in das Finanzanlagevermögen

7.	+	Einzahlungen aus Abgängen aus dem Konsolidierungskreis
8.	-	Auszahlungen für Zugänge zum Konsolidierungskreis
9.	+	Einzahlungen aufgrund von Finanzmittelanlagen im Rahmen der kurzfristigen Finanzdisposition
10.	-	Auszahlungen aufgrund von Finanzmittelanlagen im Rahmen der kurzfristigen Finanzdisposition
11.	+	Einzahlungen im Zusammenhang mit Erträgen von außergewöhnlicher Größenordnung oder außergewöhnlicher Bedeutung
12.	-	Auszahlungen im Zusammenhang mit Aufwendungen von außergewöhnlicher Größenordnung oder außergewöhnlicher Bedeutung
13.	+	Erhaltene Zinsen
14.	+	Erhaltene Dividenden
15.	=	Cashflow aus der Investitionstätigkeit

Unseres Erachtens ist eine **zusammengefasste** Darstellung von Sach- und immateriellen Anlagen jedenfalls bei nicht anlageintensiven Konzernen zulässig.[1]

Im Vergleich zu DRS 2 sind die Posten 11 und 12 (außergewöhnliche Effekte) und die Posten 13 und 14 neu.

Die Zuordnung eines Zahlungsmittelabflusses zum investiven Bereich ist nur zulässig, wenn die **Ausgaben aktiviert** und nicht aufwandswirksam verrechnet werden. 52

BEISPIEL U lässt Anfang 01 eine neue Marke schützen und „investiert" im Verlauf von 01 in erheblichem Maße in die Bekanntheit dieser Marke, Ende 01 ist die Marke gut am Markt etabliert.

Ökonomisch mag man die Aufwendungen als Investition und bilanziell als Herstellungskosten der Marke werten. Herstellungskosten auf eigene Marken sind jedoch nicht aktivierungsfähig. Daher darf die Investition auch in der Kapitalflussrechnung nicht als investiver *cash outflow* berücksichtigt werden. Vielmehr liegt ein *cash outflow* aus laufender Geschäftstätigkeit vor.

Auch die im Zuge einer Kapazitätserweiterung anfallende zusätzliche **Mittelbindung** im Bereich des kurzfristigen Vermögens (Vorräte, Kundenforderungen) ist im Bereich der laufenden Geschäftstätigkeit auszuweisen.

Die im investiven Bereich zu berücksichtigenden **„Finanzmittelanlagen"** umfassen alle Anlagen von Zahlungsmitteln in solchen finanziellen Vermögenswerten, die einerseits **nicht Teil des Finanzmittelfonds,** also kein Zahlungsmitteläquivalent, sind, andererseits jedoch auch **kein Anlagevermögen** darstellen. Es geht im Wesentlichen um nicht dem Finanzmittelfonds zuzurechnende Festgeldguthaben, Wertpapiere und sonstige Forderungen mit einer Laufzeit ab Erwerb von **mehr als drei Monaten** (→ Rz. 26). 53

Soweit Finanzinstrumente jedoch **Handelszwecken** dienen, in der Bankterminologie Teil des Handelsbuchs sind, erfolgt eine Einbeziehung in den Cashflow aus laufender Geschäftstätigkeit.

Bei der Ermittlung der Höhe der **Auszahlungen** ist regelmäßig auf die als **Anschaffungskosten** zu erfassenden Beträge abzustellen, auch wenn die erstmalige Erfassung von Anschaffungskosten in der Bilanz und die Darstellung der Auszahlung in der Kapitalflussrechnung durchaus **in verschiedenen Perioden** erfolgen kann. 54

1 Gleicher Auffassung *Mackedanz* in Haufe HGB Bilanz Kommentar, 12. Aufl. 2021, § 297 Tz. 39.

55 Bei den Sachanlagen und immateriellen Vermögensgegenständen sind auch Auszahlungen für aktivierte **Entwicklungskosten** (→ § 248 Rz. 7) sowie für **selbst erstellte Sachanlagen** (aktivierte Eigenleistungen) auszuweisen. Auszahlungen für nicht aktivierungsfähige Forschungs- und Entwicklungskosten sowie Ingangsetzungsaufwendungen sind dagegen dem Bereich der laufenden Geschäftstätigkeit zuzuordnen (→ Rz. 52).

56 Bei Erhalt von (öffentlichen) **Investitionszuwendungen** besteht in der Bilanz ein Ausweiswahlrecht (→ § 255 Rz. 46). Die Darstellung in der Kapitalflussrechnung war in DRS 2 nicht explizit geregelt, eine Berücksichtigung im investiven oder im finanziellen Bereich daher gleichermaßen vertretbar. Nach DRS 21 erfolgt die Zurechnung zwingend zum Finanzierungsbereich (→ Rz. 63).

57 Die im Anlagespiegel ausgewiesenen Zu- und Abgänge weichen im Regelfall von den entsprechenden Aus- bzw. Einzahlungen in der Kapitalflussrechnung der gleichen Periode ab. Bei den Zugängen sind insbesondere dann Abweichungen festzustellen, wenn die Auszahlung in **anderen Perioden** erfolgt, als die Anschaffungskosten anfallen, oder wenn die Transaktion völlig **zahlungsunwirksam** durchgeführt wird. Für letzteren Fall ist insbesondere das ***finance leasing*** zu nennen, bei dem es zwar zur Aktivierung von Anschaffungskosten, nicht jedoch zum Abfluss von Zahlungsmitteln kommt (siehe auch → Rz. 86).

58 Aus- und Einzahlungen für den **Erwerb von Anteilen** (Eigenkapitalinstrumenten) anderer Unternehmen sind ungeachtet der Konsolidierungsmethode als Erwerbe und Verkäufe im investiven Bereich zu berücksichtigen. Für den Erwerb und die Veräußerung von Tochterunternehmen und Gemeinschaftsunternehmen bestehen jedoch besondere Regelungen (→ Rz. 76).

Der Erwerb eigener Anteile fällt nicht in den Bereich der Investitionstätigkeit. Dieser Erwerb ist explizit im Katalog der Cashflows aus der Finanzierungstätigkeit genannt (→ Rz. 61). Dies entspricht der Neufassung von § 272 HGB durch das BilMoG, die den Erwerb eigener Anteile einer Kapitalherabsetzung gleichstellt.

59 Nicht explizit geregelt ist die Behandlung von **Veräußerungskosten,** also Ausgaben in Zusammenhang mit der Veräußerung von Anlagegegenständen, z. B. Verkaufsprovisionen und direkt zurechenbare Beratungskosten. Bei bedeutenden Beträgen ist eine Absetzung von den Verkaufserlösen gegenüber der Berücksichtigung bei der laufenden Geschäftstätigkeit vorzuziehen. Diese Handhabung dient der Gleichbehandlung ähnlicher Sachverhalte:

BEISPIEL U veräußert über einen Makler diverse Grundstücke des Anlagevermögens.

1. In einem Teil der Fälle übernimmt U die Maklergebühren,
2. in anderen Fällen trägt sie der Erwerber.

BEURTEILUNG Die Kostentragung wird implizit bei der Kaufpreisbemessung berücksichtigt. Sachgerecht ist es daher, in Fällen von Typ 1 die Ausgaben für Maklergebühren gegen den (höheren) Verkaufserlös zu kürzen.

60 Die im investiven Bereich zu berücksichtigenden Ein- und Auszahlungen für den Erwerb bzw. die Veräußerung von Schuldinstrumenten (Anleihen) umfassen nur von Dritten emittierte Schuldinstrumente. Der **(Rück-)Kauf eigener** marktnotierter **Anleihen** ist hingegen nicht im Bereich der Investitions-, sondern bei der Finanzierungstätigkeit darzustellen, da er eine Tilgungsleistung darstellt.

Die nach DRS 2 noch strittige Behandlung von Auszahlungen für den Erwerb von **Deckungsvermögen** im Zusammenhang mit Pensionsverpflichtungen (→ § 246 Rz. 396) regelt nun DRS 21.45: Danach erfolgt eine Zuordnung zur Investitionstätigkeit. 60a

Zu den Bedenken gegen den Ausweis außergewöhnlicher Posten sowie der u. E. gebotenen äußerst restriktiven Auslegung des Begriffs des Außergewöhnlichen wird auf → Rz. 35 verwiesen. 60b

5. Cashflows aus der Finanzierungstätigkeit

Unter Finanzierungstätigkeiten sind solche Aktivitäten zu verstehen, die sich auf die Höhe und/oder die Zusammensetzung der Eigenkapitalposten und/oder Finanzschulden auswirken, einschließlich der Vergütungen für die Kapitalüberlassung, „die sich auf die Höhe und/oder die Zusammensetzung der **Eigenkapitalposten** und/oder der **Finanzschulden** auswirken" (DRS 21.9). Finanzschulden sind nicht der laufenden Geschäftstätigkeit, also nicht dem *working capital*, zuzurechnendes Fremdkapital, das i. d. R. verzinslich ist. Gemäß DRS 21.9 sind Finanzschulden „Verbindlichkeiten gegenüber Kreditinstituten, Kapitalsammelstellen und anderen Geldgebern sowie Anleihen, nicht jedoch Lieferanten- oder sonstige Verbindlichkeiten aus der laufenden Geschäftstätigkeit". 61

Ebenso wie bei der Investitionstätigkeit sind die Cashflows aus der Finanzierungstätigkeit nach der **direkten** Methode darzustellen. Folgende Mindestgliederung sieht DRS 21.50 vor. 61a

Übersicht 7:		Gliederung des Cashflows aus der Finanzierungstätigkeit (DRS 21)
1.		Einzahlungen aus Eigenkapitalzuführungen von Gesellschaftern des Mutterunternehmens
2.	+	Einzahlungen aus Eigenkapitalzuführungen von anderen Gesellschaftern
3.	-	Auszahlungen aus Eigenkapitalherabsetzungen an Gesellschafter des Mutterunternehmens
4.	-	Auszahlungen aus Eigenkapitalherabsetzungen an andere Gesellschafter
5.	+	Einzahlungen aus der Begebung von Anleihen und der Aufnahme von (Finanz-)Krediten
6.	-	Auszahlungen aus der Tilgung von Anleihen und (Finanz-)Krediten
7.	+	Einzahlungen aus erhaltenen Zuschüssen/Zuwendungen
8.	+	Einzahlungen im Zusammenhang mit Erträgen von außergewöhnlicher Größenordnung oder außergewöhnlicher Bedeutung
9.	-	Auszahlungen im Zusammenhang mit Aufwendungen von außergewöhnlicher Größenordnung oder außergewöhnlicher Bedeutung
10.	-	Gezahlte Zinsen
11.	-	Gezahlte Dividenden an Gesellschafter des Mutterunternehmens
12.	-	Gezahlte Dividenden an andere Gesellschafter
13.	=	Cashflow aus der Finanzierungstätigkeit

Im Vergleich zu DRS 2.35 ergeben sich Mehrangaben wegen

- der Unterscheidung nach **Mehrheits- und Minderheitsgesellschaftern** (Nr. 1 bis Nr. 4) sowie nach Dividenden und Eigenkapitalherabsetzungen (Nr. 11 und 12 vs. Nr. 3 und 4),
- der zwingenden Zuordnung von **Zuschüssen/Zulagen** zum Finanzierungsbereich (Nr. 7),
- des separaten Ausweises **außergewöhnlicher Posten** (Nr. 8 und 9) sowie
- des (separaten) Ausweises **gezahlter Zinsen.**

62 Für den Inhalt der Posten gilt Folgendes:

- **Die Posten 1 und 2** umfassen Einzahlungen aus der Ausgabe von Anteilen oder anderen Eigenkapitalinstrumenten gegen Barmittel; dazu gehören Bareinzahlungen aus ordentlichen **Kapitalerhöhungen,** Einzahlungen in die **Kapitalrücklage, Nachschüsse und Ertragszuschüsse,** wobei es bei Zuschüssen nicht darauf ankommt, ob sie für Zwecke der GuV als ertragswirksam behandelt werden oder nicht, in der Kapitalflussrechnung scheidet eine Qualifikation als operativer Cashflow jedenfalls aus.[1] Zu berücksichtigen sind auch die Einzahlungen aus der **Veräußerung eigener Anteile** sowie der Emission von Genussscheinen, die die Kriterien für die Einordnung als Eigenkapital erfüllen (→ § 246 Rz. 121).
- **Die Posten 3 bis 4 sowie 11 bis 12** umfassen Auszahlungen an Eigentümer, insbesondere also **Dividenden,** ordentliche **Kapitalherabsetzungen** und den **Erwerb eigener Anteile.**
- In **den Posten 5 und 6** sind Einzahlungen aus der Ausgabe von Schuldverschreibungen, Schuldscheinen und Rentenpapieren sowie aus der Aufnahme von **Darlehen** sowie Auszahlungen für die Tilgung zu berücksichtigen. Als Tilgung gilt auch der Rückkauf börsennotierter eigener Anleihen am Markt (→ Rz. 60).

Verbindlichkeiten gegenüber **verbundenen Unternehmen** sind für Zwecke der Kapitalflussrechnung nach Verbindlichkeiten aus Lieferungen und Leistungen einerseits und Finanzschulden andererseits aufzuspalten, um Cashflows aus der laufenden Geschäftstätigkeit von denen aus der Finanzierungstätigkeit unterscheiden zu können.

63 Bei der Rückzahlung von **Annuitätendarlehen** und insbesondere bei **Zerobonds** enthalten die gezahlten Beträge neben einem Tilgungs- auch einen Zinsanteil. Beide Anteile sind im Bereich der Finanzierungstätigkeit auszuweisen.

Einzahlungen aus erhaltenen Zuschüssen/Zuwendungen sind nach DRS 21 zwingend dem Cashflow aus der Finanzierungstätigkeit zuzuordnen (DRS 21.49). Bei öffentlichen Aufwandszuschüssen kann man dem nicht unbedingt folgen, da nach der Definition in DRS 21.9 zur Finanzierungstätigkeit nur Aktivitäten gehören, „die sich auf die Höhe und/oder die Zusammensetzung des Eigenkapitals oder der Finanzschulden auswirken". Für die z. B. in der Corona-Krise von der Bundesagentur für Arbeit erhaltenen Erstattungen von Sozialversicherungsbeiträgen zum Kurzarbeitergeld wird im Schrifttum deshalb ein Ausweis unter den Cashflows aus laufender Geschäftstätigkeit für zutreffender gehalten.[2]

63a Zu den Bedenken gegen den Ausweis außergewöhnlicher Posten sowie der u. E. gebotenen äußerst restriktiven Auslegung des Begriffs des Außergewöhnlichen wird auf → Rz. 35 verwiesen.

6. Cashflows in Fremdwährung

6.1 Grundproblem

64 **Ein- und Auszahlungen in Fremdwährung** sind mittels geeigneter Methoden in **Euro** als **Berichtswährung** des Konzerns umzurechnen. Dies gilt für einzelne Fremdwährungsgeschäfte des inländischen Konzernteils ebenso wie für die Umrechnung der Cashflows konsolidierter ausländischer Tochterunternehmen. Die Umrechnung soll mit dem Wechselkurs des jeweiligen Zahlungszeitpunkts erfolgen, darf aber aus Vereinfachungsgründen mit **gewogenen Durch-**

1 Vgl. *Lüdenbach,* StuB 2020 S. 26.
2 Vgl. *Scholz,* StuB 2021 S. 29; dort auch weitere Ausführungen zur Behandlung der Kurzarbeit in der Kapitalflussrechnung.

schnittskursen (Jahr, Quartal, Monat) vorgenommen werden, wenn dies näherungsweise zum gleichen Ergebnis führt (DRS 21.13). Wenn die Einzahlungen/Auszahlungen eine geringe saisonale Prägung haben und/oder die Wechselkursschwankungen nur moderat sind, können Jahresdurchschnittskurse ausreichen. In anderen Fällen ist auf den Monat oder das Quartal abzustellen. Im Übrigen trifft DRS 21.13 nach der Methode der Erstellung der Konzernkapitalflussrechnung folgende Unterscheidung:

- **Top-down-Ansatz:** Bei der Ableitung der Kapitalflussrechnung aus der Konzernbilanz und Konzern-GuV wirkt sich die Währungsumrechnung vorrangig auf die Umrechnungsdifferenz beim Finanzmittelfonds aus, wenn dieser Bestände in fremder Währung enthält.
- **Bottom-up-Ansatz:** Wird die Konzernkapitalflussrechnung hingegen aus den Kapitalflussrechnungen der Einzelgesellschaften konsolidiert abgeleitet, erfolgt die Umrechnung der Zahlungsströme von Fremdwährungstöchtern zum Devisenkassamittelkurs am jeweiligen Transaktions-/Zahlungstag oder vereinfachend zu einem Durchschnittskurs der jeweiligen Berichtsperiode.

Im Rahmen der Kapitalflussrechnung sind Wechselkursänderungen des **Finanzmittelfonds** als Sonderposten zu berücksichtigen, um eine Überleitungsrechnung der Zahlungsmittel bzw. -äquivalente vom Periodenbeginn bis zum Periodenende zu ermöglichen (DRS 21.35). Die Umrechnung von Fremdwährungsteilen des Finanzmittelfonds erfolgt nach DRS 21.35 (→ Rz. 7) zum Devisenkassamittelkurs des Bilanzstichtags. Zum Grundproblem der Währungsdifferenzen im Finanzmittelfonds folgendes Beispiel: 65

BEISPIEL U hat u. a. ein USD-Bankkonto mit 100 TUSD, das in der Periode nicht bewegt wird. Der Wechselkurs USD/€ hat sich über das Geschäftsjahr zugunsten des Euro entwickelt. Galt am Jahresanfang noch ein Kurs von 1,00 € = 1,00 USD, verschlechterte sich der Dollarkurs zunehmend bis auf einen Jahresendwert von 0,80 € = 1,00 USD. In Euro gerechnet beträgt das Bankguthaben:

- 100 T€ zum Jahresanfang,
- 80 T€ zum Jahresende.

In der GuV ergibt sich somit ein Wechselkursverlust von 20.

Unter Vernachlässigung anderer Aktivitäten und Finanzmittel ergibt sich folgende Kapitalflussrechnung:

		Indirekte Methode	Direkte Methode
	Jahresfehlbetrag	-20	
+	Anpassung wegen nicht zahlungswirksamen Währungsverlusts	20	
=	CFL aus laufender Geschäftstätigkeit	0	0
+	CFL aus Investitionstätigkeit	0	0
+	CFL aus Finanzierungstätigkeit	0	0
=	CFL der Periode	0	0
+	Finanzmittelfonds Jahresanfang	100	100
-	**Währungsbedingte Änderung Finanzmittelfonds**	**-20**	**-20**
=	Finanzmittelfonds Jahresende	80	80

Ohne den „Ausgleichsposten" für die währungsbedingte Änderung des Finanzmittelfonds ergäbe sich ein falscher Jahresendbestand der Finanzmittel von 100.

In der indirekten Methode sind aus dem als Ausgangspunkt dienenden Jahresergebnis zudem die Währungsverluste zu eliminieren, da sich sonst rechnerisch ein tatsächlich gar nicht vorhandener negativer

Cashflow aus laufender Geschäftstätigkeit ergäbe. Bei der direkten Methode ist eine derartige Korrektur nicht notwendig.

6.2 Wechselkurseffekte in den vier Bereichen der Kapitalflussrechnung

66 Wie das Beispiel unter → Rz. 65 zeigt, betreffen Währungsdifferenzen nicht nur den Finanzmittelfonds. Als Quellen für Währungsdifferenzen innerhalb der Kapitalflussrechnung sind vielmehr zu unterscheiden: Auswirkungen von Wechselkursänderungen auf

- in fremder Währung gehaltene **Zahlungsmittelbestände,**
- das **Periodenergebnis** im Rahmen der indirekten Methode,
- die **Finanzierungstätigkeit** sowie
- die **Investitionstätigkeit.**

67 Die nach der **indirekten Methode** ermittelten Cashflows aus der laufenden Geschäftstätigkeit betreffen die Währungsumrechnung in zweifacher Weise:

- Der Jahresüberschuss oder die sonstige Ausgangsgröße der indirekten Cashflow-Ermittlung enthält **Währungsgewinne/-verluste**, die als **nicht zahlungswirksame** Größen bei der Ermittlung des **Cashflows** aus der betrieblichen Tätigkeit ab- bzw. zuzurechnen sind.
- Bei den Anpassungen der Ausgangsgröße um Veränderungen der Vorräte, Debitoren, Kreditoren und Rückstellungen ***(net working capital)*** ist aus Währungssicht zu berücksichtigen, dass sich zahlungsstromkorrigierende Veränderungen (z. B. Erhöhung der Debitoren als Gegenposten zu Umsatz auf Ziel) mit wechselkursbedingten vermischen.

BEISPIEL Ein Unternehmen hat eine in 24 Monaten fällige, in US-Dollar valutierende Kundenforderung von 100 TUSD, die zum Stichtag währungsbedingt erfolgswirksam von 100 T€ auf 80 T€ abgewertet wird.

PROBLEM Wird in der Entwicklung des Cashflows aus dem Jahresergebnis zunächst ein „Währungsverlust“ als aufwands-, aber nicht zahlungswirksam eliminiert und dann wegen der scheinbaren Verminderung der Forderungen ein weiterer Hinzurechnungsposten gebildet, erfährt der gleiche Geschäftsvorfall zweimal eine Neutralisierung.

MÖGLICHE LÖSUNGEN

- Die Währungsgewinne/-verluste sind hinsichtlich ihrer Ursachen zu untersuchen und dann nur solche Gewinne/Verluste zu neutralisieren, die sich nicht in Beständen des *working capital* widerspiegeln.
- Alternativ ist die Veränderung der Debitoren darauf zu untersuchen, ob sie Zahlungsvorgänge widerspiegelt oder nur Währungsbewertungseffekte.

		Falsch	Zutreffend	
	Jahresfehlbetrag	-20	-20	-20
+	Anpassung wegen nicht zahlungswirksamen Währungsverlusts	20	0	20
+	Anpassung wegen Verminderung Debitoren	20	20	0
=	CFL aus laufender Geschäftstätigkeit	20	0	0

68 Zu den Wechselkurseffekten, die (auch) die Investitions- oder Finanzierungstätigkeit betreffen, folgende Beispiele:

BEISPIEL Ein in US-Dollar geführtes Konto über 100 TUSD hat zum Jahresanfang in Euro einen Wert von 100 T€ und zur Jahresmitte wechselkursbedingt nur noch einen Wert von 90 T€.

FALL 1 Das Konto wird zur Jahresmitte für die Anschaffung einer Maschine aus den USA für 100 TUSD = 90 T€ vollständig verwendet. In der GuV entsteht ein Währungsverlust von 10 T€ (die planmäßige Abschreibung der Maschine wird nachfolgend vernachlässigt).

FALL 2 Das Konto wird zur Jahresmitte für die Rückzahlung eines Euro-Darlehens von 90 T€ vollständig verwendet. In der GuV entsteht ein Währungsverlust von 10 T€.

Die Cashflow-Rechnungen der beiden Fälle nach der indirekten Methode sind wie folgt:

		Fall 1	Fall 2
	Jahresfehlbetrag	-10	-10
+	**Anpassung wegen nicht zahlungswirksamen Währungsverlusts**	10	10
=	CFL aus laufender Geschäftstätigkeit	0	0
+	**CFL aus Investitionstätigkeit**	-90	0
+	**CFL aus Finanzierungstätigkeit**	0	-90
=	CFL der Periode	-90	-90
+	Finanzmittelfonds Jahresanfang	100	100
-	**Währungsbedingte Änderung Finanzmittelfonds**	-10	-10
=	Finanzmittelfonds Jahresende	0	0

6.3 Umrechnung Tochterunternehmen

Die Cashflows von Tochterunternehmen sind in die Berichtswährung des Konzerns (Euro) umzurechnen. Es ist auf den Transaktionskurs, unter Wesentlichkeitsvorbehalt hilfsweise auf den Periodendurchschnittskurs abzustellen (DRS 21.13).[1] Soweit der Konzern den Cashflow aus der betrieblichen Tätigkeit nach der **indirekten Methode** entwickelt und nicht disaggregiert auf den Cashflow-Rechnungen der einzelnen Unternehmen des Konzerns aufbaut, sondern **aggregiert** aus dem Konzernergebnis entwickelt, ergibt sich folgendes Problem: In die Anpassung des Jahresergebnisses um die Veränderungen des *working capital* gehen Umrechnungseffekte aus den Beständen der ausländischen Tochterunternehmen ein, denen ggf. keine realen Bewegungen des *working capital* entsprechen. 69

BEISPIEL Ein amerikanisches Tochterunternehmen hat die Vorratshaltung mit 100 TUSD konstant gehalten. Der Wechselkurs USD/€ hat sich über das Geschäftsjahr zugunsten des Euro entwickelt. Galt am Jahresanfang noch ein Kurs von 1,00 € = 1,00 USD, verschlechterte sich der Dollarkurs zunehmend bis auf einen Jahresendwert von 0,80 € = 1,00 USD. In Euro gerechnet betragen die Vorräte somit:

- 100 T€ zum Jahresanfang,
- 80 T€ zum Jahresende.

PROBLEM Die Währungsdifferenz zwischen den Bilanzstichtagen wird aus Konzernsicht erfolgsneutral im Eigenkapital erfasst (§ 308a HGB).

Da der Wechselkurseffekt nicht in der GuV enthalten ist, erfolgt keine Neutralisierung innerhalb der Zeile „Nicht zahlungswirksame Aufwendungen" in der Entwicklung des Cashflows aus betrieblicher Tätigkeit.

Bei einer Betrachtung des Jahresanfangs- und -endbestands innerhalb der Zeile „Veränderung Vorräte" der amerikanischen Tochter in Konzernwährung würde sich scheinbar ein Korrekturbedarf von +20 (Bestandsminderung, daher Aufwand, aber keine Ausgabe) ergeben. Tatsächlich ist der Bestand in USD konstant geblieben und insoweit überhaupt kein das Jahresergebnis mindernder Aufwand entstanden.

1 Vgl. *Eiselt/Müller*, BB 2013 S. 2155 ff.

MÖGLICHE LÖSUNG Die das Tochterunternehmen betreffenden währungsinduzierten Veränderungen des *working capital* sind gesondert festzustellen. Nur die sonstigen Veränderungen in der Überleitung vom Jahresergebnis zum Cashflow aus betrieblicher Tätigkeit sind anzusetzen.

		Falsch	Zutreffend
	Jahresergebnis	0	0
+	Anpassung wegen nicht zahlungswirksamen Währungsverlustes	0	0
+	**Anpassung wegen Verminderung Vorräte**	20	0
=	CFL aus betrieblicher Tätigkeit	20	0

6.4 Abstimmung des wechselkursbedingten Ausgleichspostens

70 Eine Überleitung des Zahlungsmittelbestands vom Anfang bis zum Ende der Berichtsperiode kann i. d. R. nur unter Zuhilfenahme eines wechselkursbedingten Ausgleichspostens vorgenommen werden (→ Rz. 65). Um eine **Vermengung** dieses Postens mit anderen (nicht zugeordneten) Zahlungsmittelflüssen zu vermeiden, ist in den internen Arbeitspapieren eine Herleitung des wechselkursbedingten Korrekturbetrags notwendig.

Soweit es nur eine **überschaubare** Zahl wesentlicher Währungsvorgänge gibt (z. B. nur eine wichtige ausländische Tochtergesellschaft, daneben nur einige wenige Währungsvorgänge bei der Mutter), kann eine **Einzelanalyse** nach den in den vorstehenden Kapiteln wiedergegebenen Beispielen ausreichen. Soweit eine **große Zahl** wesentlicher Währungsvorgänge anfällt, sind komplexere Hilfsrechnungen nötig.

Hierbei lassen sich zwei Varianten unterscheiden:

- eine detaillierte Aufschlüsselung der Wechselkursdifferenzen je Tochterunternehmen nach Funktionsbereichen (→ Rz. 71) und
- eine aggregierte und vereinfachte Überleitung des Finanzmittelbestands anhand der Stichtagskurse zum Periodenbeginn und -ende (→ Rz. 72).

71 Eine detaillierte Bestimmung der wechselkursbedingten Wertänderung des Finanzmittelfonds für jede wesentliche in ausländischer Währung operierende Tochtergesellschaft kann etwa nach folgendem Muster vorgenommen werden:

Übersicht 8: Abstimmung Währungsausgleichsposten

		LW		€
1.	Anfangsbestand Finanzmittel in LW	xxx		
2.	· Kursänderung des Geschäftsjahres	ww		
3.	= Währungsdifferenz Anfangsbestand			zzz
4.	Cashflow aus der betrieblichen Tätigkeit in LW	xxx		
5.	· Kurs am Schlussbilanztag	yy		
6.	= Cashflow aus der betrieblichen Tätigkeit in Euro, gerechnet zu Jahresendkursen			zzz
7.	- Cashflow aus betrieblicher Tätigkeit laut Kapitalflussrechnung		–	zzz
8.	= Währungseffekt aus betrieblicher Tätigkeit			zzz
9.	Cashflow aus Investitionstätigkeit in LW	xxx		
10.	· Kurs am Schlussbilanztag	yy		
11.	= Cashflow aus der Investitionstätigkeit in Euro, gerechnet zu Jahresendkursen			zzz
12.	- Cashflow aus Investitionstätigkeit laut Kapitalflussrechnung		–	zzz
13.	= Währungseffekt aus Investitionstätigkeit			zzz

14.	Cashflow aus der Finanzierungstätigkeit in LW	xxx		
15.	· Kurs am Schlussbilanztag	yy		
16.	= Cashflow aus der Finanzierungstätigkeit in Euro, gerechnet zu Jahresendkursen			zzz
17.	- Cashflow aus Finanzierungstätigkeit laut Kapitalflussrechnung		–	
18.	= Währungseffekt aus Finanzierungstätigkeit			zzz
19.	**Wechselkursbedingte Änderung Finanzmittelfonds (3. + 8. + 13. + 18.)**			**xxx**

Die Berechnung erfolgt auf Basis einzelner Tochterabschlüsse in Landeswährung. Schwierigkeiten liegen in der Praxis bei der Gewinnung und Aufbereitung der notwendigen Daten. Unter Kosten-Nutzen- und *Materiality*-Gesichtspunkten kann eine derartige Abstimmung insbesondere dann entbehrlich sein, wenn die ausländischen Tochterunternehmen zwar wesentlich, die Wechselkursveränderungen der Periode aber nicht signifikant sind.

72 Zur Überleitung des Anfangsbestands auf den Endbestand des Finanzmittelfonds ist mindestens eine **Verprobung** der Position „Wechselkursbedingte Änderungen des Finanzmittelfonds" anhand einer aggregierten Ermittlung erforderlich. Gesucht ist die tatsächliche Höhe der wechselkursbedingten Änderung des Finanzmittelfonds innerhalb einer Rechnungsperiode ohne die Zuordnung anderer nicht wechselkursbedingter Differenzen.

Hierzu ist theoretisch eine **Umrechnung** von Zahlungen aus Fremdwährungstransaktionen mit dem Wechselkurs des jeweiligen Zahlungszeitpunkts notwendig. Eine vereinfachende Bestimmung der wechselkursbedingten Umrechnungsdifferenz mit einem (oder mehreren) Durchschnittskurs(en) ist aber zulässig, wenn der Verlauf des Wechselkurses vom Periodenbeginn zum -ende keine hohe Volatilität aufweist.

Die Bestimmung der wechselkursbedingten Änderung des Finanzmittelfonds folgt damit der Behandlung von Währungsdifferenzen in der GuV, die häufig zu **Jahresdurchschnittskursen** umgerechnet werden und nur bei stärkeren Schwankungen und/oder saisonalem Verlauf der Geschäfte mit dem Kurs des Transaktionstags oder dem Durchschnittskurs eines kleineren Zeitintervalls umzurechnen sind.

In der kommentierenden Literatur wird unter Rückgriff auf einen Periodendurchschnittskurs eine vereinfachte direkte Berechnung der wechselkursbedingten Veränderung des Finanzmittelfonds vorgeschlagen:[1]

Übersicht 9:	Vereinfachte Abstimmung Währungsausgleichsposten
1.	Anfangsbestand Finanzmittel in LW
2.	· (Periodendurchschnittskurs - Kurs am Periodenbeginn)
3.	= Wechselkurseffekt des Anfangsbestands
4.	Endbestand Finanzmittel in LW
5.	· (Kurs am Periodenende - Periodendurchschnittskurs)
6.	= Wechselkurseffekt des Endbestands
7.	**Kursbedingte Wertänderung des Finanzmittelfonds (3. + 6.)**

1 Vgl. *Mansch/Stolberg/Wysocki*, WPg 1995 S. 202.

BEISPIEL ► U hat am Jahresanfang bei einem Kurs von 1,00 € = 1,00 USD ein Bankguthaben von 100 TUSD = 100 T€. Bis zum Jahresende werden hieraus im Rahmen der betrieblichen Tätigkeit 50 TUSD ausgegeben.

- ► Der Jahresendkurs beträgt 0,80 € = 1,00 USD.
- ► Der Jahresendbestand des Bankkontos beträgt somit 50 TUSD = 40 T€.

Die Finanzmittel haben sich in Euro gerechnet um 60 vermindert. Hiervon sind 50 TUSD · 0,9 = 45 T€ zahlungsbedingt und 15 T€ währungsbedingt.

Der währungsbedingte Betrag ermittelt sich wie folgt:

Anfangsbestand	100	TUSD
· (Durchschnittskurs - Kurs Jahresanfang)	-0,1	€/USD
= Wechselkurseffekt Jahresanfangsbestand	-10	T€
Endbestand	50	TUSD
· (Kurs Jahresende - Durchschnittskurs)	-0,1	€/USD
= Wechselkurseffekt Jahresendbestand	-5	T€
Kursbedingte Änderung Finanzmittelfonds	-15	T€

Bei stärkeren Schwankungen des Fremdwährungskurses und/oder saisonalem Verlauf der Geschäfte ist die wechselkursbedingte Differenz ggf. quartals- oder monatsweise zu bestimmen.

7. Besonderheiten im Konzern

7.1 Auswirkung der Konsolidierungsform auf die Kapitalflussrechnung

73 Die Methodik der Einbeziehung untergeordneter Unternehmen in die Konzernkapitalflussrechnung richtet sich nach der **Form** der Kapitalkonsolidierung:

- ► In der Konzernkapitalflussrechnung sind die Einzahlungen und Auszahlungen sowie die Finanzmittel aller **vollkonsolidierten** Unternehmen zu berücksichtigen. Konzerninterne Vorgänge zwischen Mitgliedern des Vollkonsolidierungskreises sind zu eliminieren.
- ► Zahlungen und Finanzmittel **quotenkonsolidierter** Gemeinschaftsunternehmen sind entsprechend der Konsolidierungsquote zu übernehmen (DRS 21.14). Konzerninterne Vorgänge sind quotal zu eliminieren.

BEISPIEL ► Das übergeordnete Unternehmen (MU) bezieht für 100 Waren vom untergeordneten, quotal konsolidierten Gemeinschaftsunternehmen. Weitere zahlungswirksame Vorgänge gibt es nicht.

	Gemeinschafts-unternehmen 100 %	Gemeinschafts-unternehmen 50 %	MU	Summe	Konsolid.	Konzern
Einzahlungen von Kunden	100	50		50	-50	0
Auszahlungen an Lieferanten			-100	-100	50	-50
Cashflow aus laufender Geschäftstätigkeit	100	50	-100	-50		-50
Finanzmittel 1.1.	200	100	500	600		600
Finanzmittel 31.12.	300	150	400	550		550

74 Die Zahlungsströme und die Zahlungsmittel *Equity*-**konsolidierter** Unternehmen bleiben in der Kapitalflussrechnung des Konzerns unberücksichtigt. Lediglich Zahlungsströme aus Investition/Desinvestition in das untergeordnete Unternehmen sowie Zahlungsströme zwischen

dem Konzern und den untergeordneten Unternehmen schlagen sich in der Konzernkapitalflussrechnung nieder (DRS 21.14). Im zweiten Punkt sind neben Zahlungen von Dividenden durch das untergeordnete Unternehmen auch Zahlungen im Bereich der Liefer- und Leistungsbeziehungen sowie der Finanzierungstätigkeit (Eigenkapitalein- und -auszahlungen sowie Darlehensgewährungen) angesprochen. Sie sind wie bei Konzernfremden zu berücksichtigen.

Da die Kapitalflussrechnung auf Zahlungsströme, nicht auf bewertungsabhängige Ergebnisse abstellt, kommt es in allen Fällen **nicht** zu einer der **Zwischenergebniseliminierung** analogen Korrektur der Zahlungsströme. 75

7.2 Erwerb und Veräußerung von voll- oder quotal konsolidierten Unternehmen

Der **Erwerb** von voll- oder quotal konsolidierten Unternehmen bewirkt bei Barzahlung des Kaufpreises und positivem Finanzmittelbestand des Erwerbsobjekts zweierlei: 76

- Im **investiven Bereich** entstehen Auszahlungen für den **Erwerb,** die mittelbar zu einer Minderung des Finanzmittelfonds führen.
- Andererseits erhöht sich i. d. R. der konzernweite Finanzmittelbestand durch die **erstmalige Konsolidierung des Finanzmittelbestands** des Erwerbsobjekts.

DRS 21.43 erlaubt u. E. die Saldierung beider Effekte und schreibt die Berücksichtigung des Saldos im investiven Bereich vor.

Erfolgt der Erwerb im Wege einer **unbaren Transaktion,** etwa durch Aktientausch, oder ist die **Kaufpreiszahlung zeitversetzt** erst in der Periode nach Erwerb fällig, kommt es durch die Übernahme eines vom erworbenen Unternehmen gehaltenen positiven Finanzmittelfonds (zunächst) zu einem Nettozugang an Zahlungsmitteln. Position 8 des Cashflows aus der Investitionstätigkeit (→ Rz. 52) ist dann entweder in der Bezeichnung anzupassen – sofern nur ein einziger Unternehmenserwerb in der Periode getätigt wurde – oder die zusätzliche Position „Einzahlungen aus dem Erwerb von konsolidierten Unternehmen" einzuführen. 77

In **Veräußerungsfällen** gilt Entsprechendes: 78

- Die Einzahlungen aus dem baren Verkaufspreis sind u. E.
- mit dem Abgang der konsolidierten Finanzmittel des Veräußerungsobjekts

zu saldieren.

Erfolgt die Veräußerung unbar oder wird der Veräußerungserlös erst in der Folgeperiode fällig, sind wie beim entsprechenden Erwerbsfall die Positionen in ihren Bezeichnungen anzupassen oder zu ergänzen.

Sieht ein Vertrag über einen Anteils- oder Unternehmenserwerb eine Verpflichtung zur Zahlung **nachträglicher Kaufpreisbestandteile** vor (etwa bei einer *Earn-out*-Klausel), sind die nachträglichen Zahlungen im Jahr der Auszahlung im Investitionsbereich zu berücksichtigen. Auch hier gilt für den Veräußerer Entsprechendes mit umgekehrtem Vorzeichen. 79

Die mit den Finanzmitteln saldierten Ein- und Auszahlungen aus Erwerb oder Veräußerung vollkonsolidierter Unternehmen sind unabhängig von der Zusammensetzung des Vermögens des erworbenen/veräußerten Unternehmens insgesamt im **investiven Bereich** zu berücksichtigen. 80

BEISPIEL ► Der Kaufpreis für das weder über Schulden noch über Finanzmittel verfügende Erwerbsobjekt X entfällt nach Maßgabe der Einzelerwerbsfiktion (→ § 301 Rz. 7) je zu 1/3 auf *Goodwill,* Sachanlagen und Vorräte.

Ausgaben für den Erwerb von Vorräten sind üblicherweise der laufenden Geschäftstätigkeit zuzuordnen. Die Cashflow-Rechnung folgt jedoch insoweit nicht der Einzelerwerbsfiktion. Als erworben gilt das Unternehmen, nicht dessen Vermögensgegenstände. Die gesamte Auszahlung ist daher im Bereich der Investitionstätigkeit zu berücksichtigen.

81 *(einstweilen frei)*

82 Der Erwerb und die Veräußerung **quotal konsolidierter Unternehmen** werden – mit Ausnahme der quotalen Betrachtung der zu-/abgehenden Finanzmittel – wie diejenigen von vollkonsolidierten Tochterunternehmen behandelt.

83 Bei Anwendung der indirekten Methode ergibt sich der Cashflow aus laufender Geschäftstätigkeit, indem das Periodenergebnis u. a. um Veränderungen des *net working capital* bereinigt wird (→ Rz. 40a).

Beim **Erwerb** oder bei der **Veräußerung** von Unternehmen kommt es zu Änderungen des *net working capital*, die nicht der laufenden Geschäftstätigkeit zuzuordnen, sondern Folge der Investitionstätigkeit sind. Im Rahmen der indirekten Methode sind dann die Veränderungen des *net working capital* um Effekte aus der Veränderung des Konsolidierungskreises zu bereinigen.

7.3 Erst-/Entkonsolidierung ohne Erwerb/Veräußerung

84 Der Kreis quotal oder vollkonsolidierter Unternehmen kann sich nicht nur durch Zukäufe oder Desinvestitionen verändern (→ Rz. 76). Eine Veränderung des Konsolidierungskreises kann sich z. B. auch durch die erstmalige Einbeziehung eines **bisher aus Wesentlichkeitsgründen nicht konsolidierten** Tochterunternehmens innerhalb der laufenden Berichtsperiode ergeben. Hierzu gilt Folgendes:

- Im Jahr der Erst-/Entkonsolidierung erscheinen in der Konzernbilanz sämtliche Vermögensgegenstände und Schulden der Tochter als Zugänge/Abgänge. In der Kapitalflussrechnung können diese Bewegungen aber nicht berücksichtigt werden, da es an einem **Zahlungsstrom fehlt.**
- Durch die Erst-/Entkonsolidierung **verändert** sich der **Finanzmittelbestand.** Der Veränderung steht **kein periodenbezogener Zahlungsvorgang** entgegen. Daher ist in der Überleitung vom Finanzmittelbestand am Periodenanfang zu dem am Periodenende ein gesonderter Posten auszuweisen (DRS 21.36), der etwa wie folgt bezeichnet werden kann: „Konsolidierungskreisbedingte Veränderungen des Finanzmittelfonds". Der Posten kann bei Unwesentlichkeit mit bewertungsbedingten Veränderungen des Finanzmittelfonds zusammengefasst werden (→ Rz. 25).

Die Gliederung der Kapitalflussrechnung ist dann wie folgt:

Übersicht 10: Veränderungen des Finanzmittelfonds

	Jahr 02	Jahr 01
Cashflows aus der laufenden Geschäftstätigkeit	...	...
+ Cashflows aus der Investitionstätigkeit	...	...
+ Cashflows aus der Finanzierungstätigkeit	...	...
= Summe der Cashflows	...	...
+/- Wechselkursbedingte Veränderungen des Finanzmittelfonds	...	...
+/- Konsolidierungskreis- und bewertungsbedingte Veränderungen des Finanzmittelfonds	...	...
= Veränderungen des Finanzmittelfonds gesamt	...	...
+ Finanzmittelfonds zum Anfang der Periode	...	...
= Finanzmittelfonds zum Ende der Periode	...	...

Für eine erstmalige Nichteinbeziehung gilt das Vorstehende spiegelbildlich.

7.4 Ein- und Auszahlungen betreffend nicht beherrschende Anteile (Minderheitsgesellschafter)

DRS 21.51 sieht im Finanzierungsbereich folgende auf Minderheitsgesellschafter bezogene Posten vor: 85

- Einzahlungen aus Eigenkapitalzuführungen von anderen Gesellschaftern,
- Auszahlungen aus Eigenkapitalherabsetzungen an andere Gesellschafter,
- gezahlte Dividenden an andere Gesellschafter.

8. Nicht zahlungswirksame Transaktionen

In der Kapitalflussrechnung schlagen sich die Geschäftsvorfälle des Geschäftsjahres und der Vorperiode nur dann nieder, wenn sie zahlungsmittelfondswirksam geworden sind, d. h. zu einer Ein- oder Auszahlung geführt haben. So darf z. B. der Erwerb eines Anlagegegenstands im Wege des *finance lease* gedanklich nicht in einen Liquiditätsabfluss für den Erwerb des Vermögenswerts und einen gleichzeitigen Liquiditätszufluss durch Gewährung einer Finanzierung durch den Leasinggeber aufgespalten werden, obwohl wirtschaftlich der *finance lease* regelmäßig die gleichen zukünftigen Bilanzierungs- und Zahlungsauswirkungen hat wie der fremdfinanzierte Kauf desselben Anlagegegenstands. 86

Vor dem Hintergrund einer Vielzahl möglicher Sachverhaltsgestaltungen ist es jedoch erforderlich, zusätzliche Angaben über wesentliche **nicht liquiditätswirksame Geschäftsvorfälle** des investiven oder finanziellen Bereichs zu machen (DRS 21.52c).

Neben dem Leasing gibt es weitere Beispiele für (noch) nicht zahlungswirksame Investitions- oder Finanzierungsvorgänge: 87

- **Erwerb** von Vermögensgegenständen **durch Schuldübernahme,**
- **Erwerb** von Vermögensgegenständen oder Unternehmen gegen **Ausgabe von Anteilen,**
- **Umwandlung** von **Schulden** in **Eigenkapital,**
- **Erwerb/Veräußerung** von Sachanlagen **auf Ziel,**
- **Tausch** von Vermögensgegenständen (Aktivtausch) oder Schulden (Passivtausch),
- **Aufrechnung** von Forderungen mit Verbindlichkeiten,
- **Einlage** einzelner Vermögenswerte oder Einbringung von Geschäftsbetrieben mit oder ohne Gewährung zusätzlicher Anteile,
- **Schuldenerlass** durch Gläubiger sowie
- **Umwidmung** von Anlage- in Umlaufvermögen und umgekehrt.

Bei **gemischten** Transaktionen, bei denen nur ein Teil des Geschäftsvorfalls zahlungswirksam geworden ist, muss und kann nur der zahlungswirksame Teil in die Kapitalflussrechnung aufgenommen werden, während der unbare Teil lediglich im Anhang offenzulegen ist. Sinnvollerweise sollten allerdings im Anhang aus Gründen der Verständlichkeit sowohl der zahlungswirksame als auch der nicht zahlungswirksame Teil genannt werden, um den Bezug zur Kapitalflussrechnung herstellen zu können. 88

9. Anhangangaben

89 Als **allgemeine** Angaben zur Kapitalflussrechnung fordert DRS 21.52

a) **Definition des Finanzmittelfonds,**

b) **Zusammensetzung des Finanzmittelfonds,** ggf. einschließlich einer rechnerischen **Überleitung** zu den entsprechenden Bilanzposten, soweit der Finanzmittelfonds nicht dem Bilanzposten „Schecks, Kassenbestand, Bundesbankguthaben, Guthaben bei Kreditinstituten" entspricht,

c) bedeutende **zahlungsunwirksame** Investitions- und Finanzierungsvorgänge und Geschäftsvorfälle,

d) Bestände des Finanzmittelfonds von quotal einbezogenen Unternehmen und

e) Bestände, die Verfügungsbeschränkungen unterliegen.

90 Die Angaben sind geschlossen unter der Kapitalflussrechnung oder im Anhang zu machen (DRS 21.53).

91 **Bedingt** kommen folgende Anhangangaben infrage:

- Erläuterung der Zuordnungsentscheidung, für Zahlungsströme, die sich nicht eindeutig einem Tätigkeitsbereich zuordnen lassen (DRS 21.17).
- Überleitung von der Startgröße des Cashflows aus der laufenden Geschäftstätigkeit auf das Periodenergebnis, wenn als Startgröße nicht das Periodenergebnis verwendet wird (DRS 21.41).

III. Eigenkapitalspiegel (Abs. 1 Satz 1)

1. Anwendungsbereich

92 Der Konzerneigenkapitalspiegel ist nach Abs. 1 Satz 1 **Pflichtbestandteil** des Konzernabschlusses. Zur inhaltlichen Ausgestaltung enthält das Gesetz keine Regelungen. An die Stelle der gesetzlichen Regelungen tritt (bei kalendergleichem Geschäftsjahr) ab 2017 der Standard **DRS 22** (Nachfolgestandard von **DRS 7**).

93 Ein Konzernabschluss und damit ein Eigenkapitalspiegel ist auch von **Mutterpersonenunternehmen** i. S. des § 264a HGB aufzustellen. Nach DRS 22.10 (bzw. DRS 7.8 f.) sind die Posten des Konzerneigenkapitalspiegels hier entsprechend **anzupassen** und die Vorschriften von § 264c Abs. 2 HGB zu beachten. Anpassungsbedarf ergibt sich etwa aus dem Fehlen eines gezeichneten Kapitals bei einem Personenunternehmen. DRS 22 trifft hier folgende Regelungen:

- Die Kapitalanteile der Gesellschafter und, sofern der Betrag der bedungenen Einlage erreicht ist, die Verbindlichkeiten gegenüber den Kommanditisten sind im Konzernabschluss des Mutterunternehmens in der Rechtsform einer Personenhandelsgesellschaft in gleicher Höhe wie in seinem Jahresabschluss auszuweisen.
- Übersteigt das im Berichtsjahr erwirtschaftete Ergebnis des Konzerns das Ergebnis aus dem Jahresabschluss des Mutterunternehmens, sollte der Differenzbetrag in die sonstigen Konzerngewinnrücklagen eingestellt werden.
- Ist das im Berichtsjahr erwirtschaftete Ergebnis des Konzerns niedriger als das Ergebnis aus dem Jahresabschluss des Mutterunternehmens, sollte der Differenzbetrag zunächst mit den Konzerngewinnrücklagen verrechnet werden, sofern diese in ausreichender Höhe vorhanden sind. Übersteigt dieser Differenzbetrag die vorhandenen Konzern-

gewinnrücklagen, sollte der nach vollständiger Verrechnung mit den Konzerngewinnrücklagen verbleibende Unterschiedsbetrag in einem gesonderten Posten mit entsprechender Bezeichnung (z. B. „Differenzbetrag für das gegenüber dem Mutterunternehmen niedrigere Konzernergebnis“) innerhalb des Konzerneigenkapitals ausgewiesen werden.

DRS 22 enthält im Übrigen als Anlage 2 ein eigenes „Muster des Konzerneigenkapitalspiegels für Mutterunternehmen in der Rechtsform einer Personenhandelsgesellschaft“.

2. Grundstruktur des Eigenkapitalspiegels

Der Eigenkapitalspiegel zeigt 94

- in den **Spalten** die **Zusammensetzung** des Eigenkapitals nach verschiedenen Kategorien,
- in den **Zeilen** die **Ursachen** der Veränderung der jeweiligen Kategorie in der Periode.

Die Spalten des Eigenkapitalspiegels unterscheiden auf oberster Gliederungsebene nach Mutterunternehmen (besser: Eigenkapitalgebern des Mutterunternehmens) und Minderheitsgesellschaftern (nicht beherrschende Anteile) (DRS 22.13).

Sind alle vollkonsolidierten Tochterunternehmen zu 100 % im Eigentum des Mutterunternehmens, bestehen also keine Minderheitsanteile, entspricht das Eigenkapital dem Konzerneigenkapital und sollte auch so bezeichnet werden.

(einstweilen frei) 95–96

Abweichend von DRS 7 sieht DRS 22 Anlage 1 für das dem Mutterunternehmen zuzurechnende Eigenkapital eine Untergliederung gem. Übersicht 11 vor. 96a

Unterschiede zu DRS 7 ergeben sich vor allem in folgenden Punkten:

- Gezeichnetes Kapital, nicht eingeforderte ausstehende Einlagen und eigene Anteile (bzw. der vom gezeichneten Kapital abgezogene Teil hiervon) werden zu dem Hauptposten „Korrigiertes gezeichnetes Kapital“ zusammengefasst. Jeder Unterposten ist seinerseits in Stammaktien/-anteile und Vorzugsaktien/-anteile untergliedert.
- Der in DRS 2 noch vorgesehene Posten „Kumuliertes übriges Konzernergebnis“ entfällt, da er außer der Währungsumrechnung ohnehin i. d. R. nichts enthielt.
- Rücklagen werden nach Maßgabe der einzelbilanziellen und gesellschaftsrechtlichen Vorschriften untergliedert. Hierbei handelt es sich bzgl. der Kapitalrücklagen jedoch nur um eine Empfehlung (DRS 22.54), deren Untergliederung darf daher unterbleiben.

Für den Fall fehlender Vorzugsaktien und der Nichtuntergliederung der Kapitalrücklage ergibt sich daher das vereinfachte Schema, wie es Übersicht 12 zeigt.

Übersicht 11: EK nach DRS 22 Anl. 1 (nur EK des Mutterunternehmens, bei Minderheiten zu ergänzen)

Korrigiertes gez. Kapital										Rücklagen												
gez. Kapital			eigene Anteile			nicht eingef. aussteh. Einlagen				Kapitalrücklage			Gewinnrücklagen									
Stammaktien	Vorzugsaktien	Summe	Stammaktien	Vorzugsaktien	Summe	Stammaktien	Vorzugsaktien	Summe	**SUMME**	n. § 272 Abs. 2 Nr. 1 - 3 HGB	n. § 272 Abs. 2 Nr. 4 HGB	Summe	gesetzl. RL	RL nach § 272 Abs. 4 HGB	Satz RL	andere GRL	Summe	**SUMME**	EK-Diff. aus Währungsumrechnung	Gewinn-/Verlustvortrag	Konzern-JÜ/JFB der dem MU zuzurechnen ist	**SUMME**

Übersicht 12: EK nach DRS 22, gekürzt (nur EK d. Mutterunternehmens, bei Minderheiten zu ergänzen)

Korrigiertes gez. Kapital				Rücklagen										
gez. Kapital	eigene Anteile	eingef. aussteh. Einlagen		Kapital RL	Gewinnrücklagen									
			SUMME		gesetzl. RL	RL nach § 272 Abs. 4 HGB	Satz RL	andere GRL	Summe	**SUMME**	EK-Diff. aus Währungsumrechnung	Gewinn-/Verlustvortrag	Konzern-JÜ/JFB der dem MU zuzurechnen ist	**SUMME**

Wie schon nach DRS 7 ist auch nach DRS 22.13 die Entwicklung des Eigenkapitals des Mutterunternehmens gesondert von der des Eigenkapitals anderer Gesellschafter abzubilden. Hierbei wird in DRS 22.14 empfohlen den auf andere Gesellschafter entfallenden Anteil am Konzernjahresüberschuss/-fehlbetrag und die auf sie entfallende Eigenkapitaldifferenz aus Währungsumrechnung gesondert darzustellen.

97 Zur Anpassung bei Personenmutterunternehmen wird auf Rz. 92 verwiesen.

98 Eine zusätzliche Spalte im Eigenkapitalspiegel ist erforderlich, wenn **mezzanine Finanzierungen** schuldrechtlicher Form bilanziell als Eigenkapital zu qualifizieren sind (→ § 246 Rz. 121; DRS 22.18).

3. Inhalt der Eigenkapitalkategorien

3.1 Eigene Anteile

Fraglich ist, ob die eigenen Anteile wie in → Rz. 96 einheitlich in einer Summe bzw. Spalte anzugeben sind. § 272 Abs. 1a HGB sieht **bilanziell** folgende Differenzierung vor (→ § 272 Rz. 45): 99

- offene Absetzung des **Nennbetrags** der eigenen Anteile vom gezeichneten Kapital,
- Absetzung der **darüber hinausgehenden Anschaffungskosten** von den Rücklagen.

DRS 7 verlangte demgegenüber die Absetzung in einer Summe in einer besonderen Spalte des Eigenkapitalspiegels. Der von uns schon in der Vorauflagen befürwortete Ausweis entsprechend der Bilanz ist nun auch in DRS 22 vorgesehen (→ Rz. 96a).

Als eigene Anteile sind nach § 301 Abs. 4 HGB auch Anteile am **Mutterunternehmen,** die dem Tochterunternehmen gehören, abzusetzen. 100

§ 301 Abs. 4 HGB regelt nur den passivischen Ausweis des auf die Rückbeteiligung von Tochterunternehmen am Mutterunternehmen entfallenden Nennbetrags, nicht jedoch die Behandlung der verbleibenden Differenz zu den Anschaffungskosten. Wegen der fehlenden Ausschüttungsbemessungsfunktion des Konzernabschlusses kommen für die Verrechnung des Unterschiedsbetrags, anders als nach § 272 Abs. 1a HGB, nicht nur frei verfügbare Rücklagen, sondern auch gesetzliche oder satzungsmäßig gebundene infrage. Liegt der Veräußerungserlös der Rückbeteiligung über den ursprünglichen Anschaffungskosten, käme es nach § 272 Abs. 1b Satz 3 i.V. mit § 298 Abs. 1 HGB zur Einstellung des Differenzbetrags in die Kapitalrücklage. Dagegen spricht aber, dass im Konzernabschluss die Kapitalrücklage des Mutterunternehmens dargestellt werden soll. Eine Veräußerung der Rückbeteiligung eines Tochterunternehmens hat jedoch keine Auswirkungen auf Ebene des Mutterunternehmens. Sie wird vielmehr beim Tochterunternehmen erfolgswirksam verbucht, was nahelegen könnte, die vorgenannte Differenz auch im Konzernabschluss erfolgswirksam zu erfassen.

3.2 Gezeichnetes Kapital, nicht eingeforderte Einlagen und Kapitalrücklage

Der Inhalt der Posten **„Gezeichnetes Kapital"**, **„Nicht eingeforderte Einlagen"** und **„Kapitalrücklage"** entspricht mit einer Ausnahme im Wesentlichen § 272 HGB. Auf die Erläuterungen dort wird deshalb verwiesen. 101

Die **Ausnahme** betrifft die **Kapitalrücklage.** Sie kann z. B. nach Verschmelzungen oder nach erfolgsneutral als Transaktion zwischen Eigenkapitalgebern behandelter Aufstockung einer Mehrheitsbeteiligung (→ § 301 Rz. 114) von der Kapitalrücklage des Mutterunternehmens abweichen.

3.3 Ergebnis, Ergebnisvortrag, Eigenkapitaldifferenz aus Währungsumrechnung

Die Eigenkapitaländerung innerhalb einer Periode ist das Ergebnis zweier Effekte: 102

- **Transaktionen** mit bzw. **Außenfinanzierung** durch **Eigenkapitalgeber,** in deren Eigenschaft als Eigenkapitalgeber (Kapitalerhöhung, Kapitalherabsetzungen, Erwerb eigener Anteile, Ausschüttung etc.).
- Einkommen bzw. **Innenfinanzierung aus Erfolgen.**

Die Spalten des Eigenkapitalspiegels verhalten sich zu dieser Unterscheidung wie folgt:

- Gezeichnetes Kapital, Kapitalrücklage und eigene Anteile sind ausschließlich das Ergebnis von Transaktionen mit dem Eigenkapitalgeber.
- Der Ergebnisvortrag oder die Gewinnrücklagen enthalten hingegen beide Effekte, also den erzielten Erfolg sowie als Transaktion mit Eigenkapitalgebern dessen Auskehrung.

103 *(einstweilen frei)*

104 Der Konzerneigenkapitalspiegel zeigt die vorgenannten Größen zum einen in **kumulierter** Form (als Anfangs- und Endwert der betreffenden Spalten), zum anderen als **Veränderung der Periode** (in den Zeilen).

104a DRS 22 sieht die Größe „Erwirtschaftetes Konzerneigenkapital" nicht mehr vor. Neben den Rücklagen sind gesondert zu zeigen:

- Eigenkapitaldifferenz aus Währungsumrechnung,
- Ergebnisvortrag,
- dem Mutterunternehmen zuzurechnendes Konzernjahresergebnis.

3.4 Nicht beherrschende Anteile (Minderheiten)

105 Nach DRS 22.13 f ist das nicht beherrschenden Gesellschaftern zuzurechnende Eigenkapital gesondert darzustellen, wobei eine Aufteilung in Unterkategorien lediglich empfohlen, nicht vorgeschrieben wird (→ Rz. 96a).

4. Änderungen des Konsolidierungskreises und übrige Veränderungen

106 **„Normale" Unternehmenserwerbe** sind als Anschaffungsvorgang erfolgs- und **eigenkapitalneutral.** Entweder liegt ein Aktivtausch (Erwerb eines schuldenfreien Unternehmens in bar) oder eine Bilanzverlängerung vor.

Das Eigenkapital wird aber u. a. tangiert, wenn sich der Konsolidierungskreis durch

- **erstmalige Einbeziehung** eines bisher **aus Wesentlichkeitsgründen** nicht konsolidierten Unternehmens oder
- **Aufwärtskonsolidierung** von einem assoziierten Unternehmen zu einem Tochterunternehmen ändert.

Die Effekte aus diesen Fällen sind in einer gesonderten Zeile anzugeben (DRS 22.58).

Entsprechendes gilt spiegelbildlich bei **Aufgabe der Vollkonsolidierung** wegen Unwesentlichkeit oder Abwärtskonsolidierung.

107 *(einstweilen frei)*

5. Anhangangaben

108–109 *(einstweilen frei)*

109a DRS 22.60 empfiehlt Angaben zu Ausschüttungspotenzialen und Ausschüttungssperren, scheibt diese aber nicht vor. Wird der Empfehlung gefolgt, soll zu den Posten Kapitalrücklage, Gewinnrücklagen, Gewinnvortrag/Verlustvortrag, Konzernjahresüberschuss/-fehlbetrag, der dem Mutterunternehmen zuzurechnen ist, Folgendes angegeben werden:

- der Betrag, der am Stichtag zur Gewinnausschüttung an die Gesellschafter zur Verfügung steht,

- der Betrag, der gesetzlichen Ausschüttungs- oder Abführungssperren unterliegt,
- der Betrag, der gem. Satzung oder Gesellschaftsvertrag einer Ausschüttungssperre oder anderen Verfügungsbeschränkungen unterliegt.

IV. Angaben zum Mutterunternehmen (Abs. 1a HGB)

Seit dem BilRUG sind im Konzernabschluss bzgl. des Mutterunternehmens anzugeben: 109b

- Firma,
- Sitz, Handelsregistergericht und Registernummer sowie
- bei Mutterunternehmen, die sich in Liquidation oder Abwicklung befinden, diese Tatsache.

Zu Einzelheiten wird auf die Erläuterung der gleichlautenden Vorschrift für den Jahresabschluss verwiesen (→ § 264 Rz. 14a).

V. Klarheit und Übersichtlichkeit, tatsachengetreue Darstellung, Bilanzeid (Abs. 2)

Abs. 2 Satz 1 bis 3 enthält 110

- den allgemeinen Grundsatz der **Klarheit und Übersichtlichkeit** sowie
- als sog. Generalnorm das Gebot der **tatsachengetreuen Darstellung** *(true and fair presentation).*

Entsprechende Anforderungen werden in § 243 Abs. 2 HGB und § 264 Abs. 2 Satz 1 HGB auch für den Einzelabschluss formuliert. Gesetzestechnisch wäre daher auch ein Verweis auf diese Vorschriften infrage gekommen (→ Rz. 112).

Die gesetzlichen Vertreter eines Mutterunternehmens, das Inlandsemittent i. S. des § 2 Abs. 14 WpHG und keine Kapitalgesellschaft i. S. des § 327a HGB ist, haben zudem nach Abs. 2 Satz 4 einer gesonderten, nämlich „dem Konzernabschluss **beizufügenden** Erklärung" schriftlich zu versichern, dass der Konzernabschluss ein den tatsächlichen Verhältnissen entsprechendes Bild vermittelt (sog. **Bilanzeid**). Diese Pflicht wird nach § 315 Abs. 1 Satz 5 HGB auf den Konzernlagebericht ausgedehnt. Auch diese beiden Vorschriften stimmen mit den in § 264 Abs. 2 HGB für den Einzelabschluss und § 289 HGB für den zugehörigen Lagebericht formulierten Regeln überein. 111

Zur Vermeidung von Wiederholungen kann daher auf folgende Stellen verwiesen werden: 112

- Klarheit und Übersichtlichkeit (→ § 243 Rz. 18),
- tatsachengetreue Darstellung (→ § 264 Rz. 15 ff.), und zwar im Einzelnen
- Verhältnis der Generalnorm zu den Einzelvorschriften (→ § 264 Rz. 15),
- Generalnorm und die Ausübung von Wahlrechten (→ § 264 Rz. 23),
- Angabepflichten bei Sachverhaltsgestaltungen (→ § 264 Rz. 26),
- sonstige Angabepflichten (→ § 264 Rz. 31),
- Bilanzeid (→ § 264 Rz. 34 ff.), und zwar im Einzelnen
- sachlicher Anwendungsbereich (→ § 264 Rz. 34),
- persönlicher Anwendungsbereich (betroffene Mutterunternehmen; → § 264 Rz. 36),
- Form und Inhalt der Versicherung (→ § 264 Rz. 37),

- Rechtsfolgen eines unterlassenen oder falschen Bilanzeids (→ § 264 Rz. 37),
- Veröffentlichung im ESEF-Format (→ § 264 Rz. 37d).

113 Nach teilweise vertretener Ansicht soll der sog. **Generalnorm** im **Konzernabschluss** eine höhere Bedeutung zukommen als im Einzelabschluss. Da für konzernspezifische Ausweis- und Darstellungsfragen im Gegensatz zum Jahresabschluss nur wenige Einzelvorschriften bestünden, sei für Zwecke der Interpretation und Lückenfüllung verstärkt auf die Generalnorm zurückzugreifen. Als **Beispiel** wird im **Schrifttum** der „unvollständige Katalog der notwendigen Verrechnungsvorgänge nach § 305“ genannt. Die zur richtigen Darstellung unstrittige notwendige **Verrechnung von Beteiligungserträgen** aus konsolidierten Tochterunternehmen mit dem Jahresergebnis oder dem Gewinnvortag/den Gewinnrücklagen werde vom Wortlaut des § 305 HGB nicht gefordert, ergebe sich aber aus dem Gebot der tatsachengetreuen Darstellung.[1]

Unseres Erachtens ist für die unstrittige Lösung des beispielhaften Problems allerdings ein **Rückgriff** auf die Generalnorm gar **nicht notwendig.** Man stelle sich ein HGB ohne die Generalnorm vor. In diesem Fall würden folgende Überlegungen gelten:

- Regelungszweck von §§ 303 bis 305 HGB ist die Eliminierung konzerninterner Vorgänge zwischen Mitgliedern des Kreises. Eine Vollkonsolidierung erfordert daher gerade eine Eliminierung konzerninterner Transaktionen in der Ableitung von Konzernbilanz und -GuV aus der Summe der Einzelabschlüsse.
- Die Konsolidierung des Beteiligungsertrags ist ein in §§ 303 bis 305 HGB nicht ausdrücklich genannter Anwendungsfall dieser Forderung.
- Die Konsolidierung des Beteiligungsertrags ist auch deshalb erforderlich, weil der Vollkonsolidierung die Erfassung der Ergebnisse vollkonsolidierter Töchter bei Entstehung unabhängig von ihrer gesellschaftsrechtlichen Verwendung immanent ist. Eine nochmalige Erfassung der von Tochterunternehmen erwirtschafteten Gewinne im Jahr der Ausschüttung würde hingegen über die Gesamtperioden zu einer Doppelerfassung des Vorgangs führen.

Eine **Auslegung nach dem Regelungszweck,** also eine Anwendung allgemeiner Auslegungsprinzipien, führt also bereits zu dem unstrittigen Ergebnis. Eine Berufung auf die Generalnorm ist nicht erforderlich.

114 Dieser am Beispiel entwickelte Befund lässt sich **verallgemeinern:** Eine den Tatsachen widersprechende Darstellung der Vermögens-, Finanz- und Ertragslage *(untrue and unfair presentation)* würde man auch dann nicht befürworten können, wenn die Generalnorm nicht im Gesetz verankert wäre. Wenn eine öffentliche Rechnungslegungspflicht, d. h. die Pflicht, Stichtagsvermögen und Periodenergebnisse zu ermitteln und zu veröffentlichen, überhaupt Sinn macht, dann nur in der Weise, dass Stichtagsvermögen und Periodenergebnis möglichst nahe an der Wirklichkeit sind.

Das **Problem** liegt so oder so aber in der Frage, was **tatsachengetreu,** widerspruchsfrei, konsistent etc. ist. Hier ist die Lösung des o. g. Beispiels einfach, die Lösung anderer Probleme (etwa die Behandlung der Aufstockung von Mehrheitsbeteiligung, → § 301 Rz. 102) hingegen deutlich schwieriger. Bei den schwierigen Problemen ergibt sich aus Generalnormen oder anderen allgemeinen Grundsätzen (etwa der sog. Einheitstheorie, → Rz. 116) aber gerade **keine eindeutige Lösung.** Der wissenschaftliche Diskurs weist dann Parallelen zum Politischen auf. Politi-

1 Vgl. *Störk/Rimmelspacher* in Beck'scher Bilanz-Kommentar, 13. Aufl. 2022, § 297 Tz. 187.

sche Diskussionen über Lastenverteilung zwischen Rentnern und Beitragszahlern etc. zeichnen sich z. B. gerade nicht dadurch aus, dass die Vertreter der einen Auffassung sich auf soziale Gerechtigkeit, Generationengerechtigkeit etc. berufen, die der Gegenauffassung hingegen mehr Ungerechtigkeit fordern, vielmehr führen beide Seiten zugunsten ihrer Position ein Mehr an Gerechtigkeit ins Feld. Ähnlich zeichnet sich auch ein Bilanzierungsfragen betreffender wissenschaftlicher Meinungsdissens regelmäßig gerade nicht dadurch aus, dass sich die Vertreter der einen Meinung auf Generalnorm und Einheitstheorie berufen, die der anderen diese hingegen ablehnen, vielmehr führen beide die abstrakten Normen ins Feld, um ihre konkreten Auffassungen zu begründen. Anders ausgedrückt: Liegt die eindeutige Lösung auf der Hand, braucht man Generalnormen nicht, ist die Lösung aber schwierig und strittig, helfen sie nicht. Im Wesen einer **Generalnorm** liegt ihre Abstraktheit, die gerade deshalb **keine eindeutige Antwort auf strittige konkrete Fragen** gibt.

Die Bedeutung der Generalnorm liegt daher u. E. weniger in der Auslegung des Gesetzes als in der Aufforderung, den sich in isolierter (wörtlicher) Anwendung und Auslegung des Gesetzes ergebenden Abschluss noch einmal einer (meist ermessensbehafteten und daher wenig eindeutigen) Gesamtwürdigung zu unterziehen, ob nicht das vermittelte Gesamtbild den Bilanzadressaten in die Irre führt. Auf → § 264 Rz. 15 ff. wird in diesem Zusammenhang verwiesen. 115

VI. Weitere Grundsätze für den Konzernabschluss (Abs. 3)

1. Einheitsgrundsatz und Einheitstheorie (Abs. 3 Satz 1)

Im Konzernabschluss ist die Vermögens-, Finanz- und Ertragslage der einbezogenen Unternehmen so darzustellen, als ob diese Unternehmen **wirtschaftlich ein einziges Unternehmen** wären (Abs. 3 Satz 1). Ob mit diesem sog. Einheitsgrundsatz zugleich die Entscheidung zugunsten der Einheitstheorie gefallen ist, ist umstritten. 116

In erster Betrachtung gilt Folgendes:

- Die **Interessentheorie** *(parent company theory)* sieht im Konzernabschluss lediglich einen **erweiterten Abschluss des Mutterunternehmens,** der die hinter den Beteiligungen stehenden Aktiva und Passiva der Tochterunternehmen quotal enthält.
- **Einheitstheorie** *(entity theory)* und HGB interpretieren den Konzernabschluss als einen **eigenständigen Abschluss** der zu einer wirtschaftlichen Einheit zusammengefassten Unternehmen. Auch die Aktiva und Passiva der nicht zu 100 % im Eigentum des Mutterunternehmens stehenden Tochterunternehmen sind daher zu 100 % zu konsolidieren (Vollkonsolidierung), wobei i. H. des Fremdanteils ein Ausgleichsposten (im Eigenkapital) zu passivieren ist.

Diese Kontrastierung berücksichtigt freilich nicht, dass eine quotale Konsolidierung nicht im 100%igen Eigentum des Mutterunternehmens stehender Tochterunternehmen in den letzten Jahrzehnten auch interessentheoretisch nicht mehr vertreten wird. Die Gegenposition zur Einheitstheorie wird nur noch als **Interessentheorie mit Vollkonsolidierung** vertreten. 117

In zweiter Betrachtung reduziert sich der Unterschied zwischen Einheits- und Interessentheorie dann vor allem auf folgende Fragen:

- Ausweis des **Minderheitenanteils im Eigen- oder Fremdkapital?**
- Aufdeckung von ***Goodwill*** **und stillen Reserven** beim Unternehmenserwerb nur i. H. des Mehrheitsanteils oder **auch für die Minderheit?**

► **Zwischenergebniseliminierung** nur i. H. des Mehrheitsanteils oder **auch für die Minderheit?**

► Behandlung von Differenzbeträgen zwischen Kaufpreis und ab-/zugehendem Minderheitsanteil bei mehrheitswahrenden **Auf- und Abstockungen** (beispielsweise von 51 % auf 80 %).

Die nachfolgende Übersicht zeigt die Antworten der Interessen- und Einheitstheorie sowie des HGB a. F. und des BilMoG auf diese Fragen.

Übersicht 13: Einheitstheorie vs. Interessentheorie

	Interessentheorie	Einheitstheorie	HGB a. F.	BilMoG
Ausweis Minderheit	Außerhalb Eigenkapital	Im Eigenkapital	Im Eigenkapital	Im Eigenkapital
Goodwill	Nur für Anteil Mutterunternehmen	Auch für Minderheit *(Full Goodwill)*	Nur für Anteil Mutterunternehmen	Nur für Anteil Mutterunternehmen
Stille Reserven	Nur für Anteil Mutterunternehmen	Auch für Minderheit	Wahlrecht	Auch für Minderheit
Zwischenergebniseliminierung	Nur i. H. Anteil Mutterunternehmen	Zu 100 %	Zu 100 % (§ 304 HGB beruft sich dafür aber auf rechtliche Einheit)	Uu 100 % (§ 304 HGB beruft sich dafür aber auf rechtliche Einheit)
Aufstockung Mehrheitsanteil	Über Minderheitenbuchwert hinausgehender Kaufpreis als *Goodwill*/stille Reserven	Transaktion zwischen EK-Gebern (kein *Goodwill*/stille Reserven)	Ungeregelt	Ungeregelt
Abstockung Mehrheitsanteil	Erfolgswirksam	Transaktion zwischen EK-Gebern (erfolgsneutral)	Ungeregelt	Ungeregelt
Währungsumrechnung ausländische Töchter	Fraglich	Nach funktionaler Währung	Nach funktionaler Währung	Stichtagskurs

Es lässt sich **keine deutliche Bevorzugung der Einheitstheorie durch das Gesetz** feststellen. In der wichtigen Frage des *Goodwill* bleibt das BilMoG der Interessentheorie verpflichtet. In anderen Punkten enthält das Gesetz keine Regelung oder – so bei der Frage der Zwischenergebniseliminierung – zwar eine einheitstheoretische Lösung, beruft sich dabei aber gerade nicht auf die Fiktion der wirtschaftlichen Einheit, sondern die der rechtlichen.

118 Insgesamt gilt damit: Die Vorschrift des Abs. 1 Satz 1 kann nicht als Kodifizierung der Einheitstheorie angesehen werden. Besser ist es daher, „nur" von einem **Einheitsgrundsatz** zu sprechen.[1] Zum Ausdruck kommt in dieser begrifflichen Differenzierung auch, dass die Gesetzgebung in erster Linie ein politischer Prozess ist, der nicht der Befriedigung theoretischer Bedürfnisse dient. Die Entwicklung eines logisch geschlossenen, widerspruchsfrei aus Prämissen entwickelten Systems von Aussagen und Regeln (eben einer Theorie) ist Aufgabe der Wissenschaft. Diese wird im Gesetzgebungsverfahren (neben anderen) angehört und hat im besten Fall, wenn sie nicht in sich zerstritten ist und ihre Erkenntnisse lobbyistischen Interessen nicht zu sehr entgegenlaufen, einen merklichen Einfluss auf das Gesetz, nicht mehr und nicht weniger.

1 Vgl. *ADS*, 6. Aufl., Vorbemerkungen zu §§ 290 ff. Rz. 29, m. w. N.

Der Umstand, dass das Gesetz keine Kodifizierung der Einheitstheorie darstellt, ist von **praktischer Bedeutung:** Im Schrifttum wird z.T. versucht, für gesetzlich nicht geregelte Fälle (Auf- und Abstockungen, *Goodwill* im mehrstufigen Konzern etc.) unter Berufung auf die Einheitstheorie eine bestimmte Lösung als zwingend darzustellen. Wo das Gesetz aber keine Kodifizierung der Einheitstheorie darstellt, entfällt die Eindeutigkeit der jeweiligen Lösung. Hier gilt, ähnlich wie beim Grundsatz der tatsachengetreuen Darstellung (→ Rz. 114): Andere Lösungen und Ansichten bleiben vertretbar. 119

2. Stetigkeit der Konsolidierungsmethoden (Abs. 3 Satz 2)

2.1 Zweck und Reichweite des Stetigkeitsgebots

Der **interperiodischen Vergleichbarkeit** von Konzernabschlüssen dienen u. a. die Gebote der Bewertungs-, Ansatz- und Ausweisstetigkeit nach § 298 Abs. 1 i.V. mit § 252 Abs. 1 Nr. 6 HGB, § 246 Abs. 3 und § 265 Abs. 1 Satz 1 HGB sowie Abs. 3 Satz 2 HGB (sog. zeitliche Stetigkeit). Sie werden flankiert durch das Gebot der einheitlichen Bewertung gleicher bzw. gleichartiger Sachverhalte nach § 308 Abs. 1 HGB (sog. **sachliche Stetigkeit**). 120

Beide Regelungsgruppen beziehen sich nicht auf die **eigentlichen Konsolidierungsvorgänge**, also etwa die Abgrenzung des Konsolidierungskreises, die quotale oder *Equity*-Konsolidierung von Gemeinschaftsunternehmen etc. Insoweit bedarf es einer Ergänzung, die durch Abs. 3 Satz 2 vorgenommen wird. Neben der dort explizit geforderten zeitlichen Stetigkeit ist nach herrschender Auffassung des Schrifttums auch bei Konsolidierungsmethoden die sachliche Stetigkeit gefordert.[1]

2.2 Der Begriff der Konsolidierungsmethoden

Der Begriff der Konsolidierungsmethoden umfasst u. a. 121

- Abgrenzung des **Konsolidierungskreises** (z. B. unter Wesentlichkeitsgesichtspunkten gem. § 296 Abs. 2 HGB),
- Einbeziehung von Tochterunternehmen mit **abweichendem Abschlussstichtag** auf Basis eines Zwischenabschlusses oder des nicht mehr als drei Monate alten Jahresabschlusses (§ 299 Abs. 2 HGB),
- Konsolidierung und *Goodwill* im **mehrstufigen Konzern** (→ § 301 Rz. 95),
- Behandlung von Unterschiedsbeträgen bei **Auf- und Abstockung** von Mehrheitsbeteiligungen (→ § 301 Rz. 112),
- Nichtkonsolidierung von Schulden, Zwischenergebnissen, Aufwendungen oder Erträgen und Zwischenergebnissen wegen **Unwesentlichkeit** (§ 303 Abs. 2 HGB, § 304 Abs. 2 HGB, § 305 Abs. 2 HGB),
- quotale oder *Equity*-Konsolidierung von **Gemeinschaftsunternehmen** (§§ 310 f. HGB),
- **Währungsumrechnung im mehrstufigen Konzern** (→ § 308a Rz. 43).

1 Unter anderem *ADS*, 6. Aufl., § 297 Tz. 47; *Störk/Rimmelspacher* in Beck'scher Bilanz-Kommentar, 13. Aufl. 2022, § 297 Tz. 201 f.; *Dusemond*, WPg 1994 S. 721 ff.; a. A. *Harms/Knischweski*, DB 1995 S. 1354 ff.

2.3 Zulässige Durchbrechungen des Stetigkeitsgebots

122 Abs. 3 Satz 3 lässt in Ausnahmefällen **Abweichungen** vom Stetigkeitsgebot zu. Hinsichtlich des Gebots der **zeitlichen Stetigkeit** ist dabei wie folgt zu unterscheiden:

- Allgemein zulässig sind Durchbrechungen, die die **Aussagefähigkeit** des Konzernabschlusses **erhöhen** bzw. Vereinfachungswahlrechte nicht mehr in Anspruch nehmen,[1]
- nicht oder nur bedingt zulässig sind solche, die die **Aussagefähigkeit vermindern.**

Die Trennschärfe dieser Unterscheidung ist allerdings gering. In der Praxis kommt es eher auf die „richtige" Gewichtung der Argumente an.

BEISPIEL Verschiedene kleinere Tochterunternehmen von MU wurden bisher aus Gründen der Wesentlichkeit nicht konsolidiert (§ 296 Abs. 2 HGB), verschiedene größere Tochterunternehmen auf Basis ihres abweichenden Bilanzstichtags einbezogen (§ 299 Abs. 2 HGB).

Der dynamische neue Leiter der Konzernrechnungslegung will diese Erleichterungen zukünftig nicht mehr in Anspruch nehmen, sondern sämtliche Tochterunternehmen konsolidieren, und zwar bei abweichendem Bilanzstichtag auf Basis eines auf den Stichtag des Konzerns erstellten Zwischenabschlusses.

BEURTEILUNG Die neue Linie steigert die Aussagefähigkeit des Konzernabschlusses. Ein Abweichen vom bisherigen Vorgehen ist daher ohne großen Begründungsaufwand zulässig.

Soll nach einigen Jahren wieder in die umgekehrte Richtung gewechselt werden, bedarf es eingehender Begründung. Angeführt werden könnten etwa folgende Argumente:

- Die Einbeziehung auch kleiner Tochterunternehmen und die Erstellung von Zwischenabschlüssen führen zu zeitlichen Verzögerungen bei Erstellung und Veröffentlichung des Konzernabschlusses.
- Die Nichteinbeziehung und der Verzicht auf Zwischenabschlüsse ermöglichen eine frühere Kommunizierung vorläufiger und endgültiger Zahlen.

Die Aussagefähigkeit des Konzernabschlusses im Hinblick auf die Bilanzadressaten interessierende aktuelle Lage des Konzern ist aber umso höher, je weniger veraltetet die Zahlen bei Veröffentlichung sind. Auch der Rückwechsel dient daher der Aussagefähigkeit.

123 Mit anderer argumentativer Grundausrichtung ergeben sich entsprechende Ermessensspielräume auch beim Gebot der **sachlichen Stetigkeit.** Nach diesem Gebot sind gleiche Sachverhalte gleichen Konsolidierungsmethoden zu unterwerfen. Praktisch stellt sich dann aber die Frage, **welche Sachverhalte gleich genug sind,** um das Gebot greifen zu lassen.

BEISPIEL MU beurteilt Tochterunternehmen als unwesentlich, wenn sie einzeln jeweils nicht mehr als +/-0,1 % und in Summe nicht mehr als 2,5 % zu Konzernergebnis und Konzerneigenkapital beitragen würden. Von 30 Tochterunternehmen werden auf dieser Basis 25 konsolidiert (darunter einige sehr kleine mit einem Beitrag von +/-0,3 %) und 5 nicht konsolidiert.

Das im September 01 gegründete Tochterunternehmen TUX würde nach Anlaufverlusten per 31.12.01 mit geschätzt -0,3 % zu Ergebnis und EK des Konzern beitragen. MU konsolidiert TUX gleichwohl nicht.

BEURTEILUNG Eine Verletzung des Gebots der sachlichen Stetigkeit liegt nahe, da andere Tochterunternehmen gleicher Größenordnung einbezogen werden. MU kann aber zur Rechtfertigung der Nichtkonsolidierung von TUX auf die Ungleichheit der Sachverhalte verweisen, etwa darauf, dass die TUX ihre Geschäftstätigkeit noch nicht aufgenommen hat oder die Buchhaltung noch nicht vollständig eingerichtet und besetzt ist.

Je nach Qualität der Begründung kann somit bereits ein Anwendungsfall des Stetigkeitsgebots verneint bzw. nachgewiesen werden, dass die Sachverhalte nur scheinbar gleich sind. Die Fra-

1 Vgl. *ADS*, 6. Aufl., § 297 Tz. 53.

ge der Zulässigkeit einer Durchbrechung des Stetigkeitsgebots stellt sich dann überhaupt nicht mehr. Das Problem wird bereits im Vorfeld dieser Frage gelöst.

BEISPIEL ► MU konsolidiert einige Gemeinschaftsunternehmen quotal, andere *at equity*. Die quotal konsolidierten sind im Geschäftsfeld von MU tätig, die *Equity*-konsolidierten in anderen Branchen. Bei den branchengleichen mischt sich MU operativ ein, bei den anderen beschränkt MU sich auf die Rolle eines passiven Finanzinvestors.

BEURTEILUNG ► Die Sachverhalte sind nur formal gleich, insofern alle infrage kommenden Unternehmen Gemeinschaftsunternehmen darstellen. Inhaltlich ist die Beziehung zum Konzern von ganz unterschiedlicher Qualität und Stärke, vertretbar ist daher, die Sachverhalte als ungleich anzusehen und daher auf unterschiedliche Arten zu konsolidieren (→ § 310 Rz. 41).

2.4 Anhangangaben

Wird vom Grundsatz der zeitlichen Stetigkeit abgewichen, so ist nach Abs. 3 Satz 4 und 5 sowie § 313 Abs. 1 Nr. 3 HGB im Konzernanhang die Abweichung 124

- zu **beschreiben,**
- zu **begründen** und
- ihr **Einfluss auf die Vermögens-, Finanz- und Ertragslage** darzustellen.

Die Beschreibung umfasst die Nennung der bisher angewandten und der neuen Methode.

Die Begründung muss erkennen lassen, dass der Methodenwechsel nicht willkürlich vorgenommen wurde, sondern in vertretbarer Argumentation der Aussagefähigkeit dient.

Der Einfluss auf die Vermögens-, Finanz- und Ertragslage ist (näherungsweise) quantitativ darzustellen. Eine Schattenbilanzierung nach alter Methode ist nicht erforderlich. Die Angabe von Größenordnungen reicht aus. Absolute Angaben sind nicht erforderlich, prozentuale ausreichend.[1] Wenn mehrere Methoden geändert wurden, ist nur eine saldierte Angabe des Einflusses erforderlich.

(einstweilen frei) 125

§ 298 Anzuwendende Vorschriften, Erleichterungen

(1) Auf den Konzernabschluss sind, soweit seine Eigenart keine Abweichung bedingt oder in den folgenden Vorschriften nichts anderes bestimmt ist, die §§ 244 bis 256a, 264c, 265, 266, 268 Absatz 1 bis 7, die §§ 270, 271, 272 Absatz 1 bis 4, die §§ 274, 275 und 277 über den Jahresabschluss und die für die Rechtsform und den Geschäftszweig der in den Konzernabschluss einbezogenen Unternehmen mit Sitz im Geltungsbereich dieses Gesetzes geltenden Vorschriften, soweit sie für große Kapitalgesellschaften gelten, entsprechend anzuwenden.

(2) [1]Der Konzernanhang und der Anhang des Jahresabschlusses des Mutterunternehmens dürfen zusammengefasst werden. [2]In diesem Falle müssen der Konzernabschluss und der Jahresabschluss des Mutterunternehmens gemeinsam offen gelegt werden. [3]Aus dem zusammengefassten Anhang muss hervorgehen, welche Angaben sich auf den Konzern und welche Angaben sich nur auf das Mutterunternehmen beziehen.

1 Vgl. *ADS*, 6. Aufl., § 297 Tz. 63.

Inhaltsübersicht Rz.

LITERATUR:

Harms, Ausweisfragen bei der Bewertung *at equity*, BB 1987 S. 935; *Harms/Küting*, Zur Weiterentwicklung des Erfolgs- und Ergebnisausweises im Konzernabschluss, BB 1983 S. 344; *Petersen/Zwirner*, Konzernrechnungslegung im Lichte des BilMoG – Auswirkungen der verabschiedeten Änderungen, StuB 2009 S. 335; *Zündorf*, Der Anlagenspiegel im Konzernabschluss, Stuttgart 1990.

I. Regelungsinhalt

1 § 298 HGB regelt drei Bereiche:

- Abs. 1 fordert die entsprechende Anwendung **einzelbilanzieller Vorschriften** (→ Rz. 2).
- Abs. 2 erlaubt die **Zusammenfassung** des Konzernanhangs mit dem **Anhang** des Einzelabschlusses des Mutterunternehmens (→ Rz. 4).

2 Für Bewertung und Ansatz, aber auch für die Gliederung von **Bilanz und GuV** schreibt Abs. 1 die entsprechende Anwendung der für den Einzelabschluss geltenden Regelungen vor. Besonderheiten in der Gliederung von Konzernbilanz (→ Rz. 14) und Konzern-GuV (→ Rz. 31) ergeben sich vor allem aus konzernspezifischen Posten, u. a. etwa den nicht beherrschenden Anteilen (Minderheiten).

Für den **Konzernanhang** enthält § 314 HGB eigene, im Wesentlichen aber mit den einzelbilanziellen Vorschriften übereinstimmende Regelungen (→ § 314 Rz. 1). Die Gliederung der ebenfalls zu den Pflichtbestandteilen des Konzernabschlusses gehörenden Kapitalflussrechnung und des Eigenkapitalspiegels ist durch DRS 21 und DRS 22 geregelt (→ § 297 Rz. 2).

(einstweilen frei) 3

Die Zusammenfassung von **Konzernanhang** und **Anhang** des Jahresabschlusses wird durch Abs. 2 ermöglicht, zugleich aber an zwei Bedingungen geknüpft: Zum einen müssen beide Abschlüsse gemeinsam offengelegt werden. Zum anderen muss aus dem zusammengefassten Anhang klar hervorgehen, welche Angaben sich auf den Konzern und welche sich auf das Mutterunternehmen beziehen (→ Rz. 38). 4

II. Entsprechende Anwendung einzelbilanzieller Vorschriften (Abs. 1)

1. Anzuwendende und nicht anzuwendende HGB-Vorschriften

Abs. 1 bestimmt, welche für den Abschluss großer Kapitalgesellschaften geltenden Vorschriften (einschließlich derer, die für alle Kaufleute gelten) auf den Konzernabschluss anzuwenden sind. **Inhaltlich** sind vier Regelungsbereiche angesprochen: 5

1. Allgemeine **Formvorschriften** für den Abschluss (Sprache und Währung gem. § 244 HGB sowie Unterzeichnung gem. § 245 HGB),
2. **Ansatz**vorschriften (§§ 246 ff., 274 HGB etc.),
3. **Bewertungs**vorschriften (§§ 252 ff. HGB),
4. **Gliederungs**vorschriften (vor allem § 265 HGB, § 266 HGB und § 275 HGB, aber auch § 264c).

Teilweise handelt es sich hierbei um für alle Kaufleute geltende Vorschriften (§§ 244 ff. HGB), teilweise um nur für Kapitalgesellschaften geltende Regelungen (§§ 265, 274, 275 HGB etc.).

Nicht genannt sind in Abs. 1: 6

- Die Vorschriften zu **Aufbewahrung** und Vorlage (§§ 257 bis 261 HGB); § 257 HGB ist aber gleichwohl anzuwenden, da er selbst explizit den Konzernabschluss und -lagebericht anspricht.
- § 264 Abs. 1 HGB betreffend die **tatsachengetreue Darstellung** *(true and fair presentation)* und den Bilanzeid; § 297 Abs. 2 HGB enthält aber wortgleiche Regelungen für den Konzernabschluss.
- § 274a HGB und § 276 HGB, da die dort für kleine oder mittlere Kapitalgesellschaften gewährten **Ausweiserleichterungen** im Hinblick auf Bilanz und GuV für den Konzernabschluss nicht gelten, vielmehr dort nach Abs. 1 die Regeln für große Kapitalgesellschaften entsprechend anzuwenden sind.
- Die den **Anhang** betreffenden §§ 284 bis 288 HGB, da für den Konzernabschluss eigene (inhaltlich weitgehend identische) Regelungen in §§ 313, 314 HGB bestehen.

Positiv ausgedrückt gelten damit für den Konzernabschluss 7

- sämtliche Ansatz- und Bewertungsvorschriften, die große Kapitalgesellschaften einzelbilanziell betreffen, sowie
- die Gliederungsvorschriften der §§ 265, 266, 268 HGB betreffend die Bilanz und §§ 275, 277, 278 HGB betreffend die GuV.

Auf die Kommentierungen der in → Rz. 5 bis → Rz. 7 zitierten Paragraphen zum Einzelabschluss wird verwiesen.

Nach Abs. 1 sind die Vorschriften nur **„entsprechend** anzuwenden". Abweichungen gegenüber dem Einzelabschluss ergeben sich hieraus insbesondere im Bereich der Gliederung von Bilanz (→ Rz. 14) und GuV (→ Rz. 31).

7a Das BilRUG hat den Kreis der entsprechend anzuwendenden einzelbilanziellen Vorschriften wie folgt geändert:

- Die analoge Anwendung von § 264c HGB betreffend Ausweis und Gliederung sowie die Abgrenzung zwischen Privat- und Betriebsvermögen bei Kap. & Co. ist erstmals explizit vorgeschrieben worden,
- Klarstellung, dass § 268 Abs. 8 HGB und § 272 Abs. 5 HGB betreffend Ausschüttungssperren keine Anwendung finden, da der Konzernabschluss nicht als Ausschüttungsbemessungsgrundlage dient. Dass dabei nicht zugleich § 272 Abs. 4 HGB (Rücklage für eigene Anteile am herrschenden Unternehmen) und § 264c Abs. 4 Satz 2 HGB (Ausgleichsposten für eigene Anteile bei Kap. & Co.) ausgenommen wurden, ist u. E. ebenso ein redaktionelles Versehen wie der fehlende Anwendungsausschluss der Pensionsbewertungen betreffenden Ausschüttungssperre von § 253 Abs. 6 Satz 2 HGB.

Aus der fehlenden Ausschüttungsbemessungsfunktion des Konzernabschlusses sind u. E. aber noch weitere Folgerungen zu ziehen. So halten wir im Gegensatz zu den Wertungen von DRS 22 eine Aufgliederung des Konzerneigenkapitals nach verschiedenen Arten von Rücklagen usw. nicht für sinnvoll bzw. zwingend (→ Rz. 17).

2. Rechtsformspezifische Vorschriften

8 Mit den in Abs. 1 angesprochenen entsprechend anzuwendenden rechtsformspezifischen Vorschriften sind in erster Linie Rechnungslegungsvorschriften des **AktG** und **GmbHG** gemeint, also etwa

- § 152 AktG (gesonderte Angabe der Einstellungen in/Entnahmen aus Rücklagen),
- § 158 AktG (Gewinnverwendungsrechnung),
- § 240 AktG (Ausweis des „Ertrags" aus der Kapitalherabsetzung in der Gewinnverwendungsrechnung),
- § 150 AktG (Pflicht zur Bildung einer gesetzlichen Rücklage),
- § 160 AktG (Anhangangaben zu eigenen Aktien, Nennbetrag der Aktien nach Gattungen etc.),
- § 42 Abs. 2 GmbHG (Aktivierung des Rechts auf Nachschüsse) sowie
- § 42 Abs. 3 GmbHG (gesonderter Ausweis oder Anhangangabe von Forderungen/Verbindlichkeiten gegenüber Gesellschaftern).

9 **Keine praktische Relevanz** für den Konzernabschluss haben die drei erstgenannten Vorschriften:

- AGs (und KGaA) sind nach **§ 152 Abs. 2 und 3 AktG** verpflichtet, die Einstellungen in Kapital- bzw. Gewinnrücklagen sowie die Entnahmen aus Kapital- bzw. Gewinnrücklagen in Bilanz oder Anhang für jeden Posten betragsmäßig gesondert anzugeben. Eine Anwendung auf Fälle, in denen das Mutterunternehmen eine Personengesellschaft oder eine GmbH ist und als AGs lediglich Tochterunternehmen in den Konzernabschluss einbezogen sind, ergibt wenig Sinn. Denn eine Darstellung der Rücklagenbewegungen dieser Töchter würde gerade nicht die Rücklagen der wirtschaftlichen Einheit „Konzern" wiedergeben. Zudem ist der Konzernabschluss nicht Grundlage der Gewinnverwendung. Dem Ausweis der Rücklagenbewegungen im Konzern kommt daher nicht die gleiche Bedeutung zu wie im Einzelabschluss. Auf die Darstellung der (fiktiven) Rücklagenbewegungen im Konzern kann daher verzichtet werden.[1]

- Mit entsprechenden Argumenten hält das Schrifttum eine Erweiterung der GuV um eine Gewinnverwendungsrechnung (**§ 158 Abs. 1 AktG**) und den gesonderten Ausweis eines Ertrags aus der Kapitalherabsetzung (**§ 240 AktG**) für nicht geboten.[2]

Für die weiteren, potenziell **bedeutsamen** Vorschriften gilt Folgendes: 10

- **§ 150 AktG** (gesetzliche Rücklage) und **§ 160 AktG** (Anhangangaben zu eigenen Aktien, Nennbetrag der Aktien nach Gattungen etc.): Soweit das Mutterunternehmen eine AG ist, muss die einzelbilanzielle Höhe der gesetzlichen Rücklage mindestens im Konzernanhang angegeben werden (→ § 297 Rz. 108). In den Konzernabschluss zu übernehmen sind auch die einzelbilanziellen Angabepflichten zu eigenen Aktien, Aktiengattungen etc. einer Mutter-Aktiengesellschaft (→ § 313 Rz. 19).
- Sofern das Mutterunternehmen eine GmbH ist, gilt **§ 42 Abs. 2 und 3 GmbHG** auch für den Konzernabschluss. Forderungen und Verbindlichkeiten gegenüber Gesellschaftern sind in diesem Fall in Konzernbilanz oder -anhang gesondert auszuweisen. Im Einzelabschluss des Mutterunternehmens aktivierte Rechte auf Nachschüsse sind in die Konzernbilanz zu übernehmen.

3. Branchenspezifische Vorschriften

Abs. 1 fordert die entsprechende Anwendung geschäftszweigspezifischer Vorschriften. 11

Infrage kämen in erster Linie Formblattvorschriften für Kreditinstitute und Versicherungen. Nach § 340i Abs. 2 Satz 2 HGB und § 341i Abs. 1 Satz 2 HGB ist § 298 Abs. 1 HGB auf die Konzernabschlüsse von Kreditinstituten und Versicherungsunternehmen jedoch nicht anzuwenden.

Die branchenspezifischen Vorschriften haben daher nur Bedeutung, wenn **Kreditinstitute oder Versicherungen in** einen **branchenfremden Konzernabschluss** einbezogen werden. Nach § 298 Abs. 1 i.V. mit § 265 Abs. 4 HGB ist dann die gesetzlich vorgeschriebene Gliederung für den bedeutendsten Geschäftszweig zu wählen. Die auf diese Weise in GuV oder Bilanz noch nicht berücksichtigten wesentlichen Posten der in anderen Geschäftszweigen tätigen Konzernunternehmen sind zu ergänzen. Auf die Ergänzung der Gliederung der Konzernbilanz und der Konzern-GuV kann verzichtet werden, sofern die fehlenden Posten für den Gesamtkonzern von untergeordneter Bedeutung sind.

4. Gliederungsvorschriften

4.1 Allgemeine Gliederungsgrundsätze

Für Bilanz und GuV gelten die **allgemeinen** Gliederungsgrundsätze (§ 297 Abs. 2 Satz 1 HGB i.V. mit § 265 HGB), also u. a. 12

1 Vgl. *ADS*, § 298 Tz. 193; ähnlich *Störk/Deubert* in Beck'scher Bilanz-Kommentar, 13. Aufl. 2022, § 298 Tz. 83.

2 Vgl. *Harms/Küting*, BB 1983 S. 344; *ADS*, § 298 Tz. 196; *Störk/Deubert* in Beck'scher Bilanz-Kommentar, 13. Aufl. 2022, § 298 Tz. 84.

- **Darstellungsstetigkeit** (→ § 265 Rz. 6 ff.),
- Angabe von **Vorjahresbeträgen** (→ § 265 Rz. 19 ff.),
- Vermerk oder Angabe der **Mitzugehörigkeit** von Vermögensgegenständen oder Schulden zu weiteren Posten (→ § 265 Rz. 51 ff.),
- Gliederung bei **mehreren Geschäftszweigen** (→ Rz. 11 und → § 265 Rz. 55 ff.),
- **weitere Untergliederung** und **neue Posten** (→ § 265 Rz. 36 ff.) sowie
- **Zusammenfassung** von Posten (→ § 265 Rz. 47 ff.).

13 Im Konzernabschluss sind nach gesetzlicher Vorgabe konzernspezifische Posten einzufügen. Betroffen sind:

- Auf der **Aktivseite** der Bilanz: **Beteiligungen an assoziierten** bzw. *Equity*-konsolidierten Unternehmen (→ Rz. 14).
- Auf der **Passivseite** der Bilanz: im Eigenkapital der Ausgleichsposten für Anteile **anderer Gesellschafter** (→ Rz. 17) und die Währungsumrechnungsrücklage (→ § 308a), unmittelbar nach dem Eigenkapital **negative Unterschiedsbeträge** aus der Konsolidierung (→ Rz. 21).
- In der **GuV**: Ergebnisse aus **assoziierten** bzw. *Equity*-konsolidierten Unternehmen (→ Rz. 31) sowie der Anteil der **Minderheitsgesellschafter** (nicht beherrschende Anteile) am Konzernjahresüberschuss/-fehlbetrag (→ Rz. 33).

4.2 Konzernspezifische Posten in der Bilanz

4.2.1 Beteiligungen an *Equity*-konsolidierten assoziierten und sonstigen Unternehmen

14 Beteiligungen an **assoziierten** Unternehmen sind gem. § 311 Abs. 1 Satz 1 HGB in einem **gesonderten Posten** darzustellen. Nach h. M. kann dieser Posten im Finanzanlagevermögen nach dem Posten A.III.2. eingefügt werden.[1]

15 Fraglich ist, wie folgende Fälle zu behandeln sind:

- Die wesentlichen assoziierten Beteiligungen werden *at equity* konsolidiert, weniger wichtige zu Anschaffungskosten bewertet.
- Neben den assoziierten Beteiligungen werden auch Gemeinschaftsunternehmen (§§ 310 f. HGB) und kleinere oder ausschließlich zur Weiterveräußerung bestimmte Tochterunternehmen (§ 296 Abs. 1 und 2 HGB) *at equity* konsolidiert.

Unseres Erachtens dient es nicht der Bilanzklarheit, wenn einerseits alle Beteiligungen an assoziierten Unternehmen unabhängig von der Bewertungs-/Konsolidierungsmethode in einem Posten zusammengefasst werden und andererseits Beteiligungen an *„At equity"*-konsolidierten Gemeinschaftsunternehmen oder an zur Weiterveräußerung bestimmten Tochterunternehmen unter sonstigen Finanzanlagen oder Anteilen an verbundenen Unternehmen erfasst werden.

Der Bilanzadressat ist **besser informiert**, wenn er erkennen kann, welche Posten das Ergebnis von Konsolidierungen sind (*„At equity"*-Beteiligungen) und welche unkonsolidiert zu Anschaffungskosten ausgewiesen werden. Wir befürworten daher folgende Gliederung:

1 Vgl. *ADS*, § 298 Tz. 113; *Störk/Deubert* in Beck'scher Bilanz-Kommentar, 13. Aufl. 2022, § 298 Tz. 58.

- einerseits den Posten **„Anteile an *Equity*-konsolidierten assoziierten und sonstigen Unternehmen"** (der Hinweis auf sonstige Unternehmen kann entfallen, wenn keine Gemeinschafts- oder Tochterunternehmen *Equity*-konsolidiert werden),
- daneben den Posten **„nicht konsolidierte Anteile an assoziierten, Gemeinschafts- und Tochterunternehmen"**.

Fraglich ist, ob der erste Posten **notwendig im Finanzanlagevermögen** zu platzieren ist. Für eine andere Platzierung (z. B. **zwischen** Anlage- und Umlaufvermögen) könnte folgendes Argument sprechen: Die ***Equity*-Methode** ist nicht ausschließlich eine Bewertungsmethode, sondern mindestens auch eine **Konsolidierungsmethode.** Das *Equity*-konsolidierte Vermögen des untergeordneten Unternehmens setzt sich aber nicht nur aus Anlagen zusammen, sondern enthält auch Umlaufvermögen, Schulden etc. Ein Ausweis des Konsolidierungsbetrags zwischen Anlage- und Umlaufvermögen entspräche dem besser als eine Platzierung im Finanzanlagevermögen. Die Qualifizierung als Vermögensgegenstand besonderer Art hätte zudem den **Vorteil,** dass *Equity*-Beteiligungen nicht Teil des **Anlagespiegels** sind. Die den Anlagespiegel kennzeichnende Differenzierung zwischen Zu-/Abgängen und Zu-/Abschreibungen muss dann nicht gewaltsam der mit der *Equity*-Methode verbundenen Fortschreibung des „Beteiligungsansatzes" um Ergebnisse, Ausschüttungen etc. „übergestülpt" werden (→ Rz. 29). 16

Gleichwohl ist u. E. eine Zurückhaltung gegenüber besonderen Posten geboten, da sonst die durch § 266 HGB vorgesehene Primärgliederung der Aktivseite auch in anderen Fällen (etwa mit bedingter Veräußerungsabsicht erworbene Anlagen) unterlaufen würde. Ein Ausweis von *Equity*-Beteiligungen im Anlagevermögen bleibt daher u. E. in Abwägung aller Argumente vorzugswürdig.

4.2.2 Eigenkapital und nicht beherrschende Anteile (Minderheitenanteile)

Nach § 307 Abs. 1 HGB ist bei nicht im 100%igen Besitz des Mutterunternehmens stehenden Tochterunternehmen ein **Ausgleichsposten** für die Anteile der anderen Gesellschafter (nicht beherrschende Anteile) **innerhalb des Eigenkapitals** gesondert auszuweisen. 17

Hinweise zur **Gliederung des Eigenkapitals** im Konzern enthält das Gesetz im Übrigen nicht. Es findet sich vielmehr der allgemeine Hinweis in Abs. 1, dass § 266 HGB (und andere einzelbilanzielle Vorschriften) „entsprechend anzuwenden" sind. Da eine „entsprechende Anwendung" und keine uneingeschränkte verlangt ist, müssen die einzelbilanziellen Eigenkapitalposten (§ 266 Abs. 3 A HGB) u. E. nicht eins zu eins übernommen werden. Möglich und sinnvoll ist die Rücksichtnahme auf **Besonderheiten** des Konzerns und des Konzernabschlusses. Beispielhaft gilt hier Folgendes:

- Einzelbilanziell sind die **Gewinnrücklagen** die Folge erwirtschafteter Gewinne und deren gesetzlich oder satzungsmäßig vorgeschriebener bzw. durch Beschluss bestimmter Verwendung. Auf der Ebene des Konzerns als wirtschaftlicher Einheit findet aber **keine Gewinnverwendung** im gesellschaftsrechtlichen Sinne statt. Der Differenzierung zwischen Gewinnrücklagen und Gewinnvortrag, aber auch der Unterteilung der Gewinnrücklagen fehlt daher die gesellschaftsrechtliche Grundlage. Sie ist auf Konzernebene **bloße Fiktion.**
- Abweichend von der Einzelbilanz enthalten die konzernbilanziellen „Gewinnrücklagen" und „Gewinnvorträge" auch **GuV-neutrale Effekte** aus Währungsumrechnung (§ 308a HGB).
- Ein als wirkliches Pendant zum „Bilanzgewinn" der Einzelbilanz fungierender **„Konzernbilanzgewinn" existiert nicht,** da eine Ergebnisverwendung im Konzern nicht stattfindet.

18 Als **Fazit** dieser beispielhaften Überlegungen kann festgehalten werden: Eine **Übernahme** der Gliederungsvorgaben aus **§ 266 Abs. 3 A HGB** ist im Konzernabschluss **wenig sachgerecht** und damit jedenfalls nicht zwingend.

19 Verstärkt wird dieser Befund durch eine Besonderheit des Konzernabschlusses: Nach § 297 Abs. 1 HGB ist der **Konzerneigenkapitalspiegel** Pflichtbestandteil des Abschlusses. In diesem Eigenkapitalspiegel wird nach Maßgabe von DRS 22 eine Aufgliederung des Eigenkapitals vorgenommen. Im Verhältnis von Eigenkapitalspiegel und Bilanz sind dann zwei Varianten denkbar:

- Die **Aufgliederung** des Eigenkapitals im **Konzerneigenkapitalspiegel** wird in die **Konzernbilanz übernommen** (vgl. im Einzelnen § 297 Rz. 94).
- In der **Konzernbilanz** wird **nur** die **Differenzierung zwischen Mutterunternehmen** (bzw. dessen Gesellschaftern) und **Minderheitsgesellschaftern** vorgenommen, jede weitere Untergliederung hingegen dem Eigenkapitalspiegel überlassen.

Die zweite Variante hat nicht nur den Vorteil, **Redundanzen** zu vermeiden. Sie entspricht auch der **gesetzlichen** Vorgabe von § 297 Abs. 1 HGB, nach der der Eigenkapitalspiegel ein der Bilanz und GuV gleichwertiger Pflichtbestandteil des Konzernabschlusses ist. Wie in die Einzelbilanz zwar das Ergebnis der GuV, nicht aber dessen Entwicklung bzw. Aufteilung einfließt, würde auf diese Weise die Konzernbilanz zwar das Resultat des Eigenkapitalspiegels zeigen, nicht aber dessen Unterteilungen. Im Übrigen entspricht die zweite Variante auch der **angelsächsischen Praxis,** die schon länger als die deutsche den Eigenkapitalspiegel als gleichwertigen Pflichtbestandteil kennt und sich folgerichtig bilanziell mit einer Aufteilung des Eigenkapitals auf Mutterunternehmen und Minderheit zufriedengibt.

20 Unserem Vorschlag folgend ergibt sich (je nach Existenz von Minderheitenanteilen) folgende Darstellung des Eigenkapitals:

Übersicht 1: Eigenkapital im Konzern

Mit Minderheit				Ohne Minderheit	
<u>Konzerneigenkapital</u>			A.	<u>Konzerneigenkapital</u>	xxx
Mutterunternehmen zuzurechnendes EK	<u>xxx</u>				
Nicht beherrschende Anteile	<u>xxx</u>	xxx			

20a Fraglich könnte sein, ob das vorgenannte Vorgehen auch noch mit DRS 22 (→ § 297 Rz. 92) kompatibel ist. Unseres Erachtens ist dies der Fall. Zwar verlangt DRS 22.15 eine Abstimmbarkeit der Spalten des Konzerneigenkapitalspiegels „mit den entsprechenden Posten der Konzernbilanz". Dies kann jedoch auch konditional in dem Sinne interpretiert werden, dass bei Verwendung gleichartiger Begriffe in Eigenkapitalspiegel und Bilanz eine Übereinstimmung der Inhalte und Untergliederungen gegeben sein muss, eine solche Verwendung aber nicht vorgeschrieben ist. Nach einem weiteren Hinweis in DRS 22.15 ist bei Aufstellung der Konzernbilanz unter Berücksichtigung der vollständigen oder teilweisen Verwendung des Konzernjahresüberschusses/-fehlbetrags (§ 268 Abs. 1 i. V. mit § 298 Abs. 1 HGB) auf die betreffenden Posten des Konzerneigenkapitalspiegels entsprechend anzuwenden. Hiernach gibt es lediglich eine Bindungswirkung in umgekehrter Richtung, von der Bilanz zum Eigenkapitalspiegel. Ohnehin ist aber fraglich, wie es zu einer Verwendung des Konzernergebnisses kommen soll (→ Rz. 17).

Auch bei Aufstellung des Jahresabschlusses der Mutter nach Ergebnisverwendung ist die Konzernbilanz nicht zwingend unter Ergebnisverwendung aufzustellen. Zwar stimmen dann die Gewinnrücklagen und ihre Bewegung im Jahresabschluss nicht mehr mit der im Konzernabschluss überein. Wegen unterschiedlichster Ursachen, etwa erfolgsneutral erfasster Korrekturen der Erwerbsbilanzierung nach § 301 Abs. 2 Satz 2 HGB oder erfolgsneutraler Veränderungen des Konzerneigenkapitals im Zusammenhang mit der Auf- und Abstockung von Anteilen an Tochterunternehmen ohne Statuswechsel, besteht aber ohnehin keine Identität zwischen den Gewinnrücklagen des Konzern- und Einzelabschlusses. Auf eine weitere, durch die Ergebnisverwendungsrechnung bedingte Abweichung kommt es daher nicht mehr an. Ein aus divergentem Vorgehen evtl. resultierender Erläuterungsbedarf kann im Anhang/EK-Spiegel erfüllt werden.[1]

4.2.3 Negativer Unterschiedsbetrag aus der Kapitalkonsolidierung

Bzgl. der Rechtslage vor BilMoG wurde es für vertretbar gehalten, negative Unterschiedsbeträge je nach Ursache – z. B. Gewinnthesaurierung zwischen Erwerb und Erstkonsolidierung vs. im Kaufpreis antizipierte Aufwendungen – entweder im Eigenkapital oder nach dem Eigenkapital auszuweisen.[2] Nach § 301 Abs. 3 Satz 1 HGB i. d. F. des BilMoG ist nur noch der Ausweis als „Unterschiedsbetrag aus der Kapitalkonsolidierung" **nach** dem **Eigenkapital** zulässig. Die in E-DRS 4.39 i. d. F. September 2009 noch vorgesehene Möglichkeit, auf den Saldo aller positiven und negativen Unterschiedsbeträge abzustellen und daher bei einem *Goodwill*-Überhang den passivischen Unterschiedsbetrag vom *Goodwill* aus anderen Unternehmenserwerben offen abzusetzen, ist in DRS 4 bzw. dem Nachfolgestandard DRS 23 nicht mehr enthalten. Entsprechend dem Wortlaut von § 301 Abs. 3 Satz 1 HGB ist daher eine unsaldierte Darstellung von „Geschäfts- oder Firmenwert" (auf der Aktivseite) und „(negativem) Unterschiedsbetrag aus der Kapitalkonsolidierung" (auf der Passivseite) geboten. 21

4.3 Besonderheiten des Konzernanlagespiegels

4.3.1 Überblick

Auch für den Konzernabschluss ist eine horizontale Darstellung der Entwicklung des Anlagevermögens **(Anlagespiegel)** im Anhang vorgeschrieben (§ 313 Abs. 4 HGB i. V. mit § 284 Abs. 3 HGB). 22

Von den summierten Anlagespiegeln der Einzelabschlüsse unterscheidet sich der Anlagespiegel des Konzernabschlusses u. a. aus folgenden Gründen:

- Zu- und Abgänge durch **Veränderung des Konsolidierungskreises** (→ Rz. 23),
- Nichteliminierung von **Zwischenergebnissen** (→ Rz. 26),
- **Währungsumrechnung** ausländischer Töchter nach der modifizierten Stichtagsmethode (→ Rz. 27) sowie
- **Bewertung** ***at equity*** statt zu Anschaffungskosten bei bestimmten Beteiligungen (→ Rz. 29).

1 Vgl. *Lüdenbach*, StuB 2017 S. 715.
2 Vgl. *Förschle/Hoffmann* in Beck'scher Bilanz-Kommentar, 6. Aufl. 2006, § 301 Tz. 163.

4.3.2 Veränderung des Konsolidierungskreises

23 Aus Sicht des Konzerns als wirtschaftlicher Einheit bedeutet der Erwerb bzw. die Veräußerung von Tochterunternehmen einen Einzelerwerb bzw. eine Einzelveräußerung der Vermögensgegenstände. Die auf solchen **realen Veränderungen des Konsolidierungskreises** beruhenden **Zu- und Abgänge** beim Anlagevermögen können mit den Zu- und Abgängen aus laufenden Geschäftsvorfällen zusammen ausgewiesen werden. Bei wesentlichen Veränderungen des Konsolidierungskreises sind die konsolidierungsbedingten Zu- und Abgänge jedoch **gesondert anzugeben** (§ 294 Abs. 2 Satz 1 HGB). Infrage kommen

- zusätzliche Erläuterungen im Konzernanhang,
- Davon-Vermerke im Konzernanlagespiegel sowie
- die Darstellung der Zu- und Abgänge aus Veränderungen des Konsolidierungskreises in Sonderspalten des Konzernanlagespiegels.

Neben den Anschaffungs-/Herstellungskosten sind bei **Abgängen** (Entkonsolidierung) auch die kumulierten Abschreibungen aufzulösen.

24 In Fällen der **Aufwärtskonsolidierung** – einfache oder *„At equity"*-konsolidierte Beteiligung wird durch Zuerwerb von Anteilen zu vollkonsolidiertem Tochterunternehmen – werden ein **Abgang der Beteiligung** und ein **Zugang des immateriellen und sachlichen Anlagevermögens** des vollkonsolidierten Unternehmens gebucht. Eine Aufteilung des Vorgangs in eine Umbuchung (nach Maßgabe der bisherigen Beteiligungshöhe) und einen Zugang (nach Maßgabe der Differenz von 100 % und bisheriger Beteiligungshöhe) ist nicht angemessen, da nach § 301 Abs. 2 HGB ausschließlich die Wertverhältnisse zum Erstkonsolidierungszeitpunkt maßgeblich sind.

25 Bei erstmaliger Aufstellung eines Konzernabschlusses, ebenso bei der **erstmaligen Einbeziehung** eines bisher **aus Wesentlichkeitsgründen** nicht konsolidierten Tochterunternehmens, sind die Wertansätze der Tochterunternehmen zum Zeitpunkt der erstmaligen Einbeziehung in den Konzernabschluss maßgeblich (§ 301 Abs. 2 HGB) und demzufolge in der **Zugangsspalte** zu erfassen.

Das Anlagevermögen des Mutterunternehmens kann nach Schrifttumsauffassung bei **erstmaliger Aufstellung eines Konzernabschlusses** wahlweise mit den ursprünglichen AK/HK in der Spalte „Anschaffungs- und Herstellungskosten" ausgewiesen werden oder zu aktuellen Buchwerten als Zugang zu Beginn des ersten Konzerngeschäftsjahres.[1]

4.3.3 Unterbliebene Zwischenergebniseliminierung

26 Sofern zwischen den konzernzugehörigen Unternehmen Anlagevermögen übertragen und nach § 304 Abs. 2 HGB wegen untergeordneter Bedeutung auf eine Zwischenergebniseliminierung verzichtet wird, sind aus der Übertragung resultierende **Werterhöhungen als Zuschreibungen** und Wertminderungen als Abschreibungen zu erfassen. Eine mengenmäßige Veränderung liegt nicht vor, ein Ausweis als Zugang oder Abgang kommt daher nicht infrage.[2]

1 Vgl. *ADS*, § 298 Tz. 120.
2 Vgl. *ADS*, § 298 Tz. 122.

4.3.4 Umrechnung ausländischer Tochterunternehmen

Bei der Umrechnung ausländischer Tochterunternehmen in die Berichtswährung des Konzerns (Euro) nach der modifizierten Stichtagsmethode (§ 308a HGB) ergibt sich folgendes beispielhaft dargestelltes Problem: 27

BEISPIEL Die Wechselkurse – Kurse zwischen Euro und Fremdwährung (FW) – entwickeln sich wie folgt:

1.1.01:	1,0 €/1,0 FW
Durchschnittskurs 01:	1,1 €/1,0 FW
31.12.01:	1,2 €/1,0 FW
Durchschnittskurs 02:	1,3 €/1,0 FW
31.12.02:	1,4 €/1,0 FW

Anlagevermögen wird am 1.1.01 bei einem Kurs von 1 €/1 FW zu 100 FW (= 100 €) vom Tochterunternehmen angeschafft und über zehn Jahre abgeschrieben. Der (hier verkürzt dargestellte) Anlagespiegel beider Perioden in FW ist wie folgt:

AK 1.1.01	Zugang 01	AK 31.12.01	Kum. Abschr.	BW 31.12.01	Abschr. 01
0 FW	100 FW	100 FW	10 FW	90 FW	10 FW

AK 1.1.02	Zugang 02	AK 31.12.02	Kum. Abschr.	BW 31.12.02	Abschr. 02
100 FW		100 FW	20 FW	80 FW	10 FW

Bei Umrechnung in Euro entsteht schon im Jahr 01 eine kleinere Differenz: Die **Abschreibung der Periode** ist mit **Durchschnittskursen** umzurechnen, die **kumulierte Abschreibung** hingegen zum **Stichtagskurs.** Bei sehr wesentlichen Differenzen kann dies im Anhang erläuterungsbedürftig sein.

AK 1.1.01	Zugang 01	AK 31.12.01	Kum. Abschr.	BW 31.12.01	Abschr. 01
0 €	120 €	120 €	12 €	108 €	11 €

Im Jahr 02 entsteht ein weiteres Problem: Wenn der Schlussbestand des letzten Jahres als **Anfangsbestand** auf das aktuelle Jahr übertragen wird, geht weder die Entwicklung zu den AK 31.12.02 noch die zum Buchwert 31.12.02 rechnerisch auf, weil die **Endbestände zum Stichtagskurs** 1,4 umzurechnen sind, die Anfangsbestände hingegen mit 1,2 umgerechnet wurden.

AK 1.1.02	Zugang 02	AK 31.12.02	Kum. Abschr.	BW 31.12.02	Abschr. 02
120 €		140 €	28 €	112 €	13 €

Eine Möglichkeit zur Auflösung dieser Differenz besteht in der **Anpassung des Anfangsbestands** an den aktuellen Kurs. Eine andere Möglichkeit ist die Erfassung von Umrechnungsdifferenzen in einer bzw. (unter Berücksichtigung der weiteren Differenz zwischen Durchschnitts- und Stichtagskurs) zwei **gesonderten Spalten.**

In der **Praxis** dominiert folgendes Vorgehen: 28

- Entweder werden **die Anfangsbestände angepasst** oder
- die Umrechnungsdifferenzen mit Zu-/Abgängen oder Zu-/Abschreibungen **saldiert.**

Ein solches Vorgehen ist aus Vereinfachungsgründen und zur Wahrung der Übersichtlichkeit des Anlagespiegels zulässig, sollte aber bei Wesentlichkeit erläutert werden. Infrage kommt etwa eine **Anhangangabe** folgender Art:

> „Differenzen aus der Umrechnung ausländischer Tochterunternehmen nach der modifizierten Stichtagsmethode sind durch Anpassung der Anfangsbestände berücksichtigt. Die

kumulierten Abschreibungen sind nach aktuellem Stichtagskurs umgerechnet, die Abschreibungen des laufenden Jahres nach Durchschnittskursen."

4.3.5 *Equity*-Beteiligungen

29 Sofern *Equity*-konsolidierte Beteiligungen überhaupt als Teil des Anlagevermögens angesehen werden (→ Rz. 16), ist eine Zuordnung der Wertänderungen der Beteiligungen zu den Spalten des Anlagespiegels erforderlich. Vertretbar ist folgende Differenzierung:

- Die mit einer **Änderung der Anteilsquote** verbundenen Wertänderungen werden als **Zu-/Abgang** behandelt,
- die auf das anteilige Jahresergebnis, Gewinnausschüttungen und die **Abschreibung von Unterschiedsbeträgen** zurückzuführenden Wertänderungen werden (saldiert oder unsaldiert) als **Zu-/Abschreibungen** erfasst.[1]

In der Entwicklung des Buchwerts aus den historischen Anschaffungskosten sind allerdings nur die Abschreibungen und nicht die Zuschreibungen kumuliert auszuweisen. Damit sich zu jedem Bilanzstichtag der Buchwert ableiten lässt, müssen die **Zuschreibungen** des Geschäftsjahres im Anlagespiegel des folgenden Jahres mit den **kumulierten Abschreibungen verrechnet** werden. Überschreitet nun der kumulierte Betrag der Zuschreibungen den Betrag der kumulierten Abschreibungen, wären im Anlagespiegel negative Abschreibungen zu berücksichtigen.[2]

Für vertretbar wird aber auch gehalten, in der Entwicklung von den Anschaffungs-/Herstellungskosten zum Buchwert die **Sonderspalte** „Aufgelaufene Wertänderungen *Equity*-Beteiligung" zu bilden sowie nach den Abschreibungen des Geschäftsjahres die weitere[3] Sonderspalte „Wertänderungen *Equity*-Beteiligungen für das Geschäftsjahr" einzufügen.

30 Die vorstehenden Komplikationen zeigen: Die Systematik des Anlagespiegels taugt nicht zur Darstellung der *Equity*-Technik. Soll diese gleichwohl berücksichtigt werden, ist der Anlagespiegel in einem Ausmaß zu verkomplizieren, das seine Verständlichkeit und Übersichtlichkeit insgesamt infrage stellt.

Ein solches Vorgehen halten wir nicht für sinnvoll. Der Anlagespiegel soll im Bereich der nicht abnutzbaren Vermögensgegenstände (Grundstücke, Finanzanlagen etc.) einen raschen Überblick über die Differenz von Anschaffungskosten und Buchwerten als Folge kumulierter außerplanmäßiger Abschreibungen geben; bei planmäßig abschreibbaren Vermögensgegenständen (Maschinen etc.) soll er über das Verhältnis von Buchwert und Anschaffungskosten einen groben Einblick in die Altersstruktur ermöglichen. Welchen relevanten Aussagewert der Anlagespiegel in Bezug auf *Equity*-Beteiligungen haben soll, ist demgegenüber nicht erkennbar. Ein qualitatives Wesentlichkeitsurteil, das den Informationsgewinn durch die Einbeziehung der *Equity*-Beteiligungen gegen den Informationsverlust aus der Komplizierung abwägt, kann damit regelmäßig eine Nichtberücksichtigung im Anlagespiegel rechtfertigen.

1 Vgl. *ADS*, § 298 Tz. 140 ff.; *Harms*, BB 1987 S. 935 ff.
2 Vgl. *Harms*, BB 1987 S. 935 ff.
3 Vgl. *ADS*, § 298 Tz. 144 ff.; dort auch weitere Darstellungsmöglichkeiten.

4.4 Besonderheiten der Konzern-GuV

4.4.1 Ergebnis aus *Equity*-konsolidierten assoziierten und sonstigen Unternehmen

Nach § 312 Abs. 4 Satz 2 HGB ist in der Konzern-GuV das auf assoziierte Beteiligungen entfallende Ergebnis besonders auszuweisen. Bestehen mehrere Beteiligungen an assoziierten Unternehmen, die teils zu einem Ertrag, teils zu einem Aufwand der Periode führen, ist ein getrennter Ausweis nicht erforderlich. Anzugeben ist das Ergebnis aus allen assoziierten Beteiligungen, also die **Saldo**größe.[1] Der Ausweis erfolgt im Finanzergebnis, z. B. in folgender Weise: 31

Übersicht 2:	Ergebnis aus *Equity*-Beteiligungen in der Konzern-GuV
9.	Ertrag/Aufwand aus assoziierten Unternehmen
10.	Erträge aus sonstigen Beteiligungen
11.	Erträge aus anderen Wertpapieren und Ausleihungen des Finanzanlagevermögens
12.	Sonstige Zinsen und ähnliche Erträge
13.	Abschreibungen auf Finanzanlagen und auf Wertpapiere des Umlaufvermögens
14.	Zinsen und ähnliche Aufwendungen

Die Saldogröße ist nach DRS 8.46 eine **Nachsteuergröße** und umfasst daher auch den Steueraufwand (oder -ertrag) aus der Beteiligung. Als zulässig gilt es aber, den Steueraufwand ganz oder in Teilen als Konzernsteueraufwand zu erfassen (→ § 312 Rz. 52).[2]

Wenn einerseits ein Teil der assoziierten Unternehmen (z. B. aus Wesentlichkeitsgründen) nicht *at equity* konsolidiert wird, andererseits neben assoziierten auch Gemeinschaftsunternehmen sowie ein Teil der Tochterunternehmen *Equity*-konsolidiert werden, halten wir es für sachgerecht, **alle Ergebnisse** aus *Equity*-konsolidierten **Unternehmen** und nur diese in einem Posten **zusammenzufassen,** der dann etwa die Bezeichnung „Ergebnis aus *Equity*-konsolidierten assoziierten und sonstigen Unternehmen" tragen kann. Zur Begründung wird im Einzelnen auf → Rz. 15 verwiesen. 32

4.4.2 Minderheitenanteil am Ergebnis

Nach § 307 Abs. 2 HGB ist in der Konzern-GuV der auf **andere Gesellschafter** (nicht beherrschende Anteile) **entfallende Gewinn oder Verlust** nach dem Konzernjahresüberschuss/-fehlbetrag gesondert auszuweisen. 33

Zwei gleichwertige Darstellungen kommen infrage:

Übersicht 3: Auf Minderheitsgesellschafter entfallender Gewinn	
Entwicklung zum Konzerngewinn	**Davon-Vermerk**
22. Konzernjahresüberschuss	22. Konzernjahresüberschuss
23. Auf nicht beherrschende Anteile entfallender Gewinn	23. Davon auf nicht beherrschende Anteile entfallend
24. Konzerngewinn	

(einstweilen frei) 34–37

1 Ebenso *Störk/Lewe* in Beck'scher Bilanz-Kommentar, 13. Aufl. 2022, § 312 Tz. 42 f.
2 Vgl. *Störk/Lewe* in Beck'scher Bilanz-Kommentar, 13. Aufl. 2022, § 312 Tz. 44.

III. Zusammenfassung von Konzernanhang und einzelbilanziellem Anhang (Abs. 2)

38 Abs. 2 gestattet die Zusammenfassung von Konzernanhang und Anhang des Einzelabschlusses des Mutterunternehmens, wenn Konzernabschluss und der Jahresabschluss des Mutterunternehmens **gemeinsam offengelegt** werden (→ § 325 Rz. 30). Für den **Konzernlagebericht** ergibt sich eine entsprechende Zusammenfassungsmöglichkeit aus § 315 Abs. 5 HGB (→ § 315 Rz. 3). Eine Zusammenfassung von Prüfungsbericht (→ § 321 Rz. 101) und Bestätigungsvermerk ist nicht notwendig, nach § 325 Abs. 3a HGB aber zulässig (→ § 325 Rz. 30).

39 Aus dem zusammengefassten Anhang muss hervorgehen, welche Angaben sich auf den Konzern und welche Angaben sich nur auf das Mutterunternehmen beziehen. Die Zusammenfassung muss außerdem dem Gebot der **Klarheit** und **Übersichtlichkeit** (§ 297 Abs. 2 Satz 1 HGB) Rechnung tragen. Sinnvoll und der Klarheit dienend ist eine Zusammenfassung dann, wenn sich durch sie **Wiederholungen vermeiden** lassen, etwa

- bei der Darstellung von Bilanzierungs- und Bewertungsmethoden,
- bei den Angaben zur Besicherung von Verbindlichkeiten,
- zu sonstigen finanziellen Verpflichtungen und
- Aufgliederung von Umsatzerlösen nach Tätigkeiten und Regionen.

BEISPIEL Im X-Konzern werden externe Umsätze ausschließlich vom Mutterunternehmen erbracht, während die Tochterunternehmen nur Vorleistungen erbringen. Bankkredite werden nur vom Mutterunternehmen aufgenommen und mit eigenen Grundstücken etc. besichert.

Leasingverhältnisse werden nur vom Mutterunternehmen abgeschlossen, die Leasingobjekte ggf. konzernintern an die Tochterunternehmen weiterüberlassen.

BEURTEILUNG Eine zusammengefasste Darstellung vermeidet Wiederholungen.

BEISPIEL Das Mutterunternehmen ist eine reine Verwaltungsholding und tätigt selbst keine Umsätze. Die Tochterunternehmen finanzieren sich autonom (u. a. über besicherte Bankverbindlichkeiten) und schließen auch sonstige Verträge (z. B. Leasingverträge) autonom ab.

BEURTEILUNG Im Abschluss des Mutterunternehmens gibt es keine Umsatzerlöse und damit keine Aufgliederungsnotwendigkeit nach § 285 Nr. 4 HGB. Diese besteht aber für den Konzern nach § 314 Abs. 1 Nr. 3 HGB.

Das Mutterunternehmen hat keine nach § 285 Nr. 1 HGB anzugebenden besicherten Verbindlichkeiten. Entsprechende Verhältnisse und somit Angabepflichten gem. § 314 Abs. 1 Nr. 1 HGB bestehen aber im Konzern.

Das Mutterunternehmen hat keine nach § 285 Nr. 3a HGB anzugebenden sonstigen finanziellen Verpflichtungen (aus Leasingverhältnissen). Solche bestehen aber im Konzern und sind dort nach § 314 Abs. 1 Nr. 2a HGB angabepflichtig.

Eine Zusammenfassung der Anhänge dient nicht der Klarheit und Übersichtlichkeit.

§ 299 Stichtag für die Aufstellung

(1) Der Konzernabschluss ist auf den Stichtag des Jahresabschlusses des Mutterunternehmens aufzustellen.

(2) [1]Die Jahresabschlüsse der in den Konzernabschluss einbezogenen Unternehmen sollen auf den Stichtag des Konzernabschlusses aufgestellt werden. [2]Liegt der Abschlussstichtag eines Unternehmens um mehr als drei Monate vor dem Stichtag des Konzernabschlusses, so ist dieses Unternehmen aufgrund eines auf

den Stichtag und den Zeitraum des Konzernabschlusses aufgestellten Zwischenabschlusses in den Konzernabschluss einzubeziehen.

(3) Wird bei abweichenden Abschlussstichtagen ein Unternehmen nicht auf der Grundlage eines auf den Stichtag und den Zeitraum des Konzernabschlusses aufgestellten Zwischenabschlusses in den Konzernabschluss einbezogen, so sind Vorgänge von besonderer Bedeutung für die Vermögens-, Finanz- und Ertragslage eines in den Konzernabschluss einbezogenen Unternehmens, die zwischen dem Abschlussstichtag dieses Unternehmens und dem Abschlussstichtag des Konzernabschlusses eingetreten sind, in der Konzernbilanz und der Konzern-Gewinn- und Verlustrechnung zu berücksichtigen oder im Konzernanhang anzugeben.

Inhaltsübersicht Rz.

LITERATUR:

Harms/Küting, Konsolidierung bei unterschiedlichen Bilanzstichtagen nach künftigem Konzernrecht – Grundprobleme der Voll-, Quoten- und Equity-Konsolidierung, BB 1985 S. 432; *Lüdenbach,* Rumpf- oder 18-monatiges Geschäftsjahr bei Änderung des Bilanzstichtags vom Jahres- auf den Halbjahresultimo?, PiR 2007 S. 292; *Maas/Schruff,* Unterschiedliche Stichtage im künftigen Konzernabschluss? – Eine Stellungnahme zur Transformation von Art. 27 der 7. EG-Richtlinie, WPg 1985 S. 1; *Maier,* Verhindert der einheitliche Konzernstichtag unterschiedliche Geschäftsjahre im Einzel- oder Konzernabschluss?, StuB 2008 S. 700; *Schneider,* Zwischenberichte, PiR 2009 S. 351.

I. Regelungsinhalt

§ 299 HGB trifft Regelungen zum **Stichtag des Konzernabschlusses:** 1

- Abs. 1 bindet den Stichtag des Konzernabschlusses an den Stichtag des Einzelabschlusses des Mutterunternehmens (→ Rz. 2),
- die Abs. 2 und 3 betreffen die Einbeziehung von Tochterunternehmen mit abweichenden Abschlussstichtagen (→ Rz. 3).

Der Konzernabschluss ist auf den **Stichtag des Einzelabschlusses des Mutterunternehmens** aufzustellen (Abs. 1). Aus der Identität der Stichtage folgt i.V. mit § 240 Abs. 2 Satz 2 HGB u. a., dass die Dauer des Konzerngeschäftsjahres zwölf Monate nicht überschreiten darf (→ Rz. 5). 2

Die Jahresabschlüsse der einbezogenen **Tochterunternehmen sollen** nach Abs. 2 Satz 1 auf den Stichtag des Konzernabschlusses aufgestellt werden (→ Rz. 6). 3

Soweit dieser Vorgabe nicht entsprochen wird, ist zu differenzieren:

► Liegt der Abschlussstichtag des Tochterunternehmens um **mehr als drei Monate** vor dem Stichtag des Konzernabschlusses, muss nach Abs. 2 Satz 2 für Zwecke der Einbeziehung ein **Zwischenabschluss** des Tochterunternehmens auf den Konzernabschlussstichtag erstellt werden (→ Rz. 7).

► Liegt der Abschlussstichtag des Tochterunternehmens **nicht mehr als drei Monate** vor dem Konzernstichtag, **kann** die Einbeziehung auf Basis des zeitlich abweichenden **Einzelabschlusses** des Tochterunternehmens erfolgen. In diesem Fall sind jedoch bedeutende Vorgänge zwischen den beiden Stichtagen nach Abs. 3 im Konzernabschluss zu berücksichtigen (→ Rz. 13).

Über den Verweis in § 310 Abs. 2 HGB gelten die die Tochterunternehmen betreffenden Regelungen **entsprechend** für quotal konsolidierte **Gemeinschaftsunternehmen.**

II. Stichtag des Konzernabschlusses, Dauer des Konzerngeschäftsjahres (Abs. 1)

1. Maßgeblichkeit des Abschlussstichtags des Mutterunternehmens

4 Der Konzernabschluss ist zwingend auf den **Stichtag des Einzelabschlusses des Mutterunternehmens** aufzustellen (Abs. 1). Ausnahmen bestehen nicht. Auch dann, wenn sich das Mutterunternehmen auf die Holdingfunktion beschränkt und alle wesentlichen operativen Gesellschaften einen gemeinsamen anderen Stichtag haben, ist der Konzernabschluss auf den Stichtag des Mutterunternehmens zu erstellen.

2. Dauer des Konzerngeschäftsjahres

5 Nach § 240 Abs. 2 Satz 2 HGB darf die Dauer des Geschäftsjahres für Zwecke des Einzelabschlusses zwölf Monate nicht übersteigen. Für den Konzernabschluss fehlt eine entsprechende explizite Regel. Weder verweist § 298 Abs. 1 HGB auf § 240 Abs. 2 Satz 2 HGB, noch ist in den §§ 290 ff. HGB eine eigenständige Regelung für das Konzerngeschäftsjahr enthalten.

Eine solche Regelung ist aber auch entbehrlich. Über die in Abs. 1 vorgegebene **Identität der Abschlussstichtage** des Mutterunternehmens und des Konzerns strahlt § 240 Abs. 2 Satz 2 HGB mittelbar auf den Konzernabschluss aus und begrenzt die **Dauer** des Konzerngeschäftsjahres auf **zwölf Monate.**

BEISPIEL ► Das Geschäftsjahr des Mutterunternehmens lief bisher vom 1.12. bis zum 30.11. Im Jahr 02 wird eine Umstellung des Geschäftsjahres auf das Kalenderjahr beschlossen.

Das Mutterunternehmen hat ein Rumpfgeschäftsjahr (1.12.02 bis 31.12.02) zu bilden und ab 03 Abschlüsse für die Kalenderjahre vorzulegen.

Der Konzernabschlussstichtag folgt stets und ohne Ausnahme dem Abschlussstichtag des Mutterunternehmens. Somit ergibt sich auch für den Konzern zunächst ein Rumpfgeschäftsjahr (1.12.02 bis 31.12.02) und ab 03 ein kalenderjahrgleiches Geschäftsjahr.

Abweichend hiervon könnte nach IFRS der Umstellungszeitraum auch über ein 13-monatiges Konzerngeschäftsjahr abgebildet werden.[1]

1 Vgl. *Lüdenbach*, PiR 2007 S. 292 ff.

Bei Umstellung des Geschäftsjahres eines Tochterunternehmens kann jedoch das Tochterunternehmen ggf. mit einem mehr als zwölfmonatigen Zeitraum in den Konzernabschluss einbezogen werden (→ Rz. 9).

Aus der Identität der Abschlussstichtage wird in Teilen des Schrifttums gefolgert, dass bei **erstmaliger unterjähriger Konzernierung** (z. B.: M erwirbt am 1.10. das erste Tochterunternehmen T) der Konzernabschluss gleichwohl für volle zwölf Monate aufzustellen sei, wobei die einzelbilanziellen Zahlen des Mutterunternehmens vor Konzernierung (1.1. bis 30.9.) mit den konsolidierten Zahlen ab Konzernierung (1.10. bis 31.12.) zusammenzurechnen seien. Übersehen wird dabei, dass § 299 Abs. 1 HGB zwar eine Aussage zum Stichtag der Konzernbilanz, aber keine zur Dauer des Geschäftsjahres trifft. Bei fortlaufender Bilanzierung ist dies kein Problem. Aus der vorjährigen Stichtagsidentität und der aktuellen resultiert in mathematisch einfacher Differenzrechnung zwangsläufig eine Identität der Dauer des Geschäftsjahres von Konzern- und Einzelabschluss. Bei erstmaliger Konzernierung fehlt es aber an dieser mathematischen Zwangsläufigkeit. Klar ist nur, dass (auch) das erste Konzerngeschäftsjahr zum Bilanzstichtag des Mutterunternehmens endet, in § 299 Abs. 1 HGB hingegen nicht geregelt ist, wann es beginnt. Unseres Erachtens beginnt das erste Konzerngeschäftsjahr in derartigen Fällen mit der Konzernierung (im Beispiel am 1.10.). Zur Begründung unserer Auffassung und zu weiteren Argumenten der Gegenauffassung wird auf → § 294 Rz. 16a verwiesen. 5a

III. Tochterunternehmen mit abweichendem Stichtag (Abs. 2)

1. Stichtagsidentität als Soll- oder Kannvorschrift (Abs. 2 Satz 1)

Die Jahresabschlüsse der einbezogenen **Tochterunternehmen** sollen nach Abs. 2 Satz 1 auf den **Stichtag des Konzernabschlusses** aufgestellt werden. Nach dem Wortlaut handelt es sich um eine **Sollvorschrift,** eine Abweichung würde demnach einen sachlichen Grund erfordern. Die h. M. interpretiert die Vorgabe jedoch eher als **Kannvorschrift** und lässt abweichende Stichtage von Tochterunternehmen ohne Begründung zu.[1] Teile des Schrifttums weisen zu Recht auf die geringe praktische Bedeutung dieser Frage hin: Abweichende Stichtage ziehen erhöhten Aufwand bei der Konsolidierung nach sich. Diesen erhöhten Aufwand wird ein rational handelnder Konzern auf Dauer nicht in Kauf nehmen, wenn nicht Gründe für die Abweichung bestehen. Bei Beibehaltung der Abweichung spricht daher schon der erste Anschein für das Vorliegen sachlicher Gründe. 6

Inhaltlich kommt eine Vielzahl von **Gründen** für einen abweichenden Einzelabschlussstichtag des Tochterunternehmens infrage, etwa

- das Interesse von Minderheitsgesellschaftern,
- der abweichende Saisonverlauf bei Tochterunternehmen,
- steuerbilanzpolitische Gründe sowie
- zwingende Vorgaben nach ausländischem Recht.

Soweit man entgegen der h. M. eine sachliche Begründung für ein Abweichen vom Konzernabschlussstichtag verlangen würde, fiele es also nicht schwer, diese zu finden.

1 Vgl. z. B. *ADS*, 6. Aufl., § 299 Tz. 18; *Mackedanz* in Haufe HGB Bilanz Kommentar, 12. Aufl. 2021, § 299 Tz. 4.

2. Zwischenabschlüsse

2.1 Zwingende und freiwillige Zwischenabschlüsse

7 Bei abweichendem Abschlussstichtag des Tochterunternehmens ist in zeitlicher Hinsicht wie folgt zu differenzieren:

► Liegt der Abschlussstichtag des Tochterunternehmens um **mehr als drei Monate** vor dem Stichtag des Konzernabschlusses, muss nach Abs. 2 Satz 2 für Zwecke der Einbeziehung in den Konzern ein **Zwischenabschluss** des Tochterunternehmens auf den Konzernabschlussstichtag erstellt werden (→ Rz. 10).

► Im Umkehrschluss folgt für einen **nicht mehr als drei Monate vor** dem Konzernstichtag liegenden Abschlussstichtag des Tochterunternehmens ein **Wahlrecht:** Die Einbeziehung kann auf Basis des zeitlich abweichenden Stichtags des **Einzelabschlusses** des Tochterunternehmens (→ Rz. 13) oder auf Basis eines auf den Konzernabschlussstichtag erstellten **Zwischenabschlusses** erfolgen.

► Der BilRUG-RefE (→ § 264 Rz. 37d) sah noch vor, einen bis zu drei Monate nach dem Konzernstichtag liegenden Abschlussstichtag einem bis zu drei Monate davorliegenden gleichzustellen. Die Begründung zum Referentenentwurf sprach hier von einer „Einschränkung", erweckte also den Eindruck, damit würden bisherige Spielräume verringert. Das Gegenteil wäre der Fall gewesen: Während bisher am Beispiel eines auf den 31.12.01 lautenden Konzernbilanzstichtags bei Tochterunternehmen A mit Abschlussstichtag 30.9.01 auf einen Zwischenabschluss verzichtet werden konnte, bei Tochterunternehmen B mit (viel näher am Konzernstichtag liegendem) Abschlussstichtag 15.1.02 hingegen nicht, sollte ein Verzicht gem. RefE zukünftig in beiden Fällen zulässig sein. Die endgültige Fassung des BilRUG ist von dieser Erleichterung aber wieder abgerückt. Es bliebe bei der bisherigen Rechtslage.

8 Das bei einer Abweichung von nicht mehr als drei Monaten bestehende Wahlrecht muss nicht **einheitlich** für alle betroffenen Tochtergesellschaften ausgeübt werden. Sachlich begründete Differenzierungen sind zulässig.

BEISPIEL ► Abschlussstichtag von MU und Konzern ist der 31.12. Die Tochterunternehmen TU-1 und TU-2 stellen ihre Abschlüsse auf den 30.9. auf.

Das personell gut ausgestattete TU-1 fertigt Monatsabschlüsse an und kann daher ohne größeren Aufwand einen Zwischenabschluss auf den 31.12. erstellen. Die Einbeziehung erfolgt daher auf Basis des Zwischenabschlusses.

TU-2 verfügt nicht über entsprechende Möglichkeiten. Die Einbeziehung erfolgt auf Basis des abweichenden Abschlussstichtags.

9 Wird ein Tochterunternehmen bislang auf Basis eines abweichenden Stichtags einbezogen und **passt** das Tochterunternehmen sein **Geschäftsjahr** dem von Mutterunternehmen und Konzern **an,** so kann es im **Umstellungszeitraum** mit einem **mehr als zwölf Monate** dauernden Zeitraum in den Konzernabschluss einzubeziehen sein.[1]

BEISPIEL ► Abschlussstichtag von MU und Konzern ist der 31.12. Das Tochterunternehmen TU hat seinen Abschluss bisher auf den 30.9. aufgestellt und wurde auf dieser Basis einbezogen. Im Jahr 02 wird der

1 Ebenso *Störk/Deubert* in Beck'scher Bilanz-Kommentar, 13. Aufl. 2022, § 299 Tz. 31.

Abschlussstichtag des Tochterunternehmens unter Bildung eines Rumpfgeschäftsjahres (1.10. bis 31.12.02) an MU und den Konzern angepasst.

BEURTEILUNG In den Konzernabschluss 02 wird TU mit dem Zeitraum 1.10.01 bis 31.12.02, also mit 15 Monaten, einbezogen. Eine Begrenzung des einzubeziehenden Zeitraums auf zwölf Monate würde entweder

- das Festhalten an Zwischenabschlüssen auf den 30.9. bedingen und damit im Widerspruch zu Abs. 2 stehen oder
- einen fiktiven Abschluss für den 1.1.01 bis 31.12.02 voraussetzen und damit gegen das Kongruenzprinzip verstoßen, da der Zeitraum 1.10. bis 31.12.01 auf diese Weise endgültig im Konzernabschluss unberücksichtigt bliebe.

Umgekehrt kann ein Tochterunternehmen auch hinsichtlich der Stromgrößen (GuV, Kapitalflussrechnung) und Bewegungsgrößen (Entwicklung des Eigenkapitals im Eigenkapitalspiegel) überhaupt nicht zu berücksichtigen sein:

BEISPIEL Abschlussstichtag von MU und Konzern war bisher der 31.12. Das Tochterunternehmen TU hat seinen Abschluss bisher auf den 31.3. aufgestellt und wurde auf dieser Basis einbezogen. Im Jahr 02 wird der Abschlussstichtag des Mutterunternehmens und damit des Konzerns unter Bildung eines Rumpfgeschäftsjahres (1.1. bis 31.3.02) an TU angepasst.

BEURTEILUNG In den Konzernabschluss des Rumpfgeschäftsjahres 02 wird TU zwar mit den Bestandswerten (Bilanz, Eigenkapital, Finanzmittelfonds) einbezogen, aber nicht mit den Strom- und Bewegungsgrößen. Die für das Tochterunternehmen im Zeitraum 1.1. bis 31.3.02 angefallenen Aufwendungen und Erträge, *cash inflows* und *cash outflows* sind bereits im Konzernabschluss für das Geschäfts- und Kalenderjahr 01 enthalten. Eine nochmalige Berücksichtigung im Konzernabschluss des Rumpfgeschäftsjahres würde gegen das Kongruenzprinzip verstoßen, da der Zeitraum 1.1. bis 31.3.02 auf diese Weise zweifach berücksichtigt wäre.

2.2 Anforderungen an einen Zwischenabschluss

An den Zwischenabschluss sind qualitativ ähnliche **Anforderungen** wie an einen **Jahresabschluss** zu stellen. **Wesentlichkeitsgesichtspunkte** spielen aber eine größere Rolle. Da der Zwischenabschluss von vornherein nur für Zwecke des Konzerns erstellt wird, beurteilt sich die Wesentlichkeit nach den Verhältnissen des Konzerns. Je geringer die Bedeutung des Tochterunternehmens für den Konzern ist, umso großzügiger kann beim Zwischenabschluss im Vergleich zum Einzelabschluss vorgegangen werden. Ein Beispiel bietet die körperliche **Bestandsaufnahme** bei Vorräten: 10

BEISPIEL Der Konzern K hat ein kalenderjahrgleiches Geschäftsjahr, das Geschäftsjahr des Tochterunternehmens läuft vom 1.9. bis zum 31.8. Das Tochterunternehmen wird auf Basis eines Zwischenabschlusses auf den 31.12. einbezogen.

Die Bilanzsumme des Tochterunternehmens besteht zu etwa 25 % aus selbst erstellten oder von Konzernfremden bezogenen Vorräten. Gemessen an den Konzernverhältnissen ist die Höhe der Vorräte jedoch nicht bedeutsam. Weniger als 5 % der gesamten Konzernvorräte sind dem Tochterunternehmen zuzurechnen. Bezogen auf die Konzernbilanzsumme bedeutet dies einen Anteil von ca. 1 %.

Die körperliche Bestandsaufnahme wurde für Zwecke des Einzelabschlusses auf den 1.8. durchgeführt und nach § 241 Abs. 3 HGB auf den 30.9. fortgeschrieben. Die Voraussetzungen für eine permanente Inventur (§ 241 Abs. 2 HGB) sind nicht gegeben.

Für den Zwischenabschluss wäre eine entsprechende Fortschreibung auf den 31.12. nicht zulässig, da die körperliche Bestandsaufnahme mehr als drei Monate vor dem Stichtag des Zwischenabschlusses erfolgt (§ 241 Abs. 3 Nr. 1 HGB). Angesichts der geringeren Bedeutung der Vorräte von TU für den Konzernabschluss bestehen aber keine Bedenken, für Zwecke des Zwischenabschlusses eine Fortschreibung über vier statt drei Monate vorzunehmen.

Entsprechende Wesentlichkeitsüberlegungen sind bei der Bemessung von **Rückstellungen** und **Abgrenzungsposten** angezeigt. Bei Pensionen ist etwa gegen eine Extrapolation des Werts vom Abschlussstichtag auf den Stichtag des Zwischenabschlusses regelmäßig nichts einzuwenden.[1]

11 Die Berücksichtigung **ergebnisabhängiger Aufwendungen** (Steuern, Tantiemen etc.) im Zwischenabschluss bereitet dann Probleme, wenn die auf Basis des Geschäftsjahresergebnisses geschuldeten Zahlungen **nicht linear,** sondern progressiv, degressiv oder unter Schwellenwertbedingungen vom Geschäftsjahresergebnis abhängen. Hierzu folgendes Beispiel:

BEISPIEL ▸ Das Geschäftsjahr von TU läuft vom 1.7. bis zum 30.6. Nach bisher wenig erfolgreichen Jahren werden am 1.7.01 neue Geschäftsführer eingestellt, die neben einer Fixvergütung ergebnisabhängige Vergütungen (Tantiemen) erhalten. Die Geschäftsführertantiemen betragen insgesamt 2 Mio. €, wenn das Ergebnis vor Tantieme mindestens 10 Mio. € beträgt, hingegen 0 bei einem darunterliegenden Geschäftsjahresergebnis (Schwellenwertbedingung).

Nachfolgend die tatsächliche Tantieme auf Basis des Geschäftsjahres sowie die fiktive auf Basis des Kalenderjahres (Zwischenabschluss):

	III-IV/01	I-II/02	III-IV/02	I-II/03	III-IV/03	I-II/04	III-IV/04	Summe
Ergebnis GJ vor Tantieme	5	5	4	6	3	7		30
Tats. Tantieme auf Basis GJ		-2		-2		-2		-6
Mischergebnis								24
Ergebnis KJ vor Tantieme		5	4	6	3	7	5	30
Fiktive Tantieme auf Basis KJ			0		0		-2	-2
Mischergebnis								28
Ergebnis KJ vor Tantieme			9		9		12	30
Tats. Tantieme			-2		-2		-2	-6
Ergebnis KJ nach Tantieme			7		7		10	24

12 Im Beispiel führt die Berechnung der schwellenwertabhängigen Tantieme auf Basis des **Kalenderjahres (Fiktionsmethode)** nicht nur zu zeitlichen Verzerrungen, sondern auch in der Summe aller Perioden zu einem **falschen Ergebnis.**

In **anderen Fällen** ergeben sich **keine Unterschiede** zwischen beiden Berechnungsmethoden oder nur solche **zeitlicher Art,** wobei dann die Erfassung nach der Fiktionsmethode ein sachgerechteres Verhältnis von Ergebnis vor erfolgsabhängiger Tantieme und Tantieme ergibt. Eine

1 Vgl. *ADS*, 6. Aufl., § 299 Tz. 32.

allgemein gültige Vorgabe, wie mit nicht linearen ergebnisabhängigen Bestandteilen umzugehen ist, lässt sich daher nicht formulieren. Notwendig ist aber zweierlei:

- Die gewählte Methode ist **stetig** anzuwenden.
- Soweit die **fiktive Methode** angewandt wird, ist eine sich dabei ergebende nicht nur zeitliche Differenz zur Berechnung auf Geschäftsjahresbasis im **Folge-Zwischenabschluss** zu **korrigieren** (periodenfremder Ertrag oder Aufwand).

IV. Bedeutende Vorgänge nach dem Stichtag des Einzelabschlusses (Abs. 3)

1. Berücksichtigung in Bilanz/GuV oder Anhang

13 Wird bei einem **nicht mehr als drei Monate** vor dem Konzernabschlussstichtag liegenden Abschlussstichtag des Tochterunternehmens zulässigerweise **kein Zwischenabschluss** erstellt, sind Vorgänge von **besonderer Bedeutung,** die zwischen dem Abschlussstichtag des Tochterunternehmens und dem Konzernabschlussstichtag eingetreten sind, **wahlweise** zu berücksichtigen

- in der Konzern**bilanz** und der **-GuV** (→ Rz. 17) oder
- als Angabe im **Konzernanhang** (→ Rz. 21).

Das Wahlrecht ist **zeitlich stetig** auszuüben. **Sachliche** Stetigkeit, d. h. die gleichartige Ausübung des Wahlrechts im Verhältnis zu unterschiedlichen Tochterunternehmen, wird im Schrifttum nicht gefordert.[1]

Die Berücksichtigung in der **Konzernbilanz/-GuV** erfordert eine **Nachbuchung** der bedeutenden Vorgänge. Bei umfangreichen Nachbuchungen nähert sich diese Fortschreibung vom Stichtag des Jahresabschlusses auf den Konzernabschlussstichtag einem Zwischenabschluss an.

2. Wesentlichkeit für den Einzelabschluss oder für den Konzernabschluss?

14 Nach dem Wortlaut von Abs. 3 sind vom Erfordernis der Fortschreibung in Bilanz/GuV oder Anhang nur Vorgänge betroffen, die für die Darstellung der **Vermögens-, Finanz- und Ertragslage** eines **einbezogenen Unternehmens – nicht des Konzerns** – von besonderer Bedeutung sind. Dies würde zu folgenden Differenzierungen führen:

- Der Vorgang betrifft ein für den Konzern eher **unbedeutendes Tochterunternehmen** und ist aus **Konzernsicht nicht wesentlich,** wohl aber aus Sicht des Tochterunternehmens: Eine Berücksichtigung in Konzernbilanz/-GuV oder -anhang wäre **erforderlich.**
- Das Mutterunternehmen liefert Vorräte an das größere Tochterunternehmen unter Realisierung eines hohen Zwischengewinns. Beim Tochterunternehmen und der Mutter ist der Vorgang **nicht wesentlich,** wohl aber aus Sicht des **Konzerns:** Eine Berücksichtigung in Konzernbilanz/-GuV oder -anhang wäre **nicht erforderlich.**

15 Ein solches Vorgehen wäre sachlich **nicht gerechtfertigt.** Der Adressat des Konzernabschlusses erhält Informationen über die Vermögens-, Finanz- und Ertragslage des **Konzerns –** und nicht über diejenige einbezogener Unternehmen. Beurteilungsmaßstab für die Wesentlichkeit kann daher nur die Bedeutung von Vorgängen für die Vermögens-, Finanz- und Ertragslage des Kon-

1 Vgl. *ADS*, 6. Aufl., § 299 Tz. 77.

zerns, nicht des einbezogenen Unternehmens sein. Jedenfalls aus dem allgemeinen **Wesentlichkeitsgrundsatz** ergibt sich daher eine Einschränkung von Abs. 3: Nach dem Abschlussstichtag des Tochterunternehmens liegende Vorgänge, die für den **Konzern unwesentlich** sind, müssen **nicht berücksichtigt** werden. Umgekehrt folgt aus dem Gebot der tatsachengetreuen Darstellung (→ § 297 Rz. 110): Vorgänge, die zwar nicht für ein einbezogenes Unternehmen, aber für den Konzern wesentlich sind, müssen berücksichtigt werden.

3. Einzelfälle

16 Soweit das Tochterunternehmen konzernintern und gegenüber Dritten einen der Höhe nach etwa **gleichbleibenden Leistungsverkehr** aufweist, besteht zwischen dem Einzelabschluss auf den abweichenden Stichtag und einem fiktiven Zwischenabschluss auf den Konzernabschlussstichtag i. d. R. kein bedeutsamer Unterschied. Eine **Berücksichtigung** der Vorgänge zwischen Einzel- und Abschlussstichtag in Bilanz/GuV oder Anhang ist **nicht geboten.**

Umgekehrt verhält es sich bei

- einem **gestiegenen oder gefallenen Leistungsverkehr,**
- **singulären** und der Höhe nach eher **ungewöhnlichen** Geschäftsvorfällen, unabhängig davon, ob diese erfolgswirksam oder wie etwa die Aufnahme oder Tilgung von Darlehen erfolgsneutral sind.

In beiden Fällen sind Fortschreibungen erforderlich, wobei eine Doppelberücksichtigung zu vermeiden und daher ggf. im Folgejahr eine Korrektur in umgekehrter Richtung vorzunehmen ist.

17 Ohne die Fortschreibung (bedeutender) Vorgänge auf den Konzernabschlussstichtag würde die **Konsolidierung** konzerninterner Beziehungen in vielen Fällen nicht mehr „aufgehen".

Hierzu zunächst ein Beispiel zur **Schuldenkonsolidierung** gem. § 303 HGB und **Aufwandskonsolidierung** gem. § 305 HGB:

BEISPIEL ▸ Geschäftsjahr von MU und Konzern ist das Kalenderjahr. Das Geschäftsjahr von TU läuft vom 1.10. bis zum 30.9.

Am 1.10.02 gewährt MU TU ein Darlehen über 100 Mio. € zu einem Zinssatz von 4 %.

Auf Basis des Einzelabschlusses von MU (31.12.02) und von TU (30.9.02) bzw. des daraus abgeleiteten Summenabschlusses gehen die Schuldenkonsolidierung und die Aufwandskonsolidierung nicht auf, da der Darlehensforderung der Mutter von 100 Mio. € (31.12.02) keine Verbindlichkeit der Tochter (per 30.9.02) gegenübersteht und dem Zinsertrag der Mutter von 1 Mio. € kein Zinsaufwand der Tochter, denn Letzterer ist erst nach dem 30.9.02 entstanden.

Die vorgenannten Differenzen sind mithin durch Nachbuchungen/Fortschreibungen bei der Tochter auszugleichen. Bei der Tochter sind in der Entwicklung des Einzelabschlusses zum fortgeschriebenen Abschluss folgende Nachbuchungen erforderlich:

Per Geld	100 Mio.	an	Verbindlichkeiten	100 Mio.
Per Zinsaufwand	1 Mio.	an	Verbindlichkeiten	1 Mio.

18 Nachbuchungen können auch aus Sicht der Zwischenergebniseliminierung gem. § 304 HGB erforderlich sein.

Eine Fortschreibung ist z. B. dann notwendig, wenn das Tochterunternehmen mit abweichendem Stichtag im Zeitraum zwischen Einzelabschluss- und Konzernabschlussstichtag Vermögensgegenstände an andere Konzernunternehmen geliefert hat, die zum Konzernbilanzstichtag (noch) nicht weiterveräußert worden sind.

BEISPIEL ▸ Geschäftsjahr von MU und Konzern ist das Kalenderjahr. Das Geschäftsjahr von TU läuft vom 1.10. bis zum 30.9. Am 31.12.02 überträgt TU die Rechte an einer selbst entwickelten, nicht aktivierten Marke für 10 Mio. € an MU. MU aktiviert die Marke.
Folgende Buchungen sind erforderlich:
Zur Fortschreibung bei der TU:

Per Forderung	10 Mio.	an	Ertrag	10 Mio.

Zur anschließenden Konsolidierung:

Per Ertrag	10 Mio.	an	aktivierte Marke	10 Mio.
Per Schulden	10 Mio.	an	Forderungen	10 Mio.

In Anwendung von § 304 Abs. 2 HGB kann eine Zwischenergebniseliminierung unterbleiben, wenn die Zwischenergebnisse für den Konzern von untergeordneter Bedeutung sind (→ § 304 Rz. 28).

Aus Sicht der **Kapitalkonsolidierung** sind Nachbuchungen notwendig, wenn sich im Zeitraum zwischen Einzel- und Konzernabschlussstichtag das Eigenkapital des Tochterunternehmens durch **Kapitalerhöhungen** oder **-herabsetzungen** verändert hat. 19

Bei Beteiligungen von **Minderheiten** am Tochterunternehmen ist der hierfür gebildete Ausgleichsposten (→ § 307 Rz. 2) nach Maßgabe der o. g. Fortschreibungen ebenfalls auf den Konzernabschlussstichtag fortzuschreiben. 20

4. Angaben im Konzernanhang

Eine Angabe der Vorgänge von besonderer Bedeutung nur im Konzernanhang muss einer Berücksichtigung in Konzernbilanz und Konzern-GuV **gleichwertig** sein. Die Anhangangabe kann sich daher nicht auf verbale Urteile der Art „... die Umsatzerlöse wären erheblich niedriger gewesen, wenn ...“ beschränken. Gefordert sind vielmehr Zahlenangaben, die sich auf einzelne Posten der Bilanz und GuV beziehen.[1] 21
Bei **mehreren** Unternehmen mit abweichendem Stichtag können die quantitativen Angaben **zusammengefasst** werden, soweit sie gleiche Posten betreffen.

Vierter Titel: Vollkonsolidierung

§ 300 Konsolidierungsgrundsätze, Vollständigkeitsgebot

(1) [1]In dem Konzernabschluss ist der Jahresabschluss des Mutterunternehmens mit den Jahresabschlüssen der Tochterunternehmen zusammenzufassen. [2]An die Stelle der dem Mutterunternehmen gehörenden Anteile an den einbezogenen Tochterunternehmen treten die Vermögensgegenstände, Schulden, Rechnungsabgrenzungsposten und Sonderposten der Tochterunternehmen, soweit sie nach dem Recht des Mutterunternehmens bilanzierungsfähig sind und die Eigenart des Konzernabschlusses keine Abweichungen bedingt oder in den folgenden Vorschriften nichts anderes bestimmt ist.

1 Vgl. *ADS*, 6. Aufl., § 299 Tz. 100.

(2) [1]Die Vermögensgegenstände, Schulden und Rechnungsabgrenzungsposten sowie die Erträge und Aufwendungen der in den Konzernabschluss einbezogenen Unternehmen sind unabhängig von ihrer Berücksichtigung in den Jahresabschlüssen dieser Unternehmen vollständig aufzunehmen, soweit nach dem Recht des Mutterunternehmens nicht ein Bilanzierungsverbot oder ein Bilanzierungswahlrecht besteht. [2]Nach dem Recht des Mutterunternehmens zulässige Bilanzierungswahlrechte dürfen im Konzernabschluss unabhängig von ihrer Ausübung in den Jahresabschlüssen der in den Konzernabschluss einbezogenen Unternehmen ausgeübt werden. [3]Ansätze, die auf der Anwendung von für Kreditinstitute oder Versicherungsunternehmen wegen der Besonderheiten des Geschäftszweigs geltenden Vorschriften beruhen, dürfen beibehalten werden; auf die Anwendung dieser Ausnahme ist im Konzernanhang hinzuweisen.

Inhaltsübersicht Rz.

LITERATUR:

Bömelburg/Köbrich, Vereinheitlichung im Konzernabschluss auf Ebene der einzubeziehenden Einzelabschlüsse (Handelsbilanzen II), BuW 1996 S. 725; *Ordelheide*, Bilanzansatz und Bewertung im Konzernabschluss, WPg 1985 S. 509.

I. Regelungsinhalt

1 Zur Erstellung des Konzernabschlusses ist gem. Abs. 1 zunächst eine **Zusammenfassung** der Einzelabschlüsse der einbezogenen Unternehmen vorzunehmen, wobei an die Stelle der Beteiligung an Tochterunternehmen deren Vermögensgegenstände, Schulden etc. treten (→ Rz. 7). Das Ergebnis dieser Zusammenfassung ist die **Summenbilanz** (→ Rz. 3). Aus der Summenbilanz wird unter Anwendung der eigentlichen Konsolidierungsmethoden (Kapital-, Aufwands- und Schuldenkonsolidierung sowie Zwischenergebniseliminierung gem. §§ 301 ff. HGB) der Konzernabschluss entwickelt.

2 Abs. 2 konkretisiert das **Vollständigkeitsgebot** in der Weise, dass für die Erfassung von Vermögen/Schulden etc. bzw. Erträgen/Aufwendungen auf das Recht des Mutterunternehmens und nicht auf das z. B. rechtsformbedingt andersartige Recht des Tochterunternehmens abzustellen ist. Auf Bilanzansatz und Bewertung gerichtete Gebote müssen – und entsprechende Wahlrechte können – daher unabhängig von der Handhabung in den Einzelabschlüssen der einbezogenen Unternehmen ausgeübt werden. Diese **Unabhängigkeit** vom **Einzelabschluss** gilt auch im Verhältnis zum Jahresabschluss des Mutterunternehmens.

Bewertungswahlrechte sind im Konzern **einheitlich** auszuüben (§ 308 HGB).

Strittig ist/war, ob dies auch für **Ansatzwahlrechte** gilt (→ Rz. 17).

II. Zusammenfassung der Jahresabschlüsse zur Summenbilanz (Abs. 1)

1. Entwicklung des Konzernabschlusses aus den Einzelabschlüssen (Abs. 1 Satz 1)

Die in Abs. 1 Satz 1 geforderte Zusammenfassung der Einzelabschlüsse bezieht sich auf **Bilanzen** und **GuV.** Die Praxis spricht von einer **Summenbilanz** und schließt in diesen Begriff die **Summen-GuV** ein. 3

Sofern das zu konsolidierende Tochterunternehmen ausnahmsweise nach einzelbilanziellem Recht keinen Jahresabschluss aufzustellen hat, führt Abs. 1 Satz 1 auch nicht zu einer mittelbaren Pflicht zur Jahresabschlusserstellung. Ausreichend für die Konsolidierung sind Arbeitsbilanzen, *reporting packages* etc.[1]

Die **Kapitalflussrechnung** (→ § 297 Rz. 6) ist von der Summenbildung **nicht** zwingend betroffen. Insbesondere bei Anwendung der indirekten Methode wird sie häufig direkt aus Konzern-GuV und Konzernbilanz abgeleitet, ohne einzelne Kapitalflussrechnungen zu aggregieren. Im Übrigen besteht für den Einzelabschluss regelmäßig auch gar keine Pflicht zur Aufstellung einer Kapitalflussrechnung (→ § 264 Rz. 6). 4

Der **Anhang** ist ebenfalls nicht von der Summenbildung betroffen, da eine Aggregation verbaler Angaben nicht möglich ist und im Übrigen Tochterunternehmen je nach Rechtsform auch gar keinen Anhang erstellen müssen.

Die Summenbildung ist die **technische Vorstufe** zur **Konsolidierung.** Zur Darstellung des Konzerns als wirtschaftlicher Einheit (→ § 297 Rz. 116) sind im Anschluss an die Summenbildung **konzerninterne** Beziehungen zu **eliminieren.** Betroffen sind 5

- konzerninterne Beteiligungs-/Kapitalverhältnisse (Kapitalkonsolidierung nach § 301 HGB),
- konzerninterne Schulden und Forderungen (Schuldenkonsolidierung nach § 303 HGB) sowie
- konzerninterne Aufwendungen und Erträge (Aufwandskonsolidierung nach § 305 HGB, Zwischenergebniseliminierung nach § 304 HGB).

Da die Summenbilanz ein rein technischer Schritt in der Entwicklung des Konzernabschlusses ist, kommt ihr **keine eigenständige rechtliche Wirkung** zu. Sie ist wie die HB II (→ Rz. 12) weder festzustellen noch zu billigen noch offenzulegen. 6

2. Bilanzierung nach dem Recht des Mutterunternehmens (Abs. 1 Satz 2)

2.1 Maßgeblichkeit des Rechts des Mutterunternehmens (Abs. 1 Satz 2)

An die Stelle der dem Mutterunternehmen gehörenden Anteile an den einbezogenen Tochterunternehmen treten bei der Konsolidierung die Vermögensgegenstände, Schulden, Rechnungsabgrenzungsposten und Sonderposten der Tochterunternehmen (→ Rz. 1) bzw. quotal konsolidierter Gemeinschaftsunternehmen (→ § 310 Rz. 4 ff.). Die Bilanzierung der Posten rich- 7

1 Gleicher Auffassung *ADS*, 6. Aufl., § 300 Tz. 4; *Störk/Kliem/Walkenbach* in Beck'scher Bilanz-Kommentar, 13. Aufl. 2022, § 300 Tz. 12.

tet sich nach dem **Recht des Mutterunternehmens.** Folgende beispielhafte Fälle sind von Relevanz:

- Das Mutterunternehmen ist Kapitalgesellschaft, das **Tochterunternehmen Personengesellschaft** und daher z. B. nicht zur Passivierung von Steuerlatenzen gem. § 274 HGB verpflichtet. Im Konzernabschluss ist eine Bilanzierung der passiven Latenz geboten.
- Das **Tochterunternehmen** bilanziert nach **ausländischem Recht** und aktiviert **Anlaufverluste** (Ingangsetzungskosten). Nach inländischem Recht – und daher im Konzernabschluss – dürfen die Anlaufverluste nicht aktiviert werden.

8 Abs. 2 dehnt die Unabhängigkeit von der Bilanzierung beim Tochterunternehmen auf **Wahlrechte** aus (→ Rz. 15).

9 **Rechtsformspezifisch** für Kreditinstitute und Versicherungen geltende Ansatzgebote und -wahlrechte werden in → Rz. 18 behandelt.

2.2 Die HB II als technischer Konsolidierungsschritt

10 Resultat der Anpassung an das Recht des Mutterunternehmens und die im Konzern beabsichtigte Wahlrechtsausübung ist die sog. **HB II** des einbezogenen Unternehmens. Die **Anpassung** betrifft sowohl Ansatzvorschriften gem. Abs. 1 als auch die nach § 308 HGB gebotene Vereinheitlichung der Bewertung.

11 Die Abfolge der konsolidierungstechnischen Schritte stellt sich unter Berücksichtigung der HB II wie folgt dar:

1. Ausgangspunkt: Einzelabschluss **(= HB I)**,
2. Anpassung an Recht des Mutterunternehmens und Wahlrechtsausübung des Konzerns **(= HB II)**,
3. Zusammenfassung der HB-II-Abschlüsse **(= Summenbilanz)**,
4. Eliminierungs- bzw. Konsolidierungsbuchungen **(= Konzernabschluss)**.

12 Wie die Summenbilanz hat die **HB II technischen** und **keinen rechtlichen** Charakter (→ Rz. 6). Es bleibt dem Konzern daher unbenommen, wie er die Konsolidierung organisiert, etwa durch

- besondere Konzernbuchführung oder
- Ergänzungsrechnungen zur Überleitung der HB I auf die HB II.

In diesem technischen Zusammenhang ist auch zu entscheiden, ob die bei der Erstkonsolidierung vorzunehmenden **Neubewertungen** (→ § 301 Rz. 45) bereits in der HB II vorgenommen und fortgeschrieben oder – bei überschaubarer Zahl von Tochterunternehmen – als Teil der Kapitalkonsolidierungsbuchung erfasst werden.

III. Vollständigkeitsgebot und Bilanzierungswahlrechte (Abs. 2)

1. Vollständigkeitsgebot (Abs. 2 Satz 1)

13 Die Vermögensgegenstände, Schulden, Rechnungsabgrenzungsposten, Erträge und Aufwendungen der Tochterunternehmen sind gem. Abs. 2 Satz 1 **vollständig** in den Konzernabschluss aufzunehmen, sofern nach dem maßgeblichen Recht des Mutterunternehmens (→ Rz. 7) nicht ein Ansatzverbot oder ein Ansatzwahlrecht besteht. Die Vorschrift ist dem Grunde nach überflüssig, da sich bereits aus § 298 Abs. 1 HGB i.V. mit § 246 Abs. 1 HGB das Vollständigkeitsgebot und aus Abs. 2 Satz 2 die Maßgeblichkeit des Rechts des Mutterunternehmens ergibt.

In **zeitlicher** Hinsicht umfasst das Vollständigkeitsgebot bei **unterjährigem Erwerb** eines Tochterunternehmens nur die Aufwendungen/Erträge, die ab dem Erwerbszeitpunkt (= Zeitpunkt der Erstkonsolidierung gem. § 301 Abs. 2 HGB) anfallen. Regelmäßig setzt diese zeitliche Abgrenzung die Aufstellung eines auf den Erstkonsolidierungsstichtag lautenden Zwischenabschlusses für das Erwerbsobjekt voraus. Unter Wesentlichkeitsgesichtspunkten kann ggf. auf einen Zwischenabschluss verzichtet und der Aufwand/Ertrag entweder für das gesamte Konzerngeschäftsjahr in die Konzern-GuV einbezogen (Erwerb in der ersten Jahreshälfte) oder auf deren Einbeziehung gänzlich verzichtet werden (Erwerb in der zweiten Jahreshälfte) (IDW RS HFA 44 Tz. 25). 14

Entsprechendes gilt für unwesentliche Tochterunternehmen, die wegen **unterjähriger Veräußerung** aus dem Konsolidierungskreis ausscheiden und deren anteilige Aufwendungen und Erträge letztmals zu konsolidieren sind (IDW RS HFA 44 Tz. 25). Bei wesentlichen Tochterunternehmen dürfen im Falle einer unterjährigen Entkonsolidierung unter Verzicht auf einen Zwischenabschluss die auf den Konzern entfallenden Aufwendungen und Erträge statistisch geschätzt werden (IDW RS HFA 44 Tz. 24). Dies erscheint insoweit unbedenklich, als nach den Regeln der Doppik mit Schätzungsfehlern bei der Ermittlung von Aufwendungen und Erträgen korrespondierende Schätzungsfehler beim abgehenden Nettovermögen einhergehen und damit nur die Aufteilung in laufenden Ergebnisbeitrag des Tochterunternehmens und Entkonsolidierungsergebnis, nicht hingegen das Konzernergebnis berührt wird.

Zu weiteren Einzelheiten wird auf → § 301 Rz. 14 verwiesen.

2. Bilanzierungswahlrechte (Abs. 2 Satz 2)

Bilanzierungswahlrechte, die für das Mutterunternehmen gelten, sind im Konzernabschluss unabhängig von ihrer Inanspruchnahme in den Einzelabschlüssen ausübbar. 15

BEISPIEL ▸ Das Tochterunternehmen übt das Wahlrecht zur Aktivierung qualifizierter Entwicklungskosten nach § 248 HGB nicht aus. Es macht jedoch von dem Wahlrecht der Aktivierung latenter Steuern (§ 274 HGB) Gebrauch.

Im Konzern sollen Entwicklungskosten aktiviert und nicht aus der Konsolidierung stammende aktive Latenzen nicht bilanziert werden. Eine solche Neuausübung der Wahlrechte ist nach Abs. 2 Satz 2 zulässig.

Strittig ist, ob das Recht zur Neuausübung von Wahlrechten auch **faktische Wahlrechte** (Ermessenspielräume) umfasst. Nach einer in der Literatur vertretenen Auffassung ist die Neuausübung von Ermessen nicht möglich. Es sei daher z. B. unzulässig, einer ungewissen Verbindlichkeit im Jahresabschluss eine Wahrscheinlichkeit von < 50 % zuzumessen und demzufolge keine Rückstellung anzusetzen, im Konzernabschluss aber ohne tatsächliche neue Erkenntnisse anders vorzugehen.[1] 16

Nach unserer Auffassung ist eine Bindung an Ermessensausübungen im Einzelabschluss hingegen häufig nicht gegeben: Die Ausübung von **Ermessen** setzt ein (Bilanzierungs-)**Subjekt** voraus. Dieses hat nach seinen (vertretbaren) Einschätzungen des Sachverhalts und seiner (vertretbaren) Interpretation der Rechtsnorm eine Bilanzierungsentscheidung zu treffen. Einschätzungen und Interpretationen anderer Subjekte können das Subjekt der Konzernbilanzierung nicht binden. Hieraus ergibt sich u. E. die Notwendigkeit folgender sachlicher Differenzierung:

1 Vgl. *Störk/Kliem/Walkenbach* in Beck'scher Bilanz-Kommentar, 13. Aufl. 2022, § 300 Tz. 51.

- Die Ermessensentscheidung betrifft einen Sachverhalt, der beim **Mutterunternehmen** oder bei einem im Geschäftsführungsorgan **personenidentischen Tochterunternehmen** vorliegt: Die **Subjekte** der Konzernbilanzierung und der Einzelbilanzierung sind **identisch.** Das Ermessen ist (vorbehaltlich tatsächlicher neuer Erkenntnisse) einheitlich auszuüben.
- Die Ermessensentscheidung betrifft ein in der Geschäftsführung **abweichend besetztes Tochterunternehmen:** Das Subjekt der Konzernbilanzierung ist **nicht** an die Entscheidungen des nicht personenidentischen Organs der Einzelbilanzierung **gebunden.**

17 **Ansatzwahlrechte** müssen nach ehemals herrschender, nun aber eher auf dem Rückzug befindlicher Meinung im Gegensatz zu Bewertungswahlrechten (vgl. → § 308 Rz. 1) bei gleichen Sachverhalten nicht einheitlich ausgeübt werden.[1] Zwei Begründungen werden bzw. wurden hierfür angeführt:

1. **Konzernspezifische** Vorschriften: Während § 308 HGB die einheitliche Bewertung im Konzernabschluss vorschreibt, fehlt eine entsprechende Vorschrift für den Bilanzansatz.
2. **Allgemeine** Vorschriften: Während für Bewertungen nach § 252 Abs. 1 Nr. 6 HGB i.V. mit § 298 Abs. 1 HGB die zeitliche und sachliche Stetigkeit gefordert ist, bestanden entsprechende Vorschriften für den Bilanzansatz vor dem BilMoG nicht. Dieses Argument ist durch die Einbeziehung des Ansatzes in das Stetigkeitsgebot (§ 246 Abs. 3 HGB) im Rahmen des BilMoG überholt.

Die unterschiedliche Ausübung von Ansatzwahlrechten im Konzern **verschlechtert** bei wesentlicher Größenordnung den Einblick in die Vermögens-, Finanz- und Ertragslage.

BEISPIEL Mehrere konzernzugehörige Unternehmen erzielen im Geschäftsjahr einen Verlust. Die Voraussetzungen für eine Aktivierung latenter Steuern nach § 274 HGB sind in allen Fällen gegeben. Der Konzern entscheidet sich jedoch, in einigen Fällen im Konzernabschluss eine Aktivierung vorzunehmen, sie in anderen Fällen aber zu unterlassen.

Die Position „aktive latente Steuern" stellt unter diesen Umständen ein Mixtum dar. Sie reflektiert weder die insgesamt erwartete Steuerentlastung aus den Verlustvorträgen (da ein Teil der Verlustvorträge nicht aktiviert wurde) noch eine Grundsatzentscheidung, auf die Aktivierung von Verlustvorträgen zu verzichten.

Eine sinnvolle Konzernsteuerquote ergibt sich in der GuV nicht.

Entsprechende Einschränkungen hinsichtlich des Einblicks in die Vermögens-, Finanz- und Ertragslage können aber nach der h. M. durch den Anhang geheilt werden. Soweit man dieser sog. Abkopplungsthese folgt (Bilanz und GuV müssen nicht den tatsachengetreuen Einblick in die Vermögens-, Finanz- und Ertragslage ermöglichen; es reicht vielmehr aus, wenn dies der Anhang leistet), ist die unterschiedliche Ausübung von Ansatzwahlrechten im Konzern konsistent. Unsere Einwände gegen die **Abkopplungsthese** haben wir unter → § 264 Rz. 17 ff. formuliert. Folgt man diesen Einwendungen, so sind auch Ansatzwahlrechte im Konzern einheitlich auszuüben.[2] Eine Einheitlichkeit beim Bilanzansatz ist u. E. jedenfalls durch die oben erwähnte Neufassung von § 246 Abs. 3 HGB durch das BilMoG, die wegen § 298 Abs. 1 HGB auch für den Konzernabschluss gilt, geboten.

1 Vgl. *ADS*, 6. Aufl., § 300 Tz. 29.
2 Im Ergebnis gl. A. *Küting/Tesche*, DStR 2009 S. 1491 ff.

IV. Einbezogene Kreditinstitute und Versicherungen (Abs. 2 Satz 3)

Bilanzansätze, die auf speziellen Vorschriften für **Kreditinstitute oder Versicherungen** beruhen, können nach Abs. 2 Satz 3 im Konzernabschluss auch dann beibehalten werden, wenn das Mutterunternehmen selbst nicht unter die Sondervorschriften fällt. 18

BEISPIEL Der Automobilkonzern A unterhält zum Zwecke der Absatzfinanzierung (Leasing) eine Bank. In deren Einzelabschluss ist gem. § 340g Abs. 1 HGB ein Posten „Fonds für allgemeine Bankrisiken" enthalten.

Nach Abs. 2 Satz 3 darf der Posten im Konzernabschluss von A beibehalten werden.

§ 301 Kapitalkonsolidierung

(1) [1]Der Wertansatz der dem Mutterunternehmen gehörenden Anteile an einem in den Konzernabschluss einbezogenen Tochterunternehmen wird mit dem auf diese Anteile entfallenden Betrag des Eigenkapitals des Tochterunternehmens verrechnet. [2]Das Eigenkapital ist mit dem Betrag anzusetzen, der dem Zeitwert der in den Konzernabschluss aufzunehmenden Vermögensgegenstände, Schulden, Rechnungsabgrenzungsposten und Sonderposten entspricht, der diesen an dem für die Verrechnung nach Absatz 2 maßgeblichen Zeitpunkt beizulegen ist. [3]Rückstellungen sind nach § 253 Abs. 1 Satz 2 und 3, Abs. 2 und latente Steuern nach § 274 Abs. 2 zu bewerten.

(2) [1]Die Verrechnung nach Absatz 1 ist auf Grundlage der Wertansätze zu dem Zeitpunkt durchzuführen, zu dem das Unternehmen Tochterunternehmen geworden ist. [2]Können die Wertansätze zu diesem Zeitpunkt nicht endgültig ermittelt werden, sind sie innerhalb der darauf folgenden zwölf Monate anzupassen. [3]Stellt ein Mutterunternehmen erstmalig einen Konzernabschluss auf, sind die Wertansätze zum Zeitpunkt der Einbeziehung des Tochterunternehmens in den Konzernabschluss zugrunde zu legen, soweit das Tochterunternehmen nicht in dem Jahr Tochterunternehmen geworden ist, für das der Konzernabschluss aufgestellt wird. [4]Das Gleiche gilt für die erstmalige Einbeziehung eines Tochterunternehmens, auf die bisher gemäß § 296 verzichtet wurde. [5]In Ausnahmefällen dürfen die Wertansätze nach Satz 1 auch in den Fällen der Sätze 3 und 4 zugrunde gelegt werden; dies ist im Konzernanhang anzugeben und zu begründen.

(3) [1]Ein nach der Verrechnung verbleibender Unterschiedsbetrag ist in der Konzernbilanz, wenn er auf der Aktivseite entsteht, als Geschäfts- oder Firmenwert und, wenn er auf der Passivseite entsteht, unter dem Posten „Unterschiedsbetrag aus der Kapitalkonsolidierung" nach dem Eigenkapital auszuweisen. [2]Der Posten und wesentliche Änderungen gegenüber dem Vorjahr sind im Konzernanhang zu erläutern.

(4) Anteile an dem Mutterunternehmen, die einem in den Konzernabschluss einbezogenen Tochterunternehmen gehören, sind in der Konzernbilanz als eigene Anteile des Mutterunternehmens mit ihrem Nennwert oder, falls ein solcher nicht vorhanden ist, mit ihrem rechnerischen Wert, in der Vorspalte offen von dem Posten „Gezeichnetes Kapital" abzusetzen.

Inhaltsübersicht **Rz.**

LITERATUR:

Abele, Bilanzierung nachträglicher Änderungen von Gewinnen aus Unternehmensverkauf, BB 2019 S. 2859 ff.; *Baetge,* Kapitalkonsolidierung nach der Erwerbsmethode im mehrstufigen Konzern in Förschle/Kaiser/Moxter (Hrsg.), Rechenschaftslegung im Wandel, Festschrift zum 65. Geburtstag von Dr. Wolfgang Dieter Budde, 1995, S. 19; *Beine/Roß,* Konzernrechnungslegung nach gesellschaftsrechtlichen Umstrukturierungen von Unternehmen unter gemeinsamer Beherrschung, BB 2012 S. 2743; *Ebeling/Paukstadt/Bohnefeld,* Anteilsaufstockungen im Kontext von DRS 23, WPg 2022 S. 84 ff.; *Ewelt-Knauer/Knauer,* Variable Kaufpreisklauseln bei (Teil-)Unternehmenserwerben, DStR 2011 S. 1918; *Freiberg,* Earn out-Klauseln beim Unternehmenserwerb, PiR 2008 S. 31; *Fröhlich,* Nochmals: Die Kapitalkonsolidierung bei Erwerb eines Teilkonzerns, WPg 2004 S. 65; *Kasperzak/Nestler,* Zur Berücksichtigung des Tax Amortisation Benefit bei der Fair-Value-Ermittlung immaterieller Vermögenswerte, DB 2007 S. 473; *Klaholz/Stibi,* Sukzessiver Anteilserwerb nach altem und neuem Handelsrecht, KoR 2009 S. 297; *Küting/Leinen,* Die Kapitalkonsolidierung bei Erwerb eines Teilkonzerns, Anmerkungen zum Beitrag von Fröhlich, WPg 2004 S. 70; *Küting/Zündorf,* Die konzerninterne Verschmelzung und ihre Abbildung im konsolidierten Abschluss, BB 1994 S. 1383; *Lüdenbach,* Erstkonsolidierung vor dinglichem Erwerb der Anteilsmehrheit, StuB 2011 S. 423; *Lüdenbach,* Die fair value-Ermittlung von Marken unter Berücksichtigung von Markenerhaltungsaufwendungen, PiR 2006 S. 268; *Lüdenbach,* Earn out-Klausel beim Beteiligungserwerb, StuB 2012 S. 154; *Lüdenbach,* Grenzen der buchwertfortführenden Transaktion unter gemeinsamer Beherrschung, StuB 2018 S. 335; *Lüdenbach/Freiberg,* BilRUG – Letzte Änderungen, BB 2015 S. 1649; *Lüdenbach,* Abstockung und Entkonsolidierung bei sukzessiver Anteilsveräußerung, StuB 2021 S. 377; *Lüdenbach/Freiberg,* Die Regelungen des BilRUG im Jahresabschluss, StuB 2015 S. 563; *Lüdenbach/Freiberg,* Rechnungsabgrenzungsposten bei der Erstkonsolidierung, DB 2021 S. 2573; *Lüdenbach/Hoffmann,* Beziehungen zum erworbenen Unternehmen (preexisting relationships) bei der Erstkonsolidierung nach IFRS 3, BB 2005 S. 651; *Lüdenbach/Prusaczyk,* Bilanzierung von In Process research and Development beim Unternehmenserwerb nach IFRS und US-GAAP, KoR 2004 S. 415; *Lüdenbach/Prusaczyk,* Bilanzierung von Kundenbeziehungen, KoR 2004 S. 204; *Lüdenbach/Völkner,* Abgrenzung des Kaufpreises von sonstigen Vergütungen bei der Erst- und Entkonsolidierung, BB 2006 S. 1435; *Müller/Potthast,* Ermessensspielräume bei der Kaufpreisallokation im handelsrechtlichen Konzernabschluss, StuB 2020 S. 428; *Oser,* Auf- und Abstockungen von Mehrheitsbeteiligungen im Konzernabschluss nach BilMoG, DB 2010 S. 65; *Oser,* Wieder eine Pflicht zur Neubewertung bei Gründung einer neuen Konzernholding – Plädoyer für eine Umsetzung von Art. 25 der neuen EU-Bilanzrichtlinie, BB 2014 S. 1387 ff.; *Pilhofer/Herr/Port,* Problemfelder bei der erstmaligen Aufstellung von Konzernabschlüssen, StuB 2020 S. 229; *Stibi,* Statuswahrende Auf- und Abstockung von Anteilen an Tochterunternehmen – (K-)ein Ende der handelsrechtlichen Diskussion in Sicht?, WPg 2012 S. 755.

I. Regelungsinhalt

Nach Abs. 1 Satz 1 ist für Zwecke des Konzernabschlusses der Buchwert der Beteiligung am Tochterunternehmen gegen den Anteil am Nettovermögen (Eigenkapital) des Tochterunternehmens zu verrechnen. Das Nettovermögen ist insgesamt – d. h. auch hinsichtlich der Minderheiten (→ Rz. 11) – zu beizulegenden **Zeitwerten** zu ermitteln, also unter Aufdeckung stiller Reserven und Lasten (→ Rz. 45). **Ausgenommen** von der Zeitbewertung sind durch Abs. 1 Satz 3 1

Rückstellungen und **latente Steuern,** für die die einzelbilanziellen Bewertungsvorschriften gelten (→ Rz. 91).

2 Ein nach der Verrechnung verbleibender Unterschiedsbetrag ist gem. Abs. 3 als ***Goodwill*** („Geschäfts- oder Firmenwert") zu aktivieren bzw. als **negativer „Unterschiedsbetrag** aus der Kapitalkonsolidierung" zu passivieren (→ Rz. 94).

3 Für die Verrechnung nach Abs. 1 und damit auch für die Bestimmung des *Goodwill* oder negativen Unterschiedsbetrags nach Abs. 3 sind gem. Abs. 2 Satz 2 die Verhältnisse zu dem **Zeitpunkt** maßgeblich, zu dem das Unternehmen Tochterunternehmen geworden ist (→ Rz. 13). Im einfachsten Fall entspricht dieser Zeitpunkt dem Anschaffungszeitpunkt der Anteile. Besonderheiten ergeben sich in folgenden Fällen:

- **Sukzessiver Anteilserwerb:** Wird der Status eines Tochterunternehmens nicht schon durch den ersten Erwerbsschritt, sondern erst durch einen späteren erlangt, sind die stillen Reserven nicht nach den Verhältnissen der einzelnen Erwerbsschritte, sondern einheitlich auf den Zeitpunkt der Statuserlangung zu bestimmen (→ Rz. 110).
- **Verzögerte Einbeziehung:** Wird das Tochterunternehmen zunächst wegen Unwesentlichkeit oder aus anderen in § 296 HGB zugelassenen Gründen nicht konsolidiert und ändert sich dies später, so sind nach Abs. 2 Satz 3 und 4 die Verhältnisse zum Zeitpunkt der erstmaligen Einbeziehung des Tochterunternehmens in den Konzernabschluss maßgeblich (→ Rz. 26).
- **Erstmaliger Konzernabschluss:** Das Gleiche gilt nach Abs. 2 Satz 3, wenn ein Mutterunternehmen erstmals zur Aufstellung eines Konzernabschlusses verpflichtet ist (→ Rz. 29).

4 Abs. 4 behandelt den Spezialfall einer **Rückbeteiligung** der Tochter an der Mutter. Die entsprechenden Anteile sind in der Konzernbilanz mit ihrem Nennwert (oder rechnerischen Wert) vom Posten „Gezeichnetes Kapital" abzusetzen (→ Rz. 130).

5 Nicht in § 301 HGB, sondern **an anderer Stelle des Gesetzes** geregelt sind

- die **Fortschreibung** von *Goodwill* und negativem Unterschiedsbetrag (→ § 309 Rz. 1 ff.) sowie
- der Ausgleichsposten für **Minderheiten** bei nicht 100%iger Beteiligung (→ § 307 Rz. 1 ff.).

Eine explizite Regelung zur Fortschreibung der **stillen Reserven** und **Lasten fehlt im Gesetz** vollkommen, ergibt sich aber z. B. aus der allgemeinen Überlegung, wonach sich stille Reserven durch Abnutzung (Abschreibung) oder Abgang des betreffenden Vermögensgegenstands vermindern. Kodifiziert wird die Fortschreibung durch DRS 23.99 (→ Rz. 108).

6 Auslegungsbedürftig ist § 301 HGB insbesondere bei der **Übergangs**konsolidierung sowie **Auf-** und **Abstockungen:**

- Von einer Übergangskonsolidierung wird dann gesprochen, wenn sich der Status einer Beteiligung ändert: im Rahmen einer **Aufwärtskonsolidierung** (→ Rz. 110), wenn schon vor dem Hinzuerwerb Anteile gehalten wurden (z. B.: Einfache Beteiligung oder ein assoziiertes Unternehmen wird durch Hinzuerwerb Tochterunternehmen); im Rahmen einer **Abwärtskonsolidierung** (→ Rz. 111), wenn die Anteilsquote durch eine Teilveräußerung unter 50 % sinkt (z. B.: Tochterunternehmen wird assoziiertes Unternehmen oder einfache Beteiligung).
- Die **Auf- und Abstockung** betrifft Erhöhungen und Minderungen der Beteiligungsquote ohne Änderung des Tochterstatus (→ Rz. 112).

II. Die Konzeption der Erwerbsmethode

1. Einzelerwerbsfiktion

Ein Unternehmenserwerb kann sich rechtlich sowohl in der Form eines Erwerbs von einzelnen Vermögensgegenständen *(Asset-Deal)* als auch in der Form eines Anteilserwerbs *(Share-Deal)* vollziehen. In beiden Fällen kann der Kaufpreis über dem Buchwert des zugehenden Nettovermögens liegen und es damit einerseits zur Aufdeckung stiller Reserven, andererseits zur Aufdeckung von *Goodwill* kommen. Beim ***Asset-Deal*** dürfen im **Einzel- oder Konzernabschluss** die Buchwerte des Veräußerers nicht fortgeführt werden. Über den Bilanzansatz beim Erwerber entscheiden vielmehr dessen Anschaffungskosten, die unter Aufdeckung stiller Reserven auf die einzelnen Vermögensgegenstände und Schulden sowie einen evtl. *Goodwill* zu verteilen sind (§ 253 Abs. 1 HGB und § 246 Abs. 1 Satz 4 HGB). Vgl. zum Verteilungsproblem → § 255 Rz. 54. 7

Beim ***Share-Deal*** in Form des Erwerbs der (Mehrheit der) Anteile an einer Tochtergesellschaft ist im **Konzernabschluss** entsprechend zu verfahren, da hier nicht der eine Vermögensgegenstand „Beteiligung an Tochterunternehmen" ausgewiesen wird, sondern gem. § 300 HGB an dessen Stelle die Vermögensgegenstände, Schulden sowie Abgrenzungs- und Sonderposten des Tochterunternehmens treten. Fingiert wird somit der Erwerb der hinter der Beteiligung stehenden Vermögensgegenstände und Schulden sowie eines evtl. *Goodwill*. Diese sog. **Einzelerwerbsfiktion** liegt den Regelungen von § 301 HGB zugrunde. 8

Bei der Abbildung des *Share-Deals* im Konzernabschluss ergeben sich jedoch im Vergleich zum Unternehmenserwerb im Einzelabschluss drei **Besonderheiten:** 9

- An die Stelle der Anschaffungskosten tritt der **Beteiligungsbuchwert.** Dieser kann z. B. bei Kontrollerlangung in mehreren Erwerbsschritten von den Anschaffungskosten abweichen.
- Bei Erwerb einer nicht 100 % betragenden Kontrollmehrheit ist gleichwohl der **100%ige** Erwerb der Vermögensgegenstände und Schulden **zu fingieren.** Der Ausgleich zu den nur quotal angefallenen Anschaffungskosten erfolgt durch einen Passivposten für nicht beherrschende Anteile **(Minderheiten)**.
- Der Verteilung des Beteiligungsbuchwerts (i. d. R. zugleich des Kaufpreises) auf die einzelnen Vermögensgegenstände und Schulden sowie einen evtl. *Goodwill* (sog. **Kaufpreisallokation**) erfolgt nicht nach den Wertverhältnissen des Erwerbs-, sondern nach denen des Erstkonsolidierungszeitpunkts.

In **zeitlicher Abfolge** stellen sich somit folgende Aufgaben bei der Erstkonsolidierung: 10

- Der **Stichtag** der Erstkonsolidierung ist zu bestimmen, um z. B. bei Erlangung des Tochterstatus in einem Erwerbsakt u. a. gekaufte Ergebnisse des erworbenen Unternehmens (bis zum Stichtag angefallen, daher Teil der Erstkonsolidierung) von nach dem Unternehmenszusammenschluss anfallenden Ergebnissen abzugrenzen (→ Rz. 14).
- Die Anschaffungskosten des Erwerbs und daraus abgeleitet der **Beteiligungsbuchwert** sind zu bestimmen. Hierbei ergeben sich Komplikationen etwa im Falle ungewisser Anschaffungskosten (z. B. aus ergebnisabhängigen *Earn-out*-Vereinbarungen; → Rz. 36).
- Die Aufteilung der Anschaffungskosten bzw. des Beteiligungsbuchwerts ist vorzunehmen. Diese **Kaufpreisallokation** i. e. S. erfordert Folgendes:

- Die **beizulegenden Zeitwerte** der Vermögensgegenstände und Schulden sind zu bestimmen, d. h., stille Reserven und stille Lasten sind aufzudecken (→ Rz. 45). Auch bei nicht 100%iger Beteiligung sind zwingend 100 % der stillen Reserven und Lasten darzustellen (→ Rz. 11).
- Die **latenten Steuern** sind zu ermitteln. Sie erfahren u. a. durch die Aufdeckung der stillen Reserven und stillen Lasten eine Änderung gegenüber dem einzelbilanziellen Ansatz beim Erwerbsobjekt (→ Rz. 128).
- Schließlich ist der *Goodwill* (oder negativer Unterschiedsbetrag) als Differenz von Beteiligungsbuchwert einerseits und Zeitwert (abzüglich latenter Steuern) andererseits zu bestimmen (→ Rz. 94). Der *Goodwill* ist wie ein Vermögensgegenstand anzusetzen (→ § 246 Rz. 380). Bei negativem Unterschiedsbetrag ergibt sich ein Passivposten, dessen Auflösung besonderen Regeln unterliegt (→ § 309 Rz. 14).

11 Seit der Neufassung von § 301 HGB durch das BilMoG ist für Unternehmenserwerbe eine nur **beteiligungsproportionale,** dem Mehrheitsanteil entsprechende Aufdeckung stiller Reserven (sog. Buchwertmethode) nicht mehr zulässig. Geboten ist die volle Aufdeckung der stillen Reserven nach der sog. **Neubewertungsmethode** (genauer: Methode der vollständigen Neubewertung). Im Normalfall (stille Reserven höher als stille Lasten) führt sie zu einem höheren Ansatz von Vermögensgegenständen und einem höheren Minderheitenanteil als die beteiligungsproportionale Neubewertung nach der Buchwertmethode (→ Rz. 95). Bei der Folgekonsolidierung ergeben sich entsprechend höhere Abschreibungen auf das Anlagevermögen und ein niedrigerer (durch Abschreibung auf die stillen Reserven belasteter) Gewinnanteil der Minderheitsgesellschafter.

Die **Methode der Interessenzusammenführung** *(pooling of interest)*, bei der die beteiligten Unternehmen ihre Buchwerte fortführen, ist nach Streichung von § 302 HGB durch das BilMoG nicht mehr zulässig.

2. Vergleich mit der *acquisition method* der internationalen Rechnungslegung

12 Auch die **internationale Rechnungslegung** folgt der Einzelerwerbsfiktion (→ Rz. 7) bzw. Erwerbsmethode *(acquisition method)*. **Unterschiede** bestehen aber in technischer und sachlicher Hinsicht:

- **Technisch** kommen die Regelungen von **IFRS 3** zur Erstkonsolidierung ohne Bezugnahme auf den Einzelabschluss und den Beteiligungsbuchwert aus. Die Eigenständigkeit (und Vorrangigkeit) des Konzernabschlusses (in der angelsächsischen Praxis z. T. durch eine geschlossene Konzernbuchhaltung umgesetzt) wird betont. Die **Anschaffungskosten** des Konzerns werden daher dem vom Konzern erworbenen Vermögen gegenübergestellt, der Beteiligungsbuchwert der Einzelbilanz wird nicht angesprochen. **§ 301 Abs. 1 HGB** setzt demgegenüber bei der (im Inland üblichen) Technik der Konsolidierung vom Einzelabschluss über den Summenabschluss und die Konsolidierungsbuchungen zum Konzernabschluss an. Der im Summenabschluss noch enthaltene **Beteiligungsbuchwert** ist gegen das Nettovermögen des Tochterunternehmens zu konsolidieren.
- **Sachlich** folgt IFRS 3 stärker der **wirtschaftlichen Betrachtungsweise.** Das auffälligste Beispiel ist der **umgekehrte Unternehmenserwerb** *(reverse acquisition)*. Beim umgekehrten Unternehmenserwerb ist nach IFRS 3.B19 das Unternehmen, das rechtlich erworben wurde, in wirtschaftlicher Betrachtung der Erwerber. Hinsichtlich der Bestimmung des *Good-*

will und der aufzulösenden stillen Reserven ist dann nach IFRS 3 dem wirtschaftlichen Sachverhalt zu folgen, während das HGB entsprechend den rechtlichen Verhältnissen vorgeht.

BEISPIEL Die börsennotierte Online-O-AG erwirbt sämtliche Anteile der Verlags-GmbH V. Die Transaktion wird als Kapitalerhöhung gegen Einlage durchgeführt. Dadurch erhalten die Gesellschafter von V neue Aktien von O. Nach der Kapitalerhöhung halten die Gesellschafter von V die Mehrheit an der O-AG.

- O ist nur formell Erwerber.
- In wirtschaftlicher Betrachtung erfolgt der Erwerb durch V.

BEURTEILUNG NACH IFRS 3 Gemäß IFRS 3.B19 liegt ein umgekehrter Unternehmenserwerb vor, bei dem V als Erwerber zu identifizieren ist. Stille Reserven und *Goodwill* sind daher für V aufzudecken.

BEURTEILUNG NACH HGB Nach § 301 HGB ist O der Erwerber. Stille Reserven und *Goodwill* sind daher für V aufzudecken.

Neben dem umgekehrten Erwerb werden auch bestimmte **Umstrukturierungen** nach IFRS anders behandelt als nach HGB.

BEISPIEL Die Unternehmen A und B werden unter Wahrung ihrer rechtlichen Selbständigkeit (also nicht durch Fusion) im Wege der Sacheinlage in eine NewCo eingebracht. Die Alt-Anteilseigner von A und B erhalten je 50 % der Anteile an der NewCo, obwohl der Unternehmenswert von A als signifikant höher bewertet wurde als der von B. Als „Ausgleich" erhalten die Vorstände von A mehr Einfluss bei der Auswahl des Managements der NewCo.

Die NewCo ist nach IFRS 3 nur rechtliches Vehikel des Zusammenschlusses, kein Erwerber. Eines der beiden fusionierenden Unternehmen ist daher als Erwerber des anderen zu identifizieren – in diesem Fall A, denn A hat den signifikant höheren Unternehmenswert und das Management von A mehr Einfluss auf die Zusammensetzung des Managements der NewCo.

Nach HGB ist die NewCo rechtlicher Erwerber. Entsprechend sind nicht nur bei B, sondern auch bei A stille Reserven und ein *Goodwill* aufzudecken.

III. Maßgeblichkeit des Erstkonsolidierungszeitpunkts (Abs. 2)

1. Überblick

Nach Abs. 2 Satz 1 erfolgt die Verrechnung des Beteiligungsbuchwerts mit dem zum Zeitwert erfassten Eigenkapital nach den Verhältnissen des **Zeitpunkts,** zu dem das Unternehmen **Tochterunternehmen** geworden ist. Bei **sukzessivem Anteilserwerb** sind daher die Zeitwerte bzw. stillen Reserven einheitlich auf Basis des letzten, zum Mutter-Tochter-Verhältnis führenden Erwerbs zu bestimmen (→ Rz. 110). 13

Bei Erlangung der Kontrolle in einem Schritt kann die **rechtliche Abstufung des Erwerbsprozesses** (Verpflichtungsgeschäft, Gremienzustimmung, Kartellamtszustimmung, dingliches Geschäft) Schwierigkeiten bereiten. Fraglich ist dann, auf welcher rechtlichen Stufe der Status als Tochterunternehmen entsteht und damit die Erstkonsolidierung vorzunehmen ist (→ Rz. 16). Die Frage ist von mehrfacher Relevanz: 14

- Der Erstkonsolidierungszeitpunkt grenzt die erworbenen **alten Gewinne** gegenüber vom Konzern selbst erwirtschafteten **neuen Gewinnen** ab. Die alten Gewinne gehen in die Erstkonsolidierung ein. Die ab dem Tag des Unternehmenserwerbs entstehenden Gewinne sind Bestandteil der Konzern-GuV. Regelmäßig ist bei unterjährigen Erwerben insoweit die Erstellung eines Zwischenabschlusses erforderlich. Lediglich unter Wesentlichkeitsvorbehalt kann eine statistische Abgrenzung der Erträge und Aufwendungen (Zwölftelung) als Ersatz dienen oder in Einzelfällen bei nah am Periodenbeginn oder -ende liegendem Erwerb eine Abgrenzung auch ganz unterbleiben (IDW RS HFA 44 Tz. 23 ff.).

- Bei einem Erwerb in einem Schritt sind auf den Erstkonsolidierungszeitpunkt (= Erwerbszeitpunkt) die **Werte** der nicht in Geld bestehenden Bestandteile des Kaufpreises (z. B. hingegebene Anteile) sowie die beizulegenden Zeitwerte der erworbenen Vermögensgegenstände und Schulden zu bestimmen, mittelbar damit auch der *Goodwill.*

15 Erstkonsolidierungszeitpunkt und Erwerbszeitpunkt können auch bei Kontrollerlangung in einem Schritt voneinander abweichen. In Abs. 2 geregelte Anwendungsfälle der **verzögerten Erstkonsolidierung** sind:

- Das Tochterunternehmen wurde zunächst (z. B. wegen Unwesentlichkeit) noch nicht konsolidiert. Es wird **erst später einbezogen** (→ Rz. 26).
- Der Erwerber ist noch nicht zum Zeitpunkt des Erwerbs bzw. der Erlangung des Tochterstatus, sondern erst später **konzernrechnungslegungspflichtig** (→ Rz. 29).

2. Die rechtlichen Stufen des Erwerbsprozesses

16 Klammert man den sukzessiven Erwerb (→ Rz. 110) und die verzögerte Erstkonsolidierung (→ Rz. 26) zunächst aus, so gilt: Der **Erstkonsolidierungszeitpunkt** ist der Tag, an dem der Erwerber die **Kontrolle** über das erworbene Unternehmen erlangt. Nach § 290 HGB ist dies der Tag, ab dem der Erwerber einen beherrschenden Einfluss ausüben kann. Dies ist **spätestens** dann der Fall, wenn ihm nach § 290 Abs. 2 HGB

- die **Mehrheit der Stimmrechte** der Gesellschafter oder
- als Gesellschafter das Recht zusteht, die **Mehrheit** der Mitglieder des die Finanz- und Geschäftspolitik bestimmenden **Organs** zu bestellen.

Nach § 290 Abs. 1 HGB kann der beherrschende Einfluss aber auch unabhängig von diesen gesellschaftsrechtlichen Verhältnissen und damit vor Erlangung der Gesellschafterstellung durch dingliches Eigentum an den Anteilen gegeben sein. Es reicht aus, wenn der Erwerber aufgrund **schuldrechtlicher Vereinbarungen** mit dem Veräußerer schon vor dem dinglichen Übergang der Anteile eine Kontrolle über das Erwerbsobjekt hat (→ Rz. 23). Die Bestimmungen von § 290 HGB bleiben allerdings in dieser Hinsicht allgemein. Eine praxisorientierte Konkretisierung hat u. E. folgende Fallunterscheidungen vorzunehmen:

- Vereinbarungen, nach denen dem Erwerber abweichend von der dispositiven gesetzlichen Ausgangslage (§ 101 BGB) das **Gewinnbezugsrecht** bereits ab einem Zeitpunkt vor Erwerb zusteht (→ Rz. 17).
- **Vertragliche Rückwirkungen,** bei denen die Parteien beispielsweise in der notariellen Urkunde vom 10.1. einen Eigentumsübergang am 1.1. vereinbaren (→ Rz. 19).
- **Genehmigungsvorbehalte** – insbesondere gesellschaftsrechtlicher (z. B. bei vinkulierten Namensaktien) oder kartellrechtlicher Art – als Voraussetzung für die Rechtswirksamkeit des Unternehmens- oder Anteilserwerbs (→ Rz. 20).

Der so schon seit der ersten Auflage vorgenommenen Fallunterscheidung schließt sich seit 2016 auch DRS 19.106c ff. an.

17 Regelungen über die Aufteilung des (unterjährigen) Gewinns zwischen Erwerber und Veräußerer beeinflussen i. d. R. den Erwerbszeitpunkt nicht. Nach § 101 BGB (Verteilung der Früchte nach der Besitzzeit) ist der Veräußerer bei unterjährigem Verkauf berechtigt, die bis dahin er-

wirtschafteten Gewinne zu beziehen. Diese Regelung wird in der Praxis häufig abbedungen. Bei Vertragsschluss am Ende eines Geschäftsjahres wird etwa dem Erwerber das Gewinnbezugsrecht für das gesamte Geschäftsjahr gewährt. Eine solche Abrede beeinflusst nur die Höhe des erworbenen Vermögens, nicht den Erwerbs- und Erstkonsolidierungs**zeitpunkt** (so seit 2016 auch DRS 19.106c).

BEISPIEL ▸ Am 30.6. erwirbt MU jeweils 100 % der Anteile an TU-1 und TU-2. In den Kauf- und Abtretungsverträgen ist Folgendes bestimmt:

- **Vertrag über TU-1:**

Der Kaufpreis beträgt 1.060, das Eigenkapital von TU (Buchwert = Zeitwert) 260 per 30.6. Darin enthalten ist ein Betrag von 60 aus dem Gewinn des ersten Halbjahres. Gewinne von TU-1 stehen MU bereits ab Jahresanfang zu.

- **Vertrag über TU-2:**

Der Kaufpreis beträgt 1.000, das Eigenkapital von TU (Buchwert = Zeitwert) 260 per 30.6. Die Gewinne des ersten Halbjahres stehen noch dem Veräußerer zu, an den ein entsprechender Betrag nach Erwerb noch auszuschütten ist.

Die Konsequenzen sind wie folgt:

- Im Falle von TU-1 beträgt das erworbene Vermögen 260, der *Goodwill* somit 800 (1.060 - 260).
- Im Falle von TU-2 erwirbt MU ein mit einer Ausschüttungsverpflichtung zugunsten des Altgesellschafters belastetes Vermögen. Unter Berücksichtigung dieser bereits bei der Erstkonsolidierung zu passivierenden Schuld beträgt das erworbene Nettovermögen nur 200, der *Goodwill* wie im ersten Fall 800 (1.000 - 260 + 60).

Eine Vereinbarung, wonach dem Erwerber auch die „Altgewinne" zustehen, führt somit nicht zu einer Vorverlagerung des Erwerbszeitpunkts. Die **„Altgewinne" bleiben vorkonzernliche Gewinne,** die nicht in die Konzern-GuV eingehen. Lediglich der Umfang des Erstkonsolidierungsvermögens sowie ggf. der Kaufpreis wird beeinflusst. Wird die Gewinnbezugsabrede zutreffend im Kaufpreis berücksichtigt, bleibt der *Goodwill* unberührt. Ist der Kaufpreis ohne Rücksicht auf die Gewinnbezugsrechte zustande gekommen, variiert mit dem Erstkonsolidierungsvermögen die Höhe des *Goodwill*. 18

Im Falle **vertraglicher Rückwirkungen** (→ Rz. 16) ist u. E. der frühere vereinbarte Eigentumsübergangszeitpunkt ohne Weiteres dann heranzuziehen, wenn zu diesem Zeitpunkt tatsächlich Besitz, Kontrolle, Fruchtziehungsrecht etc. übergegangen sind. Hingegen ist bei Fällen ohne **tatsächlichen früheren Übergang** lediglich unter *Materiality*- und *Cost-Benefit*-Gesichtspunkten eine Rückwirkung zulässig. So wird man beispielsweise bei einer Einigung am 10.1. mit Rückwirkung auf den 1.1. das frühere Datum schon deshalb als Erstkonsolidierungszeitpunkt wählen, weil sich dadurch die Aufstellung eines Zwischenabschlusses auf das spätere Datum erübrigt. 19

Im Falle **gesellschaftsrechtlicher Gremienvorbehalte** (→ Rz. 16) gilt Folgendes: Bedarf die Wirksamkeit der Anteilsübertragung einer Zustimmung durch Aufsichtsrat oder Gesellschafterversammlung des Veräußerers, ist bis zur Erteilung der Zustimmung aus Sicht des Erwerbers unsicher, ob der Vertrag wirksam wird. Der beherrschende Einfluss entsteht noch nicht. Besteht der Gremienvorbehalt hingegen nur noch zugunsten eines Organs des Erwerbers, liegt der Einfluss über das Erwerbsobjekt bereits in seiner Sphäre. DRS 19.106e bindet den Erwerbszeitpunkt hingegen auch in Fällen des Gremienvorbehalts beim Erwerber an die Zustimmung des Gremiums. Zutreffend ist aber der Hinweis in DRS 19.106e, dass Vorbehalte, denen im Ausnahmefall keine materielle Bedeutung zukommt, unbeachtlich sind. 20

Bei **kartellrechtlichen Genehmigungsvorbehalten** ist zunächst auf die Wahrscheinlichkeit der Genehmigung abzustellen. Ist das Ermessen der Behörde eher gering und muss sie die Genehmigung mit hoher Wahrscheinlichkeit erteilen, kann ein Kontrollübergang bereits vor der Genehmigung infrage kommen (→ § 252 Rz. 170, dem sich ab 2016 anschließend DRS 19.106d). Hier ist aber dann der Inhalt der **Vereinbarungen** für den **Schwebezeitraum** zu würdigen. Ist der Veräußerer gehalten, im Schwebezeitraum (quasi-)treuhänderisch zu handeln, wesentliche Investitions-, Personalentscheidungen etc. nicht oder nur in Absprache mit dem Erwerber zu treffen, so ist u.U. ein Übergang bereits vor dem Genehmigungsdatum denkbar (so für einen anderen, umwandlungsrechtlichen Fall auch DRS 19.106b).

21 Verallgemeinert stellt sich hier die Frage, welches Datum als Erwerbszeitpunkt infrage kommt, wenn zwischen **Verhandlung** und **dinglichem Vollzug** des Erwerbs eine Reihe von **Zwischenschritten** liegt. Zur Veranschaulichung dieses Problems ist in Übersicht 1 der Erwerbsprozess als Zeitstrahl wiedergegeben. Entscheidend sind die wirtschaftlichen Wirkungen der einzelnen Erwerbsschritte, die mit ihrer rechtlichen Qualität zwar tendenziell, aber nicht in einer Eins-zu-eins-Beziehung zusammenhängen.

Übersicht 1: Erwerbsprozess als Zeitstrahl

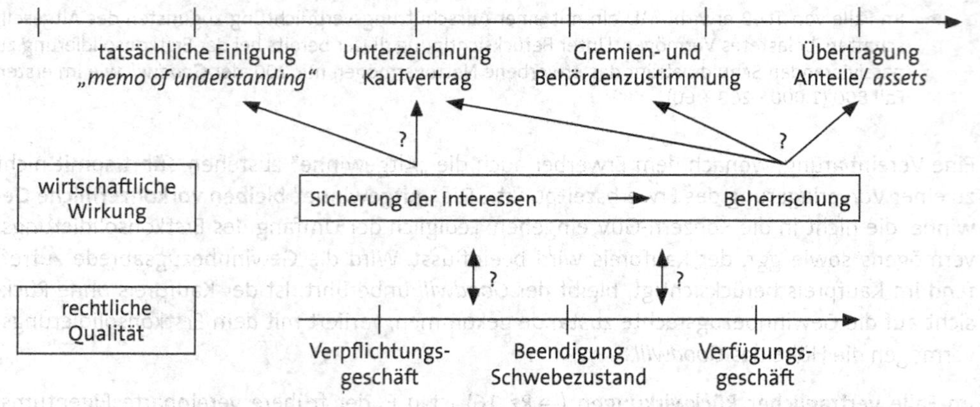

- ► **Frühester** Erwerbszeitpunkt ist i. d. R. die (rechtswirksame) **Unterzeichnung des Kaufvertrags,** mit dem nicht oder nur noch eingeschränkt umkehrbare Erwerbsansprüche entstanden sind.
- ► **Spätester** Erwerbszeitpunkt ist i. d. R. der **dingliche Vollzug** des Erwerbs durch Abtretung der Anteile. Eine evtl. noch spätere Zahlung des Kaufpreises ist unerheblich.
- ► Soweit die Abtretung/Eigentumsübertragung zwar sofort, aber zunächst schwebend unwirksam erfolgt und zur Erlangung der Wirksamkeit noch bestimmter **Genehmigungen** bedarf, ist als spätester Erwerbszeitpunkt das Vorliegen aller Genehmigungen anzunehmen. Stellen Behördengenehmigungen nur eine Formalität dar, d. h., ist mit an Sicherheit grenzender Wahrscheinlichkeit eine auflagenfreie Genehmigung zu erwarten, erfolgt der Erwerb bereits mit Vereinbarung der Abtretung.

22 Die Entscheidung zwischen Zeitpunkt des Kaufvertrags (Verpflichtungsgeschäft) und dem Zeitpunkt seines wirksamen Vollzugs (dingliches Geschäft) bereitet dann Probleme, wenn die **Rechte** des Veräußerers im Zwischenzeitraum **beschränkt** sind. Soweit der Veräußerer wesentliche Investitions-, Kredit- und Personalentscheidungen nur noch in Absprache mit dem Erwer-

ber treffen darf, hat er i. d. R. die alleinige Kontrolle verloren, da er über die Geschäfts- und Finanzpolitik nicht mehr allein entscheiden kann. Andererseits kann auch der Erwerber in diesem Zwischenzeitraum noch keine neuen Strategien, riskanten Geschäftsmodelle etc. etablieren. Der Erwerber hat eher ein Vetorecht als Gestaltungsbefugnisse. Aus formaler, rechtlich orientierter Sicht würde daher der Zwischenzeitraum häufig als ein Zustand **gemeinsamer Kontrolle** zu kennzeichnen sein. Der Begriff der Kontrolle hat jedoch **zwei Dimensionen.** Die Beherrschung über ein Unternehmen übt nicht schon derjenige aus, der die Geschicke des Unternehmens rechtlich bestimmt, es kommt ebenso darauf an, in **wessen Interesse** bzw. zu **wessen Nutzen** sie bestimmt werden. Aus dieser Sicht ist der Zwischenzeitraum zwischen Vertrag und Vollzug einer Einzelfallwürdigung zu unterziehen. Soweit dabei schon die Interessen des Erwerbers im Vordergrund stehen, kann eine frühere Erlangung der Kontrolle möglich sein (ähnlich DRS 19.106b). Irrelevant ist hingegen unter *„Substance over form"*-Gesichtspunkten die rechtliche Gestaltung des Schwebezustands, also etwa die Frage, ob eine kartellrechtliche Genehmigung auflösende Bedingung eines rechtlich schon vollzogenen Erwerbs oder aufschiebende Bedingung für den Erwerb ist.

BEISPIEL ► Die M-AG erwirbt mit notarieller Urkunde vom 10.8.01 von der A-AG 100 % der Anteile an der T-GmbH. Die Urkunde sieht Folgendes vor:

- ► Der Übergang von Besitz, Nutzen und Lasten erfolgt zum 1.8.01. Alle Ergebnisse bis zum 31.7.01 stehen noch der A-AG zu.
- ► Rechtswirksamkeit der Anteilsübertragung mit kartellrechtlicher Genehmigung (diese erfolgt im November 01).

Im Zwischenzeitraum bis zur kartellrechtlichen Genehmigung hat die A-AG die Geschäfte der T-GmbH mit der Sorgfalt eines ordentlichen Kaufmanns im Interesse der M-GmbH so zu führen, dass das Anlagevermögen in einem ordentlichen und betriebsbereiten Zustand verbleibt. Größere Investitionen, Neueinstellungen, Entlassungen etc. sollen ebenso wie Änderungen von Produktionsverfahren, der Abschluss von Risikogeschäften, die Umschuldung von Darlehen etc. unterbleiben oder nur nach vorheriger Zustimmung der M-AG vorgenommen werden dürfen. Die M-AG hat ein Initiativrecht für solche Geschäfte, d. h., sie darf die A-AG innerhalb bestimmter Grenzen entsprechend anweisen, muss die A-AG aber im Falle eines von ihr nicht verschuldeten Scheiterns der Anteilsübertragung so stellen, als ob dieses Geschäft nicht getätigt worden wäre. Als Sicherheit dient der A-AG eine erhebliche Anzahlung auf den Kaufpreis.

BEURTEILUNG ► Die A-AG verliert spätestens am 10.8.01 die Kontrolle über die T-GmbH, da sie im Zeitraum bis zur kartellrechtlichen Genehmigung nur formell die Geschicke der T-GmbH bestimmen kann, tatsächlich aber wie ein uneigennütziger Treuhänder die Geschäfte im Interesse der M-AG führen muss. Schon vor der rechtlichen Wirksamkeit der Anteilsübertragung geht daher bei wirtschaftlicher Betrachtung die Kontrolle auf die M-AG über.

Die Zurechnungsfrage stellt sich in besonderer Schärfe, wenn das Verpflichtungsgeschäft kurz **vor**, der dingliche Vollzug kurz **nach** dem Konzernbilanzstichtag liegt. 23

BEISPIEL[1] ► Die MU-AG hält seit längerem 30 % der Anteile an der TU-GmbH. Am 27.12.01 schließt sie als Käuferin mit V als Veräußerin einen Vertrag über den Erwerb der restlichen 70 % ab. Der Kaufvertrag sieht vor, dass die bisher von V gestellte Geschäftsführung bis zum dinglichen Vollzug des Vertrags im Amt bleibt, aber im Zwischenzeitraum bei allen wesentlichen Entscheidungen der vorherigen einstimmigen Zustimmung der Gesellschafterversammlung bedarf. Das dingliche Geschäft steht unter der aufschiebenden Bedingung der Zahlung des Kaufpreises. Laut Kaufvertrag ist der Kaufpreis spätestens am 2.1.02 zu zahlen. Die MU-AG möchte die Erstkonsolidierung von TU möglichst erst im Jahr 02 vornehmen. Sie zahlt den Kaufpreis daher auch erst am 2.1.02.

1 Nach *Lüdenbach*, StuB 2011 S. 423 ff.

BEURTEILUNG ► Zum 31.12.01 steht die als Bedingung des dinglichen Eigentumsübergangs vorgesehene Kaufpreiszahlung noch aus. Die Entscheidung, den Eigentumsübergang nicht schon im alten Jahr (31.12.01), sondern erst im neuen herbeizuführen, lag allerdings allein in der Hand von MU. Da der für ein Mutter-Tochter-Verhältnis maßgebliche beherrschende Einfluss nur auf die entsprechende Einflussmöglichkeit abstellt (→ § 290 Rz. 10), könnte daher eine Kontrolle schon zum 31.12.01 vorliegen.

Weitere Voraussetzung der Kontrolle ist u. E. aber der Übergang von Chancen und Risiken auf MU als Käuferin bis zum 31.12.01 (→ § 290 Rz. 75). Bei einer Kaufoption wäre diese Voraussetzung nicht erfüllt, da der Optionsinhaber zwar die Chancen einer Wertsteigerung innehat, aber nicht die Risiken einer Wertminderung trägt. Bei MU geht es jedoch um einen bereits feststehenden Kauf mit festem Kaufpreis. Neben den Chancen der Wertsteigerung liegen daher auch die Risiken einer Wertminderung schon bei der MU-AG. Sie hat deshalb die Erstkonsolidierung von TU auf den 31.12.01 durchzuführen.

Das vorstehende Ergebnis würde zu ungewohnten Resultaten führen, wenn die Erwerberin anderseits für Zwecke ihres **Einzelabschlusses** die (hinzu-)erworbenen 70 % der Anteile erst mit dinglichem Vollzug einbuchen könnte. Es käme im vorstehenden Beispiel dann evtl. zu einer Vollkonsolidierung mit 70 % Minderheitenausweis. Entsprechende Komplikationen entstehen nicht, wenn die (hinzu-)erworbenen Anteile auch einzelbilanziell qua wirtschaftlichen Eigentums (→ § 252 Rz. 124, → § 246 Rz. 225) bereits vor dem dinglichen Vollzug zu erfassen sind.

BEISPIEL (FORTSETZUNG) ► Das wirtschaftliche Eigentum an Gesellschaftsanteilen liegt nach BFH-Rechtsprechung[1] dann beim Käufer, wenn:

- er bereits eine rechtlich geschützte Erwerbsposition erlangt hat,
- das Risiko einer Wertminderung und die Chance einer Wertsteigerung bereits bei ihm liegen und
- die mit dem Anteil verbundenen wesentlichen Mitgliedschaftsrechte auf ihn übergegangen sind.

Die beiden ersten Voraussetzungen sind im Falle von MU ohne Weiteres zu bejahen. Fraglich könnte die Erfüllung der dritten Voraussetzung sein. Im Verhältnis zur GmbH ist am 31.12.01 noch allein V aus dem 70 %-Anteil berechtigt. Sie stellt zum 31.12.01 auch noch den Geschäftsführer. Nach Auffassung des BFH kommt es auf das Gesamtbild der Verhältnisse an. Dabei ist u. a. zu beurteilen, welche Relevanz die noch beim Käufer liegenden Mitgliedschaftsrechte haben:

Wesentliche Geschäftsführungsmaßnahmen zwischen dem 31.12.01 und dem 2.1.02 sind nicht zu erwarten, würden nach den vertraglichen Abreden im Übrigen aber auch der einstimmigen Zustimmung der Gesellschafterversammlung und damit der Zustimmung von MU bedürfen. Die Stellung der Geschäftsführung durch V ist somit von ganz geringer Relevanz.

Entsprechendes gilt für die Befugnisse der Gesellschafterversammlung. Satzungsändernde Beschlüsse kann V nicht herbeiführen, da die MU-AG bereits über 30 % der Anteile verfügt und damit V die erforderlichen 75 % nicht innehat. Andere wesentliche Entscheidungen der Gesellschafterversammlung, etwa die Feststellung des Jahresabschlusses, können aus zeitlichen bzw. tatsächlichen Gründen ohnehin erst im neuen Jahr gefasst werden.

Zum 31.12.01 liegt daher das wirtschaftliche Eigentum an den Anteilen bei MU.

23a Bei einer Vereinbarung, der zufolge das wirtschaftliche Eigentum an den kontrollvermittelnden Anteilen „mit Ablauf des 31.12.01" auf den Erwerber übergeht, soll nach DRS 19.106f immer zum 31.12.01 die Entkonsolidierung beim Veräußerer und die Erstkonsolidierung beim Erwerber stattfinden. Nicht nur nach unserer Auffassung (sondern z. B. auch nach der Rechtsprechung) widerspricht eine solch generelle Aussage dem Gebot der Einzelfallwürdigung unter Auslegung des rechtlich Gewollten. Auf → § 252 Rz. 20a wird deshalb verwiesen.

1 BFH, Urteil v. 11.7.2006 – VIII R 32/04, BStBl 2007 II S. 296.

3. Nachträgliche bessere Erkenntnisse über Ansatz und Wert des erworbenen Vermögens

Der zum Erstkonsolidierungszeitpunkt vorgenommene Ansatz oder die Bewertung von Vermögensgegenständen oder Schulden kann sich aufgrund nachträglicher besserer Erkenntnis über **am Stichtag** vorhandene Verhältnisse (Wert- oder Ansatz**aufhellung**; → § 252 Rz. 70) als unzutreffend erweisen. In diesen Fällen sind Anpassungen erforderlich. Die Technik der Anpassung hängt vom Zeitpunkt der Korrektur ab. 24

Abs. 2 Satz 2 lässt insbesondere – aber nicht nur – für kurz vor dem Bilanzstichtag vollzogene Erwerbe eine vorläufige Kaufpreisallokation zu, die dann während einer Periode von maximal **zwölf Monaten ab Erwerb** „fertig zu stellen" ist.[1] Werden in diesem zwölfmonatigen Rahmen Anpassungen vorgenommen, sind diese gem. der Begründung des BilMoG-RegE zurückbezogen auf den Erwerbstag **erfolgsneutral** vorzunehmen.[2] Der Regierungsentwurf beruft sich dabei auf den „Grundsatz der Erfolgsneutralität von Anschaffungsvorgängen." Zwischenzeitlich durchgeführte Abschreibungen auf den falschen Wert betreffen nicht mehr den Anschaffungsvorgang und sind daher erfolgswirksam zu „stornieren". Erfolgt die Anpassung zwar binnen zwölf Monaten, aber nach Veröffentlichung der Bilanz für das Erwerbsjahr, sind u. E. im Folgeabschluss die Vergleichsinformationen (für das Erwerbsjahr) so anzupassen, als ob von Anfang an mit den richtigen Werten gerechnet worden wäre.

Liegen die besseren Erkenntnisse erst **nach Ablauf von zwölf Monaten** vor, kommt zunächst eine Fehlerkorrektur infrage. Sie kann gem. IDW RS HFA 6 Tz. 42 f. durch Korrektur des fehlerhaften Konzernabschlusses (Rückwärtsänderung) durchgeführt werden – wahlweise auch als Korrektur in laufender Rechnung, wenn der fehlerhafte Konzernabschluss entweder die Vermögens-, Finanz- und Ertragslage nicht wesentlich beeinflusst hat oder bei wesentlicher Beeinflussung der aktuelle Konzernabschluss zeitnah veröffentlicht wird (→ § 252 Rz. 250).

In der Behandlung nachträglicher besserer Erkenntnisse ist damit wie folgt zu differenzieren: 25

- Abs. 2 Satz 2 hat als **Spezialvorschrift** Vorrang vor allgemeinen Regeln. Bei Anpassungen **innerhalb von zwölf Monaten** kommt es damit etwa auf die Unterscheidung von Fehlerkorrekturen (wahlweise per Rückwärtsberichtigung, also retrospektiv, oder in laufender Rechnung) und Schätzungsänderungen (in laufender Rechnung) nicht an. Die Anpassung erfolgt **retrospektiv.**
- Bei Anpassungen **nach zwölf Monaten** ist hingegen zu untersuchen, ob eine **Fehlerkorrektur** vorliegt, die nur unter bestimmten Voraussetzungen in laufender Rechnung vorgenommen werden kann, oder eine **Schätzungsänderung,** die immer in laufender Rechnung vorzunehmen ist.

BEISPIEL Bei (vorläufiger) Erstkonsolidierung von TU im Juni 01 geht MU irrtümlich von der Werthaltigkeit eines Patents aus. Es wird mit 100 angesetzt und auf zehn Jahre abgeschrieben. Der *Goodwill* wird auf fünf Jahre abgeschrieben.

GRUNDFALL **Anpassung binnen zwölf Monaten**

Im April 02 wird das Patent von dritter Seite bestritten. Den begonnenen Prozess wird U mit ganz hoher Wahrscheinlichkeit verlieren.

1 Zur Vermeidung einer (zu) vorläufigen Kaufpreisallokation durch sinnvolle Integration der Allokationsthemen in eine Due Diligence *Zülch/Wünsch*, KoR 2008 S. 466 ff.

2 So die Begründung zum BilMoG-RegE S. 179.

Die Anpassung ist auf den Erwerbszeitpunkt zurückzubeziehen. Zwischenzeitlich vorgenommene/unterlassene Abschreibungen sind erfolgsneutral zu korrigieren. Somit sind folgende Buchungen im Jahr 02 (vor Abschreibung 02) vorzunehmen:

Per *Goodwill*	100	an	Patent	100 (wegen Erstkonsolidierungswert)
Per Patent	5	an	Gewinnrücklagen 1.1.02	5 (wegen Abschreibung 01)
Per Gewinnrücklagen	20	an	*Goodwill*	20 (wegen Nachholung Abschreibung 01)

VARIANTE 1 **Anpassung nach mehr als zwölf Monaten**

Der Klagegegner tritt erst Ende 02 auf.

VARIANTE 1A **Fehlerkorrektur**

Bei Anwendung der erforderlichen Sorgfalt wäre schon zum Erstkonsolidierungszeitpunkt von einer fehlenden Werthaltigkeit des Patents auszugehen gewesen. Es liegt ein Fehler vor, der nach HFA 6 wahlweise durch Rückwärtsberichtigung oder in laufender Rechnung zu korrigieren ist.

VARIANTE 1B **Schätzungsänderung**

Soweit bei der ursprünglichen Kaufpreisallokation auch unter Anwendung aller erforderlichen Sorgfalt Zweifel an der Werthaltigkeit des Patents nicht erkennbar waren, liegt zwar eine Unrichtigkeit, wegen deren Unvermeidbarkeit aber kein Fehler vor. Gleichwohl ist der Bilanzansatz im Jahr 02 anzupassen. Da eine Fehlerkorrektur ausscheidet, ist die Anpassung erfolgswirksam als Schätzungsänderung vorzunehmen, indem das Patent außerplanmäßig abgeschrieben wird:

Per außerplanmäßige Abschreibung	95	an	Patent	95

Der *Goodwill* wird nicht verändert.

VARIANTE 2 **Der Veräußerer hat die Werthaltigkeit des Patents garantiert und leistet eine Ausgleichszahlung**

Unabhängig davon, ob die Anpassung binnen oder nach zwölf Monaten erfolgt, scheint die Buchung „per Ausgleichsforderung 100 an Patent 100" sachgerecht. In rückwirkender Betrachtung sind 100 weniger an Nettovermögen erworben und daher 100 weniger an Kaufpreis gezahlt worden. Zwischenzeitlich bereits vorgenommene planmäßige Abschreibungen sind erfolgsneutral zu korrigieren („per Patent an Gewinnrücklage").

4. Erstmalige Konsolidierung oder erstmaliger Konzernabschluss

26 Nach § 296 HGB kann auf die Konsolidierung eines Tochterunternehmens insbesondere dann verzichtet werden, wenn

- die Ausübung der Rechte des Mutterunternehmens erheblich und nachhaltig **beschränkt** ist,
- die Anteile ausschließlich zum Zwecke der **Weiterveräußerung** gehalten werden oder
- das Tochterunternehmen **unwesentlich** ist.

Die ursprünglich eine Nichtkonsolidierung rechtfertigenden Verhältnisse können sich im Zeitablauf **ändern**, wenn

- die Beschränkung der Rechte entfällt,
- die Veräußerungsabsicht aufgegeben oder
- das Tochterunternehmen wesentlich wird.

Mit der Änderung der Verhältnisse kommt es später zur Einbeziehungspflicht. Auch ohne Änderung der Verhältnisse kann u.U. freiwillig zur Konsolidierung übergegangen werden. In beiden Fällen sind gem. Abs. 2 Satz 4 für den Beteiligungsbuchwert, die stillen Reserven und den *Goodwill* nicht die **Wertverhältnisse** des Erwerbszeitpunkts, sondern die des **späteren Einbeziehungszeitpunkts** maßgeblich. 27

BEISPIEL ► In den handelsrechtlichen Konzernabschlüssen 01 bis 05 war das am 1.1.01 für 650 erworbene Tochterunternehmern TU aus Wesentlichkeitsgründen nicht konsolidiert. Zum Erwerbszeitpunkt ergaben sich für die schuldenfreie TU folgende Werte:

Div. Vermögen zu Einzelbilanzwerten	100
Stille Reserven in Kundenstamm und Marke zusammen	300
Passive latente Steuer darauf	-120
Zeitwert des erworbenen Vermögens	280

Wäre zu diesem Erwerbszeitpunkt eine Erstkonsolidierung vorgenommen worden, hätte der *Goodwill* somit 650 - 280 = 370 betragen.

TU hat bei noch geringen, aber stetig wachsenden Umsätzen nur im Jahr 01 ein negatives Ergebnis von -80 erzielt, danach ausgeglichene Ergebnisse. Aufgrund der positiven Umsatzentwicklung gilt TU ab 06 als wesentlich.

Eine fiktive Erstkonsolidierung auf den 1.1.01 und deren Fortschreibung auf den 1.1.06 sind weder geboten noch zulässig. Das Vermögen zu Buchwerten und die stillen Reserven sind (ebenso wie der Beteiligungsbuchwert) auf den 1.1.06 zu bestimmen.

Bei sukzessivem Anteilserwerb (→ Rz. 110) bzw. verzögerter Erlangung des beherrschenden Einflusses (→ Rz. 26) ist für die Bestimmung der Unterschiedsbeträge wegen Abs. 2 Satz 4 ebenfalls nicht auf die Erwerbszeitpunkte, sondern auf den Zeitpunkt der Einbeziehung abzustellen (→ Rz. 14 ff.). Dadurch kann ein **negativer Unterschiedsbetrag aus zwischenzeitlichen Thesaurierungen** entstehen. In diesem Fall ist diskussionswürdig, ob eine Ertragsrealisierung zulässig und geboten ist, sobald es zur Ausschüttung der thesaurierten Gewinne kommt oder der thesaurierungsbedingte negative Unterschiedsbetrag schon bei Erstkonsolidierung erfolgsneutral mit den Konzerngewinnrücklagen bzw. dem Ergebnisvortrag zu verrechnen ist. DRS 23.148 lässt nur die zweite, erfolgsneutrale Lösung zu. 28

BEISPIEL ► A hat im Jahr 01 TU mit einer Einlage von 1.000 gegründet. In den Jahren 01 und 02 entsteht ein Gewinn von zusammen 200, der vollständig thesauriert wird. Mitte 03 wird der in den Jahren 01 und 02 entstandene Gewinn ausgeschüttet. Die Erstkonsolidierung erfolgt zum 1.1.03. Stille Reserven bestehen nicht.

Bei der erstmaligen Konsolidierung ist der einzelbilanzielle Beteiligungsbuchwert von 1.000 gegen das anteilige Eigenkapital von 1.200 zu setzen. Es resultiert ein negativer Unterschiedsbetrag von 200. Nach DRS 23.148 ist er mit Gewinnrücklagen oder Ergebnisvortrag des Konzerns zu verrechnen.

Folgt man dem nicht, würde gelten: Im Konzernabschluss 03 ist der einzelbilanzielle Beteiligungsertrag aus der Ausschüttung entsprechend den sonst für den Vollkonsolidierungskreis geltenden Regeln zwar erfolgswirksam zu stornieren (per Beteiligungsertrag an Konzerngewinnrücklagen), zugleich aber ein Erfolg aus der Auflösung des negativen Unterschiedsbetrags zu verbuchen.

Die durch DRS 23 nicht zugelassene Ertragsrealisierung eines durch Thesaurierungen entstandenen negativen Unterschiedsbetrags im Ausschüttungszeitpunkt entspräche aber dem **Kongruenzprinzip** (→ § 252 Rz. 9):

► Vor Aufnahme der Konsolidierung ist die Beteiligung konzernbilanziell (wie einzelbilanziell) zu Anschaffungskosten zu bewerten. Thesaurierte Gewinne führen nicht zu Ertrag.

- Werden die Gewinne nach Aufnahme der Konsolidierungen ausgeschüttet, führt die Konsolidierungsbuchung per Beteiligungsertrag an Konzerngewinnrücklagen auf Konzernebene zunächst zur Erfolgsneutralität.
- Erst indem der negative Unterschiedsbetrag ertragswirksam aufgelöst wird (per Geld an Ertrag), würde der **zutreffende Totalgewinn** ausgewiesen.

Ist der negative Unterschiedsbetrag nicht auf Thesaurierungen, sondern auf zwischen Erwerbs- und Erstkonsolidierungszeitpunkt entstandene stille Reserven zurückzuführen, findet auch nach DRS 23.149 keine Verrechnung mit dem Konzerneigenkapital statt. Der Unterschiedsbetrag ist vielmehr über die (durchschnittliche) Restlaufzeit der stillen Reserven ertragswirksam aufzulösen.

29 Die Maßgeblichkeit des erstmaligen Einbeziehungszeitpunkts für die Wertermittlungen (→ Rz. 27) gilt gem. Abs. 2 Satz 3 entsprechend, wenn die **Konzernrechnungslegungspflicht** erst in Perioden nach dem Erwerb des Tochterunternehmens eintritt. Ein Verzicht auf eine (erneute) Erstkonsolidierung ist jedoch auf der Grundlage von Abs. 2 Satz 5 mindestens in folgenden Fällen zulässig:[1]

- Ein **bisher** zur Befreiung nach § 264 Abs. 3 HGB **freiwillig aufgestellter und offengelegter** Konzernabschluss ist (z. B. wegen Überschreitung der Schwellenwerte → § 293 Rz. 1) jetzt pflichtweise aufzustellen. Auf eine Erstkonsolidierung (nach aktuellen Wertverhältnissen) kann verzichtet, der bisherige Konzernabschluss fortgeführt werden.
- **Bisher** wurde ein freiwilliger Konzernabschluss intern erstellt. Nun ist erstmals pflichtweise ein Konzernabschluss aufzustellen und zu veröffentlichen. Im Interesse der periodenübergreifenden Vergleichbarkeit lässt die Begründung zum Regierungsentwurf des BilRUG hier wahlweise eine Fortführung des bisherigen Konzernabschlusses zu. Dem sollte u. E. aber nicht gefolgt werden, wenn der bisherige Konzernabschluss lediglich einem kleinen Adressatenkreis (z. B. Hausbanken) zugänglich war.

Das in Abs. 2 Satz 5 enthaltene bedingte Wahlrecht zur Nichtanwendung von Abs. 2 Satz 3 und Satz 4 gilt nach dem Gesetzeswortlaut für „Ausnahmefälle". Als „Ausnahmefall" wird man dabei unter Bezugnahme auf die Beschlussempfehlung des Rechtsausschusses insbesondere Situationen gelten lassen können, in denen die Werte zum letztgenannten Zeitpunkt bereits vorliegen (ähnlich DRS 23.15).

IV. Bestimmung der Anschaffungskosten bzw. des Beteiligungsbuchwerts (Abs. 1 Satz 1)

1. Allgemeines

30 Zum Erstkonsolidierungszeitpunkt (→ Rz. 14 ff.) ist der Beteiligungsbuchwert („Wertansatz der dem Mutterunternehmen gehörenden Anteile") mit dem anteiligen, zum Zeitwert bewerteten Nettovermögen zu verrechnen:

- Erfolgt die Erstkonsolidierung auf den **Anschaffungszeitpunkt**, entspricht der Beteiligungsbuchwert den Anschaffungskosten (inkl. Nebenkosten).
- Bei **späterer Erstkonsolidierung** (→ Rz. 26) kann sich der Beteiligungsbuchwert durch zwischenzeitliche außerplanmäßige Abschreibungen gemindert haben.

1 Vgl. *Klaholz/Stibi*, BB 2011 S. 2923 ff; vgl. zum Ganzen auch *Pilhofer/Herr/Port*, StuB 2020 S. 229 ff.

Zu den dem „Mutterunternehmen gehörenden Anteilen" zählen u. E. Genussrechte, stille Beteiligungen, partiarische Darlehen oder andere mit Gewinnbeteiligungsrecht versehene Formen der mezzaninen Finanzierung auch dann nicht, wenn sie im Einzelabschluss des untergeordneten Unternehmens als Eigenkapital qualifiziert werden (→ § 246 Rz. 120 ff.). DRS 23.19 lässt eine andere Behandlung „im Einzelfall" zu. Unter Konsistenzgesichtspunkten besteht folgende Mindestanforderung: Wenn die mezzaninen Finanzierungen beim Mutterunternehmen als Anteile qualifiziert werden, dürfen sie in der HB II des Tochterunternehmens nicht als Fremdkapital angesehen werden (DRS 23.45). Die Qualifizierung als Eigenkapital beim Tochterunternehmen ist aus dieser Sicht u. E. notwendige, aber (wegen der gebotenen Einzelfallbetrachtung) nicht hinreichende Voraussetzung für die Annahme von „Anteilen" beim Mutterunternehmen.

Die Anschaffungskosten ergeben sich in erster Linie aus dem Zeitwert der hingegebenen Leistungen. Erfolgt die Kaufpreiszahlung in Geld, ist der Geldbetrag aber erst deutlich nach dem Erwerbszeitpunkt zu entrichten **(Kaufpreisstundung)**, ist eine **Abzinsung** vorzunehmen (→ § 255 Rz. 51). Als Abzinsungssatz können die Grenzfremdkapitalkosten des Erwerbers dienen. 31

Auch die **Nebenkosten** der Anschaffung (→ § 255 Rz. 27) sind zu berücksichtigen. Hierzu gehören **direkt zurechenbare Kosten** des Unternehmenserwerbs wie etwa 32

- Verkehrssteuern (z. B. Börsenumsatzsteuer oder Grunderwerbsteuer),
- Notar- und Registergebühren sowie
- Honorare für Wirtschaftsprüfer, Rechtsanwälte und andere Berater, z. B. wegen Durchführung einer *Due Diligence*.

Nicht einzubeziehen sind hingegen (echte oder unechte) **Verwaltungsgemeinkosten,** die z. B. als Personalkosten in der Abteilung *„Mergers and Acquisitions"* entstehen; sie sind aufwandswirksam zu verbuchen. Entsprechendes gilt für die Kosten eines externen, mit der Kaufpreisallokation beauftragten Beraters; diese haben zwar keinen Gemeinkostencharakter, sie dienen aber nicht dem Erwerb, sondern dessen bilanzieller Abbildung.

In der internationalen Rechnungslegung sind anschaffungsbezogene Kosten *(acquisition related costs)* hingegen immer als **Aufwand** zu behandeln, unabhängig davon, ob sie direkt zurechenbar sind oder nicht (IFRS 3.53). Der handelsrechtliche Verzicht auf eine aufwandswirksame Behandlung direkt zurechenbarer Kosten bewirkt indirekt eine Erhöhung des *Goodwill:*

BEISPIEL MU erwirbt 95 % oder mehr der Anteile an TU. TU verfügt über einen großen Grundbesitz. Auf den Erwerb fällt insoweit Grunderwerbsteuer an.

Die Grunderwerbsteuer ist nicht bei den zugehenden Grundstücken zu aktivieren, da diese wie alle Vermögensgegenstände mit ihrem beizulegenden Zeitwert, d. h. einem Wert vor Transaktionskosten, zu bewerten sind. Die Grunderwerbsteuer zählt vielmehr zu den Anschaffungsnebenkosten des Unternehmenserwerbs. Da sie nicht aufwandswirksam behandelt wird, gilt: Bei gegebenem Zeitwert des erworbenen Nettovermögens erhöht sie die Residualgröße *Goodwill.* Wirtschaftlich lässt sich diese Wirkung nur durch die Annahme rechtfertigen, dass der Erwerber ohne Grunderwerbsteuerpflicht einen entsprechend höheren Kaufpreis gezahlt hätte.

Übereinstimmend mit der vorstehenden Lösung qualifiziert DRS 23.112. die Grunderwerbsteuer, die durch den Übergang von Anteilen ausgelöst wird, als Anschaffungsnebenkosten der Anteile, sieht dann aber – abweichend von unserer Lösung und ohne nähere Begründung – gleichwohl vor, den „Unterschiedsbetrag" (sic) i. H. der Grunderwerbsteuer dem (jeweiligen) Grundstück zuzuordnen.

33 Wird der Erwerb (teilweise) durch den **Tausch** von Anteilen oder anderen Vermögensgegenständen abgewickelt, bestimmt deren beizulegender Zeitwert zum Transaktionszeitpunkt die Anschaffungskosten (DRS 23.26), es sei denn, ausnahmsweise ist nur der Zeitwert der erworbenen Anteile verlässlich bestimmbar (umgekehrte Wertermittlung → Rz. 34).

Unklar ist, ob das nach h. M. bestehende **einzelbilanzielle Wahlrecht,** bei Tauschvorgängen den empfangenen Vermögensgegenstand mit dem Buchwert des hingegebenen anzusetzen (→ § 255 Rz. 62), auch im Konzernabschluss gelten kann. Für den Tausch durch Hingabe eigener Anteile hat sich die Frage zwar weitgehend erledigt, da seit BilMoG die eigenen Anteile nicht mehr als Vermögensgegenstand zu werten sind (→ § 272 Rz. 41). Beim Tausch durch Hingabe anderer Leistungen bleibt das Thema aber relevant. DRS 23.16 empfiehlt die Bewertung der hingegebenen Leistung mit dem Zeitwert. Dies ist sachgerecht, da mit der Streichung von § 302 HGB durch das BilMoG ausnahmslos nur noch die Erwerbsmethode gilt, also eine am tatsächlichen Leistungsaustausch orientierte Aufdeckung von stillen Reserven und *Goodwill* verlangt wird.

34 Fehlt es bei Erwerb durch Anteilstausch an einer Börsennotierung des Erwerbers, ist der Zeitwert der ausgegebenen Anteile zu schätzen. Hierbei kommt im Interesse der Verlässlichkeit der Bewertung eine **umgekehrte Wertermittlung** insbesondere dann infrage, wenn das erworbene Unternehmen börsennotiert ist. Aus dem Wert des Erwerbsobjekts lässt sich dann der Wert der hingegebenen Anteile ableiten.

BEISPIEL ▸ Die nicht börsennotierte A-AG erwirbt 51 % der Aktien der börsennotierten B-AG von einer Investorengruppe im Tausch gegen Anteile an der A-AG.

Die A-AG muss mit Erwerb der Mehrheit eine Erstkonsolidierung durchführen und hierfür u. a. die Anschaffungskosten (bzw. den Beteiligungsbuchwert) bestimmen. Ist der *free float* der B-Aktie groß genug, um den Börsenkurs als Preis eines aktiven Markts zu werten, werden die Anschaffungskosten durch den Kurs des erworbenen Unternehmens bestimmt. Beträgt der Gesamtkurswert der neu erworbenen B-Aktien beispielsweise 1 Mio., der der neu geschaffenen A-Anteile hingegen laut Bewertungsgutachten 1,1 Mio., so sind 1,0 Mio. und nicht 1,1 Mio. Anschaffungskosten die Basis für den Beteiligungsbuchwert und die Kaufpreisallokation.

35 Anschaffungskosten sind auf den **Transaktionstag** zu bestimmen. Auf diesen Stichtag ist auch die Bewertung hingegebener Anteile vorzunehmen, es sei denn, der Stichtagswert ist wegen Marktenge oder aus anderen Gründen ausnahmsweise kein zuverlässiger Indikator. Dies kann insbesondere dann der Fall sein, wenn die vorhergehende Veröffentlichung der anstehenden Transaktionen den Kurswert der vom Erwerber hingegebenen Anteile stark beeinflusst. In diesem Fall ist die Analyse der Kurse vor und nach der Veröffentlichung sachgerecht.

BEISPIEL ▸ Die börsennotierte M-AG erwirbt mit notarieller Urkunde vom 10.8.01 100 % der Anteile an der T-GmbH von der A-AG. Die Urkunde sieht Folgendes vor:

- Übergang von Besitz, Nutzen und Lasten zum 1.8.01. Alle Ergebnisse bis zum 31.7.01 stehen noch der A-AG zu. Am 20.7.01 haben M und A abgestimmte Ad-hoc-Meldungen über den bevorstehenden Verkauf veröffentlicht.
- Rechtswirksamkeit der Anteilsübertragung mit kartellrechtlicher Genehmigung (diese erfolgt am 20.11.01).
- Im Zeitraum bis zur kartellrechtlichen Genehmigung hat die A-AG die Geschäfte der T-GmbH mit der Sorgfalt eines ordentlichen Kaufmanns im Interesse der M-AG und bei allen wesentlichen Entscheidungen nur mit vorheriger Zustimmung der M-AG zu führen. Die M-AG hat ein Initiativrecht für solche Geschäfte, d. h., sie darf die A-AG innerhalb bestimmter Grenzen entsprechend anweisen, muss die A-AG aber im Falle eines von ihr nicht verschuldeten Scheiterns der Anteilsübertragung so stellen, als ob dieses Geschäft nicht getätigt worden wäre.

Der Kaufpreis wird durch Hingabe von 1 Mio. M-Aktien entrichtet. Die M-Aktie notiert wie folgt:

- am 17.7. mit 47,
- am 18.7. mit 48,
- am 19.7. mit 50,
- am 20.7. (Ad-hoc-Meldung) mit 60 (u. a. weil nach Investoren- und Analystenmeinung der Erwerb der T-GmbH die strategischen Aussichten der M-AG entscheidend verbessert),
- am 1.8. (Rückwirkungsdatum) mit 55 (der ersten Euphorie folgt erste Ernüchterung),
- am 10.8. (Vertrag) mit 58 (erneute Euphorie) sowie
- am 20.11. (Rechtswirksamkeit) mit 40 (allgemeine *Baisse*).

BEURTEILUNG Die Anschaffungskosten sind auf den Transaktionstag, d. h. den Tag des Übergangs der Kontrolle, zu bestimmen. Wegen des treuhandähnlichen Verhältnisses bis zur kartellrechtlichen Genehmigung ist dies u. E. spätestens der 10.8. Auch der 1.8. ist u. E. vertretbar (→ Rz. 19).

Wird als Transaktionstag der 10.8. bestimmt, stellt sich noch die Frage, ob als Anschaffungskosten und damit als Grundlage für die *Goodwill*-Ermittlung etc. nach dem Kurs dieses Tages 58 Mio. anzusetzen sind oder ob der Kurs vom 19.7. (letzter Kurs vor Ad-hoc-Veröffentlichung) ein besserer Indikator für die Bemessungsgrundlage der Anschaffungskosten ist.

Beide Lösungen sind vertretbar, soweit eine Enge des Markts für die Aktie begründet werden kann:
Für den Ansatz der 58 Mio. spricht die Kurstendenz nach oben schon vor der Ad-hoc-Mitteilung (Kursentwicklung 17. bis 19.7.). Eine positive Entwicklung des gesamten Aktienmarkts (oder der Branche) in der Zeit zwischen Mitte Juli und 10.8. würde diese Argumentation zusätzlich stützen.
Für einen Wertansatz i. H. von 50 Mio. spricht, dass dies der letzte von dem Erwerb noch nicht beeinflusste Kurs war. In diesem Fall ist die Abweichung von 8 Mio. im Anhang anzugeben und zu begründen.

Wird als Transaktionstag der 1.8. bestimmt, kann entsprechend zwischen 55 Mio. und 50 Mio. gewählt werden.

Wie das Beispiel zeigt, verlangt die Anschaffungskostenbestimmung bei der Hingabe von eigenen Anteilen eine Einzelfall- und Gesamtwürdigung und ist damit zum Teil eine Angelegenheit der Gewichtung von Argumenten.

2. Kaufpreisanpassungsklauseln

2.1 Anwendungsfälle: *earn out*, Kurs- und Bilanzgarantie

Verträge über den Kauf von mehrheitsvermittelnden Anteilen sehen regelmäßig **Kaufpreisanpassungen** bei Eintritt bestimmter Entwicklungen oder nachträglicher Erlangung bestimmter Erkenntnisse vor. Die wichtigsten Anwendungsfälle sind: 36

- ***Earn-out*-Klauseln,** die neben einer fixen Basiszahlung eine Zusatzzahlung vorsehen, wenn in einem definierten Zeitraum nach der Transaktion bestimmte Erfolgsziele (z. B. Umsätze oder Gewinne) erreicht werden (→ Rz. 37),
- **Bilanzgarantien des Veräußerers,** die zu einer Verminderung des Kaufpreises führen, wenn die Höhe des Eigenkapitals oder einzelner Bilanzposten auf den Erwerbszeitpunkt einen zum Zeitpunkt des Vertragsschlusses garantierten Betrag nicht erreicht (→ Rz. 40), sowie
- **Kursgarantien des Erwerbers,** wonach bei Leistung von Kaufpreis oder Teilen des Kaufpreises durch Hingabe eigener Anteile deren Kurswert innerhalb einer definierten Frist einen garantierten Betrag nicht unterschreitet.

Der dritte Fall hat für die handelsrechtliche Konzernrechnungslegung eine geringe Relevanz. Entsprechende Garantien werden i. d. R. nur von an organisierten Märkten notierten Unternehmen abgegeben, die wegen der in § 315e HGB umgesetzten IAS-Verordnung der EU ihren Konzernabschluss nach IFRS zu erstellen haben.

In den beiden anderen Fällen stellt sich die Frage, wie mit dem ungewissen Kaufpreisbestandteil

- zum Erstkonsolidierungszeitpunkt sowie
- bei Auflösung der Ungewissheit

umzugehen ist.

37 Bei *Earn-out*-**Klauseln** (→ Rz. 39) ist logisch **vorgeschaltet** aber zunächst zu prüfen, ob tatsächlich ein erfolgsabhängiger Kaufpreisbestandteil oder ob nicht eine Vergütung für sonstige Leistungen vorliegt. Das **Abgrenzungsproblem** stellt sich insbesondere dann, wenn der Veräußerer zu fortgesetzten Leistungen verpflichtet wird, etwa für eine längere Übergangszeit als Geschäftsführer des veräußerten Unternehmens tätig ist:[1]

BEISPIEL Die V-AG veräußert 100 % der Anteile an dem Beratungsunternehmen T-GmbH an die K-AG zu einem festen Kaufpreis von 1.000. Da das Geschäft der T-GmbH stark personenabhängig ist, vereinbaren die Parteien, dass der bisherige Geschäftsführer GF, der aus dem V-Konzern nicht ausscheiden soll und möchte, für zwei Jahre in der T-GmbH tätig bleibt. Die K-AG hat der V-AG für diese „Personalgestellung" die fixe Jahresvergütung des GF i. H. von 200 zu erstatten. Darüber hinaus erhält die V-AG eine ergebnisabhängige Vergütung i. H. von 300, falls über die zwei Jahre ein definiertes Ergebnisziel erreicht wird und GF nicht (oder nur unverschuldet) vor Ablauf von zwei Jahren als GF ausscheidet.

Unklar ist, ob die erfolgsabhängige Zahlung Kaufpreisbestandteil oder als Geschäftsführungsvergütung zu qualifizieren ist. Folgendes ist beurteilungserheblich:

- Die Vergütung des Geschäftsführers ist, wenn nur der fixe Teil betrachtet wird, im Fremdvergleich unangemessen niedrig.
- Eine DCF-Bewertung verschiedener Szenarien führt zu Unternehmenswerten zwischen 800 und 1.100.

Bilanzielle Folgen hat die Qualifikation der erfolgsabhängigen Zahlung sowohl beim Erwerber als auch beim Veräußerer:

- **Erwerber:** Werden die variablen Zahlungen als Teil der Anschaffungskosten qualifiziert, erhöhen sie in bestimmten Fällen (→ Rz. 38) den anzusetzenden *Goodwill*. Erfolgt umgekehrt eine Beurteilung als Vergütung für Geschäftsführung, Personalgestellung etc., sind sie als Aufwand zu buchen.
- **Veräußerer:** Werden die variablen Zahlungen als Teil des Veräußerungserlöses angesehen, erhöhen sie den Entkonsolidierungsgewinn; bei Interpretation als Entgelt für Personalgestellung etc. sind sie hingegen ein sonstiger Ertrag.

Die **internationale Rechnungslegung** hat sich angesichts der somit gegebenen Relevanz des Abgrenzungsthemas explizit angenommen. Nach IFRS 3.51 und IFRS 3.B50 ff. sind u. a. folgende Faktoren bei der Abgrenzung zwischen Kaufpreis und Vergütung für sonstige Leistungen zu beachten:

- **Angemessenheit** der nicht erfolgswirksamen Vergütung der sonstige Leistungen sowie

1 Einzelheiten zur Abgrenzung: *Lüdenbach/Völkner*, BB 2006 S. 1435 ff.; *Weiser*, WPg 2005 S. 269.

- Höhe der fixen Kaufpreiszahlung im Verhältnis zur **Bewertungsbandbreite** für das erworbene Unternehmen,
- Bindung der variablen Komponente an eine bestimmte Mindestdauer der Dienstleistung des Veräußerers.

Im o. g. Beispiel käme es danach u. a. darauf an, ob die Vergütung für die Geschäftsführungsleistung ohne Einbeziehung der variablen Komponente im Fremdvergleich zu niedrig ist und ob der fixe Kaufpreis schon am oberen Ende des Intervalls möglicher Unternehmenswerte liegt. Wird beides bejaht, ergibt sich bereits ein eindeutiges Ergebnis: Die erfolgsabhängige Vergütung ist wirtschaftlich kein *earn out,* sondern eine Geschäftsführungsvergütung. Bestätigt wird das Ergebnis noch dadurch, dass die erfolgsabhängige Zahlung an eine Mindestdienstdauer des Geschäftsführers gebunden ist. Dieser Betrachtung ist auch für HGB-Zwecke zu folgen. In vielen Fällen ist die Würdigung unter Mehrkomponentengesichtspunkten jedoch nicht so eindeutig, sondern **ermessensbehaftet.**

2.2 Behandlung zum Erwerbszeitpunkt und in den zwölf Folgemonaten

Mögliche Kaufpreisnachzahlungen sind als Anschaffungskosten der Beteiligung und damit zur Verrechnung nach Abs. 1 und 3 im **Erwerbszeitpunkt** schon insoweit zu berücksichtigen, als die Nachzahlung **wahrscheinlich** und **verlässlich** zu schätzen ist (DRS 23.31).[1] Nach anderer Auffassung soll bei ungewissen Anschaffungskosten aufgrund eines *earn out* bis zum tatsächlichen Eintritt der Erfolgsbedingung die Passivierung der ungewissen Verbindlichkeit unterbleiben müssen. Begründet wird dies u. a. damit, dass nach dem Imparitätsprinzip keine Notwendigkeit bestünde, während des Schwebezustands eine gewinnmindernde Rückstellung zu bilden, um diese später nach Beendigung des Schwebezustands wieder gewinnerhöhend aufzulösen.[2] Diese Auffassung teilen wir nicht. Zum einen gebietet das Vollständigkeitsprinzip des § 246 Abs. 1 HGB i.V. mit § 249 HGB den Ansatz aller ungewissen Verbindlichkeiten, sofern diese überwiegend wahrscheinlich sind. Zum anderen ist es unzutreffend, dass die Bildung der Rückstellung aufwandswirksam erfolgen muss. Als Gegenkonto steht der *Goodwill* (Konzern) bzw. die Beteiligung (Einzelabschluss) zur Verfügung. Entsprechendes gilt für die Auflösung der Rückstellung. Bei einer **Revision** der ursprünglichen Annahmen innerhalb von zwölf Monaten sind die Anschaffungskosten 38

- nicht nur für Zwecke der **Einzelbilanz** als nachträgliche Anschaffungskostenänderung,
- sondern wegen Abs. 2 Satz 2 auch für Zwecke des **Konzernabschlusses** erfolgsneutral anzupassen. Die Anpassung ist rückwirkend auf den Erwerbszeitpunkt vorzunehmen.

Im Falle eines ***earn out*** (→ Rz. 36) führt die Anpassung der ursprünglichen Annahmen zu einer Änderung des ***Goodwill:***[3] 39

BEISPIEL ► Am 31.12.01 erwirbt MU von V 100 % der Anteile an TU. Das Buchvermögen von TU beträgt an allen Stichtagen 700. Stille Reserven sind nicht vorhanden. Der *Goodwill* ist auf zehn Jahre abzuschreiben. Neben einer sofort geleisteten fixen Zahlung von 1.000 ist eine erfolgsabhängige Zahlung von 200 vereinbart, wenn der Umsatz des Jahres 02 mehr als 2.000 beträgt. Per 31.12.01 geht U mit über-

1 Für eine solche Behandlung, auch bei der Beteiligungsbewertung im Einzelabschluss, vgl. *Lüdenbach,* StuB 2012 S. 154 ff., dagegen: *Ewelt-Knauer/Knauer,* DStR 2011 S. 1918 ff., die variable (bedingte) Anschaffungskosten nicht schon im Anschaffungszeitpunkt, sondern erst dann berücksichtigen wollen, wenn der Wert sicher feststeht.

2 Vgl. z. B. *Abele,* BB 2010 S. 2859 ff.

3 Ausführliches Beispiel, auch zur einzelbilanziellen Behandlung des *earn out: Lüdenbach,* StuB 2012 S. 154 ff.

wiegender Wahrscheinlichkeit von der Erreichbarkeit dieses Ziels aus. Tatsächlich entwickelt sich das Jahr 02 aber schlechter. Der erfolgsabhängige Betrag ist nicht zu zahlen:

Zur einzelbilanziellen Behandlung (→ § 255 Rz. 69.7)

31.12.01:

Per Beteiligung	1.200	an	Geld	1.000
		an	Rückstellung	200

31.12.02:

Per Rückstellung	200	an	Beteiligung	200 (nachträgliche AK-Minderung)

KONSOLIDIERUNGSBUCHUNGEN 31.12.01:

Per *Goodwill*	500	an	Beteiligung	1.200
Per EK	700			

31.12.02:

Per *Goodwill*	500	an	Beteiligung	1.200
Per EK	700			(EB-Buchung)
Per Beteiligung	200	an	*Goodwill*	200
Per Abschreibung	30	an	*Goodwill*	30

40 In Fällen einer **Eigenkapital- bzw. Bilanzgarantie** des Verkäufers (→ Rz. 36) ist zwischen Wertaufhellungs- und Wertänderungstatbeständen zu differenzieren:

- **Wertaufhellung:** Der garantierte Betrag wird bereits zum Erwerbszeitpunkt nicht eingehalten. Das Verfehlen des garantierten Betrags berührt zugleich den Ansatz des Erstkonsolidierungsvermögens. In diesem Fall ist die Kaufpreiserstattungsforderung gegen die Korrektur dieses Ansatzes zu buchen.
- **Wertänderung:** Der garantierte Betrag wird zu einem späteren Zeitpunkt aufgrund nachträglicher Entwicklungen *(post acquisition events)* unterschritten. Der Erstansatz beim Erwerber wird nicht berührt. Die spätere Kaufpreisminderung hat Ähnlichkeit mit einer *Earn-out*-Garantie und kann wie diese behandelt werden.

BEISPIEL **Fall A: Wertaufhellung**

Der Veräußerer garantiert für einen übertragenen Forderungsbestand von nominell 100 einen Wert von 95 am Übertragungsstichtag.

In der Übergabebilanz wird eine Wertberichtigung von 5 und ein Forderungsbestand von 95 ausgewiesen.

Nach späterer Erkenntnis waren im Forderungsbestand jedoch einige verjährte und einige uneinbringliche Forderungen enthalten, so dass der Wert der Forderungen am Übergabestichtag tatsächlich nur 85 betrug. Der Verkäufer zahlt einen Ausgleich von 10.

Diese 10 mindern einerseits die Anschaffungskosten des Erwerbers und damit den einzelbilanziellen Beteiligungsbuchwert und andererseits seinen bisher unzutreffenden konzernbilanziellen Erstansatz der erworbenen Forderungen. Die Differenz von Anschaffungskosten/Beteiligungsbuchwert und Zeitwert des erworbenen Vermögens bleibt konstant. Somit ändert sich auch der *Goodwill* nicht.

Anpassungsbuchung: Ausgleichsforderung an Debitor.

Fall B: Wertänderung

In der Übergabebilanz ist auf den Forderungsbestand von nominell 100 eine zutreffende Wertberichtigung von 5 ausgewiesen. Der Verkäufer garantiert einen Forderungseingang von 80. Aus Sicht des Erwerbsstichtags ist die Wahrscheinlichkeit eines unter 80 liegenden Forderungseingangs vernachlässigbar gering. Wegen nach dem Stichtag liegender wertändernder Ereignisse gehen tatsächlich aber nur 70 ein.

Die Ausgleichsforderung beträgt 10 (= 80 - 70).

Die weitere Differenz von 15 (= 95 - 80) zwischen ursprünglichem Ausweis der Forderung und Forderungseingang geht zulasten des Erwerbers.

Der Erwerber bucht einzelbilanziell:

Per Kaufpreiserstattungsforderung	10	an	Beteiligung	10
Per Aufwand aus zusätzlicher Wertberichtigung	25	an	Forderung	25

Konsolidierungsbuchung:

Per Beteiligung	10	an	*Goodwill*	10

2.3 Divergenz von Einzelbilanz (Beteiligungsbuchwert) und Konzernbilanz bei Anpassungen nach mehr als zwölf Monaten

41 Nach Abs. 2 Satz 1 erfolgt die Verrechnung von Beteiligungsbuchwert und anteiligem Eigenkapital nach Maßgabe der Verhältnisse zum Zeitpunkt der Erlangung des Tochterstatus – außer in Fällen, in denen das Tochterunternehmen zunächst nicht einbezogen oder zunächst kein Konzernabschluss erstellt wird (→ Rz. 26). Bei Erlangung einer Stimmrechtsmehrheit in einem Schritt ist dies der **Erwerbszeitpunkt.** Nach Abs. 2 Satz 2 sind erfolgsneutrale Anpassungen der Wertansätze des Vermögens und der Beteiligung innerhalb von zwölf Monaten möglich. Umgekehrt sind damit Entwicklungen **nach zwölf Monaten** nur noch nach allgemeinen Grundsätzen (→ Rz. 25), d. h. als

- (meist erfolgswirksame) **Fehlerkorrektur** oder
- (zwingend erfolgswirksame) **Schätzungsänderung,**

vorzunehmen.

42 Die Vorschriften zur Zwölf-Monats-Grenze sind IFRS 3 entlehnt. Der konzeptionelle Unterschied zu IFRS 3, der die Erstkonsolidierung unabhängig von der Einzelbilanz behandelt und daher auf die Anschaffungskosten des Konzerns und gerade nicht auf den Beteiligungsbuchwert abstellt (→ Rz. 12), wurde bei der Übernahme der Vorschrift möglicherweise nicht hinreichend gewürdigt. Er kann bei Anpassung der Anschaffungskosten nach mehr als zwölf Monaten zu einer **Divergenz** von Einzel- und Konzernbilanz führen, indem zwar

- der Beteiligungsbuchwert nach § 255 Abs. 1 HGB in der Einzelbilanz erfolgsneutral angepasst wird,
- Abs. 2 Satz 2 aber für diesen Fall keine Berücksichtigung des angepassten Beteiligungsbuchwerts in der Konzernbilanz mehr vorsieht.

BEISPIEL ► Am 31.12.01 erwirbt MU von V 100 % der Anteile an TU. Das Buchvermögen von TU beträgt an allen Stichtagen 700. Stille Reserven sind nicht vorhanden. Der *Goodwill* ist auf zehn Jahre abzuschreiben.

Neben einer sofort geleisteten fixen Zahlung von 1.000 ist eine erfolgsabhängige Zahlung von 200 vereinbart, wenn der Umsatz der Jahre 02 und 03 kumuliert mehr als 2.000 beträgt. Per 31.12.01 und 31.12.02 geht U mit überwiegender Wahrscheinlichkeit vom Verfehlen dieses Ziels aus. Tatsächlich entwickelt sich das Jahr 03 aber über Erwarten gut. Der erfolgsabhängige Betrag ist Ende 03 zu zahlen:

EINZELBILANZIELLE BEHANDLUNG ▸ 31.12.01:

Per Beteiligung	1.000	an	Geld	1.000

31.12.03:

Per Beteiligung	200	an	Geld	200 (wegen nachträglicher AK)

KONSOLIDIERUNGSBUCHUNGEN 01 UND 02 ▸ 31.12.01:

Per *Goodwill*	300	an	Beteiligung	1.000
Per EK	700			

31.12.02/31.12.03:

Per *Goodwill*	300	an	Beteiligung	1.000 (EB-Buchungen)
Per EK	700			
Per Abschreibung	30	an	*Goodwill*	30

31.12.03:

Per GRL	200	an	Beteiligung	200 (wegen nachträglicher AK)
oder				
per Aufwand	200	an	Beteiligung	200 (wegen nachträglicher AK)

43 Im Beispiel entsteht in der Periode, in der die Kaufpreisanpassung wider Erwarten doch zum Tragen kommt, folgendes Problem:

- ► Der **Beteiligungsbuchwert** hat sich einzelbilanziell wegen der wider Erwarten doch wirksam gewordenen *Earn-out*-Klausel **erhöht.**
- ► Abs. 2 Satz 1 und Satz 2 sieht eine Berücksichtigung dieser Erhöhung bei der Konsolidierung aber nicht vor. Für die **Kapitalkonsolidierung** und somit auch für den *Goodwill* bleibt es beim **Beteiligungsbuchwert** nach den Verhältnissen des **Erstkonsolidierungszeitpunkts** (plus zwölf Monate).
- ► Nach vorläufiger Konsolidierungsbuchung verbleibt damit i. H. der Kaufpreisanpassung noch ein Beteiligungsbuchwert (im Beispiel von 200) zu verrechnen. Da der *Goodwill* zur Verrechnung nicht zur Verfügung steht, bleiben theoretisch nur zwei Alternativen: Verrechnung gegen **Konzerngewinnrücklagen** (per GRL an Beteiligung) oder gegen **Aufwand** (per Aufwand an Beteiligung).

Unseres Erachtens ist die zweite Alternative angemessen. Gegen die Rücklagenverrechnung spricht neben dem Prinzip der **formellen Bilanzkontinuität** auch der **Zweck von Abs. 2 Satz 2.** Er besteht nach der Regierungsbegründung gerade darin, nur für ein zwölfmonatiges Fenster eine erfolgsneutrale Anpassung der Erstkonsolidierung zuzulassen. Über diesen Zeitraum hinaus kann eine Anpassung daher nur nach allgemeinen Grundsätzen vorgenommen werden. Da eine Fehlerkorrektur bei unerwartetem, nicht vorhersehbarem Verlauf des *earn out* i. d. R. ausscheidet, kommt nur eine Änderung von Schätzungen infrage. Diese ist nach allgemeinen Grundsätzen **erfolgswirksam** zu buchen. Unseres Erachtens ist daher nur die zweite Alternative sachgerecht. Zu einer anderen Beurteilung führt u. E. auch nicht der Einheitsgrundsatz oder das „*True and fair view*"-Prinzip. Beide Prinzipien sind in so hohem Maße abstrakt, dass sich mit ihnen fast alles und damit gar nichts beweisen lässt. Für die Lösung des hier zu behandelnden konkreten Problems geben sie nichts her.

DRS 23.31 sieht allerdings auch außerhalb des Zwölf-Monats-Fensters eine erfolgsneutrale Behandlung von Anpassungsbeträgen vor. Die dafür vorgeschlagene Begründung – Anpassung des Beteiligungsbuchwerts um nachträgliche Anschaffungskosten – widerspricht u. E. Abs. 2 Satz 1 und Satz 2, die für die Kapitalkonsolidierung ausschließlich auf die Wertansätze von Beteiligung und Nettovermögen binnen des Zwölf-Monats-Fensters abstellen. Nicht unvertretbar erscheint hingegen die folgende, auf Harmonisierung zwischen Einzelabschluss (Anschaffungskosten der Beteiligung) und Konzernabschluss (Verrechnung des Beteiligungsbuchwerts) zielende Auslegung:

- Nach § 298 Abs. 1 HGB i.V. mit § 246 Abs. 1 Satz 3 HGB wird der Geschäfts- oder Firmenwert per gesetzlicher Fiktion als ein Vermögensgegenstand betrachtet.
- Wie bei „anderen" Vermögensgegenständen auch können sich die Anschaffungskosten nachträglich ändern.
- Die dann nach allgemeinen Grundsätzen gebotene Nachaktivierung geht den zeitlichen Beschränkungen nach Abs. 1 Satz 2 und Abs. 2 Satz 2 vor.

BEISPIEL (FORTSETZUNG) Die Zahlung des erfolgsabhängigen Betrags ist einzelbilanziell als Erhöhung des Beteiligungsansatzes und konzernbilanziell gegen den bestehenden Unterschiedsbetrag zu buchen:

KONZERNBILANZIELLE BEHANDLUNG 31.12.03:

Per *Goodwill*	200	an	Beteiligung	200 (wegen nachträglicher AK)

(einstweilen frei) 44

V. Ansatz erworbener Vermögensgegenstände und Schulden (Abs. 1)

1. Grundlagen

Die Anschaffungskosten bzw. der Beteiligungsbuchwert sind nach Abs. 1 Satz 1 und 2 mit dem Nettovermögen des Tochterunternehmens zu verrechnen, das sich aus dem Zeitwert der in den Konzernabschluss aufzunehmenden Vermögensgegenstände, Schulden, Rechnungsabgrenzungsposten und Sonderposten ergibt. Sonderposten sind nach § 266 Abs. 2 HGB i.V. mit § 274 Abs. 1, § 246 Abs. 2 und § 274 Abs. 1 HGB insbesondere die aktiven latenten Steuern (→ § 274 Rz. 40) und der aktive Unterschiedsbetrag aus der Vermögensverrechnung bei Pensionsplänen (→ § 246 Rz. 401). 45

Die **Zeitwertermittlung** des Nettovermögens impliziert: Für den Ansatz (und die Bewertung) kommt es nicht auf die Bilanzierungs- und Bewertungsmethoden beim Veräußerer an. Das erworbene Nettovermögen ist hinsichtlich seiner Bilanzierungsfähigkeit (→ Rz. 46 ff.) **und Bewertung** (→ Rz. 71 ff.) **neu** zu beurteilen.

Betroffen von der Neubeurteilung der Ansatzfähigkeit sind vor allem **immaterielle Vermögensgegenstände,** die beim erworbenen Unternehmen wegen ihres originären Charakters nicht ansatzfähig oder -pflichtig waren, durch den Erwerb aber zu derivativen Vermögensgegenständen werden (→ Rz. 46).

45a DRS 23.51 f. stellt klar, dass in der Neubewertungsbilanz auch bisher bilanzunwirksame Geschäfte des erworbenen Unternehmens anzusetzen sind, sofern diesen ein verlässlich bestimmbarer Wert zukommt. Betroffen sind etwa Finanzderivate oder schuldrechtliche Haftungsverhältnisse.

2. Immaterielles Anlagevermögen

2.1 Abgrenzung vom *Goodwill*

46 § 248 HGB unterscheidet zwischen **originären** und **derivativen** immateriellen Anlagen. Für hergestellte (originäre) immaterielle Anlagen bestehen z. T. Aktivierungswahlrechte, z. T. Aktivierungsverbote (→ § 248 Rz. 1). Angeschaffte (derivative) sind hingegen aktivierungspflichtig. Als **Anschaffung** gilt konzernbilanziell auch der Zugang nach der **Einzelerwerbsfiktion** (→ Rz. 7). Insoweit kann es im handelsrechtlichen Konzernabschluss (beim *Asset-Deal* auch im Einzelabschluss) zum Ansatz von immateriellen Vermögensgegenständen kommen, die beim Veräußerer nicht angesetzt werden durften oder mussten, weil dieser sie hergestellt hatte.

47 Voraussetzung für den Ansatz ist die Identifizierbarkeit des Vermögensgegenstands bzw. seine Unterscheidbarkeit vom *Goodwill*. Zu den lediglich **geschäftswertbildenden Faktoren,** die wertbestimmend in den Kaufpreis und damit in den *Goodwill* eingehen und daher nicht aktivierungsfähig sind (DRS 23.53), gehören etwa

- **Lagevorteile** im Einzelhandel oder in der Gastronomie,
- der nicht schon in Markenrechten u. Ä. enthaltene gute **Ruf** eines Unternehmens,
- die eingeführte und optimierte **Organisation** sowie
- mit dem Gesamtunternehmen verbundene **Gewinnerwartungen,** die sich nicht in einzelnen rechtlichen oder faktischen Verhältnissen konkretisieren.

Abzugrenzen vom *Goodwill* sind hingegen Vorteile, die **verkehrsfähig** sind, d. h. ohne Übertragung des gesamten Unternehmens veräußert, lizenziert, verpachtet etc. werden können. Vorteile, die auf vertraglichen oder sonstigen Rechten beruhen, erfüllen diese Voraussetzung zumeist, bei nicht rechtlich begründeten Vorteilen ist die Verkehrsfähigkeit kritischer zu prüfen (→ § 246 Rz. 16). Bleibt ein beim Erwerbsobjekt bestehendes Recht (z. B. ein Belieferungsrecht) aufgrund einer zugunsten des Vertragspartners bestehenden *Change-of-Control*-Klausel beim Erwerb des Unternehmens nur dann bestehen, wenn die andere Vertragspartei zustimmt, erlangt der Erwerber nicht das Recht, sondern nur die Chance zur Fortführung des Rechts. Derartige Chancen sind typischerweise nur ein geschäftswertbildender Faktor und kein eigenständiger Vermögensgegenstand.[1]

48 Die Differenzierung zwischen rechtlich verankerten und faktischen Verhältnissen ergibt nicht nur im Hinblick auf das Identifikationsproblem, sondern auch unter dem Aspekt der personalen Zurechnung Sinn. Mit der **rechtlichen Verankerung** geht regelmäßig die **Verfügungsmacht** über den Vermögensgegenstand einher; z. B. können Nutzungsstörer auf Unterlassung, Schadenersatz etc. verklagt werden.

49 Nicht notwendig für den Bilanzansatz ist, dass der erworbene immaterielle Vermögensgegenstand mit überwiegender Wahrscheinlichkeit zu einem Nutzen führen wird. **Misserfolgsszena-**

1 Mit ähnlicher Argumentation bzgl. Belieferungsrechten bei Pressegrossisten: FG Schleswig-Holstein, Urteil v. 26.6.2019 – 5 K 189/18.

rien können mit ihrer gewichteten Wahrscheinlichkeit bei der Zeitwertbestimmung, also auf der **Bewertungsebene,** berücksichtigt werden.

BEISPIEL ▸ K erwirbt das Pharmaunternehmen P, zu dessen Vermögen u. a. ein nicht bilanziertes, gerade anerkanntes Patent über ein Arzneimittel zur Steigerung der Lernfähigkeit gehört. Zur Verwertung des Patents bestehen zwei Szenarien:

VARIANTE 1 ▸ Das Arzneimittel wird ein Erfolg. Es wird (diskontiert) einen Überschuss von 300 Mio. € erwirtschaften.

VARIANTE 2 ▸ Das Arzneimittel wird kein Erfolg. Es wird zwei Jahre nach der Markteinführung eingestellt werden und bis dahin (diskontiert) einen Verlust von 20 Mio. € verursachen.

Die Wahrscheinlichkeit der ersten Variante wird mit 25 %, die der zweiten mit 75 % angenommen.

BEURTEILUNG ▸ In der Einzelbilanz von P ist das Patent nicht ansatzfähig, da ein Nutzen nicht wahrscheinlich ist.

Für die (Konzern-)Bilanz des Erwerbers gilt Folgendes:

Bei Ansatz der Wahrscheinlichkeiten als Gewichtungsfaktoren resultiert folgender Zeitwert:

$300 \cdot 0{,}25 - 20 \cdot 0{,}75 = 75 - 15 = 60$ Mio. €.

Die geringere Wahrscheinlichkeit eines Erfolgs ist bei der Wertbemessung zu berücksichtigen. Sie hindert den Bilanzansatz nicht.

Neben der unterschiedlichen rechtlichen Bedeutung der Wahrscheinlichkeit eines Nutzens als Ansatzkriterium bei Herstellung und Bewertungsparameter bei Anschaffung kann auch eine **faktische** Neubeurteilung der Wahrscheinlichkeit im Rahmen des Erwerbs zum erstmaligen Ansatz führen:

- Das Management des erworbenen Unternehmens kann sein Ermessen in der Einschätzung der Wahrscheinlichkeit anders und mutiger ausüben als das Management des veräußernden Unternehmens (**subjektive** Wahrscheinlichkeit).
- Die Kombination mit Produktionsfaktoren und Kapitalkraft des Erwerbers (Synergien) kann die Wahrscheinlichkeit eines Nutzens erhöhen (**objektive** bzw. **intersubjektive** Wahrscheinlichkeit).

In jedem Fall verlangt der Ansatz von immateriellem Vermögen beim Erwerber die **verlässliche** 50 **Messbarkeit** des beizulegenden Zeitwerts, ansonsten wäre ein vom *Goodwill* separierter Ansatz bloße Fiktion. Die Anforderungen an die Verlässlichkeit sind aber andererseits nicht zu hoch zu setzen. Es liegt in der Natur der Zeitwertbestimmung nicht marktnotierter Vermögensgegenstände, dass sie mit größeren Unsicherheiten behaftet ist. Bei zu hohen Anforderungen an die Verlässlichkeit würde daher die Bestimmung von Abs. 1 ins Leere laufen. Eigentlicher Prüfstein für den Ansatz von immateriellen Vermögensgegenständen bleibt damit die Frage der **Identifizierbarkeit,** d. h. der Abgrenzung vom *Goodwill.*

2.2 Systematisierung des immateriellen Vermögens

In Anlehnung an IDW S 5 Tz. 13, der wiederum Vorgaben aus IFRS 3 übernimmt, lässt sich das 51 immaterielle Vermögen wie folgt typisieren:

- **Marketingbezogene** immaterielle Vermögensgegenstände zur Bewerbung oder Unterstützung des Verkaufs: Handelsmarken, Konsummarken, Einzelmarken, Dachmarken, eingetragene Marken, Markenauftritte bzw. *trade dresses* (einzigartige Farben, Form oder die Summe des Designs), Internetdomain-Namen etc.

- **Kundenorientierte** immaterielle Vermögensgegenstände: Kundenlisten, Auftragsbestände, Dauerkundenverträge und sonstige Kundenbeziehungen.
- Gemessen am Markt **vorteilhafte Verträge** (*favorable* oder *beneficial contracts*) auf allen Ebenen der Absatz- sowie der Beschaffungsseite, also etwa auch bei Vermietung oder Anmietung.
- **Technologiebasierte** immaterielle Vermögensgegenstände: patentierte und unpatentierte Technologien, Geschäftsgeheimnisse, insbesondere Rezepturen, Software, Datenbanken.
- **Kunstbezogene** immaterielle Vermögensgegenstände: Rechte an Theaterstücken, Opern oder Ballettinszenierungen, Kompositionen, Werbemelodien, Bildern, Fotografien, Filmen, Texten etc.

52 Angesichts der Vielfalt der infrage kommenden Werte besteht die Gefahr, den Beteiligungsbuchwert bzw. die Anschaffungskosten im Rahmen der Kaufpreisallokation zu **atomisieren.** Hier helfen ***Materiality***-Überlegungen, die darauf abstellen, welches im Einzelfall die wesentlichen Werttreiber sind. Dazu folgende Beispiele:

Branche	Typische Werttreiber
Autovermieter	Marke
Beratungsunternehmen	Kundenbeziehungen
Bauunternehmen	Auftragsbestände
Filmproduzent	Urheberrechte und Lizenzen
Gebäudereiniger	Kundenbeziehungen
Kfz-Händler	Kundenbeziehungen
Markenartikelhersteller	Produktmarken
Mobilfunkbetreiber	Kundenbeziehungen, Mobilfunklizenzen
Spielbank	Spielbanklizenz
Softwarehersteller	Technologie, Kundenbeziehungen
Verlag	Abonnementverträge, Titelrechte

2.3 Kundenbeziehungen und Marken

53 **Vier Typen** von Kundenbeziehungen lassen sich in Anlehnung an IDW S 5 unterscheiden:

1. Auftragsbestände (→ Rz. 54),
2. (Dauer-)Vertragskunden (Abonnenten, Mobilfunkkunden etc., → Rz. 54),
3. Kundenlisten (→ Rz. 55),
4. Stammkundenbeziehungen ohne aktuelles Vertragsverhältnis (→ Rz. 56).

54 Bei **Auftragsbeständen und (Dauer-)Vertragskunden** liegen Verträge und damit rechtlich durchsetzbare *„Cash inflow"*-Erwartungen vor, wodurch die für die personale Zurechnung eines Vermögensgegenstands vorauszusetzende **Verfügungsmacht** ohne Weiteres gegeben ist (→ Rz. 48).

Bei Dauervertragsbeziehungen muss auch nicht hinderlich sein, dass eine Beendigung der Geschäftsbeziehung durch Kündigung möglich ist. Wenn zuvor der Bilanzansatz bejaht ist, können erwartete Kündigungsraten im **Bewertungskalkül** Berücksichtigung finden.

In Abgrenzung zu fest zugesagten Aufträgen fehlt die Durchsetzbarkeit hingegen bei Gewinnchancen aus **Rahmen- bzw. Konditionenverträgen,** die nur Preise und Lieferbedingungen, ggf. auch Lieferverpflichtungen, jedoch keine Abnahmepflichten festlegen. Mit solchen Verträgen verbundene empirisch begründete Bestellerwartungen sollten daher u. E. nicht zur Anerkennung eines Rahmenvertrags als Vermögensgegenstand führen. Die empirischen Erwartungen speisen sich nicht allein aus der Existenz des Rahmenvertrags, sondern aus einer Vielzahl verbundener Faktoren (Qualität und Preis der Produkte, Ruf etc.), die insgesamt als geschäftswertbildend angesehen werden müssen.

Der Begriff der **Kundenliste** steht für ganz unterschiedliche kundenbezogene Informationen. 55
Neben Adress- und demographischen Daten (Alter, Geschlecht, Familienstand, Beruf etc.) können Kundenlisten auch Informationen über das Kaufverhalten enthalten. Für die mit einem Unternehmenskauf erworbene Kundenliste ist zunächst die **Verkehrsfähigkeit,** d. h. die Separierbarkeit des wirtschaftlichen Vorteils durch die Möglichkeit des Verkaufs, der Verpachtung oder des Tauschs, zu prüfen. Hierbei kommt es nicht darauf an, ob die erworbene Kundenliste tatsächlich vom Erwerber weiterveräußert oder verpachtet werden soll. Die abstrakte Möglichkeit einer solchen Transaktion reicht aus. Sie ist zu verneinen, wenn eine Überlassung der Kundenliste an andere Unternehmen gesetzlich oder vertraglich ausgeschlossen ist. Ein solcher Ausschluss kann sich aus beruflichen Verschwiegenheitspflichten von Ärzten, Rechtsanwälten, Wirtschaftsprüfern etc. oder allgemein durch Datenschutzbestimmungen ergeben.

Kann die Separierbarkeit bejaht werden, ist gleichwohl noch zu prüfen, ob die Kundenliste einen **kontrollierbaren Nutzen** verkörpert. Zwischen Kontrolle und Nutzen besteht regelmäßig eine Wechselwirkung.

BEISPIEL ▸ Die Dentalbedarf AG erwirbt ein Unternehmen, das Dentalinstrumente produziert. Mit dem Unternehmen wird auch eine Kundenliste erworben, die beinahe sämtliche deutschen Zahnärzte enthält.

Die Liste hat keinen besonderen Wert, da sich jedermann mit relativ unbedeutenden Suchkosten Listen von Zahnärzten über Branchen-CDs etc. beschaffen kann. Der niedrige Wert resultiert aus der fehlenden Kontrolle, Dritte von dem Informationsnutzen der Kundenliste auszuschließen.

FALLVARIANTE ▸ Die Liste enthält Angaben, welche Zahnärzte linkshändig sind und deshalb anders geformte und konstruierte Dentalinstrumentarien benötigen. Die Kundenliste bzw. die in ihr enthaltenen Informationen über die Linkshändigkeit sind unter zwei Prämissen werthaltig:

- Der Erwerber – oder ein Dritter, an den die Liste weiterveräußert werden könnte – erwägt die Verwertung der Informationen durch die Produktion spezieller auf linkshändige Zahnärzte zugeschnittener Instrumente.
- Die Information über die Linkshändigkeit von Zahnärzten ist nicht allgemein zugänglich und nur mit hohen Kosten beschaffbar.

Auch bei den **Stammkundenbeziehungen** ist zunächst die Verkehrsfähigkeit zu prüfen: Unter 56
normalen Verhältnissen kann ein Unternehmen seinen Kundenstamm kaum veräußern, verpachten oder in sonstiger Weise einem Dritten überlassen, ohne zugleich seine operativen Tätigkeiten im bisherigen Geschäftsfeld aufzugeben oder auf Dauer der Überlassung einzustellen. **Regelmäßig** ist daher **keine separate Verwertungsmöglichkeit** des Kundenstamms gegeben. Eine Aktivierung kommt i. d. R. schon deshalb nicht infrage.

Wenn die Verkehrsfähigkeit **ausnahmsweise** doch bejaht wird, stellt sich die Frage nach der 57
Abgrenzbarkeit zum *Goodwill* und anderen immateriellen Vermögensgegenständen. Zunächst ist die Annahme, Kunden, die in der Vergangenheit eine Ware oder ein Produkt gekauft haben,

würden dies auch in Zukunft wieder tun, nichts anderes als eine empirisch gestützte Zukunftsprognose.

BEISPIEL ► Erworben wird der Autohandel A. Das erworbene Unternehmen hat zahlreiche Stammkunden. Nach Erfahrungswerten der Vergangenheit werden 60 % der Kunden, die ihren letzten Pkw bei A gekauft haben, dort auch ihren nächsten Pkw kaufen. Mit diesem Verhalten wird auch für die Zukunft gerechnet.

Der ökonomische Wert der Stammkundschaft liegt mithin im **erwarteten Wiederholungsverhalten.** Dieses Wiederholungsverhalten erklärt sich aber aus einer Vielzahl unterschiedlicher Faktoren: Markenstärke, Standort, persönliche Kontakte, Design und Technologie der Produkte spielen eine wichtige Rolle. Unter Rückgriff auf die Zivilrechtsprechung kann man in diesem Zusammenhang von sog. **Sogwirkungen anderer Faktoren** sprechen, die den Wiederholungskauf (mit-)erklären.[1] Der Einfluss der Sogwirkungen ist kaum quantifizierbar. Eine adäquate separate Bewertung der Stammkunden (bzw. der anderen interagierenden Vermögensgegenstände) ist dann nur noch in solchen Fällen möglich, in denen ein Aspekt überragt und daher die anderen als vernachlässigbar anzusehen sind. Solche Prioritätsverhältnisse sind nicht rechnerisch, sondern durch qualitative Vorüberlegungen unter Würdigung des Einzelfalls zu klären.

58 Sollte die Sogwirkung eines anderen immateriellen Vermögensgegenstands, insbesondere der Marke, einen überragenden Charakter haben, liegt es nahe, dem Posten Stammkunden keinen selbständigen Wert zuzurechnen. Pauschale Urteile sind bei solchen qualitativen Betrachtungen aber zu vermeiden. Beim Erwerb eines Markenartikelherstellers ist es beispielsweise nicht von vornherein gerechtfertigt, alles der Marke und nichts dem Kundenstamm oder dem *Goodwill* zuzuordnen. Der Markenwert sollte ökonomisch fundiert anhand eines zufließenden Nutzens, z. B. in Form höherer Absatzpreise im Vergleich mit No-Name-Produkten oder Eigenmarken der Handelsketten, ermittelt und nicht vereinfachend durch die Gleichung „Unterschiedsbetrag Kaufpreisallokation = Markenwert" bestimmt werden. Eine solche Gleichung würde zudem übersehen, dass es im Rahmen der Kaufpreisallokation nur einen residualen Wert, nämlich den *Goodwill*, gibt. Seine Berechnung setzt also die vorgängige Bestimmung aller anderen Werte voraus.

In der Bestimmung dieser anderen Werte sind **fallbezogene Differenzierungen** nötig:

- Bei **technologisch getriebenen Marken** sind Wiederholungskäufe Folge eines technisch begründeten Qualitätsversprechens, damit einhergehender Innovationskraft, Qualität der Arbeiterschaft und des Marketings etc. und somit untrennbar mit dem Unternehmen und dem Geschäftswert verbunden. Markenwert und Stammkundenwert sind unter diesen Umständen nicht mehr mit einem ökonomisch adäquat begründeten Bewertungsmodell separierbar. Sie gehen im *Goodwill* auf.
- Marken von Gütern des täglichen Bedarfs enthalten hingegen häufig kein technologisches Qualitäts-, sondern ein **Lifestyle-** oder **Genussversprechen.** In derartigen Fällen kann von einer dominierenden Bedeutung der Marke (gegenüber Stammkundenbeziehung, *Know-how* etc.) ausgegangen und deren Wert nach dem o. g. ökonomischen Kalkül bestimmt werden.

1 Vgl. *Kümmel*, Der Ausgleichsanspruch des Kfz-Vertragshändlers – Berechnung nach der „Münchner Formel", DB 1998 S. 2407 ff.

Die Frage nach der Differenzierung zwischen und Trennbarkeit von Kundenstamm und Marke sowie *Goodwill* ist u.U. auch abhängig von der **Vertriebsstruktur:**

- Besteht die Stammkundschaft eines Markenartiklers aus **Handelskonzernen,** kann ein Erhalt der Kundenbeziehung nur insoweit erwartet werden, als die Endverbraucher der Marke treu bleiben. Die Stammkundenbeziehung zum Handelsunternehmen ist nur ein Reflex auf die Wahrnehmung der Marke durch die Endkunden. Das Kontrollkriterium bzgl. der Endkundenbeziehungen ist aus Sicht des Markenartiklers nicht erfüllt. Die Marke ist dominant und deshalb vorrangig anzusetzen.
- Demgegenüber sind Markenartikler mit **direkten Vertriebskanälen** und direktem Kontakt zu den Endkunden eher in der Lage, diese Beziehungen zu kontrollieren. Eine separate Bewertung der Stammkundenbeziehung kann infrage kommen.

Die vorgenannten Interdependenzen von immateriellen Vermögensgegenständen machen häufig nicht nur eine separate Verwertung, sondern bereits eine separate und adäquate Zeitwertermittlung unmöglich, so dass jedenfalls aus dieser Sicht ein Ansatz scheitern kann.

2.4 *In process research and development*

§ 248 HGB i.V. mit § 255 Abs. 2a HGB lässt eine Aktivierung von originären Forschungsaufwendungen überhaupt nicht und eine Aktivierung von originärem Entwicklungsaufwand nur unter eingeschränkten Bedingungen zu (→ § 248 Rz. 9). Würde man diesen Regeln auch beim Unternehmenserwerb folgen, wären beim Erwerb von forschungsintensiven Start-up-Unternehmen alle noch im Prozess befindlichen Forschungen und Entwicklungen wertmäßig im *Goodwill* zu erfassen. 59

Nach Maßgabe der Einzelerwerbsfiktion repräsentiert das Wissen des erworbenen Unternehmens jedoch in vielen Fällen **derivative Vermögensgegenstände.** Bei regelmäßig zu bejahender Verkehrsfähigkeit sind daher auch in Entwicklung befindliche Technologien *(in process research and development)* in der Erstkonsolidierung anzusetzen. Kennzeichnend für sie ist nach IDW S 5 Tz. 114, dass sie noch nicht für den Wertschöpfungsprozess einsetzbar sind und ihre Kommerzialisierung erheblichen Restrisiken unterliegt. Gleichwohl kommt ihnen ein Wert zu, wenn belastbare Überlegungen zum relevanten Markt, zu den Kunden, den Kosten und voraussichtlich erzielbaren Preisen vorliegen.

2.5 Vertragliches Wettbewerbsverbot

Nach IDW S 5 Tz. 13 bzw. der herrschenden handels- und steuerrechtlichen Meinung ist der durch Einmalzahlung „erworbene" Anspruch auf Unterlassung von Wettbewerb als immaterielles Anlagevermögen zu bilanzieren, sofern er selbständige Bedeutung hat und nicht im Firmenwert aufgeht.[1] Die **Vermögensgegenstandsqualität** eines vom Firmenwert unterscheidbaren Wettbewerbsverbots wird dabei vorausgesetzt. Irritierend ist, dass demgegenüber der Unterlassungspflichtige nach Rechtsprechung des BFH erhaltene Einmalzahlungen passiv abgrenzen muss bzw. bei laufenden Zahlungen nach den Grundsätzen der Nichtbilanzierung schwebender Verträge keine Schuld zu passivieren hat. Eine solche Ungleichbehandlung beim Berechtigten und Verpflichteten ist nicht gerechtfertigt: 60

1 Nachweise bei *Lüdenbach/Völkner*, BB 2008 S. 1662 ff.

- Durch die Vereinbarung eines Wettbewerbsverbots verpflichtet sich eine Partei gegenüber einer anderen Partei, in einem sachlich und räumlich bestimmten Geschäftsfeld nicht in Wettbewerb zu treten. Die aus dem Wettbewerbsverbot geschuldete Leistung besteht in einem Unterlassen von Handlungen über einen Zeitraum, der regelmäßig vertraglich, gesetzlich oder durch Richterrecht limitiert und nur ausnahmsweise unbefristet ist. Das Wettbewerbsverbot ist damit zivilrechtlich ein **Dauerschuldverhältnis,** da der Umfang der Leistung (hier des Unterlassens) von der Dauer der Rechtsbeziehung abhängt.
- (Dauerschuld-)Verträge sind hinsichtlich ihres noch unerfüllten, d. h. **schwebenden Teils** bilanzrechtlich i. d. R. **kein Vermögensgegenstand.**
- Im Rahmen eines Unternehmenserwerbs gelten sie nur **ausnahmsweise** insoweit als Vermögensgegenstand, als sich Rechte und Pflichten nicht ausgewogen gegenüberstehen, der ökonomische Saldo also nicht null, sondern „günstig" ist (→ Rz. 63). Eine solche **Günstigkeit** kann bei Vereinbarung anlässlich eines Unternehmenskaufs nicht entstehen, da ein von den Parteien zugrunde gelegter zu niedriger Preis für das Wettbewerbsverbot unbeachtlich, das Gesamtentgelt vielmehr nach objektiven Maßstäben (Zeitwert) aufzuteilen ist. Damit entspricht auch der auf das Wettbewerbsverbot entfallende Teil dem marktkonformen Wert. Es fehlt mithin an dem positiven Saldo, der einen immateriellen Vermögensgegenstand konstituieren würde.

61 Ohne dass es hierauf noch ankäme, scheitert der Ansatz des immateriellen Vermögensgegenstands Wettbewerbsverbot i. d. R. aber auch an der **fehlenden Kontrolle** (Herrschaft) über die aus dem Wettbewerbsverbot resultierenden Gewinnchancen. Mit der Vereinbarung eines Wettbewerbsverbots erhält das berechtigte Unternehmen zwar das Recht zur Einforderung des Unterlassens vom verpflichteten Unternehmen. Potenzielles Bilanzierungsobjekt ist jedoch nicht das Recht, sondern der damit verbundene wirtschaftliche Nutzen. Diesen kontrolliert der Anspruchsberechtigte i. d. R. (Ausnahme etwa beim Duopol) nicht.

BEISPIEL Am Marktplatz werden drei etwa gleich große und gleich umsatzstarke Apotheken von A, B und C betrieben. A veräußert seine Apotheke an X und vereinbart mit diesem ein fünfjähriges Wettbewerbsverbot.

Die Unterlassungspflicht von A besteht im Beispiel zwar rechtlich nur gegenüber X, allerdings profitieren auch die beiden anderen Marktteilnehmer B und C in jeweils gleicher Weise von dieser Unterlassung durch Sicherung von Marktanteil und Umsatz. In ökonomischer Betrachtung begründet die Wettbewerbsabrede ein Kollektivgut. Verfügungsmacht ist nicht gegeben.

62 Eine anlässlich eines Unternehmenskaufs als Teil des Kaufpreises oder separat geleistete Einmalzahlung auf ein Wettbewerbsverbot ist daher, wenn ihr ein rechtlich oder wirtschaftlich befristeter Unterlassungsanspruch zukommt, als **Rechnungsabgrenzungsposten** zu aktivieren, **ohne Befristung** sofort **aufwandswirksam** zu verbuchen.

2.6 Schwebende Verträge mit Gewinn- oder Verlusterwartung

63 **Schwebende Absatz- oder Beschaffungsverträge** (beides i. w. S. also z. B. unter Einschluss von Vermiet- und Anmietverträgen) können dann einen zu aktivierenden Vermögensgegenstand darstellen, wenn die Vertragskonditionen, gemessen an Marktwerten, besonders günstig sind (*beneficial* oder *favorable contract*).

Ohne an Marktwerten gemessene **Günstigkeit** der Vertragskonditionen kommt schwebenden Beschaffungsverträgen i. d. R. kein Zeitwert zu. Bei schwebenden Absatzverträgen kann dies wegen der erwarteten (marktkonformen) Gewinnmarge anders sein; diese Verträge sind aber ohnehin schon als kundenbezogene Vermögensgegenstände (Auftragsbestand etc.) zu erfassen (→ Rz. 53).

BEISPIEL ▸ Das erworbene Unternehmen ist u. a. in folgenden schwebenden Verträgen engagiert:

- Dollarterminkauf mit positivem Marktwert.
- Anmietungsvertrag über ein Gebäude mit einer Miete von 12 €/m² bei einer aktuellen Marktmiete von 20 €/m² und einer Restlaufzeit von fünf Jahren.
- Haustarifvertrag mit Löhnen/Gehältern, die um 20 % unter dem Flächentarifvertrag liegen. Der Vertrag hat eine Restlaufzeit von zwei Jahren.

BEURTEILUNG ▸

- Das Dollartermingeschäft ist beim Veräußerer nicht anzusetzen. Beim Erwerber erfolgt ein Ansatz zum Zeitwert.
- Der Anmietungsvertrag ist mit dem Barwert der gegenüber den Marktkonditionen ersparten Miete anzusetzen.
- Die Arbeitsverhältnisse sind auch dann nicht anzusetzen, wenn die Haustarifvereinbarung tatsächlich günstig ist, d. h. der Flächentarif die tatsächlichen Marktverhältnisse widerspiegelt und der Haustarif nicht lediglich eine geringere Produktivität etc. kompensiert. Die Arbeitnehmer können jederzeit kündigen, Verfügungsmacht über den Vorteil besteht nicht.

Der **Praxis** werden mit der Kategorie der günstigen Verträge schwer lösbare Aufgaben gestellt. 64
Für jedes Vertragsverhältnis müsste eine Bewertung zu Marktpreisen durchgeführt werden. Die Kaufpreisallokation würde zu atomisierten Werten führen. Unseres Erachtens ist es daher sachgerecht, den Ansatz von günstigen Verträgen auf die wenigen Fälle zu beschränken, in denen es um **große Vertragsvolumina, erhebliche Restlaufzeiten** sowie deutliche und klar zu belegende, überdies unkompensierte Abweichungen zwischen Markt- und Vertragskonditionen geht.

Günstige sonstige Rechtsverhältnisse (z. B. behördliche Genehmigungen, die so heute nicht 65
mehr erteilt würden, aber wegen Bestandsschutz fortgelten) sind regelmäßig auch bei signifikanter Günstigkeit nicht anzusetzen. Zumeist fehlt es schon an der Verkehrsfähigkeit. Auch ökonomisch ist die Möglichkeit der besseren Nutzung vorhandener Vermögensgegenstände aufgrund günstiger rechtlicher Bedingungen Teil des ***Goodwill,*** nämlich der Synergien, die schon beim erworbenen Unternehmen vorhanden waren (sog. *Going-Concern-Goodwill*).[1]

3. Schulden, insbesondere Rückstellungen

Schulden, die sich erst aus Absichten und Handlungen des Erwerbers ergeben, daher nicht im 66
Erwerbsobjekt selbst liegen (also nicht erworben wurden), können nach Maßgabe der Einzel**erwerbs**fiktion bei der Erstkonsolidierung nicht angesetzt werden (so nun auch DRS 23.57).

Restrukturierungsrückstellungen dürften daher nur dann im Rahmen der Erstkonsolidierung 67
angesetzt werden, wenn sie bereits beim Veräußerer hätten gebildet werden können, d. h. bereits eine (faktische) Schuld vorlag (DRS 23.58).

BEISPIEL ▸ Am 2.4.03 wird TU von MU erworben. TU hat in den letzten zwei Jahren nur rote Zahlen geschrieben. Die Notwendigkeit einer Restrukturierung wurde daher längst erkannt. Der bisherige Anteilseigner war kurzfristig nicht bereit, TU die dafür erforderlichen finanziellen Mittel zur Verfügung zu

1 Zum ökonomischen Gehalt des *Goodwill Sellhorn*, DB 2000 S. 885 ff.; *Hachmeister/Kunath*, KoR 2005 S. 64 f.

stellen. Zur Aufstellung (und Bekanntgabe) eines Restrukturierungsplans ist es daher bisher nicht gekommen. Es fehlt der für Schulden konstitutive Außenverpflichtungscharakter. Er wäre nur über die Rechtsfigur der faktischen Verpflichtung zu begründen. Eine solche faktische Verpflichtung kann aber jedenfalls so lange nicht angenommen werden, wie kein detaillierter Plan an die Betroffenen bekannt gegeben wurde.

DRS 4.19 f. sah demgegenüber unter engen Voraussetzungen die Berücksichtigung einer Restrukturierungsrückstellung in der Erstkonsolidierung auch dann vor, wenn spätestens bei Begründung des Mutter-Tochter-Verhältnisses ein Restrukturierungsplan vorlag, dieser umgehend den Betroffenen bekannt gemacht und innerhalb dreier Monate in einen Detailplan umgesetzt wurde. Diese (kasuistische) Regelung ist in DRS 23 nicht mehr enthalten.

68 Bei **anderen Rückstellungen** kann es zu einem vom erworbenen Unternehmen abweichenden Ansatz kommen, wenn das erwerbende Unternehmen die Wahrscheinlichkeit einer Inanspruchnahme anders beurteilt als der Veräußerer.

69 **Pensionsverpflichtungen,** die das erworbene Unternehmen in **Altfällen** wegen Art. 28 Abs. 1 EGHGB nicht passiviert hat (→ § 249 Rz. 127), werden gem. DRS 23.56 bei der Erstkonsolidierung ansatzpflichtig. Bei der Folgebewertung kann teilweise wieder vom (Nicht-)Passivierungswahlrecht Gebrauch gemacht werden (DRS 23.106).

69a Zu den anzusetzenden Schulden gehören auch vor dem Erwerb begründete bedingte Verpflichtungen, die durch den Erwerb unbedingt werden (*Change-of-Control*-Klauseln) (DRS 23.60).

4. Latente Steuern auf Verlustvorträge

70 Ein steuerlicher Verlust des **erworbenen Unternehmens** kann erstmals durch den Unternehmenserwerb zum Ansatz aktiver latenter Steuern berechtigen, etwa wenn die Verluste des erworbenen Unternehmens mit den Gewinnen des Erwerbers verrechnet werden können und dadurch ein Verlustausgleich mit zukünftigen Gewinnen erstmals wahrscheinlich wird. Wegen der restriktiven, verlustvernichtenden Vorschriften zum Mantelkauf (§ 8c KStG) bzw. zur Verschmelzung (§ 12 Abs. 2 UmwStG) ist diese Bedingung im deutschen Steuerrecht allerdings häufig nicht erfüllt.

Hat umgekehrt das **erwerbende Unternehmen** einen Verlustvortrag, dessen Nutzung durch den Zukauf eines ertragsstarken Unternehmens wahrscheinlich wird, darf dieser Synergiegewinn nicht der Kaufpreisallokation zugerechnet werden (DRS 23.76). Die erstmalige Aktivierung des Verlustvortrags ist vielmehr ertragswirksam zu buchen.[1]

Zu latenten Steuern **aus temporären Differenzen** wird auf Rz. 128 verwiesen.

5. Rechnungsabgrenzungsposten

70a Anders als Vermögensgegenstände und Schulden sind nach § 250 HGB gebildete Rechnungsabgrenzungsposten einer eigentlichen **Bewertung nicht zugänglich;** erforderlich ist eine **Berechnung** zu jedem (Berichts-)Stichtag. Dem widersprechend verlangt § 301 Abs. 1 Satz 2 HGB eine Bewertung des Rechnungsabgrenzungspostens im Rahmen der Erstkonsolidierung und setzt damit implizit auch die Ansatzfähigkeit voraus. Zweifel am Ansatz ergeben sich bereits aus der fehlenden Identität des Bilanzierungssubjekts: Zahlung vor Erstkonsolidierung und da-

1 Begründung zum RegE des BilMoG.

mit außerhalb des Konsolidierungskreises, nachlaufender Aufwand oder Ertrag im Konzern. Darüber hinaus bestehen aber weitere Argumente gegen einen undifferenzierten Ansatz und eine (Einzel-)Bewertung.

Nach amerikanischer Rechnungslegungspraxis kommt ein Ansatz passiver Abgrenzungsposten im Zuge der Erstkonsolidierung nur für Fälle in Betracht, in denen eine **unerfüllte Leistungsverpflichtung** besteht. Erfolgte der vorerwerbliche Ansatz ausschließlich zur Erfolgsperiodisierung, geht der Posten im Rahmen der Erstkonsolidierung unter. Eine entsprechende Differenzierung findet sich auch im deutschen Steuerrecht (für Zwecke des Bewertungsgesetzes) und Gesellschaftsrecht (für Zwecke der Liquidationseröffnungsbilanz).

Wenn mangels einer fortbestehenden Leistungsverpflichtung der Ansatz nicht ohnehin ausscheidet, stellt sich für die Bewertung die Frage nach dem relevanten **Bewertungsobjekt.** Der einzelbilanzielle Ansatz eines Rechnungsabgrenzungspostens folgt im typischen Fall aus der Vorleistung eines Vertragspartners im Rahmen eines gegenseitigen Vertrages. Dieser Vertrag ist Vermögensgegenstand (bei Vorteilhaftigkeit) oder Schuld (bei Nachteiligkeit) im Rahmen der Erstkonsolidierung (→ Rz. 63). Die einzelbilanziell abgegrenzte Vorausleistung ist nur ein unselbständiger, wertbildender Faktor in diesem Vor-/Nachteilskalkül. Im Rahmen der Erstkonsolidierung geht ein vorerwerblich gebildeter Rechnungsabgrenzungsposten deshalb regelmäßig unter. Die Vorgaben des § 301 Abs. 1 Satz 2 HGB entfalten nur insoweit mittelbare Wirkung, als eine abgegrenzte Vorausleistung einen positiven oder negativen **Wertbeitrag** für einen erworbenen Vermögensgegenstand oder eine übernommene Schuld zeitigt. Hierzu folgende Anwendungsbeispiele:[1]

BEISPIEL ▸ Das von MU erworbene Unternehmen TU weist in seiner auf den Erstkonsolidierungszeitpunkt erstellten (Zwischen-)Bilanz passive Abgrenzungen für folgende Sachverhalte aus:

► Öffentlicher Investitionszuschuss für ein vor zwei Jahren hergestelltes Gebäude.

► Privater Werkzeugkostenzuschuss für zeitraumbezogene Vorhaltepflichten des Werkzeugs.

Beurteilung nach der für die Erstkonsolidierung maßgeblichen Einzelerwerbsfiktion: Das Gebäude gilt als mit dem aktuell beizulegenden Zeitwert angeschafft. Diese fiktive Anschaffung wird nicht bezuschusst. Früher erhaltene (Herstellungs-)Zuschüsse sind irrelevant. Unabhängig davon, ob man den Passivposten als Sonderposten begreift oder materiell als Abgrenzungs- bzw. Hybridposten, bleibt für den Ansatz im Rahmen der Erstkonsolidierung kein Raum. Bei den abgegrenzten Werkzeugkostenzuschüssen kommt es darauf an, ob über die Vorhaltepflicht hinaus noch weitere vertragliche Beziehungen zum Zuschussgeber bestehen. Ist dies der Fall, wird nach Maßgabe der Einzelerwerbsfiktion ein kundenorientierter immaterieller Vermögensgegenstand erworben, in dessen beizulegendem Zeitwert die Vorhaltepflicht und damit der abgegrenzte Zuschuss untergehen. Nur wenn es an weiteren Beziehungen fehlt, kommt die Übernahme des Abgrenzungspostens in den Konzernabschluss dem Grunde nach infrage.

BEISPIEL ▸ Das zum 1.1.02 erworbene Unternehmen TU hat am 1.1.01 für seine Lkw-Flotte Leasingverträge abgeschlossen. Unter zwei bei Diskontierung mit 6 % barwertgleichen Angeboten hat sich TU für die Variante mit Sondervorauszahlung entschieden. Zahlungsströme und Barwerte sind im oberen Teil der nachfolgenden Tabelle enthalten. Im mittleren Teil wird die tatsächliche (Rest-)Zahlungsreihe mit der eines marktkonformen Vertrages über einjährige Gebrauchtfahrzeuge verglichen. Die Barwertdifferenz von 5.346 € entspricht dem positiven Zeitwert des Vertrags. Der untere Teil der Tabelle zeigt, wie sich dieser Wert rechnerisch aus einem positiven Wertbeitrag der Sondervorauszahlung i. H. von 53.460 € und einem im Vergleich mit Vertragsbedingungen zu aktuellen Marktkonditionen negativen Wertbeitrag von 48.114 € ergibt.

1 Entnommen aus *Lüdenbach/Freiberg*, DB 2021 S. 2573 ff. Dort auch weitere Beispiele sowie ausführliche Begründungen.

		01.01.01	31.12.01	31.12.02	31.12.03	31.12.03
	Barwert	Sonderzahl.	Lfd. Zahl.	Lfd. Zahl.	Lfd. Zahl.	Lfd. Zahl.
	-970.227	-69.300	-260.000	-260.000	-260.000	-260.000
	-970.230	0	-280.000	-280.000	-280.000	280.000
			Barwert 1.1.02	31.12.02	31.12.03	31.12.04
Tatsächl. Zahl			-694.983	-260.000	-260.000	-260.000
Marktkonf. Zahl			-700.329	-262.000	-262.000	-262.000
Diff. (= Zeitwert Vertrag)			5.346	2.000	2.000	2.000
Wertbeitrag Sonderz.			53.460	20.000	20.000	20.000
Wertbeitrag Markt			-48.114	-18.000	-18.000	-18.000
Zeitwert Vertrag			5.346			

Der beizulegende Zeitwert eines Vertrages ergibt sich als Differenz aus dem Barwert der ab 1.1.02 noch zu leistenden Zahlungen und dem Barwert der aus Sicht des 1.1.02 marktkonformen Zahlungen. Ein positiver Zeitwert steht für einen günstigen Vertrag und i. d. R. für einen Vermögensgegenstand, ein negativer für einen ungünstigen Vertrag und i. d. R. für eine Schuld. Die abgegrenzte Sondervorauszahlung und die mit ihr einhergehende Reduzierung der laufenden Zahlung haben im Beispiel einen positiven Effekt auf den so zu bestimmenden Wert. Der positive Effekt kann aber durch andere Faktoren, hier geänderte Marktbedingungen, ganz oder in Teilen kompensiert oder sogar überkompensiert werden. Rechnerisch können sie isoliert werden. Fraglich ist dann, ob der für eine geleistete (oder empfangene) Vorauszahlung rechnerisch isolierte Wert als beizulegender Zeitwert des Abgrenzungspostens zu interpretieren ist. Im Beispiel würde hier u. a. folgendes Problem entstehen. Der positive Wertbeitrag der Sondervorauszahlung von 53 T€ wird bei Betrachtung des gesamten Vertrags fast vollständig durch den negativen Wertbeitrag geänderter Marktbedingungen aufgezehrt. Für die Marktentwicklung ist aber ohne Hinzutreten weiterer Umstände, die in Summe eine Drohverlustrückstellung rechtfertigen würden, kein Passivposten anzusetzen. Der Ansatz eines aktiven Abgrenzungspostens i. H. von 53 T€ ohne Ansatz eines passiven Postens von 48 T€ würde jedoch zur Überbewertung des Vertrags führen und muss deshalb ausscheiden. Der Ansatz des insgesamt verbleibenden Zeitwertes des Vertrages, also von 5 T€ als Abgrenzungsposten, hätte wiederum mit dem Wert der Sondervorauszahlung nichts zu tun, sondern wäre das Ergebnis einer stillen Saldierung mit den geänderten Marktverhältnissen. Diese Sachlage verkompliziert sich weiter, wenn noch andere, für den Wert der Leasingverträge relevante Faktoren einbezogen werden. Auch dann ließe sich noch eine Isolierung des Wertbeitrags der Sondervorauszahlung bzw. des Abgrenzungspostens vornehmen. Zweifelhaft ist aber die Sinnhaftigkeit einer solchen Modellierung. Wo mehrere Faktoren zum Wert des Vertrags beitragen, wäre es schwer zu vertreten, wenn ein Faktor (die Vorauszahlungen) für sich bilanziert würde, während die anderen nicht oder nur zusammengefasst bzw. saldiert in der Erstkonsolidierung zum Ansatz kämen.

Nur **ausnahmsweise,** wenn alle anderen Wertbeiträge null sind oder die vertragliche Beziehung sich in dem zur Abgrenzung führenden Sachverhalt erschöpft, ist der beizulegende Zeitwert des Abgrenzungssachverhalts nicht mehr wertbildender Faktor, sondern **eigenständiges Bilanzierungsobjekt.** Dieser Sonderfall ist etwa bei Rückabwicklungsverhältnissen gegeben, daneben z. B. bei einem Wettbewerbsverbot, das das erworbene Unternehmen isoliert und gegen Entgelt eingegangen ist. Nur in solchen Sonderfällen sind auch die in DRS 23 zugrunde liegenden Merkmale für den beizulegenden Zeitwert, nämlich der Tausch- bzw. Veräußerungspreis (bei Vermögensgegenständen) bzw. der Ablösungs- oder Übertragungspreis (bei Schulden), überhaupt erfüllbar. Wo im **gewöhnlichen Fall** die Vorteile aus einer geleisteten Vorauszahlung bzw. Nachteile aus einer erhaltenen Vorauszahlung unselbständiger Teil eines Vertrags sind und nur mit diesem übergehen können, bleibt es notwendigerweise bei der Gesamtbetrachtung von Verträgen als Bilanzierungs- und Bewertungsobjekten und dem Verzicht auf eine separate Bilanzierung wertbildender Faktoren. Dies entspricht im Übrigen auch dem Vorgehen in anderen Kontexten. So werden etwa bei der Wertermittlung von Immobilien grundstücksbezogene Rechte und Lasten als „wertbeeinflussende[n] Umstände" bzw. „wertbeeinflussende[n] Objekteigenschaften" im Wert der Immobilie berücksichtigt und nicht als eigenes Bewertungsobjekt behandelt. Dies schließt nicht aus, dass unter Vereinfachungsgesichtspunkten und Wesentlichkeitserwägungen im Einzelfall vom konzeptionell gebotenen Vorgehen abgewichen wird.

VI. Bewertung erworbener Vermögensgegenstände und Schulden (Abs. 1)

1. Bewertungsmaßstäbe

Allgemeiner Bewertungsmaßstab der im Rahmen eines Unternehmenserwerbs zugehenden Vermögensgegenstände und Schulden ist gem. Abs. 1 Satz 1 der **beizulegende Zeitwert** *(fair value)*; nach der formalen Definition in § 255 Abs. 4 HGB also der Preis an einem aktiven Markt, in Ermangelung eines solchen Markts der mithilfe allgemein anerkannter Bewertungsmethoden ermittelte Wert. Nach der inhaltlichen Definition von DRS 23.7 ist dies der Betrag, zu dem im Bewertungszeitpunkt zwischen sachverständigen und unabhängigen Geschäftspartnern ein Vermögensgegenstand ausgetauscht oder eine Schuld beglichen werden kann. Er stellt keinen erwerberspezifischen, sondern einen objektiven Wert dar.[1] 71

Besondere Bewertungsregeln bestehen gem. Abs. 1 Satz 3 für

- **latente Steuern** (→ Rz. 91) und
- **Rückstellungen** (→ Rz. 92).

2. Bewertungstechniken

Der beizulegende Zeitwert eines Vermögensgegenstands ergibt sich bei Notierung an einer Börse oder einem anderen aktiven Markt aus dem **Marktpreis** (§ 255 Abs. 4 HGB). Hiervon betroffen sind etwa Wertpapiere und bestimmte Rohstoffe. 72

In den meisten anderen Fällen kann der beizulegende Zeitwert nur über **Bewertungstechniken** ermittelt werden. Übersicht 2 zeigt nach Bilanzposten gegliedert eine Übersicht über die gängigen, u. a. in IDW S 5 sowie in IFRS 13 angesprochenen Bewertungstechniken. Im Anhang dieser Kommentierung von § 301 HGB (→ Rz. 135 ff.) ist das konkrete Vorgehen an ausgewählten Beispielen erläutert.

1 Vgl. *Scheffler* in Petersen/Zwirner/Brösel (Hrsg.), Systematischer Praxiskommentar Bilanzrecht, 2010, § 301 Tz. 110.

Übersicht 2: Techniken zur Bestimmung des beizulegenden Werts	
Immaterielle Vermögensgegenstände, Sachanlagen	
Immaterielle Vermögensgegenstände	In der Regel einkommensorientiert
Selbst genutzte Grundstücke und Gebäude	a) Marktpreisorientiert bei Grund und Boden und Allerweltsgebäuden b) Kostenorientiert bei Spezialimmobilien
Sonstige selbst genutzte Sachanlagen	a) Meist kostenorientiert b) Seltener marktorientiert (z. B. bei Pkw)
Vermietete Sachanlagen	Einkommensorientiert auf Basis Vertragsmiete, danach *highest and best use*
Finanzvermögen	
An aktivem Markt gehandelt	Aktueller Marktpreis (Börsenkurs)
Sonstige Wertpapiere (sonstige Anteile)	a) Einkommensorientiert oder b) Ableitung aus Marktpreis vergleichbarer Instrumente (z. B. Anwendung Kurs-Gewinn-Verhältnis von *comparable companies*)
Forderungen/Verbindlichkeiten	*Discounted-Cashflow*-Wert auf Basis aktueller Marktzinsen unter Berücksichtigung evtl. Uneinbringlichkeit; keine Abzinsung kurzfristiger Forderungen/Verbindlichkeiten, wenn Effekt nicht wesentlich
Vorräte	
Rohstoffe	Meist kostenorientiert (Wiederbeschaffungskosten)
Erzeugnisse und Waren	Einkommensorientiert (Verkaufspreise abzüglich Fertigstellungs-/Veräußerungskosten und Gewinnspanne, entspricht tendenziell steuerlichem Teilwert)
Rückstellungen	Einzelbilanzwert (§ 301 Abs. 1 Satz 3 HGB)
Latente Steuern	Einzelbilanzwert (§ 301 Abs. 1 Satz 3 HGB)

73 **Konzeptionell** lassen die Bewertungstechniken sich in drei in Übersicht 3 dargestellte Gruppen unterteilen:[1]

1 In Anlehnung an *Smith/Paar*, Valuation of Intellectual Property and Intangible Assets, 3. Aufl. 2000; ähnlich nun IDW RS HFA 16 und IDW S 5 und DRS 23.65 ff.

Übersicht 3: Bewertungsansätze zur Ermittlung des beizulegenden Zeitwerts

Je nach **Art** des Vermögensgegenstands oder der Schuld, aber auch je nach **Verfügbarkeit der Daten** kann dem einen oder anderen Ansatz der Vorzug zu geben sein. 74

Fraglich ist, ob die Bestimmung des Bewertungsverfahrens einer **Verfahrenshierarchie** unterliegt, bei der marktpreisorientierte vor einkommensorientierten und diese vor kostenorientierten Verfahren anzuwenden sind. Unseres Erachtens ist dies mit der in § 255 Abs. 4 HGB geregelten Ausnahme nicht der Fall: Nur notierte Preise an Börsen oder anderen aktiven Märkten haben nach dieser Ausnahme Vorrang. In den anderen Fällen ist je nach den Umständen auf die Methode abzustellen, die die verlässlichsten Daten liefert. Die Vorgabe von DRS 23.66, kostenorientierte Bewertungsverfahren nur dann heranzuziehen, wenn eine marktpreis- oder kapitalwertorientierte Wertermittlung nicht möglich ist, geht daher u. E. über die gesetzlichen Vorgaben hinaus.

Kostenorientierte Verfahren *(cost approach)* kommen insbesondere bei Rohstoffen und **selbst genutzten Sachanlagen** zum Einsatz, weil ein rationaler Unternehmenserwerber für einen Vermögensgegenstand nicht mehr als die Wiederbeschaffungskosten bezahlen würde. Soweit der Vermögensgegenstand einer Abnutzung unterliegt, ist von den Wiederbeschaffungskosten „neu" ein Abzug für die **physische Abnutzung** infolge normalen Gebrauchs vorzunehmen (→ Rz. 135). 75

Unabhängig davon, ob der Vermögensgegenstand einer planmäßigen Abnutzung unterliegt, d. h. beispielsweise auch für Rohstoffe, ergeben sich Wertabschläge bei

- physischer Beeinträchtigung (Alterung, Beschädigung),
- funktionaler Obsoleszenz (z. B. infolge technischen Wandels) oder
- ökonomischer Beeinträchtigung aufgrund von Änderungen der Nachfrage sowie
- einschränkenden neuen Gesetzesbestimmungen (z. B. Umweltschutz).

Soweit diese Kriterien auch bei der „normalen" Bewertung für den Jahresabschluss zu berücksichtigen sind – als Niederstwertabschreibung auf Sachanlagen oder Vorräte – kann die Bewertungspraxis an die (beim Veräußerer) vorhandenen Buchwerte anknüpfen. Hier ist jedoch zu prüfen, ob bewertungsrelevante Ereignisse nach dem letzten Bewertungsstichtag vorliegen, die in den Buchwerten des Veräußerers noch nicht berücksichtigt sind.

76 Unmittelbare Marktpreise stehen nur bei Wertpapieren, bestimmten universell einsetzbaren Sachanlagegütern (etwa Fahrzeugen) und fungiblen Vorratsgütern zur Verfügung. In anderen Fällen kann nur ein **marktpreisorientiertes Verfahren** *(market approach)* Anwendung finden, das aus Markt- oder Transaktionspreisen vergleichbarer Vermögensgegenstände (oder Schulden) den beizulegenden Zeitwert ableitet.

Derartige **Vergleichswertverfahren** (bzw. Analogiemethoden) sind z. B. aus dem Bereich der **Grundstücksbewertung** bekannt. Aber auch die Bewertung von nicht börsennotierten **Anteilen** durch Anwendung von Umsatz- und Gewinnmultiplikatoren börsennotierter Vergleichsunternehmen auf den Umsatz und Gewinn des zu bewertenden Beteiligungsunternehmens ist hier einzuordnen.

Die Ableitung aus den bekannten Preisen ähnlicher Vermögensgegenstände muss der Tatsache Rechnung tragen, dass die bekannten Preise nicht gleiche, sondern lediglich vergleichbare Posten betreffen und daher **Anpassungen** notwendig sind. Damit diese Anpassungen nicht willkürlich erfolgen, müssen entsprechende Daten verfügbar sein. Sind beispielsweise Gebrauchtpreise nur für das ähnliche Vergleichsobjekt bekannt, hingegen nicht für das eigentliche Bewertungsobjekt, können Daten über die relativen Neupreise der beiden Objekte das Maß der Anpassung objektivieren. Bei der Bewertung von nicht börsennotierten Anteilen durch Multiplikatoren börsennotierter Vergleichsunternehmen kann eine Objektivierung nur dann gelingen, wenn die Multiplikatoren der Vergleichsunternehmen sich in einem relativ engen Intervall bewegen.

77 **Einkommens- bzw. kapitalwertorientierte Verfahren** *(income approach)* messen den Gegenwartswert zukünftiger ökonomischer Vorteile/Nachteile, die aus Einnahmen/Ausgaben resultieren. Für Sachanlagen ist die Bedeutung der einkommensorientierten Ansätze eher gering. Ihr eigentliches Anwendungsfeld ist die Bewertung von

- Forderungen/Verbindlichkeiten (→ Rz. 78),
- Erzeugnissen/Waren (→ Rz. 79),
- vermieteten Sachanlagen (→ Rz. 80) sowie
- immateriellen Vermögensgegenständen (→ Rz. 81).

78 Bei **Forderungen und Verbindlichkeiten** sind die vertraglich vereinbarten Zahlungsströme markt- und bonitätsgerecht abzuzinsen.[1] Eine Abzinsung kann bei kurzfristigen Forderungen und Verbindlichkeiten aus *Materiality*-Gründen entbehrlich sein. Für Verbindlichkeiten ergibt sich der bonitätsgerechte Zins nach DRS 23.68 aus den Verhältnissen des erworbenen Unternehmens vor Berücksichtigung des Erwerbs. Der Effekt aus dem Unterschied von Vertrags- und Marktzins würde schon zum nächsten Bilanzstichtag in vollem Umfang erfolgswirksam, wenn zu diesem Stichtag zu den normalen Bewertungsregeln für Forderungen/Verbindlichkeiten übergegangen würde. Sachgerechter ist eine Verteilung des Effekts über die Restlaufzeit.

1 Gleicher Auffassung *Dusemond/Weber/Zündorf* in Küting/Weber (Hrsg.), Handbuch der Konzernrechnungslegung, Bd. II, 1998, § 301 Tz. 96.

Auch die Bewertung von **Erzeugnissen und Waren** erfolgt regelmäßig einkommensorientiert. Bewertungsmaßstab ist der voraussichtliche Veräußerungspreis *(cash inflow)* abzüglich der Kosten der Veräußerung und (bei unfertigen Erzeugnissen) der Fertigstellung *(cash outflow)* sowie einer Gewinnspanne für die Verkaufs- und Fertigstellungsbemühung; diese Spanne kann sich am Gewinn vergleichbarer Vorräte orientieren (→ Rz. 141). 79

Eine **Diskontierung** ist nur bei langen Realisationszeiträumen notwendig:

BEISPIEL ► MU erwirbt TU. TU fertigt und vertreibt Medizingeräte im Premiumsegment. Die Premiumstellung bedingt eine langfristige Versorgung mit Ersatzteilen. Diese werden bei Auslaufen einer Serie nach der voraussichtlichen Nachfrage der nächsten zehn Jahre auf Lager gefertigt.

Im *operating lease* **vermietete Anlagegegenstände** sind durch Diskontierung der Nettomieterträge zu bewerten. Eine über/unter dem Marktpreis liegende Miete ist nicht als günstiger/ungünstiger Vertrag zu aktivieren/passivieren. Die Vertragsmiete ist vielmehr bei der Bewertung des Gegenstands zu berücksichtigen. Für den Zeitraum nach Ablauf der Vertragsbindung ist die marktgerechte Vermietung *(highest and best use)* anzunehmen. 80

In der einkommensorientierten Bewertung **immaterieller Vermögensgegenstände** kommen zahlreiche *Discounted-Cashflow*-Varianten zum Einsatz. Von Bedeutung sind u. a.: 81

- **Kundenstamm/Dauervertragskunden:** Der „*Multiperiod excess earnings*"-Ansatz **(Residualwertmethode)** bewertet die Einkommensströme aus dem vorhandenen Kunden. Von den Einnahmen werden neben den operativen Kosten auch kalkulatorische Nutzungsentgelte *(capital charges)* auf den Zeitwert der anderen Vermögensgegenstände in Abzug gebracht (→ Rz. 145). Die einfache Anwendung der Methode setzt daher voraus, dass die Zeitwerte der anderen Vermögensgegenstände schon bekannt sind. Eine mehrfache Anwendung der Methode (z. B. neben Kunden auf Forschungsprojekte) ist z. B. unter Zuhilfenahme iterativer Betrachtungen möglich. Bei der Bewertung von Kundenbeziehungen mithilfe der Residualwertmethode ist die Reduktion der geplanten Einkommensströme im Zeitablauf nach Maßgabe der sog. *shrinking* oder *churn rate* (Schrumpfungsrate) der Kunden zu berücksichtigen (→ Rz. 145).
- **Auftragsbestände:** Die erwarteten Überschüsse aus dem erworbenen Auftragsbestand werden mit einem risikogerechten Zinssatz diskontiert (→ Rz. 142).
- **Marken/Lizenzen:** Die Methode der Lizenzpreisanalogie schätzt die Kosteneinsparung, die daraus resultiert, dass das Zielunternehmen die Marke/Lizenz selbst hält und keine Gebühren an einen Marken-/Lizenzgeber zahlen muss. In der praktischen Anwendung werden durch Datenbankrecherchen branchenübliche Lizenz-Sätze ermittelt und auf die relevanten Bezugsgrößen (z. B. markenrelevante Umsatzerlöse der jeweiligen Periode) angewandt. Die resultierende Ersparnis ergibt nach Abzinsung den anzusetzenden Marken-/Lizenzwert (→ Rz. 136).
- **Hyperlizenzen** (z. B. Mobilfunklizenz), mit denen das gesamte Geschäft steht und fällt: Sog. *greenfield approaches* unterstellen ein Unternehmen, das zunächst nichts besitzt als die zu bewertende Lizenz. Um aus ihr Ertrag zu generieren, muss ausgehend von der „grünen Wiese" möglichst schnell ein funktionierender Betrieb aufgebaut werden *(investive cash outflows)*, der auf der Basis der Lizenz Erträge *(operative nettocash inflows)* erwirtschaftet. Der Barwert des fiktiven Geschäftsplans dieses Unternehmens stellt den Wert der Lizenz dar (→ Rz. 150).

82 Da die einkommensorientierte Bewertung den beizulegenden Zeitwert über die Diskontierung von geplanten Cashflows ermittelt, kommt es entscheidend auf das **Planungsmodell** und den Diskontierungszinssatz an. Das Cashflow-Planungsmodell kann ein- oder mehrwertig sein:

- Bei **mehrwertiger Planung** *(expected cashflow approach)* werden verschiedene Szenarien mit ihren Wahrscheinlichkeiten gewichtet und wird so ein Erwartungswert ermittelt.
- Bei **einwertiger Planung** *(traditional cashflow approach)* werden die Zahlungsströme nur für eine, und zwar i. d. R. die mittlere Entwicklung (Mittelwert und Median) einer (gedachten) symmetrischen Verteilung geplant. Ausnahmsweise wird für eine günstigere Variante geplant, z. B. wenn sich (insbesondere bei nicht symmetrischen Verteilungen) für die mittlere Entwicklung kein Zahlungsüberschuss ergibt.

Falls – wie in der Praxis üblich – das Risiko nicht im Zahlungsstrom (Sicherheitsäquivalenzmethode), sondern im Diskontierungszins berücksichtigt wird, besteht folgender **Zusammenhang** zwischen **Planungsmodell** und **Diskontierungszins:**

- Soweit die einwertige Planung für den Mittelwert aufgrund symmetrisch verteilter Szenarien erfolgt, führen ein- und mehrwertige Planung zu den gleichen undiskontierten Cashflows, auf die dann der gleiche Diskontierungszins angewandt werden kann. Der darin enthaltene Risikozuschlag berücksichtigt die **Risikoaversion** eines typischen Investors. Dieser wird z. B. für einen Zahlungsstrom, der mit je 33,3%iger Wahrscheinlichkeit zu einem Überschuss von 50, 100 und 150 führt (im Mittel also zu einem Wert von 100), einen niedrigeren Preis zahlen als für einen Zahlungsstrom, der sicher einen Überschuss von 100 bringt. Diese Risikoaversion wird durch einen Zuschlag auf den Zins sicherer Anlagen berücksichtigt.
- Soweit die einwertige Planung nicht für den Mittelwert, sondern für eine günstigere Entwicklung erfolgt (z. B. weil nur wenige, nicht symmetrisch verteilte Szenarien existieren), muss durch einen **erhöhten Risikozuschlag** berücksichtig werden, dass der Planungsfall zu einem günstigeren Ergebnis führt als der Mittelwert. Die Höhe dieses Risikozuschlags ist i. d. R. nicht mehr objektiviert zu begründen.

83 Der bei mehrwertiger Planung *(expected cashflow approach)* oder einer einwertigen Planung für den mittleren Wert einer (gedachten) symmetrischen Verteilung zu verwendende **Diskontierungssatz** ist der **vermögensgegenstandsspezifische** *(asset specific discount rate)*. Er variiert mit dem Risiko des Vermögensgegenstands und ist etwa bei

- Allerweltsimmobilien niedriger als der WACC des Unternehmens,
- Markenrechten und Kundenbeziehungen hingegen nahe am WACC,
- Know-how im Entwicklungsstadium deutlich höher als der WACC.

Die vermögenswertspezifischen Diskontierungssätze können zugleich für die im Rahmen der Residualwertmethode vorausgesetzten *capital charges* verwendet werden (→Rz. 81). Die als hypothetisches Leasingentgelt deutbaren *capital charges* enthalten allerdings bei abschreibbaren Vermögensgegenständen neben der **Verzinsung** auf die investierte Summe *(return on assets)* den **Werteverzehr** *(return of assets)*. Die vermögenswertspezifischen Diskontierungssätze entsprechen dem *return on assets*. Nur wenn der Werteverzehr als eigener operativer Kostenbestandteil bei der Mehrgewinnmethode berücksichtigt wird und sich damit die *capital charges* auf den *return on assets* reduzieren, können gleiche Werte für Diskontierung und *capital charges* verwendet werden.

3. Abgrenzungsposten für Erlöse

Bei passiven Erlösabgrenzungen ist zu unterscheiden, ob der Posten nur **technischen** Charakter hat (Periodenabgrenzung) oder tatsächlich eine **Schuld** repräsentiert. 84

BEISPIEL MU erwirbt das Mobilfunkunternehmen TU. Dieses vereinnahmt bei Abschluss von Neuverträgen mit *Postpaid*-Kunden eine Aktivierungsgebühr. Sie ist im Falle der Vertragsbeendigung, z. B. durch Tod des Kunden, nicht rückzahlbar. Weiterhin vertreibt das Unternehmen *Prepaid*-Karten, die den Kunden ein Gesprächsguthaben gewähren. Beide Erlösformen werden einzelbilanziell nicht sofort realisiert, sondern über durchschnittliche Vertragsdauern passiv abgegrenzt.

BEURTEILUNG BEI DER ERSTKONSOLIDIERUNG Die Aktivierungsgebühren für die *Postpaid*-Kunden sind nicht rückzahlbar. Der diesbezügliche Abgrenzungsposten hat keinen Schuldcharakter. Der Zeitwert ist null.

Die *Prepaid*-Gebühren haben Schuldcharakter. Das Unternehmen schuldet ein bestimmtes Gesprächsguthaben. Die Kosten der Erfüllung dieser Schuld sowie ggf. ein Gewinnaufschlag ergeben den Zeitwert dieses Schuldpostens.

Für weitere Hinweise zu aktiven und passiven Abgrenzungsposten wird auf Rz. 70a verwiesen.

4. Zeitbewertung bei vorkonzernlichen Beziehungen *(preexisting relationships)*

Mit dem zum Erwerb anstehenden Unternehmen können vertragliche oder sonstige „Beziehungen“ bestehen, die sich bereits in Bilanzposten niedergeschlagen haben oder aber im Zuge der Erstkonsolidierung bilanzwirksam werden.[1] 85

BEISPIEL

- MU führt gegen TU einen Patentverletzungsprozess. TU hat dafür eine Rückstellung gebildet. Beim Erwerb von TU durch MU löst sich die Schuld konzernbilanziell auf, ist auch wirtschaftlich wegen des nicht mehr weiterzuführenden Prozesses erloschen.
- Ein Computerhersteller MU hat einen langfristigen Liefervertrag mit dem Handelsunternehmen TU. Die Konditionen liegen hierfür günstiger als diejenigen, die MU anderen Händlern in Rechnung stellt. Beim Erwerb des Handelsunternehmens durch den Computerhersteller geht der bei TU vorhandene immaterielle Vermögensgegenstand „günstiger Liefervertrag“ unter.

Es stellt sich dann die Frage, wie entsprechende Posten im Rahmen der Erstkonsolidierung zu behandeln sind. Allgemeiner Wertmaßstab ist nach Abs. 1 Satz 2 der beizulegende Zeitwert, also der von der konkreten Beziehung losgelöste fiktive Marktwert. Diese Beziehung löst sich indes konzernbilanziell im Augenblick des Unternehmenserwerbs auf; sie ist wirtschaftlich nicht mehr vorhanden (analog der rechtlichen Konfusion). Dem beizulegenden Zeitwert des erworbenen Vermögensgegenstands bzw. der betreffenden Schuld kommt dann nach Vollzug des Erwerbs regelmäßig keine Bedeutung mehr zu. Es verbleibt ein unternehmensspezifischer Wert, der bei der Erstkonsolidierung aber gerade keinen zulässigen Wertmaßstab darstellt.

DRS 23.49 nimmt sich dieses Problems nur rudimentär an und sieht dabei vor, Differenzen aus vorkonzernlichen Beziehungen erfolgsneutral im Rahmen der Kapitalkonsolidierung zu berücksichtigen. In Anlehnung an IFRS 3 ergibt sich ein anderer, u. E. besser begründeter Lösungs- 86

1 Die nachfolgenden Ausführungen sind z. T. entnommen aus *Hoffmann/Lüdenbach*, BB 2005 S. 651.

ansatz aus einer Mehrkomponentenbetrachtung: Ein Anteils- bzw. Unternehmenserwerb kann ein **Mehrkomponentengeschäft** darstellen, bei dem

- neben dem Anteilserwerb (Komponente 1)
- die Erledigung der bisherigen Geschäftsbeziehung (Komponente 2)

bewirkt wird. Nur die erste Komponente ist bei der Anwendung der Erwerbsmethode zu berücksichtigen; die zweite ist nach den auf sie anwendbaren allgemeinen Regeln zu behandeln (IFRS 3.51).

87 Bei der Erledigung der vorkonzernlichen Geschäftsbeziehung (Komponente 2) kann ein sofort zu berücksichtigender Ertrag oder Aufwand *(settlement gain or loss)* entstehen. Hierbei ist wie folgt zu differenzieren:

- **Schwebende Verträge** (→ Rz. 90) mit aus Sicht des Erwerbers im Verhältnis zu Marktwerten günstigen bzw. ungünstigen Konditionen *(favorable or unfavorable contracts)*: Aufwand/Ertrag ist die diskontierte Differenz zwischen Vertrags- und Marktkonditionen. Sofern der Vertrag einen Ausstieg gegen einen niedrigeren Betrag vorsieht, ist nur dieser Ausstiegsbetrag als Aufwand/Ertrag zu behandeln.
- **Rückerwerb** von in Lizenz, Franchise etc. an das erworbene Unternehmen überlassenen **Rechten:** Der Rückerwerb führt zum Ansatz eines immateriellen Vermögensgegenstands im Rahmen des Unternehmenserwerbs. Soweit die Vertragskonditionen aus Sicht des Erwerbers gemessen am Markt günstig/ungünstig waren, entsteht auch bei Rückerwerb überlassener Rechte ein sofortiger Ertrag/Aufwand. Sofern der Vertrag einen Ausstieg gegen einen niedrigeren Betrag vorsieht, ist wiederum nur dieser Ausstiegsbetrag als Ertrag/Aufwand zu behandeln.
- **Erledigung schwebender Rechtsstreitigkeiten** zwischen Erwerber und erworbenem Unternehmen: Bei Passivprozessen des Erwerbers ist ein Aufwand zur Beilegung des Rechtsstreits, bei Aktivprozessen ein Ertrag anzusetzen, jeweils i. H. des beizulegenden Zeitwerts (wahrscheinlichkeitsgewichtete Prozessausgänge).
- **Wertgeminderte Forderungen** (→ Rz. 88): Soweit der Erwerber oder seltener das erworbene Unternehmen über eine im Erwerbszeitpunkt wertgeminderte Forderung gegen das andere Unternehmen verfügt, ist die Verbindlichkeit bzw. Forderung im Rahmen des Erwerbs mit dem beizulegenden Zeitwert anzusetzen.

88 Zum **Wertminderungsfall** (→ Rz. 87) folgendes Beispiel:

BEISPIEL MU erwirbt am 1.1.01 in Sanierungsabsicht 100 % der Anteile an TU zu einem Kaufpreis von 140. MU hat eine als Anleihe verbriefte, börsennotierte Forderung von nominal 200 gegen TU. Dritte treten nur in vernachlässigbar geringem Umfang als Inhaber der Anleihe in Erscheinung.

Wegen Bonitätsschwierigkeiten von TU ist die Anleihe zum Erwerbsstichtag nur noch mit dem Kurswert von 120 in der Einzelbilanz von MU ausgewiesen. In der Bilanz von TU ist die Verbindlichkeit hingegen mit 200 angesetzt. Am 1.1.03 wird die Anleihe in vollem Umfang, d. h. mit ihrem Nominalwert von 200, getilgt.

Das übrige Nettovermögen von TU (Buchwert = beizulegender Wert) soll 260 betragen, das Eigenkapital somit 60 (260 - 200) bei Nominalwertansatz der Schuld bzw. 140 (260 - 120) bei Zeitbewertung.

BEURTEILUNG Handelt MU wie angenommen in Sanierungsabsicht, kann der Erwerb als ein Mehrkomponentengeschäft interpretiert werden. Der Kaufpreis von 140 entfällt in dieser Perspektive nur mit einem Teilbetrag von 60 auf den Anteilserwerb. In Höhe von 80 enthält er einen Beitrag zur Wertsteigerung der als Finanzanlage gehaltenen Anleihe. Diese Wertsteigerung tritt unmittelbar mit Erwerb des Unternehmens, nicht erst danach ein. Mit ihr korrespondiert eine zeitgleiche Angleichung des beizulegenden Zeitwerts der Verbindlichkeit an dessen Nominalwert. Kaufpreisallokation und Buchungen sind wie folgt vorzunehmen:

	Barzahlung	140
-	**davon für Wertsteigerung Anleihe**	-80
=	Kaufpreis für TU	60
-	Zeitwert übriges Vermögen	-260
+	**Verbindlichkeit gegen MU**	+200
=	*Goodwill*	0

Einzelbilanz MU

Per Anleihenforderung	80	an	Geld	140
Per Beteiligung	60			

Erstkonsolidierung

Per EK TU	60	an	Beteiligung	60
Per Anleihenverbindlichkeit	200	an	Anleihenforderung	200

Nach dem Erwerb ergeben sich in dieser Variante keine Aufrechnungsdifferenzen aus dem konzerninternen Schuldverhältnis.

Unseres Erachtens muss sich eine entsprechende Mehrkomponentenlösung daran prüfen lassen, ob ihr **auch einzelbilanziell** gefolgt werden kann. Wo dies nicht der Fall ist, würde die Kapitalkonsolidierung nicht nur technisch versagen, da sich einzelbilanzieller Beteiligungsansatz und zu allozierender Kaufpreis nicht mehr entsprächen. Auch inhaltlich kann die wirtschaftliche Zerlegung eines zivilrechtlichen einheitlichen Geschäfts keine Sonderregelung für den Konzernabschluss sein, sondern nur unter Berufung auf allgemein und damit auch für den Einzelabschluss geltende Grundsätze erfolgen. Die einzelbilanziell zu erfassenden Anschaffungskosten der Beteiligung betragen somit in Anwendung dieses Gedankens im Beispiel nur 60 (= 140 - 80), während der Betrag von 80 als Anschaffungskosten auf die Anleihe gewertet werden kann.

Gehört zu den Vermögensgegenständen des erworbenen Unternehmens eine **wertberichtigte Forderung gegenüber dem Erwerber** (→ Rz. 87), stellt sich auch hier die Frage nach der Reichweite des Zeitbewertungsprinzips. 89

BEISPIEL ▸ MU erwirbt im Jahr 01 TU zu einem Kaufpreis von 300.

TU hat eine Forderung von 100 gegen MU. Nach Einzelwertberichtigung wird die Forderung im Einzelabschluss von TU mit 60 ausgewiesen. Dies soll zugleich der beizulegende Zeitwert sein.

In der Bilanz von MU ist die Verbindlichkeit mit 100 angesetzt.

Das übrige Vermögen von TU (Buchwert = Zeitwert) beträgt 200, das Eigenkapital somit 260 bei Ansatz der Forderung mit dem Zeitwert, 300 bei Ansatz mit dem Nominalwert. Ende 01 wird die Forderung getilgt.

Kaufpreisallokation und Buchungen sind wie folgt:

=	Kaufpreis für TU	300
-	Zeitwert übriges Vermögen	-200
-	**Forderung gegen MU**	- 60
=	*Goodwill*	40

Einzelbilanz MU:

Per Beteiligung	300	an	Geld	300

Erstkonsolidierung:

Per EK TU	260	an	Beteiligung	300
Per *Goodwill*	40			
Per Verbindlichkeit gegenüber TU	100	an	Forderung gegenüber MU	60
		an	Ertrag	40

Folgekonsolidierung 01:

Per Ertrag aus Forderung gegenüber MU	40	an	Konzerngewinnrücklagen	40

Im Beispiel entsteht eine Aufrechnungsdifferenz zum **Erstkonsolidierungszeitpunkt.** Sie führt in Analogie zu den IFRS (→ Rz. 86 zu einem **sofortigen Ertrag** *(settlement gain)*). Die entsprechende Buchung ist gewöhnungsbedürftig, da die Erstkonsolidierung ansonsten ein erfolgsneutraler Vorgang ist.

Die Erfolgswirksamkeit lässt sich jedoch in einem Vergleich mit dem **Übernahmefolgegewinn** des UmwStG wie folgt begründen: Nach § 6 UmwStG ist ein in Verschmelzungsfällen aus der Vereinigung von Forderungen und Verbindlichkeiten entstehender Gewinn als laufender Gewinn bei der aufnehmenden Gesellschaft zu erfassen. Die Anpassung der unterschiedlichen Wertansätze im Anschaffungszeitpunkt wird also nicht erfolgsneutral, sondern erfolgswirksam durchgeführt, obwohl die Verschmelzung ansonsten wie ein erfolgsneutraler Anschaffungsvorgang angesehen wird. Dem entspricht die vorstehende Lösung. Ein Unterschied besteht nur darin, dass die steuerlichen Regeln auf die rechtliche Konfusion von Forderungen und Verbindlichkeiten zielen, während es konzernbilanziell um eine **wirtschaftliche Konfusion** geht. Ursächlich ist die konzeptionelle Abweichung zwischen dem Steuerrecht (Fokus auf dem einzelnen rechtlich definierten Steuersubjekt) und dem Konzernbilanzrecht (Fokus auf der wirtschaftlichen, aus mehreren Rechtssubjekten bestehenden Einheit).

90 Die laufende Bilanzierung **schwebender operativer Verträge** (→ Rz. 87) folgt nach § 252 HGB dem Imparitätsprinzip (→ § 252 Rz. 99). Drohende Verluste sind zu passivieren, erwartete Gewinne mit speziellen Ausnahmen (insbesondere bei langfristiger Fertigung) nicht zu aktivieren. Eine allgemeine Ausnahme besteht jedoch für den Unternehmenserwerb. Der erwartete Gewinn aus einem noch nicht abgewickelten Kontrakt führt als Auftragsbestand zu einem immateriellen Vermögensgegenstand.

BEISPIEL MU erwirbt am 1.1.01 100 % der Anteile an TU zu einem Kaufpreis von 160.

TU hat aus schon vorhandenen und kontrahierten, aber noch nicht ausgelieferten Waren einen Auftragsbestand von 1.000, aus dem bei Einstandskosten von 850 ein Gewinn von 150 erwartet wird. Auftraggeber ist MU. Die Ware wird einen Tag nach dem Unternehmenserwerb an MU geliefert.

Im Rahmen der Kaufpreisallokation ist auch die Gewinnerwartung aus schwebenden Verträgen als immaterieller Vermögensgegenstand anzusetzen. Unter Vernachlässigung des übrigen Nettovermögens (Buchwert = Zeitwert = null) ist die Kaufpreisallokation wie folgt vorzunehmen:

=	Kaufpreis für TU	160
-	**Auftragsbestand** (immaterielles Vermögen)	**-150**
=	***Goodwill***	**10**

Der immaterielle Vermögensgegenstand Auftragsbestand wird im Zeitpunkt der (konzerninternen) Lieferung der Ware als Erhöhung von deren Anschaffungskosten aufgelöst. Die Aktivierung von innerkonzernlich für 850 angeschafften Vorräten zu 1.000 erscheint bei einer leichten zeitlichen Variation nicht mehr unangemessen: Wäre der Unternehmenserwerb nämlich einen Tag später vollzogen worden, hätte TU die Ware noch vor Vollzug des Unternehmenserwerbs zu 1.000 an MU geliefert, und sie wäre mit diesem Betrag aktiviert worden. Innerhalb dieses einen Tages ist es aber weder zum Abschluss von Verträgen noch zur Änderung von Beschaffungskosten und Zeitwerten gekommen. Eine andersartige Behandlung im Falle der Lieferung kurz nach Erstkonsolidierungszeitpunkt scheint daher kaum sachgerecht.

Die Mehrkomponentenlösung überzeugt im vorstehenden Fall dann nicht, wenn es an einer tatsächlichen Vertragserledigung durch **Abstandszahlung** an TU fehlt und aus gesellschafts- und steuerrechtlichen Gründen Zahlungen an die Altgesellschafter nicht mit Zahlungen an die Zielgesellschaft vermengt werden können. Sie würde dann zu folgenden Problemen führen:

- Mit Ausführung des Auftrags wären von MU aufgrund des fortbestehenden, tatsächlich nicht aufgehobenen Vertrags 1.000 an TU zu zahlen.
- TU hätte daher aus dem Vertrag einzelbilanziell einen Erlös von 1.000, dem nur ein Wareneinsatz bzw. Konzernanschaffungskosten von 850 gegenüberstünden.
- Eine Zwischenergebniseliminierung (per Materialaufwand 150 an Umlaufvermögen 150) wäre nötig und würde den bereits als *settlement loss* berücksichtigten Betrag ein zweites Mal als Aufwand qualifizieren.
- Kann hingegen auch einzelbilanziell der Mehrkomponentenlösung gefolgt werden, weil eine tatsächliche Abstandszahlung an TU erfolgt, beträgt der konzerninterne Umsatz nicht mehr 1.000, sondern 850. Die Zwischenergebniseliminierung entfällt und es bleibt zutreffend bei der Einmalerfassung des Aufwands.

Eine dritte Lösung ist geboten, wenn der Auftrag erst kurz vor Vollzug des Unternehmenserwerbs und nur im Hinblick auf diesen zu nicht marktgerechten Konditionen erteilt worden ist. Da es ohne den Unternehmenserwerb den entsprechenden Auftragsbestand nicht gegeben hätte, der immaterielle Vermögensgegenstand also erst durch den (bevorstehenden) Erwerb entstanden ist, darf er u. E. nicht angesetzt werden.

5. Bewertungsvorbehalt für latente Steuern und Rückstellungen

Latente Steuern unterliegen gem. Abs. 1 Satz 3 nicht der Zeitbewertung, sondern der **Bewertung nach § 274 HGB**. Wichtigste Folge dieser Ausnahme ist: Latente Steuern werden auch bei der Erstkonsolidierung **nicht abgezinst** (→ § 274 Rz. 63). Der Grund für den Verzicht auf die Zeitbewertung lässt sich an folgendem Beispiel darstellen: 91

BEISPIEL ► E erwirbt 100 % der Anteile an V. In der Einzelbilanz von V sind einige langfristige Vermögensgegenstände wegen § 6b EStG mit deutlich höheren Werten als in der Steuerbilanz enthalten. V bilanziert passive latente Steuern auf die Differenz. Die ökonomische Belastung und damit der Zeitwert dieses Postens ist deutlich geringer, weil sich die Differenzen erst langfristig auflösen, die aus den Differenzen erwartete Mehrsteuer also in einem ökonomischen Kalkül abzuzinsen ist. Würde E in der Erstkonsolidierung latente Steuern nach Maßgabe der diskontierten (mit der Wahrscheinlichkeit gewichteten) zukünftigen Steuerentlastung ansetzen, entstünde zum nächsten Bilanzstichtag folgendes Problem:

Die Bilanzierung müsste nun wieder den Regeln von § 274 HGB folgen, d. h. die latenten Steuern unabgezinst zeigen. Die bei der Kaufpreisallokation eingebuchten reduzierten latenten Steuern wären also zum Folgestichtag trotz unveränderter Bedingungen aufwandswirksam zuzuschreiben.

Die im Beispiel dargestellte Gefahr der **Inkonsistenz** zwischen Erst- und Folgekonsolidierung wird **vermieden,** wenn latente Steuern bei der Erstkonsolidierung nach den normalen Regeln von § 274 HGB, d. h. ohne Rücksicht auf ihren beizulegenden Zeitwert, bewertet werden.

92 Einen entsprechenden Zweck verfolgt die Bindung des Erstkonsolidierungswerts von **Rückstellungen** an den Einzelbilanzwert. § 253 Abs. 2 HGB schreibt eine Abzinsung nur in bestimmten Fällen und mit normierten Zinssätzen vor (→ § 253 Rz. 109). Bei der Ermittlung des beizulegenden Zeitwerts müsste hingegen der aktuelle Marktzins in allen Fällen herangezogen werden, nur um bei der Folgekonsolidierung zum nächsten Stichtag erfolgswirksam wieder auf die Bewertung nach § 253 Abs. 2 HGB zurückzugehen. Die Sondervorschrift des Abs. 1 Satz 3 vermeidet diese Inkonsistenz.

93 **Pensionsrückstellungen** sind mit dem abgezinsten, nach vernünftiger kaufmännischer Beurteilung notwendigen Erfüllungsbetrag, d. h. unter Berücksichtigung voraussichtlicher Lohn-, Karriere- und Rententrends, anzusetzen (→ § 253 Rz. 91).

Soweit sich die Höhe von Altersversorgungsverpflichtungen ausschließlich nach dem beizulegenden Zeitwert von Wertpapieren des Anlagevermögens bestimmt (wertpapiergebundene Zusagen), sind die Pensionsrückstellungen mit diesem Wert anzusetzen (→ § 253 Rz. 105).

VII. Goodwill und negativer Unterschiedsbetrag (Abs. 3)

1. Überblick

94 Bei der Erstkonsolidierung entsteht i. d. R. eine positive oder eine negative Differenz von Anschaffungskosten/Beteiligungsbuchwert und Zeitwert der erworbenen identifizierbaren Vermögensgegenstände und Schulden. Nach Abs. 3 sind Differenzen wie folgt auszuweisen:

- **Positive Differenzen:** aktivisch als Geschäfts- oder Firmenwert *(Goodwill)*.
- **Negative Differenzen:** auf der Passivseite nach dem Eigenkapital als **„Unterschiedsbetrag aus der Kapitalkonsolidierung“** (→ § 298 Rz. 21).

Die Posten und wesentliche Änderungen gegenüber dem Vorjahr sind nach Abs. 3 Satz 2 im **Anhang** zu erläutern (→ Rz. 107)

94a Ein *Goodwill* oder ein negativer Unterschiedsbetrag kann nicht entstehen, wenn das Mutter-Tochter-Verhältnis nicht auf einer Beteiligung gründet. Ein Beispiel ist die Erstkonsolidierung einer Zweckgesellschaft, an der das Mutterunternehmen zwar (schuldrechtlich) die Mehrheit der Risiken, aber keine Beteiligung hält (→ § 290 Rz. 49). Entsprechendes kann etwa auch für die Kontrolle durch einen Beherrschungsvertrag gelten (→ § 290 Rz. 42).

Hält das Mutterunternehmen keine Beteiligung am Tochterunternehmen, kommt es zur Vollkonsolidierung mit 100%igem Minderheitenausweis.[1]

94b DRS 23.85 ff. und DRS 23.92 ff. **empfehlen,** im Falle eines aus **mehreren Geschäftsfeldern** bestehenden erworbenen Tochterunternehmens den Geschäfts- oder Firmenwert bzw. passiven Unterschiedsbetrag den betreffenden Geschäftsfeldern zuzuordnen, und in der Folge getrennt fortzuschreiben Falls dieser nicht verbindlichen Empfehlung gefolgt wird, können aus einem einzigen Unternehmenserwerb in Grenzfällen simultan ein *Goodwill* und ein negativer Unterschiedsbetrag entstehen (DRS 23.90).

1 Ausführliches Beispiel bei *Küting/Mojadadr,* DB 2013 S. 589 ff.

2. *Goodwill* im mehrstufigen Konzern

2.1 Problemstellung

95 Im **zweistufigen** Konzern (Mutterunternehmen und Tochterunternehmen) bereitet die Behandlung der Minderheitenanteile keine Probleme. Erwirbt das Mutterunternehmen die Mehrheit, aber nicht sämtliche Anteile eines Tochterunternehmens, ist wie folgt zu verfahren:

- Nach der Methode der vollständigen Neubewertung (→ Rz. 11) sind die **stillen Reserven** des Tochterunternehmens nicht lediglich i. H. der Beteiligungsquote, sondern **zu 100 %** aufzudecken. Der Minderheitenanteil umfasst damit nicht nur den Anteil am Buchvermögen des Tochterunternehmens, sondern ebenso den Anteil an den stillen Reserven, mithin insgesamt den Anteil am Zeitwert des Nettovermögens.
- Bei der *Goodwill*-Berechnung wird jedoch allein auf die **Beteiligungsquote des Mutterunternehmens** abgestellt. Von den Anschaffungskosten des Mutterunternehmens (für seinen Anteil am Tochterunternehmen) bzw. dem Beteiligungsbuchwert wird das zum Zeitwert erfasste Nettovermögen i. H. der Beteiligungsquote abgesetzt. Eine Hochrechnung auf 100 % (*Full-Goodwill*-Methode) findet nicht statt. Der fiktive Anteil der Minderheit an diesem *Full Goodwill* bleibt unberücksichtigt.

96 Größere Probleme bereiten **mehrstufige Konzerne.** Bei einer Beteiligung von **Minderheiten** am Tochterunternehmen (zweite Stufe) stellt sich die Frage, ob i. H. des mittelbaren bzw. rechnerischen Anteils dieser Minderheit am Enkelunternehmen (dritte Stufe) konzernbilanziell stille Reserven und *Goodwill* des Enkelunternehmens aufzudecken sind.

Hierzu folgender Grundfall:

Übersicht 4: Mittelbarer Minderheitenanteil

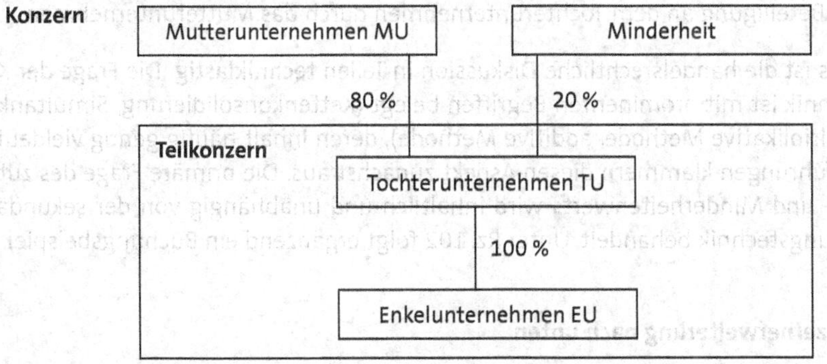

In dieser Konstellation eröffnen sich drei unterschiedliche Perspektiven:

- Aus der Sicht des **Teilkonzerns TU-EU** besteht keine Minderheitsproblematik. Beim Erwerb des „Enkel"-Unternehmens sind stille Reserven und ein *Goodwill* zu 100 % aufzudecken.
- Aus der Sicht des **Konzernteils MU-TU** sind auf das Tochterunternehmen entfallende stille Reserven zu 100 %, ist ein auf den Erwerb des Tochterunternehmens entfallender *Goodwill* jedoch nur für den Anteil des Mutterunternehmens aufzudecken.
- Unklar ist, wie aus Sicht des **Gesamtkonzerns MU-TU-EU** mit den das Enkelunternehmen betreffenden stillen Reserven und dem *Goodwill* zu verfahren ist, ob es hier bei dem

100 %-Ansatz entsprechend der Teilkonzernperspektive bleibt oder ob bei den stillen Reserven und/oder dem *Goodwill* der Enkelunternehmen nur die (durchgerechnete) Anteilsquote des Mutterunternehmens (hier: 80 % · 100 % = 80 %) maßgeblich ist.

97 Der Ansatz und die Bewertung von Minderheitenanteilen im mehrstufigen Konzern sind im Gesetz nicht explizit geregelt; mit der geschilderten Folge, dass die Behandlung des (mittelbaren) Minderheitenanteils am Enkelunternehmen diskussionsbedürftig ist. In dieser Diskussion wird nach der **Entstehungsgeschichte** des mehrstufigen Konzerns differenziert. Das mehrstufige Konzernverhältnis kann auf zwei Vorgängen beruhen:[1]

1. Konzernerweiterung **nach unten:** Ein zunächst einstufiger Konzern, bestehend aus einem Mutterunternehmen und einer oder mehreren Tochtergesellschaften, erwirbt über eine Tochtergesellschaft eine Beteiligung an einer weiteren Gesellschaft (Enkelunternehmen).
2. Konzernerweiterung **nach oben:** Ein Unternehmen (Mutterunternehmen) erwirbt eine Beteiligung an einem Unternehmen, welches dadurch zum Tochterunternehmen wird. Das Tochterunternehmen ist zum Zeitpunkt des Erwerbs durch das Mutterunternehmen seinerseits schon an einem weiteren Unternehmen (Enkelunternehmen) beteiligt und bildet mit diesem einen (Teil-)Konzern.

Im jüngeren handelsrechtlichen Schrifttum wird die volle Aktivierung des *Goodwill* mindestens im Falle einer Konzernerweiterung nach oben mehrheitlich bejaht.[2] Zur Wertermittlung werden jedoch unterschiedliche Lösungswege aufgezeigt. Im Kern konzentriert sich die handelsrechtliche Diskussion darauf, ob bei der Wertfindung abzustellen ist auf den Zeitpunkt des Erwerbs

- der Beteiligung an dem Enkelunternehmen durch das Tochterunternehmen oder
- der Beteiligung an dem Tochterunternehmen durch das Mutterunternehmen.

Allerdings ist die handelsrechtliche Diskussion in Teilen **techniklastig.** Die Frage der Konsolidierungstechnik ist mit prominenten Begriffen belegt (Kettenkonsolidierung, Simultankonsolidierung, multiplikative Methode, additive Methode), deren Inhalt häufig genug vieldeutig ist. Unsere Ausführungen klammern diesen Aspekt zunächst aus. Die primäre Frage des zutreffenden *Goodwill*- und Minderheitenwerts wird inhaltlich und unabhängig von der sekundären Frage der Buchungstechnik behandelt. Unter Rz. 102 folgt ergänzend ein Buchungsbeispiel.

2.2 Konzernerweiterung nach unten

98 Bei einer Konzernerweiterung nach unten (Tochterunternehmen erwirbt Enkelunternehmen) wird im Schrifttum folgende Lösung für die stillen Reserven und den *Goodwill* favorisiert: Der Beteiligungsbuchwert des Enkelunternehmens in der Bilanz des Tochterunternehmens wird mit dem anteiligen Eigenkapital des Enkelunternehmens verrechnet. Die stillen Reserven sind bei der Neubewertungsmethode unstrittig voll aufzudecken, divergierende Auffassungen bestehen jedoch hinsichtlich des *Goodwill.*[3]

---

1 Vgl. *Mandl/Königsmeier,* Kapitalkonsolidierung nach der Erwerbsmethode und die Behandlung von Minderheiten im mehrstufigen Konzern in Fischer/Hömberg (Hrsg.), FS Baetge, 1997, S. 239 ff.; *Küting/Leinen,* WPg 2002 S. 1201 ff.

2 Vgl. *Faß,* BB 1989 S. 1165 f.

3 Vgl. *Küting/Leinen,* WPg 2004 S. 72; *Fröhlich,* WPg 2004 S. 68 sowie *ADS,* 6. Aufl., § 307, Anm. 41 ff.

Ein *Goodwill* ist gem. Abs. 3 i. H. der Differenz zwischen Beteiligungsbuchwert und dem Anteil des Erwerbers am Zeitwert des Nettovermögens anzusetzen. Bei einer Konzernerweiterung nach unten ergibt sich hier folgende Unterscheidungsmöglichkeit:

- Aus der **Perspektive des Teilkonzerns** TU-EU ist das Tochterunternehmen der Erwerber und hätte im Grundfall (d. h. bei 100%iger Beteiligung von TU an EU) seinen Kaufpreis für 100 % der Anteile am Enkelunternehmen gegen 100 % des Nettovermögens zu setzen, d. h. den *Goodwill* **vollständig** aufzudecken.
- Aus der **Perspektive des Gesamtkonzerns** ist das Mutterunternehmen der Erwerber. Es ist u. E. Bilanzierungssubjekt und damit Normadressat von Abs. 3. Das Mutterunternehmen hat die Vorschriften deshalb aus seiner Perspektive anzuwenden. Es tätigt jedoch wirtschaftlich keinen 100%igen Erwerb des Enkelunternehmens, sondern lediglich einen Erwerb i. H. seiner durchgerechneten Anteilsquote. Folgt man der wirtschaftlichen Sicht, wäre auch der *Goodwill* des Enkelunternehmens nur aus der Differenz der **anteilig** dem Mutterunternehmen zuzurechnenden, vom Tochterunternehmen aufgewendeten Anschaffungskosten und des anteilig dem Mutterunternehmen zuzurechnenden Nettovermögens des Enkelunternehmens zu ermitteln.

Zur Behandlung der stillen Reserven und zu den Alternativen hinsichtlich des *Goodwill* das nachfolgende Beispiel:

BEISPIEL TU wird am 31.12.01 mit einer Bareinlage von insgesamt 150 gegründet. Davon übernimmt MU 80 % (= 120) und ein Dritter 20 % (= 30). TU soll als Holding der Koordination der Entscheidungen von MU und dem Dritten im Hinblick auf diverse zu erwerbende operative Gesellschaften dienen.

Am 1.1.02 erwirbt die TU 100 % der Anteile am operativ tätigen EU zum Kaufpreis von 150.

Das Buchvermögen von EU beträgt 60, die stillen Reserven 40, ihr zum Zeitwert bewertetes Vermögen also 100.

Die Ansätze in der Konzernbilanz 1.1.02 (Erstkonsolidierung EU) sind (unter Vernachlässigung latenter Steuern) alternativ wie folgt:

	Alternative 1 Minderheit ohne *Goodwill*		Alternative 2 Minderheit mit *Goodwill*	
	Berechnung	Bilanzwert	Berechnung	Bilanzwert
Kaufpreis EU Nettovermögen EU (anteilig)	120 80		150 100	
Goodwill Erstkonsolidierung Nettovermögen Erstkonsolidierung	40	40 100	50	50 100
Aktivvermögen Erstkonsolidierung		**140**		150
Minderheitenanteil Nettovermögen Minderheitenanteil *Goodwill*	20 0		20 10	
Minderheitenanteil	20	**20**	30	**30**

Für einen Minderheitenausweis ohne *Goodwill* (Alternative 1) könnte der **Vergleich** mit einem **unmittelbaren Erwerb** bei Verzicht auf die Zwischenschaltung einer Holding sprechen. DRS 23.195 lässt jedoch nur den Minderheitenausweis mit *Goodwill* (Alternative 2) zu.

2.3 Konzernerweiterung nach oben

99 Für die Konzernerweiterung nach oben – MU erwirbt einen Anteil am schon vor diesem Zeitpunkt an EU beteiligten TU – kann hinsichtlich der **stillen Reserven** nichts anderes gelten als bei einer Erweiterung nach unten. Die stillen Reserven sind in vollem Umfang aufzudecken. Normadressat der Vorschriften von § 301 HGB ist das Bilanzierungssubjekt, also für den Gesamtkonzernabschluss das oberste Unternehmen. Die Erstkonsolidierung durch das Mutterunternehmen erfolgt daher auch hinsichtlich des Vermögens des Enkelunternehmens mit dem beizulegenden Zeitwert zum **Zeitpunkt** des **Erwerbs** des Tochterunternehmens durch das **Mutterunternehmen** und nicht auf den früheren Erwerb des Enkelunternehmens durch das Tochterunternehmen.

100 Hinsichtlich des *Goodwill* der Minderheiten kann **nicht** ohne Weiteres von einer Übereinstimmung mit der Konzernerweiterung nach unten ausgegangen werden:

- **Für** eine **Übereinstimmung** und damit gegen den Ansatz eines Minderheiten-*Goodwill* könnte wiederum die Parallele zu einem direkten Erwerb sprechen. Die Berücksichtigung eines Minderheiten-*Goodwill* würde den Bilanzansatz von der rechtlichen Form eines Erwerbs abhängig machen.
- **Für** den Ansatz eines **Minderheiten-*Goodwill*** nach Maßgabe der aktuellen Wertverhältnisse spricht aber, dass aus Gesamtkonzernsicht erstmals mit Erwerb von TU der Dritte zu einer konzernrechnungslegungsrelevanten Minderheit wird. Wie viel der Dritte gezahlt hat bzw. anteilig für den Dritten vor Konzernzugehörigkeit auf den Anteil am Enkelunternehmen gezahlt wurde, ist aus Konzernsicht unwichtig. Der Minderheiten-*Goodwill* ist daher durch eine Hochrechnung zu ermitteln.

101 Zum Ganzen folgendes Beispiel:

BEISPIEL Der konzernunabhängige Dritte D ist mit 100 % an dem Internetunternehmen TU beteiligt, das wiederum 100 % an EU hält und über kein weiteres Vermögen verfügt. Das Vermögen von EU beträgt 60 zu Buchwerten und 100 zum Zeitwert. D hatte TU vor Platzen der Dotcom-Spekulationsblase für 400 erworben. Der Zeitwert des Nettovermögens hat sich seitdem nicht verändert. Als *Goodwill* wurden demnach seinerzeit 400 - 100 = 300 vergütet.
MU möchte nun 80 % an E erwerben. Zwei Erwerbsalternativen stehen zur Diskussion:

- MU erwirbt unmittelbar für einen Preis von 120 einen Anteil von 80 % an EU.
- MU erwirbt für den gleichen Preis einen Anteil von 80 % an TU.

Bei unmittelbarer Beteiligung ist der Anteil der Minderheit (TU) an EU zwar unter Berücksichtigung stiller Reserven, jedoch ohne den *Goodwill* zu ermitteln. Der *Goodwill* ergibt sich ausschließlich aus dem Kaufpreis (120) abzüglich des anteiligen Zeitwerts des Vermögens (80), somit also zu 40.

Bei mittelbarer Beteiligung sind die beiden oben vorgestellten Lösungen denkbar:

	Ohne Minderheiten-*Goodwill* (1. Alt.)	Mit Minderheiten-*Goodwill* auf hochgerechneter Basis (2. Alt.)
Kaufpreis EU Nettovermögen EU	120 80	120 80
Goodwill-Mehrheit Minderheiten-*Goodwill*	40 0	40 (20/80 von 40 =) 10
***Goodwill* gesamt**	**40**	**50**
Minderheitenanteil am Nettovermögen Minderheitenanteil am *Goodwill*	20 0	20 10
Minderheitenanteil	**20**	**30**

Zugunsten der ersten Alternative spricht:

Das Mutterunternehmen ist u. E. **Bilanzierungssubjekt** und somit **Normadressat** der Vorschrift zur Ermittlung des *Goodwill*. Das Mutterunternehmen hat die Vorschriften deshalb aus seiner Perspektive anzuwenden. Es tätigt jedoch wirtschaftlich keinen 100%igen Erwerb des Enkelunternehmens, sondern lediglich einen Erwerb i. H. seiner Anteilsquote am Tochterunternehmen. Insoweit wäre Alternative 1 vorzuziehen.

DRS 23.203 präferiert jedoch Alternative 2.

2.4 Buchungsbeispiel

Die vorstehenden Ausführungen waren auf die als vorrangig anzusehende inhaltliche Frage der zutreffenden Höhe von *Goodwill* und Minderheitenanteil gerichtet. Zur **technischen** Ergänzung noch ein vereinfachtes Buchungsbeispiel: 102

BEISPIEL ▸ Das Mutterunternehmen MU erwirbt 60 % der Anteile am Tochterunternehmen TU zu einem Preis von 600, unmittelbar nachdem TU 100 % der Anteile am Enkelunternehmen EU für 1.150 erworben hat. Das Nettovermögen von TU beträgt ohne Berücksichtigung der Beteiligung an EU -150 zu Buch- und Zeitwerten.

Das Enkelunternehmen hat ein buchmäßiges Eigenkapital von 100 und stille Reserven von 50. Der Beteiligungsansatz (Anschaffungskosten) von EU bei TU beträgt 1.150.

Fraglich ist, ob 1.000 (= 1.150 - 150) oder nur 600 (60 % von 1.000) in der Konzernbilanz von MU als *Goodwill* aufzudecken sind.

Nachfolgend zunächst die Berechnungen der Bilanzwerte, dann die Konsolidierungsbuchungen und -übersichten, jeweils ohne anteilige Aufdeckung des auf die 40 %-Minderheit entfallenden Anteils am *Goodwill* von EU. Bei voller Aufdeckung entfiele Buchung 4, und der *Goodwill* betrüge 1.000 statt 600.

	100 %	Anteil Mehrheit	Anteil Minderheit (ohne *Goodwill*)	Anteil Minderheit (mit *Goodwill*)
Goodwill EU	1.000	600	0	400
Div. Aktiva EU (Zeitwert)	150	90	60	60
Div. Aktiva MU (Zeitwert)	100	100	0	0
Fremdkapital TU	-150	-90	-60	-60
Nettovermögen	1.100	700	0	400

1. Konsolidierung EU

1. Per	*Goodwill* EU	1.000	an	Anteil TU an EU	1.150
	sonstige Aktiva (stR)	50			
	Eigenkapital	100			

2./3. Konsolidierung TU

2. Per	Eigenkapital (60 % von 1.000)	600	an	Anteil MU an TU	600
3. Per	Eigenkapital (40 % von 1.000)	400	an	Minderheitenanteil	400

4. Eliminierung Minderheitenanteil *Goodwill* (entfällt bei voller *Goodwill*-Aktivierung)

4. Per	Minderheit		400 an	*Goodwill*					400
					Umbuchung				
	MU	TU	EU	Summe	Soll		Haben		Kon-zern
Goodwill					1.000	1)	400	4)	600
Anteil	600	1.150		1.750			1.150 600	1) 2)	0
Sonstige	100		100	200	50	1)			250
Summe	**700**	**1.150**	**100**	**1.950**					**850**
EK	700	1.000	100	1.800	100 600 400	1) 2) 3)			700
Minderheit					400	4)	400	3)	0
FK		150		150					150
Summe	**700**	**1.150**	**100**	**1.950**	**2.550**		**2.550**		**850**

3. Negativer Unterschiedsbetrag

103 **Inhaltlich** kann ein negativer Unterschiedsbetrag aus drei Gründen entstehen:[1]

1. Es liegt ein **günstiger Gelegenheitskauf** (*bargain purchase* oder *lucky buy*) vor, d. h., die Anteile haben unter Wert den Eigentümer gewechselt.
2. Das Nettovermögen ist wegen spezifischer, vom Zeitbewertungsprinzip abweichender Vorschriften bei der Erstkonsolidierung **regelkonform über Zeitwert** angesetzt, z. B. weil im Kaufpreis berücksichtigte Risiken nicht rückstellungsfähig sind oder aktive latente Steuern nicht diskontiert werden dürfen.
3. Zwischen Erwerbszeitpunkt und Aufnahme der Konsolidierung sind in hohem Maße **Gewinne thesauriert** worden (oder stille Reserven entstanden), die sich in Anschaffungskosten und Beteiligungsbuchwert nicht widerspiegeln.

Zur dritten Alternative wird auf Rz. 28 verwiesen, zu den beiden anderen Varianten auf die nachfolgenden Ausführungen.

104 Unter sachverständigen, ohne Druck handelnden und voneinander unabhängigen Dritten scheidet ein **günstiger Kauf** regelmäßig aus. Der beizulegende Zeitwert ist in DRS 23.7 gerade als der Betrag definiert, zu dem zwischen „sachverständigen, vertragswilligen und voneinander unabhängigen Kaufleuten ein Vermögensgegenstand getauscht werden könnte". Sind die Parteien unabhängig, ist der Veräußerer kein Wohltäter und handelt er nicht in einer Notlage (z. B. Zwangsversteigerung), muss daher die **Ausgeglichenheit** von Leistung und Gegenleistung unterstellt und ein *lucky buy* regelmäßig ausgeschlossen werden. Kann ganz ausnahmsweise doch ein *lucky buy* belegt werden, ist der negative Unterschiedsbetrag nach DRS 23.145 über die gewichtete durchschnittliche Restnutzungsdauer der erworbenen abnutzbaren Vermögensgegenstände ertragswirksam zu vereinnahmen, bei im Wesentlichen nicht abnutzbarem Erwerbsvermögen nach Maßgabe der Veräußerung oder außerplanmäßigen Abschrei-

1 Vgl. zum Ganzen *Lüdenbach/Völkner*, BB 2006 S. 1435 ff.

bung der Vermögenswerte (DRS 24.146). Zu der Frage, ob ein solches Vorgehen zwingend ist, wird auf → § 309 Rz. 19 verwiesen.

Erster Anwendungsfall für einen regelkonformen **Ansatz** des erworbenen Vermögens **unter Zeitwert** sind die aktiven latenten Steuern. Sie sind aufgrund von Abs. 1 Satz 3 nicht abzuzinsen (→ Rz. 91). Das Nettovermögen wird dadurch über Zeitwert ausgewiesen. Dieser Effekt kann aber i. d. R. nur geringe Teile eines negativen Unterschiedsbetrags erklären. 105

Häufiger ist die regelkonforme Überbewertung des Nettovermögens die Folge von **Risiken** oder **erwarteten Restrukturierungaufwendungen,** die zu einem entsprechend niedrigeren Kaufpreis (ggf. sogar zu einem negativen Kaufpreis) führen, jedoch die Voraussetzungen für den Ansatz einer Schuld zum Erstkonsolidierungszeitpunkt noch nicht erfüllen (→ Rz. 67).

BEISPIEL ► E erwirbt ein schuldenfreies pyrotechnisches Einzelunternehmen.

- Der Buch- und Zeitwert der Aktiva beträgt 20 Mio. €.
- Der (ohne das nachfolgend erläuterte Risiko berechnete) Ertragswert des Unternehmens beträgt ebenfalls 20 Mio. €.
- Als Kaufpreis werden jedoch 15 Mio. € vereinbart.

Der geringere Kaufpreis erklärt sich wie folgt: Das Unternehmen hat mit ordentlichen Warnhinweisen Feuerwerk in die USA geliefert. Bei unsachgemäßer Umverpackung durch den in den USA für Feuerwerk lizenzierten Abnehmer kommen vier Arbeiter zu Tode. Das Unternehmen wird auf 40 Mio. USD verklagt. Sein Versicherungsschutz für derartige Fälle beträgt 1 Mio. €. Die Wahrscheinlichkeit einer Verurteilung mit einem über 1 Mio. € hinausgehenden Betrag wird von den Rechtsanwälten als extrem niedrig eingeschätzt. Eine Rückstellung kann deshalb nicht passiviert werden. Die Warnhinweise waren ordentlich. Abnehmer waren keine Endverbraucher, sondern in den USA lizenzierte Fachleute.

Wegen des Überraschungspotenzials amerikanischer Geschworenenverfahren bleibt jedoch ein nicht zu vernachlässigendes Restrisiko. Die Parteien berücksichtigen dies durch einen Abschlag beim Kaufpreis.

Der **Einzelabschluss eines Erwerbers** berücksichtigt nicht passivierungsfähige Risiken bei einem *Asset-Deal* nur implizit. Dem Kaufpreis von 15 Mio. € steht dann im Beispiel ein Buchwert der Aktiva von 20 Mio. € gegenüber. Ein negativer Unterschiedsbetrag wird in der Erwerberbilanz nicht ausgewiesen. Stattdessen kommt es entweder zum Ausweis eines technischen Abgrenzungspostens (DRS 23.28) oder zur **Abstockung** der nicht monetären Aktiva. Im zweiten Fall gilt: Soweit es sich bei den Aktiva um abschreibbares Anlagevermögen oder um Vorräte handelt, wird demzufolge auch die Ertragslage der Folgeperioden unzutreffend wiedergegeben. Abschreibungen und Materialaufwand der Folgejahre sind zu niedrig, der Gewinn ist überhöht.

Konzernbilanziell ist anders zu verfahren: Das ansatzfähige Nettovermögen wird mit seinen Zeitwerten erfasst, die Differenz als **negativer Unterschiedsbetrag** (im Beispiel von 5 Mio. €) passiviert, der Unterschiedsbetrag aufgelöst, sobald der erwartete Aufwand eintritt oder feststeht, dass er gar nicht eintreten wird (DRS 23.143).

Negative Unterschiedsbeträge, u. U. sogar **negative Kaufpreise** (Zuzahlungen des Veräußerers an den Erwerber), sind allerdings auf den **inhaltlichen Prüfstand** zu stellen. Vor Passivierung eines negativen Unterschiedsbetrags ist zu klären, ob der vertragliche „Kaufpreis" nicht still mit einer Vergütung in umgekehrter Richtung verrechnet wurde, die der Erwerber für von ihm nach dem Erwerb zu erbringende Leistungen erhält. In solchen Fällen wäre der vereinbarte Kaufpreis tatsächlich eine **Nettogröße** für die in beiden Richtungen zu leistenden Vergütun- 106 gen. Für die Kaufpreisallokation und die Beurteilung, ob tatsächlich ein negativer Unterschiedsbetrag vorliegt, wäre diese Größe auf den unsaldierten Bruttowert zu korrigieren.

BEISPIEL ► Die K-AG erwirbt von ihrem Wettbewerber, der V-AG, die S-GmbH, deren zu Zeitwerten (zugleich Buch- und Steuerbilanzwerte) bewertetes Vermögen 20 Mio. beträgt. Der Käufer verpflichtet sich zur Weiterbeschäftigung von 100 Mitarbeitern für die Dauer von einem Jahr, obwohl es sich bei der genannten Anzahl von Mitarbeitern um einen strukturellen Beschäftigungsüberhang handelt. Die Weiterbeschäftigung verursacht Kosten von 7,5 Mio., die Beendigung der Beschäftigungsverhältnisse nach einem Jahr weitere 7,5 Mio. Für einen Betrag von 15 Mio. hätte der Veräußerer das überschüssige Personal auch in eine Beschäftigungsgesellschaft überführen können. Die Parteien haben folgende Vertragsalternativen:

1. Kaufpreis von 0 Mio. mit der scheinbaren Folge eines negativen Unterschiedsbetrags von 20 Mio.
2. Kaufpreis von 20 Mio. mit der scheinbaren Folge, dass kein Unterschiedsbetrag entsteht, wobei K von V für die Verpflichtung der Weiterbeschäftigung des Mitarbeiterüberhangs eine Kostenerstattung von 15 Mio. und eine unbedingte Zahlung von 5 Mio. erhält.

Die rechtliche Gestaltung ist unerheblich. In beiden Fällen erbringt die K-AG eine sonstige Leistung an den Veräußerer, indem sie strukturell überflüssige Mitarbeiter weiterbeschäftigt. Diese Weiterbeschäftigung liegt nicht in ihrem eigenen unternehmerischen Interesse. Der Nutzen liegt beim Veräußerer und besteht darin, dass sein öffentliches Image nicht durch eine unpopuläre Maßnahme beeinträchtigt wird. Mindestens der Betrag von 15 Mio. ist dieser Leistung zuzurechnen.

Schwierig ist aber noch die Beurteilung der nicht zweckgebundenen Zahlung von 5 Mio. Aus Sicht des Veräußerers ist im Hinblick auf derartige Zusatzzahlungen die Frage zu stellen, warum er nicht einen preiswerteren Weg, etwa über die Ausstattung einer Beschäftigungsgesellschaft mit 15 Mio., gegangen ist. Erklärend ist regelmäßig, dass die Überführung der Mitarbeiter in eine Beschäftigungsgesellschaft nicht geräuschlos genug ist, also nicht in gleichem Maße der Imagewahrung dient wie die Übernahme durch einen Wettbewerber, also ein aktives Unternehmen. Nur im zweiten Fall lassen sich die imageschädlichen Entlassungsentscheidungen nach außen eindeutig einem anderen Unternehmen zuordnen und werden auch mittelbar nicht mehr dem Veräußerer zugerechnet. Dieser Interpretation folgend sind auch die über die Kosten einer Beschäftigungsgesellschaft hinausgehenden Zahlungen als Vergütung für eine sonstige Leistung zu qualifizieren, die der Erwerber korrespondierend zum Anfall der Personalaufwendungen zu erfassen hat.

In beiden Vertragsalternativen beträgt also der unsaldierte Kaufpreis 20 Mio., ein Unterschiedsbetrag entsteht nicht.

Wie das Beispiel zeigt, muss in Fällen, in denen **Leistungen vom Erwerber** im Interesse des Veräußerers zu erbringen sind und hierfür eine separate Vergütung nicht vereinbart ist, der nominelle Kaufpreis entsprechend korrigiert werden. Auf diese Weise kann ein zunächst vermuteter negativer Unterschiedsbetrag entfallen. An seine Stelle tritt eine Verbindlichkeit oder bei zeitlich bestimmter Gegenleistung ein passiver Abgrenzungsposten.

4. Anhangangaben

107 Nach Abs. 3 Satz 2 sind der *Goodwill* sowie der negative Unterschiedsbetrag und deren wesentliche Änderungen gegenüber dem Vorjahr im Anhang zu erläutern. Für den *Goodwill* ergeben sich die Informationen z. T. bereits aus dem **Anlagespiegel.** Daneben sind gem. DRS 23.208 folgende Angaben für den *Goodwill* zu machen:

- ► Aufgliederung des Postens nach schon in den Einzelabschlüssen *(Asset-Deal)* und ausschließlich im Konzernabschluss *(Share-Deal)* aktivierten Teilen,
- ► wesentliche Veränderungen aufgrund von Zu- und Abgängen, z. B. aus Veränderungen im Konsolidierungskreis und Kaufpreisanpassungen,

- Abschreibungsverfahren und Nutzungsdauer (§ 313 Abs. 1 Satz 3 Nr. 1 HGB) sowie Erläuterung des Zeitraums, über den abgeschrieben wird (§ 314 Abs. 1 Nr. 20 HGB),
- Vorgehensweise bei der Bestimmung einer außerplanmäßigen Abschreibung und Höhe dieser Abschreibung.

VIII. Folgekonsolidierung nach der Erwerbsmethode

Der erfolgsneutralen Erstkonsolidierung/-bewertung folgt die im Gesetz nicht ausdrücklich geregelte **erfolgswirksame Folgekonsolidierung.** Die aufgedeckten stillen Reserven und stillen Lasten sowie der *Goodwill* sind plan- und außerplanmäßig fortzuschreiben, ebenso der negative Unterschiedsbetrag (DRS 23.99, DRS 23.114 und DRS 23.139). Hierdurch entstehen insbesondere 108

- Aufwendungen für **planmäßige Abschreibungen** (stille Reserven im Anlagevermögen, *Goodwill*),
- Aufwendungen für **Material** (stille Reserven in Vorräten),
- Aufwendungen aus der **außerplanmäßigen Abschreibung** des *Goodwill*,
- **Erträge** aus der Auflösung des anlässlich der Erstkonsolidierung bilanzierten **negativen Unterschiedsbetrags.**

Planmäßige und außerplanmäßige Abschreibungen sind nach den allgemeinen Regeln vorzunehmen (→ § 253 Rz. 139). Zur Auflösung des negativen Unterschiedsbetrags wird auf → § 309 Rz. 14 verwiesen.

Im Rahmen der Erstkonsolidierung passivierte **stille Lasten**, etwa aus im Einzelabschluss des Erwerbsobjekts nicht passivierten Altzusagen für **Pensionen** (→ Rz. 69), sind entsprechend der Inanspruchnahme aufzulösen. Hiervon betroffen sind auch ausnahmsweise im Rahmen der Erstkonsolidierung gebildete **Restrukturierungsrückstellungen** (→ Rz. 67).

IX. Hinzuerwerb und Veräußerung von Anteilen

1. Überblick

Bei Hinzuerwerb und Veräußerung von Anteilen ist grundlegend zu unterscheiden, ob ein **Statuswechsel** bewirkt wird oder nicht. 109

Ein solcher **Statuswechsel** bedingt eine Änderung der Bilanzierungs- oder Konsolidierungsmethode, entweder

- als **Aufwärtskonsolidierung** (von der einfachen Beteiligung oder der *Equity*-Beteiligung zum vollkonsolidierten Unternehmen; → Rz. 110) oder
- als **Abwärtskonsolidierung** (vom Tochterunternehmen zur einfachen Beteiligung oder zur *Equity*-Beteiligung; → Rz. 111).

Bei der Abwärtskonsolidierung ist für die veräußerten Anteile eine **Entkonsolidierung** vorzunehmen, bei Veräußerung aller Anteile eine **vollständige** Entkonsolidierung (→ Rz. 115).

Statuswahrend sind Erwerbe oder Veräußerungen, die zwar die Höhe des Minderheitenanteils verändern, bei denen aber vor und nach der Transaktion der Status eines Tochterunternehmens gewahrt wird. Zu unterscheiden sind

- **Aufstockungen** (z. B. Erhöhung des Anteils von 51 % auf 80 % oder von 80 % auf 100 %; → Rz. 112) und
- **Abstockungen** (z. B. Verminderungen von 100 % auf 80 % oder von 80 % auf 51 %; → Rz. 114).

2. Auf- und Abwärtskonsolidierung

110 Wird die Kontrolle und damit der Status als Tochterunternehmen in **mehreren Erwerbsschritten** erlangt (Aufwärtskonsolidierung), sieht Abs. 3 Folgendes vor: Die Verrechnung des Beteiligungsbuchwerts mit dem Zeitwert des anteiligen Eigenkapitals geschieht nach den Verhältnissen der Erlangung des Tochterstatus (→ Rz. 13). Nach der Rechtslage vor BilMoG konnte wahlweise auf den Zeitpunkt des Erwerbs der jeweiligen Anteilstranche abgestellt werden. Die Unterschiede der Methoden sind wie folgt:

- **Konsolidierung auf Erwerbszeitpunkte:** Nach dieser **nicht mehr zulässigen** Variante waren stille Reserven und *Goodwill* nach den Verhältnissen des jeweiligen Erwerbsschritts zu bestimmen. Bei einem Erwerb in zwei Tranchen, bei dem die erste Tranche zu einem assoziierten Status, erst die zweite zu einem Tochterunternehmen führte, bedeutete dies etwa: Die für die erste Tranche bestimmten und im Rahmen der *Equity*-Methode fortgeschriebenen Beträge waren erfolgsneutral in die Vollkonsolidierung zu überführen.
- Konsolidierung auf den Zeitpunkt der Erstkonsolidierung bzw. Statuserlangung: Nach der zweiten, nunmehr **allein zulässigen** Variante ist die Vollkonsolidierung auf den Zeitpunkt, zu dem das untergeordnete Unternehmen erstmals Tochterunternehmen ist, vorzunehmen (DRS 23.9). Maßgeblich für die Bestimmung von stillen Reserven und *Goodwill* sind somit die **Verhältnisse dieses Zeitpunkts.** Die von diesen Verhältnissen abweichende Höhe stiller Reserven bei Erwerb **früherer Tranchen** wird nicht berücksichtigt. Für die früheren Tranchen ergibt sich hieraus i. d. R. folgende Gleichung:

  Frühere AK - anteiliges Vermögen zu **aktuellen** Zeitwerten = *Goodwill.*

Der *Goodwill* wird weder nach den „historischen" Verhältnissen zum jeweiligen Erwerbszeitpunkt ermittelt (da aktuelle Zeitwerte) noch nach den aktuellen Verhältnissen (da „historische" Anschaffungskosten), sondern durch eine **Mischung** beider Größen. Diese Zwitterstellung kann der *Goodwill* aber gut „vertragen", da er ohnehin nie originär bewertet wird, sondern definitionsgemäß stets Residualgröße, also das rechnerische Ergebnis anderer Werte, ist.

BEISPIEL ▸ Am 1.1.01 erwirbt M 25 % der Anteile an aU und bilanziert diese *at equity.* Das Eigenkapital von aU beträgt zu diesem Zeitpunkt 1.000. M zahlt für 25 % einen Betrag von 400.

Der Mehrbetrag entfällt zu 50 auf stille Reserven, zu 100 stellt er *Goodwill* dar. Stille Reserven und *Goodwill* werden über fünf Jahre abgeschrieben.

Im Jahr 01 erwirtschaftet aU ein Ergebnis von 200.

Der *Equity*-Ansatz per 31.12.01 ermittelt sich wie folgt:

AK 1.1.		400
Gewinnanteil 01	50	
Abschreibung stille Reserven	-10	
Abschreibung *Goodwill*	-20	
Ergebnis aus aU 01	20	20
Equity-Buchwert 1.1.01		420

Am 1.1.02 erwirbt U weitere 75 % für 1.650. Das Eigenkapital von aU beträgt zu diesem Zeitpunkt 1.200, 75 % entsprechen also 900. Der Mehrbetrag von 1.650 - 900 = 750 entfällt zu 300 auf stille Reserven, u. a. auf ein im Jahr 01 neu entwickeltes Patent, zu 450 auf *Goodwill*. In einer geschlossenen Konzernbuchhaltung ist der Übergang zur Vollkonsolidierung wie folgt darzustellen:

1. Stille Reserven nach Erwerbszeitpunkt der jeweiligen Tranche (nicht mehr zulässig)

Altanteile:

Per	div. Vermögen (Buchwerte; 25 %)	300	an	*Equity*-Anteil	420
	div. Vermögen (stille Reserven; 25 %)	40			
	Goodwill (25 %)	80			

Neuanteile:

Per	div. Vermögen (Buchwerte; 75 %)	900	an	Geld	1.650
	div. Vermögen (stille Reserven; 25 %)	300			
	Goodwill (25 %)	450			

Es ergeben sich folgende Werte für die erstmalige Vollkonsolidierung:

Div. Vermögen	1.540
Goodwill	530

2. Stille Reserven nach Zeitpunkt der Statuserlangung

Per	div. Vermögen (Buchwerte; 100 %)	1.200	an	*Equity*-Anteil	420
	div. Vermögen (stille Reserven; 100 %)	400	an	Geld	1.650
	Goodwill	470			

Es ergeben sich folgende Werte für die erstmalige Vollkonsolidierung:

Div. Vermögen	1.600
Goodwill	470

Die Differenz zur nicht mehr zulässigen ersten Methode erklärt sich wie folgt: Die stillen Reserven sind nicht nach Maßgabe der (fortgeschriebenen) Erwerbszeitpunkte, also mit 40 für die erste und 300 für die zweite Tranche (in Summe also mit 340), anzusetzen. Vielmehr erfolgt der Ansatz nach Maßgabe des erstmaligen Status als Tochterunternehmen, also mit einem Betrag von 400. Die Differenz von 60 wird gegen den *Goodwill* gebucht, der somit als Anpassungsposten „missbraucht" wird. Als Alternative zu diesem Missbrauch könnte die auf die alten Anteile entfallende Erhöhung der stillen Reserven (= 60) ertragswirksam oder unmittelbar gegen Eigenkapital (Neubewertungsrücklage) gebucht werden. Ein ertragsrealisierender Vorgang liegt aber nicht vor und eine unmittelbare Erfassung von Wertsteigerungen im Eigenkapital ist gesetzlich ebenfalls nicht vorgesehen. Es bleibt also nur die Anpassung des *Goodwill*.

Strittig ist noch, ob beim Übergang von der *Equity*-Konsolidierung zur Vollkonsolidierung der gegen das aktuelle, zum Zeitwert erfasste Eigenkapital zu verrechnende Buchwert jener laut Einzelbilanz (regelmäßig zugleich Anschaffungskosten) oder jener laut Konzernbilanz (*Equity*-Ansatz) ist. Unseres Erachtens bezieht sich die Verrechnung nach Abs. 1 Satz 1 auf die Summenbilanz und damit auf den einzelbilanziellen Buchwert (→ Rz. 12). Nach der Gegenauffassung ist der *Equity*-Buchwert zur Verrechnung heranzuziehen.[1] Der Gegenauffassung entspricht DRS 8.33, der Folgendes bestimmt: „Wird ein assoziiertes Unternehmen zu einem Tochterunternehmen, so stellt der *equity*-Wert im Zeitpunkt des Übergangs auf die Vollkonsolidierung die anteiligen Anschaffungskosten der entsprechenden Beteiligung dar." Dem Gesetzeswortlaut widerspricht dies u. E. Der *Equity*-Wert entspricht eben (abgesehen vom hier nicht interessierenden Zeitpunkt des Erwerbs der *Equity*-Beteiligung) nicht den Anschaffungskosten, sondern weicht wegen der Fortschreibung um thesaurierte Gewinne und der Abschreibung von stillen Reserven sowie *Goodwill* von den Anschaffungskosten ab (→ § 312 Rz. 29).

111 Endet umgekehrt die Vollkonsolidierung durch Veräußerung von Anteilen, wird aber ein Teil der Anteile zurückbehalten und findet für die verbleibenden Anteile ein **Übergang zur *Equity*-Beteiligung** oder zur einfachen Beteiligung statt (Abwärtskonsolidierung), so gilt Folgendes:

- Für die **veräußerten Anteile** findet eine **erfolgswirksame** Entkonsolidierung statt.
- Die **verbleibenden Anteile** werden **erfolgsneutral** in den *Equity*-Ansatz (§ 312 Abs. 3 HGB) – oder in den Beteiligungsansatz – überführt.

Der den verbleibenden Anteilen entsprechende Buchwert der Vollkonsolidierung stellt die (fiktiven) Anschaffungskosten der *Equity*- oder einfachen Beteiligung dar (DRS 23.187 und DRS 23.190).

Bei Übergang zur Quotenkonsolidierung ist der verbleibende Anteil des Reinvermögens, einschließlich eines Anteils am evtl. noch vorhandenen *Goodwill* bzw. passiven Unterschiedsbetrag, in den Konzernabschluss einzubeziehen (DRS 23.186).

3. Auf- und Abstockung einer Mehrheitsbeteiligung

112 Die **Aufstockung** einer bereits bestehenden Mehrheitsbeteiligung, also etwa die Erhöhung der Anteilsquote von 51 % auf 80 % oder von 80 % auf 100 %, ist im Gesetz nicht geregelt. Vier Auffassungen zur Behandlung einer solchen Aufstockung sind diskussionswürdig:

1. **Vollständige Neubewertung** in analoger Anwendung von § 301 HGB:
   Die stillen Reserven werden zu 100 % nach den Wertverhältnissen zu diesem Zeitpunkt aufgedeckt, Veränderungen der stillen Reserven gegenüber dem früheren Zeitpunkt der Kontrollerlangung werden gegen den *Goodwill* verrechnet. Ein Nachteil dieser Methode ist, dass bereits ein minimaler Zuerwerb (z. B. von 51,0 % auf 51,1 %) zu vollständig neuen Wertansätzen führen würde und damit z. B. Aktivierungsverbote, Anschaffungskostenprinzip etc. umgangen werden könnten.
2. **Partielle Neubewertung:**
   Eine Aufdeckung **stiller Reserven** erfolgt nur nach der **Zuerwerbsquote.** Ein darüber hinausgehender Unterschiedsbetrag stellt einen ***Goodwill*** dar. Nachteil dieser Methode ist eine ***mixed basis*** für die Vermögensgegenstände und Schulden des Tochterunternehmens: In Höhe der Zuerwerbsquote werden sie mit aktuellen Zeitwerten ausgewiesen, i. H. der alten Anteilsquote mit alten Buchwerten.
3. **Verzicht auf Neubewertung:**
   Nach der sog. „*Parent entity extension*"-Methode werden die Vermögensgegenstände nicht neu bewertet. Der (zugehende) *Goodwill* wird als Differenz zwischen Kaufpreis der neuen Anteile und anteiligem Vermögen (zu alten Konzernbuchwerten) ausgewiesen.

1 So *Klaholz/Stibi*, KoR 2009 S. 297 ff.

4. **Transaktion zwischen Eigenkapitalgebern:**

   Nach dem sog. *Entity*-Konzept berührt der Zuerwerb nur die Verteilung der Residualansprüche der Eigenkapitalgeber des Konzerns. Bilanzansätze der Vermögensgegenstände und Schulden bleiben unverändert. Innerhalb des Eigenkapitals findet eine Wertverschiebung zwischen Mehrheitsgesellschaftern und Minderheit statt **(per EK-Mehrheit an Minderheit)**. Nachteil dieser Methode ist die Gleichstellung von Mehrheits- und Minderheitsgesellschaftern, obwohl z. B. hinsichtlich des *Goodwill* (→ Rz. 95) deutliche Unterschiede zwischen beiden Gruppen bestehen.

Nach unserer Auffassung wiegen die Nachteile der **dritten und vierten Methode** am wenigsten schwer. Vertretbar ist ggf. noch die zweite Methode, abzulehnen zur Verhinderung von Umgehungen ist jedoch die erste Methode.[1]

In der **internationalen Rechnungslegung** ist nach IFRS 10 nur die **vierte Methode** zulässig. Konzeptionell überzeugt dies insoweit, als anders als im HGB die Mehrheits- und Minderheitsgesellschafter in der Behandlung des *Goodwill* gleichgestellt werden können (*Full-Goodwill*-Methode als Wahlrecht). Im Umkehrschluss bedeutet dies: Für das HGB, wo weiterhin Minderheitenanteil und Eigenkapital der Mehrheitsgesellschafter unterschiedlich behandelt werden, ist diese Lösung nicht zwingend.[2] Wie in der internationalen Rechnungslegung vor Gleichstellung beider Gruppen von Eigenkapitalgebern sind vielmehr die o. g. Lösungen 2 und 4. Der so schon in früheren Auflagen (in Abweichung von DRS 4.26 und h. M.) vertretenen Auffassung folgt nun DRS 23.171. Die Aufstockung ist danach wahlweise als Erwerbsvorgang mit partieller Neubewertung (Lösung 2), d. h. anteiliger Aufdeckung stiller Reserven sowie eines *Goodwill*, zu behandeln (DRS 23.172) oder als Kapitalvorgang (Lösung 4) darzustellen, bei dem die Anschaffungskosten der zusätzlichen Anteile mit dem Minderheitenanteil und, soweit darüber hinausgehend, mit dem übrigen Eigenkapital zu verrechnen sind (DRS 23.175). 113

BEISPIEL▸ MU beteiligt sich im Jahr 01 als Gründungsgesellschafter mit 80 % an der Gründung von TU. In den Jahren 01 bis 05 entwickelt TU eigene Marken mit einem Zeitwert von 900, die jedoch nach § 248 Abs. 2 HGB nicht aktivierungsfähig sind. Das übrige Vermögen von TU (Buchwert = Zeitwert) hat Ende 05 einen Wert von 100. Ende 05 stockt MU seine Beteiligung gegen einen Kaufpreis von 15 um einen Prozentpunkt von 80 % auf 81 % auf.

1. **Partielle Neubewertung**

   Danach ergäben sich (unter Vernachlässigung latenter Steuern) folgende Werte:

   Marke (1 % von 900) = 9

   Goodwill (15 - 1 % von 1.000) = 5

   Verringerung Minderheitenanteil (1 % von 100) = 1

   Nachteil ist die *mixed basis* für die Marken. Sie werden zu 1 % mit den aktuellen *fair values*, zu 99 % mit den alten Buchwerten (hier: null) geführt.

2. **Transaktion zwischen Eigentümern**

   Einzige Wirkung des Zuerwerbs ist neben der Verringerung des Minderheitenanteils die Verringerung des den Mehrheitsgesellschaftern zuzurechnenden Eigenkapitals. Buchungssätze in einer eigenständigen Konzernbuchhaltung:

---

1 Gleicher Auffassung mit anderer Begründung *Dusemond/Weber/Zündorf* in Küting/Weber (Hrsg.), Handbuch der Konzernrechnungslegung, Bd. II, 1998, § 301 Tz. 193 ff.

2 Verfehlt insoweit u. a. der Vorwurf von *Oser*, DB 2010 S. 65 ff., „einer unreflektierten Übernahme der IFRS". Unverändert gegenüber der ersten Auflage empfehlen wir gerade nicht eine Bilanzierung wie in den IFRS, nutzen die IFRS nur rechtsvergleichend und stellen im Kern auf die Abstraktheit des Einheitsgrundsatzes ab. Die von *Oser* vertretene Interpretation des Einheitsgrundsatzes halten wir weiterhin für zulässig, aber eben nicht für zwingend.

Per Minderheitenanteil	1	an	Geld	15
Per EK Mehrheitsgesellschafter	14			

114 Bei der mehrheitswahrenden **Abstockung** stellt sich die Frage, ob diese **erfolgsneutral** als Transaktion zwischen Eigenkapitalgebern oder **erfolgswirksam** vorzunehmen ist.

BEISPIEL MU ist bisher mit 100 % an TU beteiligt. Beim Kauf wurde ein *Goodwill* aufgedeckt, der jetzt noch mit 100 zu Buche steht. Stille Reserven bestehen nicht. Das Vermögen von TU zu Zeit- und Buchwerten beträgt 1.000 inkl. *Goodwill.* MU veräußert 20 % der Anteile für 250. In einer geschlossenen Konzernbuchhaltung ist wie folgt zu buchen:

ALTERNATIVE 1 Erfolgsneutraler Vorgang

Per Geld	250	an	Minderheit	200
		an	EK Mehrheitsgesellschafter	50

ALTERNATIVE 2 Erfolgswirksamer Vorgang

Per Geld	250	an	Minderheit	200
		an	Ertrag	50

Zugunsten der erfolgsneutralen Lösung wurde im Schrifttum der Einheitsgrundsatz angeführt.[1] Die Gegenauffassung (manifestiert früher auch in DRS 4.48) interpretierte den Einheitsgrundsatz einschränkender:[2] Angesichts des hohen Abstraktionsgrads des Grundsatzes (→ § 297 Rz. 118) war dabei erstaunlich, wie Vertreter der jeweiligen Seite aus ihm eine zwingende Lösung ableiten konnten. Die von uns schon in früheren Auflagen gezogene Konsequenz eines **faktischen Wahlrechts** findet sich nun auch in DRS 23.171. Danach ist die Abstockung wahlweise als erfolgswirksamer Veräußerungsvorgang (DRS 23.173 f.) oder als erfolgsneutraler Kapitalvorgang (DRS 23.176) zu behandeln. Das Wahlrecht ist **konsistent** für alle Auf- und Abstockungen auszuüben (DRS 23.171). Wenn der Bilanzierende also etwa Aufstockungen als Transaktionen zwischen Eigenkapitalgebern behandelt, muss er bei Abstockungen entsprechend verfahren.

114a Durch Zerlegung einer auf Kontrollerlangung oder Kontrollverlust angelegten Transaktion in mehrere Teile kann versucht werden, die Aufdeckung eins Goodwill (Erwerb) bzw. das Entstehen eines Veräußerungserfolgs (Verkauf) ggf. zu verhindern. Im Schrifttum wird diesbezüglich die Aufnahme einer Antimissbrauchsvorschrift in DRS 23 diskutiert.[3] Unseres Erachtens ist auch ohne eine solche Vorschrift in wirtschaftlicher Betrachtung häufig eine Zusammenfassung formal getrennter Transaktionen geboten, wenn diese preislich als Paket verhandelt und zeitnah zueinander vollzogen werden.

4. Entkonsolidierung

115 Bei Veräußerung sämtlicher Anteile ist eine Entkonsolidierung vorzunehmen. Wie beim Erwerb nicht die Beteiligung, sondern nach Maßgabe der Einzelerwerbsfiktion (→ Rz. 7) die Ver-

1 Vgl. *Dusemond/Weber/Zündorf* in Küting/Weber (Hrsg.), Handbuch der Konzernrechnungslegung, Bd. II, 1998, § 301 Tz. 210.
2 So *Förschle/Deubert* in Beck'scher Bilanz-Kommentar, 6. Aufl. 2006, § 301 Tz. 207.
3 *Ebeling/Paukstadt/Bohnefeld,* WPg 2022 S. 84 ff.

mögensgegenstände und Schulden als Zugang zu behandeln sind, gilt entsprechend bei Veräußerung:

- ► Aus dem Konzernabschluss geht nicht die Beteiligung ab, sondern nach Maßgabe der **Einzelveräußerungsfiktion** der *Goodwill*, die Vermögensgegenstände des Tochterunternehmens, die Schulden des Tochterunternehmens und der Minderheitenanteil.
- ► Der Veräußerungserlös führt nicht i. H. der Differenz zum Beteiligungsansatz, sondern i. H. der Differenz zu diesen abgehenden Werten zu einem Abgangserfolg.
- ► Er unterscheidet sich damit erheblich vom Abgangserfolg im Einzelabschluss.

Ein noch nicht aufgelöster **negativer Unterschiedsbetrag** aus der Kapitalkonsolidierung (→ Rz. 103) ist bei der Entkonsolidierung erfolgswirksam zu vereinnahmen (DRS 23.181).

Unter eingeschränkten Umständen kann die Zerlegung eines Verkaufsvorgangs in zwei Schritte, mit erfolgsneutraler Abstockung in der ersten Verkaufstranche und erfolgswirksamer Entkonsolidierung in der zweiten, zur Verringerung eines Abgangsverlustes führen.[1]

Waren an dem Tochterunternehmen, dessen Anteile veräußert worden sind, bis zum Zeitpunkt der Veräußerung **Minderheiten** beteiligt, sind die Vermögensgegenstände und Schulden bei der Ermittlung des Entkonsolidierungserfolgs nur entsprechend dem Anteil des Mutterunternehmens zu berücksichtigen. Die auf die konzernfremden Gesellschafter entfallenden Anteile an den Vermögensgegenständen und Schulden sind **erfolgsneutral** mit dem Minderheitenanteil (nicht beherrschende Anteile) zu verrechnen (DRS 23.183 f.). 116

Ein bei der Anteilsübertragung als *earn out* vereinbarter **variabler Kaufpreisbestandteil** (→ Rz. 36) ist i. d. R. erst zu realisieren, wenn das Erfolgsziel erreicht oder das Erreichen so gut wie sicher ist. 117

BEISPIEL ► Am 31.12.01 veräußerte MU an K 100 % der Anteile an TU. Der Beteiligungsbuchwert beträgt 500, das konzernbilanzielle auf TU entfallende Nettovermögen beträgt 600 (Buchwert = Zeitwert), der *Goodwill* 200. Neben einer sofort geleisteten fixen Zahlung von 1.000 ist eine erfolgsabhängige Zahlung von 200 vereinbart, wenn der Umsatz des Jahres 02 mehr als 2.000 beträgt. Das Umsatzziel wird Ende 02 erreicht.

Einzelbilanzielle Behandlung:

31.12.01:

Per Geld	1.000	an	Beteiligung	500
		an	Ertrag	500

31.12.02:

Per Forderung	200	an	Ertrag	200

Konsolidierungsbuchungen:

31.12.01:

Per *Goodwill*	200	an	Beteiligung	500 (EB-Buchung)
Per EK	600	an	Konzern GRL	300
Per Beteiligung	500	an	*Goodwill*	200
Per Ertrag	300	an	EK	600

31.12.02:

Keine weiteren Buchungen; der Ertrag laut Einzelbilanz gilt auch für den Konzern.

1 Vgl. für ein Anwendungsbeispiel: *Lüdenbach*, StuB 2021 S. 377.

Wird der variable Betrag ausnahmsweise schon vorab gezahlt, ist er bis zur Realisation als erhaltene Anzahlung zu passivieren.

5. Kontrollerlangung/-verlust ohne Erwerb/Veräußerung von Anteilen

118 Kontrolle und Tochterstatus können ohne Erwerb oder Veräußerung von Anteilen entstehen oder enden aufgrund

- der **Änderung vertraglicher Grundlagen** (Abschluss/Beendigung des Beherrschungsvertrags, Änderung der Stimmrechtsregelungen im Gesellschaftsvertrag etc.; *business combination by contract alone*) oder
- von **Änderungen** an der Zahl **im Umlauf befindlicher Aktien** (Aktienrückkaufsprogramm etc.).

Bei **Erlangung des Tochterstatus** ist eine Erstkonsolidierung vorzunehmen. Falls gar keine Anteile bestehen, beträgt der zu verrechnende Beteiligungsbuchwert null. Das zugehende Nettovermögen wird vollständig den Minderheiten zugeordnet.

Bei **Verlust des Tochterstatus** ohne Anteilsveräußerung ist gleichwohl eine Entkonsolidierung vorzunehmen, die jedoch regelmäßig erfolgsneutral ist, da der konzernbilanzielle Buchwert des abgehenden Vermögens die Anschaffungskosten der einfachen oder *Equity*-Beteiligung bildet (→ Rz. 111).

6. Kapitalmaßnahmen beim Tochterunternehmen

119 Ohne Wirkung auf die Konsolidierung sind **Kapitalerhöhungen** des Tochterunternehmens **aus Gesellschaftsmitteln,** da insofern lediglich eine Umgliederung innerhalb des Eigenkapitals des Tochterunternehmens stattfindet.

120 Bei einer **effektiven Kapitalerhöhung** gegen Einlage ist wie folgt zu unterscheiden:

- Das Mutterunternehmen nimmt im Umfang seiner bisherigen (und zukünftigen) Quote, d. h. **beteiligungsproportional,** an der Kapitalerhöhung teil. Ein Unterschiedsbetrag ergibt sich nicht. Ggf. kann eine Zwischenergebniseliminierung erforderlich sein, wenn die Einlage in Sachen erbracht wird.
- Das Mutterunternehmen nimmt **überproportional** an der Kapitalerhöhung teil: Die Erhöhung der Beteiligungsquote ist gem. DRS 23.167 wie eine **Aufstockung** zu behandeln (→ Rz. 112).
- Das Mutterunternehmen nimmt **unterproportional** (aber ohne Statusänderung) an der Kapitalerhöhung teil: Hier ist zu untersuchen, wie sich – in Abhängigkeit vom Ausgabekurs der neuen Anteile – die Zunahme des zu konsolidierenden Eigenkapitals durch die Einlage und der Rückgang der Beteiligungsquote an diesem Eigenkapital wertmäßig zueinander verhalten. Sofern die anderen Gesellschafter mehr zahlen, als es dem anteiligen Eigenkapital einschließlich der aus der Erstkonsolidierung noch verbliebenen Beträge an stillen Reserven und *Goodwill* entspricht, ist der Vorgang wie eine **Abstockung** zu behandeln (→ Rz. 114; DRS 23.168).

BEISPIEL ► TU wird am 1.1.01 mit einem Eigenkapital (zugleich gezeichnetes Kapital) von 100 T€ gegründet. MU übernimmt 90 %, X die verbleibenden 10 %.

Am 31.12.01 wird eine Kapitalerhöhung um nominell 50 T€ durchgeführt, an der MU nicht teilnimmt. Der Anteil sinkt dadurch auf 90/150 = 60 %. Das Jahresergebnis 01 von TU beträgt 0 T€. Stille Reserven sind im Jahr 01 nicht entstanden.

ALTERNATIVE 1 X zahlt kein Agio. Er leistet nur die 50 T€.

Am Nettovermögen von TU ist MU vorher mit 90 % von 100 = 90 T€, nachher mit 60 % von 150 = 90 T€ beteiligt. Das MU zuzurechnende Eigenkapital ändert sich nicht.

ALTERNATIVE 2 X leistet neben dem Nominalbetrag von 50 T€ noch ein Agio von 50 T€.

Am Nettovermögen von TU ist MU anschließend mit 60 % von 200 = 120 T€ beteiligt. Das MU zuzurechnende Eigenkapital erhöht sich um 30. Je nach faktischem Wahlrecht für eine Abstockung wird dies erfolgswirksam (Jahresüberschuss) oder erfolgsneutral (Gewinnrücklagen) verbucht.

Nachfolgend die Konsolidierungsübersichten:

Konsolidierung 31.12. in Alternative 1 (ohne Agio)						
	MU	TU	Summe	Soll	Haben	Konzern
Beteiligung	90		90		90	0
Div. Aktiva		**150**	150			150
	90	**150**	240			150
Gez. Kapital	90	**150**	240	150		90
Minderheit					60	60
	90	150	240			150
				150	150	

Konsolidierung 31.12. in Alternative 2 (mit Agio)						
	MU	TU	Summe	Soll	Haben	Konzern
Beteiligung	90		90		90	0
Div. Aktiva		**200**	200			200
	90	**200**	290			200
Gez. Kapital	90	**150**	240	150		90
KapRL		50	50	50		
GRL oder Jahresüberschuss					30	30
Minderheit					80	80
	90	200	290			200
				200	200	

Bei **Kapitalherabsetzungen** ist ebenfalls zwischen einer Umgliederung und einer effektiven Variante zu unterscheiden. 121

- Bei der **vereinfachten Kapitalherabsetzung** zur Verlustdeckung kommt es nur zur Umgliederung innerhalb des Eigenkapitals. Auswirkungen auf die Vollkonsolidierung ergeben sich nicht.
- Bei der **effektiven Kapitalherabsetzung** kommt es i. H. des Herabsetzungsbetrags zu einer erfolgsneutralen Minderung des Beteiligungsansatzes.

X. Konzerninterne Umstrukturierungen, Transaktionen unter gemeinsamer Kontrolle

1. Motive und Formen

122 Unternehmenszusammenschlüsse können sich auch zwischen **zuvor** bereits **verbundenen** Unternehmen vollziehen. Im Wesentlichen sind folgende Fälle zu unterscheiden:

- **Gesamtrechtsnachfolge** i. S. des **UmwG**, z. B. **Verschmelzung** des Tochterunternehmens auf das Mutterunternehmen *(upstream merger)*, des Mutterunternehmens auf das Tochterunternehmen *(downstream merger)*, des Tochterunternehmens A auf das Tochterunternehmen B *(sidestream merger)*.
- **Anwachsung,** z. B. bei Ausscheiden der fremden Mehrheitsgesellschafter aus der Tochter-OHG.
- **Einzelrechtsnachfolge,** z. B. bei Verkauf aller funktional wesentlichen Vermögenswerte eines verbundenen Unternehmens an ein anderes verbundenes Unternehmen.
- **„Umhängen von Beteiligungen"**, z. B. durch Einbringung der Anteile am Tochterunternehmen B in das Tochterunternehmen A, wodurch B zum Enkelunternehmen wird.
- Zusammenfassung von Beteiligungen in einer **Holding.**
- **Ausgliederung** oder **Abspaltung** von Unternehmensteilen.

123 Wichtige **Motive** für derartige konzerninterne Umstrukturierungen sind:

- **Transparenz:** Die bisherige Struktur kann intransparent sein, die neue eine bessere Identität von Geschäftsfeldern und rechtlichen Einheiten bringen.
- Schaffung **buchmäßigen Eigenkapitals *(step up)*:** Das Tochterunternehmen verfügt über erhebliche stille Reserven und einen erheblichen *Goodwill,* die sich im Beteiligungsansatz beim Mutterunternehmen nicht widerspiegeln. Durch einen *upstream merger* werden stille Reserven und *Goodwill* aufgedeckt, wobei im Gegenzug zwar nicht das gezeichnete Kapital (§ 54 und § 68 UmwG), aber das sonstige Eigenkapital erhöht wird.
- **Steuern:** Durch Zusammenfassung einer verlustbringenden und einer ertragreichen Einheit entstehen zwar möglicherweise nicht für die Vergangenheit (vgl. § 8c KStG), aber für die Zukunft bessere Verlustausgleichsmöglichkeiten.
- **Vorbereitung von Veräußerungen:** Durch Verschmelzung, Spaltung oder Einzelrechtsnachfolge wird der Konzern so strukturiert, dass der zu veräußernde Teil von den anderen Teilen separiert wird.
- **Haftung:** Vermeidung von auf die Privatsphäre übergreifenden faktischen Konzernhaftungen durch Zwischenschaltung einer Holding.

2. Schaffung von Holding-Strukturen, *common control transactions*

124 Konzerninterne Umstrukturierungen können ggf. den Vorschriften des **UmwG** und des **UmwStG** unterliegen. Beide Regelwerke bieten für bestimmte Fälle die Möglichkeit der **Buchwertfortführung** (§ 24 UmwG, §§ 12, 15, 20 UmwStG). Dann stellt sich die Frage, ob auch in den Konzern- oder Teilkonzernabschlüssen zwischen Buchwertfortführung und Aufdeckung stiller Reserven **gewählt** werden kann.

Für den **Gesamtkonzernabschluss** besteht u. E. **kein Wahlrecht.** Nach den Regeln der Zwischenergebniseliminierung ist eine Buchwertfortführung geboten (→ § 304 Rz. 19). Für den **Teilkonzernabschluss** sind beide Auffassungen vertretbar (→ Rz. 126).

Oft finden Umstrukturierungen aber nicht unter dem Dach einer schon vorher bestehenden Muttergesellschaft (Holding) statt, sondern etablieren eine solche erst, indem etwa aus einem **Gleichordnungskonzern** ein **Unterordnungskonzern** wird. 125

BEISPIEL Die natürliche Person G hält bislang die Mehrheit an den Schwesterkonzernen A und B. Die Obergesellschaften der beiden Konzerne werden gegen Sacheinlage in eine neu gegründete Holding eingebracht.

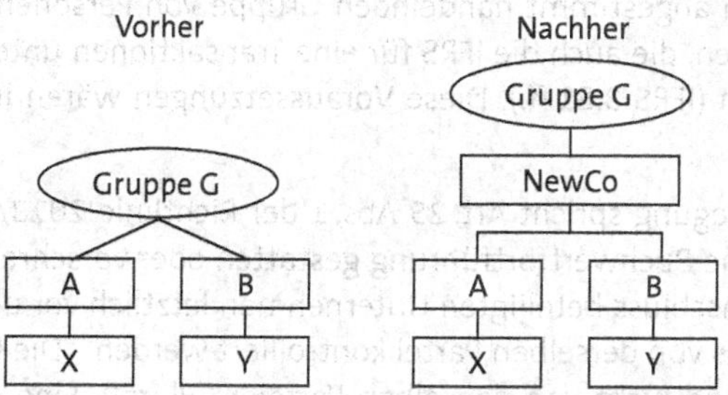

Nach dem Wortlaut von § 301 HGB ist in derartigen Fällen eine Erstkonsolidierung mit Aufdeckung von stillen Reserven, *Goodwill* etc. vorzunehmen. Nach der internationalen Rechnungslegung liegt hingegen eine ***transaction under common control*** vor, auf welche die allgemeinen Regeln zum Unternehmenserwerb deshalb nicht anwendbar sind, weil die ultimative Kontrolle über die beteiligten Unternehmen vor und nach der Transaktion bei der gleichen Person bzw. Gruppe liegt (IFRS 3.B1).

Wäre diese Person konzernrechnungslegungspflichtig, würde die Umstrukturierung einen konzerninternen Vorgang darstellen und nicht zur Aufdeckung von stillen Reserven und *Goodwill* führen. Fraglich ist, ob nur wegen fehlender Konzernrechnungslegungspflicht der kontrollierenden Person (oder Gruppe) zwingend anders zu verfahren ist. Unseres Erachtens ist dies nicht der Fall. Der Darstellung der Vermögens-, Finanz- und Ertragslage kann mehr gedient sein, wenn die nicht durch Fremdtransaktionen, sondern lediglich durch selbst gesetzte Austauschrelationen und durch mehr oder weniger subjektive Bewertungsgutachten „belegte" Aufdeckung von stillen Reserven und *Goodwill* unterbleibt.[1]

Hinsichtlich der Reichweite der „Aussetzung" der Regeln des § 301 HGB im Falle von Transaktionen unter gemeinsamer Beherrschung stellt sich allerdings die Frage, **wann** überhaupt eine gemeinsame Beherrschung gegeben ist.[2] 125a

BEISPIEL Die natürlichen Personen A bis F waren bisher mit Prozentsätzen zwischen 10 % und 25 % (keine mit mehr als 50 %) an der X GmbH beteiligt. Die X GmbH hat wiederum zahlreiche Tochterunternehmen und hat bisher schon Konzernabschlüsse aufgestellt. Nunmehr bringen A bis F ihre Anteile an der X GmbH in eine NewCo ein und sind an dieser je zu dem Prozentsatz beteiligt, zu dem sie vorher an der X GmbH beteiligt waren. Stimmrechtsbindungsabreden oder sonstige vertragliche Vereinbarungen zwischen A bis F, die ein abgestimmtes Verhalten im Hinblick auf die Beteiligung an der X GmbH bzw. an der NewCo rechtlich absichern würden, bestehen nicht.

1 Gleicher Auffassung *Beine/Roß*, BB 2012 S. 2743 sowie *Oser*, BB 2014 S. 187 ff., jeweils m. w. N.

2 Nachfolgendes entnommen aus *Lüdenbach*, StuB 2018 S. 335.

Soweit nach der inzwischen wohl h. M. im Schrifttum dafür plädiert wird, bestimmte Transaktionen, nämlich solche unter gemeinsamer Beherrschung, von den (Pflicht-)Anwendungen des § 301 HGB auszunehmen und eine Buchwertfortführung zuzulassen, bleibt fraglich, wann genau eine Transaktion unter gemeinsamer Beherrschung vorliegt.

- Nach **großzügiger Interpretation** ist die Voraussetzung bereits erfüllt, wenn an der NewCo „am Ende **die selben Gesellschafter** wie am eingebrachten Unternehmen beteiligt sind.“[1] Dies wäre im Beispiel gegeben.
- Nach **restriktiverer Auffassung** muss die **Beherrschung** vor der Transaktion (im Beispiel: X GmbH) und nach der Transaktion (im Beispiel: NewCo) bei der gleichen Person oder der gleichen rechtlich abgestimmt handelnden Gruppe von Personen liegen. Dies entspricht den Anforderungen, die auch die IFRS für eine Transaktionen unter gemeinsamer Beherrschung aufstellen (IFRS 3.B1 ff.). Diese Voraussetzungen wären im Sachverhalt nicht erfüllt.

Für die restriktive Auslegung spricht Art. 25 Abs. 1 der Richtlinie 2013/34/EU. Danach können die Mitgliedstaaten eine Buchwertfortführung gestatten oder vorschreiben, wenn „die am Unternehmenszusammenschluss beteiligten Unternehmen letztlich vor und nach dem Unternehmenszusammenschluss von derselben Partei kontrolliert werden“. Die Rede ist also von derselben Partei (Singular) und nicht von denselben Parteien (Plural). Eine Mehrzahl von Personen kann aber u. E. nur dann als eine einzige Partei gelten, wenn die Personen vertraglich abgestimmt Kontrolle ausüben. Dies ist im Sachverhalt nicht der Fall.

Beachtlich ist hier noch, dass die Bundesrepublik das Mitgliedstaatenwahlrecht aus Art. 25 Abs. 1 nicht umgesetzt hat. Dass gleichwohl unter Berufung auf Einheitsgrundsatz und wirtschaftlicher Betrachtung eine Sonderbehandlung von Transaktionen unter gemeinsamer Beherrschung handelsrechtlich befürwortet wird, ist in Ordnung. Die Argumentation kann aber nur ein förmlich nicht umgesetztes Mitgliedstaatenwahlrecht teleologisch in das HGB hineinlesen. Keinesfalls kann sie aber noch über das nicht umgesetzte Mitgliedstaatenwahlrecht hinausgehen.

3. Verschmelzungen: *side-*, *down-* und *upstream mergers*

126 Bei der **Verschmelzung zweier Tochterunternehmen** ist wie folgt zu differenzieren:

- **Konzernabschluss** des **Mutterunternehmens:** Aus Sicht des Mutterunternehmens findet gar kein Unternehmenserwerb statt. Die Verschmelzung ist nach den in § 304 HGB niedergelegten Regeln der **Zwischenergebniseliminierung** zu lösen. Danach kann es durch die konzerninterne Transaktion nicht zur Aufdeckung stiller Reserven kommen. Die Buchwerte sind fortzuführen. Rechtlich begründete Transaktionskosten (z. B. GrESt) sind aufwandswirksam zu buchen (→ § 304 Rz. 10 ff.). Da Zwischengewinne auch bei Beteiligung von Minderheiten zu 100 % zu eliminieren sind (→ § 307 Rz. 21 ff.), gilt Vorstehendes bei der Verschmelzung eines nicht im 100%igen Anteilsbesitz des Mutterunternehmens stehenden Tochterunternehmens auch für das anteilig den Minderheitsgesellschaftern zustehende Vermögen.
- **Teilkonzernabschluss** des **aufnehmenden Tochterunternehmens:** Aus Sicht des aufnehmenden Tochterunternehmens kommt es zu einem Unternehmenserwerb. Ob im Teilkon-

1 *Beine/Roß*, BB 2012 S. 2743 sowie WP Handbuch, 15. Aufl. 2017, Kap. G, Tz. 62.

zernabschluss die stillen Reserven und der *Goodwill* aufzudecken sind, hängt aber davon ab, ob der Teilkonzernabschluss als eigenständiges Berichtsformat *(separate entity approach)* oder als Ausschnitt aus dem Gesamtkonzernabschluss verstanden wird. Im ersten Fall käme es zur Aufdeckung stiller Reserven, im zweiten Fall würden die Buchwerte fortgeführt werden. Nach unserer Auffassung sind beide Ansichten vertretbar.

Auch im Falle der **Verschmelzung** einer **Tochtergesellschaft** auf eine **Muttergesellschaft** *(upstream merger)* ist u. E. im **Konzernabschluss** der Muttergesellschaft nach den Regeln der Zwischenergebniseliminierung keine Buchwertaufstockung möglich. 127

XI. Latente Steuern

Latente Steuern des erworbenen Unternehmens sind aufgrund des allgemeinen, auch für Sonderposten geltenden Ansatzgebots in Abs. 1 Satz 2 auch dann anzusetzen, wenn ein Aktivüberhang und damit ein Ansatzwahlrecht nach § 274 Abs. 1 Satz 2 HGB besteht. Das Ansatzwahlrecht kann nur für Veränderungen an den darauf folgenden (Konzern-)Bilanzstichtagen in Anspruch genommen werden (DRS 23.72). Im Übrigen spielen latente Steuern im Rahmen der Erstkonsolidierung eine **dreifache** Rolle: 128

1. Infolge des Anteilserwerbs kann es zu (veränderten) **temporären Differenzen** zwischen handels- und steuerrechtlichen Wertansätzen kommen. So beispielsweise, wenn steuerlich die Buchwerte beim Erwerb von Kapitalgesellschaftsanteilen fortgeführt werden, während es in der HGB-Bilanz infolge der Einzelerwerbsfiktion zur Aufdeckung **stiller Reserven** kommt (→ § 306 Rz. 18).
2. Durch den Mehrheitserwerb können für **Verlustvorträge** des erworbenen Unternehmens Verrechnungsmöglichkeiten entstehen oder (nach den deutschen Mantelkaufvorschriften etc. regelmäßig wahrscheinlicher) entfallen. Im Rahmen der Erstkonsolidierung ist dann ein Aktivposten für Steuerlatenz wegen Verlustvorträgen erstmals anzusetzen oder – i. d. R. – zu eliminieren (→ Rz. 70).
3. Der Ansatz/Nichtansatz von latenten Steuern beeinflusst die Höhe des Erstkonsolidierungsvermögens und damit die Höhe des ***Goodwill*** oder negativen Unterschiedsbetrags.

Andererseits kann aber auch der *Goodwill* selbst zu einem Bewertungsunterschied zwischen HGB- und Steuerbilanz führen. 129

BEISPIEL Erworben wird zu Anschaffungskosten von 230 eine amerikanische Gesellschaft mit einem Buchvermögen von 100 und einem Zeitwertvermögen von 150.

Im Rahmen der Erstkonsolidierung werden stille Reserven von 50 im Anlagevermögen aufgedeckt, während steuerlich die Buchwerte fortgeführt werden. Bei einem Steuersatz von 40 % ergibt sich als passive Steuerlatenz: 40 % von 50 = 20.

Der *Goodwill* beträgt demnach nicht 230 - 150 = 80, sondern 230 - (150 - 20) = 100.

Gelangt der *Goodwill* steuerlich nicht zum Ansatz, wäre ohne besondere Vorschriften auch hierauf eine latente Steuer von 40 % = 40 zu bilden. Das Erstkonsolidierungsvermögen würde sich entsprechend verringern, der *Goodwill* als Unterschiedsbetrag sich entsprechend erhöhen auf 230 - (150 - 20 - 40) = 140.

Hiernach würde aber die latente Steuer auf den *Goodwill* nicht mehr 40 % von 100 = 40, sondern 40 % von 140 = 56 betragen. Der *Goodwill* wäre entsprechend um weitere 16 auf 156 zu erhöhen etc.

Auch die 16 würden wieder latente Steuern auslösen etc. (Iteration).

Mathematisch läge eine geometrische Reihe vor, deren Summe 166,67 betrüge.

§ 306 Satz 3 HGB sieht eine solche Latenzierung der *Goodwill*-Berechnung nicht vor. Es bleibt daher beim *Goodwill* von 100.

§ 306 Satz 3 HGB verbietet also den Ansatz latenter Steuern auf temporäre Differenzen aus der *Goodwill*-**Berechnung**, weil es sich hierbei um eine Residualgröße handelt und der Ansatz der latenten Steuerschuld wiederum eine Erhöhung des Buchwerts des Geschäfts- oder Firmenwerts zur Folge hätte. Dies gilt uneingeschränkt für alle Fälle, in denen in der Steuerbilanz kein (abzugsfähiger) *Goodwill* entsteht. Für Fälle, in denen ein steuerlich abzugsfähiger *Goodwill* aufgedeckt wird **(Erwerb von Personengesellschaftsanteilen)**, ist hingegen wie folgt zu differenzieren:

- Nur beim Erstansatz sind nach § 306 Satz 3 HGB keine latenten Steuern auf evtl. Unterschiedsbeträge i. S. des § 301 Abs. 3 HGB zu bilden.
- Soweit jedoch in der Folgezeit Differenzen entstehen oder sich verändern, sind diese zu latenzieren.

BEISPIEL ▸ Die MU-AG erwirbt am 1.1.01 100 % der Anteile an der TU GmbH & Co. KG. Der *Goodwill* nach HGB- und Steuerbilanz beträgt 150. Er wird steuerlich mit 1/15 abgeschrieben. Nach HGB wird die Nutzungsdauer auf fünf Jahre festgesetzt.

- Am 31.12.01 beträgt daher die temporäre Differenz 120 - 140 = -20.
- Hierauf könnte bei einem 30%igen Steuersatz eine aktive latente Steuer von 6 angesetzt werden.

XII. Rückbeteiligung der Tochter (Abs. 4)

130 Anteile an dem Mutterunternehmen, die einem in den Konzernabschluss einbezogenen Tochterunternehmen gehören (sog. **Rückbeteiligungen**), sind gem. Abs. 4 in der Konzernbilanz als eigene Anteile mit ihrem **Nennwert** oder, falls ein solcher nicht vorhanden ist, mit ihrem rechnerischen Wert in der Vorspalte offen von dem Posten **„Gezeichnetes Kapital" abzusetzen.**

131 Nach Maßgabe des Einheitsgrundsatzes ergibt diese Vorschrift Sinn, da es nicht darauf ankommt, wer im Konzern die Anteile am Mutterunternehmen hält, eine Gleichstellung mit vom Mutterunternehmen selbst gehaltenen eigenen Anteilen (→ § 272 Rz. 41) also sachgerecht ist.

BEISPIEL ▸ V hält 10 % der Anteile an MU mittelbar über eine zu 100 % in seinem Besitz stehende TU-GmbH. Die Anteile haben einen Nominalwert von 10. Sie sind mit ihren Anschaffungskosten von 100 bei TU bilanziert. TU verfügt über kein anderes Vermögen und hat keine Schulden. MU möchte die von V gehaltenen Anteile zum aktuellen Kurswert von 150 erwerben. Zwei Erwerbsalternativen werden diskutiert:

- *Asset-Deal*, d. h. unmittelbarer Kauf der Anteile von V,
- *Share-Deal*, d. h. Erwerb der TU-GmbH von V.

ALTERNATIVE 1 ▸ ***Asset-Deal***

MU bucht gem. § 272 Abs. 1a HGB:

Per Abzugsbetrag vom gez. Kapital	10	an	Geld	150
Per Rücklagen	140			

Das Eigenkapital von MU mindert sich um 150.

ALTERNATIVE 2 ▸ ***Share-Deal***

MU bucht zunächst einzelbilanziell:

Per Beteiligung an TU	150	an	Geld	150

Hieraus ergibt sich noch keine Minderung des Eigenkapitals. Ein entsprechender Effekt wird aber über die Konsolidierungsbuchungen bewirkt, wie nachfolgende Konsolidierungsübersicht zeigt:

	MU	TU	Summe	Soll	Haben	Konzern
Beteiligung an TU	150		150		150	0
Beteiligung an MU		100	100		100	0
Sonstige Aktiva	850		850			850
	1.000	100	1.100			850
Gez. Kapital	100	20	120	30		90
Rücklagen	900	80	980	220		760
	1.000	100	1.100			850
				250	250	

132 Die unter → § 272 Rz. 86 diskutierten einzelbilanziellen Zweifel, ob das untergeordnete Unternehmen tatsächlich wirtschaftliches Eigentum an den Anteilen am herrschenden Unternehmen hat, beziehen sich auf die Situation nach Erlangung des Tochterstatus und sind damit für die Erstkonsolidierung regelmäßig ohne Relevanz. Soweit die Anteile zum **Folgekonsolidierungszeitpunkt** weiterhin vom untergeordneten Unternehmen gehalten werden, ist u. E. aber das wirtschaftliche Eigentum regelmäßig schon dem Mutterunternehmen zuzurechnen. An die Stelle von § 301 Abs. 4 HGB tritt § 272 Abs. 1a HGB. Die sich in diesem Fall ergebenden bereicherungsrechtlichen Ansprüche und Verbindlichkeiten werden im Wege der **Schuldenkonsolidierung** eliminiert. Das konzernbilanzielle Ergebnis entspricht denjenigen bei Annahme wirtschaftlichen Eigentums.

133 Hält das Tochterunternehmen nicht Anteile am Mutterunternehmen, sondern **eigene Anteile,** so sind diese nach DRS 23.37 und § 272 Abs. 1a HGB schon beim Tochterunternehmen, also auf Einzelbilanzebene, mit dem Eigenkapital zu verrechnen, mindern also das gegen den Beteiligungsbuchwert zu **konsolidierende Eigenkapital.**

133a § 301 Abs. 4 HGB regelt nur den passivischen Ausweis des auf die Rückbeteiligung von Tochterunternehmen am Mutterunternehmen entfallenden Nennbetrags, nicht jedoch die Behandlung der verbleibenden Differenz zu den Anschaffungskosten der Rückbeteiligung. Wegen der fehlenden Ausschüttungsbemessungsfunktion des Konzernabschlusses kommen für die Verrechnung des Unterschiedsbetrags anders als nach § 272 Abs. 1a HGB nicht nur frei verfügbare Rücklagen, sondern auch gesetzliche oder satzungsmäßig gebundene infrage. Liegt bei Veräußerung der Rückbeteiligung der Erlös über den ursprünglichen Anschaffungskosten, käme es nach § 272 Abs. 1b Satz 3 (→ § 272 Rz. 47) i. V. mit § 298 Abs. 1 HGB zur Einstellung des Differenzbetrags in die Kapitalrücklage. Dagegen spricht aber, dass der Konzernabschluss die Kapitalrücklage aus Sicht des Mutterunternehmens darstellen soll. Eine Veräußerung der Rückbeteiligung eines Tochterunternehmens hat jedoch keine Auswirkungen auf Ebene des Mutterunternehmens. Sie wird vielmehr beim Tochterunternehmen erfolgswirksam verbucht, was eine erfolgswirksame Erfassung der vorgenannten Differenz auch im Konzernabschluss nahelegen könnte.

XIII. Anhangangaben

134 DRS 23.207 sieht u. a. folgende Angaben vor:

- Begründung, wenn nach Abs. 2 Satz 5 die Erstkonsolidierung nicht auf den Zeitpunkt der erstmaligen Einbeziehung vorgenommen wird (→ Rz. 26),

- Einbeziehung mezzaniner Finanzierungen in die Erstkonsolidierung → Rz. 30,
- Erläuterung der bei der Ermittlung des neu bewerteten Eigenkapitals verwendeten Bilanzierungs- und Bewertungsmethoden (→ Rz. 73),
- Anwendung von Abs. 2 Satz 2 HGB (vorläufige Kapitalkonsolidierung; → Rz. 24),
- Konsolidierungsmethode bei der Auf- und Abstockung von Anteilen an Tochterunternehmen (→ Rz. 112).

DRS 23.208 und 209 enthalten weitere Angabepflichten bzgl. *Goodwill* und negativen Unterschiedsbetrags. Neben den Angaben, die sich aus dem Anlagespiegel ergeben, sind insbesondere zu erläutern:

- wesentliche Veränderungen aufgrund von Zu- und Abgängen, z. B. aus Veränderungen im Konsolidierungskreis und Kaufpreisanpassungen,
- Abschreibungsverfahren und Nutzungsdauer des *Goodwill* (→ § 309 Rz. 5),
- Vorgehensweise bei der Bestimmung einer außerplanmäßigen Abschreibung des *Goodwill* (→ § 309 Rz. 11),
- Einordnung des passiven Unterschiedsbetrags (→ § 309 Rz. 22),
- Betrag des im Geschäftsjahr jeweils ergebniswirksam aufgelösten passiven Unterschiedsbetrags.

XIV. Appendix – Technik der Zeitwertbestimmung an ausgewählten Beispielen[1]

1. Selbst genutzte Sachanlagen

135 Bei selbst genutzten Sachanlagen kommt vorrangig die **kostenorientierte Methode** (→ Rz. 75) zum Zuge. Die Wiederbeschaffungskosten oder Wiederherstellungskosten werden dabei z. B. unter Zugrundelegung eines **Preisindex** i. d. R. zunächst für eine neue Anlage ermittelt, um hiervon einen **Abschlag wegen Alters** etc. vorzunehmen.

BEISPIEL Mit dem Unternehmenserwerb am 31.12.10 geht ein Spezialgebäude zu, das am 1.1.01 für Kosten von 1.000 erstellt wurde. Die realistisch geschätzte ursprüngliche Nutzungsdauer betrug 30, die Restnutzungsdauer mithin noch 20 Jahre. Der Baukostenindex für Industriebauten hat sich von 01 bis 11 um 20 % erhöht:

Herstellungskosten 01	1.000
Baukostensteigerung 01 bis 10 (20 %)	200
Reproduktionskosten neu	1.200
Abschreibung 01 bis 10 (10/30)	-400
Reproduktionskosten gebraucht	**800**

1 Die Beispiele sind überwiegend entnommen aus *Lüdenbach/Hoffmann/Freiberg*, Haufe IFRS-Kommentar, 14. Aufl. 2018, § 31.

2. Marken

Der Markenwert ist **einkommensorientiert** (→ Rz. 77) bestimmbar 136

- mit der opportunitätskostenorientierten **Methode der Lizenzpreisanalogie** („*Relief from royalty*"-Methode) als diskontierter Wert der aus dem Eigentum an der Marke resultierenden Ersparnis von Lizenzkostenzahlungen an Dritte oder
- mit der **Mehrgewinnmethode** *(incremental cashflow method)* als diskontierter Wert des im Vergleich zu einem No-Name-Produkt erzielbaren Mehrgewinns.

In der Praxis dominiert die „*Relief from royalty*"-Methode. Sie hat den Vorteil, mit nur wenigen Parametern und Annahmen (Lizenzrate, Umsatz, Diskontierungszins) auszukommen. Die notwendigen detaillierteren Informationen für eine Bewertung anhand der Mehrgewinnmethode (neben dem Diskontierungszins u. a. Preis und Menge, Marketingaufwendungen, Verpackungskosten, Produktionskosten etc. jeweils nicht nur für das Markenprodukt, sondern zur Ermittlung des Mehrbetrags auch für ein fiktives No-Name-Produkt) stehen regelmäßig in der Bewertungspraxis nicht zur Verfügung. Aus diesem Grunde ist die „*Relief from royalty*"-Methode trotz häufig hoher Bandbreiten, für die Lizenzraten beobachtet werden, allgemein verbreitet.

Bei Annahme einer unbestimmten Nutzungsdauer der Marke ist in beiden Bewertungskalkülen eine **ewige Rente** anzusetzen. Diese Annahme setzt aber **Markenerhaltungsaufwendungen** voraus. Ohne fortlaufende Werbung und sonstige Marketingmaßnahmen würde sich der Wert der Marke schnell verflüchtigen, ein Mehrgewinn bzw. eine fiktive Lizenzrate nur für eine begrenzte Zeit erzielbar bzw. zu zahlen sein. Fraglich ist nun, ob diese Markenerhaltungsaufwendungen im Bewertungskalkül kürzend zu berücksichtigen sind. Bei der Antwort ist zu berücksichtigen, dass beide infrage kommenden Methoden auf unterschiedlichen Größen aufsetzen: 137

- Die Mehrgewinnmethode diskontiert den sich im Vergleich zu einem No-Name-Produkt ergebenden Gewinn, also eine Saldogröße. Im Vergleich zum No-Name-Produkt erzielbare höhere Preise und/oder Absatzmengen und ein daraus resultierender Mehrumsatz sind demzufolge noch um die damit verbundenen Mehraufwendungen zu kürzen. Zu diesen Mehraufwendungen gehören auch die beim No-Name-Produkt nicht anfallenden Markenerhaltungsaufwendungen.
- Die „*Relief from royalty*"-Methode diskontiert mit der Lizenzkostenersparnis hingegen eine unsaldierte Bruttogröße. Die Lizenzkostenersparnis des Markeninhabers (oder spiegelbildlich die von ihm bei Lizenzierung an einen Dritten erzielbaren Lizenzeinnahmen) ist jedenfalls dann nicht mehr um die Markenerhaltungsaufwendungen zu kürzen, wenn – wie bei Volllizenzierung an einen einzigen Lizenznehmer üblich – die Markenerhaltungsaufwendungen vom fiktiven Lizenznehmer getragen werden.

Bei vollständiger Information und vollkommenen Marktverhältnissen lassen sich beide Methoden ineinander überführen und lässt sich die unterschiedliche Behandlung der Markenerhaltungsaufwendungen erklären. 138

BEISPIEL ► MU erwirbt 100 % an TU. TU produziert unter einer seit vielen Jahrzehnten bekannten Marke Kosmetika sowie Körperpflegeprodukte und erzielt hieraus bei einem Jahresumsatz von 1 Mrd., diversen Aufwendungen von 750 Mio. und Markenerhaltungsaufwendungen (Marketing) von 130 Mio. einen Gewinn von 120. Annahmegemäß bleiben diese Größen in der Zukunft inflationsbereinigt konstant. Im Rahmen der Erstkonsolidierung (Kaufpreisallokation) ist der Zeitwert dieser Marke zu bestimmen.

Eine Datenbankrecherche zu Lizenzvereinbarungen für „*cosmetic and consumer care*" ergibt Lizenzraten *(royalties)* von 2 % bis 8 %, im Mittel 5 %. MU möchte die Marke auf Basis dieser Daten opportunitätskostenorientiert bewerten. Besitz der Marke bedeutet danach Ersparnis von Lizenzzahlungen an einen Dritten (oder äquivalent die Möglichkeit, Lizenzeinnahmen durch Überlassung der Marke an einen Dritten zu erzielen). Der Wert der Marke ergibt sich demzufolge nach der sog. *„Relief from royalty"*-Methode als Barwert dieser Lizenzkostenersparnis (bzw. der entgehenden Lizenzeinnahmen).

Der risikoangepasste inflationsbereinigte Diskontierungssatz sei 10 % Steuern. Der *tax amortization benefit* (→ Rz. 152) wird aus Vereinfachungsgründen im Vergleich der beiden Methoden vernachlässigt:

		Marke	No-Name-Produkt	Mehrgewinn	Markenwert (ewige Rente, 10 %)
	Erlös	1.000	800		
-	div. Aufwendungen	-750	-730		
-	Markenerhaltung	-130	0		
=	Gewinn Markeninhaber/No-Name-Hersteller	120	70	50	50/10 % = 500 Mehrgewinn
-	fiktive Lizenzgebühr (5 %)	-50			50/10 % = 500 *relief from royalty*
=	Gewinn fiktiver Lizenznehmer	70			

139 Mehrgewinnmethode und *„Relief from royalty"*-Methode führen dann zum gleichen Ergebnis, wenn der Mehrgewinn (also die um die **Markenerhaltungsaufwendungen** gekürzte Nettogröße) der ersparten Lizenzgebühr (also der nicht um die Markenerhaltungsaufwendungen gekürzten Bruttogröße) entspricht. Die Höhe der Markenerhaltungsaufwendungen bestimmt (neben anderen Faktoren, im Beispiel u. a. Mehrumsatz) die Höhe der bei vollkommenen Marktverhältnissen erzielbaren Lizenzrate. Für die bei Volllizenzierung an nur einen einzigen Lizenznehmer typische Tragung der Marketingkosten durch den Lizenznehmer gilt mithin: Die Markenerhaltungsaufwendungen sind bei perfekten Marktverhältnissen in der Lizenzrate bereits eingepreist, im Bewertungskalkül also implizit enthalten. Sie dürfen bei der Bewertung nach der *„Relief from royalty"*-Methode dann nicht noch ein zweites Mal, nämlich explizit, berücksichtigt werden.

140 Kritisiert wird die *„Relief from royalty"*-Methode vor allem wegen ihrer **Subjektivität.** Die in Datenbanken zugänglichen Lizenzraten zeigen häufig eine hohe Bandbreite, so dass die Auswahl innerhalb dieses Intervalls und entsprechend auch das Bewertungsergebnis ermessensbehaftet sind. Diese Zustandsbeschreibung ist richtig – fraglich aber die in der Kritik implizit enthaltene Annahme eines Nachteils gegenüber anderen Methoden. Die im Rahmen der Mehrgewinnmethode zu treffenden Annahmen über die fiktiv ohne Marke erzielbaren Absatzmengen und -preise sind regelmäßig nicht weniger ermessensbehaftet. Ein klarer Objektivitätsvorteil der Mehrgewinnmethode ist daher nicht erkennbar, lediglich ein deutlicher Komplexitätsvorteil zugunsten der *„Relief from royalty"*-Methode. Er erklärt und rechtfertigt die hohe Verbreitung dieser Methode.

In der Praxis sind bei einem breiten Intervall von Lizenzraten allerdings ergänzende **qualitative Überlegungen** angezeigt. Je nach „Markenstärke", also etwa dem Bekanntheitsgrad der Marke, der preislichen Positionierung der Produkte (z. B. Premium-Bereich), ihrem Lebenszyklus (rückläufige oder wachsende Umsätze) wird man ausgehend vom Mittelwert wenigstens die Richtung der Anpassung (Zu- oder Abschläge), tendenziell auch dessen Maß (groß oder klein) begründen können. Der unvermeidlich bei jeder Methode verbleibende subjektive Faktor wird dadurch erheblich gemildert.

3. Erzeugnisse und Waren

Dominierend ist eine **retrograde Bewertung,** die konzeptionell als **einkommensorientiert** (→ Rz. 77) einzustufen ist: Vom voraussichtlichen **Veräußerungspreis** *(cash inflow)* sind abzuziehen 141

- die **Kosten** der Veräußerung und (bei unfertigen Erzeugnissen) der Fertigstellung *(cash outflow)* sowie
- eine vernünftige **Gewinnspanne,** die sich am Gewinn vergleichbarer Vorräte orientiert.

BEISPIEL MU erwirbt den Markenartikelproduzenten TU. Aufgrund seiner Premiumstellung kann TU Produkte wie folgt kalkulieren:

Herstellungskosten	90
Aufschlag für Vertriebskosten	10
Gewinnaufschlag	100
Veräußerungspreis	200

Bei der Erstkonsolidierung sind die Vorräte nicht mit 200 - 10 = 190, sondern mit 200 - 100 - 10 = 90 anzusetzen.

BEGRÜNDUNG Die Vorteile aus dem ungewöhnlich hohen Gewinnaufschlag werden vom Erwerber nicht bei den Vorräten, sondern als Marke aktiviert.

Die Konsequenz davon ist: Die Konzern-GuV wird bei Veräußerung der Erzeugnisse nicht durch einen Materialaufwand von 190, sondern von 90 belastet. Der Rohertrag in der Konzernbilanz des Erwerbers entspricht tendenziell dem der Einzelbilanz des erworbenen Unternehmens.

4. Auftragsbestände

Auftragsbestände sind **einkommensorientiert** (→ Rz. 77) mit der diskontierten Netto-Cashflow-Erwartung anzusetzen. Die konkreten Bewertungsprämissen sind von besonderer Bedeutung in den Branchen, die wegen der Langfristigkeit ihrer Fertigung regelmäßig über sehr hohe Auftragsvolumina verfügen. 142

BEISPIEL Die börsennotierte Konglomerat AG möchte ein auf den Bau von Flugzeugen spezialisiertes Unternehmen erwerben. Das Zielobjekt verfügt u. a. über einen Auftragsbestand für die nächsten drei Jahre i. H. von 9 Mrd. €, der gleichmäßig in t_1, t_2 und t_3 abgewickelt werden wird. Die Vollkostenmarge (vor Zinsen) aus dem Auftragsbestand beträgt 15 %.

Würde von Erfüllungs- und Geschäftsrisiken abstrahiert und der Zeitwert/anteilige Kaufpreis des Auftragsbestands durch Diskontierung der Marge mit einem risikolosen Anlagezins von 5 % (bei Fehlen von Risiken zugleich spezifischer Fremdkapitalisierungszins) ermittelt, ergäbe sich folgende Berechnung für den Wert des Auftragsbestands:

	t_1	t_2	t_3
Umsatzerlöse	3.000,0	3.000,0	3.000,0
Marge	450,0	450,0	450,0
Rohmarge diskontiert	428,6	408,2	388,7
Barwert/Zeitwert Auftrag	1.225,5		

Beim Erwerber würden sodann bei unterstellter Fremdfinanzierung (des Erwerbs der Aufträge sowie ihrer Anlaufverluste) und unter Berücksichtigung der Abschreibung auf den Auftragsbestand folgende Ergebnisse in der GuV der Folgeperioden anfallen:

	t_1	t_2	t_3	Summe
Marge vor Zins und Abschreibung auf Auftrag	450,0	450,0	450,0	1.350,0
FK-Zinsen auf Zeitwert Auftrag	61,3	41,8	21,4	124,5
Abschreibung auf Zeitwert Auftrag	408,5	408,5	408,5	1.225,5
Gewinn Erwerber	-19,8	-0,3	20,1	0,0

Der Erwerber würde mithin ein Ergebnis von null erwirtschaften. Dieses rechnerische Resultat ist Konsequenz der **Einzelerwerbsfiktion** und der Diskontierungsannahmen.

143 Wenn der Barwert des mit dem Auftragsbestand verbundenen Cashflows dem Veräußerer vergütet (tatsächlicher Erwerb) bzw. eine solche Vergütung unterstellt wird (Einzelerwerbsfiktion bei Unternehmenskauf), kann bei Identität von Fremdfinanzierungs- und Diskontierungszins kein Gewinn mehr anfallen. Nicht berücksichtigt wurden bisher jedoch die mit der Auftragserfüllung verbundenen **Risiken,** die sich aus (nicht weiter belastbaren) Kostenüberschreitungen, Bonitätsrisiken sowie aus dem allgemeinen Geschäftsrisiko etc. ergeben können. Dazu folgende Fallvariante:

BEISPIEL Operative und Bonitätsrisiken werden durch einen risikoadjustierten Zinssatz i. H. von 7,5 % abgegolten, während der Fremdkapitalisierungszins weiter 5 % betragen soll. Der Risikozuschlag ist deshalb gering, weil Abnehmer der Leistungen der Staat ist, Bonitätsrisiken daher nicht bestehen und operative bzw. Kostenrisiken vom Abnehmer faktisch zu einem erheblichen Teil übernommen werden. Es ergibt sich ein niedrigerer Zeitwert/anteiliger Kaufpreis des Auftragsbestands (1.Übersicht) und damit ein Gewinn des Erwerbers (2.Übersicht):

	t_1	t_2	t_3
Umsatzerlöse	3.000,0	3.000,0	3.000,0
Marge	450,0	450,0	450,0
Rohmarge diskontiert	418,6	389,4	362,2
Barwert *„Fair value"*-Auftrag	**1.170,2**		

	t_1	t_2	t_3	Summe
Marge vor Zins und Abschreibung auf Auftrag	450,0	450,0	450,0	1.350,0
FK-Zinsen auf *„Fair value"*-Auftrag	58,5	40,0	20,5	119,0
Abschreibung auf *„Fair value"*-Auftrag	390,1	390,1	390,1	1.170,2
Gewinn Erwerber	1,4	20,0	39,4	**60,8**

Die Akquisition der Auftragsbestände führt bei den vorliegenden Bewertungs- und Abschreibungsprämissen nun zu einem (geringen) Gewinn des Erwerbers. Bei geringerem Risiko – Auftragsbestand gegenüber dem Staat, geringes Bonitätsrisiko, (faktische) Weiterbelastbarkeit von Mehrkosten – fällt der Risikozuschlag wie im Beispiel gering aus. Unter den gegebenen Prämissen käme ein kapitalmarktorientiertes Unternehmen kaum noch als Käufer infrage, da es die aus der Einzelerwerbsfiktion resultierende niedrige Umsatzrendite (im Beispiel: 60,8/9.000 = 0,7 %) den Aktionären und Analysten kaum zumuten könnte.

144 Jedenfalls aus Sicht eines börsennotierten Käufers wäre damit ein Zielunternehmen umso interessanter, je niedriger sein Auftragsbestand wäre und je höher die darin liegenden Risiken ausfielen. Diese **Paradoxie** ist systematische Folge der Einzelerwerbsfiktion, die eine Aufteilung des Kaufpreises auf den Auftragsbestand nach Maßgabe des darin zu erwartenden Überschus-

ses vorsieht und somit dem Erwerber bilanziell nur noch die Differenz zwischen risikoadjustiertem Diskontierungs- und Fremdkapitalzins belässt. Pragmatisch kann das Problem nur auf zwei Arten gelöst werden; bei der Kaufpreisallokation wird entweder

- ein **Risikozinssatz** an der Obergrenze des Vertretbaren angesetzt und so für einen entsprechenden Gewinn-*Spread* gesorgt oder
- wegen der Nähe der Auftragsbestände zu den unfertigen Erzeugnissen wie bei diesen ein **Abschlag für den Durchschnittsgewinn** (der Branche oder des Unternehmens) auf die *cash inflows* vorgenommen (→ Rz. 141).

5. Dauervertragskunden

Die Bewertung von Kundenbeziehungen aus ungekündigten Dauervertragsverhältnissen erfolgt i. d. R. **einkommensorientiert** (→ Rz. 77) im Rahmen der Residualwertmethode („*Multiperiod excess earnings*"-Ansatz). 145

Zur Bestimmung des Zeitwerts werden ausgehend von einem **mehrjährigen Businessplan** die **Einnahmen** der zum Bewertungsstichtag bestehenden Kundenbeziehungen ermittelt. Bei der Bestimmung der Einnahmen sind Kundenabgänge (Kündigung, Tod etc.) in Form einer natürlichen „Schrumpfungsrate" *(churn rate)* zu berücksichtigen. Diese wird entweder aus vergangenheitsbezogenem Datenmaterial oder prospektiv durch Szenariorechnungen abgeleitet. Von den Einnahmen abzuziehen sind anteilige **operative Ausgaben,** Steuern sowie **kalkulatorische Nutzungsentgelte** (*capital charges*; → Rz. 81). Die hypothetischen Nutzungsentgelte sind sowohl für materielle als auch für immaterielle Vermögensgegenstände, die für die Aufrechterhaltung der Kundenbeziehungen erforderlich sind, anzusetzen. Hierbei kommt es nicht darauf an, ob der Vermögensgegenstand bilanzierungsfähig ist. Auch auf den Wert der nicht bilanzierten Arbeitnehmerschaft *(assembled workforce)* sind *capital charges* zu rechnen.

Die so bereinigten **Einzahlungsüberschüsse** werden schließlich mit einem **risikoadjustierten Diskontierungssatz** abgezinst (→ Rz. 83). Für die Ermittlung des Zeitwerts ist darüber hinaus der steuerliche Barwertvorteil aus Abschreibungen auf die Kundenbeziehungen ***(tax amortization benefit)*** als zweite Wertkomponente zu berücksichtigen, und zwar unabhängig davon, ob der Unternehmenserwerb als *Asset-Deal* tatsächlich zu steuerlichen Mehrabschreibungen geführt hat oder beim *Share-Deal* keine Mehrabschreibungen entstehen (zur Berechnung vgl. → Rz. 152). 146

BEISPIEL Das erworbene Unternehmen TU hat Dauervertrags- bzw. Abonnementkunden. Die Verträge sind jedoch kurzfristig kündbar. Die *churn rate* beträgt 50 %. Die Planungen sehen ein Umsatzwachstum pro Kunde von 4 % pro Jahr sowie umsatzproportional verlaufende Kosten vor.

Die *capital charges* werden nur auf Verzinsungsbasis *(return on)* gerechnet (→ Rz. 81), da der Werteverzehr explizit in den operativen Kosten berücksichtigt ist. Der Wert der Arbeitnehmerschaft *(assembled workforce)* ist gering, weil das Unternehmen überwiegend mit gering qualifizierten Kräften arbeitet, weshalb aus Opportunitätskostensicht (ersparte Einstellungs- und Einarbeitungskosten) der Wert gering ist. Mit operativen Kosten und kalkulatorischen Nutzungsentgelten *(capital charges)* werden Kundenbestand und Neukunden im Verhältnis der Umsatzanteile belastet. Für operative Kosten und *capital charges* wird Umsatzproportionalität unterstellt. Hiervon ausgenommen sind nur die *capital charges* auf die Marke. Insoweit wird unterstellt, dass das Umsatzwachstum aus der gegebenen Marke generiert wird und Erhaltungsaufwendungen auf die Marke schon in den operativen Kosten enthalten sind. Die Planung berücksichtigt nur einen Zeitraum von fünf Jahren. Dies ist vertretbar, da bei einer Schrumpfungsrate von 50 % p. a. der kumulierte Wertbeitrag aller weiteren Jahre im 1 %-Bereich liegt und damit vernachlässigbar ist. Die Berechnung lautet wie folgt:

		Wert	Return on	01	02	03	04	05
	Umsatz aus Vertragskunden			100,00	52,00	27,04	14,06	7,31
	HK der Umsätze (ohne Abschreibung)			-60,00	-31,20	-16,22	-8,44	-4,39
(A)	= Rohertrag			40,00	20,80	10,82	5,62	2,92
	Div. Aufwendungen			15,00	15,60	16,22	16,87	17,55
	Abschreibung Sachanlagen			1,00	1,04	1,08	1,12	1,17
	Abschreibung immaterielle Anlagen			1,50	1,56	1,62	1,69	1,75
	Operative Kosten			17,50	18,20	18,93	19,69	20,47
	Davon Vertragskunden			100,0 %	50,0 %	25,0 %	12,5 %	6,3 %
(B)	= anteilige operative Kosten			17,50	9,10	4,73	2,46	1,28
(C)	Einkommen (A - B)			22,50	11,70	6,08	3,16	1,65
	- Steuern 40 %			-9,00	-4,68	-2,43	-1,27	-0,66
(D)	= Nettoeinkommen			13,50	7,02	3,65	1,90	0,99
	Vermögensgegenstand	Wert	*Return on*					
	Working capital (netto)	15	5 %	0,75	0,78	0,81	0,84	0,88
	Immobilien	10	7 %	0,70	0,73	0,76	0,79	0,82
	Maschinen	6	10 %	0,60	0,62	0,65	0,67	0,70
	Sonstige Sachanlagen	2	7 %	0,14	0,15	0,15	0,16	0,16
	Marke	10	12 %	1,20	1,20	1,20	1,20	1,20
	Assembled workforce	2	12 %	0,24	0,25	0,26	0,27	0,28
	Asset charges (→ Rz. 71)			3,63	3,73	3,83	3,93	4,04
	Davon Vertragskunden			100,0 %	50,0 %	25,0 %	12,5 %	6,3 %
	= Zwischensumme			3,63	1,86	0,96	0,49	0,25
	- ggf. Steuer (hier 0, da *return on* nach Steuer)							
(E)	= anteilige *asset charges*			3,63	1,86	0,96	0,49	0,25
(F)	Residuale Cashflows (D - E)			9,87	5,16	2,69	1,41	0,73
	· Diskontierungsfaktor		12 %	0,8929	0,7972	0,7118	0,6355	0,5674
	= Barwerte			8,81	4,11	1,92	0,89	0,42
					Prämissen:			
				- *churn rate* 50 % p. a.				
	Kapitalwert (Summe Barwerte)			16,15	- Wachstum Umsatz/Kunde 4 %			
	Tax amortization benefit (bei 40 %; → Rz. 152)			6,55	- p. a. operative Kosten und *asset charges:* umsatzproportional (mit Ausnahme Marke)			
(G)	Zeitwert Kunden			22,70				

6. *In process research and development*

147 § 248 Abs. 2 HGB lässt eine Aktivierung von originären Forschungsaufwendungen überhaupt nicht und eine Aktivierung von originärem Entwicklungsaufwand nur unter eingeschränkten Bedingungen zu. Würde man diesen Regeln auch beim Unternehmenserwerb folgen, wären z. B. beim Erwerb von **forschungsintensiven Unternehmen** alle noch im Prozess befindlichen Forschungen und Entwicklungen wertmäßig im *Goodwill* zu erfassen. Die Berücksichtigung

der Wahrscheinlichkeit nicht als Ansatz-, sondern als Bewertungskriterium (→ Rz. 49) verhindert dies.

BEISPIEL U erwirbt das *Start-up*-Unternehmen S. S beschäftigt sich mit der Entwicklung eines Spracherkennungssystems. In den zwei Jahren seit Bargründung für 10 Mio. € sind 8 Mio. € für Forschung und 3 Mio. € für Entwicklung aufgewendet worden, aus Umsätzen konnte bislang ein Deckungsbeitrag von 1 Mio. € erwirtschaftet werden. Da die technische Durchführbarkeit noch nicht abschließend beurteilt werden kann, werden auch die Entwicklungsaufwendungen bei S nicht aktiviert.

U hält die Entwicklung für aussichtsreich und zahlt dem bisherigen Eigentümer von S, dessen Bilanz im Übrigen ausgeglichen ist und keine stillen Reserven enthält, einen Preis von 5 Mio. €.

Da die Wahrscheinlichkeit eines Nutzens beim Erwerb nur Bewertungsparameter, nicht aber Ansatzkriterium ist, kann U die im Prozess befindliche Forschung/Entwicklung mit 5 Mio. € als separaten immateriellen Vermögensgegenstand ansetzen und darf sie nicht als *Goodwill* erfassen.

Nur bei einem Ein-Projekt-Unternehmen in der *Start-up*-Phase kann eine einfache Ableitung aus dem Kaufpreis wie im vorstehenden Beispiel infrage kommen. In anderen Fällen, d. h. bei zwar forschungsintensiven, aber in Bezug auf viele Produkte auch schon am Markt agierenden Unternehmen, ist eine **einkommensorientierte Bewertung** (→ Rz. 77) notwendig. Hierbei stehen zwei Alternativen zur Verfügung (→ Rz. 82): 148

1. Erfolgs- und Verlustszenarien werden mit Wahrscheinlichkeiten gewichtet *(expected cashflow approach)*. Der risikoadjustierte Diskontierungssatz beträgt je nach Fortschritt des erworbenen Projekts 50 % bis 70 % (analog Kapitalkosten forschungsintensiver *Start-up*-Unternehmen) oder 20 % bis 30 % (analog Kapitalkosten forschungsintensiver *young companies*).
2. Berechnungen werden nur für ein Erfolgsszenario durchgeführt *(traditional cashflow approach)*. Repräsentiert dieses Szenario nicht den Mittelwert einer gedachten Wahrscheinlichkeitsverteilung, sondern einen günstigeren Wert, ist ein zusätzlicher Risikoaufschlag geboten.

Die wahrscheinlichkeitsgewichtete Planung erweist sich wegen der tendenziell gegebenen Objektivierbarkeit des Diskontierungszinses als überlegen. Unabhängig davon ist er insbesondere bei flexibler Planungsmöglichkeit mit Ausstiegsoptionen in Stufen je nach Erfolg der Stufe n - 1 vorzuziehen: Mithilfe des sog. Zustandsbaumverfahrens kann dann dem sequenziellen Charakter der Projekte Rechnung getragen und berücksichtigt werden, dass sich in den einzelnen Phasen je nach bis dahin eingetretenen Entwicklungen Exit-Möglichkeiten ergeben. 149

BEISPIEL U erwirbt das Pharmaunternehmen P.

- P hat die Laborforschung (Phase 1) eines Medikaments gerade abgeschlossen.
- In Phase 2 stehen die klinische Prüfung und – bei deren Erfolg – die Zulassung durch die Arzneimittelbehörden an. Die erwarteten Kosten für Phase 2 betragen 10 Mio. €.
- Im Falle einer Zulassung folgt ein Markteinführungsjahr mit einem weiteren Defizit von 10 Mio. € wegen Werbung etc. (Phase 3).
- Bei Erfolg der Markteinführung wird für die nächsten acht Jahre (Phase 4) mit einem Überschuss von 30 Mio. € p. a. gerechnet.

Die Wahrscheinlichkeit einer Nichtzulassung beträgt 60 %, die einer Zulassung 40 %. Nur bei Zulassung folgt ein Einführungsjahr, das dann mit 70 % Wahrscheinlichkeit einen Erfolg ergeben wird. Die kombinierte Wahrscheinlichkeit eines erst nach zwei Jahren erkannten Misserfolgs bzw. eines Abbruchs des Projekts nach zwei Jahren beträgt daher 40 % · 30 % = 12 %. Die Wahrscheinlichkeit eines Gesamterfolgs ist 40 % · 70 % = 28 %.

Nachfolgend zunächst der *Traditional-Cashflow*-Ansatz, der nur den Erfolgsfall rechnet, das Risiko des Misserfolgs jedoch mit einem Diskontierungszinssatz von 75 % (!) berücksichtigt.

Danach der *Expected-Cashflow*-Ansatz mit drei möglichen Ausgängen:

1. Misserfolg der klinischen Prüfung, daher Abbruch nach Phase 2 (Wahrscheinlichkeit 60 %).
2. Erfolg der klinischen Prüfung, aber Misserfolg der Markteinführung, daher Abbruch nach Phase 3 (Wahrscheinlichkeit 12 %).
3. Erfolg der klinischen Prüfung und der Markteinführung, daher Erreichen der Phase 4 (Wahrscheinlichkeit 28 %).

Da die Misserfolgsrisiken in der Zahlungsreihe berücksichtigt sind, wird ein Diskontierungszins von „lediglich" 25 % verwendet.

Der *tax amortization benefit* (→ Rz. 152) ist unter der Annahme eines steuerlichen Abschreibungszeitraums von zehn Jahren gerechnet.

***Traditional-Cashflow*-Ansatz (Diskontierungszins 75 %)**

Jahr	Betrag	Diskontierungsfaktor	Diskontierter Betrag
1	-10	0,571	-5,7
2	-10	0,327	-3,3
3	30	0,187	5,6
4	30	0,107	3,2
5	30	0,061	1,8
6	30	0,035	1,0
7	30	0,020	0,6
8	30	0,011	0,3
9	30	0,006	0,2
10	30	0,004	0,1
Wert vor *tax amortization benefit*			3,9
Tax amortization benefit (vgl. → Rz. 152)			0,2
Zeitwert			4,1

***Expected-Cashflow*-Ansatz (im Zustandsbaumverfahren; Diskontierungszins 25 %)**

Jahr	Betrag	Diskontierungsfaktor	Diskontierter Betrag	Kombinierte Wahrscheinlichkeit	Gewichteter Wert
1	-10	0,800	-8,0	60 %	-4,8
2	-10	0,640	-6,4		
			-14,4	12 %	-1,7
3	30		15,4		
4	30		12,3		
5	30		9,8		
6	30	0,374	7,9		
7	30	0,325	6,3		
8	30	0,283	5,0		
9	30	0,246	4,0		
10	30	0,214	3,2		
			35,1	28 %	9,8
Wert vor *tax amortization benefit*				100 %	3,3
Tax amortization benefit (vgl. → Rz. 152)					0,6
Zeitwert					3,9

Im Beispiel wurde der Diskontierungssatz von 75 % so gewählt, dass sich in etwa der gleiche Zeitwert wie in der mehrwertigen Planung bei einem Diskontierungssatz von 25 % ergibt. Der zusätzliche Risikoaufschlag in der einwertigen Planung (75 % - 25 % = 50 %) ist aber ohne den Vergleich mit der mehrwertigen Planung nicht objektivierbar, mit diesem Vergleich ist andererseits die einwertige Planung überflüssig.

7. Hyperlizenzen

Hyperlizenzen (z. B. Mobilfunklizenz, Spielbanklizenz, Lizenz zum Betrieb einer Autobahn), mit denen das gesamte Geschäft steht und fällt – sog. ***greenfield approaches*** **–**, unterstellen ein Unternehmen, das zunächst nichts besitzt als die zu bewertende Lizenz. Um aus ihr Ertrag zu generieren, muss ausgehend von der „grünen Wiese" möglichst schnell ein funktionierender Betrieb aufgebaut werden *(investive cash outflows)*, der auf der Basis der Lizenz Erträge *(operative netto cash inflows)* erwirtschaftet. Der Barwert des fiktiven Geschäftsplans dieses Unternehmens stellt den Wert der Lizenz dar. 150

BEISPIEL ► Im Rahmen des Erwerbs eines Tochterunternehmens ist der Zeitwert der Mobilfunklizenz dieses Unternehmens zu bewerten. Zeitnahe Transaktions- oder Auktionspreise stehen nicht zur Verfügung. Die tatsächlich vor mehr als einem Jahr gezahlten Preise sind angesichts drastisch verschlechterter Prognosen für den Mobilfunksektor nicht mehr relevant. Der marktorientierte Ansatz scheidet somit aus.

Der Einsatz eines einfachen Einkommens- bzw. *Discounted-Cashflow*-Verfahrens scheitert daran, dass die Mobilfunklizenz (im Gegensatz zu vielen anderen Lizenzen) keinen zusätzlichen, isolierbaren Nutzen in der Form höherer Preise, niedrigerer Kosten etc. erbringt. Das gesamte Geschäft steht und fällt mit der Lizenz. Der (nach Abzug der übrigen Vermögensgegenstände bzw. einer kalkulatorischen Verzinsung für sie) verbleibende Gegenwartswert im Geschäftsplan stellt daher immer ein Mixtum aus *Goodwill* und Lizenz dar und löst die Aufgabe der Bewertung der Lizenz gerade nicht.

Der Gutachter wendet deshalb das *Discounted-Cashflow*-Verfahren in der sog. *Build-out*-Variante des *greenfield approach* an. Dieses artifizielle, aber in amerikanischen Gerichtsverfahren und von der amerikanischen Börsenaufsicht anerkannte Modell arbeitet mit folgenden Fiktionen:

- ► Zum Bewertungsstichtag verfügt das Unternehmen nur über die Lizenz und kein weiteres Vermögen. Ein Unternehmen ist aus dem Nichts *(start from the scratch)* „um diese Lizenz herum" aufzubauen.
- ► Um die Lizenz zu nutzen und aus ihr Erträge zu erzielen, muss ein technisches Netzwerk aufgebaut, müssen Kunden und Mitarbeiter geworben werden etc.
- ► Die damit verbundenen Ausgaben führen zunächst zu negativen Cashflows bei allerdings schnell steigenden Umsätzen.
- ► Beim Ausbau *(build out)* der Lizenz werden die Fehler der Vergangenheit nicht wiederholt (Lernkurveneffekt). Der Businessplan des *Build-out*-Unternehmens erreicht daher schon nach etwa zehn Jahren den tatsächlichen Businessplan (Konvergenz).
- ► Der *Discounted-Cashflow*-Wert des *Build-out*-Plans (inkl. des *terminal value* für die Jahre 10 ff.) stellt das mit der Lizenz fiktiv erzielbare abgezinste Einkommen, also den Zeitwert der Lizenz, dar.

Zusätzliche Schwierigkeiten ergeben sich, wenn das Unternehmen zwei Lizenzen hält (z. B. GSM und UMTS). Soweit wegen der (geplanten) Komplementarität der Netzwerke (UMTS in den Ballungsräumen, GSM in der Fläche) Cashflows nur im Verbund erzeugt werden, muss eine hypothetische Relativbetrachtung durchgeführt werden. Der im *Build-out*-Modell ermittelte Gesamtwert der Lizenzen wird nach dem Verhältnis der erwarteten UMTS- und GSM-Einnahmen, bei begründbarer Allokation der Ausgaben nach den Netto-Cashflows gesplittet.

Im Schrifttum wird z. T. die Auffassung vertreten, *greenfield approaches* seien jedenfalls nach US-GAAP und ggf. auch nach IFRS unzulässig, da sie gegen das Verbot verstießen, andere Ver- 151 mögensgegenstände als den *Goodwill* mit der „Residualmethode" zu bewerten.[1] Dieser Auffassung stimmen wir nicht zu. Sie verwechselt u. E. das im *greenfield approach* angewandte residuale Cashflow-Modell mit der nicht anzuerkennenden Gesamt-Residualmethode, den Wert eines Vermögensgegenstands dadurch zu bestimmen, vom Kaufpreis den Wert sämtlicher anderer Vermögensgegenstände und Schulden abzuziehen. Diese Art der Gesamtbetrachtung ist naturgemäß dem *Goodwill* vorbehalten. Der *greenfield approach* baut seine Berechnungen aber gerade nicht auf dem Kaufpreis auf und ist auch nicht direkt von den Werten aller anderen Vermögensgegenstände und Schulden abhängig.

8. *Tax amortization benefit*

152 Bei **einkommensorientierten** Bewertungen (→ Rz. 77) abschreibungsfähiger Vermögensgegenstände führt die Diskontierung der Einzahlungsüberschüsse/Auszahlungsersparnisse zunächst nur zu einem Nettowert, der den steuerlichen Vorteil aus der Abschreibungsfähigkeit noch nicht berücksichtigt. Dieser *tax amortization benefit* ist als zweite Wertkomponente zu berücksichtigen. Da der Zeitwert ein von den Besonderheiten des konkreten Erwerbs bzw. Erwerbers abstrahierter Wert ist, muss der *tax amortization benefit* unabhängig davon berücksichtigt werden, ob der Unternehmenserwerb als *Asset-Deal* tatsächlich zu steuerlichen Mehrabschreibungen geführt hat oder beim *Share-Deal* keine Mehrabschreibungen entstehen. Der Barwert des Steuervorteils kann iterativ oder nach folgender Formel berechnet werden:

Tax amortization benefit = $FV_{vor} \cdot (ND/(ND - RBF_{ND,i} \cdot t) -1)$

Mit:
- FV_{vor} = *fair value* vor Steuervorteil
- ND = steuerliche Nutzungsdauer
- $RBF_{ND,i}$ = Rentenbarwertfaktor für die Laufzeit ND und den Zins i (entspricht Barwert einer Annuität von 1 € mit Laufzeit ND und Zins i)
- t = Steuersatz

BEISPIEL ► MU erwirbt 100 % der Anteile an TU. Der Wert eines Patents von TU wird vor Berücksichtigung seiner steuerlichen Abschreibungsfähigkeit mit 100 ermittelt. Das Patent hat eine Restlaufzeit von zwei Jahren.

Allgemein, wenn auch nicht im konkreten Fall *(Share-Deal)*, wäre das Patent über die Restnutzungsdauer von zwei Jahren abzuschreiben. Hieraus ergibt sich bei einem unterstellten Diskontierungssatz von 10 % und jährlich nachschüssiger Steuerzahlung abstrahiert vom konkreten Erwerber folgende iterative und direkte Ermittlung des Steuervorteils und damit des unter Berücksichtigung dieses Vorteils anzusetzenden Zeitwerts:

Iteration	Wert vor Steuer	Wert inkl. Steuervorteil	Abschreibung p. a.	Steuervorteil 01	Steuervorteil 02	Barwert Steuervorteil
1	100,00	100,00	50,00	20,00	20,00	34,71
2	100,00	134,71	67,36	26,94	26,94	46,76
3	100,00	146,76	73,38	29,35	29,35	50,94
4	100,00	150,94	75,47	30,19	30,19	52,39
5	100,00	152,39	76,20	30,48	30,48	52,90
6	100,00	152,90	76,45	30,58	30,58	53,07
7	100,00	153,07	76,54	30,61	30,61	53,13

1 Vgl. *Castedello/Klingbeil/Schröder*, WPg 2006 S. 1028 ff.

Iteration	Wert vor Steuer	Wert inkl. Steuervorteil	Abschreibung p. a.	Steuervorteil 01	Steuervorteil 02	Barwert Steuervorteil
8	100,00	153,13	76,57	30,63	30,63	53,15
9	100,00	153,15	76,58	30,63	30,63	53,16
10	100,00	153,16	76,58	30,63	30,63	53,16

Direkte Berechnung Steuervorteil: 100 · (2/(2 - 1,73554 · 0,4) - 1) = 53,16. Dabei ist 1,73554 der Rentenbarwertfaktor für 10 % und zwei Jahre.

Anzusetzen ist somit der Wert von 153,16.

Im IFRS-Schrifttum wird z.T. die Auffassung vertreten, die Berücksichtigung des *tax amortization benefit* sei eine **Ermessenssache,** da nach empirischen Studien Marktteilnehmer Steuervorteile nicht in vollem Umfang bei der Preisfindung berücksichtigen würden.[1] Die Berücksichtigung solcher nach Objekt und Markt, aber auch nach Validität der Untersuchungsergebnisse unterschiedlichen empirischen Befunde im *Discounted-Cashflow*-Kalkül würde zu komplexen Differenzierungen führen mit der Maßgabe, den Steuervorteil in einigen Fällen voll, in anderen gar nicht, in wieder anderen z. T. zu berücksichtigen. Der Vergleichbarkeit von Bewertungen wäre damit nicht gedient. Unseres Erachtens ist das *Discounted-Cashflow*-Kalkül darauf gerichtet, den Preis zu ermitteln, der sich bei rationalem Verhalten und vollkommenen Marktverhältnissen ergäbe. Sobald hiervon im Hinblick auf tatsächlich oder angeblich abweichendes Verhalten und tatsächliche oder angeblich abweichende Marktverhältnisse abgewichen würde, käme die kaum lösbare Frage nach der Quantifizierung der Abweichungen und der Güte der empirischen Befunde ins Spiel. 153

Die explizite Berücksichtigung des *tax amortization benefit* ist im Übrigen eine Besonderheit der einkommensorientierten Verfahren. Bei **marktorientierten Verfahren** wird demgegenüber die Einbeziehung eines evtl. steuerlichen Abschreibungsvorteils in den Marktpreis unterstellt. 154

§ 303 Schuldenkonsolidierung

(1) Ausleihungen und andere Forderungen, Rückstellungen und Verbindlichkeiten zwischen den in den Konzernabschluss einbezogenen Unternehmen sowie entsprechende Rechnungsabgrenzungsposten sind wegzulassen.

(2) Absatz 1 braucht nicht angewendet zu werden, wenn die wegzulassenden Beträge für die Vermittlung eines den tatsächlichen Verhältnissen entsprechenden Bildes der Vermögens-, Finanz- und Ertragslage des Konzerns nur von untergeordneter Bedeutung sind.

Inhaltsübersicht **Rz.**

1 Vgl. *Kasperzak/Nestler*, DB 2007 S. 473 ff.

I. Regelungsinhalt

1 Forderungen und Schulden zwischen den in den Konzernabschluss einbezogenen Unternehmen sowie entsprechende Rechnungsabgrenzungsposten sind nach Abs. 1 als **konzerninterne Verhältnisse zu eliminieren.** Hierbei sind zwei Fälle zu unterscheiden:

- Soweit sich die zu eliminierenden Posten in **gleicher Höhe** gegenüberstehen, ist der Konsolidierungsvorgang **erfolgsneutral** (→ Rz. 3).
- Bei **Aufrechnungsdifferenzen** kann eine **erfolgswirksame** Konsolidierung notwendig werden (→ Rz. 20).

2 Die – erfolgsneutrale oder erfolgswirksame – Schuldenkonsolidierung stellt Abs. 2 ausdrücklich unter **Wesentlichkeitsvorbehalt.** Sind die zu eliminierenden Beträge für die Vermögens-, Finanz- und Ertragslage des Konzerns nur von untergeordneter Bedeutung, kann auf die Schuldenkonsolidierung verzichtet werden (→ Rz. 23).

II. Schuldenkonsolidierung (Abs. 1)

1. Überblick

3 Konzerninterne Forderungen, Schulden und Rechnungsabgrenzungsposten sind nach Abs. 1 zu eliminieren,

- bei **Gleichheit** der Beträge **erfolgsneutral,**
- bei **Unterschieden** in Ansatz oder Höhe je nach Sachlage **erfolgswirksam oder erfolgsneutral** (→ Rz. 20).

4 **Anhangangaben** zu Forderungen und Verbindlichkeiten sind nicht Gegenstand der Schuldenkonsolidierung. Als **Konsequenz** der Schuldenkonsolidierung kann es aber zu Abweichungen zwischen dem Anhang des Einzelabschlusses und dem Konzernanhang kommen (→ Rz. 21). Außerdem werden wegen Darstellung des Konzerns als **wirtschaftliche Einheit** einzelbilanzielle Angaben zu konzerninternen Haftungsverhältnissen oder sonstigen finanziellen Verpflichtungen nicht in den Konzernanhang übernommen (→ Rz. 22).

2. Unechte Aufrechnungsdifferenzen

2.1 Zeitliche Buchungsunterschiede

5 Bei der Verrechnung von Forderungen gegenüber einbezogenen Unternehmen mit den korrespondierenden Schulden können sich sog. **unechte** Aufrechnungsdifferenzen aus **zeitlichen** Buchungsunterschieden ergeben. Betroffen sind insbesondere **Banküberweisungen** mit Belas-

tung im alten und Gutschrift im neuen Jahr. Die Ausgleichsbuchung erfolgt mit dem Ziel, den aus Konzernsicht richtigen Vermögensausweis zu bewirken.

BEISPIEL MU gleicht eine Lieferantenverbindlichkeit von 10 gegenüber TU mit Überweisung vom 29.12.01 aus.

Die Belastung auf dem Bankkonto von MU erfolgt am 31.12.01. Das Geld wird auf dem Bankkonto von TU jedoch erst am 3.1.02 gutgeschrieben. Per 31.12.01 weist

- MU keine Verbindlichkeit mehr aus (da durch Überweisung beglichen),
- TU jedoch noch die Forderung (da Geldeingang erst im neuen Jahr).

Aus Sicht des Konzerns ist das Geld im Transit von einem Konzern-Bankkonto zu einem anderen. Der Vorgang ist daher nicht anders zu behandeln als ein Geldtransit in der Einzelbilanz. Somit ist zu buchen:

Per Geldtransit	10	an	Debitor	10

In der Konzernrechnungslegungspraxis wird das Problem der zeitlichen Buchungsunterschiede durch **organisatorische Maßnahmen** vorbeugend bekämpft, z. B. durch die Anweisung, konzerninterne Zahlungen nach dem 27.12. nicht mehr vorzunehmen.

2.2 Unterschiedliche Bilanzstichtage

6 Unechte Aufrechnungsdifferenzen können sich auch bei Konsolidierung des Tochterunternehmens auf Basis eines nicht mehr als drei Monate vor dem Konzernabschlussstichtag liegenden **abweichenden Einzelabschlussstichtags** ergeben (→ § 299 Rz. 13). Bei bedeutenden Differenzen sind ohnehin Fortschreibungen vom Stichtag des Einzelabschlusses zu dem des Konzerns vorzunehmen. Wird bei unbedeutenden Differenzen auf eine Anpassung verzichtet, ist ein Ausweis der Differenz als Forderung/Verbindlichkeit gegenüber verbundenen Unternehmen sachgerecht.

BEISPIEL MU erstellt Einzel- und Konzernabschluss auf den 31.12.01. TU wird auf der Basis seines Einzelabschlusses zum 30.9.01 einbezogen.

Per 31.12.01 weist MU einzelbilanziell eine Darlehensforderung gegenüber TU aus. Das Darlehen ist erst im Dezember ausgereicht worden, um ein negatives Bankkonto von TU auszugleichen.

ALTERNATIVE 1 Eine Anpassung wird nicht vorgenommen. Das Darlehen wird als Forderung gegenüber verbundenen Unternehmen in der Konzernbilanz ausgewiesen. Das Bankkonto von TU wird mit dem Wert per 30.9.01 angesetzt.

ALTERNATIVE 2 Die Forderung wird gegen die Bankverbindlichkeiten von TU verrechnet.

Buchung:

Per Bankverbindlichkeit TU	100	an	Forderung MU gegen TU	100

3. Erfolgsneutrale Konsolidierung einzelner Schuldverhältnisse

3.1 Ausstehende Einlagen beim Tochterunternehmen

7 Nach § 272 Abs. 1 HGB hat das Tochterunternehmen ausstehende Einlagen wie folgt zu bilanzieren (→ § 272 Rz. 37):

- Die nicht eingeforderten ausstehenden Einlagen sind von dem Posten „Gezeichnetes Kapital" offen abzusetzen.

► Der eingeforderte, aber noch nicht eingezahlte Betrag ist unter den Forderungen gesondert auszuweisen.

Bei noch **nicht eingeforderten Einlagen** hat das Mutterunternehmen die Einlageverpflichtung noch nicht passiviert. Es bestehen **keine Forderungen und Schulden,** die aufzurechnen wären.

Umgekehrt verhält es sich bei bereits **eingeforderten Einlagen:** Das Mutterunternehmen hat durch die Buchung „per Beteiligung an Verbindlichkeit" die Einlageverpflichtung zu passivieren, beim Tochterunternehmen ist eine Forderung zu aktivieren. **Schuld und Forderung** werden **miteinander verrechnet.**

3.2 Rechnungsabgrenzungsposten

8 Aktive und passive Rechnungsabgrenzungsposten sind nach Abs. 1 zu eliminieren, soweit sie auf konzerninternen Beziehungen beruhen. Bei geleisteten Vorauszahlungen im Rahmen von **Dauerschuldverhältnissen** (Mieten etc.) sind aktiver und passiver Rechnungsabgrenzungsposten regelmäßig betragsgleich. Die Konsolidierung ist **erfolgsneutral.**

Aufrechnungsdifferenzen aus (unterlassener) Rechnungsabgrenzung können sich allerdings bei Darlehensverhältnissen aus **Disagien** ergeben. Auf → Rz. 16 wird verwiesen.

3.3 Anzahlungen

9 Erhaltene Anzahlungen sind gegen geleistete Anzahlungen zu konsolidieren. Unerheblich ist, wo der **Ausweis** der Anzahlungen erfolgt.

BEISPIEL ► Konzernunternehmen T1 stellt für Konzernunternehmen T2 eine Anlage her. T2 hat eine Anzahlung geleistet und unter „Geleistete Anzahlungen und Anlagen im Bau" innerhalb der Sachanlagen ausgewiesen. T1 setzt die erhaltene Anzahlung offen von den Vorräten ab.

Forderung (geleistete Anzahlung) und Schuld (erhaltene Anzahlung) sind zu konsolidieren. Als Folge der Konsolidierung vermindert sich das Anlagevermögen bei T2 und erhöht sich das Umlaufvermögen bei T1.

3.4 Drittschuldverhältnisse

10 Sog. Drittschuldverhältnisse zeichnen sich dadurch aus, dass

► **ein Konzernunternehmen** gegenüber dem Dritten eine **Forderung,**

► ein **anderes Konzernunternehmen** gegenüber dem gleichen Vertragspartner eine **Schuld**

hat.

BEISPIEL ► Die einbezogenen Unternehmen T1 und T2 unterhalten Kontokorrentkonten bei der konzernfremden Bank B. Zum Stichtag hat T1 ein Guthaben von 100, T2 eine Verbindlichkeit von 120. Fraglich ist, ob im Konzernabschluss beide Posten anzusetzen sind oder nur die saldierte Schuld von 20 bilanziert wird.

Nach dem Wortlaut des Abs. 1 sind nur solche Schuldverhältnisse zu eliminieren, die zwischen den in den Konzernabschluss einbezogenen Unternehmen bestehen. Eine Möglichkeit oder Pflicht zur **Konsolidierung** (Saldierung) von Drittschuldverhältnissen ergibt sich daher nach **§ 303 HGB nicht.**

11 Als Rechtfertigung für eine zum gleichen Ergebnis wie die Konsolidierung führende **Verrechnung/Saldierung** kann aber § 298 Abs. 1 HGB i.V. mit § 246 Abs. 2 HGB infrage kommen.

Nach § 246 Abs. 2 HGB wären in der **Einzelbilanz** die Verrechnungen von Forderungen und Verbindlichkeiten zulässig, wenn zivilrechtlich eine **Aufrechnungslage** nach § 387 BGB besteht, d. h. insbesondere die Fälligkeit der Forderung und Erfüllbarkeit der Verbindlichkeit gegeben ist (→ § 246 Rz. 388).

Im **Konzern** ist diese zivilrechtliche Aufrechnungslage nur selten gegeben, da Forderungen und Verbindlichkeiten von unterschiedlichen Rechtssubjekten des Konsolidierungskreises gehalten werden. Ausreichend ist unter dem Aspekt des Konzerns als wirtschaftlicher Einheit (→ § 297 Rz. 116) u. E. aber die abstrakte **Möglichkeit,** eine solche **Aufrechnungslage herzustellen.** Gegen eine Saldierung von Drittschuldverhältnissen ist daher unter folgender Bedingung nichts einzuwenden:

- Es bestehen keine Abtretungsverbote,
- die Forderung vom Konzernunternehmen A könnte daher an das Konzernunternehmen B abgetreten und
- sodann von diesem gegen seine Verbindlichkeit gegenüber dem gleichen externen Vertragspartner aufgerechnet werden.

Fehlt es bereits an der abstrakten Möglichkeit, eine Aufrechnungslage herzustellen, kommt u. E. eine Saldierung von Drittschuldverhältnissen nicht infrage.[1]

Im Übrigen ist die Saldierung von Drittschuldverhältnissen bei einem international tätigen Unternehmen nur **selten praxisgerecht,** da sie umfangreiche zusätzliche Informationen erfordern kann. Bevor entschieden werden kann, ob das Sollkonto des Mutterunternehmens bei der Deutschen Bank Frankfurt mit dem Habenkonto der Tochtergesellschaft bei der Deutschen Bank Hongkong saldiert werden kann, wäre zu klären, in welchem Verhältnis die Deutsche Bank Hongkong zur Deutschen Bank Frankfurt steht (Niederlassung, Tochter etc.). Außerdem müsste geprüft werden, welchen Kündigungs- und Aufrechnungsregeln die Konten unterliegen. Ein solcher Informationsaufwand wird sich nur dann rechtfertigen, wenn ihm ein erheblicher Informationsnutzen, z. B. in der Form erheblicher Bilanzsummenreduzierung und damit erheblicher Verbesserung der Eigenkapitalquote, gegenübersteht. 12

3.5 Forderungen und Verbindlichkeiten gegenüber nicht einbezogenen Tochterunternehmen

§ 303 HGB spricht explizit nur die Verrechnung solcher Forderungen, Verbindlichkeiten usw. an, die zwischen „in den Konzernabschluss **einbezogenen** Unternehmen" bestehen. Mit anderen Stimmen im Schrifttum[2] halten wir aber ein entsprechendes Vorgehen bei wegen § 296 nicht vollkonsolidierten Tochterunternehmen für zulässig. 13

4. Echte Aufrechnungsdifferenzen

4.1 Problemstellung und Anwendungsfälle

Echte Aufrechnungsdifferenzen ergeben sich aus **zwingenden** Ansatz- oder Bewertungsvorschriften. Hierbei geht es nicht um die unterschiedliche Ausübung von (echten oder fak- 14

---

1 Im Wesentlichen gl. A. *Harms* in Küting/Weber (Hrsg.), Handbuch der Konzernrechnungslegung, Bd. II, 1998, § 303 Rz. 25 f.; großzügiger im Sinne eines freien Wahlrechts *ADS*, 6. Aufl., § 303 Tz. 30; restriktiver *Störk/Deubert* in Beck'scher Bilanz-Kommentar, 13. Aufl. 2022, § 303 Tz. 46.

2 Vgl. *Störk/Deubert* in Beck'scher Bilanz-Kommentar, 13. Aufl. 2022, § 303 Tz. 46, m. w. N.

tischen) Bewertungswahlrechten. Daraus resultierende Differenzen wären schon bei der Aufstellung der HB II zu beseitigen (→ § 308 Rz. 1 ff.).

Zwingende Unterschiede zwischen Aktiv- und Passivposten ergeben sich insbesondere aus dem **Vorsichts-** und **Imparitätsprinzip.** Einschlägig sind folgende Fälle:

- Der Gläubiger hat auf notleidende Forderungen **Wertberichtigungen** vorzunehmen, der Schuldner aber weiterhin den vollen Betrag auszuweisen.
- Der Schuldner bilanziert eine **ungewisse Verbindlichkeit** (→ § 249 Rz. 3) bzw. den **drohenden Verlust** aus einem schwebenden Geschäft (→ § 249 Rz. 151) als Rückstellung, der Gläubiger/Vertragspartner darf eine ungewisse Forderung bzw. den erwarteten Gewinn aus einem schwebenden Geschäft nicht ansetzen.

Da der **Konzern als wirtschaftliche Einheit** keine Abschreibungen auf Forderungen und keine Rückstellungen für ungewisse Verbindlichkeiten gegen sich selbst bilden kann, entsteht eine Aufrechnungsdifferenz. Ihr ist im Entstehungsjahr und Auflösungsjahr durch erfolgswirksame, in Zwischenjahren durch erfolgsneutrale Konsolidierungsbuchungen Rechnung zu tragen (→ Rz. 20).

15 Vor jeder technischen Befassung mit der Konsolidierung ist aber eine **materielle Betrachtung** geboten, ob nicht dem einzelbilanziellen Aufwand aus Bildung der Rückstellung mit anderer Begründung und Klassifizierung auch konzernbilanziell ein Aufwand gegenübersteht und daher an die Stelle einer erfolgswirksamen Schuldenkonsolidierung eine **erfolgsneutrale** treten muss. Hierzu folgende Beispiele:

BEISPIEL T1 vermietet ein Gebäude langfristig an T2. T2 gibt weit vor Ablauf des Mietvertrags die Nutzung auf und erfasst einzelbilanziell eine Rückstellung für einen drohenden Verlust bzw. in der GuV einen sonstigen Aufwand. Besteht aus Sicht des Konzerns keine alternative Nutzungs-, Verwertungs- bzw. Vermietungsmöglichkeit, ist das Gebäude ggf. außerplanmäßig abzuschreiben. In diesem Fall wären folgende in der Summe **erfolgsneutrale Konsolidierungsbuchungen** vorzunehmen:

Per außerplanmäßige Abschreibung	an	Gebäude
Per Rückstellung	an	sonstiger Aufwand

BEISPIEL T1 ist vertraglich zur Lieferung von Rohstoffen für 100 an T2 verpflichtet. T2 hat eine entsprechende Verpflichtung gegenüber dem konzernexternen D. Zum Stichtag ist der Preis der noch nicht beschafften Rohstoffe auf 150 gestiegen.

T1 bildet einzelbilanziell eine Rückstellung für drohenden Verlust i. H. von 50. Dieser Verlust und der korrespondierende Aufwand aus einem Konzerninnenverhältnis werden über die bei T2 gegenüber D bestehende Verpflichtung zu einer konzernexternen Angelegenheit. Folgende **erfolgsneutrale** Konsolidierungsbuchung ist vorzunehmen:

Drohverlustrückstellung gegenüber verbundenen U	50	an	Drohverlustrückstellung gegenüber Dritten	50

BEISPIEL Unter Einschaltung von T1 als Subunternehmer hat T2 eine Bauleistung an D erbracht. D macht Mängel i. H. von 50 geltend, hiervon betreffen 30 die Subunternehmerleistung von T1. T2 bildet eine Rückstellung von 20, T1 eine Rückstellung von 30.
Erfolgswirksame Konsolidierungsbuchungen sind nicht vorzunehmen.

16 Aufrechnungsdifferenzen können sich ausnahmsweise auch schon bei **Begründung** eines konzerninternen **Darlehensverhältnisses** ergeben, z. B. dann, wenn ein **Disagio** vereinbart ist und der Empfänger des Darlehens dieses nicht aktiviert, sondern sofort aufwandswirksam behandelt (→ § 250 Rz. 59).

BEISPIEL T1 nimmt am 31.12.01 ein Darlehen fünfjähriger Laufzeit zu nominal 100 bei einem Auszahlungsbetrag von 90 bei T2 auf. Das Disagio von 10 wird bei T1 sofort aufwandswirksam verbucht. T2 bildet einen passiven Rechnungsabgrenzungsposten (pRAP) für das Disagio (Alternative 1) oder aktiviert bei gleicher Gesamtwirkung das Darlehen nur mit dem Ausgabebetrag (Alternative 2). Aus Vereinfachungsgründen sei unterstellt, dass T2 den Abgrenzungsposten linear auflöst bzw. die Zuschreibung zur Forderung linear vornimmt.

Folgende in der Summe erfolgswirksame Konsolidierungsbuchungen sind **per 31.12.01** vorzunehmen:

ALTERNATIVE 1

Per pRAP	10	an	Zinsaufwand	10
Per Verbindlichkeit	100	an	Forderung	100

ALTERNATIVE 2

Per Verbindlichkeit	100	an	Forderung	90
		an	Zinsaufwand	10

In den **nachfolgenden Geschäftsjahren** ist der Aufrechnungsunterschied ratierlich ergebniswirksam zu buchen. Per 31.12.02 ergeben sich in Alternative 1 etwa folgende Buchungen:

Per pRAP	8	an	Gewinnrücklagen	10
Per Zinsertrag	2			
Per Verbindlichkeit	100	an	Forderung	100

Ein weiteres Beispiel für schon bei der Einbuchung entstehende Aufrechnungsdifferenzen stellen **unverzinsliche Darlehen** dar, die beim Gläubiger mit dem Barwert, beim Schuldner hingegen gem. § 253 Abs. 1 Satz 2 HGB (→ § 253 Rz. 17 ff.) mit dem Erfüllungsbetrag anzusetzen sind. 17

Zur strittigen Frage, ob **Währungserfolge** aus konzerninternen Schuldverhältnissen nach Maßgabe des Einheitsgrundsatzes im Konzernabschluss zu eliminieren sind, wird auf → § 308a Rz. 31 verwiesen. 18

Bei Beteiligung einer **Minderheit** am Schuldner- und/oder Gläubigerunternehmen stellt sich die Frage, ob mit dem Erfolg aus der Eliminierung der echten Aufrechnungsdifferenzen ausschließlich das Mutterunternehmen bzw. der Mehrheitsanteil belastet werden soll oder aber die Gesellschaftergruppen, die von der einzelbilanziellen Erfolgsbuchung betroffen sind. Für die hierzu im Schrifttum vertretenen Auffassungen und ein Anwendungsbeispiel wird auf → § 307 Rz. 26 verwiesen. 19

4.2 Technisches Vorgehen bei echten Aufrechnungsdifferenzen

Sofern eine echte Aufrechnungsdifferenz besteht, ist folgende zeitliche Unterscheidung geboten: 20

- Im **Entstehungsjahr** ist die Differenz i. d. R. **erfolgswirksam** zu konsolidieren.
- Bei unveränderten Verhältnissen ist in den **Folgejahren** eine **erfolgsneutrale Eröffnungsbilanzbuchung** (EB-Buchung) gegen Eigenkapital (Gewinnrücklagen) vorzunehmen.
- Im **Umkehrungsjahr** (z. B. Auflösung oder Inanspruchnahme einer Rückstellung, Eingang/Erlass einer wertberichtigten Forderung) ist die ertragswirksame Buchung des Einzelabschlusses im Rahmen der Konsolidierung **erfolgswirksam** zu neutralisieren.

BEISPIEL ► MU hat eine Forderung von 100 gegen das notleidende TU.

- Im Jahr 01 wird sie in vollem Umfang wertberichtigt.
- Im Jahr 03 bessert sich die Lage von TU überraschend und TU kann die Forderung voll bezahlen.

Aufrechnungsdifferenz (AD) und Aufwand oder Ertrag der Einzel-GuV ergeben sich wie folgt:

- **per 31.12.01:** 100 AD; 100 Aufwand Einzel-GuV MU
- **per 31.12.02:** 100 AD; 0 Aufwand
- **per 31.12.03:** 0 AD; 100 Ertrag Einzel-GuV MU

Die Konsolidierungsbuchungen sind wie folgt:

Buchungen 01

Forderung	100	an	Aufwand	100 (erfolgswirksam)
Verbindlichkeit	100	an	Forderung	100

Buchungen 02

Forderung	100	an	Gewinnrücklagen	100 (erfolgsneutrale EB-Buchung)
Verbindlichkeit	100	an	Forderung	100

Buchungen 03

Forderung	100	an	Gewinnrücklagen	100 (erfolgsneutrale EB-Buchung)
Ertrag	100	an	Forderung	100 (erfolgswirksam)

5. Anhangangaben zu Verbindlichkeiten und Haftungsverhältnissen

21 **Anhangangaben** zu Forderungen und Verbindlichkeiten sind nicht Gegenstand der **Schuldenkonsolidierung** nach § 303 HGB. Als **Konsequenz** der Schuldenkonsolidierung kann es aber zu Abweichungen zwischen dem Anhang des Einzelabschlusses und dem Konzernanhang kommen. Sofern im Einzelabschluss Angaben zu Laufzeiten, Sicherheiten etc. enthalten sind (§ 285 Nr. 1 HGB) und die betreffenden Verbindlichkeiten konsolidiert werden, entfällt eine Angabe im Konzernanhang (→ § 314 Rz. 3).

22 Maßgeblich ist auch für die Anhangangaben stets die Perspektive des Konzerns als **wirtschaftlicher Einheit** (→ § 297 Rz. 116). Praktische Bedeutung hat dies in zwei weiteren Fällen:

- **Sonstige finanzielle Verpflichtungen** (§ 285 Nr. 3a HGB), die ein einbezogenes Unternehmen gegenüber einem anderen hat (z. B. aus langfristigen Mietverträgen), sind als konzerninternes Verhältnis für den Konzernanhang irrelevant (→ § 314 Rz. 6).
- Der Vermerk von Wechselobligo, Bürgschaften und anderen **Haftungsverhältnissen** in Bilanz oder Anhang (→ § 251 Rz. 8 und → § 268 Rz. 150) entfällt, wenn die Eventualverpflichtung gegenüber einem anderen einbezogenen Unternehmen besteht.

III. Wesentlichkeitsvorbehalt (Abs. 2)

23 Eine Schuldenkonsolidierung kann nach Abs. 2 unterbleiben, wenn die wegzulassenden Beträge für die Vermittlung eines den tatsächlichen Verhältnissen entsprechenden Bilds der Vermögens-, Finanz- und Ertragslage des Konzerns von untergeordneter Bedeutung sind. Die Vorschrift hat **deklaratorischen** Charakter. Sie wiederholt lediglich den allgemein für die Rechnungslegung geltenden Wesentlichkeitsvorbehalt. Zu seiner **Konkretisierung** kann sie nichts

beitragen, da es gerade in der Natur des Wesentlichkeitsgrundsatzes liegt, auf die Umstände des Einzelfalls abzustellen.

Für die dabei infrage kommenden Beurteilungskriterien wird auf → § 252 Rz. 233 verwiesen.

§ 304 Behandlung der Zwischenergebnisse

(1) In den Konzernabschluss zu übernehmende Vermögensgegenstände, die ganz oder teilweise auf Lieferungen oder Leistungen zwischen in den Konzernabschluss einbezogenen Unternehmen beruhen, sind in der Konzernbilanz mit einem Betrag anzusetzen, zu dem sie in der auf den Stichtag des Konzernabschlusses aufgestellten Jahresbilanz dieses Unternehmens angesetzt werden könnten, wenn die in den Konzernabschluss einbezogenen Unternehmen auch rechtlich ein einziges Unternehmen bilden würden.

(2) Absatz 1 braucht nicht angewendet zu werden, wenn die Behandlung der Zwischenergebnisse nach Absatz 1 für die Vermittlung eines den tatsächlichen Verhältnissen entsprechenden Bildes der Vermögens-, Finanz- und Ertragslage des Konzerns nur von untergeordneter Bedeutung ist.

Inhaltsübersicht Rz.

LITERATUR:

Bartels/Peter, Zwischenergebniseliminierung und konzerneinheitliche Bewertung – Zur Nichtexistenz eines eliminierungsfähigen Zwischenergebnisses, WPg 1991 S. 739; *Bense*, Ausgewählte Anwendungsfragen der Zwischenergebniseliminierung nach § 304 HGB, StuB 2022 S. 418 ff.; *Dusemond*, Gegenstand der Zwischenergebniseliminierung gem. § 304 Abs. 1 HGB, DStR 1996 S. 680; *Lüdenbach*, Erfolgseliminierung und Umsatzkonsolidierung bei Dreiecksgeschäften?, PiR 2009 S. 116; *Lüdenbach*, Zwischenergebniseliminierung bei Anwendung der *equity*-Methode, PiR 2006 S. 207; *Ruhnke*, Zur Problematik der Bestimmung der Konzernherstellungskosten, WPg 1991 S. 377.

I. Regelungsinhalt

Konzernintern bezogene Vermögensgegenstände sind nach Abs. 1 in der Konzernbilanz mit einem Betrag anzusetzen, zu dem sie angesetzt werden könnten, wenn die in den Konzernabschluss einbezogenen Unternehmen auch **rechtlich ein einziges Unternehmen** bilden würden. Im Wortlaut ist nur die Bilanz („Vermögensgegenstände") angesprochen. Nach den Regeln der Doppik beeinflussen Restriktionen für Ansatz und Wert von Vermögensgegenständen aber zugleich das Ergebnis der GuV. Die Vorschrift hat demnach zwei Auswirkungen: 1

- **Konzernbilanziell** kann durch die konzerninterne Lieferung weder ein Ansatzverbot (etwa für bestimmte immaterielle Vermögensgegenstände, → § 248 Rz. 7) umgangen noch bei ansatzfähigen Vermögensgegenständen das Anschaffungs-/Herstellungskostenprinzip außer Kraft gesetzt werden. Anders als in der Einzelbilanz bewirkt die Veräußerung an verbundene Unternehmen konzernbilanziell **keine Aufdeckung stiller Reserven** (→ Rz. 5).
- In der **Konzern-GuV** sind demzufolge Gewinne (und Verluste) aus konzerninternen Lieferungen und Leistungen nicht als realisiert anzusehen. Das in der Einzel-GuV und in der Folge in der Summen-GuV aus konzerninternen Leistungen erfasste Ergebnis ist demzufolge in der Entwicklung zur Konzern-GuV zu neutralisieren (**Zwischenergebniseliminierung;** → Rz. 19).

2 § 304 HGB ist nach dem Wortlaut von Abs. 1 nur auf Lieferungen zwischen in den Konzernabschluss **einbezogenen** Unternehmen anwendbar, nicht hingegen bei Lieferverkehr mit Tochterunternehmen, auf deren Einbeziehung in Ausübung der Wahlrechte aus § 296 HGB verzichtet wurde.

Über den Verweis in § 310 Abs. 2 HGB und § 312 Abs. 5 Satz 3 HGB gelten die Regelungen zur Zwischenergebniseliminierung aber bei **quotal oder** ***at equity*** **konsolidierten** Unternehmen (→ § 310 Rz. 26, → § 312 Rz. 55).

3 In der Regel zieht die Zwischenergebniseliminierung einen Buchwertunterschied zur Steuerbilanz nach sich, der nach § 306 HGB zum Ansatz **latenter Steuern** führt (→ § 306 Rz. 23). Maßgeblich für die Bewertung ist dabei der Steuersatz des Leistungsempfängers (→ § 306 Rz. 42).

4 Die durch Abs. 1 getroffenen Regelungen für Ansatz und Bewertung von Vermögensgegenständen und damit für die Zwischenergebniseliminierung stellt Abs. 2 ausdrücklich unter **Wesentlichkeitsvorbehalt.** Sind die zu eliminierenden Beträge für die Vermögens-, Finanz- und Ertragslage des Konzerns nur von untergeordneter Bedeutung, kann auf die Zwischenergebniseliminierung verzichtet werden (→ Rz. 28).

II. Konzernintern bezogene Vermögensgegenstände (Abs. 1)

1. Konzernbilanz

1.1 Ansatz und Bewertung

5 Vermögensgegenstände, die ganz oder teilweise auf Lieferungen oder Leistungen zwischen einbezogenen Unternehmen beruhen, sind nach Abs. 1 in der Konzernbilanz mit einem Betrag anzusetzen, zu dem sie angesetzt werden könnten, wenn die in den Konzernabschluss einbezogenen Unternehmen auch rechtlich ein einziges Unternehmen bilden würden. Die Vorschrift betrifft sowohl den **Bilanzansatz** als auch die **Bewertung.** Durch eine konzerninterne Lieferung kann weder ein Ansatzverbot (→ Rz. 6) noch eine Bewertungsobergrenze (Anschaffungs-/Herstellungskostenprinzip, → Rz. 7) außer Kraft gesetzt werden.

6 Zum **Bilanzansatz** folgendes Beispiel:

BEISPIEL Konzernunternehmen T1 hat eine Marke entwickelt und veräußert diese (entweder mit dem zugehörigen Geschäft oder unter Rücklizenzierung der Marke ohne dieses) an Konzernunternehmen T2. T1 durfte die hergestellte (= originäre) Marke nach § 248 Abs. 2 HGB nicht ansetzen. Bei T2 ist die Marke angeschafft (= derivativ) und deshalb greift das Aktivierungsverbot einzelbilanziell nicht.

Wenn T1 und T2 eine rechtliche Einheit darstellen würden, läge jedoch keine Anschaffung der Marke (= Erwerb von einem Dritten) vor. Aus Konzernsicht bleibt es daher beim originären Charakter der Marke, d. h. beim Aktivierungsverbot. In der Überleitung von der Summenbilanz zur Konzernbilanz ist somit folgende Konsolidierungsbuchung geboten:

Per sonstiger betrieblicher Ertrag (T1)	100	an	immaterielles Anlagevermögen (T2)	100

Zur **Bewertung** folgendes Beispiel: 7

BEISPIEL T1 hat Vorräte für 100 hergestellt und veräußert sie für 120 an T2. Zum Stichtag sind die Vorräte noch im Bestand von T2. T2 aktiviert sie mit Anschaffungskosten von 120.

Wenn T1 und T2 eine rechtliche Einheit darstellen würden, wäre es jedoch zur Anschaffung der Vorräte (= Erwerb von einem anderen Subjekt) nicht gekommen. Aus Konzernsicht bliebe es bei hergestellten Vorräten und damit gem. § 253 Abs. 1 HGB bei den Herstellungskosten von 100 als Bewertungsobergrenze. Mit einem höheren Wert dürfen die Vorräte auch im Konzern nicht angesetzt werden. In der Überleitung von der Summenbilanz zur Konzernbilanz ist folgende Konsolidierungsbuchung geboten:

Per Umsatzerlöse	120	an	Bestandserhöhung Erzeugnisse	100
		an	Vorräte	20

1.2 Konzernanschaffungskosten

1.2.1 Begriff

Vermögensgegenstände, die zunächst **von konzernfremden Unternehmen erworben** und dann ohne Be- oder Verarbeitung **konzernintern weiterveräußert** werden, sind nach Abs. 1 mit ihren externen Anschaffungskosten anzusetzen. Diese werden auch als **Konzernanschaffungskosten** bezeichnet. 8

Für die Definition der Anschaffungskosten gelten über § 298 Abs. 1 HGB die Vorgaben von § 255 Abs. 1 HGB. Neben dem **Kaufpreis,** der für die Beschaffung an das konzernfremde Unternehmen entrichtet wurde, sind daher auch alle Aufwendungen anzusetzen, die geleistet werden, um den Vermögensgegenstand zu erwerben **(Anschaffungsnebenkosten)** oder ihn in einen **betriebsbereiten Zustand** zu versetzen. Der Herstellung der Betriebsbereitschaft (→ § 255 Rz. 37) können **innerkonzernliche Transportkosten** dienen: 9

BEISPIEL Zur Erzielung entsprechender Losgrößen werden Verbrauchsmaterialien im Konzern zentral durch das Mutterunternehmen beschafft und dann an die Tochterunternehmen weiterveräußert. Die dabei entstehenden Transportkosten dienen der Herstellung der Betriebsbereitschaft und sind daher zu aktivieren.

1.2.2 Behandlung von rechtlich begründeten Transaktionskosten

Aufgrund der rechtlichen Selbständigkeit der Konzernunternehmen können bei konzerninternen Anschaffungsgeschäften rechtlich begründete **Transaktionskosten** anfallen. Beispiele sind Beurkundungsgebühren, Grunderwerbsteuern, Kosten der Grundbucheintragung, nicht abziehbare Vorsteuern und Zölle. Im Schrifttum ist **umstritten,** ob derartige einzelbilanziell als Anschaffungsnebenkosten zu aktivierende Aufwendungen auch konzernbilanziell aktiviert werden können oder müssen. 10

BEISPIEL Im Jahr 01 erwirbt Konzernunternehmen T1 ein bebautes Lagergrundstück zu 1.000. Für Grunderwerbsteuer, Notar und Grundbuch fallen Kosten von 50 an, die als Anschaffungsnebenkosten aktiviert werden.

Im Jahr 05 benötigt T1 das Lager nicht mehr und veräußert das Grundstück daher an das Konzernunternehmen T2, das das Grundstück fortan nutzen wird. Erneut fallen einzelbilanziell Anschaffungsnebenkosten von 50 an. Fraglich ist, ob sie auch konzernbilanziell zu aktivieren oder als Aufwand zu verbuchen sind.

11 ► **Für** eine **Aktivierung** der Transaktionskosten werden abstrakt der **Einheitsgrundsatz** (→ § 297 Rz. 116) sowie das Gebot der tatsachengetreuen Darstellung der Vermögens-, Finanz- und Ertragslage (→ § 297 Rz. 110)[1] und wird **konkret** die Analogie zu innerkonzernlichen, der Herstellung der **Betriebsbereitschaft** dienenden Transportkosten (→ Rz. 10) angeführt.[2]

► Die **Gegenauffassung** beruft sich auf den **Wortlaut** von Abs. 1. Hiernach ist die Bewertung der konzernintern gelieferten Vermögensgegenstände unter der über § 297 HGB hinausgehenden Fiktion der **rechtlichen** Einheit vorzunehmen. Bei rechtlicher Einheit wären die Aufwendungen aber nicht angefallen, womit eine Aktivierung ausscheiden soll.[3]

Unseres Erachtens ist die **zweite Auffassung besser begründet.** Sie bezieht sich auf den konkreten Wortlaut von Abs. 1 und nicht auf abstrakte Prinzipien (Einheitsgrundsatz, tatsachengetreue Darstellung), die wegen ihrer notorischen Unbestimmtheit kaum zur Auslegung einer Vorschrift gegen den Wortlaut geeignet sind.

12 Unabhängig von der Betonung der rechtlichen Einheit in Abs. 1 sprechen u. E. aber auch **konzeptionelle Überlegungen** gegen eine Aktivierung rechtlicher Transaktionskosten. Entscheidend ist aus dieser Sicht die Definition der Anschaffungskosten in § 255 Abs. 1 HGB, die über § 298 Abs. 1 HGB auch konzernbilanziell gilt (→ Rz. 9). Nach dem daher anzuwendenden **finalen Anschaffungskostenbegriff** (→ § 255 Rz. 47) gelten als Anschaffungskosten alle Aufwendungen, die dazu dienen, den Erwerb oder die (erstmalige) Herstellung der Betriebsbereitschaft zu bewirken. Die Erfüllung dieses Zwecks ist aus der **Perspektive** des Bilanzierungssubjekts bzw. **der bilanzierenden Einheit** zu beurteilen und diese ist für den Konzernabschluss der **Konzern:**

► Bei der **Anschaffung von Konzernfremden** anfallende **Transaktionskosten** sind daher zu aktivieren,

► nicht hingegen **Transaktionskosten,** die bei der **innerkonzernlichen Weiterveräußerung** anfallen; diese dienen nicht mehr dem Erwerb durch den Konzern, stellen also **keine Konzernanschaffungsnebenkosten** dar.

Lediglich unter dem Gesichtspunkt der Herstellung der Betriebsbereitschaft können derartige Transaktionskosten ausnahmsweise zu Konzernanschaffungskosten führen. Im Beispiel unter → Rz. 10 ist das nicht der Fall. Zwar mag die Weiterlieferung des Grundstücks von T1, die keine Verwendung mehr hat, an T2 i. w. S. der **Erhaltung** der Betriebsbereitschaft im Konzern dienen, keinesfalls aber der Herstellung der Betriebsbereitschaft. Die Betriebsbereitschaft für den Konzern war schon bei T1 gegeben. Die Weiterlieferung wahrt ggf. die Betriebsbereitschaft im Konzern, stellt sie aber nicht her.

1 Vgl. *ADS*, 6. Aufl., § 299 Tz. 18.

2 Vgl. *Störk/Kliem/Walkenbach*, in Beck'scher Bilanz-Kommentar, 13. Aufl. 2022, § 304 Tz. 13.

3 Vgl. *Kraft* in Ulmer (Hrsg.), HGB-Bilanzrecht, Bd. 2, 2002, § 304 Tz. 37; *Weber* in Küting/Weber (Hrsg.), Handbuch der Konzernrechnungslegung, Bd. II, 1998, § 304 Tz. 47.

Eine andere Wertung ist jedoch bei **speziellen Umständen** möglich: 13

BEISPIEL ► Zum Konzern K gehören die Bank B und das Produktionsunternehmen P. B erwirbt im Wege der Zwangsvollstreckung ein Lagergrundstück und veräußert es an P weiter, das es anschließend nutzt. Aus rechtlichen und tatsächlichen Gründen kam ein unmittelbarer Erwerb durch P nicht infrage.

Bei weiterer Interpretation kann der Weiterveräußerungsvorgang als der Herstellung der Betriebsbereitschaft im Konzern dienend angesehen werden. Eine Aktivierung der mit der Weiterveräußerung verbundenen Transaktionskosten ist deshalb in Betracht zu ziehen.

Zusammenfassend gilt u. E. daher: 14

- **Regelmäßig** sind durch innerkonzernliche Weiterveräußerung bedingte rechtliche Transaktionskosten nicht zu aktivieren, da sie dem Erwerb durch den Konzern und der Herstellung der Betriebsbereitschaft im Konzern nicht dienen und deshalb **keine Konzernanschaffungskosten** darstellen.
- Eine Aktivierung **kann ausnahmsweise** infrage kommen, wenn die innerkonzernliche Weiterveräußerung der Herstellung (nicht der Wahrung) der Betriebsbereitschaft dient. Der Anschaffungskostenbegriff spricht in solchen Ausnahmefällen **für**, die Fiktion der rechtlichen Einheit in Abs. 1 **gegen** eine Aktivierung.

1.3 Konzernherstellungskosten

Vermögensgegenstände, die zunächst von einem Konzernunternehmen hergestellt wurden und dann konzernintern weiterveräußert werden, um vom Abnehmer ohne oder mit Weiterverarbeitung erst in einer Folgeperiode an Konzernexterne veräußert zu werden, sind nach Abs. 1 mit ihren Konzernherstellungskosten anzusetzen. 15

Für die **Definition** der Herstellungskosten gilt § 255 Abs. 2 HGB. Bei der Ermittlung von Herstellungskosten bestehende Wahlrechte, also die Einbeziehung/Nichteinbeziehung von Kosten der allgemeinen Verwaltung etc. (→ § 255 Rz. 131) sowie von Zinsen (→ § 255 Rz. 136), sind nach § 308 HGB konzerneinheitlich auszuüben. Aktivierungsfähig bzw. -pflichtig sind **extern** anfallende Aufwendungen, also z. B. nicht Zinsen für konzerninterne Darlehen, die einen Herstellungsvorgang finanzieren. 16

Besondere Bedeutung haben die Konzernherstellungskosten bei **Vorräten.** Die Frage, welche bilanzielle Kategorie von Vorräten vorliegt – unfertige Erzeugnisse oder fertige Erzeugnisse und Waren –, ist ebenso wie der Ausweis des nach Zwischenergebniseliminierung verbleibenden Ertrags in der GuV aus der **Perspektive des Konzerns** zu beurteilen. 17

BEISPIEL ► Zum Konzern K gehören u. a. das Produktionsunternehmen P und das Vertriebsunternehmen V. Die von P hergestellten Erzeugnisse werden an V verkauft, um von V an Dritte weiterveräußert zu werden.
P hat Erzeugnisse für 100 hergestellt und für 120 an V veräußert. Am Stichtag befinden sich die Erzeugnisse noch im Bestand von V.

In der Einzel-GuV von P (nach Gesamtkostenverfahren) sind 120 Umsatzerlöse erfasst, in der Einzelbilanz von V unter „Waren und Erzeugnisse" Bestände von 120 ausgewiesen. Aus Konzernsicht liegt ein Herstellungsvorgang vor. Er ist in der GuV als „Bestandsänderung Erzeugnisse" und nicht als Umsatzerlös zu erfassen (Umkategorisierung von 100), andererseits der Höhe nach zu korrigieren (20).

Per Umsatzerlöse	120	an	Bestandsänderung	100
		an	fertige Erzeugnisse und Waren	20

18 Mit der innerkonzernlichen Lieferung können Transportkosten verbunden sein. Soweit diese nicht Vertriebscharakter haben (Transport in Auslieferungslager), sondern der weiteren Verarbeitung dienen **(Transport an nächste Produktionsstufe)**, sind sie als **Herstellungskosten** zu erfassen.

2. Konzern-GuV

2.1 Eliminierung von Zwischengewinnen

19 Eine im Rahmen der Konsolidierungsbuchungen nach Abs. 1 vorgenommene Minderung eines Aktivpostens gegenüber Einzel- bzw. Summenbilanz (Habenbuchung) bedingt als Gegenposten eine Ertragsminderung oder (seltener) einen Aufwand (Sollbuchung). Die Eliminierung von Zwischengewinnen drückt sich also in deren Entstehungsjahr aggregiert in folgendem Buchungssatz aus:

Per Ertrag	an	Aktivum

Zu den Buchungen in Folgejahren wird auf → Rz. 21 verwiesen.

2.2 Eliminierung von Zwischenverlusten

20 Ebenfalls unter den Anwendungsbereich von Abs. 1 fällt die allerdings **praktisch weniger bedeutsame** Eliminierung von Zwischenverlusten. Auch bei mit Verlust (d. h. unter einzelbilanziellem Buchwert des Leistenden) bewirkter Lieferung ist nach Abs. 1 zu prüfen, ob unter der Fiktion der rechtlichen Einheit ein anderer (in diesem Fall höherer) Ansatz als in der Einzelbilanz des Empfängers geboten wäre. Hierbei ist wie folgt zu unterscheiden:

- Der einzelbilanzielle Transaktionsverlust tritt an die Stelle einer sonst vorzunehmenden außerplanmäßigen **Abschreibung:** Der Zwischenverlust ist nicht zu eliminieren, ggf. jedoch erfolgsneutral umzukategorisieren.
- Einzelbilanziell wäre **keine** außerplanmäßige Abschreibung geboten gewesen. Der Zwischenverlust ist zu eliminieren.

BEISPIEL Am 1.1.01 erwirbt T1 Wertpapiere zu 100. Am 30.12. und 31.12.01 valutieren die Papiere nur noch mit 90. Die Wertminderung ist voraussichtlich nicht von Dauer. Im Konzern werden Finanzanlagen nur dann außerplanmäßig abgeschrieben, wenn eine dauernde Wertminderung vorliegt.

Am 30.12.01 veräußert T1 die Wertpapiere für 90 an T2 und bucht dabei einen Abgangsverlust (sonstiger betrieblicher Aufwand) von 10.

ALTERNATIVE 1 **Die Wertpapiere sind Umlaufvermögen**

Wenn der Konzern eine rechtliche Einheit darstellen würde, wäre es zwar nicht zu einem Transaktionsverlust (sonstiger betrieblicher Aufwand) gekommen, die Wertpapiere wären aber wegen des für Umlaufvermögen geltenden strengen Niederstwertprinzips abgeschrieben und damit auch ohne die Transaktion nur noch mit 90 angesetzt worden. Dem ist nach Abs. 1 auch in der Konzernbilanz zu folgen. Eine Zwischenergebniseliminierung unterbleibt. Der Aufwand wird lediglich umgegliedert:

Per außerplanmäßige Abschreibung	10	an	sonstiger betrieblicher Aufwand	10

ALTERNATIVE 2 **Die Wertpapiere sind Anlagevermögen**

Wenn der Konzern eine rechtliche Einheit darstellen würde, wäre es zu einem Transaktionsverlust (sonstiger betrieblicher Aufwand) nicht gekommen. Die Wertpapiere wären wegen der voraussichtlich nur vorübergehenden Wertminderung aber auch nicht abgeschrieben, sondern mit 100 weiter bilanziert worden. Dem ist nach Abs. 1 auch in der Konzernbilanz zu folgen. Eine (verlustmindernde) Zwischenergebniseliminierung ist vorzunehmen:

Per Wertpapiere	10	an	sonstiger betrieblicher Aufwand	10

2.3 Technik der Zwischenergebniseliminierung über mehrere Perioden

Im Zeitverlauf ist beim wichtigsten Anwendungsfall der Zwischenergebniseliminierung, dem **Vorratsvermögen,** mindestens wie folgt zu unterscheiden: 21

- **Periode 1:** Konzernunternehmen A liefert unter einzelbilanzieller Realisierung eines Gewinns an Konzernunternehmen B, B aber noch nicht an Dritte. Der Liefergegenstand verbleibt im Konzern. Der einzelbilanzielle **Gewinn ist zu eliminieren** (per Ertrag an Aktivum).
- **Periode 2:** Konzernunternehmen B liefert an Dritte. Der einzelbilanziell dabei anfallende Gewinn ist niedriger als der des Konzerns, da der Gewinnaufschlag von A in Periode 1 bei B in Periode 2 zu Aufwand (Umsatzkosten, Materialaufwand etc.) wird. Neben einer **erfolgsneutralen Eröffnungsbilanzbuchung** (per Gewinnrücklage an Aktivum) ist eine **aufwandsmindernde Buchung** geboten (per Aktivum an Aufwand).

BEISPIEL Zum Konzern K gehören u. a. das Produktionsunternehmen P und das Vertriebsunternehmen V. Die von P hergestellten Erzeugnisse werden an V verkauft, um von V an Dritte weiterveräußert zu werden:

- P hat im Jahr 01 Erzeugnisse für 100 hergestellt und für 120 an V veräußert. Am 31.12.01 befinden sich die Erzeugnisse noch im Bestand von P.
- Im Jahr 02 veräußert V die Waren für 150 an Dritte.

Über beide Perioden entsteht im Konzern ein Erfolg (Rohertrag) von 50. Einzelbilanziell verteilt sich der Erfolg mit 20 (bei P im Jahr 01) und 30 (bei V im Jahr 02) auf beide Perioden. Der einzelbilanzielle Erfolg von 20 in Periode 1 wird durch die Zwischenergebniseliminierung konzernbilanziell auf 0 reduziert. Bei gleichem Totalergebnis muss mithin in Periode 2 der Konzernerfolg 50 betragen, also 20 mehr als der einzelbilanzielle Erfolg.

Die Konsolidierungsbuchungen sind wie folgt:

PERIODE 1 **(Ergebnisminderung von 20)**

Per Umsatzerlöse	120	an	Bestandserhöhung	100
		an	Vorräte	20

PERIODE 2 **(Ergebniserhöhung von 20)**

Per Gewinnrücklagen	20	an	Vorräte	20 (EB-Buchung)
Per Bestandsminderung	100			
Per Vorräte	20	an	Materialaufwand	120

Insbesondere bei der konzerninternen **Lieferung von Anlagen** kann die Zwischenergebniseliminierung über **viele Perioden** nachwirken. 22

BEISPIEL Konzernunternehmen A „liefert“ am 31.12.01 ein nicht aktivierungsfähiges Markenrecht an Konzernunternehmen B für 100. B schreibt die Marke über zehn Jahre linear ab.

PERIODE 1

Per sonstiger Ertrag	100	an	Marke	100

PERIODE 2

Per Gewinnrücklagen	100	an	Marke	100 (EB-Buchung)
Per Marke	10	an	Abschreibung	10

PERIODE 3

Per Gewinnrücklagen	90	an	Marke	90 (EB-Buchung)
Per Marke	10	an	Abschreibung	10

etc.

23 Im vorstehenden Beispiel noch nicht berücksichtigt sind die **latenten Steuerfolgen** der Zwischenergebniseliminierung. Bei positivem Zwischenergebnis entsteht eine abzugsfähige temporäre Differenz, die nach § 306 HGB einen Ansatz aktiver latenter Steuern nach sich zieht. Bei der Berechnung der Latenz ist der Steuersatz des die konzerninterne Leistung empfangenden Unternehmens heranzuziehen. Für Einzelheiten und ein Anwendungsbeispiel wird auf → § 306 Rz. 23 verwiesen.

3. Dreiecksgeschäfte, unechte Lohnveredelung[1]

24 §§ 304, 305 HGB zielen auf die Zwischenergebniseliminierung sowie die Aufwands- und Ertragskonsolidierung bei Lieferungen oder Leistungen zwischen in den Konzernabschluss einbezogenen Unternehmen. In den Leistungsverkehr kann aber ein **Dritter** eingeschaltet sein.

BEISPIEL Der Solar-Konzern ist vertikal integriert.

- Die Ingot-AG fertigt aus solarem Silizium Kristallsäume *(Ingots)*.
- Diese werden von der Wafer-AG in nanometerdicke Scheiben *(Wafer)* geschnitten,
- aus denen die Zell-AG Solarzellen herstellt,
- die dann von der Modul-AG gerahmt und gruppiert zu Solarmodulen verarbeitet werden,
- um schließlich von der Vertriebs-AG veräußert zu werden.

Auf allen Produktionsstufen werden auch Lieferungen an Dritte getätigt. Abhängig von der Nachfrage Dritter auf den einzelnen Produktionsstufen entstehen im vertikalen Verbund Engpässe, die durch Auftragsvergabe an Außenstehende gelöst werden. In der Periode 1 kommt es u. a. zu folgenden Auftragsvergaben:

- Ein Teil der *Ingots* wird von der Ingot-AG an die konzernfremde X-GmbH geliefert, die daraus ohne Verwendung wesentlicher selbst beschaffter Stoffe *Wafer* fertigt und an die Zell-AG weiterliefert.
- Ein Teil der Zellen wird an die konzernfremde Y-GmbH geliefert, die daraus unter Verwendung wesentlicher selbst beschaffter Stoffe (Hauptstoffe, insbesondere Rahmen) Module fertigt und an die Vertriebs-AG weiterliefert.

Zivilrechtlich sind die Lieferungen an die X- und Y-GmbH (ebenso wie die Rücklieferungen der weiterverarbeiteten Sache) als Kaufverträge gestaltet. Die allerdings durch Versicherungen abgedeckte Gefahr des zufälligen Untergangs geht mit der Lieferung jeweils auf den Konzernexternen über. Liefer- und Rücklieferverträge sind aufeinander abgestimmt. Bei Lieferung an den Außenstehenden sind die aus dem ursprünglichen Liefervolumen abgeleitete Menge und der Preis der von diesem „zurückzuliefernden weiterverarbeiteten Sache" bereits fixiert.

1 Nachfolgende Überlegungen überwiegend entnommen aus *Lüdenbach*, PiR 2009 S. 116 ff.

Im vorstehenden Beispiel stellen sich zwei **Fragen:** 25

- Muss ein bei Lieferung an den externen Verarbeiter einzelbilanziell realisierter **Gewinn** (in entsprechender Anwendung von § 304 HGB) konzernbilanziell **eliminiert** werden, wenn das Objekt nach Verarbeitung durch den Dritten an den Konzern zurückgeliefert wird?
- Kann in einer vertikal integrierten Produktions- und Absatzkette aus dem gleichen Gegenstand mehrfach Umsatz generiert werden, indem neben dem Endkundenumsatz auch die Lieferungen an externe Verarbeiter (X und Y) als Umsatz erfasst werden, oder muss im Verhältnis zum zwischengeschalteten Dritten der einzelbilanzielle **Umsatz konsolidiert** werden?

Das **handelsrechtliche Schrifttum** sieht eine Notwendigkeit zur Eliminierung und Konsolidierung nur dort, wo die Vorschriften zur Zwischenergebniseliminierung und zur Aufwandskonsolidierung durch die Einschaltung eines Dritten **bewusst umgangen** werden sollen.[1] In der **internationalen Rechnungslegung** werden die zu §§ 304, 305 HGB äquivalenten Vorschriften des IAS 27 (IFRS 10) unter Hinweis auf die wirtschaftliche Betrachtungsweise, speziell die wirtschaftliche Verbundenheit von Lieferung und Rücklieferung *(linked transaction)*, z.T. so ausgelegt, dass eine Eliminierung/Konsolidierung notwendig ist.[2]

Unseres Erachtens ist eine **Eliminierung/Konsolidierung** auch **handelsrechtlich notwendig.** 26
Eine solche Pflicht ergibt sich allerdings nicht unmittelbar aus §§ 304, 305 HGB (ebenso wenig wie nach IFRS aus IFRS 10), da eben keine Lieferungen zwischen konzernzugehörigen Unternehmen vorliegen, sondern ein Dritter eingeschaltet ist. In diesem Dreiecksverhältnis ist aber nach der **wirtschaftlichen Qualität der Drittleistung** für den Konzern zu fragen.

Nach Maßgabe des **Einheitsgrundsatzes** ist diese Frage so zu beantworten, als ob die einbezogenen Unternehmen wirtschaftlich ein einheitliches Unternehmen darstellen würden. Unerheblich ist damit zunächst, ob der Dritte nach Weiterverarbeitung an das ursprünglich liefernde Konzernunternehmen oder ein anderes Konzernunternehmen zurückliefert.

Ist diese Rücklieferung von Anfang an vereinbart, im Preis fixiert und der Menge nach auf die ursprüngliche Lieferung abgestimmt, bewirkt der Dritte für den Konzern keine eigenständige, von der ursprünglichen Lieferung unabhängige Lieferung, sondern eine Verarbeitung. Soweit er bei dieser Verarbeitung keine eigenen Hauptstoffe verwendet (im Beispiel das Zersägen der *Ingots* in die *Wafer*), liegt eine **Lohnveredelung** vor, auch wenn wegen der rechtlichen Selbständigkeit von Lieferer und Empfänger der Rücklieferung Kaufvertragsrecht vereinbart ist. Diese ist bei Periodenversatz zwischen beiden Lieferungen wie folgt darzustellen:

- Mit der **ersten Lieferung** entsteht **kein Umsatz.** Das Preis- und Absatzrisiko bleibt wegen der Rücklieferung zum fixierten Preis und in fixierter Menge beim Konzern, der damit auch wirtschaftlicher Eigentümer bleibt. Eine gleichwohl empfangene Zahlung ist zu passivieren. Aufbauend auf der Summenbilanz ergeben sich bei unterstellten Herstellungskosten von 80, einem sofort zu zahlenden Lieferpreis von 100 und einem Rücknahmepreis von 110 folgende in Summe zu einer Zwischenergebniseliminierung von 20 führende Buchungen:

1 Vgl. *Störk/Kliem/Walkenbach*, in Beck'scher Bilanz-Kommentar, 13. Aufl. 2022, Tz. 10; *ADS*, 6. Aufl., § 304 Tz. 53 ff.; *Weber* in Küting/Weber (Hrsg.), Handbuch der Konzernrechnungslegung, Bd. II, 1998, Tz. 14. Sowie mit einem Überblick über die handelsrechtlichen Meinungen *Bense*, StuB 2022 S. 418 ff.

2 Nachweise bei *Lüdenbach*, PiR 2009 S. 116 ff.

Per Umsatz	100	an	Verbindlichkeit gegen Lohnveredler	100
Per Erzeugnisse	80	an	Bestandserhöhung Erzeugnisse	80

► Mit der Rücklieferung hat das einzelbilanziell als Rohstoff erfasste, konzernbilanziell (nach wie vor) unfertige Erzeugnis einen Fertigungsfortschritt erzielt, der bestandserhöhend zu berücksichtigen ist. Aufbauend auf der Summenbilanz (die Rohstoffe i. H. von 110 ausweist) ergeben sich bei gleichen Daten und sofortiger Zahlung folgende Buchungen:

Per Erzeugnisse	80	an	Verbindlichkeit gegen Lohnveredler	100 (EB-Buchung)
Per Gewinnrücklage	20			
Per Verbindlichkeit gegen Lohnveredler	100			
Per Materialaufwand	10	an	Rohstoffe	110
Per Erzeugnisse	10	an	Bestandserhöhung Erzeugnisse	10

Die zweite im Beispiel unter → Rz. 24 dargestellte Liefer- und Rücklieferbeziehung (*Wafer* und Module) zeichnet sich dadurch aus, dass der Dritte selbst beschaffte Hauptstoffe hinzufügt, in inhaltlicher Betrachtung also keine reine Werkleistung, sondern eine Werklieferung erbringt **(unechte Lohnveredelung)**. Umsatzsteuerlich, etwa bei der Befreiung von Ausfuhrleistungen, kann dies einen gravierenden Unterschied machen. Für die konzernbilanzielle Behandlung ist der Unterschied zur echten Lohnveredelung u. E. irrelevant. Das Marktrisiko und damit das **wirtschaftliche Eigentum** am gelieferten Gegenstand bleiben beim Konzern. Unabhängig davon, ob die durch den Dritten bewirkte Qualitätsänderung allein auf Arbeiten (Werkleistungen) oder auch auf Stoffe zurückzuführen ist, bleiben Hin- und Rücklieferung ein einheitlicher Vorgang *(linked transaction)*, der als solcher darzustellen ist.

27 Übernimmt der Dritte **Produktionsrisiken**, so ist eine andere Betrachtung dann nicht geboten, wenn die Risiken bei typischem Verlauf im Verhältnis zu den beim Konzern verbleibenden Marktrisiken gering sind.

BEISPIEL ► Bei der Verarbeitung von Zellen zu Modulen variiert die Bruchrate i. d. R. zwischen 2 % bei – in Schulnoten ausgedrückt – „gut" abgestimmter und 4 % bei „ausreichend" abgestimmter Produktion. Die Parteien im Beispiel unter → Rz. 24 legen vertraglich eine Bruchrate von 3 % als Norm fest. Wird diese Rate unterschritten, darf der Dritte (die Y-GmbH) die überschüssigen Zellen/Module selbst verwerten; wird die Rate überschritten, muss der Dritte Ersatzzellen auf eigene Rechnung besorgen oder einen äquivalenten Schadenersatz leisten.

Ist ein Überschreiten der 4 % ebenso wie ein Unterschreiten der 2 % nur wenig wahrscheinlich, führt das (realistische) Produktionsrisiko nicht zum Übergang der Mehrheit der Chancen und Risiken und damit des wirtschaftlichen Eigentums auf den Dritten.

III. Wesentlichkeitsvorbehalt (Abs. 2)

28 Eine Zwischenergebniseliminierung kann nach Abs. 2 unterbleiben, wenn die Behandlung des Zwischenergebnisses für die Vermittlung eines den tatsächlichen Verhältnissen entsprechenden Bilds der Vermögens-, Finanz- und Ertragslage des Konzerns von untergeordneter Bedeutung ist. Die Vorschrift hat **deklaratorischen** Charakter. Sie wiederholt lediglich den allgemein für die Rechnungslegung geltenden Wesentlichkeitsvorbehalt. Zu seiner Konkretisierung kann sie nichts beitragen, da es gerade in der Natur des Wesentlichkeitsgrundsatzes liegt, auf die Umstände des Einzelfalls abzustellen.

Für die dabei infrage kommenden **Beurteilungskriterien** wird auf → § 252 Rz. 233 verwiesen.

Maßstab der (Un-)Wesentlichkeit der Zwischenergebniseliminierung ist deren Gesamteffekt auf die VFE-Lage, nicht der Effekt einer einzelnen Transaktion.[1] Das Wahlrecht kann im Übrigen unabhängig von den gleichartigen Wahlrechten bei der Schuldenkonsolidierung (§ 303 Abs. 2 HGB) sowie der Aufwands- und Ertragskonsolidierung (§ 305 Abs. 2 HGB) ausgeübt werden.[2]

§ 305 Aufwands- und Ertragskonsolidierung

(1) In der Konzern-Gewinn- und Verlustrechnung sind

1. **bei den Umsatzerlösen die Erlöse aus Lieferungen und Leistungen zwischen den in den Konzernabschluss einbezogenen Unternehmen mit den auf sie entfallenden Aufwendungen zu verrechnen, soweit sie nicht als Erhöhung des Bestands an fertigen und unfertigen Erzeugnissen oder als andere aktivierte Eigenleistungen auszuweisen sind,**
2. **andere Erträge aus Lieferungen und Leistungen zwischen den in den Konzernabschluss einbezogenen Unternehmen mit den auf sie entfallenden Aufwendungen zu verrechnen, soweit sie nicht als andere aktivierte Eigenleistungen auszuweisen sind.**

(2) Aufwendungen und Erträge brauchen nach Absatz 1 nicht weggelassen zu werden, wenn die wegzulassenden Beträge für die Vermittlung eines den tatsächlichen Verhältnissen entsprechenden Bildes der Vermögens-, Finanz- und Ertragslage des Konzerns nur von untergeordneter Bedeutung sind.

Inhaltsübersicht **Rz.**

LITERATUR:

Löhr, Die Konsolidierung der Innenumsatzerlöse aus Lieferungen – eine Kritik, BB 1999 S. 835.

I. Regelungsinhalt

Erlöse und andere **Erträge** eines einzubeziehenden Unternehmens aus **konzerninternen** Leistungen sind nach Abs. 1 mit den beim anderen Unternehmen entstehenden **Aufwendungen** zu **verrechnen.** 1

Soweit es beim Empfänger **noch nicht** zu **Aufwand** (Verbrauch) der bezogenen und auch konzernbilanziell zu aktivierenden Leistung gekommen ist, scheidet eine Verrechnung gegen den Aufwand des Empfängers aus. Ggf. erfolgt

- im **Gesamt**kostenverfahren eine **Umklassifizierung** der Erträge in Bestandserhöhungen/aktivierte Eigenleistungen (→ Rz. 6),

1 Vgl. *Bense*, StuB 2022 S. 418 ff.

2 Vgl. *Bense*, StuB 2022 S. 418 ff.

- im **Umsatz**kostenverfahren eine **Verrechnung** der Erträge gegen die beim gleichen, nämlich dem leistenden Unternehmen als Umsatzkosten oder Funktionskosten erfassten Aufwendungen (→ Rz. 9).

2 § 305 HGB ist seinem ausdrücklichen Wortlaut nach nur auf Lieferungen zwischen in den Konzernabschluss **einbezogenen** Unternehmen anwendbar, nicht hingegen bei Lieferverkehr mit Tochterunternehmen, auf deren Einbeziehung in Ausübung der Wahlrechte aus § 296 HGB verzichtet wurde.

Über den Verweis in § 310 Abs. 2 HGB gelten die Regelungen zur Zwischenergebniseliminierung aber bei **quotal konsolidierten** Gemeinschaftsunternehmen (→ § 310 Rz. 25). Zur Zwischenergebniseliminierung bei ***Equity*-Konsolidierung** wird auf → § 312 Rz. 55 verwiesen.

3 Nicht in § 305 HGB, sondern in § 304 HGB ist die **Zwischenergebniseliminierung** aus konzerninternen Leistungen einzelbilanziell realisierter Gewinne geregelt. Das Verhältnis beider Vorschriften ist **komplementär:**

BEISPIEL T1 hat Waren für 100 extern erworben und veräußert sie für 120 an T2.

ALTERNATIVE 1 Zum Stichtag hat T2 die Vorräte bereits für 150 an Dritte veräußert.

Einzelbilanziell wird zweimal Umsatz (120 + 150 = 270) und zweimal Materialaufwand (100 + 120 = 220) erfasst. Konzernbilanziell steht einem externen Materialaufwand von 100 ein externer Umsatz von 150 gegenüber. Konsolidierung nach § 305 HGB:

Per Umsatz	120	an	Materialaufwand	120

ALTERNATIVE 2 Zum Stichtag sind die Vorräte noch nicht veräußert.

Umsatz (120), Materialaufwand (100) und Gewinn (20) sind nur einzelbilanziell angefallen, konzernbilanziell ist es weder zu Umsatz noch zu Materialaufwand (Verbrauch) gekommen. Konsolidierung nach § 304 HGB i.V. mit § 305 HGB:

Per Umsatz	120	an	Materialaufwand	100
		an	Vorräte	20

4 Weder § 305 HGB noch § 304 HGB treffen Regelungen zu **Dreiecksgeschäften,** bei denen etwa Konzernunternehmen T1 an einen Dritten und der nach Weiterverarbeitung („Lohnveredelung") an Konzernunternehmen T2 liefert. Hierzu wird auf → § 304 Rz. 24 verwiesen.

Ebenso wenig behandeln beide Paragraphen die erfolgswirksame Konsolidierung von Erträgen oder Aufwendungen aus **Beteiligungen an konsolidierten Unternehmen.** Ausführungen hierzu enthält → Rz. 12.

5 Die durch Abs. 1 getroffenen Regeln zur Verrechnung von Erträgen und Aufwendungen stellt Abs. 2 ausdrücklich unter **Wesentlichkeitsvorbehalt.** Sind die wegzulassenden Beträge für die Vermögens-, Finanz- und Ertragslage des Konzerns nur von untergeordneter Bedeutung, kann auf die Aufwands- und Ertragskonsolidierung **verzichtet** werden (→ Rz. 13).

II. Konsolidierung der Umsatzerlöse (Abs. 1 Nr. 1)

1. Gesamtkostenverfahren

6 Abs. 1 Nr. 1 enthält zwei Gebote:

- **Verrechnung** konzerninterner **Umsatzerlöse** mit den darauf entfallenden Aufwendungen sowie

- im Falle der Aktivierung der Leistung durch den Empfänger bei Anwendung des Gesamtkostenverfahrens stattdessen eine **Umkategorisierung** der Umsatzerlöse in Bestandserhöhungen oder andere aktivierte Eigenleistungen.

Wichtigster Anwendungsfall von Abs. 1 Nr. 1 ist die Lieferung von **Vorräten.** Die konsolidierungstechnische Behandlung ist von drei Kriterien abhängig: 7

1. Hat das **leistende Konzernunternehmen Erzeugnisse** oder extern bezogene **Waren** konzernintern veräußert?
2. Verarbeitet das **empfangende Konzernunternehmen** den Gegenstand weiter **(Fertigung)** oder veräußert es ihn ohne Verarbeitung **(Handel)**?
3. Hat das empfangende Konzernunternehmen den bezogenen Gegenstand (mit oder ohne Weiterverarbeitung) am **Stichtag** schon **konzernextern veräußert** oder befindet er sich am Stichtag noch im **Bestand?**

Folgende Fälle sind in der Kombination dieser Kriterien zu unterscheiden:

1. **Externe bezogene Ware, die vom konzerninternen Empfänger nicht weiterverarbeitet wird.**

a) Zum Stichtag ist noch keine Weiterveräußerung an einen Konzernexternen erfolgt.

Aus Konzernsicht ist weder ein Umsatzerlös (da reine Innenleistung) noch ein Materialaufwand (da extern bezogene Ware noch nicht konzernextern veräußert) entstanden. Konsolidierungsbuchung:

Per interner Umsatz	an	externer Materialaufwand

b) Zum Stichtag ist die Weiterveräußerung bereits erfolgt.

Der Innenumsatz des leistenden Konzernunternehmens ist gegen den korrespondierenden Materialaufwand beim empfangenden Konzernunternehmen zu konsolidieren:

Per interner Umsatz	an	interner Materialaufwand

2. **Extern bezogene Rohstoffe, die nach Verarbeitung konzernintern weitergeliefert, vom konzerninternen Empfänger aber nicht mehr weiterverarbeitet werden.**

a) Zum Stichtag ist noch keine Weiterveräußerung an einen Konzernexternen erfolgt.

Aus Konzernsicht ist kein Umsatzerlös (da reine Innenleistung), sondern eine Fertigungsleistung erbracht. Die Konsolidierungsbuchung verrechnet nicht Umsatz gegen Aufwand, sondern führt zur Umkategorisierung von Umsatz in Bestandserhöhung Erzeugnisse:

Per interner Umsatz	an	Bestandserhöhung Erzeugnisse

b) Zum Stichtag ist die Weiterveräußerung erfolgt.

Der Innenumsatz des leistenden Konzernunternehmens ist gegen den korrespondierenden Materialaufwand beim empfangenden Konzernunternehmen zu konsolidieren:

Per interner Umsatz	an	interner Materialaufwand

3. **Extern bezogene Rohstoffe, die nach Verarbeitung konzernintern weitergeliefert und dann vom konzerninternen Empfänger weiterverarbeitet werden.**

a) Zum Stichtag ist noch keine Weiterveräußerung an einen Konzernexternen erfolgt.

b) Die Weiterverarbeitung ist bereits abgeschlossen.

Aus Konzernsicht ist kein Umsatzerlös (da reine Innenleistung), sondern eine Fertigungsleistung erbracht. Diese Fertigungsleistung ist beim empfangenden Unternehmen ertragsseitig schon als „Bestandserhöhung Erzeugnisse“ erfasst, aufwandsseitig u. a. mit dem Materialaufwand aus dem konzerninternen Bezug. Konzernbilanziell repräsentiert dieser Materialaufwand aber nur den Fertigungsanteil des ersten Konzernunternehmens, der bei diesem schon über diverse Aufwandsposten (Material, Personal etc.) erfasst ist. Zur Vermeidung einer Doppelberücksichtigung ist wie folgt zu konsolidieren:

Per interner Umsatz	an	interner Materialaufwand

c) Die Weiterverarbeitung hat noch nicht begonnen.

Der konzerninterne Empfänger weist die bezogene Leistung noch unter Rohstoffen aus. Aus Konzernsicht handelt es sich um ein unfertiges Erzeugnis. Bilanziell ist also umzukategorisieren (per unfertige Erzeugnisse an Roh-, Hilfs- und Betriebsstoffe). Hinsichtlich der GuV ist eine Umkategorisierung von Umsatz in Bestandserhöhung unfertige Erzeugnisse geboten:

Per interner Umsatz	an	Bestandserhöhung unfertige Erzeugnisse

d) Zum Stichtag ist die Weiterveräußerung erfolgt.

Der Innenumsatz des leistenden Konzernunternehmens ist gegen den korrespondierenden Materialaufwand beim empfangenden Konzernunternehmen zu konsolidieren:

Per interner Umsatz	an	interner Materialaufwand

8 Wird die konzerninterne Leistung beim Empfänger nicht Vorrats-, sondern **Anlagevermögen,** ist danach zu unterscheiden, ob die Leistung vom ersten Unternehmen als **Ware** bezogen oder **hergestellt** wurde:

4. **Vom leistenden Konzernunternehmen extern bezogener Gegenstand.**

Aus Konzernsicht liegt weder ein Umsatz (da Innenleistung) noch ein Materialaufwand (da kein Verbrauch) vor. Konsolidierungsbuchung:

Per interner Umsatz	an	externer Materialaufwand

5. **Vom leistenden Konzernunternehmen hergestellter Gegenstand.**

Aus Konzernsicht liegt kein Umsatz (da Innenleistung), sondern eine andere aktivierte Eigenleistung vor. Konsolidierungsbuchung:

Per interner Umsatz	an	andere aktivierte Eigenleistung

2. Umsatzkostenverfahren

9 Im **Umsatzkostenverfahren** werden Aufwendungen, die sich auf noch nicht abgesetzte Leistungen oder aktivierte Anlagen beziehen, nicht in der GuV erfasst, sondern unmittelbar aktiviert (Nettodarstellung, → § 275 Rz. 8). Die in der Bruttodarstellung des Gesamtkostenverfahrens für den Ausgleich der Aufwendungen notwendigen Posten für **Bestandserhöhungen** und andere **aktivierte Eigenleistungen entfallen** daher im Umsatzkostenverfahren. Bei diesem Verfahren kommt es daher nicht darauf an, ob das konzernintern leistende Unternehmen nur handelt oder Hersteller ist, ob der konzerninterne Empfänger weiterverarbeitet oder nicht. Nur folgende Konstellationen sind bei einer Lieferung von **Vorräten** zu unterscheiden:

1. **Der konzerninterne Empfänger hat den Gegenstand noch im Bestand.**

   Aus Konzernsicht sind noch keine Umsatzerlöse und damit auch keine Umsatzkosten entstanden:

Per Umsatz	an	Umsatzkosten

2. **Der konzerninterne Empfänger hat den Gegenstand bereits an Dritte veräußert.**

   Umsatz und Umsatzkosten sind einzelbilanziell bei jedem der Konzernunternehmen, also insgesamt zweimal, erfasst. Aus Konzernsicht gibt es jedoch nur einmal Umsatz und einmal Umsatzkosten. Konsolidierungsbuchung:

Per Umsatz	an	Umsatzkosten

Wird die konzerninterne Leistung beim Empfänger nicht Vorratsvermögen, sondern **Anlagevermögen,** fallen konzernbilanziell weder Umsatz noch Umsatzkosten an. Wiederum ist zu buchen: 10

Per Umsatz	an	Umsatzkosten

III. Konsolidierung anderer Erträge (Abs. 1 Nr. 2)

Neben der nach Abs. 1 Nr. 1 notwendigen Konsolidierung der Umsatzerlöse sind nach Abs. 2 auch **„andere Erträge"** zu konsolidieren. Infrage kommen z. B. folgende Konsolidierungsbuchungen: 11

- Konzerninterne **Darlehen:** per Zinsertrag an Zinsaufwand.
- Konzerninterne **Mieten,** Dienstleistungsumlagen etc.: per sonstiger betrieblicher Ertrag an sonstiger betrieblicher Aufwand (im Umsatzkostenverfahren ggf. per sonstiger betrieblicher Ertrag an Verwaltungskosten etc.).

Wie bei der Konsolidierung der Umsatzerlöse ist zu beachten, ob die konzerninternen Aufwendungen ggf. zu **aktivieren** sind und daher im Gesamtkostenverfahren z. B. eine Umklassifizierung von sonstigen Erträgen in **aktivierte Eigenleistungen** notwendig ist (→ Rz. 8).

IV. Erträge und Aufwendungen aus Beteiligung an konsolidierten Unternehmen

Weder in § 305 HGB noch in § 304 HGB ist die Konsolidierung von Erträgen oder Aufwendungen aus Beteiligung an konsolidierten Unternehmen geregelt. Unter Berücksichtigung des **Regelungszwecks** der §§ 303 ff. HGB und des **Einheitsgrundsatzes** gilt hier Folgendes: 12

- **Beteiligungserträge:** Der Vollkonsolidierung immanent ist die Erfassung der Ergebnisse vollkonsolidierter Töchter bei Entstehung, unabhängig von ihrer gesellschaftsrechtlichen Verwendung (Ausschüttung); eine nochmalige Erfassung der von Tochterunternehmen erwirtschafteten Gewinne im Jahr der Ausschüttung würde hingegen über die Gesamtperioden zu einer Doppelerfassung des Vorgangs führen. Beteiligungserträge sind daher erfolgswirksam zu konsolidieren (→ § 297 Rz. 113).

Per Beteiligungsertrag	an	Gewinnrücklagen

- **Abschreibungen/Zuschreibungen:** Ebenso erfordert die Vollkonsolidierung zwingend eine Eliminierung der einzelbilanziellen Zuschreibungen und Abschreibungen auf Beteiligungen an Tochterunternehmen im Konzernabschluss, da der Konzern als wirtschaftliche Einheit nicht auf sich selbst abschreiben kann.

Per Gewinnrücklagen	an	Abschreibung Beteiligung

An die Stelle der Abschreibungen/Zuschreibungen auf die Beteiligung können im Konzernabschluss aber ggf. Abschreibungen/Zuschreibungen auf die konsolidierten **Vermögensgegenstände** des Tochterunternehmens treten.

V. Wesentlichkeitsvorbehalt (Abs. 2)

13 Eine Aufwands- und Ertragskonsolidierung kann nach Abs. 2 unterbleiben, wenn sie für die Vermittlung eines den tatsächlichen Verhältnissen entsprechenden Bilds der Vermögens-, Finanz- und Ertragslage des Konzerns von untergeordneter Bedeutung ist. Die Vorschrift hat **deklaratorischen** Charakter. Sie wiederholt lediglich den allgemein für die Rechnungslegung geltenden Wesentlichkeitsvorbehalt. Zu seiner Konkretisierung kann sie nichts beitragen, da es gerade in der Natur des Wesentlichkeitsgrundsatzes liegt, auf die Umstände des Einzelfalls abzustellen.

Für die dabei infrage kommenden Beurteilungskriterien wird auf → § 252 Rz. 233 verwiesen.

§ 306 Latente Steuern

[1]Führen Maßnahmen, die nach den Vorschriften dieses Titels durchgeführt worden sind, zu Differenzen zwischen den handelsrechtlichen Wertansätzen der Vermögensgegenstände, Schulden oder Rechnungsabgrenzungsposten und deren steuerlichen Wertansätzen und bauen sich diese Differenzen in späteren Geschäftsjahren voraussichtlich wieder ab, so ist eine sich insgesamt ergebende Steuerbelastung als passive latente Steuern und eine sich insgesamt ergebende Steuerentlastung als aktive latente Steuern in der Konzernbilanz anzusetzen. [2]Die sich ergebende Steuerbe- und die sich ergebende Steuerentlastung können auch unverrechnet angesetzt werden. [3]Differenzen aus dem erstmaligen Ansatz eines nach § 301 Abs. 3 verbleibenden Unterschiedsbetrages bleiben unberücksichtigt. [4]Das Gleiche gilt für Differenzen, die sich zwischen dem steuerlichen Wertansatz einer Beteiligung an einem Tochterunternehmen, assoziierten Unternehmen oder einem Gemeinschaftsunternehmen im Sinn des § 310 Abs. 1 und dem handelsrechtlichen Wertansatz des im Konzernabschluss angesetzten Nettovermögens ergeben. [5]§ 274 Abs. 2 ist entsprechend anzuwenden. [6]Die Posten dürfen mit den Posten nach § 274 zusammengefasst werden.

Inhaltsübersicht **Rz.**

LITERATUR:

Auf die unter § 274 angegebene Literatur wird verwiesen.

I. Regelungsinhalt

Bei der Behandlung zukünftiger Steuerbe- oder -entlastungen als Folge von Buchwertunterschieden zwischen Konzern- und Steuerbilanz (temporäre Differenzen) ist im Konzernabschluss wie folgt zu unterscheiden: 1

- Für Differenzen, die bereits auf der Ebene der **Einzelabschlüsse** der einbezogenen Unternehmen bestehen, gebietet § 298 Abs. 1 HGB i.V. mit **§ 274 HGB** eine Latenzierung nur für den Fall eines Überhangs **passiver** Latenzen. Bei einem **Aktivüberhang** hat der Konzern ein Ansatz**wahlrecht** (→ Rz. 9).
- Sofern die Differenzen auf bestimmte **Konsolidierungsmaßnahmen** zurückzuführen sind, besteht – mit wenigen Ausnahmen (→ Rz. 36) – nach **§ 306 HGB** ein Bilanzierungs**gebot** auch dann, wenn sich im Saldo eine Steuerentlastung (**Überhang aktiver** Latenzen) ergibt (→ Rz. 35).

Diese Unterscheidung nach der Herkunft der Differenzen ist systematisch nicht zu rechtfertigen, sondern **kasuistisch** (→ Rz. 9). Wie jede Kasuistik provoziert auch diese **Abgrenzungsfragen,** die bei einem systematischen Vorgehen überflüssig wären. Insbesondere geht es darum, ob die Anpassung an **konzerneinheitliche Bilanzierungs- und Bewertungsmethoden** (→ Rz. 16) oder die **erfolgswirksame Schuldenkonsolidierung** (→ Rz. 31) nach der Ebene des Einzelabschlusses (Anwendung von § 274 HGB) oder derjenigen der Konsolidierungsmaßnahmen (Anwendung von § 306 HGB) zuzuordnen ist. 2

Unstrittig unterliegen demgegenüber temporäre Differenzen aus der Aufdeckung stiller Reserven bei der **Zwischenergebniseliminierung** (→ Rz. 23) oder der **Kapitalkonsolidierung** dem Anwendungsbereich von § 306 HGB (→ Rz. 18).

Bei der Erstkonsolidierung entstehende Differenzen auf den ***Goodwill*** werden wegen der Ausnahmebestimmung von Satz 3 nicht latenziert (→ Rz. 37), ebenso wenig nach Satz 4 sog. ***„Outside basis"*-Differenzen** zwischen Nettovermögen eines Tochterunternehmens im Konzernabschluss und Beteiligungsbuchwert im steuerlichen Abschluss des Mutterunternehmens (→ Rz. 38). 3

Hinsichtlich der **Bewertung** der Latenzen verweist Satz 5 auf § 274 Abs. 2 HGB. Anzuwenden sind daher unternehmensspezifische statt konzerneinheitliche Steuersätze (→ Rz. 40). Beson- 4 derheiten bestehen hier bei Zwischenergebniseliminierung und Schuldenkonsolidierung (→ Rz. 42).

5 Für den **Ausweis** latenter Steuern bestehen zwei (kombinierbare) Wahlrechte (→ Rz. 43). Zulässig ist

- der saldierte oder unsaldierte Ansatz von aktiven und passiven Latenzen (Satz 1 und 2),
- außerdem die Zusammenfassung mit Latenzen aus § 274 HGB oder der davon separierte Ausweis (Satz 6).

II. Bilanzansatz (Satz 1, 3 und 4)

1. Überblick

1.1 Das *Temporary*-Konzept

6 Wie § 274 HGB folgt § 306 HGB dem bilanzorientierten ***Temporary*- Konzept** (→ § 274 Rz. 14). Im Unterschied zum GuV-orientierten *Timing*-Konzept kommt es daher nicht darauf an, ob Differenzen zwischen **Konzern- und Steuerbuchwerten** erfolgswirksam entstanden sind. Entscheidend sind allein die sich aus ihnen in Zukunft voraussichtlich ergebenden Steuerbe- oder -entlastungen.

Betroffen sind alle Differenzen, die sich im Zeitablauf steuerwirksam **auflösen.** Unerheblich ist, ob die Auflösung sich über einen **absehbaren Zeitraum** (z. B. durch die planmäßige Abschreibung) ergibt oder die Differenz auf unabsehbare Zeit bestehen bleibt (z. B. Differenzen im betriebsnotwendigen, nicht zur Veräußerung disponiblen Grund und Boden). Auch die als **quasipermanent** bezeichneten Differenzen des zweiten Typs sind zu latenzieren (→ § 274 Rz. 17).

7 Die latente Steuerbe- oder -entlastung wird durch **Realisierung** (Auflösung) der Differenzen zu einer manifesten. Diese Realisierung kann sich aus der fortgesetzten Nutzung (z. B. durch planmäßige oder außerplanmäßige Abschreibung) oder durch Abgang des differenzbehafteten Bilanzpostens (Veräußerung von nicht monetären Vermögensgegenständen, Tilgung von monetären Vermögensgegenständen und Schulden, Inanspruchnahme oder Auflösung von Rückstellungen) vollziehen.

8 Soweit sich Differenzen in **einzelnen Bilanzposten** realisieren, indem diese abgeschrieben, veräußert oder getilgt werden, bestehen im Vergleich zum Einzelabschluss keine Besonderheiten. Ein konzernspezifisches Problem ergibt sich jedoch hinsichtlich der **Entkonsolidierung.** Wenn ein vollkonsolidiertes Tochterunternehmen veräußert wird, gehen konzernbilanziell nach der **Einzelveräußerungsfiktion** (→ § 301 Rz. 115) die einzelnen Vermögensgegenstände, Schulden und sonstigen Posten des Tochterunternehmens ab, im Unterschied dazu steuerlich beim Mutterunternehmen der Beteiligungsbuchwert. Eine latente Steuerbe- oder -entlastung ergibt sich mit Blick auf eine eventuelle Entkonsolidierung/Beteiligungsveräußerung danach in Höhe der Differenz von Nettovermögen des Tochterunternehmens und steuerlichem Beteiligungsbuchwert. Diese sog. ***„Outside basis"*-Differenz** ist in Satz 4 mit einem Bilanzierungsverbot belegt (→ Rz. 38).

1.2 Kasuistik des § 306 HGB, insbesondere im Verhältnis zu § 274 HGB

9 § 306 HGB ist in jeder Hinsicht eine **kasuistische Vorschrift.** Dies ergibt sich zunächst aus der **Beziehung zu § 274 Abs. 1 HGB:**

- Nach § 274 Abs. 1 HGB i.V. mit § 298 Abs. 1 HGB sind die temporären Differenzen aus den Vermögensgegenständen, Schulden etc. der einbezogenen Unternehmen auch im Konzernabschluss zu berücksichtigen.
- Nach § 306 Satz 1 HGB sind infolge bestimmter Konsolidierungsmaßnahmen (zusätzlich) entstandene temporäre Differenzen zu latenzieren.

Die Abgrenzung beider Fälle ist nur deshalb von Bedeutung, weil die Latenzen nach § 274 HGB im Falle eines **Aktivüberhangs** nicht ansatzpflichtig sind (→ § 274 Rz. 67), hingegen für die Latenzen aus § 306 HGB unabhängig vom Vorzeichen des Überhangs eine Ansatzpflicht besteht (→ Rz. 35).

Ein rechtfertigender systematischer Grund für die unterschiedliche Behandlung der Aktivüberhänge ist nicht erkennbar. Mit dem die Konzernrechnungslegung regierenden **Einheitsgrundsatz** (→ § 297 Rz. 118) verträgt es sich nicht, wenn der einheitliche Konzernbuchwert zum Zwecke der Gegenüberstellung mit dem Steuerbuchwert in einen einzelabschlussbedingten und einen konsolidierungsbedingten Teil zerlegt werden muss, um die insgesamt bestehende temporäre Differenz in zwei Teilen zu erfassen, die dann unterschiedlichen Rechtsfolgen unterworfen werden. 10

Unabhängig von dieser **kasuistischen Grundausrichtung** ergeben sich noch **weitere unsystematische Regelungen,** indem durch Satz 3 und 4 konsolidierungsbedingte *„Outside basis“*-Differenzen und Differenzen auf den konsolidierungsbedingten *Goodwill* von der Latenzierung ausgeschlossen werden (→ Rz. 37). Beim ***Goodwill*** kommt die Willkürlichkeit der Regelung besonders klar zum Ausdruck, da dem Wortlaut des Gesetzes nach temporäre Differenzen auf einen bereits einzelbilanziell (durch *Asset-Deal*) entstandenen, in der Folge auch im Konzernabschluss berücksichtigten *Goodwill* zu latenzieren wären, Differenzen auf den nur konzernbilanziellen *Goodwill* (*Share-Deal*) hingegen nicht. 11

BEISPIEL ► MU erwirbt im *Asset-Deal* U1 und im *Share-Deal* U2. Die Anschaffungskosten betragen jeweils 100. Die Steuerbilanzwerte stimmen in beiden Fällen mit einer Ausnahme mit den nach Handelsrecht anzusetzenden Zeitwerten überein. Die Ausnahme betrifft einen bisher nicht bilanzierten Kundenstamm. Er wird für handelsrechtliche Zwecke mit 20 angesetzt, für steuerliche Zwecke hingegen als Teil des *Goodwill* betrachtet. Das Nettovermögen ohne *Goodwill* und latente Steuern beträgt daher handelsrechtlich 70, steuerlich hingegen nur 50. Bei einem Steuersatz von s = 30 % ergeben sich zunächst passive latente Steuern auf den Kundenstamm (30 % · 20 = 6), nur im *Asset-Deal* aber auch aktive latente Steuern auf den *Goodwill* (6).

Die Berechnung der Konzernbuchwerte stellt sich im Einzelnen wie folgt dar:

	U1 – *Asset-Deal*	U2 – *Share-Deal*	U1 – *Asset-Deal* Steuerbilanz
AK	100	100	100
Div. Nettovermögen	-50	-50	-50
Kundenstamm	-20	-20	0
Passive latente Steuer darauf	6	6	
Goodwill vor eigener Latenz	36	36	50
Aktive Latenz auf *Goodwill*	-6	0	
Goodwill nach eigener Latenz	30	36	
Goodwill vor eigener Latenz	36		
Goodwill Steuerbilanz	50		
Temporäre Differenz vorläufig	14		

	U1 – *Asset-Deal*	U2 – *Share-Deal*		U1 – *Asset-Deal* Steuerbilanz
· 30 %	30 %			
Aktive Latenz vorläufig	4,2			
Geteilt durch 1 - s	/0,7			
Aktive Latenz endgültig	6			

Obwohl im Konzernabschluss die Einzelerwerbsfiktion gilt (→ § 301 Rz. 8), der *Share-Deal* also dem *Asset-Deal* (im Übrigen) gleichgestellt ist, ergeben sich im Beispiel in Abhängigkeit von der Transaktionsform unterschiedliche Latenzen und damit unterschiedliche *Goodwills*. Dieses im Verhältnis zu **Einheitsgrundsatz und Einzelerwerbsfiktion** „wertungswidersprüchliche Ergebnis"[1] ist Folge der kasuistischen Behandlung latenter Steuern. Eine „Heilung" gelingt nur unter Vernachlässigung des Gesetzeswortlauts, wie dies noch in E-DRÄS 11 vorgesehen war, dann aber nicht umgesetzt wurde (→ § 274 Rz. 27).

12 Bei systematischer, prinzipienorientierter Behandlung wäre § 306 HGB entweder entbehrlich oder könnte sich darauf beschränken, abweichend von § 274 HGB für sämtliche *„Inside basis"*-Differenzen (unabhängig von ihrer Entstehung) eine Bilanzierungspflicht vorzuschreiben. Latente Steuern würden in beiden Fällen einheitlich behandelt. Ein solches Vorgehen entspricht den Vorgaben von DRS 10 (Vorgängerstandard von DRS 18), der ähnlich wie IAS 12 nicht zwischen der Steuerabgrenzung im Einzel- und Konzernabschluss unterschied.

13 Für den Umgang der **Praxis** mit der **Kasuistik** gilt Folgendes:

- Die Sonderregelungen zum *Goodwill* (→ Rz. 37) und zu den ***„Outside basis"*-Differenzen** (→ Rz. 38) sind in jedem Fall von Relevanz.
- Um das kasuistische **Verhältnis von § 306 HGB zu § 274 HGB** braucht sich der Bilanzierende hingegen dann nicht zu kümmern, wenn er auch Aktivüberhänge, die aus dem Einzelabschluss resultieren, ansetzen will. Unter dieser Prämisse spielt es z. B. keine Rolle, ob temporäre Differenzen aus der Vereinheitlichung von Bilanzansatz und Bewertung nach § 298 Abs. 1 HGB i. V. mit § 274 HGB oder nach § 306 HGB zu latenzieren sind.

2. Tatbestand: Differenzen aus der Anwendung bestimmter Konsolidierungsmaßnahmen

2.1 Stufenkonzept: Einzelabschluss, HB II, Konzernabschluss

13a Zum Zusammenwirken von § 274 und § 306 HGB auf den Ausweis, aber evtl. auch auf den Bilanzansatz wird auf → Rz.43 ff. verwiesen.

14 Die Begründung des Regierungsentwurfs zum BilMoG führt aus: „Auch mit der Neufassung des § 306 HGB bleibt die Steuerabgrenzung im handelsrechtlichen Konzernabschluss in einen **dreistufigen Prozess** unterteilt."

- Die jeweiligen **nationalen Jahresabschlüsse** (erste Stufe)
- werden in eine **HB II** nach den handelsrechtlichen Vorschriften übergeleitet (zweite Stufe).

1 Vgl. *Budde/van Hall* in Haufe HGB Bilanz Kommentar, 12. Aufl. 2021, § 306 Tz. 24.

- Auf der dritten Stufe erfolgt sodann die Berücksichtigung abzugrenzender Steuern aus **Konsolidierungsmaßnahmen.**

Im Rahmen dieses **sog. Stufenansatzes** trifft § 306 Satz 1 HGB vornehmlich Regelungen zu Stufe 3 und § 274 HGB vornehmlich Regelungen zu Stufe 1. Problematisch ist die Behandlung der Stufe 2 (→ Rz. 15).

Mit Bezug auf **Stufe 3** und an einer Stelle auch auf **Stufe 2** regelt Satz 1 die Behandlung temporärer Differenzen aus „Maßnahmen, die nach den Vorschriften dieses Titels durchgeführt worden sind". Angesprochen ist damit der **Vierte Titel** mit der Überschrift „Vollkonsolidierung". Er enthält folgende für die Latenzierung relevanten **Einzelvorschriften:**

- Vereinheitlichung des Bilanzansatzes nach § 300 HGB (**Stufe 2,** → Rz. 16),
- Kapitalkonsolidierung nach § 301 HGB (→ Rz. 18),
- Schuldenkonsolidierung nach § 303 HGB (→ Rz. 29),
- Zwischenergebniseliminierung nach § 304 HGB (→ Rz. 23) sowie
- Aufwandskonsolidierung nach § 305 HGB (→ Rz. 26).

Die einheitliche Ausübung von **Bilanzansatzwahlrechten** gem. § 300 HGB bezieht sich auf die HB II, also die zweite Stufe. Als Pendant zu Vereinheitlichung des **Ansatzes** sieht § 308 HGB die Vereinheitlichung der **Bewertung** vor. § 308 HGB ist jedoch im Fünften Titel mit der Überschrift „Bewertungsvorschriften" enthalten. Zur Frage, ob demnach aus der Vereinheitlichung des Bilanzansatzes resultierende temporäre Differenzen anders als solche aus der Vereinheitlichung der Bewertung zu behandeln sind, wird auf → Rz. 16 verwiesen. 15

2.2 Konzerneinheitliche Bilanzierungs- und Bewertungsmethoden

Zu den Satz 1 unterliegenden „Maßnahmen des Vierten Titels" (→ Rz. 14) gehört die einheitliche Ausübung von Ansatzwahlrechten (§ 300 HGB), hingegen nicht die im Fünften Titel enthaltene Vereinheitlichung der Bewertung (§ 308 HGB). Dem **Gesetzeswortlaut** folgend ergibt sich danach folgendes Problem: 16

- Temporäre Differenzen aus der **Vereinheitlichung** des **Ansatzes** sind nach **§ 306 HGB** zu latenzieren.
- Temporäre Differenzen aus der **Vereinheitlichung** der **Bewertung** unterliegen hingegen § 298 Abs. 1 HGB i.V. mit **§ 274 HGB** und sind bei einem Aktivüberhang nur **wahlweise** zu latenzieren.

Mit dem sog. **Stufenansatz** (→ Rz. 14), der sämtliche die HB II betreffenden temporären Differenzen und damit auch die aus der Vereinheitlichung des Bilanzansatzes entstandenen Unterschiede dem § 274 HGB unterwerfen will, verträgt sich der Gesetzeswortlaut nicht.

BEISPIEL TU ist vor einigen Jahren von MU gegründet worden und wird seit Gründung in den Konzernabschluss von MU einbezogen. Die handelsrechtliche Einzelbilanz von TU entspricht der Steuerbilanz. Im Einzelabschluss **(Stufe 1)** sind Wahlrechte wie folgt ausgeübt worden:

- Ansatzwahlrecht: **Aktivierung eines Disagios** von 150 nach § 250 Abs. 3 HGB.
- Bewertungswahlrecht: Einbeziehung von **Zinsen** i. H. von 100 in die **Herstellungskosten** noch vorhandener Vorräte nach § 255 Abs. 3 HGB.

Im MU-Konzern werden Disagien nicht aktiviert und Zinsen nicht in die Herstellungskosten einbezogen.

In der HB II **(Stufe 2)** werden daher

- das **Disagio** und

► der Zins

nicht aktiviert.

In beiden Fällen entstehen temporäre Differenzen, die bei einem Steuersatz von 30 % zu einer aktiven Latenz von 45 (Disagio) plus 30 (Zinsen), insgesamt also 75, führen. Die Behandlung der Latenz ist strittig:

► Nach dem Stufenansatz sind beide Latenzen § 274 HGB zuzuordnen. Für die Aktivierung des Gesamtbetrags von 75 bestünde danach ein Aktivierungswahlrecht.

► Nach dem Gesetzeswortlaut besteht das Wahlrecht nur für die Latenz aus dem Bewertungsvorgang (30), während für die temporäre Differenz aus dem Disagio § 306 HGB Anwendung findet und damit der Ansatz aktiver latenter Steuern in einer Mindesthöhe von 45 zwingend ist.

17 Die im Beispiel dargestellte, aus dem **Gesetzeswortlaut** folgende unterschiedliche Behandlung der aktiven Latenzen – Wahlrecht, soweit aus Bewertungsvereinheitlichung, Ansatzgebot, soweit aus Vereinheitlichung des Bilanzansatzes – hält das **Schrifttum** überwiegend für **„nicht sachgerecht“**[1] bzw. **„nicht Sinn und Zweck** des Gesetzes“[2] entsprechend und lehnt sie deshalb ab. Auch die Vereinheitlichung des Bilanzansatzes soll § 274 HGB unterworfen werden und damit im Falle eines Aktivüberhangs nur einem Ansatzwahlrecht unterliegen. DRS 18.14 schließt sich dieser h. M. an.

Unseres Erachtens ist das Argument der mangelnden Sachgerechtigkeit zwar zutreffend, aber an der **falschen Stelle** platziert:[3]

► Nicht sachgerecht ist der **kasuistische** Grundansatz der Steuerlatenzierung im Konzern. Aus Sicht des **Einheits**grundsatzes spricht nichts dafür, die Konsequenzen temporärer Differenzen im Konzernabschluss davon abhängig zu machen, ob sie bereits im Einzelabschluss, in der HB II oder bei nachfolgenden Konsolidierungsmaßnahmen entstanden sind (→ Rz. 10).

► Soweit man aber dem kasuistischen Grundansatz folgt und (abweichend vom früheren Standard DRS 10) temporäre Differenzen unterschiedlich behandelt, je nachdem ob sie § 274 HGB oder § 306 HGB unterliegen, bleibt für **punktuelle Überlegungen,** was sachlich oder prinzipienorientiert oder systematisch gerechtfertigt ist, kein Raum mehr.

Der Gesetzgeber hat sich für einen kasuistischen Grundansatz entschieden. In dessen Wesen liegt, dass er in sachlicher, prinzipienorientierter und systematischer Betrachtung zu nicht gerechtfertigten Ergebnissen führt. Der Versuch, diesen „Schaden“ punktuell zu begrenzen, indem an einzelnen Stellen prinzipienorientierte oder systematische Überlegungen gegen den Gesetzeswortlaut (die grammatikalische Auslegung) gehalten werden, vermag nicht zu überzeugen. Im Nebeneinander von § 274 HGB und § 306 HGB liegt der Grundwiderspruch des Gesetzes. Wird dieser Grundwiderspruch in Kauf genommen, kann weder eine systematische (auf Vermeidung von Widersprüchen zielende) noch eine teleologische (auf den Gesetzeszweck zielende) Auslegungsmethode eine Gleichbehandlung von Bewertungs- und Ansatzvereinheitlichungen rechtfertigen. Nach der von uns vertretenen Mindermeinung besteht daher ein Ansatzwahlrecht nur für Aktivüberhänge aus Bewertungsvereinheitlichung, ein Ansatzgebot hingegen für solche aus Vereinheitlichung des Bilanzansatzes. Die h. M. und DRS 18.14 befürworten in beiden Fällen ein Wahlrecht.

1 Vgl. *Grottel/Larenz* in Beck'scher Bilanz-Kommentar, 13. Aufl. 2022, § 306 Tz. 10; *ADS*, 6. Aufl., § 306 Tz. 23.
2 Vgl. *Kraft* in Ulmer (Hrsg.), HGB-Bilanzrecht (Großkommentar), Bd. 2, 2002, § 306 Tz. 17.
3 Vgl. auch *Lüdenbach/Freiberg*, BB 2010 S. 1971 ff.

2.3 Stille Reserven/Lasten aus der Erstkonsolidierung

Beim *Share-Deal* sind (mit Ausnahmen für den Erwerb von Personengesellschaftsanteilen) stille Reserven/Lasten nur konzernbilanziell aufzudecken, während steuerbilanziell, d. h. im Abschluss des Erwerbsobjekts, die Buchwerte fortgeführt werden. Die **temporäre Differenz** entsteht **erfolgsneutral** als Teil des Anschaffungsvorgangs. Nach dem vor BilMoG geltenden GuV-orientierten *Timing*-Konzept war die Latenzierung dieser Differenzen daher nur aus übergeordneten Überlegungen, nicht aus dem Wortlaut des Gesetzes zu rechtfertigen. Im *Temporary*-Konzept des BilMoG (→ Rz. 6) ist irrelevant, wie die Differenzen entstanden sind. Auch erfolgsneutral entstandene Differenzen sind zu **latenzieren.** Die latente Steuer wird damit zu einem Teil der Kaufpreisallokation und beeinflusst die Höhe des *Goodwill.* 18

BEISPIEL Am 1.1.01 erwirbt MU 100 % von TU. Das Nettovermögen zu Buchwerten (zugleich Steuerbilanzwerten) beträgt 1.200. Die bei der Erstkonsolidierung aufzudeckenden stillen Reserven in den Vermögensgegenständen betragen 300. Die Kaufpreisallokation ist bei einem Steuersatz von 30 % wie folgt:

	Anschaffungskosten	2.000
-	Nettovermögen zu Buchwerten (zugleich Steuerbilanzwert)	-1.200
=	Unterschiedsbetrag I	800
-	stille Reserven	-300
+	passive latente Steuer darauf	90
=	*Goodwill*	590

Ohne Berücksichtigung der latenten Steuern hätte der *Goodwill* 500 betragen.

Wie für die gesamte Kapitalkonsolidierung (→ § 301 Rz. 108) gilt auch für die dabei anfallenden latenten Steuern: 19

- Die **Erstkonsolidierung** ist **erfolgsneutral,**
- die **Folgekonsolidierung erfolgswirksam.**

Wenn daher die bei der Erstkonsolidierung aufgedeckten stillen Reserven in der Folgekonsolidierung abgeschrieben oder durch Veräußerung aufgelöst werden und sich im Maße der Abschreibung bzw. Auflösung die anfängliche temporäre Differenz reduziert, gilt:

- Wie die Auflösung der stillen Reserven
- ist auch die damit verbundene Veränderung der latenten Steuern

erfolgswirksam zu buchen.

BEISPIEL **(Fortsetzung)**

Die stillen Reserven werden planmäßig über zehn Jahre abgeschrieben. Die anfängliche temporäre Differenz von 300 reduziert sich per 31.12.01 daher auf 270, die passive latente Steuer bei einem Steuersatz von 30 % entsprechend von 90 auf 81. Buchung:

Per passive latente Steuer	9	an	Steueraufwand	9

2.4 *Goodwill* bei der Folgekonsolidierung

Nach Satz 3 werden temporäre „Differenzen aus dem **erstmaligen** Ansatz" eines *Goodwill* nach § 301 Abs. 3 HGB nicht latenziert. Differenzen, die **nach** der Erstkonsolidierung entstehen, sind hingegen gem. der Begründung des Regierungsentwurfs in der Latenzrechnung zu berück- 20 sichtigen. Dem folgt nun auch DRS 18.27b i. d. F. DRÄS 11, soweit dem handelsbilanziellen ein steuerlicher *Goodwill* gegenübersteht.

BEISPIEL Die MU-AG erwirbt am 1.1.01 100 % der Kommanditanteile an der TU-GmbH & Co. KG zu einem Preis von 3.000. Die Komplementärin ist nicht am Vermögen der KG beteiligt. Das Nettovermögen von TU beträgt 1.500, der *Goodwill* nach Konzern- und Steuerbilanz ebenfalls 1.500.

- Der *Goodwill* wird steuerlich mit 1/15, handelsbilanziell mit 1/5 abgeschrieben.
- Am 31.12.01 beträgt daher die temporäre Differenz 1.200 - 1.400 = -200.
- Nach DRS 18.27b ist hierauf eine latente Steuer zu aktivieren.

21 Fraglich ist, ob diese Latenzfolge auch dann gilt, wenn bei der Erstkonsolidierung kein steuerlicher *Goodwill* entstanden ist.

BEISPIEL Die MU-AG erwirbt am 1.1.01 100 % der Anteile an der TU-AG zum Preis von 3.000. Das Nettovermögen von TU beträgt 1.500, der *Goodwill* nach Konzernbilanz ebenfalls 1.500. Steuerbilanziell entsteht kein *Goodwill*.

- Der *Goodwill* wird handelsbilanziell mit 1/5 abgeschrieben.
- Am 31.12.01 beträgt daher die temporäre Differenz 1.200 - 0 = 1.200.
- Ist hierauf bei einem Steuersatz von 30 % eine latente Steuer von 360 zu passivieren?

Der Wortlaut von Satz 3 spricht gegen den Ansatz latenter Steuern auf einen ursprünglich, d. h. bei der Erstkonsolidierung, nicht zu latenzierenden *Goodwill* im Rahmen der Folgekonsolidierung. Mit dem Latenzierungsverbot belegt sind nämlich nicht Differenzen „beim", sondern solche **„aus dem"** erstmaligen Ansatz eines *Goodwill*. Auch die Folgekonsolidierung verändert nur die Differenzen „aus dem" erstmaligen Ansatz, sie führt nicht zu neuen.[1] Die Nichtlatenzierung eines auch ursprünglich nicht latenzierten *Goodwill* entspricht im Übrigen auch der internationalen Übung (IAS 12.21A).

22 Komplex wird die Behandlung temporärer Differenzen, wenn auch steuerlich ein *Goodwill* entsteht und ihm gegenüber einerseits schon bei der Zugangsbewertung Differenzen vorliegen, sich diese andererseits durch die Folgebewertung verändern. Eine Aufteilung des *Goodwill* in **Komponenten** analog der herrschenden IFRS-Praxis (die sich wiederum auf SFAS 109.262 stützt) **kann** u. E. vorgenommen werden.[2]

BEISPIEL **(Fortsetzung aus** → Rz. 20)

Wegen umfangreicher Pensionszusagen, deren handelsbilanzieller Wert um 1.000 höher ist als der steuerliche, beträgt der *Goodwill* nach Konzernbilanz 2.500, derjenige der Steuerbilanz von MU weiterhin nur 1.500. Der steuerbilanzielle *Goodwill* wird jährlich mit 1/15 (= 100) abgeschrieben, der konzernbilanzielle jährlich mit 1/5 (= 500).

Beurteilung nach Komponentenansatz:

- Der konzernbilanzielle *Goodwill* ist im Zeitpunkt des Zugangs in 2 Komponenten (1.000 und 1.500) zu teilen.
- Auf die Komponente 1 werden keine Steuern latenziert, da insofern nicht Differenzen im Zeitablauf entstehen, sondern sich nur anfänglich schon vorhandene Differenzen im Zeitablauf verringern.
- Auf Komponente 2 entstehen bis zum Jahr 5 wachsende temporäre Differenzen, die sich in der Folgezeit wieder abbauen. Bei einem Steuersatz von 30 % ergibt sich folgende Latenzrechnung:

1 Gleicher Auffassung *Loitz*, DB 2009 S. 913 ff.

2 Ähnlich *Loitz*, DB 2009 S. 913 ff. und wohl auch (der nach Verabschiedung von DRS 18 aufgehobene) IDW ERS HFA 27 Tz. 33.

	Komponente 1			Komponente 2			
	Konzern-bilanz	Steuer-bilanz	Latente Steuer	Konzern-bilanz	Steuer-bilanz	Temporäre Differenz	Latente Steuer
1.1.01	1.000	0	0	1.500	1.500	0	
31.12.01	800	0	0	1.200	1.400	-200	60
31.12.02	600	0	0	900	1.300	-400	120
31.12.03	400	0	0	600	1.200	-600	180
31.12.04	200	0	0	300	1.100	-800	240
31.12.05	0	0	0	0	1.000	-1.000	300
31.12.06					900	-900	270
31.12.07					800	-800	240
31.12.08					700	-700	210
31.12.09					600	-600	180
31.12.10					500	-500	150
31.12.11					400	-400	120
31.12.12					300	-300	90
31.12.13					200	-200	60
31.12.14					100	-100	30
31.12.15					0	0	0

2.5 Zwischenergebniseliminierung

Bei Lieferungen innerhalb des Konsolidierungskreises einzelbilanziell realisierte Gewinne sind nach § 304 HGB konzernbilanziell zu eliminieren, soweit das empfangende Unternehmen den Liefergegenstand am Bilanzstichtag noch nicht an Konzernexterne weiterveräußert hat. Bilanzielle Folge der Zwischenergebniseliminierung ist die Minderung des Bilanzansatzes. An die Stelle der höheren einzelbilanziellen Anschaffungskosten des erwerbenden Unternehmens treten die niedrigeren **Konzernanschaffungs-/-herstellungskosten.** 23

Die sich so ergebende Differenz zur Einzelbilanz ist im Regelfall – d. h. bei Übereinstimmung von Steuer- und Einzelbilanz – zugleich eine **temporäre Differenz,** auf die latente Steuern nach § 306 Abs. 1 HGB anzusetzen sind. 24

Mit **Weiterveräußerung** an Dritte in einer der Folgeperioden lösen sich die temporäre Differenz und der latente Steuerposten auf.

BEISPIEL ▸ TU1 und TU2 sind 100%ige Töchter von MU. Ende 01 liefert TU1 für 100 angeschaffte Ware zu 120 an TU2. Im Jahr 02 veräußert TU2 die Ware weiter an Dritte. Der Steuersatz beider Unternehmen beträgt 30 %.

Konsolidierungsbuchungen im Jahr 01:

Per Umsatzerlöse	120	an	Materialaufwand	100
		an	Vorräte	20
Per aktive latente Steuer	6	an	Steueraufwand	6

Konsolidierungsbuchungen im Jahr 02:

Per Gewinnrücklage	14	an	Vorräte	20 (EB-Buchung)
Per aktive latente Steuer	6			
Per Vorräte	20	an	Materialaufwand	20
Per Steueraufwand	6	an	aktive latente Steuer	6

25 Zur Frage, welcher **Steuersatz** anzuwenden ist, wenn sich die Sätze von Liefer- und Empfängerunternehmen unterscheiden, wird auf → Rz. 42 verwiesen.

2.6 Ertrags- und Aufwandskonsolidierung

26 Die Verrechnung konzerninterner Erträge gegen die korrespondierenden Aufwendungen berührt i. d. R. nur den GuV-Ausweis und führt weder zu Änderungen bei Bilanzposten noch im Ergebnis. Weder im bilanzorientierten *Temporary*-Konzept noch im früheren GuV-orientierten *Timing*-Konzept ergeben sich dann Latenzen.

27 Soweit Erträge oder Aufwendungen nicht gegen den korrespondierenden GuV-Posten, sondern **(erfolgs- und) bilanzwirksam** konsolidiert werden, könnten ausnahmsweise temporäre Differenzen entstehen. Regelmäßig sind aber nur die ***„Outside basis"*-Differenzen** betroffen, die einem Latenzierungsverbot unterliegen (→ Rz. 38). Ein Beispiel sind **außerplanmäßige Abschreibungen** auf konsolidierte Beteiligungen.

BEISPIEL ▸ Im Einzelabschluss und in der Steuerbilanz von MU ist die Beteiligung an TU außerplanmäßig von 100 auf 0 abgeschrieben. Im Rahmen der Konsolidierungsbuchungen wird dieser Aufwand eliminiert (per Beteiligung an außerplanmäßige Abschreibung), während es in der Steuerbilanz beim Beteiligungsansatz von 0 bleibt.

Es entsteht gleichwohl keine zu latenzierende temporäre Differenz, da die Eliminierung der außerplanmäßigen Abschreibung nur ein vorbereitender Schritt zur Kapitalkonsolidierung ist, bei der die Beteiligung gegen Vermögensgegenstände, Schulden und *Goodwill* eliminiert wird.

Infrage käme somit nur eine *„Outside basis"*-Differenz, falls das im Konzern berücksichtigte Nettovermögen positiv ist und damit den steuerlichen Beteiligungsansatz (0) überschreitet. Eine Prüfung, ob dies der Fall ist, macht aber Satz 4 entbehrlich, da er *„Outside basis"*-Differenzen mit einem Latenzierungsverbot belegt.

28 Auch bei **konzerninternen Gewinnausschüttungen** entstehen regelmäßig keine latenten Steuern.

BEISPIEL ▸ TU ist eine hundertprozentige Tochter von MU. Für 01 schüttet TU einen Gewinn von 100 aus, der von MU im Jahr 01 einzelbilanziell als Forderung erfasst wird, steuerbilanziell jedoch erst im Jahr 02 zu berücksichtigen ist (→ § 252 Rz. 92). Aufgrund von § 8b KStG unterliegt die Gewinnausschüttung im Jahr 02 bei MU lediglich einer Steuer von ca. 1,5 % (100 · 5 % · 30 %).

Konzernbilanziell wird die Forderung bzw. der ihr entsprechende Ertrag im Jahr 01 eliminiert (per Beteiligungsertrag an Forderung 100). Damit besteht schon per 31.12.01 Gleichklang zwischen dem Konzernbuchwert der Forderung und dem Steuerbilanzwert. In beiden Rechenwerken ist die Forderung nicht anzusetzen. Eine temporäre Differenz besteht nicht.

2.7 Schuldenkonsolidierung

29 Die Verrechnung konzerninterner Forderungen gegen die korrespondierenden Schulden gem. § 303 HGB berührt i. d. R. **nur** den **Ausweis** in der Bilanz und ändert das Nettovermögen des Konzerns nicht. Eine temporäre Differenz entsteht aus der Konsolidierungsmaßnahme dann nicht.

Anders kann die bei echten Aufrechnungsdifferenzen gebotene erfolgswirksame Schuldenkonsolidierung zu beurteilen sein (→ § 303 Rz. 14). Sofern etwa **außerplanmäßige Abschreibungen** einzel- und steuerbilanziell vorgenommen wurden, im Konzernabschluss aber zu eliminieren sind, entstehen **temporäre Differenzen:** 30

BEISPIEL ▸ MU hat eine Forderung von 200 gegen TU einzelbilanziell auf 100 abgeschrieben. Auch steuerbilanziell wird diese Abschreibung anerkannt. Auf Ebene der Einzelbilanz (und der HB II) entsteht damit keine temporäre Differenz.

Nach dem Einheitsgrundsatz kann aus konzerninternen Schuldverhältnissen kein Aufwand entstehen. Die Konsolidierungsbuchungen (vor latenten Steuern) sind daher wie folgt:

Per Forderung	100	an	außerplanmäßige Abschreibung	100
Per Verbindlichkeit	200	an	Forderung	200

In konsolidierter Betrachtung (Konzernabschluss) besteht damit weder eine Forderung noch eine Verbindlichkeit. Dies entspricht nicht der Summe der Steuerbilanzen (+100 Forderung - 200 Verbindlichkeit = -100). In zusammenfassender Betrachtung besteht damit eine temporäre Differenz, die zu latenzieren ist.

Fraglich ist, ob auch die **Beseitigung einer temporären Differenz** durch die erfolgswirksame Schuldenkonsolidierung § 306 HGB unterliegt. Angesprochen sind damit z. B. Fälle, in denen eine einzelbilanzielle Abschreibung einerseits steuerbilanziell nicht anerkannt und andererseits im Rahmen der Konsolidierung zurückgenommen wird. 31

BEISPIEL ▸ MU hat eine Forderung von 200 gegen TU einzelbilanziell auf 100 abgeschrieben. Steuerbilanziell wird die Abschreibung nicht anerkannt.

Auf Ebene der Einzelbilanz (und der HB II) entsteht damit bei einem Steuersatz von 30 % eine aktive Latenz von 30 gem. § 274 HGB.

Die Konsolidierungsbuchungen (vor latenten Steuern) sind wie folgt:

Per Forderung	100	an	außerplanmäßige Abschreibung	100
Per Verbindlichkeit	200	an	Forderung	200

In konsolidierter Betrachtung (Konzernabschluss) besteht damit weder eine Forderung noch eine Verbindlichkeit. Dies entspricht der Summe der Steuerbilanzen (+200 Forderung - 200 Verbindlichkeit = 0). In zusammenfassender Betrachtung (Steuerbilanzen) besteht damit keine temporäre Differenz mehr.

Die Anwendung von Satz 1 auf derartige Fälle ist zweifelhaft. Angesprochen sind hier nur

- Maßnahmen nach dem **Vierten Titel,**
- die „zu Differenzen **führen**".

Die Rücknahme der einzelbilanziell vorgenommenen, steuerbilanziell nicht anerkannten Abschreibung **führt** aber nicht zu einer Differenz, sondern **eliminiert** eine auf Basis von § 274 HGB einzelbilanziell gegebene Differenz. § 306 Satz 1 HGB ist damit nicht einschlägig. Allerdings muss die Rücknahme der einzelbilanziellen Forderungsabschreibung nicht als Maßnahme nach dem Vierten Titel gedeutet werden. § 303 HGB spricht nur die Verrechnung von Forderungen mit Schulden, also den erfolgsneutralen Teil der Konsolidierung, an. Die Notwendigkeit der erfolgswirksamen Schuldenkonsolidierung bei echten Aufrechnungsdifferenzen ergibt sich daher weniger aus § 303 HGB als aus dem **Einheitsgrundsatz** des § 297 Abs. 3 HGB (→ § 297 Rz. 118). Der Konzern als wirtschaftliche Einheit kann keine Abschreibung auf Forderungen gegen sich selbst vornehmen. Damit ist es vertretbar, die erfolgswirksame Schuldenkonsolidierung § 298 Abs. 1 HGB i.V. mit § 274 HGB zuzuordnen. Im Beispiel besteht dann schon im Hinblick auf § 274 HGB keine temporäre Differenz mehr. Eine latente Steuer fällt nicht an.

Notwendig werden die vorstehenden **sophistischen Überlegungen** nur durch die **Kasuistik des Gesetzes** (→ Rz. 10). Ohne diese und die spezielle Bezugnahme des Satzes 1 auf Maßnahmen nach dem Vierten Titel bedürfte es nur des Gesamtvergleichs der Konzernbuchwerte mit der Summe der Steuerbuchwerte. Auf die Ursache der Entstehung oder Beseitigung von temporären Differenzen käme es hingegen nicht an.[1]

2.8 Währungsumrechnung

32 Nicht zum Vierten Titel gehörend und damit nicht Satz 1 unterliegend sind die Vorschriften des § 308a HGB. Danach sind Fremdwährungsabschlüsse für Zwecke der Voll-, proportionalen oder *Equity*-Konsolidierung nach der modifizierten Stichtagsmethode umzurechnen. Aus der Verwendung unterschiedlicher Umrechnungskurse entstehende Differenzen sind bis zum (Teil-)Abgang erfolgsneutral zu behandeln.

33 Latente Steuern sind einerseits **Objekt** der Währungsumrechnung, indem sie wie jeder andere Bilanzposten eines ausländischen Unternehmens in Euro umzurechnen sind, anderseits mögliche **Folge** der Währungsumrechnung im Konzern, weil sich aus diesen temporäre Differenzen erst ergeben. Im Anwendungsbereich von § 308a HGB sind aber auf der Folgenseite nur ***„Outside basis"*-Differenzen** betroffen, die wegen Satz 4 dann nicht zu latenzieren sind, wenn die Währungsumrechnung als Konsolidierungsmethode (so DRS 18.31a) und nicht als Bewertungsmethode[2] angesehen wird (→ Rz. 38).[3]

BEISPIEL Am 1.1.01 gründet MU die amerikanische Tochter TU mit einem Startkapital von 1 Mio. USD. Der Umrechnungskurs beträgt zu diesem Zeitpunkt 1 €/1 USD. TU tätigt ausschließlich Geschäfte in USD.

TU erzielt im Jahr 01 in USD ein ausgeglichenes Ergebnis. Steuerbilanziell ist Anlagevermögen über einen längeren Zeitraum abzuschreiben als handelsbilanziell. Hieraus ergibt sich per 31.12.01 eine temporäre Differenz von 100 TUSD, die bei einem Steuersatz von 40 % zu einer aktiven latenten Steuer von 40 TUSD führt.

Am 31.12.01 beträgt der Umrechnungskurs 1,2 €/1 USD, im Konzernabschluss wird das Nettovermögen daher mit 1,2 Mio. € berücksichtigt.

An der Umrechnung mit 1,2 nimmt auch die Steuerlatenz selbst teil (Objekt der Währungsumrechnung), d. h., sie wird mit 48 T€ erfasst.

Der Einzelabschluss von TU wird wie deren Steuerbilanz in USD geführt. Währungsbedingte temporäre Differenzen entstehen hier nicht.

Die Umrechnung der Einzelbilanz in Euro (HB II) führt ebenfalls zu keinen (zusätzlichen) Differenzen. Die erwartete Steuerentlastung aus fortgesetzter Nutzung (Abschreibung) oder Veräußerung des Anlagevermögens würde in USD anfallen und ist zutreffend mit 40 TUSD bzw. in der HB II mit 48 T€ berücksichtigt.

Der geänderte Wechselkurs führt aber zu einer ***„Outside basis"*-Differenz** bei MU. Dem steuerlichen Beteiligungsbuchwert von nach wie vor 1 Mio. € steht aufgrund der geänderten Umrechnungskurse konzernbilanziell nun ein Nettovermögen von 1,2 Mio. € gegenüber. Hierauf wäre eine passive Latenz anzusetzen. Deren Ansatz wird jedoch durch § 306 Satz 4 HGB verboten.

---

1 Vgl. insgesamt zu latenten Steuern auf konzerninterne Schuldverhältnisse: *Bense*, StuB 2020 S. 794 ff.
2 So mit beachtenswerter Begründung *Wolz*, DB 2010 S. 2625 ff.
3 Vgl. im Einzelnen *Lienau*, PiR 2008 S. 7 ff.

Die **Währungsumrechnungsdifferenz** aus der Verwendung unterschiedlicher Umrechnungskurse für Vermögen und Schulden, Eigenkapital sowie Erträge und Aufwendungen betrifft nicht einzelne Bilanzposten, sondern das Nettovermögen der ausländischen Einheit und in der Gegenüberstellung zum steuerlichen Beteiligungsbuchwert damit ebenfalls nicht zu latenzierende ***„Outside basis"*-Differenzen.** Dies entspricht nun auch DRS 18.31a i. d. F. DRÄS 11. 34

3. Allgemeine Rechtsfolge: Ansatzgebot (Satz 1)

Auf die Konsolidierungsmaßnahme nach dem Vierten Titel (→ Rz. 14) zurückzuführende temporäre Differenzen sind unabhängig vom Vorzeichen zu latenzieren. Das Ansatzwahlrecht für die aus der Anwendung von § 298 Abs. 1 HGB i.V. mit § 274 HGB entstehenden Differenzen, soweit diese zu einem Aktivüberhang führen, besteht nicht (→ Rz. 9). 35

4. Spezielle Ansatzverbote für Latenzen auf *Goodwill* und *„Outside basis"*-Differenzen (Satz 3 und 4)

Mit einem Latenzierungsverbot belegt sind nach 36

- Satz 3 temporäre Differenzen aus dem erstmaligen Ansatz eines *Goodwill* oder negativen Unterschiedsbetrags (→ Rz. 37);
- Satz 4 ***„Outside basis"***-Differenzen zwischen anteiligem Nettovermögen und steuerlichem Beteiligungsbuchwert (→ Rz. 38).

Das Latenzierungsverbot für den *Goodwill* betrifft 37

1. dem Gesetzeswortlaut nach nur den bei einem *Share-Deal* entstehenden *Goodwill* nach § 301 Abs. 3 HGB (→ Rz. 18) und
2. diesen nur hinsichtlich temporärer Differenzen aus dem Erstansatz (→ Rz. 20).

Die (durch die den Gesetzeswortlaut negierende Interpretation in E-DRÄS 11 allerdings aufgehobene) **erste Einschränkung** führt zu einer systematisch nicht zu rechtfertigenden, im **kasuistischen** Grundansatz des Gesetzes aber hinzunehmenden **Ungleichbehandlung** des *Goodwill* aus einem *Share-Deal* (Differenz aus Zugang nicht zu latenzieren) gegenüber einem solchen, der gem. § 246 Abs. 1 Satz 4 HGB (→ § 246 Rz. 54) aus einem *Asset-Deal* entsteht (alle Differenzen zu latenzieren). Dabei geht es nicht einfach um den Unterschied zwischen Einzel- und Konzernabschluss. Über § 298 Abs. 1 HGB gilt § 246 Abs. 1 Satz 4 HGB auch für den Konzernabschluss. Innerhalb ein und desselben Konzernabschlusses sind daher wirtschaftlich und nach Maßgabe der Einzelerwerbsfiktion gleichwertige Sachverhalte ungleich zu behandeln, nur weil sich der rechtliche Modus des Unternehmenserwerbs (*Share*- oder *Asset-Deal*) unterscheidet. Für ein Beispiel hierzu wird auf → Rz. 11 verwiesen.

Die **zweite Einschränkung** bedingt bei einem zugleich steuerbilanziell zu einem *Goodwill* führenden *Share-Deal* (Erwerb von Personengesellschaftsanteilen) eine Unterscheidung zwischen Erst- und Folgedifferenzen. Nur **Folgedifferenzen** sind zu latenzieren (→ Rz. 20), **Erst**differenzen hingegen nicht. Nicht eindeutig war die Aussage in DRS 18.25 a. F., der unter der Überschrift „Latente Steuern aus Konsolidierungsvorgängen" die Latenzierung von Buchwertdifferenzen erlaubt/vorsieht, soweit sie auf „einen steuerlich abzugsfähigen Geschäfts- oder Firmenwert zurückzuführen sind". Anders als in § 306 Satz 3 HGB wurde dabei für eine z. B. beim Erwerb von Anteilen an einer Personengesellschaft entstehende Buchwertdifferenz beim Erstansatz des (auch steuerlich abzugsfähigen) *Goodwill* nicht explizit ein Aktivierungsverbot ausgesprochen. Klarer sind hier die Folgeregelungen in E-DRS 18.27a bis c i. d. F. DRÄS 11.

Zu Problemen bei der Unterscheidung von Erst- und Folgedifferenzen wird auf → Rz. 22 verwiesen.

37a Innerhalb eines Konzerns kann ein **steuerlicher *Goodwill*** etwa durch einen ***Asset-Deal* zwischen Tochtergesellschaften** oder durch **Verschmelzungen** entstehen. Für den Konzernabschluss ist der Vorgang eine **innerkonzernliche Transaktion** ohne Relevanz (§§ 304 und 305 HGB). Fraglich ist aber, ob aus einem solchen Vorgang Steuerlatenzen entstehen können. Zu unterscheiden sind beispielhaft folgende Fälle:

- Das von MU **gegründete** TU2 verkauft sein Geschäft im *Asset-Deal* an TU1. Dem (neu entstehenden) steuerlichen *Goodwill* steht (da TU2 gegründet und nicht erworben wurde) kein HGB-*Goodwill* gegenüber. Die temporäre Differenz ist **aktiv zu latenzieren.** Das Latenzierungsverbot des § 306 Satz 3 HGB greift nicht, da die temporäre Differenz nicht aus dem erstmaligen Ansatz eines *Goodwill* nach § 301 Abs. 3 HGB resultiert.
- Das von MU im *Asset-Deal* **erworbene** TU2 verkauft sein Geschäft im *Asset-Deal* an TU1. Dem (neu entstehenden) steuerlichen *Goodwill* steht (aus Erwerb TU1) ein HGB-*Goodwill* gegenüber.

Fraglich ist, ob bzw. inwieweit in der zweiten Variante eine aktive Steuerlatenz anzusetzen ist. Im einfachsten Fall (gleich hoher *Goodwill* in Konzern- und Handelsbilanz) gilt hier:

- Der *Asset-Deal* bringt in relativer Betrachtung, nämlich im Vergleich zur vorherigen Situation (kein abschreibbarer steuerlicher *Goodwill*), einen langfristigen steuerlichen Vorteil mit sich. Dies könnte für den Ansatz einer aktiven Latenz sprechen.
- In absoluter Betrachtung gilt aber andererseits: Nach dem *Asset-Deal* besteht keine temporäre Differenz mehr. Die vorherige mit einem Latenzierungsverbot für die Passivlatenz belegte temporäre Differenz wird lediglich beseitigt. Latenzen wären danach nicht anzusetzen.

Für die zweite Betrachtung spricht der Gesetzestext: ohne temporäre Differenz keine Steuerlatenz. Eine Latenzierung wäre deshalb nur dann begründbar, wenn der handelsrechtliche und der steuerliche *Goodwill* als zwei **unterschiedliche** Vermögensgegenstände/Wirtschaftsgüter angesehen würden. Dann stünde ***Goodwill*** I aus Erwerb von TU2 mit Werten von X (HGB) und 0 (Steuerbilanz) dem ***Goodwill*** II aus Verkauf des Geschäftsbetriebs an TU1 mit Werten von 0 (HGB) und X (Steuerbilanz) gegenüber. Die erste Differenz wäre wegen des speziellen Ansatzverbots des § 306 Satz 3 HGB nicht (passiv) zu latenzieren, die zweite hingegen (aktiv) doch. Gegen eine solche **Theorie der zwei Vermögensgegenstände** spricht allerdings: Der *Goodwill* ist immer nur ein Konstrukt, nämlich ein Residuum aus Kaufpreis und erworbenem Vermögen. Ein derartiges Residuum ist eine reine Rechengröße. Es fehlt also am konkreten physischen oder immateriellen Gehalt, der sonst die Unterscheidung zwischen einem Gut I und einem Gut II erlaubt.

Die Frage, ob konzernbilanzieller und steuerlicher *Goodwill* einheitliche Vermögensgegenstände/Wirtschaftsgüter oder verschiedene bilden, stellt sich dann nicht, wenn Beteiligungserwerb und nachfolgende Umstrukturierung Teil einer **einheitlichen Maßnahme** sind, wie dies insbesondere durch die Zeitnähe von *Share-* und *Asset-Deal* indiziert ist. Bei Wertung als einheitliche Maßnahme entsteht aber von vornherein nur ein **einheitlicher *Goodwill*.** Wird dieser in beiden Rechenwerken mit gleichem Wert angesetzt, liegt eine temporäre Differenz also nicht vor, kann es auch nicht zur Steuerlatenzierung kommen.[1]

1 Vgl. zum Ganzen auch *Lüdenbach*, StuB 2013 S. 146 und *Melcher/Waterschek-Cushmann*, DB 2012 S. 1393.

Die ebenfalls mit einem Latenzierungsverbot belegten ***„Outside basis"*-Differenzen** betreffen den Unterschied zwischen dem steuerlichen Wertansatz einer Beteiligung an einem Tochterunternehmen, assoziierten Unternehmen oder einem Gemeinschaftsunternehmen und dem handelsrechtlichen Wertansatz des im Konzernabschluss angesetzten Nettovermögens. Sie ergeben sich etwa aus der **Währungsumrechnung** (→ Rz. 32), aber auch aus (noch) nicht ausgeschütteten **Gewinnen** des untergeordneten Unternehmens. Für ähnliche, im Verhältnis zu ausländischen Betriebsstätten oder Zweigniederlassungen bestehende derartige Differenzen sah E-DRS 18.28a i. d. F. E-DRÄS 11 ebenfalls eine Qualifizierung als *„Outside basis"*-Differenz vor. In der endgültigen Fassung von DRÄS 11 ist davon jedoch wieder Abstand genommen worden (DRS 18.31b). 38

BEISPIEL ► MU gründet TU am 1.1.01 mit einem Barkapital von 1.000. Im Jahr 01 erwirtschaftet TU ein einzelbilanzielles Ergebnis von 200 (zugleich Steuerbilanzergebnis). Temporäre Differenzen bestehen per 31.12.01 weder auf Ebene des Einzelabschlusses noch als Folge von Konsolidierungsmaßnahmen nach §§ 303 ff. HGB. Per 31.12.01 ergibt sich jedoch folgender Unterschied:

- Im Konzernabschluss ist TU wegen des erwirtschafteten Gewinns von 200 mit einem Nettovermögen von 1.000 + 200 = 1.200 enthalten,
- in der Steuerbilanz von MU wird die Beteiligung weiterhin mit den Anschaffungskosten des Buchwerts von 1.000 erfasst.

Würde MU TU am 2.1.02 für 1.200 veräußern, ergäben sich folgende Konsequenzen:

- Konzernbilanziell würde das Nettovermögen von TU abgehen. Dem Veräußerungserlös von 1.200 stünde ein Buchwertabgang von ebenfalls 1.200 gegenüber. Das Entkonsolidierungsergebnis betrüge 0.
- Steuerbilanziell stünde dem Veräußerungserlös von 1.200 der Abgang des Beteiligungsbuchwerts i. H. von 1.000 gegenüber, zu versteuern wären 200.

Die insoweit per 31.12.01 bestehende latente Steuerbelastung wäre zu passivieren, wenn § 306 Satz 4 HGB nicht ein ausdrückliches Ansatzverbot enthielte.

Sofern aus der unterschiedlichen Vereinnahmung von Dividenden eines Tochterunternehmens – steuerbilanziell phasenversetzt, handelsbilanziell unter bestimmten Voraussetzungen phasengleich (→ § 252 Rz. 91) – bereits im Einzelabschluss eine temporäre Differenz (aus der nur handelsrechtlich angesetzten Dividendenforderung des Mutterunternehmens) entsteht und nach § 274 HGB latenziert wird, ist der damit verbundene Steueraufwand nicht in die Eliminierung des Beteiligungsertrags einzubeziehen.[1]

Soweit *„Outside basis"*-Differenzen im Einzelabschluss bestehen – etwa bei ausländischen Betriebsstätten –, gelangt an sich § 274 HGB zur Anwendung, der keine Ausnahme von der Latenzierung vorsieht. In Analogie zu § 306 Satz 4 HGB wird aber auch für den Einzelabschluss eine Nichtlatenzierung von *„Outside basis"*-Differenzen für sachgerecht und daher vertretbar gehalten.[2] Aus den unter → Rz. 17 genannten Gründen halten wir solche erweiternden Auslegungen des Gesetzes für problematisch.

Währungsbedingte Aufrechnungsdifferenzen auf konzerninterne Schulden stellen keine *„Outside basis"*-Differenzen dar. Aus der Eliminierung der Aufrechnungsdifferenz resultierende Unterschiede zur Steuerbilanz sind daher zu latenzieren. Hierbei hängt u. E. die Erfolgswirksamkeit der Latenzierung an der (strittigen) Erfolgswirksamkeit der Eliminierungsbuchung 38a

1 Vgl. *Loitz*, DB 2010 S. 2177 ff.
2 Vgl. den nach Verabschiedung von DRS 18 aufgehobenen IDW ERS HFA 27 Tz. 16.

(→ § 308a Rz. 30 ff.). Nach anderer Auffassung ist die Latenzierung auch dann vorzunehmen, wenn die Eliminierung der Aufrechnungsdifferenz erfolgsneutral erfolgt.[1]

BEISPIEL ▸ Am 1.1.01 gibt das deutsche Mutterunternehmen MU ein auf drei Jahre laufendes Fälligkeitsdarlehen über 1 Mio. USD an das amerikanische Tochterunternehmen TU. Der Umrechnungskurs zum Zeitpunkt der Darlehensvergabe beträgt 1 €/1 USD.

Bis zum 31.12.01 hat der Euro an Wert verloren. Der Umrechnungskurs beträgt nun 1,2 €/1 USD. Die Darlehensforderung von MU hat mithin nun einen Stichtagswert von 1,2 Mio. € muss aber unter Beachtung des Höchstwertprinzips und von § 256a HGB im Einzelabschluss von MU weiterhin mit 1 Mio. € angesetzt werden.

Das Eigenkapital von TU zu beiden Stichtagen sowie das Jahresergebnis 01 von TU betragen ebenso 0 wie im Konzern zum 31.12.01 der Posten Eigenkapitaldifferenz aus Währungsumrechnung (WUD).

BEURTEILUNG ▸ Für Zwecke des Konzernabschlusses ist der Abschluss von TU in Euro umzurechnen, die Schulden gegenüber MU dabei nach § 308a Satz 1 HGB mit dem Stichtagskurs. Hieraus ergibt sich ein Wert von 1,2 Mio. €. Dem steht im Summenabschluss die Forderung von MU aber nur mit einem Wert von 1 Mio. € gegenüber. Bei der Schuldenkonsolidierung nach § 303 HGB ergibt sich eine passive (echte) Aufrechnungsdifferenz von 0,2 Mio. €.

Diese stellt keine Eigenkapitaldifferenz aus Währungsumrechnung nach § 308a Satz 3 HGB dar; Letztere ergibt sich daraus, dass die Posten eines ausländischen Tochterunternehmens mit unterschiedlichen Kursen umgerechnet werden, das Eigenkapital mit historischen, die Vermögensgegenstände und Schulden mit Stichtags- und die Posten der GuV mit Durchschnittskursen. Ein derartiges Problem besteht bei TU aber gar nicht. Eigenkapital und Jahresergebnis betragen 0. Auf den Umrechnungskurs kommt es hier also gar nicht an. Vermögensgegenstände und Schulden werden einheitlich mit dem Stichtagskurs umgerechnet.

Eine Eliminierung der Aufrechnungsdifferenz aus der Schuldenkonsolidierung durch erfolgsneutrale Dotierung des Eigenkapitaldifferenzpostens nach § 308a Satz 3 HGB scheidet daher aus.

Da der Posten für Eigenkapitaldifferenz nicht einschlägig ist und eine sonstige Vorschrift zur Erfolgsneutralität der Eliminierung der Aufrechnungsdifferenz nicht besteht, wäre eine erfolgswirksame Behandlung konsequent. Die h. M. votiert aber für eine erfolgsneutrale Verbuchung von währungsbedingten Aufrechnungsdifferenzen aus Schulden gegen einen sonstigen Posten des Eigenkapitals (→ § 308a Rz. 31).

Als Folge der Eliminierung der Aufrechnungsdifferenz stimmen die Summe der Steuerbilanzwerte aus dem Darlehen (-0,2 Mio. €) und der entsprechende Konzernwert (0 €) jedenfalls nicht mehr überein. Diese temporäre Differenz ist – anders als die Währungsumrechnungsdifferenz nach § 308a Satz 3 HGB – keine *„Outside basis"*-Differenz i. S. von § 306 Satz 4 HGB und deshalb passiv zu latenzieren. Konsistent ist dann folgendes Vorgehen: Wenn nach der h. M. der Grund- bzw. Vorsteuersachverhalt erfolgsneutral behandelt wird, sollten auch die damit verbundenen Steuerlatenzwirkungen erfolgsneutral behandelt werden.

III. Bewertung (Satz 5)

1. Entsprechende Anwendung von § 274 Abs. 2 HGB

39 Nach Satz 5 sind die Bewertungsvorschriften des § 274 Abs. 2 HGB entsprechend auf die temporären Differenzen aus § 306 HGB anzuwenden. Damit gilt u. a.:

- Latente Steuern sind **nicht abzuzinsen** (→ § 274 Rz. 78).
- Aktive Latenzen sind nur im Maße ihrer **Werthaltigkeit** anzusetzen (→ § 274 Rz. 79).

1 *Oser*, StuB 2015 S. 68.

► Temporäre Differenzen sind mit dem **Steuersatz** zu latenzieren, zu dem sie sich voraussichtlich auflösen (→ § 274 Rz. 72).

2. Unternehmensspezifische Steuersätze

Die Verwendung der für die Auflösung erwarteten Steuersätze (→ Rz. 39) bedingt nach der Begründung zum Regierungsentwurf des BilMoG sowie der dem folgenden Regelung in DRS 18.41 die Anwendung von **unternehmensindividuellen** Steuersätzen der in den Konzernabschluss einbezogenen Tochterunternehmen. Nur aus Gründen der **Verhältnismäßigkeit** (Kosten-Nutzen-Verhältnis) und der **Wesentlichkeit** kann die Bewertung ausnahmsweise auch mit einem konzerneinheitlichen, durchschnittlichen Steuersatz erfolgen. 40

Bei Verwendung unternehmensindividueller Steuersätze werden temporäre Differenzen auf Vermögenswerte und Schulden gem. dem Steuersatz des Rechtssubjekts latenziert, dem die Vermögensgegenstände und Schulden **einzelbilanziell zuzurechnen** sind. 41

BEISPIEL ► Der MU-Konzern ist über Tochterunternehmen sowohl im Inland (Steuersatz 30 %) als auch in den USA (Steuersatz 40 %) tätig. Zu passivierende temporäre Differenzen bestehen

► im Inland i. H. von 10.000,

► in den USA i. H. von 5.000.

Die Ermittlung der passiven Latenzen ist wie folgt:

► Inland: 10.000 · 30 % = 3.000

► USA: 5.000 · 40 % = 2.000

Bei der **Zwischenergebniseliminierung** (→ Rz. 23) ist der Vermögensgegenstand dem empfangenden Unternehmen zuzurechnen. Bei ihm entsteht i. d. R. auch die steuerliche Entlastung aus der Realisierung der Differenz durch Weiterveräußerung. Anzuwenden war daher nach DRS 18.45 grundsätzlich der **Steuersatz des Empfängers.**[1] Die abweichende frühere Regelung in DRS 10.23 bezog sich noch auf das *Timing*-Konzept im HGB a. F. 42

BEISPIEL ► TU-D und TU-USA sind 100%ige Töchter von MU.

Ende 01 liefert TU-D für 100 angeschaffte Waren zu 120 an TU-USA. Erst im Jahr 02 veräußert TU-USA die Ware weiter an Dritte. Der Steuersatz beträgt 30 % für TU-D und 40 % für TU-USA.

Konsolidierungsbuchungen im Jahr 01:

Per Umsatzerlöse	120	an	Materialaufwand	100
		an	Vorräte	20
Per aktive latente Steuer (40 %)	8	an	Steueraufwand (40 %)	8

Konsolidierungsbuchungen im Jahr 02:

Per Gewinnrücklage	14	an	Vorräte	20 (EB-Buchung)
Per aktive latente Steuer	6			
Per Vorräte	20	an	Materialaufwand	20
Per Steueraufwand	8	an	aktive latente Steuer	8

In **Ausnahmefällen** ist eine Latenzierung der aus der Zwischenergebniseliminierung resultierenden temporären Differenz nur mit dem Steuersatz des empfangenden Unternehmens un-

1 Gleicher Auffassung *Loitz*, DB 2009 S. 913 ff.

angemessen, weil die steuerlichen Konsequenzen eines Abbaus der Differenz zugleich die Steuersphäre des liefernden Unternehmens berühren. Angesprochen ist insbesondere die halbtransparente Besteuerung von **Tochterpersonengesellschaften.**[1] Diese von uns schon früher vertretene Auffassung ist seit November 2020 auch in DRS 18.45a i.d.F. DRÄS 11 enthalten. Sofern die Personengesellschaft nach KöMoG gem. § 1a KStG zur Körperschaftsteuer optiert, stellt sich das Problem von vornherein nicht.

BEISPIEL: Die MU-AG bezieht in ihren Konzernabschluss u. a. die 100%ige Tochter TU-KG per Vollkonsolidierung ein. Ende 01 veräußert MU ein bisher nicht aktiviertes Patent für 1.000 T€ an TU.

Beurteilung: DRS 10.23 sah noch vor, den Steuersatz des leistenden Konzernunternehmens zu verwenden. Ursächlich für die Änderung durch DRS 18.45 war, dass das BilMoG das *Temporary*-Konzept einführte. Demzufolge kommt es nicht mehr darauf an, wie Differenzen entstanden sind, sondern darauf, wie sich diese zukünftig als Steuerbe- oder -entlastungen auswirken. Da sich die zukünftigen steuerlichen Folgen bei Zwischenergebniseliminierung i.d.R. allein beim empfangenden Unternehmen ergeben, entspricht DRS 18.45 dem *Temporary*-Konzept. Eine Besonderheit besteht aber bei der (halb-)transparenten Besteuerung von Personengesellschaften. Der Abbau der Differenzen wirkt sich zwar gewerbesteuerlich nur bei der leistungsempfangenden Tochterpersonengesellschaft aus, beeinflusst aber zugleich Einkommen und Körperschaftsteuer der Mutterkapitalgesellschaft. Die zukünftige Steuerentlastung wird nur dann angemessen abgebildet, wenn auch die Körperschaftsteuer berücksichtigt wird.

IV. Ausweis und Bilanzansatz im Zusammenspiel mit § 274 HGB (Satz 2 und 6)

1. Wahlrechte in der Bilanz

43 Hinsichtlich des Ausweises gewährt § 306 HGB zwei Wahlrechte. Die latenten Steuern aus § 306 HGB können

- nach Satz 1 und 2 **saldiert oder unsaldiert,**
- nach Satz 6 mit denen aus § 274 HGB **zusammengefasst oder separat**

ausgewiesen werden.

DRS 18.56 und.62 schränken dieses gesetzliche Wahlrecht nicht ein.

Da auch § 274 HGB die Wahl zwischen saldiertem und unsaldiertem Ausweis lässt (→ § 274 Rz. 71), entstehen **vielfältige Kombinationsmöglichkeiten,** wie folgendes Beispiel zeigt:

BEISPIEL MU hat

- aus § 274 HGB aktive Latenzen von 300 und passive von 200,
- aus § 306 HGB aktive Latenzen von 150 und passive von 100.

Sofern sie nicht überhaupt auf die Aktivierung des Überhangs aus § 274 HGB verzichtet (zwei weitere Alternativen), hat MU folgende sechs Darstellungsmöglichkeiten:

1. Unsaldiert und nicht zusammengefasst			
Aktive Latenz nach § 274 HGB	300	Passive Latenz nach § 274 HGB	200
Aktive Latenz nach § 306 HGB	150	Passive Latenz nach § 306 HGB	100

1 Vgl. *Lüdenbach*, StuB 2019 S. 441.

2. Aktive und passive Latenzen nach § 274 HGB, saldiert			
Saldo Latenz nach § 274 HGB	100	Passive Latenz nach § 306 HGB	100
Aktive Latenz nach § 306 HGB	150		
3. Aktive und passive Latenzen nach § 306 HGB, saldiert			
Aktive Latenz nach § 274 HGB	300	Passive Latenz nach § 274 HGB	200
Saldo Latenz nach § 306 HGB	50		
4. Aktive und passive Latenzen nach § 274 HGB und § 306 HGB, jeweils saldiert			
Saldo Latenz nach § 274 HGB	100		
Saldo Latenz nach § 306 HGB	50		
5. Latenzen nach § 274 HGB und § 306 HGB, jeweils aktivisch und passivisch zusammengefasst			
Aktive Latenz	450	Passive Latenz	300
6. Saldiert und zusammengefasst			
Saldo aktive Latenz	150		

Bei der Gesetzgebung hat offenbar das ***„Anything goes"*-Prinzip** – „bilanziert wie ihr wollt" – Pate gestanden und damit genau genommen die Prinzipienlosigkeit. Dem mit dem BilMoG verbundenen Anspruch, die Vergleichbarkeit von Abschlüssen zu erhöhen, dient die exzessive Ausdehnung der Ausweiswahlrechte nicht. Hier zeigt sich besonders deutlich die fortzeugende Wirkung der bösen Tat in Form der Gewährung von Wahlrechten. 44

Strittig ist im Zusammenspiel von § 274 HGB mit § 306 HGB, ob Satz 6 ein reines Ausweiswahlrecht darstellt[1] oder darüber hinaus auch Konsequenzen für den Bilanzansatz hat.[2] Die zweite Position erlaubt eine Gesamtdifferenzenbetrachtung, dies allerdings mit der Maßgabe, dass durch die zusammengefasste Betrachtung von § 274 HGB und § 306 HGB das Wahlrecht zur Nichtaktivierung von Aktivüberhängen aus dem Einzelabschluss vom Ansatzgebot des § 306 HGB verdrängt wird. 44a

BEISPIEL ▸ Konzern K besteht aus dem Mutterunternehmen M und der Tochter TU. Bei M ergibt sich eine werthaltige aktive Latenz von 3 Mio. €, die jedoch im Einzelabschluss nicht angesetzt wird. Bei TU ergeben sich einzelbilanziell keine Latenzen, dafür aber nach § 306 HGB passive latente Steuern von 2 Mio. € aus der Aufdeckung stiller Reserven durch die Erstkonsolidierung.

Alt. 1 (Satz 6 als reines Ausweiswahlrecht)

K hat für Zwecke des Bilanzansatzes die aktive Latenz nach § 274 HGB unabhängig vom Passivüberhang aus § 306 HGB zu würdigen. Er kann die aktive Latenz ganz oder gar nicht in den Konzernabschluss übernehmen (DRS 18.15). Es ergeben sich je nach Saldierung im Ausweis folgende Möglichkeiten:

a) Unsaldiert: aktive latente Steuern 3 Mio. €, passive latente Steuern 2 Mio. €. Oder saldiert: aktive latente Steuern 1 Mio. €.

b) Passive latente Steuern 3 Mio. €.

Alt. 2 (Gesamtdifferenzenbetrachtung)

In der Gesamtbetrachtung entsteht ein ansatzpflichtiger Aktivüberhang von 1 Mio. €. Unzulässig ist daher Variante b) aus Alternative 1.

1 So z. B. *Melcher/Möller*, KoR 2011 S. 552 und *Loitz*, DB 2010 S. 2178.

2 So z. B. *Senger/Hoehne* in Münchener Kommentar Bilanzrecht, 2013, § 306 Rn. 97.

2. Ausweis in der GuV

45 In der GuV sind nach Satz 6 i.V. mit § 274 Abs. 2 Satz 2 HGB latente Steuern unter den Steuern vom Einkommen und Ertrag **gesondert auszuweisen,** wobei eine Zusammenfassung des Steuererfolgs aus § 306 HGB und § 274 HGB zulässig und sinnvoll ist. Der gesonderte Ausweis kann nach DRS 18.60 entweder durch einen Unterposten, eine Vorspalte oder durch einen Davon-Vermerk erfolgen.

Wie bei den tatsächlichen Steuern halten wir außerdem eine Saldierung von Erträgen (aus der Auflösung passiver oder Dotierung aktiver Latenzen) und Aufwendungen (aus der Dotierung passiver oder Auflösung aktiver Latenzen) für angemessen (→ § 275 Rz. 119).

V. Anhangangaben

46 Zu den sich aus dem Gesetz selbst ergebenden Angabepflichten (§ 314 Abs. 1 Nr. 21 und Nr. 22, identisch mit den einzelbilanziellen Vorgaben in § 285 Nr. 29 und 30 HGB) wird auf → § 285 Rz. 184 und → § 274 Rz. 103 verwiesen.

47 Über die Pflichten des § 314 HGB hinaus sahen **DRS 18.66 f.** (die jedoch durch DRÄS 11 entfallen sind) folgende Angaben vor:

- **Soweit** es den **Abschlussadressaten dient:** Angabe des Betrags und ggf. des Verfallzeitpunkts von abzugsfähigen temporären Differenzen, für die kein latenter Steueranspruch in der Bilanz angesetzt ist, von bislang ungenutzten steuerlichen Verlustvorträgen und bislang ungenutzten Steuergutschriften.
- **Zwingend:** Überleitungsrechnung zum Zusammenhang zwischen dem unter Anwendung des in Deutschland geltenden Steuersatzes oder eines gewichteten Konzernsteuersatzes erwarteten Steueraufwand/-ertrag und dem ausgewiesenen Steueraufwand/-ertrag. Für ein Beispiel einer Überleitungsrechnung wird auf → § 285 Rz. 192 verwiesen.

Anders als der Vorgängerstandard DRS 10 sieht DRS 18 folgende Angabepflichten nicht mehr explizit vor:

- Betrag der latenten Steueraufwendungen oder -erträge, der auf die **Änderung** von **Gesetzen** (Steuersätze) und auf die Einführung neuer Steuerarten zurückzuführen ist,
- Betrag der latenten Steueraufwendungen oder -erträge, der auf die **geänderte Einschätzung** der **Werthaltigkeit** aktiver Latenzen zurückzuführen ist,
- Erläuterung der anzuwendenden **Steuersätze** sowie
- **Begründung** der **Werthaltigkeit** aktiver Latenzen.

Eine Pflicht kann sich in derartigen Fällen aber je nach Bedeutsamkeit aus den allgemeinen Vorgaben von § 313 Abs. 2 Nr. 1 HGB ergeben.

§ 307 Anteile anderer Gesellschafter

(1) In der Konzernbilanz ist für nicht dem Mutterunternehmen gehörende Anteile an in den Konzernabschluss einbezogenen Tochterunternehmen ein Ausgleichsposten für die Anteile der anderen Gesellschafter in Höhe ihres Anteils am Eigenkapital unter dem Posten „nicht beherrschende Anteile" innerhalb des Eigenkapitals gesondert auszuweisen.

(2) In der Konzern-Gewinn- und Verlustrechnung ist der im Jahresergebnis enthaltene, anderen Gesellschaftern zustehende Gewinn und der auf sie entfallende Verlust nach dem Posten „Jahresüberschuss/Jahresfehlbetrag" unter dem Posten „nicht beherrschende Anteile" gesondert auszuweisen.

Inhaltsübersicht Rz.

LITERATUR:

Baetge, Kapitalkonsolidierung nach der Erwerbsmethode im mehrstufigen Konzern, in Förschle/Kaiser/Moxter (Hrsg.), Rechenschaftslegung im Wandel, Festschrift zum 65. Geburtstag von Dr. Wolfgang Dieter Budde, 1995, S. 19; *Fröhlich*, Die Kapitalkonsolidierung bei Erwerb eines Teilkonzerns, WPg 2004 S. 65; *Küting/Leinen*, Die Kapitalkonsolidierung bei Erwerb eines Teilkonzerns, WPg 2002 S. 1201; *Küting/Leinen*, Die Kapitalkonsolidierung bei Erwerb eines Teilkonzerns, Anmerkungen zum Beitrag von Fröhlich, WPg 2004 S. 70; *Oechsle/Schipper*, Negative Fremdanteile im Konzernabschluss, WPg 1994 S. 344; *Römgens*, Behandlung des auf die Minderheiten entfallenden Goodwills im mehrstufigen Konzern, BB-Special 19/2005 (Beilage zu Heft 39) S. 21; *Schindler*, Der Ausgleichsposten für Anteile anderer Gesellschafter nach § 307 HGB, WPg 1986 S. 588; *Scholz*, Bilanzierung von Minderheitsanteilen im HGB-Konzernabschluss bei Bestehen eines Ergebnisabführungsvertrags, BB 2014 S. 1003.

I. Regelungsinhalt

§ 307 HGB ist **vornehmlich** als **Ausweisvorschrift** konzipiert: 1

- Abs. 1 bestimmt **bilanziell** den gesonderten Ausweis der nicht dem Mutterunternehmen gehörenden Anteile an einbezogenen Tochterunternehmen („Ausgleichsposten für die Anteile der anderen Gesellschafter") unter der Bezeichnung „nicht beherrschende Anteile" innerhalb des Eigenkapitals (→ Rz. 6).
- Abs. 2 schreibt für die **GuV** den gesonderten Ausweis des auf andere Gesellschafter entfallenden Gewinns oder Verlusts nach dem Posten Jahresüberschuss/Jahresfehlbetrag vor (→ Rz. 8).

Nicht in § 307 HGB, sondern in DRS 22 geregelt ist die Behandlung des Ausgleichspostens (nachfolgend auch „Minderheitenanteil") im **Eigenkapitalspiegel.** Hierzu wird auf → § 297 Rz. 105 verwiesen.

2 Die nachfolgende Kommentierung behandelt jedoch nicht nur Ausweisfragen, sondern im konzeptionellen Kontext anderer Konsolidierungsvorschriften (→ Rz. 3) auch

- die **Ermittlung** des Ausgleichspostens, insbesondere also die Frage,
- welche Personen als **„andere" Gesellschafter** gelten (→ Rz. 11) und
- welcher **Prozentsatz** zur Bestimmung ihres Anteils maßgeblich ist (→ Rz. 15),
- die **Fortschreibung** des Minderheitenanteils wegen
- Unterschiedsbeträgen aus der Erstkonsolidierung (→ Rz. 16),
- Zwischenergebniseliminierungen (→ Rz. 21), Schuldenkonsolidierung (→ Rz. 25) und Währungsumrechnung (→ Rz. 27) sowie
- Erwerbs- und Veräußerungsvorgängen (→ Rz. 28 ff.).

II. § 307 HGB im konzeptionellen Kontext anderer Konsolidierungsvorschriften

3 § 307 HGB kann sich im Wesentlichen auf Vorgaben für den Ausweis beschränken, da sich die Notwendigkeit zum Ansatz von Minderheitenposten **dem Grunde nach** bereits aus dem Einheitsgrundsatz des § 297 HGB (→ § 297 Rz. 116) i.V. mit dem Gebot des § 300 Abs. 1 HGB ergibt, Vermögensgegenstände, Schulden, Erträge und Aufwendungen konsolidierter Töchter vollständig in den Konzernabschluss aufzunehmen.

- Da trotz **Vollständigkeitsgebot** des § 300 Abs. 1 HGB
- das Eigenkapital (Nettovermögen) der Tochterunternehmen im Rahmen der Kapitalkonsolidierung nach § 301 Abs. 1 HGB nur entsprechend der **Quote der Mutter** mit dem Beteiligungsbuchwert verrechnet werden kann,
- bleibt entsprechend der **Quote Dritter** am Eigenkapital ein zunächst noch unverrechneter Betrag; dieser dotiert dann den Ausgleichsposten.

3a Die maßgebliche Quote des Minderheitenanteils ergibt sich regelmäßig aus dem Kapitalanteil, nicht aus einem evtl. abweichenden Stimmrechtsanteil. Weicht der Kapitalanteil dauerhaft vom Anteil an den laufenden Ergebnissen sowie am Liquidationsergebnis ab, so ist gem. DRS 23.47 u.U. auf den Ergebnisanteil abzustellen.

4 Die Höhe des Ausgleichspostens zum Erstkonsolidierungszeitpunkt ergibt sich ebenfalls aus § 301 Abs. 1 HGB: Da danach im Rahmen der sog. **Neubewertungsmethode** das zu verrechnende Eigenkapital insgesamt zu Zeitwerten, d. h. unter Berücksichtigung stiller Reserven, anzusetzen ist, sind auch die auf Minderheitsgesellschafter entfallenden Anteile an den **stillen Reserven** in der Erstkonsolidierung aufzudecken und in der Folge erfolgswirksam fortzuschreiben (→ § 301 Rz. 11 und → § 301 Rz. 108).

5 Auch zu den sonstigen erfolgswirksamen Konsolidierungsvorgängen ergibt sich aus § 307 HGB selbst nichts:

- Die **Zwischenergebniseliminierung** ist ohne besondere Bezugnahme auf Minderheiten in § 304 HGB geregelt. Zwischenerfolge sind danach unabhängig von der Beteiligungsquote und Lieferrichtung **stets in vollem Umfang** zu eliminieren. In Höhe der Beteiligungsquote

Dritter ist jedoch u.U. der Minderheitenanteil zu belasten (→Rz. 23), wobei sich Sonderfragen bei konzerninternen Lieferungen zwischen Tochterunternehmen mit unterschiedlichen Beteiligungsquoten der Minderheiten ergeben (→Rz. 24).

- Die bei echten Aufrechnungsdifferenzen gebotene erfolgswirksame **Schuldenkonsolidierung** nach § 303 HGB kann den Minderheitenanteil ebenfalls betreffen, wobei sich auch hier Sonderfragen im Falle von horizontalen Schuldbeziehungen zwischen Tochterunternehmen ergeben (→Rz. 26).

III. Bezeichnung und Ausweis der Ausgleichsposten in Bilanz und GuV

Für den „Ausgleichsposten für die Anteile der anderen Gesellschafter" ist nach Abs. 1 in Umsetzung von Art. 24 Abs. 4 der EU-RL 2013 (→§ 264 Rz. 14a) bilanziell nur noch die Bezeichnung „nicht beherrschende Anteile" erlaubt. Entsprechendes gilt nach Abs. 2 für die GuV (→Rz. 8). 6

Der Ausweis eines negativen Ausgleichspostens ist nicht geregelt. Solange das gesamte Konzerneigenkapital positiv ist und deshalb passivisch ausgewiesen wird, sollte u.E. auch ein **negativer Minderheitenanteil** passivisch dargestellt werden (DRS 23.96).[1] 7

Nach Abs. 2 ist in der **Konzern-GuV** der auf nicht beherrschende Gesellschafter entfallende Gewinn oder Verlust nach dem Konzernjahresüberschuss/-fehlbetrag gesondert auszuweisen. Zwei gleichwertige Darstellungen kommen infrage: 8

Entwicklung zum Konzerngewinn	Davon-Vermerk
22. Konzernjahresüberschuss	22. Konzernjahresüberschuss
23. Auf nicht beherrschende Gesellschafter entfallender Gewinn	23. Davon auf nicht beherrschende Gesellschafter entfallend
24. Konzerngewinn	

Zum Ausweis im **Eigenkapitalspiegel** wird auf →§ 297 Rz. 105 verwiesen, zu Besonderheiten bei Garantiedividenden aus Ergebnisabführungsvertrag auf →Rz. 32a. 9

IV. Ermittlung des Ausgleichspostens

1. Überblick

Von einer **Bewertung** des Minderheitenanteils kann nur i.w.S. gesprochen werden, da zwar Vermögensgegenstände und Schulden, nicht aber die residuale Größe „Eigenkapital" den Bewertungsvorschriften des Gesetzes unterliegt. Nur aus Vereinfachungsgründen wird daher nachfolgend der Begriff „Bewertung" anstelle von oder neben Begriffen wie „Ermittlung", „Berechnung" etc. verwendet: 10

- Vorstufe einer solchen „Bewertung" ist die **qualitative** (→Rz. 13) und **prozentuale** (→Rz. 15) Abgrenzung der einzubeziehenden Anteile.
- Steht der Abgrenzungskreis fest, ist der Posten im zweiten Schritt **rechnerisch** zu bestimmen, und zwar zunächst auf den **Erstkonsolidierungszeitpunkt** (→Rz. 16) und sodann auf **Folgekonsolidierungszeitpunkte** (→Rz. 17 ff.).

1 Vgl. *Störk/Roland* in Beck'scher Bilanz-Kommentar, 13. Aufl. 2022, § 307 Tz. 57; *Öchsle/Schipper*, WPg 1994 S. 346 ff.; *Scheffler* in Petersen/Zwirner/Brösel (Hrsg.), Systematischer Praxiskommentar Bilanzrecht, 2010, § 307 Tz. 57.

2. Einzubeziehende Anteile

2.1 „Andere" Gesellschafter

11 Ein Ausgleichsposten ist nach Abs. 1 zu bilden

- für Anteile **anderer** Gesellschafter
- an **einbezogenen** Tochterunternehmen.

12 Betroffen ist nur die gesellschaftsrechtliche Beteiligung Dritter am Eigenkapital. Finanziert sich etwa das 100%ige Tochterunternehmen z. T. durch Emission von **Genussrechten** mit Eigenkapitalcharakter (→ § 246 Rz. 121) an Dritte, so entsteht hieraus kein Minderheitenanteil.[1] Entsprechendes gilt für andere als Eigenkapital qualifizierte Formen **mezzaniner Finanzierung.**

13 Als andere Gesellschafter gelten:

- Gesellschafter **ohne Beziehung zum Konzern;**
- Gesellschafter mit **Beziehung zum Konzern,** die aber nicht voll oder quotal, sondern ***at equity* konsolidiert** werden (z. B. assoziierte Unternehmen) oder (z. B. wegen Unwesentlichkeit) **überhaupt nicht konsolidiert** werden.

Ist ein **quotal einbezogenes Gemeinschaftsunternehmen** Minderheitsgesellschafter eines einbezogenen Tochterunternehmens, werden die vom Gemeinschaftsunternehmen gehaltenen Anteile quotal dem **Mutterunternehmen** zugerechnet und in die Kapitalkonsolidierung nach § 301 HGB einbezogen. Umgekehrt führt die auf die anderen Gesellschafter des Gemeinschaftsunternehmens entfallende Quote am Tochterunternehmen zu Anteilen **anderer** Gesellschafter.[2]

Zur Qualifizierung nicht voll- oder quotal, sondern ***at equity*** konsolidierter (z. B. assoziierte Unternehmen) oder (z. B. wegen Unwesentlichkeit) überhaupt nicht konsolidierter Gesellschafter als Minderheit folgendes Beispiel:

BEISPIEL MU hält eine Beteiligung von 80 % an TU. Die anderen Anteile verteilen sich wie folgt:

- 10 % halten Dritte ohne Beziehung zum Konzern,
- weitere 10 % entfallen auf die aU; an der aU hält MU 30 % und konsolidiert sie *at equity*:

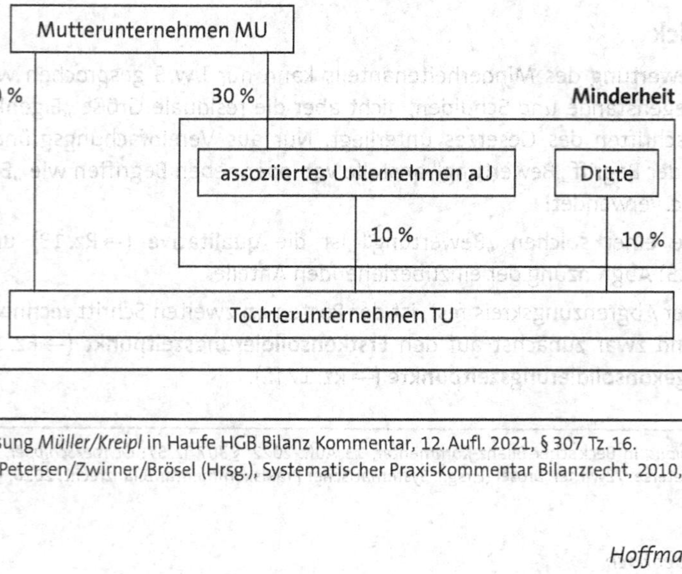

1 Gleicher Auffassung *Müller/Kreipl* in Haufe HGB Bilanz Kommentar, 12. Aufl. 2021, § 307 Tz. 16.
2 Vgl. *Scheffler* in Petersen/Zwirner/Brösel (Hrsg.), Systematischer Praxiskommentar Bilanzrecht, 2010, § 307 Tz. 15.

Als anderer Gesellschafter von TU gelten nicht nur die konzernfremden Dritten, sondern auch die nur *at equity* von MU konsolidierte aU. Der Minderheitenanteil beträgt mithin **20 %.**

Die Minderheitsqualifizierung des Anteils derjenigen konzernverbundenen Gesellschaften am Tochterunternehmen, die nur als einfache oder *Equity*-Beteiligung bilanziert werden, führt i. H. der durchgerechneten Quote zu einer **Bilanzverlängerung.** Einerseits wird insoweit Vermögen des Tochterunternehmens rechnerisch doppelt berücksichtigt, andererseits ist insoweit der Ausgleichsposten erhöht. 14

BEISPIEL ▸ **Ausgangssituation:** MU ist mit 70 % am Vermögen von TU beteiligt. Die verbleibenden 30 % werden von der konzernexternen Gesellschaft X gehalten, die über kein weiteres Vermögen verfügt. Zu Buchwerten und Zeitwerten beträgt das Vermögen von TU 100, der Minderheitenanteil somit 30.

Erwerb mittelbarer Anteile: MU erwirbt nun 40 % an X zu einem Preis von 40 und bucht: per *Equity*-Beteiligung 40 an Geld 40.

Mittelbar erlangt MU durch die *Equity*-Beteiligung einen Anteil von 40 % · 30 % = 12 % am Vermögen von TU. Dieser Vermögensanteil wird im Konzernabschluss einerseits durch die *Equity*-Beteiligung repräsentiert, andererseits schon durch die unmittelbare Bilanzierung des Vermögens von TU. Dieses wird i. H. von 12 also doppelt berücksichtigt. Der Ausgleich erfolgt dadurch, dass auch der Minderheitenposten nicht nur 18 nach Maßgabe des Anteils der konzernfremden Gesellschaft, sondern wegen der nur mittelbar MU zuzurechnenden 12 weiterhin 30 beträgt.

Bei ausnahmsweise bedeutenden Beträgen kann der auf konzernverbundene Gesellschafter entfallende Anteil am Ausgleichsposten im Anhang erläuterungsbedürftig sein.

Der Mehrheitsgesellschafter kann dem nicht beherrschenden Gesellschafter eine **Put-Option** über dessen Anteile einräumen, entweder als selbständiges Geschäft oder – in der Praxis nicht unüblich – indem im Vertrag über den Erwerb der Mehrheitsanteile zugleich eine Put-Option für die zunächst beim Veräußerer verbleibenden Anteile vereinbart wird. Nach der internationalen Rechnungslegung führt die eingeräumte Option zu einer Umklassifizierung der betroffenen nicht beherrschenden Anteile von Eigenkapital in Verbindlichkeiten (IAS 32.23 und IAS 32.AG28 f.). Unseres Erachtens kann dem im handelsrechtlichen Konzernabschluss nicht gefolgt werden. Vielmehr ist zunächst eine explizit oder implizit vereinbarte Optionsprämie zu passivieren und dann für einen über den Prämienbetrag hinausgehenden negativen Wert der Stillhalterposition zu prüfen, ob eine Drohverlustrückstellung anzusetzen ist.[1] Dies ist nicht der Fall, wenn das Berichtsunternehmen Aufstockungen von Mehrheitsbeteiligungen nicht als Erwerbsvorgang, sondern als Transaktion zwischen Eigenkapitalgebern behandelt (→ § 301 Rz. 113). 14a

2.2 Maßgeblicher Prozentsatz

Maßgeblich für die prozentuale Bestimmung des Minderheitenanteils ist die Beteiligung am **Kapital** des Tochterunternehmens, unerheblich hingegen die Beteiligung an den **Stimmrechten.** Insbesondere bei Beherrschungsverträgen können beide Größen auseinanderfallen. 15

Ist das Mutterunternehmen überhaupt nicht am Tochterunternehmen beteiligt, etwa im Falle von **Zweckgesellschaften** mit Konsolidierungspflicht wegen Chancen-Risiko-Mehrheit (→ § 290 Rz. 49), sind 100 % des zu konsolidierenden Nettovermögens des Tochterunternehmens als Minderheitenanteil auszuweisen.

1 Gleicher Auffassung *Fuchs/Hargarten/Weinmann*, BB 2018 S. 2475 ff.

3. Unterschiedsbeträge aus der Erstkonsolidierung und deren Fortschreibung

16 Nach der seit BilMoG allein zulässigen Methode der **vollständigen Neubewertung** (→ § 301 Rz. 11) ist bei der **Erstkonsolidierung** auch der auf die Minderheiten entfallende Anteil an **stillen Reserven und Lasten** aufzudecken. Sofern die stillen Reserven nicht ausnahmsweise durch stille Lasten überkompensiert werden, erhöht dies den Minderheitenanteil im Vergleich zur nicht mehr zulässigen Buchwertmethode.

17 Bei der **Folgekonsolidierung** sind die stillen Reserven/Lasten abzuschreiben bzw. aufzulösen (→ § 301 Rz. 107):

- Der **bilanzielle** Minderheitenanteil verändert sich entsprechend.
- In der Konzern-**GuV** wird der Ergebnisanteil der Minderheit mit dem Anteil an der Abschreibung/Auflösung stiller Reserven belastet.
- Besonderheiten bestehen im Falle einer wegen Ergebnisabführungsvertrags vereinbarten Garantiedividende (→ Rz. 32a).

18 **Keinen Anteil** hat die Minderheit am ***Goodwill*** oder **negativen Unterschiedsbetrag.** § 301 Abs. 3 HGB sieht den Ansatz entsprechender Posten nur nach der Beteiligung des Mehrheitsgesellschafters vor. In der internationalen Rechnungslegung ist hingegen durch IFRS 3 für die Aufdeckung des auf die Minderheiten entfallenden Anteils am *Goodwill* das Wahlrecht zugelassen (*Full-Goodwill*-Methode).

Offen ist die Behandlung des *Goodwill* im **mehrstufigen Konzern.** Ist die Minderheit an einer Tochter beteiligt, die wiederum Mehrheitsgesellschafter eines Enkelunternehmens ist, stellt sich die Frage nach der Behandlung eines bei Erwerb des Enkelunternehmens aufgedeckten *Goodwill.* Im Teilkonzern ist er zu 100 % zu bilanzieren, da aus Teilkonzernsicht gar keine Minderheiten bestehen. Aus Gesamtkonzernsicht ist **strittig,** ob der rechnerisch auf die Minderheiten entfallende Anteil am *Goodwill* des Enkelunternehmens dem Minderheitenanteil bilanziell gutzuschreiben ist. Die Diskussion zu diesem Problem ist unter → § 301 Rz. 95 ff. dargestellt.

4. Sonstige Fortschreibungen

4.1 Gewinn- oder Verlustanteil

19 Der den Minderheiten zuzurechnende Anteil am **Ergebnis** der Tochterunternehmen wird bilanziell dem Minderheitenanteil gutgeschrieben bzw. der Minderheitenanteil wird damit belastet. Besonderheiten bestehen im Falle einer wegen Ergebnisabführungsvertrags vereinbarten Garantiedividende (→ Rz. 32a).

4.2 Kapitalmaßnahmen beim Tochterunternehmen

20 Beteiligungsproportional durchgeführte effektive Kapitalerhöhungen oder -herabsetzungen verändern den Minderheitenanteil entsprechend. Wegen der Behandlung **nicht proportionaler** Maßnahmen wird auf → § 301 Rz. 120 verwiesen.

4.3 Zwischenergebniseliminierung

21 Vermögensgegenstände, die ganz oder teilweise auf Lieferungen oder Leistungen zwischen einbezogenen Unternehmen beruhen, sind nach § 304 Abs. 1 HGB in der Konzernbilanz nur mit einem Betrag anzusetzen, zu dem sie angesetzt werden könnten, wenn die in den Kon-

zernabschluss einbezogenen Unternehmen auch rechtlich ein einziges Unternehmen bilden würden. Weder Ansatzverbote (etwa für originäre Marken nach § 248 Abs. 2 HGB) noch Bewertungsobergrenzen (Anschaffungs-/Herstellungskosten nach § 253 Abs. 1 HGB) können durch konzerninterne Lieferungen ausgehebelt werden. Infolge eines konzerninternen Leistungsbezugs zwar einzel-, aber nicht konzernbilanziell anzuerkennende Zugänge sind daher dem Grunde nach (z. B. Übertragung von Marken) oder der Höhe nach (z. B. Lieferung von Vorräten über Herstellungskosten) im Rahmen der Konsolidierungsbuchungen **erfolgswirksam** zu eliminieren.

§ 304 Abs. 1 HGB unterscheidet dabei nicht nach dem Umfang der Beteiligung an dem liefernden oder empfangenden Unternehmen. Zwischengewinne sind mithin auch bei Beteiligung von Minderheiten **zu 100 %** zu eliminieren. 22

Fraglich ist aber, in welchem **Maße** die Minderheit mit der Eliminierung zu **belasten** ist. Hierzu werden unterschiedliche Ansichten vertreten: 23

- Nach der ersten Auffassung soll[1] oder darf[2] mit den Eliminierungen das **Mutterunternehmen** und damit ausschließlich der Mehrheitsanteil belastet werden. Hauptsächlich werden hierfür Vereinfachungsgründe angeführt.
- Nach der **Gegenauffassung** haben die Eliminierungen stets beim **Halter (Empfänger)** der Sachleistung zu erfolgen, um auf diese Weise die eingetretene Vermögensverschiebung nach Maßgabe der Konzernbuchwerte zu verteilen.[3]

Bei geringen oder zwar großen, im Volumen aber etwa gleichbleibenden konzerninternen Transaktionen kann dem Vereinfachungsgedanken gefolgt werden. In anderen Fällen halten wird die Eliminierung beim Halter für geboten. Die Eliminierung beim Halter im Falle der ***Upstream-*** oder ***Downstream*-Lieferung** zeigt das nachfolgende Beispiel:

BEISPIEL MU ist an TU mit 80 % beteiligt.

Vorräte mit Herstellungskosten von 100 werden konzernintern für 150 geliefert und sind am Stichtag noch im Bestand. Die Bezahlung erfolgt sofort in bar.

Ausgehend von der Ausgangssituation vor Lieferung nachfolgend die Eliminierung bei *Downstream-* und *Upstream*-Lieferung:

A. Ausgangssituation						
	MU	**TU**	**Summe**	**Soll**	**Haben**	**Konzern**
Beteiligung	320		320		320	0
Vorräte	100	100	200			200
Geld	200	300	500			500
	620	400	1.020			700
EK-Mehrheit	620	400	1.020	400		620
Minderheit					80	80
	620	400	1.020	400	400	700

1 Vgl. *ADS*, 6. Aufl., § 307 Tz. 38 ff.
2 Vgl. *Kraft* in Ulmer (Hrsg.), Großkommentar 2002, § 307 Anm. 43.
3 Vgl. *Störk/Roland* in Beck'scher Bilanz-Kommentar, 13. Aufl. 2022, § 307 Tz. 44.

B. Situation nach interner Lieferung						
B1. *Downstream*-Lieferung – Eliminierung zulasten von TU als Leistungsempfänger						
	MU	TU	Summe	Soll	Haben	Konzern
Beteiligung	320		320		320	0
Vorräte	0	250	250		**50**	200
Geld	350	150	500			500
	670	400	1.070			700
EK-Mehrheit	620	400	1.020	400		620
Jahresüberschuss (Konzernjahresüberschuss-Mehrheit)	50		50	**40**		10
Minderheit				10	80	70
	670	400	1.070	450	450	700
B2. *Upstream*-Lieferung – Eliminierung zulasten von MU als Leistungsempfänger						
	MU	TU	Summe	Soll	Haben	Konzern
Beteiligung	320		320		320	0
Vorräte	250	0	250		**50**	200
Geld	50	450	500			500
	620	450	1.070			700
EK-Mehrheit	620	400	1.020	400		620
Jahresüberschuss (Konzernjahresüberschuss-Mehrheit)		50	50	**50**		0
Minderheit					80	**80**
	620	450	1.070	450	450	700

24 Bei ***Sidestream***-Lieferungen zwischen Töchtern ist zusätzlich auf die unterschiedliche prozentuale Höhe der Minderheitsbeteiligungen Rücksicht zu nehmen. Nachfolgend ein Beispiel mit Eliminierung ausschließlich zulasten der Mutter (Vereinfachung) oder anteilig zulasten des Leistungsempfängers:

BEISPIEL MU ist an TU1 mit 80 %, an TU2 mit 60 % beteiligt.

TU1 liefert Vorräte mit Herstellungskosten von 100 für 150 an TU2.

Die Bezahlung erfolgt sofort in bar. Am Stichtag sind die Vorräte noch nicht an Dritte veräußert.

A. Ausgangssituation							
	MU	TU1	TU2	Summe	Soll	Haben	Konzern
Beteiligung	170			170		170	0
Vorräte		100		100			100
Geld		0	150	150			150
	170	100	150	420			250
Div. EK-Mehrheit	170	100	150	420	250		170
Minderheit TU1						20	20
Minderheit TU2						60	60
	170	100	150	420	250	250	250

B. Situation nach interner Lieferung

B1. Eliminierung zulasten von MU

	MU	TU1	TU2	Summe	Soll	Haben	Konzern
Beteiligung	170			170		170	0
Vorräte		0	150	150		50	100
Geld		150	0	150			150
	170	150	150	470			250
Div. EK-Mehrheit	170	150	150	470	250		220
Jahresfehlbetrag EK-Mehrheit					50		-50
Minderheit TU1						30	30
Minderheit TU2						50	50
	170	150	150	470	300	300	250

B2. Eliminierung zulasten von TU2 als Leistungsempfänger

	MU	TU1	TU2	Summe	Soll	Haben	Konzern
Beteiligung	170			170		170	0
Vorräte		0	150	150		50	100
Geld		150	0	150			150
	170	150	150	470			250
Div. EK-Mehrheit	170	150	150	470	250		220
Jahresfehlbetrag EK-Mehrheit					30		-30
Minderheit TU1						30	30
Minderheit TU2					20	50	30
	170	150	150	470	300	300	250

4.4 Erfolgswirksame Schuldenkonsolidierung

Die Schuldenkonsolidierung nach § 303 HGB wird nur dann zu einem erfolgswirksamen Vorgang, wenn **echte Aufrechnungsdifferenzen** bestehen (→ § 303 Rz. 14). Einschlägig sind vor allem folgende Fälle: 25

- Der Gläubiger hat auf notleidende Forderungen **Wertberichtigungen** vorzunehmen, der Schuldner weiterhin den vollen Betrag auszuweisen.
- Der Schuldner bilanziert eine **ungewisse Verbindlichkeit** bzw. den **drohenden Verlust** aus einem schwebenden Geschäft als Rückstellung, der Gläubiger/Vertragspartner darf eine ungewisse Forderung bzw. den erwarteten Gewinn aus einem schwebenden Geschäft nicht ansetzen.

Da der Konzern als wirtschaftliche Einheit keine Abschreibungen auf Forderungen gegen sich selbst und keine Rückstellungen für ungewisse Verbindlichkeiten oder drohende Verluste gegen sich selbst bilden kann, entsteht eine Aufrechnungsdifferenz. Ihr ist im Entstehungsjahr und Auflösungsjahr durch erfolgswirksame Konsolidierungsbuchungen, in Zwischenjahren durch erfolgsneutrale Rechnung zu tragen (→ § 303 Rz. 20 ff.).

26 Ist auf Schuldner- und/oder Gläubigerseite eine **Minderheit** beteiligt, stellt sich wie bei der Zwischenergebniseliminierung die Frage nach der Zurechnung des erfolgswirksamen Betrags:

- Nach der **ersten Auffassung** soll mit den Erfolgen das **Mutterunternehmen** und damit ausschließlich der Mehrheitsanteil belastet werden.[1]
- Nach der **Gegenauffassung** sind die Erfolge den **Gesellschaftergruppen** zuzuordnen, die von der einzelbilanziellen Erfolgsbuchung betroffen sind, wobei ggf. für Schuldverhältnisse zwischen Tochterunternehmen *(sidestream)* noch zu unterscheiden ist, ob die Anteilsquote des Mutterunternehmens am Gläubiger oder am Schuldner größer ist.[2]

Vereinfachungsgründe sprechen im Allgemeinen für die erste Lösung. Zum Kontrast mit der zweiten Lösung das nachfolgende Beispiel:

BEISPIEL MU ist an TU1 mit 80 %, an TU 2 mit 60 % beteiligt.

TU1 hat eine Forderung von 100 gegenüber TU2 und schreibt diese ab.

1. Konsolidierung zugunsten von MU							
	MU	TU1	TU2	Summe	Soll	Haben	Konzern
Beteiligung	40			40		40	0
Forderung		0		0			0
Div. Aktiva	460	50	100	610			610
	500	50	100	650			610
Div. EK-Mehrheit	500	150	0	650	50		600
Jahresüberschuss		-100		-100		100	0
Minderheit TU1						10	10
Minderheit TU2						0	0
Verbindlichkeit			100	100	100		0
	500	50	100	650	150	150	610
2. Konsolidierung zugunsten einzelbilanziell Betroffener (MU und MI-1)							
	MU	TU1	TU2	Summe	Soll	Haben	Konzern
Beteiligung	40			40		40	0
Forderung		0		0			0
Div. Aktiva	460	50	100	610			610
	500	50	100	650			610
Div. EK-Mehrheit	500	150		650	50		600
Jahresüberschuss		-100		-100		80	-20
Minderheit TU1						30	30
Minderheit TU2						0	0
Verbindlichkeit			100	100	100		0
	500	50	100	650	150	150	610

1 Vgl. *ADS*, 6. Aufl., § 307 Tz. 40.

2 Vgl. *Störk/Roland* in Beck'scher Bilanz-Kommentar, 13. Aufl. 2022, § 307 Tz. 46.

4.5 Erfolgsneutrale Währungsumrechnungsdifferenzen

Bei Umrechnung ausländischer Tochterunternehmen entstehende **Währungsdifferenzen** sind nach § 308a HGB **erfolgsneutral** zu behandeln (→ § 308a Rz. 23). 27

Bei Beteiligung einer Minderheit am Tochterunternehmen gilt: Die Umrechnungsrücklage bzw. die Zuführung zu ihr ist entsprechend den **Anteilsquoten** auf Mehrheit und Minderheit zu verteilen.

4.6 Auf- und Abstockung des Mehrheitsanteils

Die Anteilsverhältnisse von Mehrheit und Minderheit können sich verändern, ohne dass es zu einem Wechsel im Status als Tochterunternehmen kommt, entweder als Aufstockung (z. B. von 51 % auf 80 % oder von 80 % auf 100 %) oder Abstockung (z. B. von 80 % auf 51 % oder von 100 % auf 80 %) des Mehrheitsanteils (→ § 301 Rz. 112). In beiden Fällen ist die Behandlung des Minderheitenanteils **unabhängig** von der Behandlung der Transaktion beim Mehrheitsgesellschafter. 28

Für die **Aufstockung** des Mehrheitsanteils gilt: Der **Minderheitenanteil** ist entsprechend seiner Quotenverringerung **auszubuchen,** und zwar unabhängig davon, wie der Mehrheitsgesellschafter darüber hinaus gezahlte Beträge bilanziert, ob er also etwa einen zusätzlichen *Goodwill* und anteilig zusätzliche stille Reserven aufdeckt oder den Vorgang als Transaktion zwischen Eigenkapitalgebern behandelt (→ § 301 Rz. 112). 29

BEISPIEL MU war bisher mit 60 % an TU beteiligt. Das Nettovermögen von TU beträgt 150 nach aktuellen Zeitwerten, hingegen 100 unter Berücksichtigung bei der Erstkonsolidierung aufgedeckter und fortgeschriebener stiller Reserven. Der Minderheitenanteil beträgt demzufolge 40 % von 100 = 40.

MU erwirbt für einen Betrag von 50 weitere 20 % der Anteile.

20 % von 40 % = 1/2 des Minderheitenanteils gehen ab. Der Minderheitenanteil verringert sich also auf 20.

Ob MU den darüber hinaus bezahlten Betrag von 30 als *Goodwill* und als stille Reserven aufdeckt oder eigenkapitalkürzend bucht, berührt die Höhe des Minderheitenanteils nicht.

Bei **Abstockung** ist u. E. entsprechend zu verfahren. Unabhängig davon, ob das Mutterunternehmen einen evtl. vereinnahmten Mehrbetrag erfolgswirksam oder als Transaktion zwischen Eigenkapitalgebern erfolgsneutral behandelt (→ § 301 Rz. 114), erhöht sich der **Minderheitenanteil** nach Maßgabe der Konzernbuchwerte, somit zwar nach den aus der Erstkonsolidierung stammenden und fortgeführten, aber ohne Rücksicht auf die aktuellen stillen Reserven. 30

BEISPIEL MU war bisher mit 80 % an TU beteiligt. Das Nettovermögen von TU beträgt 150 nach aktuellen Zeitwerten, 100 unter Berücksichtigung bei der Erstkonsolidierung aufgedeckter und fortgeschriebener stiller Reserven. Der Minderheitenanteil beträgt demzufolge 20 % von 100 = 20.

MU veräußert für einen Betrag von 50 20 % der Anteile.

Der Minderheitenanteil verdoppelt sich von 20 % auf 40 % und damit von 20 auf 40.

Zur Behandlung bei MU vgl. → § 301 Rz. 114.

4.7 Ent- und Abwärtskonsolidierung von Tochterunternehmen

Bei Veräußerung sämtlicher Anteile ist eine Entkonsolidierung vorzunehmen. Nach der **Einzelveräußerungsfiktion** (→ § 301 Rz. 115) gehen 31

- der Goodwill,
- die Vermögenswerte des Tochterunternehmens,

- die Schulden des Tochterunternehmens und
- der **Minderheitenanteil**

ab.

Bei der Ermittlung des Entkonsolidierungserfolgs sind die Vermögensgegenstände und Schulden nur entsprechend dem Anteil des Mutterunternehmens zu berücksichtigen. Die auf die konzernfremden Gesellschafter entfallenden Anteile an den Vermögensgegenständen und Schulden sind **erfolgsneutral** mit dem Minderheitenanteil zu verrechnen (DRS 23.184).

32 Bei **Abwärtskonsolidierung** (Tochterunternehmen wird zu einfacher Beteiligung oder *Equity*-Beteiligung) ist ebenfalls eine Entkonsolidierung vorzunehmen (→ § 301 Rz. 111), die hinsichtlich des Minderheitenanteils wiederum **erfolgsneutral** ist.

4.8 Besonderheiten bei Ergebnisabführungsvertag und Garantiedividende

32a Im Falle eines Ergebnisabführungsvertrags des Tochterunternehmens mit dem Mutterunternehmen bestehen folgende Besonderheiten:[1]

- Bei der Tochtergesellschaft verbleibt kein verteilungsfähiger Gewinn. Der in der Konzern-GuV auszuweisende **Ergebnisanteil der Minderheit** entspricht der regelmäßig vereinbarten Ausgleichszahlung **(Garantiedividende)**. Die Ausgleichszahlung ist gem. DRS 23.159 in der Konzern-GuV als „nicht beherrschenden Anteilen zustehender Gewinn" gesondert vor dem Posten „(Konzern-)Jahresüberschuss/Jahresfehlbetrag" und in der Konzernbilanz als Verbindlichkeit gegenüber anderen Gesellschaftern auszuweisen. Ist ausnahmsweise keine Ausgleichszahlung vereinbart, entfällt auf die Minderheiten kein Anteil am Konzernergebnis.
- Hinsichtlich beim Erstkonsolidierungszeitpunkt anteilig auch für die Minderheit aufgedeckter **stiller Reserven** (→ Rz. 16) gilt: Deren **Fortschreibung** wird im Falle der Garantiedividende allein dem Mehrheitsgesellschafter belastet.
- **Thesauriert** das Tochterunternehmen einen Teil des Gewinns, hat die Minderheit jedenfalls während der Dauer des Ergebnisabführungsvertrags keinen Anspruch auf diesen Teil. Während der Anteil der Minderheit am gezeichneten Kapital sowie an den vor Abschluss des Ergebnisabführungsvertrags gebildeten Rücklagen weiter auszuweisen ist, beeinflussen die innerhalb der Vertragsdauer thesaurierten Gewinne den Minderheitenanteil nicht.
- Die Lösungen des DRS 23.159 zum ersten Punkt stehen im Widerspruch zu DRS 22, Anlage 3, Beispiel 1, Variante B, wonach der Garantieanspruch des Minderheitsgesellschafters in der Ergebnisverwendungsrechnung (also nach dem Konzernjahresüberschuss) und bilanziell im Posten für die nicht beherrschenden Gesellschafter (also nicht im Fremdkapital) zu erfassen ist. Bis zur Beseitigung dieses Widerspruchs kann von einem faktischen Wahlrecht ausgegangen werden.[2]

Zur Behandlung von Garantiedividenden im Einzelabschluss wird auf → § 277 Rz. 59 verwiesen.

1 Vgl. im Einzelnen *Scholz*, BB 2014 S. 1003 ff.
2 So *Bohnefeld/Ebeling*, WPg 2017 S. 375 ff.

Fünfter Titel: Bewertungsvorschriften

§ 308 Einheitliche Bewertung

(1) [1]Die in den Konzernabschluss nach § 300 Abs. 2 übernommenen Vermögensgegenstände und Schulden der in den Konzernabschluss einbezogenen Unternehmen sind nach den auf den Jahresabschluss des Mutterunternehmens anwendbaren Bewertungsmethoden einheitlich zu bewerten. [2]Nach dem Recht des Mutterunternehmens zulässige Bewertungswahlrechte können im Konzernabschluss unabhängig von ihrer Ausübung in den Jahresabschlüssen der in den Konzernabschluss einbezogenen Unternehmen ausgeübt werden. [3]Abweichungen von den auf den Jahresabschluss des Mutterunternehmens angewandten Bewertungsmethoden sind im Konzernanhang anzugeben und zu begründen.

(2) [1]Sind in den Konzernabschluss aufzunehmende Vermögensgegenstände oder Schulden des Mutterunternehmens oder der Tochterunternehmen in den Jahresabschlüssen dieser Unternehmen nach Methoden bewertet worden, die sich von denen unterscheiden, die auf den Konzernabschluss anzuwenden sind oder die von den gesetzlichen Vertretern des Mutterunternehmens in Ausübung von Bewertungswahlrechten auf den Konzernabschluss angewendet werden, so sind die abweichend bewerteten Vermögensgegenstände oder Schulden nach den auf den Konzernabschluss angewandten Bewertungsmethoden neu zu bewerten und mit den neuen Wertansätzen in den Konzernabschluss zu übernehmen. [2]Wertansätze, die auf der Anwendung von für Kreditinstitute oder Versicherungsunternehmen wegen der Besonderheiten des Geschäftszweigs geltenden Vorschriften beruhen, dürfen beibehalten werden; auf die Anwendung dieser Ausnahme ist im Konzernanhang hinzuweisen. [3]Eine einheitliche Bewertung nach Satz 1 braucht nicht vorgenommen zu werden, wenn ihre Auswirkungen für die Vermittlung eines den tatsächlichen Verhältnissen entsprechenden Bildes der Vermögens-, Finanz- und Ertragslage des Konzerns nur von untergeordneter Bedeutung sind. [4]Darüber hinaus sind Abweichungen in Ausnahmefällen zulässig; sie sind im Konzernanhang anzugeben und zu begründen.

Inhaltsübersicht Rz.

LITERATUR:

Reintges, Die einheitliche Bewertung im Konzernabschluss, WPg 1987 S. 282; *Schulz*, Der Stetigkeitsgrundsatz im Konzernabschluss, WPg 1990 S. 357; *Stobbe*, Die konzerneinheitliche Bewertung, DB 1986 S. 1833.

I. Regelungsinhalt

Vermögensgegenstände und Schulden sind gem. Abs. 1 im Konzernabschluss 1

- ► **einheitlich** (→ Rz. 11),

- nach dem für den Jahresabschluss des Mutterunternehmens **maßgeblichen Recht** (→ Rz. 4),
- jedoch ohne Bindung an die tatsächliche **(Wahl-)Rechtsausübung** im Jahresabschluss des Mutterunternehmens (→ Rz. 6)

zu bewerten.

Abweichungen vom Jahresabschluss des Mutterunternehmens sind aber im Anhang anzugeben und zu begründen (→ Rz. 8).

2 **Ausnahmen** vom Grundsatz der einheitlichen Bewertung werden in Abs. 2 geregelt. Sind im Einzelabschluss eines einbezogenen Unternehmens Vermögensgegenstände und Schulden abweichend von den konzerneinheitlichen Methoden bewertet worden, so darf diese Bewertung beibehalten werden, wenn

- die Auswirkung **unwesentlich** (→ Rz. 17),
- eine Vereinheitlichung **nicht praktikabel** (→ Rz. 19) oder
- die einzelbilanzielle Bewertung Folge **bank- und versicherungsspezifischer Vorschriften** (→ Rz. 16)

ist.

3 § 308 HGB gilt unmittelbar für die Mitglieder des Vollkonsolidierungskreises, also Mutter- und Tochterunternehmen, mittelbar über den Verweis in § 310 Abs. 2 HGB auch für **quotal konsolidierte** Gemeinschaftsunternehmen. Bei ***at equity*** konsolidierten Gemeinschafts- oder assoziierten Unternehmen kann wahlweise auf die Bewertungsvereinheitlichung verzichtet werden (→ § 312 Rz. 53).

II. Einheitlichkeit der Bewertung (Abs. 1 und 2 Satz 1)

1. Maßgeblichkeit des Rechts des Mutterunternehmens

4 Nach Abs. 1 Satz 1 sind Vermögensgegenstände und Schulden

- **einheitlich** zu bewerten, und zwar
- nach den auf den Jahresabschluss des **Mutterunternehmens anwendbaren Methoden.**

Die erste Voraussetzung ist insofern abstrakt, als offenbleibt, welches die einheitlich anzuwendenden Methoden sind. Die Antwort hierauf liefert die zweite Voraussetzung: **Maßgeblich** ist das **Recht des Mutterunternehmens.** Hieraus folgt:

- In einem nach § 290 HGB aufgestellten Konzernabschluss sind die (auch) für Kapitalgesellschaften geltenden Bewertungsvorschriften (§§ 252 bis 256a HGB) anzuwenden.
- Entsprechendes gilt, wenn ein nach § 13 PublG von einem **Personen**unternehmen aufgestellter Konzernabschluss befreiende Wirkung für eine untergeordnete Kapitalgesellschaft haben soll (§ 291 Abs. 2 Nr. 2 HGB i.V. mit § 13 Abs. 3 PublG).

5 Ist das Mutterunternehmen ein **Kreditinstitut** bzw. eine **Versicherung**, sind die besonderen Bewertungsvorschriften der §§ 340e bis 340g HGB bzw. der §§ 341b bis 341h HGB nur **eingeschränkt maßgeblich.**

BEISPIEL ► Das Mutterunternehmen ist ein Kreditinstitut. Nach § 340f HGB darf es zur Sicherung gegen die besonderen Risiken des Geschäftszweigs der Kreditinstitute, u. a. Forderungen an Kunden mit einem niedrigeren Wert als nach § 253 Abs. 1 HGB vorgeschrieben oder zugelassen, ansetzen.

Gehören zum Konzern auch Tochterunternehmen, die in Handel und Industrie tätig sind, würde ein Ansatz der bei diesen begründeten Kundenforderungen unterhalb des Werts nach § 253 Abs. 1 HGB nicht der Sicherung gegen besondere bankspezifische Risiken dienen. Die Debitoren der Industrie- und Handelstöchter können daher nicht nach §§ 340e bis 340g HGB bewertet werden.

2. Unmaßgeblichkeit der Rechtsausübung im Einzelabschluss des Mutterunternehmens

Maßgeblich für die einheitliche Bewertung ist zwar nach Abs. 1 Satz 1 das Recht des Mutterunternehmens; dies bedeutet nach Abs. 1 Satz 2 aber gerade keine Bindung an die konkrete Rechtsausübung im Einzelabschluss des Mutterunternehmens. Folgende Differenzierung ist daher geboten: 6

- Das Recht des Mutterunternehmens bestimmt, welche Bewertungen zwingend vorzunehmen sind und wo Wahlrechte bestehen (**Maßgeblichkeit des Rechts des Mutterunternehmens**).
- Die Ausübung der Wahlrechte im Einzelabschluss des Mutterunternehmens determiniert hingegen nicht die Ausübung der Wahlrechte im Konzern (**Unmaßgeblichkeit der Rechtsausübung im Einzelabschluss des Mutterunternehmens**).

BEISPIEL Das Mutterunternehmen macht im Einzelabschluss von dem Wahlrecht zur Aktivierung von Zinsen auf Herstellungsvorgänge gem. § 255 Abs. 3 HGB Gebrauch. Diese Bewertungsentscheidung des Einzelabschlusses determiniert nicht den Konzernabschluss. Im Konzernabschluss ist das nach dem Recht des Mutterunternehmens bestehende Wahlrecht lediglich einheitlich auszuüben. Diese Einheitlichkeit ist auch gegeben, wenn abweichend vom Einzelabschluss des Mutterunternehmens konzernweit auf die Aktivierung von Zinsen verzichtet wird.

Anders als bei echten Wahlrechten kann im Rahmen **der Ermessensausübung (faktische Wahlrechte)** aber eine **Bindung** an die Bewertungsentscheidungen im Einzelabschluss des **Mutterunternehmens** bestehen: 7

BEISPIEL Bei der Erstellung des Einzelabschlusses ist u. a. über die Höhe von Einzelwertberichtigungen und Rückstellungen für Produkthaftung zu entscheiden. Der Vorstand schöpft im Hinblick auf eine ohnehin gute Geschäftslage und mit dem Ziel der Begrenzung unbilliger Ausschüttungsambitionen der Aktionäre sein Ermessen in der Weise aus, dass er Wertberichtigungen und Rückstellungen in maximaler, gerade noch vertretbarer Höhe ansetzt. Für den zeitgleich aufgestellten „nur Informationszwecken dienenden" Konzernabschluss möchte er die Ertragslage hingegen besser darstellen und daher eine weniger pessimistische Einschätzung des Wertberichtigungs- und Rückstellungsbedarfs vornehmen.

BEURTEILUNG Abgesehen von den bilanzpolitischen Motiven gibt es keinen sachlichen Grund für die unterschiedliche Ermessensausübung. Neue Erkenntnisse liegen bei Erstellung des Konzernabschlusses nicht vor. Eine unterschiedliche Ausübung des Ermessens durch das gleiche Bilanzierungssubjekt wäre widersprüchlich bzw. reine Willkür. Sie ist daher unzulässig.[1]

Hingegen binden die Ermessensentscheidungen eines nicht personenidentischen Aufstellungsorgans eines **Tochterunternehmens** bei Erstellung des Konzernabschlusses nicht (→ § 300 Rz. 16).

1 Ähnlich *Grottel/Huber* in Beck'scher Bilanz-Kommentar, 13. Aufl. 2022, § 308 Tz. 12; *ADS*, 6. Aufl., § 308 Tz. 27.A.

3. Anhangangaben bei Abweichung vom Einzelabschluss des Mutterunternehmens

8 Mit den unter → Rz. 7 genannten Ausnahmen für faktische Wahlrechte ist die Konzernleitung bei der Bewertung nicht an die Wahlrechtsausübung im Einzelabschluss des Mutterunternehmens gebunden. Abweichungen von den auf den Jahresabschluss des Mutterunternehmens angewandten Bewertungsmethoden sind jedoch gem. Abs. 1 Satz 3 im Konzernanhang anzugeben und zu begründen.

Nach ganz einheitlicher Auffassung betrifft die Angabepflicht **nur** Vermögensgegenstände oder Schulden des **Mutterunternehmens.** Abweichungen zwischen Einzelabschluss anderer einbezogener Unternehmen und Bewertung im Konzern sind nicht anzugeben.[1]

9 Einschlägig ist die Angabepflicht somit nur, wenn folgende Voraussetzungen **kumulativ** erfüllt sind:

- Wesentliche Vermögensgegenstände und Schulden des Mutterunternehmens sind im Konzernabschluss **enthalten** und
- werden dort anders als im Einzelabschluss des Mutterunternehmens **bewertet.**

Zur Kumulation beider Voraussetzungen kommt es beispielsweise i. d. R. nicht, wenn das Mutterunternehmen sich hauptsächlich auf **Holdingfunktionen** beschränkt.

BEISPIEL Der X-Konzern wird durch das Mutterunternehmen M geleitet. M ist nur in Holdingfunktion sowie als konzernweiter *Cash-Pool* tätig.

BEURTEILUNG Die wesentlichen Vermögensgegenstände von M werden entweder konsolidiert (Beteiligungen, konzerninterne Forderungen und Verbindlichkeiten aus dem *Cash-Pool*) oder unterliegen keinen relevanten Bewertungswahlrechten (liquide Mittel, Bankverbindlichkeiten). Nach Abs. 1 Satz 3 angabepflichtige Verhältnisse scheiden daher aus.

10 Ist das Mutterunternehmen hingegen selbst operativ tätig, können bei aus Konzernsicht wesentlichen Vermögensgegenständen und Schulden Bewertungswahlrechte vorliegen (vgl. → Rz. 6). Werden diese im Konzernabschluss anders als im Einzelabschluss des Mutterunternehmens ausgeübt, sind im **Anhang** anzugeben:

- die **Posten,** die nach anderen Methoden bewertet sind,
- die im Konzernabschluss angewandte **Bewertungsmethode** sowie
- die **Gründe** für eine abweichende Bewertungsmethode.

Die Begründung muss keinen hohen Konkretisierungsgrad aufweisen. Tauglich sind etwa folgende Formulierungen:

- „Die abweichende Bewertung im Konzern erfolgt im Interesse der Anpassung an die überwiegend von den Konzernunternehmen angewandten Bewertungsmethoden."
- „Die abweichende Bewertung im Einzelabschluss ist wesentlich durch die nur dort gegebene Maßgeblichkeit für Besteuerungszwecke bedingt."

Nicht erforderlich ist eine Quantifizierung der Abweichungen.[2]

1 Vgl. *ADS*, 6. Aufl., § 308 Tz. 29.
2 Vgl. *ADS*, 6. Aufl., § 308 Tz. 30.

4. Einheitlichkeit der Bewertung gleichartiger Sachverhalte

Vermögensgegenstände und Schulden sind einheitlich zu bewerten (Abs. 1 Satz 1), **Bewertungswahlrechte** demzufolge **einheitlich** und unabhängig von der Ausübung in den Einzelabschlüssen der einbezogenen Unternehmen auszuüben (Abs. 1 Satz 2). Diese Vorgaben haben im Grunde **deklaratorischen** Charakter, da für den Konzern der Einheitsgrundsatz gilt (→ § 297 Rz. 116), somit die konzernweite, auf Einzelabschlüsse keine Rücksicht nehmende Bewertung sich bereits aus § 298 HGB i.V. mit § 252 Abs. 1 Nr. 6 HGB ergibt. Daraus folgt (→ § 252 Rz. 225): 11

- Die Frage der Einheitlichkeit ist im Konzernabschluss so zu beurteilen wie in einem **Einzelabschluss.**
- Hier wie dort ist zunächst zu klären, ob überhaupt **gleichartige** Sachverhalte vorliegen.
- Bei **ungleichartigen** Sachverhalten ist gerade keine einheitliche Bewertung geboten.

BEISPIEL ▸ Die X-GmbH betreibt Windkraftanlagen teils offshore, teils im Binnenland. Entsprechendes gilt für den Wettbewerber Y-Konzern mit der Besonderheit, dass hier die Offshore-Anlagen von dem rechtlich selbständigen Tochterunternehmen T-O, die Binnenlandanlagen von dem ebenfalls selbständigen Tochterunternehmen T-B betrieben werden.

Fraglich ist, ob die Anlagen nach einheitlichen Methoden abzuschreiben sind.

BEURTEILUNG ▸ Diese Frage ist unabhängig von der rechtlichen Struktur und damit für den Einzelabschluss der X-GmbH nicht anders als für den Konzernabschluss des Y-Konzerns zu beurteilen. Wenn bei den Offshore-Anlagen (bei gleicher Gesamtnutzungsdauer) frühe Leistungseinbußen, Stillstandszeiten wegen Reparaturen etc. zu erwarten sind, bestehen weder für den Einzel- noch für den Konzernabschluss Bedenken, diese degressiv, die Binnenlandanlagen hingegen linear abzuschreiben.

Ungleichartige und damit gerade nicht einheitlich zu bewertende Sachverhalte liegen etwa in folgenden Fällen vor: 12

- **Sachanlagen** werden im Konzern in unterschiedlicher Intensität (Einschicht- vs. Mehrschichtbetrieb) genutzt, unterschiedlich gewartet, unterschiedlich durch externe Umweltbedingungen abgenutzt etc. Die Abschreibungsmethoden und/oder die zu schätzenden Nutzungsdauern dürfen bzw. müssen sich ggf. unterscheiden.
- **Nicht einzelwertberichtigte Forderungen** unterliegen angesichts unterschiedlichen Zahlungsverhaltens und unterschiedlicher Rechtsdurchsetzungsmöglichkeiten bei den inländischen Konzernunternehmen anderen statistischen Ausfallrisiken als bei den ausländischen. Ein konzernweit einheitlicher Pauschalwertberichtigungssatz wäre unzulässig.
- **Unverzinsliche Forderungen** bestehen teils in Euro, teils in USD. Die Abzinsung hat mit währungsspezifischen Diskontierungssätzen zu erfolgen.
- **Pensionszusagen** werden im Konzern sowohl von inländischen als auch von ausländischen Töchtern erteilt. In der Bewertung ist die länderspezifische Lebenserwartung zu berücksichtigen, die Anwendung einheitlicher Sterbetabellen wäre falsch.

Bei den zuletzt angeführten **Pensionsrückstellungen** besteht aber – wie bei anderen langfristigen Rückstellungen – folgende Besonderheit: § 253 Abs. 2 HGB sieht zur Vereinfachung und Vereinheitlichung die **Abzinsung** mit einem einheitlichen, von der Bundesbank ermittelten, aus den **Marktzinsen des Euroraums** abgeleiteten Zinssatz vor. Über § 298 Abs. 1 HGB gilt dies auch für den Konzern, unabhängig davon, in welchem Währungsraum die Pensionsverpflichtungen bestehen. 13

Bei Fremdwährungsverpflichtungen verletzt ein solches Vorgehen aber das **Prinzip der Äquivalenz** von Zahlungsstrom (Fremdwährung) und Diskontierungssatz (Eurozins). Nach der Begründung zum Regierungsentwurf des BilMoG kann und muss daher bei wesentlicher Auswirkung im Interesse der tatsachengetreuen Darstellung das Äquivalenzprinzip gewahrt und von der Bewertungsvorgabe des § 253 Abs. 2 HGB abgewichen werden (→ § 253 Rz. 122).

5. Umbewertung in der HB II

14 Als im Grunde selbstverständliche **Folge** des in Abs. 1 enthaltenen Gebots der einheitlichen Bewertung gleichartiger Sachverhalte hält Abs. 2 Satz 1 Folgendes fest:

- Sind Vermögensgegenstände oder Schulden einbezogener Unternehmen in deren Einzelabschlüssen nach Methoden bewertet worden, die sich von denen unterscheiden, die auf den Konzernabschluss anzuwenden sind oder in Ausübung von Bewertungswahlrechten angewendet werden,
- müssen die Vermögensgegenstände oder Schulden nach den auf den Konzernabschluss anzuwendenden bzw. angewandten Bewertungsmethoden „neu" bewertet werden.

Technisch verfolgt sich dieser in begrifflicher Abgrenzung zur Neubewertung bei der Erstkonsolidierung besser als **Umbewertung** zu bezeichnende Vorgang im Rahmen der Erstellung der sog. **HB II** (→ § 300 Rz. 10). Die Umbewertung kann zu Abweichungen von Steuerbilanzwerten und damit zu latenten Steuern führen (→ § 306 Rz. 15).

III. Ausnahmen von der einheitlichen Bewertung (Abs. 2 Satz 2 bis 4)

1. Überblick

15 Sind im Einzelabschluss eines einbezogenen Unternehmens Vermögensgegenstände und Schulden abweichend von den konzerneinheitlichen Methoden bewertet worden, so darf diese Bewertung gem. Abs. 2 Satz 2 bis 4 beibehalten werden, wenn

- die einzelbilanzielle Bewertung Folge **bank- und versicherungsspezifischer** Vorschriften (→ Rz. 16),
- das Unterlassen einer Vereinheitlichung **unwesentlich** (→ Rz. 17) oder
- ein **(sonstiger) Ausnahmefall** gegeben (→ Rz. 18)

ist.

2. Bank- und versicherungsspezifische Vorschriften

16 Hinsichtlich der Bedeutung spezifischer Bewertungsvorschriften für Kreditinstitute und Versicherungen (§§ 340e ff. HGB und §§ 341b ff. HGB) im Rahmen von § 308 HGB ist wie folgt zu differenzieren:

- Ist das **Kreditinstitut** oder die Versicherung **Mutterunternehmen,** gelten die branchenspezifischen Vorschriften wegen Abs. 1 Satz 1 entsprechend im Konzernabschluss, jedoch ggf. beschränkt auf das Mutterunternehmen, d. h. nicht für in den Konzernabschluss einbezogene Industrie- und Handelsunternehmen (→ Rz. 5).
- Ist das **Kreditinstitut** oder die Versicherung **Tochterunternehmen,** das Mutterunternehmen hingegen ein Industrie- oder Handelsunternehmen, dürfen die geschäftszweigspezi-

fischen Bewertungen des Einzelabschlusses für die Vermögensgegenstände und Schulden des Tochterunternehmens gem. Abs. 2 Satz 2 im Konzernabschluss **beibehalten** werden. Auf die Anwendung dieser Wahlrechtsausnahme ist im Anhang hinzuweisen. Nicht gefordert sind Angaben zu den betroffenen Posten und Vorschriften.

Zum zweiten Fall folgendes Beispiel:

BEISPIEL Das Mutterunternehmen ist ein Industrieunternehmen, das Tochterunternehmen ein Kreditinstitut. Nach § 340f HGB darf das Tochterunternehmen zur Sicherung gegen die besonderen Risiken des Geschäftszweigs der Kreditinstitute u. a. Forderungen an Kunden mit einem niedrigeren Wert als nach § 253 Abs. 1 HGB vorgeschriebenen oder zugelassenen ansetzen.

Diese Bewertung kann im Konzern beibehalten werden. Falls von diesem Wahlrecht Gebrauch gemacht wird, strahlt dies nicht auf die Bewertung der Forderungen des Mutterunternehmens und anderer industrieller Tochterunternehmen aus.

3. Wesentlichkeitsvorbehalt

Nach Abs. 2 Satz 3 braucht eine einheitliche Bewertung nicht vorgenommen zu werden, wenn ihre Auswirkungen für die Vermittlung eines den tatsächlichen Verhältnissen entsprechenden Bilds der Vermögens-, Finanz- und Ertragslage des Konzerns nur von untergeordneter Bedeutung sind. Die Vorschrift hat **deklaratorischen** Charakter. Sie wiederholt lediglich den allgemein für die Rechnungslegung geltenden Wesentlichkeitsvorbehalt. Zu seiner Konkretisierung kann sie nichts beitragen, da es gerade in der Natur des Wesentlichkeitsgrundsatzes liegt, auf die Umstände des Einzelfalls abzustellen. Für die dabei infrage kommenden Beurteilungskriterien wird auf → § 252 Rz. 233 verwiesen. 17

4. Sonstige Ausnahmefälle

Abweichungen vom Grundsatz der einheitlichen Bewertung sind außer bei geschäftszweigspezifischen Vorschriften (→ Rz. 16) und Unwesentlichkeit (→ Rz. 17) gem. Abs. 2 Satz 4 noch in **Ausnahmefällen** zulässig und dann im Konzernanhang anzugeben und zu begründen. 18

Als Ausnahme ist folgender Fall allgemein anerkannt: Kurz vor dem Abschlussstichtag ist ein **Tochterunternehmen erworben** worden. Die Anpassung an die konzerneinheitlich angewandten Bewertungsmethoden würde zu einer unverhältnismäßigen **Verzögerung** der Aufstellung des Konzernabschlusses führen. 19

Weitere Anwendungsfälle sind kaum erkennbar. Der Hinweis auf **„wirtschaftliche Unzumutbarkeit"** der Umbewertung[1] trägt etwa regelmäßig nicht bzw. nur dann, wenn eine Vereinheitlichung bereits unter Wesentlichkeitsgesichtspunkten unterbleiben kann. Ist umgekehrt der Effekt einer Nichtvereinheitlichung wesentlich, kann die Abwägung zwischen Informationsnutzen und Kosten der Vereinheitlichung kaum eine Ausnahme rechtfertigen.

Strittig ist die Behandlung von Fällen, in denen ein Tochterunternehmen sich freiwillig oder zwangsweise in der **Liquidation** befindet und es daher im Einzelabschluss nicht mehr unter der *Going-Concern*-Prämisse bewertet wird. Eine Berufung auf Abs. 2 Satz 4, d. h. die Begründung als Ausnahmefall vom Grundsatz der einheitlichen Bewertung, ist nicht unbedingt notwendig. Es kann auch argumentiert werden, dass beim Tochterunternehmen andere Verhältnisse als bei den anderen Konzernunternehmen vorliegen, mangels Gleichartigkeit der Sach- 20

1 Vgl. *Grottel/Huber* in Beck'scher Bilanz-Kommentar, 13. Aufl. 2022, § 308 Tz. 33.

verhalte (→ Rz. 11) also das Gebot der Bewertungseinheitlichkeit gar nicht tangiert ist.[1] Das bilanzielle Ergebnis ist in beiden Fällen gleich. Ein Unterschied besteht lediglich darin, dass bei Berufung auf einen Ausnahmefall eine Anhangangabe geboten ist.

21 Wird in Ausnahmefällen auf die Vereinheitlichung der Bewertung verzichtet, ist im **Konzernanhang** anzugeben,

- **dass** von der einheitlichen Bewertung abgewichen wurde und
- welche **Gründe** dafür bestehen.

Eine Quantifizierung der Abweichung ist nicht, auch nicht über den Umweg von § 313 Abs. 1 Nr. 3 HGB, erforderlich.[2]

§ 308a Umrechnung von auf fremde Währung lautenden Abschlüssen

[1]Die Aktiv- und Passivposten einer auf fremde Währung lautenden Bilanz sind, mit Ausnahme des Eigenkapitals, das zum historischen Kurs in Euro umzurechnen ist, zum Devisenkassamittelkurs am Abschlussstichtag in Euro umzurechnen. [2]Die Posten der Gewinn- und Verlustrechnung sind zum Durchschnittskurs in Euro umzurechnen. [3]Eine sich ergebende Umrechnungsdifferenz ist innerhalb des Konzerneigenkapitals nach den Rücklagen unter dem Posten „Eigenkapitaldifferenz aus Währungsumrechnung" auszuweisen. [4]Bei teilweisem oder vollständigem Ausscheiden des Tochterunternehmens ist der Posten in entsprechender Höhe erfolgswirksam aufzulösen.

Inhaltsübersicht **Rz.**

1 Vgl. *Grottel/Huber* in Beck'scher Bilanz-Kommentar, 13. Aufl. 2022, § 308 Tz. 34; *Reinke* in Haufe HGB Bilanz Kommentar, 12. Aufl. 2021, § 308 Tz. 60.

2 Gleicher Auffassung *Pohle* in Küting/Weber (Hrsg.), Handbuch der Konzernrechnungslegung, Bd. II, 1998, § 308 Tz. 51.

LITERATUR:

Deubert, Auflösung der Eigenkapitaldifferenz aus Währungsumrechnung nach § 308a Satz 4 HGB i. d. F. des RegE BilMoG, DStR 2009 S. 340; *Kucher*, Probleme der Währungsumrechnung nach § 308a HGB, WPg 2019 S. 919; *Kucher*, Währungsgewinne und -verluste von Beteiligungsunternehmen aus Sicht des Konzerns, WPg 2020 S. 744; *Lachnit/Amman*, Währungsumrechnung als Problem einer tatsachengetreuen Darstellung der wirtschaftlichen Lage im Konzernabschluss, WPg 1998 S. 751; *Lienau*, Die Bilanzierung latenter Steuern bei der Währungsumrechnung nach IFRS, PiR 2008 S. 7; *Lüdenbach*, Währungsdifferenzen und Währungssicherung im mehrstufigen Konzern, PiR 2008 S. 292; *Plein*, Die Eliminierung von Effekten aus Wechselkursänderungen bei indirekt erstellten Kapitalflussrechnungen, WPg 1998 S. 10; *Zwirner/Künkele*, Währungsumrechnung nach HGB: Abgrenzung latenter Steuern?, StuB 2009 S. 722; *Zwirner/Künkele*, Währungsumrechnung nach HGB: Erstmalige Kodifikation durch das BilMoG, StuB 2009 S. 517.

I. Regelungsinhalt

§ 308a HGB steht im Komplementärverhältnis zu § 256a HGB. Die Umrechnung in Euro ist geregelt für 1

- **Geschäftsvorfälle** in fremder Währung im Einzel- und Konzernabschluss in **§ 256a HGB**,
- **Fremdwährungsabschlüsse** ausländischer Konzerneinheiten im Rahmen der Konsolidierung in **§ 308a HGB**.

Für Fremdwährungsabschlüsse schreibt § 308a HGB die Anwendung der **modifizierten Stichtagsmethode** vor. Umzurechnen sind danach 2

- Vermögensgegenstände, Schulden etc. zu Stichtagskursen (→ Rz. 14),
- Eigenkapitalposten zu Einstandskursen (→ Rz. 16) sowie
- GuV-Posten zu Jahresdurchschnittskursen (→ Rz. 20).

Dabei entstehende Differenzen sind gem. Satz 3 zunächst erfolgsneutral in das **Eigenkapital** einzustellen (→ Rz. 23) und werden gem. Satz 4 erst bei vollständigem oder teilweisem **Ausscheiden** des Tochterunternehmens erfolgswirksam (→ Rz. 34).

Soweit sich aus der Umrechnung **Abweichungen zur Steuerbilanz** ergeben, sind diese als sog. *„Outside basis"*-Differenzen nicht zu latenzieren (→ § 306 Rz. 38).

§ 308a HGB gilt nicht nur für vollkonsolidierte ausländische Tochterunternehmen, sondern gem. ausdrücklichem Verweis in § 310 Abs. 2 HGB auch für **quotal konsolidierte** Gemeinschaftsunternehmen. DRS 25.42 empfiehlt überdies, ***at equity*** konsolidierte Unternehmen als andere ausländische Unternehmenseinheiten hinsichtlich der Währungsumrechnung mit voll- oder quotal konsolidierten Unternehmen **gleichzustellen.** § 308a HGB findet hingegen keine Anwendung auf rechtlich unselbständige Zweigniederlassungen (DRS 25.38). 3

4 § 308a HGB enthält selbst keine **Angabepflichten.** Die Grundlagen der Währungsumrechnung sind aber gem. DRS 25.105 nach § 313 Abs. 1 Satz 3 Nr. 1 HGB im Anhang anzugeben (→ Rz. 48).

5 Die Umrechnung von Cashflows in fremder Währung für Zwecke der **Kapitalflussrechnung** ist gesetzlich nicht geregelt. Dazu wird auf → § 297 Rz. 64 ff. verwiesen.

6 Ebenfalls nicht im Gesetz behandelt wird die kaufkraftorientierte Rechnungslegung in Ländern mit **Hyperinflation.** Aus der Sicht des deutschen Anwenders sind diese Regelungen insoweit relevant, als es um zu konsolidierende Beteiligungsunternehmen in Hochinflationsländern geht. In derartigen Fällen ist die Bilanz des Beteiligungsunternehmens gem. DRS 25.96 zunächst um die Inflationseffekte zu bereinigen und erst anschließend die Währungsumrechnung durchzuführen (→ Rz. 49).

II. Abschied von der funktionalen Theorie

1. Berichtswährung und funktionale Währung

7 IAS 21 für die internationale Rechnungslegung und der aufgehobene DRS 14 für das HGB vor BilMoG definieren zwei Währungsbegriffe:

- **funktionale Währung** *(functional currency)* als Währung der primären operativen Umwelt des Unternehmens/Konzerns;
- **Berichtswährung** *(presentation currency)* als Währung, in der der Einzel- oder Konzernabschluss präsentiert wird.

Bei einem deutschen Unternehmen oder einem Konzern mit deutschem Mutterunternehmen ist der Euro regelmäßig sowohl funktionale als auch Berichtswährung.

Eine Pflicht zur Wahl des Euro als Berichtswährung ergibt sich aus § 298 Abs. 1 HGB i.V. mit § 244 HGB.

2. Theorie und Praxis

8 Für Zwecke eines in Euro aufzustellenden Konzernabschlusses müssen die Abschlüsse konsolidierter ausländischer Einheiten (Tochterunternehmen, assoziierte Unternehmen, Gemeinschaftsunternehmen) mit Einzelabschlüssen in fremder Währung in Euro umgerechnet werden. Die Art der Umrechnung und ihre erfolgsmäßige Behandlung hing gem. der **funktionalen Theorie** von der Art des konsolidierungspflichtigen Teils ab. Zu unterscheiden war dabei

- zwischen wirtschaftlich **selbständigen Einheiten,** deren Geschäftstätigkeit kein integrierter Bestandteil der Tätigkeit des Konzerns ist, und
- **unselbständigen** Einheiten, die in den Geschäftsbetrieb des Konzerns integriert sind.

9 **Nur selbständige Einheiten** waren nach der **modifizierten Stichtagsmethode** (→ Rz. 2) erfolgsneutral von ihrer eigenen funktionalen Währung (i. d. R. lokale Währung) in die abweichende funktionale Währung des Konzerns (i. d. R. zugleich Berichtswährung des Konzerns) umzurechnen. **Unselbständige** Einheiten wurden hingegen entsprechend der Behandlung eigener Fremdwährungsgeschäfte der Mutter erfolgswirksam in die funktionale Währung des Konzerns umgerechnet (Währungsumrechnung als Bewertungsvorgang).

10 Zur Bestimmung der funktionalen Währung und damit zur **Abgrenzung** zwischen selbständigen und unselbständigen Einheiten enthalten IAS 21 und (der aufgehobene) DRS diverse **Indi-**

katoren. Die Auslegung und Anwendung der Kriterien ist bzw. war eine Frage des **Ermessens.** Bei der Ausübung dieses Ermessens spielten u. a. Kosten-Nutzen-Überlegungen eine Rolle. Die Umrechnung selbständiger ausländischer Einheiten bereitete wenig Aufwand, da sie zu Stichtags- bzw. Jahresdurchschnittskursen erfolgte. Außerordentlich aufwendig war hingegen die Umrechnung unselbständiger ausländischer Einheiten, da alle nicht monetären Positionen, also insbesondere Sach- und immaterielle Anlagen, zu Einstandskursen umzurechnen waren; bei einem Anlagevermögen, das aus Tausenden von Positionen mit unterschiedlichen Anschaffungszeitpunkten bestand, waren entsprechend Hunderte von Wechselkursen für die Umrechnung heranzuziehen.

Untersuchte man den Umgang der **Praxis** der (IFRS-)Rechnungslegung mit diesem Problem, so war Folgendes festzustellen: Umrechnungen zu individuellen Einstandskursen wurden nur selten vorgenommen. Durchweg fand sich in den Abschlüssen die Behauptung, dass „alle (wesentlichen) Tochterunternehmen ihre Geschäfte selbständig in ihrer Landeswährung betreiben". Der Bilanzadressat musste annehmen, dass kaum ein deutscher Großkonzern in seinem durchweg umfangreichen Auslandsportfolio unselbständige Vertriebs-, Einkaufs- oder Zuliefergesellschaften hielt. Hervorragende akademische Arbeiten zur tatsachengetreuen und funktionsgerechten Währungsumrechnung fanden in der Praxis jedenfalls wenig Widerhall. Die ermessensbehaftete Prüfung, ob eine ausländische Einheit eher selbständig oder unselbständig ist, erfolgte nach der pragmatischen Regel „im Zweifel (und wo lässt ein Indikatorkonzept keine Zweifel?) für die Selbständigkeit". Weder sich noch dem Publikum wollte man die Anwendung unterschiedlicher Methoden zumuten. 11

Man konnte – und musste – dies aus theoretischer Sicht tadeln. In der Praxis eines zeitnahen Jahresabschlusses *(fast close)* blieb indes häufig keine realistische Alternative. Damit stellte sich aber die Frage, ob es nicht besser wäre, die praktischen Notwendigkeiten und „Sachzwänge" von der **Anwender-** auf die **Regelebene** zu befördern. In diesem Sinne hatten wir vor einigen Jahren die Frage gestellt, ob einer einheitlichen und ehrlichen Rechnungslegung nicht mehr gedient sei, wenn Praktikabilität und Kosten-Nutzen-Abwägung nicht in die Hände des einzelnen Anwenders, sondern des Regelgebers gelegt würden.[1]

Das **BilMoG** folgt für die handelsrechtliche Rechnungslegung nun diesem **pragmatischen** Anliegen. § 308a HGB sieht die Umrechnung zur modifizierten Stichtagsmethode vor. Die nach der funktionalen Theorie geforderte Differenzierung zwischen selbständigen und unselbständigen Einheiten wird abgelehnt. Zur Begründung wird darauf verwiesen, dass in der bisherigen IFRS-Praxis die Beurteilung der ausländischen Einheit aus Praktikabilitätsgründen fast immer zugunsten der Selbständigkeit ausfiel. 12

III. Umrechnung der Bilanz (Satz 1)

1. Überblick

Für die Umrechnung der Bilanzposten von Tochterunternehmen, Gemeinschafts- und **assoziierten Unternehmen** bestimmt Satz 1: 13

- ► Sämtliche **Vermögensgegenstände, Schulden**, Abgrenzungs- und Sonderposten (z. B. latente Steuern) sind zum **Stichtagskurs** umzurechnen.

1 Vgl. *Lüdenbach* in Lüdenbach/Hoffmann (Hrsg.), Haufe IFRS-Kommentar, 1. Aufl. 2003, § 27.

- Ausgenommen von der Stichtagsbewertung ist jedoch das **Eigenkapital.** Es ist mit seinen jeweiligen **Einstandskursen** („historischen" Kursen) fortzuführen (→ Rz. 16).
- Eine Rückausnahme gilt für den **Jahresüberschuss:** Er ergibt sich aus der GuV und damit gem. Satz 2 aus **Durchschnittskursen** (→ Rz. 16).

2. Maßgeblicher Kurs und Stichtag

14 Maßgeblicher Kurs für die Umrechnung der Vermögensgegenstände, Schulden etc. ist gem. Satz 1 der **Devisenkassamittelkurs** am Abschlussstichtag. Die Verwendung des Mittelkurses dient der Vereinfachung und Vereinheitlichung (→ § 256a Rz. 6).

15 Zugrunde zu legen ist der Kurs des **Abschlussstichtags.** Der Regierungsentwurf hatte noch vom „Kurs des Konzernbilanzstichtags" gesprochen. Dessen Verwendung wäre aber nicht sachgerecht, wenn etwa ein Tochterunternehmen auf Basis eines **abweichenden** Stichtags konsolidiert wird (→ § 299 Rz. 7). Das zu konsolidierende Vermögen und der Kurs müssen aus Konsistenzgründen auf den gleichen Stichtag bestimmt werden. Somit ist der Abschlussstichtag, nach dem das **einbezogene Unternehmen** konsolidiert wird, maßgeblich.

3. Einstandskurse des Eigenkapitals

16 Das Eigenkapital ist gem. Satz 1 mit **Einstandskursen** („historischen" Kursen) umzurechnen. Als Einstandskurse des Eigenkapitals gelten

- für das bereits bei **Erstkonsolidierung** vorhandene Eigenkapital (inkl. stiller Reserven, → Rz. 27) die Kurse des Erstkonsolidierungszeitpunkts;
- für die **Kapitalzuführungen** späterer Jahre die Kurse der Zuführungszeitpunkte, dabei vorrangig der Zeitpunkt der Entstehung des Zuführungsanspruchs, hilfsweise der seiner Erfüllung (DRS 25.46c);
- für die nach Erstkonsolidierung thesaurierten **Gewinne** die Durchschnittskurse des jeweiligen Gewinnentstehungsjahres.

4. Vorjahresvergleich

17 Die in der Vorjahresspalte für Vergleichszwecke anzugebenden Zahlen der Vermögensgegenstände, Schulden etc. werden durch Kursänderungen in der aktuellen Berichtsperiode nicht tangiert. Es bleibt insoweit bei den im **Vorjahresabschluss** verwendeten Umrechnungskursen.

5. Besonderheiten beim *Goodwill*

18 Der beim Erwerb einer **ausländischen Tochter** entstandene ***Goodwill*** nimmt an der Währungsumrechnung nur dann teil, wenn er als Vermögensgegenstand des Tochterunternehmens interpretiert wird. Bei Zurechnung zum Mutterunternehmen entfällt hingegen eine Währungsumrechnung. Hierzu wird auf → Rz. 29 verwiesen.

IV. Umrechnung der GuV (Satz 2)

1. Grundsatz

19 Gemäß Satz 2 sind „die Posten der Gewinn- und Verlustrechnung [...] zum Durchschnittskurs in Euro umzurechnen". Posten der GuV sind die **Ertrags- und Aufwandsposten,** hingegen we-

der Zwischensummen noch als Endsumme der Jahresüberschuss/-fehlbetrag. Zwischensummen und Endsumme ergeben sich aus Addition bzw. Subtraktion der Ertrags- und Aufwandsposten.

2. Maßgeblicher Kurs und Zeitraum

Im Falle der Einbeziehung untergeordneter Unternehmen auf der Basis abweichender Geschäftsjahre gilt – wie bei der Bilanz für den Stichtagskurs (→ Rz. 15) – in der GuV für den Durchschnittskurs: Es ist auf das Geschäftsjahr des **einbezogenen** Unternehmens und nicht das des Konzerns abzustellen. 20

Der in Satz 1 verwendete Begriff des **Durchschnitts**kurses ist interpretationsbedürftig. Bei **ungewichteter** Betrachtung ergäbe er sich als Mittelwert aus Anfangs- und Endkurs. Eine solche Betrachtung wäre jedoch nicht sachgerecht. 21

BEISPIEL Am 31.12.01 beträgt das Verhältnis von Euro zur Fremdwährung (FW) 1 €/1 FW.

ALTERNATIVE 1 Anfang Januar 02 gerät der ausländische Staat in Zahlungsschwierigkeiten. Der Kurs der ausländischen Währung sinkt auf 0,5 €/1 FW und bleibt den Rest des Jahres in etwa gleich.

ALTERNATIVE 2 Der Kurs von 1 €/1 FW bleibt im Wesentlichen bis Anfang Dezember 02 gleich. Erst dann kommt es zur Zahlungskrise und zum Rückgang auf 0,5 €/1 FW.

BEURTEILUNG

ALTERNATIVE 1 Die wesentlichen Aufwendungen und Erträge des Jahres 02 sind zu Transaktionskursen von 0,5 €/1 FW abgewickelt worden. Der Ansatz eines ungewichteten Jahresdurchschnittskurses von 0,75 €/1 FW würde diese ignorieren.

ALTERNATIVE 2 Die wesentlichen Aufwendungen und Erträge des Jahres 02 sind zu Transaktionskursen von 1 €/1 FW abgewickelt worden. Der Ansatz eines ungewichteten Jahresdurchschnittskurses von 0,75 €/1 FW würde dem nicht entsprechen.

Erst eine zeitlich gewichtete Ermittlung, die berücksichtigt, über welche Dauer der jeweilige Kurs galt, führt in beiden Fällen zu einem sachgerechten Ergebnis.

Der **Jahresdurchschnittskurs** ist demzufolge als Mittel der **täglichen** Kurse (so die Europäische Zentralbank)[1] oder als Mittel der (wiederum aus den Tageskursen abgeleiteten) **Monatskurse** (so im Steuerrecht)[2] zu bestimmen. Entspricht das Geschäftsjahr des konsolidierten Unternehmens (und des Konzerns) dem **Kalenderjahr**, können die amtlichen Jahresdurchschnittswerte der Zentralbank herangezogen werden. Bei Einbeziehung auf Basis seines **abweichenden** Geschäftsjahres sind die amtlichen Durchschnittskurse der Monate des Geschäftsjahres zu addieren und durch die Zahl der Monate zu dividieren.

3. Vorjahresvergleich

Hinsichtlich der Vorjahresvergleichszahlen bleibt es bei der Umrechnung zum Vorjahresdurchschnittskurs. 22

1 Vgl. http://www.bundesbank.de/statistik/statistik_zeitreihen.php?lang=de&open=devisen&func=row&tr=WJ5636.
2 Zum Beispiel LFD Thüringen v. 19.3.2007 – S 1320 A – 14 – A 4.101, für Zwecke der Einkommensteuer.

V. Umrechnungsdifferenzen (Satz 3)

1. Erfolgsneutrale Dotierung in einem separaten Eigenkapitalposten

23 Bei der Umrechnung nach der modifizierten Stichtagsmethode ergeben sich rechnerische Umrechnungsdifferenzen, die sich in Begriffen der Buchhaltung wie folgt erklären:

- Zunächst liegt eine (Summen- und) **Saldenliste** in **Fremdwährung** vor, bei der nach Regeln der Doppik die Summe der Sollsalden der Summe der Habensalden entspricht.
- Diese **Salden** werden nun jedoch zur Umrechnung in Euro nicht mit einheitlichen, sondern mit unterschiedlichen Kursen **multipliziert.** Die Salden der Konten, auf denen Vermögensgegenstände, Schulden und Abgrenzungsposten geführt werden, mit dem Stichtagskurs, die Eigenkapitalkonten mit dem Einstandskurs, die Aufwands- und Ertragssalden mit dem Durchschnittskurs (→ Rz. 13).
- In der sich als Ergebnis dieser Umrechnung ergebenen **Saldenliste** in **Euro** stimmt die Summe der Soll- und Habensalden wegen der Anwendung unterschiedlicher Multiplikatoren auf die in Fremdwährung geführten Ausgangssalden nicht mehr überein.

Es entsteht eine **buchhalterische Differenz,** die nach Satz 3 **erfolgsneutral** in das Eigenkapital einzustellen und dort nach den Rücklagen unter dem Posten **„Eigenkapitaldifferenz aus Währungsumrechnung"** oder einer anderen geeigneten Bezeichnung (z. B. „Währungsumrechnungsrücklage" oder „Differenz aus der Währungsumrechnung") separat auszuweisen ist.

Soweit Minderheiten an der selbständigen ausländischen Einheit beteiligt sind, ist der entsprechende Teil der Umrechnungsdifferenz mit dem Minderheitenanteil zu verrechnen (→ Rz. 27).

2. Ermittlung und Verprobung der Umrechnungsdifferenz

24 Technisch ermittelt sich die Umrechnungsdifferenz als Summe aus folgenden Beträgen:

- Wertänderung des Eigenkapitals: Eigenkapitalanfangsbestand multipliziert mit der Differenz aus neuem und altem Stichtagskurs.
- Differenz GuV: Jahresergebnis multipliziert mit der Differenz aus Stichtagskurs und Durchschnittskurs.

25 **Änderungen des Kapitals** durch Ausschüttung, Kapitalherabsetzungen, Kapitalzuführungen etc. sind zusätzlich zu berücksichtigen. Wird etwa ein Jahresergebnis im Jahr 01 von 100 USD zum Durchschnittskurs 01 von 1,2 in Euro umgerechnet (120 €), aber im Jahr 02 bei einem Kurs von 1,4 ausgeschüttet (140 €), so ergibt sich eine zu berücksichtigende Differenz i. H. von 20.

26 Zur Umrechnung in Euro und zur Ermittlung der Umrechnungsdifferenz folgendes **Beispiel:**

BEISPIEL ► MU hat eine US-Tochter TU. Die Kurse entwickeln sich wie folgt:

- Kurs bis 1.1.01: 1,2 €/USD;
- Kurs 31.12.01: 1,4 €/USD;
- Kurs 31.12.02: 1,6 €/USD.
- Durchschnittskurs 01: 1,3 €/USD
- Durchschnittskurs 02: 1,4 €/USD

Vereinfachend wird angenommen, dass der Wechselkurs bis zum 1.1.01 konstant war, es also in der Bilanz 1.1.01 keine Währungsdifferenz gibt (Bei einer realistischen Annahme würde das Währungsdifferenzkonto bereits per 1.1.01 einen Saldo ausweisen. Im Gegenzug würde das Eigenkapital per 1.1.01 andere Einstandskurse ausweisen).

Zunächst die Bilanz per 1.1.01 in USD und Euro:

Aktiva		**1.1.01**			**Passiva**
	USD	€		USD	€
Maschinen	150	180	Gez. Kapital	200	240
Forderungen	90	108	Rücklagen	40	48
	240	288		240	288

ENTWICKLUNG 01 U erzielt im Jahr 01 einen Jahresüberschuss von 25 USD. Das übrige Eigenkapital bleibt unverändert. Die Maschinen haben per 31.12.01 einen Buchwert von 100 USD, die Forderungen von 165 USD.

Die Umrechnung der Bilanz 31.12.01 von USD in Euro vollzieht sich wie folgt:

- Maschinen und Forderungen sind mit dem Stichtagskurs von 1,4 umzurechnen,
- das Eigenkapital ist mit den Einstandskursen von 1,2 fortzuführen,
- alle Aufwendungen und Erträge 01 und damit (einfacher) der Jahresüberschuss 01 sind zum Jahresdurchschnittskurs umzurechnen. Der Jahresüberschuss in Euro beträgt demnach: 25 · 1,3 = 32,5.

Die Umrechnungsdifferenz 01 ergibt sich danach wie folgt:

EK Jahresanfang · (neuer - alter Stichtagskurs) = 240 · 0,2	48,0
Jahresüberschuss · (Stichtagskurs - Durchschnittskurs) = 25 · 0,1	2,5
Dividende · (Entstehungskurs - Transaktionskurs)	0,0
Summe	50,5

Hieraus resultiert folgende Bilanz per 31.12.01:

Aktiva		**31.12.01**			**Passiva**
	USD	€		USD	€
Maschinen	100	140	Gez. Kapital	200	240
Forderungen	165	231	Rücklagen	40	48
			Währungsdifferenz		50,5
			Jahresüberschuss	25	32,5
	265	371		265	371

ENTWICKLUNG 02 Im Jahr 02 sinkt der Buchwert der Maschinen auf 50 USD, während sich die Forderungen auf 295 USD erhöhen. Bei einem Jahresüberschuss 02 von 80 USD ergibt sich Folgendes per 31.12.02:

- Maschinen und Forderungen sind mit dem Stichtagskurs von 1,6 umzurechnen,
- das Eigenkapital ist mit den Einstandskursen fortzuführen, d. h. das schon per 1.1.01 vorhandene Eigenkapital (gezeichnetes Kapital und Rücklagen) weiter mit 1,2, der thesaurierte Gewinn 01 (nun Gewinnvortrag) weiter mit dem Jahresdurchschnittskurs 01 von 1,3,
- alle Aufwendungen und Erträge 02 und damit (einfacher) der Jahresüberschuss 02 sind zum Jahresdurchschnittskurs von 1,5 umzurechnen. Der Jahresüberschuss in Euro beträgt demnach: 80 · 1,5 = 120.

Die neu zu berücksichtigende Umrechnungsdifferenz ergibt sich technisch wie folgt:

EK Jahresanfang · (neuer - alter Stichtagskurs) = 265 · 0,2	53,0
Jahresüberschuss · (Stichtagskurs - Durchschnittskurs) = 80 · 0,1	8,0
Dividende · (Entstehungskurs - Transaktionskurs)	0,0
Summe Zuführung	61,0
+ Vortrag Währungsdifferenzkonto	50,5
= Währungsdifferenzkonto per 31.12.02	111,5

Dass es sich bei dem Betrag von 61 nur um den Zuführungsbetrag (nicht um den Endbestand) handelt, ergibt sich u. a. daraus, dass die Eigenkapitalumrechnungsdifferenz von 53,0 nur die Wertänderung zwischen dem 1.1.02 und dem 31.12.02 (nicht die Wertänderung im Jahr 01) wiedergibt.

Hieraus resultiert insgesamt folgende Bilanz per 31.12.02:

Aktiva		31.12.02			Passiva
	USD	€		USD	€
Maschinen	50	80	Gez. Kapital	200	240
Forderungen	295	472	Rücklagen	40	48
			Gewinnvortrag	25	32,5
			Währungsdifferenz		111,5
			Jahresüberschuss	80	120
	345	552		345	552

Eine grobe Berechnung des Zuführungsbetrags zur Währungsumrechnungsrücklage ist auch bei in Konsolidierungssoftware integrierten Umrechnungen im Falle großer Beträge aus Verprobungsgründen sinnvoll.

3. Minderheitenanteil an der Umrechnungsdifferenz

27 Wenn das Mutterunternehmen nicht zu 100 % an seinem zu konsolidierenden Tochterunternehmen beteiligt ist, müssen im Konzernabschluss **Minderheitenanteile** („nicht beherrschende Anteile") ausgewiesen werden. Den Minderheiten ist dann auch ihr Anteil an der Währungsumrechnungsdifferenz bzw. deren Dotierung zuzuweisen (→ § 307 Rz. 27).

28 Hierbei entsteht folgendes Problem: Die Minderheiten partizipieren zwar an den Buchwerten und den im Rahmen der Erstkonsolidierung aufgedeckten stillen Reserven, jedoch nicht am *Goodwill:*

- Wird der *Goodwill* wie das zu Zeitwerten erfasste sonstige Vermögen der **ausländischen Einheit** und nicht der inländischen Mutter **zugeordnet,** ist er jährlich neu zu Stichtagskursen umzurechnen. Die auf den *Goodwill* und seine Abschreibung entstehenden Umrechnungsdifferenzen sind jedoch nicht der Minderheit zuzurechnen. Der auf die Minderheiten entfallende Anteil der Währungsdifferenzen muss daher in einer Nebenrechnung ermittelt werden.
- Wird der *Goodwill* hingegen der **inländischen Mutter zugerechnet,** entfällt für den *Goodwill* eine Währungsumrechnung und damit für die Währungsumrechnung insgesamt die Notwendigkeit einer differenzierenden Betrachtung der Minderheit.

29 Damit stellt sich die Frage, ob das Unternehmen in der Zuordnung des *Goodwill* frei ist. Die internationale Rechnungslegung sah in der bis 2004 geltenden Fassung von IAS 21 ein solches Wahlrecht vor. Der *Goodwill* war wahlweise der ausländischen Einheit oder der inländischen Mutter zuzuordnen. Seit 2005 ist nur noch die erste Alternative zugelassen. Konzeptionell war die Streichung des Wahlrechts umstritten. Die Befürworter des Wahlrechts führten Folgendes an (IAS 21.BC30 ff.): Als **Residualgröße** erklärt sich der *Goodwill* einerseits aus dem Kaufpreis, andererseits aus dem Zeitwert des erworbenen Vermögens:

- Aus Sicht des Kaufpreises spricht vor allem dann viel für die Zuordnung zum Mutterunternehmen, wenn der **Kaufpreis** wesentlich durch **erwartete Synergien** erklärt wird.
- Aus Sicht des **Zeitwerts** des erworbenen Vermögens erscheint eine Zuordnung zur ausländischen Einheit vor allem dann sachgerecht, wenn wesentliche **Werttreiber** der erwor-

benenen Einheit (eingearbeitete Arbeitnehmerschaft, optimierte Organisation etc.) bei der Erstkonsolidierung nicht aktivierungsfähig sind, mithin implizit im *Goodwill* berücksichtigt werden.

Eine Zuordnung nach den Umständen des **Einzelfalls** erscheint daher sachgerecht. Praktisch bedeutet sie angesichts des hohen Ermessens bei der Gesamtwürdigung von Einzelfällen aber ein **faktisches Wahlrecht,** wie es sich auch für das HGB implizit aus DRS 23.135 ergibt. Danach ist bei einem *Goodwill,* der auf ein Tochterunternehmen mit Fremdwährung entfällt, zu entscheiden, ob der *Goodwill* dem Mutter- oder dem Tochterunternehmen zuzuordnen ist. Die Zuordnung sollte sich nach der Währung richten, in der die im *Goodwill* berücksichtigten künftigen Erfolgsbeiträge voraussichtlich mehrheitlich realisiert werden (so wohl auch DRS 25.60). Das Ergebnis dieser Würdigung wird in vielen Fällen hoch ermessensbehaftet sein. In der Ausübung des dann bestehenden faktischen Wahlrechts sprechen Vereinfachungsgründe für die Zuordnung zur inländischen **Mutter.**

BEISPIEL An TU ist eine Minderheit mit 20 % beteiligt. Die Erstkonsolidierung erfolgt auf den 31.12.01 bei einem Kurs von 1,2 €/1 USD, der Stichtagskurs zum 31.12.02 beträgt 1,4 €/1 USD.

Zu beiden Stichtagen beträgt das buchmäßige Eigenkapital 100 USD und die stillen Reserven betragen 500 USD. Das Eigenkapital zu Zeitwerten liegt demnach bei 600 USD. Hierin noch nicht berücksichtigt ist ein *Goodwill* von 1.400 USD.

Aus Vereinfachungsgründen wird angenommen, dass TU ein ausgeglichenes Jahresergebnis erzielt und der *Goodwill* nicht planmäßig abzuschreiben ist.

Die Währungsdifferenz ergibt sich bei einem ausgeglichenen Jahresergebnis ausschließlich aus dem Eigenkapital.

ALTERNATIVE 1 **Zuordnung *Goodwill* zur Mutter**

Als Eigenkapital werden nur die Buchwerte und die stillen Reserven berücksichtigt. Die Umrechnungsdifferenz beträgt 600 · 0,2 = 120 und entfällt mit 20 % = 24 auf die Minderheit.

ALTERNATIVE 2 **Zuordnung *Goodwill* zur Tochter**

Das Eigenkapital unter Einbeziehung von stillen Reserven und *Goodwill* beträgt 2.000, die Umrechnungsdifferenz daher 2.000 · 0,2 = 400. Sie ist wie folgt aufzuteilen:

	USD	Kurs	100 %	80 %	20 %
Buchmäßiges EK zum Stichtag	100	1,4	140		
Dito Vorjahr	100	1,2	120		
Kursdifferenz			20	16	4
Stille Reserven aus Erstkonsolidierung zum Stichtag	500	1,4	700		
Dito Vorjahr	500	1,2	600		
Kursdifferenz			100	80	20
Goodwill zum Stichtag	1.400	1,4	1.960		
Dito Vorjahr	1.400	1,2	1.680		
Kursdifferenz			280	280	0
Gesamte Kursdifferenzen			**400**	**376**	**24**

4. Währungserfolge aus konzerninternen Forderungen und Schulden

In der **Einzelbilanz** der ausländischen Tochter oder der inländischen Mutter können Währungserfolge aus konzerninternen Forderungen und Verbindlichkeiten entstehen. Derartige Umrech- 30 nungsdifferenzen sind nach der internationalen Rechnungslegung bei der Konsolidierung nicht zu neutralisieren (IAS 21.45). Fraglich ist die Behandlung im Rahmen der Konsolidierung nach HGB.

31 Für eine **Eliminierung** einzelbilanzieller Währungsverluste oder -gewinne aus konzerninternen Forderungen und Schulden im Rahmen der Konsolidierung spricht bei erster Betrachtung der **Einheitsgrundsatz** (→ § 297 Rz. 116): Die wirtschaftliche Einheit Konzern verleiht Geld nur an sich selbst und scheint hieraus kein Währungsergebnis erzielen zu können. Einzelbilanzielle Erfolge sind nach dieser Sichtweise, der sich nun auch DRS 25.78 ff. anschließen, zu eliminieren.

Skepsis gegen diese Betrachtung ist aber insofern angezeigt, als auch die **internationale Rechnungslegung** den Konzern einheitstheoretisch *„as a single economic entity"* betrachtet (so explizit in IAS 27.18 als Vorgängerstandard von IFRS 10), gleichwohl eine Eliminierung konzerninterner Währungserfolge nicht erlaubt. Erneut erweist sich der Einheitsgrundsatz als **zu abstrakt,** um aus ihm eine zwingende Lösung abzuleiten.

32 **Unseres Erachtens ist die Nichteliminierung** der einzelbilanziellen Währungsergebnisse aus konzerninternen Geschäften aus folgenden Gründen vorzuziehen:[1]

- Verleiht die Mutter Geld in Euro an die ausländische Einheit und sinkt der Kurs der ausländischen Währung,
- muss die in lokaler Währung operierende ausländische Einheit ungeplant zusätzliche Cashflows für die Rückzahlung erwirtschaften.
- Dieses Zusatzerfordernis hat auch aus der Sicht des Konzerns als Einheit Bestand: Er muss (durch seine ausländische Tochter) **zusätzliche Cashflows in Fremdwährung** erzielen, um z. B. eine mit der Finanzierung bewirkte Investition zu amortisieren.

BEISPIEL Die inländische Mutter MU gewährt der amerikanischen Tochter TU Ende 01 zum Erwerb eines Grundstücks ein langfristiges Darlehen von 1 Mio. € bei einem Wechselkurs von 1 USD/1 €. Zum Bilanzstichtag 02 hat sich der Kurs des Dollars auf 1,1 USD/1,0 € verschlechtert, so dass TU in seiner USD-Bilanz eine Verbindlichkeit von nunmehr 1,1 Mio. USD und in der GuV einen korrespondierenden Verlust von 0,1 Mio. USD ausweist. In der GuV von MU ist bei unveränderter Forderung von 1 Mio. € kein Ertrag entstanden.

Der USD-Abschluss von TU ist für Konzernzwecke in Euro umzurechnen.

- Das Grundstück ist mit dem aktuellen Kurs von 1,1 USD/1,0 €, d. h. mit 909 T€, anzusetzen.
- Die Verbindlichkeit von 1,1 Mio. USD hat mit dem aktuellen Kurs von 1,1 USD/1,0 € unverändert einen Umrechnungswert von 1 Mio. €.
- Aus Sicht der Vermögensvergleichsrechnung (= Nettovermögen Periodenende - Nettovermögen Periodenanfang) ist bei TU ein Verlust von 91 T€ entstanden.
- Dem steht ein GuV-Verlust von 100 TUSD, entsprechend 95 T€ bei einem angenommenen Durchschnittskurs von 1,05/1,00, gegenüber.

Nur die Differenz von 4 T€ zwischen zum Durchschnittskurs ermitteltem GuV-Verlust und zum Stichtagskurs ermitteltem Vermögensvergleichsverlust stellt eine konsolidierungstechnische Umrechnungsdifferenz dar und ist damit erfolgsneutral in die Rücklage für Währungsdifferenzen einzustellen.

Jahresfehlbetrag zum Durchschnittskurs = 100/1,05	95 T€
- Jahresfehlbetrag zum Stichtagskurs = 100/1,1	-91 T€
= erfolgsneutrale Umrechnungsdifferenz	4 T€

Der Währungsverlust von 100 TUSD/1,1 = 91 T€ geht hingegen in das Konzernergebnis ein.

1 Im Ergebnis gl. A. *Grottel/Koeplin* in Beck'scher Bilanz-Kommentar, 13. Aufl. 2022, § 308a Tz. 71.

Die **Nichteliminierung** konzerninterner Währungsergebnisse lässt sich im Übrigen auch durch einen **Vergleich** zwischen einzel- und konzernbilanziellem Erfolg begründen: Ist die Darlehensbeziehung in Fremdwährung nominiert, entsteht ein einzelbilanzieller Umrechnungserfolg nur bei der inländischen Mutter. Erzielt das ausländische Tochterunternehmen nun in allen Perioden ein Ergebnis von null, sollten das einzelbilanzielle Ergebnis (Währungsergebnis bei Mutter) und das konzernbilanzielle Ergebnis (identisch, da Ergebnis Tochterunternehmen = 0) gleich sein. Dieser **Gleichklang** wird gerade durch Nichteliminierung der Währungserträge aus konzerninternen Salden bewirkt.

BEISPIEL MU gründet Anfang 01 gegen eine Bareinlage von 10 T€ die amerikanische Tochter TU. TU gewährt 5 TUSD sofort als Darlehen zurück. TU erzielt in allen Perioden Ergebnisse von 0. Der Dollarkurs fällt kontinuierlich. MU erzielt Währungsgewinne aus dem Kursverlust des Dollars, weil der für die (fiktive) Tilgung aufzuwendende Eurobetrag entsprechend sinkt. Ende 02 wird das Darlehen tatsächlich zurückgezahlt, Anfang 03 wird TU zu 8,34 T€ veräußert.

Nachfolgend die Bilanzen und Konzernerfolge:

Gründung					
1.1.01			**1,00 USD/€**		
			Bilanz TU		
	USD	€		USD	€
Vorräte	5,00	5,00	Stammkapital	10,00	10,00
Forderung	5,00	5,00			
	10,00	10,00		10,00	10,00
31.12.01			**1,10 USD/€**		
			Bilanz TU		
	USD	€		USD	€
Vorräte	5,00	4,55	Stammkapital	10,00	10,00
Forderung	5,00	4,55	Jahresüberschuss	0,00	0,00
			Währungsumrechnungsdifferenz		-0,91
	10,00	9,09		10,00	9,09
			<u>Berechnung Währungsumrechnungsdifferenz:</u>		
			EK neuer Kurs		9,09
			EK alter Kurs		-10,00
			Währungsumrechnungsdifferenz 31.12.01		-0,91
31.12.02			**1,20 USD/€**		
			Bilanz TU		
	USD	€		USD	€
Vorräte	5,00	4,17	Stammkapital	10,00	10,00
Forderung	0,00	0,00	Gewinnvortrag	0,00	0,00
Bank	5,00	4,17	Jahresüberschuss	0,00	0,00
			Währungsumrechnungsdifferenz		-1,66
	10,00	8,34		10,00	8,34

		Berechnung Währungsumrechnungsdifferenz:	
		EK neuer Kurs	8,34
		EK alter Kurs	-9,09
		Zuführung Währungsumrechnungsdifferenz	-0,75
		Vortrag Währungsumrechnungsdifferenz	-0,91
		Währungsumrechnungsdifferenz 31.12.02	-1,66

Veräußerung Anfang 03 für 8,33 €

Mit der Veräußerung gehen die Vermögenswerte von TU (Vorräte und Bank) gegen Geld ab. Außerdem ist die Währungsumrechnungsdifferenz erfolgswirksam aufzulösen, daher folgende Entkonsolidierungsbuchungen in einer geschlossenen Konzernbuchhaltung:

Soll		Haben	
Geld	8,34	Vorräte	4,17
Aufwand	1,66	Bank	4,17
		Währungsumrechnungsdifferenz	1,66
	10,00		10,00

Der Erfolg des Konzerns (der jeweiligen Periode) ermittelt sich aus

a) dem Ergebnis von TU (jeweils 0),
b) dem Ergebnis von MU (jeweils Währungsertrag) und
c) den Konsolidierungsbuchungen. Derartige Konsolidierungsbuchungen sind in den Jahren 01 und 02 nicht erforderlich, da der Währungsertrag nicht eliminiert wird. In Periode 03 entsteht der oben ermittelte Entkonsolidierungsaufwand aus der Auflösung der Währungsumrechnungsdifferenz.

Somit ergibt sich folgender Erfolg des Konzerns:

Periode	TU	MU	Konsolidierung	Summe
1	0,00	0,45	0,00	0,45
2	0,00	0,38	0,00	0,38
3			-1,66	-1,66
Summe				-0,83

Im Vergleich dazu der Erfolg laut Einzelbilanz von MU:

Periode		
1		0,45
2		0,38
3	8,34	
	-10,00	-1,66
Summe		-0,83

FAZIT Da TU in allen Perioden ein Ergebnis von 0 erwirtschaftet, sollten das einzel- und das konzernbilanzielle Ergebnis von MU gleich sein. Dieser Gleichklang wird gerade durch Nichteliminierung der Währungserträge aus konzerninternen Salden bewirkt.

Wenn DRS 25.78 folgend der einzelbilanzielle Währungserfolg aus einem an die Fremdwährungstochter ausgereichten konzerninternen Darlehen im Konzernabschluss eliminiert und stattdessen die Rücklage für Währungsumrechnungsdifferenzen dotiert wird, kann das konzerninterne Schuldverhältnis u. E. auch nicht Gegenstand einer Sicherung i. S. von § 254 HGB sein. Konsequenterweise wäre ein drohender Verlust aus einem der Absicherung dienenden

Devisentermingeschäft erfolgswirksam zu erfassen, und zwar im sonstigen betrieblichen Aufwand. DRS 25.82 vertritt (i.V. mit dem Beispiel in DRS 25.30B) allerdings eine andere Auffassung, wonach eine Aufrechnung von konzerninternen Ansprüchen und Verpflichtungen in fremder Währung, soweit sie Teil einer einzelbilanziellen Bewertungseinheit sind, nicht zu deren Beendigung auf Konzernebene führen soll. Effektivität vorausgesetzt, soll dann z. B. auch ein erwarteter Ertrag aus einem Sicherungstermingeschäft als sonstiger Vermögensgegenstand angesetzt werden.

Zu den Konsequenzen währungsbedingter Aufrechnungsdifferenzen für die Steuerlatenz wird auf → § 306 Rz. 38a verwiesen. 32a

In der internationalen Rechnungslegung wird für Forderungen/Verbindlichkeiten zwischen Mutter- und Tochterunternehmen ausnahmsweise dann eine erfolgsneutrale Umrechnung durchgeführt, wenn sich die Schuldbeziehungen beteiligungsähnlich (Sichtweise des Mutterunternehmens) bzw. **eigenkapitalsubstituierend** (Sichtweise des Tochterunternehmens) darstellen, etwa weil die Mittel in absehbarer Zeit nicht zur Rückzahlung vorgesehen sind.[1] Teile des Schrifttums befürworten ohne nähere Begründung eine Übernahme dieser Regelungen für den handelsrechtlichen Konzernabschluss.[2] Unseres Erachtens sprechen der eher spezialrechtliche Charakter der entsprechenden IFRS-Regelungen sowie ihre inhaltliche Unbestimmtheit (wann genau liegt eine Eigenkapitalsubstitution vor?) gegen eine solche Übernahme. 33

5. Währungserfolge der Fremdwährungstochter aus in Euro- oder Drittwährung valutierenden Posten

Hat die in Fremdwährung operierende ausländische **Tochter bei Dritten ein Euro-Darlehen** aufgenommen, so können sich folgende Effekte ergeben: 33a

- Gestiegener Euro-/Fremdwährungskurs: Die Tochter weist in der in Fremdwährung aufgestellten GuV zur HB II einen Aufwand aus Währungsumrechnung aus. Dieser soll nach Schrifttumsauffassung nur fiktiven Charakter haben. Zur Herstellung der zutreffenden Ertragslage wird daher die Korrekturbuchung „Eigenkapitaldifferenz aus Währungsumrechnung an Währungsverlust" empfohlen.
- Gesunkener Euro-/Fremdwährungskurs: Ein Sinken des Euro-/Fremdwährungskurses führt zu keinen Buchungen in der in Fremdwährung aufgestellten HB II der Tochter. Durch die gegenläufige Umrechnung des Darlehens in Euro nach § 308a würde das Darlehen überhöht in der Konzernbilanz bewertet. Hier wird die Korrekturbuchung „Darlehen an Eigenkapitaldifferenz aus Währungsumrechnung" empfohlen.[3]

Entsprechende Probleme entstehen im **Dreiwährungsfall,** wenn etwa die 33b

- in **USD** bilanzierende **amerikanische Tochter**
- Forderungen oder **Verbindlichkeiten in Yen** hat und
- der **Konzernabschluss in Euro** aufgestellt wird.

Auch hier wird empfohlen, die auf Ebene des USD-Abschlusses der Tochter entstandenen Währungserfolge aus in Yen valutierenden Posten im Konzernabschluss gegen die Eigenkapitaldifferenz aus Währungsumrechnung zu korrigieren, um für den Konzern als Aufwand oder Ertrag

1 Zu Einzelheiten *Lüdenbach/Hoffmann/Freiberg,* Haufe IFRS-Kommentar, 20. Aufl. 2022, § 27.
2 Vgl. etwa *Grottel/Koeplin* in Beck'scher Bilanz-Kommentar, 13. Aufl. 2022, § 308a Tz. 72.
3 Das Ganze nach *Kucher,* WPg 2019 S. 919 ff.

den Erfolg darzustellen, der sich aus den Kursänderungen des Euro gegenüber dem Yen ergeben hätte.[1]

VI. Erfolgsrealisierung beim (Teil-)Abgang der Einheit (Satz 4)

1. Vollständige Veräußerung oder Liquidation

34 Die Währungsdifferenzen können nicht auf „ewig" erfolgsneutral im Eigenkapital verbleiben. Bei **„teilweisem oder vollständigem Ausscheiden** des Tochterunternehmens" ist der Posten gem. Satz 4 „in entsprechender Höhe" **erfolgswirksam** aufzulösen.

35 Der Regierungsentwurf des BilMoG hatte statt von **Ausscheiden** noch von Veräußerung gesprochen. In der Begründung zur geänderten Vorlage an den Rechtsausschuss wird darauf hingewiesen, dass mit Ausscheiden z. B. auch die Liquidation oder die Eröffnung des Insolvenzverfahrens erfasst werden solle. Folgende Fälle des vollständigen „Ausscheidens eines Tochterunternehmens" können danach unterschieden werden:

- **Veräußerung sämtlicher Anteile** an der ausländischen Einheit (Entkonsolidierung),
- **Liquidation** der ausländischen Einheit.

36 Bei Entkonsolidierung durch **Veräußerung** sämtlicher Anteile ist die Umrechnungsrücklage in vollem Umfang aufzulösen. Sofern eine **Minderheit** beteiligt war, ist der auf sie entfallende Teil erfolgsneutral aufzulösen (→ § 307 Rz. 31).

37 Bei **Liquidation** gilt Entsprechendes, wobei hier der Zeitpunkt der Ausbuchung der Umrechnungsrücklage schwerer zu bestimmen ist, da anders als bei der Veräußerung kein einzelner Akt, sondern ein **Prozess** vorliegt. Soweit sich dieser Prozess aus rechtlichen oder tatsächlichen Gründen lange hinzieht, spricht u. E. nichts dagegen, Teile der Umrechnungsrücklage bereits in dem Maße aufzulösen, wie der Liquidationsprozess durch Versilberung (Umwandlung Sach- in Nominalwerte) vorangeschritten ist.[2] Auch die Veräußerung sämtlichen Vermögens der Tochter im *Asset-Deal* führt gem. DRS 25.69 zur erfolgswirksamen Auflösung der Umrechnungsrücklage.

38 Die vorstehenden Überlegungen gelten entsprechend für **Gemeinschaftsunternehmen und assoziierte Unternehmen:** Auch hier führt die Veräußerung oder Liquidation zur Realisierung der Umrechnungsrücklage.

2. Abwärtskonsolidierung und Abstockung

39 Für das Vorgehen bei **Abwärtskonsolidierung,** d. h. in Fällen, in denen aus dem vollkonsolidierten Tochterunternehmen eine nur noch proportional, *at equity* oder gar nicht mehr konsolidierte Beteiligung wird, ist die in Satz 4 getroffene Unterscheidung zwischen „vollständigem und teilweisem Ausscheiden" des Tochterunternehmens von Bedeutung.

Der Begriff des teilweisen Ausscheidens macht dann keinen Sinn, wenn schon der Verlust des Status eines einbezogenen Tochterunternehmens als vollständiges Ausscheiden gedeutet würde. Bei einer solchen Interpretation gäbe es nur ein Ausscheiden oder Nichtausscheiden, hingegen kein teilweises Ausscheiden. Geltungserhaltend ist hingegen eine Interpretation von

1 *Kucher*, WPg 2020 S. 744 ff.

2 Gleicher Auffassung *Deubert*, DStR 2009 S. 340 ff.

Satz 4, die Fälle der Abwärtskonsolidierung wegen Verringerung der Anteilsquote als **teilweises Ausscheiden** wertet.

Bei einem teilweisen Ausscheiden ist die Umrechnungsrücklage **„in entsprechender Höhe"** erfolgswirksam aufzulösen. Hiernach ist etwa beim **Übergang auf quotale oder *Equity*-Konsolidierung** wie folgt zu unterscheiden: 40

- Im Maße der abgehenden Beteiligungsquote wird die Umrechnungsrücklage erfolgswirksam aufgelöst.
- Im Maße der fortbestehenden quotalen oder *Equity*-Beteiligung wird sie fortgeführt.

Dem folgt nun auch DRS 25.70 ff.

Bei **Übergang auf eine einfache Beteiligung,** also Aufgabe jeder Form der Konsolidierung, besteht hingegen keine Rechtfertigung mehr für den Konsolidierungsposten „Umrechnungsrücklage". In diesem Fall ist daher eine **vollständige Auflösung** geboten. Die Auflösung erfolgt hinsichtlich der fortbestehenden Anteilsquote erfolgsneutral, indem die Rücklage in die Bestimmung der fiktiven Anschaffungskosten der einfachen Beteiligung eingeht (so nun auch DRS 25.72, → § 301 Rz. 111).

Die vorstehenden Überlegungen gelten entsprechend für die Abwärtskonsolidierung von **Gemeinschafts**unternehmen und **assoziierten** Unternehmen. 41

Bei mehrheitswahrenden **Abstockungen** (Anteile werden veräußert, aber das vollkonsolidierte Tochterunternehmen behält diesen Status) kommt es hinsichtlich des veräußerten Teils entweder zu einer erfolgswirksamen Auflösung oder zu einer erfolgsneutralen „Übertragung" der anteiligen Umrechnungsrücklage auf den **Minderheitenanteil.** Abhängig von der allgemeinen Behandlung der Abstockungen (→ § 301 Rz. 114) ist hier erfolgsneutral oder erfolgswirksam zu verfahren (DRS 25.65). 42

3. Besonderheiten im mehrstufigen Konzern

Im mehrstufigen Konzern kann es zu **mehreren** Umrechnungsvorgängen kommen. 43

BEISPIEL Die Struktur eines Konzerns ist wie folgt:

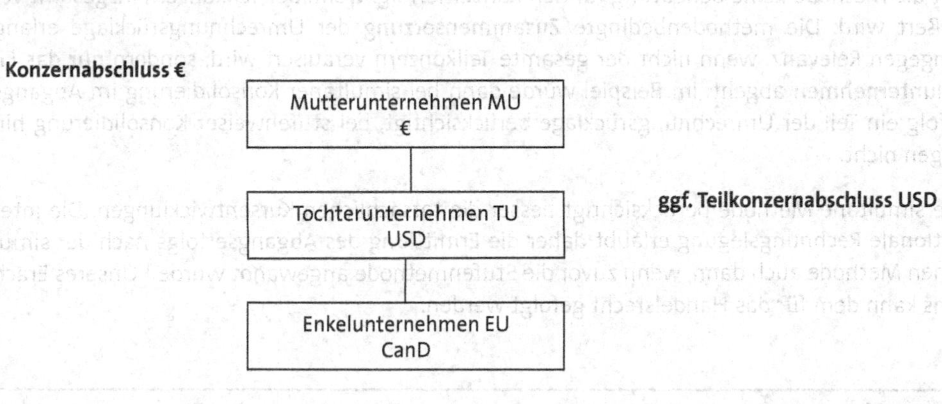

Die Konsolidierung kann im Beispielsfall **stufenweise** oder nach der **direkten** Methode erfolgen:

- Nach der **direkten Methode** werden die Tochterunternehmen mit den Enkelunternehmen in einer Summenbilanz zusammengeführt, um sodann die Beteiligungen der unterschiedlichen Ebenen gegen das jeweilige Kapital des untergeordneten Unternehmens zu verrechnen. Bei dieser Betrachtung entstehen im Beispiel **zwei Umrechnungsdifferenzen:** zum einen aus der Umrechnung des kanadischen Enkelunternehmens, zum anderen aus der Umrechnung der US-Tochter.
- Nach der **Stufenmethode** *(step by step method)* wird zunächst ein **Teilkonzernabschluss** gebildet, um sodann den Teilkonzern mit der obersten Mutter zum Gesamtkonzern zusammenzufassen. Bei dieser Betrachtung entsteht zwar auf Teilkonzernebene ggf. eine Umrechnungsdifferenz – sofern die hier beteiligten Währungen nicht ausnahmsweise untereinander konstant bleiben. Die so gebildete Umrechnungsrücklage nimmt aber als Teil des Eigenkapitals des Teilkonzerns im nächsten Schritt an der Umrechnung des Teilkonzerns in Euro teil.

44 Die **Konsolidierungsmethode** hat Einfluss auf die **Zusammensetzung** (nicht hingegen die Gesamthöhe) der Währungsumrechnungsdifferenz.

BEISPIEL ► MU gründet Anfang 01 die US-Tochter TU, die wiederum unmittelbar die kanadische Tochter TU gründet. Im Jahr 01 entwickeln sich die Wechselkurse wie folgt:

- Das Kursverhältnis von USD und kanadischem Dollar bleibt konstant.
- Beide Währungen ändern sich stark gegenüber dem Euro.

STUFENWEISE KONSOLIDIERUNG ► Bei stufenweiser Konsolidierung entsteht im Teilkonzern keine Umrechnungsdifferenz, da der Umrechnungskurs von USD und CAD unverändert ist. Die im nächsten Schritt aus der Umrechnung von USD in Euro entstehende Umrechnungsdifferenz wird demzufolge nur der US-Tochter zugeordnet.

SIMULTANE KONSOLIDIERUNG ► Umrechnungsdifferenzen entstehen sowohl für das Enkelunternehmen als auch für das Tochterunternehmen.

Da die Konsolidierungsmethode die Gesamthöhe der Umrechnungsrücklage nicht beeinflusst, hat die Methode keine Bedeutung für den Konzernerfolg, wenn der Teilkonzern insgesamt veräußert wird. Die methodenbedingte **Zusammensetzung** der Umrechnungsrücklage erlangt hingegen Relevanz, wenn nicht der gesamte Teilkonzern veräußert wird, sondern **nur das Enkelunternehmen** abgeht. Im Beispiel würde dann bei simultaner Konsolidierung im Abgangserfolg ein Teil der Umrechnungsrücklage berücksichtigt, bei stufenweiser Konsolidierung hingegen nicht.

Die simultane Methode berücksichtigt besser die tatsächlichen Kursentwicklungen. Die internationale Rechnungslegung erlaubt daher die Ermittlung des Abgangserfolgs nach der simultanen Methode auch dann, wenn zuvor die Stufenmethode angewandt wurde.[1] Unseres Erachtens kann dem für das Handelsrecht gefolgt werden.

---

1 Ausführlich *Lüdenbach/Hoffmann/Freiberg*, Haufe IFRS-Kommentar, 20. Aufl. 2022, § 27.

VII. Ausweis und Anhangangaben

In der **Konzernbilanz** ist eine sich ergebende Umrechnungsdifferenz innerhalb des Konzerneigenkapitals nach den Rücklagen unter dem Posten „Eigenkapitaldifferenz aus Währungsumrechnung" (oder geeigneter anderer Bezeichnung) auszuweisen (→ Rz. 23). 45

Für die **GuV** sieht § 277 Abs. 5 Satz 2 HGB den gesonderten Ausweis von Erträgen und Aufwendungen aus der Währungsumrechnung unter sonstigen betrieblichen Erträgen oder Aufwendungen vor (→ § 277 Rz. 66). Für die hier interessierende Umrechnung ausländischer Einheiten entsteht ein Erfolg i. d. R. erst mit Ent- oder Abwärtskonsolidierung. Hierfür ist u. E. § 277 Abs. 5 Satz 2 HGB **nicht einschlägig.** Dies ergibt sich aus folgender Überlegung: Der Ent- oder Abwärtskonsolidierungserfolg ist die Differenz von Veräußerungspreis und zu Konzernbuchwerten abgehendem Nettovermögen. Die Umrechnungsdifferenz ist unselbständiger Teil des abgehenden Nettovermögens. Da nicht einmal der gesonderte Ausweis des abgehenden Nettovermögens gefordert ist, muss auch der rechnerische Anteil des Währungsergebnisses nicht gezeigt werden. 46

Der Beitrag der Umrechnungsdifferenz zum gesamten Ent- oder Abwärtskonsolidierungserfolg kann sich zudem im Vorzeichen von der Gesamtgröße unterscheiden; die Auflösung einer positiven Umrechnungsrücklage mindert etwa einen Gesamtertrag aus der Konsolidierungsmaßnahme. Wird nun der Gesamterfolg als sonstiger betrieblicher Ertrag ausgewiesen, kann der Beitrag der Umrechnungsdifferenz zu diesem Erfolg gerade nicht als Davon-Ertrag gezeigt werden, da er eben keinen Ertrag, sondern eine unselbständige Ertragsminderung darstellt.

Bei der Anwendung der modifizierten Stichtagsmethode geht im **Anlagespiegel** die Überleitung der Anschaffungskosten und der kumulierten Abschreibungen vom 1.1. auf den 31.12. sowie die Überleitung beider Größen auf den Buchwert nicht auf. Die Anschaffungskosten und kumulierten Abschreibungen per 1.1. sind vom alten Stichtagskurs auf den neuen Stichtagskurs (31.12.) anzupassen, z. B. durch Einfügung von Währungsdifferenzspalten in den Anlagespiegel (→ § 298 Rz. 27). 47

Wegen § 313 Abs. 1 Satz 3 Nr. 1 HGB sollen nach DRS 25.105 im **Anhang** auch die **Grundlagen** der Umrechnung in Euro anzugeben sein (→ § 313 Rz. 21). Mit dem Abgesang auf die funktionale Theorie und der einheitlichen Umrechnung ausländischer Abschlüsse nach der modifizierten Stichtagsmethode können methodische Angaben u. E. aber ganz entfallen oder äußerst knapp ausfallen („Umrechnung nach modifizierter Stichtagsmethode gem. § 308a HGB"). Für die im Konzern wichtigsten Fremdwährungen sollten allerdings die Umrechnungskurse (Stichtag und Jahresdurchschnitt) angegeben werden, etwa in folgender Form: 48

BEISPIEL „Bei der Umrechnung von Fremdwährungsabschlüssen nach § 308a HGB wurden folgende Kurse in den wesentlichen Fällen verwendet:"

Währung	31.12.01	Kurse in € Durchschnitt 01
1 USD	0,748	0,788
1 GBP	1,098	1,325
1 CHF	0,658	0,612
100 JPY	0,744	0,788

Bei Umrechnung von Abschlüssen aus **Hochinflationsländern** (→ Rz. 49) ist die Methode der Umrechnung bzw. der ihr vorgeschalteten Eliminierung von Scheingewinnen gesondert zu erläutern (DRS 25.106g).

VIII. Hyperinflation

1. Problemstellung

49 Ein Rechnungslegungssystem, das Anlagevermögen, Vorräte etc. zu Anschaffungs- oder Herstellungskosten ansetzt, verliert seine Aussagekraft in Zeiten einer Hyperinflation. Hierzu folgendes Beispiel:[1]

BEISPIEL ► Ein Tochterunternehmen in einem Land mit einer Inflationsrate von 100 % ist am 1.1.01 mit einer Bareinlage von 100 in Landeswährung (LW) gegründet worden. Die operative Tätigkeit beginnt erst Anfang 02. Bis dahin bestehen folgende Investitionsalternativen:

a) Kauf von Vorräten für 100 LW,

b) Kauf eines mit 60 % verzinsten Wertpapiers für 100 LW.

Ohne Inflationsbereinigung, d. h. in Nominalwerten, sieht die Bilanz per 31.12. wie folgt aus:

Fall A: Vorräte 100 LW, Kapital 100 LW, Jahresüberschuss 0 LW,

Fall B: Wertpapiere und Geld 160 LW, Kapital 100 LW, Jahresüberschuss 60 LW.

Im Fall B werden Anfang Januar 02 die Wertpapiere liquidiert, um die gleiche Menge Vorräte für jetzt 200 LW zu beschaffen. Die Bilanz Anfang Januar zeigt Vorräte von 200 LW, Eigenkapital von 160 LW und erstmals Verbindlichkeiten von 40 LW.

- Bei real gleichem Vorratsvermögen – wie im Fall A – ist das Unternehmen im Fall B im Januar 02 mit 40 LW verschuldet. Seine Vermögens- und Finanzlage ist schlechter als im Fall A, weil die 60 LW Zinsertrag aus 01 nicht ausreichten, um den Kaufkraftverlust von 100 LW hinsichtlich der Vorräte zu decken.
- Per 31.12.01 täuschten die nicht inflationsbereinigten Zahlen hingegen im Fall B eine bessere Lage als im Fall A vor.

50 Bei Hochinflationsländern sind daher gem. DRS 25.96 die Abschlüsse um Inflationseffekte zu bereinigen, um die Werte der Abschlussposten in Kaufkraft des Abschlussstichtags auszudrücken. Zur Technik der Anpassung enthält DRS 25 zwei Varianten:

- Aufstellung des Abschlusses in einer **Hartwährung** (z. B. der Währung des Konzernmutterunternehmens).
- **Indexierung** der nicht monetären Posten (Sachanlagen, Vorräte etc.), um sie dem Stand der Kaufkraftverhältnisse zum Abschlussstichtag anzupassen; anschließend Umrechnung in den Euro mit dem Stichtagskurs der Berichtswährung.

In der Praxis dominiert die zweite Variante. Sie wird nachfolgend unter → Rz. 52 ff. dargestellt.

51 Für den deutschen Anwender ist die Hoch- oder Hyperinflation insoweit interessant, als es um die Bilanzierung ausländischer Einheiten (Tochterunternehmen etc.) aus entsprechenden Ländern geht. Praktisch können die Kaufkraftanpassungen i. d. R. nur vor Ort und nicht in der Konzernzentrale vorgenommen werden. Die deutsche Konzernzentrale und der deutsche Abschlussprüfer sollten aber die **Grundzüge** der kaufkraftangepassten Bilanzierung verstehen,

1 Wie die nachfolgenden Ausführungen z.T. entnommen aus *Lüdenbach/Hoffmann/Freiberg*, Haufe IFRS-Kommentar, 20. Aufl. 2022, § 27.

um die Schlüssigkeit entsprechender Bilanzen beurteilen zu können. Die nachfolgende Kommentierung ist auf diesen Anwendungsbereich beschränkt.

2. Schritt 1: Prüfung auf Hyperinflation

Erster Schritt einer Behandlung des Hyperinflationsproblems ist die Feststellung, welche Länder und damit Tochterunternehmen betroffen sind oder nicht. Gemäß DRS 25.97 weist insbesondere eine kumulierte Drei-Jahres-Inflationsrate von mehr als 100 % auf ein Hochinflationsland hin. Daneben sind folgende Indikatoren von Bedeutung: 52

- Beträge in Inlandswährung werden unverzüglich in Sachwerte oder Auslandswährungen investiert, um die Kaufkraft zu erhalten,
- Preise (insbesondere bei Dauerverträgen) werden in ausländischer Währung angegeben,
- Käufe und Verkäufe auf Ziel werden in Preisen vereinbart, die die erwartete Geldentwertung in der Kreditperiode berücksichtigen, selbst wenn diese kurz ist,
- Zinssätze, Löhne und Preise sind an einen Preisindex gebunden oder
- es erfolgt eine Devisenbewirtschaftung.

3. Schritt 2: Auswahl eines Preisindexes

Für die Kaufkraftanpassung ist ein allgemeiner **Preisindex** anzuwenden. Existieren mehrere Preisindizes (Industriegüter, Konsumgüter etc.), ist die Auswahl des zutreffenden Indexes eine Frage des sachgerechten Ermessens. 53

4. Schritt 3: Anpassung nicht monetärer Bilanzposten

Nicht monetäre Bilanzposten, d. h. insbesondere Vorräte, Sachanlagen und immaterielle Anlagewerte, sind durch Anwendung des **Preisindexes** an die Anschaffungs- oder Herstellungskosten (und die kumulierten Abschreibungen) anzupassen. Maßgeblich ist nicht die Entwicklung des Indexes in der Periode, sondern die Entwicklung vom Anschaffungszeitpunkt bis zum Bilanzstichtag (DRS 25.104). 54

5. Schritt 4: Anpassung der GuV

Alle Posten der **GuV** sind mit der **Kaufkraft des Transaktionsstichtags** auszudrücken. Bei Erträgen und Aufwendungen, die sich relativ gleichmäßig über das Jahr verteilen (kein Saisongeschäft etc.), und bei einer Inflationsrate, die ebenfalls relativ gleichmäßig über das Jahr verteilt ist, kann die Umrechnung ggf. mit der halben Inflationsrate der Periode erfolgen. 55

6. Schritt 5: Ermittlung Schuldnergewinn/Gläubigerverlust

Ist ein Unternehmen in einer Nettogläubigerposition (mehr Guthaben und Forderungen als Schulden), so erleidet es durch die inflationsbedingte Entwertung dieser Position einen Gläubigerverlust. Umgekehrt erzielt ein Nettoschuldner einen **Schuldnergewinn** aus der Inflation. Der jeweilige Gewinn oder Verlust aus der Nettoposition der monetären Posten ist in der **GuV** zu berücksichtigen (DRS 25.104a). 56

7. Schritt 6: Anpassung Vorjahreszahlen

57 Die Vorjahreszahlen sind mit dem **alten** Preisindex und bei Umrechnung in Euro mit **dem alten** Wechselkurs, d. h. auf Konzernebene mit den ursprünglichen Werten, darzustellen.

8. Schritt 7: Umrechnung in Berichtswährung Euro

58 Erst nach Inflationsanpassung erfolgt mit den normalen Regeln der **Währungsumrechnung** die Umrechnung in die Berichtswährung des Konzerns.

9. Anwendungsbeispiel

59 Das nachfolgende Beispiel zeigt die Anwendung der Schritte 3 bis 5:

BEISPIEL ► Für Zwecke des Konzernabschlusses ist der Einzelabschluss einer Hyperinflationstochter auf den 31.12.02 an die Kaufkraft anzupassen.

Im Vorjahr wurde bereits eine entsprechende Indizierung vorgenommen. Daraus ergeben sich folgende Werte per 31.12.01:

Aktiva	**Bilanz 31.12.01**		Passiva
Maschine alt	100	Gez. Kapital + Kapitalrücklagen	100
Vorräte alt	80	Gewinnrücklagen	60
Forderung/Bank	20	Verbindlichkeit	40
	Index 01: 200		Index 01: 200

Im Jahr 02 ereignen sich bei einer Inflationsrate von 50 % u. a. folgende Geschäftsvorfälle:

- Abschreibung alte Maschinen (Restnutzungsdauer fünf Jahre) mit 20 (auf den per 31.12.01 indizierten Wert).
- Anschaffung neuer Maschinen am 1.7. für 100. Abschreibung 20 bei einer Restnutzungsdauer von fünf Jahren.
- Anschaffung neuer Vorräte zur Jahresmitte für 240. Davon 1/2 im Jahr 02 verbraucht.
- Außerdem werden alle alten Vorräte im Jahr 02 verbraucht.

Hieraus ergibt sich bei einem angenommenen Jahresüberschuss von 20 folgende Bilanz per 31.12.02 (Maschinen alt und Eigenkapital alt noch zu Indexwerten per 1.1.02, d. h. ohne 50 % Aufschlag):

S	**Vorläufige Bilanz 31.12.02**		H
Maschine alt	80	Gez. Kapital + Kapitalrücklagen	100
Maschine neu	80	Gewinnrücklagen	60
Vorräte alt	0	Jahresüberschuss	40
Vorräte neu	120		
Forderung/Bank	60	Verbindlichkeit	140
	340		340

Bei der Kaufkraftanpassung der Bilanzposten auf den 31.12.02 ist wie folgt vorzugehen:

- Monetäre Posten (Forderungen, Verbindlichkeiten, Geld): keine Anpassung.
- EK, d. h. gezeichnetes Kapital, Kapitalrücklage und Gewinnrücklagen: jeweils EöB-Wert · 1,50 %.
- Vorräte und Maschinen: laut nachfolgenden Konten (jeweils links nominale bzw. bei alten Maschinen und alten Vorräten alte Indexwerte, jeweils rechts inkl. Anpassung an 50 % Inflation).

Erläuterung Vorräte: Per 31.12.02 sind alle alten Vorräte verbraucht und die neuen noch zur Hälfte vorhanden. Die Anschaffungskosten dieser Hälfte betrugen 120. Wegen Anschaffung zur Jahresmitte ist dieser Wert nur mit 25 % zu indexieren. Der Endbestand ergibt sich daher mit 120 · 125 % = 150. Für die Ermittlung des Verbrauchs ist der Anfangsbestand mit 50 %, der Zugang der Jahresmitte mit 25 %

zu indizieren. Der Verbrauch beträgt somit 80 · 150 % + 240 · 125 % - 150 = 270. Die Differenz von 70 zum nominellen Verbrauch entfällt mit 40 (= 80 · 50 %) auf die alten und mit 30 (= 120 · 25 %) auf die zugegangenen Vorräte:

S		**Vorräte 31.12.02**			H
Anfangsbestand	80	80	Verbrauch	200	200
Anpassung		40	Anpassung Verbrauch		70
Zugang	240	240	**Endbestand**	**120**	**150**
Anpassung		60			
	320	420		320	420

Bei den Maschinen ist ebenfalls zu beachten, dass die Altbestände und ihre Abschreibungen für ein ganzes Jahr (50 %), die Neuzugänge und ihre Abschreibungen nur für 1/2 Jahr (25 %) zu indizieren sind.

S		**Maschinen 31.12.02**			H
Anfangsbestand (Maschine alt)	100	100	AfA (Maschine alt)	20	20
Anpassung (Maschine alt)		50	Anpassung		10
Zugang (Maschine neu)	100	100	AfA (Maschine neu)	20	20
Anpassung (Maschine neu)		25	Anpassung		5
			Endbestand	**160**	**220**
	200	275		200	275

Zur Erstellung der indizierten Bilanz fehlen nun noch GuV und Schuldnergewinn. Die nominalen GuV-Werte sind wie folgt zu indizieren:

- Umsätze und sonstige Aufwendungen mit 25 % (Unterstellung: gleichmäßiger Anfall über das Jahr).
- Materialverbrauch alt und Abschreibung alt mit 50 %.
- Materialverbrauch neu und Abschreibung neu mit 25 %, da Anschaffung zur Jahresmitte.

Die GuV zeigt jeweils links die alten Werte und rechts die neu indexierten Werte:

S		**GuV 02**			H
Material alt	80	**120**	Umsatz Schuldnergewinn	320	**400** **25**
Material neu	120	**150**			
AfA alt	20	**30**			
Afa neu	20	**25**			
Sonstiges	40	**50**			
Jahresüberschuss	40	**50**			
	320	**425**		320	**425**

Der Schuldnergewinn kann im Rahmen der Doppik über ein Kaufkraftausgleichskonto ermittelt werden. Es enthält die Anpassung aller Anfangsbestände und Zugänge der nicht monetären Bilanzposten (Buchungen: „Kaufkraftkonto an gezeichnetes Kapital", „Maschinen an Kaufkraftkonto" etc.).

- Der Saldo des Kaufkraftkontos sollte ungefähr dem rechnerischen Schuldnergewinn entsprechen.
- Die Nettoschuldnerposition (Verbindlichkeit - Forderung/Bank) beträgt 80 (= 140 - 60) per Jahresende und 20 (= 40 - 20) per Jahresanfang. Die Veränderung ist also 60, gemittelt über das Jahr somit 60/2 = 30.
- Das Kaufkraftkonto weist mit einem Saldo von 25 in etwa den gleichen Wert aus.
- In die Bilanz geht der Kontenwert, nicht der rechnerische Wert ein.

S	Konto Kaufkraftausgleich		H
Gez. Kapital/Kapitalrücklagen	50	Maschine alt	50
Gewinnrücklagen	30	Maschine neu	25
Umsatz	80	Vorräte (Anfangsbestand + Zugang)	100
Saldo	25	Sonstige Aufwendung	10
	185		185

Somit stehen alle Werte für die angepasste Bilanz per 31.12.02 zur Verfügung:

S	Bilanz 31.12.02		H
Maschine alt	120	Gez. Kapital + Kapitalrücklagen	150
Maschine neu	100	Gewinnrücklagen	90
Vorräte alt	0	Jahresüberschuss	50
Vorräte neu	150		
Forderung/Bank	60	Verbindlichkeit	140
	Index 02: 430		Index 02: 430

Diese Werte in Landeswährung sind nun noch nach den allgemeinen Grundsätzen der Währungsumrechnung in die Berichtswährung des Konzerns (€) umzurechnen.

§ 309 Behandlung des Unterschiedsbetrags

(1) Die Abschreibung eines nach § 301 Abs. 3 auszuweisenden Geschäfts- oder Firmenwertes bestimmt sich nach den Vorschriften des Ersten Abschnitts.

(2) Ein nach § 301 Absatz 3 auf der Passivseite auszuweisender Unterschiedsbetrag kann ergebniswirksam aufgelöst werden, soweit ein solches Vorgehen den Grundsätzen der §§ 297 und 298 in Verbindung mit den Vorschriften des Ersten Abschnitts entspricht.

Inhaltsübersicht

Rz.

LITERATUR:

Ernsting, Zur Bilanzierung eines negativen Geschäfts- oder Firmenwertes nach Handels- und Steuerrecht, WPg 1998 S. 405; *Hofmann/Triltzsch*, Bilanzieller Ausweis negativer Unterschiedsbeträge aus der Kapitalkonsolidierung nach HGB und IFRS, StuB 2003 S. 729; *Lüdenbach/Freiberg*, BilRUG – Letzte Änderungen, BB 2015 S. 1649; *Lüdenbach/Freiberg*, Die Regelungen des BilRUG im Jahresabschluss, StuB 2015 S. 563; *Lüdenbach/Völkner*, Abgrenzung des Kaufpreises von sonstigen Vergütungen bei der Erst- und Entkonsolidierung, BB 2006 S. 1435; *Küting/Dusemond/Nardmann*, Ausgewählte Probleme der Kapitalkonsolidierung in Theorie und Praxis, Beilage 8 zu BB 1994; *Oser*, Erfolgsneutral verrechnete Geschäfts- oder Firmenwerte aus der Kapitalkonsolidierung im Lichte der Entkonsolidierung, WPg 1995 S. 266; *Oser/Orth/Wirtz*, Das BilRUG, DB 2015 S. 1729; *Roß*, Günstiger Gelegenheitskauf beim Asset Deal: Ist DRS 23 die Lösung? BB 2021 S. 559.

I. Regelungsinhalt

§ 309 HGB steht im **Komplementärverhältnis** zu § 301 Abs. 3 HGB: 1

- **Erstkonsolidierung:** Gemäß **§ 301 Abs. 3 HGB** ist ein nach Verrechnung von Beteiligungsbuchwert beim Mutterunternehmen und anteiligem zum Zeitwert erfassten Eigenkapital des Tochterunternehmens verbleibender Unterschiedsbetrag als Geschäfts- oder Firmenwert *(Goodwill)* zu aktivieren oder als negativer Unterschiedsbetrag zu passivieren.
- **Folgekonsolidierung:** Die Fortschreibung der so bilanzwirksam gewordenen Beträge wird durch **§ 309 HGB** geregelt.

Der *Goodwill* unterliegt nach Abs. 1 „den Vorschriften des Ersten Abschnitts", wird also i.V. mit § 253 Abs. 3 HGB wie in der Einzelbilanz über die Nutzungsdauer **planmäßig** (→ Rz. 5), bei Wertminderung außerdem **außerplanmäßig** (→ Rz. 9) abgeschrieben. Nach HGB a. F. bestanden noch zwei andere Alternativen: Abschreibung über eine typisierte Nutzungsdauer von maximal vier Jahren oder offene Verrechnung mit den Rücklagen. Beide Möglichkeiten sind mit dem BilMoG entfallen, die zweite kann aber für die Entkonsolidierung noch Bedeutung haben (→ Rz. 13). 2

Die ergebniswirksame Auflösung eines **negativen Unterschiedsbetrags** erfolgt nach Abs. 2, soweit ein solches Vorgehen den §§ 297 und 298 HGB i.V. mit den einzelbilanziellen Vorschriften entspricht. Diese prinzipienbasierte Vorgabe ist mit dem BilRUG an die Stelle eines zuvor in Abs. 2 enthaltenen „Katalogs" getreten, der eine ergebniswirksame Auflösung in drei Fällen vorsah, nämlich 3

- bei **Eintritt** einer zum Zeitpunkt des Erwerbs oder der späteren Erstkonsolidierung erwarteten **ungünstigen Entwicklung** (→ Rz. 15),
- zu diesen Zeitpunkten erwarteter **Aufwendungen** oder
- wenn feststeht, dass der Unterschiedsbetrag einem realisierten **Gewinn** entspricht.

Zur Begründung der Neuregelung durch das BilRUG führt der Regierungsentwurf nur an, dass die ergebniswirksame Vereinnahmung „künftig immer dann möglich und sinnvoll ist, wenn sie den allgemeinen Bewertungsgrundsätzen und -methoden entspricht". Insbesondere kommt es im Hinblick auf § 297 dann darauf an, ob die Auflösung zu einer zutreffenden Darstellung der Ertragslage führt und das Realisationsprinzip gewahrt wird.

§ 309 HGB ist über den Bereich der Vollkonsolidierung hinaus bedeutsam. Seine entsprechende Anwendung ist vorgeschrieben durch 4

- § 312 Abs. 2 Satz 3 HGB bei ***Equity*-Konsolidierung** (→ § 312 Rz. 31) und
- § 310 Abs. 2 HGB bei **quotaler Konsolidierung** (→ § 310 Rz. 23).

II. Fortschreibung des *Goodwill* (Abs. 1)

1. Planmäßige Abschreibung

Der *Goodwill* unterliegt nach Abs. 1 den Abschreibungsregeln des Ersten Abschnitts. Er wird also – den Wertminderungsfall zunächst ausgeklammert – nach § 253 Abs. 3 Satz 1 HGB über die Nutzungsdauer planmäßig abgeschrieben. **Parameter** der planmäßigen Abschreibung sind 5

- Abschreibungsbeginn (→ Rz. 6),
- Nutzungsdauer (→ Rz. 7) und
- Abschreibungsmethode (→ Rz. 8).

6 **Abschreibungsbeginn** ist der Erstkonsolidierungszeitpunkt.

7 Die **Nutzungsdauer** ist nach § 314 Abs. 1 Nr. 20 HGB im Konzernanhang zu erläutern. Soweit eine verlässliche Schätzung der Nutzungsdauer nicht möglich ist, wird der *Goodwill* nach § 253 Abs. 3 Satz 3 und 4 HGB über einen Zeitraum von zehn Jahren abgeschrieben. Nicht formell, aber **faktisch** ergibt sich hieraus die widerlegbare gesetzliche Vermutung einer Nutzungsdauer von maximal **zehn Jahren** (→ § 285 Rz. 105).

Die **Schätzung der Nutzungsdauer** hat sich nach DRS 23.121 u. a. an folgenden Faktoren zu orientieren:

- Art und voraussichtliche Bestandsdauer des erworbenen Unternehmens unter Berücksichtigung gesetzlicher oder vertraglicher Rahmenbedingungen,
- voraussichtliche Entwicklung der Branche, der Absatz- und Beschaffungsmärkte sowie der rechtlichen und politischen Rahmenbedingungen,
- Lebenszyklus der Produkte,
- Umfang von Erhaltungsaufwendungen, die erforderlich sind, um den erwarteten ökonomischen Nutzen des erworbenen Unternehmens zu realisieren, sowie
- Lauf- bzw. Verfallszeit wichtiger Werttreiber (Technologie, Mitarbeiter, Absatz- und Beschaffungsverträge etc.).

DRS 23 bevorzugt eine **Abschreibung** nach **Komponenten:** Ist das erworbene Unternehmen in mehreren Geschäftsfeldern tätig, wird empfohlen, den *Goodwill* auf diese Geschäftsfelder zu verteilen (DRS 23.85) und in der Folge dann je nach für das Geschäftsfeld geltenden nutzungsdauerbestimmenden Faktoren über unterschiedliche Zeiträume abzuschreiben (DRS 23.116).

8 Bevorzugte **Abschreibungsmethode** ist nach DRS 23.119 die **lineare.** Eine andere Methode ist nur dann zulässig, wenn objektive Nachweise dafür vorliegen, dass diese Methode die Abnutzung zutreffender widerspiegelt.

2. Außerplanmäßige Abschreibung

9 Bei voraussichtlich dauernder Wertminderung ist nach Abs. 1 i.V. mit § 253 Abs. 3 Satz 3 HGB eine außerplanmäßige Abschreibung auf den beizulegenden Wert vorzunehmen.

10 Wird die planmäßige Nutzungsdauer auf wenige Jahre (z. B. fünf) festgesetzt, ergibt sich **nur ganz ausnahmsweise** die Notwendigkeit, über eine außerplanmäßige Abschreibung nachzudenken. Da schon die planmäßige Abschreibung für eine rasche Verminderung des ursprünglich bilanzierten Betrags sorgt, stellt sich die Frage der außerplanmäßigen Abschreibung in der Praxis nur dann, wenn in zeitlicher Nähe zum Unternehmenserwerb (ein bis zwei Jahre) deutlich wird, dass die Investition eine Fehlmaßnahme war.

11 Bedeutsamer ist die außerplanmäßige Abschreibung bei **langer planmäßiger Nutzungsdauer.** Eine Prüfung auf evtl. außerplanmäßigen Abschreibungsbedarf ist hier dann indiziert, wenn die bei der Kaufpreisfindung gehegten Erwartungen deutlich nach unten korrigiert werden müssen, etwa weil Märkte wegbrechen (z. B. infolge der Corona-Krise), technische Veränderungen den Lebenszyklus der erworbenen Produktlinien verringern usw. (DRS 23.126).[1]

1 IDW, Fachlicher Hinweis zu Auswirkungen der Ausbreitung des Coronavirus auf die Rechnungslegung und deren Prüfung (Teil 2), 25.3.2020.

Die dann vorzunehmende **Werthaltigkeitsprüfung** kann – wie die Erstkonsolidierung – den *Goodwill* nur als Residuum ermitteln. Sein beizulegender Zeitwert ergibt sich als Differenz aus Ertragswert der erworbenen Einheit (unter Berücksichtigung von Synergien bei der erwerbenden Einheit) einerseits und Nettovermögen (ohne *Goodwill*) andererseits. Angesichts fehlender gesetzlicher Vorgaben hatten wir dabei in den Vorauflagen ein faktisches Wahlrecht befürwortet, das Nettovermögen zu aktuellen Zeitwerten oder zu Konzernbuchwerten anzusetzen. Durch DRS 23.128 f. besteht nun eine rechtliche Grundlage für dieses Wahlrecht. Der Stichtagswert (beizulegende Wert) des *Goodwill* kann danach wahlweise wie folgt ermittelt werden:

DRS 23.128		**DRS 23.129**
Beizulegender Zeitwert der Beteiligung		Beizulegender Zeitwert der Beteiligung
Beizulegender Zeitwert anteiliges Nettovermögen	-	Buchwert anteiliges Nettovermögen
Beizulegender Wert *Goodwill*	=	Beizulegender Wert *Goodwill*
Buchwert *Goodwill*	-	Buchwert *Goodwill*
Außerplanm. Abschreibung	=	Außerplanm. Abschreibung

3. Technischer *Goodwill*

Wird ein Tochterunternehmen aufgrund eines Einbeziehungswahlrechts nicht schon im Erwerbs-/Gründungszeitpunkt, sondern gem. § 301 Abs. 2 Satz 4 HGB erst später konsolidiert, kann folgendes Problem entstehen: 11a

- Zwischen Erwerbs-/Gründungs- und Einbeziehungszeitpunkt sind (planmäßige) (Anlauf-)Verluste entstanden,
- die keine dauerhafte Wertminderung indizieren und deshalb den Beteiligungsbuchwert nicht gemindert haben.
- Folge ist ein positiver Unterschiedsbetrag zwischen Beteiligungsbuchwert und Erstkonsolidierungsvermögen.

Diesen Fall qualifiziert DRS 23.109 ff. als **„technischen aktiven Unterschiedsbetrag"**, der nach DRS 23.113 mit Konzerngewinnrücklagen oder Konzernergebnisvortrag zu verrechnen, d. h. nicht als *Goodwill* zu aktivieren sei. Gegen diese Position des DRSC spricht Folgendes: *Goodwill* und negativer Unterschiedsbetrag sind nach § 301 Abs. 3 HGB die positive oder negative Differenz von Beteiligungsbuchwert und (anteiligem) Nettovermögen, somit immer das technische Ergebnis einer Rechenoperation. Wenn demgegenüber DRS 23 nur bestimmte Fälle des Unterschiedsbetrags als technischen aktiven oder technischen passiven Unterschiedsbetrag qualifiziert, findet sich hierfür im Gesetz keine Grundlage. Die suggestive Begrifflichkeit des (nur) „technischen" (also offenbar inhaltlich nicht bedeutsamen) Unterschiedsbetrags prädeterminiert dann die „Lösung", nämlich die Verrechnung mit dem Eigenkapital. Für diese Lösung findet sich aber weder in § 309 HGB noch in § 301 HGB ein Hinweis.

4. Zuschreibungsverbot

Mit Fortfall der Gründe für die außerplanmäßige Abschreibung ist nach Abs. 1 i. V. mit § 253 Abs. 5 Satz 2 HGB **keine Zuschreibung** zulässig. 12

5. Entkonsolidierung

13 Bei der Entkonsolidierung geht im Rahmen der **Einzelveräußerungsfiktion** (→ § 301 Rz. 115) auch der *Goodwill* ab und mindert damit den Entkonsolidierungserfolg.

Für nach § 309 Abs. 1 Satz 3 HGB in **Altfällen** vorgenommene Verrechnung des *Goodwill* mit den Rücklagen befürwortet ein Teil des Schrifttums eine Rücknahme der Verrechnung im Entkonsolidierungszeitpunkt, damit so das zutreffende Totalergebnis dargestellt wird.[1] Nach anderer Auffassung ist es vertretbar, die Verrechnung beizubehalten.[2]

III. Auflösung des negativen Unterschiedsbetrags (Abs. 2)

14 **Technisch** ist der Unterschiedsbetrag in § 301 Abs. 3 HGB als die **negative Differenz** zwischen Beteiligungsbuchwert und anteiligem Zeitwert des Nettovermögens des Tochterunternehmens zum Erstkonsolidierungszeitpunkt definiert.

Inhaltlich kann eine solche negative Differenz aus drei Gründen entstehen (→ § 301 Rz. 103):

1. Das Nettovermögen ist wegen spezifischer, vom Zeitbewertungsprinzip abweichender Vorschriften bei der Erstkonsolidierung **regelkonform über Zeitwert** angesetzt, z. B. weil im Kaufpreis berücksichtigte Risiken (noch) nicht rückstellungsfähig sind.
2. Es liegt ein **günstiger Gelegenheitskauf** (*bargain purchase* oder *lucky buy*) vor, d. h., die Anteile haben unter Wert den Eigentümer gewechselt.
3. Zwischen Erwerbszeitpunkt und Aufnahme der Konsolidierung sind in hohem Maße **Gewinne thesauriert** oder stille Reserven gebildet worden, die sich in Anschaffungskosten und Beteiligungsbuchwert nicht widerspiegeln.

14a Zum Teil in Übereinstimmung mit den oben unter → Rz. 14 vorgenommenen Differenzierungen unterscheidet DRS 23.141 ff.

- Unterschiedsbeträge mit **Eigenkapitalcharakter** *(lucky buy)*,
- Unterschiedsbeträge mit **Fremdkapitalcharakter** (z. B. nicht bilanzierungsfähige stille Lasten oder erwartete Verluste),
- **technische Unterschiedsbeträge** (insbesondere aus der zeitlichen Differenz von Erwerb und Erstkonsolidierung).

Die **Fortschreibung** soll sich an dieser Unterscheidung orientieren.

- Soweit der passive Unterschiedsbetrag auf einem günstigen Gelegenheitskauf *(lucky buy)* beruht, ist er nach DRS 23.145 planmäßig über die gewichtete durchschnittliche Restnutzungsdauer der erworbenen abnutzbaren Vermögensgegenstände zu vereinnahmen. Eine vorzeitige Vereinnahmung darf nur bei wesentlichen Abgängen der zugrunde liegenden erworbenen abnutzbaren Vermögensgegenstände erfolgen. Falls das erworbene Vermögen zu einem wesentlichen Teil aus nicht abnutzbaren Vermögensgegenständen besteht, ist der passive Unterschiedsbetrag nach DRS 23.146 in dem Umfang erfolgswirksam aufzulösen, in dem die nicht abnutzbaren Vermögensgegenstände außerplanmäßig abgeschrieben oder z. B. aufgrund eines Verkaufs als Abgang erfasst werden.

---

1 Vgl. *ADS*, 6. Aufl., § 301 Tz. 262.
2 Vgl. *Oser*, WPg 1995 S. 275; *Weber/Zündorf* in Küting/Weber (Hrsg.), Handbuch der Konzernrechnungslegung, Bd. II, 2. Aufl. 1998, § 301 Tz. 317.

► Ein passiver Unterschiedsbetrag mit Fremdkapitalcharakter ist nach DRS 23.143 mit Eintritt der erwarteten künftigen Aufwendungen oder Verluste oder bei Feststehen des Nichteintritts ergebniswirksam aufzulösen.

► Ein technischer Unterschiedsbetrag aus Thesaurierungen zwischen Erwerbs-/Gründungs- und Erstkonsolidierungszeitpunkt ist nach DRS 23.148 unmittelbar in die Konzerngewinnrücklagen bzw. den Konzernergebnisvortrag einzustellen. Resultiert der „technische" Unterschied hingegen aus der Bildung stiller Reserven zwischen Erwerbs- und Erstkonsolidierungszeitpunkt, wird der Betrag gem. DRS 23.149 nach Maßgabe der Auflösung der stillen Reserven ertragswirksam.

Unabhängig von der Frage, ob der mit dem BilRUG vorgenommene Übergang von Kasuistik zu Prinzip (→Rz. 3) so einfach durch einen Rechnungslegungsstandard wieder „aufgehoben" werden darf, halten wir DRS 23 in folgendem Punkt für nicht unproblematisch: *Goodwill* und negativer Unterschiedsbetrag sind nach § 301 Abs. 3 die positive oder negative Differenz von Beteiligungsbuchwert und (anteiligem) Nettovermögen, somit immer das technische Ergebnis einer Rechenoperation. Wenn demgegenüber DRS 23 nur bestimmte Fälle des Unterschiedsbetrags als technischen aktiven (→Rz. 11a) oder technischen passiven Unterschiedsbetrag qualifiziert, findet sich hierfür im Gesetz keine Grundlage. Die suggestive Begrifflichkeit des (nur) „technischen" (also offenbar inhaltlich nicht bedeutsamen) Unterschiedsbetrags prädeterminiert dann die „Lösung", nämlich die Verrechnung mit dem Eigenkapital. Für diese Lösung findet sich aber weder in § 309 Abs. 2 HGB noch in § 301 ein Hinweis. Als der Gesetzgeber in § 301 Abs. 2 Satz 3 HGB die Verrechnung von Beteiligungsbuchwert und Nettovermögen nach den Wertverhältnissen zum Zeitpunkt der erstmaligen Einbeziehung in den Konzernabschluss vorgeschrieben hat, hätte er Gelegenheit gehabt, in § 301 Abs. 3 HGB eine Regelung zu treffen, nach der unter bestimmten Bedingungen in diesem Fall kein *Goodwill* zu aktivieren und kein negativer Unterschiedsbetrag zu passivieren wäre. Eine solche Bestimmung hat er aber nicht getroffen. Indem nun DRS 23 eine derartige Regelung vorsieht, wird die gesetzlich gebotene Verrechnung nach den Wertverhältnissen des Erstkonsolidierungszeitpunkts konterkariert.

Zum Teil in Abweichung von DRS 23 halten wir daher anknüpfend an die Differenzierung in →Rz. 14 das in den nachfolgenden Randziffern beschriebene Vorgehen für vorzugswürdig:

Zu einem negativen Unterschiedsbetrag infolge einer regelkonformen Überbewertung des Nettovermögens (→Rz. 14) kommt es insbesondere dann, wenn **Risiken** oder **erwartete Restrukturierungsaufwendungen** zu einem entsprechend niedrigeren Kaufpreis (ggf. sogar zu einem negativen Kaufpreis) führen, jedoch die Voraussetzungen für den Ansatz einer Schuld zum Erstkonsolidierungszeitpunkt noch nicht erfüllen. 15

BEISPIEL E erwirbt ein schuldenfreies pyrotechnisches Einzelunternehmen:

► Der Buch- und Zeitwert der Aktiva beträgt 20 Mio. €.

► Der (ohne das nachfolgend erläuterte Risiko berechnete) Ertragswert des Unternehmens beträgt ebenfalls 20 Mio. €.

► Als Kaufpreis werden jedoch 15 Mio. € vereinbart.

Der geringere Kaufpreis erklärt sich wie folgt: Das Unternehmen ist in den USA wegen Produkthaftung auf 40 Mio. USD verklagt. Sein Versicherungsschutz für derartige Fälle beträgt 1 Mio. €. Die Wahrscheinlichkeit, mit einem über 1 Mio. € hinausgehenden Betrag verurteilt zu werden, wird von den Rechtsanwälten als extrem niedrig eingeschätzt. Wegen des Überraschungspotenzials amerikanischer Geschworenenverfahren bleibt jedoch ein nicht zu vernachlässigendes Restrisiko. Die Parteien berücksichtigen dies durch einen Abschlag von 5 Mio. € beim Kaufpreis, der in der Erstkonsolidierung zu einem negativen Unterschiedsbetrag führt.

16 Bei **Eintritt** der erwarteten Aufwendungen oder der erwarteten ungünstigen Entwicklung ist der negative Unterschiedsbetrag erfolgswirksam aufzulösen. Im Beispiel wäre dies der Zeitpunkt, an dem das Gerichtsverfahren mit einer Verurteilung des Unternehmens endet. Zwar wurde eine solche Entwicklung nicht mit überwiegender, aber mit einer hinreichenden, im Kaufpreis berücksichtigten Wahrscheinlichkeit angenommen. Dies entspricht der Lösung von DRS 23.143 für negative Unterschiedsbeträge mit Fremdkapitalcharakter.

17 Eine ertragswirksame Auflösung ist nach unserer Auffassung und der von DRS 23 auch dann geboten, wenn sicher oder mit sehr hoher Wahrscheinlichkeit feststeht, dass das im Kaufpreis berücksichtigte Risiko gar nicht eintreten wird.

In diesem Fall besteht für die Fortführung des Postens keine Rechtfertigung mehr. Zur Begründung der Auflösung kann auch noch folgender Gedanke dienen: Die Berücksichtigung von für wahrscheinlich, aber nicht überwiegend wahrscheinlich gehaltenen Risiken im Kaufpreis hat den Charakter eines Derivats, bei dem eine „Wette" auf die Zukunft abgeschlossen wird. Tritt die ungünstige Entwicklung ein (wird die Wette verloren), stellt dies den Verlust dar. Steht umgekehrt fest, dass die ungünstige Entwicklung nicht mehr eintritt – wird die Wette also gewonnen –, stellt dies einen Gewinn dar, der durch Auflösung des Unterschiedsbetrags zu berücksichtigen ist.

18 Ein **günstiger Kauf** *(lucky buy)* als Entstehungsursache eines negativen Unterschiedsbetrags (→ Rz. 14) scheidet unter sachverständigen, ohne Druck handelnden und voneinander unabhängigen Dritten regelmäßig aus, da der beizulegende Zeitwert gerade als der Betrag definiert ist, zu dem zwischen geschäftsbereiten und sachverständigen Geschäftspartnern ein Vermögensgegenstand ausgetauscht werden kann. Sind die Parteien unabhängig, ist der Veräußerer kein Wohltäter und handelt er nicht in einer Notlage (z. B. Zwangsversteigerung), muss daher die Ausgeglichenheit von Leistung und Gegenleistung unterstellt und ein *lucky buy* ausgeschlossen werden. Ein zu niedriger oder gar negativer Kaufpreis ist in diesem Fall häufig auf eine im Kaufpreis verdeckt verrechnete Sachleistungspflicht des Käufers zurückzuführen (→ § 301 Rz. 106).

19 Wo ein Ausnahmefall vorliegt, ist der Unterschiedsbetrag u. E. zu dem Zeitpunkt ertragswirksam aufzulösen, zu dem der **Gewinn** realisiert ist. Bei enger Interpretation des Realisationsprinzips stünde ein Gewinn aus dem Erwerb der Anteile allerdings erst dann fest, wenn diese wieder veräußert worden sind. Nach u. E. vorzuziehender großzügigerer Interpretation kann der negative Unterschiedsbetrag bei einem *lucky buy* hingegen bereits dann aufgelöst werden, wenn bei nachhaltig guter Ertragslage und erheblicher Gewinnthesaurierung des Tochterunternehmens der Gewinn so gut wie sicher ist.

Nach DRS 23.145 soll es auf den konkreten Realisationszeitpunkt hingegen i. d. R. nicht ankommen. Der negative Unterschiedsbetrag aus einem *lucky buy* soll vielmehr planmäßig über die gewichtete durchschnittliche Restnutzungsdauer der erworbenen abnutzbaren Vermögensgegenstände realisiert werden. Eine vorzeitige Vereinnahmung soll nur bei wesentlichen Abgängen der zugrunde liegenden erworbenen abnutzbaren Vermögensgegenstände erfolgen. Problematisch an der Abschreibungslösung ist u. E, dass nirgendwo im Gesetz erkennbar ist, dass es sich beim negativen Unterschiedsbetrag um einen abnutzbaren bzw. ratierlich aufzulösenden Posten handeln könnte.[1]

Ein negativer Unterschiedsbetrag muss nicht auf eine zum Erwerbszeitpunkt bestehende negative Differenz von Anschaffungskosten/Beteiligungsbuchwert und anteiligem Nettovermögen zurückzuführen sein. In Fällen, in denen die **Erstkonsolidierung** erst **zu einem späteren Zeitpunkt** aufgenommen wird, sind nach § 301 Abs. 2 Satz 2 und 3 HGB die Verhältnisse des Erstkonsolidierungszeitpunkts maßgeblich. Vor allem bei zwischen beiden Zeitpunkten liegenden **Thesaurierungen** von Gewinnen des Tochterunternehmens kann sich dann auch ohne *lucky buy* ein negativer Unterschiedsbetrag ergeben. 20

In diesem Fall ist u. E. eine Ertragsrealisierung zulässig und geboten, sobald es zur Ausschüttung der thesaurierten Gewinne kommt. Für Einzelheiten hierzu wird auf → § 301 Rz. 28 verwiesen.

DRS 23.148 f. behandelt den aus der verzögerten Erstkonsolidierung entstehenden Unterschiedsbetrag als „technischen" und verlangt, den Betrag entweder unmittelbar in die Konzerngewinnrücklagen bzw. den Konzernergebnisvortrag einzustellen (thesaurierungsbedingter technischer Unterschiedsbetrag) oder zeitlich verteilt als Ertrag zu realisieren (Unterschiedsbetrag aus der Bildung stiller Reserven zwischen Erwerbs- und Erstkonsolidierungszeitpunkt). Unabhängig von den allgemeinen Bedenken gegen die Qualifizierung bestimmter Unterschiedsbeträge als technisch (→ Rz. 14a) unterminiert die Lösung von DRS 23 u. E. die gesetzlich gebotene Verrechnung nach den Wertverhältnissen des Erstkonsolidierungszeitpunkts. 20a

Ein nicht schon zuvor aufgelöster passiver Unterschiedsbetrag ist bei der Entkonsolidierung auszubuchen (DRS 23.179 und 181). Er mindert nach Maßgabe der **Einzelveräußerungsfiktion** (→ § 301 Rz. 115) den Wert des abgehenden Vermögens und erhöht damit den Entkonsolidierungserfolg. 21

Sechster Titel: Anteilmäßige Konsolidierung

§ 310 Anteilmäßige Konsolidierung

(1) Führt ein in einen Konzernabschluss einbezogenes Mutter- oder Tochterunternehmen ein anderes Unternehmen gemeinsam mit einem oder mehreren nicht in den Konzernabschluss einbezogenen Unternehmen, so darf das andere Unternehmen in den Konzernabschluss entsprechend den Anteilen am Kapital einbezogen werden, die dem Mutterunternehmen gehören.

(2) Auf die anteilmäßige Konsolidierung sind die §§ 297 bis 301, §§ 303 bis 306, 308, 308a, 309 entsprechend anzuwenden.

Inhaltsübersicht **Rz.**

1 Vgl. zum Ganzen auch: *Roß*, BB 2021 S. 559 ff.

LITERATUR:

Dusemond, Quotenkonsolidierung vs. Equity-Methode, Kritische Analyse der Vorteilhaftigkeit anhand praxisrelevanter Kennzahlen, DB 1997 S. 1781; *Eisele/Rentschler*, Gemeinschaftsunternehmen im Konzernabschluss, BFuP 1989 S. 309–324; *Gehrs/Wörmann/Peters*, Anteilmäßige Konsolidierung gemäß DRS 27, WPg 2019 S. 262; *Harms/Knischewski*, Quotenkonsolidierung vs. Equity-Methode im Konzernabschluss. Ein bilanzpolitisches Entscheidungsproblem, DB 1985 S. 1353; *Kunowski*, Bilanzierung von Anteilen an assoziierten Unternehmen sowie Gemeinschaftsunternehmen im Konzernabschluss nach DRS 8 und DRS 9, StuB 2002 S. 261; *Lüdenbach*, Risikomehrheit an einer gemeinsamen Zweckgesellschaft – Tochter- oder Gemeinschaftsunternehmen?, StuB 2012 S. 517; *Petersen/Zwirner*, Unternehmensbegriff, Unternehmenseigenschaft und Unternehmensformen, DB 2008 S. 481; *Roß*, Gemeinschaftsunternehmen als Gesellschafterunternehmen im Konzernabschluss – Zur Methode und zur Quote der Einbeziehung der Beteiligungsgesellschaft, WPg 1995 S. 617; *Ruhnke/Kluge*, Gemeinschaftsunternehmen im Konzernabschluss nach IAS und HGB, RIW 1996 S. 577; *Zündorf*, Zur Problematik der Zwischenergebniseliminierung im Rahmen der Quotenkonsolidierung, BB 1987 S. 2125.

I. Regelungsinhalt

1 Die handelsrechtlichen Regelungen zur Konsolidierung ergeben bei erster Betrachtung ein **Stufenkonzept,** das je nach Grad der Einflussnahme wie folgt unterscheidet:

- maßgeblicher Einfluss → „*At equity*"-Konsolidierung (→ § 312),
- gemeinsam mit anderen ausübbare Kontrolle → quotale Konsolidierung (→ Rz. 23),
- alleinige Kontrolle → Vollkonsolidierung (→ § 300).

Für Gemeinschaftsunternehmen scheidet danach zunächst die **Vollkonsolidierung** aus. Diese ist vielmehr Unternehmen vorbehalten, die gem. § 290 HGB unter beherrschendem Einfluss des übergeordneten Unternehmens stehen, also **Tochterunternehmen** sind. Beherrschen mehrere (nicht wiederum durch ein Mutter-Tochter-Verhältnis verbundene) Unternehmen ein anderes Unternehmen **gemeinsam,** liegt kein Mutter-Tochter-Verhältnis vor und es kommt keine Vollkonsolidierung nach §§ 300 ff. HGB infrage.

Nach dem Stufenkonzept wäre die ***„At equity"*-Konsolidierung** (§ 312 HGB) **assoziierten Unternehmen** vorbehalten, die i. S. von § 311 HGB maßgeblichem Einfluss des übergeordneten Unternehmens ausgesetzt sind. Maßgeblicher Einfluss ist weniger als die gemeinschaftliche Führung. Ein maßgeblicher Einfluss kann z. B. auch dann noch bejaht werden, wenn ein anderer das untergeordnete Unternehmen allein beherrscht, das bilanzierende Unternehmen aber bestimmte Entscheidungen verhindern kann (Sperrminorität). **Gemeinsame Führung** verlangt hingegen mehr als eine Sperrminorität (→ Rz. 15). Diesem **Mehr** an **Einflussnahme** entsprechend wären im dargestellten Stufenkonzept Gemeinschaftsunternehmen **quotal** zu konsolidieren.

Abs. 1 sieht jedoch keine entsprechende Pflicht, sondern nur ein **Wahlrecht** vor. Wird von diesem Wahlrecht zur quotalen Konsolidierung kein Gebrauch gemacht, ergibt sich die Konsolidierungsfolge aus §§ 311, 312 HGB: **Kontrollieren mehrere** (nicht wiederum durch ein Mutter-Tochter-Verhältnis verbundene) Unternehmen ein anderes Unternehmen **gemeinsam,** hat jedes von ihnen **zugleich maßgeblichen Einfluss** i. S. von § 311 HGB und ist daher bei Verzicht auf die quotale Konsolidierung gem. § 312 HGB *at equity* zu konsolidieren.

Im Unterschied zur ***„At equity"*-Konsolidierung,** bei der Vermögensgegenstände, Schulden, Erträge und Aufwendungen des untergeordneten Unternehmens nur in ihrem Saldo (anteiliges Eigenkapital bzw. anteiliges Ergebnis) in **einer Zeile** von Konzernbilanz und -GuV erscheinen ***(one line consolidation)***, werden bei **quotaler Konsolidierung** Vermögensgegenstände, Schulden, Abgrenzungsposten, Aufwendungen und Erträge des Gemeinschaftsunternehmens **unaggregiert** entsprechend den prozentualen Anteilen des übergeordneten Unternehmens in den Konzernabschluss einbezogen. 2

Auf die quotale (anteilmäßige, proportionale) Konsolidierung sind daher nach Abs. 2 die **Vorschriften der Vollkonsolidierung** mit einer wesentlichen Ausnahme **entsprechend** anzuwenden (→ Rz. 22). Die **Ausnahme** betrifft § 307 HGB bzw. den Ausgleichsposten für Anteile anderer Gesellschafter. Ein solcher Posten ist im Rahmen der Vollkonsolidierung notwendig, weil bei einer Anteilsquote von weniger als 100 % die Vermögensgegenstände und Schulden gleichwohl zu 100 % konsolidiert werden. Im System der quotalen Konsolidierung werden die Vermögensgegenstände etc. hingegen von vornherein nur nach der Höhe der Anteilsquote erfasst, ein Ausgleichsposten für Anteile anderer Gesellschafter ist daher nicht erforderlich.

Durch das BilRUG enthielt der zuvor titellose § 310 HGB erstmals eine Überschrift, nämlich „Anteilmäßige Konsolidierung". Weitere Änderungen brachte das BilRUG nicht. 2a

§ 310 HGB befasst sich nicht umfassend mit Fragen der Rechnungslegung bei **gemeinschaftlichen** wirtschaftlichen Aktivitäten *(Joint Ventures)*. Geregelt wird vielmehr nur der Fall, in dem die gemeinschaftlich geführte Aktivität in Form eines selbständigen Unternehmens **(Gemeinschaftsunternehmens)**, z. B. einer Kapital- oder Personenhandelsgesellschaft, betrieben wird. In anderen Fällen, etwa bei der typischen Bau-ARGE, bei Wertpapieremissionskonsortien etc. kommt die gemeinschaftliche Aktivität ohne gesellschaftsrechtlich gesamthänderisch gebundenes Vermögen aus. Auch die nicht in § 310 HGB geregelte Bilanzierung dieser **sonstigen Erscheinungsformen des *Joint Venture*** wird nachfolgend behandelt (→ Rz. 4 und → Rz. 13). 3

II. Gemeinschaftliche Führung eines anderen Unternehmens (Abs. 1 Satz 1 Halbsatz 1)

1. Gemeinschaftsunternehmen vs. nicht unternehmerische *Joint Ventures*

1.1 Erscheinungsformen gemeinschaftlichen Wirtschaftens

4 In idealtypischer Betrachtung lassen sich drei Formen gemeinschaftlicher Aktivitäten *(Joint Venture)* unterscheiden:

- Gemeinschaftlich geführte **Tätigkeiten:** Vertragliche Grundlage der Zusammenarbeit ist i. d. R. eine BGB-Innen- oder -Außengesellschaft. Es existiert **kein** (funktional wesentliches) **gemeinschaftliches Vermögen.** Erlöse, ggf. auch Ergebnisse aus der gemeinschaftlich betriebenen Tätigkeit, werden aufgeteilt. Beispiele sind die **ARGE** in der Bauwirtschaft, **Wertpapieremissionskonsortien** von Banken, **Explorationskonsortien** in der Ölindustrie.

- Gemeinschaftlich geführtes **Vermögen:** Vertragliche Grundlage ist i. d. R. eine BGB-Außengesellschaft mit funktional relevantem **Gesamthandsvermögen oder** eine **Bruchteilsgemeinschaft.** Beispiele sind eine gemeinsam von Ölgesellschaften betriebene Pipeline, deren Investitions-, Unterhalts- und Finanzierungsaufwendungen von einer gemeinsamen Gesellschaft getragen und an die Partnerunternehmen *(Venturer)* weiterbelastet werden.

- Gemeinschaftlich geführtes **Unternehmen:** Vertragliche Grundlage ist i. d. R. der Gesellschaftsvertrag einer **Kapital-** oder **Personenhandelsgesellschaft.** Über diese Gesellschaft ist das Vermögen gesamthänderisch gebunden. Die Gesellschaft selbst verfolgt eigene erwerbswirtschaftliche Interessen durch eine nach außen in Erscheinung tretende Organisation.

Die nachstehende Übersicht fasst die typischen Merkmale der verschiedenen Erscheinungsformen des *Joint Venture* zusammen.

Übersicht 1: Erscheinungsformen des *Joint Venture*

	Typische Rechtsform	Gemeinsames Vermögen	Beispiele
Gem. Tätigkeit	BGB-Innen- oder BGB-Außengesellschaft	Kein (relevantes) gemeinsames Vermögen	ARGE in Bauindustrie Wertpapieremissionskonsortium von Banken Explorationskonsortien in Ölindustrie
Gem. Vermögen	BGB-Außengesellschaft oder Bruchteilsgemeinschaft	Gesamthands- oder Bruchteilseigentum	Ölgesellschaften besitzen gemeinsam eine Pipeline und teilen Aufwendungen
Gem. Unternehmen	Kapital- oder Personenhandelsgesellschaft	Gesamthandsvermögen	Gemeinsame Vertriebsgesellschaft von inländischem Produzent und ausländischem Importeur Gemeinsame Entwicklungsgesellschaft von Automobilherstellern

Hierbei handelt es sich nur um idealtypische Betrachtungen. In der **Vertragspraxis** kommt eine Vielzahl von **„gemischten" Formen** der Zusammenarbeit vor, deren Zuordnung nicht immer eindeutig ist: 5

- Werden etwa gemeinsame Bankkonten geführt und gemeinsame Bankfinanzierungen nur aus abrechnungs- und haftungstechnischen Gründen und nur **durchleitungshalber** geführt, liegt anders als bei gemeinsamen Sachanlagen oder immateriellen Anlagen noch kein (wesentliches) gemeinschaftlich geführtes Vermögen vor. Die Bau-ARGE oder das Explorationskonsortium in der Ölindustrie bleibt danach eine gemeinschaftliche Tätigkeit, sofern jedes Partnerunternehmen seine eigenen Anlagen, Arbeitnehmer etc. einsetzt.
- Soll das als Außengesellschaft geführte *Joint Venture* **keinen Gewinn** erzielen, lediglich Erstattung der im gemeinsamen Interesse der Partnerunternehmen eingegangenen Aufwendungen verlangen können, ist nach h. M. gleichwohl die Verfolgung erwerbswirtschaftlicher Ziele und damit die Unternehmensqualität zu bejahen (→ Rz. 10). Die Abgrenzung zum gemeinschaftlich geführten Vermögen wird in diesem Fall aber eher willkürlich.

Vom *Joint Venture* ist noch die bloße **Gewinngemeinschaft** i. S. von § 292 Abs. 1 Nr. 1 AktG und § 277 Abs. 3 Satz 2 HGB abzugrenzen. Bei der Gewinngemeinschaft kommen zwei oder mehr Unternehmen überein, einen periodisch ermittelten Gewinn (z. B. Jahresüberschuss oder Rohertrag des Jahres, z. B. Jahresergebnis einzelner Betriebe) nach einem bestimmten Schlüssel aufzuteilen.[1] Keine Gewinngemeinschaft liegt daher vor, wenn bei der Bau-ARGE oder beim Wertpapieremissionskonsortium nur der Gewinn eines Einzelprojekts geteilt wird. Die Gewinngemeinschaft setzt keine gemeinsame Führung (→ Rz. 15) voraus. Jeder der Beteiligten betreibt sein Geschäft im Wesentlichen alleine, trifft Investitions- und Finanzierungs-, Produktions-, Beschaffungs- und Absatzentscheidungen im wesentlichen Maße selbständig. Die aus der Teilung des Ergebnisses resultierenden Ausgleichsansprüche oder Verpflichtungen sind in der GuV nach § 277 Abs. 3 Satz 2 HGB als Aufwendungen und Erträge aufgrund einer Gewinngemeinschaft zu erfassen (→ § 277 Rz. 53). 6

Zur Abgrenzung der verschiedenen Konstellationen folgendes Beispiel: 7

BEISPIEL ► A und B veranstalten gemeinsam sog. Mittelaltermärkte. Sie schließen mit Städten gemeinsam Verträge über die Nutzung von Markt- und Festplätzen ab. A besorgt Bewirtung und Beköstigung (mit Met, Honigwein etc.), B den Verkauf von Kunsthandwerk (Töpferware etc.). Folgende Alternativen bestehen für die Zusammenarbeit:

ALTERNATIVE 1 ► Plakatwerbung und die Verträge mit den Städten werden über eine BGB-Gesellschaft (Anteile jeweils 50 %) abgewickelt. Die Kosten hierfür werden geteilt. Alle Entscheidungen über die Veranstaltung der Events, Anmietung der Plätze, Werbung etc. können nur einstimmig getroffen werden.

Es liegt eine gemeinsame Tätigkeit vor, mangels Gesamthandsvermögen aber weder gemeinschaftlich geführtes Vermögen noch ein Gemeinschaftsunternehmen. A und B erfassen die Vertriebsaufwendungen, Platzmieten etc. jeweils zu 50 % unter den entsprechenden GuV-Positionen (z. B. im Gesamtkostenverfahren als sonstiger betrieblicher Aufwand) bereits in ihren eigenen Einzelabschlüssen.

ALTERNATIVE 2 ► Neben A und B wird noch C für die Zusammenarbeit gewonnen. C sorgt für die musikalische Gestaltung (Lautenmusik etc.). Da C von den Marktbesuchern keine Einnahmen erzielt, vereinbaren die Parteien Folgendes: Das insgesamt aus dem jeweiligen Event erzielte Ergebnis (Erlöse - Aufwendungen) wird im Verhältnis 40 % zu 40 % zu 20 % geteilt.

1 Vgl. *Hüffer*, AktG, 13. Aufl. 2018, § 292 Tz. 4 ff.

Es liegt dann eine Gewinngemeinschaft und kein *Joint Venture* vor, wenn die Parteien sämtliche Märkte des Jahres gemeinsam veranstalten und sich somit aus der Summe der Gewinne der einzelnen Events ein zu verteilender Periodengewinn ergibt. A und B haben dann insbesondere die Abführungsverpflichtungen gegenüber C (sowie untereinander bestehende) als Aufwendungen aus Gewinngemeinschaft zu zeigen.

Sind die Parteien hingegen in wesentlichem Umfang auch unabhängig voneinander tätig, indem sie (unter anderem Motto veranstaltete) Märkte, Festveranstaltungen etc. auch unabhängig voneinander beschicken, fehlt die für eine Gewinngemeinschaft konstitutive Aufteilung des Periodenergebnisses. Es liegt dann ein *Joint Venture* in Form der gemeinsamen Tätigkeit vor. A und B erfassen ihre Abführungsverpflichtungen nicht als Aufwendungen aus Gewinngemeinschaft, sondern umsatzkürzend oder als sonstiger Aufwand.

ALTERNATIVE 3 Die BGB-Gesellschaft aus A und B (jeweils 50 % Beteiligung) übernimmt abweichend von Alternative 1 zusätzlich das Anlagevermögen (Buden, Beleuchtungsanlagen etc.), dessen Instandhaltung, Transport zu den einzelnen Events etc. Auch für diese Maßnahmen gilt das Einstimmigkeitserfordernis.

Es liegt gemeinschaftliches Vermögen vor, das zu je 50 % bei A und B zu bilanzieren ist.

ALTERNATIVE 4 Neben den vorgenannten Aktivitäten werden auch alle weiteren wesentlichen Aktivitäten auf der Beschaffungsseite (Personal, Material etc.) sowie der Absatzseite (Umsätze) über eine Personenhandelsgesellschaft abgewickelt, deren Gesellschaftsvertrag für alle wesentlichen Entscheidungen Einstimmigkeit vorsieht. Es liegt ein Gemeinschaftsunternehmen vor. A und B erfassen einzelbilanziell Beteiligungen und Beteiligungserträge, konzernbilanziell können sie zwischen quotaler und *Equity*-Konsolidierung wählen (→ Rz. 1).

1.2 Der Unternehmensbegriff

8 Die für ein Gemeinschaftsunternehmen i. S. von § 310 HGB konstitutive Unternehmenseigenschaft ist im Gesetz nicht definiert. Zu den Auslegungen des Unternehmensbegriffs durch das Schrifttum wird auf → § 271 Rz. 5 verwiesen. Nach HFA 1/1993 ist die Einheit, über die das *Joint Venture* betrieben wird, dann Unternehmen, wenn

1. das Vermögen ganz oder teilweise **gesamthänderisch** gebunden ist (→ Rz. 9),
2. **erwerbswirtschaftliche Interessen** von der Einheit verfolgt werden (→ Rz. 10),
3. eine **nach außen** in Erscheinung tretende Organisation vorliegt (→ Rz. 11) und
4. **Rechtsbeziehungen** zu beteiligten Unternehmen oder Dritten unterhalten werden (→ Rz. 12).

9 Nach dem ersten der in → Rz. 8 genannten Kriterien sind **Bruchteilsgemeinschaften** oder lediglich der Entscheidungskoordinierung dienende, im Wesentlichen **vermögenslose Gesellschaften kein Unternehmen.**

10 Nach dem zweiten Kriterium müssen **erwerbswirtschaftliche** Interessen verfolgt werden. Erwerbswirtschaftlich ist die Betätigung dann, wenn sie über die bloße Vermögensverwaltung hinausgeht und nicht lediglich ideelle Zwecke verfolgt. Es reicht daher aus, wenn die erwerbswirtschaftlichen Interessen **mittelbar** bei den Gesellschaftern zum Tragen kommen.

BEISPIEL Die Automobilhersteller A, B und C gründen eine gemeinsame Entwicklungsgesellschaft, in welcher das Know-how der drei Gründer i. S. alternativer Antriebe gebündelt werden soll. Nach Zwecksetzung und Gesellschaftsvertrag soll die Entwicklungsgesellschaft keine Gewinne erzielen, sondern Ersatz der ihr entstehenden Kosten erhalten.

Die Gesellschaft ist mittelbar für die Gründer erwerbswirtschaftlich tätig. Sie ist als Unternehmen zu qualifizieren.

Bei als **Kapital-** oder **Personenhandelsgesellschaft** betriebenen *Joint Ventures* ist nach h. M. **stets** eine Unternehmenseigenschaft gegeben.[1]

Auch an das dritte in → Rz. 8 genannte Kriterium, die **nach außen in Erscheinung tretende Organisation,** sind keine hohen Anforderungen zu stellen. Eine konzernleitende GbR gilt daher i. d. R. als Unternehmen.[2] 11

Mit dem vierten Kriterium wird das Unternehmen als **Außen**gesellschaft von dem Nichtunternehmen als reiner **Innen**gesellschaft abgegrenzt. Kein Gemeinschaftsunternehmen ist daher die reine BGB-Gesellschaft, die nicht nachhaltig in kaufmännischer Art und regelmäßig unter eigenem Namen bzw. eigener Firma tätig ist. Hierbei kommt es nicht zwingend auf die Absatzseite an. Wenn einziger Abnehmer der Leistungen die Partnerunternehmen sind, aber Entscheidungen und Kontrakte auf der Beschaffungsseite (Personal, Lieferanten etc.) nachhaltig unter eigenem Namen bzw. eigener Firma zustande kommen, ist dies ausreichend. 12

Für die Sonderfrage, ob gemeinschaftliche Beteiligungen an Spezialfonds als Anteile an Gemeinschaftsunternehmen qualifiziert werden können, wird auf → 271 Rz. 19 und → § 290 Rz. 60 verwiesen, für gemeinschaftlich betriebene Zweckgesellschaften vgl. → Rz. 21.

DRS 27.8 verweist für die geforderte Unternehmenseigenschaft auf DRS 19.6. Danach sind Unternehmen Wirtschaftseinheiten, die **Interessen kaufmännischer oder wirtschaftlicher Art** unabhängig von der Rechtsform mittels einer **nach außen in Erscheinung** tretenden Organisation verfolgen. Angesprochen sind damit insbesondere die Merkmale 2 und 3 (aus HFA 1/1993). Im Begriff der „Wirtschaftseinheit" kann überdies eine implizite Forderung nach (wesentlichem) Gesamthandsvermögen gesehen werden. 12a

1.3 Bilanzierung bei nicht unternehmerischen *Joint Ventures*

§ 310 HGB behandelt lediglich die Konsolidierung von Beteiligungen an Gemeinschaftsunternehmen. Zur Bilanzierung bei gemeinschaftlich geführten Tätigkeiten oder Vermögen wird in § 310 HGB keine Regelung getroffen. Für diese Fälle gilt u. E. jedoch in Anwendung allgemeiner Grundsätze Folgendes: 13

- Bei **gemeinschaftlicher Tätigkeit** fehlt es an gemeinschaftlichem **Vermögen.** Jedes Unternehmen hat nach allgemeinen Bilanzierungsregeln sein eigenes Vermögen und seine eigenen Schulden auszuweisen. Jedes Partnerunternehmen hat die im Innenverhältnis zu tragenden Aufwendungsanteile sowie die eigenen Aufwendungen zu berücksichtigen und die ihm anteilig zustehenden realisierten Erträge auszuweisen. Werden ausnahmsweise auch Erlöse geteilt, gilt: Bei Mitvereinnahmung für die anderen ist die Ausgleichspflicht als Schuld und Ertragsminderung zu berücksichtigen, bei Mitvereinnahmung durch die anderen ist der Ausgleichsanspruch als Forderung und Ertragserhöhung einzubuchen. Ggf. liegt in derartigen Konstellationen allerdings überhaupt kein *Joint Venture,* sondern eine **Gewinngemeinschaft** vor (→ Rz. 6) mit der Folge einer Erfassung der Gewinnausgleichsverpflichtungen und -ansprüche in der GuV nach § 277 Abs. 3 Satz 2 HGB als Aufwendungen und Erträge aufgrund einer Gewinngemeinschaft (→ § 277 Rz. 56). Auf das Beispiel unter → Rz. 7 wird verwiesen.

1 Vgl. *Grottel/Kreher* in Beck'scher Bilanz-Kommentar, 13. Aufl. 2022, § 271 Tz. 9 ff.
2 Vgl. *Grottel/Kreher* in Beck'scher Bilanz-Kommentar, 13. Aufl. 2022, § 271 Tz. 12.

- Existiert zwar **gemeinschaftliches Vermögen,** hingegen kein Anteil an einem Gemeinschaftsunternehmen, muss das Vermögen **anteilig** bei den Partnerunternehmen erfasst werden. Da es an einem bilanzierungsfähigen Gesellschaftsanteil fehlt, können die Ergebnisse aus dem *Joint Venture* auch nicht als Beteiligungserträge, sondern nur anteilig in den entsprechenden sonstigen Ertrags- und Aufwandspositionen berücksichtigt werden.

14 Die nachstehende Übersicht zeigt die Regeln zur Bilanzierung beim *Venturer* (Partnerunternehmen) in Abhängigkeit von der Form des *Joint Venture.*

	Bilanzierung beim Partnerunternehmen PU	
	Konzernabschluss	Einzelabschluss
Gem. Tätigkeit	PU bilanziert eigenes Vermögen, eigene Schulden PU erfasst getätigte eigene Aufwendungen und anteilige Erträge PU berücksichtigt Ausgleichspflichten bzw. -rechte als Schuld/Aufwand bzw. Forderung/Ertrag	
Gem. Vermögen	PU bilanziert anteiliges Vermögen, anteilige Schulden (neben eigenem Vermögen und eigenen Schulden) PU erfasst eigene Aufwendungen und anteilige Aufwendungen und Erträge des *Joint Venture* sowie anteilige Aufwendungen in Bezug auf *Joint Venture,* z. B. aus Finanzierung Bei im eigenen Namen für Rechnung aller eingegangenen Schulden kommt es zur Bilanzierung einer Ausgleichsforderung, bei entsprechender Handhabung durch ein anderes Partnerunternehmen zur Bilanzierung einer Ausgleichsverpflichtung	
Gem. Unternehmen	Wahlrecht (→ Rz. 1): quotale oder *Equity*-Konsolidierung	Anschaffungskosten oder niedriger beizulegender Wert

2. Gemeinschaftliche Führung

15 Ein *Joint Venture* setzt (unabhängig von seiner Erscheinungsform [→ Rz. 4]) eine **gemeinschaftliche Führung** voraus. Diese grenzt auch Gemeinschafts- von Tochterunternehmen ab.

Die **vertragliche Form** der gemeinsamen Führung ist unerheblich (DRS 27.16). Infrage kommen

- der **Gesellschaftsvertrag** oder
- eine **schuldrechtliche Vereinbarung** (Stimmrechtsbindungen etc.).

BEISPIEL A, B und C beteiligen sich mit je einem Drittel am Unternehmen X, das sie gemeinsam führen wollen. Infrage kommen folgende Vertragsalternativen:

ALTERNATIVE 1 **Einstimmigkeit qua Gesellschaftsvertrag**

Die gemeinsame Führung kann bereits im Gesellschaftsvertrag von X verankert sein, indem alle wesentlichen Entscheidungen dort an ein nur durch Zustimmung aller Gesellschafter erreichbares Quorum von mehr als 66 2/3 % gebunden werden. Ob der Gesellschaftsvertrag von X Einstimmigkeit vorsieht oder für alle Entscheidungen eine Mehrheit von z. B. 75 % fordert, spielt keine Rolle, da bei den gegebenen Beteiligungsverhältnissen auch im zweiten Fall Einstimmigkeit geboten ist.

ALTERNATIVE 2 **Schuldrechtliche Regelung der Einstimmigkeit**

Der Gesellschaftsvertrag kann aber auch „normale" Stimmrechtsregelungen enthalten, also die einfache Mehrheit für die meisten Entscheidungen genügen lassen. Verpflichten sich die Parteien schuldrechtlich zu einem einstimmigen Handeln (Stimmrechtsbindung, Stimmrechtspooling), ist X ebenfalls ein Gemeinschaftsunternehmen.

16 Das Kriterium der gemeinschaftlichen Führung bezieht sich nach DRS 9.3 und DSR 27.11 ff. insbesondere auf **strategische** Geschäftsentscheidungen, Entscheidungen über (wesentliche) **Ab-**

satz-, Investitions- und **Finanzierungstätigkeiten** sowie Entscheidungen über die **Personalpolitik.** Derartige Entscheidungen bedürfen der Zustimmung

- **aller** Partnerunternehmen oder
- einer festgelegten, von **mehreren** Partnerunternehmen nur gemeinsam erreichbaren Mehrheit.

Die gemeinschaftliche Führung muss nach DRS 9.3 bzw. DRS 27.10 ff. tatsächlich ausgeübt werden. Überwiegend ist die Unterscheidung zwischen der bloßen Möglichkeit einer Führung/Einflussnahme und tatsächlicher Ausübung aber lediglich akademischer Natur (→ § 311 Rz. 3).

Unschädlich ist gem. DRS 9.3 und DRS 27.15 die Existenz von nicht an der gemeinsamen Führung beteiligten **Minderheiten.** Es muss lediglich die gemeinschaftliche Entscheidungsbefugnis der anderen, stärker beteiligten Gesellschafter gewährleistet sein. **Schädlich** sind daher nur Mehrheitsregelungen, die in **wechselnden Koalitionen** erreicht werden können. Das Kriterium der gemeinschaftlichen Führung verlangt hingegen nicht gleiche Beteiligungsverhältnisse. 17

BEISPIEL Am *Joint Venture* X sind beteiligt (jeweils Kapitalanteil = Stimmrecht):

- A mit 45 %,
- B mit 35 %,
- C mit 10 %.

ALTERNATIVE 1 Die Geschäftsführung muss für den Jahresbudgetplan sowie alle grundlegenden Entscheidungen, sofern sie nicht durch den Jahresbudgetplan gedeckt sind, die vorherige Zustimmung der Gesellschafterversammlung einholen. Die Gesellschafterversammlung entscheidet mit 75 %.

BEURTEILUNG A und B sind Partnerunternehmen, die das *Joint Venture* gemeinsam führen. Zwar ist B nur mit 35 % und damit geringer als A beteiligt. Ohne seine Zustimmung kann in der Gesellschafterversammlung jedoch nicht entschieden werden. Der im Vergleich zu A um 10 % geringere Anteil an den Stimmrechten spielt bei der gegebenen Konstellation keine Rolle.
Im Verhältnis zu C ist X hingegen kein Gemeinschaftsunternehmen, da Entscheidungen nicht der Zustimmung von C bedürfen.

ALTERNATIVE 2 Der Gesellschaftsvertrag sieht für alle Entscheidungen die einfache Mehrheit vor.

BEURTEILUNG Die für Entscheidungen notwendige Mehrheit kann in wechselnden Koalitionen (A mit B oder A mit C) erzielt werden. X wird nicht gemeinschaftlich von A und B geführt und ist daher kein Gemeinschaftsunternehmen.

ALTERNATIVE 3 Der Gesellschaftsvertrag sieht für alle Entscheidungen Einstimmigkeit vor.
A, B und im Unterschied zum Ausgangsfall nun auch C führen X gemeinschaftlich.

Auch bei einer aus zwei Parteien bestehenden Gesellschaft mit **Stimmrechtsmehrheit** eines Gesellschafters kann gleichwohl ein Gemeinschaftsunternehmen vorliegen; entscheidend ist immer, welche Mitwirkungsrechte Satzung oder sonstige Vereinbarungen dem rechnerisch in der Minderheit befindlichen Gesellschafter gewähren.[1] Hierzu wird auf → § 290 Rz. 28 verwiesen. 18

Über die Frage, ob strategische Geschäftsentscheidungen etc. von den Partnerunternehmen nur einstimmig getroffen werden können, entscheiden nicht zwingend die Stimmrechtsver- 19

1 Gleicher Auffassung *Störk/Lewe* in Beck'scher Bilanz-Kommentar, 13. Aufl. 2022, § 310 Tz. 25 ff.; *ADS*, 6. Aufl., § 310 Tz. 22.

hältnisse in der Gesellschafterversammlung. Es kommt vielmehr darauf an, bei welchem **Organ** die Kompetenz für die wesentlichen Entscheidungen liegt:

- **Zumeist** ist dies die **Gesellschafterversammlung,** und zwar regelmäßig auch dann, wenn sie gewisse Entscheidungsbefugnisse an die anderen Organe delegiert hat, diese aber jederzeit zurückholen kann.
- **Im Einzelfall** kann die Kompetenz aber auch bei den **anderen Organen** liegen. Entsprechen die relative Besetzung und die Stimmrechte in den anderen Organen nicht denjenigen der Gesellschafterversammlung und kann die Gesellschafterversammlung Kompetenzen nur mit der Zustimmung der in den anderen Organen herrschenden Gruppen zurückholen, kommt es daher auf die Verhältnisse in den anderen Organen an.

20 Die **Zahl der Partnerunternehmen** kann u. E. auch bei Gleichberechtigung nicht beliebig vermehrt werden. Verfügt etwa eine Gesellschaft über 20 Gesellschafter, die zu je 5 % beteiligt sind, und ist für jede wesentliche Entscheidung Einstimmigkeit gefordert, so können zwar die Gesellschafter das Unternehmen nur gemeinsam beherrschen. Andererseits liegt aber jede Beteiligung noch unterhalb der Schwelle von 20 %, bei der Assoziierung bzw. maßgeblicher Einfluss regelmäßig angenommen werden. Unseres Erachtens ist es in diesem Fall sachgerecht – trotz Gemeinschaftlichkeit, Größengleichheit etc. –, eine einfache Beteiligung anzunehmen.[1] DRS 27.22 steht dem nicht entgegen, da nur „grundsätzlich" keine Mindestbeteiligungshöhe oder eine Begrenzung der Zahl der Gesellschafter vorgesehen ist, die konkrete Einzelfallwürdigung aber zu einem anderen Ergebnis führen kann.

3. Gemeinschaftlich geführte Zweckgesellschaften

21 Ist das gemeinschaftlich betriebene Unternehmen eine **Zweckgesellschaft,** an der einer der Investoren die Risikomehrheit trägt, ergibt sich ein Qualifikationskonflikt zwischen § 290 Abs. 23 Nr. 4 HGB und § 310 HGB. Hierzu wird auf → § 290 Rz. 69 verwiesen.[2]

III. Quotale Konsolidierung (Abs. 1 Satz 1 Halbsatz 2 und Abs. 2)

1. Sinngemäß anzuwendende Vollkonsolidierungsvorschriften

22 Nach Abs. 1 Satz 1 Halbsatz 2 **dürfen** Beteiligungen an Gemeinschaftsunternehmen **quotal** (Synonyme: proportional oder anteilmäßig) konsolidiert werden. Die Konsolidierung *at equity* ist ebenso zulässig (→ Rz. 1).

Die Quotenkonsolidierung (Synonym: anteilmäßige Konsolidierung) verlangt eine **anteilige** (beteiligungsproportionale) Erfassung der Vermögensgegenstände, Schulden, Erträge und Aufwendungen des Gemeinschaftsunternehmens im Konzernabschluss.

23 Für die Quotenkonsolidierung gelten gem. Abs. 2 mit Ausnahme der Minderheiten betreffenden Vorschriften von § 307 HGB (→ Rz. 2) die Regeln zur Vollkonsolidierung sinngemäß. Folgende Regelungen der §§ 297 HGB ff. sind damit einschlägig:

---

1 Noch großzügiger *ADS*, 6. Aufl., § 310 Tz. 15, die bei einem Stimmrechtsanteil von jeweils unter 20 % nur in Ausnahmefällen ein Gemeinschaftsunternehmen annehmen.

2 Vgl. außerdem *Lüdenbach*, StuB 2012 S. 517.

- Bei Abweichung des Bilanzstichtags des Gemeinschaftsunternehmens vom Konzernbilanzstichtag muss ggf. ein **Zwischenabschluss** erstellt werden (§ 299 HGB, DRS 9.9, DRS 27.34).
- **Bilanzansatz** (§ 300 HGB) und **Bewertung** (§ 308 HGB) müssen **vereinheitlicht** werden.
- Im Rahmen der Kapitalkonsolidierung sind **stille Reserven** und ein ***Goodwill*** aufzudecken (Erstkonsolidierung) und planmäßig, bei Wertminderung auch außerplanmäßig, fortzuschreiben (§§ 301, 309 HGB).
- **Konzerninterne Verhältnisse** – Schulden (§ 303 HGB), Erfolge (§ 305 HGB) und Zwischenergebnisse (§ 304 HGB) – sind zu **konsolidieren.**
- **Latente Steuern** auf Konsolidierungsmaßnahmen sind zu aktivieren bzw. zu passivieren (§ 306 HGB).
- **Fremdwährungsabschlüsse** von Gemeinschaftsunternehmen sind nach der modifizierten Stichtagsmethode umzurechnen (§ 308a HGB).

Die Konsolidierungen erfolgen im Umfang der Beteiligungsquote (→ Rz. 2). Zu Ausnahmen vgl. → Rz. 30.

2. Kapitalkonsolidierung

Insbesondere wenn ein Partnerunternehmen nicht Gründungsgesellschafter ist, sondern erst zu einem späteren Zeitpunkt beitritt, kann es zur Differenz zwischen Anschaffungskosten und Buchwert kommen. In diesem Fall sind nach den Regeln von § 301 HGB **stille Reserven** und ein evtl. *Goodwill* aufzudecken und in der Folgezeit fortzuschreiben. 24

BEISPIEL Aus dem *Joint Venture* ABC scheidet C aus. Seinen Anteil übernimmt am 1.1.01 D. D zahlt C 150 und erhält hierfür eine Beteiligung von 1/3 an einem buchmäßigen Eigenkapital von 360. Der Zeitwert des Vermögens der Gesellschaft beträgt 390.

Der Unterschiedsbetrag zwischen Kaufpreis und anteiligem Buchwert ist 30 (= 150 - 120). Hiervon fallen 10 (= 1/3 von 30) auf stille Reserven und 20 auf einen *Goodwill.*

Der *Goodwill* und der um die stillen Reserven erhöhte anteilige Wert des Vermögens sind in der Konzernbilanz von D auszuweisen und planmäßig fortzuschreiben.

3. Schulden- und Aufwandskonsolidierung

Forderungen und Verbindlichkeiten gegenüber dem Gemeinschaftsunternehmen sowie Aufwendungen und Erträge sind in entsprechender Anwendung von § 303, § 305 HGB **i. H. des eigenen Anteils** zu eliminieren. 25

BEISPIEL A ist mit 50 % an einem *Joint Venture* beteiligt. Die Forderungen von A gegenüber dem *Joint Venture* betragen 100.

In die Summenbilanz gehen aus dem *Joint Venture* 50 (50 % von 100) an Schulden ein.

Diese 50 sind mit der Forderung von A gegenüber dem *Joint Venture* zu konsolidieren. Es verbleibt im Konzernabschluss von A eine Forderung von 100 - 50 = 50, entsprechend dem Anteil Dritter am *Joint Venture.*

4. Zwischenergebniseliminierung, Einlagen, Sachgründungen

26 Für Sacheinlagen in und Veräußerungen an das *Joint Venture* ***(downstream transaction)*** ergibt sich aus der Anwendung der Regeln zur Zwischenergebniseliminierung (§ 304 HGB) eine **anteilige Gewinnrealisierung** i. H. des Fremdanteils am Gemeinschaftsunternehmen.

BEISPIEL A und B gründen im Verhältnis 50 : 50 das *Joint Venture* „Dental- und Medizintechnik". A bringt seinen Geschäftsbereich Dental ein. Der beizulegende Zeitwert des eingebrachten Nettovermögens beträgt 60, der beizulegende Zeitwert des originären *Goodwill* 40. Die entsprechenden Buchwerte sind 50 und 0.

B bringt den Geschäftsbereich Medizin ein. Der beizulegende Zeitwert beträgt 80, davon 10 originärer *Goodwill* und 70 Nettovermögen.

Zum Wertausgleich leistet B noch eine Bareinlage von 20 in das Gemeinschaftsunternehmen.

Die Buchungen in der Konzernbilanz von A sind bei quotaler Konsolidierung wie folgt:

Geld (50 %)	10	an	zugunsten von B eingebrachtes Vermögen zu Buchwert (50 %)	25
Von B eingebrachtes Vermögen zu Zeitwert (50 %)	35	an	Ertrag	25
Von B eingebrachter *Goodwill* (50 %)	5			

Der Ertrag ermittelt sich aus folgender Rechnung:

	50 % Bareinlage B	10
+	50 % Zeitwert der Sacheinlage B	+40
=	Veräußerungspreis/erhaltene Gegenleistung	50
-	Buchwert selbst eingebrachtes Vermögen und *Goodwill* (50 %)	-25
=	Veräußerungsgewinn	25

Konsolidiert B die Beteiligung nicht proportional, sondern *at equity*, ergibt sich der gleiche Veräußerungsgewinn aus folgenden Buchungen:

„*At equity*"-Beteiligung	75	an	eingebrachtes Vermögen zu Buchwert (100 %)	50
		an	Ertrag	25

Der *Equity*-Ansatz erklärt sich dann wie folgt:

	100 %	50 %
Geld	20	10
Zeitwert von B eingebrachte *Net Assets*	70	35
Zeitwert von B eingebrachter *Goodwill*	10	5
Buchwert selbst eingebrachtes Vermögen	50	25
Equity-Ansatz		75

27 Für Lieferungen in umgekehrter Richtung, vom Gemeinschaftsunternehmen an das Partnerunternehmen ***(upstream transaction)***, gilt: Das empfangende Partnerunternehmen darf den auf es entfallenden Anteil am beim Gemeinschaftsunternehmen entstandenen Gewinn erst bei Weiterveräußerung an einen unabhängigen Dritten erfassen.

BEISPIEL Am Gemeinschaftsunternehmen GU ist M mit 50 % beteiligt. GU veräußert im Dezember 01 für 80 eingekaufte Waren bar zu 100 an M. Im Januar 02 veräußert M die Waren für 120 weiter an X und realisiert dabei einzelbilanziell einen Erfolg von 20.

In die Summen-GuV 01 des Konzerns gehen zunächst aus der Einzelbilanz GU (50 %) ein:

Umsatz	50
Materialaufwand	40
Somit ein Nettoertrag von	10

Diese Beträge sind im Jahr 01 wie folgt zu konsolidieren:

Per Umsatz	50	an	Materialaufwand	40
		an	Vorräte	10

Im Jahr 02 gehen in die Summen-GuV des Konzerns aus der eigenen Einzelbilanz von MU ein:

Umsatz	120
Materialaufwand	100
Somit ein Nettoertrag von	20

Der Materialaufwand ist wie folgt zu konsolidieren:

Per Gewinnrücklage	10	an	Vorräte	10 (EB)
Per Vorräte	10	an	Materialaufwand	10

Insgesamt wird damit nur im Jahr 02 ein Außenumsatz (i. H. von 120) ausgewiesen und nur im Jahr 02 ein Gewinn (von 20 + 10 = 30) realisiert.

Nach DRS 9.12 ist die Zwischenergebniseliminierung auch bei Transaktionen zwischen zwei Gemeinschaftsunternehmen ***(sidestream transactions*** oder ***cross over transactions)*** vorzunehmen, in diesem Fall aber entsprechend dem Produkt der Beteiligungsquoten, bei zwei 50%igen also z. B. mit 25 %. Nach DRS 27.47 sind die Zwischenergebnisse hingegen gem. der Anteilsquote am empfangenden Unternehmen zu eliminieren.

5. Währungsumrechnung

Die quotale Umrechnung von Fremdwährungsabschlüssen erfolgt nach § 308a HGB für das Eigenkapital zu Einstandskursen, ansonsten bilanziell zu Stichtagswerten, für die GuV zu Durchschnittskursen. Währungsdifferenzen sind **erfolgsneutral** zu behandeln (→ § 308a Rz. 1 ff.). 28

6. Ausweis quotal konsolidierter Posten

Für den Ausweis ist abweichend von der (ehemaligen) internationalen Übung nur ein einziges Berichtsformat zulässig, nämlich die Zusammenfassung der anteiligen Sachanlagen, Vorräte, Erlöse, Aufwendungen etc. mit den vollkonsolidierten Sachanlagen etc. ***(line by line reporting)***. Die Bildung getrennter Posten für einerseits die vollkonsolidierten und andererseits die anteilig aus Gemeinschaftsunternehmen stammenden Sachanlagen, Vorräte, Umsatzerlöse, Materialaufwendungen etc. *(separate line items reporting)* ist nicht vorgesehen. 29

7. Sonderproblem abweichender Kapital- und Gewinnanteile

Ist ein Unternehmen am Kapital des *Joint Venture* mit beispielsweise einem Drittel beteiligt, am Gewinn aber mit 50 %, weil es besondere Beiträge bringt oder sonst von besonderer Bedeutung ist, ergeben sich drei Möglichkeiten der quotalen Konsolidierung: 30

- nach dem **Kapitalanteil,**

- nach dem **Gewinnanteil,**
- **Bilanzposten** nach dem **Kapitalanteil** und **GuV-Posten** nach dem **Gewinnanteil.**

31 Der Wortlaut von Abs. 1 – „entsprechend den Anteilen am Kapital" – spricht für die erste Variante; nur diese ist auch in DRS 9.8 und DRS 27.38 ff. vorgesehen. Die letztaufgeführte, gemischte Variante entspricht hingegen am ehesten dem wirtschaftlichen Sachverhalt. Ihr Nachteil liegt im Entstehen von Differenzen zwischen quotaler Bilanz und quotaler GuV, wenn z. B. der Bilanzansatz des Anlagevermögens quotal nach dem Kapitalanteil fortgeschrieben, der Abschreibungsaufwand hingegen quotal nach dem Gewinnanteil erfasst wird. Andererseits entspricht bei Abstellen auf den Kapitalanteil (erste Variante) die Summe der kapitalquotalen Erträge und Aufwendungen nicht dem tatsächlichen Gewinnanteil, so dass hier ein Ausgleichsposten erforderlich ist.

DRS 27.42 sieht in Ausnahmefällen eine Konsolidierung nach der wirtschaftlichen statt nach der kapitalmäßigen Anteilsquote vor, nämlich dann, wenn die wirtschaftliche Beteiligungsquote des Mutterunternehmens an den laufenden Ergebnissen sowie am Liquidationserlös dauerhaft vom Kapitalanteil abweicht.

Beste Methode zur Bewältigung der vorgenannten Komplexitäten ist ihre **Vermeidung,** d. h. der Verzicht auf abweichende Kapital- und Gewinnanteile. Wo dies aus sachlichen Gründen nicht geht, ist ein gemischtes Vorgehen vorzuziehen, da es unschöne Ausgleichsposten vermeidet.

8. Statuswechsel, Entkonsolidierung, Auf- und Abstockung

8.1 Von der einfachen Beteiligung oder dem assoziierten Unternehmen zum Gemeinschaftsunternehmen und umgekehrt

32 Das übergeordnete Unternehmen kann bereits vor Erlangung der gemeinschaftlichen Kontrolle am untergeordneten Unternehmen beteiligt gewesen sein, entweder mit oder ohne maßgeblichen Einfluss. Wenn der Erwerb weiterer Anteile (oder Änderungen des Gesellschaftsvertrags) zu einem **Statuswechsel** von der einfachen Beteiligung oder einem assoziierten Unternehmen zu einem (quotal konsolidierten) Gemeinschaftsunternehmen führt, war die **Rechtslage vor BilMoG** durch Folgendes gekennzeichnet: Die quotale Kapitalkonsolidierung konnte nach § 310 Abs. 2 HGB i. V. mit § 301 Abs. 2 HGB a. F. wahlweise auf

- den Zeitpunkt des Erwerbs der jeweiligen Anteilstranche oder
- den Zeitpunkt, zu dem das untergeordnete Unternehmen erstmals Gemeinschaftsunternehmen wurde,

vorgenommen werden.

Nach § 301 Abs. 2 HGB n. F. ist u. E. nur die **zweite Variante** zulässig. Der Unterschied zwischen beiden Vorgehensweisen ist wie folgt:

- **Konsolidierung auf Erwerbszeitpunkte:** Nach dieser u. E. seit BilMoG nicht mehr zulässigen Variante waren stille Reserven und *Goodwill* nach den Verhältnissen des jeweiligen Erwerbsschritts zu bestimmen. Bei einem Erwerb in zwei Tranchen, bei dem die erste Tranche zu einem assoziierten Status und erst die zweite zu einem Gemeinschaftsunternehmen führte, bedeutete dies etwa: Die für die erste Tranche bestimmten und im Rahmen der *Equity*-Methode fortgeschriebenen Beträge waren erfolgsneutral in die quotale

Konsolidierung zu überführen. Dies soll trotz des durch BilMoG geänderten Gesetzeswortlauts nach DRS 27.53 f. auch weiterhin gelten.

- **Konsolidierung auf Zeitpunkte der Statuserlangung:** Nach der zweiten, u. E. seit BilMoG allein zulässigen Variante ist die quotale Konsolidierung auf den Zeitpunkt, zu dem das untergeordnete Unternehmen erstmals Gemeinschaftsunternehmen wird, vorzunehmen. Maßgeblich für die Bestimmung von stillen Reserven und *Goodwill* sind somit die Verhältnisse dieses Zeitpunkts. Die von diesen Verhältnissen abweichende Höhe stiller Reserven beim Erwerb früherer Tranchen wird nicht berücksichtigt. Für die **früheren Tranchen** ergibt sich hieraus folgende Gleichung:

  Frühere AK - anteiliges Vermögen zu **aktuellen** Zeitwerten = *Goodwill.*

Der ***Goodwill*** wird weder nach den Verhältnissen zum jeweiligen Erwerbszeitpunkt ermittelt (da aktuelle Zeitwerte) noch nach den aktuellen Verhältnissen (da historische Anschaffungskosten), sondern in **Mischung** beider Größen. Diese Zwitterstellung kann der *Goodwill* aber gut „vertragen", da er ohnehin nie originär bewertet wird, sondern definitionsgemäß stets Residualgröße, also das rechnerische Ergebnis anderer Werte, ist.

BEISPIEL Am 1.1.01 erwirbt M 25 % der Anteile an aU und bilanziert diese *at equity*.

Das Eigenkapital von aU beträgt zu diesem Zeitpunkt 1.000. M zahlt für 25 % 400.

Der Mehrbetrag von 150 entfällt zu 50 auf stille Reserven, zu 100 ist er *Goodwill*. Stille Reserven und *Goodwill* werden über fünf Jahre abgeschrieben.

Im Jahr 01 erwirtschaftet aU ein Ergebnis von 200, bezogen auf den 25 %-Anteil von M, also von 50.

Der *Equity*-Ansatz per 31.12.01 ermittelt sich wie folgt:

Anschaffungskosten 1.1.		400
Gewinnanteil 01	50	
Abschreibung stille Reserven	-10	
Abschreibung *Goodwill*	-20	
Ergebnis aus aU 01	20	20
Equity-Buchwert 1.1.01		420

Am 1.1.02 erwirbt U weitere 25 % der Anteile an aU für 550. Das Eigenkapital von aU beträgt zu diesem Zeitpunkt 1.200, zu 25 % also 300. Der Mehrbetrag von 250 entfällt zu 100 auf stille Reserven, u. a. in einem im Jahr 01 neu entwickelten Patent, zu 150 auf den *Goodwill*. In einer geschlossenen Konzernbuchhaltung ist der Übergang zur Quotenkonsolidierung nach HGB a. F. und BilMoG wie folgt darzustellen:

1. Stille Reserven nach Erwerbszeitpunkt der jeweiligen Tranche (DRS 27.53 ff.)

Altanteile:

Per	div. Vermögen (Buchwerte) (25 %)	300	an	*Equity*-Anteil	420
	div. Vermögen (stille Reserven) (25 %)	40			
	Goodwill (25 %)	80			

Neuanteile:

Per	div. Vermögen (Buchwerte) (25 %)	300	an	Geld	550
	div. Vermögen (stille Reserven) (25 %)	100			
	Goodwill (25 %)	150			

Es ergeben sich folgende Werte für die erstmalige quotale Konsolidierung:

Div. Vermögen	740
Goodwill	230

2. Stille Reserven nach Zeitpunkt der Statuserlangung (Gesetzeswortlaut seit BilMoG)

Per	div. Vermögen (Buchwerte) (50 %)	600	an	*Equity*-Anteil	420
	div. Vermögen (stille Reserven) (50 %)	200	an	Geld	550
	Goodwill	170			

Es ergeben sich folgende Werte für die erstmalige quotale Konsolidierung:

Div. Vermögen	800
Goodwill	170

Die Differenz zur ersten Methode erklärt sich wie folgt: Die stillen Reserven sind nicht nach Maßgabe der (fortgeschriebenen) Erwerbszeitpunkte, also mit 40 für die erste und 100 für die zweite Tranche (in Summe also mit 140), sondern nach Maßgabe des erstmaligen Status als Gemeinschaftsunternehmen, also mit 200, anzusetzen. Die Differenz von 60 wird gegen den *Goodwill* gebucht, der somit als Anpassungsposten „missbraucht" wird. Als Alternative zu diesem Missbrauch käme infrage, die auf die alten Anteile entfallende Erhöhung der stillen Reserven (= 60) ertragswirksam oder unmittelbar gegen das Eigenkapital (Neubewertungsrücklage) zu buchen. Ein ertragsrealisierender Vorgang liegt aber nicht vor und eine unmittelbare Erfassung von Wertsteigerungen im Eigenkapital ist gesetzlich ebenfalls nicht vorgesehen. Es bleibt also nur die Anpassung des *Goodwill.*

33 **Endet** umgekehrt die quotale Konsolidierung durch Veräußerung von Anteilen, wird aber ein Teil der Anteile zurückbehalten und findet für die verbleibenden Anteile ein Übergang zur ***Equity*-Beteiligung** oder zur **einfachen** Beteiligung statt, so gilt gem. DRS 9.16 ff. und DRS 27.56 Folgendes:

- Für die **veräußerten Anteile** findet eine **erfolgswirksame** Entkonsolidierung statt.
- Die **verbleibenden Anteile** werden **erfolgsneutral** in den *Equity*-Ansatz (§ 312 Abs. 3) – oder in den Beteiligungsansatz – überführt.

Der den verbleibenden Anteilen entsprechende Buchwert der quotalen Konsolidierung stellt die (fiktiven) Anschaffungskosten der *Equity-* oder einfachen Beteiligung dar.

Ausnahmsweise entsteht auch hinsichtlich der verbleibenden Anteile ein Erfolg, wenn ein negatives Reinvermögen vorliegt und aus Konzernsicht keine Außenverpflichtungen bestehen, die als Rückstellung oder Verbindlichkeit bilanzierungspflichtig sind (DRS 27.56).

8.2 Vom Gemeinschaftsunternehmen zum Tochterunternehmen und umgekehrt

34 Wird das **Gemeinschaftsunternehmen** durch Hinzuerwerb weiterer Anteile zum **Tochterunternehmen,** ist von der proportionalen zur Vollkonsolidierung **überzugehen:**

- In isolierter Interpretation von **§ 301 Abs. 2 HGB** wären für die Bestimmung der stillen Reserven dabei allein die **Verhältnisse zum Zeitpunkt der Übergangskonsolidierung** maßgeblich. Wie beim Wechsel von der *Equity*-Methode zur quotalen Konsolidierung (→ Rz. 32) wäre auch beim Übergang von der quotalen zur Vollkonsolidierung die für die Altanteile vorgenommene und fortgeschriebene Aufteilung des Unterschiedsbetrags auf stille Reserven und *Goodwill* irrelevant.
- Gegen eine solche isolierte Betrachtung spricht aber, dass die quotale Konsolidierung mit der relevanten Ausnahme der Minderheitenanteile konzeptionell **nur eine Variation**

der Vollkonsolidierung ist. Nur deshalb kann Abs. 2 die entsprechende Anwendung der Vollkonsolidierungsregeln vorschreiben. Vertretbar ist daher auch, den Übergang von quotaler zur Vollkonsolidierung hinsichtlich der Altanteile nur als eine Modifizierung innerhalb des konzeptionell gleichbleibenden Konsolidierungsverfahrens anzusehen, womit eine Neubewertung von auf die Altanteile entfallenden stillen Reserven und *Goodwill* nicht notwendig ist.

Wird umgekehrt das **Tochterunternehmen** zu einem proportional konsolidierten **Gemeinschaftsunternehmen,** besteht ebenfalls kein Bedürfnis, für die verbleibenden Anteile neue Zeitwerte und einen neuen *Goodwill* festzustellen, da eben nur eine Variation der Konsolidierungsform, keine grundlegende Änderung vorliegt. Die Konzernbuchwerte werden vielmehr quotal fortgeführt (DRS 23.186). Ein Abgangserfolg entsteht nur für die veräußerten Anteile. Soweit vor Veräußerung bereits Dritte **(Minderheiten)** beteiligt waren, ist ihr Anteil an den Vermögenswerten und Schulden ebenfalls ergebnisneutral zu verrechnen. 35

Ein solcher Abgangserfolg ist auch bei einer **Verringerung der Anteilsquote ohne Veräußerung** (etwa durch unterproportionale Teilnahme an einer Kapitalerhöhung) denkbar. Die hierfür geltenden Grundsätze entsprechen denen bei Vollkonsolidierung. Auf → § 301 Rz. 119 ff. wird verwiesen. 36

8.3 Entkonsolidierung

Bei vollständiger Veräußerung entsteht ein **Entkonsolidierungserfolg** i. H. der Differenz von Veräußerungserlös und den (quotalen) Buchwerten des abgehenden Nettovermögens. 37

Eine erfolgsneutral gebildete **Währungsumrechnungsrücklage** (→ Rz. 28) ist anlässlich der Veräußerung erfolgswirksam aufzulösen (§ 308a HGB). Bei teilweiser Veräußerung gelten die unter → § 308a Rz. 39 ff. für Tochterunternehmen dargestellten Regeln sinngemäß.

8.4 Auf- und Abstockung

Erhöht oder ändert sich die Beteiligungsquote, bleibt es aber bei der quotalen Konsolidierung (Auf- und Abstockung), ist nach DRS 27.49 f. wie folgt zu verfahren: 37a

- **Aufstockung:** anteilige Neubewertung der Vermögensgegenstände und Schulden i. H. des Zuerwerbs. Ein sich nach der Verrechnung der Anschaffungskosten des Zuerwerbs mit dem korrespondierenden Nettovermögensanteil ergebender Unterschiedsbetrag ist entsprechend §§ 301 Abs. 3 und 309 zu behandeln.
- **Abstockung:** Der auf die veräußerten Anteile entfallende Anteil der Vermögensgegenstände und Schulden sowie ein noch vorhandener anteiliger Geschäfts- oder Firmenwert sind auszubuchen. Die Differenz zum Verkaufspreis der Anteile ist erfolgswirksam.

9. Anhangangaben bei quotaler Konsolidierung

Auch für die Anhangangaben sind die Vorschriften zur Vollkonsolidierung entsprechend anzuwenden. Zum Teil ergibt sich dies unmittelbar aus dem Verweis in Abs. 2 auf §§ 297 ff. Beispiele hierfür sind: 38

- Bedeutende Vorgänge zwischen Abschlussstichtag des Gemeinschaftsunternehmens und **abweichendem Abschussstichtag** des Konzerns, wenn die Konsolidierung nicht auf Basis eines Zwischenabschlusses erfolgt (→ § 299 Rz. 13).
- **Verzicht auf konzerneinheitliche Bewertung** in Ausnahmefällen (→ § 308 Rz. 18).

39 Nicht in Abs. 2 erwähnt sind die Vorschriften des § 314. Die Anwendung der infrage kommenden Vorschriften ergibt sich jedoch aus § 314 HGB selbst. Wenn etwa § 314 Abs. 1 Nr. 1 HGB Angaben zu den Restlaufzeiten „der in der Konzernbilanz ausgewiesenen Verbindlichkeiten" verlangt, gehören zu diesen Verbindlichkeiten auch im Umfang der Konsolidierungsquote die Verbindlichkeiten der Gemeinschaftsunternehmen. Entsprechend ist etwa bei Angaben zu Umsatzerlösen (§ 314 Abs. 1 Nr. 3 HGB) das Gemeinschaftsunternehmen i. H. der Konsolidierungsquote zu berücksichtigen. Entsprechendes gilt bei Angaben zur Zahl der Arbeitnehmer (§ 314 Abs. 1 Nr. 4 HGB, DRS 27.68).

39a Spezielle Angabepflichten ergeben sich aus § 313 Abs. 2 Nr. 2 und 3 HGB. Danach sind:

- Name und Sitz der Unternehmen, die nach § 310 HGB anteilmäßig in den Konzernabschluss einbezogen worden sind, sowie der Anteil am Kapital dieser Unternehmen anzugeben (§ 313 Abs. 2 Nr. 3 HGB),
- gem. E-DRS 35.62 bei Entscheidung für die *Equity*-Konsolidierung die Angabepflichten nach § 313 Abs. 2 Nr. 2 Satz 1 HGB (analog) zu beachten.

40 DRS 9.23 bzw. DRS 27.66 verweist hinsichtlich notwendiger Angaben zu Goodwill und negativem Unterschiedsbetrag auf die analogen Vollkonsolidierungsvorschriften in DRS 23.208 f. (→ § 301 Rz. 134).

IV. Wahlrecht zur *Equity*-Konsolidierung

1. Stetigkeit bei der Anwendung des Wahlrechts

41 Anteile an einem Gemeinschaftsunternehmen können **wahlweise quotal oder *at equity*** konsolidiert werden (→ Rz. 1). Nach DRS 9.7 bzw. DRS 27.28 ist die gewählte Methode stetig beizubehalten und damit für die einzelne Beteiligung an einem Gemeinschaftsunternehmen **zeitliche Stetigkeit** geboten.

42 Fraglich ist aber, ob das Wahlrecht für einen Anteil an einem Gemeinschaftsunternehmen unabhängig von der Behandlung der Anteile an anderen Gemeinschaftsunternehmen ausgeübt werden kann oder dem gem. DRS 27.28 das Gebot der **sachlichen Stetigkeit** entgegensteht. Unseres Erachtens ist eine unterschiedliche Konsolidierung jedenfalls insoweit zulässig, als die Differenzierung nicht willkürlich ist.[1]

BEISPIEL ► X ist an dem Gemeinschaftsunternehmen GU-1 mit 20 % und an GU-2 mit 50 % beteiligt. Die Tätigkeiten von GU-1 stehen nur in einer losen Beziehung zu den Kerntätigkeiten von X. GU-2 ist hingegen im Kerngeschäftsfeld von X tätig.

Angesichts der unterschiedlichen Beteiligungshöhen, aber auch im Hinblick auf die qualitativen Unterschiede ist es u. a. zulässig, GU-1 *at equity*, GU-2 quotal zu konsolidieren.

2. Bilanzpolitische und -theoretische Beurteilung des Wahlrechts

43 Gegenüber der *Equity*-Methode als *one line consolidation* ergibt die **quotale Konsolidierung höhere Umsätze,** damit allerdings auch **niedrigere Umsatzrenditen.** Hierdurch kann es auch zu einer stärkeren Glättung der Umsätze und Umsatzkennziffern kommen, etwa wenn ein Bau-

1 Weiter gehend, für das Recht, bei jedem hinzukommenden Gemeinschaftsunternehmen uneingeschränkt neu über die Methode zu entscheiden: *ADS*, 6. Aufl., § 310 Tz. 7; *Sigle* in Küting/Weber (Hrsg.), Handbuch der Konzernrechnungslegung Bd. II, 2. Aufl. 1998, § 310 Tz. 8.

konzern in einigen Perioden stärker im Eigengeschäft, in anderen Perioden stärker im ARGE-Geschäft tätig ist. Bilanzpolitisch ist deshalb die quotale Konsolidierung u.U. vorzuziehen, je nach Wirkung auf andere finanz- und leistungswirtschaftliche Kennziffern/Relationen.

Technische Argumente können andererseits für die *Equity*-Methode sprechen. Sie ist praktisch einfacher zu handhaben, da etwa die Regeln der Schuldenkonsolidierung nicht anzuwenden sind und der Verzicht auf Zwischenergebniseliminierung mangels *materiality* (→ § 252 Rz. 233) faktisch leichter zu begründen ist.

Aus **theoretischer** Sicht wird gegen die *Equity*-Methode angeführt, dass sie zum Ausweis einer undifferenzierten Saldogröße führe, während die quotale Konsolidierung den Umfang der wirtschaftlichen Aktivitäten besser erkennen lasse. Als Nachteil der quotalen Methode gilt demgegenüber, dass sie allein kontrolliertes Vermögen (Tochterunternehmen) mit Vermögen vermischt, über das nur gemeinsam mit anderen verfügt werden kann.

Siebenter Titel: Assoziierte Unternehmen

§ 311 Definition, Befreiung

(1) [1]Wird von einem in den Konzernabschluss einbezogenen Unternehmen ein maßgeblicher Einfluss auf die Geschäfts- und Finanzpolitik eines nicht einbezogenen Unternehmens, an dem das Unternehmen nach § 271 Abs. 1 beteiligt ist, ausgeübt (assoziiertes Unternehmen), so ist diese Beteiligung in der Konzernbilanz unter einem besonderen Posten mit entsprechender Bezeichnung auszuweisen. [2]Ein maßgeblicher Einfluss wird vermutet, wenn ein Unternehmen bei einem anderen Unternehmen mindestens den fünften Teil der Stimmrechte der Gesellschafter innehat.

(2) Auf eine Beteiligung an einem assoziierten Unternehmen brauchen Absatz 1 und § 312 nicht angewendet zu werden, wenn die Beteiligung für die Vermittlung eines den tatsächlichen Verhältnissen entsprechenden Bildes der Vermögens-, Finanz- und Ertragslage des Konzerns von untergeordneter Bedeutung ist.

Inhaltsübersicht Rz.

LITERATUR:

Freiberg, Nichtkonsolidierung von assoziierten Unternehmen mangels Informationen, PiR 2007 S. 260; *Heurung*, Die Bewertung assoziierter Unternehmen im Konzernabschluss im Vergleich zwischen HGB, IAS und US-GAAP, DStR 2000 S. 628 und S. 664; *Kunowski*, Bilanzierung von Anteilen an assoziierten Unternehmen sowie Gemeinschaftsunternehmen im Konzernabschluss nach DRS 8 und DRS 9, StuB 2002 S. 261; *Lüdenbach*, Atypisch stille Beteiligung im Konzernabschluss des Beteiligungsgebers, StuB 2012

S. 915; *Schmidbauer*, Der DRS Nr. 8 zur Bilanzierung von Anteilen an assoziierten Unternehmen im Konzernabschluss, DStR 2001 S. 1540.

I. Regelungsinhalt

1 Abs. 1 definiert assoziierte Unternehmen als

- **Beteiligungen** an Unternehmen (→ Rz. 4),
- auf die **maßgeblicher Einfluss** ausgeübt wird (→ Rz. 8).

Der maßgebliche Einfluss ist einerseits **mehr,** als für die einfache Beteiligung verlangt wird, andererseits **weniger** als die gemeinschaftliche oder alleinige Kontrolle. Es scheint somit sachgerecht, Anteile an assoziierten Unternehmen anders als einfache Beteiligungen nicht direkt zu **Anschaffungskosten,** sondern **konsolidiert** zu erfassen, dies aber nicht im Wege der proportionalen (Gemeinschaftsunternehmen) oder Vollkonsolidierung (Tochterunternehmen). § 312 HGB schreibt daher die Einbeziehung der assoziierten Unternehmen auf der Basis der *Equity*-Methode in den Konzernabschluss vor.

2 Abs. 2 stellt die Anwendung der ***Equity*-Methode** jedoch unter **Wesentlichkeitsvorbehalt** (→ Rz. 22). Entsprechendes gilt für den in Abs. 1 Satz 1 Halbsatz 2 geforderten besonderen, von der einfachen Beteiligung **separierten Bilanzausweis** (→ Rz. 21).

II. Definition des assoziierten Unternehmens (Abs. 1)

1. Überblick

3 Als assoziiert definiert Abs. 1 ein Unternehmen,

- an dem das Berichtsunternehmen **beteiligt** ist (→ Rz. 4) und
- auf das es **maßgeblichen Einfluss** ausübt (→ Rz. 8).

Der maßgebliche Einfluss grenzt das assoziierte Unternehmen nach **unten** von der einfachen Beteiligung, nach **oben** von Gemeinschafts- und Tochterunternehmen ab. Hat das anteilbesitzende Unternehmen die Möglichkeit, die Finanz- und Geschäftspolitik des Beteiligungsunternehmens im **eigenen** Interesse **allein** oder im **gemeinschaftlichen** Interesse mit **anderen** gemeinsam zu bestimmen, so liegt nicht mehr (nur) maßgeblicher Einfluss vor, sondern alleinige oder gemeinschaftliche Kontrolle.

3a Nach DRS 26.9[1] gelten auch (wegen § 296 HGB) nicht vollkonsolidierte Tochterunternehmen und nicht anteilmäßig konsolidierte Gemeinschaftsunternehmen als assoziierte Unternehmen. Diese Interpretation ist nicht unvertretbar, da Beherrschung (Tochterunternehmen) bzw. gemeinsame Beherrschung (Gemeinschaftsunternehmen) erst recht maßgeblicher Einfluss ist, also als dessen Teilmenge angesehen werden kann. Konsequenz dieser Interpretation ist, dass etwa die Angabepflichten des § 313 Abs. 2 Nr. 2 HGB nicht nur für assoziierte Unternehmen i. e. S. gelten, sondern auch für *at equity* konsolidierte Tochter- oder Gemeinschaftsunternehmen.

1 Zum Zeitpunkt des Redaktionsschlusses war DRS 26 verabschiedet, aber noch nicht gem. § 342 Abs. 2 HGB von den Bundesministerien bekannt gemacht worden.

2. Beteiligung

Die Beteiligung ist gem. § 271 Abs. 1 HGB eine qualifizierte Form der Anteilsinhaberschaft: 4

- Die Einheit, an der die Anteile gehalten werden, muss **Unternehmensqualität** haben (→ § 271 Rz. 10 ff.).
- Die Anteile müssen dazu bestimmt sein, dem eigenen Geschäftsbetrieb durch Herstellung einer **dauernden Verbindung** zu dienen (→ § 271 Rz. 20 ff.).

Die Voraussetzung der **Dauerhaftigkeit** entspricht der allgemeinen Anforderung des § 247 Abs. 2 HGB für eine Qualifizierung als **Anlagevermögen** (→ § 247 Rz. 19). 5

Anteile, die mit kurzfristiger und am Bilanzstichtag **fortbestehender Veräußerungsabsicht** erworben wurden, sind **Umlaufvermögen** und damit mangels Beteiligungsqualität keine Anteile an assoziierten Unternehmen. Bei ihnen ist der für ein assoziiertes Unternehmen vorausgesetzte Tatbestand der **Beteiligung** nicht mehr erfüllt. DRS 8.6 f. stellt demgegenüber bei in Veräußerungsabsicht erworbenen Anteilen auf die Rechtsfolgenseite ab: „Die *equity*-Methode ist auf assoziierte Unternehmen (!) nicht anzuwenden, wenn der maßgebliche Einfluss nur vorübergehend besteht", z. B. weil „die Anteile ausschließlich zum Zwecke der Weiterveräußerung in der nahen Zukunft erworben wurden". Dieser Nichtanwendung der *Equity*-Methode ist nur im Ergebnis, aber nicht in der Begründung zuzustimmen: Bei Erwerb in Veräußerungsabsicht liegt **tatbestandsseitig** (Beteiligungscharakter) gar kein assoziiertes Unternehmen vor, so dass sich die Frage nach der Anwendung der *Equity*-Methode von vornherein nicht mehr stellt. DRS 26.12 bestätigt unsere Ansicht.

Der Tatbestand der **Beteiligung** ist hingegen in folgenden Fällen erfüllt: 6

- Die Anteile wurden zwar mit kurzfristiger Veräußerungsabsicht erworben, am **Bilanzstichtag** besteht aber **keine Veräußerungsabsicht** mehr (→ § 271 Rz. 21).
- Die Anteile wurden in Halteabsicht erworben und am vorangegangenen Bilanzstichtag als Beteiligung qualifiziert, zum aktuellen **Bilanzstichtag** besteht jedoch eine **Veräußerungsabsicht** (→ § 271 Rz. 22).

Im Zweifel gelten Anteile an einer Kapitalgesellschaft als Beteiligung, wenn sie **20 %** des Nennkapitals dieser Gesellschaft überschreiten (§ 271 Abs. 1 Satz 3 HGB). Da nicht börsengängige Anteile in objektivierter Betrachtung ohnehin regelmäßig als Beteiligung anzusehen sind (→ § 271 Rz. 24), liegt die praktische Bedeutung der widerlegbaren Vermutung auf dem Gebiet der **börsennotierten Anteile**. Zur Widerlegung der Beteiligungsvermutung muss hier dargetan werden, dass 7

- eine kurzfristige Veräußerungsabsicht bestand und besteht sowie realisierbar ist und/oder
- die Anteile ein reines Finanzinvestment darstellen, relevante sachliche Leistungsbeziehungen zwischen den beiden Unternehmen also nicht bestehen.

Stille Beteiligungen und **Genussrechte** und ähnliche mezzanine Finanzierungen sind ausnahmsweise dann als Anteile zu werten, wenn sie Verwaltungsrechte (Kontrolle und Mitsprache) gewähren, die denen eines Kommanditisten näherungsweise entsprechen (→ § 271 Rz. 9). 7a

BEISPIEL[1] U leistet eine stille Einlage von 50 Mio. € in die X GmbH & Co. KG. Unmittelbar vor der Einlage beträgt der Unternehmenswert der KG 150 Mio. €. Für die Einlage erhält U eine Beteiligung von 25 %

1 Auszugsweise aus *Lüdenbach,* StuB 2012 S. 915.

am laufenden Ergebnis sowie an einem Liquidationserlös. Im Verlustfall besteht die Ergebnisbeteiligung jedoch nur bis zur Aufzehrung der geleisteten Einlage (keine Nachschusspflichten). Außerdem werden U Mitwirkungsrechte und Kontrollrechte gewährt, die denen eines Kommanditisten (§§ 164 und 166 HGB) entsprechen.

BEURTEILUNG Die stille Beteiligung begründet zivilrechtlich anders als Anteile keine Mitgliedschaftsrechte, sondern im Wesentlichen lediglich ein Gläubigerrecht. Steuerrechtlich wird sie allerdings wegen ihrer besonderen Ausprägung (Beteiligung an stillen Reserven, Mitwirkungsrechte) als sog. atypische stille Beteiligung einem gesellschaftsrechtlichen Anteil an der KG gleichgestellt, nämlich als Mitunternehmeranteil qualifiziert. Fraglich ist, welcher dieser beiden Perspektiven bilanzrechtlich zu folgen ist.

Anteile gewähren Mitgliedschaftsrechte i. d. R. sowohl in der Form von Vermögensrechten (inkl. Teilhabe an Wertsteigerungen des Vermögens im Liquidationsfall) als auch in der Form von Verwaltungsrechten. Eine typische stille Beteiligung verbürgt keine Rechte, die dem eines Anteilseigners ähneln; anders hingegen die atypische, mit Teilhabe an stillen Reserven und Mitwirkungsrechten versehene stille Beteiligung. Obgleich sie formal als Gläubigerrecht zu werten ist, steht sie damit substanziell den Mitgliedschaftsrechten näher. Das Schrifttum wertet daher eine stille Beteiligung (und Genussrechte) mit annähernd den Rechten eines Kommanditisten entsprechender Ausstattung als Anteile i. S. von § 271 HGB (→ § 268 Rz. 9). U hat demzufolge eine Beteiligung an der KG. Da diese auch einen maßgeblichen Einfluss am Beteiligungsunternehmen gewährt, gilt Letzteres als assoziiert. Im Konzernabschluss von U ist die stille Beteiligung demzufolge *at equity* zu konsolidieren.

3. Maßgeblicher Einfluss

3.1 Inhalt des maßgeblichen Einflusses

8 Der maßgebliche Einfluss des beteiligten Unternehmens muss nach Abs. 1 Satz 1 auf die **„Geschäfts- und Finanzpolitik"** gerichtet sein. Im Begriff der **„Politik"** kommt zum Ausdruck, dass es nicht um **Tagesgeschäfte,** sondern um die Festlegung von Zielen und Maßnahmen über einen **längeren Zeithorizont** geht. Ein typisches Beispiel für die Abgrenzung ist die Festlegung eines Jahreswirtschaftsplans durch die Gesellschafterversammlung (Politik) mit der Vorgabe an die Geschäftsführung, in den Einzelmaßnahmen (Tagesgeschäfte) nicht oder nur nach vorheriger Zustimmung wesentlich davon abzuweichen.

Betriebswirtschaftlich kann die Geschäfts- bzw. Unternehmenspolitik nach Bereichen und Aggregationsstufen unterschieden werden, auf höherer Aggregationsstufe etwa nach Beschaffungspolitik, Absatzpolitik, Finanzpolitik etc. Der besonderen Erwähnung der **Finanzpolitik** im Gesetz kommt in diesem Kontext keine praktische Bedeutung zu, da sie **integraler Bestandteil** der Geschäftspolitik ist.[1]

3.2 Widerlegbare 20 %-Vermutung

9 Eine Beteiligung von mindestens **20 %** (an den Stimmrechten) begründet gem. Abs. 1 Satz 2 die **widerlegbare Vermutung** eines maßgeblichen Einflusses. Irrelevant ist gem. Abs. 1 Satz 1, ob die Anteile **unmittelbar** oder **mittelbar,** d. h. über (einbezogene) Tochterunternehmen, gehalten werden.

10 Strittig ist, ob **mittelbare Anteile** unabhängig davon zu berücksichtigen sind, ob das Tochterunternehmen, über das sie gehalten werden, auch tatsächlich in den Konzernabschluss einbezogen wird. Der Gesetzeswortlaut spricht von tatsächlich „einbezogenen Unternehmen".

1 Gleicher Auffassung *ADS*, 6. Aufl., § 311 Tz. 19.

Hiernach wären Anteile von (aus Wesentlichkeitsgründen) nicht konsolidierten Tochterunternehmen an assoziierten Unternehmen nicht zu berücksichtigen.[1] Nach der Gegenauffassung ist eine erweiterte Auslegung geboten.[2] Die praktische Bedeutung dieses Meinungsstreits ist aber eher gering:

BEISPIEL MU ist mit 18 % an aU beteiligt, Tochterunternehmen TU mit 2 %. TU soll aus Wesentlichkeitsgründen nicht konsolidiert, aU möglichst nicht *at equity* bewertet werden. Fraglich ist dann, ob die 2 % gleichwohl zu berücksichtigen sind und in Summe mit den 18 % die 20 %-Grenze erreicht wird. Argumente zur Widerlegung der Assoziierungsvermutung bestehen bei Erreichen der 20 % nicht.

ERSTE AUFFASSUNG **Anteilsquote nur nach einzubeziehenden Unternehmen**

Wenn die *Equity*-Konsolidierung von aU für den Konzernabschluss wesentlich ist, scheidet eine Nichtkonsolidierung von TU ohnehin aus. Mögen auch die sonstigen Aktivitäten von TU unwesentlich sein, indem die Konsolidierung von TU über die wesentliche *Equity*-Konsolidierung von aU entscheidet, ist TU selbst wesentlich.

Ist hingegen auch aU unwesentlich, besteht nach § 311 Abs. 2 HGB ohnehin das Wahlrecht des Verzichts auf die *Equity*-Konsolidierung. Ob TU konsolidiert wird oder nicht, spielt dann keine Rolle.

ZWEITE AUFFASSUNG **Anteilsquote unabhängig von Einbeziehung**

Auch hier hängt die *Equity*-Konsolidierung von aU allein von deren Wesentlichkeit ab. Ist sie zu verneinen, besteht trotz Erreichen der 20 %-Schwelle keine Pflicht zur *Equity*-Konsolidierung.

Anteile, die von **quotal konsolidierten Gemeinschaftsunternehmen** an anderen Unternehmen gehalten werden, sind in die Beurteilung, ob diese anderen Unternehmen assoziiert sind, einzubeziehen. Wird das Gemeinschaftsunternehmen hingegen nicht quotal konsolidiert, stellt seine Beteiligung an anderen Unternehmen keine für die Beurteilung der Assoziierung relevante Beteiligung eines „einbezogenen Unternehmens" dar. 11

Der **Mehrheitsbesitz eines anderen Anteilseigners** schließt einen eigenen maßgeblichen Einfluss nicht notwendigerweise aus. Er kann jedoch in Zusammenhang mit anderen Faktoren ein Indiz für fehlenden maßgeblichen Einfluss sein. Derartige andere Faktoren können z. B. sein: 12

- Ernste **Rechtsstreitigkeiten** mit dem assoziierten Unternehmen oder mit dem beherrschenden Anteilseigner.
- Eine Historie **strittiger Gesellschafterentscheidungen,** bei denen die eigene Auffassung jeweils von den Mehrheitseignern überstimmt wurde.

Im Einzelnen kann es hierbei auch auf die gesetzlichen oder gesellschaftsvertraglichen Quoren (Sperrminorität) ankommen. Beträgt etwa der eigene Anteil 20 % der Stimmrechte, können aber alle wesentlichen Entscheidungen mit einer (Präsenz-)Mehrheit von 67 % getroffen werden und verfügt ein anderer Anteilseigner über diese (Präsenz-)Mehrheit, so kann ohne Vorliegen besonderer Indikatoren (z. B. eigene Vertretung im Geschäftsführungsorgan) regelmäßig kaum von einem maßgeblichen Einfluss (des Minderheitsgesellschafters) ausgegangen werden.

Abs. 1 stellt auf die **tatsächliche Ausübung** maßgeblichen Einflusses, nicht auf die **Möglichkeit** der Einflussnahme ab. Außerhalb des Übungsbuchs, in dem die Lösung schon in den Sachverhalt hineingelegt wird („25 % Beteiligung, Einfluss wird aber nicht ausgeübt"), kommt dieser **Unterscheidung** aber **keine hohe Bedeutung** zu. 13

1 Vgl. *ADS*, 6. Aufl., § 311 Tz. 34.
2 Vgl. *Störk/Lewe* in Beck'scher Bilanz-Kommentar, 13. Aufl. 2022, § 311 Tz. 16.

BEISPIEL ▸ Der in Palermo ansässige P ist ein wortkarger Mensch. Zeit seines Lebens hat er gute Erfahrungen damit gemacht, zwar zum Ausdruck zu bringen, wenn er etwas als Problem empfand, das Ob und Wie der Lösung des jeweiligen Problems aber seinen interpretationsfreudigen Untergebenen zu überlassen. In verschiedenen Strafverfahren hat sich diese Arbeitsteilung bewährt, da ein tatsächlicher Einfluss von P auf die jeweilige Tathandlung negiert werden musste.

Neuerdings ist P mit 30 % an der kölnischen Sizilia-Import-GmbH beteiligt, alle anderen Gesellschafter halten nur geringe Anteile. Wesentliche geschäfts- und finanzpolitische Entscheidungen der jeweils auf drei Jahre bestellten Geschäftsführung der X bedürfen der vorherigen Zustimmung der Gesellschafterversammlung. Sie gilt als erteilt, wenn 75 % der anwesenden Gesellschafter zustimmen. P geht in Palermo weiterhin anderen Geschäften nach und nimmt daher kaum an Gesellschafterversammlungen teil. Nur alle drei Jahre, wenn über die Fortführung oder Beendigung der Geschäftsführerverträge zu entscheiden ist, reist P nach Köln.

BEURTEILUNG ▸ P hat zwar die Möglichkeit, maßgeblichen Einfluss auszuüben, fraglich ist aber, ob er diese Möglichkeit auch wahrnimmt. Hiergegen spricht noch nicht die seltene Präsenz bei Gesellschafterversammlungen. Die Geschäftsführung muss davon ausgehen, dass P eklatante Verstöße gegen seine Interessen und Vorstellungen (zumindest) bei Entscheidungen über die Fortführung der Dienstverträge der Geschäftsführung sanktioniert, und wird sich entsprechend verhalten. Die maßgebliche Einflussmöglichkeit von P wird zum maßgeblichen Einfluss.

Verallgemeinert gilt:

- In **begriffslogischer** Betrachtung ist die **Möglichkeit,** maßgeblichen Einfluss auszuüben, lediglich notwendige, jedoch **nicht hinreichende Voraussetzung** einer tatsächlichen Ausübung maßgeblichen Einflusses.
- In **praktischen Handlungskontexten,** die durch Antizipation der Interessen und Sanktionsmöglichkeiten des Anteilseigners gekennzeichnet sind, führt das Wissen bzw. die Rücksichtnahme auf dessen **Einflussmöglichkeiten** regelmäßig schon zur **tatsächlichen Beeinflussung** der Entscheidungen.

14 Nach dem Gesetzeswortlaut wirkt die 20 %-Grenze als **Beweislastregel** nur in eine Richtung:

- Bei einem Anteil von **20 % oder mehr** kann aufgrund der gesetzlichen Vermutung die Assoziierung nur dann negiert werden, wenn der Konzern das Fehlen maßgeblichen Einflusses klar belegt.
- Für einen Anteil von **weniger als 20 %** formuliert das Gesetz hingegen keine Vermutung der fehlenden Assoziierung. Insoweit ist hier u. E. eine möglichst neutrale Gesamtwürdigung geboten, hingegen eine Assoziierung nicht zwingend an den klaren Nachweis des maßgeblichen Einflusses gebunden. Nach DRS 8.3 bzw. E-DRS 34.15 sollte hingegen ein Anteil von weniger als 20 % die Vermutung fehlenden maßgeblichen Einflusses begründen. Die verabschiedete Fassung DRS 26 weicht zutreffend von E-DRS 34 ab und sieht gem. der von uns schon in den Vorauflagen vertretenen Auffassung eine einzelfallbezogene Würdigung der Gesamtumstände vor.

BEISPIEL ▸ MU ist an aU mit **15 %** beteiligt. Für einen maßgeblichen Einfluss spricht das Bestehen bedeutender leistungswirtschaftlicher Beziehungen zwischen beiden Unternehmen. Gegen einen maßgeblichen Einfluss spricht die fehlende Vertretung von MU in Aufsichtsrat und Geschäftsführung.

Eigene Auffassung: Das Ergebnis der **Gesamtwürdigung** ist **offen.** Die Annahme maßgeblichen Einflusses ist ebenso vertretbar wie das Gegenteil. Ein klarer Nachweis der Nichtassoziierung fehlt unter diesen Umständen zwar, ist vom Gesetz aber auch nicht gefordert. Es steht im **Ermessen von MU,** aU *at equity* einzubeziehen oder nicht.

FALLVARIANTE Bei im Übrigen gleichen Fakten beträgt die Beteiligung von MU **25 %.**

Gesetzlich ist eine Assoziierung zu vermuten. Diese Vermutung kann aufgrund der bedeutenden leistungswirtschaftlichen Beziehungen nicht klar widerlegt werden, aU ist als assoziiertes Unternehmen ***at equity*** zu konsolidieren.

3.3 Assoziierungsindizien

Indizien für einen maßgeblichen Einfluss sind nach DRS 8.3 bzw. DRS 26.18 15

a) Vertretung in einem **Leitungsorgan,**

b) Mitwirkung an der **Geschäftspolitik,**

c) Austausch von **Führungspersonal** zwischen dem beteiligten Unternehmen und dem Beteiligungsunternehmen,

d) wesentliche Geschäftsbeziehungen zwischen dem beteiligten Unternehmen und dem Beteiligungsunternehmen.

Die ersten drei Indizien stehen für eine **personelle Verflechtung** zwischen eigenem und assoziiertem Unternehmen, das letzte für eine **sachliche Verflechtung.** Derartige Verflechtungen können unterschiedliche Intensität und Bedeutung haben. Die Vertretung mit einem Sitz in einem neunköpfigen Aufsichtsrat hat eine andere Bedeutung als eine mit zwei Sitzen in einem sechsköpfigen. Der gelegentlichen Mitwirkung an der Geschäftspolitik des assoziierten Unternehmens (etwa Beratung bei der Aufstellung eines Jahreswirtschaftsplans) kommt eine andere Bedeutung zu als die einer dauerhaften Einflussnahme. 16

Insgesamt gibt der Indizienkatalog eher Dimensionen für die Bemessung von Einfluss als wirkliche Kriterien für die Schwelle maßgeblichen Einflusses vor. Die Würdigung der Assoziierungsvermutung – insbesondere die Abweichung von den widerlegbaren Regelvermutungen – bleibt eine Frage der sachgerechten **Ermessensausübung im Einzelfall.**

3.4 Nichtassoziierungsindizien

Die Beteiligung des Investors kann strengen und langfristigen Beschränkungen des Finanzmitteltransfers unterliegen. Infrage kommen insbesondere Fälle, in denen aufgrund staatlicher Eingriffe **(Devisen-Transferbeschränkungen)** keine oder nur sehr eingeschränkte Ausschüttungsmöglichkeiten bestehen. Derartige Beschränkungen sind ein Indiz für ein Fehlen maßgeblichen Einflusses. Vergleichbar sind Fälle, in denen ein **Mehrheitsgesellschafter** dauerhaft **Thesaurierungsbeschlüsse** trifft und den Ausschüttungsinteressen der Minderheitsgesellschafter entgegenhandelt. 17

BEISPIEL I ist mit 20 % an AU beteiligt, X mit 60 %, der Rest entfällt auf diverse Gesellschafter. AU erwirtschaftet Gewinne, die jedoch angesichts einer abweichenden Interessenlage von X nicht ausgeschüttet, sondern thesauriert werden.

BEURTEILUNG Da I mit 20 % beteiligt ist, besteht eine Assoziierungsvermutung. Sie kann durch eindeutige Darlegung des fehlenden maßgeblichen Einflusses widerlegt werden. Die fehlende Mitwirkungsmöglichkeit an der Dividendenpolitik ist ein Indikator für fehlende Einflussmöglichkeit. Erforderlich ist jedoch eine Gesamtwürdigung. Dabei ist u. a. zu berücksichtigen, wie deutlich und stabil die Mehrheit der thesaurierungswilligen Gesellschafter ist und welche rechtlichen Möglichkeiten (Minderheitsschutz) I hat, Ausschüttungen gegen Mehrheitsbeschlüsse durchzusetzen etc.

3.5 Eingeschränkter Zugang zu für die *Equity*-Methode notwendigen Informationen

18 Die Anwendung der *Equity*-Methode nach § 312 HGB setzt u. a. die Aufdeckung **stiller Reserven** und deren Fortschreibung voraus. Die Folgebewertung des Anteils am assoziierten Unternehmen verlangt außerdem eine Ermittlung des **Gewinnanteils nach handelsrechtlichen** (nicht notwendig konzerneinheitlichen) Bilanzierungsmethoden.

19 Die Beschaffung der erforderlichen **Informationen** kann schwierig sein. Folgende Problemfälle lassen sich unterscheiden: Das assoziierte Unternehmen

- gibt keine Informationen über stille Reserven,
- veröffentlicht wegen fehlender Publizitätsanforderungen keinen Abschluss und gewährt auch dem Gesellschafter keine entsprechenden Informationen,
- veröffentlicht oder überlässt zwar einen Abschluss, dies jedoch nach nationalem Recht und nicht nach HGB, oder
- ist selber Mutterunternehmen eines Konzerns, veröffentlicht und überlässt jedoch nur einen Einzelabschluss, hingegen nicht den für einen Einbezug in den Konsolidierungskreis nach § 312 Abs. 6 HGB benötigten Konzernabschluss.

20 Die Schwierigkeiten der **Informationsbeschaffung** können in solchen Fällen nicht pauschal als Argument für fehlenden **maßgeblichen Einfluss** dienen. Im Einzelnen ist vielmehr wie folgt zu differenzieren:

- Bei einer Beteiligung von **weniger als 20 %** bestehen keine strengen Beweislastregeln (→ Rz. 14). Für die Annahme der Nichtassoziierung kann der **glaubwürdige Hinweis** auf ernste Schwierigkeiten bei der Durchsetzung von Informationswünschen ausreichen.
- Bei einer Beteiligung von **20 % oder mehr** besteht die gesetzliche Vermutung der Assoziierung. Diese kann nur durch **klaren Gegenbeweis** widerlegt werden. Hierfür taugt u. E. nur der Nachweis, dass trotz **bester Bemühungen** weder die für die unmittelbare Anwendung der *„At equity"*-Konsolidierung erforderlichen Jahresabschlussinformationen noch solche Information zu erlangen sind, die eine gut begründete Schätzung des Ergebnisanteils ermöglichen.

Ohne den Nachweis der besten Bemühungen ergäbe sich für die *„At equity"*-Konsolidierung ein **faktisches Wahlrecht:** Wer sich um die erforderlichen Informationen kümmert, müsste konsolidieren, wer sich nicht anstrengt, könnte dem entgehen. Ein derartiges faktisches Wahlrecht würde den Anforderungen an die Objektivität der Rechnungslegung widersprechen und ist daher abzulehnen. Eine Erklärung der Geschäftsführung des assoziierten Unternehmens, die verlangten Daten könnten nicht geliefert werden, reicht für den Nachweis bester Bemühungen nicht aus.[1]

Die eigenen Bemühungen sind im Übrigen nicht erst im Rahmen der Folgekonsolidierung nachzuweisen (z. B. über eine Zusage, die für die Überleitung von nationalem Recht auf HGB entstehenden Mehrkosten zu übernehmen), sondern schon im Anschaffungszeitpunkt (z. B. über entsprechende gesellschaftsvertragliche Vorkehrungen) sicherzustellen.

1 Ähnlich *Küting/Köthner/Zündorf* in Küting/Weber (Hrsg.), Handbuch der Konzernrechnungslegung, Bd. II, 2. Aufl. 1998, § 311 Tz. 88 und *Seidler* in Haufe HGB Bilanz Kommentar, 6. Aufl. 2015, § 311 Tz. 36.

III. Bilanzausweis (Abs. 1 Satz 1)

Gemäß Abs. 1 Satz 1 ist diese Beteiligung an einem assoziierten Unternehmen in der **Konzernbilanz** unter einem **besonderen Posten** mit entsprechender Bezeichnung auszuweisen (→ § 298 Rz. 14), zum Ausweis in der GuV vgl. → § 298 Rz. 31, zum Ausweis im Anlagenspiegel vgl. → § 298 Rz. 29. 21

IV. Wesentlichkeitsvorbehalt (Abs. 2)

Nach Abs. 2 ist weder der gesonderte **Bilanzausweis** gem. Abs. 1 noch die Anwendung der ***Equity*-Methode** gem. § 312 HGB geboten, wenn die Beteiligung an dem assoziierten Unternehmen für die Vermittlung eines den tatsächlichen Verhältnissen entsprechenden Bilds der Vermögens-, Finanz- und Ertragslage von untergeordneter Bedeutung ist. 22

Die Vorschrift hat **deklaratorischen** Charakter. Sie wiederholt lediglich den allgemein für die Rechnungslegung geltenden Wesentlichkeitsvorbehalt. Zu seiner Konkretisierung kann sie nichts beitragen, da es gerade in der Natur des Wesentlichkeitsgrundsatzes liegt, auf die Umstände des Einzelfalls abzustellen. Für die dabei infrage kommenden Beurteilungskriterien wird auf → § 252 Rz. 233 verwiesen.

Nach DRS 26.19 ist das Kriterium der untergeordneten Bedeutung für jedes als potenziell unwesentlich anzusehende assoziierte Unternehmen gesondert und sodann für alle entsprechenden Unternehmen gemeinsam zu prüfen. 23

§ 312 Wertansatz der Beteiligung und Behandlung des Unterschiedsbetrags

(1) [1]Eine Beteiligung an einem assoziierten Unternehmen ist in der Konzernbilanz mit dem Buchwert anzusetzen. [2]Der Unterschiedsbetrag zwischen dem Buchwert und dem anteiligen Eigenkapital des assoziierten Unternehmens sowie ein darin enthaltener Geschäfts- oder Firmenwert oder passiver Unterschiedsbetrag sind im Konzernanhang anzugeben.

(2) [1]Der Unterschiedsbetrag nach Absatz 1 Satz 2 ist den Wertansätzen der Vermögensgegenstände, Schulden, Rechnungsabgrenzungsposten und Sonderposten des assoziierten Unternehmens insoweit zuzuordnen, als deren beizulegender Zeitwert höher oder niedriger ist als ihr Buchwert. [2]Der nach Satz 1 zugeordnete Unterschiedsbetrag ist entsprechend der Behandlung der Wertansätze dieser Vermögensgegenstände, Schulden, Rechnungsabgrenzungsposten und Sonderposten im Jahresabschluss des assoziierten Unternehmens im Konzernabschluss fortzuführen, abzuschreiben oder aufzulösen. [3]Auf einen nach Zuordnung nach Satz 1 verbleibenden Geschäfts- oder Firmenwert oder passiven Unterschiedsbetrag ist § 309 entsprechend anzuwenden. [4]§ 301 Abs. 1 Satz 3 ist entsprechend anzuwenden.

(3) [1]Der Wertansatz der Beteiligung und der Unterschiedsbetrag sind auf der Grundlage der Wertansätze zu dem Zeitpunkt zu ermitteln, zu dem das Unternehmen assoziiertes Unternehmen geworden ist. [2]Können die Wertansätze zu diesem Zeitpunkt nicht endgültig ermittelt werden, sind sie innerhalb der darauf folgenden zwölf Monate anzupassen. [3]§ 301 Absatz 2 Satz 3 bis 5 gilt entsprechend.

(4) [1]Der nach Absatz 1 ermittelte Wertansatz einer Beteiligung ist in den Folgejahren um den Betrag der Eigenkapitalveränderungen, die den dem Mutterunternehmen gehörenden Anteilen am Kapital des assoziierten Unternehmens entsprechen, zu erhöhen oder zu vermindern; auf die Beteiligung entfallende Gewinnausschüttungen sind abzusetzen. [2]In der Konzern-Gewinn- und Verlustrechnung ist das auf assoziierte Beteiligungen entfallende Ergebnis unter einem gesonderten Posten auszuweisen.

(5) [1]Wendet das assoziierte Unternehmen in seinem Jahresabschluss vom Konzernabschluss abweichende Bewertungsmethoden an, so können abweichend bewertete Vermögensgegenstände oder Schulden für die Zwecke der Absätze 1 bis 4 nach den auf den Konzernabschluss angewandten Bewertungsmethoden bewertet werden. [2]Wird die Bewertung nicht angepasst, so ist dies im Konzernanhang anzugeben. [3]Die §§ 304 und 306 sind entsprechend anzuwenden, soweit die für die Beurteilung maßgeblichen Sachverhalte bekannt oder zugänglich sind.

(6) [1]Es ist jeweils der letzte Jahresabschluss des assoziierten Unternehmens zugrunde zu legen. [2]Stellt das assoziierte Unternehmen einen Konzernabschluss auf, so ist von diesem und nicht vom Jahresabschluss des assoziierten Unternehmens auszugehen.

Inhaltsübersicht Rz.

LITERATUR:

Deubert/Lewe, Praxisfragen zur Erstanwendung des DRS 26, BB 2020 S. 1512; *Ewelt-Knauer/Knauer*, Variable Kaufpreisklauseln bei (Teil-)Unternehmenserwerben, DStR 2011 S. 1918; *Freiberg*, Nichtkonsolidierung von assoziierten Unternehmen mangels Informationen, PiR 2007 S. 260; *Kirsch*, Equity-Methoden nach IFRS und HGB im Vergleich, PiR 2020 S. 355; *Küting/Seel*, Konvergenz der Equity-Methode zwischen neuem HGB und IFRS?, DB 2011 S. 1005; *Lüdenbach*, Zwischenergebniseliminierung bei Anwendung der *equity*-Methode, PiR 2006 S. 207; *Lüdenbach*, Equity-Bilanzierung wechselseitiger Beteiligungen, StuB 2016 S. 924; *Lüdenbach/Frowein*, Bilanzierung von Equity-Beteiligungen bei Verlusten, ein Vergleich zwischen HGB, IFRS und US-GAAP, BB 2003 S. 2449; *Melcher/Murer*, Die Auswirkungen des BilMoG auf die Equity-Methode nach § 312 HGB, DB 2010 S. 1597.

I. Regelungsinhalt

1 Nach Abs. 1 entspricht der Ansatz des Anteils am assoziierten Unternehmen bei **Beginn** der *Equity*-Konsolidierung dem **einzelbilanziellen Buchwert** und damit regelmäßig den Anschaffungskosten (→ Rz. 12).

Für Zwecke des **Anhangs** ist bereits auf diesen Zeitpunkt in einer Nebenrechnung der **Unterschiedsbetrag** zu dem anteilig erworbenen Eigenkapital zu ermitteln und den stillen Reserven/Lasten sowie dem *Goodwill* zuzuordnen (→ Rz. 15).

Die Ermittlung und Aufteilung des Unterschiedsbetrags erfolgt nach Abs. 3 auf den Zeitpunkt der **Erlangung** des assoziierten Status, bei **sukzessivem Anteilserwerb** also nicht nach den Verhältnissen der einzelnen Erwerbszeitpunkte (→ Rz. 22).

2 Zu den Folgestichtagen wird die Nebenrechnung (→ Rz. 1) Bilanz- und GuV-relevant, indem gem. Abs. 2 die **Auflösung von stillen Reserven/**Lasten und ***Goodwill/***negativem Unterschiedsbetrag bei der Fortschreibung des *Equity*-Ansatzes bzw. im Ergebnis aus der *Equity*-Beteiligung zu berücksichtigen ist (→ Rz. 29).

3 Eine Fortschreibung des Bilanzansatzes ist außerdem gem. Abs. 4 um **Ergebnisanteile, Dividenden** (→ Rz. 37) und sonstige Änderungen des buchmäßigen Eigenkapitals (z. B. **Kapitalerhöhungen**) des Beteiligungsunternehmens (→ Rz. 33) vorzunehmen.

4 Bei der Ermittlung des Ergebnisanteils ist gem. Abs. 5 Satz 1 die Anwendung der **konzerneinheitlichen Bilanzierungsmethoden** zulässig, aber nicht geboten (→ Rz. 53). Die entsprechende Anwendung der Regeln des § 304 HGB zur **Zwischenergebniseliminierung** sieht Abs. 5 Satz 3 und 4 vor (→ Rz. 55).

5 Nach Abs. 6 ist der Ergebnisanteil nicht notwendig auf Basis eines **zeitkongruenten** Jahresabschlusses zu ermitteln. Zugrunde zu legen ist der jeweils **letzte Abschluss,** auch wenn dieser auf einen abweichenden Stichtag erstellt wurde. An die Stelle der einzelbilanziellen Ergebnisse tritt das konzernbilanzielle Ergebnis, sofern das Beteiligungsunternehmen selbst einen Konzernabschluss aufstellt (→ Rz. 62).

II. Die Konzeption der *Equity*-Methode

6 Anteile an einem **assoziierten Unternehmen** sind gem. § 312 HGB in einem Konzernabschluss nach der *Equity*-Methode zu bilanzieren. Die *Equity*-Methode kann außerdem **wahlweise** als Ersatz für eine quotale Konsolidierung auf Anteile an **Gemeinschaftsunternehmen** angewandt werden (→ § 310 Rz. 1).

7 Die **Konzeption** der *Equity*-Methode, die in der eigenwilligen Gliederungsstruktur von § 312 HGB nicht recht ersichtlich wird, ist wie folgt:

- Werden die den assoziierten Status vermittelnden Anteile in einem Schritt erworben (zu mehreren Erwerbsschritten, → Rz. 24), gilt: Zum **Anschaffungszeitpunkt** bestehen keine Unterschiede zwischen der Bewertung *at equity* und der nach Anschaffungskostenmethode. Lediglich für Zwecke des Anhangs (→ Rz. 15) und der zukünftigen bilanziellen Fortschreibung ist bereits zu diesem Zeitpunkt in einer Nebenrechnung die Differenz zwischen dem einzelbilanziellen Buchwert (= Anschaffungskosten) und dem Anteil am buchmäßigen Eigenkapital des assoziierten Unternehmens festzustellen und auf stille Reserven und Lasten in den Vermögensgegenständen und Schulden sowie einen *Goodwill* oder negativen (passiven) Unterschiedsbetrag aufzuteilen.
- Zu den **Folgestichtagen** ergibt sich dann eine Abweichung von der Anschaffungskostenmethode, indem der *Equity*-Wert u. a. um die Abschreibung von stillen Reserven und *Goodwill* sowie den Anteil am Ergebnis des Beteiligungsunternehmens fortgeschrieben wird (→ Rz. 37).

8 Die nachstehende Übersicht zeigt die relevanten Fortschreibungen und ihre GuV-Wirkung.

Übersicht 1: Fortschreibung des *Equity*-Ansatzes

	Vorgang	Wirkung auf Konzern-GuV
-	planmäßige Abschreibung der stillen Reserven aus der Nebenrechnung	-
-	planmäßige Abschreibung des *Goodwill* aus der Nebenrechnung	-
+/(-)	Anteil am Jahresüberschuss (-fehlbetrag) des Beteiligungsunternehmens	+/(-)
+/(-)	Anteil an (noch) nicht über die GuV realisierten Erfolgen des Beteiligungsunternehmens	0
-	vereinnahmte Dividenden des Beteiligungsunternehmens	0
+/(-)	Anteil an einer effektiven Kapitalerhöhung (Kapitalherabsetzung)	0
-	außerplanmäßige Abschreibung auf den *Equity*-Anteil	-

Konzeptionell entspricht dieses Vorgehen der sog. steuerlichen **Spiegelbildmethode.** Nach ihr werden bei Erwerb von Anteilen an Personengesellschaften über Buchwert (i. d. R. in einer Ergänzungsbilanz der Personengesellschaft) stille Reserven und ein Firmenwert aufgedeckt. Der beim beteiligten Unternehmen zu berücksichtigende Anteil ergibt sich u. a. aus der Fortschreibung dieser Größen sowie der Fortschreibung um vom Beteiligungsunternehmen erwirtschaftete Ergebnisse. Nach der *Equity*-Methode wird **rechtsformunabhängig** analog verfahren:

9 **BEISPIEL** Die X-AG erwirbt von B zum 1.1.01 einen 20%igen Anteil an der *Start-up*-KG unter folgenden Bedingungen und Verhältnissen:

- Anschaffungskosten: 450 T€,
- Buchwert Eigenkapital der KG (100 %): 500 T€,
- Kapitalanteil B (vorher) bzw. X-AG (nachher): 100 T€ (= 500 · 20 %),
- stille Reserven im immateriellen Anlagevermögen der KG (100 %): 750 T€, auf X-AG entfallender Anteil 150, bei einer Restnutzungsdauer von fünf Jahren.
- Der *Goodwill* ist ebenfalls auf fünf Jahre abzuschreiben.

Nach Erwerb ergeben sich bei der KG folgende Daten:

- Jahresüberschuss 01 (100 %): 600 T€,
- Vorabausschüttung im Jahr 01 (100 %): 100 T€.

Der *Equity*-Ansatz entwickelt sich wie folgt:

Jahr	Beschreibung	Betrag
	Zugangsbewertung:	
1.1.01	zu Anschaffungskosten	450
	Fortschreibung um Dividenden und Gewinnanteil:	
	- (Vorab-)Ausschüttung im Jahr 01 (anteilig)	-20
	+ Gewinnanteil 01	120
	= **Zwischensumme**	550
	Fortschreibung Unterschiedsbetrag:	
	- Abschreibung stille Reserven und *Goodwill* (1/5)	-70
31.12.01	= ***„At equity"*-Bilanzansatz**	480
Erläuterung i. S. des Unterschiedsbetrags:		
Anschaffungskosten		450
- anteilig erworbenes EK (Buchwert)		-100
= Unterschiedsbetrag		350
- anteilige stille Reserven (Restnutzungsdauer = fünf Jahre)		-150
= Firmenwert		200

Im Unterschied zur Vollkonsolidierung werden bei der *Equity*-Methode die Differenz- bzw. Unterschiedsbeträge nicht in separaten Positionen festgehalten. Die Konzernbilanz weist nur einen Wert aus. Die wertmäßige Fortentwicklung der Komponenten erfolgt nur in einer Nebenrechnung. Technisch wird daher auch von einer ***one line consolidation*** gesprochen. Nach diesem Verfahren erfolgt im Unterschied zur Voll- oder quotalen Konsolidierung keine Schulden- (§ 303 HGB) und keine Aufwandskonsolidierung (§ 305 HGB, → Rz. 61a). 10

Das dargestellte Grundschema der Bewertung (→ Rz. 8) ist – jedenfalls seit BilRUG, das in Abs. 5 Satz 3 die entsprechende Anwendung von § 306 HGB vorschreibt – um **latente Steuern** auf aufgedeckte stille Reserven zu ergänzen (→ § 306 Rz. 18) sowie ggf. – wenn materiell bedeutsam und der Höhe nach bekannt – um **Zwischenergebniseliminierungen** zu erweitern (vgl. → Rz. 55). Außerdem sind bestimmte Sonderfälle, wie etwa dauerhafte Verlustsituationen, besonders zu behandeln (→ Rz. 41). 11

III. Bewertung und Anhangangabe im Zugangszeitpunkt (Abs. 1)

1. Buchwertmethode

Eine Beteiligung an einem assoziierten Unternehmen (oder nicht proportional konsolidierten Gemeinschaftsunternehmen) ist nach Abs. 1 Satz 1 „in der Konzernbilanz mit dem Buchwert anzusetzen". Diese Formulierung ist aus sich heraus nicht recht verständlich, da in einer Bilanz sämtliche Vermögensgegenstände etc. mit ihrem Buchwert – womit sonst? – anzusetzen sind, die Frage aber immer gerade dahin geht, welches der **konkrete Buchwert** ist. 12

Vor dem Hintergrund der **Rechtsentwicklung** vor dem BilMoG wird der Inhalt klarer: Nach § 312 Abs. 1 HGB a. F. bestand ein **Wahlrecht** zwischen Buchwertmethode und sog. Neubewertungsmethode (oder auch Kapitalanteilsmethode). Bei der Neubewertungsmethode wurde ein *Goodwill* oder negativer Unterschiedsbetrag regelmäßig separat ausgewiesen, bei der Buchwertmethode hingegen nicht.[1] Bei Erwerb der Anteile in einem Schritt und zeitgleicher Erlangung des assoziierten Status gilt bzw. galt damit in der Praxis:

- ► **Buchwertmethode:** Der konzernbilanzielle Zugangswert des Anteils am assoziierten Unternehmen entspricht dem **einzelbilanziellen.**
- ► **Neubewertungsmethode** (auch Kapitalanteilsmethode): Der konzernbilanzielle Zugangswert des Anteils am assoziierten Unternehmen wich vom einzelbilanziellen Buchwert der Beteiligung (= Anschaffungskosten) ab, da der im Kaufpreis vergütete ***Goodwill*** konzernbilanziell **separat ausgewiesen** und somit von den übrigen Anschaffungskosten abzuziehen war, mit der Folge, dass der *Equity*-Buchwert unter den Anschaffungskosten lag.

Nach Neufassung von Abs. 1 durch das BilMoG ist **nur noch** die so definierte **Buchwertmethode** zulässig. Abs. 1 Satz 1 bringt in diesem Zusammenhang nur die regelmäßige Übereinstimmung des *„At equity"*-Zugangswerts mit dem einzelbilanziellen Buchwert zum Ausdruck, insbesondere weil der *Goodwill* nicht separat ausgewiesen wird. Im Entwurf der an die Stelle der 7. EU-Richtlinie tretenden EU-Rechnungslegungsrichtlinie 2013 (→ § 264 Rz. 37d) war vorgesehen, nur noch die Neubewertungsmethode zuzulassen. Die im Juni 2013 verabschiedete Neufassung belässt es in Art. 27 Abs. 2 hingegen bei dem bisherigen Mitgliedstaatenwahlrecht.

Maßgeblich für die Zugangsbewertung sind danach in aller Regel (zu Abweichungen → Rz. 22) die Anschaffungskosten. Diese können in Teilen ungewiss sein, etwa wenn neben einem fixen Kaufpreisbestandteil ein erfolgsabhängiger variabler Teil (sog. ***„Earn out"*-Klausel**) vereinbart ist. Ungewisse Kaufpreisbestandteile sind bei Anwendung der *Equity*-Methode nach den gleichen Grundsätzen zu behandeln, die bei Vollkonsolidierung zum Tragen kommen.[2] Insoweit wird auf → § 301 Rz. 36 verwiesen.

13 Auch nach der „Buchwertmethode" ist der Zugangswert *at equity* aber dann nicht identisch mit dem einzelbilanziellen Buchwert, wenn die Erlangung des assoziierten Status und damit die *Equity*-Bewertung zeitlich **nach** der Anschaffung liegt. Zu den hier relevanten Fallkonstellationen wird auf → Rz. 22 verwiesen.

14 Fraglich ist, ob für die Anwendung der *Equity*-Methode **alle** von einbezogenen Konzernunternehmen gehaltenen Anteile an assoziierten Unternehmen zusammenzufassen oder ausnahmsweise von einem Konzernunternehmen zur **Weiterveräußerung** erworbene Anteile separat nach der Anschaffungskostenmethode zu erfassen sind. Unseres Erachtens widerspricht die separate Behandlung der aus Sicht des Konzerns als wirtschaftlicher Einheit (→ § 297 Rz. 116) gegebenen Einheitlichkeit des Konsolidierungs- bzw. Bilanzierungsobjekts.

2. Anhangangabe zum Unterschiedsbetrag, sonstige Anhangangaben

15 Nach Abs. 1 Satz 2 ist der **Unterschiedsbetrag** zwischen dem Buchwert und dem anteiligen Eigenkapital des assoziierten Unternehmens sowie ein darin enthaltener Geschäfts- bzw. Firmenwert oder passiver Unterschiedsbetrag im **Konzernanhang** anzugeben.

Nach der Stellung in Abs. 1, der in Abgrenzung zu Abs. 2 und 4 etc. nur die Zugangsbewertung *at equity* behandelt, besteht die Angabepflicht u. E. nur für die Verhältnisse zum **Zeitpunkt der**

1 Vgl. *Küting/Zündorf* in Küting/Weber (Hrsg.), Handbuch der Konzernrechnungslegung, Bd. II, 2. Aufl. 1998, § 312 Tz. 10 f.

2 Tendenziell gl. A. *Ewelt-Knauer/Knauer*, DStR 2011 S. 1918 ff.

erstmaligen *Equity*-Konsolidierung. Diese Interpretation wird durch die Begründung zum Regierungsentwurf des BilMoG bestätigt. Danach ist der Unterschiedsbetrag zwischen dem Buchwert und dem „zum beizulegenden Zeitwert im Erwerbszeitpunkt (!) bewerteten anteiligen Eigenkapital ... im Konzernanhang anzugeben".[1] DRS 26.87[2] sieht demgegenüber vor, dass die Angaben zum Unterschiedsbetrag für jedes Geschäftsjahr erforderlich sind, in dem Beteiligungen an assoziierten Unternehmen ausgewiesen und entsprechend der *Equity*-Methode bilanziert werden.

DRS 26.85 sieht weitere Anhangangaben vor, so etwa: 15a

- Anwendung der *Equity*-Methode auf gem. § 296 HGB nicht einbezogene Tochterunternehmen (→ § 311 Rz. 3a),
- Summe der in der Konzernbilanz nicht erfassten negativen *Equity*-Werte aus der Nebenrechnung (→ Rz. 41),
- Stichtag des Abschlusses wesentlicher assoziierter Unternehmen, soweit dieser nicht dem Stichtag des Konzernabschlusses entspricht (→ Rz. 63),
- Methode der Berücksichtigung der Ertragsteuern beim Ausweis des Ergebnisses aus der Änderung des *Equity*-Werts in der Konzern-Gewinn- und -Verlustrechnung (→ Rz. 52).

IV. Ermittlung und Aufteilung des Unterschiedsbetrags (Abs. 2 und 3)

1. Anteilige Aufdeckung stiller Reserven und Lasten

Bei der Anwendung der *Equity*-Methode sind gem. Abs. 2 Satz 2 die anteiligen **stillen Reserven und Lasten** in identifizierbaren Vermögensgegenständen und Schulden aufzudecken und fortzuführen. Sie ergeben sich als Differenz zwischen dem Anteil am **Buchwert** des Reinvermögens des assoziierten Unternehmens und dem Anteil am **beizulegenden Zeitwert** des identifizierbaren Reinvermögens. Zu der Frage, ob es zu einer Begrenzung der Aufdeckung stiller Reserven nach Maßgabe des Anschaffungskostenprinzips kommt, wird auf → Rz. 21 verwiesen. 16

Für die Zeitwertbestimmung gelten die Grundsätze der Vollkonsolidierung (DRS 26.35). Danach sind für die Aktiva Marktwerte oder Ersatzwerte anzusetzen, während bei Forderungen und Verbindlichkeiten im Wesentlichen der Barwert zum Tragen kommt (→ § 301 Rz. 71 ff.). 17

Eine **Ausnahme** von der **Zeitbewertung** besteht nach Abs. 2 Satz 4 i.V. mit § 301 Abs. 1 Satz 3 HGB für **Rückstellungen** (Bewertung nach § 253 Abs. 1 und 2 HGB) und **latente Steuern** (Bewertung nach § 274 Abs. 2 HGB). Zu Inhalt und Motivation dieser Ausnahme wird auf → § 301 Rz. 91 f. verwiesen.

Bei der Ermittlung der stillen Reserven und Lasten sind **Wesentlichkeits- und Kosten-Nutzen-Überlegungen** von Bedeutung. Eine Identifizierung der stillen Reserven auf der Ebene einzelner Vermögensgegenstände wird nur ausnahmsweise möglich und notwendig sein. **Durchschnittsbetrachtungen** für einzelne Bilanzposten sind i. d. R. ausreichend. Zur Frage der Durchsetzbarkeit der zur Bestimmung der stillen Reserven notwendigen **Informationsansprüche** wird auf → § 311 Rz. 18 verwiesen. 18

1 BilMoG-RegE S. 187.

2 Zum Zeitpunkt des Redaktionsschlusses war DRS 26 verabschiedet, aber noch nicht gem. § 342 Abs. 2 HGB von den Bundesministerien bekannt gemacht worden.

19 Ist das assoziierte Unternehmen kurz vor dem Konzernabschlussstichtag erworben worden und können die Unterschiedsbeträge auf den Erwerbszeitpunkt selbst unter den vorgenannten Vereinfachungen bis zur Aufstellung des Konzernabschlusses nur vorläufig ermittelt werden, sieht Abs. 3 Satz 2 die endgültige Ermittlung und eine entsprechende Anpassung innerhalb der darauf folgenden zwölf Monate vor (→ § 301 Rz. 24).

2. *Goodwill* oder negativer Unterschiedsbetrag

20 Der Unterschiedsbetrag zwischen dem einzelbilanziellen Buchwert der Beteiligung und dem Anteil des Erwerbers an den beizulegenden Zeitwerten des identifizierbaren Reinvermögens ist gem. Abs. 1 Satz 2 zunächst für die **Anhangangabe** (→ Rz. 15) sowie dann für **Fortführungszwecke** (→ Rz. 29) als *Goodwill* bzw. negativer Unterschiedsbetrag zu behandeln.

21 Fraglich ist die Behandlung von Fällen, in denen die Anschaffungskosten der Beteiligung zwar unter dem anteiligen beizulegenden Zeitwert des Reinvermögens liegen, aber nicht unter deren Buchwert:

BEISPIEL Für einen Kaufpreis von 200 erwirbt MU 20 % an aU. Zum Erwerbszeitpunkt beträgt das anteilige Reinvermögen von aU

- 160 zu Buchwerten
- unter Berücksichtigung stiller Reserven von anteilig 80, jedoch 240 zum beizulegenden Zeitwert.

ALTERNATIVE 1[1] Der *Equity*-Ansatz und die Aufdeckung stiller Reserven sind durch die Anschaffungskosten begrenzt. Die stillen Reserven werden nur i. H. von 200 - 160 = 40 in der für Zwecke der Fortschreibung erforderlichen Nebenrechnung aufgedeckt. Ein Unterschiedsbetrag entsteht nicht.

ALTERNATIVE 2 Die stillen Reserven werden in der Nebenrechnung in voller Höhe aufgedeckt. Es entsteht ein negativer Unterschiedsbetrag von 240 - 200 = 40, der sofort erfolgswirksam ist (per *Equity*-Beteiligung an Ertrag).

ALTERNATIVE 3 (DRS 26.34)[2] Stille Reserven und ein negativer Unterschiedsbetrag werden in der Nebenrechnung aufgedeckt und ggf. zu unterschiedlichen Zeitpunkten aufgelöst.

Für eine Begrenzung der Aufdeckung stiller Reserven durch die Anschaffungskosten (im Beispiel Alternative 1) spricht, dass diese Lösung:

- (im Gegensatz zu Alternative 2) die Erfolgsneutralität des Anschaffungsvorgangs wahrt und
- dem Wortlaut von Abs. 2 Satz 1 entspricht, der eine Zuordnung des Unterschiedsbetrags zu den Vermögensgegenständen und Schulden und nicht umgekehrt die Ableitung des Unterschiedsbetrags aus dem beizulegenden Zeitwert vorsieht.[3]

Vertretbar ist u. E. aber auch die Lösung nach Alternative 3 (DRS 26.34).[4]

1 Vertreten z. B. von *Küting/Seel*, DB 2011 S. 1005 ff. und *Melcher/Murer*, DB 2010 S. 1597 ff.

2 Ähnlich auch *Gelhausen/Fey/Kämpfer*, Rechnungslegung und Prüfung nach dem Bilanzrechtsmodernisierungsgesetz, 2009, S. 601.

3 Vgl. *Küting/Seel*, DB 2011 S. 1005 ff. und *Melcher/Murer*, DB 2010 S. 1597 ff.

4 Vgl. zum Ganzen: *Kirsch*, PiR 2020 S. 355 ff.

3. Zeitpunkt von Ermittlung und Aufteilung bei sukzessivem Erwerb oder verzögerter Erlangung des assoziierten Status

Die *Equity*-Methode muss als Konsolidierungs- bzw. Bewertungsmethode von dem Zeitpunkt an angewandt werden, in dem der **Status** eines assoziierten Unternehmens erlangt wird. Dieser Zeitpunkt fällt nicht notwendig mit dem Erwerb der Anteile zusammen. **Zeitliche Divergenzen** ergeben sich in folgenden Fällen: 22

- **Sukzessiver Anteilserwerb:** Nach Erwerb eines kleinen Anteils, der keinen maßgeblichen Einfluss vermittelt, werden in einem zweiten Schritt Anteile hinzuerworben. Erst mit dem zweiten Erwerbsschritt wird das Beteiligungsunternehmen zum assoziierten Unternehmen.
- **Statusänderung ohne Änderung der Anteilsquote:** Bei Erwerb der Anteile besteht kein maßgeblicher Einfluss, weder durch personelle noch durch sachliche Verflechtungen (→ § 311 Rz. 16). Zu einem späteren Zeitpunkt erlangt das beteiligte Unternehmen einen Sitz im Aufsichtsrat, versorgt das Beteiligungsunternehmen mit Know-how etc. Ohne Erwerb zusätzlicher Anteile wird aus der einfachen Beteiligung eine Beteiligung an einem assoziierten Unternehmen.

Für derartige zeitliche Divergenzen trifft Abs. 3 Satz 1 folgende Regelung: Der Wertansatz der Beteiligung und der Unterschiedsbetrag sind auf der Grundlage der Wertansätze zum **Zeitpunkt der Erlangung des Assoziierungsstatus** zu ermitteln. 23

BEISPIEL Am 1.1.01 erwirbt X 20 % der Anteile an aU für einen Preis von 500. Das anteilig buchmäßige Eigenkapital von aU beträgt zu diesem Zeitpunkt 200. Der Unterschiedsbetrag von 300 entfällt zu je 1/2 auf Vorräte und einen über fünf Jahre abschreibbaren *Goodwill*. Mangels leistungswirtschaftlicher und personeller Verflechtung wird der Anteil an aU nicht als Anteil an einem assoziierten Unternehmen qualifiziert und in den Jahren 01 und 02 konzernbilanziell (wie einzelbilanziell) zu Anschaffungskosten erfasst.

Am 1.1.03 nimmt X bedeutende leistungswirtschaftliche Beziehungen zu aU auf und erlangt einen Sitz im Aufsichtsrat von aU. Mit Wirkung ab 1.1.03 wird zur *Equity*-Methode übergegangen. Das buchmäßige Eigenkapital beträgt auch zu diesem Zeitpunkt 200. Die Vorräte sind schon im Jahr 01 verkauft worden. Neue stille Reserven haben sich nicht gebildet. Der einzelbilanzielle Buchwert beträgt weiterhin 500.

Für die Zugangsbewertung *at equity* sind folgende Werte maßgeblich:

Beteiligungsbuchwert 1.1.03	500
Buchmäßiges Eigenkapital aU 1.1.03	-200
Unterschiedsbetrag	300
Davon stille Reserven (Vorräte schon verkauft)	0
Goodwill 1.1.03	300

Das Zugrundelegen der **Verhältnisse der erstmaligen *Equity*-Konsolidierung** vermeidet rückwirkende Anpassungen. Bei Abstellen auf den früheren Erwerbszeitpunkt der Anteile hätte etwa im Beispiel der vom Erwerbszeitpunkt fortgeschriebene *Goodwill* nur 90 (= 150 - 2/5 · 150) betragen, da der Unterschiedsbetrag im Erwerbszeitpunkt zur anderen Hälfte den Vorräten zuzuordnen gewesen wäre. Diese Vorräte sind aber am 1.1.03 nicht mehr vorhanden. Der *Equity*-Ansatz per 1.1.02 wäre um 210 (= 150 Auflösung stille Reserven Vorräte + 60 Abschreibung *Goodwill*) niedriger als der einzelbilanzielle Buchwert. Diese Differenz hätte in der Überleitung von Summen- zu Konzernbilanz gegen Rücklagen verbucht werden müssen. Die

Konsolidierung auf Basis der Erlangung des assoziierten Status **vermeidet** solche **Komplikationen.**

24 Bei **sukzessiven Erwerben** – Erlangung des assoziierten Status in mehreren Erwerbsschritten – sind die vorgenannten Grundsätze (→ Rz. 22) entsprechend anzuwenden. Für die Altanteile sind deshalb keine fiktiven, vom Zeitpunkt des ersten Anteilserwerbs fortgeschriebenen *Equity*-Werte festzustellen. Die **Unterschiedsbeträge** werden **einheitlich** auf Basis des späteren Zeitpunkts der Erlangung des assoziierten Status ermittelt (DRS 26.37).

25 Besonderheiten aus der zeitlichen Divergenz von Anschaffung und Erstbewertung *at equity* ergeben sich auch in Fällen, in denen zwischenzeitlich eine **außerplanmäßige Abschreibung** auf die Beteiligung erfolgt ist.

BEISPIEL ▸ **(Fortsetzung aus** → Rz. 23)

Zwischen Erwerb (1.1.01) und erstmaliger *Equity*-Bewertung (1.1.03) ist die Beteiligung konzern- und einzelbilanziell außerplanmäßig um 300 auf 200 abgeschrieben worden. Die erstmalige *Equity*-Konsolidierung erfolgt auf Basis der 200. Da dies zugleich das buchmäßige Eigenkapital von aU per 31.12.03 ist, ergibt sich kein Unterschiedsbetrag.

26 Finden Erwerb und Erlangung des assoziierten Status **unterjährig** statt, ist der Unterschiedsbetrag auf diesen Zeitpunkt zu ermitteln. Dies bedingt die Aufstellung einer **Zwischenbilanz** des assoziierten Unternehmens zu Buchwerten und zu Zeitwerten. Vielfach wird diese Voraussetzung nicht durchzusetzen oder aus Kostengründen nicht praktikabel sein. Dann sind unter Abwägung der Wesentlichkeit Vereinfachungen zulässig. Je nach zeitlicher Nähe zum vorhergehenden oder nachfolgenden Bilanzstichtag des assoziierten Unternehmens können die Wertverhältnisse dieses Stichtags herangezogen werden. Bei weiter entfernt liegenden Stichtagen sind statistische Anpassungen, etwa durch Zwölftelung des Jahresergebnisses, bei Saisonbetrieben unter Berücksichtigung der Saisonbereinigung, zulässig.[1]

An die Exaktheit der Methode dürfen insgesamt **keine übertriebenen Anforderungen** gestellt werden. Dies ergibt sich durch Analogie zu den Grundsätzen der Folgebewertung. Hat das assoziierte Unternehmen einen vom Bilanzstichtag des Beteiligungsunternehmens abweichenden Bilanzstichtag, so muss im Rahmen der Folgebewertung gem. Abs. 6 kein Zwischenabschluss des assoziierten Unternehmens auf den Bilanzstichtag des beteiligten Unternehmens aufgestellt werden (→ Rz. 63). Es ist sachgerecht, derartige Vereinfachungen auch für die Erstkonsolidierung analog gelten zu lassen.

27 Wird ein zunächst wegen Unwesentlichkeit nicht *at equity* konsolidiertes assoziiertes Unternehmen später wesentlich mit der Folge eines Übergangs auf die *Equity*-Methode oder wird ein erstmaliger Konzernabschluss erst Jahre nach Erlangung des wesentlichen Einflusses aufgestellt, wären nach dem Wortlaut von § 312 HGB a. F. die stillen Reserven und der Unterschiedsbetrag auf den mehr oder weniger weit zurückliegenden Zeitpunkt der Erlangung des maßgeblichen Einflusses zu ermitteln und von dort an fortzuschreiben gewesen. § 301 Abs. 2 Satz 3 und Satz 4 HGB sieht demgegenüber im vergleichbaren Fall von Tochterunternehmen ein Abstellen auf die Verhältnisse zum Zeitpunkt der erstmaligen Konsolidierung vor. Das BilRUG hat diesen Widerspruch beseitigt. Nach Abs. 3 gilt nun die Vereinfachungsregelung des § 301 Abs. 2 Satz 3 und 4 HGB entsprechend; das Fehlen eines Verweises auch auf die Rückausnahme in § 301 Abs. 2 Satz 5 HGB ist u. E. ein redaktionelles Versehen. Auf → § 301 Rz. 29 wird

1 Ähnlich *Küting/Seel*, DB 2011 S. 1005 ff.

wegen Vereinfachungsregelung und Rückausnahmen verwiesen. DRS 26.40 ff. sieht für die vorgenannten Fälle ein Wahlrecht zwischen Ermittlung der Wertansätze auf den Zeitpunkt der erstmaligen Anwendung der *Equity*-Methode oder auf den früheren Zeitpunkt der erstmaligen Erlangung eines maßgeblichen Einflusses vor.

4. Vorläufige Ermittlung und Aufteilung

Zur vorläufigen Ermittlung und Aufteilung des Unterschiedsbetrags wird auf → Rz. 19 verwiesen. 28

V. Fortschreibung des Unterschiedsbetrags (Abs. 2 Satz 2 und 3)

Im Rahmen der **Erstbewertung/Erstkonsolidierung** wird der Beteiligungsbuchwert in einer Nebenrechnung verteilt auf 29

- den Anteil am buchmäßigen Eigenkapital,
- den Anteil an den stillen Reserven und den stillen Lasten,
- einen *Goodwill* oder einen evtl. negativen Unterschiedsbetrag.

Fortzuschreiben sind zunächst die **stillen Reserven** und Lasten. Dabei ist Folgendes zu beachten: 30

- Stille **Reserven** sind nach der **Restnutzungsdauer** der betreffenden Vermögenswerte aufzulösen. Unter *Materiality*-, aber auch unter Kosten-Nutzen-Gesichtspunkten können umfangreiche Vereinfachungen notwendig und zulässig sein, etwa ein Abstellen auf mittlere Nutzungsdauern. Soweit stille Reserven in Vorräten ruhen, lösen sie sich mit dem Abgang der Vorräte auf.
- Für stille **Lasten** in Aktiva, insbesondere Anlagevermögen oder Vorräten (Ansatz unter Buchwert bei untergeordnetem Unternehmen), gilt Entsprechendes.
- Stille Lasten in den Passiva, insbesondere Rückstellungen, können kaum auftreten, da für Rückstellungen nicht die Zeitbewertung, sondern die Bewertung nach § 253 HGB gilt (→ Rz. 17).

Für die Fortschreibung des *Goodwill* oder eines passiven Unterschiedsbetrags gelten gem. Abs. 2 Satz 3 die Regeln des § 309 HGB entsprechend: 31

- Der im *Equity*-Ansatz enthaltene ***Goodwill*** ist **planmäßig** abzuschreiben (→ § 309 Rz. 5).
- Ein **negativer Unterschiedsbetrag** (Anschaffungskosten bzw. Beteiligungsbuchwert niedriger als der Zeitwert des anteiligen Vermögens) ist z. B. dann ertragswirksam aufzulösen, wenn eine erwartete ungünstige Entwicklung eintritt *(Badwill)* oder feststeht, dass er einem realisierten Gewinn entspricht (*lucky buy*, → § 309 Rz. 14).

Die planmäßige Abschreibung des *Goodwill* ist nach DRS 26.48 i. V. mit DRS 23.119 i. d. R. linear vorzunehmen, es sei denn, die Überlegenheit einer anderen Methode ist ausnahmsweise nachweisbar. Kann die Nutzungsdauer nicht verlässlich bestimmt werden, erfolgt die Abschreibung über zehn Jahre (§ 309 Abs. 1 HGB i. V. mit § 253 Abs. 3 Satz 3 und 4 HGB). 31a

Ein **negativer Unterschiedsbetrag** aus Thesaurierungen kann dadurch entstehen, dass bei sukzessivem Anteilserwerb bzw. verzögerter Erlangung des maßgeblichen Einflusses für die Bestimmung der Unterschiedsbeträge nicht auf die Erwerbszeitpunkte, sondern auf den Zeitpunkt der Erlangung des assoziierten Status abzustellen ist (→ Rz. 24). In diesem Fall ist eine **Ertragsrealisierung** u. E. spätestens dann zulässig und geboten, wenn es zur **Ausschüttung** der 32

thesaurierten Gewinne kommt.[1] Nach anderer Auffassung[2] ist ein thesaurierungsbedingter negativer Unterschiedsbetrag hingegen mit den Konzerngewinnrücklagen zu verrechnen (DRS 26.49 i. V. mit DRS 23.148). Zu Einzelheiten wird auf → § 309 Rz. 14 ff. verwiesen.

BEISPIEL ► A hat sich im Jahr 01 an der Gründung von aU mit 20 % bzw. einer Einlage von 200 beteiligt, aber zunächst keinen maßgeblichen Einfluss ausgeübt. Anfang 03 erlangt er einen Sitz im Aufsichtsrat und kann auch über sachliche Verflechtungen maßgeblichen Einfluss ausüben. Zu diesem Zeitpunkt beträgt das anteilige Eigenkapital von aU infolge zwischenzeitlich entstandener und vollständig thesaurierter Gewinne 300. Stille Reserven bestehen nicht. Mitte 03 wird der in den Jahren 01 und 02 entstandene Gewinn von anteilig 100 ausgeschüttet.

Bei der erstmaligen *Equity*-Konsolidierung ist u. E. der einzelbilanzielle Beteiligungsbuchwert von 200 gegen das anteilige Eigenkapital von 300 zu setzen. Es resultiert u. E. ein negativer Unterschiedsbetrag von 100. Zu buchen ist: per Anteil an aU 200 an Beteiligungsbuchwert 200. Nach DRS 26 wäre zusätzlich zu buchen: per Anteil an aU an Gewinnrücklagen.

Im Jahr 03 ist die Ausschüttung abweichend von den sonst geltenden Regeln (→ Rz. 8) u. E. ertragswirksam zu buchen (per Geld 100 an Ergebnis aus aU 100). Nach DRS 26 ist die Buchung hingegen erfolgsneutral (per Geld 100 an Anteil an aU 100).

Die von uns befürwortete Ertragsrealisierung eines durch Thesaurierungen entstandenen negativen Unterschiedsbetrags im Ausschüttungszeitpunkt entspricht dem **Kongruenzprinzip** (→ § 252 Rz. 10):

- Vor Erlangung des assoziierten Status ist die Beteiligung konzernbilanziell (wie einzelbilanziell) zu Anschaffungskosten zu bewerten. Thesaurierte Gewinne führen nicht zu Ertrag.
- Werden die Gewinne nach Erlangung des assoziierten Status und Aufnahme der *Equity*-Konsolidierungen ausgeschüttet, käme es nach allgemeinen Grundsätzen zur erfolgsneutralen Buchung (per Geld an *Equity*-Wert). Erst indem der negative Unterschiedsbetrag ertrags- statt bilanzwirksam aufgelöst wird (per Geld an Ertrag), wird der zutreffende Totalgewinn ausgewiesen.

VI. Fortschreibung um Eigenkapitalveränderungen, Ausweis in der GuV (Abs. 4)

1. Kapitalmaßnahmen beim assoziierten Unternehmen

33 Ohne Wirkung auf den Beteiligungs- bzw. *Equity*-Ansatz sind **Kapitalerhöhungen** des assoziierten Unternehmens aus **Gesellschaftsmitteln,** da insofern lediglich eine Umgliederung innerhalb des Eigenkapitals des assoziierten Unternehmens stattfindet.

34 Bei einer **effektiven Kapitalerhöhung** gegen Einlage ist wie folgt zu unterscheiden:

- Das beteiligte Unternehmen nimmt im Umfang seiner bisherigen (und zukünftigen) Quote, d. h. **beteiligungsproportional,** an der Kapitalerhöhung teil: Der *Equity*-Ansatz erhöht sich durch die Einlage (per Anteil an aU an Geld), weitere Folgen hat die Kapitalerhöhung selbst nicht (DRS 26.59). Jedoch können in ihrem Rahmen „Anschaffungs-

1 *Melcher/Murer*, DB 2011 S. 1595 ff., befürworten eine sofortige Ertragsrealisierung.

2 Vgl. *ADS*, 6. Aufl., § 312 Tz. 51; *Störk/Lewe* in Beck'scher Bilanz-Kommentar, 13. Aufl. 2022, § 312 Tz. 33.

nebenkosten" anfallen. Unseres Erachtens sind diese als Aufwand zu behandeln,[1] nach anderer Auffassung[2] als (im *Equity*-Ansatz enthaltener) *Goodwill*.

- Das beteiligte Unternehmen nimmt überproportional an der Kapitalerhöhung teil: Der *Equity*-Ansatz erhöht sich gem. Abs. 4 Satz 1. Die Erhöhung der Beteiligungsquote ist **wie ein Kauf neuer Anteile** zu behandeln[3] und führt zu einer neuen Erstkonsolidierung mit Ermittlung der anteiligen stillen Reserven und/oder des *Goodwill* (→ Rz. 64).
- Das beteiligte Unternehmen nimmt **unterproportional** (aber ohne Statusänderung) an der Kapitalerhöhung teil: Hier kann gem. DRS 26.60 ein veräußerungsähnlicher Erfolg entstehen. Es ist daher zu untersuchen, wie sich – in Abhängigkeit vom buchmäßigen Eigenkapital und vom Ausgabekurs der neuen Anteile – die Zunahme des bilanziellen Eigenkapitals durch die Einlage und der Rückgang der Beteiligungsquote an diesem Eigenkapital wertmäßig zueinander verhalten.

Zur unterproportionalen Teilnahme an Kapitalerhöhungen folgendes Beispiel: 35

BEISPIEL Ein Investor ist mit 40 % an Kapital und Stimmrechten eines aU beteiligt, das weder über Rücklagen noch über Gewinnvorträge verfügt.

Das buchmäßige Eigenkapital des aU (zugleich gezeichnetes Kapital) beträgt 100, sein zu Zeitwerten bestimmtes Eigenkapital 150. Die Beteiligung des Investors beträgt somit bezogen auf das buchmäßige Eigenkapital 40, unter Berücksichtigung der stillen Reserven jedoch 60. Der *Equity*-Wertansatz beim Investor beträgt 52 (davon 12 noch nicht aufgelöster *Goodwill*).

Durch eine Kapitalerhöhung werden dem aU Mittel von 150 (davon 100 gezeichnetes Kapital und 50 Agio) zugeführt. Der Investor nimmt an der Kapitalerhöhung nicht teil. Seine Beteiligungsquote sinkt auf 20 % (= 40/200).

Nach der Kapitalerhöhung ist er somit wie folgt beteiligt:

- zu Buchwerten mit 20 % von 250 = 50 (plus 10),
- zu Zeitwerten mit 20 % von 300 = 60 (unverändert).

Folgende Lösungen kommen infrage:

- Bei Betrachtung nur des höheren anteiligen buchmäßigen Eigenkapitals lautet die Erfolgsbuchung: Beteiligung 10 an Ergebnis aus aU 10.
- Betrachtung auch der Beteiligungsminderung durch Abgang von 20/40: Bei noch nicht abgeschriebenem, d. h. noch im Beteiligungsansatz enthaltenem *Goodwill* und stillen Reserven daher zusätzliche Buchung i. H. von 12 · 20/40 = 6 (Ergebnis aus aU 6 an Beteiligung 6), somit insgesamt Erhöhung des Beteiligungsansatzes um 4.

Beide Lösungen sind u. E. zulässig, da es an expliziten Vorschriften fehlt.

Erfolgt die Kapitalerhöhung gegen **Sacheinlage**, so ist eine Aufdeckung im Einlagegegenstand enthaltener stiller Reserven wegen Abs. 5 Satz 3 und 4 (→ Rz. 55) auf die Höhe des Anteils der Dritten am assoziierten Unternehmen begrenzt. 35a

Bei **Kapitalherabsetzungen** ist ebenfalls zwischen einer Umgliederung und einer effektiven Variante zu unterscheiden: 36

- Bei der **vereinfachten** Kapitalherabsetzung zur Verlustdeckung kommt es nur zur Umgliederung innerhalb des Eigenkapitals. Auswirkungen auf den *Equity*-Ansatz ergeben sich nicht.

1 Gleicher Auffassung z. B. *Küting/Zündorf* in Handbuch der Konzernrechnungslegung, 2. Aufl. 1998, § 312 Tz. 171.

2 Vgl. *Beyer/Hachmeister*, WPg 2015 S. 27 ff.

3 Vgl. *Küting/Zündorf* in Küting/Weber (Hrsg.), Handbuch der Konzernrechnungslegung, Bd. II, 2. Aufl. 1998, § 312 Tz. 171.

- Bei der **effektiven** Kapitalherabsetzung kommt es i. H. des Herabsetzungsbetrags zu einer erfolgsneutralen Minderung des Beteiligungsansatzes (Aktivtausch: per Geld an *Equity*-Beteiligung).

2. Ergebnis- und Dividendenanteil

37 Im Rahmen der Folgebewertung/Folgekonsolidierung erhöht oder verringert sich der Ansatz des assoziierten Unternehmens in der Bilanz des beteiligten Unternehmens gem. Abs. 4 Satz 1

- entsprechend seinem **Anteil am** positiven oder negativen **Periodenergebnis,** wobei
- **empfangene Ausschüttungen** den Ansatz vermindern, und zwar in der Periode, in der sie vereinnahmt werden.

Negative Ergebnisanteile werden nach Erreichen eines Buchwerts von null nur noch in bestimmten Fällen berücksichtigt (→ Rz. 44).

Ausschüttungen können u. E. ausnahmsweise dann ertragswirksam sein, wenn sie aus zwischen Anteilserwerb und Erlangung des assoziierten Status thesaurierten Gewinnen stammen (→ Rz. 32).

38 Bei einer **Überkreuz- bzw. Rückbeteiligung** zwischen zwei assoziierten Unternehmen ist der Gewinnanteil unter Beachtung der effektiv im Umlauf befindlichen Anteile zu ermitteln. Hierzu nachfolgendes Beispiel:[1]

BEISPIEL aU1 ist mit 40 % an aU2, dieses umgekehrt mit 25 % an aU1 beteiligt. Die effektiv im Umlauf befindlichen Anteile betragen 100 % - (40 % · 25 %) = 90 %, der effektive Anteil am anderen aU somit 40 %/90 % = 44,4 % (Beteiligung aU1 an aU2) bzw. 30 %/90 % = 27,8 % (Beteiligung aU2 an aU1).

Erzielen beide Unternehmen vor Ertrag aus dem anderen aU ein Ergebnis von 1.000, ergibt sich folgende Berechnung:

	aU1	aU2
Anteil am anderen aU	40,0 %	25,0 %
Rückbeteiligung	10,0 %	10,0 %
Effektiv im Umlauf befindliche Anteile	90,0 %	90,0 %
Effektiver Anteil am anderen aU	44,4 %	27,8 %
Gewinn vor Ertrag aus anderem aU	1.000,0	1.000,0
+ Ertrag aus anderem aU vor Rückbeteiligung	400,0	250,0
= Gewinn vor Rückbeteiligung	1.400,0	1.250,0
Effektiver Ertrag aus anderem aU	555,6	388,9
+ Gewinn vor Ertrag aus anderem aU	1.000,0	1.000,0
= Gewinn nach Rückbeteiligung	1.555,6	1.388,9
Probe		
Gewinn anderes aU nach Rückbeteiligung	1.388,9	1.555,6
· nomineller Anteil	0,4	0,3
= effektiver Ertrag aus anderem aU	555,6	388,9

1 Vgl. im Detail *Lüdenbach*, StuB 2016 S. 924.

3. Nicht GuV-wirksame Einkommen des assoziierten Unternehmens

Das Eigenkapital des assoziierten Unternehmens kann sich ohne Berührung von dessen GuV, d. h. erfolgsneutral, insbesondere dann verändern, wenn das assoziierte Unternehmen selbst Mutterunternehmen eines Konzerns ist und aus der **Währungsumrechnung** seiner ausländischen Töchter Differenzen entstehen (→ § 308a Rz. 1 ff.). 39

Entsprechende Änderungen sind anteilig in den *Equity*-Ansatz beim beteiligten Unternehmen zu übernehmen (DRS 26.76). Der *Equity*-Ansatz ändert sich wie bei GuV-wirksamen Ergebnissen des Beteiligungsunternehmens, die Gegenbuchung erfolgt jedoch nicht über die GuV (Ergebnis aus assoziierten Unternehmen), sondern gegen Rücklagen (insbesondere Währungsumrechnungsrücklage). 40

Dieses theoretisch gebotene Vorgehen bereitet einige **praktische Probleme:** Die Entwicklung der nicht GuV-wirksamen Einkommensbestandteile beim assoziierten Unternehmen, also nicht nur ihre Einstellung ins Eigenkapital, sondern auch ihre spätere erfolgswirksame Herausnahme, sog. *Recycling,* ist über viele Perioden in aufwendiger Weise nachzuhalten, um etwa Doppelerfassungen (im Jahr der Einstellung und im Jahr der erfolgswirksamen Herausnahme aus dem Eigenkapital) zu vermeiden. Dieser Aufwand lässt sich nur vermeiden, wenn *Materiality*-Erwägungen im Einzelfall die Beschränkung auf die GuV-wirksamen Ergebnisse des assoziierten Unternehmens gestatten.

4. Bewertung von *Equity*-Beteiligungen bei Verlusten

4.1 Ergebnisfortschreibung bis Buchwert null

Im Falle dauernder Verluste des assoziierten Unternehmens würde die Ergebnisfortschreibung des Beteiligungsansatzes ab einem bestimmen Zeitpunkt zu einem negativen Wertansatz führen. DRS 26.52 verbietet einen solchen Negativansatz und schreibt im Übrigen Folgendes vor: 41

- Der negative *Equity*-Wert **(Verlustüberhang)** ist in der **Nebenrechnung** fortzuführen.
- Eine Berücksichtigung der Beträge aus der Nebenrechnung ist geboten, sobald die kumulierten negativen Beträge entweder durch **spätere Gewinne oder Einlagen** der Gesellschafter ausgeglichen worden sind.

Das Festhalten der überschießenden Verluste in einer Nebenrechnung impliziert Folgendes: Die in der **Folgezeit erzielten Gewinne** werden zunächst in dieser Nebenbuchhaltung zur Verlustverrechnung verwendet. Erst wenn sie den überschießenden Verlustanteil übersteigen, werden sie Bilanz- und GuV-wirksam. 42

BEISPIEL I leistet bei der Gründung des Beteiligungsunternehmens aU eine Einlage von 80. Die anteilig auf I anfallenden Jahresergebnisse betragen in den ersten drei Jahren jeweils -50 und im vierten und fünften Jahr jeweils +50.

Ende 01 beträgt der *Equity*-Ansatz 80 - 50 = 30 (per Ergebnis aus aU 50 an Anteil an aU 50).

Der Verlust des zweiten Jahres ist daher nur bis zur Höhe von 30 zu berücksichtigen (per Ergebnis aus aU 30 an Anteil an aU 30). Der überschießende, nicht berücksichtigte Betrag von 20 wird per 31.12.02 in einer Nebenrechnung festgehalten. Im Geschäftsjahr 03 erhöht sich dieser überschießende Betrag auf 70.

Er wird im Geschäftsjahr 04 durch das Ergebnis von +50 auf 20 gemindert.

In den Jahren 03 und 04 erfolgen keine Buchungen.

Das Ergebnis 05 von +50 wird mit 20 gegen den „Verlustvortrag" verrechnet, mit 30 Bilanz- und GuV-wirksam (per Anteil an aU 30 an Ergebnis aus aU 30).

43 Werden nach Fortschreibung des *Equity*-Werts auf null und Festhalten überschießender Verluste in einer Nebenrechnung **neue Anteile hinzuerworben** oder **Einlagen geleistet,** erhöhen deren Anschaffungskosten das Verlustausgleichsvolumen (ähnlich § 15a EStG). Die Verluste der Nebenrechnung werden insoweit erfolgswirksam.

BEISPIEL ► Der Anteil von X an aU beträgt bei Gründung am 1.1.01 20. Im Jahr 01 erzielt aU ein negatives Ergebnis von -150, das mit -30 X zuzurechnen ist. Hiervon sind im Jahr 01 nur 20 als Aufwand aus *Equity*-Beteiligung bei X zu berücksichtigen. 10 werden in einer Nebenrechnung festgehalten.

Im Jahr 02 leistet X eine zusätzliche Einlage von 15. aU erwirtschaftet im Jahr 02 ein ausgeglichenes Ergebnis.

Die zusätzliche Einlage erhöht das Verlustverrechnungsvolumen, und zwar (abweichend von den ansonsten vergleichbaren Vorschriften des § 15a EStG) auch mit Wirkung für Verluste der Vorjahre. Als Aufwand aus *Equity*-Beteiligung sind im Jahr 02 daher 10 bei X zu berücksichtigen.

4.2 Berücksichtigung überschießender Verluste in Haftungsfällen

44 Die Berücksichtigung überschießender Verluste ist ausnahmsweise insoweit zulässig und geboten, als der Investor **gesellschafts- oder schuldrechtlich haftet,** z. B. bei einer OHG oder infolge eines Ergebnisabführungsvertrags, und aufgrund einer entsprechenden Haftung schon Zahlungen geleistet hat oder (wahrscheinlich) leisten muss. Hier ist wie folgt zu differenzieren:

- Bei schon geleisteter Zahlung kommt nur die **Abschreibung der Forderung auf den Aufwendungsersatzanspruch** gegen die Gesellschaft infrage,
- bei **noch nicht geleisteter Zahlung** die Bildung eines **Passivpostens** (Verbindlichkeit bzw. Rückstellung).

In seltenen Fällen kann eine Abschreibung auf die Forderungen auf Aufwendungsersatz unter Berufung auf § 252 Abs. 2 HGB (→ § 252 Rz. 229) auch unter Verstoß gegen das Einzelbewertungsprinzip (→ § 252 Rz. 44) infrage kommen:

BEISPIEL ► I ist als persönlich haftender Gesellschafter an der aU OHG beteiligt. aU ist aufgrund eines vorübergehenden Liquiditätsengpasses nicht in der Lage, Kreditor K zu bedienen. K nimmt daher I in Anspruch. Die Zahlung von I begründet einen Aufwendungsersatzanspruch gegen aU gem. § 110 Abs. 1 HGB. Die Forderung auf den Aufwendungsersatz ist mit dem überschießenden Verlustanteil zu belasten. Dies gilt auch dann, wenn der Aufwendungsersatzanspruch z. B. wegen Absicherung durch die Mitgesellschafter, dinglicher Sicherung oder positiver Zukunftsaussichten des Beteiligungsunternehmens voll werthaltig ist.

4.3 Ausdehnung der Verlustverrechnung bei eigenkapitalsubstituierenden Finanzierungen?

45 Das mit Verlusten belastbare Interesse *(interest)* des Investors im assoziierten Unternehmen umfasst nach **internationaler Rechnungslegung** (IAS 28) auch Darlehen, stille Beteiligungen sowie geleistete Finanzierungsbeiträge, wenn eine Tilgung weder geplant noch in der absehbaren Zukunft wahrscheinlich ist. Aus **funktionaler Sicht** (nicht notwendig aus rechtlicher) substituieren sie Eigenkapital, indem sie der langfristigen Finanzierung des assoziierten Unternehmens dienen und durch Verzicht auf dingliche Sicherung externe Finanzierungsmöglichkeiten des assoziierten Unternehmens nicht einschränken.

46 Im Fall solcher eigenkapitalsubstituierender Finanzierungen ist nach **HGB** vorrangig die **Werthaltigkeit** der Finanzanlage zu betrachten. Ist sie **nicht gegeben,** entsteht Aufwand schon aus deren außerplanmäßiger Abschreibung (→ § 253 Rz. 184).

47 Liegt jedoch **Werthaltigkeit** aufgrund von Absicherungen vor, unterliegt der Darlehensgeber dabei keinen beteiligungsähnlichen Risiken, scheidet nach DRS 26.54 ff. eine Verrechnung des überschießenden Verlusts mit dem Darlehen aus. Unter Berufung auf § 252 Abs. 2 HGB kann als **Abweichung vom Einzelbewertungsprinzip** auch eine andere Lösung infrage kommen (→ Rz. 44). Danach wäre der Ansatz des Darlehens gegen Aufwand aus der *Equity*-Beteiligung zu mindern. Bei einem solchen Vorgehen ergäben sich Konsistenzanforderungen an die **Entkonsolidierung:**

- Mit der Beendigung der *Equity*-Methode entfällt der Ausnahmegrund für die Berücksichtigung von Verlusten bei Darlehen etc.
- Soweit diese werthaltig sind, müssten die Darlehensforderungen nach allgemeinen Grundsätzen nunmehr wieder mit dem vollen Betrag ausgewiesen werden.
- Die erforderliche Zuschreibung auf die Forderung wäre u. E. nicht separat, sondern als Teil des Entkonsolidierungserfolgs auszuweisen.

BEISPIEL V beteiligt sich im Jahr 01 als Gründungsgesellschafter mit 20 % – entsprechend 200 T€ – an aU.

In den Jahren 01 bis 03 beträgt der Verlustanteil aus aU insgesamt 250 T€. Hiervon werden 50 T€ gegen ein von V gewährtes Darlehen verrechnet, für das bei isolierter Betrachtung kein Wertberichtigungsbedarf gegeben wäre.

Anfang 04 veräußert V seine Beteiligung für 10 T€ an E.

BEURTEILUNG

- Ohne Berücksichtigung des Darlehens ergibt sich ein Entkonsolidierungserfolg von 10 T€ (= Erlös 10 - Buchwert 0).
- Die Entkonsolidierung bedingt aber eine Zuschreibung beim Darlehen.
- Sie ist u. E. nicht als Ertrag aus der Auflösung einer Wertberichtigung zu berücksichtigen, sondern führt zu einer Erhöhung des Entkonsolidierungserfolgs auf 60 T€.

4.4 Außerplanmäßige Abschreibungen auf *Equity*-Beteiligungen

48 Da der Konzern nicht auf sich selbst abschreiben kann, sind außerplanmäßige Abschreibungen auf *Equity*-Beteiligungen dogmatisch nur dann zu begründen, wenn die ***Equity*-Methode** jedenfalls nicht ausschließlich als ein **Konsolidierungsverfahren,** sondern mindestens auch als ein Verfahren der **Beteiligungsbewertung** gilt. DRS 26.55 folgt diesem Gedanken und sieht daher Folgendes vor:

- Der *Equity*-Wert ist zu jedem Konzernabschlussstichtag auf seine Werthaltigkeit zu überprüfen. Übersteigt der *Equity*-Wert den beizulegenden Zeitwert und ist die Wertminderung dauerhaft, so ist eine **außerplanmäßige Abschreibung** vorzunehmen. Bei voraussichtlich nur vorübergehender Wertminderung besteht ein Abschreibungswahlrecht.
- Wenn der Grund für die außerplanmäßige Abschreibung nicht mehr besteht, ist der *Equity*-Wert **zuzuschreiben.**

Im ersten Punkt sah DRS 8 abweichend vom Gesetz auch ohne **voraussichtlich dauernde Wertminderung** eine Abschreibung vor.

49 Soweit ein Abschreibungsbedarf festgestellt ist, muss noch die Frage der **Verteilung des außerplanmäßigen Abschreibungsbetrags** geklärt werden. Der *Equity*-Ansatz repräsentiert den Anteil des Investors an dem Vermögen des Beteiligungsunternehmens einschließlich eines *Goodwill* und stiller Reserven. Für den weiteren Wertverlauf nach außerplanmäßiger Abschreibung

ist daher von Bedeutung, welche dieser Komponenten vorrangig belastet wird (→ Rz. 12). Nach DRS 26.56 ff. gilt:

- Außerplanmäßige Abschreibungen mindern in der Nebenrechnung **zunächst** den *Goodwill.*
- Nach dessen vollständiger Abschreibung wird der verbleibende ***Equity*-Wert** verringert, u. E. hinsichtlich der dahinterliegenden Vermögenswerte bzw. stillen Reserven **quotal** mit Ausnahme der monetären Vermögenswerte.
- Außerplanmäßige Abschreibungen des *Goodwill* sind auch bei Wegfall der Wertminderungsgründe beizubehalten.
- Der nicht auf dem *Goodwill* basierende **restliche *Equity*-Wert** ist höchstens bis zum anteiligen bilanziellen Eigenkapital im Bewertungszeitpunkt abzüglich (zuzüglich) der in der Nebenrechnung fortgeführten stillen Reserven (Lasten) zuzuschreiben.

Dieses Vorgehen unterscheidet sich deutlich von der **internationalen Rechnungslegung** (IAS 28). Diese verbietet einen Wertminderungsaufwand auf Teile des *Equity*-Ansatzes zu allozieren. Konzeptionell leuchtet ein solches Verbot ein. Bewertungsobjekt ist der Anteil am assoziierten Unternehmen in seiner Einheitlichkeit. Der Anteil und nicht seine rechnerischen Komponenten sind daher außerplanmäßig abzuschreiben. Praktisch ist der Verzicht auf eine Vorgabe zur Verteilung des Abschreibungsaufwands aber eine **Scheinlösung.** Es bleibt bei der Notwendigkeit, über die planmäßige Fortschreibung des *Goodwill* und der stillen Reserven zu entscheiden. Diese Entscheidung setzt Klarheit über den Bestand nach außerplanmäßiger Abschreibung und damit über die Allozierung des Wertminderungsbetrags voraus.

BEISPIEL Am 1.1.01 erwirbt I einen Anteil von 20 % an aU für 100. Der Anteil am Buchvermögen von aU beträgt 50, derjenige an den stillen Reserven 25, der *Goodwill* somit ebenfalls 25. Die stillen Reserven und der *Goodwill* sind über fünf Jahre aufzulösen. Das Ergebnis 01 und 02 von aU ist null, der planmäßig um die Auflösung der stillen Reserven fortgeführte *Equity*-Ansatz auf den 31.12.01 beträgt somit 90. Der erzielbare Betrag *(recoverable amount)* ist zum gleichen Zeitpunkt nur noch 70.

Fraglich ist die planmäßige Fortentwicklung des *Equity*-Ansatzes im Jahr 02.

Nach DRS 26 gilt: Die außerplanmäßige Abschreibung des Jahres 01 wird voll gegen den *Goodwill* verrechnet. Die stillen Reserven sind nicht betroffen und werden im Jahr 02 planmäßig um 5 fortgeschrieben.

Nach IAS 28 wird die außerplanmäßige Abschreibung nicht auf *„any asset"* verteilt. Gleichwohl besteht die Notwendigkeit, die stillen Reserven im Jahr 02 planmäßig fortzuschreiben. Hierzu müssen Annahmen getroffen werden, ob die stillen Reserven per 31.12.01 noch „unversehrt" waren (dann planmäßige Abschreibung der stillen Reserven 02 i. H. von 5) oder ob sie anteilig durch die außerplanmäßige Abschreibung 01 von 20 belastet waren (dann planmäßige Abschreibung 02 i. H. von 10/4 = 2,5). Eine Lösung hierfür liefert IAS 28 nicht. Wörtlich genommen impliziert er, dass die außerplanmäßige Abschreibung weder die stillen Reserven noch den *Goodwill* tangiert, sondern unverteilt, also als eigener Negativposten (Wertberichtigung), Teil des *Equity*-Ansatzes wird. Dieser wörtlichen Auslegung folgend wären die stillen Reserven also als unversehrt anzusehen. Eine solche Auslegung macht aber z. B. dann keinen Sinn, wenn die außerplanmäßige Abschreibung sowohl *Goodwill* als auch stille Reserven abdecken würde, im Beispiel also 40 statt 20 betrüge.

50 Der außerplanmäßige Abschreibungsbetrag ist Teil des **Ergebnisses aus assoziierten Unternehmen** und als solches in der GuV auszuweisen (→ Rz. 52).

51 *(einstweilen frei)*

5. Ausweis des Ergebnisses in der GuV

Nach Abs. 4 Satz 2 ist das auf assoziierte Beteiligungen entfallende Ergebnis in der GuV unter einem **gesonderten Posten** auszuweisen. Der Ausweis erfolgt i. d. R. im Finanzergebnis (→ § 298 Rz. 31). 52

DRS 8.46 sah einen Ausweis **nach Steuern** vor. Dies entspricht der Einheitlichkeit des Ergebnisses aus dem assoziierten Unternehmen. DRS 26.77 gewährt ein Wahlrecht zwischen Ausweis vor oder nach Steuern.

Die Steuern entstehen sowohl beim assoziierten Unternehmen selbst (als tatsächliche oder latente Steuern) als auch aus der Aufdeckung stiller Reserven (passive latente Steuern, → § 306 Rz. 18).

VII. Wahlrecht zur Anpassung der Bilanzierungsmethoden (Abs. 5 Satz 1 und 2)

Nach Abs. 5 Satz 1 ist das *Equity*-Ergebnis bzw. der *Equity*-Ansatz nicht zwingend auf der Basis konzerneinheitlicher **Bewertungsmethoden** zu ermitteln. Nach h. M. gilt dies sowie die Angabepflicht nach Abs. 5 Satz 2 gleichermaßen für den **Bilanzansatz.** 53

- Wendet das assoziierte Unternehmen in seinem Jahresabschluss vom Konzernabschluss abweichende Methoden an, so können Bewertung und Ansatz angepasst werden, müssen dies aber nicht **(Wahlrecht)**.
- Werden sie nicht angepasst, so ist diese Tatsache nach Abs. 5 Satz 2 im **Konzernanhang** anzugeben.

Das Wahlrecht trägt dem Umstand Rechnung, dass anders als bei einem Tochterunternehmen (Beherrschung) die für eine Vereinheitlichung notwendigen Informationen häufig nicht in vollem Umfang durchsetzbar sind. Schon unter Anwendung allgemeiner Gesichtspunkte der *materiality*, Praktikabilität und Kosten-Nutzen-Abwägung wäre daher eine Anpassung in den meisten Fällen nicht zwingend.

Notwendig sollte eine Anpassung allerdings nach DRS 8.8 sein, wenn der Abschluss des assoziierten Unternehmens nach ausländischen, nicht mit den handelsrechtlichen GoB konformen Methoden erstellt wurde. In DRS 26 ist diese „Diskriminierung" ausländischer Abschlüsse nicht mehr enthalten. 54

VIII. Zwischenergebniseliminierung sowie latente Steuern (Abs. 5 Satz 3)

Nach Abs. 5 Satz 3 sind die Vorschriften des § 304 HGB über die Behandlung der Zwischenergebnisse sowie die Vorschriften des § 306 HGB über konsolidierungsbedingte latente Steuern (→ Rz. 11) entsprechend anzuwenden, jedoch nur soweit die für die Beurteilung maßgeblichen **Sachverhalte bekannt** oder **zugänglich** sind. Über den Wesentlichkeitsvorbehalt von § 304 Abs. 2 HGB hinaus wird damit den besonderen Schwierigkeiten der Informationsbeschaffung gegenüber assoziierten Unternehmen Rechnung tragen. Zu den latenten Steuern wird auf → Rz. 11 verwiesen. 55

Die Zwischenergebniseliminierung betrifft nach DRS 26.68 sowohl *Upstream*-Lieferungen des assoziierten Unternehmens an den Investor als auch *Downstream*-Transaktionen mit umgekehrter Lieferrichtung. Nach anderer Auffassung ist eine Zwischenergebniseliminierung bei *Downstream*-Transaktionen nicht geboten.[1]

56 Die **Technik** der Zwischenergebniseliminierung bei *Equity*-Konsolidierung erklärt sich am besten im Vergleich zur Vollkonsolidierung (→ § 304):

- Bei konzerninternen Lieferungen zwischen Unternehmen des Vollkonsolidierungskreises, denen sich bis zum Bilanzstichtag noch keine Konzernaußenumsätze angeschlossen haben, zielt die Zwischenergebniseliminierung auf die **Begrenzung** des konzernbilanziellen **Wertansatzes** des Liefergegenstands. Der Gegenstand soll durch eine konzerninterne Transaktion nicht über den Konzernanschaffungs- bzw. -herstellungskosten angesetzt werden können. Der vom konzerninternen Veräußerer einzelbilanziell realisierte Gewinn (Differenz von einzelbilanziellem Veräußerungspreis zu den Anschaffungs-/Herstellungskosten) ist daher gegen den Liefergegenstand zu eliminieren. Buchung (abgekürzt): per (Netto-)Ertrag an Vermögensgegenstand.

- Für assoziierte Unternehmen ergeben sich abgesehen von der rechnerischen Beschränkung der Eliminierung auf die Anteilsquote je nach Transaktionsrichtung folgende Modifikationserfordernisse:

- Bei *Downstream*-**Lieferungen** verlässt der Vermögensgegenstand den Vollkonsolidierungskreis, steht also technisch für eine Wertkorrektur nicht mehr zur Verfügung. Die Wertkorrektur kann entweder gem. einer Mindermeinung unterbleiben (→ Rz. 55) oder muss stattdessen gegen den *Equity*-Ansatz erfolgen. Buchung: **per Ergebnis aus aU an Anteil an aU.**

- Bei *Upstream*-**Lieferungen** gelangt der Vermögensgegenstand in den Vollkonsolidierungskreis und stünde insofern technisch für eine Wertkorrektur zur Verfügung. Als Gegenkonto kommt aber die ursprünglich in Einzel- und Summenbilanz angesprochene Ertragsposition nicht infrage, da im Rahmen der *one line consolidation* (→ Rz. 10) nicht die einzelnen GuV-Positionen des assoziierten Unternehmens, sondern dessen Ergebnis (Saldogröße) Berücksichtigung findet. Die entsprechende Anwendung der Vollkonsolidierung würde also zu folgender Buchung führen: per Ergebnis aus assoziiertem Unternehmen an bezogener Vermögensgegenstand. DRS 8.32 schrieb allerdings eine Eliminierung gegen die *Equity*-Beteiligung vor. Buchung: **per Ergebnis aus aU an Anteil an aU.** DRS 26.70 sieht ein Wahlrecht zwischen Eliminierung gegen den Bestandswert des erworbenen Vermögensgegenstands oder gegen den *Equity*-Wertansatz vor und empfiehlt als bevorzugte Methode die erste Variante.

BEISPIEL

a) *Downstream*-Lieferung

M liefert Erzeugnisse (Herstellungskosten = 75) im Dezember 01 mit einem Gewinnaufschlag von 25, somit für 100 an aU, an der er mit 20 % beteiligt ist. Im Jahr 02 veräußert aU die Erzeugnisse/Waren weiter. M konsolidiert wie folgt:

Im Jahr 01:

Ergebnis aus aU (20 % von 25)	5	an	Anteil an aU	5

1 Gegen eine Eliminierungspflicht bei *Downstream*-Transaktionen z. B. *Schmidbauer*, DStR 2001 S. 1534 ff.; *Küting/Seel*, DB 2011 S. 1005 ff.

Im Jahr 02:

Gewinnrücklagen	5	an	Anteil an aU	5 (EB)
Anteil an aU	5	an	Ergebnis aus aU	5

b) *Upstream*-Lieferung

aU liefert Erzeugnisse (Herstellungskosten = 75) im Dezember 01 für 100 an M, die mit 20 % beteiligt ist. Im Jahr 02 veräußert M die Erzeugnisse/Waren weiter. M konsolidiert nach DRS 8 wie unter A. Nach DRS 26 ist u. E. folgende Konsolidierung vorzuziehen:

Im Jahr 01:

Ergebnis aus aU	5	an	Vorräte	5

Im Jahr 02:

Gewinnrücklagen	5	an	Vorräte	5 (EB)
Vorräte	5	an	Ergebnis aus aU	5

Ein eliminierungspflichtiger Gewinn aus einer *Upstream*-Transaktion entsteht auch, wenn das übergeordnete Unternehmen die Mehrheit an einem bisher assoziierten Unternehmen erwirbt. Der Zwischengewinn sollte nicht gegen die Erstkonsolidierungswerte des Tochterunternehmens nach § 301 HGB verrechnet werden, sondern gegen den *Equity*-Buchwert des assoziierten Unternehmens.[1] 56a

Die **Eliminierung** ist proportional vorzunehmen (DRS 26.68), da nur dies dem Wesen der *Equity*-Methode als Einzeilenkonsolidierung entspricht. 57

Soweit der **Anteil bereits auf null abgewertet** ist (→ Rz. 41), steht bei *Downstream*-Lieferungen der Anteil technisch nicht mehr für die Eliminierungsbuchung „per Ertrag an Anteil" zur Verfügung. Verschiedene Lösungsansätze kommen hier infrage: 58

- ► Unterlassen der Eliminierung oder
- ► Eliminierung des Gewinns gegen Eigenkapital (per Ertrag an Eigenkapital) oder einen passiven Abgrenzungsposten (per Ertrag an passive Abgrenzung), jeweils mit erfolgsneutraler Auflösung des Eigenkapital- oder Abgrenzungspostens gegen den Anteil, sobald wieder hinreichend Gewinne angefallen sind, aber spätestens bei Entkonsolidierung.

Gegen die erste Lösung spricht der unzutreffende Ertragsausweis, gegen die zweite, dass die Nutzung von Eigenkapital- oder Abgrenzungsposten zur zeitlichen Gewinnverteilung handelsrechtlich nur in Einzelfällen, aber nicht für den Fall der Zwischenergebniseliminierung vorgesehen ist.

Werden die Anteile am assoziierten Unternehmen ganz oder teilweise veräußert und endet dadurch oder durch Änderung der Stimmrechtsregelungen die *Equity*-Konsolidierung, stellt sich die Frage nach Behandlung zuvor eliminierter Zwischengewinne aus ***Downstream*-Lieferungen.** Hierbei ist wie folgt zu differenzieren: 59

a) **Vollständige Veräußerung des Anteils**

Hier wird die Wirkung der früheren Eliminierung quasi automatisch über den Entkonsolidierungserfolg rückgängig gemacht. Der eliminierte Gewinn hat zuvor den *Equity*-Ansatz gemindert und erhöht bei gegebenem Veräußerungspreis damit jetzt den Entkonsolidierungserfolg.

1 Praxisbeispiel bei *Lüdenbach*, StuB 2017 S. 597.

b) **Teilveräußerung, Übergang auf einfache Beteiligung**

Hier stellt der (auf die verbleibenden Anteile entfallende) *Equity*-Buchwert die fiktiven Anschaffungskosten der einfachen Beteiligung dar. Die frühere erfolgswirksame Eliminierung verändert die Anschaffungskosten und wird insoweit erst bei späterer Veräußerung der Anteile erfolgswirksam.

60 Keine Zwischenergebniseliminierung ist bei ***Sidestream*-Transaktionen** eines assoziierten, *at equity* konsolidierten Unternehmens an ein zweites Unternehmen mit gleichem Status vorzunehmen.

61 Beim gesamten Problemkreis der Zwischenergebniseliminierung spielen der ***Materiality*-**Aspekt sowie die **Kosten-Nutzen**-Frage eine wichtige Rolle. Aus dieser Sicht ist praktisch wie folgt zu differenzieren:

- Bezieht eines der beiden Unternehmen Vorräte vom anderen Unternehmen und ist der jeweils zum Bilanzstichtag noch nicht verkaufte Bestand entweder gering oder unterscheidet er sich – bei relativer Konstanz der Gewinnaufschläge – im Vergleich der Stichtage nicht wesentlich, so kann i. d. R. von einer diesbezüglichen Zwischenergebniseliminierung abgesehen werden. Gleiches gilt, wenn die Gewinnaufschläge aus den internen Lieferungen gering ausfallen.
- Wird Anlagevermögen von einer Gesellschaft an die andere mit Verlust veräußert, so kann dies ein Indiz für ein bereits zuvor bestehendes Abwertungserfordernis darstellen. Der Verlust ist in diesem Falle nicht zu eliminieren.
- Erbringt das eine Unternehmen Leistungen, die das andere Unternehmen entgegen der für originäre Anlagen bestehenden Politik oder Rechtslage als immaterielle Vermögensgegenstände aktiviert, so ist bei erheblichem Umfang eine Zwischenergebniseliminierung vorzunehmen. Aus praktischer Sicht scheitert die Zwischenergebniseliminierung jedenfalls bei *Upstream*-Transaktionen (Lieferungen vom assoziierten Unternehmen an das beteiligte Unternehmen) ggf. an den fehlenden Informationen über die Höhe des Zwischenergebnisses.

IX. Keine Aufwands- und Schuldenkonsolidierung

61a Die *Equity*-Methode ist zwar (auch) eine Konsolidierungsmethode, bei der etwa im Rahmen der Erstkonsolidierung entstehende Unterschiedsbeträge (stille Reserven und Firmenwerte) fortzuschreiben sind, im Unterschied zur Vollkonsolidierung werden die Unterschiedsbeträge aber nicht in separaten Positionen, sondern lediglich in einer Nebenrechnung festgehalten. Weil die Konzernbilanz und Konzern-GuV demzufolge jeweils nur einen einzigen Wert ausweist, wird technisch auch von einer ***one line consolidation*** gesprochen. Bisher bestand im Schrifttum Einvernehmen, dass mit dieser „Einzeilenkonsolidierung" zwar eine Zwischenergebniseliminierung (§ 312 Abs. 5 Satz 3 i.V. mit § 304 HGB) vereinbar ist, aber weder eine Schulden- (§ 303 HGB) noch eine Aufwandskonsolidierung (§ 305 HGB).

Der BilRUG-RefE (→ § 264 Rz. 37d) sah hier eine Änderung vor. § 312 Abs. 5 Satz 3 HGB sollte wie folgt neu gefasst werden: „Die §§ 303 bis 305 sind entsprechend anzuwenden, soweit die für die Beurteilung maßgeblichen Sachverhalte bekannt oder zugänglich sind." Die *Begründung des Referentenentwurfs* (S. 78) führte allerdings aus, dass dabei der **„Natur der *equity*-Methode"** Rechnung zu tragen sei. Dies bedeutete zunächst mindestens, dass die Schulden- und Aufwandskonsolidierung im Unterschied zur Vollkonsolidierung nur nach Maßgabe der

Beteiligungsquote erfolgen darf. Aber auch ein solches Vorgehen hätte noch zu Verwerfungen geführt:

BEISPIEL ▶ Anfang 01 beteiligt sich M mit einer Einlage von 40 GE (entsprechend 40 %) an der Gründung von AU. AU beliefert zunächst mit gutem Erfolg und hohen positiven *Cashflows* Dritte, ab Herbst 01 aber auch M für insgesamt 500 GE. Die entsprechenden Rechnungen werden mit einem Teil von 300 GE erst Anfang 02 beglichen. Sämtliche von AU bezogenen Güter veräußert M noch im Jahr 01 weiter, so dass eine Zwischenergebniseliminierung nicht notwendig ist. AU erzielt 01 ein Ergebnis von 150 GE und weist zum Jahresende ein Eigenkapital von 100 (aus Gründung) + 150 (aus Jahresüberschuss) = 250 GE aus. Nach bisherigem Recht entwickelte sich der *Equity*-Ansatz wie folgt: Mitte 01: per Anteil an AU 40 an Geld 40. 31.12.01: per Anteil an AU 60 an Ergebnis aus AU 40. Daraus ergibt sich per 31.12.01 ein Wert von 40 - 60 = 100 GE. Dies entspricht 40 % des Eigenkapitals der AU.

Als Gegenkonto zu einer Schuldenkonsolidierung kommt nur der *Equity*-Ansatz infrage. Danach wäre also per 31.12.01 zu buchen: per Verbindlichkeiten gegenüber AU (40 % von 300) 120 GE an Anteil an AU 120 GE. Da der *Equity*-Ansatz aber nicht negativ werden kann, stehen unglücklicherweise nur 100 GE zur Verrechnung der Schulden zur Verfügung. Für die überschießenden 20 GE fehlt ein sinnvolles Gegenkonto. Infrage käme lediglich ein „Verlust aus AU", ein solcher liegt aber gar nicht vor. Unabhängig von den überschießenden 20 GE (d. h., auch wenn lediglich 100 GE zu verrechnen wären) widerspräche die Schuldenkonsolidierung aber auch § 312 Abs. 4 HGB, wonach der Wertansatz um den Betrag der Eigenkapitalveränderungen fortzuschreiben ist, die dem Mutterunternehmen zuzurechnen sind. Analoge Probleme ergäben sich bei der Aufwandskonsolidierung. Wogegen sollte etwa im Beispiel M den Materialaufwand (40 % von 500) eliminieren?

Aus dem Ganzen hatten wir nach Erscheinen des Referentenentwurfs folgendes Fazit gezogen: Wenn, wie die Begründung des Referentenentwurfs zu Recht anmerkt, die Schulden- und Aufwandskonsolidierung der Natur der *Equity*-Methode nicht widersprechen darf, dann kann sie **gar nicht** vorgenommen werden. Hieraus hatten wir die Empfehlung abgeleitet, § 312 Abs. 5 HGB wie bisher auf die Zwischenergebniseliminierung (und latente Steuern) zu beschränken. Die endgültige Fassung des BilRUG folgt diesen Bedenken und verlangt nur noch die entsprechende Anwendung von § 304 HGB (Zwischenergebniseliminierung) sowie daneben § 306 HGB (latente Steuern, → Rz. 11).

X. Maßgeblicher Abschluss des Beteiligungsunternehmens (Abs. 6)

Die Frage, welcher Abschluss des Beteiligungsunternehmens für Zwecke der *Equity*-Konsolidierung zugrunde zu legen ist, behandelt Abs. 6 unter zeitlichem und sachlichem Aspekt: 62

- **Zeitlich** ist nach Abs. 6 Satz 1 jeweils der **letzte Abschluss** des assoziierten Unternehmens zugrunde zu legen.
- **Sachlich** ist nach Abs. 6 Satz 2 der **Konzernabschluss** des assoziierten Unternehmens zugrunde zu legen, sofern ein solcher aufgestellt wird. Ist das assoziierte Unternehmen hingegen nicht Mutterunternehmen eines (Teil-)Konzerns oder nur ein Mutterunternehmen, das keinen Konzernabschluss aufstellt, wird der **Jahresabschluss** zugrunde gelegt.

63 In **zeitlicher** Hinsicht sind zwei Fälle zu unterscheiden:

- Das assoziierte Unternehmen bilanziert zwar zum **gleichen Stichtag** wie der Investor, stellt seinen Abschluss aber regelmäßig wesentlich später auf: Der Investor kann dann gem. Abs. 1 Satz 1 den letzten Abschluss des assoziierten Unternehmens zugrunde legen.
- Das assoziierte Unternehmen bilanziert zu einem **abweichenden Bilanzstichtag:** Die Aufstellung eines Zwischenabschlusses ist nicht gefordert. Auch hier kann der letzte vorliegende Abschluss als Konsolidierungsbasis dienen.

Diesen Vorgaben des Gesetzes folgte DRS 8 nicht. Nach DRS 8.12 war zur Ermittlung des anteiligen Eigenkapitals der Abschluss des assoziierten Unternehmens zugrunde zu legen, der auf den Stichtag des Konzernabschlusses aufgestellt worden ist. Die Verwendung des letztjährigen Abschlusses war nicht vorgesehen. Bei abweichenden Stichtagen konnte nach DRS 8.13 auf einen Zwischenabschluss nur dann verzichtet werden, wenn der Stichtag des assoziierten Unternehmens höchstens drei Monate vor dem Stichtag des Konzernabschlusses liegt. Dieser Einschränkung gesetzlicher Wahlrechte musste das Unternehmen nicht folgen (→ § 252 Rz. 269). DRS 26 enthält die vorgenannten Restriktionen nicht mehr und hält u. a. fest: Auch wenn der Stichtag des assoziierten Unternehmens mehr als drei Monate vor dem des Konzerns liegt, kann auf einen Zwischenabschluss verzichtet werden (DRS 26.24).

Im Übrigen differenziert DRS 26.23 hinsichtlich der rechtlichen Stufen des Abschlusses des assoziierten Unternehmens noch wie folgt:

- Damit der Abschluss des assoziierten Unternehmens bei der *Equity*-Methode Verwendung finden kann, muss er zumindest von den dafür zuständigen Organen aufgestellt sein. Alle für diesen Abschluss wesentlichen Bilanzierungs- und Bewertungsentscheidungen müssen also verbindlich festgelegt worden sein.
- Bei bestehender Prüfungspflicht sollten zumindest alle wesentlichen Prüfungshandlungen abgeschlossen sein.
- Eine Feststellung des Jahresabschlusses bzw. die Billigung des Konzernabschlusses des assoziierten Unternehmens noch innerhalb der Aufstellungsphase für den Konzernabschluss des Mutterunternehmens durch die Gesellschafter bzw. die sonst dafür zuständigen Organe ist nicht zwingend erforderlich.

XI. Erwerb und Veräußerung von Anteilen

1. Erwerb weiterer Anteile

1.1 Erwerb ohne Statuswechsel (Aufstockung)

64 Der Erwerb weiterer Anteile ohne Statuswechsel (das Unternehmen war und ist assoziiert) ist im Gesetz nicht geregelt. Für den **Hinzuerwerb** ist eine **Erstkonsolidierung** durchzuführen, bei der es u. E. aber vertretbar ist, einen Unterschiedsbetrag nicht auf stille Reserven und *Goodwill* zu allozieren, sondern **insgesamt als *Goodwill*** zu behandeln. Eine Allozierung ist zwar durch DRS 26.61 vorgesehen, entspricht u. E. aber eher dem Rechtsstand vor BilMoG, der (wahlweise) *eine Allozierung* der Unterschiedsbeträge auf den Zeitpunkt des Erwerbs der Anteile vorsah (§ 312 Abs. 3 HGB a. F.), während das BilMoG in Abs. 3 nur noch auf den Zeitpunkt der Erlangung des assoziierten Status abstellt (→ Rz. 22).

BEISPIEL ▸ X hält seit Gründung 25 % an aU. Zum 31.12.03 beträgt das anteilige EK von aU 1.000 zu Buchwerten (bei stillen Reserven von 200), der *Equity*-Wert bei X 250. Am 1.1.04 erwirbt X weitere 15 % für 200.

Für die neuen Anteile ergibt sich ein Unterschiedsbetrag von 200 - 150 = 50, der wie folgt alloziert werden kann:

- stille Reserven 15 % · 200 = 30, *Goodwill* 50 - 30 = 20 (Lösung nach DRS 26.61),
- 50 *Goodwill* (u. E. ebenfalls vertretbar).

1.2 Einfache Beteiligung wird zu assoziiertem Unternehmen

Durch den Erwerb zusätzlicher Anteile kann aus einer einfachen Beteiligung eine Beteiligung an einem assoziierten Unternehmen werden. Die Unterschiedsbeträge für die alten Anteile sind in diesem Fall **nicht retrospektiv** nach Maßgabe ihres Anschaffungszeitpunkts und unter fiktiver Fortschreibung für die Zwischenzeit zu berücksichtigen. Maßgeblich sind vielmehr die Verhältnisse zum Zeitpunkt der Erlangung des assoziierten Status (→ Rz. 22). 65

1.3 Assoziiertes Unternehmen wird zu Tochter- oder proportional konsolidiertem Gemeinschaftsunternehmen

Ist durch Zuerwerb ein Wechsel zur Vollkonsolidierung bzw. proportionalen Konsolidierung geboten, sind die stillen Reserven auch für die Altanteile gem. § 301 Abs. 2 HGB i.V. mit § 310 Abs. 2 HGB nicht nach Maßgabe der (fortgeschriebenen) Verhältnisse des früheren Erwerbszeitpunkts, also der Nebenrechnung zum *Equity*-Bilanzwert, sondern vielmehr nach Maßgabe des erstmaligen **Status** als Tochter- oder Gemeinschaftsunternehmen anzusetzen. Die Differenz zum im *Equity*-Buchwert enthaltenen Anteil an fortgeschriebenen alten stillen Reserven wird gegen *Goodwill* gebucht. Im Einzelnen wird auf → § 301 Rz. 110 und → § 310 Rz. 32 verwiesen. Nach DRS 27.53 f. soll bei Übergang zum proportional konsolidierten Gemeinschaftsunternehmen hingegen gelten: Die für die erste Tranche bestimmten und im Rahmen der *Equity*-Methode fortgeschriebenen Beträge sind erfolgsneutral in die quotale Konsolidierung zu überführen. 66

2. Veräußerung von Anteilen

2.1 Veräußerung sämtlicher Anteile (Entkonsolidierung)

Mit der Veräußerung sämtlicher Anteile geht die Beteiligung am assoziierten Unternehmen ab. In der Differenz von Veräußerungserlös und Buchwertabgang ergibt sich ein Ertrag oder Aufwand, der konzernbilanziell als sonstiger betrieblicher Ertrag oder Aufwand oder innerhalb des Finanzergebnisses ausgewiesen werden kann. 67

2.2 Veräußerung ohne Statuswechsel (Abstockung)

Wird ein Teil der Anteile an einem assoziierten Unternehmen ohne Statuswechsel veräußert, geht der *Equity*-Wert anteilig erfolgswirksam ab (DRS 26.62). Hierbei können sich Probleme daraus ergeben, dass die veräußerten Anteile ihrerseits nicht sämtlich zu einem einzigen Stichtag, sondern sukzessive erworben wurden. In diesem Fall stellt sich die Frage, ob hinsichtlich der abgehenden Anteile in Bezug auf stille Reserven und *Goodwill* eine **Durchschnittsbetrachtung** oder eine **verbrauchsfolgeähnliche Betrachtung** angezeigt ist. Hierzu folgendes Beispiel: 68

BEISPIEL Ein Investor hat Anfang 01 20 % der Anteile für 60 (bei einem buchmäßigen Eigenkapitalanteil von 50, Unterschiedsbetrag 10), Anfang 04 weitere 20 % für 100 (bei einem buchmäßigen Eigenkapitalanteil von 80, Unterschiedsbetrag 20) erworben.

Anfang 06 beträgt der *Equity*-Buchwert nach Gewinnthesaurierungen aus 04 und 05 insgesamt 200. Der Investor veräußert 20 %, die Hälfte seiner Anteile, für 120.

Sämtliche Unterschiedsbeträge sollen *Goodwill* sein und über zehn Jahre abgeschrieben werden.

BEURTEILUNG Im Beteiligungswert Anfang 06 ist ein Wert von 21 als *Goodwill* enthalten:

- 5 aus 01 (ursprünglich 10, davon 5/10 abgeschrieben),
- 16 aus 04 (ursprünglich 20, davon 2/10 abgeschrieben).

Für die Erfolgsermittlung bestehen folgende Alternativen:

ALTERNATIVE 1 **Durchschnittsbetrachtung**
Ertrag = 120 Veräußerungspreis - 100 Abgang *Equity*-Beteiligung = 20.

ALTERNATIVE 2 **Fifo-Betrachtung**
Die alten Anteile gehen ab, d. h. vom *Goodwill* nur 5 (statt 21 · 1/2 = 10,5).

Ertrag = 120 Veräußerungspreis - 94,5 Abgang *Equity*-Beteiligung = 25,5.

ALTERNATIVE 3 **Lifo-Betrachtung**
Die neuen Anteile gehen ab, d. h. ein *Goodwill* von 16 (statt 10,5).
Ertrag = 120 Veräußerungspreis - 105,5 Abgang *Equity*-Beteiligung = 14,5.

Nach unserer Auffassung ist die Durchschnittsmethode vorzuziehen, wenn die Verbrauchsfolgeannahme bloße Fiktion ist. Abweichungen von der Durchschnittsmethode sind daher nur bei Identifizierbarkeit der Anteile angezeigt (z. B. beurkundete Aktien, die nicht in Sammelverwahrung sind, oder z. B. Aktien, die in unterschiedlichen Depots gehalten werden,[1] → § 256 Rz. 5a).

2.3 Assoziiertes Unternehmen wird zur einfachen Beteiligung

69 Mit dem Verkauf des Teils eines Anteils an einem assoziierten Unternehmen kann ein Statuswechsel zur einfachen Beteiligung verbunden sein, etwa weil die Stimmrechtsquote unter 20 % sinkt (→ § 311 Rz. 9) In diesem Fall ist die *Equity*-Bewertung einzustellen und zur Bewertung nach § 253 HGB überzugehen.

Ein Erfolg für die verbleibenden Anteile entsteht nach DRS 26.66 mit dem Wechsel der Bewertungsmethode nicht. Der ***Equity*-Buchwert** der **verbleibenden Anteile** zum Zeitpunkt des Übergangs gilt als **neue Anschaffungskostenbasis.** Nach anderer Auffassung dürfen zur Wahrung des Anschaffungskostenprinzips die ursprünglichen Anschaffungskosten nicht überschritten und soll daher ein übersteigender *Equity*-Wert mit den Gewinnrücklagen verrechnet werden.[2]

70 Entsprechend ist für sämtliche Anteile zu verfahren, wenn das assoziierte Unternehmen **ohne Veräußerung** von Anteilen, etwa durch Verlust personellen oder sachlichen Einflusses (→ Rz. 22), zur einfachen Beteiligung wird.

1 Vgl. zu Einzelheiten der Identifizierbarkeit auch: BFH, Urteil v. 4.2.2020 – IX R 18/19.
2 Vgl. *Schmidbauer,* DStR 2001 S. 1544 ff., m. w. N.

Achter Titel: Konzernanhang

§ 313 Erläuterung der Konzernbilanz und der Konzern-Gewinn- und Verlustrechnung, Angaben zum Beteiligungsbesitz

(1) [1]In den Konzernanhang sind diejenigen Angaben aufzunehmen, die zu einzelnen Posten der Konzernbilanz oder der Konzern-Gewinn- und Verlustrechnung vorgeschrieben sind; diese Angaben sind in der Reihenfolge der einzelnen Posten der Konzernbilanz und der Konzern-Gewinn- und Verlustrechnung darzustellen. [2]Im Konzernanhang sind auch die Angaben zu machen, die in Ausübung eines Wahlrechts nicht in die Konzernbilanz oder in die Konzern-Gewinn- und Verlustrechnung aufgenommen wurden. [3]Im Konzernanhang müssen

1. **die auf die Posten der Konzernbilanz und der Konzern-Gewinn- und Verlustrechnung angewandten Bilanzierungs- und Bewertungsmethoden angegeben werden;**
2. **Abweichungen von Bilanzierungs-, Bewertungs- und Konsolidierungsmethoden angegeben und begründet werden; deren Einfluss auf die Vermögens-, Finanz- und Ertragslage des Konzerns ist gesondert darzustellen.**

(2) Im Konzernanhang sind außerdem anzugeben:

1. **[1]Name und Sitz der in den Konzernabschluss einbezogenen Unternehmen, der Anteil am Kapital der Tochterunternehmen, der dem Mutterunternehmen und den in den Konzernabschluss einbezogenen Tochterunternehmen gehört oder von einer für Rechnung dieser Unternehmen handelnden Person gehalten wird, sowie der zur Einbeziehung in den Konzernabschluss verpflichtende Sachverhalt, sofern die Einbeziehung nicht auf einer der Kapitalbeteiligung entsprechenden Mehrheit der Stimmrechte beruht. [2]Diese Angaben sind auch für Tochterunternehmen zu machen, die nach § 296 nicht einbezogen worden sind;**
2. **[1]Name und Sitz der assoziierten Unternehmen, der Anteil am Kapital der assoziierten Unternehmen, der dem Mutterunternehmen und den in den Konzernabschluss einbezogenen Tochterunternehmen gehört oder von einer für Rechnung dieser Unternehmen handelnden Person gehalten wird. [2]Die Anwendung des § 311 Abs. 2 ist jeweils anzugeben und zu begründen;**
3. **Name und Sitz der Unternehmen, die nach § 310 nur anteilmäßig in den Konzernabschluss einbezogen worden sind, der Tatbestand, aus dem sich die Anwendung dieser Vorschrift ergibt, sowie der Anteil am Kapital dieser Unternehmen, der dem Mutterunternehmen und den in den Konzernabschluss einbezogenen Tochterunternehmen gehört oder von einer für Rechnung dieser Unternehmen handelnden Person gehalten wird;**
4. **Name und Sitz anderer Unternehmen, die Höhe des Anteils am Kapital, das Eigenkapital und das Ergebnis des letzten Geschäftsjahrs dieser Unternehmen, für das ein Jahresabschluss vorliegt, soweit es sich um Beteiligungen im Sinne des § 271 Absatz 1 handelt oder ein solcher Anteil von einer Person für Rechnung des Mutterunternehmens oder eines anderen in den Konzernabschluss einbezogenen Unternehmens gehalten wird;**
5. **alle nicht nach den Nummern 1 bis 4 aufzuführenden Beteiligungen an großen Kapitalgesellschaften, die 5 Prozent der Stimmrechte überschreiten, wenn sie von einem börsennotierten Mutterunternehmen, börsennotierten Tochterunternehmen oder von einer für Rechnung eines dieser Unternehmen handelnden Person gehalten werden;**
6. **Name, Sitz und Rechtsform der Unternehmen, deren unbeschränkt haftender Gesellschafter das Mutterunternehmen oder ein anderes in den Konzernabschluss einbezogenes Unternehmen ist;**
7. **Name und Sitz des Unternehmens, das den Konzernabschluss für den größten Kreis von Unternehmen aufstellt, dem das Mutterunternehmen als Tochterunternehmen angehört, und im Falle der Of-**

fenlegung des von diesem anderen Mutterunternehmen aufgestellten Konzernabschlusses der Ort, wo dieser erhältlich ist;

8. Name und Sitz des Unternehmens, das den Konzernabschluss für den kleinsten Kreis von Unternehmen aufstellt, dem das Mutterunternehmen als Tochterunternehmen angehört, und im Falle der Offenlegung des von diesem anderen Mutterunternehmen aufgestellten Konzernabschlusses der Ort, wo dieser erhältlich ist.

(3) [1]Die in Absatz 2 verlangten Angaben brauchen insoweit nicht gemacht zu werden, als nach vernünftiger kaufmännischer Beurteilung damit gerechnet werden muss, dass durch die Angaben dem Mutterunternehmen, einem Tochterunternehmen oder einem anderen in Absatz 2 bezeichneten Unternehmen erhebliche Nachteile entstehen können. [2]Die Anwendung der Ausnahmeregelung ist im Konzernanhang anzugeben. [3]Satz 1 gilt nicht, wenn ein Mutterunternehmen oder eines seiner Tochterunternehmen kapitalmarktorientiert im Sinn des § 264d ist. [4]Die Angaben nach Absatz 2 Nummer 4 und 5 brauchen nicht gemacht zu werden, wenn sie für die Vermittlung eines den tatsächlichen Verhältnissen entsprechenden Bilds der Vermögens-, Finanz- und Ertragslage des Konzerns von untergeordneter Bedeutung sind. [5]Die Pflicht zur Angabe von Eigenkapital und Ergebnis nach Absatz 2 Nummer 4 braucht auch dann nicht erfüllt zu werden, wenn das in Anteilsbesitz stehende Unternehmen seinen Jahresabschluss nicht offenlegt.

(4) § 284 Absatz 2 Nummer 4 und Absatz 3 ist entsprechend anzuwenden.

Inhaltsübersicht

LITERATUR:

Auf die unter → § 284 und → § 285 angegebene Literatur wird verwiesen.

I. Grundlagen

1. Verhältnis zum Anhang des Einzelabschlusses

1 Der Konzernanhang findet sein Pendant mit weitgehend gleichem Inhalt im Anhang des Jahresabschlusses (Einzelabschlusses) gem. §§ 284 HGB ff. Sinnvollerweise erlaubt deshalb § 298 Abs. 3 HGB eine **Zusammenfassung** von Konzernanhang mit dem Anhang der Muttergesellschaft (→ § 298 Rz. 38). Entsprechendes gilt für den Lagebericht (→ § 315 Rz. 3).

2 Der Konzernabschluss kennt als über den Einzelabschluss hinausgehende Pflichtbestandteile gem. § 297 Abs. 1 HGB die **Kapitalflussrechnung** und den **Eigenkapitalspiegel.** Angabepflichten hierzu sind im Gesetz nicht normiert, jedoch in

- DRS 21 für die Kapitalflussrechnung (→ § 297 Rz. 89 ff.) und
- DRS 22 für den Eigenkapitalspiegel (→ § 297 Rz. 108 ff.).

3 Die **Funktion** des Konzernanhangs entspricht derjenigen des Anhangs zum Jahresabschluss. Er hat darzustellen,

- wie die in das Rechenwerk eingeführten Zahlen **ermittelt** worden sind,
- wie die Einzelbeträge zu Ausweisposten **aggregiert** worden sind (Gliederung),
- ob die aggregierten Größen zur besseren Darstellung **disaggregiert** werden müssen (Entlastung),
- was die ausgewiesenen Posten **enthalten** (Erläuterung) und
- welcher **Ergänzung** die ausgewiesenen Posten bedürfen (Vermerke).

Auf → § 284 Rz. 7 ff. wird insofern verwiesen.

4 Dem Anhang kommt **keine Kompensationsfunktion** zur Korrektur eines falschen Rechenwerks (Konzernbilanz und Konzern-GuV) zu. Eine nicht regelgerechte Bilanzierung kann nicht durch Offenlegung im Anhang berichtigt werden (→ § 284 Rz. 8).

Andererseits befindet sich der Anhang in trauter Eintracht mit Bilanz, GuV, Kapitalflussrechnung und Eigenkapitalspiegel bzgl. der Vermittlung des *true and fair view* i. S. des § 297 Abs. 2 Satz 2 HGB: Alle Abschlussbestandteile **gemeinsam** sollen diesen Einblick vermitteln, notfalls durch eine **ergänzende** Angabe nach § 297 Abs. 2 Satz 3 HGB, wenn ausnahmsweise der gesetzesgemäß aufgestellte Abschluss diesen Einblick nicht vermitteln sollte (→ § 264 Rz. 15 und → § 297 Rz. 110).

2. Formale Anforderungen an die Berichterstattung

5 Als Bestandteil des Konzernabschlusses muss der Konzernanhang die **allgemeinen Kriterien** der Rechnungslegung erfüllen und z. B. nach § 297 Satz 1 Abs. 2 HGB **klar** und **übersichtlich** sein (→ § 297 Rz. 110). Er kann und soll sich nach Maßgabe des **Wesentlichkeitsgrundsatzes** auf für die Adressaten potenziell entscheidungserhebliche Angaben beschränken (→ § 284 Rz. 23 ff.).

6 Der Konzernanhang muss gem. § 298 Abs. 1 HGB i.V. mit § 244 HGB in **deutscher** Sprache erstellt und ggf. in **Euro** quantifiziert werden (→ § 244 Rz. 2). Angaben in Fremdwährung sind unter Nennung des Umrechnungskurses in Euro am Bilanzstichtag zulässig.

7 **Fehlanzeigen** sind nicht erforderlich (→ § 284 Rz. 11). Wenn keine Grundpfandrechte bestehen, muss folglich die Angabepflicht in § 314 Nr. 1b HGB nicht umgedreht werden: „Unser Grundbesitz ist pfandfrei." Als zulässig gilt eine solche **freiwillige** Angabe allerdings.

8 **Vorjahreszahlen** unterliegen nicht der Angabepflicht (→ § 284 Rz. 12), es sei denn, sie enthalten Bilanz- und GuV-Posten, die nach § 265 Abs. 7 Nr. 2 HGB (→ § 265 Rz. 50) in den Anhang verlagert worden sind.[1]

3. Inhalt der Berichterstattung

3.1 Gliederung

9 Zur Darstellungs**form** machte das Gesetz bisher keine Vorgaben. Nach Verabschiedung des Bilanzrichtliniengesetzes hat sich eine am Geschäftsbericht des AktG 1965 ausgerichtete Verfahrensweise etabliert, die dann als Muster auch im kleinen und mittelständischen Bereich diente und weiterhin dient (→ § 284 Rz. 13). Die **Gliederungsstruktur** stellt sich nach dieser Vorgabe gewöhnlich etwa wie folgt dar:

- Allgemeines bzw. Vorbemerkung,
- Angaben zur Konsolidierung (Konsolidierungskreis, Konsolidierungsmethoden),
- Bilanzierungs- und Bewertungsmethoden oder -grundsätze,
- Erläuterungen zur Bilanzierung (in der Reihenfolge der Posten),
- Erläuterungen zur GuV (in der Reihenfolge der Posten) sowie
- sonstige Angaben.

Je nach Unternehmensgröße werden die **sonstigen** Angaben **weiter** untergliedert, insbesondere in:

- Haftungsverhältnisse, finanzielle Verpflichtungen,
- Organbezüge und -kredite sowie
- Nennung der Organe.

9a Seit der Neufassung des Abs. 1 im Rahmen des BilRUG besteht die Pflicht, die einzelnen Posten der Konzernbilanz und der Konzern-Gewinn- und -Verlustrechnung in deren Reihenfolge darzustellen. Die Änderung entspricht den Änderungen im Einzelabschluss (vgl. § 284 Abs. 1 HGB).

3.2 Typologie der Berichterstattung, insbesondere der Erläuterung

10 Die Berichterstattungspflichten tragen nach dem Gesetzeswortlaut verschiedene Überschriften mit z. T. fließenden Übergängen:

- **Angaben** als Mittelung einer Tatsache: „Von den sonstigen Verbindlichkeiten haben eine Restlaufzeit von mehr als einem Jahr X €."
- **Darstellung:** Umfangreichere Form einer Angabe: „In die Herstellungskosten der Erzeugnisse sind Verwaltungsgemeinkosten und Zinsen, soweit sie dem Herstellungsprozess zugeordnet werden können, einbezogen worden." Ob eine Quantifizierung erforderlich ist, hängt vom konkreten Sachverhalt ab.
- **Begründung:** Die Causa für eine Bilanzierungslösung muss genannt werden: „Wir hatten in den Vorjahren in die Herstellungskosten der Erzeugnisse Verwaltungsgemeinkosten

1 So *Grottel* in Beck'scher Bilanz-Kommentar, 13. Aufl. 2022, § 284 Tz. 31.

und anteilige Fremdkapitalzinsen einbezogen, um vom Untergang bedrohte steuerliche Verlustvorträge zu retten. Inzwischen konnten die Verlustvorträge verrechnet werden, so dass der bisherigen Bewertung ihre Grundlage entzogen worden ist. Deshalb haben wir auf die Einbeziehungsmöglichkeit der genannten Kosten im vorliegenden Jahresabschluss erstmals verzichtet."

- **Aufgliederung:** Ein Posten ist zu zerlegen, z. B. die sonstigen Verbindlichkeiten nach dem Vorschlag in → § 266 Rz. 95.

Nicht verlangt sind nach § 313 HGB generelle **Aufgliederungen** der Abschlussposten und deren **Kurzkommentierung** mit Erläuterung des Sachverhalts (→ § 284 Rz. 22). 11

Im Gegensatz dazu verlangt das Gesetz im § 321 Abs. 2 Satz 5 HGB im **Prüfungsbericht** eine allgemeine Aufgliederung und Erläuterung der Abschlussposten, soweit eine solche nicht aufgrund **spezifischer** Vorschriften im Anhang erfolgen muss.

II. Vorgeschriebene Angaben (Abs. 1 Satz 1)

1. Überblick

Nach Abs. 1 sind im Anhang diejenigen Angaben aufzunehmen, die (zu den Posten der Bilanz oder GuV) **vorgeschrieben** sind. 12

Nach der gesetzlichen Verankerung **(Rechtsquelle)** ist zwischen folgenden Vorschriften zu unterscheiden:

- in den §§ 313, 314 HGB **enumerativ** genannte Angaben,
- Angaben, die Vorschriften zu einzelnen Posten der Bilanz oder GuV **begleiten** (Beispiele: § 268 Abs. 4 Satz 2 HGB i.V. mit § 298 Abs. 1 Satz 1 HGB),
- Angaben zur Konsolidierung nach §§ 290 HGB ff. sowie
- außerhalb des HGB in **rechtsformspezifischen** Regeln enthaltene Vorschriften (Beispiel: § 42 Abs. 3 GmbHG → § 266 Rz. 15; § 158 Abs. 1 Satz 2 AktG → § 268 Rz. 33).

2. Angaben nach §§ 264 ff. HGB und EGHGB

In den Anhang **„müssen"** – kein Wahlrecht zur Aufnahme in die Bilanz oder GuV – folgende Angaben aufgenommen werden: 13

- die Aufzählungsbestandteile in **Abs. 1 Satz 3** (→ Rz. 20),
- die Aufzählungsbestandteile in **§ 314 HGB** (vgl. die dortige Kommentierung, → § 314),
- bestimmte Konsolidierungsmaßnahmen begleitende Angaben nach **§§ 290 ff. HGB** (→ Rz. 15) sowie
- i.V. mit **§ 298 Abs. 1 Satz 1 HGB** die nachfolgend aufgelisteten Posten aus dem HGB und EGHGB (außerhalb von §§ 284 und 288 HGB).

Fundstelle	Kurzbezeichnung	Kommentiert in
§ 253 Abs. 5 HGB	Unterschiedsbetrag aus Abzinsung Pensionsverpflichtung	(→ § 253 Rz. 259)
§ 265 Abs. 1 Satz 2 HGB	Angabe und Begründung von Abweichungen in der Form der Darstellung und Gliederung in Bilanz oder GuV im Vergleich zum Vorjahr	(→ § 265 Rz. 16)

Fundstelle	Kurzbezeichnung	Kommentiert in
§ 265 Abs. 2 Satz 2 HGB	Angabe und Erläuterung von nicht vergleichbaren Vorjahreszahlen in Bilanz und GuV	(→ § 265 Rz. 24)
§ 265 Abs. 2 Satz 3 HGB	Angabe und Erläuterung von zu Vergleichszwecken vorgenommenen Anpassungen von Vorjahreszahlen in Bilanz oder GuV	(→ § 265 Rz. 30)
§ 265 Abs. 4 Satz 2 HGB	Angabe und Begründung der Ergänzung des Konzernabschlusses nach der für die anderen Geschäftszweige vorgeschriebenen Gliederung	(→ § 265 Rz. 55)
§ 265 Abs. 7 Nr. 2 HGB	Gesonderter Ausweis der Einzelposten, falls zur Vergrößerung der Klarheit der Darstellung in Bilanz oder GuV Posten zulässigerweise zusammengefasst ausgewiesen werden	(→ § 265 Rz. 50)
§ 268 Abs. 4 Satz 2 HGB	Erläuterung von größeren Posten in den sonstigen Vermögensgegenständen, die erst nach dem Abschlussstichtag rechtlich entstehen	(→ § 268 Rz. 99)
§ 268 Abs. 5 Satz 3 HGB	Erläuterung von größeren Posten in den Verbindlichkeiten, die erst nach dem Abschlussstichtag rechtlich entstehen	(→ § 268 Rz. 142)
Art. 28 Abs. 2 EGHGB und Art. 48 Abs. 6 EGHGB	Angabe des Fehlbetrags bei den Rückstellungen für laufende Pensionen, Anwartschaften auf Pensionen und ähnliche Verpflichtungen i. S. des Art. 28 Abs. 1 EGHGB.	(→ § 249 Rz. 127 und → § 264a Rz. 12)
Art. 67 Abs. 2 EGHGB	Angabe des Fehlbetrags für Pensionsrückstellungen nach BilMoG	(Art. 67 Rz. 5 i. d. 4. Auflage)
Vgl. hierzu auch die Auflistung in → § 284 Rz. 37.		

14 Das Gesetz räumt in den nachstehend aufgelisteten Fällen dem Abschlussersteller ein **Wahlrecht** zur Einfügung von Anhangangaben bei den angesprochenen Posten der Bilanz oder GuV oder zur Aufnahme in den eigentlichen Anhangkatalog ein (→ Rz. 12). In der Praxis wird weitaus überwiegend von der Anhangoption Gebrauch gemacht, wodurch auch die unschöne Bilanz-Optik der Davon-Vermerke (→ § 266 Rz. 18) vermieden wird. Sofern die Darstellungsform der Bilanz mit GuV in der hochaggregierten Form nach § 265 Abs. 7 HGB (→ § 265 Rz. 47) gewählt wird, ist die Aufnahme dieser Angaben in den Anhang zwingend.

Fundstelle	Kurzbezeichnung	Kommentiert in
§ 265 Abs. 3 Satz 1 HGB	Angabe der Mitzugehörigkeit von einem Bilanzposten zu einem anderen, wenn dies zur Aufstellung eines klaren und übersichtlichen Jahresabschlusses erforderlich ist	(→ § 265 Rz. 51)
§ 268 Abs. 1 Satz 2 Halbsatz 2 HGB	Gesonderte Angabe des Gewinn- oder Verlustvortrags, wenn die Bilanz unter Berücksichtigung der teilweisen Verwendung des Jahresergebnisses aufgestellt wird und der Gewinnvortrag/Verlustvortrag in den Bilanzgewinn/Bilanzverlust einbezogen ist	(→ § 268)
§ 268 Abs. 4 Nr. 1 HGB	Forderungen mit einer Restlaufzeit von mehr als einem Jahr (faktisches Wahlrecht der Darstellung)	(→ § 268 Rz. 124)
§ 268 Abs. 5 Satz 1 HGB	Verbindlichkeiten mit einer Laufzeit bis zu einem Jahr	(→ § 268 Rz. 137)

Fundstelle	Kurzbezeichnung	Kommentiert in
§ 268 Abs. 6 HGB	Gesonderter Ausweis eines aktivierten Disagios	(→ § 268 Rz. 143)
§ 277 Abs. 3 Satz 1 HGB	Angabe von außerplanmäßigen Abschreibungen im Anlagevermögen nach § 253 Abs. 2 Satz 3 und 4 HGB	(→ § 277 Rz. 51)
Vgl. hierzu auch die Auflistung in → § 284 Rz. 39.		

3. Konzernspezifische Angaben nach §§ 290 ff. HGB und DRS

Über die gem. § 298 Abs. 1 HGB auch für den Konzernabschluss geltenden allgemeinen Angabepflichten zu Bilanz- und GuV-Posten (→ Rz. 13) hinaus schreiben §§ 290 HGB ff. Angaben zu **konzernspezifischen** Sachverhalten vor. 15

Eine unbedingte Angabepflicht (→ Rz. 12) besteht hier in folgenden Fällen:

Fundstelle	Kurzbezeichnung	Kommentiert in
§ 294 Abs. 2 HGB	Angaben, falls sich die Zusammensetzung der in den Konzernabschluss einbezogenen Unternehmen wesentlich verändert hat	(→ § 294 Rz. 3)
§ 296 Abs. 3 HGB	Begründung für Nichteinbeziehung von Tochterunternehmen wegen Unwesentlichkeit etc.	(→ § 296 Rz. 22)
§ 297 Abs. 2 Satz 3 HGB	Angaben, falls der Konzernabschluss wegen besonderer Umstände trotz Anwendung der GoB kein den tatsächlichen Verhältnissen entsprechendes Bild vermittelt	(→ § 297 Rz. 110)
§ 297 Abs. 3 Satz 3 HGB	Zusätzliche Angaben, falls Konsolidierungsmethoden in Ausnahmefällen nicht beibehalten werden	(→ § 297 Rz. 124)
§ 301 Abs. 3 Satz 2 HGB	Erläuterung des *Goodwill* oder negativen Unterschiedsbetrags und ihrer Veränderung	(→ § 301 Rz. 107)
§ 308 Abs. 1 Satz 3 HGB	Angabe und Begründung bei Abweichung von im Einzelabschluss des Mutterunternehmens angewandten Bewertungsmethoden	(→ § 308 Rz. 8)
§ 308 Abs. 2 Satz 2 HGB	Hinweis auf Beibehaltung von bank- oder versicherungsspezifischen Wertansätzen im Mischkonzern	(→ § 308 Rz. 17)
§ 308 Abs. 2 Satz 4 HGB	Angabe und Begründung nicht einheitlicher Bewertung in Ausnahmefällen	(→ § 308 Rz. 18)
§ 312 Abs. 5 Satz 2 HGB	Angabe, wenn Bewertung des assoziierten Unternehmens nicht an konzerneinheitliche Bewertung angepasst wird	(→ § 312 Rz. 53)

Bei Einbeziehung eines Tochterunternehmens auf Basis eines **abweichenden Bilanzstichtags** sind gem. § 299 Abs. 3 HGB bedeutende Vorgänge zwischen Abschlussstichtag des Tochterunternehmens und Konzernabschlussstichtag **wahlweise** in Bilanz/GuV zu berücksichtigen oder im Anhang anzugeben (→ § 299 Rz. 21). 16

Die Ausübung von **Konsolidierungswahlrechten** ist auch dann im Anhang anzugeben, wenn dies nicht ausdrücklich im Gesetz gefordert ist.[1] Betroffen sind etwa folgende Wahlrechte: 17

1 Gleicher Auffassung *Grottel* in Beck'scher Bilanz-Kommentar, 13. Aufl. 2022, § 313 Tz. 162 ff.

- Einbeziehung von Tochterunternehmen mit einem nicht mehr als drei Monate abweichenden Geschäftsjahr auf Basis ihres Abschlussstichtags oder eines Zwischenabschlusses (→ § 299 Rz. 6).
- Zusammenfassung der Steuerabgrenzung nach § 306 HGB mit der nach § 274 HGB sowie Zusammenfassung aktiver und passiver Abgrenzung (→ § 306 Rz. 43).
- Einbeziehung von Gemeinschaftsunternehmen quotal oder *at equity* (→ § 310 Rz. 1).
- Einbeziehung von assoziierten Unternehmen auf Basis ihres Einzel- statt Konzernabschlusses (→ § 312 Rz. 62).

18 Keine Angabepflichten sieht das Gesetz selbst für **Kapitalflussrechnung** und **Eigenkapitalspiegel** vor. Solche Regelungen treffen jedoch DRS 21 und DRS 22. Hierzu wird auf → Rz. 2 verwiesen.

Wesentliche weitere Angabepflichten nach DRS bestehen für

- **Konsolidierung** von Tochterunternehmen (→ Rz. 27), Gemeinschaftsunternehmen (→ Rz. 32) und assoziierte Unternehmen (→ Rz. 30) sowie
- **latente Steuern.**

4. Rechtsformspezifische Angaben

19 Nach § 298 Abs. 1 HGB sind im Konzernanhang auch die für die Rechtsform der einbezogenen inländischen Unternehmen vorgeschriebenen Angaben zu machen, soweit die Eigenart des Konzernabschlusses keine Abweichung bedingt. Die Eigenart des Konzernabschlusses als Abschluss einer wirtschaftlichen, nicht rechtlichen Einheit bedingt eine **restriktive Auslegung** dieser Vorschrift. Hierzu zwei Beispiele:

- Gewinnverwendungsangaben, etwa nach § 29 Abs. 4 Satz 1 GmbHG oder § 158 Abs. 1 AktG, sind nicht vorzunehmen, da der Konzern **keine Gewinnverwendung** im gesellschaftsrechtlichen Sinne tätigt.
- Angaben über Kapitalverhältnisse einer **einbezogenen** AG (§ 160 Abs. 1 AktG) sind nicht zu machen, da sie auch für andere in den Konzernabschluss einbezogene Rechtsformen nicht zu machen sind und sich somit ein unvollständiges, tendenziell irreführendes Bild ergäbe.

Betreffen die rechtsformspezifischen Angabevorschriften hingegen die **Muttergesellschaft** des Konzerns, ist u. E. mit Ausnahme der Gewinnverwendungsvorschriften eine Beachtung der insoweit einzelbilanziell gegebenen Angabepflichten auch im Konzernabschluss sachgerecht. Betroffen sind etwa folgende Vorschriften (→ § 284 Rz. 37):

Fundstelle	Kurzbezeichnung
§ 160 Abs. 1 Nr. 1 AktG	Angaben über den Bestand an und den Zugang zu Vorratsaktien einschließlich ihrer Verwertung
§ 160 Abs. 1 Nr. 2 AktG	Angaben über den Bestand, über Erwerb oder Veräußerung eigener Aktien unter Angabe der Zahl und des Nennbetrags der Aktien
§ 160 Abs. 1 Nr. 4 AktG	Angaben über das genehmigte Kapital
§ 160 Abs. 1 Nr. 5 AktG	Angaben zur Zahl der Wandelschuldverschreibungen und vergleichbarer Wertpapiere
§ 160 Abs. 1 Nr. 7 AktG	Angaben zum Bestehen einer wechselseitigen Beteiligung unter Angabe des Unternehmens

Fundstelle	Kurzbezeichnung
§ 160 Abs. 1 Nr. 8 AktG	Angaben über das Bestehen von nach § 20 Abs. 1 oder 4 AktG mitgeteilten Beteiligungen
§ 264c Abs. 1 Satz 1 HGB	Bei „Kap. & Co."-Gesellschaften Angabe der Ausleihungen, Forderungen und Verbindlichkeiten gegenüber Gesellschaftern (sofern nicht gesonderter Ausweis)
§ 42 Abs. 3 GmbHG	Angabe der Forderungen und Verbindlichkeiten gegenüber Gesellschaftern (sofern nicht gesonderter Ausweis)

III. Einzelne Angaben (Abs. 1 Satz 2)

1. Bilanzierungs- und Bewertungsmethoden (Abs. 1 Satz 2 Nr. 1)

Zu Inhalt und Umfang der Angaben betreffenden **Bilanzierungs- und Bewertungsmethoden** wird auf die Kommentierung in → § 284 Rz. 44 ff. verwiesen. 20

Angabepflichten zu **Konsolidierungsmethoden** ergeben sich nicht aus Abs. 1 Satz 2 Nr. 1, sondern aus Einzelvorschriften (→ Rz. 15) sowie für den Fall der **Änderung** der Konsolidierungsmethoden aus Abs. 1 Satz 2 Nr. 3 (→ Rz. 23).

Abs. 1 Satz 2 Nr. 1 bezieht sich nur auf Bilanz und GuV. Für die Angaben zu **Kapitalflussrechnung** und zum **Eigenkapitalspiegel** wird auf → Rz. 2 verwiesen.

2. Währungsumrechnung

Mit dem BilRUG entfällt das in § 313 Abs. 2 Nr. 2 HGB a. F. noch enthaltene Gebot, die Währungsumrechnung zu erläutern. Gleichwohl kann eine Pflicht zur Angabe der „methodischen Grundlagen" der Währungsumrechnung (etwa bei Hochinflationstöchtern oder bei Töchtern in Ländern mit gespaltenen Wechselkursen) auch weiterhin, nämlich als Bestandteil der Bilanzierungs- und Bewertungsmethoden (→ Rz. 20), bestehen. 21

3. Abweichungen von den Bilanzierungs-, Bewertungs- und Konsolidierungsmethoden (Abs. 1 Satz 2 Nr. 2)

Von den bisher angewandten Methoden der **Bilanzierung und Bewertung** (→ § 284 Rz. 57) darf nur in begründeten Ausnahmefällen abgewichen werden. Das Schrifttum stellt reichlich Ausnahmefälle zur Diskussion, so dass das Gebot zur Beibehaltung eher einem legalen Papiertiger gleicht, als eine ernsthafte Einschränkung bilanzpolitischen Gestaltungspotenzials gewährleistet. 22

Im Einzelnen wird verwiesen:

- zum Begriff der **Methoden** auf → § 284 Rz. 44 ff.
- zu den Angaben bei **Methodenabweichungen** auf → § 284 Rz. 57 ff.

Beizubehalten sind nach § 297 Abs. 3 Satz 2 HGB auch die **Konsolidierungsmethoden.** Bei Abweichungen, d. h. Änderungen gegenüber dem Vorjahr, ist nach Abs. 1 Satz 2 Nr. 2 sowie § 297 Abs. 3 Satz 4 und 5 HGB im Konzernanhang die Abweichung 23

- zu beschreiben,
- zu begründen und
- ihr Einfluss auf die Vermögens-, Finanz- und Ertragslage (→ § 264 Rz. 15) darzustellen.

Die **Beschreibung** umfasst die Nennung der bisher angewandten und der neuen Methode.

Die **Begründung** muss erkennen lassen, dass der Methodenwechsel nicht willkürlich vorgenommen wurde, sondern in vertretbarer Argumentation der Aussagefähigkeit dient.

Der **Einfluss auf die Vermögens-, Finanz- und Ertrags**lage ist (näherungsweise) quantitativ darzustellen. Eine Schattenbilanzierung nach alter Methode ist nicht erforderlich. Die Angabe von Größenordnungen reicht aus. Absolute Angaben sind nicht erforderlich, prozentuale ausreichend. Wenn mehrere Methoden geändert wurden, ist nur eine saldierte Angabe des Einflusses erforderlich.

Der **Begriff der Konsolidierungsmethoden** umfasst u. a.:

- Abgrenzung des Konsolidierungskreises (z. B. unter Wesentlichkeitsgesichtspunkten gem. § 296 Abs. 2 HGB),
- Einbeziehung von Tochterunternehmen mit abweichendem Abschlussstichtag auf Basis eines Zwischenabschlusses oder des nicht mehr als drei Monate alten Jahresabschlusses (§ 299 Abs. 2 HGB),
- Konsolidierung und *Goodwill* im mehrstufigen Konzern (→ § 301 Rz. 95),
- Behandlung von Unterschiedsbeträgen bei Auf- und Abstockung von Mehrheitsbeteiligungen (→ § 301 Rz. 112),
- Nichtkonsolidierung von Schulden, Zwischenergebnissen, Aufwendungen oder Erträgen und Zwischenergebnissen wegen Unwesentlichkeit (§ 301 Abs. 2 HGB, § 304 Abs. 2 HGB, § 305 Abs. 2 HGB),
- quotale oder *Equity*-Konsolidierung von Gemeinschaftsunternehmen (§§ 310 f. HGB) sowie
- Währungsumrechnung im mehrstufigen Konzern (→ § 308a Rz. 43).

IV. Angaben zum Anteilsbesitz (Abs. 2)

1. Überblick

24 Im Konzernanhang sind nach Abs. 2 Angaben zu

- einbezogenen und nicht einbezogenen Tochterunternehmen (Nr. 1),
- assoziierten Unternehmen (Nr. 2),
- nach Quoten konsolidierten Unternehmen (Nr. 3) sowie
- anderen Beteiligungen (Nr. 4) zu machen.

Damit soll u. a. der Konsolidierungs**kreis** (§ 294 HGB) dargelegt werden.

Zu berichten ist nur über den am Abschlussstichtag vorhandenen **Bestand** von Beteiligungen, nicht über dessen Veränderungen. Angaben zu wesentlichen Änderungen des Konsolidierungskreises sind jedoch nach § 294 Abs. 2 HGB gefordert (→ Rz. 23).

Allgemeine **Einschränkungen** der Angabepflichten enthält Abs. 3 (→ Rz. 36).

Das in § 313 Abs. 4 HGB a. F. enthaltene Wahlrecht, die Angaben in der **Beteiligungsliste** außerhalb des Anhangs zu machen, ist mit Streichung von Abs. 4 durch das BilMoG entfallen.

2. Angaben zu Tochterunternehmen (Abs. 2 Nr. 1)

Für alle in den Konzernabschluss einbezogenen Tochterunternehmen sind **Name und Sitz** anzugeben, um so den Konsolidierungskreis darzustellen. 25

Außerdem ist der **prozentuale Anteil am Kapital** anzugeben. Maßgeblich ist hier die Summe der Anteile aller in den Konzernabschluss einbezogenen Mutter- und Tochterunternehmen. Eine Aufgliederung nach direkten oder indirekt über Tochterunternehmen gehaltenen Anteilen ist nicht notwendig. Anteile, die von nicht einbezogenen Tochterunternehmen gehalten werden, sind nicht zu berücksichtigen.

In Sonderfällen der Konsolidierung ohne Kapitalmehrheit (etwa von Zweckgesellschaften i. S. des § 290 Abs. 2 Nr. 4 HGB, → § 290 Rz. 43 ff.) ist auch der **Konsolidierungsgrund** zu nennen.

Name, Sitz und Kapitalanteil sind auch dann anzugeben, wenn ein Tochterunternehmen wegen § 296 HGB (→ § 296 Rz. 1 ff.) nicht in den Konzernabschluss **einbezogen** wird (Abs. 2 Nr. 1 Satz 2). 26

Die gesetzlich normierten Angabepflichten werden u. a. ergänzt durch DRS 23.207 ff. Danach sind für Tochterunternehmen u. a. gefordert: 27

- Erstkonsolidierungszeitpunkt gem. § 301 Abs. 2 Satz 5 HGB.
- Bei der Ermittlung des neubewerteten Eigenkapitals verwendete Bilanzierungs- und Bewertungsmethoden.
- Anwendung von § 301 Abs. 2 Satz 2 HGB (vorläufige Kapitalkonsolidierung).
- Konsolidierungsmethode bei der Auf- und Abstockung von Anteilen an Tochterunternehmen.
- Hinsichtlich des Geschäfts- oder Firmenwerts:
  a) Aufgliederung des Postens, soweit dieser auch *Goodwills* enthält, die bereits in den Jahresabschlüssen der einbezogenen Unternehmen entstanden sind,
  b) wesentliche Veränderungen aufgrund von Zu- und Abgängen und Kaufpreisanpassungen,
  c) Abschreibungsverfahren und Nutzungsdauern,
  d) Vorgehensweise bei der Bestimmung einer außerplanmäßigen Abschreibung.
- Hinsichtlich des passiven Unterschiedsbetrags a) Einordnung hinsichtlich des Charakters als Eigen- oder Fremdkapital bzw. als technischer passiver Unterschiedsbetrag.

3. Angaben zu assoziierten Unternehmen (Abs. 2 Nr. 2)

Für assoziierte Unternehmen (wozu auch *at equity* konsolidierte Tochter- und Gemeinschaftsunternehmen zählen, → § 311 Rz. 3a) sind ebenfalls **Name, Sitz und Kapitalanteil** anzugeben (→ Rz. 25). 28

Wenn ein assoziiertes Unternehmen aus Wesentlichkeitsgründen **nicht *at equity*** konsolidiert wird (§ 311 Abs. 2 HGB), ist dies anzugeben und zu begründen. Als Begründung reichen etwa Angaben über den unter Berücksichtigung der Anteilsquote errechneten Anteil der nicht *at equity* konsolidierten Unternehmen am Ergebnis des Konzerns. Mindestens ist die Anzahl der wegen Unwesentlichkeit nicht konsolidierten assoziierten Unternehmen anzugeben. 29

30 Die gesetzlich normierten Angabepflichten werden ergänzt durch DRS 8.46. (bzw. DRS 26), u. a. in folgender Weise:

- Anwendung der *Equity*-Methode auf gem. § 296 HGB nicht einbezogene Tochterunternehmen (→ § 311 Rz. 3a),
- Summe der in der Konzernbilanz nicht erfassten negativen *Equity*-Werte aus der Nebenrechnung (→ § 312 Rz. 41),
- Stichtag des Abschlusses wesentlicher assoziierter Unternehmen, soweit dieser nicht dem Stichtag des Konzernabschlusses entspricht (→ § 312 Rz. 63),
- Methode der Berücksichtigung der Ertragsteuern beim Ausweis des Ergebnisses aus der Änderung des *Equity*-Werts in der Konzern-Gewinn- und -Verlustrechnung (→ § 312 Rz. 52).

4. Angaben zu quotal konsolidierten Unternehmen (Abs. 2 Nr. 3)

31 Wird ein Unternehmen nach § 310 HGB nur quotal in den Konzernabschluss einbezogen, müssen ebenfalls **Name, Sitz und Anteil am Kapital** angegeben werden (→ Rz. 25).

Außerdem ist der Tatbestand anzugeben, aus dem sich die **Qualifizierung als Gemeinschaftsunternehmen** ergibt. Bei zwei mit je 50 % beteiligten Unternehmen reicht ein entsprechender Hinweis.

32 Die gesetzlich normierten Angabepflichten werden ergänzt durch DRS 9.20 ff. (bzw. E-DRS 35.66 ff.). Dabei wird insbesondere hinsichtlich notwendiger Angaben zu *Goodwill* und negativem Unterschiedsbetrag auf die analogen Vollkonsolidierungsvorschriften in DRS 23.208 verwiesen (→ § 301 Rz. 134).

5. Sonstige Beteiligungsunternehmen (Abs. 2 Nr. 4)

33 Nicht schon nach Nr. 1 bis 3 erfasste Unternehmen (regelmäßig Beteiligungsunternehmen i. S. des § 271 Abs. 1 HGB) sind nach Abs. 2 Nr. 4 ebenfalls anzugeben:

- **Name, Sitz und Kapitalanteil** (→ Rz. 25) sowie
- über Nr. 1 bis 3 hinaus auch **Betrag des Eigenkapitals und Ergebnisses** des letzten Geschäftsjahres.

Die Vorschrift gleicht im Wesentlichen § 285 Nr. 11 HGB. Auf → § 285 Rz. 80 wird deshalb verwiesen.

34 Angaben zu den sonstigen Beteiligungen brauchen gem. Abs. 3 Satz 4 nicht gemacht zu werden, wenn sie für das Bild der Vermögens-, Finanz- und Ertragslage des Konzerns von **untergeordneter Bedeutung** sind. Diese Ausnahmebestimmung entspricht § 286 Abs. 3 Satz 1 Nr. 1 HGB. Auf → § 286 Rz. 6 wird deshalb verwiesen.

35 Abs. 3 Satz 5 enthält eine im Unterschied zur allgemeinen Schutzklausel (→ Rz. 36) nur für Angaben zu sonstigen Beteiligungen geltende **spezifische Schutzklausel:** Die Angaben zum Eigenkapital und zum Ergebnis der sonstigen Beteiligungen brauchen nicht gemacht zu werden, wenn das Beteiligungsunternehmen (z. B. als **Personenhandelsgesellschaft**) seinen Jahresabschluss nicht offenzulegen hat. Eine Rückausnahme besteht dann, wenn das Mutterunternehmen und ein Tochterunternehmen zusammen mindestens die Hälfte der Anteile des Beteiligungsunternehmens besitzen.

Ausnahme und Rückausnahme entsprechen § 286 Abs. 3 Satz 2 HGB. Auf → § 286 Rz. 8 wird deshalb verwiesen.

V. Angaben börsennotierter Konzerne über einen Anteilsbesitz von mehr als 5 % (Abs. 2 Nr. 5)

Nach § 313 Abs. 2 Nr. 4 Satz 2 HGB a. F. hatten börsennotierte Konzerne (Berichtssubjekt) Angaben zu nicht Nr. 1 bis Nr. 3 unterliegenden Beteiligungen von mehr als 5 % an großen Kapitalgesellschaften (Berichtsobjekt) zu leisten. Im Schrifttum[1] wurde hierzu die Auffassung vertreten, dass auch diese Angabe nur Beteiligungen i. S. von § 271 Abs. 1 HGB umfasse und sich daher die Angabepflicht mit der nach Abs. 2 Nr. 4 Satz 1 überlappe. 35a

Das BilRUG übernimmt aus § 313 Abs. 2 Nr. 1 bis Nr. 3 HGB a. F. den Inhalt des bisherigen Abs. 2 Nr. 4 Satz 1 in den neuen Abs. 4, jedoch unter Fortfall der 20 %-Schwelle (→ Rz. 34), überführt den bisherigen Abs. 2 Nr. 4 Satz 2 in den neuen Abs. 4 Nr. 5 und schreibt dessen Anwendung auf Beteiligungen vor, die nicht unter Nr. 1 bis Nr. 4 fallen. Anders als für das alte Recht angenommen kann es damit keine Überlappung zwischen den Nachfolgevorschriften Abs. 2 Nr. 4 und Abs. 2 Nr. 5 geben. Wenn auch Abs. 2 Nr. 5 nur Beteiligungen i. S. von § 271 Abs. 1 HGB meinen würde, bliebe die Vorschrift ohne Anwendungsbereich, da alle derartigen Beteiligungen mit Wegfall der 20 %-Schwelle schon nach Abs. 2 Nr. 1 bis 4 anzugeben sind. Geltungserhaltend ist u. E. daher folgende Interpretation: Bei den besonderen Angaben börsennotierter Konzerne für Beteiligungen über 5 % muss es sich um Beteiligungen handeln, die gerade nicht dem fachsprachlichen Beteiligungsbegriff des § 271 Abs. 1 HGB entsprechen, sondern allgemeinsprachlich i. S. von Anteilsbesitz zu verstehen sind. In der Fassung vor BilRUG mussten vergleichbare Angaben erfolgen. Hier hat das Gesetz auf den Anteilsbesitz abgestellt. Für Zwecke des Abs. 2 Nr. 5 i. d. F. BilRUG kommt es auf die Beteiligungsabsicht, Beteiligungsvermutung oder die beabsichtigte Dauer der Anlage daher nicht an.

VI. Angaben als unbeschränkt haftender Gesellschafter (Abs. 2 Nr. 6)

Neu durch das BilRUG eingeführt wurde die Pflicht, Angaben zu Name, Sitz und zur Rechtsform der Unternehmen zu machen, deren unbeschränkt haftender Gesellschafter das Mutterunternehmen oder ein anderes in den Konzernabschluss einbezogenes Unternehmen ist. Die Angabepflicht ist das Pendant zu § 285 Nr. 11a HGB im Jahresabschluss. Gegenstand der Angabe ist die Übernahme der persönlichen unbeschränkten Haftung für die Schulden einer anderen (Personen-)Gesellschaft. Aus Sicht der Praxis ist in allererster Linie die Komplementär-Stellung in der typischen GmbH & Co. KG angesprochen. Hierbei kann es aber zu Überschneidungen mit den Angabepflichten gem. § 313 Abs. 2 Nr. 4 kommen. Soweit aber, wie es bei dem Normalstatut der typischen GmbH & Co. KG in der Praxis häufig anzutreffen ist, der persönlich haftende Gesellschafter nicht am Kapital beteiligt ist, liegt auch keine Beteiligung i. S. des § 271 Abs. 1 HGB vor, die Angabepflicht besteht dann ausschließlich nach Abs. 2 Nr. 6. 35b

1 *Grottel* in Beck'scher Bilanz-Kommentar, 13. Aufl. 2022, § 313 Rz. 178.

VII. Angaben zu übergeordneten Konzernabschlüssen (Abs. 2 Nr. 7 und 8)

35c Nach dem BilRUG ist eine § 285 Nr. 14 HGB entsprechende Angabe zum Mutterunternehmen, das den Konzernabschluss für den kleinsten/größten Kreis von Unternehmen aufstellt, im Konzernanhang des jeweiligen Teilkonzerns zu leisten: Name, Sitz und im Falle der Offenlegung der Ort der Bekanntmachung sind anzugeben. Die Angabe soll weitere Verbundbeziehungen bzw. Konzernverhältnisse offenlegen.

VIII. Allgemeine Schutzklausel für Angaben zu Beteiligungen (Abs. 3)

36 Die in Abs. 2 verlangten Angaben brauchen insoweit nicht gemacht zu werden, als nach vernünftiger kaufmännischer Beurteilung dem Mutterunternehmen oder einem anderen in Abs. 2 bezeichneten Unternehmen dadurch **erhebliche Nachteile** entstehen können.

Angaben, die aufgrund anderer Vorschriften zur Konsolidierung zu machen sind, dürfen nicht unterlassen werden; dazu gehören z. B. Änderungen des Konsolidierungskreises (→ § 294 Rz. 3).

Die Schutzklausel entspricht § 286 Abs. 3 Satz 1 Nr. 2 HGB. Auf → § 286 Rz. 7 wird deshalb verwiesen.

IX. Anlagespiegel, Bewertungsvereinfachungen (Abs. 4)

36a Durch Verweis auf § 284 Abs. 3 HGB (→ § 284 Rz. 68) bestimmt der durch das BilRUG neu eingefügte Abs. 4, dass

- der Anlagespiegel zwingend im Konzernanhang darzustellen ist,
- bei Inanspruchnahme von Bewertungserleichterungen nach § 240 Abs. 4 HGB oder § 256 Satz 1 HGB erhebliche Unterschiede zur Bewertung nach Börsen-/Marktpreis anzugeben sind (→ § 284 Rz. 65).

§ 314 Sonstige Pflichtangaben

(1) Im Konzernanhang sind ferner anzugeben:

1. **der Gesamtbetrag der in der Konzernbilanz ausgewiesenen Verbindlichkeiten mit einer Restlaufzeit von mehr als fünf Jahren sowie der Gesamtbetrag der in der Konzernbilanz ausgewiesenen Verbindlichkeiten, die von in den Konzernabschluss einbezogenen Unternehmen durch Pfandrechte oder ähnliche Rechte gesichert sind, unter Angabe von Art und Form der Sicherheiten;**

2. **Art und Zweck sowie Risiken, Vorteile und finanzielle Auswirkungen von nicht in der Konzernbilanz enthaltenen Geschäften des Mutterunternehmens und der in den Konzernabschluss einbezogenen Tochterunternehmen, soweit die Risiken und Vorteile wesentlich sind und die Offenlegung für die Beurteilung der Finanzlage des Konzerns erforderlich ist;**

2a. **der Gesamtbetrag der sonstigen finanziellen Verpflichtungen, die nicht in der Konzernbilanz enthalten sind und die nicht nach § 298 Absatz 1 in Verbindung mit § 268 Absatz 7 oder nach Nummer 2 anzugeben sind, sofern diese Angabe für die Beurteilung der Finanzlage des Konzerns von Bedeutung ist; davon sind Verpflichtungen betreffend die Altersversorgung sowie Verpflichtungen gegenüber Tochterunternehmen, die nicht in den Konzernabschluss einbezogen werden, oder gegenüber assoziierten Unternehmen jeweils gesondert anzugeben;**

3. die Aufgliederung der Umsatzerlöse des Konzerns nach Tätigkeitsbereichen sowie nach geografisch bestimmten Märkten, soweit sich unter Berücksichtigung der Organisation des Verkaufs, der Vermietung oder Verpachtung von Produkten und der Erbringung von Dienstleistungen des Konzerns die Tätigkeitsbereiche und geografisch bestimmten Märkte untereinander erheblich unterscheiden;

4. die durchschnittliche Zahl der Arbeitnehmer der in den Konzernabschluss einbezogenen Unternehmen während des Geschäftsjahrs, getrennt nach Gruppen und gesondert für die nach § 310 nur anteilmäßig konsolidierten Unternehmen, sowie, falls er nicht gesondert in der Konzern-Gewinn- und Verlustrechnung ausgewiesen ist, der in dem Geschäftsjahr entstandene gesamte Personalaufwand, aufgeschlüsselt nach Löhnen und Gehältern, Kosten der sozialen Sicherheit und Kosten der Altersversorgung;

5. (weggefallen)

6. für die Mitglieder des Geschäftsführungsorgans, eines Aufsichtsrats, eines Beirats oder einer ähnlichen Einrichtung des Mutterunternehmens, jeweils für jede Personengruppe:

   a) die für die Wahrnehmung ihrer Aufgaben im Mutterunternehmen und den Tochterunternehmen im Geschäftsjahr gewährten Gesamtbezüge (Gehälter, Gewinnbeteiligungen, Bezugsrechte und sonstige aktienbasierte Vergütungen, Aufwandsentschädigungen, Versicherungsentgelte, Provisionen und Nebenleistungen jeder Art). [2]In die Gesamtbezüge sind auch Bezüge einzurechnen, die nicht ausgezahlt, sondern in Ansprüche anderer Art umgewandelt oder zur Erhöhung anderer Ansprüche verwendet werden. [3]Außer den Bezügen für das Geschäftsjahr sind die weiteren Bezüge anzugeben, die im Geschäftsjahr gewährt, bisher aber in keinem Konzernabschluss angegeben worden sind. [4]Bezugsrechte und sonstige aktienbasierte Vergütungen sind mit ihrer Anzahl und dem beizulegenden Zeitwert zum Zeitpunkt ihrer Gewährung anzugeben; spätere Wertveränderungen, die auf einer Änderung der Ausübungsbedingungen beruhen, sind zu berücksichtigen;

   b) die für die Wahrnehmung ihrer Aufgaben im Mutterunternehmen und den Tochterunternehmen gewährten Gesamtbezüge (Abfindungen, Ruhegehälter, Hinterbliebenenbezüge und Leistungen verwandter Art) der früheren Mitglieder der bezeichneten Organe und ihrer Hinterbliebenen; Buchstabe a Satz 2 und 3 ist entsprechend anzuwenden. [2]Ferner ist der Betrag der für diese Personengruppe gebildeten Rückstellungen für laufende Pensionen und Anwartschaften auf Pensionen und der Betrag der für diese Verpflichtungen nicht gebildeten Rückstellungen anzugeben;

   c) die vom Mutterunternehmen und den Tochterunternehmen gewährten Vorschüsse und Kredite unter Angabe der gegebenenfalls im Geschäftsjahr zurückgezahlten oder erlassenen Beträge sowie die zugunsten dieser Personen eingegangenen Haftungsverhältnisse;

7. der Bestand an Anteilen an dem Mutterunternehmen, die das Mutterunternehmen oder ein Tochterunternehmen oder ein anderer für Rechnung eines in den Konzernabschluss einbezogenen Unternehmens erworben oder als Pfand genommen hat; dabei sind die Zahl und der Nennbetrag oder rechnerische Wert dieser Anteile sowie deren Anteil am Kapital anzugeben;

7a. die Zahl der Aktien jeder Gattung der während des Geschäftsjahrs im Rahmen des genehmigten Kapitals gezeichneten Aktien des Mutterunternehmens, wobei zu Nennbetragsaktien der Nennbetrag und zu Stückaktien der rechnerische Wert für jede von ihnen anzugeben ist;

7b. das Bestehen von Genussscheinen, Wandelschuldverschreibungen, Optionsscheinen, Optionen oder vergleichbaren Wertpapieren oder Rechten, aus denen das Mutterunternehmen verpflichtet ist, unter Angabe der Anzahl und der Rechte, die sie verbriefen;

8. für jedes in den Konzernabschluss einbezogene börsennotierte Unternehmen, dass die nach § 161 des Aktiengesetzes vorgeschriebene Erklärung abgegeben und wo sie öffentlich zugänglich gemacht worden ist;

9. das von dem Abschlussprüfer des Konzernabschlusses für das Geschäftsjahr berechnete Gesamthonorar, aufgeschlüsselt in das Honorar für
   a) die Abschlussprüfungsleistungen,
   b) andere Bestätigungsleistungen,
   c) Steuerberatungsleistungen,
   d) sonstige Leistungen;
10. für zu den Finanzanlagen (§ 266 Abs. 2 A. III.) gehörende Finanzinstrumente, die in der Konzernbilanz über ihrem beizulegenden Zeitwert ausgewiesen werden, da eine außerplanmäßige Abschreibung gemäß § 253 Absatz 3 Satz 6 unterblieben ist,
   a) der Buchwert und der beizulegende Zeitwert der einzelnen Vermögensgegenstände oder angemessener Gruppierungen sowie
   b) die Gründe für das Unterlassen der Abschreibung einschließlich der Anhaltspunkte, die darauf hindeuten, dass die Wertminderung voraussichtlich nicht von Dauer ist;
11. für jede Kategorie nicht zum beizulegenden Zeitwert bilanzierter derivativer Finanzinstrumente
   a) deren Art und Umfang,
   b) deren beizulegender Zeitwert, soweit er sich nach § 255 Abs. 4 verlässlich ermitteln lässt, unter Angabe der angewandten Bewertungsmethode,
   c) deren Buchwert und der Bilanzposten, in welchem der Buchwert, soweit vorhanden, erfasst ist, sowie
   d) die Gründe dafür, warum der beizulegende Zeitwert nicht bestimmt werden kann;
12. für mit dem beizulegenden Zeitwert bewertete Finanzinstrumente
   a) die grundlegenden Annahmen, die der Bestimmung des beizulegenden Zeitwertes mit Hilfe allgemein anerkannter Bewertungsmethoden zugrunde gelegt wurden, sowie
   b) Umfang und Art jeder Kategorie derivativer Finanzinstrumente einschließlich der wesentlichen Bedingungen, welche die Höhe, den Zeitpunkt und die Sicherheit künftiger Zahlungsströme beeinflussen können;
13. zumindest die nicht zu marktüblichen Bedingungen zustande gekommenen Geschäfte des Mutterunternehmens und seiner Tochterunternehmen, soweit sie wesentlich sind, mit nahe stehenden Unternehmen und Personen, einschließlich Angaben zur Art der Beziehung, zum Wert der Geschäfte sowie weiterer Angaben, die für die Beurteilung der Finanzlage des Konzerns notwendig sind; ausgenommen sind Geschäfte zwischen in einen Konzernabschluss einbezogenen nahestehenden Unternehmen, wenn diese Geschäfte bei der Konsolidierung weggelassen werden; Angaben über Geschäfte können nach Geschäftsarten zusammengefasst werden, sofern die getrennte Angabe für die Beurteilung der Auswirkungen auf die Finanzlage des Konzerns nicht notwendig ist;
14. im Fall der Aktivierung nach § 248 Abs. 2 der Gesamtbetrag der Forschungs- und Entwicklungskosten des Geschäftsjahres der in den Konzernabschluss einbezogenen Unternehmen sowie der davon auf die selbst geschaffenen immateriellen Vermögensgegenstände des Anlagevermögens entfallende Betrag;
15. bei Anwendung des § 254 im Konzernabschluss,
   a) mit welchem Betrag jeweils Vermögensgegenstände, Schulden, schwebende Geschäfte und mit hoher Wahrscheinlichkeit erwartete Transaktionen zur Absicherung welcher Risiken in welche Arten von Bewertungseinheiten einbezogen sind sowie die Höhe der mit Bewertungseinheiten abgesicherten Risiken;

b) für die jeweils abgesicherten Risiken, warum, in welchem Umfang und für welchen Zeitraum sich die gegenläufigen Wertänderungen oder Zahlungsströme künftig voraussichtlich ausgleichen einschließlich der Methode der Ermittlung;

c) eine Erläuterung der mit hoher Wahrscheinlichkeit erwarteten Transaktionen, die in Bewertungseinheiten einbezogen wurden,

soweit die Angaben nicht im Konzernlagebericht gemacht werden;

16. zu den in der Konzernbilanz ausgewiesenen Rückstellungen für Pensionen und ähnliche Verpflichtungen das angewandte versicherungsmathematische Berechnungsverfahren sowie die grundlegenden Annahmen der Berechnung, wie Zinssatz, erwartete Lohn- und Gehaltssteigerungen und zugrunde gelegte Sterbetafeln;

17. im Fall der Verrechnung von in der Konzernbilanz ausgewiesenen Vermögensgegenständen und Schulden nach § 246 Abs. 2 Satz 2 die Anschaffungskosten und der beizulegende Zeitwert der verrechneten Vermögensgegenstände, der Erfüllungsbetrag der verrechneten Schulden sowie die verrechneten Aufwendungen und Erträge; Nummer 12 Buchstabe a ist entsprechend anzuwenden;

18. zu den in der Konzernbilanz ausgewiesenen Anteilen an Sondervermögen im Sinn des § 1 Absatz 10 des Kapitalanlagegesetzbuchs oder Anlageaktien an Investmentaktiengesellschaften mit veränderlichem Kapital im Sinn der §§ 108 bis 123 des Kapitalanlagegesetzbuchs oder vergleichbaren EU-Investmentvermögen oder vergleichbaren ausländischen Investmentvermögen von mehr als dem zehnten Teil, aufgegliedert nach Anlagezielen, deren Wert im Sinne der §§ 168, 278 oder 286 Absatz 1 des Kapitalanlagegesetzbuchs oder vergleichbarer ausländischer Vorschriften über die Ermittlung des Marktwertes, die Differenz zum Buchwert und die für das Geschäftsjahr erfolgte Ausschüttung sowie Beschränkungen in der Möglichkeit der täglichen Rückgabe; darüber hinaus die Gründe dafür, dass eine Abschreibung gemäß § 253 Absatz 3 Satz 6 unterblieben ist, einschließlich der Anhaltspunkte, die darauf hindeuten, dass die Wertminderung voraussichtlich nicht von Dauer ist; Nummer 10 ist insoweit nicht anzuwenden;

19. für nach § 268 Abs. 7 im Konzernanhang ausgewiesene Verbindlichkeiten und Haftungsverhältnisse die Gründe der Einschätzung des Risikos der Inanspruchnahme;

20. jeweils eine Erläuterung des Zeitraums, über den ein entgeltlich erworbener Geschäfts- oder Firmenwert abgeschrieben wird;

21. auf welchen Differenzen oder steuerlichen Verlustvorträgen die latenten Steuern beruhen und mit welchen Steuersätzen die Bewertung erfolgt ist;

22. wenn latente Steuerschulden in der Konzernbilanz angesetzt werden, die latenten Steuersalden am Ende des Geschäftsjahrs und die im Laufe des Geschäftsjahrs erfolgten Änderungen dieser Salden;

23. jeweils den Betrag und die Art der einzelnen Erträge und Aufwendungen von außergewöhnlicher Größenordnung oder außergewöhnlicher Bedeutung, soweit die Beträge nicht von untergeordneter Bedeutung sind;

24. eine Erläuterung der einzelnen Erträge und Aufwendungen hinsichtlich ihres Betrages und ihrer Art, die einem anderen Konzerngeschäftsjahr zuzurechnen sind, soweit die Beträge für die Beurteilung der Vermögens-, Finanz- und Ertragslage des Konzerns nicht von untergeordneter Bedeutung sind;

25. Vorgänge von besonderer Bedeutung, die nach dem Schluss des Konzerngeschäftsjahrs eingetreten und weder in der Konzern-Gewinn- und Verlustrechnung noch in der Konzernbilanz berücksichtigt sind, unter Angabe ihrer Art und ihrer finanziellen Auswirkungen;

26. der Vorschlag für die Verwendung des Ergebnisses des Mutterunternehmens oder gegebenenfalls der Beschluss über die Verwendung des Ergebnisses des Mutterunternehmens.

(2) Mutterunternehmen, die den Konzernabschluss um eine Segmentberichterstattung erweitern (§ 297 Abs. 1 Satz 2), sind von der Angabepflicht gemäß Absatz 1 Nr. 3 befreit.

(3) Für die Angabepflicht gemäß Absatz 1 Nummer 6 Buchstabe a und b gilt § 286 Absatz 4 entsprechend.

Inhaltsübersicht

I. Verweis auf die Anhangangaben nach § 285 HGB

1 Vergleichbar der Vorgehensweise zum Konzernlagebericht (→ § 315 Rz. 5) befleißigt sich der Gesetzgeber bzgl. der Anhangangaben einer **Doppelarbeit.** Die Angabevorschriften in § 314 HGB entsprechen inhaltlich in weiten Zügen dem Inhalt von § 285 HGB. An die Stelle der **rechtlichen** Einheit „Gesellschaft" tritt als Berichterstattungsobjekt in § 314 HGB die **wirtschaftliche** Einheit „Konzern". Begrifflich hätte man beide Gesetzesadressaten zu einer „Einheit" – nach IFRS: *„entity"* – zusammenfassen können, um so die Doppelarbeit zu vermeiden.

In unserer Kommentierung gehen wir entsprechend vor und begnügen uns weitgehend mit **Verweisen** auf die Erläuterungen in § 285 HGB. Lediglich die **Konzernspezifika** werden zusätzlich dargestellt.

Auch für die Anhangangaben sind die Vorschriften zur **Vollkonsolidierung** entsprechend anzuwenden. Zum Teil ergibt sich dies unmittelbar aus dem Verweis in Abs. 2 auf §§ 297 ff. HGB. Beispiele hierfür sind:

- Bedeutende Vorgänge zwischen Abschlussstichtag des Gemeinschaftsunternehmens und abweichendem Abschlussstichtag des Konzerns, wenn die Konsolidierung nicht auf Basis eines Zwischenabschlusses erfolgt (→ § 299 Rz. 13).
- Verzicht auf konzerneinheitliche Bewertung in Ausnahmefällen (→ § 308 Rz. 18).

II. Die einzelnen Angabepflichten (Abs. 1)

1. Verbindlichkeiten (Abs. 1 Nr. 1)

2 Die Aufgliederungen und zusätzlichen Angaben zu den Verbindlichkeiten entsprechen denjenigen in § 285 Nr. 1 und 2 HGB (→ § 285 Rz. 2). Dabei sind die im Konzernabschluss **„ausgewiesenen** Verbindlichkeiten" darzustellen, d. h. **nach** Durchführung der **Schuldenkonsolidierung** (→ § 303 Rz. 3). Konzerninterne Forderungen bzw. Verbindlichkeiten, die im Rahmen der Vollkonsolidierung entfallen, sind somit nicht in die Angabe einzubeziehen, wohl aber solche gegenüber nach § 296 HGB nicht konsolidierten Konzernunternehmen. Bei Gemeinschaftsunternehmen, die anteilig konsolidiert werden, ist wie folgt zu differenzieren:

- Verbindlichkeiten des übergeordneten Unternehmens gegenüber dem Gemeinschaftsunternehmen werden im Ausmaß der Beteiligungsquote konsolidiert, hinsichtlich des Anteils Dritter nicht konsolidiert und unterliegen i. H. des Drittanteils der Angabepflicht (→ § 310 Rz. 25).
- Verbindlichkeiten des Gemeinschaftsunternehmens gegenüber Konzernfremden werden quotal passiviert und unterliegen hinsichtlich dieses passivierten Teils den Angabepflichten (→ § 310 Rz. 39).

3 Durch das Wegfallen von Schuldverhältnissen aus den Einzelabschlüssen können **Folgewirkungen** bzgl. der gegebenen **Sicherheiten** eintreten mit der Folge eines Wegfalls auch dieser Angabepflicht (→ § 303 Rz. 21 f.).

BEISPIEL

- Die Konzernholding A hat der vollkonsolidierten Tochtergesellschaft T-GmbH ein Darlehen gegen Einräumung eines Grundpfandrechts durch die T-GmbH gewährt. Im Anhang des Einzelabschlusses der T-GmbH ist dieses Grundpfandrecht anzugeben (→ § 285 Rz. 5), nicht dagegen im Konzernabschluss der Holding-AG, da in diesem eine solche Verbindlichkeit nicht enthalten ist.
- Die Tochtergesellschaft T-GmbH nimmt einen Bankkredit auf, für den sich die Holding-AG (Muttergesellschaft) verbürgt. Im Anhang des Einzelabschlusses der Muttergesellschaft ist diese Bürgschaft nach § 268 Abs. 7 HGB anzugeben (→ § 268 Rz. 150). Im Anhang des Konzernabschlusses der Holding-AG entfällt eine Angabepflicht, da der Konzern selbst sich nicht für eine eigene Schuld verbürgen kann.
- Abwandlung zum vorstehenden Fall: Zusätzlich gewährt die Holding-AG ein Grundpfandrecht zur Absicherung ihrer Bürgschaft. Diese Sicherheit ist nicht nach § 268 Abs. 7 HGB anzugeben (→ § 268 Rz. 152), sondern als Sicherheit für eine „eigene" Verbindlichkeit des Konzerns nach § 285 Nr. 1 HGB (→ § 285 Rz. 2).

4 Die Aufgliederung der Angaben über die Restlaufzeit und die Sicherheiten ist entgegen § 285 Nr. 2 HGB nicht für die einzelnen Verbindlichkeitsposten vorgeschrieben (→ § 285 Rz. 8), angabepflichtig ist diesbezüglich nur der **Gesamtbetrag** der Verbindlichkeiten.

Die Darstellungstechnik kann in Form eines **„Spiegels"** erfolgen, d. h. in Form eines „Konzern-Verbindlichkeiten-Spiegels" (→ § 266 Rz. 88).

2. Außerbilanzielle Geschäfte

2.1 *„Off balance"*-Gestaltungen (Abs. 1 Nr. 2)

5 Unter Beachtung des Konsolidierungsaspekts ist die Angabepflicht mit derjenigen nach § 285 Nr. 3 HGB identisch. Darauf ist zu verweisen (→ § 285 Rz. 10). Durch das BilRUG ist sowohl im

Einzelabschluss (§ 285 Nr. 3 HGB) als auch im Konzernabschluss die Pflicht hinzugefügt worden, über die finanziellen Auswirkungen der betroffenen Geschäfte zu berichten.

2.2 Finanzielle Verpflichtungen (Abs. 1 Nr. 2a)

6 Inhaltlich ist auf → § 285 Rz. 16 ff. zu verweisen. Zu einem **Konzernspezifikum** folgendes Beispiel:

BEISPIEL Die Tochtergesellschaft T-GmbH nutzt den umfangreichen Grundbesitz der Muttergesellschaft M-GmbH & Co. KG im Rahmen eines Mietvertrags (steuerlich Betriebsaufspaltung). Im Anhang des Einzelabschlusses der T-GmbH ist diese Mietlast nach § 285 Nr. 3a HGB anzugeben (→ § 285 Rz. 20). Im Konzernabschluss zwischen den beiden Unternehmen fällt die Mietzahlung durch Konsolidierung nach § 305 HGB heraus (→ § 305 Rz. 11), denn der Konzern kann mit sich selbst keine Mietverhältnisse begründen. Entsprechend hat er auch keine finanziellen Verpflichtungen gegenüber sich selbst, die Anhangangabe im Einzelabschluss der T-GmbH ist nicht in den Anhang des Konzernabschlusses zu übernehmen.

Das BilRUG verpflichtet zu Davon-Angaben betreffend Altersversorgungen sowie assoziierten Unternehmen und nicht einbezogenen Tochterunternehmen.

3. Aufgliederung der Umsatzerlöse (Abs. 1 Nr. 3)

7 Diese Angabepflicht entspricht wiederum derjenigen nach § 285 Nr. 4 HGB (→ § 285 Rz. 29). Die Umsatzerlöse sind diejenigen des Konzerns, d. h. nach Durchführung der Aufwands- und Ertragskonsolidierung nach § 305 HGB und unter Berücksichtigung des **Anteils** des Konzerns an den Außenumsätzen quotal konsolidierter Gemeinschaftsunternehmen (→ § 310 Rz. 39). Bei freiwilliger **Segment**berichterstattung kann die Aufgliederung der Umsatzerlöse unterbleiben (→ Rz. 13).

4. Anzahl der Arbeitnehmer, Personalaufwand (Abs. 1 Nr. 4)

8 Auf die vergleichbare Vorgabe zum Anhang im Einzelabschluss ist zu verweisen (→ § 285 Rz. 38). Zu erfassen sind bei der Anzahl der Arbeitnehmer diejenigen der in die **Vollkonsolidierung** einbezogenen Gesellschaften. Zweifelhaft kann die Lösung für **quotal** konsolidierte Unternehmen i. S. des § 310 HGB sein. Neben der vorzugswürdigen quotalen Einbeziehung (→ § 310 Rz. 37) kommt u. E. auch eine nicht quotale mit einem entsprechenden Zusatzvermerk in Betracht.

Arbeitnehmer, die für **mehrere** Konzernunternehmen tätig sind, sind nur einmal zu berücksichtigen.

Bei Wahl des Umsatzkostenverfahrens ist der Personalaufwand anzugeben. Durch das BilRUG neu eingefügt ist hier die Pflicht, den Personalaufwand nach Löhnen und Gehältern, sozialer Sicherung und Altersversorgung aufzugliedern.

5. Organbezüge und -kredite (Abs. 1 Nr. 6)

9 Die in § 285 Nr. 9 HGB nachgebildeten Inhalte der Angabepflicht (→ § 285 Rz. 40 ff.) sind im Konzernanhang für die entsprechenden Organmitglieder des **Mutterunternehmens** zu beachten. Sofern die Organmitglieder der Muttergesellschaft auch Vergütungen von **Tochterunternehmen** erhalten, sind diese zusätzlich anzugeben. Ohne eine solche Zusatzvergütung muss die Angabe im Einzelabschluss des Mutterunternehmens mit derjenigen im Konzernabschluss

übereinstimmen. Bei börsennotierten Gesellschaften bestehen erweiterte Berichtspflichten. Diese sind seit ARUG II jedoch nicht mehr in Abs. 1, sondern aus dem Jahresabschluss und dem HGB in einen Vergütungsbericht nach § 162 AktG ausgelagert (→ § 285 Rz. 79a).

Durch das BilRUG wurde die Pflicht eingefügt, über im Geschäftsjahr erlassene (Darlehens-)Beträge zu berichten. Abweichend vom Einzelabschluss ist im Konzernanhang nicht über Zinssätze und wesentliche Bedingungen der Kredite und Vorschüsse zu berichten (→ § 285 Rz. 70).

6. Eigene Anteile (Abs. 1 Nr. 7)

Die Angabepflicht umfasst den Bestand an Anteilen des Mutterunternehmens, die 10

- das Mutterunternehmen selbst,
- eine Tochtergesellschaft oder
- ein anderer auf Rechnung eines in den Konzernabschluss einbezogenen Unternehmens

erworben bzw. als Pfand genommen hat.

Die Angabepflicht umfasst nur Anteile des Mutterunternehmens, da im Konzernabschluss solche des Tochterunternehmens nicht enthalten sein können. Eine ähnliche Angabepflicht besteht für Aktiengesellschaften im Anhang zum Jahresabschluss nach § 160 Abs. 1 Nr. 2 AktG (→ § 284 Rz. 37).

Die Angabepflicht berücksichtigt **nicht Konsolidierungsaspekte**, sondern spricht nur von Tochterunternehmen, gleich ob sie in den Konzernabschluss im Wege der Vollkonsolidierung einbezogen worden sind oder nicht.

Auf die Kommentierung in → § 301 Rz. 130 wird verwiesen.

7. Genehmigtes Kapital (Abs. 1 Nr. 7a) sowie Genussrechte, Wandelschuldverschreibungen, Optionen

Gesellschaften, die in der Rechtsform einer Aktiengesellschaft (AG) oder einer Kommanditgesellschaft auf Aktien (KGaA) firmieren, müssen im Anhang die aktienrechtlichen Vorgaben des § 160 AktG beachten. Diese sahen bisher für den Einzelabschluss u. a. Angaben zur Ausgabe von Aktien aus genehmigtem Kapital (§ 160 Abs. 1 Nr. 3 AktG) sowie zu emittierten Genussrechten, Wandelschuldverschreibungen und Optionen vor (§ 160 Abs. 1 Nr. 6 AktG). Für den Konzernabschluss (Mutterunternehmen: AG oder KGaA) fehlte bislang eine vergleichbare Regelung. Sie wird nunmehr durch die Übernahme der aktienrechtlichen Vorschriften nach § 314 Nr. 7a und 7b HGB geschaffen. 10a

8. Erklärung zum Corporate Governance Kodex (Abs. 1 Nr. 8)

Die Erklärung (→ § 285 Rz. 114) muss für **jedes** in den Konzernabschluss einbezogene Unternehmen erfolgen, sofern dieses **börsennotiert** (→ § 264d Rz. 13) ist. 11

9. Abschlussprüfungshonorar (Abs. 1 Nr. 9)

Wie im Einzelabschluss ist das vom Abschlussprüfer berechnete Honorar nach 12

- Abschlussprüfung,
- sonstigen Bestätigungs- oder Beratungsleistungen,

- Steuerberatungsleistungen und
- sonstigen Leistungen

aufzuschlüsseln.

§ 314 Abs. 1 Nr. 9d HGB a. F. wies noch ergänzend auf das Mutter- oder die Tochterunternehmen als Objekte bzw. Empfänger der Leistungserbringung hin. Nach IDW RH HFA 1.006 (a. F.) Tz. 12 sollte dieser Zusatz entsprechend für die anderen drei Leistungskategorien gelten. Danach war z. B. das Honorar für die Prüfung der Tochterunternehmen in die Kategorie „Abschlussprüfungsleistung" einzubeziehen. Durch das BilMoG ist der Hinweis auf Mutter- und Tochterunternehmen entfallen; dafür wurde in § 285 Nr. 17 HGB die Möglichkeit aufgenommen, statt im Einzel- im Konzernabschluss über die Honorierung zu berichten (→ § 285 Rz. 123). Nach der Begründung des BilMoG-RegE zu § 285 Nr. 17 HGB und § 314 Abs. 1 Nr. 9d HGB besteht insofern ein **Wahlrecht:**

- Berücksichtigung der Abschlussprüfungsleistungen für Tochter-, Mutterunternehmen und quotal konsolidierte Gemeinschaftsunternehmen in deren Einzelabschlüssen mit Verzicht auf Einbeziehung der Tochter- und quotal konsolidierte Gemeinschaftsunternehmen betreffenden Leistungen, die **andere** Prüfer als der Konzernabschlussprüfer erbracht haben, in den Konzernabschluss.
- Einbeziehung sämtlicher Leistungen in den Konzernabschluss, auch soweit sie bei Tochter- oder quotal konsolidierten Gemeinschaftsunternehmen entsprechend der Beteiligungsquote von **anderen** Prüfern erbracht wurden.

BEISPIEL Eine Muttergesellschaft in Gestalt einer Holding mit einer Anzahl von Tochtergesellschaften im Inland hat als Abschlussprüfer für den Konzern und den Einzelabschluss der Mutter die ABC WPG bestellt. Deren Honorar beträgt 100 T€. Als Abschlussprüfer für die Einzelabschlüsse der Töchter ist die XYZ WPG bestellt. Ihr Honorar hierfür beträgt 150 T€. Sie erbringt außerdem für 500 T€ sonstige Leistungen.

BEURTEILUNG Sind in den Einzelabschlüssen der Töchter die Angaben nach § 285 Nr. 17 HGB enthalten, lautet die Angabe im Konzernabschluss wie folgt: Gesamthonorar ABC 100 T€, davon Abschlussprüfungsleistungen 100 T€.

Enthalten die Einzelabschlüsse keine Angaben, lautet die Konzernangabe wie folgt:

	Konzernabschlussprüfung ABC	XYZ	Summe
Abschlussprüfungsleistungen	100	150	250
Sonstige Leistungen	0	500	500
Gesamthonorar	100	650	750

FALLVARIANTE Werden auch die Abschlüsse der Töchter von der ABC geprüft und erbringt diese dort auch die sonstigen Leistungen, spielt es für die Angabe im Konzernanhang keine Rolle, wie in den Einzelabschlüssen verfahren wird. Die Angabe lautet wie folgt:

Abschlussprüfungsleistungen ABC	250
Sonstige Leistungen ABC	500
Gesamthonorar ABC	750

Werden im Konzern Abschlussprüferhonorare in rechtlich zulässiger Weise an eine andere Konzerngesellschaft weiterbelastet (etwa beim Börsengang eines Tochterunternehmens ohne Kapitalerhöhung durch Weiterbelastung an das Mutterunternehmen), so entsteht insoweit beim weiterbelastenden Unternehmen/Teilkonzern per saldo kein Prüferhonorar, über das zu berichten wäre.[1]

Unbefriedigend sind die gesetzlichen Vorgaben bei **Verbundbeziehungen auf der Prüferseite,** etwa wenn international ausgerichtete Konzernprüfungsleistungen und andere Leistungen durch **„Netzwerke“** i. S. des § 319b HGB (→ § 285 Rz. 116) erfolgen. „Abschlussprüfer“ ist die nach § 318 HGB bestellte Praxis (→ § 318 Rz. 5). Leistungen durch Netzwerkpartner des Abschlussprüfers müssen ebenso wenig berücksichtigt werden wie solche, die mit dem Abschlussprüfer verbundene Unternehmen erbringen.[2] Werden sie **freiwillig** berücksichtigt, sind sie durch Davon-Vermerk kenntlich zu machen.[3] 13

BEISPIEL ▸ Eine deutsche Muttergesellschaft in Gestalt einer Holding mit einer Anzahl von Tochtergesellschaften in einer Reihe von ausländischen Staaten hat als Abschlussprüfer für den Einzelabschluss und Konzernabschluss die ABC-Deutschland-AG bestellt. Ihrer Empfehlung entsprechend werden die Einzelabschlüsse samt den Konzern-„*Packages*“ der ausländischen Tochtergesellschaften von Netzwerkpartnern der ABC-AG geprüft. Die ausländischen Netzwerkpartner erbringen außerdem umfangreiche Steuerberatungsleistungen und sonstige Leistungen.

BEURTEILUNG ▸ Die Leistungen der Netzwerkpartner sind im Konzernabschluss nicht angabepflichtig.

Zu weiteren Einzelheiten zur Angabepflicht, etwa der Abgrenzung der verschiedenen Leistungskategorien, der Behandlung aktivierungspflichtiger Beratungshonorare usw., wird auf → § 285 Rz. 117 ff. verwiesen.

10. Finanzinstrumente (Abs. 1 Nr. 10 bis 12)

Es wird verwiesen auf: 13a

- → § 285 Rz. 124 wegen unterlassener Abschreibung von Finanzanlagen,
- → § 285 Rz. 129 wegen nicht zum Zeitwert erfasster Derivate und
- → § 285 Rz. 143 wegen zum Zeitwert erfasster Finanzinstrumente bei Banken.

11. Geschäfte mit nahestehenden Personen und Unternehmen (Abs. 1 Nr. 13)

Die **(eingeschränkte)** Berichterstattungspflicht (→ § 285 Rz. 157) betrifft Geschäfte des Mutterunternehmens und seines Tochterunternehmens mit nahestehenden Unternehmen und Personen. Die Verpflichtung besteht nicht bei marktüblichen und unwesentlichen Geschäften. Hier ist sie wie für den Einzelabschluss **freiwillig** (→ § 285 Rz. 164). Der ausgesprochen weit gefasste Rahmen von potenziellen Angabepflichten wird eine spürbare Zurückhaltung bei betroffenen Muttergesellschaften bzgl. freiwilliger Berichterstattung mit sich bringen (→ § 285 Rz. 166). 14

Soweit es sich bei den marktunüblichen Geschäften um **konzerninterne** handelt, sind diese nicht angabepflichtig, da sie im Rahmen der Vollkonsolidierung aus dem Rechenwerk entfernt worden sind. Die Änderung in § 314 Nr. 13 durch das BilRUG stellt dies klar. Der Gesetzgeber stellt weiter klar, dass die Unternehmen nicht mittel- oder unmittelbar in 100%igem Anteils-

1 Vgl. *Scholz*, StuB 2020 S. 892.
2 IDW RS HFA 36 Tz. 6 f.
3 IDW RS HFA 36 Tz. 6.

besitz stehen müssen, da eine Vollkonsolidierung auch unter Berücksichtigung von Anteilen nicht beherrschender Gesellschafter erfolgen kann (z. B. bei lediglich 75%igem Anteilsbesitz).

12. Forschung und Entwicklung (Abs. 1 Nr. 14)

14a Auf → § 285 Rz. 169 wird verwiesen.

13. Bewertungseinheiten (Abs. 1 Nr. 15)

14b Auf → § 285 Rz. 171 wird verwiesen.

14. Pensionen sowie Deckungsvermögen (Abs. 1 Nr. 16 und 17)

14c Auf → § 285 Rz. 174 f. wird verwiesen.

15. Anteile an Sondervermögen (Abs. 1 Nr. 18)

14d Auf → § 285 Rz. 179 wird verwiesen.

16. Haftungsverhältnisse (Abs. 1 Nr. 19)

15 Auf → § 285 Rz. 16 ff. wird verwiesen. Auf die Folgewirkungen von Schuldenkonsolidierungen ist unter → Rz. 3 mit Beispielen eingegangen worden.

17. Nutzungsdauer des *Goodwill* (Abs. 1 Nr. 20)

15a Auf → § 285 Rz. 105 ff. wird verwiesen.

18. Latente Steuern (Abs. 1 Nr. 21 und 22)

15b Auf → § 285 Rz. 184 ff. wird verwiesen.

19. Außergewöhnliche oder periodenfremde Aufwendungen oder Erträge (Abs. 1 Nr. 23 und 24)

15c Es wird verwiesen auf:

- → § 285 Rz. 193b wegen außergewöhnlicher Aufwendungen oder Erträge,
- → § 285 Rz. 193c wegen periodenfremder Aufwendungen oder Erträge.

20. Nachstichtagsereignisse (Abs. 1 Nr. 25)

15d
- Es wird verwiesen auf → § 285 Rz. 194.

21. Gewinnverwendung des Mutterunternehmens (Abs. 1 Nr. 26)

16 Anzugeben ist im Anhang der Vorschlag oder – soweit schon vorliegend – der Beschluss über die Gewinnverwendung des Mutterunternehmens. Der Konzern selbst kann als lediglich wirtschaftliche, nicht aber rechtliche Einheit keine Gewinne ausschütten oder in anderer Weise verwenden. Insoweit entfällt u. E. auch die in § 268 Abs. 1 HGB für den Einzelabschluss bestehende Möglichkeit, die Konzernbilanz unter Beachtung der Gewinnverwendung aufzustellen.

Konsequenterweise gewährt § 314 Nr. 26 HGB, anders als § 268 Abs. 1 Satz 1 HGB, auch kein Wahlrecht zwischen einer Darstellung in der Bilanz oder im Anhang. Zwingend ist die Angabe zur Gewinnverwendung im Anhang zu leisten.

III. Sondervorschriften (Abs. 2 und Abs. 3)

Die **Individualisierung** der Organbezüge beim Mutterunternehmen (→ § 285 Rz. 75) kann nach den Vorgaben des § 286 Abs. 5 HGB (→ § 286 Rz. 11) unterbleiben. 17

Bei der (freiwilligen) Erweiterung des Konzernabschlusses um eine **Segmentberichterstattung** (→ § 297 Rz. 1) kann die Aufgliederung der Umsatzerlöse nach Abs. 1 Nr. 3 (→ Rz. 7) entfallen.

IV. Konzernberichtspflichten gegenüber den Steuerbehörden (§ 138a AO)

Das sog. „Anti-BEPS-Umsetzungsgesetz" ist in § 138a AO „Mitteilungspflichten multinationaler Unternehmen" kodifiziert.[1] Danach haben **multinationale** Konzerne mit konsolidierten Umsatzerlösen von mehr als **750 Mio. €** an das **Bundeszentralamt für Steuern** jährlich einen sog. länderbezogenen Bericht zu erstatten, in dem sie u. a. je Steuerhoheitsgebiet 18

- den Umfang der Umsatzerlöse und sonstigen Erträge mit nahestehenden Personen,
- das Ergebnis vor Steuern und die
- Höhe der Ertragsteuern

angeben müssen. Eine Einbeziehung in den Konzernanhang und eine Offenlegung nach den handelsrechtlichen Vorschriften erfolgen nicht.

Neunter Titel: Konzernlagebericht

§ 315 Inhalt des Konzernlageberichts

(1) [1]Im Konzernlagebericht sind der Geschäftsverlauf einschließlich des Geschäftsergebnisses und die Lage des Konzerns so darzustellen, dass ein den tatsächlichen Verhältnissen entsprechendes Bild vermittelt wird. [2]Er hat eine ausgewogene und umfassende, dem Umfang und der Komplexität der Geschäftstätigkeit entsprechende Analyse des Geschäftsverlaufs und der Lage des Konzerns zu enthalten. [3]In die Analyse sind die für die Geschäftstätigkeit bedeutsamsten finanziellen Leistungsindikatoren einzubeziehen und unter Bezugnahme auf die im Konzernabschluss ausgewiesenen Beträge und Angaben zu erläutern. [4]Ferner ist im Konzernlagebericht die voraussichtliche Entwicklung mit ihren wesentlichen Chancen und Risiken zu beurteilen und zu erläutern; zugrunde liegende Annahmen sind anzugeben. [5]Die Mitglieder des vertretungsberechtigten Organs eines Mutterunternehmens, das als Inlandsemittent (§ 2 Absatz 14 des Wertpapierhandelsgesetzes) Wertpapiere (§ 2 Absatz 1 des Wertpapierhandelsgesetzes) begibt und keine Kapitalgesellschaft im Sinne des § 327a ist, haben in einer dem Konzernlagebericht beizufügenden schriftlichen Erklärung zu versichern, dass im Konzernlagebericht nach bestem Wissen der Geschäftsverlauf einschließlich des Geschäftsergebnisses und die Lage des Konzerns so dargestellt sind, dass ein den tatsächlichen Verhältnissen entsprechendes Bild vermittelt wird und dass die wesentlichen Chancen und Risiken im Sinne des Satzes 4 beschrieben sind.

1 Wg. Einzelheiten: *Kraft/Heider*, DStR 2017 S. 1353 ff.

(2) [1]Im Konzernlagebericht ist auch einzugehen auf:

1. a) die Risikomanagementziele und -methoden des Konzerns einschließlich seiner Methoden zur Absicherung aller wichtigen Arten von Transaktionen, die im Rahmen der Bilanzierung von Sicherungsgeschäften erfasst werden, sowie

b) die Preisänderungs-, Ausfall- und Liquiditätsrisiken sowie die Risiken aus Zahlungsstromschwankungen, denen der Konzern ausgesetzt ist,

jeweils in Bezug auf die Verwendung von Finanzinstrumenten durch den Konzern und sofern dies für die Beurteilung der Lage oder der voraussichtlichen Entwicklung von Belang ist;

2. den Bereich Forschung und Entwicklung des Konzerns und

3. für das Verständnis der Lage des Konzerns wesentliche Zweigniederlassungen der insgesamt in den Konzernabschluss einbezogenen Unternehmen.

[2]Ist das Mutterunternehmen eine Aktiengesellschaft, hat es im Konzernlagebericht auf die nach § 160 Absatz 1 Nummer 2 des Aktiengesetzes im Anhang zu machenden Angaben zu verweisen.

(3) Absatz 1 Satz 3 gilt entsprechend für nichtfinanzielle Leistungsindikatoren, wie Informationen über Umwelt- und Arbeitnehmerbelange, soweit sie für das Verständnis des Geschäftsverlaufs oder der Lage des Konzerns von Bedeutung sind.

(4) Ist das Mutterunternehmen oder ein in den Konzernabschluss einbezogenes Tochterunternehmen kapitalmarktorientiert im Sinne des § 264d, ist im Konzernlagebericht auch auf die wesentlichen Merkmale des internen Kontroll- und Risikomanagementsystems im Hinblick auf den Konzernrechnungslegungsprozess einzugehen.

(5) § 298 Absatz 2 über die Zusammenfassung von Konzernanhang und Anhang ist entsprechend anzuwenden.

Inhaltsübersicht **Rz.**

LITERATUR:

Auf die unter → § 289 HGB angegebene Literatur wird verwiesen.

I. Anwendungsbereich

1 Die der Konzernrechnungslegungspflicht unterliegenden Muttergesellschaften (→ § 290 Rz. 1) haben neben dem Konzernabschluss einen Konzernlagebericht aufzustellen. Das gilt auch für den befreienden IFRS-Konzernabschluss nach § 315e HGB (→ § 315e Rz. 12), ebenso für dem PublG unterliegende Mutterunternehmen.

2 Der Konzernlagebericht **ergänzt** konzeptionell den Konzernabschluss und ist somit nicht dessen Bestandteil. Er wird von börsennotierten oder anderen kapitalmarktorientierten Gesellschaften gewöhnlich in einem Druckstück („Geschäftsbericht") zusammen mit dem Jahresabschluss und zusätzlichen Informationen veröffentlicht (→ § 289 Rz. 8).

3 Nach Abs. 3 ist eine **Zusammenfassung** von Lagebericht und Konzernlagebericht vergleichbar dem Anhang (→ § 313 Rz. 1) zulässig, wovon regelmäßig Gebrauch gemacht wird (→ Rz. 8).

Dann ist auch eine Zusammenfassung im **Prüfungsbericht** (→ § 321 Rz. 100) und bei der **Offenlegung** (→ § 325 Rz. 30) zulässig.

II. Spezielle Vorgaben bei Börsennotierung bzw. Kapitalmarktorientierung

Mit dem CSR-Richtlinie-Umsetzungsgesetz wurden nicht lediglich die §§ 315b bis 315c HGB n. F. zur Berichterstattung über nichtfinanzielle Aspekte, § 315d HGB n. F. zu Ausführungen zur Diversität in der Erklärung zur Unternehmensführung und § 317 Abs. 2 Satz 4 HGB n. F. zu prüferischen Aspekten eingefügt, sondern auch punktuell weitere Vorschriften des Handelsgesetzbuchs geändert. Betreffend die Lageberichterstattung im Konzernlagebericht handelt es sich um folgende Änderungen: 3a

- Die für börsennotierte Mutterunternehmen in der Rechtsform einer Aktiengesellschaft geltende Verpflichtung gem. § 315 wurde in einen neuen § 315a Abs. 2 HGB ausgelagert. Damit enthält § 315 Abs. 2 HGB in der neuen Fassung nur noch solche Regelungen, die für alle zur Aufstellung eines Lageberichts verpflichteten Mutterunternehmen gelten.
- Die für Mutterunternehmen, die durch ausgegebene Aktien einen organisierten Markt in Anspruch nehmen, geltende Verpflichtung, im Konzernlagebericht bestimmte übernahmerechtliche Angaben vorzunehmen, ergibt sich nicht mehr aus § 315 HGB, sondern nunmehr aus § 315a Abs. 1 HGB. Damit finden sich die „Spezialregelungen" für bestimmte kapitalmarktorientierte Mutterunternehmen nunmehr gebündelt im neuen § 315a HGB.
- Auch die börsennotierte AGs und KGaAs betreffende Konzernerklärung zur Unternehmensführung wird nicht mehr in § 315 HGB, sondern eigenständig in § 315d HGB geregelt.
- Die für i. S. des § 264d HGB kapitalmarktorientierte Mutterunternehmen geltende Verpflichtung, im Konzernlagebericht auf die wesentlichen Merkmale des internen Kontroll- und Risikomanagementsystems im Hinblick auf den Konzernrechnungslegungsprozess einzugehen, bleibt in § 315 HGB enthalten, wird lediglich von Abs. 2 nach Abs. 4 verschoben.

Für die Erläuterung der spezifischen Vorschriften wird auf die Kommentierung der genannten Paragraphen verwiesen.

Kapitalmarktorientierte Gesellschaften, die nicht § 327a HGB unterliegen, haben gem. Abs. 1 Satz 5 in einer gesonderten, nämlich dem Konzernlagebericht „beizufügenden Erklärung" einen sog. Konzernlageberichtseid abzugeben. Nach § 328 Abs. 1 Satz 1 und Satz 4 Nr. 1 HGB i. d. F. des ESEF-Umsetzungsgesetzes sind wie der Konzernabschluss und der Konzernlagebericht auch die darauf bezogenen Eide im einheitlichen ESEF-Format, d. h. als XHTML, offenzulegen. Auf → § 328 Rz. 5a wird verwiesen.

III. Weitgehende inhaltliche Identität mit dem Lagebericht

Der Inhalt des § 315 HGB **entspricht** in Aufbau und Inhalt vor allem seit den Änderungen durch das CSR-Richtlinie-Umsetzungsgesetz weitestgehend dem § 289 HGB. Daher bestehen auch keine konzeptionellen Bedenken gegen die **Zusammenfassung** von Lagebericht und Konzernlagebericht (→ Rz. 3). 4

5 Angesichts der inhaltlichen Übereinstimmung verweisen wir in unserer Kommentierung generell auf die Erläuterungen in → § 289.

Die Berichterstattungspflicht nach § 289 HGB betrifft die **rechtliche** Einheit „Kapitalgesellschaft“ – und „Kap. & Co.“-Gesellschaft –, die nach § 315 HGB die **wirtschaftliche** Einheit „Konzern“.

Bei der Lektüre des § 289 HGB dieser Kommentierung ist „technisch“ für den Anwendungsbereich von § 315 HGB die „Kapitalgesellschaft“ durch den „Konzern“ zu ersetzen. Lediglich konzernspezifische Sachverhalte werden nachfolgend erläutert.

IV. Konzernspezifische Inhalte der Berichterstattung

6 Die Berichterstattungspflicht bezieht sich auf den Konzern, unabhängig von der förmlichen Einbeziehung von Tochtergesellschaften in den Konsolidierungskreis (→ § 296 Rz. 1 ff.). Im wichtigsten Nichtkonsolidierungsfall der **Unwesentlichkeit** des Tochterunternehmens ist aber wegen der Unwesentlichkeit über dessen wirtschaftliche Verhältnisse auch im Konzernlagebericht nicht zu berichten.

7 Eine Berichtspflicht für die **einzelnen** Unternehmen des Konzerns besteht nicht, Berichtsobjekt ist **„der“** Konzern. Allerdings sind bestehende wesentliche Zweigniederlassungen ausdrücklich im Konzernlagebericht aufzuführen (Abs. 2 Nr. 3). Es muss über die „Lage“ eines einbezogenen Unternehmens berichtet werden, wenn in diesem aus Konzernsicht wichtige Produktgruppen oder geografische Strukturierungen angesiedelt sind.

BEISPIEL Im Versicherungskonzern sind die Sparten „Leben“, „Sach“ und „Kranken“ jeweils in eigene Tochtergesellschaften im Inland ausgegliedert. Im Ausland fungiert durchgängig eine Landesholding.

Hier hängt Wohl und Wehe des Konzerns von einer Anzahl dieser Gesellschaften ab, weshalb über sie zu berichten ist. Das kann ohne spezifische Bezugnahme auf die Rechtsstruktur erfolgen:

- „Im Bereich ‚Sachversicherung Inland‘“;
- „In Osteuropa ist der Geschäftsverlauf differenziert zu beurteilen“;
- „Der Bereich‚Sach‘ hat sich erfreulich entwickelt‚‚Leben‘ stagniert dagegen“.

8 Die Berichterstattungspflicht muss sich nicht an der **Konsolidierungs-** und **Bewertungs**methode orientieren. Auf die „Lage“ des Konzerns können sich die Verhältnisse eines *at equity* bewerteten Unternehmens maßgeblich auswirken und umgekehrt diejenigen eines quotal konsolidierten eine unbedeutende Rolle spielen.

Das gilt vergleichbar für den (Einzel-)Lagebericht nach § 289 HGB. Die dortige Berichterstattung ist von der **Bewertungsmethode** für die Beteiligungsunternehmen unabhängig.

BEISPIEL Die Holding-AG konsolidiert nach § 301 HGB 35 Tochtergesellschaften, nach § 310 HGB (quotal) drei und nach § 312 HGB *(at equity)* sieben weitere Gesellschaften. Ein Gemeinschaftsunternehmen i. S. des § 310 HGB ist im wichtigen chinesischen Markt tätig, zwei assoziierte Unternehmen besorgen die existenznotwendige Beschaffung wichtiger Rohmaterialien.

Über diese drei Gesellschaften ist sowohl nach § 289 HGB als auch nach § 315 HGB zu berichten – unabhängig von der Art der Einbeziehung in die jeweiligen Abschlüsse.

Die **zusammenfassende** Berichterstattung nach Abs. 3 (→ Rz. 3) drängt sich in solchen Fällen geradezu auf.

9 Zum Wechselspiel von Konzernlagebericht, Konzernanhang und ggf. *management commentary* bei Aufstellung des Konzernabschlusses nach IFRS wird auf → § 315e Rz. 14 ff. verwiesen. Zu

speziellen Angabepflichten im Konzernanhang bei (freiwilliger oder in IFRS-Konzernabschlüssen kapitalmarktorientierter Unternehmen pflichtweiser) Segmentberichterstattung (→ § 297 Rz. 1 und → § 315e Rz. 15) vgl.

- → § 289 Rz. 17: Konzernsteuerung,
- → § 289 Rz. 12: Segmentabgrenzung,
- → § 289 Rz. 25: Ertragslage,
- → § 289 Rz. 25: Investitionen,
- → § 289 Rz. 45 und → § 289 Rz. 52: Risikodarstellung.

Die Angaben im Konzernlagebericht sollen nicht zwingend über diejenigen innerhalb der Segmentberichterstattung hinausgehen. In den Prognosebericht (→ § 289 Rz. 33) sind **segmentspezifische** Angaben aufzunehmen, wenn die konsolidierte Betrachtung kein zutreffendes Bild der Konzernlage vermittelt. Das ist bei entgegengesetzter Entwicklung einzelner Segmente mit Kompensationseffekt für den Gesamtkonzern der Fall.[1]

§ 315a Ergänzende Vorschriften für bestimmte Aktiengesellschaften und Kommanditgesellschaften auf Aktien

(1) [1]Mutterunternehmen (§ 290), die einen organisierten Markt im Sinne des § 2 Absatz 7 des Wertpapiererwerbs- und Übernahmegesetzes durch von ihnen ausgegebene stimmberechtigte Aktien in Anspruch nehmen, haben im Konzernlagebericht außerdem anzugeben:

1. **die Zusammensetzung des gezeichneten Kapitals unter gesondertem Ausweis der mit jeder Gattung verbundenen Rechte und Pflichten und des Anteils am Gesellschaftskapital;**
2. **Beschränkungen, die Stimmrechte oder die Übertragung von Aktien betreffen, auch wenn sie sich aus Vereinbarungen zwischen Gesellschaftern ergeben können, soweit die Beschränkungen dem Vorstand der Gesellschaft bekannt sind;**
3. **direkte oder indirekte Beteiligungen am Kapital, die 10 Prozent der Stimmrechte überschreiten;**
4. **die Inhaber von Aktien mit Sonderrechten, die Kontrollbefugnisse verleihen, und eine Beschreibung dieser Sonderrechte;**
5. **die Art der Stimmrechtskontrolle, wenn Arbeitnehmer am Kapital beteiligt sind und ihre Kontrollrechte nicht unmittelbar ausüben;**
6. **die gesetzlichen Vorschriften und Bestimmungen der Satzung über die Ernennung und Abberufung der Mitglieder des Vorstands und über die Änderung der Satzung;**
7. **die Befugnisse des Vorstands insbesondere hinsichtlich der Möglichkeit, Aktien auszugeben oder zurückzukaufen;**
8. **wesentliche Vereinbarungen des Mutterunternehmens, die unter der Bedingung eines Kontrollwechsels infolge eines Übernahmeangebots stehen, und die hieraus folgenden Wirkungen;**
9. **Entschädigungsvereinbarungen des Mutterunternehmens, die für den Fall eines Übernahmeangebots mit den Mitgliedern des Vorstands oder mit Arbeitnehmern getroffen sind.**

[2]Die Angaben nach Satz 1 Nummer 1, 3 und 9 können unterbleiben, soweit sie im Konzernanhang zu machen sind. [3]Sind Angaben nach Satz 1 im Konzernanhang zu machen, ist im Konzernlagebericht darauf zu verweisen. [4]Die Angaben nach Satz 1 Nummer 8 können unterbleiben, soweit sie geeignet sind, dem Mut-

1 DRS 20.B41.

terunternehmen einen erheblichen Nachteil zuzufügen; die Angabepflicht nach anderen gesetzlichen Vorschriften bleibt unberührt.

(2) (weggefallen)

Inhaltsübersicht | Rz.

I. Überblick

1 Diese Vorschrift ist das Pendant zu § 289a HGB. Zur Hauptsache wird deshalb auf → § 289a Rz. 1 ff. verwiesen.

2 § 315a enthält Berichtspflichten für alle Mutterunternehmen, die als AG oder KGaA **stimmberechtigte** Aktien an einem organisierten Markt ausgegeben haben. Inhaltlich geht es um

- die Zusammensetzung des Grundkapitals (→ § 289a Rz. 3),
- Stimmrechts- und Übertragungsrechtsbeschränkungen (→ § 289a Rz. 5),
- Beteiligungen von mehr als 10 % (→ § 289a Rz. 6),
- Sonderrechte von Aktionären (→ § 289a Rz. 8),
- Arbeitnehmeraktien (→ § 289a Rz. 9),
- Satzungsbestimmungen (→ § 289a Rz. 10),
- Befugnisse des Vorstands zur Ausgabe oder zum Erwerb von Aktien (→ § 289a Rz. 11),
- Change-of-Control-Klausel (→ § 289a Rz. 12) und
- Entschädigungsvereinbarungen für Übernahmefälle (→ § 289a Rz. 13).

3 Der frühere Abs. 2 enthielt besondere, das Vergütungssystem betreffende Berichtspflichten für Mutterunternehmen, die als Aktiengesellschaften (nicht lediglich als KGaA) börsennotiert sind (→ § 289a Rz. 14 und → § 285 Rz. 75). Durch **ARUG II** wurden diese aus dem Jahresabschluss bzw. HGB herausgenommen und in eine Internetpublizität nach § 162 AktG überführt (→ § 285 Rz. 79a).

§ 315b Pflicht zur nichtfinanziellen Konzernerklärung; Befreiungen

(1) [1]Eine Kapitalgesellschaft, die Mutterunternehmen (§ 290) ist, hat ihren Konzernlagebericht um eine nichtfinanzielle Konzernerklärung zu erweitern, wenn die folgenden Merkmale erfüllt sind:

1. die Kapitalgesellschaft ist kapitalmarktorientiert im Sinne des § 264d,

2. für die in den Konzernabschluss einzubeziehenden Unternehmen gilt:

a) sie erfüllen die in § 293 Absatz 1 Satz 1 Nummer 1 oder 2 geregelten Voraussetzungen für eine größenabhängige Befreiung nicht und

b) bei ihnen sind insgesamt im Jahresdurchschnitt mehr als 500 Arbeitnehmer beschäftigt.

[2]§ 267 Absatz 4 bis 5 sowie § 298 Absatz 2 sind entsprechend anzuwenden. [3]Wenn die nichtfinanzielle Konzernerklärung einen besonderen Abschnitt des Konzernlageberichts bildet, darf die Kapitalgesellschaft auf die an anderer Stelle im Konzernlagebericht enthaltenen nichtfinanziellen Angaben verweisen.

(2) [1]Ein Mutterunternehmen im Sinne des Absatzes 1 ist unbeschadet anderer Befreiungsvorschriften von der Pflicht zur Erweiterung des Konzernlageberichts um eine nichtfinanzielle Konzernerklärung befreit, wenn

1. das Mutterunternehmen zugleich ein Tochterunternehmen ist, das in den Konzernlagebericht eines anderen Mutterunternehmens einbezogen ist, und

2. der Konzernlagebericht nach Nummer 1 nach Maßgabe des nationalen Rechts eines Mitgliedstaats der Europäischen Union oder eines anderen Vertragsstaats des Abkommens über den Europäischen Wirtschaftsraum im Einklang mit der Richtlinie 2013/34/EU aufgestellt wird und eine nichtfinanzielle Konzernerklärung enthält.

[2]Satz 1 gilt entsprechend, wenn das andere Mutterunternehmen im Sinne des Satzes 1 einen gesonderten nichtfinanziellen Konzernbericht nach Absatz 3 oder nach Maßgabe des nationalen Rechts eines Mitgliedstaats der Europäischen Union oder eines anderen Vertragsstaats des Abkommens über den Europäischen Wirtschaftsraum im Einklang mit der Richtlinie 2013/34/EU erstellt und öffentlich zugänglich macht. [3]Ist ein Mutterunternehmen nach Satz 1 oder 2 von der Pflicht zur Erstellung einer nichtfinanziellen Konzernerklärung befreit, hat es dies in seinem Konzernlagebericht mit der Erläuterung anzugeben, welches andere Mutterunternehmen den Konzernlagebericht oder den gesonderten nichtfinanziellen Konzernbericht öffentlich zugänglich macht und wo der Bericht in deutscher oder englischer Sprache offengelegt oder veröffentlicht ist.

(3) [1]Ein Mutterunternehmen im Sinne des Absatzes 1 ist auch dann von der Pflicht zur Erweiterung des Konzernlageberichts um eine nichtfinanzielle Konzernerklärung befreit, wenn das Mutterunternehmen für dasselbe Geschäftsjahr einen gesonderten nichtfinanziellen Konzernbericht außerhalb des Konzernlageberichts erstellt und folgende Voraussetzungen erfüllt:

1. der gesonderte nichtfinanzielle Konzernbericht erfüllt zumindest die inhaltlichen Vorgaben nach § 315c in Verbindung mit § 289c und

2. das Mutterunternehmen macht den gesonderten nichtfinanziellen Konzernbericht öffentlich zugänglich durch

a) Offenlegung zusammen mit dem Konzernlagebericht nach § 325 oder

b) Veröffentlichung auf der Internetseite des Mutterunternehmens spätestens vier Monate nach dem Abschlussstichtag und mindestens für zehn Jahre, sofern der Konzernlagebericht auf diese Veröffentlichung unter Angabe der Internetseite Bezug nimmt.

[2]Absatz 1 Satz 3, die §§ 289d und 289e sowie § 298 Absatz 2 sind auf den gesonderten nichtfinanziellen Konzernbericht entsprechend anzuwenden.

(4) Ist die nichtfinanzielle Konzernerklärung oder der gesonderte nichtfinanzielle Konzernbericht inhaltlich überprüft worden, ist auch die Beurteilung des Prüfungsergebnisses in gleicher Weise wie die nichtfinanzielle Konzernerklärung oder der gesonderte nichtfinanzielle Konzernbericht öffentlich zugänglich zu machen.

Inhaltsübersicht **Rz.**

I. Überblick

Diese Vorschrift sieht als Pendant zu § 289b HGB für bestimmte Konzerne eine Pflicht zur Abgabe einer nichtfinanziellen Erklärung vor. 1

2 Die nichtfinanzielle Erklärung ist gem. Abs. 1 HGB von Gesellschaften zu erbringen, wenn sie folgende drei Merkmale kumulativ erfüllen:

- Überschreitung der **Größenmerkmale** nach § 293 Abs. 1 HGB,
- **Kapitalmarktorientierung** des Mutterunternehmens nach § 264d HGB,
- mehr als **500 Arbeitnehmer** im Jahresdurchschnitt.

Nicht ausreichend ist die Fiktion der Größe über eine Kapitalmarktorientierung i. S. des § 293 Abs. 5 HGB.

3 Abs. 2 gewährt in Übereinstimmung mit § 291 HGB eine Befreiung für Mutterunternehmen, die in den Konzernabschluss eines **übergeordneten Unternehmens** einbezogen sind. Bei Inanspruchnahme der Befreiung hat ein entsprechender Hinweis im Konzernlagebericht zu erfolgen.

4 Abs. 3 erlaubt, die nichtfinanzielle Erklärung unter bestimmten Voraussetzungen **außerhalb des Konzernlageberichts** abzugeben und die Erklärung stattdessen entweder zusammen mit dem Konzernlagebericht nach § 325 HGB offenzulegen oder auf der Internetseite des Mutterunternehmens zu veröffentlichen.

5 Ein Mutterunternehmen darf seine nichtfinanzielle Erklärung für die rechtliche Einheit gem. § 315b Abs. 1 Satz 2 HGB i. V. mit § 298 Abs. 2 HGB mit seiner nichtfinanziellen Erklärung für den Konzern zusammenfassen.

§ 315c Inhalt der nichtfinanziellen Konzernerklärung

(1) Auf den Inhalt der nichtfinanziellen Konzernerklärung ist § 289c entsprechend anzuwenden.

(2) § 289c Absatz 3 gilt mit der Maßgabe, dass diejenigen Angaben zu machen sind, die für das Verständnis des Geschäftsverlaufs, des Geschäftsergebnisses, der Lage des Konzerns sowie der Auswirkungen seiner Tätigkeit auf die in § 289c Absatz 2 genannten Aspekte erforderlich sind.

(3) Die §§ 289d und 289e sind entsprechend anzuwenden.

Inhaltsübersicht **Rz.**

I. Überblick

1 Die Vorschrift wurde durch das CSR-Richtlinie-Umsetzungsgesetz eingefügt.

- Sie schreibt für den **Inhalt** der die Geschäftsmodelle, Umweltbelange usw. betreffenden nichtfinanziellen Erklärung für den Konzern in Abs. 1 und Abs. 2 die entsprechende Anwendung von § 289c HGB vor (→ § 289f Rz. 4),
- lässt für die Erstellung der Erklärung in Abs. 3 die Nutzung von **Rahmenwerken** zu (→ § 289f Rz. 5),
- erlaubt unter bestimmten Bedingungen in Abs. 3 die **Unterlassung nachteiliger Angaben** (→ § 289f Rz. 4).

§ 315d Konzernerklärung zur Unternehmensführung

[1]Ein Mutterunternehmen, das eine Gesellschaft im Sinne des § 289f Absatz 1 oder Absatz 3 ist, hat für den Konzern eine Erklärung zur Unternehmensführung zu erstellen und als gesonderten Abschnitt in den Konzernlagebericht aufzunehmen. [2]§ 289f ist entsprechend anzuwenden.

Inhaltsübersicht Rz.

I. Überblick

Die Vorschrift schreibt die entsprechende Anwendung von § 289f HGB vor. Auf → § 289f Rz. 13 wird deshalb verwiesen. 1

Zehnter Titel: Konzernabschluss nach internationalen Rechnungslegungsstandards

§ 315e

(1) Ist ein Mutterunternehmen, das nach den Vorschriften des Ersten Titels einen Konzernabschluss aufzustellen hat, nach Artikel 4 der Verordnung (EG) Nr. 1606/2002 des Europäischen Parlaments und des Rates vom 19. Juli 2002 in der jeweils geltenden Fassung verpflichtet, die nach den Artikeln 2, 3 und 6 der genannten Verordnung übernommenen internationalen Rechnungslegungsstandards anzuwenden, so sind von den Vorschriften des Zweiten bis Achten Titels nur § 294 Abs. 3, § 297 Absatz 1a, 2 Satz 4, § 298 Abs. 1, dieser jedoch nur in Verbindung mit den §§ 244 und 245, ferner § 313 Abs. 2 und 3, § 314 Abs. 1 Nr. 4, 6, 8 und 9, Absatz 3 sowie die Bestimmungen des Neunten Titels und die Vorschriften außerhalb dieses Unterabschnitts, die den Konzernabschluss oder den Konzernlagebericht betreffen, entsprechend anzuwenden.

(2) Mutterunternehmen, die nicht unter Absatz 1 fallen, haben ihren Konzernabschluss nach den dort genannten internationalen Rechnungslegungsstandards und Vorschriften aufzustellen, wenn für sie bis zum jeweiligen Bilanzstichtag die Zulassung eines Wertpapiers im Sinne des § 2 Absatz 1 des Wertpapierhandelsgesetzes zum Handel an einem organisierten Markt im Sinne des § 2 Absatz 11 des Wertpapierhandelsgesetzes im Inland beantragt worden ist.

(3) [1]Mutterunternehmen, die nicht unter Absatz 1 oder 2 fallen, dürfen ihren Konzernabschluss nach den in Absatz 1 genannten internationalen Rechnungslegungsstandards und Vorschriften aufstellen. [2]Ein Unternehmen, das von diesem Wahlrecht Gebrauch macht, hat die in Absatz 1 genannten Standards und Vorschriften vollständig zu befolgen.

Inhaltsübersicht Rz.

LITERATUR:

Engelmann/Zülch, Pflicht zur Aufstellung eines IFRS-Konzernabschlusses trotz nach HGB unwesentlicher Tochterunternehmen, DB 2006 S. 293; *Hoffmann/Lüdenbach*, Der Übergang zu den IFRS mit Rückfahrkarte, BB 2005 S. 96; *Knorr/Buchheim/Schmidt*, Konzernrechnungslegungspflicht und Konsolidierungskreis – Wechselwirkungen und Folgen für die Verpflichtung zur Anwendung von IFRS, BB 2005 S. 2399; *Zeyer/Maier*, Pflichtangaben nach § 315a Abs. 1 HGB im IFRS-Abschluss – Bloße Addition oder doch Multiplikation?, PiR 2010 S. 189.

I. Regelungsinhalt

1 § 315e HGB (entspricht § 315a HGB a. F.) regelt die freiwillige oder verpflichtende Anwendung der internationalen Rechnungslegungsstandards.

2 Für **kapitalmarktorientierte Mutterunternehmen** (→ § 264d Rz. 1) ergibt sich die **Pflicht** (→ Rz. 6), den Konzernabschluss nach IFRS aufzustellen, bereits aus Art. 4 der unmittelbar als nationales Recht wirksamen sog. IAS-VO der EU. § 315e Abs. 1 HGB sieht für die Unternehmen jedoch über die IFRS hinausgehend **ergänzende Pflichten** (Währung, Sprache, bestimmte Anhangangaben, Lagebericht) vor (→ Rz. 8 ff.).

Voraussetzung ist dabei stets, dass überhaupt eine **Konzernrechnungslegungspflicht** besteht. Dies ist **nach nationalem** Recht und nicht nach der IAS-VO zu beurteilen (→ Rz. 5).

3 Art. 5 der IAS-VO lässt den Mitgliedstaaten ein **Wahlrecht** (→ Rz. 6), ob auch für nicht oder noch nicht kapitalmarktorientierte Unternehmen die Anwendung der IFRS vorgeschrieben oder zugelassen wird. Der deutsche Gesetzgeber setzt dieses Wahlrecht zur IFRS-Anwendung folgendermaßen um:

- Nach § 315e Abs. 2 HGB besteht für Mutterunternehmen, die zum jeweiligen Bilanzstichtag die **Zulassung** eines Wertpapiers an einem organisierten Markt **beantragt**, aber noch nicht erhalten haben, eine Pflicht,
- für **andere Unternehmen** gem. § 315e Abs. 3 HGB ein Wahlrecht.

Die ergänzend zu den IFRS-Standards in § 315e Abs. 1 HGB enthaltenen handelsrechtlichen Vorschriften (→ Rz. 2) gelten ebenso für einen IFRS-Abschluss nach Abs. 2 oder 3.

II. Kapitalmarktorientierte Gesellschaften (Abs. 1)

1. Vorrang des nationalen Rechts bei der Bestimmung der Konzernabschlusspflicht

4 Nach IFRS 10.4 Satz 1 hat ein **Mutterunternehmen** – größen-, rechtsform- und sitzunabhängig – einen Konzernabschluss vorzulegen. Befreiungsmöglichkeiten sind lediglich für den Teilkonzernabschluss bestimmter Mutterunternehmen vorgesehen, die selbst Tochterunternehmen eines anderen Mutterunternehmens sind (IFRS 10.4 Satz 2).

5 Aus Sicht deutscher und EU-Anwender haben die **IFRS-Vorschriften** zur Konzernabschlusspflicht jedoch **keine Relevanz.** Dies ergibt sich bereits aus Abs. 1 Satz 1 Halbsatz 1. Dort ist die Rede von einem Mutterunternehmen,

- „das nach den Vorschriften des Ersten Titels einen Konzernabschluss aufzustellen hat" und
- nach Art. 4 der Verordnung (EG) Nr. 1606/2002 „... verpflichtet ist, die ... internationalen Rechnungslegungsstandards anzuwenden".

Vorausgesetzt wird im ersten Punkt, dass nach §§ 290 HGB ff. überhaupt eine **handelsrechtliche Pflicht** zur Aufstellung eines Konzernabschlusses besteht, insbesondere in handelsrechtlicher Würdigung mindestens ein Mutter-Tochter-Verhältnis vorliegt. Nur wo diese Voraussetzung erfüllt ist, kommt der zweite Punkt, die Anwendung der IFRS, zum Tragen.

Diese **Arbeitsteilung** zwischen nationalem Recht (bzw. EU-Richtlinie) und IFRS hat die EU-Kommission im November 2003 als „Kommentare zu bestimmten Artikeln der Verordnung (EG) Nr. 160" (6/2002) wie folgt bekräftigt:

- „Da sich die IAS-Verordnung lediglich auf ‚konsolidierte Abschlüsse' bezieht, wird sie nur dann wirksam, wenn diese konsolidierten Abschlüsse von anderer Seite gefordert werden. Die Klärung der Frage, ob eine Gesellschaft zur Erstellung eines konsolidierten Abschlusses verpflichtet ist oder nicht, wird nach wie vor durch Bezugnahme auf das einzelstaatliche Recht erfolgen, das infolge der Siebenten Richtlinie erlassen wurde ..."
- Daher „bestimmt das nationale aus den Rechnungslegungsrichtlinien abgeleitete Recht, ob konsolidierte Abschlüsse erforderlich sind oder nicht.
- Werden sie benötigt, so legen die in den übernommenen IAS festgelegten Anforderungen den Anwendungsbereich der Konsolidierung und folglich die Unternehmen fest, die in diese konsolidierten Abschlüsse einzubeziehen sind, und die Art und Weise, wie dies geschehen soll."

Es ergibt sich das in der nachfolgenden Übersicht dargestellte Zusammenwirken von IFRS und HGB für den deutschen Anwender:

Übersicht 1: IFRS-Konzernabschluss – Arbeitsteilung HGB und IFRS[1]

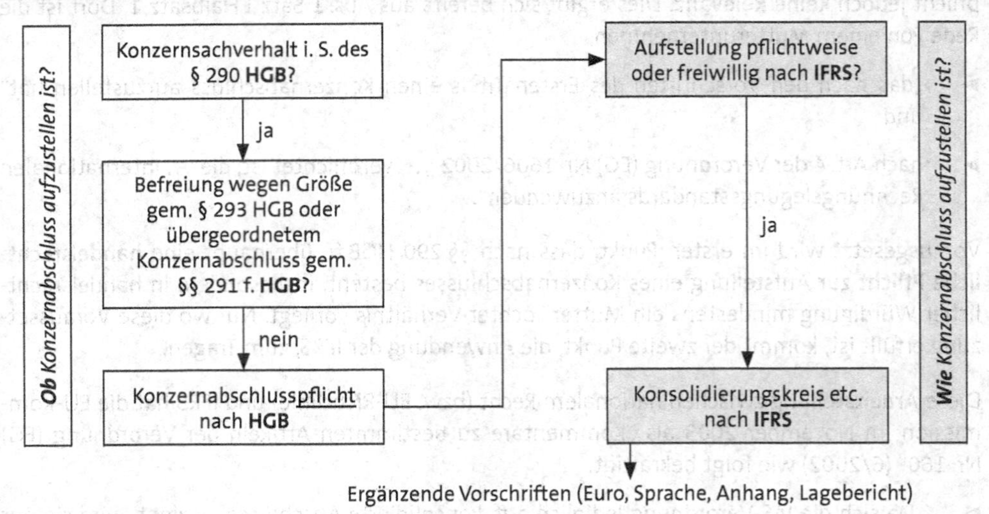

6 Insoweit haben deutsche Anwender gem. Abs. 1 und 2 verpflichtend (kapitalmarktorientierte Gesellschaften bzw. solche, die die Zulassung beantragt haben) oder gem. Abs. 3 befreiend (sonstige Gesellschaften) einen IFRS-Konzernabschluss nur aufzustellen, wenn folgende Bedingungen **kumulativ** erfüllt sind:

- Das Mutterunternehmen ist eine **Kapital**gesellschaft oder eine **„Kap. & Co."**-Gesellschaft ohne haftende natürliche Person (§ 290 HGB i.V. mit §§ 264 und 264a HGB).
- Das Mutterunternehmen übt auf mindestens ein anderes Unternehmen einen **beherrschenden Einfluss** i. S. von § 290 HGB aus.
- Es liegt **kein Befreiungstatbestand** nach §§ 291 bis 293 HGB vor.

Hinsichtlich der **Befreiungstatbestände** ist wie folgt zu differenzieren:

- **Kapitalmarktorientierte** Mutterunternehmen können weder die Befreiung wegen Einbeziehung in einen übergeordneten Konzernabschluss (§ 291 Abs. 3 Nr. 1 HGB) noch die größenabhängige Befreiung (§ 293 Abs. 5 HGB) in Anspruch nehmen.
- Mutterunternehmen, die einen **Antrag auf Zulassung** zu einem organisierten Markt gestellt haben, können zwar die Befreiung wegen Einbeziehung in einen übergeordneten Konzernabschluss in Anspruch nehmen, sind aber durch § 293 Abs. 5 HGB von der Möglichkeit größenabhängiger Befreiung ausgeschlossen.
- **Sonstige** Mutterunternehmen können beide Befreiungen in Anspruch nehmen.

7 Abstimmungsprobleme zwischen HGB und IFRS können sich auch dann ergeben, wenn **sämtliche** Tochtergesellschaften einer kapitalmarktorientierten Gesellschaft wegen **Unwesentlichkeit** oder aus sonstigen Gründen gem. § 296 HGB nicht einbeziehungspflichtig sind. Zum HGB a. F. war die Rechtsfolge strittig. Nach einer Auffassung war hier ein IFRS-Konzernabschluss

1 Entnommen: *Lüdenbach/Hoffmann/Freiberg*, Haufe IFRS-Kommentar, 16. Aufl. 2018, § 32.

aufzustellen,[1] nach der Gegenmeinung[2] bestand keine Konzernrechnungslegungspflicht. Mit der Einfügung von § 290 Abs. 5 HGB durch das BilMoG ist hier Rechtssicherheit entstanden: Ein Mutterunternehmen ist von der Pflicht, einen Konzernabschluss (auch einen nach IFRS) und einen Konzernlagebericht aufzustellen, befreit, wenn es nur Tochterunternehmen hat, die gem. § 296 HGB nicht in den Konzernabschluss einbezogen zu werden brauchen (→ § 290 Rz. 84).

Das im Oktober 2012 verabschiedete Amendment zu IFRS 10 „*Investment Entities*" bringt ein spiegelbildliches Problem: 7a

- Wenn ein **Mutterunternehmen** gem. IFRS 10.27 als **Investmentunternehmen** zu qualifizieren ist (d. h. Kapital von Anlegern sammelt, um es in mit einer Exitstrategie gehaltene Beteiligungen zu investieren),
- hat es die entsprechenden **Tochterunternehmen** gem. IFRS 10.31 **nicht zu konsolidieren,** sondern erfolgswirksam zum *fair value* zu bewerten.

Ein kapitalmarktnotiertes inländisches Investmentunternehmen könnte daher (a) nach § 290 Abs. 1 oder 2 HGB konzernrechnungslegungspflichtig sein, (b) nach § 315e HGB bzw. IAS-VO diese Pflicht durch einen IFRS-Konzernabschluss erfüllen müssen, (c) nach IFRS aber gar keinen Konzernabschluss erstellen dürfen. Unseres Erachtens besteht in derartigen Konstellationen in analoger Anwendung von § 290 Abs. 5 HGB tatsächlich keine Konzernrechnungslegungspflicht. In vielen Fällen wird es der Analogie aber gar nicht bedürfen, etwa wenn die Exitstrategien ausschließlich in einer Weiterveräußerung bestehen und daher i.V. mit § 296 Abs. 1 Nr. 3 HGB § 290 Abs. 5 HGB unmittelbar zur Anwendung kommt.

2. Ergänzend zu beachtende handelsrechtliche Vorschriften

2.1 Sprache und Währung

Abs. 1 enthält ergänzende Vorschriften für den IFRS-Abschluss, die ebenso für den Anwenderkreis des Abs. 2 und des Abs. 3 gelten. 8

Die IFRS enthalten weder Vorgaben zur **Berichtswährung** noch zur **Berichtssprache.** 9

§ 315e Abs. 1 HGB schreibt die Aufstellung des Konzernabschlusses in Euro und in deutscher Sprache (§ 244 HGB) vor.

BEISPIEL ► In der Schneeeifel liegt die Konzernzentrale, von der aus der publizitätsscheue Anton Schmitz sein ganz Europa umfassendes Netz von Handelsfilialen leitet. Das Wahlrecht, den Konzernabschluss nach IFRS aufzustellen, scheint ihm wie gerufen. Da das IFRS-Regelwerk weder Sprache noch Währung vorschreibt, möchte er den Abschluss in Sanskrit aufstellen und als Währung den Fidschi-Dollar (FJD) verwenden.

BEURTEILUNG ► Zwar wäre ein solcher Abschluss IFRS-konform. Er würde aber wegen Abs. 3 Satz 2 i.V. mit Abs. 1 und § 244 HGB zur Erfüllung inländischer Rechnungslegungs- und Publizitätspflichten nicht genügen, also nicht befreiend wirken.

Der Abschluss ist nach Abs. 1 i.V. mit § 245 HGB zu **unterzeichnen** (→ § 245 Rz. 7). Nach § 297 Abs. 2 Satz 4 HGB ist außerdem der „Bilanzeid" zu leisten (→ § 297 Rz. 112). 10

1 Vgl. *Knorr/Buchheim/Schmidt*, BB 2005 S. 2399.

2 Vgl. *Engelmann/Zülch*, DB 2006 S. 293 ff.

2.2 Anhang, insbesondere Organbezüge

11 Im **Anhang** des IFRS-Konzernabschlusses sind gem. Abs. 1 anzugeben:

- Nach § 313 Abs. 2 und 3 HGB Name, Sitz, Kapitalanteil etc. von Tochterunternehmen, assoziierten Unternehmen und Gemeinschaftsunternehmen (→ § 313 Rz. 24),
- nach § 314 Abs. 1 Nr. 4 HGB die durchschnittliche Zahl der Arbeitnehmer (→ § 314 Rz. 8),
- nach § 314 Abs. 1 Nr. 6 HGB unter den Bedingungen von § 314 Abs. 3 HGB die Organbezüge (→ § 314 Rz. 9),
- nach § 314 Abs. 1 Nr. 8 HGB für jedes einbezogene börsennotierte Unternehmen, wo die *Compliance*-Erklärung zu § 161 AktG zugänglich ist (→ § 314 Rz. 11), sowie
- nach § 314 Abs. 1 Nr. 9 HGB das Honorar des Abschlussprüfers nach Leistungsarten (→ § 314 Rz. 12).

Aus **Sicht des IFRS-Regelwerks** handelt es sich um **freiwillige** Anhangangaben, die insoweit zulässig sind, als sie die Systematik und Verständlichkeit des Abschlusses nicht gefährden (IAS 1.113). Wie andere „freiwillige" Angaben auch haben die durch § 315e HGB geforderten den allgemeinen Anforderungen der IFRS zu genügen. Dazu gehört insbesondere die Pflicht nach IAS 1.38, in Abschlüssen quantitative Informationen zu vorangegangenen Perioden (**Vorjahresvergleichszahlen**) zu machen. In Bezug auf die Zahl der durchschnittlichen Arbeitnehmer und des Abschlussprüferhonorars ist dies in der Bilanzierungspraxis weitgehend unstrittig. Hingegen werden bei den Angaben zum Konzernanteilsbesitz entgegen IAS 1.38 in der Praxis durchweg keine Vorjahresangaben gemacht.[1]

11a Ein Problem kann sich aus der **Überlappung** der durch Abs. 1 geforderten handelsrechtlichen Angabepflichten mit originären IFRS-Angabepflichten ergeben. Betroffen sind insbesondere **IAS 24** „Angaben über Beziehungen zu nahestehenden Unternehmen und Personen" und **IFRS 2** „Aktienbasierte Vergütung". In der Regel gilt dabei: Handelsrechtliche und IFRS-Angabepflichten weisen zwar große Schnittmengen aus, sind aber nicht völlig identisch:

BEISPIEL ▸ Steuerberater S ist zugleich Steuerberater der Y AG und Mitglied in deren Aufsichtsrat. Als Aufsichtsratsmitglied ist S sowohl Organ i. S. des Handelsrechts und nahestehende Person i. S. von IAS 24.

Gleichwohl werden durch die handelsrechtliche Angabe der individualisierten Organbezüge nicht schon die Angabepflichten nach IAS 24 erfüllt. Die handelsrechtliche Angabepflicht ist beschränkt auf die Bezüge, die S als Organ erhält. IAS 24 verlangt hingegen die Angabe aller gegenüber der nahestehenden Person entstandenen Aufwendungen, d. h. hier auch des Steuerberaterhonorars.

BEISPIEL ▸ V ist Alleinvorstand der börsennotierten Y AG. Von der Pflicht zur Angabe der Gesamtbezüge lässt er sich durch HV-Beschluss gem. § 314 Abs. 2 HGB i.V. mit § 286 Abs. 5 HGB entbinden.

Dieser sog. *Opt-out*-Beschluss hat aber nur Wirkung für die handelsrechtlichen Angabepflichten. IAS 24 kennt keine entsprechende Befreiungsmöglichkeit. Bei Auslassung der Bezüge im Anhang ist daher der IFRS-Konzernabschluss fehlerhaft.[2]

Vor dem Hintergrund solcher Problemlagen empfiehlt sich – auch unter Inkaufnahme von Redundanz – im Interesse der Fehlervermeidung, die IFRS-Angabepflichten selbständig abzuarbeiten und im Anhang darzustellen und die handelsrechtlichen Pflichten wiederum eigenständig in einem gesonderten Teil des Anhangs zu erfüllen.

1 Vgl. im Einzelnen *Zeyer/Maier*, PiR 2010 S. 189 ff.

2 OLG Frankfurt a. M. v. 31.5.2012 – WpÜG 2/12, WpÜG 3/12.

2.3 Lagebericht

Der IFRS-Konzernabschluss ist gem. Abs. 1 um einen **Konzernlagebericht** nach § 315 HGB und insbesondere bei börsennotierten Unternehmen um weitere Angaben gem. §§ 315a ff. HGB (nichtfinanzielle Erklärung usw.) zu ergänzen. In diesem Zusammenhang stellen sich zwei Fragen: 12

- Wie ist mit dem Problem der **Redundanz** umzugehen, wenn gleichartige Angaben nach IFRS für den **Anhang,** nach HGB für den **Konzernlagebericht** gefordert sind (→ Rz. 13)?
- Können durch den Konzernlagebericht zugleich die Anforderungen an den nach IFRS freiwillig zu erstellenden ***management commentary*** erfüllt werden (→ Rz. 14)?

Zwischen dem IFRS-Anhang und dem Konzernlagebericht können sich insbesondere bei Risiko- und Risikomanagementangaben zu **Finanzinstrumenten** im Verhältnis von § 315 Abs. 2 Nr. 1a und 1b HGB zu IFRS 7 Überlappungen ergeben. Die drohende Redundanz kann nicht durch einen Verweis des Konzernlageberichts auf den Anhang vermieden werden, da nach DRS 20.13 der Konzernlagebericht ohne Rückgriff auf den Konzernabschluss verständlich sein muss. Durch IFRS 7.B6 ist jedoch umgekehrt ein **Verweis** vom IFRS-Anhang auf den Lagebericht erlaubt. 13

Hierbei handelt es sich innerhalb der IFRS jedoch um einen Ausnahmefall. Angaben zu **nahestehenden Personen nach IAS 24** können etwa nicht außerhalb des Anhangs erfüllt werden. Dies bedeutet: Auch wenn die nach IAS 24 für Organe bestehenden Angabepflichten mit den für Organe vorgesehenen Lageberichtsangaben nach § 315 Abs. 2 Nr. 4 HGB (ausnahmsweise; → Rz. 11a) übereinstimmen, ist eine Beschränkung der Darstellung auf den Lagebericht unter entsprechendem Verweis im Anhang nicht zulässig. Der IFRS-Anhang wäre in diesem Fall unvollständig und damit fehlerhaft. 13a

Der IASB hat im Dezember 2010 das *Practice Statement* ***„Management Commentary,*** *A Framework for Presentation" (PS)* herausgegeben, das Leitlinien für einen IFRS-kompatiblen Lagebericht enthält. Das Statement ist kein IFRS, seine Anwendung somit **freiwillig** (PS.IN2 und PS. 4). Die Nichtanwendung hat demzufolge keine Auswirkungen auf die Übereinstimmung *(Compliance)* des Abschlusses mit den IFRS und den (u. a.) dies voraussetzenden uneingeschränkten Bestätigungsvermerk. Der *management commentary* ergänzt den Abschluss *(Financial Statements)*, ist aber nicht dessen Bestandteil (PS. 10). 14

Wenn ein *management commentary* aufgestellt wird, soll das Unternehmen allerdings erklären, in welchem Umfang dieser dem *Practice Statement* entspricht (PS. 10). Unseres Erachtens gilt dies zumindest auch dann, wenn in englischer Sprache mit dem Jahresabschluss ein Konzernlagebericht nach § 315e i.V. mit § 315 HGB präsentiert und dieser als *„management commentary"* bezeichnet wird.

Von allgemeinem Interesse ist dann, ob ein § 315 HGB und DRS 20 entsprechender Konzernlagebericht den Anforderungen des *Practice Statement* genügt. Nach Ansicht des DRSC gilt hier: „Die Anforderungen des *Practice Statement* stehen gemeinhin nicht im Widerspruch mit den handelsrechtlichen Vorschriften. Im Hinblick auf eine Berichterstattung über Managementziele und Strategien enthält das *Practice Statement* allerdings einen über die HGB-Vorschriften hinausgehenden Berichtsinhalt."[1]

1 DRSC, Newsletter v. 8.12.2010; ähnlich nun E-DRS 27 Tz. K237.

Mit dem **speziellen** Verweis auf **Managementziele und Strategien** sind PS. 27 und 28 angesprochen. Hiernach soll das Management seine Ziele und Strategien so darstellen, dass Prioritätensetzungen, für deren Umsetzung erforderliche Ressourcen sowie der sachliche und zeitliche Inhalt von Erfolgsmaßstäben erkennbar werden. Eine Ergänzung der handelsrechtlich geforderten Lageberichtsinhalte um solche Elemente ist regelmäßig nicht schwer zu bewerkstelligen.

Als Begründung für die vom DRSC angenommene **allgemeine** Übereinstimmung könnte dienen: Wer die detail- und umfangreicheren und deshalb scheinbar schärferen bzw. fortgeschritteneren Vorgaben von DRS 20 beachtet, wahrt zugleich die abstrakteren und deshalb vermeintlich lascheren bzw. rückständigeren Vorgaben des *Practice Statement*. Oder einfacher: Wer das Große, nämlich die DRS, beachtet, tut sogar noch **mehr** als vom Kleinen, nämlich dem *Practice Statement*, gefordert. Bei **zweiter** Betrachtung liegt aber gerade in dem „Mehr" das Problem. Das *Practice Statement* ist **prinzipienorientiert**, beschränkt sich auf Leitlinien der Berichterstattung, DRS 20 scheint stärker regelbasiert, enthält eine Fülle von Einzelangaben. Jedenfalls wird DRS 20 in der Praxis häufig i. S. einer Checkliste verstanden, nach der etwa auch noch ein mit gesetzlich feststehenden Abnahmepreisen tätiger Windkraftanlagenbetreiber, dessen einzige relevante und damit berichtswürdige Risiken das Wetter („Windhöffigkeit") und die technischen Störungen sind, über Konjunkturentwicklung, Weltwirtschaft, Eurokrise usw. schwadroniert (→ § 289 Rz. 15). Der prinzipienorientierte Ansatz des *Practice Statement* verbietet aber gerade ein solches Vorgehen, damit im Wust des Irrelevanten nicht das eigentlich Wichtige verloren geht oder versteckt wird: *„Management should also avoid generic disclosures that do not relate to the practices and circumstances of the entity and immaterial disclosures that make the more important information difficult to find"* (PS. 23(c)). An einem anderen Beispiel folgt hieraus: Wer als Bank in der Hypothekenkrise seinen Lagebericht mit Inhalten der folgenden Art füllt – „Personalrisiko: Zum Management der Personalrisiken gehört nicht nur die Notwendigkeit einer angemessenen Personalausstattung zur Umsetzung der betrieblichen und strategischen Erfordernisse, sondern auch die Aufrechterhaltung der erforderlichen Kenntnisse und Erfahrungen der Mitarbeiter, die sie zur Erfüllung ihrer Aufgaben und Verantwortlichkeiten benötigen" –, um zwischen Nichtssagendem dieser Art ein paar wenige Worte über die Liquiditätszusagen für irische Zweckgesellschaften unterzubringen,[1] die das Unternehmen wenige Wochen später an den Rand des Ruins treiben, mag die Anforderungen an den handelsrechtlichen Lagebericht erfüllen, würde aber jedenfalls die Vorgaben des *Practice Statement* verletzen.

Hieran ist eine zarte Hoffnung geknüpft: Wenn zunächst die Global Player und später andere Unternehmen auf Übereinstimmung mit dem *Practice Statement* zielen, mag dies zu einer anderen, viel stärker als bisher durch Wesentlichkeitsüberlegungen geprägten Auslegung und Anwendung von DRS 20 führen[2] (→ § 289 Rz. 67). Diese Hoffnung wird durch DRS 20 selbst gestärkt, der an verschiedenen Stellen (etwa DRS 20.59 und 124, DRS 20.B11, B25 und B36) in Anwendung des Wesentlichkeitsgrundsatzes den Vorrang unternehmensspezifischer Angaben vor allgemeinen betont.

15 Kapitalmarktorientierte Unternehmen haben in ihren IFRS-Abschluss einen **Segmentbericht** aufzunehmen. Zu den unterschiedlichen Anforderungen an die Vollständigkeit von Risiko-

1 Im Detail: *Hoffmann/Lüdenbach*, DB 2007 S. 2213 ff.

2 In der Tendenz ähnlich: *Grottke/Höschele*, PiR 2010 S. 149 ff.

Chancen-Darstellungen usw. im Konzernlagebericht einerseits und im Segmentbericht andererseits wird auf → § 289 Rz. 13 verwiesen.

2.4 Elektronisches Format

Mutterunternehmen, die als WpHG-Inlandsemittenten Wertpapiere begeben, aber keine Kapitalgesellschaften i. S. des § 327a HGB sind und ihren Konzernabschluss nach internationalen Rechnungslegungsstandards aufstellen, haben diesen Abschluss sowie den zugehörigen Konzernbilanzeid im XHTML-Format offenzulegen, dabei ist für den Abschluss die IFRS-Taxonomie gem. ESEF-VO der EU anzuwenden. 15a

Die Taxonomierung umfasst ab 1.1.2020 die primären Abschlussbestandteile (Bilanz, Gesamtergebnis-, Kapitalfluss- und Eigenkapitalveränderungsrechnung) und einige Basisinformationen im Anhang. Andere Anhangangaben müssen – mit Ausnahme weniger Basisinformationen des Unternehmens – erst ab dem 1.1.2022 in der Taxonomie bzw. in iXBRL ausgezeichnet werden. Zu weiteren Einzelheiten wird auf → § 328 Rz. 5a verwiesen.

III. Zulassungsantrag (Abs. 2)

In Ausübung des Mitgliedstaatenwahlrechts (→ Rz. 3) schreibt Abs. 2 die Anwendung der IFRS bereits vor, wenn am Abschlussstichtag ein **Antrag auf Zulassung** zu einem organisierten Markt gestellt ist. 16

In diesem Fall ist der Konzernabschluss nach den in Abs. 1 „genannten internationalen Rechnungslegungsstandards und Vorschriften aufzustellen". Mit „Vorschriften" sind die **ergänzend** zu IFRS zu beachtenden handelsrechtlichen Regeln gemeint (→ Rz. 8).

Wie beim Anwenderkreis des Abs. 1 ist jedoch vor Anwendung der IFRS zunächst zu prüfen, ob überhaupt eine **Konzernrechnungslegungspflicht** nach HGB besteht (→ Rz. 6).

IV. Sonstige Unternehmen (Abs. 3)

In Weitergabe des Mitgliedstaatenwahlrechts (→ Rz. 3) als Unternehmenswahlrecht erlaubt Abs. 3 Unternehmen, die weder kapitalmarktorientiert sind noch einen Zulassungsantrag zu einem organisierten Markt gestellt haben, ihren Konzernabschluss mit **befreiender Wirkung** nach den IFRS aufzustellen. 17

Wie in den anderen Fällen ist zunächst nach HGB zu prüfen, ob überhaupt eine **Konzernrechnungslegungspflicht** besteht (→ Rz. 6).

Falls dies bejaht und von dem Wahlrecht nach Abs. 3 Satz 1 Gebrauch gemacht wird, sind gem. Abs. 3 Satz 1 die in Abs. 1 genannten Standards und die **ergänzenden** handelsrechtlichen Vorschriften vollständig zu befolgen (→ Rz. 8).

V. Übergang auf IFRS

Das Prozedere eines pflicht- oder wahlweisen Übergangs auf die IFRS ist nicht im HGB, sondern in **IFRS 1** geregelt. Hiernach gilt im Wesentlichen Folgendes: 18

- Zum Übergangszeitpunkt sind mit bestimmten, meist als Wahlrecht gestalteten Ausnahmen alle Bilanzansätze so zu bestimmen, als ob immer schon nach IFRS bilanziert worden wäre **(retrospektive Anwendung)**.
- Daraus entstehende Differenzen zum vorherigen handelsrechtlichen Ansatz sind **erfolgsneutral** gegen Gewinnrücklagen zu buchen.
- Umstellungszeitpunkt ist nicht das erste IFRS-Berichtsjahr, sondern wegen der Notwendigkeit von IFRS-Vorjahresangaben die **Eröffnungsbilanz des Vorjahres.**

Zu weiteren Einzelheiten wird auf unsere IFRS-Kommentierung verwiesen.[1]

VI. Rückkehr zum HGB

19 Die Voraussetzungen für eine Pflichtanwendung der IFRS können im Zeitablauf entfallen, etwa weil die Börsennotierung endet ***(Delisting)***. Sofern dann nicht wahlweise gem. Abs. 3 weiterhin nach IFRS bilanziert wird, stellt sich die Frage nach dem Übergangsprozedere auf das HGB. Das gleiche Problem besteht, wenn ein **freiwilliger IFRS-Anwender** gem. Abs. 3 von der IFRS-Rechnungslegung nicht mehr überzeugt ist und zum HGB zurückkehren möchte.

20 Die IFRS können (und wollen natürlich auch) nicht diese Rückkehr aus ihrem eigenen Rechnungslegungsbereich regeln. **„Zuständig"** ist hierfür das **HGB**, das indes förmlich diesen Sachverhalt nicht behandelt. Andererseits ist eine Rückkehr in die HGB-Welt nach früherer IFRS-Anwendung **nicht verboten.** Die also erlaubte, aber ungeregelte Rückkehr muss deshalb in ihrer Rechtsstruktur auf Analogieschlüsse und allgemeine Aspekte der Rechnungslegungsgrundlage gestützt werden.

21 Dabei kann IFRS 1 (→ Rz. 18) für die Formulierung der **Fragen** zur „Rückkehrmechanik" herangezogen werden:

- Soll eine **retrospektive Anwendung** des HGB erfolgen, also nach Rückkehr so bilanziert werden, als ob nie die HGB-Welt verlassen worden wäre (→ Rz. 22)?
- Sollen die dann (erneut) entstehenden Ansatz- und Bewertungsunterschiede **erfolgsneutral** oder **erfolgswirksam** behandelt werden (→ Rz. 23)?
- Muss im ersten HGB-Abschluss auch ein **Vorjahresvergleich** bei der GuV in vollem Umfang möglich sein (→ Rz. 24)?

22 Zur **Retrospektionsfrage** einschlägige Vorschriften im Art. 24 Abs. 1 bis 4 EGHGB geben Anhaltspunkte zu Analogieschlüssen. Die dortigen Regelungen für den damaligen Übergang vom früheren Aktiengesetz auf das HGB in der Form des **Bilanzrichtliniengesetzes** (BiRiLiG) zum 31.12.1986 bzw. 1.1.1987 besagen zusammengefasst etwa Folgendes:

- Ein von dem bisherigen Recht abweichender Wertansatz auf der **Aktivseite** kann beibehalten werden, wenn er niedriger ist als der jetzt (nach BiRiLiG) vorgeschriebene.
- Der umgekehrte Fall – bislang gegenüber den BiRiLiG-Werten zu hoher Bilanzansatz – ist förmlich nicht geregelt; gültig sind deshalb die nach dem BiRiLiG vorgeschriebenen Wertansätze.
- Für die **Schulden** gilt: Wenn bislang höhere Werte (als nach BiRiLiG zulässig) bilanziert waren, können diese beibehalten werden.

1 Vgl. *Lüdenbach/Hoffmann/Freiberg*, Haufe IFRS-Kommentar, 16. Aufl. 2018, § 6.

- Im umgekehrten Fall – bislang gegenüber den BiRiLiG-Werten zu niedriger Bilanzansatz – ist der jetzt (nach dem BiRiLiG) zutreffende höhere Wert anzusetzen.

Hinter den vorstehenden Regeln verbirgt sich insbesondere das **Niederstwertprinzip.** Dieses kann u. E. auch beim Übergang von IFRS auf HGB als **Leitmotiv** beachtet werden. Daraus folgt zunächst:

- Überhöhte Aktivwerte sind abzuwerten.
- Zu niedrige Aktivwerte können beibehalten werden.
- Zu niedrig bewertete Schulden sind zu erhöhen.
- Zu hoch angesetzte Schulden können beibehalten werden.

Ein solches Vorgehen kann sich zusätzlich noch auf die Analogie zu Art. 67 Abs. 3 und 4 EGHGB betreffend den Übergang zum **BilMoG** berufen. Auch dort ist ein Recht zur Beibehaltung höherer Wertansätze von Passivposten und niedrigerer Wertansätze von Aktivposten vorgesehen.

Unseres Erachtens sollte der Rückkehrprozess zum HGB die Spuren der zwischendurch durchgeführten IFRS-Rechnungslegung möglichst vollständig beseitigen. Deshalb dürfen auch die erforderlichen Anpassungen nicht das Ergebnis des Übergangsjahres belasten. Die danach gebotene **erfolgsneutrale** Verbuchung der Anpassungserfordernisse im Eigenkapital stellt sich systematisch als punktuelle Durchbrechung der **Bilanzidentität** i. S. des § 252 Abs. 1 Nr. 1 HGB (→ § 252 Rz. 33) dar; diese kann wiederum auf die Ausnahmevorschrift in § 252 Abs. 2 HGB (→ § 252 Rz. 229) gestützt werden. Auch für diesen Lösungsvorschlag gibt es Analogvorgaben in Art. 24 Abs. 3 und 4 EGHGB und Art. 67 Abs. 3 und 4 EGHGB; danach waren zwingende oder mögliche Wertanpassungen gegen die Gewinnrücklagen zu buchen. 23

Unseres Erachtens ist es nicht nötig, bei Rückkehr zum HGB gem. § 265 Abs. 2 Satz 2 HGB **Vorjahresvergleichszahlen** darzustellen. Als Begründung kann angeführt werden, dass die handelsrechtliche Konzernrechnungslegungspflicht erst im aktuellen Berichtsjahr beginnt. Wenn in anderen Fällen eines Beginns der erstmaligen handelsrechtlichen Konzernrechnungslegung, z. B. wegen Überschreitung der Schwellenwerte nach § 293 HGB, eine Angabe von Vorjahreszahlen deshalb als entbehrlich gilt, weil sonst die (handelsrechtliche) Konzernrechnungslegungspflicht faktisch um ein Geschäftsjahr vorverlegt würde, gilt dies u. a. auch für den hier zu behandelnden Fall. Somit kann u. E. im Jahr der erstmaligen Aufstellung des Konzernabschlusses nach HGB eine Eröffnungsbilanz auf den Beginn des ersten vollen HGB-Jahres erstellt werden. Ansonsten ist ein mit HGB-Werten ermitteltes Vorjahr erforderlich und die HGB-Eröffnungsbilanz entsprechend auf den Beginn des Vorjahres zu erstellen.[1] 24

Dritter Unterabschnitt: Prüfung

§ 316 Pflicht zur Prüfung

(1) [1]Der Jahresabschluss und der Lagebericht von Kapitalgesellschaften, die nicht kleine im Sinne des § 267 Abs. 1 sind, sind durch einen Abschlussprüfer zu prüfen. [2]Hat keine Prüfung stattgefunden, so kann der Jahresabschluss nicht festgestellt werden.

1 Vgl. *Zwirner/Busch*, IRZ 2013 S. 365 f.

(2) [1]Der Konzernabschluss und der Konzernlagebericht von Kapitalgesellschaften sind durch einen Abschlussprüfer zu prüfen. [2]Hat keine Prüfung stattgefunden, so kann der Konzernabschluss nicht gebilligt werden.

(3) [1]Werden der Jahresabschluss, der Konzernabschluss, der Lagebericht oder der Konzernlagebericht nach Vorlage des Prüfungsberichts geändert, so hat der Abschlussprüfer diese Unterlagen erneut zu prüfen, soweit es die Änderung erfordert. [2]Über das Ergebnis der Prüfung ist zu berichten; der Bestätigungsvermerk ist entsprechend zu ergänzen. [3]Die Sätze 1 und 2 gelten entsprechend für diejenige Wiedergabe des Jahresabschlusses, des Lageberichts, des Konzernabschlusses und des Konzernlageberichts, welche eine Kapitalgesellschaft, die als Inlandsemittent (§ 2 Absatz 14 des Wertpapierhandelsgesetzes) Wertpapiere (§ 2 Absatz 1 des Wertpapierhandelsgesetzes) begibt und keine Kapitalgesellschaft im Sinne des § 327a ist, für Zwecke der Offenlegung erstellt hat.

Inhaltsübersicht Rz.

I. Jahresabschluss und Lagebericht (Abs. 1)

1. Prüfungsobjekt und -subjekt (Abs. 1 Satz 1)

1 Der Prüfung unterliegen als **Objekt**

- der Jahresabschluss (→ § 264 Rz. 1) und
- der Lagebericht (→ § 289 Rz. 1)

von Kapitalgesellschaften und sog. „Kap. & Co.“-Gesellschaften (→ § 264a Rz. 4).

2 **Ausgenommen** sind **kleinformatige** Gesellschaften (→ § 267 Rz. 14). Zum Hinein- und Herauswachsen in die nächste Größenklasse vgl. → § 267 Rz. 16 f.

*Eine **weitere** Ausnahme* von der Prüfungspflicht ergibt sich aus § 264 Abs. 3 HGB (→ § 264 Rz. 38) sowie § 264b HGB (→ § 264b Rz. 6) für **Tochtergesellschaften** konzernabschlusspflichtiger Mutterunternehmen.

Die Gesellschaften in **Abwicklung** kann das Gericht u. U. von der Prüfung des Jahresabschlusses und des Lageberichts befreien (§ 270 Abs. 3 AktG, § 71 Abs. 3 Satz 1 GmbHG). 3

Weitere Prüfungspflichten für Jahresabschlüsse ergeben sich aus **Nebengesetzen,** z. B. § 6 Abs. 1 Satz 1 PublG, § 53 GenG, sowie aus **branchenspezifischen** Vorschriften (§ 340k HGB für Kreditinstitute, § 341k HGB für Versicherungsunternehmen). 4

Die (subjektive) Befugnis zur Prüfung kommt dem **Abschlussprüfer** zu (→ § 318 Rz. 2). Es können auch **mehrere** Personen/Gesellschaften zum Abschlussprüfer bestellt werden (→ § 318 Rz. 21). 5

2. Rechtsfolge der Nichtprüfung (Abs. 1 Satz 2)

Ungeprüfte Jahresabschlüsse prüfungspflichtiger Unternehmen können **nicht festgestellt** werden. Ohne Feststellung liegt ein Jahresabschluss im **Rechtssinne** nicht vor (→ § 245 Rz. 13). Der Jahresabschluss ist nichtig (§ 256 Abs. 1 Nr. 2 AktG mit analoger Anwendung für die GmbH, § 10 Nr. 1 PublG für große Personenunternehmen). Dann kann auch eine Gewinnausschüttung nicht erfolgen, der gleichwohl erfolgten Ausschüttung fehlt der Rechtsgrund i. S. der §§ 812 ff. BGB. Soweit die Gesellschafter die Dividenden nicht in gutem Glauben bezogen haben, sind sie zurückzuzahlen (§ 62 AktG, der u. E. auf die GmbH analog anzuwenden ist). Ein Verstoß gegen nur satzungsmäßige Prüfungspflichten unterliegt nicht Abs. 1 Satz 2, kann aber Schadenersatzansprüche begründen und Berichtspflichten des Abschlussprüfers für den Folgeabschluss nach sich ziehen. 6

In den Abs. 1 Satz 2 unterliegenden gesetzlichen Prüfungsfällen gilt: Die Prüfung des Folgeabschlusses eines insoweit nicht vorhandenen Vorjahresabschlusses ist eine sog. **Erstprüfung** (→ § 317 Rz. 49).[1] Bei dieser Erstprüfung hat der Prüfer die zutreffende Berücksichtigung der Rechtsfolge aus der Nichtigkeit des Vorabschlusses zu prüfen, also etwa, ob für eine rechtsgrundlose Ausschüttung ein Rückforderungsanspruch aktiviert ist.

Unter Beachtung des **Bilanzenzusammenhangs** (→ § 245 Rz. 8 ff.) setzt der aktuelle Abschluss die Schlussbilanzwerte des Vorjahresabschlusses voraus. Im strengen Sinne fehlen diese bei einem nicht geprüften, daher nicht wirksam festgestellten und somit nichtigen Vorjahresabschluss, weshalb auch über den aktuellen Abschluss kein endgültiges Urteil gefasst werden kann. Das Schrifttum lässt jedoch folgende **Differenzierung** zu:

- Ist der Vorjahresabschluss unwirksam festgestellt worden, bringt dieser (unwirksame) Beschluss i. d. R. den Willen der Feststellungsorgane zum Ausdruck. Damit kann aufbauend auf den Schlussbilanzwerten des Vorjahres der aktuelle Abschluss geprüft und ggf. mit einem uneingeschränkten **Bestätigungsvermerk** versehen werden.
- Fehlt es überhaupt an einem Feststellungsbeschluss für das Vorjahr, kann ein Bestätigungsvermerk für das aktuelle Jahr nur **bedingt** mit dem Vorbehalt einer Beschlussfassung über den vorgelegten Vorjahresabschluss erteilt werden (→ § 322 Rz. 83).

Ohne die gesetzlich verordnete Prüfung können die **Offenlegungspflichten** nicht erfüllt werden (→ § 325 Rz. 6).

1 Vgl. IDW PS 205 Tz. 17.

3. Formwechselnde Umwandlung

6a Eine Besonderheit ergibt sich bei formwechselnder Umwandlung (→ § 272 Rz. 118) einer (bislang) prüfungs- und offenlegungspflichtigen Gesellschaft (→ Rz. 2) in eine davon befreite Rechtsform (Personenhandelsgesellschaft außerhalb des Anwendungsbereichs von § 264a HGB). Bei Eintragung des Formwechsels in diesen Fällen erst nach dem Bilanzstichtag bleiben die genannten Pflichten zunächst unberührt. Wenn jedoch diese Pflichten bis zur Eintragung des Formwechsels in das Handelsregister noch nicht erfüllt sind, entfallen sie ab sofort (ex nunc)[1] für den betreffenden Abschluss; eine Prüfung und Offenlegung ist dann nicht mehr erforderlich.[2]

4. Insolvenzverfahren

6b Für den Prüfungsgegenstand und den -umfang gelten bzgl. der handelsrechtlichen Abschlüsse von Kapitalgesellschaften nach § 155 Abs. 3 InsO die Vorgaben der §§ 316 ff. HGB – für die AG nach § 270 Abs. 3 AktG, für die GmbH § 71 Abs. 3 i. V. mit Abs. 2 Satz 2 GmbHG. Auf die „Kap. & Co."-Gesellschaften sind diese Vorschriften über § 264a Abs. 1 HGB (→ § 264a Rz. 5) anzuwenden. Zu einer evtl. Befreiung von der Prüfungspflicht wird auf → Rz. 3 verwiesen.

5. Handakten

6c Nach § 51b WPO ist für jede gesetzliche Abschlussprüfung eine zehn Jahre aufzubewahrende Handakte anzulegen (sog. Prüfungsakte). Diese Akte ist spätestens 60 Tage nach Unterzeichnung des Bestätigungsvermerks zu schließen. In dieser Akte hat der Abschlussprüfer zu dokumentieren:

- die Anforderungen an seine Unabhängigkeit,
- die Verfügbarkeit über die erforderliche Zeit, das erforderliche Personal und die erforderlichen sonstigen Mittel, die zur angemessenen Durchführung der Abschlussprüfung erforderlich sind,
- ggf. die Anfrage um den Rat externer Sachverständiger und deren Antwort.

Prüfungsgesellschaften haben überdies den verantwortlichen Prüfungspartner zu benennen und seine Kompetenz zu dokumentieren. Bei Abschlussprüfungen von PIEs sind darüber hinaus die in Art. 6 bis 8 der EU-APrVO (→ § 317 Rz. 5) vorgesehenen Daten zu dokumentieren. Diese Dokumentation wird regelmäßig sehr umfangreich ausfallen und umfasst (→ § 319 Rz. 72 ff.):

- die Erfüllung der Anforderungen zur **Honorierung** nach Art. 4 EU-APrVO,
- die Erfüllung der Anforderungen bzgl. der Erbringung von **Nichtprüfungsleistungen** nach Art. 5 EU-APrVO,
- die Erfüllung der Bedingung über die **Laufzeit** des Prüfungsmandats nach Art. 27 EU-APrVO (→ § 318 Rz. 21a),
- die **Integrität** der Mitglieder des Aufsichtsrats oder des Unternehmensleitungsorgans,

1 IDW RS HFA 41 Tz. 25.
2 IDW RS HFA 7 Tz. 4.

- die Erklärung der **Unabhängigkeit** des Abschlussprüfers und seines Leitungspersonals gegenüber dem Prüfungsausschuss bzw. Aufsichtsrat nach Art. 6 Abs. 2a EU-APrVO (→ § 319 Rz. 9),
- die Mitteilung über vermutete **Unregelmäßigkeiten** nach Art. 17 EU-APrVO (→ Rz. 56),
- die Erörterung mit dem Prüfungsausschuss über Gefahren bzgl. der **Unabhängigkeit** nach Art. 6 Abs. 2b EU-APrVO,
- den umfangreichen Inhalt der Durchführung der auftragsbegleitenden **Qualitätssicherung.**

II. Konzernabschluss und -lagebericht (Abs. 2)

1. Prüfungsobjekt und -subjekt (Abs. 2 Satz 1)

Analog zu Abs. 1 Satz 1 werden als Prüfungs**objekt** 7

- der Konzernabschluss (→ § 297 Rz. 1 bzw. → § 315e Rz. 4) und
- der Konzernlagebericht (→ § 313 Rz. 1)

genannt.

Die Verpflichtung trifft **Muttergesellschaften** in der Rechtsform der Kapital- und „Kap. & Co."-Gesellschaften (→ § 264a Rz. 4).

Bei **freiwilliger** Erstellung eines Konzernabschlusses – z. B. bei Nichtinanspruchnahme von § 293 HGB – besteht keine Prüfungspflicht, wohl aber bei Erstellung eines (Teil-)Konzernabschlusses durch die in der Konzernhierarchie oberste deutsche Muttergesellschaft zur Erreichung der **Befreiungsvorschriften** für die Jahresabschlüsse der Tochtergesellschaften nach § 264 Abs. 3 HGB (→ § 264 Rz. 38 ff.). 8

Weitere Prüfungspflichten für Konzernabschlüsse ergeben sich aus § 14 Abs. 1 Satz 1 PublG sowie für Kreditinstitute nach § 340k HGB und für Versicherungsunternehmen nach § 341k HGB. 9

Die (subjektive) Befugnis zur Prüfung kommt wie für den Jahresabschluss (→ Rz. 5) dem **Abschlussprüfer** zu (→ § 318 Rz. 2). In den Sonderfällen des § 291 HGB (→ § 291 Rz. 23) und des § 292 HGB (→ § 292 Rz. 18 ff.) kann es sich auch um einen **ausländischen** Abschlussprüfer handeln. Bei **Genossenschaften** fungiert der Prüfungsverband nach § 54 GenG als Abschlussprüfer (→ § 336 Rz. 10). 10

Nach § 51b Abs. 6 WPO (→ § 317 Rz. 5) hat der Konzernabschlussprüfer der WPK auf deren Anforderung die Unterlagen über die Arbeit von Drittstaatenprüfern zu übergeben, wenn diese nicht registriert sind und keine Vereinbarung über Zusammenarbeit besteht. 10a

2. Rechtsfolge der Nichtprüfung (Abs. 2 Satz 2)

Ohne Prüfung eines prüfungspflichtigen Konzernabschlusses kann dieser nicht nach § 171 Abs. 2 Satz 4 AktG (→ § 268 Rz. 64) bzw. § 46 Nr. 1b GmbHG (→ § 268 Rz. 78) **gebilligt** werden. Der Muttergesellschaft ist damit die Erfüllung ihrer Offenlegungspflicht für den Konzernabschluss etc. nach § 325 Abs. 3 HGB verwehrt (→ § 325 Rz. 28). 11

III. Nachtragsprüfung (Abs. 3)

1. Tatbestandsvoraussetzungen (Abs. 3 Satz 1 Halbsatz 1)

1.1 Das Zeitmoment

12 **Sachlich** werden in Abs. 3 die Prüfungsobjekte des Abs. 1 und 2 genannt, verbunden mit einem **Zeit**moment: Änderung des Abschlusses oder Lageberichts nach **Vorlage** des Prüfungsberichts gem. § 321 Abs. 5 HGB an die Geschäftsführer der GmbH oder GmbH & Co. KG bzw. den Aufsichtsrat der Aktiengesellschaft nach § 111 Abs. 2 Satz 3 AktG (→ § 321 Rz. 86).

1.2 Die Änderung ...

1.2.1 ... vor Feststellung bzw. Billigung

13 Die Nachtragsprüfung als Rechtsfolge einer Abschlussänderung ergibt sich nur dann, wenn die Änderung **nach** Vorlage des Prüfungsberichts erfolgt. Dann liegt zwar – **vor** der Feststellung bzw. Billigung – noch kein Abschluss im Rechtssinne vor (→ Rz. 6), aber das Prüfungsergebnis und die Feststellung bzw. Billigung des Abschlusses sollen nahtlos ineinander übergehen. Dem Feststellungs- und Billigungsorgan muss ein komplett – einschließlich nachträglicher Änderungen – geprüfter Abschluss vorgelegt werden. Beispielhafter Anwendungsfall ist ein vor Beginn des Ukraine-Krieges geprüfter, aber noch nicht festgestellter Abschluss, der weder selbst noch im Lagebericht die Folgen des Ukraine-Krieges berücksichtigt. Entscheiden die Unternehmensorgane, den Abschluss und/oder Lagebericht zu ändern, sind diese im Wege der Nachtragsprüfung gem. § 316 Abs. 3 Satz 1 und 2 HGB zu prüfen, soweit es die Änderungen erfordern.[1]

14 Änderungen eines zur Prüfung vorgelegten Abschlusses **vor** Beendigung der Prüfung unterliegen nicht dem Regelungsgehalt von Abs. 3.

15 Die Gründe für die Änderung können in **Fehler**berichtigungen oder neuen **bilanzpolitischen** Überlegungen liegen. Für die Änderung eines bereits festgestellten, fehlerfreien Jahresabschlusses werden „gewichtige Gründe" verlangt.[2] Eine Ausweitung des **Wertaufhellungs**zeitraums darf u. E. damit nicht verbunden werden (→ § 252 Rz. 244 ff.).[3]

1.2.2 ... bei Verweigerung der Feststellung bzw. Billigung

16 Die neben der Rückwärtsberichtigung bereits festgestellter fehlerhafter Abschlüsse (→ Rz. 15) wichtigste Zielrichtung des Abs. 3 geht auf eine Änderung des Abschlusses im Gefolge der **Nichtfeststellung** bzw. **Nichtbilligung** durch die dafür kompetenten Organe zurück:

- der Aufsichtsrat nach § 172 AktG (→ § 268 Rz. 67),
- ersatzweise (sehr selten) die Hauptversammlung nach § 173 AktG (→ § 268 Rz. 69),
- die Gesellschafterversammlung der GmbH nach § 46 Nr. 1 bis 1b GmbHG (→ § 268 Rz. 75),
- die Gesellschafterversammlung der Personenhandelsgesellschaft (→ § 264c Rz. 33).

---

1 IDW, Fachlicher Hinweis zu den Auswirkungen des Ukraine-Krieges auf die Rechnungslegung und deren Prüfung (2. Update, April 2022).

2 Vgl. IDW RS HFA 6 Tz. 10 f.

3 Anderer Auffassung *Wiechers*, WP Praxis 2015 S. 284.

Die Feststellungsorgane können die Abschlüsse an die Aufstellungsorgane mit entsprechenden Anweisungen **zurückgeben** oder – ausnahmsweise – im Rahmen einer sog. Änderungsfeststellung nach § 173 Abs. 3 AktG **selbst** ändern (→ § 245 Rz. 14). Diese Änderungsfeststellung ist auch nach der Rechtslehre im Rahmen der Abschlussfeststellung für die GmbH anwendbar.[1] Dann läuft die Zwei-Wochen-Frist des § 173 Abs. 3 Satz 2 AktG für die Erteilung eines uneingeschränkten Bestätigungsvermerks betreffend die Änderung (→ § 322 Rz. 85). 17

1.2.3 ... eines festgestellten Abschlusses

Das Zeitmoment des Änderungsvorgangs (→ Rz. 12) bezieht sich auf den Termin zur Vorlage des Prüfungsberichts. Alle danach erfolgten Änderungen unterliegen dem Regelungsgehalt des Abs. 3, also auch Änderungen **nach** Feststellung.[2] Dabei können (gravierende) Fehler oder sog. Nichtigkeitsgründe i. S. des § 256 AktG geheilt werden. Praktisch wird ein solcher Vorgang bei Publikumsgesellschaften selten vorkommen, eher bei personenbezogenen Gesellschaften. 18

2. Rechtsfolge ...

2.1 ... erneute Prüfung (Abs. 3 Satz 1 Halbsatz 2)

Der Abschlussprüfer – der gewählte und bestellte, nicht ein neu gewählter – hat die „Unterlagen" – die Abschlüsse und Lageberichte – erneut zu prüfen und darüber zu berichten (→ § 321 Rz. 112), allerdings nur im **Rahmen** des Änderungstatbestands („soweit ... erfordert"). Dazu muss zunächst die **Zulässigkeit** der Änderung selbst geprüft werden, sodann mögliche **Folgeänderungen** auf andere Posten des Abschlusses oder Anhangangaben oder Ausführungen im Lagebericht. 19

2.2 ... Berichterstattung und Bestätigungsvermerk (Abs. 3 Satz 2)

Über die Änderungsprüfung ist erneut zu **berichten.** Der Änderungsbericht muss auf den unverändert gültigen „Erstbericht" Bezug nehmen, *„stand alone"* ist er funktionslos (→ § 321 Rz. 112). Entsprechendes gilt für den nach der Gesetzesvorgabe zu ergänzenden **Bestätigungsvermerk,** der auch eingeschränkt oder versagt werden kann (→ § 322 Rz. 85). 20

2.3 ... Offenlegung

Die Änderung des Abschlusses ist nach § 325 Abs. 1 Satz 6 HGB **offenzulegen** (→ § 325 Rz. 21). 21

3. Entsprechende Anwendung für ESEF-Wiedergaben (Abs. 3 Satz 3)

Der im Rahmen des ESEF-Umsetzungsgesetzes angefügte Abs. 3 Satz 3 bestimmt die entsprechende Geltung der Sätze 1 und 2 für die Wiedergabe des Jahres-/Konzernabschlusses, des Lage-/Konzernlageberichts, bei Inlandsemittenten, die keine Kapitalgesellschaft im Sinne des § 327a sind (Kapitalmarktorientierung). Angesprochen sind hier die für Zwecke der Offenlegung nach § 328 Abs. 1 Satz 1 und Satz 4 HGB zu erstellenden elektronischen Wiedergaben im **ESEF- bzw. XHTML-Format,** bei Konzernabschlüssen inkl. der Verwendung der IFRS-Taxonomie (→ § 328 Rz. 5a). 22

1 Fall des BFH-Urteils v. 22.8.2006 – I R 40/05, GmbHR 2007 S. 206, m. Anm. *Hoffmann*, m. w. N.
2 So auch *ADS*, 6. Aufl., § 316 Tz. 77.

Eine Nachtragsprüfung ist i. d. R. auch dann erforderlich, wenn nicht auch die Abschlüsse und Lageberichte selbst, sondern lediglich ihre für Zwecke der Offenlegung erstellten elektronischen Wiedergaben nach Vorlage des Prüfungsberichts geändert werden. Praktisch bedeutsam können insbesondere Änderungen der Auszeichnungen (Taggings) bei einem IFRS-Konzernabschluss sein. Betrifft die Änderung nur die für Zwecke der Offenlegung erstellte Wiedergabe, während Abschlüsse und Lageberichte unverändert bleiben, kann die Feststellung oder Billigung der aufgestellten Abschlüsse bereits erfolgen, bevor die Nachtragsprüfung abgeschlossen ist.

§ 316a Abschlussprüfung bei Unternehmen von öffentlichem Interesse

[1]Auf die Abschlussprüfung bei Kapitalgesellschaften, die Unternehmen von öffentlichem Interesse sind, sind die Vorschriften dieses Unterabschnitts nur insoweit anzuwenden, als nicht die Verordnung (EU) Nr. 537/2014 des Europäischen Parlaments und des Rates vom 16. April 2014 über spezifische Anforderungen an die Abschlussprüfung bei Unternehmen von öffentlichem Interesse und zur Aufhebung des Beschlusses 2005/909/EG der Kommission (ABl L 158 vom 27.5.2014, S. 77; L 170 vom 11.6.2014, S. 66) anzuwenden ist. [2]Unternehmen von öffentlichem Interesse sind Unternehmen, die

1. **kapitalmarktorientiert sind im Sinne des § 264d,**
2. **CRR-Kreditinstitute sind im Sinne des § 1 Absatz 3d Satz 1 des Kreditwesengesetzes, mit Ausnahme derjenigen Institute, die in § 2 Absatz 1 Nummer 1 und 2 des Kreditwesengesetzes und in Artikel 2 Absatz 5 Nummer 5 der Richtlinie 2013/36/EU des Europäischen Parlaments und des Rates vom 26. Juni 2013 über den Zugang zur Tätigkeit von Kreditinstituten und die Beaufsichtigung von Kreditinstituten und Wertpapierfirmen, zur Änderung der Richtlinie 2002/87/EG und zur Aufhebung der Richtlinien 2006/48/EG und 2006/49/EG (ABl L 176 vom 27.6.2013, S. 338; L 208 vom 2.8.2013, S. 73; L 20 vom 25.1.2017, S. 1; L 203 vom 26.6.2020, S. 95), die zuletzt durch die Richtlinie (EU) 2019/2034 (ABl L 314 vom 5.12.2019, S. 64) geändert worden ist, genannt sind, oder**
3. **Versicherungsunternehmen sind im Sinne des Artikels 2 Absatz 1 der Richtlinie 91/674/EWG.**

1 Der durch das FISG neu eingefügte § 316a stellt in Satz 1 für die Abschlussprüfung bei Kapitalgesellschaften, die Unternehmen von öffentlichem Interesse sind, zweierlei klar:

- ► Grundsätzlich gelten auch hier die Regelungen der §§ 317 ff. HGB,
- ► dies jedoch nicht, soweit die EU-APrVO abweichende Vorschriften enthält.

Diese Vorgabe war inhaltlich entsprechend bisher im durch das FISG entfallenden § 317 Abs. 3a HGB enthalten.

2 Satz 2 ist Definitionsnorm und hält fest, dass Unternehmen öffentlichen Interesses

- ► neben kapitalmarktorientierten Unternehmen (§ 264d) auch
- ► CRR-Kreditinstitute (mit bestimmten Rückausnahmen) und
- ► Versicherungsunternehmen i. S. des Art. 2 Abs. 1 der Richtlinie 91/674/EWG

sind.

Die Qualifikation als ein Unternehmen öffentlichen Interesses ist für jedes Unternehmen im Konzern einzeln vorzunehmen. Ist beispielsweise TU ein CRR-Kreditinstitut, die Mutter jedoch weder Kreditinstitut noch Versicherung noch kapitalmarktorientiert, greifen bei der Prüfung des Mutterunternehmens die besonderen Vorschriften nicht (vgl. → § 318 Rz. 21a).[1]

Die Kapitalmarktorientierung endet mit Delisting oder – Übergang zu Freiverkehr – mit Downlisting. Tritt die Beendigung im Aufstellungszeitraum ein, sind die besonderen Anforderungen an die Berichterstattung (etwa *key audit matters* im Bestätigungsvermerk) nicht mehr zu erfüllen, besondere Anforderungen an die Unabhängigkeit (Art und Umfang von Nichtprüfungsleistungen) hingegen doch.[2]

Die APAS bestätigt mit ihrer Verlautbarung Nr. 16 v. 20.12.2021 diese Auffassung und äußert sich im Übrigen allgemein zu der Frage, an welchem Stichtag die Eigenschaft eines Unternehmens als Unternehmen von öffentlichem Interesse beurteilt wird. Ihre mit anderen europäischen Abschlussprüferaufsichtsbehörden abgestimmte Ansicht hat Konsequenzen für die Aufnahme des Mandats in den Transparenzbericht nach Art. 13 EU-APrVO sowie in die Honorarmeldung nach deren Art. 14. Außerdem zählt die entsprechende Abschlussprüfung bei der Berechnung der Höchstlaufzeit eines Prüfungsmandats nach Art. 17 Abs. 1 EU-APrVO mit. 2a

Zum Inhalt der zusätzlich bei der Prüfung von Unternehmen öffentlichen Interesses zu beachtenden Regeln wird wie folgt verwiesen: 3

- zu besonderen Dokumentationspflichten auf → § 316 Rz. 6c,
- zur auftragsbegleitenden Qualitätssicherung auf → § 317 Rz. 59,
- zur externen und internen Rotation auf → § 318 Rz. 21a ff.,
- zu besonderen Ausschlussgründen (Honorargrenzen, Nichtprüfungsleistungen usw.) auf → § 319 Rz. 72 ff.,
- zu besonderen Berichtspflichten auf → § 321 Rz. 26, Rz. 42a ff., Rz. 72a, Rz. 98 und Rz. 115,
- zum erweiterten Bestätigungsvermerk auf → § 322 Rz. 110 ff.,
- zur erhöhten Haftung auf → § 323 Rz. 44 ff.,
- zum Prüfungsausschuss auf → § 324 Rz. 1 ff.;
- zu verschärften Straf- und Bußgeldbestimmungen auf → § 332 Rz. 3 und → § 334 Rz. 13.

§ 317 Gegenstand und Umfang der Prüfung

(1) [1]In die Prüfung des Jahresabschlusses ist die Buchführung einzubeziehen. [2]Die Prüfung des Jahresabschlusses und des Konzernabschlusses hat sich darauf zu erstrecken, ob die gesetzlichen Vorschriften und sie ergänzende Bestimmungen des Gesellschaftsvertrags oder der Satzung beachtet worden sind. [3]Die Prüfung ist so anzulegen, dass Unrichtigkeiten und Verstöße gegen die in Satz 2 aufgeführten Bestimmungen, die sich auf die Darstellung des sich nach § 264 Abs. 2 ergebenden Bildes der Vermögens-, Finanz- und Ertragslage der Kapitalgesellschaft wesentlich auswirken, bei gewissenhafter Berufsausübung erkannt werden.

(2) [1]Der Lagebericht und der Konzernlagebericht sind darauf zu prüfen, ob der Lagebericht mit dem Jahresabschluss, gegebenenfalls auch mit dem Einzelabschluss nach § 325 Abs. 2a, und der Konzernlagebericht mit dem Konzernabschluss sowie mit den bei der Prüfung gewonnenen Erkenntnissen des Abschlussprüfers in Einklang stehen und ob der Lagebericht insgesamt ein zutreffendes Bild von der Lage der Kapitalgesellschaft und der Konzernlagebericht insgesamt ein zutreffendes Bild von der Lage des Konzerns vermittelt. [2]Dabei ist auch zu prüfen, ob die Chancen und Risiken der künftigen Entwicklung zutreffend dar-

1 IDW Positionspapier EU-Regulierung der Abschlussprüfung, Tz. 2.3.

2 Ebenda, Tz. 2.6.

gestellt sind. [3]Die Prüfung des Lageberichts und des Konzernlageberichts hat sich auch darauf zu erstrecken, ob die gesetzlichen Vorschriften zur Aufstellung des Lage- oder Konzernlageberichts beachtet worden sind. [4]Im Hinblick auf die Vorgaben nach den §§ 289b bis 289e und den §§ 315b und 315c ist nur zu prüfen, ob die nichtfinanzielle Erklärung oder der gesonderte nichtfinanzielle Bericht, die nichtfinanzielle Konzernerklärung oder der gesonderte nichtfinanzielle Konzernbericht vorgelegt wurde. [5]Im Fall des § 289b Absatz 3 Satz 1 Nummer 2 Buchstabe b ist vier Monate nach dem Abschlussstichtag eine ergänzende Prüfung durch denselben Abschlussprüfer durchzuführen, ob der gesonderte nichtfinanzielle Bericht oder der gesonderte nichtfinanzielle Konzernbericht vorgelegt wurde; § 316 Absatz 3 Satz 2 gilt entsprechend mit der Maßgabe, dass der Bestätigungsvermerk nur dann zu ergänzen ist, wenn der gesonderte nichtfinanzielle Bericht oder der gesonderte nichtfinanzielle Konzernbericht nicht innerhalb von vier Monaten nach dem Abschlussstichtag vorgelegt worden ist. [6]Die Prüfung der Angaben nach § 289f Absatz 2 und 5 sowie § 315d ist darauf zu beschränken, ob die Angaben gemacht wurden.

(3) [1]Der Abschlussprüfer des Konzernabschlusses hat auch die im Konzernabschluss zusammengefassten Jahresabschlüsse, insbesondere die konsolidierungsbedingten Anpassungen, in entsprechender Anwendung des Absatzes 1 zu prüfen. [2]Sind diese Jahresabschlüsse von einem anderen Abschlussprüfer geprüft worden, hat der Konzernabschlussprüfer dessen Arbeit zu überprüfen und dies zu dokumentieren.

(3a) [1]Bei einer Kapitalgesellschaft, die als Inlandsemittent (§ 2 Absatz 14 des Wertpapierhandelsgesetzes) Wertpapiere (§ 2 Absatz 1 des Wertpapierhandelsgesetzes) begibt und keine Kapitalgesellschaft im Sinne des § 327a ist, hat der Abschlussprüfer im Rahmen der Prüfung auch zu beurteilen, ob die für Zwecke der Offenlegung erstellte Wiedergabe des Jahresabschlusses und die für Zwecke der Offenlegung erstellte Wiedergabe des Lageberichts den Vorgaben des § 328 Absatz 1 entsprechen. [2]Bei einer Kapitalgesellschaft im Sinne des Satzes 1 hat der Abschlussprüfer des Konzernabschlusses im Rahmen der Prüfung auch zu beurteilen, ob die für Zwecke der Offenlegung erstellte Wiedergabe des Konzernabschlusses und die für Zwecke der Offenlegung erstellte Wiedergabe des Konzernlageberichts den Vorgaben des § 328 Absatz 1 entsprechen.

(4) Bei einer börsennotierten Aktiengesellschaft ist außerdem im Rahmen der Prüfung zu beurteilen, ob der Vorstand die ihm nach § 91 Abs. 2 des Aktiengesetzes obliegenden Maßnahmen in einer geeigneten Form getroffen hat und ob das danach einzurichtende Überwachungssystem seine Aufgaben erfüllen kann.

(4a) Soweit nichts anderes bestimmt ist, hat die Prüfung sich nicht darauf zu erstrecken, ob der Fortbestand der geprüften Kapitalgesellschaft oder die Wirksamkeit und Wirtschaftlichkeit der Geschäftsführung zugesichert werden kann.

(5) Bei der Durchführung einer Prüfung hat der Abschlussprüfer die internationalen Prüfungsstandards anzuwenden, die von der Europäischen Kommission in dem Verfahren nach Artikel 26 Absatz 3 der Richtlinie 2006/43/EG des Europäischen Parlaments und des Rates vom 17. Mai 2006 über Abschlussprüfungen von Jahresabschlüssen und konsolidierten Abschlüssen, zur Änderung der Richtlinien 78/660/EWG und 83/349/EWG des Rates und zur Aufhebung der Richtlinie 84/253/EWG des Rates (ABl EU Nr. L 157 S. 87), die zuletzt durch die Richtlinie 2014/56/EU (ABl L 158 vom 27. 5. 2014, S. 196) geändert worden ist, angenommen worden sind.

(6) Das Bundesministerium der Justiz und für Verbraucherschutz wird ermächtigt, im Einvernehmen mit dem Bundesministerium für Wirtschaft und Energie durch Rechtsverordnung, die nicht der Zustimmung des Bundesrates bedarf, zusätzlich zu den bei der Durchführung der Abschlussprüfung nach Absatz 5 anzuwendenden internationalen Prüfungsstandards weitere Abschlussprüfungsanforderungen vorzuschreiben, wenn dies durch den Umfang der Abschlussprüfung bedingt ist und den in den Absätzen 1 bis 4 genannten Prüfungszielen dient.

Inhaltsübersicht **Rz.**

LITERATUR:

Baumüller/Scheid, Die (mehrfache) Erwartungslücke im Kontext der nichtfinanziellen Berichterstattung. Die Prüfung der nichtfinanziellen Berichterstattung zwischen Anspruch und Wirklichkeit, WP Praxis 2020 S. 99; *Berger et al.*, Die Prüfung von Risikomanagementsystemen und die Defizite des IDW Prüfungsstandards 340, DB 2021 S. 2709; *Boecker/Petersen/Zwirner*, Accounting Fraud, DB 2011 S. 889; *Heeb*, Der neue IDW PS 475, Hinweise zur Mitteilung von Mängeln im internen Kontrollsystem, WP Praxis 2020 S. 76; *Heese*, Der risiko-, prozess- und systemorientierte Prüfungsansatz, Sonderheft WPg 2003 S. 223; *Oldewurtel/Kümpel/Wolz*, Die Aufdeckung von Bilanzdelikten als Aufgabe der Wirtschaftsprüfung, WP Praxis 2016 S. 64; *Orth/Oppermann*, Neue Herausforderungen bei der Erstellung und Prüfung des Lageberichts, DB 2020 S. 401; *Ruhnke*, Prüfungsdifferenzen – State of the art und Ergebnisse einer empirischen Untersuchung deutscher Prüfungsaufträge, WPg 2009 S. 677; *Ruhnke*, Systematik und Bindungswirkung der fachtechnischen Abschlussprüfungsnormen unter Berücksichtigung der ISA E-DE, BB 2010 S. 1579; *Schmidt*, Geschäftsverständnis, Risikobeurteilungen und Prüfungshandlungen des Abschlussprüfers als Reaktion auf beurteilte Risiken, WPg 2005 S. 873; *Schüttler*, Prüfung sonstiger finanzieller Verpflichtungen, WP Praxis 2020 S. 133; *Schüttler*, Erleichterungen bei der Lageberichtsprüfung, F&A zu IDW PS 350 n. F. setzen die skalierte Prüfung um, WP Praxis 2020 S. 73; *Seidler*, Nicht inhaltlich zu prüfende lageberichtstypische Angaben (IDW PS 350 n. F.) – ausgewählte Fragen aus Sicht der Abschlussprüfung, BB 2018 S. 1067; *Toebe/Lorson*, Die Festlegung von wertmäßigen Wesentlichkeitsgrenzen in der Rechnungslegung und Abschlussprüfung, WPg 2012 S. 1200; *Widmann/Nickels/Wolz*, Zur Festlegung der Wesentlichkeitsgrenze durch den Abschlussprüfer, WPg 2021 S. 991.

I. Regelungsgehalt – Überblick

1. Gesetzliche und freiwillige Prüfungen

1 § 317 HGB befasst sich mit den Prüfungen der nach **HGB** zu erstellenden Abschlüsse. Auf seinen Inhalt verweisen auch außerhalb des HGB **gesetzlich** angeordnete Abschlussprüfungen nach

- §§ 6 Abs. 1 und 14 Abs. 1 PublG für große Personen- und andere Unternehmen,
- § 53 GenG für Genossenschaften (→ § 336 Rz. 8).

Daneben gibt es im GenG (§ 53) und anderen Spezialgesetzen (erweiterte) Prüfungsanordnungen.

Von diesen sog. **Pflicht**prüfungen sind **freiwillige** Abschlussprüfungen zu unterscheiden. Diese können auch auf einem Gesellschaftsvertrag oder einer individualrechtlichen Auflage, z. B. im Rahmen eines Kreditvertrags, beruhen. Der Prüfungsumfang kann hier frei vereinbart werden (→ § 318 Rz. 30), z. B. bei kleinformatigen Kapital- und „Kap. & Co."-Gesellschaften (→ § 316 Rz. 2), und bedarf einer Erläuterung im Prüfungsbericht. Eine Beschränkung des Prüfungsinhalts muss aber sinnvoll sein, z. B. indem ein freiwillig erstellter Lagebericht ausgeklammert wird. Dagegen kann bei Ausklammerung der unfertigen Bauleistung eines Bauträgers aus dem Prüfungsinhalt keine zielgerichtete Prüfung erfolgen. Soll dem geprüften Jahresabschluss ein Bestätigungsvermerk nach § 322 HGB erteilt werden, muss eine Prüfung auf der Grundlage der §§ 316 ff. HGB erfolgen (→ § 322 Rz. 75).[1] 2

2. Überblick über die Prüfungsobjekte

Als **Gegenstand** der Prüfung sind in § 317 HGB aufgeführt: 3

- in Abs. 1 Satz 1: Buchführung (→ Rz. 6),
- in Abs. 1 Satz 2: Jahres- und Konzernabschluss (→ Rz. 9),
- in Abs. 2: Lagebericht und Konzernlagebericht (→ Rz. 66) sowie die nichtfinanziellen Erklärungen (→ Rz. 80),
- in Abs. 3: in den Konzernabschluss einzubeziehende (→ Rz. 81) Jahresabschlüsse sowie die Konsolidierungsbuchungen,
- in Abs. 4: bei börsennotierten Aktiengesellschaften das sog. Risikofrüherkennungssystem (→ Rz. 89).
- negativ, d. h. als Nichtprüfungsgegenstand, in Abs. 4a: Unternehmensfortbestand sowie Wirksamkeit und Wirtschaftlichkeit der Geschäftsführung (→ Rz. 94a).

Zu den **Anforderungen** an Planung, Durchführung, Dokumentation etc. der Abschlussprüfung ist geregelt:

- in Abs. 5: Beachtung der internationalen Prüfungsstandards (→ Rz. 93),
- in Abs. 6: Ermächtigung zum Erlass einer Rechtsverordnung betreffend die Anwendung von Prüfungsstandards (→ Rz. 95).

3. Überblick über Prüfungsziele

Die Prüfung soll folgende **Beurteilungen** bzw. **Feststellungen** ermöglichen: 4

- Abs. 1 Satz 2: Einhaltung der gesetzlichen und gesellschaftsvertraglichen Rechnungslegungsvorgabe (→ Rz. 10),
- Abs. 1 Satz 3: Entdeckung von wesentlichen Fehlern (→ Rz. 13),
- Abs. 2 Satz 1 bis 3: Einhaltung des Einklangerfordernisses der Gesetzmäßigkeit und weiterer Anforderungen des (Konzern-)Lageberichts (→ Rz. 68 ff.),
- Abs. 2 Satz 4 ff.: Prüfung, ob die nichtfinanzielle Erklärung vorgelegt wurde und bestimmte Angaben (seien sie zutreffend oder nicht) enthält.

1 Vgl. IDW PS 400 Tz. 3.

4. Rechtsgrundlagen für normale Kapitalgesellschaften und für PIEs

5 **Strukturell** ist die Rechtslage seit 2014 wie folgt aufgezogen:[1]

- Für Unternehmen des öffentlichen Interesses (*Public Interest Entities*, **„PIEs"**) gilt die unmittelbar anzuwendende **Verordnung** Nr. 537/2014 der EU (EU-APrVO). Als „PIEs" gelten kapitalmarktorientierte Unternehmen (→ § 264d Rz. 1 ff.) sowie CRR-Kreditinstitute mit Ausnahmen sowie Versicherungen i. S. des § 341 HGB (→ Rz. 88b).
- Für **alle** haftungsbeschränkten Unternehmen gilt die (angepasste) 8. EG-Richtlinie 2014/56/EU („8. EU-RL"), die durch das Abschlussprüfungsreformgesetz (AReG) in nationales Recht transformiert worden ist.

Zur Umsetzung der EU-APrVO bedient(e) sich das AReG folgender Techniken:

- Es enthält sich einer Regelung, da die EU-APrVO unmittelbar anwendbares deutsches Recht wiedergibt.
- Es übte bestimmte von der EU-APrVO eröffnete Wahlrechte aus (§ 319a HGB a. F.).

Zur Rechtsanwendung genügt deshalb nicht die Heranziehung des (nationalen) Gesetzestextes. Dies ist in der nachfolgenden Kommentierung in den Paragrafen bis § 324a berücksichtigt. Unsere Leser werden auf die EU-APrVO in der NWB Datenbank verwiesen.

II. Die Prüfung der Abschlüsse (Abs. 1)

1. Einbeziehung der Buchführung (Abs. 1 Satz 1)

6 Der Jahresabschluss ist zusammen mit der Buchführung zu prüfen. Die zugrunde liegende Buchführung endet nicht beim **Hauptbuch**, sondern umfasst alle Nebenbücher wie beispielsweise Anlage-, Debitoren- und Kreditoren- sowie Lohnbuchführung.[2]

Zu dem Duo von Jahresabschluss und Buchführung gesellt sich nach dem Grundsatz der Bilanzidentität die **Eröffnungs**bilanz des betreffenden Geschäftsjahres. Ein **eigenständiges** Prüfungsobjekt bildet die Eröffnungsbilanz deshalb **nicht**.

7 Ein Sonderproblem stellt die **Kosten**rechnung dar. In nicht ganz einfachen betriebswirtschaftlichen Verhältnissen ist ein Rechnungswesen ohne Kostenrechnung nicht denkbar.

Die Kostenrechnung dient auch der herkömmlichen Prüfung der **Erzeugnisse** in der Industrie und **unfertigen Leistungen** in der (z. B.) Bauwirtschaft.

8 Letztlich stellt sich das gesamte kaufmännische Rechnungswesen in größeren Einheiten als Teilmenge eines **IT-gestützten Prozesses** dar, der in der Konsequenz gerade nach den Vorgaben der risikoorientierten Prüfung (→ Rz. 21) einer systematischen Beurteilung durch den Abschlussprüfer anvertraut ist.

Zur Prüfung der Buchführung hält ISA [DE] 200 Tz. D.A1.1 Folgendes fest: „Für die nach § 321 Abs. 2 Satz 1 HGB im Prüfungsbericht geforderte Feststellung, ob die Buchführung den gesetzlichen Vorschriften entspricht, sind zusätzliche Prüfungshandlungen weder zu planen noch durchzuführen. Die Feststellung zur Buchführung kann vielmehr aus einer Prüfung des Abschlusses abgeleitet werden (sog. derivative reporting), weil für die Abschlussprüfung ohnehin

1 Vgl. hierzu *Velte*, StuB 2014 S. 324; *Naumann/Herkendell*, WPg 2014 S. 177.

2 Vgl. *Graumann*, Wirtschaftliches Prüfungswesen, 3. Aufl. 2012, S. 99.

eine Erlangung eines Verständnisses des IKS (ISA [DE] 315) und als Reaktion auf Risiken wesentlicher Fehler funktions- und aussagebezogenen Prüfungshandlungen notwendig sind (ISA [DE] 330).“

Nicht der Abschlussprüfung unterliegen u. a.: 9

- die Ordnungsmäßigkeit der Geschäftsführung,
- die Angemessenheit des Versicherungsschutzes,
- die Erfüllung der Offenlegungspflicht (→ § 325 Rz. 5), allerdings diejenige für die Unterlagen des Vorjahres mit Erwähnung im Prüfungsbericht (→ § 321 Rz. 44).

Im Rahmen der Prüfung sind **andere** Rechtsvorschriften nur dann zwingend zu berücksichtigen, wenn sich daraus Rückwirkungen auf die Rechnungslegungsregeln ergeben. Solche Folgerungen können sich z. B. aus Verstößen gegen das Steuer- und Sozialversicherungs-, gegen das Kartell- oder Antikorruptionsrecht ergeben. Eine Verpflichtung zur **Aufdeckung** solcher Verstöße trifft den Abschlussprüfer allerdings nicht. Entsprechendes gilt bzgl. Untreuehandlungen oder Unterschlagungen. Das schließt eine Risikobeurteilung bzgl. des Vorliegens solcher Unregelmäßigkeiten im Rahmen der Prüfungs**planung** nicht aus (→ Rz. 56).

2. Jahres- und Konzernabschlüsse (Abs. 1 Satz 2)

Abs. 1 Satz 2 behandelt sowohl den **Jahres**- als auch den **Konzern**abschluss. Der **Einzel**abschluss nach § 325 Abs. 2a HGB bleibt redaktionell im Abs. 1 unerwähnt, ist aber als Prüfungsgegenstand nach § 325 Abs. 2b Nr. 1 HGB zur Offenlegung vorgesehen (→ § 325 Rz. 27). 10

Als Prüfungs**inhalt** werden die „gesetzlichen Vorschriften“ sowie diejenigen der **Satzung** oder des **Gesellschaftsvertrags** genannt – Letztere als „ergänzend“ bezeichnet, denn sie können gesetzliche Vorschriften der Rechnungslegung als **zwingendes** öffentliches Recht nicht aushebeln.

BEISPIEL Der Gesellschaftsvertrag einer GmbH enthält folgende Klauseln:

- „Es ist eine vertragliche Rücklage nach Maßgabe des Aktienrechts für die gesetzliche Rücklage (§ 150 AktG) zu bilden.“
- „Außerplanmäßige Abschreibungen auf Finanzanlagen werden nicht vorgenommen.“

Die erste Klausel ist zulässig, die zweite unzulässig und damit unwirksam.

Unter „gesetzlichen Vorschriften“ sind solche der Rechnungslegung nach **HGB,** EGHGB sowie – soweit rechnungslegungsrelevant – aus GmbHG, AktG usw. zu verstehen. 11

Für die nach IFRS erstellten **Konzern**abschlüsse und die **Einzel**abschlüsse (→ § 325 Rz. 25) sind vorab die in **europäisches** Recht transformierten internationalen Standards beachtlich, allerdings mit ergänzenden Regeln nach HGB.

Außerdem sind die **rechtsformspezifischen** Gesetzesregeln zur Rechnungslegung zu beachten, also z. B. §§ 150 ff. AktG, §§ 23 bis 33 und 42 GmbHG, sowie **branchenspezifische** Vorschriften, z. B. für Kreditinstitute und Versicherungsunternehmen nach §§ 340a ff. bzw. §§ 341a ff. HGB.

Auch im Rahmen eines **Insolvenz**verfahrens sind Rechnungslegungsvorschriften zu beachten (§ 155 InsO, → § 252 Rz. 38a).

Bei der **Konzern**abschlussprüfung sind die Deutschen Rechnungslegungsstandards (DRS) des DRSC einschlägig, weil von ihnen gem. § 342 Abs. 2 HGB vermutet wird, dass sie eine Teilmenge der die Konzernrechnungslegung betreffenden Grundsätze ordnungsmäßiger Buchführung darstellen (→ § 342 Rz. 14).

12 **Andere** zu beachtende **Gesetzes**regeln außerhalb der eigentlichen Vorschriften für die Rechnungslegung ergeben sich z. B. aus dem Gesellschafts- und Umwandlungsrecht, z. B. Kapitalerhöhungen und -herabsetzungen oder Unternehmensspaltungen.

3. Prüfungsziel (Abs. 1 Satz 3)

13 Abs. 1 Satz 3 enthält eine implizite Einschränkung des Prüfungsumfangs. Einerseits ist die Aufdeckung von **Verstößen** gegen Rechtsvorschriften etc. (→ Rz. 4) als Prüfungsziel bestätigt; allerdings soll sich die Prüfung nicht im **„Klein-Klein"** verlieren. Vielmehr sollen **wesentliche** (→ § 252 Rz. 233 ff.) Verstöße gegen die Rechnungslegungsregeln dingfest gemacht werden (→ Rz. 18). Das Wesentlichkeitskriterium wird dabei auf das *„True and fair view"*-Gebot (→ § 264 Rz. 15) ausgerichtet.

4. Prüfungsreglement: Gesetze und Prüfungsstandards

14 Vorstehendem Ziel dienend ist die Prüfung anzulegen, **„wie" genau**, lässt der HGB-Gesetzgeber offen. Aus den §§ 317 ff. HGB sowie den Berufspflichten nach §§ 43, 44 und 49 WPO (ergänzt durch die Berufssatzung der WPK) und – bei Prüfung von Unternehmen öffentlichen Interesses – Art. 5 Abs. 1 Unterabs. 2 der EU-APrVO ergeben sich eher rudimentäre Vorgaben. Im Übrigen begibt sich der Gesetzgeber aber unter die Fittiche der nationalen (→ Rz. 16) und internationalen (→ Rz. 95) Standardsetter.

15 Die Prüfungsstandards und -hinweise des IDW (IDW PS und IDW PH) werden gewöhnlich unter dem Oberbegriff der „Grundsätze ordnungsmäßiger Abschlussprüfung" **(GoA)** zusammengefasst. Ihrer Anwendung ist der Abschlussprüfer faktisch unterworfen, was im vom IDW empfohlenen Wortlaut des Bestätigungsvermerks zum Ausdruck kommt (→ § 322 Rz. 23). Eine Abweichung von den ISA [DE] und IDW PS kann nach IDW EPS 201 Tz. 33 und ISA [DE] 200 Tz. 23 im Rahmen der Eigenverantwortlichkeit des Wirtschaftsprüfers nur in Ausnahmefällen erfolgen (ISA [DE] 200 Tz. 23) und ist im Prüfungsbericht hervorzuheben und zu begründen. In solchen Ausnahmefällen soll der Abschlussprüfer alternative Prüfungshandlungen durchführen, um den Zweck der Anforderung, von der er abweicht, zu erreichen. Die Notwendigkeit (und das Recht), überhaupt abzuweichen, soll aber nur gegeben sein, wenn sich die Regelanforderung auf eine bestimmte Prüfungshandlung bezieht, die unter den besonderen Umständen der Prüfung nicht wirksam wäre (vgl. ISA [DE] 200 Tz. A76).

IDW PH haben nicht den gleichen Grad an Verbindlichkeit (IDW PS 201 n. F. Tz. 35). Zu dem „Hinweis" der WPK zur skalierten Prüfung sowie den IDW-Entwürfen zur Prüfung von KMU wird verwiesen auf → Rz. 63 ff.

Die vom IDW „festgestellten" deutschen GoA setzen sich zukünftig aus den ISA [DE] sowie den für die Prüfung des Abschlusses relevanten IDW PS (z. B. IDW PS 450 zur Erstellung von Prüfungsberichten oder IDW PS 350 zur Prüfung des Lageberichts) zusammen. Faktisch führen die ISA [DE] zu einer weitgehenden Übernahme der ISA in deutsches Abschlussprüfungsrecht. Formell ist eine Prüfung nach den ISA [DE] von einer unmittelbaren Anwendung der internationalen Prüfungsstandards zu unterscheiden. Die zweite Alternative kommt derzeit nur bei freiwilligen Abschlussprüfungen infrage, da die ISA noch nicht von der Europäischen Kommission im sog. Komitologieverfahren übernommen wurden und deshalb § 317 Abs. 5 HGB noch nicht zur Anwendung gelangt (→ Rz. 95).

Eine Übersicht über die ISA [DE] und ihr Verhältnis zu den IDW PS ist in → Rz. 97a enthalten. In unserer Kommentierung werden die ISA [DE] durchgängig berücksichtigt.

(einstweilen frei) 16

Systematisch können die Prüfungshandlungen wie folgt dargestellt werden (IDW PS 300 bzw. ISA [DE] 500): 16a

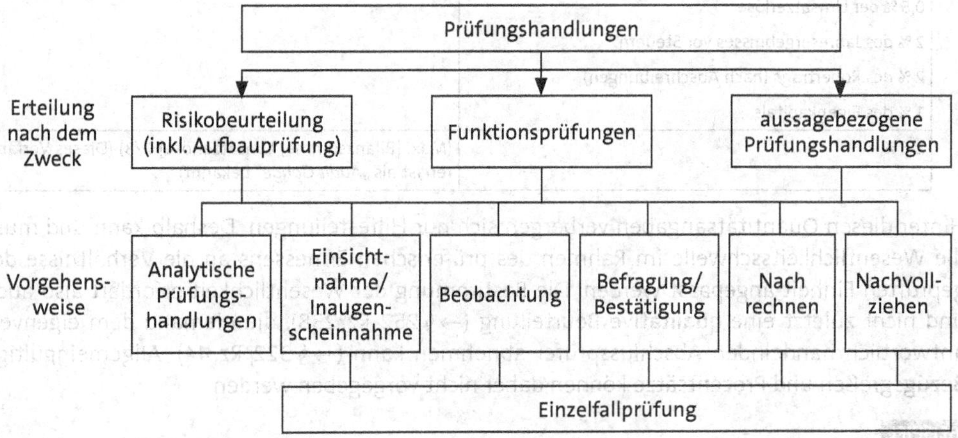

5. Prüfungstechnik

5.1 Prüfungssicherheit und -genauigkeit, Wesentlichkeitsaspekt

5.1.1 Mangelnde Quantifizierbarkeit von „wesentlich"

Das Gebot wirtschaftlichen Handelns (*Cost-Benefit*-Gedanke, → § 252 Rz. 243) ist auch bei der Prüfung zu beachten.[1] 17

Damit verbunden ist die Frage nach der Prüfungs**genauigkeit.**[2] Nicht jeder potenzielle Fehler muss aufgedeckt werden, sondern nur solche mit **Wesentlichkeits**charakter. Die Prüfungspraxis bedient sich einschlägiger **Relativwerte;** wenn eine fehlerbedingte Abweichung von dieser Vorgabe eine bestimmte Größenordnung übersteigt, gilt diese Abweichung als wesentlich. In Betracht kommen Relationen zur Bilanzsumme, zum Eigenkapital, zum Jahresabschluss vor Steuern, zu den Umsatzerlösen oder aus einem bestimmten Durchschnitt dieser oder anderer Größen. Daraus wird ein „Prüfungsmaß" *(„Audit-Gauge")* abgeleitet, das die Toleranzgrenze für festgestellte Fehler bestimmt. 18

1 Ähnlich *Toebe/Lorson*, WPg 2012 S. 1200; *Oldewurtel/Kümpel/Wolz*, WP Praxis 2016 S. 66.
2 Vgl. *Ruhnke*, WPg 2009 S. 677.

Dazu folgendes Beispiel:[1]

BEISPIEL

Multiplikator	Bezugsgröße
3–10 %	Jahresergebnis vor Steuern
0,25–4 %	Bilanzsumme
0,5–2 %	Umsatzerlöse
Durchschnitt der Summe aus: 0,5 % der Bilanzsumme 0,5 % der Umsatzerlöse 2 % des Jahresergebnisses vor Steuern 2 % des Rohertrags (nach Abschreibungen) 1 % des Eigenkapitals	Verschiedene (dieses Verfahren wird als *„Blended Method"* bezeichnet)
1,6 %	(Max. [Bilanzsumme; Umsatzerlöse] 2/3) (Dieses Verfahren ist als *„Audit Gauge"* bekannt)

Hinter diesen Quantitätsangaben verbergen sich nur Hilfestellungen. Deshalb kann und muss die Wesentlichkeitsschwelle im Rahmen des prüferischen Ermessens an die Verhältnisse der geprüften Einheit angepasst werden. Die Bestimmung der Wesentlichkeit erfordert also auch und nicht zuletzt eine **qualitative** Beurteilung (→ § 252 Rz. 238), die niemand dem eigenverantwortlich handelnden Abschlussprüfer abnehmen kann (→ § 322 Rz. 44). Allgemeingültige Bezugsgrößen und Prozentsätze können daher nicht vorgegeben werden.

BEISPIEL

- Bei Verwendung des **Eigenkapitals** als Bezugsgröße muss die branchenübliche Ausstattung berücksichtigt werden.
- Bei Heranziehung der **Bilanzsumme** ist die Verrechnung von Anzahlungen (→ § 268 Rz. 146) zu beachten.

5.1.2 Abgestufte Wesentlichkeitsinhalte

19 Im Rahmen des Prüfungsrisikomodells (→ Rz. 21) muss das Risiko eines positiven Urteils trotz vorhandener Fehler im Abschluss auf ein tolerierbares Maß reduziert werden. Die geforderte Wirtschaftlichkeit des Prüfungsgeschehens (→ Rz. 17) steht dabei im **Konflikt** mit der gebotenen Qualität. Ein **Zuviel** an Prüfung beeinträchtigt die Effizienz, nicht aber die Sicherheit des Prüfungsurteils, ein **Zuwenig** aufgrund zu großzügiger Festlegung der Wesentlichkeitsgrenze fördert die Effizienz zulasten der Prüfungsqualität.[2] Die nach den nicht operationalisierbaren Kriterien der Entscheidungserheblichkeit für die Abschlussadressaten als Gruppe (nicht Einzelinteressen) definierte Wesentlichkeit ist in folgender **Abstufung** für die Abschlussprüfung relevant:

- zweifelsfrei **unbeachtliche** falsche Angaben;
- Wesentlichkeitsgrenze für **alle** Informationen des Abschlusses und Lageberichtes („Abschluss als Ganzes");

1 Nach IDW, Fragen und Antworten zur Festlegung der Wesentlichkeit und der Toleranzwesentlichkeit, FN IDW 2011 S. 745; beruhend auf freiwilligen Auskünften von zehn in Deutschland tätigen Wirtschaftsprüfungsgesellschaften.

2 Nach *Toebe/Lorson*, WPg 2012 S. 1202; dort sind Details zu einschlägigen Forschungsergebnissen nachzulesen.

- **spezifische** Wesentlichkeit, deren Schwelle unterhalb der Wesentlichkeit für den Gesamtabschluss liegt.

Bei der letztgenannten Wesentlichkeitsstufe sind Abschlussposten, Anhangangaben oder unternehmensindividuelle Prüffelder angesprochen, denen eine besondere Bedeutung zukommen kann, z. B. Transaktionen mit Nahestehenden, Managementvergütungssysteme, Forschungs- und Entwicklungskosten.

Durch die Einführung der ISA [DE] ändert sich an den Wesentlichkeitskonzepten inhaltlich kaum etwas. Redaktionell tritt ISA [DE] 320 (i. V. mit IDW PS 450) an die Stelle von IDW PS 250. 20

Sowohl für die Gesamtwesentlichkeit (Abschluss als Ganzes) als auch für die spezifische Wesentlichkeit einzelner Abschlussbestandteile dient gem. IDW PS 250 Tz. 11 bzw. ISA [DE] 320 Tz. 9 die Festlegung einer **Toleranzwesentlichkeit** *(performance materiality)* bei der Beurteilung der Risiken wesentlicher falscher Angaben und der Festlegung entsprechender Prüfungshandlungen. Die Definition der Toleranzwesentlichkeit hebt sich vom **allgemeinen** Wesentlichkeitsbegriff ab. Letzterer ist auf die Entscheidungserheblichkeit für den **Abschlussadressaten** ausgerichtet. Die Toleranzwesentlichkeit muss demgegenüber vom **Abschlussprüfer** auf den gesamten Abschluss kalibriert werden, und zwar **unterhalb** der „Gesamtwesentlichkeit". Dadurch soll das statistische Fehlertoleranzmaß unter diese Grenze gelegt werden, damit die Summe der Fehler nicht die Wesentlichkeitsschwelle für den Gesamtabschluss übersteigt. Die Toleranzwesentlichkeit erfasst z. B. Beträge von 8 Mio. € und fischt drei Fehler dieser Größenordnung heraus. Bei Festlegung (nur) einer Gesamtwesentlichkeit von 20 Mio. € wären diese Fehler jeweils für sich „untergegangen". Dadurch kann das Überschreiten der Gesamtwesentlichkeit festgestellt werden, was bei ausschließlicher Ausrichtung der Prüfung auf die Gesamtwesentlichkeit nicht möglich wäre.

In der Folge dieses Gedankens verlangen IDW PS 250 und ISA [DE] 320 Tz. 10 vom Abschlussprüfer die Festlegung von Wesentlichkeitsgrenzen für **einzelne** Arten von Geschäftsvorfällen, Kontensalden (eher Abschlussposten) oder Abschlussangaben. Eine **Anpassung** dieser Grenzwerte kann im Prüfungsverlauf erforderlich sein. Die Prüfungsstrategie und das Prüfungsprogramm sind u. U. anzupassen, wenn

- sich die Summe der festgestellten falschen Angaben der Wesentlichkeitsgrenze **nähert** oder
- die Art oder die Umstände der Fehler auf **weitere** falsche Angaben hindeuten.

Die Faktoren zur Bestimmung der verschiedenen Wesentlichkeitsgrenzen – ursprünglich festgelegt oder angepasst – sind aufzuzeichnen. In ISA [DE] 320 Tz. A3 ff. werden beispielhaft **Bestimmungsfaktoren für die Wesentlichkeit** dargestellt, so etwa die **branchenspezifisch** erhöhte Bedeutung von Angaben (etwa zu FuE bei Pharmaunternehmen) oder **erhöhte Schätzunsicherheiten** (etwa bei Ermittlung beizulegender Zeitwerte durch ein DCF-Modell). Die Anwendung der Wesentlichkeitsüberlegungen muss dabei möglichst auf den Einzelfall gerichtet sein. Ist das Schätzverfahren etwa komplex und wenig marktbasiert, die Schätzunsicherheit deshalb potenziell groß, der Abschlussposten aber klein, können sich allenfalls Fehler ergeben, die deutlich unterhalb der Toleranzwesentlichkeit liegen und die Prüfung kann dementsprechend weniger intensiv ausfallen.

Während der Prüfung festgestellte, aber nicht zweifelsfrei unbeachtliche Fehler hat der Abschlussprüfer zu **kumulieren** (ISA [DE] 450 Tz. 5) und aus der (laufenden) Kumulation zunächst Schlussfolgerungen für den weiteren Gang der Prüfung zu ziehen (ISA [DE] 450 Tz. 6). Vorran- 20a gig hat er das Management aufzufordern, nicht zweifelsfrei unbeachtliche Fehler zu korrigieren (ISA [DE] 450 Tz. 8). Gegen Ende der Prüfung hat der Abschlussprüfer festzustellen, ob nicht korrigierte falsche Darstellungen einzeln oder in der Summe wesentlich sind, und hieraus Schlüsse für Bestätigungsvermerk, Prüfungsbericht und Kommunikation mit den Aufsichtsorganen zu ziehen (ISA [DE] 450 Tz. 10 ff.).

Bzgl. festgestellter Fehler im handelsrechtlichen **Anhang** hält ISA [DE] 450 Tz. D.11.1 fest:

- Die Unterlassung einer originären Anhangangabe, die anderen Einblickszielen dient als der Gewährung eines Einblicks in die Vermögens-, Finanz- und Ertragslage, und
- die Unterlassung einer Anhangangabe zur Aufgliederung bzw. Erläuterung eines wesentlichen Bilanz- oder GuV-Postens

begründen i. d. R. einen wesentlichen Fehler. Für alle anderen falschen Darstellungen im Anhang hat der Abschlussprüfer die Wesentlichkeit nach allgemeinen Grundsätzen zu würdigen.

5.2 Das Prüfungsrisikomodell

5.2.1 Der Begriffsinhalt

21 Die notwendige Beschränkung der Prüfungshandlungen (→ Rz. 17) bei gleichwohl zu erreichender Sicherheit und Genauigkeit lässt sich nicht allein auf **statistischer** Grundlage, sei es durch Zufallsauswahl, sei es durch geschichtete Auswahlverfahren, erzielen. Aus dieser Erkenntnis heraus ist das Prüfungsrisikomodell entwickelt worden. Ausgangspunkt ist das **Prüfungsrisiko,** das zu verstehen ist als das Risiko eines Abschlussprüfers, einen unzutreffenden Bestätigungsvermerk zu einem Abschluss abzugeben. Dieses Risiko ist unter Beachtung des Wesentlichkeitskriteriums (→ Rz. 19) zu **minimieren.** Zur Risikoidentifikation und -beurteilung nach IDW PS 261 hat das IDW „Fragen und Antworten" in umfangreicher Aufbereitung veröffentlicht. Die für das Prüfungsrisikomodell wichtigen Begriffe sind nun in ISA [DE] 200 Tz. 13 definiert.

22 Das **Prüfungsrisiko** (PR) stellt eine Funktion von Fehlerrisiko (FR) und Entdeckungsrisiko (ER) dar. Dabei steht das **Fehlerrisiko** (ausführlich „Risiko wesentlich falscher Darstellungen" genannt) für die Wahrscheinlichkeit, dass der dem Abschlussprüfer vorgelegte Abschluss wesentliche Fehler enthält, das **Entdeckungsrisiko** für die Wahrscheinlichkeit, dass der Abschlussprüfer diese Fehler nicht aufdeckt. In modelltheoretischer Vereinfachung gilt:

$$PR = FR \times ER$$

Hierbei ist

- das **Prüfungsrisiko** die **Zielgröße,** die einen bestimmten (niedrigen) Wert nicht überschreiten soll,
- das **Entdeckungsrisiko** der durch Art und Umfang der Prüfungsmaßnahmen beeinflussbare **Aktionsparameter** des Abschlussprüfers,
- das **Fehlerrisiko** das nicht vom Abschlussprüfer beeinflussbare (aber zu beurteilende) **unternehmensseitig** gegebene Risiko; dieses lässt sich idealtypisch weiter unterteilen in die Wahrscheinlichkeit, dass ein Fehler primär passieren könnte (sog. **inhärentes** Risiko = IR) und dann sekundär von **unternehmensinternen** Kontrollen nicht verhindert bzw. aufgedeckt und korrigiert wird (sog. Kontrollrisiko = KR).

Erweitert ergibt sich hieraus folgendes Modell:

$$PR = (IR \times KR) \times ER$$

Um eine gegebene Sicherheit des Prüfungsurteils zu erreichen, also einen maximal akzeptablen Wert des Prüfungsrisikos (Zielgröße) nicht zu überschreiten, hat der Abschlussprüfer in diesem Modell zunächst das Fehlerrisiko, d. h. inhärentes und Kontrollrisiko, zu **beurteilen,** um sodann das akzeptable Entdeckungsrisiko zu bestimmen. Es gilt:

- je **geringer** das Fehlerrisiko, also die inhärenten Risiken und/oder das Kontrollrisiko,
- umso **höher** das akzeptable Entdeckungsrisiko.

Die Bestimmung des Fehlerrisikos, insbesondere des Kontrollrisikos, muss von der im Unternehmen vorhandenen Organisation zur Vermeidung von Fehlern bei der Abschlusserstellung ausgehen (→ Rz. 55c). Diese Organisation wird gewöhnlich als **internes Kontrollsystem** (IKS) bezeichnet, das bei kapitalmarktorientierten Unternehmen vom Gesetz als bestehend unterstellt wird (→ § 289 Rz. 105), aber auch bei anderen Unternehmen in irgendeiner Form (→ Rz. 31) aus dem Selbsterhaltungstrieb heraus vorhanden sein muss. Soweit dieses System **rechnungslegungsbezogen** ausgerichtet ist, kann der Abschlussprüfer bei der Einschätzung des akzeptablen Entdeckungsrisikos darauf aufbauen. Zur speziellen Situation bei Auslagerung von betrieblichen Funktionen an Dienstleistungsunternehmen vgl. → Rz. 57b.

5.2.2 Fehler- und Entdeckungsrisiko

Jedem Rechnungslegungsprozess sind Fehlerrisiken **inhärent,** die es durch das IKS (→ Rz. 22) zu minimieren gilt. 23

BEISPIEL ► Im Baustoffhandel muss mitunter ausgesprochen schnell an einer Baustelle benötigtes Material ausgeliefert werden: Anruf des Kapos beim ihm persönlich bekannten Sachbearbeiter des Händlers: „Wir holen sofort 20 Tonnen Eternitplatten® Typ XY ab." Die Gefahr einer Auslieferung ohne Lieferschein und damit einer Erfassung in der (z. B.) Monatsrechnung ist groß.

Das IKS muss eine Auslieferung ohne im System hinterlegten Lieferschein verhindern und weiter die datentechnisch zwingende Erfassung des Lieferscheins in der Monatsrechnung gewährleisten.

Funktioniert dieses System und wird es zwingend angewandt, ist das **Fehler**risiko in diesem Unternehmensbereich gering. Der Abschlussprüfer kann ein höheres **Entdeckungs**risiko in Kauf nehmen. Das Stichprobenverfahren kann in diesem Bereich minimiert werden. Es genügt aber nicht immer die **Funktions-** und **Aufbauprüfung** (→ Rz. 29). Zumindest in wesentlichen Prüffeldern sind aussagebezogene Prüfungshandlungen durchzuführen. Bei bestimmten Geschäftsvorfällen ist das IKS als Prüfungsgrundlage **wenig geeignet.** 24

BEISPIEL ► Ein Hersteller von Babynahrungsmitteln ist bzgl. eines Produkts einer negativen Presse wegen angeblicher oder wirklicher Nebenwirkungen in Form von Hautausschlägen ausgesetzt. Es ruft diese Produkte aus den Verkaufsregalen zurück und verspricht den betroffenen Babys „Entschädigungen".

Hier ist auf Stichprobenbasis nicht zielorientiert zu prüfen. Erforderlich ist eine Analyse des gesamten Vorgangs.

Die erforderliche Minimierung des Entdeckungsrisikos erfordert außerhalb eines sinnvoll anwendbaren Stichprobenverfahrens (dazu: ISA [DE] 530) die Durchführung von **Einzelprüfungen,** z. B. lückenlose Bankbestätigungen, vollständige Erfassung der Vorstandsbezüge, Einsichtnahme in prüfungsrelevante Sitzungsprotokolle der Geschäftsleitung oder des Aufsichtsrats, Berichte der Innenrevision. 25

Die ISA lassen einen weitgehenden Einsatz der Innenrevision auch in Unterstützung der Prüfung des Abschlussprüfers zu. ISA [DE] 610 Tz. D.5.1 hält jedoch fest, dass der Einsatz interner

Revisoren zur direkten Unterstützung gem. § 319 Abs. 3 Satz 1 Nr. 4 i.V. mit Nr. 2 HGB nicht zulässig ist.

5.2.3 Risikoanalyse vor Auftragsannahme

26 Vor der Auftragsannahme muss der Abschlussprüfer eine Risikoeinschätzung bzgl. des Auftrag**gebers** und **-inhalts** vornehmen. Vorgaben hierzu sowie zu Auftragsbedingungen und Auftragsbestätigungsschreiben enthält ISA [DE] 210. Vor der Auftragsannahme ist eine Beurteilung der **Integrität** des Auftraggebers in seiner Geschäftspraxis einerseits und die persönliche **Qualifikation** zur Durchführung des Auftrags andererseits (→ § 318 Rz. 25) geboten. Hinsichtlich der Integrität verlangt ISA [DE] 315 Tz. 14 leicht lebensfremd eine Beurteilung, „ob das Management, unter der Aufsicht der für die Überwachung Verantwortlichen, eine Kultur der Ehrlichkeit und ethischen Verhaltens geschaffen und aufrechterhalten hat". Ein mandantenspezifisches Risiko besteht hinsichtlich des **Geldwäschegesetzes**.

5.3 Ermittlung der Fehlerrisiken

5.3.1 Unternehmens- und Umfeldanalyse

27 Die Durchführung einer (Abschluss-)Prüfung beginnt gem. IDW PS 240 bzw. ISA [DE] 300 mit der **Planung.** Zur Planung einer Prüfung gehören gem. ISA [DE] 300 Tz. 2 die Entwicklung

- der **Prüfungsstrategie** (welche Ressourcen sollen wann und wo eingesetzt werden?) (ISA [DE] 300 Tz. A8) und
- die des **Prüfungsprogramms** (Einteilung und Umfang der von den Mitgliedern des Prüfungsteams durchzuführenden Prüfungshandlungen) (ISA [DE] 300 Tz. A12),

wobei beide Prozesse sich zeitlich überlagern können und das Prüfungsprogramm insofern dynamisch ist, als es in Abhängigkeit von während der Prüfungsdurchführung gewonnenen Befunden, insbesondere solchen zu den Fehlerrisiken, evtl. anzupassen ist. Eine Anpassungsnotwendigkeit kann sich beispielsweise daraus ergeben, dass der Prüfer wegen positiver Ergebnisse der Aufbau- und Funktionsprüfung des IKS für ein bestimmtes Prüffeld zunächst wenig aussagebezogene Prüfungshandlungen plant, die wenigen aber das positive Ergebnis der Aufbau- und Funktionsprüfungen nicht bestätigen (Tz. A15).

Die Planung ist skaliert, d. h., die Prüfung kleinerer und wenig komplexer Einheiten gestaltet sich schon in der Planungsphase weniger aufwendig (ISA [DE] 300 Tz. A11 und A17).

Zur Feststellung von Fehlerrisiken muss sich der Abschlussprüfer zunächst anhand passender Informationsquellen einen Überblick über das Unternehmen und sein Umfeld (Branchensituation usw.) verschaffen (IDW PS 261, ISA [DE] 315).

28 Sodann muss sich der Abschlussprüfer einen Überblick über die wirtschaftlichen Verhältnisse des Unternehmens/Konzerns **selbst** verschaffen. Dazu gehören nach ISA [DE] 315 Tz. 11 u. a.

- Geschäftsabläufe,
- Unternehmensziele und -strategien,
- Eigentümer-, Führungs- und Überwachungsstruktur,
- Produktentwicklungen,
- IT-Ausrüstung,
- Investitions- und Desinvestitionspläne,

- Finanzierungsstruktur,
- Funktion und Wirksamkeit der Innenrevision.

Dabei sind generell auch die Größe und Komplexität des Prüfungsobjekts und der sich dort verbergende Risikogehalt zu berücksichtigen, um die gebotene Skalierung des Prüfungsgeschehens (→ Rz. 65) in die Tat umzusetzen (ISA [DE] 315 Tz. A85, A105 und A 112).

Weiterhin ist das **interne** Berichtswesen mit der Budgetierung (→ Rz. 77) und der Analyse von Soll und Ist zu beurteilen. Bei Integration von internem und externem Berichtswesen können Prüfungsnachweise vereinfacht beschafft werden.

Die Risikobestandsaufnahme muss gem. IDW PS 210 bzw. ISA [DE] 240 auch die Möglichkeit bewusster **Täuschungen** *(fraud)* durch Mitarbeiter oder Geschäftsleitung des geprüften Unternehmens und von Unterschlagungen und Diebstahl in das Kalkül aufnehmen (→ Rz. 32a). Es können auch Zweifel an der Integrität des Führungspersonals bestehen, z. B. wegen unklarer Organisationsstrukturen, „aggressiver" Bilanzpolitik, Personalknappheit in der Bilanzabteilung, fehlender Bereitschaft zur Anpassung des internen Kontrollsystems oder einer wirtschaftlich kritischen Unternehmenssituation. Beachtlich sind auch ungewöhnliche Geschäfte mit **nahestehenden Personen** und Unternehmen, hohe Beratungshonorare und Vermittlungsprovisionen, **komplizierte Geschäftsvorfälle.** Insbesondere auch Buchführungsmängel, z. B. durch fehlende Dokumentation, können Anlass zur weiteren Nachforschung bzgl. Täuschungen sein, ebenso geringe Auskunftsbereitschaft der Mitarbeiter oder des Managements.

Ein eindrückliches Beispiel für die Bedeutung der Unternehmens- und Umfeldbedingungen für die Festlegung der Prüfungsstrategie stellt die Corona-Krise dar. Das IDW rät hier – auch für Abschlüsse mit Stichtagen nach dem 31.12.2019 – u. a. zur verstärkten Prüfung der Bewertung von Erzeugnissen (Preisrückgänge), zum besonderen Augenmerk auf die Bilanzierung geschätzter Werte und naturgemäß zur intensiven Prüfung, ob von einer Fortführung der Unternehmenstätigkeit ausgegangen werden kann.[1]

5.3.2 Das interne Kontrollsystem

5.3.2.1 Funktionsanalyse

Ein IKS muss in jedem Unternehmen vorhanden sein – allerdings in verschiedenen Ausprägungen und mit tendenziell zunehmenden Lücken bei abnehmender Unternehmensgröße (→ Rz. 22). Der Abschlussprüfer hat Aufbau und Funktionsweise des rechnungslegungsbezogenen IKS zu beurteilen (IDW PS 261 und ISA [DE] 315). Zum Beispiel: Wie ist der vollständige Eingang der Lieferscheine unter → Rz. 23 in die Monatsrechnung garantiert? Dazu muss sich der Abschlussprüfer über die innerbetrieblichen Prozesse in ihrer IT-Begleitung informieren. Es bieten sich Einsichtnahmen in Ablaufpläne, Flussdiagramme u. Ä. an. Sodann ist auf die Eingriffs- und Zugriffsberechtigung einzugehen. 29

BEISPIEL Kann eine Kreditorenbuchhalterin die Rechnung über eine Subunternehmerleistung in das System einfügen, also mit dem Buchungssatz: per bezogene Leistung an Kreditor? Wenn ja, besteht eine wesentliche Kontrolllücke. Zwingend muss eine Bestellung mit Vorkontierung im System hinterlegt sein. Außerdem bedarf es der Eingangsbestätigung durch eine prozessunabhängige Person mit entsprechender Freigabe. Dann erst kann die Kreditorenbuchhalterin die Rechnung in die Finanzbuchfüh-

1 IDW, fachlicher Hinweis zu Auswirkungen der Ausbreitung des Coronavirus auf die Rechnungslegung und deren Prüfung (Teil 2), 25.3.2020.

rung transferieren. Darin erschöpft sich ihre Aufgabe. Der Auslöser für den Prozess ist die Bestellung, die nach dem Vier-Augen-Prinzip zu kontrollieren ist.

Das Beispiel befasst sich vergleichbar dem Inhalt desjenigen unter → Rz. 23 mit einem Prozess an der **Unternehmensgrenze.** Hier ist besonders auf lückenlose Kontrollmechanismen des IT-Systems zu achten (sog. *boundary control*).

30 Bei so definierten **zwingenden Prozessabläufen** kann der Abschlussprüfer regelmäßig seine Prüfung in diesem Bereich beenden (→ Rz. 24). Allerdings muss die Integrität des IT-Systems gewährleistet sein, ein unbefugter Eingriff muss ausscheiden. Dabei kann die **Funktions-** und **System**prüfung hierzu regelmäßig nur in Stichproben erfolgen, und das auch nur im Rahmen einer **mehrjährigen** Prüfungsplanung. Außerdem muss der Abschlussprüfer gerade in diesem Bereich die Prüfungsergebnisse der **internen Revision** zurate ziehen.

31 Das Beispiel unter → Rz. 29 beruht auf einem integrierten Abrechnungssystem. In **kleineren** Einheiten ist das Kontrollsystem eher „handgestrickt". Ausgangspunkt ist in jedem Fall die **Funktionstrennung.** Der Besteller der im Beispiel unter → Rz. 29 angesprochenen Subunternehmensleistung darf nicht die Freigabe zur Einbuchung in das Kreditorenkontokorrent erteilen. Dies muss durch eine insoweit prozessunabhängige Person erfolgen, in sehr kleinen Einheiten z. B. durch den Finanzprokuristen. Hier wird der Abschlussprüfer nicht um eine umfangreichere Stichprobenprüfung herumkommen, begleitet von analytischen Prüfungshandlungen (→ Rz. 51).

BEISPIEL

- Der Schuhproduzent S hat die gesamte Herstellung der Damenschuhabteilung in die Ukraine verlagert. Das dortige IT-System versagt bei der Bestandsführung der Materialien und Produkte.
- Dem Spezialtiefbauunternehmen T fehlt eine auftragsbegleitende Nachkalkulation.

In diesen Fällen muss der Abschlussprüfer auf eine stichprobengestützte Einzelfallprüfung ausweichen. Die Systemschwächen verlangen eine Reduktion des Entdeckungsrisikos (→ Rz. 35).

31a Häufig **lagern** Unternehmen eine oder mehrere betriebliche Funktionen – mitunter das gesamte Rechenzentrum – auf Dienstleistungsunternehmen aus. Das in diesen Funktionen enthaltene IKS bleibt mittelbar in der Verantwortung des Auslagerers und stellt deshalb ein Prüfungsobjekt bei dessen Abschlussprüfung dar.

Prüfungsobjekt sind die Beschreibung des dienstleistungsbezogenen IKS und die darin enthaltenen Kontrollen und Kontrollziele. Hierfür sind die gesetzlichen Vertreter des Dienstleistungsunternehmens verantwortlich, wozu sie eine „Erklärung" abzugeben haben.

Zu den Feststellungen bzgl. des IKS gehört auch, wer bzgl. des Gesamtunternehmens Überwachungsverantwortlichkeit hat und wie diese ausgeübt wird. Hierzu wird auf → Rz. 55c ff. verwiesen.

5.3.2.2 Beurteilung der festgestellten Fehlerrisiken

32 *Nach der* Unternehmensanalyse und Beurteilung des Unternehmensumfelds (→ Rz. 27), insbesondere auch des internen Kontrollsystems zur Rechnungslegung, muss der Abschlussprüfer gem. IDW PS 261 die festgestellten Fehlerrisiken in ihrer Auswirkung auf die **Rechnungslegung**

insgesamt und auf **Einzelaussagen** in der Rechnungslegung beurteilen. Bedeutsame Risiken sprechen für einen hohen Risikogehalt, diese können sein:

- Feststellung von bewussten oder versehentlichen Risiken **doloser** Handlungen;
- **Komplexität** von Geschäftsvorfällen;
- Transaktionen mit **nahestehenden Personen** (→ § 285 Rz. 145 ff.);
- hohe Subjektivität bei der Ausübung von **Ermessensspielräumen;**
- **ungewöhnliche** Geschäftsvorfälle.

Besondere Aufmerksamkeit ist der Fehlerhaftigkeit von **Umsatzrealisation** (→ § 252 Rz. 102 ff.) zu widmen.

Die Beurteilung des festgestellten Fehlerrisikos kann den Abschlussprüfer zu besonderen Reaktionen veranlassen:

- Einsatz von **Spezialisten** (Sachverständigen) (→ Rz. 32a);
- **überraschende** Prüfungshandlungen;
- besondere **Qualitätssicherungsmaßnahmen.**

Auch das interne Kontrollsystem kann einer **besonderen Nachprüfung** seiner Funktionen aufgrund der Fehlereinschätzung zu unterziehen sein. Dabei darf sich der Abschlussprüfer nicht allein auf die Beurteilung der **inhärenten** Risiken (→ Rz. 33) und die Prüfung des internen Kontrollsystems verlassen. Vielmehr muss er u.U. zu **aussagebezogenen** Prüfungshandlungen schreiten, z. B. Einholung von Bestätigungen Dritter (→ Rz. 39), **analytischen** Prüfungshandlungen (→ Rz. 51) oder Einzelfallprüfungen (→ Rz. 35).

In der Neufassung von ISA [DE] 315 aus dem Jahr 2022 wird durch die Verwendung des Begriffs „Spektrum inhärenter Risiken" deutlicher als bisher, dass das Risiko nicht dichotom, sondern graduell ist. Unseres Erachtens ist deshalb auch die Reaktion auf die Risiken graduell zu gestalten.

Festgestellte Mängel im IKS begründen unabhängig von den Konsequenzen für den weiteren Fortgang der Prüfung Kommunikationspflichten. In IDW PS 475 wird dabei wie folgt unterschieden:

- Bedeutsame Mängel sind in schriftlicher Form an die angemessene Managementebene (i. d. R. Geschäftsführung) und die für die Überwachung Verantwortlichen zu richten. Bei der AG, der mitbestimmten GmbH oder der GmbH mit satzungsmäßigem Aufsichtsrat ist das Überwachungsorgan der Aufsichtsrat, bei den anderen GmbHs nach IDW PS 470 Tz. A4 die Gesamtheit der Geschäftsführung. Eine vorangehende mündliche Mitteilung kann angezeigt sein.
- Bei sonstigen Mängeln reicht die mündliche Mitteilung an die angemessene Managementebene (u.U. hier die Führungsebene des Geschäftsbereichs) aus.

Daneben bestehen Mitteilungspflichten im Prüfungsbericht (IDW PS 450).

5.3.2.3 Hinzuziehung von Sachverständigen

Der Abschlussprüfer trägt die alleinige Verantwortung für das abgegebene Prüfungsurteil. Er kann für dieses aber Feststellungen oder Schlussfolgerungen eines Sachverständigen auf dessen Fachgebiet als angemessenen Prüfungsnachweis verwenden (IDW PS 322 bzw. ISA [DE] 620). 32a

Die Notwendigkeit zur Hinzuziehung eines Sachverständigen ergibt sich allgemein daraus, dass der Abschlussprüfer selbst bzgl. eines für die Aussagen des Jahresabschlusses und des Lageberichts wesentlichen Sachverhalts nicht über die notwendigen fachlichen Kenntnisse verfügt, etwa ohne sachverständige Beurteilung der Kontamination eines Betriebsgrundstückes nicht über die evtl. daraus resultierenden Folgen für Ansatz (Rückstellung), Bewertung (außerplanmäßige Abschreibung) oder Angaben entscheiden kann. ISA [DE] 620 Tz. 7 und Tz. A4 ff. gibt weitere Hinweise zur Beurteilung der Notwendigkeit der Hinzuziehung eines Sachverständigen.

Das Management kann auch selbst bei der Aufstellung des Abschlusses einen Sachverständigen hinzuziehen. In diesem Fall wird die Entscheidung des Abschlussprüfers über die Nutzung eines Sachverständigen gem. ISA 620 [DE] Tz. A9d durch Faktoren wie die folgenden beeinflusst werden:

- Kontrolle des Managements über oder Einfluss auf die Tätigkeit des Sachverständigen,
- Kompetenz und Fähigkeiten des Sachverständigen des Managements, z. B. auch, ob er diesbezüglich beruflichen Anforderungen unterliegt.

Für den vom Abschlussprüfer selbst hinzugezogenen Sachverständigen gilt:

- Der Abschlussprüfer bestimmt Art, zeitliche Einteilung und Umfang der Tätigkeit (ISA [DE] 620 Tz. 8).
- Er beurteilt Kompetenz, Fähigkeiten und Objektivität des Sachverständigen (ISA [DE] 620 Tz. 9).
- Zur Übernahme von Ergebnissen des Sachverständigen muss der Abschlussprüfer ein Verständnis von dessen Tätigkeit erlangen (ISA [DE] 620 Tz. 10).

Bei einem uneingeschränkten Bestätigungsvermerk (→ § 322 Rz. 33 ff.) darf in dessen Wortlaut kein Bezug auf die Verwendung der Arbeit eines Sachverständigen enthalten sein (ISA [DE] 620 Tz. 14). In einem eingeschränkten Bestätigungsvermerk (→ § 322 Rz. 48) kann in der Begründung auf die Arbeit des Sachverständigen Bezug genommen werden; dann aber ist die unveränderte Verantwortlichkeit des Abschlussprüfers für das Prüfungsergebnis hervorzuheben (ISA [DE] 620 Tz. 15).

5.3.2.4 Dolose Handlungen *(fraud)*

32b Unter *„fraud"* bzw. dolosen Handlungen versteht IDW PS 210 bzw. ISA [DE] 240 **beabsichtigte** Verstöße gegen Rechnungslegungs- und andere Vorschriften. Sie sind zu unterscheiden von unbeabsichtigten Fehlern (error). Für die Vermeidung von dolosen Handlungen sind die **gesetzlichen Vertreter** und **Aufsichtsgremien** verantwortlich (ISA [DE] 240 Tz. 4). Die Prävention soll danach nicht nur durch ein Überwachungs-, Aufdeckungs- und Sanktionsregime bewirkt werden, sondern das Management wird auch aufgerufen, „eine Kultur von Ehrlichkeit und ethischem Verhalten" zu schaffen. Ab einer nicht allzu umfangreichen Unternehmensgröße bedarf es aber vor allem eines Kontroll**systems.** Der **Abschlussprüfung** kommt eine vorbeugende Wirkung hinsichtlich der Vermeidung von *fraud,* insbesondere in Gestalt der **Bilanzmanipulation,** zu; eine Verantwortlichkeit für die Verhinderung solcher Verstöße trägt der Abschlussprüfer *nicht. Gleichwohl ist* die Abschlussprüfung auch daraufhin auszurichten (→ Rz. 4). Sie hat im Rahmen des risikoorientierten Prüfungsansatzes insbesondere zu berücksichtigen, dass bzgl. doloser Handlungen ein erhöhtes Nichtaufdeckungsrisiko besteht (ISA [DE] 240 Tz. 5).

Bei der „Bestandsaufnahme" zur Ermittlung von Fehlerrisiken (→ Rz. 27 ff.) sind je nach Unternehmenslage oder Motivation der handelnden Personen die Möglichkeiten des *fraud* gebührend zu berücksichtigen. Genannt werden in IDW PS 210 Tz. 24:

- **Unterschlagungsgefahr** bei Leben der Personen über ihren Verhältnissen;
- Druck der **Kapitalmärkte** zum Ausweis eines bestimmten Ergebnisses oder einer Kennzahl;
- Druck der **Muttergesellschaft** oder eines **Großaktionärs** auf Ausschüttung einer bestimmten Dividende;
- interner **Leistungsdruck** auf bestimmte Personen.

ISA [DE] 240 Anlage 1 nennt u. a. folgende Faktoren:

- **Marktsättigung,** verbunden mit abnehmenden Gewinnspannen;
- wiederkehrende **negative operative Cashflows,** obwohl Gewinne und Gewinnwachstum ausgewiesen werden;
- signifikant über dem **Branchendurchschnitt** liegendes Wachstum oder eine signifikant darüberliegende Rentabilität;
- **ambitionierte Erwartungen** von Finanzanalysten oder Anlegern;
- zusätzlicher **Finanzierungsbedarf;**
- erhebliche **finanzielle Interessen** des Managements an der Einheit,
- von aggressiven Zielen abhängige **Managementvergütung;**
- bedeutsame Geschäftsvorfälle mit **nahestehenden Personen** außerhalb der gewöhnlichen Geschäftstätigkeit;
- bedeutsame Bankkonten bzw. **Tochtergesellschaften oder Niederlassungen in Steueroasen;**
- **übermäßig komplexe** Organisationsstruktur mit ungewöhnlichen Rechtsformen;
- **Dominierung** des Managements durch eine einzelne Person;
- **nicht wirksame Aufsicht** der für die Überwachung Verantwortlichen;
- übermäßige Beteiligung des nicht für die Finanzen verantwortlichen Managements bei der **Bilanzierung;**
- wiederkehrende Versuche des Managements, eine **grenzwertige Rechnungslegung** unter Abstellen auf Wesentlichkeitsüberlegungen zu rechtfertigen;
- angespannte **Beziehung** zwischen dem Management und dem derzeitigen oder bisherigen Abschlussprüfer, die sich z. B. in Folgendem zeigt: häufige Auseinandersetzungen über Rechnungslegung, Prüfung oder Berichterstattung, unrealistische zeitliche Einschränkungen, Beschränkungen im Zugang zu Personen oder Informationen.

In ISA [DE] 240 Tz. 18 ff. werden Befragungen handelnder Personen und solcher, die mit den „fraud"-trächtigen Prozessen nicht befasst sind, einschließlich Befragungen einer evtl. vorhandenen Innenrevision, angeregt. Bei möglichen Verstößen gegen Rechnungslegungs- und andere Vorschriften ist vom Abschlussprüfer u. U. nach Besprechung mit dem Management auch das Überwachungsorgan zu kontaktieren. Die „Technik" der Befragung stößt schnell an ihre Grenzen, wenn die Befragten selbst als Täter in Betracht kommen oder als Mitarbeiter der Tatverdächtigen fungieren.

33 Auch das ausgeklügeltste Kontrollsystem hängt von der **praktischen Durchführung** ab.[1]

BEISPIEL

- (1) Der Baugroßkonzern H hat eine Abteilung für die Vergabe von Subunternehmensleistungen organisatorisch ausgegliedert. Eine Order mit einem Volumen von über 10 Mio. € bedarf der Unterschrift des Abteilungsleiters. Zwei ihm unterstellte Herren haben ein System entwickelt, einen diese Größenordnung übersteigenden Auftrag in Teile zu „zerlegen". Diese Herren sind dann zur gemeinsamen Auftragsvergabe befugt und können ihnen „nahestehende" Subunternehmer gegen versteckte Gegenleistungen trotz höherer Preise bevorzugen. Die Preise rechtfertigen sie mit der besseren Qualität und Zuverlässigkeit der Arbeitsausführung.
- (2) Die Wohnbau-AG hat einen Strukturvertrieb organisiert. Die Umsatzrelation und das Entstehen des Provisionsanspruchs sind an die Übersendung einer notariellen Urkunde und die Finanzierungszusage einer Bank geknüpft. Die findigen Verkäufer V und W fördern ihren Umsatz durch gegenseitig abgezeichnete Vermietungsgarantien der AG zugunsten des Käufers.
- (3) Der Vorstandsvorsitzende V eines Maschinenbauunternehmens ist bei seinen häufigen Besuchen bei der Tochtergesellschaft in Berlin eine Liaison mit einer Innenarchitektin eingegangen. Diese erhält vom örtlichen Niederlassungsleiter, der Aufstiegschancen im Konzern wittert, anlässlich des Neubaus eines Verwaltungsgebäudes den Planungs- und Überwachungsauftrag zu einem stattlichen, d. h. über die Maßen erhöhten Honorar.
- (4) Der Softwarekonzern S verkauft Lizenzen. Für die vierteljährlichen Zwischenberichte werden angemessene Umsatzerlöse benötigt, um den Kapitalmarkt bei Laune zu halten. Der Vorstand wird aktienkursorientiert vergütet. Das Fakturierungssystem wird in Echtzeit gesteuert, d. h. nach dem Quartalsende kann nicht mehr mit Datum des Vortags fakturiert werden. Dem Vorstand ist im IT-System eine Sondereingabe reserviert, die für fünf Arbeitstage eine Rück- oder Vordatierung erlaubt.

34 Unabhängig davon, ob absichtlich gegen Gesetze verstoßen wird (dolose Handlungen) oder fahrlässig, hat der Abschlussprüfer bei der Planung und Durchführung der Prüfung und insbesondere bei der Risikoeinschätzung die Möglichkeit von Gesetzesverstößen zu berücksichtigen, auch solche, die sich nicht gegen Rechnungslegungsgesetze richten. Festgestellte Verstöße können unabhängig von Folgen für den Bestätigungsvermerk zu **Redepflichten** im Prüfungsbericht (§ 321 Abs. 1 Satz 3 HGB), aber auch zu Berichtspflichten gegenüber Externen führen. Konkretisierungen hierzu gibt ISA [DE] 250. Besonders wird darauf hingewiesen, dass für bestimmte Prüfungen, z. B. gesetzliche Abschlussprüfungen von PIEs nach Art. 7 der EU-APrVO oder Prüfungen nach § 29 Abs. 3 KWG, und für bestimmte Bereiche, z. B. Meldepflicht bei Verdacht auf Geldwäsche (§ 43 GwG), gesetzliche Ausnahmen von der Verschwiegenheitspflicht bestehen (ISA [DE] 250 Tz. D.A29.1).

5.4 Entdeckungsrisiko: Festlegung der Prüfungshandlungen

5.4.1 Die Grenzen der Systemprüfung

35 Die Beispiele unter → Rz. 33 sind bewusst als Überleitung zu erforderlichen Reaktionen des Abschlussprüfers auf die festgestellten Risikobereiche in ihrer unterschiedlichen Intensität gewählt worden. Eine wichtige Grundlage der konkreten Prüfungshandlungen muss das IKS sein. Die Durchsicht der Ablaufpläne und der Arbeitsanweisungen wurde bereits unter → Rz. 29 angesprochen. Dadurch kann und muss die Funktion des Kontrollsystems insgesamt und in Teilbereichen ermittelt werden. „Funktioniert" es nicht, kann der Abschlussprüfer an dieser Stelle seine Systemprüfung einstellen. Eine „Nichtfunktion" **insgesamt** wird kaum jemals vorkom-

1 Einzelheiten bei *Schindler/Gärtner*, WPg 2004 S. 1233.

men, sondern nur in **Teilbereichen** (→ Rz. 33). Dieser darf sich der Prüfer in besonderer Aufmerksamkeit annehmen. Ein möglicher *management override* (→ Rz. 33, letztes Beispiel) muss aber erst einmal festgestellt werden. Es bedarf eines IT-Spezialisten, der – hoffentlich – die Systemlücke erkennt. Ansonsten hat die Stunde der zeitaufwendigen **Einzelfallprüfung** auf statistischer Basis oder gar ohne irgendeine Lücke geschlagen. Im Beispiel (4) unter → Rz. 33 muss anhand der Fakturierungen zum Quartals- oder Jahresende das Datum des Originalbelegs – der Vertragsurkunde mit dem Erwerber der Softwarelizenz – ermittelt werden. Möglicherweise hatte der Vertragspartner die Rückdatierung akzeptiert. Dann kann – besser: könnte – der Fehler vom Abschlussprüfer eigentlich nur mit kriminalistischen Fähigkeiten und Techniken aufgedeckt werden. Dies wird von ihm allerdings nicht verlangt. Die dem Prüfer auferlegte kritische Grundhaltung (→ Rz. 20) allein wird ihm in solchen Fällen jedenfalls nicht weiterhelfen.

Im Rahmen der Prüfungs**planung** (→ Rz. 27 ff.) ist bereits die Möglichkeit eines *fraud* 36
(→ Rz. 56 ff.) zu berücksichtigen. Diese ist auf der speziellen **Risikobestandsaufnahme** (→ Rz. 28) aufzubauen. Besonderes Gewicht soll dabei einer **Befragung** des Managements zukommen. Die bedingten Erfolgsaussichten dieses „Befragens" sind in → Rz. 46 angedeutet. Sinnvoller erscheint die Heranziehung von Erkenntnissen der **internen Revision.**

Die speziellen Prüfungshandlungen wegen möglicher Unregelmäßigkeiten unterliegen einer besonderen **Dokumentations**pflicht (→ Rz. 58).

5.4.2 Einzelfallprüfungen

5.4.2.1 Inhaltsüberblick

Die vorstehend dargestellten Grenzen der Verwendbarkeit des rechnungslegungsbezogenen 37
IKS zur Fehleraufdeckung verweisen immer wieder auf das Erfordernis der Einzelfallprüfung durch Prüfungs**nachweise.**

Dabei kann unterschieden werden nach:

- **Inaugenscheinnahme** von Vermögensgegenständen (→ Rz. 38),
- Einholung der Bestätigung **Dritter** (→ Rz. 40),
- **Befragung** der handelnden Personen (→ Rz. 46),
- Heranziehung **anderer** Informationsquellen (→ Rz. 48).

„Einzelfallprüfung" meint nicht notwendig die Heranziehung jedes einzelnen Geschäftsvorfalls. Häufig genügen **statistische** Auswahlverfahren (→ Rz. 17). Die Wahl des Verfahrens ist dem Prüfungsobjekt anzupassen.

Ist die an sich gebotene Prüfungshandlung – etwa Inventurbeobachtung als Form der Inaugenscheinnahme – ausnahmsweise nicht möglich, wie u. a. bei Stichtagen nach dem 31.12.2019 wegen der Corona-Krise, muss zunächst versucht werden, durch alternative Prüfungshandlungen (beispielsweise Nutzung unterjährig bereits erfolgter Zählungen, Durchführung späterer Kontrollzählungen, Nachweis des späteren Verkaufs bestimmter Vorräte) geeignete Prüfungsnachweise für das Vorhandensein und die Beschaffenheit der Vorräte zum Stichtag zu erlangen. Ist dies nicht möglich, kommt eine Modifizierung des Prüfungsurteils im Bestätigungsvermerk aufgrund eines Prüfungshemmnisses in Betracht. Dies gilt auch dann, wenn die Prüfungshandlungen nicht am Unternehmen, sondern an allgemeinen Einschränkungen der Reise- und Bewegungsfreiheit usw. scheitern. Wenn die Gründe für die Unmöglichkeit der Prüfungshandlungen beim Abschlussprüfer liegen (insbesondere Erkrankung), kann es auch zum Ersatz des Prüfers oder zur Kündigung des Prüfungsauftrags kommen.[1]

5.4.2.2 Inaugenscheinnahme von Vermögensgegenständen (Inventurüberwachung)

38 Bei Wesentlichkeit der Vorratsbestände muss der Prüfer die Vorratsinventur prüfen, um sich vom tatsächlichen Vorhandensein, von der Vollständigkeit und der Genauigkeit der im JA ausgewiesenen Vorräte zu überzeugen (ISA [DE] 501 Tz. 4 ff.). Erforderlich ist i. d. R. ein Inventurbeobachtung, mit der nach ISA [DE] 501 Tz. A1 Folgendes verbunden ist:

- die Inaugenscheinnahme der Vorräte, um deren Vorhandensein nachzuprüfen und deren Beschaffenheit zu beurteilen,
- die Durchführung von Testzählungen,
- die Beobachtung der Einhaltung der Inventuranweisungen,
- die Erlangung von Prüfungsnachweisen zur Verlässlichkeit der Zählverfahren des Managements.

Darin beinhaltet sind Elemente der Funktionsprüfung des auf die Vorräte bezogenen IKS. Der Funktionsprüfung voraus geht die Aufbauprüfung (Angemessenheit der Inventurrichtlinien, Feststellungen zu Lagerbuchhaltung usw.). ISA [DE] 710 Anlage D enthält Beispiele zur Formulierung des Bestätigungsvermerks, wenn der Prüfer wegen Bestellung nach dem Inventurstichtag keine Inventurbeobachtung durchführen konnte.

Inaugenscheinnahme, Nachzählen usw. kommen bei unkörperlichen Vorräten, z. B. unfertigen Leistungen einer WP-Gesellschaft, nicht in Betracht (→ § 240 Rz. 11). Die Prüfungshandlung muss sich hier stattdessen auf die Auswertung der **Betriebsbuchhaltung** beziehen. Bei Sachanlagen kann sich die Inanspruchnahme bei ordnungsmäßiger **Anlagebuchführung** regelmäßig auf wenige Stichproben beschränken. Im Bereich des immateriellen Anlagevermögens und der Finanzanlage ist die Prüfung anhand von einschlägigen **Dokumenten** vorzunehmen.

5.4.2.3 Einholung der Bestätigungen Dritter

39 Im Rahmen der Einzelfallprüfung kann oder muss der Abschlussprüfer gem. IDW PS 302 auch von Bestätigungen Dritter Gebrauch machen, die mit dem zu prüfenden Unternehmen in **Geschäftsbeziehung** stehen oder gestanden haben. Bei der Entscheidung über diesen Prüfungsschritt hat der Abschlussprüfer im Rahmen seiner Eigenverantwortlichkeit folgende Überlegungen anzustellen, um eine hinreichende Prüfungssicherheit (→ Rz. 22) zur **Vermeidung** falscher Angaben zu erhalten:

- Erfüllung des **Wesentlichkeits**kriteriums;
- Fehlerrisikobeurteilung des **Prüffelds;**
- Erhalt ausreichender Prüfungs**nachweise** auch bei Verzicht auf die Inanspruchnahme Dritter.

Ähnliche Aussagen sind in ISA [DE] 505 Tz. 2 ff. enthalten. Die Entscheidung über die Einholung aller Arten von Bestätigungen, damit auch von Bankbestätigungen, wird aber ausdrücklich in das Ermessen des Abschlussprüfers gestellt. Bei seiner Entscheidung hat er nach ISA [DE] 505 i.V. mit ISA [DE] 500 Tz. 2 Folgendes zu berücksichtigen:

1 IDW, Fachlicher Hinweis zu Auswirkungen der Ausbreitung des Coronavirus auf die Rechnungslegung und deren Prüfung (Teil 2).

- Prüfungsnachweise sind verlässlicher, wenn sie aus unabhängigen Quellen außerhalb der Einheit stammen.
- Vom Abschlussprüfer unmittelbar erlangte Prüfungsnachweise sind verlässlicher als Prüfungsnachweise, die mittelbar oder durch Rückschluss erlangt werden.
- Prüfungsnachweise sind verlässlicher, wenn sie in einer dokumentierten Form vorliegen.

Die Regelungen von ISA [DE] 505 stehen u. a. im Kontext folgender Prüfungsstandards:

- Nach ISA [DE] 330 Tz. 5 ff. und Tz. 18 f. hat der Abschlussprüfer Prüfungshandlungen zu planen, deren Art, zeitliche Einteilung und Umfang auf den beurteilten Risiken wesentlicher falscher Darstellungen basiert. Außerdem hat er ungeachtet der Beurteilung des Fehlerrisikos für alle wesentlichen Arten von Geschäftsvorfällen, Kontensalden sowie Abschlussangaben aussagebezogene Prüfungshandlungen zu planen und durchzuführen. Bei beidem hat er auch zu würdigen, ob Verfahren der externen Bestätigung durchzuführen sind.
- In ISA [DE] 330 Tz. A53 ist dargelegt, dass Verfahren der externen Bestätigung den Abschlussprüfer dabei unterstützen können, Prüfungsnachweise mit dem hohen Verlässlichkeitsgrad zu erlangen, den der Abschlussprüfer benötigt, um auf bedeutsame Risiken zu reagieren.
- ISA [DE] 240 Tz. A37 hält fest, dass Bestätigungsanfragen als Reaktion auf das Risiko doloser Handlungen bedeutsam sind.

Die sog. **„Saldenbestätigungsaktion“** ist seit jeher ein gängiges Prüfungsverfahren, nicht nur für Salden gegenüber Banken, sondern auch für die Kunden- und Lieferantenkontokorrente und andere Bereiche mit einer Mehrzahl von Personenkonten (z. B. Vertreterabrechnungen), Vermögensverwahrungen Dritter (Speditionen; Konsignationsläger). Zu den Prüfungsnachweisen durch Dritte gehören außerdem die Bestätigungen von Anwälten, Steuerberatern sowie Umweltsachverständigen über anhängige Verfahren und entsprechende Risiken. Rechtsanwaltsbestätigungen und Bestätigungen Dritter über verwahrte Vorräte werden jedoch nicht in ISA [DE] 505, sondern in ISA [DE] 501 behandelt. 40

Die sog. **große Bankbestätigung** mit Darstellung sämtlicher bestehender Positionen sollte lückenlos von allen engagierten Kreditinstituten („Hauptbanken“) eingeholt werden, nicht unbedingt von jeder Bank, mit der Geschäftsbeziehungen bestehen. Der Verzicht auf die Einholung der Bankbestätigung kann auf die entsprechende „Vorprüfung“ des internen Kontrollsystems (→ Rz. 29 ff.) gestützt werden. Zur Bankbestätigung gehören nach ISA [DE] 505 Tz. D.A1.1 Angaben zu

- bestehenden Konten und deren Kontostand,
- bestehenden Kreditlinien,
- gestellten Sicherheiten,
- Avalen, Gewährleistungen, Indossamentverpflichtungen und sonstigen Gewährleistungen,
- Geschäften über Finanzderivate und
- Unterschriftsberechtigungen.

Bei einer Vielzahl von Bankbeziehungen für den laufenden Zahlungsverkehr ist die vollständige Einholung von Saldenbestätigungen i. d. R. nicht geboten.

BEISPIEL Ein Energieverteilungsunternehmen unterhält Konten bei jeder im Verteilungsgebiet ansässigen Bank im Umfang von 600 Banken. Alle werden (aus Sicht der Bank) kreditorisch geführt. Hier genügt als Bestandsnachweis der Kontoauszug.

41 Nach diesem Gesichtspunkt können Bestätigungen einer ganzen Reihe von Banken in folgenden Konstellationen entfallen:

- Bei Konzernclearing mit *Cash-Pooling* verbleibt eine Bankverbindung in geringer Höhe als „Portokasse".
- Unterhalt von Bankverbindungen an Unternehmensstandorten nur zur Abwicklung des Zahlungsverkehrs (Beispiel unter → Rz. 40).
- Bankverbindungen zur Zahlungsverkehrsabwicklung bei getrennten Buchungskreisen.

Dazu Praxisbeispiele:

- Verkaufsstellen – Filialen, Baumärkte, Stores.
- Bauunternehmen für eine überörtliche länger andauernde Baustelle.

41a Zur Frage, was zu beachten ist, wenn die Bank eines Abschlussprüfungsmandanten Bankbestätigungen ausschließlich unter Einbindung einer digitalen Plattform bereitstellt, hat die WPK Stellung genommen.[1]

42 Die Versendung und der Rücklauf der Saldenbestätigungen (auch der übrigen Bestätigungen Dritter) müssen gem. ISA [DE] 505 Tz. 7 unter der **Kontrolle** des **Abschlussprüfers** erfolgen. Sinnvollerweise ist die Bestätigung unmittelbar an die Adresse des Abschlussprüfers (mit Kopie an das geprüfte Unternehmen) zu richten.

BEISPIEL[2] Die vom Abschlussprüfer von Banken erbetenen Bestätigungen wurden vom Geschäftsführer nicht weitergegeben, weil sonst von ihm unberechtigt abgehobene Beträge aufgedeckt worden wären. Nach Auffassung des BGH hätte wegen des Fehlens dieser Bestätigung das Testat eingeschränkt werden müssen. Die erteilte Vollständigkeitserklärung ersetzt nicht die ordnungsmäßige Prüfung. Der Abschlussprüfer ist nach Auffassung des BGH zu 1/3 für den entstandenen Schaden haftbar, 2/3 muss die geprüfte Gesellschaft tragen, da sie sich das Verschulden des Geschäftsführers analog § 31 BGB zurechnen lassen muss.

Erteilt eine Bank aufgrund entsprechender Vereinbarung mit dem zu prüfenden Unternehmen eine Bestätigung, auch ohne vom Abschlussprüfer veranlasste und kontrollierte Saldenbestätigungsanfrage, ist dies kein vollwertiger Ersatz für die eigentliche Saldenbestätigung. Gleichwohl kann dies als Prüfungsnachweis im Einzelfall ausreichen. Der Abschlussprüfer sollte aber Einsicht in die Vereinbarung zwischen Bank und Unternehmen nehmen, um unsachgemäßen Einfluss auf den Inhalt der Bestätigung auszuschließen (ISA [DE] 505 Tz. D.A1.2).

43 Zwei **Methoden** der Bestätigungsanfrage sind zu unterscheiden:

- **Positive** Methode: Antwort immer erbeten.
- **Negative** Methode: Antwort nur bei Nichtübereinstimmung.

Die positive Methode kann

- eine **geschlossene** Anfrage (Zustimmung oder nicht) oder

1 WPK Magazin 4/2021 S. 36 f. oder: https://www.wpk.de/neu-auf-wpkde/allgemeines-berufsrecht/2021/sv/bankbestaetigungen-ausschliesslich-unter-einbindung-einer-digitalen-plattform/.
2 Sachverhalt nach dem BGH-Urteil v. 10.12.2009 – VII ZR 42/08, DStR 2010 S. 340.

- eine **offene** Anfrage (Aufforderung zur Mitteilung der gewünschten Information)

sein.

Bei der **positiven** Methode fällt dem Angefragten die Antwort arbeitstechnisch leicht, doch besteht hier die Gefahr einer Antwort **ohne** Prüfung der Information. Außerdem werden tendenziell Abweichungen nur mitgeteilt werden, wenn Debitorensalden **zu hoch** und Kreditorensalden **zu niedrig** ausgewiesen werden; der umgekehrte Fall wird den Angefragten eher nicht zu einer Korrekturmitteilung veranlassen.

Bei der **negativen** Methode fehlt bei ausbleibendem Rücklauf der Prüfungsnachweis. Sie kommt eher dann in Betracht, wenn bei einer Vielzahl **kleiner** Einzelsalden kein hohes Fehlerrisiko ersichtlich ist. Eine Nichtantwort kann keine Bestätigung für die Richtigkeit des angefragten Saldos liefern; der Prüfungsnachweis ist hier wenig überzeugend. Nach ISA [DE] 505 Tz. 15 ist die negative Methode daher nur unter folgenden Bedingungen angezeigt:

- Der Abschlussprüfer hat (nach Aufbau- und Funktionsprüfung) das Risiko wesentlicher falscher Darstellungen als gering beurteilt.
- Die Grundgesamtheit der Elemente, die negativen Bestätigungsanfragen unterzogen wird, umfasst eine große Anzahl von kleinen, homogenen Kontensalden oder Geschäftsvorfällen oder Gegebenheiten.
- Es wird eine sehr geringe Anzahl von Abweichungen erwartet.
- Es sind keine Umstände bekannt, welche die Empfänger von negativen Bestätigungsanfragen dazu veranlassen könnten, diese Anfragen nicht zu beachten.

Auch eine **Kombination** von positiven und negativen Methoden kann sinnvoll sein, z. B. bei einer Clusterbildung von wenigen hohen Forderungen einerseits (positive Methode) und vielen niedrigen Forderungen (negative Methode) andererseits.

Bei **stichtagsabweichenden** Bestätigungen muss der Prüfer die Verlässlichkeit des einschlägigen internen Kontrollsystems (→ Rz. 29 ff.), hier die Bestandsführung der Salden, durch Vor- und Rückrechnung zuvor geprüft haben.

Bei Saldenbestätigungen wird gewöhnlich die **positive geschlossene** Methode gewählt mit der Bitte um Bestätigung des ausgewiesenen Betrags. Hier wird der Rücklauf am ehesten zu erwarten sein, anders als bei der **offenen** Anfrage, bei welcher das angefragte Unternehmen seinerseits den Saldo mitteilen soll.

Die regelmäßig nicht vollumfängliche Bestätigungsaktion für Kunden- und Lieferantensalden muss einer sinnvollen **Auswahl** unterliegen. Die **Stichprobe** kann rein zufallsgesteuert oder unter Berücksichtigung auch folgender Faktoren erfolgen: 44

- **Höhe** des Saldos;
- **Umfang** der Verkehrszahlen (Geschäftsumfang);
- **Störungen** im Geschäftsablauf, insbesondere Überschreiten des Zahlungsziels;
- Ordnungsmäßigkeit der **Kontokorrentführung.**

Bei umfangreichem Geschäftsverkehr kann auch die Bestätigung eines Nullsaldos sinnvoll sein. Andererseits gelten **Zahlungsvorgänge** nach dem Prüfungsstichtag allein nicht als Nachweis.

Abweichungen von den angefragten Salden und die Nichtbeantwortung positiver Bestätigungsanfragen geben ebenso wie Zweifel an der Verlässlichkeit der Bestätigung Anlass zu 44a weiteren Prüfungshandlungen (ISA [DE] 505 Tz. 10 ff.). Wenn – z. B. wegen eines hohen Risikos doloser Handlungen – die Beantwortung einer positiven Bestätigungsanfrage notwendig ist, um ausreichende Prüfungsnachweise zu erlangen, alternative Prüfungshandlungen also nicht ausreichen, hat der Abschlussprüfer in Übereinstimmung mit IDW PS 405 die Auswirkungen auf die Abschlussprüfung und das Prüfungsurteil festzustellen (ISA [DE] 505 Tz. 13).

45 Sofern das Management die Durchführung einer Bestätigungsaktion verweigert, muss der Abschlussprüfer gem. ISA [DE] 505 Tz. 8 f.

- die Gründe dafür feststellen,
- die Auswirkungen auf die Fehlerrisiken beurteilen,
- alternative Prüfungshandlungen zur Erlangung verlässlicher Prüfungsnachweise durchführen.

Liegen keine angemessenen Gründe für die Verweigerung des Managements vor, verstoßen die gesetzlichen Vertreter gegen ihre Mitwirkungspflicht nach § 320 Abs. 2 HGB (→ § 320 Rz. 6). Darauf ist im Prüfungsbericht zu verweisen (→ § 320 Rz. 9). Bei fehlenden oder nicht gleichwertigen alternativen Prüfungsmöglichkeiten ist nach IDW S 405 ggf. auch der Bestätigungsvermerk zu modifizieren (ISA [DE] 505 Tz. 9).

45a Bestätigungen Dritter können auch angewandt werden, um die Bedingungen von Vereinbarungen, Verträgen oder Geschäftsvorfällen zwischen einer Einheit und anderen Parteien zu bestätigen oder um das Nicht-Vorhandensein bestimmter Bedingungen (z. B. einer Nebenabrede) zu bestätigen (ISA [DE] 505 Tz. A1).

5.4.2.4 Befragungen der handelnden Personen

46 Die Befragung von bzw. Auskünfteeinholung bei handelnden Personen unterschiedlichster Hierarchiestufen wird häufig als Prüfungshandlung auferlegt, z. B. bei Geschäftsbeziehungen mit **Nahestehenden** (→ Rz. 49). Der **Grenzen** sollte man sich bewusst sein.

47 An dieser Stelle zeigt sich auch die Sinnhaftigkeit der sog. **Vollständigkeitserklärung,** deren Einholung gem. IDW PS 303 bzw. ISA [DE] 580 (→ Rz. 99) unabdingbar zur Erteilung eines (uneingeschränkten) Bestätigungsvermerks ist.

5.4.2.5 Heranziehung anderer Informationsquellen

48 Die gebotene eigenständige Prüfungstätigkeit des Abschlussprüfers mit seinen (auch freiberuflichen) Mitarbeitern schließt die Heranziehung anderer Auskunftspersonen nicht aus, sie ist im Gegenteil in manchen Fällen zwingend. So sind in bestimmten Fällen heranzuziehen:

- die Ergebnisse anderer externer Prüfer (→ Rz. 83),
- die Ergebnisse der Arbeiten Sachverständiger (→ Rz. 32), z. B. von Versicherungsmathematikern oder Rechtsanwälten,
- die Arbeiten der internen Revision nach Einschätzung ihrer Qualität (→ Rz. 48a).

48a Der Abschlussprüfer verwendet regelmäßig die Arbeiten und Ergebnisse der **internen Revision** zur Durchführung der Jahresabschlussprüfung, selbstverständlich unbeschadet seiner Eigenverantwortlichkeit. Die interne Revision erhält ihr Ziel und ihre Aufgaben von den gesetzlichen Vertretern des Unternehmens, der Abschlussprüfer dagegen vom Gesetz.

Im Rahmen des Prüfungsrisikomodells (→ Rz. 22) muss der Abschlussprüfer die Wirksamkeit der internen Revision beurteilen, und zwar anhand

- der organisatorischen Einordnung,
- des Umfangs ihrer Tätigkeit,
- der fachlichen Kompetenz,
- der Sorgfalt in der Bearbeitung.

Personal der internen Revision darf nicht in das Prüfungsteam des Abschlussprüfers integriert werden.

5.4.2.6 Regelmäßig gebotene Einzelfallprüfungen, insbesondere bei Beziehungen zu Nahestehenden

Für bestimmte Prüfungsgebiete sehen die Prüfungsstandards – unter Wesentlichkeitsvor- 49
behalt – Einzelfallprüfungen als Regel vor. Beispiele sind:

- bestimmte Lageberichtsangaben (→ Rz. 71),
- Risikofrüherkennungssystem (→ Rz. 89),
- Vorratsvermögen (→ Rz. 38) (ISA [DE] 501),
- Zeitwerte und andere Schätzwerte (→ Rz. 54) (ISA [DE] 540),
- Vergleichsangaben für Vorjahre (→ Rz. 57b) (ISA [DE] 710),
- Beziehungen zu nahestehenden Personen und Unternehmen (ISA [DE] 550),
- Eröffnungsbilanzwerte bei Erstprüfung (→ Rz. 57b) (ISA [DE] 510),
- Beurteilung der Unternehmensfortführung (IDW PS 270),
- Vorkehrungen nach dem Geldwäschegesetz (→ Rz. 26),
- Ereignisse zwischen dem Abschlussstichtag und dem Datum des Bestätigungsvermerks (→ Rz. 53) (ISA [DE] 560),
- Identifikation von Rechtsrisiken (ISA [DE] 501 Tz. 9 ff.).

Besonderes Gewicht kommt bei der Rechnungslegung den Beziehungen zu **nahestehenden Personen** und **Unternehmen** zu (→ § 285 Rz. 145). Deshalb sind bei der Prüfung gem. ISA [DE] 550 Tz. 13 ff. folgende Handlungen vorzunehmen:

- Ausrichtung der Prüfungsplanung mit entsprechender Erörterung im Prüfungsteam.
- Einholung von Auskünften (Befragung) der Geschäftsleitung über die Identität der Personen, die bestehenden Beziehungen zum geprüften Unternehmen und die getätigten Geschäftsvorfälle.
- Gewinnung des Verständnisses von Kontrollmechanismen im IKS zu den Beziehungen mit Nahestehenden.

Der Abschlussprüfer ist aufgerufen, während der Abschlussprüfung bei der Einsichtnahme in sonstige Aufzeichnungen oder Dokumente auf Informationen zu achten, die auf das Vorhandensein von Beziehungen zu oder Transaktionen mit nahestehenden Personen hindeuten können, die das Management bislang nicht angegeben hat. (Vgl. ISA [DE] 550 Tz. 15 und Tz. A22 f.)

Die Befassung des Prüfers mit Geschäften mit Nahestehenden ist unabhängig von der Rechtsform des Unternehmens und von den angewendeten Rechnungslegungsgrundsätzen (HGB oder IFRS) in praktisch allen Fällen im Rahmen des risikoorientierten Prüfungsansatzes angezeigt, u. a. weil bei solchen Geschäften ein besonderes Risiko doloser Handlungen besteht (ISA [DE] 550 Tz. 5). Im Übrigen ist aber nach ISA [DE] 550 Tz. D.3.1 bis D.4.1 zu differenzieren:

- Bei freiwilliger Prüfung eines **Personenunternehmens** zielt die Prüfung darauf, ob der Abschluss irreführender Weise von diesen Beziehungen beeinflusst wird.
- Bei handelsrechtlicher Rechnungslegung von **Kapitalgesellschaften** zielt die Prüfung weitergehend darauf, ob er Abschluss unter Berücksichtigung dieser Geschäfte noch eine sachgerechte Gesamtdarstellung ergibt. Daneben tritt regelmäßig die Prüfung der Erfüllung der Angabepflicht nach § 285 Nr. 21 HGB, sofern die Gesellschaft nicht von dieser Angabe befreit ist (§ 288 Abs. 1 Nr. 1 HGB).
- Bei einem **IFRS-(Konzern-)Abschluss** geht es nicht nur um die sachgerechte Gesamtdarstellung, sondern auch um die Erfüllung der Angabepflichten nach IAS 24.

Besondere Verpflichtungen treffen den Abschlussprüfer gem. ISA [DE] 550 Tz. 21 ff., wenn er Geschäftsvorfälle mit Nahestehenden feststellt, die ihm vom Management zuvor **nicht mitgeteilt** worden sind. Intensive Prüfungshandlungen sind nach ISA [DE] 550 Tz. 23 außerdem vorzunehmen bei **bedeutsamen Geschäftsvorfällen** mit Nahestehenden außerhalb der gewöhnlichen Geschäftstätigkeit. Im KMU-Bereich (kleine und mittlere Unternehmen) ist eine etwaige Befragung häufig mit dem geschäftsführenden Gesellschafter durchzuführen. Dabei kann es sich um sensible Sachverhalte durch Beziehungen mit Familienmitgliedern handeln.

Eine **Angemessenheitsprüfung** der getätigten Geschäfte mit Nahestehenden ist gem. ISA [DE] 550 Tz. 24 vor allem dann erforderlich, wenn im Anhang des handelsrechtlichen Abschlusses nur **marktunübliche** Geschäfte angegeben werden, denn dann gelten die übrigen Geschäfte implizit als marktüblich und sind deshalb auf die Marktüblichkeit hin zu untersuchen. Das gilt wiederum nicht, wenn von der Gesellschaft das **Wahlrecht** zur Aufnahme sämtlicher wesentlicher Geschäfte in den Anhang ausgeübt wird, weil dann eine Untergliederung nach „üblich" und „unüblich" unterbleiben kann (→ § 285 Rz. 157), es sei denn, hier (oder im Anhang zum IFRS-Abschluss) wird eine Aussage getroffen, dass alle Geschäfte marktüblich seien.

Der **Aufsichtsrat** ist über bedeutende Sachverhalte mit Nahestehenden zu informieren (ISA [DE] 550 Tz. 27). Schließlich muss der Abschlussprüfer gem. ISA [DE] 550 Tz. 26 von der Geschäftsleitung schriftliche Erklärungen über die **Vollständigkeit** der gegebenen Informationen zu Nahestehenden einholen (→ Rz. 46).

50 Darüber hinaus ist für viele (weitere) Anhangangaben nur eine Einzelfallprüfung sinnvoll, z. B. für die Bezüge der Geschäftsleitung (→ § 285 Rz. 40 ff.) oder die Begründung der Nutzungsdauer eines Geschäfts- oder Firmenwerts (→ § 285 Rz. 106).

5.4.3 Analytische Prüfungshandlungen

51 Als analytische Prüfungshandlungen definiert ISA [DE] 520 Tz. 4 „Beurteilungen von Finanzinformationen durch die Analyse plausibler Beziehungen zwischen sowohl finanziellen als auch nichtfinanziellen Daten. Außerdem umfassen analytische Prüfungshandlungen die jeweils notwendigen Untersuchungen von identifizierten Schwankungen oder Beziehungen, die nicht mit anderen relevanten Informationen in Einklang stehen oder die um einen erheblichen Betrag von den erwarteten Werten abweichen" (ähnlich IDW PS 312). Gefragt ist (insbesondere) ein Urteil über die Plausibilität bestimmter Abschlusszahlen in Bezug auf andere Abschlusszahlen, die miteinander korreliert sind. ISA [DE] 520 Tz. 5 unterscheidet dabei:

- aussagebezogene analytische Prüfungshandlungen, die einerseits der Identifizierung von Risikofeldern, andererseits bei bestätigtem geringem Risiko dem Ersatz sonstiger Prüfungshandlungen dienen,

- analytische Prüfungshandlungen zur Unterstützung der Ableitung einer Gesamtschlussfolgerung; diese sind in zeitlicher Nähe zum Ende der Abschlussprüfung verortet.

Zum ersten Punkt folgendes Beispiel:

BEISPIEL

- Ein gegenüber dem Vorjahr erhöhter Umsatz sollte im Umsatzkostenverfahren (→ § 275 Rz. 8) höhere Herstellungskosten des Umsatzes mit sich bringen. Andernfalls ist den Ursachen nachzugehen.
- Ein Automobilhersteller hat den Absatz im margenschwachen Kleinwagenbereich steigern können, im Bereich Luxusklasse gerade umgekehrt. Ein Rückgang der Marge über alle Produkte ist zu erwarten.
- Die erhaltenen Anzahlungen nach Leistungsfortschritt eines Tiefbauunternehmens haben in den Vorjahren zwischen 80 % und 105 % der ausgewiesenen unfertigen Leistungen ausgemacht. Im aktuellen Prüfungsjahr betragen sie nur 66 %. Den Gründen ist prüferisch nachzugehen.

Analytische Prüfungshandlungen zeichnen sich typischerweise durch einen **Vergleich** der (angeblichen oder tatsächlichen) Istwerte mit anderen Werten aus. Je nach Vergleichsgröße, also Art des „anderen Wertes", lassen sich unterscheiden:

- Vorjahresvergleich (auch sog. interner Vergleich);
- Branchenvergleich bzgl. Wachstumsraten, Kennzahlen usw. (auch sog. externer Vergleich);
- Abgleich mit Budgets und Prognosen.

Analytische Prüfungshandlungen dienen der **Wirtschaftlichkeit** des Prüfungsverfahrens durch Reduzierung der aussagefähigen Einzelfallprüfungen. Bei bedeutsamen Prüfungsrisiken sind u.U. neben analytischen auch **Einzelfallprüfungen** erforderlich.

Bei deutlicher Abweichung erwarteter von effektiven Werten muss der Prüfer z. B. erläuternde Erklärungen des Managements einholen.

Sollten diese nicht befriedigend ausfallen, besteht ein zusätzlicher Prüfungsbedarf.

5.4.4 Abschließende Prüfungshandlungen

Analytische Prüfungshandlungen dienen gem. ISA [DE] 520 Tz. 6 hier zur Untermauerung der Schlussfolgerungen, die bei der Prüfung einzelner Teilbereiche oder Bestandteile des Abschlusses gezogen wurden, können aber auch ein bisher nicht erkanntes Risiko wesentlicher falscher Darstellungen aufzeigen. 52

Dabei sind auch das durch die Prüfung zu garantierende Bild der wirtschaftlichen Lage des Unternehmens (→ Rz. 18) und die Beurteilung der Wesentlichkeit der festgestellten Fehler ins Visier der Abschlussprüfung zu nehmen.

Schließlich sind gem. IDW PS 203 und ISA [DE] 560 auch Ereignisse und Geschäftsvorfälle **nach** dem Abschlussstichtag bis zur Berichtsauslieferung zu würdigen. Dabei geht es z. B. um 53

- Ansatz- und Wertaufhellung (→ § 252 Rz. 70 ff.),
- Nachtragsbericht nach § 285 Nr. 33 HGB (→ § 285 Rz. 194),
- Darstellungen im Lagebericht nach § 289 Abs. 2 Nr. 1 HGB (→ § 289 Rz. 69).

BEISPIEL Die Insolvenz eines Großkunden am 25. 1. 2001 erfordert u.U. eine Abschreibung des Debitorensaldos zum Bilanzstichtag 31. 12. 2000 (→ § 252 Rz. 75). Darüber hinaus ist im Lagebericht zur veränderten Lage wegen des künftig wegfallenden Umsatzes unter Berücksichtigung der zugehörigen variablen und fixen Kosten Stellung zu nehmen.

5.4.5 Besonderheiten bei geschätzten Werten

54 Abgesehen von den Geldkonten und den gewöhnlichen Verbindlichkeiten können die meisten Bilanzposten nur durch Schätzung ermittelt werden – z. B. die Rückstellungen, die abnutzbaren Sachanlagen bzgl. ihrer Nutzungsdauer, die Erzeugnisse bzgl. der Herstellungskosten, alle Vorräte bzgl. des Niederstwerts, die Forderungen bzgl. der Wertberichtigungen, alle Arten von Vermögensgegenständen, die im Tauschgeschäft erworben wurden (→ § 252 Rz. 61). Nach IDW PS 314 hat der Abschlussprüfer speziell zu den Schätz- und Zeitwerten eine Analyse der **Fehlerrisiken** durchzuführen, um daraus die erforderlichen Prüfungshandlungen abzuleiten. Diese können analytisch (→ Rz. 51) oder einzelfallbezogen (→ Rz. 37) ausgerichtet sein und das interne Kontrollsystem bzgl. Aufbau und Funktion berücksichtigen.

Schätz- und Zeitwerte sind meistens **prognostisch** zu ermitteln. Dies kann keine „richtige" Schätzung garantieren, sondern muss mit der Unsicherheit infolge der Zukunftsbestimmtheit ökonomischer Werte leben. Deshalb sind solche Schätzgrößen und Zeitwerte und die Ermittlung durch das Management vom Abschlussprüfer nicht als „richtig" oder „falsch" zu beurteilen, sondern nach Plausibilität, Verlässlichkeit, mathematischer Richtigkeit, Sachgerechtigkeit und Angemessenheit, Vertretbarkeit und Widerspruchslosigkeit.

BEISPIEL Die D-Bank bewertet Argentinien-Anleihen mit 18 % des Nennwerts (= Anschaffungskosten), die C-Bank mit 42 %. Beide Schätzwerte sind plausibel und sachgerecht ermittelt und müssen vom Prüfer akzeptiert werden. Im Folgeabschluss bewertet die D-Bank wegen neuer Erkenntnisse mit 23 %, die C-Bank mit 40 %. Bei Willkürfreiheit der Bewertung hat der Prüfer die Wertermittlung zu akzeptieren.

55 Das zu beachtende **Stetigkeitsgebot** (→ § 252 Rz. 209 ff.) hat wenig Einfluss auf das Prüfungsverfahren. Wenn sich die dem Schätzungsverfahren zugrunde gelegten Fakten geändert haben – und das ist hier regelmäßig der Fall –, sind auch die Berechnungsparameter anzupassen.

55a Zu grundlegenden Änderungen gegenüber IDW PS 314 führt ISA [DE] 540. Der Standard befasst sich in Anwendung des allgemeinen Risikomodells und von dessen Unterscheidung zwischen inhärenten Risiken und Kontrollrisiken (→ Rz. 21 ff.) sehr ausführlich mit der Identifikation von **Fehlerrisiken bei geschätzten Werten** und der angemessenen Reaktion des Abschlussprüfers auf diese Risiken. Er konkretisiert dabei für die Prüfung geschätzter Werte die allgemeinen Anforderungen von ISA [DE] 315, ISA [DE] 300, ISA [DE] 450 und ISA [DE] 500. Der Anwendungsbereich des Standards ist auf den Jahres- oder Konzernabschluss inkl. Anhang beschränkt; er umfasst **nicht** den **(Konzern-)Lagebericht** (ISA [DE] 540 Tz. D.1.1).

Eine **praktische Beschränkung** der komplexen Vorgaben des Standards enthält ISA [DE] 540 Tz. 3: „Bei bestimmten geschätzten Werten in der Rechnungslegung kann die Schätzunsicherheit aufgrund ihrer Art sehr gering sein; ebenso können die mit der Ermittlung verbundene **Komplexität und Subjektivität sehr niedrig** sein. Bei solchen geschätzten Werten wird nicht erwartet, dass die Prüfungshandlungen zur Risikobeurteilung und die von diesem ISA [DE] geforderten weiteren Prüfungshandlungen extensiv sind." Auch in anderen Fällen, also bei höher Komplexität und/oder Subjektivität, kann wegen **Unwesentlichkeit** eine Anwendung der umfangreichen Vorgaben unterbleiben. Dies gilt dann, wenn die Größe des Postens und/oder das Verhältnis der Schätzunsicherheit zur Größe des Abschlusspostens so gering sind, dass sich aus potenzieller Fehleinschätzung allenfalls Fehler ergeben können, die deutlich unterhalb der Toleranzwesentlichkeit liegen.

Im Umgang mit geschätzten Werten besteht das Ziel in der Beurteilung, ob die vorgenommenen Schätzungen **vertretbar** sind (ISA [DE] 540 Tz. 9 und Tz. A12). Zur Erreichung dieses Ziels verlangt der Standard:

- neben einer Beurteilung des **inhärenten Risikos,** das sich vor allem aus der Natur der Schätzunsicherheiten sowie der Komplexität und Subjektivität der Schätzungen ergibt (ISA [DE] 540 Tz. 4), daneben aber auch aus Ambitionen („einseitige Ausrichtung") des Managements oder der erstmaligen Anwendung einer Schätzungsmethode,
- zwingend eine Beurteilung des **Kontrollrisikos,** also der Vorkehrungen des Unternehmens gegen wesentlich falsche Schätzungen (ISA [DE] 540 Tz. 5 f.).

Tendenziell gilt für den **Umfang der Prüfungshandlungen:**

- Für Schätzungen, deren Unsicherheit ihrer Natur nach gering und deren Verfahren **wenig komplex und wenig beurteilungsabhängig (subjektiv)** ist, können auch ohne ein ausgereiftes IKS zu diesen Schätzungen die Prüfungshandlungen zur Risikobeurteilung wenig umfangreich sein. Unter Umständen kann es ausreichen, das verantwortliche Management zu befragen und einen einfachen Nachvollzug (Walk-through) der Schätzungsprozesse des Managements vorzunehmen (ISA [DE] 540 Tz. A20).
- Im **umgekehrten Fall** muss die Risikobeurteilung und insbesondere die **Beurteilung des Kontrollrisikos** umfangreicher ausfallen (ISA [DE] 540 Tz. A21), um herauszufinden, ob das Kontrollrisiko minimal, moderat oder maximal ist (ISA [DE] 540 Tz. A71). Sofern dann keine adäquaten Kontrollprozesse (Aufbauprüfung) vorliegen oder solche nicht angewandt werden (Funktionsprüfung), sind für alle wesentlichen und mit einem inhärenten Risiko versehenen Schätzgrößen aussagebezogene Prüfungshandlungen erforderlich (ISA [DE] 540 Tz. 6).

Beispielhaft gibt ISA [DE] 540 Tz. A67 folgende Einschätzungen zum **inhärenten Risiko** an: 55b

- **Erwartete Kreditausfälle, insbesondere bei Banken:** Es ist wahrscheinlich, dass die geschätzten Werte komplex sind, da die erwarteten Kreditausfälle nicht unmittelbar beobachtet werden können. Die Nutzung eines komplexen Modells kann erforderlich sein, das einen komplexen Satz aus vergangenheitsorientierten Daten und Annahmen über künftige Entwicklungen bei einer Vielfalt von Szenarien nutzt. Eine hohe Schätzungsunsicherheit und eine bedeutsame Subjektivität bei der Vornahme von Beurteilungen der erwarteten Ergebnisse sind anzunehmen.
- **Vorräte, insbesondere Überalterung:** Die Schätzung kann u. U. zwar Prozesse erfordern, aber ist i. d. R. mit wenig Subjektivität und geringer Unsicherheit durchführbar.
- **Rückstellung wegen Rechtsstreit:** Die Schätzung ist nicht komplex, aber i. d. R. mit hoher Unsicherheit und Subjektivität verbunden.

Reaktionen des Abschlussprüfers auf festgestellte Risiken sind nach ISA [DE] 540 Tz. 18:

- Erlangung von Prüfungsnachweisen für Ereignisse, die bis zum Datum des Vermerks des Abschlussprüfers eintreten (z. B. Auszahlung eines Mitarbeiterbonus, für den zum Bilanzstichtag eine Rückstellung gebildet wurde),
- Prüfung, wie das Management den geschätzten Wert in der Rechnungslegung ermittelt hat,
- Entwicklung einer eigenen Schätzung (Punktschätzung oder Bandbreite) durch den Abschlussprüfer, die vor allem dann sinnvoll ist, wenn der vom Management angewandte Prozess und/oder die Kontrollen bzgl. dieses Prozesses nicht angemessen sind, alternati-

ve Methoden, Annahmen oder Datenquellen vorhanden sind und das Management keine angemessenen Schritte unternommen hat, die Schätzunsicherheit zu verstehen und damit umzugehen.

Soweit aussagebezogene Prüfungshandlungen mit dem Charakter von **Einzelprüfungen** notwendig sind, umfassen diese nach ISA [DE] 540 Tz. A90 z. B.:

- Einsichtnahme, z. B. in Verträge, um Bedingungen oder Annahmen zu untermauern,
- Nachrechnen, z. B. das Verifizieren der mathematischen Genauigkeit eines Modells,
- Abstimmung der getroffenen Annahmen mit unterstützender Dokumentation, z. B. mit veröffentlichten Drittinformationen.

55c Bzgl. des **Kontrollrisikos** wünscht sich der Standard implizit ein perfektes IKS. Unter der Überschrift „5.4.1.3 Das für die Abschlussprüfung relevante IKS der Einheit" hält er u. a. fest:

„Der Prüfer soll ein Verständnis von Art und Umfang „der bei der Einheit bestehenden Aufsicht und Überwachung über den Prozess des Managements zur Ermittlung geschätzter Werte" erlangen, u. a. auch „ob das Management, unter Aufsicht der für die Überwachung Verantwortlichen, eine Kultur von Ehrlichkeit und ethischem Verhalten geschaffen und aufrechterhalten hat" (ISA [DE] 540 Tz. A28). Insbesondere aber soll er gem. ISA [DE] 540 Tz. A29 ein Verständnis davon erlangen, ob die **für die Überwachung Verantwortlichen:**

- über die **Fähigkeiten oder Kenntnisse** verfügen, um die **Merkmale bestimmter Methoden oder Modelle** zur Ermittlung von geschätzten Werten zu verstehen, z. B. Risiken im Zusammenhang mit der Methode oder der Informationstechnologie, die bei der Wertermittlung angewandt wurde,
- über die **Fähigkeiten und Kenntnisse** verfügen, um zu verstehen, ob das Management die geschätzten Werte in der Rechnungslegung in **Übereinstimmung mit den Rechnungslegungsgrundsätzen** (z. B. IDW RS HFA 10 oder IFRS 9 i. V. mit 13) ermittelt hat,
- über die erforderlichen **Informationen** verfügen, um **in angemessener Zeit beurteilen** zu können, wie das Management die geschätzten Werte ermittelt, und
- ob sie befugt sind, den **Managementprozess** zur Ermittlung der geschätzten Werte einschließlich der Nutzung von Modellen zu **beaufsichtigen.**

Diese Vorgaben werfen zwei Fragen auf:

- **Wer** sind die für die Überwachung Verantwortlichen bzw. gibt es diese überhaupt?
- **Wie ausreichend** sind die Fähigkeiten, Kenntnisse, Urteilsfähigkeiten und Zeitressourcen bei „gewöhnlichen" Unternehmen typischerweise?

55d Zum ersten Punkt finden sich keine Definitionen in ISA [DE] 540 und ISA [DE] 315, dafür aber im nicht in ISA [DE] transformierten ISA 260 sowie in IDW PS 470 als dessen Pendant. In beiden Standards geht es zwar „nur" um die Kommunikation mit den Überwachungsverantwortlichen und es wird betont, dass die Definitionen nur für diesen Zweck erfolgen; es gibt aber mangels (abweichender) Definitionen in anderen Standards keine Begrifflichkeit, auf die man sonst zugreifen könnte. Es bleibt deshalb nur die Möglichkeit, einen einheitlichen Begriff der für die Überwachung Verantwortlichen anzuwenden.

Im mangels anderweitiger Begriffsbestimmung u. E. deshalb analog anzuwendendem IDW PS 470 Tz. A4 wird unter der Überschrift „Bestimmung der für die Überwachung Verantwortlichen" wie folgt unterschieden:

- **AG, mitbestimmte GmbH, GmbH mit fakultativem Aufsichtsrat:** In derartigen Fällen sind die Mitglieder des eingerichteten Überwachungsgremiums, also des Aufsichtsrats, i. d. R. die für die Überwachung Verantwortlichen
- **Ein-Mann-GmbH** mit einem Gesellschafter-Geschäftsführer und **OHG:** Hier sind alle für die Überwachung Verantwortlichen zugleich in das Management des Unternehmens eingebunden. „In solchen Fällen entspricht die Geschäftsführung insgesamt i. d. R. den für die Überwachung Verantwortlichen i. S. dieses IDW Prüfungsstandards."
- **Andere GmbHs ohne Aufsichtsrat:** Hier kommt als für die Überwachung Verantwortliche zunächst die Gesellschafterversammlung infrage, allerdings nur, wenn die Gesellschafter Funktionen der Überwachung wahrnehmen, also regelmäßig unterjährig Geschäftsvorfälle genehmigen, Controllingberichte erhalten, in strategische Entscheidungen einbezogen sind und eine Aufsicht über den Rechnungslegungsprozess ausüben. Nehmen demgegenüber die Gesellschafter neben der jährlichen Feststellung des Abschlusses und der Wahl des Abschlussprüfers keine wesentlichen Aufgaben wahr, stellt wiederum die Geschäftsführung insgesamt die für die Überwachung Verantwortlichen dar.

Für die Bedürfnisse von ISA [DE] 540 und ISA [DE] 315 kommt es nun darauf an, wie die vorgenannten Fälle in Bezug auf unsere zweite Frage nach ausreichenden Kenntnissen usw. (→ Rz. 55c) zu beurteilen sind. Unseres Erachtens gilt Folgendes: 55e

- **AG, mitbestimmte GmbH, GmbH mit fakultativem Aufsichtsrat:** Die nach ISA [DE] 540 Tz. A28 ff. zu prüfenden Kenntnisse, Fähigkeiten Zeitressourcen und Befugnisse können nur bei einem kleinen Teil der Unternehmen realistisch erwartet werden.
- **Ein-Mann-GmbH** mit Gesellschafter-Geschäftsführer: Eine eigentliche Überwachung, verstanden als Kontrolle durch einen Dritten, gibt es bzgl. der Geschäftsführung nicht, dafür aber möglicherweise Prozesse mit Selbstvergewisserung, wie sie auch in anderen Kontexten, etwa in der BS WP/vBP, als begrenztes Substitut der Überprüfung durch einen Dritten anerkannt sind.
- **Andere GmbHs ohne Aufsichtsrat:** Eine Gesellschafterversammlung, die mit den notwendigen Kenntnissen, Fixigkeiten und Zeitressourcen aktiv in Schätzungsprozesse eingreift, ist der absolute Ausnahmefall. Gewöhnlich wird auch hier die Geschäftsführung „sich selbst überwachen" müssen, wobei im Falle einer Mehrheit von Geschäftsführern zwar theoretisch noch ein arbeitsteiliges Vorgehen (Finanzgeschäftsführer ermittelt die Schätzgrößen, Geschäftsführer Produktion und Marketing überwachen dies) möglich ist, in der Realität aber fast immer an fehlendem Sachverstand scheitern muss.

Dieser insgesamt wenig erfreuliche Befund lässt im Grundsatz zwei gegenteilige Interpretationen zu:

- Die in ISA [DE] 540 enthaltenen Überlegungen zur Kontrolle durch die Überwachungsverantwortlichen werden als **strenge Anforderungen** interpretiert, deren signifikante Verfehlung im konkreten Prüfungsfall (und damit fast in jedem empirisch zu erwartenden Fall!) zu einem maximalen Kontrollrisiko und damit bei Wesentlichkeit der Schätzung und Existenz inhärenter Risiken zu sehr umfangreichen Einzelprüfungen führt.
- Die in ISA [DE] 540 enthaltenen Überlegungen zur Kontrolle durch die Überwachungsverantwortlichen werden i. S. einer **Maxime,** also eines zwar theoretisch erstrebenswerten, aber real kaum je vorzufindenden Zustandes, interpretiert. Anders ausgedrückt: Die Überlegungen geben wie ein Kompass nur die Richtung vor. Nicht jede signifikante Abweichung vom Idealbild muss dann bereits zur Heraufstufung führen. Ein geringes Kon-

trollrisiko kann je nach den Umständen auch dort noch bejaht werden, wo die durch die Maxime vorgegebene Richtung einigermaßen eingehalten und von ihr insbesondere nicht bewusst und willkürlich abgewichen wird.

Die erste Interpretation taugt sehr gut für ein Paralleluniversum. Zu dieser Welt und ihrer empirischen Beschaffenheit weist sie nur dürftige Verbindungen auf. Wir favorisieren deshalb die zweite Alternative.

Die sich praktisch anschließende Frage ist deshalb, was der Abschlussprüfer eines Unternehmens tun kann, das kein oder ein nicht über alle wichtigen Kenntnisse, Fähigkeiten und Zeitressourcen verfügendes Aufsichtsorgan hat. Was ist beispielsweise bei der Prüfung eines **eigentümergeführten Mittelständlers** ohne Innenrevision, ohne (sachkundiges) Aufsichtsorgan oder Gesellschafterversammlung zu beachten? Unseres Erachtens ist hier wie folgt zu unterscheiden:

- **Stark subjektive und/oder hochkomplexe Schätzungen** werden im Zweifel vom Management allein und einzelfallbezogen entschieden. Dies betrifft z. B. Rückstellungen für Rechtsstreitigkeiten oder Einzelwertberichtigungen auf Großforderungen. Gegeben ist hier ein moderates inhärentes Risiko. Hinsichtlich des Kontrollrisikos kommt es darauf an, ob nicht an der Schätzung beteiligte Geschäftsführer oder Gesellschafter in die „Freigabe" der Schätzungen einbezogen werden, etwa durch Erläuterung der Annahmen und Methoden. Wo dies der Fall ist, kann das Kontrollrisiko u. U. noch als moderat eingeschätzt werden und die aussagebezogene Prüfung des Abschlussprüfers sich auf die Befragung des Managements nach Methoden und Annahmen sowie auf externe Nachweise (etwa Rechtsanwaltsbestätigungen) beschränken. Wo es nur einen Geschäftsführer gibt oder die anderen völlig sachunkundig sind, sind größere Stichproben für die vorgenommenen und nicht vorgenommenen Einzelwertberichtigungen usw. zu ziehen und ggf. eigene Schätzungen durch den Abschlussprüfer erforderlich.
- Daneben wird es auch in eigentümergeführten Unternehmen **weniger subjektive und weniger komplexe Schätzungen** geben, die häufig von Personen unterhalb der Managementebene vorgenommen werden. Im günstigen Fall gibt es hier dokumentierte Vorgaben für deren Handeln, etwa dass Abschreibungen der Sachanlagen i. d. R. nach der amtlichen AfA-Tabelle erfolgen sollen, Pauschalwertberichtigungen mit mahnstufenabhängigem Prozentsatz vorgenommen werden, die Niederstwertermittlung für Waren und Erzeugnisse retrograd unter Berücksichtigung von Verkaufspreisen, Lagereichweite usw. erfolgt, die Rückstellung für Urlaub/Überstunden nach Zeitaufzeichnungen und unter Berücksichtigung der Arbeitgeberbeiträge zur Sozialversicherung zu bilden ist. Der Abschlussprüfer hat hier zu würdigen, ob die dokumentierten Vorgaben im Großen und Ganzen adäquat sind und ihre Anwendung von der Geschäftsführung überwacht wird. Falls beides bejaht wird, das Kontrollrisiko also gering ist, sind aussagebezogene Prüfungshandlungen nur in geringem Maße erforderlich. Fehlt es hingegen an dokumentierten und funktionierenden Vorgaben, bleibt es auch hier bei dem Erfordernis umfangreicher aussagebezogener Prüfungshandlungen.

Rechtspraktisch lässt sich das Beispiel ableiten, dass routinemäßig wiederbestellte Prüfer rechtzeitig vor der Erstanwendung von ISA [DE] 540 auf Unternehmen eindringen sollten, bisher noch nicht dokumentierte Schätzprozesse in (knappen) Richtlinien zu dokumentieren.

55f Über die vorstehend behandelten Themen hinaus enthält ISA [DE] 540 noch Vorgaben zu

- schriftlichen (Vollständigkeits-)Erklärungen des Managements (ISA [DE] 540 Tz. A45) und

- zur Kommunikation vor allem von IKS-Mängeln mit den Überwachungsverantwortlichen (ISA [DE] 540 Tz. A146 ff.).

5.4.6 Besonderheiten bei möglichem *fraud*

Zu den Begriffsinhalten von Unrichtigkeit und Verstoß etc. sowie zur Bedeutung doloser Handlungen im Rahmen der risikoorientierten Prüfung vorab der Verweis auf → Rz. 32b und → § 321 Rz. 32. Sofern im Rahmen der Prüfungs**planung** die Möglichkeit des Risikos von Unregelmäßigkeiten und Täuschungen besonderes Gewicht erfahren hat, ist dies im Rahmen der Prüfungshandlungen entsprechend nachzuvollziehen. Dazu bedarf es zunächst der Einschätzung über das Vorliegen eines entsprechenden Qualifizierungsstandes beim Prüfungsteam und der Einsatzmöglichkeit von Prüfungshandlungen mit Überraschungselement. Die berufsübliche Skepsis ist besonders zu aktivieren. 56

Insbesondere ist nach der Möglichkeit einer **Außerkraftsetzung** der üblichen Kontrollen durch das Top-Management Ausschau zu halten. Als entsprechende Prüfungshandlungen werden in IDW PS 210 und 261 sowie ISA [DE] 240 Tz. A42 ff. beispielhaft genannt:

- Feststellung von unautorisierten Buchungen zum Ende einer Berichtsperiode,
- entsprechende Befragung der Personen, die diese Buchungen durchgeführt haben,
- außergewöhnliche Geschäftstätigkeiten auf mögliche Manipulationen hinterfragen.

Sofern der Abschlussprüfer einigermaßen sichere (nicht: gerichtsfeste) Hinweise auf **bewusste** Täuschungen oder gar Unterschlagungen in der Tasche hat, muss er zunächst mit der nächsten übergeordneten Hierarchieebene eine Besprechung führen, je nach Bedeutung seiner Feststellungen auch mit dem Top-Management. Ist Letzteres selbst in die Möglichkeit eines entsprechenden *fraud* involviert, bleibt nur die Kontaktaufnahme mit dem Aufsichtsrat oder einem anderen Überwachungsorgan, sofern vorhanden (→ § 321 Rz. 32; → Rz. 61). 57

Bei Vermutung von Unregelmäßigkeiten (z. B. Betrug) im Rahmen der Prüfung von **„PIEs“** (→ Rz. 5) hat nach Art. 7 der EU-APrVO die Prüfungsgesellschaft wie folgt zu verfahren: 57a

- Mitteilung an das geprüfte Unternehmen mit der Aufforderung zur Untersuchung;
- Aufforderung zur Vornahme angemessener Maßnahmen, um solche Unregelmäßigkeiten aufzugreifen und einer Wiederholung vorzubeugen.

Sofern das PIE-Unternehmen die Untersuchung verweigert, ist die zuständige Behörde zu informieren (→ § 323 Rz. 48a).

5.4.7 Besonderheiten bei Erstprüfungen und/oder bei Vergleichsinformationen

Wurde der vorjährige Abschluss von einem anderen Abschlussprüfer geprüft, stellt sich die Frage nach dem Umgang mit den **Eröffnungsbilanzwerten** des aktuellen Jahres. Nach IDW PS 205 gilt im Grundsatz: Ausreichend ist die Auswertung des Bestätigungsvermerks und Prüfungsberichts zum Vorjahr, erforderlichenfalls ergänzt um Erörterungen mit dem Vorjahresprüfer. Nur ausnahmsweise sind spezielle Prüfungshandlungen oder eine Durchsicht von Arbeitspapieren des Vorjahresprüfers erforderlich. 57b

ISA [DE] 510 Tz. 6 verlangt hingegen neben der **Auswertung des Bestätigungsvermerks und Prüfungsberichts** zum Vorjahr, stets mindestens eine der **folgenden Maßnahmen** durchzuführen:

- Durchsicht Arbeitspapiere des bisherigen Prüfers bzgl. Festlegung der Wesentlichkeitsgrenzen, Angemessenheit der Prüfungsplanung bzw. Risikoidentifizierung und -beurteilung, Feststellungen zu *fraud,* Gesetzesverstößen, IKS-Schwächen, Würdigung Prüfungsnachweise, Bildung Prüfungsurteil, Kommunikation mit Überwachungsorganen usw.,
- Nutzung von Prüfungsnachweisen aus aktueller Prüfung, z. B. bzgl. Debitoren Zahlungsbewegungen in laufender Periode, bzgl. Vorräten Beobachtung aktueller Inventuraufnahme und Rückrechnung (ISA [DE] 510 Tz. A6) oder
- Durchführung spezifischer Prüfungshandlungen, z. B. Cut-off-Prüfungen zur Sicherstellung der korrekten Periodenabgrenzung am Ende des Vorjahres/Anfang des aktuellen Jahres (ISA [DE] 510 Tz. A7).

Hinsichtlich der **Arbeitspapiere und des Prüfungsberichts** wird in den D-Ziffern auf Folgendes hingewiesen:

- Nach § 42 Abs. 4 BS WP/vBP hat sich der neue Abschlussprüfer den Bericht über die vorangegangene Abschlussprüfung vorlegen zu lassen. Der bisherige Abschlussprüfer ist dem neuen Abschlussprüfer auf dessen schriftliche Anfrage zur Vorlage verpflichtet (vgl. auch § 320 Abs. 4 HGB, ISA [DE] 510 Tz. D.A7.2).
- Der bisherige Abschlussprüfer ist gegenüber dem neuen Abschlussprüfer gewöhnlich nicht verpflichtet, Einsicht in Arbeitspapiere zu gewähren. Eine freiwillige Einsichtsgewährung ist zulässig, wenn der bisherige Abschlussprüfer insoweit von seiner Verschwiegenheitspflicht (§ 43 Abs. 1 WPO, § 323 Abs. 1 Satz 1 HGB, § 203 Abs. 1 Nr. 3 StGB) entbunden ist (ISA [DE] 510 Tz. D.A7.2).
- Dies gilt auch für Abschlussprüfungen von Unternehmen öffentlichen Interesses. Zwar hat der bisherige Prüfer dem neuen Abschlussprüfer gem. Art. 18 Satz 1 der EU-APrVO Zugang zu allen relevanten Informationen über das geprüfte Unternehmen und über die zuletzt durchgeführte Abschlussprüfung zu gewähren. Hieraus soll sich jedoch keine Pflicht zur Vorlage der Arbeitspapiere ergeben.[1]

Hinsichtlich der Berücksichtigung von Vergleichsinformationen (Vorjahreszahlen usw.) im aktuellen Abschluss und möglicher Auswirkungen auf den Bestätigungsvermerk ist ergänzend ISA [DE] 710 zu beachten. Behandelt werden u. a. folgende Fälle:

- ungeprüfter Vorjahresabschluss (ISA [DE] 710 Tz. 14),
- geprüfter, aber mit einem modifizierten Bestätigungsvermerk versehener Vorjahresabschluss (ISA [DE] 710 Tz. 11),
- geprüfter und uneingeschränkt testierter Vorjahresabschluss, wobei dem aktuellen Prüfer jedoch Nachweise für wesentliche Unrichtigkeiten im Vorjahresabschluss vorliegen (ISA [DE] 710 Tz. 12).

5.4.8 Auslagerung der Rechnungslegung auf Dienstleistungsunternehmen

57c Die vielfach praktizierte Auslagerung der Rechnungslegung eines geprüften Unternehmens – bis hier zum gesamten Rechenzentrum – auf Dienstleistungsunternehmen erfordert die Einbeziehung der entsprechenden Funktionen beim Dienstleistungsunternehmen. Gegenstand der Prüfung des **IKS** beim Dienstleister ist IDW PS 951. Mit der Prüfung des die Dienstleistungen in Anspruch nehmenden Unternehmens selbst befasst sich IDW PS 331 bzw. ISA [DE] 402.

1 Vgl. IDW Positionspapier zur EU-Regulierung der Abschlussprüfung.

Dabei stellt die Nutzung **konzerninterner** *Shared-Service-Center*-Funktionen keine Auslagerung von Funktionen i. S. der Standards dar.

5.5 Arbeitspapiere

In den Arbeitspapieren ist die gesamte Prüfungsdurchführung zu **dokumentieren** (IDW PS 460 bzw. ISA [DE] 230). Daraus müssen die einzelnen Prüfungsschritte von der Auftragsannahme bis zur Berichtsauslieferung ersichtlich sein. Die Risikoeinschätzungen, die Prüfungsverfahren und die Feststellungen sind für Dritte leicht nachvollziehbar darzustellen, insbesondere auch die in Einzelfällen getroffenen Entscheidungen. 58

Die Aufbewahrungsfrist beläuft sich nach § 51b Abs. 2 Satz 1 WPO auf **zehn Jahre,** gerechnet ab Beendigung des Auftrags.

Nach § 51b WPO ist bei allen gesetzlichen Abschlussprüfungen nach § 316 HGB eine Handakte anzulegen, die spätestens 60 Tage nach Unterzeichnung des Bestätigungsvermerks zu schließen ist. In dieser Handakte ist **auch** zu dokumentieren,

- ob die Unabhängigkeit i. S. des § 319 Abs. 2 bis 5 und bei Prüfung von Unternehmen öffentlichen Interesses der EU-APrVO erfüllt ist,
- ob die Zeit, das Personal und die sonstigen Mittel verfügbar sind, die zur angemessenen Durchführung der Abschlussprüfung benötigt werden,
- wenn der Rat externer Sachverständiger eingeholt wird, die entsprechenden Anfragen und die erhaltenen Antworten.

Wirtschaftsprüfungsgesellschaften haben darüber hinaus den verantwortlichen Prüfungspartner zu benennen.

Die Berufsangehörigen, die eine gesetzliche Abschlussprüfung durchführen, müssen nach § 51c WPO eine Auftragsdatei für jeden ihrer Auftraggeber führen. Diese muss u. a. auch die für die Abschlussprüfung erhobenen Honorare enthalten.

5.6 Qualitätssicherung

Berufsrechtlich liegen detaillierte Vorgaben zur Gewährleistung einer **qualitativ** einwandfreien Prüfungsdurchführung in der Form von IDW QS 1 (Nachfolger der VO1/2006) vor. Der Standard enthält eine geschlossene Darstellung der gesetzlichen Vorgaben (insbesondere § 55 WP) und der aus der Berufssatzung folgenden Vorschriften zur Qualitätssicherung und berücksichtigt die Anforderungen der internationalen Standards ISQC 1 und ISA 220. Gegenstand des Standards ist ein risikoorientierter Qualitätsmanagement-Prozess zur Einrichtung, Durchsetzung und Überwachung eines Qualitätssicherungssystems. In der WP-Praxis sind entsprechende Regelungen und Maßnahmen dort zu implementieren. Risiken können die Einhaltung der Berufspflichten gefährden. Das Qualitätssicherungssystem ist nach § 55b Abs. 3 WPO mindestens einmal jährlich intern zu bewerten. 59

Im Standard geht es u. a. um die Anweisungen an das Prüfungsteam und dessen Überwachung durch den verantwortlichen WP/vBP. Das Vier-Augen-Prinzip ist zu beachten. Nach Beendigung der Prüfung und vor Auslieferung des Berichts ist eine **Berichtskritik,** ggf. unter Heranziehung der Arbeitspapiere, von einer erfahrenen Person durchzuführen, die nicht wesentlich mit der Prüfungsdurchführung und Berichterstellung befasst war.

Diese Qualitätssicherungsmaßnahmen sind konzeptionell auf eine WP-Praxis mit einer **Vielzahl** von Mitarbeitern und mehreren Berufsträgern ausgerichtet. Betont wird aber in IDW QS 1 in Übereinstimmung mit § 55b Abs. 1 WPO der Skalierungsgedanke. Beim **Einzel**-WP/-vBP lässt sich das Vier-Augen-Prinzip (z. B.) nur durch Heranziehung eines externen Kollegen bewerkstelligen.

Bei Abschlussprüfungen von PIEs, d. h. Unternehmen öffentlichen Interesses (→ § 316a Rz. 1), ist in Ergänzung der Berichtskritik eine **auftragsbegleitende** Qualitätssicherung durch einen prozessunabhängigen erfahrenen Wirtschaftsprüfer vorzunehmen. Art. 8 der EU-APrVO sieht speziell für solche Prüfungen eine „auftragsbegleitende", prozessunabhängige Qualitätssicherungsprüfung vor. Im Übrigen enthält der Art. 8 der EU-APrVO in Abs. 4 eine ganze Reihe von Vorgaben, die bei der auftragsbegleitenden Qualitätssicherung zu beachten sind.

Zur externen Qualitätssicherung wird verwiesen auf → § 319 Rz. 6.

Berufsangehörige, die eine Abschlussprüfung bei PIEs (→ Rz. 5) nach § 319a HGB durchzuführen beabsichtigen, müssen sich einer Inspektion nach Art. 26 der EU-APrVO (→ Rz. 5) unterziehen. Dafür ist eine berufsrechtlich unabhängige Instanz in Gestalt einer Abschlussprüferaufsichtsstelle beim Bundesamt für Wirtschaft und Ausfuhrkontrolle zuständig (→ Rz. 5).

5.7 Konzernabschlussprüfung

60 Zu den Spezifika der Konzernabschlussprüfung wird verwiesen auf → Rz. 81 ff.

6. Kommunikation mit dem Aufsichtsorgan

61 IDW PS 470 enthält Vorgaben für eine wirksame Kommunikation mit dem Aufsichtsrat bzw. bei Fehlen eines Aufsichtsrats mit den sonstigen Überwachungsverantwortlichen (→ Rz. 55d), insbesondere der Gesellschafterversammlung. Gesetzliche Grundlagen sind u. a. die mündliche Berichterstattung an den Aufsichtsrat gem. § 171 Abs. 1 Satz 2 und 3 sowie bei PIEs etwa die Berichtspflichten gegenüber dem *audit committee* nach EU-APrVO. Von Bedeutung sind auch § 321 Abs. 4a HGB (Art. 6 Abs. 2 Buchst. a) EU-APrVO) und betreffende Erklärungen zur Unabhängigkeit des Abschlussprüfers.

Die Vorgaben von IDW PS 470 zur Kommunikation mit dem Aufsichtsrat stehen neben der nach IDW PS 450 gebotenen Berichterstattung im **Prüfungsbericht,** betreffen also die **sonstige Kommunikation.** Eine gesetzliche Verbindung beider Kommunikationen besteht bei PIEs. Der Abschlussprüfer hat gem. Art. 11 Abs. 2 Unterabs. 3 EU-APrVO auf Verlangen des Prüfungsausschusses mit diesem oder ggf. den für die Überwachung Verantwortlichen über die im Prüfungsbericht genannten wichtigsten, sich aus der Abschlussprüfung ergebenden Sachverhalte sowie über bedeutsame Schwächen des IKS zu beraten.

Die Kommunikation beginnt im **Vorfeld** der Prüfungsdurchführung und betrifft etwa die Verschaffung eines Überblicks zu dem geplanten Umfang und dem geplanten zeitlichen Ablauf der Abschlussprüfung unter Berücksichtigung auch der identifizierten bedeutsamen Risiken (IDW PS 470 Tz. 20). Neben der (Vor-)Auswahl des Abschlussprüfers (→ § 318 Rz. 21) obliegt dem Prüfungsausschuss seit FISG auch die Überwachung der Qualität der Abschlussprüfung (§ 107 Abs. 3 Satz 2 AktG).

Bezogen auf die **durchgeführte Prüfung** ist u. a. § 171 Abs. 1 Satz 2 AktG von Bedeutung. Danach hat der Abschlussprüfer an den Verhandlungen des Aufsichtsrats oder des Prüfungsausschusses über den Jahresabschluss und den Lagebericht teilzunehmen und über die wesentlichen Ergebnisse seiner Prüfung, insbesondere wesentliche Schwächen des IKS, bezogen auf den Rechnungslegungsprozess, zu berichten.

Als weitere Kommunikationsinhalte führt PS 470 Tz. 21 unter der Überschrift „Bedeutsame Feststellungen aus der Abschlussprüfung" auf:

- Ansichten des Abschlussprüfers zu bedeutsamen qualitativen Aspekten der Rechnungslegungspraxis des Unternehmens (u. a. Rechnungslegungsmethoden und geschätzte Werte),
- Erläuterung, wenn er eine bedeutsame Rechnungslegungspraxis zwar für vertretbar, aber unter den jeweiligen Gegebenheiten des Unternehmens nicht für die am besten geeignete hält,
- während der Abschlussprüfung aufgetretene bedeutsame Probleme,
- während der Prüfung aufgetretene Sachverhalte, die mit dem Management besprochen wurden (sofern nicht Identität zwischen Management und Überwachungsorgan besteht),
- Umstände, die sich auf die Form und den Inhalt des Bestätigungsvermerks auswirken,
- sonstige während der Abschlussprüfung aufgetretene bedeutsame Sachverhalte, die für die Aufsicht über den Rechnungslegungsprozess relevant sind.

Das **deutsche** Aktienrecht kennt (noch) **keine** allgemeine Verpflichtung zur Einrichtung eines Prüfungsausschusses (§ 107 Abs. 3 AktG, → § 324 Rz. 1). Durch das FISG ist die Bildung eines Prüfungsausschusses für Unternehmen von öffentlichem Interesse (→ § 316a Rz. 1) jedoch verpflichtend geworden (§ 107 Abs. 4 AktG); lediglich bei einem Aufsichtsrat, der nur aus drei Mitgliedern besteht, entfällt institutionell die Pflicht zur Bildung eines Prüfungsausschusses; hier erfüllt der Aufsichtsrat auch die Funktion des Ausschusses (§ 107 Abs. 4 Satz 2 AktG). 62

7. Skalierte Prüfungsdurchführung

Schon die bisher geltenden Prüfungsstandards des IDW bauen auf den *International Standards on Auditing* (ISA) auf, die ihrerseits dem Leitbild der Prüfung von großen kapitalmarktorientierten Einheiten (Unternehmen, Konzerne) folgen. Für die Prüfung in Bereichen mittelständischer Unternehmen wirken diese Vorgaben bei unbesehener Anwendung vielfach überzogen. Andererseits enthalten die ISA bzw. nun ISA [DE] eine Fülle von Hinweisen auf die andersartigen Verhältnisse im kleineren und mittleren Unternehmensbereich gegenüber den Verhältnissen des *Big Business*. Die Wirtschaftsprüferkammer hat sich detailliert dieser auf das kleinere „*Business*" ausgerichteten Anweisungen der ISA bedient und auf diesen aufbauend 2012 einen „**Hinweis** zur skalierten Prüfungsdurchführung auf Grundlage der ISA" erarbeitet. Gleichzeitig wurde in Änderung der Berufssatzung durch einen neuen § 24b Abs. 1 BS WP/vBP die Abhängigkeit der Prüfung von der Größe und Komplexität und des Prüfungsgegenstandsrisikos kodifiziert. 63

Dabei lässt sich nach der WPK der risikoorientierte Prüfungsansatz (→ Rz. 21) in drei Phasen einteilen: 64

- **Risikoidentifikation** (Feststellung von Fehlerrisiken durch Verstehen der Einheit und ihres Umfelds sowie ihres IKS).
- **Risikoanalyse** und **-beurteilung** (Beurteilung der Fehlerrisiken und Ableitung der Prüfungsstrategie).
- Prüfungshandlungen als **Reaktion** auf die beurteilten Fehlerrisiken.

In allen drei Bereichen lassen sich Skalierungsmaßnahmen feststellen. Das gilt insbesondere für das Verständnis des IKS bei Mandaten kleinerer Einheiten, wo die Ausgestaltung des **IKS** oftmals sehr einfach ist. Die kleineren Einheiten mit aktiv eingebundener Geschäftsleitung benötigen nicht zwingend umfassende Ablaufbeschreibungen und schriftlich fixierte Regelungen; die Kommunikationswege sind regelmäßig informell ausgerichtet, was sich im Rahmen der Prüfungstätigkeit durch Befragungen der handelnden Personen feststellen lässt. Dann können auch weitgehend **Funktions**prüfungen entfallen, die allerdings durch **aussagebezogene** Prüfungshandlungen zu ersetzen wären. Folgerichtig kann in diesen Fällen die fehlende Dokumentation des IKS durch den Mandanten nicht als Prüfungshemmnis gewertet werden. Allerdings muss der Abschlussprüfer auf andere Weise den Aufbau und – soweit erforderlich – die Funktion des IKS prüfen können.

Die Bestimmung der **Wesentlichkeit** hat sich an der Entscheidungsrelevanz (→ Rz. 18) für die Abschlussadressaten auszurichten. Im Bereich kleinerer und mittlerer Unternehmen sind die Eigentümerstruktur, die Art der Finanzierung und das spezifische wirtschaftliche Umfeld bei der Bestimmung der Wesentlichkeitsgrenzen zu berücksichtigen.

65 Im Dezember 2021 hat das IDW Entwürfe von Prüfungsstandards für kleinere, weniger komplexe Unternehmen vorgelegt. Die Anwendung der Standards soll erstmals möglich sein für die Prüfung von Abschlüssen, die am oder nach dem 15.12.2022 erstellt wurden. Der vorgesehene Erstanwendungszeitraum ist so gewählt, dass ein Gleichklang mit der (ansonsten) verpflichtenden Erstanwendung der ISA [DE] erreicht wird. Für Wirtschaftsprüfungspraxen, die angesichts maximal mittelgroßer Mandatsgesellschaften ausschließlich die IDW PS KMU anwenden können und möchten, soll sich nach dem bekundeten Willen des IDW somit ein Übergang auf die ISA [DE] erübrigen. Als KMU gelten jedoch gem. IDW EPS KMU 1 Tz. 21 ff. maximal mittelgroße Gesellschaften, die u. a. folgende Merkmale erfüllen: keine komplexe Geschäftstätigkeit, keine große oder komplexe IT, keine wesentlichen komplexen Schätzwerte (etwa bei Finanzinstrumenten). Dies schränkt den Anwendungsbereich der KMU-EPS bereits erheblich ein. Eine weitere Einschränkung ergibt sich daraus, dass es sich für den Abschlussprüfer nicht um eine Erstprüfung handeln darf. Die Zahl der Prüfungsgesellschaften, die also tatsächlich auf den Übergang zu ISA [DE] verzichten können (sollen), ist damit sehr überschaubar. Gleichwohl geben die Entwürfe auch Signale für die Skalierung bei nicht im engeren Sinne als KMU zu qualifizierenden Mandaten. IDW EPS KMU 1 Tz. 22 hält nämlich fest: „Das Nichtvorliegen einzelner dieser [KMU-typischer] Aspekte schließt nicht notwendigerweise die Anwendung der IDW PS KMU aus, erfordert allerdings die Planung und Durchführung weiterer Prüfungshandlungen." Diese Vorgabe wird in IDW EPS KMU 9 konkretisiert.

III. Die Prüfung des Lageberichts und nichtfinanzieller Erklärungen (Abs. 2) sowie die Prüfung des Vergütungsberichts (§ 162 Abs. 3 AktG)

1. Primärer Prüfungsgegenstand und -umfang (Abs. 2 Satz 1 und 2)

1.1 Überblick

66 Der Prüfungsumfang der Lageberichte ist im Gesetzesaufbau wenig übersichtlich dargestellt, weil auf **drei** Paragraphen verteilt. Zu prüfen ist letztlich der gesamte Inhalt der Lageberichte nach §§ 289 und 315 HGB.

- Nach § 321 Abs. 2 Satz 1 HGB (→ § 321 Rz. 51): Feststellung im **Prüfungsbericht,** ob die Lageberichte den **gesetzlichen** Vorschriften entsprechen.
- Nach § 321 Abs. 1 Satz 2 HGB (→ § 321 Rz. 17): Stellungnahme im **Prüfungsbericht** zur **Beurteilung** der „Lage" des Unternehmens/Konzerns durch die gesetzlichen Vertreter unter Berücksichtigung der künftigen Entwicklung und des Fortbestands der Gesellschaft.
- Nach § 322 Abs. 2 Satz 3 HGB (→ § 322 Rz. 22): gesondertes Eingehen auf **bestandsgefährdende** Risiken im **Bestätigungsvermerk.**
- Nach Abs. 1 Satz 2 Halbsatz 1: Prüfung des **Einklangs** von Lagebericht und Abschluss entsprechend der bei der Prüfung gewonnenen Erkenntnisse (→ Rz. 69).
- Nach Abs. 2 Satz 1 Halbsatz 2: Prüfung der zutreffenden **Vorstellung** von der „Lage" des Unternehmens/Konzerns durch die Lageberichte (→ Rz. 68).
- Nach Abs. 2 Satz 2: Prüfung der zutreffenden **Darstellung** der Chancen und Risiken der zukünftigen Entwicklung (→ Rz. 72).
- Nach Abs. 2 Satz 3: Prüfung der Einhaltung der gesetzlichen Vorschriften für Lageberichte (→ Rz. 79).

Bzgl. der ersten drei Prüfungsgebiete wird auf die Kommentierung an den angegebenen Stellen verwiesen. Insbesondere die **Risiken** der künftigen Entwicklung des Unternehmens/Konzerns und dessen **Fortbestehen** stehen nach den Gesetzesvorgaben und IDW PS 350 im Mittelpunkt des Prüfungsgeschehens. Häufig enthalten Lageberichte aber auch über die Gesetzesvorgabe hinausreichende Angaben. Zur Frage, ob diese ebenfalls in die Prüfung einzubeziehen sind, wird auf → Rz. 67a verwiesen. 67

Die Teile des **„Geschäftsberichts"** von Großkonzernen, die nicht den Abschluss und den (Konzern-)Lagebericht betreffen, unterliegen nicht der Prüfung. Gleichwohl bleibt der Abschlussprüfer zur Veranlassung einer **Korrektur** aufgerufen, wenn diese Angabe einen falschen Eindruck von der Situation des Unternehmens/Konzerns vermittelt (ISA [DE] 720). Wie dies geschehen soll, wenn die „eigentliche" Prüfung durch Übersendung des Prüfungsberichts abgeschlossen ist, ist weitgehend unklar; ebenso bleibt die Frage nach der gebotenen Reaktion des Abschlussprüfers weitgehend unbeantwortet, wenn seiner „Veranlassung" (der Korrektur) nicht nachgekommen wird (→ Rz. 80). Diese Anweisung an den Abschlussprüfer hat u. E. keine deutliche Rechtsgrundlage und ist auch kaum praktizierbar.

BEISPIEL ► Im Geschäftsbericht der Kaufhaus AG, aber außerhalb von Jahres-/Konzernabschluss und (Konzern-)Lagebericht schreibt der **Vorstandsvorsitzende** „an unsere Aktionäre" bei angespanntester Liquiditätslage drei Monate vor der Insolvenz:

> „So konnten wir ... zukunftsfähige Strukturen fassen und Zehntausende von Arbeitsplätzen sichern. ... Wir sind mit der Neuausrichtung des Kaufhaus-Konzerns gut vorangekommen. Ihr Konzern ist heute gut aufgestellt. Wir haben eine gute Plattform für die weitere Entwicklung des Konzerns geschaffen und blicken jetzt konsequent nach vorne."

Soll der Abschlussprüfer, wenn er überhaupt diesen Text vor Beendigung der Prüfung sieht, wahrheitsgetreue Umformulierungen etwa folgenden Inhalts „veranlassen":

> „Unsere Zukunft hängt in den Händen unserer Hausbanken. Verlängern diese die Kreditlinie nicht, droht uns die Insolvenz"?

Der Abschlussprüfer hat durch Hinweis auf die Bestandsgefährdung im Bestätigungsvermerk seine Pflicht erfüllt (→ § 322 Rz. 37). Mehr wird von ihm nicht geschuldet. Abgesehen davon kann er gegen die notorisch positiv klingende Diktion der Geschäftsleitung nichts unternehmen (→ Rz. 70).

67a Die Neufassung des IDW PS 350 vom Dezember 2017 versucht das Nebeneinander diverser Angaben mit einer Unterscheidung nach **lageberichtstypischen,** weil durch Gesetz oder DRS 20 geforderten, und **lageberichtsuntypischen Angaben in Tz. 20 ff.** wie folgt zu ordnen:

- Der **Prüfungspflicht** unterliegen die **lageberichtstypischen** Angaben, soweit nicht wie bei der nichtfinanziellen Erklärung und der Erklärung zur Unternehmensführung eine gesetzliche Ausnahme von der Prüfungspflicht besteht.
- **Lageberichtsfremde** Aussagen unterliegen nur dann **ausnahmsweise** einer Prüfungspflicht, wenn sie weder räumlich vom Lagebericht getrennt noch deutlich als ungeprüft gekennzeichnet sind.

Auf nicht prüfungspflichtige lageberichtstypische Angaben oder als nicht geprüft gekennzeichnete lageberichtsfremde Angaben ist **ISA [DE] 720** anzuwenden. Der Abschlussprüfer hat diese **„sonstigen Informationen"** zu lesen und daraufhin zu würdigen, ob sie im Widerspruch zu Abschlussangaben oder bei der Prüfung gewonnenen Erkenntnissen stehen. Im Bestätigungsvermerk ist darzustellen, dass die sonstigen Informationen nicht geprüft wurden und sich das Prüfungsurteil zum Lagebericht nicht auf sie erstreckt. Dieser Hinweis erfolgt dreifach, nämlich bei der Beschreibung des Prüfungsgegenstands, bei der Formulierung des Prüfungsurteils zum Lagebericht und in einem gesonderten Abschnitt: „sonstige Informationen".

67b Hinsichtlich **Querverweisen** des Lageberichts auf außerhalb dieses Berichts und des Jahresabschlusses zugängliche Informationen ist mit IDW PS 350 Tz. 17 ff. folgende Differenzierung vorzunehmen:

- Die Informationen, auf die verwiesen wird, werden nur dann zu Lageberichtsbestandteilen, wenn der Verweis durch Gesetz zugelassen ist, wie dies bei der **Erklärung zur Unternehmensführung** nach § 289f Abs. 2 und 5 HGB der Fall ist.
- Die Abgabe der **nichtfinanziellen Erklärung** außerhalb des Lageberichts macht diese Erklärung nicht zum Lageberichtsbestandteil, da § 289b Abs. 3 HGB hier gerade von einer Befreiung der Pflicht zur Erweiterung des Lageberichts spricht.
- Keine Aussage trifft IDW PS 350 zum Fall der Aufnahme von Vergütungsangaben in den Corporate-Governance-Bericht gem. DRS 20.21. Nach zutreffender Schrifttumsauffassung werden die Vergütungsangaben durch Verweis im Lagebericht zu dessen Bestandteil.[1]

Für den Gegenstand der Abschlussprüfung und den Bestätigungsvermerk ergibt sich aus dieser Unterscheidung Folgendes:

- Die **Erklärung zu Unternehmensführung** ist Lageberichtsbestandteil, aber unterliegt gesetzlich keiner Prüfungspflicht. Sofern nicht freiwillig geprüft wurde, ist im Bestätigungsvermerk über die Nichtprüfung zu informieren.
- Die außerhalb des Lageberichts platzierte **nichtfinanzielle Erklärung** wird durch den Querverweis nicht zum Bestandteil des Lageberichts und ist nicht prüfungspflichtig. Im Bestätigungsvermerk ist über die Nichtprüfung zu informieren.
- Zulässigerweise in den **Corporate-Governance-Bericht** verlagerte Vergütungsangaben sind Prüfungsgegenstand. Ein besonderer Hinweis im Bestätigungsvermerk ist nicht erforderlich.

1 *Orth/Oppermann*, DB 2020 S. 401 ff.

- **Andere Informationen,** auf die der Lagebericht verweist, können sonstige Informationen i. S. von ISA [DE] 720 sein. Über ihre Nichtprüfung ist dann im Bestätigungsvermerk zu informieren (→Rz. 67a).

1.2 Die Prüfungsinhalte

1.2.1 Die „Lage"

Letztlich sollen Lagebericht nach § 289 Abs. 1 Satz 1 HGB (→ § 289 Rz. 24) **und** Abschluss nach § 264 Abs. 2 Satz 1 HGB (→ § 264 Rz. 15) einen Einblick in die wirtschaftlichen Verhältnisse (die „Lage") verschaffen. Dieser **gemeinsamen** Zielrichtung muss sich auch die Prüfung beider Rechnungslegungsbestandteile unterwerfen. Fast notwendig gehen deren Prüfungen Hand in Hand, wenn auch u. U. in getrennten Prüfungsschritten. Der „Prüfungsverbund" ist besonders offensichtlich in der Untersuchung der **Fortbestehenshypothese** bei angespannten wirtschaftlichen Verhältnissen (→ Rz. 73). 68

Im Grunde genommen ist der Gesetzesauftrag zur Prüfung der „Lage" in Abs. 2 Satz 1 **redundant,** da schon nach Abs. 1 Satz 3 die Vermögens-, Finanz- und Ertragslage zu prüfen ist und beide Umschreibungen der wirtschaftlichen Verhältnisse der Gesellschaft den gleichen Inhalt haben müssen.[1]

Die Prüfung hat sich dennoch zuvörderst auf die „zutreffende Vorstellung von der Lage des Unternehmens/Konzerns" zu konzentrieren.

1.2.2 Der „Einklang"

Konzeptionell soll der Lagebericht neben der Prognose (→ Rz. 78) den primär auf Zahlen beruhenden Abschluss in gewisser Weise **kommentieren:** Wie erklärt sich – global oder in Geschäftsbereichen – 69

- der Rückgang der Umsatzerlöse,
- die Vergrößerung der Marge,
- die Erhöhung des Personalaufwands
- etc.?

Diese – ggf. quantifizierten – Angaben sind prüferseits mit den Abschlusszahlen abzustimmen. Ergänzend sind das Unternehmensumfeld – Branchenentwicklung, Beschaffungsmärkte etc. – sowie die internen Erfolgsfaktoren – Produktionslinien, Personalwesen etc. – zu beurteilen.

Die Lageberichterstattung kann sich nicht vom **Rechenwerk** des Abschlusses lösen, so auch die Vorgabe in § 289 Abs. 1 Satz 3 HGB (→ § 289 Rz. 12), die Prüfung muss schon bei der Planung (→ Rz. 76) diese gegenseitige Beziehung ins Visier nehmen. Wenn der Abschluss tiefrote Zahlen ausweist, kann im Lagebericht nicht propagiert werden: „Uns geht es blendend." Vgl. aber das Beispiel unter → Rz. 74.

Dabei muss der Prüfer die **Interessen** der Geschäftsleitung berücksichtigen und diese mit den **Ausdrucksmöglichkeiten** der (deutschen) Sprache konfrontieren. Der neu bestellte Vorstands- 70

1 Vgl. *Moxter*, BB 1997 S. 724.

vorsitzende wird das von ihm nicht zu verantwortende Vorjahr mit denkbar schlechtem Ergebnis ganz anders umschreiben als der noch im Amt befindliche.

BEISPIEL ► Die Fahrbetonherstellungs-GmbH hat Ende 01 ein nagelneues Betonwerk in Betrieb genommen. Im März 02 bricht der örtliche Betonmarkt zusammen. Ende Oktober 02 zeigen sich erste Erholungserscheinungen.

- ► Der **neue** Geschäftsführer wird für 02 berichten: „Die Investition in unser neues Betonwerk beruhte auf einer zu optimistischen Einschätzung der Marktentwicklung."
- ► Der **weiter amtierende** Geschäftsführer wird für 02 berichten: „Die notwendige Errichtung des neuen Betonwerks hat uns zum technisch führenden Anbieter in unserer Region gemacht. Die Arbeitsabläufe konnten optimiert werden. Ein bedeutender Rationalisierungssprung ist zu verzeichnen. Die sich Ende des Berichtsjahres abzeichnende Wiederbelebung der Branchenkonjunktur sollte alsbald das unerfreuliche Ergebnis 02 vergessen lassen."

Die beiden Formulierungsmuster verdeutlichen die unterschiedlichen und dabei wahrheitsgetreuen Darstellungsmöglichkeiten der „Lage". Einwendungen des Abschlussprüfers können in beiden Fällen nicht erhoben werden.

71 Andererseits darf die gewählte Sprachregelung nicht vergleichbar einem arbeitsrechtlichen Dienstzeugnis den **Aussagegehalt** in sein **Gegenteil** verkehren. Wesentliche Informationsinhalte dürfen nicht einfach **weggelassen** werden oder eine **unzutreffende Gewichtung** erfahren. Korrelierte Chancen und Risiken sind gemeinsam zu nennen. Es handelt sich dabei um typische Fälle einer lückenlosen Einzelfallprüfung (→ Rz. 37).

1.2.3 Chancen und Risiken der künftigen Entwicklung

72 Die **künftige** Entwicklung des Unternehmens/Konzerns stellt einen Bestandteil der „Lage" dar. Gleichwohl erfährt sie mit der redundanten (→ Rz. 68) Betonung der Chancen und Risiken auch bei der **Prüfung** ihr besonderes Gewicht. Diese Prüfungsvorgabe korrespondiert mit der **Berichterstattung** nach § 321 Abs. 1 Satz 2 HGB (→ § 321 Rz. 24) und mit der Hinweispflicht auf bestandsgefährdende Risiken im **Bestätigungsvermerk** nach § 322 Abs. 2 Satz 3 HGB (→ § 322 Rz. 27). Vor allem **„das"** Risiko des **Nichtfortbestehens** wird vom Gesetzgeber der besonderen Obhut des Abschlussprüfers anvertraut.

73 Jeder Abschlussprüfer muss sich dabei des **prognostischen** Gehalts solcher Aussagen bewusst sein (vgl. dazu → § 289 Rz. 33 ff.) und darf sich nicht als besserer Zukunftsforscher aufspielen. Wenn das Prognoseverfahren **sachgerecht** durchgeführt worden ist, muss der Abschlussprüfer die daraus im Lagebericht abgeleiteten Chancen, z. B. des Wachstums einer Einzelhandelskette im iberischen Raum, akzeptieren.

BEISPIEL ►

- ► Der Einzelhandels-Discounter A schreibt im Lagebericht 01: „Wir gehen für den iberischen Markt wegen der hohen Arbeitslosenzahl im Jahr 02 von einer zurückhaltenden Konsumentennachfrage insgesamt aus. Dieses gesamtwirtschaftliche Umfeld betrachten wir als Chance zur vermehrten Marktdurchdringung durch Billigpreisangebote. Bei gleicher Verkaufsfläche planen wir einen Umsatzanstieg zwischen 0,5 und 1 % mit geringfügig niedrigerer Marge."
- ► Der Einzelhandels-Discounter L schreibt im Lagebericht 01: „Die hohe Arbeitslosenzahl auf der iberischen Halbinsel wird im Jahr 02 zu einem Umsatzrückgang im Einzelhandel insgesamt führen. Wir stellen diesem Trend unsere Billigpreisstrategie gegenüber und wollen damit einen gegenüber 01 um 2 bis 4 % niedrigeren Umsatz bei gleicher Marge erreichen."

Beide Prognosen sind **„richtig"** (→ § 289 Rz. 39) und damit vom Abschlussprüfer zu akzeptieren. Dabei dürfen die **extern** verwendeten Prognosen nicht von **intern** erstellten Budgets abweichen (→ Rz. 78).

Insbesondere bei der **Fortbestehens**hypothese darf sich der Prüfer nicht auf eine **eigene** Prognose stützen. Er hat – wiederum – die **Plausibilität** der Aussage des Managements zu prüfen und diese zu bestätigen oder zu verwerfen (→ Rz. 78). Die jeder Prognose innewohnende Unsicherheit stellt kein **Prüfungshemmnis** (→ § 322 Rz. 52) dar. Zur Berichterstattung in diesen Fällen vgl. → § 321 Rz. 18 mit weiteren Beispielen.

Durch prognostische Elemente, die notwendig in die Lageberichterstattung einfließen, kann der **„Einklang"** (→ Rz. 69) mit dem Jahresabschluss der vergangenen Periode nicht notwendig gewährleistet sein. 74

BEISPIEL ▸ Der Stahlbiegebetrieb S GmbH hat durch Margenschwund und erhebliche Umsatzverluste im Jahr 01 gerade noch ein ausgeglichenes Ergebnis erzielt. Für 02 prognostiziert die Geschäftsführung eine markante Ergebnisverbesserung wegen der zu erwartenden höheren Marge bei gleichbleibendem Umsatz. Der Grund liegt in der Erwartung stark erhöhter Einkaufspreise für Baustahl. Die GmbH verfügt über reichlich Terminkontrakte mit spürbar niedrigerem Einstandspreis als dem prognostizierten.

Umgekehrt kann nicht ohne weitere Begründung ein mehrjähriger Trend des Umsatzrückgangs für einen wichtigen Artikel „mir nichts, dir nichts" in eine Umsatzexplosion im kommenden Jahr umetikettiert werden. Das wäre nur mit zusätzlichen Begründungen – z. B. neue Vertriebswege – darzustellen.

1.2.4 Angaben zum Risikomanagementsystem

Der Sollangabe nach § 289 Abs. 2 HGB zu den Finanzinstrumenten (→ § 289 Rz. 70 ff.) kommt in Branchen mit hohem Einsatz von Wertpapieren u. Ä. hohe Bedeutung zu. Das gilt dementsprechend auch für die vorgeschriebene Prüfung. Empirisch haben die Risikomanagementsysteme der Kreditwirtschaft in der Subprime-Krise reihenweise **versagt** (→ § 289 Rz. 80 ff.). Denselben Befund könnte man voreilig auch der diesbezüglichen Prüfungstätigkeit zuordnen. Wenn man indes den **prognostischen** Gehalt auch dieses Rechnungslegungsgebiets beachtet, kommt man zu einem modifizierten Befund: Mehr als die **Plausibilität** kann der Lageberichtsprüfer dem System nicht bestätigen; ob es effizient ist, weiß man erst hinterher. 75

2. Der Prüfungsablauf

2.1 Die Planung

Die **Planung** der Abschlussprüfung beginnt mit der Information über die wirtschaftlichen Verhältnisse des Unternehmens/Konzerns (→ Rz. 27), also die „Lage". Deshalb geht dieser vorbereitende Prüfungsschritt zum **Abschluss** Hand in Hand mit der Prüfung des **Lage**berichts. Die Identifizierung der Prüfungsrisiken für den Abschluss kann nur anhand der Lagebeurteilung des Unternehmens stattfinden. Das **Risikoprüfungsmodell** (→ Rz. 21) ist deshalb auch auf die Lageberichtsprüfung anzuwenden. Die Lageberichtsprüfung umfasst auch eine Beurteilung der Angemessenheit der für die Bereitstellung und Verarbeitung lageberichtsrelevanter Informationen von Unternehmen implementierten Systeme.[1] Hierbei ist aber zu berücksichtigen, 76

1 Vgl. *Kolb/Plömpel*, WPg 2017 S. 739 ff.

dass die Erstellung des Lageberichts i. d. R. weit weniger formalisiert und strukturiert ist als die des Jahresabschlusses und der zugrunde liegenden Buchführung. Dementsprechend fällt die Bedeutung von Aufbau- und Funktionsprüfungen hier geringer aus.

2.2 Die Prüfungshandlungen ...

2.2.1 ... zur Lage

77 Der Lagebericht stellt ein typisches Feld **analytischer** Prüfungshandlungen dar (→ Rz. 51). Eine Ausnahme stellt die Prüfung des Risikomanagementsystems dar (→ Rz. 89). Zu analysieren sind z. B.

- das gesamtwirtschaftliche und rechtliche Umfeld,
- Branchenentwicklung, Markteintritte, Beschaffungs- und Absatzmärkte,
- unternehmensinterne Erfolgsfaktoren,
- interne Organisation,
- finanzielle Leistungsindikatoren (→ § 289 Rz. 30 ff.).

Dabei sind als Prüfungsunterlagen neben dem finanziellen Rechenwerk („Buchführung") insbesondere auch die internen **Statistiken** und **Budgetierungen** heranzuziehen (→ Rz. 28).

2.2.2 ... zur Prognose

78 Die Prüfung der prognostischen Aussagen – zu Chancen und Risiken (→ Rz. 72) – sollte auf den unternehmensinternen **Planungs**rechnungen und **Budgets** aufsetzen. Deren Inhalt muss mit der externen Berichterstattung übereinstimmen. Für ein Urteil über die **Qualität** prognostischer Aussagen der Prüfobjekte kann ein Vergleich der früheren Vorhersagen mit den Istwerten hilfreich sein. Die Prüfung solcher Prognosen hat sich deren Gehalt (→ § 289 Rz. 33 ff.) zu beugen, d. h. sich auf **Plausibilität** der zugrunde liegenden **Annahmen** (Prämissen) unter Heranziehung aller verfügbaren Informationen zu beschränken (→ Rz. 74). Fast jede Prognose mit genauen Quantitäten ist in der Ex-post-Betrachtung „unrichtig" (→ § 289 Rz. 33 ff.), deshalb war die Prüfung in derselben Perspektive nicht unzulänglich. **Irreführende** Erläuterungen zur Prognose darf der Abschlussprüfer allerdings nicht hinnehmen. Die **Vollständigkeitserklärung** muss sich auch auf den Lagebericht beziehen.

Als Prüfungsgrundlage dient regelmäßig das interne **Planungssystem,** sofern dieses als **zuverlässig** beurteilt werden kann. Dabei garantiert eine festgestellte Zuverlässigkeit nicht die „Richtigkeit" einer daraus abgeleiteten Prognose. Regelmäßig kommt es anders, als man denkt.

BEISPIEL Die Werbeagentur erfährt von dem Entzug des Kontos durch den Automobilhersteller D erst im April 02; im Lagebericht für das Jahr 01 ist dieser Budgetposten noch enthalten.

2.3 Einhaltung der gesetzlichen Vorschriften (Abs. 2 Satz 3)

79 Die Erweiterung der Lageberichtsprüfung auf die gesetzlichen Vorschriften durch das BilMoG stellt im Wesentlichen eine Selbstverständlichkeit dar, erweitert aber andererseits den Prüfungsumfang gegenüber einer reinen Einklangprüfung (→ Rz. 69). In folgenden Fällen sind etwa die Lagedarstellung und der Einklang mit dem Jahresabschluss nicht tangiert, liegt aber

gleichwohl eine Verletzung der gesetzlichen Vorschriften mit Konsequenzen für den Prüfungsbericht, seltener für den Bestätigungsvermerk vor.

- Fehlende/Falsche Angaben zu Zweigniederlassungen (§§ 289 Abs. 2 Nr. 3, 315 Abs. 2 Nr. 3 HGB).
- Fehlende/Falsche Angaben zum Vergütungssystem (§§ 289 Abs. 2 Nr. 4, 315 Abs. 2 Nr. 4 HGB).
- Fehlende/Falsche Angaben zu übernahmerelevanten Sachverhalten (§§ 289 Abs. 4, 315 Abs. 4 HGB).
- Fehlende Schlusserklärung zum Abhängigkeitsbericht nach § 312 Abs. 3 AktG.
- Fehlende/Falsche Angaben zu den wesentlichen Merkmalen des internen Kontroll- und des Risikomanagementsystems im Hinblick auf den (Konzern-)Rechnungslegungsprozess (§§ 289 Abs. 5, 315 Abs. 2 Nr. 5 HGB).
- Fehlende Erklärung zur Unternehmensführung bzw. fehlender Hinweis auf die Veröffentlichung dieser Erklärung im Internet nach § 289a HGB.

3. Ausnahme von der Prüfungspflicht für die nichtfinanzielle Erklärung (Abs. 2 Satz 4 ff.)

Die Berichterstattung zur Unternehmensführung unterlag bereits in der Vergangenheit nicht 80
der Prüfungspflicht, was im „Geschäftsbericht" einen entsprechenden Hinweis erfordert. Abs. 4 Satz 4 ff. i. d. F. des CSR-Richtlinie-Umsetzungsgesetzes (→ § 289f Rz. 1) dehnt dies auf weitere Angaben aus. Es ist lediglich festzustellen, ob die geforderten Angaben gemacht worden sind, nicht, ob sie inhaltlich zutreffen.

Gleichwohl könnte der Prüfer bei der ihm auferlegten kritischen Lektüre fehlerhafte Informationen in diesem Zusatzbericht „feststellen"; dann soll er eine Richtigstellung „veranlassen". Der Prüfer soll auch die Aufnahme der Erklärung in den Lagebericht bzw. den Hinweis auf die Internetseite der Gesellschaft „feststellen". Der Prüfer soll diesen Teilbericht „kritisch lesen", um ggf. seiner **Redepflicht** im Prüfungsbericht (→ § 321 Rz. 45) nachkommen zu können. Diese wiederum setzt einen **schwerwiegenden** Verstoß gegen das Gesetz voraus. Wir sehen in einem nur als Ordnungswidrigkeit zu ahnenden Gesetzesverstoß nicht zwingend einen schwerwiegenden.

Wird die nichtfinanzielle Erklärung in Ausübung des Wahlrechtes aus § 289b Abs. 3 Satz 1 Nr. 2 80a
Buchst. b HGB bzw. § 315b Abs. 3 Satz 1 Nr. 2 Buchst. b HGB nicht in Erweiterung des (Konzern-)Lageberichts erstattet, sondern soll sie als gesonderter Bericht auf der Internetseite veröffentlicht werden, hat der Abschlussprüfer gem. Abs. 2 zu prüfen, ob der gesonderte Bericht spätestens vier Monate nach dem Abschlussstichtag tatsächlich vorgelegt wurde. Ist dies nicht der Fall, hat der Abschlussprüfer eine Ergänzung des Bestätigungsvermerks vorzunehmen. Wegen eines Formulierungsvorschlags wird auf das IDW verwiesen.[1]

Die Pflicht zur nichtfinanziellen Berichterstattung kann im Lagebericht, durch Offenlegung im 80b
Bundesanzeiger zusammen mit dem Lagebericht oder durch Veröffentlichung eines gesonderten Berichts auf der Internetseite erfüllt werden. Für jeden dieser Fälle enthält der Prüfungshinweis IDW PS PH 9.350.2 Vorgaben für die Berichterstattung im Bestätigungsvermerk, so-

1 IDW Life 2018 S. 635 (HFA v. 12.4.2018).

fern sich die Prüfung darauf beschränkt, ob das Unternehmen die geforderten Angaben gemacht hat.

Der Prüfungshinweis erläutert außerdem, wie der Bestätigungsvermerk auszusehen hat, wenn der Abschlussprüfer die im (Konzern-)Lagebericht enthaltene nichtfinanzielle (Konzern-)Erklärung in Erweiterung der gesetzlichen Abschlussprüfung vollumfänglich mit hinreichender Sicherheit auf inhaltliche Übereinstimmung mit den gesetzlichen Vorschriften geprüft hat.

4. Prüfung des Vergütungsberichts (§ 162 Abs. 3 AktG)

80c Außerhalb des HGB gesetzlich verankert und nicht Teil der Abschlussprüfung ist die Prüfung des von börsennotierten Gesellschaften gem. § 162 AktG aufzustellenden Vergütungsberichts (→ § 285 Rz. 79a). Wie die Prüfung der nichtfinanziellen Erklärung (→ Rz. 80) zielt die Prüfung nach § 162 Abs. 3 AktG nicht auf die materielle Richtigkeit und Vollständigkeit ab, sondern nur auf die formelle Vollständigkeit, also darauf, ob die in § 162 Abs. 1 und Abs. 2 AktG verlangten Angaben gemacht wurden. Gleichwohl können schwerwiegend irreführende Darstellungen eine Berichtspflicht nach § 321 Abs. 3 Satz 1 HGB im Prüfungsbericht sowie bei Unternehmen öffentlichen Interesses ggf. auch eine Anzeigepflicht bei Behörden gem. § 323 Abs. 5 HGB (IDW PS 870 Tz. 27) nach sich ziehen (IDW PS 870 Tz. 27 und Tz. A27). Hinweise zur Einschränkung oder Versagung des Prüfungsvermerks zum Vergütungsbericht sowie ein Muster für einen uneingeschränkten Prüfungsvermerk sind in IDW PS 870 enthalten.

IV. Die Prüfung der im Konzernabschluss zusammengefassten Jahresabschlüsse (Abs. 3)

1. Der Prüfungsgegenstand (Abs. 3 Satz 1)

81 Das Gesetz spricht von „Jahresabschlüssen", worunter man u. a. verstehen kann:

- Rechtsförmliche Jahresabschlüsse („HB I", → § 264 Rz. 1),
- Einzelabschlüsse i. S. des § 325 Abs. 2a HGB („IFRS I", → § 325 Rz. 25),
- „HB II" bzw. „IFRS II", gewöhnlich in Gestalt der *reporting packages*,
- entsprechende Zwischenberichte.

Die Prüfungspflicht aus Sicht des Konzernabschlusses umfasst **alle** diese Abschlüsse mit ihren Bestandteilen. Unter Wesentlichkeitsgesichtspunkten kann die Prüfung von **kleinen** Teileinheiten ggf. entfallen. Praktisch wird eine erste Grenze bei den nach § 296 Abs. 2 HGB (→ § 296 Rz. 18) nicht konsolidierten Konzernunternehmen gezogen.

82 Einen **Sonderfall** stellen die Optionen nach § 264 Abs. 3 und 4 HGB (→ § 264 Rz. 35) sowie nach § 264b HGB (→ § 264b Rz. 6) dar. Eine der dort genannten Befreiungsmöglichkeiten betrifft die Abschlussprüfung („HB-I-Prüfung"). Da die Rechenwerke der betroffenen Tochtergesellschaften in den Konzernabschluss einfließen, muss gleichwohl – abgesehen von Unwesentlichkeit (→ Rz. 13) – eine komplette Prüfung der Konsolidierungsvorlage („HB II") erfolgen, allerdings ohne Prüfungsbericht und Bestätigungsvermerk.

Bzgl. der Erfüllung der Befreiungs**voraussetzungen** (→ § 264 Rz. 40 ff.) trifft den **Konzernabschlussprüfer** keine Prüfungspflicht. Er muss nur die Erfüllung der Anhangangabepflicht (→ § 264 Rz. 51) feststellen. Nur wenn die bis zum Ende der Prüfung erfüllbaren Voraussetzungen nicht gegeben sind, muss im Bestätigungsvermerk ein entsprechender Hinweis erfolgen (→ § 322 Rz. 38).

Dem Konzernabschlussprüfer (→ § 318 Rz. 31) obliegt die Prüfung der „im Konzernabschluss zusammengefassten Jahresabschlüsse“, auch wenn die in den Konzernabschluss einfließenden Jahres- oder Teilkonzernabschlüsse von einem **anderen Abschlussprüfer** geprüft worden sind. Allerdings muss sich in diesem Fall zwischen den beiden Prüfern eine sinnvolle Arbeitsteilung unter dem *Cost-Benefit*-Gedanken ergeben, um unnütze Doppelarbeiten zu vermeiden. Entsprechend ist das **„insbesondere“** (in Abs. 3 Satz 1) zu verstehen, wonach der Konzernabschlussprüfer sein besonderes Augenmerk auf die eigentlichen **Konsolidierungsvorgänge** zu richten hat: 83

- Die Vereinheitlichung der Ansatz- und Bewertungsmethoden (→ § 308 Rz. 4).
- Die wechselseitigen Aufrechnungen, also die eigentlichen Konsolidierungsmaßnahmen nach Maßgabe der §§ 301 ff. HGB.
- Die Abgrenzung des Konsolidierungskreises (im Gesetz nicht genannt).

Der Skalierungsaspekt (→ Rz. 65) muss auch bei der Konzernabschlussprüfung Platz greifen. Im mittelständischen Konzernbereich sind andere Vorgehensweisen angesagt als in global agierenden Großkonzernen.[1]

2. Überprüfung anderer Abschlussprüfer (Abs. 3 Satz 2)

Der Konzernabschlussprüfer muss die Prüfungstätigkeit eines anderen Abschlussprüfers für den Teilbereich eines Konzerns überprüfen und dies dokumentieren. Dieser sog. **Teilbereichsprüfer** muss gem. IDW PS 320 bzw. ISA [DE] 600 kumulativ folgende Voraussetzungen erfüllen: 84

- Er prüft für Zwecke der Konzernabschlussprüfung
- auf Anforderung des Konzernprüfungsteams
- die Rechnungslegung eines Konzern-Teilbereichs.

Der Konzernabschlussprüfer hat sich in diesem Rahmen mit folgenden Aspekten auseinanderzusetzen:

- der Bedeutung der fremdgeprüften Gesellschaft für die wirtschaftliche Lage des Konzerns (ISA [DE] 600 Tz. 26 ff.),
- der Qualifikation des dortigen Abschlussprüfers (ISA [DE] 600 Tz. A37 ff.) und
- dessen Prüfungstätigkeit unter Berücksichtigung der Teilbereichswesentlichkeit (ISA [DE] 600 Tz. 42 ff.).

Bei der **Planung** der Konzernabschlussprüfung ist gerade aus *Cost-Benefit*-Gesichtspunkten die **Qualifikation** des Abschlussprüfers ausländischer Tochtereinheiten zu berücksichtigen. Dessen ausreichende Qualifikation kann der Konzernabschlussprüfer gem. ISA [DE] 600 Tz. D.A38.1 unterstellen, wenn dieser Prüfer in einem EU-Mitgliedstaat zugelassen ist. In anderen Fällen (→ § 320 Rz. 23) hat sich der Konzernabschlussprüfer u. a. zu vergewissern, ob der **Teilbereichsprüfer** der Aufsicht einer unabhängigen Behörde unterliegt, welche seine Unabhängigkeit und die Kompetenz der Abschlussprüfer überwacht, an externen Qualitätskontrollverfahren teilnimmt, er mindestens die Grundsätze von Teil A und B des IESBA *Code of Ethics for Professional*

1 Vgl. hierzu *Schmid*, BB 2012 S. 2487.

Accountants beachtet usw. (ISA [DE] 600 Tz. D.A37.1). Wenn in einem der Vorjahre bereits mit dem gleichen Teilbereichsprüfer zusammengearbeitet wurde, wird es im Allgemeinen genügen, das erlangte Verständnis zu aktualisieren und eine schriftliche Bestätigung von dem Teilbereichsprüfer einzuholen, ob und welche Änderungen sich bei den benannten Aspekten ergeben haben.

Die so eingeholten Informationen zielen einerseits auf die Beurteilung der **Qualifikation** des Abschlussprüfers, andererseits auf die Würdigung seiner persönlichen **Unabhängigkeit** (→ § 319b Rz. 4).

85 Die Bedeutung – das Gewicht – der jeweiligen Tochtergesellschaft und deren Abschluss für die Konzernrechnungslegung ist nach **Wesentlichkeitsgesichtspunkten** zu beurteilen. Die vom Konzernprüfungsteam festzulegende **Teilbereichswesentlichkeit** muss sich nicht rechnerisch an der **Konzern**wesentlichkeit orientieren. Für den Gesamtkonzern kann auch die Festlegung einer **Toleranz**wesentlichkeit (→ Rz. 19) sinnvoll sein. Das kann unter Anwendung von Relativwerten erfolgen, wie sie auch bei der Prüfung eines Jahresabschlusses angewandt werden können (→ Rz. 18). Dazu folgendes Beispiel:

BEISPIEL ► Der Konzern-AP prüft neben dem Konzernabschluss die Jahresabschlüsse der Mutterunternehmung und der inländischen Tochterunternehmen. Die ausländischen Tochterunternehmen (USA, Frankreich, Spanien und Italien) werden jeweils von lokalen Abschlussprüfern geprüft. Im Rahmen der Prüfungsplanung zur Konzernabschlussprüfung versucht der Konzernabschlussprüfer sich einen Überblick über die Bedeutung der Teileinheiten zu verschaffen und stellt auf Basis der für das laufende Jahr aufgestellten Konzernplanung folgende Relationen zusammen:

	Kons. VG	Kons. Schulden	Kons. *Cashflows*	Konzern-jahres-überschuss	Konzern-umsatz-erlöse
MU und inländische TU	53 %	70 %	45 %	37 %	62 %
USA	12 %	9 %	22 %	25 %	27 %
Frankreich	10 %	8 %	14 %	13 %	5 %
Spanien	13 %	5 %	6 %	12 %	4 %
Italien	12 %	8 %	13 %	13 %	2 %

Auf Basis dieser Relationen und bei Anwendung einer 15 %-Grenze ergäbe sich lediglich für das Tochterunternehmen in den USA eine Klassifizierung als bedeutsam. Aufgrund der Erfahrungen aus der vergangenen Konzernabschlussprüfung, in deren Verlauf der Jahresabschluss der spanischen Gesellschaft noch wesentlich verändert worden ist, entschließt sich der Konzernabschlussprüfer, auch die spanische Gesellschaft als bedeutsam zu klassifizieren.

86 Neben den rein finanziellen Größenmerkmalen sind auch Konzern-Teilbereiche als bedeutsam zu beurteilen, die aufgrund **spezifischer** Geschäfte bedeutsame **Risiken** aufweisen.

Die Grundlage der Verwertung des Prüfungsergebnisses und der Prüfungshandlungen des Teilbereichsprüfers erfordert eine entsprechende **Planung** und **Organisation**, deren Ergebnisse dem oder den anderen Abschlussprüfern mitzuteilen ist. Dazu muss der Konzernabschlussprüfer gem. ISA [DE] 600 Tz. A47 ff. für die Teilbereichsprüfung:

- Wesentlichkeitsgrenzen festlegen (sog. Teilbereichswesentlichkeiten),
- vorzunehmende Prüfungshandlungen anweisen,
- besondere Berichterstattungspflichten und

- Anforderungen an Ausarbeitung und Vorlage der Konsolidierungs-„*Packages*" formulieren,
- Terminvorgaben unterbreiten.

Im Rahmen seiner Prüfung des von dem Teilbereichsprüfer geprüften Jahresabschlusses hat der Konzernabschlussprüfer dessen Arbeiten zu **verwerten** und in den Arbeitspapieren zu **dokumentieren.**

Je nach dem Inhalt dieser Vorgaben und deren Befolgung kann der Konzernabschlussprüfer seine „Überprüfung" der Abschlüsse der Tochtergesellschaft intensivieren oder reduzieren. Solche Prüfungshandlungen können bestehen in der Durchsicht der Arbeitspapiere oder gar in einer (beschränkten) Prüfung vor Ort, also beim betreffenden Tochterunternehmen. Bei bedeutsamen Teilbereichen muss das Konzernprüfungsteam in die Risikobeurteilung des Teilbereichsprüfers eingebunden sein, mindestens durch Erörterung mit dem Teilbereichsprüfer und Durchsicht von dessen Prüfungsdokumentation. Wenn das Konzernprüfungsteam zu der Schlussfolgerung gelangt, dass die Tätigkeit des Teilbereichsprüfers unzureichend ist, hat es festzulegen, welche zusätzlichen Prüfungshandlungen durchzuführen sind und ob diese vom Teilbereichsprüfer oder vom Konzernprüfungsteam durchzuführen sind (ISA [DE] 600 Tz. 43). Auch sonst kann bei bedeutsamen Risiken entschieden werden, dass und inwieweit das Konzernprüfungsteam selbst Hand anzulegen hat. Dabei stehen dem Konzernabschlussprüfer die Auskunftsrechte nach § 320 Abs. 3 Satz 2 HGB zur Verfügung (→ § 320 Rz. 6). 87

Wenn im Falle von ausländischen Tochtergesellschaften der dortige Abschlussprüfer den **Auskunftspflichten** nach § 320 Abs. 3 Satz 2 Halbsatz 2 i. V. mit Abs. 2 HGB (→ § 320 Rz. 20) aus gesetzlichen oder berufsrechtlichen Gründen nicht nachkommen kann, muss der Konzernabschlussprüfer über die Muttergesellschaft eine Entbindung von der Verschwiegenheitspflicht veranlassen. Gelingt dies nicht, liegt ein **Prüfungshemmnis** (→ § 322 Rz. 56) vor, sofern nicht in anderer Form die erforderlichen Nachweise vom Konzernabschlussprüfer beschafft werden können. 88

Generell kann die **Informationsbeschaffung** für das Konzernprüfungsteam bzw. den Konzernabschlussprüfer ein faktisches oder rechtliches Problem darstellen. Nach deutschem Recht besteht im Rahmen der Vollkonsolidierung ein Auskunftsrecht des Mutterunternehmens gegen die Tochtergesellschaft nach § 294 Abs. 3 HGB (→ § 294 Rz. 17). Die vergleichbare Berechtigung liegt für den Konzernabschlussprüfer nach § 320 Abs. 3 HGB (→ § 320 Rz. 16) vor. Gegenüber assoziierten Unternehmen (→ § 310) bestehen solche Rechte des Mutterunternehmens bzw. des Abschlussprüfers des Mutterunternehmens nicht. Zu den sich hieraus ergebenden Problemen folgendes Beispiel:

SACHVERHALT Das Mutterunternehmen MU ist mit 25,1 % (Sperrminorität) am assoziierten Unternehmen AU beteiligt. AU ist ein bedeutender Teilbereich innerhalb des Konzerns. Der Jahresabschluss von AU wird nach Prüfung mit dem uneingeschränkten Bestätigungsvermerk versehen.

SZENARIO 1 MU führt auf der Basis des testierten Jahresabschlusses von AU eine *Equity*-Konsolidierung durch. Eine Nichtanpassung an konzerneinheitliche Bewertungsmethoden ist hier nach § 312 Abs. 5 HGB (→ § 312 Rz. 53) unschädlich. Die Organe und Abschlussprüfer von AU wollen nur gegen Kostenübernahme durch MU mit dem Konzernabschlussprüfer zusammenarbeiten; MU verweigert die Übernahme.

Unseres Erachtens liegt ein vom Mutterunternehmen verschuldetes Prüfungshemmnis vor, das die Erteilung eines uneingeschränkten Bestätigungsvermerks nicht erlaubt.

SZENARIO 2 ► MU bemüht sich nach besten Kräften, die Organe und/oder den Abschlussprüfer von AU zur Zusammenarbeit zu bewegen, diese lehnen ab.

Mögliche Folgerungen von MU für den Konzernabschluss:

- Die *Equity*-Konsolidierung erfolgt im Vertrauen auf den testierten Jahresabschluss von AU (→ § 312 Rz. 18 ff.). Ein uneingeschränkter Bestätigungsvermerk kann hier nicht erteilt werden.
- Mangelnde Durchsetzung der Zusammenarbeit belegt den fehlenden maßgeblichen Einfluss. Daher bilanziert das Mutterunternehmen statt nach der *Equity*- nach der Anschaffungskostenmethode.

Es stellen sich anhand des Beispiels folgende weitere Fragen:

- Können die Vorschriften zur Zusammenarbeit des Konzernabschlussprüfers mit dem Teilbereichsprüfer überhaupt für die Anschaffungskostenmethode gelten? § 317 Abs. 3 HGB spricht von den im Konzernabschluss zusammengefassten Jahresabschlüssen, was bei einer zu Anschaffungskosten bilanzierten Beteiligung gerade nicht der Fall ist.
- Resultiert aus fehlenden Auskünften/Nachweisen nicht nur dann ein Prüfungshemmnis, wenn entweder das zu prüfende Unternehmen selbst die gesetzlich vorgegebenen Auskünfte etc. unzureichend erfüllt oder die Nichtdurchsetzung entsprechender rechtlicher Möglichkeiten gegenüber anderen Unternehmen des Konsolidierungskreises verschuldet? Oder kann auch die Nichterfüllung von gesetzlich nicht verankerten Auskunfts- und Nachweisanforderungen durch andere Personen dem Unternehmen angelastet werden?

88a Auch für den Konzern-**Teilbereichsprüfer** können sich Informationsprobleme im Hinblick auf die Erfüllung der Tatbestandsvoraussetzungen des § 285 Nr. 17 letzter Satzteil HGB (→ § 285 Rz. 123) ergeben. Die Befreiung von der Angabepflicht über **Abschlussprüferhonorare** bei großen Tochter- oder Gemeinschaftsunternehmen (nicht assoziierten Unternehmen) setzt deren Erfassung im Konzernabschluss des (obersten) Mutterunternehmens voraus. Bei Beendigung der Prüfung des Tochter- oder Gemeinschaftsunternehmens ist diese Erfassung förmlich selten definitiv. Dazu schlägt das IDW in PH 9.200.2 folgende Vorgehensweise für den Abschlussprüfer vor:

- Der Abschlussprüfer kann „grundsätzlich" von der Einbeziehung der Prüfungshonorare „seiner" Gesellschaft ausgehen, wenn keine Anhaltspunkte für die Nichterfüllung bestehen, muss sich aber die spätere Erfüllung – nach Prüfungsbeendigung! – nachweisen lassen.
- Im Prüfungsbericht ist auf die fehlende Beurteilungsmöglichkeit im Zeitpunkt der Prüfungsbeendigung hinzuweisen.
- Wenn der Abschlussprüfer aufgrund der Verhaltensweise in den Vorjahren von einer Einbeziehung der Prüfungshonorare in den Konzernabschluss **nicht ausgeht** und die Einbeziehung auch für das aktuelle Jahr nicht zu erwarten ist, muss er die gesetzlichen Vertreter entsprechend informieren. Unterbleibt dann gleichwohl die Angabe im Anhang, soll „grundsätzlich" (ausnahmslos?) ein **wesentlicher** Fehler (→ § 284 Rz. 30a) vorliegen, was zu einer Testatseinschränkung dem IDW zufolge führen muss. Unseres Erachtens lässt sich das „grundsätzlich" sinnvollerweise auch als „Ausnahmen erlaubend" interpretieren.
- Eine Korrektur dieses Fehlers kann regelmäßig „in **laufender Rechnung"** – also im neuen Geschäftsjahr nach Art der bilanziellen Fehlerberichtigung (→ § 252 Rz. 250) – erfolgen.
- Erfolgt keine Fehlerberichtigung, ist darüber im Prüfungsbericht nach § 321 Abs. 1 Satz 3 HGB zu informieren (→ § 321 Rz. 32).

- Die Kenntnis über die Nichterfüllung der Befreiungspflicht zwingt den Abschlussprüfer „grundsätzlich" zum **Widerruf** des Bestätigungsvermerks (→ § 322 Rz. 87), aber nur wenn die Gesellschaft nicht zur Fehlerkorrektur bereit ist. Unseres Erachtens ist diese Vorgabe überzogen, denn der gesetzlich geregelte Widerruf des Bestätigungsvermerks muss auf besondere **Ausnahmefälle** beschränkt sein.

Den **Konzernabschlussprüfer** trifft die Verpflichtung zur Überwachung der Befreiungsvoraussetzungen der Tochter- oder Gemeinschaftsunternehmen bzgl. der Einhaltung der Voraussetzungen (Einbeziehung in den Konzernanhang). Wenn hier ausnahmsweise ein wesentlicher Fehler vorliegen sollte, muss der Bestätigungsvermerk zum Konzernabschluss eingeschränkt werden.

V. Anwendung der Prüfungsvorschriften auf „PIEs" (Abs. 3a und Abs. 3b HGB)

Abs. 3a a. F. hielt für die Abschlussprüfung kapitalmarktorientierter Unternehmen den Vorrang der EU-APrVO fest. Diese Bestimmung ist nun in § 316a HGB enthalten. 88b

Abs. 3a ist durch das FISG entfallen und inhaltlich in den neuen § 316a HGB übernommen worden.

Kapitalmarktorientierte Unternehmen haben ihre Abschlüsse in einem einheitlichen elektronischen Format (**ESEF**) offenzulegen (→ § 328 Rz. 5a). Abs. 3a n. F. zieht die Folgerungen für Prüfungsgegenstand und -umfang. Der Abschlussprüfer hat zu prüfen, ob die für Zwecke der Offenlegung erstellten **elektronischen Wiedergaben** der Abschlüsse und Lageberichte mit den Vorgaben des § 328 Abs. 1 HGB in Einklang stehen. 88c

- Neben der Vollständigkeit und Richtigkeit (§ 328 Abs. 1 Satz 2 HGB) und in diesem Zusammenhang der Frage, ob die für Zwecke der Offenlegung erstellten Wiedergaben **den aufgestellten Unterlagen entsprechen,**
- geht es vor allem um die Einhaltung der ESEF-Vorgaben (→ § 328 Rz. 5a). Der Abschlussprüfer hat zu beurteilen, ob die Wiedergaben in allen wesentlichen Belangen **„ESEF-konform"** sind. Dies entspricht auch den am 28.11.2019 angenommenen Leitlinien des Ausschusses der Europäischen Aufsichtsstellen für Abschlussprüfer.[1] Auf diese Beurteilung ist im Bestätigungsvermerk gesondert einzugehen (→ § 322 Rz. 125).

Das IDW hat im Oktober 2021 den Prüfungsstandard PS 410 „Prüfung der für Zwecke der Offenlegung erstellten elektronischen Wiedergaben von Abschlüssen und Lageberichten nach § 317 Abs. 3a HGB" verabschiedet. Der Standard adressiert

- sowohl Fragen der Prüfungsdurchführung (Dreiteilung in technische Gültigkeit, XHTML-Wiedergabe und iXBRL-Auszeichnung) als auch
- den Bestätigungsvermerk (als „Hinweis auf einen sonstigen Sachverhalt" Angabe, dass der Bestätigungsvermerk immer im Zusammenhang mit dem geprüften Abschluss, dem geprüften Lagebericht und den geprüften ESEF-Unterlagen zu lesen ist und es sich bei dem in das ESEF-Format überführten Abschluss und Lagebericht lediglich um elektronische Wiedergaben des geprüften Abschlusses und des geprüften Lageberichts handelt, die nicht an deren Stelle treten → § 322 Rz. 125).

1 CEAOB, Guidelines on the auditor's involvement on financial statements in European Single Electronic Format.

Praktisch ergibt sich aus den erweiterten Prüfungsanforderungen, dass zum Zeitpunkt der Erteilung des Bestätigungsvermerks neben dem aufgestellten Abschluss (samt Lagebericht und auf beides bezogenen Eiden) auch bereits die ESEF-konforme Wiedergabe vorliegen muss.

VI. Die Prüfung des Risikofrüherkennungssystems (Abs. 4)

1. Verpflichtung des Vorstands

89 Der Vorstand einer Aktiengesellschaft ist nach § 91 Abs. 2 AktG zur Einrichtung eines sog. „Risikofrüherkennungssystems" verpflichtet. Diese Früherkennung soll durch „Maßnahmen", insbesondere der Einrichtung eines „Überwachungssystems", erreicht werden. Die dadurch zu ermöglichende „Erkenntnis" bezieht sich auf **bestandsgefährdende** Risiken, also nicht generell auf wesentliche Risiken der Geschäftstätigkeit überhaupt, deren Berichterstattung im Lagebericht ohnehin vorgeschrieben ist (→ § 289 Rz. 33 ff.). Die Prüfungspflicht bzgl. § 91 Abs. 2 AktG beschränkt sich auf **börsennotierte** Aktiengesellschaften (→ § 264 Rz. 13).

90 Dieser Gesetzesvorgabe soll nach der ursprünglichen Begründung[1] sowie ähnlicher Begründung im Regierungsentwurf des FISG[2] „Ausstrahlungswirkung" auch für **andere Geschäftsformen** zukommen. Wenn man das Risiko als notwendige Begleiterscheinung des Wirtschaftslebens betrachtet, muss sich jeder Geschäftsleiter mit ihm befassen, erst recht natürlich mit bestandsgefährdenden Risiken. Um dies zu „managen", kann man das Risiko minimieren oder gar ausschalten, es an Dritte (gegen Entgelt) übertragen oder es im Interesse höherer Chancen in Kauf nehmen. Die Form dieses „Befassens" ist dabei offen. Dem Vorstand einer börsennotierten Aktiengesellschaft ist seit Einführung von § 91 Abs. 3 AktG auferlegt, „ein im Hinblick auf den Umfang der Geschäftstätigkeit und die Risikolage des Unternehmens angemessenes und wirksames internes Kontrollsystem und Risikomanagementsystem einzurichten". Nach der Gesetzesbegründung wird er damit i. d. R. auch seiner Verpflichtung aus § 91 Abs. 2 AktG nachkommen, so dass sich die gesonderte Einrichtung eines dem folgenden Überwachungssystems erübrigt.[3]

2. Das Prüfungsobjekt

91 Der Vorstand der börsennotierten Gesellschaft ist ohnehin zur Einrichtung eines Risikomana**gement**systems verpflichtet. Dieses sollte auch der frühestmöglichen Erkennung bestandsgefährdender Risiken dienen.

92 Formal bedarf ein solches System der **Dokumentation,** z. B. in Form eines Risikohandbuchs (→ § 289 Rz. 76). Die unterbliebene Dokumentation eines Risikofrüherkennungssystems kann zur Anfechtbarkeit des Beschlusses für die Entlastung des Vorstands führen.[4] Ob durch solche Dokumentations- und Kommunikationssysteme die Bestandsgefährdung rechtzeitig erkannt wird und insbesondere auch eine Gegensteuerung erfolgt, darf man spätestens seit der Subprime-Krise mit einer gebührenden Portion Skepsis beurteilen. Von einer „Erfüllung seiner Aufgaben" – frühzeitige Erkennung der Bestandsgefährdung – war jedenfalls bei den sog. system-

1 Vgl. BR-Drucks. 872/97 S. 72.
2 RegE FISG S. 134.
3 RegE FISG S. 135.
4 LG München I, Urteil v. 5.4.2007 – 5 HK O 15964/06, ZIP 2007 S. 1951.

relevanten Konzernen nicht viel zu erkennen. Oder aber das „System" hat funktioniert, doch hat man sich unternehmenspolitisch nicht daran orientiert (→ § 289 Rz. 82).

3. Die Prüfungshandlungen mit Berichterstattung

Man kann das Früherkennungssystem der Risiken als Anhängsel des rechnungslegungsbezogenen IKS betrachten. Deshalb ist bei der Prüfungsplanung darauf aufzubauen (→ Rz. 22). Die Prüfung selbst ist gem. IDW PS 340 Tz. 4 als **Systemprüfung** in folgenden Schritten entsprechend dem Gesetzeswortlaut auszurichten:[1] 93

- Feststellung der getroffenen „Maßnahmen" der Früherkennung,
- Beurteilung der „Eignung" dieser Maßnahmen,
- Prüfung der Einhaltung der Vorgaben zur „Erfüllung der Aufgaben".

Die Prüfung soll zu folgenden Feststellungen führen:

- Hat der Vorstand die Obliegenheit des § 91 Abs. 2 AktG (→ Rz. 89) erfüllt?
- Kann das Überwachungssystem seine Aufgaben erfüllen?

Das Prüfungsergebnis, insbesondere negative Feststellungen, ist Gegenstand des Prüfungs**berichts** nach § 321 Abs. 4 HGB (→ § 321 Rz. 74). Eine Berichterstattung im Bestätigungsvermerk ist nicht zulässig (IDW PS 340 Tz. 47; → § 322 Rz. 41). Zur Formulierung des Prüfungsurteils im Prüfungsbericht bei fehlenden Mängeln, bei wesentlichen Mängeln und bei Prüfungshemmnissen enthält IDW PS 340 Tz. 49 ff. Beispiele.

Nach der Gesetzesbegründung[2] muss ein **Konzern**mutterunternehmen ein Risikofrüherkennungssystem konzernweit installieren, sofern von Tochtergesellschaften bestandsgefährdende Entwicklungen für das Mutterunternehmen ausgehen können. Dem Konzernabschlussprüfer obliegt dessen Einbeziehung in die Prüfung des Mutterunternehmens (IDW PS 340 Tz. 23 f.) 94

VII. Einschränkung des Prüfungsumfangs (Abs. 4a HGB)

In → Rz. 13 sind die Prüfungsziele positiv dargestellt. Abs. 4a stellt eine Negativklausel zum **Inhalt** der Abschlussprüfung dar. Die Prüfung hat sich nicht auf die Zusicherung 94a

- des Fortbestandes des geprüften Unternehmens und
- die Wirtschaftlichkeit der Geschäftsführung

zu erstrecken.

Diese Gesetzespassage dient der Reduzierung der sog. Erwartungslücke (→ § 322 Rz. 4); die Abschlussadressaten sollen sich nicht einer unerfüllbaren Erwartung an die Leistungsfähigkeit einer Abschlussprüfung hingeben.

VIII. Die Anwendung internationaler Prüfungsstandards (Abs. 5)

Bereits in der Vergangenheit hatte das IDW auf die möglichst weitgehende inhaltliche Übereinstimmung seiner Prüfungsstandards mit den internationalen Prüfungsstandards **(International Standards on Accounting = ISA)** geachtet, soweit nicht Besonderheiten des deutschen Rechts (etwa der Prüfungsbericht nach § 321 HGB) und/oder europäische Vorgaben (Lagebe- 95

1 Vgl. zum Ganzen auch *Berger et al.*, DB 2021 S. 2709 ff.
2 Vgl. BR-Drucks. 872/97 S. 36 f.

richterstattung, EU-APrVO für PIEs) dem entgegenstanden. Inhaltlich, wenngleich nicht in Wortlaut, Struktur usw., konnte man von einer weitgehenden Transformation der von der International Federation of Accountants (IFAC) herausgegebenen ISA sprechen.

Abs. 5 verlangt weitergehend, dass der Abschlussprüfer die ISA anwendet, die von der Europäischen Kommission in dem Verfahren nach Art. 26 Abs. 3 der Richtlinie 2006/43/EG des Europäischen Parlaments und des Rates vom 17. 5. 2006 über Abschlussprüfungen von Jahresabschlüssen und konsolidierten Abschlüssen angenommen (endorsed) worden sind. Nach Art. 26 der „EU-RL" (→ Rz. 5) sind Abschlussprüfungen nach den **ISA** durchzuführen, aber erst wenn die Kommission diese im sog. Komitologieverfahren eingeführt hat. Dazu ist der Kommission in Art. 9 der EU-APrVO ein Prüfungsverfahren auferlegt: Die ISA dürfen die Regelungen der Richtlinie nicht ergänzen oder ändern.

Bis zu einem **Endorsement** sind die gültigen nationalen Standards zur Abschlussprüfung zu verwenden.

96–97 *(einstweilen frei)*

97a Die Möglichkeit, bis zu einem Endorsement nationale Standards weiterhin zu nutzen, läuft aber für Deutschland ab 2022 (bei kalendergleichem Geschäftsjahr) aus folgendem Grund inhaltlich weitgehend ins Leere: Teils in Reaktion auf Abs. 5, teils wegen der zunehmenden Internationalisierung des Prüfungsgeschäfts hat das **IDW** im November 2016 den Grundsatzbeschluss gefasst, von der „freien" Transformation der ISA (→ Rz. 95) auf ein sog. **Integrationsmodell** überzugehen, d. h. die internationalen Standards zu übersetzen und an den jeweils einschlägigen Stellen Ergänzungen und Ausnahmen aufgrund deutscher bzw. europäischer Besonderheiten in Form von sog. D-Textziffern oder in Form eckiger Klammern einzufügen (sog. **ISA [DE]**). Die Anwendung der ISA [DE] war bei kalendergleichem Geschäftsjahr für das Geschäftsjahr 2021 vorgesehen. Wegen der Corona-Krise hat der Hauptfachausschuss des IDW dies mit Entscheidung vom 26.3.2020 um ein Jahr verschoben, bei kalendergleichem Geschäftsjahr also auf das Jahr 2022. Für Gesellschaften, die keine Unternehmen öffentlichen Interesses i. S. von § 316a HGB sind, hat der HFA des IDW im Juni 2022 eine Verschiebung des Pflichtanwendungszeitpunkts um ein weiteres Jahr, bei Kalendergleichheit also auf das Geschäftsjahr 2023, verkündet. Eine vorzeitige Anwendung ist jeweils zulässig. Nachfolgende Tabelle gibt einen Überblick über die bisher vorgelegten ISA [DE] und nennt die Verweisstellen, an denen diese von uns kommentiert werden:

ISA [DE]	Titel	IDW-PS-Pendant	Kommentiert unter	Nationale und EU-Besonderheiten
ISA [DE] 200	Übergeordnete Ziele des unabhängigen Prüfers und Durchführung einer Prüfung in Übereinstimmung mit den ISA	IDW PS 200 IDW PS 201	Rz. 8, Rz. 15, Rz. 21	
ISA [DE] 210	Vereinbarung der Auftragsbedingungen für Prüfungsaufträge	IDW PS 220	Rz. 26	
ISA [DE] 230	Prüfungsdokumentation	IDW PS 460	Rz. 58	
ISA [DE] 240	Verantwortlichkeiten des Abschlussprüfers bei dolosen Handlungen	IDW PS 210	Rz. 32b	

ISA (DE) 250	Berücksichtigung der Auswirkungen von Gesetzen und Regulierungen auf die Prüfung eines Abschlusses	IDW PS 210	Rz. 34	
ISA [DE] 300	Planung einer Abschlussprüfung	IDW PS 240	Rz. 27, Rz. 55a	Kommunikation mit bisherigem Abschlussprüfer (§ 42 BS), PIE-Prüfungen (Art. 18 EU-APrVO)
ISA [DE] 315	Identifizierung und Beurteilung der Risiken wesentlicher falscher Darstellungen	IDW PS 230 IDW PS 261	Rz. 27	Auftragskündigung nur aus wichtigem Grund (§ 318 Abs. 6 HGB)
ISA [DE] 320	Wesentlichkeit bei der Planung und Durchführung einer Abschlussprüfung	IDW PS 250	Rz. 20	Geschäftsjahr maximal zwölf Monate (§ 242 i.V. mit § 240 Abs. 2 Satz 2 HGB)
ISA [DE] 330	Reaktionen des Abschlussprüfers auf beurteilte Risiken	IDW PS 261	Rz. 39	
ISA [DE] 402	Überlegungen bei der Abschlussprüfung von Einheiten, die Dienstleister in Anspruch nehmen	IDW PS 331	Rz. 57b	
ISA [DE] 450	Beurteilung der während der Abschlussprüfung identifizierten falschen Darstellungen	IDW PS 250	Rz. 20a	
ISA [DE] 500	Prüfungsnachweise	IDW PS 300	Rz. 39, Rz. 55a	
ISA [DE] 501	Prüfungsnachweise – Besondere Überlegungen zu ausgewählten Sachverhalten	IDW PS 300 IDW PS 301	Rz. 38	
ISA [DE] 505	Externe Bestätigungen	IDW PS 302	Rz. 39	
ISA [DE] 510	Eröffnungsbilanzwerte bei Erstprüfungsaufträgen	IDW PS 205	Rz. 57	Auswertung des letzten Prüfungsberichts, Informationspflicht des vorherigen Abschlussprüfers (§ 42 Abs. 4 BS), PIE-Prüfungen (Art. 18 Satz 1 EU-APrVO)
ISA [DE] 520	Analytische Prüfungshandlungen	IDW PS 312	Rz. 51	
ISA [DE] 530	Stichprobenprüfungen	IDW PS 310	Rz. 25	
ISA [DE] 540	Prüfung geschätzter Werte in der Rechnungslegung und damit zusammenhängender Abschlussangaben	IDW PS 314	Rz. 55a	
ISA [DE] 550	Nahestehende Personen	IDW PS 255	Rz. 49	Besondere Anforderungen bei Abhängigkeitsbericht (§ 312 f. AktG)
ISA [DE] 560	Nachträgliche Ereignisse	IDW PS 203	Rz. 49	Gesetzliche Regelungen für Nachtragsprüfung (§ 316 Abs. 3 HGB)
ISA [DE] 580	Schriftliche Erklärungen	IDW PS 303	Rz. 47	
ISA [DE] 600	Besondere Überlegungen zu Konzernabschlussprüfungen	IDW PS 320	Rz. 84	Auskunfts- und Vorlagerechte (§ 320 HGB), BSV (IDW PS 400 ff.)
ISA [DE] 610	Nutzung der Tätigkeit interner Revisoren	IDW PS 321	Rz. 25	Direkte Unterstützung durch interne Revision unzulässig (§ 319 Abs. 3 Satz 1 Nr. 4 i.V. mit Nr. 2 HGB)

ISA [DE] 620	Nutzung der Tätigkeit eines Sachverständigen des Abschlussprüfers	IDW PS 322	Rz. 32a	Bei PIEs Bestätigung des Sachverständigen hinsichtlich seiner Unabhängigkeit (Art. 11 Abs. 2 Buchst. c) EU-APrVO)
ISA [DE] 710	Vergleichsinformationen, Vergleichsangaben und Vergleichsabschlüsse	IDW PS 318	Rz. 38, Rz. 57b	
ISA [DE] 720	Verantwortlichkeiten des Abschlussprüfers im Zusammenhang mit sonstigen Informationen	Unter anderem IDW PS 202	Rz. 67a	

98 Nicht als ISA [DE], sondern als originäre IDW PS werden solche Standards fortgeführt, die in sehr hohem Maße durch nationale Besonderheiten geprägt sind. Es handelt sich im Einzelnen um:

- IDW PS 270 zur Beurteilung der Fortführung der Unternehmenstätigkeit,
- IDW-PS-400er-Reihe zum Bestätigungsvermerk (IDW PS 400 ff.), zum Prüfungsbericht (IDW PS 450), zur Kommunikation mit dem Aufsichtsrat (IDW PS 470) und zur Mitteilung von Mängeln im IKS (IDW PS 475),
- IDW PS 350 zum Lagebericht,
- IDW PS 201 zu Rechnungslegungs- und Prüfungsgrundsätzen,
- IDW PS 208 zu Gemeinschaftsprüfungen,
- IDW PS 345 zum Corporate Governance Kodex.

99 Zu materiellen Änderungen der Prüfungspraxis durch die ISA [DE] gibt ein Fragen-und-Antworten-Katalog des IDW Auskunft.[1] Im Wesentlichen geht es um Folgendes:

- Für die nach § 321 Abs. 2 Satz 1 HGB geforderte Beurteilung der Gesetzeskonformität der **Buchführung** (→ Rz. 6) sind zusätzliche Prüfungshandlungen nicht mehr erforderlich. Die Beurteilung lässt sich aus der Gesamtheit aller Prüfungsbeobachtungen, z. B. aus Ursachen und Umständen festgestellter Falschdarstellungen, ableiten.
- An die Stelle der Verpflichtung, **Bankbestätigungen** einzuholen (→ Rz. 40), tritt eine ermessensbehaftete Entscheidung, die beispielsweise zwischen reinen Zahlungsverkehrsbeziehungen und Hausbankbeziehungen unterscheidet. Auch ohne Aufforderung des Abschlussprüfers aufgrund einer Vereinbarung von Mandant und Kreditinstitut erstellte regelmäßige Bestätigungsschreiben können ein geeigneter Prüfungsnachweis sein.
- Bei einer **Erstprüfung** ist zwingend mit dem bisherigen Prüfer zu kommunizieren.
- Die Unterschrift der Geschäftsführung unter den aufgestellten Abschluss ersetzt nicht die **Vollständigkeitserklärung** (→ Rz. 47). Eine explizite Aussage des Managements zu Übernahme der Gesamtverantwortung ist erforderlich.

IX. Rechtsverordnung (Abs. 6)

100 Durch eine nicht zustimmungspflichtige Rechtsverordnung kann das Bundesjustizministerium die Anwendung weiterer Prüfungsstandards zusätzlich zu denen nach Abs. 5 vorschreiben. Vor Annahme der ISA durch die EU ist Abs. 6 ohne Relevanz.

1 IDW, F&A zu ISA [DE].

§ 318 Bestellung und Abberufung des Abschlussprüfers

(1) [1]Der Abschlussprüfer des Jahresabschlusses wird von den Gesellschaftern gewählt; den Abschlussprüfer des Konzernabschlusses wählen die Gesellschafter des Mutterunternehmens. [2]Bei Gesellschaften mit beschränkter Haftung und bei offenen Handelsgesellschaften und Kommanditgesellschaften im Sinne des § 264a Abs. 1 kann der Gesellschaftsvertrag etwas anderes bestimmen. [3]Der Abschlussprüfer soll jeweils vor Ablauf des Geschäftsjahrs gewählt werden, auf das sich seine Prüfungstätigkeit erstreckt. [4]Die gesetzlichen Vertreter, bei Zuständigkeit des Aufsichtsrats dieser, haben unverzüglich nach der Wahl den Prüfungsauftrag zu erteilen. [5]Der Prüfungsauftrag kann nur widerrufen werden, wenn nach Absatz 3 ein anderer Prüfer bestellt worden ist.

[vor FISG:] (1a) [1]Die Höchstlaufzeit des Prüfungsmandats nach Artikel 17 Absatz 1 Unterabsatz 2 der Verordnung (EU) Nr. 537/2014 verlängert sich auf 20 Jahre, wenn der Wahl für das elfte Geschäftsjahr in Folge, auf das sich die Prüfungstätigkeit des Abschlussprüfers erstreckt, ein im Einklang mit Artikel 16 Absatz 2 bis 5 der Verordnung (EU) Nr. 537/2014 durchgeführtes Auswahl- und Vorschlagsverfahren vorausgeht. [2]Werden ab dem in Satz 1 genannten elften Geschäftsjahr mehrere Wirtschaftsprüfer oder Wirtschaftsprüfungsgesellschaften gemeinsam zum Abschlussprüfer bestellt, verlängert sich die Höchstlaufzeit des Prüfungsmandats gemäß Artikel 17 Absatz 1 Unterabsatz 2 der Verordnung (EU) Nr. 537/2014 auf 24 Jahre.

[nach FISG:] (1a) Eine Vereinbarung, die die Wahlmöglichkeiten nach Absatz 1 auf bestimmte Kategorien oder Listen von Prüfern oder Prüfungsgesellschaften beschränkt, ist nichtig.

[vor FISG:] (1b) Eine Vereinbarung, die die Wahlmöglichkeiten nach Absatz 1 auf bestimmte Kategorien oder Listen von Prüfern oder Prüfungsgesellschaften beschränkt, ist nichtig.
[nach FISG:] (1b) jetzt (1a)

(2) [1]Als Abschlussprüfer des Konzernabschlusses gilt, wenn kein anderer Prüfer bestellt wird, der Prüfer als bestellt, der für die Prüfung des in den Konzernabschluss einbezogenen Jahresabschlusses des Mutterunternehmens bestellt worden ist. [2]Erfolgt die Einbeziehung aufgrund eines Zwischenabschlusses, so gilt, wenn kein anderer Prüfer bestellt wird, der Prüfer als bestellt, der für die Prüfung des letzten vor dem Konzernabschlussstichtag aufgestellten Jahresabschlusses des Mutterunternehmens bestellt worden ist.

[vor FISG:] (3) [1]Auf Antrag der gesetzlichen Vertreter, des Aufsichtsrats oder von Gesellschaftern, deren Anteile bei Antragstellung zusammen den zwanzigsten Teil der Stimmrechte oder des Grundkapitals oder einen Börsenwert von 500 000 Euro erreichen, hat das Gericht nach Anhörung der Beteiligten und des gewählten Prüfers einen anderen Abschlussprüfer zu bestellen, wenn

1. dies aus einem in der Person des gewählten Prüfers liegenden Grund geboten erscheint, insbesondere, wenn ein Ausschlussgrund nach § 319 Absatz 2 bis 5 oder nach den §§ 319a und 319b besteht oder ein Verstoß gegen Artikel 5 Absatz 4 Unterabsatz 1 oder Absatz 5 Unterabsatz 2 Satz 2 der Verordnung (EU) Nr. 537/2014 vorliegt, oder
2. die Vorschriften zur Bestellung des Prüfers nach Artikel 16 der Verordnung (EU) Nr. 537/2014 oder die Vorschriften zur Laufzeit des Prüfungsmandats nach Artikel 17 der Verordnung (EU) Nr. 527/2014 nicht eingehalten worden sind.

[2]Der Antrag ist binnen zwei Wochen nach dem Tag der Wahl des Abschlussprüfers zu stellen; Aktionäre können den Antrag nur stellen, wenn sie gegen die Wahl des Abschlussprüfers bei der Beschlussfassung Widerspruch erklärt haben. [3]Wird ein Befangenheitsgrund erst nach der Wahl bekannt oder tritt ein Befangenheitsgrund erst nach der Wahl ein, ist der Antrag binnen zwei Wochen nach dem Tag zu stellen, an dem der Antragsberechtigte Kenntnis von den befangenheitsbegründenden Umständen erlangt hat oder ohne grobe Fahrlässigkeit hätte erlangen müssen. [4]Stellen Aktionäre den Antrag, so haben sie glaubhaft zu machen, dass sie seit mindestens drei Monaten vor dem Tag der Wahl des Abschlussprüfers Inhaber der Aktien sind. [5]Zur Glaubhaftmachung genügt eine eidesstattliche Versicherung vor einem Notar. [6]Un-

terliegt die Gesellschaft einer staatlichen Aufsicht, so kann auch die Aufsichtsbehörde den Antrag stellen. [7]Der Antrag kann nach Erteilung des Bestätigungsvermerks, im Fall einer Nachtragsprüfung nach § 316 Abs. 3 nach Ergänzung des Bestätigungsvermerks nicht mehr gestellt werden. [8]Gegen die Entscheidung ist die Beschwerde zulässig.

[nach FISG:] (3) [1]Auf Antrag der gesetzlichen Vertreter, des Aufsichtsrats oder von Gesellschaftern, deren Anteile bei Antragstellung zusammen den zwanzigsten Teil der Stimmrechte oder des gezeichneten Kapitals oder einen Börsenwert von 500 000 Euro erreichen, hat das Gericht nach Anhörung der Beteiligten und des gewählten Prüfers einen anderen Abschlussprüfer zu bestellen, wenn

1. dies aus einem in der Person des gewählten Prüfers liegenden Grund geboten erscheint, insbesondere, wenn ein Ausschlussgrund nach § 319 Absatz 2 bis 5 oder nach § 319b besteht oder ein Verstoß gegen Artikel 5 Absatz 4 Unterabsatz 1 Satz 1 oder Absatz 5 Unterabsatz 2 Satz 2 der Verordnung (EU) Nr. 537/2014 vorliegt, oder
2. die Vorschriften zur Bestellung des Prüfers nach Artikel 16 der Verordnung (EU) Nr. 537/2014 oder die Vorschriften zur Laufzeit des Prüfungsmandats nach Artikel 17 der Verordnung (EU) Nr. 527/2014 nicht eingehalten worden sind.

[2]Der Antrag ist binnen zwei Wochen nach dem Tag der Wahl des Abschlussprüfers zu stellen; Aktionäre können den Antrag nur stellen, wenn sie gegen die Wahl des Abschlussprüfers bei der Beschlussfassung Widerspruch erklärt haben. [3]Wird ein Grund zur Bestellung eines anderen Abschlussprüfers als des gewählten Prüfers erst nach dessen Wahl bekannt oder tritt ein solcher Grund erst nach dessen Wahl ein, ist der Antrag binnen zwei Wochen nach dem Tag zu stellen, an dem der Antragsberechtigte Kenntnis von den antragsbegründenden Umständen erlangt hat oder ohne grobe Fahrlässigkeit hätte erlangen müssen. [4]Stellen Aktionäre den Antrag, so haben sie glaubhaft zu machen, dass sie seit mindestens drei Monaten vor dem Tag der Wahl des Abschlussprüfers Inhaber der Aktien sind. [5]Zur Glaubhaftmachung genügt eine eidesstattliche Versicherung vor einem Notar. [6]Unterliegt die Gesellschaft einer staatlichen Aufsicht, so kann auch die Aufsichtsbehörde den Antrag stellen. [7]Der Antrag kann nach Erteilung des Bestätigungsvermerks, im Fall einer Nachtragsprüfung nach § 316 Abs. 3 nach Ergänzung des Bestätigungsvermerks nicht mehr gestellt werden. [8]Gegen die Entscheidung ist die Beschwerde zulässig.

(4) [1]Ist der Abschlussprüfer bis zum Ablauf des Geschäftsjahrs nicht gewählt worden, so hat das Gericht auf Antrag der gesetzlichen Vertreter, des Aufsichtsrats oder eines Gesellschafters den Abschlussprüfer zu bestellen. [2]Gleiches gilt, wenn ein gewählter Abschlussprüfer die Annahme des Prüfungsauftrags abgelehnt hat, weggefallen ist oder am rechtzeitigen Abschluss der Prüfung verhindert ist und ein anderer Abschlussprüfer nicht gewählt worden ist. [3]Die gesetzlichen Vertreter sind verpflichtet, den Antrag zu stellen. [4]Gegen die Entscheidung des Gerichts findet die Beschwerde statt; die Bestellung des Abschlussprüfers ist unanfechtbar.

(5) [1]Der vom Gericht bestellte Abschlussprüfer hat Anspruch auf Ersatz angemessener barer Auslagen und auf Vergütung für seine Tätigkeit. [2]Die Auslagen und die Vergütung setzt das Gericht fest. [3]Gegen die Entscheidung findet die Beschwerde statt; die Rechtsbeschwerde ist ausgeschlossen. [4]Aus der rechtskräftigen Entscheidung findet die Zwangsvollstreckung nach der Zivilprozessordnung statt.

(6) [1]Ein von dem Abschlussprüfer angenommener Prüfungsauftrag kann von dem Abschlussprüfer nur aus wichtigem Grund gekündigt werden. [2]Als wichtiger Grund ist es nicht anzusehen, wenn Meinungsverschiedenheiten über den Inhalt des Bestätigungsvermerks, seine Einschränkung oder Versagung bestehen. [3]Die Kündigung ist schriftlich zu begründen. [4]Der Abschlussprüfer hat über das Ergebnis seiner bisherigen Prüfung zu berichten; § 321 ist entsprechend anzuwenden.

(7) [1]Kündigt der Abschlussprüfer den Prüfungsauftrag nach Absatz 6, so haben die gesetzlichen Vertreter die Kündigung dem Aufsichtsrat, der nächsten Hauptversammlung oder bei Gesellschaften mit beschränkter Haftung den Gesellschaftern mitzuteilen. [2]Den Bericht des bisherigen Abschlussprüfers haben die gesetzlichen Vertreter unverzüglich dem Aufsichtsrat vorzulegen. [3]Jedes Aufsichtsratsmitglied hat das Recht, von dem Bericht Kenntnis zu nehmen. [4]Der Bericht ist auch jedem Aufsichtsratsmitglied oder, soweit der Aufsichtsrat dies beschlossen hat, den Mitgliedern eines Ausschusses auszuhändigen. [5]Ist der Prüfungsauf-

trag vom Aufsichtsrat erteilt worden, obliegen die Pflichten der gesetzlichen Vertreter dem Aufsichtsrat einschließlich der Unterrichtung der gesetzlichen Vertreter.

(8) Die Wirtschaftsprüferkammer ist unverzüglich und schriftlich begründet durch den Abschlussprüfer und die gesetzlichen Vertreter der geprüften Gesellschaft von der Kündigung oder dem Widerruf des Prüfungsauftrages zu unterrichten.

Inhaltsübersicht

AUSGEWÄHLTE LITERATUR

Bode, Verfahren zur Auswahl des Abschlussprüfers nach Art 16 EU-VO – ausgewählte Fragen, BB 2016 S. 1707; *Farr*, Der verantwortliche Prüfungspartner – das unbekannte Wesen, WPg 2017 S. 115; *Gelhausen/Heinz*, Der befangene Abschlussprüfer, seine Ersetzung und sein Honoraranspruch, WPg 2005 S. 693; *Paal*, Rechtsfolgen und Rechtsbehelfe bei Inhabilität des Abschlussprüfers, DStR 2007 S. 1210.

I. Überblick

1 Der Regelungsgehalt des § 318 HGB umfasst die

- ► Bestellung,
- ► Abberufung und
- ► Ersetzung

des Abschlussprüfers.

2 Der materiell wichtigste Regelungsbereich betrifft die **Bestellung,** die sich in drei **Schritten** vollzieht:

- ► Wahl des Abschlussprüfers (→ Rz. 6 ff.),
- ► Erteilung des Prüfungsauftrags (→ Rz. 22 ff.),
- ► Annahme des Prüfungsauftrags (→ Rz. 22 ff.).

3 Für die **Konzern**abschlussprüfung liefert das Gesetz in Abs. 2 hilfsweise Fiktionen zur Bestellung (→ Rz. 30).

4 **„Störungen"** des üblichen Bestellungsverfahrens, die in der Praxis höchst selten sind, werden in den Abs. 3 bis 8 behandelt:

- ► Abs. 3: gerichtliche Ersetzung des gewählten Abschlussprüfers (→ Rz. 33 ff.),
- ► Abs. 4: gerichtliche Bestellung eines Abschlussprüfers (→ Rz. 39),
- ► Abs. 5: gerichtliche Vergütungsvorgabe (→ Rz. 44 ff.),
- ► Abs. 6–8: Kündigung des Prüfungsauftrags durch den Abschlussprüfer (→ Rz. 45 ff.).

II. Bestellung des Abschlussprüfers (Abs. 1 und 1a)

1. Die Rechtsakte

5 Zur wirksamen Bestellung des Jahresabschlussprüfers für gesetzlich vorgeschriebene Prüfungen bedarf es zweier Rechts**akte:**

- ► der Wahl (→ Rz. 6),
- ► der Beauftragung mit Annahme des Auftrags (→ Rz. 22).

2. Die Wahl (Abs. 1 Satz 1 und 2)

2.1 Rechtsformspezifika

6 Das Wahlverfahren ist nach Maßgabe der nachfolgenden Darstellung **rechtsformspezifisch** unterschiedlich strukturiert. Besonders förmlich geregelt ist die Vorgehensweise bei der Aktiengesellschaft im Hinblick auf sachliche Erfordernisse einer großen Publikumsgesellschaft. Bei den anderen Rechtsformen schließt sich das Wahlgeschehen der Idee nach an die Vorgaben für die Aktiengesellschaft an, kann bzw. muss indes in Einzelbereichen davon abweichen.

2.2 Die Aktiengesellschaft

7 Bei der Aktiengesellschaft unterbreitet der Aufsichtsrat nach § 124 Abs. 3 Satz 1 AktG einen Vorschlag, der durch Hauptversammlungsbeschluss angenommen werden muss (§ 119 Abs. 1 Nr. 4 AktG). Insoweit liegt zwingendes Recht vor, eine abweichende Regelung in der Satzung

oder privatautonom ist nicht möglich. Der Vorschlag des Aufsichtsrats soll sich auf die Empfehlung eines ggf. eingerichteten, bei Unternehmen öffentlichen Interesses verpflichtend zu bildenden Prüfungsausschuss stützen (→ § 317 Rz. 62). Der Hauptversammlungsbeschluss bedarf der einfachen Stimmenmehrheit, sofern in der Satzung keine höhere Quote vorgeschrieben ist (§ 133 Abs. 1 AktG). Dabei ist die Hauptversammlung an den Aufsichtsratsvorschlag nicht gebunden. Die Aktionäre können eigene Wahlvorschläge unterbreiten (§§ 126 f. AktG). Auch wenn gegen die Bestellung des Abschlussprüfers Bedenken nach §§ 319, 319a AktG bestehen, ist der Hauptversammlungsbeschluss weder anfechtbar noch nichtig. Dann kommt nur eine Ersetzung durch einen anderen Abschlussprüfer in Betracht (→ Rz. 33 ff.).

2.3 Kommanditgesellschaft auf Aktien

Nach § 285 Abs. 1 Satz 2 Nr. 6 AktG wählt wie bei der Aktiengesellschaft die Hauptversammlung den Abschlussprüfer. Dabei haben die persönlich haftenden Gesellschafter bei der Wahl kein Stimmrecht. Dies folgt konsequent aus der Funktion der persönlich haftenden Gesellschafter, die zur Erstellung des Jahresabschlusses verpflichtet sind (→ § 242 Rz. 4) und deshalb nicht über die dieses Werk prüfende Person mitbestimmen dürfen. Sie können indes nach Abs. 3 die Ersetzung des Abschlussprüfers betreiben. 8

2.4 Gesellschaft mit beschränkter Haftung

Ohne Aufsichtsratsbestellung ist bei der GmbH für die Wahl des Abschlussprüfers und des Konzernabschlussprüfers bei Konzernrechnungslegungspflicht die Gesellschafterversammlung zuständig, was aus den Vorschriften des § 46 Nr. 6 i. V. mit § 48 Abs. 1 GmbHG abzuleiten ist. Die Wahl erfolgt gem. § 47 Abs. 1 GmbHG durch einfachen Mehrheitsbeschluss, bei dem die Gesellschafter-Geschäftsführer **nicht** vom Stimmrecht ausgeschlossen sind. 9

Der **Gesellschaftsvertrag** kann hier anderes regeln, z. B. die Nichtstimmberechtigung eines Gesellschafter-Geschäftsführers oder eine qualifizierte Mehrheit (Abs. 1 Satz 2). Die Wahlzuständigkeit kann danach auf einen fakultativen Aufsichtsrat, einen Beirat oder einen Gesellschafterausschuss übertragen werden, u. E. aber nicht auf einen Geschäftsführer oder mehrere Geschäftsführer wegen der dann bestehenden Interessenkollision.[1] 10

Bei einem gesetzlich zwingend einzurichtenden Aufsichtsrat einer GmbH ist dieser nach § 111 Abs. 2 Satz 3 AktG i. V. mit § 52 Abs. 1 GmbHG für die Bestellung des Abschlussprüfers zuständig (→ § 268 Rz. 74). 11

2.5 „Kap. & Co."-Gesellschaften

Die zur Abschluss- und Konzernabschlussprüfung verpflichteten „Kap. & Co."-Gesellschaften i. S. des § 264a HGB (→ § 264a Rz. 5) müssen nach dem gesetzlichen Regelstatut das Wahlverfahren der Gesellschafterversammlung unter Einbeziehung von **Kommanditisten** durchführen. Dabei gilt das Mehrheitsprinzip. Die frühere BGH-Rechtsprechung[2] sah hier noch ein Grundlagengeschäft mit Einstimmigkeitserfordernis. Diese Rechtsprechung ist durch das „Otto-Urteil" des BGH (→ § 264c Rz. 33) überholt. Die Feststellung des Abschlusses gilt nicht mehr als 12

1 Vgl. *Ebke* in Münchener Kommentar zum Handelsgesetzbuch: HGB, 2. Aufl. 2009, § 318 Tz. 6, m. w. N.
2 BGH, Urteil v. 24.3.1980 – II ZR 88/79, BB 1980 S. 695.

Grundlagengeschäft, für die Wahl des Abschlussprüfers kann nichts anderes gelten.[1] Die Wahlkompetenz kann auf ein anderes Gremium übertragen werden.

Wie bei der GmbH sind hier **gesellschaftsvertraglich** andere Regelungen zulässig, also Übertragung auf einen Gesellschafterausschuss, einen ggf. bestellten Aufsichtsrat oder Beirat, u. E. nicht auf die geschäftsführenden Organe, um hier eine Interessenkollision zu vermeiden.[2]

2.6 Insolvenzverfahren

13 Nach § 155 Abs. 3 Satz 1 InsO ist mit der Eröffnung des Insolvenzverfahrens die Befugnis der Gesellschaftsorgane zur Bestellung des Abschlussprüfers aufgehoben.[3] Ab diesem Zeitpunkt kann der Abschlussprüfer nur noch auf Antrag des **Insolvenzverwalters** durch das **Gericht** bestellt werden. Allerdings bleibt nach § 155 Abs. 3 Satz 2 InsO die vor der Eröffnung des Insolvenzverfahrens erfolgte Bestellung des Abschlussprüfers unberührt. Der Insolvenzverwalter kann dann allenfalls bei Gericht die Bestellung eines neuen Abschlussprüfers beantragen.[4]

2.7 Gemeinschaftsprüfung *(joint audit)*

14 Zulässig ist die Wahl **mehrerer** Abschlussprüfer, insbesondere zu einer **Gemeinschafts**prüfung *(joint audit)*.[5] Der Singular in § 316 Abs. 1 Satz 1 HGB steht dem nicht entgegen (→ § 316 Rz. 5). Der Wahlbeschluss darf den für die Auftragserteilung zuständigen Organen kein Auswahlermessen überlassen. Nur die Wahl einer ganz **bestimmten** Person bzw. Gesellschaft ist zulässig.

Bei der Gemeinschaftsprüfung ergeben sich Besonderheiten beim Prüfungsbericht (→ § 321 Rz. 115) und beim Bestätigungsvermerk (→ § 322 Rz. 94).

3. Das Zeitmoment (Abs. 1 Satz 3)

15 Nach der Soll-Vorschrift soll die Wahl des Abschlussprüfers jeweils **vor** Ablauf des Geschäftsjahres erfolgen, auf das sich die Prüfungstätigkeit erstreckt. Diese Zeitvorgabe ist im Hinblick auf die ordnungsmäßige Durchführung der Abschlussprüfung (→ § 317 Rz. 13 ff.) sachlich zwingend, um zumindest eine angemessene **Planung** des Prüfungsgeschehens (→ § 317 Rz. 76 ff.) durchführen zu können (§ 24a BS WP/vBP). Allerdings ist die Vorgabe als Soll-Vorschrift ausgestaltet, so dass auch noch nach Ende des zu prüfenden Geschäftsjahres die Bestellung wirksam erfolgen kann. Allerdings ist in solchen Fällen unter Umständen wegen eines Prüfungshemmnisses (z. B. keine Inventurbeobachtung des Prüfers) nur ein **eingeschränkter** Bestätigungsvermerk zu erteilen (→ § 322 Rz. 52).

16 Die Bestellung erfolgt immer nur für **ein** Geschäftsjahr, ggf. auch ein Rumpfgeschäftsjahr.

17 Wegen gleichwohl nicht erfolgter Wahl des Abschlussprüfers wird auf → Rz. 39 verwiesen. Die nachträgliche Wahl ist so lange möglich, wie nicht von Gericht eine Bestellung erfolgt ist (→ Rz. 29).[6]

---

1 Nunmehr gleicher Auffassung *Justenhoven/Heinz* in Beck'scher Bilanz-Kommentar, 13. Aufl. 2022, § 318 Tz. 20.

2 Anderer Auffassung *Justenhoven/Heinz* in Beck'scher Bilanz-Kommentar, 13. Aufl. 2022, § 318 Tz. 20: „Sogar den Geschäftsführern".

3 Vgl. *Jundt*, WPK Magazin 1/2007 S. 41; OLG Dresden, Beschluss v. 30.9.2009 – 13 W 0281/09.

4 OLG Frankfurt, Beschluss v. 4.12.2003, BB 2004 S. 599 sowie OLG Karlsruhe, Beschluss v. 4.5.2017 – 14 W 21/17, Würdigung zu Letzterem: *Singer*, StuB 2018 S. 403.

5 Vgl. IDW PS 208.

6 Vgl. *ADS*, 6. Aufl., § 318 Tz. 136.

4. Wählbarkeit, Ausschlussgründe (Abs. 1, Abs. 1a)

Die Wählbarkeit richtet sich nach § 319 Abs. 1 Satz 1 und 2 HGB (→ § 319 Rz. 4). Erforderlich ist also die **Berufsqualifikation.** Anders als nach früherem Recht müssen die zu wählenden Abschlussprüfer keine Bescheinigung über die Teilnahme an der **Qualitätskontrolle** *(„Peer-Review")* vorlegen, stattdessen aber die Annahme eines Prüfungsauftrags bei der WPK anzeigen (§ 57a Abs. 1 WPO). 18

Liegen die beruflichen Voraussetzungen in der Person des gewählten Abschlussprüfers nicht vor, ist die Wahl **nichtig,** ebenso ein ggf. erteilter Bestätigungsvermerk. Daraus folgt wiederum eine Nichtigkeit des geprüften Jahresabschlusses (→ § 319 Rz. 7). Einen Honoraranspruch für diese Nichtprüfung kann der Abschlussprüfer nicht geltend machen. 19

Durch Gesellschaftsvertrag oder Satzung kann der Kreis der zu bestellenden Abschlussprüfer weiter **eingeschränkt** werden, und zwar durch Anforderungen an die besondere branchenspezifische Qualifikation, insbesondere bzgl. der Anwendung internationaler Rechnungslegungsgrundsätze (→ § 324a Rz. 5) im Hinblick auf Abschlüsse i. S. des § 315e HGB (→ § 315e Rz. 4) bzw. § 325 Abs. 2a HGB (→ § 325 Rz. 25). Allerdings muss bei dieser gesellschaftsvertraglichen Spezifizierung immer noch ein eigentliches **Auswahlverfahren** möglich sein. Es darf also nicht so genau spezifiziert werden, dass eine Wahl gar nicht mehr möglich ist (vgl. aber → Rz. 21b). Nichtig sind nach Abs. 1a aber (schuld- oder gesellschaftsrechtliche) Vereinbarungen, die die Wahlmöglichkeiten auf bestimmte Kategorien oder Listen von Prüfern oder Prüfungsgesellschaften beschränken (→ Rz. 21g). 20

Art. 16 der EU-APrVO regelt detailliert die Bestellung des Abschlussprüfers bei sog. „PIEs", also **Unternehmen öffentlichen Interesses** (→ § 316a Rz. 2). Im Einzelnen: 21

- Der Prüfungsausschuss legt dem Aufsichtsorgan des geprüften Unternehmens eine Empfehlung zur Bestellung des Abschlussprüfers vor.
- Abgesehen von der Erneuerung eines Prüfungsmandats muss die Empfehlung begründet werden und mindestens zwei Vorschläge enthalten; der Prüfungsausschuss teilt seine Präferenz für einen der beiden Vorschläge mit.
- Die Empfehlung des Prüfungsausschusses ist unter Beachtung einer ganzen Reihe von Kriterien zu erstellen, sofern das Prüfungsmandat nicht (nur) erneuert wird.

Der Prüfungsausschuss hat das Auswahlverfahren alle zehn Jahre oder früher bei freiwilligem Prüferwechsel durchzuführen. Nach Art. 16 Abs. 3 der EU-APrVO (→ § 317 Rz. 5) gilt dabei:[1]

- Das zu prüfende Unternehmen fordert geeignete Abschlussprüfer zur Unterbreitung von Vorschlägen auf.
- Das zu prüfende Unternehmen erarbeitet Ausschreibungsunterlagen, um dem möglichen Abschlussprüfer die Möglichkeit zur Erfassung der Geschäftstätigkeit und der Art der durchzuführenden Abschlussprüfung zu verschaffen.
- Das geprüfte Unternehmen kann das Auswahlverfahren frei gestalten, also sich Präsentationen vorlegen lassen oder Kandidaten zu persönlichen Gesprächen vorladen.
- Das zu prüfende Unternehmen hat die Bewerber anhand der in den Ausschreibungsunterlagen festgelegten Kriterien zu beurteilen. Dazu hat es einen Bericht über die gezo-

1 Nach *Bode*, BB 2016 S. 1707.

genen Schlussfolgerungen zu erstellen. Diese Beurteilung muss vom Prüfungsausschuss validiert werden.

Auf dieser Grundlage hat der Prüfungsausschuss eine Empfehlung an den Aufsichtsrat mit mindestens zwei Vorschlägen für die Erteilung des Prüfungsmandats auszusprechen. Dabei hat er eine Präferenz für einen der Vorschläge anzugeben. Die Vorschläge und die Präferenz sind zu begründen. Im Anschluss daran erarbeitet der Aufsichtsrat den Vorschlag für die Bestellung des Abschlussprüfers an die Hauptversammlung nach § 124 Abs. 3 Satz 2 AktG. Ein Vorschlag muss die Empfehlung und die Präferenz des Prüfungsvorschlags benennen, ihr aber nicht folgen. Eine etwaige Abweichung von diesem Vorschlag ist zu begründen.

Der Prüfungsausschuss kann sich der **Mithilfe** von Ressourcen des Unternehmens bedienen, muss aber immer „Herr des Verfahrens" bleiben. In praxi besteht dabei die Gefahr der „Vorbeurteilung" durch das zu prüfende Unternehmen. Die Auswahlkriterien muss der Prüfungsausschuss auf alle Fälle festlegen. Der Prüfungsausschuss kann auch externe Berater hinzuziehen. Im **Konzern** mit möglicherweise mehreren PIEs (→ § 317 Rz. 5) sollte der Auswahlprozess koordiniert werden, um den meistens erwünschten einheitlichen konzernweiten Abschlussprüfer ernennen zu können.

5. Externe und interne Rotation bei PIEs

5.1. Externe Rotation (Abs. 1a a. F. / EU-APrVO)

21a Für die Prüfung von **PIEs** (→ § 317 Rz. 5) beschränkt die EU-APrVO in Art. 17 Abs. 1 die Höchstlaufzeit eines Mandats auf zehn Jahre, gewährt aber im Unterabs. 2 gleichzeitig ein Mitgliedstaatenwahlrecht zur Verlängerung auf 20 Jahre. Dieses Wahlrecht nutzte Abs. 1a i. d. F. des AReG in vollem Umfang aus. Voraussetzung für diese Verlängerung war die Durchführung eines öffentlichen Auswahl- und Bestätigungsverfahrens im elften Geschäftsjahr (→ Rz. 21) nach Art. 16 Abs. 2 bis 5 EU-APrVO, ebenso Abs. 1a des AReG. Weitere Voraussetzung war die Zustimmung der Hauptversammlung zum Vorschlag des Aufsichtsrats zur Verlängerung des Mandats gem. Art. 17 Abs. 5 der EU-APrVO. Wurden ab dem elften Geschäftsjahr mehrere Wirtschaftsprüfer oder Prüfungsgesellschaften gemeinsam (→ Rz. 14) zum Abschlussprüfer bestellt *(joint audit)*, verlängerte sich die Höchstlaufzeit auf 24 Jahre. Laufzeitbegrenzungen des Prüfungsmandats bezogen und beziehen sich auch auf die Mitglieder des Netzwerks innerhalb der EU (Art. 17 Abs. 3 EU-APrVO). Von den Mitgliedstaaten können unterschiedliche Rotationszyklen festgelegt werden. Diese gelten nur für die im jeweiligen Mitgliedstaat ansässigen PIEs.[1] Dabei kann die Identität eines PIEs staatenindividuell abweichend definiert sein.

Nach Ablauf der Höchstlaufzeit eines Prüfungsmandats gilt eine *Cooling-off*-Periode von vier Jahren (Art. 17 Abs. 3 EU-APrVO).

Maßgeblich für die Bemessung der Tätigkeitsdauer der Abschlussprüfung ist nach Art. 17 Abs. 8 der EU-APrVO das im Auftragsschreiben bezeichnete Geschäftsjahr, nicht dagegen das Jahr, in dem die Abschlussprüfung durchgeführt wird.

Erlangt ein Unternehmen unterjährig den PIE-Status, nachdem der Abschlussprüfer für dieses Geschäftsjahr bereits bestellt war, könnte strittig sein, ob die Höchstlaufzeit erst mit Beginn des nächsten Geschäftsjahres anläuft. Die APAS-Verlautbarung Nr. 16 erteilt dem eine Absage.

1 *Buhleier/Niehues/Splinter*, DB 2015 S. 1886.

Die (zehnjährige) Höchstlaufzeit fängt stets mit dem Beginn des Geschäftsjahres an, in dem die PIE-Eigenschaft eingetreten ist. Unabhängig davon ist das betroffene Geschäftsjahr jedenfalls bereits nach den PIE-Vorschriften zu prüfen. Strittig ist, ob bei einer weniger als vier Jahre betreffenden Unterbrechung des Mandatsverhältnisses eine neue Höchstdauer beginnt.[1]

Bei **Verschmelzungen** und bei **Spaltungen** ist auf die rechtliche Identität abzustellen. Bei der Umwandlung einer AG in eine SE bleibt der Rechtsträger gewahrt.

Besondere Schwierigkeiten bestehen bei Veränderungen innerhalb der Prüfungsgesellschaft und bei Konzernprüfungen mit mehreren PIEs.

Durch das **FISG** ist § 318 Abs. 1a HGB ersatzlos entfallen, d. h., das Mitgliedstaatenwahlrecht zu Ausdehnung der externen Rotation wird nicht mehr ausgeübt. Es gilt nun gem. EU-APrVO Art. 17 Abs. 1 bei Unternehmen öffentlichen Interesses zwingend eine externe Rotation nach Ablauf von **zehn Jahren.** Für Finanzdienstleistungsinstitute, Versicherungsunternehmen sowie Zahlungsinstitute und E-Geld-Institute, die keine Unternehmen öffentlichen Interesses sind, gilt wegen der der BaFin zustehenden Rechte faktisch Entsprechendes.[2]

Ist ein Mutterunternehmen als Unternehmen öffentlichen Interesses zu qualifizieren, so kann der Prüfer von Konzernabschluss und Jahresabschluss des Mutterunternehmens nach Ablauf der zehn Jahre gleichwohl als Prüfer eines Tochterunternehmens weiter tätig sein.[3]

5.2 Interne Rotation

Die **interne Rotation** betrifft die für die Durchführung einer Abschlussprüfung verantwortlichen Prüfungspartner. Nach Art. 17 Abs. 7 der EU-APrVO gilt bei PIE-Prüfungen hier: 21b

- Wechsel des verantwortlichen Prüfungspartners nach spätestens sieben Jahren.
- Dreijährige *Cooling-off*-Periode.
- Nationales Wahlrecht zur Verkürzung der Periode auf weniger als sieben Jahre; dieses wurde vom AReG nicht ausgeübt, ist aber nun durch das FISG genutzt worden, das in § 43 Abs. 6 Satz 2 WPO n. F. eine Verkürzung der internen Rotationsfrist auf **fünf Jahre** vorschreibt. Diese Regelung gilt erstmals für die Prüfung von Abschlüssen mit einem nach dem 31.12.2021 beginnenden Geschäftsjahr (§ 135 WPO).
- Einführung eines graduellen Rotationssystems für die einzelnen Prüfungsteam-Mitglieder.

Implizit sind die Verhältnisse einer Wirtschaftsprüfungsgesellschaft angesprochen, deren „Beschäftigte" dem Rotationsgebot unterliegen. Bei einem Einzel-WP kann man sich selbst bei Beschäftigung anderer unselbständig freiberuflich tätiger Berufsträger den Ausschluss des Praxisinhabers von der Verantwortlichkeit kaum vorstellen. Die Durchführung einer Prüfung von Unternehmen öffentlichen Interesses durch einen Einzel-WP sollte aber ohnehin kaum von praktischer Bedeutung sein.

Innerhalb der Organisation einer Prüfungsgesellschaft ist der internen Rotation der **verantwortliche Prüfungspartner** unterworfen. § 43 Abs. 3 WPO (früher § 319a Abs. 1 Satz 4 HGB) definiert diesen als Unterzeichner des Bestätigungsvermerks (Regelfall) oder als sonstigen Wirt- 21c

1 Tendenziell großzügiger: IDW Positionspapier EU-Regulierung der Abschlussprüfung, Tz. 3.3.8, restriktiv APAS-Verlautbarung Nr. 15.
2 IDW Positionspapier EU-Regulierung der Abschlussprüfung, Tz. 3.1.2.
3 Ebenda, Tz. 3.5.1.

schaftsprüfer, der von einer Wirtschaftsprüfungsgesellschaft als für die Durchführung der Prüfung vorrangig verantwortlich bestimmt ist (Ausnahmefall). Nicht erforderlich ist, dass er die Stellung eines Gesellschafters in der WP-Praxis hat. Auch angestellte Wirtschaftsprüfer fallen unter die Definition.

Nach § 48 Abs. 3 Satz 2 BS WP/vBP darf die auftragsbegleitende Qualitätssicherung nur von solchen fachlich und persönlich geeigneten Personen wahrgenommen werden, die an der Durchführung der Prüfung nicht beteiligt waren. Die mit der auftragsbegleitenden Qualitätssicherung betraute Person ist daher nicht verantwortlicher Prüfungspartner.[1]

21d Der Ausschluss von der Prüfung des Abschlusses einer Gesellschaft tritt bei ununterbrochener Tätigkeit fünf Jahre nach erstmaliger Bestellung ein. Bei früherer Beendigung der Tätigkeit kann diese frühestens drei Jahre nach Beendigung wieder aufgenommen werden. Durch eine Unterbrechung von weniger als drei Jahren beginnt hingegen kein neues Fünfjahresfenster. Wechselt der fallverantwortliche Prüfer innerhalb des Fünfjahreszeitraums zu einer anderen Prüfungsgesellschaft, die nun Abschlussprüfer wird, so beginnt keine neue Fünfjahresfrist, da diese personengebunden ist.[2]

Ist der Tatbestand der fünfmaligen Mitwirkung an der Prüfung und/oder Unterzeichnung des Bestätigungsvermerks erfüllt, wird der betreffende Wirtschaftsprüfer für die nächsten Abschlussprüfungen inhabil. Die Gesellschaft muss einen anderen Wirtschaftsprüfer zur verantwortlichen Durchführung der Prüfung und zur Unterzeichnung des Bestätigungsvermerks zur Erhaltung ihrer Habilität bestimmen.

21e Dem nach fünfmaliger Tätigkeit „kaltgestellten" Wirtschaftsprüfer wird bzgl. dieses Mandats eine **Sabbatperiode** (genannt *Cooling-off*-Periode) auferlegt, bevor er wiederum fünffach in das Prüfungsgeschehen dieses Mandats verantwortlich und/oder als Unterzeichner des Bestätigungsvermerks eingreifen kann. Die Zweijahresfrist ist **kalendermäßig** definiert und nimmt keine Rücksicht auf die konkreten Termine für die Abwicklung des Prüfungsauftrags oder die Bildung eines Rumpfgeschäftsjahres.

21f Während seiner „Kaltstellung" muss sich der betroffene Wirtschaftsprüfer jeder Tätigkeit für das Mandat enthalten. Deshalb ist unzulässig:

- der Einsatz als „normales" Mitglied des Prüfungsteams,
- erst recht die Mitwirkung bei der Bilanzsitzung des Aufsichtsrats (→ § 268 Rz. 60),
- die prüferische Durchsicht *(Review)* der Zwischenberichterstattung,
- die Durchführung der auftragsbegleitenden Qualitätssicherung.

Dagegen sind Informationen an das aktuell agierende Prüfungsteam dem „kaltgestellten" Wirtschaftsprüfer erlaubt.

6. Keine Beschränkung der Wahlmöglichkeit des Abschlussprüfers (Abs. 1a)

21g Die Beschränkung der Wahlmöglichkeit eines Abschlussprüfers auf bestimmte Kategorien/Listen von Prüfungsgesellschaften (insbesondere Klausel des Inhalts, dass nur eine *Big-Four*-Gesellschaft zum Abschlussprüfer bestellt werden kann) ist nichtig.

1 Einzelheiten zum Begriff des verantwortlichen Prüfungspartners und zu ähnlichen Begriffen bei *Farr*, WPg 2017 S. 115.

2 IDW Positionspapier EU-Regulierung der Abschlussprüfung.

III. Prüfungsauftrag und Widerruf (Abs. 1 Satz 4 und 5)

Der Prüfungsauftrag ist durch die **gesetzlichen** Vertreter der Gesellschaft zu erteilen, anders allerdings bei der AG und der KGaA, wo der **Aufsichtsrat** zuständig ist (§ 111 Abs. 1 Satz 3 AktG). Dieser muss über die Auftragserteilung einen Beschluss fassen. Die Kompetenz dafür hat das Gesamtgremium des Aufsichtsrats, nicht der Vorsitzende allein, allerdings ist eine abschließende Beschlussfassung auch durch einen Aufsichtsrats-**Ausschuss** zulässig, insbesondere den Prüfungsausschuss nach § 107 Abs. 3 Satz 2 AktG. 22

Der Prüfungsauftrag ist **unverzüglich** nach der Wahl zu erteilen. Er führt zu einem **Vertragsverhältnis** („Prüfungsvertrag"). Nach h. M. handelt es sich um einen Geschäftsbesorgungsvertrag nach § 675 BGB mit überwiegend werkvertraglichen Elementen.[1] Dieser Vertrag kommt wie üblich durch die Annahme des Auftrags durch den gewählten Abschlussprüfer zustande, das ist formlos möglich. Sinnvollerweise sollte aber eine schriftliche Bestätigung erfolgen. Auf jeden Fall muss der gewählte Abschlussprüfer die **Ablehnung** des Auftrags unverzüglich nach § 51 WPO erklären.

Der Auftrags**inhalt** sollte beschrieben werden. Regelmäßig erteilt das vertretungsberechtigte Organ der Gesellschaft (→ Rz. 22) nur den Prüfungsauftrag ohne weitere Inhaltsbeschreibung. Dann muss ein Auftragsbestätigungsschreiben des Abschlussprüfers verschiedene zusätzliche Bestandteile des Auftragsinhalts aufweisen. In diesem Fall ist bis dahin ein entsprechender Vertrag noch nicht zustande gekommen. Es bedarf dann einer auch konkludent zu erteilenden **Annahme** durch die zu prüfende Gesellschaft. Empfehlenswerterweise sollte eine förmliche Gegenzeichnung unter Rücksendung des Auftragsschreibens erfolgen. 23

Häufig gibt andererseits der Abschlussprüfer vor seiner Wahl und vor der Beauftragung ein **Angebot** über die Durchführung der Jahresabschlussprüfung ab, in dem alle wesentlichen Vertragsinhalte dargestellt sind. Dann kommt auf der Grundlage dieses Angebots der Prüfungsvertrag durch die Auftragserteilung mit diesem Inhalt zustande. Im Rahmen der Auftragsbestätigung werden nach berufsrechtlicher Übung **Allgemeine Auftragsbedingungen** dem Auftragsinhalt beigefügt und auch in den Prüfungsbericht aufgenommen (→ § 321 Rz. 87). Deren „Schwergewicht" liegt allerdings bei der **Haftungsbeschränkung,** die bei gesetzlichen Pflichtprüfungen nicht möglich ist (→ § 323 Rz. 47). Ein „Dauermandat" ist rechtlich nicht gestattet; deshalb liegt auch der **Folge**prüfung ein neues Vertragsverhältnis zugrunde.

Wesentliche Inhalte des Prüfungsvertrags sind: 24

- ► Honorargrundlage,
- ► Beschreibung der Leistungspflichten des Abschlussprüfers,
- ► Pflichten des geprüften Unternehmens,
- ► Folgen aus Pflichtverstößen,
- ► Haftung des Abschlussprüfers.

Dabei genügt bei zwingender Gesetzesregel der Hinweis auf die Rechtsgrundlage, z. B. bzgl. der Haftung bei Pflichtprüfungen auf § 323 HGB (→ § 323 Rz. 47).

Zur **Ablehnung** des Prüfungsauftrags ist der gewählte Abschlussprüfer verpflichtet, wenn ein **Ausschluss**tatbestand nach §§ 319 ff. HGB (→ § 319 Rz. 8 ff.), § 49 WPO oder §§ 21, 22a BS WP/vBP bzw. bei Prüfung von Unternehmen öffentlichen Interesses auch nach EU-APrVO vorliegt. 25

1 Vgl. *ADS*, 6. Aufl., § 318 Tz. 191 f.

Entsprechendes gilt gem. IDW PS 220 bei **mangelnder Sachkenntnis** oder **verfügbaren Kapazitäten** zur Durchführung der Prüfung. Eine Begründung für die Ablehnung des Auftrags muss der gewählte Abschlussprüfer allerdings nicht vorlegen.

26 Mangels gesetzlicher Vorgabe ist die **Vergütung** für die Prüfungstätigkeit frei verhandelbar. Die Höhe der Vergütung für die Prüfungstätigkeit darf allerdings gem. § 55 Abs. 1 WPO nicht durch andere Dienstleistungen für das geprüfte Unternehmen beeinflusst sein. Ein **Pauschalhonorar**, wie dies in der Praxis üblich ist, muss nicht nur „angemessen sein", es muss in der Vereinbarung die mögliche Erhöhung des vorgesehenen Betrags bei Eintritt unvorhergesehener Umstände enthalten (sog. Öffnungsklausel). Besteht zwischen der erbrachten Prüfungsleistung und der vereinbarten Vergütung ein erhebliches Missverhältnis, muss der Wirtschaftsprüferkammer oder der Abschlussprüferaufsichtsstelle gem. § 55 Abs. 1 Satz 5 WPO auf Verlangen nachgewiesen werden können, dass für die Prüfung eine angemessene Zeit aufgewandt und qualifiziertes Personal eingesetzt wurde. Ein **Erfolgshonorar** kommt nach § 55a Abs. 1 WPO nicht in Betracht. Bei der Aktiengesellschaft liegt die Zuständigkeit bzgl. der Vereinbarung des Honorars beim Aufsichtsratsvorsitzenden, Entsprechendes gilt bei einer GmbH mit entsprechend kompetentem Aufsichtsrat. Ansonsten muss die Vergütung mit den vertretungsberechtigten Organen der Gesellschaft ausgehandelt werden.

27 Wegen der **Offenlegung** der Vergütung im Anhang vgl. → § 285 Rz. 115 ff.

28 Der Auftraggeber kann mit dem gewählten und beauftragten Abschlussprüfer **zusätzliche Leistungen** über den gesetzlichen Prüfungsinhalt hinaus vereinbaren, z. B. Unterschlagungs- oder Geschäftsführungsprüfungen. In diesem Fall ist eine gesonderte Auftragserteilung jenseits des Prüfungsauftrags erforderlich. Dies gilt wiederum nicht für erforderliche Prüfungshandlungen aufgrund gesetzlicher Vorgaben. **Nachtragsprüfungen** (→ § 316 Rz. 12) bedürfen keines besonderen Auftrags, weil diese durch den Prüfungsauftrag abgedeckt sind. Der gewählte Abschlussprüfer gilt durch gesetzliche Fiktion auch als Nachtragsprüfer (§ 316 Abs. 3 Satz 1 HGB).

29 Der **Widerruf** eines Prüfungsauftrags ist nach Abs. 1 Satz 5 nur nach Bestellung eines anderen Prüfers durch das Gericht nach Abs. 3 möglich. Auch durch diese Maßnahme soll die Unabhängigkeit des Prüfers gestärkt werden. Ansonsten darf der Prüfungsvertrag weder **gekündigt** noch einvernehmlich **aufgehoben** werden. Möglich ist die **„Neuwahl"** des Abschlussprüfers, allerdings nur bis zu dessen Annahme des Prüfungsauftrags. Da dieser „unverzüglich" erfolgen muss, bleibt für eine solche „Neuwahl" zumindest nach den gesetzlichen Regelmäßigkeiten kaum die erforderliche Zeitspanne. Die Bestellung eines anderen Abschlussprüfers kommt regelmäßig nur im Anwendungsbereich des Abs. 4 Satz 2 in Betracht (→ Rz. 41). Eine theoretisch mögliche Nichtigkeit der Prüferwahl kann nach dem Lehrbuch zu einem Widerruf berechtigen, nicht aber das sich nachträglich herausstellende Unvermögen des Abschlussprüfers etwa zur Einhaltung der Zeitvorgaben über die Durchführung der Abschlussprüfung. Für den Widerruf sind die gesetzlichen Vertreter der Gesellschaft zuständig, bei Aktiengesellschaften und Kommanditgesellschaften auf Aktien der den Auftrag ursprünglich erteilende Aufsichtsrat.

30 Für **freiwillige** Abschlussprüfungen ist der Prüfungsinhalt individualrechtlich zu vereinbaren (→ § 318 Rz. 2), wenn allerdings ein Bestätigungsvermerk i. S. des § 322 HGB erteilt werden soll, muss der Prüfungsinhalt demjenigen des § 317 HGB entsprechen (→ § 317 Rz. 2). Ein solcher Vertrag über eine freiwillige Abschlussprüfung kann nach allgemeinen schuldrechtlichen Regeln gekündigt oder einvernehmlich aufgehoben werden.

IV. Bestellung des Konzernabschlussprüfers (Abs. 2)

Der Gesetzgeber geht von der praxisgerechten Vorstellung einer personellen **Identität** des Konzernabschlussprüfers mit demjenigen des Abschlusses der Muttergesellschaft aus (→ § 321 Rz. 90). Diese Vorstellung ist im Hinblick auf die Effizienz der Abschlussprüfung auch gerechtfertigt. Deshalb wirkt sich im Wege der Gesetzes**fiktion** die Wahl (→ Rz. 6 ff.) des Abschlussprüfers einer Muttergesellschaft mit Konzernabschlusserstellungspflicht auch auf die Bestellung des Konzernabschlussprüfers aus: Letzterer gilt ohne zusätzlichen Wahlbeschluss als für die Konzernabschlussprüfungsdurchführung bestellt. Die regelmäßig auch personenidentische Bestellung des Abschlussprüfers wichtiger **Tochtergesellschaften** bedarf demgegenüber einer besonderen Wahl. 31

Besonders bei reinen **Holdinggesellschaften** kann eine Pflicht zur Prüfung des Jahresabschlusses der Muttergesellschaften nicht gegeben sein, wohl aber eine solche für den Konzernabschluss. Holdinggesellschaften überschreiten zwar regelmäßig das Größenmerkmal der Bilanzsumme, aber oftmals nicht die beiden übrigen zur Bestimmung der Größenklasse insgesamt (→ § 267 Rz. 3). Hier bedarf es einer **besonderen** Wahl des Konzernabschlussprüfers mit entsprechender Bestellung (→ Rz. 21). Die Bestellungsautomatik des Abs. 2 greift hier nicht, da es sich bei der ggf. durchgeführten Jahresabschlussprüfung (bei dieser Holding) um eine freiwillige Prüfung handelt. 32

V. Gerichtliche Ersetzung des Abschlussprüfers (Abs. 3)

1. Tatbestandliche Voraussetzungen (Abs. 3 Satz 1)

Das Gericht muss „einen anderen Abschlussprüfer ... **bestellen**", so Satz 1. Von „Bestellen" spricht auch Abs. 4 Satz 1 (→ Rz. 39). Der Unterschied liegt darin: In Abs. 3 Satz 1 ist bereits ein Abschlussprüfer gewählt, nach Abs. 4 Satz 1 steht demgegenüber die Wahl des Abschlussprüfers (→ Rz. 6) noch aus. Deshalb wird sprachlich exakter der Vorgang nach Abs. 3 Satz 1 als **„Ersetzung"** des Abschlussprüfers bezeichnet.[1] Der bisher gewählte Abschlussprüfer wird von Gerichts wegen abberufen und ein neuer bestellt. Diese Vorgabe gilt für alle **Pflicht**prüfungen, nicht jedoch für freiwillige oder satzungsmäßige Abschlussprüfungen. Im letztgenannten Fall hat das für die Wahl des Abschlussprüfers berufene Gremium auch die Kompetenz zur Ersetzung durch einen anderen Abschlussprüfer. 33

Sachliche Voraussetzungen für die gerichtliche Ersetzung des Abschlussprüfers können nur „in der **Person** des gewählten Prüfers liegen". Als Gründe kommen in Betracht – unwahrscheinlicherweise – die mangelnde **berufsrechtliche** Zulassung zur Abschlussprüfung oder – eher realitätsgerecht und so vom Gesetzgeber auch als „insbesondere" gekennzeichnet – die **Befangenheit** nach den Regeln der §§ 319 (→ § 319 Rz. 9 ff. und → § 319 Rz. 26 ff.), der EU-APrVO (→ § 319 Rz. 72 ff.) und 319b HGB (→ § 319b Rz. 4 ff.). Der Antragsteller muss diese Gründe belegen. Auch eine mangelnde **Qualifikation** im Hinblick auf erforderliche **Spezial**kenntnisse der Branche oder des Rechnungslegungsinhalts (→ Rz. 20) kann eine Durchführung der Abschlussprüfung gefährden und stellt dann einen Antragsgrund dar. Das Gleiche gilt für **berufs**gerichtliche Verfahren, die nicht zu einem Berufsausschluss, wohl aber zu einer Bestrafung des Abschlussprüfers geführt haben. 34

---

1 Allgemeine Sprachregelung im Schrifttum.

Bei Vorliegen der tatbestandlichen Voraussetzungen einer Ersetzung des Abschlussprüfers sind **Anfechtungs**klagen gegen den Hauptversammlungsbeschluss zur Wahl des Abschlussprüfers unzulässig; Entsprechendes gilt für eine **Nichtigkeits**klage.[1]

2. Antragsberechtigung (Abs. 3 Satz 1)

35 Die Antragsberechtigten – gesetzliche Vertreter, Aufsichtsrat und Gesellschafter – sind im Gesetz genannt. Eine Berechtigung steht den jeweiligen Organen zu, nicht dem einzelnen Mitglied und erfordert deshalb entsprechend der internen Organisation eine entsprechende Beschlussfassung.

Bzgl. der **Gesellschafter**kompetenz ist zu differenzieren: Bei der GmbH oder „Kap. & Co."-Gesellschaft – ohne Kompetenz eines ggf. bestellten Aufsichtsrats für die Wahl des Abschlussprüfers – steht die Antragsberechtigung jedem Gesellschafter zu. Bei Aktionären – Umkehrschluss – müssen die weiteren Bedingungen in Form eines der Größenmerkmale des Abs. 3 Satz 1 erfüllt sein. Durch das AReG (→ § 317 Rz. 5) ist für die Antragsberechtigung eine Ausweitung der Mindestquote von 5 % auf Gesellschaften aller Rechtsformen festgeschrieben worden. Störend war dabei die Verwendung des der AG vorbehaltenen Begriffs „Grundkapital". Durch das FISG ist der Begriff durch „gezeichnetes Kapital" ersetzt worden.

In Abs. 3 Satz 1 werden die bisher schon gültigen Antragsgründe erweitert um

- die unzulässige Erbringung von Nichtprüfungsleistungen (→ § 319 Rz. 72 ff.),
- Verstöße gegen die Vorschriften zur Bestellung des Abschlussprüfers nach Art. 16 der EU-APrVO (→ § 317 Rz. 5),
- Verstöße gegen die Laufzeit des Prüfungsmandats nach Art. 17 der EU-APrVO (→ § 317 Rz. 5).

Im **Insolvenz**verfahren ist Abs. 3 durch § 155 Abs. 3 InsO aufgehoben, da der Abschlussprüfer durch das Gericht bestellt wird. Umgekehrt ist die Rechtslage in **Liquidations**verfahren; hier gelten demgegenüber die allgemeinen Regeln.

36 Nach h. M. im Schrifttum besteht seitens der zuständigen Organe der Gesellschaft eine **Pflicht** zur Antragstellung, wenn konkrete Anhaltspunkte für das Vorliegen eines Ersetzungsgrundes bestehen.[2]

3. Antragsfrist (Abs. 3 Satz 2 und 3)

37 Die prozessualen Schritte stehen unter starkem **Zeitdruck.** Mit der Bestellung des Abschlussprüfers kann nicht in den Fristen des „normalen" Gerichtsverfahrens agiert werden (→ Rz. 43). Deshalb ist der Antrag in Form einer Ausschlussfrist innerhalb zweier Wochen nach der Wahl des Abschlussprüfers zu stellen.

Der **Fristenlauf** beginnt abweichend davon, wenn ein Befangenheitsgrund erst nach der Wahl bekannt wird oder nach der Wahl eintritt (Abs. 3 Satz 3). Die zweiwöchige Frist bleibt dabei erhalten. Sie läuft ab dem Tag, an dem der Antragsberechtigte Kenntnis von den Befangenheitsgründen erlangt hat oder hätte erlangen müssen.

1 Vgl. *Gelhausen/Heinz*, WPg 2005 S. 697.

2 Vgl. *Gelhausen/Heinz*, WPg 2005 S. 698; *Frings*, WPg 2006 S. 829.

4. Antragsverfahren

Zuständig für den Antrag ist das örtlich und sachlich bestimmte Amtsgericht am Sitz des prüfenden Unternehmens. Als Antragsteller kommen die in Abs. 3 Satz 1 und 6 genannten Personen in Betracht, der Antragsgegner ist die Gesellschaft, die wie sonst auch durch ihre gesetzlichen Vertreter handelt. Der gewählte Abschlussprüfer ist Beteiligter am Verfahren. 38

Das Gericht ist zu einer konstruktiven Entscheidung aufgerufen, kann also dem Antrag nur durch Bestellung eines anderen Abschlussprüfers folgen und dabei (ohne Zwang) dem gemachten Vorschlag der oder des Antragsteller(s) folgen.

Im Zeitverlauf besteht eine **Sperrfrist** bzgl. des Ersetzungsverfahrens durch die Beendigung der Abschlussprüfung (→ § 322 Rz. 63) in Form der Erteilung des Bestätigungsvermerks durch den bisherigen Abschlussprüfer (Abs. 3 Satz 7). Der Ersatzbestellung kommt also keine Rückwirkungsfunktion zu. Nur wenn im Anschluss daran noch eine Nachtragsprüfung durchzuführen ist (→ § 316 Rz. 12), kommt – theoretisch – eine Ersatzbestellung eines anderen Abschlussprüfers in Betracht. Das wird in der Praxis kaum jemals der Fall sein.

Zur Vergütung des Ersatzprüfers vgl. → Rz. 44. Prozessual ist gegen die gerichtliche Entscheidung die Beschwerde nach den Regeln des FGG möglich.

VI. Gerichtliche Bestellung (Abs. 4)

1. Allgemeine Tatbestandsvoraussetzungen (Abs. 4 Satz 1)

Ein weiterer Fall gerichtlicher Einschaltung zur Nominierung eines Abschlussprüfers (nicht Ersetzung, → Rz. 33) liegt bei **Nichtbestellung** bis zum Ablauf des zu prüfenden Geschäftsjahres vor. Ein solcher Fall kann vorkommen, wenn das zu prüfende Unternehmen bzw. dessen zuständige Organe insoweit untätig geblieben sind (Abs. 4 Satz 1). Weitere denkbare Fälle sind nichtiger oder erfolgreich angefochtener Wahlbeschluss (§ 248 AktG mit analoger Anwendung auf Gesellschafterbeschlüsse einer GmbH). Der Antrag auf gerichtliche Bestellung kann erst nach Beginn des folgenden Geschäftsjahres gestellt werden. Dann darf das „eigentlich" für die Abschlussprüferwahl zuständige Organ insoweit nicht mehr tätig werden. 39

Antragsberechtigt sind 40

- die gesetzlichen Vertreter,
- der Aufsichtsrat,
- ein Gesellschafter,
- der Insolvenzverwalter

des zu prüfenden Unternehmens.

Sinnvollerweise kann ein Antrag nur von einem zur Wahl des Abschlussprüfers nicht kompetenten Organ gestellt werden.

BEISPIEL Die Gesellschafterversammlung einer prüfungspflichtigen GmbH hat bis zum Ende des zu prüfenden Geschäftsjahres keinen Abschlussprüfer gewählt. Die Geschäftsführer sind dann mit Beginn des Folgejahres antragsberechtigt.

Bei Insolvenz endet das Geschäftsjahr im Zeitpunkt der Insolvenzeröffnung. Zur Abschlussprüfung für dieses Geschäftsjahr (nicht identisch mit dem satzungsmäßigen) bedarf es bei „regulären" Prüfungspflichten der Bestellung eines Abschlussprüfers. Die Antragstellung obliegt dem Insolvenzverwalter.[1]

2. Weitere Sachverhalte (Abs. 4 Satz 2)

41 Außer der **Nichtwahl** eines Abschlussprüfers bis zum Geschäftsjahresende kommen folgende Tatbestände zur Begründung des Antragsrechts bei Gericht in Betracht, wenn eine ordnungsmäßige Wahl erfolgt und kein anderer Abschlussprüfer gewählt worden ist:

- **Ablehnung** des Auftrags,
- nachträglicher **Wegfall**,
- **Verhinderung** an der rechtzeitigen Beendigung der Prüfung

durch den oder des gewählten Abschlussprüfer(s).

Analog ist Abs. 4 Satz 2 anzuwenden,[2] wenn die Wahl des Abschlussprüfers von einem Aktionär angefochten wird. Dadurch soll die zeitnahe Durchführung der Abschlussprüfung gewährleistet werden, auch wenn die Anfechtungsklage – ggf. nach langem Zeitraum – erfolgreich verläuft.

Die **Verhinderung** an dem rechtzeitigen Abschluss der Prüfung kann durch Krankheit, Arbeitsüberlastung, Ausfall von Prüfungsgehilfen gegeben sein. Bzgl. der Anwendung der gesetzlichen Bestimmungen in der Corona-Krise gelten die Ausführungen unter → Rz. 45 entsprechend.

Der nachträgliche **Wegfall** kann begründet sein durch:

- Kündigung aus wichtigem Grund (→ Rz. 45),
- Verlust der Berufsqualifikation (→ § 319 Rz. 4),
- Auslauf der Befristung der Teilnahmebescheinigung bzw. Ausnahmegenehmigung für das Qualitätskontrollverfahren (→ § 319 Rz. 6) vor Abschluss der Prüfung,
- Tod, Geschäftsunfähigkeit oder dauernde Krankheit.

3. Antragsverpflichtung (Abs. 4 Satz 3)

42 Zur entsprechenden Antragstellung auf gerichtliche Bestellung eines Abschlussprüfers sind die gesetzlichen **Vertreter** der Gesellschaft verpflichtet.

4. Rechtsfolge (Abs. 4 Satz 4)

43 Gegen die Entscheidung des Gerichts ist die Beschwerde nach den Regeln des FGG zulässig. Eine Anfechtung der gerichtlichen Bestellung ist nicht möglich. Auch hier zeigt sich das Beschleunigungserfordernis, das der Gesetzgeber der Abschlussprüferbestellung zuordnet (→ Rz. 37).

---

1 Vgl. OLG Frankfurt a. M., Beschluss v. 21.5.2012 – 20 W 65/12, DB 2012 S. 2389.

2 OLG Karlsruhe, Beschluss v. 27.10.2015 – 11 Wx 87/15, dazu *Hölscheidt*, WP Praxis 2016 S. 162.

VII. Vergütung des gerichtlich bestellten Abschlussprüfers (Abs. 5)

Die Vergütungsregel nach Satz 1 lässt die Höhe der Honorierung offen, vergleichbar der allgemeinen Gesetzesregel (→ Rz. 26). Der gerichtlich bestellte Abschlussprüfer und die zu prüfende Gesellschaft können wie sonst auch die Höhe der Vergütung wirksam vereinbaren. Einer förmlichen Festsetzung durch das Gericht bedarf es entgegen dem Wortlaut von Abs. 5 Satz 2 nicht. Auch hier ist der Rechtsweg nach den Vorschriften des FGG gegeben. 44

VIII. Kündigung des Prüfungsauftrags (Abs. 6 bis 8)

1. Wichtige Gründe als Tatbestandsmerkmal (Abs. 6 Satz 1 und 2)

Ein vorhandener Prüfungsvertrag („angenommener Prüfungsauftrag", → Rz. 22) kann seitens der Gesellschaft überhaupt nicht, seitens des Abschlussprüfers nur aus wichtigem Grund **gekündigt** werden. Eine solche Kündigung kommt („nur") als äußerstes Mittel in Betracht. Der anzulegende Maßstab ist streng, d. h., nur unter besonderen Umständen soll sich der Abschlussprüfer von den Pflichten aus dem Prüfungsauftrag lösen dürfen. Es muss eine schlechterdings bestehende Unmöglichkeit oder Unzumutbarkeit der Weiterführung und Beendigung des Prüfungsauftrags gegeben sein. Eines Verschuldens der Gesellschaft bedarf es nicht zwingend; ein solches dürfte jedoch abgesehen von den in der Person des Abschlussprüfers liegenden Gründen regelmäßig erforderlich sein. Zu nennen sind kriminelle Machenschaften der Gesellschaft oder ihrer Organe oder schwerwiegende persönliche Differenzen des Prüfers mit den Organen. 45

Im Hinblick auf durch die Corona-Krise verursachten Krankheiten oder Quarantänen des Prüfers bzw. seines Teams konkretisierte das IDW den strengen Maßstab für die Kündigung wie folgt: Die zur Unmöglichkeit der Durchführung der Abschlussprüfung führenden Einschränkungen müssen „voraussichtlich über einen längeren Zeitraum (nicht nur wenige Wochen) weiterhin vorliegen".[1]

Die Verweigerung von **Aufklärungen** und **Nachweisen,** welche die gesetzlichen Vertreter der geprüften Gesellschaft dem Abschlussprüfer zu erteilen haben (→ § 320 Rz. 6 ff.), führt nicht zu einem außerordentlichen Kündigungsgrund. Stattdessen ist im Hauptteil des **Prüfungsberichts** nach § 321 Abs. 2 HGB darauf einzugehen (→ § 321 Rz. 70). Insoweit bestehende **Prüfungshemmnisse** führen regelmäßig zur Einschränkung oder Versagung des Bestätigungsvermerks (→ § 322 Rz. 41). 46

Gerade **nicht** zur Kündigung dürfen **Meinungsverschiedenheiten** über die Beurteilung von Sachverhalten und die dazugehörige Rechtsauslegung führen (Abs. 6 Satz 2). Wenn während des Prüfungsverfahrens ein Ausschlussgrund wegen Befangenheit etc. eintritt, muss dieser nach Möglichkeit sofort beseitigt werden, z. B. durch Veräußerung des Anteilsbesitzes oder Entfernung des Mitarbeiters. Auf die Unabhängigkeitsanforderungen in §§ 319 EU-APrVO und 319b HGB muss der Abschlussprüfer auch während der Prüfungsdurchführung achten. 47

1 IDW, Fachlicher Hinweis zu Auswirkungen der Ausbreitung des Coronavirus auf die Rechnungslegung und deren Prüfung (Teil 2), 25.3.2020.

2. Formvorschrift (Abs. 6 Satz 3)

48 Die Kündigungserklärung kann **formlos** erfolgen. Diese sollte indes **schriftlich** vorgenommen werden, schon deshalb, weil die **Begründung** für die Kündigung in Schriftform darzulegen ist. Die Kündigung wird wirksam, wenn sie der prüfenden Gesellschaft zugeht (§§ 130 bis 132 BGB). Empfangsgegner sind die Organe, die den Prüfungsauftrag erteilt haben, bei der AG und der KGaA also der Aufsichtsrat, praktisch der Aufsichtsratsvorsitzende. Beim Kündigungsverfahren handelt es sich um **zwingendes** Recht. Auf das Kündigungsrecht kann der Prüfer nicht verzichten. Eine einvernehmliche Aufhebung des Prüfungsvertrags aus anderen Gründen ist unzulässig.

3. Rechtsfolgen

3.1 Berichterstattungspflicht (Abs. 6 Satz 4)

49 Bis zum Eingang der außerordentlichen Kündigung bei deren Adressaten (→ Rz. 48) hat der Abschlussprüfer eine wirksame Prüfung durchgeführt. Deshalb hat er gem. Abs. 6 Satz 4 und IDW PS 450 Tz. 150 gegenüber den Organen über seine bis dahin durchgeführte Prüfung nach Maßgabe des § 321 HGB (→ § 321 Rz. 116) zu berichten. In diesem Bericht müssen (selbstverständlich) Gründe für die Kündigung hervorgehoben werden. Der Umfang der Berichterstattung richtet sich nach den bis dahin getroffenen Feststellungen. Je nach Sachverhalt konnte der kündigende Abschlussprüfer bestimmte Prüfungshandlungen noch nicht vornehmen; sofern sich diese auf die Ordnungsmäßigkeit der Rechnungslegung auswirken könnten, muss der Abschlussprüfer darauf hinweisen. Die Berichtspflicht gilt nur für Kündigungen nach Abs. 6, nicht jedoch für Kündigungen durch die zu prüfende Gesellschaft in den Fällen des Abs. 1 Satz 5 i. V. mit Abs. 3 HGB nach gerichtlicher Ersetzung oder in den Sonderfällen der nichtigen Prüferwahl und des Wegfalls des Prüfers.

50 Nach § 26 BS WP/vBP treffen beim Abschlussprüferwechsel den bisherigen Abschlussprüfer **und** den Nachfolger besondere Pflichten:

- Der Nachfolger darf den Auftrag nur annehmen, wenn er sich über den **Grund** der Kündigung bzw. des Widerrufs (→ Rz. 29) und das Ergebnis der bisherigen Prüfung informiert hat.
- Dazu muss sich der Nachfolger die schriftliche Begründung (→ Rz. 48) der Kündigung, die Mitteilung an die WP-Kammer (→ Rz. 52) sowie den Prüfungsbericht des Vorgängers (→ Rz. 49) **vorlegen** lassen.
- **Inwieweit** die Erläuterungspflicht reicht, also z. B. die Vorlage der Arbeitspapiere umfasst, bleibt nach § 26 BS WP/vBP offen.

3.2 Handlungspflichten und -berechtigungen der Gesellschaftsorgane (Abs. 7)

51 Die Kündigung ist an die zur Auftragserteilung der geprüften Gesellschaft befugten **Organe** zu richten. Diese wiederum haben im Anschluss daran Mitteilungs- und Vorlagepflichten. So haben die gesetzlichen Vertreter die Kündigung dem Aufsichtsrat und der Gesellschafterversammlung bzw. Hauptversammlung mitzuteilen. Dabei ist allerdings zu differenzieren: Bei der AG ist der Kündigungsadressat der **Aufsichtsrat;** dieser muss dann die Kündigung anlässlich der nächsten Hauptversammlung – nicht einer außerordentlich einzuberufenden – mitteilen. Bei der GmbH und bei „Kap. & Co."-Gesellschaften müssen die gesetzlichen Vertreter die Kündigung den **Gesellschaftern** kommunizieren, wenn nicht ein zur Bestellung des Abschlussprüfers qualifizierter Aufsichtsrat den Prüfungsauftrag für die GmbH erteilt hat.

Dabei hat jedes Aufsichtsratsmitglied das Recht, vom Bericht des bisherigen Abschlussprüfers Kenntnis zu nehmen. Zusätzlich hat jedes Aufsichtsratsmitglied einen Anspruch auf Aushändigung des Prüfungsberichts, soweit nicht der Aufsichtsrat die Aushändigung an die Mitglieder des Prüfungsausschusses beschlossen hat (→ § 321 Rz. 86). Der Aufsichtsrat hat in diesem Fall – als Adressat der Kündigung – eine Informationspflicht auch zu Händen der gesetzlichen Vertreter der Gesellschaft (Vorstand oder Geschäftsführer).

IX. Mitteilungspflicht an die WP-Kammer (Abs. 8)

Mit der Mitteilung an die Wirtschaftsprüferkammer sollen **unbemerkte** oder gar **einvernehmliche** Auftragsbeendigungen verhindert werden,[1] um den Abschlussprüfer auch in dieser Hinsicht in seiner Unabhängigkeit zu stärken. 52

Die Informationspflicht betrifft drei Tatbestände:

- Kündigung des Auftrags durch den Abschlussprüfer aus wichtigem Grund (→ Rz. 45),
- Widerruf des erteilten Prüfungsauftrags (→ Rz. 29) unter den einschränkenden Bedingungen des Abs. 3 (→ Rz. 33 ff.),
- unwirksame Kündigung durch den Auftraggeber wegen Nichtbestellung eines neuen Prüfers (→ Rz. 29).[2]

Diese in der Praxis sehr seltenen Fälle sind sowohl seitens des bestellten gesetzlichen Abschlussprüfers als auch seitens der gesetzlichen Vertreter der geprüften Gesellschaft zu Händen der Wirtschaftsprüferkammer schriftlich zu **begründen.**[3] Die Wirtschaftsprüferkammer soll sich in diesem recht breit angelegten Verfahren über die Berechtigung zur Beendigung des Prüfungsvertrags umfassend informieren können.

§ 319 Auswahl der Abschlussprüfer und Ausschlussgründe

(1) [1]Abschlussprüfer können Wirtschaftsprüfer und Wirtschaftsprüfungsgesellschaften sein. [2]Abschlussprüfer von Jahresabschlüssen und Lageberichten mittelgroßer Gesellschaften mit beschränkter Haftung (§ 267 Abs. 2) oder von mittelgroßen Personenhandelsgesellschaften im Sinne des § 264a Abs. 1 können auch vereidigte Buchprüfer und Buchprüfungsgesellschaften sein. [3]Die Abschlussprüfer nach den Sätzen 1 und 2 müssen über einen Auszug aus dem Berufsregister verfügen, aus dem sich ergibt, dass die Eintragung nach § 38 Nummer 1 Buchstabe h oder Nummer 2 Buchstabe f der Wirtschaftsprüferordnung vorgenommen worden ist; Abschlussprüfer, die erstmalig eine gesetzlich vorgeschriebene Abschlussprüfung nach § 316 des Handelsgesetzbuchs durchführen, müssen spätestens sechs Wochen nach Annahme eines Prüfungsauftrages über den Auszug aus dem Berufsregister verfügen. [4]Die Abschlussprüfer sind während einer laufenden Abschlussprüfung verpflichtet, eine Löschung der Eintragung unverzüglich gegenüber der Gesellschaft anzuzeigen.

(2) Ein Wirtschaftsprüfer oder vereidigter Buchprüfer ist als Abschlussprüfer ausgeschlossen, wenn während des Geschäftsjahres, für dessen Schluss der zu prüfende Jahresabschluss aufgestellt wird, oder während der Abschlussprüfung Gründe, insbesondere Beziehungen geschäftlicher, finanzieller oder persönlicher Art, vorliegen, nach denen die Besorgnis der Befangenheit besteht.

1 Vgl. *Veldkamp* in Haufe HGB Bilanz Kommentar, 6. Aufl. 2015, § 318 Tz. 77.
2 WPK Magazin 3/2011 S. 34.
3 Vgl. IDW PS 220.32.

(3) [1]Ein Wirtschaftsprüfer oder vereidigter Buchprüfer ist insbesondere von der Abschlussprüfung ausgeschlossen, wenn er oder eine Person, mit der er seinen Beruf gemeinsam ausübt,

1. **Anteile oder andere nicht nur unwesentliche finanzielle Interessen an der zu prüfenden Kapitalgesellschaft oder eine Beteiligung an einem Unternehmen besitzt, das mit der zu prüfenden Kapitalgesellschaft verbunden ist oder von dieser mehr als zwanzig vom Hundert der Anteile besitzt;**
2. **gesetzlicher Vertreter, Mitglied des Aufsichtsrats oder Arbeitnehmer der zu prüfenden Kapitalgesellschaft oder eines Unternehmens ist, das mit der zu prüfenden Kapitalgesellschaft verbunden ist oder von dieser mehr als zwanzig vom Hundert der Anteile besitzt;**
3. **über die Prüfungstätigkeit hinaus bei der zu prüfenden oder für die zu prüfende Kapitalgesellschaft in dem zu prüfenden Geschäftsjahr oder bis zur Erteilung des Bestätigungsvermerks**
   a) **bei der Führung der Bücher oder der Aufstellung des zu prüfenden Jahresabschlusses mitgewirkt hat,**
   b) **bei der Durchführung der internen Revision in verantwortlicher Position mitgewirkt hat,**
   c) **Unternehmensleitungs- oder Finanzdienstleistungen erbracht hat oder**
   d) **eigenständige versicherungsmathematische oder Bewertungsleistungen erbracht hat, die sich auf den zu prüfenden Jahresabschluss nicht nur unwesentlich auswirken,**

   sofern diese Tätigkeiten nicht von untergeordneter Bedeutung sind; dies gilt auch, wenn eine dieser Tätigkeiten von einem Unternehmen für die zu prüfende Kapitalgesellschaft ausgeübt wird, bei dem der Wirtschaftsprüfer oder vereidigte Buchprüfer gesetzlicher Vertreter, Arbeitnehmer, Mitglied des Aufsichtsrats oder Gesellschafter, der mehr als zwanzig vom Hundert der den Gesellschaftern zustehenden Stimmrechte besitzt, ist;
4. **bei der Prüfung eine Person beschäftigt, die nach den Nummern 1 bis 3 nicht Abschlussprüfer sein darf;**
5. **in den letzten fünf Jahren jeweils mehr als dreißig vom Hundert der Gesamteinnahmen aus seiner beruflichen Tätigkeit von der zu prüfenden Kapitalgesellschaft und von Unternehmen, an denen die zu prüfende Kapitalgesellschaft mehr als zwanzig vom Hundert der Anteile besitzt, bezogen hat und dies auch im laufenden Geschäftsjahr zu erwarten ist; zur Vermeidung von Härtefällen kann die Wirtschaftsprüferkammer befristete Ausnahmegenehmigungen erteilen.**

[2]Dies gilt auch, wenn der Ehegatte oder der Lebenspartner einen Ausschlussgrund nach Satz 1 Nr. 1, 2 oder 3 erfüllt.

(4) [1]Wirtschaftsprüfungsgesellschaften und Buchprüfungsgesellschaften sind von der Abschlussprüfung ausgeschlossen, wenn sie selbst, einer ihrer gesetzlichen Vertreter, ein Gesellschafter, der mehr als zwanzig vom Hundert der den Gesellschaftern zustehenden Stimmrechte besitzt, ein verbundenes Unternehmen, ein bei der Prüfung in verantwortlicher Position beschäftigter Gesellschafter oder eine andere von ihr beschäftigte Person, die das Ergebnis der Prüfung beeinflussen kann, nach Absatz 2 oder Absatz 3 ausgeschlossen sind. [2]Satz 1 gilt auch, wenn ein Mitglied des Aufsichtsrats nach Absatz 3 Satz 1 Nr. 2 ausgeschlossen ist oder wenn mehrere Gesellschafter, die zusammen mehr als zwanzig vom Hundert der den Gesellschaftern zustehenden Stimmrechte besitzen, jeweils einzeln oder zusammen nach Absatz 2 oder Absatz 3 ausgeschlossen sind.

(5) Absatz 1 Satz 3 sowie die Absätze 2 bis 4 sind auf den Abschlussprüfer des Konzernabschlusses entsprechend anzuwenden.

Inhaltsübersicht **Rz.**

LITERATUR:

Bode, Überwachung und Billigung von Nichtprüfungsleistungen im PIE-Konzern, BB 2017 S. 491; *Frings*, Die Befangenheit des Abschlussprüfers, NWB F. 18 S. 4343; *Gelhausen/Heinz*, Der befangene Abschlussprüfer, WPg 2005 S. 693; *Gelhausen/Kuß*, Vereinbarkeit von Abschlussprüfung und Beratungsleistungen durch den Abschlussprüfer, NZG 2003 S. 424; *Graumann*, Wirtschaftliches Prüfungswesen, 2. Aufl. 2009; *Hayn/Kelm/Schmitz-Herkendell*, Zulässigkeit von Nichtprüfungsleistungen des Abschlussprüfers nach dem FISG, WPg 2022 S. 374; *Hennrichs/Bode*, Zweifelsfragen zur Bedeutung und Reichweite des Verbots bestimmter Nichtprüfungsleistungen durch den Abschlussprüfer gem. Art. 5 AP-VO, NZG 2016 S. 1281;

Loitz, Das Unabhängigkeitserfordernis bei der Entwicklung, Einrichtung und Einführung von Rechnungslegungsinformations- und Finanzberichtserstattungssystemen, DB 2013 S. 1249; *Lüdenbach*, „Indikative" Auskunft zur Bilanzierung bei Bewerbung um ein Prüfungsmandat, StuB 2012 S. 756; *Nitschinger/Canbay/Roider*, EU-Mitgliedstaatenwahlrechte zu Nicht-Prüfungsleistungen, WPg 2021 S. 749; *Petersen/Zwirner*, Besondere Ausschlussgründe für Wirtschaftsprüfer bei Unternehmen von öffentlichem Interesse, WPg 2009 S. 769; *Petersen/Zwirner/Boecker*, Ausweitung der Ausschlussgründe für Wirtschaftsprüfer eines Netzwerkes – Anmerkungen zu § 319b HGB, WPg 2010 S. 464; *Pfitzer/Orth/Hettich*, Stärkung der Unabhängigkeit des Abschlussprüfers, DStR 2004 S. 328; *Schmidt*, Neue Anforderungen an die Unabhängigkeit des Abschlussprüfers, BB 2003 S. 779.

I. Überblick

1 Abschlussprüfer (→ § 318 Rz. 5) kann nicht „jedermann" sein. Er/sie muss eine bestimmte Berufsqualifikation aufweisen, die durch staatliche Verleihung – öffentliche Bestellung (§ 1 Abs. 1 WPO) – zugeteilt wird. Bei juristischen Personen und Partnergesellschaften muss diese Qualifikation teilweise auch den gesetzlichen Vertretern zukommen. Diese Gesellschaften bedürfen einer förmlichen Anerkennung (§ 1 Abs. 3 WPO).

Bis dahin unterscheidet sich die Ausübungsbefugnis insoweit nicht von anderen freiberuflichen Tätigkeiten wie z. B. dem Anwalts- oder Steuerberatungsberuf. Beim Abschlussprüfer kommt als besondere Anforderung die **Unabhängigkeit** seiner Tätigkeit hinzu, weil er **prüft** und damit anders als der Anwalt oder Steuerberater nicht einseitig die Interessen des Auftraggebers vertreten darf.[1] Die Unabhängigkeit ist insbesondere deswegen in der Tendenz gefährdet, weil der Abschlussprüfer für seine Arbeit eine **Honorierung** erwarten darf, die vom geprüften Unternehmen vorzunehmen ist. Insofern liegt ein normales Interesse des Abschlussprüfers an der Kundenbeziehung vor.

2 Um gleichwohl die Unabhängigkeit zu gewährleisten, macht das Gesetz in Ergänzung der berufsrechtlichen Regeln in den §§ 21 ff. BS WP/vBP in den §§ 319 bis 319b HGB allgemeine und konkrete Vorgaben zur Abschlussprüferfunktion, die weit über die Berufsqualifikation allein **hinausgehen.**

Die Anforderungen sind im Gefolge des US-amerikanischen Sarbanes-Oxley Act vom 30.7.2002 und entsprechender EU-Vorgabe in der Abschlussprüferrichtlinie vom 17.5.2006[2] insbesondere für **kapitalmarktorientierte** Unternehmen (→ § 264d Rz. 1) verschärft worden:

- § 319 HGB gilt für **alle** gesetzlichen Abschlussprüfungen,
- § 319a HGB sowie die EU-APrVO zur Abschlussprüfung von Unternehmen öffentlichen Interesses stellen besondere Anforderungen bei Abschlussprüfungen, insbesondere von kapitalmarktorientierten Unternehmen (→ § 264d Rz. 1),
- § 319b HGB weitet die Unabhängigkeitserfordernisse auf sog. **Netzwerke** aus, die das Prüfungsgeschehen für international operierende Konzerne abwickeln.

3 § 319 HGB als Grundnorm zur Regelung der Abschlussprüferqualifikation ist wie folgt strukturiert:

- Abs. 1 umschreibt die Erfordernisse der **Berufsqualifikation** (→ Rz. 4).
- Abs. 2 beschreibt die **Verhinderung** (Inhabilität) des Abschlussprüfers bei nicht bestehender Unabhängigkeit nach **allgemeinen** („relativen") Kriterien *(principle based)* (→ Rz. 9 ff.).

1 § 43 Abs. 1 WPO; § 2 BS WP/vBP.
2 Vgl. ABl EG Nr. L 157/87.

- Abs. 3 listet einen ganzen Katalog von **konkreten** („absoluten") Ausschlussgründen wegen mangelnder Unabhängigkeit auf *(rule based)* (→ Rz. 26 ff.).
- Abs. 2 und 3 sind gemünzt auf „den" Abschlussprüfer als natürliche Person. In Abs. 4 werden die dortigen Anforderungen auf Prüfungs**gesellschaften** ausgeweitet (→ Rz. 67 ff.).
- Abs. 5 weitet die Anforderungen der Abs. 1 bis 4 auf den **Konzern**abschlussprüfer aus (→ Rz. 71).

II. Der wählbare Personenkreis (Abs. 1)

1. Der zweigeteilte Berufsstand (Satz 1 und 2)

Die öffentlich bestellten natürlichen Personen und die anerkannten Gesellschaften (→ Rz. 1) werden vom Gesetzgeber in den Sätzen 1 und 2 **zweigeteilt** präsentiert: 4

- Wirtschaftsprüfer und Wirtschaftsprüfungsgesellschaften,
- vereidigte Buchprüfer und Buchprüfungsgesellschaften.

Diese wenig sinnvolle Zweiteilung des Abschlussprüfer-Berufsstands hat einen historischen Hintergrund: Im Rahmen der Verabschiedung des Bilanzrichtliniengesetzes 1985 auf der Grundlage der 4. EG-Richtlinie musste gesetzlich entschieden werden, ob langjährig im Dienst einer Gesellschaft stehende Steuerberater auch ihrerseits zur Abschlussprüfung dieser Unternehmen zugelassen werden können. Der damals gefundene Kompromiss sah einen gegenüber dem Wirtschaftsprüferexamen vereinfachten Prüfungsinhalt für die Zulassung als vereidigter Buchprüfer vor. Die Wählbarkeit der vereidigten Buchprüfer bzw. der Buchprüfungsgesellschaften als Abschlussprüfer beschränkt sich auf die Pflichtprüfung von Abschlüssen und Lageberichten **mittelgroßer** Gesellschaften mit beschränkter Haftung (→ § 267 Rz. 14) und **mittelgroßer** „Kap. & Co."-Gesellschaften (→ § 264a Rz. 4) sowie auf **freiwillige** Abschlussprüfungen. § 13a WPO unternimmt einen weiteren Anlauf zur Vereinheitlichung des Berufsstands durch Gewährung einer vereinfachten Übergangsprüfung zum Wirtschaftsprüfer für zugelassene vereidigte Buchprüfer.

Die Bestellung bzw. Anerkennung muss vom Augenblick der **Wahl** bis zum **Abschluss** der Prüfung bestehen.

Nach § 27 WPO kommen für Wirtschaftsprüfungsgesellschaften folgende **Rechtsformen** in Betracht: AG, SE, KGaA, GmbH, OHG, KG, Partnergesellschaft und Partnergesellschaft mit beschränkter Berufshaftung. Die OHG und die KG können als Wirtschaftsprüfungsgesellschaften anerkannt werden, wenn sie wegen ihrer Treuhandtätigkeit im Handelsregister eingetragen sind. Die Nutzung der GmbH & Co. KG ist strittig.[1] 5

Nach Art. 14 der „EU-RL" (→ § 317 Rz. 5) ist ein Verfahren zur Approbation ausländischer Wirtschaftsprüfer für die Durchführung nationaler Abschlussprüfungen vorgesehen. Das APAReG ist diesem Auftrag nachgekommen und erlaubt ausländischen Wirtschaftsprüfern und Wirtschaftsprüfungsgesellschaften unter bestimmten Voraussetzungen die Prüfungstätigkeit in Deutschland.

1 Einzelheiten bei *Timmer*, WP Praxis 2013 S. 108.

2. Teilnahme am Qualitätskontrollverfahren (Satz 3)

6 Die Qualifikation als Abschlussprüfer musste nach früherer Fassung des Abs. 1 Satz 3 HGB durch die Bescheinigung über die **Teilnahme** am Qualitätskontrollverfahren nach § 57a WPO belegt werden.

Durch das APAReG wird in § 57a WPO das Teilnahmeverfahren durch ein **Anzeigeverfahren** ersetzt. Danach müssen Berufsangehörige die gesetzlich vorgeschriebene Abschlussprüfung nach § 316 HGB durchführen und dies spätestens zwei Wochen nach Annahme eines solchen Auftrags der Wirtschaftsprüferkammer anzeigen. Diese Anzeige ist nach § 319 Abs. 1 Satz 3 HGB Voraussetzung für das Tätigwerden als Abschlussprüfer. Die Anzeige muss auch Angaben über Art und Umfang der Tätigkeit enthalten, also etwa über die Anzahl der Prüfungen und das Stundenvolumen. Die Wirtschaftsprüferkammer entscheidet daraufhin auf Grundlage einer Risikoanalyse über den Zeitpunkt der Durchführung einer **Qualitätskontrolle,** die mindestens alle sechs Jahre stattzufinden hat.

Der **sachliche** Umfang der Qualitätskontrolle beschränkt sich auf die Qualitätssicherung bei gesetzlichen Abschlussprüfungen nach § 316 HGB sowie bei betriebswirtschaftlichen Prüfungen, die von der BaFin in Auftrag gegeben wurden. Bei der Qualitätskontrollprüfung soll sich der Umfang nach § 57a Abs. 5b WPO am Gedanken der **Skalierung** orientieren (→ § 317 Rz. 63).

Die Ergebnisse der Qualitätskontrollprüfung sind wie in einem entsprechenden Bericht (nach § 57a Abs. 5 WPO) zusammenzufassen. Nach § 57a Abs. 5 Satz 3 WPO soll der Prüfer für die Qualitätskontrolle Mängel im Qualitätssicherungssystem benennen und Empfehlungen zur Beseitigung der Mängel geben. Nach dem Wortlaut der Empfehlung liegt hier keine Beschränkung auf wesentliche Mängel vor. Unseres Erachtens darf jedoch hier nicht das Diktat des Klein-Kleins herrschen, was sonst zu einer ausgesprochen detaillierten Berichterstattung führen könnte. Berufsrechtliche Konsequenzen ziehen dabei auch nur wesentliche Mängel im Qualitätssicherungssystem nach sich (§ 57a Abs. 6a Satz 2 WPO).[1]

Die Qualitätssicherung der Abschlussprüfungen bei „PIEs" wird durch die Inspektionen der Abschlussprüferaufsichtsstelle geprüft. Dadurch ergibt sich eine Zweiteilung der „Prüfungshoheit". Die „PIE-Prüfer" führen in aller Regel auch Prüfungen nach § 316 HGB durch, für die das hier dargestellte Qualitätskontrollverfahren maßgeblich ist. Andererseits prüft die Abschlussprüferaufsichtsstelle die Abwicklung der Aufträge nach § 319a HGB. Um hier eine letztlich einheitliche Beurteilung zu erreichen, muss der Qualitätskontrollbericht auch an die Abschlussprüferaufsichtsstelle übermittelt werden.

Nach Art. 25 Abs. 1 EGHGB gilt eine **Übergangsregelung** zur externen Qualitätskontrolle. Eine bis zum Übergangsstichtag 17. 6. 2016 vorliegende Teilnahmebescheinigung oder Ausnahmegenehmigung gilt als Nachweis der Eintragung gem. § 319 Abs. 1 Satz 3 HGB (Ersatz für den Registerauszug über die Eintragung nach § 40 Abs. 3 WPO).

3. Unwirksame Bestellung

7 Liegen die Voraussetzungen nach Abs. 1 nicht vor, kann eine rechtsgültige Wahl als Abschlussprüfer nicht erfolgen. Ein gleichwohl erteilter Prüfungsauftrag ist **nichtig,** und zwar von Anfang an (ex tunc). In der Folge ist auch keine gültige Prüfung möglich und ebenso wenig die Erteilung eines Bestätigungsvermerks. Ein gleichwohl „geprüfter" Abschluss kann nicht fest-

1 Vgl. hierzu *Tebben*, StuB 2015 S. 741.

gestellt werden und liegt bis dahin rechtsgültig nicht vor (→ § 316 Rz. 6). Ein Rechtsanspruch auf ein Honorar für eine etwa schon getätigte Prüfungsleistung entfällt.

Sofern die Voraussetzungen des § 319 Abs. 1 HGB **nach** Bestellung zum Abschlussprüfer weggefallen, ist der schuldrechtliche Prüfungsvertrag auf eine unmögliche Leistung gerichtet. Durch Rücktritt vom Vertrag kann das Unternehmen einen Vergütungsanspruch des Prüfers verhindern.[1]

III. Die prinzipienorientierte Befangenheitsbesorgnis (Abs. 2)

1. Die Befangenheit als Ausprägung des berufsrechtlichen Unabhängigkeitsgebots

Das **Unabhängigkeits**gebot für die Ausübung der Wirtschaftsprüfertätigkeit nach § 2 Abs. 1 WPO wird in verschiedenen gesetzlichen und berufsrechtlichen Vorschriften angesprochen: 8

- In den §§ 319 bis 319b HGB sowie in der EU-APrVO zur Abschlussprüfung von Unternehmen öffentlichen Interesses als eigentlichem Regelungsbereich.
- In § 321 Abs. 4a HGB sowie ebenfalls in der EU-APrVO bei der Berichterstattung über die Abschlussprüfung (→ § 321 Rz. 79).
- In § 43 Abs. 1 Satz 1 WPO als allgemeine Berufspflicht des Wirtschaftsprüfers.
- In § 2 Abs. 1 BS WP/vBP das Verbot von „Verbindungen", die die Unabhängigkeit begründen (können).

Das Unabhängigkeitsgebot geht Hand in Hand mit dem und ist kaum (sinnvoll) zu unterscheiden vom Gebot der **Unbefangenheit,** wie sie in Abs. 2 angesprochen ist und in den **§§ 21 ff.** BS WP/vBP näher spezifiziert wird. Bei der Auslegung des Abs. 2 sind die berufsrechtlichen Vorgaben entscheidend mit zu berücksichtigen.

2. Die „Besorgnis" der Befangenheit

Der Ausschluss von der Abschlussprüfung verlangt nicht **„die"** Befangenheit, es genügt die **„Besorgnis"** des Bestehens einer solchen. Die Unabhängigkeit muss nicht nur **tatsächlich** vorliegen, sondern auch aus Sicht eines vernünftigen Dritten als – unter Plausibilitätsgesichtspunkten – gegeben **erscheinen.**[2] Bereits der Anschein einer Beeinflussungsmöglichkeit muss vermieden werden.[3] Oder so ausgedrückt: Bei einem Dritten darf kein Zweifel an der Unbefangenheit des Prüfers geweckt werden[4] *(„independence in appearance")*. Der Beurteilungsmaßstab ist ein **objektiver,** nicht die **subjektive** Einstellung des betroffenen Abschlussprüfers.[5] Andererseits löst nicht das bloße **Verdachtsmoment** – eine Ahnung oder das Gefühl – die Befangenheit aus. 9

1 Vgl. hierzu *Bormann,* DStR 2010 S. 1389 zum BGH-Urteil v. 21.1.2010 – Xa ZR 175/07, DStR 2010 S. 765. Zum Vergütungsanspruch des inhabilen Prüfers überhaupt *Bormann,* DStR 2010 S. 1430.
2 Art. 22 Abs. 2 Satz 1 der Abschlussprüferrichtlinien vom 17.5.2006.
3 LG Berlin, Urteil v. 25.11.2011 – will 6/11, WPK Magazin 2/2012 S. 50.
4 Vgl. *Dodenhoff* in Haufe HGB Bilanz Kommentar, 6. Aufl. 2015, § 319 Tz. 23.
5 Vgl. *Ebke* in Münchener Kommentar zum Handelsgesetzbuch: HGB, 2. Aufl. 2009, § 319 Tz. 25.

10 Abs. 2 zählt unvollständig („insbesondere") drei Befangenheitsgründe („Beziehungen") auf. Zu **geschäftlichen** Beziehungen folgendes Beispiel:

BEISPIEL ▸ Der Wirtschaftsprüfer H ist Mitglied des Stadtrats und gleichzeitig Abschlussprüfer der Stadtbahn AG. Im Nahverkehrsausschuss des Stadtrats werden die jährlichen Zuschüsse der Stadt an die AG verhandelt und wird die Beschlussvorlage für das Plenum ausgearbeitet.

ALTERNATIVE 1 ▸ WP H ist Mitglied des Nahverkehrsausschusses: → Besorgnis der Befangenheit besteht wegen „geschäftlicher Beziehungen".

ALTERNATIVE 2 ▸ WP H ist nicht Mitglied dieses Ausschusses und enthält sich der Diskussion und der Abstimmungen in der Stadt bei jeglichen Themen bzgl. der Stadtbahn AG: → Die Besorgnis der Befangenheit besteht nicht.

Zu **finanziellen** Beziehungen folgendes Beispiel:

BEISPIEL ▸ Wirtschaftsprüfer W ist Mitglied des Prüfungsteams des Kreditkarten-Herausgebers O AG. Er setzt bevorzugt die Platinkarte ein, die

- (1) regelmäßig einen Schuldsaldo von ca. 30 T€ ausweist,
- (2) monatlich durch Abbuchung vom Girokonto des W auf null gestellt wird.

Im Fall (1) besteht die Besorgnis der Befangenheit, im Fall (2) nicht.

FALLABWANDLUNG ▸ W zahlt für die Kreditkarte keine Gebühr – alternativ 25 € p. a., wie sie den Mitarbeitern der O AG angeboten werden. Die übliche Jahresgebühr beträgt 75 €. Wegen Geringfügigkeit ist keine Befangenheit zu besorgen.

Zu den **persönlichen** Beziehungen folgendes Beispiel:

BEISPIEL ▸ Wirtschaftsprüfer Z ist aktives Mitglied des örtlichen Golfclubs, ebenso der Sparkassendirektor S. Die Sparkasse finanziert die örtlich dominierende I AG, deren Abschlussprüfer ist Z.

ALTERNATIVE 1 ▸ Z und S treffen sich gelegentlich zu einer Runde Golf und sprechen vereinzelt auch über Belange der I AG: → keine Befangenheit.

ALTERNATIVE 2 ▸ Z und S verbindet die große Leidenschaft des Golfsports. Sie buchen häufig gemeinsame Reisen zu exklusiven Golfveranstaltungen und verkehren regelmäßig auch privat miteinander. Die beiden Gattinnen (→ Rz. 65) besuchen ihrerseits gemeinsam Kunstausstellungen und jährlich die Galopprennen in Ascot und Baden-Baden: → Die Besorgnis der Befangenheit besteht.

In zeitlicher Hinsicht gilt: Die Befangenheit muss während des zu prüfenden Geschäftsjahres oder während der Abschlussprüfung bestehen. Die Befangenheit kann in der Zeitfolge zwischen der Wahl bzw. Auftragserteilung und der Erteilung des Bestätigungsvermerks eintreten. Dann ist der Abschlussprüfer nach § 318 HGB durch einen anderen zu ersetzen (→ § 318 Rz. 33).

3. Schutzmaßnahmen

11 Die Beispiele unter → Rz. 10 belegen die Schwierigkeiten der Abgrenzung von Befangenheit und Unbefangenheit im Einzelfall bei der Vielgestaltigkeit des Wirtschaftslebens. Berufsrechtlich hat man diesen Problemen durch sog. **Schutzmaßnahmen** *(safeguards)* entgegengesteuert. Dadurch sollen Maßnahmen und Verfahren zur **„Abschwächung"** der Unbefangenheitsgefähr-

dung in die Welt gesetzt werden. Als Beispiel für solche Maßnahmen werden in der BS genannt:[1]

(1) Erörterungen mit Aufsichtsgremien des Auftraggebers,

(2) Erörterungen mit Aufsichtsstellen außerhalb des Unternehmens,

(3) Transparenzregelungen,

(4) Einschaltung von Personen in den Prüfungsauftrag, die nicht schon anderweitig damit befasst sind,

(5) Beratung mit Kollegen, die in Fragen der Unbefangenheit erfahren sind,

(6) personelle und organisatorische Maßnahmen, durch die sichergestellt wird, dass Informationen aus der zusätzlichen Tätigkeit, die zu einer Befangenheit als Abschlussprüfer führen können, den für die Abschlussprüfung Verantwortlichen nicht zur Kenntnis gelangen *(Firewalls)*.

Aus diesen möglichen Maßnahmen ist bzw. sind die im konkreten Fall passende(n) **auszusuchen.** Die Maßnahmen (4) und (6) eignen sich nicht für den mit der Prüfungsdurchführung beschäftigten Einzel-WP. Die Maßnahme (5) scheidet meistens wegen der Verschwiegenheitspflicht aus. Am ehesten ist die Maßnahme (1) „flächendeckend" anwendbar, allerdings auch wieder nicht bei einer GmbH ohne Aufsichtsrat mit einem alleinigen Gesellschafter-Geschäftsführer. In der Konstellation einer größeren WP-Gesellschaft ist die Maßnahme (4) anzuwenden, wenn der Vorstandsvorsitzende der WP-AG die dort genannte Beziehung mit dem Vorstand des Golfclubs pflegt. Eine Gewissheit über die „richtige" Lösung in *casu* wird sich durch diese Schutzmaßnahme eher selten erzielen lassen.

4. Die Wechselwirkung mit den Regeln des Abs. 3

Letztlich ist diese Unsicherheit über die Subsumtion eines Sachverhalts unter die Rechtsregel 12
Ausfluss der Prinzipienorientierung des Abs. 2 (→ Rz. 9), dem das Gesetz die festen Regeln *(bright lines)* der Regelbasierung in Abs. 3 (→ Rz. 26) gegenüberstellt. Die Auslegung prinzipienorientierter Gesetze orientiert sich notgedrungen immer an Präjudizien; allerdings liegen hier solche eher spärlich vor. Die Befangenheitsgründe des Abs. 2 („prinzipienorientiert") werden durch die feste Regel des Abs. 3 nicht **beiseitegeschoben.**[2] Allerdings soll, wenn die Grenzmarke eines Tatbestands nach Abs. 3 nicht erreicht ist – z. B. weniger als 30 % der Gesamteinnahmen nach Abs. 3 Nr. 5 (→ Rz. 63) –, die Besorgnis der Befangenheit nur dann bestehen, „wenn zusätzliche Umstände eine nicht unbedeutende Gefährdung der Unbefangenheit begründen". Bei der Auslegung dieser Passage ist „nicht unbedeutend" besonders konturlos, da unwesentliche Aspekte ohnehin als Beurteilungskriterium ausscheiden.

BEISPIEL

- Die Ehefrau (→ Rz. 65) des Gesellschafter-Geschäftsführers G der WP-Gesellschaft G & Partner GmbH ist als Erbin mit 0,5 % am Nennkapital der O AG beteiligt. Die WP-GmbH ist zum Abschlussprüfer der O AG gewählt worden. Das Prüfungsteam speist in der Kantine der O AG unentgeltlich. Wegen Nichtwesentlichkeit begründet die „freie Verpflegung" keine Befangenheit. Schädlich ist jedoch nach Abs. 3 Satz 2 i. V. mit Abs. 3 Satz 1 Nr. 1 die Beteiligung der Ehefrau am Kapital.
- In Abwandlung des vorigen Sachverhalts ist die Tochter der Eheleute G als Finanzprokuristin der O AG dort vollzeitbeschäftigt. Unseres Erachtens ist hier die Abhängigkeitsbesorgnis gegeben.

1 § 22 BS WP/vBP.

2 Vgl. *Ebke* in Münchener Kommentar zum Handelsgesetzbuch: HGB, 2. Aufl. 2009, § 319 Tz. 21.

13 Die eigenständige Bedeutung der Prinzipien gegenüber den *bright lines* des Abs. 3 kann sich auch bei einer **Vorbefassung** mit dem zu prüfenden Sachverhalt im Rahmen der Ausschreibung eines Prüfungsmandats ergeben (→ Rz. 45).

5. Hinweise außerhalb des HGB

5.1 Europarecht

14 An weiteren Hinweisen zum prinzipienorientierten Unabhängigkeitspostulat außerhalb des Gesetzeswortlauts gebricht es nicht.

Nach der europarechtlich unverbindlichen[1] Empfehlung der EU-Kommission vom 16.5.2002[2] und darauf aufbauend der Abschlussprüferrichtlinie vom 17.5.2006[3] und in deren Gefolge der Begründung zum BilReG[4] in Teilbereichen sind folgende Befangenheitsindikatoren beachtlich:

- finanzielle Beteiligungen,
- geschäftliche Beziehungen,
- Beschäftigungsverhältnisse,
- Übernahme einer Führungs- oder Kontrollfunktion,
- Tätigkeit bei einer Prüfungsgesellschaft,
- verwandtschaftliche und sonstige persönliche Beziehungen,
- Nichtprüfungsleistungen *(non-audit services)*,
- Honorargestaltungen,
- Rechtsstreitigkeiten,
- leitende Tätigkeit.

Diese Aufzählung ist in Abs. 2 und 3 in nationales Recht transformiert worden. In Abs. 3 (→ Rz. 26) sind für Teilbereiche feste Regeln *(rules)* gewählt worden, in Abs. 2 (→ Rz. 9) eine Prinzipienlösung.

5.2 Berufsrechtliche Vorgaben

15 Der die Prinzipienorientierung konkretisierende Katalog in den §§ 23 bis 24 und § 2 Abs. 2 BS WP/vBP zur Befangenheit und zur Unabhängigkeit ist zurate zu ziehen. Außerdem ist § 55 WPO von Bedeutung. Unter anderem geht es um folgende Fälle:

16 - Vereinbarung eines **Erfolgshonorars** nach § 55 Abs. 1 WPO.

BEISPIEL Der Abschlussprüfer W vereinbart im Prüfungsvertrag (→ § 318 Rz. 33) ein Pauschalhonorar von 100 T€ mit einer Zusatzvergütung von 25 % dieses Betrags, sofern der geprüfte Jahresabschluss eine Eigenkapitalquote von mehr als 20 % aufweist.

---

1 Vgl. *Ebke* in Münchener Kommentar zum Handelsgesetzbuch: HGB, 2. Aufl. 2009, § 319 Tz. 28.

2 ABl EG Nr. L 191/22 v. 19.7.2002.

3 ABl EG Nr. L 157/82 v. 9.6.2002.

4 BT-Drucks. 15/2419 S. 38.

- Vereinbarung eines Honorars unter **Bedingungen.** 17

BEISPIEL Wirtschaftsprüfer W vereinbart für die Durchführung der Abschlussprüfung ein Pauschalhonorar von 30 T€ unter der Bedingung der Erteilung eines Steuerberatungsauftrags mit einem Honorarvolumen von wenigstens 70 T€.

- Erhaltene oder vergütete **Vermittlungsprovisionen.** 18

BEISPIEL Wirtschaftsprüfer W vereinbart mit dem Bankvorstand V die Leistung einer „Courtage" für die Bank bei Erhalt des Prüfungsauftrags der Z GmbH, die von der Bank finanziert wird, i. H. von 5 % des Honorarvolumens aus dem Prüfungsmandat.

- Übernahme von Mandanten**risiken.** 19

BEISPIEL Der Wirtschaftsprüfer W übernimmt im Rahmen des Prüfungsvertrags eine Garantie bzgl. eines Mindestwerts des vorhandenen Vorratsvermögens.

- Annahme von **Versorgungszusagen** des zu prüfenden Unternehmens. 20

BEISPIEL Wirtschaftsprüfer W „verzichtet" auf eine Vergütung für seine Prüfungstätigkeit und erhält stattdessen eine Versorgungszusage ab dem 65. Lebensjahr.

Die vorstehend angesprochenen Befangenheitsgründe können bei Ausübung der Wirtschaftsprüfungstätigkeit **allgemein** – z. B. bei Gutachtenaufträgen – anfallen. Für die Prüfungstätigkeit **spezifiziert** § 21 Abs. 2 Satz 4 BS WP/vBP weiter folgende Tatbestandsmerkmale: 21

- Eigeninteresse (→ Rz. 22),
- Selbstprüfung (→ Rz. 38 ff.),
- Interessenvertretung (→ Rz. 1),
- persönliche Vertrautheit (→ Rz. 25).

Das **Eigeninteresse** wird unterschieden nach **finanzieller** und **sonstiger** Art: 22

- Das Eigeninteresse **finanzieller** Art kann insbesondere vorliegen bei **kapitalmäßigen** oder sonstigen **finanziellen** Bindungen gegenüber dem zu prüfenden Unternehmen.

BEISPIEL

- Wirtschaftsprüfer W ist zum Abschlussprüfer der Einzelhandelsfilialkette A bestimmt worden. Er erhält von der Geschäftsleitung eine Plastikkarte, die mit dem Chip für die Arbeitnehmer der Kette bestückt ist und diesem einen Einkaufsrabatt von 15 % für alle Waren gewährt. W und seine Familie finanzieren den wesentlichen Teil ihres täglichen Unterhaltsbedarfs mithilfe dieses Plastikgelds.
- Wirtschaftsprüfer W gewährt dem geprüften Unternehmen ein hohes Darlehen und umgekehrt.

Unseres Erachtens besteht in beiden Fällen die Besorgnis der Abhängigkeit, weil das Prüfungsurteil die Bonität des Unternehmens beeinflussen kann.[1]

BEISPIEL Wirtschaftsprüfer W hat für seine vorausgegangene Abschlussprüfung das Honorar noch nicht erhalten.

Unseres Erachtens besteht dann die Besorgnis der Befangenheit, wenn die Honorarforderung einen wesentlichen Teil der noch offenen Forderungen der WP-Praxis ausmacht.

1 Zu weiteren Beispielen vgl. *Dodenhoff* in Haufe HGB Bilanz Kommentar, 6. Aufl. 2015, § 319 Tz. 27.

23 ► Eigeninteressen **sonstiger** Art können ebenfalls die Besorgnis der Befangenheit auslösen.

BEISPIEL ► Der Wirtschaftsprüfer W und die geprüfte Z GmbH bekriegen sich wechselseitig mit Gerichtsverfahren wegen Schadenersatzleistungen u. Ä.

Es besteht eine Befangenheitsbesorgnis.

BEISPIEL[1] ► Der Wirtschaftsprüfer W hat bei der Vorprüfung einen wesentlichen Bilanzierungsfehler übersehen und ist sich dessen bei der Folgeprüfung bewusst. Die Fehleraufdeckung würde zu erheblichen negativen Konsequenzen für die Gesellschaft führen.

Für W besteht die Besorgnis der Befangenheit.

Anders verhält es sich, wenn der Abschlussprüfer nach seiner Wiederwahl den Fehler aufdeckt und das Unternehmen den Fehler in der aktuellen Periode berichtigt (→ § 252 Rz. 248).

24 ► Die Befangenheitsbesorgnis besteht in Fällen der **Selbstprüfung.**[2]

Eine Selbstprüfung liegt dann vor, wenn der Wirtschaftsprüfer einen Sachverhalt beurteilen muss, den er selbst bei der Entstehung entscheidend **mitgestaltet** hat. Dazu gehören nach § 23a BS WP/vBP Abs. 3 bis 7:

► Mitwirkung an der Führung der **Bücher** oder der Aufstellung des zu prüfenden **Abschlusses,** wenn die Tätigkeit nicht von **untergeordneter** Bedeutung ist.

BEISPIEL[3] ► Die Prüfungsgesellschaft W GmbH hat den Auftrag zur Durchführung der Abschlussprüfung bei der G GmbH. Daneben erstellt sie die Gehaltsabrechnung für einen kleinen Kreis leitender Mitarbeiter und die Anlagenbuchführung.

Nach Auffassung des Gerichts gilt: Die Gehaltsbuchhaltung ist von untergeordneter Bedeutung und führt nicht zur Befangenheit. Anders die Erstellung der Anlagenbuchführung.

► Mitwirkung des Wirtschaftsprüfers bei der Durchführung der **internen** Revision in verantwortlicher Position. Dagegen soll die Übernahme von Prüfungstätigkeiten selbst im Rahmen der internen Revision unschädlich sein.

► Befangenheitsbesorgnis besteht immer dann, wenn der mit Abschlussprüfung beauftragte Wirtschaftsprüfer **leitende Funktionen** gleich welcher Art im **geprüften Unternehmen** übernommen hat oder für das Unternehmen Finanzdienstleistungen in Form von Vermögensanlagen erbringt.

► Die Befangenheitsbesorgnis besteht insbesondere auch bei Erbringung **versicherungsmathematischer Berechnungen** und anderer **Bewertungsleistungen.**

BEISPIEL ► Die Muttergesellschaft M des international tätigen Konzerns K hat in Brasilien eine dortige AG zu 100 % übernommen. Die M ist zur Rechnungslegung nach internationalen Standards verpflichtet (→ § 315e Rz. 2). Sie bittet ihre Prüfungsgesellschaft, unter Einschaltung des in Brasilien tätigen Netzwerkmitglieds (→ § 319b Rz. 1 f.) die Berechnungen zur Kaufpreisallokation für die Erstkonsolidierung (→ § 301 Rz. 26 ff.) durchzuführen und die dafür erforderlichen Buchungen vorzulegen.

Mit Übernahme dieses Sonderauftrags wird die Befangenheitsbesorgnis begründet. Die M muss eine andere Prüfungsgesellschaft mit dieser Arbeit beauftragen.

---

1 Nach *Dodenhoff* in Haufe HGB Bilanz Kommentar, 6. Aufl. 2015, § 319 Tz. 28.

2 § 23a BS WP/vBP; vgl. auch unter → Rz. 36 ff.

3 Nach dem Sachverhalt des Urteils des OLG Hamm v. 27.1.2009 – 25 U 57/08, WPK Magazin 4/2009 S. 56, nrkr.

Besonders schwierig zu beurteilen ist die mögliche Inhabilität wegen **persönlicher Vertrautheit.**[1] Enge persönliche Beziehungen sind hochgradig auslegungsbedürftig. Gemeint sind Beziehungen zwischen dem beauftragten Abschlussprüfer und dem zu prüfenden Unternehmen, Letzteres bezogen auf Mitglieder der Unternehmensleitung und Personen, die auf den Prüfungsgegenstand Einfluss haben. Unter dem letztgenannten Personenkreis ist der im Rechnungswesen leitend tätige Stab zu verstehen. 25

BEISPIEL

- Der Wirtschaftsprüfer W erliegt der Attraktionskraft der neu bestellten Finanzprokuristin F. Aufgrund dieser Liaison wird er inhabil.
- Der verantwortliche Prüfungsleiter der WP-Gesellschaft W GmbH ist wie der Leiter der Anlagenbuchhaltung der geprüften A GmbH aktives Mitglied des Kegelclubs Alle-Neune e.V. Hier ist die Befangenheitsbesorgnis nicht ohne Weiteres gegeben. Unseres Erachtens empfiehlt sich mindestens eine vom Prüfungsleiter unabhängige Prüfung der Anlagenbuchführung durch ein anderes Teammitglied.
- Der Geschäftsführer der W GmbH hat eine Tochter, die bei der geprüften A AG in der Kreditorenbuchhaltung arbeitet. Der Gesellschafter-Geschäftsführer der W GmbH unterzeichnet den Prüfungsbericht und Bestätigungsvermerk links. Unseres Erachtens ist eine Befangenheitsbesorgnis nicht gegeben, wenn durch das begutachtete IKS im Kreditorenkontokorrent keine unsachgemäßen Eingriffe (vgl. das Beispiel unter → § 317 Rz. 29) möglich sind, sondern nur mechanische Bearbeitungsvorgänge infrage kommen.

Zum **Ersetzungsverfahren** durch einen anderen Abschlussprüfer wegen Befangenheit wird verwiesen auf → § 318 Rz. 33 ff.

IV. Die regelbasierte Befangenheitsbesorgnis (Abs. 3)

1. Der Regelungswirrwarr

Unter → Rz. 14 f. war bereits eine Darstellung der sich gegenseitig überschneidenden Regelungen zur Befangenheit im Gesetz, in gesetzesnahen Materialien und in den berufsständischen Verlautbarungen dargestellt worden. Diese **Überlagerung** gilt auch für die nicht organisch aus den allgemeinen Regeln heraus entwickelten Einzeltatbestände in Abs. 3. Diese beruhen auf unter → Rz. 14 zitierten Vorgaben des EU-Rechts zur Transformation in die deutsche Gesetzeswelt. Die berufsständischen Vorgaben sind überwiegend früheren Datums, woraus sich diese inhaltliche Überlagerung erklärt. Die Vielfältigkeit der einschlägigen Regeln beweist das **hohe Gut** der allseits geforderten Unbefangenheit und Unabhängigkeit des Wirtschaftsprüfers, insbesondere bei seiner Prüfungstätigkeit. 26

Bei Vorliegen der Tatbestandsmerkmale in der Aufzählung des Abs. 3 wird das Vorliegen der Befangenheit **unwiderleglich** vermutet.[2] Eine weitere Untersuchung darüber, ob tatsächlich die Abhängigkeit besteht, ist deshalb nicht erforderlich. Die **Schutzmaßnahmen** (*safeguards*, → Rz. 11), die im Rahmen der prinzipienorientierten Befangenheitsprüfung nach Abs. 2 Abhilfe schaffen können, sind in den Fällen des Abs. 3 **gegenstandslos.** 27

Die Inhabilität nach dem Katalog des Abs. 3 bezieht sich nicht nur auf den zum Abschlussprüfer bestellten oder zu bestellenden Wirtschaftsprüfer, sondern auch auf solche natürlichen 28

1 § 24 BS WP/vBP.
2 Vgl. *Gelhausen/Heinz*, WPg 2005 S. 697.

oder juristischen **Personen,** die mit ihm durch eine wirtschaftliche Interessenidentität **verbunden** sind, nämlich auf

- den oder die Sozietätspartner (→ Rz. 29),
- den Ehe- oder Lebenspartner (→ Rz. 65),
- die Mitarbeiter des Abschlussprüfers (→ Rz. 61).

Wirtschafts- und Buchprüfungsgesellschaften werden in Abs. 4 einem gesonderten Regelungsbereich unterworfen (→ Rz. 67).

2. Die Sozietätsklausel (Abs. 3 Satz 1 Halbsatz 1)

29 Bzgl. der Tatbestandsverwirklichung der einzelnen Ausschlussgründe nach Abs. 3 wird der Sozius, also eine Person, mit der der Abschlussprüfer seinen Beruf **gemeinsam** ausübt, dem Abschlussprüfer gleichgestellt.

Die vom Gesetzgeber vermutete Interessengleichheit bezieht sich zunächst auf in der Prüfungskanzlei selbständig oder unselbständig tätige Wirtschaftsprüfer/vereidigte Buchprüfer und auf andere Mitarbeiter, die für einen bestimmten Prüfungsauftrag eingesetzt werden. Die Sozietätsklausel beschränkt sich aber nicht nur auf Wirtschaftsprüfer und vereidigte Buchprüfer, sondern auch auf Rechtsanwälte und Steuerberater als Sozien oder Mitarbeiter.

30 Von gemeinsamer Berufsausübung ist dann auszugehen, wenn die wirtschaftliche Gleichrichtung der Interessen durch **Zusammenfassung** von Einnahmen und Ausgaben der Kanzlei *(„pooling")* erfolgt.[1] Dazu kommt das gemeinschaftliche Auftreten nach außen. **Bürogemeinschaften,** bei denen nur Teilbereiche der Ausgaben „gepoolt" werden, fallen nicht unter die Sozietätsklausel.[2]

Zum besonderen Fall des sog. **Netzwerks** wird auf → § 319 verwiesen.

3. Der Pflichtenkatalog (Abs. 3)

3.1 Finanzielle Interessen (Abs. 3 Satz 1 Nr. 1)

3.1.1 Unmittelbare Beteiligung

31 **„Anteile"** sind identisch mit Beteiligungen am gezeichneten Kapital einer Kapitalgesellschaft oder am Kapital einer „Kap. & Co."-Gesellschaft (→ § 264 Rz. 5). **Stille** Beteiligungen stellen keinen Anteilsbesitz i. S. des Gesetzeswortlauts dar. Gleichwohl liegt u. E. ein Ausschlussgrund wegen Befangenheit vor, wenn diese Beteiligung **nicht** von **untergeordneter** Bedeutung ist (Wesentlichkeitsaspekt). In diesen Fällen bestehen regelmäßig „nicht nur unwesentliche finanzielle Interessen" an dem geprüften Unternehmen.[3]

---

1 Vgl. *ADS*, 6. Aufl., § 319 Tz. 58.

2 Allgemeine Auffassung, z. B. *Justenhoven/Nagel* in Beck'scher Bilanz-Kommentar, 13. Aufl. 2022, § 319 Tz. 34.

3 Anderer Auffassung Teile des Schrifttums, die nur auf die gesellschaftsrechtliche Anteilsinhaberschaft reflektieren, nicht aber auf die vom Gesetz genannten finanziellen Interessen, und deshalb die typisch stille Beteiligung als nicht befangenheitsschädlich ansehen, z. B. *Justenhoven/Nagel* in Beck'scher Bilanz-Kommentar, 13. Aufl. 2022, § 319 Tz. 38. *Dodenhoff* in Haufe HGB Bilanz Kommentar, 6. Aufl. 2015, § 319 Tz. 40, Letzterer zustimmend zur hier vertretenen Ansicht bei atypisch stiller Beteiligung; demgegenüber *Ebke* in Münchener Kommentar zum Handelsgesetzbuch: HGB, 2. Aufl. 2009, § 319 Tz. 50. Vgl. hierzu auch die Fallstudie im WPK Magazin 4/2011 S. 42.

BEISPIEL

- Der Wirtschaftsprüfer W hat bei der von ihm geprüften G GmbH eine stille Beteiligung erworben. Nach dem Gesellschaftsvertrag ist er am Gewinn und Verlust der GmbH und an den stillen Reserven zu 15 % beteiligt (atypisch still).
- Die Ehefrau (→ Rz. 65) des Wirtschaftsprüfers D ist an der zu prüfenden AG mit einer stillen Einlage beteiligt. Daraus sind ihr eine Mindestverzinsung von 5 % p. a. und darüber hinaus eine gewinnabhängige Vergütung zugesprochen.

Unseres Erachtens liegen in beiden Fällen – bei entsprechender Größenordnung der Einlage – nicht unwesentliche finanzielle Interessen vor, welche die Inhabilität von W und D begründen. Solche **„Interessen"** können auch bei Schuldverschreibungen, gewährten Krediten, Optionen auf Anteilserwerbe u. Ä. vorliegen. Generell ist hier die Wesentlichkeitsschwelle tendenziell niedrig anzusetzen, und es sind auch die prinzipienorientierten Befangenheitsgründe in Abs. 2 mit zu berücksichtigen (→ Rz. 12). Unseres Erachtens kann eine Inhabilität durch Darlehensgewährung bei Wesentlichkeit auch dann vorliegen, wenn die Darlehensbedingungen den mit der Hausbank vereinbarten entsprechen.[1] Es ist vor dem Hintergrund der Befangenheits**besorgnis** nicht ohne Weiteres oder kaum verständlich, wenn ein Abschlussprüfer ausgerechnet bei dem zu prüfenden Unternehmen seine überschüssige Liquidität anlegen will. Andere Anlagemöglichkeiten stehen zuhauf zur Verfügung. Deshalb ist u. E. von entsprechenden Anlagen durch den Abschlussprüfer dringend abzuraten, weil dadurch im äußeren Erscheinen eine Befangenheitsbesorgnis besteht (→ Rz. 9), mag er sich selbst noch so unbefangen fühlen. 32

Bei **Treuhänderschaften** gilt: 33

- Bei Treugebereigenschaft des Wirtschaftsprüfers für die Anteile am geprüften Unternehmen sind diese ihm zuzurechnen[2] und begründen deshalb die Inhabilität.
- Bei Treuhänderschaft des Abschlussprüfers an den Gesellschaftsanteilen besteht Inhabilität wegen der gebotenen Interessenvertretung für den Treugeber.[3]

3.1.2 Mittelbare Beteiligung

Das Gesetz beugt auch der **Umgehung** der Anteilsbesitzklausel durch indirekte Beteiligung vor. 34

BEISPIEL Die Ehefrau (→ Rz. 65) des Wirtschaftsprüfers W, der den Abschluss der Z GmbH prüft, ist alleinige Gesellschafterin der H GmbH & Co. KG, die wiederum 60 % der Anteile an der Z GmbH hält.

Die beiden Gesellschaften sind i. S. des § 271 Abs. 2 HGB verbunden (→ § 271 Rz. 32), wodurch die Inhabilität von W für die Abschlussprüfung bei Z begründet wird.[4]

Die Bezugnahme auf den **Verbund**begriff kann auch in der Richtung „von oben nach unten" bestehen. 35

BEISPIEL Die X GmbH ist zu 60 % am Kapital der Y GmbH & Co. KG beteiligt. An dieser hält die Ehefrau (→ Rz. 65) des Abschlussprüfers W der X GmbH 25 % der Anteile. W ist für die Abschlussprüfung an der X GmbH inhabil.

1 Anderer Auffassung *Justenhoven/Nagel* in Beck'scher Bilanz-Kommentar, 13. Aufl. 2022, § 319 Tz. 39.

2 Vgl. *ADS*, 6. Aufl., § 319 Tz. 81 f.

3 WPK Magazin 4/2014 S. 40.

4 Vgl. *Ebke* in Münchener Kommentar zum Handelsgesetzbuch: HGB, 2. Aufl. 2009, § 319 Tz. 51.

36 In der Gesetzesalternative wird die Beteiligungsgrenze von der für verbundene Unternehmen geltenden von über 50 % auf diejenige der für **assoziierte** Unternehmen gültigen von 20 % reduziert (→ § 311 Rz. 9).

BEISPIEL ▸ Die B AG hält 25 % der Anteile an der T GmbH, Wirtschaftsprüfer W einen weiteren Anteil von 10 % an der T GmbH. W ist für die Prüfung der B AG inhabil.

3.2 Personalunion und ähnliche Verhältnisse (Abs. 3 Satz 1 Nr. 2)

37 Die Funktion als gesetzlicher Vertreter oder Aufsichtsrat, Beirat u. Ä. sowie Arbeitnehmer bei der geprüften Gesellschaft schließt die Prüfungstätigkeit für diese aus. Dieser Ausschluss wird ausgeweitet auf verbundene und assoziierte Unternehmen (→ Rz. 24 ff.), d. h. auf die vergleichbare Funktion bei den verbundenen Unternehmen etc., sowie auf Sozietätsmitglieder (→ Rz. 29).

BEISPIEL ▸ Abschlussprüfer W hat einen Prüfungsauftrag für die H GmbH & Co. KG, die sich mit der Bauentwicklung für Bürohochhäuser und Hotels befasst. H ist zu 50 % an der E GmbH beteiligt, die die Inneneinrichtung von Immobilien-Großobjekten zum Geschäftsgegenstand hat. Die Ehefrau (→ Rz. 65) von W ist diplomierte Innenarchitektin und arbeitet freiberuflich für die E GmbH beim Design von Hotelzimmern und -empfangshallen mit.

Unseres Erachtens ist W inhabil für die Abschlussprüfung bei der H GmbH trotz der gesetzlichen Beschränkung auf die Arbeitnehmerstellung. Unseres Erachtens kann bzgl. der Befangenheitsbesorgnis kein Unterschied zwischen Arbeitnehmer- und freiberuflicher Tätigkeit gemacht werden.[1]

Auf jeden Fall eröffnet sich in diesem Fall einmal mehr der Anwendungsbereich der prinzipienorientierten Definition der Befangenheitsbesorgnis (→ Rz. 12), die keine Rücksicht auf arbeitsrechtliche Grundlagen nehmen kann.

BEISPIEL ▸ Der Sozius (→ Rz. 29) ist als Steuerberater Mitglied des Beirats der K GmbH. Wirtschaftsprüfer W ist zum Abschlussprüfer der GmbH & Co. KG bestellt, deren Komplementärin K ist.[2] Unseres Erachtens ist W inhabil nach Abs. 3 Satz 1 Nr. 2, nach Auffassung des LG Berlin hingegen „nur" nach Abs. 2 (→ Rz. 9 ff.). Dabei ist unerheblich, ob der Beirat bei der Komplementär-GmbH oder bei der KG selbst installiert ist. Unerheblich ist auch die Bezeichnung „Beirat" statt „Aufsichtsrat".

3.3 Selbstprüfung (Abs. 3 Satz 1 Nr. 3)

3.3.1 Allgemeine Beschränkung

38 Die die Inhabilität begründende Tätigkeit muss **„über** die Prüfungstätigkeit **hinaus"** erfolgt sein. Die Frage ist also, wo die Grenze zwischen Prüfungs- und Nichtprüfungstätigkeit verläuft. Das Thema stellt sich insbesondere bei Buchführungs- und Abschlussarbeiten (→ Rz. 46), aber auch bei eigenständigen Bewertungsleistungen (→ Rz. 56). Das „über … hinaus" erlaubt andererseits eine „Mitwirkung" oder „Erbringung" im **Rahmen** der Prüfungstätigkeit.

BEISPIEL ▸ Der Abschlussprüfer stellt im Rahmen seiner Prüfungstätigkeit Folgendes fest:

- Eine Abwertung der ungängigen Ersatzteile ist nicht erfolgt (→ § 253 Rz. 236).
- Die Lieferforderung gegen einen insolventen Kunden ist nicht abgewertet (→ § 253 Rz. 242).

---

1 Anderer Auffassung, z. B. *Justenhoven/Nagel* in Beck'scher Bilanz-Kommentar, 13. Aufl. 2022, § 319 Tz. 43.

2 Sachverhalt des Beschlusses des LG Berlin v. 25.2.2010, WPK Magazin 2/2010 S. 54, mit Kommentar *Gelhausen/Buchenau*, ebenda S. 42. Eine vergleichbare Entscheidung ist im WPK Magazin 1/2011 S. 44 dargestellt.

- Die Aufgliederung der Umsatzerlöse nach Regionen und Tätigkeitsbereichen im Anhang ist unterblieben (→ § 285 Rz. 29).
- Der Lagebericht enthält keine Prognose (→ § 289 Rz. 33).

Auf die entsprechenden Hinweise hin korrigiert das Unternehmen diese Fehler. Insoweit hat der Abschlussprüfer an der Erstellung des Abschlusses „mitgewirkt". Dieses Mitwirken ist Ausfluss seiner Prüfungstätigkeit und kann ihn deshalb nicht inhabil machen.[1]

Soweit sich die Mitwirkung auf das eigentliche **Rechenwerk** – Finanzbuchführung etc., Bilanz und GuV – bezieht, unterbreitet der Abschlussprüfer gewöhnlich zulässigerweise eine „Umbuchungsliste". Der ihm zur Prüfung vorgelegte Abschluss muss nicht identisch sein mit dem letztlich das Unternehmen verlassenden. Die Prüfungstätigkeit ist auf eine Fehlerkorrektur angelegt. Dies ist so lange unschädlich, wie der Prüfer **nicht flächendeckend** eingreift, hingegen schädlich, wenn er einen in Bewertung, Ausweis und ggf. noch Ansatz völlig gesetzesfernen Abschluss erhält und erst aufgrund seiner Fehlerhinweise eine Annäherung an die Gesetzeslage der §§ 238 ff. HGB stattfindet. 39

Der BGH hat im sog. „Allweiler-Urteil"[2] im Falle einer Beratungstätigkeit die Grenze zwischen einer Entscheidungs**hilfe** und funktionaler Entscheidungs**kompetenz** gezogen. Wenn Letztere nicht mehr beim beratenden Unternehmen verbleibt, sei die Grenze zur Selbstprüfung überschritten. Umgekehrt: Wenn entsprechende Gestaltungsalternativen im Rahmen dieser Hilfstätigkeit unterbreitet werden, verbleibt es bei der Entscheidungskompetenz des Unternehmens. Allerdings ist Letztere dann nicht gegeben, wenn von vornherein nur eine einzige Entscheidung von mehreren Alternativen in Betracht kommen kann. Etwas vereinfacht ausgedrückt kann man das Thema so darstellen: Der Abschlussprüfer darf selbst keine Entscheidungen treffen, die die Buchführung oder den Jahresabschluss betreffen, also z. B. die Nutzungsdauern festlegen oder den Rückstellungsansatz eigenmächtig vornehmen.[3] Vgl. aber die Vorbehalte zu „Allweiler" in → § 319a Rz. 12. 40

Der Abschlussprüfer kann auch **prüfungsbegleitend** eine Beratungstätigkeit durchführen. 41

BEISPIEL

- Der Abschlussprüfer stellt Schwächen des IKS fest und unterbreitet Verbesserungsvorschläge.
- Der Abschlussprüfer stellt bei der Prüfung des Anhangs überschießende Angaben fest, z. B. nicht vom Gesetz geforderte Aufgliederungen oder Erläuterungen von Bilanzposten (→ § 284 Rz. 14), und empfiehlt eine entsprechende Kürzung.
- Bei der Prüfung des Steueraufwands stellt der Abschlussprüfer die Nichtbeachtung neuerer BFH-Rechtsprechung fest, die zu einer Minderung des Steueraufwands führt.

Die Prüfungstätigkeit setzt die **Vorlage** eines prüfungsfähigen Jahresabschlusses und Lageberichts durch das geprüfte Unternehmen voraus. Allerdings muss dies nicht bei **Beginn** der Prüfungstätigkeit der **Fall** sein. 42

BEISPIEL Im Rahmen der Vorprüfung (vor dem Bilanzstichtag) kann zwar kein vollständiger Jahresabschluss vorliegen, dafür aber prüfungsfähige Unterlagen.

1 So auch OLG Köln, Urteil v. 1.7.1992, BB 1992 S. 2108.
2 BGH, Urteil v. 21.4.1997 – II ZR 317/95, WPg 1997 S. 566.
3 WPK, DB 1996 S. 1434.

Der Abschlussprüfer organisiert eine Saldenbestätigungsaktion für Debitoren und Kreditoren nach dem Stand vom 12.11. (bei Abschlussstichtag 31.12.). Die Debitoren- und Kreditorenkontokorrente müssen im Prüfungszeitraum zumindest bis zu diesem Zeitpunkt (12.11.) vorliegen.

43 *(einstweilen frei)*

44 Die „Mitwirkung" oder Leistungserbringung nach den Aufzählungen unter Abs. 3 Satz 1 Nr. 3 a) bis d) ist **zeitlich** gestaffelt auf das geprüfte Geschäftsjahr bis hin zur Beendigung der Abschlussprüfung durch Erteilung des Bestätigungsvermerks (→ § 322 Rz. 63). Die Frage ist dann, ob eine zuvor erfolgte **Bewertungs**tätigkeit auch die Inhabilität bewirken kann.

BEISPIEL Der für das Geschäftsjahr 03 bestellte Abschlussprüfer – Wirtschaftsprüfer W – hatte im Jahr 01 einen Gutachtenauftrag abgewickelt. Es ging um die Bewertung eines umfangreichen Immobilienbestands bei der Bauträger GmbH B. Damals war W noch nicht zum Abschlussprüfer bestellt worden. Die Prüfung wurde von einer Wirtschaftsprüfungsgesellschaft Z GmbH durchgeführt. Die Frage ist, ob die damalige Tätigkeit im Jahr 01 W für die Abschlussprüfung 03 inhabil macht, wenn das begutachtete Immobilienvermögen zu wesentlichen Teilen immer noch im bilanzierten Vermögen enthalten ist.

Gegen die Inhabilität spricht die sonst zu befürchtende **Perpetuierung** der Befangenheit, gegen die jedenfalls der Gesetzeswortlaut ins Feld zu führen ist. Dazu kommt die von dem früheren (fremden) Abschlussprüfer akzeptierte Bewertungsleistung im Rahmen der Begutachtung durch den jetzigen Abschlussprüfer.

Für die Inhabilität spricht die **„Vorbefassung"** des jetzigen Abschlussprüfers mit dem Prüfungsgegenstand, die ihn nicht bei der jetzigen Prüfungsleistung „unbehelligt" lässt. Er kann u. U. Fehler oder unberücksichtigt gebliebene Tatsachen feststellen, die ihn damals zu einer anderen Beurteilung geführt hätten. Aus eigenem Interesse heraus wird er diese Fehler nicht unbedingt jetzt in der Abschlussprüfung eingestehen wollen.

Der BGH hat im „HypoVereinsbank"-Urteil[1] die Vorbefassung des jetzigen Abschlussprüfers mit dem Prüfungsgegenstand als unschädlich für die Befangenheit angesehen. Die „Vertuschungsgefahr" stellt sich dem Grunde nach bei jeder Abschlussprüfung, eine „Vorbefassung" mit schon geprüften Sachverhalten des oder der Vorjahre liegt hier notgedrungen immer vor. Die Befangenheitsbesorgnis kann deshalb sinnvoll nur während der Prüfungstätigkeit angenommen werden, es sei denn, der designierte Abschlussprüfer habe die Fehler aus Vorprüfungen vor Annahme des Prüfungsauftrags für das laufende Jahr in Erfahrung bringen können.

45 Die Gefahr einer Selbstprüfung durch **„Vorbefassung"** mit einem Sachverhalt kann sich auch ergeben, wenn der spätere Abschlussprüfer im Rahmen einer Bewerbung um ein neu ausgeschriebenes Prüfungsmandat zu einer **„indikativen Auskunft"** oder zu einer Arbeitsprobe aufgefordert wird.[2]

BEISPIEL Das Unternehmen U ist in eine umfangreiche und komplizierte Leasingfinanzierung involviert. U wollte dieses Gestaltungsmodell als *operating lease* behandeln, die bestellte WP-Gesellschaft W pochte auf *finance lease* mit der Folge eines Bilanzansatzes des geleasten Vermögenswerts bei U und der entsprechenden Verschlechterung von Abschlusskennzahlen. Zur Vermeidung einer Testatseinschränkung akzeptiert U die Bilanzierungsvorgabe von W für den Abschluss zum 31.12.2011. Gleichzeitig organisiert U eine Ausschreibung des Prüfungsmandats für 2012. Außer um eine Auskunft zu ihren Preisvorstellungen werden die Vertreter der kandidierenden Gesellschaften bei ihrer Präsentation um eine „indikative Auskunft" über Akzeptanz der Auffassung von U zur bilanziellen Abbildung des Leasingengagements gebeten.

1 BGH, Urteil v. 25.11.2002 – II ZR 49/01, DB 2003 S. 383; dagegen mit beachtlichen Argumenten *Welf Müller*, WPg 2003 S. 741.

2 Vgl. hierzu *Lüdenbach*, StuB 2012 S. 756; die dortigen Bedenken werden nun weitgehend von der WPK geteilt: WPK, Praxishinweis zur Einforderung von Arbeitsproben im Rahmen von Ausschreibungen – berufsrechtliche Grenzen.

Unseres Erachtens ergeben sich für die bewerbende Prüfungsgesellschaft mit Abgabe der gewünschten „Auskunft" folgende Probleme:

- Die Bewerberin gerät durch die „Auskunft" vor Erteilung des Prüfungsauftrags in eine **Selbstprüfungs**-Situation, aufgrund derer sie den Leasingsachverhalt bei Prüfungstätigkeit nicht mehr unbefangen würdigen kann. Zwar ist § 319 Abs. 3 Satz 1 Nr. 3 HGB nicht unmittelbar tangiert; der dieser Vorschrift zugrunde liegende Rechtsgedanke (Selbstprüfungsverbot) und damit die Generalnorm des § 319 Abs. 2 HGB wird jedoch verwirklicht: Die sich bewerbende Prüfungsgesellschaft begründet mit der gewünschten Stellungnahme wegen „Vorbefassung" eine „Besorgnis der Befangenheit" und wird damit für die Durchführung der Abschlussprüfung inhabil.
- Die geforderte „indikative Stellungnahme" könnte überdies auch als Gutachten i. S. des § 24b Abs. 4 der Berufssatzung (sog. ***second opinion***) im Hinblick auf den Abschluss 2011 zu würdigen sein. Dann müssten die Bewerber um das Prüfungsmandat für 2012 mit dem für 2011 amtierenden Abschlussprüfer von U vor Erstattung der „Auskunft" in eine Erörterung des Sachverhalts eintreten.
- Ein IDW Positionspapier hat die vorgenannte Problematik inzwischen unter dem Begriff der **Arbeitsprobe** aufgegriffen und hält fest: „Bei Arbeitsproben ist zu beachten, dass sie die Unabhängigkeit des Abschlussprüfers beeinträchtigen können, wenn dadurch eine Bindung des Prüfers an die Beurteilung des Sachverhalts erzeugt wird. Sollte das Unternehmen ausnahmsweise dennoch zur Einschätzung der Expertise der Bewerber Arbeitsproben verlangen, muss darauf geachtet werden, dass keinerlei Beziehung zu tatsächlichen Unternehmenstransaktionen bestehen [...]".[1]

3.3.2 Mitwirkung bei der Buchführung oder Erstellung des Jahresabschlusses (Abs. 3 Satz 1 Nr. 3a)

Einschlägige Tätigkeiten sind bereits unter → Rz. 36 ff. dargestellt und mit Beispielen unterlegt 46
worden. Allgemein können **Organisationshilfen** i. w. S. als unbedenklich angesehen werden, also z. B. die Beratung bei der Gestaltung des Datenflusses innerhalb des Lagerbewirtschaftungssystems oder der Strukturierung von Kontenplänen für die Finanzbuchführung oder die Organisation der Inventuraufnahme. Ebenso ist eine Befangenheitsbesorgnis nicht gegeben, wenn rein **technische** Hilfsmittel zur Verfügung gestellt werden, also z. B. eine Beraternummer bei DATEV.[2] Unseres Erachtens ist es auch unschädlich, wenn in Ermangelung eines Anlageprogramms beim geprüften Unternehmen die Anlagenbuchführung von dem Prüfungsunternehmen ausschließlich **„mechanisch"**, also durch Erfassung der vom Mandanten vorkontierten Belege, durchgeführt wird. Anders verhält es sich bei der **„Übernahme"** der Anlagenbuchhaltung, wenn also über Aktivierung oder Nichtaktivierung oder Festsetzung der Abschreibungsdauer durch die prüfende Praxis befunden wird. Auf das OLG-Urteil unter → Rz. 24 ist hinzuweisen.

Weiter würde die Inhabilität begründet werden durch: 47

- Übernahme der Lohn- und Gehaltsabrechnung mit Einschränkung (→ Rz. 24),
- Erstellung des Anhangs und des Lageberichts,[3]
- Ermittlung der Rückstellungen,
- Ermittlung des Abschreibungsbedarfs auf Kundenforderungen oder Vorratsvermögen,
- Erstellung der Steuerbilanz,[4]

1 IDW Positionspapier zur Ausschreibung der Abschlussprüfung für Unternehmen von öffentlichem Interesse, Tz. 41.

2 WPK Magazin 4/2004 S. 52.

3 OLG Köln, Urteil v. 1.7.1992, BB 1992 S. 2108; BGH, Urteil v. 21.1.2010, DB 2010 S. 436. In *casu* hat der Abschlussprüfer dem zur Prüfung vorgelegten Anhang eine Vielzahl von Angaben zugefügt, wodurch sich dessen Umfang von vier auf neun Seiten erhöhte, was einer Selbsterstellung gleichkam.

4 WPK Magazin 2/2010 S. 36.

- Erstellung des Jahresabschlusses eines Tochterunternehmens durch den Konzernabschlussprüfer (Inhabilität für die Prüfung des Konzernabschlusses).

48 **IT-spezifische** Beratungstätigkeit anlässlich der Einrichtung oder Veränderung von Rechnungslegungsinformationssystemen ist bei der Prüfung kapitalmarktorientierter Unternehmen untersagt (→ § 319a Rz. 24). Die Frage ist, ob im Umkehrschluss bei im Übrigen zu prüfenden Unternehmensbereichen eine solche Tätigkeit zulässig ist. Dies wird im Schrifttum bejaht: Unter Beachtung des Selbstprüfungsverbots sei eine solche Tätigkeit „grundsätzlich" zulässig.[1] Unseres Erachtens ist dieser Befund zweifelhaft, insbesondere ist der dortige Hinweis auf die „Beachtung des Selbstprüfungsverbots" rein zirkulär, auch mit der Floskel „grundsätzlich" ist wenig anzufangen, denn dann bleibt die Frage unbeantwortet, wo dieser „Grundsatz" aufhört und die eigentlich interessante Inhabilität beginnt. Unseres Erachtens sollten solche Aufträge vom Abschlussprüfer nicht angenommen werden.

49 Jedenfalls **wirkt** auf den Außenstehenden (→ Rz. 9) die Beratung bei der Einrichtung eines Rechnungslegungsinformationssystems durch die IT-Abteilung einer größeren Wirtschaftsprüfungsgesellschaft als befangenheitsbegründend. Das eingesetzte Prüfungsteam kann sich nicht unbefangen mit etwa festgestellten Verarbeitungsfehlern, die sich auf den Jahresabschluss auswirken, befassen, wenn Mitarbeiter des eigenen Unternehmens für diese Fehler verantwortlich sind.

50 Für die Steuerberatungstätigkeit gilt die „grundsätzliche" Habilität bzgl. der Abschlussprüfung, es sei denn, es ist bei der Prüfung eine selbst erarbeitete Gestaltung zu beurteilen, die einen wesentlichen Einfluss auf den Jahresabschluss hat.

BEISPIEL ► Die Steuerabteilung der zum Abschlussprüfer bestellten Prüfungsgesellschaft hat bei dem Prüfungsmandanten die Verlagerung der Produktionstätigkeit samt den Patenten und anderen immateriellen Anlagegütern auf eine Betriebsstätte in Weißrussland empfohlen. Diese sei nach dem ausgearbeiteten Gutachten aus deutscher Sicht steuerneutral. Dabei geht es um erhebliche stille Reserven in den Immaterialgütern des Anlagevermögens. Die Rechtslage ist unklar.

Unseres Erachtens bestehen erhebliche Zweifel an der Habilität der Prüfungsgesellschaft, auch wenn man mit dem „Allweiler"-Urteil des BGH (→ Rz. 40) auf die Entscheidungskompetenz der Geschäftsleitung abhebt.[2] Sollte das Gutachten in entscheidenden Punkten falsch sein, wird sich die Prüfungsabteilung nach Feststellung des Fehlers kaum mehr als unabhängig präsentieren können (→ Rz. 9), und zwar unberührt von der Entscheidungskompetenz der Geschäftsleitung, die ja gerade durch das Gutachten auf die falsche Fährte geführt worden ist.

Unzulässig ist auch die Berechnung der Steuerrückstellungen, genauer: des **Steueraufwands.**

BEISPIEL ► Der Leiter der Finanzbuchführung der geprüften Gesellschaft vermisst ein leistungsfähiges Programm zur Berechnung der Körperschaft- und Gewerbesteuer unter Berücksichtigung von Organschaftstatbeständen und Beteiligungserträgen aus dem Ausland. Die Anschaffung eines eigenen Programms für die Einmalberechnung ist nicht rentabel, und so bittet er den Prüfungsleiter um Heranziehung eines Mitarbeiters der Prüfungsgesellschaft aus der Steuerabteilung, damit dieser mithilfe des dort installierten Programms die Steuerschuld für das Prüfungsjahr ausrechnet.

- **Alternative 1:** Der Leiter der Finanzabteilung ist steuerlich nicht sonderlich versiert und kann ohnehin die Steuerberechnung nicht durchführen. Deshalb muss der Mitarbeiter der Steuerabteilung

1 So *Dodenhoff* in Haufe HGB Bilanz Kommentar, 6. Aufl. 2015, § 319 Tz. 54; *Justenhoven/Nagel* in Beck'scher Bilanz-Kommentar, 13. Aufl. 2022, § 319 Tz. 51.

2 Ähnlich OLG Hamm, Urteil v. 27.1.2009; WPK Magazin 2009 S. 56, nrkr.

der Prüfungsgesellschaft eigenverantwortlich die Berechnungen durchführen. Die Prüfungsgesellschaft wird dadurch inhabil.

- **Alternative 2:** Der Leiter der Finanzabteilung ist steuerlich versiert und übermittelt der Steuerabteilung der prüfenden Gesellschaft sämtliche Daten, die zur Eingabe in das System benötigt werden. Eine Kontrolle der Berechnungsergebnisse durch die Steuerabteilung der Prüfungsgesellschaft erfolgt nicht, alles wird von dem Leiter der Finanzabteilung selbst durchgeführt. In diesem Fall ist keine Befangenheitsbesorgnis für die Prüfungsgesellschaft begründet.

3.3.3 Durchführung der internen Revision (Abs. 3 Satz 1 Nr. 3b)

Generell ist die Durchführung der internen Revision durch den Abschlussprüfer und sein Team befangenheitsbegründend, weil die Verwertung der Arbeiten der internen Revision einen notwendigen Bestandteil der Abschlussprüfung darstellt (→ § 317 Rz. 30). Dabei soll allerdings die Durchführung **einzelner** Prüfungsaufträge im Aufgabenbereich der internen Revision zulässig sein.[1] Unzulässig sei „nur" die Leitung oder die Ausübung der Funktion einer internen Revision. Das soll im Gesetz durch die Formulierung „in verantwortlicher Position" niedergelegt sein. 51

Unseres Erachtens ist diese Mitwirkung bei der internen Revision bzgl. der Besorgnis der Abhängigkeit bedenklich. Im Rahmen der Abschlussprüfung muss der Prüfer „die Arbeitsergebnisse der internen Revision **verwerten**".[2] „Verwerten" kann man eigentlich nur durch irgendeine Prüfungstätigkeit, die dann bei Mitwirkung eines „eigenen" Mitarbeiters beim Verwertungsobjekt in eine Selbstprüfung ausarten kann. Deshalb sollte eine entsprechende Mitwirkung bei der internen Revision eher unterbleiben.

Im Hinblick auf das generelle **Wesentlichkeitskriterium** für die Abschlussprüfung (→ § 317 Rz. 18) kann die Mitwirkung bei der internen Revision auch anders zu beurteilen sein. 52

BEISPIEL Ein Mitarbeiter des Prüfungsteams (des Abschlussprüfers) verfügt über Spezialkenntnisse bei der IT-Installation von automatischen Hochregallagern. Ein solches Lager hat die zu prüfende Gesellschaft im Prüfungsjahr installiert. Die Innenrevision hat die entsprechenden Prüfprogramme, die von dritter Seite geliefert worden sind, während der Einrichtungsphase laufend überwacht und hat gelegentlich die Fachkenntnisse des Mitarbeiters aus dem Prüfungsteam gegen gesonderte Vergütung mit dem üblichen Stundensatz herangezogen.

Hier ist die Mitwirkung bei der internen Revision u. E. unbedenklich.

3.3.4 Unternehmensleitungs- und Finanzdienstleistungen (Abs. 3 Satz 1 Nr. 3c)

Beim Verbot der Ausübung von Unternehmensleitungsaufgaben handelt es sich um eine bare **Selbstverständlichkeit.** Die dann bestehende Selbstprüfung wäre so offenkundig wie selten. Die Inhabilität gilt aber nicht nur für die förmliche Bestellung als Vertreter der Gesellschaft oder Aufsichtsgremienmitglied, sondern auch für sog. **faktische** Geschäftsführer. Auch die inhaltliche Gestaltung des Dienstvertrags ist unerheblich. Ebenso sind leitende Funktionen im Bereich der Rechnungslegung des Unternehmens oder der IT-Verwaltung unzulässig. 53

Bei **Finanzdienstleistungen scheiden** folgende Tätigkeiten für das geprüfte Unternehmen zur Vermeidung der Inhabilität **aus:** 54

- Verwaltung mit Erwerb und Veräußerung von Finanzanlagen.

---

1 Vgl. IDW PS 321 Tz. 28.

2 Vgl. IDW PS 321 „Verwertbarkeit der Arbeiten der internen Revision durch den Abschlussprüfer".

- Abwicklung des Kaufs oder Verkaufs von Finanzanlagen.
- Werbung für die von der geprüften Gesellschaft getätigten Anlagen.

Dagegen sollen **zulässig** sein:[1]

- Erarbeitung von Finanzierungskonzepten.
- Vorbereitung von Verhandlungen mit potenziellen Investoren (fraglich ist u. E. die Mitwirkung bei solchen Verhandlungen).
- Wirtschaftlichkeitsanalysen für Vermögensanlagen.

Bei den letztgenannten Tätigkeiten soll es sich nicht um Finanzdienstleistungen handeln. Unseres Erachtens ist hier für den Abschlussprüfer eine Zurückhaltung geboten, um nicht als befangen gegenüber den (z. B.) potenziellen Investoren zu gelten (→ Rz. 9). Es besteht auch die Gefahr der **Verletzung** des Verschwiegenheitsgebots (→ § 323 Rz. 14).

3.3.5 Versicherungsmathematische Aufträge und Bewertungsleistungen (Abs. 3 Satz 1 Nr. 3d)

55 Im Rahmen einer langjährigen Befassung von Mitarbeitern einer Prüfungsgesellschaft mit einem Prüfungsmandat entsteht notgedrungen eine besondere **Vertrautheit** des einen oder anderen Teammitglieds mit dem vom betreffenden Mitarbeiter betreuten Prüfungsgebiet. Angesprochen sind hier insbesondere große Prüfungsobjekte. Die Frage stellt sich dann, ob dieses Know-how bei Bedarf vorübergehend auch vom Prüfungsmandanten genutzt werden kann. Die „Bewertungsleistung" i. S. des Gesetzeswortlauts muss u. U. **weit** ausgelegt werden.

BEISPIEL Im Prüfungsteam der Groß-WP-Gesellschaft ist seit einigen Jahren die IT-Expertin I auf die Prüfung des internen Kontrollsystems spezialisiert. Die Muttergesellschaft will konzernweit mit einer neu organisierten Bestandsführung den Produktionsprozess begleiten. I erscheint dem Leiter des Rechnungswesens als ideale Person zur Leitung einer eineinhalbjährigen Projektphase. Er spricht mit dem Vorstand der Wirtschaftsprüfungsgesellschaft, ob sich nicht irgendeine „Zusammenarbeit" anböte. Der Vorstand schlägt eine Beurlaubung von I für den geplanten Zeitraum mit einer „Rückfahrkarte" in die Dienste der WP-Gesellschaft vor.

Unseres Erachtens ist diese „Lösung" nicht zweifelsfrei, kann jedenfalls in kleineren Einheiten nicht angewandt werden, wenn beispielsweise aus dem dreigliedrigen Prüfungsteam einer mittelgroßen Wirtschaftsprüfungsgesellschaft eine Person für eineinhalb Jahre die Leitung des Finanz- und Rechnungswesens des geprüften Unternehmens übernimmt.

Anders verhält es sich, wenn im vorigen Beispiel die „Anwerbung" von I ohne „Rückfahrkarte" erfolgt.

56 Die Unzulässigkeit der in der Überschrift genannten Tätigkeiten bezieht sich auf **„eigenständige"** Leistungen des Abschlussprüfers. Dazu kann man als **Gegensatz** die beratende **Mithilfe** bei der Bewältigung solcher Leistungen durch das geprüfte Unternehmen erkennen. Entsprechend ist zu unterscheiden, ob der Mandant eine versicherungsmathematische Berechnung oder Bewertung von vornherein nicht durchführen kann oder will oder ob er sich dieser Aufgabe stellt, aber die eine oder andere Hilfe vom Abschlussprüfer aufgrund von dessen Sachkenntnis erwarten darf.

---

1 So *Justenhoven/Nagel* in Beck'scher Bilanz-Kommentar, 13. Aufl. 2022, § 319 Tz. 57.

BEISPIEL

- Das geprüfte Unternehmen hat einen auf dem Gebiet der betrieblichen Altersversorgung kompetenten Mitarbeiter, der sich auch über die einschlägigen Bilanzierungsfragen bestens informiert hat. Er stellt nicht nur das zur Berechnung benötigte Datenmaterial aus der Personalabteilung – Dienstalter, Lebensalter, Bezugsgröße für die Pension etc. – zur Verfügung, sondern legt auch den Diskontierungszinssatz fest (→ § 253 Rz. 117) und bestimmt das anzuwendende Berechnungsverfahren (→ § 253 Rz. 92). Da im Unternehmen kein entsprechendes Rechenprogramm zur Verfügung steht, bittet er den Abschlussprüfer unter Verwendung der vorgegebenen Berechnungsgrößen um die Durchführung der Berechnung.

Unseres Erachtens begründet diese Vorgehensweise nicht die Besorgnis der Befangenheit.

- Der Leiter der Finanzabteilung der Muttergesellschaft des mittelgroßen Konzerns K macht sich Sorgen um die Werthaltigkeit einer Tochtergesellschaft mit angeschlossenen Enkelgesellschaften (Teilkonzern) in den USA. Bei der Vorprüfung bespricht er dieses Problem mit dem Prüfungsleiter und bittet ihn um Rat bzgl. des Wertansatzes. Dieser erklärt ihm die Bewertungsproblematik anhand der einschlägigen Fachliteratur, insbesondere auch des IDW-Standard S 1. Daraufhin widmet sich L intensiv der Materie, um dann nach einiger Zeit des Brütens über „CAPM" und „WACC" das Handtuch zu werfen. Er bittet den Prüfungsleiter um Durchführung des entsprechenden Wertminderungstests.

Die Tätigkeit würde die Habilität der Prüfungsgesellschaft auslösen.

In der Begründung zu § 23a Abs. 6 der BS WP/vBP a. F. werden folgende Sachverhalte erörtert:[1] 57

Bewertungsleistung	Würdigung im Hinblick auf die mögliche Begründung der Besorgnis der Befangenheit
(1) Bewertung einer zur Veräußerung bestimmten Beteiligung	Die Bewertung einer zur Veräußerung bestimmten Beteiligung begründet im Allgemeinen nicht die Besorgnis der Befangenheit, weil sich das Bewertungsergebnis nicht unmittelbar auf den zu prüfenden Abschluss auswirkt. Wenn die Beteiligung zum Abschlussstichtag noch nicht veräußert ist, erfolgt die Bewertung zu fortgeführten Anschaffungskosten. Wurde die Beteiligung vor Ablauf des Geschäftsjahres veräußert, ist der erzielte Kaufpreis und nicht das Ergebnis der Bewertungsleistung für die Bilanzierung entscheidend. Die Bewertungsleistung wirkt sich in diesem Fall nicht unmittelbar auf den Abschluss aus. Sofern bei einer noch nicht veräußerten Beteiligung aufgrund der Bewertungsleistung ein Abschreibungsbedarf ersichtlich wird, ist dies unschädlich, wenn das Unternehmen die Höhe der Abschreibung letztlich selbst festlegt; dies wird aufgrund der unterschiedlichen Bewertungsstichtage im Allgemeinen der Fall sein.
(2) Bewertung einer zu erwerbenden Beteiligung	Die Bewertung einer zu erwerbenden Beteiligung kann die Besorgnis der Befangenheit begründen, wenn ein Kaufpreis i. H. des Gutachtenwerts vereinbart wird. Im Rahmen der Abschlussprüfung müsste dann der Abschlussprüfer den von ihm selbst ermittelten Wert beurteilen (Selbstprüfung). Die Unabhängigkeitsgefährdung ist geringer oder ausgeschlossen, wenn die Bewertungsleistung keinen bestimmten Wert, sondern eine größere Bandbreite von Werten enthält. Dies gilt auch dann, wenn keine Wertermittlung erfolgt, sondern nur wesentliche Parameter für die Bewertung ermittelt werden und wenn lediglich eine grobe, indikative Einschätzung des Werts vorgenommen wird.
(3) Bewertung für Zwecke der Abschlussprüfung	Für die Abschlussprüfer notwendige Bewertungsleistungen sind grundsätzlich unschädlich. Als Beispiel kann die Beurteilung der Notwendigkeit außerplanmäßiger Abschreibungen genannt werden, um die Werthaltigkeit von bilanzierten Vermögenswerten zu prüfen. Eine solche Bewertungsleistung begründet auch dann keine Besorgnis der Befangenheit, wenn der Mandant selbst keine Bewertung vorgenommen hat. Stellt der Abschlussprüfer Abschreibungsbedarf fest, kann aber eine unreflektierte Übernahme der Ergebnisse der Bewertungsleistung durch das Unternehmen in den Abschluss schädlich sein.

1 Nachfolgende Tabelle nach *Justenhoven/Nagel* in Beck'scher Bilanz-Kommentar, 13. Aufl. 2022, § 319 Tz. 66.

(4) Aufteilung eines Gesamtkaufpreises auf einzelne Vermögensgegenstände und Schulden	Die Aufteilung eines Gesamtkaufpreises auf einzelne Vermögensgegenstände und Schulden durch den Abschlussprüfer begründet im Allgemeinen die Besorgnis der Befangenheit, weil sich das Ergebnis dieser Bewertungsleistung unmittelbar auf den zu prüfenden Abschluss auswirkt. Für die Unterstützung bei der Aufteilung in Form einer Erläuterung möglicher Methoden und der Diskussion von Zweifelsfragen gilt dies allerdings nicht.
(5) Prüfung der Werthaltigkeit von Sacheinlagen nach §§ 33 f., 183 Abs. 3 AktG	Bei der Prüfung der Werthaltigkeit von Sacheinlagen handelt es sich nicht um eine Bewertungsleistung, sondern um eine Prüfungstätigkeit. Die nochmalige Beurteilung des Prüfungsgegenstands im Rahmen der Abschlussprüfung begründet für sich betrachtet keine Besorgnis der Befangenheit. Etwas anderes gilt, wenn der Abschlussprüfer den Wert der Sacheinlage selbst ermittelt und die Bilanzierung nicht nach den Tauschgrundsätzen erfolgsneutral erfolgt.
(6) Bewertungsleistungen bei Umwandlungsvorgängen zur Ermittlung von Umtauschverhältnissen	Bewertungsleistungen zur Ermittlung von Umtauschverhältnissen können nur dann die Besorgnis der Befangenheit begründen, wenn sie sich unmittelbar auf die Bilanzierung des bewerteten Vermögens auswirken. Eine solche Auswirkung ergibt sich z. B. dann nicht, wenn von der Buchwertfortführung Gebrauch gemacht wird.

Die vorgeschlagenen Lösungen sind nicht durchweg zweifelsfrei:

- Im Fall (1) kann die Bewertung durch den Abschlussprüfer zu einer zwingenden Wertminderung der zum Verkauf gestellten, aber noch nicht veräußerten Beteiligung führen. Die fortgeführten Anschaffungskosten stellen deshalb nicht den alleinigen Bewertungsmaßstab dar. Zumindest dann, wenn der Abschlussprüfer bei seiner Bewertung der Beteiligung zu einem Abschreibungsbedarf gekommen ist, begründet er u. E. damit seine Inhabilität.
- Im Fall unter (2) wird die Unbefangenheit an der im Bewertungsgutachten festgestellten „größeren Bandbreite von Werten“ festgemacht. Ein Bewertungsgutachten kann zwar einen „richtigen“ Wert einer Beteiligung oder einer Immobilie festlegen, doch bewegt sich eine solches Verfahren regelmäßig innerhalb einer Bandbreite von Werten, die im Grunde genommen auch alle richtig sind. Auch die „grobe indikative Einschätzung des Werts“ bedeutet eine Vorbefasstheit des Abschlussprüfers, die seine Unabhängigkeit beeinträchtigen könnte.
- Im Fall (3) stört an der Lösung die dort dargestellte zeitliche Abfolge. Man könnte dies so verstehen: Erst ermittelt der Abschlussprüfer den von ihm richtig erachteten Wert, teilt diesen dem Unternehmen mit, worauf dieses dann den Abwertungsbetrag des Abschlussprüfers übernimmt. Ob diese Übernahme „reflektiert“ oder „unreflektiert“ erfolgt, kann keinen Unterschied ausmachen. Unseres Erachtens muss zunächst das Unternehmen die Bewertung vornehmen, die dann vom Abschlussprüfer zu überprüfen ist.
- Beim Fall (5) ist die Lösungsdarstellung nicht recht verständlich. Zunächst: „Bei der Prüfung … handelt es sich … um eine Prüfungstätigkeit.“ Diese Tautologie führt nicht weiter. Gemeint ist offensichtlich: Die Einlagebewertung wurde schon einmal außerhalb des Prüfungsauftrags geprüft und soll deshalb keine Befangenheitsbesorgnis im Rahmen der (jetzigen) Abschlussprüfung begründen (vgl. den Fall unter → Rz. 44). Einseitig ist u. E. der Hinweis auf die nach Tauschgrundsätzen erfolgsneutrale Einlagemöglichkeit (→ § 255 Rz. 61). Wenn der Abschlussprüfer einen Wert von nicht untergeordneter Bedeutung selbst ermittelt hat, ist er zu dessen Prüfung inhabil. Auch bei erfolgsneutraler Einbringung kann im Folgeabschluss das Thema einer erforderlichen Abschreibung auftau-

chen, die dann doch vom früheren Wertermittler und jetzigen Abschlussprüfer zu beurteilen ist.[1]

► Zu (6) ergibt sich derselbe Vorbehalt wie der letztgenannte zu (5).

Allerdings kann sich die Bewertungstätigkeit in ihren Auswirkungen als „nur unwesentlich“ herausstellen. Dies wird im Zusammenhang mit den versicherungsmathematischen und Beratungsleistungen vom Gesetz besonders hervorgehoben, obwohl für die Rechnungslegung und Prüfung generell der Wesentlichkeitsvorbehalt gilt (→ § 252 Rz. 233; → § 317 Rz. 18). 58

3.3.6 Untergeordnete Bedeutung (Abs. 3 Satz 1 Teilsatz 3)

Dazu kommt noch der für den gesamten Aufzählungskatalog in Abs. 3 gültige **Wesentlichkeitsvorbehalt** in Form „von untergeordneter Bedeutung“. Vor diesem Hintergrund sind die unter → Rz. 57 diskutierten Lösungen immer unter **dieser** Bedingung zu interpretieren. 59

Bei untergeordneter Bedeutung der einzelnen Tätigkeit ist die Inhabilität nicht zu befürchten. Allerdings ist erneut auf die **prinzipienbasierte** Regelung in Abs. 2 hinzuweisen (→ Rz. 9): Es geht nicht um das „Befangenheitsgefühl“ des Abschlussprüfers, sondern um ein von Sachverständigen Dritten empfundenes „Geschmäckle“. 60

3.3.7 Prüfungseinsatz befangener Personen (Abs. 3 Satz 1 Nr. 4)

Die Befangenheitsbesorgnis bzgl. des in Abs. 3 ausgebreiteten Katalogs wird auch auf die im Rahmen eines konkreten Prüfungsauftrags **beschäftigten** Personen ausgedehnt. Dabei ist das **arbeitsrechtliche** Statut unerheblich, auch **freie** Mitarbeiter oder saisonbedingt eingesetzte zusätzliche Prüfer, Praktikanten etc. fallen unter die Befangenheitsklausel. Allerdings beschränkt sich diese mögliche Befangenheit nur auf die fachlich, nicht auf die im *Backoffice* tätigen Arbeitnehmer, die technische Hilfsdienste im Sekretariat, in der Bibliothek und sonst wo verrichten. Umgekehrt kann die Inhabilität auch durch die Berichtskritiker und die auftragsbegleitenden Qualitätssicherer begründet werden. Anders verhält es sich u. E. bei fachlich besonders qualifizierten Mitarbeitern der Praxis, die für den einen oder anderen Auslegungsfall vom Prüfungsleiter zur Beurteilung mit herangezogen werden. Aber auch hier gilt: Wenn es sich um eine grundlegende Prüfungsentscheidung handelt, kann schnell die Befangenheitsbesorgnis nach der Prinzipienregel des Abs. 2 (→ Rz. 9) in Betracht kommen. 61

3.3.8 Umsatzabhängigkeit (Abs. 3 Satz 1 Nr. 5)

Die auf die Umsatzgröße aus dem betreffenden Mandat bezogene Befangenheitsbesorgnis entspringt unmittelbar dem **„Urgrund“** (→ Rz. 1), weshalb der Abschlussprüfer sich so intensiv mit dem Abhängigkeitsgedanken auseinandersetzen muss: Er lebt vom Umsatz aus seinen Prüfungsmandanten und muss gleichwohl möglicherweise entgegen seinen wirtschaftlichen Interessenlagen diesen gegenüber seine Unabhängigkeit wahren. Deshalb kann – bis dahin leuchtet das unmittelbar ein – kein Wirtschaftsprüfer ein Prüfungsmandat übernehmen, wenn dies seine **einzige** Einnahmequelle darstellt. Die anschließende Frage geht dann dahin, wo die Grenzlinie zu ziehen ist: 62

► Für die Prüfung **„normaler“** Unternehmen setzt der Gesetzgeber eine **30 %**-Grenze fest. Haben die gegenüber dem prüfungspflichtigen Unternehmen insgesamt (aus Prüfungs-

1 Vgl. *Welf Müller*, WPg 2003 S. 745.

und Nichtprüfungsleistungen) erzielten Einnahmen in den letzten fünf Jahren jeweils mehr als 30 % der Gesamteinnahmen des Wirtschaftsprüfers (der WPG) betragen, darf dieser nicht mehr Abschlussprüfer sein.

- Für den Sonderfall der Abschlussprüfung bei **„PIEs"** (→ § 317 Rz. 5) wird diese Grenze in Art. 4 Abs. 3 der EU-APrVO auf **15 %** halbiert, wobei bereits nach drei Jahren Informationspflichten gegenüber dem Prüfungsausschuss entstehen. **Zusätzlich** gibt es nach Art. 4 Abs. 2 der EU-APrVO für PIEs eine Limitierung des Verhältnisses von Prüfungs- zu bestimmten Nichtprüfungsleistungen. Diese Limitierung greift auch dann, wenn der insgesamt mit dem zu prüfenden Unternehmen erzielte Umsatz weniger als 15 % des Praxisumsatzes beträgt (→ § 319a Rz. 4).

Nicht gesondert geregelt ist der Sonderfall des Prüfungs**konzerns.**

BEISPIEL[1] Die Tochtergesellschaft hat einen Prüfungsauftrag, dessen Honorar den Schwellenwert erheblich überschreitet. Aus Konzernsicht liegt das Umsatzvolumen weit unter den gesetzlichen Grenzen. Unter bestimmten organisatorischen Voraussetzungen ist eine konzerninterne Beurteilung vorzunehmen, als Bewertungsmaßstab also der Konzernumsatz heranzuziehen.

Die großen Wirtschaftsprüfungsgesellschaften verweisen mitunter in ihren Geschäftsberichten auf eine von ihnen eingehaltene 5 %-Grenze.

63 Dabei sind folgende Tatbestandsmerkmale beachtlich:

- **„In den letzten fünf Jahren"**: Die „Jahre" beziehen sich auf die geprüften Geschäftsjahre einschließlich der Rumpfgeschäftsjahre. Der Ausschlussgrund entsteht damit im sechsten Geschäftsjahr mit einem Schätzungserfordernis bzgl. der Honorarquote für das laufende. Der Fristenlauf beginnt mit dem Zeitpunkt der Wahl zum Abschlussprüfer.[2] Bei Unterschreiten der Grenzmarke im sechsten Jahr liegt in den folgenden fünf Jahren kein Ausschlussgrund vor.
- **„Jeweils"**: Negativ ausgedrückt ist keine Durchschnittsrechnung zur Bestimmung der Umsatzerlöse je Geschäftsjahr vorzunehmen, sondern eine jahresbezogene Betrachtung. Das könnte Anlass zur Verschiebung von Honoraren zwischen den Jahren geben, was als eine Art missbräuchliche Gestaltung anzusehen ist. Die Umsatzausweitung in anderen Bereichen der Praxistätigkeit kann dagegen die Inhabilität verhindern.
- **„Gesamteinnahmen"**: Darunter sind die aus allen beruflichen Tätigkeiten der Abschlussprüferpraxis entstehenden Honorareinnahmen als Bezugsgröße zu verstehen. Ausgenommen sind die Umsatzsteuer und irgendwelche durchlaufenden Posten, u. E. auch der Ersatz von Auslagen für Reisekosten u. Ä.[3] Die Bezugsgröße von 100 % beschränkt sich also nicht auf die Gesamteinnahmen der Prüfungspraxis aus der Prüfungstätigkeit, sondern umfasst auch Beratungsleistungen. Ausgeschlossen sind u. E. Zinserträge, Vergütungen für Pkw-Nutzung etc.
- **„Berufliche Tätigkeit"**: Bei gemeinsamer Berufsausübung im Rahmen einer Sozietät ist deren Gesamtumsatz als Bezugsgröße zu verwenden.

1 Nach WPK Magazin 1/2011 S. 31. Der Fall bezieht sich auf eine 319a-Prüfung, ist aber u. E. genauso auf die „normale" Prüfung anzuwenden.

2 Vgl. *ADS*, 6. Aufl., § 319 Tz. 155.

3 Anderer Auffassung *ADS*, 6. Aufl., § 319 Tz. 152.

- **„Härtefälle“:** Die Gewährung einer Ausnahme wegen „Härte“ liegt im Ermessen der Wirtschaftsprüferkammer. Sie kann insbesondere bei einer Praxiseröffnung vorliegen, u. E. allerdings auch wieder nur als extremer Sonderfall im Hinblick auf die großzügige Sechsjahresfrist, die vom Gesetzgeber eingeräumt wird.
- **„Ausweitung auf Beteiligungsgesellschaften“:** Die 30 %-Grenze umfasst auch die Honorare von Beteiligungsgesellschaften unter Heranziehung der Vermutungsregel für die Bestimmung von assoziierten Unternehmen (→ § 311 Rz. 9), allerdings in der Abwandlung von „**mehr** als 20 vom Hundert“.

Für die Angaben im Anhang der geprüften Gesellschaft zu den Honoraren des Abschlussprüfers wird verwiesen auf → § 285 Rz. 115. 64

3.3.9 Ehegatten und Lebenspartner (Abs. 3 Satz 2)

In einer gewissen Analogie zu den Rechnungslegungsregeln bzgl. nahestehender Personen und Unternehmen (→ § 285 Rz. 147) wird – allerdings in der Beschränkung auf Ehe- und Lebenspartner – das „Nahestehen“ in die Besorgnis der Befangenheit nach Abs. 3 mit aufgenommen. Diese Partnerschaft muss während der Durchführung der Prüfung bestehen, bei deren Aufhebung während dieser Tätigkeit entfällt ein möglicher Ausschlussgrund.[1] 65

Andere nahestehende Personen werden hier nicht genannt. Allerdings kann sich hier die Befangenheitsbesorgnis aus den Prinzipien des Abs. 2 (→ Rz. 9) ergeben. 66

BEISPIEL ► An der G GmbH sind die beiden volljährigen Töchter des Wirtschaftsprüfers W jeweils mit 20 % des Nennkapitals beteiligt. Unseres Erachtens ist die Befangenheitsbesorgnis von W bzgl. der Abschlussprüfung bei der G GmbH begründet, auch wenn die Grenzmarke der Nr. 1 (→ Rz. 36) nicht überschritten ist.

V. Prüfungsgesellschaften (Abs. 4)

Die Ausschlussgründe der Abs. 2 (→ Rz. 8) und 3 (→ Rz. 21 ff.) werden durch Abs. 4 Satz 1 auf Prüfungsgesellschaften übertragen, und zwar auf 67

- die Gesellschaft selbst,
- einen gesetzlichen Vertreter (Vorstand oder Geschäftsführer),
- einen Gesellschafter mit einer Zuordnung von mehr als 20 % der für die Prüfungsgesellschaft bestehenden Stimmrechte,
- ein mit der Prüfungsgesellschaft verbundenes Unternehmen,
- einen bei der Prüfung in verantwortlicher Position beschäftigten Gesellschafter der Prüfungsgesellschaft,
- eine von der Prüfungsgesellschaft beschäftigte Person, die verantwortlich für die Durchführung der Abschlussprüfung ist (das Prüfungsergebnis beeinflussen kann).

Der Begriffsinhalt von „verbundenes Unternehmen“ ergibt sich aus § 271 Abs. 2 HGB (→ § 271 Rz. 32). Die „verantwortlichen **Gesellschafter**“ der Prüfungsgesellschaft sind die, die außerhalb des Vorstands oder der Geschäftsführung als Prokuristen einen Prüfungsauftrag abwickeln und das durch die Unterzeichnung des Bestätigungsvermerks dokumentieren. Hinzu kommen 68

1 Vgl. hierzu WPK Magazin 4/2014 S. 40.

solche „beschäftigten Gesellschafter", die mit wichtigen Teilbereichen der Prüfung beauftragt sind, z. B. der Kontrolle des internen Kontrollsystems.[1] Außerhalb des Gesellschafterkreises der Prüfungsgesellschaft sind auch die mit dem Prüfungsauftrag befassten Personen erfasst, die bereits in Abs. 3 Nr. 4 genannt sind (→ Rz. 61).

69 Die mögliche Inhabilität wird nach Abs. 4 Satz 2 auf die Prüfungsgesellschaft ausgeweitet, wenn einer ihrer **Aufsichtsräte** den Tatbestand des Abs. 3 Satz 1 Nr. 2 (→ Rz. 37) erfüllt, also eine Organfunktion bei der zu prüfenden Gesellschaft hat.

BEISPIEL

- A ist Aufsichtsrat der W Wirtschaftsprüfungs-AG und gleichzeitig Aufsichtsrat der zu prüfenden G GmbH. Die W AG ist für diesen Prüfungsauftrag inhabil.
- A hält sämtliche Geschäftsanteile an der zu prüfenden Z GmbH und ist außerdem Aufsichtsrat der W AG (Prüfungsgesellschaft). Die W AG ist für die Abschlussprüfung bei der Z GmbH habil, denn die Gesellschafterstellung bei Z wird in Abs. 3 Satz 1 Nr. 2 nicht genannt (→ Rz. 37). Die Besorgnis der Befangenheit kann sich allerdings aus Anwendung der Prinzipien des Abs. 2 (→ Rz. 9) ergeben.[2]

70 Die 20 %-Grenze der Stimmrechte in Abs. 4 Satz 1 wird in Satz 2 ausgeweitet auf mehrere Gesellschafter der Prüfungsgesellschaft, die **zusammen** diese Grenze für die Stimmrechte überschreiten, sofern sie einzeln oder gemeinsam nach den Abs. 2 oder 3 inhabil sind.

BEISPIEL Die Wirtschaftsprüfer M und N sind Sozien der S Steuerberatungs-GbR, die den Jahresabschluss der G GmbH erstellt hat. M und N halten jeweils 12 % der Anteile an der Prüfungsgesellschaft W GmbH.

M und N sind „zusammen" nach Abs. 3 Nr. 3a (→ Rz. 46) vom Selbstprüfungsverbot betroffen. Dieses schlägt nach Abs. 4 Satz 2 2. Alternative auf die W GmbH durch.

Abwandlung: M und N sind jeweils zu 10 % an der W GmbH beteiligt. Die rechnerische Hürde von **„mehr"** als 20 % wird nicht überschritten, allerdings besteht u. E. die Besorgnis der Befangenheit nach den Prinzipien des Abs. 2 (→ Rz. 9).

VI. Konzernabschlussprüfung (Abs. 5)

71 Die Ausschlussgründe für die Prüfung der Muttergesellschaft eines Konzernabschlusses strahlen auf die Prüfung des Konzernabschlusses aus. Ein inhabiler (potenzieller) Prüfer des Jahresabschlusses der Muttergesellschaft ist **auch** für den Konzernabschluss inhabil.

Ebenso besteht ein Ausschlussgrund für ein in den Konzernabschluss einbezogenes Tochterunternehmen, zumindest wenn dessen Einbeziehung im Wege der Vollkonsolidierung erfolgt. Dieses Ergebnis folgt aus der eigenständigen Prüfungspflicht (→ § 317 Rz. 84) des Konzernabschlussprüfers für die im Konzernabschluss zusammengefassten Jahresabschlüsse der Tochtergesellschaften, auch wenn diese von einem anderen Abschlussprüfer geprüft worden sind. Dies gilt auch, wenn der Abschlussprüfer des Jahresabschlusses zur Vorbereitung der Konsolidierung Bewertungsmaßnahmen durchführt oder die HB II erstellt. Ein Verstoß gegen das Selbstprüfungsverbot liegt vor, wenn der Konzernabschlussprüfer an der Aufstellung des Jahresabschlusses einer einbezogenen Tochtergesellschaft mitwirkt.[3]

---

1 Ähnlich *Dodenhoff* in Haufe HGB Bilanz Kommentar, 6. Aufl. 2015, § 319 Tz. 74.
2 Ähnlich *Dodenhoff* in Haufe HGB Bilanz Kommentar, 6. Aufl. 2015, § 319 Tz. 76.
3 WPK Magazin 4/2014 S. 40.

Der Konzernabschlussprüfer muss auch die Einhaltung der Unabhängigkeitserfordernisse der anderen Abschlussprüfer für die Jahresabschlüsse der Tochtergesellschaften prüfen und sollte sich diese Unabhängigkeit durch eine entsprechende schriftliche Erklärung sichern (→ § 317 Rz. 84).[1]

VII. Besondere Ausschlussgründe bei der Prüfung von Unternehmen öffentlichen Interesses

1. Überblick

72 Die Inhabilitätskriterien des § 319 Abs. 2 und 3 HGB werden bei Unternehmen öffentlichen Interesses, sog. PIEs (→ § 316a Rz. 1), durch die EU-APrVO ausgeweitet, nicht ersetzt.

Das Verbot der Erbringung bestimmter Nichtprüfungsleistungen ist in Art. 5 Abs. 1 der EU-APrVO geregelt. Dort sind in der Form einer **schwarzen Liste** (Blacklist) die Nichtprüfungsleistungen aufgeführt, die dem Abschlussprüfer verboten sind (→ Rz. 80). Die EU-APrVO ist unmittelbar geltendes Recht und bedarf daher einer nationalen Umsetzung (durch das HGB) nur noch dort, wo die Verordnung Mitgliedstaatenwahlrechte enthält. Dies ist in Art. 5 Abs. 3 der EU-APrVO der Fall. Hiernach können die Mitgliedstaaten in der Blacklist enthaltene Steuerberatungsleistungen und Bewertungsleistungen unter bestimmten Bedingungen erlauben. Dieses Wahlrecht wurde in § 319a HGB a. F. umgesetzt. Mit dem FISG hat der Gesetzgeber sich entschieden, die Mitgliedstaatenwahlrechte nicht mehr wahrzunehmen. § 319a HGB ist daher ersatzlos entfallen.

2. Honorarabhängigkeit und Abhängigkeit von Nichtprüfungsleistungen

73 Art. 4 Abs. 3 der EU-APrVO (→ § 317 Rz. 5) will der wirtschaftlichen Abhängigkeit des Prüfers vom **Mandanten** entgegenwirken. Wenn die insgesamt (für Prüfungs- und Nichtprüfungsleistungen) von einem PIE vereinnahmten Honorare in jedem von fünf aufeinander folgenden Geschäftsjahren die Gesamthonorare des Wirtschaftsprüfers aus einer Praxis um 15 % übersteigen, darf dieser nicht mehr Abschlussprüfer sein. Bereits nach dreijähriger Überschreitung der Umsatzgrenze ist der Prüfungsausschuss zu informieren. Nach Verlautbarung der APAS bleiben Honorare von Netzwerkgesellschaften (→ § 319b) oder Konzernunternehmen für einen Abschlussprüfer bei der Berechnung der insgesamt vereinnahmten Honorare unberücksichtigt.[2]

Während Art. 4 Abs. 3 der EU-APrVO ein übermäßiges wirtschaftliches **Interesse am Mandat insgesamt** für schädlich erklärt, soll Art. 4 Abs. 2 der EU-APrVO einem übermäßigen wirtschaftlichen **Interesse an Nichtprüfungsleistungen** entgegenwirken. Das Gesamthonorar für dem Grunde nach erlaubte Nichtprüfungsleistungen wird dadurch auf 70 % des Durchschnitts der in den letzten drei aufeinander folgenden Geschäftsjahre gezahlten Prüfungshonorare limitiert (→ Rz. 84).

1 Vgl. IDW PS 320 Tz. 19.
2 APAS-Verlautbarung Nr. 6 v. 10.4.2019 (www.apasbafa.bund.de).

3. Steuerberatungsleistungen

74 Art. 5 Abs. 3 der EU-APrVO (→ § 317 Rz. 5) gestattet den **Mitgliedstaaten,** bestimmte steuerliche Tätigkeiten des Abschlussprüfers unter besonderen Bedingungen zu **erlauben.** Betroffen sind die Tätigkeiten nach Art. 5 Abs. 1 Unterabs. 2 Buchst. a Ziff. i und iv bis vii der EU-APrVO, nämlich

- Erstellung von **Steuererklärungen;**
- Ermittlung von **staatlichen Beihilfen** und steuerlichen Anreizen;
- Unterstützung bei **Steuerprüfungen** durch die
- **Berechnung** der direkten und indirekten Steuern sowie der latenten Steuern;
- Erbringung von **(sonstigen) Steuerberatungsleistungen.**

Von diesem Wahlrecht machte § 319a HGB a. F. insofern Gebrauch, als Abs. 1 Satz 1 Nr. 2 a. F. die vorgenannten Leistungen nur dann verbot, wenn sie sich auf den zu prüfenden Jahresabschluss **unmittelbar** und **nicht nur unwesentlich** auswirkten.

Mit dem FISG wird durch Streichung von § 319a HGB nicht mehr am Mitgliedstaatenwahlrecht festgehalten. Steuerberatungsleistungen sind nun uneingeschränkt verboten.

75 Neben den nun auch betroffenen vorgenannten Leistungen betrifft dies die bisher schon **ausnahmslos** (kein Mitgliedstaatenwahlrecht) verbotenen Beratungsleistungen für bzw. durch

- Lohnsteuer;
- Zölle;
- Buchhaltung und Erstellung von Rechnungslegungsunterlagen und Abschlüssen;
- Lohn- und Gehaltsabrechnung.

76 Beratungstätigkeiten können grundsätzlich nur dann unzulässig sein, wenn sie im zu prüfenden Geschäftsjahr ausgeübt worden sind. Bei Beendigung vor Beginn des fraglichen Geschäftsjahres stellt sich im Folgejahr aber u. U. das Problem des allgemeinen Selbstprüfungsverbots (→ § 319 Rz. 38), das u. U. durch Schutzmaßnahmen (→ § 319 Rz. 11) zu überprüfen ist.

Pendant zu diesem sog. ***cooling in*** ist nach § 43 Abs. 3 WPO das sog. ***cooling off*** für Abschlussprüfer bzw. verantwortliche Prüfungspartner. Diese Personen dürfen bei dem (zuvor) geprüften Unternehmen („PIE") innerhalb zweier Jahre nach der Beendigung der Prüfungstätigkeit keine wichtige Führungstätigkeit ausüben und auch nicht Mitglied des Aufsichtsrats, des Prüfungsausschusses oder des Verwaltungsrats sein. Diese Frist verkürzt sich auf ein Jahr für Abschlussprüfer und verantwortliche Prüfungspartner gesetzlicher Abschlussprüfungen bei anderen Unternehmen sowie für Partner und Mitarbeiter des Abschlussprüfers, die zwar nicht an verantwortlicher Stelle, aber unmittelbar am Prüfungsauftrag beteiligt waren, aber auch andere Berufsangehörige, die bei dem betreffenden Auftrag im Einsatz waren.

Der EuGH hat auf einen Vorlagebeschluss des Verwaltungsgerichts Helsinki entschieden, dass selbst die Aushandlung eines Vertragsverhältnisses zwischen dem Abschlussprüfer und dem Unternehmen während der Cooling-off-Periode unzulässig ist. Der Abschlussprüfer sei als eine Person anzusehen, die eine zentrale Führungsposition in einem geprüften Unternehmen übernehme, sobald er mit diesem Unternehmen einen Arbeitsvertrag für diese Position abschließe, auch wenn er seine Tätigkeit in dieser Position noch nicht tatsächlich aufgenommen habe.[1]

1 EuGH v. 24.3.2021 – Rs. C-950/19.

4. Bewertungsleistungen

Art. 5 Abs. 3 der EU-APrVO (→ § 317 Rz. 5) gestattet den Mitgliedstaaten, Bewertungsleistungen nach Art. 5 Abs. 1 Unterabs. 2 Buchst. f zu erlauben. Betroffen sind auch Bewertungsleistungen in Zusammenhang mit Leistungen im Bereich der Versicherungsmathematik und der Unterstützung bei Rechtsstreitigkeiten. Von diesem **Mitgliedstaatenwahlrecht** machte § 319a Abs. 1 Satz 1 Nr. 3 a. F. Gebrauch. Sofern sich die Bewertungsleistungen nicht unmittelbar und/oder nicht wesentlich auf den Jahresabschluss auswirkten, waren die Tätigkeiten erlaubt. Mit dem FISG und dem Entfall von § 319a HGB ist diese Erlaubnis entfallen. 77

5. Konzernabschlussklausel

Die Regeln der EU-APrVO mit den spezifischen Ausschlussgründen gelten auch für den Prüfer des Konzernabschlusses von Mutterunternehmen, die als PIEs einzustufen sind (→ § 290 Rz. 2). Dabei sind die Prüfungen des Jahres- und des Konzernabschlusses als **getrennte Aufträge** zu werten. 78

6. Genehmigung von zulässigen Nichtprüfungsleistungen (Art. 5 Abs. 4 EU-APrVO)

Der Prüfungsausschuss des Unternehmens (→ § 324) – ersatzweise der Aufsichtsrat – muss die Erbringung von prinzipiell zulässigen Nichtprüfungsleistungen vorher billigen (Art. 5 Abs. 4 EU-APrVO). Im Falle zulässiger Dienstleistungen hat der Prüfungsausschuss für die jeweilige Dienstleistung die Unabhängigkeitsrisiken abzuwägen. Im **Konzern**[1] sind die Leistungsbeziehungen zu sämtlichen beherrschten Tochterunternehmen und ggf. auch Mutterunternehmen zu beachten. Seitens des Abschlussprüfers gilt die Billigungspflicht des Prüfungsausschusses für zulässige Leistungen des gesamten **Netzwerks** (→ § 319b), dem der Abschlussprüfer angehört. Bei grenzüberschreitendem Konzern ist das nationale Recht zu beachten; dabei stellt Art. 5 Abs. 5 der EU-APrVO besondere Anforderungen bei Tochterunternehmen außerhalb der EU, wenn die Nichtprüfungsleistungen von einem Netzwerkmitglied ausgeübt werden sollen. Innerhalb der EU gilt dagegen der nationale Rechtsrahmen. Besondere organisatorische Anforderungen entstehen, wenn auf mehreren Konzernstufen PIEs vertreten sind und demzufolge mehrere Prüfungsausschüsse tätig werden müssen.[2] 79

Wenig praktisch wäre das Erfordernis einer Billigung **jedes einzelnen** Beratungsvertrags bei einem Dauermandat. Hier bietet sich die Erstellung von Leitlinien an, nach denen ein Steuerberatungsauftrag bestimmten Inhalts generell als vom Prüfungsausschuss gebilligt gilt.

7. Liste der verbotenen Nichtprüfungsleistungen nach der EU-APrVO

Dem Abschlussprüfer sind nach Art. 5 Abs. 1 der EU-APrVO (→ § 317 Rz. 5) folgende Nichtprüfungsleistungen **uneingeschränkt untersagt:** 80

- Teilnahme an der **(Geschäfts-)Führung** oder an Entscheidungen des geprüften PIEs;
- **Buchhaltung** und Erstellung von Rechnungslegungsunterlagen und Abschlüssen;
- Gestaltung und Umsetzung interner **Kontroll- und Risikomanagementverfahren** mit Bezug auf finanzielle Informationen;

1 Zum Folgenden *Lanfermann*, BB 2016 S. 1834.
2 Vgl. im Detail *Bode*, BB 2017 S. 491 ff.

- bestimmte **juristische Leistungen** (z. B. Verhandlungen im Namen des geprüften Unternehmens);
- Leistungen im Zusammenhang mit der **internen Revision**;
- Leistungen im Zusammenhang mit der **Finanzierung**, der Kapitalstruktur und -ausstattung sowie der Anlagestrategie des geprüften Unternehmens, ausgenommen die Erbringung von Bestätigungsleistungen (z. B. Comfort Letters);
- Werbung für und Handel mit **Aktien** des geprüften Unternehmens;
- **Personaldienstleistungen** bzgl. rechnungslegungsrelevanter Mitglieder der Unternehmensleitung (z. B. Suche nach Kandidaten für solche Positionen), des Aufbaus der Organisationsstruktur und der Kostenkontrolle.

Mit dem Wegfall von § 319a HGB durch das FISG sind in Deutschland zusätzlich verboten:

- Steuerberatungsleistungen (→ Rz. 74) und
- Bewertungsleistungen (→ Rz. 77).

81 Zu **zeitlichen Sonderproblemen** in Ausnahmesachverhalten hat das IDW Stellung bezogen.[1] Danach beginnt der Zeitraum, in dem die Erbringung einer Leistung von der Blacklist verboten ist, zwar i. d. R. mit Beginn des Prüfungszeitraums, bestimmte Leistungen (etwa Beratung zu dem rechnungslegungsbezogenen internen Kontroll- oder Risikomanagementsystem) sind aber zusätzlich in dem Geschäftsjahr verboten, das dem zu prüfenden Geschäftsjahr vorausgeht. Für ein Unternehmen, das mit Antrag auf Zulassung zum Kapitalmarkt PIE wird, dürfen nach Auffassung des IDW Beratungsleistungen, etwa im Zusammenhang mit dem Börsengang – unter Beachtung der allgemeinen Unabhängigkeitsvorschriften –, bis zu diesem Zeitpunkt noch erbracht werden.

82 Besondere Auslegungsprobleme bereitet das Verbot der Gestaltung und Umsetzung **interner Kontroll- und Risikomanagementverfahren** mit Bezug auf finanzielle Informationen, da der Begriff des „Verfahrens" hochgradig unbestimmt ist. Bei extensiver Auslegung könnte etwa schon die Zurverfügungstellung einer Anhang-Checkliste eine Inhabilität auslösen, da eine entsprechende Checkliste zur internen Kontrolle der Vollständigkeit der Anhangangaben, also finanzieller Informationen, eingesetzt werden kann. Unseres Erachtens ist eine solche Checkliste aber noch kein Verfahren, sondern lediglich ein Arbeitsmittel (Tool), das in einem Verfahren eingesetzt wird. Auf der Grundlage unserer Interpretation ist beispielsweise auch die Überlassung eines IT-basierten Tools zur Inventur und Bewertung von Leasingverhältnissen nach IFRS 16 (im IFRS-Konzernabschluss) i. d. R. noch keine schädliche Verfahrensgestaltung, solange das Tool nur die Inhalte der einschlägigen Rechtsgrundlagen (hier IFRS 16) in anwendungsfreundlicher Form umsetzt und bei den integrierten Berechnungselementen nur auf Standardverfahren (etwa Excel-basierte Barwertberechnung) zurückgreift. Erst wenn das „Tool" in signifikantem Maß im Hinblick auf Organisation, Geschäftsmodelle usw. des Mandanten individualisiert ist, kann es zum Verfahren werden.

83 Zu den **Rechtsfolgen eines Verstoßes** gegen Art. 5 Abs. 1 der EU-APrVO hält die APAS Folgendes fest:[2]

- Es könne nicht davon ausgegangen werden, dass sog. „Bagatellfälle" vom Verbotstatbestand des Art. 5 Abs. 1 AP-VO auszunehmen sind.

---

1 IDW Positionspapier v. 4.1.2017.

2 APAS, Verlautbarung Nr. 8 v. 13.12.2019; ebenso IDW Positionspapier zu Nichtprüfungsleistungen, Stand 31.1.2020.

- Liegt ein Verstoß gegen Art. 5 Abs. 1 EU-APrVO vor, wird wegen Verletzung einer Berufspflicht im Regelfall ein berufsaufsichtsrechtliches Verfahren durch die APAS eingeleitet.
- Im Falle der Erbringung verbotener Nichtprüfungsleistungen nach Art. 5 Abs. 1 Unterabs. 2 Buchst. b), c) oder e) EU-APrVO ist nach Art. 5 Abs. 5 Unterabs. 3 Buchst. a) EU-APrVO („auf jeden Fall") stets von der Inhabilität des Abschlussprüfers auszugehen. Bei anderen Verstößen ist eine Einzelfallbeurteilung vorzunehmen.
- Ein inhabiler Abschlussprüfer darf einen Prüfungsauftrag nicht annehmen, eine begonnene Prüfung nicht fortsetzen und einen Bestätigungsvermerk nicht erteilen. Tut er dies dennoch, so können gegen ihn neben berufsaufsichtsrechtlichen Maßnahmen Bußgelder wegen einer Ordnungswidrigkeit verhängt werden (§ 68 Abs. 1 WPO, § 334 Abs. 2 HGB).

8. Honorardeckel von 70 % bei erlaubten Nichtprüfungsleistungen (EU-APrVO sowie Abs. 1a)

Nach Art. 4 Abs. 2 der EU-APrVO gilt für zulässige Nichtprüfungsleistungen ein „Honorardeckel"; dieser beträgt **70 %** der durchschnittlichen Honorare aus der Abschlussprüfung (des geprüften Unternehmens, seines Mutterunternehmens, beherrschter Unternehmen und des Konzernabschlusses) der letzten drei Jahre. 84

Für die Abgrenzung zwischen Prüfungs- und Nichtprüfungsleistungen kann nach **Positionspapier des IDW** grundsätzlich auf § 285 Nr. 17 HGB und damit auf **IDW HFA RS 36** (→ § 285 Rz. 117) abgestellt werden[1]. Danach stellen die prüferische Durchsicht von Zwischenabschlüssen, Prüfungen des IKS sowie projektbegleitende Prüfungen IT-gestützter Rechnungslegungssysteme Prüfungsleistungen dar. Ob die Begleitung bei der Einführung neuer Rechnungslegungsvorschriften (z. B. IFRS 16 Leasing) zum Zähler (Nichtprüfungsleistungen) oder Nenner (Prüfungsleistungen) der 70 %-Rechnung gehört oder wie die Prüfung der Regulierungsentgelte (bei netzgebundenen Leistungen) zu werten ist, bleibt weiterhin unklar. Für Zwecke des 70 %-Caps bleiben aber jedenfalls gesetzlich verlangte Bestätigungsleistungen unberücksichtigt, die nach Unionsrecht oder nationalem Recht erforderlich sind. Beispiele sind etwa Prüfungen nach EEG, Verschmelzungs-, Spaltungs- oder Gründungsprüfungen oder die Prüfung des Abhängigkeitsberichts nach § 313 AktG. Insofern besteht ein Unterschied zu den Angabepflichten nach §§ 285 Nr. 17d und 314 Abs. 1 Nr. 9d HGB. Weitere Unterschiede können sich bei Gemeinschaftsunternehmen ergeben, die in der Angabepflicht nach § 314 Abs. 1 Nr. 9 HGB quotal, für die 70 %-Grenze jedoch nicht berücksichtigt werden.[2] Neben dem IDW befasst sich auch die Abschlussprüferaufsichtsstelle (APAS) in der Verlautbarung Nr. 4 „Informationspflicht nach Art. 14 der Verordnung (EU) Nr. 537/2014" mit der Abgrenzung von Prüfungs- und Nichtprüfungsleistungen, u. a. mit den Hinweisen, dass Prüfungen oder prüferische Durchsichten von *reporting packages* sowie freiwillige Abschlussprüfungen von einbezogenen Tochterunternehmen als untrennbar mit der Abschlussprüfung verbundene Leistungen gelten. In der Befassung der APAS kommt zum Ausdruck, dass die Abgrenzung nicht nur für Zwecke des Honorardeckels und für Zwecke des (Konzern-)Anhangs, sondern auch für die Angaben im Transparenzbericht nach Art. 13 Abs. 2 Buchst. k EU-APrVO relevant ist.

1 IDW Positionspapier zu Nichtprüfungsleistungen, Stand 31.1.2020.
2 Im Detail: *Simon-Heckroth/Lüdders*, WPg 2017 S. 248 ff.

Verbotene Nichtprüfungsleistungen dürfen durch den Abschlussprüfer nicht erbracht werden gegenüber

- sämtlichen Mutterunternehmen,
- sämtlichen Tochterunternehmen

eines PIEs.

Art. 4 Abs. 2 EU-APrVO stellt ausschließlich auf die Prüfungshonorare **eines** Abschlussprüfers oder einer Prüfungsgesellschaft ab, blendet damit die möglichen Honorare einer Tochtergesellschaft dieser Prüfungsgesellschaft oder eines Netzwerkmitglieds (§ 319b HGB) aus der Berechnung aus. Umgekehrt sind in die Höchstbetragsberechnung die Honorare an die vom Unternehmer beherrschten Unternehmen einzubeziehen. Die 70 %-Grenze kann dann durch Verlagerung von Leistungen auf diese „nahestehenden" Unternehmen der Prüfungsgesellschaft umgangen werden.[1]

Die Mitgliedstaaten können die jeweils zuständige Behörde (in Deutschland die APAS) ermächtigen, auf Antrag des Prüfers Ausnahmen von der 70-%-Grenze zuzulassen. In § 319a Abs. 1a HGB a. F. war diese Ausnahmemöglichkeit für höchstens ein Geschäftsjahr und höchstens 140 % vorgesehen. Mit dem FISG ist diese Möglichkeit entfallen. Praktische Auswirkungen werden im Schrifttum insbesondere für kleine und mittlere WP-Gesellschaften gesehen, wenn diese anlässlich eines Börsenprospekts einen Comfort-Letter als Nichtprüfungsleistung erstellen.[2]

9. Unabhängigkeitserklärung (Art. 6 EU-APrVO)

85 Der Abschlussprüfer hat nach Art. 6 Abs. 2 EU-APrVO gegenüber dem Prüfungsausschuss jährlich zu erklären, dass der Prüfungspartner sowie Mitglieder der höheren Führungsebene und das Leitungspersonal, die die Abschlussprüfung durchführen, unabhängig vom geprüften Unternehmen sind. Mit dem Prüfungsausschuss hat er nach Art. 6 Abs. 1 EU-APrVO die Gefahren und Vorkehrungen für seine Unabhängigkeit zu besprechen. Die Unabhängigkeitserklärung ist in den zusätzlichen Bericht an den Prüfungsausschuss aufzunehmen (Art. 11 Abs. 2 Buchst. a EU-APrVO) (→ § 321 Rz. 14).

VIII. Rechtsfolgen bei Verstößen

86
- Die Wahl eines Nicht-Berufsangehörigen nach Abs. 1 ist **nichtig**, entsprechend der von ihm geprüfte Abschluss ebenfalls (§ 256 Abs. 1 Nr. 3 AktG), für GmbHs und „Kap. & Co."-Gesellschaften ebenfalls (→ Rz. 7).
- Aus Inhabilität nach Abs. 2 bis 4 folgt **keine** Nichtigkeit des Abschlusses.
- Der Prüfungsvertrag ist nach § 134 BGB nur **nichtig**, wenn die die Inhabilität begründende Tätigkeit – z. B. Erstellung des zu prüfenden Abschlusses – bereits **bei** Abschluss des Prüfungsvertrags vorgelegen hat.[3]
- Ein **Vergütungs**anspruch des Abschlussprüfers entfällt für die die Inhabilität begründenden Tätigkeiten, z. B. Erstellung des Anhangs.[4]

1 *Lenz*, DB 2016 S. 2558.
2 *Hayn/Kelm/Schmitz-Herkendell*, WPg 2022 S. 374.
3 BGH, Urteil v. 21.1.2010 – Xa ZR 175/07, DB 2010 S. 436.
4 BGH, Urteil v. 21.1.2010 – Xa ZR 175/07, DB 2010 S. 436.

- **Schadenersatzansprüche** aus Deliktsrecht gegen den Abschlussprüfer können bei Vermögensschäden wegen der Bestellung eines anderen Prüfers entstehen.
- Die Verhängung eines **Bußgelds** nach § 334 Abs. 2 HGB bei zusätzlichem Handeln ist möglich.
- Eine **Berufspflichtverletzung** wird nach §§ 67 ff. WPO geahndet.

§ 319a sowie EU-APrVO (weggefallen)

§ 319b Netzwerk

[vor FISG:] (1) [1]Ein Abschlussprüfer ist von der Abschlussprüfung ausgeschlossen, wenn ein Mitglied seines Netzwerks einen Ausschlussgrund nach § 319 Abs. 2, 3 Satz 1 Nr. 1, 2 oder Nr. 4, Abs. 3 Satz 2 oder Abs. 4 erfüllt, es sei denn, dass das Netzwerkmitglied auf das Ergebnis der Abschlussprüfung keinen Einfluss nehmen kann. [2]Er ist ausgeschlossen, wenn ein Mitglied seines Netzwerks einen Ausschlussgrund nach § 319 Abs. 3 Satz 1 Nr. 3 oder § 319a Abs. 1 Satz 1 Nr. 2 oder 3 erfüllt. [3]Ein Netzwerk liegt vor, wenn Personen bei ihrer Berufsausübung zur Verfolgung gemeinsamer wirtschaftlicher Interessen für eine gewisse Dauer zusammenwirken.

[nach FISG:] (1) [1]Ein Abschlussprüfer ist von der Abschlussprüfung ausgeschlossen, wenn ein Mitglied seines Netzwerks einen Ausschlussgrund nach § 319 Abs. 2, 3 Satz 1 Nr. 1, 2 oder Nr. 4, Abs. 3 Satz 2 oder Abs. 4 erfüllt, es sei denn, dass das Netzwerkmitglied auf das Ergebnis der Abschlussprüfung keinen Einfluss nehmen kann. [2]Er ist ausgeschlossen, wenn ein Mitglied seines Netzwerks einen Ausschlussgrund nach § 319 Abs. 3 Satz 1 Nr. 3 erfüllt. [3]Ein Netzwerk liegt vor, wenn Personen bei ihrer Berufsausübung zur Verfolgung gemeinsamer wirtschaftlicher Interessen für eine gewisse Dauer zusammenwirken.

(2) Absatz 1 ist auf den Abschlussprüfer des Konzernabschlusses entsprechend anzuwenden.

Inhaltsübersicht **Rz.**

LITERATUR:

Auf die Hinweise zu → § 319 wird verwiesen.

I. Regelungsgehalt: Netzwerkdefinition (Abs. 1 Satz 3)

§ 319b HGB widmet sich den in Art. 22 Abs. 2 der Abschlussprüferrichtlinie enthaltenen **Unabhängigkeitsvorschriften.** Diese zielen insbesondere auf die im internationalen Prüfungsgeschäft agierenden großen und mittelständischen Einheiten, die mit Ausnahmen nicht kapitalmäßig verflochten sind, aber gleichwohl gemeinsame wirtschaftliche Interessen durch Anbietung von Prüfungs- und Beratungsleistungen verfolgen. Diese Zusammenarbeit darf sich nicht auf ein oder mehrere ad hoc begründete Auftragsverhältnisse beschränken – typisches Beispiel: Gemeinschaftsprüfungen (*joint audits,* → § 318 Rz. 21) –, sondern bedarf einer **Insti-** 1

tutionalisierung in vertraglicher Form, ohne die ein Zusammenwirken „für eine gewisse Dauer" i. d. R. auch nicht denkbar ist. Das Netzwerk ist also durch die Art des Zusammenwirkens zu bestimmen.[1]

BEISPIEL Der Baumarktbetreiber B GmbH in Karlsruhe erwirbt als Tochtergesellschaft einen Vergleichsbetrieb, die B SA in Straßburg. Die Geschäftsführung der B GmbH bittet ihre Prüfungsgesellschaft W GmbH um Durchführung der Abschlussprüfung auch bei der B SA. Da ihr dies rechtlich und faktisch nicht möglich ist, knüpft sie Verbindung mit der WP-Sozietät S in Straßburg. Diese erhält den Prüfungsauftrag, nachdem die W GmbH die Erfüllung der Voraussetzungen des § 319 HGB geprüft hat. In den folgenden Jahren wird S weiterhin zur Abschlussprüfer in der B SA bestellt.

Die Prüfungstätigkeit ist zwar im Nachhinein gesehen „von einer gewissen Dauer", es fehlt aber an „gemeinsamen wirtschaftlichen Interessen", die ex ante in einer entsprechenden Vereinbarung umschrieben werden müssen, um ein dauerhaftes Zusammenwirken darzustellen.

2 Entsprechend umschreibt die Abschlussprüferrichtlinie in Art. 2 Nr. 7 das Netzwerk als eine Zusammenarbeit, die auf **Gewinn-** und **Kostenteilung** ausgerichtet ist. Als weitere Merkmale eines Netzwerks gelten

- gemeinsames Eigentum,
- gemeinsame Kontrolle,
- einheitliche Geschäftsführung,
- einheitliche Qualitätssicherungsmaßnahmen,
- Verwendung einer einheitlichen Marke (z. B. „BDO"),
- Verwendung gemeinsamer fachlicher Ressourcen.

Die erforderliche **Intensität** der Zusammenarbeit wird durch den einheitlichen **Außenauftritt** augenscheinlich. Eine „gemeinsame Marke" ist hierfür kennzeichnend, insbesondere die Verwendung eines Logos auf dem Briefpapier und im Internetauftritt.[2]

3 Die **rechtliche** Ausgestaltung des Zusammenwirkens ist dabei nicht entscheidend. Die Schnittstelle zwischen „Netzwerk" und „Zusammenarbeit" wird häufig nicht leicht zu finden sein. Als „letztes", dafür aber wiederum hochgradig auslegungsbedürftiges Unterscheidungsmerkmal ist auf die Begründung der **Befangenheitsbesorgnis** aus Sicht eines objektiv urteilenden Dritten (→ § 319 Rz. 9) zurückzukommen.[3]

II. Ausschlussgründe bei Netzwerkzugehörigkeit

1. Die „Funktion" der Netzwerkzugehörigkeit (Abs. 1 Satz 1 und 2)

4 Die Inhabilität eines Abschlussprüfers wird durch die Erfüllung eines Ausschlussgrunds bei einem Netzwerkmitglied begründet.

BEISPIEL Die WP-Gesellschaft K AG ist zum Abschlussprüfer des Jahres- und Konzernabschlusses des Großkonzerns D bestellt.

- Das Netzwerkmitglied US Corp. wirkt entscheidend bei der Installation eines konzernweit anzuwendenden Konsolidierungssystems für den Konzernabschluss mit.

1 Vgl. *Petersen/Zwirner/Boecker*, WPg 2010 S. 465.
2 WPK Magazin 2/2010 S. 31.
3 Vgl. *Neu*, DB 2008 S. 1, Gastkommentar; so auch *Petersen/Zwirner/Boecker*, WPg 2010 S. 466.

- Der Sohn S des Board-Mitglieds M des australischen Netzwerkpartners AUS Corp. ist Mitglied des Aufsichtsrats des D-Konzerns.
- Im erstgenannten Fall wird die Inhabilität **unwiderlegbar** vermutet (→ § 319a Rz. 24).
- Im zweiten Fall ist die Befangenheitsbesorgnis **widerlegbar** (→ Rz. 6).

Bei der Nennung der Ausschlussgründe bedient sich der Gesetzgeber der **Verweistechnik** auf die §§ 319, 319a HGB, der wir bei der Kommentierung folgen. 5

2. Widerlegbare Ausschlussgründe (Abs. 1 Satz 1)

Die in Abs. 1 Satz 1 genannten Ausschlussgründe sind widerlegt, wenn das Netzwerkmitglied **keinen Einfluss** auf das Ergebnis der Abschlussprüfung nehmen kann. 6

BEISPIEL Der S im Beispiel unter → Rz. 4 kann als Adressat des Prüfungsberichts (→ § 321 Rz. 86) und bei der Wahl des Abschlussprüfers (→ § 318 Rz. 7) dem Grunde nach Einfluss auf das Prüfungsergebnis des Jahres- und Konzernabschlusses nehmen. Insofern besteht eine Besorgnis der Befangenheit der Prüfungsgesellschaft K AG. Diese Besorgnis kann u. E. entfallen, wenn S sich in den Aufsichtsratssitzungen jeder Einflussnahme auf die Abschlüsse und die Prüfungstätigkeit enthält und dies vom Aufsichtsratsvorsitzenden jeweils zu Protokoll genommen wird.

Aufgrund des Verweises in Abs. 1 Satz 2 können **widerlegbar** folgende Tatbestände indiziell die Inhabilität des Abschlussprüfers begründen: 7

- Befangenheit nach der **Prinzipien**regel in § 319 Abs. 2 HGB (→ § 319 Rz. 8);
- **finanzielle** Interessen nach § 319 Abs. 3 Satz 1 Nr. 1 HGB (→ § 319 Rz. 31);
- **Organ**zugehörigkeit oder **Arbeitnehmer**eigenschaft beim zu prüfenden Unternehmen/Konzern nach § 319 Abs. 3 Satz 1 Nr. 2 HGB (→ § 319 Rz. 37);
- **Mitwirkung** inhabiler Personen nach § 319 Abs. 3 Satz 1 Nr. 4 HGB (→ § 319 Rz. 32);
- Ausdehnung auf **Ehe-** und **Lebenspartner** nach § 319 Abs. 3 Satz 2 HGB (→ § 319 Rz. 65).

Über die „Technik" der Widerlegung ist dem Gesetz und den Gesetzesmaterialien nichts zu entnehmen. Dem Abschlussprüfer ist eine Ermessensausübung mit **Dokumentationspflicht** anvertraut. Im Beispiel unter → Rz. 4 in der zweiten Alternative muss der Abschlussprüfer die genannten Protokolle über die Aufsichtsratssitzung im entscheidenden Teilbereich zu den Arbeitspapieren nehmen. 8

Abs. 1 Satz 2 verweist weder auf § 319 Abs. 4 HGB (→ § 319 Rz. 67) noch auf § 319a Abs. 1 Satz 2 HGB (→ § 319a Rz. 38). Danach wären Prüfungs**gesellschaften** nicht von den Ausschlussgründen erfasst. Es handelt sich dabei um ein redaktionelles Versehen des Gesetzgebers, so dass die Inhabilität nach dem Willen des Gesetzgebers in solchen Fällen auch bei (z. B.) Mitwirkung der Netzwerkgesellschaft bei der Abschlusserstellung die Befangenheitsbesorgnis begründet.[1] 9

3. Unwiderlegbare Ausschlussgründe (Abs. 1 Satz 2)

Durch Gesetzesverweis (→ Rz. 7) sind angesprochen: 10

- **Buchführung und Abschlusserstellung** nach § 319 Abs. 3 Satz 1 Nr. 3a HGB (→ § 319 Rz. 46).

1 WPK Magazin 2/2009 S. 10; so auch *Dodenhoff* in Haufe HGB Bilanz Kommentar, 4. Aufl. 2013, § 319b Tz. 14; *Petersen/Zwirner/Boecker*, WPg 2010 S. 466 f.

- **Interne Revision** nach § 319 Abs. 3 Satz 1 Nr. 3b HGB (→ § 319 Rz. 51).
- **Leitungs**aufgabe und **Finanzdienstleistungen** nach § 319 Abs. 3 Satz 1 Nr. 3c HGB (→ § 319 Rz. 53).
- **Versicherungsmathematische** und **Bewertungs**leistungen nach § 319 Abs. 3 Satz 1 Nr. 3d HGB (→ § 319 Rz. 55).
- **Rechts-** und **Steuerberatungs**leistungen nach § 319a Abs. 1 Satz 1 Nr. 2 HGB (→ § 319a Rz. 10 ff.).
- Mitarbeit bei der Entwicklung, Einrichtung und Einführung von **Informationssystemen** nach § 319a Abs. 1 Satz 1 Nr. 3 HGB (→ § 319a Rz. 24).

11 Keinen Ausschlussgrund stellt die Umsatzabhängigkeit (→ § 319 Rz. 62 und → § 319a Rz. 4) aus Praktikabilitätsgründen dar.

III. Konzernklausel (Abs. 2)

12 Den eigentlichen Anwendungsbereich der Netzwerkregelung stellt der **Konzern**abschluss mit **internationalem** Bezug dar. In Abs. 2 wird gesetzestechnisch umgekehrt auf den großen Ausnahmefall des **Jahres**abschlusses verwiesen. Die dortigen Regelungen gelten auch für die Prüfung des Konzernabschlusses. Vgl. hierzu auch das Beispiel unter → Rz. 4.

§ 320 Vorlagepflicht, Auskunftsrecht

(1) ¹Die gesetzlichen Vertreter der Kapitalgesellschaft haben dem Abschlussprüfer den Jahresabschluss, den Lagebericht und den gesonderten nichtfinanziellen Bericht unverzüglich nach der Aufstellung vorzulegen. ²Sie haben ihm zu gestatten, die Bücher und Schriften der Kapitalgesellschaft sowie die Vermögensgegenstände und Schulden, namentlich die Kasse und die Bestände an Wertpapieren und Waren, zu prüfen. ³Die gesetzlichen Vertreter einer Kapitalgesellschaft, die als Inlandsemittent (§ 2 Absatz 14 des Wertpapierhandelsgesetzes) Wertpapiere (§ 2 Absatz 1 des Wertpapierhandelsgesetzes) begibt und keine Kapitalgesellschaft im Sinne des § 327a ist, haben dem Abschlussprüfer auch die für Zwecke der Offenlegung nach den Vorgaben des § 328 Absatz 1 erstellte Wiedergabe des Jahresabschlusses und die nach diesen Vorgaben erstellte Wiedergabe des Lageberichts vorzulegen.

(2) ¹Der Abschlussprüfer kann von den gesetzlichen Vertretern alle Aufklärungen und Nachweise verlangen, die für eine sorgfältige Prüfung notwendig sind. ²Soweit es die Vorbereitung der Abschlussprüfung erfordert, hat der Abschlussprüfer die Rechte nach Absatz 1 Satz 2 und nach Satz 1 auch schon vor Aufstellung des Jahresabschlusses. ³Soweit es für eine sorgfältige Prüfung notwendig ist, hat der Abschlussprüfer die Rechte nach den Sätzen 1 und 2 auch gegenüber Mutter- und Tochterunternehmen.

(3) ¹Die gesetzlichen Vertreter einer Kapitalgesellschaft, die einen Konzernabschluss aufzustellen hat, haben dem Abschlussprüfer des Konzernabschlusses den Konzernabschluss, den Konzernlagebericht, den gesonderten nichtfinanziellen Konzernbericht, die Jahresabschlüsse, Lageberichte, die gesonderten nichtfinanziellen Berichte und, wenn eine Prüfung stattgefunden hat, die Prüfungsberichte des Mutterunternehmens und der Tochterunternehmen vorzulegen. ²Der Abschlussprüfer hat die Rechte nach Absatz 1 Satz 2 und nach Absatz 2 bei dem Mutterunternehmen und den Tochterunternehmen, die Rechte nach Absatz 2 auch gegenüber den Abschlussprüfern des Mutterunternehmens und der Tochterunternehmen. ³Die gesetzlichen Vertreter einer Kapitalgesellschaft, die als Inlandsemittent (§ 2 Absatz 14 des Wertpapierhandelsgesetzes) Wertpapiere (§ 2 Absatz 1 des Wertpapierhandelsgesetzes) begibt und keine Kapitalgesellschaft im Sinne des § 327a ist, haben dem Abschlussprüfer auch die für Zwecke der Offenlegung nach den Vorgaben des § 328 Absatz 1 erstellte Wiedergabe des Konzernabschlusses und die nach diesen Vorgaben erstellte Wiedergabe des Konzernlageberichts vorzulegen.

(4) Der bisherige Abschlussprüfer hat dem neuen Abschlussprüfer auf schriftliche Anfrage über das Ergebnis der bisherigen Prüfung zu berichten; § 321 ist entsprechend anzuwenden.

(5) [1]Ist die Kapitalgesellschaft als Tochterunternehmen in den Konzernabschluss eines Mutterunternehmens einbezogen, das seinen Sitz nicht in einem Mitgliedstaat der Europäischen Union oder einem anderen Vertragsstaat des Abkommens über den Europäischen Wirtschaftsraum hat, kann der Prüfer nach Absatz 2 zur Verfügung gestellte Unterlagen an den Abschlussprüfer des Konzernabschlusses weitergeben, soweit diese für die Prüfung des Konzernabschlusses des Mutterunternehmens erforderlich sind. [2]Die Übermittlung personenbezogener Daten muss im Einklang mit den Vorgaben der Verordnung (EU) 2016/679 und den allgemeinen datenschutzrechtlichen Vorschriften stehen.

Inhaltsübersicht Rz.

LITERATUR:

Erchinger/Melcher, Neuerungen im Hinblick auf die Abschlussprüfung und die Einrichtung eines Prüfungsausschusses, Beilage 5 zu DB 2009 S. 91; *Scherff/Willeke*, Erklärungen der gesetzlichen Vertreter gegenüber dem Abschlussprüfer – der IDW EPS 303 n. F., StuB 2009 S. 456.

Vgl. weiter die Nachweise zu → § 317.

I. Überblick

1. Regelungszweck

Der Sinn und Zweck **jedweder** Prüfung besteht in der Aufdeckung von Fehlern, seien diese nun als Unrichtigkeiten oder Verstöße (→ § 321 Rz. 32 ff.) zu bezeichnen. Deshalb stehen die Verantwortlichen für das Prüfungsobjekt u. U. einer solchen Tätigkeit mit Vorbehalt gegenüber, und das nicht erst, wenn sie sich solcher Fehler bereits bewusst sind. Daraus resultieren der in § 320 HGB dargestellte **Pflichten**katalog der Vertreter des Prüfungsobjekts – die gesetzlichen Vertreter einer Kapitalgesellschaft – und umgekehrt die Auskunfts**rechte** des Prüfers. Diese Auskunftsrechte sind höchst umfassend, beziehen sich auch auf Mutter- und Tochterunternehmen (→ Rz. 15) und erstrecken sich auch entsprechend auf den Konzernabschluss (→ Rz. 17). Diese Rechte und Pflichten entspringen **zwingendem** Recht und können deshalb vertraglich 1 oder gesellschaftsrechtlich nicht abbedungen werden. Kommt das Unternehmen seinen Auskunfts- und Vorlagepflichten nicht nach, ist dies gem. § 321 Abs. 2 Satz 6 HGB im Prüfungsbericht festzuhalten (→ § 321 Rz. 70) und bei Wesentlichkeit der Bestätigungsvermerk wegen Prüfungshemmnissen einzuschränken oder zu versagen (→ § 322 Rz. 54).

2. Anwendungsbereich

2 § 320 HGB erstreckt sich förmlich auf den Jahres- und den Konzernabschluss mit der Ausweitung auf den IFRS-Einzelabschluss durch den Verweis in § 324a HGB (→ § 324a Rz. 1). Durch Verweise in anderen Gesetzen gilt § 320 HGB auch für Abschlussprüfungen nach

- §§ 6 Abs. 1, 14 Abs. 1 PublG,
- § 340a Abs. 1 HGB (Kreditinstitute u. Ä.),
- § 341 Abs. 1 HGB (Versicherungsunternehmen u. Ä.)

sowie ohne förmlichen Verweis („naturgemäß") bei Prüfungen[1]

- des Abhängigkeitsberichts nach § 313 Abs. 1 Satz 3 AktG,
- einer Kapitalerhöhung aus Gesellschaftsmitteln nach § 209 Abs. 4 Satz 2 AktG, §§ 57 f. GmbH,
- einer Verschmelzung gem. § 11 Abs. 1 Satz 1 UmwG.

Bei **freiwilligen** Abschlussprüfungen muss der Abschlussprüfer im Prüfungsvertrag die Anwendung des § 320 HGB vereinbaren,[2] weil sonst keine Abschlussprüfung im eigentlichen Sinne[3] („Vollprüfung") durchgeführt werden kann (→ § 321 Rz. 103).

II. Jahresabschluss (Abs. 1 und 2)

1. Vorlagepflicht (Abs. 1 Satz 1)

3 Das Prüfungsobjekt – Jahresabschluss und Lagebericht sowie, falls einschlägig (→ § 289f Rz. 3), ein gesonderter nichtfinanzieller Bericht – ist dem Abschlussprüfer zur Prüfung vorzulegen – bis dahin eine Selbstverständlichkeit. Dies soll „unverzüglich **nach** der Aufstellung" erfolgen. Nach wörtlicher Auslegung dürfen die gesetzlichen Vertreter der zu prüfenden Gesellschaft den Abschlussprüfer nicht zeitlich hinhalten, damit dieser unter Zeitdruck nicht das nötige Prüfungsvolumen abwickeln kann. Die Gesetzesvorgabe ist allerdings durch die **Realität z. T. überholt.** Bei nicht ganz kleinen Prüfungsobjekten ist nach faktischen Zwängen häufig schon **vor** dem Abschlussstichtag die sog. Vorprüfung durchzuführen, etwa zum Test der Wirksamkeit des internen Kontrollsystems (→ § 317 Rz. 29). Und auch **nach** dem Bilanzstichtag wird nicht nur in der *„Fast close"*-Szenerie (→ § 252 Rz. 96) mit dem Prüfungsbeginn nicht bis zur Vorlage des Jahresabschlusses zugewartet; vielmehr werden einzelne Prüfungsgebiete – Anlagenbuchführung, Debitoren- und Kreditorenkontokorrent etc. – schon vor Bereitstellung des gesamten Prüfungsobjekts „vorgeprüft", u. U. in aufstellungsbegleitender Form. Erstellung und Prüfung gehen im Hinblick auf die gesetzten Termine zur Berichterstattung des Abschlussprüfers **Hand in Hand.** Dabei können festgestellte Fehler von Gewicht sofort korrigiert werden und sind deshalb nicht als „Unrichtigkeiten" i. S. der Berichterstattungspflicht (→ § 321 Rz. 32)

1 Vgl. *ADS*, 6. Aufl., § 320 Tz. 9.
2 Vgl. IDW PS 303 Tz. 10.
3 Vgl. IDW PS 200 Tz. 5.

zu werten. Andererseits können die gesetzlichen Vertreter der Gesellschaft in diesem Prüfungszeitraum einzelne Abschlussposten auch wieder ändern (soweit sich dies im gesetzlichen Rahmen bewegt).

(einstweilen frei) 4

2. Prüfungsrecht (Abs. 1 Satz 2)

Das Gesetz spricht förmlich dem Abschlussprüfer ein **Prüfungsrecht** zu – eine Selbstverständlichkeit, denn schließlich besteht der Inhalt seines Auftrags in der Prüfung. 5

Weiter wird in Abs. 1 Satz 2 wenig informativ der Umfang des Prüfungsobjekts **beschrieben.** Dabei ist von „Büchern und Schriften" die Rede, und die Posten des Jahresabschlusses werden in Teilbereichen genannt. Gemeint ist damit: Die gesamten den Jahresabschluss und den Lagebericht betreffenden Daten unterliegen der Vorlagepflicht, einerlei wie bezeichnet und wie aufbereitet. Dementsprechend unterliegen der Prüfung u. a. das gesamte rechnungslegungsbezogene IT-System, die Budgetierung, die Lohn- und Gehaltsabrechnung, Planungsrechnungen etc., etc. (→ § 317 Rz. 6 ff.). Auch unternehmensintern **vertraulich** behandelte Dokumente wie Vorstands- oder Aufsichtsrats-Protokolle, Dienstverträge von Vorständen etc. unterliegen der Vorlagepflicht. Allerdings sollte der Abschlussprüfer den vertraulichen Charakter gebührend würdigen und nur solche Teile dieser Protokolle in Kopie zu den Arbeitspapieren nehmen, die für das Prüfungsgeschehen relevant sein können. Überhaupt ist der Abschlussprüfer zur Anfertigung von **Kopien** für seine Arbeitspapiere berechtigt. Er kann auch Bestätigungen Dritter (→ § 317 Rz. 40 ff.) anfordern und als Kopie zu seinen Arbeitspapieren nehmen.

Auch der Hinweis auf verschiedene Bilanzposten im Gesetzestext darf nicht als **ausschließliches** Prüfungsobjekt verstanden werden. Nicht nur Vermögensgegenstände, Schulden, Kassenbestände etc. unterliegen der Prüfung, sondern alle Bilanzposten und überdies auch die Anhangangaben und die diesen zugrunde liegenden Dokumente.

3. Elektronische Wiedergaben (ESEF) (Abs. 1 Satz 3)

Die gesetzlichen Vertreter einer kapitalmarktorientierten Kapitalgesellschaft haben dem Abschlussprüfer auch die für Zwecke der Offenlegung nach den Vorgaben des § 328 Abs. 1 HGB im ESEF- bzw. XHTML-Format erstellten elektronischen Wiedergaben des Jahresabschlusses und Lageberichts (→ § 328 Rz. 5a) vorzulegen, damit dieser den hierauf bezogenen Prüfungspflichten (→ § 317 Rz. 88c) nachkommen kann. 5a

Entsprechendes gilt nach Abs. 3 Satz 3 für Konzernabschluss und Konzernlagebericht.

4. Aufklärungen und Nachweise (Abs. 2 Satz 1)

4.1 Begriffsinhalte, Wirkungsweisen

Das erlaubte „Verlangen" des Abschlussprüfers bezieht sich auf „Nachweise" und „Aufklärungen". **„Nachweise"** sind Dokumente oder sonstige Unterlagen, die in Abs. 1 Satz 2 mit „Büchern und Schriften" umschrieben worden sind. Als „Nachweis" dienen beispielsweise die Auswertungen der Kostenträgerrechnung oder die Akten der Rechtsabteilung über schwebende Prozesse. **„Aufklärungen"** kommen u. a. in Betracht, wenn etwas **„unklar"** geblieben ist. Die Prüfung wird sich deshalb häufig **zunächst** um **Dokumente** i. w. S. bemühen und **erst dann** erforderlichenfalls zu einer weiteren Prüfungshandlung in Form der **„Aufklärung"** schreiten. 6

7 Auch noch so umfangreiche „Aufklärungen“ können die ordnungsmäßigen Prüfungshandlungen in vielen Gebieten des Abschlusses nicht ersetzen.[1] Der Abschlussprüfer darf auch nicht die **Interessenlage** von Auskunftspersonen übersehen. Deren Aufklärungen werden nicht so weit gehen, dass sie sich bzgl. irgendwelcher Unregelmäßigkeiten selbst belasten. Auf die Beispiele in → § 317 Rz. 33 wird verwiesen. Hier kann eine „Aufklärung“ nur durch den Abschlussprüfer selbst anhand entsprechender Dokumente bewerkstelligt werden, manchmal mangels kriminalistischer Fähigkeiten nur durch Zufall.

8 Andererseits gibt es Prüfungsgebiete, die **ohne** entsprechende **Erklärungen** von benannten Auskunftspersonen prüferisch nicht ordnungsgemäß behandelt werden können.

BEISPIEL ▸ Der Abschlussprüfer stellt die Stilllegung einer im Vorjahr neu angeschafften Maschinenanlage fest, weil die darauf herzustellenden Produkte wegen modischen Geschmackswandels des Kundenkreises nicht mehr verkäuflich sind. Vom zuständigen Abteilungsleiter in der Produktion erfährt er: „Einstweilen nicht verwendbar.“ Mit dieser Auskunft kann er sich nicht zufriedengeben, denn es geht um das Problem der außerplanmäßigen Abschreibung wegen Nichtnutzbarkeit des Anlageguts (→ § 253 Rz. 182). Der Abschlussprüfer sucht dann Rat beim Leiter des Rechnungswesens, der ihn an den Vertriebsvorstand verweist. Dieser schwelgt in Visionen über die Marktdurchdringung mit Ersatzprodukten, die „ohne Weiteres“ auf der augenblicklich stillgelegten Maschine produziert werden können und die in spätestens 14 Monaten auf den Markt geworfen werden sollen. Die entsprechenden Planungen der Marketingabteilung seien in Bearbeitung, und die Umstellung der Maschinen muss von der Lieferantenfirma noch besorgt werden.

Die Frage ist, inwieweit sich der Abschlussprüfer mit diesen Aussagen zufriedengeben kann oder muss, um das Erfordernis einer außerplanmäßigen Abschreibung zu beurteilen. Bei unterstellter Wesentlichkeit des Vorgangs für den Jahresabschluss muss u. E. im vorliegenden Fall der Abschlussprüfer eine schriftliche Erklärung des Vorstandsvorsitzenden oder zumindest des Finanzvorstands (bzw. bei der GmbH vergleichbare Geschäftsführer) einholen.[2]

Die vom Abschlussprüfer befragten Auskunftspersonen müssen auch für diese Fragen kompetent sein, ganz abgesehen von der persönlichen **Integrität.** Im vorstehenden Beispiel ist deshalb die Frage zunächst an den Produktionsleiter zu richten, die Auskunft des Verkaufsleiters mit Vorsicht zu genießen. Deshalb nochmals die Empfehlung: Die schriftliche Auskunft ist vom Vorstandsvorsitzenden zu erteilen.

9 Weigern sich die gesetzlichen Vertreter zur Abgabe einer geforderten Erklärung, besteht Anlass zur Hinterfragung der **Integrität.** Möglicherweise ist damit ein Prüfungshemmnis verbunden, das Auswirkungen auf den Bestätigungsvermerk hat[3] und im Prüfungsbericht vermerkt werden muss (→ § 321 Rz. 70).[4]

Je nach Sachverhalt müssen diese Aufklärungen nicht in schriftlicher Form und nicht von den gesetzlichen Vertretern abgegeben werden, es genügen auch **mündliche** Auskünfte, die vom Abschlussprüfer zu protokollieren und zu den Arbeitspapieren zu nehmen sind. Dabei ist eine Abschlussprüfung nicht zu verwechseln mit einer **Beweisaufnahme** im Zivil- und Strafprozess. Die Abschlussprüfung ist entsprechend auch nicht auf die Aufdeckung von krimineller Energie im geprüften Unternehmen auszurichten (→ § 317 Rz. 35).

---

1 Vgl. IDW PS 303 Tz. 17; vgl. *Scherff/Willeke*, StuB 2009 S. 458.
2 Vgl. IDW PS 303 Tz. 15.
3 Vgl. IDW PS 303 Tz. 20.
4 Vgl. IDW PS 303 Tz. 21.

Die übliche Überlassung eines **Entwurfsexemplars** des Prüfungsberichts, auch „Leseexemplar" genannt, ist als letzte Aufforderung zur Auskunftserteilung zu verstehen (→ § 321 Rz. 86).

4.2 Die Funktion der Vollständigkeitserklärung

10 Die berufsüblich einzuholende **Vollständigkeitserklärung** richtet sich insbesondere auf solche Prüfungshandlungen, die nicht durch Nachweise, sondern durch Auskünfte einzuholen sind. Als Beispiel mögen Beziehungen zu **nahestehenden** Personen dienen (→ § 317 Rz. 49), die häufig nur durch entsprechende Befragungen zu ermitteln sind. In besonderen Fällen, wie im Beispiel unter → Rz. 8, muss diese Vollständigkeitserklärung durch weitere schriftliche Erklärungen der gesetzlichen Vertreter ergänzt werden. Die Vollständigkeitserklärung kann deshalb auch nicht als „Ausrede" für eine nicht durchgeführte Prüfungshandlung herhalten.

BEISPIEL Wegen Erkrankung zweier Prüfer aus dem Team, die kurzfristig nicht ersetzt werden konnten, musste die Prüfungsplanung umgestellt werden. Der Prüfungsleiter schränkt die Saldenbestätigungsaktion für die Kunden- und Lieferantenkontokorrente stark ein. Zur Sicherheit lässt er sich vom Leiter des Rechnungswesens schriftlich bestätigen: „Die Kunden- und Lieferantenkontokorrente sind vollständig und ordnungsgemäß, wie gewohnt." Diese Erklärung nimmt der Prüfungsleiter zu den Arbeitspapieren. In der Vollständigkeitserklärung wird ergänzend zu den formularmäßigen Ausführungen Bezug auf diese Erklärungen genommen. Nach Beendigung der Prüfung stellt sich der wesentlich überhöhte Ausweis der Forderungen aus Lieferungen und Leistungen heraus.

Den Abschlussprüfer trifft eine Mitverantwortung an der fehlerhaften Bilanzierung wegen unsachgemäßer Beschränkung seiner Prüfungshandlungen.

11 Nach h. M.[1] besteht **kein Rechtsanspruch** des Abschlussprüfers auf die Erteilung einer Vollständigkeitserklärung. Unseres Erachtens ist diese Aussage im Hinblick auf die weit gefasste Aufklärungspflicht des Abs. 1 Satz 1 zweifelhaft. Der Abschlussprüfer könnte jeden der in der Vollständigkeitserklärung formularmäßig dargestellten Punkte auch mündlich abfragen und entsprechend zu seinen Arbeitspapieren dokumentieren. Der Auskunftseffekt wäre dann praktisch derselbe, nur viel umständlicher bewerkstelligt. Die Frage kann aber schon deswegen dahingestellt bleiben, weil regelmäßig im Rahmen des **Prüfungsvertrags** (→ § 318 Rz. 23) Bezug auf die Allgemeinen Auftragsbedingungen genommen und die Erteilung vereinbart wird.

12 Jedenfalls ist **ohne** Abgabe der Vollständigkeitserklärung der Bestätigungsvermerk i. d. R. zu **versagen.** Das gilt auch bei erheblichen Zweifeln an der Integrität der Verantwortlichen, insbesondere dann, wenn diese die Gesamtverantwortung für die Rechnungslegung von sich weisen.[2]
Die Vollständigkeitserklärung ist **zeitnah** zum Datum des Bestätigungsvermerks einzuholen und darf zeitlich nicht **nach** dessen Erteilung erfolgen.[3] Die Vollständigkeitserklärung muss von den gesetzlichen Vertretern in vertretungsberechtigter Zahl eigenhändig unterzeichnet werden. Eine ergänzende Vollständigkeitserklärung muss bei einer Nachtragsprüfung (→ § 316 Rz. 12) abgegeben werden.[4]

Die **Datierung** der Vollständigkeitserklärung sollte sinnvollerweise auf den Tag gelegt werden, an dem die materiellen Prüfungshandlungen beendet werden. Häufig erfolgt in diesem Zu-

1 Vgl. *ADS*, 6. Aufl., § 320 Tz. 34, m. w. N.
2 Vgl. IDW PS 303 Tz. 27.
3 Vgl. IDW PS 303 Tz. 29; vgl. *Scherff/Willeke*, StuB 2009 S. 459.
4 Vgl. IDW PS 303 Tz. 34.

sammenhang eine Schlussbesprechung, die allerdings vom Gesetz nicht verlangt wird und keineswegs in allen Prüfungsfällen erforderlich ist.

Der Bestätigungsvermerk sollte nicht allzu lange nach diesem Zeitpunkt erteilt werden, um nicht noch weitere Auskünfte über die nach der Beendigung der Prüfungstätigkeit eingetretenen Vorkommnisse einholen zu müssen.[1]

5. Weitere schriftliche Erklärungen

13 **Schriftliche** Erklärungen **über** die Vollständigkeitserklärung **hinaus** sind insbesondere dann vom Abschlussprüfer einzuholen, wenn finanzielle Schwierigkeiten die **Fortbestehenshypothese** (→ § 252 Rz. 21) fraglich erscheinen lassen. Das Fortbestehen hängt entscheidend von den Handlungen der Geschäftsleitung und der entsprechenden Reaktion von maßgeblichen Kreditgebern ab. Der Abschlussprüfer ist dann in besonderem Maße von den entsprechenden Erklärungen der gesetzlichen Vertreter abhängig, die er in schriftlicher Form einholen muss. Dann kann auch eine ergänzende Bestätigung des Aufsichtsratsvorsitzenden, der in die entsprechenden Verhandlungen involviert ist, in Betracht kommen.

6. Zeitbezug (Abs. 2 Satz 2)

14 Die vorzulegenden Nachweise und die zu erteilenden Aufklärungen müssen auch bereits im Rahmen der oft zur ordnungsmäßigen Durchführung der Abschlussprüfung erforderlichen **Vorprüfung** erteilt werden. Dies geht aus dem gesetzlichen Hinweis auf die „sorgfältige Prüfung" hervor, die insbesondere auch eine Prüfung des internen Kontrollsystems erfordert, die regelmäßig aus Zeitgründen nur im Rahmen der Vorprüfung erfolgen kann.

Dies wird i. S. einer Klarstellung in Abs. 2 Satz 2 vom Gesetz hervorgehoben. Überhaupt ist der **risikoorientierte Prüfungsansatz** (→ § 317 Rz. 21 ff.) gerade auf die Durchführung so verstandener Vorprüfungen ausgerichtet, die es dem geprüften Unternehmen auch erlaubt, etwa festgestellte Fehler noch rechtzeitig vor dem Bilanzstichtag und jedenfalls vor der abschließenden Erstellung des Abschlusses auszubügeln.

7. Einbeziehung von Mutter- und Tochtergesellschaften (Abs. 2 Satz 3)

15 Die vorstehend genannten Auskunfts- und Nachweisrechte bestehen auch gegenüber Mutter- und Tochterunternehmen. Diese Rechte bestehen insoweit, als sie für die ordnungsmäßige Prüfungsdurchführung erforderlich sind. Damit werden „Auskünfte ins Blaue" nicht in diese Rechtsposition einbezogen. Die entsprechenden Auskunftspflichten bestehen nur insoweit, als sie sich auf den **Jahresabschluss** des geprüften Unternehmens beziehen. Andererseits sind irgendwelche Geschäftsgeheimnisse nicht von der Auskunftspflicht ausgenommen, denn gegenüber dem Abschlussprüfer besteht generell kein Geheimnisschutz.[2] Mutter- und Tochterunternehmen sind in § 290 HGB definiert (→ § 290 Rz. 3). Dabei ist die Einbeziehung in einen **Konzernabschluss** unerheblich. Das Auskunftsrecht beginnt und endet mit dem **Statut** des Tochter- bzw. Mutterunternehmens. **Anderen** nahestehenden Unternehmen gegenüber besteht kein Auskunftsrecht.

1 Vgl. IDW PS 303 Tz. 29.
2 So *Ebke* in Münchener Kommentar zum Handelsgesetzbuch: HGB, 2. Aufl. 2009, § 320 Tz. 22.

Materielle Bedeutung kommt diesem Sonderauskunftsrecht insbesondere dann zu, wenn der Abschlussprüfer des betreffenden Unternehmens **nicht** auch gleichzeitig **Konzernabschlussprüfer** ist (→ § 317 Rz. 84 ff.).[1]

III. Konzernabschluss (Abs. 3)

1. Vorlagepflicht (Abs. 3 Satz 1)

16 Neben dem Konzernabschluss und seinen Bestandteilen sind dem Konzernabschlussprüfer die Jahresabschlüsse und die Lageberichte der **Tochterunternehmen** und deren ggf. vorliegende Prüfungsberichte vorzulegen. Die **Vorlagepflicht** betrifft die konzernrechnungslegungspflichtige Muttergesellschaft bzw. deren gesetzliche Vertreter, nicht dagegen die gesetzlichen Vertreter der Tochterunternehmen. Diese sind andererseits nach § 294 Abs. 3 HGB der Muttergesellschaft gegenüber zur Aushändigung der betreffenden Unterlagen verpflichtet (→ § 294 Rz. 17 ff.), so dass **indirekt** der Abschlussprüfer auch darauf zugreifen kann.

17 Die Vorlagepflicht umfasst alle zur Erstellung eines Konzernabschlusses benötigten Unterlagen, dementsprechend auch diejenigen, die die Konsolidierungsbuchungen betreffen, und damit auch die „Konzern-*Packages*" und die jeweilige HB II der Tochtergesellschaft. Bei einer **freiwilligen** Konzernabschlussprüfung ist wie bei der entsprechenden Jahresabschlussprüfung (→ Rz. 3) **vertraglich** die Vorlagepflicht etc. des § 320 HGB mit den gesetzlichen Vertretern des Mutterunternehmens zu vereinbaren.

18 Abs. 3 beschränkt die Vorlagepflichten und Auskunftsrechte nicht auf konsolidierte Tochterunternehmen, sondern spricht **sämtliche** Tochterunternehmen an. Diese Ausweitung ist sinnvoll, weil etwa bei Nichtkonsolidierung unter Berufung auf Unwesentlichkeit (→ § 296 Rz. 18) der Abschlussprüfer für seine Würdigung der Richtigkeit des Wesentlichkeitsurteils des Unternehmens Dokumente und Auskünfte benötigt.

19 Problematisch kann die **Durchsetzung** der Informationsrechte in folgenden Fällen sein:

- Das Mutterunternehmen ist in den Organen des Tochterunternehmens nicht oder nicht mehr vertreten. Beispiele wären eine Leasingobjektgesellschaft, an der das Mutterunternehmen nicht beteiligt ist, die aber wegen Risiko-Chancen-Mehrheit zu konsolidieren ist (→ § 290 Rz. 49), oder ein im Verlauf des Geschäftsjahres veräußertes Tochterunternehmen.
- Das Tochterunternehmen hat seinen Sitz im Ausland und wird von Fremdgeschäftsführern geleitet. Nach ausländischem Gesellschaftsrecht hat das Mutterunternehmen trotz Mehrheit in der Gesellschafterversammlung nur begrenzte Auskunfts- und Vorlagerechte.

In derartigen Fällen hat der Abschlussprüfer zunächst auf einen ernsthaften Versuch des Mutterunternehmens zu dringen, um seine nach § 294 Abs. 3 HGB gegebenen Auskunftsrechte geltend zu machen. Dadurch würde der Konzernabschlussprüfer **mittelbar** mit den erforderlichen Informationen versorgt. Unterlässt das Mutterunternehmen ernsthafte und rechtzeitige Bemühungen, kann ein **Prüfungshemmnis** vorliegen, das zu Einschränkung oder Versagung des Bestätigungsvermerks führt (→ Rz. 1).

1 So *Bertram* in Haufe HGB Bilanz Kommentar, 4. Aufl. 2013, § 320 Tz. 30.

Die Schwierigkeiten der Durchsetzung der Auskunftsrechte und Vorlagepflichten des Mutterunternehmens sind allerdings für Zwecke der **Erstellung** des Konzernabschlusses durch die Konsolidierungswahlrechte des § 296 Abs. 1 Nr. 1 und 2 HGB indirekt anerkannt (→ § 294 Rz. 23 ff.). Bei zutreffender Berufung auf entsprechende Schwierigkeiten kann eine Einbeziehung ggf. unterbleiben. Der Konzernabschlussprüfer, der unmittelbar die notwendigen Informationen nicht erlangen kann, hat also zu beurteilen, ob das Mutternehmen das ihm hinsichtlich der Erlangung der erforderlichen Informationen Mögliche tut. Unterlässt es dies, ist aus Sicht der Abschlussprüfung zwischen zwei Fällen zu unterscheiden:

- Das Mutterunternehmen beruft sich unzutreffend auf § 296 HGB: Der Konzernabschluss ist wegen unterlassener Einbeziehung eines konsolidierungspflichtigen Tochterunternehmens fehlerhaft, der Bestätigungsvermerk daher bei (gegebener oder nicht klärungsfähiger) Wesentlichkeit einzuschränken oder zu versagen.
- Das Mutterunternehmen konsolidiert auf unzureichender bzw. nicht verifizierbarer Informationsgrundlage: Der Bestätigungsvermerk ist bei (gegebener oder nicht klärungsfähiger) Wesentlichkeit wegen Prüfungshemmnisses einzuschränken oder zu versagen.

Zu weiteren Einzelheiten wird auf → § 294 Rz. 24 ff. verwiesen.

2. Auskunftsrechte (Abs. 3 Satz 2)

20 Die Auskunftsrechte des Konzernabschlussprüfers sind **gespalten:**

- Die nach Abs. 1 Satz 1 und Abs. 2 bestehenden sind gegenüber dem Mutterunternehmen und den Tochterunternehmen auszuüben (Auskunfts- **und** Prüfungsrechte).
- Die Rechte nach Abs. 2 zusätzlich gegenüber den Abschlussprüfern des Mutterunternehmens und der Tochterunternehmen (nur Auskunftsrechte).

21 Dabei trifft den Konzernabschlussprüfer die Pflicht auch zur **Prüfung** der Jahresabschlüsse der **Tochterunternehmungen** unter Berücksichtigung der für deren Jahresabschluss bereits getätigten Prüfungshandlungen, möglicherweise eines anderen Abschlussprüfers (→ § 317 Rz. 84).

22 Die Auskunfts- und Prüfungsrechte im Rahmen der Konzernabschlussprüfung sind im Zusammenhang mit der entsprechenden Prüfungs**planung** zu sehen (→ § 317 Rz. 83), die auf gegenseitige Mitwirkungen jeglicher Art der betroffenen Unternehmen und der Prüfer angewiesen ist, um einigermaßen effizient durchgeführt werden zu können.

23 Bei Einbeziehung von Tochterunternehmen in Drittstaaten außerhalb des EU-Bereichs in einen Konzernabschluss bestehen bzgl. der Auswahl der Abschlussprüfer Besonderheiten nach § 134 WPO. Wenn diese nicht in das Verzeichnis eingetragen sind, muss der Konzernabschlussprüfer die Prüfungsunterlagen des dortigen Prüfers der WPK auf deren Anforderung aushändigen. Erhält der Konzernabschlussprüfer diese Unterlagen nicht, ist die WPK entsprechend zu informieren.[1]

24 Gegenüber **Gemeinschafts-** und **assoziierten** Unternehmen, die im Konzernabschluss berücksichtigt werden, besteht kein Auskunftsrecht des Abschlussprüfers. Er muss dann bei den gesetzlichen Vertretern der Muttergesellschaft vorstellig werden, damit diese per Anweisung (soweit rechtlich möglich) die dortigen gesetzlichen Vertreter zur Auskunftserteilung gegenüber dem Konzernabschlussprüfer verpflichtet.

1 § 51b Abs. 4a WPO.

3. Elektronische Wiedergaben (ESEF) (Abs. 2 Satz 3)

Auf → Rz. 5a wird verwiesen. 24a

IV. Berichterstattung an den Folgeprüfer (Abs. 4)

Ein „neuer" Abschlussprüfer (genannt **Folgeprüfer**) taucht in folgenden Sachverhaltskonstellationen auf: 25

- **Ersetzung** des bestellten Abschlussprüfers durch das Gericht nach § 318 Abs. 3 HGB (→ § 318 Rz. 33).
- **Kündigung** des Prüfungsauftrags aus wichtigem Grund durch den Abschlussprüfer nach § 318 Abs. 6 HGB (→ § 318 Rz. 45).
- **„Regulärer"** Wechsel des Abschlussprüfers (keine Wiederbestellung).

Das Berichtsvolumen bestimmt sich notgedrungen nach dem Umfang der **bisherigen** Tätigkeit: 26

- Beim Wegfall des bisherigen Prüfers nach § 318 Abs. 4 Satz 2 HGB hat dieser möglicherweise mit seinen Prüfungsarbeiten **noch** gar **nicht begonnen.** Eine Berichtspflicht muss dann entfallen.
- Anders bei Begründung der **Befangenheit während** des Prüfungsgeschehens nach § 318 Abs. 3 Satz 3 HGB (→ § 318 Rz. 37): Hier ist ein Bericht über die bisher geleisteten Prüfungsarbeiten **sinnvoll.**
- Beim „regulären" Prüferwechsel kann sich die Berichtspflicht nur auf die **Vorjahresprüfung** beziehen (→ Rz. 27).
- Bei Kündigung des Prüfungsauftrags nach § 318 Abs. 6 HGB aus wichtigem Grund besteht schon von Gesetzes wegen eine Berichtspflicht über das Ergebnis der bisherigen Prüfung (→ § 318 Rz. 49).

Beim „regulären" Prüferwechsel kann sich die Auskunftspflicht nur auf die Prüfung des Vorjahresabschlusses beziehen. In diesem Fall wird die Verpflichtung des bisherigen Abschlussprüfers i. d. R. schon durch Vorlage des Prüfungsberichts durch die geprüfte Gesellschaft erfüllt, weil dieser zu den vorzulegenden Unterlagen (→ Rz. 6) zählen soll. Die **Arbeitspapiere** des bisherigen Abschlussprüfers unterliegen dagegen nicht der Vorlagepflicht. Hierzu bedarf es der Entbindung von der Verschwiegenheitspflicht durch die auftraggebende Gesellschaft.[1] 27

Der bisherige Abschlussprüfer muss bzgl. seiner Auskunftspflicht nicht vorpreschen. Er kann die vorgesehene schriftliche **Aufforderung** des neuen Abschlussprüfers **abwarten.** Dabei geht diese ganze Auskunftsverpflichtung im Falle des „regulären" Prüferwechsels ins Leere, wenn sich der neue Abschlussprüfer auf die Vorlage des Prüfungsberichts beschränken will und dieser ihm vom geprüften Unternehmen ausgehändigt wird. Sinnvoll ist in diesem Fall eine schriftliche Anfrage nur dann, wenn der bisherige Abschlussprüfer von der geprüften Gesellschaft von der **Verschwiegenheitspflicht** entbunden worden ist (→ § 323 Rz. 18), weil der neue Abschlussprüfer Einblick in die **Arbeitspapiere** nehmen will. Erforderlich ist zusätzlich die – allerdings berufsübliche – gegenseitige Einvernahme über die Einblicksrechte in die Arbeitspapiere des bisherigen Prüfers. Umgekehrt kann der bisherige Abschlussprüfer seine Mitwirkung bei Gefahr einer Selbstbelastung verweigern.

1 Regierungsentwurf zum BilMoG, BT-Drucks. 16/10067 S. 91.

V. Konzernverhältnis zu Drittstaaten (Abs. 5)

28 Der Prüfer kann nach Abs. 2 zur Verfügung gestellte Unterlagen an den Abschlussprüfer des Konzernabschlusses weitergeben. Dabei handelt es sich um den Konzernabschluss eines Mutterunternehmens mit Sitz außerhalb des EU-/EWR-Raums. Die Gesetzesvorgabe dient der Umsetzung des Art. 23 Abs. 5 Unterabschnitt 1 und 3 der Abschlussprüferrichtlinie (→ § 317 Rz. 5). Normiert ist lediglich eine Übermittlungsbefugnis, nicht die -pflicht. Der Abschlussprüfer hat hier ein Ermessen auszuüben. Dabei hat er insbesondere zu berücksichtigen, ob die Informationen einer hinreichenden Geheimhaltung unterliegen (vgl. § 57 Abs. 9 Satz 2 und § 66c Abs. 6 WPO).

§ 321 Prüfungsbericht

(1) [1]Der Abschlussprüfer hat über Art und Umfang sowie über das Ergebnis der Prüfung zu berichten; auf den Bericht sind die Sätze 2 und 3 sowie die Absätze 2 bis 4a anzuwenden. [2]Der Bericht ist schriftlich und mit der gebotenen Klarheit abzufassen; in ihm ist vorweg zu der Beurteilung der Lage der Kapitalgesellschaft oder Konzerns durch die gesetzlichen Vertreter Stellung zu nehmen, wobei insbesondere auf die Beurteilung des Fortbestandes und der künftigen Entwicklung der Kapitalgesellschaft unter Berücksichtigung des Lageberichts und bei der Prüfung des Konzernabschlusses von Mutterunternehmen auch des Konzerns unter Berücksichtigung des Konzernlageberichts einzugehen ist, soweit die geprüften Unterlagen und der Lagebericht oder der Konzernlagebericht eine solche Beurteilung erlauben. [3]Außerdem hat der Abschlussprüfer über bei Durchführung der Prüfung festgestellte Unrichtigkeiten oder Verstöße gegen gesetzliche Vorschriften sowie Tatsachen zu berichten, die den Bestand der geprüften Kapitalgesellschaft oder des Konzerns gefährden oder seine Entwicklung wesentlich beeinträchtigen können oder die schwerwiegende Verstöße der gesetzlichen Vertreter oder von Arbeitnehmern gegen Gesetz, Gesellschaftsvertrag oder die Satzung erkennen lassen.

(2) [1]Im Hauptteil des Prüfungsberichts ist festzustellen, ob die Buchführung und die weiteren geprüften Unterlagen, der Jahresabschluss, der Lagebericht, der Konzernabschluss und der Konzernlagebericht den gesetzlichen Vorschriften und den ergänzenden Bestimmungen des Gesellschaftsvertrags oder der Satzung entsprechen. [2]In diesem Rahmen ist auch über Beanstandungen zu berichten, die nicht zur Einschränkung oder Versagung des Bestätigungsvermerks geführt haben, soweit dies für die Überwachung der Geschäftsführung und der geprüften Kapitalgesellschaft von Bedeutung ist. [3]Es ist auch darauf einzugehen, ob der Abschluss insgesamt unter Beachtung der Grundsätze ordnungsmäßiger Buchführung oder sonstiger maßgeblicher Rechnungslegungsgrundsätze ein den tatsächlichen Verhältnissen entsprechendes Bild der Vermögens-, Finanz- und Ertragslage der Kapitalgesellschaft oder des Konzerns vermittelt. [4]Dazu ist auch auf wesentliche Bewertungsgrundlagen sowie darauf einzugehen, welchen Einfluss Änderungen in den Bewertungsgrundlagen einschließlich der Ausübung von Bilanzierungs- und Bewertungswahlrechten und der Ausnutzung von Ermessensspielräumen sowie sachverhaltsgestaltende Maßnahmen insgesamt auf die Darstellung der Vermögens-, Finanz- und Ertragslage haben. [5]Hierzu sind die Posten des Jahres- und des Konzernabschlusses aufzugliedern und ausreichend zu erläutern, soweit diese Angaben nicht im Anhang enthalten sind. [6]Es ist darzustellen, ob die gesetzlichen Vertreter die verlangten Aufklärungen und Nachweise erbracht haben.

(3) [1]In einem besonderen Abschnitt des Prüfungsberichts sind Gegenstand, Art und Umfang der Prüfung zu erläutern. [2]Dabei ist auch auf die angewandten Rechnungslegungs- und Prüfungsgrundsätze einzugehen.

(4) [1]Ist im Rahmen der Prüfung eine Beurteilung nach § 317 Abs. 4 abgegeben worden, so ist deren Ergebnis in einem besonderen Teil des Prüfungsberichts darzustellen. [2]Es ist darauf einzugehen, ob Maßnahmen erforderlich sind, um das interne Überwachungssystem zu verbessern.

(4a) Der Abschlussprüfer hat im Prüfungsbericht seine Unabhängigkeit zu bestätigen.

(5) [1]Der Abschlussprüfer hat den Bericht unter Angabe des Datums zu unterzeichnen und den gesetzlichen Vertretern vorzulegen; § 322 Absatz 7 Satz 3 und 4 gilt entsprechend. [2]Hat der Aufsichtsrat den Auftrag erteilt, so ist der Bericht ihm und gleichzeitig einem eingerichteten Prüfungsausschuss vorzulegen. [3]Im Fall des Satzes 2 ist der Bericht unverzüglich nach Vorlage dem Geschäftsführungsorgan mit Gelegenheit zur Stellungnahme zuzuleiten.

Inhaltsübersicht

LITERATUR:

Hoffmann/Lüdenbach, Die imparitätische Berichterstattung des Abschlussprüfers nach § 321 Abs. 2 Satz 4 HGB n. F., DB 2003 S. 781; *Ludewig,* Gedanken zur Berichterstattung des Abschlussprüfers nach der Neufassung des § 321 HGB, WPg 1998 S. 595; *Lück,* Anforderungen an die Redepflicht des Abschlussprüfers, BB 2001 S. 404; *Petersen/Zwirner,* Die Abschlussprüfung im Lichte des BilMoG, WPg 2008 S. 967; *Scheffler,* Die Berichterstattung des Abschlussprüfers aus der Sicht des Aufsichtsrats, WPg 2002 S. 1289; *Ratzinger-Sakel,* Welche Veränderungen erfährt die Berichterstattung des Abschlussprüfers?, WPg 2016 S. 1217; *Schruff/Spang,* Künftige Meldepflicht des Abschlussprüfers bei Gesetzesverstößen des Mandanten, WPK Magazin 2016 S. 61; *Velte,* Die Gehilfenfunktion des Abschlussprüfers für den Aufsichtsrat bei der Rechnungslegungsprüfung, StuB 2010 S. 451; *Velte,* Die Stellungnahme zur Lagebeurteilung des Vorstands sowie krisenbehaftete Tatsachen im Prüfungsbericht, StuB 2009 S. 880.

I. Regelungsgehalt

1. Überblick

1 Über das Prüfungsergebnis hat der (Konzern-)Abschlussprüfer schriftlich Bericht zu erstatten und diesen Bericht einem **beschränkten** Adressatenkreis vorzulegen (→ Rz. 86). Insoweit kommt der Berichterstattung **Vertraulichkeitscharakter** zu. Demgegenüber ist der **Bestätigungsvermerk** als weiteres Resultat des Prüfungsgeschehens an die **Öffentlichkeit** gerichtet.

Die Vorschriften über den Prüfungsbericht beruhen **nicht** auf einer europarechtlichen Vorgabe. Weder die EU-RL noch die EU-VO (→ § 317 Rz. 5) kennen den Prüfungsbericht i. S. des § 321 HGB. In anderen Mitgliedstaaten (und nicht nur dort) ist ein solcher Prüfungsbericht unbekannt. Art. 10 der EU-VO ist in der deutschen Sprachfassung inhaltlich zutreffend mit „Bestätigungsvermerk" überschrieben; im englischen Urtext lautet die Überschrift zu Art. 10 *audit report*,die französische *rapport d'audit*. Dagegen kennt die EU-VO in Art. 11 für die Prüfung bei Unternehmen öffentlichen Interesses (→ § 316a Rz. 2) einen zusätzlichen Bericht an den Prüfungsausschuss bzw. Aufsichtsrat (→ § 324 Rz. 12). Es handelt sich daher um unmittelbar geltendes Recht (→ § 317 Rz. 5).

Über den Inhalt der Berichterstattung macht der Gesetzgeber dem Abschlussprüfer detaillierte Vorgaben bis hin zu einer Art **Grobgliederung:**

- **„Vorweg"** (→ Rz. 15 ff.) ist zur Beurteilung der „Lage" des Unternehmens oder Konzerns und insbesondere des Fortbestands durch die gesetzlichen Vertreter sowie über festgestellte Fehler und andere Verstöße dieses Personenkreises zu berichten (Abs. 1).
- Erst im **Hauptteil** (→ Rz. 47 ff.) ist auf die Gesetzmäßigkeit von **Rechnungslegung** mit **Lageberichterstattung** einzugehen. Hierbei ist auch über Beanstandungen zu berichten, die nicht zur Einschränkung oder Versagung des Bestätigungsvermerks geführt haben, soweit dies für die Überwachung der Geschäftsführung und des geprüften Unternehmens von Bedeutung ist. Bei der Beurteilung, ob der Abschluss insgesamt ein den tatsächlichen Verhältnissen entsprechendes Bild vermittelt, ist auch auf wesentliche Bewertungsgrundlagen, die Ausübung von Wahlrechten und Ermessensspielräumen einzugehen (Abs. 2).
- „In einem **gesonderten Abschnitt"** (→ Rz. 71) sind **Gegenstand** und **Umfang** der Prüfung zu erläutern und die Rechnungslegungs- und Prüfungs**grundsätze** darzulegen (Abs. 3).
- Bei Prüfungen von börsengängigen Aktiengesellschaften (→ Rz. 74) ist auf die Prüfung des **Risikofrüherkennungssystems** einzugehen (Abs. 4).
- Der Abschlussprüfer muss seine **Unabhängigkeit** (→ Rz. 79) bestätigen (Abs. 4a).

Ergänzend zum Inhalt des Berichts wird die **Unterzeichnung** verordnet und der **Adressatenkreis** festgelegt (→ Rz. 82).

Dem zusätzlichen Bericht für die Abschlussprüfung von „PIEs" (→ § 317 Rz. 5) nach Art. 11 der EU-VO muss „die gebotene Klarheit" als Generalnorm gegenübergestellt werden. Im Übrigen gelten die enumerativen Vorgaben des Art. 11 für die Berichterstattung. Nach der Regierungsbegründung kann bei der Berichterstattung „kein vollständiger Gleichlauf" (→ § 322 Rz. 6c) zwischen PIE-Prüfungen und anderen gesetzlichen Abschlussprüfungen hergestellt werden.

Der Prüfungsbericht belegt außerdem die **Erfüllung** der Rechnungslegungspflicht der gesetzlichen Vertreter (→ § 238 Rz. 2) und die Erledigung des Prüfungsauftrags. Der Prüfungsbericht ist kein Parteigutachten und muss die **Neutralität** gegenüber dem Auftraggeber und den Adressaten wahren (→ § 323 Rz. 12). Einseitige Stellungnahmen – auch durch sprachliche Verunstaltungen (→ Rz. 10) – sind unzulässig. Abweichende Auffassungen der Geschäftsleitung des geprüften Unternehmens zu einem Berichtsinhalt sind als solche darzustellen.[1] 2

Die Verwendung der **deutschen** Sprache ist entgegen der Regelung für den Abschluss (→ § 244 Rz. 1) nicht vorgeschrieben, stellt eher einen faktischen Zwang dar, der in sinnvollen Konstellationen überwunden werden darf. 3

Der beschränkte **Adressatenkreis** des Prüfungsberichts (→ Rz. 86) wird **erweitert** durch gesetzliche Vorgaben und vertragliche Vereinbarungen. Danach besteht eine Pflicht zur Vorlage 4

- des Tochterunternehmens an die Muttergesellschaft (→ § 294 Rz. 17),
- an die Finanzbehörde nach §§ 150 Abs. 4 AO, 60 Abs. 3 EStDV,
- der Kreditinstitute nach § 26 Abs. 1 Satz 3 KWG und der Versicherungsunternehmen nach § 59 VAG an die Aufsichtsbehörden,

1 Vgl. IDW PS 450 Tz. 11; *Justenhoven/Deicke* in Beck'scher Bilanz-Kommentar, 13. Aufl. 2022, § 321 Tz. 26; *Kuhner/Päßler* in Küting/Pfitzer/Weber, Handbuch der Rechnungslegung – Einzelabschluss, 5. Aufl., § 321 Tz. 14.

- u.U. an den Wirtschaftsausschuss[1] und
- in Abhängigkeit von der Entbindung von der Verschwiegenheit und einer Erklärung des Abschlussprüfers zur Mitwirkung am *Enforcement*-Verfahren auf der ersten Stufe an die Deutsche Prüfstelle für Rechnungslegung, ansonsten aber nach § 37o Abs. 4 Satz 1 WpHG gegenüber der BaFin (→ § 342b Rz. 22).

2. Gliederungsstruktur des Berichts

5 Aus der gesetzlich vorgegebenen Grobgliederung (→ Rz. 1) hat das IDW PS 450 Tz. 12 ff. eine Feingliederung entwickelt und dem Berufsstand zur Verwendung bei der **Jahres**abschlussprüfung empfohlen.

A. Prüfungsauftrag

B. Grundsätzliche Feststellungen (*„Vorweg"-Stellungnahme)*

 I. Lage des Unternehmens

  1. Stellungnahme zur Lagebeurteilung der gesetzlichen Vertreter

  2. Entwicklungsbeeinträchtigende oder bestandsgefährdende Tatsachen

 II. Unregelmäßigkeiten

  1. Unregelmäßigkeiten in der Rechnungslegung

  2. Sonstige Unregelmäßigkeiten

C. Gegenstand, Art und Umfang der Prüfung (*„besonderer Abschnitt")*

D. Feststellungen und Erläuterungen zur Rechnungslegung (*„Hauptteil")*

 I. Ordnungsmäßigkeit der Rechnungslegung

  1. Buchführung und weitere geprüfte Unterlagen

  2. Jahresabschluss

  3. Lagebericht

 II. Gesamtaussage des Jahresabschlusses

  1. Feststellungen zur Gesamtaussage des Jahresabschlusses

  2. Wesentliche Bewertungsgrundlagen

  3. Änderungen in den Bewertungsgrundlagen

  4. Sachverhaltsgestaltende Maßnahmen

  5. Aufgliederungen und Erläuterungen

E. Feststellungen zum Risikofrüherkennungssystem (*„besonderer Teil")*

F. Feststellungen aus Erweiterungen des Prüfungsauftrags (→ Rz. 80)

G. Wiedergabe des Bestätigungsvermerks

Anlagen zum Prüfungsbericht

- *Obligatorische Anlagen:*
  Bilanz, GuV, Anhang, Lagebericht, Auftragsbedingungen
- *Fakultative Anlagen:*
  Rechtliche Verhältnisse, wirtschaftliche Grundlagen, umfassende Aufgliederungen und Erläuterung der Posten des Jahresabschlusses (vgl. aber → Rz. 12).

1 BAG, Beschluss v. 8.8.1989 – 1 ABR 61/88, DB 1989 S. 2621.

Die Gliederungspunkte E und F **entfallen,** wenn die Prüfung sich nicht auf das Risikofrüherkennungssystem bezog bzw. mit dem Auftraggeber keine Erweiterung des Prüfungsauftrags vereinbart wurde und diese auch nicht vom Gesetz vorgegeben wird.

(einstweilen frei) 6

II. Berichtsform (Abs. 1 Satz 1 und Satz 2 1. Teil)

1. Schriftform

Vorgeschrieben ist die **Schriftlichkeit** der Berichterstattung durch Verweis auf Satz 2. **Mündliche** Berichterstattungen über Teilfeststellungen aus dem Prüfungsgeschehen sind zulässig und häufig auch sinnvoll. Von Gesetzes wegen kommt die mündliche Information in der **Aufsichtsratssitzung** nach § 171 Abs. 1 Satz 2 AktG (→ § 268 Rz. 60) in Betracht, analog dazu in der **Gesellschafterversammlung** einer GmbH oder GmbH & Co. KG, die über die Feststellung des Jahresabschlusses berät (→ § 268 Rz. 77).[1] Ein weiterer Anwendungsfall für die mündliche Berichterstattung kann in der **Eilbedürftigkeit** liegen, etwa bei plötzlicher Feststellung eines schadenstiftenden Ereignisses oder im Interesse der Frühwarnung (→ Rz. 36). Mündliche Berichterstattungen können die gebotene Schriftform – regelmäßig in deutscher Sprache (→ Rz. 3) – nicht ersetzen. Deshalb macht eine Sofort-Information an den Vorstand der Muttergesellschaft über einen wesentlichen Verstoß gegen Rechnungslegungsvorschriften einer Tochtergesellschaft in mündlicher Form oder durch eine E-Mail die Aufnahme dieser Feststellung in den Prüfungsbericht nicht überflüssig. 7

In der Bilanzsitzung des Aufsichtsrats bzw. -ausschusses (→ § 268 Rz. 60) hat der Abschlussprüfer gem. IDW PS 450 Tz. 22 zu berichten über

- wesentliche Prüfungsergebnisse, insbesondere wesentliche Schwächen des internen Kontrollsystems (→ § 317 Rz. 29 ff.),
- evtl. vorhandene Befangenheitsumstände (→ § 319 Rz. 12),
- zusätzliche Leistungen jenseits der Abschlussprüfung.

Die Informationspflicht zu Händen des Aufsichtsorgans soll in eine effiziente wechselseitige Kommunikation zwischen diesem Organ und dem Abschlussprüfer münden.[2]

Sofern förmliche **Teilberichte** erstellt werden, ist im **Hauptbericht** im Interesse der **Einheitlichkeit** der Berichterstattung zusammenfassend deren Inhalt wiederzugeben (IDW PS 450 Tz. 17).[3] Die Teilberichte sind als solche zu kennzeichnen. Das Gebot der **Vollständigkeit** der Berichterstattung darf nicht künstlich durch „Zerlegung" der Berichtsbestandteile umgangen werden. Solche Teilberichte können sachlich oder wegen der Dringlichkeit geboten sein, z. B. bei EDV-System-Prüfungen oder bei Feststellung bestandsgefährdender Tatsachen. 8

Überhaupt dürfen Berichtspflichten über wesentliche Feststellungen nicht mit der Begründung einer **Schadenszuführung** für das Unternehmen unterbleiben.[4] Eine § 286 HGB vergleich- 9

1 Vgl. *Scheffler,* WPg 2002 S. 1295, unter Hinweis auf IDW PS 270.
2 Vgl. wegen Einzelheiten der Organisation und des Inhalts dieser Kommunikation IDW PS 470 Tz. 5 ff.
3 Vgl. IDW PS 450 Tz. 17.
4 So auch *Kuhner/Päßler* in Küting/Pfitzer/Weber, Handbuch der Rechnungslegung – Einzelabschluss, 5. Aufl., § 321 Tz. 10; *Scheffler,* WPg 2002 S. 1294.

bare Schutzklausel (→ § 286 Rz. 1) ist nicht vorgesehen und angesichts des vertraulichen Charakters des Prüfungsberichts nicht angemessen.

BEISPIEL ▸ Der Abschlussprüfer der Hoch- und Tiefbau GmbH mit 250 Arbeitnehmern stellt die Beschäftigung mehrerer ukrainischer Bautrupps fest, für die keine Sozialversicherungsbeiträge einbehalten und abgeführt werden. Das Unternehmen steckt in wirtschaftlichen Schwierigkeiten. Bei wesentlicher Größenordnung ist der Prüfer zur Berichterstattung im Prüfungsbericht an die Berichtsadressaten verpflichtet.[1]

2. Das gesetzliche Klarheitsgebot

10 Der Bericht ist nach Abs. 1 Satz 2 mit der gebotenen Klarheit abzufassen. Unverständliches Fachchinesisch ist ebenso zu vermeiden wie die Verwendung unleserlicher Schachtelsätze.[2] Hinter der gesetzlichen Hervorhebung verbirgt sich die Befürchtung der sprachlichen Verunstaltung einer Aussage zur **Verschleierung** des wirklichen Gehalts.

BEISPIEL ▸ Der Abschlussprüfer der Hoch- und Tiefbau GmbH im Beispiel unter → Rz. 9 stellt das Fehlen einer Baustellenabrechnung (Betriebsbuchhaltung) fest. Die Bewertung der unfertigen Arbeiten zum Bilanzstichtag muss mit pauschalen Hilfsrechnungen erfolgen. Eine Nachkalkulation der einzelnen Aufträge ist nicht möglich.

Im Interesse der Verschleierung nach Art eines arbeitsrechtlichen Dienstzeugnisses könnte der Abschlussprüfer wie folgt formulieren:

> „Die Bewertung der unfertigen Leistungen erfolgte retrograd auf der Grundlage der erzielbaren Erlöse nach Abzug von überschläglich ermittelten Vertriebskosten in Abstimmung mit den nach Leistungsfortschritt erhobenen Anzahlungen."

Der eigentliche Inhalt dieser Passage des Prüfungsberichts erschließt sich allenfalls dem Fachmann. Mit der „gebotenen Klarheit" wäre richtigerweise zu formulieren:

> „Wegen der fehlenden Baustellenabrechnung musste die Bewertung der unfertigen Leistungen retrograd nach Abzug von Vertriebsgemeinkosten in Abstimmung des durch die erhaltenen Anzahlungen belegten Leistungsfortschritts erfolgen. Der betreffende Bilanzausweis ist deshalb mit einem unverhältnismäßigen Unsicherheitsmoment behaftet. Ohne eine Baustellenabrechnung ist eine Nachkalkulation der Einzelaufträge nicht möglich."

11 Das Gebot der Klarheit ist auch durch die **Beschränkung** des **Berichtsvolumens**[3] zu erfüllen. Eine klare, problemorientierte Berichterstattung verlangt nach IDW PS 450 Tz. 13 die Beschränkung der Berichterstattung auf das Wesentliche. Über die gesetzlichen Pflichtbestandteile hinausgehende Darstellungen sollen daher – falls überhaupt – nur als Anlagen zum Prüfungsbericht aufgenommen werden.

12 Der Gesetzgeber hat durch die Neuregelung der Berichterstattung im KonTraG und TransPuG gerade der ausufernden **Aufgliederung** von Abschluss-Einzelposten entgegentreten wollen (→ Rz. 66). Dem sollte die Berichtspraxis willig Folge leisten. Damit ist auch der Auslagerung dieser „umfassenden" Aufgliederungs- und Erläuterungsmanie von Einzelposten in die Berichts**anlage** (→ Rz. 5 f.) ein Riegel vorzuschieben. Es interessiert niemanden, wie sich GWG-Zugänge zusammensetzen und in welcher Höhe die Portokosten gegenüber dem Vorjahr gesunken sind.

---

1 Vgl. hierzu IDW PS 210.

2 Vgl. hierzu *Scheffler*, WPg 2002 S. 1295.

3 So („Begrenzung") IDW PS 450 Tz. 26 wenigstens zur „Vorweg"-Stellungnahme (→ Rz. 15 ff.).

3. Berufsständische Vorgaben

3.1 Anforderungen allgemeiner Art

Das IDW als nationaler Standardsetter (→ § 317 Rz. 16) hat das gesetzliche Klarheitsgebot durch weitere „moralische" Inhaltsvorgaben angereichert.[1] Die Berichterstattung soll sein: 13

- gewissenhaft,
- wahrheitsgetreu,
- vollständig,
- unparteiisch,
- **klar,** d. h. verständlich, eindeutig und problemorientiert.

Wie immer ist mit solchen Vorgaben wenig Konkretes verbunden.

3.2 Darstellung des Prüfungsauftrags

Trotz des gesetzlichen „Vorweg"-Gebots (→ Rz. 15) muss sachlogisch der Prüfungsbericht (→ Rz. 5 f.) mit der Beschreibung des **Auftragsinhalts** beginnen (→ Rz. 5 f.). Dazu schlägt IDW PS 450 Tz. 22 f. folgende Inhalte vor:[2] 14

- Firma des geprüften Unternehmens,
- Abschlussstichtag, ggf. Rumpfgeschäftsjahr,
- Hinweis, dass es sich um eine Abschlussprüfung handelt,
- Wahl und Beauftragung des Abschlussprüfers,
- Unabhängigkeitserklärung (Abs. 4a),
- Hinweis, dass der Berichterstattung IDW PS 450 zugrunde liegt,
- Hinweis auf die Auftragsbedingungen.

Für die Unabhängigkeitserklärung nach Abs. 4a (→ Rz. 79) macht IDW PS 450 Tz. 23a folgende Formulierungsvorschläge:

- **Allgemein:** „Wir bestätigen gem. § 321 Abs. 4a HGB, dass wir bei unserer Abschlussprüfung die anwendbaren Vorschriften zur Unabhängigkeit beachtet haben."
- Bei **PIEs zusätzlich:** „Des Weiteren erklären wir gem. Art. 6 Abs. 2 Buchst. a) der Verordnung (EU) Nr. 537/201425, dass die Prüfungsgesellschaft, Prüfungspartner und Mitglieder der höheren Führungsebene und das Leitungspersonal, die die Abschlussprüfung durchführen, unabhängig vom geprüften Unternehmen sind."

III. Die „Vorweg"-Berichterstattung (Abs. 1 Satz 2 und 3)

1. Das „Vorweg"-Gebot

Die Gliederungsvorgabe des Abs. 1 Satz 2 („vorweg") hat im Prüferberuf zunächst einige Verwirrung ausgelöst,[3] weil die Berichterstattung sachnotwendig mit dem **Auftragsinhalt** beginnt (→ Rz. 14). 15

1 Vgl. IDW PS 450 Tz. 8 ff.
2 Vgl. IDW PS 450 Tz. 22 bis 25.
3 Vgl. *Ludewig*, WPg 1998 S. 597.

Eine Voranstellung des Auftragsinhalts widerspricht auch nicht den Intentionen des Gesetzgebers bzgl. des „Vorweg"-Gebots. Ihm schwebt als wichtigste Aufgabe der Abschlussprüfung die **Insolvenzprophylaxe** bzw. -warnung vor Augen (→ Rz. 24 ff.). Deshalb soll sich die Prüfung auch besonders der Darstellung der Chancen und Risiken und der Fortbestehenshypothese im Lagebericht (→ § 289 Rz. 42 ff.) widmen (→ § 317 Rz. 72 ff.). Ob diese Idee des Gesetzgebers realitätsnah ist, muss an dieser Stelle nicht beurteilt werden.

16 Jedenfalls darf diese vom Gesetzgeber primär geforderte Stellungnahme des Abschlussprüfers zur „Lage" und zum Fortbestehen **nicht irgendwo** weit hinten im Bericht versteckt werden, wo niemand mehr (aufmerksam) liest.

2. Der Inhalt der „Stellungnahme" ...

2.1 ... zur „Lage" allgemein (Abs. 1 Satz 2 Halbsatz 1)

17 Die Geschäftsleitung (gesetzliche Vertreter) beurteilt mit ihrer Berichtspflicht die Lage des Unternehmens/Konzerns, der Abschlussprüfer wertet seinerseits diese Beurteilung des Managements. Daraus könnte man in formaler Betrachtung eine Art **Obergutachterfunktion** des Abschlussprüfers ableiten.[1] Dieser Interpretation ist schon der Gesetzesvorbehalt in Abs. 1 Satz 2 („soweit") entgegenzuhalten (→ Rz. 30). Ein Obergutachten kann der Abschlussprüfer auch aus sachlichen Gründen nicht erstellen, denn die „Lage" eines Unternehmens/Konzerns lässt sich in vielerlei Formulierungen oder Zahlenrelationen darlegen.

BEISPIEL

- „Durch die Ausweitung unseres Produktportfolios können wir branchenspezifische Konjunkturschwankungen – hervorragend, ausreichend, zufriedenstellend oder, oder, oder? – ausgleichen."
- „Die zusätzliche Fremdkapitalaufnahme von X % der Bilanzsumme wird nach unserer Einschätzung die Eigenkapitalrendite um zwei Prozentpunkte erhöhen."

18 Der Abschlussprüfer darf auch bei eigenen Zweifeln über die Sinnhaftigkeit der Ausweitung des Produktportfolios oder der zusätzlichen Fremdkapitalfinanzierung die Aussage des Vorstands nicht durch eine Art Gegenstellungnahme hinterfragen. Er würde sich damit zum besseren oder wenigstens besserwissenden Geschäftsleiter aufschwingen. Vor allem ist dem Prüfer ein solches besserwisserisches Gehabe durch den **Inhalt** seiner Prüfungshandlungen und -möglichkeiten verbaut. Die „Lage" ist in den **zukunfts**bestimmten Werten des Abschlusses und der Lageberichterstattung begründet. Prognostische Werte und Aussagen kann der Abschlussprüfer nicht mit „richtig" oder „falsch" beurteilen, sondern nur mit „plausibel" oder „abwegig" (→ § 317 Rz. 73). Über eigene Prognoserechnungen darf der Abschlussprüfer nicht berichten (IDW PS 450 Tz. 29). Im Beispiel unter → § 317 Rz. 73 kann und darf er nicht die gegensätzliche Annahme über die Entwicklung der Konsumentennachfrage als „überhöht" oder „zu konservativ" beurteilen, sondern nur als „plausibel" oder eben nicht.

BEISPIEL Im Lagebericht heißt es: „Den erwarteten Umsatzrückgang im laufenden Geschäftsjahr können wir durch Kostenanpassungen ergebnismäßig vollumfänglich ausgleichen." Diese Aussage ist wegen der unüberwindbaren Kostenremanenz nicht plausibel und wird auf Hinweis des Abschlussprüfers wie folgt korrigiert werden: „Den erwarteten Umsatzrückgang werden wir durch Kostenanpassungen ergebnismäßig in weitestmöglichem Umfang ausgleichen." Jetzt ist die Aussage plausibel (= einleuchtend), allerdings auch nicht mehr.

---

1 Zu Recht verneinend *Dörner* in FS Ludewig, S. 243.

Hilfreich oder notwendig kann dabei eine eigenständige **betriebswirtschaftliche Analyse** anhand von Kennzahlen, Branchenentwicklung etc. sein. Sie stellt dann u.U. eine Vergleichsgröße zu dem Befund der Geschäftsleitung dar. Dabei sollte sich der Abschlussprüfer auch einer gewissen **Bescheidenheit** befleißigen. Er kann es bei aller persönlichen Qualifikation u.U. nicht mit dem Know-how des Fachmanns in der Herstellung und im Vertrieb von medizinischen Geräten oder der Marktentwicklung der Bannerwerbung aufnehmen. Der Prüfer ist i.d.R. auch nicht in der Lage, die mutmaßlichen Kosten aufgrund eines schadhaften Produktionsloses besser zu schätzen als das Management (vgl. auch das Beispiel unter → § 249 Rz. 46). Der **Objektivierung** der subjektiven Darstellungen der Geschäftsleitung durch die Aussage des Abschlussprüfers[1] sind sachnotwendig enge Grenzen gesetzt. In diesen Fällen gibt es fast immer Beurteilungsspielräume mit „erheblichen Unsicherheiten". Darauf muss deshalb – weil inhaltslos – im Prüfungsbericht i.d.R. nicht hingewiesen werden (IDW PS 450 Tz. 33). 19

Deshalb ist auch bei den in IDW PS 450 Tz. 29 empfohlenen „vertiefenden Erläuterungen"[2] in quantitativer Form sowie einer „vertiefenden Ursachenanalyse oder Prämissenkritik" eher Zurückhaltung zu empfehlen. 20

BEISPIEL Die Einschätzungen der Umsatz- und Rohertragsentwicklung der beiden Discounter in → § 317 Rz. 73 beruhen u.a. auf der Prämisse einer Arbeitslosenquote auf der Iberischen Halbinsel von 19 % und einer Arbeitslosenhilfe von X % je Person. Der Abschlussprüfer könnte nach der vorstehenden Empfehlung „vorweg" befinden: „Diese Prognose des Managements beruht auf folgenden Annahmen. Beträgt die Arbeitslosenquote dagegen nur 17 %, kann mit einem um X Mio. € höheren Umsatz gerechnet werden."

Unseres Erachtens wird der sachkundige Berichtsleser diesen Hinweis als Banalität würdigen, der weniger bewanderte fragen: Was ist eigentlich „richtig"? Außerdem sollte – zur Erinnerung – die „Vorweg"-Stellungnahme so kurz wie möglich ausfallen.

Der Abschlussprüfer muss auf dieser Grundlage „vorweg" die wichtigsten Angaben im Abschluss und Lagebericht hervorheben, die für eine Beurteilung der Lage wesentlich sind (IDW PS 450 Tz. 29). 21

Kleine Kapital- und „Kap. & Co."-Gesellschaften sind von der Lageberichterstellung **befreit** (→ § 289 Rz. 1). Gleichwohl muss sich der Abschlussprüfer im Rahmen einer freiwilligen Prüfung (→ § 317 Rz. 2) ein Bild von der „Lage" der Gesellschaft machen, da er sonst nicht der Aussagepflicht nach Abs. 2 Satz 3 (→ Rz. 54) nachkommen kann. Allerdings ist ihm die Beurteilung der „Lage" durch die gesetzlichen Vertreter der geprüften Gesellschaft nicht oder nur eingeschränkt möglich. Bei **pflichtwidriger** Nichtaufstellung eines Lageberichts ist dies (selbstverständlich) im Bericht „vorweg" darzustellen, weil dies eine Stellungnahme nach Abs. 1 Satz 2 (IDW PS 450 Tz. 34) verhindert. Der Abschlussprüfer muss nicht die fehlenden Angaben im Lagebericht durch eigene Ausführungen ersetzen.[3] 22

Bei Nichterfüllung der **Generalnorm** (→ § 264 Rz. 19) ist die dann bestehende Anhangangabepflicht in der „Vorweg"-Stellungnahme zu erwähnen.[4] Die „Vorweg"-Hervorhebung und -Beur- 23

1 So die Vorstellung von *Hommelhoff*, BB 1998 S. 2751.
2 Vgl. IDW PS 450 Tz. 29.
3 Vgl. IDW PS 450 Tz. 34. Zu den Auswirkungen auf den Bestätigungsvermerk vgl. → § 322 Rz. 50.
4 Vgl. IDW PS 450 Tz. 34.

teilung wesentlicher Aussagen im Lagebericht ist unabhängig davon vorzunehmen, ob sie eine positive oder negative Unternehmensentwicklung betreffen.[1]

2.2 ... zum Fortbestehen und zur künftigen Entwicklung (Abs. 1 Satz 2 Halbsatz 2)

24 In der „Vorweg"-Stellungnahme wird der Abschlussprüfer in besonderer Weise („insbesondere") bzgl. des **Fortbestehens** (→ § 252 Rz. 21 ff.) der Unternehmung (des Konzerns) in die Pflicht genommen (→ Rz. 35). Diese Teil-Stellungnahme ist verquickt mit derjenigen zur künftigen Entwicklung. Fortbestand und künftige Entwicklung **überschneiden** sich inhaltlich und stellen einen wesentlichen Teil der „Lage" dar (→ Rz. 17 ff.). Deshalb ist die Stellungnahme in diesem Berichtsteil **zusammenfassend** und damit „klar" (→ Rz. 10) zu formulieren.

25 Auch wenn das Gesetz hier einmal mehr auf das **Fortbestehen** und dessen Erwähnung pocht, muss dazu nicht sklavisch ein Hinweis im Prüfungsbericht erfolgen. Die überwältigende Mehrheit der Unternehmen und Konzerne ist in Normalzeiten nicht (akut) in ihrem Bestand gefährdet. Dabei sind sie alle irgendwelchen Risiken ausgesetzt, denn diese stellen ein unabänderliches Charakteristikum des Wirtschaftslebens schlechthin dar.

26 Das Telos des Gesetzes liegt demgegenüber gem. Abs. 1 Satz 3 bei der (erkennbar) **negativen** Entwicklung des Unternehmens/Konzerns bis hin zur **Existenzgefährdung** (→ Rz. 35). In der Corona-Krise impliziert dies etwa, dass der Abschlussprüfer die nach Ansicht der gesetzlichen Vertreter gegebenen Wirkungen der Pandemie auf den Geschäftsverlauf und die Lage des Unternehmens hervorzuheben hat, wobei insbesondere auf die Beurteilung des Fortbestands und der künftigen Entwicklung des Unternehmens einzugehen ist (Abs. 1 Satz 2 HGB). Entwicklungsbeeinträchtigende oder bestandsgefährdende Tatsachen aufgrund der Pandemie sind darzustellen und die sich daraus ergebenden Konsequenzen aufzuzeigen (§ 321 Abs. 1 Satz 3 HGB). Bei der Prüfung von Unternehmen öffentlichen Interesses (PIEs) ist gem. Art. 11 Abs. 2 Buchst. i EU-APrVO zwingend über die Maßnahmen zu berichten, die bei der Beurteilung der Fortführung der Unternehmenstätigkeit berücksichtigt wurden (z. B. Rangrücktrittsvereinbarungen von Gesellschaftern, Hilfszusagen der öffentlichen Hand). Bei anderen Unternehmen empfiehlt sich ein solches Vorgehen.[2]

27 *(einstweilen frei)*

28 Lediglich bei einer **unzutreffenden** Aussage im Lagebericht müsste der Abschlussprüfer einen Vorbehalt anbringen, also etwa gegen folgenden Satz:

> „Die Fortführung ist gesichert. Unsere Hausbanken werden dem vorgelegten Sanierungskonzept zustimmen."

Dann muss der Abschlussprüfer dagegen feststellen:

> „Die Zustimmung der Hausbanken zum Sanierungskonzept der Geschäftsführung war bis zum Ende meiner Prüfungstätigkeit nicht erfolgt."

Auch dieser Fall wird praktisch selten auftreten, weil die Geschäftsführung mit ihrer vom Abschlussprüfer dementierten Aussage ihre Glaubwürdigkeit, die in einer solchen Krisensituation besonders gefragt ist, aufs Spiel setzt.

---

1 Vgl. IDW PS 450 Tz. 31.

2 IDW, Fachlicher Hinweis zu Auswirkungen der Ausbreitung des Coronavirus auf die Rechnungslegung und deren Prüfung (Teil 2), 25.3.2002.

Für weitere Einzelheiten zur Fortführungshypothese, bei einerseits der Erstellung des Abschlusses und andererseits der Prüfung, wird auf → § 252 Rz. 21 ff. verwiesen. 29

2.3 Erkenntnisquellen (Abs. 1 Satz 2 – „soweit")

Der Abschlussprüfer muss keine Geschäftsführungs- und keine sonstige Sonderprüfung durchführen, um auf die Lagebeurteilung der Geschäftsleitung „einzugehen". Sein dabei anzuwendender **Wissenshorizont** beschränkt sich auf die Erkenntnisse, die er im Rahmen einer ordnungsmäßigen Abschlussprüfung (→ § 317) gewinnt bzw. gewinnen kann. Deshalb muss er auch nicht kriminalistisch nach Dokumenten forschen, die vielleicht **auch** bei der Lagebeurteilung von Interesse sein könnten. 30

(einstweilen frei) 31

3. Weitere Berichtspflicht (Abs. 1 Satz 3)

3.1 Unregelmäßigkeiten (Abs. 1 Satz 3 Teilsatz 1)

Unregelmäßigkeiten sind der **Oberbegriff**[1] für 32

- (unbeabsichtigte) Unrichtigkeiten *(„error")*,
- (beabsichtigte) Verstöße *(„fraud")* gegen Rechnungslegungs- und sonstige Rechtsvorschriften.

Bei den **Verstößen** ist weiter danach zu differenzieren, ob diese sich unmittelbar auf die Rechnungslegung auswirken (z. B. Unterschlagungen) oder nicht.[2] Einen Sonderfall stellen die **schwerwiegenden** Verstöße dar (→ Rz. 43 ff.). Verstöße können sein:

- **Täuschungen** durch bewusst falsche Angaben im Jahresabschluss oder im Lagebericht durch die Geschäftsleitung oder Mitarbeiter;
- **Vermögensschädigungen**, insbesondere Unterschlagungen und Diebstahl.

„Gesetzliche Vorschriften" sind diejenigen zur Rechnungslegung und Lageberichterstattung. Im Verlauf der Prüfung **behobene** Verstöße sind allenfalls dann berichtspflichtig, wenn sie aus Sicht der Überwachungspflicht der Aufsichtsorgane **wesentlich** sind; insbesondere sollen Schwächen im rechnungslegungsbezogenen internen Kontrollsystem (→ § 317 Rz. 29 ff.) dazuzählen.[3]

Damit ist einmal mehr die allgemein nicht beantwortbare Frage nach der Abgrenzung von „wesentlich" und „unwesentlich" – bei der Rechnungslegung allgemein (→ § 252 Rz. 233) und hier bei deren Prüfung – gestellt (→ § 317 Rz. 18) sowie über mangelnde Auskunftsbereitschaft (→ Rz. 70). Sie kann nur **einzelfallbezogen** beantwortet werden. In unwichtigeren Fällen genügt eine Information der Geschäftsführung, soweit sie nicht selbst betroffen ist, durch einen *management letter* oder – weniger förmlich – die mündliche Information mit einem wechselseitig abgezeichneten Besprechungsprotokoll. Eine Wesentlichkeit kann auch dann vorliegen, wenn trotz früherer Information die Schwachstelle im IKS nicht abgestellt wird. Im Beispiel unter → § 317 Rz. 33 sind verschiedene Fälle aus der Praxis des Wirtschaftslebens aufgelistet, welche die Abgrenzungsproblematik aufzeigen. Wenn der Gesetzgeber an diesen Stellen (in 33

1 Vgl. IDW PS 210 Tz. 6; IDW PS 450 Tz. 46; *Boecker/Zwirner*, WP Praxis 2012 S. 1.
2 Vgl. IDW PS 210 Tz. 7 mit einer Systematik in graphischer Darstellung.
3 Vgl. IDW PS 450 Tz. 47.

Abs. 1) die Wesentlichkeit besonders hervorhebt, dann muss deren Schwelle recht hoch angesetzt werden.

Dieser Befund gilt auch in der Gegendarstellung zur **weiteren** Berichterstattungspflicht nach Abs. 2 Satz 2 (→ Rz. 52) über „Beanstandungen" (also Fehlerfeststellungen). Auch dort darf nicht über Kleinigkeiten berichtet werden. Schließlich ist eine besonders hohe Wesentlichkeitsschwelle im Hinblick auf den „Vorweg"-Charakter mit ihrem „Kurz-Gebot" (→ Rz. 16) zu rechtfertigen. Somit kommt bei allen Feststellungen im Beispiel unter → § 317 Rz. 33 eine „Vorweg"-Berichterstattungspflicht eher nicht in Betracht.

34 Was bleibt dann an möglichen Tatbeständen dieses Teils der „Vorweg"-Berichterstattung übrig? Eine positive Antwort fällt schwer. Jedenfalls muss es sich um **gravierende** Vorfälle handeln, die regelmäßig auch zu einer **Einschränkung** (oder Versagung) des Bestätigungsvermerks (→ § 322 Rz. 48) führen.

BEISPIELE

- Die bislang gebildeten Pensionsrückstellungen i. H. von 20 % der Bilanzsumme und 115 % des Eigenkapitals werden „zum" Bilanzausgleich aufgelöst (→ § 249 Rz. 216).
- Ein abgeschriebener Geschäfts- oder Firmenwert wird im Umfang von 85 % des Eigenkapitals reaktiviert (→ § 253 Rz. 254).
- Die Kredite an Vorstände werden im Anhang nicht angegeben (→ § 285 Rz. 70).
- Die laufende Belieferung der Tochtergesellschaft in Brasilien zur Hälfte des Marktpreises bleibt im Anhang unerwähnt (→ § 285 Rz. 157).
- Im Beispiel unter → § 317 Rz. 33 ist (unterstellt) die Einrichtung einer Baustellenabrechnung vom Abschlussprüfer schon im Vorjahr durch einen management letter angemahnt worden. Bei der aktuellen Prüfung konnten deshalb bei angestiegener Liquiditätsklemme die fertigen Aufträge wiederum nicht nachkalkuliert werden. Verlustbringer blieben deshalb unentdeckt.

Nach allem fällt es schwer, praktische Anwendungsfälle für diese Berichtsvorgaben herauszufiltern, die **nicht** zu einer **Testatseinschränkung** führen müssen. Wegen der Vertraulichkeit des Prüfungsberichts lässt sich empirisch nicht feststellen, inwieweit in der Praxis überhaupt von dieser Berichtspflicht Gebrauch gemacht wurde. Sinnvollerweise ist deshalb nicht negativ zu berichten: „… wurden nicht festgestellt."[1]

3.2 Bestandsgefährdende und entwicklungsbeeinträchtigende Tatsachen (Abs. 1 Satz 3 Teilsatz 2)

35 In dieser Gesetzespassage wird der Abschlussprüfer einmal mehr als Krisenwarner und -früherkenner in die Pflicht genommen, letztlich im Interesse der Insolvenzprophylaxe (zur Fortbestehenshypothese → § 252 Rz. 21 ff.). Die damit notwendig verbundene Zukunftsperspektive entfaltet ihre eigene Gesetzmäßigkeit. „Tatsachen" müssen belegbar, also **vorhanden** sein. In der Zukunft sich möglicherweise einstellende Fakten oder Ereignisse können keine „Tatsachen" darstellen. Zukünftiges ist nicht beweisbar. Darauf nimmt der Gesetzeswortlaut Rücksicht, denn nur Tatsachen, die zum befürchteten Ergebnis führen **„können"**, sind berichtspflichtig. Der Abschlussprüfer wird dadurch nicht in die Rolle des Hellsehers gedrängt.

BEISPIEL Das Management kann sich – die künftige Entwicklung als Tatsache darstellend – gegen eine solche Berichterstattung des Abschlussprüfers mit dem Argument wehren: „Wie wollen Sie wissen, dass wir der chinesischen Marktabschottung nicht mit effizienten Gegenmaßnahmen begegnen wer-

1 IDW PS 450 Tz. 43.

den?" Der Abschlussprüfer kann nur berichten: „Die sich abzeichnende Abschottung des chinesischen Markts mit einem Umsatzanteil von derzeit 28 % **kann** die Entwicklung des Unternehmens/Konzerns spürbar beeinträchtigen/gefährden."

Nach der Gesetzes-„Idee" soll der Prüfer nicht erst dann warnen, wenn die drohende Pleite schon allgemein bekannt und insbesondere den Aufsichtsgremien seitens der Geschäftsleitung bereits kommuniziert worden ist. Vielmehr wird dem Abschlussprüfer die Berichterstattung gerade dann auferlegt (um nicht zu sagen: „zugemutet"), wenn die entwicklungsbeeinträchtigenden „Tatsachen" – abgesehen von der Geschäftsleitung – noch niemandem bekannt sind. Man kann von einer **Risikofrühwarnung** sprechen. Leider lässt sich dieser Gesetzesvorgabe nur sehr beschränkt nachkommen. 36

BEISPIEL Die Großbäckerei K verkauft in einem größeren Einzugsgebiet in 90 Filialen Backwaren, davon 40 Filialen in guter Großstadtlage. Die künftige Entwicklung ist durch den Markteintritt von Discount-Bäckereien potenziell gefährdet. Ab wann liegt in diesem „Potenzial" eine **Tatsache** vor, über die zu berichten wäre? Die Geschäftsleitung könnte argumentieren: „Diese Gefahr ist uns schon lange geläufig. Wir verfügen über konkrete Strategien zur Abwehr dieser unliebsamen Konkurrenz."

Ob in diesem Fall eine „Vorweg"-Berichterstattung erforderlich ist, erscheint uns zweifelhaft. Sinnvoller erscheint eine **Stellungnahme** bzw. **mündliche** Berichterstattung im Rahmen der Aufsichtsratssitzung nach § 171 Abs. 1 Satz 2 AktG (→ § 268 Rz. 60) oder eine gesonderte Stellungnahme an den Vorsitzenden der Gesellschafterversammlung einer GmbH oder GmbH & Co. KG ohne Aufsichtsrat. In solchen Fällen kommt auch wegen der Eilbedürftigkeit eine mündliche Berichterstattung außerhalb eines regulären Sitzungstermins in Betracht (→ Rz. 7).

Ähnlich wie bei der im vorstehenden Beispiel unter → Rz. 36 dargestellten Entscheidungssituation für den Abschlussprüfer verhält es sich bei anderen entwicklungsbeeinträchtigenden Fakten, wie sie im Schrifttum aufgeführt werden: 37

- Kündigung von Krediten,
- laufende Verluste,
- Wegfall von Großkunden
- etc.

In allen Fällen wird der Abschlussprüfer mit der Aussage der Geschäftsleitung konfrontiert sein, dass man selbstverständlich vorgesorgt habe, über die Neugewährung von Kreditlinien verhandele usw.

Bei einer **akuten** Bestandsgefährdung muss der Abschlussprüfer **sofort** berichten, darf also nicht das Ende seiner Prüfungstätigkeit abwarten. Dann ist das Erfordernis der **Teil**berichterstattung im „Voraus" (zeitlich verstanden) gegeben. Im (Haupt-)Prüfungsbericht ist darauf zu verweisen (→ Rz. 8). 38

BEISPIEL Im Rahmen der Vorprüfung stellt der Abschlussprüfer ein Absinken der Eigenkapitalquote zum Bilanzstichtag von gerade noch 4 % fest. Der Großkredit mehrerer Banken sieht ein außerordentliches Kündigungsrecht der Gläubiger vor, wenn die Quote 10 % unterschreitet. Hier muss der Abschlussprüfer sofort mit einem „offiziellen" Teilbericht zu Händen des Aufsichtsratsvorsitzenden bzw. des Vorsitzenden der Gesellschafterversammlung reagieren.

Der Abschlussprüfer steckt bzgl. dieser Berichterstattungspflicht in einer Zwickmühle, wie die Beispiele unter → Rz. 26 und → Rz. 35 belegen. Er muss ohne hellseherische Begabung mit dem Kenntnisstand **ex ante** operieren; ist das Unglück (nicht) eingetreten, werden ihm aus der besserwisserischen Sicht **ex post** Vorhaltungen gemacht: „Die damalige Aufregung hat sich als gegenstandslos erwiesen." Dazu kommt möglicherweise noch die Einsichtnahmeberechtigung der Gläubiger in die Prüfungsberichte nach der Pleite zum Tragen (→ § 321a Rz. 2).

39 Einerseits muss der Prüfer vorrangig über die ihm bei der Durchführung bekannt gewordenen **Tatsachen** berichten, andererseits soll er nach IDW PS 450 Tz. 40 aber auch die sich daraus möglicherweise ergebenden wesentlichen Konsequenzen aufzeigen.

40 Unbeachtlich ist der **Zeitpunkt** der Kenntniserlangung über die „Tatsachen". Sie kann **nach** dem Bilanzstichtag erfolgt sein.[1]

41 Eine Berichtspflicht über solche „Tatsachen" soll gem. IDW PS 450 Tz. 38 auch bei entsprechender und ordnungsgemäßer **Lageberichterstattung** gegeben sein. Unseres Erachtens sollte bei der Berichterstattung des Abschlussprüfers in diesem Fall ein Verweis auf den Lagebericht genügen. IDW PS 450 Tz. 38 sieht eine Berichtspflicht „unabhängig davon, ob die Tatsachen den Berichtsadressaten bekannt sind".

42 Stellt der Abschlussprüfer – so der Regelfall – keine bestandsbeeinträchtigenden Tatsachen fest, ist eine **Negativerklärung** im Prüfungsbericht nicht erforderlich. Umgekehrt kann der Abschlussprüfer nicht positiv das Fehlen berichtspflichtiger Tatsachen bestätigen (IDW PS 450 Tz. 39).[2]

42a Die EU-APrVO normiert in Art. 11 Abs. 2 Buchst. i) zusätzliche Berichtspflichten für PIEs. Unter anderem ist eine Zusammenfassung aller Garantien, Patronatserklärungen, Hilfszusagen der öffentlichen Hand und anderer unterstützender Maßnahmen gefordert, die bei der Beurteilung der Fähigkeit des Unternehmens zur Fortführung seiner Tätigkeit berücksichtigt wurden (IDS PS 450 Tz. P35/1).

3.3 Schwerwiegende Verstöße gegen Rechtsvorschriften (Abs. 1 Satz 3 Teilsatz 3)

43 Hier gilt wiederum:[3]

- Die Feststellung muss im **Rahmen** der Abschlussprüfung getroffen worden sein (→ Rz. 30).
- Eine **Negativerklärung** ist unzulässig (→ Rz. 42).

44 Anders als bei den Verstößen im Teilsatz 1 von Abs. 1 Satz 3 muss es sich um „schwerwiegende" handeln. Im Teilsatz 1 war bereits „wesentlich" gefordert (→ Rz. 33), im jetzt zu besprechenden Teilsatz 3 wird die Formulierung vom Gesetz noch **gesteigert** auf „schwerwiegend". Dabei wird der „Verstoßkreis" über die Rechnungslegungsvorschriften hinaus ausgeweitet und auf „Arbeitnehmer" neben den gesetzlichen Vertretern bezogen. Es muss sich um **außergewöhnliche** Sachverhalte handeln. Nach IDW PS 450 Tz. 50 fallen unter die Berichtspflicht die Nichterstellung eines verpflichtenden Konzernabschlusses und die Nichtbeachtung von **Publizitätspflichten.** Unseres Erachtens ist diese Gesetzesauslegung bzgl. der Nichtpublizität zweifelhaft. Die nur durch **Ordnungsgeld** (→ § 325 Rz. 37) zu ahndende **Nichtoffenlegung** des Jahres- oder Konzernabschlusses ist nicht unbedingt als „schwerwiegend" anzusehen. „Schwerwiegend" ist u. E. auch nicht die Nichterrichtung eines Aufsichtsrats oder die Nichtbeachtung

1 Vgl. IDW PS 450 Tz. 38.
2 Vgl. IDW PS 450 Tz. 39.
3 Vgl. IDW PS 450 Tz. 43. Das IDW reduziert die Anwendungsvoraussetzungen entgegen dem Gesetzeswortlaut („schwerwiegend") auf „wesentliche Verletzungen". „Schwerwiegend" bedeutet mehr als „wesentlich".

der Drittelparität. Gegen einen berichtspflichtigen Vorgang spricht hier auch, dass der Adressat des Prüfungsberichtes sich der Unterlassung bewusst sein müsste.

Eher dürften dem Gesetzgeber Verstöße gegen das **Geldwäsche-**[1] oder **Kartellgesetz** oder gegen **Korruptionsvorschriften** vorschweben. Dann aber stellen sich dem Abschlussprüfer schwierige Abgrenzungsfragen bzgl. der Berichterstattung im Prüfungsbericht, wenn an 20 Aufsichtsratsmitglieder solche hochbrisanten Themen kundgetan werden. 45

Als weiterer Anwendungsfall stellt sich der laufende **Verstoß** des Vorstands bzw. der Geschäftsführung gegen die satzungsgemäß oder dienstvertraglich festgelegte Einholung der **Zustimmung** des Aufsichtsrats bzw. der Gesellschafterversammlung für bestimme Geschäfte dar. Ein weiterer Sachverhalt ist in der Nichteinrichtung eines **Risikofrüherkennungssystems** zu sehen (→ Rz. 77).

Weiter wird die inhaltlich unzutreffende **Entsprechenserklärung** zum DCGK als „schwerwiegend“ und als eine entsprechened Berichtspflicht anch sich ziehend angesehen.[2]

Das IDW sieht die Entsprechenserklärung als Bestandteil der Erklärung über die Unternehmensführung an.[3] Obwohl eine Prüfungspflicht nicht besteht, soll der Abschlussprüfer diese Dokumente kritisch lesen (→ § 317 Rz. 80) und über festgestellte Fehler nach Abs. 1 Satz 3 (→ Rz. 43) berichten.

Die Berichtspflicht besteht nicht erst bei eindeutiger Beweislage i. S. des zivil- oder strafrechtlichen Verfahrensrechts. „Erkennen lassen“ bezieht sich auf aussagekräftige **Indizien.** 46

Schwierig stellt sich die Berichterstattungspflicht an das Aufsichtsorgan dar, wenn dieses in die „Machenschaften“ der Geschäftsleitung involviert ist. Erst recht gilt dies bei personenbezogenen Unternehmen mit einem alleinigen Gesellschafter-Geschäftsführer. Die Information ist auch dann substanzlos, wenn für die Adressierung keine höhere Instanzebene verfügbar oder ohnehin mit Konsequenzen nicht zu rechnen ist. Eine Lösung dazu gibt es nicht, weshalb der Abschlussprüfer u. U. **rechtlichen** Rat einholen soll.[4] Dieser kann sich nur mit der Vermeidung von Haftungsrisiken befassen.

Die für die Prüfung von PIEs zu beachtende EU-APrVO (→ § 317 Rz. 5) sieht in zwei Artikeln Meldepflichten des Abschlussprüfers über Unregelmäßigkeiten bzw. Regelverstöße an Dritte vor. Diese Vorschriften gehen dem Verschwiegenheitsgebot des § 333 HGB vor. 46a

Art. 7 EU-APrVO: Das geprüfte Unternehmen (d. h. der Vorstand bzw. die Geschäftsführung) ist über vermutete oder tatsächliche Unregelmäßigkeiten zu informieren, sofern diese bei der Abschlussprüfung aufgedeckt worden sind. Das Unternehmen ist aufzufordern, die Angelegenheit zu untersuchen sowie angemessene Maßnahmen zu treffen, um derartige Unregelmäßigkeiten künftig zu vermeiden. Sofern das Unternehmen die Angelegenheit nicht untersucht, hat der Abschlussprüfer die Behörde zu informieren, die für die Untersuchung solcher Unregelmäßigkeiten verantwortlich ist. Diese Unterrichtung verstößt nicht gegen das Verschwiegenheitsgebot.

1 Vgl. die Anwendungshinweise der Wirtschaftsprüferkammer zum Geldwäschegesetz, das als schwere Straftat gekennzeichnet ist.

2 Vgl. IDW PS 345 Tz. 33 f. Anders bei einer Vereinbarung mit dem Aufsichtsrat nach 7.2.3 des DCGK.

3 Vgl. IDW PS 202 Tz. 10a.

4 Vgl. IDW PS 210 Tz. 60a.

Art. 12 Abs. der EU-APrVO verpflichtet den Abschlussprüfer zur unmittelbaren Information der für die Beaufsichtigung des Unternehmens zuständigen Behörde

- ► bei wesentlichen Verstößen gegen Rechtsvorschriften, welche die Zulassungsvoraussetzungen sowie speziell die Ausübung der Tätigkeiten des Unternehmens regeln (Art. 12 Abs. 1a der EU-APrVO),
- ► bei wesentlicher Gefährdung oder wesentlichen Bedenken hinsichtlich der Fortführung der Unternehmenstätigkeit (Art. 12 Abs. 1b der EU-APrVO).

Offen lässt die EU-APrVO die Bestimmung der zuständigen Behörde. Auslegungsbedürftig ist auch die Ortung der die Zulassung der Unternehmenstätigkeit regelnden Rechtsvorschriften. Das mag im Einzelfall die Lizenz zum Betrieb eines Flughafens oder Kernkraftwerkes sein.[1] Für weite Bereiche der Praxis sind indes andere Beispiele realitätsgerechter. Insbesondere umweltrechtliche Vorschriften sind hier von Relevanz:

BEISPIEL ► Ein Galvanikunternehmen (G) im PIE-Status ist von der Unteren Wasserbehörde verpflichtet worden, seine Abwässer nur in gereinigtem Zustand, d. h. nach Durchführung bestimmter Klärprozesse, in das Abwassernetz einfließen zu lassen. G sind die dadurch entstehenden Kosten zu hoch, es droht bei Erfüllung der Auflage eine Insolvenz. Bei wortgetreuer Interpretation von Art. 12 Abs. 1b (s. o.) ist der Abschlussprüfer zur Information der Unteren Wasserbehörde verpflichtet, sobald er die Unregelmäßigkeit festgestellt hat. Es genügt also nicht die Darstellung im Prüfungsbericht, den die EU-APrVO ohnehin nicht kennt (→ Rz. 1).

IV. Der „Hauptteil" (Abs. 2)

1. Ordnungsmäßigkeit der Rechnungslegung (Abs. 2 Satz 1)

1.1 Buchführung

47 Das Gesetz spricht nicht von „ordnungsmäßig" bzgl. der Buchführung etc., sondern von **Gesetzmäßigkeit.** Gesetzliche Vorgaben zur Buchführung existieren allerdings nur höchst rudimentär (→ § 238 Rz. 10). Die Vokabel „Gesetz" muss in diesem Fall durch die Ordnungsmäßigkeit der Buchführung ersetzt werden. Es geht dabei um so altvertraute Begriffe wie „Belegzwang" oder „Bestandsnachweise" etc., vor allen Dingen aber um die Ordnungsmäßigkeit des **Datenverarbeitungssystems,**[2] worauf dann wiederum das interne **Kontrollsystem** (→ § 317 Rz. 29) aufbaut und umgekehrt. Einzelne Belege wird der Abschlussprüfer recht selten in Augenschein nehmen, umgekehrt aber seine Prüfungsschwerpunkte auf das gesamte angewandte Abrechnungssystem legen (→ § 317 Rz. 30).

In aller Regel wird der Prüfer hier seine Informationen sehr kurz halten, also nicht über **Lappalien** berichten, wie z. B.: „Eine ordnungsmäßige Debitoren- und Kreditorenbuchführung ist vorhanden." Nähere Ausführungen sind umgekehrt dann erforderlich, wenn das gesamte IT-System[3] innerhalb des Unternehmens/Konzerns auf neue Füße gestellt wird oder werden soll. Dabei kann es nicht darauf ankommen, ob dieser Mangel dem IT-System oder dem rechnungslegungsbezogenen internen Kontrollsystem zuzuordnen ist.

1 So *Schruff/Spang,* WPK Magazin 2016 S. 61.
2 Vgl. IDW PS 330.
3 Vgl. IDW PS 450 Tz. 64 sowie IDW PS 330 Tz. 112.

1.2 Weitere geprüfte Unterlagen

Darunter sind Dokumente und Systeme zu verstehen, die mit der Buchführung eng verbunden sind. Als Beispiel darf die Kostenrechnung oder das interne Reporting genannt werden. Vor allem aber geht es bei diesen „Unterlagen" um das interne Kontrollsystem, ohne das bei nicht ganz kleinen Einheiten der Buchführungs- und Bilanzierungsprozess nicht abgewickelt werden kann. Diesbezüglich bestehen erst recht keine formellen gesetzlichen Vorgaben, weshalb auch hier das „Gesetz" durch die „Ordnungsmäßigkeit" als prüfungsrelevante Vorgabe ersetzt werden muss (→ Rz. 47). 48

BEISPIEL ▸ Die Hoch- und Tiefbau GmbH im Beispiel unter → § 317 Rz. 35 hat in ihrem Abrechnungssystem keine auftragsbegleitende Nachkalkulation. Insofern sind die „weiteren geprüften Unterlagen" (hier die Nachkalkulation) nicht ordnungsgemäß. Die „Entsprechenserklärung" i. S. des Abs. 2 Satz 1 kann der Abschlussprüfer in diesem Fall nicht aussprechen. Stattdessen muss er nach Maßgabe des Abs. 2 Satz 2 über diesen Tatbestand berichten (→ Rz. 52).

Während der Prüfung **behobene** Mängel des Buchführungs- oder IT-Systems sind vor allem dann berichtspflichtig, wenn die Information den Berichtsadressaten dienlich ist. Ein solcher Fall ist z. B. gegeben, wenn die beseitigten Mängel auf generelle Schwächen im gesamten Abrechnungssystem hinweisen, die jederzeit auch an anderer Stelle als der festgestellten auftreten können. 49

Nach IDW PS 450 Tz. 65 umfasst die Feststellung der Gesetzesentsprechung der Buchführung nach § 321 Abs. 2 Satz 1 HGB im Prüfungsbericht auch die Aussage zur Ordnungsmäßigkeit der Buchführung während des gesamten Geschäftsjahres. Im Prüfungsbericht soll danach generell auch auf wesentliche zwischenzeitlich behobene Mängel in der Buchführung einzugehen sein.

1.3 Der Jahres- und Konzernabschluss

Anders als für die Buchführung (→ Rz. 47) und die sonstigen geprüften Unterlagen (→ Rz. 48) gibt es bzgl. der Abschlüsse detaillierte **gesetzliche** Vorgaben und möglicherweise solche des Gesellschaftsvertrags oder der Satzung, deren Einhaltung der Abschlussprüfer zu bestätigen hat. Zu den Gesetzesregeln gehören nicht nur solche des Handelsrechts, sondern auch branchenspezifische Anordnungen. Zu den Bestandteilen des Jahresabschlusses wird verwiesen auf → § 264 Rz. 1, zu denen des Konzernabschlusses auf → § 297 Rz. 1, für kapitalmarktorientierte Gesellschaften auf → § 264d Rz. 11. Bzgl. des Anhangs ist auf eine ggf. gemachte Einschränkung der Angaben nach § 286 HGB (→ § 286 Rz. 1) oder § 160 Abs. 2 AktG hinzuweisen. Bei Zusammenfassung von Lagebericht und Konzernlagebericht nach § 298 Abs. 3 HGB (→ § 298 Rz. 38) sollte diese Feststellung der Einhaltung gesetzlicher Vorgaben für beide Anhänge gemeinsam erfolgen. 50

1.4 Die Lageberichte

Auch der Lagebericht und der Konzernlagebericht können zusammengefasst nach § 315 Abs. 3 HGB erstellt werden (→ § 315 Rz. 3). Die Berichterstattung an dieser Stelle darf nicht konkurrieren mit derjenigen im „Vorab"-Teil (→ Rz. 17 ff.). Zu beurteilen ist im Hauptteil deshalb „nur" die Gesetzmäßigkeit des Lageberichts (IDW PS 450 Tz. 71). 51

2. Beanstandungen (Abs. 2 Satz 2)

52 An dieser Stelle greift das Gesetz erneut die Berichtspflicht für Beanstandungen auf, die bereits durch die Berichterstattungspflicht über „Unrichtigkeiten oder Verstöße" (→ Rz. 32) bei der „Vorweg"-Berichterstattung angesprochen worden sind. Das dabei erneut aufkommende Problem für den Abschlussprüfer besteht in der **Gewichtung** entsprechender Feststellungen. Nur „soweit die Unterrichtung für die Geschäftsführungsüberwachung von Bedeutung ist", besteht die Berichtspflicht. Man kann i. S. einer **ordinalen** Skalierung festhalten:

- Feststellungen größerer und bedeutender Fehler sind „vorweg" berichtspflichtig und führen regelmäßig zur Einschränkung oder Versagung des Bestätigungsvermerks (→ Rz. 34).
- Weniger gravierende, aber immerhin noch für die Geschäftsführungsüberwachung bedeutende Fehlerfeststellungen sind im Hauptteil darzustellen: Sie können, müssen aber nicht zur Einschränkung des Testats geführt haben.
- Sonstige (unbedeutendere) Fehlerfeststellungen gehören nicht in den Prüfungsbericht, sondern in den *management letter* (→ Rz. 33).

53 Der Abschlussprüfer hat hierzu Ermessensentscheidungen zu treffen, die nicht durch konkrete berufsständische Vorgaben oder Kommentarmeinungen entscheidend vorgespurt werden können. Seine nach pflichtgemäßem **Ermessen** getroffene Entscheidung über „wesentlich" und „geschäftsüberwachungserheblich" kann nicht zwingend „richtig" sein, es kann auch eine **andere** Beurteilung erfolgen. Auf jeden Fall muss eine **Doppel**berichterstattung (im Hauptteil sowie im „Vorweg"-Teil) durch Querverweise vermieden werden.

3. Erläuterungen zum Jahresabschluss

3.1 Vermittlung des den tatsächlichen Verhältnissen entsprechenden Bilds (Abs. 2 Satz 3)

54 Festzustellen ist, ob der Jahresabschluss insgesamt unter Beachtung der Grundsätze ordnungsmäßiger Buchführung ein den tatsächlichen Verhältnissen entsprechendes Bild der Vermögens-, Finanz- und Ertragslage der Kapitalgesellschaft vermittelt. Der Lagebericht spielt in diesem Zusammenhang keine Rolle (IDW PS 450 Tz. 72). Ergeben sich keine Besonderheiten, reicht eine entsprechende formelhafte Feststellung aus (IDW PS 450 Tz. 73). Zu beachten ist aber der Zusammenhang mit Abs. 2 Satz 4 (→ Rz. 55 und → Rz. 64). Weil die Gesamtaussage „unter Beachtung der Grundsätze ordnungsmäßiger Buchführung" durch Bilanzierungsentscheidungen sowie Sachverhaltsgestaltungen beeinflusst wird, ist deren Erläuterung geboten.

3.2 Bewertungsgrundlagen und deren Änderungen (Abs. 2 Satz 4 1. Teil)

55 „Dazu" ist im Prüfungsbericht auf die Bewertungsgrundlagen einzugehen. Dieser Verweis bezieht sich auf den vorhergehenden Satz, der eine Feststellung zum *„True and fair view"*-Gebot enthalten muss.

56 Vor diesem Hintergrund verlangt der Gesetzgeber zunächst eine Darstellung der **Bewertungsgrundlagen.** Darunter sind zu verstehen:

- die Bilanzierungs- und Bewertungs**methoden** (→ Rz. 57),
- die Bewertungs**parameter** (→ Rz. 58).

57 Dabei geht es zunächst um förmliche **Wahlrechte** des Ansatzes und der Bewertung, z. B.:

- Abschreibung auf Finanzanlagen bei vorübergehender Wertminderung (→ § 253 Rz. 203),

- Ansatz hergestellter Immaterialgüter des Anlagevermögens (→ § 248 Rz. 9),
- Ansatzwahlrecht für Aktivüberhänge latenter Steuern (→ § 274 Rz. 54),
- Rückstellung für sog. Altzusagen auf betriebliche Altersversorgung (→ § 249 Rz. 127),
- Verbrauchsfolgeverfahren (→ § 256 Rz. 18),
- Bewertungsverfahren für Altersversorgungsverpflichtungen (→ § 253 Rz. 92),
- Aktivierung eines Disagios (→ § 255 Rz. 55).

Nicht zu berichten ist über materiell **unbedeutende** Wahlrechte, wie die Festbewertung, die nur bei unwesentlichen Beträgen angewandt werden kann (→ § 240 Rz. 24), oder die Behandlung geringwertiger Anlagegüter (→ § 252 Rz. 239 ff.).

Als Bewertungs**parameter** – wertbestimmende Faktoren – werden in IDW PS 450 Tz. 82 genannt: 58

- Wechselkurse,
- Börsenkurse,
- Steuersätze,
- Zinssätze,
- biometrische Werte,
- Vertragslaufzeiten.

Die **Änderung** von Bilanzierungs- und Bewertungsmethoden kommt „grundsätzlich" nicht in Betracht, in der Praxis gilt jedoch gerade das Gegenteil nach § 252 Abs. 2 HGB (→ § 252 Rz. 226). Entsprechendes gilt für die Stetigkeit beim Bilanzansatz (→ § 246 Rz. 403). Folgerichtig fordert der Gesetzgeber eine Anhangangabe (→ § 284 Rz. 57 ff.). Ein Hinweis im Prüfungsbericht auf die entsprechende Anhangangabe kann genügen. Hingegen ist auf Änderungen in den Methoden im Prüfungsbericht einzugehen, wenn diese einen wesentlichen Einfluss auf die Gesamtaussage des Jahresabschlusses haben, etwa indem durch bilanzpolitische Maßnahmen tatsächliche Entwicklungen und Trends in der Vermögens-, Finanz- oder Ertragslage des Unternehmens verdeckt oder überzeichnet werden (IDW PS 450 Tz. 91). Zum Begriffsinhalt von „Methode" wird verwiesen auf → § 284 Rz. 44 ff. Das Gesetz drückt sich in Abs. 2 Satz 4 allerdings mit dem Oberbegriff „Grundlagen" aus. 59

Die in Art. 11 Abs. 2 Buchst. l der EU-APrVO für die Prüfung von PIEs vorgesehenen Berichtspflichten hinsichtlich Bilanzierungsmethoden und ihrer Änderungen gehen im Wesentlichen nicht über das im HGB Verlangte hinaus (vgl. IDW RS HFA 450 Tz. 84/1). 59a

3.3 Ermessensspielräume (Abs. 2 Satz 4 2. Teil)

Die „wertbestimmenden Faktoren" (→ Rz. 58) beziehen sich nach IDW PS 450 Tz. 74 nicht nur auf am Bilanzstichtag vorhandene **ökonomische Größen** wie z. B. Marktpreise oder Anschaffungs- und Herstellungskosten. Sie betreffen auch die Annahme über **künftige** Entwicklungen, die letztlich einen **Schätzungsprozess** und damit die Ermessensausübung der gesetzlichen Vertreter notwendig machen. Bilanzieren ist in wesentlichen Teilen ein „Schätzen", was notwendig sehr unterschiedliche Ergebnisse hervorbringt, je nachdem welche Inputfaktoren dem Prozess zugrunde liegen (vgl. im Einzelnen → § 252 Rz. 59 ff.). Daraus folgen die vom Gesetz genannten **„Ermessensspielräume"**, über die der Wirtschaftsprüfer zu berichten hat, wenn die Spielräume erheblich sind und zielgerichtet und einseitig zur Beeinflussung der Gesamtaussage genutzt werden (IDW PS 450 Tz. 85). 60

Als wertbestimmende **Annahmen,** aus denen sich Ermessensspielräume ergeben können – u. E. müssen –, werden genannt:[1]

- künftige Auslastung der Kapazitäten,
- Nutzungsdauern,
- Restwert und Abbruchkosten,
- künftige Zahlungsein- und -ausgänge,
- Fluktuationsraten,
- Gehaltsentwicklungen,
- erwartete Inflationsrate,
- Wahrscheinlichkeit künftiger Inanspruchnahmen.

61 Der Gesetzgeber gibt dem Abschlussprüfer allerdings in einer Hinsicht eine Hilfestellung, wenn er von **„Ausübung"** der Ermessensspielräume spricht. Die Vorgabe ist nicht „wertneutral", sonst wäre zu formulieren gewesen: **„Vornahme".** „Ausüben" kann als Tendenzbegriff gewertet werden, und zwar: Die Ermessensspielräume des Bilanzierers werden zwar eingehalten, doch durchweg in einer bestimmten Zielrichtung im Interesse einer bewussten Ergebnisbeeinflussung oder der Herbeiführung von bestimmten Bilanzkennzahlen. Eine solche Bilanzierungsstrategie des Managements ist nicht a priori als negativ zu beurteilen. Es hat das Interesse des Unternehmens zu wahren und muss sein Eigeninteresse nicht altruistisch – auch – bei der Bilanzierung unterdrücken. Das gilt vor dem Hintergrund der durch diese zielgerichtete Ermessensausübung möglichen Gesamtbeeinflussung des Ergebnisses, des Eigenkapitals etc., die schnell einmal z. B. den positiven Ausweis eines Jahresergebnisses von 50 Mio. € bei einem Großbauunternehmen in einen negativen von 20 Mio. € verwandeln kann und umgekehrt.[2]

62 In der Folge müsste der Abschlussprüfer über entsprechende **Quantitäten** berichten, also **Sensitivitätsanalysen** ausbreiten. Die Frage ist allerdings, ob nicht die Adressaten des Prüfungsberichts samt Jahresabschluss mit solchen Alternativberechnungen des Jahresergebnisses, des Eigenkapitals etc. schnell einmal **überfordert** und insbesondere auch total verunsichert wären. Derlei Fleißübungen – möglicherweise noch in multiparametrischer Aufbereitung – können in akademischen Lehrveranstaltungen und Seminaren eine fruchtbare Diskussion auslösen, in der Realität des Wirtschaftslebens, hier die Information der Aufsichtsorgane einer Kapitalgesellschaft, eigentlich nur Verwirrung stiften.

Eindeutig gilt: Der Abschlussprüfer hat keine Stellungnahme zur **Zweckmäßigkeit** entsprechender bilanzpolitischer Maßnahmen abzugeben (IDW PS 450 Tz. 93). Darüber müssen die Adressaten des Prüfungsberichts entscheiden (→ § 268 Rz. 61).

63 Im Prüfungsbericht sind aber die Bewertungsgrundlagen – als Oberbegriff verstanden (→ Rz. 56) – einschließlich der sachverhaltsgestaltenden Maßnahmen (→ Rz. 63) darzulegen, die **Entwicklungen** und **Trends** in der Vermögens- und Ertragslage verdecken oder überzeichnen und die üblichen **bilanzanalytisch** wichtigen Relationen und Kennzahlen bewusst beeinflussen. Zumindest über Tendenzen ist zu berichten, wenn Quantifizierungen nicht möglich sind – was üblicherweise wohl der Fall sein dürfte. Dabei ist auch über Umkehreffekte in den

1 Vgl. IDW PS 450 Tz. 83.

2 So die Praxiserfahrung von *Clemm,* DStR 1990 S. 781, mit der zitierwürdigen Formulierung: „Die Schätzungsunsicherheiten bzw. die Bandbreiten vertretbarer … und damit unwiderlegbarer Werte sind, zumindest in ihrer Summe, nicht selten so erheblich, dass in ihnen volle oder sogar mehrere normale Jahresergebnisse Platz haben."

folgenden Perioden zu berichten, also insbesondere über **Verlustverlagerungen** in künftige Perioden.

Auch bzgl. der Ausübung von **Ermessens**spielräumen soll ein **Stetigkeitsgebot** (→ Rz. 59) gegeben sein, worüber bei Nichteinhaltung zu berichten sei, insbesondere wenn dadurch „zielgerichtet und einseitig" Bilanzpolitik betrieben werde. Als Beispiel werden in IDW PS 450 Tz. 90 Rückstellungen genannt, die innerhalb der akzeptablen Bandbreite tendenziell niedriger als im Vorjahr angesetzt werden. Gegen diese Vorgabe bestehen indes sachliche Bedenken wegen folgender Probleme:

- Wie groß ist die Bandbreite?
- Wer bestimmt die Akzeptanz der Bandbreite?
- Wie ist der zusätzliche Kenntnisstand (bzgl. der Rückstellungsbewertung) ein Jahr später zu berücksichtigen?

BEISPIEL Ein Unternehmen hat im Jahr 01 zur vorübergehenden Geldanlage Anteile an einem gemischten Anlagefonds zu 100 gekauft. Bis zum Stichtag 01 sank der Börsenkurs auf 35, verbunden mit einer Abschreibung auf 50. Im Jahr 02 sank der Kurs weiter auf 32, verbunden mit einer Abschreibung auf ebenfalls 32 wegen dauernder Wertminderung (→ § 253 Rz. 189 ff.). Im Jahr 03 sank der Kurs weiter auf 18. Eine Abschreibung unterbleibt, weil die Bankanalysten nach umfangreichen Recherchen einen fairen Kurs des Anlagefonds von 49 prognostiziert haben.

Liegt hier eine Änderung der Bewertungsmethode vor? Unseres Erachtens nicht.

3.4 Sachverhaltsgestaltende Maßnahmen (Abs. 2 Satz 4 3. Teil)

Unter sachverhaltsgestaltenden Maßnahmen sind im Zusammenhang mit der Berichterstattungspflicht gem. IDW PS 450 Tz. 94 f. solche Maßnahmen zu verstehen, die sich auf Ansatz und Bewertung von **Bilanzposten** beziehen, sofern 64

- sie von der üblichen Gestaltung abweichen, die nach Meinung des Abschlussprüfers den Erwartungen des Abschlussadressaten entspricht, und
- sich die Abweichung von der üblichen Gestaltung auf die Gesamtaussage des Abschlusses wesentlich auswirkt.

Unseres Erachtens sind darunter Maßnahmen zu subsumieren, die durch beachtliche außerbilanzielle Gründe nicht veranlasst sind – in der Parallele zur Auslegung der steuerlichen Missbrauchsvorschrift in § 42 AO.[1]

Als Beispiele dienen:

- Forderungsverkäufe in Form von *„Asset backed securities"*-Transaktionen,
- Pensionsgeschäfte,
- *Windowdressing* durch unmittelbar vor dem Abschlussstichtag erfolgende *„Sale and lease back"*-Transaktionen,
- Übergang zur Leasingfinanzierung bei der Beschaffung von Anlagegütern,
- konzerninterne Transaktionen,
- Einsatz von Zweckgesellschaften *(special purpose entities)*, z. B. in Form von Leasingobjektgesellschaften.

1 So *Hoffmann/Lüdenbach*, DB 2003 S. 785.

65 Sofern diese Geschäfte lediglich unternehmensstrategischen Motiven entspringen – z. B. Umstellung der Bankfinanzierung von Forderungen auf *asset backed securities* –, muss der Abschlussprüfer auf die **Tatsache** als solche hinweisen. Die Beurteilung der **Sinnhaftigkeit** obliegt den Adressaten des Prüfungsberichts (→ Rz. 62). Anders verhält es sich bei bewusster Beeinflussung des Abschlussbilds und entsprechender bilanzanalytischer Kennzahlen. Dies gilt insbesondere für die **Auslagerung** von **Schulden** aus der Bilanz unter Inkaufnahme entsprechender Verpflichtungen durch Zahlungen in der Zeit nach dem Stichtag. Dem dann möglicherweise zu hörenden Bericht des Vorstands zu Händen der Öffentlichkeit – „Wir sind schuldenfrei" – muss der Abschlussprüfer im Bericht die damit in Kauf genommenen Leasing- oder Mietverpflichtungen entgegenhalten. Die Berichterstattungspflicht ist insbesondere dann gegeben, wenn solche sachverhaltsgestaltenden Maßnahmen Hand in Hand mit „einseitiger" Ausübung von Ermessensspielräumen (→ Rz. 60) gehen.

Gesetzesmäßig, aber unbefriedigend ist die Beschränkung dieser wichtigen Hinweise des Abschlussprüfers auf die Adressaten des Prüfungsberichts. Die **Öffentlichkeit** wird mit viel schmalerer Information im Anhang abgespeist.[1]

3.5 Aufgliederung und Erläuterung der Abschlussposten (Abs. 2 Satz 5)

66 Zum Verständnis der Berichtsvorgabe nach Aufgliederung und Erläuterung ist an die einschlägige **Historie** zu erinnern. Früher – also vor dem TransPuG und dem KonTraG – war es berufsüblich, in den Bericht nicht nur Strukturbilanzen, Kennzahlenanalysen und dergleichen aufzunehmen, sondern auch die gesamten Sachkonten unter Gegenüberstellung der Vorjahreszahlen aufzulisten. Mit diesen **Zahlenfriedhöfen** sollte nach dem Willen des Gesetzgebers aufgeräumt werden, damit sich die Bilanzadressaten bei der Lektüre nicht im Klein-Klein verirren und die entscheidenden Aussagen, die in irgendwelchen hinteren Berichtsteilen versteckt sind, nicht zur Kenntnis nehmen. Die Berichtsvorgabe nach Abs. 2 Satz 5 ist im Kontext der Sätze 3 und 4 zu verstehen, Satz 5 leitet von dem Einblicksgebot in Satz 4 („dazu") auf die folgenden Angabepflichten über, die wiederum durch die Aufgliederung und Erläuterung der Abschlussposten erfüllt werden sollen („hierzu"). Also **nur** zur Darstellung der Bewertungsgrundlagen etc., zur Ausnutzung von Ermessensspielräumen und zu sachverhaltsgestaltenden Maßnahmen muss eine Aufgliederung und Erläuterung der Abschlussposten erfolgen, keine „freischwebende", etwa im Interesse eines vermeintlichen Vollständigkeitsgebots.[2]

BEISPIEL

- Es ist nicht statthaft, im Hauptteil des Prüfungsberichts die gesamten Sachanlagezugänge bis hin zu den geringwertigen Anlagegütern aufzulisten. Richtigerweise muss es bei einer **Spedition** heißen: „Unter den Sachanlagezugängen ist der Erwerb von fünf neuen Lastwagen mit einem Zugangswert von insgesamt T€ XY enthalten."
- Die **liquiden Mittel** sind nicht nach drei geringfügigen Kassenbeständen und 15 verschiedenen Bankguthaben (beim mittelständischen Unternehmen) aufzugliedern, sondern es ist wie folgt zu formulieren: „Unter den liquiden Mitteln sind Festgeldanlagen bei Banken i. H. von T€ ... und laufende Bankguthaben i. H. von T€ ... enthalten.
- Beim **Industriebetrieb** ist zu schreiben: „Die Erhöhung des Vorratsvermögens beruht insbesondere auf der Beschaffung von Rohmaterial wegen der befürchteten Angebotsknappheit in den Monaten

1 Vgl. *Hoffmann/Lüdenbach*, DB 2003 S. 785.

2 Ähnlich *Pfitzer/Orth* in Baetge/Kirsch/Thiele, § 321 Tz. 93; IDW PS 450 Tz. 97: „Soweit dies ... zum Verständnis der Gesamtaussage des Jahresabschlusses, insbesondere zur Erläuterung der Bewertungsgrundlage und deren Änderungen, sowie der sachverhaltsgestaltenden Maßnahmen – erforderlich ist."

nach dem Bilanzstichtag. Der Rückgang des Ausweises an Liefer- und Leistungsforderungen beruht auf der Umstellung auf die *Factoring*-Finanzierung, die in entsprechendem Umfang auch die Bankverbindlichkeiten reduziert hat. Letztere sind allerdings durch den erhöhten Finanzierungsbedarf durch Aufstockung des Bestands an fertigen Leistungen um XY angestiegen."

► Beim *sale and lease back*: „Der Verkauf des Verwaltungsgebäudes an eine Leasinggesellschaft unter gleichzeitiger Rückmietung für 20 Jahre hat einen außerordentlichen Erfolgsbeitrag von ... und außerdem eine Reduktion der Bankschulden i. H. des Verkaufserlöses von ZY € gebracht. Die damit verbundenen Mietverpflichtungen sind nach Fristigkeiten im Anhang aufgegliedert."

(einstweilen frei) 67

Förmlich schiebt das Gesetz einer unnötigen Aufblähung des Prüfungsberichts noch einen **weiteren Riegel** für solche Angaben und Erläuterungen des Jahresabschlusses vor, die bereits **im Anhang** enthalten sind. Hier muss sich der Abschlussprüfer in seinem Bericht mit einem Hinweis begnügen. 68

Soweit gleichwohl seitens des Auftraggebers der Wunsch nach Aufnahme nicht gesetzlich vorgeschriebener Daten, Erläuterungen, Aufgliederungen etc. in den Prüfungsbericht besteht, sollte dies in eine **Anlage** zum Prüfungsbericht aufgenommen werden. 69

4. Aufklärungen und Nachweise der gesetzlichen Vertreter (Abs. 2 Satz 6)

Im Prüfungsbericht ist auszuführen, ob die gesetzlichen Vertreter ihrer Auskunfts- und Nachweispflicht nachgekommen sind (→ § 320 Rz. 6). Ist dies der Fall, genügt **ein** entsprechend bestätigender Satz (IDW PS 450 Tz. 59). Eine Beurteilung der **Qualität** dieser Pflichterfüllung kommt nicht in Betracht, also keine wie die folgende: „Der Vorstand ist seiner Auskunftspflicht nur schleppend nach mehrfachem Insistieren nachgekommen." Sollte ein solcher Tatbestand tatsächlich vorliegen, wäre er dem Vorsitzenden des Aufsichtsrats oder der Gesellschafterversammlung in einem vom Prüfungsbericht getrennten Informationsmedium mitzuteilen. Ergeben sich besondere Schwierigkeiten bei der Erlangung von Prüfungsnachweisen, so ist hierüber auch dann zu berichten, wenn das Unternehmen – so etwa wegen der Corona-Krise – diese Schwierigkeiten nicht zu vertreten hat.[1] 70

Bei nicht ausreichender Auskunftserteilung und Erfüllung der Nachweispflicht kann ein **Prüfungshemmnis** vorliegen, über das zu berichten ist[2] und das zur Einschränkung des Bestätigungsvermerks führen kann (→ § 322 Rz. 54).

V. Besonderer Abschnitt über Steuerberatungs- und Bewertungsleistungen bei PIEs (§ 319a Abs. 1 Satz 3)

Bei der Prüfung von PIEs sind in einem gesonderten Berichtsteil die Auswirkungen zulässigerweise erbrachter Steuerberatungs- und Bewertungsleistungen auf den Abschluss darzustellen (IDW PS 450 Tz. 103/1). Auf → § 319a Rz. 21 und → § 319a Rz. 21a wird verwiesen. 70a

1 IDW, Fachlicher Hinweis zu Auswirkungen der Ausbreitung des Coronavirus auf die Rechnungslegung und deren Prüfung (Teil 2), 25.3.2002.
2 Vgl. IDW PS 450 Tz. 59.

VI. „Besonderer Abschnitt": Darstellung des Prüfungsgeschehens (Abs. 3)

71 Gegenstand, Art und Umfang der Abschlussprüfung sind sowohl im Prüfungsbericht als auch im Bestätigungsvermerk (→ § 322 Rz. 31) darzustellen. Außerdem ist auf die angewandten Rechnungslegungs- und Prüfungsgrundsätze einzugehen.

Der **Gegenstand** der Abschlussprüfung ergibt sich aus § 317 HGB, nämlich Buchführung, Jahresabschluss/Konzernabschluss und Lagebericht sowie ggf. das nach § 91 Abs. 2 AktG einzurichtende Risikofrüherkennungssystem. Ggf. sind Erweiterungen des Prüfungsauftrags nach rechtsform- oder branchenspezifischen Vorschriften (z. B. für Genossenschaften, → § 336 Rz. 8) oder nach den Anforderungen des Gesellschaftsvertrags bzw. der Satzung darzustellen. Eine Negativerklärung zum Verzicht auf die Prüfung der Angaben nach § 289a HGB (→ § 289a Rz. 1) ist möglich, aber nicht zwingend. Zu den Folgerungen der Nichtprüfungspflicht für die Berichterstattung und den Bestätigungsvermerk wird verwiesen auf → § 317 Rz. 80.

Bei Gesellschaften, die nach § 289f HGB im Lagebericht eine Erklärung zur Unternehmensführung abgeben bzw. eine zur Internetseite machen, ist darauf hinzuweisen, dass die Prüfung der Angaben nach § 289f Abs. 2 und Abs. 5 HGB sich darauf beschränkt, ob diese Angaben gemacht wurden (§ 317 Abs. 2 Satz 6 HGB). Bzgl. der nichtfinanziellen Berichterstattung des Unternehmens nach §§ 289b ff. HGB bis 289e HGB gilt Entsprechendes (§ 317 Abs. 2 Satz 4 HGB). In diesen Fällen ist ISA 720 (Revised) (Entwurf-DE) anzuwenden. Ein von bestimmten Gesellschaften dem Lagebericht nach § 289 HGB als Anlage beizufügender Bericht zur Gleichstellung und Entgeltgleichheit ist ebenfalls nicht Gegenstand der Abschlussprüfung. Auch hierauf ist im Prüfungsbericht hinzuweisen (IDW PS 450 Tz. 52c).

72 Zur Erläuterung von Art und Umfang der Prüfung sind die Prüfungsgrundsätze zu nennen, durch Bezugnahmen auf §§ 316 ff. HGB und die IDW-Grundsätze ordnungsmäßiger Abschlussprüfung. Ergänzend kann auf die ISA verwiesen werden. Abweichungen von den IDW-Grundsätzen sind zu begründen (IDW PS 450 Tz. 55). Zusätzlich sind Angaben zur risikoorientierten Prüfungsstrategie, Prüfung des rechnungslegungsrelevanten internen Kontrollsystems, Angabe der Prüfungsschwerpunkte nach mehrjährigem Prüfungsplan, stichproben- und einzelfallbezogene Prüfungshandlungen sowie Systemprüfungen zu erwähnen (→ § 317 Rz. 17 ff.). Weiter ist einzugehen auf die Bestandsnachweise, die Heranziehung von Prüfungsergebnissen Dritter etc. (vgl. im Einzelnen IDW PS 450 Tz. 57).

72a Bei der Prüfung von **PIEs** ergeben sich zusätzliche Berichtsanforderungen:

- Art. 11 Abs. 2 Buchst. b) und e) EU-APrVO: Nennung jedes an der Prüfung beteiligten verantwortlichen Prüfungspartners sowie (neben einer auch nach allgemeinen Grundsätzen erforderlichen Beschreibung des Umfangs) eine Beschreibung des Zeitplans der Prüfung (tatsächlicher zeitlicher Ablauf).
- Art. 11 Abs. 2 Buchst. f) EU-APrVO und Art. 11 Abs. 3 EU-APrVO: bei einem *joint audit* Beschreibung der Aufgabenverteilung sowie evtl. Uneinigkeiten zwischen den Prüfern.
- Art. 11 Abs. 2 Buchst. c) EU-APrVO: Bei Tätigkeit von fremden (Teilbereichs-)Prüfern oder Hinzuziehung von externen Sachverständigen ist über diese Tatsache und die von diesen eingeholten Unabhängigkeitserklärungen zu berichten.
- Art. 11 Abs. 2 Buchst. g) EU-APrVO: Beschreibung, welche Bilanzposten oder Prüffelder direkt (aussagebezogen), welche im Wege der Systemprüfungen geprüft wurden.

- Art. 11 Abs. 2 Buchst. h) EU-APrVO: Darlegung der quantitativen Wesentlichkeitsgrenzen, die bei der Durchführung der Abschlussprüfung für den Abschluss als Ganzes und für einzelne Bereiche zugrunde gelegt wurden, sowie Darlegung der qualitativen Faktoren, die bei der Festlegung der Wesentlichkeitsgrenzen berücksichtigt wurden.
- Art. 11 Abs. 2 Buchst. p) i) EU-APrVO: Erläuterung bedeutsamer Schwierigkeiten, die während der Abschlussprüfung aufgetreten sind (vgl. auch IDW PS 470 Tz. 21).
- Art. 11 Abs. 2 Buchst. p) ii) EU-APrVO: Erläuterung sich aus der Abschlussprüfung ergebender bedeutsamer Sachverhalte, über die mit dem Management kommuniziert wurde (vgl. IDW PS 470 Tz. 21 und Tz. A27).
- Art. 11 Abs. 2 Buchst. p) iii) EU-APrVO: sonstige sich aus der Abschlussprüfung ergebenden Sachverhalte, die für die Aufsicht über den Rechnungslegungsprozess bedeutsam sind (IDW PS 470 Tz. 21).
- Art. 11 Abs. 2 Buchst. d) EU-APrVO: Beschreibung der Art, der Häufigkeit und des Umfangs der Kommunikation mit dem Prüfungsausschuss, dem Unternehmensleitungsorgan und dem Aufsichtsorgan des geprüften Unternehmens, einschließlich der Zeitpunkte der Zusammenkünfte mit diesen Organen [...].“

Die Rechnungslegungsgrundsätze umfassen solche nach **nationaler** und **internationaler** Art, 73 Letztere etwa bei der Prüfung eines Einzelabschlusses i. S. des § 325 Abs. 2a HGB (→ § 325 Rz. 25) und der Prüfung eines Konzernabschlusses, der auf der Grundlage des § 315e HGB nach den internationalen Rechnungslegungsgrundsätzen (IFRS) erstellt worden ist. Die deutschen Rechnungslegungsgrundsätze ergeben sich insbesondere aus dem HGB und aus branchenspezifischen Regeln, z. B. nach der Krankenhausbuchführungsverordnung.

VII. Besonderer Teil: Risikofrüherkennungssystem (Abs. 4)

Der Vorstand einer börsennotierten Aktiengesellschaft ist nach § 91 Abs. 2 AktG zur Einrich- 74 tung eines sog. Risikofrüherkennungssystems verpflichtet. Dessen Aufgabe besteht in der frühzeitigen Erkennung **bestandsgefährdender** Entwicklungen für die Gesellschaft. Dem Abschlussprüfer einer solchen Aktiengesellschaft obliegt nach § 317 Abs. 4 HGB eine Beurteilung (→ § 317 Rz. 89), ob

- der Vorstand ein solches System in geeigneter Form eingerichtet hat,
- das System seine Aufgaben erfüllen kann.

Im Prüfungsbericht ist das **Ergebnis** dieser Prüfungshandlung darzustellen, also nicht die Einzelheiten zu den Prüfungshandlungen. Ebenso wenig ist das System selbst darzustellen (IDW PS 450 Tz. 104 f.).

Vielmehr genügt eine **Positiv**feststellung im Prüfungsbericht, wenn ein funktionsfähiges Risi- 75 kofrüherkennungssystem eingerichtet ist. Es genügt dann folgende Aussage:

> „Der Vorstand hat die nach § 91 Abs. 2 AktG geforderten Maßnahmen, insbesondere zur Einrichtung eines Überwachungssystems, in geeigneter Weise getroffen. Das Überwachungssystem ist zur frühzeitigen Erkennung bestandsgefährdender Risiken der Gesellschaft geeignet.“

Kein Urteil darf der Abschlussprüfer darüber abgeben, ob die Erkenntnisse aus diesem funktio- 76 nierenden System auch in die **Geschäftsführungsstrategie** eingeführt werden. Empirisch darf man daran spätestens nach den Erkenntnissen aus der Subprime-Krise zweifeln. In diesem Fall hätten die betroffenen Abschlussprüfer keine Falschaussage im Prüfungsbericht gemacht. Möglicherweise sind aber auch diese Systeme **nicht** zur Risikofrüherkennung **geeignet** gewesen (→ § 289 Rz. 80 ff.). In diesen Fällen mag man die vermutlich im Prüfungsbericht geäußerte Bestätigung des Abschlussprüfers über die Eignung des Systems als unzutreffend beurteilen. Unseres Erachtens wäre dieses Urteil allerdings nur vordergründig zutreffend. Vielmehr sollte man die Vorstellung des Gesetzgebers von der Insolvenzprophylaxe solcher „Systeme" und ihrer Überwachung durch den Abschlussprüfer samt den Aussagen im Lagebericht als **Überforderung** charakterisieren. Risiken lauern nun einmal an allen Ecken und Enden des Wirtschaftslebens, d. h., sie sind notwendiger Bestandteil des „Wirtschaftens", mit ihnen verbundene Chancen sind gegeneinander abzuwägen. Ob die danach getroffenen Entscheidungen des Managements „richtig" oder „falsch" oder gar bestandsgefährdend gewesen sind, weiß „man", und damit auch der Abschlussprüfer, erst im Nachhinein. Auf der Grundlage dieser Erkenntnis muss auch die geforderte Bestätigung des Abschlussprüfers zum Risikoerkennungssystem beurteilt werden.

77 Bei **Nichteinrichtung** eines Risikofrüherkennungssystems durch den Vorstand einer börsennotierten Aktiengesellschaft ist dies im Bericht darzustellen, ebenso das Faktum festgestellter wesentlicher Verstöße gegen die gesetzlichen Vorgaben. Es handelt sich dabei um eine Berichterstattung nach Abs. 1 Satz 3 (→ Rz. 44 ff.).

78 Die Pflicht zur Einrichtung eines Risikofrüherkennungssystems nach § 91 Abs. 2 AktG trifft auf **alle** Aktiengesellschaften zu und soll nach Auffassung des Gesetzgebers in der Gesetzesbegründung auch „Ausstrahlungswirkungen" auf **andere** Gesellschaftsformen haben (→ § 317 Rz. 71). Außerhalb börsennotierter Aktiengesellschaften besteht allerdings keine Prüfungspflicht nach § 317 Abs. 4 HGB. Gleichwohl soll nach IDW PS 450 Tz. 107 auch bei nicht börsennotierten Aktiengesellschaften eine festgestellte Unterlassung der Pflicht nach § 91 Abs. 2 AktG zur Berichterstattung nach Abs. 1 Satz 3 führen. Diese Angabepflicht soll auch bei anderen Gesellschaftsformen „in Betracht kommen". Das IDW differenziert also nach Aktiengesellschaften einerseits und anderen Rechtsformen andererseits. Im ersten Fall besteht eine Berichtspflicht bei solchen Verstößen, bei anderen Rechtsformen kommt sie lediglich in Betracht. Unseres Erachtens sollte der „Ausstrahlungseffekt" nach der Gesetzesbegründung sehr zurückhaltend beurteilt werden. Bei nicht börsennotierten, aber kapitalmarktorientierten Aktiengesellschaften (→ § 264d Rz. 13) mag diese Vorgabe noch in gewisser Weise gerechtfertigt sein, nicht aber bei einer mittelgroßen Aktiengesellschaft oder GmbH. In diesen Fällen ein „System" einzurichten, käme u. E. einem typischen Fall der **Überregulierung** gleich, die man sonst immer wieder dem Gesetzgeber vorhält.

78a Der Abschlussprüfer muss bei bestehender Prüfungspflicht nach § 171 Abs. 1 Satz 2 AktG den Verhandlungen des **Aufsichtsrats** über den Jahres- oder Konzernabschluss beiwohnen und über wesentliche Ergebnisse seiner Prüfung berichten. „Insbesondere" wesentliche Schwächen des internen Kontroll- und des Risikomanagementsystems, bezogen auf den Rechnungslegungsprozess, sind zu erläutern. Die letztgenannte Prüfungspflicht kann sich aber nur auf **börsennotierte** Gesellschaften (→ § 264d Rz. 13) und auf Gesellschaften mit Beteiligung der **öffentlichen Hand** (§ 53 Abs. 1 Nr. 1 HGrG) beziehen. Bei anderen Aktiengesellschaften entfällt die Berichterstattungspflicht ohne einen erweiterten Prüfungsauftrag.[1]

1 Vgl. *Zwirner/Boecker/Hartmann*, DB 2013 S. 471.

VIII. Unabhängigkeitsbestätigung (Abs. 4a)

Die geforderte Unabhängigkeitsbestätigung nimmt implizit Bezug auf die gesetzlichen Regelungen in §§ 319 ff. HGB, §§ 43 und 49 WPO sowie die §§ 20 ff. der BS WP/vBP. Ein Vorschlag zur Formulierung und zur Einrückung in das Gliederungsschema ist in → Rz. 14 unterbreitet. 79

In den **Arbeitspapieren** hat der Wirtschaftsprüfer nach § 51b Abs. 4 WPO die zur Überprüfung seiner Unabhängigkeit durchgeführten Maßnahmen zu dokumentieren.

IX. Erweiterungen des Prüfungsauftrags

Mit dem Auftraggeber des Prüfungsgeschehens darf der Abschlussprüfer eine Erweiterung der Prüfungspflichten **über** die **gesetzlichen hinaus** vereinbaren. Eine erweiterte Beauftragung kann auch aus dem Gesetz (z. B. für Genossenschaften, → § 336 Rz. 8) oder dem Gesellschaftsvertrag resultieren. 80

Denkbar sind auch ohne gesetzliche Verpflichtung ergehende Aufträge zu einer **Geschäftsführungsprüfung** oder einer **Sonderprüfung** für bestimmte Unternehmens- oder Konzernbereiche. Sinnvollerweise sollten allerdings solche Prüfungsaufträge außerhalb der regulären Abschlussprüfung erteilt und angenommen werden, um deren Inhalt nicht mit anderen Aufgaben zu überfrachten. Jedenfalls müssen entsprechende Prüfungsfeststellungen in einem **besonderen** Teil der Berichterstattung dargestellt werden.

X. Wiedergabe des Bestätigungsvermerks

Nach § 322 Abs. 7 Satz 2 HGB ist der Bestätigungsvermerk oder der Versagungsvermerk auch in den Prüfungsbericht aufzunehmen (→ § 322 Rz. 62). 81

XI. Unterzeichnung und Vorlage (Abs. 5)

Das an sich **selbstverständliche** Erfordernis der Unterzeichnung des Prüfungsberichts – wie jedes anderen Dokuments – wird vom Gesetz förmlich hervorgehoben. Die Unterzeichnung des Prüfungsberichts deckt nicht die ebenfalls gebotene des **Bestätigungsvermerks** ab, da es sich um zwei verschiedene Dokumente handelt. Die Unterzeichnung verlangt zusätzlich die Angabe von **Ort** und **Datum.** Das Datum bedeutet die Angabe eines bestimmten Tags, nicht etwa nur eines Monats. Die Datumsangabe muss grundsätzlich mit jener unter dem Bestätigungsvermerk übereinstimmen (IDW PS 450 Tz. 116). Zusammen mit der Unterzeichnung ist bei Pflichtprüfungen das **Berufssiegel** zu verwenden, bei freiwilligen Prüfungen ist die Siegelführung erlaubt (§ 48 Abs. 1 WPO). 82

Für Prüfungsgesellschaften als Abschlussprüfer gilt durch Verweis auf den Bestätigungsvermerk (→ § 322 Rz. 65) eine Unterzeichnungspflicht, „zumindest" für den verantwortlichen Wirtschaftsprüfer, der die Prüfung durchgeführt hat.

Mindestens eines der Berichtsexemplare muss handschriftlich unterzeichnet sein, auf den übrigen Exemplaren genügen vervielfältigte Unterschriften. Bei elektronischer Vervielfältigung sollte ein Hinweis darauf erfolgen. Es empfiehlt sich, die nicht handschriftlich unterzeichneten Berichtsexemplare durch einen entsprechenden Hinweis kenntlich zu machen (beispielsweise durch ein elektronisches Wasserzeichen). Bei Versand der Prüfungsberichte in elektronischer Form sollten Verschlüsselungsverfahren angewandt werden. Dies gilt sowohl für den Versand per E-Mail als auch beim Einsatz von Dateiübertragungsverfahren. Beim Erstellen von PDF-Dateien sollten diese gegen Änderungen geschützt werden.

82a Die im Gesetz geforderte Schriftform der Unterzeichnung – das Wort „schriftlich" wurde für den Bestätigungsvermerk in § 322 Abs. 1 Satz 1 HGB mit dem AReG eingefügt – schließt eine qualifizierte elektronische Signatur nicht aus (§ 126 Abs. 3 BGB). Eine im Einklang mit § 126a BGB stehende qualifizierte elektronische Signatur entfaltet die gleiche Rechtswirkung wie eine handschriftliche Unterschrift (Art. 25 Abs. 2, 3 eIDAS-Verordnung), es gelten aber auch die gleichen Restriktionen (etwa für die Anführung der Berufsbezeichnung, → Rz. 84).

Im Verhältnis zum elektronisch unterzeichneten Bestätigungsvermerk gilt Folgendes: Zwar ist der Bestätigungsvermerk im Prüfungsbericht wiederzugeben, beide sind jedoch je für sich zu unterzeichnen. Die Einbettung eines elektronisch unterzeichneten Bestätigungsvermerks in den Prüfungsbericht bewirkt daher nicht die rechtswirksame Unterzeichnung des Prüfungsberichts selbst.[1]

83 Eine **Vertretung** bei der Unterzeichnung ist unzulässig. Zumindest ein Exemplar muss vom verantwortlichen Wirtschaftsprüfer eigenhändig unterzeichnet werden. Ansonsten sind mechanische Vervielfältigungen zulässig.

84 Bei der Unterzeichnung muss die **Berufsbezeichnung** „Wirtschaftsprüfer/Wirtschaftsprüferin" bzw. „vereidigter Buchprüfer/vereidigte Buchprüferin" beigefügt werden (§ 128 Abs. 2 WPO). Die Hinzufügung ausländischer Titel, die zur Abschlussprüfung qualifizieren (z. B. der US-amerikanische CPA), ist zulässig, nicht dagegen die Verwendung weiterer Berufsbezeichnungen wie Steuerberater oder Rechtsanwalt.

85 Bei Wirtschaftsprüfungs- bzw. Buchprüfungs**gesellschaften** muss die Unterzeichnung durch vertretungsberechtigte Personen mit entsprechender Berufsqualifikation erfolgen. Die Vertretungsberechtigung umfasst dabei auch die Prokurastellung.

86 Der Prüfungsbericht ist nach Unterzeichnung den **gesetzlichen Vertretern vorzulegen**, also den Geschäftsführern einer GmbH bzw. der Komplementärin einer GmbH & Co. KG (→ § 238 Rz. 2), bei der **Aktiengesellschaft** abweichend davon dem **Aufsichtsrat** als Auftraggeber (→ § 318 Rz. 23) bzw. dem eingerichteten Prüfungsausschuss (→ § 318 Rz. 51). Unberührt bleibt die übliche Vorabinformation (→ § 323 Rz. 12) des **Vorstands** durch Überlassung eines Vorabexemplars („Lesebericht") als letzte Aufforderung zur Erfüllung der Nachweispflichten gegenüber dem Abschlussprüfer (→ § 320 Rz. 6). Zum faktisch größeren Empfängerkreis des Prüfungsberichts vgl. → Rz. 4.

Bei der GmbH sind die Gesellschafter nach § 42a GmbHG als Adressaten des Prüfungsberichts bestimmt. Ihnen ist der Bericht „vorzulegen" – sowohl bei Pflicht- als auch bei freiwilligen Prüfungen.[2] Dagegen haben Kommanditisten einer Publikums-KG keinen Anspruch auf Übersendung des Prüfungsberichtes mit der Einladung zur Gesellschafterversammlung; ihnen steht nur ein Einsichtsrecht zu.[3]

Der Prüfungsbericht ist zeitgleich dem Aufsichtsrat und, wenn vorhanden, dem Prüfungsausschuss vorzulegen. Ein Informationsgefälle zwischen den beiden Instanzen zur Kontrolle des

1 IDW, F & A – zum digitalen Prüfungsbericht und Bestätigungsvermerk.

2 Zu Einzelheiten über die „Vorlagetechnik" – Aushändigung oder nur Einblicksgewährung – vgl. *Kleindiek* in Lutter/Hommelhoff, GmbHG, 17. Aufl., § 42a.

3 BGH, Urteil v. 3.2.2015 – II ZR 105/13, DStR 2015 S. 1011.

Prüfungsgeschehens soll vermieden werden. Gleichzeitig ist dem Geschäftsführungsorgan (Vorstand bei der Aktiengesellschaft) der Prüfungsbericht in der endgültigen unterzeichneten Fassung vorzulegen. Allerdings darf diesem Organ auch eine vorläufige Fassung des Berichts(entwurfs) zugeleitet werden, damit es einem letzten Auskunftsersuchen des Abschlussprüfers nachkommen kann. Dies entspricht der bisherigen Handhabung in der Praxis, die durch das AReG nicht geändert werden sollte.

XII. Berichtsanlagen

Pflichtgemäß sind dem Prüfungsbericht als Anlage die Bestandteile des **Jahresabschlusses** mit **Lagebericht** bzw. des **Konzernabschlusses** mit **Konzernlagebericht** beizufügen, außerdem die Allgemeinen Auftragsbedingungen nach den berufsrechtlichen Vorgaben. 87

Auf **freiwilliger** Basis können **weitere** nicht vom Gesetz geforderte Bestandteile beigefügt werden, also z. B. betriebswirtschaftliche Analysen, eine detaillierte Darstellung rechtlicher und wirtschaftlicher Verhältnisse, weitere zusätzliche Aufgliederungen etc. Sinnvollerweise sind solche Untersuchungen und Darstellungen mit dem Auftraggeber **abzustimmen.** Die unnötige Produktion von Papier mit Zahlen, die schon anderweitig verfügbar sind, sollte vermieden werden. Dieser Hinweis gilt insbesondere für die in früheren Zeiten übliche Aufgliederung sämtlicher Jahresabschlussposten unter Zuordnung der jeweiligen Sachkonten (→ Rz. 66). 88

XIII. Konzernabschlussprüfung

1. Einheitliche Berichterstattungsvorgaben

Die Berichterstattungspflichten über die Prüfung von Konzernabschlüssen **unterscheiden** sich nach den gesetzlichen Vorgaben des § 321 HGB **nicht** von denjenigen, die für die Jahresabschlussprüfung gelten. Das Gesetz behandelt die Berichterstattungspflicht immer mit einer einheitlichen Vorgabe. Deshalb muss sich der Konzernabschlussprüfer im Verhältnis zur Berichterstattung über den Jahresabschluss nur mit den **konsolidierungsbedingten** zusätzlichen Angabepflichten und ähnlichen konzernspezifischen Vorgaben befassen. Diese werden nachstehend in der Abfolge der Gliederung zu den Vorgaben für die Jahresabschlussprüfung abgehandelt. 89

2. Darstellung des Prüfungsauftrags

Regelmäßig oder fast ausschließlich wird in der Praxis die Beauftragung des Abschlussprüfers für das **Mutterunternehmen ausgedehnt** auf die Prüfung des Konzernabschlusses. Dem folgt das Gesetz in § 318 Abs. 2 HGB (→ § 318 Rz. 30) durch eine **Fiktion:** Ohne besondere Bestellung eines Konzernabschlussprüfers gilt der Abschlussprüfer der Mutterunternehmung als Konzernabschlussprüfer. Dies ist in der Beschreibung des Prüfungsauftrags (→ Rz. 14) zu erwähnen. 90

3. Die „Vorweg"-Berichterstattung

Dieser Berichtsteil (→ Rz. 15 ff.) muss sich mit der **„Lage"** des Konzerns anstelle des geprüften Unternehmens befassen, in Sonderheit mit der Beurteilung des Fortbestands und der künftigen Entwicklung des Konzerns. Dazu ist auf den **Konzernlagebericht** einzugehen. Die „geprüften Unterlagen" umfassen dabei auch die Jahresabschlüsse und Lageberichte der in den Konzernabschluss **einbezogenen** Unternehmen. Der Berichterstattungsumfang bezieht sich auf 91 die voll- und anteilig konsolidierten Unternehmen. Die wegen untergeordneter Bedeutung nicht konsolidierten Tochterunternehmen (→ § 296 Rz. 18) fallen schon deswegen nicht unter die Berichtspflicht, weil sie die gebotene Wesentlichkeitsschwelle der Berichterstattung (→ Rz. 11) nicht erreichen können. *At equity* bewertete Unternehmen (→ § 311) können dann eine Berichterstattungspflicht auslösen, wenn aus ihnen Folgerungen bzgl. der künftigen negativen Entwicklung des Konzerns zu befürchten sind.

BEISPIEL Die deutsche Mutterunternehmung unterhält im Interesse der gesicherten Rohstoffversorgung in 20 Staaten Beteiligungen *„at equity"*. Bei mehreren dieser Unternehmen drohen staatliche Enteignungen, wodurch die Rohstoffversorgung gefährdet ist. Hier ist eine Angabepflicht im Konzernlagebericht geboten. Bei Personalunion des Abschlussprüfers des Mutterunternehmens mit demjenigen des Konzernabschlusses genügt in diesen Fällen ein Hinweis auf die bereits erfolgte Berichterstattung zum Lagebericht der Mutterunternehmung.

92 Aus Sicht des Konzerns kann im Hinblick auf die **Wesentlichkeitsschwelle** eine Berichterstattung bzgl. der gefährdeten künftigen Entwicklung (→ Rz. 24) bei einer Tochtergesellschaft in der Konzernberichterstattung entfallen, auch wenn sie umgekehrt im Prüfungsbericht für den Jahresabschluss dieser Tochtergesellschaft erforderlich ist.

93 Akute **Bestandsgefährdungen** betreffen Mutterunternehmen und Konzern regelmäßig **gemeinsam.** Sinnvollerweise erfolgt dann diese Berichterstattung einheitlich in beiden Prüfungsberichten, ggf. auch durch Hinweis auf einen entsprechenden Teilbericht (→ Rz. 8).

4. Spezifika der Konzernrechnungslegung

94 Die Feststellungen und Erläuterungen zur Konzernrechnungslegung müssen sich zunächst mit der Bestimmung des **Konsolidierungskreises** und des Konzern**abschlussstichtags** befassen. Dazu sind die Angaben im Konzernanhang (→ § 313 Rz. 15) heranzuziehen. Die speziellen rechtlichen Vorgaben bzgl. der **Konsolidierungsmethoden** (z. B. Quotenkonsolidierung oder *„At equity"*-Konsolidierung) sind darzustellen, ebenso die Veränderungen des Konsolidierungskreises gegenüber dem Vorjahr. Bei der Prüfung von PIEs ist die Abgrenzung des Konsolidierungskreises gem. Art. 11 Abs. 2 Buchst. m) EU-APrVO zu erläutern.

95 Weiterhin ist zu der **Ordnungsmäßigkeit** der in den Konzernabschluss einbezogenen Abschlüsse zu berichten. Insbesondere ist auf die Verwendung der **Prüfungsergebnisse** der Abschlussprüfer von Tochtergesellschaften einzugehen (→ § 317 Rz. 83). Schließlich sind die eigentlichen **Konsolidierungsvorgänge** mit der Vereinheitlichung der Bilanzierungs- und Bewertungsmethoden darzustellen. Letztlich mündet diese Berichterstattung in der Feststellung der Übereinstimmung der Konzernrechnungslegung und Lageberichterstattung mit den gesetzlichen Vorschriften.

96 Eine Besonderheit ergibt sich dann, wenn im Konzernabschluss ein gesetzliches Wahlrecht abweichend von der **Empfehlung** des DRSC[1] ausgeübt wurde (→ § 342 Rz. 9). Darauf muss der Konzernabschlussprüfer hinweisen (→ § 243 Rz. 14). Erfüllt der Konzernlagebericht einzelne einschlägige und wesentliche Anforderungen des DRS 20 nicht, bei denen es sich aber nicht um eine Konkretisierung des HGB handelt, hat der Abschlussprüfer über die Nichtbeachtung der Anforderungen des DRS 20 unter Würdigung der Begründung der gesetzlichen Vertreter ausschließlich im Prüfungsbericht zu berichten (IDW PS 450 Tz. 137b).

1 Vgl. IDW PS 201 Tz. 12.

Der Konzernabschlussprüfer hat den Anspruch auf **Aufklärungen** und **Nachweise** auch gegenüber den gesetzlichen Vertretern der in den Konzernabschluss einbezogenen Tochterunternehmen (→ § 320 Rz. 20). Die Einhaltung dieser Pflichten ist im Bericht zu erwähnen, die Nichteinhaltung in negativer Form. Förmlich nicht zur Auskunft verpflichtet sind die gesetzlichen Vertreter von assoziierten Gesellschaften und von solchen, die *at equity* in den Konzernabschluss einbezogen sind. Entsprechend muss der Konzernabschlussprüfer dazu auch nicht Stellung nehmen. Sinnvoll ist aber die Veranlassung einer entsprechenden Auskunftserteilung dieser Gesellschaften durch das Mutterunternehmen, wobei ein Rechtsanspruch darauf nicht besteht. 97

Sodann hat der Konzernabschlussprüfer die durchgeführten Prüfungshandlungen für die einbezogenen Abschlüsse der **Tochtergesellschaften** – seien diese nun geprüft oder nicht – darzustellen, insbesondere die Form der **Überwachung** der bei den Tochtergesellschaften agierenden Abschlussprüfer (→ § 317 Rz. 84). Sofern die lokalen Abschlussprüfer Einwendungen gegen die dortigen Abschlüsse erhoben haben, sind diese unter dem Gesichtspunkt einer höheren Wesentlichkeitsschwelle im Konzernabschluss als berichtspflichtig oder nicht zu beurteilen. Bei der Prüfung von PIEs bestehen besondere Berichtspflichten nach Art. 11 Abs. 2 Buchst. n) EU-APrVO, wenn nicht in der EU registrierte Teilbereichsprüfer aus Drittstaaten tätig waren oder nicht netzwerkzugehörige Teilbereichsprüfer aus EU-Ländern tätig waren (IDW PS 450 Tz. P 123/1). 98

Bzgl. der Berichtspflicht zu den „wesentlichen **Bewertungsgrundlagen**" i. S. des Abs. 2 Satz 4 (→ Rz. 55) sind im Prüfungsbericht über den Konzernabschluss als sinngemäße Erweiterung des Gesetzeswortlauts die Konsolidierungs**methoden** darzustellen, sofern hier Wahlrechte bestehen (z. B. im Rahmen der Übergangsvorschriften): 99

- die Ermittlung des Geschäfts- oder Firmenwerts im Rahmen der Kaufpreisallokation,
- die Darstellung eines Konsolidierungsvorgangs *„under common control"* (→ § 301 Rz. 95 ff.) und anderer vom Gesetz nicht geregelter Wahlrechte,
- die Behandlung latenter Steuern.

Wie bei der Berichterstattung über die Prüfung des Jahresabschlusses darf sich der Konzernabschlussprüfer nicht im Klein-Klein bewegen, er muss sich auf die wirklich **wesentlichen** Erläuterungen und Aufgliederungen des Konzernabschlusses beschränken (→ Rz. 66). 100

5. Zusammengefasster Prüfungsbericht

Bei **zusammengefasster** Offenlegung des Konzernabschlusses und des Jahresabschlusses der Mutterunternehmung nach § 325 Abs. 3a Satz 2 HGB können auch die beiden Prüfungsberichte zusammengefasst werden (→ § 325 Rz. 30). Die jeweiligen gesetzlichen Anforderungen an die beiden Berichte sind dabei vollständig zu erfüllen, eine Art Konsolidierung ist nicht zulässig. Eine solche Zusammenfassung darf nur dann erfolgen, wenn der Konzernanhang (→ § 298 Rz. 38) und der Lagebericht (→ § 315 Rz. 3) in zusammengefasster Form erstellt worden sind (IDW PS 450 Tz. 138). In der Praxis wird die zusammengefasste Berichterstellung eher selten gewählt. 101

XIV. Sonderfälle

1. Freiwillige Abschlussprüfung

102 *(einstweilen frei)*

103 Von der Prüfungspflicht insbesondere wegen Größe, Rechtsform oder Einbeziehung in einen Konzernabschluss befreite Unternehmen können jederzeit einen Auftrag zur Durchführung einer Abschlussprüfung erteilen. Dabei ist der **Umfang** der Prüfung frei aushandelbar. Allerdings kann ein Bestätigungsvermerk i. S. des § 322 HGB (→ § 322 Rz. 75) nur bei einer sog. Vollprüfung erfolgen. Die Prüfung muss unter Beachtung der Einzelheiten des § 317 HGB durchgeführt werden (→ § 317 Rz. 2) und zur Erfüllung der Berichterstattungspflicht nach § 321 HGB führen. Bei eingeschränktem Prüfungsinhalt kommt nur die Erteilung einer **Bescheinigung** in Betracht.

104 Bei gesetzesgemäßer **Nichterstellung** eines Lageberichts und/oder Anhangs sind die entsprechenden Formulierungen im Prüfungsbericht anzupassen.

105 Die Unterzeichnung des Prüfungsberichts einer Wirtschaftsprüfungs- oder Buchprüfungsgesellschaft muss durch Unterschrift eines **Berufsangehörigen** geleistet werden, die **Zweitunterschrift** kann im Gegensatz zur gesetzlichen Abschlussprüfung durch eine nicht qualifizierte Person, z. B. einen Steuerberater, erfolgen.[1] Dabei ist die Siegelführung erlaubt, aber nicht geboten.[2]

106 *(einstweilen frei)*

2. Erstprüfungen

107 Eine Erstprüfung liegt vor, wenn:

- der Vorjahresabschluss nicht oder durch einen **anderen** Abschlussprüfer geprüft wurde oder
- der **erste** Abschluss eines neu gegründeten Unternehmens vorliegt.

IDW PS 205 befasst sich ausführlich mit den Besonderheiten einer so verstandenen Erstprüfung. Dabei werden **Besonderheiten** angesprochen, die eine entsprechend zielgerichtete Prüfung erforderlich machen. Daraus kann sich die Pflicht zu einer erweiterten Berichterstattung in folgenden Fällen ergeben:

- eingeschränkter oder versagter Bestätigungsvermerk für den Vorjahresabschluss,
- gesetzeswidrige Nichtprüfung des Vorjahresabschlusses,
- fehlende Bestandsnachweise für die Vorjahresbilanzzahlen,
- bei Umwandlungen und Verschmelzungen die Ordnungsmäßigkeit der angesetzten Werte, häufig Zeitwert,
- Übergang zur IFRS-Rechnungslegung nach IFRS 1.

108 Die zugehörige ergänzende Berichterstattung muss jedenfalls dann eine Feststellung über den Inhalt der Vorjahreszahlen enthalten, wenn die Vorjahresbilanz nicht geprüft wurde.

109 *(einstweilen frei)*

1 § 27a Satz 1 BS WP/vBP.
2 § 48 Abs. 1 Satz 2 WPO.

3. Prüfung der nach internationalen Rechnungslegungsnormen aufgestellten Abschlüsse

Die Prüfungspflicht nach § 316 Abs. 2 HGB (→ § 316 Rz. 7) umfasst auch den nach internationalen Rechnungslegungsvorschriften aufgestellten Konzernabschluss nach § 315e HGB und gem. § 324a Abs. 1 HGB den freiwillig erstellten IFRS-Einzelabschluss gem. § 325 Abs. 2a HGB (→ § 324a Rz. 4). Dabei müssen ergänzend zu den nach IFRS vorgeschriebenen Abschlussbestandteilen zusätzlich bestimmte Anforderungen des HGB erfüllt werden, so insbesondere ergänzende Anhangangaben gemacht und ein Konzernlagebericht erstellt werden (→ § 315e Rz. 8 ff.). 110

Bei der Berichterstattung ist auf die **Ordnungsmäßigkeit** des nach IFRS aufgestellten Konzernabschlusses oder des IFRS-Einzelabschlusses einzugehen. Besonderheiten der Berichterstattung ergeben sich in diesem Bereich nicht. Es muss ausgeführt werden, ob die geprüften Abschlussbestandteile den IFRS-Regeln entsprechen, wie sie in europäisches Recht transformiert worden sind. 111

4. Nachtragsprüfungen

Die nach § 316 Abs. 3 HGB **geänderten** Abschlüsse und Lageberichte (→ § 316 Rz. 12 ff.) unterliegen einer gesonderten Prüfung und einer entsprechenden schriftlichen Berichterstattung. Dieser Bericht[1] muss einen Hinweis auf den **ursprünglich** erstatteten Prüfungsbericht enthalten, was die **gemeinsame** Verwendung von Prüfungs- und Nachtragsprüfungsbericht erforderlich macht. Dieser Nachtragsprüfungsbericht darf ausschließlich auf die vorgenommenen Änderungen eingehen, so dass die Gliederungsvorschriften und die Einzelheiten nach § 321 HGB nicht zu beachten sind. Ausnahmsweise kann die Berichterstattung in einer **Ergänzung** des ursprünglichen Prüfungsberichts erfolgen, was aber die **Einziehung** aller bislang verteilten Ausfertigungen des Prüfungsberichts erforderlich macht (IDW PS 450 Tz. 145). 112

Im Nachtragsprüfungsbericht sind die vorgenommenen **Änderungen** und die entsprechenden **Prüfungshandlungen** darzulegen und ist die Gesetz- oder Satzungsmäßigkeit der vorgenommenen Änderungen zu bestätigen. Außerdem soll nochmals die Einhaltung der Generalnorm nach Abs. 2 Satz 3 bestätigt werden. Bei Änderungen des Lage- bzw. Konzernlageberichts ist entsprechend zu verfahren. Dem Bericht sind die geänderten Abschlüsse und Lageberichte als Anlage beizufügen und außerdem der ergänzte oder geänderte Bestätigungsvermerk. 113

(einstweilen frei) 114

5. Gemeinschaftsprüfungen *(joint audit)*

Der Prüfungsauftrag kann nach entsprechender Wahl an mehrere Abschlussprüfer bzw. Abschlussprüfungsgesellschaften erteilt werden (→ § 318 Rz. 21). Der Prüfungsbericht ist in diesem Fall als **Gesamtwerk** der bestellten Abschlussprüfer zu erstellen. Die Auftragserteilung ist im Bericht entsprechend darzulegen. Eine gesonderte Erwähnung der **jeweils bearbeiteten** Prüfungsgebiete soll im Bericht wegen der Gesamtverantwortung der gemeinschaftlich bestellten Prüfer nicht erfolgen. Abweichendes ergibt sich bei der Prüfung von PIEs aus Art. 11 Abs. 2 der 115

1 Vgl. IDW PS 450 Tz. 145.

EU-APrVO. Für alle Unternehmen gilt, dass **abweichende** Prüfungsfeststellungen der gemeinschaftlich bestellten Prüfer im Bericht **gesondert** zu kennzeichnen sind.[1]

Bei nicht übereinstimmendem Gesamturteil sind die **Bestätigungsvermerke** getrennt zu erteilen (→ § 322 Rz. 95).[2]

6. Kündigung des Prüfungsauftrags

116 In Ausnahmefällen kann der Abschlussprüfer den Auftrag vor Beendigung aus wichtigem Grund nach § 318 Abs. 6 HGB kündigen (→ § 318 Rz. 45). Dann hat er über das Ergebnis seiner **bisherigen** Prüfung nach Maßgabe des § 321 HGB zu berichten (→ § 318 Rz. 49, IDW PS 450 Tz. 150).

In diesem Fall ist im einleitenden Kapitel zum Prüfungsauftrag (→ Rz. 14) auf die Berichterstattung **anlässlich** der **Kündigung** hinzuweisen. Die **Begründung** für die Kündigung sollte an dieser Stelle des Berichts eingerückt werden. Die übrigen Berichtspflichten orientieren sich an den Vorgaben des § 321 HGB, soweit dies nach den bisher erfolgten Prüfungshandlungen möglich ist.

7. Prüfungsbericht in fremder Sprache

117 Das Gesetz schreibt keine bestimmte Sprache für die Erstattung des Prüfungsberichts vor. Wenn eine **Übersetzung** im Hinblick auf die Aufnahmefähigkeit der Adressaten des Prüfungsberichts erforderlich ist, sollte diese u. E. **nicht** durch eine Originalerstellung des Berichts in der gewünschten Fremdsprache erfolgen. Sinnvoll ist eine als Übersetzung des deutschsprachigen Originals gekennzeichnete Version, die auch nicht unterzeichnet und gesiegelt werden darf.

Wenn der Original-Prüfungsbericht in fremder Sprache erstattet wird, muss gleichwohl der Bestätigungsvermerk in Deutsch erteilt werden (→ § 322 Rz. 44), da dieser sich auf den in deutscher Sprache zu erstellenden **Jahresabschluss** (→ § 244 Rz. 1) bezieht. Auch die **Veröffentlichung** des Abschlusses muss nach § 325 HGB in deutscher Sprache erfolgen (→ § 325 Rz. 6).

8. Mängel des Prüfungsberichts

118 Sachliche und formelle Fehler des Prüfungsberichts müssen auf Anforderung des Auftraggebers in Form der Mängelbeseitigung nach § 633 BGB **korrigiert** werden. Eine entsprechende Neufassung des Prüfungsberichts macht die **Rückforderung** sämtlicher ausgegebener Berichtsexemplare mit den Mängeln erforderlich. Bei Herausgabe des Berichts in einem elektronischen Format lässt sich diese Vorgabe allerdings nicht realisieren, da die Weitergabe der Datei nicht kontrollierbar ist.

Werden im Prüfungsbericht erhebliche Umstände vorsätzlich verschwiegen oder inhaltlich falsch wiedergegeben, kann dies eine Geld- oder Freiheitsstrafe nach sich ziehen (→ § 332 Rz. 1).

119 *(einstweilen frei)*

1 Vgl. IDW PS 208 Tz. 25.
2 Vgl. IDW PS 208 Tz. 29.

XV. Nichtprüfungsleistungen rund um den Abschluss

Die Abschluss- und Konzernabschlussprüfung stellt eine **Vorbehaltstätigkeit** für Wirtschaftsprüfer und vereidigte Buchprüfer bzw. die entsprechend organisierten Gesellschaften dar (→ § 319 Rz. 4). Andererseits besteht **keine gesetzliche Beschränkung** des Berufsstands auf diesen Aufgabenbereich. Traditionell üben Wirtschaftsprüfer und vereidigte Buchprüfer wie auch Steuerberater umfangreiche Tätigkeiten „rund um den Abschluss" aus. Unzulässig sind „nur" solche Auftragsdurchführungen, die wegen des Selbstprüfungsverbots ein Hindernis für die beim gleichen Mandanten (→ § 319 Rz. 38 ff.) durchzuführende Abschlussprüfung darstellen. Es kann sich um die Erstellung eines Abschlusses mit oder ohne eingeschränkte Prüfungen handeln oder um die Prüfung von Teilbereichen eines Abschlusses oder um eine prüferische Durchsicht. Die Übergänge zwischen den Tätigkeitsinhalten sind fließend. Den **berufsrechtlichen** Vorgaben (hier des IDW) folgend sind zu unterscheiden: 120

- prüferische **Durchsicht** von Abschlüssen *(„Review")*, i. d. R. bei der Zwischenberichterstattung von börsennotierten Unternehmen,
- Prüfung von Abschlüssen für einen **speziellen** Zweck,
- Prüfung von **Finanzaufstellungen** oder deren Bestandteilen,
- Grundsätze für die **Erstellung** von Jahresabschlüssen.

In allen diesen Tätigkeitsbereichen ist ein Bericht zu erstellen, aus dem die ausgeübte Tätigkeit und deren Beschreibung hervorgehen. In keinem Fall darf ein Bestätigungsvermerk (→ § 322 Rz. 19) erteilt werden, bestenfalls ein **„Prüfungsvermerk** des Wirtschaftsprüfers", IDW PS 480 und 490, ansonsten lediglich eine Bescheinigung.

(einstweilen frei) 121

§ 321a Offenlegung des Prüfungsberichts in besonderen Fällen

(1) [1]Wird über das Vermögen der Gesellschaft ein Insolvenzverfahren eröffnet oder wird der Antrag auf Eröffnung des Insolvenzverfahrens mangels Masse abgewiesen, so hat ein Gläubiger oder Gesellschafter die Wahl, selbst oder durch einen von ihm zu bestimmenden Wirtschaftsprüfer oder im Fall des § 319 Abs. 1 Satz 2 durch einen vereidigten Buchprüfer Einsicht in die Prüfungsberichte des Abschlussprüfers über die aufgrund gesetzlicher Vorschriften durchzuführende Prüfung des Jahresabschlusses der letzten drei Geschäftsjahre zu nehmen, soweit sich diese auf die nach § 321 geforderte Berichterstattung beziehen. [2]Der Anspruch richtet sich gegen denjenigen, der die Prüfungsberichte in seinem Besitz hat.

(2) [1]Bei einer Aktiengesellschaft oder einer Kommanditgesellschaft auf Aktien stehen den Gesellschaftern die Rechte nach Absatz 1 Satz 1 nur zu, wenn ihre Anteile bei Geltendmachung des Anspruchs zusammen den einhundertsten Teil des Grundkapitals oder einen Börsenwert von 100 000 Euro erreichen. [2]Dem Abschlussprüfer ist die Erläuterung des Prüfungsberichts gegenüber den in Absatz 1 Satz 1 aufgeführten Personen gestattet.

(3) [1]Der Insolvenzverwalter oder ein gesetzlicher Vertreter des Schuldners kann einer Offenlegung von Geheimnissen, namentlich Betriebs- oder Geschäftsgeheimnissen, widersprechen, wenn die Offenlegung geeignet ist, der Gesellschaft einen erheblichen Nachteil zuzufügen. [2]§ 323 Abs. 1 und 3 bleibt im Übrigen unberührt. [3]Unbeschadet des Satzes 1 sind die Berechtigten nach Absatz 1 Satz 1 zur Verschwiegenheit über den Inhalt der von ihnen eingesehenen Unterlagen nach Absatz 1 Satz 1 verpflichtet.

(4) Die Absätze 1 bis 3 gelten entsprechend, wenn der Schuldner zur Aufstellung eines Konzernabschlusses und Konzernlageberichts verpflichtet ist.

Inhaltsübersicht Rz.

LITERATUR:

Forster/Gelhausen/Möller, Das Einsichtsrecht nach § 321a HGB in Prüfungsberichte des gesetzlichen Abschlussprüfers, WPg 2007 S. 191.

I. Normzweck in Insolvenzfällen geprüfter Unternehmen

1 In Insolvenzfällen besteht ein eingeschränktes Einblicksrecht von Gläubigern und Gesellschaftern in den Prüfungsbericht. Dadurch soll die häufig aufkommende Frage nach der Qualität der Abschlussprüfung beantwortet werden. Auf den Abschlussprüfer von kriselnden Unternehmen wird dadurch eine **präventive** Wirkung zu sorgfältiger Berichterstattung auf der Grundlage des § 321 HGB ausgeübt.[1] Andererseits kann sich der Prüfer ohne förmliche Entbindung von der Verschwiegenheitspflicht nicht uneingeschränkt gegen entsprechende Anschuldigungen wehren.[2]

II. Einsichtnahme in den Prüfungsbericht (Abs. 1)

2 **Tatbestandlich** geht es um die Eröffnung eines Insolvenzverfahrens oder die Abweisung dieses Verfahrens mangels Masse. Als **Rechtsfolge** besteht ein Einsichtsrecht in den Prüfungsbericht der betroffenen Gesellschaft, die dem Abschlussprüfer die Möglichkeit der Erläuterung des Prüfungsberichts gegen die Einsichtsberechtigten verschafft (→ Rz. 10). Eine Offenlegung i. S. des § 325 HGB ist damit nicht verbunden, sondern lediglich ein Rechtsanspruch auf die Einsichtnahme in den Bericht.

3 Anspruchsberechtigt sind **Gläubiger** und **Gesellschafter.** Bei juristischen Personen als Gläubigern kann ein Mitarbeiter die Einsichtnahme vollziehen.[3] Der Gläubiger oder Gesellschafter kann das Einsichtsrecht auf einen Wirtschaftsprüfer oder vereidigten Buchprüfer (Letzteres im Falle des § 319 Abs. 1 Satz 2 HGB) **übertragen** oder aber auch auf eine Wirtschaftsprüfungs- oder Buchprüfungsgesellschaft. Für diese Berufsgesellschaften muss nicht ein Wirtschaftsprüfer oder vereidigter Buchprüfer **selbst** die Einsichtnahme durchführen, es kann sich auch um einen **Mitarbeiter** handeln, der nach § 50 WPO zur Verschwiegenheit verpflichtet ist.

4 Das Einsichtsrecht bezieht sich auf die **Prüfungsberichte,** nicht auf sonstige **Unterlagen**, erst recht nicht auf die **Arbeitspapiere** des Wirtschaftsprüfers. **Zeitlich** beschränkt sich die Einsichtnahme auf die letzten drei gefertigten Prüfungsberichte, beginnend mit dem letzten dem dann insolvent gewordenen Unternehmen ausgehändigten Bericht. **Inhaltlich** ist nur „die nach § 321 HGB geforderte Berichterstattung“ betroffen, gem. IDW PS 450 Tz. 152c deshalb zwar bei PIEs z. B. der (zusätzliche) Bericht(steil) an den Prüfungsausschuss, nicht jedoch (bei allen Un-

1 Vgl. *Bertram* in Haufe HGB Bilanz Kommentar, 4. Aufl. 2013, § 321a Tz. 3.
2 IDW PS 450 Tz. 152a.
3 Vgl. *Forster/Gelhausen/Möller*, WPg 2007 S. 191.

ternehmen) Bestandteile des Prüfungsberichts, die auf branchen- oder rechtsformspezifischen Vorschriften oder auf Auftragserweiterungen beruhen.

Der einsichtsberechtigte Gläubiger ist zivilrechtlich zu bestimmen. Die Gläubigerschaft aufgrund **abgetretenen Rechts** begründet damit ebenfalls die Einblicksberechtigung. 4a

Die Einsichtnahme durch einen vom Gläubiger oder Gesellschafter zu bestimmenden Wirtschaftsprüfer oder vereidigten Buchprüfer **schließt** nach dem Wortlaut des Gesetzes die Einblicknahme des Gläubigers und Gesellschafters selbst **aus.** Eine solche einschränkende Gesetzesinterpretation erscheint allerdings nicht sinnvoll. Unseres Erachtens sollte ein gemeinsamer Einblick von Gesellschafter und Gläubiger einerseits und beauftragtem Berufsangehörigen andererseits möglich sein.[1] 5

Nicht eindeutig aus dem Gesetz abzuleiten ist das Einblicksrecht bei einer **freiwilligen** Abschlussprüfung. Viel spricht allerdings für die in IDW PS 450 Tz. 152c vorgesehene Beschränkung auf Pflichtprüfungen, da der Gesetzestext sich auf eine „nach § 321 **geforderte** Berichterstattung" bezieht. 6

Der Anspruch auf Einblick ist zu **richten** entweder gegen den Insolvenzverwalter oder gegen Personen, die den Prüfungsbericht verwahren oder in ihrem Besitz haben. Zumindest in Abstimmung mit dem Insolvenzverwalter kann auch der betroffene Abschlussprüfer, der wegen der berufsrechtlichen Aufbewahrungsfristen den Bericht in seinem Besitz hat, die Einsichtnahme gewähren. 7

Einen Anspruch auf **Kopien** haben die Einblicknehmenden nicht, da sonst die Vertraulichkeit (→ Rz. 12) des Prüfungsberichts nicht gewahrt würde.[2] 8

III. Beschränkung des Einblicksrechts (Abs. 2 Satz 1)

Das Verfahren könnte bei Aktiengesellschaften mit einer Vielzahl von Kleinaktionären unhandlich werden. Deshalb beschränkt das Gesetz in Abs. 2 das Einblicksrecht von Aktionären einer AG oder KGaA auf einen bestimmten Grenzwert, der mit § 142 Abs. 2 und 4 sowie § 148 Abs. 1 AktG (Bestellung von Sonderprüfern) übereinstimmt. Arbeitnehmer sind deshalb ebenfalls von einer Einblicknahme ausgeschlossen, obwohl sie genau wie Gläubiger ein berechtigtes Interesse an der Einblicknahme haben könnten. 9

IV. Erläuterungsrecht des Abschlussprüfers (Abs. 2 Satz 2)

Der Abschlussprüfer darf dem einblicksberechtigten Gläubiger im Interesse der Rechtfertigung seiner Arbeiten den Prüfungsbericht **erläutern.** Die **Form** der Erläuterung ist vom Gesetz nicht geregelt, deshalb muss u. E. sowohl die mündliche als auch die schriftliche Erläuterung möglich sein.[3] Als nicht zulässig wird es erachtet, den gesamten Prüfungsbericht zu erläutern oder gar dem Einsichtsberechtigten zu überlassen.[4] 10

1 So auch *Bertram* in Haufe HGB Bilanz Kommentar, 4. Aufl. 2013, § 321a Tz. 9.

2 Vgl. *Pfitzer/Oser/Orth,* DB 2004 S. 2593.

3 Anderer Auffassung *Bertram* in Haufe HGB Bilanz Kommentar, 4. Aufl. 2013, § 321a Tz. 38: „Ausschließlich mündlich". Dagegen *Forster/Gelhausen/Möller,* WPg 2007 S. 199, die auch eine schriftliche Erläuterung für zulässig erachten.

4 Vgl. *Forster/Gelhausen/Möller,* WPg 2007 S. 199.

V. Geschäftsgeheimnisse und Verschwiegenheitspflicht (Abs. 3)

11 Der insolventen Gesellschaft kann ein erheblicher Nachteil durch die Offenlegung von Betriebs- oder Geschäftsgeheimnissen entstehen. Diese Gefahr droht sowohl durch den zur Einsichtnahme ausgebreiteten Prüfungsbericht als auch durch die dem Abschlussprüfer gestatteten oder auferlegten Erläuterungen. Letzteres macht eine Abstimmung zwischen dem betroffenen Abschlussprüfer und dem Insolvenzverwalter erforderlich. IDW PS 450 Tz. 152q empfiehlt deshalb, die Aufforderung zur Erläuterung dem Insolvenzverwalter (und nicht den Gläubigern) anzuvertrauen.[1] Jedenfalls darf die Verschwiegenheitspflicht nach § 323 Abs. 1 und 3 HGB (→ § 323 Rz. 14) nicht umgangen werden.

12 Die Einsichtnehmenden sind ihrerseits zur Verschwiegenheit verpflichtet. Sie dürfen also die erhaltenen Informationen nicht an Dritte weitergeben. Das gilt auch für die vom Abschlussprüfer gegebenen mündlichen Erläuterungen. Fraglich ist, ob eine solche Verschwiegenheitspflicht bei einer nennenswerten Anzahl von Gläubigern realistischerweise eingehalten werden kann.

VI. Einsichtnahme in Prüfungsberichte zu Konzernabschlüssen (Abs. 4)

13 Für Konzernabschlussprüfungen sind einblicksberechtigt die

- **Gesellschafter** des Mutterunternehmens (nicht außenstehende Gesellschafter i. S. der Konzernrechnungslegung),
- **Gläubiger** des Mutterunternehmens (nicht also Gläubiger eines Konzern-Tochterunternehmens).

Ein Einblicksrecht wird nicht für die Prüfungsberichte von in den Konzernabschluss einbezogenen **Tochter**unternehmen gewährt.

§ 322 Bestätigungsvermerk

(1) [1]Der Abschlussprüfer hat das Ergebnis der Prüfung schriftlich in einem Bestätigungsvermerk zum Jahresabschluss oder zum Konzernabschluss zusammenzufassen. [2]Der Bestätigungsvermerk hat Gegenstand, Art und Umfang der Prüfung zu beschreiben und dabei die angewandten Rechnungslegungs- und Prüfungsgrundsätze anzugeben; er hat ferner eine Beurteilung des Prüfungsergebnisses zu enthalten. [3]In einem einleitenden Abschnitt haben zumindest die Beschreibung des Gegenstands der Prüfung und die Angabe zu den angewandten Rechnungslegungsgrundsätzen zu erfolgen. [4]Über das Ergebnis der Prüfung nach § 317 Absatz 3a ist in einem besonderen Abschnitt zu berichten.

(1a) Bei der Erstellung des Bestätigungsvermerks hat der Abschlussprüfer die internationalen Prüfungsstandards anzuwenden, die von der Europäischen Kommission in dem Verfahren nach Artikel 26 Absatz 3 der Richtlinie 2006/43/EG angenommen worden sind.

(2) [1]Die Beurteilung des Prüfungsergebnisses muss zweifelsfrei ergeben, ob

1. **ein uneingeschränkter Bestätigungsvermerk erteilt,**
2. **ein eingeschränkter Bestätigungsvermerk erteilt,**
3. **der Bestätigungsvermerk aufgrund von Einwendungen versagt oder**

1 IDW PS 450 Tz. 152g.

4. der Bestätigungsvermerk deshalb versagt wird, weil der Abschlussprüfer nicht in der Lage ist, ein Prüfungsurteil abzugeben.

[2]Die Beurteilung des Prüfungsergebnisses soll allgemein verständlich und problemorientiert unter Berücksichtigung des Umstandes erfolgen, dass die gesetzlichen Vertreter den Abschluss zu verantworten haben. [3]Auf Risiken, die den Fortbestand der Kapitalgesellschaft oder eines Konzernunternehmens gefährden, ist gesondert einzugehen. [4]Auf Risiken, die den Fortbestand eines Tochterunternehmens gefährden, braucht im Bestätigungsvermerk zum Konzernabschluss des Mutterunternehmens nicht eingegangen zu werden, wenn das Tochterunternehmen für die Vermittlung eines den tatsächlichen Verhältnissen entsprechenden Bildes der Vermögens-, Finanz- und Ertragslage des Konzerns nur von untergeordneter Bedeutung ist.

(3) [1]In einem uneingeschränkten Bestätigungsvermerk (Absatz 2 Satz 1 Nr. 1) hat der Abschlussprüfer zu erklären, dass die von ihm nach § 317 durchgeführte Prüfung zu keinen Einwendungen geführt hat und dass der von den gesetzlichen Vertretern der Gesellschaft aufgestellte Jahres- oder Konzernabschluss aufgrund der bei der Prüfung gewonnenen Erkenntnisse des Abschlussprüfers nach seiner Beurteilung den gesetzlichen Vorschriften entspricht und unter Beachtung der Grundsätze ordnungsmäßiger Buchführung oder sonstiger maßgeblicher Rechnungslegungsgrundsätze ein den tatsächlichen Verhältnissen entsprechendes Bild der Vermögens-, Finanz- und Ertragslage der Kapitalgesellschaft oder des Konzerns vermittelt. [2]Der Abschlussprüfer kann zusätzlich einen Hinweis auf Umstände aufnehmen, auf die er in besonderer Weise aufmerksam macht, ohne den Bestätigungsvermerk einzuschränken.

(4) [1]Sind Einwendungen zu erheben, so hat der Abschlussprüfer seine Erklärung nach Absatz 3 Satz 1 einzuschränken (Absatz 2 Satz 1 Nr. 2) oder zu versagen (Absatz 2 Satz 1 Nr. 3). [2]Die Versagung ist in den Vermerk, der nicht mehr als Bestätigungsvermerk zu bezeichnen ist, aufzunehmen. [3]Die Einschränkung oder Versagung ist zu begründen; Absatz 3 Satz 2 findet Anwendung. [4]Ein eingeschränkter Bestätigungsvermerk darf nur erteilt werden, wenn der geprüfte Abschluss unter Beachtung der vom Abschlussprüfer vorgenommenen, in ihrer Tragweite erkennbaren Einschränkung ein den tatsächlichen Verhältnissen im Wesentlichen entsprechendes Bild der Vermögens-, Finanz- und Ertragslage vermittelt.

(5) [1]Der Bestätigungsvermerk ist auch dann zu versagen, wenn der Abschlussprüfer nach Ausschöpfung aller angemessenen Möglichkeiten zur Klärung des Sachverhalts nicht in der Lage ist, ein Prüfungsurteil abzugeben (Absatz 2 Satz 1 Nr. 4). [2]Absatz 4 Satz 2 und 3 gilt entsprechend.

(6) [1]Die Beurteilung des Prüfungsergebnisses hat sich auch darauf zu erstrecken, ob der Lagebericht oder der Konzernlagebericht nach dem Urteil des Abschlussprüfers mit dem Jahresabschluss und gegebenenfalls mit dem Einzelabschluss nach § 325 Abs. 2a oder mit dem Konzernabschluss in Einklang steht, die gesetzlichen Vorschriften zur Aufstellung des Lage- oder Konzernlageberichts beachtet worden sind und der Lage- oder Konzernlagebericht insgesamt ein zutreffendes Bild von der Lage der Kapitalgesellschaft oder des Konzerns vermittelt. [2]Dabei ist auch darauf einzugehen, ob die Chancen und Risiken der zukünftigen Entwicklung zutreffend dargestellt sind.

(6a) [1]Wurden mehrere Prüfer oder Prüfungsgesellschaften gemeinsam zum Abschlussprüfer bestellt, soll die Beurteilung des Prüfungsergebnisses einheitlich erfolgen. [2]Ist eine einheitliche Beurteilung ausnahmsweise nicht möglich, sind die Gründe hierfür darzulegen; die Beurteilung ist jeweils in einem gesonderten Absatz vorzunehmen. [3]Die Sätze 1 und 2 gelten im Fall der gemeinsamen Bestellung von

1. Wirtschaftsprüfern oder Wirtschaftsprüfungsgesellschaften,
2. vereidigten Buchprüfern oder Buchprüfungsgesellschaften sowie
3. Prüfern oder Prüfungsgesellschaften nach den Nummern 1 und 2.

(7) [1]Der Abschlussprüfer hat den Bestätigungsvermerk oder den Vermerk über seine Versagung unter Angabe des Ortes der Niederlassung des Abschlussprüfers und des Tages der Unterzeichnung zu unterzeichnen; im Fall des Absatzes 6a hat die Unterzeichnung durch alle bestellten Personen zu erfolgen. [2]Der Bestätigungsvermerk oder der Vermerk über seine Versagung ist auch in den Prüfungsbericht aufzunehmen. [3]Ist der Abschlussprüfer eine Wirtschaftsprüfungsgesellschaft, so hat die Unterzeichnung zumindest durch

den Wirtschaftsprüfer zu erfolgen, welcher die Abschlussprüfung für die Prüfungsgesellschaft durchgeführt hat. [4]Satz 3 ist auf Buchprüfungsgesellschaften entsprechend anzuwenden.

Inhaltsübersicht

LITERATUR:

Arbeitskreis Externe Unternehmensrechnung (AKEU) der Schmalenbach-Gesellschaft für Betriebswirtschaft e.V., BB 2017 S. 107; *Clemm*, Der Abschlussprüfer als Krisenwarner, WPKM 1995 S. 65; *Krones/Groß/Quick/Schmidt*, Key Audit Matters in den Bestätigungsvermerken der FTSE-100-Unternehmen, WPg 2018 S. 1198; *Loitlsberger*, Das Münchhausen-Dilemma der Abschlussprüfung und die Bedingung seiner Überwindung, WPg 2002 S. 705; *Philipps*, Das neue „Formeltestat", WP Praxis 2019 S. 181 ff. und S. 215 ff.; *Philipps*, Going Concern-Unsicherheiten als „Key Audit Matter" im Bestätigungsvermerk bei PIE, WP Praxis 2020 S. 219; *Pföhler/Kunellis/Kappe*, Die Berichterstattung über Key Audit Matters im Bestätigungsvermerk des Abschlussprüfers, WP Praxis 2016 S. 57; *Rinker*, Key Audit Matter: Der neue Bestätigungsvermerk – Erste Erfahrungen aus den Geschäftsberichten, PiR 2019 S. 61 ff.; *von Wysocki*, Zur Objektivierbarkeit von Prüfungsurteilen im Bereich der Abschlussprüfung, DStR 2002 S. 370; *Quick*, Der neue Bestätigungsvermerk – Entscheidungsnützlichkeit oder Informationsüberflutung?, IRZ 2016 S. 231.

I. Regelungsgehalt

1. Überblick

Das Gesetz schreibt die Verlautbarung des Prüfungs**ergebnisses** in zweierlei Form vor: 1

- durch den Prüfungs**bericht** nach § 321 HGB gegenüber den Aufsichtsorganen (→ § 321 Rz. 86),
- durch den **Bestätigungsvermerk** nach § 322 HGB gegenüber der interessierten Öffentlichkeit (→ § 325 Rz. 6).

Bei der Prüfung von PIEs, also Unternehmen öffentlichen Interesses (→ § 316a Rz. 1), ist ein **weiterer** Bericht des Abschlussprüfers an den Prüfungsausschuss bzw. Aufsichtsrat vorgesehen (→ § 321 Rz. 1). Außerdem ist für diesen Unternehmensbereich ein eigenständiger erweiterter Bestätigungsvermerk vorgeschrieben (→ Rz. 110).

2. Formeltestat und Erwartungslücke

Die gültige Gesetzesvorgabe zum Bestätigungsvermerk nach § 322 HGB beruht im Wesentlichen auf dem KonTraG aus dem Jahr 1998, mit dem der Gesetzgeber von dem bis dahin gültigen gesetzlich vorgesehenen Formeltestat (→ Rz. 4) abgerückt ist. Dieser Formelcharakter wur- 2 de mitverantwortlich gemacht für die sog. Erwartungslücke[1] zwischen dem, was der Abschlussprüfer kann (Ordnungsmäßigkeitsprüfung der Rechnungslegung), und dem, was das Publikum erwartet (Beurteilung der Lage des **Unternehmens**).

3 *(einstweilen frei)*

4 Um die Krisenwarnfunktion zu stärken, wurde im KonTraG von dem Formeltestat abgerückt. An dessen Stelle trat der international übliche **„Bestätigungsbericht"**, in dem nach der Idee des Gesetzgebers[2] der Abschlussprüfer in **freier** Formulierung das Ergebnis seiner pflichtgemäßen Tätigkeit verkünden sollte. Ganz ohne Vorgabe zur schriftlichen Darlegung des Bestätigungsvermerks wollte der Gesetzgeber den Abschlussprüfer doch nicht lassen und hat eine **Gliederungsstruktur** und den Grundgehalt der Aussagen vorgeschrieben. In die noch verbliebene Bresche ist das *IDW* gesprungen und hat für eine ganze Anzahl von Varianten genaue Formulierungsvorschläge unterbreitet. An diese hielt sich die Wirtschaftsprüfungspraxis. Im Ergebnis wurde das **gesetzliche** Formeltestat in der Rechtslage vor 1998 durch ein allerdings sehr viel umfangreicheres **berufsständisches** ersetzt. Dem formelhaften Bestätigungsvermerk kam und kommt insoweit eine (reine) **Beglaubigungsfunktion** zu, mit dem Zuruf an die Leser: Alles (oder alles mit Einschränkungen oder gar nichts) entspricht den gesetzlichen Vorgaben. Das Ergebnis der ganzen Prüfungstätigkeit aus Sicht der außenstehenden Abschlussadressaten reduziert sich auf diese Aussage i.V. mit der Bestätigung des *true and fair view*, was noch einen anderen Problemkreis anspricht. Das ganze umfangreiche und kostspielige Prüfungsgeschehen wird mit diesen mehr als dürren Angaben verkündet.[3] Es bleibt fraglich, ob auf dieser Gesetzesgrundlage die **Erwartungslücke** verkleinert werden kann.

5–6b *(einstweilen frei)*

6c Lediglich für die **Prüfung von PIEs** ist mehr Individualität gefragt. Art. 10 Abs. 2c der EU-APrVO (→ § 317 Rz. 5) fordert eine Darlegung „zur Untermauerung des Prüfungsurteils". Diese Darstellung verlangt eine individuelle, also prüfungsobjektbezogene Interpretation des Abschlussprüfers zu seiner Tätigkeit. Er muss dabei die wesentlichen Prüfungsgebiete unter Berücksichtigung des Geschäftsmodells des Unternehmens/Konzerns in seiner Auswirkung auf die Prüfungstätigkeit darstellen. Das kann nicht durch Standardformulierungen erfolgen, sondern bedarf einer spezifizierten Textierung. Anders ausgedrückt: Ein Formeltestat wie sonst üblich kommt in diesem Punkt nicht in Betracht. Zu Einzelheiten wird auf → Rz. 110 ff. verwiesen.

3. Rechtliche Bedeutung

7 Der Bestätigungsvermerk stellt zusammen mit dem Prüfungsbericht (→ Rz. 1), der **zeitgleich** zu datieren ist, den Zeitpunkt der Beendigung der Prüfungstätigkeit dar. In der Folge kann ein Jahresabschluss festgestellt und damit als **Rechtsgebilde** aus der Taufe gehoben werden (→ § 245 Rz. 13). **Festgestellt** werden kann förmlich nur ein Jahresabschluss (→ § 268 Rz. 67), ein Konzern- oder ein Einzelabschluss nach § 325 Abs. 2a HGB wird **gebilligt** (→ § 268 Rz. 68), das aber auch wiederum nur nach Vorlage des Prüfungsergebnisses. Feststellung und Billigung sind dabei **nicht** von der Erteilung eines **uneingeschränkten** Bestätigungsvermerks abhängig.

1 Vgl. hierzu *Quick*, IRZ 2016 S. 231.
2 Vgl. *Ernst*, WPg 1998 S. 1029.
3 *W. Müller* in FS Hommelhoff, 2012, S. 777, formuliert: „Nichts um viel Lärm."

Anders verhält es sich bei bestimmten gesellschaftsrechtlichen Maßnahmen: 8

- Eine **Kapitalerhöhung aus Gesellschaftsmitteln** nach § 290 AktG bzw. nach § 57e GmbHG kann nur auf der Grundlage eines uneingeschränkten Bestätigungsvermerks für den letzten vorliegenden Jahresabschluss erfolgen, wenn die Erhöhungsmaßnahme auf diesem Abschluss beruhen soll.
- Bei Bestehen eines **genehmigten Kapitals** mit der Satzungsvorgabe der Ausgabe der neuen Aktien an Arbeitnehmer (§ 202 Abs. 4 AktG) kann die Einlage unter bestimmten Voraussetzungen aus dem Jahresüberschuss gedeckt werden, sofern der zugrunde liegende Jahresabschluss den uneingeschränkten Bestätigungsvermerk trägt (§ 204 Abs. 3 AktG).

Das geprüfte Unternehmen hat einen **Rechtsanspruch** auf die Erteilung des Bestätigungs- oder Versagungsvermerks nach Abs. 1 Satz 1. 9

Bei **unrichtiger** Erteilung eines Bestätigungsvermerks (Testats) muss der Abschlussprüfer 10

- zivilrechtlichen Schadenersatz nach § 323 HGB (→ § 323 Rz. 49),
- strafrechtlich Freiheits- oder Geldstrafen nach § 332 HGB (→ § 332 Rz. 1),
- berufsrechtliche Maßnahmen nach §§ 67 f. WPO

gewärtigen.

(einstweilen frei) 11

Der Bestätigungsvermerk bezieht sich auf die Beurteilung der **Rechnungslegungsvorschriften,** soweit nicht von Gesetzes wegen eine Erweiterung vorgesehen ist. Die Aufnahme **weiterer** Prüfungsfelder in den Bestätigungsvermerk ist nur bei gesetzlicher Vorgabe zulässig, wie z. B. nach § 4 KHG NRW. Andererseits kann von Gesetzes wegen eine Erweiterung des Prüfungsgegenstands **ohne** entsprechende Beurteilung im Bestätigungsvermerk vorgesehen sein, z. B. zur Prüfung der Maßnahmen des Risikofrüherkennungssystems nach § 317 Abs. 4 HGB (→ § 317 Rz. 89). Der Prüfungsauftrag kann vertraglich oder entsprechend den Vorgaben des Gesellschaftsvertrags oder der Satzung der geprüften Unternehmung einen **erweiterten** Prüfungsinhalt vorsehen. Sofern sich diese gesetzlichen Erweiterungen auf den Jahresabschluss oder den Lagebericht beziehen, sind sie auch im Bestätigungsvermerk zu berücksichtigen. Das gilt wiederum nicht für ergänzende Beauftragungen, z. B. zur Durchführung einer Geschäftsführungsprüfung. Wenn freiwillig ein Lagebericht oder ein Anhang erstellt und geprüft wird, sind diese in den Bestätigungsvermerk einzubeziehen. 12

Offenlegungserleichterungen nach §§ 326 f. HGB haben keinen Einfluss auf den Bestätigungsvermerk. Bei der Offenlegung muss das Unternehmen allerdings auf die Beurteilung des unverkürzten Abschlusses durch den Bestätigungsvermerk nach § 328 Abs. 1 Nr. 1 HGB hinweisen (→ § 328 Rz. 8 ff.). 13

II. Bestätigungsvermerk nach IDW

1. Der Aufbau der PS-400er-Reihe

Das IDW hat Ende 2017 zum Bestätigungsvermerk folgende Standards veröffentlicht: 13a

- **IDW PS 400** n. F. „Bildung eines Prüfungsurteils und Erteilung eines Bestätigungsvermerks“ (nachfolgend einfach IDW PS 400),

- **IDW PS 401** „Mitteilung besonders wichtiger Prüfungssachverhalte im Bestätigungsvermerk" mit Pflichtanwendung bei der Prüfung von PIEs und freiwilliger Anwendung in bestimmten anderen Fällen (→ Rz. 115 ff.),
- **IDW PS 405** „Modifizierungen des Prüfungsurteils im Bestätigungsvermerk" betreffend **Einschränkungen und Versagungen** (→ Rz. 41 ff.),
- **IDW PS 406** „Hinweise im Bestätigungsvermerk" (→ Rz. 37 ff.).

13b **IDW PS 401** (Pendant zu ISA 701) betrifft gesetzliche Prüfungen von **Unternehmen öffentlichen Interesses** (PIEs) und erläutert insbesondere, wie die bei diesen Unternehmen im Bestätigungsvermerk mitzuteilenden, besonders wichtigen Prüfungssachverhalte – ***key audit matters*** – zu bestimmen sind. Für „normale" Unternehmen hat der Standard nur dann Bedeutung, wenn der Abschlussprüfer ausdrücklich beauftragt ist, im Bestätigungsvermerk auf *key audit matters* einzugehen (IDW PS 401 Tz. 43 f.).

13c **IDW PS 400 n. F.** (Pendant zu ISA 700) behandelt den Regelfall eines uneingeschränkten Bestätigungsvermerks (ohne besonders wichtige Prüfungssachverhalte und Hinweise) und bildet damit die Basis für die weiteren Standards der IDW-PS-400er-Reihe. IDW PS 400 regelt vor allem **Inhalt und Struktur eines (uneingeschränkten) Bestätigungsvermerks.** Die Anlage zum Standard enthält zahlreiche Formulierungsbeispiele. In der Entwurfsfassung (IDW EPS 400 n. F.) war im Interesse der Angleichung an die internationale Praxis eine **Zweiteilung des Bestätigungsvermerks** in Jahresabschluss und Lagebericht vorgesehen. Neben einem **Vermerk über die Prüfung des Jahresabschlusses sollte ein Vermerk über die Prüfung des Lageberichts treten.** Ein solches Vorgehen hätte der internationalen Vergleichbarkeit des deutschen Bestätigungsvermerks gedient und damit implizit eine Gleichwertigkeit zu den ISA kommuniziert. Lesbarkeit und Verständlichkeit des Bestätigungsvermerks sprachen hingegen eher für eine Beibehaltung des bisherigen Formats. Entsprechende Bedenken in den Stellungnahmen zum Entwurf haben das IDW dazu bewogen, die Balance zwischen Internationalität und Lesbarkeit neu zu tarieren. Als Ergebnis dieser Überlegungen ist es nunmehr bei der Zusammenführung der Prüfungsurteile zu Abschluss und Lagebericht geblieben. Für Einzelheiten hinsichtlich der Prüfung des Lageberichts und der lageberichtsspezifischen Angaben im Bestätigungsvermerk wird auch auf → § 317 Rz. 67a ff. verwiesen.

13d **IDW PS 405** „Modifizierungen des Prüfungsurteils im Bestätigungsvermerk" (Pendant zu ISA 705) unterscheidet zwischen drei Arten von **„modifizierten Prüfungsurteilen"**:

- **„Eingeschränktes Prüfungsurteil"** bei wesentlichen, aber lokalisierbaren und nicht einen erheblichen Teil des Abschlusses betreffenden Einwendungen.
- **„Versagtes Prüfungsurteil"** bei umfassenderen Einwendungen.
- **„Erklärung der Nichtabgabe eines Prüfungsurteils"** wegen Prüfungshemmnis.

Im Unterschied zum vorherigen Recht ist zu Beginn des Bestätigungsvermerks, d. h. unmittelbar nach Darstellung des Prüfungsgegenstands, zunächst das modifizierte Prüfungsurteil darzustellen und nachfolgend die Modifizierung zu begründen.

13e **IDW PS 406 „Hinweise** im Bestätigungsvermerk" (Pendant zu ISA 706) unterscheidet

- Hinweise zur **Hervorhebung** eines im Jahresabschluss/Lagebericht behandelten Sachverhalts (z. B. Unsicherheit hinsichtlich des Ausgangs außergewöhnlicher, zu Recht nicht passivierter Rechtsstreitigkeiten) und

► Hinweise auf einen **sonstigen** Sachverhalt (z. B. Hinweis, dass im Zeitpunkt der Beendigung der Prüfung nicht abschließend beurteilt werden konnte, ob die Befreiungsvorschrift des § 264 Abs. 3 HGB zu Recht in Anspruch genommen wurde).

Ein Hinweis nach IDW PS 406 kommt nur zum Tragen, wenn der zugrunde liegende Sachverhalt nicht schon eine Modifizierung des Prüfungsurteils oder eine Berichterstattung nach IDW PS 270 erfordert.

IDW PS 400 n. F. sowie die begleitenden Standards waren – mit gewissen Wahlrechtsausnahmen – bei kalendergleichem Geschäftsjahr erstmals für die Abschlüsse des Jahres 2018 anzuwenden, für gesetzliche Prüfungen von PIEs schon für 2017 (IDW PS 400 Tz. 8 und Tz. 8a). 13f

2. Grundmuster des Bestätigungsvermerks

Als Grundmuster des Bestätigungsvermerks bei der Pflichtprüfung des Jahresabschlusses und Lageberichts einer Kapitalgesellschaft enthält **IDW PS 400 Anlage 1** folgenden Vorschlag: 14

BESTÄTIGUNGSVERMERK DES UNABHÄNGIGEN ABSCHLUSSPRÜFERS

An die XY AG

Prüfungsurteile

Wir haben den Jahresabschluss der … [Gesellschaft] – bestehend aus der Bilanz zum … [Datum] und der Gewinn- und Verlustrechnung für das Geschäftsjahr vom … [Datum] bis zum … [Datum] sowie dem Anhang, einschließlich der Darstellung der Bilanzierungs- und Bewertungsmethoden – geprüft. Darüber hinaus haben wir den Lagebericht der … [Gesellschaft] für das Geschäftsjahr vom … [Datum] bis zum … [Datum] geprüft. *Die Erklärung zur Unternehmensführung nach § 289f Abs. 4 HGB (Angaben zur Frauenquote) haben wir in Einklang mit den deutschen gesetzlichen Vorschriften nicht inhaltlich geprüft.*

Nach unserer Beurteilung aufgrund der bei der Prüfung gewonnenen Erkenntnisse

► entspricht der beigefügte Jahresabschluss in allen wesentlichen Belangen den deutschen, für Kapitalgesellschaften geltenden handelsrechtlichen Vorschriften und vermittelt unter Beachtung der deutschen Grundsätze ordnungsmäßiger Buchführung ein den tatsächlichen Verhältnissen entsprechendes Bild der Vermögens- und Finanzlage der Gesellschaft zum … [Datum] sowie ihrer Ertragslage für das Geschäftsjahr vom … [Datum] bis zum … [Datum] und

► vermittelt der beigefügte Lagebericht insgesamt ein zutreffendes Bild von der Lage der Gesellschaft. In allen wesentlichen Belangen steht dieser Lagebericht in Einklang mit dem Jahresabschluss, entspricht den deutschen gesetzlichen Vorschriften und stellt die Chancen und Risiken der zukünftigen Entwicklung zutreffend dar. *Unser Prüfungsurteil zum Lagebericht erstreckt sich nicht auf den Inhalt der oben genannten Erklärung zur Unternehmensführung.*

Gemäß § 322 Abs. 3 Satz 1 HGB erklären wir, dass unsere Prüfung zu keinen Einwendungen gegen die Ordnungsmäßigkeit des Jahresabschlusses und des Lageberichts geführt hat.

Grundlage für die Prüfungsurteile

Wir haben unsere Prüfung des Jahresabschlusses und des Lageberichts in Übereinstimmung mit § 317 HGB unter Beachtung der vom Institut der Wirtschaftsprüfer (IDW) festgestellten deutschen Grundsätze ordnungsmäßiger Abschlussprüfung durchgeführt. Unsere Verantwortung nach diesen Vorschriften und Grundsätzen ist im Abschnitt „Verantwortung des Abschlussprüfers für die Prüfung des Jahresabschlusses und des Lageberichts" unseres Bestätigungsvermerks weitergehend beschrieben. Wir sind von dem Unternehmen unabhängig in Übereinstimmung mit den deutschen handelsrechtlichen und berufsrechtlichen Vorschriften und haben unsere sonstigen deutschen Berufspflichten in Übereinstimmung mit diesen Anforderungen erfüllt. Wir sind der Auffassung, dass die von uns erlangten Prüfungsnachweise ausreichend und geeignet sind, um als Grundlage für unsere Prüfungsurteile zum Jahresabschluss und zum Lagebericht zu dienen.

Verantwortung der gesetzlichen Vertreter und des Aufsichtsrats für den Jahresabschluss und den Lagebericht

Die gesetzlichen Vertreter sind verantwortlich für die Aufstellung des Jahresabschlusses, der den deutschen, für Kapitalgesellschaften geltenden handelsrechtlichen Vorschriften in allen wesentlichen Belangen entspricht, und dafür, dass der Jahresabschluss unter Beachtung der deutschen Grundsätze ordnungsmäßiger Buchführung ein den tatsächlichen Verhältnissen entsprechendes Bild der Vermögens-, Finanz- und Ertragslage der Gesellschaft vermittelt. Ferner sind die gesetzlichen Vertreter verantwortlich für die internen Kontrollen, die sie in Übereinstimmung mit den deutschen Grundsätzen ordnungsmäßiger Buchführung als notwendig bestimmt haben, um die Aufstellung eines Jahresabschlusses zu ermöglichen, der frei von wesentlichen – beabsichtigten oder unbeabsichtigten – falschen Darstellungen ist [**seit 2022:** der frei von wesentlichen falschen Darstellungen aufgrund von dolosen Handlungen (d. h. Manipulationen der Rechnungslegung und Vermögensschädigungen) oder Irrtümern ist]. Bei der Aufstellung des Jahresabschlusses sind die gesetzlichen Vertreter dafür verantwortlich, die Fähigkeit der Gesellschaft zur Fortführung der Unternehmenstätigkeit zu beurteilen. Des Weiteren haben sie die Verantwortung, Sachverhalte in Zusammenhang mit der Fortführung der Unternehmenstätigkeit, sofern einschlägig, anzugeben. Darüber hinaus sind sie dafür verantwortlich, auf der Grundlage des Rechnungslegungsgrundsatzes der Fortführung der Unternehmenstätigkeit zu bilanzieren, sofern dem nicht tatsächliche oder rechtliche Gegebenheiten entgegenstehen.

Außerdem sind die gesetzlichen Vertreter verantwortlich für die Aufstellung des Lageberichts, der insgesamt ein zutreffendes Bild von der Lage der Gesellschaft vermittelt sowie in allen wesentlichen Belangen mit dem Jahresabschluss in Einklang steht, den deutschen gesetzlichen Vorschriften entspricht und die Chancen und Risiken der zukünftigen Entwicklung zutreffend darstellt. Ferner sind die gesetzlichen Vertreter verantwortlich für die Vorkehrungen und Maßnahmen (Systeme), die sie als notwendig erachtet haben, um die Aufstellung eines Lageberichts in Übereinstimmung mit den anzuwendenden deutschen gesetzlichen Vorschriften zu ermöglichen, und um ausreichende geeignete Nachweise für die Aussagen im Lagebericht erbringen zu können.

Der Aufsichtsrat ist verantwortlich für die Überwachung des Rechnungslegungsprozesses der Gesellschaft zur Aufstellung des Jahresabschlusses und des Lageberichts.

Verantwortung des Abschlussprüfers für die Prüfung des Jahresabschlusses und des Lageberichts

Unsere Zielsetzung ist, hinreichende Sicherheit darüber zu erlangen, ob der Jahresabschluss als Ganzes frei von wesentlichen – beabsichtigten oder unbeabsichtigten – falschen Darstellungen ist [**seit 2022:** der frei von wesentlichen falschen Darstellungen aufgrund von dolosen Handlungen oder Irrtümern ist] und ob der Lagebericht insgesamt ein zutreffendes Bild von der Lage der Gesellschaft vermittelt sowie in allen wesentlichen Belangen mit dem Jahresabschluss sowie mit den bei der Prüfung gewonnenen Erkenntnissen in Einklang steht, den deutschen gesetzlichen Vorschriften entspricht und die Chancen und Risiken der zukünftigen Entwicklung zutreffend darstellt, sowie einen Bestätigungsvermerk zu erteilen, der unsere Prüfungsurteile zum Jahresabschluss und zum Lagebericht beinhaltet. Hinreichende Sicherheit ist ein hohes Maß an Sicherheit, aber keine Garantie dafür, dass eine in Übereinstimmung mit § 317 HGB unter Beachtung der vom Institut der Wirtschaftsprüfer (IDW) festgestellten deutschen Grundsätze ordnungsmäßiger Abschlussprüfung durchgeführte Prüfung eine wesentliche falsche Darstellung stets aufdeckt. Falsche Darstellungen können aus Verstößen oder Unrichtigkeiten resultieren [**seit 2022:** aus dolosen Handlungen oder Irrtümern resultieren] und werden als wesentlich angesehen, wenn vernünftigerweise erwartet werden könnte, dass sie einzeln oder insgesamt die auf der Grundlage dieses Jahresabschlusses und Lageberichts getroffenen wirtschaftlichen Entscheidungen von Adressaten beeinflussen. Während der Prüfung üben wir pflichtgemäßes Ermessen aus und bewahren eine kritische Grundhaltung. Darüber hinaus

- identifizieren und beurteilen wir die Risiken wesentlicher – beabsichtigter oder unbeabsichtigter – falscher Darstellungen im Jahresabschluss und im Lagebericht [**seit 2022:** Risiken falscher Darstellungen im Jahresabschluss und im Lagebericht aufgrund von dolosen Handlungen oder Irrtümern], planen und führen Prüfungshandlungen als Reaktion auf diese Risiken durch sowie erlangen Prüfungsnachweise, die ausreichend und geeignet sind, um als Grundlage für unsere Prüfungsurteile zu dienen. Das Risiko, dass wesentliche falsche Darstellungen nicht aufgedeckt werden, ist bei Verstößen höher als bei Unrichtigkeiten, da Verstöße betrügerisches Zusammenwirken, Fälschungen, beabsichtigte Unvollständigkeiten, irreführende Darstellungen bzw. das Außerkraftsetzen interner Kontrollen beinhalten können [**seit 2022:** Das Risiko, dass aus dolosen Handlungen resultierende wesentliche falsche Darstellungen nicht aufgedeckt werden, ist höher als das Risiko, dass aus Irrtümern resultierende wesentliche falsche Darstellungen nicht aufgedeckt werden, da dolose Handlungen kollusives Zusammenwirken, Fälschungen, beabsichtigte Unvollständigkeiten, irreführende Darstellungen bzw. das Außerkraftsetzen interner Kontrollen beinhalten können].
- gewinnen wir ein Verständnis von dem für die Prüfung des Jahresabschlusses relevanten internen Kontrollsystem und den für die Prüfung des Lageberichts relevanten Vorkehrungen und Maßnahmen, um Prüfungshandlungen zu planen, die unter den gegebenen Umständen angemessen sind, jedoch nicht mit dem Ziel, ein Prüfungsurteil zur Wirksamkeit dieser Systeme der Gesellschaft abzugeben.
- beurteilen wir die Angemessenheit der von den gesetzlichen Vertretern angewandten Rechnungslegungsmethoden sowie die Vertretbarkeit der von den gesetzlichen Vertretern dargestellten geschätzten Werte und damit zusammenhängenden Angaben.
- ziehen wir Schlussfolgerungen über die Angemessenheit des von den gesetzlichen Vertretern angewandten Rechnungslegungsgrundsatzes der Fortführung der Unternehmenstätigkeit sowie, auf der Grundlage der erlangten Prüfungsnachweise, ob eine wesentliche Unsicherheit im Zusammenhang mit Ereignissen oder Gegebenheiten bestehen, die bedeutsame Zweifel an der Fähigkeit der Gesellschaft zur Fortführung der Unternehmenstätigkeit aufwerfen können. Falls wir zu dem Schluss kommen, dass eine wesentliche Unsicherheit besteht, sind wir verpflichtet, im Bestätigungsvermerk auf die dazugehörigen Angaben im Jahresabschluss und im Lagebericht aufmerksam zu machen

oder, falls diese Angaben unangemessen sind, unser jeweiliges Prüfungsurteil zu modifizieren. Wir ziehen unsere Schlussfolgerungen auf der Grundlage der bis zum Datum unseres Bestätigungsvermerks erlangten Prüfungsnachweise. Zukünftige Ereignisse oder Gegebenheiten können jedoch dazu führen, dass die Gesellschaft ihre Unternehmenstätigkeit nicht mehr fortführen kann.

- beurteilen wir die Gesamtdarstellung, den Aufbau und den Inhalt des Jahresabschlusses [**seit 2022:** beurteilen wir Darstellung, Aufbau und Inhalt des Jahresabschlusses insgesamt] einschließlich der Angaben sowie ob der Jahresabschluss die zugrunde liegenden Geschäftsvorfälle und Ereignisse so darstellt, dass der Jahresabschluss unter Beachtung der deutschen Grundsätze ordnungsmäßiger Buchführung ein den tatsächlichen Verhältnissen entsprechendes Bild der Vermögens-, Finanz- und Ertragslage der Gesellschaft vermittelt.
- beurteilen wir den Einklang des Lageberichts mit dem Jahresabschluss, seine Gesetzesentsprechung und das von ihm vermittelte Bild von der Lage des Unternehmens.
- führen wir Prüfungshandlungen zu den von den gesetzlichen Vertretern dargestellten zukunftsorientierten Angaben im Lagebericht durch. Auf Basis ausreichender geeigneter Prüfungsnachweise vollziehen wir dabei insbesondere die den zukunftsorientierten Angaben von den gesetzlichen Vertretern zugrunde gelegten bedeutsamen Annahmen nach und beurteilen die sachgerechte Ableitung der zukunftsorientierten Angaben aus diesen Annahmen. Ein eigenständiges Prüfungsurteil zu den zukunftsorientierten Angaben sowie zu den zugrunde liegenden Annahmen geben wir nicht ab. Es besteht ein erhebliches unvermeidbares Risiko, dass künftige Ereignisse wesentlich von den zukunftsorientierten Angaben abweichen.

Wir erörtern mit den für die Überwachung Verantwortlichen unter anderem den geplanten Umfang und die Zeitplanung der Prüfung sowie bedeutsame Prüfungsfeststellungen, einschließlich etwaiger Mängel [**seit 2022:** etwaiger bedeutsamer Mängel] im internen Kontrollsystem, die wir während unserer Prüfung feststellen.

[Ort der Niederlassung des Abschlussprüfers]

[Datum]

[Unterschrift]

Wirtschaftsprüfer

Der Abschnitt zur **Verantwortung des Abschlussprüfers** kann gekürzt werden, wenn der vollständige Inhalt in einer **Anlage** zum Bestätigungsvermerk oder auf die **IDW-Website** ausgelagert wird (Musterformulierung dazu in Anlage 1.2 zu IDW PS 400).

3. Überblick über Muster für die Varianten des Bestätigungsvermerks

14a Varianten des Grundmusters ergeben sich u. a. aus folgenden Gründen:

- anderer Prüfungsgegenstand, nämlich **Konzernabschluss,** auch der nach **IFRS** (→ Rz. 66),
- andere Rechtsgrundlage der Prüfung, insbesondere **freiwillige Prüfung** (→ Rz. 74),
- Qualifikation des geprüften Unternehmens als **PIE** (→ Rz. 110),
- (ergänzende) Anwendung anderer Prüfungsgrundsätze, nämlich der **ISA** (→ Rz. 95a),
- Modifikationen des Prüfungsurteils, d. h. **Einschränkung oder Versagung** (→ Rz. 41),

► Hinweise zum Prüfungsurteil (→ Rz. 37).

Zu fast allem enthält die IDW-PS-400er-Reihe Musterformulierungen. Dazu folgender tabellarischer Überblick:

FUNDSTELLE	ART DER PRÜFUNG	BESONDERHEIT
	Gesetzliche Prüfung, uneingeschränkter BSV, ohne Hinweis	
PS 400 Anl. 1.1	JA KapGes	Mit vollständiger Beschreibung der Verantwortlichkeit des APr im BSV
PS 400 Anl. 1.2	JA KapGes	Mit Auslagerung eines Teils der Beschreibung der Verantwortlichkeit des APr in eine Anlage zum BSV
PS 400 Anl. 1.3	JA KapGes	Mit Auslagerung eines Teils der Beschreibung der Verantwortlichkeit des APr auf die IDW-Website
PS 400 Anl. 2	JA PIE	
PS 400 Anl. 3	KA HGB	
PS 400 Anl. 4	KA IFRS § 315e HGB bei PIE	Unter ergänzender Beachtung der ISA
	Freiwillige Prüfung, uneingeschränkter BSV ohne Hinweis	
PS 400 Anl. 5	JA PersGes ohne Lagebericht	
PS 400 Anl. 6	JA Kleinst-KapGes	
PS 400 Anl. 7	KA IFRS ohne Lagebericht	Unter ergänzender Beachtung der ISA
PS 400 Anl. 8	KA IFRS ohne Lagebericht, kein PIE, aber kapitalmarktorientiert	
	Gesetzliche Prüfung mit Einschränkung oder Versagung	
PS 405 Anl. 1	Einschränkung wegen fehlender Anhangangabe zu Organbezügen	
PS 405 Anl. 2	Einschränkung wegen Größenordnung nach bestimmbarem zu frühem Umsatzausweis	
PS 405 Anl. 3	Einschränkung wegen fehlender Lageberichtsangabe zu Risiken aus Devisentermingeschäften	
PS 405 Anl. 4	Einschränkung wegen fehlenden Lageberichts	
PS 405 Anl. 5	Einschränkung wegen Prüfungshemmnissen bei Lagebericht	
PS 405 Anl. 6	Versagungsvermerk wegen Nichtkonsolidierung einer wesentlichen Tochter	
PS 405 Anl. 7	Versagungsvermerk wegen Prüfungshemmnis bzgl. eines sehr großen assoz. Unternehmens	
	Hinweise im BSV	
PS 270 Anl. 1.1 bis 1.5	Wesentliche Unsicherheiten bzgl. Unternehmensfortführung (auch eingeschränkter Bestätigungsvermerk und Versagungsvermerk sowie Vermerk bei Bilanzierung unter Aufgabe der Fortführungsprämisse)	

PS 406 Anl. 1	Brand nach dem Stichtag (uneingeschränkter BSV)
PS 406 Anl. 2	Brand nach dem Stichtag (eingeschränkter BSV)
PS 406 Anl. 3	Keine Rückstellung für schwebendes Bußgeldverfahren
PS 406 Anl. 4	Zulässigkeit der Inanspruchnahme (§ 264 Abs. 3 HGB) noch nicht abschließend beurteilbar
PS 406 Anl. 5	Nachtragsprüfung
PH 9.350.2	Prüfung der Abgabe einer nichtfinanziellen Erklärung bei entsprechender Pflicht des Unternehmens, freiwillige Prüfung zum Inhalt der Erklärung

III. Einzelne Elemente des Vermerks

1. Überschrift

15 IDW PS 400 Tz. 31 sieht die Überschrift „Bestätigungsvermerk des unabhängigen Abschlussprüfers" vor. Bei dieser Überschrift bleibt es auch im Fall einer Einschränkung des Bestätigungsvermerks. Hingegen ist im Falle einer Versagung der Vermerk als **„Versagungsvermerk** des unabhängigen Abschlussprüfers" zu betiteln (IDW PS 405 Anlage 6).

Die Vorgaben gelten auch für **freiwillige** Abschlussprüfungen (→ Rz. 22), die inhaltlich der gesetzlichen entsprechen (→ § 317 Rz. 2).

2. Adressat

15a Adressat ist das geprüfte **Unternehmen.** Die Organe werden bei gesetzlichen Abschlussprüfungen nicht, bei freiwilligen nur ausnahmsweise genannt (IDW PS 400 Tz. A25).

3. Besonderheiten bei spezialrechtlicher Erweiterung des Bestätigungsvermerks

15b Soweit spezialrechtlich eine Erweiterung des Vermerks vorgesehen ist (z. B. §§ 6b EnWG, 8 Abs. 3 UBGG), ist hierauf in einem gesonderten Abschnitt – „Sonstige gesetzliche und andere rechtliche Anforderungen" – einzugehen. Zur Abgrenzung von diesen erweiterten Anforderungen ist dann nach der Adressierung (Rz. 15a) zunächst die Überschrift „Vermerk über die Prüfung des Abschlusses (und ggf. des Lageberichts)" zu platzieren. In Fällen ohne spezialrechtliche Erweiterung des Bestätigungsvermerks entfällt diese Zwischenüberschrift (IDW PS 450 Tz. 33).

4. Prüfungsurteil

16 Der der Adressierung (sowie evtl. einer Zwischenüberschrift) folgende erste Teil des Bestätigungsvermerks ist als „Prüfungsurteil" zu betiteln. Darin

- wird das Unternehmen genannt,
- werden die **Prüfungsgegenstände** (Bilanz, GuV, Anhang, Lagebericht; bei einem IFRS-Konzernabschluss nach § 315e HGB Konzernbilanz, Konzerngesamtergebnisrechnung, Kon-

zerneigenkapitalveränderungsrechnung, Konzernkapitalflussrechnung) und deren Stichtage/Perioden aufgeführt,

- wird erklärt, dass der Abschluss und Lagebericht geprüft wurde,
- wird bzgl. des Abschlusses drauf verwiesen, dass im Anhang die bedeutsamsten Bilanzierungs- und Bewertungsmethoden erläutert sind.
- Es folgt das **eigentliche Prüfungsurteil.**

Auf das Grundmuster unter →Rz. 14 sowie die weiteren unter →Rz. 14a angeführten Muster wird verwiesen.

(einstweilen frei) 17–20

5. Grundlage für das Prüfungsurteil

Nach dem Prüfungsurteil folgt unter der Überschrift „Grundlage für das Prüfungsurteil" 21

- eine Erklärung, dass die Prüfung in **Übereinstimmung mit § 317 HGB** (bei PIEs zusätzlich mit der EU-APrVO) durchgeführt wurde,
- wobei die vom **IDW** festgestellten deutschen Grundsätze ordnungsmäßiger Abschlussprüfung sowie evtl. zusätzlich die **ISA** beachtet wurden,
- eine Erklärung der **Unabhängigkeit** des Abschlussprüfers und der Erfüllung der sonstigen Berufspflichten,
- bei Abschlussprüfungen von PIEs nach Art. 10 Abs. 2 Buchst. f EU-APrVO zusätzlich eine Erklärung, dass keine verbotenen Nichtprüfungsleistungen erbracht wurden,
- eine Erklärung, dass der Abschlussprüfer der Auffassung ist, dass die von ihm erlangten **Prüfungsnachweise ausreichend und geeignet** sind, um als Grundlage für das Prüfungsurteil zu dienen.

(einstweilen frei) 22–23

6. Verantwortlichkeit der Unternehmensorgane

Unter der Überschrift „Verantwortung der gesetzlichen Vertreter (und ggf. des Aufsichtsrats) für den Jahresabschluss und den Lagebericht" wird **nicht nur die Aufstellungsverantwortung** (und ggf. Kontrollverantwortung) der Organe betont, sondern überhaupt dargestellt, auf welcher **Rechtsgrundlage – HGB oder IFRS** – der Abschluss erstellt wurde (IDW PS 400 Tz. 53 ff.). 23a

7. Verantwortung des Abschlussprüfers

Unter der Überschrift „Verantwortung des Abschlussprüfers" ist u. a. zu beschreiben: 23b

- die **Zielsetzung** des Abschlussprüfers (hinreichende Sicherheit, dass keine wesentlichen falschen Darstellungen enthalten sind),
- die Einschränkung der Sicherheit (**keine Garantie** für Fehlerfreiheit),
- das Vorgehen nach dem **risikoorientierten Prüfungsansatz.**

Darüber hinaus ist anzugeben, dass der Abschlussprüfer, wenn er eine wesentliche Unsicherheit bzgl. der **Unternehmensfortführung** feststellt, verpflichtet ist, im Bestätigungsvermerk auf die dazugehörigen Angaben im Abschluss aufmerksam zu machen (→Rz. 38) oder, falls diese Angaben unangemessen sind, das Prüfungsurteil zu modifizieren (IDW PS 450 Tz. 58 ff.).

Die Beschreibung der Verantwortung des Abschlussprüfers im Bestätigungsvermerk kann kurz gehalten werden, wenn sie in eine **Anlage zum Bestätigungsvermerk** ausgelagert wird oder ein **Verweis auf die Website des IDW** erfolgt, auf der diese Beschreibung zu finden ist (IDW PS 450 Tz. 64 f.). Auf → Rz. 14 wird verwiesen.

Die Beschreibung der Tätigkeit des Abschlussprüfers im Bestätigungsvermerk nach IDW PS 400 (und ISA 700) entbehrt nicht einer gewissen Komik. Einerseits wird die hohe Kunst der Abschlussprüfung beschworen, indem erläutert wird, was der Prüfer alles plant, tut, beachtet, versteht usw. Andererseits wird dann festgehalten, dass der Abschlussprüfer keine Garantie dafür gibt, wesentliche falsche Darstellungen aufgedeckt zu haben. Pointiert: Wir tun und können alles und garantieren für nichts. Weniger pointiert geht es um die Realität der Abschlussprüfung, die wie jeder praktische Versuch, Erkenntnis zu erlangen, auch mit den durch Zeit- und Kostenzwänge gesetzten Grenzen leben muss.

24–36 *(einstweilen frei)*

8. Bestätigungsvermerk mit Hinweisen

37 Abs. 3 Satz 2 räumt dem Abschlussprüfer für den uneingeschränkten Bestätigungsvermerk, Abs. 4 Satz 3 für den eingeschränkten oder den Versagungsvermerk die **Möglichkeit** („kann") ein, auf einen bestimmten Sachverhalt im Vermerk besonders hinzuweisen. Der Hinweis kann

- der **Hervorhebung eines Sachverhalts** dienen, der im Abschluss/Lagebericht schon dargestellt wurde, oder
- einen **sonstigen Sachverhalt** betreffen, der im Abschluss/Lagebericht nicht dargestellt wurde.

38 Beispielhafte Anwendungsfälle der **Hervorhebung** sind nach IDW PS 406 Tz. A8

- Unsicherheiten hinsichtlich des Ausgangs außergewöhnlicher Rechtsstreitigkeiten oder aufsichtsrechtlicher Maßnahmen,
- bedeutsame Ereignisse zwischen dem Abschlussstichtag und dem Datum des Bestätigungsvermerks,
- ein katastrophales Ereignis mit bedeutsamen Auswirkungen auf die Lage des Unternehmens (z. B. der Angriffskrieg Russlands gegen die Ukraine für Abschlüsse zum 31.12.2022 und später).[1]

Der Hinweis auf Bestandsgefährdung hat, da nach Abs. 2 Satz 3 und 4 gesetzlich gefordert, eine über die Hervorhebung hinausgehende Funktion. Dieser Hinweis hat in einem gesonderten Abschnitt mit der Überschrift „Wesentliche Unsicherheit im Zusammenhang mit der Fortführung der Unternehmenstätigkeit" zu erfolgen, und zwar unter Bezugnahme auf die Angaben im Abschluss und ggf. Lagebericht (Formulierungsvorschläge in IDW PS 270 Anlage 1). Allgemeine Bedeutung erlangt die Vorschrift im Rahmen der Corona-Krise (→ Rz. 14).

Für **sonstige Sachverhalte** steht beispielhaft die Inanspruchnahme der **Erleichterungsmöglichkeiten** für Tochterkapitalgesellschaften nach § 264 Abs. 3 HGB (→ § 264 Rz. 38), die auch von Umständen abhängt, die bei Beendigung der Abschlussprüfung noch nicht erfüllt sein können (IDW PS 405 Tz. A13).

---

1 IDW, Fachlicher Hinweis zu den Auswirkungen des Ukraine-Krieges auf die Rechnungslegung und deren Prüfung (2. Update, April 2022).

(einstweilen frei) 39

Bei einem Hinweis **in einem eingeschränkten Bestätigungsvermerk** empfiehlt sich folgende Formulierung: 40

„Ohne diese Beurteilung weiter einzuschränken, weisen wir auf Folgendes hin: ...“

9. Einschränkung und Versagung des Bestätigungsvermerks

9.1 Arten und Inhalt der Einwendungen (Abs. 4 Satz 1)

Einwendungen gegen die geprüften Unterlagen kann der Wirtschaftsprüfer nach gesetzlicher Vorgabe in **zwei Varianten** zum Ausdruck bringen, und zwar durch 41

- **Einschränkung** des Bestätigungsvermerks (→ Rz. 48 ff.) oder
- **Versagung** eines Bestätigungsvermerks (→ Rz. 57 ff.).

Grundlagen der Einwendungen können **systematisch** sein:

- wesentliche Beanstandungen (→ § 321 Rz. 52) gegen **Rechnungslegungsbestandteile,**
- **Prüfungshemmnisse** (→ Rz. 52), die eine Beurteilung der Rechnungslegung in Teilbereichen nicht mit hinreichender Sicherheit erlauben.

Im Zusammenspiel von gesetzlicher Vorgabe und systematischer Unterscheidung gilt gem. IDW PS 405 Tz. 10 ff.:

- **Einschränkung** des Vermerks, wenn eine Beanstandung der Rechnungslegung oder die Auswirkung eines Prüfungshemmnisses wesentlich, aber **nicht umfassend** ist,
- **Versagung** des Vermerks, wenn die Beanstandung oder die Auswirkung **umfassend** ist.

Unter Einbeziehung von Abs. 4 Satz 4 und Abs. 5 sowie § 321 Abs. 2 Satz 2 HGB gilt danach in abgestufter Betrachtung Folgendes: 42

- Jahresabschluss, Lagebericht oder Buchführung enthalten Unregelmäßigkeiten, die jedoch nicht wesentlich sind. → Folge: Aufnahme in den **Prüfungsbericht** (→ § 321 Rz. 52).
- Jahresabschluss, Lagebericht oder Buchführung enthalten für sich gesehen wesentliche, jedoch in ihrer **Größenordnung abgrenzbare** Fehler oder sind in wesentlichen, jedoch in ihrer Größenordnung abgrenzbaren Teilen nicht prüfbar (Prüfungshemmnis, → Rz. 48). Unter Beachtung der vom Abschlussprüfer vorgenommenen, in ihrer Tragweite erkennbaren Einschränkung vermitteln Jahresabschluss und Lagebericht gleichwohl noch ein den tatsächlichen Verhältnissen im Wesentlichen entsprechendes Bild der Vermögens-, Finanz- und Ertragslage. → Folge: **Einschränkung** des Bestätigungsvermerks.
- Fehler bzw. Prüfungshemmnisse reichen so weit, dass die Vermögens-, Finanz- und Ertragslage **insgesamt** falsch dargestellt oder (Prüfungshemmnis) nicht mehr beurteilbar ist. → Folge: **Versagung** des Bestätigungsvermerks.

Folgende Beispiele können eine Einschränkung oder Versagung begründen:

Einschränkung:

- Verzicht auf gesetzlich verpflichtenden Lagebericht (IDW PS 405 Anlage 4),
- vom Unternehmen verweigerte direkte Kontaktaufnahme mit dem Anwalt des zu prüfenden Unternehmens,
- Beschränkungen beim Einholen von Saldenbestätigungen,
- fehlende Möglichkeit der Inventurteilnahme,

- mangelnde Nachprüfbarkeit von Geschäftsvorfällen mit nahestehenden Personen und Unternehmen,
- fehlende Verwertbarkeit der Ergebnisse anderer Prüfer (Konzernabschluss).

Versagung:

- Der Jahresabschluss wurde unzulässig unter der Annahme der Fortführung der Unternehmenstätigkeit aufgestellt.
- Verletzung von wesentlichen Vorlage- und Auskunftspflichten. Beispiel: Durch die Unternehmensleitung wurde sowohl die Einsichtnahme in die Kalkulationsunterlagen zur Ermittlung der Herstellungskosten der Erzeugnisse als auch das Einholen von Saldenbestätigungen zu Forderungen aus Lieferungen und Leistungen verweigert. Beide Posten machen zusammen etwa 80 % der Bilanzsumme aus.

Eine eingeschränkt positive Gesamtaussage kann auch dann noch zulässig sein, wenn sich die Einschränkung auf Mängel bezieht, die eine **Nichtigkeit** des Jahresabschlusses zur Folge haben können (IDW PS 405 Tz. A8).

43–47 *(einstweilen frei)*

9.2 Einschränkungen

9.2.1 Quantitative und qualitative Angaben (Abs. 4 Satz 4)

48 Wenn sich der Abschlussprüfer in seiner Ermessensentscheidung zu einer Einschränkung des Testats durchgerungen hat (vgl. hierzu die Beispiele unter → § 321 Rz. 34), muss diese „in ihrer **Tragweite**" erkennbar sein. Mit diesem Begriff aus der Baustatik könnte eine **quantitative** Betrachtung vom Gesetzgeber angedeutet werden. Diese Interpretation wirkt bei Einwendungen gegen Bilanz- oder GuV-Posten sinnvoll, weniger passend dagegen bei unzutreffenden oder unvollständigen Anhangangaben oder Lageberichtspassagen.

BEISPIEL Die Formulierung „Die Forderungen aus Lieferungen und Leistungen sind nicht in erforderlichem Umfang wertberichtigt" ist ohne Aussagekraft, da die „Weite" nicht zum Ausdruck kommt.

Die Formulierung „Die Anhangangabe zu den Organbezügen nach § 285 Nr. 9a HGB ist nicht erfolgt" reicht demgegenüber vollständig aus, um den Inhalt der Einschränkung zum Ausdruck zu bringen.

49 Die Einwendung zu Posten der **Bilanz** und **GuV** muss also notgedrungen mit aussagekräftigen **Quantitäten** formuliert werden. Durch entsprechende Hinweise zur Verletzung von Bilanzierungsvorgaben wird der Einfluss (die Tragweite) auf die Darstellung der Vermögens-, Finanz- und Ertragslage „vermittelt". Dann ist wie folgt zu formulieren:[1]

BEISPIEL *„Meine/unsere Prüfung hat mit Ausnahme der folgenden Einschränkung zu keinen Einwendungen geführt: In einer Größenordnung von T€ … wurden Drohverlustrückstellungen nicht angesetzt. Mit dieser Einschränkung vermittelt …"*

50 Einschränkungen zu Anhangangaben beeinträchtigen nicht notwendig den Einblick in die Vermögens-, Finanz- und Ertragslage. Dann kann wie folgt formuliert werden:

„Meine/unsere Prüfung hat mit folgender Ausnahme keine Einwendungen ergeben: Entgegen § 285 Satz 1 Nr. 9a HGB wurden im Anhqng die Geschäftsführungsbezüge nicht angegeben."

1 IDW PS 400 Anhang 9.

Beziehen sich Einwendungen nur auf den **Lagebericht,** kann ähnlich wie bei Verstößen gegen Anhangangabepflichten formuliert werden:

BEISPIEL *„Meine/unsere Prüfung hat mit Ausnahme der folgenden Einschränkung zu keinen Einwendungen geführt: Im Lagebericht sind die Risiken bezüglich der Bezugsmöglichkeiten für das wesentliche Produktionsmaterial ‚Silizium' nicht dargestellt.*

Nach meiner/unserer Beurteilung vermittelt ... Ertragslage der Gesellschaft. Mit der genannten Einschränkung steht der Lagebericht im Einklang mit dem Jahresabschluss ..."

51 Mit Einschränkungen des Bestätigungsvermerks sollte sich der Abschlussprüfer insbesondere bei **zukunftsabhängigen Schätzgrößen** im Jahresabschluss zurückhalten. Er darf sein Schätzungsermessen nicht an die Stelle der gesetzlichen Vertreter des Unternehmens stellen, sondern kann nur die **Plausibilität** beurteilen (→ § 317 Rz. 73).

51a In Sonderfällen kann die **Einschränkung** des Bestätigungsvermerks mit einem **ergänzenden** Hinweis **verbunden** werden (→ Rz. 40).

9.2.2 Prüfungshemmnisse

52 Eine Einschränkung ist auch bei Vorliegen von Prüfungshemmnissen erforderlich (→ Rz. 60). Dazu kann es kommen, wenn in einem abgegrenzten **Teilbereich** der Rechnungslegung aufgrund besonderer Umstände keine positive Aussage über die Gesetzmäßigkeit getroffen werden kann.

BEISPIEL Der Textilmodehersteller B verlagert seine gesamte Produktion nach Indien, um die dortigen niedrigen Lohnkosten in Anspruch zu nehmen. In Deutschland verbleiben nur die Hauptverwaltung und die Vertriebsorganisation. Im Prognoseteil des Lageberichts werden die entsprechenden Chancen und die Risiken politischer und produktionstechnischer Art dargestellt und mit entsprechendem Datenmaterial untermauert.

Der Abschlussprüfer sieht sich mangels der Kenntnisse über die indischen Wirtschaftsverhältnisse zur Beurteilung der Lageberichtsdarstellung außerstande und will im Bestätigungsvermerk formulieren:

„Im Lagebericht ist die geplante Produktionsverlagerung nach Indien ausführlich mit ihren Chancen und Risiken dargestellt. Ich bin nicht zu einer abschließenden Beurteilung dieser Darstellung in der Lage."

Alle dem Vorstand zugänglichen Unterlagen bzgl. dieser Lageberichterstattung stehen dem Abschlussprüfer zur Verfügung. Er kann den Risikogehalt höher einschätzen als der Vorstand und die Chancen niedriger oder umgekehrt. Aber darauf kann es nicht ankommen, er ist lediglich zur Beurteilung der **Plausibilität** verpflichtet (→ § 317 Rz. 73). Ein Prüfungshemmnis besteht nicht.

53 Ähnlich kann es sich auch bei Bilanzposten mit hohem **Schätzungs-** und deswegen **Unsicherheitsgehalt** (→ Rz. 38) verhalten.

BEISPIEL Der deutsche mittelständische Maschinenhersteller M hat eine größere Vertriebstochtergesellschaft in Brasilien. Diese schreibt seit Jahren rote Zahlen und wird regelmäßig mit Kapitalzuschüssen der Muttergesellschaft unterstützt. Die Geschäftsleitung (in Deutschland) nimmt wegen zweifelhafter Werthaltigkeit der Beteiligung eine Abschreibung um 40 % des bisherigen Bilanzausweises vor. Zugrunde liegen Planungsrechnungen der Tochtergesellschaft für die nächsten fünf Jahre, deren Cashflow zu der genannten *Impairment*-Abschreibung nötigt.

Der Abschlussprüfer sieht sich mangels Kenntnissen über den brasilianischen Markt außerstande, diese Planungsrechnungen nachzuvollziehen. Gleichwohl ist kein Prüfungshemmnis gegeben, da dem Abschlussprüfer sämtliche Informationen, die in diese Planung eingeflossen sind, von der hiesigen Geschäftsleitung zur Verfügung gestellt werden. Auch hier kann er die Plausibilität der Rechnung beurteilen oder sachkundigen Rat einholen, mehr ist von ihm nicht zu verlangen. Eine Testatseinschränkung kommt nicht in Betracht.

54 Als **Beispiele** für Prüfungshemmnisse mit möglicher Einschränkungsfolge kommen in Betracht:

- Mangelhafte Erfüllung der Auskunfts- und Vorlagepflicht (→ § 320 Rz. 6) durch die gesetzlichen Vertreter.
- Verweigerte Kontaktaufnahme zu Auskunftspersonen (Rechtsanwälte, Bankinstitute etc.).
- Verweigerte Saldenbestätigung wichtiger Kunden und Lieferanten.
- Mangelnde Verwertbarkeit der Arbeitsergebnisse von Sachverständigen.

Keine Prüfungshemmnisse stellen u. E. dagegen dar:

- Mangelhaftes internes Kontrollsystem, da die Prüfungsplanung und die Prüfungshandlungen entsprechend anzupassen sind.
- Nicht „abschließend beurteilbare" Risiken, da Risiken einer abschließenden Beurteilung der „Richtigkeit" nicht zugänglich sind.
- Hohe Schätzungsunsicherheiten bei bestimmten Bilanzposten (→ Rz. 51).

Die Testatseinschränkung muss ein unterstelltes Prüfungshemmnis durch **Begründung** klar erkennen lassen.

BEISPIEL[1] Die Testatseinschränkung wird wie folgt begründet:

„Die Gesellschaft weist unter den Verbindlichkeiten gegenüber verbundenen Unternehmen Verbindlichkeiten aus Patronaten gegenüber 27 Töchtern i. H. von insgesamt 28.626 T€ aus, deren zutreffende Bewertung wir nicht abschließend beurteilen können."

Unseres Erachtens fehlt eine Begründung für die nicht mögliche abschließende Beurteilung: Wurden die Auskunftspflichten nicht erfüllt oder die erforderlichen Unterlagen nicht vorgelegt oder ist die Bewertung selbst nur mit besonderen Schwierigkeiten nachzuvollziehen?

55 Bei Vorliegen von Prüfungshemmnissen kommt folgende Formulierung im Bestätigungsvermerk in Betracht:

BEISPIEL *„Meine/unsere Prüfung hat mit Ausnahme der nachfolgenden Einschränkung zu keinen Einwendungen geführt: Die Gesellschaft weist 10.923 T€ unter den Verbindlichkeiten gegenüber Kreditinstituten aus; wegen der trotz Aufforderung nicht eingegangenen Saldenbestätigungen durch zwei wesentliche Gläubigerbanken, welche 61 % des Volumens der Kreditverbindlichkeiten auf sich vereinen, können wir die tatsächliche Höhe der Kreditverbindlichkeiten nicht abschließend beurteilen."*

9.2.3 Fehlende Prüfungshandlungen

56 Eine Einschränkung kommt nicht in Betracht, wenn erforderliche Prüfungshandlungen nicht durchgeführt worden sind. Die Mängel des Prüfungsgeschehens, die der Abschlussprüfer zu **verantworten** hat, dürfen sich nicht in einem Negativtestat niederschlagen.

BEISPIEL *„Das Vorhandensein der ausgewiesenen Vorräte i. H. von ... € ist nicht hinreichend nachgewiesen, weil ich/wir nicht an der Inventur teilnehmen und durch alternative Prüfungshandlungen keine hinreichende Sicherheit über den Bestand der Vorräte gewinnen konnte(n)."*

Aus der Begründung könnte man eine mangelhafte Prüfungsplanung und -durchführung vermuten. Warum konnten die Inventuraufnahmen nicht überwacht werden und warum sind keine alternativen Prüfungshandlungen möglich gewesen? Wenn dieses Prüfungshemmnis vom Unternehmen zu verant-

1 Aus der Veröffentlichung der WP-Kammer unter www.wpk.de/Berufsaufsicht/Berichte.

worten ist, muss u. E. darauf hingewiesen werden, etwa wie folgt: „Die Gesellschaft hat uns nicht über den Inventuraufnahmetermin informiert. Alternative Prüfungshandlungen sind uns mangels Bestandsfortschreibung in Form einer ordnungsmäßigen Lagerbuchführung nicht möglich."

Hinzu kommt u.U. die Möglichkeit einer erneuten Inventuraufnahme mit wertmäßiger Rückrechnung auf den Bilanzstichtag. Die in diesen Fällen bestehende Terminnot darf sich u. E. nicht in der Einschränkung eines Bestätigungsvermerks niederschlagen oder muss eine entsprechende Begründung erfahren.

9.3 Versagungsvermerk (Abs. 4 Satz 2 und 4)

Der Versagungsvermerk ist als solcher zu bezeichnen. Wann **statt** einer Einschränkung des Bestätigungsvermerks eine Versagung erfolgen muss, lässt sich dem Gesetz in Abs. 4 Satz 4 indirekt entnehmen: Sofern der Abschluss (nicht der Lagebericht) auch unter Darstellung der Einwendungsgründe einen im Wesentlichen zutreffenden Einblick in die Vermögens-, Finanz- und Ertragslage nicht vermittelt, muss versagt werden. Man spricht in diesem Zusammenhang auch von einer **negativen Gesamtaussage,** wenn also Beanstandungen so wesentlich sind, dass auch unter Angabe der „Tragweite" der Einwendungen (→ Rz. 48) die fehlerhafte Darstellung im Jahresabschluss nicht mehr verdeutlicht werden kann. 57

Die quantitative Bedeutung des Versagungsvermerks ist gering. In den wenigen Fällen handelt es sich meist um Gesellschaften, bei denen die Fortführungshypothese (→ § 252 Rz. 21 ff.) widerlegt war, wobei die Situation des Unternehmens schon allgemein in der Öffentlichkeit bekannt gemacht wurde. 58

(einstweilen frei) 59–61

10. Vermerk bei Bestellung mehrerer Abschlussprüfer (Abs. 6a)

Absatz 6a beruht auf den Vorgaben des Art. 28 Abs. 3 EU-RL (→ § 317 Rz. 5). Konzeptionell liegt auch bei Bestellung mehrerer Abschlussprüfer (*joint audit*, → § 318 Rz. 14) nur **ein** Abschlussprüfer vor. Deshalb soll nach der Gesetzesvorgabe eine **einheitliche** Beurteilung des Prüfungsergebnisses erfolgen. Wenn ausnahmsweise eine solche Beurteilung nicht möglich ist, sind die Gründe dafür darzulegen und die (Bestätigungs-)Vermerke getrennt zu erteilen (IDW PS 208 Tz. 29). 61a

11. Erteilung des Bestätigungsvermerks (Abs. 7)

Der Bestätigungsvermerk ist in den Prüfungsbericht aufzunehmen (→ § 321 Rz. 81), aber unabhängig von diesem auf den Jahresabschluss anzubringen oder zusammen mit dem Lagebericht fest zu verbinden (sog. **Testatsbilanz**). 62

Der Bestätigungsvermerk ist zu **datieren** auf den Tag, an dem die Prüfungstätigkeit ihr Ende gefunden hat. Voraussetzung sind eine bis dahin erteilte Vollständigkeitserklärung und – natürlich – ein **nicht danach** datierter Jahresabschluss mit den Unterschriften der gesetzlichen Vertreter (→ § 245 Rz. 8 ff.). Das Datum der Vollständigkeitserklärung und der Jahresabschlussunterzeichnung darf also nie nach dem Datum der Beendigung der Prüfung und der damit einhergehenden Erteilung des Testats liegen. Die spätere Auslieferung des Bestätigungsvermerks und des Prüfungsberichts lässt dieses Datum unberührt. Wenn in der Zwischenzeit wesentliche Ereignisse zu erwarten sind, muss der Abschlussprüfer vor Auslieferung mit den gesetzlichen Vertretern abklären, ob solche Ereignisse die Aussage des Bestätigungsvermerks berühren. 63

64 Weiter ist die Angabe der Niederlassung gefordert, unter der der Bestätigungsvermerk erteilt wird.

65 Bei Beauftragung einer Gesellschaft dürfen nur vertretungsberechtigte Personen unterzeichnen, welche die erforderliche **Berufsqualifikation** aufweisen (→ § 321 Rz. 85). Bei Prüfung durch eine Gesellschaft muss die Unterzeichnung zumindest durch den Wirtschaftsprüfer erfolgen, welcher die Abschlussprüfung durchgeführt hat (Abs. 7).

Der Unterzeichnung ist die **Berufsbezeichnung** „Wirtschaftsprüfer/vereidigter Buchprüfer" (auch in femininer Form) beizufügen. **Mehrfachqualifikationen** als Steuerberater oder Rechtsanwalt sind nicht darzustellen. Ausreichend ist die Verwendung des Nachnamens.

Der Bestätigungsvermerk ist mit dem **Berufssiegel** nach § 48 Abs. 1 WPO zu versehen. Bei freiwilligen Abschlussprüfungen besteht diesbezüglich ein Wahlrecht (→ § 321 Rz. 105).

65a Die im Gesetz geforderte Schriftform der Unterzeichnung des Bestätigungsvermerks schließt eine **qualifizierte elektronische Signatur** nicht aus. Eine im Einklang mit § 126a BGB stehende qualifizierte elektronische Signatur entfaltet die gleiche Rechtswirkung wie eine handschriftliche Unterschrift (→ § 321 Rz. 82a). Seit den Änderungen von § 20 der Berufssatzung für WP/vBP im Jahr 2016 und den neu gefassten Regelungen zur Gestaltung des Berufssiegels kann auch das **Siegel elektronisch** geführt werden. Eine Übereinstimmung des Tages der Unterzeichnung (= Tag der elektronischen Signatur) mit dem im Bestätigungsvermerk in Textform angegebenen Datum des Bestätigungsvermerks ist nicht gefordert. Das Signaturdatum entspricht dem Zeitpunkt, zu dem die im Bestätigungsvermerk verkörperte Willenserklärung abgegeben wird. Das in Textform angegebene Datum des Bestätigungsvermerks dokumentiert hingegen den Zeitpunkt, zu dem die materiellen Prüfungshandlungen abgeschlossen wurden. Letzteres informiert darüber, dass der Abschlussprüfer die Auswirkungen von Ereignissen und Geschäftsvorfällen berücksichtigt hat, die bis zu diesem Datum eingetreten und bekannt geworden sind. Gleichwohl ist es im Hinblick auf die nachgelagerten, schwächeren Prüfungspflichten nach IDW PS 203 n. F. Tz. 18 ff. sinnvoll, den Zeitraum zwischen Beendigung der materiellen Prüfungshandlungen und der Anbringung einer elektronischen Signatur möglichst kurz zu halten. So lautet auch die Empfehlung der im Juli 2019 erstmals vom IDW veröffentlichten (zuletzt im Jahr 2020 aktualisierten) „F & A – zum digitalen Prüfungsbericht und Bestätigungsvermerk". Dort wird u. a. noch Folgendes festgehalten:

- Der Abschlussprüfer kann mit dem Mandanten vereinbaren, dass diesem eine Ausfertigung des Bestätigungsvermerks sowohl als handschriftlich unterzeichnetes Papierexemplar als auch in Dateiform mit qualifizierter elektronischer Signatur zur Verfügung gestellt wird.
- Durch die bildliche Wiedergabe von Unterschriften („Einscannen") kann das Schriftformerfordernis nicht ersetzt werden.
- Die Anbringung einer qualifizierten elektronischen Signatur an einen Bestätigungsvermerk oder Prüfungsbericht ist wie die handschriftliche Unterzeichnung ein höchstpersönlicher Rechtsakt, eine Stellvertretung durch einen Kollegen oder das Sekretariat ist daher unzulässig.
- Elektronische Kopien eines handschriftlich unterzeichneten Bestätigungsvermerks ohne qualifizierte elektronische Signatur sind kein Ersatz für das handschriftlich unterzeichnete Original. Wünscht der Mandant den Bestätigungsvermerk und Prüfungsbericht in elektronischer Form (als PDF-Datei), sind diese mit einer qualifizierten elektronischen Sig-

natur zu versehen. Zusätzliche Ausdrucke dieser Dateien sind Papierkopien und kein Ersatz für das elektronische Original.

IV. Sonderfälle des Vermerks

1. Konzernabschluss

Vergleichbar den Vorgaben in § 321 HGB zum Prüfungsbericht (→ § 321 Rz. 89) **integriert** das Gesetz in § 322 HGB den Abschlussvermerk für den Jahresabschluss bzw. Einzelabschluss einer (Mutter-)Gesellschaft in denjenigen für den Konzernabschluss. Bei der nachfolgenden Kommentierung werden entsprechend lediglich die **konzernspezifischen** Besonderheiten dargestellt. 66

Im Bestätigungsvermerk ist der Prüfungsgegenstand zu nennen, also Konzernabschluss mit seinen Bestandteilen, also auch Eigenkapitalspiegel und Kapitalflussrechnung (→ § 297 Rz. 1 bzw. → § 315e Rz. 8), und Konzernlagebericht.

(einstweilen frei) 67–69

Bestandsgefährdende Risiken des Konzerns sind wie im Falle einer Jahresabschlussprüfung darzustellen, die Angabepflicht bezieht sich auf das den Konzernabschluss erstellende Mutterunternehmen selbst sowie die einbezogenen Tochterunternehmen. Auf Letztere allerdings nicht, wenn das jeweilige Tochterunternehmen aus Sicht des Konzernabschlusses für die Vermittlung des *true and fair view* nur von untergeordneter Bedeutung ist (Abs. 2 Satz 4). 70

Eine **Einschränkung** des Bestätigungsvermerks (→ Rz. 48 ff.) kommt konzernspezifisch in Betracht in den Bereichen

- Abgrenzung des Konsolidierungskreises (→ § 294 Rz. 2),
- allgemeine Konsolidierungsmaßnahmen (→ § 301 ff.),
- Einheitlichkeit der Bewertung (→ § 308 Rz. 11),
- *Equity*-Bilanzierung bei assoziierten Unternehmen (→ § 312),
- Währungsumrechnung (→ § 308a),
- Kapitalflussrechnung (→ § 297 Rz. 6 ff.),
- Eigenkapitalspiegel (→ § 297 Rz. 91 ff.),
- (ggf.) Segmentberichterstattung (→ § 297 Rz. 1),
- Vorlagepflicht und Auskunftsrecht des Konzernabschlussprüfers bzgl. der Verhältnisse der einbezogenen Tochterunternehmen (→ § 317 Rz. 84).

Sofern der Jahresabschluss bzw. Einzelabschluss eines in den Konzernabschluss einbezogenen Unternehmens nur einen **eingeschränkten** Bestätigungsvermerk erhalten hat, muss dies nicht zwingend zur Einschränkung des Bestätigungsvermerks für den Konzernabschluss führen. Die dort angeführten Mängel können im Rahmen der Konsolidierungsvorgänge **behoben** werden oder die Mängel können aus Sicht des Konzernabschlusses unwesentlich sein. 71

(einstweilen frei) 72

2. Abschluss nach PublG

Die dem Publizitätsgesetz unterliegenden Unternehmen haben eine Pflichtprüfung des Jahresabschlusses (§ 6 PublG) und des Konzernabschlusses (§ 14 PublG) durchführen zu lassen. In bei- 73 den Fällen ist § 322 HGB **sinngemäß** anzuwenden. Allerdings ist die Formulierung des Bestätigungsvermerks an die erstellten Abschlussbestandteile anzupassen. Anders ausgedrückt: Wenn bei Personenunternehmen kein Anhang erstellt wird, kann eine tatsachengetreue Darstellung nicht bestätigt werden (IDW PS 400 Tz. A35).

3. Kleinstkapitalgesellschaften

73a Bei Kleinstkapitalgesellschaften besteht nach § 264 Abs. 2 Satz 4 HGB die widerlegbare Vermutung, dass ein unter Berücksichtigung der Erleichterungen aufgestellter Jahresabschluss den Erfordernissen des § 264 Abs. 2 Satz 1 HGB (Vermittlung eines den tatsächlichen Verhältnissen entsprechenden Bildes) entspricht. Der Bestätigungsvermerk ist daher auch nicht anzupassen (IDW PS 400 Tz. A33 und Anlage 6).

4. Freiwillige Abschlussprüfungen

74 Freiwillige Abschlussprüfungen nach **gesellschaftsvertraglichen** Auflagen oder **Vereinbarungen** mit dem Unternehmen selbst oder einem Kreditgeber kommen in Betracht bei

- kleinen Kapitalgesellschaften bzw. „Kap. & Co."-Gesellschaften i. S. des § 267 HGB (→ § 267 Rz. 14),
- kleinsten Kapitalgesellschaften bzw. „Kap. & Co."-Gesellschaften i. S. des § 267a HGB (→ § 267a Rz. 2),
- Konzernabschlüssen bei Erfüllung der Vorgaben des § 293 HGB (→ § 293 Rz. 5),
- Personenunternehmen, die nicht unter § 264a HGB (→ § 264a Rz. 5) fallen und die Größenmerkmale des § 1 PublG nicht erreichen,
- Erstellung eines IFRS-Einzelabschlusses (→ § 325 Rz. 27).

75 Die Erteilung eines dem § 322 HGB entsprechenden Bestätigungsvermerks, der an die Gesellschaft zu adressieren ist, verlangt die Durchführung einer Prüfung nach Art und Umfang der Vorschriften der §§ 316 ff. HGB (sog. **„Vollprüfung"**). Ansonsten darf nur eine **Bescheinigung** erteilt werden. Der Umfang der Prüfungstätigkeit sollte mit dem Auftraggeber förmlich vereinbart und in einem Auftragsbestätigungsschreiben festgehalten werden. Die Inanspruchnahme von Aufstellungserleichterungen beim Jahresabschluss kleiner Kapitalgesellschaften (→ § 274a und → § 288) verhindert nicht die Erteilung eines uneingeschränkten Bestätigungsvermerks und ebenso wenig den Hinweis im Vermerk auf den Einblick in die Vermögens-, Finanz- und Ertragslage. Der fehlende Lagebericht in solchen Fällen ist aus dem Text des Bestätigungsvermerks auszuklinken.

76 *(einstweilen frei)*

77 Ohne (freiwillige) Erstellung eines **Anhangs** – z. B. bei „normalen" Personenunternehmen – kann im Bestätigungsvermerk nur die Übereinstimmung mit den gesetzlichen Vorschriften, i. d. R. aber nicht die Einhaltung der Generalnorm bestätigt werden. Zu Ausnahmen bei Kleinstkapitalgesellschaften wird auf → Rz. 73a verwiesen.

78 Wenn pflichtgemäß ein Anhang durch eine nicht prüfungspflichtige Kapitalgesellschaft unter Inanspruchnahme der größenabhängigen Erleichterungen aufgestellt wird, **nicht dagegen ein Lagebericht,** kann die Erfüllung der Generalnorm bestätigt werden.

Auf **bestandsgefährdende Risiken** ist u. E. auch bei einem pflichtgemäß nicht erstellten Lagebericht im Bestätigungsvermerk hinzuweisen. Abs. 2 Satz 3 macht diesen Hinweis nicht von der Lageberichterstellung abhängig. 79

Bei freiwilliger **Konzernabschlussprüfung** ist der Bestätigungsvermerk dann zu erteilen, wenn die üblichen Voraussetzungen für die Abschlussprüfung nach §§ 317 ff. HGB eingehalten werden. 80

Bestätigungsvermerke bei freiwilligen Abschlussprüfungen sind von einem vertretungsberechtigten Berufsangehörigen zu **unterzeichnen.** Im Falle einer Prüfungsgesellschaft kann in diesen Fällen auch ein nicht vom Gesetz zugelassener, aber vertretungsberechtigter Angehöriger dieser Gesellschaft unterzeichnen. Die Siegelführung ist nach § 48 Abs. 1 Satz 2 WPO zulässig, aber nicht zwingend. 81

Findet eine sog. Vollprüfung nach den Vorgaben der §§ 317 ff. HGB nicht statt, kommt nur die Erteilung einer **Bescheinigung** in Betracht. 82

5. Bedingte Erteilung

In Sonderfällen kommt die Erteilung eines **aufschiebend** bedingten (nicht auflösend) Bestätigungsvermerks in Betracht. Das ist dann der Fall, wenn im Abschluss bereits Sachverhalte berücksichtigt werden, die erst nach Abschluss der Prüfung Wirksamkeit erlangen. Dann ist **statt** der Einschränkung des Bestätigungsvermerks ein solcher unter **Vorbehalt** möglich. Dieser Vorbehalt ist aber nur zulässig, wenn der noch nicht wirksame Sachverhalt nach Eintritt der Voraussetzungen eine **Rückwirkung** auf den geprüften Abschluss zur Folge hat. Voraussetzung für diese bedingte Erteilung ist der Eintritt der Bedingung nach einem formgebundenen Verfahren mit inhaltlich bereits erfolgter Festlegung. Diese rechtliche Verwirklichung bedarf der Beschlussfassung von Organen und anderer formeller Akte, deren Erfüllung praktisch sicher ist. 83

Beispiele für solche Rückwirkungssachverhalte sind:

- **Sanierungsbilanzen,** die im Zusammenhang mit Kapitalherabsetzungsmaßnahmen erstellt werden (IDW PS 400 Tz. A91).
- Noch nicht erfolgte **Feststellung** des Vorjahresabschlusses (→ § 316 Rz. 6). Allerdings soll die aufschiebende Bedingung der Bestätigungsvermerkserteilung dann nicht erforderlich sein, wenn mit einiger Sicherheit der Vorjahresabschluss ohne Feststellung beibehalten werden soll (IDW PS 400 Tz. A93).

Im Falle der Sanierung durch Kapitalherabsetzung kann die Bedingung unter unmittelbarer Einrückung vor der Überschrift des Bestätigungsvermerks wie folgt formuliert werden:

BEISPIEL ► *„Unter der Bedingung, dass die beschlossene, im Jahresabschluss berücksichtigte vereinfachte Kapitalherabsetzung mit anschließender Kapitalerhöhung im Handelsregister eingetragen wird, erteile ich/erteilen wir den nachstehenden Bestätigungsvermerk:"*

Der dann erteilte Bestätigungsvermerk ist so lange (schwebend) unwirksam, entfaltet also keine Rechtskraft und verhindert die Feststellung des Jahresabschlusses, solange die Bedingung nicht eingetreten ist. Erst dann ist auch der Jahresabschluss im Rechtssinne geprüft.

In folgenden Fällen ist kein bedingter, sondern ein **eingeschränkter** Bestätigungsvermerk zu erteilen: 83a

- Bei Berücksichtigung von Sachverhalten (im neuen Jahr), die **keine Rückwirkung** auslösen, z. B. Nichtpassivierung von Verbindlichkeiten, für die der Gläubiger erst nach dem Stichtag den Verzicht ausgesprochen hat, darf nicht uneingeschränkt testiert werden (IDW PS 400 Tz. A94).
- Wenn eine Bilanzierung unter Fortbestehensannahme nur bei Vornahme bestimmter Maßnahmen (Forderungsverzicht, Bareinschuss) möglich ist, kommt ein uneingeschränkter Bestätigungsvermerk nur in Betracht, wenn die **Maßnahme** bis zur Testatserteilung erfolgt ist; ansonsten ist der Vermerk einzuschränken oder zu versagen.

6. Tatsachen nach Erteilung des Bestätigungsvermerks

84 Nach Erteilung des Bestätigungsvermerks und dessen Auslieferung muss der Abschlussprüfer den Prüfungsinhalt nicht weiterverfolgen. Möglicherweise werden ihm jedoch nach diesem Zeitpunkt Tatsachen bekannt, die entweder am Bilanzstichtag oder im Wertaufhellungszeitraum vorlagen und die einen **eingeschränkten** Vermerk oder gar einen **Versagungsvermerk** erforderlich gemacht hätten. Dann muss der Abschlussprüfer auf eine Änderung des Abschlusses drängen. Kommt das Unternehmen dieser **„Veranlassung"** nicht nach, hat der Abschlussprüfer einen **Widerruf** des Bestätigungsvermerks in Betracht zu ziehen (→ Rz. 87). Ändert in diesem Fall das Unternehmen den Jahresabschluss, macht diese Bilanzänderung eine Nachtragsprüfung (→ Rz. 85) erforderlich.

7. Nachtragsprüfung

85 Bei Änderung des Abschlusses oder des Lageberichts nach der Erteilung des Bestätigungsvermerks sind die geprüften Unterlagen nach § 316 Abs. 3 HGB (→ § 316 Rz. 12 ff.) erneut zu prüfen, „soweit es die Änderung erfordert". Diese Prüfung kann nur durch den bestellten Abschlussprüfer durchgeführt werden (→ § 316 Rz. 19). Der erteilte Bestätigungsvermerk bleibt auch bei einer Nachtragsprüfung **wirksam** und ist entsprechend durch einen Hinweis zu ergänzen (IDW PS 406 Tz. 16). Der Hinweis ist als gesonderter Abschnitt mit der Überschrift „Hinweis zur Nachtragsprüfung" unmittelbar vor der Angabe von Ort und Datum der Unterzeichnung in den Bestätigungsvermerk aufzunehmen.

86 **Änderungen** des Abschlusses oder des Lageberichts **nach** Erteilung des Bestätigungsvermerks können Auswirkungen auf diesen nach § 316 Abs. 3 Satz 2 Halbsatz 2 HGB haben (→ § 316 Rz. 19). Dieser Sachverhalt ist dann gegeben, wenn durch die Änderung ursprüngliche Mängel des Abschlusses bzw. des Lageberichts **beseitigt** oder aber auch neue Mängel **begründet** werden. Dann ist das Prüfungsurteil neu zu formulieren und um einen gesonderten Absatz mit einem Hinweis auf die Änderung zu ergänzen. Möglicherweise ist ein bisheriger uneingeschränkter Bestätigungsvermerk wegen der Änderungen einzuschränken und mit entsprechender Formulierung anzupassen.

8. Widerruf

87 Der **gesetzlich nicht** geregelte Widerruf eines Bestätigungsvermerks setzt nach IDW PS 400 Tz. 92 ff. voraus:

- Die Erkenntnis des **Abschlussprüfers** über die nicht gegebenen Voraussetzungen für die Erteilung eines Bestätigungsvermerks.

- Die fehlende Bereitschaft der **Gesellschaft** zur Änderung des geprüften Abschlusses samt den Information derjenigen Personen, die vom geprüften Abschluss Kenntnis erlangt haben (also i. d. R. die Allgemeinheit).

Nach erfolgtem Widerruf darf das Unternehmen den bisherigen Bestätigungsvermerk nicht mehr verwenden. Allerdings wird die Feststellung des Jahresabschlusses bzw. Billigung des Konzernabschlusses, die vor dem Widerruf erfolgt ist, durch diesen nicht unwirksam.

Wird der Abschluss oder Lagebericht auch nach dem Widerruf nicht geändert, so hat der Abschlussprüfer einen neuen (regelmäßig eingeschränkten oder versagenden) Vermerk unter Berücksichtigung der nachträglich gewonnenen Erkenntnisse zu erteilen (IDW PS 400 Tz. 95).

(einstweilen frei) 88

Ein Widerruf ist nicht erforderlich, wenn die gebotene Information der Öffentlichkeit zeitnah in **anderer** Form erfolgt. Dies ist regelmäßig dann der Fall, wenn im bereits vorliegenden oder zeitnah zu erwartenden Folgeabschluss der Fehler des Vorjahres offen berichtigt wird. Die ist insbesondere bei Fehlerfeststellungen der DPR von Bedeutung. 89

(einstweilen frei) 90

Ein Widerruf des Bestätigungsvermerks ist dann **nicht** erforderlich, wenn die Fehlerkorrektur nach den Anforderungen von IDW RS HFA 6 n. F. erfüllt wird. Dazu bestehen folgende Möglichkeiten: 91

- Die Gesellschaft ändert die fehlerhafte Rechnungslegung **retrospektiv.** Der entsprechend korrigierte Abschluss wird nach erfolgter Nachtragsprüfung gem. § 316 Abs. 3 Satz 2 HGB (→ § 316 Rz. 12 ff.) mit dem ergänzten Bestätigungsvermerk offengelegt.
- Der Fehler wird **prospektiv** und zeitnah im nächsten nach der Fehlererkennung aufgestellten, geprüften und offenzulegenden Abschluss mit entsprechender Erläuterung korrigiert.

Der Abschlussprüfer hat dann nach Abs. 3 Satz 2 den Bestätigungsvermerk mit einem Hinweis zu ergänzen. Diese Ergänzung muss die Fehlerkorrektur im aktuellen Abschluss, die ein früheres Geschäftsjahr betrifft, ersichtlich machen. Dieser Hinweis ist in einen gesonderten Abschnitt des Bestätigungsvermerks aufzunehmen.

9. Erstprüfungen

Zu den möglichen Fällen von Erstprüfungen wird verwiesen auf → § 321 Rz. 107. 92

Das Problem stellt in diesen Fällen die Verifizierung der **Eröffnungsbilanzwerte** dar. Allerdings wird im Bestätigungsvermerk auf die Prüfung der Eröffnungsbilanzwerte nicht gesondert eingegangen. Auf den Bestätigungsvermerk können indes folgende Sachverhalte Einfluss nehmen:

- **Einwendungen** gegen den Vorjahresabschluss, die auch im aktuellen Abschluss noch relevant sind. Dann ist im Bestätigungsvermerk für das laufende Jahr erneut eine Einschränkung anzubringen.
- Die **Eröffnungsbilanzwerte** können nicht durch Prüfungshandlungen verifiziert werden, weil z. B. die Unterlagen für die früheren Jahre nicht mehr vorhanden sind. Dann kommt eine Einschränkung oder Versagung wegen eines Prüfungshemmnisses (→ Rz. 52) in Betracht.

10. Zusammengefasster Bestätigungsvermerk

93 § 325 Abs. 3a HGB erlaubt die Zusammenfassung des Konzernabschlusses mit dem Jahresabschluss des Mutterunternehmens bzw. mit einem Einzelabschluss bei der **Bekanntmachung** (→ § 325 Rz. 30). Die Vermerke des Abschlussprüfers nach § 322 HGB sowie die Prüfungsberichte (→ § 321 Rz. 101) können dann zusammengefasst werden. Die Zusammenfassung beschränkt sich auf „beide Abschlüsse". In der Praxis erfolgt dieser „Zusammenschluss" bei Konzern- und Jahresabschluss. Dagegen findet die Kombination Konzern- und Einzelabschluss in der Praxis nicht statt (→ § 325 Rz. 25).

Sachlich notwendig ist die Prüfung der beiden zusammengefassten Abschlüsse durch den **gleichen** Abschlussprüfer. Unseres Erachtens kann die Zusammenfassung des Bestätigungsvermerks bei den beiden unterschiedlichen Rechnungslegungsbestandteilen mit unterschiedlichen Gesetzesgrundlagen dann nicht sinnvoll sein, wenn eine **Kombination** von HGB-Jahres- und IFRS-Konzernabschluss besteht. „Kombiniert" werden können demgegenüber ein eingeschränkter Vermerk zum Jahresabschluss und ein uneingeschränkter zum Konzernabschluss.

11. Einzelabschluss nach § 325a HGB

94 Nach § 324a Abs. 1 HGB (→ § 324a Rz. 1) sind die Prüfungsvorschriften und damit auch die Vorgabe für die Testatserteilung bei dieser freiwilligen Abschlussprüfung (→ Rz. 74) anzuwenden. Der an die Gesellschaft zu adressierende Bestätigungsvermerk muss auf die in der EU anzuwendenden IFRS und die ergänzend anzuwendenden handelsrechtlichen Vorschriften nach § 325 Abs. 2a HGB hinweisen.

12. Gemeinschaftsprüfungen *(joint audits)*

95 In aller Regel erteilen die Gemeinschaftsprüfer (→ § 318 Rz. 21) einen gemeinsamen Bestätigungsvermerk mit gemeinsamer Unterzeichnung. Von Gesetzes wegen sind die Gemeinschaftsprüfer implizit zu einer einheitlichen Beurteilung der Prüfungsergebnisse aufgerufen. Unterschiedliche Prüfungsurteile sind gem. Abs. 6a jeweils in einem gesonderten Absatz des gemeinsamen Bestätigungsvermerks zu formulieren (IDW PS 400 Tz. 101). Bei Einschränkung nur durch **einen** Gemeinschaftsprüfer gilt der Bestätigungsvermerk insgesamt als eingeschränkt, auch wenn der andere Prüfer seinerseits keine Einschränkung ausspricht.

13. Anwendung der ISA

95a Abs. 1a sieht die Anwendung der internationalen Prüfungsstandards (ISA, → § 317 Rz. 95) vor, wenn diese nach Art. 26 Abs. 3 der EU-RL (→ § 317 Rz. 5) „angenommen worden sind". Das allerdings ist einstweilen nicht der Fall.

Die zusätzliche Anwendung der ISA kann allerdings vereinbart werden. Zu den Folgerungen für den Bestätigungsvermerk wird auf IDW PS 400 Anlage 4 und 7 verwiesen.

14. Fremdsprachige Fassungen

Nach Literaturauffassung muss der Bestätigungsvermerk bei einer Pflichtprüfung in **deutscher** Sprache gefasst werden, weil er sich auf den Jahresabschluss bezieht und dieser in deutscher Sprache aufzustellen ist (→ § 244 Rz. 1).[1] 96

15. Offenlegung des Bestätigungsvermerks

Die Offenlegung des Jahresabschlusses mit zugehörigen Unterlagen umfasst auch den pflichtmäßig zu erteilenden Bestätigungsvermerk (→ § 325 Rz. 6). Bei Inanspruchnahme größenabhängiger **Offenlegungserleichterungen** ist darauf zu verweisen (→ § 328 Rz. 9). 97

Auch ein **bedingter** und deshalb rechtlich (noch) nicht vorhandener Bestätigungsvermerk (→ Rz. 83) kann veröffentlicht werden, um dem Informationsbedürfnis der Abschlussadressaten Genüge zu tun. Regelmäßig ist allerdings bis zur Offenlegungspflicht die Bedingung eingetreten, so dass sich das Thema erledigt hat. Dann soll es zulässig sein, den Bedingungszusatz im Bestätigungsvermerk wegzulassen.[2]

16. Bestätigungsvermerk für im Insolvenzverfahren befindliche Unternehmen

Zur Rechnungslegung im Insolvenzverfahren wird verwiesen auf → § 252 Rz. 38a ff. 98

Die **Prüfungspflicht** der Abschlüsse in der Insolvenz von Kapitalgesellschaften und „Kap. & Co."-Gesellschaften richtet sich nach § 155 Abs. 3 InsO i. V. mit § 270 Abs. 3 AktG und § 71 Abs. 3 GmbHG sowie §§ 316 ff. HGB. 99

Für den Fall der **Liquidation** und damit auch für ein nicht auf Fortsetzung der Gesellschaft angelegtes Insolvenzverfahren ist danach eine **gerichtliche Befreiung von der Prüfungspflicht** möglich, wenn die Verhältnisse der Gesellschaft überschaubar sind.

Liegen die Voraussetzungen für eine Befreiung **nicht** vor, stellt sich die Frage nach dem Inhalt des **Bestätigungsvermerks.** Betroffen ist vor allem die Nennung der materiellen Rechtsgrundlagen des Abschluss und des Aufstellungsverantwortlichen im einleitenden Teil (→ Rz. 16). Im Falle eines auf Liquidation angelegten Verfahrens gilt hier Folgendes: 100

- **Materielles Recht:** Nach den gegenüber §§ 238 ff. HGB vorrangigen §§ 270 Abs. 2 AktG und 71 Abs. 2 GmbHG ist das **Anlagevermögen** wie Umlaufvermögen zu bewerten.
- **Verantwortung:** Sie liegt für die **Aufstellung des Abschlusses** beim Insolvenzverwalter (→ Rz. 98), hinsichtlich der **Buchführung** u. E. aber wenigstens insoweit noch bei den gesetzlichen Vertretern, als die Buchführung bereits abgeschlossen ist (Relevanz für letzten Abschluss der werbenden Gesellschaft) oder sich noch von den gesetzlichen Vertretern implementierte Systeme auswirken.

Der die Verantwortung für die Aufstellung betreffende Abschnitt sollte daher wie folgt lauten:

„Die Buchführung liegt in der Verantwortung der **gesetzlichen Vertreter und des Insolvenzverwalters,** die Aufstellung von Jahresabschluss und Lagebericht nach den deutschen handelsrechtlichen Vorschriften und den Liquidationsfällen **vorrangigen Bestimmungen des GmbHG/AktG** in der Verantwortung des **Insolvenzverwalters.**"

---

1 Vgl. *Pfitzer/Orth* in Baetge/Kirsch/Thiele (Hrsg.), Bilanzrecht, Kommentar, § 322 Tz. 221.
2 Vgl. *Pfitzer/Orth* in Baetge/Kirsch/Thiele (Hrsg.), Bilanzrecht, Kommentar.

101 Besondere Fragen ergeben sich im beschreibenden Teil beim **IFRS**-Einzel- oder -Konzernabschluss. Nach IAS 1.25 f. ist bei Abkehr von der *Going-Concern*-Prämisse auf anderer, im Anhang offenzulegender Grundlage zu bilanzieren, wobei die IFRS aber anders als etwa § 270 Abs. 2 AktG und § 71 Abs. 2 GmbHG die andere Grundlage nicht konkretisieren. Unter diesen Umständen kann und muss das Unternehmen bzw. der Insolvenzverwalter i.V. mit IAS 8.10 und IAS 1.19 zur Lückenfüllung bzw. tatsachengetreuen Darstellung ggf. **von einzelnen Standards abweichen** und andere Rechnungslegungsmethoden anwenden. Abstrakt bleibt er dabei in den IFRS, da IAS 1.25 ein solches Vorgehen fordert, konkret wendet er aber gerade nicht mehr alle „IFRS wie von der EU angenommen" an, wobei er die Abweichungen im Anhang erläutern muss.

Für den die Rechnungslegungsgrundlagen betreffenden Teil des Bestätigungsvermerks wäre daher u. E. folgende Formulierung angemessen:

„Die Aufstellung von Konzernabschluss und Konzernlagebericht erfolgte nach den in der EU anzuwendenden IFRS, **jedoch mit liquidationsspezifischen, im Einzelnen im Anhang dargestellten Modifikationen,** und den ergänzend nach § 315e Abs. 1 HGB anzuwendenden handelsrechtlichen Vorschriften. Die Aufstellung liegt in der **Verantwortung des Insolvenzverwalters.**"

17. Kapitalerhöhung aus Gesellschaftsmitteln

102 Die Umwandlung von Rücklagen einer AG oder GmbH in Nennkapital bedarf gem. § 207 Abs. 3 AktG bzw. § 57i Abs. 1 Satz 1 GmbHG einer Bilanz, die dem Handelsregister als Anlage zur Anmeldung der Kapitalerhöhung beizufügen ist. Verwendbar ist die geprüfte Jahresbilanz, deren Stichtag im Zeitpunkt der Anmeldung nicht älter als acht Monate sein darf.

103 Auch für kleine, nicht prüfungspflichtige Gesellschaften (→ § 316 Rz. 2) gilt die Pflicht zur Beifügung einer geprüften Bilanz. Die Prüfung muss daher nicht einer regulären Abschlussprüfung entsprechen. Sie kann sich auf den Zweck der Kapitalerhöhung aus Gesellschaftsmitteln beschränken, mit der Bestätigung, dass „die Bilanz den gesetzlichen Vorschriften … entspricht".[1]

104–109 *(einstweilen frei)*

V. Der erweiterte Bestätigungsvermerk für Unternehmen öffentlichen Interesses (PIEs) (Art. 10 der EU-APrVO sowie § 322 Abs. 1 Satz 4 HGB)

1. Rechtsgrundlagen

110 Nach der EU-APrVO sind für den Bestätigungsvermerk von Unternehmen öffentlichen Interesses (→ § 316a Rz. 1) besondere Angabepflichten gegeben (→ Rz. 10). Sie betreffen

- die Angabe, welche Instanz den Abschlussprüfer an welchem Datum **bestellt** hat,
- die Angabe der gesamten ununterbrochenen **Mandatsdauer** einschließlich bereits erfolgter Verlängerungen und erneuter Bestellungen (→ § 318 Rz. 21a),
- die Erläuterung bedeutsamer Prüfungssachverhalte **(key audit matters [KAM],** → Rz. 115),

1 Einzelheiten im Urteil des OLG Hamm v. 6.7.2010 – 15 W 334/09, rkr., DB 2010 S. 2096.

- Risiken wesentlicher Falschdarstellungen,
- die Eignung der Abschlussprüfung zur Aufdeckung von Unregelmäßigkeiten einschließlich Betrug,
- den Einklang des Prüfungsurteils mit dem Bericht an den **Prüfungsausschuss** (→ § 321 Rz. 1),
- die Erklärung über das Nichtvorliegen von unzulässigen **Nichtprüfungsleistungen** (→ Rz. 122),
- die besondere **Unabhängigkeitserklärung,**
- die Angabe von erbrachten **zulässigen Nichtprüfungsleistungen** (→ Rz. 123),
- die Benennung des auftragsverantwortlichen Wirtschaftsprüfers.

Die Anforderungen von Art. 10 der EU-APrVO ersetzen nicht den Inhalt des Bestätigungsvermerks nach § 322 HGB, sondern ergänzen ihn nur. Dies bedeutet z. B., dass die namentliche Angabe des verantwortlichen Wirtschaftsprüfers bei gesetzlichen Abschlussprüfungen von Public Interest Entities (PIEs) zusätzlich zur Unterzeichnung des Bestätigungsvermerks durch den Abschlussprüfer zu erfolgen hat.[1]

PS 400 Anlage 2 und 4 enthält Muster für den Bestätigungsvermerk von PIEs.

(einstweilen frei) 111

2. Ergebnisse der Abschlussprüfung (Art. 10 Abs. 1 EU-APrVO)

Der Bestätigungsvermerk berichtet über die Ergebnisse der Abschlussprüfung als zentrales Kommunikationsmedium. Er steht in gewisser Weise in Konkurrenz zum nationalen Prüfungsbericht nach § 321 HGB. Diese Konkurrenz lässt sich schwerlich auflösen. Die EU-APrVO nimmt keine Rücksicht auf die deutschen Besonderheiten zur Übermittlung der Prüfungsergebnisse. So aber besteht die Gefahr der – oder sogar der Zwang zur – doppelten Berichterstattung. Dieser Gefahr entgeht die EU-APrVO mit dem „zusätzlichen" Bericht an den Prüfungsausschuss in Art. 11 (→ § 321 Rz. 121). Hier ist nur **zusätzlich** zum Bestätigungsvermerk zu berichten. 112

3. Angabe der Bestellung (Art. 10 Abs. 2a der EU-APrVO)

Gefragt ist nach dem Bestellungsorgan. Die Bestellung umfasst die Wahl und die Beauftragung (IDW PS 400 Tz. 66). Nach deutschem Recht erfolgt die Wahl des Abschlussprüfers in der Hauptversammlung der AG, KGaA oder SE. Daraufhin erteilt der Aufsichtsrat (bei der AG) den Prüfungsauftrag. 113

Zuvor hat der Prüfungsausschuss eine streng formulierte Auswahl von möglichen Prüfungsgesellschaften zu sichten und zu beurteilen (→ § 318 Rz. 21).

4. Angabe des Zeitpunkts der Bestellung und der Dauer (Art. 10 Abs. 2b der EU-APrVO)

Das Bestellungsdatum ist regelmäßig eindeutig feststellbar und nicht interpretationsfähig. Die Angabe der gesamten ununterbrochenen Mandatsdauer einschließlich bereits erfolgter Verlängerung der Bestellung dient der Kontrolle über das Rotationsgebot. 114

1 Zu Einzelheiten, auch empirischer Art: *Downar/Ernstberger/Koch,* WPg 2019 S. 594 ff.

5. Angaben zu den *key audit matters* (KAM) (Art. 10 Abs. 2c der EU-APrVO)

5.1 Sinngehalt und Folgewirkungen

115 Durch die Mitteilung der KAM bzw. (in der Übersetzung von IDW PS 410) „die Mitteilung besonders wichtiger Prüfungssachverhalte im Bestätigungsvermerk" soll das Prüfungsgeschehen für die Abschlussadressaten durchsichtiger und verständlicher gemacht werden. Letztlich handelt es sich um einen Baustein zur Bekämpfung der Erwartungslücke (→ Rz. 4).

5.2 Anwendungsgrenzen

116 Die Mitteilungen der KAM **ersetzen nicht**

- die vom Management geforderten Abschlussvorgaben;
- die Abgabe eines modifizierten Prüfungsurteils;
- die Beachtung von Regeln bei Zweifeln an der Fortführung der Unternehmenstätigkeit.

5.3 Definition und Auswahl

117 Als KAM gelten die bedeutsamsten Sachverhalte in der Prüfung des aktuellen Abschlusses aus Sicht des Abschlussprüfers. Diese Sachverhalte werden sinnvollerweise mit dem Aufsichtsorgan erörtert. Aus diesen bestimmt der Abschlussprüfer die Sachverhalte, die eine besondere Befassung der Prüfung erfordern. Ein Sachverhalt, der eine **Modifizierung** des Prüfungsurteils erfordert, darf nicht unter diesen Abschnitt des Bestätigungsvermerks aufgenommen werden. Das Gleiche gilt für die Mitteilung über Zweifel an der **Fortführung** der Unternehmenstätigkeit. Sollten **keine** KAM mitzuteilen sein – was praktisch kaum vorkommen dürfte –, ist dies in einem besonderen Abschnitt – „Besonders wichtige Prüfungssachverhalte" – darzulegen. Dieser Befund ist mit dem Prüfungsausschuss zu erörtern – ebenso wie die Bestimmung der KAM. Jeder KAM ist im Bestätigungsvermerk zu beschreiben, sofern nicht rechtliche Vorschriften dem entgegenstehen.

118 Eine Reaktivierung von im **Vorjahr** bestimmten KAM ist nicht geboten. Allerdings kann ein KAM des Vorjahres im laufenden Geschäftsjahr u.U. noch Gültigkeit beanspruchen. Ein KAM im Bestätigungsvermerk muss einen Querverweis auf die Behandlung im Jahresabschluss enthalten (IDW PS 401 Tz. 16). Dabei darf die Darstellung der KAM nicht eine bloße Würdigung der Ausführungen im Abschluss darstellen.

Bei der Bestimmung der Sachverhalte, mit denen der Abschlussprüfer sich besonders befassen muss, sind nach IDW PS 401 besonders zu berücksichtigen:

- Bereiche mit hohem Risiko wesentlich falscher Darstellungen einschließlich Betrug,
- Beurteilungen des Managements bei geschätzten Werten mit hoher Schätzunsicherheit,
- Auswirkungen von bedeutsamen Ereignissen während des Prüfungszeitraums auf die Abschlussprüfung.

Die erforderliche Beschreibung jedes einzelnen KAM muss auf die Behandlung des Sachverhaltes eingehen und gem. IDW PS 401 Tz. 16 Folgendes hervorheben:

- **Gründe** für die getroffene Auswahl,
- Darstellung der **Behandlung** des Sachverhaltes in der Abschlussprüfung,
- einschließlich der Reaktionen des Prüfers auf diesen Sachverhalt.

Die (ergänzenden) Hinweise im Bestätigungsvermerk nach Abs. 3 Satz 2 (→ Rz. 37) sind getrennt von der Darstellung der KAM in den Bestätigungsvermerk aufzunehmen. Besonders schwierig gestaltet sich das Wechselspiel zwischen Feststellungen bzgl. der mutmaßlichen Fähigkeit des Unternehmens zur Fortführung der Unternehmenstätigkeit einerseits und der Bestimmung von KAM andererseits. Auch wenn keine Zweifel bzgl. der Fortsetzung der Unternehmenstätigkeit bestehen, können gleichwohl einschlägige KAM in den Bestätigungsvermerk aufgenommen werden, z. B. hohe Verluste, Verstöße gegen Kreditvereinbarungen. Zur Bedeutung von Fortführungsunsicherheiten als KAM hat die Abschlussprüferaufsichtsstelle (APAS) die Auffassung vertreten, dass solche Risiken regelmäßig zu den bedeutsamsten gehören und daher stets die Reaktion des Abschlussprüfers darzustellen ist.[1] Nach Auffassung des IDW[2] ist gleichwohl einzelfallabhängig vorzugehen, da in manchen Fällen lediglich ein bedeutsames, aber kein bedeutsamstes Risiko vorhanden sei oder sogar eine wesentliche Unsicherheit ohne Zweifel bestehe (und damit das Risiko wesentlicher falscher Darstellungen nicht bedeutsam sein könne). Die Neufassung von IDW PS 270 vom Oktober 2021 bekräftigt dies in Tz. A24. Im Regelfall, also wenn tatsächlich ein bedeutsamstes Risiko vorliegt, ist der Abschlussprüfer nach IDW PS 270 Tz. 3 verpflichtet, die Angaben nach Art. 10 Abs. 2 Buchst. c der EU-APrVO in den Abschnitt „Wesentliche Unsicherheit im Zusammenhang mit der Fortführung der Unternehmenstätigkeit" aufzunehmen. Auch für die anderen Fälle ist eine Bezugnahme auf die Unsicherheit im vorgenannten Abschnitt geboten (IDW PS 270 Tz. 30). Sofern das Unternehmen allerdings auf die Unsicherheiten nicht angemessen in Abschluss und Lagebericht eingeht und deshalb der Bestätigungsvermerk einzuschränken oder zu versagen ist, erfolgt eine Beschreibung im Abschnitt „Grundlage für das eingeschränkte (versagte) Prüfungsurteil" (IDW PS 270 Tz. 32). IDW PS 410 wurde zeitgleich mit der Neufassung von IDW PS 270 entsprechend angepasst. Anlage 1 zu IDW PS 270 enthält Muster zur Darstellung wesentlicher Fortführungsunsicherheiten im Bestätigungsvermerk.

Auch die Vorgabe von geschätzten Werten im Abschluss verhindert nicht die Identifizierung als KAM. Damit ist noch nichts über die Bestimmung der konkret anzugebenden KAM gesagt. Wenig hilfreich sind klassische Zirkeldefinitionen (in kleiner Auswahl): „Bedeutsamkeit kann als die auf den Kontext bezogene relative Wichtigkeit beschrieben werden." (IDW PS 401 Tz. A1). Oder: „Besonders wichtige Prüfungssachverhalte, die ... am bedeutsamsten in der Prüfung ... waren." (PS 401 Tz. 9). Indikatoren für die Bedeutsamkeit können gem. IDW PS 401 sein:

- Bedeutung des Sachverhalts für das Verständnis der VFE-Lage und Wesentlichkeit des Sachverhalts,
- Komplexität der Bilanzierungsgrundsätze,
- erforderlicher Prüfungsaufwand (z. B. Einsatz von Experten),
- Art, Anzahl und Größe festgestellter falscher Angaben,
- Schwierigkeiten bei der Durchführung geplanter Prüfungshandlungen,
- Schweregrad relevanter IKS-Schwächen,
- Risikoanfälligkeit.

1 APAS, Verlautbarung Nr. 9 „Going Concern-Unsicherheiten als Key Audit Matter im Bestätigungsvermerk (Artikel 10 Abs. 2 Buchst. c der Verordnung (EU) Nr. 537/2014)", 26.2.2020.
2 IDW, Berichterstattung über die 259. HFA-Sitzung v. 26.3.2020.

Bzgl. des Ortes der Darstellung von KAM lässt IDW PS 401 Tz. 14 den agierenden Prüfer nicht im Regen stehen. Vielmehr wird ihm in gewohnter Manier die Feder geführt. Die KAM sind in einem gesonderten Abschnitt des Bestätigungsvermerks, der die Überschrift „Besonders wichtige Prüfungssachverhalte" trägt, zu beschreiben. Eine „geeignete Überschrift" für den jeweiligen KAM ist auch verlangt. In der Einleitung zu diesem Abschnitt des Bestätigungsvermerks muss erklärt werden, dass

- ► besonders wichtige Prüfungssachverhalte solche sind, die der Prüfer als am bedeutsamsten eingeschätzt hat,
- ► diese Sachverhalte kein besonderes Urteil des Abschlussprüfers erfahren.

118a Für die Bestimmung der KAM gilt:

- ► Es muss eine **kleine** Auswahl von Sachverhalten – eben die wichtigsten – erfolgen. Endlose Listen sind deplatziert.
- ► Die Auswahl muss mandatsspezifisch erfolgen.
- ► Der Auswahlprozess sollte gleichwohl **standardisiert** erfolgen, so dass über alle Prüfungsaufträge hinweg konsistente und vergleichbare Ergebnisse entstehen.

In UK, wo bereits früher die vergleichbaren Regeln des ISA 701 beachtet wurden, konnten empirisch im Durchschnitt vier KAM im Bestätigungsvermerk festgestellt werden[1], wobei folgende Themenbereiche besonders häufig vorkommen: Geschäfts- oder Firmenwert, immaterielle Vermögenswerte, Umsatzrealisierung und steuerliche Risiken.[2] Für Deutschland ist für die DAX-Geschäftsberichte 2017 Folgendes empirisch belegt: Bei den meisten DAX-Unternehmen werden drei oder vier Key Audit Matters im Bestätigungsvermerk näher beschrieben; besonders häufig die Werthaltigkeit des Geschäfts- oder Firmenwertes, die Bewertung von Rückstellungen sowie Themen zu M&A.[3]

Auch die überdurchschnittliche Betroffenheit des Unternehmens durch Kriegsereignisse (Ukraine-Krieg) kann ein KAM sein.[4]

5.4 Beispiel

119 *(einstweilen frei)*

120 Das Muster der Darstellung der KAM zu dem Konzernabschluss eines Flugzeugmotorenherstellers:

BEISPIEL ► Unsere Risikoeinschätzung: Die Umsatz- und Gewinnrealisation hängt u. a. von der zutreffenden Beurteilung der Verbindung des Verkaufs eines Triebwerks mit den nachlaufenden Serviceleistungen ab. Die Vereinbarungen können komplex sein und erfordern signifikante Beurteilungen jedes einzelnen Falls. Das größte Risiko fehlerhafter Bilanzierung besteht in der Behandlung des gesamten Geschäftsmodells mit der verbundenen langfristigen Serviceleistung als einheitlichem Verkauf mit entsprechend zu frühem Umsatz- und Ergebnisausweis.

Unsere Reaktion: Wir beurteilten nach eigenen Kriterien anhand der einschlägigen Rechnungslegungsstandards die Bilanzierungsgrundlage für jeden dem Verkauf folgenden langfristigen Servicevertrag,

---

1 Vgl. *Pföhler/Kunellis/Kappe*, WP Praxis 2016 S. 60.

2 *Krones/Groß/Quick/Schmidt*, WPg 2018 S. 1198.

3 *Rinker*, PiR 2019 S. 61 ff.

4 IDW, Fachlicher Hinweis zu den Auswirkungen des Ukraine-Krieges auf die Rechnungslegung und deren Prüfung (2. Update, April 2022).

der im Prüfungsjahr abgeschlossen wurde, und verglichen ihn mit der Bilanzierungsgrundlage des Konzerns.

Unsere Feststellungen: Der Konzern hat ein Rahmenwerk zur Ermittlung der Bilanzierungsgrundlage geschaffen, das den Rechnungslegungsstandards entspricht. Sofern Interpretationen erforderlich waren, beurteilten wir die vom Konzern gefundenen Lösungen als ausgeglichen.

BEISPIEL ▸ Unsere Risikoeinschätzung: Im Hinblick auf einen fallenden Aktienkurs und ein schwieriges Branchenumfeld hat der Vorstand die leitenden Mitarbeiter wiederholt angehalten, gleichwohl alles zu tun, damit die Forecast-Zahlen erreicht werden. In Verbindung mit einer stark an die Zielerreichung geknüpften Vergütung der leidenden Mitarbeiter erhöht dies das Risiko einer Manipulation der Ist-Zahlen.

Unsere Reaktion: Wir haben verstärkt die zutreffende Periodenabgrenzung von Erlösen geprüft, uns dabei insbesondere den langfristigen Fertigungsaufträgen und den Mehrkomponentengeschäften zugewandt. Wir haben dabei größere Stichprobenumfänge für Einzelnachweise gewählt.

Unsere Feststellungen: Mit Ausnahme des fehlerhaften Berichts über eine Transaktion mit geringer Auswirkung auf Umsatz und Gewinn konnten wir keine Unrichtigkeiten und Manipulationen feststellen. Der Fehler wurde nach unserem Hinweis vom Vorstand korrigiert.

6. Einklang mit dem Prüfungsurteil im Bericht an den Prüfungsausschuss (Art. 10 Abs. 2e EU-APrVO)

Zum zusätzlichen Bericht an den Prüfungsausschuss vgl. → § 321 Tz. 121. Diese Mitteilung, 121
dass das Prüfungsurteil mit dem in Art. 11 EU-APrVO genannten zusätzlichen Bericht an den Prüfungsausschuss (Prüfungsbericht) in Einklang steht, sollte eine Selbstverständlichkeit darstellen. Im Testat kann nicht das Gegenteil zum Aufsichtsratsbericht enthalten sein.

7. Erklärung über verbotene Nichtprüfungsleistungen (Art. 10 Abs. 2f EU-APrVO)

Zum Inhalt wird verwiesen auf → § 319a Rz. 20a. Über dieses Verbot muss sich der Abschluss- 122
prüfer bereits vor Annahme des Auftrages im Klaren gewesen sein.

8. Zusätzlich zur Abschlussprüfung erbrachte Leistungen (Art. 10 Abs. 2g EU-APrVO)

Zum Inhalt dieser (erlaubten) Nichtprüfungsleistungen vgl. → § 319a Rz. 46 ff. Die Berichts- 123
pflicht entfällt bei entsprechenden Angaben im Anhang (→ § 285 Rz. 117) oder Konzernanhang (→ § 314 Rz. 12).

9. Kein Querverweis auf den zusätzlichen Bericht an den Prüfungsausschuss (Art. 10 Abs. 3 EU-APrVO)

Der Bestätigungsvermerk darf sich bzgl. der gebotenen Angaben nicht hinter weiteren Infor- 124
mationen (hier der zusätzliche Bericht nach Art. 11) sozusagen verstecken. Eine Angabepflicht im Bestätigungsvermerk entfällt nicht bei Berichterstattung an den Prüfungsausschuss. Das gilt auch für den nach deutschem Recht gebotenen Prüfungsbericht nach § 321 HGB.

10. Erklärung zum ESEF-Format (§ 322 Abs. 1 Satz 4 HGB)

Kapitalmarktorientierte Gesellschaften haben für Zwecke der Bundesanzeigerpublizität ihren 125
Abschuss in einem gesonderten elektronischen Format (**ESEF**) wiederzugeben (→ § 328 Rz. 5a).

Die Übereinstimmung der elektronischen Wiedergaben mit den aufgestellten Abschlüssen sowie die ESEF-Konformität der Wiedergabe ist Prüfungsgegenstand (→ § 317 Rz. 88c). Über das Ergebnis der Prüfung ist im Bestätigungsvermerk gesondert zu berichten. Diese Gesetzesbestimmung entspricht auch einer Empfehlung in den Leitlinien des Ausschusses der Europäischen Aufsichtsstellen für Abschlussprüfer vom 28.11.2019.[1] Auch gem. EU-Kommission fällt die ESEF-VO unter die gesetzlichen Vorschriften i. S. von Art. 28 Abs. 2 lit. c (ii) der Richtlinie über die Abschlussprüferverordnung zum Bestätigungsvermerk. Folglich hat die EU-Kommission die Meinung, dass der Abschlussprüfer sich innerhalb des Bestätigungsvermerks grundsätzlich zur Einhaltung der ESEF-VO äußern muss. Dem folgt das Gesetz in § 322 Abs. 1 Satz 4 HGB sowie vorgeschaltet, nämlich hinsichtlich des zugrunde liegenden Prüfungsgegenstands, in § 317 Abs. 3a HGB. Der IDW-Prüfungsstandard PS 410 „Prüfung der für Zwecke der Offenlegung erstellten elektronischen Wiedergaben von Abschlüssen und Lageberichten nach § 317 Abs. 3a HGB" enthält Hinweise zur konkreten Formulierung (→ § 317 Rz. 88c).

11. Erklärung zum nichtfinanziellen Bericht

126 Sofern das kapitalmarktorientierte Unternehmen (in Einzelfällen auch sonstige Gesellschaften; → § 289f Rz. 3a) eine nichtfinanzielle Erklärung abgeben muss, ist über die Abgabe bzw. bei freiwilliger Erweiterung der Prüfung auf den Inhalt auch über die inhaltliche Prüfung zu berichten. Hinweise hierzu enthält IDW PH 9.350.2 (→ § 317 Rz. 80b).

127–129 *(einstweilen frei)*

§ 323 Verantwortlichkeit des Abschlussprüfers

[vor FISG:] (1) [1]Der Abschlussprüfer, seine Gehilfen und die bei der Prüfung mitwirkenden gesetzlichen Vertreter einer Prüfungsgesellschaft sind zur gewissenhaften und unparteiischen Prüfung und zur Verschwiegenheit verpflichtet; § 57b der Wirtschaftsprüferordnung bleibt unberührt. [2]Sie dürfen nicht unbefugt Geschäfts- und Betriebsgeheimnisse verwerten, die sie bei ihrer Tätigkeit erfahren haben. [3]Wer vorsätzlich oder fahrlässig seine Pflichten verletzt, ist der Kapitalgesellschaft und, wenn ein verbundenes Unternehmen geschädigt worden ist, auch diesem zum Ersatz des daraus entstehenden Schadens verpflichtet. [4]Mehrere Personen haften als Gesamtschuldner.

[nach FISG:] (1) [1]Der Abschlussprüfer, seine Gehilfen und die bei der Prüfung mitwirkenden gesetzlichen Vertreter einer Prüfungsgesellschaft sind zur gewissenhaften und unparteiischen Prüfung und zur Verschwiegenheit verpflichtet; gesetzliche Mitteilungspflichten bleiben unberührt. [2]Sie dürfen nicht unbefugt Geschäfts- und Betriebsgeheimnisse verwerten, die sie bei ihrer Tätigkeit erfahren haben. [3]Wer vorsätzlich oder fahrlässig seine Pflichten verletzt, ist der Kapitalgesellschaft und, wenn ein verbundenes Unternehmen geschädigt worden ist, auch diesem zum Ersatz des daraus entstehenden Schadens verpflichtet. [4]Mehrere Personen haften als Gesamtschuldner.

[vor FISG:] (2) [1]Die Ersatzpflicht von Personen, die fahrlässig gehandelt haben, beschränkt sich auf eine Million Euro für eine Prüfung. [2]Bei Prüfung einer Aktiengesellschaft, deren Aktien zum Handel im regulierten Markt zugelassen sind, beschränkt sich die Ersatzpflicht von Personen, die fahrlässig gehandelt haben, abweichend von Satz 1 auf vier Millionen Euro für eine Prüfung. [3]Dies gilt auch, wenn an der Prüfung mehrere Personen beteiligt gewesen oder mehrere zum Ersatz verpflichtende Handlungen begangen worden sind, und ohne Rücksicht darauf, ob andere Beteiligte vorsätzlich gehandelt haben.

1 CEAOB, Guidelines on the auditor's involvement on financial statements in European Single Electronic Format.

[nach FISG:] (2) [1]Die Ersatzpflicht der in Absatz 1 Satz 1 genannten Personen für eine Prüfung ist vorbehaltlich der Sätze 2 bis 4 wie folgt beschränkt:

1. **bei Kapitalgesellschaften, die ein Unternehmen von öffentlichem Interesse nach § 316a Satz 2 Nummer 1 sind: auf sechzehn Millionen Euro;**
2. **bei Kapitalgesellschaften, die ein Unternehmen von öffentlichem Interesse nach § 316a Satz 2 Nummer 2 oder 3, aber nicht nach § 316a Satz 2 Nummer 1 sind: auf vier Millionen Euro;**
3. **bei Kapitalgesellschaften, die nicht in den Nummern 1 und 2 genannt sind: auf eine Million fünfhunderttausend Euro.**

[2]Dies gilt nicht für Personen, die vorsätzlich gehandelt haben, und für den Abschlussprüfer einer Kapitalgesellschaft nach Satz 1 Nummer 1, der grob fahrlässig gehandelt hat. [3]Die Ersatzpflicht des Abschlussprüfers einer Kapitalgesellschaft nach Satz 1 Nummer 2, der grob fahrlässig gehandelt hat, ist abweichend von Satz 1 Nummer 2 auf zweiunddreißig Millionen Euro für eine Prüfung beschränkt. [4]Die Ersatzpflicht des Abschlussprüfers einer Kapitalgesellschaft nach Satz 1 Nummer 3, der grob fahrlässig gehandelt hat, ist abweichend von Satz 1 Nummer 3 auf zwölf Millionen Euro für eine Prüfung beschränkt. [5]Die Haftungshöchstgrenzen nach den Sätzen 1, 3 und 4 gelten auch, wenn an der Prüfung mehrere Personen beteiligt gewesen oder mehrere zum Ersatz verpflichtende Handlungen begangen worden sind, und ohne Rücksicht darauf, ob andere Beteiligte vorsätzlich oder grob fahrlässig gehandelt haben.

(3) Die Verpflichtung zur Verschwiegenheit besteht, wenn eine Prüfungsgesellschaft Abschlussprüfer ist, auch gegenüber dem Aufsichtsrat und den Mitgliedern des Aufsichtsrats der Prüfungsgesellschaft.

(4) Die Ersatzpflicht nach diesen Vorschriften kann durch Vertrag weder ausgeschlossen noch beschränkt werden.

[nach FISG:] (5) Die Mitteilung nach Artikel 7 Unterabsatz 2 der Verordnung (EU) Nr. 537/2014 ist an die Bundesanstalt für Finanzdienstleistungsaufsicht zu richten, bei dem Verdacht einer Straftat oder Ordnungswidrigkeit auch an die für die Verfolgung jeweils zuständige Behörde.

Inhaltsübersicht

LITERATUR:

Ebke in Münchener Kommentar zum HGB, 2. Aufl. 2009, § 323; *Hilber/Hartung*, Auswirkungen des Sarbanes-Oxley Act auf deutsche WP-Gesellschaften, BB 2003 S. 1054; *Quick*, Geheimhaltungspflicht des Abschlussprüfers, BB 2004 S. 1490; *Schmitz/Lorey/Harder*, Berufsrecht und Haftung der Wirtschaftsprüfer, 2013; *Schumm*, Haftungsrisiken für Wirtschaftsprüfer, StuB 2018 S. 704 ff.

I. Regelungsgehalt und Anwendungsbereich

1 § 323 HGB befasst sich mit dem Pflichtenkatalog des Abschlussprüfers und seiner Gehilfen und der gesetzlichen Vertreter einer Prüfungsgesellschaft (→ Rz. 8) im Rahmen einer **gesetzlichen** Abschlussprüfung nach § 316 HGB (→ § 316 Rz. 1) und den **Folgen** eines Verstoßes gegen diese Pflichten in Form der **Haftung** (→ Rz. 26). Wegen der möglichen hohen Haftungssummen wird eine Beschränkung auf **Höchstbeträge** festgelegt (→ Rz. 34). Eine weitere Herabsetzung dieser Beträge oder eine Beschränkung der haftungsauslösenden Tatbestände (etwa auf grobe Fahrlässigkeit) durch vertragliche Vereinbarung ist bei Pflichtprüfungen **nichtig** (→ Rz. 36), eine vertragliche Erhöhung oder Verschärfung der Haftung hingegen vertraglich zulässig, wenngleich als Verstoß gegen die Berufssatzung anzusehen (→ Rz. 46).

2 **Freiwillige** Abschlussprüfungen unterliegen bzgl. der Verantwortlichkeiten dem allgemeinen Zivilrecht (→ Rz. 37). Das gilt wiederum nicht (also Anwendung des § 323 HGB), wenn die Prüfung eines freiwillig erstellten Konzernabschlusses befreiende Wirkung haben soll (→ § 291 Rz. 23; → § 292 Rz. 8).

3 Der Schutzbereich des § 323 HGB beschränkt sich dem Wortlaut nach auf den **Auftraggeber** (→ Rz. 25) und ein evtl. geschädigtes verbundenes Unternehmen (→ § 271 Rz. 30). Eine Wirkung gegenüber **Dritten** kann sich aber in Verbindung mit dem allgemeinen Zivilrecht ergeben (→ Rz. 29).

4 Einen besonderen Verpflichtungsgehalt sieht der Gesetzgeber in der gebotenen **Verschwiegenheit** (→ Rz. 14) unter Betonung des Verbots der Verwertung von Geschäfts- und Betriebsgeheimnissen (→ Rz. 21), die anlässlich der Prüfungstätigkeit erfahren worden sind.

5 Auf die Verantwortlichkeiten und Rechtsfolgen des § 323 HGB wird in vielen **anderen** Pflichtprüfungen **außerhalb** des Anwendungsbereichs von §§ 316 ff. HGB verwiesen:[1]

- Gründungsprüfung (§ 49 AktG),
- Nachgründungsprüfung (§ 53 AktG),
- aktienrechtliche Sonderprüfungen (§§ 144, 258 Abs. 5 Satz 1 AktG),
- Prüfung nach dem UmwG,
- Verschmelzung (§§ 9, 11 Abs. 2 UmwG),
- Spaltung (§ 125 UmwG),
- Vermögensübertragung (§ 176 Abs. 1 UmwG),

1 Vgl. die Auflistung bei *Bertram* in Haufe HGB Bilanz Kommentar, 4. Aufl. 2013, § 323 Tz. 9.

- Formwechsel (§ 197 UmwG),
- Prüfung einer Kapitalerhöhung aus Gesellschaftsmitteln (§ 209 Abs. 4 Satz 2 AktG, § 57f Abs. 3 Satz 2 GmbHG),
- Prüfung von Unternehmensverträgen (§ 293d Abs. 2 AktG),
- Prüfung von Eingliederungen (§ 320 Abs. 3 AktG),
- externe Qualitätskontrolle (§ 57b Abs. 4 WPO).

Für die Jahresabschlussprüfung von **Genossenschaften** gilt § 323 HGB demgegenüber nicht. Hier enthält § 62 GenG eine weitgehend inhaltsgleiche Spezialregelung. 6

Bei anderen **gesetzlich** angeordneten Prüfungen, die förmlich nicht auf § 323 HGB verweisen, soll nach allgemeiner Auffassung dessen Regelungsgehalt ebenfalls anzuwenden sein.[1] Genannt werden in diesem Zusammenhang auch die prüferischen Durchsichten von Finanzmarktinformationen nach §§ 37w ff. WpHG, außerdem z. B. Prüfungen nach § 29 KWG.[2] 7

II. Pflichten des Abschlussprüfers

1. Prüfungsdurchführung (Abs. 1 Satz 1)

1.1 Personenkreis

Das Gesetz nennt als von der Anwendung des § 323 HGB betroffenen Personenkreis: 8

- den Abschlussprüfer (als natürliche Person),
- die Gehilfen des Abschlussprüfers,
- die bei der Prüfung mitwirkenden gesetzlichen Vertreter einer Prüfungsgesellschaft.

Abschlussprüfer ist die nach § 318 HGB bestellte Person oder Gesellschaft (→ § 318 Rz. 22).

Diese Aufzählung ist **umfassend. Jede** mit der Prüfung irgendwie befasste Person unterliegt dem Regelungsbereich. Das gilt nicht nur für die „an der Front" tätigen Mitarbeiter, sondern auch für technisch Dienstleistende, z. B. Sekretariate, wobei für untergeordnet oder unterstützend tätige Personen in der Praxis allerdings nur die Verschwiegenheitspflichten eine Rolle spielen, da sich die durch Berufsrecht und IDW konkretisierten Anforderungen an die Gewissenhaftigkeit und Unparteilichkeit auf die Berufsausübung durch den Wirtschaftsprüfer und nicht etwa auf das tippfehlerfreie Schreiben der Sekretärin beziehen. 9
Die Rechtsgrundlage für die Beschäftigung – Arbeitsvertrag, freiberufliche Mitarbeit, Einmaltätigkeit – ist unerheblich. Die Verschwiegenheitserklärung nach § 50 WPO ergänzt diese Vorgabe; fehlt diese, bleibt die Verpflichtung nach § 323 Abs. 1 HGB unberührt. Die gesetzlichen Vertreter definieren sich nach den einschlägigen gesellschaftsrechtlichen Vorgaben.

1 Vgl. *ADS*, 6. Aufl., § 323 Tz. 7; Justenhoven/*Feldmüller* in Beck'scher Bilanz-Kommentar, 13. Aufl. 2022, § 323 Tz. 4; *Bertram* in Haufe HGB Bilanz Kommentar, 4. Aufl. 2013, § 323 Tz. 11; *Kuhner/Pässler* in Küting/Pfitzer/Weber, Handbuch der Rechnungslegung – Einzelabschluss, 5. Aufl., § 323 Tz. 1.

2 Vgl. *Justenhoven/Feldmüller* in Beck'scher Bilanz-Kommentar, 13. Aufl. 2022, § 323 Tz. 3.

1.2 Reglement

1.2.1 Gewissenhaftigkeit

10 Die Verpflichtung zur Gewissenhaftigkeit bei der Prüfungsdurchführung stellt zunächst einmal eine bare **Selbstverständlichkeit** dar; „gewissenlos" sollte ein verantwortungsbewusster Zeitgenosse sich auch sonst nicht gerieren. Die Frage geht deshalb dahin, an welchen **Maßstäben** sich das Gewissen des Abschlussprüfers und seiner Mitstreiter orientieren soll. So mag schon ein alt überkommender Moralkodex einiges Anschauungsmaterial zur Verfügung stellen: „Du sollst nicht lügen, du sollst kein falsches Zeugnis abgeben." Diese allgemeingültigen Vorgaben werden im Bereich der Abschlussprüfung in nennenswertem Umfang angereichert durch die Prüfungsstandards des IDW (→ § 317 Rz. 1) und die berufsrechtlichen Vorgaben in der WPO und die BS WP/vBP (→ § 317 Rz. 16). Die **eigenverantwortliche** Entscheidung des Abschlussprüfers soll dort ihre Unterstützung finden. Diese ist wenigstens dann gewährleistet, wenn sich der Abschlussprüfer akkurat an die IDW-Vorgaben zur verantwortlichen Durchführung einer Abschlussprüfung hält. Eine Abweichung von diesen ist nur in begründeten **Ausnahmefällen** möglich (→ § 317 Rz. 14). Oder umgekehrt gewendet: Hält sich der Abschlussprüfer an diese Vorgaben,[1] wird ihm auch in der Zivil- und Strafgerichtsbarkeit nichts vorgeworfen werden können.

11 Konkreter wird die **Gewissenhaftigkeit** der Berufsausübung nach Nennung der Selbstverständlichkeiten wie Beachtung des Gesetzes und der Berufsgrundsätze wie folgt dargestellt:[2]

- **Verbot** einer **Auftragsannahme** bei fehlender Sachkunde oder nicht verfügbarem Zeitrahmen;
- ordnungsgemäße **Gesamtplanung** zur Gewährleistung einer zeitgerechten Auftragsabwicklung;
- ausnahmsweise **Beendigung** des Auftrags bei Eintreten besonderer Umstände, die zur Ablehnung des Auftrags hätten führen müssen.

1.2.2 Unparteilichkeit

12 Die Abschlussprüfung erfolgt in erster Linie im Interesse der **Öffentlichkeit,** also für „jedermann". Deshalb darf der Abschlussprüfer nicht **einseitig** bei seiner Tätigkeit und Berichterstattung die Interessen des beauftragten Unternehmens oder – noch konkreter – die persönlichen Interessen des Vorstands oder der Geschäftsführung oder aber einzelner Kreditgeber bevorzugen. Besonders im **Prüfungsbericht** hat sich der Abschlussprüfer wegen der möglichen gegensätzlichen Interessenlagen der Berichtsadressaten (→ § 321 Rz. 2) einer besonderen unparteilichen (neutralen) Darstellung zu befleißigen. Das muss auch und gerade dann gelten, wenn wie üblich dem Vorstand oder der Geschäftsführung vor Auslieferung des Prüfungsberichts ein sog. Leseexemplar zugestellt wird, um nochmals die Gelegenheit zur Auskunftserteilung zu nutzen (→ § 321 Rz. 86). Die kritische Lektüre dieses „Leseexemplars" darf nicht in ein „Streichkonzert" ausarten, in dem unerwünscht erscheinende Ausführungen eliminiert oder in schwer verständliche Aussagen umformuliert werden.

1 Vgl. IDW PS 201 Tz. 27 ff.
2 § 4 BS WP/vBP.

Die Unparteilichkeit ist insbesondere dann gefährdet, wenn die Gefahr der **Befangenheit** (→ § 319 Rz. 21) besteht durch:[1] 13

- Eigeninteresse,
- Selbstprüfung,
- Interessenvertretung,
- persönliche Vertrautheit.

2. Generelle Verschwiegenheitspflicht

2.1 Umfang (Abs. 3)

Besonders streng ist das Gebot der Verschwiegenheit für alle am Prüfungsgeschehen beteiligten Personen bis hin zu den Hilfstätigkeiten innerhalb einer Praxisorganisation (→ Rz. 9). Die weite Auslegung wird auch für die berufsrechtliche Verschwiegenheitspflicht nach § 43 WPO allgemein anerkannt. **Alles,** was den am Prüfungsgeschehen beteiligten Personen bekannt geworden ist, unterliegt dieser Verschwiegenheitspflicht. Diese endet erst dort, wo allgemein bekannte Tatsachen betroffen sind, also Verlautbarungen des Unternehmens in der Presse oder in sonst öffentlich zugänglichen Informationsmedien. 14

Die Verschwiegenheitspflicht besteht auch **nach Beendigung** des Auftragsverhältnisses fort,[2] d. h., sie unterliegt keiner **zeitlichen** Begrenzung, auch dann nicht, wenn die früher geprüfte Gesellschaft als solche nicht mehr besteht. 15

Keine Verschwiegenheitspflicht besteht gegenüber 16

- den Auskunftspersonen, die vom Vorstand/der Geschäftsführung dem Abschlussprüfer benannt worden sind,[3] allerdings u. E. beschränkt auf deren Kompetenzbereich,
- dem Aufsichtsrat oder Prüfungsausschuss der geprüften Gesellschaft (→ § 321 Rz. 86),
- den Gesellschaftern einer GmbH oder GmbH & Co. KG (§ 42a Abs. 3 GmbHG).

Dagegen besteht eine Verschwiegenheitspflicht gegenüber den Aktionären einer AG oder KGaA.

Innerhalb der Prüfungsgesellschaft bzw. des Prüfungsteams besteht keine Verschwiegenheitspflicht, ebenso wenig im Rahmen der **internen Konsultation,**[4] etwa bei Heranziehung der Grundsatzabteilung einer WP-Gesellschaft.

Bei einer **externen Konsultation** sind die Anfragen des um Rat suchenden Wirtschaftsprüfers zu anonymisieren, d. h., Name oder Firma des geprüften Unternehmens dürfen nicht genannt werden. Diese Anonymisierung genügt allerdings dann nicht, wenn ein bestellter Abschlussprüfer einen ihm bekannten Kollegen um Rat ersucht und dieser die wenigen Prüfungsaufträge des Kollegen kennt und daraus auf das geprüfte Unternehmen schließen kann. In diesen Fällen muss die anonymisierte Anfrage sinnvollerweise an die Fachabteilung des IDW gerichtet werden. 17

---

1 §§ 23 ff. BS WP/vBP.
2 § 9 Abs. 3 BS WP/vBP.
3 Vgl. *Bertram* in Haufe HGB Bilanz Kommentar, 4. Aufl. 2013, § 323 Tz. 49.
4 § 24b Abs. 2 BS WP/vBP.

18 Gegenüber dem mit der **internen Qualitätssicherung** beauftragten Mitarbeiter der Prüfungsgesellschaft besteht keine Verschwiegenheitspflicht; das gilt für alle einschlägigen Qualitätssicherungsmaßnahmen, seien diese auftragsbegleitend, sei es Berichtskritik oder interne Nachschau. **Extern** herangezogene Prüfungskräfte – z. B. auf der Basis einer freien Mitarbeit – sind vorab zur Verschwiegenheit gem. § 50 WPO zu verpflichten.

19 Im Sonderfall der **externen Qualitätssicherung** durch das Qualitätskontrollverfahren *(Peer-Review)* wird die Verschwiegenheitspflicht gegenüber dem prüfenden „Peer" aufgehoben.[1] Umgekehrt sind dann der Qualitätskontrollprüfer, seine Gehilfen, die Qualitätskontrollkommission und der entsprechende Beirat ihrerseits zur Verschwiegenheit verpflichtet (§ 57b WPO).

20 Eine Spezialvorschrift betont die Verschwiegenheitspflicht gegenüber dem **Aufsichtsrat** und den Mitgliedern des Aufsichtsrats einer Prüfungsgesellschaft (Abs. 3). Dadurch wird die Überwachungstätigkeit des Aufsichtsrats der Prüfungsgesellschaft partiell eingeschränkt, die ihm sonst nach § 90 AktG auferlegt ist. Gleiches gilt u. E. gegenüber den Gesellschaftern einer Prüfungsgesellschaft.[2]

21 Die Verschwiegenheitspflicht umfasst auch die Verhinderung von ungebetenen Einsichtnahmen Dritter, etwa in die Arbeitspapiere des Abschlussprüfers oder in die ihm von der geprüften Gesellschaft zur Verfügung gestellten Unterlagen.[3]

2.2 Gesetzliche Ausnahmen

22 Gesetzliche Ausnahmen von der Verschwiegenheitspflicht gelten

- gegenüber dem **Konzernabschlussprüfer** (→ § 320 Rz. 20),
- gegenüber dem **Sonderprüfer** einer AG nach § 258 Abs. 5 Satz 2 i.V. mit § 145 Abs. 2 AktG,
- bzgl. der **Mitteilungspflicht** an die BaFin und die Deutsche Bundesbank nach § 29 Abs. 3 KWG,
- bei **Offenlegung** des Prüfungsberichts nach § 321a HGB (→ § 321a Rz. 2),
- bei Abgabe einer Verdachtsanzeige im Hinblick auf **Geldwäsche** und nach § 11 Abs. 3 GwG,
- bei **Berufsaufsichtsverfahren,** insbesondere anlassunabhängigen Sonderuntersuchungen gem. § 62b WPO,
- gegenüber der **BaFin** im *Endorsement*.Verfahren nach §§ 106 ff. WpHG.

2.3 Entbindung

23 Ohne gesetzliche Ausnahme kann die Verschwiegenheitspflicht nur durch den oder die **Auftraggeber** aufgehoben werden. Diese Entbindung kann sich auf bestimmte **Teile** des Auftrags beschränken und sollte nicht der **Öffentlichkeit** gegenüber schlechthin erfolgen, sondern nur zugunsten eines bestimmten **Adressaten** oder mehrerer feststellbarer Adressaten, also z. B. wenn ein Investor ein vom Abschlussprüfer geprüftes Unternehmen erwerben oder sich an einem solchen beteiligen will. Dabei sollte der Abschlussprüfer seinerseits eine schriftliche Bestätigung dieses Interessenten einholen, wonach er die erhaltenen Informationen nicht wei-

1 § 57b Abs. 3 WPO.
2 Vgl. *Bertram* in Haufe HGB Bilanz Kommentar, 4. Aufl. 2013, § 323 Tz. 58.
3 Vgl. *Kuhner/Pässler* in Küting/Pfitzer/Weber, Handbuch der Rechnungslegung – Einzelabschluss, 5. Aufl., § 323 Tz. 20.

tergeben und nur für seinen eigenen konkreten Zweck verwenden darf. Die Entbindung von der Verschwiegenheit darf nicht durch eine **untergeordnete** Person im Hierarchiebereich einer Gesellschaft ausgesprochen werden, sondern muss u. E. vom Vorstand in vertretungsberechtigter Zahl oder von der Geschäftsführung einer GmbH oder Personenhandelsgesellschaft schriftlich ausgesprochen werden. Wenn die Entbindung von der Verschwiegenheit im Hinblick auf die persönlichen Interessen eines **Organs** der Gesellschaft erfolgen soll, muss auch dessen Zustimmung eingeholt werden. Im **Insolvenzfall** kann der Verwalter die Entbindung aussprechen.

24 Gegenüber der Deutschen Prüfstelle für Rechnungslegung (DPR) unterliegt der Abschlussprüfer der Verschwiegenheitspflicht (→ § 342b Rz. 22). Im Interesse einer effizienten Durchführung der DPR-Prüfung empfiehlt sich eine Entbindung durch die gesetzlichen Vertreter der von der DPR geprüften Gesellschaft. Ein Blick in die **Arbeitspapiere** des Abschlussprüfers steht der DPR ohne Entbindung von der Verschwiegenheitspflicht durch das geprüfte Unternehmen nicht zu (→ § 342b Rz. 22).[1]

25 Die Entbindung von der Verschwiegenheitspflicht ist eine **Geschäftsführungsmaßnahme** und bedarf deshalb nicht der Aufsichtsratszustimmung bzw. Genehmigung der Gesellschafterversammlung. Eine Ausnahme mag dann gelten, wenn die Entbindung aus Sicht der Unternehmens**überwachung** von besonderem Interesse ist.

3. Geschäfts- und Betriebsgeheimnisse (Abs. 1 Satz 2)

26 Die unbefugte **Verwertung** bei der Prüfung erfahrener Geschäftsgeheimnisse **ergänzt** die Verschwiegenheitspflicht. Eine solche Handlung verstößt **zusätzlich** gegen die Verschwiegenheitspflicht, da diese „Geheimnisse" einem Dritten zugänglich gemacht werden. Der Begriff „Geschäfts- und Betriebsgeheimnisse" ist dabei weit auszulegen. Zu Einzelheiten wird auf → § 333 Rz. 11 verwiesen.

27 Die **„Verwertung"** ist zunächst **finanziell** zu verstehen, liegt also vor, wenn ein Mitglied des Prüfungsteams sich Kalkulationsunterlagen des geprüften Unternehmens auf sein Notebook herunterlädt und die entsprechende CD einem Konkurrenten gegen Entgelt zur Verwertung anbietet. „Verwertung" kann aber nicht nur in finanzieller Hinsicht verstanden werden, sondern auch als Nutzung in anderem Zusammenhang.[2] Denkbar ist auch die mögliche Einbeziehung von aus einer Abschlussprüfung genommenen Kenntnissen, wenn diese Bedeutung für einen anderen Prüfungsauftrag des Wirtschaftsprüfers haben.

BEISPIEL ▸ Der Wirtschaftsprüfer W prüft den Abschluss der kriselnden A-GmbH und außerdem denjenigen der B-GmbH, die hohe ungesicherte Kundenforderungen gegen die A-GmbH ausstehen hat.

In diesem Fall muss oder sollte der Abschlussprüfer bei der Prüfung der B-GmbH nur die Kenntnisse verwerten, die er bei deren Abschlussprüfung gewonnen hat. Anders ausgedrückt: Er muss sich bzgl. der ihm geläufigen Interna der A-GmbH bei der Prüfungstätigkeit für die B-GmbH künstlich dumm stellen, was ihm nicht ganz leichtfallen dürfte.

28 Das Verbot der Verwertung gilt nur bei **„unbefugtem"** Handeln. Es fällt allerdings schwer, eine Befugnis zu finden, die von dem Gebot eine Ausnahme erlauben würde. Eine solche Befugnis könnte allenfalls von den vertretungsberechtigten Organen des geprüften Unternehmens aus-

1 Vgl. *Thormann/Zempel* in Haufe HGB Bilanz Kommentar, 4. Aufl. 2013, § 342b Tz. 78.
2 Vgl. *Bertram* in Haufe HGB Bilanz Kommentar, 4. Aufl. 2013, § 323 Tz. 75.

gesprochen werden, was aber irgendwie keinen rechten Sinn macht, denn dann liegen im Grunde genommen Geschäftsgeheimnisse nicht mehr vor. Der Verrat von „Geheimnissen" ist immer unbefugt.

29 Nach der Berufssatzung[1] ist die Verwertung sämtlicher im Rahmen der **Berufsausübung** (also nicht nur der Abschlussprüfung) erhaltenen Kenntnisse über Tatsachen und Umstände des Auftraggebers oder Dritter verboten; hierzu passt das Beispiel unter → Rz. 27 bzgl. des „Datenklaus" sensibler Unterlagen bei einem Mandanten.

30 Das Verwertungsverbot erstreckt sich auch auf **Insidergeschäfte** mit Finanzinstrumenten[2] des geprüften Unternehmens.

III. Haftung des Abschlussprüfers (Abs. 1 Satz 3)

1. Voraussetzung

1.1 Pflichtverletzung

31 Die auferlegten Pflichten sind **primär**rechtlich durch die Anforderungen des § 317 HGB bestimmt und **sekundär**rechtlich durch die Grundsätze ordnungsmäßiger Abschlussprüfung, wie sie vom IDW entwickelt worden sind (→ § 317 Rz. 16).[3] Bei Einhaltung dieser Vorgaben kann eine Pflichtverletzung nicht vorliegen und entsprechend daraus auch keine Anspruchsgrundlage des Auftraggebers entstehen.

1.2 Verschulden

32 Ist ein Pflichtverstoß festgestellt, muss weiter nach **Vorsatz** oder **Fahrlässigkeit** geforscht werden. Das stellt ein allgemeines delikt- und schuldrechtliches Gebot dar, ist im Haftungsfall des Abschlussprüfers aber deswegen von entscheidendem Interesse, weil bei Vorsatz die Haftungsbeschränkung nach Abs. 2 (→ Rz. 44) nicht eintritt (Beispiel unter → Rz. 33). Eine vorsätzliche Pflichtverletzung ist auch nicht versicherbar. **Leichte** Fahrlässigkeit genügt zur Anspruchsbegründung wegen der gebotenen besonderen Sorgfaltspflicht;[4] zum **Mitverschulden** des Auftraggebers vgl. → Rz. 37. Die generelle Schwierigkeit der Abgrenzung von bedingtem Vorsatz und grober Fahrlässigkeit gilt speziell auch im Falle der Abschlussprüferhaftung.

BEISPIEL

- Die Stahlgroßhandel-AG hat ein umfangreiches Debitorenkontokorrent. Im Interesse der Prüfungsbeschleunigung und -rationalisierung verzichtet der Abschlussprüfer auf eine stichprobenorientierte Bestätigungsaktion und beschränkt sich auf die Einholung von fünf ausgewählten Kunden. Später stellt sich die Wertlosigkeit einiger Großsalden heraus, die bei einem sachgerechten Auswahlverfahren mit hoher Wahrscheinlichkeit hätte entdeckt werden können.

Hier liegt der Fall einer **groben Fahrlässigkeit** vor.

- Der Abschlussprüfer der vorgenannten Großhandels-AG kennt den hohen Bestand an Forderungen gegenüber wichtigen Kunden in China und in Brasilien. Er fürchtet um harte Auseinandersetzungen mit dem Vorstand, wenn er deren Werthaltigkeit anzweifeln sollte. Deshalb vermeidet er bei der Saldenbestätigung die Einholung von Bestätigungen der chinesischen und brasilianischen Kun-

1 § 10 BS WP/vBP.
2 Vgl. *Ebke* in Münchener Kommentar zum Handelsgesetzbuch: HGB, 2. Aufl. 2009, § 323 Tz. 66.
3 Vgl. IDW PS 201 Tz. 28.
4 So auch *Kuhner/Pässler* in Küting/Pfitzer/Weber, Handbuch der Rechnungslegung – Einzelabschluss, 5. Aufl., § 323 Tz. 28; *Bertram* in Haufe HGB Bilanz Kommentar, 4. Aufl. 2013, § 323 Tz. 79.

den mit der Begründung: Bis zum Abschluss der Prüfung können verwertbare Bestätigungen nicht eingeholt werden.

Hier liegt u. E. eher der Fall eines **bedingten Vorsatzes** vor.

2. Kausalität für den Schaden

Schadenersatzanspruch erfordert den Nachweis der Kausalität des Prüfungshandelns für den entstandenen **Schaden.**[1] Als Schaden kommen nur Vermögensschäden in Betracht, also der Tatbestand eines gegenüber einem ordentlichen Prüfungsverhalten geminderten Vermögens im Gefolge der fahrlässigen oder gar vorsätzlich unzureichenden Prüfungshandlung. Letztere ist nicht so sehr wie im Beispiel unter → Rz. 27 durch eine einzelne (Nicht-)Prüfungshandlung gegeben, sondern eher noch durch die Erteilung eines uneingeschränkten Bestätigungsvermerks (→ § 322) für einen insgesamt unrichtigen Abschluss, der einen ausschüttbaren Bilanzgewinn vorweist, obwohl ein solcher bei ordnungsmäßiger Bilanzierung nicht vorgelegen hätte. Umgekehrt kann aber auch die Einschränkung eines Bestätigungsvermerks zu einem Vermögensschaden führen, wenn diese unzutreffend erfolgt ist und bei ordnungsmäßiger Erteilung eines uneingeschränkten Vermerks die Gesellschaft mit zusätzlichem Eigenkapital oder mit gläubigerorientiertem Fremdkapital hätte ausgestattet werden können. 33

Die bewusste „Umschiffung" einzelner Prüfungsgebiete einer letztlich überschuldeten GmbH, um eine Fusionsempfehlung mit dieser Gesellschaft aussprechen zu können, ist u. U. als **bedingter Vorsatz** mit Ausschluss der Haftungsbeschränkung und des Versicherungsschutzes zu werten[2] (→ Rz. 32).

In diesem Zusammenhang kommt einmal mehr der **Wesentlichkeitsgedanke** zum Tragen (→ § 317 Rz. 13). Durch irgendeinen Verstoß gegen die Prüfungsvorschriften wird so schnell kein Vermögensschaden für die Gesellschaft entstehen. Im Beispiel unter → Rz. 32 muss es sich bei den nicht entdeckten Wertverlusten der Kundenforderungen um erhebliche Beträge handeln, die beispielsweise den ausgewiesenen Jahresüberschuss in einen Fehlbetrag verwandeln würden. Den Antragsteller trifft insoweit die Darlegungs- und Beweislast. 34

3. Verpflichtete Personen (Abs. 1 Satz 4)

Die ersatzverpflichteten Personen umfasst der gesamte in Abs. 1 Satz 1 genannte Personenkreis (→ Rz. 8). Sie haften als **Gesamtschuldner.** Der Anspruchsberechtigte kann den Ersatz von jeder handelnden Person einfordern, insgesamt aber nur einmal (§ 421 BGB). Daraus wächst im Innenverhältnis der Schuldner ein Ausgleichsanspruch nach § 426 BGB. Der Prüfungsgehilfe kann dabei kaum entscheidend in die Pflicht genommen werden. 35

4. Anspruchsberechtigte Personen

Ersatzberechtigt sind die geprüfte **Gesellschaft** oder ein etwa geschädigtes **verbundenes Unternehmen** (→ § 271 Rz. 30), Letzteres auch ohne Einbeziehung in einen Konzernabschluss. 36

1 Vgl. hierzu im Einzelnen *Ebke* in Münchener Kommentar zum Handelsgesetzbuch: HGB, 2. Aufl. 2009, § 323 Tz. 69 ff.

2 BGH, Urteil v. 19.4.2012 – III ZR 224/10, DStR 2012 S. 1627.

5. Konkurrierendes Verschulden

37 Auch im Abschlussprüferhaftungsprozess kann das Thema des aus dem allgemeinen Deliktsrecht bekannten konkurrierenden Verschuldens auftreten. Einen typischen Fall stellt die unvollständige Auskunft bzw. Verschleierung eines Tatbestands durch einen Geschäftsführer dar, der gegen seine Auskunftspflicht verstößt (→ § 320 Rz. 6).

BEISPIEL[1] Der Geschäftsführer einer Betriebsaufspaltungs-GmbH hatte schwarze Konten auf den Namen der Besitz-GmbH errichtet und durch Überziehungskredite Gelder für sich selbst abgebucht. Der Abschlussprüfer hatte Saldenbestätigungen für beide Buchungskreise – Besitz- und Betriebsgesellschaft – angefordert, jedoch nur solche für die Betriebs-GmbH erhalten. Außerdem hatte sich der Geschäftsführer nicht genehmigte und nicht vertraglich vereinbarte Auszahlungen zukommen lassen und diese mit einem Eigenvermerk über die Genehmigung des Verwaltungsrats begründet. Ein Protokoll über eine nicht genehmigte Gehaltserhöhung des Geschäftsführers lag dem Abschlussprüfer vor.

Die Besitzgesellschaft klagte auf Schadenersatz, weil sie bei Aufdeckung der Unregelmäßigkeiten im Rahmen der Prüfung den Geschäftsführer entlassen und deshalb weitere unzulässige Auszahlungen verhindert hätte.

Nach Auffassung des BGH lag zwar eine vorsätzliche Irreführung des Geschäftsführers und damit der anspruchsberechtigten Gesellschaft vor, doch könne deshalb die Ersatzpflicht des Abschlussprüfers nicht ohne Weiteres entfallen. Dabei haben sich die Täuschungshandlungen des Geschäftsführers auch durch die unrichtige Vollständigkeitserklärung fortgesetzt.

Dem Abschlussprüfer gegenüber hat der BGH gravierende Pflichtverletzungen festgestellt, die nahe an der groben Fahrlässigkeit lägen. Deshalb ist durch den BGH ein Verschulden des Abschlussprüfers festgestellt worden, allerdings begrenzt auf 1/3 der Schadenssumme, während der schadenersatzbegehrenden GmbH ein konkurrierendes Verschulden betreffend 2/3 des streitgegenständlichen Betrags zuerkannt worden ist.

Nach Auffassung der Versicherungsstelle für Treuhandwesen in Wiesbaden[2] kann bei leichter Fahrlässigkeit – im vorliegenden Fall nicht gegeben – eine Ersatzpflicht des Abschlussprüfers bei konkurrierendem Verschulden des Auftraggebers ganz entfallen.

38 Generell kann das **Mitverschulden** des **Auftraggebers** in folgenden Konstellationen gegeben sein:

- Der Jahresabschluss etc. wird von der Gesellschaft vorsätzlich falsch aufgestellt, was der Abschlussprüfer fahrlässig nicht bemerkt. In diesem Fall wäre es nach dem Verbot des venire contra factum proprium treuwidrig, Ersatz für einen vorsätzlich verursachten Schaden zu verlangen.
- Bei fahrlässiger Aufstellung des Jahresabschlusses etc. durch die Gesellschaft, die der Abschlussprüfer vorsätzlich nicht beachtet, muss er den Schaden insgesamt ersetzen.
- Bei vorsätzlichem Handeln beider „Parteien" ist der Abschlussprüfer nicht schutzwürdig, weshalb ihm der Schaden allein zugerechnet werden sollte, anders vielleicht bei nur bedingtem Vorsatz des Abschlussprüfers.
- Bei beiderseits fahrlässigem Handeln ist eine Abwägung der jeweiligen Verstöße gegen die auferlegte Sorgfaltspflicht – der Gesellschaft zur Erstellung eines ordnungsmäßigen Abschlusses, des Abschlussprüfers zur Durchführung einer pflichtgemäßen Prüfung – vorzunehmen, um daraus eine Schadensteilung abzuleiten.

1 Nach dem BGH, Urteil v. 10.12.2009 – VII ZR 42/08, DB 2010 S. 159.
2 WPK Magazin 1/2010 S. 41.

6. Haftung gegenüber Dritten

Besonders streitig im Schrifttum und in der Rechtsprechung stellt sich die Frage der Dritthaftung des Abschlussprüfers aus einer gesetzlichen oder freiwilligen Abschlussprüfung dar.[1] Aus § 323 HGB können nach dem Gesetzeswortlaut Dritte – Gläubiger, Aktionäre, Arbeitnehmer – keine Schadenersatzansprüche gegenüber dem Abschlussprüfer erheben. Anspruchsberechtigt ist hier allein die geprüfte Gesellschaft oder ein mit ihr verbundenes Unternehmen. Das Gesetz beschränkt sich auf diese Anspruchsgegner, um das Haftungsrisiko des Abschlussprüfers nicht ins Unermessliche wachsen zu lassen, etwa nach Art einer Sammelklage amerikanischen Ursprungs. Bei wirksamer Haftungsbeschränkung nach Abs. 2 (→ Rz. 44) bestünde zwar diese Gefahr nicht, doch müsste die anspruchsberechtigte (geprüfte) Gesellschaft ihre Forderung möglicherweise mit einer Vielzahl von anderen Gläubigern teilen. 39

Eine Haftung des Abschlussprüfers kommt nur in Betracht, wenn für den Prüfer erkennbar ist, dass von ihm im Drittinteresse eine Leistung erwartet wird, die über die gesetzliche Abschlussprüfung hinausgeht,[2] oder allgemein formuliert: An die Einbeziehung eines Dritten in den Schutzbereich des Prüfungsvertrags sind strenge Anforderungen zu stellen.[3] Die Kenntnis des Abschlussprüfers, dass die geprüfte Gesellschaft sich bei einer Bank um einen Kredit bemüht (und sich dafür erwartbarerweise den geprüften Jahresabschluss vorlegen lassen wird), reicht ohne Hinzutreten weiterer Umstände für die Einbeziehung der Bank in den Schutzbereich des Prüfungsvertrags nicht aus.[4]

Allerdings können sich Ansprüche **Dritter** auf deliktischer Grundlage sowie teilweise i.V. mit § 323 HGB auch auf vertraglicher Grundlage ergeben. In der Übersicht der infrage kommenden Haftungsgrundlagen gilt – den Vertrag mit Schutzwirkung zugunsten Dritter zunächst ausgeklammert – Folgendes: 40

1. **Haftung aus unerlaubter Handlung:**
   - Vorsätzliche oder fahrlässige Schädigung nach **§ 823 Abs. 1 BGB:** Sie scheidet regelmäßig aus, da § 823 Abs. 1 BGB nur bei Verletzung absoluter Güter (Gesundheit, Eigentum etc.), nicht hingegen bei Vermögensschädigung greift
   - Vorsätzliche oder fahrlässige Schädigung nach **§ 823 Abs. 1 BGB:** Sie ist nicht gegeben, da § 323 HGB kein Schutzgesetz ist.
   - Sittenwidrige vorsätzliche Schädigung nach **§ 826 BGB:** Geschützt sind hier im Unterschied zu § 823 Abs. 1 BGB auch relative Güter, die Anwendung scheitert aber i. d. R. am fehlenden oder nicht nachweisbaren mindestens bedingten Vorsatz. Er ist ausnahmsweise dann gegeben, wenn der Abschlussprüfer erhebliche Zweifel an der Richtigkeit von Angaben des Bilanzierenden hatte, diesen aber nicht weiter nachgegangen ist oder wichtige prüfungsbedürftige Unterlagen bewusst gar nicht in die Prüfungsarbeit einbezogen worden sind. Nicht erforderlich ist die positive Kenntnis der Unrichtigkeit.[5] Bei Vorsatz ist regelmäßig auch die Sittenwidrigkeit gegeben, denn der Abschlussprüfer missbraucht in diesem Fall das Vertrauen, das er aufgrund seines staatlich anerkannten Expertenstatus genießt,

---

1 Vgl. im Einzelnen *Ebke* in Münchener Kommentar zum Handelsgesetzbuch: HGB, 2. Aufl. 2009, § 323 Tz. 85 ff.; Gerichtsentscheidungen jüngeren Datums in BB 4/2010 S. VI.

2 BGH, Urteil v. 14.6.2012 – IX ZR 145/11, DStR 2012 S. 1825.

3 BGH, Urteil v. 6.4.2006 – III ZR 256/04, DStR 2006 S. 1464; OLG Düsseldorf v. 20.1.2015, DStR 2015 S. 1774.

4 OLG Düsseldorf v. 20.1.2015 – I-23 U 100/09, rkr., DStR 2015 S. 1774.

5 BGH v. 17.9.1985, NJW 1986 S. 180, DB 1986 S. 422.

handelt somit gewissenlos.[1] Die Sittenwidrigkeit, implizit auch deren Zusammenhang mit bedingtem Vorsatz, hat der BGH wie folgt konkretisiert: „Als sittenwidrig ist dabei zu beurteilen, dass der Auskunfterteilende [gemeint: der Testierende] aufgrund des Expertenstatus ein besonderes Vertrauen für sich in Anspruch nimmt, selbst aber nicht im Mindesten den an einen Experten zu richtenden Maßstäben genügt. Der Sittenverstoß setzt ein leichtfertiges und gewissenloses Verhalten des Auskunftgebers voraus. Die Vorlage eines unrichtigen Bestätigungsvermerks allein reicht dabei nicht aus. Erforderlich ist vielmehr, dass der Wirtschaftsprüfer seine Aufgabe qualifiziert nachlässig erledigt, zum Beispiel durch unzureichende Ermittlungen oder durch Angaben ins Blaue hinein, und dabei eine Rücksichtslosigkeit an den Tag legt, die angesichts der Bedeutung des Bestätigungsvermerks für die Entscheidung Dritter als gewissenlos erscheint."[2] Dazu noch folgendes Rechtsprechungsbeispiel:

BEISPIEL[3] Ein Wirtschaftsprüfer hatte auf Schulungsveranstaltungen Mitarbeitern eines Strukturvertriebs falsche Auskünfte über die wirtschaftliche Situation einer Unternehmensgruppe erteilt, deren Jahresabschlüsse er geprüft hatte. Das Eigenkapital wurde fälschlich viel zu positiv dargestellt. Der Wirtschaftsprüfer wurde für seine mündlichen Auskünfte wegen bedingten **Schädigungs**vorsatzes nach § 826 BGB auf Schadenersatz in Anspruch genommen. Ein Haftpflichtversicherungsanspruch bestand hier nicht.

2. **Haftung aus Auskunftsvertrag gem. § 675 Abs. 2 BGB:**

Ein solcher Vertrag kann bei für den Empfänger erkennbar bedeutsamer Auskunft, insbesondere von besonders sachkundigen Auskunftspersonen, auch stillschweigend abgeschlossen werden.[4] Erforderlich ist aber eine unmittelbare Kontaktaufnahme der Parteien,[5] nicht ausreichend etwa die Überlassung des Prüfungsberichts oder testierten Abschlusses an eine Bank ohne die nach Ziffer 7 Satz 1 AAB notwendige Zustimmung des Abschlussprüfers.[6] Kein Auskunftsvertrag liegt vor, wenn der Abschlussprüfer an Kreditverhandlungen teilnimmt, sich dabei aber auf technische Erläuterungen zum Inhalt von Bilanzposten beschränkt, also nur als verlängerter Arm oder technischer Unterstützer fungiert.

3. **Gesetzliche Prospekthaftung:**[7]

Für den Anleger kommt es bei seiner Entscheidung auf die Richtigkeit aller wesentlichen Prospektangaben an. Damit werden auch Feststellungen in einem öffentlichen Wirtschaftsprüfertestat erfasst, wenn sich dieses auf einen überholten Stichtag bezieht und ein neuer bestätigter Abschluss zu erwarten ist.

41 Aus dem Vorstehenden ergibt sich folgender **Zwischenbefund** zu den Ansprüchen eines Dritten aus dem durch eine fehlerhafte Prüfung entstandenen Schaden:

- Ansprüche aus unerlaubter Handlung bestehen nur **ausnahmsweise,** bei nachweisbarem (!) vorsätzlichen Handeln.

1 BGH, Urteil v. 12.3.2020 – VII ZR 236/19.

2 BGH, Urteil v. 20.1.2022 – III ZR 194/19.

3 Fall des BGH-Urteils v. 19.11.2013 – VI ZR 336/12, BB 2014 S. 306.

4 BGH v. 15.6.1993, NJW S. 3073, m. w. N.

5 LG Frankfurt v. 8.4.1997, WPK-Mitt. S. 236.

6 OLG Saarbrücken v. 12.7.1978, BB S. 1434; OLG Düsseldorf, Urteil v. 2.6.2009, DStR 2010 S. 136.

7 BGH, Urteil v. 21.2.2013 – III ZR 139/12.

- Unbegrenzte Ansprüche aus stillschweigendem Auskunftsvertrag sind ebenfalls die große **Ausnahme.**
- Einen Anspruch aus § 323 HGB haben Dritte nach dem Gesetzeswortlaut **nicht.**

Diese weitgehende Verschonung des fahrlässig handelnden Abschlussprüfers hat die Rechtsprechung auf den Plan gerufen und als weitere Anspruchsgrundlage den Vertrag mit **Schutzwirkung zugunsten Dritter** ins Spiel gebracht.[1] Hiernach gilt:

- Da der Wirtschaftsprüfer über eine besondere vom Staat anerkannte **Sach**kunde verfügt und seine Prüfungsleistung gerade **nicht** nur für das Innenverhältnis zum Mandanten bestimmt ist,
- sind Mitglieder von objektiv **abgrenzbaren** Personengruppen (z. B. bereits finanzierende Kreditinstitute) nach den unter → Rz. 39 dargestellten Voraussetzungen in den Schutzbereich des Prüfungsvertrags einbezogen,
- wenn für den Prüfer erkennbar ist, dass von ihm im Drittinteresse eine Leistung erwartet wird, die über die gesetzliche Abschlussprüfung hinausgeht (→ Rz. 39).

Die **Kritik** an dieser weiteren Haftungsgrundlage entzündet sich an dem Widerspruch zum Zweck des § 323 HGB. Der Rechtsausschuss des Deutschen Bundestags hat insoweit in seiner Beschlussempfehlung zum KonTraG ausdrücklich aufgeführt, dass eine Regelung zur Dritthaftung nicht erforderlich sei, da § 323 HGB den Anspruch eines Dritten schon vom Wortlaut her ausschließe.[2] 42

Nimmt man gleichwohl eine allerdings an zusätzliche Voraussetzungen (→ Rz. 39) gebundene Haftung aus Vertrag mit Schutzwirkung zugunsten Dritter an, ist zu fragen, ob für ihn auch die **Haftungsbeschränkung** des § 323 Abs. 2 HGB greift. Nach Auffassung des BGH ist dies der Fall.[3] Das OLG Hamm hat in diesem Zusammenhang die Bedeutung der Ziffer 7 der Allgemeinen Auftragsbedingungen betont, wonach die Weitergabe des Ergebnisses der Tätigkeit des Abschlussprüfers (z. B. der Prüfungsbericht) von der Zustimmung des Berufsangehörigen abhängt. Diese Bestimmung überlasse es gerade den Parteien des Prüfungsvertrags, die Reichweite der Dritthaftung zu bestimmen.[4]

Ein Vertrag mit Schutzwirkung zugunsten Dritter kommt auch dann nicht zustande, wenn der Bestätigungsvermerk im Prospekt für die Orderschuldverschreibungen veröffentlicht wird, diese Veröffentlichung aber gesetzlich vorgeschrieben ist.[5]

7. Verjährung

Es gilt hier die regelmäßige Verjährungsfrist von drei Jahren gem. § 195 BGB. Diese beginnt nach § 199 Abs. 1 BGB mit dem Schluss des Jahres, in dem der Anspruch entstanden ist und der Gläubiger die anspruchsbegründenden Umstände kannte oder hätte kennen müssen. Ohne Vorliegen der Voraussetzungen nach § 199 Abs. 1 BGB verjähren die Ansprüche nach § 199 Abs. 3 BGB in zehn Jahren, ansonsten in 30 Jahren. 43

1 Vgl. BGH v. 13.7.1994, NJW 1995 S. 51, m. w. N.; BGH v. 7.2.2002, NJW 2002 S. 1196, BGH v. 9.7.2002, NJW-RR 2002 S. 1528; BGH v. 17.9.2002, NJW 2002 S. 3625, m. w. N.; *Fischer,* DStR 2012 S. 1495; OLG Köln v. 24.2.2011, DStR 2012 S. 578.

2 Dem folgend LG Frankfurt v. 8.4.1997, WPK-Mitt. 1997 S. 236.

3 BGH v. 2.4.1998, NJW 1998 S. 1948 ff., DB 1998 S. 1075.

4 OLG Hamm v. 9.4.2003, WPK Magazin 1/2004 S. 50.

5 OLG Dresden v. 29.11.2017 – 5 U 1813/16, bestätigt durch BGH, Beschluss v. 21.11.2018 – VII ZR 3/18.

Der Abschlussprüfer muss das geprüfte Unternehmen nicht über eine drohende Verjährung gegen ihn gerichteter Ansprüche **informieren,** anders als nach der Rechtsprechung zu Rechtsanwälten und Steuerberatern.[1]

8. Haftung bei Erstellung oder prüferischer Durchsicht eines (Jahres-)Abschlusses

43a Abs. 1 Satz 3 regelt allein die Haftung des Abschlussprüfers. Ist ein **Wirtschaftsprüfer oder Steuerberater** mit der **Aufstellung** eines Jahresabschlusses beauftragt, kann sich eine Haftung nur aus anderen Vorschriften, insbesondere gem. Werkvertragsrecht nach § 280 Abs. 1, § 634 Nr. 4, § 675 Abs. 1 BGB, ergeben. Der BGH hatte in diesem Zusammenhang über die Haftung eines Steuerberaters zu entscheiden, der im aufzustellenden Jahresabschluss Fortführungswerte zugrunde legte (§ 252 Abs. 1 Nr. 2 HGB), obwohl dem objektive Gründe entgegenstanden.[2] Der BGH hält fest:

- Der mit der Erstellung eines Jahresabschlusses für eine GmbH beauftragte Steuerberater ist zwar nicht verpflichtet eine eigene Fortführungsprognose zu erstellen, muss jedoch prüfen, ob sich auf der Grundlage der ihm zur Verfügung stehenden Unterlagen und der ihm sonst bekannten Umstände tatsächliche oder rechtliche Gegebenheiten ergeben, die einer Fortführung der Unternehmenstätigkeit entgegenstehen können.
- Tut er dies nicht und geht der Jahresabschluss angesichts einer bestehenden Insolvenzreife der Gesellschaft objektiv zu Unrecht von Fortführungswerten aus, so haftet der Steuerberater.
- Eine Beschränkung des Auftrags auf „Erstellung ohne Prüfung" o. Ä. hilft hier nicht. Lediglich wenn die Gesellschaft den Ersteller ausdrücklich angewiesen hat, trotz Zweifeln an der Fortführung die handelsrechtliche Bilanz zu Fortführungswerten zu erstellen, scheidet eine Haftung aus, da der (objektive) Mangel des Werts des Werks dann auf Anweisungen oder verbindlichen Vorgaben des Bestellers beruht.

Die vom BGH für die Steuerberaterhaftung aufgestellten Grundsätze bzgl. einer Bilanzierung nach Fortführungswerten sind Mindestvoraussetzungen auch für Tätigkeiten von Prüfern, etwa die **prüferische Durchsicht von Zwischenabschlüssen.**[3]

Der Gesetzgeber hat diese Vorgaben des BGH im Gesetz über den Stabilisierungs- und Restrukturierungsrahmen für Unternehmen (StaRUG) aufgegriffen. § 102 StaRUG hält fest: „Bei der Erstellung eines Jahresabschlusses für einen Mandanten haben Steuerberater, Steuerbevollmächtigte, Wirtschaftsprüfer, vereidigte Buchprüfer und Rechtsanwälte den Mandanten auf das Vorliegen eines möglichen Insolvenzgrundes nach den §§ 17 bis 19 der Insolvenzordnung und die sich daran anknüpfenden Pflichten der Geschäftsleiter und Mitglieder der Überwachungsorgane hinzuweisen, wenn entsprechende Anhaltspunkte offenkundig sind und sie annehmen müssen, dass dem Mandanten die mögliche Insolvenzreife nicht bewusst ist." IDW S 7 wurde entsprechend angepasst.

---

1 Vgl. *Justenhoven/Feldmüller* in Beck'scher Bilanz-Kommentar, 13. Aufl. 2022, § 323 Tz. 113.

2 BGH v. 26.1.2017 – IX ZR 285/14.

3 LG Düsseldorf, Urteil v. 20.12.2017 – 13 O 481/14. Dazu ausführlich: *Schumm*, StuB 2018 S. 704 ff.

IV. Haftungsbegrenzung (Abs. 2)

Die Haftungsbegrenzung gilt nur in Fällen der **fahrlässigen** Verursachung des Schadens, nicht bei Vorsatz. Auch das vorsätzliche Verhalten eines Mitarbeiters muss sich der beauftragte Abschlussprüfer bzw. die Abschlussprüfungsgesellschaft zurechnen lassen. Das soll allerdings nur **„grundsätzlich"** gelten.[1] „Grundsätzlich" heißt vermutlich: Das Gegenteil ist richtig, also dass sich die Prüfungsgesellschaft den Vorsatz des handelnden Mitarbeiters nicht vorhalten lassen muss, wenn sie selbst kein eigenes Verschulden trifft. Allerdings haftet dann der betreffende Mitarbeiter unbeschränkt. Nur wenn ein gesetzlicher Vertreter der Gesellschaft vorsätzlich handelt, wirkt sich dies auf die – dann fehlende – Haftungsbegrenzung aus. 44

Die Haftungsbegrenzung beträgt nach Abs. 2 Satz 1 **generell** 1,5 Mio. €. Bei kapitalmarktorientierten Kapitalgesellschaften erhöht sie sich auf 16 Mio. €, bei übrigen Unternehmen öffentlichen Interesses (nicht kapitalmarktorientierte Kreditinstitute und Versicherungen) beträgt sie 4 Mio. €. Bei einer möglichen **Neueinführung** von Aktien an den regulierten Markt bestimmt sich die Höchstgrenze nach dem Zeitpunkt der Beendigung der Abschlussprüfung, die mit der Übersendung des Prüfungsberichts festzulegen ist (→ § 321 Rz. 86). 45

Das FISG hat nicht nur die vorgenannten, gegenüber der vorherigen Gesetzesfassung erhöhten Grenzwerte, sondern auch besondere Regelungen für grob fahrlässiges Verhalten des Abschlussprüfers eingeführt. Hier gilt: unbegrenzte Haftung bei Prüfung kapitalmarktorientierter Kapitalgesellschaften, 32 Mio. € Haftung bei Kreditinstituten und Versicherungen, 12 Mio. € Haftung bei übrigen Unternehmen.

Die Haftungshöchstsummen beziehen sich auf „eine" Prüfung, sind also unabhängig davon, wie viele Pflichtverletzungen im Rahmen dieser (einen) Prüfung erfolgt sind. „Eine" Prüfung bedeutet aber auch das Erfordernis der **Trennung** von Abschluss- und Konzernabschlussprüfung. Für diese kommt dann jeweils die Höchstbetragsgrenze in Anwendung, auch wenn beide Prüfungen, wie es regelmäßig der Fall ist, von einem Abschlussprüfer durchgeführt werden. 46

V. Zwingendes Recht (Abs. 4)

Der gesamte Regelungsgehalt des § 323 HGB beruht auf zwingendem Recht, kann also nicht **individualrechtlich** abbedungen werden.[2] Zivilrechtlich wäre eine Erweiterung der Haftung zulässig, würde aber gegen das berufsrechtliche Verbot von derart ausgestaltetem Wettbewerb um Prüfungsaufträge verstoßen.[3] In solchen Fällen bestünde auch kein **Versicherungsschutz.** 47

VI. Freiwillige Abschlussprüfungen

Auf freiwillige Abschlussprüfungen findet § 323 HGB keine Anwendung (→ Rz. 2). Die Vertragsverhältnisse und die Verpflichtungen und Anspruchsgrundlagen beruhen in diesen Fällen auf den Regelungen im Prüfungsvertrag. Das gilt auch für Haftungsbegrenzungsvereinbarungen. Wenn der Prüfungsauftrag auf die Erteilung eines Bestätigungsvermerks ausgerichtet ist (→ § 322 Rz. 75), gelten die Regeln des § 317 HGB. Dies muss im Auftragsbestätigungsschreiben festgelegt werden, wobei dann auch die Haftungsbegrenzung zu vereinbaren ist. Dazu sind sinnvollerweise die Allgemeinen Auftragsbedingungen (AAB) zu verwenden, welche die 48

1 So *Justenhoven/Feldmüller* in Beck'scher Bilanz-Kommentar, 13. Aufl. 2022, § 323 Tz. 102.

2 Genauso § 16 BS WP/vBP.

3 § 16 BS WP/vBP.

Haftungsbegrenzung nach der Höchstgrenze des Abs. 2 Satz 1 vorsieht. Dabei ist auf die wirksame Vereinbarung der Haftungsbegrenzung zu achten, insbesondere auf die rechtsverbindliche Unterzeichnung beider Parteien auf einem Dokument. Für Ansprüche **Dritter** im Zusammenhang mit freiwilligen Abschlussprüfungen gelten die Abwägungskriterien für die Pflichtprüfung (→ Rz. 39).

VII. Mitteilungspflichten an Behörden (Abs. 5)

48a Der durch das FISG (wieder-)eingeführte Abs. 5 schreibt analog zu Art. 7 der EU-APrVO vor, wie sich der Abschlussprüfer eines Unternehmens öffentlichen Interesses zu verhalten hat, sofern die Organe nach erfolgter Mitteilung des Prüfers über einen Verdacht auf Unregelmäßigkeiten nicht tätig werden. In erster Linie ist die BaFin zu informieren, bei Verdacht auf Straftaten zusätzlich die Staatsanwaltschaft und bei Verdacht auf Ordnungswidrigkeit die zuständige Verwaltungsbehörde.

VIII. Straf- und berufsrechtliche Sanktionen

49 Die schuldhafte Verletzung der Verhaltenspflichten bei der Abschlussprüfung nach § 323 HGB wird strafrechtlich nach §§ 332, 333 HGB geahndet. Zu Einzelheiten wird auf die dortige Kommentierung verwiesen. Die schuldhafte Missachtung von Berufspflichten führt außerdem zur Verhängung berufsgerichtlicher Maßnahmen nach § 67 Abs. 1 WPO.

§ 324 Prüfungsausschuss

[vor FISG:] (1) [1]Unternehmen, die kapitalmarktorientiert im Sinne des § 264d sind, die keinen Aufsichts- oder Verwaltungsrat haben, der die Voraussetzungen des § 100 Abs. 5 des Aktiengesetzes erfüllen muss, sind verpflichtet, einen Prüfungsausschuss im Sinn des Absatzes 2 einzurichten, der sich insbesondere mit den in § 107 Abs. 3 Satz 2 und 3 des Aktiengesetzes beschriebenen Aufgaben befasst. [2]Dies gilt nicht für

1. **Kapitalgesellschaften im Sinn des Satzes 1, deren ausschließlicher Zweck in der Ausgabe von Wertpapieren im Sinn des § 2 Absatz 1 des Wertpapierhandelsgesetzes besteht, die durch Vermögensgegenstände besichert sind; im Anhang ist darzulegen, weshalb ein Prüfungsausschuss nicht eingerichtet wird;**
2. **Kreditinstitute im Sinn des § 340 Abs. 1, die einen organisierten Markt im Sinn des § 2 Absatz 11 des Wertpapierhandelsgesetzes nur durch die Ausgabe von Schuldtiteln im Sinn des § 2 Absatz 1 Nummer 3 Buchstabe a des Wertpapierhandelsgesetzes in Anspruch nehmen, soweit deren Nominalwert 100 Millionen Euro nicht übersteigt und keine Verpflichtung zur Veröffentlichung eines Prospekts nach der Verordnung (EU) 2017/1129 des Europäischen Parlaments und des Rates vom 14. Juni 2017 über den Prospekt, der beim öffentlichen Angebot von Wertpapieren oder bei deren Zulassung zum Handel an einem geregelten Markt zu veröffentlichen ist und zur Aufhebung der Richtlinie 2003/71/EG (ABl L 168 vom 30.6.2017, S. 12) besteht;**
3. **Investmentvermögen im Sinne des § 1 Absatz 1 des Kapitalanlagegesetzbuchs.**

[nach FISG:](1) [1]Kapitalgesellschaften, die Unternehmen von öffentlichem Interesse (§ 316a Satz 2) sind und keinen Aufsichts- oder Verwaltungsrat haben, der die Voraussetzungen des § 100 Absatz 5 des Aktiengesetzes erfüllen muss, sind verpflichtet, einen Prüfungsausschuss nach Absatz 2 einzurichten, der sich insbesondere mit den in § 107 Absatz 3 Satz 2 und 3 des Aktiengesetzes beschriebenen Aufgaben befasst. [2]Dies gilt nicht für Kapitalgesellschaften im Sinne des Satzes 1,

1. **deren ausschließlicher Zweck in der Ausgabe von Wertpapieren im Sinne des § 2 Absatz 1 des Wertpapierhandelsgesetzes besteht, die durch Vermögensgegenstände besichert sind;**

2. die Kreditinstitute im Sinne des § 340 Absatz 1 sind und einen organisierten Markt im Sinne des § 2 Absatz 11 des Wertpapierhandelsgesetzes nur durch die Ausgabe von Schuldtiteln im Sinne des § 2 Absatz 1 Nummer 3 Buchstabe a des Wertpapierhandelsgesetzes in Anspruch nehmen, wenn deren Nominalwert 100 Millionen Euro nicht übersteigt und keine Verpflichtung zur Veröffentlichung eines Prospekts nach der Verordnung (EU) 2017/1129 des Europäischen Parlaments und des Rates vom 14. Juni 2017 über den Prospekt, der beim öffentlichen Angebot von Wertpapieren oder bei deren Zulassung zum Handel an einem geregelten Markt zu veröffentlichen ist und zur Aufhebung der Richtlinie 2003/71/EG (ABl L 168 vom 30.6.2017, S. 12), die zuletzt durch die Verordnung (EU) 2019/2146 (ABl L 325 vom 16.12.2019, S. 43) geändert worden ist, besteht;
3. die Investmentvermögen im Sinne des § 1 Absatz 1 des Kapitalanlagegesetzbuchs sind.

[3]Im Fall des Satzes 2 Nummer 1 ist im Anhang darzulegen, weshalb ein Prüfungsausschuss nicht eingerichtet wird.

[vor FISG:] (2) [1]Die Mitglieder des Prüfungsausschusses sind von den Gesellschaftern zu wählen. [2]Die Mitglieder müssen in ihrer Gesamtheit mit dem Sektor, in dem das Unternehmen tätig ist, vertraut sein; die Mehrheit der Mitglieder, darunter der Vorsitzende, muss unabhängig sein und mindestens ein Mitglied muss über Sachverstand auf den Gebieten Rechnungslegung oder Abschlussprüfung verfügen. [3]Der Vorsitzende des Prüfungsausschusses darf nicht mit der Geschäftsführung betraut sein. [4]§ 107 Absatz 3 Satz 8, § 124 Abs. 3 Satz 2 und § 171 Abs. 1 Satz 2 und 3 des Aktiengesetzes sind entsprechend anzuwenden.

[nach FISG:] (2) [1]Die Mitglieder des Prüfungsausschusses sind von den Gesellschaftern zu wählen. [2]Die Mehrheit der Mitglieder, darunter der Vorsitzende, muss unabhängig sein; im Übrigen ist § 100 Absatz 5 des Aktiengesetzes entsprechend anzuwenden. [3]Der Vorsitzende des Prüfungsausschusses darf nicht mit der Geschäftsführung betraut sein. [4]§ 107 Absatz 3 Satz 8, § 124 Abs. 3 Satz 2 und § 171 Abs. 1 Satz 2 und 3 des Aktiengesetzes sind entsprechend anzuwenden. [5]Der Prüfungsausschuss hat den Gesellschaftern einen Vorschlag für die Wahl des Abschlussprüfers zu machen, wenn die Kapitalgesellschaft keinen Aufsichts- oder Verwaltungsrat hat oder wenn der Aufsichts- oder Verwaltungsrat für den Vorschlag nicht zuständig ist

[vor FISG:] (3) [1]Die Abschlussprüferaufsichtsstelle beim Bundesamt für Wirtschaft und Ausfuhrkontrolle kann zur Erfüllung ihrer Aufgaben gemäß Artikel 27 Absatz 1 Buchstabe c der Verordnung (EU) Nr. 537/2014 von einem Unternehmen, das kapitalmarktorientiert im Sinne des § 264d, das CRR-Kreditinstitut im Sinne des § 1 Absatz 3d Satz 1 des Kreditwesengesetzes, mit Ausnahme der in § 2 Absatz 1 Nummer 1 und 2 des Kreditwesengesetzes genannten Institute, oder das Versicherungsunternehmen im Sinne des Artikels 2 Absatz 1 der Richtlinie 91/674/EWG ist, eine Darstellung und Erläuterung des Ergebnisses sowie der Durchführung der Tätigkeit seines Prüfungsausschusses verlangen. [2]Die Abschlussprüferaufsichtsstelle soll zunächst auf Informationen aus öffentlich zugänglichen Quellen zurückgreifen. [3]Satz 1 findet keine Anwendung, wenn das Unternehmen eine Genossenschaft, eine Sparkasse oder ein sonstiges landesrechtliches öffentlich-rechtliches Kreditinstitut ist.

[nach FISG:] (3) [1]Die Abschlussprüferaufsichtsstelle beim Bundesamt für Wirtschaft und Ausfuhrkontrolle kann zur Erfüllung ihrer Aufgaben gemäß Artikel 27 Absatz 1 Buchstabe c der Verordnung (EU) Nr. 537/2014 von einer Kapitalgesellschaft, die ein Unternehmen von öffentlichem Interesse (§ 316a Satz 2) ist, eine Darstellung und Erläuterung des Ergebnisses sowie der Durchführung der Tätigkeit seines Prüfungsausschusses verlangen. [2]Die Abschlussprüferaufsichtsstelle soll zunächst auf Informationen aus öffentlich zugänglichen Quellen zurückgreifen.

Inhaltsübersicht

LITERATUR:

Nonnenmacher/Pohle/v. Werder, Anforderungen an Prüfungsausschüsse, DB 2016 S. 2826; *Velte/Sepetauz*, Die Reformvorschläge der EU-Kommission vom 30. 11. 2011 zum Prüfungsausschuss und zur Berichterstattung des Abschlussprüfers, StuB 2012 S. 58.

I. Regelungshintergrund, Auffangtatbestand

1 § 324 HGB betrifft nur indirekt die Abschlussprüfung und verdankt seine Ansiedlung im Prüfungsbereich des HGB einer vom Gesetzgeber an anderer Stelle nicht gefundenen „passenderen" Platzierung. Die Regelung entspringt der gebotenen Umsetzung des Art. 41 Abs. 1 Satz 1 der Abschlussprüferrichtlinie. Danach hat jedes Unternehmen öffentlichen Interesses (→ § 316a Rz. 2) einen **Prüfungsausschuss** zu bilden (→ § 317 Rz. 61). Nur wenn ein Prüfungsausschuss nicht schon nach den aktienrechtlichen oder entsprechenden Vorgaben zu bilden ist, greift § 324 HGB als **Ersatztatbestand.**

Somit hat § 324 HGB **keine Relevanz** für folgende Unternehmen öffentlichen Interesses:

- ► die AG (§ 107 Abs. 4 AktG),
- ► die KGaA (§ 278 Abs. 3 AktG),
- ► die dualistisch verfasste SE (Art. 9 Abs. 1 Buchst. c SE-VO Nr. [EG] 2157/2001) und die monistisch verfasste SE (§ 27 Abs. 1 Satz 4 SEAG),
- ► die mitbestimmte GmbH (§ 6 Abs. 2 Satz 1, § 25 Abs. 1 Satz 1 Nr. 2 MitbestG, § 3 Abs. 2 MontanMitbestG, § 1 Abs. 1 Nr. 3 DrittelbG),
- ► die als GmbH verfasste Kapitalanlagegesellschaft (§ 18 Abs. 2 Satz 1 und 2 KAGB),
- ► die Genossenschaft (§ 36 Abs. 4 GenG) und die europäisch verfasste Genossenschaft (§ 19 Abs. 1 Satz 3 SCEAG).

Umgekehrt bedeutet dies, dass **Hauptanwendungsbereiche** von § 324 HGB sind:

- ► die mitbestimmungsfreie kapitalmarktorientierte GmbH, sofern der Gesellschaftsvertrag keine analoge Anwendung von § 107 Abs. 4 HGB vorsieht,
- ► bestimmte Kreditinstitute und Versicherungen.

Der Prüfungsausschuss ist eine eigenständige Institution und **keine Teilmenge** des Aufsichtsrats. Lediglich bei einem Aufsichtsrat, der aus nicht mehr als drei Personen besteht, kann dieser die Funktion des Prüfungsausschusses wahrnehmen (§ 107 Abs. 4 Satz 2 AktG).

II. Anwendungsbereich

1. Betroffene Gesellschaften (Abs. 1)

1.1 Kapitalmarktorientierte Kapitalgesellschaften (Abs. 1 Satz 1)

Betroffen sind in erster Linie kapitalmarktorientierte GmbHs. Auf → Rz. 1 wird verwiesen. 2

1.2 Fehlender Aufsichtsrat (Abs. 1 Satz 1)

Das Gesetz spricht von fehlendem Aufsichts- oder **Verwaltungsrat.** Dabei ist nicht klar, was unter dem letztgenannten Begriff zu verstehen ist. Entweder soll auf das monistische System der SE verwiesen oder auf die außerhalb des Aktienrechts mögliche Begriffswandlung eingegangen werden. Der weitere Hinweis auf die Voraussetzungen des § 100 Abs. 5 AktG weitet den Anwendungsbereich aus: Wenn ein Aufsichts-/Verwaltungsrat nicht mit dem nötigen Sachverstand auf den Gebieten der Rechnungslegung und Abschlussprüfung besetzt ist, gilt dieser i. S. des § 324 HGB als nicht bestehend. 3

2. Rückausnahmen (Abs. 1 Satz 2)

Vom Anwendungsbereich des § 324 HGB werden ausgenommen: 4

- Kapitalgesellschaften, deren ausschließlicher Zweck *(special purpose entities)* in der **Ausgabe** von **Wertpapieren** liegt, die durch Vermögensgegenstände besichert sind *(asset backed securities)*; die Befreiung setzt eine entsprechende Anhangangabe voraus.
- Kreditinstitute, die **Schuldtitel** – Schuldverschreibungen, Genussscheine, Zertifikate u. Ä. – nur bis zum Gesamtbetrag von 100 Mio. € am Bilanzstichtag emittiert haben und die eine Verpflichtung zur Prospektveröffentlichung nach dem Wertpapierprospektgesetz nicht trifft.
- **Investmentvermögen** i. S. des § 1 Abs. 1 des Kapitalanlagegesetzbuches.

2.1 Rechtsfolge: Einrichtung eines Prüfungsausschusses (Abs. 2)

2.1.1 Organisation (Abs. 2 Satz 1)

Das Gesetz schreibt lediglich in Abs. 2 Satz 1 den **Wahlvorgang** vor, schweigt sich aber über die weiteren zu treffenden Organisationsmaßnahmen aus. Deshalb bedarf es entsprechender Analogieschlüsse aus anderen Gesetzen, hier vornehmlich des Aktiengesetzes, betreffend: 5

- die **Anzahl** der Mitglieder – nach § 108 Abs. 2 Satz 3 AktG mindestens drei Mitglieder –,
- die **Amtszeit** – nach § 102 Abs. 1 AktG maximal vier Geschäftsjahre zzgl. des Jahres der Tätigkeitsaufnahme –,
- die **Abberufung** – nach § 103 Abs. 1 Satz 2 AktG ohne wichtigen Grund mit einer Dreiviertelmehrheit der Gesellschafter möglich.

Der Prüfungsausschuss kann statutarisch **andere** Regeln vorsehen.

Da ein Aufsichtsrat als Wahlorgan i. d. R. gerade in den Hauptanwendungsfällen des § 324 HGB nicht besteht, bleibt nur die **Gesellschafterversammlung** als wahlberechtigtes Organ. In Ermangelung anderer Vorgaben gilt hier das Mehrheitsprinzip.

2.1.2 Befassungsgegenstand (Abs. 2 Satz 4)

6 Das Gesetz verweist auf § 107 Abs. 3 Satz 2 AktG; danach befasst sich der Prüfungsausschuss mit der

- Überwachung des Rechnungslegungsprozesses,
- Wirksamkeit des internen Kontrollsystems,
- Wirksamkeit des Risikomanagementsystems,
- Wirksamkeit des internen Revisionssystems,
- Überwachung der Qualität der Abschlussprüfung sowie auch der Unabhängigkeit des Abschlussprüfers und der von diesem über die Prüfungstätigkeit hinaus zusätzlich erbrachten Leistungen.

Bei der Überwachung des Rechnungslegungsprozesses kann sich der Prüfungsausschuss weitgehend auf die Abschlussprüfung verlassen. Allerdings sind kritische Bilanzierungsfragen (zu Schätzwerten und Beanstandungen des Abschlussprüfers) eigenständig zu beurteilen.[1]

2.2 Qualifikation der Mitglieder (Abs. 2 Satz 2)

7 Von den – regelmäßig – mindestens drei Mitgliedern (→ Rz. 5) muss gem. FISG jeweils mindestens ein Mitglied auf dem Gebiet der Rechnungslegung und ein anderes auf dem der Prüfung **sachverständig** sein. Wie dieser „Sachverstand“ zu definieren ist, bleibt der Auslegung durch die Kommentierung und Gerichtsbarkeit zu § 100 Abs. 5 AktG anheimgestellt. Die Begründung zum Regierungsentwurf des BilMoG[2] listet eine ganze Reihe von Berufsständen auf, denen ein einschlägiger Sachverstand zugetraut werden kann. Welchen „Sachverstand“ die übrigen Mitglieder des Prüfungsausschusses aufzuweisen haben, bleibt nach dem Gesetzeswortlaut offen. Die Funktion eines (früheren) Finanzvorstands oder zumindest schwerpunktmäßige Tätigkeit auf diesem Gebiet soll nicht erforderlich sein (→ § 268 Rz. 62).[3] Dabei müssen die Mitglieder des Prüfungsausschusses „in ihrer Gesamtheit“ mit dem „Sektor“, in dem die Gesellschaft tätig ist, **vertraut** sein. Allzu hohe Anforderungen an den Sachverstand der Mitglieder des Prüfungsausschusses werden somit nicht gestellt.

8–9 *(einstweilen frei)*

2.3 Inhabilität

10 Der Vorsitzende sowie die Mehrheit der Mitglieder des Prüfungsausschusses müssen **unabhängig** sein (Abs. 2 Satz 2). An der Unabhängigkeit ist zu zweifeln, wenn geschäftliche, persönliche oder sonstige Beziehungen zu der Gesellschaft, deren Organen oder einem kontrollierenden Gesellschafter bestehen, die einen wesentlichen und nicht nur vorübergehenden Interessenkonflikt begründen können.

1 *Nonnenmacher/Wemmer/v. Werder*, DB 2016 S. 2827.
2 BilMoG-RegE S. 225.
3 LG München, Urteil v. 5.11.2009, nrkr.; OLG München, Beschluss v. 28.4.2010 – 23 U 5517/09, BB 2010 S. 885.

III. Aufgaben des Prüfungsausschusses (Abs. 2 Satz 4)

1. Vorauswahl des Abschlussprüfers, Überwachung der Qualität der Prüfung

Das Gesetz nimmt Bezug auf § 124 Abs. 3 Satz 2 AktG: Eine wesentliche Aufgabe des Aufsichtsrats-Ausschusses bei Aktiengesellschaften besteht in der Unterbreitung eines **Vorschlags** zur Wahl des Abschlussprüfers (→ § 318 Rz. 21). Bei Aktiengesellschaften ist dieser Vorschlag an den Aufsichtsrat zu richten. Wenn ein Aufsichtsrat nicht besteht oder nicht zuständig ist, muss die entsprechende Empfehlung der Gesellschafterversammlung unterbreitet werden. Seit FISG ist der Prüfungsausschuss auch zur Überwachung der **Qualität der Abschlussprüfung** verpflichtet (§ 107 Abs. 3 Satz 2 AktG). 11

2. Berichterstattung des Abschlussprüfers

Der so gewählte Abschlussprüfer muss dann nach § 171 Abs. 1 Satz 2 AktG (→ § 268 Rz. 62) 12

- an der **Sitzung** des Prüfungsausschusses, in der über den Jahres- oder Konzernabschluss befunden wird, teilnehmen und dabei insbesondere über wesentliche Schwächen des internen Kontroll- und des rechnungslegungsbezogenen Risikomanagementsystems berichten;
- über mögliche **Befangenheitsbesorgnisse** (→ § 319 Rz. 8 ff. und → § 319 Rz. 26 ff.) informieren und dazu über die **übrigen** für die Gesellschaft getätigten **Leistungen** (→ § 285 Rz. 115 ff.) ohne die Abschlussprüfung berichten.

3. Empfehlungen zum Rechnungslegungsprozess

Der Prüfungsausschuss **kann** nach § 107 Abs. 3 Satz 3 AktG Empfehlungen und Vorschläge zur Gewährleistung der Integrität des Rechnungslegungsprozesses unterbreiten, ist also nicht im Obligo zum Ablauf der Rechnungslegung. 13

IV. Auskunftsrecht der APAS (Abs. 3)

Nach § 324 Abs. 3 HGB kann die Abschlussprüferaufsichtsstelle (APAS) von Unternehmen öffentlichen Interesses eine Darstellung und Erläuterung sowie die **Tätigkeit** eines Prüfungsausschusses verlangen. Diese Berechtigung ist nur sekundär auszuüben; zuvor sollen Informationen aus öffentlich zugänglichen Quellen verwandt werden. Die Auskunftsberechtigung gilt nicht gegenüber anderen Unternehmen von öffentlichem Interesse: Bei diesen kann ein entsprechendes Auskunftsverlangen auf § 340k Abs. 5 Satz 1 HGB oder auf § 341k Abs. 3 Satz 1 und 3 HGB, jeweils i. V. mit § 324 Abs. 3 HGB, gestützt werden. 14

V. Sanktionen

Mit Bußgeld, ggf. auch Freiheits- oder Geldstrafe werden nach § 333a HGB und § 334 Abs. 2a HGB bestimmte Verstöße sanktioniert, etwa hinsichtlich 15

- der Überwachung der Unabhängigkeit des Abschlussprüfers, einschließlich Billigung von Nichtprüfungsleistungen, oder
- der Auswahl des Abschlussprüfers (→ § 334 Rz. 12).

§ 324a Anwendung auf den Einzelabschluss nach § 325 Abs. 2a

(1) [1]Die Bestimmungen dieses Unterabschnitts, die sich auf den Jahresabschluss beziehen, sind auf einen Einzelabschluss nach § 325 Abs. 2a entsprechend anzuwenden. [2]An Stelle des § 316 Abs. 1 Satz 2 gilt § 316 Abs. 2 Satz 2 entsprechend.

(2) [1]Als Abschlussprüfer des Einzelabschlusses nach § 325 Abs. 2a gilt der für die Prüfung des Jahresabschlusses bestellte Prüfer als bestellt. [2]Der Prüfungsbericht zum Einzelabschluss nach § 325 Abs. 2a kann mit dem Prüfungsbericht zum Jahresabschluss zusammengefasst werden.

Inhaltsübersicht Rz.

LITERATUR:

Fey/Deubert, Befreiender IFRS-Einzelabschluss nach § 325 Abs. 2a HGB für Zwecke der Offenlegung, KoR 2006 S. 92.

I. Regelungszweck

1 Der Gesetzgeber eröffnete im Jahr 2004 interessierten Unternehmen die Möglichkeit, einen (sog.) **Einzelabschluss** auf der Grundlage der IFRS-Rechnungslegungsvorschriften, soweit diese in europäisches Recht transformiert worden sind, zu erstellen und in geprüfter Form dem Bundesanzeiger zur Bekanntmachung einzureichen (→ § 325 Rz. 25). Damit verbunden war nach damaliger Rechtslage eine befreiende Wirkung dieser Einreichung des Einzelabschlusses insoweit, als – vor Einführung des elektronischen Handelsregisters – die Bekanntmachung eines solchen Einzelabschlusses im Bundesanzeiger von der gleichzeitigen Veröffentlichung des (handelsrechtlichen) Jahresabschlusses an dieser Stelle entbunden hatte. Es war lediglich im (noch nicht elektronischen) Bundesanzeiger die Hinterlegungsbekanntmachung für den (handelsrechtlichen) Jahresabschluss beim örtlichen Registergericht bekannt zu machen.

2 Seit Einführung des Bundesanzeigers setzt die (scheinbar) befreiende Wirkung der Offenlegung des IFRS-Einzelabschlusses u. a. die Einreichung des (handelsrechtlichen) Jahresabschlusses voraus (→ § 325 Rz. 27). Dadurch hebt sich die Befreiung in Bezug auf die Einreichung selbst auf. Der Jahresabschluss mit den weiteren Unterlagen (→ § 325 Rz. 27) findet dann seinen Verbleib beim Unternehmensregister nach § 8b HGB. „Befreit" wird nur von **zusätzlichen** Kosten für die Veröffentlichung im Bundesanzeiger. Die effektive Kostenbelastung ist gleich, einerlei ob ein Jahres- oder Einzelabschluss (zur Veröffentlichung) eingereicht wird. Sie ist eher beim Einzelabschluss wegen des größeren Umfangs höher.

3 Unabhängig davon verspürt die deutsche Wirtschaft auch keinerlei Interesse an einer förmlichen Erstellung eines IFRS-Einzelabschlusses zur (lediglichen) Information der Öffentlichkeit. Umgekehrt besteht offensichtlich auch keinerlei Interesse der Öffentlichkeit an solchen Einzelabschlüssen, die im Übrigen auch noch einer förmlichen Prüfung zu unterziehen sind, weil zur Offenlegung auch der Bestätigungsvermerk des Abschlussprüfers dem Bundesanzeiger einzureichen ist (→ § 325 Rz. 27).

§ 324a HGB stellt deshalb eine Rechtsnorm ohne praktischen Anwendungsbereich dar, was sich auch in der Kürze unserer folgenden Kommentierung niederschlägt.

II. Anwendungshinweise (Abs. 1)

Wenn eine solche Prüfung des IFRS-Einzelabschlusses durchgeführt werden soll, müssen die **gesamten Regeln** des Prüfungsgeschehens nach §§ 316 ff. HGB angewandt werden (Abs. 1 Satz 1). Da auf der Grundlage des IFRS-Einzelabschlusses kein Gewinnausschüttungsbeschluss infrage kommt, wird die für den Jahresabschluss erforderliche Feststellung durch die Billigung – vergleichbar mit dem Konzernabschluss – ersetzt (Abs. 1 Satz 2). 4

III. Prüferbestellung (Abs. 2 Satz 1)

Der für den Jahresabschluss bestellte Abschlussprüfer (→ § 318 Rz. 5) ist von **Gesetzes** wegen auch für die Prüfung des IFRS-Einzelabschlusses bestellt. Wenn eine Gesellschaft also tatsächlich die Lust zur Erstellung eines IFRS-Einzelabschlusses in geprüfter Form verspüren sollte, muss sie auf die entsprechende Qualifikation des Abschlussprüfers bzgl. seiner Kenntnisse der IFRS-Regeln achten, da dieser ohne entsprechendes *Know-how* einen solchen Prüfungsauftrag nicht annehmen darf.[1] 5

IV. Zusammengefasster Prüfungsbericht (Abs. 2 Satz 2)

Das Gesetz erlaubt eine Zusammenfassung der Prüfungsberichte für den (handelsrechtlichen) **Jahres**abschluss und den IFRS-**Einzel**abschluss. Sinnvoll ist eine solche Zusammenfassung wegen der z. T. höchst unterschiedlichen Rechnungslegungsgrundsätze nicht (→ § 322 Rz. 93). 6

Nach § 325 Abs. 3a HGB kann der Prüfungsbericht des Konzernabschlusses mit demjenigen für den IFRS-Einzelabschluss zusammengefasst bekannt gemacht werden (→ § 325 Rz. 30). Eine solche Zusammenfassung wäre sinnvoll, nicht aber diejenige eines HGB-Konzernabschlusses mit einem IFRS-Einzelabschluss. 7

Vierter Unterabschnitt: Offenlegung. Prüfung durch die das Unternehmensregister führende Stelle

§ 325 Offenlegung

(1) [1]Die Mitglieder des vertretungsberechtigten Organs einer Kapitalgesellschaft haben für die Gesellschaft folgende Unterlagen, sofern sie aufzustellen oder zu erstellen sind, in deutscher Sprache offenzulegen:

1. den festgestellten Jahresabschluss, den Lagebericht, den Bestätigungsvermerk oder den Vermerk über dessen Versagung und die Erklärungen nach § 264 Absatz 2 Satz 3 und § 289 Absatz 1 Satz 5 sowie

2. den Bericht des Aufsichtsrats und die nach § 161 des Aktiengesetzes vorgeschriebene Erklärung.

[2]Die Unterlagen sind der das Unternehmensregister führenden Stelle elektronisch zur Einstellung in das Unternehmensregister zu übermitteln.

1 § 43 WPO, § 11 Abs. 2 BS WP/vBP.

(1a) [1]Die Unterlagen nach Absatz 1 Satz 1 sind spätestens ein Jahr nach dem Abschlussstichtag des Geschäftsjahrs zu übermitteln, auf das sie sich beziehen. [2]Liegen die Unterlagen nach Absatz 1 Satz 1 Nummer 2 nicht innerhalb der Frist vor, sind sie unverzüglich nach ihrem Vorliegen nach Absatz 1 offenzulegen.

(1b) [1]Wird der Jahresabschluss oder der Lagebericht geändert, so ist auch die Änderung nach Absatz 1 Satz 1 offenzulegen. [2]Ist im Jahresabschluss nur der Vorschlag für die Ergebnisverwendung enthalten, ist der Beschluss über die Ergebnisverwendung nach seinem Vorliegen nach Absatz 1 Satz 1 offenzulegen.

(2) (weggefallen)

(2a) [1]Bei der Offenlegung nach Absatz 1 in Verbindung mit § 8b Absatz 2 Nummer 4 kann bei großen Kapitalgesellschaften (§ 267 Absatz 3) kann an die Stelle des Jahresabschlusses ein Einzelabschluss treten, der nach den in § 315e Absatz 1 bezeichneten internationalen Rechnungslegungsstandards aufgestellt worden ist. [2]Ein Unternehmen, das von diesem Wahlrecht Gebrauch macht, hat die dort genannten Standards vollständig zu befolgen. [3]Auf einen solchen Abschluss sind § 243 Abs. 2, die §§ 244, 245, 257, 264 Absatz 1a, 2 Satz 3, § 285 Nr. 7, 8 Buchstabe b, Nr. 9 bis 11a, 14 bis 17, § 286 Absatz 1 und 3 anzuwenden. [4]Die Verpflichtung, einen Lagebericht offenzulegen, bleibt unberührt; der Lagebericht nach § 289 muss in dem erforderlichen Umfang auch auf den Einzelabschluss nach Satz 1 Bezug nehmen. [5]Die übrigen Vorschriften des Zweiten Unterabschnitts des Ersten Abschnitts und des Ersten Unterabschnitts des Zweiten Abschnitts gelten insoweit nicht. [6]Kann wegen der Anwendung des § 286 Abs. 1 auf den Anhang die in Satz 2 genannte Voraussetzung nicht eingehalten werden, entfällt das Wahlrecht nach Satz 1.

(2b) Die befreiende Wirkung der Offenlegung des Einzelabschlusses nach Absatz 2a tritt ein, wenn

1. statt des vom Abschlussprüfer zum Jahresabschluss erteilten Bestätigungsvermerks oder des Vermerks über dessen Versagung der entsprechende Vermerk zum Abschluss nach Absatz 2a in die Offenlegung nach Absatz 1 einbezogen wird,
2. statt des vom Abschlussprüfer zum Jahresabschluss erteilten Bestätigungsvermerks oder des Vermerks über dessen Versagung der entsprechende Vermerk zum Abschluss nach Absatz 2a in die Offenlegung nach Absatz 1 einbezogen wird,
3. der Jahresabschluss mit dem Bestätigungsvermerk oder dem Vermerk über dessen Versagung in deutscher Sprache nach Maßgabe des Absatzes 1a Satz 1 und des Absatzes 4 der das Unternehmensregister führenden Stelle elektronisch zur Einstellung in das Unternehmensregister durch dauerhafte Hinterlegung übermittelt wird.

(3) Die Absätze 1 bis 2 und 4 Satz 1 gelten entsprechend für die Mitglieder des vertretungsberechtigten Organs einer Kapitalgesellschaft, die einen Konzernabschluss und einen Konzernlagebericht aufzustellen haben.

(3a) Wird der Konzernabschluss zusammen mit dem Jahresabschluss des Mutterunternehmens oder mit einem von diesem aufgestellten Einzelabschluss nach Absatz 2a offengelegt, können die Vermerke des Abschlussprüfers nach § 322 zu beiden Abschlüssen zusammengefasst werden; in diesem Fall können auch die jeweiligen Prüfungsberichte zusammengefasst werden.

(4) [1]Bei einer Kapitalgesellschaft im Sinn des § 264d, die keine Kapitalgesellschaft im Sinn des § 327a ist, beträgt die Frist nach Absatz 1a Satz 1 längstens vier Monate. [2]Für die Wahrung der Fristen nach Satz 1 und Absatz 1a Satz 1 ist der Zeitpunkt der Einreichung der Unterlagen maßgebend.

(5) Auf Gesetz, Gesellschaftsvertrag oder Satzung beruhende Pflichten der Gesellschaft, den Jahresabschluss, den Einzelabschluss nach Absatz 2a, den Lagebericht, den Konzernabschluss oder den Konzernlagebericht in anderer Weise bekannt zu machen, einzureichen oder Personen zugänglich zu machen, bleiben unberührt.

(6) Die §§ 11 und 12 Absatz 2 gelten entsprechend für die Unterlagen, die an die das Unternehmensregister führende Stelle zur Einstellung in das Unternehmensregister zu übermitteln sind; § 325a Absatz 1 Satz 5 und § 340l Absatz 2 Satz 6 bleiben unberührt.

Inhaltsübersicht Rz.

LITERATUR:

Fey/Geubert, Befreiender IFRS-Einzelabschluss nach § 325a HGB für Zwecke der Offenlegung, KoR 2006 S. 92; *Grashoff*, Offenlegung von Jahres- und Konzernabschlüssen nach dem EHUG, DB 2006 S. 2641; *Henselmann/Kaya*, Empirische Analyse des Offenlegungszeitpunkts von Jahresabschlüssen nach dem EHUG, WPg 2009 S. 497; *Huettche*, Der deutsche IFRS-Einzelabschluss, DStR 2004 S. 1189; *Petersen/Zwirner*, Besonderheiten der Konzernrechnungslegung im deutschen Mittelstand, StuB 2008 S. 380; *Schlauß*, Die neue Offenlegungskultur seit Inkrafttreten des EHUG, DB 2011 S. 805; *Schlotter*, Das EHUG ist in Kraft getreten, BB 2007 S. 1; *Schmidt*, Digitalisierung der Registerführung und Neuregelung der Unternehmenspublizität, DStR 2006 S. 2272; *Schmittmann*, Offenlegung und Ordnungsgeld, StuB 2009 S. 543; *Sultana/Willeke*, Die Neuerungen bei der Offenlegung von Jahres- und Konzernabschlüssen nach dem EHUG, StuB 2007 S. 45; *Theile/Nitsche*, Praxis der Jahresabschlusspublizität bei der GmbH, WPg 2006 S. 1141.

I. Überblick über die Einreichungsvorschriften

Die Offenlegungspflichten sind als logischer **Fortsatz** der speziellen Rechnungslegungsvorschriften für die im 2. Abschnitt des Dritten Buches des HGB gehandelten Gesellschaften wie folgt zu verstehen: Wer sich am Wirtschaftsleben unternehmerisch unter **Haftungsbeschränkung** beteiligt, muss im Interesse des Gläubigerschutzes spezifische Regeln zur Rechnungslegung und zu ihrer Prüfung in Kauf nehmen (→ § 264a Rz. 1) und die Ergebnisse dieser Prozedur der **Öffentlichkeit** zur Verfügung stellen. Die §§ 325 bis 329 HGB regeln diese Veröffentlichungspflicht. Als Veröffentlichungs**medium** (→ Rz. 24) fungiert die das Unternehmensregister führende Stelle (vor DiRUG: der Bundesanzeiger). 1

Außerhalb der unter → Rz. 1 aufgelisteten Veröffentlichungspflichten bestehen weitere branchenspezifisch ausgerichtete, und zwar für **Kreditinstitute** nach § 340l HGB und für **Versicherungs**unternehmen nach § 341l HGB. Diese beziehen sich in Teilbereichen auf die hier genannten Vorschriften. 2

Einer Veröffentlichungspflicht unterliegen auch die durch das sog. **Publizitätsgesetz** erfassten Unternehmen gem. § 9 PublG (→ Rz. 32).

3 *(einstweilen frei)*

4 Die fehlende Offenlegung hat keinen Einfluss auf die Rechtsgültigkeit eines festgestellten (→ § 268 Rz. 67 ff.) und ggf. geprüften (→ § 316 Rz. 1) Jahresabschlusses. Die zugehörige Bilanz ist nach § 5 Abs. 1 Satz 1 EStG maßgeblich (→ § 252 Rz. 270) für die Steuerbilanz. Deshalb kann deren Änderung unter den weiteren Voraussetzungen (→ § 252 Rz. 254) von der nicht veröffentlichten Handelsbilanz ausgehen.[1]

II. Einreichungspflichten

1. Subjektbezug (Abs. 1 Satz 1)

5 Angesprochen sind die **Unternehmen**, die dem Betreiber des Unternehmensregisters (→ § 329) die zur Veröffentlichung bestimmten Unterlagen in elektronischer Form einreichen müssen. Hierbei handelt es sich um

- ► Kapitalgesellschaften (AG, GmbH, KGaA, SE) und
- ► „Kap. & Co."-Gesellschaften (→ § 264a Rz. 3).

Andererseits entfällt unter bestimmten Voraussetzungen (→ Rz. 39) die Veröffentlichungspflicht für **Tochtergesellschaften** konzernabschlusspflichtiger Mutterunternehmen (→ § 264 Rz. 38 sowie → § 264b Rz. 6). Das gilt auch für Tochterunternehmen, die in einen Konzernabschluss nach § 11 PublG einbezogen werden. Dabei können

- ► Befreiungsbeschluss (→ § 264 Rz. 44),
- ► Hinweisbekanntmachung (→ § 264 Rz. 51) und
- ► Verpflichtungsübernahme (→ § 264 Rz. 46)

bei der Offenlegung zusammengefasst werden.[2]

Für die der Veröffentlichungspflicht unterworfenen Gesellschaften sind die **gesetzlichen Vertreter** handlungsverpflichtet (→ § 238 Rz. 2), bei „Kap. & Co."-Gesellschaften gilt der Regelungsgehalt des § 264a Abs. 2 HGB (→ § 264a Rz. 11). Im Insolvenzfall trifft diese Pflicht den Insolvenzverwalter (§ 155 Abs. 1 Satz 2 InsO), bei Liquidation der Gesellschaft den Liquidator.

2. Einzureichende Dokumente (Abs. 1 Satz 1 bis 3)

6 Einzureichen sind:

- ► die festgestellten oder gebilligten Abschlüsse mit Lageberichten und Bestätigungsvermerken bei prüfungspflichtigen Jahresabschlüssen,
- ► Aufsichtsratsbericht (→ § 268 Rz. 64),
- ► Erklärung nach § 285 Nr. 16 HGB bzw. § 161 AktG zum Corporate Governance Kodex (→ § 285 Rz. 114) sowie
- ► nach Abs. 1b der Beschluss über die Ergebnisverwendung, wenn der Jahresabschluss nur den Vorschlag beinhaltet (→ Rz. 22).

1 Vgl. FinMin Schleswig-Holstein v. 30.6.2011 – 1 – VI 304 – S 2141 – 011, DStR 2011 S. 2200.
2 Vgl. *Schlauß*, DB 2010 S. 155.

Der Jahresabschluss ist nicht identisch mit (z. B.) dem Sachkontennachweis in einem DATEV-Ausdruck oder gar der Debitoren- und Kreditorensaldenliste. Deren (zusätzliche) Einreichung wird vom Betreiber des Unternehmensregisters nicht beanstandet (→ § 329 Rz. 1), verursacht aber unnötige zusätzliche Kosten.[1]

Ein **Aufsichtsratsbericht** ist bei der AG immer erforderlich, bei der nicht Mitbestimmungsrecht unterliegenden **GmbH** mit Aufsichtsrat nur nach Gesellschaftsvertrag nach folgender Maßgabe: Gemäß § 52 Abs. 1 GmbHG ist auf den fakultativen Aufsichtsrat u. a. § 171 AktG anzuwenden, soweit nicht im Gesellschaftsvertrag etwas anderes bestimmt ist. Ohne eine abweichende Bestimmung hat daher der Aufsichtsrat nach entsprechender Anwendung von § 171 AktG den Abschluss zu prüfen (Abs. 1) und hierüber den Gesellschaftern zu berichten (Abs. 2). Ein solcher Bericht ist nach § 323 HGB dann auch offenlegungspflichtig.

Der sog. **„Bilanzeid"** (und Lageberichtseid) für kapitalmarktorientierte Unternehmen wurde in der Vergangenheit nicht als Veröffentlichungsobjekt erwähnt, obwohl dieser zum Mindestinhalt des **Jahresfinanzberichts** nach dem Wertpapierhandelsgesetz gehört (→ § 264 Rz. 31). In weiten Teilen des Schrifttums wurde hier ein redaktionelles Versehen des Gesetzgebers angenommen. Mit dem ESEF-Umsetzungsgesetz wurden die Eide explizit als offenlegungspflichtige Unterlagen in Abs. 1 Nr. 1 aufgenommen. 7

Nicht einzureichen ist das Dokument über Feststellung bzw. Billigung des Abschlusses (→ § 268 Rz. 52 ff.). Nach § 328 Abs. 1 Nr. 1 Satz 2 HGB (→ § 328 Rz. 8) ist allerdings das Datum, unter dem diese Rechtsakte erfolgt sind, offenzulegen.

3. Form der Einreichung (Abs. 1 Satz 2)

Die Einreichung muss in **elektronischer** Form erfolgen. Dabei sind ergänzend die spezifischen Vorgaben in § 328 zu beachten. Nach Registrierung und Anmeldung des Unternehmens stehen zwei Möglichkeiten offen:[2] 8

- Im **Upload-Verfahren** werden die Unterlagen in den gängigen Datenformaten MS Word, MS Excel, RTF, PDF oder preisgünstig in XML bzw. XBRL übertragen.
- Per **Online-Webformular** können kleine Gesellschaften (→ § 267 Rz. 14) i. S. von § 267 HGB stattdessen wahlweise ihre Bilanzdaten in die mit den üblichen Bilanzposten vorbelegten Felder eintragen und in ein zweites Feld den Anhang hineinkopieren.

Kleine (→ § 326) und **mittelgroße** (→ § 327) Kapital- und „Kap. & Co."-Gesellschaften erfahren bzgl. der Offenlegung verschiedene Erleichterungen, ebenso die Kleinstkapitalgesellschaften (→ § 267a Rz. 1). 9

Vorgeschrieben ist die Einreichung **festgestellter** (gebilligter) Abschlüsse zur Offenlegung. Die Nachreichung des **Bestätigungsvermerks** ist dann unzulässig. Das kann zu Problemen führen, wenn der Abschlussprüfer das Testat wegen unsicherer Fortführungsprognose hinauszögert,[3] weil Gespräche mit Kreditgebern noch andauern.

Die **Abwicklung** bzw. **Liquidation** einer AG (§ 270 AktG) bzw. einer GmbH (§ 71 GmbHG) erfordert die Erstellung einer Eröffnungsbilanz mit Erläuterungsbericht, sodann Jahresabschlüsse und Lageberichte. Diese Unterlagen sind ebenfalls einreichungspflichtig. 10

1 Solche überschießenden Veröffentlichungen sind häufig festzustellen, z. B. v. 20.4.2010 im früheren eBAnz.

2 Vgl. im Einzelnen: https://go.nwb.de/r4bxu.

3 *Oser/Orth/Wirtz*, DB 2015 S. 1737.

11–15 *(einstweilen frei)*

4. Zeitbezug (Abs. 1a)

16 Die einreichungspflichtigen Unterlagen sind spätestens im Jahr nach dem jeweiligen Abschlusszeitpunkt vorzulegen. Liegen sie bis dahin nicht vor, sind sie unverzüglich nach Vorliegen einzureichen. Die Vorlagepflicht umfasst auch den Bestätigungsvermerk bei gesetzlichen Abschlussprüfungen. Für kapitalmarktorientierte Kapitalgesellschaften beträgt die Einreichungspflicht (abgesehen von dem Sonderfall des § 327a HGB) vier Monate. Enthält der Jahresabschluss keinen Ergebnisverwendungsbeschluss (→ § 285 Rz. 195), ist dieser unmittelbar nach Vorliegen einzureichen (→ Rz. 22).

17–20 *(einstweilen frei)*

5. Geänderte oder ergänzte Unterlagen sowie Ergebnisverwendungsbeschluss (Abs. 1b)

21 **Änderungen** des bereits eingereichten Jahresabschlusses, ggf. unter Einbeziehung des Bestätigungsvermerks bei erforderlicher Nachtragsprüfung (→ § 316 Rz. 19), sind nachzureichen. Diese Pflicht könnte sich dem Wortlaut nach auf die geänderten Posten des Jahresabschlusses beschränken. Nach h. M.[1] ist der Öffentlichkeit kein Vergleich mit der ursprünglichen Form zuzumuten, so dass der **gesamte** geänderte Abschluss als solcher gekennzeichnet einzureichen ist – u. E. aber nicht der unveränderte Lagebericht. Der generelle Einreichungstermin (→ Rz. 16) gilt auch hier: „unverzüglich" nach Vorliegen.

22 Enthält der Jahresabschluss nur den Vorschlag über die **Ergebnisverwendung,** ist der spätere Beschluss unverzüglich offenzulegen. Wegen § 288 Abs. 1 Nr. 1 HGB brauchen kleine Kapitalgesellschaften im Anhang keine Angaben zur Ergebnisverwendung zu machen (→ § 288 Rz. 1), womit auch die (nachträgliche) Veröffentlichung entfällt.

23–24 *(einstweilen frei)*

III. Einreichung eines IFRS-Einzelabschlusses

1. Regelungsinhalt (Abs. 2a)

25 Anstelle (→ Rz. 27) eines (handelsrechtlichen) **Jahres**abschlusses (→ § 242 Rz. 16) kann ein (vom Gesetz) sog. **Einzel**abschluss offengelegt werden, der nach den in § 315e HGB genannten Rechnungslegungsstandards (→ § 315e Rz. 2) erstellt worden ist. Es handelt sich um die IFRS-Regeln, soweit sie im sog. „Komitologieverfahren" in europäisches Recht überführt worden sind. Diese Einreichung ist rein freiwilliger Natur. Die Aufstellungspflicht für den Jahresabschluss samt Einreichung (→ Rz. 27) bleibt davon unberührt. Von dieser Möglichkeit soll nach der Gesetzesidee im Interesse einer positiven **Öffentlichkeitswirkung** Gebrauch gemacht werden, nach bisheriger Erkenntnis tendiert die praktische Bedeutung jedoch gegen null (→ § 324a Rz. 3). Infrage kommen dabei aus Wirtschaftlichkeitsgründen ohnehin nur solche Gesellschaften, die für den Konzernpflichtabschluss nach § 315e HGB sog. *„packages"* (→ § 317 Rz. 81) liefern müssen.

1 So *Haller/Hütten/Löffelmann* in Küting/Pfitzer/Weber (Hrsg.), Handbuch der Rechnungslegung – Einzelabschluss, § 325 Tz. 29; *Grottel* in Beck'scher Bilanz-Kommentar, 13. Aufl. 2022, § 325 Tz. 110.

Der IFRS-Einzelabschluss mit all seinen Bestandteilen ist durch **HGB-spezifische** Ergänzungen (Währung, Sprache, Lagebericht, einige Anhangangaben) anzureichern. Diese in Satz 3 aufgeführten Gesetzesvorgaben sind unter den jeweiligen Paragraphen kommentiert. Ansonsten sind die §§ 242 bis 288 HGB nicht anzuwenden (Satz 5). 26

Konzeptionell vergleichbar sind diese Ergänzungen zu den IFRS-Regelungen mit denjenigen für den **IFRS-Konzernabschluss** (→ § 315e). Der Bezug auf den Abschluss im Lagebericht ist nach Abs. 2a Satz 4 herzustellen (→ § 289 Rz. 31). Bei einem – praktisch kaum vorstellbaren – Anwendungsfall des § 286 Abs. 1 HGB (→ § 286 Rz. 1), aufgrund der vollständigen Anwendung der IFRS-Regeln, entfällt nach Abs. 2a Satz 6 das Wahlrecht zur Offenlegung eines IFRS-Einzelabschlusses statt des handelsrechtlichen Jahresabschlusses.

2. Voraussetzung für die (scheinbare) Befreiungswirkung des IFRS-Einzelabschlusses (Abs. 2b)

Das Gesetz macht die befreiende (→ Rz. 25) Wirkung der Offenlegung des IFRS-Einzelabschlusses von der **kumulativen** Erfüllung folgender Einreichungen abhängig: 27

- Bestätigungsvermerk des Abschlussprüfers zum IFRS-Einzelabschluss,
- Ergebnisverwendungsvorschlag und -beschluss etc., wie nach Abs. 1 Satz 3,
- handelsrechtlicher Jahresabschluss mit Bestätigungsvermerk.

Die letztgenannte Voraussetzung relativiert (besser: konterkariert) die Befreiungswirkung der Offenlegung eines IFRS-Einzelabschlusses (→ Rz. 25). Die Befreiung mutiert zur **Verdoppelung** des Einreichungssubstrats (→ § 324a Rz. 2).

Der Inhalt der vom Gesetz ausgedrückten **Befreiung** ist auch wegen der widersprüchlichen Terminologie (→ Rz. 3) schwer feststellbar:

- Einzureichen nach Abs. 1 (→ Rz. 6) sind neben dem IFRS-Einzelabschluss die vorstehend genannten Unterlagen, also auch der (HGB-)Jahresabschluss.
- Zur Bekanntmachung im Unternehmensregister (→ Rz. 24) gelangt indes nur der IFRS-Einzelabschluss.

„Befreit" wird also nur von der zusätzlichen Bekanntmachung des HGB-Rechenwerks.[1] Einzureichen (→ Rz. 6) ist das Gesamtpaket der Rechnungslegung.

IV. Konzernabschluss

1. Gesetzesverweis und Besonderheiten (Abs. 3)

Durch Gesetzes**verweis** („entsprechend") gelten die Einreichungs- und Bekanntmachungspflichten für den Jahresabschluss mit ergänzenden Unterlagen auch für die gesetzlichen Vertreter von Kapitalgesellschaften (→ Rz. 6), die pflichtmäßig – nicht freiwillig – einen **Konzernabschluss** nebst -lagebericht erstellen („aufzustellen haben"). 28

Der Gesetzes- erlaubt einen **Kommentierungs**verweis auf die vorstehenden Erläuterungen zum Jahresabschluss (Abs. 1, 2 und 4) etc. (→ Rz. 6 ff.) mit folgenden **Ergänzungen:** 29

- Der **Inhalt** des Konzernabschlusses ergibt sich aus § 297 Abs. 1 HGB (→ § 297 Rz. 1 ff.).

1 BT-Drucks. 16/960 S. 49.

- Eine Feststellung und Gewinnverwendung entfällt für den Konzernabschluss. Stattdessen **billigt** der Aufsichtsrat der konzernrechnungslegungspflichtigen **AG** den Konzernabschluss nach § 171 Abs. 2 Satz 4 AktG, ersatzweise (sehr selten) die Hauptversammlung nach § 173 Abs. 1 Satz 2 AktG (→ § 268 Rz. 69).
- Diese aktienrechtlichen Vorgaben gelten auch für eine konzernrechnungslegungspflichtige **GmbH.**
- Ein nach dem **PublG** konzernrechnungspflichtiges Unternehmen ist über den Verweis in § 15 Abs. 2 PublG an die Vorgaben des Abs. 3 gebunden.
- Im **EU-/EWR-Ausland** ansässige Muttergesellschaften sind bei Erstellung eines für den Inlandsbereich befreienden Konzernabschlusses nach § 291 Abs. 1 Satz 1 HGB zu dessen Offenlegung nach Abs. 3 in deutscher Sprache verpflichtet (→ § 291 Rz. 14). Die Veröffentlichung muss dabei durch das zu befreiende inländische Mutterunternehmen in der obersten Hierarchiestufe des inländischen Teilkonzerns veranlasst werden.
- Für im **Drittausland** ansässige Muttergesellschaften gilt nach § 292 HGB durch Verweis auf § 291 HGB die Verpflichtung zur Offenlegung des befreienden Konzernabschlusses nach Abs. 3 (→ § 292 Rz. 4). Die Veröffentlichungspflicht trifft dabei das zu befreiende inländische Mutterunternehmen in der obersten Hierarchiestufe des inländischen Teilkonzerns (→ § 291 Rz. 13).

2. Zusammengefasste Offenlegung (Abs. 3a)

30 Der Konzernanhang kann nach § 298 Abs. 3 HGB mit dem Anhang des Jahresabschlusses eines **Mutterunternehmens** zusammengefasst werden (→ § 298 Rz. 38). Entsprechendes gilt nach § 315 Abs. 3 HGB für die Lageberichte (→ § 315 Rz. 3). Voraussetzung für die Zusammenfassung ist die **gemeinsame Offenlegung** der beiden Abschlüsse des Mutterunternehmens. Diese verbundene Bekanntmachung erlaubt auch eine Zusammenfassung der Bestätigungsvermerke (→ § 322 Rz. 93) und der Prüfungsberichte (→ § 321 Rz. 101). Die Prüfungsberichte sind allerdings nicht zur Veröffentlichung bestimmt.

V. Andere Offenlegungspflichten

1. Überblick (Abs. 5)

31 Die Vorschriften des § 325 HGB lassen **andere** Offenlegungspflichten nach Gesetz und Gesellschaftsvertrag unberührt. Einschlägige gesetzliche Vorgaben gelten u. a. für

- Genossenschaften nach § 339 HGB,
- Kreditinstitute nach § 340l HGB,
- Versicherungsunternehmen nach § 341l HGB sowie
- große Unternehmen nach §§ 9 und 15 PublG (→ Rz. 32).

Davon zu **unterscheiden** sind Auskunfts- und Kontrollrechte von **Gesellschaftern** gegenüber dem geschäftsführenden Organ, z. B. nach § 51a GmbHG oder §§ 118, 166 HGB. Zu den Informationsrechten der **Arbeitnehmer**vertreter vgl. → § 267 Rz. 26.

2. Publizitätsgesetz (PublG)

Einer gesonderten Offenlegungspflicht unterliegen **große** Unternehmen nach den Merkmalen des § 1 PublG. Diese Verpflichtung für den Jahresabschluss gem. § 9 PublG und den Konzernabschluss gem. § 15 PublG mit den ergänzenden Unterlagen nimmt inhaltlich und technisch Bezug auf die Regeln der §§ 325 und 329 HGB. Betroffen sind nach § 3 PublG Einzelkaufleute und insbesondere Unternehmen in der Rechtsform der OHG und KG (nicht „Kap. & Co."-Gesellschaften, → § 264a Rz. 3), des Vereins, der Stiftung und der Körperschaft öffentlichen Rechts. 32

Als **Kaufleute** sind diese Unternehmen den Regeln der §§ 238 bis 263 HGB unterworfen. **Ergänzend** verweist § 5 PublG auf die Gliederungsvorschriften u. Ä. in den §§ 265 bis 278 HGB sowie auf die Vorschriften über den Anhang (Teilbereiche) und den Lagebericht. Vergleichbares gilt in § 13 PublG für den nach § 11 PublG zu erstellenden Konzernabschluss. 33

Den **Umfang** der Offenlegung regelt § 9 PublG unter Bezugnahme auf die wesentlichen Inhalte der §§ 325, 328 und 329 HGB. **Erleichterungen** gewährt § 9 Abs. 2 und 3 i.V. mit § 5 Abs. 5 Satz 3 PublG den Einzelkaufleuten und Personenhandelsgesellschaften (OHG, KG). Diese betreffen den Verzicht auf die Offenlegung einer GuV unter (dann) als Anlage aus Bilanz aufzuführenden Angaben (Umsatzerlöse, Personalkosten etc.) sowie eine Zusammenfassung der Eigenkapitalbestandteile zu einem Sammelposten: „Eigenkapital". 34

Die Veröffentlichungsinhalte samt Erleichterungen für den Jahresabschluss (→ Rz. 34) gelten auch für den **Konzern**abschluss gem. §§ 15, 13 PublG und damit auch die Bezugnahme auf die §§ 325, 328 und 329 HGB. 35

VI. Ergänzende Vorschriften (Abs. 6)

In Abs. 6 Satz 1 wird unter Bezugnahme auf § 11 HGB die Möglichkeit eröffnet, **zusätzlich** zur deutschen Fassung die Unterlagen auch in einer **EU-Amtssprache** einzureichen. Der weitere Verweis auf § 12 Abs. 2 HGB bezieht sich auf die Einreichungstechnik in **elektronischer** Form. 36

Die Einreichung einer Originalfassung der Unterlagen in **ausländischer** Sprache (→ § 325a Rz. 7) bleibt nach Abs. 6 Satz 2 unberührt.

VII. Sanktionen

Einen Verstoß gegen die Offenlegungspflichten meldet der Betreiber des Unternehmensregisters dem Bundesamt für Justiz (→ § 329 Rz. 9). Es beginnt dann ein Ordnungsgeldverfahren, das in → § 335 Rz. 15 ff. dargestellt ist. 37

VIII. Beanstandung unzutreffender oder fehlender Offenlegungen durch den Abschlussprüfer

Die Offenlegung kann unzutreffend erfolgen, etwa indem (ohne Vorliegen eines gesetzlichen Befreiungstatbestands) Teile des festgestellten Jahresabschlusses weggelassen oder gekürzt werden. Wird hierbei gleichwohl der zum vollständigen Abschluss erteilte **Bestätigungsvermerk** des Abschlussprüfers verwendet, sind dessen Interessen tangiert. Gleiches gilt, wenn der Bestätigungsvermerk mit falschem Wortlaut wiedergegeben wird. Der Abschlussprüfer ist nicht verpflichtet zu überprüfen, ob eine unzutreffende Offenlegung (IDW PS 400 Tz. 102) vorliegt. Stellt er einen solchen Fall fest, ist er gehalten, den Auftraggeber zu einer Richtigstellung zu veranlassen (IDW PS 400 Tz. 102). 38

Wenn dem Abschlussprüfer im Rahmen seiner Prüfungstätigkeit eine nicht erfolgte oder fehlerhafte Offenlegung des Vorjahresabschlusses bekannt wird, muss er u.U. nach IDW PS 450 Tz. 50 im Prüfungsbericht für das laufende Jahr darauf hinweisen. Zu unseren Vorbehalten gegen diese Anweisung wird auf → § 321 Rz. 44 verwiesen.

IX. Befreiung von den Offenlegungspflichten (§ 264 Abs. 3 und § 264b Nr. 3 HGB)

39 In einen Konzernabschluss einbezogene **Tochtergesellschaften** sind von der Offenlegung u.U. befreit, und zwar

- bei einer Kapitalgesellschaft als Mutterunternehmen nach § 264 Abs. 3 HGB (→ § 264 Rz. 52) sowie
- bei einer „Kap. & Co."-Gesellschaft als Mutterunternehmen nach § 264b Nr. 3 HGB (→ § 264b Rz. 14 f.).

Zu den **Voraussetzungen** für dies Inanspruchnahme der Befreiungsvorschriften wird verwiesen auf

- → § 264 Rz. 38 ff.,
- → § 264b Rz. 8 ff.

40 *(einstweilen frei)*

§ 325a Zweigniederlassungen von Kapitalgesellschaften mit Sitz im Ausland

(1) [1]Bei inländischen Zweigniederlassungen von Kapitalgesellschaften mit Sitz in einem anderen Mitgliedstaat der Europäischen Union oder Vertragsstaat des Abkommens über den Europäischen Wirtschaftsraum haben die in § 13e Abs. 2 Satz 4 Nr. 3 genannten Personen oder, wenn solche nicht angemeldet sind, die gesetzlichen Vertreter der Gesellschaft für diese die Unterlagen der Rechnungslegung der Hauptniederlassung, die nach dem für die Hauptniederlassung maßgeblichen Recht erstellt, geprüft und offengelegt oder hinterlegt worden sind, nach den §§ 325, 327a und 328 offenzulegen; § 329 ist anzuwenden. [2]Bestehen mehrere inländische Zweigniederlassungen derselben Gesellschaft, brauchen die Unterlagen der Rechnungslegung der Hauptniederlassung nur von den nach Satz 1 verpflichteten Personen einer dieser Zweigniederlassungen offengelegt zu werden. [3]In diesem Fall beschränkt sich die Offenlegungspflicht der übrigen Zweigniederlassungen auf die Angabe des Namens der Zweigniederlassung, des Registers sowie der Registernummer der Zweigniederlassung, für die die Offenlegung gemäß Satz 2 bewirkt worden ist. [4]Die Unterlagen sind in deutscher Sprache zu übermitteln. [5]Soweit dies nicht die Amtssprache am Sitz der Hauptniederlassung ist, können die Unterlagen der Hauptniederlassung auch

1. **in englischer Sprache oder**
2. **in einer von dem Register der Hauptniederlassung beglaubigten Abschrift oder,**
3. **wenn eine dem Register vergleichbare Einrichtung nicht vorhanden oder diese nicht zur Beglaubigung befugt ist, in einer von einem Wirtschaftsprüfer bescheinigten Abschrift, verbunden mit der Erklärung, dass entweder eine dem Register vergleichbare Einrichtung nicht vorhanden oder diese nicht zur Beglaubigung befugt ist,**

übermittelt werden; von der Beglaubigung des Registers ist eine beglaubigte Übersetzung in deutscher Sprache zu übermitteln.

(2) Diese Vorschrift gilt nicht für Zweigniederlassungen, die von Kreditinstituten im Sinne des § 340 oder von Versicherungsunternehmen im Sinne des § 341 errichtet werden.

(3) [1]Bei der Anwendung von Absatz 1 ist für die Einstufung einer Kapitalgesellschaft als Kleinstkapitalgesellschaft (§ 267a) und für die Geltung von Erleichterungen bei der Rechnungslegung das Recht des anderen Mitgliedstaates der Europäischen Union oder das Recht des Vertragsstaates des Abkommens über den Europäischen Wirtschaftsraum maßgeblich. [2]Darf eine Kleinstkapitalgesellschaft nach dem für sie maßgeblichen Recht die Offenlegungspflicht durch die Hinterlegung der Bilanz erfüllen, darf sie die Offenlegung nach Absatz 1 ebenfalls durch Hinterlegung bewirken. [3]§ 326 Absatz 2 gilt entsprechend.

(4) Die das Unternehmensregister führende Stelle fordert die Kapitalgesellschaft zur unverzüglichen Offenlegung der Änderung der Unterlagen der Rechnungslegung gemäß Absatz 1 auf, wenn zum Zeitpunkt eines Dateneingangs nach § 9b Absatz 4 Satz 2 die Änderung noch nicht offengelegt worden ist.

Inhaltsübersicht Rz.

LITERATUR:

Graf/Bisle, Besteuerung und Rechnungslegung der britischen *„private company limited by shares"* (Limited), IStR 2004 S. 838 und 873; *Seibert*, Neuordnung des Rechts der Zweigniederlassung im HGB, DB 1993 S. 1705.

I. Die Offenlegungspflicht (Abs. 1 Satz 1)

1. Die betroffenen Unternehmen

1 Angesprochen sind nach der Gesetzesfassung **Kapital**gesellschaften mit Sitz in einem anderen EU-/EWR-Staat. Die förmlichen Bezeichnungen sind in Anhang I zu Art. 1 Abs. 1 Buchst. a der Richtlinie 2013/34/EU aufgeführt. Bzgl. der Gesellschaften aus dem EWR-Raum ist ein Typenvergleich mit der Organisationsstruktur der deutschen Kapitalgesellschaft geboten.

Dabei ist indes die in der „Zweigniederlassungsrichtlinie vom 21. 12. 1989" niedergelegte identische Vorgabe für Zweigniederlassungen von Unternehmen in Drittstaaten nicht beachtet worden. Es handelt sich um eine standortpolitisch motivierte Unterlassung und damit um eine planmäßige Regelungslücke, die nur durch richterliche Fortbildung geschlossen werden könnte.[1]

2 Streitig war im Schrifttum lange die Ausdehnung auf **„Kap. & Co."-Gesellschaften** (→ § 264a Rz. 5). Unter anderem schien diese Ausdehnung in praktischer Hinsicht zweifelhaft, da die besondere Rechtsstruktur der „Kap. & Co."-Gesellschaft als Spezifikum deutschen Gesellschaftsrechts angesehen wurde. Durch die Benennung paralleler Gesellschaftsformen ausländischen Rechts in Anhang II zu Art. 1 Abs. 1 Buchst. b der Richtlinie 2013/34/EU hat sich der praktische Zweifel erledigt.

1 Vgl. *Kaya/Zenk*, KoR 2011 S. 96.

3 Die inländischen **Zweigniederlassungen** einer ausländischen Kapitalgesellschaft haben ihren Regelungsbereich in §§ 13d bis 13g HGB gefunden. Es handelt sich um rechtlich unselbständige und räumlich getrennte Organisationseinheiten eines Kaufmanns unter **einem** rechtlichen Dach. Gewöhnlich besteht eine Identität mit der steuerlichen **Betriebsstätte.** Nach der – in der EuGH-Rechtsprechung „Überseering" – nunmehr dominierenden Gründungstheorie kann eine Zweigniederlassung einer im EU-Ausland gegründeten Kapitalgesellschaft auch bei tatsächlichem Verwaltungssitz in Deutschland ins Handelsregister eingetragen werden. Dieser Sachverhalt trifft auf die britische „Limited" *(private company limited by shares)* zu. Sie unterliegt deshalb mit ihren bilanzrechtlichen Vorgaben nach britischem Recht dem Anwendungsbereich des § 325a HGB.[1] Die deutschen Rechnungslegungsregeln sind deshalb auf sie nicht anzuwenden.[2] Dagegen handelt es sich bei der „Ltd. & Co. KG" um eine deutsche Personenhandelsgesellschaft mit entsprechend deutscher Rechnungslegungspflicht.

4 Nach dem MicroBilG (→ § 267 Rz. 1) ist für die Einstufung als „kleinst" und für die Geltung der Erleichterungen das nationale Recht des EU- bzw. EWR-Mitgliedstaates maßgeblich. Auch die Offenlegungspflicht ist bei entsprechender nationaler Vergabe durch Hinterlegung (→ § 326 Rz. 10) zu erfüllen (§ 325a Abs. 3 HGB).

Lange war strittig, ob bei mehreren inländischen Zweigniederlassungen einer Kapitalgesellschaft mit Sitz in einem anderen Mitgliedstaat der EU/desEWR die Offenlegung der Unterlagen der Hauptniederlassung nach Abs. 1 HGB von jeder Zweigniederlassung für sich oder von allen gemeinsam erfüllt werden muss. Im Rahmen des **ARUG II** (§ 285 Rz. 79a) wurde klargestellt, dass nur eine Zweigniederlassung die Unterlagen offenlegen muss. Die anderen können sich auf die Offenlegung von Name und Registernummer beschränken.

2. Die handlungsverpflichteten Personen

5 Die Gesetzesvorgabe ist **zweistufig** ausgerichtet:

1. Primär verantwortlich sind die ins Handelsregister eingetragenen **ständigen** Vertreter für den Geschäftsbetrieb der inländischen Zweigniederlassung i. S. des § 13e Abs. 2 Satz 4 Nr. 3 HGB.
2. Ohne Bestehen eines solchen ständigen Vertreters trifft die **gesetzlichen** Vertreter der (ausländischen) Kapitalgesellschaft die persönliche Verpflichtung.

3. Die offenzulegenden Unterlagen

6 Anders als nach § 325 HGB (→ § 325 Rz. 6) verzichtet der Gesetzgeber auf eine Detaillierung der offenzulegenden Bestandteile der Rechnungslegung, weil die einschlägigen nationalen Vorschriften zu stark divergieren. Angesprochen sind deshalb nur die „Unterlagen der **Rechnungslegung"** nach den Rechtsvorgaben der Hauptniederlassung. Gefordert wird dazu die Erstellung, Prüfung und Offenlegung nach den dortigen Rechtsvorschriften. Mit diesem Inhalt und in dieser Form muss die Einreichung beim Betreiber des Bundesanzeigers sowie die Bekanntmachung unter Bezugnahme auf die §§ 325, 328, 329 Abs. 1 und 4 HGB erfolgen. Auf die dortigen Kommentierungen wird verwiesen. Der Mindestinhalt der offenzulegenden Unterlagen besteht im Jahresabschluss und Lagebericht, bei Konzernrechnungslegungspflicht im Kon-

1 Vgl. *Graf/Bisle*, IStR 2004 S. 874; vgl. dort auch die britischen Rechnungslegungspflichten.
2 Str. wie hier *Graf/Bisle*, IStR 2004 S. 874; a. A. aus eher steuerlicher Perspektive u. a. *Korts/Korts*, BB 2005 S. 1476.

zernabschluss und -lagebericht. Unseres Erachtens entfällt die Einreichung eines Lageberichts, wenn nach dem Recht der Hauptniederlassung ein solcher nicht zu erstellen ist.

II. Die Sprachfassung (Abs. 1 Satz 2 und 3)

Als Regelform ist die **deutsche** Sprache für die Einreichung vorgesehen (Satz 2). Entspricht diese nicht der Amtssprache am Sitz der Hauptniederlassung (bei Österreich, Belgien, Luxemburg und Südtirol wohl immer der Fall), sind nach Satz 3 Hilfslösungen zulässig: 7

- Einreichung in **englischer** Sprache sowie
- Einreichung in der Sprache der **Hauptniederlassung** (z. B. Polnisch).

Im letztgenannten Fall ist wie folgt **weiter** zu verfahren:

- Eine vom Register der Hauptniederlassung beglaubigte Abschrift der Unterlagen ist einzureichen oder,
- wenn ein Register nicht vorhanden oder zur Beglaubigung nicht befugt ist, eine von einem (auch ausländischen) Wirtschaftsprüfer bescheinigte Abschrift der Unterlagen,
- wobei der Wirtschaftsprüfer zusätzlich das Fehlen eines Registers oder dessen Nichtbefugnis zur Beglaubigung bestätigen muss.
- Zusätzlich ist die Beglaubigung des Registers in beglaubigter Übersetzung in deutscher Sprache einzureichen.

In **Sonderfällen** kann der Betreiber des Bundesanzeigers nach § 329 Abs. 3 HGB die Vorlage einer Übersetzung in die **deutsche** Sprache verlangen (→ § 329 Rz. 8).

III. Branchenspezifische Besonderheiten (Abs. 2)

Zweigniederlassungen von Kreditinstituten und Versicherungsunternehmen sind wegen bestehender Sondervorschriften von der Anwendung des § 325a HGB ausgeschlossen. 8

IV. Zweigniederlassungen ausländischer Kleinstkapitalgesellschaften (Abs. 3)

Abs. 3 enthält besondere Vorschriften bzgl. der Offenlegungspflichten für in Deutschland gelegene Zweigniederlassungen von Kleinstkapitalgesellschaften mit Sitz im Ausland. Deren Einstufung als Kleinstkapitalgesellschaft ist nicht nach den HGB-Kriterien zu beurteilen; vielmehr gilt das Recht des Staates, in dem sich die **Hauptniederlassung** der Gesellschaft befindet. Diese Vorschrift beschränkt sich auf Hauptniederlassungen in einem EU-Mitgliedstaat oder einem Staat des EWR. Hier bestimmt ausländisches Recht die Vorgabe der EU-Micro-Richtlinie. Wenn demnach eine Kleinstkapitalgesellschaft nach dem für sie maßgeblichen Recht die Offenlegungspflicht durch Bilanzhinterlegung erfüllen kann, ist ihr dies auch für die Offenlegung im (deutschen) Bundesanzeiger nach Maßgabe des § 326 Abs. 2 HGB (→ § 326 Rz. 10) möglich. 9

§ 326 Größenabhängige Erleichterungen für kleine Kapitalgesellschaften und Kleinstkapitalgesellschaften bei der Offenlegung

(1) [1]Auf kleine Kapitalgesellschaften (§ 267 Abs. 1) ist § 325 Abs. 1 mit der Maßgabe anzuwenden, dass die gesetzlichen Vertreter nur die Bilanz und den Anhang zu übermitteln haben. [2]Der Anhang braucht die die Gewinn- und Verlustrechnung betreffenden Angaben nicht zu enthalten.

(2) [1]Auf Kleinstkapitalgesellschaften (§ 267a) ist § 325 Absatz 1 mit der Maßgabe anzuwenden, dass die gesetzlichen Vertreter nur die Bilanz zu übermitteln haben und dabei die Einstellung in das Unternehmensregister durch dauerhafte Hinterlegung verlangen können. [2]§ 325 Absatz 1 Satz 2, Absatz 1a und 1b ist entsprechend anzuwenden. [3]Kleinstkapitalgesellschaften dürfen von dem in Satz 1 geregelten Recht nur Gebrauch machen, wenn sie gegenüber dem Betreiber des Bundesanzeigers mitteilen, dass sie zwei der drei in § 267a Absatz 1 genannten Merkmale für die nach § 267 Absatz 4 maßgeblichen Abschlussstichtage nicht überschreiten.

Inhaltsübersicht — **Rz.**

LITERATUR:

Auf die unter → § 325 angegebene Literatur wird verwiesen.

I. Kleine Kapitalgesellschaften (Abs. 1)

1. Erleichterungen bei der Erstellung des Abschlusses

1 Die Einreichungserleichterungen bzgl. des Jahresabschlusses gegenüber den Vorgaben des § 325 Abs. 1 HGB (→ § 325 Rz. 6) für kleine Kapital- (→ § 267 Rz. 14) und „Kap. & Co."-Gesellschaften (→ § 264a Rz. 5 ff.) sind vor dem Hintergrund schon **zuvor** bei der Abschlusserstellung wählbarer Erleichterungen verständlich. Diese Aufstellungserleichterungen beziehen sich auf Verkürzungen

- der Bilanz (→ § 266 Rz. 8),
- der GuV (→ § 276 Rz. 1),
- des Anhangs (→ § 288 Rz. 1 sowie → § 276 Rz. 6) sowie
- die **Befreiung** von der Beachtung verschiedener Sondervorschriften (→ § 274a Rz. 2 ff.).

Außerdem sind kleine Gesellschaften der Aufstellung eines Lageberichts enthoben (→ § 264 Rz. 5). Dagegen bestehen **keine** Befreiungsvorschriften für die in → § 266 Rz. 15 aufgelisteten ergänzenden Angaben.

Die Nichtinanspruchnahme von Aufstellungserleichterungen präjudiziert nicht die Möglichkeit zur Inanspruchnahme der Offenlegungserleichterungen. Sofern und soweit eine kleine Gesellschaft bei der Abschlusserstellung von den genannten Befreiungen bei der Aufstellung keinen Gebrauch gemacht hat, ist sie bei der Einreichung zur Offenlegung daran **nicht gebunden** (→ § 266 Rz. 8). Sie kann also beispielsweise einen Lagebericht freiwillig erstellen, ohne diesen veröffentlichen zu müssen (→ Rz. 6).

Bei freiwilliger Abschlussprüfung einer kleinen Gesellschaft **kann** der Bestätigungsvermerk mit eingereicht werden (→ § 328 Rz. 9). Bezieht sich die Prüfung jedoch auf einen „vollständigen" Abschluss, während für die Einreichungen alle Erleichterungen in Anspruch genommen werden, ist hierauf bei der Offenlegung hinzuweisen (→ § 328 Rz. 9).

2. (Zusätzliche) Erleichterungen bei der Einreichung (Satz 1 und 2)

Der nach → Rz. 1 verkürzte Abschluss kann zur Einreichung um 2

- die GuV insgesamt (Satz 1) und
- die Anhangangaben mit GuV-Bezug (Satz 2)

weiter „eingeschmolzen" werden.

Die (verkürzten, vgl. → § 288 Rz. 1) **Anhangangaben** können bei der Offenlegung ausgehend von der Gesamtauflistung in → § 284 Rz. 37 um folgende **weitere** Angaben zur GuV reduziert werden: 3

- außerplanmäßige Abschreibungen auf Anlagevermögen nach § 277 Abs. 3 Satz 1 HGB (→ § 277 Rz. 51),
- Abweichungen von der Vorjahresdarstellung nach § 265 Abs. 1 Satz 2 HGB (→ § 265 Rz. 16),
- Angabe und Erläuterung nicht vergleichbarer Vorjahreszahlen nach § 265 Satz 2 HGB (→ § 265 Rz. 24),
- Angabe und Begründung der Abschlussergänzung um die für andere Geschäftszweige vorgeschriebene Gliederung (→ § 265 Rz. 55),
- gesonderter Ausweis von zusammengefassten Posten nach § 265 Abs. 7 Nr. 2 HGB (→ § 265 Rz. 50) sowie
- Angabe des Personalaufwands bei Anwendung des Umsatzkostenverfahrens nach § 285 Nr. 8b HGB (→ § 285 Rz. 39).

Weitere Angabepflichten zur GuV sind nach § 276 Satz 2 HGB (→ § 276 Rz. 6) schon bei der **Aufstellung** entbehrlich.

Bzgl. des Konzernabschlusses bestehen keine Erleichterungen. 4

Sodann entfällt die Einreichungspflicht für die **übrigen** Dokumente außerhalb des Jahresabschlusses, die in → § 325 Rz. 6 aufgelistet sind. Informationsrechte der **Arbeitnehmervertreter** bleiben unberührt (→ § 267 Rz. 26). 5

3. Verhältnis von Erstellung und Offenlegung

Der Weg von der Erstellung des Abschlusses zur Offenlegung **kann** durch die kleinformatigen Gesellschaften (→ Rz. 1) in **drei Stufen** absolviert werden: 6

1. Erstellung von Bilanz und GuV nach dem ungekürzten Format der §§ 266 und 275 HGB,
2. Reduzierung um die Aufstellungserleichterungen,
3. weitere Beschränkung auf die einzureichenden Posten.

Es sind zunächst bei der **Erstellung** auch Zwischenlösungen denkbar, also z. B. die Erstellung der Bilanz nach dem Gliederungsschema des § 266 HGB und der verkürzten GuV nach § 276 Satz 1 HGB (→ § 276 Rz. 2). Unseres Erachtens empfiehlt sich im Interesse der Gesellschafterinformation sowie der Arbeitnehmervertreter (→ § 267 Rz. 26) die Erstellung der Bilanz und der GuV in der unverkürzten Form; anderes gilt für den Anhang, dessen Erstellung im Komplettformat dem Schießen auf Spatzen mit Kanonen gleichkäme.

7 Bei allen individuell oder gesellschaftsvertraglich zu wählenden oder zu beachtenden **Erstellungs**varianten bleibt die **Option** zur Einreichung und Veröffentlichung nach dem Mindestmaß des § 326 HGB unberührt. Die Erstellungsvariante **präjudiziert nicht** das Veröffentlichungsformat.[1] Auch bei der Veröffentlichung gilt nicht das Prinzip „Alles oder nichts". Vielmehr sind hier ebenfalls Zwischenlösungen denkbar, also z. B. Veröffentlichung der Bilanz in ungekürzter Form, Nichtveröffentlichung der GuV.

8 Eine ganze Anzahl von **Sonderausweisen** zur **Bilanz** kleiner Gesellschaften ist der Kürzung bei Erstellung und Offenlegung nicht zugänglich (→ § 266 Rz. 9).

4. Mindestangaben

9 Eine kleine Gesellschaft muss nach Inanspruchnahme aller Erstellungs- und Offenlegungserleichterungen folgende Anhangangaben – soweit tatsächlich zutreffend – machen (nicht GuV-Posten betreffend):

§ 264 Abs. 2 Satz 2 HGB	Vermögens-, Finanz- und Ertragslage (→ § 264 Rz. 15)
§ 265 Abs. 1 HGB	Darstellungsstetigkeit der Bilanz (→ § 265 Rz. 7 ff.)
§ 265 Abs. 2 HGB	Vorjahreswerte der Bilanz (→ § 265 Rz. 19 ff.)
§ 265 Abs. 3 HGB	Postenmitzugehörigkeit der Bilanz (→ § 265 Rz. 51 ff.)
§ 265 Abs. 4 HGB	Gliederungsergänzungen der Bilanz (→ § 265 Rz. 55 ff.)
§ 284 Abs. 2 Nr. 1 HGB	Angewandte Bilanzierungs- und Bewertungsmethoden (→ § 284 Rz. 44 ff.)
§ 284 Abs. 2 Nr. 3 HGB	Abweichungen von Bilanzierungs- und Bewertungsmethoden (→ § 284 Rz. 57 ff.)
§ 284 Abs. 2 Nr. 5 HGB	Einbeziehung von Fremdkapitalzinsen in die Herstellungskosten (→ § 284 Rz. 67)
§ 285 Nr. 1 HGB	Zusatzangaben zu Verbindlichkeiten (→ § 285 Rz. 2 ff.)
§ 285 Nr. 9c HGB	Gewährte Vorschüsse an Organe (→ § 285 Rz. 70 ff.)
§ 285 Nr. 13 HGB	Nutzungsdauer des Geschäfts- oder Firmenwerts (→ § 285 Rz. 105 f.)
§ 285 Nr. 14a HGB	Vorhandene Mutterunternehmen (→ § 285 Rz. 108 ff.)
§ 285 Nr. 16 HGB	Compliance nach § 161 AktG
§ 285 Nr. 23 HGB	Bewertungseinheiten (→ § 285 Rz. 171 ff.)
§ 285 Nr. 25 HGB	Angaben zu einem saldierten Planvermögen (→ § 285 Rz. 175 ff.)
§ 285 Nr. 26 HGB	Inländisches Investmentvermögen (→ § 285 Rz. 179 ff.)
§ 285 Nr. 27 HGB	Eventualverbindlichkeiten (→ § 285 Rz. 182)
§ 285 Nr. 28 HGB	Ausschüttungssperre (→ § 285 Rz. 183)
§ 286 Abs. 3 Satz 3 HGB	Verzicht auf Angaben nach § 285 Nr. 11 und 11a HGB (→ § 286 Rz. 7)

1 Einheitliche Meinung im Schrifttum.

Dazu kommen die folgenden rechtsformspezifischen Angaben:

- § 152 Abs. 2 AktG: Kapitalrücklagen,
- § 152 Abs. 3 AktG: Gewinnrücklagen,
- § 42 Abs. 3 GmbHG: Forderungen und Verbindlichkeiten gegen(über) Gesellschafter(n).

II. Kleinstkapitalgesellschaften

Kleinstkapitalgesellschaften (→ § 267a Rz. 1) können (Wahlrecht) die Pflichten nach § 325 HGB (→ § 325 Rz. 5) auch durch eine **Hinterlegung** der **Bilanz** unter Einschluss der Angaben „unter der Bilanz" (→ § 264 Rz. 4) (ohne GuV-Rechnung) beim Betreiber des Bundesanzeigers mit entsprechendem Auftrag erfüllen. Dann **entfällt** der Veröffentlichungsauftrag (→ § 325 Rz. 24). Die Hinterlegung muss innerhalb der Offenlegungs**frist** erfolgen. Auch geänderte Bilanzen sind zu hinterlegen. Die Hinterlegungsmöglichkeit setzt eine Mitteilung der Kleinstkapitalgesellschaft voraus, wonach sie im Jahresabschluss zwei der drei Größenmerkmale des § 267a HGB (→ § 267a Rz. 1) nicht übersteigt. Jedermann kann kostenpflichtig beim **Unternehmensregister** die Übermittlung der Bilanzen von Kleinstkapitalgesellschaften in elektronischer Form beantragen (§ 9 Abs. 6 Satz 3 HGB). Sofern eine Kleinstkapitalgesellschaft zur Aufstellung eines **Konzernabschlusses** verpflichtet ist, muss der Konzernabschluss gesondert offengelegt werden. 10

§ 327 Größenabhängige Erleichterungen für mittelgroße Kapitalgesellschaften bei der Offenlegung

Auf mittelgroße Kapitalgesellschaften (§ 267 Abs. 2) ist § 325 Abs. 1 mit der Maßgabe anzuwenden, dass die gesetzlichen Vertreter

1. die Bilanz nur in der für kleine Kapitalgesellschaften nach § 266 Abs. 1 Satz 3 vorgeschriebenen Form der das Unternehmensregister führenden Stelle übermitteln müssen. [2]In der Bilanz oder im Anhang sind jedoch die folgenden Posten des § 266 Abs. 2 und 3 zusätzlich gesondert anzugeben:

Auf der Aktivseite

A I 1	**Selbst geschaffene gewerbliche Schutzrechte und ähnliche Rechte und Werte;**
A I 2	**Geschäfts- oder Firmenwert;**
A II 1	**Grundstücke, grundstücksgleiche Rechte und Bauten einschließlich der Bauten auf fremden Grundstücken;**
A II 2	**technische Anlagen und Maschinen;**
A II 3	**andere Anlagen, Betriebs- und Geschäftsausstattung;**
A II 4	**geleistete Anzahlungen und Anlagen im Bau;**
A III 1	**Anteile an verbundenen Unternehmen;**
A III 2	**Ausleihungen an verbundene Unternehmen;**
A III 3	**Beteiligungen;**
A III 4	**Ausleihungen an Unternehmen, mit denen ein Beteiligungsverhältnis besteht;**
B II 2	**Forderungen gegen verbundene Unternehmen;**
B II 3	**Forderungen gegen Unternehmen, mit denen ein Beteiligungsverhältnis besteht;**
B III 1	**Anteile an verbundenen Unternehmen.**

Auf der Passivseite

C 1 Anleihen, davon konvertibel;

C 2 Verbindlichkeiten gegenüber Kreditinstituten;

C 6 Verbindlichkeiten gegenüber verbundenen Unternehmen;

C 7 Verbindlichkeiten gegenüber Unternehmen, mit denen ein Beteiligungsverhältnis besteht;

2. den Anhang ohne die Angaben nach § 285 Nr. 2 und 8 Buchstabe a, Nr. 12 der das Unternehmensregister führenden Stelle übermitteln dürfen.

Inhaltsübersicht

LITERATUR:

Auf die unter → § 325 angegebene Literatur wird verwiesen.

I. Bezug auf § 325 HGB

1 Die mittelgroßen Kapital- (→ § 267 Rz. 14) und „Kap. & Co.“-Gesellschaften (→ § 264a Rz. 4) müssen die in § 325 HGB genannten Dokumente (→ § 325 Rz. 6) – ggf. unter Beachtung der dort genannten Erleichterungen – mit folgenden Ausnahmen einreichen:

1. die **Bilanz** in der für kleine Gesellschaften erlaubten Erstellungsform (→ § 266 Rz. 8), allerdings mit der technisch recht umständlichen Aufzählung einer ganzen Anzahl von Posten mit den entsprechenden Beträgen (→ Rz. 2);
2. den Verzicht auf verschiedene **Anhang**angaben (→ Rz. 9).

Zu veröffentlichen sind dabei auch die **zusätzlichen** Bilanzposten bzw. Anhangangaben rechtsformspezifischer Art (→ § 266 Rz. 9).

2 Die **GuV** ist von den Erleichterungen nicht berührt. Sie kann in der „gestauchten“ Form des § 276 Satz 1 HGB (→ § 276 Rz. 4) erstellt und dann unverändert veröffentlicht werden. Auch bei Erstellung der GuV in der **kompletten** Form nach § 275 HGB ist die Veröffentlichung in der **Verkürzungs**variante des § 276 Satz 1 HGB zulässig (→ § 326 Rz. 7).

3 Wie bei kleinen Kapitalgesellschaften (→ § 326 Rz. 1) gilt für mittelgroße: Die Nichtinanspruchnahme von Aufstellungserleichterungen (→ § 276 Rz. 2, → § 288 Rz. 2) präjudiziert nicht die Möglichkeit zur Inanspruchnahme der Offenlegungserleichterungen.

Der Bestätigungsvermerk zum Jahresabschluss einer mittelgroßen Gesellschaft bezieht sich auf den „vollständigen“ Abschluss. Werden bei der Offenlegung die Erleichterungen nach § 327 HGB in Anspruch genommen, muss hierauf bei der Offenlegung des Bestätigungsvermerks hingewiesen werden (→ § 328 Rz. 9).

II. Verkürzung der Bilanz (Nr. 1)

4 Aus Sicht der praktischen Handhabung – man kann auch sagen der „Veröffentlichungspolitik“ – ist vorab nach dem Inhalt der Bilanzposten zu fragen, die **nicht** eingereicht werden müssen.

Dazu ist **spiegelbildlich** das Gliederungsschema des § 266 HGB den in § 327 HGB aufgeführten „Pflichtposten" gegenüberzustellen. Daraus ergeben sich folgende Posten, bei denen die Veröffentlichung **nicht** verpflichtend ist:

Aktiva

- Entgeltlich erworbene Immaterialgüter des Anlagevermögens,
- geleistete Anzahlungen auf solche Immaterialgüter,
- Wertpapiere des Anlagevermögens,
- Aufgliederung des Vorratsvermögens sowie
- Forderungen aus Lieferungen und Leistungen.

Passiva

- Aufgliederung der Gewinnrücklage,
- Aufgliederung der Rückstellungen,
- erhaltene Anzahlungen auf Bestellungen,
- Verbindlichkeiten aus Lieferungen und Leistungen sowie
- Wechselverbindlichkeiten.

Dazu kommen die verschiedenen Auffangposten mit dem Titel **„Sonstige"**, also Ausleihungen, Wertpapiere des Umlaufvermögens, Vermögensgegenstände und Verbindlichkeiten.

Auf dieser Grundlage kann dann die Entscheidung über die Inanspruchnahme der Erleichterung gefällt werden. Möglicherweise sind von der Veröffentlichungsbefreiung nur wenig „sensible" Posten betroffen, so dass die Entscheidung auf Einreichung der unverkürzten Bilanz entfällt. Unseres Erachtens kann auch die Verkürzung in **Teilbereichen** in Anspruch genommen werden; dazu bedarf es einer besonderen Darstellungs**technik** (→ Rz. 8). 5

Die vorstehenden „veröffentlichungspolitischen" Überlegungen sind dann **gegenstandslos,** wenn a priori die Entscheidung lautet:

- Entweder: so wenig wie möglich veröffentlichen.
- Oder: auf die Erleichterungen ganz verzichten.

Bei Option zur (teilweisen) Verkürzung der offenzulegenden Bilanzposten ist sodann der **Ort** zu bestimmen: 6

- entweder **„in** der Bilanz"
- oder im **Anhang.**

Die Darstellungsform lässt der Gesetzgeber offen. Die wohl einfachste „Technik" besteht in der Aufnahme der im Gliederungsschema der kleinen Gesellschaft (→ § 266 Rz. 8) nicht gesondert enthaltenen Posten in den **Anhang** ohne weitere Strukturierung. 7

BEISPIEL

	31.12.01	31.12.00
Geschäfts- oder Firmenwert	900	950
Forderungen gegen verbundene Unternehmen	2.100	3.500
Verbindlichkeiten gegenüber Kreditinstituten	1.300	1.700

Die **Vorjahresvergleichszahlen** sind u. E. in dieser Sonderaufstellung nach § 265 Abs. 2 HGB (→ § 265 Rz. 19) ebenfalls anzugeben.

8 Bei Aufnahme der in § 327 HGB unter Punkt 1 genannten Posten in die zu veröffentlichende **Bilanz** stehen drei Darstellungstechniken zur Verfügung,[1] die entweder vom (vollständigen) Format des § 266 HGB ausgehen – so nachstehend die Varianten 2 und 3 – oder auf dem verkürzten Gliederungsschema für kleine Gesellschaften beruhen – so nachstehend unter 1.

1. Davon-Vermerk.
2. Löschung des oder der „unerwünschten“ Posten (→ Rz. 5).
3. Zusammenfassung der nicht zur Veröffentlichung bestimmten Posten zu einem Sammler: „Übrige“ oder „Sonstige“.

Der Davon-Vermerk sähe (unter 1) etwa wie folgt aus:

BEISPIEL

	31.12.01	31.12.00
Anlagevermögen		
Immaterielle Vermögensgegenstände	900	950
- Davon Geschäfts- oder Firmenwert	(900)	(950)
Umlaufvermögen		
Forderungen und sonstige Vermögensgegenstände	6.300	7.800
- Davon Forderungen gegen verbundene Unternehmen	(2.100)	(3.500)
Verbindlichkeiten	9.400	8.700
- Davon gegenüber Kreditinstituten	(1.300)	(1.700)

Bei der „Löschungstechnik“ (unter 2) muss in unschöner Form der nicht zur Veröffentlichung vorgesehene Posten geschwärzt oder sonst wie unkenntlich gemacht werden.

Die optisch eleganteste Form böte die Zusammenfassung der nicht zu veröffentlichenden Posten unter „Sonstige“ (unter 3).

BEISPIEL

	31.12.01	31.12.00
Anlagevermögen		
Immaterielle Vermögensgegenstände		
- Davon Geschäfts- oder Firmenwert	900	900
	900	900
Umlaufvermögen		
Forderungen und sonstige Vermögensgegenstände		
- Forderungen gegen verbundene Unternehmen	2.100	3.500
- Sonstige	4.200	4.300
	6.300	7.800
Verbindlichkeiten		
- gegenüber Kreditinstituten	1.300	1.700
- Sonstige	8.100	7.000
	9.400	**8.700**

1 Vgl. *ADS*, 6. Aufl., § 327 Tz. 13.

III. Verkürzung des Anhangs (Nr. 2)

Bei der Veröffentlichung sind folgende Anhangangaben verzichtbar: 9

- Aufgliederung von Laufzeitvermerken, Pfandrechten u. Ä. nach § 285 Nr. 2 HGB (→ § 285 Rz. 2 ff.),
- Erläuterung der „sonstigen Rückstellungen" nach § 285 Nr. 12 HGB (→ § 285 Rz. 103),
- Angabe des Materialaufwands bei Anwendung des Umsatzkostenverfahrens nach § 285 Nr. 8a HGB (→ § 285 Rz. 39).

Die beiden ersten Verzichtsposten sind als **Folgeeffekte** der nicht erforderlichen Postenangaben zu werten: Wenn die **Verbindlichkeiten** nur beschränkt aufzugliedern sind (→ Rz. 4), hat die Aufgliederung der (zusätzlichen) Angaben zu diesen Posten wenig Sinn. Entsprechendes gilt für die Rückstellungen, da die „Sonstigen" nicht anzugeben sind (→ Rz. 4).

Mit dem Angabeverzicht für den **Materialaufwand** beim Umsatzkostenverfahren (→ § 275 Rz. 8) wird ein Gleichklang mit dem entsprechenden Verfahren bereits bei der Aufstellung des Anhangs kleiner Gesellschaften (→ § 288 Rz. 1) erreicht.

IV. Bestätigungsvermerk

Der sich auf den **gesamten** Jahresabschluss beziehende Bestätigungsvermerk bedarf bei Inanspruchnahme von Erleichterungen eines entsprechenden Hinweises (→ § 328 Rz. 8). 10

§ 327a Erleichterung für bestimmte kapitalmarktorientierte Kapitalgesellschaften

§ 325 Abs. 4 Satz 1 ist auf eine Kapitalgesellschaft nicht anzuwenden, wenn sie ausschließlich zum Handel an einem organisierten Markt zugelassene Schuldtitel im Sinn des § 2 Absatz 1 Nummer 3 des Wertpapierhandelsgesetzes mit einer Mindeststückelung von 100 000 Euro oder dem am Ausgabetag entsprechenden Gegenwert einer anderen Währung begibt.

LITERATUR:

Auf die unter → § 325 angegebene Literatur wird verwiesen.

§ 327a HGB schließt die verkürzte Einreichungspflicht von vier Monaten nach § 325 Abs. 4 HGB (→ § 325 Rz. 16) für kapitalmarktorientierte (→ § 264d Rz. 1) Kapital- und „Kap. & Co."-Gesellschaften aus, die lediglich **Schuldtitel** – Schuldverschreibungen, Genussrechte u. Ä. – an einem organisierten Markt mit einer Mindeststückelung von 50.000 € oder einem entsprechenden Gegenwert in ausländischer Währung emittieren. Für diese Gesellschaften **verbleibt** es bei der zwölfmonatigen Fristenregelung in § 325 Abs. 1 HGB (→ § 325 Rz. 16 ff.). Der Veröffentlichungs**inhalt** (→ § 325 Rz. 6) bleibt unberührt.

§ 328 Form, Format und Inhalt der Unterlagen bei der Offenlegung, Veröffentlichung und Vervielfältigung

(1) [1]Bei der Offenlegung des Jahresabschlusses, des Einzelabschlusses nach § 325 Absatz 2a, des Konzernabschlusses, des Lage- oder Konzernlageberichts oder der Erklärungen nach § 264 Absatz 2 Satz 3, § 289

Absatz 1 Satz 5, § 297 Absatz 2 Satz 4 oder § 315 Absatz 1 Satz 5 sind diese Abschlüsse, Lageberichte und Erklärungen so wiederzugeben, dass sie den für ihre Aufstellung maßgeblichen Vorschriften entsprechen, soweit nicht Erleichterungen nach den §§ 326 und 327 in Anspruch genommen werden oder eine Rechtsverordnung des Bundesministeriums der Justiz und für Verbraucherschutz nach Absatz 4 hiervon Abweichungen ermöglicht. [2]Sie haben in diesem Rahmen vollständig und richtig zu sein. [3]Die Sätze 1 und 2 gelten auch für die teilweise Offenlegung sowie für die Veröffentlichung oder Vervielfältigung in anderer Form auf Grund des Gesellschaftsvertrages oder der Satzung. [4]Eine Kapitalgesellschaft, die als Inlandsemittent (§ 2 Absatz 14 des Wertpapierhandelsgesetzes) Wertpapiere (§ 2 Absatz 1 des Wertpapierhandelsgesetzes) begibt und keine Kapitalgesellschaft im Sinne des § 327a ist, hat offenzulegen:

1. die in Absatz 1 Satz 1 bezeichneten Unterlagen in dem einheitlichen elektronischen Berichtsformat nach Maßgabe des Artikels 3 der Delegierten Verordnung (EU) 2019/815 der Kommission vom 17. Dezember 2018 zur Ergänzung der Richtlinie 2004/109/EG des Europäischen Parlaments und des Rates im Hinblick auf technische Regulierungsstandards für die Spezifikation eines einheitlichen elektronischen Berichtsformats (ABl L 143 vom 29.5.2019, S. 1; L 145 vom 4.6.2019, S. 85) in der jeweils geltenden Fassung;
2. den Konzernabschluss mit Auszeichnungen nach Maßgabe der Artikel 4 und 6 der Delegierten Verordnung (EU) 2019/815.

(1a) [1]Das Datum der Feststellung oder der Billigung der in Absatz 1 Satz 1 bezeichneten Abschlüsse ist anzugeben. [2]Wurde der Abschluss auf Grund gesetzlicher Vorschriften durch einen Abschlussprüfer geprüft, so ist jeweils der vollständige Wortlaut des Bestätigungsvermerks oder des Vermerks über dessen Versagung wiederzugeben; wird der Jahresabschluss wegen der Inanspruchnahme von Erleichterungen nur teilweise offengelegt und bezieht sich der Bestätigungsvermerk auf den vollständigen Jahresabschluss, ist hierauf hinzuweisen. [3]Bei der Offenlegung von Jahresabschluss, Einzelabschluss nach § 325 Absatz 2a oder Konzernabschluss ist gegebenenfalls darauf hinzuweisen, dass die Offenlegung nicht gleichzeitig mit allen anderen nach § 325 offenzulegenden Unterlagen erfolgt.

(2) [1]Werden Abschlüsse in Veröffentlichungen und Vervielfältigungen, die nicht durch Gesetz, Gesellschaftsvertrag oder Satzung vorgeschrieben sind, nicht in der nach Absatz 1 vorgeschriebenen Form oder dem vorgeschriebenen Format wiedergegeben, so ist jeweils in einer Überschrift darauf hinzuweisen, dass es sich nicht um eine der gesetzlichen Form oder dem gesetzlichen Format entsprechende Veröffentlichung handelt. [2]Ein Bestätigungsvermerk darf nicht beigefügt werden, wenn die Abschlüsse nicht in der nach Absatz 1 vorgeschriebenen Form wiedergegeben werden. [3]Ist jedoch aufgrund gesetzlicher Vorschriften eine Prüfung durch einen Abschlussprüfer erfolgt, so ist anzugeben, zu welcher der in § 322 Abs. 2 Satz 1 genannten zusammenfassenden Beurteilungen des Prüfungsergebnisses der Abschlussprüfer in Bezug auf den in gesetzlicher Form erstellten Abschluss gelangt ist und ob der Bestätigungsvermerk einen Hinweis nach § 322 Abs. 3 Satz 2 enthält. [4]Ferner ist anzugeben, ob die Unterlagen der das Unternehmensregister führenden Stelle übermittelt worden sind.

(3) [1]Absatz 1 Satz 1 bis 3 ist auf den Vorschlag für die Verwendung des Ergebnisses und den Beschluss über seine Verwendung entsprechend anzuwenden. [2]Werden die in Satz 1 bezeichneten Unterlagen oder der Lage- oder Konzernlagebericht nicht gleichzeitig mit dem Jahresabschluss oder dem Konzernabschluss offen gelegt, so ist bei ihrer nachträglichen Offenlegung jeweils anzugeben, auf welchen Abschluss sie sich beziehen und wo dieser offen gelegt worden ist; dies gilt auch für die nachträgliche Offenlegung des Bestätigungsvermerks oder des Vermerks über seine Versagung.

(4) Die Rechtsverordnung nach § 330 Abs. 1 Satz 1, 4 und 5 kann der das Unternehmensregister führenden Stelle Abweichungen von der Kontoform nach § 266 Abs. 1 Satz 1 gestatten.

(5) Für die Hinterlegung der Bilanz einer Kleinstkapitalgesellschaft (§ 326 Absatz 2) gelten Absatz 1 Satz 1 bis 3 und Absatz 1a Satz 1 entsprechend.

Inhaltsübersicht Rz.

LITERATUR:

Auf die unter → § 325 angegebene Literatur wird verwiesen.

I. Überblick

1 In § 328 HGB sind verschiedene Aspekte der Mitteilung von Abschlüssen mit zugehörigen Unterlagen ohne konsistente Strukturierung miteinander verwoben, was die Lektüre und die Kommentierung nicht erleichtert.

Es geht dabei inhaltlich um

- **Offenlegung** von Abschlüssen und sonstigen Unterlagen nach §§ 325 bis 327 HGB (→ Rz. 7),
- Veröffentlichungen und Vervielfältigungen **außerhalb** der §§ 325 bis 327a HGB (→ Rz. 11) sowie
- **Abweichungen** von den Veröffentlichungsvorgaben durch Rechtsverordnungen (→ Rz. 15).

2 Hinsichtlich des zweiten Punktes geht es in Abs. 2 insbesondere darum, durch deutliche Kennzeichnung eine Verwechslungsgefahr mit den gesetzlich zu publizierenden Unterlagen zu vermeiden. Zuwiderhandlungen werden nach § 334 Abs. 1 Nr. 5 HGB als Ordnungswidrigkeit geahndet.

II. Pflichtmäßige Wiedergaben

1. Darstellungsformen

3 **Wiedergaben** werden nach der Gesetzeslogik als **Oberbegriff** zum Kanal der Darstellung von Abschlussdaten an das Publikum verstanden:

- Die **Offenlegung** meint die gesetzlich vorgegebene Mitteilungsform nach Maßgabe der §§ 325 bis 327 HGB (Pflichtpublizität).
- Die **Veröffentlichung** beschreibt die Datenübermittlung auf gesellschaftsvertraglicher Grundlage an die undefinierte Öffentlichkeit.

- Die **Vervielfältigung** spricht Reproduktionen für einen bestimmten Personenkreis an.[1]

Die Übermittlung von (z. B.) Abschlüssen auf anderen Rechtsgrundlagen (z. B. steuerlicher Art) fällt nicht unter den Regelungsbereich des § 328 HGB.

2. Formelle Anforderungen für alle Kapitalgesellschaften (Abs. 1 Satz 1 bis 3)

4 Offenzulegen sind:

- Jahresabschluss,
- Einzelabschluss nach § 325 Abs. 2a HGB,
- Konzernabschluss,
- (Konzern-)Lagebericht.

Verlangt wird die:

- **Wiedergabe** der Abschlüsse in Entsprechung zu den Vorschriften, nach denen sie erstellt sind, jedoch mit der Option zur Inanspruchnahme der Offenlegungserleichterungen nach §§ 326, 327 HGB oder nach der Rechtsverordnung in Abs. 4 (→ Rz. 15);
- **Vollständigkeit** der Wiedergabe und **negativ: Zusätzliche** Angaben gegenüber der Originalfassung sind unzulässig;
- **Richtigkeit** der Wiedergabe.

Diese Vorgaben entsprechen zunächst einmal den zivilatorischen Vorgaben einer zwischenmenschlichen Kommunikation. Positiv kann aus diesen gesetzlichen Anweisungen die strenge Bezugnahme auf die **Original**fassung herausgelesen werden. Deshalb darf bei Erstellung der Bilanz und GuV z. B. in T€ (→ § 244 Rz. 3) nicht bei der Wiedergabe auf Mio. € gewechselt werden und umgekehrt.[2] Zulässig ist jedoch die Wiedergabe in gerundeten Zahlen, wenn die Originalfassung in Cent ausgedruckt wird. Die Wiedergaben der Abschlussunterlagen sind nicht der Ort zur **Berichtigung** irgendwelcher materieller oder formeller Fehler.[3]

Bei Offenlegung können die **Erleichterungen** nach den §§ 326 und 327 HGB in Anspruch genommen werden.

5 Mitteilungs**medium** ist die **deutsche** Sprache (Ausnahme vgl. → § 325a Rz. 7). Übersetzungen in fremde Sprachen bewegen sich außerhalb des Anwendungsbereichs des § 328 HGB.

3. ESEF-Anforderungen bei kapitalmarktorientierten Kapitalgesellschaften (Abs. 1 Satz 4)

5a Für europäische Emittenten, die regulierte Märkte in Anspruch nehmen, wurde mit Änderung der Transparenzrichtlinie im Jahr 2013 die Pflicht zur Erstellung von Jahresfinanzberichten in einem einheitlichen elektronischen Berichtsformat, dem sog. **European Single Electronic Format – ESEF –**, mit Wirkung vom 1.1.2020 beschlossen. Die ESMA erhielt dabei den Auftrag, einen technischen Regulierungsstandard zu entwickeln. Er wurde am 18.12.2017 veröffentlicht. Im Mai 2019 wurde dieser Standard in Form einer „Delegierten Verordnung (EU)

1 Vgl. *ADS*, 6. Aufl., § 328 Tz. 15.
2 Vgl. *ADS*, 6. Aufl., § 328 Tz. 43; *Hütten* in Küting/Pfitzer/Weber (Hrsg.), Handbuch der Rechnungslegung – Einzelabschluss, 5. Aufl., § 328 Tz. 25.
3 Vgl. *ADS*, 6. Aufl., § 328 Tz. 28 f.

2018/815“ aktualisiert, am 16.12.2019 als zweite Version der Delegierten Verordnung (EU) 2019/2100) („ESEF-VO“) rechtsverbindlich. Die ESEF-VO sieht für den IFRS-Konzernabschluss kapitalmarktorientierter Konzerne eine Berichterstattung unter Verwendung der IFRS-Taxonomie des IASB vor, die der IASB ständig weiterentwickelt.

Das „Gesetz zur weiteren Umsetzung der Transparenzrichtlinie-Änderungsrichtlinie im Hinblick auf ein einheitliches elektronisches Format für Jahresfinanzberichte“ **(ESEF-Umsetzungsgesetz)** sorgt bzgl. des Jahresabschlusses für die Umsetzung der Richtlinie in nationales Recht und zieht für den Jahres- und IFRS-Konzernabschluss die Konsequenzen für Offenlegung, Prüfung, Bestätigungsvermerk usw. Gegenüber dem Referentenentwurf ist die ESEF-Anwendung nicht mehr als Aufstellungs-, sondern als Offenlegungsvorschrift gestaltet. Kapitalmarktorientierte Gesellschaften, die keine Kapitalgesellschaften i. S. von § 327a HGB sind, haben daher nach § 328 Abs. 2 Satz 4 HGB für Zwecke der Offenlegung im elektronischen Bundesanzeiger Wiedergaben der Rechnungslegung in einem ESEF-konformen Format zu erstellen.

- Hieraus folgt **allgemein,** d. h. sowohl für **Jahresabschluss/**Lagebericht wie für den Konzernabschluss/Konzernlagebericht, dass die Rechnungslegungsunterlagen, inkl. der darauf bezogenen Bilanz- und Lageberichtseide, im **XHTML-Format** offenzulegen sind.
- **Ergänzend** gilt für den **IFRS-Konzernabschluss,** dass dieser mithilfe der **iXBRL-Technologie** nach Maßgabe der **IFRS-Taxonomie** auszuzeichnen ist (sog. Tagging).

Kapitalmarktorientierte Unternehmen sind nach Art. 3 der ESEF-VO verpflichtet, ab 2020 ihre Jahresfinanzberichte im XHTML-Format offenzulegen. Sofern – wie im Regelfall – ein IFRS-Konzernabschluss Bestandteil des Jahresfinanzberichts ist, sind dabei nach Art. 4 der ESEF-VO bestimmte Angaben unter Verwendung von iXBRL auszuzeichnen. Die „Berichtssprache“ iXBRL (inline Extensible Business Reporting Language) gewährleistet im Unterschied zur „einfachen“ XBRL neben der Maschinenlesbarkeit die humane Lesbarkeit. Hierbei ist technisch sichergestellt, dass die als XHTML bzw. Webseite veröffentlichten iXBRL-Informationen automatisch und konsistent in das maschinell auswertbare XBRL-Dokument umgewandelt werden können. Der Übergang auf iXBRL bzw. die IFRS-Taxonomie vollzieht sich in zwei Stufen (Anhang II Nr. 1 und 2 der ESEF-VO): 5b

- Ab 1.1.2020 sind die *primary statements* (Bilanz, GuV, Gesamtergebnisrechnung, Eigenkapitalveränderungsrechnung und Kapitalflussrechnung) sowie zehn grundlegende Unternehmensinformationen (z. B. Name, Sitz und Zweck des Unternehmens) in iXBRL darzustellen,
- ab 1.1.2022 erweitert sich diese Pflicht auf Anhangangaben, die einem Element der IFRS-Taxonomie zuzuordnen sind.

Maschinenlesbarkeit ist kein Selbstzweck. Sie ermöglicht – im Übrigen über die Grenzen zwischen lebenden Sprachen hinweg – etwa Analysten interperiodische und zwischenbetriebliche Vergleiche von Jahresabschlüssen, unabhängig davon, ob die zu vergleichenden Informationen in abgewandelter Bezeichnung oder an unterschiedlichen Orten im Bericht enthalten sind. Ausreichend ist, dass sie den gleichen Elementen der gleichen Taxonomie zugeordnet sind. Sie verbessert für **Abschlussprüfer** die Einsatzmöglichkeiten von digitalisierten Prüfungswerkzeugen. Sie erhöht die Prüfungsmöglichkeiten von **Enforcement**-Instanzen, die etwa automatisierte Vollständigkeitsüberprüfungen vornehmen können. 5c

Dies führt zur Frage, ob der Übergang auf iXBRL bzw. die IFRS-Taxonomie trotz der bei Anwendung der Taxonomie gegebenen Individualisierungsmöglichkeiten *(extensibility)* zu einer **inhaltlichen Vereinheitlichung von Abschlüssen** führen wird. Eine solche ist schon in der IFRS-Taxonomie des IASB selbst angelegt, indem diese neben dem Regelwerk auch **„common practices“** berücksichtigt. Im Hinblick auf Analysten, Enforcer usw. ist ein zusätzlicher Uniformitätsdruck zu erwarten. Wer etwa in angemessener Wertung des Wesentlichkeitsgrundsatzes wegen geringer Höhe des sachlichen und immateriellen Anlagevermögens und nur unbedeutender Bewegung in diesem Vermögen bisher auf einen Teil der Angaben zum Anlagespiegel verzichtet hat, wird sich in der XBRL-Welt mit der automatisierten Feststellung von Enforcern oder Analysten konfrontiert sehen, dass sein Anhang (möglicherweise) unvollständig sei. Entsprechende Rückfragen und deren Beantwortung haben mindestens einen Lästigkeitswert. Vorauseilender Gehorsam kann unter diesen Umständen zur Verhaltensmaxime werden. Die Folge wären Abschlüsse, die noch weniger als bisher auf die individuellen Besonderheiten und individuelle Wesentlichkeitserwägungen Rücksicht nähmen.

5d Ergänzt werden die ESEF-bezogenen Offenlegungspflichten durch besondere Prüfungsbestimmungen und Bußgeldregeln, im Einzelnen:

- **Nachtragsprüfung** bei Änderung der elektronischen Wiedergabe nach Vorlage des Prüfungsberichts (→ § 316 Rz. 22),
- **ESEF-Konformität als Prüfungsgegenstand** (→ § 317 Rz. 88c),
- dem Abschlussprüfer **vorzulegende ESEF-Unterlagen** (→ § 320 Rz. 5a),
- Würdigung der ESEF-Konformität im **Bestätigungsvermerk** (→ § 322 Rz. 125),
- **Bußgeld** bei Verletzung der Formatpflichten (→ § 334 Rz. 5).

4. Weitere Offenlegungsbestandteile (Abs. 1a)

6 Weiter – neben den unter → Rz. 4 genannten Unterlagen – sind offenzulegen:

- Daten der Billigung bzw. Feststellung des Abschlusses;
- Bestätigungsvermerk bei gesetzlichen Abschlussprüfungen;
- Hinweis bei nur teilweiser Offenlegung auf die Gültigkeit des Bestätigungsvermerks für den kompletten Abschluss (vgl. nachstehenden Formulierungsvorschlag);
- Hinweis auf die u. U. nicht zeitgleiche Offenlegung der gebotenen Unterlagen.

Werden (insbesondere größenabhängige) Erleichterungen für den Jahresabschluss genutzt, ist der Bestätigungsvermerk aber zu einem die Erleichterungen nicht nutzenden Abschluss erteilt worden, ist hierauf gem. Abs. 1a Satz 2 hinzuweisen.

7 Der Bestätigungsvermerk ist nicht im Original oder als (elektronisches) Faksimile offenzulegen. Gefordert ist lediglich, dass der „vollständige Wortlaut“ wiedergegeben, also nicht gekürzt, geändert oder ergänzt wird. Zur Vollständigkeit der Wiedergabe gehört auch die Angabe von Ort und Datum der Unterzeichnung sowie vom Namen der Unterzeichner.

8–10 *(einstweilen frei)*

III. Freiwillige Wiedergaben (Abs. 2)

1. Tatbestand (Abs. 2 Satz 1 Halbsatz 1)

1.1 Werbecharakter, Darstellungsform

11 Die freiwillige Publizität ist als **Werbe**maßnahme zu verstehen. Sie bewegt sich außerhalb des Regelungsbereichs der §§ 325 bis 327a HGB. Das zeigt sich insbesondere bei Publikumsgesell-

schaften mit der dort üblichen drucktechnisch anspruchsvollen und umfangreichen Aufmachung mit vielen schönen Fotografien in Form des sog. „Geschäftsberichts“. Daneben gibt es auch einfachere Varianten in kurzer Form durch Einrückung als Annonce in Tageszeitungen und Magazinen.

Zu unterscheiden sind danach

- verkürzte oder in Form bzw. Format geänderte Wiedergabe des Abschlusses und
- erweiterte Publizität unter Verwendung des Abschlusses.

Tatbestandlich wird nur der **Abschluss** (Jahres-, Einzel- und Konzernabschluss) angesprochen, nicht die übrigen Dokumente der Pflichtveröffentlichung nach Abs. 1 und Abs. 3. Das Gesetz spricht nur die vom betroffenen Unternehmen veranlassten Publikationen an, nicht die von Dritten veranlassten.

1.2 Verkürzte bzw. in Form oder Format geänderte Wiedergabe

Bei einer **verkürzten** Wiedergabe muss ein **Bezug** auf den Abschluss ersichtlich sein. Deshalb ist eine bloße Wiedergabe von Kennzahlen nicht als freiwillige Abschlussveröffentlichung i. S. des Abs. 2 zu verstehen. Umgekehrt können Bilanz und GuV ohne Anhang wiedergegeben werden (was regelmäßig der Fall ist). Auch **nur** die Bilanz **ohne** GuV und umgekehrt erfüllt die Tatbestandsvoraussetzungen des Abs. 2 Satz 1.[1] 12

Eine Abweichung von der Pflichtpublizität nach Abs. 1 liegt nach dem RefE zum ESEF (→ § 264 Rz. 37d) auch dann vor, wenn nicht in dem elektronischen Format (XHTML) veröffentlicht wird.

1.3 Erweiterte Publizität

Bei der **erweiterten** Publizität (→ Rz. 11) gesellen sich zum Jahres- und Konzernabschluss oder nur zum IFRS-Konzernabschluss weitere Aussagen zur Selbstdarstellung des Unternehmens/Konzerns. Gewöhnlich trägt dieses Druckstück den Titel „Geschäftsbericht“ und ist mit kunstvollen Fotografien bestückt, beginnend mit einem Porträt des Vorstandsvorsitzenden, gefolgt von einem Gruppenbild des Gesamtvorstands. Von diesen mit Werbecharakter versehenen Bestandteilen des Geschäftsberichts müssen sich die der Pflichtpublizität unterliegenden Teile (Abs. 1 und 3) deutlich unterscheiden. Auf dieses Erfordernis sind die Rechtsfolgen des Abs. 2 Satz 1 speziell ausgerichtet. 13

2. Rechtsfolge (Abs. 2 Satz 1 Halbsatz 2; Satz 2 bis 4)

An die freiwillige Publizität stellt das Gesetz folgende Anforderungen im Interesse der **Unterscheidbarkeit** der freiwilligen Zusatzangaben (→ Rz. 13) bzw. der freiwilligen verkürzten Wiedergabe (→ Rz. 12) von den Pflichtbestandteilen der Offenlegung: 14

- Gezielte **Überschrift** mit dem Hinweis auf die nicht dem Gesetz entsprechende Form: „Kurzfassung von Bilanz und GuV“.
- Verzicht auf die Beifügung des **Bestätigungsvermerks.**
- Bei gesetzlich verpflichtender Prüfung jedoch Hinweis auf die **Erteilung** des Bestätigungsvermerks und dessen **Inhalt** (z. B. „uneingeschränkt“, → § 322 Rz. 33), ggf. auf eine Ergänzung (→ § 322 Rz. 37).

1 Vgl. *ADS*, 6. Aufl., § 328 Tz. 86.

- Hinweis auf die **Einreichung** der Pflichtunterlagen nach Abs. 1 und 3 beim Bundesanzeiger.

Wird ein umfangreicher Geschäftsbericht zur Erfüllung der Pflichtpublizität verwendet, muss u. E. eine deutliche Abhebung der verpflichtend zu veröffentlichenden Bestandteile von den freiwilligen Ergänzungen erfolgen. Zumindest ist eine räumliche Zusammenfassung der Pflichtbestandteile erforderlich. Nicht zulässig wäre etwa die Reihenfolge: Bilanz und GuV, dann freiwillige Angaben, dann Anhang und Lagebericht. Entsprechend wäre es unzulässig, den Bestätigungsvermerk nicht dem Lagebericht und Abschluss zuzuordnen, sondern einem freiwillige Zusatzangaben betreffenden Teil.

IV. Abweichen des Bilanzformats (Abs. 4)

15 Die Kontoform der Bilanz nach § 266 Abs. 1 Satz 1 HGB (→ § 266 Rz. 12) kann durch Rechtsverordnung vom Betreiber des Bundesanzeigers zur Vereinfachung der datentechnischen Erfassung und Aufbereitung abgewandelt werden. Angesprochen ist das häufig verwendete DIN-A3-Format, das durch Gruppierung der Passiv- **unter** die Aktivseite vermieden werden kann. Nicht angesprochen ist die in der EU-Richtlinie erlaubte, aber nicht in das deutsche Recht transformierte **Staffelform** der Bilanz.

V. Kleinstkapitalgesellschaften (Abs. 5)

16 Für die **Hinterlegung** der Bilanz von **Kleinst**kapitalgesellschaften (→ § 326 Rz. 10) gelten die Vorschriften in Abs. 1 (→ Rz. 4 ff.) entsprechend.

§ 329 Prüfungs- und Unterrichtungspflicht der das Unternehmensregister führenden Stelle

(1) ¹Die das Unternehmensregister führende Stelle prüft, ob die zu übermittelnden Unterlagen fristgemäß und vollzählig übermittelt worden sind. ²Soweit dies für die Erfüllung der Aufgaben nach Satz 1 erforderlich ist, darf die das Unternehmensregister führende Stelle die von den Landesjustizverwaltungen nach § 8b Absatz 3 Satz 2 übermittelten Daten verwenden.

(2) ¹Gibt die Prüfung Anlass zu der Annahme, dass von der Größe der Kapitalgesellschaft abhängige Erleichterungen oder die Erleichterung nach § 327a nicht hätten in Anspruch genommen werden dürfen, kann die das Unternehmensregister führende Stelle von der Kapitalgesellschaft innerhalb einer angemessenen Frist die Mitteilung der Umsatzerlöse (§ 277 Abs. 1) und der durchschnittlichen Zahl der Arbeitnehmer (§ 267 Abs. 5) oder Angaben zur Eigenschaft als Kapitalgesellschaft im Sinn des § 327a verlangen. ²Unterlässt die Kapitalgesellschaft die fristgemäße Mitteilung, gelten die Erleichterungen als zu Unrecht in Anspruch genommen.

(3) In den Fällen des § 325a Absatz 1 Satz 5 und des § 340l Absatz 2 Satz 6 kann im Einzelfall die Vorlage einer Übersetzung in die deutsche Sprache verlangt werden.

(4) Ergibt die Prüfung nach Absatz 1 Satz 1, dass die offen zu legenden Unterlagen nicht oder unvollständig übermittelt wurden, wird die jeweils für die Durchführung von Ordnungsgeldverfahren nach den §§ 335, 340o und 341o zuständige Verwaltungsbehörde unterrichtet.

Inhaltsübersicht **Rz.**

LITERATUR:

Auf die unter → § 325 angegebene Literatur wird verwiesen.

I. Prüfungspflicht des Betreibers des Unternehmensregisters

1. ... generell (Abs. 1)

Dem Betreiber des Unternehmensregisters (→ § 325 Rz. 1) kommt eine Prüfungspflicht bzgl. **Vollständigkeit** (→ § 325 Rz. 6) und **Fristgerechtigkeit** (→ § 325 Rz. 16) der einzureichenden Unterlagen zu. Dazu kann er sich des Datenmaterials der Landesjustizverwaltungen bedienen, soweit dieses dem genannten Prüfungserfordernis dient. Die **inhaltliche Richtigkeit** ist nicht Prüfungsgegenstand. 1

Die Vollständigkeitsprüfung findet nur auf oberer Aggregationsebene statt, also etwa bzgl. der Frage, ob die Nichteinreichung einer GuV zutreffend (→ § 326 Rz. 2) oder unzutreffend ist. Hingegen prüft der Betreiber nicht, ob Aufstellungserleichterungen (z. B. Verzicht auf ein Anlagengitter gem. § 274a Nr. 1 HGB oder Zusammenfassung von Umsatzerlösen) zu einem Rohergebnis gem. § 276 Satz 1 HGB zu Recht oder zu Unrecht in Anspruch genommen wurden.

Der Leser des Unternehmensregisters wird dabei insbesondere im Kreis der kleinformatigen Gesellschaften (→ § 267 Rz. 7) mit allerlei offensichtlich **unrichtigen** Bilanzierungen konfrontiert. Einen gängigen Fehler stellt dabei die „Durchbrechung" des Bilanzenzusammenhangs durch die Anpassung an die Feststellungen einer steuerlichen Außenprüfung dar (→ § 252 Rz. 40), etwa in Form folgender Darstellung:[1] 2

BEISPIEL Der Bilanzverlust zum 31. 12. 2007 setzt sich wie folgt zusammen:

	T€
Verlustvortrag	-3.115
Anpassung Außenprüfung	3
Jahresüberschuss	422
Stand 31.12.	-2.690

Nicht selten findet man auch Fehler, die entweder von totaler Unkenntnis der Rechtslage oder völliger Gleichgültigkeit gegenüber den formalen Anforderungen an die Erstellung eines Jahresabschlusses zeugen. 3

BEISPIELE Der Anhang wird eingeleitet:

„Der Jahresabschluss [zum 31. 12. 2010] der ... GmbH [unnötige Wiederholung der Überschrift zum Jahresabschluss] wird nach den einschlägigen Vorschriften des HGB vom 19. 12. 1985 aufgestellt."

Oder der **komplette** Anhang lautet:

„Der vorliegende Jahresabschluss zum 31. 12. 2010 wurde, ausgehend von der Vorjahresbilanz, aus den Büchern des Unternehmens unter Beachtung der gesetzlichen Vorschriften [stimmt für den Anhang nicht] unter Anwendung zulässiger Bewertungsmethoden [welcher sonst?] aufgestellt. Er schließt mit einer Bi-

1 Auf die Zitierung der Funde im (früheren) eBAnz wird bewusst verzichtet.

lanzsumme von € ... und weist ein Jahresergebnis von € ... aus [beide Zahlen sind unmittelbar zuvor der Bilanz zu entnehmen]."

Geradezu museumsreif ist folgende Bilanz (hier verkürzt):

	2010	2009
Aktiva	**2010**	**2009**
Div. Aktiva	0,00 €	0,00 €
∑ der Aktiva	0,00 €	0,00 €
Passiva	**2010**	**2009**
Gezeichnetes Kapital	23.008,10 €	23.008,10 €
Gezeichnetes Kapital	2.556,40 €	2.556,40 €
Andere Passiva	0,00 €	0,00 €
∑ der Passiva	25.564,50 €	25.564,50 €

4 Andere Fälle sind durch typisch gedankenlose Abarbeitung von **Checklisten** und **Textbausteinen** gekennzeichnet. So umfasst der Anhang einer GmbH in der bescheidenen Größenordnung einer Bilanzsumme von 664 T€ ein Volumen von knapp sechs DIN-A4-Seiten. Bei Eliminierung aller unnötigen oder widersinnigen „Angaben" wäre man bequem mit einer halben Seite ausgekommen.

Dabei werden auch Posten erläutert, die in der Bilanz gar nicht vorkommen. Man wird dann für nicht ausgewiesene und dort nicht vorhandene immaterielle Anlagegüter wie folgt informiert (Kurzform):

> *„Bei Erwerb erfolgt die Bewertung zu Anschaffungskosten mit Abschreibungen wegen Abnutzung. Bei Selbstschaffung gelten als Bewertungsmaßstab die Entwicklungskosten."*

Zwei A4-Seiten weiter wird berichtet:

> *„Es wurden im Geschäftsjahr keine Entwicklungskosten aktiviert. Weiterhin sind keine Forschungs- und Entwicklungskosten im Geschäftsjahr angefallen."*
>
> *Der [nicht ausgewiesene oder vorhandene]* ***Geschäfts-*** *oder* ***Firmenwert*** *wird auf fünf Jahre abgeschrieben, wenn keine Gründe vorliegen, die eine längere Nutzungsdauer rechtfertigen.*

Für ebenfalls nicht vorhandene **Finanzanlagen** werden in Lehrbuchmanie fünf Bewertungsmaßstäbe aufgeführt: Anschaffungskosten, Zeitwert etc.

BEISPIEL Die Bilanz (auch des Vorjahres) zeigt weder Kapital- noch Gewinnrücklagen. Gleichwohl werden die **Kapitalrücklagen** in ihrer „Entwicklung" in zwei Sätzen mit jeweils 0,00 € dargestellt. Zu den Gewinnrücklagen wird folgende Tabelle geliefert als *„Entwicklung des Postens Gewinnrücklagen"*.

Jahresüberschuss	50.278,00 €
Einstellung in die gesetzliche (!) Rücklage	0,00 €
Einstellung in andere Rücklagen	0,00 €
Entnahme aus den anderen Rücklagen	0,00 €
Summe	0,00 €

Bei der GmbH gibt es keine gesetzliche Rücklage. Gleichwohl heißt es: *„... waren die Regelungen des GmbH-Gesetzes ... anzuwenden."*

Diese Beispiele mögen nur als einige wenige Appetithäppchen in einem einzigen Anhang dienen, welcher dem bunten Allerlei der Checklisten-Garküche entnommen worden ist. Eine komplette Abarbeitung würde noch weitere Druckseiten beanspruchen und muss dem Leser deshalb vorenthalten werden.

2. ... bzgl. der Erleichterungen (Abs. 2)

Im Eingabefeld des Internetportals wird die Größenklasse der Gesellschaft i. S. des § 267 HGB abgefragt. Erfolgt dort ein Eintrag als „mittelgroß", verlangt das Kontrollsystem u. a. die Einreichung eines Lageberichts (→ § 327 Rz. 1). Ohne einen solchen wird unter entsprechendem Hinweis an den Einreicher die Veröffentlichung verweigert. Bei der Eingabe „klein" begnügt sich der Kontrollprozess mit der Einreichung einer Bilanz mit Anhang (→ § 326 Rz. 2). Insoweit lässt sich der Prüfungsvorgang **elektronisch** abwickeln. 5

Nun können aber **Zweifel** an der größenmäßigen Eingruppierung durch den Einreicher bestehen. Der Aufhänger dürfte i. d. R. die **Bilanzsumme** sein. Da die zwei übrigen Determinanten zur Bestimmung der Größenklasse (→ § 267 Rz. 15) nicht vorliegen (müssen), kann der Betreiber des Unternehmensregisters die Mitteilung der **Umsatzerlöse** und der durchschnittlichen **Arbeitnehmerzahl** unter Fristsetzung verlangen. Entsprechendes gilt für den Sonderfall des § 327a HGB. Eine Prüfungsmöglichkeit und -pflicht für diese Angaben besteht nicht. 6

Bei **Versäumnis** der für die Mitteilung von Umsatzerlösen und Arbeitnehmerzahl gesetzten Frist fingiert das Gesetz nach Abs. 2 Satz 2 die unrechtmäßige Inanspruchnahme der Erleichterung. Die Publizitätspflicht ist dann nicht vollständig erfüllt. Die fehlenden Unterlagen – z. B. der Lagebericht – sind dann nachzureichen, denn ansonsten gilt die Offenlegungspflicht als nicht erfüllt (→ Rz. 9). 7

II. Deutsche Übersetzung (Abs. 3)

Die Offenlegung der **Zweigniederlassungen** ausländischer Unternehmen und Kreditinstitute muss nicht in deutscher Sprache erfolgen (→ § 325a Rz. 7). In besonderen Fällen („im Einzelfall") kann eine einfache Übersetzung verlangt werden. Anlass dürfte regelmäßig die Vermutung fehlender Unterlagen sein. 8

III. Sanktionen (Abs. 4)

Bei Nichteinreichung oder unvollständiger Einreichung informiert der Betreiber des Unternehmensregisters das Bundesamt für Justiz mit den in → § 335 genannten Rechtsfolgen. 9

(einstweilen frei) 10

Fünfter Unterabschnitt: Verordnungsermächtigung für Formblätter und andere Vorschriften

§ 330 Formvorschriften

(1) [1]Das Bundesministerium der Justiz und für Verbraucherschutz wird ermächtigt, im Einvernehmen mit dem Bundesministerium der Finanzen und dem Bundesministerium für Wirtschaft und Energie durch Rechtsverordnung, die nicht der Zustimmung des Bundesrates bedarf, für Kapitalgesellschaften Formblätter vorzuschreiben oder andere Vorschriften für die Gliederung des Jahresabschlusses oder des Konzernabschlusses oder den Inhalt des Anhangs, des Konzernanhangs, des Lageberichts oder des Konzernlageberichts zu erlassen, wenn der Geschäftszweig eine von den §§ 266, 275 abweichende Gliederung des Jahresabschlusses oder des Konzernabschlusses oder von den Vorschriften des Ersten Abschnitts und des Ersten und Zweiten Unterabschnitts des Zweiten Abschnitts abweichende Regelungen erfordert. [2]Die sich aus den abweichenden Vorschriften ergebenden Anforderungen an die in Satz 1 bezeichneten Unterlagen

sollen den Anforderungen gleichwertig sein, die sich für große Kapitalgesellschaften (§ 267 Abs. 3) aus den Vorschriften des Ersten Abschnitts und des Ersten und Zweiten Unterabschnitts des Zweiten Abschnitts sowie den für den Geschäftszweig geltenden Vorschriften ergeben. [3]Über das geltende Recht hinausgehende Anforderungen dürfen nur gestellt werden, soweit sie auf Rechtsakten des Rates der Europäischen Union beruhen. [4]Die Rechtsverordnung nach Satz 1 kann auch Abweichungen von der Kontoform nach § 266 Abs. 1 Satz 1 gestatten. [5]Satz 4 gilt auch in den Fällen, in denen ein Geschäftszweig eine von den §§ 266 und 275 abweichende Gliederung nicht erfordert.

(2) [1]Absatz 1 ist auf folgende Institute ungeachtet ihrer Rechtsform nach Maßgabe der Sätze 3 und 4 anzuwenden:

1. auf Kreditinstitute im Sinne des § 1 Absatz 1 des Kreditwesengesetzes, soweit sie nach dessen § 2 Absatz 1, 4 oder 5 von der Anwendung nicht ausgenommen sind,
2. auf Finanzdienstleistungsinstitute im Sinne des § 1 Absatz 1a des Kreditwesengesetzes, soweit sie nach dessen § 2 Absatz 6 oder 10 von der Anwendung nicht ausgenommen sind,
3. auf Wertpapierinstitute im Sinne des § 2 Absatz 1 des Wertpapierinstitutsgesetzes, soweit sie nach dessen § 3 von der Anwendung nicht ausgenommen sind, sowie
4. auf Institute im Sinne des § 1 Absatz 3 des Zahlungsdiensteaufsichtsgesetzes

[2]Satz 1 ist auch auf Zweigstellen von Unternehmen mit Sitz in einem Staat anzuwenden, der nicht Mitglied der Europäischen Gemeinschaft und auch nicht Vertragsstaat des Abkommens über den Europäischen Wirtschaftsraum ist, sofern die Zweigstelle nach § 53 Abs. 1 des Gesetzes über das Kreditwesen als Kreditinstitut oder als Finanzinstitut gilt. [3]Die Rechtsverordnung bedarf nicht der Zustimmung des Bundesrates; sie ist im Einvernehmen mit dem Bundesministerium der Finanzen und im Benehmen mit der Deutschen Bundesbank zu erlassen. [4]In die Rechtsverordnung nach Satz 1 können auch nähere Bestimmungen über die Aufstellung des Jahresabschlusses und des Konzernabschlusses im Rahmen der vorgeschriebenen Formblätter für die Gliederung des Jahresabschlusses und des Konzernabschlusses sowie des Zwischenabschlusses gemäß § 340a Abs. 3 und des Konzernzwischenabschlusses gemäß § 340i Abs. 4 aufgenommen werden, soweit dies zur Erfüllung der Aufgaben der Bundesanstalt für Finanzdienstleistungsaufsicht oder der Deutschen Bundesbank erforderlich ist, insbesondere um einheitliche Unterlagen zur Beurteilung der von den Kreditinstituten und Finanzdienstleistungsinstituten durchgeführten Bankgeschäfte und erbrachten Finanzdienstleistungen sowie der von Wertpapierinstituten erbrachten Wertpapierdienstleistungen zu erhalten.

(3) [1]Absatz 1 ist auf Versicherungsunternehmen nach Maßgabe der Sätze 3 und 4 ungeachtet ihrer Rechtsform anzuwenden. [2]Satz 1 ist auch auf Niederlassungen im Geltungsbereich dieses Gesetzes von Versicherungsunternehmen mit Sitz in einem anderen Staat anzuwenden, wenn sie zum Betrieb des Direktversicherungsgeschäfts der Erlaubnis durch die deutsche Versicherungsaufsichtsbehörde bedürfen. [3]Die Rechtsverordnung bedarf der Zustimmung des Bundesrates und ist im Einvernehmen mit dem Bundesministerium der Finanzen zu erlassen. [4]In die Rechtsverordnung nach Satz 1 können auch nähere Bestimmungen über die Aufstellung des Jahresabschlusses und des Konzernabschlusses im Rahmen der vorgeschriebenen Formblätter für die Gliederung des Jahresabschlusses und des Konzernabschlusses sowie Vorschriften über den Ansatz und die Bewertung von versicherungstechnischen Rückstellungen, insbesondere die Näherungsverfahren, aufgenommen werden. [5]Die Zustimmung des Bundesrates ist nicht erforderlich, soweit die Verordnung ausschließlich dem Zweck dient, Abweichungen nach Absatz 1 Satz 4 und 5 zu gestatten.

(4) [1]In der Rechtsverordnung nach Absatz 1 in Verbindung mit Absatz 3 kann bestimmt werden, dass Versicherungsunternehmen, auf die die Richtlinie 91/674/EWG nach deren Artikel 2 in Verbindung mit den Artikeln 4, 7 und 9 Nummer 1 und 2 sowie Artikel 10 Nummer 1 der Richtlinie 2009/138/EG des Europäischen Parlaments und des Rates vom 25. November 2009 betreffend die Aufnahme und Ausübung der Versicherungs- und der Rückversicherungstätigkeit (Solvabilität II) (ABl L 335 vom 17. 12. 2009, S. 1) nicht anzuwenden ist, von den Regelungen des Zweiten Unterabschnitts des Vierten Abschnitts ganz oder teilweise befreit werden, soweit dies erforderlich ist, um eine im Verhältnis zur Größe der Versicherungs-

unternehmen unangemessene Belastung zu vermeiden; Absatz 1 Satz 2 ist insoweit nicht anzuwenden. [2]In der Rechtsverordnung dürfen diesen Versicherungsunternehmen auch für die Gliederung des Jahresabschlusses und des Konzernabschlusses, für die Erstellung von Anhang und Lagebericht und Konzernanhang und Konzernlagebericht sowie für die Offenlegung ihrer Größe angemessene Vereinfachungen gewährt werden.

(5) Die Absätze 3 und 4 sind auf Pensionsfonds (§ 236 Absatz 1 des Versicherungsaufsichtsgesetzes) entsprechend anzuwenden.

Inhaltsübersicht Rz.

I. Zweck und Inhalt

Abs. 1 Satz 1 ermächtigt das Bundesministerium der Justiz (im Einvernehmen mit weiteren Bundesministerien sowie ggf. der Bundesbank) zum Erlass **geschäftszweigspezifischer Formblätter** oder anderer (etwa die Untergliederung einzelner Bilanzposten betreffender) Vorschriften zu folgenden Bereichen: 1

- **Gliederung** des Jahres-/Konzernabschlusses,
- Inhalt des (Konzern-)**Anhangs,**
- Inhalt des (Konzern-)**Lageberichts.**

Die Formblätter oder anderen Vorschriften sollen den für große Kapitalgesellschaften i. S. des § 267 Abs. 3 HGB geltenden Regeln **gleichwertig** sein (Abs. 1 Satz 2).

Mit einer versicherungstechnische Rückstellungen betreffenden Ausnahme (Abs. 3 Satz 4) ermächtigt § 330 HGB nicht zum Erlass von Sondervorschriften bzgl. Ansatz oder Bewertung. 2

II. Betroffene Unternehmen

Anzuwenden sind nach § 330 HGB erlassene Vorschriften von in den entsprechenden Geschäftszweigen (→ Rz. 8) tätigen 3

- Kapitalgesellschaften und **„Kap. & Co."**-Gesellschaften i. S. des § 264a Abs. 1 Satz 1 HGB,
- Unternehmen i. S. des **PublG** (§ 5 Abs. 3 und § 13 Abs. 4 PublG),
- **Genossenschaften** (Abs. 1 i. V. mit § 336 Abs. 3 HGB).

§ 330 HGB ist außerdem im Falle von **Kreditinstituten,** Finanzdienstleitungsinstituten, Zahlungsinstituten und Versicherungen unabhängig von der Rechtsform (Abs. 2 Satz 1 und Abs. 3 Satz 1) sowie auch für bestimmte Zweigstellen bzw. Niederlassungen ausländischer Unternehmen (Abs. 2 Satz 2 und Abs. 3 Satz 2) anzuwenden. 4

III. Verhältnis zu den allgemeinen Gliederungsvorschriften

Die in den nach § 330 HGB erlassenen Verordnungen enthaltenen Sonderregelungen (im Kernbereich die Gliederungsvorschriften) haben **Vorrang** vor den allgemeinen handelsrechtlichen Regelungen (also insbesondere §§ 266 und 275 HGB). Die Nichtbeachtung der Sondervorschrif- 5 ten führt – unter Wesentlichkeitsvorbehalt – bei Kapitalgesellschaften zur Nichtigkeit des Abschlusses gem. § 256 Abs. 4 AktG (für die GmbH analog).

6 Unberührt bleibt aber die Möglichkeit und ggf. die Pflicht, ausgehend von den Formblättern unternehmensspezifische Konstellationen gem. § 265 Abs. 4 bis 7 HGB durch **Individualisierung** der Gliederung zu berücksichtigen,[1] etwa neue im Formblatt nicht berücksichtigte Posten **hinzuzufügen,** wenn ihr Inhalt nicht von einem vorgeschriebenen Posten gedeckt ist (→ § 265 Rz. 39), oder Posten **zusammenzufassen,** wenn sie einen Betrag enthalten, der nicht erheblich ist (→ § 265 Rz. 47).

7 Sofern ein Konzern in **mehreren** durch Formblatt geregelten **Geschäftszweigen** tätig wird, ist § 265 Abs. 4 HGB zu beachten, d. h. nach einer (den wichtigeren Geschäftszweig betreffenden) Form zu gliedern und nach der anderen Form zu ergänzen.

IV. Geltende Formblattverordnungen

8 Derzeit sind aufgrund von § 330 HGB folgende Formblattverordnungen in Kraft:

- **Krankenhaus**-Buchführungsverordnung,
- Verordnung über die Rechnungslegung der **Kreditinstitute und Finanzdienstleistungsinstitute,**
- Verordnung über die Rechnungslegung von **Pensionsfonds,**
- Verordnung über die Rechnungslegungs- und Buchführungspflichten der **Pflegeeinrichtungen,**
- Verordnung über die Gliederung des Jahresabschlusses von **Verkehrsunternehmen,**
- Verordnung über die Rechnungslegung von **Versicherungsunternehmen,**
- Verordnung über Formblätter für die Gliederung des Jahresabschlusses für **Wohnungsunternehmen,**
- Verordnung über die Rechnungslegung der **Zahlungsinstitute.**

Sechster Unterabschnitt: Straf- und Bußgeldvorschriften, Ordnungsgelder

§ 331 Unrichtige Darstellung

(1) Mit Freiheitsstrafe bis zu drei Jahren oder mit Geldstrafe wird bestraft, wer

1. **als Mitglied des vertretungsberechtigten Organs oder des Aufsichtsrats einer Kapitalgesellschaft die Verhältnisse der Kapitalgesellschaft in der Eröffnungsbilanz, im Jahresabschluss, im Lagebericht einschließlich der nichtfinanziellen Erklärung, im gesonderten nichtfinanziellen Bericht oder im Zwischenabschluss nach § 340a Abs. 3 unrichtig wiedergibt oder verschleiert,**

1a. **als Mitglied des vertretungsberechtigten Organs einer Kapitalgesellschaft zum Zwecke der Befreiung nach § 325 Abs. 2a Satz 1, Abs. 2b einen Einzelabschluss nach den in § 315e Absatz 1 genannten internationalen Rechnungslegungsstandards, in dem die Verhältnisse der Kapitalgesellschaft unrichtig wiedergegeben oder verschleiert worden sind, offen legt,**

1 Gleicher Auffassung *Störk/Lawall* in Beck'scher Bilanz-Kommentar, 13. Aufl. 2022, § 330 Tz. 17.

2. **als Mitglied des vertretungsberechtigten Organs oder des Aufsichtsrats einer Kapitalgesellschaft die Verhältnisse des Konzerns im Konzernabschluss, im Konzernlagebericht einschließlich der nichtfinanziellen Konzernerklärung, im gesonderten nichtfinanziellen Konzernbericht oder im Konzernzwischenabschluss nach § 340i Abs. 4 unrichtig wiedergibt oder verschleiert,**

3. **als Mitglied des vertretungsberechtigten Organs einer Kapitalgesellschaft zum Zwecke der Befreiung nach § 291 Abs. 1 und 2 oder nach § 292 einen Konzernabschluss oder Konzernlagebericht, in dem die Verhältnisse des Konzerns unrichtig wiedergegeben oder verschleiert worden sind, offenlegt oder,**

3a. **(weggefallen)**

4. **als Mitglied des vertretungsberechtigten Organs einer Kapitalgesellschaft oder als Mitglied des vertretungsberechtigten Organs oder als vertretungsberechtigter Gesellschafter eines ihrer Tochterunternehmen (§ 290 Abs. 1, 2) in Aufklärungen oder Nachweisen, die nach § 320 einem Abschlussprüfer der Kapitalgesellschaft, eines verbundenen Unternehmens oder des Konzerns zu geben sind, unrichtige Angaben macht oder die Verhältnisse der Kapitalgesellschaft, eines Tochterunternehmens oder des Konzerns unrichtig wiedergibt oder verschleiert.**

(2) Handelt der Täter in den Fällen des Absatzes 1 Nummer 1a oder 3 leichtfertig, so ist die Strafe Freiheitsstrafe bis zu einem Jahr oder Geldstrafe.

Inhaltsübersicht **Rz.**

LITERATUR:

Eisolt, Strafbare unrichtige Darstellung (§ 331 HGB) im Fall der sofortigen Vereinnahmung von Mietgarantiegebühren – Erläuterung des Beschlusses des KG Berlin vom 11.2.2010, StuB 2010 S. 533; *Maul*, Geschäfts- und Konzernlagetäuschung als Bilanzdelikte, DB 1989 S. 185; *Spatscheck/Wulf*, Straftatbestände der Bilanzfälschung nach dem HGB – ein Überblick, DStR 2003 S. 173; *Stahlschmidt*, Schlafende Straftatbestände des HGB, StuB 2003 S. 107; *Stahlschmidt*, Die Straftatbestände im HGB, StB 2003 S. 63; *Wolf*, Bilanzmanipulationen: Wann ist die Übersicht erschwert?, StuB 2009 S. 909; *Ziemann*, Der strafbare „Bilanzeid" nach § 331 Nr. 3a HGB, wistra 2007 S. 292.

I. Überblick

§ 331 HGB sanktioniert unabhängig davon, ob ein konkreter Erfolg (z. B. Schaden) eintritt, mit Freiheitsstrafe bis zu drei Jahren oder Geldstrafe 1

- **unrichtige Darstellungen** (→ Rz. 10), die
- in **Unternehmensabschlüssen** und -lageberichten, einschließlich der nichtfinanziellen Erklärung (→ Rz. 9), oder
- **gegenüber dem Abschlussprüfer** (→ Rz. 20)

getätigt werden.

Betroffen sind nur die Abschlüsse von **Kapitalgesellschaften, „Kap. & Co."-Gesellschaften** (§ 335b HGB) sowie rechtformunabhängig die Abschlüsse von **Kreditinstituten** (§ 340m HGB) und Versicherungsunternehmen (§ 341m HGB); vergleichbare Straftatbestände bestehen jedoch für große Personenunternehmen nach § 17 PublG und für Genossenschaften nach § 147 GenG.

2 Als **Täter** kommen – mit einer Ausnahme (→ Rz. 18) – nur **gesetzliche Vertreter** und Mitglieder von **Aufsichtsräten** des berichts- bzw. prüfungspflichtigen Unternehmens infrage (→ Rz. 5).

3 Subjektive Voraussetzung ist **Vorsatz,** in zwei Ausnahmefällen, nämlich beim Konzernabschluss und beim zu Offenlegungszwecken erstellten IFRS-Einzelabschluss, auch **Leichtfertigkeit.**

4 In allen Varianten von § 331 HGB handelt es sich um ein Vergehen. Der **Versuch** ist daher **nicht** strafbar (§§ 12 Abs. 2, 23 Abs. 1 StGB).

II. Täterkreis: gesetzliche Vertreter und Aufsichtsräte

5 Täter können – mit einer Auskünfte von Tochterunternehmen an den Konzernabschlussprüfer betreffenden Ausnahme (→ Rz. 18) – nur gesetzliche Vertreter und Aufsichtsratsmitglieder sein.

Gesetzliche Vertreter sind etwa

- bei der AG die **Vorstände** (§ 76 Abs. 2 und 3 AktG) und, soweit sie Vorstandsgeschäfte wahrnehmen, auch die Stellvertreter (§ 94 AktG) sowie
- bei der GmbH die **Geschäftsführer** (§ 35 Abs. 1 GmbHG) und deren Stellvertreter (§ 44 GmbHG).

6 Trotz zivilrechtlich **(noch) unwirksamer Bestellung** kann eine natürliche Person gesetzlicher Vertreter i. S. von § 331 HGB sein, wenn sie die Organtätigkeit mit der Duldung des für die Bestellung zuständigen Organs ausübt.[1]

In **Strohmann-Konstellationen** kann sowohl der faktische Geschäftsführer/Vorstand als auch der formell eingetragene Täter sein. Der faktische Geschäftsführer/Vorstand unterliegt jedoch dann nicht den Vorgaben von § 331 HGB, wenn er keine „überragende Stellung" hat, also nur neben und nicht im Wesentlichen anstelle des formellen handelt.[2]

7 Auch ein nach den **internen Zuständigkeitsregelungen** für die Abschlüsse nicht zuständiger Geschäftsführer/Vorstand unterliegt § 331 HGB. Die Nichtzuständigkeit kann aber bei der Bemessung des Verschuldens Bedeutung haben.

8 Mitglieder eines **obligatorischen Aufsichtsrats** unterliegen immer § 331 HGB, Mitglieder des **fakultativen Aufsichtsrats** einer GmbH nur dann, wenn die Übertragung der Prüfungspflichten i. S. von §§ 171, 337 AktG durch die Satzung nicht ausgeschlossen wurde (§ 52 GmbHG).[3]

---

1 Vgl. *Grottel/Hoffmann* in Beck'scher Bilanz-Kommentar, 13. Aufl. 2022, § 331 Tz. 18.
2 Vgl. *Münster/Meier-Behringer* in Haufe HGB Bilanz Kommentar, 8. Aufl. 2017, § 331 Tz. 21 ff.
3 Vgl. *Grottel/Hoffmann* in Beck'scher Bilanz-Kommentar, 13. Aufl. 2022, § 331 Tz. 18.

III. Tathandlungen

1. Unrichtige Darstellung der Unternehmensverhältnisse in Unternehmensabschlüssen (Nr. 1 und 2)

1.1 Unrichtige Wiedergabe oder Verschleierung

9 Sanktioniert wird die **vorsätzlich unrichtige** Darstellung von Verhältnissen der Kapitalgesellschaft bzw. des Konzerns

- in Eröffnungsbilanz und **Jahresabschluss/Lagebericht** (Nr. 1) oder der zulässigerweise an anderer Stelle wiedergegebenen nichtfinanziellen Erklärung (→ § 289f Rz. 1 ff.) oder
- in **Konzernabschluss/-lagebericht** oder der zulässigerweise an anderer Stelle wiedergegebenen nichtfinanziellen Erklärung (Nr. 2) sowie
- bei Kreditinstituten auch im **Zwischenabschluss.**

10 Im Gesetz genannte Formen der unrichtigen Darstellung sind die unrichtige Wiedergabe und die Verschleierung. Abstrakt werden beide Fälle im Schrifttum wie folgt abgegrenzt:[1]

- Die **unrichtige Wiedergabe** soll eine nicht mit der Wirklichkeit übereinstimmende, objektiv unwahre Darstellung sein,
- die **Verschleierung** hingegen eine objektiv wahre Darstellung, die den wirklichen Tatbestand jedoch nur schwer oder überhaupt nicht erkennen lässt und so die Gefahr einer Falschinterpretation provoziert.

Als **Beispiel** für eine Verschleierung wird dabei etwa ein Verstoß gegen das **Saldierungsverbot** des § 246 Abs. 2 HGB (→ § 246 Rz. 388) genannt. So wenig wie die abstrakte Abgrenzung beider Formen vermag dieses Beispiel zu überzeugen: Nur in **krassen Ausnahmefällen,** etwa bei der Bilanzierung tatsächlich gar nicht vorhandener Sachanlagen oder beim Ausweis tatsächlich nie getätigter Umsätze, lässt sich der Begriff der objektiven Unwahrheit noch sinnvoll anwenden. In der **Mehrzahl** der Fälle gilt hingegen:

- Die Bilanz liefert keine ungefilterte Abbildung der wirtschaftlichen Wirklichkeit, sondern eine Darstellung nach bestimmten Abbildungs**regeln.**
- Unwahr ist dann eine **nicht** den gesetzlich oder als GoB anerkannten Abbildungsregeln folgende Darstellung. Beispiele wären etwa die Aktivierung eines selbst geschaffenen Kundenstamms (→ § 248 Rz. 10) oder der Ausweis eines Umsatzes in Periode 1, bei Übergang von Chance, Risiko oder Verfügungsmacht am Lieferobjekt erst in Periode 2 (→ § 252 Rz. 111).
- In diesen praktisch relevanten Fällen ergibt sich erst aus den gesetzlichen Abbildungsregeln und ihrer Auslegung in Schrifttum und Rechtsprechung, ob eine Darstellung unrichtig ist. Hierbei besteht der Unterschied zwischen einer durch das Gesetz nicht gedeckten Saldierung und einer durch Gesetz nicht gedeckten Aktivierung lediglich auf der Wirkungsseite: Im zweiten Fall sind auch Jahresergebnis und Eigenkapital tangiert, im ersten nur Bilanzsumme, Höhe der betroffenen Position etc. Unrichtig, weil nicht konform mit den Abbildungsregeln, die allein ein Urteil über die Unrichtigkeiten erlauben, sind aber beide Darstellungen.

1 Vgl. *Münster/Meier-Behringer* in Haufe HGB Bilanz Kommentar, 8. Aufl. 2017, § 331 Tz. 34 ff.; *Grottel/Hoffmann* in Beck'scher Bilanz-Kommentar, 13. Aufl. 2022, § 331 Tz. 11 ff.

11 Ein weiterer Versuch, dem Begriff der **Verschleierung** einen eigenen Gehalt zu geben, bezieht sich auf die Ausnutzung von **Ermessens-** und **Beurteilungs**spielräumen. Hiernach soll eine Verschleierung in Betracht kommen, wenn sich der Bilanzierende bei seiner **Ermessensentscheidung** auf eine wissenschaftliche Mindermeinung beruft, dies aber nicht offenlegt.[1] Unseres Erachtens trägt auch dieses Beispiel nicht:

- Entweder handelt es sich bei der Ausübung des Ermessens um eine im Anhang offenzulegende Bilanzierungs- oder Bewertungsmethode, dann ist die fehlende Anhangangabe eine unrichtige Darstellung oder
- eine Pflicht zur Offenlegung im Anhang besteht nicht, dann kann diese auch nicht auf dem Umweg über die Verschleierung konstruiert werden.

12 Unrichtig ist eine Darstellung erst dann, wenn die vorgenommene Bilanzierungsmethode **schlechthin unvertretbar** ist; verschiedene Schrifttumsauffassungen (im Rahmen des Vertretbaren) sind daher – so das Kammergericht Berlin – vom Strafrecht zu akzeptieren.[2]

Dem zuletzt zitierten Beschluss lag folgender Fall zugrunde: Im Zuge der Auflage verschiedener geschlossener Immobilienfonds wurde die prospektierte Miete für die Dauer von i. d. R. **25 Jahren garantiert.** Die jeweilige Mietgarantiegebühr wurde für den gesamten vereinbarten Garantiezeitraum vorab als Einmalbetrag gezahlt und von dem Garanten in voller Höhe **sofort ertragswirksam** verbucht. Die Staatsanwaltschaft beurteilte – u. E. in Übereinstimmung mit der ganz h. M. – diese Art der Bilanzierung als Verstoß gegen die Pflicht zur periodengerechten Erfolgsermittlung, hier durch passive Abgrenzung gem. § 250 HGB. Das Kammergericht Berlin hielt eine sofortige Ertragsrealisierung hingegen nicht für schlechthin unvertretbar.[3]

Der Beschluss hinterlässt insgesamt den Eindruck, dass außerhalb der Bilanzfälschung durch frei erfundene Vorgänge **(Luftbuchungen)** und ähnlich Massives eine strafbare unrichtige Wiedergabe i. S. von § 331 HGB kaum je zu bejahen ist.

1.2 Verhältnis zu § 334 HGB

13 Nach § 334 HGB werden lediglich als **Ordnungswidrigkeit** (und damit nach Maßgabe des Opportunitätsprinzips) Verstöße gegen die dort im Einzelnen genannten wesentlichen Ansatz-, Ausweis-, Bewertungs- und Konsolidierungsvorschriften geahndet. Nur in wenigen wesentlichen Fällen, so insbesondere bei Verletzung des Einzelbewertungs-, Realisations- und Imparitätsprinzips (§ 252 HGB), ergibt sich kein Konkurrenzverhältnis, da § 334 HGB auf § 252 HGB nicht Bezug nimmt (→ § 334 Rz. 7).

Die Mehrzahl der zwingenden Ansatz-, Ausweis-, Bewertungs- und Konsolidierungsvorschriften wird in § 334 HGB aber angeführt (→ § 334 Rz. 5). Bei einem Verstoß gegen das Vollständigkeitsgebot oder Saldierungsverbot, bei der Aktivierung selbst erstellter Kundenlisten, bei der Nichtpassivierung von Verbindlichkeitsrückstellungen, beim Unterlassen planmäßiger oder außerplanmäßiger Abschreibungen etc. stellt sich daher jeweils die Frage, ob eine **strafbewehrte unrichtige Darstellung** oder lediglich eine **Ordnungswidrigkeit** vorliegt.

---

1 Vgl. *Münster/Meier-Behringer* in Haufe HGB Bilanz Kommentar, 8. Aufl. 2017, § 331 Tz. 37.
2 KG Berlin, 1. Strafsenat, Beschluss v. 11.2.2010 – 1 Ws 212/08, wistra 2010 S. 235 ff.
3 Vgl. zur Besprechung des KG-Beschlusses in seinen Einzelheiten *Eisolt*, StuB 2010 S. 533 ff.

Das Schrifttum versucht **Straftat** und **Ordnungswidrigkeit** wie folgt **abzugrenzen:** 14

- „Detailverstöße", „weniger gravierende Zuwiderhandlungen", „schlichte Verstöße", „Rechtsgutsverletzung geringeren Unrechtsgehalts" sollen § 334 HGB unterliegen,
- „schwere Verstöße", „erhebliche Verletzungen", „Mehrfachverstöße" sollen hingegen § 331 HGB[1] unterliegen.

Die Schwierigkeit dieser Abstufung wird zugleich zugestanden, eine generelle Abstufung zwischen erheblichen und unerheblichen Verstößen daher für nicht möglich gehalten. Dem ist zuzustimmen, das Abgrenzungsproblem zwischen Ordnungswidrigkeit und Straftat bleibt damit aber weiter ungelöst.

Die Lösung wird auch nicht dadurch erleichtert, dass das **Wesentlichkeitsprinzip** ungeschriebener Bestandteil der GoB ist, eine unwesentliche Verletzung einer Vorschrift also nicht als fehlerhaft gilt (→ § 252 Rz. 245). Die zweistufige Abgrenzung ist also zu einer dreistufigen auszuweiten, deren Grenzen noch fließender sind:

- **unwesentliche** Verstöße, nach dem materiellen Bilanzrecht also Nichtverstöße,
- nicht mehr unwesentliche, aber auch **noch nicht erhebliche** und damit als Ordnungswidrigkeit verfolgbare Verstöße,
- **erhebliche** und damit als Straftat zu verfolgende Verstöße.

Eine auch nur einigermaßen handhabbare Abgrenzung kann kraft seiner Befugnisse nur dem **Gericht** im Einzelfall gelingen. Uns bleibt an dieser Stelle nur die allgemeine Feststellung: Dort wo §§ 331 und 334 HGB gleiche Regelverletzungen ansprechen, ist das Verhältnis beider Vorschriften ungelöst.

2. Offenlegung eines unrichtigen befreienden Einzelabschlusses (Nr. 1a) oder Konzernabschlusses (Nr. 3)

Nr. 1a und Nr. 3 sanktionieren die 15

- vorsätzliche oder leichtfertige (d.h. in höherem Maße fahrlässige) **Offenlegung** (→ Rz. 17)
- **befreiender Abschlüsse** (→ Rz. 16),
- in denen **Verhältnisse** der Kapitalgesellschaft bzw. des Konzerns unrichtig wiedergeben oder verschleiert (→ Rz. 10) sind.

Betroffen sind die Wahlrechte 16

- einer Kapitalgesellschaft, statt des Jahresabschlusses nach Handelsrecht einen **IFRS-Einzelabschluss** nach den in § 315e HGB beschriebenen internationalen Regeln offenzulegen, (→ § 325 Rz. 25) bzw.
- einer an der Spitze eines Teilkonzerns stehenden inländischen Kapitalgesellschaft (Mutterunternehmen unterer Stufe), statt eines diesen Teilkonzern umfassenden Abschlusses einen **befreienden Konzernabschluss** höherer Stufe offenzulegen (→ § 325 Rz. 25).

Die **Offenlegung,** also die Einreichung beim Betreiber des Bundesanzeigers, muss in Kenntnis oder leichtfertiger Nichtkenntnis der Unrichtigkeit des befreienden Abschlusses und zum Zwecke der Befreiung erfolgen. 17

1 Vgl. z.B. *Grottel/Hoffmann* in Beck'scher Bilanz-Kommentar, 13. Aufl. 2022, § 331 Tz. 20 sowie § 334 Tz. 21; *Münster/Meier-Behringer* in Haufe HGB Bilanz Kommentar, 8. Aufl. 2017, § 334 Tz. 1 ff.

18 **Taugliche Täter** sind nach beiden Vorschriften die Mitglieder des vertretungsberechtigten Organs der befreiten Kapitalgesellschaft (→ Rz. 5), nach Nr. 3 in Abhängigkeit davon, wer die Offenlegung vornimmt, auch die Mitglieder des vertretungsberechtigten Organs des Mutterunternehmens höherer Stufe.

19 *(einstweilen frei)*

3. Unrichtige Angaben gegenüber Abschlussprüfern (Nr. 4)

20 Der Abschlussprüfer kann zur Erfüllung seiner Aufgabe nach § 320 Abs. 2 HGB von den gesetzlichen Vertretern (→ Rz. 5), im Falle der Konzernabschlussprüfung auch von den gesetzlichen Vertretern der Tochterunternehmen oder deren vertretungsberechtigten Gesellschaftern **Aufklärungen und Nachweise** verlangen (→ § 320 Rz. 6).

Nr. 4 sanktioniert vorsätzlich unrichtige oder verschleiernde Angaben (→ Rz. 9) in solchen Aufklärungen oder Nachweisen.

Unerheblich ist, ob die unrichtige Darstellung gegenüber dem Abschlussprüfer als Person oder gegenüber einem seiner Gehilfen erfolgt.

Nicht durch Nr. 4 sanktioniert ist die Verweigerung der Auskunft.

IV. Verhältnis zu anderen Straftatbeständen

21 Im Verhältnis zu andern Straftatbeständen ergeben sich u. a. folgende Beziehungen:

- **Allgemeine Wirtschaftsdelikte** wie § 265b StGB (Kreditbetrug) stehen in Tateinheit mit den Tatbeständen des § 331 HGB, wenn die einzelnen Handlungen (Erstellung einer falschen Bilanz, Vorlage zur Krediterlangung) von einem einheitlichen Willensentschluss getragen werden.
- Zu den **Bankrottdelikten** der §§ 283 Abs. 1 Nr. 7a, 283b Abs. 1 Nr. 3a StGB besteht eine Gesetzeskonkurrenz. Die mit einer höheren Strafandrohung belegten Insolvenzdelikte gehen § 331 HGB vor.
- § 82 Abs. 2 Nr. 2 GmbHG und § 400 Abs. 1 Nr. 1 AktG gelten für unrichtige Angaben in **sonstigen Darstellungen oder Übersichten** (etwa Quartalsberichten), jedoch ausdrücklich nicht für solche in Eröffnungsbilanz bzw. Jahresabschluss/Lagebericht oder befreiendem IFRS-Einzelabschluss.

§ 331a Unrichtige Versicherung

(1) Mit Freiheitsstrafe bis zu fünf Jahren oder mit Geldstrafe wird bestraft, wer entgegen § 264 Absatz 2 Satz 3, auch in Verbindung mit § 325 Absatz 2a Satz 3, entgegen § 289 Absatz 1 Satz 5, auch in Verbindung mit § 325 Absatz 2a Satz 4, oder entgegen § 297 Absatz 2 Satz 4 oder § 315 Absatz 1 Satz 5, jeweils auch in Verbindung mit § 315e Absatz 1, eine unrichtige Versicherung abgibt.

(2) Handelt der Täter leichtfertig, so ist die Strafe Freiheitsstrafe bis zu zwei Jahren oder Geldstrafe.

1 Die zuvor in § 331 Nr. 3a HGB enthaltene Regelung zur Strafbarkeit des unrichtigen „Bilanzeids" wird mit Einfügung von § 331a durch das FISG in einen eigenständigen Straftatbestand der unrichtigen Versicherung überführt. Klargestellt wird, dass dies neben handelsrechtlichem Jahres- und Konzernabschluss auch den für Zwecke der Offenlegung erstellten IFRS-Einzel- oder Konzernabschluss betrifft.

In der Ahndung eines unrichtigen Bilanzeids wird wie folgt unterschieden: 2

- Vorsatz: Freiheitsstrafe bis zu fünf Jahren oder Geldstrafe (Abs. 1),
- Leichtfertigkeit, d. h. mehr als „einfache" Fahrlässigkeit: Freiheitsstrafe bis zu zwei Jahren oder Geldstrafe (Abs. 2),
- „einfache" Fahrlässigkeit: Bußgeld bis zu 50.000 € (§ 334 Abs. 3 Satz 1 HGB).

§ 332 Verletzung der Berichtspflicht

(1) Mit Freiheitsstrafe bis zu drei Jahren oder mit Geldstrafe wird bestraft, wer als Abschlussprüfer oder Gehilfe eines Abschlussprüfers über das Ergebnis der Prüfung eines Jahresabschlusses, eines Einzelabschlusses nach § 325 Abs. 2a, eines Lageberichts, eines Konzernabschlusses, eines Konzernlageberichts einer Kapitalgesellschaft oder eines Zwischenabschlusses nach § 340a Abs. 3 oder eines Konzernzwischenabschlusses gemäß § 340i Abs. 4 unrichtig berichtet, im Prüfungsbericht (§ 321) erhebliche Umstände verschweigt oder einen inhaltlich unrichtigen Bestätigungsvermerk (§ 322) erteilt.

(2) [1]Handelt der Täter gegen Entgelt oder in der Absicht, sich oder einen anderen zu bereichern oder einen anderen zu schädigen, so ist die Strafe Freiheitsstrafe bis zu fünf Jahren oder Geldstrafe. [2]Ebenso wird bestraft, wer einen inhaltlich unrichtigen Bestätigungsvermerk erteilt zu dem Jahresabschluss, zu dem Einzelabschluss nach § 325 Absatz 2a oder zu dem Konzernabschluss einer Kapitalgesellschaft, die ein Unternehmen von öffentlichem Interesse nach § 316a Satz 2 ist.

(3) Handelt der Täter in den Fällen des Absatzes 2 Satz 2 leichtfertig, so ist die Strafe Freiheitsstrafe bis zu zwei Jahren oder Geldstrafe.

Inhaltsübersicht

LITERATUR:

Hoffmann/Knierim, Falsche Berichterstattung des Abschlussprüfers, BB 2002 S. 2275; *Stahlschmidt*, Schlafende Straftatbestände des HGB, StuB 2003 S. 107.

I. Überblick

§ 332 HGB sanktioniert mit Freiheitsstrafe bis zu drei Jahren (bzw. fünf Jahren) oder Geldstrafe 1

- **Verletzungen der Berichtspflicht** (→ Rz. 9)
- in Bezug auf das Ergebnis einer **Abschlussprüfung** von Jahres- oder Konzernabschlüssen oder (Konzern-)Lageberichten
- durch den **Abschlussprüfer oder dessen Gehilfen** (→ Rz. 6).

Betroffen ist nur die gesetzliche Prüfung der Abschlüsse von **Kapitalgesellschaften, „Kap. & Co."-Gesellschaften** sowie rechtsformunabhängig der Abschlüsse von **Kreditinstituten** (§ 340m HGB) und **Versicherungsunternehmen** (§ 341m HGB); vergleichbare Straftatbestände bestehen jedoch für große Personenunternehmen nach § 18 PublG und für Genossenschaften nach § 150 GenG. Freiwillige Abschlussprüfungen unterliegen hingegen nicht § 332 HGB.

Als **Täter** kommen nur Abschlussprüfer oder deren Gehilfen infrage (→ Rz. 6). 2

3 Eine **Freiheitsstrafe** von bis zu drei Jahren kann unabhängig davon, ob ein konkreter Erfolg (z. B. Schaden) eintritt, verhängt werden. Das **erhöhte Strafmaß** von bis zu fünf Jahren (Abs. 2) kommt bei der Prüfung normaler Kapitalgesellschaften nur zum Tragen, wenn der Täter gegen Entgelt handelt oder in der Absicht, sich oder einen anderen zu bereichern oder einen anderen zu schädigen. Bei der Prüfung von **Unternehmen öffentlichen Interesses** (→ § 316a Rz. 2) gelten gem. FISG folgende Verschärfungen:

- Strafrahmen von bis zu fünf Jahren schon bei vorsätzlicher Erteilung eines falschen Bestätigungsvermerks, auch wenn nicht gegen Entgelt bzw. nicht in Schädigungs-/Bereicherungsabsicht gehandelt wurde;
- Strafrahmen von bis zu zwei Jahren bereits bei nicht vorsätzlicher, aber leichtfertiger Erteilung eines falschen Bestätigungsvermerks.

4 Subjektive Voraussetzung ist **Vorsatz** bzw. bei falschem Bestätigungsvermerk für ein Unternehmen öffentlichen Interesses auch schon Leichtfertigkeit.

5 In allen Varianten von § 332 HGB handelt es sich um ein Vergehen. Der **Versuch** ist daher **nicht** strafbar (§§ 12 Abs. 2, 23 Abs. 1 StGB).

II. Täterkreis: Abschlussprüfer und deren Gehilfen

6 Täter können nur Abschlussprüfer (→ Rz. 7) und deren Gehilfen (→ Rz. 8) sein.

7 Hinsichtlich des **Abschlussprüfers** ist wie folgt zu differenzieren:[1]

- Wer sich die Prüfungstätigkeit nur **anmaßt**, etwa als **„Bilanzexperte"** unter dieser Bezeichnung ein Testat erteilt, ist kein tauglicher Täter.
- Hingegen führen **Ausschlussgründe** nach §§ 319 oder 319a HGB nicht zum Ausschluss vom Täterkreis.
- Bei Bestellung einer **Wirtschafts- oder Buchprüfungsgesellschaft** zum Abschlussprüfer ist der Wirtschaftsprüfer/vereidigte Buchprüfer, der persönlich handelt, tauglicher Täter.

8 Angestellte oder freie Mitarbeiter, die bei der Prüfungstätigkeit nicht nur als Hilfskräfte (z. B. Schreibkräfte) mitwirken, sind als **Gehilfen** des Abschlussprüfers taugliche Täter.

III. Tathandlungen: Verletzungen der Berichtspflicht

9 Die Berichtspflicht kann auf drei Arten verletzt werden, durch

- **unrichtige Berichterstattung,**
- **Verschweigen** erheblicher Umstände im Prüfungsbericht (→ Rz. 10) und
- Erteilen eines **unrichtigen Bestätigungsvermerks** (→ Rz. 11).

10 In der zweiten Variante ergibt sich aus dem Gesetzeswortlaut, dass sie nur im **schriftlichen Prüfungsbericht** nach § 321 HGB verwirklicht werden kann. Zur Vermeidung sinnwidriger Ergebnisse gilt nach der h. M. für die erste Variante aber Entsprechendes.[2] Äußerungen außerhalb von Prüfungsbericht und Bestätigungsvermerk werden daher vom Tatbestand nicht erfasst.

1 *Grottel/Hoffmann* in Beck'scher Bilanz-Kommentar, 13. Aufl. 2022, § 332 Tz. 32 ff.
2 Vgl. *Grottel/Hoffmann* in Beck'scher Bilanz-Kommentar, 13. Aufl. 2022, § 332 Tz. 6 ff.

Unrichtig ist der Bericht über das Ergebnis der Prüfung nicht dann, wenn er von den **tatsächlichen** Umständen und Sachverhalten abweicht. Entscheidend ist vielmehr die Abweichung des **mitgeteilten** vom **tatsächlichen** Prüfungsergebnis.

BEISPIEL Infolge einer in Teilen mangelhaften Prüfung stellt Abschlussprüfer A bestimmte Bilanzierungsfehler nicht fest und berichtet daher auch nicht über diese.

Hat der Abschlussprüfer keine oder **keine wesentlichen Prüfungshandlungen** vorgenommen und deshalb den Bilanzierungsfehler nicht bemerkt, täuscht er aber im Prüfungsbericht eine ordnungsgemäße Prüfung vor, soll dies jedoch eine unrichtige Darstellung des Prüfungsergebnisses sein.[1]

Auch beim Verschweigen erheblicher Umstände kommt es nicht auf die Abweichung zwischen Prüfungsbericht und **tatsächlichen** Umständen, sondern auf die zwischen Prüfungs**bericht** und Prüfungs**ergebnis** an. Bestraft wird das Verschweigen im Prüfungsbericht. Die Mitteilung der erheblichen Umstände in *Sideletters* oder mündlicher Form befreit den Abschlussprüfer daher nicht.

Ein nach den Vorgaben von § 322 Abs. 1 bis 3 und 6 HGB erteilter **Bestätigungsvermerk** ist unrichtig, wenn er vom Ergebnis der Abschlussprüfung abweicht, also insbesondere ein uneingeschränkter Bestätigungsvermerk erteilt wurde, obwohl eine Einschränkung oder Versagung geboten gewesen wäre. Ein nach dem Ergebnis der Prüfung zu Unrecht erteilter **Versagungsvermerk** soll nach einer Schrifttumsauffassung[2] kein unrichtiger Bestätigungsvermerk sein, da der Versagungsvermerk nach § 322 Abs. 4 Satz 2 HGB kein Bestätigungsvermerk ist. Diese Auffassung teilen wir nicht, weil § 322 Abs. 4 Satz 2 HGB einen völlig anderen Schutzzweck, nämlich die Vermeidung von Missverständnissen über das Ergebnis der Prüfung beim Adressaten verfolgt und deshalb auch nicht als Definitionsnorm formuliert ist. Diesem eingeschränkten Schutzzweck entspricht es, dass lediglich untersagt ist, den Versagungsvermerk als Bestätigungsvermerk „zu bezeichnen“, hingegen keine auf andere Vorschriften übertragbare (Negativ-)Definition gegeben wird. 11

In allen Varianten von § 332 HGB handelt es sich um ein **Vergehen.** Der **Versuch** ist daher **nicht** strafbar (§§ 12 Abs. 2, 23 Abs. 1 StGB). Entscheidend ist die Vollendung der Tat. Sie setzt voraus, dass der Prüfungsbericht bzw. der Bestätigungsvermerk den gesetzlichen Adressaten zugegangen ist, also so in deren Verfügungsbereich gelangt ist, dass sie ihn zur Kenntnis nehmen konnten. 12

§ 333 Verletzung der Geheimhaltungspflicht

(1) Mit Freiheitsstrafe bis zu einem Jahr oder mit Geldstrafe wird bestraft, wer ein Geheimnis der Kapitalgesellschaft, eines Tochterunternehmens (§ 290 Abs. 1, 2), eines gemeinsam geführten Unternehmens (§ 310) oder eines assoziierten Unternehmens (§ 311), namentlich ein Betriebs- oder Geschäftsgeheimnis, das ihm in seiner Eigenschaft als Abschlussprüfer oder Gehilfe eines Abschlussprüfers bei Prüfung des Jahresabschlusses, eines Einzelabschlusses nach § 325 Abs. 2a oder des Konzernabschlusses bekannt geworden ist, oder wer ein Geschäfts- oder Betriebsgeheimnis oder eine Erkenntnis über das Unternehmen, das ihm als Beschäftigter bei einer Prüfstelle im Sinne von § 342b Abs. 1 bei der Prüftätigkeit bekannt geworden ist, unbefugt offenbart.

---

1 Vgl. *Münster/Meier-Behringer* in Haufe HGB Bilanz Kommentar, 12. Aufl. 2021, § 332 Tz. 21; *Graf*, BB 2001 S. 562 ff.

2 *Grottel/Hoffmann* in Beck'scher Bilanz-Kommentar, 13. Aufl. 2022, § 332 Tz. 28.

(2) [1]Handelt der Täter gegen Entgelt oder in der Absicht, sich oder einen anderen zu bereichern oder einen anderen zu schädigen, so ist die Strafe Freiheitsstrafe bis zu zwei Jahren oder Geldstrafe. [2]Ebenso wird bestraft, wer ein Geheimnis der in Absatz 1 bezeichneten Art, namentlich ein Betriebs- oder Geschäftsgeheimnis, das ihm unter den Voraussetzungen des Absatzes 1 bekannt geworden ist, unbefugt verwertet.

(3) Die Tat wird nur auf Antrag der Kapitalgesellschaft verfolgt.

Inhaltsübersicht **Rz.**

LITERATUR:

Quick, Geheimhaltungspflicht des Abschlussprüfers: Strafrechtliche Konsequenzen bei Verletzung, BB 2004 S. 1490; *Stahlschmidt*, Schlafende Straftatbestände des HGB, StuB 2003 S. 107.

I. Überblick

1 § 333 HGB sanktioniert mit Freiheitsstrafe bis zu einem Jahr (bzw. zwei Jahren, → Rz. 3) oder Geldstrafe

- die unbefugte **Offenbarung**
- von **Geheimnissen** (→ Rz. 11) einer Kapitalgesellschaft (oder ihrer Tochter-, Gemeinschafts- bzw. assoziierten Unternehmen).

Betroffen sind Erkenntnisse, die im Rahmen einer **DPR-Prüfung** (→ § 342b) oder der **gesetzlichen Prüfung** der Abschlüsse oder Konzernabschlüsse von **Kapitalgesellschaften, „Kap. & Co."-Gesellschaften** (§ 335b HGB) sowie rechtsformunabhängig der Abschlüsse von Kreditinstituten (§ 340m HGB) und Versicherungsunternehmen (§ 341m HGB) gewonnen wurden. Vergleichbare Straftatbestände bestehen jedoch für große Personenunternehmen nach § 19 PublG und für Genossenschaften nach § 151 GenG. Die Offenbarung von Erkenntnissen, die bei freiwilligen Abschlussprüfungen oder außerhalb von Prüfungen gewonnen wurden, unterliegt nicht § 333 HGB (→ Rz. 10).

2 Als **Täter** kommen nur infrage:

- **Abschlussprüfer** oder deren Gehilfen (→ Rz. 7).

3 Eine Freiheitsstrafe von bis zu einem Jahr kann unabhängig davon, ob ein konkreter Erfolg (z. B. Schaden) eintritt, verhängt werden. Das **erhöhte Strafmaß** von bis zu zwei Jahren (Abs. 2) kommt nur zum Tragen, wenn

- der Täter gegen **Entgelt** handelt oder
- der Täter in der Absicht handelt, sich oder einen anderen zu **bereichern** oder einen anderen zu **schädigen**, oder
- das Geheimnis unbefugt **verwertet,** d. h. wirtschaftlich nutzt.

4 Subjektive Voraussetzung ist **Vorsatz.**

In allen Varianten von § 333 HGB handelt es sich um ein **Vergehen.** Der **Versuch** ist daher **nicht** strafbar (§§ 12 Abs. 2, 23 Abs. 1 StGB).

Die Tat wird nur auf **Antrag** der Kapitalgesellschaft verfolgt (→ Rz. 16). 5

II. Täterkreis

Geheimhaltungsverpflichtungen bestehen für 6

- den **Abschlussprüfer** und dessen Gehilfen nach § 323 HGB.

§ 333 HGB regelt die strafrechtlichen Konsequenzen einer Verletzung dieser Pflichten. Die zivilrechtlichen Folgen (Schadenersatz) sind unter → § 323 Rz. 31 ff. dargestellt.

Hinsichtlich des **Abschlussprüfers** ist wie folgt zu differenzieren: 7

- Wer sich die Prüfungstätigkeit nur **anmaßt,** etwa als **„Bilanzexperte"** unter dieser Bezeichnung ein Testat erteilt, ist kein tauglicher Täter.
- Hingegen führen **Ausschlussgründe** nach §§ 319 oder 319a HGB nicht zum Ausschluss vom Täterkreis.
- Bei Bestellung einer Buch- oder **Wirtschaftsprüfungsgesellschaft** zum Abschlussprüfer ist der Wirtschaftsprüfer/vereidigte Buchprüfer, der persönlich handelt, tauglicher Täter.

Angestellte oder freie Mitarbeiter, die direkt oder indirekt bei der Prüfungstätigkeit mitwirken, sind als **Gehilfen** des Abschlussprüfers taugliche Täter, wobei abweichend von den Regelungen in § 332 HGB (→ § 322 Rz. 8) als Gehilfe aber nicht nur Personen infrage kommen, die Einfluss auf das Prüfungsergebnis haben können, sondern jeder an der Prüfung Beteiligte (also etwa auch Schreibkräfte).[1] 8

(einstweilen frei) 9

Der Täter muss die Informationen **im Rahmen seiner Prüfungstätigkeit** und damit zu einem Zeitpunkt erlangt haben, als er noch Abschlussprüfer oder Gehilfe war. Hingegen ist unerheblich, ob er dies im Zeitpunkt der unbefugten Offenbarung noch ist. 10

Geheimnisse, die **nicht** im Rahmen der Prüfungstätigkeit bekannt geworden sind, können strafrechtlich dem Schutz von §§ 203 und 204 StGB unterliegen.

III. Geheimnisse und Erkenntnisse über das Unternehmen

(Unbefugt) offenbart werden können nur **Geheimnisse.** Sachverhalte, die ohnehin allgemein bekannt oder zugänglich sind, also etwa in das Handelsregister eingetragene Tatsachen, sind kein Geheimnis. Hingegen sind Grundbucheintragungen wegen der Bindung der Grundbucheinsicht an ein berechtigtes Interesse ein nicht allgemein zugänglicher und daher im Einzelfall als Geheimnis zu qualifizierender Sachverhalt. 11

Aus Sicht der betroffenen Kapitalgesellschaft bzw. ihrer Vertreter muss ein objektiv begründbares **Geheimhaltungsinteresse** bestehen. Trivialen Informationen fehlt auch dann der Geheimnischarakter, wenn sie nicht allgemein bekannt sind.

1 Vgl. *Münster/Meier-Behringer* in Haufe HGB Bilanz Kommentar, 12. Aufl. 2021, § 333 Tz. 9 ff.

Als **Beispiele** für Geheimnisse werden im Schrifttum genannt:[1]

- Kunden- und Lieferantenlisten,
- Gehaltslisten und Personalakten,
- Protokolle von Vorstands- und Aufsichtsratssitzungen,
- Beteiligungsverhältnisse, sofern sie nicht ohnehin im Anhang offengelegt sind.

12 *(einstweilen frei)*

IV. Unbefugtes Offenbaren

13 **Offenbarung** der Geheimnisse (→ Rz. 11) oder anderer Erkenntnisse (→ Rz. 12) ist deren

- schriftliche oder mündliche **Mitteilung**
- an mindestens eine Person, der diese Information **bisher noch nicht bekannt** war.

Auch die Bestätigung oder das Dementi eines Gerüchts stellt eine Offenbarung dar.[2]

14 Bei gesetzlich begründeten Mitteilungs- oder Offenbarungspflichten erfolgt die Offenbarung **nicht unbefugt.** Betroffen ist etwa die

- Offenbarung von Informationen durch den Abschlussprüfer im externen Qualitätskontrollverfahren.

15 Flankiert wird das Verbot der Offenbarung durch **Zeugnisverweigerungsrechte** (materiell: Pflichten), etwa im Strafverfahren nach § 53 Abs. 1 Nr. 3 StPO oder im Parlamentarischen Untersuchungsausschuss nach § 22 Abs. 2 PUAG. Allerdings darf das Zeugnis nicht verweigert werden, wenn der Zeuge von der Verpflichtung zur Verschwiegenheit entbunden ist (§ 53 Abs. 2 Satz 1 StPO; § 22 Abs. 1 PUAG). In der Sache Wirecard lag dem Abschlussprüfer eine **Entbindung von der Verschwiegenheitspflicht** durch den Insolvenzverwalter (sowie zusätzlich durch die aktuellen Vorstands- und Aufsichtsratsmitglieder) vor. Unter Berufung auf die fehlende Entbindung durch die zum Zeitpunkt der Erteilung des Prüfungsauftrags tätigen früheren Vorstände (einer von ihnen flüchtig und mit Haftbefehl gesucht) verweigerte der Abschlussprüfer das Zeugnis, um sich nicht der Gefahr berufsrechtlicher oder strafrechtlicher (§ 203 StGB, § 333 HGB) Sanktionen auszusetzen. Das Beschwerdeverfahren über das daraufhin verhängte Ordnungsgeld ist schließlich vom BGH entschieden worden. Ein Ordnungsgeld wurde wegen Verbotsirrtums (u. a.: bis dahin fehlende höchstrichterliche Rechtsprechung) nicht festgesetzt. Bzgl. der Entbindung von der Schweigepflicht wurde aber wie folgt entschieden:[3]

- Grundsätzlich sind diejenigen Personen dazu befugt, einen Berufsgeheimnisträger von seiner Verschwiegenheitspflicht zu entbinden, die zu jenem in einer geschützten **Vertrauensbeziehung** stehen. Hierunter fallen im Rahmen eines Mandatsverhältnisses mit einem Wirtschaftsprüfer regelmäßig nur der oder die **Auftraggeber.**
- Bei einer **juristischen Person** bestehen Auftragsverhältnis und Vertrauensbeziehung nicht zu den natürlichen Personen, die die juristische Person vertreten, sondern zur juristischen Person selbst. Die Entbindungserklärung ist deshalb von denjenigen abzugeben, die zur Vertretung der juristischen Person zum **Zeitpunkt der Zeugenaussage** berufen sind.

---

1 Vgl. *Münster/Meier-Behringer* in Haufe HGB Bilanz Kommentar, 12. Aufl. 2021, § 333 Tz. 17 ff.

2 Vgl. *Münster/Meier-Behringer* in Haufe HGB Bilanz Kommentar, 12. Aufl. 2021, § 333 Tz. 25 ff.

3 BGH, Beschluss v. 27.1.2021 – StB 44/20.

► Ist über das Vermögen der juristischen Person das Insolvenzverfahren eröffnet und ein **Insolvenzverwalter** bestellt worden, ist dieser zur Entbindung berechtigt, soweit das Vertrauensverhältnis Angelegenheiten der Insolvenzmasse betrifft.

V. Antragsdelikt

Nach Abs. 3 ist die Verletzung der Geheimhaltungspflicht ein **Antragsdelikt.** Antragsberechtigt ist nur die Kapitalgesellschaft. Keine Berechtigung haben deren (in den Geheimnisschutz einbezogene) Tochter-, Gemeinschafts- oder assoziierte Unternehmen. 16

Der Strafantrag ist nach § 77b Abs. 1 StGB binnen drei Monaten nach Erlangung der Kenntnis über die Tat zu stellen.

§ 333a Verletzung der Pflichten bei Abschlussprüfungen

Mit Freiheitsstrafe bis zu einem Jahr oder mit Geldstrafe wird bestraft, wer als Mitglied eines nach § 324 Absatz 1 Satz 1 eingerichteten Prüfungsausschusses

1. **eine in § 334 Absatz 2a bezeichnete Handlung begeht und dafür einen Vermögensvorteil erhält oder sich versprechen lässt oder**
2. **eine in § 334 Absatz 2a bezeichnete Handlung beharrlich wiederholt.**

Inhaltsübersicht

I. Überblick

Auf → § 324 Rz. 15 und → § 334 Rz. 12 wird verwiesen. 1

§ 334 Bußgeldvorschriften

(1) [1]Ordnungswidrig handelt, wer als Mitglied des vertretungsberechtigten Organs oder des Aufsichtsrats einer Kapitalgesellschaft

1. **bei der Aufstellung oder Feststellung des Jahresabschlusses einer Vorschrift**
   a) **des § 243 Abs. 1 oder 2, der §§ 244, 245, 246, 247, 248, 249 Abs. 1 Satz 1 oder Abs. 2, des § 250 Abs. 1 oder 2, des § 251 oder des § 264 Absatz 1a oder Absatz 2 über Form oder Inhalt,**
   b) **des § 253 Absatz 1 Satz 1, 2, 3, 4, 5 oder Satz 6, Abs. 2 Satz 1, auch in Verbindung mit Satz 2, Absatz 3 Satz 1, 2, 3, 4 oder Satz 5, Abs. 4 oder 5, des § 254 oder des § 256a über die Bewertung,**
   c) **des § 265 Abs. 2, 3, 4 oder 6, der §§ 266, 268 Absatz 3, 4, 5, 6 oder Absatz 7, der §§ 272, 274, 275 oder des § 277 über die Gliederung oder**
   d) **des § 284 oder des § 285 über die in der Bilanz, unter der Bilanz oder im Anhang zu machenden Angaben,**
2. **bei der Aufstellung des Konzernabschlusses einer Vorschrift**
   a) **des § 294 Abs. 1 über den Konsolidierungskreis,**

b) des § 297 Absatz 1a, 2 oder 3 oder des § 298 Abs. 1 in Verbindung mit den §§ 244, 245, 246, 247, 248, 249 Abs. 1 Satz 1 oder Abs. 2, dem § 250 Abs. 1 oder dem § 251 über Inhalt oder Form,

c) des § 300 über die Konsolidierungsgrundsätze oder das Vollständigkeitsgebot,

d) des § 308 Abs. 1 Satz 1 in Verbindung mit den in Nummer 1 Buchstabe b bezeichneten Vorschriften, des § 308 Abs. 2 oder des § 308a über die Bewertung,

e) des § 311 Abs. 1 Satz 1 in Verbindung mit § 312 über die Behandlung assoziierter Unternehmen oder

f) des § 308 Abs. 1 Satz 3, des § 313 oder des § 314 über die im Konzernanhang zu machenden Angaben,

3. bei der Aufstellung des Lageberichts oder der Erstellung eines gesonderten nichtfinanziellen Berichts einer Vorschrift der §§ 289 bis 289b Absatz 1, §§ 289c, 289d, 289e Absatz 2, auch in Verbindung mit § 289b Absatz 2 oder 3, oder des § 289f über den Inhalt des Lageberichts oder des gesonderten nichtfinanziellen Berichts,

3a. bei der Erstellung einer Erklärung zur Unternehmensführung einer Vorschrift des § 289f Absatz 4 Satz 3 in Verbindung mit Satz 1 und Absatz 2 Nummer 4 über den Inhalt,

4. bei der Aufstellung des Konzernlageberichts oder der Erstellung eines gesonderten nichtfinanziellen Konzernberichts einer Vorschrift der §§ 315 bis 315b Absatz 1, des § 315c, auch in Verbindung mit § 315b Absatz 2 oder 3, oder des § 315d über den Inhalt des Konzernlageberichts oder des gesonderten nichtfinanziellen Konzernberichts,

5. bei der Offenlegung, Hinterlegung, Veröffentlichung oder Vervielfältigung einer Vorschrift des § 328 über Form, Format oder Inhalt oder

6. einer aufgrund des § 330 Abs. 1 Satz 1 erlassenen Rechtsverordnung, soweit sie für einen bestimmten Tatbestand auf diese Bußgeldvorschrift verweist,

zuwiderhandelt. [2]In den Fällen des Satzes 1 Nummer 3 und 3a wird eine Zuwiderhandlung gegen eine Vorschrift des § 289f Absatz 2 Nummer 4, auch in Verbindung mit Absatz 3 oder 4, nicht dadurch ausgeschlossen, dass die Festlegungen oder Begründungen nach § 76 Absatz 4 oder § 111 Absatz 5 des Aktiengesetzes oder nach § 36 oder § 52 Absatz 2 des Gesetzes betreffend die Gesellschaften mit beschränkter Haftung ganz oder zum Teil unterblieben sind. [3]In den Fällen des Satzes 1 Nummer 4 wird eine Zuwiderhandlung gegen eine Vorschrift des § 315d in Verbindung mit § 289f Absatz 2 Nummer 4 nicht dadurch ausgeschlossen, dass die Festlegungen oder Begründungen nach § 76 Absatz 4 oder § 111 Absatz 5 des Aktiengesetzes ganz oder zum Teil unterblieben sind.

[vor FISG:] (2) Ordnungswidrig handelt, wer zu einem Jahresabschluss, zu einem Einzelabschluss nach § 325 Abs. 2a oder zu einem Konzernabschluss, der aufgrund gesetzlicher Vorschriften zu prüfen ist, einen Vermerk nach § 322 Abs. 1 erteilt, obwohl nach § 319 Abs. 2, 3, 5, § 319a Abs. 1 Satz 1, Abs. 2, § 319b Abs. 1 Satz 1 oder 2 er oder nach § 319 Abs. 4, auch in Verbindung mit § 319a Abs. 1 Satz 2, oder § 319b Abs. 1 die Wirtschaftsprüfungsgesellschaft oder die Buchprüfungsgesellschaft, für die er tätig wird, nicht Abschlussprüfer sein darf.

[nach FISG:] (2) [1]Ordnungswidrig handelt, wer einen Bestätigungsvermerk nach § 322 Absatz 1 erteilt zu dem Abschluss

1. einer Kapitalgesellschaft, die ein Unternehmen von öffentlichem Interesse nach § 316a Satz 2 Nummer 1 ist, oder

2. einer Kapitalgesellschaft, die nicht in Nummer 1 genannt ist,

obwohl nach § 319 Absatz 2 oder 3, jeweils auch in Verbindung mit Absatz 5, oder nach § 319b Absatz 1 Satz 1 oder 2, jeweils auch in Verbindung mit Absatz 2, er oder nach § 319 Absatz 4 Satz 1 oder 2, jeweils auch in Verbindung mit Absatz 5, oder nach § 319b Absatz 1 Satz 1 oder 2, jeweils auch in Verbindung mit Absatz 2, die Wirtschaftsprüfungsgesellschaft oder die Buchführungsgesellschaft, für die er tätig wird, nicht Abschlussprüfer sein darf. [2]Ordnungswidrig handelt auch, wer einen Bestätigungsvermerk nach § 322 Absatz 1 erteilt zu dem Abschluss einer Kapitalgesellschaft, die ein Unternehmen von öffentlichem Interesse nach § 316a Satz 2 Nummer 1 ist, obwohl

1. er oder die Prüfungsgesellschaft, für die er tätig wird, oder ein Mitglied des Netzwerks, dem er oder die Prüfungsgesellschaft, für die er tätig wird, angehört, einer Vorschrift des Artikels 5 Absatz 4 Unterabsatz 1 Satz 1 oder Absatz 5 Unterabsatz 2 Satz 2 der Verordnung (EU) Nr. 537/2014 des Europäischen Parlaments und des Rates vom 16. April 2014 über spezifische Anforderungen an die Abschlussprüfung bei Unternehmen von öffentlichem Interesse und zur Aufhebung des Beschlusses 2005/909/EG der Kommission (ABl L 158 vom 27.5.2014, S. 77; L 170 vom 11.6.2014, S. 66) zuwiderhandelt oder
2. er oder die Prüfungsgesellschaft, für die er tätig wird, nach Artikel 17 Absatz 3 der Verordnung (EU) Nr. 537/2014 die Abschlussprüfung nicht durchführen darf.

[3]Abschluss im Sinne der Sätze 1 und 2 ist ein Jahresabschluss, ein Einzelabschluss nach § 325 Absatz 2a oder ein Konzernabschluss, der aufgrund gesetzlicher Vorschriften zu prüfen ist.

[vor FISG:] (2a) Ordnungswidrig handelt, wer als Mitglied eines nach § 324 Absatz 1 Satz 1 eingerichteten Prüfungsausschusses

1. die Unabhängigkeit des Abschlussprüfers oder der Prüfungsgesellschaft nicht nach Maßgabe des Artikels 4 Absatz 3 Unterabsatz 2, des Artikels 5 Absatz 4 Unterabsatz 1 Satz 1 oder des Artikels 6 Absatz 2 der Verordnung (EU) Nr. 537/2014 des Europäischen Parlaments und des Rates vom 16. April 2014 über spezifische Anforderungen an die Abschlussprüfung bei Unternehmen von öffentlichem Interesse und zur Aufhebung des Beschlusses 2005/909/EG der Kommission (ABl L 158 vom 27. 5. 2014, S. 77, L 170 vom 11. 6. 2014, S. 66) überwacht,
2. eine Empfehlung für die Bestellung eines Abschlussprüfers oder einer Prüfungsgesellschaft vorlegt, die den Anforderungen nach Artikel 16 Absatz 2 Unterabsatz 2 oder 3 der Verordnung (EU) Nr. 537/2014 nicht entspricht oder der ein Auswahlverfahren nach Artikel 16 Absatz 3 Unterabsatz 1 der Verordnung (EU) Nr. 537/2014 nicht vorangegangen ist, oder
3. den Gesellschaftern einen Vorschlag für die Bestellung eines Abschlussprüfers oder einer Prüfungsgesellschaft vorlegt, der den Anforderungen nach Artikel 16 Absatz 5 Unterabsatz 1 der Verordnung (EU) Nr. 537/2014 nicht entspricht.

[nach FISG:] (2a) Ordnungswidrig handelt, wer als Mitglied eines nach § 324 Absatz 1 Satz 1 eingerichteten Prüfungsausschusses einer Kapitalgesellschaft

1. die Unabhängigkeit des Abschlussprüfers oder der Prüfungsgesellschaft nicht nach Maßgabe des Artikels 4 Absatz 3 Unterabsatz 2, des Artikels 5 Absatz 4 Unterabsatz 1 Satz 1 oder des Artikels 6 Absatz 2 der Verordnung (EU) Nr. 537/2014 überwacht,
2. eine Empfehlung für die Bestellung eines Abschlussprüfers oder einer Prüfungsgesellschaft vorlegt, die den Anforderungen nach Artikel 16 Absatz 2 Unterabsatz 2 oder 3 der Verordnung (EU) Nr. 537/2014 nicht entspricht oder der ein Auswahlverfahren nach Artikel 16 Absatz 3 Unterabsatz 1 der Verordnung (EU) Nr. 537/2014 nicht vorangegangen ist, oder
3. den Gesellschaftern einen Vorschlag für die Bestellung eines Abschlussprüfers oder einer Prüfungsgesellschaft vorlegt, der den Anforderungen nach Artikel 16 Absatz 5 Unterabsatz 1 der Verordnung (EU) Nr. 537/2014 nicht entspricht.

[vor FISG:] (3) [1]Die Ordnungswidrigkeit kann mit einer Geldbuße bis zu fünfzigtausend Euro geahndet werden. [2]Ist die Kapitalgesellschaft kapitalmarktorientiert im Sinne des § 264d, beträgt die Geldbuße in den Fällen des Absatzes 1 höchstens den höheren der folgenden Beträge:

1. zwei Millionen Euro oder
2. das Zweifache des aus der Ordnungswidrigkeit gezogenen wirtschaftlichen Vorteils, wobei der wirtschaftliche Vorteil erzielte Gewinne und vermiedene Verluste umfasst und geschätzt werden kann.

[nach FISG:] (3) [1]Die Ordnungswidrigkeit kann in den Fällen des Absatzes 2 Satz 1 Nummer 1 und Satz 2 sowie des Absatzes 2a mit einer Geldbuße bis zu fünfhunderttausend Euro, in den Fällen der Absätze 1 und 2 Satz 1 Nummer 2 mit einer Geldbuße bis zu fünfzigtausend Euro geahndet werden. [2]Ist die Kapitalgesellschaft kapitalmarktorientiert im Sinne des § 264d, beträgt die Geldbuße in den Fällen des Absatzes 1 höchstens den höheren der folgenden Beträge:

1. zwei Millionen Euro oder
2. das Zweifache des aus der Ordnungswidrigkeit gezogenen wirtschaftlichen Vorteils, wobei der wirtschaftliche Vorteil erzielte Gewinne und vermiedene Verluste umfasst und geschätzt werden kann.

[vor FISG:] (3a) Wird gegen eine kapitalmarktorientierte Kapitalgesellschaft im Sinne des § 264d in den Fällen des Absatzes 1 eine Geldbuße nach § 30 des Gesetzes über Ordnungswidrigkeiten verhängt, beträgt diese Geldbuße höchstens den höchsten der folgenden Beträge:

1. zehn Millionen Euro,
2. 5 Prozent des jährlichen Gesamtumsatzes, den die Kapitalgesellschaft in dem der Behördenentscheidung vorausgegangenen Geschäftsjahr erzielt hat oder
3. das Zweifache des aus der Ordnungswidrigkeit gezogenen wirtschaftlichen Vorteils, wobei der wirtschaftliche Vorteil erzielte Gewinne und vermiedene Verluste umfasst und geschätzt werden kann.

[nach FISG:] (3a) [1]Wird gegen eine kapitalmarktorientierte Kapitalgesellschaft im Sinne des § 264d in den Fällen des Absatzes 1 eine Geldbuße nach § 30 des Gesetzes über Ordnungswidrigkeiten verhängt, beträgt diese Geldbuße höchstens den höchsten der folgenden Beträge:

1. zehn Millionen Euro,
2. 5 Prozent des jährlichen Gesamtumsatzes, den die Kapitalgesellschaft in dem der Behördenentscheidung vorausgegangenen Geschäftsjahr erzielt hat oder
3. das Zweifache des aus der Ordnungswidrigkeit gezogenen wirtschaftlichen Vorteils, wobei der wirtschaftliche Vorteil erzielte Gewinne und vermiedene Verluste umfasst und geschätzt werden kann.

[2]In den Fällen des Absatzes 3 Satz 1 in Verbindung mit Absatz 2 Satz 1 Nummer 1 oder Satz 2 ist § 30 Absatz 2 Satz 3 des Gesetzes über Ordnungswidrigkeiten anzuwenden.

(3b) [1]Gesamtumsatz im Sinne des Absatzes 3a Satz 1 Nummer 2 ist der Betrag der Umsatzerlöse nach § 277 Absatz 1 oder der Betrag der Nettoumsatzerlöse nach Maßgabe des auf das Unternehmen anwendbaren nationalen Rechts im Einklang mit Artikel 2 Nummer 5 der Richtlinie 2013/34/EU. [2]Handelt es sich bei der Kapitalgesellschaft um ein Mutterunternehmen oder um ein Tochterunternehmen im Sinne des § 290, ist anstelle des Gesamtumsatzes der Kapitalgesellschaft der Gesamtumsatz im Konzernabschluss des Mutterunternehmens maßgeblich, der für den größten Kreis von Unternehmen aufgestellt wird. [3]Wird der Konzernabschluss für den größten Kreis von Unternehmen nicht nach den in Satz 1 genannten Vorschriften aufgestellt, ist der Gesamtumsatz nach Maßgabe der den Umsatzerlösen vergleichbaren Posten des Konzernabschlusses zu ermitteln. [4]Ist ein Jahres- oder Konzernabschluss für das maßgebliche Geschäftsjahr nicht verfügbar, ist der Jahres- oder Konzernabschluss für das unmittelbar vorausgehende Geschäftsjahr maßgeblich; ist auch dieser nicht verfügbar, kann der Gesamtumsatz geschätzt werden.

(4) Verwaltungsbehörde im Sinne des § 36 Absatz 1 Satz 1 des Gesetzes über Ordnungswidrigkeiten ist

1. die Bundesanstalt für Finanzdienstleistungsaufsicht in den Fällen des Absatzes 1 bei Kapitalgesellschaften, die kapitalmarktorientiert im Sinne des § 264d sind,
2. das Bundesamt für Justiz
   a) in den Fällen des Absatzes 1, in denen nicht die Bundesanstalt für Finanzdienstleistungsaufsicht nach Nummer 1 Verwaltungsbehörde ist, und
   b) in den Fällen des Absatzes 2a,
3. die Abschlussprüferaufsichtsstelle beim Bundesamt für Wirtschaft und Ausfuhrkontrolle in den Fällen des Absatzes 2.

(5) Die Absätze 1 bis 4 sind nicht anzuwenden auf:

1. **Kreditinstitute im Sinne des § 340 Absatz 1 Satz 1,**
2. **Finanzdienstleistungsinstitute im Sinne des § 340 Absatz 4 Satz 1,**
3. **Wertpapierinstitute im Sinne des § 340 Absatz 4a Satz 1**
4. **Institute im Sinne des § 1 Absatz 3 des Zahlungsdiensteaufsichtsgesetzes,**
5. **Versicherungsunternehmen im Sinne des § 341 Absatz 1 und**
6. **Pensionsfonds im Sinne des § 341 Absatz 4 Satz 1.**

Inhaltsübersicht **Rz.**

I. Überblick

§ 334 HGB sanktioniert als **Ordnungswidrigkeit** 1

- Verstöße von Mitgliedern des **Vertretungs- oder Aufsichtsorgans** gegen bestimmte bei der Aufstellung oder Offenlegung von Jahres- oder Konzernabschluss zu beachtende Vorschriften des **materiellen Bilanzrechts,**
- die Erteilung des Bestätigungs- oder Versagungsvermerks durch einen **inhabilen Prüfer.**

Betroffen sind nur die Abschlüsse von **Kapitalgesellschaften, „Kap. & Co."-Gesellschaften** (§ 335b HGB), ausgenommen durch Abs. 5 die Abschlüsse von Kreditinstituten und Versicherungsunternehmen. Für sie gelten rechtsformunabhängig §§ 340n und 341n HGB. Große Personenunternehmen unterliegen nach § 20 Abs. 1 PublG ähnlichen Regelungen.

Subjektive Voraussetzung der Ordnungswidrigkeit ist **Vorsatz.** 2

Sanktioniert wird nur die **vollendete** Tat, nicht der **Versuch** (§ 13 Abs. 2 OWiG). 3

Ordnungswidrigkeiten kapitalmarktorientierter Gesellschaften unterliegen nach Abs. 3 Satz 2 und Abs. 3a einem erhöhten, teils an den Umsatz oder verwirklichten Vorteil geknüpften Ordnungsgeldrahmen. 3a

II. Verletzung von Vorschriften zum Jahres-/Konzernabschluss sowie Lage-/Konzernlagebericht (Abs. 1 Nr. 1 bis 4)

1. Täterkreis

Die Verletzung von Vorschriften des materiellen Bilanzrechts muss bei der **Aufstellung oder Feststellung** des Jahresabschlusses/Lageberichts bzw. der Aufstellung des Konzernabschlus- 4 ses/-lageberichts begangen werden. Als Täter kommen daher nur Personen infrage, die zur Aufstellung/Feststellung berechtigt sind, also

- Mitglieder des **vertretungsberechtigten Organs** (→ § 331 Rz. 5),
- **Mitglieder des Aufsichtsrats,** soweit dieser für die Feststellung des Jahresabschlusses zuständig ist, bei fakultativem Aufsichtsrat also nur bei entsprechender satzungsmäßiger Kompetenzzuweisung.

2. Geschützte Vorschriften

5 Abs. 1 Nr. 1 und 3 für den Jahresabschluss/Lagebericht sowie einen gesonderten finanziellen Bericht und Abs. 1 Nr. 2 und 4 entsprechend für den Konzern führen die Vorschriften, deren Verletzung sanktioniert wird, enumerativ auf. Es ist daher anders als beim Straftatbestand des § 331 HGB nicht jede unrichtige Darstellung potenziell sanktioniert, sondern nur eine, die sich aus der Verletzung der enumerativ aufgeführten Regeln ergibt. Wegen des Verhältnisses von §§ 331 und 334 HGB wird im Übrigen auf → § 331 Rz. 13 verwiesen.

Durch das ESEF-Umsetzungsgesetz (→ § 328 Rz. 5a) sind bei kapitalmarktorientierten Unternehmen auch Verstöße gegen das vorgeschriebene XHTML-Format bußgeldbewehrt.

6 Wegen der als Ordnungswidrigkeit infrage kommenden Verstöße gilt für den Jahresabschluss Folgendes:

Ausgenommen sind zunächst

- **Definitionsnormen** (etwa §§ 255, 264d oder 271 HGB) sowie
- mit bestimmten Rückausnahmen (etwa § 248 Abs. 2 Satz 1 HGB) Ansatz-, Bewertungs- und Ausweis**wahlrechte** (z. B. § 250 Abs. 3 HGB betreffend Disagien, § 253 Abs. 3 Satz 6 HGB über die außerplanmäßige Abschreibung von Finanzanlagen bei vorübergehender Wertminderung, § 256 HGB zu Verbrauchsfolgeverfahren, § 265 Abs. 5 und 7 HGB über die Individualisierung der Gliederung).

7 Neben diesen systematisch zu rechtfertigenden Ausnahmen wird noch auf folgende Vorschriften kein Bezug genommen:

- § 249 Abs. 1 Satz 2 HGB über Rückstellungen für unterlassene Instandhaltung und für Gewährleistung ohne rechtliche Verpflichtung,
- § 252 HGB über allgemeine Bewertungsgrundsätze (also u. a. Realisations- und Vorsichtsprinzip),
- § 253 Abs. 2 Satz 3 HGB über die Bewertung bestimmter Rentenverpflichtungen,
- § 265 Abs. 1 HGB über die Ausweisstetigkeit,
- § 268 Abs. 8 HGB über Ausschüttungssperren.

Ein diesen Ausnahmen zugrunde liegendes **Prinzip,** etwa derart, dass Verstöße gegen die ausgenommenen Normen minder schwer wögen als die gegen andere, **ist nicht erkennbar.** Dazu sind die Ausnahmen schon untereinander zu unterschiedlich. Eine systematische Rechtfertigung für einen Ordnungswidrigkeitenkatalog besteht daher nicht.

8 Das Bedauern hierüber kann sich aber in Grenzen halten, da die **praktische Bedeutung** von § 334 Abs. 1 HGB ohnehin äußerst gering ist. Das für die Verfolgung der Fehler bei Aufstellung und Feststellung i. d. R. zuständige Bundesamt für Justiz (Abs. 4) ist personell und fachlich

nicht so ausgestattet, dass eine merkliche Anwendung der Vorschrift durchgesetzt werden könnte.

III. Fehlerhafte Offenlegung (Abs. 1 Nr. 5)

Eine gesetzlich vorgesehene Offenlegung kann nicht bzw. nicht fristgerecht oder in falscher Art und Weise erfolgen: 9

- **Unterbleibt** eine fristgerechte Offenlegung von Jahres- oder Konzernabschluss überhaupt, greift das Ordnungsgeldverfahren des § 335.
- Abs. 1 Nr. 5 sanktioniert hingegen Verstöße gegen § 328 HGB bei **erfolgter** Offenlegung.

Als Täter einer fehlerhaften Offenlegung kommen nur die gesetzlichen Vertreter infrage.

IV. Erteilung eines Bestätigungsvermerks durch inhabilen Abschlussprüfer (Abs. 2)

Ordnungswidrig handelt, wer als **Wirtschaftsprüfer/**vereidigter Buchprüfer in eigener Sache oder für eine Wirtschaftsprüfungs- oder Buchführungsprüfungsgesellschaft einen Bestätigungsvermerk oder Versagungsvermerk erteilt, obwohl er nach § 319 HGB oder § 319a HGB **nicht Abschlussprüfer sein durfte.** 10

Satz 2 sieht ein Bußgeld wegen unbefugter Erteilung des Bestätigungsvermerks auch für die Fälle vor, in denen die Erteilung des Bestätigungsvermerks erfolgt, obwohl ein Verstoß gegen das Verbot der Erbringung von Nichtprüfungsleistungen nach Art. 5 Abs. 1 Unterabs. 1, Abs. 4 Unterabs. 1 Satz 1 oder Abs. 5 Unterabs. 2 Satz 2 der EU-APrVO oder gegen die Vorschriften der EU-APrVO zur externen und internen Prüferrotation gegeben ist.

Nicht durch Abs. 2 sanktioniert ist die Erteilung eines Bestätigungs-/Versagungsvermerks aber in folgenden Fällen: 11

Tätigkeit für eine Wirtschafts- oder Buchprüfungsgesellschaft, die als befangen gilt (§ 319 Abs. 4 HGB).

V. Verletzung von Pflichten des Prüfungsausschusses (Abs. 2a)

Abs. 2a sanktioniert Pflichtverletzungen der **Mitglieder eines Prüfungsausschusses** bzgl. Überwachung, Auswahl und Bestellung des Abschlussprüfers. Betroffen sind nur Unternehmen i. S. von § 324 Abs. 1 Satz 1 HGB, also kapitalmarktorientierte Unternehmen ohne Aufsichtsrat i. S. von § 100 Abs. 5 AktG. Für die anderen kapitalmarktorientierten Unternehmen enthalten § 405 Abs. 3b und 3c AktG, § 87 GmbHG und § 20 PublG entsprechende Sanktionsvorschriften. 12

VI. Bußgeldrahmen (Abs. 3 bis 3b)

Das Bußgeld beträgt im **Normalfall** höchstens 50 T€, im Falle kapitalmarktorientierter Kapitalgesellschaften bei Abschlussprüfern und Prüfungsausschussmitgliedern bis zu 500 T€. 13

Bei Bußgeldern gegen eine kapitalmarktorientierte Gesellschaft gilt zunächst eine Grenze von 10 Mio. €, die aber durch Bezugnahmen auf den Umsatz (5 % davon) oder den gezogenen wirtschaftlichen Vorteil (das Zweifache davon) überschritten werden kann.

In Abs. 3a HGB betreffend Unternehmen öffentlichen Interesses ist durch das FISG ein neuer Satz hinzugefügt worden, dem zufolge in den Fällen des Abs. 2 Satz 1 Nr. 1 oder Satz 2 eine Anwendung von § 30 Abs. 2 Satz 3 des Gesetzes über Ordnungswidrigkeiten erfolgt. Hiernach gilt: Darf eine Prüfungsgesellschaft wegen Ausschlussgründen nicht Abschlussprüfer des Unternehmens öffentlichen Interesses sein und wird gleichwohl ein Bestätigungsvermerk durch eine Leitungsperson der Gesellschaft erteilt, kann eine „Verbandsgeldbuße“ von bis zu 5 Mio. € festgesetzt werden.

VII. Verwaltungsbehörde (Abs. 4 und Abs. 5)

14 Zuständig für das Bußgeldverfahren ist i. d. R. das Bundesamt für Justiz, bei kapitalmarktorientierten Gesellschaften, Kreditinstituten und Versicherungen aber die BaFin. Ordnungswidrigkeiten des Abschlussprüfers nach Abs. 2 fallen in den Zuständigkeitsbereich der APAS.

§ 335 Festsetzung von Ordnungsgeld; Verordnungsermächtigungen

(1) [1]Gegen die Mitglieder des vertretungsberechtigten Organs einer Kapitalgesellschaft, die

1. § 325 über die Pflicht zur Offenlegung des Jahresabschlusses, des Lageberichts, des Konzernabschlusses, des Konzernlageberichts und anderer Unterlagen der Rechnungslegung oder

2. § 325a über die Pflicht zur Offenlegung der Rechnungslegungsunterlagen der Hauptniederlassung

nicht befolgen, ist wegen des pflichtwidrigen Unterlassens der rechtzeitigen Offenlegung vom Bundesamt für Justiz (Bundesamt) ein Ordnungsgeldverfahren nach den Absätzen 2 bis 6 durchzuführen; im Fall der Nummer 2 treten die in § 13e Absatz 2 Satz 5 Nummer 3 genannten Personen, sobald sie angemeldet sind, an die Stelle der Mitglieder des vertretungsberechtigten Organs der Kapitalgesellschaft. [2]Das Ordnungsgeldverfahren kann auch gegen die Kapitalgesellschaft durchgeführt werden, für die die Mitglieder des vertretungsberechtigten Organs die in Satz 1 Nr. 1 und 2 genannten Pflichten zu erfüllen haben. [3]Dem Verfahren steht nicht entgegen, dass eine der Offenlegung vorausgehende Pflicht, insbesondere die Aufstellung des Jahres- oder Konzernabschlusses oder die unverzügliche Erteilung des Prüfauftrags, noch nicht erfüllt ist. [4]Das Ordnungsgeld beträgt mindestens zweitausendfünfhundert und höchstens fünfundzwanzigtausend Euro. [5]Eingenommene Ordnungsgelder fließen dem Bundesamt zu.

(1a) [1]Ist die Kapitalgesellschaft kapitalmarktorientiert im Sinne des § 264d, beträgt das Ordnungsgeld höchstens den höheren der folgenden Beträge:

1. zehn Millionen Euro,

2. 5 Prozent des jährlichen Gesamtumsatzes, den die Kapitalgesellschaft im der Behördenentscheidung vorausgegangenen Geschäftsjahr erzielt hat, oder

3. das Zweifache des aus der unterlassenen Offenlegung gezogenen wirtschaftlichen Vorteils; der wirtschaftliche Vorteil umfasst erzielte Gewinne und vermiedene Verluste und kann geschätzt werden.

[2]Wird das Ordnungsgeld einem Mitglied des gesetzlichen Vertretungsorgans der Kapitalgesellschaft angedroht, beträgt das Ordnungsgeld abweichend von Satz 1 höchstens den höheren der folgenden Beträge:

1. zwei Millionen Euro oder

2. das Zweifache des aus der unterlassenen Offenlegung gezogenen Vorteils; der wirtschaftliche Vorteil umfasst erzielte Gewinne und vermiedene Verluste und kann geschätzt werden.

(1b) [1]Gesamtumsatz im Sinne des Absatzes 1a Satz 1 Nummer 2 ist

1. im Falle von Kreditinstituten, Zahlungsinstituten, Wertpapierinstituten und Finanzdienstleistungsinstituten im Sinne des § 340 der sich aus dem auf das Institut anwendbaren nationalen Recht im Einklang mit Artikel 27 Nummer 1, 3, 4, 6 und 7 oder Artikel 28 Nummer B1, B2, B3, B4 und B7 der Richtlinie 86/635/EWG des Rates vom 8. Dezember 1986 über den Jahresabschluss und den konsolidierten Abschluss von Banken und anderen Finanzinstituten (ABl L 372 vom 31. 12. 1986, S. 1) ergebende Gesamtbetrag, abzüglich der Umsatzsteuer und sonstiger direkt auf diese Erträge erhobener Steuern,

2. im Falle von Versicherungsunternehmen der sich aus dem auf das Versicherungsunternehmen anwendbaren nationalen Recht im Einklang mit Artikel 63 der Richtlinie 91/674/EWG des Rates vom 19. Dezember 1991 über den Jahresabschluss und den konsolidierten Abschluss von Versicherungsunternehmen (ABl L 374 vom 31. 12. 1991, S. 7) ergebende Gesamtbetrag, abzüglich der Umsatzsteuer und sonstiger direkt auf diese Erträge erhobener Steuern,
3. im Übrigen der Betrag der Umsatzerlöse nach § 277 Absatz 1 oder der Nettoumsatzerlöse nach Maßgabe des auf das Unternehmen anwendbaren nationalen Rechts im Einklang mit Artikel 2 Nummer 5 der Richtlinie 2013/34/EU.

[2]Handelt es sich bei der Kapitalgesellschaft um ein Mutterunternehmen oder um ein Tochterunternehmen im Sinne von § 290, ist anstelle des Gesamtumsatzes der Kapitalgesellschaft der Gesamtumsatz im Konzernabschluss des Mutterunternehmens maßgeblich, der für den größten Kreis von Unternehmen aufgestellt wird. [3]Wird der Konzernabschluss für den größten Kreis von Unternehmen nicht nach den in Satz 1 genannten Vorschriften aufgestellt, ist der Gesamtumsatz nach Maßgabe der den in Satz 1 Nummer 1 bis 3 vergleichbaren Posten des Konzernabschlusses zu ermitteln. [4]Ist ein Jahresabschluss oder Konzernabschluss für das maßgebliche Geschäftsjahr nicht verfügbar, ist der Jahres- oder Konzernabschluss für das unmittelbar vorausgehende Geschäftsjahr maßgeblich; ist auch dieser nicht verfügbar, kann der Gesamtumsatz geschätzt werden.

(1c) Soweit dem Bundesamt Ermessen bei der Höhe eines Ordnungsgeldes zusteht, hat es auch frühere Verstöße der betroffenen Person zu berücksichtigen.

(1d) [1]Das Bundesamt unterrichtet die Bundesanstalt für Finanzdienstleistungsaufsicht unverzüglich über jedes Ordnungsgeld, das gemäß Absatz 1 gegen eine Kapitalgesellschaft im Sinne des § 264d oder gegen ein Mitglied ihrer Vertretungsorgane festgesetzt wird. [2]Wird gegen eine solche Ordnungsgeldfestsetzung Beschwerde eingelegt, unterrichtet das Bundesamt die Bundesanstalt für Finanzdienstleistungsaufsicht über diesen Umstand sowie über den Ausgang des Beschwerdeverfahrens.

(2) [1]Auf das Verfahren sind die §§ 15 bis 19, § 40 Abs. 1, § 388 Abs. 1, § 389 Abs. 3, § 390 Abs. 2 bis 6 des Gesetzes über das Verfahren in Familiensachen und in den Angelegenheiten der freiwilligen Gerichtsbarkeit sowie im Übrigen § 11 Nr. 1 und 2, § 12 Abs. 1 Nr. 1 bis 3, Abs. 2 und 3, §§ 14, 15, 20 Abs. 1 und 3, § 21 Abs. 1, §§ 23 und 26 des Verwaltungsverfahrensgesetzes nach Maßgabe der nachfolgenden Absätze entsprechend anzuwenden. [2]Das Ordnungsgeldverfahren ist ein Justizverwaltungsverfahren. [3]Zur Vertretung der Beteiligten sind auch Wirtschaftsprüfer und vereidigte Buchprüfer, Steuerberater, Steuerbevollmächtigte, Personen und Vereinigungen im Sinn des § 3 Nr. 4 des Steuerberatungsgesetzes sowie Gesellschaften im Sinn des § 3 Nr. 2 und 3 des Steuerberatungsgesetzes, die durch Personen im Sinn des § 3 Nr. 1 des Steuerberatungsgesetzes handeln, befugt.

(2a) [1]Die Akten einschließlich der Verfahrensakten in der Zwangsvollstreckung werden elektronisch geführt. [2]Auf die elektronische Aktenführung und die elektronische Kommunikation ist § 110c des Gesetzes über Ordnungswidrigkeiten entsprechend anzuwenden, jedoch dessen Satz 1

1. nicht in Verbindung mit dessen Satz 2 und § 32b der Strafprozessordnung auf
   a) die Androhung eines Ordnungsgeldes nach Absatz 3 Satz 1,
   b) die Kostenentscheidung nach Absatz 3 Satz 2 und

c) den Erlass von Zwischenverfügungen;

2. nicht in Verbindung mit den §§ 32d und 32e Absatz 3 Satz 1 und 2 der Strafprozessordnung auf das Verfahren insgesamt sowie

3. einschließlich dessen Sätze 2 und 3 nicht auf die Beitreibung nach dem Justizbeitreibungsgesetz.

^{3}Satz 2 gilt entsprechend auch für Verfügungen im Sinne der Absätze 3 und 4, die automatisiert erlassen werden können.

(3) ^{1}Den in Absatz 1 Satz 1 und 2 bezeichneten Beteiligten ist unter Androhung eines Ordnungsgeldes in bestimmter Höhe aufzugeben, innerhalb einer Frist von sechs Wochen vom Zugang der Androhung an ihrer gesetzlichen Verpflichtung nachzukommen oder die Unterlassung mittels Einspruchs gegen die Verfügung zu rechtfertigen. ^{2}Mit der Androhung des Ordnungsgeldes sind den Beteiligten zugleich die Kosten des Verfahrens aufzuerlegen. ^{3}Der Einspruch kann auf Einwendungen gegen die Entscheidung über die Kosten beschränkt werden. ^{4}Der Einspruch gegen die Androhung des Ordnungsgeldes und gegen die Entscheidung über die Kosten hat keine aufschiebende Wirkung. ^{5}Führt der Einspruch zu einer Einstellung des Verfahrens, ist zugleich auch die Kostenentscheidung nach Satz 2 aufzuheben.

(4) ^{1}Wenn die Beteiligten nicht spätestens sechs Wochen nach dem Zugang der Androhung der gesetzlichen Pflicht entsprochen oder die Unterlassung mittels Einspruchs gerechtfertigt haben, ist das Ordnungsgeld festzusetzen und zugleich die frühere Verfügung unter Androhung eines erneuten Ordnungsgeldes zu wiederholen. ^{2}Haben die Beteiligten die gesetzliche Pflicht erst nach Ablauf der Sechswochenfrist erfüllt, hat das Bundesamt das Ordnungsgeld wie folgt herabzusetzen:

1. auf einen Betrag von 500 Euro, wenn die Beteiligten von dem Recht einer Kleinstkapitalgesellschaft nach § 326 Absatz 2 Gebrauch gemacht haben;

2. auf einen Betrag von 1 000 Euro, wenn es sich um eine kleine Kapitalgesellschaft im Sinne des § 267 Absatz 1 handelt;

3. auf einen Betrag von 2 500 Euro, wenn ein höheres Ordnungsgeld angedroht worden ist und die Voraussetzungen der Nummern 1 und 2 nicht vorliegen, oder

4. jeweils auf einen geringeren Betrag, wenn die Beteiligten die Sechswochenfrist nur geringfügig überschritten haben.

^{3}Bei der Herabsetzung sind nur Umstände zu berücksichtigen, die vor der Entscheidung des Bundesamtes eingetreten sind.

(5) ^{1}Waren die Beteiligten unverschuldet gehindert, in der Sechswochenfrist nach Absatz 4 Einspruch einzulegen oder ihrer gesetzlichen Verpflichtung nachzukommen, hat ihnen das Bundesamt auf Antrag Wiedereinsetzung in den vorigen Stand zu gewähren. ^{2}Das Verschulden eines Vertreters ist der vertretenen Person zuzurechnen. ^{3}Ein Fehlen des Verschuldens wird vermutet, wenn eine Rechtsbehelfsbelehrung unterblieben ist oder fehlerhaft ist. ^{4}Der Antrag auf Wiedereinsetzung ist binnen zwei Wochen nach Wegfall des Hindernisses schriftlich beim Bundesamt zu stellen. ^{5}Die Tatsachen zur Begründung des Antrags sind bei der Antragstellung oder im Verfahren über den Antrag glaubhaft zu machen. ^{6}Die versäumte Handlung ist spätestens sechs Wochen nach Wegfall des Hindernisses nachzuholen. ^{7}Ist innerhalb eines Jahres seit dem Ablauf der Sechswochenfrist nach Absatz 4 weder Wiedereinsetzung beantragt noch die versäumte Handlung nachgeholt worden, kann Wiedereinsetzung nicht mehr gewährt werden. ^{8}Die Wiedereinsetzung ist nicht anfechtbar. ^{9}Haben die Beteiligten Wiedereinsetzung nicht beantragt oder ist die Ablehnung des Wiedereinsetzungsantrags bestandskräftig geworden, können sich die Beteiligten mit der Beschwerde nicht mehr darauf berufen, dass sie unverschuldet gehindert waren, in der Sechswochenfrist Einspruch einzulegen oder ihrer gesetzlichen Verpflichtung nachzukommen.

(6) ^{1}Liegen dem Bundesamt in einem Verfahren nach den Absätzen 1 bis 5 keine Anhaltspunkte über die Einstufung einer Gesellschaft im Sinne des § 267 Absatz 1 bis 3 oder des § 267a vor, kann es den in Absatz 1 Satz 1 und 2 bezeichneten Beteiligten aufgeben, die Bilanzsumme nach Abzug eines auf der Aktivseite ausgewiesenen Fehlbetrags (§ 268 Absatz 3), die Umsatzerlöse (§ 277 Absatz 1) und die durchschnitt-

liche Zahl der Arbeitnehmer (§ 267 Absatz 5) für das betreffende Geschäftsjahr und für diejenigen Geschäftsjahre, die für die Einstufung erforderlich sind, anzugeben. [2]Unterbleiben die Angaben nach Satz 1, so wird für das weitere Verfahren vermutet, dass die Erleichterungen der §§ 326 und 327 nicht in Anspruch genommen werden können. [3]Die Sätze 1 und 2 gelten für den Konzernabschluss und den Konzernlagebericht entsprechend mit der Maßgabe, dass an die Stelle der §§ 267, 326 und 327 der § 293 tritt.

(7) [1]Das Bundesministerium der Justiz und für Verbraucherschutz kann zur näheren Ausgestaltung der elektronischen Aktenführung und elektronischen Kommunikation nach Absatz 2a in der ab dem 1. Januar 2018 geltenden Fassung durch Rechtsverordnung, die nicht der Zustimmung des Bundesrates bedarf,

1. **die Weiterführung von Akten in Papierform gestatten, die bereits vor Einführung der elektronischen Aktenführung in Papierform angelegt wurden,**
2. **die organisatorischen und dem Stand der Technik entsprechenden technischen Rahmenbedingungen für die elektronische Aktenführung einschließlich der einzuhaltenden Anforderungen des Datenschutzes, der Datensicherheit und der Barrierefreiheit festlegen,**
3. **die Standards für die Übermittlung elektronischer Akten zwischen dem Bundesamt und einer anderen Behörde oder einem Gericht näher bestimmen,**
4. **die Standards für die Einsicht in elektronische Akten vorgeben,**
5. **elektronische Formulare einführen und**
   a) **bestimmen, dass die in den Formularen enthaltenen Angaben ganz oder teilweise in strukturierter maschinenlesbarer Form zu übermitteln sind,**
   b) **eine Kommunikationsplattform vorgeben, auf der die Formulare im Internet zur Nutzung bereitzustellen sind, und**
   c) **bestimmen, dass eine Identifikation des Formularverwenders abweichend von Absatz 2a in Verbindung mit § 110c des Gesetzes über Ordnungswidrigkeiten und § 32a Absatz 3 der Strafprozessordnung durch Nutzung des elektronischen Identitätsnachweises nach § 18 des Personalausweisgesetzes, § 12 des eID-Karte-Gesetzes oder § 78 Absatz 5 des Aufenthaltsgesetzes erfolgen kann,**
6. **Formanforderungen und weitere Einzelheiten für den automatisierten Erlass von Entscheidungen festlegen,**
7. **die Einreichung elektronischer Dokumente, abweichend von Absatz 2a in Verbindung mit § 110c des Gesetzes über Ordnungswidrigkeiten und § 32a der Strafprozessordnung, erst zum 1. Januar des Jahres 2019 oder 2020 zulassen und**
8. **die Weiterführung der Akten in der bisherigen elektronischen Form bis zu einem bestimmten Zeitpunkt vor dem 1. Januar 2026 gestatten.**

[2]Das Bundesministerium der Justiz und für Verbraucherschutz kann die Ermächtigungen des Satzes 1 durch Rechtsverordnung ohne Zustimmung des Bundesrates auf das Bundesamt für Justiz übertragen.

Inhaltsübersicht

LITERATUR:

Clausnitzer/Blatt, Das neue elektronische Handels- und Unternehmensregister. Ein Überblick über die wichtigsten Veränderungen aus der Sicht der Wirtschaft, GmbHR 2006 S. 1303; *Deilmann*, EHUG: Neuregelung der Jahresabschlusspublizität und mögliche Befreiung nach § 264 Abs. 3 HGB, BB 2006 S. 2347; *Grashoff*, Offenlegung von Jahres- und Konzernabschlüssen nach dem in Kraft getretenen EHUG: Sanktionen und steuerliche Folgen, DB 2006 S. 2641; *Grashoff*, Die handelsrechtliche Rechnungslegung durch den Insolvenzverwalter nach Inkrafttreten des EHUG, NZI 2008 S. 65; *Lüdenbach*, Ordnungsgeldverfahren wegen nicht fristgerechter Offenlegung, StuB 2010 S. 468; *Lüdenbach*, Erfüllung der handelsrechtlichen Offenlegungspflichten durch eine sog. Nullbilanz?, StuB 2013 S. 664; *Schlauß*, Das neue Ordnungsgeldverfahren bei Verletzung der Publizitätspflicht, DB 2007 S. 2191; *Schlauß*, Neues Ordnungsgeldverfahren wegen Verletzung von Jahresabschluss-Publizitätspflichten: erste Erfahrungen und Praxistipps aus dem Bundesamt für Justiz, BB 2008 S. 938; *Schlauß*, Die neue Offenlegungskultur seit Inkrafttreten des EHUG, DB 2011 S. 805; *Schlotter/Reiser*, Ein Jahr EHUG – die ersten Praxiserfahrungen, BB 2008 S. 118; *Stollenwerk/Kurpat*, BB-Rechtsprechungsreport zum Ordnungsgeldverfahren nach dem EHUG, BB 2009 S. 150; *Stützel*, Das geänderte Ordnungsgeldverfahren bei Verletzung von Offenlegungspflichten, DB 2013 S. 2345; *Weyand*, Sanktionen bei Verletzung der Publizitätspflichten nach dem EHUG, StuB 2007 S. 935; *Wenzel*, Ordnungsgeldverfahren nach § 335 HGB wegen unterlassener Offenlegung von Jahresabschlüssen, BB 2008 S. 769.

I. Überblick

1 Nach § 335 HGB hat das **Bundesamt für Justiz** die Möglichkeit, Verstöße gegen Offenlegungspflichten

- zunächst durch **Androhung** eines Ordnungsgeldes (→ Rz. 16),
- sodann durch dessen **Festsetzung**, verbunden ggf. mit einer erneuten Androhung (→ Rz. 21),

zu **sanktionieren.**

Das Ordnungsgeldverfahren wird **von Amts wegen** eingeleitet. Die früher im Gesetz enthaltene Bindung des Verfahrens an den Antrag eines Dritten ist entfallen.

2 Die Androhung und Festsetzung des Ordnungsgeldes erfolgt gegen (→ Rz. 8)

- die offenlegungspflichtige **Gesellschaft selbst** oder
- deren **gesetzliche Vertreter** (Abs. 1 Satz 2),
- bei **Zweigniederlassung** bestimmter ausländischer Gesellschaften gegen deren ständige Vertreter (Abs. 1 Satz 1 Halbsatz 2 HGB).

3 Mit Ordnungsgeld bewehrt ist die **schuldhafte** (→ Rz. 14), **nicht fristgerechte** Offenlegung der nach §§ 325 bis 327 HGB geforderten Unterlagen (→ Rz. 13).

4 Als **Rechtsbehelfe** sind

- der **Einspruch** gegen die Androhung (→ Rz. 19) und
- gem. § 335a HGB die **Beschwerde** gegen die Festsetzung des Ordnungsgelds oder die Ablehnung des Einspruchs (→ § 335a Rz. 1 ff.)

gegeben.

Außerdem kann bei unverschuldeter Nichtwahrung der Frist zum Einspruch bzw. zur Nachholung der Offenlegung ein Antrag auf **Wiedereinsetzung** in der vorigen Stand gestellt werden (→ Rz. 14a).

Vertreter in dem Ordnungsgeldverfahren, insbesondere im Rechtsbehelfsverfahren, können auch Steuerberater und Wirtschaftsprüfer sein (→ Rz. 25). Dies gilt nicht für die in grundsätzlichen Fragen mögliche Inanspruchnahme einer zweiten Gerichtsinstanz (→ § 335a Rz. 5). 5

Die Verfassungsmäßigkeit der Publizitätspflichten (§ 325 HGB) sowie insbesondere deren Sanktionierung durch § 335 HGB ist bereits mehrfach durch **Verfassungsbeschwerden** geltend gemacht worden. Sämtliche Beschwerden wurden nicht zur Entscheidung angenommen.[1] Mit Nichtannahmebeschluss vom 1. 2. 2011 hat das BVerfG deutlich klargestellt, dass gegen die vorgenannten Regelungen keine verfassungsrechtlichen Bedenken bestehen.[2] 6

Die **rechtspraktische Bedeutung** des Ordnungsgeldverfahrens ist groß. In einzelnen Jahren sind mehr als 100.000 Verfahren betrieben worden.[3] 7

Mit Gesetzesänderung vom September 2013[4] sind die Ordnungsgeldvorschriften grundlegend geändert worden. Gegenüber dem alten Recht brachte die gesetzliche Neuregelung u. a. **redaktionelle Änderungen.** Insbesondere wurde zur Erhöhung der Verständlichkeit die Regelung des § 335 HGB a. F. in zwei Vorschriften aufgeteilt. § 335 HGB n. F. ist nun auf das Verfahren des Bundesamts für Justiz beschränkt. Das gerichtliche Verfahren zur Überprüfung von Entscheidungen des Bundesamts (§ 335 Abs. 4 bis 5a HGB a. F.) wird hingegen nach § 335a HGB verschoben. 7a

Materiell ergaben sich folgende Änderungen gegenüber dem früheren Recht:

- **Größenabhängiges Mindestordnungsgeld:** Das Mindestordnungsgeld von früher einheitlich 2.500 € wird für Kleinstkapitalgesellschaften (→ § 267a, Rz. 1 ff.) bzw. kleine Kapitalgesellschaften (→ § 267 Rz. 14) auf 500 bzw. 1.000 € gesenkt, wenn das Unternehmen verspätet auf die Ordnungsgeldandrohung des Bundesamts reagiert und die Offenlegung, wenn auch verspätet, nachholt, bevor das Bundesamt weitere Schritte einleitet (→ Rz. 22a).
- **Wiedereinsetzung in den vorigen Stand:** Sind die Beteiligten unverschuldet gehindert, in der Sechswochenfrist (→ Rz. 16) Einspruch einzulegen oder ihrer gesetzlichen Verpflichtung zur Veröffentlichung nachzukommen, hat ihnen das Bundesamt auf Antrag Wiedereinsetzung in den vorigen Stand zu gewähren (→ Rz. 14a).
- **OLG als Revisionsinstanz:** Gegen die Festsetzung eines Ordnungsgelds durch das Bundesamt kann das Unternehmen Beschwerde beim Landgericht Bonn einlegen. Bislang entschied dieses Gericht als einzige Instanz. Nach der Neuregelung gibt es künftig in Fragen grundsätzlicher Bedeutung eine Rechtsbeschwerde gegen Beschwerdeentscheidungen des Landgerichts (→ § 335a Rz. 5).

II. Normadressaten

Die Androhung und Festsetzung des Ordnungsgelds erfolgt gegen 8

- die **gesetzlichen Vertreter** der offenlegungspflichtigen Gesellschaft (Abs. 1 Satz 1 Halbsatz 1; → Rz. 10) oder

1 BVerfG v. 11.3.2009 – 1 BvR 3413/08, v. 14.10.2010 – 1 BvR 364/09, v. 15.12.2010 – 1 BvR 824/10 und 1 BvR 530/10.

2 BVerfG v. 1.2.2011 – 2 BvR 1236/10, DB 2011 S. 807.

3 Vgl. *Schlauß*, DB 2011 S. 805 ff.

4 Beschluss des Deutschen Bundestags zum „Gesetz zur Änderung des Handelsgesetzbuchs" v. 27.6.2013 (BT-Drucks. 17/13221 und 17/14203); Billigung des Deutschen Bundesrats am 20.9.2013 (BR-Drucks. 642/13).

- die **Gesellschaft selbst** (Abs. 1 Satz 2; → Rz. 11),
- bei inländischen Zweigniederlassungen von Kapitalgesellschaften mit Sitz in einem anderen EU-/EWR-Staat gegen deren **ständige Vertreter** (Abs. 1 Satz 1 Halbsatz 2).

9 Vorauszusetzen ist eine Offenlegungspflicht der Gesellschaft nach §§ 325 oder 325a HGB. Betroffen sind somit

- **Kapitalgesellschaften,** es sei denn, sie sind als Tochterunternehmen nach § 264 Abs. 3 HGB von einer Offenlegung befreit (→ § 264 Rz. 38 ff.),
- **„Kap. & Co."-Gesellschaften** (→ § 335b),
- bestimmte inländische **Zweigniederlassungen** (→ § 325a).

Für **Kreditinstitute** und **Versicherungen** gelten die Offenlegungs- und damit auch die Ordnungsgeldvorschriften rechtsformunabhängig (§§ 340o und 341o HGB). Für **große Personenunternehmen** schreibt § 21 PublG die entsprechende Anwendung von § 335 HGB vor.

10 **Gesetzliche Vertreter** sind die Vorstände bzw. Geschäftsführer, bei einer „Kap. & Co."-Gesellschaft die Vertreter der Komplementär-Kapitalgesellschaft. Das Ordnungsgeldverfahren kann gegen alle Mitglieder des Vertretungsorgans betrieben werden, unabhängig von der internen Zuständigkeitsverteilung.

11 Das Ordnungsgeldverfahren kann **alternativ** zum Verfahren gegen die gesetzlichen Vertreter auch gegen die **Gesellschaft selbst** durchgeführt werden. Die Zustellung der Verfügung kann in diesem Fall an einen leichter zu ermittelnden Geschäftssitz erfolgen.

12 Kein Normadressat ist der **Insolvenzverwalter.** Ihn trifft zwar nach § 155 Abs. 1 Satz 2 InsO die Rechnungslegungspflicht für die Insolvenzmasse (→ § 252 Rz. 30). Er ist jedoch kein gesetzlicher Vertreter. Lediglich das Insolvenzgericht kann gegen den Insolvenzverwalter wegen pflichtwidriger Unterlassung der Offenlegung ein Zwangsgeld festlegen (§ 58 Abs. 2 InsO). Ausnahmsweise kann die pflichtwidrige Nichtoffenlegung auch Schadenersatzansprüche begründen (§ 60 InsO).

In der Insolvenz bleiben aber die Gesellschaft bzw. die gesetzlichen Vertreter nach § 155 Abs. 1 Satz 1 InsO für das nicht zur Insolvenzmasse gehörende Vermögen offenlegungspflichtig. Fehlt es an insolvenzfreiem Vermögen, haben sie ggf. eine Nullbilanz offenzulegen.[1]

III. Mit Ordnungsgeld bewehrte Pflichten

13 Das Ordnungsgeldverfahren setzt die **Verletzung der Offenlegungspflicht** nach §§ 325, 325a HGB unter Berücksichtigung der größenabhängigen Erleichterungen nach §§ 326 und 327 HGB und der rechtsformabhängigen Erleichterung des § 325 Abs. 1 Satz 5 HGB voraus. Auf die dortige Kommentierung wird verwiesen.

Verletzt ist die Offenlegungspflicht dann, wenn die notwendigen Unterlagen nicht unverzüglich nach der Vorlage an die Gesellschafter, spätestens aber zwölf Monate nach dem Bilanzstichtag (bei bestimmten kapitalmarktorientierten Unternehmen vier Monate gem. § 325 Abs. 4 HGB) vollständig beim Betreiber des Bundesanzeigers eingereicht sind (→ § 325 Rz. 16).

13a § 335 HGB dient nur der Durchsetzung einer Veröffentlichung dem Grunde nach. Auf die **Qualität** der eingereichten Unterlagen kommt es kaum an. Diese ist in vielen Fällen allerdings Ge-

1 LG Bonn, Beschluss v. 13.11.2008 – 30 T 275/08 (www.justiz.nrw.de).

genstand der Ordnungswidrigkeitsvorschrift des § 334 HGB. Es ergibt sich somit folgende **Arbeitsteilung:**

- Jahresabschluss und Lagebericht werden nicht oder nur in Teilen (z. B. Jahresabschluss ohne Anhang) eingereicht → **Ordnungsgeldverfahren** nach § 335 HGB.
- Jahresabschluss und Lagebericht werden formal vollständig eingereicht, sind aber materiell lückenhaft (z. B. Lagebericht ohne Risikoangaben) → ggf. **Ordnungswidrigkeitsverfahren** nach § 334 Abs. 1 Nr. 5 HGB i.V. mit § 328 HGB.

Auch durch Einreichung eines **nichtigen Jahresabschlusses**[1] oder einer sog. **Nullbilanz**[2] kann die Offenlegungspflicht erfüllt werden.

BEISPIEL Die kleine Kapitalgesellschaft reicht beim Bundesanzeiger eine Bilanz nebst GuV und Anhang ein, in der sämtliche Posten mit null angesetzt sind. Das Bundesamt für Justiz wertet dies als „Nichtoffenlegung", da im Hinblick auf § 42 Abs. 1 GmbHG bzw. § 152 AktG zumindest für Stamm- oder Grundkapital eine Angabe jenseits von null enthalten sein müsse, damit eine Bilanz vorliege.

Das Landgericht Bonn[3] folgt dem nicht. Im Rahmen der §§ 335, 325 HGB sei nur entscheidend, ob die eingereichten Unterlagen der Struktur nach als Bilanz usw. gelten können. Diese Anforderung sei auch dann erfüllt, wenn das Stamm- oder Grundkapital mit null ausgewiesen werde.

Lediglich ein ganz geringes Mindestmaß formeller und inhaltlicher Voraussetzungen muss nach der zitierten Entscheidung zur Erfüllung der Offenlegungspflicht gewahrt sein. Alles andere sei Sache des § 334 HGB. Wenn dieser die konkrete Verfehlung nicht erfasse (so möglicherweise hinsichtlich der mangelnden Angabe des Stamm- oder Grundkapitals nach § 42 Abs. 1 GmbHG bzw. § 152 AktG), liege keine planwidrige Gesetzeslücke vor, die über den Umweg von § 335 HGB geschlossen werden dürfte.

Die Pflicht zur Offenlegung besteht auch dann, wenn der Geschäftsführer dadurch eine Selbstbelastung in einem laufenden Strafverfahren zu befürchten hat.[4] 13b

Die Verletzung der Offenlegungspflicht muss **schuldhaft** erfolgen.[5] Ein Verschulden des mit Erstellung und/oder Offenlegung beauftragten Beraters oder eines anderen Vertreters ist der Gesellschaft bzw. deren Vertretern zuzurechnen.[6] 14

Ein Verschulden ist **auch** gegeben bei

- unzureichender Besetzung oder Ausstattung des Rechnungswesens,[7]
- fehlenden Finanzmitteln für die Abschlusserstellung, insbesondere die Beauftragung eines Steuerberaters oder Wirtschaftsprüfers mit dieser Tätigkeit,[8]
- verzögerter Erstellung des Jahresabschlusses wegen laufender Betriebsprüfungen,[9]
- Beschlagnahme von Buchhaltungsunterlagen durch die Staatsanwaltschaft.[10]

1 BayObLG, NJW-RR 2000 S. 1350.
2 LG Bonn, Beschluss v. 15.3.2013 – 37 T 730/12 (www.justiz.nrw.de); vgl. auch *Lüdenbach*, StuB 2013 S. 664.
3 LG Bonn, Beschluss v. 15.3.2013 – 37 T 730/12 (www.justiz.nrw.de); vgl. auch *Lüdenbach*, StuB 2013 S. 664.
4 LG Bonn, Beschluss v. 18.11.2013 – 12 T 414/13 (www.justiz.nrw.de).
5 LG Bonn, Beschluss v. 10.12.2008 – 30 T 190/08 (www.justiz.nrw.de).
6 LG Bonn, Beschluss v. 29.10.2008 – 30 T 104/08 (www.justiz.nrw.de).
7 LG Bonn, Beschluss v. 28.7.2008 – 30 T 52/08 (www.justiz.nrw.de).
8 LG Bonn, Beschluss v. 30.6.2008 – 11 T 48/07 (www.justiz.nrw.de).
9 LG Bonn, Beschluss v. 1.12.2008 – 37 T 288/08 (www.justiz.nrw.de); vgl. auch *Lüdenbach*, StuB 2013 S. 664.
10 LG Bonn, Beschluss v. 28.7.2008 – 30 T 52/08 (www.justiz.nrw.de).

Ein schuldhaftes Verhalten liegt dagegen nicht vor, wenn krankheitsbedingt die sechswöchige Nachfrist versäumt wird.[1]

Ein schuldhaftes Verhalten der Gesellschaft liegt auch nicht vor, wenn der Geschäftsführer den Steuerberater der Gesellschaft mit der Offenlegung beauftragt und dieser innerhalb der Nachreichungsfrist vergeblich eine Offenlegung versucht hatte, die indes fehlschlug. Der Steuerberater war vom Erfolg der Offenlegung überzeugt und teilte dies der Gesellschaft mit.[2] Am Verschulden fehlt es auch, wenn der mit der Aufstellung des Jahresabschlusses betraute Steuerberater plötzlich verstirbt und dem Nachfolgeberater wegen Beschlagnahme der Akten die Fristwahrung nicht möglich ist.[3] Allgemein gilt: Zwar sind Versäumnisse des Steuerberaters der Gesellschaft nicht zuzurechnen, mittelbar, im Sinne eines Überwachungsverschuldens, kann die Gesellschaft aber pflichtwidrig handeln, wenn sie sich etwa nicht durch Nachfragen versichert, dass der Steuerberater seinen Auftrag fristgerecht erfüllt.[4]

Die ordnungsgeldbewehrte Offenlegungspflicht besteht bei Kapitalgesellschaften auch in der **Liquidation.** Als Geschäftsjahr gilt dabei das mit dem Tag der Auflösung beginnende Geschäftsjahr.[5] Der körperschaftsteuerlich bis zu drei Jahre reichende Liquidationsbesteuerungszeitraum (§ 11 Abs. 1 KStG) ist für das Handelsrecht irrelevant. Die Rechnungslegungspflicht von Kap. & Co. besteht bis zur Vollbeendigung und nicht nur bis zu einer evtl. früheren Gewerbeabmeldung oder Handelsregisterlöschung.

Im Rahmen der Corona-Krise werden – in typisierter Annahme eines fehlenden Verschuldens – die Fristen für Offenlegungen bzw. die Nachholung von versäumten Offenlegungen z. T. faktisch ausgedehnt. Formell bleibt es bei den gesetzlichen Offenlegungsfristen. Vor dem 1.3.2021 wird jedoch kein Ordnungsgeldverfahren nach § 335 HGB wegen nicht fristgerechter Einreichung der Unterlagen für 2019 eingeleitet.[6]

14a Durch Gesetzesänderung von September 2013 (→ Rz. 7a) sind die Regelungen zur **Wiedereinsetzung in den vorigen Stand** (Abs. 5) geändert worden. In der alten Gesetzesfassung war die Wiedereinsetzung (explizit) nur für das unverschuldete Versäumen der zweiwöchigen Frist für die Beschwerde (→ § 335a Rz. 4) vorgesehen, hingegen nicht für die außergerichtliche Einspruchsfrist und die mit ihr zugleich laufende Frist zur Nachholung der Offenlegung. Abs. 5 schafft hier entsprechende Regelungen und erlaubt es, in **Härtefällen** (erkrankter oder verstorbener Alleingeschäftsführer; Vernichtung von Unterlagen durch Brand; Verweigerung der Herausgabe von Rechnungslegungsunterlagen durch früheren Geschäftsführer usw.) dem Unternehmen auf Antrag eine neue Frist zu gewähren. Das Unternehmen wird so gestellt, als ob die Androhungsverfügung erst bei Wegfall des unverschuldeten Hindernisses zugestellt worden wäre. Als je nach den Einzelfallumständen möglicher Anwendungsfall der Wiedereinsetzung kann auch die Corona-Krise gelten, wenn es durch sie zu unverschuldeten Verzögerungen bei

1 LG Bonn, Beschluss v. 9.6.2011 – 31 C 1006/10 zu einem Fall, in dem der alleinige Geschäftsführer einer nicht mehr aktiv tätigen Gesellschaft infolge eines Herzinfarkts zu 100 % arbeitsunfähig war.

2 LG Bonn, Beschluss v. 6.6.2013 – 31 T 59/13 (www.justiz.nrw.de).

3 LG Bonn, Beschluss v. 22.5.2012 – 33 T 197/12 (www.justiz.nrw.de).

4 LG Bonn, Beschluss v. 30.1.2017 – 36 T 435/16 (www.justiz.nrw.de).

5 LG Bonn, Beschluss v. 20.11.2009 – 39 T 1252/09 (www.justiz.nrw.de).

6 https://www.bundesjustizamt.de/DE/Themen/Ordnungs_Bussgeld_Vollstreckung/Jahresabschluesse/Jahresabschluesse_node.html (Abruf 20.1.2021).

der Aufstellung und in der Folge bei der Offenlegung des Jahresabschlusses kommt.[1] Die Entscheidung über die Wiedereinsetzung ist nicht anfechtbar.

IV. Verlauf des Ordnungsgeldverfahrens

1. Überblick

Dem Ordnungsgeldverfahren vorgelagert ist die Prüfung durch den Betreiber des Bundesanzeigers gem. § 329 Abs. 1 HGB (→ § 329 Rz. 1). Ist nach dieser Prüfung die Offenlegungspflicht nicht oder nur unvollständig erfüllt worden, informiert der Betreiber das Bundesamt für Justiz (§ 329 Abs. 4 HGB). Hiernach folgt das eigentliche Ordnungsgeldverfahren mit 15

- **Androhung** des Ordnungsgelds unter Fristsetzung (→ Rz. 16),
- **Festsetzung** des Ordnungsgelds bei erfolglosem Verstreichen der Frist oder unbegründetem Einspruch (→ Rz. 21).

2. Androhung des Ordnungsgelds

Das Bundesamt leitet das Verfahren **von Amts wegen** ein, indem es ein Ordnungsgeld in bestimmter Höhe androht und der Gesellschaft bzw. ihren Vertretern aufgibt, binnen sechs Wochen der Offenlegungspflicht nachzukommen oder die Unterlassung mittels Einspruch zu rechtfertigen (Abs. 3 Satz 1). Rechtswirksam ist die Androhung, wenn 16

- die Offenlegung inhaltlich bestimmt, insbesondere also der **Stichtag** des offenlegungspflichtigen Abschlusses benannt ist,
- ein Hinweis auf die **Sechswochenfrist** zur Nachreichung gegeben wird,
- eine **Rechtsmittelbelehrung** erfolgt,
- das angedrohte Ordnungsgeld **konkret beziffert** und nicht nur der in Abs. 1 Satz 4 mit 2.500 bis 25.000 € bestimmte gesetzliche Rahmen benannt wird.

Der Höchstbetrag von 25.000 € Ordnungsgeld gilt nicht für **kapitalmarktorientierte Gesellschaften** i. S. des § 264d HGB. Hier hat das Gesetz zur Umsetzung der Transparenzrichtlinie-Änderungsrichtlinie vom 20. 11. 2015 durch Einfügung eines Abs. 1a zu folgenden noch weitergehenden Sanktionsmöglichkeiten geführt: Der gegen das kapitalmarktorientierte Unternehmen selbst festsetzbare Höchstbetrag ist der höhere Betrag aus 16a

- 10 Mio. Euro,
- 5 % des jährlichen Gesamtumsatzes oder
- dem Zweifachen des aus der Unterlassung der Offenlegung gezogenen wirtschaftlichen Vorteils.

Für Mitglieder des vertretungsberechtigten Organs ist das maximale Ordnungsgeld der höhere Betrag aus

- 2 Mio. Euro oder
- dem Zweifachen des aus der Unterlassung gezogenen wirtschaftlichen Vorteils.

Abs. 1b definiert die Bemessungsgrundlage „Umsatz" in Abhängigkeit von der Branche (Finanzinstitute und Versicherungen vs. sonstige Unternehmen) und unter Berücksichtigung des-

1 IDW, Fachlicher Hinweis zu Auswirkungen der Ausbreitung des Coronavirus auf die Rechnungslegung und deren Prüfung (Teil 2), 25.3.2020.

sen, ob das Unternehmen konzerniert ist. Abs. 1d sieht für jeden Fall der Festsetzung eines Ordnungsgeldes gegen eine kapitalmarktorientierte Gesellschaft oder ein Mitglied ihrer Vertretungsorgane eine Unterrichtungspflicht des Bundesamtes für Justiz gegenüber der Bundesanstalt für Finanzdienstleistungsaufsicht vor.

17 Mit der Androhung sind den Vertretern bzw. der Gesellschaft zugleich die **Kosten des Verfahrens** aufzuerlegen (Abs. 3 Satz 2).

18 Liegen dem Bundesamt in einem Verfahren nach den Absätzen 1 bis 5 keine Anhaltspunkte über die größenmäßige Einstufung einer Gesellschaft i. S. des § 267 HGB oder des § 267a HGB vor, ist den Verfahrensbeteiligten zugleich mit der Androhung des Ordnungsgelds aufzugeben, im Falle eines Einspruchs Bilanzsumme, Umsatzerlöse und Arbeitnehmerzahl für das laufende Geschäftsjahr und die für die Einstufung relevanten Vorjahre mitzuteilen (Abs. 6 Satz 1). Unterbleiben diese Angaben, wird für das weitere Verfahren vermutet, dass die Erleichterungen nicht in Anspruch genommen werden können (Abs. 6 Satz 2).

Ein entsprechendes Vorgehen ist vorgesehen, wenn beim Konzernabschluss keine Anhaltspunkte für die größenabhängige Befreiungsmöglichkeit nach § 293 HGB bestehen (Abs. 6 Satz 3).

3. Einspruch

19 **Gegen die Androhungsverfügung** kann nach Abs. 3 binnen sechs Wochen **Einspruch** eingelegt werden. Der Einspruch kann auf die Kostenentscheidung beschränkt werden (Abs. 3 Satz 3).

Der Einspruch gegen die Ordnungsgeldandrohung und/oder die Kostenfestsetzung hat **keine aufschiebende Wirkung** (Abs. 3 Satz 4). Ist binnen der Sechswochenfrist über den Einspruch nicht entschieden, kann das Ordnungsgeld daher festgesetzt und eine erneute Androhungsverfügung erlassen werden.

20 Über die Zulässigkeit und Begründetheit des Einspruchs entscheidet das Bundesamt für Justiz.

- ► Die Androhung des Ordnungsgelds sowie die Kostenfestsetzung sind **aufzuheben,** wenn der **zulässige,** also insbesondere fristgerechte **Einspruch begründet** ist (§ 390 Abs. 3 FamFG).
- ► Ist der Einspruch **unzulässig** oder **unbegründet,** wird das Ordnungsgeld nach Ablauf der Sechswochenfrist festgesetzt, außerdem – wenn auch die Offenlegung innerhalb von sechs Wochen noch nicht erfolgt ist – eine **erneute Ordnungsgeldandrohung** verfügt.

Beruft sich das Unternehmen im Einspruchsverfahren auf größenabhängige Erleichterungen, müssen Unterlagen zum Nachweis der Größenklasse eingereicht werden (→ Rz. 18).

4. Festsetzung des Ordnungsgelds, erneute Androhung

21 Kommt das Unternehmen der Offenlegung binnen sechs Wochen nach Androhungsverfügung nicht nach (und legt es auch keinen Einspruch ein, dem abgeholfen wird), erfolgt die **Festsetzung** des Ordnungsgelds durch das Bundesamt für Justiz. Zur fristwahrenden Offenlegung soll auch ein nicht geprüfter und nicht festgestellter Jahresabschluss geeignet sein.[1] Bei fristwahrender Offenlegung hat das Unternehmen lediglich die (geringen) Verfahrens- und Zustellungskosten zu tragen.

1 Vgl. *Stützel,* DB 2013 S. 2345 ff., m. w. N.

Soweit die Sechswochenfrist nur **geringfügig**, d. h. i. d. R. nicht mehr als um eine oder maximal zwei Wochen,[1] überschritten wurde, hat das Bundesamt das Ordnungsgeld herabzusetzen, und zwar auch unter die sonst in Abs. 4 Satz 4 Nr. 1 bis 3 gesetzlich vorgesehenen Grenzen (Abs. 4 Satz 2 Nr. 4).

Bei nicht nur geringfügiger Überschreitung der Frist gilt: Mit der Festsetzung ist die frühere Verfügung unter **Androhung eines erneuten Ordnungsgelds** zu wiederholen (Abs. 4 Satz 1). Es beginnt die nächste Sechswochenfrist, nach deren fruchtlosem Ablauf erneut ein Ordnungsgeld festzusetzen ist, bis die Offenlegungsverpflichtung erfüllt oder die Nichterfüllung gerechtfertigt ist. 22

Wird die Offenlegungspflicht nach mehr als geringfügiger Überschreitung der Sechswochenfrist erfüllt, ist das Ordnungsgeld gem. Abs. 4 Satz 2 Nr. 1 bis 3 auf einen **größenabhängigen Betrag** herabzusetzen, und zwar auf einen Betrag von 22a

- 500 €, wenn die Beteiligten von dem Recht einer Kleinstkapitalgesellschaft nach § 326 Abs. 2 HGB (→ § 326 Rz. 10) Gebrauch gemacht haben;
- 1.000 €, wenn es sich um eine kleine Kapitalgesellschaft i. S. des § 267 Abs. 1 HGB (→ § 267 Rz. 14) handelt;
- 2.500 € bei anderen Unternehmen, wenn gegen diese ein höheres Ordnungsgeld angedroht worden ist.

Nach Beschluss des LG Bonn ist das Ordnungsgeld auch dann auf 500 € herabzusetzen, wenn es sich bei der säumigen Gesellschaft zwar um eine Kleinstkapitalgesellschaft handelt, diese aber nicht von ihrem Recht auf Hinterlegung nach § 326 Abs. 2 HGB Gebrauch gemacht, sondern ihre Abschlussunterlagen wie eine kleine Kapitalgesellschaft offengelegt hat.[2]
Die Herabsetzung auf den größenabhängigen Betrag ist nach dem Gesetzeswortlaut nicht auf die erstmalige Festsetzung des Ordnungsgelds beschränkt.[3]

Nach Entscheidung des BVerfG darf ein Ordnungsgeld wegen unvollständiger Offenlegung des Jahresabschlusses nicht festgesetzt werden, wenn nur der Aufsichtsratsbeschluss fehlt, weil (gesetzes- oder satzungswidrig) ein Aufsichtsrat nicht gebildet worden ist.[4] 22b

5. Beschwerde

Beschwerde ist gem. § 335a HGB zulässig gegen 23

- die **Festsetzung** des Ordnungsgelds,
- die **Abweisung eines Einspruchs** oder Antrags auf Wiedereinsetzung in den vorherigen Stand,
- die **Kostenentscheidung** bei Einstellung des Verfahrens.

Zu Einzelheiten wird auf → § 335a Rz. 1 ff. verwiesen.

(einstweilen frei) 24

1 LG Bonn, Beschluss v. 21.3.2011 – 35 T 1620/10 (www.justiz.nrw.de).
2 LG Bonn, Beschluss v. 20.10.2016 – 36 T 294/16 (www.justiz.nrw.de).
3 Vgl. *Stützel*, DB 2013 S. 2345.
4 BVerfG, Beschluss v. 9.1.2014 – 1 BvR 299/13, BB 2014 S. 559.

6. Vertretung durch Wirtschaftsprüfer/Steuerberater im Verfahren

25 Nach Abs. 2 Satz 3 können sich die Beteiligten im Ordnungsgeldverfahren, d. h. insbesondere auch im Einspruchs- und Beschwerdeverfahren, nicht nur durch Anwälte, sondern ebenso durch

- Wirtschaftsprüfer und vereidigte Buchprüfer,
- Steuerberater sowie
- entsprechende Gesellschaften

vertreten lassen.

Hingegen ist bei Inanspruchnahme des OLG als zweiter Gerichtsinstanz Anwaltszwang gegeben (→ § 335a Rz. 5).

§ 335a Beschwerde gegen die Festsetzung von Ordnungsgeld; Rechtsbeschwerde; Verordnungsermächtigung

(1) [1]Gegen die Entscheidung, durch die das Ordnungsgeld festgesetzt oder der Einspruch oder der Antrag auf Wiedereinsetzung in den vorigen Stand verworfen wird, sowie gegen die Entscheidung nach § 335 Absatz 3 Satz 5 findet die Beschwerde nach den Vorschriften des Gesetzes über das Verfahren in Familiensachen und in den Angelegenheiten der freiwilligen Gerichtsbarkeit statt, soweit sich aus Satz 2 oder den nachstehenden Absätzen nichts anderes ergibt. [2]Die Beschwerde hat aufschiebende Wirkung, wenn sie die Festsetzung eines Ordnungsgeldes zum Gegenstand hat.

(2) [1]Die Beschwerde ist binnen einer Frist von zwei Wochen einzulegen; über sie entscheidet das für den Sitz des Bundesamtes zuständige Landgericht. [2]Zur Vermeidung von erheblichen Verfahrensrückständen oder zum Ausgleich einer übermäßigen Geschäftsbelastung wird die Landesregierung des Landes, in dem das Bundesamt seinen Sitz unterhält, ermächtigt, durch Rechtsverordnung die Entscheidung über die Rechtsmittel nach Satz 1 einem anderen Landgericht oder weiteren Landgerichten zu übertragen. [3]Die Landesregierung kann diese Ermächtigung auf die Landesjustizverwaltung übertragen. [4]Ist bei dem Landgericht eine Kammer für Handelssachen gebildet, so tritt diese Kammer an die Stelle der Zivilkammer. [5]Entscheidet über die Beschwerde die Zivilkammer, so sind die §§ 348 und 348a der Zivilprozessordnung entsprechend anzuwenden; über eine bei der Kammer für Handelssachen anhängige Beschwerde entscheidet der Vorsitzende. [6]Das Landgericht kann nach billigem Ermessen bestimmen, dass den Beteiligten die außergerichtlichen Kosten, die zur zweckentsprechenden Rechtsverfolgung notwendig waren, ganz oder teilweise aus der Staatskasse zu erstatten sind. [7]Satz 6 gilt entsprechend, wenn das Bundesamt der Beschwerde abhilft. [8]§ 91 Absatz 1 Satz 2 und die §§ 103 bis 107 der Zivilprozessordnung gelten entsprechend. [9]§ 335 Absatz 2 Satz 3 ist anzuwenden.

(3) [1]Gegen die Beschwerdeentscheidung ist die Rechtsbeschwerde statthaft, wenn das Landgericht sie zugelassen hat. [2]Für die Rechtsbeschwerde gelten die Vorschriften des Gesetzes über das Verfahren in Familiensachen und in den Angelegenheiten der freiwilligen Gerichtsbarkeit entsprechend, soweit sich aus diesem Absatz nichts anderes ergibt. [3]Über die Rechtsbeschwerde entscheidet das für den Sitz des Landgerichts zuständige Oberlandesgericht. [4]Die Rechtsbeschwerde steht auch dem Bundesamt zu. [5]Vor dem Oberlandesgericht müssen sich die Beteiligten durch einen Rechtsanwalt vertreten lassen; dies gilt nicht für das Bundesamt. [6]Absatz 1 Satz 2 und Absatz 2 Satz 6 und 8 gelten entsprechend.

(4) Auf die elektronische Aktenführung des Gerichts und die Kommunikation mit dem Gericht nach den Absätzen 1 bis 3 sind die folgenden Vorschriften entsprechend anzuwenden:

1. § 110a Absatz 1 Satz 1 und § 110c des Gesetzes über Ordnungswidrigkeiten sowie

2. **§ 110a Absatz 1 Satz 2 und 3, Absatz 2 Satz 1 und § 134 Satz 1 des Gesetzes über Ordnungswidrigkeiten mit der Maßgabe, dass die Landesregierung des Landes, in dem das Bundesamt seinen Sitz hat, die Rechtsverordnung erlässt und die Ermächtigungen durch Rechtsverordnung auf die Landesjustizverwaltung übertragen kann.**

Inhaltsübersicht **Rz.**

I. Übersicht

§ 335a HGB in der Fassung für Geschäftsjahre, die nach dem 30.12.2013 enden, enthält im Wesentlichen die zuvor in § 335 Abs. 4, 5 und 5a HGB a. F. getroffenen Regelungen zur Beschwerde gegen Entscheidungen des Bundesamts für Justiz im Ordnungsgeldverfahren (→ § 335 Rz. 23). Über diese redaktionellen Änderungen hinaus gibt es in § 335a HGB eine inhaltliche Neuerung. In Abs. 3 wird die zulassungsbedürftige Rechtsbeschwerde gegen Entscheidungen des zuständigen Landgerichts (Bonn) geregelt. Damit erhalten die Beteiligten des Verfahrens die Möglichkeit, in grundsätzlichen Rechtsfragen eine Klärung durch das Oberlandesgericht zu erreichen. 1

Hat das Unternehmen seine gesetzliche Offenlegungspflicht nicht oder nur unvollständig erfüllt, erfolgt durch das Bundesamt für Justiz 2

- die **Androhung** von Ordnungsgeld unter Fristsetzung (→ § 335 Rz. 16),
- die **Festsetzung** des Ordnungsgelds bei erfolglosem Verstreichen der Frist oder unbegründetem Einspruch (→ § 335 Rz. 21).

Ist das Unternehmen mit 3

- der **Festsetzung** des Ordnungsgelds,
- der **Abweisung eines Einspruchs** oder Antrags auf Wiedereinsetzung in den vorherigen Stand oder mit
- der **Kostenentscheidung** bei Einstellung des Verfahrens

nicht einverstanden, so steht ihm als (weiteres) Rechtsmittel die **Beschwerde** zur Verfügung (Abs. 1 Satz 1).

Für das Beschwerdeverfahren gelten gem. Abs. 1 Satz 2 die Vorschriften des Gesetzes über das Verfahren in Familiensachen und in den Angelegenheiten der freiwilligen Gerichtsbarkeit (FamFG). 4

Die Beschwerde ist innerhalb **zweier Wochen** (Abs. 2 Satz 1) schriftlich oder zur Niederschrift beim Bundesamt für Justiz einzulegen (§ 64 FamFG). Das Bundesamt kann der Beschwerde selbst abhelfen (§ 68 Abs. 1 FamFG).

Hält das Bundesamt die Beschwerde für **nicht begründet,** leitet es sie unverzüglich an das **Landgericht Bonn** als das örtlich und sachlich zuständige Gericht weiter (Abs. 2 Satz 1). 5

Gegen die Entscheidung des Landgerichts Bonn ist die **Rechtsbeschwerde beim Oberlandesgericht** (Köln) statthaft, wenn das Landgericht sie – wegen grundsätzlicher Bedeutung der Sache – zugelassen hat (Abs. 3 Satz 1 und Satz 3). Die Möglichkeit der Rechtsbeschwerde steht auch dem Bundesamt zu (Abs. 3 Satz 4).

Vor dem Oberlandesgericht besteht, anders als sonst im Ordnungsgeldverfahren (→ § 335 Rz. 25), **Anwaltszwang** (Abs. 3 Satz 5).

§ 335b Anwendung der Straf- und Bußgeld- sowie der Ordnungsgeldvorschriften auf bestimmte offene Handelsgesellschaften und Kommanditgesellschaften

[1]Die Strafvorschriften der §§ 331 bis 333a, die Bußgeldvorschrift des § 334 sowie die Ordnungsgeldvorschrift des § 335 gelten auch für offene Handelsgesellschaften und Kommanditgesellschaften im Sinn des § 264a Abs. 1. [2]Das Verfahren nach § 335 ist in diesem Fall gegen die persönlich haftenden Gesellschafter oder gegen die Mitglieder der vertretungsberechtigten Organe der persönlich haftenden Gesellschafter zu richten. [3]Es kann auch gegen die offene Handelsgesellschaft oder gegen die Kommanditgesellschaft gerichtet werden. [4]§ 335a ist entsprechend anzuwenden.

Inhaltsübersicht **Rz.**

I. Übersicht

1 Nach dem durch das KapCoRiLiG eingeführten § 335b HGB gelten die nur von Kapitalgesellschaften sprechenden Straf-, Buß- und Ordnungsgeldvorschriften der §§ 331 bis 335 HGB auch für Personenhandelsgesellschaften i. S. des § 264a Abs. 1 HGB.

2 Im Rahmen der Reform des Ordnungsgeldverfahrens (→ § 335 Rz. 26) ist § 335b HGB um Satz 2 und 3 erweitert worden. Die „Neu"-Regelung hatte lediglich klarstellenden Charakter. Entsprechendes gilt für die durch das BilRUG vorgenommene Erweiterung um einen Satz 4, der die entsprechende Anwendung von § 335a HGB vorschreibt.

Dritter Abschnitt: Ergänzende Vorschriften für eingetragene Genossenschaften

§ 336 Pflicht zur Aufstellung von Jahresabschluss und Lagebericht

(1) [1]Der Vorstand einer Genossenschaft hat den Jahresabschluss (§ 242) um einen Anhang zu erweitern, der mit der Bilanz und der Gewinn- und Verlustrechnung eine Einheit bildet, sowie einen Lagebericht aufzustellen. [2]Der Jahresabschluss und der Lagebericht sind in den ersten fünf Monaten des Geschäftsjahrs für das vergangene Geschäftsjahr aufzustellen. [3]Ist die Genossenschaft kapitalmarktorientiert im Sinne des § 264d und begibt sie nicht ausschließlich die von § 327a erfassten Schuldtitel, beträgt die Frist nach Satz 2 vier Monate.

(2) [1]Auf den Jahresabschluss und den Lagebericht sind, soweit in diesem Abschnitt nichts anderes bestimmt ist, die folgenden Vorschriften entsprechend anzuwenden:

1. § 264 Absatz 1 Satz 4 Halbsatz 1 und Absatz 1a, 2,

2. die §§ 265 bis 289e, mit Ausnahme von § 277 Absatz 3 Satz 1 und § 285 Nummer 17,

3. § 289f Absatz 4 nach Maßgabe des § 9 Absatz 3 und 4 des Genossenschaftsgesetzes.

[2]Sonstige Vorschriften, die durch den Geschäftszweig bedingt sind, bleiben unberührt. [3]Genossenschaften, die die Merkmale für Kleinstkapitalgesellschaften nach § 267a Absatz 1 erfüllen (Kleinstgenossenschaften), dürfen auch die Erleichterungen für Kleinstkapitalgesellschaften nach näherer Maßgabe des § 337 Absatz 4 und § 338 Absatz 4 anwenden.

(3) § 330 Abs. 1 über den Erlass von Rechtsverordnungen ist entsprechend anzuwenden.

Inhaltsübersicht Rz.

LITERATUR:

Kommentare zum Genossenschaftsrecht.

I. Aufstellungspflicht

1. Inhalt (Abs. 1 Satz 1)

1 Genossenschaften gelten nach § 17 Abs. 2 GenG als **Kaufleute** i. S. des HGB. Sie unterliegen deshalb den Rechnungslegungsvorschriften der §§ 238 bis 261 HGB. Auf die dortige Kommentierung wird verwiesen. Über die in diesen Paragraphen angesprochenen Inhalte des Jahresabschlusses hinaus (Bilanz und GuV-Rechnung) wird der Erstellungsbereich in Abs. 1 um den **Anhang** und den **Lagebericht ergänzt,** insoweit auf die Rechtslage von Kapital- und „Kap. & Co."-Gesellschaften (→ § 264 Rz. 1) Bezug genommen. Für Kreditinstitute in der Rechtsform der Genossenschaft gehen die Spezialnormen für die Kreditwirtschaft in §§ 340 ff. HGB vor.

2. Frist (Abs. 1 Satz 2 und 3)

2 Die **unbestimmte** Frist des „ordnungsmäßigen Geschäftsgangs" (→ § 243 Rz. 22) zur Erstellung des Jahresabschlusses wird ersetzt durch eine **zeitlich** definierte von fünf Monaten bzw. gem. ESEF-Umsetzungsgesetz für kapitalmarktorientierte Genossenschaften von vier Monaten.

II. Anwendungshinweise (Abs. 2)

1. Positivliste (Abs. 2 Satz 1 Halbsatz 1)

3 Neben den aufgrund der Kaufmannseigenschaft anzuwendenden allgemeinen Bilanzierungsvorschriften (§§ 238 ff. bis 261 HGB) haben Genossenschaften die meisten der für Kapitalgesellschaften gültigen Regeln der §§ 264 bis 289 HGB zu beachten. Diese Rechtsvorschriften sind auf Genossenschaften **„entsprechend** anzuwenden", d. h., sie müssen die Spezifika dieser Rechtsform beachten, insbesondere bzgl. der Rechtsbeziehungen zwischen der eingetragenen Genossenschaft und den Mitgliedern. Der einleitende Teil des Jahresabschlusses (→ § 264 Rz. 14a) gilt also auch für den Jahresabschluss einer Genossenschaft. Die für Kapitalgesellschaften gültigen Regeln sind jedoch nicht ausnahmslos anzuwenden. Vielmehr zählt Abs. 2 Satz 1 die zu beachtenden Normen im Einzelnen in Form einer Positivliste auf. Kein Bestandteil dieser Positivliste ist z. B. § 264 Abs. 1 Satz 1 HGB, weil in § 336 Abs. 1 HGB bereits geregelt ist, dass Bilanz und GuV um Anhang, Lagebericht zu erweitern sind. Auf § 264 Abs. 1 Satz 2 HGB wird kein Bezug genommen, weil die Kapitalmarktorientierung einer Genossenschaft nicht zu einer Erweiterung der Rechnungslegungsbestandteile um Kapitalflussrechnung und Eigenkapitalspiegel führen soll.

Die Befreiung von der **Lagebericht**erstattung (→ § 264 Rz. 5) bleibt für **kleine** Genossenschaften erhalten (→ § 267 Rz. 14).

Das BilRUG hat die Erleichterungen für Kleinstkapitalgesellschaften auch für Kleinstgenossenschaften eingeführt. Sie müssen dabei die Vorgaben nach § 337 Abs. 4 HGB (→ § 337 Rz. 7) und § 338 Abs. 4 HGB (→ § 338 Rz. 6) beachten.

2. Verzicht auf bestimmte Anhangangaben (Abs. 2 Satz 1 Halbsatz 2)

4 Optional **können** eingetragene Genossenschaften auf folgende **Anhang**angaben **verzichten:**

- § 277 Abs. 3 Satz 1 HGB: Darstellung der vorgenommenen außerplanmäßigen Abschreibungen (→ § 277 Rz. 50).
- § 285 Nr. 17 HGB: Aufschlüsselung des Abschlussprüferhonorars (→ § 285 Rz. 115).

Unabhängig davon ist diesen Genossenschaften die Inanspruchnahme der diversen **größenabhängigen Erleichterungen** für die Anhangberichterstattung erlaubt, die auch den Kapital- und „Kap. & Co."-Gesellschaften offenstehen. Auf die dortigen Kommentierungen wird verwiesen (→ § 288 Rz. 1 f.).

Zu den Anhangangaben enthält § 338 HGB (weitere) Sondervorschriften (→ § 338 Rz. 2 f.). Die **Bezüge** etc. der Organmitglieder von Genossenschaften gem. § 285 Nr. 9a und b HGB (→ § 285 Rz. 40 ff.) sind gem. § 388 Abs. 3 HGB nicht offenzulegen, wohl aber **Forderungen** gegen diesen Personenkreis (→ § 338 Rz. 5).

3. Geschäftszweigbedingte Besonderheiten (Abs. 2 Satz 2)

5 Die spezialgesetzlichen Vorschriften der §§ 340a ff. HGB für Kreditgenossenschaften bleiben von den Vorgaben des Abs. 1 und 2 unberührt.

4. Erklärung zur Unternehmensführung und nichtfinanzielle Erklärung (Abs. 2 Satz 1 Nr. 3)

Mitbestimmungspflichtige eGs haben nach Maßgabe von § 9 Abs. 3 GenG entsprechend § 289f Abs. 4 HGB eine Erklärung zum Frauenanteil auf Führungsebene und im Aufsichtsrat abzugeben. Bei Kapitalmarktorientierung und im Jahresdurchschnitt mehr als 500 Arbeitnehmern ist außerdem eine nichtfinanzielle Erklärung entsprechend §§ 289b ff. HGB zu Umweltbelangen etc. abzugeben. 5a

III. Formblattermächtigungen (Abs. 3)

Die abweichenden Gliederungsvorschriften des § 330 HGB (→ § 330 Rz. 3) sind bei eingetragenen Genossenschaften auf **Wohnungsunternehmen** und auf **Kreditinstitute** anzuwenden. 6

IV. Sondervorschriften

1. Konzernrechnungslegung

Durch die **Kaufmannseigenschaft** (→ Rz. 1) unterliegen die eingetragenen Genossenschaften auch der Konzernrechnungslegungspflicht des § 11 **PublG**, sofern die dortigen Größenmerkmale erfüllt sind. Für **Kreditgenossenschaften** ergibt sich die Konzernrechnungslegungspflicht aus § 340i HGB, der den Regeln des PublG vorgeht. 7

2. Abschlussprüfung

Die Abschlussprüfung der eingetragenen Genossenschaft ist nach § 53 Abs. 2 GenG formal als Anhängsel zur Prüfung der wirtschaftlichen Verhältnisse und der Ordnungsmäßigkeit der Geschäftsführung einschließlich der Führung der Mitgliederliste nach § 53 Abs. 1 Satz 1 GenG konstruiert. Diese Prüfung muss jährlich erfolgen; für kleine Genossenschaften mit einer Vorjahres-Bilanzsumme von bis zu 2 Mio. € erlaubt § 53 Abs. 1 Satz 2 GenG einen zweijährigen Prüfungsturnus. Für Kleinstgenossenschaften i. S. von Abs. 2 Satz 3 kann gem. § 53a GenG bei Erfüllung weiterer Voraussetzungen (insbesondere keine Nachschusspflicht) jede zweite Prüfung als „vereinfachte Prüfung" (im Wesentlichen ein Review) durchgeführt werden. 8

Die eigentliche **Abschlussprüfung** unter Einbeziehung von Buchführung und Lagebericht ist bei 1 Mio. € übersteigender Bilanzsumme und mehr als 2 Mio. € Umsatzerlösen pflichtmäßig durchzuführen (§ 53 Abs. 2 Satz 1 GenG). Auf zentrale Bereiche der HGB-Gesetzgebung zur Abschlussprüfung in den §§ 316 und 317 HGB wird dabei Bezug genommen. Dabei gelten für die Abschlussprüfung von **großen** Genossenschaften i. S. des § 58 Abs. 2 GenG nach § 53 Abs. 2 Satz 2 GenG die internationalen Prüfungsstandards (→ § 317 Rz. 95). Kapitalmarktorientierte Genossenschaften ohne Aufsichtsrat müssen nach § 53 Abs. 3 GenG einen Prüfungsausschuss i. S. des § 324 HGB einrichten (→ § 324 Rz. 5). 9

Als Abschlussprüfer kommt nach § 55 GenG anstelle des Wirtschaftsprüfers (→ § 319 Rz. 4) der **Prüfungsverband** in Betracht. Jede eingetragene Genossenschaft muss nach § 54 GenG wenigstens einem Prüfungsverband angehören. Bei Zugehörigkeit zu mehreren Verbänden bleibt die Prüfungsduldungspflicht gegenüber dem zeitlich ersten Prüfungsverband i. d. R. unberührt (§ 53a Abs. 4 GenG). **Auswahl** (→ § 319 Rz. 4) und **Wahl** (→ § 318 Rz. 6) des Abschlussprüfers sind deshalb entbehrlich. Allerdings kommen nach § 55 Abs. 2 GenG Ausschlussgründe wegen **Befangenheit** in Betracht (→ § 319 Rz. 8 ff.). Nach § 57 Abs. 1 GenG haben die Verbandsprüfer 10 die erforderlichen Auskunftsrechte (→ § 320 Rz. 6 ff.) auch zur Erfüllung ihrer Aufgaben, die über die eigentliche Abschlussprüfung hinausgehen (→ Rz. 8).

11 Der **Prüfungsbericht** ist dem Vorstand der Genossenschaft und dem Aufsichtsratsvorsitzenden nach § 58 Abs. 3 Satz 1 GenG vorzulegen. Bzgl. des die Abschlussprüfung betreffenden Teils sind die Vorgaben des § 321 HGB in wesentlichen Teilen zu erfüllen (→ § 321).

12 Nach Prüfung ist vom Prüfungsverband eine **Bescheinigung** über die Durchführung der Prüfung ohne Erwähnung des Ergebnisses zu erteilen. Diese Bescheinigung ist gem. § 59 Abs. 1 GenG vom Vorstand der Genossenschaft dem Register einzureichen. **Ein Bestätigungsvermerk** ist pflichtgemäß nur für große Genossenschaften (→ § 267 Rz. 14) vorgesehen, in anderen Fällen nur bei Prüfung nach Art und Umfang entsprechend den Vorgaben des § 53 Abs. 1 GenG.

13 Einzelheiten zur **Feststellung** und **Gewinnverwendung** ergeben sich nach §§ 48 ff. GenG.

14 Nach Art. 25 EGHGB gelten für die Prüfung von

- Kapital- und „Kap. & Co."-Gesellschaften, die mehrheitlich als **Tochtergesellschaften** Genossenschaften gehören, sowie
- **Wohnungsunternehmen,** die am 31.12.1989 als gemeinnützig oder als Organe der staatlichen Wohnungspolitik anerkannt waren,

folgende Besonderheiten: Diese Gesellschaften **dürfen** sich von genossenschaftlichen Prüfungsverbänden prüfen lassen, **alternativ** von Wirtschaftsprüfern und Wirtschaftsprüfungsgesellschaften (→ § 319 Rz. 4).

V. Steuerliche Besonderheiten

15 Für Genossenschaften sind die Regeln über die **Rückvergütung** nach § 22 KStG zu beachten. Dabei werden den Genossen aus dem erzielten Jahresabschluss **Rückvergütungen** erteilt, die ganz oder teilweise an den mit der Genossenschaft erwirtschafteten Umsätzen ausgerichtet sind.

§ 337 Vorschriften zur Bilanz

(1) [1]An Stelle des gezeichneten Kapitals ist der Betrag der Geschäftsguthaben der Mitglieder auszuweisen. [2]Dabei ist der Betrag der Geschäftsguthaben der mit Ablauf des Geschäftsjahrs ausgeschiedenen Mitglieder gesondert anzugeben. [3]Werden rückständige fällige Einzahlungen auf Geschäftsanteile in der Bilanz als Geschäftsguthaben ausgewiesen, so ist der entsprechende Betrag auf der Aktivseite unter der Bezeichnung „Rückständige fällige Einzahlungen auf Geschäftsanteile" einzustellen. [4]Werden rückständige fällige Einzahlungen nicht als Geschäftsguthaben ausgewiesen, so ist der Betrag bei dem Posten „Geschäftsguthaben" zu vermerken. [5]In beiden Fällen ist der Betrag mit dem Nennwert anzusetzen. [6]Ein in der Satzung bestimmtes Mindestkapital ist gesondert anzugeben.

(2) An Stelle der Gewinnrücklagen sind die Ergebnisrücklagen auszuweisen und wie folgt aufzugliedern:

1. **Gesetzliche Rücklage;**
2. **andere Ergebnisrücklagen; die Ergebnisrücklage nach § 73 Abs. 3 des Genossenschaftsgesetzes und die Beträge, die aus dieser Ergebnisrücklage an ausgeschiedene Mitglieder auszuzahlen sind, müssen vermerkt werden.**

(3) Bei den Ergebnisrücklagen sind in der Bilanz oder im Anhang gesondert aufzuführen:

1. **Die Beträge, welche die Generalversammlung aus dem Bilanzgewinn des Vorjahres eingestellt hat;**
2. **die Beträge, die aus dem Jahresüberschuss des Geschäftsjahrs eingestellt werden;**

3. die Beträge, die für das Geschäftsjahr entnommen werden.

(4) Kleinstgenossenschaften, die von der Erleichterung für Kleinstkapitalgesellschaften nach § 266 Absatz 1 Satz 4 Gebrauch machen, haben den Betrag der Geschäftsguthaben der Mitglieder sowie die gesetzliche Rücklage in der Bilanz im Passivposten A Eigenkapital wie folgt auszuweisen:

Davon:

Geschäftsguthaben der Mitglieder

gesetzliche Rücklage.

Inhaltsübersicht **Rz.**

AUSGEWÄHLTE LITERATUR

Vgl. die Hinweise zu → § 336

I. Geschäftsguthaben (Abs. 1 Satz 1)

1. Begriffe, Ausweispflicht (Abs. 1 Satz 1)

Statt des gezeichneten Kapitals (→ § 272 Rz. 3) ist der Gesamtbetrag der **Geschäftsguthaben** der Genossenschaftsmitglieder auszuweisen. Das Geschäftsguthaben umfasst zunächst die tatsächliche Einzahlung des Mitglieds auf den **Geschäftsanteil** und muss nach § 7 Nr. 1 GenG mindestens 10 % des Geschäftsanteils betragen. Das Geschäftsguthaben erhöht sich durch stehen gelassene Gewinngutschriften sowie Zinsen und mindert sich um Verlustanteile. 1

Im Geschäftsanteil wird der Höchstbetrag festgelegt, mit dem sich das einzelne Mitglied am Genossenschaftsvermögen beteiligen kann.

2. Geschäftsguthaben ausgeschiedener Mitglieder (Abs. 1 Satz 2)

Die Geschäftsguthaben der zum Ende des Geschäftsjahres ausgeschiedenen Mitglieder sind als Davon-Vermerk getrennt anzugeben. 2

3. Rückständige Einzahlungen auf Geschäftsanteile (Abs. 1 Satz 3 bis 5)

Sofern Einzahlungen auf Geschäftsanteile **fällig** sind, aber tatsächlich noch nicht geleistet wurden (sog. rückständige fällige Einzahlungen), besteht ein Wahlrecht zwischen zwei Ausweisformaten: 3

- **Bruttoform:** Aktivierung der rückständigen fälligen Einzahlungen mit entsprechender Passivierung als Geschäftsguthaben.
- **Nettoform:** Verzicht auf den aktiven Ausweis der rückständigen fälligen Einzahlungen mit der Folge eines entsprechend niedrigeren Passivansatzes der Geschäftsguthaben; der rückständige Betrag ist in diesem Fall nachrichtlich beim Geschäftsguthaben zu vermerken.

Die Bruttomethode entspricht der für Kapitalgesellschaften vorgesehenen Darstellung eingeforderter, aber noch ausstehender Einlagen (→ § 272 Rz. 38).

Unabhängig vom Ausweisformat hat die Bewertung gem. Abs. 1 Satz 5 mit dem **Nennwert** zu erfolgen.

4. Mindestkapital (Abs. 1 Satz 6)

4 Bei einem satzungsmäßig vorgesehenen Mindestkapital ist dieses **gesondert** auszuweisen.

II. Aufgliederung der Ergebnisrücklagen (Abs. 2)

5 Die Gewinnrücklagen i. S. des § 272 Abs. 3 HGB (→ § 272 Rz. 79 ff.) werden durch die Ergebnisrücklagen **ersetzt** und wie folgt **aufgegliedert** in

- **gesetzliche** Rücklage nach Abs. 2 Nr. 1 gem. § 7 Nr. 2 GenG, wie die Satzung diese festlegt;
- **andere** Ergebnisrücklagen nach Abs. 2 Nr. 2.

Zu den anderen Ergebnisrücklagen zählen die **satzungsgemäß** vorgesehenen und die durch **Beschluss** der Generalversammlung gebildeten Rücklagen.

Unter den anderen Ergebnisrücklagen sind die besondere Ergebnisrücklage gem. § 73 Abs. 3 GenG und die daraus an ausgeschiedene Mitglieder auszuzahlenden Beträge als „davon" zu **vermerken.**

III. Rücklagenbewegung (Abs. 3)

6 In Ergänzung zur **Ergebnisverwendungsrechnung** nach § 268 Abs. 1 Satz 2 HGB (→ § 268 Rz. 12) sind in der Bilanz oder im Anhang folgende Beträge der Ergebnisrücklagen aufzuführen:

- Einstellung durch die Generalversammlung aus dem Bilanzgewinn des Vorjahres.
- Einstellung aus dem Jahresüberschuss des Geschäftsjahres.
- Entnahmen für das Geschäftsjahr, z. B. zur Verlustdeckung.

Nicht förmlich genannt, aber zulässig bzw. erforderlich ist auch die Darstellung der Bewegungen **innerhalb** der Ergebnisrücklagen durch Umbuchungen.

Die Rücklagenbewegung ist im Rahmen der Darstellung der Bilanz zu zeigen. Unseres Erachtens bestehen keine Bedenken gegen eine Verlagerung in den Anhang – vergleichbar der Ergebnisverwendungsrechnung nach § 158 Abs. 1 AktG (→ § 268 Rz. 7).

IV. Eigenkapitalausweis von Kleinstgenossenschaften (Abs. 4)

7 Durch das BilRUG (→ § 264 Rz. 37d) wird ein neuer Abs. 4 betreffend Kleinstgenossenschaften eingefügt. Sofern diese die vereinfachte Bilanzgliederung nach § 266 Abs. 1 Satz 4 HGB (→ § 266 Rz. 10a) in Anspruch nehmen, haben sie das Eigenkapital in der Bilanz wie folgt auszuweisen:

Davon:

- Geschäftsguthaben der Mitglieder,
- gesetzliche Rücklage.

§ 338 Vorschriften zum Anhang

(1) [1]Im Anhang sind auch Angaben zu machen über die Zahl der im Laufe des Geschäftsjahrs eingetretenen oder ausgeschiedenen sowie die Zahl der am Schluss des Geschäftsjahrs der Genossenschaft angehörenden Mitglieder. [2]Ferner sind der Gesamtbetrag, um welchen in diesem Jahr die Geschäftsguthaben sowie die Haftsummen der Mitglieder sich vermehrt oder vermindert haben, und der Betrag der Haftsumme anzugeben, für welche am Jahresschluss alle Mitglieder zusammen aufzukommen haben.

(2) Im Anhang sind ferner anzugeben:

1. **Name und Anschrift des zuständigen Prüfungsverbandes, dem die Genossenschaft angehört;**
2. **alle Mitglieder des Vorstands und des Aufsichtsrats, auch wenn sie im Geschäftsjahr oder später ausgeschieden sind, mit dem Familiennamen und mindestens einem ausgeschriebenen Vornamen; ein etwaiger Vorsitzender des Aufsichtsrats ist als solcher zu bezeichnen.**

(3) [1]An Stelle der in § 285 Nr. 9 vorgeschriebenen Angaben über die an Mitglieder von Organen geleisteten Bezüge, Vorschüsse und Kredite sind lediglich die Forderungen anzugeben, die der Genossenschaft gegen Mitglieder des Vorstands oder Aufsichtsrats zustehen. [2]Die Beträge dieser Forderungen können für jedes Organ in einer Summe zusammengefasst werden.

(4) Kleinstgenossenschaften brauchen den Jahresabschluss nicht um einen Anhang zu erweitern, wenn sie unter der Bilanz angeben:

1. **die in den §§ 251 und 268 Absatz 7 genannten Angaben und**
2. **die in den Absätzen 1, 2 Nummer 1 und Absatz 3 genannten Angaben.**

Inhaltsübersicht **Rz.**

LITERATUR:

Auf die unter → § 336 angegebene Literatur wird verwiesen.

I. Die Stellung des Anhangs bei der Genossenschafts-Rechnungslegung

Nach § 336 Abs. 1 Satz 1 HGB ist der Anhang wie bei Kapitalgesellschaften Bestandteil des Jahresabschlusses (→ § 336 Rz. 1). Nach § 336 Abs. 2 Satz 1 HGB gelten zum Inhalt des Anhangs die für Kapitalgesellschaften bestehenden Vorschriften im Wesentlichen entsprechend. Hiervon bestehen jedoch spezifische Ausnahmen, die 1

- als Wahlrecht gem. § 336 Abs. 2 Satz 1 Halbsatz 2 HGB i.V. mit § 338 Abs. 3 HGB eine **Verringerung** der Angaben erlauben (→ § 336 Rz. 2),
- als Gebot gem. § 338 Abs. 1 und 2 HGB eine **Erweiterung** um bestimmte Angabepflichten (Abs. 1 und 2) verlangen.

Bei den **Übergangsvorschriften** nach EGHGB werden Genossenschaften unterschiedlich behandelt:

- Die Fehlbeträge bei Pensionsrückstellungen für Alt- und indirekte Zusagen (→ § 249 Rz. 127) sind nur für Kapital- und „Kap. & Co."-Gesellschaften nach Art. 28 Abs. 2 EGHGB angabepflichtig.
- Die Vorschriften zu möglichen Unter- und Überdeckungen von Rückstellungen nach Art. 67 Abs. 1 und 2 EGHGB haben generelle Gültigkeit, also auch für Genossenschaften.

II. Die Mitgliederbewegungen (Abs. 1)

1. Allgemeines (Abs. 1 Satz 1)

2 In getrennter Form sind im Anhang aufzuführen

- die im Geschäftsjahr **eingetretenen** Mitglieder,
- die im Geschäftsjahr **ausgeschiedenen** Mitglieder,
- die Zahl der am Ende des Geschäftsjahres **vorhandenen** Mitglieder.

2. Veränderungen der Geschäftsguthaben, Haftsumme (Abs. 1 Satz 2)

3 Als **Saldogröße** ist die Veränderung der **Geschäftsguthaben** (→ § 337 Rz. 1) im abgelaufenen Geschäftsjahr anzugeben, außerdem der Gesamtbetrag der **Haftsumme** aller Mitglieder am Stichtag.

III. Weitere personenbezogene Angaben (Abs. 2)

4 Weiter sind im Anhang anzugeben:

- Name und Anschrift des Prüfungsverbands (→ § 336 Rz. 10), dem die Genossenschaft angehört,
- die Mitglieder des Vorstands und des Aufsichtsrats, die während (eines Teils) des Geschäftsjahres bestellt waren, unter Beifügung wenigstens eines ausgeschriebenen Vornamens und mit Kennzeichnung eines etwa bestellten Aufsichtsratsvorsitzenden.

Die zusätzliche Berufsangabe des jeweiligen Organmitglieds nach § 285 Nr. 10 HGB (→ § 285 Rz. 81) wird im Schrifttum nicht für erforderlich gehalten.[1]

IV. Bezüge von Organmitgliedern und Forderungen gegen Organmitglieder (Abs. 3)

5 Sprachlich versteckt („lediglich") werden die Angabepflichten für Bezüge etc. der aktiven und früheren Organmitglieder und ihrer Hinterbliebenen nach § 285 Nr. 9 HGB (→ § 285 Rz. 40 ff.) aufgehoben (Ausnahmen für Kreditgenossenschaften). An deren Stelle tritt eine Angabepflicht für **Forderungen** gegen die Mitglieder von Vorstand und Aufsichtsrat einer Genossenschaft, und zwar zusammengefasst für Vorstand und Aufsichtsrat. Dabei geht es um die Forderungen gegen die am Geschäftsjahresende amtierenden Organmitglieder mit den dann bestehenden Beträgen. Die **Art** der Forderung ist unbeachtlich.

1 Vgl. *Justenhoven/Schäfer* in Beck'scher Bilanz-Kommentar, 13. Aufl. 2022, § 338 Tz. 7, m. w. N.

V. Ausnahmen für Kleinstgenossenschaften

Durch das BilRUG werden Kleinstgenossenschaften die Erstellungspflichten für den Anhang abgenommen und durch einige wenige Vermerke unterhalb der Bilanz ersetzt. Es handelt sich um eine Parallelvorschrift zu den Erleichterungen für Kleinstkapitalgesellschaften (→ § 264 Rz. 4). 6

§ 339 Offenlegung

(1) [1]Der Vorstand hat unverzüglich nach der Generalversammlung über den Jahresabschluss, jedoch spätestens vor Ablauf des zwölften Monats des dem Abschlussstichtag nachfolgenden Geschäftsjahrs, den festgestellten Jahresabschluss, den Lagebericht, die Erklärungen nach § 264 Absatz 2 Satz 3 und § 289 Absatz 1 Satz 5 und den Bericht des Aufsichtsrats in deutscher Sprache der das Unternehmensregister führenden Stelle elektronisch zur Einstellung in das Unternehmensregister zu übermitteln. [2]Ist die Erteilung eines Bestätigungsvermerks nach § 58 Abs. 2 des Genossenschaftsgesetzes oder nach Artikel 10 Absatz 1 der Verordnung (EU) Nr. 537/2014 vorgeschrieben, so ist dieser mit dem Jahresabschluss zu übermitteln; hat der Prüfungsverband die Bestätigung des Jahresabschlusses versagt, so muss dies auf dem übermittelten Jahresabschluss vermerkt und der Vermerk vom Prüfungsverband unterschrieben sein. [3]Ist die Prüfung des Jahresabschlusses im Zeitpunkt der Übermittlung der Unterlagen nach Satz 1 nicht abgeschlossen, so ist der Bestätigungsvermerk oder der Vermerk über seine Versagung unverzüglich nach Abschluss der Prüfung zu übermitteln. [4]Wird der Jahresabschluss oder der Lagebericht nach der Übermittlung geändert, so ist auch die geänderte Fassung zu übermitteln.

(2) § 325 Absatz 2a, 2b, 4 und 6 sowie die §§ 326 bis 329 sind entsprechend anzuwenden.

(3) [1]Die §§ 335 und 335a finden mit den Maßgaben entsprechende Anwendung, dass sich das Ordnungsgeldverfahren gegen die Mitglieder des Vorstands der Genossenschaft richtet und nur auf Antrag des Prüfungsverbandes, dem die Genossenschaft angehört, oder eines Mitglieds, Gläubigers oder Arbeitnehmers der Genossenschaft durchzuführen ist. [2]Das Ordnungsgeldverfahren kann auch gegen die Genossenschaft durchgeführt werden, für die die Mitglieder des Vorstands die in Absatz 1 genannten Pflichten zu erfüllen haben.

Inhaltsübersicht **Rz.**

LITERATUR:

Auf die unter → § 336 angegebene Literatur wird verwiesen.

I. Überblick

Die Veröffentlichungspflichten sind in Abs. 1 **rechtsformspezifisch** ausgerichtet, nehmen in Abs. 2 demgegenüber Bezug auf **generell** gültige Vorschriften. Für Konzernabschlüsse sind nach § 15 PublG die Offenlegungspflichten des § 325 Abs. 3 bis 6 HGB (→ § 325 Rz. 28 ff.) zu beachten. Kreditgenossenschaften unterliegen wie alle anderen Kreditinstitute den Vorgaben des § 340l HGB. 1

Die „Technik" der Offenlegung erfolgt in der üblichen Form über den elektronischen Bundesanzeiger (→ § 325 Rz. 6 ff.).

Bei kapitalmarktorientierten Genossenschaften gehören seit ESEF-Umsetzungsgesetz auch die Erklärungen nach §§ 264 Abs. 2 Satz 3 und 289 Abs. 1 Satz 5 HGB (Bilanz- und Lageberichtseid) zu den offenlegungspflichtigen Unterlagen.

II. Rechtsformspezifische Vorgaben (Abs. 1)

2 Die Einreichungsfrist ist auf zwölf Monate nach dem Abschlussstichtag begrenzt; allerdings darf diese nicht ausgenutzt werden, da die erste Grenzmarke durch den Zeitpunkt der Generalversammlung gesetzt wird: „unverzüglich nach". Bei kapitalmarktorientierten Genossenschaften beträgt die Frist vier Monate.

Die einzureichenden **Unterlagen** sind der

- festgestellte Jahresabschluss,
- Lagebericht,
- Bericht des Aufsichtsrats sowie
- Bestätigungsvermerk bei Pflichtprüfungen gem. § 58 Abs. 2 GenG.

Freiwillig geprüfte kleine und mittelgroße Gesellschaften **können** einen Bestätigungsvermerk beifügen, der aber nur bei Durchführung einer Abschlussprüfung nach §§ 316 ff. HGB erteilt werden darf (→ § 322 Rz. 75). Der Bestätigungsvermerk kann nachgereicht werden, wenn zur Fristwahrung eine Vorab-Einreichung der übrigen Unterlagen erfolgt.

III. Verweise auf die allgemeingültigen Vorschriften (Abs. 2 und Abs. 3)

3 Auf einige für alle veröffentlichungspflichtigen Unternehmen (mit branchenspezifischen Besonderheiten) geltende Vorschriften wird in Abs. 2 Bezug genommen. Insbesondere gelten die Erleichterungen für kleine und mittelgroße Gesellschaften in §§ 326 ff. HGB auch für Genossenschaften. Auf die dortigen Kommentierungen kann deshalb verwiesen werden. Für Kleinstgenossenschaften gelten nach dem BilRUG bzgl. der Einsichtnahme in die Bilanz die Vorgaben für Kleinstkapitalgesellschaften in § 9a Abs. 6 Satz 2 HGB.

4 Nach Abs. 3 sind auch die **Ordnungsgeldvorschriften** der §§ 335 und 335a HGB entsprechend anzuwenden, jedoch mit der Maßgabe, dass das Verfahren nicht von Amts wegen eingeleitet wird (→ § 335 Rz. 2), sondern **nur auf Antrag**. Antragsberechtigt sind der Prüfungsverband (→ § 336 Rz. 10), Genossen, Gläubiger und Arbeitnehmer.

Fünfter Abschnitt: Privates Rechnungslegungsgremium; Rechnungslegungsbeirat

§ 342 Privates Rechnungslegungsgremium

(1) [1]Das Bundesministerium der Justiz und für Verbraucherschutz kann eine privatrechtlich organisierte Einrichtung durch Vertrag anerkennen und ihr folgende Aufgaben übertragen:

1. **Entwicklung von Empfehlungen zur Anwendung der Grundsätze über die Konzernrechnungslegung,**
2. **Beratung des Bundesministeriums der Justiz und für Verbraucherschutz bei Gesetzgebungsvorhaben zu Rechnungslegungsvorschriften,**
3. **Vertretung der Bundesrepublik Deutschland in internationalen Standardisierungsgremien und**

4. **Erarbeitung von Interpretationen der internationalen Rechnungslegungsstandards im Sinn des § 315e Absatz 1.**

[2]Es darf jedoch nur eine solche Einrichtung anerkannt werden, die aufgrund ihrer Satzung gewährleistet, dass die Empfehlungen und Interpretationen unabhängig und ausschließlich von Rechnungslegern in einem Verfahren entwickelt und beschlossen werden, das die fachlich interessierte Öffentlichkeit einbezieht. [3]Soweit Unternehmen oder Organisationen von Rechnungslegern Mitglied einer solchen Einrichtung sind, dürfen die Mitgliedschaftsrechte nur von Rechnungslegern ausgeübt werden.

(2) Die Beachtung der die Konzernrechnungslegung betreffenden Grundsätze ordnungsmäßiger Buchführung wird vermutet, soweit vom Bundesministerium der Justiz und für Verbraucherschutz bekannt gemachte Empfehlungen einer nach Absatz 1 Satz 1 anerkannten Einrichtung beachtet worden sind.

Inhaltsübersicht Rz.

LITERATUR:

Baetge/Krumnow/Noelle, Das „Deutsche Rechnungslegungs Standards Committee" DRSC, DB 2001 S. 769; *Berberich*, Ein Framework für das DRSC, 2002; *Budde/Steuber*, Normsetzungsbefugnis eines deutschen Standard Setting Body, DStR 1998 S. 1181; *Hommelhoff/Schwab*, Gesellschaftliche Selbststeuerung im Bilanzrecht – Standard Setting Bodies und staatliche Regulierungsverantwortung nach deutschem Recht, BFuP 1998 S. 38; *Küting/Dürr/Zwirner*, Das Deutsche Rechnungslegungs Standards Committee – Standortbestimmung und künftige Aufgabenschwerpunkte, BuW 2003 S. 133; *Löw*, Deutsches Rechnungslegungs Standards Committee, ZBB 2001 S. 19; *Peemöller*, Grundsätze ordnungsmäßiger Rechnungslegung, StuB 2003 S. 211; *Spanheimer*, Spezifische Problemfelder des gesetzlichen Standardisierungsauftrags an den DSR gem. § 342 Abs. 1 Nr. 1 HGB, WPg 2000 S. 997; *Zitzelsberger*, Überlegungen zur Einrichtung eines nationalen Rechnungslegungsgremiums in Deutschland, WPg 1998 S. 246.

I. Überblick

1 § 342 HGB ist zum einen eine **Ermächtigungsvorschrift:** Dem Bundesministerium der Justiz wird durch Abs. 1 die Möglichkeit gegeben, auf eine (bestimmten Anforderungen genügende) privatrechtlich organisierte Einrichtung (→ Rz. 3) Aufgaben in folgenden Bereichen zu übertragen:

- **Empfehlungen** zur Anwendung von Rechnungslegungsgrundsätzen (→ Rz. 7),
- **Beratung** bei Gesetzesvorhaben (→ Rz. 10),
- **Vertretung** in internationalen Gremien (→ Rz. 11),

- Erarbeitung von **Interpretationen** zu internationalen Rechnungslegungsstandards (→ Rz. 12).

2 Zum ersten Punkt trifft Abs. 2 eine Regelung mit materieller Bedeutung für den **Bilanzierer** (→ Rz. 14) und **Konzernabschlussprüfer** (→ Rz. 15): Soweit im Abschluss Rechnungslegungsgrundsätze beachtet werden, die von der anerkannten privaten Einrichtung entwickelt und vom Bundesministerium der Justiz bekannt gemacht wurden, besteht die **Vermutung,** dass die die Konzernrechnungslegung betreffenden GoB beachtet wurden.

II. Die Anerkennung des DRSC als privates Rechnungslegungsgremium (Abs. 1 Satz 2)

3 Mit dem sog. **Standardisierungsvertrag** vom 3.9.1998[1] hatte das Bundesministerium der Justiz das Deutsche Rechnungslegungs Standards Committee (DRSC) e.V. in Berlin als privatrechtliche Einrichtung i. S.von Abs. 1 anerkannt. Die Anerkennung setzt nach Abs. 1 Satz 2 satzungsmäßige Vorkehrungen zur Gewährleistung unabhängiger Empfehlungen unter Einbeziehung der fachlich interessierten Öffentlichkeit voraus. Nach Kündigung des ursprünglichen Vertrags und beinahe einem Jahr vertragslosen Zustands ist am 2.12.2011 ein neuer Standardisierungsvertrag geschlossen worden.

Details der Organisation des DRSC, seiner Zwecke und seiner Arbeitsweise ergeben sich aus der DRSC-**Satzung.** Diese sah bis zur Neufassung im Juli 2011 (→ Rz. 5) als **zentrales Fachgremium** des DRSC den Deutschen Standardisierungsrat **(DSR)** vor, dem die Aufgaben gem. Abs. 1 Satz 1 Nr. 1 bis 3 unterliegen. Als **weiteres Gremium** bestand seit 2003 das Rechnungslegungs Interpretations Committee **(RIC)**, dessen Aufgabe die (erst durch das BilMoG förmlich in das Gesetz aufgenommene) Entwicklung von Interpretationen der internationalen Rechnungslegungsstandards i. S.von § 315e Abs. 1 HGB ist.

4 Nach Beschluss vom 28.6.2010 hat das DRSC jedoch den Standardisierungsvertrag zum 31.12.2010 **gekündigt.** Für die **Gründe** wird auf → § 342a Rz. 1 verwiesen. Vorbehaltlich der rechtzeitigen Anerkennung eines anderen privaten Gremiums oder des Abschlusses eines neuen bzw. geänderten Vertrags mit dem DRSC wären die bisher von diesem verfolgten Aufgaben auf das Bundesministerium der Justiz bzw. den von diesem zu installierenden **Rechnungslegungsbeirat** übergegangen (→ § 342a).

5 Zur Installation eines Beirats ist es jedoch nicht gekommen. Stattdessen hat der DRSC seine Arbeit (mit Ausnahmen bei der Verabschiedung von Standards) zunächst fortgesetzt, sich sodann am **20.7.2011** eine **neue Satzung** gegeben, die Grundlage des am 2.12.2011 erfolgten Abschlusses eines neuen Standardisierungsvertrags (→ Rz. 3) war. Gegenüber der vorherigen Satzung unterscheidet sich die neue vor allem in folgenden Punkten:

- **Zwecksetzung:** Die Aufgaben des DRSC (→ Rz. 1) sollen **„im gesamtwirtschaftlichen Interesse"** wahrgenommen werden (§ 2 und Präambel der Satzung).[2] Wie immer bei solchen hehren Zwecksetzungen ist das Verhältnis des Überbaus zu den konkreten Aufgaben und Zielen nicht ganz deutlich. Eines der satzungsmäßigen Ziele ist etwa die „Erhöhung der Qualität der Rechnungslegung" (§ 2 Abs. 1(e) der Satzung). Fraglich könnte dann sein, ob

1 Vgl. http://www.standardsetter.de/drsc/docs/verein/Standardisierungsvertrag_BMJ.pdf.

2 Der Standardisierungsvertrag mit dem BMJ spricht in § 1 Abs. 1 leicht abweichend vom „öffentlichen, insbesondere auch gesamtwirtschaftlichen Interesse".

in einer Art prästabilierter Harmonie (*Leibnitz*' „beste aller Welten") ein Einklang von Qualität und gesamtwirtschaftlichem Interesse ohnehin gegeben ist oder Widersprüche zwischen beiden möglich sind und dann mit Rücksicht auf das gesamtwirtschaftliche Interesse in Einzelfällen von einer sonst gebotenen Qualitätssteigerung auch einmal Abstand genommen werden muss.

- **Mitgliedschaft:** Zuvor konnten natürliche Personen und Unternehmen sowie Verbände nur assoziierte Mitglieder werden. Ein Recht auf Mitgliedschaft haben nunmehr nur juristische Personen (insbesondere **Unternehmen**) und **Personenvereinigungen** (insbesondere Verbände) (§ 4 der Satzung). Zur Finanzierung tragen nach **Beitragsordnung** die Unternehmen mit maximal 50.000 € (DAX-Unternehmen), minimal 10.000 € je „Kopf" bei, die Wirtschaftsprüfungsgesellschaften umsatzabhängig mit gleichem Intervall, die Verbände mit Beträgen von 20.000 €.

- **Verwaltungsrat:** Die zuvor unzureichende Finanzierung des DRSC wird auf der vorgenannten Basis entscheidend durch kapitalmarktorientierte Unternehmen und deren Verbände geleistet. Deren Beitrag findet auch bei der Besetzung des Verwaltungsrats Berücksichtigung (§ 10 Abs. 2 der Satzung). Von den **20 Sitzen** stehen
  - **zehn** den **kapitalmarktorientierten Unternehmen** aus den Bereichen Industrie, Handel, Dienstleistung sowie ihren Verbänden zu,
  - **drei Banken und zwei Versicherungen** und ihren Verbänden zu.
  - Die verbleibenden fünf Sitze entfallen auf **sonstige Unternehmen (2)** sowie **Wirtschaftsprüfungsgesellschaften (3)** bzw. deren Verbände.

- **Fachausschüsse:** Den sog. Fachausschüssen obliegt die Erfüllung der satzungsmäßigen fachlichen Arbeiten, also insbesondere Erarbeitung und Verlautbarungen von Rechnungslegungsstandards (DRS) sowie Interpretation der IFRS. Die auf das Handelsrecht bezogenen Aufgaben (DRS, Beratung bei Gesetzesvorhaben usw., → Rz. 7 ff.) übernimmt dabei der **„HGB-Ausschuss"** die auf die internationale Rechnungslegung bezogenen Aufgaben (→ Rz. 11 ff.) der **„IFRS-Ausschuss"** (früher RIC, → Rz. 3). Beide Ausschüsse zählen je sieben ehrenamtliche Mitglieder, die vom Verwaltungsrat auf Vorschlag eines Nominierungsausschusses für die Dauer von fünf Jahren gewählt werden und ihre Tätigkeit unter Berücksichtigung der vom Verwaltungsrat festgelegten Leitlinien unabhängig ausüben sollen. Sie können aus wichtigem Grund mit einer Mehrheit von 3/4 der Mitglieder des Verwaltungsrats abberufen werden (§ 19 der Satzung).

Zentrales Organ für die Steuerung und Ausrichtung des DRSC ist nach der Satzung der **Verwaltungsrat:** 6

- Er legt „unter Berücksichtigung des gesamtwirtschaftlichen Interesses die Grundsätze und Leitlinien für die Arbeit des Vereins, insbesondere der Fachausschüsse und des Präsidiums, fest. Entsprechende Beschlüsse bedürfen einer Mehrheit von 3/4 seiner Mitglieder." (§ 11 Abs. 1 der Satzung.)
- „Die Mitglieder der Fachausschüsse werden vom Verwaltungsrat ebenfalls mit einer Mehrheit von 3/4 seiner Mitglieder gewählt." (§ 11 Abs. 2 der Satzung.)
- „Der Verwaltungsrat bestellt, berät und überwacht das Präsidium. Er kann beschließen, dass bestimmte Arten von Geschäften vom Präsidium nur mit seiner Zustimmung vorgenommen werden dürfen." (§ 11 Abs. 3 der Satzung.)

Die kapitalmarktorientierten Unternehmen sowie die Banken und Versicherungen – im Wesentlichen also die großen Konzerne – haben wie dargestellt (→Rz. 5) 15 der 20 Sitze und damit die für alle wichtigen Entscheidungen erforderliche 3/4-Mehrheit. Angesichts eines so deutlichen Übergewichts stellt sich erneut die Frage nach der Bedeutung der satzungsmäßigen Zweckbindung an das gesamtwirtschaftliche Interesse (→Rz. 5): Repräsentieren die großen Konzerne die Gesamtwirtschaft oder gibt es ein von den Interessen der Konzerne unterscheidbares gesamtwirtschaftliches Interesse? In vielen Fällen wird die Antwort lauten: Was gut ist für VW, Allianz und Deutsche Bank, ist gut für Deutschland und vice versa.[1] Wie ist aber im Hinblick auf die (Ausnahme-)Fälle, in denen es anders sein könnte, die Besetzung des Verwaltungsrats zu rechtfertigen? Wie verträgt sie sich überhaupt mit den Anforderungen eines demokratischen Rechtsstaats an die Auslagerung von Regelentwicklungen auf ein privates Gremium?

Ob diese Fragen eine **praktische Bedeutung** haben, wird sich erst im Zeitablauf erweisen. Ein Prüfstein wird z. B. sein, ob die Mitwirkung des DRSC bei Gesetzesvorhaben oder die Verabschiedung von (Konzern-)Rechnungslegungsstandards die Belange von mittelständischen Rechnungslegern ausreichend berücksichtigt. Konkret geht es dann z. B. darum, ob bei der Fortentwicklung der Lageberichterstattung die Bedürfnisse der globalen Konzerne das Hauptmuster liefern, dem mittelständischen Anwender (→§ 289 Rz. 14) undeutliche Ausnahmen gewährt werden (*Top-down*-Ansatz) oder *bottom up* zunächst der mittelständische Anwender im Mittelpunkt steht, um erst dann zusätzliche Anforderungen für Großkonzerne zu formulieren, die auch nur von diesen zu beachten sind.

III. Aufgaben des DRSC

1. Entwicklung von Rechnungslegungsstandards (Abs. 1 Nr. 1)

7 Abs. 1 nennt als erste Aufgabe der privaten Einrichtung, konkret (→Rz. 4) also des DRSC, die Entwicklung von **Empfehlungen zur Konzernrechnungslegung.**

Die Beschränkung auf die Konzernrechnungslegung erklärt sich historisch auch daraus, dass in Anbetracht der Maßgeblichkeit des **handelsrechtlichen Jahresabschlusses** für die steuerliche Gewinnermittlung ein privatrechtlich organisierter Eingriff nicht ohne Weiteres mit den Anforderungen an die Gesetzmäßigkeit der Besteuerung in Einklang zu bringen ist.[2] Mit der sinkenden Bedeutung der Maßgeblichkeit (→§ 252 Rz. 270) nimmt auch die Tragkraft dieses Arguments ab.

Fraglich ist dann aber, was die Grundsätze ordnungsmäßiger Konzernrechnungslegung ausmacht bzw. wo es einen von den Grundätzen einzelbilanzieller Rechnungslegung **unterscheidbaren** Bereich gibt:

- ► In einer **engen Lesart** wären dies die nur den Konzernabschluss betreffenden Aspekte, also Fragen der **Konsolidierungsmethoden, Währungsumrechnung** ausländischer Tochterunternehmen etc.

1 In Anlehnung an den vom CEO von GM zum Verteidigungsminister der USA avancierten *Carles Erwin Wilson*, dessen kolportierte Aussage *„What's good for GM is good for America"* tatsächlich lautete: *„I thought what was good for the country was good for General Motors and vice versa."*, http://en.wikipedia.org/wiki/Charles_Erwin_Wilson.

2 Vgl. *Ernst*, WPg 1998 S. 1025 ff.

- Nach der **entgegengesetzten Lesart** wären alle den Konzernabschluss betreffenden Rechnungslegungsgrundsätze, damit gem. § 297 Abs. 2 HGB **fast alle** für den handelsrechtlichen Einzelabschluss **(Jahresabschluss)** geltenden Grundsätze (Vollständigkeitsprinzip, Realisationsprinzip, Niederstwertprinzip etc.), betroffen.
- Herrschend ist eine dritte, **mittlere Lesart:** Danach haben Empfehlungen des DRSC jedenfalls dann für die GoB des Jahresabschlusses eine **„Ausstrahlungswirkung"**, wenn die Besonderheiten des Jahresabschlusses (z. B. Zahlungsbemessungsfunktion) nicht tangiert sind.

Am deutlichsten ist die Ausstrahlungswirkung auf den Jahresabschluss bei den Standards des DRSC, die gesetzliche Vorschriften zu **Ausweis, Anhang und Lagebericht** betreffen, die gleichermaßen für Konzern- und Jahresabschluss gelten. Der DRSC beschränkt sich zwar auch in diesen Fällen **formal** auf den **Konzern,** empfiehlt aber die entsprechende einzelbilanzielle Behandlung. 8

Undeutlicher ist die Ausstrahlung auf den Jahresabschluss bei Standards, die **Ansatz- oder Bewertungsfragen** betreffen. Vor Verabschiedung des BilMoG war etwa die Latenzierung von Verlustvorträgen betroffen. Die durch DRS 10.11 zugelassene (im Übrigen auch vorgesehene) Aktivierung begründete der DRS mit einer entsprechenden Interpretation des Gesetzes. Die vor Veröffentlichung von DRS 10 ganz einhellige Ablehnung einer solchen Aktivierungsmöglichkeit wurde dadurch aufgeweicht: Seit Veröffentlichung fanden sich vermehrt Meinungen, die eine Aktivierung latenter Steuern auf Verlustvorträge auch im Jahresabschluss für zulässig (allerdings nicht geboten) erachten. Bei den aktiven latenten Steuern auf Bewertungs- und Ansatzunterschiede zur Steuerbilanz sah DRS 10.4 abweichend vom Gesetzeswortlaut ein Ansatzgebot vor. Unter Berufung auf den **Gläubigerschutzzweck des Jahresabschlusses** wurde eine Ausstrahlungswirkung dieses Gebots auf den Jahresabschluss im Schrifttum und vom IDW[1] abgelehnt. 9

2. Beratung bei Gesetzesvorhaben (Abs. 1 Nr. 2)

Die Beratung des Bundesministeriums der Justiz bei Gesetzesvorhaben ist in § 1 Abs. 3 des Standardisierungsvertrags konkretisiert und beschränkt sich ausdrücklich **nicht** auf die Konzernrechnungslegung. Vielmehr beteiligt das BMJ den DRSC „bei allen Gesetzgebungsvorhaben, die die Rechnungslegung betreffen". 10

3. Vertretung der Bundesrepublik Deutschland in internationalen Standardisierungsgremien (Abs. 1 Nr. 3)

Weder das Gesetz noch der Standardisierungsvertrag konkretisiert die internationale Vertretung. Die Satzung (→ Rz. 5) erwähnt etwa in §§ 21 und 22 die „Erarbeitung von Stellungnahmen zu IASB-Entwürfen" und die „Zusammenarbeit mit der European Financial Reporting Advisory Group (EFRAG)". Der Vorsitzende des DRSC hat außerdem einen ständigen Sitz (ohne Stimmrecht) in der *Technical Expert Group* der **EFRAG** und wirkt somit bei der Beratung der EU-Kommission im Rahmen des sog. *Endorsement* mit. 11

1 IDW, WPg 2001 S. 1087 ff.

4. Erarbeitung von Interpretationen der internationalen Rechnungslegungsstandards (Abs. 1 Nr. 4)

12 Im Rahmen des **BilMoG** ist die Erarbeitung von Interpretationen der internationalen Rechnungslegungsstandards als vierte Aufgabe des privaten Gremiums in das Gesetz eingefügt worden. Betroffen sind vor allem Fragen der Anwendung der IFRS unter spezifischen **nationalen Rahmenbedingungen.** Ein Musterbeispiel ist RIC 3, der klarstellt, wie die Regelungen des IAS 32 zur Abgrenzung von **Eigen- und Fremdkapital** bei kündbaren Anteilen auf deutsches **Personengesellschaftsrecht** anzuwenden sind. Die Begründung des Regierungsentwurfs führt als weitere Beispiele an:

- Im Zusammenhang mit dem Insolvenzrecht aufgetretene Probleme bei der bilanzbefreienden Übertragung von Pensionsverpflichtungen auf Treuhänder (CTA-Konstruktionen).
- Bilanzierung der ratierlichen Auszahlung von KSt-Guthaben nach der Änderung des KStG.
- Auswirkungen der Änderung des Betriebsrentengesetzes auf die Rechnungslegung nach IFRS.

IV. Bekanntmachung der Standards, Vermutung der Richtigkeit (Abs. 2)

1. Bekanntmachung

13 **Verbindlichkeit** (im eingeschränkten Sinne, → Rz. 14) erlangen die Standards der privaten Einrichtung (DRSC, → Rz. 4) erst mit der Bekanntmachung durch das Bundesministerium der Justiz. Für die Interpretationen der internationalen Rechnungslegungsstandards (RIC) ist keine Bekanntmachung vorgesehen, da es sich nicht um handelsrechtliche Rechnungslegungsgrundsätze handelt.

2. Bedeutung der Richtigkeitsvermutung für den Bilanzierer

14 Mit Bekanntmachung (→ Rz. 13) eines Rechnungslegungsstandards gilt: Eine Befolgung der Empfehlungen des Standards begründet die **Vermutung** der Beachtung der die Konzernrechnungslegung betreffenden Grundsätze ordnungsmäßiger Buchführung (Abs. 2).

Für das einen Konzernabschluss aufstellende Unternehmen hat die Vermutungsregel hauptsächlich die Funktion einer **Beweiserleichterung** bei Rechtsstreitigkeiten. Dies bedeutet umgekehrt: Bei einer Abweichung von den DRS besteht ein erhöhter Begründungsbedarf. Dieser kann sich etwa in Fällen ergeben, in denen eine (angeblich) unrichtige Bilanzierung von Gläubigern oder Aktionären zum Gegenstand einer **Haftungsklage** gemacht wird. Hilfreich ist hier, wenn die Abweichung von dem DRS im Anhang kenntlich gemacht wurde.

Hingegen ist die **gesellschaftsrechtliche Bedeutung** der Vermutungsregel **gering,** da der Konzernabschluss mangels formeller Feststellung weder anfechtbar noch nichtig sein kann.[1]

Wegen der insgesamt begrenzten Bindungswirkung der DRS werden diese im Schrifttum auch als „virtuelle GoB" bezeichnet.[2]

---

1 Vgl. *Budde/Steuber*, DStR 1998 S. 1181 ff.

2 Vgl. *Beisse*, BB 1999 S. 2180 ff.

3. Konsequenzen der Abweichung von DRS-Empfehlungen für die Abschlussprüfung

Für den Umgang des **Abschlussprüfers** mit Abweichungen des Konzernabschlusses – ggf. auch des Jahresabschlusses (→ Rz. 7) – von den DRS hält IDW PS 201 Folgendes fest: 15

- **Einschränkung gesetzlicher Wahlrechte:** Schränkt ein DRS ein gesetzliches Wahlrecht ein (so für HGB a. F. etwa DRS 10 das Wahlrecht, latente Steuern nicht zu aktivieren), begründet eine Nichtbeachtung dieser Einschränkung keine Einwendung des Konzernabschlussprüfers gegen die Ordnungsmäßigkeit der Konzernrechnungslegung. Lediglich im **Prüfungsbericht** ist auf eine solche Abweichung hinzuweisen (→ § 321 Rz. 96).
- **Anforderungen, die über das Gesetz hinausgehen:** Stellt ein DRS über das Gesetz hinausgehende Anforderungen, führt die Nichtbeachtung dieser Vorschriften zu **keinen zwingenden Konsequenzen** für Prüfungsbericht und Bestätigungsvermerk. Ein entsprechender Hinweis im Prüfungsbericht ist jedoch zu empfehlen.
- **Füllung von Regelungslücken:** Legt ein DRS das Gesetz lediglich aus (ohne gegen dessen eindeutigen Wortlaut zu verstoßen) und weicht der Konzernabschluss von dieser Auslegung ab, hat der Konzernabschlussprüfer nach den allgemeinen Grundsätzen zu beurteilen, ob sich im **Einzelfall** aus der Abweichung Konsequenzen für die Berichterstattung bzw. den Bestätigungsvermerk ergeben.

§ 342a Rechnungslegungsbeirat

(1) Beim Bundesministerium der Justiz und für Verbraucherschutz wird vorbehaltlich Absatz 9 ein Rechnungslegungsbeirat mit den Aufgaben nach § 342 Abs. 1 Satz 1 gebildet.

(2) Der Rechnungslegungsbeirat setzt sich zusammen aus

1. einem Vertreter des Bundesministeriums der Justiz und für Verbraucherschutz als Vorsitzendem sowie je einem Vertreter des Bundesministeriums der Finanzen und des Bundesministeriums für Wirtschaft und Energie,

2. vier Vertretern von Unternehmen,

3. vier Vertretern der wirtschaftsprüfenden Berufe,

4. zwei Vertretern der Hochschulen.

(3) [1]Die Mitglieder des Rechnungslegungsbeirats werden durch das Bundesministerium der Justiz und für Verbraucherschutz berufen. [2]Als Mitglieder sollen nur Rechnungsleger berufen werden.

(4) [1]Die Mitglieder des Rechnungslegungsbeirats sind unabhängig und nicht weisungsgebunden. [2]Ihre Tätigkeit im Beirat ist ehrenamtlich.

(5) Das Bundesministerium der Justiz und für Verbraucherschutz kann eine Geschäftsordnung für den Beirat erlassen.

(6) Der Beirat kann für bestimmte Sachgebiete Fachausschüsse und Arbeitskreise einsetzen.

(7) [1]Der Beirat, seine Fachausschüsse und Arbeitskreise sind beschlussfähig, wenn mindestens zwei Drittel der Mitglieder anwesend sind. [2]Bei Abstimmungen entscheidet die Stimmenmehrheit, bei Stimmengleichheit die Stimme des Vorsitzenden.

(8) Für die Empfehlungen des Rechnungslegungsbeirats gilt § 342 Abs. 2 entsprechend.

(9) Die Bildung eines Rechnungslegungsbeirats nach Absatz 1 unterbleibt, soweit das Bundesministerium der Justiz und für Verbraucherschutz eine Einrichtung nach § 342 Abs. 1 anerkennt.

Inhaltsübersicht Rz.

I. Überblick

1 Mit Erfüllung der **Aufgaben nach § 342** Abs. 1 Satz 1 Nr. 1 bis 4 HGB (→ § 342 Rz. 1) kann das Bundesministerium der Justiz und für Verbraucherschutz statt einer privaten Einrichtung (bisher der DRSC) auch einen Rechnungslegungsbeirat betrauen. Nach Abs. 9 unterbleibt die Bildung eines Rechnungslegungsbeirats jedoch, soweit das Bundesministerium der Justiz eine Einrichtung nach § 342 Abs. 1 HGB anerkennt. Da durch Standardisierungsvertrag vom 3.9.1998 mit dem **DRSC** eine entsprechende Einrichtung anerkannt wurde (→ § 342 Rz. 3), war § 342a HGB zunächst ohne Relevanz.

Nach Beschluss vom 28. 6. 2010 hatte der DRSC jedoch den Standardisierungsvertrag zum 31. 12. 2010 **gekündigt.** Gründe waren u. a. die als unzureichend empfundene Finanzierung sowie gewisse Schwierigkeiten, die sich international daraus ergaben, dass die deutschen Interessen nicht kanalisiert durch den DRSC vertreten wurden, sondern ebenso durch andere Organisationen. Die mit dem Kündigungsbeschluss vom DRSC herausgegebene Pressemitteilung sprach dies als Problem der „Orchestrierung der nationalen Meinungsbildung" an.[1]

Da es bis zum 1.1.2011 weder zur Anerkennung eines anderen privaten Gremiums noch zum Abschluss eines neuen bzw. geänderten Vertrags mit dem DRSC kam, hätten die bisher von diesem verfolgten Aufgaben zu diesem Datum auf das Bundesministerium der Justiz bzw. den von diesem zu installierenden Rechnungslegungsbeirat übergehen müssen. Tatsächlich hat der DRSC aber seine Tätigkeit interimistisch fortgesetzt, am 20.7.2011 eine neue Satzung verabschiedet, die ihm vor allem eine sicherere Finanzierungsgrundlage verschaffen soll. Auf Basis dieser neuen Satzung ist dann am 2.12.2011 ein neuer Standardisierungsvertrag mit dem Bundesministerium abgeschlossen und somit § 342a HGB wieder „ausgesetzt" worden.

II. Aufgaben des Rechnungslegungsbeirats (Abs. 1 und 9)

2 Das Bundesministerium der Justiz hat nach Abs. 1 die Kompetenz und u. E. auch die Pflicht zur Bildung eines Rechnungslegungsbeirats, sofern der Vorbehalt von Abs. 9 nicht nur vorübergehend nicht mehr greift, d. h., sofern keine private Einrichtung als Standardisierungsgremium anerkannt ist. Dieser Vorbehalt schien wegen Kündigung des Standardisierungsvertrags durch den DRSC zum 31.12.2010 (→ Rz. 1) ab 1.1.2011 nicht mehr zu greifen, ist aber mit dem Abschluss eines neuen Standardisierungsvertrags im Dezember 2011 wieder wirksam geworden (→ Rz. 1).

3 Nach Abs. 1 hat der Rechnungslegungsbeirat die Aufgaben nach § 342 Abs. 1 Satz 1 HGB, also

- **Empfehlungen** zur Anwendung von Rechnungslegungsgrundsätzen (→ § 342 Rz. 7),
- **Beratung** bei Gesetzesvorhaben (→ § 342 Rz. 10),

1 Vgl. http://www.standardsetter.de/drsc/docs/press_releases/2010/100628_neuordnungDRSC.pdf.

- **Vertretung** in internationalen Gremien (→ § 342 Rz. 11),
- Erarbeitung von **Interpretationen** zu internationalen Rechnungslegungsstandards (→ § 342 Rz. 12).

III. Personelle Zusammensetzung (Abs. 2 bis 4)

Die Mitglieder des Rechnungslegungsbeirats werden durch das Bundesministerium der Justiz berufen (Abs. 2 Satz 2). Berufungsfähig sind **„Rechnungsleger"**, nach der Definition in § 6 Abs. 3 Satz 2 der Satzung des DRSC also **natürliche Personen**, die 4

- mit entsprechender Qualifikation die **Handelsbücher** oder die sonstigen in § 257 Abs. 1 Nr. 1 HGB bezeichneten Unterlagen führen oder erstellen oder
- als **Wirtschaftsprüfer, vereidigte Buchprüfer, Steuerberater, Rechtsanwalt, Hochschullehrer** oder mit vergleichbarer Qualifikation auf dem Gebiet der internationalen Rechnungslegung prüfend, beratend, lehrend, überwachend oder analysierend tätig sind.

Zur konkreten Zusammensetzung des Rechnungslegungsbeirats sieht Abs. 2 vor:

- je einen Vertreter der **Bundesministerien** für Justiz und Verbraucherschutz (als Vorsitzender), Finanzen sowie Wirtschaft und Technologie,
- vier Vertreter von **Unternehmen**,
- vier Vertreter der **wirtschaftsprüfenden Berufe**,
- zwei Vertreter der **Hochschulen.**

Die Mitglieder des Rechnungslegungsbeirats sind (sollen sein?) nach Abs. 4 Satz 1 **unabhängig** und nicht weisungsgebunden. Nach Abs. 4 Satz 2 üben sie ihre Tätigkeit **ehrenamtlich** aus. Fraglich ist, ob sich beide Anforderungen faktisch miteinander vertragen, wenn etwa die angemessene Vergütung der fachlich hoch qualifizierten Personen nicht über die ehrenamtliche Beiratstätigkeit, sondern indirekt über „abstellende" Organisationen und Unternehmen gewährleistet wird. 5

IV. Organisation (Abs. 5 bis 7)

Das Bundesministerium der Justiz kann gem. Abs. 5 eine **Geschäftsordnung** für den Beirat erlassen, die dann die näheren organisatorischen Einzelheiten regelt. 6

Das Gesetz selbst enthält nur geringe Vorgaben:

- Nach Abs. 6 kann der Beirat **Fachausschüsse und Arbeitskreise** einsetzen.
- Nach Abs. 7 Satz 1 sind der Beirat, seine Fachausschüsse und Arbeitskreise **beschlussfähig,** wenn mindestens 2/3 der Mitglieder anwesend sind.
- Nach Abs. 7 Satz 2 entscheidet bei Abstimmungen die **Stimmenmehrheit,** bei Stimmengleichheit die Stimme des (dem Bundesministerium der Justiz angehörenden) Vorsitzenden.

V. Verbindlichkeit der Beiratsempfehlungen (Abs. 8)

Nach Abs. 8 i.V. mit § 342 Abs. 2 HGB gilt mit Bekanntmachung eines Rechnungslegungsstandards durch den Beirat: Eine Befolgung der Empfehlungen des Standards begründet die **Vermutung** der Beachtung der die Konzernrechnungslegung betreffenden Grundsätze ordnungsmäßiger Buchführung. Zu Einzelheiten wird auf → § 342 Rz. 14 ff. verwiesen. 7

Sechster Abschnitt: Prüfstelle für Rechnungslegung

§ 342b ff. HGB a. F. / §§ 106 ff. WpHG Prüfung von Unternehmensabschlüssen und -berichten (Enforcement)

§ 106 WpHG Prüfung von Unternehmensabschlüssen und -berichten

Die Bundesanstalt hat die Aufgabe, nach den Vorschriften dieses Abschnitts und vorbehaltlich § 342b Absatz 2 Satz 3 Nummer 1 und 3 des Handelsgesetzbuchs zu prüfen, ob folgende Abschlüsse und Berichte, jeweils einschließlich der zugrunde liegenden Buchführung, von Unternehmen, für die als Emittenten von zugelassenen Wertpapieren die Bundesrepublik Deutschland der Herkunftsstaat ist, den gesetzlichen Vorschriften einschließlich der Grundsätze ordnungsmäßiger Buchführung oder den sonstigen durch Gesetz zugelassenen Rechnungslegungsstandards entsprechen:

1. **festgestellte Jahresabschlüsse und zugehörige Lageberichte, offengelegte Jahresabschlüsse und zugehörige Lageberichte, offengelegte Einzelabschlüsse nach § 325 Absatz 2a des Handelsgesetzbuchs und zugehörige Lageberichte, gebilligte Konzernabschlüsse und zugehörige Konzernlageberichte oder offengelegte Konzernabschlüsse und zugehörige Konzernlageberichte,**
2. **veröffentlichte verkürzte Abschlüsse und zugehörige Zwischenlageberichte sowie**
3. **veröffentlichte Zahlungs- oder Konzernzahlungsberichte.**

§ 107 WpHG Anordnung einer Prüfung der Rechnungslegung und Ermittlungsbefugnisse der Bundesanstalt

(1) [1]Die Bundesanstalt ordnet eine Prüfung der Rechnungslegung an, soweit konkrete Anhaltspunkte für einen Verstoß gegen Rechnungslegungsvorschriften vorliegen; die Anordnung unterbleibt, wenn ein öffentliches Interesse an der Klärung offensichtlich nicht besteht. [2]Die Bundesanstalt kann eine Prüfung der Rechnungslegung auch dann anordnen, wenn sie eine Prüfung nach § 44 Absatz 1 Satz 2 des Kreditwesengesetzes, nach § 14 Satz 2 des Kapitalanlagegesetzbuchs oder nach § 306 Absatz 1 Nummer 1 des Versicherungsaufsichtsgesetzes durchführt oder durchgeführt hat und die Prüfungen denselben Gegenstand betreffen. [3]Die Bundesanstalt kann eine Prüfung der Rechnungslegung auch ohne besonderen Anlass anordnen (stichprobenartige Prüfung). [4]Der Umfang der einzelnen Prüfung soll in der Prüfungsanordnung festgelegt werden. [5]Geprüft werden nur folgende Abschlüsse und Berichte:

1. **der zuletzt festgestellte Jahresabschluss und der zugehörige Lagebericht,**
2. **der zuletzt offengelegte Jahresabschluss und der zugehörige Lagebericht,**
3. **der zuletzt offengelegte Einzelabschluss nach § 325 Absatz 2a des Handelsgesetzbuchs und der zugehörige Lagebericht,**
4. **der zuletzt gebilligte Konzernabschluss und der zugehörige Konzernlagebericht,**
5. **der zuletzt offengelegte Konzernabschluss und der zugehörige Konzernlagebericht,**
6. **der zuletzt veröffentlichte verkürzte Abschluss und der zugehörige Zwischenlagebericht sowie**
7. **der zuletzt veröffentlichte Zahlungsbericht oder Konzernzahlungsbericht.**

[6]Ordnet die Bundesanstalt eine Prüfung der Rechnungslegung an, so kann sie ihre Anordnung unter Nennung des betroffenen Unternehmens und den Grund für die Anordnung auf ihrer Internetseite bekannt machen, soweit hieran ein öffentliches Interesse besteht. [7]Die Bekanntmachung des Grunds für die Anord-

nung darf keine personenbezogenen Daten enthalten. [8]Auf die Prüfung des verkürzten Abschlusses und des zugehörigen Zwischenlageberichts sowie des Zahlungsberichts und Konzernzahlungsberichts ist Satz 2 nicht anzuwenden. [9]Die Prüfung kann trotz Wegfalls der Zulassung der Wertpapiere zum Handel im organisierten Markt fortgesetzt werden, insbesondere dann, wenn Gegenstand der Prüfung ein Fehler ist, an dessen Bekanntmachung ein öffentliches Interesse besteht. [10]Die Bekanntmachung nach Satz 6 ist außerdem unverzüglich der das Unternehmensregister führenden Stelle zur Einstellung in das Unternehmensregister zu übermitteln.

(2) Prüfungsgegenstand können auch die Abschlüsse und Berichte sein, die die beiden Geschäftsjahre zum Gegenstand haben, die dem Geschäftsjahr vorausgehen, auf das Absatz 1 Satz 5 Bezug nimmt; eine stichprobenartige Prüfung ist hierbei nicht zulässig.

(3) [1]Eine Prüfung des Jahresabschlusses und des zugehörigen Lageberichts durch die Bundesanstalt findet nicht statt, solange eine Klage auf Nichtigkeit gemäß § 256 Abs. 7 des Aktiengesetzes anhängig ist. [2]Wenn nach § 142 Abs. 1 oder Abs. 2 oder § 258 Abs. 1 des Aktiengesetzes ein Sonderprüfer bestellt worden ist, findet eine Prüfung ebenfalls nicht statt, soweit der Gegenstand der Sonderprüfung, der Prüfungsbericht oder eine gerichtliche Entscheidung über die abschließenden Feststellungen der Sonderprüfer nach § 260 des Aktiengesetzes reichen.

(4) [1]Bei der Durchführung der Prüfung kann sich die Bundesanstalt anderer Einrichtungen und Personen bedienen. [2]Die Bundesanstalt darf anderen Einrichtungen und Personen, derer sie sich nach Satz 1 bedient, Informationen übermitteln, auch wenn diese unter gesetzliche Verschwiegenheitspflichten fallen, soweit die Einrichtungen oder Personen die Informationen zur Durchführung der ihnen nach Satz 1 im Rahmen einer Prüfung übertragenen Aufgaben benötigen. [3]Vor Übermittlung der Informationen anonymisiert die Bundesanstalt darin enthaltene personenbezogene Daten, soweit sie für die Durchführung der übertragenen Aufgaben nicht zwingend erforderlich sind. [4]Die Einrichtungen oder Personen haben ihnen übermittelte personenbezogene Daten spätestens nach Abschluss ihrer übertragenen Aufgaben zu löschen.

(5) [1]Soweit dies zur Wahrnehmung der Aufgaben nach § 106 erforderlich ist, können die Bundesanstalt und die Personen, derer sich die Bundesanstalt bei der Durchführung ihrer Aufgaben bedient, von dem geprüften Unternehmen, von den Mitgliedern seiner Organe, von seinen Beschäftigten sowie von seinen Abschlussprüfern Auskünfte, die Vorlage von Unterlagen oder sonstigen Daten und die Überlassung von Kopien verlangen. [2]Die Bundesanstalt kann die nach Satz 1 Verpflichteten laden und vernehmen. [3]Die Sätze 1 und 2 gelten auch für die nach den Vorschriften des Handelsgesetzbuchs in den Konzernabschluss einzubeziehenden Tochterunternehmen. [4]Die Befugnisse nach den Sätzen 1 und 2 gelten gegenüber jedermann, wenn die Voraussetzungen des Absatzes 1 Satz 1 vorliegen. [5]Soweit im Rahmen von Auskunfts- oder Vorlageverlangen nach Satz 1, auch in Verbindung mit den Sätzen 3 oder 4, oder im Rahmen von Vernehmungen nach Satz 2, auch in Verbindung mit den Sätzen 3 oder 4, erforderlich, haben die ersuchten Unternehmen oder Personen auch personenbezogene Daten gegenüber der Bundesanstalt oder den Personen offenzulegen, derer sich die Bundesanstalt bei der Durchführung ihrer Aufgaben bedient. [6]Die Auskunftspflicht der Abschlussprüfer beschränkt sich auf Tatsachen, die ihnen im Rahmen der Abschlussprüfung bekannt geworden sind. [7]Für das Recht zur Auskunftsverweigerung oder Aussageverweigerung sowie die Belehrungspflicht gilt § 6 Absatz 15 entsprechend.

(6) [1]Die zur Auskunft und Vorlage von Unterlagen nach Absatz 5 Verpflichteten haben den Bediensteten der Bundesanstalt oder den von ihr beauftragten Personen, soweit dies zur Wahrnehmung ihrer Aufgaben erforderlich ist, während der üblichen Arbeitszeit das Betreten ihrer Grundstücke und Geschäftsräume zu gestatten. [2]§ 6 Absatz 11 Satz 2 gilt entsprechend. [3]Das Grundrecht der Unverletzlichkeit der Wohnung (Artikel 13 des Grundgesetzes) wird insoweit eingeschränkt.

(7) [1]Bedienstete der Bundesanstalt dürfen Geschäfts- und Wohnräume durchsuchen, wenn dies zur Wahrnehmung der Aufgaben nach § 106 erforderlich ist und konkrete Anhaltspunkte für einen erheblichen Verstoß gegen Rechnungslegungsvorschriften vorliegen. [2]Das Grundrecht des Artikels 13 des Grundgesetzes wird insoweit eingeschränkt. [3]§ 105 Absatz 2 der Strafprozessordnung gilt entsprechend. [4]Im Rahmen der Durchsuchung dürfen Bedienstete der Bundesanstalt Gegenstände sicherstellen, die als Beweismittel für

die Ermittlung des Sachverhalts von Bedeutung sein können. [5]Befinden sich die Gegenstände im Gewahrsam einer Person und werden sie nicht freiwillig herausgegeben, können Bedienstete der Bundesanstalt die Gegenstände beschlagnahmen. [6]Durchsuchungen und Beschlagnahmen sind, außer bei Gefahr im Verzug, durch einen Richter anzuordnen. [7]Zuständig ist das Amtsgericht Frankfurt am Main. [8]Gegen die richterliche Entscheidung ist die Beschwerde zulässig. [9]Die §§ 306 bis 310 und 311a der Strafprozessordnung gelten entsprechend. [10]Bei Beschlagnahmen ohne gerichtliche Anordnung gilt § 98 Absatz 2 der Strafprozessordnung entsprechend. [11]Zuständiges Gericht für die nachträglich eingeholte gerichtliche Entscheidung ist das Amtsgericht Frankfurt am Main. [12]Über die Durchsuchung ist eine Niederschrift zu fertigen. Sie muss die verantwortliche Dienststelle, Grund, Zeit und Ort der Durchsuchung und ihr Ergebnis enthalten.

(8) [1]Die Bundesanstalt kann auf ihrer Internetseite wesentliche Verfahrensschritte und im Laufe des Verfahrens gewonnene Erkenntnisse im Zusammenhang mit der Rechnungslegung unter Nennung des betroffenen Unternehmens bekannt machen, soweit hieran ein öffentliches Interesse besteht. [2]Die Bekanntmachung der Verfahrensschritte und Erkenntnisse darf keine personenbezogenen Daten enthalten.

(9) Die Bundesanstalt löscht die nach Absatz 1 Satz 6 und Absatz 8 auf ihrer Internetseite bekannt gemachten Informationen zehn Jahre nach der Bekanntmachung.

§ 108 WpHG (weggefallen)

§ 109 WpHG Ergebnis der Prüfung der Bundesanstalt

(1) [1]Ergibt die Prüfung durch die Bundesanstalt, dass die Rechnungslegung fehlerhaft ist, so stellt die Bundesanstalt den Fehler fest. [2]Die Bundesanstalt kann darüber hinaus feststellen, wie sich die Rechnungslegung ohne den Fehler dargestellt hätte.

(2) [1]Die Bundesanstalt macht den festgestellten Fehler samt einer Feststellung nach Absatz 1 Satz 2 unter Nennung des betroffenen Unternehmens samt den wesentlichen Teilen der Begründung unverzüglich bekannt

1. auf ihrer Internetseite sowie
2. in einem überregionalen Börsenpflichtblatt oder über ein elektronisch betriebenes Informationsverbreitungssystem, das weit verbreitet ist bei Kreditinstituten, bei nach § 53 Absatz 1 Satz 1 des Kreditwesengesetzes tätigen Unternehmen, bei anderen Unternehmen, die ihren Sitz im Inland haben und die an einer inländischen Börse zur Teilnahme am Handel zugelassen sind, und bei Versicherungsunternehmen.

[2]Die Bekanntmachung der Begründung darf keine personenbezogenen Daten enthalten. [3]Die Bundesanstalt sieht von einer Bekanntmachung ab, wenn hieran kein öffentliches Interesse besteht. [4]Die Bundesanstalt kann im Einklang mit den materiellen Rechnungslegungsvorschriften anordnen, dass der Fehler unter Berücksichtigung der Rechtsauffassung der Bundesanstalt unter Neuaufstellung des Abschlusses oder Berichts für das geprüfte Geschäftsjahr oder im nächsten Abschluss oder Bericht zu berichtigen ist. [5]Behebt das Unternehmen den nach Satz 1 bekannt gemachten Fehler, macht die Bundesanstalt dies auf die dort genannte Weise ebenfalls bekannt.[6]Bekanntmachungen nach den Sätzen 1 und 5 sind außerdem unverzüglich der das Unternehmensregister führenden Stelle zur Einstellung in das Unternehmensregister zu übermitteln.

(3) [1]Ergibt die Prüfung durch die Bundesanstalt keine Beanstandungen, so teilt die Bundesanstalt dies dem Unternehmen mit. [2]Die Bundesanstalt macht das Prüfungsergebnis gemäß Absatz 2 Satz 1 bekannt, wenn sie zuvor die Prüfung bekannt gemacht hat. [3]Die Bekanntmachung nach Satz 2 ist außerdem unverzüglich der das Unternehmensregister führenden Stelle zur Einstellung in das Unternehmensregister zu übermitteln.

(4) Die Bundesanstalt löscht die nach Absatz 2 Satz 1 und 5 sowie nach Absatz 3 Satz 2 auf ihrer Internetseite bekannt gemachten Informationen zehn Jahre nach ihrer Bekanntmachung.

§ 109a WpHG Informationsaustausch, Befreiung von Verschwiegenheitspflichten

(1) [1]Soweit

1. der Bundesanstalt,

2. der Abschlussprüferaufsichtsstelle beim Bundesamt für Wirtschafts- und Ausfuhrkontrolle,

3. dem Bundesministerium der Finanzen,

4. dem Bundesministerium der Justiz und für Verbraucherschutz oder

5. dem Bundesministerium für Wirtschaft und Energie

im Rahmen der Wahrnehmung ihrer gesetzlichen Aufgaben Informationen, Tatsachen oder Bewertungen bekannt werden, die von der Bundesanstalt durchgeführte Prüfungen oder die Rechnungslegung von nach § 106 zu prüfenden Unternehmen betreffen, dürfen die genannten Behörden und Stellen diese Informationen untereinander austauschen und im dazu erforderlichen Umfang auch personenbezogene Daten untereinander offenlegen. [2]Die empfangende Behörde oder Stelle darf ihr nach Satz 1 übermittelte personenbezogene Daten speichern und verwenden, soweit dies zur Erfüllung ihrer gesetzlichen Aufgaben erforderlich ist.

(2) Im Rahmen eines Informationsaustauschs nach Absatz 1 unterliegen die austauschenden Stellen untereinander keinen gesetzlichen Verschwiegenheits- oder Geheimhaltungspflichten.

Inhaltsübersicht **Rz.**

LITERATUR:

Böcking/Gros/Wirth, Privater Standardsetzer als oberste Instanz in Deutschland und Europa? Zugleich Erwiderung zu Lüdenbach/Freiberg, DB 2019 S. 2644; *Gahlen/Schäfer*, Bekanntmachung von fehlerhaften Rechnungslegungen im Rahmen des Enforcement-Verfahrens: Ritterschlag oder Pranger?, BB 2006 S. 1619; *Haegler*, Anforderungen an die Unternehmen beim neuen Enforcement-Verfahren nach dem FISG, BB 2021 S. 1838; *Hennrichs*, Fehlerbegriff und Fehlerbeurteilung im Enforcement-Verfahren, DStR 2009 S. 1446; *Lüdenbach/Freiberg*, Der objektive Fehlerbegriff des OLG Frankfurt – Eine deutsche Fehlinterpretation der IFRS?, DB 2019 S. 2305; *Lüdenbach/Freiberg*, Diskussionsbeitrag zur Ausstrahlungswirkung der Buchführungspflicht nach § 238 HGB auf den Konzern, BB 2020 S. 811 ff.; *Paul*, Enforcement der Rechnungslegung kapitalmarktorientierter Unternehmen aus der Sicht der Rechtsprechung, WPg 2011 S. 11; *Philipps*, Wirecard und die Krise des Enforcement, StuB 2020 S. 622.

I. Zweistufiges *Enforcement* nach altem Recht

1 §§ 342b ff. HGB a. F. regelten i. V. mit §§ 106 ff. WpHG die **Prüfung** von Unternehmensabschlüssen und -berichten kapitalmarktorientierter Unternehmen.

2 Dieses ***Enforcement*-Verfahren** war zweistufig organisiert:[1]

- **Stufe 1:** Nur bei **freiwilliger** Mitwirkung (→ Rz. 21) des Unternehmens kam es zu einer Prüfung durch eine von den zuständigen Bundesministerien anerkannte privatrechtliche **Prüfstelle** (DPR).
- **Stufe 2:** Verweigerte das Unternehmen die Mitwirkung, fand jedoch regelmäßig gem. § 108 Abs. 1 Satz 2 Nr. 1 WpHG eine Prüfung durch die **BaFin** statt (Stufe 2). Eine Prüfung auf der Stufe 2 erfolgte gem. § 108 Abs. 1 Satz 2 Nr. 1 WpHG außerdem, wenn die BaFin der auf der Stufe 1 getroffenen Feststellung nicht zustimmte.

3 Auch bei freiwilliger Mitwirkung, also im Verfahren der Stufe 1, bestanden bestimmte **Auskunfts- und Offenlegungspflichten** für das Unternehmen und ggf. für den Abschlussprüfer.

4 Das **Prüfungsergebnis** der DPR war zunächst dem Unternehmen und sodann der BaFin mitzuteilen (→ Rz. 23).

War Ergebnis der Prüfung eine Fehlerfeststellung, entschied die BaFin unter Berücksichtigung des öffentlichen Interesses und der Belange des Unternehmens über die **Fehlerveröffentlichung** durch das betroffene Unternehmen (→ Rz. 25).

II. Grundzüge des einstufigen *Enforcement* nach § 106 ff. WpHG n. F.

5 Infolge des Wirecard-Skandals bzw. des daraufhin verabschiedeten Finanzmarktintegritätsstärkungsgesetzes (FISG) wird am zweistufigen Verfahren nicht mehr festgehalten. Die §§ 342b bis 342e HGB werden demzufolge gestrichen. Ab 2022 sind die Grundlagen des *Enforcement* **allein im WpHG** geregelt und fällt die Prüfung institutionell allein in die **Zuständigkeit der BaFin.** Es gilt Folgendes:

- § 106 beschreibt den Auftrag der BaFin, die **Unternehmensabschlüsse** (Jahres- und Konzernabschlüsse) sowie die dazugehörigen Lageberichte, außerdem Zwischenberichte und – soweit einschlägig – Zahlungsberichte **kapitalmarktorientierter Unternehmen** zu prüfen. (→ Rz. 12).
- § 106 beschreibt zugleich den **Prüfungsmaßstab.** Die betroffenen Abschlüsse und Berichte sind daraufhin zu prüfen, ob sie einschließlich der zugrunde liegenden Buchführung den gesetzlichen Vorschriften einschließlich der Grundsätze ordnungsmäßiger Buchführung oder den sonstigen durch Gesetz zugelassenen Rechnungslegungsstandards (insbesondere IFRS) entsprechen (→ Rz. 12 und → Rz. 15).
- Die Prüfung kann nach § 107 Abs. 1 WpHG bei Anhaltspunkten für einen Verstoß gegen Rechnungslegungsvorschriften **(Anlassprüfung)** oder ohne besonderen Anlass als **Stichprobenprüfung** durchgeführt werden. Für die Gewinnung von Anhaltspunkten kommen u. a. die unter Rz. 10 genannten Quellen infrage.

1 Vgl. *Zülch*, StuB 2005 S. 1.

- Nach § 107 Abs. 1 Satz 6 WpHG kann schon die Prüfungsanordnung von der BaFin **bekannt gemacht** werden, soweit hieran ein öffentliches Interesse besteht; betroffen sind in erster Linie Anlassprüfungen.
- Prüfungsgestand sind nicht nur die zuletzt aufgestellten Abschlüsse und Berichte, sondern können gem. § 107 Abs. 2 WpHG bei Anlassprüfungen auch die Berichte der zwei **vorhergehenden Geschäftsjahre** sein.
- Eine Prüfung findet nicht statt, soweit eine **Nichtigkeitsklage** nach § 256 Abs. 7 AktG anhängig oder ein Sonderprüfer bestellt ist (→ Rz. 19).
- Die BaFin kann sich bei der Prüfung **anderer Personen oder Einrichtungen** bedienen (§ 107 Abs. 4 WpHG).
- Die BaFin hat **umfangreiche Auskunftsrechte** sowie Durchsuchungs- und Beschlagnahmerechte gegenüber Unternehmen und Abschlussprüfern, bei Anlassprüfungen auch gegenüber jedermann (§ 107 Abs. 5 WpHG).
- Ergibt die Prüfung, dass die Rechnungslegung fehlerhaft ist, so macht die **BaFin selbst** die **Fehlerfeststellung bekannt** (§ 109 Abs. 2 WpHG).
- **Mitteilungsrechte** der BaFin bestehen nach § 109a WpHG gegenüber anderen Behörden, u. a. auch der Abschlussprüferaufsichtsstelle.

(einstweilen frei) 6–9

III. Durchführung der Prüfung, Urteilsfindung

Die im alten Recht (→ Rz. 1) auf Stufe 1, also bei Prüfung durch die DPR als Regelfall vorgesehene Prüfung durch einen einzigen Fallverantwortlichen zeigte bereits im Verhältnis zum personellen Aufwand der Abschlussprüfung kapitalmarktorientierter Unternehmen die stärkere Fokussierung der *Enforcement*-Prüfung. Dies gilt entsprechend auch für das neue Recht. Die *Enforcement*-Prüfung durch die BaFin ist **keine zweite Abschlussprüfung,** bei der mit großer Mannschaft vor Ort erschienen wird, um die Inventuraufnahme zu beobachten, Saldenbestätigungen zu veranlassen, interne Kontrollen einer System- und Funktionsprüfung zu unterwerfen etc. Die Prüfung beschränkt sich vielmehr auf nach den Verhältnissen des jeweiligen Falls **ausgewählte Einzelfragen,** die sich in Kenntnis der branchen- und unternehmensindividuellen Verhältnisse teils nach öffentlich zugänglichen Informationen außerhalb des Abschlusses (Wirtschaftspresse, Ad-hoc-Mitteilungen), teils aus einem Abgleich der verschiedenen Teile des Jahres- bzw. Konzernberichts (etwa von Bilanzierung vs. Anhangangaben vs. Lagebericht) ergeben. Mit dem Auf- bzw. Ausbau einer Data Intelligence Unit bei der BaFin können sich zukünftig vermehrt Hinweise auf lohnende Prüffelder ergeben. Die Stichprobenprüfung kann in weiten Teilen im **Schriftverkehr,** also ohne Präsenz vor Ort, abgewickelt werden **(Distanzprüfung).** Bei der Anlassprüfung kann je nach Schwere der vermuteten Verstöße, der Verdunkelungsgefahr usw. im Einzelfall anderes geboten sein. 10

Wegen des eingeschränkten Prüfungsumfangs stellt auch eine *Enforcement*-Prüfung, die zu keinen Beanstandungen führte, **kein positives Gesamturteil** über den geprüften Abschluss dar. Das Unternehmen darf durch den Verweis auf eine beanstandungsfreie Prüfung keinen falschen Eindruck in der Öffentlichkeit erwecken. 11

IV. Objekt, Anlässe und Maßstab der Prüfung

1. Prüfungsobjekt

1.1 Allgemein

12 Das **Objekt** der Prüfung wird in § 106 WpHG in personeller, sachlicher und zeitlicher Hinsicht bestimmt:

- **Personell:** Geprüft werden **kapitalmarktorientierte Unternehmen,** also solche, deren Wertpapiere an einer deutschen Börse zum Handel im regulierten Markt zugelassen sind (→ § 264d Rz. 1). In der Vergangenheit war dabei irrelevant, ob der satzungsmäßige Sitz im Inland oder Ausland liegt. Das Transparenzrichtlinie-Änderungsgesetz hat dies zur Vermeidung von Doppelprüfungen insoweit geändert, als im Verhältnis zu anderen EU-Staaten nun die Maßgeblichkeit des Unternehmenssitzes gilt. Ein Unternehmen mit Sitz in einem anderen EU-Staat, das zugleich in Deutschland kapitalmarktorientiert ist, unterliegt daher nicht mehr dem deutschen Aufsichtsrecht. Dafür unterliegen Unternehmen mit deutschem Sitz, aber ausschließlicher Kapitalmarktnotierung in einem anderen EU-Land nur noch dem deutschen Bilanzkontrollverfahren. Bei **Delisting** gilt: Eine noch nicht abgeschlossene Prüfung kann bei öffentlichem Interesse auch dann fortgesetzt werden, wenn die Wertpapiere des Unternehmens nicht mehr gehandelt werden. Umgekehrt gilt bei **erstmaligem Listing:**d Geprüft werden können auch Abschlüsse aus der Zeit vor Börseneinführung.
- **Sachlich:** Geprüft werden vornehmlich der **Jahresabschluss/**Lagebericht bzw. **Konzernabschluss/**Konzernlagebericht. Daneben kann aber auch der verkürzte **Halbjahresabschluss** mit Zwischenlagebericht i. S.von § 115 WpHG zum Prüfungsobjekt werden. Quartalsabschlüsse unterliegen hingegen nicht dem *Enforcement.* Durch das Transparenzrichtlinie-Änderungsgesetz ist eine Ausweitung auf den Zahlungsbericht von Unternehmen bestimmter Rohstoffsektoren erfolgt. Durch das ESEF-Umsetzungsgesetz (→ § 328 Rz. 5a) werden neben den festgestellten/gebilligten Abschlüssen auch die nach § 328 HGB offengelegten zum Prüfungsgegenstand. Auf diese Weise wird sichergestellt, dass die BaFin auch die Einhaltung der ESEF-Vorgaben bei der Offenlegung überprüfen kann. Da die offengelegten Abschlüsse und Lageberichte aber ansonsten den aufgestellten Unterlagen entsprechen müssen, genügt es i. d. R., eine Prüfung nur der offengelegten Unterlagen vorzunehmen. Als neuer Prüfungsgegenstand wird durch das ESEF-Umsetzungsgesetz auch der IFRS-Einzelabschluss gem. § 325 Abs. 2a HGB benannt.
- **Zeitlich:** Objekt der Prüfung ist jeweils der **zuletzt festgestellte bzw. gebilligte** bzw. veröffentlichte Abschluss. Wird während der Prüfung der Folgeabschluss festgestellt, gebilligt oder veröffentlicht, hindert dies eine Fortführung der Prüfung nicht. Nach § 107 Abs. 2 WpHG können Prüfungsgegenstand auch die Abschlüsse und Berichte sein, die die beiden vorangegangenen Geschäftsjahre zum Gegenstand haben; für eine stichprobenartige Prüfung ist dies nicht zulässig.

1.2 Speziell: Buchführung als Prüfungsobjekt?

12a In der **ursprünglichen Fassung** sah § 106 WpHG als Auftrag an das deutsche Enforcement vor, die Abschlüsse und sonstigen Berichte daraufhin zu prüfen, ob sie jeweils „den gesetzlichen Vorschriften einschließlich der Grundsätze ordnungsmäßiger Buchführung oder den sonstigen durch Gesetz zugelassenen Rechnungslegungsstandards" entsprechen. Die Grundsätze ordnungsmäßiger Buchführung (GoB) wurden dabei als Prüfungsmaßstab den sonstigen durch Gesetz zugelassenen Rechnungslegungsstandards, im Konzernabschluss den IFRS, gleichgestellt. Inhaltlich ging es in der Terminologie der Bilanztheorie also allein um die **materiellen GoB,** etwa das Vorsichtsprinzip (HGB) oder die verlässliche und relevante Darstellung (IFRS).[1]

Mit dem **AReG** erfolgte eine Ergänzung dahingehend, dass die Abschlüsse oder sonstigen Berichte „jeweils einschließlich der zugrunde liegenden Buchführung" auf Konformität mit Gesetz, GoB oder sonstigen Rechnungslegungsstandards zu prüfen sind.

Angesprochen sind damit die **formellen GoB,** wie sie u. a. in §§ 238 f. HGB festgehalten sind. Die Begründung zu dieser Gesetzesänderung fällt dürftig aus. Im Regierungsentwurf wird lediglich festgehalten, dass eine Gleichstellung von IFRS-Anwender (Regelfall) mit HGB-Anwendern (z. B. bei fehlender Konzernierung) erfolgen sollte.[2] Implizit wird dabei die Prämisse gesetzt, schon vor der Gesetzesänderung seien für HGB-Abschlüsse die formellen GoB Prüfungsthema gewesen. Angesichts der impliziten Setzung bleibt diese Prämisse ohne Begründung. Unklar bleibt schließlich, wie die Änderungen an § 106 WpHG in die im Regierungsentwurf bekundete Zielsetzung „einer 1:1-Umsetzung"[3] der Abschlussprüferrichtlinie sowie der EU-APrVO passen sollen. Zu den formellen GoB enthalten beide Dokumente nichts. Vor dem Hintergrund dieser **Unklarheiten im Gesetzgebungsverfahren** bleibt auch die Auslegung des Gesetzes schwierig. Insbesondere ist auch in grenzüberschreitender Betrachtung – **europaweites** *Enforcement* – nicht erkennbar, wie für einen deutschen IFRS-Konzernabschluss die Beachtung der formellen GoB aus dem Gesetz folgen soll. Jedenfalls ist in europaweiter Perspektive der Gesetzesbefehl im Zweifel moderat auszulegen. Aufschlussreich ist in diesem Zusammenhang etwa der Rechtsvergleich zu Österreich oder den Niederlanden, die die Einhaltung formeller GoB nicht zum *Enforcement*-Thema machen.

Schon bzgl. eines **handelsrechtlichen Jahresabschlusses** wäre die Geltung der formellen GoB aus §§ 238 f. HGB fraglich. Nach einer im Schrifttum vertretenen Auffassung gilt: „Der Gesetzgeber bezeichnet mit dem Begriff Buchführung die **laufende Aufzeichnung von Geschäftsvorfällen** [...] in Abgrenzung zu Aufzeichnungen, die für die Erstellung eines Jahresabschlusses anzufertigen sind."[4] Diese Auffassung kann sich u. a. darauf berufen, dass die konkretisierten Anforderungen an die Buchführung, etwa die Anforderung der Zeitnähe, auf die Abschlussbuchungen nicht passen. Nach anderer Auffassung ist der Geltungsbereich der formellen GoB hingegen sehr weit. Nicht nur sollen „die Grundsätze ordnungsmäßiger Buchführung stets eine Buchführung des Jahresabschlusses [...] erfordern", auch das Risikofrüherkennungssystem und das Risikomanagementsystem sollen aufzeichnungspflichtige Bücher i. S. des § 238 HGB darstellen können.[5] 12b

Unseres Erachtens sind §§ 238 f. HGB auf die Geschäftsvorfälle limitiert. Praktisch bedeutet das etwa: Für einen **Lagebericht,** der im Unternehmen arbeitsteilig und über verschiedene Stufen vom ersten Entwurf über diverse Zwischenentwürfe bis zur finalen, unterschriebenen Fassung entwickelt wird, gilt: Die finale Fassung muss nicht erkennen lassen, wie die Entwürfe aussahen. Die Vorgabe von § 239 HGB, eine Aufzeichnung dürfe nicht in einer Weise verändert werden, dass der ursprüngliche Inhalt nicht mehr feststellbar sei, greift hier also jedenfalls

1 Nachfolgende Überlegungen im Wesentlichen nach *Lüdenbach/Freiberg*, BB 2020 S. 811 ff.
2 BT-Drucks. 18/7219 S. 54.
3 Ebenda S. 1.
4 *Graf* in Haufe HGB Bilanz Kommentar, 10. Aufl. 2019, § 238 Tz. 63.
5 *Müller*, AG 2020 S. 83 ff.

nicht. Aber auch für den IFRS-Konzernabschluss bleibt die Reichweite der formellen GoB noch zu klären. Nach Auffassung von Müller soll etwa gelten: Wurde ein *Impairment*-Test nach IAS 36 mit dem Ergebnis durchgeführt, dass keine Abschreibung vorzunehmen ist, sei es gleichwohl erforderlich, dieses Ergebnis in der Buchführung nach den formellen GoB zu dokumentieren.[1] Gegen diese Auffassung spricht u. E. Folgendes: In § 238 HGB angesprochen sind die **Geschäftsvorfälle.** Diese sollen sich in Entstehung und Abwicklung verfolgen lassen. Geschäftsvorfälle sind Vorgänge, die eine Veränderung des kaufmännischen Bruttovermögens in Höhe und/oder Struktur bewirken. Eine nach materiellem Recht **zutreffend unterlassene Abschreibung** stellt deshalb gar keinen Geschäftsvorfall dar.

12c Eine Fehlerfeststellung gem. § 109 WpHG setzt im Regelfall des IFRS-Konzernabschlusses voraus, dass entweder die von der EU endorsten IFRS oder eine der ergänzenden Berichtspflichten fehlerhaft angewendet wurde. Praktisch ausgedrückt: Die *Enforcement*-Instanz muss in ihrer Fehlerentscheidung die Norm benennen, die verletzt wurde, also beispielhaft IAS 1.117 bei unvollständigen Anhangangaben zu Rechnungslegungsmethoden oder § 315 i.V. mit § 315e Abs. 1 HGB bei einem fehlerhaften Konzernlagebericht. Kurz gesagt: **ohne Normverletzung kein Fehler** und keine rechtmäßige Fehlerfeststellung.

Dies führt zu der Frage, ob die formellen GoB i. S. von §§ 238 f. HGB auch für die IFRS-Konzernbuchführung gelten. *Pfitzer/Oser* sind hier folgender Ansicht: „Die **IFRS enthalten keine Buchführungspflicht,** Buchführungssystem oder Buchführungsform oder die zu führenden Bücher betreffenden Regelungen."[2] Die **Gegenauffassung** vertritt in pointierter Weise *Müller.*[3] Sie verkennt, dass jedenfalls für den IFRS-Konzernabschluss weder die IAS/IFRS-VO der EU noch § 315e HGB auf formelle GoB Bezug nehmen und deshalb das in § 106 WpHG in undeutlicher Weise enthaltene Gebot zur Sanktionierung eines Verstoßes gegen diese Regeln unmittelbar gar nicht greifen kann. *Allenfalls mittelbar* könnte es gelten, insoweit ein ausschließlich über inländische Gesellschaften tätiger Konzern die IFRS-Abschlüsse der Gesellschaften (und dem folgend die Summenbilanz und die konsolidierte Bilanz) aus handelsrechtlichen Buchführungsvorschriften entwickelt. Die Buchführung ausländischer Tochtergesellschaften kann aber möglicherweise abweichenden oder überhaupt keinen Regelungen zur formellen Buchführungspflicht unterliegen. Entsprechendes kann auch für das ausländische Mutterunternehmen gelten, das etwa nach § 4 WpHG optional das Inland als Sitzstaat gewählt hat. Um hier nun nicht je nach Sachlage unterschiedliche Anforderungen im *Enforcement* zu stellen, bleiben zwei Lösungen:

- die Forderung nach Einhaltung formeller Buchführungsgrundsätze ersatzlos aufzugeben oder
- an ihrer Stelle die Einhaltung analoger Konzernbuchführungsgrundsätze zu fordern.

Wir präferieren aus den o. g. Gründen den ersten Weg.

12d Eine wichtige Gemeinsamkeit bleibt bei allem Dissens: Wie Müller zutreffend festhält, „dürfte sich auch der für §§ 316 ff. HGB abgeleitete Rechtsgedanke der Überprüfbarkeit der Abschlüsse durch den Abschlussprüfer auf das Enforcement-Verfahren übertragen" lassen.[4] Die Feststellung eines materiellen Fehlers setzt insoweit regelmäßig voraus, dass das Unternehmen sei-

1 Ebenda.
2 *Pfitzer/Oser* in Küting/Pfitzer/Weber (Hrsg.), Handbuch der Rechnungslegung – Einzelabschluss, § 238 Tz. 22.
3 *Müller,* AG 2020 S. 83 ff.
4 Ebenda.

nen **Bilanzansatz begründet bzw. erläutert,** nicht zwingend nach den formellen GoB, aber im Rahmen der **Mitwirkungspflichten,** die ihm nach § 107 WpHG aufgegeben sind. Diese Pflichten sind bußgeldbewehrt (§ 120 WpHG) und können ggf. auch durch Zwangsvollstreckungsmaßnahmen durchgesetzt werden. Fraglich bleibt dann aber noch, welche Konsequenzen für die Fehlerfeststellung eine nicht oder noch nicht – im Einzelfall zu bestimmende – hinreichend durchgesetzte Erläuterung hat: Der Abschlussprüfer kann im vergleichbaren Fall – unter Wesentlichkeitsvorbehalt – den Bestätigungsvermerk wegen eines **Prüfungshemmnisses** versagen (§ 322 Abs. 5 HGB). §§ 106 ff. WpHG sehen Entsprechendes nicht explizit vor. Unseres Erachtens kann allerdings implizit – in der **Art eines Anscheinsbeweises** – angenommen werden, dass eine nach hinreichender Zeit nicht aufgeklärte Bilanzierung fehlerhaft ist. Ein Präzedenzfall findet sich in einer bereits ergangenen *Enforcement*-Entscheidung zur nicht ausreichenden Dokumentation im Rahmen des *Impairment*-Tests.[1]

Es bleiben dann noch die Fälle, in denen die einen Bilanzansatz stützende **Dokumentierung** nicht schon zum Zeitpunkt der Bilanzaufstellung bzw. -freigabe, sondern **erst im *Enforcement*-Verfahren** erstellt und vorgelegt wird. Hier ist es u. E. eine Frage des materiellen Rechts (regelmäßig also der IFRS), ob die spätere Dokumentation für die Annahme der Fehlerfreiheit ausreicht. In Einzelfällen enthält das IFRS-Regelwerk selbst Dokumentationspflichten, die spätestens bei Abschlussfreigabe erfüllt sein müssen (etwa in IFRS 3.36). Eine Verletzung solcher IFRS-Vorgaben macht den Abschluss fehlerhaft.

Schließlich sind noch **Wesentlichkeitsüberlegungen** anzustellen. Eine Fehlerfeststellung und 12e
dem folgend eine Fehlerveröffentlichung im *Enforcement*-Verfahren hat nur dann zu erfolgen, wenn der überprüfte Konzern- bzw. Unternehmensabschluss oder -bericht wesentliche Verstöße aufweist (→ Rz. 17). Hielte man die Einhaltung der formellen GoB für fehlerrelevant, unterläge somit auch diese dem Wesentlichkeitsvorbehalt. Ob Buchführungsmängel bedeutsam sind, setzt aber – abgesehen von Extremfällen – eine Gesamtschau voraus. In den Blick zu nehmen wären Organisation und Durchführung der Buchführung bzw. der anderen Elemente des Finanzkontrollsystems bei den wesentlichen in- und ausländischen Teilen des Konsolidierungskreises, dies unter Beachtung der IT- und Softwarevoraussetzungen. Die regelmäßig als Distanz- bzw. Korrespondenzprüfung von einem einzigen oder wenigen Fallverantwortlichen durchgeführte *Enforcement*-Prüfung ist zu einer solchen Gesamtschau und damit zu dem erforderlichen Wesentlichkeitsurteil u. E. aber gar nicht in der Lage. Wollte man also die Einhaltung formeller GoB in **wesentlicher** Hinsicht als Prüfungsgegenstand ansehen, müssten eine andere Organisation und eine andere Ressourcenausstattung angenommen werden. Umgekehrt gilt: Bei der gegenwärtigen Ausstattung kann die Einhaltung – abgesehen wiederum von Extremfällen – kein realer Prüfungsgegenstand sein. Auch dies spricht für die einschränkende Auslegung des gegenwärtigen gesetzlichen *Enforcement*-Auftrags.

Zusammenfassend gilt:

- Weder die IAS/IFRS-VO der EU noch § 315e HGB nehmen auf formelle GoB Bezug. Das im WpHG in undeutlicher Weise enthaltene Gebot zur Sanktionierung eines Verstoßes gegen diese Regeln kann deshalb gar nicht greifen.
- Wichtig bleibt gleichwohl der Gedanke der Überprüfbarkeit der Abschlüsse. Die Feststellung eines materiellen Fehlers setzt insoweit regelmäßig voraus, dass das Unternehmen

1 OLG Frankfurt a. M., Beschluss v. 29.11.2007 – WpÜG 2/07, BB-Entscheidungsreport; *Paal*, BB 2008 S. 496.

seinen Bilanzansatz begründet bzw. erläutert, nicht zwingend nach den formellen GoB, aber im Rahmen der Mitwirkungspflichten, die ihm nach § 107 WpHG aufgegeben sind.

2. Prüfungsanlässe

13 Zwei Fälle der Prüfung werden in § 107 Abs. 1 WpHG unterschieden:

- Eine **Anlassprüfung** wird vorgenommen, soweit Anhaltspunkte für einen Rechnungslegungsverstoß vorliegen. Neben substantiierten Hinweisen aus der Presse oder von Einzelpersonen kann ein **eingeschränkter Bestätigungsvermerk** einen Anhaltspunkt darstellen, ebenso eine „Fehlerfeststellung“ der Wirtschaftsprüferkammer im Rahmen der Durchsicht der veröffentlichten Abschlüsse.
- Eine **Stichprobenprüfung** stellt den Regelfall der Prüfungen der Jahres- und Konzernabschlüsse dar.

Rechtspraktisch entfällt die deutliche Mehrzahl der Verfahren auf Stichprobenprüfungen.

14 *(einstweilen frei)*

3. Prüfungsmaßstab

3.1 Entsprechensprüfung

15 Nach § 106 Abs. 1 WpHG prüft die BaFin, ob der Jahresabschluss/Lagebericht, Konzernabschluss/Konzernlagebericht oder Halbjahresabschluss/Zwischenlagebericht den gesetzlichen Vorschriften einschließlich der GoB bzw. den sonstigen durch Gesetz zugelassenen Rechnungslegungsstandards **entspricht.** Wie die (Konzern-)Abschlussprüfung zielt die Prüfung nicht darauf, die **Lage** des Unternehmens zu beurteilen. Geprüft wird lediglich, ob diese Lage nach Maßgabe evtl. anzuwendender GoB und der anzuwendenden Rechnungslegungsvorschriften und unter Berücksichtigung sachlicher (Beschränkungen auf monetäre Größen, Pagatorik) und zeitlicher (Stichtagsprinzip) Restriktionen ordnungsgemäß dargestellt ist.

15a Die Rechtsprechung des OLG Frankfurt zum *Enforcement* folgt dabei wie die BFH-Rechtsprechung zum Steuerbilanzrecht dem sog. **objektiven Fehlerbegriff** (→ § 252 Rz. 255e ff.).[1] Konkret hatte das OLG über die Behandlung eines Goodwill im mehrstufigen Konzern nach IFRS zu entscheiden. Zum Bilanzierungszeitpunkt lagen weder spezifische IFRS-Regelungen vor, noch gab es Rechtsprechung oder eine klar herrschende Meinung in dieser Sache. Das OLG nimmt an, dass es bei noch durch Rechtsprechung gefüllten Regelungslücken nur eine richtige Bilanzierung geben kann, die dann zeitlich nachgelagert zur Bilanzerstellung durch Gerichte festgestellt wird. Der objektive Fehlerbegriff soll aber ausdrücklich nur für die *Enforcement*-Zwecke gelten. Im Übrigen wird er dadurch entschärft, dass ein sozusagen „unvermeidbarer Fehler“, also eine nach bestem Wissen unter Heranziehung von Schrifttumsauffassungen usw. erstellte Bilanzierung, zwar objektiv fehlerhaft sein kann, der Fehler aber unter diesen Umständen qualitativ nicht als wesentlich gilt, weil der Sanktionierungs- und Vorbeugungszweck der Fehlerfeststellung und -veröffentlichung hier nicht verwirklicht ist.[2]

Gleichwohl kann man die Auffassung des OLG jedenfalls für **IFRS-Konzernabschlüsse** als Hauptanwendungsfall des *Enforcement* nicht unkommentiert stehen lassen: IAS 1 unterschei-

1 OLG Frankfurt a. M., Beschluss v. 4.2.2019 – WpÜG 3/16, WpÜG 4/16.

2 Ausführliche kritische Würdigung des OLG-Beschlusses: *Lüdenbach/Freiberg*, DB 2010 S. 2305 ff.

det zwei Arten von im Anhang offenzulegenden „Ermessensentscheidungen" bei der Erstellung des Abschlusses. Nach IAS 1.125 ff. sind sachverhaltsseitig Schätzungssicherheiten (z. B. Wahrscheinlichkeitseinschätzungen) offenzulegen, nach IAS 1.112 normseitig *judgements* (die amtliche deutsche Übersetzung spricht auch hier von „Ermessensentscheidungen"). Unklarheiten auf der Normenebene und daraus resultierende uneinheitliche Bilanzierungspraktiken werden häufig an das IFRS IC herangetragen. Sofern das IFRS IC diese Unklarheit für auflösbar befindet, reagiert es mit der sog. Agenda-Entscheidung oder zutreffender: Agenda Rejection. Der Tenor solcher Agenda Rejections ist dann (am Beispiel einer IAS 23 betreffenden Anfrage) wie folgt: *„The Committee concluded that the principles and requirements in IAS 23 provide an adequate basis for an entity to determine whether to capitalise borrowing costs in the fact pattern described in the request. Consequently, the Committee decided not to add this matter to its standard-setting agenda."* Ein bisher abweichend bilanzierendes Unternehmen kann trotz der mangelnden Rechtsverbindlichkeit (non-authoritative character) der Agenda-Entscheidungen in dem nach der Veröffentlichung aufzustellenden Abschluss i. d. R. nicht mehr an der Bilanzierung festhalten. Für den deshalb erfolgenden Übergang auf die geänderte Bilanzierung will ED/2018/1 technische Erleichterungen schaffen. Die inhaltliche Frage, ob der Übergang eine Fehlerkorrektur oder eine Änderung von Bilanzierungsmethoden darstellt, lässt sich nach Auffassung des ED nicht allgemein beantworten. Festgehalten wird in BC.16 des ED/2018/1 vielmehr Folgendes: *„In some situations, the accounting previously applied could have resulted from the entity failing to use, or misusing, information that was available or could reasonably be expected to have been obtained. However, in other situations, an entity would appropriately treat a change that results from an agenda decision as either a change in accounting estimate or a voluntary change in accounting policy. The Board noted that the information in an agenda decision may provide new information that is helpful, informative and persuasive. The matters submitted to the Committee are generally complex in nature and have resulted in entities applying different reporting methods. The Committee publishes an agenda decision after research, analysis and discussion of these matters. […] This process often provides information that would not otherwise be available and could not otherwise reasonably be expected to have been obtained."*

ED/2018/1 verwendet hier genau die in der Fehlerdefinition des IAS 8.5 enthaltene Terminologie der „information that could reasonably be expected to have been obtained" und bezieht diese Anforderung somit auch auf die Normenseite. Eindeutig ist nach im ED niedergelegter Auffassung des IASB auch in Fragen der rechtlichen Ermessensausübung nicht ein nachträglicher, etwa durch Agenda Rejections erlangter Informationsstand maßgeblich, sondern derjenige, den das Unternehmen bei Abschlussfreigabe vernünftigerweise haben konnte. Bei in Praxis und Schrifttum kontrovers diskutierten und zum Zeitpunkt der Abschlussfreigabe noch nicht von Gerichten oder vom IASB entschiedenen Fällen bedeutet dies, dass es mehrere vertretbare und damit fehlerfreie Bilanzierungen gibt, also in deutscher Terminologie der subjektive Fehlerbegriff auch normenseitig gilt. Das Unternehmen selbst ist aufgefordert, sein Ermessen auszuüben und nicht auf Entscheidungen anderer Instanzen zu warten.

Vorstehende Schlussfolgerungen werden noch durch Folgendes bestätigt: Nicht immer münden die an das IFRS IC herangetragenen Fälle in einer Agenda Rejection, die befindet, dass die Standards eigentlich klar seien und sich aus ihnen eine eindeutige Bilanzierungsweise ergebe. In nicht wenigen Fällen bestätigt das IFRS IC die fehlende Eindeutigkeit der existierenden Regelungen. Ein Beispiel aus 2019 ist folgender Fall: Ein Unternehmen macht im IFRS-Einzelabschluss von der Möglichkeit Gebrauch, Beteiligungen an Tochterunternehmen gem. IAS

27.10(a) zu Anschaffungskosten *(„at cost")* zu bilanzieren. An das IFRS IC wurde die Frage adressiert, ob sich diese Anschaffungskosten bei Änderungen einer einfachen Beteiligung (z. B. vorher 10 % der Anteile) durch Zuerwerb (z. B. weitere 90 %) zu einem Tochterunternehmen als Summe aus aktuellen Anschaffungskosten für die Neuanteile (90 %) und aktuellem *fair value* der Altanteile (10 %) ergäben *(deemed cost approach)* oder aus den historischen Anschaffungskosten beider Tranchen *(accumulated cost approach)*. Das IFRS IC antwortete wie folgt: *„Based on its analysis, the Committee concluded that a reasonable reading of the requirements in IFRS Standards could result in the application of either one of the two approaches outlined in this agenda decision (ie fair value as deemed cost approach or accumulated cost approach). The Committee observed that an entity would apply its reading of the requirements consistently."* Ähnlich äußerte sich das IFRS IC in anderen Entscheidungen.

Der o. g. Beschluss des OLG Frankfurt, der für das *Enforcement* von IFRS-Abschlüssen annimmt, dass es bei unbestimmten oder lückenhaften Regelungen immer nur eine richtige Auslegung und Bilanzierung gäbe, verträgt sich also nicht mit dem im materiellen Recht der IFRS verankerten subjektiven Fehlerbegriff und der Auffassung von IASB und IFRS IC, wonach in vielen Fällen mehr als eine Lösung zulässig ist und der Bilanzierer seine Auslegung (*„its reading"*) anwendet.[1]

16 Anzuwendende **Rechnungslegungsvorschriften** sind bei inländischen Unternehmen:

- für den Jahresabschluss das HGB sowie branchenspezifische Vorschriften, ggf. auch in Gesellschaftsvertrag oder Satzung getroffene Vorschriften mit Rechnungslegungsrelevanz,
- für den Konzernabschluss die IFRS sowie die in § 315e Abs. 1 HGB genannten Vorschriften,
- für den i. d. R. konsolidierten Zwischenabschluss die IFRS.

3.2 Grundsatz der Wesentlichkeit

17 Die BaFin hat zu beurteilen, ob **der** Jahres-, Konzern- oder Halbjahresbericht den anzuwendenden Rechnungslegungsvorschriften entspricht. Gefordert ist damit ein auf den jeweiligen Unternehmensbericht **als Ganzes** gerichtetes Urteil.

Nicht jeder Verstoß gegen eine Rechnungslegungsnorm begründet aber eine Fehlerhaftigkeit des Unternehmensberichts als eines Ganzen. Voraussetzung eines Rechnungslegungsverstoßes ist vielmehr, dass die Abweichung der Ist- von der Soll-Darstellung die Entscheidungen der Berichtsadressaten beeinflussen könnte, in diesem Sinne also **wesentlich** ist (→ § 252 Rz. 233). Tragen zu dem Gesamturteil der Fehlerhaftigkeit auch einzelne, für sich genommen unwesentliche Regelverstöße bei, darf sich die Veröffentlichung der Fehlerfeststellung gleichwohl nicht auf die wesentlichen Verstöße beschränken. Sie umfasst vielmehr sämtliche Einzelverstöße.[2]

Es gelten zwar für die Abschlussprüfung und die Prüfung durch die BaFin die gleichen Wesentlichkeitskriterien,[3] sehr häufig wird in der ermessensbehafteten Wesentlichkeitsfrage aber mehr als eine Beurteilung möglich sein. Das der Fehlerfeststellung immanente Wesentlichkeitsurteil der BaFin kann dann von dem des **Abschlussprüfers** abweichen (→ § 321 Rz. 33).

1 Ausführlich zum Ganzen: *Lüdenbach/Freiberg*, DB 2019 S. 2305 ff.

2 Vgl. *Paul*, WPg 2011 S. 11 ff. und OLG Frankfurt a. M., Beschluss v. 22.1.2009 – WpÜG 1 und 3/08, DB 2009 S. 333 ff.

3 Vgl. OLG Frankfurt a. M., Beschluss v. 22.1.2009 – WpÜG 1 und 3/08, DB 2009 S. 333 ff.; vgl. *Zülch/Hoffmann*, StuB 2010 S. 83 sowie *Beyhs/Kühne/Zülch*, WPg 2012 S. 650 ff.

Deshalb ist aus einer Fehlerfeststellung der BaFin zu einem mit uneingeschränktem Bestätigungsvermerk versehenen Abschluss nicht zwingend auf eine nicht gewissenhafte Berufsausübung durch den Abschlussprüfer zu schließen (→ Rz. 27).[1]

Das Schrifttum hält sich bei der Formulierung von Anforderungen an die Wesentlichkeit (meist diskutiert für Zwecke der Abschlusserstellung und Abschlussprüfung) zurück. Fast immer wird die Bedeutung der Umstände des **Einzelfalls** betont (→ § 252 Rz. 236). 18

Die daraus für die Unternehmen und Abschlussprüfer resultierende **Rechtsunsicherheit** ist im Bereich der **Anhangangaben zum IFRS-Konzernabschluss** besonders misslich. Die IFRS kennen unzählige Angabevorschriften, von denen je nach Art der Unternehmenstätigkeit im jeweiligen Geschäftsjahr oft noch 100 oder mehr infrage kommen. Stellt die BaFin dann eine fehlende (oder fehlerhafte) Anhangangabe fest, ist eine von ihr in **qualitativer** Hinsicht angenommene Wesentlichkeit schwer zu widerlegen. Der Beweis, dass die geforderte Information nicht einmal **potenzielle** Relevanz für (aktuelle und potenzielle) Kapitalgeber haben könnte, ist kaum zu erbringen:

- Die Position des Unternehmens ist dann tendenziell schlechter als bei einem Verstoß gegen **Ansatz- oder Bewertungsvorschriften.** Hat ein Unternehmen etwa von 100 gleichartigen Anlagegegenständen zwei nicht oder in zu geringer Höhe angesetzt, ist bei einer Fehlergröße von nicht mehr als 2 % die Wesentlichkeit **quantitativ** schnell zu verneinen.
- Fehlen bei 100 **Anhangangaben** deren zwei, scheitert wegen der Unmöglichkeit, die Wichtigkeit der Angaben objektiv zu quantifizieren, eine entsprechende (quantitative) Argumentation. Die stattdessen notwendige **qualitative** Würdigung führt aber meist und damit auch auf Seiten der Prüfungsinstanz zu subjektiven Urteilen. Eine große Zurückhaltung beim Schluss vom Fehlen einzelner Anhangangaben auf die Fehlerhaftigkeit der Rechnungslegung wäre daher u. E. geboten.

V. Vorrang von Nichtigkeitsklage und Sonderprüfung

Um den Vorrang der Justiz zu wahren und abweichende Entscheidungen zwischen einem *Enforcement*-Verfahren und (auch) auf die mögliche Fehlerhaftigkeit des Jahresabschlusses gerichteten aktienrechtlichen Verfahren zu vermeiden, bestimmt § 107 Abs. 3 WpHG die **Subsidiarität des** ***Enforcement:*** Eine Prüfung durch die Prüfstelle ist nicht einzuleiten, eine bereits eingeleitete zu unterbrechen, 19

- solange eine **Nichtigkeitsklage** gem. § 256 Abs. 7 AktG anhängig ist;
- soweit ein **Sonderprüfer** nach §§ 142 ff. oder §§ 258 ff. AktG bestellt ist.

Die Sperrwirkung durch die Nichtigkeitsklage ist absolut („solange"), die der Sonderprüfung beschränkt auf deren Gegenstand („soweit").

Wird die Nichtigkeit des Jahresabschlusses **gerichtlich festgestellt,** besteht kein öffentliches Interesse mehr an der Wiederaufnahme der *Enforcement*-Prüfung. Wird die Nichtigkeitsklage **abgewiesen,** kann die Prüfung (wieder) aufgenommen werden, soweit sie sich auf Fehler bezieht, die nicht Gegenstand der Nichtigkeitsklage waren.

Der **Konzernabschluss** kann aktienrechtlich weder einer Nichtigkeitsklage noch einer Sonderprüfung unterworfen werden. Insoweit greift die Sperrwirkung von Abs. 3 für eine hier vor- 20

1 So *Hennrichs,* DStR 2009 S. 1446 ff.

gesehene oder eingeleitete Prüfung **formal nicht.** Sind aber wesentliche Sachverhalte für Zwecke des Konzernabschlusses ähnlich zu beurteilen wie für Zwecke des Jahresabschlusses, kann sich ein Verzicht auf die Prüfung des Konzernabschlusses bei Nichtigkeitsklage oder Sonderprüfung des Jahresabschlusses empfehlen.

Übergangsvorschriften zum Bilanzrechtsmodernisierungsgesetz

Art. 66 EGHGB

(1) Die §§ 241a, 242 Abs. 4, § 267 Abs. 1 und 2 sowie § 293 Abs. 1 des Handelsgesetzbuchs in der Fassung des Bilanzrechtsmodernisierungsgesetzes vom 25. Mai 2009 (BGBl I S. 1102) sind erstmals auf Jahres- und Konzernabschlüsse für das nach dem 31. Dezember 2007 beginnende Geschäftsjahr anzuwenden.

(2) [1]§ 285 Nr. 3, 3a, 16, 17 und 21, § 288 soweit auf § 285 Nr. 3, 3a, 17 und 21 Bezug genommen wird, § 289 Abs. 4 und 5, die §§ 289a, 292 Abs. 2, § 314 Abs. 1 Nr. 2, 2a, 8, 9 und 13, § 315 Abs. 2 und 4, § 317 Abs. 2 Satz 2, Abs. 3 Satz 2, Abs. 5 und 6, § 318 Abs. 3 und 8, § 319a Abs. 1 Satz 1 Nr. 4, Satz 4 und 5, Abs. 2 Satz 2, die §§ 319b, 320 Abs. 4, § 321 Abs. 4a, § 340k Abs. 2a, § 340l Abs. 2 Satz 2 bis 4, § 341a Abs. 2 Satz 5 und § 341j Abs. 1 Satz 3 des Handelsgesetzbuchs in der Fassung des Bilanzrechtsmodernisierungsgesetzes vom 25. Mai 2009 (BGBl I S. 1102) sind erstmals auf Jahres- und Konzernabschlüsse für das nach dem 31. Dezember 2008 beginnende Geschäftsjahr anzuwenden. [2]§ 285 Satz 1 Nr. 3, 16 und 17, § 288 soweit auf § 285 Nr. 3 und 17 Bezug genommen wird, § 289 Abs. 4, § 292 Abs. 2, § 314 Abs. 1 Nr. 2, 8 und 9, § 315 Abs. 4, § 317 Abs. 3 Satz 2 und 3, § 318 Abs. 3, § 319a Abs. 1 Satz 1 Nr. 4, Satz 4, § 341a Abs. 2 Satz 5 sowie § 341j Abs. 1 Satz 3 des Handelsgesetzbuchs in der bis zum 28. Mai 2009 geltenden Fassung sind letztmals auf Jahres- und Konzernabschlüsse für vor dem 1. Januar 2009 beginnende Geschäftsjahre anzuwenden.

(3) [1]§ 172 Abs. 4 Satz 3, die §§ 246, 248 bis 250, § 252 Abs. 1 Nr. 6, die §§ 253 bis 255 Abs. 2a und 4, § 256 Satz 1, die §§ 256a, 264 Abs. 1 Satz 2, die §§ 264d, 266, 267 Abs. 3 Satz 2, § 268 Abs. 2 und 8, § 272 Abs. 1, 1a, 1b und 4, die §§ 274, 274a Nr. 5, § 277 Abs. 3 Satz 1, Abs. 4 Satz 3, Abs. 5, § 285 Nr. 13, 18 bis 20, 22 bis 29, § 286 Abs. 3 Satz 3, § 288 soweit auf § 285 Nr. 19, 22 und 29 Bezug genommen wird, die §§ 290, 291 Abs. 3, § 293 Abs. 4 Satz 2, Abs. 5, § 297 Abs. 3 Satz 2, § 298 Abs. 1, § 300 Abs. 1 Satz 2, § 301 Abs. 3 Satz 1, Abs. 4, die §§ 306, 308a, 310 Abs. 2, § 313 Abs. 3 Satz 3, § 314 Abs. 1 Nr. 10 bis 12, 14 bis 21, § 315a Abs. 1, § 319a Abs. 1 Halbsatz 1, § 325 Abs. 4, § 325a Abs. 1 Satz 1, § 327 Nr. 1 Satz 2, §§ 334, 336 Abs. 2, die §§ 340a, 340c, 340e, 340f, 340h, 340n, 341a Abs. 1 Satz 1, Abs. 2 Satz 1 und 2, die §§ 341b, 341e, 341l und 341n des Handelsgesetzbuchs in der Fassung des Bilanzrechtsmodernisierungsgesetzes vom 25. Mai 2009 (BGBl I S 1102) sind erstmals auf Jahres- und Konzernabschlüsse für das nach dem 31. Dezember 2009 beginnende Geschäftsjahr anzuwenden. [2]§ 253 des Handelsgesetzbuchs in der Fassung des Bilanzrechtsmodernisierungsgesetzes findet erstmals auf Geschäfts- oder Firmenwerte im Sinn des § 246 Abs. 1 Satz 4 des Handelsgesetzbuchs in der Fassung des Bilanzrechtsmodernisierungsgesetzes Anwendung, die aus Erwerbsvorgängen herrühren, die in Geschäftsjahren erfolgt sind, die nach dem 31. Dezember 2009 begonnen haben. [3]§ 255 Abs. 2 des Handelsgesetzbuchs in der Fassung des Bilanzrechtsmodernisierungsgesetzes findet erstmals auf Herstellungsvorgänge Anwendung, die in dem in Satz 1 bezeichneten Geschäftsjahr begonnen wurden. [4]§ 294 Abs. 2, § 301 Abs. 1 Satz 2 und 3, Abs. 2, § 309 Abs. 1 und § 312 in der Fassung des Bilanzrechtsmodernisierungsgesetzes finden erstmals auf Erwerbsvorgänge Anwendung, die in Geschäftsjahren erfolgt sind, die nach dem 31. Dezember 2009 begonnen haben. [5]Für nach § 290 Abs. 1 und 2 des Handelsgesetzbuchs in der Fassung des Bilanzrechtsmodernisierungsgesetzes erstmals zu konsolidierende Tochterunternehmen oder bei erstmaliger Aufstellung eines Konzernabschlusses für nach dem 31. Dezember 2009 beginnende Geschäftsjahre finden § 301 Abs. 1 Satz 2 und 3, Abs. 2 und § 309 Abs. 1 des Handelsgesetzbuchs in der Fassung des Bilanzrechtsmodernisierungsgesetzes auf Konzernabschlüsse für nach dem 31. Dezember 2009 beginnende Geschäftsjahre Anwendung. [6]Die neuen Vorschriften kön-

nen bereits auf nach dem 31. Dezember 2008 beginnende Geschäftsjahre angewandt werden, dies jedoch nur insgesamt; dies ist im Anhang und Konzernanhang anzugeben.

(4) §§ 324, 340k Abs. 5 sowie § 341k Abs. 4 des Handelsgesetzbuchs in der Fassung des Bilanzrechtsmodernisierungsgesetzes vom 25. Mai 2009 (BGBl I S. 1102) sind erstmals ab dem 1. Januar 2010 anzuwenden; § 12 Abs. 4 des Einführungsgesetzes zum Aktiengesetz ist entsprechend anzuwenden.

(5) § 246 Abs. 1 und 2, § 247 Abs. 3, die §§ 248 bis 250, § 252 Abs. 1 Nr. 6, die §§ 253, 254, 255 Abs. 2 und 4, § 256 Satz 1, § 264c Abs. 4 Satz 3, § 265 Abs. 3 Satz 2, die §§ 266, 267 Abs. 3 Satz 2, § 268 Abs. 2, die §§ 269, 270 Abs. 1 Satz 2, § 272 Abs. 1 und 4, die §§ 273, 274, 274a Nr. 5, § 275 Abs. 2 Nr. 7 Buchstabe a, § 277 Abs. 3 Satz 1, Abs. 4 Satz 3, die §§ 279 bis 283, 285 Satz 1 Nr. 2, 5, 13, 18 und 19, Sätze 2 bis 6, § 286 Abs. 3 Satz 3, §§ 287, 288 soweit auf § 285 Satz 1 Nr. 2, 5 und 18 Bezug genommen wird, §§ 290, 291 Abs. 3 Nr. 1 und 2 Satz 2, § 293 Abs. 4 Satz 2, Abs. 5, § 294 Abs. 2 Satz 2, § 297 Abs. 3 Satz 2, § 298 Abs. 1, § 300 Abs. 1 Satz 2, § 301 Abs. 1 Satz 2 bis 4, Abs. 2, 3 Satz 1 und 3, Abs. 4, die §§ 302, 306, 307 Abs. 1 Satz 2, § 309 Abs. 1, § 310 Abs. 2, § 312 Abs. 1 bis 3, § 313 Abs. 3 Satz 3, Abs. 4, § 314 Abs. 1 Nr. 10 und 11, § 315a Abs. 1, § 319a Abs. 1 Satz 1 Halbsatz 1, § 325 Abs. 4, § 325a Abs. 1 Satz 1, § 327 Nr. 1 Satz 2, die §§ 334, 336 Abs. 2, § 340a Abs. 2 Satz 1, die §§ 340c, 340e, 340f, 340h, 340n, 341a Abs. 1 und 2 Satz 1 und 2, § 341b Abs. 1 und 2, § 341e Abs. 1, § 341l Abs. 1 und 3 und § 341n des Handelsgesetzbuchs in der bis zum 28. Mai 2009 geltenden Fassung sind letztmals auf Jahres- und Konzernabschlüsse für das vor dem 1. Januar 2010 beginnende Geschäftsjahr anzuwenden.

(6) § 248 Abs. 2 und § 255 Abs. 2a des Handelsgesetzbuchs in der Fassung des Bilanzrechtsmodernisierungsgesetzes vom 25. Mai 2009 (BGBl I S. 1102) finden nur auf die selbst geschaffenen immateriellen Vermögensgegenstände des Anlagevermögens Anwendung, mit deren Entwicklung in Geschäftsjahren begonnen wird, die nach dem 31. Dezember 2009 beginnen.

Inhaltsübersicht **Rz.**

LITERATUR:

Auf die Nachweise zu → Art. 67 wird verwiesen.

I. Überblick

1 Die **beiden** das Übergangsverfahren zum BilMoG regelnden Artikel des EGHGB (Art. 66 und 67 EGHGB) sind nicht in allen Teilen konsistent gegliedert.

Art. 66 EGHGB regelt schwerpunktmäßig die **Zeitschiene** des Übergangs, befasst sich allerdings in Abs. 3 Satz 2 bis 5 auch mit **einzelnenPosten** des Jahres- und Konzernabschlusses (→ Rz. 13 ff.). Art. 67 EGHGB behandelt ebenfalls besondere Verfahrensregeln für eine ganze Reihe von **Posten** der **Bilanz** und **GuV** im Übergangsprozess mit dem Schwerpunkt der Beibehaltungs- und Fortführungs**wahlrechte.**[1] Abs. 7 befasst sich speziell mit zeitlichen Aktivierungsvorgaben für hergestellte Immaterialgüter des Anlagevermögens (→ Rz. 23).

Umbewertungsdifferenzen aus der Anwendung des neuen Rechts sind ergebniswirksam zu behandeln, sofern das Gesetz keine erfolgsneutrale Anwendung (→ Art. 67 Rz. 19) vorschreibt oder erlaubt.[2]

2 Abs. 1 schreibt die Anwendung deregulierender Erleichterungen bereits bei Geschäftsjahresbeginn ab **1. 1. 2008** (→ Rz. 4) vor. Abs. 2 ordnet Angabepflichten im Anhang und Lagebericht für Geschäftsjahre an, die ab 1. 1. 2009 beginnen (→ Rz. 7).

Abs. 3 Satz 1 zählt umfassend die Vorschriften auf, die in am 1. 1. 2010 und später beginnenden Geschäftsjahren **erstmals** anzuwenden sind (→ Rz. 9); entsprechend regelt Abs. 5 die letztmalige Anwendung von Vorschriften des **bisherigen** Rechts (→ Rz. 22).

3 **Pflichtgemäß** gilt das BilMoG – mit Ausnahme der deregulierenden Erleichterungen (→ Rz. 4) und bestimmter Angabepflichten (→ Rz. 7) – für die ab 1. 1. 2010 beginnenden Geschäftsjahre (→ Rz. 9). Abs. 3 Satz 6 **erlaubt** die vorgezogene Anwendung der BilMoG-Gesetzesfassung **insgesamt** in Geschäftsjahren mit Beginn ab 1.1.2009 (→ Rz. 18).

II. Vorgezogene Pflichtanwendungen

1. Deregulierende Erleichterungen (Abs. 1 Satz 1)

4 Nach Abs. 1 sind folgende drei Sachverhalte in Geschäftsjahren mit Beginn ab 1.1.2008 – bei kalendergleichem Geschäftsjahr für 2008, bei abweichendem Geschäftsjahr später – anzuwenden:

1. **Verzicht** auf die Buchführung und Bilanzierung (→ Rz. 5) nach §§ 241a, 242 Abs. 4 HGB (→ § 241a Rz. 1).
2. **Größenmerkmale** (→ Rz. 6) für den **Jahres**abschluss der haftungsbeschränkenden Gesellschaften i. S. des § 267 Abs. 1 HGB (→ § 267 Rz. 13).
3. **Größenmerkmale** (→ Rz. 6) für die Erstellung eines Konzernabschlusses gem. § 293 Abs. 1 HGB (→ § 293 Rz. 10).

5 Ob die Anwendung der Befreiungsvorschrift für die Buchführung und Bilanzierung **sinnvoll** ist, muss im Einzelfall entschieden werden. Eine generelle Empfehlung („pro") wäre nicht angemessen (→ § 241a Rz. 3). Steuerliche Buchführungspflichten sind ohnehin zu beachten (§ 141 AO).

---

1 Zur Kritik an dieser eher unübersichtlichen Strukturierung des Übergangsverfahrens vgl. auch *Kirsch*, DStR 2009 S. 1048.

2 IDW HFA 28 Tz. 6.

Die geänderten **Größenmerkmale** für den Anwendungsbereich der Kapital- und „Kap. & Co."-Gesellschaften (→ § 267 Rz. 13) entfalten einen besonderen Rückwirkungseffekt. Sie sind (z. B.) auf den Jahresabschluss zum 31. 12. 2008 anzuwenden. Wegen des Kriteriums der zweimaligen Unterschreitung zweier Parameter zur Neueingruppierung gelangen auch die Verhältnisse der Jahre 2006 und 2007 ins Spiel. Für Einzelheiten wird auf → § 267 Rz. 24 sowie → § 293 Rz. 11 verwiesen. 6

2. Angabepflichten im Anhang und Lagebericht (Abs. 2)

Einige Angaben im (Konzern-)Anhang und im (Konzern-)Lagebericht unterliegen gem. Abs. 2 Satz 1 bereits bei Geschäftsjahresbeginn ab 1.1.2009 der Berichterstattungs**pflicht.** Der Rechtsgrund liegt in der Umsetzung einschlägiger EU-Richtlinien. Bei der erlaubten vorzeitigen Anwendung der BilMoG-Fassung des HGB insgesamt (→ Rz. 18) geht diese Sondervorschrift ins Leere. Folgende Angaben sind betroffen: 7

Fundstelle			
Anhang/ Lagebericht	**Konzernanhang/ -lagebericht**	**Kurzbezeichnung**	**Verweis auf Kommentierung**
§ 285 Nr. 3 HGB	§ 314 Abs. 1 Nr. 2 HGB	„*Off balance*"-Gestaltungen	→ § 285 Rz. 10
§ 285 Nr. 3a HGB	§ 314 Abs. 1 Nr. 2a HGB	Finanzielle Verpflichtungen	→ § 285 Rz. 16
§ 285 Nr. 16 HGB	§ 314 Abs. 1 Nr. 8 HGB	*Compliance*-Erklärung	→ § 285 Rz. 113
§ 285 Nr. 17 HGB	§ 314 Abs. 1 Nr. 9 HGB	Abschlussprüferhonorar	→ § 285 Rz. 114
§ 285 Nr. 21 HGB	§ 314 Abs. 1 Nr. 13 HGB	Geschäfte mit Nahestehenden	→ § 285 Rz. 144
§ 288 HGB	Fehlanzeige	Bezugnahme auf § 285 Nr. 3, 3a, 17 und 21 HGB	→ § 288 Rz. 1
§ 289 Abs. 4 HGB	§ 315 Abs. 4 HGB	Angaben alternativ im Anhang oder Lagebericht	→ § 289 Rz. 89
§ 289 Abs. 5 HGB	§ 315 Abs. 2 Nr. 5 HGB	Internes Kontrollsystem für die Abschlusserstellung	→ § 289 Rz. 100
§ 289a HGB	Fehlanzeige	Erklärung zur Unternehmensführung	→ § 289a Rz. 2

Abs. 2 Satz 2 verweist auf Angabepflichten im (Konzern-)Anhang und (Konzern-)Lagebericht nach HGB a. F., die mit der (erstmaligen) Anwendung des BilMoG **entfallen.**

3. Prüfungsvorschriften

Bei Geschäftsjahresbeginn ab 1.1.2009 sind anzuwenden die Vorschriften zur Abschlussprüfung: 8

Fundstelle	Kurzbezeichnung	Verweis auf Kommentierung
§ 317 Abs. 2 Satz 2 HGB	Prüfung der Darstellung von Chancen und Risiken im Lagebericht	→ § 317 Rz. 57 ff.
§ 317 Abs. 3 Satz 2 HGB	Überprüfung der anderen Abschlussprüfer beim Konzernabschluss	→ § 317 Rz. 69 ff.
§ 317 Abs. 5 HGB	Anwendung der internationalen Prüfungsstandards	→ § 317 Rz. 76 f.
§ 317 Abs. 6 HGB	Ermächtigung zur Rechtsverordnung	→ § 317 Rz. 79

§ 318 Abs. 3 HGB	Gerichtliche Ersetzung des Abschlussprüfers	→ § 318 Rz. 32 ff.
§ 318 Abs. 8 HGB	Mitteilung an die WP-Kammer bei Kündigung oder Widerruf des Prüfungsauftrags	→ § 318 Rz. 51
§ 319a Abs. 1 Satz 1 Nr. 4 HGB	Rotationsgebot für Prüfer	→ § 319a Rz. 30
§ 319a Abs. 1 Satz 4 HGB	Rotationsgebot für Prüfungsgesellschaften	→ § 319a Rz. 31
§ 319a Abs. 1 Satz 5 HGB	Bestimmung des ausscheidenden Prüfers	→ § 319a Rz. 33
§ 319a Abs. 2 Satz 2 HGB	Bestimmung des ausscheidenden Prüfers auf Konzernebene	→ § 319a Rz. 39
§ 319b HGB	Netzwerk	→ § 319b Rz. 1 ff.
§ 320 Abs. 4 HGB	Berichtspflicht des ausscheidenden an den neuen Prüfer	→ § 320 Rz. 25
§ 321 Abs. 4a HGB	Unabhängigkeitsbestätigung	→ § 321 Rz. 79

III. Anwendung der BilMoG-Fassung der HGB-Rechnungslegung

1. Genereller Anwendungszeitpunkt (Abs. 3 Satz 1)

9 Die BilMoG-Fassung des HGB ist auf Jahresabschlüsse für Geschäftsjahre mit **Beginn ab 1. 1. 2010** verpflichtend anzuwenden. Enumerativ sind die einschlägigen Gesetzesregeln aufgelistet (Abs. 3 Satz 1). Zu diesen treten die Anhangangaben und Lageberichterstattungspflichten mit vorzeitiger Anwendungspflicht (→ Rz. 7). Korrespondierend hierzu sind in Abs. 5 (→ Rz. 22) die Gesetzesregeln aufgeführt, die letztmals vor Anwendung des BilMoG Gültigkeit besitzen.

10 **Freiwillig** können nach Abs. 3 Satz 6 die BilMoG-Regeln bereits für Geschäftsjahre mit Beginn ab 1. 1. 2009 angewandt werden, allerdings nur **insgesamt** und mit entsprechenden **Anhang**angaben (→ Rz. 18).

2. Regelmäßig retrospektive Anwendung

11 Abs. 3 Satz 2 bis 5 enthält abschlusspostenbezogene Sondervorschriften zum Übergang auf das neue Recht (→ Rz. 13 ff.) in **prospektiver** Form. Das Gleiche gilt für die hergestellten immateriellen Anlagegüter nach Abs. 7 (→ Rz. 23). Die übrigen Regeln in Abs. 3 Satz 1 – also fast alle Bilanzierungsregeln und Angabepflichten – sind **retrospektiv** zu erfüllen, gelten somit nicht nur für die ab deren Anwendungszeitpunkt entstandenen Bilanzposten, sondern auch für die sog. „Altfälle", wie z. B. Bilanzposten, die schon zuvor zugegangen und bis zum 1.1.2010 (1.1.2009 beim vorgezogenen Übergang, → Rz. 10) noch nicht abgegangen sind. Die Begründung zum BilMoG-RegE[1] nennt beispielhaft die **latentenSteuern,** die auf weiterbestehende Buchwertunterschiede anfallen, auch wenn diese auf Vorgängen beruhen, die nach alter Rechtslage begründet worden sind.

12 Im Regelfall des Übergangs (→ Rz. 18) stellt bei kalendergleichem Geschäftsjahr der 1. 1. 2010 den **Umstellungs**zeitpunkt und der 31. 12. 2010 den **Erstanwendungs**zeitpunkt dar. Die von den Übergangsvorschriften erfassten Bilanzposten sind aufzulisten und zum 31. 12. 2010 dem Übergangsprozedere zu unterwerfen. Dazu gehört auch die Ausübung der Wahlrechte

1 BR-Drucks. 344/08 S. 217.

(→ Art. 67). Diese Auflistung kann man als **Eröffnungsbilanz**[1] bezeichnen, eine Bilanz im **Rechtssinne** liegt jedenfalls nicht vor (→ § 245 Rz. 10). Auch wird der Bilanzenzusammenhang nicht durchbrochen, die Schlussbilanzwerte zum 31. 12. 2009 sind zum 1. 1. 2010 in das neue Geschäftsjahr vorzutragen, auch wenn zum 31. 12. 2010 für den einen oder anderen Posten eine ergebnisneutrale Anpassung (→ Art. 67 Rz. 19) gewählt wird.

Die **Ausnahmen** einer nur **prospektiven** Anwendung sind in → Rz. 13 ff. dargestellt. Aus ihnen lässt sich auch im **Umkehrschluss** die vorstehend dargelegte Regel der retrospektiven Umstellung ableiten.[2]

3. Einzelfälle der prospektiven Anwendung

3.1 Zugang eines Geschäfts- oder Firmenwerts (Abs. 3 Satz 2)

13 Das Aktivierungsgebot des § 246 Abs. 1 Satz 4 HGB (→ § 246 Rz. 316) ist auf entgeltlich erworbene Geschäfts- oder Firmenwerte anzuwenden, die aus Erwerbsvorgängen im zeitlichen Anwendungsbereich des BilMoG zugegangen sind. Aus früheren Erwerbsvorgängen entstandene Geschäfts- oder Firmenwerte, die im Aufwand verrechnet wurden, sind demnach nicht zu **„reaktivieren"** und über die Nutzungsdauer abzuschreiben. Da das frühere Aktivierungswahlrecht im Einzelabschluss mangels steuerlicher Anerkennung in der Praxis kaum in Anspruch genommen worden ist, bleibt auch die Übergangsregelung ohne nennenswerten Anwendungsbereich. Das bisher angewandte Abschreibungsverfahren kann weitergeführt werden.[3]

Anders verhält es sich mit der Begründungspflicht für die festgelegte **Nutzungsdauer** des Geschäfts- und Firmenwerts nach § 285 Nr. 13 HGB (→ § 285 Rz. 105). Die Abweichung von der Gesetzeshypothese einer Nutzungsdauer von fünf Jahren muss begründet werden; ein Hinweis auf z. B. die steuerliche Typisierung von 15 Jahren genügt nicht. Die Begründungspflicht für Nutzungsdauern über fünf Jahre hinaus besteht auch für Zugänge vor dem Übergang zum BilMoG.[4]

3.2 Umfang der Herstellungskosten (Abs. 3 Satz 3)

14 Die Neufassung des § 255 Abs. 2 HGB sieht insbesondere eine Aktivierungspflicht für Material- und **Fertigungsgemeinkosten** vor (→ § 255 Rz. 104). Sollte bei früheren (vor Anwendung des BilMoG begonnenen) Herstellungsvorgängen das Wahlrecht zur Nichterfassung dieser Gemeinkosten ausgeübt worden sein, kommt eine „Nachaktivierung" unter der BilMoG-Anwendung nicht in Betracht. Die Gesetzesneufassung ist erstmals auf Herstellungsvorgänge anzuwenden, die im Anwendungsbereich des BilMoG begonnen worden sind. Für zuvor begonnene Herstellungen verbleibt es bei dem bis dahin gültigen Wahlrecht.[5]

BEISPIEL Die U hat ein kalendergleiches Geschäftsjahr und nach altem Recht auf die Aktivierung von Gemeinkosten verzichtet. Folgende Posten sind zu bilanzieren:

- Vorräte und Anlagen, deren Herstellung 2009 begonnen und abgeschlossen wurde: Es bleibt bei der bisherigen Bewertung zu Einzelkosten.

---

1 So *Petersen/Zwirner/Künkele*, Beilage 4 zu DB 2010, S. 4: „Eigenständige Eröffnungsbilanz" und „Durchbrechung des Bilanzenzusammenhangs". IDW HFA 28 Tz. 26 verlangt demgegenüber zu Recht ein „Vergleichen".

2 Vgl. *Gelhausen/Fey/Kirsch*, WPg 2010 S. 25.

3 IDW HFA 28 Tz. 32; a. A. *Kessler/Leinen/Paulus*, BB 2009 S. 1911; wie hier *Gelhausen/Fey/Kirsch*, WPg 2010 S. 29.

4 IDW ERS HFA 28.33.

5 IDW HFA 28 Tz. 54 eröffnet bei Herstellungsbeginn ein Wahlrecht für unfertige Erzeugnisse „aus Praktikabilitätsgründen". Derer bedarf es wegen des weiterbestehenden Wahlrechts alten Rechts nicht.

- Vorräte und Anlagen, deren Herstellung 2009 begonnen und 2010 abgeschlossen wurde: Für die bis 31.12.2009 getätigten Fertigungsleistungen bleibt es bei der Erfassung zu Einzelkosten. Die zusätzlichen Fertigungsleistungen im Jahr 2010 können nach HGB a. F. wahlweise zu Einzel- oder Gemeinkosten erfasst werden.
- Vorräte und Anlagen, deren Herstellung – auch durch Erweiterung und wesentliche Verbesserung – 2010 begonnen wurde: Neben den Einzelkosten sind auch die Gemeinkosten zu aktivieren.

15 Zuvor orientierte sich die Rechnungslegungspraxis allerdings an den **steuerlichen** Vorschriften, hier der Aktivierungs**pflicht** von Fertigungsgemeinkosten, und hat somit die jetzige handelsrechtliche Regelung vorweggenommen. Deshalb ist diese Übergangsvorschrift ebenfalls (→ Rz. 13) ohne nennenswerten Anwendungsbereich.

3.3 Konzernrechnungslegungsvorschriften (Abs. 3 Satz 4)

16 Verschiedene Regeln der Konzernrechnungslegung sind nur prospektiv, also für Erwerbsvorgänge ab Anwendungszeitpunkt des BilMoG (→ Rz. 9 f.), anzuwenden:

- § 294 Abs. 2 HGB: unbedingte **Angabepflicht** im Anhang bei wesentlicher Änderung des **Konsolidierungskreises** (→ § 294 Rz. 3).
- § 301 Abs. 1 Satz 2 und 3 HGB: Die **Neubewertungs**methode, d. h. die früher zulässige Buchwertmethode, kann weitergeführt werden (→ § 301 Rz. 11), und zwar auch bei Änderung der Beteiligungsquote an einem Tochterunternehmen ohne Statusänderung.
- § 301 Abs. 2 HGB: der **Zeitpunkt** der Erstkonsolidierung (→ § 301 Rz. 13).
- § 309 Abs. 1 HGB: Das Gebot der Aktivierung des **Geschäfts- oder Firmenwerts** aus der Erstkonsolidierung (→ § 309 Rz. 7) mit Abschreibung nach Maßgabe der Vorschriften für den Jahresabschluss (→ § 246 Rz. 316); die bisherige Bewertungsmethode nach altem Recht ist weiterzuführen, mit Rücklagen verrechnete Posten sind nicht zu reaktivieren.
- Keine Übergangsregel gibt es allerdings für bislang **saldierte** aktive und passive **Unterschieds**beträge aus der Erstkonsolidierung (→ § 301 Rz. 102). Hier ist auch in Altfällen auf den Bruttoausweis nach neuem Recht umzustellen.[1]
- § 312 HGB: die *Equity*-Bilanzierung bei Beteiligung an assoziierten Unternehmen (→ § 312 Rz. 12) mit Weiterführung der früher zulässigen Neubewertungs- bzw. Kapitalanteilsmethode mit separatem Ausweis des *Goodwill*.

3.4 Einbeziehung von Tochterunternehmen, insbesondere Zweckgesellschaften (Abs. 3 Satz 5)

17 Nach § 290 Abs. 1 und 2 HGB i. d. F. des BilMoG zu konsolidierende Unternehmen sind **unabhängig** vom Zeitpunkt der **Begründung** des beherrschenden Einflusses ab dem Geschäftsjahr 2010 in den Konzernabschluss einzubeziehen. Betroffen sind insbesondere Zweckgesellschaften nach § 290 Abs. 2 Nr. 4 HGB (→ § 290 Rz. 39 ff.).

Die Kapitalkonsolidierung ist nach § 301 Abs. 2 Satz 1 HGB (→ § 301 Rz. 13) mit den Wertansätzen vorzunehmen, die im Zeitpunkt der Begründung des Tochterverhältnisses – regelmäßig am 1.1.2010 – vorliegen.[2] Entsprechendes gilt bei **erstmaliger** Konzernabschlusserstellungspflicht aufgrund der Änderung von § 290 HGB.

1 IDW RS HFA 28 Tz. 63.
2 IDW ERS HFA 28 Tz. 55.

3.5 Vorzeitige Anwendung insgesamt (Abs. 3 Satz 6)

Die BilMoG-Fassung des HGB ist **optional** statt für das am 1.1.2010 beginnende Geschäftsjahr schon ein Jahr früher anzuwenden (→ Rz. 3). 18

BEISPIEL ▸ Das Geschäftsjahr der X-GmbH oder Y-OHG läuft vom 1.2. bis zum 31.1. (→ § 240 Rz. 22). Die GmbH bzw. die OHG **kann** zum 31.1.2010 nach HGB in Gestalt des BilMoG bilanzieren, **muss** dies zum 31.1.2011.

Das Regeldatum 1. 1. 2010 in den Übergangsvorschriften ist bei vorzeitiger Anwendung auf den 1. 1. 2009 **„umzudeuten"**. Entsprechende Daten mit festen Laufzeiten verändern sich entsprechend. So endet z. B. die Übergangsfrist zur Anpassung der Pensionsrückstellungen nach Art. 67 Abs. 1 Satz 1 EGHGB (→ Art. 67 Rz. 4) nicht am 31. 12. 2024, sondern bereits ein Jahr früher. Vgl. hierzu auch die Erwägungen in → Art. 67 Rz. 23.

Die BilMoG-Fassung des HGB ist vorzeitig nur **insgesamt** anzuwenden. Eine Selektion einzelner Bilanzposten bzw. Vorschriften ist unzulässig. Eine **Mutter**gesellschaft i. S. des § 290 HGB kann somit nicht den Konzernabschluss nach altem und den Einzelabschluss (Jahresabschluss) nach neuem Recht erstellen. Bei einer in den Konzernabschluss einzubeziehenden **Tochter**gesellschaft ist die Perspektive eine andere: Sie kann ihren Einzelabschluss im Geschäftsjahr 2009 nach altem Recht erstellen und der Muttergesellschaft die HB-II-Werte nach neuem Recht zu Konsolidierungszwecken zur Verfügung stellen oder umgekehrt. Diese differenzierende Vorgehensweise innerhalb eines Konzerns ist u. E. dann unzulässig, wenn die Tochtergesellschaft die Option nach § 264 Abs. 3 HGB (→ § 264 Rz. 37) ausübt. 19

Die vorzeitige Anwendung der BilMoG-Fassung des HGB ist im **Anhang** darzulegen (→ § 284 Rz. 36), u. E. auch ohne förmliche Gesetzesvorgabe im **Konzern**anhang, wenn dieser nicht in den Anhang (zum Jahresabschluss) integriert wird (→ § 298 Rz. 38). 20

IV. Sonderfall Prüfungsausschuss (Abs. 4)

Die Vorschriften über Prüfungsausschüsse (→ § 324) sind unabhängig vom Lauf eines Geschäftsjahrs ab 1. 1. 2010 anzuwenden. 21

V. Letztmalige Anwendung der Rechtslage vor dem BilMoG (Abs. 5)

In Abs. 5 sind die letztmals vor dem zwingenden oder optionalen (→ Rz. 18) Übergang zur BilMoG-Fassung des HGB gültigen Regeln im Einzelnen aufgelistet. Diese Gesetzespassage wirkt redundant, ihr kommt eher eine Kontrollfunktion zu. 22

VI. Erstmalige Anwendung der Regeln zu den hergestellten immateriellen Anlagegütern (Abs. 7)

Das Aktivierungswahlrecht für die hergestellten Immaterialgüter des Anlagevermögens (→ § 248 Rz. 9) ist erstmals auf **Entwicklungsleistungen** anzuwenden, die in Geschäftsjahren mit Beginn ab 1. 1. 2010 begonnen werden. **Unwesentliche** zuvor schon begonnene Entwicklungsprojekte sollen von dieser Zeitschranke nicht betroffen sein;[1] eine Nachaktivierung der in 23

1 IDW RS HFA 28 Tz. 34 entsprechend der Begründung des Rechtsausschusses.

früheren Geschäftsjahren angefallenen Aufwendungen kommt allerdings nicht in Betracht. Diese Zeitschranke gilt nach dem Gesetzeswortlaut auch im Fall des optionalen vorzeitigen Übergangs (→ Rz. 18) auf die BilMoG-Regeln, was nicht recht einleuchten will.[1]

Art. 67 EGHGB

(1) [1]Soweit auf Grund der geänderten Bewertung der laufenden Pensionen oder Anwartschaften auf Pensionen eine Zuführung zu den Rückstellungen erforderlich ist, ist dieser Betrag bis spätestens zum 31. Dezember 2024 in jedem Geschäftsjahr zu mindestens einem Fünfzehntel anzusammeln. [2]Ist auf Grund der geänderten Bewertung von Verpflichtungen, die die Bildung einer Rückstellung erfordern, eine Auflösung der Rückstellungen erforderlich, dürfen diese beibehalten werden, soweit der aufzulösende Betrag bis spätestens zum 31. Dezember 2024 wieder zugeführt werden müsste. [3]Wird von dem Wahlrecht nach Satz 2 kein Gebrauch gemacht, sind die aus der Auflösung resultierenden Beträge unmittelbar in die Gewinnrücklagen einzustellen. [4]Wird von dem Wahlrecht nach Satz 2 Gebrauch gemacht, ist der Betrag der Überdeckung jeweils im Anhang und im Konzernanhang anzugeben.

(2) Bei Anwendung des Absatzes 1 müssen Kapitalgesellschaften, Kreditinstitute, Finanzdienstleistungsinstitute und Wertpapierinstitute im Sinn des § 340 des Handelsgesetzbuchs, Versicherungsunternehmen und Pensionsfonds im Sinn des § 341 des Handelsgesetzbuchs, eingetragene Genossenschaften und Personenhandelsgesellschaften im Sinn des § 264a des Handelsgesetzbuchs die in der Bilanz nicht ausgewiesenen Rückstellungen für laufende Pensionen, Anwartschaften auf Pensionen und ähnliche Verpflichtungen jeweils im Anhang und im Konzernanhang angeben.

(3) [1]Waren im Jahresabschluss für das letzte vor dem 1. Januar 2010 beginnende Geschäftsjahr Rückstellungen nach § 249 Abs. 1 Satz 3, Abs. 2 des Handelsgesetzbuchs, Sonderposten mit Rücklageanteil nach § 247 Abs. 3, § 273 des Handelsgesetzbuchs oder Rechnungsabgrenzungsposten nach § 250 Abs. 1 Satz 2 des Handelsgesetzbuchs in der bis zum 28. Mai 2009 geltenden Fassung enthalten, können diese Posten unter Anwendung der für sie geltenden Vorschriften in der bis zum 28. Mai 2009 geltenden Fassung, Rückstellungen nach § 249 Abs. 1 Satz 3, Abs. 2 des Handelsgesetzbuchs auch teilweise, beibehalten werden. [2]Wird von dem Wahlrecht nach Satz 1 kein Gebrauch gemacht, ist der Betrag unmittelbar in die Gewinnrücklagen einzustellen; dies gilt nicht für Beträge, die der Rückstellung nach § 249 Abs. 1 Satz 3, Abs. 2 des Handelsgesetzbuchs in der bis zum 28. Mai 2009 geltenden Fassung im letzten vor dem 1. Januar 2010 beginnenden Geschäftsjahr zugeführt wurden.

(4) [1]Niedrigere Wertansätze von Vermögensgegenständen, die auf Abschreibungen nach § 253 Abs. 3 Satz 3, § 253 Abs. 4 des Handelsgesetzbuchs oder nach den §§ 254, 279 Abs. 2 des Handelsgesetzbuchs in der bis zum 28. Mai 2009 geltenden Fassung beruhen, die in Geschäftsjahren vorgenommen wurden, die vor dem 1. Januar 2010 begonnen haben, können unter Anwendung der für sie geltenden Vorschriften in der bis zum 28. Mai 2009 geltenden Fassung fortgeführt werden. [2]Wird von dem Wahlrecht nach Satz 1 kein Gebrauch gemacht, sind die aus der Zuschreibung resultierenden Beträge unmittelbar in die Gewinnrücklagen einzustellen; dies gilt nicht für Abschreibungen, die im letzten vor dem 1. Januar 2010 beginnenden Geschäftsjahr vorgenommen worden sind.

(5) [1]Ist im Jahresabschluss für ein vor dem 1. Januar 2010 beginnendes Geschäftsjahr eine Bilanzierungshilfe für Aufwendungen für die Ingangsetzung und Erweiterung des Geschäftsbetriebs nach § 269 des Handelsgesetzbuchs in der bis zum 28. Mai 2009 geltenden Fassung gebildet worden, so darf diese unter Anwendung der für sie geltenden Vorschriften in der bis zum 28. Mai 2009 geltenden Fassung fortgeführt werden. [2]Ist im Konzernabschluss für ein vor dem 1. Januar 2010 beginnendes Geschäftsjahr eine Kapitalkonsolidierung gemäß § 302 des Handelsgesetzbuchs in der bis zum 28. Mai 2009 geltenden Fassung vor-

1 *Kirsch* legt das Gesetz anders aus: Einheitlicher Übergang bei vorzeitiger Anwendung, DStR 2009 S. 1049; ebenso *Petersen/Zwirner/Froschhammer*, DB 2009 S. 2279. So auch IDW RS HFA 28 Tz. 35. Dagegen die wortlautgetreue Gesetzesauslegung unterstützend: *Kessler/Leinen/Paulus*, BB 2009 S. 1912.

genommen worden, so darf diese unter Anwendung der für sie geltenden Vorschriften in der bis zum 28. Mai 2009 geltenden Fassung beibehalten werden.

(6) [1]Aufwendungen oder Erträge aus der erstmaligen Anwendung der §§ 274, 306 des Handelsgesetzbuchs in der Fassung des Bilanzrechtsmodernisierungsgesetzes vom 25. Mai 2009 (BGBl I S. 1102) sind unmittelbar mit den Gewinnrücklagen zu verrechnen. [2]Werden Beträge nach Absatz 1 Satz 3, nach Absatz 3 Satz 2 oder nach Absatz 4 Satz 2 unmittelbar mit den Gewinnrücklagen verrechnet, sind daraus nach den §§ 274, 306 des Handelsgesetzbuchs in der Fassung des Bilanzrechtsmodernisierungsgesetzes entstehende Aufwendungen und Erträge ebenfalls unmittelbar mit den Gewinnrücklagen zu verrechnen.

(7) (weggefallen)

(8) [1]Ändern sich bei der erstmaligen Anwendung der durch die Artikel 1 bis 11 des Bilanzrechtsmodernisierungsgesetzes vom 25. Mai 2009 (BGBl I S. 1102) geänderten Vorschriften die bisherige Form der Darstellung oder die bisher angewandten Bewertungsmethoden, so sind § 252 Abs. 1 Nr. 6, § 265 Abs. 1, § 284 Abs. 2 Nr. 3 und § 313 Abs. 1 Nr. 3 des Handelsgesetzbuchs bei der erstmaligen Aufstellung eines Jahres- oder Konzernabschlusses nach den geänderten Vorschriften nicht anzuwenden. [2]Außerdem brauchen die Vorjahreszahlen bei erstmaliger Anwendung nicht angepasst werden; hierauf ist im Anhang und Konzernanhang hinzuweisen.

Inhaltsübersicht Rz.

LITERATUR:

Briese/Suermann, Sonderposten mit Rücklagenanteil und steuerliche Abschreibung im Jahresabschluss nach BilMoG, DB 2010 S. 121; *Fey/Ries/Lewe,* Handelsrechtliche Bilanzierung von Pensionsverpflichtungen – Erfahrungen mit der BilMoG-Umstellung, BB 2012 S. 823; *Gelhausen/Fey/Kirsch,* Übergang auf die Rechnungslegungsvorschriften des BilMoG, WPg 2010 S. 24; *Kessler/Leinen/Paulus,* Stolpersteine beim Übergang auf die Vorschriften des BilMoG, BB 2009 S. 1910; *Lüdenbach/Hoffmann*, Die wichtigsten Änderungen der HGB-Rechnungslegung durch das BilMoG, StuB 2009 S. 287; *Petersen/Zwirner/Künkele*, Umstellung auf das neue deutsche Bilanzrecht, Beilage 4 zu DB 2010; *Rhiel/Veit*, Auswirkungen des BilMoG bei der Bilanzierung von Pensionsrückstellungen, PiR 2009 S. 167; *Rimmelspacher/Fey*, Einzelfragen zur Folgebilanzierung von Rückstellungen nach den Übergangsregeln des BilMoG, WPg 2012 S. 421; *Thaut*, Auswirkungen des BilMoG auf die Bilanzierung und Bewertung von Pensionsverpflichtungen in der Handelsbilanz unter besonderer Berücksichtigung des 15-jährigen Übergangszeitraums, WPg 2009 S. 723; *Theile*, Übergang auf BilMoG im Jahresabschluss: Insbesondere niedrigere Wertansätze von Vermögensgegenständen, StuB 2009 S. 749; *Wolz/Oldewurtel*, Pensionsrückstellungen nach BilMoG, StuB 2009 S. 424; *Zwirner/Künkele*, Übergangsvorschriften der geänderten Regelungen des BilMoG, DB 2009 S. 1081.

I. Überblick

1 Art. 66 EGHGB regelt in den Grundzügen das BilMoG-Übergangsverfahren im Allgemeinen, insbesondere die Retrospektivität, korrigiert durch einzelne Fälle einer prospektiven Anwendung. Demgegenüber behandelt Art. 67 EGHGB (kasuistisch) eine ganze Anzahl von Einzelfällen des Übergangsprozederes:

Abs. 1:	Verteilung der durch den Übergang auf das BilMoG bedingten Zuführungen zu Pensionsrückstellungen (→ Rz. 3), Beibehaltung überdotierter Rückstellungen (→ Rz. 11)
Abs. 2:	Anhangangaben für untergedeckte Pensionsverpflichtungen (→ Rz. 12)
Abs. 3:	Beibehaltungswahlrechte für nach BilMoG nicht mehr zulässige Bilanzposten, insbesondere Aufwandsrückstellungen und Sonderposten mit Rücklagenanteil (→ Rz. 13)
Abs. 4:	Beibehaltungswahlrechte für nach BilMoG nicht mehr zulässige Bewertungen, insbesondere steuerlich motivierte Abschreibungen (→ Rz. 25)
Abs. 5:	Weiterführung der nach BilMoG nicht mehr aktivierbaren Ingangsetzungskosten (→ Rz. 31) sowie der *Pooling-of-Interest*-Methode der Kapitalkonsolidierung (→ Rz. 34)
Abs. 6:	Behandlung von Steuerlatenzen, die sich aus dem BilMoG-Übergang ergeben (→ Rz. 36)
Abs. 7:	Ausweis von Ergebniseffekten aus den Übergangsverfahren im außerordentlichen Bereich (→ Rz. 44)
Abs. 8:	Aufhebung des Stetigkeitsgebots; Verzicht auf die Anpassung von Vorjahreszahlen (→ Rz. 49)

2 Aus diesen Regeln sind folgende **Grundtendenzen** ableitbar:

- ► Gegenüber dem BilMoG-Ansatz bislang erlaubte niedrigere Aktiv- und höhere Passivwerte (aus BilMoG-Sicht stille Reserven) dürfen nach neuem Recht **weitergeführt** werden, solange diese vor BilMoG gültigen Tatbestandsvoraussetzungen vorliegen. Statt dieser Option ist unter Verletzung des Kongruenzprinzips (→ § 252 Rz. 10) auch eine erfolgsneutrale Überleitung dieser stillen Reserven in die **Gewinnrücklage** zulässig (→ Rz. 20).
- ► Verbleibende **erfolgswirksame** Anpassungen an die BilMoG-Regeln sind im **außerordentlichen** Bereich der GuV auszuweisen (→ Rz. 44).
- ► Erforderliche **Steuerlatenzierungen** folgen der erfolgsneutralen oder -wirksamen Überleitung des betreffenden Bilanzpostens (→ Rz. 36).

Im Übrigen handelt es sich um **Einzelfallregeln.** Diese und die dargestellten Wahlrechte beeinträchtigen die zwischenbetriebliche Vergleichbarkeit von Jahresabschlüssen auf geraume Zeit.[1]

1 Vgl. *Zwirner/Künkele*, DB 2009 S. 1087.

II. Rückstellungsbewertung (Abs. 1)

1. Pensionsrückstellungen (Abs. 1 Satz 1)

Insbesondere die Berücksichtigung von Gehalts-, Karriere- und Rententrends wird regelmäßig zu deutlichen **Erhöhungen** der Pensionsrückstellungen führen (→ § 253 Rz. 91). Für deren „Neubewertung“ ist eine **Übergangsfrist** vorgesehen. Das Ende des maximalen **Anpassungszeitraums** ist auf den 31.12.2024 angesetzt. Man fragt sich unwillkürlich, ob die HGB-Rechnungslegung als nationales Inselprodukt tatsächlich noch so lange Bestand haben wird. 3

Die Übergangsregelung sieht eine **Mindest**zuführung von 1/15 vor, beginnend am 31.12.2010 und endend am 31.12.2024 (bei kalendergleichem Geschäftsjahr). Bei vorzeitiger Anwendung des BilMoG insgesamt verschiebt sich das Datum auf den 31.12.2023. Daraus ist zunächst das **Wahlrecht** zur „normalen“, **sofortigen** aufwandswirksamen Rückstellungszuführung des Unterschiedsbetrags nach bisherigem Recht (31.12.2009) und neuem Recht (31.12.2010) abzuleiten, d. h. Anwendung des neuen Rechts uno actu. Das **andere Extrem** liegt in der Verteilung dieses Unterschiedsbetrags über 15 Jahre und somit einer jährlichen (Mindest-)Zuführung von 1/15. **Dazwischen** liegt ein weiteres Wahlrecht in Form einer Ungleichverteilung, in der beispielsweise zunächst nur 1/15, später bei gutem Ergebnis ein höherer Betrag bis zur noch nicht erfolgten Gesamterfassung zugeführt wird. Im Folgejahr kann dann wieder (bei noch offener Restzuführung) der 1/15-Betrag verwendet werden. Die Zuführung des Unterschiedsbetrags kann vor dem 31.12.2024 beendet sein, wenn der Zielwert bereits zuvor erreicht ist. Das enorme bilanzpolitische Gestaltungspotenzial ist offensichtlich. 4

Zusätzlich ist auch die „normale“ Anpassung des Rückstellungsbetrags (nach neuem Recht) zu berücksichtigen. Es laufen daher **zwei Anpassungsschienen** nebeneinander her (Beispiel unter → Rz. 5). Die Verteilung des Unterschiedsbetrags endet, sobald der Rückstellungswert nach § 253 Abs. 1 Satz 2 HGB (→ § 253 Rz. 82 ff.) erreicht ist.[1]

Die der Übergangsregelung zugrunde liegende **Rechengröße** wird vom Gesetz nicht förmlich definiert, Abs. 1 Satz 1 spricht nur von der „erforderlichen Zuführung aufgrund der geänderten Bewertung“ (Letzteres nach den Vorgaben des neuen Rechts). Das könnte so verstanden werden: 5

BEISPIEL

Bilanzansatz zum 31.12.2009 (altes Recht)	1.000
Bilanzansatz zum 31.12.2010 (neues Recht)	1.345
Unterschiedsbetrag	**345**

Damit würde aber die **reguläre** Zuführung nach neuem Recht – der periodengerechte Zuführungsbetrag – (im Beispiel angenommen mit 45) mit der Zuführung aufgrund der **Gesetzesänderung vermischt,** also Äpfel mit Birnen verglichen. Zur Vermeidung dieser Inkonsistenz ist u. E. zum 31.12.2009, genauer zum 1.1.2010, der Wert nach neuem Recht zu ermitteln, im obigen Beispiel also angenommen 1.300.[2] Dann können die wichtigsten Aufwandskomponenten festgestellt (→ § 253 Rz. 82 ff.) und entsprechend der üblichen Handhabung dem Aufwand des Jahrs 2010 zugeordnet werden:

1 IDW RS HFA 28 Tz. 43.
2 So auch IDW RS HFA 28 Tz. 42 „zweckmäßigerweise“.

- Aufzinsung,
- erdienter (zusätzlicher) Altersversorgungsanteil,
- geänderte versicherungsmathematische Annahmen sowie
- geänderte Lohnsteigerungserwartungen, Rententrends etc.

Auf der Grundlage des vorstehenden Beispiels ist der Unterschiedsbetrag nach der Übergangsvorschrift in Parallele zum regulären Zuführungsbetrag unter Berücksichtigung von Optionen (→ Rz. 4) weiterzuentwickeln. Dabei ist die Zuführung zum Unterschiedsbetrag nach der Übergangsvorschrift als **außerordentlicher** Aufwand auszuweisen (→ Rz. 45). Der **reguläre** Zuführungsbetrag stellt Pensionsaufwand dar und ist ggf. teilweise im Zinsaufwand (→ § 275 Rz. 44) auszuweisen. Fraglich ist, wie mit **Minderungen** umzugehen ist, die aus der Änderung von Berechnungsparametern (etwa erhöhter Abzinsungssatz) resultieren. Zu entscheiden ist dabei, ob

- diese Minderungen durch Ausnutzung des Übergangsrechts unabhängig von der Höhe des Fehlbetrags rückstellungskürzend zu berücksichtigen sind oder
- eine Rückstellungskürzung (Auflösung) insoweit unterbleiben muss, als der BilMoG-Wert noch nicht erreicht (bzw. überschritten) wird.

BEISPIEL[1] Zum 31.12.2009/1.1.2010 beträgt der Wert der Pensionsverpflichtung 1.300 nach neuem und 1.000 nach altem Recht. Der Unterschiedsbetrag von 300 ist mit mindestens 1/15 = 20 pro Jahr zuzuführen. Per 31.12.2010 ist der Wert der Pensionsverpflichtung nach neuem Recht 1.345.

Stichtag	Wert nach neuem Recht	+ Zuführung Unterschieds-betrag	+ Zuführung/ - Auflösung „regulär"	Ausweis	Fehlbetrag/ Anhang-angabe
31.12.09	1.300			1.000	Entfällt
31.12.10	1.345	+20	45	1.065	280
31.12.11	1.375	+20	+30	1.115	260
31.12.12	1.435	+100	+60	1.275	160
31.12.13	1.445	+20	+10	1.305	140
31.12.14 (1)	1.395	+20	-50	1.275	120
31.12.14 (2a)	1.395	+20	0	1.325	70
31.12.14 (2b)	1.395	+70	-50	1.325	70

Per 31.12.2012 wird der Unterschiedsbetrag im Hinblick auf eine gute Geschäftslage mit 100 statt 20 zugeführt. Dies ist zulässig, da 1/15 = 20 nur der mindestens zuzuführende Betrag ist.

Per 31.12.2014 soll im Hinblick auf ein schwaches Geschäftsjahr nur der Mindestbetrag zugeführt werden. Eine Besonderheit ergibt sich hier aus einem „regulären" Rückgang des Rückstellungsbetrags nach neuem Recht.

In der Variante 1 wird zum 31.12.2014 die 1/15-Anpassung „unbeirrt" weitergerechnet (20) und demgegenüber die Rückstellung mit der „regulären" Wertveränderung aufgelöst.

In der Variante 2 wird die „reguläre" Wertminderung nicht berücksichtigt (2a) oder in einer Bruttobetrachtung als eine Art „Sondertilgung" des Unterschiedsbetrags „missbraucht".[2]

1 Nach *Lüdenbach/Hoffmann*, StuB 2009 S. 296.

2 *Rimmelspacher/Fey*, WPg 2012 S. 423; dort auch verschiedene Lösungsmodelle für eine reguläre Minderung des Rückstellungswerts.

Für die Variante 2 spricht das Auflösungsverbot des § 249 Abs. 3 Satz 2 HGB.[1] Für die Variante 1 sprechen zwei Argumente:

1. Bei dem eben genannten Auflösungsverbot handelt es sich um eine **Ansatz**vorschrift, die Übergangsregelung betrifft die **Bewertung.**
2. Die Zwangsinanspruchnahme widerspricht der „Idee" der **möglichen Verteilung** des Unterschiedsbetrags auf 15 Jahre.

Wir halten beide Varianten für zulässig.[2] Freiwillig kann im Jahr 2014 (wie im Jahr 2012) der Unterschiedsbetrag aus der Umstellung mit mehr als 1/15 zugeführt werden.

Der „Fehlbetrag" ist im **Anhang** gem. Art. 67 Abs. 2 EGHGB zu nennen (→Rz. 12). Zum Beibehaltungswahlrecht vgl. →Rz. 11.

Ein Sonderproblem des Übergangsverfahrens kann sich bei **Übernahme** der Pensionsverpflichtung durch ein anderes Unternehmen ergeben (→ § 249 Rz. 134). Die damit verbundene **Ausgleichszahlung** dürfte i. d. R. den (teilweise aufgeschobenen) passivierten Betrag übersteigen.[3] Im Rechenbeispiel unter →Rz. 5 beträgt die angemessene Vergütung für die Übernahme der Pensionslast per 31.12.12 1.435, der Buchwert der Pensionsverpflichtung aber nur 1.275. Der Unterschiedsbetrag von 160 stellt eine stille Last dar, die durch die Zahlung realisiert wird. Ein Ausweis als außerordentlicher Aufwand nach Art. 67 Abs. 7 EGHGB kommt nicht in Betracht, weil der Aufwand nicht dem Übergangsverfahren entspringt (→Rz. 46). 6

Bei einer **Teil**übernahme der Pensionsverpflichtung ist die in Nutzung des Übergangsrechts bilanzierte Rückstellung und nicht der ohne Rücksicht auf das Übergangsrecht in einer Nebenrechnung ermittelte höhere Wert anteilig erfolgswirksam auszubuchen:[4]

BEISPIEL

Pension 1. 1. 2009 (HGB a. F.)	**200**	**200**
Pension 1. 1. 2009 (BilMoG)	**260**	
Anzusammelnder Betrag	**60**	
Davon 1/15		**4**
Normale Zuführung für 2010		**10**
Pension 31. 12. 2010		**214**

Zum 1.1.2011 gehen die Verpflichtungen für 1/2 der Berechtigten nach § 613a BGB auf ein anderes Unternehmen über. Im verbleibenden Verpflichtungsbestand sind Zuführungen von 5 erforderlich. Drei Varianten für die Ermittlung der Rückstellung sind denkbar:

- Variante 1: 1/2 des nach BilMoG (ohne Übergangsvorschriften) zu berechneten RSt-Werts 31.12.10 wird erfolgswirksam aufgelöst.
- Variante 2: Nur 1/2 der per 31.12.10 bilanzierten Rückstellung wird aufgelöst.
- Variante 3: wie Variante 2, jedoch Minderung des Ansammlungsbetrags um 1/2.

	Variante 1	**Variante 2**	**Variante 3**
Pension 31. 12. 2010	**214**	**214**	**214**
Abgang	**-135**	**-107**	**-107**
Pension 1. 1. 2011	**79**	**107**	**107**
Normale Zuführung für 2011	**5**	**5**	**5**
Ansammlung 1/15	**4**	**4**	**2**
Pension 31. 12. 2011	**167**	**223**	**221**

1 Dafür *Rhiel/Veit,* DB 2008 S. 1513; nunmehr wie hier *Rhiel/Veit,* PiR 2009 S. 167; *Thaut,* WPg 2009 S. 725.

2 Ähnlich *Fey/Ries/Lewe,* BB 2012 S. 824; *Müller/Kreipl* stellen drei Bilanzierungskonzepte vor: WPg 2012 S. 1029.

3 So im Fall des BFH-Urteils v. 26.4.2012 – IV R 43/09, DStR 2012 S. 1128, mit Anm. *Hoffmann.*

4 So *Fey/Ries/Lewe,* BB 2012 S. 825.

Variante 1 ist u. E. unzulässig, da sie für die Ermittlung des Abgangserfolgs auf einen fiktiven, tatsächlich nicht bilanzierten Wert zurückgreift. Von den beiden verbleibenden Varianten ist u. E. Variante 3 vorzuziehen,[1] da hier nicht mehr eine normale Veränderung der Mengenparameter nach Erstanwendung des BilMoG, sondern eine außerordentliche Änderung vorliegt.

7 Der Fehlbetrag gem. → Rz. 5 gesellt sich zu den aus BiRiLiG-Zeiten überkommenen Ansatzwahlrechten für sog. **Altzusagen** und **indirekte Verpflichtungen** nach Art. 28 Abs. 1 EGHGB (→ § 249 Rz. 116), ebenfalls mit Angabeverpflichtung im Anhang (→ Rz. 12 sowie → § 284 Rz. 37). Nach Schrifttumsauffassung[2] können diese Fehlbeträge in die Übergangsregelung zum BilMoG nach Abs. 1 Satz 1 integriert werden. Unseres Erachtens ist dies im Hinblick auf die klare gesetzliche Differenzierung beider Fehlbeträge nicht möglich. Vor allem aber kommt diese Vermischung von Fehlbeträgen aus systematischer Sicht nicht in Betracht: Art. 67 Abs. 1 EGHGB befasst sich nur mit der **Bewertung,** bei den Altzusagen und deren Nichtbilanzierung ist dagegen ein Nicht**ansatz** gegeben, der folgerichtig in Art. 28 Abs. 2 EGHGB gesondert als Anhangbestandteil behandelt wird. Andererseits ist die „Nachholung" des Fehlbetrags alten Rechts dann möglich, wenn eine Begründung für die Abweichung vom Stetigkeitsgebot nach § 246 Abs. 3 HGB gefunden wird, was regelmäßig kein unüberwindbares Hindernis bereitet (→ § 246 Rz. 342) und vom IDW bestätigt wird (→ Rz. 10).

8 Das Ansatzwahlrecht für **Altzusagen** und **indirekte Verpflichtungen** (→ § 249 Rz. 128) kann nach altem Recht (voll) ausgeübt worden sein. Durch den Übergang auf das neue Recht lebt dieses Wahlrecht nicht (negativ) im Sinne der Auflösung eines zuvor wahlweise vorgenommenen Bilanzansatzes wieder auf (→ § 249 Rz. 216).[3] Die „Mechanik" der Unterschiedsbetragsermittlung und der entsprechenden Handhabung nach neuem Recht (→ Rz. 5) gilt in diesen Fällen entsprechend.

9 Pensionsrückstellungen sind mit ggf. vorhandenem **Deckungsvermögen** zu saldieren (→ § 246 Rz. 395). Der Zuführungsbetrag im Übergangsverfahren (→ Rz. 5) ist dann auf den **Saldo** zwischen den beiden Wertansätzen zu begrenzen.[4]

BEISPIEL

Unterschiedsbetrag für die Pensionsverpflichtung im Beispiel unter → Rz. 5		345
Deckungsvermögen in der HB zum 31.12.2009	200	
Deckungsvermögen zum Zeitwert am 1.1.2010	280	80*)
Zu verteilender Unterschiedsbetrag (→ Rz. 5)		**265**
*) = unrealisierter Ertrag aus Höherbewertung.		

10 Ein Unternehmen kann sich im Übergangsjahr zur BilMoG-Bilanzierung für die Wahlrechtsausübung entscheiden und ist dabei nicht an das zuvor nicht bestehende Gebot der **Ansatzstetigkeit** (→ § 246 Rz. 402) gebunden. Da unverändert das Ansatz**wahlrecht** für Altzusagen und indirekte Verpflichtungen aus Altersversorgung von Mitarbeitern gilt (→ § 249 Rz. 128), ist auch ein **Teil**ansatz der **Sache** nach (z. B. für einen Durchführungsweg der indirekten Verpflichtung)

1 Anderer Auffassung wohl *Fey/Ries/Lewe*, BB 2012 S. 825, die zwar ebenfalls Variante 1 ablehnen, aber Variante 3 nicht diskutieren.
2 Vgl. *Kirsch*, DStR 2009 S. 1051.
3 So auch *Fey/Ries/Lewe*, BB 2010 S. 1012.
4 IDW RS HFA 28 Tz. 48; so auch *Bertram* in Haufe HGB Bilanz Kommentar, 2. Aufl. 2010, § 249 Rz. 334.

oder der **Höhe** nach zulässig. Früher nicht angesetzte Beträge sind also nicht zwingend nachzuholen.[1] Auch in Folgejahren – außerhalb der BilMoG-Übergangsregeln – ist eine Nachholung bislang nicht angesetzter Beträge möglich, weil die Ausnahme vom Stetigkeitsgrundsatz (→ § 246 Rz. 403)[2] immer durch die Verbesserung des Einblicks (u. a.) in die Vermögenslage gerechtfertigt sein soll.[3] In der umgekehrten Richtung (Auflösung) gilt dies gerade nicht.

2. Alle Verbindlichkeitsrückstellungen (Abs. 1 Satz 2 bis 4)

Eine anders konzipierte Übergangslösung ist in Abs. 1 Satz 2 bis 4 für den – eher seltenen – Fall einer **niedrigeren** Rückstellungsbewertung im ersten Anwendungsjahr des neuen Rechts (regelmäßig 2010) gegenüber dem bisherigen Ausweis vorgesehen. Betroffen sind nicht nur **Pensions**rückstellungen, sondern auch **sonstige** Verbindlichkeitsrückstellungen. Dabei stellt das Gesetz zwei Varianten zur Verfügung: 11

- **Beibehaltung** des bisherigen gesamthaft zu beurteilenden Bilanzpostens – keine Auflösung –, sofern der „an sich" aufzulösende Betrag bis spätestens zum 31.12.2024 wieder zugeführt werden müsste – eine bemerkenswerte Dauer einer Zukunftsvision, die einem faktischen Beibehaltungswahlrecht gleichkommt. Der Überdeckungsbetrag ist nach Satz 4 im **Anhang** gem. Abs. 1 Satz 4 (→ § 284 Rz. 37) anzugeben.
- **Unmittelbare** Einstellung in die **Gewinnrücklage,** d. h. als Einmalvorgang im Übergangsjahr auf die Bilanzierung nach BilMoG.[4]

Dieses Wahlrecht betrifft nur die **Bewertung,** und zwar für jeden Bilanzposten einzeln.[5] Dazu wird eine detaillierte Berechnung zum jeweiligen Bilanzstichtag in Form einer Nebenrechnung vorgeschlagen,[6] um die Berechtigung zur Weiterführung des Rückstellungswerts zum 31.12.2009 nachzuprüfen. Dieser Wert ist mit den ursprünglichen Parametern (keine geänderten Kostenverhältnisse, gleicher Abzinsungssatz) zu ermitteln. Liegt der so errechnete Rückstellungswert nach BilMoG insgesamt über dem Beibehaltungswert, muss eine erfolgswirksame Zuführung erfolgen. Im umgekehrten Fall ist zu prüfen, ob später wieder der (ursprüngliche) Beibehaltungswert erreicht wird; dann darf der ursprüngliche Wert beibehalten werden; sonst – wenn der Beibehaltungswert nicht mehr erreicht wird – ist eine erfolgswirksame Auflösung am betreffenden Stichtag vorzunehmen. Die Ergebnisausweise sind nicht als außerordentliche (→ Rz. 44) vorzunehmen.[7] Aus praktischer Sicht werden für die erforderlichen Berechnungen zukunftsorientierte Parameter benötigt, die ein hohes Schätzungsvolumen mit sich bringen. An die Genauigkeit der Berechnungen dürfen deshalb keine allzu hohen Anforderungen gestellt werden. In seltenen Fällen kann auch eine Überdeckung der **Pensionsverpflichtungen** nach neuem (BilMoG-)Recht vorliegen. Dann kommt u. E. sinnvollerweise keine Einzelbetrachtung jeder Verpflichtung in Betracht, sondern nur die Gesamtsicht der Verpflichtungen aus der Altersversorgung am Bilanzstichtag, die mit dem mutmaßlichen Wert zum 31.12.024 verglichen werden muss. Dabei sind auch zu erwartende Zusagen bis 2024 (!) in das Kalkül

1 So auch *Fey/Ries/Lewe*, BB 2010 S. 1013.
2 IDW RS HFA 30 Tz. 80.
3 IDW RS HFA 38 Tz. 15.
4 IDW RS HFA 28 Tz. 39.
5 So wohl auch IDW RS HFA 28 Tz. 38: „Einzelbewertungsgrundsatz ist zu beachten".
6 Vgl. *Rimmelspacher/Fey*, WPg 2012 S. 424.
7 Vgl. *Melcher/David/Skowronek*, KoR 2011 S. 383.

einzubeziehen.[1] Nur in **Ausnahmefällen** einer grundlegenden Umstellung des Versorgungswerks wird sich dann ein Auflösungs**zwang** zum aktuellen Stichtag ergeben.

Bei Ansammlungsrückstellungen (→ § 253 Rz. 73) ist der auf den 31.12.2024 fortgeschriebene Wert als Vergleichsmaßstab heranzuziehen.[2]

III. Fehlbetragsangabe für Pensionsverpflichtungen (Abs. 2)

12 Für Kapitalgesellschaften, Kreditinstitute und andere zur Erstellung eines Anhangs verpflichtete Unternehmen schreibt Abs. 2 die **Angabe** des noch nicht zugeführten Unterschiedsbetrags aus der Neubewertung der Pensionsverpflichtungen (→ Rz. 3) vor (→ § 284 Rz. 37).

IV. Nach BilMoG unzulässig gewordene Bilanzansätze (Abs. 3)

1. Anwendungsbereich: Aufwandsrückstellungen, Sonderposten

13 Folgende Bilanzposten, die durch das BilMoG ihre Berechtigung verloren haben, können nach Abs. 3 weitergeführt werden, soweit die **bisherigen Tatbestandsvoraussetzungen** vorliegen:

- **Aufwands**rückstellungen nach § 249 Abs. 1 Satz 3 und Abs. 2 HGB a. F.,
- steuerliche **Sonderposten** mit Rücklagenanteil nach §§ 247 Abs. 3, 273 HGB a. F. (→ Rz. 19),
- **Rechnungsabgrenzungsposten** nach § 250 Abs. 1 Satz 2 HGB a. F. (ohne nennenswerten Anwendungsbereich, deshalb hier nicht weiter kommentiert).

14 Für diese Bilanzposten alten Rechts, die nach Inkrafttreten des BilMoG am 29.5.2009 nicht mehr gebildet werden dürfen[3], stellt Abs. 3 zwei Behandlungs**alternativen** für den Stichtag des Übergangs auf die BilMoG-Bilanzierung zur Verfügung:

1. **Weiterführung** nach Maßgabe des alten Rechts (→ Rz. 17);
2. erfolgsneutrale **Auflösung** unter unmittelbarer Einstellung in die Gewinnrücklagen (→ Rz. 20).

15 Diese Wahlrechte dürfen nur **einmalig** im erstmaligen Jahresabschluss nach neuem (BilMoG-)Recht ausgeübt werden.

16 Fraglich ist, ob bei der Wahlrechtsausübung eine **Gesamtbetrachtung** möglich oder geboten ist, und zwar

- für **alle** in Abs. 3 aufgeführten Bilanzposten gemeinsam (ggf. im konkreten Fall vorhanden) oder
- **innerhalb** des ausgewiesenen Bilanzpostens die jeweiligen Inhalte.

Unseres Erachtens folgt aus dem **Gesetzeswortlaut**, der von „Posten" spricht,[4] und aus der **Sonder**vorschrift für die Aufwandsrückstellungen (→ Rz. 21) mit der dort erlaubten „Teilung" im **Umkehrschluss:**

1 IDW RS HFA 28 Tz. 46.
2 IDW RS HFA 28 Tz. 36.
3 Teilweise a. A. und differenzierend *Hennrichs*, Ubg 2009 S. 534: Kapital- und „Kap. & Co."-Gesellschaften nicht mehr für Zugänge im Jahr 2009 insgesamt, für die restlichen Unternehmen ab 2010.
4 Vgl. *Gelhausen/Fey/Kirsch*, WPg 2010 S. 27.

- Die steuerlichen Sonderposten können **unabhängig** von den Aufwandsrückstellungen weitergeführt oder aufgelöst werden; es besteht also keine Sippenhaft zwischen den in Abs. 3 genannten Paragraphen alten Rechts (→ Rz. 13).
- **Innerhalb** des (steuerlichen) Sonderpostens mit Rücklagenanteil nach §§ 247 Abs. 3, 273 HGB a. F. kann nicht differenziert werden, d. h., **alle** 6b-Rücklagen und Ersatzbeschaffungsrücklagen etc. sind insgesamt entweder aufzulösen oder weiterzuführen (vgl. aber → Rz. 21); nicht dagegen ist eine einzelfallbezogene Vorgehensweise (z. B. 6b-Rücklage für Grundstück A auflösen, für Grundstück B nicht) zulässig.[1]
- Bei den **Aufwandsrückstellungen** bedarf es einer Interpretation von „teilweise" (→ Rz. 21).

2. Das Beibehaltungswahlrecht

Das **Beibehaltungswahlrecht** gilt nur insoweit, als die **Tatbestandsvoraussetzungen** nach altem Recht gegeben sind. 17

BEISPIEL ► Die Wohnbauvermietungs-GmbH W erneuert planmäßig alle zwölf Jahre den Fassadenanstrich eines Wohnblocks. Für den Block 4711 hat der Turnus am 1.1.2006 begonnen; deshalb werden ab diesem Zeitpunkt jeweils 1/12 der geschätzten Kosten von 1.200 = 100 der Aufwandsrückstellung nach § 249 Abs. 2 HGB a. F. zugeführt, der Bilanzausweis am 31.12.2009 ist somit 400.

W kann diesen Betrag bis zum 31.12.2017 bilanziell weiterführen, eine weitere Ansammlung ist dagegen nicht möglich, da das Gesetz von „Beibehaltung" eines Bilanzpostens spricht.[2] Bei Durchführung des geplanten Fassadenanstrichs im Jahr 2017 ist der Gesamtaufwand von 1.200 zunächst mit dem fortgeführten Wert von 400 zu verrechnen (die Rückstellung wird „verbraucht", nicht aufgelöst) und der Aufwand mit dem Restbetrag von 800 zu belasten.

Sollte die Fassadenrenovierung erst 2020 erfolgen, kann der Bilanzausweis von 400 auch bis dahin weitergeführt werden. Wird dagegen die Renovierung z. B. wegen eines Verkaufs des Wohnblocks in 2013 abgeblasen, ist die Rückstellung zu diesem Zeitpunkt nach § 249 Abs. 3 Satz 2 HGB a. F. gewinnerhöhend aufzulösen.

Die Lösung der letzten Fallvariante beruht auf der Gesetzesvorgabe in Abs. 3 Satz 1: „unter Anwendung der für sie geltenden Vorschriften" (nach altem Recht).[3] Deshalb kommt auch eine Abzinsung nach § 253 Abs. 2 Satz 1 HGB (→ § 253 Rz. 109 ff.) nicht in Betracht, ebenso wenig die Bewertung mit dem Erfüllungsbetrag nach § 253 Abs. 1 Satz 2 HGB (→ § 253 Rz. 55 f.).[4]

Für die (früheren) **Sonderposten** mit **Rücklagenanteil** oder die **steuerlichen Sonderabschreibungen** gilt die Fortführungsmöglichkeit[5] im BilMoG-Anwendungsbereich ebenso wie für die **Aufwandsrückstellungen** (→ Rz. 17) – zumindest nach der Gesetzesintention. 18

BEISPIEL ► Die U-GmbH hat das betrieblich genutzte Grundstück in der Innenstadt 2007 verkauft und den erzielten Buchgewinn steuerlich durch eine 6b-Rücklage neutralisiert, die handelsbilanziell zur Bildung des Sonderpostens nach § 273 HGB a. F. führte.

- U will 2011 den Gewinn auf ein dann zu erwerbendes Ersatzgrundstück übertragen. Der Sonderposten alten Rechts kann nach der bis zum Inkrafttreten des BilMoG gültigen Fassung des HGB weitergeführt und dann auf die Anschaffungskosten des neuen Grundstücks übertragen werden.

1 So auch IDW RS HFA 28 Tz. 14; *Hennrichs*, Ubg 2009 S. 534.
2 IDW RS HFA 28 Tz. 17.
3 IDW RS HFA 28 Tz. 17.
4 IDW RS HFA 28 Tz. 17.
5 IDW HFA 28 Tz. 3 unter Hinweis auf Abs. 3 Satz 1 und Abs. 4 Satz 1.

Buchungen: per außerplanmäßige Abschreibung an Grundstück sowie per Sonderposten an Ertrag aus Auflösung des Sonderpostens. Die dadurch geminderten Anschaffungskosten stellen die neue Basis (→ § 253 Rz. 156) für die planmäßigen Abschreibungen dar.[1]

ALTERNATIVE Die Absicht des Neuerwerbs zerschlägt sich. Spätestens zum 31.12.2013 (Bilanzstichtag) ist der Sonderposten alten Rechts gewinnerhöhend aufzulösen. Die unmittelbare Einstellung in die Gewinnrücklage nach Abs. 3 Satz 2 (→ Rz. 20) kommt nicht (mehr) in Betracht.

Für die Beibehaltungsperiode gilt die Gesetzeslage **vor** BilMoG. Deshalb ist die Anhangangabe nach § 273 Satz 2 Halbsatz 2 HGB a. F. zu beachten. Die Übertragung von steuerlichen Sonderposten auf Ersatzanschaffungen im BilMoG-Anwendungsbereich ist zwar im Gesetzestext nicht angesprochen, doch spricht der **Sinngehalt** dafür. Die alte Rechtslage soll konserviert werden, solange die dafür einschlägigen Sachverhaltsmerkmale gegeben sind. Dazu gehört auch die Ersatzbeschaffung[2] als letzte Funktion des Sonderpostens. Dieser dient funktionell als Platzhalter für eine Sonderabschreibung nach §§ 254, 279 Abs. 2 HGB a. F. und führt dadurch Veräußerungsgewinn und die diese neutralisierende Sonderabschreibung zeitlich zusammen. Sonderabschreibungen dürfen uneingeschränkt weitergeführt werden (→ Rz. 28). Entsprechendes muss für die „Vorstufe" der Sonderabschreibung – den Sonderposten – gelten.

19 Für die **Bildung** von Sonderposten mit Rücklagenanteil gilt folgende **Zeitschiene:**[3]

- „Normale" **Personenhandelsgesellschaften** (keine „Kap. & Co."-Gesellschaften i. S. des § 264a HGB) und Einzelkaufleute dürfen Sonderposten nach §§ 247 Abs. 3, 254 Satz 1 HGB a. F. in Geschäftsjahren, die vor dem 1.1.2010 beginnen, neu vornehmen, da sie nicht der umgekehrten Maßgeblichkeit unterliegen.
- **Kapital-** und **„Kap. & Co."**-Gesellschaften dürfen die genannten Sonderposten letztmals in einem vor dem 29.5.2008 begonnenen Geschäftsjahr neu bilden.

3. Das Auflösungswahlrecht

20 Die in → Rz. 13 genannten Bilanzposten können anstatt weitergeführt (→ Rz. 14) auch **erfolgsneutral** in die (anderen) **Gewinnrücklagen** (→ § 272 Rz. 91) umgebucht („eingestellt") werden. Die Möglichkeit ist zeitlich auf den Bilanzstichtag des **Übergangsjahrs** (Erstanwendungszeitpunkt) und der Höhe nach auf die bis dahin nach HGB a. F. zugeführten Beträge beschränkt (→ Rz. 13 und Ausnahme → Rz. 23). Es wird jedoch auch ein **nachträglicher** Übergang auf das BilMoG und dessen Bewertungsvorgaben für zulässig erachtet, allerdings erfolgswirksam[4] und im außerordentlichen Ergebnis (→ Rz. 44).[5] Davon unberührt bleibt die Weiterführung der Sonderposten in der **Steuerbilanz.**[6] Bei einer ausnahmsweise gebotenen Verrechnung sind neben den Gewinnrücklagen auch die Kapitalrücklagen und letztlich der Bilanzverlust heranzuziehen.[7]

---

1 Vgl. *Petersen/Zwirner/Künkele*, Beilage 4 zu DB 2010.

2 Anderer Auffassung *Kirsch*, DStR 2009 S. 1052, da §§ 254, 279 Abs. 2 HGB a. F. nicht mehr gültig seien. Dem folgend *Zwirner/Künkele*, DB 2009 S. 1084.

3 IDW RS HFA 28 Tz. 3.

4 IDW RS HFA 28 Tz. 12.

5 Vgl. *Rimmelspacher/Fey*, WPg 2012 S. 428 („sachgerecht").

6 Vgl. *Hennrichs*, Ubg 2009 S. 534.

7 IDW RS HFA 28 Tz. 7.

Diese Regelung – Gewinnrücklagendotierung – ist förmlich auf Kapital- und „Kap. & Co."-Gesellschaften gemünzt. Die (übrigen) **Personenunternehmen** kennen diesen Bilanzposten nicht. Der **Einzelkaufmann** muss anstatt der Gewinnrücklage das Eigenkapital anbuchen. Bei „normalen" **Personenhandelsgesellschaften** kommt die Einstellung in eine Gewinnrücklage bei entsprechender gesellschaftsvertraglicher Grundlage oder aufgrund eines Mehrheitsbeschlusses der Gesellschafter in Betracht. Möglich ist auch eine Kapitalerhöhung durch Einbuchung in das sog. Festkapital (→ § 246 Rz. 163)[1] nach Maßgabe des Gewinnverteilungsschlüssels. Es bedarf diesbezüglich jedenfalls eines Gesellschafterbeschlusses, der sinnvollerweise im Rahmen der Feststellung des Jahresabschlusses (→ § 255 Rz. 177) gefasst wird.

Zur (regelmäßigen) **buchtechnischen** Behandlung der Einstellung in die Gewinnrücklagen wird auf → § 268 Rz. 58 verwiesen. Dabei ist die (unmittelbare) Einstellung in Gewinnrücklagen ausnahmsweise nicht in der Ergebnisverwendungsrechnung zu zeigen, wohl aber die gleichzeitig als erlaubt erachtete[2] Auflösung zugunsten des Bilanzgewinns bzw. -verlusts.

4. Sonderprobleme der Aufwandsrückstellungen

4.1 Teilweise Beibehaltung

Im Gegensatz zu den steuerlichen Sonderposten alten Rechts (vor BilMoG) kann das Wahlrecht zur Fortführung nach BilMoG nicht mehr zulässiger Bilanzposten für Aufwandsrückstellungen **„teilweise"** ausgeübt werden. Die Gesetzesintention hierfür ist nicht recht ersichtlich; jedenfalls werden bilanzpolitische Gestaltungsmöglichkeiten eröffnet. Aus dem Gesetzestext und den Begründungen zum BilMoG-RegE und des Rechtsausschusses ergeben sich keine Anhaltspunkte für die Auslegung. Da der „Teil" eine mathematische Größe darstellt, könnte eine entsprechend zu definierende Teilmenge der Aufwandsrückstellungen in Betracht kommen, z. B. 50 % oder 42,5 % des Gesamtbestands am Bilanzstichtag des Übergangs auf die BilMoG-Bilanzierung. Im Beispiel unter → Rz. 17 wären dann etwa 50 % von 400 in die Gewinnrücklage einzustellen. 21

Eine solche mathematische Bestimmung des „Teils" erscheint uns nicht als sinnvolle Gesetzesauslegung. Diese müsste sich eher **qualitativ** orientieren, also die Aufwandsrückstellungen nach Tatbeständen[3] sortieren und daraus eine **Gruppierung** vornehmen, z. B. 22

- Verteilung von unregelmäßig anfallendem Aufwand (Beispiel unter → Rz. 17 oder D-Check beim Flugzeug),
- unterlassene Reparatur (Beispiel unter → § 249 Rz. 211 ff. mit Nachholung im Juni 02 nach dem Bilanzstichtag 31.12.01) sowie
- Umzugskosten, die in zwei Jahren nach dem Stichtag vermutlich anfallen werden.

Eine i. S. der Objektivierung sinnvolle Entscheidung könnte dann lauten:

- Ansammlungsrückstellungen zur periodengerechten Aufwandszuordnung (→ Rz. 17) werden rückblickend nach der Vorgehensweise „vor BilMoG" behandelt: Wenn der Reparaturaufwand für Wohnblock A nach der damaligen Entscheidung auch bei allen anderen

1 IDW/FN 5/2010 S. 211 (Arbeitskreis „Personengesellschaften").

2 IDW RS HFA 28 Tz. 21.

3 IDW RS HFA 28 Tz. 14 spricht von „sachverhaltsbezogen", was als erlaubtes *cherry picking* verstanden werden kann. *Petersen/Zwirner/Künkele* fordern diesbezüglich eine Beschränkung durch die „zu fordernde Willkürfreiheit". Fraglich ist aber der Beginn von Willkür. Eine mathematische Teilung lehnen sie wie hier ab (Beilage 4 zu DB 2010 S. 7).

Wohnblocks angesammelt wurde, ist die Entscheidung zwischen Auflösung oder Beibehaltung einheitlich für **alle** Wohnblocks zutreffend; umgekehrt bei früherer selektiver Vorgehensweise: Dann ist auch die Entscheidung im Übergangsverfahren **einzelfall**bezogen zutreffend.

- Ebenso die unterlassene Instandsetzung, die in vergleichbaren Fällen künftig innerhalb der Dreimonatsfrist erledigt werden soll (→ § 249 Rz. 211).
- Umzugskosten fallen, wenn überhaupt, nur selten an, deshalb Auflösung am Übergangs-Bilanzstichtag.

4.2 Erfolgswirksame Auflösung

23 Gemäß Abs. 3 Satz 2 Halbsatz 2 können bei Ausübung des Auflösungswahlrechts (→ Rz. 20) Rückstellungen insoweit nicht erfolgsneutral in die Gewinnrücklagen eingestellt werden, als sie auf Zuführungen im letzten vor dem 1.1.2010 beginnenden Geschäftsjahr beruhen.

BEISPIEL (Fortsetzung aus → Rz. 17)

Zwischen 2006 und 2009 ist der Rückstellung für Ende 2017 erwartete Instandhaltungskosten von 1.200 jährlich ein Betrag von 100 zugeführt worden. Per 31.12.2009 beträgt die Rückstellung 400, hiervon 300 aus Ansammlung in den Jahren 2006 bis 2008, 100 aus Zuführung im Jahr 2009.

Bei Auflösung im Jahr 2010 sind 300 unmittelbar in die Gewinnrücklagen einzustellen, 100 hingegen ertragswirksam zu buchen.

Sofern die **Weiterführungsoption** für den betreffenden Bilanzposten gewählt wird (im Beispiel unter → Rz. 17), ist diese spezielle Anwendungsvorschrift gegenstandslos. Das folgt aus dem grammatikalischen Zusammenhang der Regeln: „Dies gilt nicht" bezieht sich auf die vorher genannte Regelung, nämlich „Einstellung in Gewinnrücklagen". Die Begründung des Rechtsausschusses zum BilMoG spricht missverständlich von nicht möglichem „Beibehaltungswahlrecht" (→ Rz. 20) für diese Rücklagendotierungen.

24 Fraglich ist, ob beim **vorzeitigen** Übergang auf die BilMoG-Rechnungslegung nach Art. 66 Abs. 3 Satz 6 EGHGB die **Zeitschiene** für diese Sonderregelung um ein Jahr nach vorne zu verschieben ist. Unseres Erachtens ist dies i. S. einer geltungserhaltenden Interpretation der Fall, weil sonst die Gesetzesvorgabe (beim Bilanzerstellungstermin 31.3.2009) ohne Anwendungsbereich bliebe. Ein weiteres Argument „dafür" liegt in der Gleichbehandlung des Übergangsverfahrens, unabhängig vom gewählten Zeitpunkt.

V. Nach BilMoG unzulässig gewordene Bewertungen (Abs. 4)

1. Anwendungsbereich

25 In Abs. 4 erfahren verschiedene Bewertungswahlrechte, die nach Inkrafttreten des BilMoG nicht mehr zulässig sind, eine Übergangsregelung, die konzeptionell derjenigen in Abs. 3 für vergleichbare Bilanzansätze entspricht. **Tatbestandlich** geht es um folgende Wahlrechte:

- verlustantizipierende Abschreibungen auf Vorräte wegen bevorstehender **Wertschwankungen** nach § 253 Abs. 3 Satz 3 HGB a. F.,
- sog. **Willkürabschreibungen** nach § 253 Abs. 4 HGB a. F. sowie
- **steuerliche** Sonderabschreibungen nach §§ 254, 279 Abs. 2 HGB a. F.

Die beiden erstgenannten Bewertungswahlrechte sind mangels steuerlicher Anerkennung von höchst geringer praktischer Bedeutung. Im Mittelpunkt des Interesses stehen die steuerlichen **Sonderabschreibungen** im dritten Aufzählungspunkt. Auf diese ist deshalb die nachfolgende Kommentierung ausgerichtet. Zum nicht abgestimmten Übergangszeitpunkt für die Handelsbilanz und die Abschaffung der umgekehrten Maßgeblichkeit vgl. → § 252 Rz. 289.

Fraglich ist der Begriffsinhalt von steuerlichen **Sonderabschreibungen:** Umfasst er

- nur die **förmlichen** Subventionsregeln (z. B. nach § 6b EStG)
- oder auch **faktische** Steuervergünstigungen, z. B. steuerliche Nutzungsdauer für Energieversorgungsnetze von 15 Jahren bei tatsächlicher Nutzung von 35 bis 50 Jahren?

Im letztgenannten Fall ist weiter die Ausprägung des **Beibehaltungswahlrechts** zu definieren:

- Ist die Restnutzungsdauer nach bisherigem Plan unverändert weiterzuführen
- oder an die tatsächlichen Verhältnisse anzupassen?

Das Gesetz spricht vom „Fortführen" der niedrigeren Wertansätze. Eine mögliche Lesart dieser Klausel, die von uns favorisiert wird, umfasst (auch) den bisherigen Abschreibungsplan nach Maßgabe der bislang zugrunde gelegten Nutzungsdauer.

2. Die Wahlrechte

Die identische Konzeption des Abs. 4 mit derjenigen des Abs. 3 erlaubt statt einer eigenständigen Kommentierung weitgehend einen Verweis: 26

Wahlrecht zur Weiterführung des niedrigeren (abgeschriebenen) Wertansatzes oder erfolgsneutrale Einstellung des Zuschreibungsgewinns in die Gewinnrücklagen	→ Rz. 14
Einmalige Ausübung dieses Wahlrechts am Bilanzstichtag der erstmaligen Bilanzierung nach BilMoG	→ Rz. 15
Unklarheit über das Erfordernis und den Inhalt einer **Gesamtbetrachtung**	→ Rz. 16; vgl. hierzu weiter → Rz. 27
Inhalt des **Beibehaltungswahlrechts**	→ Rz. 17 f.
Ausnahmsweise erfolgswirksame Zuschreibung bei Abschreibung im letzten Geschäftsjahr vor BilMoG	→ Rz. 23 f.

Das Thema der **Gesamtbetrachtung** (→ Rz. 16) ist in Abs. 4 aus praktischer Sicht ohne nennenswerte Problematik, da die beiden erstgenannten Wahlrechte in → Rz. 25 kaum ausgeübt worden sind. Jedenfalls ist u. E. eine getrennte Betrachtung der drei in → Rz. 25 aufgeführten Sachverhalte geboten – ähnlich der Auslegung zu Abs. 3 (→ Rz. 16). 27

Bei Ausübung des **Fortsetzungswahlrechts** – d. h. Beibehaltung der **steuerlichen Sonderabschreibungen,** z. B. nach §§ 254, 279 Abs. 2 HGB a. F. i. V. mit § 6b EStG – gilt insoweit die Rechtslage **vor** BilMoG weiter.[1] Deshalb ist die **Anhangangabe** nach § 285 Nr. 5 Halbsatz 2 HGB a. F. beachtlich: Das Ausmaß erheblicher (steuerlicher) Belastungen in der Zukunft ist darzulegen. Eine passive **Steuerlatenz** kann hier mangels Buchwertunterschieds (→ § 274 Rz. 24) nicht vorliegen. 28

Diese Sonderabschreibungen können bis zum **Abgang** des Vermögensgegenstands – regelmäßig ein Grundstück – beibehalten werden. Möglich ist auch eine (erfolgswirksame) Auflösung nach dem Übergangszeitpunkt (→ Rz. 44). Die Begründung für die dann gebotene An-

1 IDW RS HFA 28 Tz. 16.

hangangabe nach § 284 Abs. 2 Nr. 3 HGB (→ § 284 Rz. 57) lautet: „Zur Verbesserung des Einblicks in die Vermögenslage …" (→ Rz. 40).

29 Für die Darstellung etwaiger Umbewertungen im Anlagenspiegel (§ 268 Abs. 2 HGB) empfiehlt das IDW[1] eine gesonderte Spalte (z. B. „Anpassungen an das Bilanzrechtsmodernisierungsgesetz"), wobei zwischen erfolgswirksamen und erfolgsneutralen Anpassungen zu differenzieren ist. Dieser Empfehlung sollte u. E. mit Zurückhaltung entsprochen werden. Zugänge, Zuschreibungen und Abschreibungen nach den Übergangsregeln werden vom Gesetz nicht als Sonderposten des Anlagenyspiegels genannt. Die Kennzeichnung der Gegenbuchung ist dem Anlagenspiegel systemfremd und wird von den Übergangsregeln einzeln erfasst. Ggf. kommt in den vorhandenen Inhalten des Anlagespiegels ein Fußnotenhinweis („davon") in Betracht.

30 Das Wahlrecht der erfolgsneutralen Zuschreibung kann für Abschreibungen im letzten vor dem 1.1.2010 begonnenen Geschäftsjahr **nicht beansprucht** werden. Insoweit ist die spätere Zuschreibung erfolgswirksam vorzunehmen. Diese Regel entspricht derjenigen zu den Aufwandsrückstellungen (→ Rz. 23). Fraglich ist auch hier die Gesetzesanwendung beim vorzeitigen Übergang auf die BilMoG-Bilanzierung nach Art. 66 Abs. 3 Satz 6 EGHGB (→ Rz. 24). Unser dortiger Lösungsvorschlag gilt auch hier.

VI. Die Bilanzierungshilfe für Ingangsetzungskosten (Abs. 5 Satz 1)

31 In Abs. 3 und 4 sind erlaubte stille Reserven nach der Rechtslage vor Inkrafttreten des BilMoG behandelt worden. In Abs. 5 Satz 1 geht es um eine erlaubte **stille Last** für Ingangsetzungs- und Erweiterungskosten des Geschäftsbetriebs nach § 269 HGB a. F. Diese Bilanzierungshilfe **darf** weitergeführt werden.

Der Anwendungsbereich in der Bilanzierungspraxis war sehr beschränkt, da durch den gesonderten Ausweis ganz vorne auf der Aktivseite der bilanzgestaltende Hintergrund sofort für jedermann ersichtlich ist: „Die haben's nötig."

32 Bei Weiterführung des Postens sind die Folgeregeln zu beachten:[2]

- **Abschreibung** nach § 282 HGB a. F. auf vier Jahre, beginnend nach dem Zugangsjahr, sowie
- **Ausschüttungssperre** nach § 269 Satz 2 HGB a. F.

33 Bei Nichtausübung des Beibehaltungswahlrechts ist der Buchwert im Übergangszeitpunkt nach Abs. 7 als außerordentlicher Aufwand auszuweisen (→ Rz. 44).

VII. Beibehaltung der *Pooling-of-Interest*-Methode der Kapitalkonsolidierung (Abs. 5 Satz 2)

34 Die nach BilMoG nicht mehr zulässige Sonderform der Kapitalkonsolidierung nach der *Pooling-of-Interest*-Methode kann für Erwerbsvorgänge vor Einführung des BilMoG weitergeführt werden. Dabei ist die Angabepflicht nach § 302 Abs. 3 HGB a. F. zu erfüllen.

1 IDW RS HFA 28 Tz. 57.
2 IDW RS HFA 28 Tz. 20.

VIII. Latente Steuern (Abs. 6)

1. Konzeptionelle Grundlage

Die Steuerlatenzierung aus dem **Umstellungsvorgang** verläuft technisch unabhängig von der Ermittlung der bisher schon bestehenden Buchwertdifferenzen zwischen Handels- und Steuerbilanz, erfasst also lediglich die Anpassung handelsrechtlicher Wertansätze an die BilMoG-Regeln nach Maßgabe der Wertverhältnisse am (regelmäßig) 1.1.2010.[1] 35

BEISPIEL ► Die mittelgroße G-GmbH hat zum 31.12.2008 eine Rücklage für Ersatzbeschaffung in der Handels- und Steuerbilanz gebildet und löst diese in der Handelsbilanz zum 31.12.2010 unter Beibehaltung in der Steuerbilanz auf. In der Folge ergibt sich eine passive Latenz, die den Übergangsregeln in Abs. 6 unterliegt.

Das Ergebnis aus der Steuerlatenzrechnung ist regelmäßig **erfolgswirksam** darzustellen 36 (→ § 274 Rz. 75). Für den Übergang auf das BilMoG-Recht wird in Abs. 6 diese Regel gerade **umgedreht:** Die Aufwendungen und Erträge aus der Steuerlatenzierung sind „unmittelbar" mit der **Gewinnrücklage** zu verrechnen, also ergebnisneutral zu erfassen. Betroffen sind zwei unterschiedliche Sachverhalte:

1. Erstmalige Anwendung des *Temporary*-Konzepts (→ Rz. 38);
2. temporäre Differenzen, die durch **Übergang** auf die BilMoG-Regeln erfolgsneutral entstanden sind (→ Rz. 41).

Nicht in Abs. 6 angesprochen sind **andere** Inhalte des Übergangsverfahrens, die der allgemeinen Regel folgend und im Umkehrschluss zu den Vorgaben von Abs. 6 **erfolgswirksam** zu behandeln sind (→ Rz. 43).

Bei der Buchungsanweisung in Abs. 6 – erfolgsneutrale Behandlung – bleiben zwei Sachverhalte auf der **Rechtsfolgenseite** ungeklärt:

1. Wie ist zu buchen bei Unternehmen, die **keine Gewinnrücklage** kennen?[2] – Der Lösungsvorschlag ist unter → Rz. 20 dargestellt.
2. Wie ist zu buchen, wenn bei erforderlicher Sollbuchung (→ Rz. 39) **nicht genügend Volumen** an Gewinnrücklagen verfügbar ist? – Eine negative Gewinnrücklage kommt wohl nicht in Betracht, es bleibt dann nur die Einfügung eines negativen Sonderpostens im Eigenkapital[3] nach § 265 Abs. 5 Satz 2 HGB (→ § 265 Rz. 39).

Zu klären ist der Anwendungsbereich der in Abs. 6 Satz 1 und 2 HGB angesprochenen §§ 274, 37 306 HGB im Hinblick auf

- ► die **Befreiungsvorschrift** des § 274a Nr. 5 HGB für kleine Kapital- und „Kap. & Co."-Gesellschaften sowie auch Einzelkaufleute und „normale" Personenhandelsgesellschaften (→ § 274 Rz. 11);
- ► das **Ansatzwahlrecht** nach § 274 Abs. 1 Satz 2 HGB bei einem Aktivüberhang der Steuerlatenzen insgesamt (→ § 274 Rz. 57) einschließlich eines zu latenzierenden Verlustvortrags.

---

1 IDW RS HFA 28 Tz. 53.

2 Nach Auffassung des IDW RS HFA 7 Tz. 18 steht auch Einzelkaufleuten und „einfachen" Personenhandelsgesellschaften die Steuerlatenzrechnung offen (→ § 274 Rz. 2).

3 IDW RS HFA 28 Tz. 7; dort weitere Einzelheiten.

In beiden Fällen besteht keine Pflicht zur Steuerlatenzierung. Unterbleibt diese optional, ist eine Steuerlatenzrechnung im betreffenden Jahresabschluss nicht enthalten. Die Übergangsregelung in Abs. 6 hat insoweit **keinen Anwendungsbereich.** Wo es im Jahresabschluss keine Steuerlatenzposten gibt, bedarf es keiner Übergangsregelung. Ein solcher „Posten" kann im Anhang nicht enthalten sein. Deshalb entfällt auch eine Anhangerläuterung nach § 285 Nr. 29 HGB (→ § 285 Rz. 184).

2. Ergebniseffekte aus erstmaliger Anwendung des *Temporary*-Konzepts (Abs. 6 Satz 1)

38 Satz 1 vergleicht tatbestandlich die §§ 274, 306 HGB nach altem und neuem Recht (bezogen auf das BilMoG). Letzteres hat das bis dahin gültige *Timing-* durch das *Temporary*-Konzept der Steuerlatenzierung ersetzt (→ § 274 Rz. 14). Daraus könnte eine Art *„Fresh start"*-Konzept der Steuerlatenzrechnung abgeleitet werden: Zuvor gab es zwar auch die Steuerlatenzierung, durch das BilMoG ist aber eine neue Welt geschaffen worden. Dies bezieht sich u. a. auf die nunmehr gebotene Latenzierung von **quasipermanenten** Differenzen (→ § 274 Rz. 20).

BEISPIEL ▸ Die mittelgroße L-GmbH hat seit jeher einen Buchwertunterschied für den betrieblich genutzten Grund und Boden ausgewiesen: HB 120, StB 20. Als quasipermanente Differenz ist dafür nach dem bisherigen *Timing*-Konzept keine Steuerlatenz bilanziert worden. Das *Temporary*-Konzept verlangt hingegen den Ansatz einer Passivlatenz. Buchungssatz nach Abs. 6 Satz 1: per Gewinnrücklage an passive Steuerlatenz.

Umgekehrt verhält es sich, wenn bisher schon eine Latenzierung erfolgt ist, d. h. zwischen *Timing-* und *Temporary*-Konzept kein materieller Unterschied bestand.

BEISPIEL ▸ Die mittelgroße A-GmbH weist zum 31.12.2009 eine steuerlich nicht anzuerkennende Aufwandsrückstellung von 1.000 aus, die 2007 gebildet worden ist. Andere Bilanzpostenunterschiede zwischen Handels- und Steuerbilanz bestehen nicht. A hat seit dem 31.12.2007 eine Steuerlatenz von 300 aktiviert. Sie setzt nach Abs. 3 Satz 1 (→ Rz. 18) den Rückstellungsansatz zum 31.12.2010 fort. Daraus entsteht kein „Ertrag" i. S. des Abs. 6 Satz 1. Die Aktivlatenz kann ohne weitere Bilanz- und GuV-Effekte fortgeführt werden, es besteht allerdings auch eine Option zur Aufhebung der Latenzierung[1] (→ § 274 Rz. 54).

39 Einen weiteren Anwendungsbereich von Abs. 6 Satz 1 bietet die erstmalige Latenzierung von **Verlustvorträgen,** für die nach Rechtslage vor dem BilMoG keine Ansatzmöglichkeit bestand. Werden solche in die Steuerlatenzrechnung insgesamt eingeführt, kommt es auch dann zu einem Einmaleffekt i. S. des Abs. 6 Satz 1, wenn aus Buchwertunterschieden keine Auswirkungen resultieren. Dann ist der Aktivüberhang bei Ausübung des Ansatzwahlrechts (→ § 274 Rz. 57) gegen die Gewinnrücklage zu verbuchen mit dem verblüffenden Ergebnis einer (anteiligen) Dotierung der Gewinnrücklage aus bestehenden steuerlichen Verlustvorträgen.

40 Die Möglichkeit zum Ansatz der Steuereffekte aus bestehenden Verlustvorträgen kann **bilanzpolitische** Begehrlichkeiten wecken. In der Folge wird dann möglicherweise die Option zur Steuerlatenzrechnung trotz gesetzlicher Befreiung (→ § 274 Rz. 1) oder Aktivüberhangs (→ § 274 Rz. 57) ausgeübt. Erfolgt dies in der Übergangsbilanz zum BilMoG, ist der Anwendungsbereich des Abs. 6 Satz 1 gegeben, d. h. Einstellung des resultierenden Betrags in die **Gewinnrücklagen.** Sollte der Bilanzierende Lust zu einem erfolgs**wirksamen** Übergang auf die

1 IDW RS HFA 28 Tz. 52.

(immer noch freiwillige) Steuerlatenzrechnung verspüren, muss er ein Jahr zuwarten und sich eine Begründung für die Ausnahme vom Stetigkeitsgebot – z. B. besserer Einblick in die Vermögenslage – einfallen lassen (→ § 246 Rz. 402, → Rz. 28). Dann ist eine Anhangerläuterung nach § 284 Abs. 2 Nr. 3 HGB geboten (→ § 284 Rz. 57), möglicherweise auch ein Ausweis als außerordentlicher Ertrag, u. E. allerdings nicht (→ Rz. 44).

3. Folgeeffekte aus der Rücklagenverrechnung einzelner Bilanzposten (Abs. 6 Satz 2)

In Abs. 6 Satz 2 werden drei Bilanzposten aus den Übergangsregelungen in Art. 67 EGHGB zum BilMoG aufgegriffen: 41

1. Abs. 1 Satz 3: überdotierte Rückstellungen (→ Rz. 11),
2. Abs. 3 Satz 2: Aufwandsrückstellungen und Sonderposten mit Rücklagenanteil (→ Rz. 13) und
3. Abs. 4 Satz 2: Sonderfälle von Abschreibungen (→ Rz. 26).

In diesen Fällen besteht ein Auflösungswahlrecht der nach BilMoG nicht mehr zulässigen Ansätze und Bewertungen. Sofern aus der Ausübung dieses Wahlrechts ein Buchwertunterschied zwischen Handels- und Steuerbilanz (→ § 274 Rz. 24) resultiert, ist – bei pflichtmäßiger oder freiwilliger Steuerlatenzrechnung (→ § 274 Rz. 1 und → § 274 Rz. 57) – die entstehende Latenz **erfolgsneutral** in die **Gewinnrücklage** einzustellen oder dieser zu belasten (→ Rz. 36). Diese Buchungsanweisung stellt eine logische Folge für die ebenfalls erfolgsneutral vorzunehmende Auflösung der genannten Posten dar und entspricht der Vorgabe in IAS 12.61A. Sofern die Auflösung dieser Bilanzposten ausnahmsweise **erfolgswirksam** vorzunehmen ist (→ Rz. 23 und → Rz. 30), folgt die Steuerlatenzierung dieser Vorgabe.

Zu klären ist sodann, wann es zu einem Buchwertunterschied in den drei unter → Rz. 41 aufgeführten Fällen kommen kann. Dazu folgende Beispiele: 42

BEISPIELE ▸ Eine Rückbauverpflichtung, fällig am 1.1.2012, Erfüllungsbetrag 484, wird seit 2008 in Beträgen von jährlich 121 angesammelt. Vereinfacht werden konstante Preisverhältnisse (Erfüllungsbeträge) und ein konstanter Diskontierungssatz (10 %) unterstellt. Steuerbilanziell wird zu allen Stichtagen mit 5,5 % diskontiert.

	HGB a. F.		BilMoG	StB
Zuführung 08	121,00			
31.12.08	121,00			
Zuführung 09	121,00			
31.12.09	242,00	1.1.2010 diskontiert	200,00	217,43
		Aufzinsung 10	20,00	11,96
		Sonstige Zuführung 10 (121 diskontiert)	110,00	114,69
		31.12.2010	330,00	344,08
		Aufzinsung 11	33,00	18,92
		Sonstige Zuführung 11	121,00	121,00
		31.12.2011	484,00	484,00

Per 31.12.2009 hat das Unternehmen eine temporäre Differenz von 242 - 217 = 25 und hierauf eine aktive latente Steuer von 0,3 · 25 = 7,5 aktiviert.

In den Buchungen ist zwischen dem eigentlichen Übergangseffekt (datiert auf den 1.1.2010) und den normalen Bewegungen des Geschäftsjahrs 2010 (Zuführungen) zu differenzieren (→ Rz. 5). Durch die Bewertung der Rückstellung nach BilMoG mit 200 statt 242 (HGB) auf den 1.1.2010 ändern sich Betrag und Vorzeichen der temporären Differenz. Die Aktivlatenz von 7,5 verwandelt sich in eine passive von 0,3 · (200 - 217) = 5,1. Zu buchen ist daher wie folgt:

Zum 1. 1. 2010 (Übergang auf BilMoG)

Per Rückstellung	42	an	Gewinnrücklage	42
Per Gewinnrücklage	7,5	an	aktive latente Steuer	7,5
Per Gewinnrücklage	5,1	an	passive latente Steuer	5,1

Zum 31. 12. 2010 (Bewegungen des Geschäftsjahrs 2010)

Die temporäre Differenz verringert sich auf (300 - 314) = 14, die passive Latenz mithin von 5,1 auf 0,3 · 14 = 4,2 mit folgenden Buchungen:

Per passive latente Steuer	0,9	an	Steuerertrag	0,9

Für das Jahr 2010 ergibt sich eine zutreffende Steuerquote (→ § 274 Rz. 13).

Einem handelsbilanziellen Aufwand aus der Rückstellungszuführung von 130 steht steuerbilanziell ein Aufwand von nur 127 und damit ein laufender „Steuerertrag“ von 0,3 · 127 = 38,1 gegenüber. Es gilt:

Aufwand Handelsbilanz		130,0
Ertrag latente Steuer	0,9	
Ertrag tatsächliche Steuer	38,1	
Steuerertrag insgesamt	39	

Die Gesamtsteuer von 39 entspricht 30 % von 130 und damit der zu erwartenden Steuerquote.

BEISPIELE

- Die W-GmbH im Beispiel unter → Rz. 17 löst die angesammelte Aufwandsrückstellung von 400 am 31. 12. 2010 auf, davon die Zuführung aus 2009 von 100 erfolgswirksam (→ Rz. 23) und den Restbetrag von 300 erfolgsneutral zugunsten der Gewinnrücklagen. Durch die Auflösung der Aufwandsrückstellung insgesamt wird ein Buchwertunterschied vermieden, weshalb eine Steuerlatenzierung entfällt. Abs. 6 Satz 2 ist insofern nicht anwendbar. Anders wäre es nur, wenn die W-GmbH (unrealistisch) nach altem Recht eine Steuerlatenz von 120 aktiviert hätte; dann wäre dieser Betrag zu 100/400 = 1/4, mithin zu 30, erfolgswirksam, zu 3/4 = 90 erfolgsneutral aufzulösen. Wenn die W-GmbH per 31.12.2009 erstmals aktive latente Steuern gebildet hätte, müsste dieser Betrag korrespondierend zur Auflösung der Rückstellung gewinnmindernd verbucht werden.
- Die kleine F-GmbH (§ 267 Abs. 1 HGB) will zur Erhöhung des Eigenkapitalausweises die 6b–Rücklage gem. § 273 HGB a. F. in der Handelsbilanz zum 31.12.2009 auflösen. Dazu wendet sie vorzeitig die BilMoG-Fassung des HGB gem. Art. 66 Abs. 3 Satz 6 EGHGB an. Die Zuschreibung von (angenommen) 1.000 nach Abs. 3 Satz 2 ist in die Gewinnrücklage einzustellen. Diese ist ihrerseits um die passive Steuerlatenz von 300 zu kürzen, aber nur wenn sie zur Anwendung von § 274 HGB optiert (→ Rz. 40).
- Die gleiche Lösung (wie die vorstehende) ergibt sich bei der Zuschreibung von steuerlichen Sonderabschreibungen nach §§ 254, 279 Abs. 2 HGB a. F. (→ § 274 Rz. 24, zweitletztes Beispiel).
- Die mittelgroße (§ 267 Abs. 2 HGB) Z-GmbH hat zum 31.12.2009 nach § 253 Abs. 3 Satz 3 HGB in der Handels-, nicht in der Steuerbilanz eine Abschreibung auf das unfertige Brückenbauwerk i. H. von 2.000 vorgenommen. Zum 31.12.2010 löst sie diese Abschreibung durch Zuschreibung wieder auf. Es besteht dann kein Buchwertunterschied und somit keine Grundlage für eine Steuerlatenzierung mehr. Der Anwendungsbereich von Abs. 6 Satz 2 ist nicht eröffnet.

43 Abs. 6 behandelt **nicht sämtliche** Sachverhalte, die im Übergangsverfahren auf das BilMoG zu Buchwertunterschieden zwischen Handels- und Steuerbilanz führen können. Musterbeispiel

für einen nicht speziell geregelten Fall ist der Fehlbetrag der **Pensionsrückstellung** (→ Rz. 3). Die entsprechende Aktivlatenz ist erfolgswirksam einzubuchen und korrespondierend mit dem Abbau der Differenzen aufzulösen und u. E. nicht im außerordentlichen Bereich (→ Rz. 44), sondern im Steueraufwand auszuweisen (→ § 277 Rz. 49).

IX. Ausweis von Aufwendungen und Erträgen als außerordentlich (Abs. 7)

Nach Abs. 7 sind Aufwendungen und Erträge **aus der Anwendung** des Art. 66 EGHGB sowie Art. 67 Abs. 1 bis 5 EGHGB in der GuV gesondert unter den Posten „außerordentliche Aufwendungen" bzw. „außerordentliche Erträge" anzugeben (→ § 277 Rz. 48). Dieser Ausweis ist auf Ergebniseffekte des **Übergangsverfahrens** beschränkt („aus der Anwendung ..."). **Danach** ist Abs. 7 nicht mehr anwendbar, wenn z. B. eine steuerliche Sonderabschreibung (→ Rz. 28) im Jahr 2012 aufgelöst wird.[1] 44

Nicht betroffen sind **Personenunternehmen** außer „Kap. & Co."-Gesellschaften (→ § 264a Rz. 5), da für diese die Vorschriften des § 275 HGB zur Gliederung der GuV und zum gesonderten Ausweis außerordentlicher Posten nicht einschlägig sind.[2]

Sachverhaltsseitig sind folgende Fälle angesprochen: 45

- Höherbewertung von Planvermögen aus Pensionsverpflichtungen (etwa Rückdeckungsversicherungen) aufgrund der Zeitbewertung nach § 253 Abs. 1 Satz 4 HGB (→ § 253 Rz. 107).
- Höherbewertung von Pensions- oder sonstigen Rückstellungen aufgrund der Neufassung von § 253 Abs. 1 Satz 2 HGB, insbesondere der Berücksichtigung zukünftiger Preisverhältnisse (→ § 253 Rz. 55).
- Währungsumrechnung gem. § 256a Satz 1 HGB mit dem Kassamittelkurs des Bilanzstichtags anstatt wie bisher mit dem Geld- oder Briefkurs (→ § 256a Rz. 13).
- Sofortige Auflösung von aktivierten Ingangsetzungskosten aufgrund des Wegfalls von § 269 HGB a. F. (→ Rz. 33).
- Umbewertung von Vorräten, die zuvor nicht nach Lifo oder Fifo, sondern nach einem anderen, in der Neufassung von § 256 HGB nicht mehr zulässigen Verfahren bewertet wurden (→ § 256 Rz. 18).
- Auflösung im Jahr 2009 vorgenommener Zuführungen zu nach BilMoG nicht mehr zulässigen Aufwandsrückstellungen (→ Rz. 23) sowie Zuschreibung nach im Jahr 2009 vorgenommenen, nach BilMoG nicht mehr zulässige Abschreibungen (→ Rz. 26).

Wird die erforderliche Höherbewertung von Pensionsrückstellungen nach Abs. 1 Satz 1 zeitlich auf (bis zu) 15 Jahre gestreckt (→ Rz. 5), fällt außerordentlicher Aufwand über (bis zu) 15 Jahre an. Dieser Aufwand entsteht „aus der Anwendung" des Abs. 1 Satz 1, beruht also auf dem Übergangsverfahren.

Bei Ansammlungsrückstellungen, etwa Pensionsrückstellungen (→ § 253 Rz. 82 ff.), aber auch Rückstellungen für Entfernungsverpflichtungen (→ § 253 Rz. 129) bedingt die Anwendung von

1 Anderer Auffassung IDW RS HFA 28 Tz. 12, begründet mit einer Analoganwendung. Unseres Erachtens sind Spezialvorschriften wie Art. 67 EGHGB nicht analogiefähig. Wie hier *Kessler/Leinen/Paulus*, BB 2009 S. 1911.

2 Anderer Auffassung IDW RS HFA 28 Tz. 45: generell im außerordentlichen Aufwand auszuweisen, wie es der Gesetzeswortlaut entgegen der allgemeinen Regelung in § 242 Abs. 2 HGB (→ § 242 Rz. 13) vorsieht.

Abs. 7 eine Trennung zwischen dem „normalen" Zuführungsbetrag des Jahrs 2010 und dem Zuführungseffekt aus Änderung der Bewertungsgrundlagen (→ Rz. 5). Diese Trennung setzt einen Vergleich des Rückstellungswerts per 31.12.2009 (altes Recht) mit demjenigen per 1.1.2010 (neues Recht) voraus.

BEISPIEL ► Eine Entfernungsverpflichtung wird am 1.1.2009 begründet und ist am 31.12.2013 zu erfüllen. Der Erfüllungsbetrag beläuft sich nach Preisverhältnissen 31.12.2009 auf 1.000, nach erwarteten Preisverhältnissen 31.12.2012 auf 1.200. Die Diskontierung aus Vereinfachungsgründen vernachlässigt, ergibt sich folgender Rückstellungsverlauf:

31.12.2008	0	
Zuführung 2009	200	
31.12.2009 (1/5 von 1.000)	200	HGB a. F.
Zuführung 2010	280	Davon außerordentlich 40
31.12.2010 (2/5 von 1.200)	480	BilMoG

Hätte immer schon das neue Recht gegolten, betrüge die Rückstellung per 31.12.2009 240 (40 mehr) und wäre 2010 nur eine Zuführung von 240 (40 weniger) notwendig gewesen. Der Mehrbetrag der Zuführung erklärt sich aus dem Übergang auf das neue Recht und hat außerordentlichen Charakter. Unterstellt, der HB-Wert am 31.12.2009 entspricht dem StB-Wert, käme eine aktive Steuerlatenz von 30 % von 80 = 24 zum Tragen.

46 Demgegenüber ist Abs. 7 auf folgende Fälle nicht anwendbar:

- **Niedrigere Bewertung** von Pensions- oder sonstigen Rückstellungen, da die aufzulösenden Beträge nach Abs. 3 Satz 3 unmittelbar gegen Gewinnrücklagen zu verrechnen sind (→ Rz. 11).
- Entsprechendes gilt (wegen der Rücklagenverrechnung), wenn von dem **Beibehaltungswahlrecht** nach Abs. 3 und 4 (→ Rz. 14) für nach BilMoG nicht mehr zulässige Aufwandsrückstellungen und Abschreibungen Gebrauch gemacht wird und die Bildung der Rückstellung bzw. die Vornahme der Abschreibung vor 2009 erfolgt ist (→ Rz. 17).
- Bewertung von **Fremdwährungs**forderungen und -verbindlichkeiten mit einer Restlaufzeit von nicht mehr als einem Jahr unabhängig vom Realisations- und Imparitätsprinzip gem. § 256a Satz 2 HGB, da die betreffende Forderung oder Verbindlichkeit am 31. 12. 2009 dann noch eine Restlaufzeit von mehr als einem Jahr hatte, also nach altem und neuem Recht gleichermaßen dem Realisations- und Imparitätsprinzip unterliegt (→ § 256a Rz. 14).
- Planmäßige Abschreibung von aktivierten **Ingangsetzungskosten** nach § 282 HGB a. F., da die planmäßige Abschreibung zu Aufwand aus altem Recht und nicht aus der Anwendung des neuen Rechts führt; wohl aber die Auflösung eines solchen Postens insgesamt (→ Rz. 33).
- Bei Ablösung der Pensionsverpflichtung durch ein anderes Unternehmen stellt der Mehrbetrag gegenüber dem bisherigen Buchwert keinen Posten des Übergangsverfahrens dar (→ Rz. 6).

47 Der verlangte gesonderte, d. h. von anderen außerordentlichen Aufwendungen oder Erträgen (→ § 277 Rz. 40 ff.) unterschiedene Ausweis kann etwa durch einen **Davon-Vermerk** („davon aus der Anwendung von Art. 67 Abs. 7 EGHGB") erfolgen oder in einer **vorspaltigen** Darstellung.

Hat das Unternehmen außer den Aufwendungen und Erträgen aus Übergangsvorschriften keine weiteren außerordentlichen Ergebnisse, kommt stattdessen eine **Erweiterung der Postenbezeichnung** infrage, etwa bei Aufwendungen in „außerordentlichen Aufwendungen aus Art. 67 Abs. 7 EGHGB".

Für den Ausweis gilt das allgemeine **Saldierungsverbot** des § 246 Abs. 2 HGB (→ § 246 Rz. 388). Führt die Anwendung des neuen Rechts teils zu Aufwendungen, teils zu Erträgen, sind diese daher jeweils separat darzustellen.

Nicht betroffen von dem Ausweis als außerordentlicher Posten sind u. E. die mit dem als außerordentlich zu qualifizierenden Grundsachverhalt verbundenen **steuerlichen Wirkungen,**[1] die sich insbesondere auf Ebene der Steuerlatenz ergeben. Auf → § 277 Rz. 49 wird verwiesen. 48

X. Durchbrechung des Stetigkeitsgebots (Abs. 8)

Nicht anzuwenden im Übergangsverfahren sind unter **Anhang**angabe folgende Vorschriften: 49

- **Bewertungs**stetigkeit nach § 252 Abs. 1 Nr. 6 HGB (→ § 252 Rz. 209),
- **Ausweis**stetigkeit nach § 252 Abs. 1 Nr. 6 HGB (→ § 265 Rz. 6),
- **Anhang**angabe nach § 284 Abs. 2 Nr. 3 HGB (→ § 284 Rz. 58) bei **Abweichungen,**
- entsprechende Angabe im **Konzern**anhang nach § 313 Abs. 1 Nr. 3 HGB (→ § 313 Rz. 23) sowie
- **Verzicht** auf die Anpassung von Vorjahresbeträgen in der Bilanz und GuV gem. § 265 Abs. 2 Satz 3 HGB (→ § 265 Rz. 19).

XI. Bilanzposten und Anhangangaben ohne Übergangsregelungen

Keine Übergangsregelungen sind in folgenden Fällen vorgesehen: 50

- Bildung von **Bewertungseinheiten** nach § 254 HGB (→ § 254 Rz. 1 ff.); wurden vor Inkrafttreten des BilMoG trotz Absicherung eines Grundgeschäfts Drohverlustrückstellungen gebildet oder außerplanmäßige Abschreibungen vorgenommen, ist die erfolgswirksame Auflösung der Rückstellungen mit der Begründung einer nachträglichen Dokumentation der Sicherungsbeziehung i. S. des § 254 HGB nicht möglich.[2]
- Kürzung **eigener Anteile** gegen das Eigenkapital (→ § 272 Rz. 41 ff.); dementsprechend ist der Ausweis von im Übergangszeitpunkt gehaltenen eigenen Anteilen beim Übergang auf das neue Recht anzupassen, d. h. die Rücklage für eigene Anteile aufzulösen und der frei werdende Betrag einer frei verfügbaren Rücklage zuzuführen, das gezeichnete Kapital um den Nennbetrag zu reduzieren.[3]
- Anhangangaben zu außerbilanziellen Geschäften und Geschäfte mit Nahestehenden, die im Übergangszeitpunkt noch nicht vollständig abgewickelt worden sind.[4]

---

1 Anderer Auffassung *Kirsch*, DStR 2009 S. 1048 ff.
2 IDW RS HFA 28 Tz. 49.
3 IDW RS HFA 28 Tz. 50.
4 IDW RS HFA 28 Tz. 55 und 56.

XII. Umwandlungs- und Anwachsungsvorgänge nach dem BilMoG-Übergang

51 Bei **Verschmelzungen** und **Spaltungen** kann der übernehmende Rechtsträger optional nach § 24 UmwG die Buchwerte des übertragenden Rechtsträgers weiterführen (→ § 272 Rz. 129). Diese Werte gelten als Anschaffungskosten. Diese Rechtslage wird auch für Anwachsungen als anwendbar erachtet.[1] Dann ist der Übernehmer an die Bilanzwerte des Überträgers gebunden, auch an die nach Art. 67 EGHGB ausgewählten. Deshalb kann der Übernehmer aber auch die dem übertragenden Unternehmen zugebilligten Wahlrechte ausüben und überhaupt die Folgewirkungen des Übergangsszenarios dem Übernehmer zugestehen,[2] z. B. die 1/15-Zuführung zur Pensionsrückstellung (→ Rz. 4).

52 Die Übergangsregelungen bzw. deren Wahlrechte wurden oder werden aber möglicherweise vom übertragenden und übernehmenden Rechtsträger bei einer Verschmelzung zur Aufnahme **unterschiedlich** ausgeübt. Ein **Stetigkeitsgebot** soll hier nicht gelten,[3] also keine Bindung der vom Überträger ausgeübten Bilanzierungs- und Bewertungswahlrechte für den Übernehmer. Ein Problem entsteht daher allerdings, wenn für Pensionsrückstellungen[4] die Optionen unterschiedlich ausgeübt worden sind. Eine **einheitliche** Ausübung nach der Verschmelzung bzw. Anwachsung erscheint geboten, weil es sich um **einen** Bilanzposten handelt. Vergleichbar können Nutzungsdauern für Anlagegegenstände nicht (mehr) unterschiedlich geschätzt werden. Andererseits liefe eine solche Auslegung des Stetigkeitsgebots dem Charakter der Übergangsregeln zuwider.[5]

1 IDW RS HFA 42 Tz. 29.
2 So auch *Rimmelspacher/Fey*, WPg 2012 S. 429.
3 IDW ERS HFA 42 Tz. 52.
4 Bei *Rimmelspacher/Fey*, WPg 2012 S. 429, irrtümlich als „Personalrückstellung" bezeichnet.
5 *Rimmelspacher/Fey*, WPg 2012 S. 429, befürworten insgesamt eine Durchbrechung des Stetigkeitsgebots mit Weiterführung des ursprünglich angewandten Wahlrechts.

STICHWORTVERZEICHNIS

Die fett gedruckten Ziffern weisen auf die Vorschriften des StBerG hin, die mager gedruckten Ziffern auf die Randnummern der Kommentierung.

A

C

E

F

G

H

I

J

K

L

M

N

O

P

Q

R

T

U

V